Gottwald

Insolvenzrechts-Handbuch

Gottwald

Insolvenzrechts-Handbuch

Bearbeitet von

Prof. Dr. Jens Adolphsen, Universität Gießen; Prof. Dr. Martin Ahrens, Universität Göttingen; Peter Bertram, Vors. Richter am LAG Hamm a. D.; Dr. Peter de Bra, RA in Achern; Prof. Dr. Gerhard Dannecker, Universität Heidelberg; Dr. Stephan Döbereiner, Notar in Gotha; Prof. Dr. Dr. h. c. Jochen Drukarczyk, Universität Regensburg; Prof. Dr. Diederich Eckardt, Universität Trier; Prof. Dieter Eickmann, FH für Rechtspflege, Berlin; Prof. Dr. Gerrit Frotscher, Universität Hamburg, RA in Hamburg; Staatssekretär Prof. Dr. Ulf Gundlach, Magdeburg; Prof. Dr. Dr. h. c. Peter Gottwald, Universität Regensburg; Prof. Dr. Ulrich Haas, Universität Zürich; Dr. Andrea Hagemeier, Universität Heidelberg; Prof. Dr. Michael Huber, Präsident des LG Passau, Hon. Prof. Universität Passau; Dr. Christoph Keller, RA in München; Prof. Ulrich Keller, Berlin; Guido Koch, Dipl.-Kfm./WP/StB in Berlin; Dr. Stephan Kolmann, RA in München; Dr. Karen Kuder, Frankfurt/M.; Susanne Kuske, Berlin; PD Dr. Sebastian Mock, Universität Hamburg; Dr. Manfred Obermüller, RA in Frankfurt/M.; Dr. Ulf Pechartscheck, RA in München; Prof. Dr. Jürgen Schöntag, OTH Regensburg; Detlef Specovius, RA in Achern; Dr. Mihai Vuia, Richter am AG Bad Segeberg; Dr. Markus Wimmer, RA in Nürnberg

Herausgegeben von
Prof. Dr. Dr. h. c. Peter Gottwald

5., neu bearbeitete Auflage 2015

C. H. BECK

Zitiervorschlag

Gottwald/*Huber,* Insolvenzrechts-Handbuch § 34 Rn. 12

www.beck.de

ISBN 978 3 406 65236 3

© 2015 Verlag C. H. Beck oHG
Wilhelmstraße 9, 80801 München
Druck und Bindung: Kösel GmbH & Co.KG
Am Buchweg 1, 87452 Altusried-Krugzell
Satz: Druckerei C. H. Beck Nördlingen

Gedruckt auf säurefreiem, alterungsbeständigem Papier
(hergestellt aus chlorfrei gebleichtem Zellstoff)

Vorwort

Die Nachwehen der weltweiten Finanzkrise haben weiterhin zu vielen Insolvenzverfahren geführt und das praktische Interesse an insolvenzrechtlichen Fragen eher noch gesteigert. In der vergangenen Legislaturperiode (2009–2013) hatte sich der deutsche Gesetzgeber ein Dreistufen-Reform-Konzept vorgenommen. Mit dem ESUG 2011 und dem Gesetz zur Verkürzung des RSB-Verfahrens 2013 konnte er zwei Stufen bezwingen. Die dritte Stufe, die Neuordnung des Konzern-Insolvenzrechts ist noch auf dem Wege.

Die Neuauflage bringt das Handbuch wieder umfassend auf den aktuellen Stand, sie informiert vollständig über die bereits beschlossenen Neuordnungen und darüber hinaus auch über die Reformvorhaben auf deutscher und EU-Ebene.

Inhaltlich konnte der Stoff endlich um das Insolvenzstrafrecht erweitert werden. Ich freue mich, dass hierfür mit Herrn Prof. Dr. Gerhard Dannecker (Tübingen) ein anerkannter Fachmann gewonnen werden konnte, und danke ihm sehr für seine klare, konzise Neubearbeitung.

Ein Wechsel in der Bearbeitung der bisherigen Teile war nicht geplant.

Ein unvorhersehbarer, bedauerlicher Ausfall der Herren Klopp und Kluth konnte umgehend durch die Rechtsanwälte Dr. Markus Wimmer und Dr. Ulf Pechartchek (beide Kanzlei Dr. Beck, Nürnberg) aufgefangen werden. Schließlich hat Herr Rechtsanwalt Detlef Specovius (Schultze & Braun) in kürzester Zeit einen instruktiven Überblick über das bestehende Konzern-Insolvenzrecht gefertigt. Den drei neuen Mitautoren bin ich für die rasche, sachkundige Arbeit besonders verbunden.

Allen, die an der Neuauflage mitgewirkt haben, als Autor oder im Verlag, gilt mein großer Dank.

Ich hoffe, dass auch diese Neuauflage allen Interessierten als getreuer Führer durch das nicht einfacher werdende Insolvenzrecht erweist.

Regensburg, im Oktober 2014 *Peter Gottwald*

Verzeichnis der Bearbeiter

Prof. Dr. Jens Adolphsen	§§ 39–45 (§ 45 z. T. zus. mit Frotscher)
Prof. Dr. Martin Ahrens	§§ 76–85
Peter Bertram	§§ 104–110
Dr. Peter de Bra	§§ 66–73 (zus. mit Koch, § 69 VIII: Frotscher)
Prof. Dr. Gerhard Innecker	§ 127 (zus. mit Hagemeier)
Dr. Stephen Döberner	§§ 111–119
Prof. Dr. Dr. h.c. Joen Drukarczyk	§§ 2, 3 (zus. mit Schöntag)
Prof. Dr. Diederich Eckardt	§§ 32, 33
Prof. Dieter Eickm...	§§ 30, 31, 61, 63–65
Prof. Dr. Gerrit Frcher	§§ 22 (zus. mit Pechartscheck), 42, 45 (zus. mit Adolphsen), 69 VIII (zus. mit Koch, de Bra)
Prof. Dr. Ulf Gun...	§§ 5–7, 15, 16
Prof. Dr. Dr. h.c. ... r Gottwald	§ 1
Prof. Dr. Ulrich H...	§§ 86–91, 92 (zus. mit Kolmann), 93, 94 (zus. mit Mock)
Prof. Dr. Michael ber	§§ 34–38, 46–52
Dr. Christoph Ke...	§§ 130–136 (zus. mit Kolmann)
Prof. Ulrich Kelle...	§§ 128, 129
Guido Koch	§§ 66–73 (zus. mit de Bra, § 69 VIII: Frotscher)
Dr. Stephan Koln...	§§ 92 (zus. mit Haas), 130–136 (zus. mit Keller)
Dr. Karen Kuder	§§ 97–99 (zus. mit Obermüller)
Susanne Kuske	§ 95 (zus. mit Specovius)
PD Dr. Sebastia... k	§§ 93, 94 (zus. mit Haas)
Dr. Manfred Ob... ler	§§ 97–99 (zus. mit Kuder), 100–103
Dr. Ulf Pecharts...	§§ 17–23 (§ 22 z. T. mit Frotscher)
Prof. Dr. Jürgen... tag	§§ 2, 3 (zus. mit Drukarczyk)
Detlef Specovius	§ 95 (zus. mit Kuske)
Dr. Mihai Vuia	§§ 4, 8, 14
Dr. Markus Wi...	§§ 24–29; 53–59; 74–75

Inhaltsübersicht

Inhaltsverzeichnis	XI
Abkürzungsverzeichnis	LIX
Literaturverzeichnis	LXVII
Einführung (§ 1)	1
Kapitel I. Im Vorfeld der Insolvenz (§§ 2, 3)	35
Kapitel II. Das Insolvenzeröffnungsverfahren (§§ 4–16)	119
Kapitel III. Das eröffnete Insolvenzverfahren (§§ 17–75)	425
1. Abschnitt. Die Verfahrensbeteiligten (§§ 17–23)	425
2. Abschnitt. Die Insolvenzmasse (§§ 24–29)	511
3. Abschnitt. Rechtsfolgen der Insolvenzeröffnung im Allgemeinen (§§ 30, 31)	538
4. Abschnitt. Auswirkungen der Insolvenzeröffnung auf Prozesse und Zwangsvollstreckungen (§§ 32, 33)	570
5. Abschnitt. Gegenseitige Verträge (§§ 34–38)	651
6. Abschnitt. Aussonderung, Abrechnung, Aufrechnung (§§ 39–45)	733
7. Abschnitt. Insolvenzanfechtung (§§ 46–52)	931
8. Abschnitt. Die Befriedigung der Massegläubiger (§§ 53–60)	1115
9. Abschnitt. Die Befriedigung der Insolvenzgläubiger (§§ 61–65)	1140
10. Abschnitt. Das Insolvenzplanverfahren (§§ 66–73)	1179
11. Abschnitt. Die Beendigung des Insolvenzverfahrens (§§ 74, 75)	1259
Kapitel IV. Restschuldbefreiung (§§ 76–80)	1278
Kapitel V. Verbraucherinsolvenzverfahren (§§ 81–85)	1405
Kapitel VI. Eigenverwaltung des Schuldners (§§ 86–90)	1465
Kapitel VII. Besonderheiten der Gesellschaftsinsolvenz (§§ 91–96)	1561
Kapitel VIII. Die Stellung der Banken (§§ 97–103)	2006
Kapitel IX. Arbeitsrecht und Insolvenz (§§ 104–110)	2102
Kapitel X. Die Nachlassinsolvenz (§§ 111–119)	2452
Kapitel XI. Steuerrecht (§§ 120–126)	2518
Kapitel XII. Insolvenzstrafrecht (§ 127)	2570
Kapitel XIII. Kosten der Insolvenz (§§ 128, 129)	2628
Kapitel XIV. Internationales Insolvenzrecht (§§ 130–136)	2668
Sachregister	2847

Inhaltsverzeichnis

§ 1. Einführung
- I. Geschichte des Insolvenzrechts 7
  1. Römisches Recht 7
  2. Entwicklung des neuzeitlichen Konkursrechts 7
  3. Die Konkursordnung von 1877 9
  4. Funktionswandel und Funktionsverlust des Konkursverfahrens 10
- II. Die Insolvenzordnung von 1999 14
  1. Vorschläge für eine große Insolvenzrechtsreform 14
  2. Die Entwürfe zur InsO 14
- III. Funktionswandel und Funktionsverlust des Konkurses 15
  1. Einheitliche Verfahrensordnung 15
  2. Marktkonformität 16
  3. Haftungsrecht, kein Gesellschaftsrecht 16
  4. Eröffnungsgründe 17
  5. Massesicherung 18
  6. Insolvenzverwalter 19
  7. Gläubigergleichbehandlung, keine Insolvenzvorrechte 20
  8. Insolvenzarbeitsrecht 21
  9. Mobiliarsicherheiten und Aufrechnungsvereinbarungen 21
  10. Gläubigerautonomie 22
  11. Insolvenzplan 22
  12. Restschuldbefreiung. Verbraucherinsolvenz 23
  13. Wirtschaftliche Bedeutung von Insolvenzen 23
- IV. Reformen der Insolvenzordnung der ersten zehn Jahre 23
  1. Änderung der Insolvenzordnung 2001 23
  2. Privilegierung kollektiver Zahlungssysteme 24
  3. Internationales Insolvenzrecht 24
  4. Vereinfachung des Insolvenzverfahrens 2007 24
  5. Gesetz zur Modernisierung des GmbH-Rechts (MoMiG) 24
  6. Neufassung des Überschuldungsbegriffs 25
- V. Reformen seit 2009 und offene Reformvorhaben 25
  1. Gesetz zur Erleichterung der Unternehmenssanierung (ESUG) 25
  2. Restschuldbefreiung und Verbraucherinsolvenz 27
  3. Neuregelung der Konzerninsolvenz 29
  4. Schutz gegen Banken- und Versicherungsinsolvenzen 30
  5. Weitere Reformanliegen 32
- VI. Europäisches und internationales Insolvenzrecht 32
  1. Das geltende Regelwerk 32
  2. Reform des europäischen Insolvenzrechts 32
- VII. Ausblick 33

Kapitel I. Im Vorfeld der Insolvenz

§ 2. Die Krise
- I. Zum Begriff „Krise" 41
- II. Erkennung sich anbahnender Krisen 42
  1. Auf Jahresabschluss-Daten gestützte Kennzahlen 44
  2. Cashflow-Konzeptionen 57
  3. Rentabilitäten und Krisenerkennung 63
  4. Residualgewinne und Krisenerkennung 67
- III. Ergebnisse 76

Inhalt

§ 3. Außergerichtliche Sanierungsentscheidungen

- I. Einführung 77
- II. Hintergrund: Regelungen der InsO 80
- III. Anstoß zu Verhandlungen 82
  1. Kreditgeber als Impulsgeber 82
  2. Eigeninteresse und Verhandlungseintritt 91
- VI. Sanierungskredite 92
  1. Übersicht 92
  2. Mögliche Vorteile „verdeckter" Sanierungen 93
  3. Verhalten der Bank als Kreditgeber und Rechtsprechung 93
  4. Gesellschafterdarlehen und Sanierung 96
- V. Gewinnung von Eigenkapital 101
  1. Ausgangslage 101
  2. Hintergrund 1: Zeitdruck 101
  3. Hintergrund 2: Schutzschirmverfahren und ESUG 105
  4. Kapitalerhöhung und Kapitalschnitt 108
  5. Umwandlung von Forderungen in Beteiligungen 108
- VI. Stundung, Verzicht auf Zinszahlungen, Forderungsverzicht 112
- VII. Besserungsscheine und Wandelgenussrechte 114
  1. Besserungsscheine 114
  2. Wandelgenussrechte 117
- VIII. Einige Folgerungen 118

Kapitel II. Das Insolvenzeröffnungsverfahren

§ 4. Der Insolvenzeröffnungsantrag als Entscheidungsprozess für Gläubiger und Schuldner

- I. Das Insolvenzverfahren als Antragsverfahren 124
- II. Die wirtschaftliche Krise als Vorphase der Insolvenzreife 125
- III. Vor- und Nachteile des Insolvenzverfahrens 125
  1. Vor- und Nachteile für den Gläubiger als Antragsteller 126
  2. Vor- und Nachteile des Eigenantrags eines Schuldners 135
- IV. Der Entscheidungsprozess „Gerichtliches Verfahren oder Außergerichtlicher Vergleich?" 137
  1. Analyse der Unternehmenssituation 137
  2. Mediation als alternative Form der Insolvenzbewältigung 139

§ 5. Die Insolvenzfähigkeit des Schuldners

- I. Der Begriff der Insolvenzfähigkeit 140
- II. Insolvenzfähigkeit von natürlichen Personen 142
- III. Insolvenzfähigkeit juristischer Personen 142
- IV. Insolvenzfähigkeit des nicht rechtsfähigen Vereins 143
- V. Insolvenzfähigkeit einer Gesellschaft ohne Rechtspersönlichkeit . 143
- VI. Insolvenzfähigkeit des Nachlasses 144
- VII. Insolvenzfähigkeit des Gesamtguts einer fortgesetzten Gütergemeinschaft .. 144
- VIII. Insolvenzfähigkeit von Vor- und Nachgesellschaften 144
  1. Insolvenzfähigkeit der Vorgründungsgesellschaft 144
  2. Insolvenzfähigkeit der Vorgesellschaft 145
  3. Insolvenzfähigkeit von Nachgesellschaften 145
  4. Insolvenzfähigkeit sonstiger Vermögensmassen 147
  5. Insolvenzfähigkeit bei Verschmelzung und Umwandlung 148
- IX. Insolvenzunfähigkeit 149
  1. Insolvenzunfähigkeit des Bundes und der Länder 149
  2. Insolvenzunfähigkeit bestimmter juristischer Personen des öffentlichen Rechts 150
  3. Insolvenzunfähigkeit der WEG 150
  4. Sonstige insolvenzunfähige Institutionen 151
- X. Örtliche Zuständigkeit und Zuständigkeitserschleichung 152

Inhalt

§ 6. Die Insolvenzgründe als Verfahrensauslöser

I. Der Insolvenzgrund als Rechtfertigung von Eingriffen in das Schuldnervermögen und in Gläubigerpositionen ... 153
II. Zahlungsunfähigkeit ... 154
   1. Der Begriff ... 154
   2. Die Feststellung der Zahlungsunfähigkeit ... 158
III. Drohende Zahlungsunfähigkeit ... 159
   1. Der Begriff der drohenden Zahlungsunfähigkeit ... 159
   2. Die Feststellung der drohenden Zahlungsunfähigkeit ... 161
IV. Überschuldung ... 163
   1. Die Überschuldung als Insolvenzgrund ... 163
   2. Anwendungsbereich ... 166
   3. Überschuldung und Zahlungsunfähigkeit ... 166
   4. Die Überschuldungsprüfung ... 166
V. Der Überschuldungsstatus ... 169
   1. Aktivposten des Überschuldungsstatus ... 170
   2. Passivposten des Überschuldungsstatus ... 172
   3. Besonderheiten bei der GmbH & Co KG ... 176

§ 7. Die Rechtsfolgen eines Insolvenzgrundes bei beschränkt haftenden Gesellschaften des Handelsrechts und sonstigen juristischen Personen oder Nachlässen

I. Allgemeines ... 177
II. Die Insolvenzantragspflicht ... 178
   1. Grundsätzliches ... 178
   2. § 15 a InsO ... 178
   3. Besondere Insolvenzantragspflichten ... 182
   4. Führungslosigkeit ... 183
   5. Vor- und Nachgesellschaften ... 185
III. Die Rechtsfolgen einer schuldhaften Verletzung der Insolvenzantragspflicht ... 185
   1. Die privatrechtlichen Sanktionen ... 185
   2. Die strafrechtliche Verantwortung antragspflichtiger Organe ... 189
IV. Die Aufklärungspflicht gegenüber Geschäftspartnern ... 190
V. Die Informations- und Sanierungspflicht organschaftlicher Vertreter gegenüber der Gesellschaft ... 191
VI. Strafbare Bankrotthandlungen ... 192
   1. Bankrott ... 193
   2. Gläubiger- und Schuldnerbegünstigung ... 195
   3. Sonstige Insolvenzdelikte ... 196
VII. Umgründung und Niederlegung von Ämtern in der Unternehmenskrise ... 197
   1. Umgründung und Umwandlung ... 197
   2. Amtsniederlegung durch organschaftliche Vertreter nach Eintritt der Insolvenzreife ... 197

§ 8. Das Insolvenzantragsrecht

I. Eröffnungsantragsrecht des Schuldners ... 200
   1. Natürliche Personen ... 200
   2. Personengesellschaften ... 202
   3. Kapitalgesellschaft & Co. ... 202
   4. Juristische Personen ... 203
   5. Rechtsträger mit ausländischem Gesellschaftsstatut ... 205
   6. Fehlerhaft bestellte organschaftliche Vertreter ... 206
   7. Faktische Geschäftsführer ... 207
   8. Führungslose Gesellschaften mit eigener Rechtspersönlichkeit ... 207
   9. Antragsrecht bei drohender Zahlungsunfähigkeit und beim Insolvenzplan ... 208
   10. Antragsrecht bei Kredit- Finanzdienstleistungs- und Versicherungsunternehmen .. 208

Inhalt

II. Eröffnungsantragsrecht des Gläubigers	208
1. Grundsatz: Insolvenzgläubiger	208
2. Auswechseln und Nachschieben von Forderungen	209
3. Dinglich gesicherte Gläubiger	209
4. Bedingte oder nicht fällige Forderungen	209
5. Beschränkung der Einziehungsbefugnis (Verpfändung, Beschlagnahme uä)	210
6. Befreiungsanspruch bei Mithaftung	210
7. Arbeitnehmer, Betriebsrentner	211
8. Träger der Insolvenzsicherung für Arbeitsentgelt und Betriebsrenten	211
9. Öffentlich-rechtliche Gläubiger	211
10. Verzicht des Gläubigers auf das Antragsrecht	211
III. Antragsrecht der Bundesanstalt für Finanzdienstleistungsaufsicht	212
IV. Antragsrecht der Aufsichtsbehörden der Krankenkassen	212
V. Antragsrecht des ausländischen Insolvenzverwalters	213
VI. Nachträglicher Wegfall des Antragsrechts	213
1. Grundsatz	213
2. Eigenantrag	213
3. Gläubigerantrag	213
4. Wegfall nach Verfahrenseröffnung	214
VII. Haftung des Antragstellers bei unberechtigter Antragstellung	214
1. Haftung beim Gläubigerantrag	214
2. Haftung beim Eigenantrag	215

§ 9. Form und Inhalt des Eröffnungsantrags

I. Allgemeine Anforderungen an den Antrag	217
1. Form des Antrags	217
2. Bezeichnung der Parteien	218
3. Antragsziel	218
4. Bezeichnung der Verfahrensart	219
5. Darlegung der internationalen und örtlichen Zuständigkeit	219
6. Unzulässigkeit von Bedingungen	219
II. Antragstellung durch Bevollmächtigte	220
1. Prokura, Handlungsvollmacht, Generalvollmacht beim Eigenantrag	220
2. Verfahrensbevollmächtigte	221
III. Besonderheiten beim Eigenantrag	223
1. Notwendigkeit einer Antragsbegründung	223
2. Darstellung des Eröffnungsgrundes (Finanz- und Vermögenslage)	223
3. Natürliche Personen	225
4. Juristische Personen, Gesellschaften ohne Rechtspersönlichkeit	225
IV. Besonderheiten beim Gläubigerantrag	226
1. Rechtliches Interesse des Gläubigers	226
2. Vorherige Antragstellung (§ 14 I 2)	228
3. Glaubhaftmachung der Forderung	237
4. Glaubhaftmachung des Eröffnungsgrundes	239
5. Glaubhaftmachung der vorherigen Antragstellung (§ 14 I 3)	241
V. Eröffnungsanträge öffentlich-rechtlicher Gläubiger	242
1. Grundsätze	242
2. Glaubhaftmachung der Forderung	242
3. Glaubhaftmachung des Eröffnungsgrundes	244

§ 10. Antragsrücknahme und Erledigungserklärung

I. Antragsrücknahme	245
1. Allgemeines	245
2. Rücknahmebefugnis beim Eigenantrag	246
3. Zeitliche Beschränkung	247
4. Folgen der Rücknahme	248
5. Kosten	249

Inhalt

II.	Erledigungserklärung	249
	1. Allgemeines	249
	2. Kein Widerspruch des Schuldners	250
	3. Widerspruch des Schuldners	251
III.	Rechtsmissbrauch	252
IV.	Kosten des vorläufigen Insolvenzverwalters bei Antragsrücknahme oder Erledigungserklärung	253
	1. Allgemeines	253
	2. Rechtslage bis zum 1.3.2012	253
	3. Rechtslage nach Inkrafttreten des § 26a (ESUG)	254
	4. Rechtslage ab dem 1.7.2014	255

§ 11. Das Verfahren beim Eigenantrag des Schuldners

I.	Prüfung der Zulässigkeit des Antrags	257
	1. Prüfungsgegenstand	257
	2. Zweitanträge	258
	3. Zwischenverfügung des Gerichts	258
	4. Verbraucherinsolvenz	259
	5. Feststellung der Zulässigkeit	259
	6. Hinweis auf Restschuldbefreiung	259
	7. Hinweis auf Stundung der Verfahrenskosten	260
II.	Anhörung weiterer Antragsberechtigter aus der Sphäre des Schuldners	260
	1. Juristische Personen, Gesellschaften ohne Rechtspersönlichkeit	260
	2. Nachlassinsolvenz, Gesamtgutinsolvenz	261
III.	Gerichtliche Ermittlungen zur Vorbereitung der Eröffnungsentscheidung	261
IV.	Tod des Schuldners während des Eröffnungsverfahrens	261

§ 12. Das Verfahren beim Gläubigerantrag

I.	Allgemeines	263
II.	Prüfung der Zulässigkeit des Antrags	264
	1. Prüfungsgegenstand	264
	2. Zwischenverfügung des Gerichts	264
	3. Vorläufige Feststellung der Zulässigkeit (sog Zulassung)	264
	4. Parallelanträge	265
	5. Zweitanträge	265
III.	Anhörung des Schuldners	266
	1. Gewährung des rechtlichen Gehörs	266
	2. Anzuhörende Personen	266
	3. Zustellung des Antrags	268
	4. Art und Themen der Anhörung	268
	5. Unterlassung der Anhörung	269
	6. Hinweispflicht zur Restschuldbefreiung bei natürlichen Personen	270
IV.	Schutzschrift	271
V.	Reaktionen des Schuldners	271
	1. Bestreiten allgemeiner Zulassungsvoraussetzungen	271
	2. Bestreiten der Forderung	272
	3. Bestreiten des Eröffnungsgrundes	274
	4. Zahlungen an den Gläubiger	275
	5. Ankündigung von Zahlungen	275
VI.	Weiterer Gang des Verfahrens	275
VII.	Kostenentscheidung nach Erfüllung der Forderung (§ 14 III)	276
VIII.	Tod des Schuldners während des Eröffnungsverfahrens	278

§ 13. Die Aufklärung der sachlichen Eröffnungsvoraussetzungen

I.	Feststellung der Eröffnungsgründe und der Kostendeckung	279
	1. Amtsermittlungen	279

Inhalt

    2. Unanfechtbarkeit von Beweisanordnungen 280
    3. Eröffnungsverfahren als Eilverfahren 280
    4. Zulässige Beweismittel 281
    5. Beauftragung eines Sachverständigen 281
  II. Auskunfts- und Mitwirkungspflicht des Schuldners 281
    1. Voraussetzungen 282
    2. Auskunftspflicht 282
    3. Unterstützungspflicht 283
    4. Bereitschaftspflicht 284
    5. Verpflichtete Personen 284
    6. Zwangsmittel, sonstige Sanktionen, Restschuldbefreiung 284
  III. Rechtliches Gehör zum Ermittlungsergebnis 285
    1. Anhörung bei Eröffnungsreife 285
    2. Anhörung vor Ablehnung der Eröffnung 286
  IV. Akteneinsicht und Sachstandsauskünfte im Eröffnungsverfahren 286

§ 14. Einstweilige Maßnahmen des Insolvenzgerichts

  I. Das Regelungsziel der §§ 21, 22 InsO 288
  II. Allgemeine Voraussetzungen für die Anordnung von Sicherungsmaßnahmen ... 289
    1. Zulässigkeit und „Zulassung" des Insolvenzantrages? 289
    2. Der Grundsatz der Verhältnismäßigkeit 290
  III. Inhalt und Wirkungen der Sicherungsmaßnahmen 291
    1. Der Regelungsgehalt der §§ 21, 22 InsO 291
    2. Die Unwirksamkeit anordnungswidriger Rechtshandlungen 291
    3. Sofortige Beschwerde und Aufhebung von Sicherungsmaßnahmen 294
  IV. Die Sicherungsmaßnahmen im Einzelnen 298
    1. Die Bestellung eines vorläufigen Insolvenzverwalters 298
    2. Die Einsetzung eines vorläufigen Gläubigerausschusses 302
    3. Die Anordnung eines Verfügungsverbots 303
    4. Die Anordnung eines Zustimmungsvorbehalts 307
    5. Die Einstellung oder Untersagung von Zwangsvollstreckungsmaßnahmen ... 310
    6. Die Anordnung einer vorläufigen Postsperre 312
    7. Die Anordnung eines Verwertungs- und Einziehungsverbots für aus- und absonderungsberechtigte Gläubiger 313
    8. Sonstige Sicherungsmaßnahmen 315
  V. Die Rechtswirkungen der Bestellung eines vorläufigen Insolvenzverwalters ... 316
    1. Der vorläufige Insolvenzverwalter ohne Verwaltungs- und Verfügungsbefugnis ... 316
    2. Der vorläufige Insolvenzverwalter mit Zustimmungsvorbehalt 320
    3. Der vorläufige Insolvenzverwalter mit Verwaltungs- und Verfügungsbefugnis ... 321
    4. Die Wirksamkeit von Rechtshandlungen des vorläufigen Insolvenzverwalters bei vorzeitiger Verfahrensbeendigung 324
  VI. Die Rechtsstellung des vorläufigen Insolvenzverwalters 325
    1. Die Aufsicht des Insolvenzgerichts 325
    2. Die allgemeinen Pflichten des vorläufigen Insolvenzverwalters 327
    3. Die allgemeinen Rechte des vorläufigen Insolvenzverwalters 333
    4. Die Rechtsstellung gegenüber aus- und absonderungsberechtigten Gläubigern ... 337
    5. Der vorläufige Insolvenzverwalter in Sonderrechtsgebieten 341
    6. Die Vergütung des vorläufigen Insolvenzverwalters 351
    7. Die Haftung des vorläufigen Insolvenzverwalters 357
    8. Zwangsmaßnahmen und Entlassung des vorläufigen Insolvenzverwalters ... 363
  VII. Die Rechtsstellung des vorläufigen Insolvenzverwalters mit Verwaltungs- und Verfügungsbefugnis 365
    1. Inbesitznahme des Schuldnervermögens und Herausgabevollstreckung ... 365
    2. Vom vorläufigen Insolvenzverwalter begründete Verbindlichkeiten 366
    3. Die Pflicht zur einstweiligen Unternehmensfortführung 368
    4. Die Pflicht zur Betriebsstilllegung 371

Inhalt

VIII. Der Zahlungsverkehr im vorläufigen Insolvenzverfahren 374
    1. Überweisungsverkehr 374
    2. Lastschriftenverkehr 378
    3. Wechselverkehr 385
    4. Scheckverkehr 386
    5. Anweisungen nach BGB 386
IX. Auskunfts- und Mitwirkungspflichten des Schuldners 386
    1. Auskunftspflichten 386
    2. Mitwirkungspflichten gegenüber dem vorläufigen Verwalter 387

§ 15. Massekostendeckung und Massekostenvorschuss

I. Allgemeines 388
II. Die Massekostendeckung 389
    1. Die gerichtliche Prüfung der Massekostendeckung 389
    2. Keine Vorschussanforderung bei Eigenantrag 394
III. Der Massekostenvorschuss des Gläubigers 394
    1. Anforderung des Vorschusses 394
    2. Auflagenbeschluss und Rechtsmittel 396
    3. Der Massekostenvorschuss bei mehreren Antragstellern 396
    4. Der Massekostenvorschuss als Treuhandvermögen 396
    5. Keine Insolvenzkostenhilfe für Massekostenvorschüsse 397
    6. Die Berechnung des Massekostenvorschusses 397
    7. Erstattungsansprüche gegen antragspflichtige Personen 398
    8. Vorschusspflicht 401

§ 16. Verfahrensabschließende Entscheidungen des Insolvenzgerichts

I. Allgemeines 402
II. Zurückweisung des Insolvenzantrags als unzulässig 403
III. Zurückweisung des Insolvenzantrags als unbegründet 404
IV. Abweisung mangels Masse 405
    1. Rechtliches Gehör 407
    2. Veröffentlichung des Abweisungsbeschlusses 409
    3. Eintragung des Schuldners in das Schuldnerverzeichnis 409
    4. Löschung des Schuldners im Schuldnerverzeichnis 410
    5. Rechtsmittel gegen den Abweisungsbeschluss 411
    6. Rechtsfolgen der Abweisung für Gesellschaften des Handelsrechts 411
    7. Berufs- und gewerberechtliche Folgen 412
    8. Die Kostenentscheidung bei Abweisung mangels Masse 412
V. Die Eröffnung des Insolvenzverfahrens 414
    1. Der Insolvenzeröffnungsbeschluss 415
    2. Wirksamwerden des Eröffnungsbeschlusses 418
    3. Bekanntmachung 419
    4. Mitteilungspflichten 419
VI. Rechtsmittel im Insolvenzverfahren 419
    1. Rechtmittel gegen Sicherungsmaßnahmen nach § 21 InsO 419
    2. Die Beschwerde bei Abweisung des Eröffnungsantrags 420
    3. Sofortige Beschwerde gegen den Eröffnungsbeschluss 421
    4. Der Ausschluss der sofortigen Beschwerde in sonstigen Fällen 423
    5. Die Rechtsbeschwerde 424

Inhalt

Kapitel III. Das eröffnete Insolvenzverfahren

1. Abschnitt. Die Verfahrensbeteiligten

§ 17. Das Insolvenzgericht

- I. Allgemeiner Standort im Verfahren ... 432
- II. Zuständigkeiten ... 433
    - 1. Verfahrenszuständigkeit ... 433
    - 2. Örtliche Zuständigkeit ... 434
    - 3. Funktionelle Zuständigkeit ... 435
- III. Kompetenzen ... 436
    - 1. Allgemeines ... 436
    - 2. Einzelne Kompetenzen ... 437
- IV. Gerichtsverfahren ... 438
    - 1. Allgemeines ... 438
    - 2. Besondere Verfahrensregelungen der InsO ... 438
    - 3. Verfahrensregelungen der ZPO ... 441
    - 4. Verfahrensregelungen des GVG ... 442
- V. Verfahrens- und Prozesskostenhilfe ... 443
    - 1. Allgemeines ... 443
    - 2. Verfahrenskostenhilfe ... 443
    - 3. Prozesskostenhilfe ... 444

§ 18. Der Insolvenzschuldner

- I. Rechtsstellung ... 446
    - 1. Übergang der Rechtsausübung ... 446
    - 2. Ausnahmen ... 446
    - 3. Rechtsträgerstellung ... 447
    - 4. Öffentliche Rechtsstellung ... 447
    - 5. Aktive Einflussnahme ... 447
- II. Pflichten ... 447
    - 1. Auskunftspflicht ... 447
    - 2. Mitwirkungspflicht ... 448
    - 3. Präsenzpflicht ... 449
    - 4. Duldung der Postsperre ... 449
    - 5. Mitwirkung bei der Vermögensaufnahme ... 449
- III. Befugnisse ... 449
    - 1. Antragsrechte ... 449
    - 2. Anhörungsrechte ... 450
    - 3. Anwesenheits- und Einsichtsrechte ... 450
    - 4. Auskunftsrechte ... 450
    - 5. Beschwerderechte ... 451
    - 6. Erstreckung auf Organmitglieder und persönlich haftende Gesellschafter, frühere Angestellte ... 451

§ 19. Die Insolvenzgläubiger

- I. Rechtsstellung ... 452
    - 1. Allgemeines ... 452
    - 2. Befugnisse im Verfahren ... 452
- II. Persönlicher Anspruch ... 455
- III. Vermögensanspruch ... 455
- IV. Begründung vor Verfahrenseröffnung ... 456
    - 1. Allgemeines ... 456
    - 2. Einzelfälle ... 457
- V. Unterhaltsansprüche ... 459

VI. Forderungsumrechnung 459
    1. Geldwerte Leistungsansprüche 459
    2. Im Betrag unbestimmte Zahlungsansprüche 459
    3. Ansprüche in Fremdwährung oder Rechnungseinheit 459
VII. Wiederkehrende Leistungen 459
VIII. Nachrangige Insolvenzgläubiger 460

§ 20. Die Gläubigerversammlung

I. Rechtsstellung 461
    1. Herrin des Verfahrens 461
    2. Macht und Ohnmacht 462
II. Verfahrensstruktur 462
    1. Einberufung 462
    2. Stimmrecht 463
    3. Leitung 464
III. Kompetenzen 464
    1. Wahlbefugnisse 464
    2. Informationsbefugnisse 465
    3. Entscheidungsbefugnisse in Grundfragen der Insolvenzabwicklung 465
    4. Unterhaltsgewährung 465

§ 21. Der Gläubigerausschuss

I. Rechtsstellung 466
II. Verfahrensstruktur 467
    1. Bestellung und Amtsbeendigung 467
    2. Verfahrensordnung 468
III. Kompetenzen 469
    1. Allgemeine Befugnisse 469
    2. Spezielle Befugnisse 470

§ 22. Der Insolvenzverwalter

I. Rechtsstellung 472
    1. Aufgaben und Befugnisse 472
    2. Pflichten und Sanktionen 473
    3. Bestellung und Amtsbeendigug 474
    4. Das Fiasko des Theorienstreits 478
II. Verwaltung 480
    1. Sammlung, Sichtung und Sicherung der Masse 480
    2. Vorläufige Erhaltungsmaßnahmen 483
    3. Einstweilige Unternehmensfortführung 483
III. Befriedigung der Gläubigeransprüche 485
    1. Anmeldung, Prüfung und Feststellung der Gläubigerforderungen 486
    2. Liquidation 486
    3. Insolvenzplan 489
IV. Vorzeitige Beendigung des Verfahrens 490
    1. Einstellung mangels Masse 490
    2. Einstellung wegen Masseunzulänglichkeit 490
V. Schlussrechnung 491
    1. Allgemeines 491
    2. Inhalt 492
VI. Steuerrechtliche Stellung 493
    1. Des Insolvenzverwalters 493
    2. Des vorläufigen Insolvenzverwalters 497
    3. Des Treuhänders und Sachwalters 498

Inhalt

§ 23. Die Haftung der Verfahrensbeteiligten
- I. Allgemeines 499
- II. Haftung des Insolvenzverwalters 499
  - 1. Insolvenzspezifische Haftung 499
  - 2. Haftung wegen Nichtausgleich von Masseverbindlichkeiten als Sonderfall der insolvenzspezifischen Haftung 503
  - 3. Deliktshaftung 504
- III. Haftung der Mitglieder des Gläubigerausschusses 504
  - 1. Das Grundkonzept 504
  - 2. Einzelne Haftungsfälle 505
- IV. Staatshaftung bei Amtspflichtverletzung des Insolvenzgerichts 505
  - 1. Allgemeines 505
  - 2. Einzelne Haftungsfälle 506
  - 3. Privilegfrage 506
- V. Haftung der Absonderungs-, Masse- und Insolvenzgläubiger 508
  - 1. Sonderregelung (§ 28 II 3 InsO) 508
  - 2. Deliktshaftung 508
- VI. Haftung des Insolvenzschuldners 508
- VII. Haftungskonkurrenzen der Verfahrensbeteiligten 509
  - 1. Allgemeines 509
  - 2. Sonderfälle 509

2. Abschnitt. Die Insolvenzmasse

§ 24. Rechtlicher Standort der Masse
- I Gegenstand und Umfang der Masse 513
- II. Rechtliche Zuordnung der Masse 515
- III. Zweckbestimmung der Masse 515
- IV. Sondermassen 515

§ 25. Zuordnung und Ausgrenzung der Massegegenstände
- I. Allgemeines 517
- II. Unbewegliches Vermögen 517
  - 1. Grundstücke 517
  - 2. Grundstücksgleiche Rechte 517
- III. Bewegliches Vermögen 518
  - 1. Bewegliche Sachen 518
  - 2. Ansprüche (Forderungen) 518
  - 3. Sonstige Rechte 524

§ 26. Zuordnung und Ausgrenzung der Massegegenstände in Sonderfällen
- I. Allgemeines 528
- II. Das Unternehmen des Schuldners 528
  - 1. Allgemeines 528
  - 2. Firma 528
  - 3. Marken und Warenzeichen 528
  - 4. Gewerbegenehmigungen 529
  - 5. Geschäftsunterlagen 529
- III. Die freiberufliche Praxis des Schuldners 529
- IV. Gestaltungsrechte zur Ergänzung der Masse 530
  - 1. Allgemeine Gestaltungsrechte des Schuldners 530
  - 2. Insolvenzspezifische Gestaltungsrechte 530
  - 3. Gesamtschaden der Gläubiger 530
  - 4. Persönliche Gesellschafterhaftung 531
  - 5. Verwertungs- und Nutzungsrechte an Gläubigersicherungsrechten 532
  - 6. Allgemeine Prozessführungsbefugnis des Verwalters 532
- V. Ausgrenzung der Insolvenzmasse bei konkurrierender Zwangsverwaltung 532

§ 27. Veränderung des Umfangs der Masse nach Verfahrenseröffnung
    I. Zuwachs (Neuerwerb) ua 533
    II. Austausch 533
    III. Verringerung 533
        1. Allgemeines 533
        2. Freigabe 534

§ 28. Streit über Massezugehörigkeit

§ 29. Gesamtgut bei Gütergemeinschaft
    I. Allgemeines 535
    II. Gesamtgut bei Einzelverwaltung 536
    III. Gesamtgut bei gemeinschaftlicher Verwaltung 536
    IV. Gesamtgut bei fortgesetzter Gütergemeinschaft 536
    V. Beendigung der Gütergemeinschaft 536

3. Abschnitt. Rechtsfolgen der Insolvenzeröffnung im Allgemeinen

§ 30. Auswirkungen auf den Schuldner
    I. Unmittelbare Wirkungen 539
        1. Berufsausübung; Ehrenämter 539
        2. Verfahrensbedingte Pflichten und Grundrechtseinschränkungen 539
    II. Mittelbare Wirkungen 543
    III. Vermögensbezogene Auswirkungen 543
        1. Verwaltungs- und Verfügungsbefugnis 543
        2. Besitzverhältnisse 544
        3. Kaufmannseigenschaft 544
        4. Arbeitgebereigenschaft 544
        5. Wechselfähigkeit 544

§ 31. Materiell-rechtliche Folgen der Verfügungsbeschränkung
    I. Verpflichtungs- und Verfügungsgeschäfte des Schuldners 545
        1. Verpflichtungen des Schuldners 545
        2. Verfügungen des Schuldners 545
        3. Mehraktige Verfügungen (§§ 81, 91 InsO) 545
        4. Unwirksamkeit von Verfügungen 546
        5. Rechtserwerb an Massegegenständen nach Eröffnung 547
        6. Einzelfälle zu § 81, 91 InsO 547
        7. Verfügungen des Schuldners und öffentlicher Glaube des Grundbuchs 556
        8. Verfügungen über künftige Bezüge 562
    II. Leistungen an den Schuldner 562
        1. Leistung in die Masse 562
        2. Leistungen auf eingetragene Rechte 562
        3. Andere Leistungen 563
        4. Befreiende Leistung an den Schuldner 564
        5. Leistung an Vertreter des Schuldners 564
    III. Die Auswirkungen von Veräußerungsverboten 565
        1. Gesetzliche relative Veräußerungsverbote 565
        2. Gerichtliche relative Veräußerungsverbote 565
        3. Behördliche relative Veräußerungsverbote 566
        4. Absolute Veräußerungsverbote 566
        5. Einzelfälle 566
        6. Pfändung und Beschlagnahme in der Vollstreckung 567
    IV. Der Schuldner als Erbe und Vermächtnisnehmer 568
        1. Anfall vor oder nach Insolvenzeröffnung 568
        2. Testamentsvollstreckung 568

4. Abschnitt. Auswirkungen der Insolvenzeröffnung auf Prozesse und Zwangsvollstreckungen

§ 32. Auswirkungen der Insolvenzeröffnung auf Prozesse

I. Grundlagen der Prozessführung im Insolvenzverfahren 572
   1. Die Parteistellung des Insolvenzverwalters nach der „Amtstheorie" 572
   2. Allgemeine Fragen der massebezogenen Prozessführung des Insolvenzverwalters 575
   3. Besondere Verfahren und Prozessgegenstände 584
II. Unterbrechung schwebender Prozesse (§ 240 ZPO) 589
   1. Grundgedanken 589
   2. Anwendungsbereich 591
   3. Rechtsfolgen 601
   4. Ende der Unterbrechung 603
III. Aufnahme von Aktivprozessen (§ 85 InsO) 605
   1. Grundgedanken 605
   2. Anwendungsbereich 605
   3. Durchführung der Aufnahme 606
   4. Ablehnung der Aufnahme 607
   5. Zögern des Insolvenzverwalters 609
IV. Aufnahme von Passivprozessen (§ 86 InsO) 610
   1. Grundgedanken 610
   2. Anwendungsbereich 611
   3. Durchführung der Aufnahme 612
V. Aufnahme von Prozessen wegen Insolvenzforderungen (§§ 87, 180 II InsO) 614
   1. Grundgedanken und Anwendungsbereich 614
   2. Aufnahme durch oder gegen den bestreitenden Verwalter oder Gläubiger 615
   3. Aufnahme durch oder gegen den bestreitenden Schuldner (§ 184 InsO) 619

§ 33. Auswirkungen der Insolvenzeröffnung auf Zwangsvollstreckungen

I. Grundlagen der Vollstreckung im Insolvenzverfahren 622
   1. Materiell-insolvenzrechtliche Grenzen der Vollstreckung 622
   2. Verfahrensrechtliche Besonderheiten der Vollstreckung 623
   3. Unterbrechung anhängiger Vollstreckungsverfahren 624
II. Vollstreckung durch Insolvenzgläubiger (§ 89 I InsO) 625
   1. Grundgedanken 625
   2. Anwendungsbereich 625
   3. Rechtsfolgen 631
   4. Rückschlagsperre (§ 88 InsO) 634
III. Vollstreckung durch Massegläubiger 639
   1. Zulässigkeit der Vollstreckung (§ 53 InsO) 639
   2. Anfängliches Vollstreckungsmoratorium (§ 90 InsO) 640
   3. Vollstreckung bei Masseunzulänglichkeit (§ 210 InsO) 642
IV. Vollstreckung durch Aussonderungsberechtigte 643
V. Vollstreckung durch Absonderungsberechtigte 644
   1. Vollstreckung wegen des dinglichen Rechts 644
   2. Vollstreckung wegen der gesicherten Forderung 645
VI. Vollstreckung durch Neugläubiger 645
   1. Vollstreckung in die Insolvenzmasse 645
   2. Vollstreckung in das insolvenzfreie Schuldnervermögen 646
VII. Vollstreckung durch Gläubiger von nichtvermögensrechtlichen Ansprüchen 647
VIII. Vollstreckung durch den Insolvenzverwalter 647
IX. Vollstreckung durch oder gegen den Schuldner persönlich 648
   1. Vollstreckung während des Insolvenzverfahrens 648
   2. Vollstreckung nach Beendigung des Insolvenzverfahrens 649

5. Abschnitt. Gegenseitige Verträge

§ 34. Grundlagen der Abwicklung schwebender Rechtsgeschäfte

I. Allgemeines 654
   1. Ausgangslage 654
   2. Problemstellung bei gegenseitigen Verträgen 654
   3. Der vor der Insolvenzeröffnung von beiden Seiten erfüllte gegenseitige Vertrag 655
II. Insolvenzeröffnung während der Abwicklung eines gegenseitigen Vertrages 655
   1. Überblick 655
   2. Der vor der Insolvenzeröffnung von einer Seite voll erfüllte gegenseitige Vertrag 655
   3. Der vor der Insolvenzeröffnung von keiner Seite voll erfüllte gegenseitige Vertrag 656
III. Anwendungsbereich des § 103 InsO 657
   1. Gegenseitige Verträge 657
   2. Beschränkungen im Anwendungsbereich, §§ 104–128 InsO 659
   3. Unanwendbarkeit des § 103 InsO 659
   4. Begriff der vollständigen Erfüllung 660
IV. Konstruktives Verständnis des § 103 InsO 663
   1. Problemstellung 663
   2. Streitpunkte zu den Rechtsfolgen der Insolvenzeröffnung 664
   3. Grundsatzurteil des BGH v 11. 2. 1988: Erlöschenstheorie 665
   4. Grundsatzurteil des BGH v 25. 4. 2002 und Suspensivtheorie als neue dogmatische Grundlage 666
   5. Zusammenfassung der Grundsätze zur Abwicklung nach neuer Rechtslage (ohne Teilleistungen vor Insolvenzeröffnung) 668

§ 35. Erfüllung durch den Insolvenzverwalter und Nichterfüllung nach § 103 InsO

I. Ausübung des Wahlrechts 670
   1. Grundsätze 670
   2. Erklärung des Insolvenzverwalters 671
   3. Schweigen des Insolvenzverwalters 673
   4. Ausschluss und Beschränkung des Wahlrechts 674
   5. Maßstab für die Wahlrechtsausübung 680
   6. Anfechtung der Wahlrechtsausübung 680
   7. Sondervorschriften in Eigenverwaltung und vereinfachtem Insolvenzverfahren 681
II. Erfüllungsverlangen des Insolvenzverwalters 681
   1. Rechtsfolgen 681
   2. Art und Weise der Erfüllung 682
   3. Teilleistungen vor Insolvenzeröffnung 682
III. Ablehnung der Erfüllung und unterlassene Wahlrechtsausübung durch den Insolvenzverwalter 684
   1. Grundsätze 684
   2. Ausschluss der Rückgabepflicht des Insolvenzverwalters nach § 105 II InsO 685
   3. Der Nichterfüllungsanspruch des Vertragspartners, § 103 II 1 InsO .. 686
   4. Teilleistungen 688

§ 36. Besonderheiten einzelner Vertragstypen

I. Verträge über teilbare Leistungen (§ 105 InsO) 690
   1. Abgrenzungen: Teilbarkeit/vollständige Erfüllung 690
   2. Anwendungsbereich 690
   3. Rechtsfolgen 693
II. Der Kauf unter Eigentumsvorbehalt 693
   1. Ausgangslage 693
   2. Insolvenz des Vorbehaltskäufers 694

Inhalt

    3. Insolvenz des Vorbehaltsverkäufers 696
    4. Sonderformen des Eigentumsvorbehalts 697
  III. Auftrag und Geschäftsbesorgung, §§ 115, 116 InsO 699
    1. Anwendungsbereich 699
    2. Rechtsfolgen 700
    3. Notgeschäftsführung und Insolvenzunkenntnis, §§ 115 II, III, 116 InsO 701
    4. Sanierungstreuhand 702
  IV. Vollmachten, § 117 InsO 702
    1. Anwendungsbereich und Rechtsfolge 702
    2. Notgeschäftsführung und Insolvenzunkenntnis 703

§ 37. Miete, Pacht und ähnliche Schuldverhältnisse sowie Darlehensverträge in der Insolvenz des Darlehensgebers, §§ 108–112 InsO

  I. Anwendungsbereich des § 108 I InsO 704
    1. Übersicht 704
    2. Abgrenzungen 705
    3. Ähnliche Schuldverhältnisse 706
    4. Massezugehörigkeit 706
    5. Dienst- und Arbeitsverhältnisse 706
  II. Darlehensverträge in der Insolvenz des Darlehensgebers, §§ 108 II InsO 707
    1. Anwendungsbereich und Normzweck 707
    2. Einzelerläuterungen 708
  III. Bewegliche Sachen und Rechte, § 103 InsO 708
    1. Grundsätze (§ 103 InsO) 708
    2. Insolvenz des Vermieters 709
    3. Insolvenz des Mieters 710
    4. Leasingvertrag über bewegliche Sachen 712
  IV. Unbewegliche Gegenstände und Räume, § 108 I, III, §§ 109 ff InsO 713
    1. Grundsätze (§ 108 I, III InsO) 713
    2. Insolvenz des Mieters vor Gebrauchsüberlassung (§ 109 InsO) 714
    3. Insolvenz des Mieters nach Gebrauchsüberlassung (§ 109 I InsO) 715
    4. Insolvenz des Vermieters 718
  V. Sonstige Beendigung des Vertrages während des Insolvenzverfahrens 720
  VI. Reformvorhaben: Insolvenzfestigkeit von Lizenzen, § 108a RegE 720
    1. Geltende Rechtslage 720
    2. Reformvorhaben: Insolvenzfestigkeit von Lizenzen 721

§ 38. Einfluss der Insolvenzeröffnung auf sonstige Rechtsverhältnisse

  I. Fixgeschäfte und Finanzleistungen, § 104 InsO 722
    1. Allgemeines 722
    2. Fixgeschäfte 723
    3. Finanzleistungen 723
    4. Rechtsfolgen der Insolvenzeröffnung 724
  II. Vorgemerkte Ansprüche, § 106 InsO 725
    1. Ausgangslage 725
    2. Die Verwirklichung des vorgemerkten Anspruchs im Insolvenzverfahren, § 106 I 1 InsO 726
    3. Erweiterung der Insolvenzfestigkeit einer Vormerkung, § 106 I 2 InsO 728
  III. Sondervorschriften des Bürgerlichen Rechts 730
    1. Allgemeines 730
    2. Vereine und Stiftungen 730
    3. Familienrecht 730
    4. Verjährung 730
    5. Versicherungsrecht 731
    6. Verlagsvertrag 732

6. Abschnitt. Aussonderung, Absonderung, Aufrechnung

§ 39. Massebereinigung von „fremden" Vermögenswerten

- I. Gemeinsamer Regelungszweck 734
  - 1. „Istmasse" und „Sollmasse" 734
  - 2. Aussonderung 734
  - 3. Absonderung 734
  - 4. Aufrechnung im Insolvenzverfahren 735
- II. Vollrechte und Sicherungsrechte 735

§ 40. Aussonderung

- I. Begriff 737
  - 1. Ansprüche auf Aussonderung 737
  - 2. „Unechte" Freigabe 737
  - 3. Insolvenzfreies Vermögen des Schuldners 738
- II. Aussonderungsfähige Rechte 738
  - 1. Eigentum 738
  - 2. Besitz 741
  - 3. Erbschaftsanspruch 741
  - 4. Beschränkte dingliche Rechte 741
  - 5. Gewerbliche Schutzrechte, Urheberrecht, Persönlichkeitsrechte 742
  - 6. Forderungen 744
  - 7. Obligatorische Herausgabeansprüche 745
  - 8. Anfechtungsrechtlicher Rückgewähranspruch 746
  - 9. Treuhandeigentum 746
  - 10. Verträge für fremde Rechnung 762
  - 11. Anhalterecht beim internationalen Warenkauf 767
- III. Aussonderungssperre der Gesellschafter bei Nutzungsüberlassungen 768
- IV. Rechtsstellung des Ehegatten 769
  - 1. Keine Haftung 769
  - 2. Besondere Eigentumsvermutung für bewegliche Sachen 769
  - 3. Gütergemeinschaft 771
- V. Durchsetzung der Aussonderung 771
  - 1. Der Aussonderungsrechtsstreit 771
  - 2. Sicherung des Aussonderungsgutes, Aufwendungsersatz und Ausgleichspflicht 775
  - 3. Auskunft 776
  - 4. Aussonderungsstop des Vorbehaltslieferanten 777
  - 5. Aussonderung im Eröffnungsverfahren 777

§ 41. Ersatzaussonderung

- I. Zweck 778
- II. Anwendungsbereich 779
  - 1. Keine Wertvindikation 779
  - 2. Leistung an den Insolvenzschuldner 779
  - 3. Verfügungen des vorläufigen Insolvenzverwalters 780
  - 4. Verfügungen des Insolvenzverwalters 780
  - 5. Dingliche Surrogation 780
- III. Aussonderungsvoraussetzungen 780
  - 1. Vereitelung eines Aussonderungsrechts 780
  - 2. Unberechtigte Veräußerung 781
- IV. Inhalt des Anspruchs 784
  - 1. Abtretung des Gegenleistungsanspruchs 784
  - 2. Herausgabe der erbrachten Gegenleistung 785
  - 3. Höhe des Anspruchs 787
  - 4. Herausgabe in der „Surrogationskette"? Zweite Ersatzaussonderung 787

Inhalt

§ 42. Absonderung
- I. Allgemeines ... 791
  1. Das Pfandrecht als Prototyp ... 791
  2. Keine vertragliche Erweiterung ... 792
  3. Zeitpunkt des Bestehens ... 792
- II. Allgemeine Absonderungsrechte ... 793
  1. Rechte am Immobiliarvermögen ... 793
  2. Rechtsgeschäftliche Pfandrechte ... 799
  3. Gesetzliche und Pfändungspfandrechte ... 803
  4. Zurückbehaltungsrecht ... 807
  5. Versicherung für fremde Rechnung und Haftpflichtansprüche ... 809
  6. Gemeinschaftsforderungen ... 810
  7. Zölle und Steuern ... 811
- III. Gegenständlich beschränkte Vorrechte ... 811
- IV. Der Rang der Absonderungsrechte ... 812
- V. Die Ausfallhaftung ... 812
  1. Verhältnis dinglicher und persönlicher Haftung ... 812
  2. Ausfallhaftung ... 813
  3. Verzicht auf das Absonderungsrecht ... 814
  4. Nachweis des Ausfalls ... 815
  5. Haftung von Gesamtschuldnern ... 816
- VI. Die Verwertung unbeweglicher Gegenstände ... 816
  1. Antrag des Gläubigers ... 816
  2. Antrag des Insolvenzverwalters ... 821
- VII. Die Verwertung beweglicher Gegenstände und sonstiger Rechte ... 825
  1. Allgemeines ... 825
  2. Verwertung durch den Insolvenzverwalter ... 826
  3. Verwertung durch den Gläubiger ... 842
- VIII. Eingriffe in Absonderungsrechte ... 845
  1. Durch Insolvenzplan ... 845
  2. Bei Restschuldbefreiung ... 846
  3. Im Verbraucherinsolvenzverfahren ... 846
- IX. Ersatzabsonderung ... 846
  1. Unberechtigte Veräußerung belasteter Vermögensgegenstände ... 846
  2. Unterschied zur Ersatzaussonderung ... 848
  3. Grenzen der Ersatzabsonderung ... 848
- X. Steuerliche Probleme ... 848
  1. Einkommensteuerliche Fragen ... 848
  2. Umsatzsteuerliche Fragen ... 849
  3. Sonstige Steuerarten ... 851

§ 43. Mobiliarsicherheiten in der Insolvenz
- I. Bedeutung von Mobiliarsicherheiten ... 857
- II. Eigentumsvorbehalt und Anwartschaftsrecht ... 857
  1. Einfacher Eigentumsvorbehalt ... 857
  2. Weitergeleiteter und nachgeschalteter Eigentumsvorbehalt ... 862
  3. Abgeleiteter Eigentumsvorbehalt ... 862
  4. Erwiterter Eigentumsvorbehalt ... 863
  5. Verlängerter Eigentumsvorbehalt ... 866
  6. Leasing-Verträge über bewegliche Sachen ... 872
- III. Sicherungseigentum ... 877
  1. Einfache Sicherungsübereignung ... 877
  2. Sicherungsübereignung von Vorbehaltsware ... 880
  3. Verlängerte Sicherungsübereignung ... 880
- IV. Sicherungszessionen ... 881
  1. Grundlage ... 881
  2. Globalzession ... 881

Inhaltsverzeichnis

3. Factoring	882
4. Andere Sicherungszessionen	884
5. Zession bedingter und künftiger Forderungen	885
6. Zessionen und Dauerschuldverhältnisse	885
7. Kollision mehrfacher Zessionen	885
V. Verwertung der Mobiliarsicherheiten	885
VI. Mobiliarsicherheiten im internationalen Warenverkehr	885
1. Geltungen des jeweiligen Lagerechts	885
2. Eigentumsvorbehalt	886
3. Sicherungseigentum	886
4. Sicherungszessionen	886
5. Behandlung ausländischer Sicherungsrechte im Inland	887

§ 44. Der Sicherheiten-Pool

I. Begriff und Rechtsnatur	888
1. Banken-Sicherheits-Poolvertrag	889
2. Bassinvertrag	889
3. Miteigentümergemeinschaft	889
4. Verwertungsgemeinschaft der Sicherungsgläubiger	890
5. Sicherheiten-Abgrenzungsvertrag	892
6. Vollmacht für einen Sicherheitenverwalter	892
7. Miteigentümergemeinschaft mit dem Insolvenzschuldner	892
8. Verwertungsvereinbarungen mit dem Insolvenzverwalter	892
II. Bestimmtheitserfordernis als Grenze gemeinsamer Rechtsverfolgung	892
III. Rechtsverfolgung im Außenverhältnis	893
1. Beweiserleichterung für Miteigentümer	893
2. Einziehung abgetretener Forderungen	894
3. Umfang des Poolanteils	894
4. Schadensersatz	894
5. Geltung allgemeiner Regeln	894
IV. Unzulässige Verwertungsmaßnahmen des Pool	895
V. Innenverhältnis der Poolmitglieder	895
1. Freie Vereinbarung	895
2. Auslegungsregeln für die Verteilung im Innenverhältnis	896
VI. Verhältnis Pool – Insolvenzmasse	896
1. Auskunftspflicht	896
2. Wahl der Erfüllung, § 103 InsO	896
3. Verwertungsvereinbarungen mit dem Pool	896
4. Verwertungsgemeinschaft mit den mit den Sicherungsgläubigern	897
5. Sicherheitenpool im Insolvenzplan	897

§ 45. Die Aufrechnung in der Insolvenz

I. Allgemeines	899
1. Fortgeltung der Exekutionsbefugnis	899
2. Parallele zur Absonderung	900
II. Aufrechnungslage bei Eröffnung des Insolvenzverfahrens	900
1. Wirksamkeit der Forderungen	900
2. Gegenseitigkeit der Forderungen	901
3. Gleichartigkeit der Forderungen	902
4. Fälligkeit	903
5. Aufrechnungsverbote	903
6. Aufrechnung kraft Vereinbarung	906
7. Die Aufrechnungserklärung und ihre Wirkung	907
III. Nachträglicher Eintritt der Aufrechnungslage	909
1. Keine Erweiterung der Aufrechnungsbefugnis durch die Eröffnung des Insolvenzverfahrens	909
2. Erhalt der Aufrechnungs„anwartschaft"	909

Inhalt

      3. Fälligkeit der Forderungen 910
      4. Bedingtheit der Forderungen 910
      5. Gleichartigkeit der Forderungen 916
      6. Sonderregeln für Dauerschuldverhältnisse 916
  IV. Gesetzlicher Ausschluss der Aufrechnung 917
      1. Grundlagen 917
      2. Wirkung 917
      3. Erwerb der Schuldnerstellung nach Verfahrenseröffnung 918
      4. Erwerb der Gläubigerstellung nach Verfahrenseröffnung 920
      5. Anfechtbarer Erwerb der Aufrechnungslage 922
      6. Aufrechnung mit einer gegen das insolvenzfreie Vermögen des Schuldners gerichteten Forderung 924
      7. Verrechnung in Zahlungssystemen 924
  V. Aufrechnung durch den Insolvenzverwalter 925
      1. Anlass 925
      2. Partielle Geltung der Insolvenzregeln 925
 VI. Aufrechnung durch Massegläubiger 926
VII. Steuerliche Probleme 926

7. Abschnitt. Insolvenzanfechtung

§ 46. Grundlagen der Anfechtung nach der Insolvenzeröffnung

   I. Allgemeines 939
      1. Zweck der insolvenzrechtlichen Anfechtung 939
      2. Die Anfechtungsvorschriften der Insolvenzordnung im Überblick und ihr Verhältnis zueinander 940
      3. Abgrenzungen der Insolvenzanfechtung zu rechtsähnlichen Tatbeständen 940
      4. Verhältnis zwischen insolvenzanfechtung und Aufrechnung 942
      5. Systematik der Insolvenzanfechtung 943
  II. Geltungsbereich von KO/GesO/InsO 944
      1. Anfechtung nach KO bzw GesO und InsO 944
      2. Bestandsschutz für vor dem 1. Januar 1999 vorgenommene Rechtshandlungen 944
      3. Insolvenzanfechtung bei Auslandsbezug 944
 III. Anfechtbarkeit von Rechtshandlungen 944
      1. Begriff und Vornahme 944
      2. Nichtigkeit und Anfechtbarkeit 948
      3. Mittelbare Zuwendungen 949
      4. Rechtshandlungen – Handelnde 951
      5. Rechtshandlungen des vorläuigen Insolvenzverwalters (§§ 21 II Nr. 2, 22 InsO) ... 953
      6. Mehraktige Rechtshandlungen 955
      7. Rechtshandlungen nach Insolvenzeröffnung 958
      8. Teilanfechtung 959
      9. Grund- und Erfüllungsgeschäft 960
    10. Anfechtungsfristen 960
    11. Unanfechtbare Rechtshandlungen 962
 IV. Gläubigerbenachteiligung 965
      1. Grundsätze 965
      2. Bestehen einer Gläubigerbenachteiligung 967
      3. Fehlen einer objektiven Gläubigerbenachteiligung 970
      4. Bezugspunkt: Gesamtheit der Insolvenzgläubiger 976
      5. Unmittelbare und mittelbare Gläubigerbenachteiligung 977
      6. Vorteilsausgleichung 978
      7. Hypothetische Kausalität 979
  V. Bargeschäfte 981
      1. Entwicklung des Begriffs und Rechtslage nach KO und GesO 981
      2. Voraussetzungen und Rechtsfolgen eines Bargeschäfts nach § 142 InsO 981
 VI. Prüfungsschema für Anfechtungsanspruch 988

§ 47. Die „besondere Insolvenzanfechtung" (§§ 130–132 InsO)

- I. Allgemeines 990
    - 1. Zweck der „besonderen Insolvenzanfechtung" 990
    - 2. Die Anfechtungsvorschriften im Überblick 991
    - 3. Überblick zu den etnsprechenden Tatbeständen in KO und GesO 991
    - 4. Die Krise 992
- II. Kongruente Deckungsanfechtung (§ 130 InsO) 998
    - 1. Überblick 998
    - 2. Anfechtbare Rechtshandlungen (§ 130 I 1 InsO) 998
    - 3. Unanfechtbare Rechtshandlungen (§ 130 I 2 InsO) 999
    - 4. Kongruente Deckung 1000
    - 5. Krise – Fallgruppen 1004
    - 6. Mittelbare Gläubigerbenachteiligung 1005
    - 7. Subjektiver Tatbestand 1005
    - 8. Beweislast 1010
    - 9. Wechsel- und Scheckzahlungen 1011
- III. Inkongruente Deckungsanfechtung (§ 131 InsO) 1012
    - 1. Überblick 1012
    - 2. Anfechtbare Rechtshandlungen 1012
    - 3. Inkongruente Deckung 1012
    - 4. Krise – Fallgruppen 1023
    - 5. Mittelbare Gläubigerbenachteiligung 1023
    - 6. Subjektiver Tatbestand 1023
    - 7. Beweislast 1024
    - 8. Verhältnis zu anderen Anfechtungtatbeständen 1024
- IV. Unmittelbar nachteilige Rechtsgeschäfte und Rechtshandlungen des Schuldners (§ 132 InsO) 1025
    - 1. Überblick 1025
    - 2. Anfechtbare Rechtshandlungen 1025
    - 3. Krise 1027
    - 4. Gläubigerbenachteiligung 1027
    - 5. Subjektiver Tatbestand 1028
    - 6. Beweislast 1028

§ 48. Die Vorsatzanfechtung (§ 133 InsO)

- I. Allgemeines 1029
    - 1. Übersicht zum Gegenstand 1029
    - 2. Ausdehnung der Vorsatzanfechtung 1029
- II. Der Grundtatbestand des § 133 I InsO 1030
    - 1. Überblick 1030
    - 2. Rechtshandlungen des Schuldners 1030
    - 3. Mittelbare Gläubigerbenachteiligung 1036
    - 4. Gläubigerbenachteiligungsvorsatz des Schuldners 1036
    - 5. Kenntnis des anderen Teils 1041
    - 6. Beweiswürdigung (Arbeitsschritte) und Beweislast 1046
- III. Entgeltliche Verträge mit nahestehenden Personen (§ 133 II InsO) ... 1048
    - 1. Überblick 1048
    - 2. Entgeltliche Verträge 1048
    - 3. Nahestehende Personen 1049
    - 4. Unmittelbare Gläubigerbenachteiligung 1051
    - 5. Subjektiver Tatbestand 1051
    - 6. Beweislast 1051
- IV. Verhältnis zu anderen Tatbeständen 1052

Inhalt

§ 49. Die Anfechtung unentgeltlicher Leistungen („Schenkungsanfechtung"), § 134 InsO

- I. Allgemeines 1053
- II. Tatbestand 1053
  1. Überblick 1053
  2. Anwendungsbereich des § 134 I InsO 1054
  3. Gebräuchliches Gelegenheitsgeschenk 1054
  4. Mittelbare Gläubigerbenachteiligung 1055
  5. Subjektiver Tatbestand 1055
  6. Beweislast 1055
- III. Unentgeltliche Leistung 1056
  1. Sprachgebrauch und Begriff der Leistung 1056
  2. Begriff der Unentgeltlichkeit 1056
  3. Tilgung und Besicherung fremder Schuld 1058
  4. Abgrenzung unentgeltlich/entgeltlich 1060
  5. Teilweise Unentgeltlichkeit („gemischte/verschleierte Schenkung") .. 1063
  6. Schenkungen in Vollziehung eines Schenkungsversprechens 1063
  7. Auszahlung von Scheingewinnen 1064

§ 50. Eigenkapitalersetzendes Darlehen (§ 135 InsO aF), Gesellschafterdarlehen (§ 135 InsO), Einlage eines stillen Gesellschafters (§ 136 InsO)

- *(derzeit unbesetzt)* 1065

§ 51. Die Geltendmachung der Anfechtung

- I. Ausübung des Anfechtungsrechts 1067
  1. Anfechtung des Insolvenzverwalters im Regelinsolvenzverfahren ... 1067
  2. Anfechtungsberechtigung in anderen Verfahrensarten 1071
  3. Einfluss des Insolvenzverfahrens auf die Gläubigeranfechtung nach dem AnfG ... 1072
- II. Geltendmachung der Anfechtung 1075
  1. Gerichtliche Geltendmachung 1075
  2. Vorbereitung der Anfechtungsklage 1076
  3. Anfechtungsklage 1081
  4. Prozesskostenhilfe 1087
- III. Systematik zur zeitlichen Begrenzung des Anfechtungsanspruchs 1088
  1. Ausschlussfrist nach KO und GesO 1088
  2. Verjährungsfrist nach InsO und Übergangsrecht KO/GesO auf InsO .. 1088
  3. Abgrenzung zu den Anfechtungsfristen 1089
- IV. Verjährung des Anfechtungsanspruchs 1089
  1. Verjährungsfrist 1089
  2. Reichweite der Verjährungsfrist 1091
  3. Wahrung der Verjährungsfrist 1092
  4. Leistungsverweigerungsrecht nach Fristablauf (§ 146 II InsO) 1094
- V. Anfechtungsgegner 1095
  1. Regelfall 1095
  2. Mittelbare Zuwendung 1095
  3. Anfechtung gegen Gesamtrechtsnachfolger (§ 145 I InsO) 1098
  4. Anfechtung gegen sonstige Rechtsnachfolger (§ 145 II InsO) 1099
  5. Anfechtung gegenüber der Bundesagentur für Arbeit 1101

§ 52. Rechtsfolgen der Anfechtung

- I. Wesen und Wirkung der Anfechtung 1102
  1. Die schuldrechtliche Theorie 1102
  2. Abweichende Auffassungen 1104
  3. Bewertung 1105

Inhalt

II. Der Anspruch aud Rückgewähr (§ 143 I InsO) 1105
   1. Ausgangspunkt 1105
   2. Rückgewähr in Natur (Primäranspruch, § 143 I 1 InsO) 1106
   3. Wertersatz (Sekundäranspruch, § 143 I 2 InsO) 1107
   4. Umfang der Rückgewähr/Rechtsfolgenverweisung auf die Regeln der verschärften Bereicherungshaftung (§ 143 I 2 InsO) 1108
   5. Beweislast 1109
   6. Sicherung des Anspruchs 1109
   7. Haftungserweiterung durch unerlaubte Handlung und Verzug 1110
III. Haftungsprivileg des § 143 II InsO 1110
   1. Voraussetzungen (§ 143 II 1 InsO) 1110
   2. Wegfall der Privilegierung (§ 143 II 1 InsO) 1110
IV. Rückgewähr bei Gesellschaftersicherheit (§ 143 III InsO) 1111
   1. Anwendungsberich 1111
   2. Normzweck und Anfechtungsgegner 1111
   3. Inhalt der Rückgewährpflicht, Erstattungsanspruch 1112
V. Ansprüche des Anfechtungsgegners (§ 144 InsO) 1113
   1. Schicksal der Gegenleistung (§ 144 II InsO) 1113
   2. Wiederaufleben einer Forderung (§ 144 I InsO) 1113

8. Abschnitt. Die Befriedigung der Massegläubiger

§ 53. Allgemeines 1117

§ 54. Vorwegbefriedigung 1118

§ 55. Kosten des Insolvenzverfahrens
   I. Allgemeines 1118
   II. Gerichtskosten 1119
   III. Vergütung und Auslagen des Verwalters und der Mitglieder des Gläubigerausschusses .. 1119

§ 56. Sonstige Masseverbindlichkeiten
   I. Allgemeines 1120
   II. Masseverbindlichkeiten nach § 55 I Nr. 1 InsO 1120
      1. Masseverbindlichkeiten „durch Handlungen" des Verwalters 1120
      2. Masseverbindlichkeiten „in anderer Weise" 1122
   III. Masseverbindlichkeiten nach § 55 I Nr. 2 InsO 1123
      1. Allgemeines 1123
      1. Masseverbindlichkeiten auf Grund Erfüllungsverlangens 1124
      3. Masseverbindlichkeiten auf Grund gesetzlichen Erfüllungszwangs 1124
   IV. Masseverbindlichkeiten nach § 55 I Nr. 3 InsO 1128
      1. Voraussetzungen 1128
      2. Anspuchskonkurrenz 1129

§ 57. Zusätzliche Masseverbindlichkeiten
   I. Bei Absonderung 1129
   II. Aus Sozialplan 1130
   III. Prozesskosten der Gläubiger 1130
   IV. Bei Gesellschaftsauflösung 1130
   V. Bei Betriebsveräußerung unter Wert 1130
   VI. In der Nachlassinsolvenz 1130
   VII. Bei fortgesetzter Gütergemeinschaft 1130
   VIII. Schuldnerunterhalt 1131

§ 58. Die Befriedigung der Massegläubiger
   I. Prüfung und Anerkennung 1131

Inhalt

    II. Geltendmachung und Regulierung 1132
        1. Geltendmachung 1132
        2. Regulierung 1132
    III. Inanspruchnahme des Schuldners 1133

§ 59. Die Befriedigung der Massegläubiger bei Massearmut

    I. Allgemeines 1135
    II. Die Befriedigung bei weitgehender Masselosigkeit 1135
    III. Die Befriedigung nach Anzeige der Masseunzulänglichkeit 1135
    IV. Der Einwand der Massearmut im Masseprozess 1135

§ 60. Steuerforderungen als „sonstige Masseverbindlichkeiten" 1136

9. Abschnitt. Die Befriedigung der Insolvenzgläubiger

§ 61. Die Rangordnung der Insolvenzgläubiger 1040

§ 62. Steuerforderungen als Insolvenzforderungen

    I. Einordnung der Steuerforderungen 1141
    II. Nicht fällige und nicht entstandene Steuerforderungen 1142
    III. Steuerliche Nebenleistungen, Geldstrafen und -bußen 1143

§ 63. Forderungsanmeldung und Verfahren bis zum Prüfungstermin

    I. Anmeldeverfahren 1145
        1. Anmeldepflicht 1145
        2. Inhalt der Anmeldung 1145
        3. Form der Anmeldung 1146
        4. Adressat 1146
        5. Behandlung beim Verwalter 1146
        6. Die Eintragung in die Tabelle 1147
        7. Einsichtsrecht der Beteiligten 1149
        8. Rücknahme von Anmeldungen 1149
    II. Das Verfahren bis zum Prüfungstermin 1150
        1. Die Vorbereitung des Prüfungstermins 1150
        2. Nachträgliche Anmeldungen 1150

§ 64. Der Prüfungstermin und seine Ergebnisse

    I. Forderungsfeststellung 1153
    II. Widerspruch 1153
        1. Widerspruchsberechtigte 1153
        2. Form 1154
        3. Vorläufiges Bestreiten 1154
        4. Rücknahme des Widerspruchs 1155
        5. Widerspruch des Schuldners 1155
        6. Beseitigung der Widersprüche 1155
        7. Wiedereinsetzung in den vorigen Stand 1155
    III. Tabelleneintragungen 1156
    IV. Feststellungswirkungen 1157
        1. Nicht titulierte Forderungen 1157
        2. Titulierte Forderungen 1157
        3. Feststellungswirkung bei Nichtinsolvenzforderungen 1158
        4. Rechtsbehelfe gegen festgestellte Forderungen 1158
    V. Verfolgung bestrittener Forderungen 1158
        1. Nicht titulierte Forderungen 1158
        2. Titulierte Forderungen 1160
        3. Tabellenberichtigungen 1161
        4. Kosten des Feststellungsstreites 1162

Inhaltsverzeichnis

Inhalt

    VI. Besonderheiten bei der Geltendmachung von Ansprüchen aus vorsätzlicher unerlaubter Handlung 1162
        1. Bedeutung 1162
        2. Forderungsanmeldung 1162
        3. Vorlage der Tabelle 1163
        4. Gerichtliche Belehrung 1163
        5. Forderungsfeststellung 1163

§ 65. Die Verteilungen
    I. Die Abschlagsverteilung 1165
        1. Zeitliche Zulässigkeit 1165
        2. Verfahren 1165
    II. Die Schlussverteilung 1167
        1. Voraussetzungen 1167
        2. Schlussbericht 1167
        3. Schlussrechnung 1169
        4. Schlussverzeichnis 1169
        5. Durchführung der Verteilung 1173
        6. Übersicht 1174
    III. Der Schlusstermin 1174
        1. Anberaumung, Bekanntmachung 1174
        2. Gegenstände des Schlusstermins 1174
    IV. Die Nachtragsverteilung 1176
        1. Begriff 1176
        2. Die einzelnen Fälle 1176
        3. Anordnung 1177
        4. Durchführung 1177
        5. Insolvenzbeschlag in der Nachtragsverteilung 1177

10. Abschnitt. Das Insolvenzplanverfahren

§ 66. Das Planverfahren und seine Stellung in der Insolvenzordnung
    I. Sinn und Zweck des Insolvenzplans 1182
    II. Reform des Insolvenzplanverfahrens durch das Gesetz zur weiteren Erleichterung der Sanierung von Unternehmen (ESUG) 1182
    III. Die allgemeinen Grundsätze der Insolvenzordnung und das Insolvenzplanverfahren 1183
        1. Marktkonformes Verhalten 1183
        2. Vermögensorientierung 1183
        3. Gleichrang von Liquidation, übertragender Sanierung und Sanierung 1184
        4. Deregulierung 1184
        5. Einbindung der dinglichen Gläubiger 1184
        6. Mehrheitsprinzip und „pareto optimum" 1184
        7. „Par conditio creditorum" – Gleichbehandlungsgrundsatz und Planverfahren 1186
    IV. Die Rechtsnatur des Insolvenzplans 1186
    V. Die verfahrensrechtlichen Grundsätze des Insolvenzplanverfahrens 1187

§ 67. Anforderungen an den Insolvenzplan
    I. Gesetzliche Anforderungen 1189
        1. Formelle Fragen – Zulässigkeitsprobleme 1189
        2. Forderung des Gesetzes: Gruppenbildung 1198
    II. Inhaltliche Anforderungen 1204
        1. Formelle Anforderungen 1205
        2. Materielle Anforderungen 1208

§ 68. Der Ablauf des Insolvenzplanverfahrens
    I. Vor Beginn des Verfahrens: Der „prepackaged plan" 1211
    II. Planeinreichung und Vorprüfungsverfahren 1212

Inhalt

    III. Zurückweisung des Plans von Amts wegen 1213
        1. Verstoß gegen Vorschriften über Vorlagerecht oder Inhalt 1213
        2. Schuldnerplan 1214
    IV. Die Aussetzung der Verwertung 1216
    V. Die Niederlegung des Plans 1216
    VI. Der Erörterungs- und Abstimmungstermin 1217
        1. Ablauf 1217
        2. Änderung des Plans 1218
        3. Einzelne Regelungen 1219
        4. Stimmrechtszuteilung 1220
        5. Stimmliste 1222
        6. Gesonderte Abstimmung und schriftliche Abstimmung 1222
        7. Mehrheiten 1222
    VII. Obstruktionsverbot 1223
        1. Mehrheitsentscheidung oder Pareto-Prinzip 1223
        2. Das Obstruktionsverbot des § 245 InsO 1225
        3. Zustimmung nachrangiger Insolvenzgläubiger und des Schuldners 1234
    VIII. Die Bestätigung des Plans und die Aufhebung des Insolvenzverfahrens 1236
        1. Bestätigung oder Versagung der Bestätigung von Amts wegen 1236
        2. Bestätigung von Planberichtigungen 1238
        3. Bestätigung des bedingten Plans 1239
        4. Minderheitenschutz 1239
        5. Aufhebung des Verfahrens 1241

§ 69. Die Wirkungen des Plans

    I. Grundkonzept 1243
    II. Bürgen und Sicherheiten 1244
    III. Naturalobligation 1245
    IV. Ausschluss der Differenzhaftung 1246
    V. Wiederauflebensklausel 1246
    VI. Eingriff in Anteilseignerrechte 1247
    VII. Vollstreckung aus dem Plan 1249
    VIII. Steuerliche Folgen des Insolvenzplanes 1249

§ 70. Die Überwachung der Abwicklung des Insolvenzplans

    I. Anwendungsbereich 1251
    II. Die Person des Überwachenden 1252
        1. Verwalter 1252
        2. Dritte als Sachwalter 1253
    III. Dauer der Überwachung 1253

§ 71. Der Kreditrahmen

    I. Funktion und Voraussetzung 1253
    II. Wirkung 1254
    III. Begrenzung des Umfangs der Kreditrahmenkreditierung 1254
        1. Vermögenswerte beim Wirksamwerden des Plans 1255
        2. Bewertung zu Fortführungswerten 1255
    IV. Kreditgläubiger 1256
    V. Zeitliche Begrenzung des Nachrangs von Insolvenzgläubiger und Neugläubiger 1256

§ 72. Eigenverwaltung im Imsolvenzplanverfahren 1256

§ 73. Struktureller Ablauf eines Insolvenzplanverfahrens 1257

11. Abschnitt. Die Beendigung des Insolvenzverfahrens

§ 74. Vorzeitige Beendigung des Verfahrens

    I. Aufhebung des Eröffnungsbeschlusses 1260
        1. Voraussetzungen 1260
        2. Wirkungen 1261
    II. Einstellung des Verfahrens 1261
        1. Einstellung mangels kostendeckender Masse 1261
        2. Einstellung nach Anzeige der Masseunzulänglichkeit 1264
        3. Der Einwand der Masselosigkeit oder Masseunzulänglichkeit im Masseprozess 1268
        4. Einstellung wegen Wegfall des Eröffnungsgrundes 1269
        5. Einstellung mit Zustimmung der Gläubiger 1270

§ 75. Aufhebung des Verfahrens nach Durchführung

    I. Aufhebung nach Schlussverteilung 1272
        1. Voraussetzung 1272
        2. Verfahren 1272
        3. Wirkungen 1273
        4. Nachtragsverteilung 1274
    II. Aufhebung nach Bestätigung des Insolvenzplans 1274
        1. Voraussetzungen 1274
        2. Verfahren 1274
        3. Wirkungen 1275
    III. Aufhebung in der Verbraucherinsolvenz 1275
    IV. Aufhebung nach Versagung oder Ankündigung der Restschuldbefreiung 1275
        1. Voraussetzungen 1276
        2. Wirkungen 1276
        3. Zweiter Antrag auf Restschuldbefreiung 1276
    V. Anhang: Geschäftsunterlagen 1276

Kapitel IV. Restschuldbefreiung

§ 76. Restschuldbefreiung und Privatinsolvenz

    I. Das Institut der Restschuldbefreiung 1281
        1. Konzeption 1281
        2. Beschränkte Nachhaftung 1282
        3. Verfassugsmäßigkeit 1283
        4. Andere insolvenzrechtliche Instrumente zur Schuldbefreiung 1285
    II. Verfahrensgestaltung und Wirkungen 1286
        1. Insolvenzrechtliches Verfahren 1286
        2. Eigenständiges Verfahren 1287
        3. Zweistufiges Verfahren 1287
    III. Ziele der Restschuldbefreiung 1288
        1. Funktionsbestimmende Regelung des § 1 S. 2 InsO 1288
        2. Ausformung 1289
    IV. Privatinsolvenz 1289
    V. Reformentwicklungen 1291

§ 77. Zulassung zur Treuhandperiode

    I. Grundlagen 1295
        1. Zulassungsverfahren 1295
        2. Persönlicher Anwendungsbereich des Restschuldbefreiungsverfahrens 1296
    II. Eigenes Insolvenzverfahren 1297
        1. Eigener Insolvenzeröffnungsantrag 1297
        2. Modalitäten des Insolvenzverfahrens 1299

Inhalt

III. Restschuldbefreiungsantrag 1299
    1. Hinweispflicht des Insolvenzgerichts und Fristsetzung 1299
    2. Antragstellung 1301
    3. Antragsobliegenheit 1301
    4. Erneuter Antrag auf Erteilung der Restschuldbefreiung 1302
IV. Abtretungserklärung 1305
    1. Sachenentscheidungsvoraussetzung und Hinweispflicht 1305
    2. Geltungsgrund 1306
    3. Erklärung der Abtretung 1307
    4. Laufzeit 1307
    5. Wirkungen 1309
V. Versagung der Restschuldbefreiung gemäß § 290 InsO 1311
    1. Konzeption 1311
    2. Versagungsgründe 1312
    3. Versagungsverfahren 1327
VI. Ankündigung der Restschuldbefreiung 1332
    1. Verfahren 1332
    2. Entscheidung über das anschließende Restschuldbefreiungsverfahren, § 289 I 2 InsO 1332
VII. Bestellung des Treuhänders 1335
VIII. Neues Recht ab 1.7.2014 1336
    1. Verfahrensstruktur 1336
    2. Antrag auf Restschuldbefreiung und Abtretungserklärung 1337
    3. Eingangsentscheidung 1338
    4. Versagung der Restschuldbefreiung nach § 290 InsO 1341
    5. Bestellung eines Treuhänders 1344

§ 78. Treuhandperiode

I. Terminologie und Ordnungsaufgaben 1345
II. Reichweite der Abtretung 1346
    1. Abzutretende Forderungen 1346
    2. Abtretungsschutz 1348
III. Versagung der Restschuldbefreiung 1350
    1. Grundlagen 1350
    2. Obliegenheiten gemäß § 295 InsO 1351
    3. Zusätzliche Voraussetzungen nach § 296 I 1 InsO 1362
    4. Versagungsverfahren 1364
    5. Verfahrensobliegenheiten, § 296 II 2, 3 InsO 1366
    6. Versagung wegen Insolvenzstraftaten, § 297 InsO 1367
    7. Versagung wegen Unterdeckung der Treuhändervergütung, § 298 InsO 1368
IV. Stellung der Gläubiger 1369
    1. Zwangsvollstreckungsverbot, § 294 I InsO 1369
    2. Verbotene Sonderabkommen, § 294 II InsO 1371
    3. Aufrechnungsbeschränkungen, § 294 III InsO 1371
    4. Sonstiges 1372
V. Stellung des Treuhänders 1372
    1. Aufgaben des Treuhänders 1372
    2. Aufsicht und Entlassung 1375
    3. Haftung 1376
    4. Vergütung 1376
VI. Neues Recht ab 1.7.2014 1376
    1. Änderungen der §§ 294–296 InsO 1376
    2. Insolvenzstraftaten, § 297 InsO 1377
    3. Nachträglich bekannt gewordene Versagungsgründe, § 297a InsO 1377
    4. Stellung des Treuhänders, § 292 I 4, 5 InsO 1378

§ 79. Erteilung und Widerruf der Restschuldbefreiung

  I. Vorzeitige Beendigung der Treuhandperiode 1379
  II. Erteilung der Restschuldbefreiung 1380
     1. Ende der Treuhandperiode 1380
     2. Verfahren 1380
     3. Entscheidung 1381
     4. Wirkungen 1381
     5. Ausgenommene Forderungen, § 302 InsO 1382
     6. Sonstige Nachhaftung 1386
  III. Widerruf der Restschuldbefreiung 1386
  IV. Neues Recht ab dem 1.7.2014 1387
     1. Verkürzung der Verfahrensdauer, § 300 InsO 1387
     2. Neuerwerb in asymmetrischen Verfahren, § 300a InsO 1391
     3. Zusätzliche Ausnahmen von der Restschuldbefreiung gem. § 302 Nr. 1 InsO 1391
     4. Erweiterte Widerrufsmöglichkeit, § 303 InsO 1392
     5. Eintragung in das Schuldnerverzeichnis, § 303a InsO 1392

§ 80. Internationale Regelungen zur Restschuldbefreiung

  I. Einführung 1393
  II. England und Wales 1394
     1. Bankruptcy-Verfahren 1394
     2. Discharge 1395
     3. Alternativen zur discharge nach dem bankruptcy-Verfahren 1397
  III. USA 1398
     1. Verfahrensarten 1398
     2. Voraussetzungen der discharge 1399
     3. Discharge 1400
  IV. Frankreich 1401
     1. Anwendungsbereich 1401
     2. Verfahren 1401
     3. Schuldbefreiung 1402
  V. Anerkennung ausländischer Restschuldbefreiungen 1403
     1. Europäische Regelungen 1403
     2. Anerkennung der Entscheidungen aus Drittstaaten 1404

Kapitel V. Verbraucherinsolvenzverfahren

§ 81. Grundlagen des Verbraucherinsolvenzverfahrens

  I. Verbraucherinsolvenzrecht 1407
     1. Konzeption 1407
     2. Aufgaben 1408
  II. Ablauf des Verfahrens 1410
  III. Persönlicher Anwendungsbereich 1412
     1. Natürliche Person 1412
     2. Keine selbständige wirtschaftliche Tätigkeit, § 304 Abs. 1 S. 1 InsO ... 1412
     3. Frühere selbständige Tätigkeit, § 304 Abs. 1 S. 1, Abs. 2 InsO 1415
  IV. Zugang zum Verfahren 1416
     1. Verfahrensart 1416
     2. Antrag 1416
  V. Reformentwicklungen 1417

§ 82. Außergerichtlicher Einigungsversuch

  I. Kostruktionsschwächen 1419
  II. Beratungshilfe 1420

Inhalt

III. Außergerichtliche Schuldenbereinigung 1421
    1. Einigungsversuch 1421
    2. Schuldenbereinigungsplan im außergerichtlichen Verfahren 1423
    3. Scheitern des Einigungsversuchs 1425
IV. Neues Recht ab 1.7.2014 1425

§ 83. Eröffnungsantrag und gerichtliches Schuldenbereinigungsplanverfahren

I. Konzeption 1426
II. Eröffnungsantrag 1427
    1. Allgemeine Zulässigkeitsvoraussetzungen 1427
    2. Besondere Zulässigkeitsvoraussetzungen gemäß § 305 Abs. 1 InsO 1428
    3. Erneutes Insolvenzverfahren 1432
    4. Gläubigerantrag 1432
III. Gegenstand des Schuldenbereinigungsplans 1433
    1. Eckdaten 1433
    2. Gestaltungsmöglichkeiten 1434
IV. Gerichtliches Schuldenbereinigungsplanverfahren 1435
    1. Grundlagen 1435
    2. Beanstandungen 1436
    3. Zustimmungsverfahren 1438
    4. Zustimmungsersetzungsverfahren 1439
    5. Wirkungen 1444
V. Neues Recht ab 1.7.2014 1444

§ 84. Vereinfachtes Insolvenzverfahren

I. Grundlagen 1445
II. Verfahrensvereinfachungen 1446
III. Treuhänder 1447
    1. Bestellung 1447
    2. Rechtsstellung 1448
    3. Aufgaben 1448
IV. Verwertung 1450
V. Vereinfachte Verteilung 1450
VI. Neues Recht ab 1.7.2014 1451
    1. Aufhebung der §§ 312 bis 314 InsO 1451
    2. Sonstige Änderungen mit Auswirkungen auf das Verbraucherinsolvenzverfahren ... 1452

§ 85. Stundung der Verfahrenskosten

I. Struktur 1453
II. Voraussetzung der Kostenstundung 1454
    1. Antrag 1454
    2. Wirtschaftliche Anforderungen 1455
    3. Objektive Voraussetzungen 1457
III. Entscheidung über die Kostenstundung 1458
IV. Wirkung der Kostenstundung 1459
V. Aufhebung der Kostenstundung 1461
VI. Neues Recht 1463

Kapitel VI. Eigenverwaltung des Schuldners

§ 86. Die Eigenverwaltung im System der Insolvenzordnung

I. Einführung 1467
II. Überblick über die gesetzliche Regelung 1468
III. Gesetzliche Vorbilder des Rechtsinstituts der Eigenverwaltung 1469
    1. Vergleichsordnung 1469

Inhalt

    2. US-amerikanisches Recht 1470
    3. Zwangsverwaltung gemäß § 150 b ZVG 1471
  IV. Zweck der Eigenverwaltung 1471

§ 87. Anordnung der Eigenverwaltung

  I. Einführung 1475
  II. Die Anordnung nach § 270 I 1 InsO 1475
    1. Der Antrag auf Eigenverwaltung 1475
    2. Zustimmung des antragstellenden Gläubigers 1480
    3. Prognose nach § 270 II Nr 3 InsO 1481
    4. Die Entscheidung des Gerichts 1491
    5. Verfahren 1494
  III. Die Anordnung nach § 271 InsO 1495
    1. Der Antrag der Gläubigerversammlung 1495
    2. Zustimmung des Schuldners 1497
    3. Die Entscheidung des Gerichts 1497
    4. Rechtsfolgen 1499

§ 88. Vorläufige Eigenverwaltung und Schutzschirmverfahren

  I. Allgemeines 1500
  II. Die vorläufige Eigenverwaltung (§ 270a InsO) 1501
    1. Überblick 1501
    2. Voraussetzungen 1501
    3. Die Entscheidung des Gerichts 1503
  III. Das Schutzschirmverfahren 1505
    1. Überblick 1505
    2. Voraussetzungen 1506
    3. Entscheidungsgrundlagen des Gerichts 1515
    4. Entscheidung des Gerichts 1516

§ 89. Aufhebung der Eigenverwaltung

  I. Voraussetzungen 1521
    1. Antrag der Gläubigerversammlung 1521
    2. Gläubigerantrag 1522
    3. Schuldnerantrag 1523
  II. Entscheidung und Rechtsfolgen 1524

§ 90. Rechtsstellung von und Aufgabenteilung zwischen Schuldner und Sachwalter

  I. Im eröffneten Eigenverwaltungsverfahren 1526
    1. Der Schuldner 1526
    2. Die Gesellschaft als Schuldnerin in der Eigenverwaltung ... 1532
    3. Der Sachwalter 1547
  II. Im Eröffnungsverfahren 1553
    1. Vorläufige Eigenverwaltung 1553
    2. Schutzschirmverfahren 1556
    3. Die Gesellschaft als Schuldnerin im Eröffnungsverfahren nach §§ 270a, 270b ... 1557

Kapitel VII. Besonderheiten der Gesellschaftsinsolvenz

§ 91. Insolvenzrecht und Gesellschaftsrecht

  I. Rechtstatsächliches 1563
    1. Die Entwicklung der Unternehmensinsolvenzen in der Bundesrepublik 1563
    2. Die Entwicklung der Unternehmensinsolvenzen in Westeuropa 1565

Inhalt

II. Insolvenzordnung und Gesellschaftsrecht 1567
    1. Schutz Dritter vor den Auswirkungen insolvenzbedrohter unternehmerischer Aktivität 1568
    2. Insolvenzgesellschaftsrecht 1572
    3. Ausblick 1577

§ 92. Die GmbH in der Insolvenz

I. Rechtstatsächliches 1596
II. Gesellschaftsrechtliches Frühwarnsystem im Vorfeld der Insolvenz/gesellschaftsrechtliche Instrumente zur Abwendung der Krise 1598
    1. Das gesellschaftsrechtliche „Frühwarnsystem" 1598
    2. Die vereinfachte Kapitalherabsetzung (§§ 58 a ff GmbHG) als ein (vorbereitendes) Instrument zur Krisenbewältigung 1600
    3. Haftungsrisiken für den Gesellschafter im Rahmen außergerichtlicher Sanierungsverhandlungen 1603
    4. Haftungsrisiken des Geschäftsführers im Rahmen außergerichtlicher Sanierungen 1609
III. Die Insolvenzfähigkeit 1611
IV. Die Insolvenzgründe 1611
V. Der Insolvenzantrag 1611
    1. Das antragsberechtigte Organ 1611
    2. Die Rücknahme des Insolvenzantrags 1618
    3. Die Pflicht zur Stellung des Antrags 1620
    4. Haftungsrechtliche Folgen bei verspäteter Antragstellung 1629
    5. Folgen bei „verfrühter" Antragstellung 1653
VI. Stellung und Pflichten des Geschäftsführers bis zur Verfahrenseröffnung 1656
    1. Die Stellung des Geschäftsführers 1656
    2. Die unternehmerischen Pflichten des Geschäftsführers 1658
    3. Die verfahrensrechtlichen Rechte und Pflichten im Insolvenzeröffnungsverfahren 1682
    4. Auswirkungen der Sicherungsanordnungen auf den Aufgaben- und Pflichtenkreis des Geschäftsführers 1686
VII. Stellung und Pflichten der Gesellschafter in der „führungslosen Gesellschaft" bis zur Verfahrenseröffnung 1688
VIII. Wirkungen der Verfahrenseröffnung bzw. der Abweisung des Insolvenzantrags 1688
    1. Eröffnungsvoraussetzungen 1688
    2. Die Ablehnung der Verfahrenseröffnung mangels Masse 1691
    3. Die Verfahrenseröffnung 1702
IX. Die Insolvenzmasse 1719
    1. Die Firma 1720
    2. Einlageversprechen 1721
    3. Nachschüsse 1724
    4. Sonstige Leistungsversprechen 1724
    5. Ansprüche im Zusammenhang mit der GmbH-Gründung 1726
    6. Ansprüche im Zusammenhang mit Auszahlungen/Ausschüttungen an Gesellschafter 1729
    7. „Eigenkapitalersetzende Gesellschafterleistungen" 1738
    8. Ansprüche wegen Missmanagement 1778
    9. Gesamt(-gläubiger-)schäden 1782
    10. Finanzplankredite 1789
    11. Beteiligungen 1793
X. Abschluss des Insolvenzverfahrens, Vollbeendigung der Gesellschaft, Nachtragsverteilung und Fortsetzung der Gesellschaft 1795
    1. Fehlende Massekostendeckung 1795
    2. Masseunzulänglichkeit 1795
    3. Überschuss bei Schlussverteilung 1797
    4. Fortsetzung der Gesellschaft nach Abschluss des Insolvenzverfahrens 1798

Inhaltsverzeichnis

XI. Rechtslage vor Eintragung der GmbH 1799
    1. Verhältnisse vor Abschluss des Gesellschaftsvertrages (Vorgründungsgesellschaft) 1799
    2. Die Vor-GmbH 1800
XII. Die aufgelöste GmbH 1806

§ 93. Sonstige Juristische Personen in der Insolvenz
I. Die Aktiengesellschaft 1810
    1. Rechtstatsächliches 1810
    2. Die Insolvenzfähigkeit 1811
    3. Die Insolvenzgründe 1812
    4. Der Insolvenzantrag 1812
    5. Pflichten des Vorstands und des Aufsichtsrats bis zur Verfahrenseröffnung 1815
    6. Die Aktiengesellschaft im Schutzschirmverfahren (§ 270b InsO) 1816
    7. Die Entscheidung über die Verfahrenseröffnung und ihre Folgen 1817
    8. Die Insolvenzmasse 1831
    9. Insolvente AG und Kapitalmarkt 1837
    10. Die Aktiengesellschaft im Insolvenzplanverfahren 1848
    11. Die Aktiengesellschaft in der Eigenverwaltung 1849
    12. Beendigung des Verfahrens 1850
    13. Besonderheiten bei der KGaA 1850
    14. Insolvenz des Aktionärs 1851
II. Die Genossenschaft 1851
    1. Rechtstatsächliches 1852
    2. Die Insolvenzfähigkeit 1852
    3. Die Insolvenzgründe 1852
    4. Das Insolvenzantragsrecht 1853
    5. Die Insolvenzantragspflicht 1854
    6. Sonstige Pflichten 1855
    7. Die Genossenschaft im Schutzschirmverfahren (§ 270b InsO) 1855
    8. Die Entscheidung über die Verfahrenseröffnung und ihre Folgen 1855
    9. Die Insolvenzmasse 1858
    10. Die Nachschusspflicht der Mitglieder 1859
    11. Die Genossenschaft im Insolvenzplanverfahren 1862
    12. Die Genossenschaft in der Eigenverwaltung 1863
    13. Beendigung des Verfahrens 1863
    14. Fortsetzung der Genossenschaft 1864
    15. Insolvenz des Mitglieds 1864
III. Der rechtsfähige Verein 1865
    1. Rechtstatsächliches 1865
    2. Die Insolvenzfähigkeit 1866
    3. Die Insolvenzgründe 1867
    4. Das Insolvenzantragsrecht 1867
    5. Die Insolvenzantragspflicht 1868
    6. Der Verein im Schutzschirmverfahren (§ 270b InsO) 1870
    7. Die Entscheidung über die Verfahrenseröffnung und ihre Folgen 1870
    8. Die Insolvenzmasse 1874
    9. Der Verein im Insolvenzplanverfahren 1881
    10. Der Verein in der Eigenverwaltung 1882
    11. Abschluss des Verfahrens und Vollbeendigung des Vereins 1882
    12. Abschluss des Verfahrens und Fortsetzung des Vereins 1883
    13. Insolvenz des Mitglieds 1884
IV. Der nichtrechtsfähige Verein 1884
    1. Die Insolvenzfähigkeit 1884
    2. Die Insolvenzgründe 1885
    3. Antragsrecht und Antragspflicht 1886
    4. Die Insolvenzmasse 1886
    5. Insolvenz des Mitglieds 1886

Inhalt

V. Die Stiftung 1886
    1. Rechtstatsächliches 1886
    2. Die Insolvenzfähigkeit 1886
    3. Die Insolvenzgründe 1887
    4. Insolvenzantragsrecht und -pflicht 1887
    5. Die Entscheidung über die Verfahrenseröffnung und ihre Folgen 1888
    6. Die Insolvenzmasse 1888
    7. Abschluss des Verfahrens und Vollbeendigung der Stiftung 1888
    8. Insolvenz des Stifters 1889
VI. Supranationale Gesellschaftsformen 1889
    1. Die Europäische Aktiengesellschaft 1889
    2. Die Europäische Genossenschaft 1889
    3. Die Europäische Privatgesellschaft 1889
    4. Die Europäische Stiftung 1890
    5. Der Europäische Verein 1890
VII. Branchenspezifische Sondervorschriften 1890
    1. Versicherungsunternehmen 1890
    2. Kapitalverwaltungsgesellschaften, extern verwaltete Investmentgesellschaften, EU-Verwaltungsgesellschaften oder ausländische AIF-Verwaltungsgesellschaften 1891
    3. Kreditinstitute und Unternehmen des Finanzsektors 1891
VIII. Juristische Personen des öffentlichen Rechts 1891

§ 94. Insolvenz der Personengesellschaften

I. OHG und KG 1895
    1. Rechtstatsächliches 1896
    2. Gesetzestypische und kapitalistische Personenhandelsgesellschaften 1898
    3. Unterscheidung von Gesellschafts- und Gesellschafterinsolvenz 1898
    4. Die Insolvenz der Gesellschaft 1899
    5. OHG und KG im Insolvenzplanverfahren 1929
    6. OHG und KG in der Eigenverwaltung 1930
    7. Die Insolvenz des Gesellschafters 1931
    8. Die Insolvenz von Gesellschaft und Gesellschafter 1935
II. Die Partnerschaftsgesellschaft 1939
III. Europäische Wirtschaftliche Interessensvereinigung (EWIV) 1940
IV. BGB-Gesellschaft 1941
    1. Allgemeines 1941
    2. Insolvenzfähigkeit 1942
    3. Die Insolvenzgründe 1943
    4. Antragsrecht und Antragspflicht 1943
    5. Die GbR im Schutzschirmverfahren (§ 270b InsO) 1943
    6. Eröffnung, Abwicklung, Beendigung des Insolvenzverfahrens 1944
    7. Die GbR im Insolvenzplanverfahren und in der Eigenverwaltung 1944
    8. Gesellschafterinsolvenz 1944
V. Die kapitalistische Personengesellschaft (insbesondere Kapitalgesellschaft & Co. KG) ... 1944
    1. Die Insolvenzfähigkeit 1945
    2. Die Eröffnungsgründe 1945
    3. Der Insolvenzantrag 1946
    4. Pflichten der organschaftlichen Vertreter bis zur Verfahrenseröffnung ... 1951
    5. Die kapitalistische Personengesellschaft im Schutzschirmverfahren (§ 270b InsO) ... 1952
    6. Entscheidung über die Verfahrenseröffnung 1953
    7. Die Insolvenzmasse 1953
    8. Die kapitalistische Personengesellschaft im Insolvenzplanverfahren 1957
    9. Die kapitalistische Personengesellschaft in der Eigenverwaltung 1957
    10. Beendigung des Insolvenzverfahrens 1958
VI. Stille Gesellschaft 1958
    1. Allgemeines 1958

Inhalt

    2. Die Insolvenz des Geschäftsinhabers ... 1958
    3. Die mehrgliedrige stille Gesellschaft in der Insolvenz des Inhabers des Handelsgewerbes ... 1963
    4. Die Insolvenz des stillen Gesellschafters ... 1964

§ 95. Konzern und Insolvenz
  I. Konzern; Konzernierungen; Grundlegendes ... 1967
  II. Konzerninsolvenzen – Der Status quo ... 1968
    1. Einführung ... 1968
    2. Lösungsvorschläge der Rechtswissenschaft ... 1969
    3. Konzerngerichtsstandsbegründungen de lege lata ... 1970
    4. Insolvenz und Unternehmensverträge ... 1971
    5. Insolvenz und faktische Konzernierungen ... 1976
  III. Konzerninsolvenzen – Der Regierungsentwurf 2014 ... 1980
    1. Einführung ... 1980
    2. Die Unternehmensgruppe; Anwendungsbereich ... 1981
    3. Der Gruppen-Gerichtsstand ... 1982
    4. Der Gruppen-Insolvenzverwalter ... 1987
    5. Die Kooperationsrechte und -pflichten ... 1988
    6. Das Koordinationsverfahren ... 1990
    7. Eigenverwaltung; Inkrafttreten ... 1993
    8. Anhang: Die Regelungen des Regierungsentwurfs im Wortlaut ... 1993

§ 96. Steuerliche Besonderheiten der Gesellschaftsinsolvenz
  I. Körperschaftsteuer in der Insolvenz der juristischen Person ... 1998
  II. Steuerliche Besonderheiten im Insolvenzverfahren über das Vermögen einer Personengesellschaft ... 2000

Kapitel VIII. Die Stellung der Banken

§ 97. Kreditgeschäft bei Insolvenz
  I. Allgemeines ... 2007
  II. Kreditgeschäft in der Krise ... 2007
    1. Neue Kredite ... 2007
    2. Kündigung ... 2011
    3. Stillhalten ... 2013
  III. Kredite im Insolvenzantragsverfahren ... 2014
    1. Regelinsolvenzverfahren mit vorläufigem Verwalter ... 2014
    2. Eigenverwaltungsantrag ... 2015
  IV. Kredite im Insolvenzverfahren ... 2015
    1. Zugesagte und ausgezahlte Kredite ... 2015
    2. Aufnahme neuer Kredite ... 2016
  V. Kredite im Planverfahren ... 2016
    1. Kredite im eröffneten Verfahren ... 2016
    2. Kredite im Antragsverfahren ... 2016
    3. Kredite im Schutzschirmverfahren ... 2016
  VI. Insolvenzgeldvorfinanzierung ... 2017
  VII. Gesellschafterdarlehen ... 2018
    1. Allgemeines ... 2018
    2. Begriff des Gesellschafterdarlehens ... 2018
    3. Begriff des Darlehensgebers ... 2020
    4. Betroffene Gesellschaftsformen ... 2021
    5. Nachrang im eröffneten Verfahren ... 2022
    6. Anfechtung von Leistungen vor Verfahrenseröffnung ... 2024

Inhalt

§ 98. Auswirkung der Insolvenz auf Bankvertrag und Kontobeziehung

- I. Bankvertrag 2026
  - 1. Allgemeines 2026
  - 2. Geschäftsverbindung und Insolvenz 2026
  - 3. Neue Geschäftsverbindungen 2026
- II. Einzelkonto 2026
  - 1. Kontokorrent 2026
  - 2. Spareinlagen, Termineinlagen 2027
  - 3. Fremdwährungskonten 2027
- III. Besondere Kontoarten 2027
  - 1. Gemeinschaftskonten 2027
  - 2. Konten für Gesellschaften bürgerlichen Rechts 2028
  - 3. Treuhandkonten und Anderkonten 2028
  - 4. Sperrkonten 2029
  - 5. Minderjährigenkonten 2029
  - 6. Insolvenzkonto 2029
  - 7. Pfändungsschutzkonto 2030
- IV. Schrankfächer, Verwahrstücke, Depots 2031
  - 1. Schrankfachmiete 2031
  - 2. Verwahrstücke 2031
  - 3. Depotgeschäft 2031
- V. Bankgeheimnis 2032
  - 1. Insolvenzverfahren 2032
  - 2. Insolvenzantragsverfahren 2032

§ 99. Zahlungsverkehr bei Insolvenz

- I. Überweisungsausgänge 2033
  - 1. Ausführung von Überweisungen vor Zahlungsunfähigkeit und Insolvenzantrag 2033
  - 2. Ausführung von Überweisungen nach Zahlungsunfähigkeit und Insolvenzantrag 2033
  - 3. Überweisungsaufträge nach Anordnung von Verfügungsbeschränkungen 2034
  - 4. Überweisungsaufträge nach Insolvenzeröffnung 2035
- II. Überweisungseingänge 2036
  - 1. Berechtigung der Bank zur Gutschrift 2036
  - 2. Berechtigung der Bank zur Verrechnung 2038
- III. Einlösung von Schecks 2042
  - 1. Zeitpunkt der Einlösung 2042
  - 2. Fortdauer der Scheckverpflichtung 2042
- IV. Einzug von Schecks 2042
  - 1. Warnpflicht 2042
  - 2. Sicherungseigentum am Scheck 2043
- V. Einzug und Einlösung von Wechseln 2043
- VI. Einlösung von Lastschriften 2043
  - 1. Zeitpunkt der Einlösung 2044
  - 2. Widerspruch gegen die Belastung/Erstattungsanspruch 2044
  - 3. Missbräuchliche Widersprüche 2045
- VII. Einzug von Lastschriften 2045
  - 1. Zeitpunkt des Eingangs 2045
  - 2. Widerspruch des Zahlungspflichtigen/Erstattungsanspruch 2046
- VIII. Zahlungsverkehrssysteme 2046

§ 100. Leasing

- I. Allgemeines 2047
- II. Insolvenz des Leasing-Nehmers 2047
  - 1. Mobilien-Leasing 2048
  - 2. Immobilien-Leasing 2049
  - 3. Leasing als Kauf 2050

Inhaltsverzeichnis

III. Insolvenz des Leasing-Gebers 2050
    1. Mobilien-Leasing 2050
    2. Immobilien-Leasing 2051

§ 101. Bürgschafts- und Garantiegeschäft

I. Allgemeines 2052
II. Insolvenz des Auftraggebers 2052
    1. Garantieauftrag vor Insolvenzantrag 2052
    2. Garantieauftrag nach Insolvenzantrag 2054
    3. Garantieauftrag nach Anordnung vorläufiger Maßnahmen 2054
    4. Garantieauftrag nach Insolvenzeröffnung 2055
    5. Anspruch auf Befreiung von dem Aval 2055
    6. Missbräuchliche Inanspruchnahme 2055
III. Insolvenz des Begünstigten 2056

§ 102. Finanzleistungen bei Insolvenz

I. Arten und Rechtsnatur der Finanzleistungen 2057
    1. Edelmetallgeschäfte 2058
    2. Wertpapiere 2058
    3. Wertpapieren vergleichbare Rechte 2058
    4. Geldleistungen in ausländischer Währung 2058
    5. Fremdbestimmte Geldleistungen 2058
    6. Optionen 2059
II. Optionsgeschäfte in Wertpapieren bei Insolvenz 2059
    1. Risikoerhöhung 2059
    2. Optionsgeschäfte vor Verfahrenseröffnung 2061
    3. Optionsgeschäfte bei Verfahrenseröffnung 2063
III. Rahmenverträge über Finanzleistungen 2063
    1. Anwendungsbereich 2063
    2. Beendigung der Finanztermingeschäfte 2064
IV. Finanzsicherheiten 2064
    1. Vertragsparteien 2064
    2. Sicherungszweck 2065
    3. Sicherungsgut 2065
    4. Wirksamkeit der Bestellung von Finanzsicherheiten 2065
    5. Verwertung von Finanzsicherheiten 2066
V. Verkäufe und Verbriefungen von Kreditforderungen 2067
    1. Vertragskonstruktionen 2067
    2. Insolvenzfestigkeit der Treuhandhaltung von Sicherheiten 2068
    3. Auswirkungen des Wahlrechts des Insolvenzverwalters 2070

§ 103. Bankinsolvenzen

I. Allgemeines 2072
II. Gegenüber allen Kreditinstituten zulässige Maßnahmen der Bankenaufsicht 2072
    1. Verbesserung der Eigenmittelausstattung 2072
    2. Sonderbeauftragter 2073
    3. Maßnahmen bei Gefahr (§ 46 KWG) 2073
    4. Wirkung der Schalterschließung 2077
    5. Einstellung des Bank- und Börsenverkehrs (§ 46g KWG) 2077
    6. Sanierungsverfahren 2077
    7. Insolvenzantragsverfahren 2078
    8. Eröffnung eines Insolvenzverfahrens 2079
III. Entschädigung durch Sicherungseinrichtungen 2081
    1. Gesetzliche Entschädigungseinrichtungen 2082
    2. Institutssichernde und freiwillige Sicherungssysteme 2083

Inhalt

    3. Einlagensicherung durch den Bundesverband deutsche Banken e.V. 2084
    4. Institutssicherung der Sparkassen- und Giroverbände 2085
    5. Sicherungseinrichtung der Genossenschaftsbanken 2086
  IV. Sonderregelungen für systemrelevante Kreditinstitute 2086
    1. Maßnahmen nach den Finanzmarktstabilisierungsgesetzen 2088
    2. Bedingungen für Stabilisierungsmaßnahmen 2094
    3. Schutz von Stabilisierungsmaßnahmen 2095
  V. Übertragungsverfahren 2096
    1. Verhältnis zum Sanierungs- oder Reorganisationsverfahren 2096
    2. Gegenstand der Übertragung 2097
    3. Haftungsverhältnisse 2097
    4. Gegenleistung 2098
    5. Schutz der Übertragung 2098
  VI. Reorganisationsplanverfahren 2098
    1. Inhalt des Reorganisationsplans 2099
    2. Verfahren 2100
VII. Errichtung eines Restrukturierungsfonds 2100

Kapitel IX. Arbeitsrecht und Insolvenz

§ 104. Grundsätze des Arbeitsrechts in der Insolvenz

  I. Überblick 2105
    1. Das insolvenzspezifische Arbeitsrecht 2105
    2. Rechtsquellen des Arbeitsrechts 2110
  II. Der Einfluss der Insolvenz auf bestehende Arbeitsverhältnisse 2113
    1. Insolvenzeröffnungsverfahren und Insolvenzeröffnung 2113
    2. Insolvenzverwalter in Wahrnehmung der Arbeitgeberfunktionen 2118
    3. Der Arbeitnehmer in der Insolvenz 2124
    4. Individualarbeitsrechtliche Ansprüche 2136
    5. Tarifvertragliche Ansprüche 2142
    6. Betriebsverfassungsrechtliche Ansprüche 2144
    7. Arbeitskampfrecht 2146
  III. In der Insolvenz neu entstehende Arbeitsverhältnisse 2147

§ 105. Kündigung und Kündigungsschutz in der Insolvenz

  I. Überblick 2151
    1. Nicht in Vollzug gesetzte Arbeitsverhältnisse 2151
    2. Nachwirkungen beendeter Arbeitsverhältnisse 2153
    3. In Vollzug gesetzte Arbeitsverhältnisse 2154
  II. Ordentliche Kündigung des Insolvenzverwalters 2166
    1. Die Kündigungserklärung 2166
    2. Die Kündigungsfristen 2173
  III. Allgemeiner Kündigungsschutz 2177
    1. Voraussetzungen 2177
    2. Sozialwidrigkeit der Kündigung 2180
    3. Erhebung der Kündigungsschutzklage in der Insolvenz 2193
  IV. Besonderer Kündigungsschutz 2196
    1. Überblick 2196
    2. Kündigungsschutz im Rahmen der Betriebsverfassung 2197
    3. Kündigungsschutz der schwerbehinderten Menschen SGB IX 2198
    4. Kündigungsschutz für Schwangere und Wöchnerinnen 2200
    5. Kündigungsschutz nach dem Bundeselterngeld- und Elternzeitgesetz (BEEG) 2202
    6. Weitere Einzelfälle besonderen Kündigungsschutzes 2205
  V. Außerordentliche Kündigung durch den Insolvenzverwalter 2206
    1. Überblick 2206
    2. Kündigungsgründe 2207

3. Die Ausschlussfrist des § 626 II BGB 2210
   4. Kundgabe und Nachschieben von Kündigungsgründen 2212
   5. Rechtswirkungen 2213
 VI. Die Änderungskündigung 2214
   1. Rechtsformen 2214
   2. Reaktionen des Arbeitnehmers 2215
   3. Kündigungsschutz 2216
 VII. Der Weiterbeschäftigungsanspruch 2217
   1. Überblick 2217
   2. Der „betriebsverfassungsrechtliche" Weiterbeschäftigungsanspruch ... 2218
   3. Der „allgemeine" Weiterbeschäftigungsanspruch 2220
 VIII. Die Massenentlassung 2224
   1. Sinn und Zweck der Massenentlassungsanzeige 2224
   2. Anwendungsbereich 2225
   3. Anzeigepflichtige Entlassungen 2226
   4. Beteiligung des Betriebsrats 2227
   5. Mindest- und Sollangaben der Anzeige 2227
   6. Rechtsfolgen einer unterbliebenen oder fehlerhaften Anzeige 2229
   7. Entlassungssperre gemäß § 18 KSchG 2229
 IX. Kündigung durch den Arbeitnehmer 2230
   1. Kündigungsfrist 2230
   2. Wichtiger Grund 2231
   3. Schriftform 2231
   4. Auflösungsverschulden 2231
   5. Lemgoer Modell 2232

§ 106. Betriebsübergang und übertragende Sanierung
 I. Betriebsübergang 2236
   1. Allgemeines 2236
   2. Die Regelung des § 613a BGB (Überblick) 2238
   3. Die Tatbestandsvoraussetzungen des § 613a I BGB 2241
   4. Die Rechtsfolgen des § 613a I BGB 2253
   5. Die Unwirksamkeit einer Kündigung gem § 613a IV BGB 2257
   6. Haftungsbeschränkungen 2258
   7. Haftung des Betriebsveräußerers 2261
   8. Unterrichtung und Widerspruch 2261
 II. Übertragende Sanierung in der Insolvenz 2264
   1. Erwerberkonzept 2264
   2. Soziale Auswahl 2266
   3. Betriebsteilveräußerung 2267
   4. Einschaltung einer Transfergesellschaft 2269
   5. Interessenausgleich mit Namenliste 2270
   6. Betriebsstilllegung 2273
   7. Wiedereinstellungsanspruch bei nachträglichem Betriebsübergang? .. 2274

§ 107. Ansprüche der Arbeitnehmer, Geltendmachung und Befriedigung
 I. Überblick 2283
   1. Grundsätze 2283
   2. Ansprüche aus der Zeit vor Insolvenzeröffnung 2284
   3. Ansprüche aus der Zeit nach Insolvenzeröffnung 2286
   4. Zeitliche Bestimmung 2288
 II. Einzelne Arbeitnehmeransprüche 2288
   1. Bonuszahlungen 2288
   2. Gratifikationen 2289
   3. Gewinnbeteiligungen 2290
   4. Urlaubsentgelt/Urlaubsgeld 2290
   5. Urlaubsabgeltung 2292

XLVII

Inhalt

      6. Abfindungen 2294
      7. Schadensersatzansprüche 2295
      8. Sozialplanansprüche 2296
      9. Nachteilsausgleichsansprüche 2307
    10. Ansprüche aus betrieblicher Altersversorgung 2311
    11. Altersteilzeit 2312
    12. Ansprüche auf Entschädigung aus einer Wettbewerbsabrede 2314
    13. Ansprüche des Arbeitnehmererfinders 2317
    14. Ansprüche der in Land- und Forstwirtschaft Beschäftigten 2318
    15. Aufwendungen des Betriebsrates 2318
    16. Kosten der Einigungsstelle 2319
  III. Neumasseverbindlichkeiten 2320
      1. Definition der Neumasseverbindlichkeiten 2320
      2. Arbeitnehmer als Massegläubiger 2320
  IV. Sozialversicherungsbeiträge in der Insolvenz 2325
      1. Sozialversicherungsbeiträge für den Zeitraum vor Insolvenzeröffnung 2325
      2. Sozialversicherungsbeiträge für den Zeitraum nach Insolvenzeröffnung 2326
      3. Anfechtung 2326
  V. Insolvenzrechtliche Behandlung der Arbeitnehmeransprüche 2327
      1. Anmeldepflichtige Forderungen 2327
      2. Nichtanmeldepflichtige Forderungen 2328
      3. Arbeitnehmer als Massegläubiger 2328
      4. Verfahren bei Masseunzulänglichkeit 2329
      5. Aufnahme unterbrochener Verfahren 2331
      6. Arbeitnehmer als Insolvenzgläubiger 2334
  VI. Arbeitnehmeransprüche in der Gesellschafter-Insolvenz 2335

§ 108. Mitbestimmung in der Insolvenz

    I. Allgemeine Grundsätze 2338
      1. Überblick 2338
      2. Beteiligung des Betriebsrats bei Einleitung des Insolvenzverfahrens 2339
      3. Beteiligung des Betriebsrats bei Durchführung des Insolvenzverfahrens 2342
   II. Mitbestimmungsrecht des Betriebsrats bei Betriebsänderungen in der Insolvenz 2343
      1. Betriebsgröße 2343
      2. Planung einer Betriebsänderung 2347
      3. Unterrichtung und Beratung 2352
      4. Schriftform des Interessenausgleichs 2354
      5. Beschleunigtes Einigungsstellenverfahren 2354
      6. Gerichtliche Zustimmung zur Durchführung von Betriebsänderungen 2355
      7. Nachteilsausgleich 2358
      8. Interessenausgleich mit Namensliste 2367
      9. Beschlussverfahren zum Kündigungsschutz 2380
    10. Anhörung des Betriebsrats 2384
    11. Konsultations- und Anzeigepflicht bei Massenentlassungen 2386
    12. Der Sozialplan in der Insolvenz 2387
 III. Unterbrechung und Aufnahme von Beschlussverfahren 2394

§ 109. Betriebliche Altersversorgung in der Insolvenz

    I. Vorbemerkung 2397
   II. Insolvenzschutz der Betrieblichen Altersversorgung 2397
      1. Betriebliche Altersversorgung 2397
      2. Umfang des Insolvenzschutzes 2398

§ 110. Soziale Sicherung in der Insolvenz

    I. Absicherung der Arbeitnehmeransprüche bei Insolvenz des Arbeitgebers ... 2425
      1. Vergütungsansprüche vor Insolvenzeröffnung 2425
      2. Vergütungsansprüche nach Insolvenzeröffnung 2426

Inhalt

- II. Insolvenzgeld (Insg) 2426
  - 1. Zweck und Bedeutung des Insolvenzgeldes 2426
  - 2. Anspruchsvoraussetzungen 2427
  - 3. Höhe des Insolvenzgeldes 2435
  - 4. Europarechtliche Einflüsse 2436
  - 5. Vorfinanzierung von Insolvenzgeld 2437
  - 6. Auskunftspflichten und Insg-Bescheinigung 2438
- III. Kurzarbeitergeld (Kug) 2439
  - 1. Zweck 2439
  - 2. Anspruchsvoraussetzungen 2440
  - 3. Leistungsumfang 2441
  - 4. Antrag 2442
  - 5. Transfermaßnahmen/Transferkurzarbeitergeld 2442
- IV. Arbeitslosengeld (Alg) 2445
  - 1. Überblick 2445
  - 2. Die Anspruchsvoraussetzungen im Einzelnen 2445
  - 3. Persönliche Meldepflicht 2446
  - 4. Höhe des Arbeitslosengeldes 2447
  - 5. Ruhen des Anspruchs auf Arbeitslosengeld und „Gleichwohlgewährung" ... 2449
  - 6. Aufhebungsvertrag und Sperrzeit 2450

Kapitel X. Die Nachlassinsolvenz

§ 111. Allgemeines

- I. Wesen und Zweck 2455
  - 1. Besonderes Insolvenzverfahren 2455
  - 2. Einheitliches Verfahren trotz Erbenmehrheit 2455
  - 3. Mittel zur Haftungsbeschränkung der Erben 2455
- II. Rechtsgrundlagen 2456
- III. Nachlassinsolvenz und Insolvenzrechtsreform 2456
- IV. Bedeutung der Nachlassinsolvenz in der Praxis 2456
  - 1. Wirtschaftliche Bedeutung 2456
  - 2. Bedeutung als Mittel der Haftungsbeschränkung 2457
- V. Verhältnis zu anderen Mitteln der Haftungsbeschränkung 2458
  - 1. Nachlassverwaltung 2458
  - 2. Einrede der Unzulänglichkeit des Nachlasses 2458
- VI. Analoge Anwendung der §§ 315 ff InsO bei vollbeendeten Personengesellschaften? 2458

§ 112. Die Beteiligten und ihre Rechtsstellung

- I. Erbe als Schuldner 2459
  - 1. Alleinerbe 2459
  - 2. Mehrheit von Erben 2461
  - 3. Vorerbe und Nacherbe 2461
  - 4. Erbschaftskauf 2461
- II. Weitere Beteiligte auf Schuldnerseite 2461
  - 1. Nachlassempfänger 2461
  - 2. Testamentsvollstrecker 2461
- III. Insolvenzverwalter 2462
  - 1. Auswahl des Nachlassinsolvenzverwalters 2462
  - 2. Rechtsstellung 2462
  - 3. Besonderheiten 2462
- IV. Gläubiger 2463
  - 1. Verfahrensbeteiligte Gläubiger 2463
  - 2. Kreis der Nachlassverbindlichkeiten 2463
  - 3. Nachlassverbindlichkeiten als Masse- oder Insolvenzforderungen . 2464

Inhalt

§ 113. Eröffnung des Insolvenzverfahrens über einen Nachlass
- I. Zulässigkeit der Eröffnung 2465
  - 1. Eröffnung vor Erbschaftsannahme 2465
  - 2. Eröffnung trotz unbeschränkter Erbenhaftung 2465
  - 3. Eröffnung trotz Nachlassteilung 2465
- II. Antragsbefugnis 2466
  - 1. Antragsberechtigung auf Schuldnerseite 2466
  - 2. Antragsberechtigte auf Gläubigerseite 2467
- III. Antragspflicht 2468
  - 1. Erbe und Nachlassverwalter 2468
  - 2. Keine Antragspflicht für Nachlasspfleger und Testamentsvollstrecker 2469
- IV. Anforderungen an einen Antrag 2469
  - 1. Schuldnerantrag 2469
  - 2. Gläubigerantrag 2470
- V. Eröffnungsgründe 2470
  - 1. Erweiterung der Eröffnungsgründe durch die Insolvenzordnung 2470
  - 2. Überschuldung 2470
  - 3. Zahlungsunfähigkeit und drohende Zahlungsunfähigkeit 2471
- VI. Beschwerdeberechtigung 2472
- VII. Insolvenzkostenhilfe 2472
- VIII. Eigenverwaltung 2473
- IX. Überleitung einer Regelinsolvenz in eine Nachlassinsolvenz 2473
  - 1. Tod des Schuldners vor Eröffnung des Regelinsolvenzverfahrens 2473
  - 2. Tod des Schuldners nach Eröffnung des Regelinsolvenzverfahrens 2473
  - 3. Tod des Schuldners vor oder nach Eröffnung des Verbraucherinsolvenz- oder Kleinverfahrens 2474
- X. Zuständiges Insolvenzgericht 2475
  - 1. Örtliche und sachliche Zuständigkeit 2475
  - 2. Internationale Zuständigkeit 2475
- XI. Nachlassinsolvenz über das Vermögen eines für tot Erklärten 2476
- XII. Auswirkungen der Eröffnung des Nachlassinsolvenzverfahrens aus anhängige Prozesse, Vollstreckungsmaßnahmen und Verfahren nach dem FamG 2476
- XIII. Nachlassinsolvenz und Restschuldbefreiung 2477
  - 1. Tod des Schuldners während des Insolvenzverfahrens 2477
  - 2. Tod des Schuldners während und nach der Wohlverhaltensperiode 2477
  - 3. Widerruf der Restschuldbefreiung nach dem Tod des Schuldners 2478

§ 114. Masse der Nachlassinsolvenz
- I. Umfang der Insolvenzmasse 2478
  - 1. Nachlass 2478
  - 2. Geschäftsbetrieb als Massebestandteil 2482
  - 3. Gesellschaftsanteil an Kapitalgesellschaft und Nachlassinsolvenz 2483
  - 4. Personengesellschaftsanteil und Nachlassinsolvenz 2483
- II. Erweiterung der Anfechtbarkeit 2488
  - 1. Anwendung der allgemeinen Vorschriften 2488
  - 2. Erweiterte Anfechtbarkeit 2489
- III. Einschränkung der Absonderungsrechte 2490
  - 1. Keine abgesonderte Befriedigung auf Grund einer Vollstreckungsmaßnahme 2490
  - 2. Grund der Einschränkung 2491
  - 3. Materiell-rechtlicher Gehalt des § 321 InsO 2491
  - 4. Keine Rückgabe des Vollstreckungserlöses 2492
  - 5. Vollstreckung auf Grund vertraglicher oder gesetzlicher Pfandrechte 2492
- IV. Zurückbehaltungsrecht und Aufrechnung 2492
  - 1. Zurückbehaltungsrecht 2492
  - 2. Aufrechnung 2493
- V. Freigabe aus der (Nachlass-)Insolvenzmasse 2493

§ 115. Befriedigung der Nachlassgläubiger

   I. Masseverbindlichkeiten 2494
      1. Die gleichen Masseverbindlichkeiten wie in der Regelinsolvenz 2494
      2. Erweiterung des Kreises der Masseverbindlichkeiten 2495
      3. Reihenfolge 2496
      4. Rechtliche Stellung 2496
   II. Erbe als Nachlassinsolvenzgläubiger 2497
      1. Ansprüche auf Grund des Wiederauflebens erloschener Rechtsverhältnisse 2497
      2. Ansprüche wegen der Berichtigung von Nachlassverbindlichkeiten 2497
   III. Anmeldung der Nachlassinsolvenzforderungen 2498
   IV. Rangordnung bei der Befriedigung von Nachlassverbindlichkeiten 2499
      1. Teilnahme aller Nachlassgläubiger 2499
      2. Voll- und minderberechtigte Nachlassgläubiger 2499
      3. Im Aufgebotsverfahren ausgeschlossene Nachlassgläubiger als minderberechtigte Insolvenzgläubiger 2501
      4. Rang der für minderberechtigte Forderungen aufgelaufenen Zinsen 2502
      5. Die minderberechtigten Nachlassgläubiger im Nachlassinsolvenzverfahren 2502
   V. Beschränkung bei der Befriedigung bestimmter nachrangiger Nachlassverbindlichkeiten 2502
      1. Beschränkung bei der Rückgewähr auf Grund Anfechtung 2502
      2. Beschränkung der Ersatzleistungen des Erben 2503
   VI. Befriedigung von Nachlassverbindlichkeiten außerhalb des Nachlassinsolvenzverfahrens? 2504
      1. Beschränkt haftender Erbe 2504
      2. Unbeschränkt haftender Erbe 2504

§ 116. Insolvenzplan

   I. Abschluss des Insolvenzplans 2505
      1. Zulässigkeit des Insolvenzplans 2505
      2. Planinitiativrecht 2505
      3. Beteiligte 2505
   II. Wirkungen des Insolvenzplans 2506
      1. Haftung des Erben entsprechend des Insolvenzplans 2506
      2. Haftung gegenüber den nicht vom Insolvenzplan betroffenen Gläubigern 2506

§ 117. Beendigung des Nachlassinsolvenzverfahrens

   I. Aufhebung und Einstellung 2507
      1. Geltung der allgemeinen Vorschriften 2507
      2. Haftungsrechtliche Besonderheit 2507
   II. Haftung des Erben nach Beendigung des Nachlassinsolvenzverfahrens 2507
      1. Aufhebung des Eröffnungsbeschlusses 2507
      2. Beendigung durch Verteilung der Masse 2507
      3. Einstellung mit Zustimmung der Gläubiger 2509
      4. Einstellung oder Ablehnung mangels Masse oder infolge Masseunzulänglichkeit 2509

§ 118. Besondere Fälle

   I. Nacherbfolge 2510
      1. Eintritt der Nacherbfolge nach Eröffnung der Nachlassinsolvenz 2510
      2. Eintritt der Nacherbfolge vor Eröffnung der Nachlassinsolvenz 2510
      3. Stellung des Vorerben nach dem Nacherbfall 2510
   II. Erbschaftskauf 2511
      1. Erbschaftskauf 2511
      2. Materiell-rechtliche Wirkung des Erbschaftskaufs 2511
      3. Nachlassinsolvenz nach Erbschaftskauf 2511
      4. Verwandte Verträge 2513

Inhalt

§ 119. Verhältnis der Nachlassinsolvenz zur Erben- und zur Gesamtvermögensinsolvenz

- I. Insolvenzverfahren mit und ohne Einbeziehung des Nachlasses 2514
  1. Nachlassinsolvenz und Erbeninsolvenz 2514
  2. Gesamtvermögensinsolvenz 2514
  3. Eigeninsolvenz über das Vermögen eines Miterben 2515
- II. Zusammentreffen von Nachlass- und Erbeninsolvenz 2515
  1. Rechtliche Selbstständigkeit der getrennten Verfahren 2515
  2. Einschränkung der Nachlassgläubiger in der Erbeninsolvenz 2515
  3. Erbeninsolvenz und Nachlassverwaltung 2516
  4. Erbeninsolvenz und Testamentsvollstreckung 2516
- III. Nachlassgläubiger bei einem zum Gesamtgut gehörenden Nachlass 2516
  1. Allgemeine Voraussetzungen für die entsprechende Anwendung des § 331 I InsO 2516
  2. Einzelheiten der Anwendbarkeit des § 331 II InsO 2517

Kapitel XI. Steuerrecht

§ 120. Verhältnis des Steuerrechts zum Insolvenzrecht 2522

§ 121. Allgemeine insolvenzrechtliche Regelungen

- I. Übersicht 2524
- II. Pflichtverletzungen im Vorfeld einer Insolvenz 2524
- III. Anfechtbare Rechtshandlungen der Finanzbehörde 2525
- IV. Besteuerung internationaler Insolvenzen 2527

§ 122. Einkommensteuer im Insolvenzverfahren

- I. Das einheitliche Einkommen in der Insolvenz 2529
- II. Zurechnung des Einkommens und der Verluste 2530
- III. Insolvenzrechtliche Einordnung und Aufteilung der Einkommensteuerschuld 2532
- IV. Versteuerung der stillen Reserven 2534
- V. Einkommensteuer bei Absonderungsrechten 2535
- VI. Vorauszahlungen und Abschlusszahlungen 2535
- VII. Veranlagung von Ehegatten 2537

§ 123. Lohnsteuer im Insolvenzverfahren

- I. Insolvenzverfahren über das Vermögen des Arbeitnehmers 2538
- II. Insolvenzverfahren über das Vermögen des Arbeitgebers 2539
  1. Lohnsteuerabzug durch den Insolvenzverwalter 2539
  2. Pauschalierung der Lohnsteuer, §§ 40 ff EStG 2540
- III. Übergang der Lohnsteuerforderung auf die Bundesagentur für Arbeit 2541
- IV. Lohnsteuer bei vorläufiger Insolvenzverwaltung 2541

§ 124. Umsatzsteuer im Insolvenzverfahren

- I. Die Einordnung der Umsatzsteuerforderung 2542
- II. Fragen des Vorsteuerabzugs 2545
- III. Umsatzsteuerliche Probleme beim Werkvertrag 2548
  1. Unternehmerinsolvenz 2548
  2. Bestellerinsolvenz 2550
- IV. Freigabe von Massegegenständen 2550
- V. Umsatzsteuer bei Absonderungsrechten 2550
- VI. Ermittlung der Umsatzsteuerschuld 2551

§ 125. Sonstige Steuerarten im Insolvenzverfahren

- I. Gewerbesteuer 2553
- II. Grunderwerbsteuer 2554

Inhaltsverzeichnis

Inhalt

    III. Grundsteuer 2554
    IV. Kraftfahrzeugsteuer 2554
    V. Erbschaftsteuer 2555
    VI. Investitionszulage 2556
    VII. Zölle und andere Grenzabgaben 2556
    VIII. Verbrauchsteuern 2557

§ 126. Die verfahrensmäßige Behandlung der Steuerforderungen

    I. Insolvenzantrag der Finanzbehörde 2557
    II. Beteiligung von Steuerforderungen an dem Insolvenzverfahren 2559
        1. Insolvenzforderungen 2559
        2. Masseverbindlichkeiten 2563
    III. Durchsetzung gegenüber dem Schuldner 2564
    IV. Steuererstattungsansprüche 2564
    V. Steueransprüche nach Beendigung des Insolvenzverfahrens 2566
    VI. Steueransprüche bei Restschuldbefreiung 2567
    VII. Steueransprüche im Verbraucherinsolvenzverfahren 2568

Kapitel XII. Insolvenzstrafrecht

§ 127. Das Insolvenzstrafrecht

    I. Einführung 2573
        1. Praktische Bedeutung des Insolvenzstrafrechts 2574
        2. Gegenstand des Insolvenzstrafrechts 2574
        3. Insolvenzstraftaten im engeren und im weiteren Sinne 2575
    II. Entstehungsgeschichte 2576
    III. Unternehmenssanierung und Insolvenzstrafrecht 2577
    IV. Die Insolvenzdelikte der §§ 283 ff. StGB – allgemeine Strafbarkeitsvoraussetzungen 2578
        1. Täterkreis 2578
        2. Die wirtschaftliche Krise 2583
        3. Objektive Strafbarkeitsbedingung 2590
        4. Verbraucherinsolvenzen 2593
    V. Die Straftatbestände der §§ 283 ff. StGB 2593
        1. Die bestandsbezogenen Delikte: § 283 Abs. 1 Nr. 1–4 StGB 2594
        2. Die Buchführungsdelikte: § 283 Abs. 1 Nrn. 5–7 und § 283b StGB ... 2601
        3. Der Auffangtatbestand des § 283 Abs. 1 Nr. 8 StGB 2612
        4. Fahrlässigkeitsstrafbarkeit nach § 283 Abs. 4 und 5 StGB 2614
        5. Besonders schwere Fälle des Bankrotts gemäß § 283a StGB 2615
        6. Gläubigerbegünstigung gemäß § 283c StGB 2618
        7. Schuldnerbegünstigung gemäß § 283d StGB 2619
    VI. Insolvenzverschleppung gemäß § 15a InsO 2621
    VII. Insolvenzbegleitende Straftaten 2622
        1. Untreue 2622
        2. Betrug 2625
        3. Kredit- und Subventionsbetrug 2626
        4. Sozialversicherungsdelikte 2626
        5. Geheimnisverrat 2626
    VIII. Rechtsfolgen der Straftaten 2627
    IX. Strafprozessrechtliches 2627

Kapitel XIII. Kosten der Insolvenz

§ 128. Kosten des gerichtlichen Verfahrens

    I. Gerichtskosten 2629
        1. Grundsätzliches 2629

Inhalt

    2. Insolvenzverfahren 2632
    3. Zeugen- und Sachverständigenentschädigung 2639
  II. Gerichtsvollzieherkosten 2639
  III. Rechtsanwaltsgebühren im Insolvenzverfahren 2640
    1. Allgemeines 2640
    2. Eröffnungsverfahren 2640
    3. Eröffnetes Verfahren 2641
    4. Forderungsanmeldung 2642
    5. Restschuldbefreiung, Insolvenzplan 2642
    6. Widerruf der Restschuldbefreiung 2642
    7. Beschwerdeverfahren 2642
    8. Mehrfacher Auftrag 2643
    9. Reisekosten und Abwesenheitsgelder, VV 7003 bis 7006 2643
    10. Erstattungsfähigkeit 2643
    11. Kostenfestsetzung 2643

§ 129. Die Vergütung der Insolvenzverwalter, der vorläufigen Insolvenzverwalter, der Sachwalter, der Treuhänder und der Gläubigerausschussmitglieder

  I. Vergütung des Insolvenzverwalters 2644
    1. Allgemeines 2644
    2. Berechnungsgrundlage 2647
    3. Regelvergütung 2648
    4. Abweichen von der Regelvergütung 2649
    5. Sonderinsolvenzverwalter 2653
    6. Mehrere Insolvenzverwalter 2653
    7. Delegationsfähige Tätigkeiten und Erledigung durch den Insolvenzverwalter 2654
    8. Geschäftskosten 2656
    9. Nachtragsverteilung 2656
    10. Überwachung und Erfüllung eines Insolvenzplanes 2657
    11. Umsatzsteuer 2657
    12. Festsetzungsverfahren 2657
    13. Rechtsmittel 2658
    14. Vorschuss 2658
  II. Vergütung des vorläufigen Verwalters, des Sachwalters und des Treuhänders 2659
    1. Allgemeines 2659
    2. Vergütung des vorläufigen Verwalters 2659
    3. Vergütung des Sachwalters 2663
    4. Vergütung des Treuhänders im vereinfachten Verfahren 2664
    5. Vergütung des Treuhänders im Restschuldbefreiungsverfahren 2665
  III. Vergütung der Gläubigerausschussmitglieder 2666
    1. Der Anspruch auf Vergütung 2666
    2. Die Vergütung nach Stundensätzen 2666
    3. Keine pauschalierte Vergütungsgewährung 2667
    4. Vorschuss 2667

Kapitel XIV. Internationales Insolvenzrecht

§ 130. Grundfragen des Internationalen Insolvenzrechts

  I. Gegenstand des Internationalen Insolvenzrechts 2670
    1. Aufgabe 2670
    2. Grundprinzipien 2671
    3. Formelles und materielles Internationales Insolvenzrecht 2672
  II. Abgrenzung des Internationalen Insolvenzrechts 2673
    1. Auslandssachverhalte 2673
    2. Tatbestandswirkung ausländischer Insolvenzen 2673

3. Insolvenzkollisionsrecht und allgemeines internationales Privatrecht 2674
4. Fremdenrecht 2675
5. Abgrenzung der betroffenen Verfahren 2676

§ 131. Das Europäische Insolvenzrecht

I. Geschichte und Stand der Insolvenzverordnung 2683
II. Ziele der Insolvenzverordnung 2684
III. Anwendungsbereich der Verordnung 2685
   1. Sachlicher Anwendungsbereich 2685
   2. Persönlicher Anwendungsbereich 2686
   3. Zeitlicher Anwendungsbereich 2686
   4. Sachlich-(Räumlicher) Anwendungsbereich 2686
   5. Verhältnis zum einzelstaatlichen Recht 2688
IV. Internationale Zuständigkeit 2689
   1. Anknüpfung an den „Mittelpunkt der hauptsächlichen Interessen" des Schuldners 2689
   2. Ermittlung des COMI 2691
   3. Zuständigkeit bei Konzerninsolvenz 2695
   4. Beachtung der Verfahrenseröffnung in einem EU-Staat 2699
   5. Zuständigkeit für Partikularverfahren 2703
   6. Örtliche Zuständigkeit 2704
   7. Rechtsmittel 2705
V. Insolvenzfähigkeit 2705
VI. Sicherungsmaßnahmen 2706
VII. Anerkennung 2707
   1. Anerkennungsvoraussetzungen 2707
   2. Anzuerkennende Entscheidungen 2708
VIII. Sekundärinsolvenzverfahren 2714
   1. Am Sitz einer Niederlassung 2714
   2. Sekundär- oder Partikularverfahren 2715
   3. Zusammenarbeit der Verwalter 2715
   4. Anmelderecht 2716
   5. Gläubigergleichbehandlung 2716
   6. Reform der EuInsVO 2717
IX. Anwendbares Recht 2718
   1. Lex fori concursus als Grundregel 2718
   2. Materielle Sonderregeln 2719
X. Richtlinien der Europäischen Union 2719

§ 132. Inländische Insolvenzverfahren mit Auslandsbezug

I. Allgemeines 2722
II. Insolvenz-Immunität 2723
   1. Ausländische Staaten 2723
   2. Diplomaten und Konsuln 2723
   3. Internationale Organisationen 2724
III. Internationale Zuständigkeit zur Eröffnung eines deutschen Hauptinsolvenzverfahrens . 2724
   1. Hauptinsolvenzverfahren 2724
   2. Zulässigkeit eines Partikularverfahrens 2725
   3. Prüfung von Amts wegen 2725
   4. Kein Zwang zur Beachtung eines Insolvenzverfahrens in einem Drittstaat 2726
   5. Insolvenzfähigkeit 2726
   6. Eröffnungsgründe 2727
   7. Ermittlungen zum Vorliegen des Eröffnungsgrundes 2727
   8. Sicherungsmaßnahmen 2728
   9. Zustellung, Veröffentlichung, Registereintragung 2728
   10. Ablehnung mangels Masse 2729

Inhalt

    IV. Wirkungen der Eröffnung des inländischen Insolvenzverfahrens 2730
        1. Umfang der Insolvenzmasse 2730
        2. Verwaltung der Masse 2732
        3. Leistungen an den Schuldner 2734
        4. Wirkungen auf anhängige Zivilverfahren und Vollstreckungen 2734
        5. Mitwirkungspflichten des Schuldners, Postsperre 2738
        6. Anmeldung, Feststellung und Rang von Insolvenzforderungen 2739
        7. Anrechnung auf die Insolvenzquote 2742
        8. Insolvenzplan 2743
        9. Restschuldbefreiung 2744
       10. Beendigung des Verfahrens 2744
    V. Partikularverfahren über das Inlandsvermögen 2745
        1. Zweck des gesonderten Verfahrens 2745
        2. Isolierte Partikularverfahren und Sekundärverfahren 2745
        3. Isolierte Partikularverfahren 2745
        4. Sekundärverfahren 2746
        5. Vermögensbelegenheit im Inland 2747
        6. Abwicklung der gesonderten Verfahren 2748
        7. Vermeidung von Sekundärverfahren 2758
    VI. Nachlassinsolvenzverfahren 2759
        1. Internationale Zuständigkeit 2759
        2. Umfang der Insolvenzmasse 2760
        3. Abwicklung der Nachlassinsolvenz 2760
    VII. Anerkennung deutscher Verfahren im Ausland 2761
        1. Anerkennung in den EU-Staaten 2761
        2. Anerkennung in anderen Staaten 2761
    VIII. Parallelverfahren 2763
        1. Zusammenarbeit mit ausländischen Amtswaltern 2763
        2. Berücksichtigung der Auslandsquote 2764

§ 133. Insolvenzkollisionsrecht

    I. Der Grundsatz der lex fori und seine Ausnahmen 2768
        1. Die lex fori als Insolvenzstatut 2768
        2. Geltung der jeweiligen lex fori für ausländische Insolvenzverfahren 2769
        3. Insolvenzstatut als Gesamtstatut 2770
    II. Rechtsstellung von Insolvenzverwalter und Insolvenzschuldner 2771
        1. Rechtsstellung des Insolvenzverwalters 2771
        2. Rechtsstellung des Schuldners 2772
    III. Dingliche Rechte 2772
        1. Immobiliarrechte 2772
        2. Aussonderung 2774
        3. Absonderung 2774
        4. Mobiliarsicherheiten 2776
        5. Eigentumsvorbehalt 2779
    IV. Gegenseitige Verträge 2780
        1. Allgemeines 2780
        2. Kaufvertrag, Werkvertrag 2780
        3. Verträge über dingliche Rechte 2780
        4. Miete, Pacht 2782
        5. Leasingverträge 2783
        6. Arbeitsverträge 2783
        7. Geschäftsbesorgungsverträge, Vollmacht 2785
        8. Zahlungssysteme und Finanzmärkte 2785
    V. Aufrechnung 2786
    VI. Insolvenzanfechtung 2788
    VII. Abgrenzung zum Gesellschaftsstatut, Scheinauslandsgesellschaften 2791

Inhaltsverzeichnis

    1. Problemstellung 2791
    2. Bestimmung des Gesellschaftsstatuts 2791
    3. Abgrenzung Gesellschafts- und Insolvenzstatut 2793
    4. Einzelfragen 2793
VIII. Sanierung, Vergleich, Insolvenzplan, Restschuldbefreiung 2796
    1. Sanierung, Zwangsvergleich, Insolvenzplan 2796
    2. Restschuldbefreiung 2796

§ 134. Anerkennung ausländischer Insolvenzverfahren

  I. Begriff und Wirkung der Anerkennung 2799
    1. Grundsatz der Anerkennung 2799
    2. Bedeutung der Anerkennung 2800
  II. Voraussetzungen der Anerkennung 2801
    1. Allgemeines 2801
    2. Vorliegen eines Insolvenzverfahrens 2803
    3. Internationale Anerkennungszuständigkeit 2804
    4. Kein Vorstoß gegen den deutschen ordre public 2805
    5. Keine Gegenseitigkeit 2807
    6. Kein formelles Anerkennungsverfahren 2808
    7. Öffentliche Bekanntmachung 2808
  III. Anzuerkennende Entscheidungen und Wirkungen 2809
    1. Der Beschluss über die Eröffnung des Insolvenzverfahrens 2809
    2. Prozessführung 2813
    3. Anerkennung der Befugnisse des ausländischen Insolvenzverwalters 2816
    4. Einstweilige Sicherung der Insolvenzmasse 2818
    5. Anerkennung weiterer insolvenzrechtlicher Entscheidungen 2819
    6. Anerkennung von mit dem Insolvenzverfahren unmittelbar zusammenhängenden Entscheidungen 2820
    7. Vollstreckbarkeit ausländischer Entscheidungen 2820
    8. Teilnahme am Auslandsverfahren und Verteilung der Masse 2821
    9. Insolvenzplan, Vergleich 2822
    10. Restschuldbefreiung 2823
  IV. Anerkennung ausländischer Partikularverfahren 2824
    1. Inlandsbefugnis des ausländischen Verwalters 2824
    2. Befriedigung im Ausland 2825
    3. Insolvenzplan, Restschuldbefreiung 2825
  V. Inlandswirkung ausländischer Nachlassinsolvenzverfahren 2825
  VI. Kooperation mit ausländischen Verfahren 2825
    1. Kooperationspflicht der Insolvenzverwalter 2825
    2. Ausübung von Gläubigerrechten 2827
    3. Konkurrenz von Hauptverfahren 2827
    4. Zusammenarbeit der Insolvenzgerichte 2828

§ 135. Übereinkommen und Modellregeln zum internationalen Insolvenzrecht

  I. Das Europarats-Übereinkommen 2830
  II. Das UNCITRAL-Modellgesetz 2831
    1. Recht des ausländischen Verwalters auf direkten Gerichtszugang 2832
    2. Anerkennung des ausländischen Verfahrens 2832
    3. Zusammenarbeit mit dem ausländischen Insolvenzgericht und dem ausländischen Insolvenzverwalter 2833
  III. Der deutsch-österreichische Konkurs- und Vergleichsvertrag 2834
  IV. Vorschriften des internationalen Insolvenzrechts in Verträgen über die Anerkennung und Vollstreckung von Zivilurteilen 2834
    1. Ausschluss der Insolvenzsachen 2834
    2. Der deutsch-niederländische Vertrag 2834

Inhalt

Inhaltsverzeichnis

    3. Abkommen einzelner Bundesländer mit Schweizer Kantonen 2835
    4. Räumlicher Anwendungsbereich 2835
    5. Gegenstand der Regelungen 2835

§ 136. Ausländisches Insolvenzrecht 2837

Sachverzeichnis 2847

Abkürzungsverzeichnis

aA	anderer Ansicht
ABl	Amtsblatt
Abs.	Absatz
abw	abweichend
AcP	Archiv für die civilistische Praxis
ADSp	Allgemeine Deutsche Spediteurbedingungen v 6.7.1998 (BAnz 9891)
aE	am Ende
AEUV	Vertrag über die Arbeitsweise der EU idF v 9.5.2008 (ABl EU Nr. C 115, S. 47)
aF	alte Fassung
AFG	Arbeitsförderungsgesetz
AG	Ausführungsgesetz; oder: Aktiengesellschaft, Die Aktiengesellschaft (Zeitschrift); oder: Amtsgericht
AGB	Allgemeine Geschäftsbedingungen
AGGVG	Ausführungsgesetz zum Gerichtsverfassungsgesetz
AiB	Arbeitsrecht im Betrieb (Zeitschrift)
AIB	Allgemeine Versicherungsbedingungen für die Insolvenzsicherung der betrieblichen Altersversorgung
AJP	Aktuelle juristische Praxis (Zeitschrift, Schweiz)
AktG	Aktiengesetz
Alg	Arbeitslosengeld
Alhi	Arbeitslosenhilfe
allg.	allgemein
Alt.	Alternative
ÄndG	Änderungsgesetz
AnfG	Gesetz über die Anfechtung von Rechtshandlungen eines Schuldners außerhalb des Insolvenzverfahrens (Anfechtungsgesetz) v 5.10.1994 (BGBl I 2911)
Anm.	Anmerkung
AnwBl	Anwaltsblatt
AO	Abgabenordnung 1977
AP	Arbeitsrechtliche Praxis, Nachschlagewerk des Bundesarbeitsgerichts
ArbGG	Arbeitsgerichtsgesetz
ArbnErfG (ArbEG)	Arbeitnehmererfindungsgesetz
ArbPlatzSchG	Arbeitsplatzschutzgesetz
ArbRspr	Rechtsprechung in Arbeitssachen
ArbuR (AuR)	Arbeit und Recht
Art.	Artikel
ATG	Altersteilzeitgesetz
AuA	Arbeit und Arbeitsrecht (Zeitschrift)
Aufl.	Auflage
AÜG	Arbeitnehmerüberlassungsgesetz
AV	Allgemeine Verfügung
AVG	Angestelltenversicherungsgesetz
BaFin	Bundesanstalt für Finanzdienstleistungsaufsicht
BAG	Bundesarbeitsgericht
BAGE	Entscheidungen des Bundesarbeitsgerichts
BAnz	Bundesanzeiger
BAT	Bundesangestelltentarif
BauGB	Baugesetzbuch
BauR	Baurecht

Abkürzungen

Abkürzungsverzeichnis

BayObLG	Bayerisches Oberstes Landesgericht
BayObLGZ	Entscheidungen des Bayerischen Obersten Landesgerichts in Zivilsachen
BB	Betriebs-Berater
BBodSchG	Bundesbodenschutzgesetz v 17.3.1998 (BGBl I 502)
BBiG	Berufsbildungsgesetz
BC	Bankruptcy Code
Bd	Band
Begr	Begründung
Bek	Bekanntmachung
BErzGG	Bundeserziehungsgeldgesetz
BeschFG	Beschäftigungsförderungsgesetz
Beschl.	Beschluss
BetrAV	Betriebliche Altersversorgung
BetrAVG	Gesetz zur Verbesserung der betrieblichen Altersversorgung v 19.12.1984 (BGBl I 2610)
BetrVG	Betriebsverfassungsgesetz v 15.1.1972 (BGBl I 13)
BFH	Bundesfinanzhof und (mit Zahl) Entscheidungen des Bundesfinanzhofs
BFH/NV	Sammlung amtlich nicht veröffentlichter Entscheidungen des BFH
BFuP	Betriebswirtschaftliche Forschung und Praxis
BGB	Bürgerliches Gesetzbuch
BGBl.	Bundesgesetzblatt
BGH	Bundesgerichtshof
BGH/E	Entscheidungen des BGH (im Internet veröffentlicht unter www.bundesgerichtshof.de)
BGHSt	Entscheidungen des Bundesgerichtshofs in Strafsachen
BGHZ	Entscheidungen des Bundesgerichtshofs in Zivilsachen
BGSG	Bundesgrenzschutzgesetz
BinnSchG	Binnenschifffahrtsgesetz idF v 15.6.1898 (RGBl 668)
BJM	Bundesministerium der Justiz (und für Verbraucherschutz)
BKR	Zeitschrift für Bank- und Kapitalmarktrecht
BlStSozArbR	Blätter für Steuerrecht, Sozialversicherung und Arbeitsrecht
BMF	Bundesministerium der Finanzen
BMWi	Bundesministerium für Wirtschaft
BNotO	Bundesnotarordnung
BörsG	Börsengesetz
BPersVG	Bundespersonalvertretungsgesetz
BRAO	Bundesrechtsanwaltsordnung
BRAGO	Bundesrechtsanwaltsgebührenordnung
BRAK-Mitt	Mitteilungen der Bundesrechtsanwaltskammer
BR-Drucks.	Bundesrats-Drucksache
BSG	Bundessozialgericht, Entscheidungssammlung des Bundessozialgerichts
BSHG	Bundessozialhilfegesetz
BSpKG	Gesetz über Bausparkassen v 16.11.1972 (BGBl I 2097)
bspw.	beispielsweise
BStBl	Bundessteuerblatt
BT-Drucks.	Deutscher Bundestag, Drucksache
BUrlG	Bundesurlaubsgesetz
BVerfG	Bundesverfassungsgericht
BVerfGE	Entscheidungen des Bundesverfassungsgerichts
BVerwG	Bundesverwaltungsgericht
BVSG	Gesetz über einen Bergmannsversorgungsschein
BZRG	Bundeszentralregistergesetz
bzw.	beziehungsweise
CISG	Convention on Contracts for the International Sale of Goods v 11.4.1980 (BGBl 1989 II 588) (UN-Kaufrecht)
CR	Computer und Recht (Zeitschrift)

Abkürzungen

DB	Der Betrieb (Zeitschrift)
DepotG	Gesetz über die Verwahrung und Anschaffung von Wertpapieren
ders.	derselbe
DesignG	Gesetz über den rechtlichen Schutz von Design v 24.2.14 (BGBl I 122)
DGVZ	Deutsche Gerichtsvollzieher-Zeitung
dh	das heißt
dies.	dieselbe
DJ	Deutsche Justiz
DJT	Deutscher Juristentag
DMBilG	DM-Bilanzgesetz
DNotZ	Deutsche Notar-Zeitschrift
DRiZ	Deutsche Richterzeitung
DStR	Deutsches Steuerrecht (Zeitschrift)
DStZ	Deutsche Steuer-Zeitung
DVO	Durchführungsverordnung
DZWIR	Deutsche Zeitschrift für Wirtschafts- und Insolvenzrecht (bis 12/1998 DZWiR, Deutsche Zeitschrift für Wirtschaftsrecht)
EDV	Elektronische Datenverarbeitung
EFZG	Gesetz über die Zahlung des Arbeitsentgelts an Feiertagen und im Krankheitsfall (Entgeltfortzahlungsgesetz) v 26.5.1994 (BGBl I 1014, 1065)
EG	Einführungsgesetz
EGBGB	Einführungsgesetz zum Bürgerlichen Gesetzbuch
EGInsO	Einführung zur Insolvenzordnung
EGKO	Einführungsgesetz zur Konkursordnung
EGV	EG-Vertrag (idF des Vertrages von Amsterdam)
ErbbauRG	Erbbaurechtsgestz
ErbStG	Erbschaftsteuer- und Schenkungsteuergesetz
Erster Bericht	Erster Bericht der Kommission für Insolvenzrecht 1985
EStDV	Einkommensteuer-Durchführungsverordnung
EStG	Einkommensteuergesetz
ESUG	Gesetz zur weiteren Erleichterung der Sanierung von Unternehmen vom 7.12.2011 (BGBl I S. 2582, ber. S. 2800)
EU	Europäische Union
EuGH	Gerichtshof der Europäischen Gemeinschaften
EuGVO	Verordnung (EG) Nr. 44/2001 des Rates über die gerichtliche Zuständigkeit und die Anerkennung und Vollstreckung von Entscheidungen in Zivil- und Handelssachen v 22.12.2000 (ABl EG L 12/01)
EuInsÜ	Europäisches Insolvenz-Übereinkommen
EuInsVO	Verordnung (EG) (Nr. 1346/2000 des Rates vom 29. Mai 2000 der Insolvenzverfahren (ABl Nr. L 160 S. 1)
EuGVO n. F.	Verordnung (EU) Nr. 1215/2012 des Europäischen Parlaments und des Rates über die gerichtliche Zuständigkeit und die Anerkennung und Vollstreckung von Entscheidungen in Zivil- und Handelssachen vom 12.12.2012 (ABl EU 2012 L 351/1; anwendbar seit 10.1.2015)
EUR	Euro
EWIR	Entscheidungen zum Wirtschaftsrecht (ab 1985)
EWIV	Europäische Wirtschaftliche Interessenvereinigung
EWS	Europäisches Wirtschafts- und Steuerrecht (Zeitschrift)
EzA	Entscheidungssammlung zum Arbeitsrecht
f., ff.	folgende Seite bzw. Seiten
FA	Finanzamt
FamFG	Gesetz über das Verfahren in Familiensachen und in den Angelegenheiten der freiwilligen Gerichtsbarkeit
FamRZ	Zeitschrift für das gesamte Familienrecht
FG	Finanzgericht

Abkürzungen

FGG	Gesetz über die Angelegenheiten der freiwilligen Gerichtsbarkeit
FGO	Finanzgerichtsordnung
FLF	Finanzierung Leasing Factoring (Zeitschrift)
FlurbG	Flurbereinigungsgesetz
Fn	Fußnote
FoVo	Forderung und Vollstreckung
FPG	Gesetz zur Sicherung der Düngemittel- und Saatgutversorgung (Früchtepfandrechtsgesetz) v 19.1.1949 (BGBl III 403–11)
FR	Finanzrundschau
FS	Festschrift
G	Gesetz
GBO	Grundbuchordnung
GbrMG	Gebrauchsmustergesetz
gem.	gemäß
GenG	Genossenschaftsgesetz
GNotKG	Gerichts- und Notarkostengesetz
GeschmMG	Geschmacksmustergesetz (s. jetzt DesignG)
GesO	Gesamtvollstreckungsordnung v 6.6.1990 (GBl-DDR I Nr. 32, 285) idF der Bekanntmachung v 23.5.1991 (BGBl I 1185)
GewO	Gewerbeordnung
GewStG	Gewerbesteuergesetz
GewStDV	Gewerbesteuer-Durchführungsverordnung
GG	Grundgesetz für die Bundesrepublik Deutschland
ggf.	gegebenenfalls
GKG	Gerichtskostengesetz idF der Bek. v 27.2.2014 (BGBl I 154)
GmbHG	Gesetz, betreffend die Gesellschaften mit beschränkter Haftung
GmbHR	Rundschau für GmbH, Monatsschrift für Wirtschafts-, Steuer- und Handelsrecht
grds.	grundsätzlich
GrEStG	Grunderwerbsteuergesetz
GrStG	Grundsteuergesetz
GRUR	Gewerblicher Rechtsschutz und Urheberrecht
GS	Großer Senat bzw Gedächtnisschrift
GVG	Gerichtsverfassungsgesetz
GVGA	Geschäftsanweisung für Gerichtsvollzieher
GVKostG	Gesetz über Kosten der Gerichtsvollzieher v 19.1.2001 (BGBl I 623)
GVO	Gerichtsvollzieherordnung
HaftpflG	Haftpflichtgesetz
HAG	Heimarbeitsgesetz
HdB	Handwörterbuch der Betriebswirtschaft
Hdb	Handbuch
Hdb FA InsR	Handbuch des FachanwaltInsolvenzrecht
HFR	Höchstrichterliche Finanzrechtsprechung
HGB	Handelsgesetzbuch
HGrG	Haushaltsgrundsatzgesetz
hM	herrschende Meinung
HRP	siehe Literaturverzeichnis bei Frege/Keller/Riedel
HRR	Höchstrichterliche Rechtsprechung
Hrsg.	Herausgeber
HS. oder Halbs.	Halbsatz
ICLQ	International and Comparative Law Quarterly
idF	in der Fassung
idR	in der Regel
IDW	Institut der Wirtschaftsprüfer

Abkürzungsverzeichnis **Abkürzungen**

IIR	Internationales Insolvenzrecht
ILLR	International Insolvency Law Review
Insbüro	Zeitschrift für ds Insolvenzbüro
Insvz	Zeitschrift für Insolvenzverwaltung und Sanierungsberatung
Insg	Insolvenzgeld
InsHdb	Insolvenzrechts-Handbuch
InsO	Insolvenzordnung
InsVV	Insolvenzrechtliche Vergütungsverordnung
IntInsolRev	International Insolvency Review
InVo	Insolvenz & Vollstreckung (Zeitschrift)
InvZulG	Investitionszulagengesetz
IPR	Internationales Privatrecht
IPRax	Praxis des Internationalen Privat- und Verfahrensrechts
iSv	im Sinne von
iVm	in Verbindung mit
IZPR	Internationales Zivilprozessrecht
JA	Juristische Arbeitsblätter
JBeitrO	Justizbeitreibungsordnung
JMBl	Justizministerialblatt
JR	Juristische Rundschau
JurBüro	Das juristische Büro
JuS	Juristische Schulung
JVEG	Justizvergütungs- und -entschädigungsgesetz v 5.5.2004 (BGBl I 718)
JVKostG	Justizverwaltungskostengesetz
JVKostO	Justizverwaltungskostenordnung
JW	Juristische Wochenschrift
JZ	Juristenzeitung
KapAEG	Gesetz zur Verbesserung der Wettbewerbsfähigkeit deutscher Konzerne an Kapitalmärkten und zur Erleichterung der Aufnahme von Gesellschafterdarlehen (Kapitalaufnahmeerleichterungsgesetz) (BGBl 1998 I 707)
KatSG	Katastrophenschutzgesetz
KfzStG	Kraftfahrzeugsteuergesetz
KG	Kammergericht, oder: Kommanditgesellschaft
KGaA	Kommanditgesellschaft auf Aktien
KO	Konkursordnung
KonTraG	Gesetz zur Kontrolle und Transparenz im Unternehmensbereich (BGBl 1998 I 786)
KostVfg	Kostenverfügung
krit.	kritisch
KSchG	Kündigungsschutzgesetz
KStG	Körperschaftsteuergesetz
KTS	Zeitschrift für Insolvenzrecht (Konkurs, Treuhand, Sanierung)
Kug	Kurzarbeitsgeld
KuT	Konkurs- und Treuhandwesen (Vorläufer von KTS)
KV	Kostenverzeichnis (Anlage 1 zu § 3 II GKG) bzw. Anlage 1 zu § 3 II GNotKG
KWG	Gesetz über das Kreditwesen v 9.9.1998 (BGBl I 2776)
LAG	Landesarbeitsgericht/Lastenausgleichsgesetz
LG	Landgericht
LM	Lindenmaier/Möhring, Nachschlagewerk des Bundesgerichtshofs
LSG	Landessozialgericht
LStDV	Lohnsteuer-Durchführungsverordnung
LuftfzRG	Gesetz über Rechte an Luftfahrzeugen v 26.2.1959 (BGBl I 57)
LZ	Leipziger Zeitschrift für Deutsches Recht

Abkürzungen

m. Anm. oder mAnm.	mit Anmerkung
MarkenG	Markengesetz v 25.10.1994 (BGBl I 3082)
MDR	Monatsschrift für Deutsches Recht
MittRhNotK	Mitteilungen der Rheinischen Notarkammer
MuSchG	Mutterschutzgesetz
mwN	mit weiteren Nachweisen
NachwG	Nachweisgesetz
NdsRpfl	Niedersächsische Rechtspflege
NJW	Neue Juristische Wochenschrift
NJW-RR	NJW-Rechtsprechungs-Report Zivilrecht
Nr. oder Nrn.	Nummer bzw. Nummern
NStZ	Neue Zeitschrift für Strafrecht
NWB	Neue Wirtschafts-Briefe
NZA	Neue Zeitschrift für Arbeits- und Sozialrecht
NZA-RR	NZA-Rechtsprechungsreport Arbeitsrecht
NZG	Neue Zeitschrift für Gesellschaftsrecht
NZI	Neue Zeitschrift für das Recht der Insolvenz und Sanierung
NZM	Neue Zeitschrift für Mietrecht
NZWiSt	Neue Zeitschrift für Wirtschaft- und Steuerstrafrecht
OASG	Gesetz zur Sicherung der zivilrechtlichen Ansprüche der Opfer von Straftaten (Opferanspruchssicherungsgesetz) v 8.5.1998 (BGBl I 905)
ÖBA	Österreichisches Bankarchiv
OHG	offene Handelsgesellschaft
OLG	Oberlandesgericht
OLG-NL	OLG Rechtsprechung – Neue Länder
OLGZ	Entscheidungen der Oberlandesgerichte in Zivilsachen
OVG	Oberverwaltungsgericht
PartGG	Gesetz über Partnergesellschaften Angehöriger Freier Berufe v 25.7.1994 (BGBl I 1744)
PatG	Patentgesetz
PfandBG	Pfandbriefgesetz v 22.5.2005 (BGBl I 1373)
PSV (aG)	Pensionssicherungs-Verein (Versicherungsverein auf Gegenseitigkeit)
RabelsZ	Rabels Zeitschrift für ausländisches und internationales Privatrecht
RdA	Recht der Arbeit
RdL	Recht der Landwirtschaft
Recht	Das Recht
RegE	Regierungsentwurf
RFH	Reichsfinanzhof und (mit Zahl) Entscheidungen des Reichsfinanzhofs
RG	Reichsgericht
RGBl	Reichsgesetzblatt
RGSt	Entscheidungen des Reichsgerichts in Strafsachen
RGZ	Entscheidungen des Reichsgerichts in Zivilsachen
RIW(AWD)	Recht der Internationalen Wirtschaft (Außenwirtschaftsdienst des Betriebsberaters)
Rn.	Randnummer
RNotZ	Rheinische Notar-Zeitschrift
Rpfleger	Der Deutsche Rechtspfleger
RpflG	Rechtspflegergesetz idF der Bek. v 14.4.2013 (BGBl I 778)
Rspr	Rechtsprechung
RStBl	Reichssteuerblatt
RVG	Rechtsanwaltsvergütungsgesetz v 5.5.2004 (BGBl I 718)

Abkürzungsverzeichnis **Abkürzungen**

RVO	Reichsversicherungsordnung
RWS	Verlag Kommunikationsforum Recht Wirtschaft Steuern
s	siehe
S.	Seite(n) bzw. Satz
s. a.	siehe auch
SAE	Sammlung Arbeitsrechtlicher Entscheidungen
ScheckG	Scheckgesetz
SchiffsG	Gesetz über Rechte an eingetragenen Schiffen und Schiffsbauwerken
SchiffsRegO	Schiffsregisterordnung v 26.5.1951 (BGBl I 360)
SchKG	(schweizerisches) Schuldbetreibungs- und Konkursgesetz
SchlHA	Schleswig-Holsteinische Anzeigen
SchwbG	Schwerbehindertengesetz
SG	Sozialgericht
SGb	Die Sozialgerichtsbarkeit
SGB III	Sozialgesetzbuch Teil III
SGG	Sozialgerichtsgesetz
s. o.	siehe oben
sog.	so genannt
StGB	Strafgesetzbuch
StPO	Strafprozessordnung
str.	strittig bzw. streitig
StuW	Steuer und Wirtschaft
s. u.	siehe unten
TVG	Tarifvertragsgesetz
Tz.	Textziffer
TzBfG	Teilzeit- und Befristungsgesetz
UBGG	Unternehmensbeteiligungsgesetz
UmwG	Umwandlungsgesetz
UNCITRAL	United Nations Commission on International Trade Law
UStB	Umsatzsteuer-Berater
UStDV	Umsatzsteuer-Durchführungsverordnung
UStG	Umsatzsteuergesetz
UStR(dsch)	Umsatzsteuer-Rundschau
UStR	Umsatzsteuer-Richtlinien
UVR	Umsatzsteuer- und Verkehrssteuer-Rundschau
UWG	Gesetz gegen den unlauteren Wettbewerb idF der Bek. v 3.3.2010 (BGBl I 254)
v.	vom bzw. von
VAG	Versicherungs-Aufsichtsgesetz v 17.12.1992 (BGBl 1993 I 2)
VerlG	Gesetz über das Verlagsrecht
VersR	Versicherungsrecht
VGH	Verwaltungsgerichtshof
vgl.	vergleiche
VglO	Vergleichsordnung
VIA	Verbraucherinsolvenz aktuell
VO	Verordnung
VOB	Verdingungsordnung für Bauleistungen
Vorbem	Vorbemerkung
VuR	Verbraucher und Recht (Zeitschrift)
VVaG	Versicherungsverein auf Gegenseitigkeit
VVG	Versicherungsvertragsgesetz v 23.11.2007 (BGBl I 2631)
VwGO	Verwaltungsgerichtsordnung

Abkürzungen

Abkürzungsverzeichnis

WBl	Wirtschaftsrechtliche Blätter (Österreich)
WEG	Wohnungseigentumsgesetz
WG	Wechselgesetz
WiB	Wirtschaftsrechtliche Beratung (Zeitschrift)
WiSt	Wirtschaftswissenschaftliches Studium
WiStG	Wirtschaftsstrafgesetz
Wistra	Zeitschrift für Wirtschaft Steuer und Strafrecht
WM	Wertpapier-Mitteilungen
WpHG	Wertpapierhandelsgesetz
WPg	Die Wirtschaftsprüfung
WPRax	Wirtschaftsrecht und Praxis (1994–1996)
WpÜG	Wertpapiererwerbs- und Übernahmegesetz
WuB	Entscheidungssammlung zum Wirtschafts- und Bankrecht
ZBB	Zeitschrift für Bankrecht und Bankwirtschaft
ZDG	Gesetz über den Zivildienst der Kriegsdienstverweigerer (Zivildienstgesetz)
ZEuP	Zeitschrift für europäisches Privatrecht
ZEV	Zeitschrift für Erbrecht und Vermögensnachfolge
ZfA	Zeitschrift für Arbeitsrecht
ZfbF	Zeitschrift für betriebswirtschaftliche Forschung
ZfIR	Zeitschrift für Immobilienrecht
ZfSH/SGB	Zeitschrift für Sozialhilfe und Sozialgesetzbuch
ZGR	Zeitschrift für Unternehmens- und Gesellschaftsrecht
ZHR	Zeitschrift für das gesamte Handelsrecht und Wirtschaftsrecht
ZInsO	Zeitschrift für das gesamte Insolvenzrecht
ZIP	Zeitschrift für Wirtschaftsrecht (und Insolvenzpraxis)
ZKF	Zeitschrift für Kommunalfinanzen
ZKW	Zeitschrift für Kreditwesen
ZPO	Zivilprozessordnung
ZRP	Zeitschrift für Rechtspolitik
ZSchG	Zivilschutzgesetz
ZVG	Gesetz über die Zwangsversteigerung und die Zwangsverwaltung
ZVI	Zeitschrift für Verbraucher- und Privat-Insolvenzrecht
Zweiter Bericht	Zweiter Bericht der Kommission für Insolvenzrecht, 1986
ZZP	Zeitschrift für Zivilprozess

Literaturverzeichnis*

Achenbach/Ronisch	Handbuch Wirtschaftsstrafrecht, 3. Aufl. 2012
Ahrens/Gehrlein	
Ringstmeier (Hrsg.)	Fachanwaltskommentar zum Insolvenzrecht 2. Aufl. 2014
Amend	Insolvenzpraxis, 2005
Andres/Leithaus	Insolvenzordnung, 2. Aufl. 2010, 3. Aufl. 2014
Assmann/Pötzsch/Schneider	WpÜG, 2. Aufl. 2013
Assmann/Schneider	WpHG, 6. Aufl. 2012
Assmann/Schütze	Handbuch des Kapitalanlagerecht, 3. Aufl. 2007
Balz/Landfermann	Die neuen Insolvenzgesetze: mit Einleitung und den amtlichen Materialien, 2. Aufl. 1999
Bamberger/Roth/*Bearbeiter*	BGB, 3. Aufl. 2012
Baumbach/Hefermehl/Casper	Wechselgesetz und Scheckgesetz, 23. Aufl. 2008
Baumbach/Hopt	HGB, 36. Aufl. 2014
Baumbach/Hueck	GmbHG, 20. Aufl. 2013
Baumbach/Lauterbach	ZPO, 72. Aufl. 2014
Baur/Stürner	Lehrbuch des Sachenrechts, 18. Aufl. 2009
Baur/Stürner/Bruns	Zwangsvollstreckungsrecht, 13. Aufl. 2006
Beck/Depré	Praxis der Insolvenz, 2. Aufl. 2010
Becker	Insolvenzrecht, 3. Aufl. 2010
BerlK	Insolvenzrecht (Berliner Kommentare). Herausgegeben von *Breutigam/Blersch/Goetsch,* (Loseblatt, Stand 2014)
Beuthien	Genossenschaftsgesetz, 15. Aufl. 2011
Binz/Hess	Der Insolvenzverwalter, 2003
Blersch/Goetsch/Haas	Insolvenzrecht, Berliner Kommentar, Stand: 2014 (Loseblatt), zitiert als BerlK
Bley/Mohrbutter	Vergleichsordnung, 4. Aufl. 1979/81
Blomeyer/Rolfs/Otto	BetrAVG, 5. Aufl. 2010
Bork	Einführung in das Insolvenzrecht, 7. Aufl. 2014
Bork, Zahlungsverkehr	Zahlungsverkehr in der Insolvenz, 2002
Bork/Koschmieder	Fachanwaltshandbuch Insolvenzrecht (Loseblatt, Stand 2011)
Braun/*Bearbeiter*	Insolvenzordnung, 5. Aufl. 2012; 6. Aufl. 2013
Braun/Riggert/Herzig	Schwerpunkte des Inssolvenzverfahrens, 5. Aufl. 2012
Braun/Uhlenbruck	Unternehmensinsolvenz, 1997
Brei/Bultmann	Insolvenzrecht, 2008
Breuer	Insolvenzrecht, 3. Aufl. 2011
Breuer, Formularbuch	Insolvenzrechts-Formularbuch, 3. Aufl. 2007
Brox/Walker	Zwangsvollstreckungsrecht, 10. Aufl. 2014
Bruck/Möller	Kommentar zum Versicherungsvertragsgesetz, 8. Aufl. 1970 ff, 9. Aufl. 2008 ff
BuB	Bankrecht und Bankpraxis (hrsg. v *Hellner* und *Baur*), 1978 ff
Bülow	Recht der Kreditsicherheiten, 8. Aufl. 2012
Buth/Hermanns	Restrukturierung, Sanierung, Insolvenz, 4. Aufl. 2014
Canaris	Bankvertragsrecht (Staub, Großkommentar zum HGB) (3. Aufl.), 2. Bearb. 1981, 4. Aufl. 1. Teil, 1988
Cranshaw/Paulus/Michel	Bankenkommentar zum Insolvenzrecht, 2. Aufl. 2012
Danecker/Krierin/Hagemeier	Insolvenzstrafrecht, 2. Aufl. 2012
Däubler/Berg	BetrVG, 8. Aufl. 2002

* Weitere Literaturangaben finden sich bei den einzelnen Kapiteln.

Literatur

Dassler/Schiffhauer/Hintzen/ Engels/Rellermeyer	ZVG, Zwangsversteigerung und Zwangsverwaltung, 14. Aufl. 2013
Depré	Anwaltspraxis im Insolvenzrecht, 2. Aufl. 2005
Ehricke/Biehl	Insolvenzrecht, 2008
Eickmann/Böttcher	Zwangsversteigerungs- und Zwangsverwaltungsrecht, 3. Aufl. 2013
Emmerich/Habersack	Aktien- und GmbH-Konzernrecht, 7. Aufl. 2013
ErfKomm-*Bearbeiter*	Erfurter Kommentar zum Arbeitsrecht (hrsg. v *Th. Dieterich* und *R. Müller-Glöge*), 14. Aufl. 2014, 15. Aufl. 2015
Erman/Bearbeiter	Bürgerliches Gesetzbuch (hrsg. v *H. P. Westermann*), 13. Aufl. 2011
FKInsO/*Bearbeiter*	Frankfurter Kommentar zur Insolvenzordnung (hrsg. v *Wimmer*), 7. Aufl. 2013
Foerste	Insolvenzrecht, 6. Aufl. 2014
Franken/Dahl	Mietverhältnisse in der Insolvenz, 2. Aufl. 2006
Frege/Keller/Riedel	Insolvenzrecht, Handbuch der Rechtspraxis, 7. Aufl. 2008, 8. Aufl. 2014
Frotscher	Besteuerung bei Insolvenz, 7. Aufl. 2010, 8. Aufl. 2014
FS KonkursO	Einhundert Jahre Konkursordnung 1877–1977, Festschrift des Arbeitskreises für Insolvenz- und Schiedsgerichtswesen e. V. Köln zum einhundertjährigen Bestehen der Konkursordnung, 1977
Fuchs	WpHG, 2009
Gaul	Das Arbeitsrecht im Betrieb, 8. Aufl. 1986
Gerhardt, Grundbegriffe	Grundbegriffe des Vollstreckungs- u. Insolvenzrechts, 1985
Gogger	Insolvenzrecht, 2. Aufl. 2006
Gogger, Handbuch	Insolvenzgläubiger-Handbuch, 3. Aufl. 2011
Graf Lambsdorff	Handbuch des Eigentumsvorbehalts im deutschen und ausländischen Recht, 1974
Graf-Schlicker/*Bearbeiter*	InsO, Kommentar zur Insolvenzordnung, 3. Aufl. 2012, 4. Aufl. 2014
Groß	Sanierung durch Fortführungsgesellschaften, 2. Aufl. 1988
Großkomm AktG	Aktiengesetz, Großkommentar, 4. Aufl. 1992 ff. hrsg. v. *Klaus J. Hopt* und *Herbert Wiedemann*
Grunsky	Grundzüge des Zwangsvollstreckungs- und Insolvenzrechts, 5. Aufl. 1996
Haarmann/Schüppen	Frankfurter Kommentar zum WpÜG, 3. Aufl. 2008
Haarmeyer/Wutzke/Förster	Handbuch zur Insolvenzordnung, 3. Aufl. 2001
Haarmeyer/Wutzke/Förster InsVV	Vergütung in Insolvenzverfahren InsVV/VergVO, Kurz-Kommentar, 4. Aufl. 2007, 5. Aufl. 2014
Haarmeyer/Wutzke/Förster Hintzen	Zwangsverwaltung. ZwangsversteigerungsG (§§ 146–161) und ZwangsverwalterVO, Kurz-Kommentar, 5. Aufl. 2011
Habersack/Mülbert/Schlitt	Unternehmensfinanzierung am Kapitalmarkt, 3. Aufl. 2013
Hachenburg	Kommentar zum Gesetz betreffend die Gesellschaften mit beschränkter Haftung, 8. Aufl. 1992/97
Hahn	Die gesamten Materialien zu den Reichsjustizgesetzen, Bd IV: Materialien zur Konkursordnung, 1881
HambKommInsO/ *Bearbeiter*	Hamburger Kommentar zur Insolvenzordnung (Hrsg. v. *A. Schmidt*), 4. Aufl. 2012, 5. Aufl. 2015
Hartmann	Kostengesetze, 43. Aufl. 2013
Haß/Huber/Gruber/ Heiderhoff	EU-Insolvenzverordnung (EuInsVO), 1. Aufl. 2005
Häsemeyer	Insolvenzrecht, 4. Aufl. 2007
Heinsius	Depotgesetz, 1975

Literatur

Literaturverzeichnis

Hess	Großkommentar zur Insolvenzordnung, 2. Aufl. 2013
Hess	Insolvenzrecht, Praxislehrbuch Wirtschaftsrecht, 2004
Hess/Mitlehner	Steuerrecht – Rechnungslegung – Insolvenz, 2001
Hess/Obermüller	Insolvenzplan, Restschuldbefreiung und Verbraucherinsolvenz, 3. Aufl. 2003
Hess/Weis	Insolvenzrecht, 3. Aufl. 2005
Hess/Weis/Wienberg	InsO – Kommentar zur Insolvenzordnung, 2. Aufl. 2002
Heubeck/Höhne/Paulsdorff/	
Hirte/Bülow	Kölner Kommentar zum WpÜG, 2. Aufl. 2010
Hirte/Möllers	Kölner Kommentar zum WpHG, 2. Aufl. 2013
HKInsO/Bearbeiter	Heidelberger Kommentar zur Insolvenzordnung (hrsg von *Kreft*), 7. Aufl. 2014
Hoffmann	Verbraucherinsolvenz und Restschuldbefreiung, 2. Aufl. 2002
Hopt/Wiedemann	Großkommentar zum Aktiengesetz, 4. Aufl. 1992 ff
von Hoyningen-Huene/Linck	Kündigungsschutzgesetz, Kommentar, 15. Aufl. 2013
Huber	Anfechtungsgesetz (AnfG), 10. Aufl. 2006
Hübschmann/Hepp/Spitaler	Abgabenordnung – Finanzgerichtsordnung, Loseblatt (Stand 2013)
Hüffer	Aktiengesetz, 10. Aufl. 2012
Jaeger InsO	Insolvenzordnung, Großkommentar (hrsg von *Henckel* und *Gerhardt*), Bd 1, 2004, Bd 2, 2007, Bd. 3, 2014, Bd 4, 2008, Bd 6, 2010
Jaeger/Bearbeiter	Konkursordnung mit Einführungsgesetzen, Großkommentar, 8. Aufl. 1958/73 bearbeitet von *Fr. Lent* u. *Fr. Weber*, 9. Aufl, 1. Lieferung 1977, 2. Lieferung 1980, 3. Lieferung 1982 (§§ 1–28, bearbeitet von *Wolfram Henckel*)
Jauernig, BGB	BGB, 15. Aufl. 2013
Jauernig/Berger	Zwangsvollstreckungs- und Insolvenzrecht, 22. Aufl. 2007; 23. Aufl. 2010
Keller	Insolvenzrecht, 2006
Keller	Vergütung und Kosten im Insolvenzverfahren, 3. Aufl. 2010
Keller	Handbuch Zwangsvollstreckungsrecht, 2013
Kirchhof	Leitfaden zum Insolvenzrecht, 2. Aufl. 2000
Köhler/Bornkamm	Gesetz gegen den unlauteren Wettbewerb, 31. Aufl. 2013, 33. Aufl. 2015
Kölner Kommentar	zum Aktiengesetz hrsg. v *Wolfgang Zöllner*, bearbeitet von *Kurt H. Biedenkopf, Carsten P. Claussen, Gerd Geilen, Hans-Jörg Koppensteiner, Alfons Kraft, Heinrich Kronstein, Marcus Lutter, Hans-Joachim Mertens, Wolfgang Zöller*; 3. Aufl. 2004 ff
Kölner Schrift	Kölner Schrift zur Insolvenzordnung, 2. Aufl. 2000; 3. Aufl. 2009
Kohte/Ahrens/Grote/Busch	Verfahrenskostenstundung, Restschuldbefreiung und Verbraucherinsolvenzverfahren, 6. Aufl. 2013
Koller	Transportrecht, 8. Aufl. 2013
Koller/Roth/Morck	HGB, Kommentar, 7. Aufl. 2011
KR-Bearbeiter	Gemeinschaftskommentar zum Kündigungsschutzgesetz, 7. Aufl. 2004
Kraemer/Vallender/Vogelsang	Handbuch zur Insolvenz, Bd I/II (Loseblatt), Stand 2011
KPB/Bearbeiter	Insolvenzordnung, Loseblatt-Kommentar (Stand 2014)
Kuhn/Uhlenbruck	Konkursordnung, Kommentar, 12. Aufl. 2002
Leipziger Kommentar StGB	Bd. 1, 12. Aufl. 2009, Bd. 9 Teil 2, 12. Aufl. 2009
Leonhardt/Smid/Zeuner	Insolvenzordnung, 3. Aufl. 2010
Larenz	Lehrbuch des Schuldrechts, Bd I 14. Aufl. 1987, Bd II/1 13. Aufl. 1986, Bd II/2 13. Aufl. 1994
Lwowski/Fischer/Langenbucher	Das Recht der Kreditsicherheiten, 9. Aufl. 2011

Literatur

Literaturverzeichnis

Maesch	Corporate Governance in der insolventen Aktiengesellschaft, 2005
Marotzke	Gegenseitige Verträge im neuen Insolvenzrecht, 3. Aufl. 2001
Mohrbutter/Drischler	Die Zwangsversteigerungs- und Zwangsverwaltungspraxis, 7. Aufl. 1986/90
Mohrbutter/Ringstmeier	Handbuch der Insolvenzverwaltung, 8. Aufl. 2007
Müller	Genossenschaftsgesetz, Kommentar zum Gesetz betreffend die Erwerbs- und Wirtschaftsgenossenschaften, 3 Bde, 1976/80
MüKoAktG/*Bearbeiter*	Münchener Kommentar zum Aktiengesetz, 3. Aufl. 2008 ff
MüKoAnfG/*Bearbeiter*	Münchener Kommentar zum Anfechtungsgesetz, 2012
MüKoBGB/*Bearbeiter*	Münchener Kommentar zum BGB, 6. Aufl. 2012 ff
MüKoHGB/*Bearbeiter*	Münchener Kommentar zum HGB, 3. Aufl. 2010 ff
MüKoInsO/*Bearbeiter*	Münchener Kommentar zur Insolvenzordnung (hrsg. v *Kirchhof/Lwowski/Stürner*), 3. Aufl. 2013
MüKoStGB/*Bearbeiter*	Münchener Kommentar zum Strafgesetzbuch, Bd. 4, 1. Aufl. 2006
MüKoZPO/*Bearbeiter*	Münchener Kommentar zur ZPO, 3 Bände, 4. Aufl. 2012 ff
Nerlich/Römermann/*Bearbeiter*	Insolvenzordnung, Loseblatt (Stand 2013)
Nerlich/Kreplin	Münchener Anwaltshandbuch Sanierung und Insolvenz, 2. Aufl. 2012
NK-BGB/*Bearbeiter*	Nomos Kommentar zum BGB, 2. Aufl. 2012; 3. Aufl. 2013
Obermüller	Insolvenzrecht in der Bankpraxis, 8. Aufl. 2011
Obermüller/Hess	Insolvenzordnung, 4. Aufl. 2003
Palandt/*Bearbeiter*	Bürgerliches Gesetzbuch, Kurz-Kommentar, 73. Aufl. 2014, 74. Aufl. 2015
Pape/Hauser	Massearme Verfahren nach der InsO, 2. Aufl. 2008
Pape/Uhländer (Hrsg.)	NWB-Kommentar zum Insolvenzrecht, 2012
Pape/Uhlenbruck/Voigt-Salus	Insolvenzrecht, 2. Aufl. 2010
Paulus	Europäische Insolvenzverordnung: EuInsVO, Kommentar, 4. Aufl. 2013
Paulus	Insolvenzrecht, 2. Aufl. 2012
Pelz	Strafrecht in Krise und Insolvenz, 2. Aufl. 2011
Pohlmann	Befugnisse und Funktionen des vorläufigen Insolvenzverwalters, 1998
Pottschmidt/Rohr	Kreditsicherungsrecht, 4. Aufl. 1992
Prölss/Martin	Versicherungsvertragsgesetz, 28. Aufl. 2010
Rau/Weinert	Kommentar zum Betriebsrentengesetz, Bd I, 2. Aufl. 1982
Reischl	Insolvenzrecht, 2. Aufl. 2011
Reul/Heckschen/Wienberg	Insolvenzrecht in der Kautelarpraxis, 2006
RGRK-*Bearbeiter*	Das Bürgerliche Gesetzbuch, Kommentar, herausgegeben von Mitgliedern des BGH, 12. Aufl. 1974 ff (Reichsgerichtsräte-Kommentar)
Röhrich/Graf v. Westpahlen/Haas/*Bearbeiter*	HGB 4. Aufl. 2013
Rosenberg/Schwab/Gottwald	Zivilprozessrecht, 17. Aufl. 2010
Roth/Altmeppen	GmbHG, 7. Aufl. 2012
Runkel/Dahl	Anwalts-Handbuch Insolvenzrecht, 2. Aufl. 2008
Saenger/Inhester/*Bearbeiter*	GmbHG, 2. Aufl. 2013
Salzger/Schmidt/Widmaier	StGB, 2009
Schäfer/Hamann	Kapitalmarktgesetze, Loseblatt (Stand Januar 2008)
Schaub	Arbeitsrechts-Handbuch, 15. Aufl. 2013

Literatur

Schimansky/Bunte/ Lwowski	Bankrechts-Handbuch, 2 Bde, 4. Aufl. 2011
Schlegelberger	Kommentar zum Handelsgesetzbuch, 5. Aufl. 1973 ff, 5. Aufl. 2015
A. Schmidt	Hamburger Kommentar zum Insolvenzrecht, 4. Aufl. 2012
K. Schmidt, GesR	Gesellschaftsrecht, 4. Aufl. 2002
K. Schmidt, HR	Handelsrecht, 6. Aufl. 2014
K. Schmidt, InsO	Insolvenzordnung, 18. Aufl. 2013
K. Schmidt/Lutter	Aktiengesetz 2007, Kölner Kommentar zum Aktiengesetz, 2. Aufl. 1988 ff
Schmidt/Uhlenbruck	Die GmbH in Krise, Sanierung und Insolvenz, 4. Aufl. 2009
Schmidt-Räntsch	Insolvenzordnung, 1995
Scholz	Kommentar zum GmbH-Gesetz, 9. Aufl. 2000, Bd. 1 u. 2, 10. Aufl. 2006/07, 11. Aufl. 2013
Schwark	Kapitalmarktrechts-Kommentar, 4. Aufl. 2010
Serick	Eigentumsvorbehalt und Sicherungsübertragung Bd I 1963, Bd II 1965, Bd III 1970, Bd IV 1976, Bd V 1982
Smid	Grundzüge des Insolvenzrechts, 4. Aufl. 2002
Smid	Handbuch Insolvenzrecht, 6. Aufl. 2012
Soergel/Bearbeiter	Bürgerliches Gesetzbuch, Kommentar, 12. Aufl. 1987 ff; 13. Aufl. 2001 ff
Spindler/Stilz	Aktiengesetz, 2. Aufl. 2010
Staub	Handelsgesetzbuch, Großkommentar, begründet von Hermann Staub, hrsg. v *Canaris, Schilling* u. *Ulmer,* 4. Aufl. 1983/2002
Staudinger/Bearbeiter	Kommentar zum Bürgerlichen Gesetzbuch, 14. Bearb. 2000 ff
Steinberg/Valerius/Popp	Das Wirtschaftsstrafrecht des StGB, 2011
Stein/Jonas/Bearbeiter	Kommentar zur Zivilprozessordnung, 22. Aufl. 2002 ff, 23. Aufl. 2014 ff
Steindorf/Regh	Arbeitsrecht in der Insolvenz, 2002
Steiner/Riedel	Kommentar zum Zwangsversteigerungsgesetz, 8. Aufl. 1976
Stephan/Riedel	Insolvenzrechtliche Vergütungsverordnung (InsVV), 2010
Stöber	Zwangsversteigerungsgesetz, 20. Aufl. 2012
Storz/Kinderlein	Die Praxis des Zwangsversteigerungsverfahrens, 11. Aufl. 2008
Systematischer Kommentar StGB	BT, §§ 267–358, Stand: 2013
Thomas/Putzo	Zivilprozessordnung, 35. Aufl. 2014
Uhlenbruck/Bearbeiter	Insolvenzordnung (InsO), 12. Aufl. 2003
Uhlenbruck/Hirte/Vallender	Insolvenzordnung (InsO), 13. Aufl. 2010; 14. Aufl. 2015
Uhlenbruck, GmbH & Co KG	Die GmbH & Co KG in Krise, Konkurs und Vergleich, 2. Aufl. 1988
Wabnitz/Janovsky	Handbuch Wirtschafts- und Steuerstrafrecht, 4. Aufl. 2014
Weber/Weber	Kreditsicherungsrecht, 9. Aufl. 2012
Weyand/Diversy	Insolvenzdelikte, 9. Aufl. 2013
Wimmer/Dauernheim/ Wagner/Weidekind	Handbuch des Fachanwalts Insolvenzrecht, 5. Aufl. 2012
Zimmermann	Grundriß des Insolvenzrechts, 9. Aufl. 2012
Zöller	Kommentar zur Zivilprozessordnung, 30. Aufl. 2014
Zwanziger	Kommentar zum Arbeitsrecht der Insolvenzordnung, 4. Aufl. 2010

§ 1. Einführung

Übersicht

	Rn.
I. Geschichte des Insolvenzrecht	
1. Römisches Recht	1
2. Entwicklung des neuzeitlichen Konkursrechts	4
3. Die Konkursordnung von 1877	8
4. Funktionswandel und Funktionsverlust des Konkursverfahrens ab 1920	13
II. Die Insolvenzordnung von 1999	27
III. Grundprinzipien der Insolvenzrechtsreform	
1. Einheitliche Verfahrensordnung	38
2. Marktkonformität	42
3. Haftungsrecht, kein Gesellschaftsrecht	43
4. Eröffnungsgründe	47
5. Massesicherung	49
6. Insolvenzverwalter	51
7. Gläubigergleichbehandlung, keine Insolvenzvorrechte	53
8. Insolvenzarbeitsrecht	56
9. Mobiliarsicherheiten und Aufrechnungsvereinbarung	57
10. Gläubigerautonomie	59
11. Insolvenzplan	60
12. Restschuldbefreiung	61
13. Wirtschaftliche Bedeutung von Insolvenzen	62
IV. Reformen der Insolvenzordnung der ersten zehn Jahre	64
1. Änderung der InsO 2001	66
2. Privilegierung kollektiver Zahlungssysteme	67
3. Internationales Insolvenzrecht	68
4. Vereinfachung des Insolvenzverfahrens	69
5. Modernisierung des GmbH-Rechts (MoMiG)	70
6. Neufassung des Überschuldungsbegriffs	73
V. Reformen seit 2009 und offene Reformvorhaben	74
1. Gesetz zur Erleichterung der Unternehmenssanierung (ESUG)	75
a) Schutzschirmverfahren	76
b) Stärkung der Gläubigerautonomie	79
c) Ausbau des Insolvenzplanverfahrens	81
2. Restschuldbefreiung und Verbraucherinsolvenz	86
3. Neuregelung der Konzerninsolvenz	96
4. Schutz gegen Banken- und Versicherungsinsolvenzen	103
5. Weitere Reformanliegen	108
VI. Europäisches und internationales Insolvenzrecht	
1. Das geltende Regelwerk	109
2. Die Reform der Europäischen Insolvenzrechts	111
VII. Ausblick	114

Schrifttum: (1) **Geschichte des Insolvenzrechts:** *Bayer,* Theorie des Concurs-Prozesses nach gemeinem Rechte, 1836 (Römisches Recht §§ 2 bis 20); *v. Bethmann-Hollweg,* Der Civilprozess des gemeinen Rechts, Bd III Der römische Zivilprozess, 1866 (§ 159); *Clemens,* Private Überschuldung in der Neueren Geschichte, ZVI 2008, 8; *Endemann,* Die Entwicklung des Konkursverfahrens in der gemeinrechtlichen Lehre bis zu der Deutschen Konkursordnung von 1877, ZZP 12 (1888), 24; *Forster,* Vom Schandstein zum Konkursverfahren: Rechtsdogmatische Beobachtungen zur Geschichte des Insolvenzrechts, GS Konuralp, Bd 2, 2009, S. 199; *Gestrich/Stark,* Überschuldung im ländlichen Kreditwesen im 18. und 19. Jahrhundert, ZVI-Sonderheft 2009, 23; *Hanisch,* Bemerkungen zur Geschichte des internationalen Insolvenzrechts, FS Merz, 1992, 159; *Herrmann-Otto/Bissen/Rollinger,* Schuldner/Gläubigerbeziehungen im römischen Senatorenstand, ZVI-Sonderheft 2009, 37; *Hofer,* „So haben wir zur Beförderung des Credits vor nöthig befun-

§ 1 Einführung

den" – Kreditsteuerung durch Konkursrecht in der früheren Neuzeit, NZR 26 (2004), 177; *Irsigler,* Hildebrand Veckinchusen: Ein spätmittelalterlicher Hansekaufmann in der Schuldenfalle, ZVI-Sonderheft 2009, S. 46; *Jaeger,* Lehrbuch des Deutschen Konkursrechts, 8. Aufl. 1932; *Kaser/Hackl,* Das römische Zivilprozessrecht (§§ 57–61), 2. Aufl. 1996; *Kohler,* Lehrbuch des Konkursrechts, Einl §§ 1 bis 8, 1891; *Kroppenberg,* Die Insolvenz im klassischen römischen Recht, 2001; *Ludovici,* Einleitung zum Concursprozess, Halle 1740; *A. Meier,* Die Geschichte des deutschen Konkursrechts, 2003; *Meili,* Die geschichtliche Entwicklung des internationalen Konkursrechts, 1908; *Ch. Paulus,* Entwicklungslinien des Insolvenzrechts, KTS 2000, 239; *ders.,* Ein Kaleidoskop aus der Geschichte des Insolvenzrechts, JZ 2009, 1148; *ders.,* Konkursrecht im Dritten Reich, NZI 2011, 857; *Puchta,* Über den Concursprozess, Erlangen 1827; *Schweppe,* Das System des Concurses der Gläubiger nach dem gemeinen in Deutschland geltenden Rechte, Göttingen, Einleitung: Römischer Concurs (§§ 2 bis 3a), Heutiger Concurs (§ 5), 3. Ausgabe 1829; *Seuffert,* Zur Geschichte und Dogmatik des Deutschen Konkursrechts, 1888; *Smid,* Auf der „Spanischen Straße" in das Labyrinth des Konkurses – Bemerkungen zu Franzisco Salgado de Somoza, FS Gero Fischer, 2008, S. 489; *Sohm,* Institutionen, Geschichte und System des Römischen Privatrechts, § 119 III, 17. Aufl. 1924; *Stobbe,* Zur Geschichte des älteren deutschen Konkursprozesses, 1885; *Thieme,* Zur Entstehung der Konkursordnung, FS 100 Jahre KonkursO, 1977, 35; *Uhlenbruck,* Einhundert Jahre Konkursordnung, FS 100 Jahre KonkursO, 1977, 3, 6; *ders.,* Vom „Makel des Konkurses" zur gesteuerten Insolvenz, FS Gerhardt, 2004, S. 979; *ders.,* Zur Geschichte des Konkurses, DZWIR 2007, 1; *Vollmershausen,* Vom Konkursprozess zum Marktbereinigungsverfahren, 2007; *Wenger,* Institutionen des römischen Zivilprozessrechts, 1925; *Zipperer,* Vorbild Rom – eine Studie, KTS 2007, 21.

(2) **Rechtstatsachen und Statistik:** *Bitter/Röder,* Insolvenz und Sanierung in Zeiten der Finanz- und Wirtschaftskrise, ZInsO 2009, 1283; *Creditreform,* Insolvenzen in Deutschland, 1. Halbjahr 2012, ZInsO 2012, 1302; *Damm,* Rechtstatsächliche Feststellungen und Anmerkungen zur gegenwärtigen Insolvenzpraxis, ZIP 1985, 570; *Doehring,* Gesamtinsolvenzverfahren als Reformaufgabe – Erkenntnisse aus statistischen Ergebnissen, KTS 1983, 369; *ders.,* Entwicklungstendenzen des Insolvenzgeschehens und der Wirtschaftskriminalität – Eine statistische Analyse mit neueren Daten, KTS 1988, 89; *Drukarczyk/Duttle/Rieger,* Mobiliarsicherheiten: Arten, Verbreitung, Wirksamkeit, 1985; *Erkel,* Insolvenzrechtliche Ergebnisse der aktuellen Rechtstatsachenforschung, FS 100 Jahre KonkursO, 1977, 295; *Gessner/Plett,* Der Sozialplan im Konkursunternehmen, 1982; *Gessner/Rhode/Strate/Ziegert,* Die Praxis der Konkursabwicklung in der Bundesrepublik Deutschland, 1978; *Haarmeyer/Beck,* Die Praxis der Abweisung mangels Masse oder der Verlust der Ordnungsaufgabe des Insolvenzrechts, ZInsO 2007, 1065; *Haarmeyer/Beck/Frind,* Die Ordnungsfunktion des Insolvenzrechts im Lichte der Statistik insolvenzgerichtlicher Eröffnungsquoten, ZInsO 2008, 1178; *Hansen,* Regionale Unterschiede der Unternehmensinsolvenzen, BB 2004, 2318; *Keller-Stoltenhoff,* Die rechtstatsächlichen Auswirkungen des § 613a BGB in Konkurs, 1986; *Kollbach,* Insolvenzstatistiken 2006/07, ZVI 2007, 585; *ders.,* Insolvenzstatistik 2007/08, ZVI 2008, 189; *Langen/Naujoks,* Strukturanalyse von Insolvenzen, 1977; *Reske/Brandenburg/Mortsiefer,* Insolvenzursachen mittelständischer Betriebe – Eine empirische Analyse, 1976.

Statistisches Bundesamt, Unternehmen und Arbeitsstätten Insolvenzverfahren (Fachserie 2, Reihe 4.1), jährlich herausgegeben.

(3) **Zur Insolvenzverordnung 1999:** *Balz,* Die Ziele der Insolvenzordnung, in: Kölner Schrift, 2. Aufl. 2000, S. 3; *Balz/Landfermann,* Die neuen Insolvenzgesetze, 1995; *Beule,* Die Umsetzung der Insolvenzrechtsreform in der Justizpraxis, in: Kölner Schrift, 2. Aufl. 2000, S. 23; *W. Bichlmeier/A. Engberding/H. Oberhofer,* Insolvenzhandbuch, 1998; *Bigus/Eger,* Führt die deutsche InsO zu mehr Marktkonformität bei Unternehmensinsolvenzen?, ZInsO 2003, 1; *E. Braun/R. Riggert/Th. Kind,* Die Neuregelungen der Insolvenzordnung in der Praxis, 1999; *Buth/Hermanns,* Restrukturierung, Sanierung, Insolvenz, 2. Aufl. 2004; *Depré,* Die anwaltliche Praxis in Insolvenzsachen, 1996; *Ehlers/Drieling,* Unternehmenssanierung nach neuem Insolvenzrecht, 2. Aufl. 2000; *Frege/Keller/Riedel,* Insolvenzrecht, 6. Aufl. 2002; *Heitmann,* Vom Beruf unserer Zeit für die Gesetzgebung (InsO II), NJW 1999, 33; *Henckel,* Sprache im Insolvenzrecht, FS Großfeld, 1999, 343; *Holzer,* Redaktionsversehen in der Insolvenzordnung?, NZI 1999, 44; *Kirchhof,* Zwei Jahre Insolvenzordnung – ein Rückblick, ZInsO 2001, 1; *Kotsiris,* Konkurs: Die Geschichte der „Verlierer", FS Großfeld, 1999, 599; *Kübler/Prütting,* Das neue Insolvenzrecht, 2 Bde, 2. Aufl., 2000; *Pape,* Die Insolvenzordnung ist in Kraft getreten, NJW 1999, 29; *Pilgram,* Ökono-

Einführung   § 1

mische Analyse der bundesdeutschen Insolvenzordnung, 1999; *Rajak,* Die Kultur der Insolvenz, ZInsO 1999, 666; *Reinhard,* Die neue Insolvenzordnung, MDR 1999, 203; *Seiler,* Das neue Insolvenzrecht, 1997; *Smid,* Das neue Insolvenzrecht, Probleme, Widersprüche, Chancen, BB 1999, 1; *ders.,* Struktur und systematischer Gehalt des deutschen Insolvenzrechts, DZWIR 2004, 1; *Uhlenbruck,* Das neue Insolvenzrecht, 1994; *ders.,* Neues Insolvenzrecht – Wege aus dem modernen Schuldturm, 1998; *H. Wagner,* Insolvenzordnung, 1998; *U. Weisemann/St. Smid,* Handbuch Unternehmensinsolvenz, 1999; *Wellensiek,* Das neue Insolvenzrecht, AnwBl 1999, 505; *Westphal,* Die neue Insolvenzordnung (InsO), BRAK-Mitt 1999, 7.

(4) **Fünf Jahre Insolvenzordnung:** *Bales,* Fünf Jahre neue Insolvenzordnung, BKR 2003, 572; *Becker/Bernsen/Berscheid/Fuchs/Hausmann/Maus/Spliedt,* Insolvenzrecht auf dem Prüfstand, 2002; *Berscheid,* Reformvorschläge zur Erweiterung der Befugnisse des vorläufigen Insolvenzverwalters und zur Mehrung der Insolvenzmasse, NZI 1999, 6; *Bork/Klaas,* Reformbedarf für die InsO, ZInsO 1999, 485; *Graf-Schlicker/Remmert,* Alles neu in der Unternehmensinsolvenz?, ZInsO 2002, 563; *Hess/Wienberg/Titze-Fischer,* Zur Notwendigkeit einer Reform des Verbraucherinsolvenzverfahrens, NZI 2000, 97; *Heyer,* Reform des Restschuldbefreiungssystems nach §§ 286 ff. InsO, ZInsO 2003, 201; *Klaas,* Fünf Jahre Verbraucherinsolvenz – fünf Jahre sind genug, ZInsO 2004, 577; *von Leoprechting,* Insolvenzplan scheitert im Praxistest, DZWIR 2000, 67; *Marotzke,* Das Unternehmen in der Insolvenz, 2000; *ders.,* Reformbedarf im neuen Insolvenzrecht, in Heß (Hrsg.), Wandel der Rechtsordnung, 2003, S. 35; *Meyer/Rein,* Das Ende der Gläubigergleichbehandlung im Insolvenzrecht?, NZI 2004, 367; *Pape,* Von der „Perle der Reichsjustizgesetze" zur Abbruchhalde, ZInsO 2005, 842; *Pape/Uhlenbruck,* 30 Jahre Insolvenzrechtsreform für die Katz?, ZIP 2005, 417; *Schmerbach,* Änderungsbedarf im Regel- und Verbraucherinsolvenzverfahren, ZInsO 2003, 253; *Schneider/Hörmann,* Die Änderungswünsche der Finanzverwaltungen zum Insolvenzanfechtungsrecht, ZInsO 2005, 133; *Stephan,* Die Umgestaltung des Einigungsversuches und weitere Änderungen im Insolvenzverfahren natürlicher Personen, ZVI 2003, 145; *Uhlenbruck,* Die Insolvenzordnung – ein Jahrhundertgesetz?, NJW 2000, 1386; *ders.,* 5 Jahre Insolvenzordnung, ZIP 2004, 1; *ders.,* Wiedereinführung der Vorrechte durch die Hintertür?, ZInsO 2005, 505; *Vallender,* 5 Jahre Insolvenzordnung, NZI 2004, 17; *ders.,* Das Rechtsinstitut der Restschuldbefreiung – eine Zwischenbilanz, FS Gerhardt, 2004, S. 999; *Vetter,* Zur Notwendigkeit der Änderung arbeitsrechtlicher Vorschriften der Insolvenzordnung, ZInsO 2004, 1135.

(5) **10 Jahre Insolvenzordnung:**
a) *Allgemeines: Backes,* Bericht zum Norddeutschen Insolvenzrechtstag – 10 Jahre InsO, ZInsO 2009, 761; *Bitter/Röder,* Insolvenz und Sanierung in Zeiten der Finanz- und Wirtschaftskrise, ZInsO 2009, 1283; *Bork,* Grundfragen des Restrukturierungsrechts, ZIP 2010, 397; *Braun,* Eingriff in Anteilseignerrechte im Insolvenzplanverfahren, FS Gero Fischer, 2008, S. 53; *Brück/Schalast/Schanz,* Das 1. Finanzmarktstabilisierungsergänzungsgesetz: Lex Hypo Real Estate oder doch mehr?, BB 2009, 1306; *Ehlers,* Noch eine Reform – § 224 Abs. 2–5 InsO, ZInsO 2009, 320; *Eidenmüller/Engert,* Reformperspektiven einer Umwandlung von Fremd- in Eigenkapital (Debt-Equity-Swap) im Insolvenzplanverfahren, ZIP 2009, 541; *Gerhardt,* Von der Insolvenzrechtskommission bis zum geltenden Insolvenzrecht, FS Leipold, 2009, S. 377; *Haarmeyer,* Die Ordnungsaufgabe des Insolvenzrechts und ihre praktische Umsetzung im Insolvenzeröffnungsverfahren, FS Gero Fischer, 2008, S. 193; *Haarmeyer/Beck,* Die Praxis der Abweisung mangels Masse oder dem Verlust der Ordnungsaufgabe des Insolvenzrechts, ZInsO 2007, 1065; *Haarmeyer/Beck/Frind,* Die Ordnungsfunktion des Insolvenzrechtes im Lichte der Statistik insolvenzgerichtlicher Entscheidungen, ZInsO 2008, 1178; *Hirte,* Vorschläge für ein Kodifikation eines Konzerninsolvenzrechts, ZIP 2008, 444; *Knöller,* Die Konsequenzen der Finanzmarktkrise für die Restrukturierungspraxis, ZVglRWiss 108 (2009), 287; *Marotzke,* Das deutsche Insolvenzrecht in systemischen Krisen, JZ 2009, 763; *G. Pape,* 10 Jahre Insolvenzordnung, ZInsO 2009, 1; *Ch. Paulus,* Die EuInsVO – wo geht die Reise hin?, NZI 2008, 1; *Piekenbrock,* Empfiehlt sich angesichts der Wirtschaftskrise die Einführung eines gesonderten Restrukturierungsverfahrens?, ZVglRWiss 108 (2009), 242; *Seagon,* Die Insolvenzwelle zwingt zum Umdenken, ZVglRWiss 108 (2009), 203; *Smid,* Große Insolvenzrechtsreform 2006, 2006; *ders.,* 10 Jahre Insolvenzordnung – (k)ein trauriger Rückblick aus Sicht der Kreditinstitute (!)?, DZWIR 2009, 397; *Uhlenbruck,* Von der Notwendigkeit eines eigenständigen Sanierungsgesetzes, NZI 2008, 201; *Uhlenbruck/Hirte/Vallender/Vallender,* 10 Jahre Insolvenzordnung – eine kritische Zwischenbilanz, NZI 2009, 1; *Westphal/Janjuah,* Zur Modernisierung des deutschen Sanierungsrechts, ZIP 2008, Beilage zu Heft 3.

b) *Zur Verbesserung der Verwalterauswahl: Frind,* „Uhlenbruck-Kommission" zur Verwalterbestellung – revisited, ZInsO 2007, 850; *Haarmeyer,* Zum Entwurf eines Gesetzes zur Effizienzsteigerung und Verbesserung der Verwalterauswahl im Insolvenzverfahren, ZInsO 2008, 367; *Stephan,* Die Praxis der Auswahl des Insolvenzverwalters – ein Sanierungshindernis?, ZVglRWiss 108 (2009), 273; *Tömp,* Der „GAVI-Gesetzentwurf" – Sind die geplanten Maßnahmen machbar und effektiv?, ZInsO 2007, 234.

(6) **Neuordnung der Überschuldung durch das Finanzmarktstabilisierungsgesetz:** *Beck/Brucklacher,* Plädoyer für eine Reform des Überschuldungstatbestandes und damit verbundene Rechtspflichten, FS Wellensiek, 2011, S. 5; *Ph. Böcker/Ch. Poertzgen,* Der insolvenzrechtliche Überschuldungsbegriff ab 2014, GmbHR 2013, 17; *Dieter/Hommerich/Reiß,* ZIP 2012, 1201; *Drukarczyk,* Die Eröffnungsgründe der InsO – Abgrenzungsprobleme, Überlappung und die Folgen, FS Ballwieser 2014, S. 95; *Pott,* Renaissance des modifiziert zweistufigen Überschuldungsbegriffs, NZI 2012, 4; *Eckert/Happe,* Totgesagte leben länger, ZInsO 2008, 1098; *Pott,* Renaissance des modifiziert zweistufigen Überschuldungsbegriffs, NZI 2012, 4; *Th. Schäfer,* Der Eröffnungsgrund der Überschuldung, 2012; *K. Schmidt,* Überschuldung und Unternehmensfortführung, ZIP 2013, 485; *Wazlawik,* Die Überschuldung als Eröffnungsgrund, NZI 2012, 988.

(7) **Haushaltsbegleitgesetz 2011:** *Gundlach/Rautmann,* Die Änderung des § 14 InsO durch das Haushaltsbegleitgesetz, NZI 2011, 315; *Klages/G. Pape,* Die Neuregelung des § 14 InsO, NZI 2013, 561; *Jungclaus/Keller,* Die Änderungen der InsO durch das Haushaltsbegleitgesetz 2011, NZI 2010, 808; *Kollbach/Lodyga/Zanthoff,* Haushaltsbegleitgesetz 2011: Erledigungserklärung von Insolvenzanträgen, NZI 2010, 932; *Laroche/Meier* u. a., Unsicherheitsquelle § 14 Abs. 1 S. 2 und 3 InsO, ZIP 2013, 1456; *Lenger/Müller,* Gläubigergleichbehandlung quo vadis? – Neue Versuche des Gesetzgebers zur Einführung (weiterer) Fiskusprivilegien, NZI 2011, 903.

(8) **Gesetz zur Erleichterung der Unternehmenssanierung (ESUG):** *Bauer/Dimmling,* Endlich im Gesetz(entwurf): Der Debt-Equity-Swap, NZI 2011, 517; *Bork,* Die Unabhängigkeit des Insolvenzverwalters ist nicht disponibel, ZIP 2013, 145; *Braun/Heinrich,* Auf dem Weg zu einer (neuen) Insolvenzplankultur in Deutschland, NZI 2011, 505; *Bunte/v. Kaufmann,* Gesetz zur weiteren Erleichterung der Sanierung von Unternehmen (ESUG), DZWIR 2011, 359; *F. Camek,* Das Schutzschirmverfahren nach § 270b InsO und seine Funktionalität im internationalen Rechtsvergleich, 2014; *G. Fischer,* Das neue Rechtsmittelverfahren gegen den Beschluss, durch den der Insolvenzplan bestätigt wird, NZI 2013, 513; *Frind,* Die Praxis fragt, „ESUG" antwortet nicht, ZInsO 2011, 2249; *ders.,* Probleme bei Bildung und Kompetenz des vorläufigen Gläubigerausschusses, BB 2013, 265; *Frind/Köchling,* Die misslungene Sanierung im Insolvenzverfahren, ZInsO 2013, 1666; *Fröhlich/Bächstädt,* 8 Monate ESUG – Beobachtungen eines betriebswirtschaftlichen Sanierungs- und M&A-Beraters, ZInsO 2012, 2044; *Graf-Schlicker,* Die Entwicklung des ESUG und die Fortentwicklung des Insolvenzrechts, ZInsO 2013, 1765; *Gutmann,* ESUG – erleichterte Unternehmenssanierung, erleichterter Berufsstand?, AnwBl 2013, 615; *Heinrich,* Insolvenzplan „reloaded", NZI 2012, 235; *Hirte,* Anmerkungen zum von § 270b RefE-InsO ESUG vorgeschlagenen „Schutzschirm", ZInsO 2011, 401; *Hirte/Knof/Mock,* Das Gesetz zur weiteren Erleichterung der Sanierung von Unternehmen, DB 2011, 632 u. 693; *dies.,* Das neue Insolvenzrecht nach dem ESUG, 2012; *M. Hofmann,* Die Vorschläge des DiskE-ESUG zur Eigenverwaltung und zur Auswahl des Sachwalters …, NZI 2010, 798; *ders.,* Eigenverwaltung, 2013; *Hölzle,* Unternehmenssanierung außerhalb der Insolvenz – Überlegungen zu einem Sanierungsvergleichsgesetz, NZI 2010, 207; *ders.,* Die „erleichterte Sanierung von Unternehmen" in der Nomenklatur der InsO …, NZI 2011, 124; *ders.,* Die Sanierung von Unternehmen im Spiegel des Wettbewerbs der Rechtsordnungen in Europa, KTS 2011, 291; *H. Huber,* Großer Wurf oder viel Lärm um nichts?, ZInsO 2013, 1; *J. J. Hübler,* Die Eigenverwaltung des Schuldners als Instrument zur Unternehmenssanierung im Insolvenzverfahren, 2013; *Klinck,* Die Begründung von Masseverbindlichkeiten durch den Schuldner im Eigenverwaltungs-Eröffnungsverfahren, ZIP 2013, 853; *St. Kolmann,* Schutzschirmverfahren, 2013; *Luttermann/Geißler,* Rechtsbasis und Praxis einer Kultur der Unternehmenssanierung, ZInsO 2013, 1381; *Madaus,* Rechtsbehelfe gegen die Planbestätigung nach dem ESUG, NZI 2012, 597; *H.-F. Müller,* Gesellschaftsrechtliche Maßnahmen im Insolvenzplan, KTS 2012, 419; *ders.,* Der Debt-Equity-Swap als Sanierungsinstrument, KSzW 1.2013, 65; *Nöll,* Masseschuldbegründung durch den Schuldner im vorläufigen Eigenverwaltungsverfahren nach § 270a InsO – Schutzschirm zum Nulltarif?, ZInsO 2013, 745; *Pauli/Jörres,* Vorläufiger Gläubigerausschuss im Insolvenzeröffnungsverfahren nach ESUG, KSzW 3.2012, 292;

Einführung   § 1

Piekenbrock, Das ESUG – fit für Europa?, NZI 2012, 905; *Prütting*, Entwicklungslinien eines modernen Insolvenzrechts, KSzW 3.2012, 255; *Riggert*, Die Auswahl des Insolvenzverwalters – Gläubigerbeteiligung des Referentenentwurfs zur InsO (RefE-ESUG) aus Lieferantensicht, NZI 2011, 121; *Schmidt/Poertzgen*, Geschäftsführerhaftung (§ 64 S. 1 GmbHG) in Zeiten des ESUG, NZI 2013, 369; *Schmittmann/Dannemann*, Schutzschirmverfahren versus Insolvenzanfechtung, ZIP 2013, 760; *Siemon*, Sanierungsfall Leverage Buyout in der deutschen Insolvenz – Die Insolvenzordnung ist in Teilen verfassungswidrig, ZInsO 2013, 1549; *Tschentscher*, The modern German Insolvency Regime ..., International Corporate Rescue 10. 3 (2013), 167; *Undritz*, Ermächtigung und Kompetenz zur Begründung von Masseverbindlichkeiten beim Antrag des Schuldners auf Eigenverwaltung, BB 2012, 1551; *Vallender/Zipperer*, Der vorbefasste Insolvenzverwalter – ein Zukunftsmodell?, ZIP 2013, 149; *Willemsen/Rechel*, Insolvenzrecht im Umbruch – ein Überblick über den RegE-ESUG, BB 2011, 837; *dies.*, Kommentar zum ESUG, 2012; *Wimmer*, Das neue Insolvenzrecht nach der ESUG-Reform, 2012.

(9) **Reform der Restschuldbefreiung und des Verbraucherinsolvenzverfahrens:**
(a) Frühere Reformdiskussion: M. *Ahrens*, Privatinsolvenzrecht – Umrisse eines Systems, ZZP 122 (2009), 133; A. *Bruns*, Die geplante Novellierung der Restschuldbefreiung mittelloser Personen – ein geglückter fresh start?, KTS 2008, 41; *Frind*, Bausteine eines neuen effizienten Insolvenzverfahrens natürlicher Personen, ZInsO 2009, 1135; *Helmich*, Die Entschuldung mittelloser Personen und die Änderung des Verbraucherinsolvenzverfahrens, ZInsO 2007, 739; *Hergenröder*, Entschuldungsmodell statt Verbraucherinsolvenz bei Masselosigkeit, DZWIR 2006, 265; *ders.*, Modifizierte Verbraucherinsolvenz bei Masselosigkeit, DZWIR 2006, 441; *ders.*, Die ewige Reform, DZWIR 2009, 221; *Hergenröder/Kokott*, Der Schuldner im sozialen Netz, ZVI-Sonderheft 2009, S. 27; *Holzer*, Regierungsentwurf zur Entschuldung mittelloser Personen ..., ZVI 2007, 393; *Jäger*, Der Regierungsentwurf eines Gesetzes zur Entschuldung völlig mittelloser Personen, ZVI 2007, 507; *Kainz*, Das Scheitern der Reform des Verbraucherinsolvenzverfahrens, 2010; N. *Reill-Ruppe*, Anspruch und Wirklichkeit des Restschuldbefreiungsverfahrens, 2013; *Schmerbach*, Die geplante Entschuldung völlig mittelloser Personen, NZI 2007, 198; *ders.*, Konkrete Änderungsvorschläge zum Entwurf eines Gesetzes zur Entschuldung mittelloser Personen, NZI 2007, 710; *ders.*, Leitlinien einer Reform der Insolvenzverfahren natürlicher Personen, NZI 2011, 131; *Schönen*, Verbraucherinsolvenzrecht im internationalen Vergleich, ZVI 2009, 229; P. *Wagner*, Die natürliche Person mit beschränkter Haftung, ZIP 2008, 630.

(b) *Gesetz zur Verkürzung des Restschuldbefreiungsverfahrens u. a.:* Regierungsentwurf, BT-Drucks. 17/11268 vom 31.10.2012; Beschlussempfehlung des Rechtsausschusses, BT-Drucks. 17/13535 vom 15.5.2013.

M. *Ahrens*, Eckpunkte des Bundesministeriums der Justiz zur Reform der Verbraucherinsolvenz, NZI 2011, 425; F. *Beck*, Der Referentenentwurf zur Reform des Insolvenzrechts ... aud der schuldnerperspektive, ZVI 2012, 223; *Buchholz*, Der Regierungsentwurf für ein Gesetz zur Verkürzung des Restschuldbefreiungsverfahrens ..., NZI 2012, 655; *Frind*, Ein „schlankes" neues Privatinsolvenzverahren?, ZInsO 2012, 1455; *ders.*, Praxisprobleme des reformierten Privatinsolvenzverfahrens, ZInsO 2013, 1448; *Grote/Pape*, Verkürzung des Restschuldbefreiungsverfahrens und Stärkung der Gläubigerrechte, ZInsO 2012, 1913; *dies.*, Das Ende der Diskussion?, Die wichtigsten Neuregelungen zur Restschuldbefreiung, ZInsO 2013, 1433; *dies.*, Endlich: Die Reform der Verbraucherinsolvenz – lohnte das den Aufwand?, AnwBl 2013, 601; *Harder*, Die geplante Reform des Verbraucherinsolvenzrechts, NZI 2012, 113; *ders.*, Insolvenzplan für alle? – Die Reform der außergerichtlichen und gerichtlichen Schuldenbereinigung, NZI 2013, 70; *Hergenröder/Homann*, Die Reform der Verbraucher-Entschuldung: Der nächste untaugliche Versuch, ZVI 2013, 91; *dies.*, Die Reform der Verbraucher-Entschuldung: Plädoyer für eine Neuorientierung, ZVI 2013, 129; *Hirte*, Lizenzen in der Insolvenz, KSzW 3.2012, 268; *ders.*, Stellungnahme zum Regierungsentwurf eines Gesetzes zur Verkürzung des Restschuldbefreiungsverfahrens, ZInsO 2013, 171; *Köchling*, Der Gesetzesentwurf zur Verkürzung ..., ZInsO 2013, 316; *Lissner*, Die angestrebte Reform der Verbraucherinsolvenz, ZInsO 2013, 330; *Pape*, Verbraucherinsolvenz 2012 – gefühlter und tatsächlicher Reformbedarf, ZVI 2012, 150; *Ritter*, Die neue 25 %-Quote zur Verkürzung der Restschuldbefreiungsphase – geht die Reform ins Leere?, ZVI 2013, 135; *Schmerbach*, RefE 2012: Geplante Änderungen im Restschuldbefreiungsverfahren ..., NZI 2012, 161; *ders.*, Der Regierungsentwurf vom 18.7.2012 ..., NZI 2012, 689; *ders.*, Gesetz zur Verkürzung des Restschuldbefreiungsverfahrens .... verabschiedet – Ende gut, alles gut?, NZI 2013, 566; *Sinz/*

§ 1 Einführung

Hiebert/Wegener, Verbraucherinsolvenz und Insolvenz von Kleinunternehmen, 3. Aufl. 2013; *Vallender,* Die anstehende Reform des Verbraucherinsolvenz- und Restschuldbefreiungsverfahrens, KSzW 3.2012, 260; *St Vogel,* Das Gesetz zur Verkürzung des Restschuldbefreiungsverfahrens und zur Stärkung der Gläubigerrechte – Eine Chance zum Neuanfang?, NJ 2013, 447.

(10) **Reform des Konzerninsolvenzrechts:** Diskussionsentwurf des BMJ für ein Gesetz zur Erleichterung der Bewältigung von Konzerninsolvenzen vom 3.1.2013, abgedruckt in ZInsO 2013, 130 u. Beilage 1 zu ZIP 2/2013; Regierungsentwurf vom 28.8.2013, BR-Drucks. 663/13 vom 30.8.2013; abgedruckt in Beilage 4 zu ZIP 37/2013; Stellungnahme des Bundesrates vom 11.10.2013 (BR-Drucks. 663/13 (B)).

Andres/Möhlenkamp, Konzern in der Insolvenz – Chance auf Sanierung?, BB 2013, 579; *Brinkmans,* Entwurf eines Gesetzes zur Erleichterung der Bewältigung von Konzerninsolvenzen, ZIP 2013, 193; *ders.,* Die koordinierte Verfahrensbewältigung von Insolvenzverfahren gruppenangehöriger Schuldner, Der Konzern 2013, 169; *Dellit,* Der Entwurf eines Gesetzes zur Erleichterung der Bewältigung von Konzerninsolvenzen: Der Insolvenzplan, Der Konzern 2013, 190; *Eidenmüller/Frobenius,* Ein Regulierungskonzept zur Bewältigung von Gruppeninsolvenzen, Beilage 3 zu ZIP 22/2013; *Fölsing,* Konzerninsolvenz: Gruppengerichtsstand, Kooperation und Koordination, ZInsO 2013, 413; *Frind,* Die Überregulierung der „Konzern"insolvenz, ZInsO 2013, 429; *Graeber,* Das Konzerninsolvenzverfahren des Diskussionsentwurfs 2013, ZInsO 2013, 409; *Graf-Schlicker,* Mit Blick auf Europa: Ein Konzerninsolvenzrecht schaffen, AnwBl 2013, 620; *Harder/Lojowsky,* Der Diskussionsentwurf …, NZI 2013, 327; *Humbeck,* Plädoyer für ein materielles Konzerninsolvenzrecht, NZI 2013, 957; *Leithaus/Schäfer,* Konzerninsolvenzrecht in Deutschland und Europa, KSzW 3.2012, 272; *Leutheusser-Schnarrenberger,* Dritte Stufe der Insolvenzrechtsreform, ZIP 2013, 97; *Lienau,* Der Diskussionsentwurf …, Der Konzern 2013, 157; *Pleister,* Das besondere Koordinationsverfahren nach dem DiskE-Konzerninsolvenzen, ZIP 2013, 1013; *St. Schneider/Höpfner,* Die Sanierung von Konzernen durch Eigenverwaltung und Insolvenzplan, BB 2012, 87; *Thole,* Die Haftung des Koordinationsverwalters und der Einzelverwalter bei der koordinierten Konzerninsolvenz, Der Konzern 2013, 182; *Vallender,* Einführung eines Gruppengerichtsstandes, Der Konzern 2013, 162; *Verhoeven,* Konzerninsolvenzrecht, ZInsO 2012, 1689 u. 1757; *Wimmer,* Konzerninsolvenzen im Rahmen der EuInsVO – Ausblick auf die Schaffung eines deutschen Konzerninsolvenzrechts, DB 2013, 1343; *Zipperer,* Die einheitliche Verwalterbestellung nach dem Diskussionsentwurf …, ZIP 2013, 1007.

K. Schmidt, Konzern-Insolvenzrecht – Entwicklungsstand und Perspektiven, KTS 2010, 1; *Siemon/Frind,* Der Konzern in der Insolvenz, NZI 2013, 1; *PoLucki,* Courting Failure: Das Versagen der Kontrollinstanz in der Konzerninsolvenz, ZInsO 2013, 420; *A. Verhoeven,* Die Konzerninsolvenz, 2011.

(11) **Vergütung des Insolvenzverwalters:** *T. Graeber,* Passt die InsVV (noch) zur InsO? NZI 2013, 574; *J. Holzer,* Die Reform der InsVV, NZI 2013, 1049.

(12) **Europäisches/internationales Insolvenzrecht**

(a) *Allgemeines: Andres/Grund,* Die Flucht vor deutschen Insolvenzgerichten nach England, NZI 2007, 137; *Ballmann,* Der High Court of Justice erschwert die Flucht deutscher Unternehmen ins englische Insolvenzrevht, BB 2007, 1121; *Brinkmann,* Von COMI, forum shopping und Insolvenztourismus, Bonner Rechtsjournal (BRJ) 2013, 5; *Cranshaw,* Zehn Jahre EuInsVO und Centre of Main Interests – Motor dynamischer Entwicklungen im Insolvenzrecht?, DZWIR 2012, 133; *Jaffé/Friedrich,* Verbesserung der Wettbewerbsfähigkeit des Insolvenzstandorts Deutschland, ZIP 2008, 1849; *Konecny/Griffith/Hellmig,* Insolvenzkulturen – Kampf oder Harmonisierung, NZI 2008, 416; *R. Paulus,* Die ausländische Sanierung über einen Dept-Equity-Swap als Angriff auf das deutsche Insolvenzrecht?, DZWIR 2008, 6; *Köhler-Ma/Burkard,* Deutsches Insolvenzrecht = Unflexibel?, DZWIR 2007, 410; *Pannen,* Die „Scheinauslandsgesellschaft" im Spannungsfeld zwischen dem ausländischen Gesellschaftsstatut und dem inländischen Insolvenzstatut, FS Gero Fischer, 2008, S. 403; *Smid,* Voraussetzungen der Eröffnung eines deutschen Sekundärinsolvenzverfahrens, ZInsO 2013, 913; *Vallender,* Gefahren für den Insolvenzstandort Deutschland, NZI 2007, 129.

(b) *Reform der EuInsVO:* Vorschlag (der Kommission) für eine Verordnung zur Änderung der Verordnung (EG) Nr. 1346/2000 des Rates über Insolvenzverfahren vom 12.12.2012, KOM (2012), 744 endg.

Mitteilung der Kommission an das Europäische Parlament … „Ein neuer europäischer Ansatz zur Verfahrensweise bei Firmenpleiten und Unternehmensinsolvenzen", vom 12.12.2012, KOM

(2012) 742 endg; Mitteilung der Kommission an das Europäische Parlament ... „Aktionsplan Unternehmertum 2020" vom 9.1.2013, KOM (2012), 795 endg.
Adam/Poertzgen, Überlegungen zu einem Europäischen Konzerninsolvenzrecht, ZInsO 2008, 281 u. 347; *Brünkmans,* Auf dem Weg zu einem europäischen Konzerninsolvenzrecht, ZInsO 2013, 797; *ders.,* Die Sanierung von Konzernen in Europa, Der Konzern 2013, 234; *Eidenmüller/ Frobenius,* Ein Regulierungskonzept zur Bewältigung von Gruppeninsolvenzen, Beilage 3 zu ZIP 22/2013; *Hess/Oberhammer/Pfeiffer,* European Insolvency Regulation, 2013; *Hirte,* Sechs Thesen zur Kodifikation der Konzerninsolvenz in der EuInsVO, ZInsO 2011, 1788; *S. Mock,* Das (geplante) europäische Insolvenzrecht ..., GPR 3/2013, 156; *Prager/Keller,* Der Vorschlag der Europäischen Kommission zur Reform der EuInsVO, NZI 2013, 57; *Ch. Paulus,* EuInsVO: Änderungen am Horizont und ihre Auswirkungen, NZI 2012, 297; *ders.,* Die EuInsVO in ihrer künftigen Gestalt, BB 2013, Heft 4 Erste Seite; *Reinhart,* Die Überarbeitung der EuInsVO, NZI 2012, 304; *Reuß,* Europäisches Insolvenzrecht 3.0 oder doch nur Version 1.1?, EuZW 2013, 165; *St. Smid,* Voraussetzungen der Eröffnung eines deutschen Sekundärverfahrens – Geltendes Recht und Reformpläne, ZInsO 2013, 953; *Thole,* Der Trend zur vorinsolvenzlichen Sanierung, KSzW 3.2012, 286; *Thole/Swierczok,* Der Kommissionsvorschlag zur Reform der EuInsVO, ZIP 2013, 550; *K. Wimmer,* Konzerninsolvenzen im Rahmen der EuInsVO, DB 2013, 1343.

I. Geschichte des Insolvenzrechts

1. Römisches Recht. Das Insolvenzrecht ist Teil der europäischen Rechtskultur. Seine Wurzeln liegen im römischen Recht. Im Laufe der Jahrhunderte wurde die ursprüngliche Personalexekution durch Schuldknechtschaft des Schuldners und seiner Familie[1] durch eine Realexekution abgelöst.[2] Diese Schöpfung des prätorischen Amtsrechts trug wesentlich zur Entwicklung des elastischen, vom Billigkeitsgefühl bestimmten Rechtssystems des römischen Weltreichs bei. Sie war Generalexekution, dh Besitzeinweisung des Gläubigers in das gesamte Schuldnervermögen („missio in bona"), der sich andere Gläubiger anschließen konnten. Sie ermächtigte die Gläubiger zu einer öffentlichen Veräußerung des Schuldnervermögens („venditio honorum") en bloc durch einen aus ihrer Mitte ausgewählten „magister bonorum".[3] Aus dem Erlös wurden die Gläubiger in Höhe der Quote befriedigt; der Vollstreckungsschuldner haftete für die Restforderung weiter. Diese Form der Realexekution setzte keine Insolvenz des Schuldners voraus, wies aber doch konkursähnliche Züge auf (Anmeldung der Forderungen; Aussonderung von Drittvermögen) und förderte den Gedanken einer Gleichbehandlung (par condicio) der Gläubiger.[4]

Eine Kaiser Augustus zugeschriebene lex Julia ermöglichte es dem Schuldner, durch freiwillige Vermögensabtretung zugunsten seiner Gläubiger, der „*cessio bonorum*", die Einsetzung eines curator bonorum herbeizuführen und so die mit der missio in bona verbundene Schuldhaft und Infamie von sich abzuwenden.[5]

Ab der Kaiserzeit wurde die Spezialexekution eingeführt. Zu einer Generalexekution kommt es nur noch bei einer Gläubigermehrheit, zu deren Gesamtbefriedigung das Vermögen nicht ausreicht. Anstelle der Gesamtveräußerung kann der auf Gläubigerantrag bestellte curator bonorum die einzelnen Vermögensstücke an den jeweils Meistbietenden veräußern und die Gläubiger aus dem Erlös befriedigen.[6]

2. Entwicklung des neuzeitlichen Konkursrechts. a) Aus diesen in das Justinianische Corpus iuris civilis (6. Jahrhundert) eingegangenen römisch-rechtlichen Ansätzen, ergänzt durch Elemente des langobardischen Pfandrechts, entwickelte sich seit dem

---
[1] *Becker,* Insolvenzrecht, Rn. 40; *Zipperer* KTS 2007, 21, 23 ff.
[2] *Uhlenbruck* DZWIR 2000, 1; *Becker,* Insolvenzrecht, Rn. 41.
[3] *Kaser/Hackl,* § 58 I 2 (S. 395); *A. Meier,* S. 7 ff.
[4] Vgl. *Kaser/Hackl,* § 57 (S. 388 ff.), § 59 I (S. 401).
[5] *Kaser/Hackl,* § 61 (S. 405 ff.); *A. Meier,* S. 15.
[6] *Wenger,* Institutionen, S. 303 f.; *A. Meier,* S. 16.

13. Jahrhundert in den **ober- und mittelitalienischen Handelsstädten** ein Verfahren der Gesamtvollstreckung bei Insolvenz (Zahlungsunfähigkeit) eines (flüchtigen) Schuldners, das die eigentlichen Anfänge des neuzeitlichen Konkursverfahrens darstellt.[7] Das Statutarrecht dieser von Kaufleuten und Bankiers beherrschten Zentren des Fernhandels konzipierte den Konkurs als Selbsthilfeeinrichtung der Kaufmannschaft gegen unzuverlässige, betrügerische Standesgenossen.[8] Die Gläubigerschaft, zugleich Verlustgemeinschaft, entschied mit Mehrheit. Der Richter war auf eine kontrollierende und unterstützende Mitwirkung beschränkt. Anknüpfend an einen Stundungsvergleich im Corpus iuris Justinianus entwickelte die italienische Jurisprudenz auch den konkursrechtlichen Vergleich mit Erlasswirkung und Bindung der überstimmten Minderheit.

5 **b)** Den italienischen Konkurs mit weitgehender Selbstverwaltung der Gläubigerschaft übernahmen zunächst die **französischen Handelsplätze,** allen voran Lyon. Mit der Rezeption des römischen Rechts verbreitete sich das römisch-italienisch-französische Konkursrecht in den Niederlanden, in Deutschland, vor allem in den Hansestädten und im süddeutschen Raum, sowie in anderen kontinental-europäischen Ländern. Es wurde zum *ius commune* des europäischen Handelsverkehrs.

6 **c)** Gegen Ende des 17. Jahrhunderts gewann in weiten Teilen Deutschlands das auf Richtermacht ausgerichtete **spanische Konkursrecht** große Bedeutung. In Spanien hatte sich „aus den römischen Materialien", aber auch auf der Grundlage westgotischer Rechtstraditionen ein beim Gericht konzentriertes obrigkeitliches Amtsverfahren herausgebildet, dem Gläubigerautonomie fremd war. Der Concurs wurde zu „einer Exekution in eigentümlicher Gestalt". Das Vermögen des insolventen Schuldners gelangte durch richterliche Zuerkennung in die Hände der Gläubiger, die „ein Befriedigungsrecht ohne alles Zutun des Schuldners" erhielten. Die „Zusammenberufung der Gläubiger durch eine Edictalladung" war ein wesentliches Element des Verfahrens. Das teils durch Gesetze, teils durch Gerichtsgebrauch entstandene Recht hatte *Salgado de Somoza*, Rat der Königlichen Kanzlei zu Valladolid, in seinem Buch „Labyrinthus creditorum concurrentium ad litem pro debitorem communem inter illos causatam" (1646) dargestellt.[9] Dieses erste vollständige Werk über den Konkurs bestimmte auch in Deutschland die Praxis des gemeinrechtlichen Konkurses, der „seit der Vermögenszerrüttung durch den Dreißigjährigen Krieg" eine erhebliche Rolle spielte.[10] *Somozas* Buch beeinflusste selbst die partikularrechtliche Territorialgesetzgebung (zB das XIX. Kapitel des Codex Juris Bavarici Judiciarii von 1753;[11] die preußische Hypotheken- und Concursordnung von 1722; Theil 1 Titel 50 der preußischen Allgemeinen Gerichtsordnung von 1793). Der Preis dafür war ein formalistischer, umständlicher, dazu wenig ergiebiger und kostspieliger Concurs- oder Gantprozess; die Überlastung des allzuständigen Konkursgerichts mit allen Nebenstreitigkeiten („vis attractiva concursus") hatte eine außerordentliche Verschleppung der Verfahren zur Folge.[12]

7 **d)** Dieser Zustand wurde erst durch die *preußische Konkursordnung von 1855,* die *bayerische Prozessordnung von 1869* (5. Buch „Gant")[13] und die *österreichische Konkursordnung von 1868* überwunden. Das preußische Gesetz, Modell der österreichischen Konkursordnung und **Vorläufer der Reichskonkursordnung** von 1877, hatte dem Einfluss des politischen und wirtschaftlichen Liberalismus auf die Gesetzgebung entsprechend

---

[7] Vgl. *Hanisch* FS Merz S. 159, 160 ff.
[8] Vgl. *A. Meier,* S. 19 ff.
[9] Vgl. *Smid*, FS Gero Fischer, 2008, S. 489; *Uhlenbruck* DZWIR 2007, 1.
[10] Vgl. *Uhlenbruck* FS 100 Jahre KO S. 3, 9; *A. Meier,* S. 26 ff.
[11] Vgl. genauer *Becker,* Insolvenzrecht, Rn. 46.
[12] Vgl. *Uhlenbruck* FS 100 Jahre KO S. 3, 9.
[13] Vgl. *A. Meier,* S. 111 ff.

den konkursrechtlichen Teil des französischen *Code de commerce von 1807/1838* zum Vorbild.[14] Dieser ging seinerseits auf die Grande Ordonnance von 1673 zurück, die dem italienischen Statutarrecht folgte. So setzte sich an der Schwelle zum Industriezeitalter, als viele Staaten im Zuge der Modernisierung ihrer Gesetzgebung auch neue Konkursgesetze erließen, in der Mitte Europas erneut das privatrechtlich orientierte, der Gläubigerautonomie weiten Raum gebende italienisch-französische Konkursverfahren durch.

3. Die Konkursordnung von 1877. a) *Ein Reichsjustizgesetz.* Die Konkursordnung vom 10.2.1877 (in Kraft von 1.10.1879 bis 31.12.1998) war eines der vier Reichsjustizgesetze, jener klassischen Kodifikationen, gegründet auf partikularrechtlichen Erfahrungen und einer hochentwickelten Jurisprudenz, die das Deutsche Reich zu einem einheitlichen Rechtspflegegebiet machten. Sie entstand alsbald nach der Gründung des Klein-Deutschen Reiches, um in diesem politisch und wirtschaftlich geeinten Gebiet auch Rechtseinheit zu schaffen.[15] Die Konkursordnung wurde durch den im preußischen Justizministerium erarbeiteten „Entwurf einer Deutschen Gemeinschuldordnung" (1873 mit eingehender Begründung veröffentlicht) vorbereitet.[16] Sie galt als das „trefflichste der Reichsjustizgesetze".[17] Konsequente Ausführung richtig ausgewählter Prinzipien, dogmatisch einwandfreie Bearbeitung der Materie und ausgefeilte Regelungstechnik wurden ihr nachgerühmt.

Das Bürgerliche Gesetzbuch und seine Begleitgesetze machten eine Anpassung der Konkursordnung an das neue Reichsrecht erforderlich. Durch die Novelle vom 17.5.1898 wurden zahlreiche Vorschriften der Konkursordnung geändert und eine Reihe neuer Bestimmungen, insbesondere über den Nachlasskonkurs, eingefügt. Um nach diesen umfangreichen Änderungen den Kondifikationscharakter der Konkursordnung zu wahren, wurde am 20.5.1898 eine Neufassung bekannt gegeben.

b) *Gesamtvollstreckung als Grundidee.* Der Konkursordnung lag das Leitbild der Gesamtvollstreckung zugrunde. Sie trat bei Zahlungsunfähigkeit des Schuldners an die Stelle des ungehemmten Einzelzugriffs auf das Schuldnervermögen, ersetzte das Prioritätsprinzip durch den Grundsatz gleichmäßiger Konkurrenz aller Gläubiger, um einen rücksichtslosen Kampf aller gegen alle, Manipulationen und Willkür zu verhindern. Ihr gravierender Mangel war aber das Fehlen eines Sanierungsverfahrens und einer schon im „Codex Hammurabi" (um 1750 v Chr) bekannten Restschuldbefreiung.[18]

Tiefgreifende Unterschiede zwischen Einzel- und Gesamtvollstreckung machten den Konkurs zu einem Gerichtsverfahren eigener Art. In diesem Verfahren wurde der durch die Zahlungsunfähigkeit des Schuldners begründete „Gemeinschuldanspruch der Gläubiger" durchgesetzt und die Haftung des insolventen Schuldners mit seinem gesamten verbliebenen Vermögen verwirklicht. Alle seine persönlichen Gläubiger hatten das gleiche Befriedigungsrecht, keiner konnte mehr sein Recht außerhalb des gemeinschaftlichen Verfahrens suchen. Unabhängig vom Willen des einzelnen wurden alle Gläubiger zu einer Verlustgemeinschaft zusammengefasst. An sie wurde der Erlös des Schuldnervermögens anteilsmäßig verteilt. Im Sinne einer durch den Richter nur unterstützten und überwachten „*Gläubigerselbstverwaltung*" entwickelt sich das Konkursverfahren durch „Selbsttätigkeit der Beteiligten und ihrer Organe" (Gläubigerversammlung und Gläubigerausschuss); Verwaltung und Verteilung der Masse war Aufgabe des Konkursverwalters, „als gesetzlichen Vertreter des Masseträgers" bzw. als „einen Sondergutspfle-

---

[14] *Uhlenbruck* FS 100 Jahre KO S. 3, 12; *Thieme* FS KonkursO S. 35, 45; *Koch*, Die preußische Konkursordnung, 1867; *A. Meier*, S. 86 ff.
[15] *A. Meier*, S. 120 ff.
[16] Vgl. *Thieme* FS 100 Jahre KO, 1977, S. 35, 52 ff.; *A. Meier*, S. 134 ff.
[17] *Jaeger*, Lehrbuch des Konkursrechts, S. 17.
[18] *Uhlenbruck* DZWIR 2000, 1, 6.

ger".[19] Der Konkurs war kein Erkenntnisverfahren, das Konkursgericht kein Prozessgericht. Die abschreckenden Erfahrungen mit dem spanisch beeinflussten gemeinrechtlichen Konkursprozess legten es nahe, das Prinzip der vis attractiva kursbezogener Streitigkeiten aufzugeben. Bei der Prüfung der angemeldeten Forderungen gab das Verhalten der Beteiligten, nicht ein Richterspruch den Ausschlag. Streitigkeiten über Ansprüche wurden aus dem Konkursverfahren herausgehalten. Diese konsequente Entlastung des Konkursgerichts wurde gegenüber dem früheren Zustand, der noch weitgehend durch das „unselige Erbe Salgado Somozas" beeinflusst war, als besonderer Fortschritt empfunden.[20]

12 Abweichend vom Konkursrecht Frankreichs, Italiens und anderer Länder, vornehmlich des romanischen Rechtskreises, war und ist das deutsche Insolvenzrecht *kein Sonderrecht für Kaufleute*. Über das Vermögen von Kaufleuten und Nichtkaufleuten wurde und wird ein Insolvenzverfahren gleichermaßen durchgeführt, weil „es die Verbundenheit der wirtschaftlichen Beziehungen [nicht] gestattet ..., das kaufmännische Schuldenwesen ... in seiner Vereinzelung zu betrachten".[21]

13 **4. Funktionswandel und Funktionsverlust des Konkursverfahrens ab 1920.**
a) In den fast hundert Jahren ihrer Geltung wurde der Text der Konkursordnung kaum geändert und auch insoweit handelt es sich meist nur um Anpassungen an **Novellierungen anderer Rechtsgebiete** (wie zB an das Gleichberechtigungsgesetz, die Strafrechtsreform, das Rechtspflegergesetz oder handelsrechtliche Gesetze). So blieb formell der Anspruch auf Beständigkeit der Kodifizierung gewahrt, den die Konkursordnung im Geist der damals herrschenden Begriffsjurisprudenz mit Hilfe eines rational abstrahierenden, möglichst alle denkbaren Tatbestände erfassenden Normensystems verfolgte.

14 **b)** Indessen wurde die Konkursordnung ebenso wie die anderen Kodifikationen der Jahrhundertwende einem **inhaltlichen Wandel** unterworfen. Die Ausrichtung der Rechtsordnung an neuen Ideen und Strömungen, tiefgreifende Veränderungen im politischen, wirtschaftlichen und sozialen Bereich wirkten sich auch ohne förmliche Gesetzesänderungen auf die Handhabung der konkursrechtlichen Regelungen aus, sodass die Konkursordnung im heutigen Rechtsleben eine andere als die ihr zugedachte Rolle spielt.

15 **c)** Schon die Novellierung von 1898, mehr noch der mittelbare Einfluss des BGB und seiner Nebengesetze lassen die enge Verzahlung des Konkursrechts mit der Zivilrechtsordnung deutlich erkennen. Haftungsordnung des materiellen Rechts und Konkursordnung stehen in enger Wechselwirkung. Manche Rechtsinstitute des bürgerlichen Handelsrechts sind gerade darauf ausgerichtet, sich in der Insolvenz zu bewähren. Das gilt vor allem für die **Sicherungs- und Vorrechte.** Das verständliche und vom Privatrecht anerkannte Interesse der Sicherungsgläubiger, im Falle einer Insolvenz ihres Schuldners möglichst keine Verluste zu erleiden, ist jedoch mit dem insolvenzrechtlichen Prinzip der Gleichbehandlung und der Verlustgemeinschaft aller Gläubiger nicht zu vereinbaren. Der Gesetzgeber der Konkursordnung hatte diesen Interessenkonflikt klar erkannt und sich zum Ziel gesetzt, „das Übel der Vorrechte" zu vermeiden, weil „jede Bevorzugung des einen Gläubigers eine Rechtskränkung des anderen enthält und die volle Befriedigung des Einen auf Kosten des Anderen geschieht".

16 **d)** Dieser Absicht zuwiderlaufende Bestrebungen, bestimmte Gläubigergruppen aus der Verlustgemeinschaft der Konkursgläubiger herauszulösen und ihnen zu einer mög-

---
[19] *Jaeger,* Lehrbuch des Konkursrechts, S. 13.
[20] Vgl. *Uhlenbruck* FS 100 Jahre KO S. 3, 18.
[21] *Jaeger,* Lehrbuch des Konkursrechts, S. 11; vgl. *A. Meier,* S. 148.

lichst vollständigen Befriedigung ihrer Ansprüche im Konkurs zu verhelfen, setzten schon vor dem ersten Weltkrieg ein. Durch Einzelgesetze für bestimmte Fachgebiete wurden **Vorrechte** ua zugunsten von Pfandbriefgläubigern und von Versicherten im Konkurs eines Lebensversicherers eingeführt.

Schwerwiegender war die Ausweitung des **Fiskusvorrechts** durch Erhöhung der Steuerlasten. In ihr wurde eine wesentliche Ursache dafür gesehen, dass die Ergebnisse der Konkursverfahren für die Gläubiger immer unbefriedigender wurden. Gleichsam zur Gegenwehr betrieben Handels- und Bankenkreise, unterstützt durch die Kautelarjurisprudenz und Rechtsprechung, eine immer stärkere Verbreitung und Entfaltung der **besitzlosen Mobiliarsicherheiten** (Eigentumsvorbehalt, Sicherungseigentum, Sicherungsabtretung).[22]

e) Diese Tendenzen setzten sich verstärkt fort, als nach dem Ersten Weltkrieg nach Inflation und Rekonstruktion der Friedenswirtschaft Industrie, Handel, Gewerbe und Landwirtschaft in Deutschland mit einer labilen und anfälligen Konjunkturlage zu kämpfen hatten und schließlich in den Sog der lange andauernden **Weltwirtschaftskrise** hineingerissen wurden. In jenen Jahren stieg die Kurve der Konkurse – bis zur Rekordmarke von 19 254 Konkursen im Jahr 1931 – steil an. Zu geringe Ausstattung der Unternehmen mit Eigenkapital, aber auch die Reservierung des Schuldnervermögens für Sicherungsgläubiger und die Vermehrung der Masseverbindlichkeiten als Folge sozialpolitischer Maßnahmen, insb des auch im Konkurs wirksamen, verstärkten Kündigungsschutzes, führten zur Massearmut der Insolvenzen.

f) Die politischen, sozialen und vor allem wirtschaftliche Auswirkungen der Weltwirtschaftskrise erzwangen ein zusätzliches Verfahren zur Insolvenzbereinigung. Mit dem „Gesetz über den Vergleich zur Abwendung des Konkurses" vom 5.7.1927 wurde eine Fehlentscheidung des Gesetzgebers der Konkursordnung von 1877 korrigiert, wonach „das Bedürfnis nach einem Konkursabwendungsvergleich in der mangelhaften Einrichtung des älteren Konkursverfahrens begründet" sei und daher mit dem neuen Konkursrecht entfallen könne. Neben der Euphorie der Wachstumsphase und Gründerzeit nach dem gewonnenen Krieg von 1870/71 war für die negative Haltung die Befürchtung maßgebend, der Vergleich könne von Schuldnern missbraucht werden. Die Neufassung der **Vergleichsordnung** vom 26.2.**1935** hat bis zur Verabschiedung der neuen Insolvenzordnung nur wenige Änderungen erfahren, von denen der größte Teil der Anpassung an Novellierungen anderer Rechtsgebiete diente.[23]

Die Einführung des konkursabwendenden Vergleichs markiert den Beginn einer **Neuorientierung** zur Funktion und Ausgestaltung des durch Insolvenz eines Schuldners ausgelösten Verfahrens. Sie führt weg von der allzu engen traditionellen Konzeption einer Gesamtvollstreckung und hin zu einem umfassenderen Insolvenzsystem, in dem der finanzielle Zusammenbruch eines Schuldners, vor allem von Unternehmen, in ökonomisch sinnvoller Weise bereinigt werden kann. Die Erfahrung, dass trotz seiner rechtstechnisch perfekten Regelung der Konkurs für die „Volkswirtschaft ein schweres Übel", eine „höchst kostspielige Liquidationsart" und ein „Wertevernichter der schlimmsten Art" und „das teuerste Schuldentilgungsverfahren" darstellt,[24] schärfte den Blick für ökonomische Zusammenhänge, das Bewusstsein für wirtschaftliche Werte und ihre Erhaltung. Die Rettung des Unternehmens oder wenigstens seine Verwertung als

---
[22] Vgl. *Serick*, Die Profilierung der Mobiliarsicherheiten von heute im Konkursrecht von gestern, FS KonkursO, 1977, 271; *Weber* FS KonkursO, 1977, S. 321, 335.
[23] Vgl. *Mohrbutter*, Zur Fortentwicklung des Rechts der Vergleichsordnung, FS KonkursO, 1977, S. 301.
[24] Vgl. *Jaeger*, Lehrbuch des Deutschen Konkursrechts, 8. Aufl. 1932, S. 216.

lebende Wirtschaftseinheit und nicht im Wege der liquidationsmäßigen Zerschlagung ist für die Gläubiger idR günstiger und für den Schuldner schonender. Das Vergleichsverfahren erfüllte aber nie die in es gesetzten Erwartungen, nicht zuletzt weil es eine juristische Ordnung ohne wirtschaftliche Sachkenntnis aufstellte.[25]

21 g) Als nach der Währungsreform das Wirtschaftsleben in der **Bundesrepublik Deutschland** wieder in Gang kam und die Zeit, in der Konkurse keine Rolle spielten, zu Ende ging (4466 Konkurse im Jahre 1950, mit abnehmender Tendenz in den folgenden Jahren, bis ab 1973 die Zahl überschritten wurde), stellten sich die alten Schwierigkeiten erneut ein. Sie nahmen seit der Ölpreiskrise von 1974 und einer rezessiven Wirtschaftsentwicklung in ihrem Gefolge (in der die Zahl der Konkurse auf über 9000 anstieg) ein vorher nicht gekanntes Ausmaß an. *Neue soziale Lasten,* insb Ansprüche aus – auch im Konkurs abzuschließenden – Sozialplänen, dazu hohe Steuern und andere Abgaben belasteten die Konkursmassen. Wegen der unzulänglichen Kapitalausstattung der Unternehmen wurden Bank- und Lieferantenkredite noch stärker in Anspruch genommen, sodass bei nachlassender Konjunktur die ohnehin zu knappen Aktiva von Unternehmen weitgehend zur *Absicherung* des Ausfallrisikos *von Kreditgebern* herangezogen wurden. Im Insolvenzfall waren damit die an der Gleichbehandlung der Gläubiger ausgerichteten konkursrechtlichen Verteilungsregeln außer Kraft gesetzt. Eine im Jahre 1978 durchgeführte repräsentative Rechtstatsachenforschung ergab, dass das noch vorhandene Schuldnervermögen zu 86% von Sicherungsgläubigern beansprucht wurde, während sich die einfachen Konkursgläubiger mit einer minimalen Quote zwischen 3–8% zufrieden geben mussten.[26]

22 h) Der desolate Zustand des Konkursrechts dauerte bis zum Inkrafttreten der neuen Insolvenzordnung an. Die **Massearmut** der Insolvenzen erreichte ein früher nicht vorstellbares Ausmaß. Über 70% der *Konkursverfahren* wurden entweder mangels einer die Kosten deckenden Masse nicht eröffnet oder das Verfahren wurde alsbald wieder eingestellt.[27] Konkurs bzw. Gesamtvollstreckung war weithin durch den ungeordneten Zugriff der einzelnen Gläubiger verdrängt worden. An Stelle einer geregelten und richterlich überwachten Ausschaltung lebensunfähiger Unternehmen aus dem Marktgeschehen stellten die meisten Schuldner in der finanziellen Krise unkontrolliert ihren Geschäftsbetrieb ein.[28] Damit bestand die Gefahr, dass Schuldner sich der Haftung für ihre Verbindlichkeiten entziehen, durch Manipulationen vor oder in der Krise folgenlos Vermögen beiseite schaffen und durch Konkursverschleppung oder leichtfertiges Schuldenmachen ihren Gläubigern Schaden zufügen, ohne zur Verantwortung gezogen zu werden. Lebensunfähige, an sich konkursreife Unternehmen nahmen noch länger am Geschäftsverkehr teil und schädigten ihre Partner, die ihnen Forderungen kreditieren, ohne die finanzielle Krisenlage erkennen zu können. Die Verluste, die Gläubigern allein in Zusammenhang mit gerichtlichen Insolvenzverfahren des Jahres 1985 entstanden sind, wurde auf 15 Mrd DM beziffert.[29] Insgesamt konnte das Konkursrecht seine Funktion nicht mehr erfüllen, den finanziellen Zusammenbruch eines Schuldners, insbesondere eines Unternehmens, geordnet und mit einem möglichst geringen Schaden für die Gläubiger und die Gesamtwirtschaft abzuwickeln.

23 i) Die Schwierigkeiten bei der Bewältigung von Insolvenzen hatten den deutschen Gesetzgeber zunächst zu einigen **Einzelmaßnahmen** veranlasst.

---

[25] *Uhlenbruck* DZWIR 2000, 1, 6.
[26] *Gessner/Rhode/Strate/Ziegert,* Die Praxis der Konkursabwicklung in der Bundesrepublik Deutschland, 1978, S. 163 ff.
[27] Vgl. nur Statistisches Bundesamt, Statistisches Jahrbuch 1998, S. 138.
[28] Vgl. *Weber* FS KonkursO, 1977, S. 321, 334.
[29] *Doehring* KTS 1988, 89, 95.

aa) Das Erste Gesetz zur Bekämpfung der Wirtschaftskriminalität vom 29.7.1976[30] stellte Personengesellschaften, bei denen keine natürliche Person unbegrenzt haftete, vor allem die GmbH & Co KG, hinsichtlich der Konkursgründe (Überschuldung) und der Konkursantragspflicht der vertretungsberechtigten Personen den Kapitalgesellschaften gleich. Zum Gläubigerschutz im Konkurs- und Vergleichsverfahren wurden durch die Novelle zum GmbH-Gesetz vom 4.7.1980[31] Vorschriften über **kapitalersetzende Gesellschafterdarlehen** (§§ 32a, 32b GmbHG (a. F.), §§ 129a, 172a HGB (a. F.)) eingeführt (→ § 3 Rn. 55 ff. u § 92 Rn. 174 ff.). Ergänzt wurden diese gesellschaftsrechtlichen Regeln durch § 32a KO (jetzt: § 135 InsO), nach dem der Konkursverwalter Rückzahlungen eines kapitalersetzenden Gesellschafterdarlehens, die im letzten Jahr vor der Konkurseröffnung erfolgt sind, oder die Einräumung von Sicherheiten für den Rückzahlungsanspruch anfechten kann (→ § 50 Rn. 5 ff.). Diese Änderungen konnten aber die Lage des Insolvenzwesens nicht wesentlich verbessern.

bb) Um soziale Spannungen zu vermeiden, wurden zwei überbetriebliche *Absicherungen für Arbeitnehmer* eingeführt, die regelmäßig von der Insolvenz ihres Arbeitgebers besonders hart betroffen werden: (1) das **Konkursausfallgeld** (§§ 141a ff. AFG, eingeführt durch das 3. Gesetz zur Änderung des Arbeitsförderungsgesetzes vom 17.7.1974[32])[33] und (2) die **Insolvenzsicherung von Betriebsrenten** (durch Gesetz zur Verbesserung der betrieblichen Altersversorgung vom 19.12.1974[34]). Finanziert werden beiden Insolvenzhilfen von der Gesamtheit der Arbeitgeber (jetzt § 340 SGB III) bzw. allen an der betrieblichen Altersversorgung teilnehmenden Arbeitgebern (§ 10 BetrAVG) (→ § 107).

cc) Auf die Zeit vor der Insolvenzordnung geht auch das zunächst auf freiwilliger Grundlage eingeführte System der **Einlagensicherung** bei Banken und Sparkassen zurück, das inzwischen durch das Einlagensicherungs- und Anlegerschutzgesetz vom 16.7.1998 (BGBl. I 1842 u 2676)[35] auf eine gesetzliche Grundlage gestellt wurde.[36] Ergänzend ist auf den prophylaktischen Insolvenzschutz bei der Insolvenzgefahr von Banken (§§ 45 ff., 48a ff. KWG),[37] von Versicherungsunternehmen (§§ 88, 89, 113, 121a, 141 VAG)[38] und von Bausparkassen (§§ 15, 17 Gesetz über Bausparkassen)[39] hinzuweisen.

j) Um mit den Unzulänglichkeiten des Insolvenzrechts zurechtzukommen, entwickelte die **Praxis** besondere **Methoden der Insolvenzbewältigung.** Dabei blieben aber die Gleichbehandlung der Gläubiger oder Schutzvorschriften für bestimmte Gläubigergruppen außer Betracht. Die eigentlichen Konkursgläubiger gingen meist leer aus. Nicht selten wurde das schuldnerische Unternehmen auf eigens gegründete *Auffanggesellschaften* oder auf ein anderes Unternehmen übertragen, wobei Arrangements mit den Hauptgläubigern und den Gewerkschaften die Bedingungen festlegten (sog. *übertragende Sanierung*).[40] Zuweilen wurden Unternehmen unter Ausnutzung des konkursrechtlichen Vollstreckungsverbots und anderer Beschränkungen längere Zeit fortgeführt; auch das

---

[30] BGBl. I 2034.
[31] BGBl. I 836.
[32] BGBl. I 1481.
[33] Heute Insolvenzgeld gem. §§ 165 ff SGB III idF vom 20.12.2011 (BGBl. I S. 594); → § 108 B I (Rn. 6 ff.).
[34] BGBl. I 3610. Vgl. *Ganter*, Die betriebliche Altersversorgung in der Unternehmensinsolvenz, NZI 2013, 769.
[35] Zuletzt geändert durch Gesetz vom 28.8.2013 (BGBl. I 3395, Nr. 53).
[36] Jetzt idF vom 25.6.2009 (BGBl. I 1528); vgl. *Kuhn*, FS E. Braun, 2007, S. 499.
[37] Jetzt idF vom 27.6.2013, BGBl. I 1862.
[38] IdF vom 17.12.1992 (BGBl. 1993 I 2), zuletzt geändert durch G v. 28.8.2013 (BGBl. I 3395).
[39] IdF vom 15.2.1991 (BGBl. I 454), zuletzt geändert durch G v. 28.8.2013 (BGBl. I 3395).
[40] Vgl. *J. Groß*, Sanierung durch Fortführungsgesellschaften, 2. Aufl. 1988; krit. zur heutigen Lage *Zipperer* NZI 2008, 206.

Konkursausfallgeld wurde zweckentfremdend eingesetzt. Unternehmen, die für eine Region als Arbeitgeber eine Rolle spielen, wurde mit *staatlichen Subventionen* oder anderen Stützungsaktionen geholfen. Andere Methoden waren die Ausweitung der *Sequestration* im Eröffnungsverfahren[41] und die Bildung von *Sicherheitenpools* (→ § 44), um massearme Insolvenzen wenigstens teilweise im Interesse bevorrechtigter Gläubiger abzuwickeln. Eine Sanierung größerer Unternehmen war jedenfalls mit Hilfe des gesetzlichen Instrumentariums kaum noch möglich.

II. Die Insolvenzordnung von 1999

27   Der **„Konkurs des Konkurses",**[42] wie die desolate Lage des Insolvenzwesens schlagwortartig gekennzeichnet wurde, erforderte eine umfassende Insolvenzrechtsreform.[43]

28   **1. Vorschläge für eine große Insolvenzrechtsreform.** Die vom Bundesminister der Justiz *Hans-Jochen Vogel* 1978 eingesetzte unabhängige Sachverständigen-*Kommission für Insolvenzrecht* legte mit ihrem *Ersten Bericht* (1985)[44] und einem ergänzenden *Zweiten Bericht* (1986)[45] das vollständigen Modell einer neuen und modernen Insolvenzordnung vor.

29   Ein einheitliches Insolvenzverfahren sollte an die Stelle der bisherigen Zweispurigkeit von Konkurs- und Vergleichsverfahren treten. Das bisherige Vergleichsverfahren sollte zu einem umfassenden Reorganisationsverfahren für Unternehmen umgestaltet werden.

30   Besitzlose Mobiliarsicherheiten, vor allem Eigentumsvorbehalt, Sicherungsübereignung und Sicherungsabtretung sollten in das Liquidationsverfahren einbezogen, die bisherigen allgemeinen Konkursvorrechte generell abgeschafft werden.

31   Das Volumen eines Sozialplans und Rang der Sozialplanansprüche im Liquidationsverfahren sollte gesetzlich festgelegt, eine Betriebsveräußerung aus der Insolvenzmasse erleichtert werden.

32   Die Möglichkeiten des Insolvenzverwalters, anfechtbare Rechtshandlungen wegen Gläubigerbenachteiligung rückgängig zu machen, sollten verbessert werden.

33   Im Gesellschaftskonkurs sollten schließlich Haftungsansprüche gegen die Gesellschafter der Insolvenzmasse zugewiesen (§ 93 InsO), also vom Insolvenzverwalter geltend gemacht werden können.

34   **2. Die Entwürfe zur InsO. a)** Alsbald nach der Vorlage des Zweiten Berichts wurden die Weichen für die künftige Insolvenzordnung jedoch politisch anders gestellt.[46] Der **Diskussionsentwurf,** den das Bundesministerium der Justiz 1988 vorlegte, folgte zwar äußerlich den Zielsetzungen der Reformkommission. Liquidation oder Sanierung sollten aber, soweit irgend möglich, nur noch mit marktkonformen Mitteln, dh ohne hoheitliche Entscheidung über Liquidation oder Reorganisation und ohne Eingriff in die Positionen der Altgesellschafter bzw. des Schuldners verwirklicht werden.[47]

---

[41] Vgl. *Kilger,* Probleme der Sequestration im Konkurseröffnungsverfahren, FS KonkursO, 1977, S. 189.
[42] Vgl. *Kilger* KTS 1975, 142.
[43] Vgl. *Arnold* Rpfleger 1977, 385; *Uhlenbruck* NJW 1975, 897; *ders* FS KonkursO, 1977, S. 3, 32 ff.; *Hanisch* ZZP 90 (1977), 1; *Weber* FS KonkursO, 1977, S. 321, 338 ff.
[44] Erster Bericht der Kommission für Insolvenzrecht (hrsg v. Bundesministerium der Justiz), 1985.
[45] Zweiter Bericht der Kommission für Insolvenzrecht (hrsg v. Bundesministerium der Justiz), 1986.
[46] *Engelhard* ZIP 1986, 1287 ff.; *Graf Lambsdorff* ZIP 1987, 809; vgl. *Balz,* Die Ziele der Insolvenzordnung, in Kölner Schrift, S. 3.
[47] *Balz* ZIP 1988, 273, 274; *Uhlenbruck,* Das neue Insolvenzrecht, S. 22 ff.; krit. *Gerhardt,* Festgabe Zivilrechtslehrer, S. 121, 124 ff.; zur Abgrenzung zum Gesellschafts- und Genossenschaftsrecht s *Landfermann* FS Henckel, 1995, S. 515, 517 f.

Aus Furcht, die notwendige Kreditversorgung der Wirtschaft zu gefährden,[48] wurde 35 die Einbindung der besitzlosen Mobiliarsicherheiten aufgelockert;[49] das Ziel einer Reorganisation eines Unternehmens ohne oder gegen den Willen seiner bisherigen Inhaber wurde fallen gelassen. An die Stelle eines Reorganisationsverfahrens trat das später verwirklichte Insolvenzplanverfahren. Das Gericht sollte nur noch Hüter der Rechtmäßigkeit des Verfahrens sein, nicht aber dazu beitragen, durch die Gläubiger nicht repräsentierte allgemeine wirtschaftliche oder soziale Interessen durchzusetzen.[50] Folge dieser Deregulierung ist eine formale Stärkung der Gläubigerautonomie, durch Reduzierung der Mehrheitserfordernisse praktisch eine Stärkung der Großgläubigerautonomie. Außerdem entschieden sich der Diskussions- und der spätere Referentenentwurf von 1989 für eine Restschuldbefreiung für natürliche Personen.[51]

b) Im November 1991 legte die Bundesregierung den nur leicht modifizierten **Re-** 36 **gierungsentwurf** vor.[52] Im Parlament wurde die politische Linie trotz anhaltender Kritik[53] beibehalten, der Regierungsentwurf wurde aber redaktionell erheblich gestrafft,[54] der Verfahrensablauf zur Entlastung der Justiz vereinfacht[55] und die noch vorhandenen Eingriffe in Gläubigerrechte wurden zum Teil nochmals abgeschwächt. Die wichtigste Neuerung des Regierungsentwurfs betraf den vorläufigen Insolvenzverwalter und die Einführung eines neu konzipierten Verbraucherinsolvenzverfahrens.

Wegen dieses Verbraucherinsolvenzverfahrens fürchteten die Länder eine personelle 37 Überforderung der Justiz und eine Kostenexplosion. 1994 einigte man sich im Vermittlungsausschuss insoweit, als man das Inkrafttreten der Insolvenzordnung auf den 1.1.1999 hinausschob. Spätere Versuche der Länder, das Verbraucherinsolvenzverfahren durch Einführung einer Mindestquote von 10 % zu ändern[56] und das Inkrafttreten der Insolvenzordnung weiter bis zum Jahre 2002 hinauszuschieben[57] oder Hinweise auf sprachliche und andere gesetzestechnische Mängel[58] führten zwar zu mehreren Vorab-Änderungen, konnten aber das Inkrafttreten der Insolvenzordnung nicht mehr verhindern. Die Insolvenzordnung ist zusammen mit dem Einführungsgesetz seit dem 1.1.1999 geltendes Recht.

III. Grundprinzipien der Insolvenzrechtsreform

1. Einheitliche Verfahrensordnung. Die Insolvenzordnung[59] verwirklicht eine 38 kodifikatorische Idee: Eine marktkonforme Insolvenzabwicklung in einem *einheitlichen Verfahren,*[60] das gleichermaßen für natürliche und juristische Personen sowie Personengesellschaften, für Kaufleute und Nichtkaufleute gilt.

Das neue einheitliche Insolvenzrecht beruht auf der Idee, dass das Scheitern eines 39 Wirtschaftssubjekts nicht unbedingt zu dessen Marktaustritt führen muss, sondern die

---

[48] Vgl. *Helmrich,* Grundlinien einer Gestaltung der Insolvenzrechtsreform aus heutiger Sicht, in: Beiträge zur Reform des Insolvenzrechts, 1987, S. 15, 19 ff.
[49] Vgl. *Landfermann* FS Henckel S. 515, 527, 529.
[50] *Uhlenbruck* NZI 1998, 1, 3.
[51] Bundesministerium der Justiz, Diskussionsentwurf Gesetz zur Reform des Insolvenzrechts, 1988, S. 10 ff., 94 f.; vgl. *Landfermann* FS Henckel S. 515, 520 f.
[52] BT-Drucks. 12/2443 vom 15.4.1992.
[53] Alternativentwurf des Gravenbrucher Kreises zum Regierungsentwurf einer Insolvenzordnung, ZIP 1993, 625.
[54] Vgl. *Landfermann* FS Henckel S. 515, 528 ff.; kritisch Gravenbrucher Kreis: Appell gegen die Verabschiedung der Insolvenzrechtsreform, ZIP 1994, 585.
[55] Braun/*Uhlenbruck,* Unternehmensinsolvenz, S. 168.
[56] Vgl. BR-Drucks. 783/97.
[57] Vgl. *Heyer* NJW 1997, 2803; FK-*Schmerbach,* 2. Aufl., Vor §§ 1 ff. Rn. 9.
[58] Vgl. *Rother* ZRP 1998, 205.
[59] Krit. zum Begriff *Henckel* FS Großfeld, 1999, S. 343, 350 ff.
[60] *Balz,* Kölner Schrift, S. 3, 8 (Rn. 19); *Becker,* Insolvenzrecht, Rn. 52; *Häsemeyer,* Insolvenzrecht, Rn. 404.

Insolvenz auch die Chance für einen Neubeginn geben kann. Entsprechend legt § 1 InsO selbst programmatisch die *Ziele des Insolvenzverfahrens* fest: Gemeinschaftliche Befriedigung der Gläubiger des Schuldners durch Verwertung seines Vermögens oder anderweitige Regelung insbesondere zum Erhalt des schuldnerischen Unternehmens. Das Gesetz geht von der *Gleichwertigkeit der Verfahrensziele* Liquidation (einschließlich übertragender Sanierung) und Sanierung des Unternehmensträgers aus.[61]

40 Mit der Einbeziehung der Sanierung[62] verlässt das neue Insolvenzrecht das Ziel der *Haftungsverwirklichung*[63] durch Gesamtvollstreckung. Das neue Insolvenzrecht ist bemüht, das rechtliche Instrumentarium offen zu gestalten, sodass die Möglichkeiten der Liquidation und der Sanierung zunächst, jedenfalls aus juristischer Sicht, gleich offen stehen. Welche ergriffen werden kann und ergriffen wird, richtet sich nach den wirtschaftlichen Gegebenheiten, aber auch nach den Mehrheitsentscheidungen der beteiligten Gläubiger. Der Gesetzgeber unterstellt, dass die Gläubiger ihre Entscheidungen an der bestmöglichen Befriedigung ihrer Ansprüche ausrichten und dann für eine Sanierung stimmen, wenn diese zu ihrer vermögensrechtlichen Besserstellung führt.

41 *Außenstehende Dritte* sind nicht in das Verfahren eingebunden.[64] Weder die öffentliche Hand noch die Gewerkschaften sind an der Entscheidung über das Verfahrensziel beteiligt. Ziele der (regionalen) Wirtschaftspolitik und des Arbeitsplatzerhalts berücksichtigt das Insolvenzrecht als solches nicht,[65] auch wenn Sanierungen vielfach durch direkte oder indirekte Finanzierungshilfen der öffentlichen Hand und durch die positive Mitwirkung des Betriebsrats und der im Unternehmen vertretenen Gewerkschaft gefördert werden. In diesem Sinne ist das Insolvenzrecht ganz auf Einzelinsolvenzen eingestellt, rein vermögensorientiert und so angelegt, dass Marktgesetze die Insolvenzabwicklung steuern.[66]

Bei einem globalen oder sektoralen Marktversagen, wie anlässlich der jüngsten Krise des Finanzmarktes, zeigen sich daher Grenzen des Insolvenzrechts angesichts eines befürchteten bzw. teilweise bereits eingetretenen breiten Dominoeffekts.

42 **2. Marktkonformität.** Das neue Insolvenzrecht[67] greift so wenig wie möglich in vorhandene materielle Rechtspositionen ein. Seine Rechtfertigung findet ein Insolvenzrecht trotz dieses Ansatzes daraus, dass der Zwang zum kollektiven Handeln gleiche Chancen eröffnet und obstruktives Verhalten einzelner, aber auch Sondervorteile aufgrund ungleich verteilter Informationen ausschalten will. Es geht also letztlich darum, ein Marktversagen zu kompensieren, den Gläubigern die Entscheidung über den Verfahrensablauf zu überlassen und für diesen Fall einen gewissen Minderheitenschutz zur Verfügung zu stellen.[68] Als Folge einer derartigen *Deregulierung*[69] ist die Art der Insolvenzabwicklung nicht hoheitlich vorgegeben, sondern wird durch einvernehmliche oder mehrheitliche Entscheidung der Beteiligten bestimmt.

43 **3. Haftungsrecht, kein Gesellschaftsrecht.** Obwohl der typische Schuldner heute die gescheiterte GmbH ist, hat der Gesetzgeber daran festgehalten, dass das Insolvenzverfahren im Ansatz ein Verfahren der *kollektiven Haftungsverwirklichung* darstellt. Das Insolvenzverfahren ist daher streng vermögens- und nicht etwa organisationsorientiert.

---

[61] Begründung zum Referentenentwurf, S. 19 f.
[62] Vgl. *Paulus,* Insolvenz als Sanierungschance, ZGR 2005, 309.
[63] Braun/*Uhlenbruck,* Unternehmensinsolvenz, 1997, S. 167, 169.
[64] Referentenentwurf, Begründung, S. 28.
[65] Vgl. *Pilgram,* Ökonomische Analyse der bundesdeutschen Insolvenzordnung, 1999, S. 35 ff.
[66] So Begründung zum Referentenentwurf (A 3a), S. 17 ff.; *Balz,* Kölner Schrift, S. 3, 5.
[67] Vgl. *Bigus/Eger,* Führt die deutsche InsO zu mehr Marktkonformität bei Unternehmensinsolvenzen, ZInsO 2003, 1.
[68] Vgl. *Th. Pilgram,* Ökonomische Analyse der bundesdeutschen Insolvenzordnung, 1999, S. 16 ff.
[69] Vgl. *Balz,* Kölner Schrift, S. 3, 5ff, 9 (Rn. 21); krit. *Henckel* KTS 1989, 477; vgl. *G. Pape,* Gläubigerbeteiligung im Insolvenzverfahren, WM 2003, 313 u. 361.

Es respektierte die *Autonomie des Gesellschaftsrechts* und die wirtschaftliche Vereinigungsfreiheit.[70] Auch wenn Gesellschaftsanteile in der Insolvenz keinen wirtschaftlichen Wert mehr haben, verzichtete der Gesetzgeber doch auf Zwangseingriffe in die gesellschaftliche Organisation und überließ den Beteiligten eine Neuordnung im Rahmen des Gesellschaftsrechts (zB durch sog. Squeeze-out nach §§ 327a ff. AktG).[71] Die bisherigen Gesellschafter konnten sich daher zwar nicht gegen eine übertragende Sanierung wehren, wohl aber gegen eine Reorganisation und Sanierung des bisherigen Unternehmensträgers. Freilich konnten sie auf diese Weise eine mögliche wirtschaftliche Sanierung gegebenenfalls boykottieren, wenn bestimmte private oder öffentliche Rechte (zB Patente oder Lizenzen) an den bisherigen Unternehmensträger gebunden waren. Auch eine Vollabwicklung gescheiterter Kapitalgesellschaften[72] ist nur die Regel, nicht aber notwendig, da der Verwalter weiterhin Gesellschaftsvermögen freigeben kann (vgl. § 32, III InsO).[73]

44 Marktkonformität bedeutet weiterhin, dass der Gesetzgeber jede Umwertung von Rechten und jede *Reichtumsverschiebung* im Verhältnis der Gläubiger untereinander *ausschließen* wollte. Die Einbeziehung der gesicherten Gläubiger in die Masseverwertung durch den Insolvenzverwalter dient nicht mehr dazu, dass diese einen gewissen Solidaritätsbeitrag zur eventuellen Sanierung des Schuldners oder zur Befriedigung ungesicherter Gläubiger leisten,[74] sondern ist allein vorgesehen, um eine effizientere, reibungslosere Verwertung der besitzlosen Mobiliarsicherheiten im Insolvenzfall sicherzustellen.[75]

45 Aus der Vermögensorientierung des Verfahrens folgt schließlich, dass die *Investitionsfreiheit* des einzelnen geachtet wird. Weder die bisherigen Inhaber noch Banken werden gezwungen, über die bereits durch die Insolvenz erlittenen Verluste hinaus weitere *Opfer für die Sanierung des Schuldners* zu erbringen. Konsequenterweise gibt das Gesetz daher jedem Beteiligten ein Recht auf Leistungen, die dem Liquidationswert seines Rechts entsprechen und sieht durchgängig einen entsprechenden Minderheitenschutz vor.[76] Das Obstruktionsverbot für einzelne Beteiligtengruppen greift nur, wenn der Insolvenzplan Widersprechenden wenigstens den Liquidationswert garantiert (§ 245 InsO).

46 Gleichzeitig mit der Insolvenzordnung wurden auch Maßnahmen zur *Erleichterung der außergerichtlichen Sanierung* beschlossen. Die zuvor bestehende Haftung des Vermögensübernehmers (§ 419 BGB) wurde abgeschafft und für die GmbH das Verfahren der vereinfachten Kapitalherabsetzung (§§ 58a ff. GmbHG) neu geregelt.

47 4. Eröffnungsgründe. Das Grundproblem der Masselosigkeit versuchte der Gesetzgeber durch (allerdings nur halbherzige) Anreize für eine *frühzeitigere Auslösung des Insolvenzverfahrens* in den Griff zu bekommen. Dazu hat er vorgesehen, dass Kapitalgesellschaften und gleichgestellte Personengesellschaften eine Eröffnung des Verfahrens bereits bei drohender Zahlungsunfähigkeit beantragen können (§ 18 InsO) und dass eine Verfahrenseröffnung bereits zulässig ist, wenn die Masse lediglich ausreicht, um die Verfahrenskosten, unter Ausschluss weiterer Masseschulden zu decken (§ 26 I 1 InsO).[77] Ein Anreiz, das Insolvenzverfahren frühzeitig in Anspruch zu nehmen, soll auch darin lie-

---

[70] Vgl. *Balz*, Kölner Schrift, S. 3, 8 (Rn. 17); *Uhlenbruck*, Gesellschaftsrechtliche Defizite der Insolvenzordnung, FS Lüer, 2008, S. 461.
[71] Zum Vorgehen des Bundes bei der HRE-Bank s *Marotzke* JZ 2009, 763, 767 ff.
[72] Hierfür etwa *K. Schmidt*, Wege zum Insolvenzrecht der Unternehmen, 1989.
[73] *Balz*, Kölner Schrift, S. 3, 12 (Rn. 32); für masseärme Insolvenzen s *Noack*, Gesellschaftsrecht, Sonderband 1 zu Kübler/Prütting, InsO, 1999, Rn. 91 ff.
[74] Krit. hierzu insb *Helmrich* (Fn 47), S. 24 f.
[75] *Balz*, Kölner Schrift, S. 8, 9 (Rn. 23).
[76] So *Balz*, Kölner Schrift, S. 3, 11.
[77] Braun/*Uhlenbruck*, Unternehmensinsolvenz, S. 171; *Kübler/Prütting*, Entwicklungslinien des neuen Insolvenzrechts, in: Das neue Insolvenzrecht, Bd I, 1994, S. 1, 8.

gen, dass die Möglichkeiten der Restschuldbefreiung (§ 1 S. 2; §§ 286 ff. InsO) und der Eigenverwaltung (§§ 270 ff. InsO) bestehen. Nach Ansicht des Gesetzgebers soll auch die in § 26 III InsO vorgesehene Ersatzpflicht von Unternehmensleitern zur Erstattung eines Kostenvorschusses, wenn sie einen Eröffnungsantrag schuldhaft nicht rechtzeitig gestellt haben, zu deren rechtzeitiger Stellung beitragen. Bedeutender dürfte die im Gesellschafts- und Deliktsrecht vorgesehene persönliche Haftung der Geschäftsführer von GmbH bzw. der Vorstandsmitglieder einer Aktiengesellschaft für den Insolvenzverschleppungsschaden sein,[78] auch wenn sie tatsächlich nur in Extremfällen geltend gemacht wird. Im Ergebnis liegen heute die Eröffnungsquoten im Durchschnitt bei etwa $2/3$ der Anträge,[79] was ein beträchtlicher Erfolg ist.

48   Die vom Gesetzgeber ursprünglich erhoffte frühzeitige Auslösung von Insolvenzverfahren durch die Einführung des Insolvenzgrundes der *drohenden Zahlungsunfähigkeit* (§ 18 InsO) mit der Möglichkeit gleichzeitig mit dem Insolvenzantrag einen Insolvenzplan vorzulegen (§ 218 I 2 InsO), wurde in der Praxis (bis zur Einführung des Schutzschirmverfahrens) nur selten genutzt. Einmal ist die Überschuldung wohl nichts anderes als prognostizierte Zahlungsunfähigkeit,[80] die drohende Zahlungsunfähigkeit, wenn überhaupt, also kaum von der Überschuldung zu unterscheiden.[81] Zudem setzen Unternehmen nach wie vor primär auf eine außergerichtliche Sanierung[82] und versuchen, das formelle Insolvenzverfahren zu vermeiden bzw. so lange wie möglich zu verdrängen. Die Ursache hierfür lag kaum in der Unkenntnis über den neuen Insolvenzgrund, sondern darin, dass Manager, die möglicherweise erst neu bestellt worden sind, um ein Unternehmen zu sanieren, kaum daran interessiert sein konnten, ihr Amt mit Eröffnung des Insolvenzverfahrens alsbald zu verlieren, wenn Gläubiger bzw. Gericht einer Eigenverwaltung nicht zustimmten (vgl. §§ 270 II, 272 InsO).[83] Eine mögliche Eigenverwaltung war zudem weder bei den (vorläufigen) Insolvenzverwaltern noch bei den Gerichten auf viel Gegenliebe gestoßen.[84] Die praktischen Beispiele der letzten Jahre (Kirchmedia, Babcock Borsig) hatten zwar vielleicht das Eis gebrochen. Aber mit der Ausschaltung der Überschuldung als Insolvenzgrund bei positiver Fortführungsprognose durch § 19 II InsO (idF 17.10.2008), dh praktisch solange keine Zahlungsunfähigkeit unmittelbar bevorsteht, hat der Gesetzgeber das „Überleben" und den kurzfristigen Fortbestand von Arbeitsverhältnissen über die rechtzeitige Einleitung ernsthafter Sanierungsbemühungen gestellt. Es überrascht daher nicht, dass das Ziel höherer Befriedigungsnoten gegenüber der früheren Konkursordnung nicht erreicht wurde. Nach einer Untersuchung des Bonner Instituts für Mittelstandsforschung von 15 000 Insolvenzverfahren aus den Jahren 2002 bis 2007 gingen die normalen Insolvenzgläubiger in $2/3$ der Fälle leer aus; in den anderen Fällen betrug die Verteilungsquote im Durchschnitt nur 5,4 % der Forderungen.[85]

Erst mit der Einführung einer neuen Sanierungskultur durch das ESUG von 2011, dem erleichterten Zugang zur Eigenverwaltung und dem zusätzlichen Schutzschirmverfahrens hat in der Praxis ein Umdenken begonnen.

49   **5. Massesicherung.** Bereits im Eröffnungsverfahren kann das Gericht Maßnahmen treffen, die eine Masseschmälerung verhindern sollen. Es kann dem Schuldner ein

---

[78] Vgl. *Haas*, Geschäftsführerhaftung und Gläubigerschutz, 1997; *Kleindiek*, Deliktshaftung und juristische Person, 1997.
[79] Vgl. *Haarmeyer/Beck* ZInsO 2007, 1005 u *Haarmeyer/Beck/Frind* ZInsO 2008, 1178.
[80] *K. Schmidt*, Insolvenzordnung und Unternehmensfinanzierung, Bankrechtstag 1999, S. 1, 7.
[81] *Drukarczyk/Schüler*, Die Eröffnungsgründe der InsO, in Kölner Schrift, 2. Aufl., S. 95, 137 f.; *Haas*, Eröffnungsgründe, RWS-Forum 14, 1999, S. 1, 27.
[82] Vgl. *Eidenmüller*, Unternehmenssanierung zwischen Markt und Gesetz, 1999, S. 124 ff., 264 ff.
[83] Krit. *Uhlenbruck* NZI 1998, 1, 7 u DZWIR 2000, 15, 18; vgl. auch *Uhlenbruck*, Zur fehlenden Akzeptanz des Insolvenzauslösers „drohende Zahlungsunfähigkeit", FS Drukarczyk, 2003, S. 441.
[84] Vgl. *Uhlenbruck/Hirte/Vallender/ Vallender* NZI 2009, 1, 5 ff.; *Körner* NZI 2007, 270.
[85] *Weber*, Blick in die Röhre, Süddeutsche Zeitung Nr. 167 vom 23.7.2009, S. 26.

allgemeines Verfügungsverbot auferlegen oder anordnen, dass bestimmte Verfügungen des Schuldners nur mit Zustimmung des vorläufigen Insolvenzverwalters wirksam sind, Maßnahmen der Zwangsvollstreckung in bewegliches Vermögen untersagen oder einstweilen einstellen und den Abzug von Sicherungsgut während des Eröffnungsverfahrens verbieten. Im eröffneten Verfahren werden die Masseverbindlichkeiten reduziert sowie der Neuerwerb (§ 35 InsO) und die Haftungsansprüche gegen die Gesellschafter (§ 93 InsO) in die Masse einbezogen. Ein wirksames Mittel gegen die Massearmut ist schließlich die Verschärfung der Insolvenzanfechtung (§§ 129 ff. InsO) und die Einbeziehung der Mobiliarsicherungsgläubiger in das Insolvenzverfahren (§§ 166 ff. InsO).

In der Praxis hat sich die generelle *Einsetzung eines „starken" vorläufigen Insolvenzverwalters* nicht durchgesetzt.[86] Die Gerichte und Verwalter versuchen seine Bestellung (mit Befugnissen nach § 21 II Nr. 1 und 2 InsO) tunlichst zu vermeiden, setzen nur einen „schwachen" Verwalter ein und ordnen einen Zustimmungsvorbehalt für alle oder einzelne wichtige Geschäfte an.[87] Grund hierfür ist, dass der „starke" vorläufige Verwalter das Unternehmen grundsätzlich fortführen muss (§ 22 I Nr. 2 InsO), dann aber nicht nur die von ihm neu eingegangenen Verbindlichkeiten, sondern auch die von ihm zu erfüllenden Dauerschuldverhältnisse, die er für die Masse in Anspruch nimmt (oktroyierte Masseschulden), Masseverbindlichkeiten werden. Die Nichtkündigung von Arbeitsverhältnissen führt ebenso wie jedes Umsatzgeschäft des „starken" vorläufigen Verwalters zu Masseforderungen. Hier wird vielfach befürchtet, dass auf diese Weise die Masse zu sehr ausgezehrt wird, aber auch für den vorläufigen Insolvenzverwalter die Gefahr der persönlichen Haftung nach §§ 21 II Nr. 1, 61 S. 1 InsO zu groß ist.[88] Wenig zweckmäßig erscheint weiter, dass der vorläufige Verwalter ein Unternehmen zwar stilllegen, nicht aber zu einer raschen Veräußerung ermächtigt werden darf.[89] Umgekehrt führt die Einsetzung eines vorläufigen Verwalters mit allgemeiner Zustimmungsbefugnis bei Gläubigern nicht selten zur irrigen Vorstellung, sie könnten sich auf Verträge, denen dieser zugestimmt habe, auch in der Insolvenz verlassen und Leistungen auf solche Verträge seien nicht anfechtbar.[90] Dass dies nur bei besonderer Ermächtigung gelten soll,[91] ist kaum ins allgemeine Bewusstsein gedrungen. Sachgerecht erscheint dagegen die 2007 eingeführte Regelung, wonach das Gericht bereits im Eröffnungsverfahren den Abzug von Sicherungsgut zur ungestörten Geschäftsfortführung unterbinden kann (§ 21 II Nr. 5 InsO).[92] Der Schutz der Gläubiger nach § 169 S. 2 InsO erscheint entgegen mancher Kritik als ausreichend.[93]

6. Insolvenzverwalter. Die Gläubiger bestimmen mehrheitlich, welcher Verwalter das Verfahren endgültig abwickelt (§ 57 InsO). Nicht wirklich zufriedenstellend ist aber der Zugang zum „Beruf" des Insolvenzverwalters geregelt. § 56 I InsO verlangt dafür keine besondere Qualifikation, sondern „eine für den jeweiligen Einzelfall geeignete ... von den Gläubigern und dem Schuldner unabhängige natürliche Person." Die Auswahl liegt aber beim Insolvenzgericht. In der Praxis wurden vielfach nur Personen aus einer

---

[86] *G. Pape* ZInsO 2009, 1, 3.
[87] Vgl. *Beule,* Kölner Schrift, S. 23, 76 (Rn. 155 ff.).
[88] Vgl. *Kübler,* Bankrechtstag 1999, S. 49, 52 ff.; *Uhlenbruck* NZI 1998, 1, 6u NJW 2000, 1386; *Bork/Klaas* ZInsO 1999, 485, 486; *Händle* ZInsO 2005, 844.
[89] *Uhlenbruck* NZI 1998, 1, 6; vgl. *Vallender,* Masseverwertung schon im Eröffnungsverfahren?, RWS-Forum 14, 1999, S. 71 ff.
[90] *G. Pape* ZInsO 2009, 1, 3; krit. zur Entrechtung einzelner Insolvenzgläubiger auch *Häsemeyer,* Rn. 7.46.
[91] BGHZ 151, 353 = NJW 2002, 3326 = NZI 2002, 543; krit. *Gerhardt,* FS Leipold, S. 377, 380.
[92] Zu Recht krit. zur Erstreckung auf alle Aussonderungsrechte *Gerhardt,* FS Leipold, S. 377, 384.
[93] Krit. *G. Pape,* FS Gero Fischer, 2008, S. 427; *Kirchhof* ZInsO 2007, 227.

Liste „erfahrener" Verwalter bestellt. Andere Personen hatten es schwer, sich bei der Bestellung durchzusetzen. Durch Beschluss v. 3.8.2004 hat das BVerfG die Führung „geschlossener" Listen für verfassungswidrig erklärt und den Anspruch eines Bewerbers auf Aufnahme in eine Vorauswahlliste für einklagbar erklärt.[94] Seither werden offene Vorauswahllisten bei den Insolvenzgerichten geführt. Die Praxis hält eine gesetzliche Regelung des Zugangs zu diesen Listen überwiegend für unmöglich.[95] Da aus der Aufnahme in die Vorauswahlliste kein Anspruch auf Bestellung für ein konkretes Verfahren folgt, handelt es sich allerdings weitgehend um eine Phantom-Diskussion.[96] Die Diskussion über förmliche Qualifizierungen für den „Beruf" des Insolvenzverwalters,[97] eine Beteiligung der Großgläubiger an der Auswahl des Verwalters,[98] aber auch über die Verbesserung der für Sanierungsversuche erforderlichen betriebswirtschaftlichen Kenntnisse bei Insolvenzverwaltern und Insolvenzrichtern[99] ist aber noch nicht abgeschlossen. Immerhin gab es 2014 bereits 1525 Fachanwälte für Insolvenzrecht.

52 Auch eine stärkere Überwachung und Kontrolle des Insolvenzverwalters wurde angemahnt. Der Bundesrats-Entwurf eines Gesetzes zur Verbesserung und Vereinfachung der Aufsicht in Insolvenzverfahren (GAVI) vom 21.11.2007 (BT-Drucks. 16/7251),[100] der auf die Empfehlungen der sog. „Uhlenbruck-Kommission" zurückging,[101] wurde aber letztlich nicht weiterverfolgt.

53 **7. Gläubigergleichbehandlung, keine Insolvenzvorrechte.** Der Gesetzgeber wollte aber nicht nur die Masse insgesamt anreichern, sondern durch den ersatzlosen Wegfall der umfangreichen Vorrechte für Forderungen der Arbeitnehmer und Sozialversicherungsträger sowie des Steuerfiskus eine *gerechtere Verteilung* erreichen und grundsätzlich eine Gleichbehandlung aller Insolvenzgläubiger erreichen. Der Gesetzgeber rechtfertigte die Abschaffung der Vorrechte aber nicht mit einer größeren Verteilungsgerechtigkeit,[102] sondern damit, dass das Insolvenzrecht nicht in bestehende Privatrechte eingreifen soll und will.[103] Zu einem klassenlosen Konkurs hat die Abschaffung der Vorrechte jedoch nicht geführt. Denn ein zivilrechtlich begründeter Nachrang bestimmter Forderungen, die bisher von der Teilnahme am Verfahren ganz ausgeschlossen waren, bleibt aufrecht erhalten (§ 39 InsO).[104] Praktikabler als bisher ist jedenfalls der Rang der Masseverbindlichkeiten bei nachträglich auftretender Masseinsuffizienz nach § 209 InsO geregelt worden.

54 Problematisch sind daher Maßnahmegesetze außerhalb des Insolvenzrechts, aber auch Änderungen der InsO, durch die doch wieder Vorrechte für den Steuerfiskus, Sozialversicherungsträger und die Träger der Arbeitsförderung eingeführt wurden oder werden sollten.[105] Die Einführung des § 28e I 2 SGB IV,[106] wonach der Arbeitnehmeranteil am Gesamtsozialversicherungsbeitrag als aus dem Vermögen des Arbeitnehmers gezahlt gilt und damit (im Falle der Insolvenz des Arbeitgebers) nicht der Insolvenzanfechtung gegenüber dem Sozialversicherungsträger unterliegt, ist ganz überwiegend kritisch auf-

---

[94] BVerfG ZIP 2004, 1649 = NZI 2004, 574.
[95] Vgl. HambKomm-*Frind*, 3. Aufl., § 56 Rn. 9a ff.; *Frind* ZInsO 2007, 850; *Westphal/Janjuah* ZIP 2008, Beil zu H 3, S. 8 ff.
[96] *G. Pape* ZInsO 2009, 1, 4.
[97] *Seagon* ZVglVWiss 108 (2009), 203, 210 („Verkammerung").
[98] *Smid* DZWIR 2009, 397, 401; *Stephan* ZVglRWiss 108 (2009), 273, 281 f.
[99] Vgl. *Uhlenbruck* ZInsO 2008, 396; *Bitter/Röder* ZInsO 2009, 1283, 1291; *Smid* DZWIR 2009, 397, 401.
[100] Vgl. *Haarmeyer* ZInsO 2008, 367; *Tömp* ZInsO 2007, 234; *G. Pape* ZVI 2008, 89.
[101] Vgl. NZI 2007, 507u ZVI 2007, 388.
[102] So noch Referentenentwurf, Begründung, S. 31.
[103] So *Balz*, Kölner Schrift, S. 3, 10 (Rn. 24).
[104] Vgl. *Balz*, Kölner Schrift, S. 2, 10 (Rn. 25).
[105] Vgl. *Uhlenbruck* ZInsO 2005, 505 (dagegen); eher dafür *Zypries* ZVI 2005, 157, 160.
[106] Durch Gesetz vom 22.12.2007 (BGBl. I S. 3024)

genommen worden.[107] Der BGH hat die Norm praktisch „beiseite geschoben".[108] Frühere Versuche, Sicherungen oder Zahlungen im Wege der Zwangsvollstreckung zu kongruenten Deckungen zu erklären[109] und damit indirekt Fiskus und Sozialversicherungsträger zu begünstigen, wurden abgewehrt.

Das *Haushaltbegleitgesetz 2011* ordnete allerdings an, dass Steuerverbindlichkeiten des vorläufigen Insolvenzverwalters, aber auch (anders als im Allgemeinen sonst) des Insolvenzschuldners, die dieser mit Zustimmung des vorläufigen Insolvenzverwalters begründet, im später eröffneten Verfahren Masseschulden sind (§ 55 IV InsO).[110]

8. Insolvenzarbeitsrecht. Da der Gesetzgeber Eingriffe in materiellrechtliche Positionen vermeiden wollte, werden Arbeitsverhältnisse von der Insolvenz des Arbeitgebers prinzipiell nicht berührt. Die Tarifbindung des Schuldners und damit des Insolvenzverwalters bleibt bestehen. Sanierungsbeiträge der Arbeitnehmer sind dadurch, aber auch durch den Verzicht auf den ursprünglich vorgesehenen Rahmensozialplan ausgeschlossen worden.[111] Da eine rasche Abwicklung aber meist unvermeidbar ist, kann der Insolvenzverwalter ggf. erleichtert kündigen (§ 113 InsO). Kritisiert wird nach wie vor die die übertragende Sanierung hemmende Wirkung des § 613a BGB. Abgesichert sind die Arbeitnehmer nur durch Sozialleistungen, das Insolvenzgeld (für den rückständigen Lohn der letzten drei Monate) und Leistungen aus einem Sozialplan. Neu geregelt ist die *Vorfinanzierung des Insolvenzgelds*.[112] Zwar dürfen nunmehr auch Anteilsinhaber, Gläubigerbanken und Betriebsübernehmer das Insolvenzgeld vorfinanzieren. Aber die Bundesagentur für Arbeit muss der Übertragung oder Verpfändung des Lohnanspruchs nach § 170 IV SGB III (idF v. 20.12.2011) zustimmen. Diese Zustimmung darf nur erteilt werden, wenn durch die Vorfinanzierung ein erheblicher Teil der Arbeitsplätze erhalten bleibt. Wurde ein vorläufiger Verwalter bestellt, ohne dass zuvor schon im Unternehmen versucht wurde, ein Sanierungskonzept zu entwickeln, so ist dies freilich in der Kürze der zur Verfügung stehenden Zeit nur schwer zu beurteilen. Eine Vorfinanzierung einer reinen „Ausproduktion" ist danach jedenfalls unzulässig.[113] Arbeitsrichter fordern darüber hinaus, dass zahlreiche Einzelregeln des Insolvenzarbeitsrechts praktikabler gestaltet werden.[114] Die Sozialleistung Insolvenzgeld wird bei Entlassungen ergänzt durch die Möglichkeit, nach § 111 SGB III (idF v. 5.12.2012) *Transferkurzarbeitergeld* zu gewähren, damit die Beschäftigten nicht abrupt arbeitslos werden, sondern sich eine gewisse Zeit in sog. Transfer- oder Qualifikationsgesellschaften fortbilden und auf eine andere Beschäftigung vorbereiten können.[115] Gesichert sind schließlich grds. Betriebsrenten und -rentenanwartschaften (→ § 109).

9. Mobiliarsicherheiten und Aufrechnungsvereinbarungen. Der Gesetzgeber hat das Recht zur *Verwertungsrecht von Mobiliarsicherheiten* dem Verwalter zugewiesen (§ 166 InsO), diese Entscheidung aber nur halbherzig getroffen. Denn der einfache

---

[107] Vgl. *Blank* ZInsO 2008, 1; *J. Bauer* ZInsO 2008, 119; *Sternal* NZI 2008, 158; *J.-P. Meier* NZI 2008, 140; *Sterzinger* NZI 2008, 221; *Leithaus* NZI 2008, 393. Die Norm sollte noch durch einen neuen § 130 IV InsO ergänzt werden, wonach Nachzahlungen auf Arbeitsentgelt nur anfechtbar sind, wenn der Arbeitnehmer positive Kenntnis von der Zahlungsunfähigkeit des Arbeitgebers oder dem Eröffnungsantrag hatte (NZI 2009, Heft 9, S. IX).
[108] BGH ZIP 2009, 2301.
[109] So RegE eines Gesetzes zum Pfändungsschutz der Altersvorsorge und zur Anpassung des Recht der Insolvenzanfechtung vom 9.3.2006, § 131 I 2 InsO (BT-Drucks. 16/886); vgl. *Leithaus* NZI 2005, 436, 437f (zum Referentenentwurf).
[110] BGBl. 2010 I, I885.
[111] Krit. *Balz,* Kölner Schrift, S. 3, 19 (Rn. 52).
[112] Vgl. *Cranshaw*, Bemerkungen zur Vorfinanzierung von Insolvenzgeld, ZInsO 2013, 1493.
[113] Vgl. *Kübler*, Bankrechtstag 1999, S. 49, 58; *Bork/Klaas* ZInsO 1999, 485, 488.
[114] Vgl. Stellungnahme des BRA, DZWIR 2004, 502; *Vetter* ZInsO 2004, 1135.
[115] Vgl. *Wimmer*, Unternehmenssanierung mittels Transfergesellschaften, 2011.

Eigentumsvorbehalt hat systemwidrig weiterhin Aussonderungskraft,[116] sodass der Verwalter Vorbehaltsware ohne Einzeleinwilligung des Gläubigers allenfalls nutzen, nicht aber veräußern oder verarbeiten darf.[117] Umgekehrt sind Einzelgläubiger, die durch verlängerten Eigentumsvorbehalt gesichert sind, für die Realisierung ihrer dinglichen Rechte faktisch auf den good will des Insolvenzverwalters angewiesen.[118] Die ersichtlich zugelassene Übersicherung ist zudem fragwürdig, da sie entgegen dem Sinn der Kostenbeiträge der §§ 170, 171 InsO dazu führt, dass die ungesicherten Gläubiger „fremde" Kosten tragen.[119] Streitig ist die Verwertungsbefugnis des Verwalters bei *zur Sicherheit abgetretenen sonstigen Rechten,* obgleich diese für eine Betriebsfortführung nicht selten essentiell sind. Streitigkeiten über „andere Verwertungsmöglichkeiten" nach § 168 III InsO und die Höhe der Zinsen nach § 169 ZInsO oder des nach § 172 I InsO zu zahlenden Ausgleichs für Wertverluste haben die Gerichte noch kaum beschäftigt.

58 Mit der Abschaffung von Vorrechten und der damit verbundenen verbesserten Gleichbehandlung der Gläubiger ist allerdings schwer vereinbar, dass der Gesetzgeber *Aufrechnungsvereinbarungen* in § 94 InsO Bestandsschutz in der Insolvenz zuerkannt hat.[120] Konzernverrechnungsklauseln in AGBs hat der BGH freilich zu Recht die Anerkennung versagt.[121]

59 **10. Gläubigerautonomie.** Weiter wollte der Gesetzgeber die Gläubigerautonomie stärken.[122] Er wollte selbst nur das absolut Notwendige regeln (sog. *Deregulierung*) und den Gläubigern die wichtigsten Entscheidungen überlassen. So entscheiden die Gläubiger darüber, ob und in welcher Weise das schuldnerische Unternehmen liquidiert oder saniert wird (§ 157 InsO).[123] Dementsprechend können sie den Insolvenzverwalter beauftragen, einen Insolvenzplan zu erstellen (§ 157 S. 2 InsO) und wirken auch über den Gläubigerausschuss daran mit (§ 218 III InsO). Über den Gläubigerausschuss können sie auch sonst bei allen wesentlichen Fragen der Insolvenzabwicklung mitbestimmen (§ 160 InsO). Dieser formalen Stärkung der Gläubigerautonomie steht freilich häufig deren faktisches Desinteresse gegenüber, weil die geringen Quoten eine Beteiligung am Verfahren als unwirtschaftlich erscheinen lassen.

60 **11. Insolvenzplan.** Das Institut des Insolvenzplans (§§ 217 ff. InsO) ist eine der bedeutsamsten Neuerungen des neuen Insolvenzrechts.[124] Der Insolvenzplan steht in engem Zusammenhang mit der Gläubigerautonomie. Denn in dem Plan können die Gläubiger von allen Liquidationsregeln abweichen und privatautonom (nach dem Mehrheitsprinzip) die günstigste Form der Insolvenzbewältigung entdecken und durchsetzen.[125] Der ursprünglich vorgesehene Wettbewerb bei der Vorlage von Insolvenzplänen und ein Planvorlagerecht für Gläubiger- und Eigentümergruppen wurden letztlich gestrichen.[126] Die Zustimmung einer Gruppe zum Insolvenzplan kann entgegen der ursprünglichen Konzeption nur ersetzt werden, wenn die Mehrheit der anderen Gruppen zugestimmt hat.[127] Gegen den Willen des Schuldners bzw. seiner bisherigen

---

[116] Krit. *Balz,* Kölner Schrift, S. 3, 19 (Rn. 51 „einer der schmerzlichsten Verluste im Gesetzgebungsverfahren").
[117] Krit. *Hess,* Kreditsicherheiten in der Insolvenz, Bankrechtstag 1999, S. 101, 138.
[118] Vgl. *Gottwald,* FS Gero Fischer, 2008, S. 183; 187 f.
[119] *Pilgram,* Ökonomische Analyse der bundesdeutschen Insolvenzordnung, 1999, S. 178 ff.; pro Aufrechnungsvereinbarung dagegen *v. Hall* KTS 2011, 343.
[120] Krit. *Pilgram,* Ökonomische Analyse der bundesdeutschen Insolvenzordnung, 1999, S. 142 f.
[121] BGHZ 160, 107 = NZI 2004, 585 = ZIP 2004, 1764; vgl. *Jaeger/Windel,* § 94 Rn. 226 f.
[122] Vgl. *Marotzke,* FS Kirchhof, 2003, S. 321; *Beissenhirtz,* FS E. Braun, 2007, S. 183.
[123] Krit. zur Willensbildung in der Gläubigerversammlung *Balz,* Kölner Schrift, S. 3, 17 (Rn. 44 ff.).
[124] Vgl. *Maus,* Kölner Schrift, S. 931 (Rn. 1 „Kernstück"); *Kübler/Prütting* (Fn. 76), S. 11.
[125] Begründung zum Referentenentwurf, S. 65.
[126] Vgl. *Balz,* Kölner Schrift, S. 3, 14 (Rn. 40).
[127] Krit. *Balz,* Kölner Schrift, S. 3, 15 (Rn. 41).

Gesellschafter war bis zum Erlass des ESUG eine Reorganisation freilich nicht möglich (→ Rn. 72).

12. Restschuldbefreiung. Verbraucherinsolvenz. In einem gewissen Gegensatz 61 zum Ideal der Marktkonformität steht allerdings die vom Gesetzgeber aufgegriffene Möglichkeit der *Restschuldbefreiung* für redliche Schuldner und das erst im Gesetzgebungsverfahren konzipierte *Verbraucherinsolvenzverfahren*. Der Gesetzgeber glaubte, auf diese Weise den sog. modernen Schuldturm in Form lebenslanger Lohnabtretung und Lohnpfändung beseitigen und natürlichen Personen nach einer Wohlverhaltensperiode eine endgültige Schuldbefreiung in Aussicht stellen zu können und auf diese Weise einen neuen wirtschaftlichen Anfang zu ermöglichen.

13. Wirtschaftliche Bedeutung von Insolvenzen. Volkswirtschaftlich hat die Insolvenz von Unternehmen erhebliche Bedeutung. In den letzten Jahren war die Zahl der Unternehmensinsolvenzen leicht rückläufig; im Jahr 2012 betrug sie 28 297. Da es dabei aber eine größere Anzahl von Großinsolvenzen gab, stiegen die Forderungsausfälle auf 38,5 Mrd. EUR (26,2 Mrd. EUR zulasten von Privatgläubigern und 12,3 Mrd. EUR zulasten von Staat und Sozialversicherungen). Etwa 346 000 Arbeitsplätze gingen verloren. Die meisten Insolvenzen gab es im Baugewerbe, bei Handel und Dienstleistungsunternehmen. Am stärksten betroffen sind Einzelkaufleute und GmbHs (einschließlich der Unternehmergesellschaft und der GmbH & Co KG). Neugründungen machen einen erheblichen Anteil der Unternehmensinsolvenzen aus. 80% aller Unternehmensinsolvenzen betreffen Kleinstbetriebe (mit bis zu 5 Arbeitnehmern), weitere knapp 8% der betroffenen Unternehmen haben 6 bis 10 Mitarbeiter.[128]

Daneben gab es (ebenfalls etwas rückläufig gegenüber den Vorjahren) 97 608 Ver- 63 braucherinsolvenzen, von denen nur 1819 erfolgreich mit einem Schuldenbereinigungsplan abgeschlossen werden konnten.[129] Häufigste Gründe der Verbraucherinsolvenz sind der Verlust des Arbeitsplatzes, die finanziellen Folgen von Ehescheidung, Tod oder Unfall eines Partners. 28% der von Schuldnerberatungsstellen betreuten Personen waren alleinerziehende Frauen.[130]

IV. Reformen der Insolvenzordnung der ersten zehn Jahre

Die Insolvenzordnung war zwar eine komplette Neukodifikation des Insolvenzrechts 64 und ist als „Jahrhundertgesetz"[131] gepriesen worden. Von Anfang an haben sich aber immer wieder verbesserungsbedürftige Problemkreise gezeigt, so dass von einer „Dauerbaustelle" gesprochen wurde.[132]

Eine Reihe von Unzulänglichkeiten wurde alsbald durch Änderungen bzw. „Verein- 65 fachungs"-Gesetze bereinigt. Inzwischen hat sich das Regelverfahren eingespielt. Für gewöhnliche Unternehmensinsolvenzen enthält es eine weitgehend gut funktionierende Ordnung.

Abgesehen von zahlreichen rein technischen Anpassungen an sonstige Rechtsänderungen wurde das Insolvenzrecht in diesen Jahren vor allem durch sechs Gesetze verändert:

1. Änderung der Insolvenzordnung 2001. Das Gesetz zur Änderung der Insol- 66 venzordnung vom 26.10.2001 (BGBl. I S. 2710) verbesserte das Gesetz in über 50 De-

---
[128] Vgl. Creditreform ZInsO 2012, 1302, 1306.
[129] Vgl. Statistisches Bundesamt, Fachserie 2, Reihe 4.1, 3/2013.
[130] Vgl. NZI aktuell, NZI 2013, H. 13, S. VII.
[131] Vgl. *Uhlenbruck* NJW 2000, 1386.
[132] *Kirchhof*, Von Denkmälern und Dauerbaustellen, ZInsO 2008, 395; *G. Pape* ZInsO 2009, 1; *Uhlenbruck/Vallender* NZI 2009, 1, 2.

tails. Wichtig ist vor allem die Einführung der Verfahrenskostenstundung für Verbraucherinsolvenzverfahren (§§ 4a ff. InsO) und der Beschwerde gegen Sicherungsmaßnahmen im Insolvenzeröffnungsverfahren (§ 21 I 2 InsO).

67   **2. Privilegierung kollektiver Zahlungssysteme.** Das Gesetz zur Umsetzung der Richtlinie 2002/47/EG vom 6.6.2002 über Finanzsicherheiten ... vom 5.4.2004[133] entzog die kollektiven Zahlungs- und Abrechnungssysteme unter Banken und anderen Finanzdienstleistern dem normalen insolvenzmäßigen Zugriff.[134]

68   **3. Internationales Insolvenzrecht.** Das im Entwurf der InsO vorgesehene internationale Insolvenzrecht wurde nicht Gesetz, weil der Gesetzgeber der europäischen Lösung nicht vorgreifen wollte. Als die Europäische Insolvenzverordnung endlich erlassen war, hat der deutsche Gesetzgeber mit Gesetz vom 14.3.2003[135] nicht nur Ausführungsregeln zur EuInsVO, sondern zugleich mit den §§ 335 ff. InsO ein weitgehend paralleles autonomes internationales Insolvenzrecht für das Verhältnis zu Drittstaaten erlassen. Insolvenzverfahren in Drittstaaten werden wie bisher automatisch anerkannt, Drittstaatentscheidungen werden aber nur nach Vollstreckbarerklärung mittels Vollstreckungsklage (§ 753 InsO; § 722 ZPO) vollstreckt.

69   **4. Vereinfachung des Insolvenzverfahrens 2007.** Das Gesetz zur Vereinfachung des Insolvenzverfahrens vom 13.4.2007[136] regelte die Zustellung im Insolvenzverfahren neu und beschränkte öffentliche Bekanntmachungen auf das Internet (§ 9 InsO). Es hat die Mitwirkungspflichten des Schuldners im Eröffnungsverfahren und die möglichen Sicherungsmittel (§ 21 II 1 Nr. 5 InsO) erweitert.[137] Neben weiteren Details hat es auch die selbständige Tätigkeit des Schuldners während seines Insolvenzverfahrens erleichtert (§ 35 II InsO).[138]

70   **5. Gesetz zur Modernisierung des GmbH-Rechts (MoMiG).** Das Gesetz zur Modernisierung des GmbH-Rechts und zur Bekämpfung von Missbräuchen vom 23.10.2008[139] hat die *Insolvenzantragspflicht* für alle Gesellschaften einheitlich in § 15a InsO geregelt, um auch deutsche Scheinauslandsgesellschaften zu erfassen.

71   Sämtliche *Gesellschafterdarlehen* (und wirtschaftlich gleichwertige Konstruktionen) werden jetzt in der Insolvenz dem Eigenkapital praktisch gleichgestellt (§ 39 I Nr. 5 InsO), unabhängig davon, wann die Mittel der Gesellschaft gewährt wurden. Ausgenommen sind wie bisher Darlehen eines nichtgeschäftsführenden Kleinbeteiligten (§ 39 V InsO) und Darlehen, die erst als Folge eines nachträglichen Dept-Equity-Swap im Rahmen eines Sanierungsversuchs zu Gesellschafterdarlehen wurden. Gleichzeitig hat es festgelegt, dass Gesellschafterdarlehen nicht mehr als Passiva im Rahmen des Überschuldungsstatus anzusehen sind (§ 19 II 2 InsO) und bereits dadurch diesen Tatbestand abgeschwächt.

72   Das MoMiG hat zwar die Insolvenzantragspflicht neu geregelt, die *Insolvenzverschleppungshaftung* aber nicht neu konzipiert. Angemahnt wurde deshalb, den zu ersetzenden Schaden nach dem Verlust der Gesellschaft während der Verschleppungsphase zu bemessen[140] und die Haftung ganz als Innenhaftung gegenüber der Gesellschaft auszugestalten.[141]

---

[133] BGBl. I S. 502.
[134] MüKoInsO/*Stürner,* Einl Rn. 45 a.
[135] BGBl. I S. 345.
[136] BGBl. I S. 509.
[137] Vgl. *G. Pape* NZI 2007, 425.
[138] Vgl. *Pannen/Riedemann* NZI 2006, 193, 195 f.; *Andres* NZI 2006, 198.
[139] BGBl. I S. 2026. Vgl. *Kind* NZI 2008, 475; *Römermann* NZI 2008, 641; *Hirte* NZG 2008, 761.
[140] *K. Schmidt* ZIP 2009, 1551, 1554.
[141] *Haas,* ZIP 2009, 1257.

6. Neufassung des Überschuldungsbegriffs. Von genereller Bedeutung ist **73** schließlich die (nunmehr zeitlich unbegrenzte)[142] Abschwächung des Überschuldungsbegriffs (§ 19 II InsO) durch das Finanzmarktstabilisierungsgesetz vom 17.10.2008.[143] Der Gesetzgeber wollte damit während der Weltfinanzkrise verhindern, dass viele lebensfähige Unternehmen nur wegen eines größeren Forderungsausfalls Insolvenz anmelden müssen und damit die deutsche Wirtschaft geschwächt wird.

Als Dauermaßnahme ist die Regelung aber fragwürdig, weil sie für Kapitalgesellschaften praktisch dazu führt, dass eine frühere freiwillige Antragstellung (wegen drohender Zahlungsunfähigkeit) nicht mehr möglich ist, weil in diesem Fall nunmehr in aller Regel, wenn nicht notwendig zugleich Überschuldung vorliegt und damit eine Insolvenzantragspflicht besteht.

Dies, aber auch die erheblichen Unsicherheiten bei der Feststellung der Überschuldung haben eine ernsthafte Diskussion ausgelöst, ob die Überschuldung überhaupt als Insolvenzgrund beibehalten werden[144] oder, wie in anderen Staaten, nur noch die Zahlungsunfähigkeit als Insolvenzgrund dienen soll.

V. Reformen seit 2009 und offene Reformvorhaben

Zu Beginn der 17. Legislaturperiode hatte die deutsche Bundesregierung angekündigt, sie wolle das Insolvenzrecht in drei Stufen reformieren: (1) die Unternehmenssanierung erleichtern, (2) Restschuldbefreiung und Verbraucherinsolvenzverfahren verbessern und (3) ein neues Konzerninsolvenzrecht schaffen. Die erste Stufe wurde 2011 mit dem „ESUG", die zweite Stufe 2013 mit dem Gesetz zur Verkürzung der Restschuldbefreiung genommen. Die dritte Stufe ist bis zu einem Regierungsentwurf zur Erleichterung der Bewältigung von Konzerninsolvenzen vom 28.8.2013 gediehen. **74**

1. Gesetz zur Erleichterung der Unternehmenssanierung (ESUG). Die Insolvenzordnung bekannte sich zwar stets zur Unternehmenssanierung als Verfahrensziel (§ 1 InsO). Eine Sanierung des Unternehmensträgers durch Insolvenzplan blieb in der Praxis aber die Ausnahme; lebensfähige Unternehmen(-steile) wurden idR auf einen neuen Unternehmensträger übertragen. Nicht wenige Unternehmen versuchten, sich durch Sitzverlegung oder Gründung einer Scheinauslandsgesellschaft einem günstigeren Sanierungsstatut zu unterstellen. Auf diesen sog. Insolvenztourismus hat der deutsche Gesetzgeber mit dem „Gesetz zur weiteren Erleichterung der Unternehmenssanierung" vom 7.12.2011[145] reagiert. **75**

a) *Einführung eines Schutzschirmverfahrens.* In der Praxis wurden Insolvenzanträge vielfach hinausgezögert, weil das Management um seine Stellung fürchtete. Anträge auf Eigenverwaltung wurden von Gläubigern und Gerichten vergleichsweise selten befürwortet. **76**

Das ESUG hat mit einer Änderung von § 270 InsO generell den Zugang zur Eigenverwaltung erleichtert, was zu einem Anstieg von Eigenverwaltungsanträgen geführt hat. **77**

Zugleich hat das ESUG mit dem neuen § 270b InsO zusätzlich eine Art besonderes „Schutzschirmverfahren" eingeführt. Stellt der Schuldner den Eröffnungsantrag bereits bei drohender Zahlungsunfähigkeit oder Überschuldung, so wird ihm auf Antrag eine **78**

---

[142] Nach einem Fraktions-Entwurf vom 21.8.2009 wurde die Frist zunächst um drei Jahre verlängert (BT-Drucks. 16/13 927).
[143] BGBl. I 1982; vgl. *Bitter,* ZInsO-Editorial, ZInsO 2008, 1097; *Wackerbarth* NZI 2009, 145; *Thonfeld* NZI 2009, 15; *Möhlmann-Mahlen/Schmitt* NZI 2009, 19; *Rókas* ZInsO 2009, 18; *Eckert/Happe* ZInsO 2008, 1098; *Holzer* ZIP 2008, 2108; Uhlenbruck/Hirte/Vallender/*Vallender* NZI 2009, 1, 3.
[144] Hierfür *Bitter/Hommerich,* Die Zukunft des Überschuldungsbegriffs, 2012.
[145] BGBl. I, 2582 (in Kraft seit 1.3.2012).

Frist von maximal drei Monaten zur Vorlage eines Insolvenzplans eingeräumt, innerhalb derer er das Unternehmen unter Aufsicht eines von ihm selbst vorgeschlagenen vorläufigen Sachwalters bei gleichzeitiger Gewährung eines Vollstreckungsstops (bezüglich beweglichen Vermögens) fortführt. Voraussetzung für diese Art Schutzschirm ist die Vorlage einer Bescheinigung einer in Insolvenzsachen erfahrenen Person, dass noch keine Zahlungsunfähigkeit vorliegt und die angestrebte Sanierung nicht offensichtlich aussichtslos ist (§ 270b I 3 InsO). Nach Ablauf der Frist wird das Insolvenzverfahren, grundsätzlich in Eigenverwaltung, eröffnet und über den vorgelegten Insolvenzplan nach allgemeinen Regeln abgestimmt. Die Praxis hat diese Möglichkeit gerne positiv aufgenommen. Da das bisherige Management nicht entmachtet wird, sind rasch viele entsprechende Anträge und nach Einschätzung von Praktikern viele auch früher als zuvor gestellt worden, so dass nun weniger Liquidationen nötig sein sollen.[146]

79 b) *Stärkung der Gläubigerautonomie.* Die positive Aufnahme des Schutzschirmverfahrens beruht auch darauf, dass gleichzeitig die Mitwirkungsrechte der Gläubiger verstärkt wurden.

Bereits im Eröffnungsverfahren kann, bei größeren Unternehmen soll jetzt ein *vorläufiger Gläubigerausschuss* eingesetzt werden (§§ 21 II Nr. 1a; 22a InsO). Dieser Ausschuss ist schon bei der Bestellung des vorläufigen Insolvenzverwalters zu beteiligen (§§ 21 II Nr. 1a; 56a InsO). An einen einstimmigen Vorschlag des vorläufigen Gläubigerausschusses zur Person des Verwalters ist das Insolvenzgericht grundsätzlich gebunden (§ 56a II InsO).

80 Dem Votum des vorläufigen Gläubigerausschusses kommt auch bei der Anordnung der Eigenverwaltung entscheidende Bedeutung zu. Wird der entsprechende Antrag des Schuldners einstimmig befürwortet, gilt die Anordnung nicht als nachteilig für die Gläubiger (§ 270 III 2 InsO), ist also grundsätzlich zu bewilligen.

Praktisch müssen daher schon im Vorfeld eines Eröffnungsantrags des Schuldners Gespräche mit den wesentlichen Gläubigern über die Zusammensetzung des Gläubigerausschusses stattfinden.

81 c) *Ausbau des Insolvenzplanverfahrens.* Viel erhofft hatte sich der Gesetzgeber von der neuen Regelung des Insolvenzplans (anstelle von Zwangsvergleich und gerichtlichem Vergleichsverfahren). Tatsächlich gab es einige erfolgreich abgeschlossene Insolvenzplanverfahren. Insgesamt war das Verfahren aber wohl zu schwerfällig und wegen fehlender Eingriffsmöglichkeiten in Rechte der bisherigen Gesellschafter bzw. Anteilsinhaber im Rahmen eines Debt-Equity-Swap unzureichend, um in allen möglichen Fällen sinnvolle Reorganisationen durchführen zu können.[147] Man vergleiche dagegen die schnelle Bewältigung der Insolvenzen von „Chrysler" und „General Motors" in den USA.[148] Auch schreckten befürchtete Streitigkeiten um die angemessene Beteiligung gem. §§ 245 II, 251 I InsO auf der Grundlage zeit- und kostenintensiver Gutachten von vornherein davon ab, eine Sanierung mit Hilfe eines Insolvenzplans zu versuchen.[149] In das Planverfahren sind zwar auch Absonderungsberechtigte eingebunden (vgl. §§ 217, 222 I 2 Nr. 1 InsO), nicht aber die für eine Unternehmensfortführung und -sanierung gleichermaßen wichtigen Vorbehaltslieferanten.[150]

---

[146] Vgl. *Noerr/Roland Berger,* ESUG-Studie 2012, Erste Praxiserfahrungen mit der neuen Insolvenzordnung, Oktober 2012.

[147] Vgl. *Braun,* FS G. Fischer, 2008, S. 53; *Eidenmüller/Engert* ZIP 2009, 541; *Uhlenbruck,* Gesellschaftsrechtliche Defizite der InsO, FS Lüer, 2008, S. 461, 468 ff.; *ders* NZI 2008, 201; Uhlenbruck/Hirte/Vallender/ *Vallender* NZI 2009, 1, 3; *R. Paulus* DZWIR 2008, 6; *Westphal/Janjuah* ZIP 2008, Beil zu H 3, S. 13 ff.; *Smid* DZWIR 2009, 397, 399; vgl. dagegen *Fritze,* Sanierung von Groß- und Konzernunternehmen durch Insolvenzpläne, DZWIR 2007, 89; auch *Piekenbrock* ZVglRWiss 108 (2009), 242, 268 f.

[148] Vgl. *Seagon* ZVglRWiss 108 (2009), 203, 213 ff.

[149] Vgl. *v. Leoprechting* DZWIR 2000, 67.

[150] Krit. *Hess,* Bankrechtstag 1999, S. 101, 139.

Das ESUG hat hier teilweise Abhilfe geschaffen. Es hat gleichzeitig den möglichen **82** Inhalt eines Insolvenzplans erweitert und die Rechtsmittel gegen eine Planbestätigung zugunsten einer leichteren Durchführung des Insolvenzplans eingeschränkt.

Wie schon von der Insolvenzkommission geplant lässt das Gesetz jetzt zu, dass Gläu- **83** bigerforderungen zur Sanierung in Gesellschaftsanteile umgewandelt *(Debt-Equity-Swap)* (§ 225a II InsO) und gleichzeitig Anteils- bzw. Mitgliedschaftsrechte der Altgesellschafter verändert (§§ 217 S. 2; 222 I 2 Nr. 4 InsO) werden. Altgesellschaftern, deren Stellung durch eine solche Umwandlung beeinträchtigt wird, wurde ein Recht zum Austritt aus wichtigem Grund gegen Abfindung eingeräumt (§ 225a V InsO). Die Rechte nachrangiger Gläubiger (nach § 39 I Nr. 5 InsO), also insb. aus Gesellschafterdarlehen oder Mezzaninfinanzierungen gelten dagegen im Zweifel einfach als erlassen (§ 225 I InsO), obwohl diese unterschiedliche Behandlung wirtschaftlich nicht ganz einleuchten. Der Debt-Equity-Swap war in der Literatur nachhaltig eingefordert worden,[151] wird seit seiner Zulassung aber nur wenig genutzt.

Die *sofortige Beschwerde gegen die gerichtliche Planbestätigung* ist nunmehr nur noch zuläs- **84** sig, wenn der Beschwerdeführer (1) dem Plan schriftlich widersprochen und (2) gegen den Plan gestimmt hat, sowie (3) glaubhaft macht, dass er durch den Plan wesentlich schlechter gestellt wird als ohne Plan und dies nicht durch im Plan vorgesehene Leistungen ausgeglichen wird (§ 253 II ZPO).[152] Das Landgericht kann eine zulässige Beschwerde zudem unter Gewährung von Ersatz aus der Masse zurückweisen, wenn das schnelle Wirksamwerden des Planes vorrangig erscheint (§ 253 IV InsO).

Damit die Sanierung nach Plan nicht gefährdet wird, kann das Gericht gegenüber **85** Gläubigern, die ihre Forderungen im Insolvenzverfahren nicht geltend gemacht haben, Vollstreckungsschutz gewähren (§ 259a InsO). Forderungen dieser Gläubiger verjähren zudem in der besonderen Frist von einem Jahr nach Bestätigung des Insolvenzplans (§ 259b InsO).

2. Restschuldbefreiung und Verbraucherinsolvenz. a) *Restschuldbefreiung.* Von **86** Anfang an wurde begrüßt, dass der Gesetzgeber für natürliche Personen über die Möglichkeit des Insolvenzplans hinaus eine Restschuldbefreiung eingeführt hat. Kritisiert wurde aber, dass die dadurch eröffnete Chance eines wirtschaftlichen Neubeginns aufgrund der vorgesehenen Fristen in sehr vielen Fällen eine Chimäre bleiben muss. Sechs Jahre Wohlverhalten nach der Eröffnung des Insolvenzverfahrens (ursprünglich sieben Jahre nach Abschluss des Verfahrens) sind eine lange Wartezeit. Für einen Unternehmer, der im mittleren Alter insolvent geworden ist, eröffnet sich die Chance des Neubeginns dann danach vielfach erst kurz vor Beginn des Rentenalters. Zu bedenken ist auch, dass der gleiche Unternehmer als Inhaber einer GmbH nach Abschluss von deren Insolvenzverfahren sogleich frei von persönlichen Schulden ein neues Wirtschaftsunternehmen starten kann, sofern er sich nicht zusätzlich für die Verbindlichkeiten seiner GmbH verbürgt hatte.

b) *Verbraucherinsolvenzverfahren.* Das Verbraucherinsolvenzverfahren mit seinen drei **87** Stufen (außergerichtliches Entschuldungsverfahren, gerichtliches Entschuldungsverfahren, vereinfachtes Insolvenzverfahren) war viel zu kompliziert und bürokratisch gestaltet. Sämtliche Unterlagen müssen kopiert und allen vom Schuldner benannten Gläubigern (anders als im Regelinsolvenzverfahren (!)) förmlich zugestellt werden (§ 307 I InsO), sodass allein die Kopier- und Zustellkosten Höhen erreichen, die ein überschuldeter Verbraucher ohne die inzwischen eingeführte Kostenstundung (§ 4a InsO) nicht aufbringen kann. Nach wie vor sind Beratungsstellen in vielen Bundesländern unterbe-

---

[151] Vgl. *Ehlers* ZInsO 2009, 320; *Braun,* FS Gero Fischer, 2008, S. 53; *Eidenmüller/Engert* ZIP 2009, 541; vgl. auch *R. Paulus* DZWIR 2008, 6.
[152] Vgl. *G. Fischer* NZI 2013, 513, 514.

setzt oder in der Nähe des Schuldners nicht vorhanden, da die Länder teilweise nicht bereit sind, Beratungsstellen ausreichend zu finanzieren.[153] Soweit, wie in den meisten Fällen, weder eine verteilungsfähige Masse vorhanden ist noch eine Erwerbschance für den Schuldner besteht, haben weder ein außergerichtlicher noch ein gerichtlicher Schuldenbereinigungsplan eine ernsthafte Chance.[154] Aber auch die Abwicklung eines „vereinfachten Insolvenzverfahrens" unter Kostenstundung vor Beginn des Restschuldbefreiungsverfahrens überzeugt nicht, wenn vorauszusehen ist, dass nichts zu verteilen ist.

88 c) *Punktuelle Reformen.* Nach Inkrafttreten der InsO wurden nur wenige Anträge gestellt, weil die Schuldner die hohen Kosten nicht aufbringen konnten, Prozesskostenhilfe nicht vorgesehen war und eine analoge Anwendung der §§ 114 ff. ZPO überwiegend abgelehnt wurde. Nachdem aber durch Gesetz vom 26.10.2001 die Möglichkeit der *Stundung der Kosten* des Insolvenzverfahrens einschließlich der Kosten des Verfahrens über den Schuldenbereinigungsplan eingeführt wurde, ist die Zahl der Verbraucherinsolvenzverfahren stark angestiegen.

89 Da auch die *gerichtliche Schuldenbereinigung* in der Regel scheitert, kann das Gericht diesen Abschnitt ebenfalls seit 2001 nach Anhörung des Schuldners überspringen (§ 306 I 3 InsO). Da es in über 90% der Fälle an einer Masse für das vereinfachte Insolvenzverfahren fehlt und eigentlich nur eine vollständige „Rest"schuldbefreiung ohne Tilgung in Betracht kommt, bestand weiterhin erheblicher Reformbedarf.

90 d) *Generelle Reformvorschläge.* Zur Reform wurden jahrelang die verschiedensten Modelle diskutiert: von der Radikallösung einer stark verkürzten Verjährung über ein schriftliches Verfahren mit Ausschlussfristen[155] bis zur Vereinfachung der bisherigen Stufenlösung im Entwurf der Bundesregierung.[156]

Der Regierungsentwurf eines Gesetzes zur Entschuldung mittelloser Personen ... vom 22.8.2007[157] blieb rechtspolitisch umstritten und konnte nicht durchgesetzt werden.[158]

91 e) *Die gesetzliche Reform.* Erst das *Gesetz zur Verkürzung des Restschuldbefreiungsverfahrens* vom 18.7.2013[159] hat die jahrelange Debatte zur Reform der Restschuldbefreiung und des Verbraucherinsolvenzverfahrens zu einem (vorläufigen) Schlusspunkt gebracht. Das Ergebnis ist eher bescheiden. Seit 1.7.2014 kann ein natürlicher Schuldner Restschuldbefreiung bereits nach 3 Jahren Wohlverhaltensperiode erhalten, wenn er 35% seiner Schulden und die Verfahrenskosten befriedigt hat (§ 300 I Nr. 2 InsO n. F.). Hat er wenigstens die Verfahrenskosten bezahlt, erhält er Restschuldbefreiung bereits nach 5 Jahren.

92 Damit das Arbeitseinkommen von Anfang an zur Tilgung der Forderungen aller Insolvenzgläubiger zur Verfügung steht, wird auch der bisherige § 114 InsO gestrichen. Durch diese Norm sollte ursprünglich die Abtretung künftiger Lohnforderungen als Kreditsicherheit auf 2 Jahre ab Insolvenzeröffnung begrenzt werden. Danach sollte der pfändbare Lohnanteil zur Tilgung aller ungesicherten Forderungen zur Verfügung ste-

---

[153] Vgl. *Hess/Wienberg/Tietze-Fischer* NZI 2000, 97, 99.
[154] *Hess/Wienberg/Tietze-Fischer* NZI 2000, 97, 101.
[155] Vgl. *Mäusezahl* ZVI 2003, 202.
[156] BT-Drucks. 16/7416 v. 5.12.2007.
[157] BT-Drucks. 16/7416 mit Stellungnahme des Bundesrates vom 12.10.2007 (BR-Drucks. 600/07) und Gegenäußerung der Bundesregierung vom 5.12.2007 (BT-Drucks. 16/7416).
[158] Krit. *Frind* ZInsO 2009, 1135; *Hellmich* ZInsO 2007, 739; *Hergenröder* DZWIR 2009, 221; *Ahrens* ZZP 122 (2009), 133; *ders* ZRP 2007, 84; *ders* NZI 2007, 193; *Holzer* ZVI 2007, 393; *Jäger* ZVI 2007, 507; *Schmerbach* ZInsO 2009, 2388; krit. zu § 108a InsO-E: *Heim* NZI 2008, 338; *Schleich/Götz* DZWIR 2008, 58; *Mitlehner* ZIP 2008, 450; *Wegener* ZInsO 2008, 352; *Slopek* ZInsO 2008, 1118.
[159] BGBl. I, 2379.

hen. In der Zwischenzeit hat sich aber die Ansicht durchgesetzt, dass die Lohnforderung jeweils monatlich neu erworben wird und eine Vorausabtretung künftiger Lohnforderungen schon an § 91 I InsO scheitert. Bei dieser Sicht schränkte § 114 InsO Lohnabtretungen nicht ein, sondern privilegierte sie nach Insolvenzeröffnung. Um es dem Schuldner zu erleichtern, die gestundeten Verfahrenskosten zu bezahlen oder die allgemeinen Insolvenzforderungen zu tilgen, wurde daher § 114 InsO gestrichen.[160] Freilich wurden dabei wohl die Folgen für die Vorratspfändung von Unterhalt übersehen.[161]

Das vereinfachte Insolvenzverfahren (§§ 312–314 InsO a. F.) entfällt ersatzlos, so dass auch eine sofortige Restschuldbefreiung natürlicher Personen mittels Insolvenzplan möglich ist.[162]

Der Gesetzgeber wollte die Fristverkürzung quasi nur als Leistungsprämie gewähren und hofft, damit ähnlich gute Erfahrungen für Österreich zu machen.[163] Für das Gros der „Null-Verfahren" ohne jegliche Tilgungsmöglichkeit wird sich dadurch wohl kaum etwas ändern. Soweit Schuldner erwerbsfähig sind und Tilgungen erwirtschaften können, liegt in der Verkürzung von 6 auf 3 Jahren Wohlverhalten gewiss ein Anreiz. Ob aber wirklich viele Schuldner die von 25 auf 35% angehobene Tilgungsquote in 3 Jahren erreichen (können), erscheint eher als zweifelhaft. Allerdings können auch Dritte das Geld zur Tilgung zur Verfügung stellen. Doch muss der Schuldner Angaben zur Herkunft der Mittel machen, wenn er mehr tilgt, als sich aus den abgetretenen Lohnforderungen ergibt (§ 300 II InsO n. F.).[164]

f) *Reformpläne der EU.* Die EU-Kommission plant, allen unternehmerisch Tätigen einen zweiten Neustart zu ermöglichen und dazu eine allgemeine Restschuldbefreiung nach maximal 3 Jahren einzuführen.[165] Die neue deutsche Lösung könnte daher schon bald wieder überholt sein.

3. Neuregelung der Konzerninsolvenz. a) *Bisherige Behandlung von Konzerninsolvenzen.* Weder das deutsche noch das europäische Recht enthalten bis jetzt besondere Regeln für Insolvenzverfahren gegenüber Konzernunternehmen. Wie der EuGH vor allem in den Entscheidungen „Eurofood"[166] und „Rastelli"[167] deutlich bekräftigt hat, sind alle Konzernunternehmen rechtlich als selbständige Rechtsträger zu behandeln. Da ein Konzern trotz der rechtlichen Selbständigkeit seiner Glieder vielfach aber eine wirtschaftliche Einheit bildet, hat die Praxis immer wieder versucht, durch Annahme eines einheitlichen Mittelpunktes der hauptsächlichen Interessen (COMI) für alle Konzernunternehmen und/oder durch Bestellung der gleichen Person zum Insolvenzverwalter für alle (oder doch viele) Konzernunternehmen eine einheitliche Insolvenzabwicklung zu erreichen.

b) *Gesetzesvorschläge.* Da diese Praxis auf wenig gesicherter Grundlage stattfand, wurde seit langem eine gesetzliche Ordnung gefordert.[168]

Erste Vorschläge für eine gesetzliche Regelung wurden im Rahmen von UNCITRAL erarbeitet. Schon im Juli 2010 verabschiedete UNCITRAL Teil 3 des Gesetzgebungsleitfadens über die „Behandlung von Konzernunternehmen in der Insolvenz".

---

[160] Vgl. BT-Drucks. 17/11268, S. 23.
[161] Vgl. *Bast/Becker* NZI aktuell, 2013, Heft 8, S. V.
[162] Krit. *Harder* NZI 2013, 70.
[163] Dort beträgt die Tilgungsquote aber nur 25% der Forderungen.
[164] Zu Recht krit. *Ahrens*, NZI aktuell, 2013, Heft 11, Seite V.
[165] Mitteilung der Kommission an das Europäische Parlament … „Ein neuer europäischer Ansatz zur Verfahrensweise bei Firmenpleiten und Unternehmensinsolvenzen" vom 12.12.2012, KOM (2012), 742 endg.
[166] EuGHE 2006, I-3813 = NZI 2006, 360.
[167] EuGH NZI 2012, 147 (*Mankowski*).
[168] Vgl. *Hirte* ZIP 2008, 444; *Adam/Poertzgen* ZInsO 2008, 281 u 347; *K. Schmidt* KTS 2010, 1.

98 Der am 28.8.2013 beschlossene *Regierungsentwurf* eines Gesetzes „zur Erleichterung der Bewältigung von Konzerninsolvenzen" knüpft an die dort entwickelten Ideen an. Der Entwurf will sicherstellen, dass die wirtschaftliche Einheit des Konzerns nach Möglichkeit auch in der Insolvenz konzernangehöriger Unternehmen gewahrt bleibt. Da Konzerne sehr unterschiedlich strukturiert sind, lehnt der Entwurf jede formelle oder gar materielle Konsolidierung ab. Eingeführt werden sollen vielmehr mehrere flexible Koordinierungsinstrumente.[169]

99 c) *Gruppen-Gerichtsstand.* Bestehen nach § 3 InsO unterschiedliche Gerichtsstände zur Eröffnung von Insolvenzverfahren gegen die verschiedenen Konzernunternehmen, so soll sich das für einen (nicht unbedeutenden) gruppenangehörigen Schuldner zuständige Insolvenzgericht auf dessen Antrag auch für die Insolvenzverfahren gegen die anderen Gruppenangehörigen für zuständig erklären können (E §§ 3a, 13a InsO). Wird danach ein Insolvenzantrag bei einem anderen Gericht gestellt, so kann dieses sein Verfahren (teils von Amts wegen, teils nur auf Antrag) an das Gericht des Gruppen-Gerichtsstands verweisen (E § 3d InsO).

100 d) *Verfahrenskoordinierung.* Bleiben mehrere Gerichte zuständig, so haben sie sich darüber zu verständigen, ob für alle Konzernunternehmen nur eine Person zum Insolvenzverwalter zu bestellen ist oder ob dem mögliche Interessenkonflikte entgegenstehen (E § 56b InsO).[170]

101 Insolvenzverfahren gegen mehrere Konzernunternehmen sollen aufeinander abgestimmt werden. Daher sollen alle Insolvenzverwalter und alle Insolvenzgerichte untereinander zusammenarbeiten (E §§ 269a, 269b InsO).

102 Um diese Zusammenarbeit zu erleichtern kann auf Antrag zusätzlich ein *Gruppen-Gläubigerausschuss* bestellt (E § 269c InsO) und ein *besonderes Koordinationsverfahren* (mit *Koordinationsgericht* und besonderem *Koordinations-Verwalter*) eingeleitet werden. In diesem Verfahren wird bei Bedarf ein *Koordinationsplan* für die abgestimmte Abwicklung der Verfahren erarbeitet und vom Gericht bestätigt (E §§ 269d ff. InsO), aber er hat keine direkte Bindungswirkung, sondern muss durch einzelne Insolvenzpläne für die konzernangehörigen Unternehmen umgesetzt werden.[171]

Am 30.1.2014 hat die Bundesregierung den Entwurf neu im Bundestag eingebracht.

Mit seinen Gerichtsstandregeln fügt sich der deutsche Entwurf in den Rahmen der beabsichtigten Reform der EuInsVO ein, geht mit dem anvisierten Koordinierungsverfahren aber darüber hinaus.

103 **4. Schutz gegen Banken- und Versicherungsinsolvenzen.** Schließlich hat die Finanzkrise gezeigt, dass der bisher nur präventive Schutz vor einer *Bankinsolvenz* durch Aufsicht der BAFin unzureichend ist.[172] Greift der Schutz nicht, konnte der Bankbetrieb nur eingestellt werden. Solche Vorfeldmaßnahmen waren nicht ausreichend, um 2008 den Finanzmarkt zu stabilisieren. Durch umfangreiche gesetzliche Maßnahmen wurde daher das Bankenaufsichtsrecht und das allgemeine Bankenrecht geändert, um Bankunternehmen leichter vor einem Absturz retten, sanieren, ggf. auch in verträglicher Weise abwickeln zu können. Erlassen wurden etwa das Finanzmarktstabilisierungsgesetz vom 17.10.2008,[173]

---

[169] Vgl. *Graber* NZI 2007, 265; *Holzer* NZI 2007, 432; *Piepenburg* NZI 2004, 231; *Eidenmüller* ZHR 109 (2005), 528; *Westphal/Janjuah* ZIP 2008, Beil zu H 3, S. 4 ff.; *Seagon* ZVglRWiss 108 (2009), 203, 208 ff.
[170] Vgl. *Zipperer* ZIP 2013, 1007.
[171] Krit. *Pleister* ZIP 2013, 1013, 1017.
[172] Vgl. *Binder,* Bankeninsolvenzen im Spannungsfeld zwischen Bankaufsichts- und Insolvenzrecht, 2005; *Kenadjian,* Too big to fail – Brauchen wir ein Sonderinsolvenzrecht für Banken?, 2012.
[173] BGBl. I, S. 1982; dazu eingehend *Pannen,* Krise und Insolvenz bei Kreditinstituten, 3. Aufl. 2010, S. 67 ff.

ein Ergänzungsgesetz vom 7.4.2009,[174] ein Gesetz zur Fortentwicklung der Finanzmarktstabilisierung vom 17.7.2009[175] sowie das Gesetz zur Stärkung der Finanzmarkt- und Versicherungsaufsicht vom 29.7.2009.[176] Das Gesetz vom 17.7.2009 führte die Möglichkeit ein, Risikopositionen auf eine sog. *Bad Bank* zu übertragen, um die Handlungsfähigkeit des dadurch entlasteten Bankhauses zu stärken.[177] Art. 1 des Restrukturierungsgesetzes vom 9.12.2010[178] führte schließlich für Banken mit dem Kreditinstitute-Reorganisationsgesetz *(KredReorgG)* ein *Sanierungsverfahren* ein, um Schieflagen weit im Vorfeld einer Insolvenz bewältigen zu können, sowie als zweite Stufe ein am Insolvenzplanverfahren ausgerichtetes *Reorganisationsverfahren*.[179] Ergänzend wurde am 7.8.2013 das Gesetz zur Abschirmung von Risiken und zur Planung der Sanierung und Abwicklung von Kreditinstituten und Finanzgruppen *(RiskAbschG)* erlassen.[180]

Zur Stützung der deutschen Banken gründete die Bundesrepublik Deutschland in der internationalen Finanzkrise die Bundesanstalt für Finanzmarktstabilisierung *(FMSA)* und errichtete den Finanzmarktstabilisierungsfonds. Diesem Fonds stellte der Bund 400 Mrd. EUR für Garantien und weitere 80 Mrd. EUR für Kapitalmaßnahmen zur Verfügung. Durch Einsatz dieser Mittel gelang es, Bankzusammenbrüche zu verhindern und Zeit für eine geordnete Abwicklung zu gewinnen.[181] Auf EU-Ebene war und ist die Europäische Zentralbank stabilisierend tätig. Zusätzlich ist die EU dabei, eine Aufsicht über die Kreditinstitute durch die Europäische Zentralbank zu etablieren.[182] Außerdem verpflichtete der Bund die Banken mit dem Restrukturierungsfondsgesetz (RStrktFG, Art. 3 des Restrukturierungsgesetzes) einen Restrukturierungsfonds aufzubauen.

Auf entsprechende Empfehlung des Baseler Ausschusses für Bankenaufsicht vom Dezember 2010 („Basel III") wurden gleichzeitig die Eigenkapital- und Liquiditätsstandards für international tätige Banken verschärft, um deren Widerstandskraft in Krisenfällen zu stärken. Die EU erließ insoweit die Richtlinie 2013/36/EU vom 26.6.2013[183] („über den Zugang zur Tätigkeit von Kreditinstituten und die Beaufsichtigung von Kreditinstituten und Wertpapierfirmen …") sowie die Verordnung (EU) Nr. 575/2013 vom 26.6.2013[184] („über Aufsichtsanforderungen an Kreditinstitute und Wertpapierfirmen …"). Durch das *CRD IV-Umsetzungsgesetz* vom 28.8.2013[185] hat der deutsche Gesetzgeber die Richtlinie umgesetzt und das deutsche Aufsichtsrecht zugleich an die EU-Vorgaben angepasst.

Am 15.5.2014 wurde die EU-Richtlinie 2014/59/EU zur Festlegung eines Rahmens für die Sanierung und Abwicklung von Kreditinstituten und Wertpapierfirmen[186] und schließlich am 15.7.2014 die Verordnung (EU) Nr. 806/2014 zur Festlegung einheitlicher Vorschriften … für die Abwicklung von Kreditinstituten und bestimmten Wertpa-

---

[174] BGBl. I, S. 725; dazu s. *Marotzke* JZ 2009, 763, 765; krit. *Amend*, Das Finanzmarktstabilisierungsergänzungsgesetz oder der Bedeutungsverlust des Insolvenzrechts, ZIP 2009, 589.
[175] BGBl. I, S. 1980.
[176] BGBl. I, S. 2305.
[177] Vgl. *Pannen* (Fn. 168), S. 100 ff.
[178] BGBl. I, S. 1900.
[179] Vgl. BT-Drucks. 17/3024 (v. 27.9.2010), S. 2 ff.
[180] BGBl. I, S. 3090.
[181] Vgl. *Ch. Pleister*, Bankenrettung, sachlich gesehen, FAZ Nr. 214 v. 14.9.2013, S. 26.
[182] Vgl. Vorschlag für eine Verordnung des Rates „zur Übertragung besonderer Aufgaben im Zusammenhang mit der Aufsicht über Kreditinstitute auf die Europäische Zentralbank" vom 12.9.2012, KOM (2012), 511 endg; vgl. *Waldhoff/Dieterich*, Einführung einer gemeinsamen Bankenaufsicht auf EU-Ebene, EWS 2013, 72; krit. *Schalast* BB 2013, Heft 30 Die Erste Seite.
[183] ABl EU Nr. L 176/338 vom 27.6.2013.
[184] ABl EU Nr. 176/1 vom 27.6.2013.
[185] BGBl. I, S. 3395 (vgl. Regierungsentwurf vom 31.8.2012, BR-Drucks. 510/12); ergänzt durch die Solvabilitätsverordnung vom 6.12.2013 (BGBl. I, S. 4168).
[186] ABl.EU Nr. L 173/190 v. 12.6.2014. Zum Entwurf s. KOM (2012) 280 F/3.

pierfirmen[186a] verabschiedet. Die deutsche Bundesregierung hat bereits am 9.7.2014 den Entwurf eines BRRD-Umsetzungsgesetzes vorgelegt; das Gesetz wurde schnell verabschiedet (BGBl. 2014 I, S. 2091) und ist zum 1.1.2015 in Kraft getreten.

107 Einige der genannten Regelwerke dienen auch der Sicherung vor der Insolvenz von Versicherungsunternehmen. Die große Verbesserung der Kapitalvorschriften für Versicherungen im Rahmen des Solvency II-Projekts soll allerdings erst zum 1.1.2016 in Kraft treten. Im November 2013 haben sich Europäisches Parlament, EU-Mitgliedstaaten und Kommission auch insoweit auf den endgültigen Inhalt der sog. Omnibus II-Richtlinie[187] verständigt.

108 **5. Weitere Reformanliegen.** Trotz der mehrfachen Ablehnung durch den Gesetzgeber wird immer wieder angemahnt, eine Insolvenzfestigkeit von Lizenzvereinbarungen einzuführen.[188]

Unzufriedenheit besteht mit der geltenden Insolvenzvergütungsverordnung. Eine Modernisierung wird dringend gefordert.[189]

Im Koalitionsvertrag vom November 2013 ist schließlich eine Überprüfung des Insolvenzanfechtungsrechts vorgesehen.

VI. Europäisches und internationales Insolvenzrecht

109 **1. Das geltende Regelwerk. a)** Ein *europäisches Insolvenzrecht* ist in Gestalt der EG-Verordnung Nr. 1346/2000 vom 29.5.2000 am 31.5.2002 in Kraft getreten.[190] Der deutsche Gesetzgeber hat dies zum Anlass genommen, das autonome deutsche internationale Insolvenzrecht durch Gesetz vom 14.3.2003[191] eingehend und weitgehend parallel zum europäischen Recht zu regeln. Die Neuregelung beruht auf den §§ 379–399 des Regierungsentwurfs zur Insolvenzordnung und wurde ergänzt um Regelungen zur Einbettung des europäischen Verordnungsrechts in das deutsche Insolvenzrecht (Art. 102 EGInsO).

110 **b)** Vom europäischen Recht unterscheidet sich das *autonome deutsche Recht* im Wesentlichen nur dadurch, dass die Zusammenarbeit mit Drittstaaten förmlicher geregelt ist. Da ein Großteil des deutschen Außenhandels auf Drittstaaten entfällt und deutsche Unternehmen dort Filialen und Tochterunternehmen unterhalten, ist eine über die EU hinausgehende Harmonisierung des formellen und materiellen Insolvenzrechts aber weiterhin durchaus wünschenswert. Eine Übernahme des UNCITRAL Modellgesetzes[192] für die Zusammenarbeit mit Drittstaaten, wie sie etwa z. B. England praktiziert, hat der deutsche Gesetzgeber bisher nicht erwogen. Geregelt ist bisher auch nur die Insolvenz eines Einzelunternehmers, obwohl in der Praxis grenzüberschreitende Insolvenzen in der Regel Konzernunternehmen betreffen.[193]

111 **2. Reform des europäischen Insolvenzrechts. a)** Auf der Grundlage eines Berichts über die bisherigen Erfahrungen mit der EuInsVO[194] und nach politischen Kon-

---

[186a] ABl EU Nr. L 225/1 vom 30.7.2014.
[187] Vgl. Vorschlag für eine Richtlinie ... im Hinblick auf die Befugnisse der Europäischen Aufsichtsbehörde für das Versicherungswesen und die betriebliche Altersversorgung und der Europäischen Wertpapieraufsichtsbehörde, KOM (2011), 8.
[188] Gegen eine Reform *v. Wilmowsky* NZI 2013, 377; vgl. auch *Dahl/Schmitz* NZI 2013, 878.
[189] S. *Graeber* NZI 2013, 574; *Holzer* NZI 2013, 1049.
[190] ABl EG L 160/1 v. 30.6.2000; zuletzt geändert durch VO (EG) Nr. 788/2008 des Rates vom 24.7.2008, ABl EU L 213/1 vom 8.8.2008.
[191] BGBl. I S. 2848.
[192] Mustergesetz der Kommission der Vereinten Nationen für internationales Handelsrecht über grenzüberschreitende Insolvenzen vom 15.12.1997, abgedruckt in FK-InsO, Anh 3 nach § 358.
[193] Vgl. *Paulus* ZIP 2005, 1948; ablehn *Sester* ZIP 2005, 2099.
[194] Vgl. *Hess/Oberhammer/Pfeiffer*, European Insolvency Regulation, Heidelberg-Luxembourg-Vienna Report, 2013.

sultationen hat die EU-Kommission am 12.12.2012 den Vorschlag für eine Verordnung zur Änderung der VO (EG) Nr. 1346/2000 vorgelegt.[195] Am 20.11.2014 wurde im Rat der EU eine politische Einigung über den neu gefassten Text erzielt.[196]

Da die Mehrheit der EU-Staaten inzwischen *vorinsolvenzrechtliche Sanierungsverfahren* **112** kennt, möchte die Kommission sie künftig einheitlich in den Anwendungsbereich der Insolvenzverordnung einbeziehen (s. E Erwägungsgrund 10, Art. 1). Um forum shopping zu verhindern, soll die Regelung über die internationale Zuständigkeit für die Eröffnung eines Hauptverfahrens, d. h. die Definition des *„COMI"* entsprechend der Rechtsprechung des EuGH präzisiert (E Art. 3 I) und die Zuständigkeit für Annexverfahren ausdrücklich geregelt werden (E Art. 6). Um die Sanierung eines transnational tätigen Unternehmens zu erleichtern, soll die Beschränkung von Sekundärverfahren auf Liquidation entfallen (E Art. 3 III). Zugleich soll die Zusammenarbeit zwischen den Verwaltern von Haupt- und Sekundärverfahren, aber auch den befassten Insolvenzgerichten genauer geregelt werden (E Art. 41 ff.). Um die Publizität der Insolvenzverfahren zu verbessern, soll ein Europäisches Insolvenzregister neu eingeführt werden (E Art. 24 ff.). Schließlich will auch die EU Regeln über die *Koordination von Insolvenzverfahren über Konzernunternehmen* erlassen (E Erwägungsgrund 52, Art. 61 ff.).

b) Der Vorschlag zur Verbesserung der EuInsVO ist eingebettet in den Plan der Kommission für einen „neuen europäischen Ansatz zur Verfahrensweise bei Firmenpleiten und Unternehmensinsolvenzen"[197] und in den „Aktionsplan Unternehmertum 2020".[198] Danach möchte die Kommission jedem Unternehmer eine „zweite Chance" einräumen und eine Restschuldbefreiung EU-weit nach spätestens drei Jahren einführen. **113**

VII. Ausblick

Die Insolvenzordnung war zwar eine sorgfältig vorbereitete Neukodifikation, brachte **114** aber anfänglich nicht aber in allen Bereichen wirklich zufriedenstellende Lösungen. In den vergangenen 15 Jahren ist die Insolvenzordnung laufend verbessert worden. Für Unternehmen bietet die Insolvenzordnung inzwischen eine moderne, wesentlich bessere Ordnung als die alte Konkursordnung. Lediglich Regeln zur besseren Bewältigung von Konzerninsolvenzen stehen noch aus. Die für Restschuldbefreiung und Verbraucherinsolvenz im Sommer 2013 gefundene Minimallösung überzeugt dagegen nicht ohne weiteres.

Im Bereich der Unternehmensinsolvenzen hat sich die Welt des Insolvenzrechts seit **115** erscheinen der Vorauflage erheblich verändert. Die Finanzkrise von 2008/09 hat in Europa zu einer neuen *„Rettungskultur"* für angeschlagene Unternehmen geführt. 15 der 28 EU-Mitgliedstaaten haben vorinsolvenzliche Sanierungsverfahren, zumindest Verfahren hybrider Art eingeführt.[199] Auch Deutschland hat sich dieser Tendenz nicht verschlossen und mit der Einführung des sog. Schutzschirmverfahrens einen bedeutenden, von der Praxis gerne aufgegriffenen Schritt in diese Richtung getan. Die starre Schutzfrist (von maximal drei Monaten), aber auch die Konstruktion als bloße Aussetzung der Entscheidung über einen gestellten Insolvenzantrag zeigen allerdings, dass der deutsche Gesetzgeber der Unternehmenssanierung nun bessere Chancen einräumt, sich aber außerhalb des Bereichs des Finanzmarkts von der Gesamtvollstreckung als primärem Zweck eines Insolvenzverfahrens nicht verabschiedet hat.[200]

---

[195] KOM (2012) 744 endg.
[196] Rat der Europäischen Union, Dok. 15414/14 ADD 1.
[197] Vom 12.12.2012, KOM (2012) 742 endg.
[198] Vom 9.1.2013, KOM (2012), 795 endg.
[199] Vgl. *Thole*, Der Trend zur vorinsolvenzrechtlichen Sanierung, KSzW 3.2012, 286.
[200] Krit. zur Sanierung erst in der „Intensivstation" MüKoInsO/*Stürner*, 3. Aufl. 2013, Einl. Rn. 45d.

116 Die Sanierung einer Handelsgesellschaft ist freilich nicht allein oder primär eine Angelegenheit des Vollstreckungs- und Haftungsrechts, sondern ein wesentlicher Teil des Gesellschaftsrechts. Die Finanzkrise, aber auch die erneute Hochwasserkatastrophe im Sommer 2013 sollte das Bewusstsein dafür wecken, dass das *Insolvenzrecht* nicht einfach als Recht der Gesamtvollstreckung gegenüber dem einzelnen „Marktversager",[201] sondern *als konstruktiver Teil einer komplexen Wirtschaftsordnung* verstanden werden muss.[202] Gerade die Finanzkrise hat die Grenzen der vorwiegend liberal, marktwirtschaftlich orientierten Insolvenzordnung von 1999 deutlich werden lassen. Staatliche Hilfen für Banken *(„too big to fail")*, für Hochwasseropfer,[203] Staatsbürgschaften für regional wichtige Unternehmen, um das Ausbluten einer Region zu verhindern, aber auch Sozialleistungen an insolvenzgeschädigte Arbeitnehmer sollten bei einer insolvenzrechtlichen Gesamtbetrachtung nicht vergessen werden.

117 Wie der „Aktionsplan Unternehmertum 2020" der EU-Kommission vom 9.1.2013[204] zeigt, will die EU weitere Impulse zugunsten der „Sanierungskultur" setzen, die auch Wirkung für Deutschland haben werden.

118 *Internationale Insolvenzen* spielen zahlenmäßig noch immer eine geringe Rolle, haben freilich wirtschaftlich eine erhebliche Bedeutung. Es ist deshalb zu begrüßen, dass mit der EuInsVO eine sichere Grundlage für die Zusammenarbeit der EU-Mitgliedstaaten bei transnationalen Insolvenzen besteht und diese Ordnung voraussichtlich in Kürze in vielen Einzelpunkten verbessert werden kann, so dass transnationale Insolvenzen von Einzelunternehmen und von Konzernunternehmen besser bewältigt werden können.

119 Nach einer Wachstumsphase in Westeuropa von über 60 Jahren ist weiteres wirtschaftliches Wachstum nicht mehr selbstverständlich; der Wettbewerb auf den internationalen Märkten wird schärfer werden. Entsprechend werden das Risiko des akuten wirtschaftlichen Scheiterns und damit die *Bedeutung des Insolvenzrechts* für eine effiziente Bewältigung von Unternehmenskrisen in den nächsten Jahren steigen.

---

[201] Gegen eine Abkopplung der Unternehmerinsolvenz vom Haftungsrecht *Häsemeyer*, Insolvenzrecht, 4. Aufl., Rn. 1.08.

[202] Vgl. *Paulus* ZIP 2000, 2189; *ders.*, FS Görg, 2010, S. 361.

[203] Durch Aufbauhilfen und eine zeitlich begrenzte Aussetzung der Insolvenzantragspflicht, s. *Aufbauhilfegesetz* v. 15.7.2013 (BGBl. I, S. 2401).

[204] KOM (2012), 795 endg.

Kapitel I. Im Vorfeld der Insolvenz

Übersicht

	Rn.
§ 2. Die Krise	
I. Zum Begriff „Krise"	1
II. Erkennung sich anbahnender Krisen	5
III. Ergebnisse	60
§ 3. Außergerichtliche Sanierungsentscheidungen	
I. Einführung	1
II. Hintergrund: Regelungen der InsO	8
III. Anstoß zu Verhandlungen	11
IV. Sanierungskredite	39
V. Gewinnung von Eigenkapital	72
VI. Stundung, Verzicht auf Zinszahlungen, Forderungsverzicht	105
VII. Besserungsscheine und Wandelgenussrechte	113
VIII. Einige Folgerungen	127

Schrifttum zu § 2: *Altman (1968)*, Financial Ratios, Discriminant Analysis and the Prediction of Corporate Bankruptcy, in: Journal of Finance, S. 589–609; *Baetge/Beuter/Feidicker (1992)*, Kreditwürdigkeitsprüfung mit Diskriminanzanalyse, in: WPg, S. 749–761; *Baetge (2002)*, Die Früherkennung von Unternehmenskrisen anhand von Abschlusskennzahlen, in: Der Betrieb, 55. Jg, S. 2281–2287; *Baetge (2004)*, Bilanzanalyse, 2. A, Düsseldorf; *Baetge/Jerschensky (1996)*, Beurteilung der wirtschaftlichen Lage von Unternehmen mit Hilfe von modernen Verfahren der Jahresabschlussanalyse, in: Der Betrieb, 49. Jg, S. 1581–1591; *Baetge/Dossmann/Kruse (2000)*, Krisendiagnose mit Künstlichen Neuronalen Netzen, in *Hauschildt/Leker (Hrsg.)*, Krisendiagnose durch Bilanzanalyse, 2. A, Köln, S. 179–220; *Ballwieser (2013)*, Unternehmensbewertung, 4. A, Stuttgart, *Bauer (2009)*, Wertorientierte Steuerung multidivisionaler Unternehmen über Residualgewinne Ffm, Berlin, New York; *Beaver (1967)*, Financial Ratios as Predictors of Failure, in: *The Institute of Professional Accounting, University of Chicago (Hrsg.)*, Empirical Research in Accounting: Selected Studies 1966, S. 71–111; *Bormann/Kanka/Ockelmann (2009)*, Handbuch GmbH-Recht, Münster; *Brealey/Myers/Allen (2011)*, Principles of Corporate Finance, 10. Aufl., New York; *Buth/Hermanns (Hrsg.) (2009)*, Restrukturierung, Sanierung, Insolvenz, 3. A, München; *Drukarczyk (1986)*, Zum Problem der wirtschaftlichen Vertretbarkeit von Sozialplänen, in: Recht der Arbeit, 39. Jg, S. 115–119; *Drukarczyk (1999)*, Insolvenzplan und Obstruktionsverbot, in: Regensburger Diskussionsbeiträge zur Wirtschaftswissenschaft, Nr. 312; *Drukarczyk (1995)*, Gesellschafterdarlehen, Rechtsprechungsgrundsätze des BGH und § 32a GmbHG – Einige kritische Anmerkungen, in: Unternehmenstheorie und Besteuerung, Festschrift Dieter Schneider, *Elschen/Siegel/Wagner (Hrsg.)*, Wiesbaden, S. 171–202; *Drukarczyk/Schöntag (2006)*, Residualgewinnbasierte Steuerung von Immobiliengesellschaften gestützt auf den APV-Ansatz, in: Stand und Entwicklungstendenzen der Immobilienökonomie, Festschrift K. W. Schulte, *Bone-Winkel ua (Hrsg.)*, S. 93–108; *Drukarczyk (2008)*, Finanzierung, 10. A; *Drukarczyk (2008)*, Insolvenztatbestände als Anstoß zu Restrukturierungen?, in: Handbuch Unternehmensrestrukturierung, *Hommel/Knecht/Wohlenberg (Hrsg.)*, Wiesbaden, S. 277–300; *Drukarczyk/Schmidt (1998)*, Lenders as a Force in Corporate Governance, Enabling Covenants and the Impact of Bankruptcy Law, in: Comparative Corporate Governance – The State of the Art and Emerging Research, *Hopt/Kanda/Roe/Wymeersch/Prigge (Hrsg.)*, Oxford, S. 759–786; *Drukarczyk/Ebinger/Schüler (2005)*, Zur Vorteilhaftigkeit lohnsubstituierender Direktzusagen aus Arbeitnehmer- und Anteilseignersicht, in: ZBB, 17. Jg, S. 237–245; *Drukarczyk/Schüler (2006)*, Zur Bewertung sanierungsbedürftiger Kapitalgesellschaften, in: *Hommel/Knecht/Wohlenberg (Hrsg.)*, Handbuch Unternehmensrestrukturierung, Wiesbaden; *Drukarczyk/Schöntag (2007)*, Insolvenzplan, optionsbasierte Lösungen, Verlustvorträge und vom Gesetzgeber verursachte Sanierungshemmnisse, in: Börsen, Banken und Kapitalmärkte, *Bessler (Hrsg.)*, S. 649–683; *Drukarczyk/Kammermeier (2009)*, Delta Air Lines – Restrukturierung unter Chapter 11, in: Jahrbuch für Controlling und Rechnungswesen 2009, *Seicht (Hrsg.)*; *Drukarczyk/Schüler (2009)*, Akquisitionen, Börsengänge und Restrukturierungen: Fallstudien zur Unternehmensbewertung, München; *Drukarczyk/Schüler (2009)*, Unternehmensbewertung, 6. Aufl., München; *Eidenmüller (2008)*, Privatisierung der Insolvenzabwicklung: Workouts, Covenants, Mediation – Modelle für den Insolvenzstandort Deutschland?, in: ZZP, 121. Bd, S. 273–293; *Escott/Glormann/Kocagil (2001)*, Moody's RiskCalc^{TM} für nicht börsennotierte Unternehmen: Das deutsche Modell; *Gless (1996)*, Unternehmenssanierung – Grundlagen, Strategien, Maßnahmen, Wiesbaden; *Gilson (2001)*, Creating Value through Corporate Restructuring, Case Studies in Bankruptcies, Buyouts and Breakups, Boston; *Haas (2007)*, Das neue Kapitalersatzrecht nach dem RegE-MoMiG, in: ZInsO, Jg 12, S. 617–629; *Hantschel (1993)*, Insolvenzprophylaxe bei mittelständischen Unternehmen als Aufgabe von Steuerberatern und Wirtschaftsprüfern; *Hauschildt/Rösler/Gemünden (1984)*, Der Cash-Flow – Ein Krisensignalwert?, in: Die Betriebswirtschaft, 44. Jg, S. 353–370; *Hauschildt/Grenz/Gemünden (1988)*, Entschlüsselung von Unternehmenskrisen durch Erfolgsspaltung vor und nach dem Bilanzrichtlinien-Gesetz, in: *Hauschildt (Hrsg.)*, Krisendiagnose durch Bilanzanalyse, 1. A, S. 41–63; *Heni (2005)*, Interne Rechnungslegung im Insolvenzverfahren, Düsseldorf; *Hess/Fechner/Freund (2008)*, Sanierungshandbuch, 4. A, Neuwied; *Hillier/Ross/Westerfield/Jaffe/Jordan (2013)*, Corporate Finance, London ua; *Honold (2009)*, Residualgewinne – Ein Beitrag zur Kontrollfunktion des Aufsichtsrats, Ffm, Berlin, New York; *Jungmann (2005)*, Corporate Reorganization – An Alternative Approach, in: Zeitschrift für vergleichende Rechtswissenschaft, 104. Bd, S. 59–115; *Knudle (2005)*, Finanzierung in der Sanierung, Wiesbaden; *Krolop (2007)*, Mit dem MoMiG vom Eigenkapitalersatz zu einem insolvenzrechtlichen Haftkapitalrecht?, in: ZiP, 28. Jg, S. 1738–1745; *Krotter (2009)*, Performance-Messung, Erwartungsänderungen und Analystenschätzungen, Ffm ua; *Krystek (1987)*, Unternehmenskrisen, Wiesbaden; *Pfeffenholz/Kranzusch (2007)*, Insolvenzplanverfahren, Sanierungsoption für mittelständische Unternehmen, Wiesbaden; *Picot/Aleth (1999)*, Unternehmenskrise und Insolvenz – Vorbeugung, Turnaround, Sanierung, München; *Rappaport (1998)*, Creating Shareholder Value – The New Standard for Business Performance, 2. A 1998, New York, London; *Rappaport (1998)*, Shareholder Value, Wertsteigerung als Maßstab für die Unternehmensführung, übersetzt von Klien, Stuttgart; *Richter (1999)*, Konzeption eines marktwertorientierten Steuerungs- und Monitoringsystems, in: Regensburger Beiträge zur betriebswirtschaftlichen Forschung, Bd 12, 2. A, Frankfurt/M, Berlin, Bern, New York; *Schneider (1985)*, Eine Warnung vor Frühwarnsystemen, in: DB, S. 1489–1494; *Schöntag (2007)*, Performance-Messung und wertorientierte Steuerung auf Basis von Residualgewinnen; Regensburger Beiträge zur betriebswirtschaftlichen Forschung, Bd. 47; *Schüler (1998)*, Performance-Messung und Eigentümerorientierung, in: Regensburger Beiträge zur betriebswirtschaftlichen Forschung, Bd 19, Frankfurt/M, Berlin, Bern, New York; *Schüler (2000)*, Periodische Performance-Messung durch Residualgewinne, in: DStR, 38. Jg., S. 2105–2108, *Schüler (2003)*, Zur Bewertung ertrags- und liquiditätsschwacher Unternehmen, in: *Richter/Schüler/Schwetzler (Hrsg.)*, Kapitalgeberansprüche, Marktwertorientierung und Unternehmenswert, Festschrift für J. Drukarczyk, München, S. 361–382; *Staehle (1993)*, Krisenmanagement, in: *Wittmann ua (Hrsg.)*, Handwörterbuch der Betriebswirtschaft, 5. A, Sp 2452–2465; *Töpfer/Schimke (1985)*, Krisenmanagement und Sanierungsstrategien; *Uhlenbruck (1996)*, Betriebswirtschaftliche Aspekte der Insolvenzrechtsreform 1994 – Anspruch und Rechtswirklichkeit, in: *Elschen (Hrsg.)*, Unternehmenssicherung und Unternehmensentwicklung, S. 209–228; *Wittig (2009)*, Früherkennung der Krise durch Kreditinstitute, in: *Schmidt, K./Uhlenbruck (Hrsg.)*, Die GmbH in Krise, Sanierung und Insolvenz, 4. A, S. 59–81; *Wruck (1990)*, Financial distress, reorganization, and organizational efficiency, in: Journal of Financial Economics, S. 419–444.

Schrifttum zu § 3: *Aden (1979)*, Der Vorwurf der Konkursverschleppung gegen den Mitgläubiger, in: MDR, 33. Jg, S. 891–896; *Aldenhoff/Kolisch (2006)*, Distressed Debt and Vulture Investing, Handbuch Unternehmensrestrukturierung, *Hommel/Knecht/Wohlenberg*, Wiesbaden, S. 875–905; *Ang/Chua/Mc Connell (1982)*, The Administrative Costs of Corporate Bankruptcy: A Note, in: Journal of Finance, Bd 37, S. 219–226; *Bachem (1998)*, Zur Steuerfreiheit von sogenannten Sanierungsgewinnen nach § 3 Nr. 66 EstG und bei Aufhebung dieser Vorschrift de lege ferenda, Bonn; *Barclay/Smith (1995)*, The Priority Structure of Corporate Liabilities, in: Journal of Finance, Vol 2, S. 899–917; *Batereau (1992)*, Die Haftung der Bank bei fehlgeschlagener Sanierung, in: WM, S. 1517–1522; *Bay/Seeburg/Böhmer (2011)*, Debt-Equity-Swap nach § 225a Abs. 2 S. 1 des geplanten Gesetzes zur weiteren Erleichterung der Sanierung von Unternehmen (ESUG),

ZInsO, S. 1927–1941; *Bebchuck/Fried (1996)*, The uneasy case fort he priority of secured claims in bankruptcy, Yale Law Journal, S. 857–903; *Bebchuck/Fried (1997)*, The uneasy case fort he priority of secured claims in bankruptcy: Further thoughts and a Reply of Critics, The Cornell Law Review, S. 1279–1348; *Becker (2003)*, Die steuerliche Behandlung von Sanierungsgewinnen, in: DStR, 41. Jg, S. 1602–1605; *Berk/DeMarzo (2007)*, Corporate Finance, Boston; *Berlin/Mester (1992)*, Debt Covenants and Renegotiation, in: Journal of Financial Intermediation, Vol 2, S. 95–133; *Bitz/Hemmerde/Rausch (1986)*, Gesetzliche Regelungen und Reformvorschläge zum Gläubigerschutz, Eine ökonomische Analyse, Berlin, Heidelberg, New York; *Bormann/Kanka/Ockelmann (2009)*, Handbuch GmbH-Recht, Münster; *Brandstätter (1993)*, Die Prüfung der Sanierungsfähigkeit notleidender Unternehmen: Grundlagen, Durchführung und Unterstützung durch Expertensysteme, München; *Braun (2008)*, Eingriff in Anteilseignerrechte im Insolvenzplanverfahren, in: *Ganter/Gottwald/Lwowski (Hrsg.)*, FS Fischer, Haftung und Insolvenz, S. 53–70; *Braun/Uhlenbruck (1997)*, Unternehmensinsolvenz – Grundlagen, Gestaltungsmöglichkeiten, Sanierung mit der Insolvenzordnung; *Brealey/Myers/Allen (2006)*, Corporate Finance, 8. A, Boston; *Brealey/Myers/Allen (2008)*, Principles of Corporate Finance, 9. A, Boston; *Bruder/Hirt (1990)*, Event Risk Covenants, in: Die Bank, S. 296–301; *Brünkmans (2012)*, Die Strukturierung von Sanierungsfinanzierungen in Unternehmenskrisen und Insolvenz, Corporate Finance Law, S. 375–384; *Buth/Hermanns (Hrsg.) (2009)*, Restrukturierung, Sanierung, Insolvenz, 3. A München; *Cahn/Simon/Theiselmann (2010a)*, Debt Equity Swap zum Nennwert!, Der Betrieb, S. 1629–1632; *Cahn/Simon/Theiselmann (2010b)*, Forderungen gegen die Gesellschaft als Sacheinlage? – Zum Erfordernis der Forderungsbewertung beim Debt-Equity-Swap, working paper no. 117, Institute for Law and Finance, Frankfurt; *Carli/Rieder/Mückl (2010)*, Debt-to-Equity-Swaps in der aktuellen Transaktionspraxis, ZiP. S. 1737–1743; *Claussen (1983)*, Kapitalersetzende Darlehen und Sanierungen durch Kreditinstitute, in: ZHR, Bd 147, S. 195–219; *Crezelius (2009)*, Steuerrechtliche Folgen der Sanierung, in: *Schmidt, K./Uhlenbruck (Hrsg.)*, Die GmbH in Krise, Sanierung und Insolvenz, 4. A, S. 305–344; *Day/Taylor (1996)*, Banker's Perspectives on the Role of Covenants in Debt Contracts, in: Journal of International Banking Law, Bd 11, S. 201–205; *Deutscher Bundestag*, Gesetzentwurf der Bundesregierung, Entwurf eines Gesetzes zur weiteren Erleichterung der Sanierung von Unternehmen, BT-Drucks. 17/5712; *Diller (1997)*, Insolvenzvermeidung durch außergerichtliche Übernahme von Betriebsrenten durch den PS V, in: ZIP, S. 765–774; *Dörner (1998)*, Sanierungsprüfung, in: Wirtschaftsprüfer-Handbuch 1998, Band II, 11. A, S. 299–491; *Drukarczyk (1981)*, Verschuldung, Konkursrisiko, Kreditverträge und Marktwert von Aktiengesellschaften, in: Kredit und Kapital, 14. Jg, S. 287–319; *Drukarczyk (1983)*, Kreditverträge, Mobiliarsicherheiten und Vorschläge zu ihrer Reform im Konkursrecht, in: ZfB, 53. Jg, S. 328–349; *Drukarczyk (1986)*, Ökonomische Analyse der Rechtsprechung des BGH zur Sittenwidrigkeit von Sanierungskrediten, in: Kapitalmarkt und Finanzierung, *Schneider (Hrsg.)*, S. 379–397; *Drukarczyk (1993)*, Theorie und Politik der Finanzierung, 2. A, München; *Drukarczyk (1994a)*, Soll das Insolvenzrecht eine Reorganisation zulassen?, in: *Gerke (Hrsg.)*, Planwirtschaft am Ende – Marktwirtschaft in der Krise?, FS Engels, S. 109–137; *Drukarczyk (1994b)*, Überschuldung: Zur Konstruktion eines Insolvenztatbestandes im Spannungsfeld von Kapitalerhaltungsrecht und Kreditmarkt, FS Moxter, S. 1233–1252; *Drukarczyk (1995)*, Verwertungsformen und Kosten der Insolvenz, in: BFuP, 47. Jg, S. 40–58; *Drukarczyk (1995)*, Gesellschafterdarlehen, Rechtsprechungsgrundsätze des BGH und § 32a GmbHG – Einige kritische Anmerkungen, in: Unternehmenstheorie und Besteuerung, FS Schneider, *Elschen/Siegel/Wagner (Hrsg.)*, Wiesbaden, S. 171–202; *Drukarczyk (1997)*, Zur Bewertung von Verlustvorträgen, in: DStR, 35. Jg, S. 464–469; *Drukarczyk (2007)*, Kontrolle des Schuldners, Auslösetatbestände für insolvenzrechtliche Lösungen und Covenants, in: Krisenmanagement, *Feldbauer-Durstmüller/Schlager (Hrsg.)*, Wien, S. 97–118; *Drukarczyk (2008)*, Finanzierung, 10. A, Stuttgart; *Drukarczyk (2006)*, Insolvenztatbestände als Anstoß zu Restrukturierungen?, in: Handbuch Unternehmensrestrukturierung, *Hommel/Knecht/Wohlenberg (Hrsg.)*, Wiesbaden, S. 277–300; *Drukarczyk (2013)*, Die Eröffnungsgründe der InsO – Abgrenzungsprobleme, Überlappung und die Folgen, FS Ballwieser, Düsseldorf (erscheint demnächst); *Drukarczyk/Schmidt, H. (1998)*, Lenders as a Force in Corporate Governance, Enabling Covenants and the Impact of Bankruptcy Law, in: Comparative Corporate Governance – The State of the Art and Emerging Research, *Hopt/Kanda/Roe/Wymeersch/Prigge (Hrsg.)*, Oxford 1998, S. 759–786; *Drukarczyk/Schüler (2009)*, Zahlungsunfähigkeit, drohende Zahlungsunfähigkeit und Überschuldung als Insolvenzauslöser, in: Kölner Schrift zur Insolvenzordnung, Köln, S. 28–84; *Drukarczyk/*

Ebinger/Schüler (2005), Zur Vorteilhaftigkeit lohnsubstituierender Direktzusagen aus Arbeitnehmer- und Anteilseignersicht, in: ZBB, 17. Jg, S. 237–245; *Drukarczyk/Schüler (2006)*, Zur Bewertung sanierungsbedürftiger Kapitalgesellschaften, in: *Hommel/Knecht/Wohlenberg (Hrsg.)*, Handbuch Unternehmensrestrukturierung, Wiesbaden; *Drukarczyk/Schöntag (2007)*, Insolvenzplan, optionsbasierte Lösungen, Verlustvorträge und vom Gesetzgeber verursachte Sanierungshemmnisse, in: Börsen, Banken und Kapitalmärkte, *Bessler (Hrsg.)*, S. 649–683; *Drukarczyk/Schüler (2009)*, Unternehmensbewertung, 6. A, München; *Drukarczyk/Kammermeier (2009)*, Delta Air Lines – Restrukturierung unter Chapter 11, in: Jahrbuch für Controlling und Rechnungswesen 2009, *Seicht (Hrsg.)*; *Drukarczyk/Schüler (2009)*, Akquisitionen, Börsengänge und Restrukturierungen: Fallstudien zur Unternehmensbewertung, München; *Eckert/Harig (2012)*, Zur Bewertung von Sicherheiten beim Debt Equity Swap nach § 225a InsO im Insolvenzplanverfahren, ZInsO, S. 2318–2324; *Edwards/Fischer (1994)*, Banks, finance and investment in Germany; *Eidenmüller (1996)*, Die Banken im Gefangenendilemma – Kooperationspflichten und Akkordstörungsverbot im Sanierungsrecht, in: ZHR, S. 343–373; *Eidenmüller (1996)*, Der Insolvenzplan als Vertrag, in: Jahrbuch für Neue Politische Ökonomie, S. 164–192; *Eidenmüller (1997a)*, Insolvenzbewältigung durch Reorganisation, in: Effiziente Verhaltenssteuerung und Kooperation im Zivilrecht, *Ott/Schäfer (Hrsg.)*, Tübingen, S. 145–173; *Eidenmüller (1997b)*, Vertragliche Vorkehrungen gegen Insolvenzrisiken, *Hart (Hrsg.)*, Privatrecht im „Risikostaat", S. 43–72; *Eidenmüller (1999)*, Unternehmenssanierung zwischen Markt und Gesetz, Köln; *Eidenmüller (2008)*, Privatisierung der Insolvenzabwicklung: Workouts, Covenants, Mediation – Modelle für den Insolvenzstandort Deutschland?, in: ZZP, S. 273–293; *Eidenmüller/Engert (2009)*, Reformperspektiven einer Umwandlung von Fremd- in Eigenkapital (Debt-Equity-Swap) im Insolvenzplanverfahren, ZiP, S. 541–554; *Eilers (2009)*, Der Debt Equity Swap – Eine Sanierungsmaßnahme für unternehmerische Krisensituationen, GWR, S. 1–3; *Engert (2005)*, Die Haftung für drittschädigende Kreditgewährung, München; *Eurotunnel (Hrsg.) (1990)*, Eurotunnel Rights Issue November 1990; *Eurotunnel (Hrsg.) (1994)*, Eurotunnel Rights Issue May 1994; *Fachausschuss Recht des IdW (1991)*, Entwurf einer Verlautbarung: Anforderungen an Sanierungskonzepte, in: Fachnachrichten des IDW Nr. 9/1991, S. 319–324; *Feldbauer-Durstmüller/Schlager (2006)*, Krisenmanagement, 2. A, Wien; *Fischer (2010)*, Zur Feststellung der Zahlungsunfähigkeit – Folgerungen aus der Rechtsprechung des IX. Zivilsenats, FS Ganter, S. 153–168; *Franke (1984)*, Zur rechtzeitigen Auslösung von Sanierungsverfahren, in: ZfB, S. 160–179; *Franke (2010)*, Debt Equity Swaps, Baden-Baden; *Franks/Torous (1989)*, An Empirical Investigation of U.S. Firms in Reorganization, in: The Journal of Finance, S. 747–769; *Friedl (2012)*, Der Tausch von Anleihen in Aktien, BB, S. 1102–1108; *Fromm (2012)*, Der Debt-Equity-Swap als Sanierungsbeitrag im Zeitpunkt der Überschuldung, ZInsO, S. 1253–1256; *Gehrlein (2012)*, Banken – vom Kreditgeber zum Gesellschafter – neue Haftungsfallen? (Debt-Equity-Swap nach ESUG), NZI, S. 257–265; *v. Gerkan/Hommelhof (1997)*, Kapitalersatz im Gesellschafts- und Insolvenzrecht, 5. A, Köln; *Gilson (1990)*, Bankruptcy, boards, banks and blockholders, in: Journal of Financial Economics, S. 355–387; *Gilson/John/Lang (1990)*, Troubled Debt Restructuring, An Empirical Study of Private Reorganization of Firms in Default, in: Journal of Financial Economics, S. 315–353; *Gilson (1991)*, Managing Default: Some Evidence on how Firms choose between Workouts and Chapter 11, in: Journal of Applied Corporate Finance, S. 62–70; *Gilson (2001)*, Creating Value through Corporate Restructuring, Case Studies in Bankruptcies, Buyouts and Breakups, Boston; *Gilz/Kuth (2005)*, Mindestbesteuerung – Situation in Insolvenzverfahren, in: DStR, Heft 5, S. 184–185; *Groß (1988)*, Sanierung durch Fortführungsgesellschaften, 2. A; *Göhrum (1992)*, Einsatzmöglichkeiten von Genussrechten bei einer notleidenden GmbH oder AG, Frankfurt; *Habscheid (1980)*, Zur rechtlichen Problematik des außergerichtlichen Sanierungsvergleichs, in: *Balzer ua (Hrsg.)*, Gedächtnisschrift für Bruns, S. 253–264; *Häsemeyer (1996)*, Obstruktion gegen Sanierungen und gesellschaftsrechtliche Treuepflichten, in: ZHR, S. 109–132; *Haas (2007)*, Das neue Kapitalersatzrecht nach dem RegE-MoMiG, in: ZInsO, S. 617–629; *Häuser (1995)*, Rechte und Pflichten der Kreditinstitute bei der Sanierung von Unternehmen, in: *Hadding ua (Hrsg.)*, Sicherheitenfreigabe und Unternehmenssanierung, S. 75–125; *Haugen/Senbet (1978)*, The insignificance of bankruptcy costs to the theory of optimal capital structure, in: The Journal of Finance, S. 383–393; *Hauschildt (2000)*, Unternehmenskrisen – Herausforderungen an die Bilanzanalyse, *Hauschildt/Leker (Hrsg.)*, S. 1–17; *Heinrich (2009)*, Covenants als Alternative zum institutionellen Gläubigerschutz, Berlin; *Hemmerde (1985)*, Insolvenzrisiko und Gläubigerschutz, Thun/Frankfurt; *Heni (2005)*, Interne Rechnungslegung im Insolvenzverfahren, Düsseldorf; *Her-

linghaus (1994), Forderungsverzichte und Besserungsvereinbarungen zur Sanierung von Kapitalgesellschaften, Köln; *Herzig/Wagner (2004)*, Mindestbesteuerung durch die Begrenzung der Verrechnung von Verlustvorträgen; in: Wpg, S. 53–64; *Hess (2006)*, Insolvenzrecht, Großkommentar, Heidelberg; *Hess/Obermüller (1988)*, Insolvenzpraxis für die Kreditwirtschaft; *Hess/Obermüller (1996)*, Die Rechtsstellung der Verfahrensbeteiligten nach der Insolvenzordnung; *Hess/Fechner/Freund (2008)*, Sanierungshandbuch, 4. A, Neuwied; *Himmelsbach/Achsnick (2006)*, Investments in Krisenunternehmen im Wege sanierungsprivilegierter debt-equity-swaps, NZI, S. 562–565; *Hirte (1998)*, Das Kapitalersatzrecht nach Inkrafttreten der Reformgesetzgebung, in: ZInsO, S. 147–154; *Hölzle (2011)*, Die „erleichterte Sanierung von Unternehmen" in der Nomenklatur der InsO – ein hehres Regelungsziel des RefE-ESUG, NZI, S. 124–145; *Hommel/Knecht/Wohlenberg (2006)*, Handbuch Unternehmensrestrukturierung, Wiesbaden; *Hopt (1984)*, Asymmetrische Information und Gläubigerverfügungsrechte in der Insolvenz – Die Bank in der Krise des Kreditnehmers, in: ZfB, S. 743–760; *Horstkotte/Martini (2012)*, Die Einbeziehung der Anteilseigner in den Insolvenzplan nach ESUG, ZInsO, S. 557–581; *Huber/Habersack (2006a)*, GmbH-Reform: Zwölf Thesen zu einer möglichen Reform des Rechts der kapitalersetzenden Gesellschafterdarlehen, in: Betriebs-Berater, S. 1–7; *Huber/Habersack (2006b)*, Zur Reform des Rechts der kapitalersetzenden Gesellschafterdarlehen, in: Kapital in Europa, Lutter (Hrsg.), S. 372–433; *IDW (2009)*, Beurteilung eingetretener oder drohender Zahlungsunfähigkeit bei Unternehmen (IDW PS 800), Wpg Supplement 2/2009, S. 42–50; *Jackson (1982)*, Bankruptcy, non-bankruptcy entitlements, and the creditor's bargain, in: The Yale Law Journal, S. 857–907; *Janssen (2003)*, Erlass von Steuern auf Sanierungsgewinne, in: DStR, 41. Jg, S. 1055–1059; *Jensen (1989a)*, Active Investors, LBOs, and the privatization of bankruptcy, Journal of Applied Corporate Finance, S. 35–44; *Jensen (1989b)*, Eclipse of the public corporation, Havard Business Review, S. 61–74; *Jensen (2009)*, Die Verfahrensauslösungstatbestände vom alten Konkursrecht zur neuen Insolvenzordnung, Freiburg; *Jungmann (2005)*, Corporate Reorganization – An Alternative Approach, in: Zeitschrift für vergleichende Rechtswissenschaft, S. 59–115; *Kirchhof (2009)*, Die Zahlungseinstellung nach § 17 Abs. 2 S. 2 InsO, Kölner Schrift, S. 85–97; *Knolle/Tetzlaff (2005)*, Zahlungsunfähigkeit und Zahlungsstockung, ZInsO, S. 897–902; *Köndgen (1995)*, Risiken der Kreditinstitute bei der Sanierung von Unternehmen, in: Hadding ua (Hrsg.), Sicherheitenfreigabe und Unternehmenssanierung, S. 141–194; *Köndgen (1997)*, Financial Covenants, Vortrag auf dem RWS Forum Insolvenzrecht am 26./27.9.1996; *Koller (1985)*, Sittenwidrigkeit der Gläubigergefährdung und Gläubigerbenachteiligung, in: JZ, S. 1013–1024; *Kräußlein (1992)*, Ertragsteuerliche Verlustkompensationsstrategien in Krisenunternehmen, Köln; *Krolop (2007)*, Mit dem MoMiG vom Eigenkapitalersatz zu einem insolvenzrechtlichen Haftkapitalrecht?, in: ZiP, S. 1738–1745; *Lauer (2004)*, Das Kreditengagement zwischen Sanierung und Liquidation, 4. A, Stuttgart; *Leland (1994)*, Corporate Debt Value, Bond Covenants, and Optimal Capital Structure, Financial Working Paper 233, University of California at Berkeley; *Lingard (2006)*, Bank Security Documents, 4. A, London; *Marsch-Barner (1996)*, Treupflicht und Sanierung, in: ZIP, S. 853–857; *Marschdorf (1984)*, Unternehmensverwertung im Vorfeld und im Rahmen gerichtlicher Insolvenzverfahren; *Maser/Sommer (1996)*, Die Neuregelung der „sanierenden Kapitalherabsetzung" bei der GmbH, in: GmbHR, S. 22–32; *Mathis (1992)*, Mechanismen zur Kontrolle von Managern in großen Kapitalgesellschaften, Diss, Saarbrücken; *Maus (2009)*, Früherkennung durch die Gesellschaftsgläubiger, in: Schmidt, K./Uhlenbruck (Hrsg.), Die GmbH in Krise, Sanierung und Insolvenz, 4. A, S. 54–58; *McConnell/Servaes (1991)*, The Economics of Pre-Packaged Bankruptcy, in: Journal of Applied Corporate Finance, S. 93–97; *Miller (1991)*, Financial Alternatives for the Troubled Company – An Overview of Available Options and their Benefits, Perils and Pitfalls, in: DiNapoli/Sigoloff/Cushmen (Hrsg.), Workout and Turnarounds: The Handbook of Restructuring and Investing in Distressed Companies, S. 97–137; *Mitter (2006)*, Distressed Investing und Unternehmenssanierung, Wien; *Mönning (1997)*, Betriebsfortführung oder Liquidation – Entscheidungskriterien, in: Prütting (Hrsg.), Insolvenzrecht 1996, S. 43–66; *Neyer (1998)*, Verlustabzug nach Anteilsübertragung, in: BB, S. 869–878; *Obermüller (1980)*, Die Gewährung neuer Kredite in der Krise, in: ZIP, S. 1059–1063; *Obermüller (1985)*, Die Bank im Konkurs und Vergleich ihres Kunden, 3. A, Wiesbaden; *Obermüller (1987)*, Ersatzsicherheiten im Kreditgeschäft, Wiesbaden; *Obermüller (1998)*, Änderungen des Rechts der kapitalersetzenden Darlehen durch KonTraG und KapAEG, in: ZInsO, 1. Jg, S. 51–54; *Obermüller (2007)*, Insolvenzrecht in der Bankpraxis, 7. A, Köln; *Oesterle (1998)*, Steuerliche Verlustvorträge in der Unternehmensbewertung, in: BB, S. 835–840; *Peemöller/Popp (1997)*, Unternehmensbewertung bei ertragsteuerlichen Verlustvorträgen, in: BB, S. 303–309; *Peltzer (1995)*, Besicherte Darlehen von Dritten an Konzerngesellschaften und Kapitalerhaltungsvorschriften, in: GmbHR, 86. Jg, S. 15–23; *Pfeffenholz/Kranzusch (2007)*, Insolvenzplanverfahren, Sanierungsoption für mittelständische Unternehmen, Wiesbaden; *Picot/Aleth (1999)*, Unternehmenskrise und Insolvenz – Vorbeugung, Turnaround, Sanierung, München; *Popp (1997)*, Bewertung ertragsteuerlicher Verlustvorträge, München; *Press/Weintrop (1990)*, Accounting-based constraints in public and private debt agreements, in: Journal of Accounting and Economics, S. 65–95; *Priester (2010)*, Debt-Equity-Swap zum Nennwert?, Der Betrieb, S. 1445–1450; *Rayan/Winton (1995)*, Covenants and Collateral as Incentives to Monitor; in: Journal of Finance, S. 1113–1146; *Redeker (2007)*, Kontrollerwerb an Krisengesellschaften: Chancen und Risiken des Debt-Equity-Swaps, BB, S. 673–692; *Rieger (1988)*, Unternehmensinsolvenz, Arbeitnehmerinteressen und gesetzlicher Arbeitnehmerschutz; *Ross/Westerfield/Jaffe/Jordan (2008)*, Modern Financial Management, 8. Aufl., Boston; *Runge (2010)*, Covenants in Kreditverträgen, Grenzen der Einflussnahme von Kreditgebern, Köln; *Rudolph (2008)*, Zur ökonomischen Analyse von Gesellschafterdarlehen, in: ZBB, S. 82–91; *Rümker (1982)*, Bankkredite als kapitalersetzende Gesellschafterdarlehen unter besonderer Berücksichtigung der Sanierungssituation, in: ZIP, S. 1385–1396; *Schleusener (2011)*, Der Debt-Equity-Swap, Diss. Universität Hamburg, Frankfurt/Main; *Schmidt K. (1981)*, Gesellschafterdarlehen als Insolvenzrechtsproblem, in: ZIP, S. 689–699; *Schmidt K. (1983)*, Kapitalsetzende Bankenkredite?, in: ZHR, S. 165–194; *Schmidt K. (2009)*, Interne Sanierung, in: *Schmidt, K./Uhlenbruck (Hrsg.)*, Die GmbH in Krise, Sanierung und Insolvenz, 4. A, S. 148–164; *Schmidt, K. (2006)*, Eigenkapitalersatz oder: Gesetzesrecht versus Rechtsprechungsrecht?, in: ZiP, S. 1925–1934; *Schmidt, R.H. (1984)*, Asymmetrische Information und Gläubigerverfügungsrechte in der Insolvenz, in: ZfB, S. 712–742; *Schöntag (2007)*, Performance-Messung und wertorientierte Steuerung auf Basis von Residualgewinnen, Frankfurt; *Schrader (1995)*, Die Besserungsabrede: Eine Untersuchung der zivil-, bilanz- und ertragsteuerrechtlichen Probleme, Heidelberg; *Schüler (2003)*, Zur Bewertung ertrags- und liquiditätsschwacher Unternehmen, in: *Richter/Schüler/Schwetzler (Hrsg.)*, Kapitalgeberansprüche, Marktwertorientierung und Unternehmenswert, FS Drukarczyk, München, S. 361–382; *Schwartz (1993)*, Bankruptcy Workouts an Debt Contracts, Journal of Law and Economics, S. 595–632; *Servatius (2013)*, Covenants in der Restrukturierung, Corporate Finance Law, S. 14–22; *Simon (2010)*, Der Debt Equity Swap nach dem Gesetz zur weiteren Erleichterung der Sanierung (ESUG), Corporate Finance Law, S. 448–459; *Simon (2012)*, Fast Track Investorenprozesse zur Insolvenzvermeidung, Corporate Finance Law, S. 368–374; *Smith/Warner (1979)*, On Financial Contracting. An Analysis of Bond Covenants, in: Journal of Financial Economics, S. 117–161; *Stahlschmidt (1982)*, Schutzbestimmungen in Kreditverträgen, Wiesbaden; *Stadler (2003)*, Die Sanierung von Aktiengesellschaften unter Einsatz von Wandelgenussrechten, in: NZI, S. 579–588; *Strüber (2003)*, Die ertragsteuerliche Freistellung von Sanierungsgewinnen durch das BMF-Schreiben vom 27.3.2003, in: BB, S. 2036–2043; *Swoboda (1983)*, Instrumente der Unternehmenssanierung aus betriebswirtschaftlicher Sicht, in: Rechtsprobleme der Unternehmenssanierung, *Ruppe (Hrsg.)*, S. 3–25; *Swoboda (1984)*, Die Prüfung der Sanierungsfähigkeit von Unternehmungen, in: Betriebswirtschaftslehre mittelständischer Unternehmen, *Albach/Held (Hrsg.)*, S. 374–388; *Swoboda (1987)*, The liquidation decision as a principal-agent problem, in: Agency Theory, Information, and Incentives, *Bamberg/Spremann (Hrsg.)*, S. 167–177; *Tashjian/Lease/McConnell (1996)*, Prepack: An Empirical Analysis of Prepackaged Bankruptcies, in: Journal of Financial Economics, S. 135–162; *Teller (2003)*, Rangrücktrittsvereinbarungen zur Vermeidung der Überschuldung bei der GmbH, 3. A; *Thießen (1994)*, Spätstadien von Unternehmenskrisen. Der Kampf der Gläubiger. Allgemeine Lehren aus einem spektakulären Fallbeispiel, in: *Gerke (Hrsg.)*, Planwirtschaft am Ende – Marktwirtschaft in der Krise?, Stuttgart, S. 69–108; *Thießen (1996)*, Covenants: Durchsetzungsprobleme und die Folgen, Regulierung und Unternehmenspolitik, *Sadowski/Czep/Wächter (Hrsg.)*, Wiesbaden, S. 143–159; *Thießen (1996a)*, Covenants in Kreditverträgen: Alternative oder Ergänzung zum Insolvenzrecht?, in: ZBB, S. 19–37; *Uhlenbruck (1982)*, Privilegierung statt Diskriminierung von Sanierungskrediten de lege lata und als Problem der Insolvenzrechtsreform, in: GmbHR, 141–152; *Uhlenbruck (1988)*, Die GmbH & Co KG in Krise, Konkurs und Vergleich, 2. A; *Uhlenbruck (1994)*, Das neue Insolvenzrecht, Insolvenzordnung und Einführungsgesetz nebst Materialien, Herne/Berlin; *Uhlenbruck (2003)*, Zur fehlenden Akzeptanz des Insolvenzauslösers „drohende Zahlungsunfähigkeit", in: *Richter/Schüler/Schwetzler (Hrsg.)*, Kapitalgeberansprüche, Marktwertorientierung und Unternehmenswert, München, S. 441–453;

Die Krise 1, 2 § 2

Uhlenbruck (2010), Insolvenzordnung, Kommentar, 13. A, München; *Warner (1977)*, Bankruptcy costs: some evidence, in: Journal of Finance, S. 337–347; *Wansleben (2012)*, Werthaltigkeitsprüfung und Offenlegung beim Debt Equity Swap, WM, S. 2083–2100; *Weber/Schneider (2012)*, Die nach dem Gesetz zur weiteren Erleichterung der Sanierung von Unternehmen (ESUG) vorgesehene Umwandlung von Forderungen in Anteils- bzw. Mitgliedschaftsrechte (Debt-Equity-Swap), ZInsO, S. 374–384; *Weckbach (2004)*, Corporate financial distress: Unternehmensbewertung bei finanzieller Enge, St. Gallen; *Weiss (1990)*, Bankruptcy resolution, Direct costs and violation of priority of claims, Journal of Financial Economics, S. 285–314; *Wellenhofer-Klein (1997)*, Strukturell ungleiche Verhandlungsmacht und Inhaltskontrolle von Verträgen, in: ZIP, S. 774–781; *Willemsen/Rechel (2012)*, Kommentar zum ESUG, Frankfurt/Main; *Wittig (1996)*, Financial Covenants im inländischen Kreditgeschäft, in: WM, S. 1381–1391; *Wittig (2009)*, Früherkennung durch Kreditinstitute, in: Schmidt, K./Uhlenbruck (Hrsg.), Die GmbH in Krise, Sanierung und Insolvenz, 4. A, S. 59–80; *Wittig (2009)*, Sanierungsbeiträge der Kreditinstitute, in: Schmidt, K./Uhlenbruck (Hrsg.), Die GmbH in Krise, Sanierung und Insolvenz, 4. A, S. 255–292; *Wuschek (2012)*, Debt-Equity-Swap – Gestaltung von Anteilsrechten im Insolvenzplanverfahren, ZInsO, S. 1768–1772; *Zimmer (2011)*, Abschaffung der Sanierungsklausel (§ 8c Abs. 1a KStG) und Debt-Equity-Swap nach ESUG, ZInsO, S. 950–953.

§ 2. Die Krise

Übersicht

	Rn.
I. Zum Begriff „Krise"	1
II. Erkennung sich anbahnender Krisen	5
1. Auf Jahresabschluss-Daten gestützte Kennzahlen	9
a) Einführung	9
b) Die Untersuchung von Hauschildt	16
c) Krisenerkennung mit Hilfe mathematisch-statistischer Verfahren der Bilanzanalyse	19
2. Cashflow-Konzeptionen	23
3. Rentabilitäten und Krisenerkennung	38
4. Residualgewinne und Krisenerkennung	45
III. Ergebnisse	60

I. Zum Begriff „Krise"

Mit „Krise" wird eine idR unerwartet eintretende Störung eines Systems bezeichnet,[1] die den Fortbestand des Systems bei ausbleibenden Korrekturmaßnahmen oder deren Misslingen bedroht. Der Begriff „Unternehmenskrise" wird in Betriebswirtschaftslehre, Insolvenzrecht und Insolvenzstrafrecht (vgl. § 283 StGB) unterschiedlich definiert; *Uhlenbruck* weist zu Recht darauf hin, dass der Eintritt einer „Unternehmenskrise" zeitlich weit vor dem Zustand liegen wird,[2] der mit den gesetzlichen Insolvenztatbeständen (Eröffnungsgründen) Zahlungsunfähigkeit, drohende Zahlungsunfähigkeit bzw. Überschuldung beschrieben wird.

Wir definieren den Beginn einer Unternehmenskrise als Zustand, in der es der Unternehmensleitung nicht mehr gelingt, durch geeignete Entscheidungen im Investitions- und Finanzbereich den Unternehmensgesamtwert zu steigern oder auf dem einmal erreichten Niveau zu halten. Damit liegt der Beginn dort, wo die Erfolgspotentiale zu erodieren beginnen. Schreitet die Krise fort, gerät das Unternehmen in eine Lage, in der es die Interessen der Parteien, die finanzielle Ansprüche an das Unternehmen stellen (Arbeitnehmer, Gläubiger, Eigentümer), nicht mehr wie geplant erfüllen kann: Es ist

---
[1] *Staehle* (1993), Sp 2452 (2452).
[2] *Uhlenbruck* (1996), S. 209 (215).

gezwungen, ungeplante Anpassungsentscheidungen („corrective action"[3]) zu treffen, also Maßnahmen, die die Unternehmensleitung nicht oder nicht derart träfe, würde keine Krise vorliegen. Jetzt ist der Zustand erreicht, den die amerikanische Literatur mit „financial distress" belegt.[4] Die Anpassungsmaßnahmen hängen von der Schwere der Krise ab: Sie reichen von der Kürzung der Ausschüttungen (Entnahmen) über bilanzielle Fehlbeträge, Kürzungen von Investitionsprogrammen, Entlassungen von Arbeitnehmern, Verhandlungen mit den wichtigsten Gläubigern bis zum Verkauf von strategischen Geschäftseinheiten und der Schließung von Betriebsteilen.

3   Bringen diese Anpassungsmaßnahmen den Fall des Unternehmensgesamtwertes nicht zu einem Halt, sondern setzt sich die Erosion der Erfolgspotentiale fort, werden die Zustände erreicht, die die Insolvenztatbestände beschreiben. Zu diesen gehört auch die drohende Zahlungsunfähigkeit.[5] Diese Abfolge der Krisenzustände deckt sich mit den Begriffen „strategische Krise", „Erfolgskrise" und „Liquiditätskrise".[6]

4   Der Gesetzgeber hatte im Zuge des KontraG[7] die Vorschrift zur Behandlung von Gesellschafterdarlehen des § 32a GmbHG an einer wichtigen Stelle ergänzt.[8] Absatz 3 der Vorschrift wurde wie folgt erweitert: „Erwirbt ein Darlehensgeber *in der Krise* der Gesellschaft Geschäftsanteile zum Zweck der Überwindung der Krise, führt dies für seine bestehenden oder neu gewährten Kredite nicht zur Anwendung der Regeln über den Kapitalersatz." Als hier relevante „Krise" definierte § 32a I GmbHG einen Zustand des Unternehmens, in dem „die Gesellschafter als ordentliche Kaufleute Eigenkapital zugeführt hätten." Ob der Gesetzgeber damit eine Legaldefinition für „Krise" bereitstellen wollte, ist hier nicht zu entscheiden.[9] Im bejahenden Fall müsste man die kryptische Formulierung des Gesetzestextes wohl durch die pragmatische und prinzipiell operable Definition der „Kreditunwürdigkeit" seitens des BGH ersetzen: Als kreditunwürdig gilt die Gesellschaft (das Unternehmen), wenn sie (es) von Dritten keinen Kredit zu marktüblichen Bedingungen erhält. Im Gesetz zur Modernisierung des GmbH-Rechts und zur Bekämpfung von Missbräuchen (MoMiG) vom 23.10.2008, das u. a. zum Ziel hat, das Eigenkapitalersatzrecht einfacher und transparenter zu machen und die §§ 32a, 32b GmbHG streicht, versucht der Gesetzgeber den Begriff „Krise" überhaupt zu vermeiden. Da der Beginn von Krisen zeitlich weit vor dem Zeitpunkt liegt, zu dem Insolvenztatbestände vorliegen oder drohen, bringt der Verzicht auf den Terminus „Krise" vermutlich nichts.

II. Erkennung sich anbahnender Krisen

5   *Krystek* differenziert nach Wahrnehmbarkeit und Beherrschbarkeit der Krise zwischen potentieller, latenter, akuter beherrschbarer und akuter nicht beherrschbarer Unternehmenskrise.[10] In die Phase der potentiellen Unternehmenskrise fällt der Entstehungszeitpunkt einer Unternehmenskrise; Symptome sind jedoch noch nicht vorhanden oder ggf. nicht erkennbar. Sie bestehen in der Phase der latenten Unternehmenskrise, werden aber auch hier noch nicht klar erkannt. Die akute beherrschbare Unternehmenskrise ist durch das Erkennen der Krisensymptome und die Einleitung von Maßnahmen zu ihrer Beseitigung gekennzeichnet. Unterbleibt das rasche Eingrei-

---

[3] *Hillier/Ross/Westerfield/Jaffe/Jordan* (2013), S. 819.
[4] *Wruck* (1990), S. 425.
[5] Vgl. § 18 InsO.
[6] Vgl. zB *Hess/Fechner/Freund/Körner* (1997), Sanierungshandbuch, 3. Aufl., S. 19.
[7] Gesetz zur Kontrolle und Transparenz im Unternehmensbereich vom 27.4.1998.
[8] Das Gesetz zur Modernisierung des GmbH-Rechts und zur Vermeidung von Missbräuchen (MoMiG) vom 23.10.2008 lässt § 32a und § 32b GmbHG entfallen.
[9] Dass es keine justitiable (Legal)Definition wäre, ist wegen der orakelhaften Formulierung auch klar.
[10] *Krystek* (1987), S. 29–32.

fen, kann es auf Grund auftretender Sach- und Zeitzwänge zu einer akuten nicht mehr beherrschbaren Situation kommen.

Andere Autoren unterscheiden das erreichte Stadium einer Krise mittels der Symptome, an denen man abzulesen sucht, wie weit die Krise bereits fortgeschritten ist.[11] *Abbildung 1* stellt eine solche Zuordnung von Stadien der Krise zu den betriebswirtschaftlichen Merkmalen her, mit denen man hofft, das Ausmaß der Krise quantifizieren zu können.

Merkmale einer Krise	Stadium der Krise

• stagnierende oder rückläufige Betriebsleistung
• Jahresfehlbeträge
  schrumpfende Eigenkapitalbestände
  von Durchschnittswerten der Branche nach oben
  abweichende, steigende Verschuldungsgrade
  hoher relativer Zinsaufwand
	strategische Krise
	Erfolgskrise

• Liquiditätsprobleme; drohende Zahlungsunfähigkeit	Liquiditätskrise

Abbildung 1: Stadien des Ablaufs einer Krise

Solche Klassifikationsversuche sind nützlich. Wie in → Rn. 2 ausgeführt, kann aus theoretischer Sicht formuliert werden, dass die Krise des Unternehmens beginnt, wenn es der Geschäftsführung (dem Management) nicht mehr gelingt, den Unternehmensgesamtwert auf dem erreichten Niveau zu halten. Es sind daher sinkende Unternehmensgesamtwerte, die die dauerhafte Realisierung der Ansprüche der am Unternehmen beteiligten Parteien bedrohen. Folglich müssen Krisenkriterien so gestaltet werden, dass sie auf sinkende Unternehmensgesamtwerte hinweisen. Stellt man auf bilanzielle Jahresfehlbeträge („Erfolgskrise") oder auf nicht ausgeglichene Finanzpläne und daraus folgende Liquiditätsprobleme („Liquiditätskrise") ab, setzt man an Kriterien an, die Krisen spät (viel zu spät) anzeigen. Liquiditätsprobleme *folgen* mit erheblichem zeitlichem Abstand auf Performanceschwächen von Unternehmen.[12] „Erfolgskrisen", die sich aus (nicht angepassten) Gewinn- und Verlust-Rechnungen ablesen lassen, folgen in deutlichem zeitlichem Abstand auf sinkende Unternehmenswerte. Verantwortlich für die verzögerten Signale sind das System der Rechnungslegungsnormen, dessen Antizipationsvermögen wegen der Objektivierungserfordernisse begrenzt ist, und die nicht vollständig beseitigbaren Möglichkeiten der Gestaltung der Jahresabschlüsse.

Um Möglichkeiten, wie sich anbahnende Krisen (frühzeitig) erkannt werden können, aufzuzeigen, wählen wir folgende Vorgehensweise: In Abschnitt 1 beleuchten wir, inwieweit Krisen(früh)erkennung unter Rückgriff auf Daten, die den Jahresabschlüssen entnommen werden können und insofern öffentlich verfügbar sind, erfolgen kann. Wir geben in *Abschnitt a)* zunächst einen Überblick über verbreitet genutzte Jahresabschlussbasierte Kennzahlen. Diesen Überblick vertiefen wir in verschiedenen Richtungen. *Abschnitt b)* stellt die Untersuchung von *Hauschildt* dar, der prüft, ob sich die von ihm definierten Renditen von Krisenunternehmen von denen krisenfreier Unternehmen deutlich unterscheiden und zu welchem Zeitpunkt dieser Schereneffekt deutlich wird. *Abschnitt c)* präsentiert Grundzüge der Bilanzanalyse mit Hilfe mathematischstatistischer Verfahren. Dann vertiefen wir in Abschnitt 2 grundlegende Konzepte, die für die Krisenerkennung und -analyse von zentraler Bedeutung sind: Der operative Cashflow, Rentabilitäten und insbesondere Residualgewinne.

---

[11] *Töpfer/Schimke* (1985), S. 7 (10); *Hess/Fechner/Freund* (2008); *Hantschel* (1993), S. 30.
[12] Vgl. *Gless* (1996), S. 129.

9 1. Auf Jahresabschluss-Daten gestützte Kennzahlen. a) *Einführung.* Daten der Rechnungslegung zu benutzen liegt aus dem Blickwinkel externer Betrachter nahe: Ihnen sind idR nur die von den Unternehmen veröffentlichten Jahresabschlüsse zugänglich. Das Bemühen, die in Bilanzen bzw. Jahresabschlüssen enthaltenen Informationen zu Bonitätsindikatoren zu verdichten, ist vermutlich so alt wie die verordnete Abgabe von Rechnungslegungsdaten durch die Unternehmen selbst. Entsprechend vielfältig ist das Angebot von Kennzahlen, die eine „Bilanzanalyse" aus externer Sicht ermöglichen sollen. Durchkämmt man die einschlägige Literatur zur Jahresabschlussanalyse auf der Suche nach hierfür geeigneten Kennzahlen, kann man zwischen 150 bis 200 verschiedene Kennzahlenausprägungen unterscheiden.

10 Diese lassen sich folgenden Gruppen zuordnen:
- Abbildung bilanziell gemessener Rentabilitäten
- Abbildung des Innenfinanzierungsvolumens und der Finanzierungskraft
- Abbildung von Umschlagsgeschwindigkeiten
- Abbildung von Aufwands- und Ertragsstrukturen
- Abbildung der Kapital- und Vermögensstruktur

Abbildung 2 listet ausgewählte, zu diesen Gruppen zählende Kennzahlen auf:

Abbildung bilanziell gemessener Rentabilitäten	Gesamtkapitalrentabilität vor Steuern: (Jahresüberschuss + Zinsen + Steuern)/Gesamtkapital Bruttoumsatzrendite: (Jahresüberschuss + Zinsen + Steuern)/Nettoumsatzerlöse Eigenkapitalrentabilität vor Steuern: (Jahresüberschuss + Steuern)/Eigenkapital Eigenkapitalrentabilität nach Steuern: Jahresüberschuss/Eigenkapital
Abbildung des Innenfinanzierungsvolumens und der Finanzierungskraft	(Jahresüberschuss + Abschreibungen)/Fremdkapital (Jahresüberschuss + Abschreibungen)/(Fremdkapital – flüssige Mittel – Wertpapiere des Umlaufvermögens – Forderungen aus Lief u Leist) Cashflow I/Fremdkapital[13] Cashflow II/Fremdkapital Cashflow I/Investitionsvolumen
Abbildung von Umschlagsgeschwindigkeiten	Nettoumsatzerlöse/Gesamtkapital Nettoumsatzerlöse/Lagerbestände Lagerbestand an Roh-, Hilfs- und Betriebsstoffen/Materialaufwand $\cdot \frac{1}{360}$ Forderungen aus Lief. und Leistungen/Netto-Umsatzerlöse $\cdot \frac{1}{360}$
Abbildung von Aufwands- und Ertragsstrukturen	Ordentlicher Betriebserfolg/Gesamtleistung Personalaufwand/Gesamtleistung Materialaufwand/Gesamtleistung Abschreibungen/Gesamtleistung Zinsaufwand/Gesamtleistung Abschreibungen/Investitionsvolumen Zinsaufwand/(Jahresüberschuss + Zinsaufwand + Steuern)

---

[13] Cashflow I bzw. Cashflow II sind im Vergleich zur Definition „Jahresüberschuss + Abschreibungen" verfeinerte Definitionen des aus der Produktions- und Absatztätigkeit der Periode resultierenden Zahlungsmittelüberschusses.

Abbildung der Kapital- und Vermögensstruktur	Fremdkapital/Gesamtkapital Verzinsliches Fremdkapital/Gesamtkapital Verbindlichkeiten ggü Kreditinstituten/Fremdkapital Kurzfristiges Fremdkapital/Fremdkapital Anlagevermögen/Gesamtkapital Anlagevermögen/Eigenkapital Umlaufvermögen/kurzfristiges Fremdkapital (Liquide Mittel + Wertpapiere des Umlaufvermögens + Forderungen aus Lief u Leist)/kurzfristiges Fremdkapital

Abbildung 2: Ausgewählte Kennzahlen

Eine entscheidende Frage ist nun, wie man nach Berechnungen einschlägiger Kennzahlen zu einem Urteil über die Bonität der Gesellschaft bzw. den Intensitätsgrad der Krise gelangt. Die Vielzahl der in der Literatur anzutreffenden Kennzahlen und der Umstand, dass eine Kennzahl nur eine kleine Teilmenge der in einem Jahresabschluss enthaltenen Informationsmenge verdichtet, dämpft die Erwartung, *eine* Kennzahl könne etwa in Analogie zur Anzeige auf einem Fieberthermometer ein verlässliches Signal zum ökonomischen Gesundheitsgrad des Unternehmens geben.

Wir wenden ausgewählte Kennzahlen auf einen empirischen Fall an, um die Informationsvielfalt, die in den Signalen der Kennzahlen steckt, zu verdeutlichen. Dann vertiefen wir die Diskussion anhand einiger erfolgversprechender Ansätze und untersuchen zwei für das Aufspüren von Krisensituationen wichtige Aspekte: Die Liquidität des Unternehmens und die Unternehmensperformance.

Als Beispielunternehmen wird ein in Deutschland ansässiger, international tätiger Einzelhandelskonzern in der Rechtsform einer Aktiengesellschaft gewählt. Die Aktien des Unternehmens sind börsennotiert. Dargestellt werden die Jahresabschlüsse der Jahre 2004 bis 2012 (vgl. Tabellen 1 bis 3). Im Jahr 2007 erfolgt eine größere Akquisition, mit der Folge, dass in diesem Jahr vor allem die langfristigen Vermögenswerte (+ 56,0%) und die langfristigen Schulden (+ 43,3%) spürbar angestiegen sind. Gleichzeitig verringerte sich in diesem Jahr der Zahlungsmittelbestand um 41,9%. Die operative Performance des Beispielunternehmens verschlechterte sich im Analysezeitraum zusehends. 2010 startete das Unternehmen ein „Transformationsprogramm", unter anderem mit den Zielen, das operative Ergebnis zu steigern, Zentralkosten zu senken und neue Wachstumspotenziale zu erschließen. Dieses Programm wurde Ende des Jahres 2011 schließlich in ein umfassendes Restrukturierungsprogramm überführt. Im Rahmen einer Kapitalerhöhung wurde 2012 das gezeichnete Kapital von 58 Mio Euro auf 114,025 Mio Euro erhöht. Die Jahresabschlüsse des Beispielunternehmens sind in Tabellen 1 bis 3 dargestellt.

Tabelle 1: Bilanz (Aktiva) des Beispielunternehmens in TEuro

Aktiva	2004	2005	2006	2007	2008	2009	2010	2011	2012
Geschäfts- oder Firmenwerte	116.590	116.590	116.590	192.682	192.682	192.682	192.682	33.228	33.228
Sonstige immaterielle Vermögenswerte	14.533	10.110	10.795	68.943	71.027	70.646	72.809	73.459	71.021
Sachanlagen	192.494	240.423	273.792	469.677	495.790	493.892	482.107	388.849	407.244
Sonstige finanzielle Vermögenswerte	416	389	322	122	14	12	13	11	12
Übrige Forderungen und sonstige Vermögenswerte	399	3.146	10.921	6.541	6.875	12.481	11.813	8.844	15.279
Latente Steueransprüche	200.362	198.837	198.831	215.329	162.928	149.014	132.711	129.331	119.787
Langfristige Vermögenswerte	**524.794**	**569.495**	**611.251**	**953.294**	**929.316**	**918.727**	**892.135**	**633.722**	**646.571**
Vorräte	606.392	635.878	625.983	809.686	888.271	806.784	789.340	654.246	640.420
Forderungen aus Lieferungen und Leistungen	12.853	20.442	16.372	24.993	16.282	14.431	12.462	12.262	22.584
Übrige Forderungen und sonstige Vermögenswerte	27.516	148.491	168.746	89.255	77.178	76.629	68.502	64.261	79.795
Laufende Ertragsteueransprüche	202	.203	345	1.420	1.969	3.091	2.224	1.432	4.594
Zahlungsmittel und Zahlungsmitteläquivalente	38.933	349.073	466.251	270.769	233.321	262.977	266.292	148.042	82.275
Kurzfriste Vermögenswerte	**895.896**	**1.154.087**	**1.277.697**	**1.196.123**	**1.217.021**	**1.163.912**	**1.138.820**	**880.243**	**829.668**
Summe Aktiva	**1.420.690**	**1.723.582**	**1.888.948**	**2.149.417**	**2.146.337**	**2.082.639**	**2.030.955**	**1.513.965**	**1.476.239**

Tabelle 2: Bilanz (Passiva) des Beispielunternehmens in TEuro

Passiva	2004	2005	2006	2007	2008	2009	2010	2011	2012
Gezeichnetes Kapital	168.726	58.000	58.000	58.000	58.000	58.000	58.000	58.000	114.025
Rücklagen	422.521	688.278	705.896	705.231	703.926	711.348	713.218	713.621	704.366
Bilanzgewinn/Bilanzverlust	39.054	123.174	180.225	170.567	135.669	107.634	67.027	-494.406	-684.323
Nicht beherrschende Anteile	1.401	1.504	1.417	1.504	1.503	1.621	1.642	1.339	1.476
Eigenkapital	**631.702**	**870.956**	**945.538**	**935.302**	**899.098**	**878.603**	**839.887**	**278.554**	**135.544**
Rückstellungen für Pensionen	9.659	10.586	516	695	726	721	531	521	504
Übrige Rückstellungen	36.688	36.303	52.715	49.666	58.665	53.458	59.394	85.205	97.811
Finanzverbindlichkeiten	112.875	137.395	285.264	400.974	406.087	442.636	238.728	474.187	547.132
Übrige Verbindlichkeiten	1.536	9.712	9.148	7.516	6.068	5.805	3.817	5.368	3.409
Latente Steuerschulden	37.573	41.157	50.212	111.241	112.786	110.929	111.211	63.023	74.973
Langfristige Schulden	**198.331**	**235.153**	**397.855**	**570.092**	**584.332**	**613.549**	**413.681**	**628.304**	**723.829**
Übrige Rückstellungen	33.570	37.586	27.266	42.938	34.268	31.121	31.709	132.004	94.038
Finanzverbindlichkeiten	15.404	6.870	8.485	16.851	16.517	17.077	212.269	24.949	26.106
Verbindlichkeiten aus Lieferungen und Leistungen	409.819	488.925	417.767	463.806	519.402	457.610	450.827	353.700	419.607
Übrige Verbindlichkeiten	125.463	77.475	81.603	105.534	82.609	75.459	76.565	94.897	76.705
Nachrichtlich: Erhaltene Anzahlungen auf Bestellungen	3.258	8.055	10.745	7.229	7.128	4.901	4.470	4.644	5.151
Laufende Ertragsteuerschulden	6.401	6.617	10.434	14.894	10.111	9.220	6.017	1.557	410
Kurzfristige Schulden	**590.657**	**617.473**	**545.555**	**644.023**	**662.907**	**590.487**	**777.387**	**607.107**	**616.866**
Summe Passiva	**1.420.690**	**1.723.582**	**1.888.948**	**2.149.417**	**2.146.337**	**2.082.639**	**2.030.955**	**1.513.965**	**1.476.239**

§ 2 Kapitel I. Im Vorfeld der Insolvenz

Tabelle 3: Gewinn- und Verlustrechnung des Beispielunternehmens in TEuro

Gewinn- und Verlustrechnung	2004	2005	2006	2007	2008	2009	2010	2011	2012
Umsatzerlöse	2.933.990	3.033.938	3.162.090	3.944.998	3.906.776	3.663.401	3.448.297	3.182.962	3.003.235
Nachrichtlich: Veränderung Umsatzerlöse		3,4%	4,2%	24,8%	−1,0%	−6,2%	−5,9%	−7,7%	−5,6%
Einstandskosten der verkauften Waren	−1.967.470	−2.075.682	−2.176.598	−2.681.501	−2.592.684	−2.471.389	−2.283.727	−2.206.321	−2.060.874
Bruttoergebnis vom Umsatz	**966.520**	**958.256**	**985.492**	**1.263.497**	**1.314.092**	**1.192.012**	**1.164.570**	**976.641**	**942.361**
Nachrichtlich: Bruttoergebnis in Prozent der Umsatzerlöse	32,9%	31,6%	31,2%	32,0%	33,6%	32,5%	33,8%	30,7%	31,4%
Sonstige betriebliche Erträge	42.021	47.322	52.133	70.122	77.522	69.720	73.863	68.060	83.978
Vertriebskosten	−883.867	−852.117	−864.711	−1.151.780	−1.187.537	−1.126.802	−1.119.840	−1.329.485	−1.067.204
Verwaltungskosten	−51.411	−54.434	−59.765	−76.197	−74.821	−70.542	−81.934	−89.251	−85.017
Sonstige betriebliche Aufwendungen	−3.125	−3.493	−2.066	−741	−481	−1.604	−1.363	−1.075	−2.901
Wertminderung Geschäfts- oder Firmenwerte								−159.454	
Nachrichtlich: Enthaltene planmäßige Abschreibungen	40.065	39.302	38.588	59.954	67.817	68.812	70.673	75.790	62.006
Betriebliches Ergebnis (EBIT)	**70.138**	**95.534**	**111.083**	**104.901**	**128.775**	**62.784**	**35.296**	**534.564**	**128.783**
Finanzierungserträge	17.043	19.562	27.199	36.476	36.479	22.689	15.048	27.769	56.718
Finanzierungsaufwendungen	−27.197	−26.144	−25.828	−58.990	−85.796	−66.994	−56.032	−87.526	−92.542
Nachrichtlich: Zinsaufwendungen	16.356	14.940	17.220	31.481	35.390	37.434	36.927	46.530	47.125
Ergebnis von Ertragsteuern (EBT)	**59.984**	**88.952**	**112.454**	**82.387**	**79.458**	**18.479**	**−5.688**	**−594.321**	**−164.607**
Ertragsteuern	−6.863	−20.904	−28.330	−75.146	−75.027	−27.826	−27.870	39.611	−24.277
Jahresüberschuss/Jahresfehlbetrag	**53.121**	**68.048**	**84.124**	**7.241**	**4.431**	**−9.347**	**−33.558**	**−554.710**	**−188.884**

Drukarczyk/Schöntag

Betrachtet man *einzelne* Kennzahlen (vgl. Tabelle 4), ist die Tendenz der Signale im Zeitablauf (abgesehen von wenigen Ausnahmen) eindeutig: Bis zum Jahr 2011, dem Jahr des Starts des Restrukturierungsprogramms, entwickeln sich alle Kennzahlen in eine, nämlich in die negative Richtung. Die beiden Kennzahlen Current Ratio und Quick Ratio, beides Verhältniszahlen, die Auskunft über die kurzfristige Liquidität ermöglichen sollen, verschlechtern sich zwischen 2006 und 2011 signifikant. Lediglich 2009 kann der Trend kurzfristig gestoppt werden, da in diesem Jahr die Verbindlichkeiten aus Lieferungen und Leistungen überproportional sinken. Jedoch liegen beide Kennzahlen in diesem Jahr bereits deutlich unter den Werten des Jahres 2006. Ganz identische Tendenzen zeigen die Anlagedeckungsgrade, die das Verhältnis von langfristig gebundenem Vermögen zu langfristigem Eigen- bzw. Gesamtkapital messen. Aussagen über die Kapitalstruktur und damit über die Finanzierung werden über die Kennzahlen Eigenkapitalquote, die das Verhältnis von bilanziellem Eigenkapital zum Buchwert des Vermögens zeigt, und die beiden Verschuldungsgrade (Finanzielle Verbindlichkeiten bzw. Finanzielle Verbindlichkeiten zuzüglich Rückstellungen zur Bilanzsumme) ermöglicht. An diesen Kennzahlen zeigt sich, wenngleich erst sehr spät, die prekäre Situation des Beispielunternehmens: So sinkt z. B. die Eigenkapitalquote von beruhigenden 50,1% im Jahr 2006 (beruhigend nicht zuletzt deshalb, da das operative Risiko des Einzelhandelskonzerns überschaubar ist) auf lediglich 9,2% im letzten Analysejahr. Ursachen sind die bilanziellen Verluste ab dem Jahr 2009, die sich ab dem Jahr 2011 dramatisch ausweiten, sowie der Anstieg der Schulden. Die 2012 durchgeführte Kapitalerhöhung, die zu einem Eigenkapitalzugang iHv 53 Mio Euro führt, ist aus diesem Blickwinkel nicht mehr als ein Tropfen auf den heißen Stein. Das Signal erfolgt für den externen Bilanzleser deshalb sehr spät, weil bis einschließlich des Jahres 2010 die Eigenkapitalquote noch über 40% beträgt. Als Rentabilitätskennzahlen werden in Tabelle 4 die Gesamtkapitalrentabilität, die Umsatzrentabilität, die Eigenkapitalrentabilität sowie die Kennzahl Rate of Return on Invested Capital (ROIC), jeweils vor und nach Berücksichtigung von Ertragsteuern, betrachtet.[14] Auch aus diesem Blickwinkel ist die Tendenz der Unternehmensentwicklung eindeutig negativ, da sich die Rentabilitätskennzahlen zwischen 2006 und 2011 ausnahmslos verschlechtern. Betrachtet man z. B. den ROIC vor Steuern, der ebenso wie die Gesamtkapitalrentabilität vor Steuern als Kennzahl zur Einschätzung der operativen Performance herangezogen werden könnte, jedoch bestimmte Inkonsistenzen der Gesamtkapitalrentabilität vermeidet, ergibt sich ein Renditerückgang von 10,6% (2006) auf 1,9% im Jahr 2010. In den darauffolgenden Jahren erfolgt ein regelrechter Absturz dieser Kennzahl: der ROIC errechnet sich 2011 mit – 34,7%; der Anstieg im folgenden Jahr auf – 10,1% ändert an dieser pessimistischen Einschätzung nichts. Die Eigenkapitalrentabilität liegt zu Beginn des Analysezeitraums über der Gesamtkapitalrentabilität. Dies ist Folge des „Leverage-Effekts", der bewirkt, dass Verschuldung immer dann zu einer die Gesamtkapitalrentabilität übersteigenden Eigenkapitalrentabilität führt, wenn die Gesamtkapitalrentabilität den durchschnittlichen Verschuldungszinssatz übersteigt. Im Verlauf des Betrachtungszeitraums kehrt sich dieser Effekt jedoch aufgrund der rückläufigen Unternehmensperformance ins Negative um, mit der Folge, dass die Eigenkapitalrentabilität die Gesamtkapitalrentabilität unterschreitet. Festzuhalten ist bereits an dieser Stelle, dass selbst eine auf den ersten Blick erfreuliche Rentabilität des Gesamtkapitals (gemessen am ROIC) von knapp 11% in den ersten Analysejahren für die (Eigen-)Kapitalgeber kein außerordentlich beglückendes Ergebnis ist, wenn man diese Renditen vergleicht mit Alternativrenditen, die Investoren bei vergleichbarer Risikoposition an anderer Stelle erzielen können. Darauf ist im Rahmen der Erörterung von Residualgewinnen zurückzukommen.

---

[14] Auf die Rentabilitätsmessung wird in Abschnitt 3 näher eingegangen.

§ 2 14   Kapitel I. Im Vorfeld der Insolvenz

Tabelle 4: Ausgewählte Kennzahlen

	2005	2006	2007	2008	2009	2010	2011	2012
CR	1,87	2,34	1,86	1,84	1,97	1,46	1,45	1,34
QR	0,84	1,19	0,60	0,50	0,60	0,45	0,37	0,31
AD 1	0,65	0,65	1,02	1,03	1,05	1,06	2,28	4,77
AD 2	0,51	0,46	0,63	0,63	0,62	0,71	0,70	0,75
EKQ	50,5%	50,1%	43,5%	41,9%	42,2%	41,4%	18,4%	9,2%
VG 1	0,08	0,16	0,19	0,20	0,22	0,22	0,33	0,38
VG 2	0,13	0,20	0,24	0,24	0,26	0,27	0,47	0,51
UGA	2014	1,83	2,09	1,82	1,71	1,66	1,57	1,98
GKR	7,3%	7,5%	6,0%	5,3%	2,6%	1,5%	-27,0%	-7,8%
GKR$_S$	5,8%	5,9%	2,0%	1,9%	1,3%	0,2%	-25,0%	-9,4%
BUR	3,4%	4,1%	2,9%	2,9%	1,5%	0,9%	-17,2%	-3,9%
NUR	2,7%	3,2%	1,0%	1,0%	0,8%	0,1%	-16,0%	-4,7%
EKR	14,1%	12,9%	8,7%	8,5%	2,1%	-0,6%	-70,8%	-59,1%
EKR$_S$	10,8%	9,7%	0,8%	0,5%	-1,0%	-3,8%	-66,0%	-67,8%
ROIC	10,4%	10,6%	7,7%	6,8%	3,4%	1,9%	-34,7%	-10,1%
ROIC$_S$	8,3%	8,3%	2,6%	2,4%	1,7%	0,2%	-32,2%	-12,2%

Es bedeuten:

$$CR = \frac{VW^k}{Schulden^k} \qquad VG\,2 = \frac{Finanzverb. + R}{BS} \qquad EKR = \frac{JÜ + S}{EK_{t-1}}$$

$$QR = \frac{VW^k - Vorräte}{Schulden^k} \qquad UGA = \frac{Umsatzerlöse}{BS_{t-1}} \qquad EKR_S = \frac{JÜ}{EK_{t-1}}$$

$$AD\,1 = \frac{VW^l}{EK} \qquad GKR = \frac{JÜ + S + ZAW}{BS_{t-1}} \qquad ROIC = \frac{JÜ+S+ZAW}{IC_{t-1}}$$

$$AD\,2 = \frac{VW^l}{EK + Schulden^l} \qquad GKR_S = \frac{JÜ + ZAW}{BS_{t-1}} \qquad ROIC_S = \frac{JÜ + ZAW}{IC_{t-1}}$$

$$EKQ = \frac{EK}{BS} \qquad BUR = \frac{JÜ + S + ZAW}{Umsatzerlöse} \qquad IC = BS - PR - V^{L\&L}$$

$$VG\,1 = \frac{Finanzverb}{BS} \qquad NUR = \frac{JÜ + ZAW}{Umsatzerlöse}$$

AD	Anlagede-ckungsgrad	GKR$_S$	Gesamtkapital-rentabilität nach Steuern	Schulden^k	Kurzfristige Schulden
BS	Bilanzsumme	IC	Invested Capital	Schulden^l	Langfristige Schulden
BUR	Bruttoumsatz-rentabilität	JÜ	Jahresüber-schuss	UGA	Umschlagsge-schwindigkeit der Aktiva
CR	Current Ratio	NUR	Nettoumsatz-rentabilität	VG	Verschul-dungsgrad

EK	Eigenkapital	PR	Pensionsrückstellungen	$V^{L\&L}$	Verbindlichkeiten aus Lieferungen und Leistungen
EKQ	Eigenkapitalquote	QR	Quick Ratio	VW^k	Kurzfristige Vermögenswerte
EKR	Eigenkapitalrentabilität	R	Rückstellungen	VW^l	Langfristige Vermögenswerte
EKR_S	Eigenkapitalrentabilität nach Steuern	ROIC	Rate of Return on Invested Capital	ZAW	Zinsaufwendungen
Finanzverb	Finanzielle Verbindlichkeiten	$ROIC_S$	Rate of Return on Invested Capital nach Steuern		
GKR	Gesamtkapitalrentabilität	S	Ertragsteuern		

Kennzahlenanalyse ist also keine brotlose Kunst, wenn man nicht die Erwartung hegt, mit einer einzelnen Kennzahl alles Wissenswerte abbilden zu können. Eine Kennzahl ist vergleichbar mit einem Puzzle-Stein; diese Puzzle-Steine können ganz unterschiedliche Beiträge zur Lösung, also der Aufhellung des Gesamtbildes, leisten. Dies legt die Idee nahe, nach aussagefähig(er)en *Kombinationen* von Kennzahlen zu suchen.

b) *Die Untersuchung von Hauschildt.* Die Verbesserung der Kennzahlenanalyse durch Festlegung eines aussagekräftigen Kennzahlenkatalogs ist Gegenstand der Untersuchung von *Hauschildt*. Er möchte den in der Gewinn- und Verlustrechnung ausgewiesenen Unternehmenserfolg so in Teilklassen zerlegen, dass es möglich wird, Krisensituationen früh und zuverlässig zu erkennen und die Ursachen präzise zu lokalisieren.[15] *Hauschildt* systematisiert den Erfolg des Unternehmens anhand der Kriterien Herkunft, Stetigkeit und Finanzwirksamkeit in vier Klassen:[16]

- Betriebserfolg: Der aus den Kernaktivitäten des Unternehmens resultierende Erfolg wird auf Grund der Marktkenntnisse und des technologischen Knowhows im Unternehmen als stetige, nachhaltige und zum Zufluss flüssiger Mittel führende Erfolgsquelle erachtet. Er stellt daher die wichtigste Erfolgsgröße dar.
- Finanz- und Verbunderfolg: Zins- und Beteiligungserträge können zwar stetig und liquiditätswirksam sein, stammen jedoch idR nicht aus der eigentlichen Aktivität des Unternehmens.
- Liquidations- und außerordentliche Erträge: Diese Erfolge können zwar liquiditätswirksam sein, fließen aber nicht regelmäßig. Die Liquidation von Vermögensgegenständen ist gerade in betrieblichen Krisensituationen ein häufig benutztes Instrument der Liquiditätsgewinnung, das zugleich zur Kaschierung von anderweitigen Misserfolgen dienen kann (z.B. Sale and Lease Back-Aktivitäten). Unter dem Druck fehlender Liquidität müssen Rentabilitätserwägungen häufig zurücktreten.
- Bewertungserfolge: Bewertungsaktivitäten wie Zuschreibungen, Auflösung von Rückstellungen und Wertberichtigungen bewirken bilanzielle Erträge, die weder stetig, noch nachhaltig und unter bestimmten Bedingungen nicht finanzwirksam sind.

---

[15] *Hauschildt/Grenz/Gemünden* (1988), S. 41 (43).
[16] *Hauschildt/Grenz/Gemünden* (1988), S. 41 (45 f.).

§ 2 17   Kapitel I. Im Vorfeld der Insolvenz

Ihr Einfluss auf den Unternehmenserfolg ist daher von untergeordneter Bedeutung für die Beurteilung des Unternehmens.

Zu beachten ist, dass stets Erfolgsgrößen vor Steuern und Zinsen betrachtet werden, um den Einfluss der Verschuldungspolitik auszuschalten.

17   Der interessanteste Aspekt der Untersuchung ist die empirische Prüfung der Aussagefähigkeit der einzelnen Erfolgsgrößen für die Krisenerkennung. Hierzu werden die Daten zweier Unternehmensgruppen miteinander verglichen: Eine Gruppe von Unternehmen in einer Krisensituation wird einer in Branche und Größe möglichst ähnlichen Kontrollgruppe gegenübergestellt. Da Gegenstand der Untersuchung die Erkennung *latenter* Krisen ist, erschien der Rückgriff auf Daten insolventer Unternehmen als nicht geeignet. Die Gruppe der „Problemfälle" bestand somit aus den in den Jahren 1971 bis 1982 in einer Reihe des „Manager Magazins" unter dem Schlagwort „Missmanagement" kritisch beurteilten Unternehmen, während die Kontrollgruppe nach dem Branchen- und Größenkriterium aus Hoppenstedts Handbuch der deutschen Aktiengesellschaften ausgewählt wurde.[17] Insgesamt wurden 70 Unternehmen mit je fünf Jahresabschlüssen herangezogen. Zur Ausschaltung von Größenunterschieden wurden die einzelnen Erfolgsgrößen durch Bezug auf das Gesamtkapital relativiert, das als um Bilanzverlust und Wertberichtigungen bereinigte Bilanzsumme definiert wurde. In der Untersuchung werden diese Quotienten als Betriebs-, Finanz-, Liquidations- und Bewertungs-„Renditen" bezeichnet. Zur Ermittlung der Befunde werden jeweils die Mediane der Gruppen gegenübergestellt.

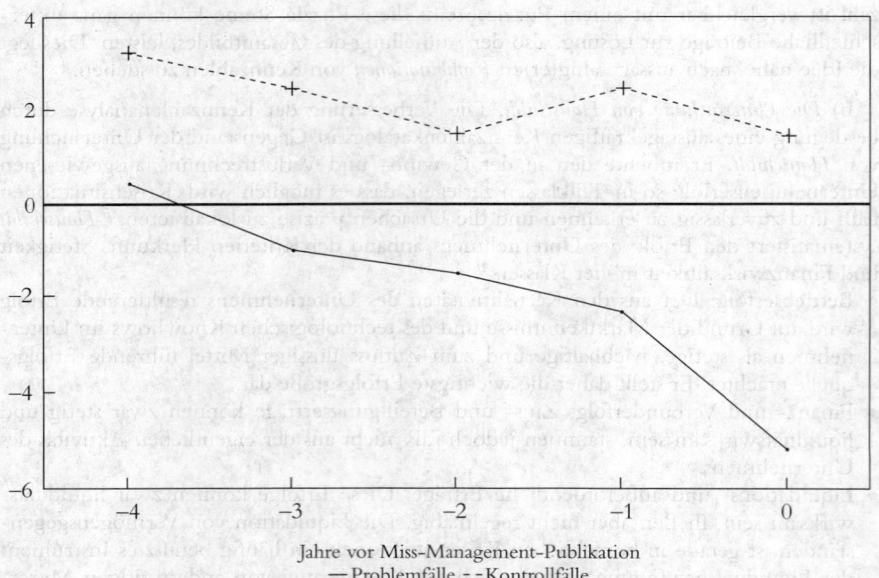

Abbildung 3: Betriebserfolg in Prozent des Gesamtkapitals

---

[17] *Hauschildt/Grenz/Gemünden* (1988), S. 41 (47), mit einer Liste der einbezogenen Unternehmen.

Die Krise 17 § 2

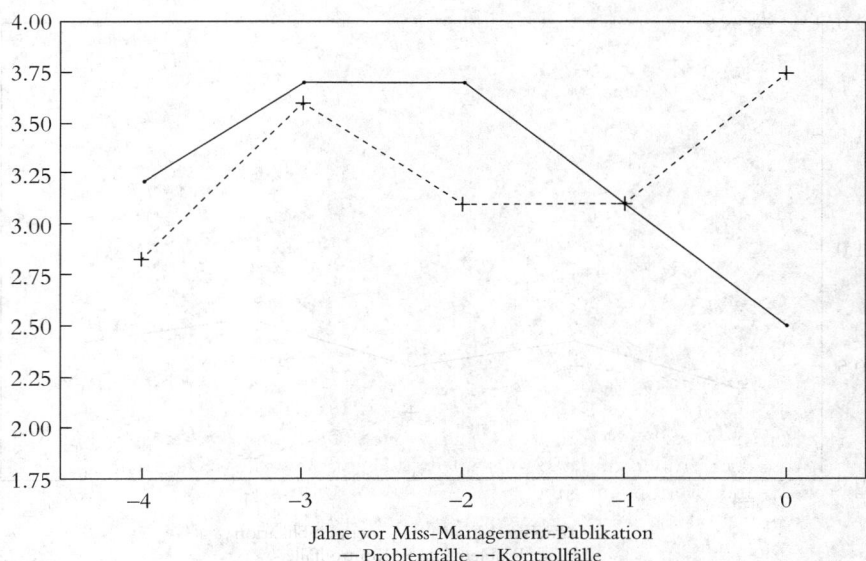

Abbildung 4: Finanzerfolg in Prozent des Gesamtkapitals

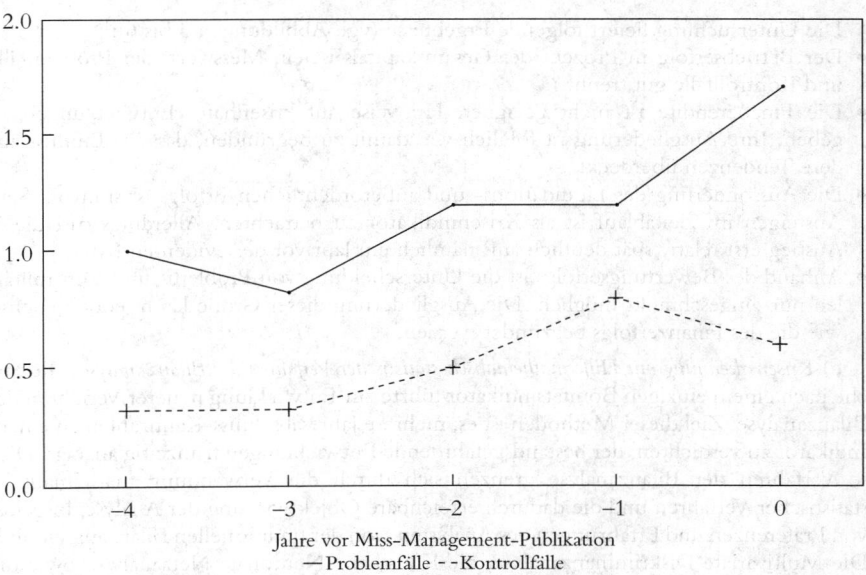

Abbildung 5: Liquidationserfolg in Prozent des Gesamtkapitals

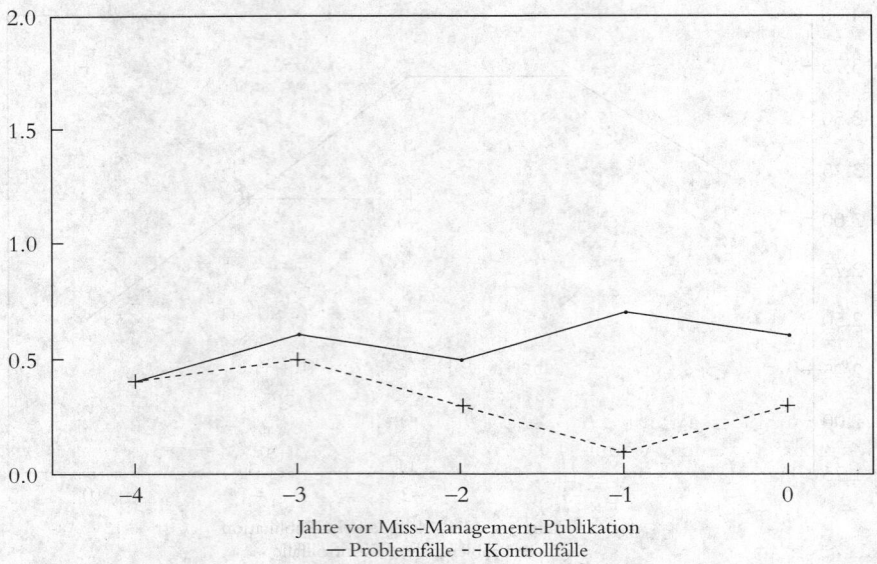

Abbildung 6: Bewertungserfolg in Prozent des Gesamtkapitals

18 Die Untersuchung liefert folgende Ergebnisse (vgl. Abbildungen 3 bis 6):[18]
- Der Betriebserfolg in Prozent des Gesamtkapitals ist ein Messwert, der Problemfälle und Kontrollfälle gut trennt.
- Die Finanzrendite ist nicht geeignet, Hinweise auf krisenhafte Entwicklungen zu geben. Ihre Ausgliederung ist folglich v. a. damit zu begründen, dass ihr Einfluss andere Tendenzen überdeckt.
- Die Aussonderung des Liquidations- und außerordentlichen Erfolgs ist sinnvoll. Sein Ansteigen im Zeitablauf ist als Krisenindikator zu betrachten. Allerdings tritt dieser Anstieg erst relativ spät deutlich auf, nämlich ein Jahr vor der evidenten Krise.
- Anhand des Bewertungserfolgs ist die Unterscheidung von Problem- und Kontrollfällen nur eingeschränkt möglich. Die Ausgliederung dieser Größe kann jedoch ebenso wie die des Finanzerfolgs begründet werden.

19 c) *Krisenerkennung mit Hilfe mathematisch-statistischer Verfahren der Bilanzanalyse.* Die Suche nach einem einzigen Bonitätsindikator führte zur Entwicklung neuerer Verfahren der Bilanzanalyse. Ziel dieser Methoden ist es, mehrere Jahresabschluss-Kennzahlen zu einem Indikator zu verdichten, der bestandsgefährdende Entwicklungen frühzeitig anzeigt. Diese Verfahren der Bilanzanalyse grenzen sich durch die Verwendung mathematisch-statistischer Verfahren und die dadurch erreichbare Objektivierung der Analyse, losgelöst von Präferenzen und Erfahrungen des Analysten, von der traditionellen Bilanzanalyse ab.[19] Die Multivariate Diskriminanzanalyse, die Künstliche Neuronale Netzanalyse sowie die Logistische Regression zählen zu den modernen Verfahren der Bilanzanalyse. Im deutschsprachigen Raum wurden empirische Untersuchungen zur Entwicklung solcher Bonitätsindikatoren insbesondere von *Baetge* und seinen Schülern[20] durchgeführt.[21]

---

[18] *Hauschildt/Grenz/Gemünden* (1988), S. 41 (51–54).
[19] *Baetge* (2004).
[20] *Baetge* (1986), S. 605 (606 f.).
[21] Wir verweisen hier auf die Literaturangaben.

Bei Anwendung der Multivariaten Diskriminanzanalyse (MDA) wird die Zugehörigkeit eines Unternehmens zur Gruppe der solventen oder zu der der insolventen Gesellschaften anhand mehrerer, die wirtschaftliche Lage des Unternehmens abbildenden Kennzahlen bestimmt. Dabei wird analysiert, mit welchen Kennzahlen die beiden Kategorien solvent vs. nicht solvent besonders gut unterschieden werden können. Die Kennzahlen mit der größten Trennschärfe werden gewichtet und zu einer linearen Funktion verknüpft. Die Zuordnung der Unternehmen in eine der Kategorien erfolgt anhand eines vorher definierten Trennwertes.[22]

Eine Verbesserung der mit der MDA gewonnenen Ergebnisse kann durch Anwendung der Künstlichen Neuronalen Netzanalyse (KNNA) erreicht werden.[23] Ähnlich dem menschlichen Gehirn, das ein biologisches neuronales Netz darstellt, ist ein künstliches neuronales Netz ein System zur Informationsverarbeitung, das aus miteinander verbundenen Zellen zum Empfang, zur Verarbeitung und zur Weiterleitung von Informationen besteht.[24] Ebenso wie bei der MDA werden Unternehmen durch Kombination von Kennzahlen in die Kategorien „solvent" und „insolvent" eingeteilt. Unter Verwendung der Neuronalen Netzanalyse kann jedoch eine nicht-lineare Trennfunktion erzeugt werden, wodurch die Aussagekraft dieses Modells gegenüber der MDA verbessert wird.[25]

Ein weiteres Verfahren, mit dem die Trennschärfe aus dem Jahresabschluss ermittelbarer Kennzahlen bestimmt werden kann, ist die logistische Regression (LR). Hierbei werden wiederum diejenigen Kennzahlen ausgewählt, die bei gemeinsamer Betrachtung die beste Trennung von solventen und insolventen Unternehmen ermöglichen. Die Werte dieser Kennzahlen werden transformiert und gewichtet. Als Ergebnis erhält man ebenfalls eine nicht-lineare Trennfunktion.

Tabelle 5 stellt exemplarisch für drei ausgewählte Untersuchungen, die auf der Methode der MDA beruhen, die als trennscharf ausgewiesenen Kennzahlen dar.[26] Die in Klammern angegebenen Zahlen stellen die Erklärungskraft bzgl. der Einordnung in der Diskriminanzanalyse dar. Dabei bedeutet der Zusatz (1), dass es sich um die Variable mit der höchsten Erklärungskraft handelt.

Tabelle 5: In ausgewählten Untersuchungen als trennscharf ausgewiesene Kennzahlen

Kennzahl	Altman 1968	Baetge/ Huß/ Niehaus 1986	Hüls 1995
I Rentabilitätskennzahlen			
Jahresüberschuss + Zinsen + Steuern zu Gesamtkapital	x(1)		
Betriebsergebnis + Normalabschreibungen + Zuführungen zu Pensionsrückstellungen zu Gesamtkapital		x(3)	
Cashflow zu Gesamtkapital			x
II Kennzahlen zur Messung der kurz- bzw. langfr Liquidität			
Cashflow zu kurzfr Fremdkapital		x(3)	

---

[22] *Baetge/Beuter/Feidicker* (1992), S. 749 (751).
[23] Hierauf beruht das Baetge-Bilanz-Rating (BBR).
[24] *Baetge/Dossmann/Kruse* (2000), S. 182.
[25] *Baetge* (2004).
[26] Zu den Ergebnissen weiterer Untersuchungen sei auf die zu → § 2 angegebene Literatur verwiesen.

Kennzahl	Altman 1968	Baetge/ Huß/ Niehaus 1986	Hüls 1995
(Akzepte + Verb. aus LuL) · 360 zu Gesamtleistung		x(2)	
(Akzepte + Verb. aus LuL) · 360 zu Umsatzerlöse			x
Forderungen LuL + Vorräte zu Umsatzerlöse			x
III Aktivitätskennzahlen			
Nettoumsatzerlöse zu Gesamtkapital	x(2)		
IV Vertikale und horizontale Strukturkennzahlen			
Marktwert des Eigenkapitals zu Fremdkapital	x(3)		
Gewinnrücklage zu Gesamtkapital	x(4)		
Umlaufvermögen – kurzfr Fremdkapital zu Gesamtkapital	x(5)		
Wirtschaftliches Eigenkapital zu Gesamtkapital		x(1)	
(Wirtschaftliches Eigenkapital + Rückstellungen) /2 zu Gesamtkapital			x
Wirtschaftliches Eigenkapital zu Sachanlagevermögen – Grundstücke und Bauten			x
Verb. aus LuL + Akzepte + Bankverb. zu Fremdkapital – erhaltene Anzahlungen			x

22 Auf dem Verfahren der logistischen Regression beruht das von Baetge & Partner GmbH & Co KG in Zusammenarbeit mit Oliver Wyman & Company und Moody's/ KMV entwickelte Ratingsystem RiskCalc™ Germany, das besonders für nichtbörsennotierte deutsche Unternehmen konzipiert ist. Bei dessen Entwicklung wurden mehr als 200 Kennzahlen analysiert und durch mathematisch-statistische Verfahren auf neun aussagefähige Kennzahlen verdichtet. Sie stammen aus den Bereichen Verschuldung, Rentabilität, Produktivität, Kapitalbindung, Finanzkraft und Wachstum. Die Kennzahlen werden zu einem logistischen Modell vereinigt und liefern einen Scorewert, der in eine Ausfallwahrscheinlichkeit umgewandelt wird. Der relative Einfluss der Kennzahlen auf den Scorewert ist dabei wie folgt:[27]

Tabelle 6: Relativer Einfluss der Kennzahlen auf den Scorewert

Informationsbereich	relativer Einfluss
Verschuldung	38%
Rentabilität	25%
Produktivität	11%
Kapitalbindung	10%
Finanzkraft	9%
Wachstum	7%

Als Datenbasis wurden die Jahresabschlüsse der Jahre 1987 bis 1992 von 4866 Unternehmen, von denen 485 insolvent wurden, untersucht. Zur Validierung der Forschungsergebnisse wurden die Abschlüsse von 1992 bis 1999 weiterer 20 000 Unter-

---
[27] *Escott/Glormann/Kocagil* (2001), S. 16.

nehmen, von denen 1000 insolvent wurden, betrachtet. Insgesamt wurden für Entwicklung und Validierung 111 427 Jahresabschlüsse verwendet,[28] sodass die empirische Basis des Verfahrens relativ breit ist.

2. Cashflow-Konzeptionen. Eine prinzipiell informationsstarke, die derzeitige und u.U. auch die künftige Liquidität des Unternehmens signalisierende Kennzahl ist der Cashflow bzw. der erwartete Cashflow. Informationsstark deshalb, weil der Cashflow nicht oder allenfalls nur indirekt und in sehr begrenztem Umfang durch bilanzielle Wahlrechte, die gegebenenfalls gerade in Zeiten von sich andeutenden Unternehmenskrisen genutzt werden könnten, beeinflusst wird. Ein Blick in die Literatur und die Praxis zeigt, dass es zahlreiche Definitionen für den Begriff Cashflow gibt. Nicht alle sind für das hier definierten Zweck, das Erkennen von Krisensituationen, geeignet.

Die Cashflow- bzw. Kapitalflussrechnung ist eine zeitraumbezogene Rechnung, die Auskunft über die Finanzlage eines Unternehmens gibt. Damit erklärt die Cashflow-Rechnung zunächst die Entwicklung der liquiden Mittel in einer Periode. Analyseziel und damit gemeinsame Zielsetzung der unterschiedlichen Definitionen des Cashflows ist jedoch eine Aussage über den Zahlungsmittelüberschuss bzw. das Zahlungsmitteldefizit des Unternehmens im operativen Bereich, der (das) aus den aufwands- und ertragsorientierten Daten des Jahresabschlusses nicht unmittelbar erkennbar ist. Grund hierfür ist die aus der Periodisierung dieser Größen folgende zeitlich verschobene Erfassung von Ein- und Auszahlungen in der Gewinn- und Verlustrechnung, die eine unmittelbare Messung der Liquiditätsentwicklung im operativen Bereich auf Basis von handelsbilanziellen Erfolgen erschwert. Welche Sachverhalte zum Auseinanderfallen in der zeitlichen Erfassung von Aufwand bzw. Ertrag und Aus- bzw. Einzahlung führen, veranschaulichen die Abbildungen 7 und 8.[29]

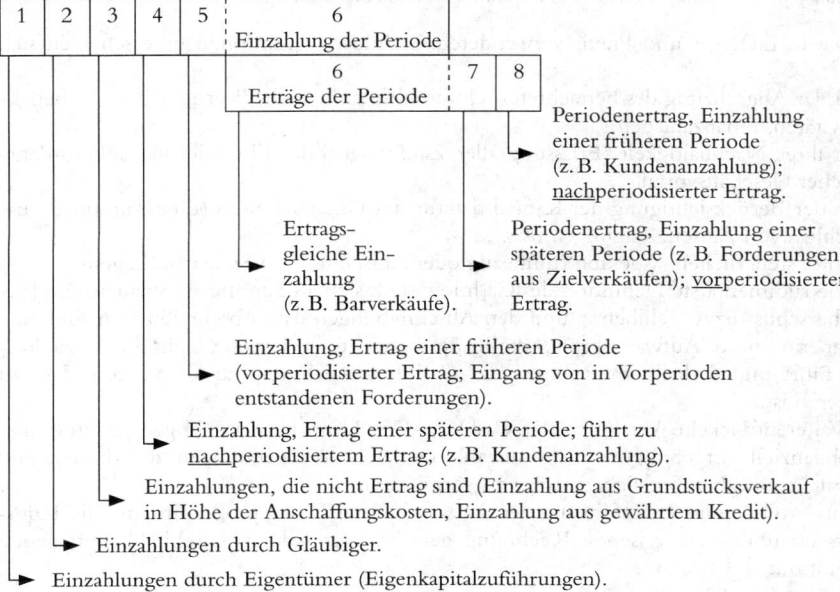

Abbildung 7: Beziehungen zwischen Einzahlungen und Erträgen

---

[28] *Escott/Glormann/Kocagil* (2001), S. 5.
[29] *Drukarczyk* (2008), S. 13 und 69.

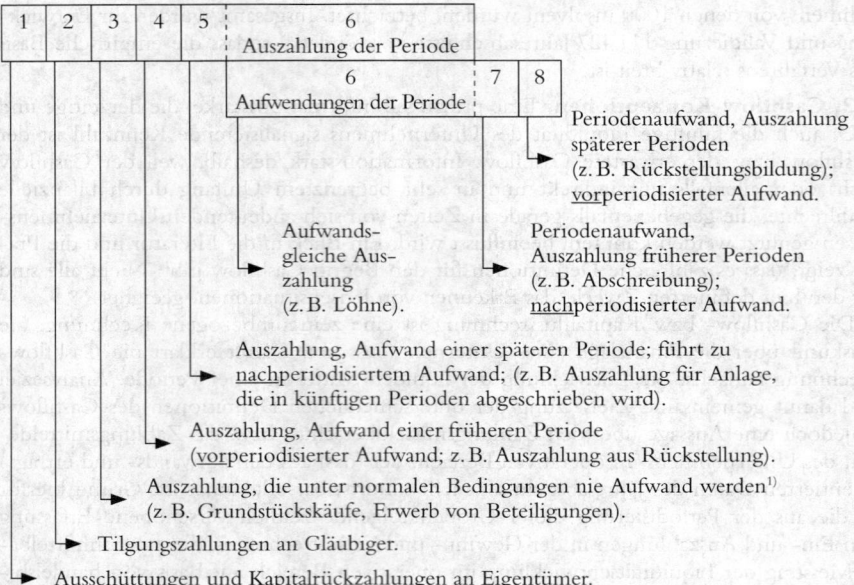

Abbildung 8: Beziehungen zwischen Auszahlungen und Aufwendungen

[1] Die Formulierung „unter normalen Bedingungen" soll die Fälle ausschließen, die nach herrschenden Konventionen zu Sonderabschreibung bzw. Wertberichtigungen führen.

25 Die in Literatur und Praxis verwendeten Cashflow-Definitionen unterscheiden sich z. B.[30]

- in der Abgrenzung des betrachteten Unternehmensbereichs (Kerngeschäft, Nebenaktivitäten, Finanzanlagen),
- in ihrer Nachhaltigkeit (Erfassung aller Zahlungen oder Eliminierung außerordentlicher Geschäftsvorfälle),
- in der Berücksichtigung der Kapitalstruktur des Unternehmens (Einbezug oder Ausschluss von Zinsen, Tilgungen usw.),
- unter steuerlichen Aspekten (Einbezug oder Ausschluss von Steuerzahlungen).

26 Die rudimentärste Definition des Cashflow stellt sich als Summe aus bilanziellem Jahresüberschuss bzw. -fehlbetrag und den Abschreibungen dar: Abschreibungen sind eine nachperiodisierte Aufwandsgröße, die in der betrachteten Periode nicht zu Auszahlungen führt und deshalb im Rahmen der Cashflow-Rechnung zu korrigieren, d. h. zu addieren ist.

27 Weiterentwickelte Versionen der Cashflow-Definition berücksichtigen generell, dass das bilanzielle Ergebnis um nicht-auszahlungsgleiche Aufwendungen zu erhöhen und um nicht-einzahlungsgleiche Erträge zu vermindern ist.

28 Eine vollständige Überführung der Aufwands- und Ertragsgrößen in eine die Liquiditätsgewinnung ausweisende Rechnung gewährleistet jedoch ausschließlich folgende Definition:

Cashflow =+ Jahresüberschuss
           + Aufwendungen, die nicht Auszahlungen der gleichen Periode sind
           − Erträge, die nicht Einzahlungen der gleichen Periode sind

[30] Vgl. auch Drukarczyk (2008), S. 71 f.

+ Einzahlungen aus der laufenden Betriebstätigkeit, die nicht Ertrag der gleichen Periode sind
− Auszahlungen aus der laufenden Betriebstätigkeit, die nicht Aufwendungen der gleichen Periode sind.

Das Problem dieser Cashflow-Definition liegt nun in der fehlenden Differenzierung verschiedener Cashflow-Quellen, wie Kerngeschäft, Nebenaktivitäten und Finanzanlagen. Eine solche Differenzierung ist jedoch notwendig, um krisenhafte Entwicklungen zu lokalisieren und insbesondere den Einfluss außerordentlicher Ergebnisbeiträge zu eliminieren.[31] Zudem deckt erst die Zerlegung der Cashflow-Ströme analog zur Erfolgsspaltung durch andere Ergebnisbeiträge kompensierte Unterdeckungen einzelner Unternehmensbereiche bzw. Aktivitäten auf.

Wie bereits anhand der Untersuchung von *Hauschildt* dargestellt, ist das Kerngeschäft des Unternehmens unter den Aspekten Stetigkeit, Nachhaltigkeit und Liquiditätswirksamkeit die wichtigste Erfolgsquelle. Das letztgenannte Kriterium ist v. a. deshalb bedeutsam, weil nur die Generierung von Zahlungsüberschüssen die Deckung des Kapitalbedarfs des Unternehmens ohne Inanspruchnahme von Mittelzuflüssen im Wege der Außenfinanzierung ermöglicht.

Eine Beurteilung des *Kerngeschäfts* eines Unternehmens unter Liquiditätsaspekten erlaubt das Konzept des Net Operating Cashflow (NOCF).[32] Der NOCF errechnet sich – zugrunde gelegt ist in folgender Übersicht das in Deutschland noch immer weit verbreitete Gesamtkostenverfahren (§ 275 II HGB) – wie folgt:

>   Netto-Umsatzerlöse der Kerngeschäfte
>   − Materialaufwand
>   − Löhne und Gehälter
>   − sonstiger betrieblicher Aufwand
>   + sonstiger betrieblicher Ertrag
>   − Steuern
>   − Δ Net Working Capital
>   = NOCF

Der Vorteil dieser Größe liegt darin, dass sie weder durch das Finanzergebnis (wie z. B. Zins- oder Beteiligungserträge), noch durch Finanzentscheidungen der Vergangenheit (wie z. B. Tilgungen bestehender Kredite) noch durch Investitions- oder Desinvestitionsentscheidungen der laufenden Periode (wie z. B. Verkäufen von Anlagevermögen) beeinflusst wird. Diese Größe konzentriert sich deshalb entsprechend der Zielsetzung der Cashflow-Analyse auf den Zahlungsmittelüberschuss bzw. das Zahlungsmitteldefizit des Unternehmens im operativen Bereich.

Im Rahmen dieser Vorgehensweise erfasst das Net Working Capital (NWC) Bilanzpositionen, die besonders eng mit der Beschaffung, der Produktion und dem Absatz, also mit dem operativen Leistungsbereich eines Unternehmens, verbunden sind. Es ist definiert als das kurzfristige, im operativen Bereich gebundene Vermögen (z. B. Lagerbestände, Forderungen aus Lieferungen und Leistungen, erhaltene Anzahlungen) abzüglich kurzfristiger Schulden, die ebenfalls dem operativen Bereich zuzuordnen sind (z. B. Verbindlichkeiten aus Lieferungen und Leistungen, erhaltene Anzahlungen). Über die *Veränderung* des Net Working Capital (Δ NWC) werden die *zusätzlichen* Finanzmittel erfasst, die in der betrachteten Periode zur Finanzierung des Umlaufvermögens erfor-

---

[31] Vgl. auch die Ausführungen zu der Untersuchung von *Hauschildt*.
[32] Vgl. hierzu *Drukarczyk* (2008), S. 77–91.

§ 2   33   Kapitel I. Im Vorfeld der Insolvenz

derlich sind, um das Wachstum des Unternehmens zu ermöglichen. Finanzierungsbeiträge Dritter werden hierbei gegengerechnet. Schrumpfen die Kernaktivitäten, werden im Umlaufvermögen idR Mittel frei gesetzt; Δ NWC ist in diesem Fall negativ und erhöht über das negative Vorzeichen in der Formel zur NOCF-Berechnung den operativen Cashflow.

33   Die Berechnung und Bedeutung des NOCF als Indikator der Liquidität soll in Tabelle 7 anhand der Daten des bereits oben als Beispiel herangezogenen Einzelhandelskonzerns gezeigt werden. Da die Gewinn- und Verlustrechnung des Unternehmens dem Umsatzkostenverfahren folgt, sind in den Aufwandspositionen Abschreibungen enthalten, die bei der NOCF-Berechnung korrigiert (d.h. addiert) werden müssen. Wir beziehen in die Berechnung von NWC neben den Vorräten, den Forderungen aus Lieferungen und Leistungen, den erhaltenen Anzahlungen und den Verbindlichkeiten aus Lieferungen und Leistungen auch die „Übrigen Rückstellungen" (die für das Beispielunternehmen weitgehend dem operativen Bereich zuzuordnen sind) und einen Mindestkassenbestand iHv 5% der Umsatzerlöse ein, um die Auswirkungen der Änderungen des Geschäftsvolumens auf den NOCF abzubilden.[33]

---

[33] Im Jahr 2004 lag das NWC bei 282 610 TEuro. Daraus resultiert im Jahr 2005 Δ NWC = − 45 462 TEuro.

Die Krise § 2

Tabelle 7: Net Operating Cashflow des Beispielunternehmens in TEuro

	2005	2006	2007	2008	2009	2010	2011	2012
Vorräte	635.878	625.983	809.686	888.784	806.784	789.340	654.246	640.420
Forderungen auf Lieferungen und Leistungen	20.442	16.372	24.993	16.282	14.431	12.462	12.262	22.584
Verbindlichkeiten aus Lieferungen und Leistungen	-488.925	-417.767	-463.806	-519.402	-457.610	-450.827	-353.700	-419.607
Erhaltene Anzahlungen	-8.055	-10.745	-7.229	-7.128	-4.901	-4.470	-4.644	-5.151
Mindestkasse	151.697	158.105	197.250	195.339	183.170	172.415	159.148	150.162
Übrige Rückstellungen	-73.889	-79.981	-92.604	-92.933	-84.579	-91.103	-217.209	-191.849
Net Working Capital	**237.148**	**291.967**	**468.290**	**480.429**	**457.295**	**427.817**	**250.103**	**196.559**
Δ NWC	**-45.462**	**54.819**	**176.323**	**12.139**	**-23.134**	**-29.478**	**-177.714**	**-53.544**

	2005	2006	2007	2008	2009	2010	2011	2012
Umsatzerlöse	3.033.938	3.162.090	3.944.998	3.906.776	3.663.401	3.448.297	3.182.962	3.003.235
Einstandskosten der verkauften Waren	-2.075.682	-2.176.598	-2.681.501	-2.592.684	-2.471.389	-2.283.727	-2.206.321	-2.060.874
Sonstige betriebliche Erträge	47.322	52.133	70.122	77.522	69.720	73.863	68.060	83.978
Vertriebskosten	-852.117	-864.711	-1.151.780	-1.187.537	-1.126.802	-1.119.840	-1.329.485	-1.067.204
Verwaltungskosten	-54.434	-59.765	-76.197	-74.821	-70.542	-81.934	-89.251	-85.017
Sonstige betriebliche Aufwendungen	-3.493	-2.066	-741	-481	-1.604	-1.363	-1.075	-2.901
Abschreibungen	39.302	38.588	59.954	67.817	68.812	70.673	235.244	62.006
Ertragsteuern	-20.904	-28.330	-75.146	-75.027	-27.826	-27.870	39.611	-24.277
Delta NWC	45.462	-54.819	-176.323	-12.139	23.134	29.478	177.714	53.544
NOCF	**159.394**	**66.522**	**-86.614**	**109.426**	**126.904**	**107.577**	**77.459**	**-37.510**

34 NWC hat – für ein Einzelhandelsunternehmen wenig überraschend – im Beispiel stets ein positives Vorzeichen: Der Kapitalbedarf, der aus der Finanzierung der Vorräte und der Forderungen sowie der Aufrechterhaltung eines Mindestkassenbestands resultiert, übersteigt die Finanzierungsbeiträge Dritter, die im Wesentlichen aus Lieferantenverbindlichkeiten bestehen. Von Interesse für die Liquiditätsanalyse ist jedoch die Veränderung des NWC. Das Delta ist in den Jahren 2006 bis 2008 positiv; hierin spiegelt sich das Umsatzwachstum in den ersten Analysejahren sowie im Jahr 2007 der akquisitionsbedingte zusätzliche Kapitalbedarf im Umlaufvermögen wider. Die insbesondere ab dem Jahr 2009 deutlich sinkenden Umsatzerlöse führen zu einem Rückgang des NWC, verbunden mit einer entsprechenden Mittelfreisetzung. V. a. im Jahr 2011, dem Jahr der Umsetzung des Restrukturierungsprogramms, konnte die Kapitalbindung im operativen Bereich stark zurückgefahren werden. Über die Erfassung der Rückstellungsveränderungen wird zudem abgebildet, dass ein beachtlicher Teil der Ergebnisbelastung im Jahr 2011 (noch) nicht liquiditätswirksam war. Über ΔNWC fließt dieser Umstand in die Cashflow-Rechnung ein.

Der NOCF ist mit Ausnahmen der Jahre 2007 (aufgrund des erhöhten Kapitalbedarfs im operativen Bereich) und 2012 positiv. Ab dem Jahr 2010 beginnt der Cashflow des operativen Bereichs jedoch zu sinken. Der noch positive NOCF im Jahr 2011 wird maßgeblich durch die bereits beschriebene Kapitalfreisetzung im operativen Bereich beeinflusst. Im Jahr 2012 errechnet sich ein NOCF von – 37,5 Mio Euro.

35 Der Vorteil der vorgestellten NOCF-Konzeption besteht darin, dass der Zahlungsmittelüberschuss (Zahlungsmittelbedarf) der operativen Geschäfte losgelöst von der Finanzierungsseite der Gesellschaft und getrennt von den sonstigen Aktivitäten der Gesellschaft ausgewiesen wird. Das Konzept eignet sich für die Liquiditätskontrolle abgelaufener Perioden ebenso wie für Planungszwecke. Ein negativer NOCF ist nicht generell ein Krisensignal. Schnell wachsende Unternehmen werden häufig hohe Kapitalbedarfe im Umlaufvermögen auslösen, was den NOCF in Verbindung mit noch dünnen Umsatzerlösen reduziert und ggf. negativ werden lässt. Junge Unternehmen werden zu geringe Umsatzerlöse generieren, um die Auszahlungen für Produktionsfaktoren finanzieren zu können. Folglich ist der NOCF dann negativ. Wenn der resultierende Kapitalbedarf im Wege der Außenfinanzierung gedeckt werden kann, entstehen keine Probleme.

36 Falls Unternehmen mit im Zeitablauf stabilen bzw. tendenziell steigenden Nettoumsatzerlösen niedrige oder gar negative NOCF ausweisen, ist das Signal dagegen ernst zu nehmen. Die Interpretation des NOCF ist somit fallabhängig. *Allein* auf dem NOCF kann eine Krisendefinition oder -diagnose nicht aufgebaut werden. Aber eine Krisenanalyse *ohne* Betrachtung des NOCF erscheint nicht möglich.

37 Verkürzt man den NOCF der Periode um die Zahlungsbelastungen, die aus Finanzentscheidungen vergangener Perioden, also Gestaltungsentscheidungen für die Passivseite der Bilanz resultieren, liegt der vorläufig verfügbare Cashflow aus den operativen Kernaktivitäten vor. Zu den Zahlungsbelastungen zählen Zins- und Tilgungszahlungen, die Bedienung von Genussscheinkapital u. Ä. Der verbleibende (vorläufig verfügbare) Cashflow ist – soweit er positiv sein sollte – verwendbar für Ausschüttungen, außerordentliche Tilgungen, Rückkauf von Anleihen, Investitionsauszahlungen, Rückkauf von Aktien etc. Ist der vorläufig verfügbare Cashflow negativ, muss auf Möglichkeiten der Außenfinanzierung zurückgegriffen werden, um die ausgewiesene Finanzierungslücke zu decken. Dieser Rückgriff kann in Form einer Beteiligungsfinanzierung (neue Eigentümer werden gewonnen), der Eigenfinanzierung (Alteigentümer legen Mittel ein) oder in Form der Fremdfinanzierung erfolgen. Ob zusätzliche Fremdfinanzierung möglich und ggf. ratsam ist, hängt von dem Investitionsrisiko der Geschäfte der Gesellschaft, der Struktur der Vermögensgegenstände sowie dem bereits erreichten Verschuldungsgrad ab.

3. Rentabilitäten und Krisenerkennung.

Die bisher diskutierten Kriterien stellen vorrangig auf die Erkennung von Erfolgs- bzw. Liquiditätskrisen ab. Ein kluger Kaufmannsspruch lautet: „Die Liquidität folgt der Rentabilität." Die Botschaft ist, dass auf leidlich funktionierenden Finanzmärkten derjenige finanzielle Mittel in Form von Eigenkapital, Fremdkapital oder die Eigenschaften beider mischenden, sog. hybriden Finanzierungsformen erhält, der die potentiellen Geldgeber überzeugen kann, dass seine Projekte eine das Risiko mindestens kompensierende Rendite versprechen. Der Beleg ausreichender Renditen ist deshalb sehr wichtig. Und eines der zentralen Probleme in Sanierungsfällen ist die Bewältigung der Überzeugungsarbeit, die nötig ist, um (Alt-)Kapitalgeber von der Erfolgsträchtigkeit der Fortführung des Unternehmens zu überzeugen. Es ist deshalb angebracht, sich mit der Frage der Rendite- oder Performance-Messung von Unternehmen eingehender zu befassen.

In Abbildung 2 wurden gängige Definitionen von Rentabilität aufgelistet. Hier sind einige wichtige Zusammenhänge zu beachten.

Die Gesamtkapitalrentabilität (GKR)[34] vor bzw. nach Steuern ist eine Größe, deren Informationsgehalt prinzipiell beeindruckend ist. Abbildung 9 belegt dies.

Abbildung 9 zeigt auch, dass man die GKR als Produkt aus Bruttoumsatzrentabilität und Umschlagsgeschwindigkeit der Aktiva sehen kann. Die Bruttoumsatzrentabilität setzt den Erfolg vor Abzug von Zinsaufwand und Steuern in Bezug zu den Umsatzerlösen. Sie ist eine von Praktikern gern benutzte Rentabilitätsziffer, hat aber den gewichtigen Nachteil, dass sie den Kapitaleinsatz, den das Unternehmen zur Erzielung des Erfolgs einsetzt, unbeachtet lässt. Multipliziert man die Bruttoumsatzrentabilität mit dem Quotienten aus Umsatzerlösen und Bilanzsumme, letztere als Repräsentant des eingesetzten Kapitals, erhält man die GKR (vor Steuern). Diese beachtet somit den Kapitaleinsatz, allerdings gemessen in Buchwerten.[35]

---

[34] Auch ROI (rate of return on investment) oder ROA (rate of return on assets).
[35] Prinzipiell sollte der Kapitaleinsatz zu Marktwerten gemessen werden, weil dieser das wertmäßige Engagement der Financiers darstellt. Dies trifft insbesondere für das Eigenkapital eines Unternehmens zu: Da Eigenkapitalgeber ihre Anteile zum jeweils aktuellen Marktwert, der idR vom Buchwert abweicht, veräußern können, bildet einzig der Marktwert des Eigenkapitals den wahren Kapitaleinsatz der Eigentümer ab.

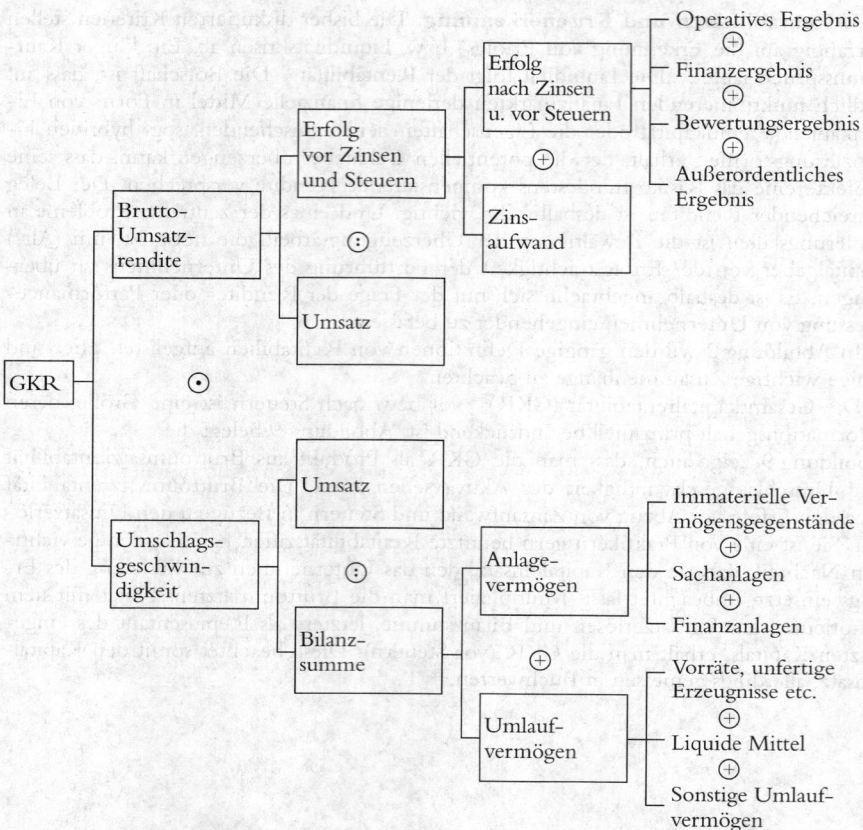

Abbildung 9: Bestimmungsgrößen der Gesamtkapitalrentabilität vor Steuern

40 Gelegentlich wird die Eigenkapitalrentabilität (EKR) als das im Vergleich zur GKR wichtigere Renditesignal betrachtet, da sie nicht auf das Gesamtkapital, d. h. die Finanzierungsbeiträge aller Financiers (die in Form von Eigenkapital sowie verzinslichem und unverzinslichem Fremdkapital zur Finanzierung beitragen) abstellt, sondern die Eigentümer in den Mittelpunkt der Rentabilitätsanalyse stellt. Die EKR vor Steuern berechnet sich aus dem Verhältnis von Erfolg vor Abzug von Steuern zum bilanziellen Eigenkapital. Zur Ermittlung der EKR nach Steuern wird der Zähler um die Steuern gekürzt. Man muss beachten, dass die EKR (vor bzw. nach Steuern) durch die Kapitalstruktur der Gesellschaft beeinflusst ist. Es gilt für die Vor-Steuer-Rentabilität folgender, oben bereits als „Leverage-Effekt" erwähnter Zusammenhang:

$$(1) \quad \text{EKR} = \text{GKR} + (\text{GKR} - i) \cdot \frac{\text{FK}}{\text{EK}}$$

wobei i den Zinssatz bezeichnet, den das Unternehmen für aufgenommene Fremdmittel (im Durchschnitt) entrichtet. FK und EK bezeichnen die Buchwerte des eingesetzten Fremd- bzw. Eigenkapitals. Die EKR ist somit über die Passivseite des Unternehmens steuerbar; für die GKR gilt dies nicht. Außerdem muss man beachten, dass das relative Risiko einer erwarteten EKR bei gegebener GKR immer größer ist als das relative Risiko der GKR selbst. Die gemäß (1) höhere EKR ist also nur mit höherem Risiko und somit nicht kostenlos erzielbar.

Bei der Berechnung einer Kapitalrentabilität sind zwei Aspekte zu beachten: (a) Das **41** Kapital sollte definiert werden als das zu Beginn der Periode eingesetzte Kapital; (b) Zähler und Nenner einer Kapitalrentabilität müssen konsistent definiert sein; es darf nicht zu Doppelzählungen kommen. Zur Erfüllung der letztgenannten Bedingung ist der Zähler (Erfolgsgröße) so zu definieren, dass die Entgelte für alle im Nenner enthaltenen Finanzierungsbeiträge (Bezugsgröße) die Erfolgsgröße noch nicht gekürzt haben. Bedingung (b) wird von Definition (2) nicht erfüllt:

$$(2)\ GKR = \frac{\text{Jahresüberschuss vor Zinsen und Steuern}}{\text{Bilanzsumme der Vorperiode}}$$

Bei dieser Definition von Rentabilität sind bei der Ermittlung der Erfolgsgröße bereits Entgelte für Leistungen von bestimmten Kapitalgebern abgezogen worden, während die Bilanzsumme das gesamte dem Unternehmen zur Verfügung gestellte Kapital umfasst. Zu den bereits abgezogenen Kosten für die Zurverfügungstellung von Kapital gehören z.B. die als Personalaufwand erfassten Kosten der Pensionsrückstellungen und die Kosten für Lieferantenkredite in Form nicht in Anspruch genommener Skonti, die den Materialaufwand erhöhen. Ein zweiter Schwachpunkt der Größe GKR als Maßstab für den Unternehmenserfolg ist die Bezugnahme auf das Jahresergebnis: Eine Ausklammerung des außerordentlichen Ergebnisbeitrags unterbleibt, sodass eine isolierte Beurteilung der operativen Unternehmensaktivitäten zunächst nicht möglich ist.

Beide Schwachpunkte werden durch Einführung der Rentabilitätskennzahl ROIC **42** beseitigt. Diese bezieht sich auf das Ergebnis der gewöhnlichen Geschäftstätigkeit. IdR ist außenstehenden Analysten auf Grund der ihnen anhand des Jahresabschlusses zugänglichen Informationen nur eine Korrektur der Bezugsgröße (Nenner) möglich. Es erfolgt bei dieser Problemlösung also eine Anpassung des mit Kapitalkosten zu belastenden eingesetzten Kapitals, weswegen die korrigierte Renditegröße als return on invested capital (ROIC) bezeichnet wird.[36]

---

[36] *Drukarczyk* (2008), S. 124–125.

43 ROIC berücksichtigt damit folgende Einflussgrößen:

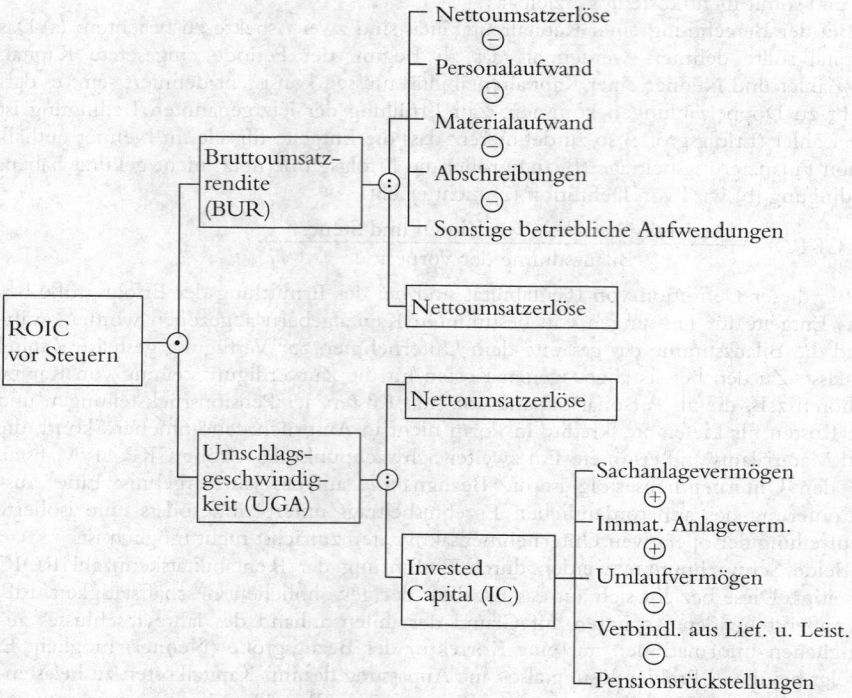

Abbildung 10: Einflussgrößen von ROIC

44 Die Ermittlung des ROIC soll wiederum anhand der Daten des Beispielunternehmens verdeutlicht werden. Die „konventionell" (d.h. nach Definition (2)) berechnete GKR bzw. GKR_S ergibt sich wie in Tabelle 8 aufgezeigt. Hier wird der in einer Periode erzielte Erfolg aller Kapitalgeber ins Verhältnis zu den von allen Kapitalgebern eingesetzten Mitteln, gemessen in der Bilanzsumme der Vorperiode, gesetzt. Im Jahr 2008 z. B. setzt sich der Erfolg aller Kapitalgeber vor Steuern aus dem Jahresüberschuss zuzüglich den an die Fremdkapitalgeber bezahlten Zinsen und den Steueraufwendungen zusammen und beträgt 4.431 + 35.390 + 75.027 = 114.848 TEuro. Dividiert man diesen Wert durch die Bilanzsumme des Vorjahres (= Bilanzsumme 2007 i. H. v. 2.149.417 TEuro), erhält man die Gesamtkapitalrentabilität vor Steuern von 5,3%. Vermindert man die Erfolgsgröße um die Steuern i. H. v. 75.027 TEuro, ergibt sich die Gesamtkapitalrentabilität nach Steuern i. H. v. 1,9%.

Tabelle 8: GKR des Beispielunternehmens

	2005	2006	2007	2008	2009	2010	2011	2012
GKR	7,3%	7,5%	6,0%	5,3%	2,6%	1,5%	-27,0%	-7,8%
GKR_S	5,8%	5,9%	2,0%	1,9%	1,3%	0,2%	-25,0%	-9,4%

Die angepasste und somit konsistent definierte Rendite ROIC bzw. $ROIC_S$ entwickelt sich im Zeitablauf wie folgt:

Tabelle 9: ROIC des Beispielunternehmens

	2005	2006	2007	2008	2009	2010	2011	2012
ROIC	10,4%	10,6%	7,7%	6,8%	3,4%	1,9%	-34,7%	-10,1%
ROICs	8,3%	8,3%	2,6%	2,4%	1,7%	0,2%	-32,2%	-12,2%

Die Gegenüberstellung zeigt, dass ROIC sowohl vor als auch nach Steuern für das Beispielunternehmen grundsätzlich höhere Werte als die GKR ausweist. Grund dafür ist die Verkürzung des Nenners bei der Berechnung von ROIC: Die Bezugsgröße wird um das bereits mit Kapitalkosten belastete Kapital (Pensionsrückstellungen und Verbindlichkeiten aus Lieferungen und Leistungen) bereinigt. Für 2007 beträgt das IC 2.149.417 − 695 − 463.806 = 1.684.916 TEuro. Setzt man den Erfolg aller Kapitalgeber des Jahres 2008 vor Steuern i. H. v. 114.848 TEuro in Bezug zum IC des Vorjahres, resultiert ein ROIC vor Steuern von 6,8%. Der ROIC nach Steuern beträgt 2008 2,4%. In den Jahren, in denen die Erfolgsgröße negativ ist (im Beispielunternehmen sind das die Jahre 2011 und 2012), kehrt sich das Verhältnis von GKR zu ROIC um: Die Kennzahl ROIC signalisiert in diesem Fall − bei im Vergleich zur GKR gleicher Erfolgsgröße − einen schlechteren Wert.

4. Residualgewinne und Krisenerkennung. In → Rn. 2 wurde bei der Definition des Begriffs Unternehmenskrise die Bedeutung des Unternehmensgesamtwertes bzw. dessen Entwicklung im Zeitablauf herausgestellt. Der Messung der Entwicklung des Unternehmenswertes kommt deshalb zentrale Bedeutung bei der (frühzeitigen) Erkennung von Krisen zu. Ob die Gesamtkapitalrentabilität grundsätzlich, d. h. unabhängig davon, ob sie vor oder nach Steuern bzw. mit oder ohne Anpassung der Kapitalbasis definiert ist, ein guter Indikator für den erzielten Unternehmenswertzuwachs einer Periode ist, ist eine interessante Frage. Warum diese Kennzahl in diesem Zusammenhang mit Schwächen behaftet ist, wollen wir an einem Beispiel[37] erläutern.

Eine Restaurantkette plant die Eröffnung eines neuen Restaurants. Die Errichtungskosten betragen 1 Mio Euro. Die erwarteten operativen Überschüsse ergeben sich aus Zeile (1) der Tabelle 10. Ein möglicher Liquidationserlös ist im operativen Überschuss der Periode 5 enthalten. Der Diskontierungssatz, der für die risikoäquivalente Alternativrendite der Investoren steht, beträgt 15%. Berechnet man den Barwert[38] der operativen Überschüsse, erhält man (gerundet) einen Betrag von 1 Mio Euro. Das bedeutet, dass aus Sicht der Kapitalgeber der *Wert* der zukünftigen Überschüsse exakt dem Preis für den Erwerb, also den Errichtungskosten, entspricht, bzw. dass das in dem Restaurantbetrieb eingesetzte Kapital von 1 Mio Euro exakt die Kapitalkosten in Höhe der (risikoäquivalenten) Alternativrendite von 15% verdient. Zusätzliches Vermögen für die Eigentümer der Restaurantkette wird nicht geschaffen. Die Investoren könnten den Geldbetrag von 1 Mio Euro ebenso gut auf dem Kapitalmarkt anlegen. Man kann den Sachverhalt auch so ausdrücken: die ökonomische Rendite der Investition, gemessen durch den internen Zinsfuß, beträgt exakt 15%.[39]

Berechnet man periodische Gesamtkapitalrenditen, erhält man die in Zeile (5) der Tabelle 10 ausgewiesenen Ergebnisse.

---

[37] Das Beispiel ist entnommen aus *Rappaport* (1986), S. 35−40.
[38] Die operativen Überschüsse werden mit dem Zinssatz 15% auf den Zeitpunkt 0 bezogen und addiert. Die Summe der diskontierten Überschüsse heißt Bruttokapitalwert (BKW$_0$).
[39] Der interne Zinsfuß ist definiert als der kritische Diskontierungssatz r, der einen Barwert der operativen Überschüsse, bezogen auf den Zeitpunkt 0, in Höhe des Investitionsbetrages (1 Mio Euro) ergibt. Mit der Bezeichnung des internen Zinsfußes als „ökonomische Rendite" des Investitionsobjekts kommt die Abgrenzung zu den auf Buchwerten aufsetzenden „bilanziellen Renditen" zum Ausdruck.

§ 2 47 Kapitel I. Im Vorfeld der Insolvenz

Tabelle 10: Gesamtkapitalrenditen des Projekts (Angaben in TEuro bzw. %)

	0	1	2	3	4	5
(1) operative Überschüsse		176,25	250,00	350,00	400,00	400,00
(2) Abschreibung (linear)		200,00	200,00	200,00	200,00	200,00
(3) Jahresüberschuss		−23,75	50,00	150,00	200,00	200,00
(4) gebundenes Kapital (Buchwert)	1000	800,00	600,00	400,00	200,00	0,00
(5) GKR [(3) : Buchwert am Ende der Vorperiode]		−2,4%	6,3%	25%	50%	100%

Tabelle 10 unterstellt, dass die Anschaffungskosten linear über die Nutzungsdauer verteilt werden. Steuern werden zur Vereinfachung ausgeblendet. Das Projekt ist, ebenfalls aus Vereinfachungsgründen, vollständig mit Eigenkapital finanziert. Der Jahresüberschuss in Zeile (3) entspricht dem um die Abschreibungen verkürzten operativen Überschuss der Periode.

47 Nun sind die in Zeile (5) ausgewiesenen Gesamtkapitalrenditen interpretationsbedürftig: Sie erwecken den Eindruck als wüchse das Projekt nach Anlaufschwierigkeiten in Periode 1 und – in abgeschwächter Form – in Periode 2 ab dem dritten Jahr der Nutzung in geradezu schwindelerregende Höhen der Rentabilität. Diese Signale aber sind ebenso ungerechtfertigt wie irreführend: der interne Zinsfuß, also die Rendite des Projekts, beträgt schlicht die von den Kapitalgebern geforderte Mindestverzinsung i.H.v. 15%. Der Leser erkennt, dass eine Ursache für diese Verzerrung die durch die Abschreibungen bewirkte schnelle Verkürzung der Buchwerte, also des so definierten eingesetzten Kapitals ist. Unterstellen wir deshalb den Fall, dass mehrere – zur Vereinfachung identische – Restaurantbetriebe hintereinander geschaltet werden. Zu Beginn jeder Periode wird ein zusätzlicher (identischer) Restaurantbetrieb gestartet. Tabelle 11 weist die jeweiligen Jahresüberschüsse, deren Summe, das gesamte investierte Kapital und in Zeile (4) die Gesamtkapitalrenditen für die ersten fünf Perioden aus. Auch jetzt zeigen diese Rentabilitätskennzahlen keinen erkennbaren Bezug zu dem internen Zinsfuß der Projekte auf (jede Investition erwirtschaftet für sich genommen weiterhin eine ökonomische Rendite von 15%). Das Signal in Periode 5, die GKR sei 19,2% (während die Kapitalkosten 15% betragen), legt den Schluss nahe, dass die Projekte den Wohlstand der Eigentümer deutlich erhöhen. Das aber tun sie nicht; die Projekte schaffen weder für sich alleine betrachtet noch in Summe zusätzliches Vermögen.[40] Die Renditesignale sind somit auch jetzt noch verzerrt.

---

[40] Dies kommt auch im Nettokapitalwert, der den durch die Investition generierten Vermögenszuwachs im Vergleich zur Alternativanlage der Anschaffungskosten misst, zum Ausdruck: Der Nettokapitalwert der Investition(en) ist Null.

Die Krise

Tabelle 11: Gesamtkapitalrenditen einer Abfolge von (identischen) Projekten (Angaben in TEuro bzw. %)

	0	1	2	3	4	5
(1) Jahresüberschüsse für Restaurant 1		−23,75	50,00	150,00	200,00	200,00
2			−23,75	50,00	150,00	200,00
3				−23,75	50,00	150,00
4					−23,75	50,00
5						−23,75
(2) gesamter Jahresüberschuss		−23,75	26,25	176,25	376,25	576,25
(3) gesamtes investiertes Kapital (Buchwert)	1000,00	1800,00	2400,00	2800,00	3000,00	3000,00
(4) GKR [(2) : (3) am Ende der Vorperiode]		−2,4%	1,5%	7,3%	13,4%	19,2%

Wir wollen nun ein Konzept vorstellen, welches wir für ein im Vergleich zur Performance-Messung über bilanzielle Renditen überlegenes Konzept halten und das folgende Eigenschaften aufweist:
- es baut auf den Daten des Rechnungswesens auf und ist deshalb relativ einfach zu implementieren und gut nachvollziehbar.
- es liefert periodische Erfolgsgrößen, die wir Residualgewinne nennen, und die einen nachvollziehbaren Bezug zum Wert des Projekts (Unternehmens) haben. Wertgenerierung wird üblicherweise als Barwert gemessen, nämlich als Differenz zwischen dem Barwert der diskontierten operativen Überschüsse (Bruttokapitalwert) und den Errichtungskosten (Anschaffungsauszahlungen) des Projekts. Diese Differenz heißt Nettokapitalwert (NKW_0).

Wenden wir das Konzept der Residualgewinne auf das Beispiel des Restaurantbetriebes an. Tabelle 12 zeigt die Ergebnisse.

Tabelle 12: Residualgewinne des Projekts (in TEuro)

	0	1	2	3	4	5
(1) operative Überschüsse		176,25	250,00	350,00	400,00	400,00
(2) Abschreibung (linear)		200,00	200,00	200,00	200,00	200,00
(3) gebundenes Kapital (Buchwert)	1000,00	800,00	600,00	400,00	200,00	0,00
(4) Kapitalkosten auf das gebundene Kapital am Ende der Vorperiode [0,15 · (3)]		150,00	120,00	90,00	60,00	30,00
(5) Residualgewinn [= (1) − (2) − (4)]		−173,75	−70,00	60,00	140,00	170,00

Diskontiert man die Residualgewinne in Zeile (5) mit dem Kapitalkostensatz (15%), erhält man einen Nettokapitalwert von Null. Dieses Ergebnis entspricht genau der oben getroffenen Feststellung, dass das Projekt gerade keinen Vermögenszuwachs generiert. Residualgewinne sind somit *periodische* Erfolgsindikatoren,

- die den Kapitalkosten auf das eingesetzte Kapital Rechnung tragen und
- deren Barwert den Vermögenszuwachs, den ein Projekt zu schaffen verspricht, exakt wiedergibt (was traditionelle Überschüsse des Rechnungswesens gerade nicht leisten können).

50 Diese letztgenannte Eigenschaft ist von besonderem Interesse:
- Positive Residualgewinne bedeuten positive Beiträge zum Nettokapitalwert des Projekts (Unternehmens).
- Projekte (Unternehmen), deren Residualgewinne für mehrere vergangene Perioden negativ ausfielen, generierten in den abgelaufenen Perioden negative Beiträge zum Nettokapitalwert. Es handelt sich deshalb vermutlich um Projekte mit negativem Nettokapitalwert, die – tritt die Vermutung ein – das Vermögen der Kapitalgeber mindern (im Vergleich zur Anlage der investierten Mittel am Kapitalmarkt).
- Projekte (Unternehmen), deren Residualgewinne für mehrere abgelaufene Perioden positiv sind, sind vermutlich Projekte mit positivem Nettokapitalwert.
- Für krisenanfällige bzw. sanierungsbedürftige Unternehmen wird idR gelten, dass die Residualgewinne lange vor dem erreichten Zustand der Krise negativ waren. Diese negativen Residualgewinne zeigen eine Verringerung des Unternehmenswertes an. Negative Residualgewinne sind deshalb brauchbare Indikatoren für den eintretenden Abbau der Erfolgspotentiale.
- Für die zu treffende Sanierungsentscheidung sind die Residualgewinne ebenfalls von Bedeutung. Den beteiligten Financiers fällt die Leistung von Sanierungsbeiträgen umso leichter, je deutlicher sich die Chancen einer ökonomischen Wiederbelebung der operativen Tätigkeiten des Unternehmens abzeichnen. Residualgewinne von Null sind ein Signal dafür, dass das Unternehmen exakt die Kapitalkosten verdient. Das ist die Mindestbedingung, die die Kapitalgeber idR für die Zukunft formulieren werden. Erwartete positive Residualgewinne künftiger Perioden sind Signale dafür, dass der Wert des Unternehmens steigen wird. Zu beachten ist aber, dass der positive Residualgewinn einer Periode zwar eine Unternehmenswertsteigerung andeutet, jedoch betragsmäßig nicht identisch ist mit der in der gleichen Periode bewirkten (eingetretenen) Unternehmenswertsteigerung. Eine „eins-zu-eins"-Kompatibilität zwischen periodischen Residualgewinnen und der Unternehmenswertänderung dieser Periode ist bei Rückgriff auf Buchwerte für die Abschreibungs- und Kapitalkostenberechnung nicht gegeben.[41]

51 Wenngleich das Residualgewinn-Konzept im Prinzip einfach zu implementieren ist, so ist die Berechnung von Residualgewinnen für reale Fälle dennoch komplexer als die oben gezeigte Lösung für den Restaurantbetrieb. Es ist zu beachten, dass die periodischen Unterschiede zwischen Aufwand und Ertrag einerseits und Ein- und Auszahlungen andererseits vielfältiger sind als im Beispiel angenommen, dass Steuern zu beachten sind, und dass dem unternehmensindividuellen Risiko des Kapitaleinsatzes Rechnung getragen werden muss.[42] Zusätzlich ist zu beachten, dass die Kapitalstruktur von Unternehmen in der Praxis in den meisten Fällen neben Eigenkapital auch Fremdkapital enthält und dass daraus idR (steuerlich bedingte) Werteffekte entstehen, die den Unternehmensgesamtwert beeinflussen und somit auch in der Residualgewinn-Berechnung Niederschlag finden müssen.

52 Zur Erfassung von kapitalstrukturbedingten Werteffekten stehen unterschiedliche Konzepte zur Verfügung, die – konsistent angewendet – alle identische Ergebnisse, sprich gleiche Unternehmenswerte, errechnen, jedoch unterschiedliche Wege bei der

---

[41] Durch Wahl einer alternativen Kapitalbasis kann dieser direkte periodische Bezug hergestellt werden, vgl. Schüler (2000); die Abkehr von Buchwerten geht jedoch möglicherweise zulasten der Akzeptanz dieser Steuerungskennzahl.
[42] Vgl. hierzu Richter (1999); Schüler (1998), Schöntag, J. (2007), Honold (2009), Bauer (2009).

Wertermittlung einschlagen.[43] Der in der Praxis am weitesten verbreitete Ansatz ist ein Verfahren, das auf durchschnittliche gewichtete Kapitalkosten (Weighted Average Cost of Capital = WACC) zurückgreift. Hierbei entspricht der für die Berechnung des Barwerts der zukünftigen Cashflows verwendete Diskontierungssatz einem Mischzinssatz, der sowohl die Kosten des verzinslichen Fremdkapitals als auch die (Opportunitäts-) Kosten des Eigenkapitals erfasst, wobei die Gewichtung anhand von Marktwerten erfolgt. In die Berechnung des WACC fließen zudem die durch die Fremdfinanzierung generierten Steuervorteile ein. Quelle dieser Vorteile sind Zinszahlungen für Fremdkapital, die die steuerliche Bemessungsgrundlage und die Steuerzahlung mindern und so zu einem erhöhten Ausschüttungspotenzial führen. Da bei Anwendung des WACC-Ansatzes die Kapitalkosten sämtlicher Finanzierungsbeiträge (soweit diese mit Kapitalkosten zu belegen sind) einschließlich der durch Fremdfinanzierung ausgelösten Steuereffekte im *Diskontierungssatz* erfasst sind, ist – um Doppelzählungen zu vermeiden – strikt darauf zu achten, dass in den zu diskontierenden *Cashflows* keine Kapitalkosten und auch keine kapitalstrukturbedingten Steuereffekte enthalten sind. Folglich ist bei der Cashflow-Berechnung die Fiktion der vollständigen Eigenfinanzierung des Unternehmens zu wählen.

Der WACC-Ansatz ist auch bei der Berechnung von Residualgewinnen anwendbar. Die Ausgangsgröße, der Jahresüberschuss einer Periode, ist in diesem Fall als Ergebnis nach Steuern bei *unterstellter Eigenfinanzierung* zu definieren; die Kapitalkosten entsprechen dem Produkt aus WACC und dem Kapitaleinsatz (Eigen- und Fremdkapital) am Ende der Vorperiode. Obgleich der WACC-Ansatz in der Praxis beliebt ist, hat er im Rahmen der Performancemessung einen entscheidenden Schwachpunkt: Da der Kapitalkostensatz sämtliche Finanzierungs- und dadurch ausgelösten Steuereffekte inkludiert, ist beim Rückgriff auf WACC-basierte Residualgewinne kein separater Ausweis der im *operativen* Bereich erzielten Wertschaffung möglich; vielmehr vermengen WACC-basierte Residualgewinne operative Performance mit aus der Kapitalstruktur resultierenden Werteffekten. Wir haben bereits darauf hingewiesen, dass diese Vermengung das Bemühen, krisenhafte Entwicklungen rechtzeitig erkennen und lokalisieren zu können, deutlich erschwert.

Aus diesem Grund greifen wir auf eine alternative Konzeption zur Berechnung von Residualgewinnen, den Adjusted Present Value- (APV-) Ansatz zurück.[44] Dieser Ansatz umgeht das Problem der Vermischung von operativer und kapitalstrukturbedingter Wertschaffung, indem er beide Werteffekte separat ermittelt und streng voneinander trennt. Dieses Verfahren ermöglicht es, den operativen Wertbeitrag, dessen Abschmelzen eine Krise frühzeitig erkennen lässt, zu isolieren.

Im Folgenden wird das Residualgewinn-Konzept auf die Daten des oben vorgestellten Unternehmens angewendet. Wir berechnen die Residualgewinne für die Jahre 2005 bis 2012. Bei Anwendung des APV-Ansatzes wird (ebenso wie beim WACC-Ansatz) der Erfolg einer Periode unter der Annahme der Eigenfinanzierung simuliert. Das Ergebnis nach Steuern bei unterstellter Eigenfinanzierung ist die Erfolgsgröße in der Residualgewinnberechnung. Von der Erfolgsgröße werden die Kapitalkosten auf das zur Erzielung der Erfolgsgröße eingesetzte Kapital abgezogen. Im Gegensatz zum WACC-Ansatz, dessen Kapitalkostensatz (Fremd-)Finanzierungseffekte beinhaltet, wird beim APV-Ansatz ein Kapitalkostensatz verwendet, der keine derartigen Effekte enthält; mithin entspricht der Kapitalkostensatz der von den Eigentümern geforderten Rendite (k), die bei unterstellter vollständiger Eigenfinanzierung anzusetzen wäre. Zur Bestimmung

---

[43] Vgl. *Drukarczyk/Schüler (2009), Ballwieser (2013)*.
[44] Zur Berechnung von APV-Residualgewinnen vgl. zB *Drukarczyk/Schöntag (2006), Schöntag,* (2007), S. 75.

der Kapitalkosten wird k mit dem eingesetzten Kapital – gemessen als Bilanzsumme der Vorperiode – multipliziert. Die Auswirkungen der Fremdfinanzierung auf den Unternehmenswert werden in einem separaten Schritt berechnet.

Ausgangspunkt für die Berechnung des Ergebnisses nach Steuern bei Eigenfinanzierung ist das betriebliche Ergebnis (EBIT) einer Periode (vgl. Tabelle 13). Zu diesem Wert werden Finanzierungserträge hinzugerechnet; Finanzierungsaufwendungen, die nicht Zinsaufwendungen darstellen, werden von EBIT abgezogen (z.B. Kursverluste). Auf Basis des resultierenden Zwischenergebnisses (Ergebnis vor Steuern bei Eigenfinanzierung) werden die Ertragssteuerzahlungen berechnet. Der für die Berechnung zugrunde gelegte kombinierte Steuersatz auf Unternehmensebene (Gewerbeertrag- und Körperschaftsteuer einschließlich Solidaritätszuschlag) beträgt bis einschließlich 2007 39,15% und sinkt ab dem Jahr 2008 aufgrund der Unternehmenssteuerreform auf 30,53%. Einkommensteuern werden nicht beachtet. In Jahren mit negativer Bemessungsgrundlage (2011 und 2012) bleiben Steuern unberücksichtigt (keine „Negativsteuer"). Das Ergebnis nach Steuern bei Eigenfinanzierung und damit die Erfolgsgröße für die Berechnung der APV-Residualgewinne ist für das Beispielunternehmen ab dem Jahr 2009 rückläufig, es bleibt jedoch bis 2010 im positiven Bereich.

Die Krise

Tabelle 13: APV-Residualgewinne, Value Spread und Wertbeitrag aus der Finanzierung des Beispielunternehmens in TEuro bzw. in Prozent

	2005	2006	2007	2008	2009	2010	2011	2012
EBIT	95.534	111.083	104.901	128.775	62.784	35.296	-534.564	-128.783
Finanzierungserträge	19.562	27.199	36.476	36.479	22.689	15.048	27.769	56.718
Finanzierungsaufw. (ohne Zinsaufwendungen)	-11.204	-8.604	-27.509	-50.406	-29.560	-19.105	-40.996	-45.417
Ergebnis vor Steuern bei Eigenfinanzierung	103.892	129.674	113.868	114.848	55.913	31.239	-547.791	-117.482
Angepasste Ertragsteuern	-40.677	-50.771	-44.583	-35.057	-17.067	-9.536	0	0
Nachrichtlich: Kombinierter Ertragsteuersatz	39,15%	39,15%	39,15%	30,53%	30,53%	30,53%	30,53%	30,53%
Ergebnis nach Steuern bei Eigenfinanzierung	63.215	78.903	69.285	79.791	38.846	21.703	-547.791	-117.482
Kapitalbasis (= Bilanzsumme Ende Vorperiode)	1.420.690	1.723.582	1.888.948	2.149.417	2.146.337	2.082.639	2.030.955	1.513.965
Kapitalkostensatz (k)	7,5%	7,5%	7,5%	7,5%	7,5%	7,5%	6,5%	5,5%
Kapitalkosten	-106.552	-129.269	-141.671	-161.206	-160.975	-156.198	-132.012	-83.268
APV-Residualgewinn	-43.336	-50.366	-72.386	-81.416	-122.130	-134.495	-679.803	-200.750

	2005	2006	2007	2008	2009	2010	2011	2012
Erzielte Rendite	4,4%	4,6%	3,7%	3,7%	1,8%	1,0%	-27,0%	-7,8%
Kapitalkostensatz (k = geforderte Rendite)	7,5%	7,5%	7,5%	7,5%	7,5%	7,5%	6,5%	5,5%
APV-Value Spread	-3,1%	-2,9%	-3,8%	-3,8%	-5,7%	-6,5%	-33,5%	-13,3%

	2005	2006	2007	2008	2009	2010	2011	2012
Zinsaufwendungen	14.940	17.220	31.481	35.390	37.434	36.927	46.530	4.7125
Nachrichtlich: Kombinierter Ertragsteuersatz	39,15%	39,15%	39,15%	30,53%	30,53%	30,53%	–	–
Periodischer Wertbeitrag aus der Finanzierung	5.849	6.742	12.326	10.803	11.427	11.272	0	0

56 Der Kapitalkostensatzes k ist unter Zugrundelegung des Capital Asset Pricing Model (CAPM) und auf Basis folgender Daten berechnet:
- Die Rendite einer risikolosen Anlage (i) beträgt in den ersten Jahren 4,0% und sinkt später (2011) auf 3,0% bzw. 2,0% (2012).
- Die Marktrisikoprämie (Differenz zwischen der erwarteten Rendite des Marktportfolios und der Rendite der risikolosen Anlage) wird mit 5,0% angesetzt.[45]
- Der zur Ableitung von k verwendete Betafaktor (β) darf keine Verschuldungswirkungen enthalten („Asset Beta"). Wir greifen auf den langfristigen Branchendurchschnitt für das Asset Beta der Einzelhandelsbranche zurück und setzen diesen Wert mit 0,70 an.

Der Kapitalkostensatz bei Eigenfinanzierung errechnet sich auf Basis dieser Annahmen in den Jahren 2005 bis 2010 mit 7,5%. Im Jahr 2011 beträgt k 6,5% und im Jahr 2012 5,5%.[46]

Multipliziert man k mit der Kapitalbasis (= Bilanzsumme am Ende der Vorperiode), errechnet sich die periodische Kapitalkostenbelastung, die von der Erfolgsgröße subtrahiert wird, um die Residualgewinne zu erhalten.

57 Das Ergebnis für das Beispielunternehmen ist ernüchternd (vgl. Abbildung 11): Obwohl das Unternehmen bis einschließlich 2008 positive Jahresüberschüsse aufweist, gelang es dem Konzern seit Anfang des Analysezeitraums (2005) in keinem einzigen Jahr, durch die Erfolge des operativen Geschäfts die Kosten des Kapitaleinsatzes zu decken. Dies ist ein klares Signal für eine Performanceschwäche, die bewirkt, dass der Unternehmensgesamtwert fällt. Weil das Unternehmen zunächst noch einen mittleren Verschuldungsgrad hat bzw. die Eigenkapitalquote aufgrund positiver Jahresüberschüsse zufriedenstellend ist, bestehen keine Liquiditätsprobleme, da Fremdkapital in ausreichendem Maße zur Verfügung gestellt wird. Aber Performance-Schwächen sind die Ursachen späterer Liquiditätsprobleme. Deshalb ist es in derartigen Fällen vorrangige Aufgabe des Managements, die Wertvernichtung schnellstmöglich zu stoppen und die im Residualgewinn deutlich gewordene Performanceschwäche zu beseitigen.[47]

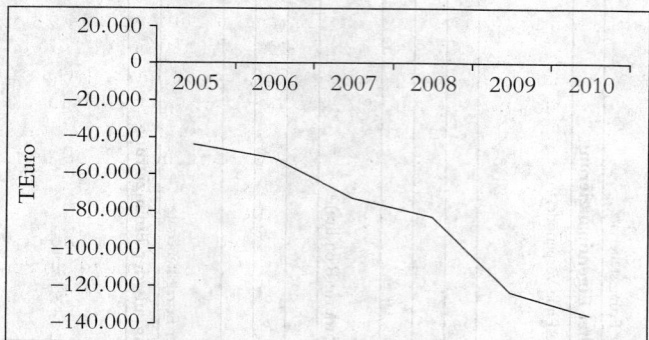

Abbildung 11: APV-Residualgewinne des Beispielunternehmens (2005–2010)

---

[45] Zur Marktrisikoprämie und damit zusammenhängenden Themen vgl. z. B. *Drukarczyk/Schüler* (2009), S. 218–224 (mit einer Übersicht über empirische Untersuchungen zur Marktrisikoprämie für Deutschland), *Brealey/Myers/Allen* (2011), S. 184–191.
[46] k = i + Marktrisikoprämie · β.
[47] Hinweis: Das Beispielunternehmen hat zwischenzeitlich wegen Überschuldung und Zahlungsunfähigkeit einen Insolvenzantrag eingereicht. Das Verfahren wurde eröffnet.

Die Krise

Im Jahr 2005 errechnet sich ein APV-Residualgewinn von − 43,3 Mio Euro. Die zwischen 2005 und 2008 steigende Kapitalbasis und die damit (bei gleichbleibendem k) einhergehende steigende Kapitalkostenbelastung (vgl. Abbildung 12) bewirken einen Rückgang der Residualgewinne, sodass 2010 der APV-Residualgewinn −134,5 Mio Euro beträgt. Im operativen Bereich konnte durchgehend die von den Kapitalgebern geforderte Mindestverzinsung nicht erreicht werden. Dieses Signal liefern auch die periodischen „Value Spreads", definiert als Differenz aus erzielter Kapitalrendite (Erfolgsgröße zu Kapitalbasis) und Kapitalkostensatz k. Die Schere zwischen erzielter und geforderter Rendite öffnet sich im Analysezeitraum zusehends (vgl. Tabelle 13). Das 2010 gestartete „Transformationsprogramm" bzw. das im darauffolgenden Jahr eingeleitete Restrukturierungsprogramm kamen damit deutlich zu spät. Die operative Krise hätte bei einem Blick auf die Residualgewinne deutlich früher erkannt werden können und müssen.

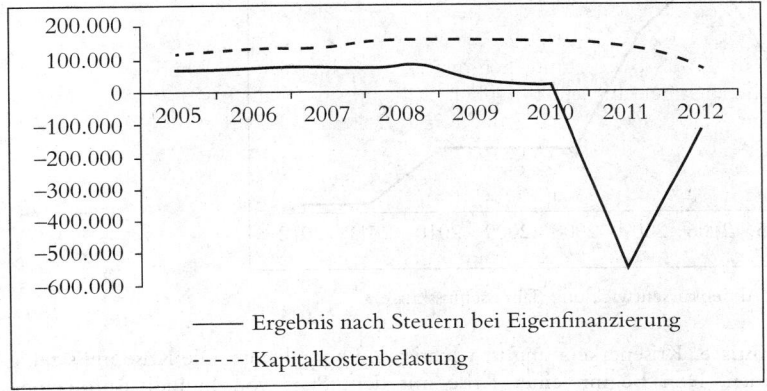

Abbildung 12: Erfolgsgröße und Kapitalkostenbelastung für das Beispielunternehmen

Bislang noch nicht berücksichtigt sind die aus der Finanzierung mit verzinslichem Fremdkapital resultierenden (steuerlichen) Wertbeiträge. Diese errechnen sich durch Multiplikation des periodischen Zinsaufwands mit dem kombinierten, für die jeweilige Periode geltenden Ertragssteuersatz und erhöhen den Wert des Unternehmens. Zu beachten ist, dass in Sanierungsfällen der Wertbeitrag aus der Fremdfinanzierung deutlich geringer ausfällt als bei „normaler" Lage. Dies resultiert aus der Unsicherheit, ob diese Wertbeiträge auch künftig erzielt werden können. Dazu trägt auch das Risiko bei, aufgelaufene Verlustvorträge nicht mehr nutzen zu können. Sind die Wertbeiträge der Finanzstruktur positiv, können sie negative Effekte des operativen Bereichs zumindest teilweise kompensieren. Um eine operative Krise frühzeitig zu erkennen, ist deshalb der getrennte Ausweis des operativen und des finanzstrukturbedingten Wertbeitrags sehr vorteilhaft. Tabelle 13 enthält für das Beispielunternehmen auch die Wertbeiträge aus der Finanzierung und lässt erkennen, dass diese in keinem Jahr die negativen Residualgewinne des operativen Bereichs auch nur annähernd auszugleichen vermögen. In den letzten beiden Analysejahren versiegt diese Wertquelle aufgrund negativer Bemessungsgrundlagen vollends.

Der Börsenkurs der Aktie des Beispielunternehmens korreliert über weite Strecken mit der Entwicklung des Residualgewinns (vgl. Abbildung 13). Von Ende 2006 bis Ende 2008 sinkt der Kurs um mehr als 70 %. In den Jahren 2009 und 2010 verharrt der Kurs auf dem erreichten niedrigen Niveau, um − dem Rückgang der Residualgewinne folgend – im Jahr 2011 um weitere 83% (bezogen auf das Kursniveau Ende 2010) einzubrechen. Börsenkurse spiegeln zukünftige Erwartungen wider. Dies mag erklären, warum der Kurs 2006 anstieg – trotz negativer und rückläufiger Residualgewinne. Die Marktteilnehmer trauten dem Management offensichtlich (aus der ex post-Perspektive fälschlicherweise und nur kurz) zu, die operative Performanceschwäche in den Griff zu bekommen. Trifft die Aussage zu, dass die Börse in die Zukunft blickt, ist die Erwartungshaltung der Investoren eindeutig: Der weiterhin auf niedrigem Niveau verharrende Aktienkurs signalisiert auch Ende 2012, dass keine Besserung im Bereich der operativen Performance erwartet wird.

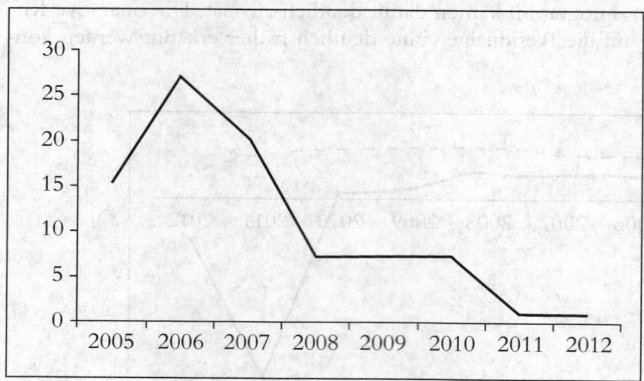

Abbildung 13: Aktienkursentwicklung (Jahresschlusskurse)

60   **III. Ergebnisse.** Krisenerkennung ist wichtig und kompliziert. Die Krise muss zeitig erkannt werden. Den Beginn einer Krise mit dem Start von Liquiditätsproblemen gleich zu setzen ist naiv. Ebenfalls fahrlässig ist es, die Krise erst in Zuständen als solche wahrzunehmen, wenn der Eintritt von Insolvenztatbeständen droht. Auch Jahresabschlüsse bzw. GuV-Ergebnisse zeigen Krisen zu spät an, weil sie die Kapitalkosten für Eigenkapital nicht abbilden. Wichtig für die Früherkennung ist, nachlassende Performance in Form schwindender Renditen bzw. sinkender Unternehmenswerte zu erkennen. Residualgewinne können hier eine überaus nützliche Warnfunktion übernehmen, insbesondere wenn diese – wie bei APV-Residualgewinnen der Fall – die Unternehmensperformance im operativen Bereich verschleierungsfrei zu messen vermögen.

Die Abschnitte 1. bis 4. haben wichtige betriebswirtschaftliche Instrumente der Krisenerkennung dargestellt. Ihr gemeinsamer und planvoller Einsatz macht sie zu einem nützlichen, die Frühwarnung unterstützenden Instrumentarium.

§ 3. Außergerichtliche Sanierungsentscheidungen

Übersicht

		Rn.
I. Einführung		1
II. Hintergrund: Regelungen der InsO		8
III. Anstoß zu Verhandlungen		
1. Kreditgeber als Impulsgeber		11
a) Auslösung wegen Allgemeiner Geschäftsbedingungen		13

Außergerichtliche Sanierungsentscheidungen 1 § 3

Rn.
    b) Auslösung durch vertragliche Vereinbarungen (Covenants)
       (1) Arten von Covenants und Überwachung 19
       (2) Sanktionen bei Nichteinhaltung von Covenants 26
       (3) Rechtsprechung und Restriktionen 29
  2. Eigeninteresse und Verhandlungseintritt 34
IV. Sanierungskredite
  1. Übersicht 39
  2. Mögliche Vorteile „verdeckter" Sanierungen 42
  3. Verhalten der Bank als Kreditgeber und Rechtsprechung 43
  4. Gesellschafterdarlehen und Sanierung
    a) Überblick über abgelöste Regelungen 54
    b) Ökonomische Struktur des Problems 61
    c) Modifikationen der Regelungen 63
    d) Änderungen durch MoMiG 65
V. Gewinnung von Eigenkapital
  1. Ausgangslage 72
  2. Hintergrund 1: Zeitdruck 73
  3. Hintergrund 2: Schutzschirmverfahren und ESUG 83
  4. Kapitalerhöhung und Kapitalschnitt 93
  5. Umwandlung von Forderungen in Beteiligungen 97
VI. Stundung, Verzicht auf Zinszahlungen, Forderungsverzicht 105
VII. Besserungsscheine und Wandlungsrechte
  1. Besserungsscheine 113
  2. Wandelgenussrechte 121
VIII. Einige Folgerungen 127

I. Einführung

Wir definieren außergerichtliche Sanierung als einen von wem auch immer angestoßenen Prozess außerhalb eines formalen Insolvenzverfahrens, dessen Ziel es ist die ökonomische Schieflage eines Unternehmens in Verhandlungen mit den Kapitalgebern zu analysieren und durch operative und insbesondere finanzielle Entscheidungen aufzufangen und zu bereinigen.   1

Teil I ist wie folgt aufgebaut: Wir stellen die Vorteile vor, die der außergerichtlichen Sanierung zugeschrieben werden. Dieser Aufzählung folgt die Darstellung der Risiken, die außergerichtliche Sanierungen zu bewältigen haben. Nur ein Teil dieser Risiken kann in gerichtlichen Insolvenzverfahren auf einfachere Weise bewältigt werden. Dies ist dann der Hintergrund, vor dem die Frage außergerichtliche Sanierung (Workout) oder Insolvenzplanverfahren zu entscheiden ist.

Außergerichtlichen Sanierungen werden Vorteile zugeschrieben, wobei als Referenzpunkt für die Zuordnung von Vorteilen idR der Ablauf von Sanierungs- oder Restrukturierungsprozessen unter dem Schirm der geltenden insolvenzrechtlichen Regelungen gewählt wird:
- Außergerichtliche oder auch freie Sanierungen können geräuschloser ablaufen als gerichtlich überwachte, regulierte Verfahren und deshalb nachteilige Publizitätswirkungen mindern. Die sog. indirekten Kosten der Insolvenz, die im Kern in den Reaktionen der Marktpartner des Unternehmens bestehen und reduzierend auf den Unternehmenswert wirken, fallen nur in verkürztem Umfang an.[1]
- Freie Sanierungen können schneller abgewickelt werden als gerichtlich überwachte Sanierungsverfahren. Sie verursachen daher geringere Transaktionskosten und schmälern somit das verteilbare Vermögen weniger als die gerichtliche Alternative.

---

[1] Zu der Unterscheidung indirekte versus direkte Kosten der Insolvenz und zur Höhe dieser Kosten vgl. zB *Warner* (1977); *Haugen/Senbet* (1978); *Gilson/John/Lang* (1990); *Weiss* (1990); *Gilson* (1991); *Drukarczyk* (1995); *Eidenmüller* (1999), S. 331–337, S. 405–411; *Berk/De Marzo* (2006), S. 494–500.

- Die freie oder außergerichtliche Sanierung greift vorrangig auf Lösungsbeiträge von Altfinanciers zurück, die nach Meinung von Praktikern und Wissenschaftlern eher als Dritte geneigt sein könnten, Sanierungsbeiträge zu leisten.
- Außergerichtliche Sanierungsversuche werden zeitlich früher in Gang gesetzt als die Verfahren, die unter den Regeln der Insolvenzordnung ablaufen. Letztere nämlich werden regelmäßig gestartet, wenn einer der Eröffnungsgründe der InsO festgestellt ist und diese Insolvenzgründe haben es nach Meinung einer klaren Mehrheit bislang nicht vermocht, das zu realisieren, was als rechtzeitige Auslösung des Insolvenzverfahrens bezeichnet werden kann. Die zeitlich frühere Ingangsetzung ist ein nicht zu unterschätzender Vorteil: Die Eigentümer bzw. Manager des Schuldner-Unternehmens können Handlungs- und Planungskompetenz belegen; der Wert des Eigenkapitals ist noch positiv, was die Verhandlungen unter den Financiers erleichtert; die Entwicklung der indirekten Insolvenzkosten in Form abwandernder qualifizierter Arbeitnehmer, dem Verlust von Kunden und dem Abbau des Vertrauens von Kapitalgebern ist noch nicht weit fortgeschritten. Die Erwartung der Eigentümer, in einem außergerichtlichen Lösungsversuch besser abzuschneiden als in einem Insolvenzverfahren, ist gut begründbar.[2]

2 Die Auflistung der potentiellen Vorteile außergerichtlicher (freier) Sanierungen ist Anlass für die Frage, worin denn die Vorteile gerichtlich überwachter Sanierungsabläufe liegen: Nur deren Existenz macht die Schaffung gerichtlicher Sanierungsverfahren überhaupt wünschenswert. Eine noch vorläufige Antwort begründet die Bereitstellung eines gerichtlichen, die Fortführung ermöglichenden Insolvenzplanverfahrens und dessen Inanspruchnahme mit den potentiellen Risiken freier Sanierungsverfahren; diese können – so lautet die These – im gerichtlichen Verfahren besser gebändigt bzw. gemindert werden.

Diese Risiken freier Sanierungsversuche bestehen. Man könnte sie wie folgt beschreiben:

3 - Freie Sanierungen sind Konsens-Lösungen. Alle oder jedenfalls alle Gläubiger mit ökonomisch gewichtigen Ansprüchen müssen dem Sanierungsvertrag zustimmen. Regeln, nach denen eine Mehrheit von Gläubigern die Minderheit durch Entscheidung binden kann, bestehen bislang nicht. Diese Situation ist prinzipiell einladend für Trittbrettfahrer, die eigene Leistungen in Form von zinsfreien Stundungen, Forderungsverzichten oder Einschüssen von Sanierungskrediten oder Eigenkapital verweigern, verbunden mit der Hoffnung, dass andere vorangehen. Dieses individuell rationale Verhalten droht die Strategie der Kooperation zum Scheitern zu bringen.

4 - Die Einladung zu Sanierungsverhandlungen mag für manchen Gläubiger die prekäre Situation des Schuldners erst erkennbar werden lassen oder das Ausmaß der Krise schärfer konturieren. Gesicherte Gläubiger könnten durch Rückgriff auf Sicherungsrechte die Ausstiegsoption wählen.[3] Dies ist dann rational iSd Sicherungsnehmers, wenn dieser im Fortführungsfall eine Entwertung seines Sicherungsgutes erwartet und die Wahrscheinlichkeit von den Wertverlust kompensierenden Ersatzleistungen nicht hoch veranschlagt. Für das Kollektiv der Anspruchsinhaber ist die Wahrnehmung dieser Option nachteilig, wenn das Sicherungsgut zur Fortführung benötigt wird, sein Entzug also den Wert der Fortführungsoption mindert. In freien Sanierungen kann ein Verzicht auf die Option des Zugriffs auf Sicherungsgüter nur im Verhandlungswege herbeigeführt werden. Im Insolvenzplanverfahren (oder Reorganisationsverfahren) wird idR eine Zugriffssperre (automatic stay) verhängt.

5 - Ein Verhandlungshindernis kann die unterschiedliche Rechteausstattung der beteiligten Gläubiger sein. Wenn wir diese vereinfachend durch das Nebeneinander von ge-

---

[2] Vgl. die empirischen Ergebnisse von *Gilson/John/Lang* (1990), S. 325–340.
[3] Vgl. etwa *Jackson* (1982), S. 860–871.

sicherten und ungesicherten Gläubigern beschreiben, besteht ein erstes Hindernis darin, dass die Verlustzuweisungen auf die Gläubigergruppen quotal ungleichmäßig sein werden. Wir wollen vereinfachend annehmen, dass für die Relation von Liquidationswert (V^L), Wert des Unternehmens bei Fortführung (V^F) und Betrag der Nominalansprüche aller Gläubiger (F^N) im Vorfeld der Insolvenz gilt: $F^N > V^F > V^L$. Demnach lohnt die Fortführung; aber Gläubiger müssen sich mindestens Verluste in Höhe von $V^F - F^N$ zuschreiben lassen. Diese Verlustzuteilung wird die Vor-Insolvenzrechte, also die bestehende Rechteausstattung der Gläubiger beachten müssen, sodass im Ergebnis ein quotal deutlich größerer Anteil am Verlust von den ungesicherten Gläubigern übernommen werden muss. Obwohl diese Zuteilung der Verluste den vertraglichen Absprachen entspricht, die Gläubiger vor Eintritt der Krise mit dem Schuldner getroffen haben, wirft die endgültige Übernahme der Verluste verbunden mit der quotalen Schiefe der Zuteilung dennoch Verhandlungswiderstände auf.

- Ein zweites Hindernis besteht darin, dass gesicherte und ungesicherte Gläubiger in Sanierungsverhandlungen ihre Sanierungsbereitschaft in Abhängigkeit von ihrer Rechteausstattung sehen und dass es im Rahmen freier Verhandlungen deutlich weniger Möglichkeiten gibt, die daraus resultierenden Konflikte einzudämmen als in ausgeklügelten regulierten Verfahrensabläufen. Nehmen wir an, dass gilt:

(1) $F^N > V^L > V^F$,

und dass der Wert des Unternehmens bei Fortführung (V^F) sich ergibt aus

(2) $V^F = p_1 V_1 + p_2 V_2$ mit $V_1 > F^N$ und $V_2 < F^N$.

p_1, p_2 bezeichnen die Eintrittswahrscheinlichkeiten für zwei Umweltzustände; V_1, V_2 kennzeichnen die zustandsabhängigen Unternehmenswerte. Tritt V_1 ein, werden die Gläubiger voll befriedigt; tritt V_2 ein, sei der Verlust der Gläubiger größer als bei sofortiger Liquidation des Unternehmens.[4]

Betrachten wir zunächst die Position von Eigentümern und Gläubigern: V(E) bezeichne den Wert der Eigentümerposition, V(F) den Wert der Position *aller* Gläubiger. Im Fall der sofortigen Liquidation gilt:
V(E) = 0
V(F) = V^L.
Im Fall der Fortführung gilt:
V(E) = $p_1 (V_1 - F^N) > 0$
V(F) = $p_1 F^N + p_2 V_2$.

Eigentümer werden folglich versuchen, den Gläubigern die Fortführung schmackhaft zu machen, obwohl gemäß (1) die Liquidation die für das Kollektiv der Kapitalgeber bessere Strategie ist. Ob dies den Eigentümern gelingen kann, ist insbesondere eine Frage der Informationsverteilung unter den Kapitalgebern.

Wir spalten jetzt die Position aller Gläubiger F^N auf in die Ansprüche gesicherter Gläubiger F^S und die ungesicherter Gläubiger F^{oS}: Es gilt $F^N = F^S + F^{oS}$. Es gelte $V^L > F^S$ und $V_2 < F^S$. Bei Fortführung ist die Position der gesicherten Gläubiger ausfallbedroht, nicht dagegen bei Sofortliquidation. Ohne kompensatorische Leistungen ist es nicht möglich, gesicherte Gläubiger zur Teilnahme an der Fortführung zu bewegen.

Ungesicherte Gläubiger vergleichen ebenfalls die Fortführungs- mit der Liquidationsposition.
Bei Liquidation gilt: V(F^{oS}) = $V^L - F^S$
Bei Fortführung gilt: V(F^{oS}) = $p_1 F^{oS} + p_2 \cdot 0$.

---

[4] Es gilt also $F^N - V^L < F^N - V_2$.

Es ist somit möglich, dass die ungesicherten Gläubiger die Fortführung vorziehen.[5] Es ist die unterschiedliche Rechteausstattung, die Ursache für das unterschiedliche Abstimmungsverhalten der Gläubigergruppen ist. Hätten alle Gläubigergruppen gleiche Rechte, votierten sie wegen (1) gemeinsam für die Liquidation des Unternehmens.

6 Ein ebenfalls zu beachtendes Einigungshindernis sind die unterschiedlichen Informationsstände unter den Beteiligten. Diese Unterschiede bestehen zum einen zwischen Schuldner und Gläubigern; sie bestehen zum anderen unter den verschiedenen Gruppen von Gläubigern: Hausbanken werden idR besser informiert sein als Lieferanten des Unternehmens; diese wiederum werden besser informiert sein als unfreiwillige Gläubiger des Unternehmens wie zB Schadenersatzberechtigte. Diese Informationsunterschiede erschweren die finanzwirtschaftliche Lösung des Problems: Gläubiger, die das Interesse des Schuldners an der Fortführung kennen, werden entsprechend aufbereitete, also interessengelenkte Planungsunterlagen des Schuldners vermuten. Schuldner, die die zustandsunabhängige Last der an Gläubiger zu leistenden Zahlungen mindern wollen, könnten ihr finanzielles Leistungsvermögen „bescheiden" präsentieren, ohne die Vorteilhaftigkeit der Fortführung gegenüber der sofortigen Liquidation in Frage zu stellen. Eine Ursache für solches zielorientiertes Verhalten bei Informationspräsentation bzw. -auswertung ist die durch die Kapitalstruktur des Unternehmens bestimmte Verteilung der Ansprüche in *Festbetragsansprüche* der Gläubiger und *Restbetragsansprüche* der Eigentümer.[6]

7 Informationsunterschiede zwischen den genannten Gruppen bestehen auch in insolvenzrechtlichen Verfahren. Hier gibt es jedoch eine Reihe von Vorschriften, deren Funktion auch darin besteht, Informationen mit einem Wahrheitssiegel zu versehen und Informationsunterschiede zwischen Gruppen von Financiers zwar nicht zu beseitigen, aber doch einzudämmen. Zu diesen Vorschriften zählen zB diejenigen, die den Insolvenzverwalter verpflichten ein Verzeichnis der Massegegenstände zu erstellen. (§ 151 InsO), ein Gläubigerverzeichnis unter besonderem Ausweis der absonderungsberechtigten und der Rangklassen der nachrangigen Insolvenzgläubiger zu erstellen (§ 152 InsO) und eine „Vermögensübersicht" für den Zeitpunkt der Eröffnung des Insolvenzverfahrens zu erstellen, dem auch die Verbindlichkeiten des Schuldners zu entnehmen sind (§ 153 InsO). Schwenkt das Verfahren in ein Insolvenzplanverfahren gemäß §§ 217 ff. InsO um, sollen die Vorschriften §§ 219, 220, 221 und insbesondere § 229 InsO einen Informationsstand der Beteiligten herbeiführen, der eine begründete Entscheidung über den Plan erlaubt. Soweit der Insolvenzverwalter Planarchitekt ist, sollte den Plandaten eine gewisse Seriositätsgewähr anhaften.

II. Hintergrund: Regelungen der InsO

8 Verhandlungen in freien Sanierungen finden im Schatten gesetzlicher Insolvenzverfahren statt. Schuldner und/oder Gläubiger haben nämlich die Option, die freien Verhandlungen abzubrechen und das Verfahren in ein Insolvenzverfahren münden zu lassen. Die InsO gibt diese Option auf jeden Fall dem Schuldner, der seinen Eröffnungsantrag auf den Eröffnungsgrund drohende Zahlungsunfähigkeit stützen kann (§ 18 InsO). Ob Gläubigern die Option offen steht, hängt davon ab, ob ein Eröffnungsgrund iSv § 17 bzw. § 19 InsO vorliegt. Man kann dies vermutlich ohne großen Realitätsverlust annehmen, da Gläubiger ihre außerordentlichen Kündigungsrechte einsetzen können. Mit diesem Schritt bewirken sie den Eintritt von Zahlungsunfähigkeit und bewäl-

---

[5] Das trifft zB dann zu, wenn die Ansprüche gesicherter Gläubiger den Wert V^L vollständig aufzehren, ungesicherte Gläubiger bei Sofortliquidation also die Nullquote erzielten.
[6] Die Begriffe Festbetrags- und Restbetragsansprüche wurden von *Stützel* geprägt.

tigen die erste Stufe der Überprüfung von Überschuldung iSv § 19 InsO. § 19 Abs. 2 InsO lautet: „Überschuldung liegt vor, wenn das Vermögen des Schuldners die bestehenden Verbindlichkeiten nicht mehr deckt, es sei denn, die Fortführung des Unternehmens ist nach den Umständen überwiegend wahrscheinlich".[7] Die Fortführungsfähigkeit des Unternehmens ist nach ganz herrschender Ansicht mittels eines Finanzplans mit etwa zweijährigem Prognosezeitraum zu prüfen. Weist dieser Finanzplan nicht auffüllbare Finanzlücken auf, die mit „überwiegender Wahrscheinlichkeit" nicht geschlossen werden können, gilt das Unternehmen als nicht fortführungsfähig, es sei denn, das Vermögen des Unternehmens, bewertet zu Liquidationswerten, überstiege die bestehenden Verbindlichkeiten.[8] Kündigen Gläubiger Kredite, sind Schuldner in aller Regel nicht in der Lage, diese in den gebotenen Zeitspannen zu ersetzen, womit die Fortführungsfähigkeit in Frage steht. Diese bewirkte nur dann nicht das Vorliegen von Überschuldung iSv § 19 Abs. 2 InsO, wenn trotz nicht auffüllbarer Finanzplandefizite das Vermögen, bewertet zu Liquidationswerten, den Stand der Verbindlichkeiten überstiege. Für die Annahme dieser Konstellation spricht indessen nichts. Ein Überstand von zu Liquidationswerten bewerteten Vermögensgegenständen über die Summe der bestehenden Verbindlichkeiten bedeutet, dass der Schuldner beleihungsfähiges Vermögen besitzt und insoweit Finanzlücken schließen könnte. Bestehen annahmegemäß nicht auffüllbare Finanzierungslücken, ist dies gleichbedeutend mit der vollständigen Ausnutzung des Beleihungspotentials, das zur Deckung der verbleibenden Lücken somit nichts hergibt. Damit liegt auch Überschuldung gemäß § 19 Abs. 2 InsO vor.

Die Option des Abbruchs und des Übergangs in ein gesetzliches, reglementierendes Verfahren bedeutet, dass die an freien Verhandlungen Beteiligten die dort geltenden Regelungen beachten und deren Wirkung auf ihre eigene Position in freien Sanierungen ins Kalkül ziehen. Insoweit könnte die (hier zunächst angenommene) Rationalität der gesetzlichen Regelungen auf den Ablauf freier Verhandlungen ausstrahlen. Vor dem Hintergrund dieser Hypothese könnten die Regelungen der InsO freie Verhandlungen begünstigen:

- Die Regelungen der InsO enthalten Verwertungssperren, die die Zugriffe gesicherter Gläubiger verzögern bzw. aussetzen.
- Die InsO sieht Abstimmungsregeln in Gläubigergruppen vor, durch die Minderheiten gebunden werden.
- Die InsO enthält detaillierte Vorschriften über die Aufbereitung und Entwicklung der für rationale Verwertungsentscheidungen notwendigen Informationen.[9]
- Die InsO enthält klare Prinzipien zur Höhe des Mindestanspruchs eines Gläubigers, zur Höhe des Maximalanspruches, zur Geltung der Vor-Insolvenzrechte und zur Gleichbehandlung.
- Mittels dieser Prinzipien können taktische Störpositionen geortet und mittels Obstruktionsverbot (§ 245 InsO) ausgehebelt werden.

Der Gesetzgeber strukturiert durch diese Regelungen den Verhandlungsraum; zulässige und nicht zulässige Lösungsmuster werden unterscheidbar. Wenn, wie oben angenommen, diese Prinzipien durch Antizipation der Beteiligten in freie Verhandlungen hineinwirkten, könnten die oben beschriebenen Lösungshindernisse uU einfacher überwunden werden. Das ist indessen nur ein erster optimistischer Blick. Man kann davon ausgehen, dass die Beteiligten wissen, dass ein den Regeln der InsO folgendes Verfahren höhere direkte Kosten der Insolvenz auslöst und – wegen der intensiveren

---

[7] Die zunächst nur befristet geltende Fassung von § 19 Abs. 2 gemäß FMStG vom 18.10.2008 gilt nunmehr unbefristet.
[8] Vgl. zur Interpretation von § 19 InsO MünchKomm InsO/*Drukarczyk/Schüler* (2013).
[9] Vgl. zur Interpretation der einschlägigen Vorschriften zB Braun/*Uhlenbruck* (1997), S. 524–557; Eidenmüller (1999), S. 49–96; *Heni* (2005), S. 40–129.

Publizität – auch indirekte Kosten verursacht, die den Wert des Vermögens senken. Da a priori nicht klar ist, wer welchen Anteil an diesen Kosten zu schultern hat, ist die naheliegende Idee, den Anfall dieser Kosten zu vermeiden, nicht die Maxime jedes beteiligten Financiers. Folglich ist die disziplinierende Wirkung der Drohung, in ein insolvenzrechtliches Verfahren überzuschwenken, unterschiedlich ausgeprägt für die Beteiligten.

III. Anstoß zu Verhandlungen

11   **1. Kreditgeber als Impulsgeber.** In der Unternehmenskrise ist die ökonomische Position der Gläubiger bedroht. Verluste können reduziert werden, wenn Gläubiger bereits in einem frühen Stadium der Unternehmenskrise, also zeitlich weit vor dem Vorliegen eines Tatbestandes, der sie zur Auslösung eines Insolvenzverfahrens berechtigen würde, intervenieren können. Dazu müssen sie zur Prognose der finanziellen Schwierigkeiten in der Lage und zur Einflussnahme auf den Schuldner berechtigt sein.[10] Diese Voraussetzungen werden am ehesten durch Kreditinstitute erfüllt, die gestützt auf vertragliche Informationsrechte bzw. -pflichten des Schuldners in Verbindung mit profunden Branchenkenntnissen die besten Informationen über die finanzielle Situation des Schuldners besitzen und zu deren Auswertung in der Lage sind.

12   Ein wirksame Einflussnahme gestattender Mechanismus setzt voraus, dass den Gläubigern im Fall einer drohenden Nichterfüllung ihrer Forderung ein Druckmittel zur Verfügung steht, Erfüllung bzw. Nachverhandlungen zu erzwingen. Im folgenden soll die Wirkungsweise hierfür in Frage kommender Vertragsbestandteile untersucht werden.

13   a) *Auslösung wegen Allgemeiner Geschäftsbedingungen.* Legt das Management bzw. der Schuldner auf Anforderung durch Gläubiger keine befriedigenden Planzahlen bzw. kein tragfähiges Sanierungskonzept vor, kann das betreffende Kreditinstitut die gesamte Geschäftsverbindung oder die einzelner Geschäftszweige bei Vorliegen der im folgenden zu nennenden Voraussetzungen kündigen, selbst wenn dies eine Zahlungsunfähigkeit hervorruft. Rechtsfolge einer Kündigung ist die sofortige Fälligstellung aller geschuldeten Beträge. Grundlage dieser Kündigungen ist – soweit keine abweichenden vertraglichen Vereinbarungen bestehen – Nr. 19 AGB-Banken bzw. Nr. 26 AGB-Sparkassen.

14   Ist für den Kredit keine feste Laufzeit vereinbart, steht dem Kreditinstitut ein ordentliches Kündigungsrecht zu. IdR werden Kreditinstitute die Kündigung auf die Vereinbarungen in den Allgemeinen Geschäftsbedingungen stützen, also auf Nr. 19 Abs. 2 AGB-Banken bzw. Nr. 26 Abs. 1 AGB-Sparkassen. Dort ist festgelegt, dass das Kreditinstitut einen Kredit, für den weder eine Laufzeit noch eine abweichende Kündigungsregelung vereinbart ist, jederzeit ohne Einhaltung einer Kündigungsfrist kündigen kann.[11] Kreditinstitute dürfen das Kündigungsrecht nur ausüben, wenn dem Kreditnehmer dadurch kein vermeidbarer, durch die Interessen des Kreditinstitutes nicht gerechtfertigter Nachteil entsteht. Das Recht zur ordentlichen Kündigung kann – ggf. vorübergehend – fehlen, wenn die Ansprüche des Kreditgebers durch Kreditsicherheiten, die Zins- und Rückzahlungsansprüche und Kostenbeiträge vollständig decken, unterlegt sind und ein Hinausschieben der Kündigung diese Deckungsrelation nicht in Frage stellt. Diese Einschränkungen behindern jedoch idR nicht die Kündigung von Krediten, die ein von Insolvenz bedrohter Schuldner in der Vergangenheit aufgenommen hatte. Es ist zu vermuten, dass in diesen Fällen das Recht der *außerordentlichen* Kündigung aus wichtigem Grund besteht. Diese wichtigen Gründe - beispielhaft in Nr. 26 Abs. 2 AGB-Sparkassen bzw. Nr. 19 Abs. 3 AGB-Banken (aber nicht vollstän-

---

[10] Vgl. *Edwards/Fischer,* Investment (1994), S. 39.
[11] Schmidt/Uhlenbruck/*Wittig,* Rn. 1305–1306.

dig) aufgelistet – lassen die Fortsetzung des Kreditverhältnisses auch unter Beachtung der Interessen des Kreditnehmers als nicht zumutbar erscheinen. Der Eintritt eines wichtigen Grundes ermöglicht die fristlose Kündigung.

Besondere Schranken gelten für die Kündigung von bereits ausgezahlten Sanierungskrediten.[12] Hier kommt es nach hM entscheidend darauf an, welchen Fortgang die Sanierung nimmt. Eine Kündigung wird dann als zulässig angesehen, wenn nach gründlicher Analyse der Lage nicht mehr damit zu rechnen ist, dass die Sanierung erfolgreich sein wird.[13]   15

Das außerordentliche Kündigungsrecht steht Kreditgebern nach Nr. 19 Abs. 3 AGB-Banken (Nr. 26 Abs. 2 AGB-Sparkassen) dann zu, wenn ein wichtiger Grund vorliegt. Dies ist insbesondere dann der Fall, wenn eine wesentliche Verschlechterung der Vermögenslage eintritt oder wenn der Schuldner der Aufforderung zur Bestellung oder Verstärkung von Kreditsicherheiten nicht innerhalb angemessener Frist nachkommt. Bezugspunkt für die Feststellung einer Verschlechterung der Vermögenslage sind die Vermögensverhältnisse bei Abschluss des Kreditvertrages.   16

Die Beweislast für das Vorliegen eines außerordentlichen Kündigungsgrundes liegt beim kündigenden Kreditinstitut.[14] Gelingt dieser Nachweis nicht ohne Schwierigkeiten, kann das Kreditinstitut hilfsweise eine ordentliche Kündigung bzw. Abmahnung aussprechen. Wird ex post die Unzulässigkeit einer ausgesprochenen Kündigung auf Grund sittenwidrigen Verhaltens des Kreditinstituts festgestellt, ist es schadenersatzpflichtig.[15] Neben die entstehenden Ansprüche der Eigner des Schuldners können auch Schadenersatzansprüche von Gläubigern treten, wenn diese durch den Abzug eines Kredits geschädigt wurden.

Die Schranken, die die Rechtsprechung für die Kündigungsrechte der Kreditgeber aufzieht, schaffen Unsicherheit darüber, welches Verhalten ex post sanktioniert werden könnte. Eine Konsequenz könnte sein, dass Kreditkündigungen zu einem Zeitpunkt als Lösungsweg gewählt werden, zu dem die Legitimation ex post nicht mehr in Frage gestellt wird. Zu diesem Zeitpunkt sind die Sanierungschancen wegen der fortgeschrittenen Abwärtsentwicklung der Vermögens- und Ertragslage aber uU bereits stark geschwunden.[16]   17

Kündigungen von Kreditverträgen, ausgelöst durch die in AGB beispielhaft aufgezählten wichtigen Gründe, sind Maßnahmen, die in aller Regel belegen, dass der richtige Zeitpunkt für den Start von Neuverhandlungen längst verstrichen ist. Fristlose Kündigung von Krediten bedeutet den Eintritt von Zahlungsunfähigkeit oder Überschuldung oder den Eintritt beider Eröffnungsgründe und kommt vor dem Hintergrund des hier gesuchten geeigneten Anstoßes zu (Neu)Verhandlungen unter Financiers immer zu spät. Das heißt nicht, dass eine Kündigungsdrohung ebenso wenig geeignet wäre.   18

b) *Auslösung durch vertragliche Vereinbarungen (Covenants)*

(1) *Arten von Covenants und Überwachung.* Nachteilige Wirkungen auf die Position der Gläubiger können durch die Einarbeitung eindeutiger und damit justiziabler Kautelen oder Covenants in Kapitalüberlassungsverträgen verhindert werden,[17] die   19

- die Handlungsspielräume des Managements bzw. der Eigentümer des Schuldners beschränken,

---

[12] → Rn. 39 f.
[13] Vgl. *Obermüller* (2002), S. 724.
[14] Vgl. *Lauer* (2004), S. 96.
[15] Vgl. *Thießen* (1996), S. 19, 26.
[16] Vgl. *Thießen* (1996), S. 19.
[17] Vgl. *Smith/Warner* (1979), S. 117 ff.; *Drukarczyk* (1981), S. 287 (313); *Berlin/Mester* (1992), S. 95 (96, 119); *Leland* (1994), S. 4 f., 30–32; *Rajan/Winton* (1995); *Day/Taylor* (1996), S. 201–205; *Köndgen* (1997); *Drukarczyk/Schmidt* (1998), S. 759–786; *Drukarczyk* (2003), S. 431–438; *Runge* (2010).

- Einflussnahme auf die Verwendung künftiger finanzieller Überschüsse gestatten,[18]
- die Einhaltung bestimmter, über die Rechnungslegung definierter Relationen verlangen – sog. financial Covenants – die für die Kreditgeber als Signale nicht eingetrübter Bonität fungieren,
- die bei Verletzung einzelner oder mehrerer Bestimmungen zu Nachverhandlungen mit zT bereits vorgegebenen Ergebnissen auffordern.

Mit Covenants sollen somit die Entscheidungsspielräume im Investitions- und Finanzierungsbereich begrenzt werden und Mindestanforderungen an die wirtschaftliche Lage des Kreditnehmers formuliert werden, die die Bedienung und Rückführung des Kredits sicherstellen sollen.[19] Der besondere Beitrag der Vertragsklauseln zur Begrenzung von Kreditrisiken liegt in ihrer Funktion als Krisenindikator, der eine sich abzeichnende Krise frühzeitig für den Gläubiger erkennbar machen und die Einleitung außergerichtlicher Maßnahmen zur Beseitigung der Insolvenzgefahr ermöglichen soll.[20] Damit kann erstens ein auf die Größe und die ökonomischen Eigenschaften des Unternehmens abgestimmter Auslöser für (Neu)Verhandlungen geschaffen werden. Zweitens könnten die Covenants bereits im voraus die Umrisse der zu ergreifenden Maßnahmen skizzieren.

20   In der Literatur wird versucht, den Überblick über eine Vielzahl von Covenants durch Zerlegung in Teilklassen zu erleichtern. Unterschieden werden negative Covenants, protective Covenants und financial Covenants,[21] wobei die Grenzen zwischen den Teilklassen, die gebildet werden sollen, nicht immer eingehalten werden können. Die Ursache hierfür ist, dass Covenants gelegentlich nicht eindeutig der gewollten Verhinderung *einer* Gläubiger schädigenden Maßnahme zugerechnet werden können, sondern mehrere aus der Sicht des Gläubigers bestehende, Risiko schaffende Gefahrenzonen berühren.

21   Listet man die Maßnahmen oder Entscheidungen des Schuldners auf, die den Wert der Positionen von Altgläubigern mindern können, stößt man auf folgendes:[22]
- nachträgliche zusätzliche Fremdfinanzierung verbunden mit einer Zuordnung der Ansprüche zu einer höheren oder gleichen Rangklasse,
- Erhöhung des Investitionsrisikos des Unternehmens durch Erweiterung oder Verengung der Zahl der Geschäftsfelder, Übernahmen etc.,
- Erhöhung der Entnahmen bzw. Ausschüttungen,
- Überinvestition iSd Realisierung von Investitionsprojekten, die nicht ihre Kapitalkosten decken,
- Unterinvestition iSv Unterlassung rentabler, also die Kapitalkosten deckender Investitionsprojekte.[23]

22   Eine Funktion von Covenants ist es, den Eigentümern des Schuldners die Möglichkeiten zur Realisierung der genannten Strategien zu nehmen bzw. deren Realisierung deutlich zu erschweren. Tabelle 1 verdeutlicht dies. Man könnte diese restringierende Funktion von Covenants als die **statische** bezeichnen im Gegensatz zu der gleich darzustellenden **dynamischen** Funktion.[24]

---

[18] Vgl. zB *Smith/Warner* (1979); *Thießen* (1996), S. 19, 21.
[19] *Thießen* (1994), S. 69, 76; *Drukarczyk/Schmidt* (1998), S. 761–768.
[20] Vgl. auch *Franke* (1984), S. 160, 170; *Eidenmüller* (1999), S. 136–157; *Wittig* (2003), S. 60, 78; *Hillier/Ross/Westerfield* ua (2010), S. 441–443, 560.
[21] Vgl. zB *Hillier/Ross/Westerfield ua* (2010), S. 441–443.
[22] Vgl. etwa *Smith/Warner* (1979), S. 125–131; *Drukarczyk* (1993), S. 304–312; *Brealey/Myers/Allen* (2006), S. 481–486; *Ross/Westerfield/Jaffe/Jordan* (2008), S. 463–464.
[23] Diese Situation kann entstehen in Unternehmen, die kurz vor der Insolvenz stehen: Die Erfolge des Projektes stehen weitgehend den Gläubigern zu, die Investitionsauszahlungen sind vorrangig von den Alteigentümern zu erbringen. Für die Alteigentümer ist der Nettokapitalwert negativ, für die Gläubiger dagegen positiv. Vgl. auch *Brealey/Myers/Allen* (2006), S. 483/484.
[24] Vgl. zu dieser Unterscheidung *Drukarczyk/Schmidt* (1999), S. 761–768.

Ein Blick auf Tabelle 2 zeigt, dass der Einsatz von Covenants vorrangig praktische Bedeutung hat für die Begrenzung des Finanzierungsrisikos der Altgläubiger, die Dämpfung möglicher Erhöhungen des Investitionsrisikos und den Entzug von Haftungsmasse. Dass der Einsatz von Covenants spürbare Beiträge zur Vermeidung von Überinvestition oder gar zur Verhinderung von Unterinvestition leisten könnte, ist eher wenig wahrscheinlich. Das schmälert kaum die potentielle statische Funktion von Covenants, die darin besteht, die Investitions- und Finanzierungsrisiken, die die Altgläubiger zum Zeitpunkt der Kreditgewährung angetroffen haben, für den Zeitraum der Kreditgewährung am nicht kontrollierten Wachstum zu hindern.

I. Covenants, die bestimmte Maßnahmen der Investition verbieten bzw. einschränken	II. Covenants, die Maßnahmen der Finanzierung beschränken oder verbieten (financial Covenants)	III. Event risk Covenants	IV. Monitoring Covenants begründen Informationspflichten des Schuldners
• Verbot der Veräußerung von Vermögen, dessen Wert einen definierten Anteil an der Bilanzsumme übersteigt • Verbot von Unternehmensübernahmen und Fusionen ohne Zustimmung der Gläubiger • Zustimmungserfordernis der Gläubiger bei Großinvestitionen, die einen definierten Anteil an der Bilanzsumme übersteigen • Mindestbestand an positivem net working capital wird festgeschrieben	• Kritische, bilanziell gemessene Verschuldungsrelation (FK/EK) darf nicht überschritten werden (schließt Leasing ein) • Später kommenden Gläubigern dürfen keine (oder keine besseren) Kreditsicherheiten eingeräumt werden (me-first-rule) • Kritische Relation von EBIT zu Zinsaufwand darf nicht unterschritten werden (interest coverage clause) • Ausschüttungen (Dividenden) werden durch Anbindung an den Jahresüberschuss begrenzt (dividend restriction clause)	• Verbot der Auswechslung des Managements im Fall einer feindlichen Übernahme (change of management clause) • Definition zulässiger Maßnahmen der Gläubiger bei Herabstufung der Bonität des Schuldners	• Periodische (quartalsweise oder halbjährige) Berichte über die Finanz- und Ertragslage • Lieferung von Plandaten zu GuV und Bilanz sowie Finanzpläne • Bericht über die Einhaltung der financial covenants • Meldung von Verletzungen definierter Covenants, auch wenn diese zwischenzeitlich geheilt wurden

Tabelle 1: Covenants und beabsichtigte Wirkung

Covenants I.-III.	Risiken der Altgläubiger durch				
	Postvertragliche Erhöhung der Fremdfinanzierung	Erhöhung des Investitionsrisikos	Entzug von Haftungsmasse	Überinvestition	Unterinvestition
I. Covenants, die Investitionsentscheidungen beeinflussen					
• Veräußerungsverbote		x			
• Verbot von Übernahmen		x			
• Großinvestitionen		x			
• Mindestbestand an NWC	x	x			
II. Financial Covenants					
• Kritischer Verschuldungsgrad	x		x		
• Kritische Relation von operativem Cashflow zu Zinsaufwand	x	x			
• Kritische Relation EBIT zu Zinsaufwand	x	x			
• Ausschüttungsbegrenzung			x		x
• Me-first-rule	x				
III. Event risk Covenants					
• Change of management clause					
• Bonitätsherabstufung					

Tabelle 2: Risiken der Altgläubiger und Risiko begrenzende Covenants

23 Wichtig sind die monitoring Covenants. Hierzu sind die Berichtspflichten inhaltlich und zeitlich genauestens zu definieren. Es muss präzisiert werden, was zum Eigenkapital zählt, wie Leasingverträge in das Volumen des ausstehenden Fremdkapitals einzurechnen sind, wie Cashflow, EBIT und Zinsaufwand zu definieren sind etc. Grundlage für die Berechnung der Bestände und Relationen, die im Rahmen der financial Covenants eine Rolle spielen, sind Bilanz- und GuV-Daten. Um die Vergleichbarkeit der vom Schuldner gelieferten Daten in zeitlicher Hinsicht zu sichern, sind die Bilanzierungs- und Bewertungsmethoden fortzuschreiben. Erweisen sich Änderungen dieser Methoden als notwendig, werden die vom Schuldner bereitzustellenden Daten zu Vergleichszwecken auch nach der zuvor benutzten Methode zu berechnen sein.

24 Entscheidend für die gewollte Steuerungswirkung der Covenants ist nicht nur die präzise Formulierung der Covenants und der in ihnen benutzten Fachtermini, sondern die Nachweisbarkeit einer Verletzung und die Sanktionsbewehrung der Verletzung.[25] Sind diese Bedingungen erfüllt, erscheint der Einbau von Covenants in Kreditverträge in positivem Licht: Präzise Formulierung, Nachweisbarkeit von Verstößen und Sanktionierbarkeit ermöglichen die Ingangsetzung der **dynamischen** Funktion von Covenants. Zielentsprechende Formulierung der einzelnen Kautelen und Nachweisbarkeit unterstellt, bewirken insbesondere financial Covenants die Auslösung von Neuverhandlungen lange bevor die Eröffnungsgründe der InsO zum Zuge kommen könnten. Damit besteht die Chance, dass Covenants ökonomisch effizient sein könnten, wenn nämlich ihr Wertbeitrag zur Erhaltung des Unternehmenswertes die durch sie verursachten Kosten, die aus der Einengung des Strategieraums des Managements und der hierin begründeten Nichtrealisierung vorteilhafter Finanzierungs- und Investitionsmöglichkeiten entstehen können, sowie in den Kosten der Vereinbarung und deren Überwachung bestehen, übersteigt. Beispielhaft sei hier auf das Verbot des Verkaufs von Vermögensgegenständen des Anlagevermögens hingewiesen, das eine postvertragliche Erhöhung des Investitionsrisikos (asset substitution) und einen Entzug von Haftungsmasse verhindern soll, gleichzeitig jedoch uU notwendige Umstrukturierungen unmöglich macht. Ebenfalls nicht ausgeschlossen ist, dass von einzelnen Großgläubigern durchgesetzte Covenants und die damit intendierte Frühwarnung mit nachfolgender (Neu)Verhandlung auch die Ansprüche von Drittgläubigern verteidigt, und zwar wirkungsvoller als dies im Falle eines durch werthaltige Kreditsicherheiten voll gesicherten Gläubigers der Fall wäre.[26]

Die Überwachung der vertraglich festgelegten Kriterien erfolgt über die vereinbarten Informationspflichten des Schuldners. Üblicherweise ist der Schuldner zur Meldung eines breach of covenant[27] und zur Vorlage kurz- und langfristiger Erfolgsrechnungen verpflichtet.[28] Typische Unterlagen sind monatliche betriebswirtschaftliche Auswertungen, viertel- oder halbjährliche Zwischenbilanzen und jährliche testierte Jahresabschlüsse. Außerdem ist festzulegen, ob die vereinbarten Kennzahlen ständig oder nur an bestimmten Stichtagen eingehalten werden müssen. Für das Stichtagskonzept sprechen praktische Erwägungen: Eine problemlose Überwachung ist zu den Stichtagen der Abschlüsse möglich; eine kontinuierliche Überwachung muss verstärkt auf Meldepflichten zurückgreifen. Die Wirksamkeit wird durch eine stichtagsbezogene Vereinbarung allerdings eingeschränkt, da negative Veränderungen der wirtschaftlichen Situation des Kreditnehmers zwischen zwei Stichtagen dann zu keiner erkennbaren Verletzung der Covenants führten.

(2) *Sanktionen bei Nichteinhaltung von Covenants.* Covenants müssen für den Fall der Nichteinhaltung („event of default") Sanktionen auslösen.[29] Sie gestehen dem Kreditgeber Rechte zu, die er entweder geltend machen oder als Druckmittel in die (Nach-)Verhandlungen mit dem Kreditnehmer einbringen kann. Die betroffenen Gläubiger entscheiden, ob nach Eintritt eines als Krisensignal definierten Ereignisses weitergehende Umschuldungsmaßnahmen ergriffen werden müssen, oder der Eintritt des Kriteriums als „Fehlauslösung" zu qualifizieren ist.

Das Spektrum der Reaktionsmöglichkeiten der Kreditgeber auf Verletzungen von Covenants ist breit. Anzutreffen sind:[30]

---

[25] Vgl. *Eidenmüller* (1999), S. 138.
[26] Vgl. zu Vor- und Nachteilen voll gesicherter Gläubigerpositionen etwa *Bebchuck/Fried* (1996), S. 857; (1997), S. 1279.
[27] *Drukarczyk/Schmidt* (1998), S. 765.
[28] Vgl. *Wittig* (2003), S. 60.
[29] *Köndgen* (1997), S. 6; *Eidenmüller* (1999), S. 138–140.
[30] Vgl. etwa *Gilson* (1990), S. 344; *Thießen* (1996a), S. 19–24; *Thießen* (1996b), S. 144–150; *Runge* (2010), S. 54–62.

- Verzicht auf Sanktionen, weil die Verletzung der Vertragsbedingungen nicht auf eine relevante Verschlechterung der finanziellen Lage des Schuldners schließen lässt. Der Gläubiger teilt den Sanktionsverzicht mittels eines „waiver-letter" mit. Diese Aktion kann mit der Erhebung einer Waiver-Gebühr verbunden sein.
- Anpassung des Vertragszinssatzes. Diese hängt ab von dem ökonomischen Gewicht der Verletzung und ggf. der Häufigkeit, mit der Verletzungen der Bedingung stattgefunden haben. Die Erhöhung um Risikoaufschläge kann zurückgenommen werden, wenn die normale ökonomische Lage wieder hergestellt ist.
- Die Stellung zusätzlicher Kreditsicherheiten.
- Umlenkung eines Anteils des sog. excess cashflow, definiert als Überschuss des operativen Cashflows (vor Finanzierungsaufwand) über die Auszahlungen für den Kapitaldienst, auf ein Rücklagenkonto, dessen Bestand an den Kreditgeber zu verpfänden ist.
- Eine schärfere Version dieses zuletzt genannten Vertragsbestandteils sieht vor, dass der Bestand des Rücklagenkontos zur außerordentlichen Tilgung des Kredites zu verwenden ist.
- Neuaushandlung der Darlehensbedingungen, um diese einer als dauerhaft angesehenen Performanceschwäche des Schuldners anzupassen. Hier kann auf Zinssatzanpassungen, höhere Tilgungsgeschwindigkeiten, restriktivere Covenants und intensivere Mitspracherechte des Kreditgebers bei künftigen Entscheidungen zurückgegriffen werden.
- Eine Verletzung einer wichtigen Darlehensbedingung stellt idR einen „event of default" dar und ist somit Anlass für Kündigung und Fälligstellung des Darlehens. Dies ist die schärfste Sanktionsmöglichkeit, die nur zum Zug kommen wird, wenn flexiblere Vorgehensweisen zuvor erprobt wurden, aber wegen des anhaltenden Abwärtstrends der ökonomischen Lage des Schuldners keinen Erfolg brachten. Die Lage entspricht dann derjenigen, die zur sofortigen Kündigung aufgrund der AGB führt. Sie bleibt hier im folgenden deshalb unbeachtet.

28 Nach den obigen Ausführungen stellen Covenants somit Nebenleistungspflichten des Schuldners dar,[31] deren Zweck es ist, (a) die Bedingungen, die als Erhaltung der finanziellen Leistungsfähigkeit des Schuldners gelten, zu definieren, (b) die es, gestützt auf die periodische Informationsbereitstellung durch den Schuldner, dem Gläubiger gestatten, eine zweckkonforme Kontrolle auszuüben und (c) ihn in die Lage versetzen, auf eine sich abzeichnende Verschlechterung der ökonomischen Lage des Schuldners flexibel und dem Grad der ökonomischen Verschlechterung der Lage entsprechend zu reagieren. Diese dynamische und präventive, der ökonomischen Entwicklung der Lage des Schuldners entsprechende Begleitung durch Kontrolle und Sanktionen stellt den Kern der potentiellen Leistungsfähigkeit von Covenants dar. Mit diesen Eigenschaften sind Covenants den Disziplinierungswirkungen bloßer Besicherungsstrategien von Gläubigern in Form von Zugriffsrechten auf bewegliche und unbewegliche Vermögensgegenstände ebenso überlegen wie dem Einsatz von Eröffnungsgründen durch eine Insolvenzordnung.[32]

29 (3) *Rechtsprechung und Restriktionen.* In der Literatur wird bei grundsätzlich positiver Beurteilung des Einsatzes von Covenants festgestellt, dass ihre „Anwendung ... (in Deutschland) durch die aktuelle Rechtsprechung behindert" wird.[33] Wie oben erläutert haben Covenants folgende Eigenschaften:

---

[31] Vgl. *Runge* (2010), S. 63–68.
[32] Vgl. auch *Thießen* (1996a), (1996b). Nicht übersehen wird, dass Besicherungsstrategien via Zugriffsrechte und Insolvenzverfahren weitere Funktionen erfüllen sollen, die hier aber nicht zu diskutieren sind.
[33] Vgl. etwa *Thießen* (1996a), (1996b); *Köndgen* (1997); *Runge* (2010), S. 93–142, 237–281.

1. Sie sind Vertragsklauseln, die die Investitionsentscheidungen des Schuldners von Zustimmungserfordernissen abhängig machen und künftigen Finanzierungsentscheidungen des Schuldners über die Definition von Finanzrelationen Grenzen setzen.
2. Sie definieren über die Schwere der Verletzungen von Covenants und ggf. der Häufigkeit dieser Verletzungen den Zeitpunkt für das Aufleben von Neuverhandlungen über die Kreditvergabebedingungen.
3. Sie gestehen dem Gläubiger auch das Recht zur Definition härterer Covenants zu, die einer aktiven Einflussnahme des Gläubigers auf die Geschäftspolitik des Schuldners nahekommen bzw. entsprechen kann. Der Kreditnehmer wird diesen verstärkten Auflagen idR zustimmen, weil der Kreditgeber mit der sofortigen Fälligkeit des Kredites drohen kann.

Ein möglicher juristischer Einwand könnte im Vorwurf der **Sittenwidrigkeit** wegen Knebelung des Kreditnehmers bestehen (§ 138 BGB). Nun beschränken Covenants die wirtschaftliche Bewegungsfreiheit des Kreditnehmers immer: es ist eine ihrer Aufgaben, Entscheidungsspielräume des Schuldners im Investitions-, Ausschüttungs- und Finanzierungsbereich zu verengen bzw. Maßnahmen des Schuldners von der Zustimmung des Kreditgebers abhängig zu machen. Die Prüfung isolierter Covenants wird deshalb in aller Regel nicht zu dem Ergebnis führen, es läge eine sittenwidrige Knebelung vor.[34] Eine sittenwidrige Knebelung wird erst in einem Zustand gesehen, in dem ein Netz von Nebenleistungsverpflichtungen so eng gespannt ist, dass der Kreditnehmer Selbständigkeit und wirtschaftliche Entscheidungsfreiheit so weitgehend einbüßt, dass er zu einer eigenverantwortlichen Planung und der Umsetzung seiner wirtschaftlichen Ziele nicht mehr in der Lage ist.[35]

Es sind also allenfalls Kombinationen von Covenants, die im Zusammenhang mit sonstigen Gegebenheiten des Einzelfalls die Einschätzung der Sittenwidrigkeit bewirken könnten. Für eine solche Einschätzung ist es nicht ausreichend, wenn über eine Kombination von Covenants die Zahlungsunfähigkeit des Kreditnehmers als mögliches Ergebnis in Kauf genommen wird, weil zB die Aufnahme von Drittdarlehen jenseits branchenüblicher kritischer Verschuldungsgrade ebenso untersagt wird wie die nachträgliche Besicherung von Drittgläubigern. Aus der Sicht des die Covenants setzenden Kreditgebers dienen diese Vorkehrungen dem Selbstschutz: er will sich die potentielle Befriedigungsquote seiner Forderungen nicht durch neu hinzukommenden Gläubiger verwässern lassen. Wollte man Sittenwidrigkeit belegen, hätte man aus ökonomischer Sicht zB zu begründen, dass die vom Kreditgeber zugestandene kritische Verschuldungsgrenze unangemessen niedrig angesetzt wurde und den Kreditnehmer somit ökonomisch erdrosselte.

Als Ergebnis kann man formulieren, dass die Einstufung als sittenwidrig voraussetzt, dass die Einwirkungsrechte des Kreditgebers so weit gehen, dass die überwiegende Zahl der Geschäftsführungsmaßnahmen der Zustimmung des Kreditgebers bedürfen und ihm zudem weitgehende Weisungsbefugnisse zustehen.[36]

Covenants erlauben dem Kreditgeber die Entscheidungen des Kreditnehmers in seinem Interesse zu gestalten; es resultiert somit die Frage, ob sich diese Einflussnahmen auf die Positionen anderer Gläubiger nachteilig auswirken und ob sich der Kreditgeber nach § 826 BGB wegen Gläubigergefährdung schadensersatzpflichtig machen könnte,[37]

---

[34] Vgl. hierzu *Runge* (2010), S. 93–110. Man hat zu beachten, dass Kreditnehmer im Zeitpunkt des Vertragsabschlusses als rational handelnde Marktteilnehmer zu sehen sind, die ggf. auf andere Kreditgeber ausweichen werden.
[35] Vgl. *Köndgen* (1997), S. 145–147; *Runge* (2010), S. 93 und die dort aufgeführten Gerichtsentscheidungen.
[36] Vgl. *Runge* (2010), S. 112.
[37] Vgl. hierzu *Runge* (2010), S. 117–130.

wobei sich hinter dem Oberbegriff der Gläubigergefährdung insbesondere der Fall der **Kredittäuschung** und der **Insolvenzverschleppung** verbergen. Kredittäuschung könnte vorliegen, wenn der Architekt der auf Covenants aufbauenden Kreditverträge Drittgläubigern ein Bild des Kreditnehmers vermittelt, dass diesen als zahlungsfähigen und selbstständig entscheidenden Marktteilnehmer ausweist, obwohl der Hauptkreditgeber ihm jederzeit die Zahlungsfähigkeit nehmen könnte. Eine Entscheidung über eine vorliegende oder vermutetet Kredittäuschung zu fällen, ist kompliziert, weil die Rechtsprechung zum Bereich „Sanierungskredite"[38] die Position einnimmt, dass wissende Gläubiger ihr Wissen Dritten nicht offenbaren müssen. Die Informationsbeschaffung wird prinzipiell als Aufgabe jedes kreditgebenden Gläubigers angesehen. Da Covenants inzwischen zwar üblich, aber nicht publizitätspflichtig sind, stehen Drittgläubiger vor einem schwierig zu lösenden Problem. Abhilfe könnte der Architekt der Covenants selbst schaffen, indem er dem Schuldner jede Art von Gläubigertäuschung untersagt.

31 Der Fall „Insolvenzverschleppung" ist dadurch gekennzeichnet, dass der Kreditgeber den Kreditnehmer veranlasst, die Eröffnung eines Insolvenzverfahrens hinauszuzögern, um in der so gewonnen Zeitspanne Vorteile gegenüber Drittgläubigern zu erzielen.[39] Diese Zeitspanne kann für den Kreditgeber wertvoll – und für Drittgläubiger nachteilig sein – wenn sie genutzt wird, um etwa abzuwarten bis der Sicherungsbeschlag von Mobiliarsicherheiten entfällt oder um nicht betriebsnotwendige Vermögensgegenstände ggf. unter Marktwert zu veräußern und die Erlöse zur Tilgung von Darlehen des Kreditgebers zu verwenden. Nicht klar ist, ob und in welchem Ausmaß die Existenz von Covenants ursächlich für diese Strategien ist oder ob die gleichen Strategien nicht auch von einem Großgläubiger, dessen Ansprüche weitgehend durch Kreditsicherheiten gedeckt sind, umgesetzt werden könnten.

32 Neben den oben angesprochenen Sachverhalten ist für den Covenant-Architekten eine **Haftung als faktischer Geschäftsführer** nach § 15a InsO eine zumindest zu prüfende Frage. Nach § 15a Abs. 1 InsO haben die Mitglieder des Vertretungsorgans einer juristischen Person spätestens drei Wochen nach der Feststellung, dass ein Eröffnungsgrund in Form der Zahlungsunfähigkeit (§ 17 InsO) oder der Überschuldung (§ 19 InsO) vorliegt, die Eröffnung eines Insolvenzverfahrens zu beantragen. Die Antragspflicht gilt nach verbreiteter Ansicht neben den ordnungsgemäß bestellten Vertretungsorganen auch für Personen, die aufgrund eines förmlichen, aber unwirksamen Bestellungsaktes Geschäftsführungsaufgaben wahrnehmen. Ob Kreditgeber, die gestützt auf ein Netz von Covenants intensiven Einfluss auf die Geschäftsführung des Kreditgebers nehmen, als faktische Geschäftsführer den ordentlich bestellten Vertretungsorganen gleichgestellt werden können, ist eine offene und selten positiv zu beantwortende Frage, auf die hier lediglich verwiesen wird.[40]

33 Vergleicht man die Vereinbarung von Covenants mit den AGB der Kreditinstitute unter dem Aspekt des zeitigen Anstoßes zu Schuldner-Gläubiger-Gesprächen, haben Covenants eindeutige Vorteile: sie können mit großer Genauigkeit auf die spezifischen Eigenschaften des Schuldners ausgerichtet werden und sie signalisieren wegen der Gestaltbarkeit der financial Covenants viel zeitiger, dass sich eine Performanceschwäche anbahnt. In Form der auf Verletzungen der Covenants folgenden Neuverhandlungen folgt eine von vornherein erkennbare Sanktion. Die hier verwirklichte Form des Selbstschutzes durch Vertragsgestaltung ist somit erfolgreich.[41]

---

[38] → Rn. 39 f.
[39] Vgl. *Runge* (2010), S. 123–126.
[40] Vgl. die ausführliche Diskussion bei *Runge* (2010), S. 237–277.
[41] So auch *Köndgen* (1997), S. 154. Es wird hier nicht darauf eingegangen, ob und wie die antizipative Wirkung von Covenants zusätzlich gestärkt werden könnte.

2. Eigeninteresse und Verhandlungseintritt. Der Anstoß zu Verhandlungen mit 34
den Gläubigern könnte von den Eigentümern des Schuldners bzw. dessen Managern
ausgehen. Das gesamte Wissen um die ökonomische Lage ist hier konzentriert bzw.
sollte dort konzentriert sein. Zugleich wissen oder vermuten die Eigentümer, dass
Gläubiger weniger wissen und beschließen häufig im Schatten des Informationsdefizits
die autonomen Entscheidungsrechte weiterhin auszuüben. Die Aussicht Performance-
abschwünge und Liquiditätskrisen in dem Sinn zu überleben, dass den Eigentümern
nicht unwesentliche Anteile am Wert des Eigenkapitals erhalten bleiben ist in freien
Verhandlungen, wie mehrfach nachgewiesen,[42] deutlich besser als im Insolvenzverfahren. Ob dieses Wissen weit verbreitet ist, ist unklar. Wenn es nicht bekannt ist, kann es
keine Anreizfunktion ausüben. Es kommt hinzu, dass Eigentümer bzw. Manager ihre
Kompetenz hoch einschätzen, was im Gegensatz zur Krisenursachen-Forschung steht,
die fehlende Kompetenzen als wichtige Krisenursache ausmacht.[43] Folglich besteht das
Risiko einer zu späten Iniitierung von Sanierungsstrategien.

Auch Insolvenzverfahren werden generell zu spät ausgelöst, was die Literatur seit ca. 35
fünfzig Jahren beklagt, allerdings ohne wirksame Abhilfe zu schaffen. Die Insolvenzordnung setzt an verschiedenen Stellen des Regelwerkes erkennbar auf Anreize, dem
Schuldner bzw. dem Management des Schuldners den Eintritt in ein Insolvenzverfahren
als Problemlösungshilfe schmackhaft zu machen. Hierzu zählt etwa der Eröffnungsgrund
der drohenden Zahlungsunfähigkeit (§ 18 InsO), der nur dem Schuldner als Eröff-
nungsoption zur Verfügung steht. Weniger als 1% der Verfahren wird gestützt auf diesen
Grund beantragt.[44] Weitere Anreize bestehen in der Konstruktion der Herausgabesperre, die Gläubigerzugriffe zunächst ausbremst, dem Vorlagerecht des Schuldners für
einen Insolvenzplan (§ 218 I InsO), der Möglichkeit der Eigenverwaltung (§§ 270ff.
InsO), der Aussicht auf Restschuldbefreiung (§§ 286ff. InsO) und in der Chance, bei
zeitiger Ingangsetzung eine Lösung per Insolvenzplan iSv § 1 bzw. § 217 InsO zu finden („prepackaged bankruptcy"), die den Eigentümern einen Teil des ursprünglichen
Wertes des Eigenkapitals erhält. Man darf formulieren, dass diese Anreize bislang
weitestgehend verpufft sind. Es bleibt abzuwarten, ob die durch ESUG (Gesetz zur
weiteren Erleichterung der Sanierung von Unternehmen) verstärkten Anreize zur freiwilligen Nutzung des Insolvenzverfahrens spürbare Verhaltensänderungen bewirken
werden.

Freie Sanierungsverhandlungen bieten diese Vorzüge zum Teil in verändertem Ge- 36
wand, zum Teil nicht; zugleich bieten sie andere Vorteile, wie die relative Geräuschlosigkeit, die Chance für eine schnelle und kostengünstigere Lösung. Freie Verhandlungen
(workouts) müssen ohne verordnete Herausgabesperre auskommen; dies ist ein Nachteil. Viele andere, von der InsO gesetzten Anreize bestehen auch hier und sie sind vermutlich weit intensiver als zu dem Zeitpunkt, zu dem ein Insolvenztatbestand erreicht
ist: Der Wert des zu rettenden Eigenkapitals dürfte regelmäßig höher sein; die Entschei-
dungautonomie liegt – von *vertraglichen* Gläubigermitwirkungsrechten abgesehen – fast
ungeschmälert beim Management des Schuldnerunternehmens, die Aussicht auf partiellen Forderungserlass besteht jedenfalls prinzipiell, es besteht keine Notwendigkeit, mit
der Gesamtheit der Gläubiger zu verhandeln, das Management des Schuldnerunternehmens steuert die Verhandlungen und setzt jedenfalls in der Anfangsphase die Ver-
handlungsziele. Unterstellt man die Existenz einer kompetenten mittelfristigen Finanz-,
Erfolgs-, Bilanz- und Produktionsplanung, bestehen gute Aussichten für das Schuldnermanagement die Hauptgläubiger für einen workout zu gewinnen, wenn zugleich

---

[42] Vgl. etwa *Gilson/John/Lang* (1990); *Gilson* (1991); *Franks/Torous* (1999).
[43] Vgl. zB *Hauschildt* (2000), S. 1–17.
[44] Vgl. zu einer Einschätzung *Uhlenbruck* (2003), S. 441.

Ursachen des Performanceeinbruches und Maßnahmen zu ihrer Beseitigung überzeugend analysiert und implementiert werden können.

Folglich sollte das Eigeninteresse an einem Verhandlungseintritt vor Erreichen der Zustände des Unternehmens, die Insolvenztatbestände beschreiben, groß sein.

37 Erfahrungen von Unternehmensberatern, Insolvenzverwaltern und Praktikern bestätigen diese Hypothese bzw. die daraus folgende Bereitschaft zum zeitigen Start von Neuverhandlungen nicht. Die Mehrzahl sog. Workout-Verhandlungen scheint unter dem Druck der Gläubigerbanken zustande zu kommen. Als Ursachen nennen Praktiker, dass das Schuldnermanagement der Erosion der Erfolgspotentiale des Unternehmens zu lange mit internen Maßnahmen zu begegnen versucht und die externen Kapitalgeber, insbesondere Kreditinstitute, nur als Lieferanten zusätzlicher Kredite betrachtet. Man könnte diese Beobachtung so interpretieren, als wollten die Unternehmen es „allein schaffen". Externe Fremdkapitalgeber werden erst dann zu Beratungen gebeten, wenn diese darauf dringen bzw. wegen der Verstöße gegen Covenants die Kreditlinien kappen. Es gibt einen weiteren Grund, der das Management abhält, die Lösung des Problems in einem workout zu suchen. Wenn die Kapitalstruktur des Unternehmens sehr komplex und die Zahl bzw. die Zahl der Klassen von Gläubigern hoch ist, gibt es Gründe für das Management, eine Lösung über ein Insolvenzverfahren vorzuziehen. Das belegen zB US-amerikanische Untersuchungen: große Fluggesellschaften (Continental, Delta, American Airways ua) haben auf den Versuch von workouts verzichtet und unter explizitem Verweis auf die Vielzahl unterschiedlicher Kreditgeber und Kreditverträgen eine Lösung im Rahmen von Chapter 11 BC gesucht.[45]

38 Angenommen, das oben beschriebene Verhalten des Managements von Unternehmen mit nachhaltigen Performance-Schwächen wäre realistisch, dann kann dem von Eigeninteresse gesteuerten zeitigen Verhandlungseintritt des Schuldnermanagements nur eine unterdurchschnittliche empirische Bedeutung beigemessen werden. Die Hauptantriebskraft ist dann im Monitoring der Kreditgeber zu suchen.

IV. Sanierungskredite

39 **1. Übersicht.** Sanierungskredite sind definiert als Darlehen, die einem Schuldner zur Abwendung eines drohenden bzw. bereits eingetretenen Insolvenztatbestandes (Zahlungsunfähigkeit oder Überschuldung) von Altgläubigern, Neugläubigern oder Gesellschaftern gewährt werden. Ein Sanierungskredit entwindet antragsberechtigten Gläubigern die Möglichkeit der Antragstellung, wenn er den Insolvenztatbestand beseitigt oder jedenfalls in die Zukunft verschiebt. Die Zeitspanne, in der individuelle statt kollektiver Strategien verfolgt werden können, ist verlängert.

40 Sanierungskredite können die Zahlungsunfähigkeit oder die drohende Zahlungsunfähigkeit beseitigen. Sie können auch den Insolvenztatbestand der Überschuldung ausheben. Diese Wirkung tritt dann ein, wenn der Sanierungskredit die gemäß § 19 Abs. 2 InsO per Finanzplan zu prüfende Fortbestehensprognose in positivem Licht erscheinen lässt, dh also für eine hinreichende lange Dauer zur Verfügung gestellt wird. Ist dies der Fall, kommt es auf den Vergleich des Vermögens des Schuldners, bewertet zu Liquidationswerten, mit den bestehenden Verbindlichkeiten nicht mehr an.[46]

41 Sanierungskredite können außerhalb eines insolvenzrechtlichen Verfahrens und damit „verdeckt" gewährt werden; sie können auch *in* einem Verfahren bereitgestellt werden. Auch kann der Kreditgeber Gesellschafter bzw. Nicht-Gesellschafter des Schuldnerunternehmens sein. Als Darlehen gewährende Sanierer kommen somit in Frage:

---

[45] Vgl. *Gilson*, Corporate Restructuring (2001), S. 83–109; *Drukarczyk/Kammermeier* (2009).
[46] Vgl. zur Interpretation von § 19 Abs. 2 InsO (alte und neue Fassung) MüKoInsO/*Drukarczyk/Schüler*, 3. Auflage (2013), Bd. 1, Rn. 39–57.

- Kreditinstitute, die nicht Gesellschafter des Schuldnerunternehmens sind;
- Kreditinstitute, die bereits Gesellschafter des Schuldnerunternehmens sind oder im Rahmen der Sanierung Gesellschafter werden;
- Eigentümer (Gesellschafterdarlehen);
- Kreditinstitute mit oder ohne Gesellschaftsanteile oder Eigentümer in einem Insolvenzplan-Verfahren.

Der letztgenannte Fall ist prinzipiell unproblematisch, da voll informierte Insolvenzgläubiger explizit über den Insolvenzplan und damit auch dessen Finanzierung abstimmen. In diesem Kontext ist dann auch über eine mögliche Privilegierung von Sanierungskrediten zu entscheiden.

Die ersten drei Fälle erfassen „verdeckt" gewährte Sanierungskredite, von denen nicht alle Financiers in gleichem Umfang Kenntnis haben und denen in Literatur, Rechtsprechung und Praxis daher besondere Aufmerksamkeit entgegengebracht wird bzw. wurde.

2. Mögliche Vorteile „verdeckter" Sanierungen. Literatur und Praxis nennen drei Aspekte, aus denen Argumente zugunsten verdeckter Sanierungen und damit auch „verdeckter" Kredite abgeleitet werden könnten.

(1) Verdeckt gewährte, einen Insolvenztatbestand abwendende Sanierungskredite lösen geringere direkte Kosten aus als der Ablauf formalisierter Reorganisationsverfahren.[47] Dieser Vorteil resultiert hauptsächlich aus den deutlich kürzeren Verhandlungsphasen in freien Sanierungen. Dieses Argument ist aber abzuschwächen, weil das Leistungsvermögen des Insolvenzplan-Verfahrens der Gewährung eines Sanierungskredits überlegen ist.

(2) Verdeckt gewährte Sanierungskredite vermeiden wegen ihrer Geräuschlosigkeit indirekte Kosten der Insolvenz, die durch mit Publizität verbundene Reorganisationsverfahren (Insolvenzplanverfahren) zwangsläufig ausgelöst werden. Mit indirekten Kosten werden die Nachteile definiert, die sich aus den den Unternehmensgesamtwert mindernden Reaktionen von Abnehmern, Kreditgebern und ggf. Arbeitnehmern ergeben, wenn die „Krise" publik wird. Unbestritten ist, dass dieser Vorteil mehr Gewicht hat als der relative Vorteil bezüglich der direkten Kosten der Insolvenz. Wie hoch er zu veranschlagen ist, ist fallabhängig.

(3) Drittens wird vorgetragen, dass Altgläubiger bzw. Eigentümer wegen der Existenz von Altengagements besonders geeignete Sanierer seien. Sie gewährten auch dann noch Kredite, wenn Neugläubiger bereits abwinkten.[48]

3. Verhalten der Bank als Kreditgeber und Rechtsprechung. Die Bank als Kreditgeber kann Sanierungsbeiträge in Form von Stillhalten und in Form der Gewährung von Sanierungskrediten leisten. Eine Analyse von Urteilen zum Stillhalten, dh vorrangig zur Aufrechterhaltung einer Kreditlinie, liefert folgende Ergebnisse:

(1) Ein stillhaltendes Kreditinstitut handelt weder in Bezug auf Neu-, Altgläubiger noch auf neue Teilhaber des Schuldners sittenwidrig, weil es ja keine Aufklärungspflichten gegenüber Dritten hat. Es kann unterstellen, dass sich andere selbst über die Lage des Schuldners informieren, bevor diese Kredite gewähren oder Einlagen leisten.[49] Eine Verpflichtung, Informationsvorsprünge weiterzugeben, besteht auch dann nicht, wenn das Kreditinstitut erkennt, dass Dritte hohe Ausfälle riskieren. Es gilt als privatautonome Entscheidung des Kreditinstituts, ob es den Schuldner fallen lässt oder nicht.

---

[47] Vgl. zu den direkten Kosten der Insolvenz in Konkurs- bzw. Reorganisationsverfahren *Gessner*, ua (1978); *Ang, J. S., J. H. Chua, J. J. Mc Connell* (1982); *Baxter*, (1967); *Warner* (1977). Die direkten Konkurskosten betragen in Deutschland im Durchschnitt ca 4–5 % der Sollmasse.

[48] *Rudolph* (1981); *Schmidt* (1984).

[49] Vgl. zB BGH, Urteil vom 18.9.1963, in: WM (1963), S. 1093–1094; BGH, Urteil vom 9.2.1965, in: WM (1965), S. 475–476; BGH, Urteil vom 9.12.1969, in: WM (1970), S. 399–402.

(2) Hält die Bank dagegen still, um im zu erwartenden Insolvenzverfahren ihre Position zu Lasten anderer Gläubiger zu verbessern,[50] wird das Verhalten als „eigensüchtig" und damit sittenwidrig eingestuft. Die Bank, die durch Stillhalten den Rechtsschein erweckt, der Schuldner sei lebensfähig, soll diesen Schein nicht in zusätzliche Vorteile zu Lasten von Drittgläubigern umsetzen dürfen.

(3) Eine auf Dritte wie Stillhalten wirkende Verhaltensweise kann auch Folge einer nachträglichen Besicherung von Altansprüchen des Kreditinstituts oder des Verlangens nach Verstärkung von Kreditsicherheiten sein. In diesem Fall ist der Verteilungskonflikt mit Drittgläubigern klar erkennbar: Bei gegebenem zu verteilendem Vermögen bewirkt jede Positionsaufbesserung für eine Partei Positionsverschlechterungen für andere. Grenzen für diese Strategie setzten die Anfechtungsregelungen der §§ 130 bis 134 InsO und die Rechtsprechung des BGH.[51]

(4) Der Grundsatz, dass der Informationsvorsprung eines Kreditinstituts nicht in eine Warnung Dritter bzw. in ein Handeln zum Schutz Dritter umgesetzt werden muss, gilt nicht, wenn ein Kreditinstitut sich aktiv in die Bemühungen des Schuldners zur Gewinnung von Geldgebern einschaltet und deren Engagement fördert.[52] Die Einschränkung des Grundsatzes wird allerdings abgeschwächt, wenn die ökonomische Lage des Schuldners im Umfeld bekannt ist und diese Information auch Drittfinanciers zugänglich gewesen wäre.

45 Die Konturen der Rechtsprechung zum Stillhalten sind somit relativ klar: Der BGH erkennt die in der Realität bestehenden Informationsdifferenzen unter den Gläubigern eines Unternehmens und zählt die Kreditinstitute zu den besser Informierten. Er verneint aber jeden Zwang zum Einsatz der Informationsvorsprünge von Kreditinstituten zugunsten dritter Gläubiger, solange sich das Institut nicht aktiv in Sanierungsbemühungen einschaltet. Ist dies nicht der Fall, ist der Schutz der eigenen Position vor Ausfällen Privatsache. Vor der Eröffnung eines Insolvenzverfahrens eingetretene Entwertungen der Gläubigerposition fallen in den Risikobereich der betroffenen Gläubiger.[53] Ein Zwang zur Entwicklung gemeinsamen Verhaltens oder Handelns im Vorfeld der Insolvenz des Schuldners wird nicht ausgeübt. Dies gilt selbst dann, wenn außergerichtliche Sanierungsvereinbarungen der Hauptgläubiger eines Schuldners zustandekommen.[54]

46 Die Rechtsprechung ist auch operabel, weil sich ex post an der Geschichte des Kreditkontraktes ablesen lässt, ob passives Stillhalten vorlag oder ob unter dem Mantel des Stillhaltens und des damit erzeugten Rechtsscheins an der Verbesserung der eigenen Position gearbeitet wurde.

47 Die Rechtsprechung zur Gewährung *neuer* Kredite an sanierungsbedürftige Schuldner lässt sich so kennzeichnen:[55]

(1) Unterschieden wird, ob ein Kreditinstitut eigennützig oder uneigennützig handelt. Als uneigennützig gelten zB Kredite eines Kreditinstituts, das gegenüber dem Schuldner keine offenen Ansprüche aus früher gewährten Krediten hat. Dann nämlich erzielt das Institut über den Kapitaldienst hinaus keine zusätzlichen Vorteile.

Als eigennützig gelten Kredite, die ein Kreditinstitut gewährt, weil es ua befürchtet, der Schuldner werde ansonsten die früher gewährten Kredite nicht bedienen können,

---

[50] Zusätzliche Sicherheiten werden anfechtungsfest. Sicherungsgüter verlassen den Zugriffsbereich der Lieferanten und gelangen in den des Kreditinstituts; der gewährte Kredit ist für Sanierungszwecke unzureichend.
[51] Vgl. zB BGH, Urteil vom 16.3.1995, in ZIP (1995), S. 630–635; BGH, Urteil vom 19.3.1998, in ZIP (1998), S. 793–802.
[52] Vgl. zB BGH, Urteil vom 29.5.1978, in: WM (1978), S. 896–897.
[53] Vgl. BHG, Urteil vom 6.6.1994, in WM (1994), S. 1428–1436, auf S. 1432.
[54] Vgl. BGH, Urteil vom 12.12.1991, in ZIP (1992), S. 191–197.
[55] Vgl. *Obermüller* (1985), Rn. 632–646; *Obermüller* (2002), S. 733–760.

wenn die Sanierungskredite ausbleiben.⁵⁶ Wenn die Zuordnung von Uneigennützigkeit an die zusätzliche Bedingung des nicht durch Sicherheiten unterlegten Kredits geknüpft wird, darf man folgern, dass „eigennützige" Sanierungskredite in der Realität deutlich überwiegen.

(2) Grundsätzlich handelt ein Kreditinstitut, das einen Sanierungskredit gewährt, **48** nicht sittenwidrig, wenn es zuvor die Erfolgsaussichten der Sanierung sorgfältig prüft. Zwar könnten andere Gläubiger, die auf die von dem Kreditinstitut bejahte Kreditwürdigkeit vertrauen, Schaden erleiden. Doch könne dieser Konflikt in Kauf genommen werden, es sei denn, das Kreditinstitut handle nicht in der Annahme, dass es sich um eine überwindbare Krise handelt. Der Gläubiger, der ein Not leidendes Unternehmen zu retten sucht, sofern er die Krise als überwindbar und Sanierungsbemühungen als lohnend ansehen kann, handelt nicht schon deshalb sittenwidrig, weil diese Handlung die Möglichkeit des Misslingens und damit die Schädigung Dritter einschließt.⁵⁷

(3) Der Grundsatz der guten-Sitten-Entsprechung ist nicht beachtet, wenn das Kreditinstitut den Sanierungskredit lediglich strategisch einsetzt, um den Zeitpunkt der Eröffnung eines Insolvenzverfahrens zu verlagern und sich Sondervorteile vor anderen Gläubigern zu verschaffen sucht bzw. verschafft („Konkursverschleppung"). Anhaltspunkte für eine solche Strategie sind etwa die Gewährung eines für die geplanten Sanierungsmaßnahmen unzulänglichen Kredites,⁵⁸ Gewährung eines Kredites und Stillhalten, nachdem ein Wirtschaftsprüfer-Gutachten die fehlenden Überlebenschancen des Schuldners unzweifelhaft belegt⁵⁹ oder Gewährung eines Kredits, dessen Einsatz einen die Zinsen und Tilgungen übersteigenden Mehrwert auf Dauer nicht bringen würde.⁶⁰

Auch hier entwickelt die Rechtsprechung eine nachvollziehbare Systematik. Sie ak- **49** zeptiert Sanierungskredite und die für Drittgläubiger implizierte Mehrgefährdung, die hinter dem Rechtsschein des fortbestehenden Schuldners lauert. Sie akzeptiert die für verdeckte Sanierungen notwendige Diskretion und das Risiko des Scheiterns einschließlich der ökonomischen Folgen für an der Sanierung nicht explizit beteiligte Dritte.⁶¹ Geknüpft wird die gute-Sitten-Entsprechung an die Voraussetzung einer sorgfältigen Prüfung der Erfolgschancen des Sanierungsversuches durch das Kreditinstitut. Die implizite Berücksichtigung der Interessen von Drittgläubigern ist damit beabsichtigt.⁶²

Gerichte beurteilen das Verhalten der sanierenden Bank unter Rückgriff auf § 826 **50** BGB. Diese Norm verpflichtet denjenigen zu Schadensersatz, der einem anderen in einer gegen die guten Sitten verstoßenden Weise vorsätzlich Schaden zufügt. Da keine vertraglichen Beziehungen zwischen Sanierer und dritten Altgläubigern bestehen (und zu akzeptablen Kosten nicht herstellbar sind), versucht die Rechtsprechung über eine institutionelle Regel verhaltenslenkend bzw. kompensierend einzugreifen. Der BGH definiert Schaden für Altgläubiger in Höhe der Differenz der Befriedigungsquoten zu zwei Zeitpunkten.⁶³ Aber nicht jeder Schaden ist auszugleichen: Es muss (1) sittenwid-

---

⁵⁶ Vgl. BGH, Urteil vom 9.7.1953, BGH Z 10, 234.
⁵⁷ BGH, Urteil vom 3.3.1956, in: WM (1956), S. 529; BGH, Urteil vom 24.5.1965, in: WM (1965), S. 918–920. Der BGH hat die Anforderungen an die Intensität dieser Prüfung im Zeitablauf unterschiedlich definiert. Vgl. BGH, Urteil vom 22.6.1992, in WM (1992), S. 1813–1825, auf S. 1823.
⁵⁸ BGH, Urteil vom 15.6.1962, in: WM (1962), S. 965.
⁵⁹ BGH, Urteil vom 14.4.1964, in: WM (1964), S. 673/674.
⁶⁰ OLG, Köln, Urteil vom 27.2.1981, in: WM (1981), S. 1240; BGH, Urteil vom 16.3.1995, in ZIP (1995), S. 630–635, auf S. 632.
⁶¹ *Aden* (1979), S. 894.
⁶² Vgl. zum Interessengleichklang von Drittgläubigern und Sanierungskreditgebern zB *Drukarczyk* (1986), S. 386–392.
⁶³ Vgl. BGH, Urteil vom 4.7.1961, in: WM (1961), S. 1106; BGH, Urteil vom 6.6.1994, in WM (1994), S. 1428–1436; zur Position von Nebengläubigern vgl. BGH, Urteil vom 30.3.1998, in ZIP (1998), S. 776–780.

riges Verhalten des Sanierers und (2) mindestens bedingter Vorsatz, dh eine billigende Inkaufnahme des Schadens Dritter vorliegen.

51 Ob sittenwidriges Verhalten vorliegt, prüft der BGH (a) an den Prüfungsaktivitäten vor Vergabe des Sanierungskredits und (b) an den sonstigen Verhaltensweisen der Bank gegenüber Schuldner bzw. Drittgläubigern. Die Anforderungen des BGH an die Prüfung der Sanierungsaussichten durch den Sanierer haben sich im Zeitablauf gewandelt: Im Jahr 1953 verlangte der BGH, dass der Sanierer nach einer sachkundigen und sorgfältigen Prüfung der Lage des Schuldners vom Erfolg der Sanierung „überzeugt" sein musste. Notfalls sei die Lage durch einen Wirtschaftsfachmann zu prüfen.[64] Nur die Erwartungen einer hohen Erfolgswahrscheinlichkeit konnten den Sanierer vom Vorwurf der Sittenwidrigkeit freistellen. Diese Auffassung hat der BGH in späteren Urteilen nicht abgeschwächt: Spätere Urteile betonen explizit das zulässige Risiko des Misslingens. Sittenwidrigkeit *kann* vorliegen, wenn der Sanierer „ernste Zweifel" am Gelingen hatte oder wenn dargelegt werden könne, dass die „wirtschaftliche Sinnlosigkeit weiterer Kredite" offenbar war.[65] Insbesondere diese Formulierung lässt den Schluss zu, dass positive Erfolgswahrscheinlichkeiten des Sanierers akzeptiert werden.

52 Welche Erfolgserwartung der BGH als ausreichend ansieht, lässt sich mittels der vorliegenden Entscheidungen nicht genau quantifizieren. Auch betont der BGH, dass sich der Grad der Erfolgsaussicht, den ein Sanierungsversuch aufweisen müsse, nur im Lichte der Folgen und damit von Fall zu Fall beantworten lasse.[66] Zudem berücksichtigt der BGH in seinen Stellungnahmen mögliche Auswirkungen auf *Neugläubiger*. Es gibt schließlich Hinweise, dass der BGH von der Idee einer zu quantifizierenden Erfolgswahrscheinlichkeit überhaupt abrückt und es der Sorgfalt eines ordentlichen und gewissenhaften Geschäftsleiters (Bankiers) überantwortet, ob nicht andere Maßnahmen besser geeignet sind als ein Insolvenzverfahren, um den Schaden zu begrenzen.[67] Die Geschäftsleiter bzw. Bankiers wiederum setzen in komplexen Fällen, die das eigene Sanierungs-know-how zu überfordern drohen, Sanierungs- bzw. Unternehmensberater ein.[68]

53 Als sittenwidrig werden Strategien eingestuft, die lediglich Quotenumverteilungen zum Ziel haben. Die Analyse vorliegender Entscheidungen erlaubt die Einschätzung, dass die Technik der „Falleinkreisung" des BGH,[69] die alle Einzelheiten eines Falles zu würdigen sucht, die Aufdeckung eben dieser Strategien ermöglicht.

54 **4. Gesellschafterdarlehen und Sanierung. a)** *Überblick über abgelöste Regelungen.* Die Literatur zum sog. Eigenkapital ersetzenden Gesellschafterdarlehen ist unüberschaubar. Es handelte sich hier offenbar um einen der Lieblingsspielplätze der Gesellschaftsrechtler. Ökonomische Analysen der Problemstruktur sind eher selten[70] und wurden im Übrigen von den die Debatte beherrschenden Juristen kaum zur Kenntnis genommen. Obwohl der Gesetzgeber mit dem Gesetz zur Modernisierung des GmbH-Rechts und zur Bekämpfung von Missbräuchen (MoMiG) in 2008 diese Diskussion zu einem abrupten Ende gebracht hat, indem er die gewollte Unterscheidung von „normalen" und Eigenkapital ersetzenden Darlehen aufgab und die misslungene Vorschrift des § 32a GmbHG strich, sollen einige sanierungsrelevante Aspekte der intensiv geführten Diskussion aufgegriffen werden.

---

[64] BGH, Urteil vom 9.7.1953, BGHZ, 10, S. 228–234.
[65] Vgl. etwa BGH, Urteil vom 27.1.1981, in: WM (1981), S. 1240; OLG Düsseldorf, Urteil vom 14.7.1981, in: WM (1981), S. 968; BGH, Urteil vom 9.7.1979, in: WM (1979), S. 882–883; BGH, Urteil vom 16.3.1995, in ZIP (1995), S. 630–635, auf S. 632/633.
[66] BGH, Urteil vom 9.7.1979, in: WM (1979), S. 882.
[67] BGH, Urteil vom 9.7.1979, in: WM (1979), S. 881 und 883.
[68] Vgl. zur Implementierung von Sanierungsstrategien *Eidenmüller* (1999), S. 296–309.
[69] *Dechamps* (1983), S. 90.
[70] Vgl. etwa *Claussen* (1983); *Gebhard* (1984); *Koller* (1985); *Hemmerde* (1985); *Drukarczyk* (1995); *Rudolph* (2008).

Die Mehrheit der Gesellschaftsrechtler steht von Gesellschaftern gewährten Darlehen an die eigene mit Haftungsbeschränkung ausgestattete Gesellschaft sehr wachsam, wenn nicht misstrauisch gegenüber. Zurecht wird vermutet, dass aus der Kombination von Eigen- und Fremdkapital in einer Hand, den Informationsvorsprüngen der Eigentümer vor den Gläubigern und den in der Hand der Eigentümer konzentrierten Entscheidungsrechten für dritte Altgläubiger und Neugläubiger erhebliche Schädigungen resultieren können. Die Abwehr dieser Schädigungen bestand zum einen in den vom BGH entwickelten Rechtsgrundsätzen zur Behandlung von Gesellschafterdarlehen in der Insolvenz und zum anderen in § 32a GmbHG. Der Kern der Rechtsgrundsätze des BGH bestand in einem verordneten Rangrücktritt von schuldrechtlich eingekleideten Ansprüchen, wenn bestimmte Bedingungen erfüllt waren: Bei Eintritt dieser Bedingungen wurden Ansprüche der Gesellschafter aus (vermeintlicher) Fremdfinanzierung umgedeutet in Ansprüche auf Eigenkapital. 55

§ 32a GmbHG basierte im Prinzip auf der gleichen Sanktion der Umqualifikation von Gesellschafterdarlehen, durchlöcherte aber das sorgsam aufgebaute System des BGH an mehreren entscheidenden Stellen. Das Nebeneinander der Rechtsprechungsgrundsätze des BGH und der Regelungen von § 32a GmbHG wurde in der Literatur auch als „duales Schutzsystem" bezeichnet, womit der Eindruck entstehen sollte, es hätte sich um zweigleisiges, sich gegenseitig stützendes Regelsystem gehandelt. Dieser Eindruck ließ sich bei genauer Analyse indessen nicht bestätigen. 56

Die sorgsame Entwicklung der BGH-Grundsätze zur Behandlung der Ansprüche aus Gesellschafterdarlehen hatte im Kern zu folgenden Ergebnissen geführt,[71] die hier als Auffüllregeln I und II bezeichnet werden sollen: 57

- Auffüllregel I qualifiziert den Teil eines gewährten Gesellschafterdarlehens um in Eigenkapital, der benötigt wird, um eine bestehende bilanzielle Überschuldung abzubauen.
- Auffüllregel II qualifiziert den weiteren Teil eines gewährten Gesellschafterdarlehens in Eigenkapital um, der benötigt wird, um das satzungsmäßige Stammkapital (der GmbH) wiederherzustellen.
- Das vom BGH eingeführte Kriterium der „Kreditunwürdigkeit"[72] ändert diese Regeln nicht: Der „kreditunwürdigen" GmbH gewährte Gesellschafterdarlehen dürfen abgezogen werden, solange die Auffüllregeln I und II befolgt sind. Gesellschafterdarlehen an die in ein Insolvenzverfahren geratene GmbH werden nur umqualifiziert im Umfang der gemäß den Regeln I und II notwendigen Auffüllungen.

Die 1980 eingeführte Vorschrift des § 32a I GmbHG bestimmte, dass Gesellschafter, die ihrer Gesellschaft in einem Zeitpunkt Darlehen gewähren, zu dem ordentliche Kaufleute Eigenkapital zugeführt hätten (Krise der Gesellschaft), den Anspruch auf Rückgewähr des Darlehens im Insolvenzverfahren nur als nachrangige Gläubiger geltend machen können. Nachrangige Gläubiger iSv § 39 InsO nehmen den letzten Rang in der Verteilungsregelung der InsO ein. 58

Die Regelung in § 32a I GmbHG stellt auf den Zeitpunkt der *Zufuhr* der Mittel, also den Zeitpunkt ab, der sich im Lichte der BGH-Grundsätze als gerade *nicht* relevant für die Umqualifikation bzw. für den Verweis in die Nachrangigkeit erweist. Zudem wählt der Gesetzgeber mit dem „Zeitpunkt, in dem ihr die Gesellschafter als ordentliche Kaufleute Eigenkapital zugeführt hätten" eine nicht eben klare Formulierung, was die Bestimmung des vorgeblich relevanten Zeitpunktes erschwerte. 59

Die Vorschrift des § 32a GmbHG koppelt die Drohung der Umqualifikation bzw. des Verweises in die Nachrangigkeit von den bilanziellen Kapitalerhaltungsgrundsätzen ab, 60

---

[71] Vgl. hierzu *Drukarczyk* (1995), S. 174–199.
[72] BGH-Urteil vom 24.3.1980, II ZR 213/77, in: NJW (1980), S. 1524–1527.

womit der verordnete Rangrücktritt über die vom BGH entwickelten Regeln weit hinausging: Nach diesen waren Gesellschafterdarlehen nur insoweit „gesperrt", wie diese verlorenes Stammkapital oder eine über dessen Verlust hinausgehende bilanzielle Überschuldung ausglichen. Die Regelung des § 32a GmbHG kannte keine Obergrenze: auch Darlehen, deren Volumen die eben genannten Beträge klar übersteigen, wurden umqualifiziert bzw. nachrangig.

61 **b)** *Ökonomische Struktur des Problems.* Eine zentrale Frage ist, ob von Eigentümern gewährte Sanierungskredite Drittgläubiger in dem Maße zu schädigen drohen, dass die oben skizzierten Abwehrregelungen gut begründet erscheinen. Ein theoretisches Abgrenzungskriterium wäre die fiktive Befragung und Abstimmung unter den Betroffenen. Von welchen Gesellschafterdarlehen (neuen bzw. stehen gelassenen) kann man vermuten, dass die Mehrheit der Gläubiger einer Nichtdiskriminierung also einer Nichtumwandlung in Eigenkapital bzw. einem Nicht-Verweis in die Nachrangigkeit im Insolvenzfall zugestimmt hätte, wenn diese 1. über die Lage der Gesellschaft informiert worden wären, 2. eine stille Sanierung aus Kostengründen vorgezogen hätten[73] und 3. im Falle eines Votums für Diskriminierung mit der Eröffnung eines Insolvenzverfahrens hätten rechnen müssen, weil der potentielle Sanierer im Lichte dieser Regelung auf die Gewährung eines Sanierungskredites verzichtet hätte? Für diese Entscheidung ist das exante-Wissen der Gläubiger und nur dieses relevant. Dieses Kriterium hätte zur Folge, dass es erstens auch im Insolvenzfall Gesellschafterdarlehen gäbe, die nicht umqualifiziert bzw. nicht auf die Nachrang-Position verschoben würden; zweitens wird die Entscheidung über die Behandlung von Gesellschafterdarlehen ex ante getroffen und nicht ex post: Dass eine Sanierung fehlgeschlagen ist, ist nämlich kein Beleg für eine unseriöse Risikoabwälzung auf Drittgläubiger.

62 Nun ist dieses Kriterium nicht praktisch einsetzbar; aber es kann genutzt werden, um BGH-Grundsätze und die Regelung des § 32a GmbHG zu beurteilen. Ungesicherte bzw. nicht voll gesicherte Altgläubiger zB würden die Anspruchskonkurrenz, die durch Gesellschafterdarlehen entsteht, nie übersehen. Aber sie würden auch die Option erkennen, dass, angestoßen durch Gesellschafterdarlehen, das Unternehmen wieder Fahrt aufnimmt und ihre Ansprüche wieder an Wert gewinnen. Sie würden den Effekt einer partiellen Abdrängung ihres Anspruchs abwägen gegen den Wert der Option des Wiederauflebens und entsprechend entscheiden. § 32a GmbHG reagierte hingegen nur auf den Abdrängungseffekt. Der Wert der Option für Drittgläubiger wird überhaupt nicht zur Kenntnis genommen. Deswegen war diese Regelung sanierungsfeindlich und zudem überzogen, weil sie nicht versuchte, das Ausmaß der Umqualifikation sinnvoll zu begrenzen.

63 **c)** *Modifikationen der Regelungen.* Zwei Vorschriften haben die sanierungsfeindliche Wirkung von § 32a GmbHG zu mildern versucht. Das Gesetz zur Verbesserung der Wettbewerbsfähigkeit deutscher Konzerne auf Kapitalmärkten und zur Erleichterung der Aufnahme von Gesellschafterdarlehen (Kapitalaufnahmeerleichterungsgesetz) vom 20.4.1998 ergänzte § 32a Abs. 3 GmbHG: Darlehen des nicht geschäftsführenden Gesellschafters, der mit 10% oder weniger am Stammkapital der GmbH beteiligt ist, wurden von der Anwendung der sog. Kapitalersatzregeln ausgenommen. Die Begründung war, dass dem nur geringfügig beteiligten Gesellschafter die Insiderstellung fehle und damit der Einfluss auf Entscheidungen. Folglich könne man ihm nicht die „Finanzierungsverantwortung" bzw. die Finanzierungsfolgenverantwortung übertragen.

64 Die zweite Modifikation griff den Kern der Kapitalersatzregeln an. Das Gesetz zur Kontrolle und Transparenz im Unternehmensbereich (KonTraG) vom 27.4.1998 ergänzte § 32a Abs. 3 GmbHG um S. 3: „Erwirbt ein Darlehensgeber in der Krise der

---

[73] So *Schmidt R. H.* (1984), S. 735.

Gesellschaft Geschäftsanteile zum Zwecke der Überwindung der Krise, führt dies für seine bestehenden oder neugewährten Kredite nicht zur Anwendung der Regeln über den Eigenkapitalersatz."

In der Literatur wurde diese Regelung mit dem Begriff „Sanierungsprivileg" belegt.[74] Es ist hier nicht zu beurteilen, ob die Modifikation des Kapitalersatzrechts durch das KonTraG als gelungen gelten kann. Von Bedeutung erscheint, dass erstens für Gläubiger die Möglichkeit besteht, in Sanierungsfällen Eigen- und Fremdkapital in einer Hand zu bündeln und dass zweitens die nicht begrenzte Umqualifikationsdrohung der sog. Novellenregelung begrenzbar wurde.

d) *Änderungen durch MoMiG*. Das Gesetz zur Modernisierung des GmbH-Rechts und zur Bekämpfung von Missbräuchen (MoMiG) vom 1.11.2008 setzt sich ua zum Ziel, das Eigenkapitalersatzrecht transparenter, einfacher und weniger streitanfällig zu gestalten.[75]

MoMiG will dieses Ziel mit den folgenden Schritten erreichen:[76]

1. Die §§ 32a und 32b GmbHG werden gestrichen. Der Versuch „normale" von „kapitalersetzenden" Gesellschafterdarlehen mit nachvollziehbaren Kriterien zu trennen, wird aufgegeben.
2. Ersetzt wird die sog. Novellenregelung durch das insolvenzrechtliche Konzept des Nachrangs von Gesellschafterdarlehen. Die zwangsweise Subordination von Forderungen aus Gesellschafterdarlehen[77] wird dadurch realisiert, dass die Forderungen generell nachrangig sind (§ 39 InsO) und im Fall ihrer Rückzahlung strengen Anfechtungsregeln (§ 135 InsO) unterworfen sind.
3. Auch die an der Erhaltung des Stammkapitals iSv §§ 30, 31 GmbHG orientierten Rechtsprechungsregeln des BGH werden aufgegeben. Erkennbar wird dies in § 30 Abs. 1 S. 3 GmbHG. Hier heißt es, dass S. 1, der die Erhaltung von Vermögen in Höhe des Stammkapitals postuliert, „nicht anzuwenden ist auf die Rückgewähr eines Gesellschafterdarlehens und Leistungen auf Forderungen aus Rechtshandlungen, die einem Gesellschafterdarlehen wirtschaftlich entsprechen."
4. Das durch die Streichung der §§ 32a und 32b GmbHG heimatlos gewordene Sanierungsprivileg wird in § 39 InsO untergebracht. § 39 IV S. 2 InsO lautet: „Erwirbt ein Gläubiger bei drohender oder eingetretener Zahlungsunfähigkeit der Gesellschaft oder bei Überschuldung Anteile zum Zweck ihrer Sanierung, führt dies bis zur nachhaltigen Sanierung nicht zur Anwendung von Absatz 1 Nr. 5 auf seine Forderungen aus bestehenden oder neu gewährten Darlehen oder auf Forderungen aus Rechtshandlungen, die einem solchen Darlehen wirtschaftlich entsprechen."
5. Das „Zwerganteilsprivileg"[78] ist platziert in § 39 Abs. 5 InsO: Die generelle Versetzung in die Nachrangigkeit gilt nicht für den nicht geschäftsführenden Gesellschafter einer Gesellschaft, der mit 10 Prozent oder weniger am Haftkapital beteiligt ist.

Die genannten Vorschriften gelten für alle Gesellschaften, bei denen kein persönlich haftender Gesellschafter eine natürliche Person ist und bei denen auch keine natürliche Person als Gesellschafter-Gesellschafter haftet.

Der Gesetzgeber möchte mit diesen Regelungen klarere Verhältnisse schaffen. Neben der Aufgabe der Suche nach einem brauchbaren Trennkriterium für „normale" und umzuqualifizierende Gesellschafterdarlehen, werden die Begriffe „Kreditwürdigkeit" und „Krise" vermieden. Der Zeitpunkt, zu dem der Gesellschaft ein Gesellschafterdar-

---

[74] Vgl. auch *Obermüller* (1998).
[75] Zur Bedeutung von Transaktionskosten bei interpretationsbedürftigen Rechts- bzw. Rechtsprechungsregeln zB *Schmidt* (2006), S. 1926.
[76] Vgl. etwa *Schmidt* (2006); *Haas* (2007); *Krolop* (2007).
[77] Vgl. *Haas* (2007), S. 617.
[78] So *Schmidt* (2006), S. 1928.

lehen zugeführt wird, ist – abgesehen von der Regelung in § 39 IV S. 2 InsO – nicht mehr von Belang. Aber was sind die Folgen? Ist die ersatzlose Streichung der Rechtsprechungsgrundsätze des BGH, die in viel klarerer Weise Rechtsregeln durch Rekurs auf vielfach bewährte Kapitalerhaltungsregeln ableiteten, als der Gesetzgeber es jemals vermocht hätte, ein Vorteil? Ist die Definition des Zeitpunktes, ab dem ein Anteilserwerb durch einen Gläubiger den verordneten Nachrang seiner Forderungen nicht bewirkt, gut gewählt?

67   Eine durch Gesellschafter bewirkte Fremdfinanzierung hat Vorteile: Sie ist flexibel, sie löst deutlich geringere Kosten als eine Eigenkapitalerhöhung aus, sie ist frei vom Risiko der verdeckten Sacheinlage oder unwirksamer Einzahlungen, Zinssätze können im Rahmen des steuerlich Zulässigen angepasst werden und sie belebt die Option des Wiederauflebens der Chance zur Fortführung. Man kann § 39 IV S. 2 InsO so interpretieren, als wolle der Gesetzgeber den Wert dieser Option anerkennen. Allerdings ist der Anspruch auf Nichtnachrangigkeit an den Erwerb von Anteilen durch den Gläubiger geknüpft und das Vorliegen des Zustands drohender bzw. eingetretener Zahlungsunfähigkeit oder ggf. der Überschuldung. § 39 IV S. 2 InsO klärt nicht, ob der Erwerb neuer oder von den Gesellschaftern bereits gehaltenen Anteile intendiert ist. Erwürbe der Gläubiger bereits gehaltene Anteile, wird deren Wert in der Nähe der Überschuldung in aller Regel unter dem Nominalwert der Anteile liegen, weshalb eine solche Transaktion keinen eine Überschuldung abbauenden Effekt haben kann. Die im Kontext mit dem Anteilserwerb ggf. neu gewährten Darlehen können eine Überschuldung ebenfalls nicht abbauen. Unterbleibt nämlich die zwangsweise Subordination der Gesellschafterdarlehen, ist der Kapitaldienst unverändert anzusetzen, womit die Reduktion der Überschuldung unterbleibt.

68   Erwirbt der Gläubiger neu auszugebende Anteile, sieht die Sachlage besser aus, da zusätzliche Eigenmittel der Gesellschaft zufließen. Aber auch hier gilt, dass der Erwerbspreis für neue Anteile im Schatten der Überschuldung bzw. der eingetretenen Zahlungsunfähigkeit überschaubar bleibt.

69   Empirisch gilt, dass die Zeitpunkte, zu denen Insolvenztatbestände wie Überschuldung bzw. Zahlungsunfähigkeit vorliegen, für wirkungsvolle Restrukturierungen zu spät liegen.[79] Es ist deshalb ein strategischer Fehler, wenn der Gesetzgeber Transaktionen bzw. Maßnahmen privilegieren will, die im Schatten eines erfüllten Insolvenztatbestandes stattfinden. Hier hat der Wunsch, den Begriff „Krise" im Gesetzestext zu vermeiden, Nachteile.

70   Nun sind auch Maßnahmen privilegierbar im Schatten der drohenden Zahlungsunfähigkeit (§ 39 Abs. 4 S. 2 InsO). Dieser Zeitpunkt beschreibt einen Unternehmenszustand, der zeitlich früher liegen könnte und zu dem die Restrukturierungschance empirisch besser sein könnte: Nach herrschender Meinung umfasst der zulässige Prognosezeitraum das laufende und das folgende Geschäftsjahr. Zu beachten ist aber, dass die Ertragspotentiale von Unternehmen, die wegen Performanceschwäche auf eine Krise zusteuern, sich zeitlich deutlich früher abschwächen. Praktiker und Kreditinstitute wissen dies, wie der einfallsreiche Einsatz von Covenant-gestützten Kreditverträgen zeigt.[80] Eine wichtige Funktion von Covenants ist die Kriterien-gestützte und überwachte Frühwarnung. Die Covenant-gestützte Frühwarnung erfolgt idR bevor Zahlungsunfähigkeit droht. Kreditinstitute sind somit gut beraten, sich auf die Covenants zu stützen, die sie vertraglich fixiert haben.

71   Es ist von Vorteil, wenn der Gesetzgeber die Bündelung von verschiedenen Finanzierungsinstrumenten in Form von Eigen- bzw. Fremdkapital in einer Hand stützt. Das

---

[79] Gilson/John/Lang (1990); Gilson (1991); Drukarczyk (2006).
[80] Vgl. etwa Drukarczyk (2002), (2006); Eidenmüller (2008).

sog. strip financing hat den Vorteil, die Konflikte der Financiers, die sich in der „Krise" des Unternehmens zuspitzen, zu reduzieren und im Idealfall abzubauen. Die Voraussetzung von § 39 Abs. 4 S. 2 InsO jedoch, dass das Privileg nur im Schatten eines Insolvenztatbestandes entstehen kann, reduziert dramatisch den Vorteil der Vorschrift aus den oben angeführten Gründen.

V. Gewinnung von Eigenkapital

1. Ausgangslage. Sanierungsbedürftige Unternehmen weisen in aller Regel im Vergleich zu Branchendurchschnittswerten schwache, bilanziell gemessene Eigenkapitalquoten auf. Dazu haben beigetragen die durch die Performanceschwäche reduzierten Thesaurierungsmöglichkeiten von bilanziellen Überschüssen, die Erodierung des bilanziellen Eigenkapitals durch in GuV-Rechnungen dokumentierte Verluste, die den Alteigentümern fehlende Möglichkeit oder der fehlende Wille Mittelzuführungen in Form von Eigenkapital zu realisieren und die idR schwer zu überwindenden Hindernisse, neue Eigenkapitalgeber in Zeiten erkennbarer Performanceschwäche zu Einlagen in Form von Eigenkapital zu bewegen zu Bedingungen, die auch den Alteigentümern akzeptabel erscheinen.

Zum Erscheinungsbild sanierungsbedürftiger Unternehmen gehören somit erodierte bilanzielle Eigenkapitalpositionen und – im Gegenzug – durch Kapitaldienst für Fremdmittel hoch belastete GuV- und Liquiditätsrechnungen. Die Fremdmittelquote ist somit zu reduzieren, die Eigenkapitalquote muss aufgebessert werden, um die Finanzplanung von Zins- und Tilgungsverpflichtungen zu entlasten und einer auf einer mittelfristigen Finanzplanung, die sich nach hM auf das laufende und das darauf folgende Geschäftsjahr erstreckt, basierenden Fortführungsprognose zur „überwiegenden" Glaubwürdigkeit zu verhelfen. Die Aufbesserung des Eigenkapitalanteils erscheint somit vorrangig.

2. Hintergrund 1: Zeitdruck. Fremdkapital zB in Form von Sanierungskrediten kann dem sanierungsbedürftigen Unternehmen im Vergleich zu einer Verstärkung des Eigenkapitals relativ zügig zugeführt werden. Die Kernbedingung ist, dass sich derjenige, der Sanierungskredite zu gewähren bereit ist, also in aller Regel ein Kreditinstitut, sich zuvor eine belastbare Vorstellung von der Wahrscheinlichkeit eines Sanierungserfolges erarbeiten muss. Hierbei kann die Einschaltung eines Sachverständigen nützlich sein. Die Bereitstellung neuen Eigenkapitals ist regelmäßig deutlich zeitaufwendiger. Unterstellt man etwa die Rechtsform einer GmbH oder AG benötigt man idR Gesellschafterversammlungen, Kapitalherabsetzungsbeschlüsse, ggf. Beschlüsse über Sacheinlagen, Behandlung von Bezugsrechten, Handelsregistereintragungen etc. Sollen diese Prozesse ablaufen, ohne dass der Prozess in ein Insolvenzverfahren einmündet, muss der Eintritt eines zu einem Insolvenzantrag nach § 15a InsO verpflichtenden Eröffnungsgrundes (früher: Insolvenztatbestandes) vermieden werden.

Die InsO kennt drei Eröffnungsgründe: Zahlungsunfähigkeit (§ 17 InsO), drohende Zahlungsunfähigkeit (§ 18 InsO) und Überschuldung (§ 19 InsO). Weil drohende Zahlungsunfähigkeit dem Schuldner die Option zur Eröffnung eines Verfahrens gewährt, also keine Verpflichtung auslöst, kann der Eröffnungsgrund drohende Zahlungsunfähigkeit hier zunächst unbeachtet bleiben.

Die ungestörte Fortführung einer außergerichtlichen Sanierung wird somit bedroht durch § 17 InsO, dem Eintritt der Zahlungsunfähigkeit und durch § 19 InsO, dem Eintritt von Überschuldung.[81] Die InsO definiert Zahlungsunfähigkeit trocken und klar: Der Schuldner ist zahlungsunfähig, wenn er „nicht in der Lage ist, die fälligen Zahlungspflichten zu erfüllen". Die Gesetzesbegründung enthält keinen Hinweis auf eine

---

[81] Vgl. zu § 17 MüKoInsO/*Eilenberger* (2013); zu § 19 MüKoInsO/*Drukarczyk/Schüler* (2013).

zulässige Dauer einer Unfähigkeit zu leisten, noch einen Verweis auf die Wesentlichkeit einer Finanzierungslücke, noch eine Qualifikation, dass fällige Geldschulden ernsthaft eingefordert sein müssten. Es heißt dort vielmehr:[82] Dass eine vorübergehende Zahlungsstockung keine Zahlungsunfähigkeit begründe, brauche nicht gesondert zum Ausdruck gebracht werden. Würde der Gesetzestext eine „andauernde" Unfähigkeit verlangen, könne dies den Begriff Zahlungsunfähigkeit stark verwässern[83] und könne als Bestätigung der verbreiteten Neigung verstanden werden, eine auch über Wochen oder gar Monate fortbestehende Illiquidität zur rechtlich unerheblichen Zahlungsstockung zu erklären. Dies indessen stünde dem Reformziel, Insolvenzverfahren deutlich früher auszulösen klar entgegen. Ebenso wenig empfehle es sich vorzuschreiben, dass die Unfähigkeit Zahlungen zu leisten einen „wesentlichen Teil" der Verbindlichkeiten betreffen müsse. Auch hier sei klar, dass ganz geringfügige Liquiditätslücken außer Betracht bleiben müssten. Aber auch hier müsste bisherigen Tendenzen zu einer übermäßig großzügigen Auslegung des Begriffs Zahlungsunfähigkeit entgegengewirkt werden. „Insbesondere erscheint es nicht gerechtfertigt, Zahlungsunfähigkeit erst anzunehmen, wenn der Schuldner einen bestimmten Bruchteil der Gesamtsumme seiner Verbindlichkeiten nicht mehr erfüllen kann."[84] Das Kriterium des „ernsthaften Einforderns" kommt in der Begründung des RegE überhaupt nicht vor. Relevant sind die fälligen Zahlungspflichten. Nur gestundete Zahlungen gelten als nicht fällig.

76 Der BGH hat in mehreren Entscheidungen an der Erarbeitung von Kriterien gearbeitet, die es ermöglichen sollen, zwischen einer bloßen Zahlungsstockung und einer zur Antragsstellung verpflichtenden Zahlungsunfähigkeit zu unterscheiden. Die gelegentlich als „Grundsatzentscheidung" qualifizierte Entscheidung vom 24.5.2005[85] entwickelt folgende Prüfvorgaben:[86]

1. Ist eine Unterdeckungsquote[87] von 10% nicht überschritten und lässt sich die Zahlungslücke innerhalb der Drei-Wochen-Frist vollständig oder weitgehend schließen, liegt eine Zahlungsstockung vor, die keine Antragspflicht auslöst.[88]
2. Ist die Unterdeckungsquote kleiner als 10% und besteht die auf Tatsachen gegründete Erwartung, dass sich der „Niedergang des Schuldner-Unternehmens" fortsetzen wird, ist eine 10% unterschreitende Quote kein ausreichender Beleg für Zahlungsfähigkeit.
Die Prüfvorgabe präzisiert nicht, auf welchen Zeitraum die Erwartungsbildung ausgedehnt werden darf, weil es faktisch von der Länge der die Drei-Wochen-Frist übersteigenden Zeitspanne abhängen kann, ob das Ergebnis der Prüfung Zahlungsstockung oder Zahlungsunfähigkeit heißt. Für Rechtsklarheit, Minimierung von Gerichtskosten und eine deutliche Abgrenzung zur „drohenden Zahlungsunfähigkeit" wäre eine Präzisierung von Nutzen.
3. Ist die Unterdeckungsquote im Prüfzeitpunkt größer als 10%, kann die Folgerung, dass Zahlungsunfähigkeit vorliegt, vermieden werden, wenn konkrete Umstände benennbar sind „die mit an Sicherheit grenzender Wahrscheinlichkeit erwarten lassen",[89] dass die Liquiditätslücke „in überschaubarer Zeit" beseitigt werden wird. Der BGH sagt explizit, dass die „überschaubare Zeit" die oben erwähnte Drei-Wochen-Frist überschrei-

---

[82] Vgl. *Uhlenbruck* (1994), S. 316.
[83] Der RegE spricht von „einengen".
[84] *Uhlenbruck* (1994), S. 316.
[85] BGH-Urteil vom 24.5.2005 – IX ZR 123/04, ZInsO 2005, S. 807, ZIP 2005, S. 1426–1431.
[86] Vgl. hierzu etwa *Drukarczyk* (2014), FS Ballwieser, S. 99 ff.
[87] Diese Quote ist definiert als Quotient aus Volumen der fehlenden finanziellen Mittel zur Summe aller fälligen (nicht gestundeten) Verbindlichkeiten.
[88] Der BGH lässt einen „geringfügigen Rest" von im Drei-Wochen-Zeitraum nicht bedienter fälliger Verpflichtungen zu. Wie hoch dieser geringfügige Rest sein darf und warum überhaupt eine geringfügige Zahlungslücke am Ende der zugestandenen Frist zugelassen wird, präzisiert der BGH nicht.
[89] BGH-Urteil vom 24.5.2005, ZIP, S. 1430.

tet. Er präzisiert aber nicht, wie lange dieser Zeitraum bis zum vollständigen Schließen der Lücke höchstens sein darf. Es fehlt ein wichtiger Bestandteil für eine klare Terminierungsregel. Einige Autoren meinen, dieser Zeitraum könne zwischen 3 und 6 Monaten betragen.[90] Nun ist klar, dass eine Hängepartie, die sich über viele Monate erstreckt, bevor klar würde, ob nun Zahlungsstockung oder Zahlungsunfähigkeit vorliegt, vor dem Hintergrund der Funktionen eines zur Verfahrenseröffnung verpflichtenden und sanktionsbewehrtem Eröffnungsgrund gänzlich unakzeptabel ist. Sanierern ist also zu empfehlen, die Drei-Wochen-Frist zu beachten und bei dem Versuch diese auszudehnen zu berücksichtigen, dass allenfalls „mit an Sicherheit grenzender Wahrscheinlichkeit" erwartbare Ereignisse hierzu legitimieren können. Dieses hohe geforderte Verlässlichkeitsniveau wird bereits verhindern, dass diese Ereignisse in der Realität Monate nach dem Ende der Drei-Wochen-Frist zu liegen kommen.

Eine Fristverlängerung über die vom BGH ins Leben gerufene Drei-Wochen-Frist ergibt sich aus einem anderen Grund. Es stellt sich nämlich die Frage, ob diese Zeitspanne die in § 15a InsO festgelegte Frist von ebenfalls drei Wochen „verbraucht". Hierzu ist zu beantworten, zu welchem Zeitpunkt die in § 15a InsO definierte Frist zu laufen beginnt. Der Wortlaut ist klar: Der Fristlauf beginnt mit der Feststellung, dass Zahlungsunfähigkeit (oder Überschuldung) vorliegt. Zwei Antworten erscheinen auf den ersten Blick möglich: Wird eine Liquiditätslücke aufgedeckt, ist zunächst ungeklärt, ob eine Zahlungsstockung oder Zahlungsunfähigkeit vorliegt. Der BGH gesteht dem Schuldner eine Drei-Wochen-Frist für eine Finanzplanung und die Suche nach einer Strategie zu, um die Lücke zu verkleinern oder zu schließen. Erst wenn der Abbau einer 10%-Unterdeckung auf einen „geringfügigen Rest" nicht gelingt, schlägt die Vermutung Zahlungsstockung in das Wissen um, dass „Zahlungsunfähigkeit" vorliegt. Dann erst beginnt der Lauf der von § 15a Abs. 1 InsO gewährten Frist.[91]

77

Die zweite Antwort könnte in der vom BGH zugestandenen Drei-Wochen-Frist einen „Verbrauch" der von § 15a Abs. 1 InsO gewährten Frist sehen. Dies setzte voraus, dass der faktische Eingang von Einzahlungen verbunden mit dem Entstehen von fälligen Verbindlichkeiten im zugestandenen Drei-Wochen-Zeitraum die Erwartung des Schuldners nicht erfüllt und dass dieses ex-post-Ereignis die ex-ante-Erwartung des Schuldners als falsch ausweist. Nutzt man dies als Begründung dafür, dass Zahlungsunfähigkeit bereits zu Beginn des Prüfungszeitraums vorgelegen habe, setzt man ein ex-post-Ergebnis an die Stelle der ex-ante-Erwartung und beraubt diese somit ihrer Relevanz. Der BGH will aber über die Prüfvorgaben den Erwartungen des Schuldners Raum geben: Er soll die Gelegenheit haben, das Vorliegen einer Zahlungsstockung zu belegen. Diese Absicht lässt sich im Urteil nachweisen: Der Geschäftsführer der GmbH, der gestützt auf seine Erwartungen, die Bedingungen für das Vorliegen einer Zahlungsstockung erfüllt sieht, darf Zahlungen an Gläubiger leisten, ohne die Haftung befürchten zu müssen. Wenn am Ende der Drei-Wochen-Frist die Zahlungsfähigkeit wieder hergestellt ist, schlägt Zahlungsstockung in Zahlungsunfähigkeit um. Diese Erkenntnis darf nicht auf den Startpunkt der Drei-Wochen-Frist zurückwirken,[92] da zu diesem Zeitpunkt das Wissen um eine bestehende Zahlungsunfähigkeit nicht vorlag. Relevant ist somit die erste Antwort: Der Startpunkt des Laufs der Frist gemäß § 15a InsO liegt dort, wo Zahlungsunfähigkeit gemäß den Kriterien des BGH vorliegt. Sollte der Schuldner bereits im Verlauf der Drei-Wochen-Frist erkennen, dass seine Erwartungen sich nicht erfüllen werden, findet das Umschlagen in die Zahlungsunfähigkeit früher statt.[93]

78

---

[90] Vgl. etwa *Kirchhof* (2009), Kap. 3, Rn. 15; *Fischer* (2010), S. 163.
[91] So zB *Knolle/Tetzlaff* (2005), S. 901/902; *Jensen* (2009), S. 301, 313; *Fischer* (2010), S. 163.
[92] So auch *Knolle/Tetzlaff* (2005), S. 921; *Neumaier* (2005), S. 3042; *Fischer* (2010), S. 162; *Drukarczyk* (2014).
[93] BGH-Urteil vom 24.5.2005, ZIP 2005, S. 1430; vgl. auch IDW (2009), IDW PS 800, Rn. 4.

79 § 19 Abs. 2 S. 1 InsO definiert Überschuldung nunmehr als Zustand, in dem „das Vermögen des Schuldners die bestehenden Verbindlichkeiten nicht mehr deckt, es sei denn, die Fortführung des Unternehmens ist nach den Umständen überwiegend wahrscheinlich." Formal ist diese Definition zweistufig: Ob die Fortführung des Unternehmens überwiegend wahrscheinlich ist, ist nach ganz herrschender Meinung mittels einer Finanzplanung zu prüfen, die einen Zeitraum von maximal zwei Jahren umfasst und keine nicht auffüllbaren finanziellen Fehlbeträge ausweist. Ob das Vermögen des Schuldners die bestehenden Verbindlichkeiten deckt, ist zu prüfen durch Gegenüberstellung der Vermögensgegenstände, bewertet zu Liquidationswerten, und der bestehenden Verbindlichkeiten.[94] Eine Prüfungsreihenfolge ist nicht vorgeschrieben. In der Realität wird die Überprüfung, ob Überschuldung vorliegt, idR mit der Fortführungsprognose begonnen werden, weil eine Finanzplanung ganz im Gegensatz zur Erstellung von auf Liquidationswerten basierenden Bilanzen zum täglichen Steuerungsgeschäft gehört und weil obendrein das Ergebnis in Form einer positiven Zahlungsfähigkeitsprognose (oder Fortführungsprognose) die Erstellung des Vermögens-Verbindlichkeits-Vergleichs erübrigt. Erst wenn die Finanzplanung für den Planungszeitraum nicht auffüllbare Finanzplandefizite aufweist, muss sich die Prüfung der Frage zuwenden, ob auch „rechnerische Überschuldung" vorliegt.

80 Die Prüfung, ob rechnerische Überschuldung vorliegt, nachdem die Prüfung der Fortführungsfähigkeit (Zahlungsfähigkeit) zu einem negativen Ergebnis geführt hat, wird das Urteil, dass Überschuldung vorliegt, nicht mehr vermeiden können.[95] Eine Bilanz, die alle verfügbaren Vermögensgegenstände erfasst und zu Liquidationswerten[96] bewertet, zeigt das Kreditvolumen an, das Gläubiger, die auf dinglichen Sicherungen bestehen, mindestens zu gewähren bereit wären. Wäre der Marktwert der zur Kreditsicherung tauglichen Vermögensgegenstände größer als die Summe der bestehenden Verbindlichkeiten, könnte das Unternehmen weitere gesicherte Kredite aufnehmen, um eventuelle Finanzplandefizite zu füllen. Die Annahme, dass nicht auffüllbare Finanzplandefizite zu erwarten sind, ist gleichbedeutend mit der völligen Ausnutzung und ggf. Überschreitung des Kreditsicherungspotentials. Das bedeutet, dass der negative Ausgang der Fortbestehungsprognose nicht durch einen Überstand des Liquidationsvermögens über bestehende Verbindlichkeiten geheilt werden kann.

Auch die Abfolge der empirischen Finanzierungsentscheidungen stützt die These, dass im Falle einer negativen Fortführungsprognose immer rechnerische Überschuldung vorliegt. Die ersten Kreditgeber einer Gesellschaft greifen auf zu Sicherungszwecken geeignete Vermögensgegenstände zurück: sie mindern ihr Ausfallrisiko, senken die Informationskosten insbesondere bei jüngeren Unternehmen, über deren Performance wenig bekannt ist, binden das Verhalten des Schuldners und verhindern, dass später hinzutretende Gläubiger bessere Plätze als sie selbst einnehmen. Steigert die Gesellschaft ihre Performance, sind Kreditgeber bereit, Ertragspotentiale, also den Barwert künftig zu erzielender Überschüsse, die den Liquidationswert übersteigen, zu beleihen. Damit löst sich das Fremdkapitalvolumen von dem Liquidationswert der Aktiva. Verschlechtern sich die Ertragspotentiale, gelingt es den Gläubigern idR nicht, den Verschuldungsumfang der Gesellschaft im Gleichschritt mit dem sinkenden Barwert künftiger Überschüsse zurückzufahren. Hierfür sind Informationsdefizite der Gläubiger und Verhaltensweisen der Eigentümer (Manager) der im Abschwung befindlichen Unternehmen verantwortlich. Es folgt, dass eine Gesellschaft, die im definierten Prognosezeitraum nicht auffüllbare Zahlungsmitteldefizite erwartet, im Prüfungszeitpunkt ein

---

[94] Vgl. im Detail K. *Schmidt/Bitter* in *Scholz* (2010), vor § 64, Rn. 17–39; MüKoInsO/*Drukarczyk/Schüler* (2013), § 19, Bd. 1.
[95] Vgl. hierzu *Drukarczyk* (1994b), S. 1246–1248; *Drukarczyk* (2014), S. 112–114.
[96] Die Frage, ob vor und nach Verwertungskosten sei hier vereinfachend ausgeklammert.

Fremdfinanzierungsvolumen aufweist, das den Liquidationswert klar übersteigt.[97] Rechnerische Überschuldung liegt somit regelmäßig vor.

Daraus folgt, dass die von § 19 Abs. 2 geforderte Prüfmethodik im Ergebnis einstufig ist. Stufe 2, die Prüfung der rechnerischen Überschuldung hat keinerlei korrigierende Funktion: Läge rechnerische Überschuldung vor, kann eine positive Fortbestehensprognose den Eintritt der Überschuldung verhindern. Liegt eine negative Fortbestehensprognose vor, ist rechnerische Überschuldung wegen der oben erläuterten Abläufe immer gegeben. Es kommt also allein auf die Fortbestehensprognose an. 81

Für den außergerichtlichen Sanierungsprozess ist dieses Ergebnis unwillkommen. Es bedeutet nämlich, dass die beiden Eröffnungsgründe Überschuldung und drohende Zahlungsunfähigkeit im Ergebnis deckungsgleich sind. Beide Eröffnungsgründe beschreiben den gleichen ökonomischen Sachverhalt: der Finanzplan für eine zukünftige Periode weist nicht auffüllbare Finanzlücken auf. Dabei spielte der Einwand, die Prognoseperioden für beide Sachverhalten könnten sich in der Länge der zeitlichen Erstreckung unterscheiden, keine erkennbare Rolle, da der Prognosezeitraum für keinen der Eröffnungsgründe scharf definiert ist. Für die außergerichtliche Sanierung bedeutet dies, dass die Bedrohung durch den Insolvenztatbestand Überschuldung viel ernster zu nehmen ist als die durch Zahlungsunfähigkeit: Der Eintritt von Überschuldung verpflichtet weit früher zum Abbruch des außergerichtlichen Sanierungsprocederes und zum Übergang in ein Insolvenzverfahren als der Eintritt von Zahlungsunfähigkeit. 82

3. Hintergrund 2: Schutzschirmverfahren und ESUG. Das Gesetz zur weiteren Erleichterung der Sanierung von Unternehmen (ESUG) ist zum 1. März 2012 in Kraft getreten. Anstoß war, dass die Häufigkeit und Bedeutung von Insolvenzverfahren und Eigenverwaltung empirisch weit hinter den Erwartungen zurückgeblieben waren, die der Gesetzgeber gehegt hatte. Hier ist nicht der Raum, um die durch ESUG bewirkten Neuerungen im Detail darzustellen. Herauszustellen sind die wesentlichen Änderungen im regulierten Verfahrensablauf, die potentielle Rückwirkungen auf die Gestaltung außergerichtlicher Verfahren haben können. Oben wurde darauf hingewiesen,[98] dass die Vorteile außergerichtlicher Sanierungen im Schatten der Eigenschaften gerichtlicher Sanierungsverfahren zu sehen sind. Werden wichtige Parameter gerichtlicher Verfahren verändert, sind Rückwirkungen auf die Einschätzung außergerichtlicher Abläufe zu vermuten. 83

Folgt man der Begründung für ESUG[99] sind folgende Zielsetzungen erkennbar: 84
- stärkerer Einfluss der Gläubiger auf die Auswahl des Insolvenzverwalters,
- Stärkung der Eigenverwaltung,
- Ausdehnung der in Insolvenzplänen erlaubten Entscheidungen über Eigenkapitalmaßnahmen und Erweiterung der Abstimmungsgruppen um die Gruppe der Anteilsinhaber,
- Beschleunigung des Insolvenzplanverfahrens durch Beschränkung der Rechtsmittel,
- Schutzschirmverfahren als zusätzlicher Anreiz, ein gerichtliches Insolvenzverfahren frühzeitig einzuleiten.

Im hier behandelten Kontext sind relevant die Stärkung der Eigenverwaltung in Verbindung mit einem Schutzschirmverfahren und die Ausdehnung der in Insolvenzplänen festzulegenden Parameter auf Maßnahmen der Kapitalherabsetzung, Kapitalerhöhung, Bezugsrechtsausschlüsse, Umwandlung von Forderungen in Eigenkapital, also der in ESUG unternommene Versuch „die strikte Trennung von Insolvenzrecht und Gesellschaftsrecht"[100] zu überwinden.

---

[97] Die Befriedigungsquoten gesicherter und ungesicherter Gläubiger belegen diese Aussage mit Prägnanz.
[98] Vgl. oben Rn. 1–10.
[99] BT-Drucks. 17/5712, S. 17–22.
[100] So in BT-Drucks. 17/5712, S. 18.

85 Der Gesetzgeber verknüpft in ESUG das Teilziel, den Anteil der in Eigenverwaltung bewältigten Verfahren zu erhöhen, mit dem Teilziel, eine frühere Ingangsetzung von Verfahren zu initiieren, in der Konstruktion des sog. Schutzschirmverfahrens. Dieses lässt sich kennzeichnen durch Eigenverwaltung in Begleitung eines vorläufigen Sachwalters, durch eine von Gläubigern dominierte Zugangsregelung und einer von einer Verwertungssperre begleiteten, auf maximal drei Monate befristeten Frist für den Entwurf eines Insolvenzplans sowie dem Recht des Schuldners unter bestimmten Bedingungen Masseverbindlichkeiten begründen zu können.

86 Der Kern der Regelungen ist in den §§ 270, 270a, 270b InsO zu finden. § 270 Abs. 1 InsO bestimmt: „Der Schuldner ist berechtigt, unter der Aufsicht eines Sachwalters die Insolvenzmasse zu verwalten und über sie zu verfügen, wenn das Insolvenzgericht in dem Beschluss über die Eröffnung des Insolvenzverfahrens die Eigenverwaltung anordnet. Für das Verfahren gelten die allgemeinen Vorschriften, soweit in diesem Teil nichts anderes bestimmt ist." Die gerichtliche Anordnung setzt voraus, dass (1) der Schuldner den Antrag stellt und (2) dass keine Umstände bekannt sind, die erwarten lassen, dass die Anordnung zu Nachteilen für die Gläubiger führen wird. Ob letzteres zutrifft, haben idR die Gläubiger zu beantworten. In § 270 Abs. 3 S. 2 heißt es dann: „Wird der Antrag von einem einstimmigen Beschluss des vorläufigen Gläubigerausschusses unterstützt, so gilt die Anordnung nicht als nachteilig für Gläubiger." Fehlt es an einem vorläufigen Gläubigerausschuss, muss das Gericht entscheiden.[101]

87 § 270 Abs. 1 InsO formuliert, dass das Gericht dann, wenn die „Eigenverwaltung nicht offensichtlich aussichtslos" ist, verzichten soll

1. dem Schuldner ein allgemeines Verfügungsverbot aufzuerlegen oder
2. anzuordnen, dass alle Verfügungen des Schuldners nur mit Zustimmung eines vorläufigen Insolvenzverwalters wirksam sind.

An die Stelle des vorläufigen Insolvenzverwalters tritt ein vorläufiger Sachwalter, dessen Funktionen in § 274 InsO und dessen Mitwirkungsrechte in § 275 InsO festgeschrieben sind.[102]

88 § 270b Abs. 1 liefert weitere Voraussetzungen für den Eintritt in ein Schutzschirmverfahren nach: Der Schuldner darf zum Zeitpunkt der Antragstellung drohend zahlungsunfähig und/oder überschuldet sein, nicht jedoch zahlungsunfähig. Zudem darf die angestrebte Sanierung nicht offensichtlich aussichtslos sein. Beides hat der Schuldner durch eine „Bescheinigung" eines in Insolvenzsachen Erfahrenen zu belegen (§ 270b Abs. 1 InsO). Daraufhin entscheidet das Gericht über die Erstellung eines Insolvenzplans in einem Zeitraum von maximal 3 Monaten.

§ 270 Abs. 2 stellt klar, dass der Schuldner einen Vorschlag für die Person des vorläufigen Sachwalters machen kann. Diese Person darf nicht identisch mit dem „Bescheiniger" nach § 270b Abs. 1 sein, kann vom Gericht aber nur abgelehnt werden, „wenn die vorgeschlagene Person offensichtlich für die Übernahme des Amtes nicht geeignet ist."[103]

§ 270b Abs. 3 InsO regelt, dass das Gericht auf Antrag dem Schuldner die Begründung von Masseverbindlichkeiten gestattet unter entsprechender Geltung von § 55 Abs. 2 InsO. Diese Regelung ist von großer Bedeutung für den Schuldner, da sie die Bewältigung der Finanzierung während der Phase der Planerstellung sehr erleichtert.

89 Was folgt, wenn Zahlungsunfähigkeit während der Entwicklungsphase des Insolvenzplans eintritt? Das Gericht kann die gewährte Frist und die Anordnung der Eigenver-

---

[101] *Willemsen/Reschel* (2012), § 270, Rn. 8.
[102] Der Schuldner darf nach § 270a Abs. 2 InsO seinen Eröffnungsantrag vor der gerichtlichen Entscheidung über den Antrag zurückziehen, nachdem das Gericht ihm mitgeteilt hat, dass es die Voraussetzungen der Eigenverwaltung als nicht gegeben ansieht.
[103] § 270b Abs. 2 S. 2 InsO.

waltung abbrechen bzw. aufheben, wenn eine der Bedingungen des § 270b Abs. 4 InsO erfüllt ist. Der Gesetzestext nennt drei Bedingungen:[104]

1. die angestrebte Sanierung ist aussichtslos geworden;
2. der vorläufige Gläubigerausschuss beantragt die Aufhebung;
3. *ein* absonderungsberechtigter Gläubiger oder *ein* Insolvenzgläubiger beantragt die Aufhebung und es werden Umstände bekannt, die erwarten lassen, dass die Anordnung zu Nachteilen für die Gläubiger führen wird; der Antrag ist nur zulässig, wenn kein vorläufiger Gläubigerausschuss bestellt ist und die Umstände vom Antragsteller glaubhaft gemacht werden.

Schuldner oder der vorläufige Sachwalter heben dem Gericht den Eintritt der Zahlungsunfähigkeit anzuzeigen.[105] Ein Aufhebungsgrund ist es nicht.

Im Überblick sieht die Konstruktion „Schutzschirm" so aus: **90**

a) Eintrittsbedingungen
- Schuldner ist nicht zahlungsunfähig und liefert „Bescheinigung",
- Sanierung ist nicht offensichtlich aussichtslos („Bescheinigung"),
- Schuldner stellt Antrag auf Eigenverwaltung,
- vorläufiger Gläubigerausschuss stimmt einstimmig zu,
- Gericht akzeptiert Antrag, auch wenn kein vorläufiger Gläubigerausschuss besteht.

b) Folgen
- kein Verfügungsverbot,
- kein vorläufiger Insolvenzverwalter, sondern vorläufiger Sachwalter,
- Recht, Masseverbindlichkeiten zu begründen,
- nicht verlängerbare Frist zur Erstellung eines Plans,
- Verwertungssperre für Gläubiger,
- hohes Risiko des vorzeitigen Abbruchs dann, wenn kein vorläufiger Gläubigerausschuss besteht.[106]

Vergleicht man die Folgen mit den Bedingungen in der Welt außergerichtlicher Sanierungen, sind die relevanten Vorteile überschaubar: es ist die zeitlich befristete Verwertungssperre für Gläubiger und das Recht Masseverbindlichkeiten zu begründen. Diesen relativen Vorteilen stehen gegenüber der hohe administrative Aufwand des Eintritts in ein Schutzschirmverfahren und das Risiko des vorzeitigen Abbruchs. Dass der Gesetzgeber einzelnen Gläubigern ohne jede Beachtung ihres ökonomischen Gewichtes ein Vetorecht zugesteht, ist begründungsbedürftig. Das Akkordstörer-Problem in der außergerichtlichen Sanierung ist breit erörtert und kritisiert. Ihm Eingang in einen regulierten Verfahrensablauf zu verschaffen, scheint nicht angebracht.[107]

Die Folgerung, dass die von ESUG geschaffenen Anreize zur Nutzung eines Schutz- **91** schirmverfahrens die potentiellen relativen Vorteile einer außergerichtlichen Sanierung nicht entscheidend schwächen, erscheint somit verteidigbar.

Die in § 225a Abs. 2 vorgesehene Option, dass Forderungen von Gläubigern in An- **92** teils- oder Mitgliedschaftsrechte am Schuldner umgewandelt werden können und dass der Plan folglich Kapitalherabsetzungen und -erhöhungen, Bezugsrechtsausschlüsse oder die Zahlung von Abfindungen an ausscheidende Anteilseigner vorsehen kann, hat in der Literatur unter dem Stichwort „debt-equity-swap" eine breite Diskussion ausgelöst.[108]

---

[104] Verkürzt die Aufzählung aber auf drei.
[105] Die Pflicht zur unverzüglichen Anzeige besteht; vgl. § 270b Abs. 4, S. 2 InsO.
[106] Wegen § 270b Abs. 4, Ziff 3 InsO.
[107] Vgl. auch *Willemsen/Rechel* (2012), § 270b InsO, Rn. 47.
[108] Vgl. etwa *Himmelsbach/Achsnick* (2006); *Eidenmüller/Engert* (2009); *Eilers* (2009); *Cahn/Simon/Theiselmann* (2010a); *dies.* (2010b); *Carli/Rieder/Mückl* (2010); *Franke* (2010); *Priester* (2010); *Hölzle* (2011); *Schleusener* (2011); *Friedl* (2012); *Weber/Schneider* (2012); *Wuschek* (2012).

93 **4. Kapitalerhöhung und Kapitalschnitt.** Die Auswirkungen der ökonomischen Schwächephase auf die Kapitalstruktur von Unternehmen wurden in Rn. 72 beschrieben. Somit besteht das Sanierungsproblem zum einen in den Maßnahmen, die notwendig sind, um mindestens die Kapitalkosten des Unternehmens deckende Erfolge zu erzielen,[109] um so die Ursachen des „economic bankruptcy" zu beseitigen. Zum anderen gilt, die Ursachen des „financial bankruptcy" aufzuarbeiten und die in erheblichem Maße durch Festbetragsansprüche von Kreditgebern belastete Kapitalstruktur neu zu gestalten: An die Stelle von Festbetragsansprüchen müssen in nennenswertem Umfang Residualansprüche treten. Vereinfacht gilt, dass Eigenkapital bzw. Eigenkapital-ähnliche Mittel gewonnen und „normales" Fremdkapital abgebaut werden muss.

94 Die Bedingungen für die Gewinnung neuen Eigenkapitals sind für Unternehmen in ökonomischen Schieflagen ungünstig. Alteigentümer können sehr häufig keine neuen Mittel einlegen. Neueigentümer verlangen gestützt auf das Wissen um die Schieflage und in Kenntnis ihrer Informationslücken im Vergleich zu den Alteigentümern bzw. dem Management hohe Renditen in Form hoher Beteiligungsansprüche gegen aus der Sicht der Alteigentümer mäßige Einzahlungen. Die Alteigentümer wählen den Weg der außergerichtlichen Sanierung, um sich nicht im Insolvenzplanverfahren einem Diktat der Gläubiger verbunden mit einem häufig zeitaufwendigen und kostenträchtigen Verfahren gegenüber zu sehen. Nur vor diesem Hintergrund ergibt sich eine Bereitschaft, die Aufnahme von Neueigentümern zu diesen Konditionen zu erwägen.

95 Die Frage der Gestaltung der Bedingungen für die Aufnahme neuer Eigentümer ist immer eine Frage der Bewertung sanierungsbedürftiger Unternehmen. Auf die hier zu lösenden Probleme wird hier nicht eingegangen.[110]

96 Verwiesen werden soll auf die mit einer Kapitalerhöhung bei Kapitalgesellschaften verbundenen juristischen Risiken für den Einzahler. Die Kapitalerhöhung erfordert prinzipiell einen satzungsändernden Beschluss, der beim Handelsregister anzumelden und einzutragen ist. Zu unterscheiden sind Barkapitalerhöhungen und Sachkapitalerhöhungen. Einer Kapitalerhöhung im Sanierungsfall geht idR eine vereinfachte Kapitalherabsetzung voraus, um die realisierten bilanziellen Verluste den Alteigentümern zuzurechnen. Auch die Kapitalherabsetzung auf Null ist zulässig, wenn die zugleich zu beschließende Kapitalerhöhung das Stammkapital wieder auf den gesetzlichen Mindestbetrag anhebt.[111] Das Risiko im Verbund mit einer Kapitalerhöhung im Sanierungsfall schlummert in der Frage, ob die Einlage auf das erhöhte Eigenkapital wirksam erbracht wurde.[112] Wenn nicht, droht Doppelleistung: der Einlagewillige muss noch einmal leisten. Grundprinzip der Rechtsprechung ist, dass eine Bareinlage dem Management der Gesellschaft Liquidität verschaffen muss, über die es uneingeschränkte Verfügungsmacht hat und die nicht an die Einleger zurückfließt. Risikobehaftet sind Zahlungen des Einlegers an einen Gesellschaftsgläubiger, finanzielle Vorleistungen auf eine noch nicht beschlossene Kapitalerhöhung[113] und Vorgänge, die die Literatur mit „Hin- und Herzahlen" benennt.[114]

97 **5. Umwandlung von Forderungen in Beteiligungen.** Fremdkapitalgeber können einen erheblichen Beitrag zur Überwindung des financial bankruptcy, also der Korrektur der nicht lageentsprechenden Kapitalstruktur leisten, wenn sie der Umwandlung

---

[109] Vgl. hierzu die Überlegungen und Instrumente in § 2, Rn. 45–58.
[110] Vgl. zB *Drukarczyk/Schüler* (2009), Kapitel 6 und 9; *Drukarczyk/Schüler* (2006), Handbuch Unternehmensrestrukturierung, S. 709–738.
[111] Vgl. etwa § 58a Abs. 4 GmbHG; § 228 Abs. 1 AktG. Allerdings dürfen Minderheiten in diesem Fall nicht vom Bezugsrecht ausgeschlossen werden. Vgl. *K. Schmidt/Uhlenbruck-K. Schmidt* (2009), Rn. 2.23.
[112] Vgl. hierzu *K. Schmidt/Uhlenbruck-K. Schmidt* (2009), Rn. 2.27-2.44.
[113] K. Schmidt folgend ein „schwerer Kunstfehler". Vgl. *K. Schmidt/Uhlenbruck-K. Schmidt* (2009), Rn. 2.36.
[114] Vgl. zB *K. Schmidt/Uhlenbruck-K. Schmidt* (2009), Rn. 2.37-2.43.

von Fremdkapital in Eigenkapital zustimmen (debt-equity-swap). Fixe Zahlungsansprüche auf Zins und Tilgungen (Festbetragsansprüche) werden getauscht in Residualansprüche. Die zur Kennzeichnung der finanziellen Stabilität üblicherweise verwendeten Kennzahlen verbessern sich, ein Teil der ergebnisunabhängigen Zahlungsbelastungen entfällt, das Risiko der verbleibenden Gläubiger sinkt, Risiko- und Reichtumsposition der Alteigentümer wird reduziert.[115] Wird die ökonomische Schieflage des Unternehmens überwunden, kann das Unternehmen Ausschüttungen[116] an alte und neue Eigentümer leisten. Die auf die Eigentümerseite gewechselten Gläubiger haben Aussichten, ihre Anteile am Markt oder an die Alteigentümer zu gestiegenem Preis zu veräußern. Da den umwandlungswilligen Gläubigern auch Stimm- und Entscheidungsrechte zuwachsen, verfügen diese über ein Einflusspotential, das über das, das sie als Gläubiger ausgestattet mit durch Covenants angereicherten Kreditverträgen hätten, hinausgeht. Für Altgläubiger, die nur einen Teil ihrer Altansprüche in Eigenkapital umwandeln, die also Gläubiger und Eigentümer sind, schwächen sich die Anreize, allein aus Gläubigersicht zu handeln, spürbar ab. Voraussetzung ist, dass die nicht gewandelten Altansprüche aus Kapitaldienst auf Gläubigerforderungen nicht in gleichem Atemzug nach § 39 Abs. 1 Ziff 5 InsO als nachrangig eingestuft werden. Hierfür soll die Vorschrift des § 39 Abs. 4 S. 2 InsO sorgen. Es heißt dort: „Erwirbt ein Gläubiger bei drohender oder eingetretener Zahlungsunfähigkeit der Gesellschaft oder bei Überschuldung Anteile zum Zweck ihrer Sanierung, führt dies bis zur nachhaltigen Sanierung nicht zur Anwendung von Absatz 1 Nr. 5 auf seine Forderungen aus bestehenden oder neu gewährten Darlehen oder auf Forderungen aus Rechtshandlungen, die einem solchen Darlehen wirtschaftlich entsprechen." Damit soll der Absturz alter oder neu gewährter Kredite in die Nachrangigkeit verhindert werden. Diese Absicht verdient Unterstützung. Der Fehler der Regelung besteht in der Definition des Zeitpunktes, zu dem der Erwerb der Anteile erfolgen soll: Er wird definiert durch einen der drei Eröffnungsgründe. Wegen der Nähe bzw. der Identität von drohender Zahlungsunfähigkeit und Überschuldung gemäß § 19 Abs. 2 nF, die oben belegt wurde,[117] kann von diesem sog. Sanierungsprivileg in außergerichtlichen Sanierungen kaum Gebrauch gemacht werden, weil die außergerichtliche Sanierung in Zeitabschnitten ablaufen sollte, die zeitlich deutlich **vor Erreichen** der Unternehmenszustände liegen muss, die durch die Eröffnungsgründe beschrieben werden. Das sog. Sanierungsprivileg müsste also zeitlich viel früher greifen, wenn es außergerichtliche Sanierungen wirksam fördern soll. Die zT in hektischer Eile vorgenommenen gesetzlichen Änderungen der Eröffnungsgründe verursachen Reibungsverluste, die es zu vermeiden galt.

Der seine Forderung umwandelnde Gläubiger kann seine Einlage erbringen durch eine Sachkapitalerhöhung (zB § 56 GmbH; §§ 183 ff. AktG) oder durch Verrechnung der Forderung gegen die für das erhöhte Stammkapital zu leistende Einlage.[118] Die gegen eine Beteiligung zu tauschenden Forderungen müssen **vollwertig** sein. Wird eine Kapitalerhöhung gegen Sacheinlage durchgeführt, sind die Sacheinlagegrundsätze zu beachten; insbesondere ist die Werthaltigkeit der Sacheinlage nachzuweisen. Zwischen Aktiengesellschaft und GmbH sind unterschiedliche Vorgehensweisen zu beachten: Bei Aktiengesellschaften erfolgt die Feststellung des Wertes der Sacheinlage gem. § 183 AktG iVm §§ 33–35 AktG durch externe Prüfer. Wurde die Sacheinlage vom Prüfungsgremium als ausreichend werthaltig anerkannt, können auch bei einer späteren Insolvenz keine Zahlungsansprüche gegen den neuen Gesellschafter geltend gemacht

---

[115] Die steuerliche Belastung des Unternehmens mit Gewerbe- und Körperschaftssteuer wird nach gelingender Sanierung steigen.
[116] Nach Abarbeitung der idR noch bestehenden Verlustvorträge.
[117] → Rn. 79–82.
[118] K. Schmidt/Uhlenbruck – K. Schmidt (2009), Rn. 2.221.

werden. Bringt hingegen ein GmbH-Gläubiger eine Forderung als Sacheinlage ein und ist der Wert der eingebrachten Forderung geringer als die dafür übernommene Stammeinlage, haftet der Gläubiger gem. § 56 Abs. 2 iVm § 9 GmbHG für die Differenz und ist zum Ausgleich der Differenz in bar verpflichtet. Der relevante Zeitpunkt für die Bewertung der Forderung ist der Zeitpunkt der Anmeldung der Kapitalerhöhung zum Handelsregister. Zehn Jahre nach Eintragung der Kapitalerhöhung in das Handelsregister verjährt gem. § 9 Abs. 2 GmbHG die Differenzhaftung bei Überbewertung einer Sacheinlage. Bei einem Unternehmen in der Krise ist die volle Werthaltigkeit der Forderung mit hoher Wahrscheinlichkeit nicht gegeben. Bei Einbringung einer nicht werthaltigen Sacheinlage wird der Insolvenzverwalter im Fall der späteren Insolvenz innerhalb der Verjährungsfrist des § 9 Abs. 2 GmbHG eine Nachzahlung in bar in Höhe der Differenz zwischen dem Betrag der übernommenen Einlage und dem Wert der eingebrachten Forderung vom GmbH-Gesellschafter einfordern. Deshalb ist vor der Umwandlung eine Wertberichtigung der Forderung vorzunehmen und nur dieser berichtigte Betrag als Beteiligung einzubuchen. Damit verliert der Gläubiger zwar die Option, dass seine Forderung wieder voll werthaltig wird, erhält aber im Gegenzug die Garantie, bei einem Fehlschlagen der Sanierungsmaßnahmen keine weiteren Zahlungen wegen Differenzhaftung leisten zu müssen.

99 Um das Risiko einer Differenzhaftung zu mindern und in einem möglichen Insolvenzverfahren den Wert der eingebrachten Forderung belegen zu können, empfiehlt es sich für den neuen GmbH-Gesellschafter, eine Werthaltigkeitsbescheinigung der Sacheinlage einzuholen. Diese wird regelmäßig durch einen Wirtschaftsprüfer, idR durch den Abschlussprüfer der Gesellschaft, testiert. Auch das Registergericht prüft den Wert der Sacheinlage. Ist die Sacheinlage überbewertet, erfolgt die Ablehnung der Eintragung gem. § 57a iVm § 9c Abs. 1 GmbHG. Der Zeitraum, der für die Bestimmung und Prüfung des Werts der Forderung im Rahmen der Kapitalerhöhung gegen Sacheinlage bei der GmbH notwendig ist, wirkt sich nachteilig auf den Erfolg der Sanierungsmaßnahme aus. Gerade in dieser Situation ist schnelles Handeln und somit eine schnelle Beseitigung der Krise wünschenswert.

100 Haftungsrechtliche Risiken folgen auch, wenn ein Gläubiger im Rahmen der Kapitalerhöhung eine Bareinlage leistet, die von der Gesellschaft sofort zur Tilgung der Forderung dieses Gläubigers verwendet wird. Hier wird der Gesellschaft zwar formal Bargeld als Einlage zugeführt, dieses wird jedoch im Rahmen der Begleichung der Forderung des Gesellschafters zurückgewährt. Im wirtschaftlichen Ergebnis werden der Gesellschaft keine Barmittel, sondern eine Forderung im Rahmen der Sacheinlage zugeführt. Dieser Sachverhalt wird als verdeckte Sacheinlage bezeichnet und zieht als Rechtsfolge nach sich, dass der Gesellschafter seine Bareinlageverpflichtung dann, wenn die Forderung nicht voll werthaltig ist, nicht voll erfüllt hat und somit nach wie vor zur Einzahlung der Einlage verpflichtet bleibt. Hierbei ist der Wert des Vermögensgegenstandes im Zeitpunkt der Anmeldung der Gesellschafts oder der Überlassung an die Gesellschaft anrechenbar. Dies folgt aus der durch MoMiG bewirkten Formulierung von § 19 Abs. 4 GmbHG. Die Beweislast für den Wert der Sacheinlage trägt der Gesellschafter. Diese Anrechnungslösung schwächt die früheren weit strengeren Rechtsfolgen der verdeckten Sacheinlage ab.[119]

101 Ob in Eigenkapital umgewandelte Forderungen eine eigenständige Bewertung letzterer erfordern oder ob nicht ein Ansatz zum Nennwert angemessen wäre, wird in der Literatur diskutiert.[120] Hierbei stehen die Fragen im Vordergrund, was die Kapitalaufbringungs- und -erhaltungsregeln erfordern, wie der Schutz von Alt- und Neugläu-

---

[119] Vgl. *K. Schmidt/Uhlenbruck – K. Schmidt* (2009), Rn. 2.271, 2.278.
[120] Vgl. etwa *Cahn/Simon/Theiselmann* (2010a); *dies.* (2010b); *Priester* (2010).

bigern durch alternative Bewertungen berührt wird und wie die Rückwirkung auf Alteigentümer und Neueigentümer in Gestalt der früheren Gläubiger ist.

Es ist zu beachten, ob der Austausch von Forderungen gegen Anteile an dem zu sanierenden Unternehmen im Rahmen eines Insolvenzplanverfahrens oder in einer außergerichtlichen Sanierung stattfinden soll. Im Insolvenzplanverfahren gilt die insolvenzrechtliche Verteilungsregel.[121] Diese folgt im Rahmen von § 245 InsO dem Prinzip, dass die zur Verfügung stehenden Werte nach der Rangfolge der Gläubigeransprüche zu verteilen sind. Indessen kann ESUG so interpretiert werden, als sei eine weniger strenge Handhabung intendiert. Die Begründung zu § 225a InsO formuliert, dass die Werthaltigkeit der einzubringenden Forderung im Rahmen eines debt-equity-swaps regelmäßig reduziert sei und nicht dem buchmäßigen Wert entsprechen wird, sondern „deutlich darunter liegen" wird. Der Ausschluss der Differenzhaftung des Einlegers in § 254 Abs. 4 InsO stützt diese Interpretation. Damit ist die insolvenzrechtliche Verteilungsregel angeschwächt.

In der außergerichtlichen Sanierung können andere Verteilungsregelungen gehandhabt werden und ein wichtiger Anreiz für die Suche nach außergerichtlichen Lösungen ist genau dies: Es geht darum, das strenge Korsett des Planverfahrens aufzuschnüren. Zugleich geht es auch darum, klandestine Vorteilsverschiebungen unter den Financiers des Unternehmens im Rahmen von Sanierungen zu vermeiden. Hier erfüllt die Bewertung der zur Umwandlung ausstehenden Forderungen eine wichtige Funktion, obwohl die teilnehmenden Gläubiger bei diesem Vorgehen in der Regel weniger erhalten als den Nominalwert ihrer Forderungen. Im Gegenzug ermöglicht dies den Alteigentümern einen Teil des Fortführungswertes für sich zu sichern; und dies ist wohl der wichtigste Anreiz für die Suche nach einer außergerichtlichen Lösung.

Die Lösungsidee einer „gesellschaftsrechtlichen Verteilungsregel" soll an einem Beispiel illustriert werden. Das Aktivvermögen der Gesellschaft sei 400; die Passivseite setze sich zusammen aus Eigenkapital (100) und Fremdkapital (300). Das Unternehmen befindet sich in ökonomischer Schieflage: der Unternehmensgesamtwert liegt mit 300 unter der Bilanzsumme (400). Der Marktwert des Fremdkapitals sei 240, der des Eigenkapitals 60.[122] Der Wert eines Eigenkapitalanteils ist somit 0,60, der eines Fremdkapitalanteils 0,80. Hier spiegelt sich die Erwartung des Marktes, dass das Unternehmen bei Fortführung oder Liquidation seine Verbindlichkeiten nicht vollständig wird bedienen können.

Nun erfolge eine Umwandlung von Gläubigeransprüchen in Höhe von nominal 150 in Eigenkapital, das durch Ausgabe neuer Anteile erhöht werden soll. Wir nehmen vereinfachend an, dass diese Neugestaltung der Kapitalstruktur keine Rückwirkungen auf den Unternehmensgesamtwert hat. Dieser verharrt somit bei 300. 150 Fremdkapitalanteile haben einen Marktwert von $150 * 0,8 = 120$. Die Zahl der zu gewährenden Aktien müsste somit 200 betragen ($200 * 0,6 = 120$), damit die umwandelnden Gläubiger gleich gut gestellt sind wie zu Beginn der Verhandlungen. Die Werte der Passivpositionen sähen so aus: Eigenkapital alt (Wert 60), Eigenkapital neu (Wert 120) und Fremdkapital (Wert 120).[123]

Würde man die Forderungen zum Nominalwert von 1 pro Anteil ansetzen, wären für Fremdkapitalansprüche von 150 250 Eigenkapitalanteile zu bieten ($250 * 0,6 = 150$).

---

[121] So die Formulierung von *Eidenmüller/Engert* (2009), S. 543–545.
[122] Das Beispiel wird einfach gehalten. Die Marktwerte seien bekannt, Steuerwirkungen bleiben unbeachtet, Eigenkapital- und Fremdkapitalanteile sind beide gestückelt in Ein-Euro-Anteile. Auswirkungen der Sanierungsschritte auf die Marktwerte bleiben annahmegemäß aus.
[123] Da Unterpari-Emissionen nicht zulässig sind, ist der Nominalwert des Eigenkapitals alt auf 60 und der des Eigenkapitals neu auf 120 zu reduzieren. Die nicht wandelnden Gläubiger müssen einem Forderungsverzicht in Höhe von 30 zustimmen; sie würden ansonsten von einer nicht intendierten Umverteilung profitieren. Gleichschritt ist also angebracht.

Die wandelnden Gläubiger wären die großen Gewinner, da sie unter den gesetzten Annahmen verlustfrei dastünden; sie hielten Anteile im Wert von 150, während der Wert ihrer Positionen zuvor 120 betrug. Ihre Positionsverbesserung ginge nicht nur im Beispiel zu Lasten der anderen Financiers.

In der außergerichtlichen Sanierung empfiehlt sich – ebenso wie im IPV – eine ökonomische Bewertung sowohl der Fremdkapitalanteile als auch der zu gewährenden Anteile oder Aktien vorzunehmen, da es auf die Gleichwertigkeit von Leistung und Gegenleistung ankommt und weil Sanierungsstrategien nicht klare Anreize zu Umverteilungsstrategien bieten sollten. Es geht darum, den Mehrwert des Fortführungswertes über den Liquidationswert zu sichern und den Gläubigern Positionen zu bieten, die den aktuellen Wert nicht unterschreiten, aber die Chance der Wertsteigerung bieten.

VI. Stundung, Verzicht auf Zinszahlungen, Forderungsverzicht

105   Der schwächste Beitrag eines Gläubigers besteht in der Stundung von Zins- und/oder Tilgungsraten (Zahlungsaufschub, Moratorium). Wenn sich ein Gläubiger mit späteren Zahlungszeitpunkten einverstanden erklärt, sind die betroffenen Zahlungen ohne Bedeutung für die Feststellung der drohenden Zahlungsunfähigkeit und damit der Überschuldung[124] und auch der Zahlungsunfähigkeit. Stundungen erweitern somit die Zeitspanne, während der nach außergerichtlichen Lösungen gesucht werden kann. Vorsicht ist aus Sicht der Gläubiger geboten, wenn die gestundeten Forderungen mit Drittsicherheiten unterlegt sind. Es ist sicherzustellen, dass die Drittsicherheit (zB Bürgschaft) auch für den prolongierten Kredit hält.

106   Ein etwas höheres Gewicht hat ein Sanierungsbeitrag, der in einer Herabsetzung der vertraglichen Zinssätze für gewährte Darlehen besteht. Die Finanzplanung des Schuldners wird in Abhängigkeit vom betroffenen Kreditvolumen und von der Stärke der Zinssatz-Reduktion entlastet. Ein Entfall der zukünftigen Zahlungsunfähigkeit und der Überschuldung ist denkbar, wenn auch idR nicht sehr wahrscheinlich, da der Verzicht im Vergleich zu den erwarteten Finanzierungslücken häufig zu gering sein wird und zeitliche Befristungen der Herabsetzungen zu beachten sein werden. Als andere Sanierungsschritte begleitende Maßnahme ist die Herabsetzung vereinbarter Zinssätze jedoch hilfreich.

107   Der Forderungsverzicht stellt den wichtigsten und wohl auch häufigsten Beitrag der Gläubiger zur Sanierung eines Unternehmens dar. Sie verzichten damit endgültig und unbedingt auf Forderungen gegenüber der Gesellschaft.[125] Zivilrechtlich handelt es sich beim Forderungsverzicht um einen Erlassvertrag gem. § 397 Abs. 1 BGB oder ein Anerkenntnis, dass kein Schuldverhältnis besteht gem. § 397 Abs. 2 BGB. Hierbei ist der Gläubigerkalkül zu beachten: Voll gesicherte Gläubiger haben wenig Anlass, auf Forderungen gegenüber der Gesellschaft zu verzichten. Selbst bei Liquidation erhalten sie den Wert ihrer Sicherheit. Für ungesicherte oder unvollständig gesicherte Gläubiger hingegen erweist sich die Insolvenz oft als Wertvernichter. Um den Eintritt in ein Insolvenzverfahren zu vermeiden, können sie zu einem Verzicht eines Teils oder auch ihrer gesamten Forderungen bereit sein. Letzteres wird dann der Fall sein, wenn gewichtige Geschäftsbeziehungen zu dem gefährdeten Unternehmen bestehen, an denen der Gläubiger festhalten möchte. Durch diese erhofft er sich in der Zukunft eine Entschädigung für den geleisteten Verzicht. Eine andere Begründung für die Zustimmung zum Forderungsverzicht ist, den Forderungsverzicht als formales Anerkenntnis des tatsächlich schon bestehenden Zustands, nämlich der weitgehenden Entwertung der Forderung, zu interpretieren.[126]

---

[124] → Rn. 79–81. Voraussetzung ist, dass die neuen Zahlungszeitpunkte jenseits der relevanten Prognoseperiode liegen.
[125] *Herlinghaus* (1994), S. 5–6.
[126] *K Schmidt/Uhlenbruck – Wittig* (2009), Rn. 2.251.

Für die bilanzielle Behandlung muss unterschieden werden, ob außenstehende Dritt- 108
Gläubiger oder Gesellschafter-Gläubiger auf die Forderung verzichten. In der GuV der
Gesellschaft ist der Forderungsverzicht dritter Gläubiger als außerordentlicher Ertrag
gem. § 275 Abs. 2 Ziff 14 iVm § 277 Abs. 4 S. 1 HBG zu buchen. Hält ein Gesellschafter Forderungen gegen die Gesellschaft, würden diese idR nachrangig iSv § 39
Abs. 1 Nr. 5 InsO sein. Dies steht der Wirksamkeit eines Verzichts nicht entgegen, wobei der ökonomische Effekt dieses Verzichts naturgemäß gering ist. Sind die Forderungen, die der Gesellschafter gegen seine Gesellschaft hält, wegen des Sanierungsprivilegs
des § 39 Abs. 4 S. 2 InsO privilegiert, ist der ökonomische Effekt des Verzichts größer
als zuvor, weil das Gesellschafterdarlehen dann nicht in Anspruchskonkurrenz zu den
Ansprüchen von Drittgläubigern tritt. Der größere Sanierungsbeitrag resultiert somit
aus Forderungsverzichten von Gläubigern, die nicht zugleich Gesellschafter sind. Dass
den Altgläubigern Verzichte schwer fallen, ergibt sich generell aus den Anreizen Gläubiger zu übervorteilen. Diese Anreize nehmen zu, wenn die Relation Eigenkapital zu
Fremdkapital schrumpft. In der Krise ist diese Relation also besonders ungünstig für
Gläubiger. In dieser Lage sind Zugeständnisse in Form von Forderungsverzichten folglich nur zu erwarten, wenn sie in einen handfesten, Covenant-gestützten Sanierungsplan
eingebettet sind, gemäß dem die Eigentümer ihren Eigenkapitaleinsatz erhöhen. Die hier
auftretenden Koordinationsprobleme sind erheblich.[127] Potentielle Akkordstörer können
nicht diszipliniert werden, wie der BGH im sog. Coop-Fall begründet hat.[128] Bankenpools reduzieren zwar das Problem, beseitigen es aber nicht.

Eine Alternative zum teilweisen Forderungsverzicht für Altgläubiger ist der Verkauf 109
der Forderung an sog. Distressed Debt-Investoren unter Inkaufnahme von Risiko kompensierenden Wertabschlägen. Diese Transaktionen gewinnen an Gewicht. Zum einen
wächst die Zahl der Distressed Debt-Investoren. Zum anderen lockert sich die vormals
enge Beziehung zwischen Bank und Kreditnehmer (Hausbank-Beziehung): Kreditnehmer können in der Krise deutlich weniger auf den Schulterschluss mit Kreditinstituten hoffen, der in früheren Jahren als die Regel galt. Zugleich haben zahlreiche
Kreditinstitute die Abteilungen, die Kompetenz für Sanierung und Restrukturierung
langjährig aufgebaut hatten, spürbar ausgedünnt bzw. aufgelöst. Ob das Auftauchen von
Distressed Debt-Investoren Umstrukturierungen von Unternehmen mit vorübergehenden Schwächeperioden erleichtert oder nicht, ist eine derzeit noch nicht eindeutig zu
beantwortende Frage.[129]

Für die bilanzielle Behandlung des Forderungsverzichts ist zu prüfen, ob der Forde- 110
rungsverzicht als verdeckte Einlage oder als Sanierungsbeitrag geleistet wurde. Unter
einer verdeckten Einlage versteht man die Zuwendung eines Gesellschafters oder einer
dem Gesellschafter nahestehenden Person an eine Kapitalgesellschaft, die ein Nicht-Gesellschafter bei Anwendung der Sorgfalt eines ordentlichen Kaufmanns der Gesellschaft nicht einräumen würde. Der Sanierungsbeitrag unterscheidet sich von der verdeckten Einlage dadurch, dass der Gesellschafter dabei wie ein fremder Dritter handelt,
dh auch ohne gesellschaftsrechtliche Beziehungen den Vorteil zuwenden würde, um
einen sonst drohenden höheren Schaden abzuwenden. Es ist strittig, ob der Ausweis
sowohl der verdeckten Einlage als auch des Verzichts zwecks Sanierung bei der Gesellschaft als außerordentlicher Ertrag gem. § 275 Abs. 2 Ziff 14 iVm § 277 Abs. 4 S. 1
HGB oder als Einstellung in die Kapitalrücklage gem. § 272 Abs. 2 S. 4 HGB zu behandeln ist.[130] In der Bilanz des Gläubigers ist bei Verzicht durch Dritt- und Sanierungsgläubiger die nicht mehr werthaltige Forderung gem. § 253 Abs. 3 S. 2 HGB ge-

---

[127] Vgl. hierzu *Eidenmüller* (1999), S. 235–264.
[128] BGH, Urteil vom 12.12.1991.
[129] Vgl. etwa *Aldenhoff/Kolisch* (2006), S. 875–905; *Mitter* (2006).
[130] Vgl. *Herlinghaus* (1994), S. 10.

treu dem strengen Niederstwertprinzip abzuschreiben (gegebenenfalls bis auf Null).[131] Bei einer verdeckten Einlage hingegen entstehen durch den Forderungsverzicht zusätzliche Anschaffungskosten für die bereits bestehende Beteiligung. Die Beteiligung ist um den Wert der Forderung zu erhöhen und die Forderung ist auszubuchen.[132]

111 Die steuerliche Behandlung des Forderungsverzichts stellt sich wie folgt dar: Bei der Gesellschaft entsteht durch das Ausbuchen der Forderung ein Gewinn in Höhe des Nennwerts der Forderung. Dieser wird als Sanierungsgewinn bezeichnet, der eine Erhöhung des Betriebsvermögens darstellt, die entsteht, weil Schulden zum Zweck der Sanierung ganz oder teilweise erlassen werden. Bis 1997 waren Sanierungsgewinne gem. § 3 Nr. 66 EStG steuerfrei. Ab dem Veranlagungszeitraum 1998 wurde diese Vorschrift aufgehoben. Seitdem wurden Sanierungsgewinne wieder zur ertragssteuerlichen Gewinnermittlung herangezogen. Dies stellte eine erhebliche Belastung der Sanierungsbemühungen dar. Die Besteuerung von Sanierungsgewinnen steht mit den Anreizen zur Fortführung, die die InsO zu schaffen sucht, im Zielkonflikt. Diesen Konflikt hat das BMF mit Schreiben vom 27.3.2003 zT entschärft. Demnach sind Sanierungsgewinne, die nach Verrechnung aller Verluste verbleiben, auf Antrag des Steuerpflichtigen mit dem Ziel des späteren Erlasses zunächst unter Widerrufsvorbehalt ab Fälligkeit zu stunden.[133] Für die Begünstigung des Sanierungsgewinns müssen folgende Voraussetzungen erfüllt sein:[134]

- Sanierungsbedürftigkeit und
- Sanierungsfähigkeit des Unternehmens,
- Sanierungseignung des Schuldenerlasses und
- Sanierungsabsicht der Gläubiger.

Liegt ein Sanierungsplan vor, kann von der Erfüllung dieser Voraussetzungen ausgegangen werden.

112 Für Gläubiger ergeben sich ebenfalls steuerliche Auswirkungen: Hält der Drittgläubiger die Forderung in einem Betriebsvermögen, ist der Wertverlust der Forderung infolge des Verzichts sofort abzugsfähige Betriebsausgabe; wird sie im Privatvermögen gehalten, sind Wertverluste steuerlich unbeachtlich. Wird der Forderungsverzicht von einem Gesellschafter-Gläubiger ausgesprochen, ist wiederum zu unterscheiden, ob die Beteiligung im Privat- oder Betriebsvermögen gehalten wird.

VII. Besserungsscheine und Wandelgenussrechte

113 **1. Besserungsscheine.** Die Besserungsabrede stellt eine Vereinbarung zwischen Schuldner und Gläubiger dar, durch die der Gläubiger zum Zweck der Stärkung der Liquidität und/oder zur Beseitigung der Überschuldung des Schuldners auf seine Forderungen bzw. auf deren Geltendmachung ganz oder teilweise verzichtet, um sie bei einer späteren Besserung der Vermögensverhältnisse des Schuldners wieder geltend zu machen.[135] Damit leben im Gegensatz zum völligen Forderungsverzicht im Falle des

---

[131] Vgl. § 253 Abs. 2 und 3, S. 2 HGB. Diese erübrigt sich nur dann, wenn die bisherige kumulierte Abschreibung nach dem Niederstwertprinzip bereits den vollen ursprünglichen Nennbetrag erreicht hat.

[132] Strittig ist, ob die unentgeltliche Zuwendung des Gesellschafters nach den Grundsätzen der Anschaffungs- oder denen der Herstellungskosten zu aktivieren ist. Die herrschende Meinung plädiert für die Anwendung des Herstellungskostenbegriffs mit der Folge, dass eine Zuschreibung auf die Beteiligung nur dann zu erfolgen hat, wenn diese über ihren bisherigen Zustand hinaus wesentlich verbessert wird, dh ihr Verkehrswert sich erhöht. Eine Aktivierung kommt daher insoweit in Betracht, als sich der Ertragswert der Beteiligung infolge des Forderungsverzichts erhöht. Vgl. Beck'scher Bilanz-Kommentar *(Ellrott/Gutike),* Anm. 164 zu § 255 HGB; *Herlinghaus,* (1994), S. 32–39.

[133] BMF IV A 6 – S 2140 – 8/03 vom 27.3.2003, Rn. 8.

[134] BMF IV A 6 – S 2140 – 8/03 vom 27.3.2003, Rn. 4.

[135] Vgl. *Schrader,* Besserungsabrede (1995), S. 2.

Erfolgs der Sanierungsmaßnahmen seine gesamten oder ein Teil seiner Forderungen wieder auf; der Gläubiger partizipiert dadurch an der Gesundung des Schuldners. Deshalb hat diese Sanierungsmaßnahme in der Praxis erheblich größere Bedeutung als der Forderungsverzicht.[136] Zivilrechtlich ist der Forderungsverzicht gegen Besserungsschein ein Erlassvertrag gem. § 397 Abs. 1 BGB unter auflösender Bedingung.[137] Die Wirksamkeit des Forderungsverzichts zur Beseitigung der Insolvenzgefahr sowie seine steuerlichen Konsequenzen bleiben unverändert. Die Forderung erlischt mit dem Verzicht; damit entfällt auch eine eventuelle Besicherung der Forderungen. Scheitert die Sanierung, wird der Forderungsverzicht gegen Besserungsschein nicht als Verbindlichkeit der Gesellschaft berücksichtigt. Gerade für gesicherte Gläubiger stellt dieser Sachverhalt ein erhebliches Hemmnis dar. Bei Aufleben der Forderung, dh nach Eintritt der auflösenden Bedingung, ist die Verbindlichkeit wieder zu passivieren und so zu stellen, als hätte es den Verzicht nie gegeben.[138]

Die Formulierung der Voraussetzung, unter denen der Forderungsverzicht wieder rückgängig gemacht werden soll, erfordert Feingefühl und Präzision. Dabei sind pauschale Bedingungen, wie zB „der Schuldner erklärt sich bereit, an den Gläubiger Nachzahlungen zu leisten, wenn und soweit die Entwicklung seiner Vermögensverhältnisse ihm dies gestattet", oder „sobald sich seine Vermögensverhältnisse gebessert haben" nicht praktikabel, da ein viel zu großer Auslegungsspielraum besteht.[139] Sinnvoller ist es, die auflösende Bedingung an konkrete wirtschaftliche Ereignisse, die als Indikator für die wirtschaftliche Gesundheit des Unternehmens stehen, zu knüpfen. Dabei ist eine möglichst exakte Formulierung zu verwenden.[140] Ziel ist es zu gewährleisten, dass die im Zeitpunkt des Forderungsverzichts bestehende Insolvenzgefahr behoben und eine Manipulation des Eintrittskriteriums für die Besserung ausgeschlossen werden kann. Hierfür werden das Erreichen einer bestimmten Umsatzhöhe, die Bindung an Zahlungsgrößen, wie jährliche Mieteingänge beim Schuldner oder Zahlungsüberschüsse aus Assetverkäufen[141] vorgeschlagen. Bezugnahmen auf Größen des Jahresabschlusses sind üblich. Die Effizienz der gewählten Terminierungsregel hängt auch vom zu vermeidenden Insolvenztatbestand ab. War drohende oder bereits eingetretene Zahlungsunfähigkeit Grund für die Sanierungsmaßnahme, ist sicherzustellen, dass die Liquidität des Schuldners bei Eintritt der Besserung im Rahmen eines künftigen Zeitraums gegeben ist. Wird eine bilanzielle Erfolgsgröße als Terminierungsregel verwendet, kann es erneut zur Zahlungsunfähigkeit kommen, da nicht alle bilanziellen Erträge Einzahlungen und nicht alle Auszahlungen bilanziellen Aufwand darstellen. Deshalb sind bilanzielle Kriterien hier nur bedingt geeignet. Ertragsüberschüsse einer GuV-Rechnung sind allein keinesfalls geeignet eine wiederhergestellte Zahlungsfähigkeit zu signalisieren. Erforderlich ist vielmehr eine detaillierte Finanzplanung unter Berücksichtigung der erforderlichen Investitionen in das Anlage- und Umlaufvermögen des Unternehmens sowie der steuerlichen Belastungen.

Ist die Vermeidung des Eintritts eines Eröffnungsgrundes erster Schritt der Sanierungsbemühungen und sollte die Besserungsabrede als auflösende Bedingung die Beseitigung der Gefahr einer Überschuldung benutzen wollen, scheint sich auf den ersten Blick der Vergleich von Vermögen zu bestehenden Verbindlichkeiten anzubieten. Hier wäre ein Rückgriff auf Daten des Jahresabschlusses ein Kunstfehler, weil ua das Vermögen zum Zweck der Überschuldungsmessung gemäß § 19 Abs. 2 InsO zu Liquidationswerten anzusetzen ist.

---

[136] Vgl. *Schrader*, Besserungsabrede (1995), S. 9.
[137] Vgl. *Herlinghaus* (1994), S. 110; *Wittig*, Sanierungsbeiträge (2003), S. 236.
[138] Vgl. BFH vom 30.5.1990, in: BStBl II 1991, S. 588.
[139] Vgl. *Herlinghaus* (1994), S. 107 f.
[140] Vgl. *Schrader*, Besserungsabrede (1995), S. 124.
[141] Vgl. *Schrader*, Besserungsabrede (1995), S. 7 f.

116 Der Rückgriff auf Daten des Jahresabschlusses ist aus einem weiteren Grund nicht zielkonform. Der Wortlaut von § 19 Abs. 2 InsO ist: „Überschuldung liegt vor, wenn das Vermögen des Schuldners die bestehenden Verbindlichkeiten nicht mehr deckt, es sei denn die Fortführung des Unternehmens ist nach den Umständen überwiegend wahrscheinlich." Dieser Wortlaut von § 19 Abs. 2 InsO, über dessen Begründung hier nicht zu diskutieren ist, hat zur Folge, dass eine positive Fortführungsprognose den Vergleich von Vermögen und bestehenden Verbindlichkeiten zur irrelevanten Nebensächlichkeit macht.[142] Besserungsabreden sollten aus diesem Grund nur auf Kriterien ausgerichtet werden, die hinreichende Fortführungschancen signalisieren.

117 Besserungsabreden stellen deshalb zu Recht auf die künftige Liquidität ab. Aber sie sollten nicht nur auf die künftige, per Finanzplan zu dokumentierende Liquidität abstellen. Die Forderungen sollen der Intention nach aufleben, wenn die Performance des Unternehmens ausreicht, die Kapitalkosten zu decken. Besserungsabreden sollten deshalb durch Performancemaße ergänzt werden.[143]

118 Beim Gläubiger ist nach Eintritt des Besserungsfalls der Zustand wieder herzustellen, als ob es den Forderungsverzicht nie gegeben hätte. Wurde der Verzicht als Betriebsausgabe behandelt, ist eine Betriebseinnahme zu buchen. Hat der Gesellschafter aus gesellschaftlichen Gründen verzichtet (verdeckte Einlage) und wurde seine Beteiligung um nachträgliche Anschaffungskosten in Höhe des Wertes der Forderung aufgestockt, ist nun der Wert der Beteiligung um die nachträglichen Anschaffungskosten zu vermindern. Dieser Vorgang ist erfolgsneutral. Forderungsverzichte mit Besserungsschein bleiben damit beim Gläubiger erfolgsneutral, unabhängig davon ob die Forderung im Betriebs- oder Privatvermögen oder von Gesellschaftern oder Drittgläubigern gehalten wird.

119 Die steuerliche Behandlung des Forderungsverzichts gegen Besserungsschein wird im bereits zitierten BMF-Schreiben vom 27.3.03 geregelt. Sind die genannten Voraussetzungen erfüllt, liegt auch beim Forderungsverzicht gegen Besserungsschein ein steuerbegünstigter Sanierungsgewinn vor. Tritt der Besserungsfall ein und muss der Schuldner die in den Besserungsvereinbarungen vereinbarten Zahlungen an den Gläubiger leisten, mindern diese Zahlungen den zuvor angesetzten Sanierungsgewinn. Der Abzug dieser Aufwendungen als Betriebsausgaben ist ausgeschlossen.[144] Damit wird verhindert, dass einerseits der Erlass von Verbindlichkeiten durch Steuerfreistellung des Sanierungsgewinns nicht besteuert wird, andererseits jedoch spätere Zahlungen auf den Besserungsschein steuermindernd geltend gemacht werden könnten.[145] Die Steuer auf den Sanierungsgewinn wird solange gestundet, wie Zahlungen auf den Besserungsschein erfolgen können. Erst wenn dieser Zeitraum abgelaufen ist, wird die dann endgültig feststehende Steuer auf den noch verbleibenden zu versteuernden Sanierungsgewinn erlassen.[146]

120 In welchem Umfang Gläubiger bei einer eintretenden Besserung ihre Forderungen wieder aufleben lassen wollen, dh auf welchen Betrag sie möglicherweise endgültig verzichten, ist abhängig von den sonstigen Vorteilen, die ihnen aus der Geschäftsbeziehung mit dem Schuldner erwachsen. Kann durch den Verzicht eine Aufrechterhaltung des Geschäftsbetriebs des Schuldners erreicht werden, können die Gewinne, die in Handelsbeziehungen mit dem Schuldner erwirtschaftet werden, zB als Ersatz für die nicht vereinnahmten Zinsen interpretiert werden. Damit erlaubt die Besserungsvereinbarung eine Erfolgsbeteiligung der Gläubiger an einer gelungenen Sanierung, ohne ihnen Haftungsrisiken, wie sie durch die Umwandlung der Gläubigerstellung in die eines Gesellschafters entstehen, aufzubürden.

---

[142] Vgl. oben Rn. 79–82; MüKoInsO/*Drukarczyk/Schüler* (2013), § 19, Rn. 51–57, 95–102.
[143] Vgl. hierzu oben § 2, Rn. 38–58.
[144] BMF IV A 6 – S 2140 – 8/03 vom 27.3.2003, Rn. 5.
[145] Vgl. *Becker* (2003), S. 1604.
[146] Vgl. BMF IV A 6 – S 2140 – 8/03 vom 27.3.2003, Rn. 12.

2. Wandelgenussrechte. Eine Maßnahme, die zur finanziellen Sanierung geeignet 121 erscheint, ist die Ausgabe von Wandelgenussrechtskapital gegen die Aufgabe von Forderungsrechten.

Von einem Genussrecht wird gesprochen, wenn eine Gesellschaft einem Nicht-Gesellschafter oder einem Gesellschafter als Dritten Vermögensrechte bzw. Gewinnanspruchsrechte gewährt. Genussrechte vermitteln Ansprüche auf zB Gewinn und/oder Liquidationserlös, ohne Kontroll- und Mitwirkungsrechte an der Gesellschaft zu begründen. Deshalb stehen sie wirtschaftlich zwischen einer gesellschaftsrechtlichen Beteiligung und einer bloßen schuldrechtlichen Forderung.[147] Solange sie keine „aktiengleichen" Rechte, wie etwa ein Stimmrecht, einräumen, unterliegt ihre Ausgestaltung keinen Beschränkungen. Eine Verbriefung der Genussrechte als Genussscheine ist fakultativ. Genussrechte können sowohl von Aktiengesellschaften als auch von GmbHs ausgegeben werden. Aufgrund der flexiblen Ausgestaltungsmöglichkeiten können sie als Gegenleistung für die Zuführung von Barmitteln, für besondere Dienste (zB Erfindungen) oder die Umwandlung von Forderungen gewährt werden.

Ist das Genussrecht zusätzlich mit einem Wandlungsrecht ausgestattet, das dem Gläu- 122 biger ein Umtausch- oder Bezugsrecht auf Anteile an der betreffenden Gesellschaft einräumt, liegen Wandelgenussrechte vor. Besonders für Gläubiger börsennotierter Aktiengesellschaften sind diese interessant. Gelingt die Sanierung, können die Gläubiger auch durch Ausübung des Wahlrechtes und durch den Verkauf ihrer Anteile am Kapitalmarkt die durch den Forderungsverzicht entstandenen Verluste verringern oder Gewinne erzielen.

Zur Bedienung der Umtauschrechte wird bedingtes Kapital gem. §§ 221 Abs. 3, 192 123 Abs. 1 AktG geschaffen, wobei die Einbringung der Forderung und die Schaffung des bedingten Kapitals den Sacheinlagevorschriften unterliegen. Besonders ist zu beachten, dass die Forderungen im Zeitpunkt der Umwandlung in Wandelgenussrechte werthaltig sein müssen.[148] Damit ergeben sich die gleichen haftungsrechtlichen Probleme wie beim debt-equity-swap.

Zu prüfen ist, ob sich Gläubiger, die ihre Forderungen in Genussrechtskapital um- 124 wandeln, dem Vorwurf der Drittgläubigerschädigung durch Insolvenzverschleppung aussetzen. Dies kann dann verneint werden, wenn eine nachvollziehbare ex ante-Prüfung der Sanierungsaussichten stattgefunden hat, die positive Ergebnisse gebracht hat.[149]

Wird das Genussrecht als Gegenleistung für einen Forderungsverzicht gewährt, er- 125 folgt der Ausweis des Genussrechts im Eigenkapital der Gesellschaft. Dies ist dann zulässig, wenn das Genussrechtskapital

- im Insolvenz- oder Liquidationsfall nachrangig gegenüber den Gläubigern befriedigt wird,
- nur gewinnabhängig vergütet wird,
- bis zur vollen Höhe am Verlust teilnimmt und
- langfristig überlassen wird.

Der Ausweis erfolgt im Eigenkapital in einem gesonderten Posten. Zusätzlich ist im Anhang gem. § 160 Abs. 1 Nr. 6 AktG Auskunft über die Ausgestaltung der Genussrechte zu geben.

Wandelgenussrechte haben eine Struktur, die sie für Sanierungen interessant erschei- 126 nen lassen. Sie sind indessen komplexer als Besserungsscheine und umständlicher als die sofortige Umwandlung von Forderungen in Eigenkapital. Sie haben wie Besserungsscheine den Vorteil, den Gläubiger an der Chance des Wiederauflebens des Unterneh-

---

[147] Vgl. *Wittig*, Sanierungsbeiträge (2003), S. 252 ff.
[148] → Rn. 98–100.
[149] Vgl. *Göhrum* (1992), S. 240.

mens partizipieren zu lassen. Ob die deutlich höheren Transaktionskosten lohnen, ist eine offene Frage, auf die die Literatur keine klare Antwort gibt.

VIII. Einige Folgerungen

127 Die außergerichtliche Sanierung muss gestartet werden bevor einer der drei Eröffnungsgründe der InsO am Horizont erkennbar ist. Besondere Aufmerksamkeit ist dem Tatbestand der zukünftigen („drohenden") Zahlungsunfähigkeit zu widmen. Zwar erscheint dieser Eröffnungsgrund auf den ersten Blick als der zahnloseste der drei Gründe, weil er nur mit einer Auslöseoption für den Schuldner verknüpft ist. Aber durch die Umgestaltung der Überschuldungsdefinition in § 19 Abs. 2 InsO ist die Überschuldungsmessung ökonomisch identisch mit den Methoden, die für die Feststellung der drohenden Zahlungsunfähigkeit vorgeschlagen werden.[150] Weil ein Unternehmenszustand, der der Definition von Überschuldung entspricht, die Auslösung eines gerichtlichen Verfahrens zwingend erfordert, muss ein Abgleiten des Unternehmens während der Sanierungsverhandlungen in diesen Zustand vermieden werden. Das aber bedeutet, dass außergerichtliche Sanierungen mit einem Vorlauf von einigen Wochen, wenn nicht Monaten vor dem Erreichen einer negativen Fortbestehensprognose gestartet werden müssen.

128 Dass konsistentes gesetzgeberisches Handeln, das die erwünschte außergerichtliche Sanierung nicht behindert, schwierig umzusetzen ist, kann man an der Gestaltung des sog. Sanierungsprivilegs sehen.[151] Seine Nutzung setzt voraus, dass ein Eröffnungsgrund vorliegt (§ 39 Abs. 4 S. 2 InsO), während das Vorliegen eines Eröffnungsgrundes die außergerichtliche Sanierung spätestens nach drei Wochen abrupt zum Erliegen bringt.

129 Trotz solcher Ungereimtheiten hat die außergerichtliche Sanierung deutliche Freiheitsgrade und Kostenersparnisse im Vergleich zu dem von Gläubigern dominierten Insolvenzplanverfahren. An dieser Folgerung ändern auch die durch ESUG neu eingeführten Regelungen nichts Entscheidendes.[152]

130 Die gesetzlichen Regelungen für das gerichtliche Verfahren erschweren jedoch – vielleicht ungewollt – die außergerichtliche Sanierung. Sie versagen ihr im Ergebnis das sog. Sanierungsprivileg und sie zwingen wegen der vergrößerten zeitlichen Reichweite von § 19 Abs. 2 nF InsO die Eigentümer von Unternehmen außergerichtliche Sanierungen zu starten mit deutlichem zeitlichem Vorlauf vor dem Erkennbarwerden künftiger Finanzplandefizite.[153] Dies erschwert die Position der Alteigentümer, weil diese ihre Gläubiger zu Verhandlungen über finanzielle Umstrukturierungen einladen müssen, ohne zu diesem Zeitpunkt bereits eindringlich belegen zu können, warum die Zukunft dunkel ist. Dies ist ein weiterer nachteiliger Reflex der neuen Überschuldungsdefinition.[154]

---

[150] → Rn. 79–82.
[151] → Rn. 97.
[152] → Rn. 83–91.
[153] Die Fortbestehensprognose im Rahmen der Prüfung von § 19 Abs. 2 InsO umfasst nach hM das laufende und das daran anschließende Geschäftsjahr.
[154] Vgl. hierzu zB *Drukarczyk* (2014).

Kapitel II. Das Insolvenzeröffnungsverfahren

Übersicht

Rn.

§ 4. Der Insolvenzeröffnungsantrag als Entscheidungsprozess für Gläubiger und Schuldner
I. Das Insolvenzeröffnungsverfahren als Antragsverfahren 1
II. Die wirtschaftliche Krise als Vorphase der Insolvenzreife 2
III. Vor- und Nachteile des Insolvenzverfahrens 3
IV. Der Entscheidungsprozess „Gerichtliches Verfahren oder Außergerichtlicher Vergleich"? 23

§ 5. Die Insolvenzfähigkeit des Schuldners
I. Der Begriff der Insolvenzfähigkeit 1
II. Insolvenzfähigkeit von natürlichen Personen 5
III. Insolvenzfähigkeit juristischer Personen 6
IV. Insolvenzfähigkeit des nicht rechtsfähigen Vereins 11
V. Insolvenzfähigkeit einer Gesellschaft ohne Rechtspersönlichkeit 12
VI. Insolvenzfähigkeit des Nachlasses 16
VII. Insolvenzfähigkeit des Gesamtguts einer fortgesetzten Gütergemeinschaft 17
VIII. Insolvenzfähigkeit von Vor- und Nachgesellschaften 18
IX. Insolvenzunfähigkeit 34
X. Örtliche Zuständigkeit und Zuständigkeitserschleichung 45

§ 6. Die Insolvenzgründe als Verfahrensauslöser
I. Der Insolvenzgrund als Rechtfertigung von Eingriffen in das Schuldnervermögen und in Gläubigerpositionen 1
II. Zahlungsunfähigkeit 4
III. Drohende Zahlungsunfähigkeit 17
IV. Überschuldung 22
V. Der Überschuldungsstatus 44

§ 7. Die Rechtsfolgen eines Insolvenzgrundes bei beschränkt haftenden Gesellschaften des Handelsrechts und sonstigen juristischen Personen oder Nachlässen
I. Allgemeines 1
II. Die Insolvenzantragspflicht 2
III. Die Rechtsfolgen einer schuldhaften Verletzung der Insolvenzantragspflicht . 29
IV. Die Aufklärungspflicht gegenüber Geschäftspartnern 41
V. Die Informations- und Sanierungspflicht organschaftlicher Vertreter gegenüber der Gesellschaft 45
VI. Strafbare Bankrotthandlungen 46
VII. Umgründung und Niederlegung von Ämtern in der Unternehmenskrise 54

§ 8. Das Insolvenzantragsrecht
I. Eröffnungsantragsrecht des Schuldners 1
II. Eröffnungsantragsrecht des Gläubigers 34
III. Antragsrecht der Bundesanstalt für Finanzdienstleistungsaufsicht 47
IV. Antragsrecht der Aufsichtsbehörden der Krankenkassen 49
V. Antragsrecht des ausländischen Insolvenzverwalters 50
VI. Nachträglicher Wegfall des Antragsrechts 51
VII. Haftung des Antragstellers bei unberechtigter Antragstellung 56

§ 9. Form und Inhalt des Eröffnungsantrags
I. Allgemeine Anforderungen an den Antrag 1
II. Antragstellung durch Bevollmächtigte 12
III. Besonderheiten beim Eigenantrag 16
IV. Besonderheiten beim Gläubigerantrag 28
V. Eröffnungsanträge öffentlich-rechtlicher Gläubiger 65

§ 10. Antragsrücknahme und Erledigungserklärung
I. Antragsrücknahme 1
II. Erledigungserklärung 14

	Rn.
III. Rechtsmissbrauchsfälle	24
IV. Kosten des vorläufigen Insolvenzverwalters bei Antragsrücknahme oder Erledigungserklärung	27

§ 11. Das Verfahren bei Eigenantrag des Schuldners
I. Prüfung der Zulässigkeit des Antrags	1
II. Anhörung weiterer Antragsberechtigter aus der Sphäre des Schuldners	13
III. Gerichtliche Ermittlungen zur Vorbereitung der Eröffnungsentscheidung	18
IV. Tod des Schuldners während des Eröffnungsverfahrens	19

§ 12. Das Verfahren bei Gläubigerantrag
I. Allgemeines	1
II. Prüfung der Zulässigkeit des Antrags	4
III. Anhörung des Schuldners	13
IV. Schutzschrift	29
V. Reaktionen des Schuldners	30
VI. Weiterer Gang des Verfahrens	46
VII. Kostenentscheidung nach Erfüllung der Forderung (§ 14 III)	48
VIII. Tod des Schuldners während des Eröffnungsverfahrens	53

§ 13. Die Aufklärung der sachlichen Eröffnungsvoraussetzungen
I. Feststellung der Eröffnungsgründe und der Kostendeckung	1
II. Auskunfts- und Mitwirkungspflicht des Schuldners	8
III. Rechtliches Gehör zum Ermittlungsergebnis	21
IV. Akteneinsicht und Sachstandsauskünfte im Eröffnungsverfahren	26

§ 14. Einstweilige Maßnahmen des Insolvenzgerichts
I. Das Regelungsziel der §§ 21, 22 InsO	1
II. Allgemeine Voraussetzungen für die Anordnung von Sicherungsmaßnahmen	2
III. Inhalt und Wirkungen der Sicherungsmaßnahmen	5
IV. Die Sicherungsmaßnahmen im Einzelnen	22
V. Die Rechtswirkungen der Bestellung eines vorläufigen Insolvenzverwalters	56
VI. Die Rechtsstellung des vorläufigen Insolvenzverwalters	74
VII. Die Rechtsstellung des vorläufigen Insolvenzverwalters mit Verwaltungs- und Verfügungsbefugnis	148
VIII. Der Zahlungsverkehr im vorläufigen Insolvenzverfahren	166
IX. Auskunfts- und Mitwirkungspflichten des Schuldners	191

§ 15. Massekostendeckung und Massekostenzuschuss
I. Allgemeines	1
II. Die Massekostendeckung	4
III. Der Massekostenvorschuss des Gläubigers	14

§ 16. Verfahrensabschließende Entscheidungen des Insolvenzgerichts
I. Allgemeines	1
II. Zurückweisung des Insolvenzantrags als unzulässig	2
III. Abweisung des Insolvenzantrags als unbegründet	3
IV. Abweisung mangels Masse	4
V. Die Eröffnung des Insolvenzverfahrens	22
VI. Rechtsmittel im Insolvenzeröffnungsverfahren	32

Schrifttum: *Ampferl,* Der „starke" vorläufige Insolvenzverwalter in der Unternehmerinsolvenz, 2002; *Beck-Depré,* Praxis der Insolvenz. Ein Handbuch für die Beteiligten und ihre Berater, 2003; *Biermann,* Die Überschuldung als Voraussetzung zur Konkurseröffnung, 1963; *Bollig,* Aufgaben, Befugnisse und Entschädigung des gerichtlichen Sachverständigen im Konkurseröffnungsverfahren, KTS 1990, 599 ff.; *Bork,* Zahlungsverkehr in der Insolvenz, 2002; *Bork,* Gläubigersicherung im vorläufigen Insolvenzverfahren, ZIP 2003, 1421; *ders.,* in: Bork/Koschmieder (Hrsg.), Fachanwaltshandbuch Insolvenzrecht, 2003, Rn. 2.82; *Braun,* Die Bedrohung der Konkurs-Kultur durch Berufsgesellschaften mit beschränkter Haftung als Konkursverwalter, BB 1993, 31 ff.; *Bretzke,* Der Begriff der „drohenden Zahlungsunfähigkeit" im Konkursstrafrecht – Analyse und Darlegung der Konsequenzen aus betriebswirtschaftlicher Sicht, 1984; *Buchner,* Amtslöschung, Nachtragsliquidation und masselose Insolvenz von Kapitalgesellschaften, 1988; *Budde/Clemm/Pankow/Sarx,* Die Auslösetatbestände im neuen Insolvenzrecht, BB 1995, 261 ff.; *Burger,* Zahlungsunfähigkeit und drohende Zahlungsunfähigkeit nach der geplanten Insolvenzordnung (InsO), DB 1992, 2149 ff.;

Der Insolvenzeröffnungsantrag als Entscheidungsprozess   vor §§ 4–16

ders., Das deutsche „Einheitliche Insolvenzverfahren" unter besonderer Berücksichtigung des Insolvenzplans, in: FS Koren, 1993, S. 363 ff.; *Burger/Schelberg*, Zur Vorverlagerung der Insolvenzauslösung durch das neue Insolvenzrecht, KTS 1995, 563 ff.; *Delhaes*, Die Stellung, Rücknahme und Erledigung verfahrensleitender Anträge nach der Insolvenzordnung, in: Kölner Schrift, 2. Aufl. 2000, S. 141 ff.; *ders.*, Der Insolvenzantrag, 1994; *Drukarczyk*, Unternehmen und Insolvenz, 1987; *ders.*, Überschuldung: Zur Konstruktion eines Insolvenztatbestandes im Spannungsfeld von Kapitalerhaltungsrecht und Kreditmarkt, FS Moxter 1994, S. 1232 ff.; *ders.*, Betriebswirtschaftliche Aspekte der Insolvenzrechtsreform, ZfbF 1986, 149 ff.; *ders.*, Kapitalerhaltungsrecht, Überschuldung und Konsistenz – Besprechung der Überschuldungsdefinition in BGH WM 1992, 1650, WM 1994, 1737; *ders.*, Unternehmen und Insolvenz, 1987; *Drukarczyk/Schüler*, Zahlungsunfähigkeit, drohende Zahlungsunfähigkeit und Überschuldung als Insolvenzauslöser, in: Kölner Schrift zur Insolvenzordnung, 2. Aufl. 2000, S. 95; *Drukarczyk/Schüler*, Insolvenztatbestände, prognostische Elemente und ihre gesetzeskonforme Handhabung – zugleich eine Entgegnung auf *Groß/Amen*, WPg 2002, 225 ff.; *Eickmann*, Die Verfügungsbeschränkungen des § 21 Abs. 2 Nr. 2 InsO und der Immobiliarrechtsverkehr, FS Uhlenbruck, 2000, S. 149 ff.; *Ernestus* in: Mohrbutter/Mohrbutter, Handbuch der Insolvenzverwaltung, 7. Aufl. 1997 Rn. I. 1 ff.; *Feuerborn*, Rechtliche Probleme der Unternehmensfortführung durch den Sequester und den vorläufigen Insolvenzverwalter, KTS 1997, 171 ff.; *Fink*, Maßnahmen des Verwalters zur Finanzierung in der Unternehmensinsolvenz, 1998; *Fischer*, Die Überschuldungsbilanz, 1980; *G. Fischer*, Bewirken Leistungen, die zur Erledigung des Insolvenzantrags führen, ein inkongruente Deckung? FS H.-P. Kirchhof, 2003, S. 73; *Foltis*, Verwertungsbefugnisse des vorläufigen Insolvenzverwalters nach § 21 Abs. 2 Nr. 2 2. Alt. InsO, ZInsO 1999, 386; *Franke/Böhme*, Die Tilgung von Altforderungen durch den „schwachen" vorläufigen Verwalter, DZWIR 2003, 494; *Gerhardt*, Die Verfahrenseröffnung nach der Insolvenzordnung und ihre Wirkung, ZZP 109 (1996), S. 415 ff.; *ders.*, Verfügungsbeschränkungen in der Eröffnungsphase und nach Verfahrenseröffnung, in: in Kölner Schrift, 2. Aufl, 2000, S. 193; *ders.*, Inhalt und Umfang der Sequestrationsanordnungen, ZIP 1982, 1; *ders.*, Zum Zeitpunkt der Wirksamkeit von Beschlüssen nach § 106 KO, KTS 1979, 260; *Giebeler*, Die Feststellung der Überschuldung einer Unternehmung unter besonderer Berücksichtigung der Beziehungen zur Zahlungsunfähigkeit, 1982; *Graeber*, Der auskunftsunwillige Schuldner im Eigenantragsverfahren – Überlegungen zur verfahrensmäßigen Behandlung –, ZInsO 2003, 551; *Groß/Amen*, WPg 2002, 225u WPg 2003, 67 ff.; *Gurke*, Verhaltensweise und Sorgfaltspflichten von Vorstandsmitgliedern und Geschäftsführern bei drohender Überschuldung, 1982; *Haack*, Der Konkursgrund der Überschuldung bei Kapital- und Personen-Gesellschaften, 1980; *Haberhauer/Meeh*, Aufgaben des vorläufigen Insolvenzverwalters zwischen Antrag und Eröffnung des Insolvenzverfahrens, DStR 1995, 1442 ff.; *Harneit*, Überschuldung und erlaubtes Risiko, 1984; *Hess/Weis*, Die Rechtsstellung der vorläufigen Insolvenzverwalterin/des vorläufigen Insolvenzverwalters nach der Insolvenzordnung, InVo 1997, 141; *Hintzen*, Sicherungsmaßnahmen im Insolvenzeröffnungsverfahren, ZInsO 1998, 75; *Hirte*, Die Insolvenz der Genossenschaft, FS Uhlenbruck, 2000, S. 637 ff.; *Holzer*, Die Entscheidungsträger im Insolvenzverfahren, 2. Aufl. 1998; *Hommelhoff*, Eigenkapitalersetzende Gesellschafterdarlehen und Konkursantragspflicht, in: FS G. Döllerer, 1988, S. 245 ff.; *Huhn*, Die Eigenverwaltung im Insolvenzverfahren, 2003; *Jaffé/Hellert*, Keine Haftung des vorläufigen Insolvenzverwalters bei Anordnung eines allgemeinen Zustimmungsvorbehalts, ZIP 1999, 1204; *Jungmann*, Die einstweilige Einstellung der Zwangsvollstreckung im Insolvenzeröffnungsverfahren, NZI 1999, 352; *Kirchhof*, Anfechtbarkeit von Rechtshandlungen vorläufiger Insolvenzverwalter, ZInsO 2000, 297; *ders.*, Rechtsprobleme bei der vorläufigen Insolvenzverwaltung, ZInsO 1999, 365; *G. Kayser*, Sanierungsfähigkeitsprüfung insolvenzbedrohter Unternehmen, BB 1983, 415 ff.; *Kluth*, Die Rechtsstellung des Insolvenzverwalters oder die „Insolvenz" der Verwaltertheorien, NZI 2000, 351; *F. Koch*, Die Sequestration im Konkurseröffnungsverfahren, 1982; *Kohler-Gehrig*, Außergerichtlicher Vergleich zur Schuldenbereinigung und Sanierung, 1987; *Krystek*, Unternehmungskrisen, 1987; *Küting/Kaiser*, Bilanzpolitik in der Unternehmenskrise, BB 1994, Beilage zu Heft 3, S. 1 ff.; *Kuhl/Wagner*, Das Insolvenzrisiko der Gläubiger kommunaler Eigengesellschaften, ZIP 1985, 433 ff.; *Möhlmann*, Die Berichterstattung im neuen Insolvenzverfahren, 1999; *Mönning*, Betriebsfortführung in der Insolvenz, 1997; *H.-P. Müller/U. Haas*, Bilanzierungsprobleme bei der Erstellung eines Überschuldungsstatus nach § 19 II InsO, in: Kölner Schrift, 2000, S. 1799; *Obermüller/Hess*, InsO, 1995, Rn. 43 ff.; *Pape*, Die Verfahrensabwicklung und Verwalterhaftung bei Masselosigkeit und Massearmut (Masseunzulänglichkeit) de lege lata und de lege ferenda, KTS 1995,

189 ff.; *Pape,* Neuordnung der Sicherungsmaßnahmen im Insolvenzeröffnungsverfahren, WPrax 1995, S. 236 ff. u 252 ff.; *Pape,* Gläubigerbeteiligung im Insolvenzverfahren, 2000; *ders.,* Einschränkungen der Haftung des starken vorläufigen Insolvenzverwalters analog § 61 InsO, ZInsO 2003, 1061; *Peemöller/Weigert,* Die Prüfung eines leistungswirtschaftlichen Sanierungskonzepts, BB 1995, 2311 ff.; *U. Pohlmann,* Befugnisse und Funktionen des vorläufigen Insolvenzverwalters, 1998; *Prütting/Stickelbrock,* Befugnisse des vorläufigen Insolvenzverwalters, ZIP 2002, 1608; *Schedlbauer,* Sanierungsfähigkeitsprüfung – eine neue Herausforderung für die Beratungspraxis, DStR 1993, 218 ff.; *Schillgalis,* Rechtsschutz des Schuldners bei fahrlässig unberechtigten Insolvenzanträgen – insbesondere bei Anordnung von Sicherungsmaßnahmen gemäß § 21 InsO, Diss. Osnabrück 2005; *Schlosser,* Die Eröffnung des Insolvenzverfahrens, in: *Leipold* (Hrsg.), Insolvenzrecht im Umbruch, 1991, S. 9 ff.; *Karsten Schmidt/Uhlenbruck,* Die GmbH in Krise, Sanierung und Insolvenz, 3. Aufl. 2003, Rn. 809 ff.; *Schulz,* Die masselose Liquidation der GmbH, 1986; *D. Schulz,* Treuepflichten unter Insolvenzgläubigern, 2003; *Serick,* Überschuldete Gesellschaft und konkursabwendender Forderungsrücktritt eines Nichtgesellschafters, ZIP 1980, 9 ff.; *Smid,* Funktion des Sequesters und Aufgaben des Insolvenzgerichts in der Eröffnungsphase nach der verabschiedeten Insolvenzordnung (InsO), WM 1995, 785 ff.; *Spieker,* Unternehmensveräußerung zwischen Insolvenzeröffnung und Berichtstermin, NZI 2002, 472; *Stüdemann,* Der Gedanke der Fortführung insolvent gewordener Unternehmen und seine Verwirklichung im neuen Insolvenzrecht, BFuP 1995, 1 ff.; *Temme,* Die Eröffnungsgründe nach der Insolvenzordnung, 1997, S. 54 ff.; *Thiemann,* Die vorläufige Masseverwertung im Insolvenzeröffnungsverfahren, 2000; *Uhlenbruck,* Die Rechtsstellung des vorläufigen Insolvenzverwalters, in: Kölner Schrift, 2. Aufl. 2000, S. 325 ff.; *Uhlenbruck,* Mitwirkung und Verantwortlichkeit des Insolvenzrichters, in: IDW (Hrsg.), Beiträge zur Reform des Insolvenzrechts, Düsseldorf 1987, S. 139 ff.; *Uhlenbruck,* KTS 1989, 229 ff.; *Uhlenbruck* BB 1989, 433 ff.; *Uhlenbruck,* Gesetzliche Konkursantragspflichten und Sanierungsbemühungen, ZIP 1980, 73 ff.; *Uhlenbruck,* Probleme des Eröffnungsverfahrens nach dem Insolvenzrechts-Reformgesetz 1994, KTS 1994, 169 ff.; *Uhlenbruck,* Sanierung und Reorganisation als drittes Insolvenzverfahren in einem künftigen Recht?, KTS 1981, 513 ff.; *Uhlenbruck,* Parteivorbringen im Konkurseröffnungsverfahren, ZAP 1989, Fach 14, S. 11 ff.; *Uhlenbruck,* GmbHR 1999, 313, 316 ff.; Uhlenbruck/Hirte/Vallender*Obermüller,* Insolvenzrecht und Insolvenzpraxis für die Kreditwirtschaft 1985; *Vallender,* Masseverwertung schon im Eröffnungsverfahren? in: *W. Henckel/G. Kreft* (Hrsg.), Insolvenzrecht 1998, S. 71 ff.; *Wiester,* Zur Insolvenzfestigkeit von Zahlungszusagen im Eröffnungsverfahren, NZI 2003, 632; *Wolf,* Überschuldung, 1998, S. 24 ff.

Literaturverzeichnis vor §§ 4–16: *Bayer,* Stundungsmodell der Insolvenzordnung und die Regelungen der Prozesskostenhilfe, 2004; *Becker,* Insolvenzrecht, 2008; *Berger,* Das Lastschriftverfahren im Spannungsverhältnis zwischen Bank- und Insolvenzrecht, NJW 2009, 473 ff.; *Blank,* Kann der schwache vorläufige Insolvenzverwalter, der zu allen Rechtshandlungen vom Insolvenzgericht ermächtigt ist, Masseverbindlichkeiten (USt) nach § 55 II InsO begründen?, ZInsO 2003, 308; *Bork,* Die Rolle der Banken in der vorläufigen Insolvenz, ZBB 2001, 271; *Büchler,* Aussonderungsstopp im Insolvenzeröffnungsverfahren und insolvenzrechtliche Einordnung des laufenden Nutzungsentgelts, ZInsO 2008, 719; *Burghardt/Wegmann,* Insolvenzen und Einziehungsermächtigungsverfahren nach der Rechtsprechung des BGH – Rechtssicherheit ab dem 31.10.2009 auf gangbaren Wegen?, NZI 2009, 752; *Eckert/Brenner,* Der ungetreue Verwalter – Möglichkeiten einer gerichtlichen Überprüfung der Insolvenzverwaltertätigkeit, ZInsO 2005, 1130; *Ehricke,* Die Umsetzung der Finanzsicherheiten-Richtlinie (Richtlinie 2002/47/EG) im Rahmen des Diskussionsentwurfs zur Änderung der Insolvenzordnung, ZIP 2003, 1065; *Eidenmüller,* Unternehmenssanierung zwischen Markt und Gesetz, 1999; *Eidenmüller,* Die Banken im Gefangenendilemma: Kooperationspflichten und Akkordstörerverbot im Sanierungsrecht, ZHR 160 (1996), 343; *Eidenmüller,* Kapitalgesellschaftsrecht im Spiegel der ökonomischen Theorie, JZ 2001, 1041; *Eidenmüller,* Privatisierung der Insolvenzabwicklung: Workouts, Covenants, Mediation – Modelle für den Insolvenzstandort Deutschland?, ZZP 121 (2008), 273; *Engert,* Die Haftung für drittschädigende Kreditgewährung, 2005; *Fischer,* Die Genehmigung der Lastschrift im Einzugsermächtigungsverfahren, WM 2009, 629; *Frind,* Praxiserfahrungen mit dem Lastschriftwiderruf in Insolvenzverfahren natürlicher Personen, NZI 2009, 140; *ders.,* Die praxisgerechte Anwendung des „weiterlaufenden Insolvenzantrags" – Ist der Kamp gegen die „Stapelverfahren" verloren?, NJW 2013, 2478 ff.; *Fritsche,* Entwicklungstendenzen der Zustimmungsverwaltung nach §§ 21 II Nr. 2 2. Alt., 22 II InsO im Insolvenzeröffnungsverfahren, DZWIR 2005, 265; *Ganter,* Sicherungsmaßnahmen gegenüber Aus- und Absonderungsberechtigten im Insolvenzeröffnungsverfahren – Ein Beitrag zum Verständnis des neuen § 21 II 1 Nr. 5 InsO, NZI 2007, 549; *Gawaz,* Bankenhaftung für Sanierungskredite, 1997; *Graeber,* Der neue § 11 InsVV: Seine Auswirkungen auf vorläufige Insolvenzverwalter; Insolvenzverwalter und Insolvenzgerichte, ZInsO 2007, 133; *Graf-Schlicker,* Schwachstellenanalyse und Änderungsvorschläge zum Regelinsolvenzverfahren, ZIP 2002, 1172; *Griesbach,* Der neue § 21 Abs. 2 Nr. 5 InsO – Praktische Auswirkungen für Leasing-Geber, FLF 2007, 124; *Gundlach/Frenzel/Schmidt,* Die Anwendung des § 25 Abs. 2 InsO auf den schwachen vorläufigen Insolvenzverwalter, DZWIR 2003, 309; *Heinke,* Ausgesuchte Regelungen der InsO zur Steigerung der Befriedigungsaussichten der Insolvenzgläubiger, 2005; *Hellner,* Rechtsprobleme des Zahlungsverkehrs unter Berücksichtigung der höchstrichterlichen Rechtsprechung, ZHR 145 (1981), 109; *Heublein,* Die Ausgleichsansprüche des Aussonderungsberechtigten bei Anordnung von Sicherungsmaßnahmen nach § 21 Abs. 2 S. 1 Nr. 5 InsO, ZIP 2009, 11; *Hölzle,* Ein Ausblick auf die Folgen der geplanten Umsetzung der Finanzsicherheiten-Richtlinie aus Sicht der Insolvenzverwalter – Verrechnungs- und Anfechtungsfreiheit für Kreditinstitute?, ZIP 2003, 2144; *Ingelmann,* Die Moderation als Instrument der alternativen Streitbeilegung auch bei insolvenzrechtlichen Auseinandersetzungen, ZInsO 2009, 571; *Joeres,* Zahlungsverkehr in Krise und Insolvenz, in: Insolvenzrecht 2000, Tagungsband zum RWS-Forum, herausgegeben von Reinhard Bork und Bruno Maria Kübler, 2001, S. 99; *Keller/Langner,* Überblick über EG-Gesetzgebungsvorhaben im Finanzbereich, BKR 2003, 616; *Kieper,* Die Finanzsicherheiten-Richtlinie und ihre Umsetzung, ZInsO 2003, 1109; *Kirchhof,* Probleme bei der Einziehung von Aussonderungsrechten in das Insolvenzeröffnungsverfahren, ZInsO 2007, 227; *Kirchhof,* Die Rechtsstellung vorläufiger Insolvenzverwalter im Lastschriftverfahren, WM 2009, 337; *Klages/Pape,* Die Neuregelung des § 14 InsO, NZI 2013, 561; *Kollmann,* Zur Umsetzung der Richtlinie 2002/47/EG vom 6. Juni 2002 über Finanzsicherheiten in das deutsche Recht, WM 2004, 1012; *Looff,* Vergütung des vorläufigen Verwalters bei Nichteröffnung des Insolvenzverfahrens, KTS 2008, 445; *Meyer/Rein,* Das Ende der Gleichbehandlung im Insolvenzrecht? – Anmerkungen zur Umsetzung der Finanzsicherheitsrichtlinie, NZI 2004, 367; *Michel/Bauch,* Lastschriften in der Insolvenz des Schuldners im Lichte der BGH-Rechtsprechung, BKR 2008, 89; *Münzel/Böhm,* Postsperre für eMail?, ZInsO 1998, 363; *Nobbe/Ellenberger,* Unberechtigte Widersprüche des Schuldners im Lastschriftverkehr, sittliche Läuterung durch den vorläufigen Insolvenzverwalter?, WM 2006, 1885; *Obermüller/Hartenfels,* Finanzsicherheiten, BKR 2004, 440; *Pape,* Unzulässigkeit von Neugläubigerklagen gegen den Schuldner?, ZInsO 2002, 917; *Pape,* Qualität durch Haftung? – Die Haftung des Rechtsanwaltlichen Insolvenzverwalters, ZInsO 2005, 953; *Pape/Uhlenbruck,* 30 Jahre Insolvenzrechtsreform für die Katz?, ZIP 2005, 417; *Paulsen,* Die Auswahl und Bestellung des Insolvenzverwalters im Spannungsverhältnis zwischen richterlichem Ermessen, Gläubigerautonomie und Eilbedürftigkeit – §§ 56, 57 InsO, ein Sanierungsfall?, 2006; *Paulus,* Ein Spannungsfeld in der Praxis: Sanierung und Insolvenzanfechtung, BB 2001, 425; *Peschke,* Die Erfüllung der Valutaforderung im Einzugsermächtigungsverfahren, ZInsO 2006, 470; *Primozic/Voll,* Zur Frage eines Verwertungsrechts des Insolvenzverwalters bei verpfändeten Unternehmensbeteiligungen – Unter besonderer Berücksichtigung des Gesetzes zur Umsetzung der Finanzsicherheitenrichtlinie, NZI 2004, 363; *Probst,* Gerichtliche Mediation in der ordentlichen Gerichtsbarkeit – Entwicklung und Perspektiven, JR 2008, 364; *Sabel,* Änderungen des Insolvenzrechts im Diskussionsentwurf eines Gesetzes zur Änderung der InsO, des BGB und anderer Gesetze, ZIP 2003, 782; *Scharff/Griesbach,* § 21 Abs. 2 Nr. 5 InsO in der Praxis – Nachbesserung unumgänglich, FLF 2008, 122; *Schmidt, K.,* Klage und Rechtshängigkeit bei Konkurseröffnung vor Klagezustellung – Eine Bewährungsprobe für die Amtstheorie, NJW 1995, 911; *Schmittmann,* Rechtsprechungsübersicht zur Entlassung des (vorläufigen) Insolvenzverwalters von Amts wegen, NZI 2004, 239; *ders.,* Einstweiliger Rechtsschutz gegen Insolvenzanträge der Finanzverwaltung unter besonderer Berücksichtigung des Rechtsweges, FS *Haarmeyer,* 2013, S. 289; *Schramm,* Untreue durch Insolvenzverwalter, NStZ 2000, 398; *Schulte-Kaubrügger,* Widerspruch und Genehmigungsfiktion bei Lastschriften im Insolvenzverfahren aus Sicht des IX. und XI. Zivilsenats des BGH, ZIP 2008, 2348; *Seide/Brosa,* Das Auswahlverfahren für Insolvenzverwalter im Lichte der Gläubigerautonomie, ZInsO 2008, 769; *Steinhoff,* Die insolvenzrechtlichen Probleme im Überweisungsverkehr, ZIP 2000, 1141; *Stephan,* Die Umgestaltung des Einigungsversuchs und weitere Änderungen im Insolvenzverfahren natürlicher Personen durch den Diskussionsentwurf InsO-Änderung 2003, ZVI 2003, 145; *Uhlenbruck,* Das neue Insolvenzrecht als Herausforderung für die Beratungspraxis, BB 1998, 2009; *Uhlenbruck,*

Gerichtliche oder außergerichtliche Sanierung? – Eine Schicksalsfrage Not leidender Unternehmen, BB 2001, 1641; *Tachau,* Strafbarkeit des Insolvenzverwalters wegen Eigentumsdelikten?, wistra 2005, 449; *Thiemann,* Zum effektiven Rechtsschutz gegenüber vorläufigen Regelungen im Rahmen des Insolvenzeröffnungsverfahrens, DZWIR 2000, 205; *Tögel/Rohlff,* Die Umsetzung der EU-Mediations-Richtlinie, ZRP 2009, 209; *Uhlenbruck,* Das neue Insolvenzrecht als Herausforderung für die Beratungspraxis, BB 1998, 2009; *Uhlenbruck,* Gerichtliche oder außergerichtliche Sanierung? – Eine Schicksalsfrage Not leidender Unternehmen, BB 2001, 1641; *Vallender,* Reparatur- und Verschönerungsarbeiten auf der „Baustelle Insolvenzordnung" schreiten voran, NJW 2003, 3605; *Vallender/Fuchs,* Ein großer Wurf? – Anmerkungen zum Diskussionsentwurf des BMJ, NZI 2003, 293; *Vuia,* Die Verantwortlichkeit von Banken in der Krise von Unternehmen, 2005; *Wacker,* Mediation, Autonomie, Weisheit, ZRP 2009, 239; *Wellensiek,* Sanieren oder liquidieren?, WM 1999, 405; *Wellensiek,* Ein Jahr Insolvenzordnung – Erste Praxiserfahrungen mit dem neuen Recht, BB 2000, 1; *Wellensiek,* Übertragende Sanierung, NZI 2002, 233; *Weyand,* Strafrechtliche Überschreitung der Vermögensbetreuungspflicht als Insolvenzberater, ZInsO 2002, 543; *Wimmer,* Entwurf eines Gesetzes zur Umsetzung der Finanzsicherheiten-Richtlinie, ZIP 2003, 1563; *Wimmer,* Die Umsetzung der Finanzsicherheitenrichtlinie – eine Selbstbedienung für Banken in der Krise?, ZInsO 2004, 1; *Windel,* Modelle der Unternehmensfortführung im Insolvenzeröffnungsverfahren, ZIP 2009, 101; *Wittig,* Beseitigung der Insolvenzgründe mit Bankenbeiträgen als Voraussetzung der freien Unternehmenssanierung, NZI 1998, 49.

§ 4. Der Insolvenzeröffnungsantrag als Entscheidungsprozess für Gläubiger und Schuldner

Übersicht

	Rn.
I. Das Insolvenzeröffnungsverfahren als Antragsverfahren	1
II. Die wirtschaftliche Krise als Vorphase der Insolvenzreife	2
III. Vor- und Nachteile des Insolvenzverfahrens	3
1. Vor- und Nachteile für den Gläubiger als Antragsteller	4
a) Vorteile eines Insolvenzantrags	5
b) Nachteile eines Insolvenzantrags	16
2. Vor- und Nachteile des Eigenantrags eines Schuldners	21
IV. Der Entscheidungsprozess „Gerichtliches Verfahren oder Außergerichtlicher Vergleich?"	23
1. Analyse der Unternehmenssituation	23
2. Mediation als alternative Form der Insolvenzbewältigung	27

I. Das Insolvenzeröffnungsverfahren als Antragsverfahren

1 Im Insolvenzeröffnungsverfahren ist vom Gericht zu prüfen, ob die formellen und materiellen Voraussetzungen für die Eröffnung des Insolvenzverfahrens vorliegen. Das geltende Recht ist dabei von dem Gedanken getragen, dass eine Verfahrenseröffnung nicht von Amts wegen erfolgt, sondern es der Autonomie und Eigenverantwortung der unmittelbar wirtschaftlich Beteiligten obliegt, ob ein Insolvenzverfahren eingeleitet (§ 13 I 1)[1] oder ob nicht vielmehr im Vorfeld eines Sanierungsverfahrens die Möglichkeit einer außergerichtlichen Sanierung oder stillen Liquidation genutzt werden soll. Eine Verfahrenseröffnung von Amts wegen würde wegen der umfangreichen Melde- und Kontrollrechte zudem einen erheblichen bürokratischen Aufwand erfordern. Da durch die Verzögerung der Eröffnung eines Insolvenzverfahrens allerdings die Interessen des Wirtschaftsverkehrs zum einen (Gefährdung potentieller Neugläubiger) sowie die Interessen der Gläubiger des Schuldners zum anderen (weitere Verringerung der Haf-

---

[1] MüKoInsO/*Schmahl/Vuia* § 13 Rn. 1.

tungsmasse) gefährdet werden, sieht das Gesetz für bestimmte Personen und Fallgruppen gesetzliche Insolvenzantragspflichten vor, die zu einer erheblichen Einschränkung der Dispositionsbefugnis der Beteiligten führen; für Vereine, Stiftungen und juristische Personen des öffentlichen Rechts: §§ 42 II, 48 II, 53, 86 S. 1, 88 S. 3, 89 II BGB; für die fortgesetzte Gütergemeinschaft: §§ 1489 II, 1980 BGB; für Erben und Nachlassverwalter: §§ 1980, 1985 BGB; für die OHG und KG ohne unbeschränkt persönlich haftenden Gesellschafter: § 130a HGB; für juristische Personen und Gesellschaften ohne Rechtspersönlichkeit, bei denen kein persönlich haftender Gesellschafter eine natürliche Person ist: § 15a I.

II. Die wirtschaftliche Krise als Vorphase der Insolvenzreife

Dem Eintritt der Insolvenzreife, also dem Vorliegen eines gesetzlichen Insolvenzeröffnungsgrundes,[2] geht regelmäßig eine Phase voraus, in der ein Schuldner in wirtschaftliche Schwierigkeiten gerät. Beruhen diese Zahlungsschwierigkeiten nicht lediglich auf einem kurzzeitigen Liquiditätsengpass, kann von einer vorinsolvenzrechtlichen Krise gesprochen werden, die dann gegeben ist, wenn ohne das Ergreifen nachhaltiger Sanierungsmaßnahmen die Insolvenzreife nicht mehr abgewendet werden kann.[3] In dieser Phase greifen die gesetzlichen Schutzmechanismen, insbesondere die Insolvenzantragspflichten, noch nicht. Gleichwohl ist das Bedürfnis nach rechtlichen „Spielregeln" schon in einer solchen Krisensituation nicht zu verkennen. Dies folgt insbesondere daraus, dass der Schuldner in dieser frühen Phase der Krise regelmäßig noch über wesentlich mehr Haftungskapital verfügen wird als bei Eintritt der Insolvenzreife. Gesetzliche Schutzvorschriften greifen hier nur partiell (s etwa §§ 39 I Nr. 5, 44a, 135). Im Übrigen ist es weitgehend der Rechtsprechung überlassen worden, durch Ausformung des Haftungsrechts gläubigerschützende Verhaltensregeln aufzustellen, wie dies etwa bei der Vergabe von Sanierungsdarlehen durch Banken der Fall ist.[4]

III. Vor- und Nachteile des Insolvenzverfahrens

Dem geltenden Insolvenzrecht liegt der Gedanke der gleichmäßigen Gläubigerbefriedigung zu Grunde (par conditio creditorum). Fehlt es an einem ausreichenden Vermögen zur Befriedigung sämtlicher Gläubiger würde die Geltung des Prioritätsprinzips, wie es der Einzelzwangsvollstreckung zugrunde liegt, dazu führen, dass derjenige Gläubiger volle Befriedigung erlangt, der am schnellsten auf das Schuldnervermögen zugreift (sog. Windhundrennen). Tatsächlich wird der Grundsatz der gleichmäßigen Gläubigerbefriedigung allerdings weitgehend dadurch ausgehöhlt, dass sich regelmäßig eine bestimmte Gruppe von Gläubigern das Schuldnervermögen zur Sicherung eigener Forderungen übertragen lässt. Diese Gläubiger genießen im Insolvenzverfahren eine Vorrangstellung (vgl. §§ 47 ff.) und haben regelmäßig kein Interesse daran, mit der Eröffnung des Insolvenzverfahrens länger als nötig abzuwarten, weil bei einem weiteren Zuwarten ein Wertverfall der Sicherheiten droht. Ungesicherte Gläubiger werden demgegenüber grundsätzlich daran interessiert sein, die Eröffnung des Verfahrens so lange wie möglich hinauszuzögern, um überhaupt noch eine Möglichkeit zu haben, ihre Ansprüche durch Vollstreckung in das Schuldnervermögen – soweit überhaupt noch vorhanden – zu realisieren, wobei stets die Gefahr einer Rückforderung gem. §§ 143, 129 ff. besteht. Vor

---

[2] S hierzu Vuia S. 37 ff.
[3] Für einen von den Insolvenzgründen losgelösten Krisenbegriff Engert, S. 53; s zum Streitstand auch Vuia S. 40 ff. mwN.
[4] S hierzu nur BGHZ 10, 228; BGH NJW 1970, 657; s zum Ganzen weiter die Arbeiten von Engert, Die Haftung für drittschädigende Kreditgewährung; Gawaz, Bankenhaftung für Sanierungskredite; Vuia, Die Verantwortlichkeit von Banken in der Krise von Unternehmen.

diesem Hintergrund sind die Vor- und Nachteile eines Insolvenzverfahrens für Gläubiger und Schuldner differenziert zu beurteilen.

4 **1. Vor- und Nachteile für den Gläubiger als Antragsteller.** Die Insolvenzordnung stellt geringe Anforderungen an die Verfahrenseinleitung. Nach § 14 I hat der antragstellende Gläubiger ein rechtliches Interesse an der Verfahrenseröffnung, dessen Vorliegen von Amts wegen zu prüfen ist, und seine Forderung sowie den Insolvenzgrund mit den Mitteln des § 294 ZPO glaubhaft zu machen und kann sich dabei nach §§ 4 InsO, 294 II ZPO aller präsenten Beweismittel bedienen.[5] An die Stelle des Vollbeweises tritt bei der Glaubhaftmachung die Feststellung überwiegender Wahrscheinlichkeit.[6] Nicht präsente Beweismittel sind vom Insolvenzgericht als zur Glaubhaftmachung ungeeignet zurückzuweisen. Bei Rechtsanwälten wird man die anwaltliche Versicherung, dass die Forderung besteht und fällig ist, genügen lassen.[7] Die Glaubhaftmachung einer Überschuldung wird dem Gläubiger kaum möglich sein, da ihm in der Regel der Überblick über das Rechnungswesen des Schuldnerunternehmens fehlt. Etwas anderes gilt häufig bei Hausbanken,[8] die jedoch nur selten einen Insolvenzantrag gegen ihren Kunden stellen. Die Zahlungsunfähigkeit wird durch Vorlage einer Fruchtlosigkeitsbescheinigung des zuständigen Gerichtsvollziehers glaubhaft gemacht, die nicht älter als ein Jahr sein sollte. Die Glaubhaftmachung führt nicht schon zur Eröffnung, sondern zunächst einmal zur Zulässigkeit des Antrags.[9] Zu diesem ist der Schuldner oder seiner organschaftlichen Vertreter zu hören (§ 14 II). Die Zulässigkeit des Antrags ist zugleich Voraussetzung für seine Zustellung an den Schuldner. Liegt ein zulässiger Antrag vor, geht das Verfahren von einem quasi-streitigen Parteiverfahren in ein Amtsverfahren über.[10] Zu der Frage, ob die Anordnung von Sicherungsmaßnahmen nach §§ 21 ff. die Zulässigkeit des Antrags voraussetzt s die Ausführungen bei § 14 Rn. 2.

5 a) *Vorteile eines Insolvenzantrags.* Da ein Gläubiger mit der Stellung eines Insolvenzantrags regelmäßig bestimmte Ziele verfolgen wird, kann problematisch sein, ob das für die Antragstellung erforderliche rechtliche Interesse an der Verfahrenseröffnung gegeben ist (vgl. § 14 I).[11] Es ist in der Regel zu bejahen, wenn ein Insolvenzgrund vorliegt.[12] Grundsätzlich ist ein Gläubigerantrag nur in Ausnahmefällen wegen fehlenden Rechtsschutzinteresses zurückzuweisen, da im Regelfall davon auszugehen ist, dass bei Zahlungsunfähigkeit des Schuldners alle Gläubiger ein schutzwürdiges Interesse an der Verfahrenseröffnung haben.[13] Das Rechtsschutzinteresse kann insbesondere nicht allein von der Höhe der dem Insolvenzantrag zugrunde liegenden Forderung abhängig gemacht

---

[5] Nerlich/Römermann/*Mönning* § 14 Rn. 31; *Uhlenbruck* in Uhlenbruck § 14 Rn. 42; HK/*Kirchhof* § 14 Rn. 9; *Haarmeyer/Wutzke/Förster*, Hdb Kap 3 Rn. 73 f.; Braun/*Bußhardt* § 14 Rn. 12; dagegen soll nach *Leithaus* in Andres/Leithaus, § 14 Rn. 2 zunächst die schlüssige Darlegung genügen, erst auf ein eventuelles Bestreiten durch den Schuldner soll eine Glaubhaftmachung erforderlich sein.

[6] BGH VersR 1976, 928; OLG Köln ZIP 1988, 664 = KTS 1989, 720; *Uhlenbruck* DStZ 1986, 39 ff.; HK/*Kirchhof* § 14 Rn. 10, 13.

[7] Vgl. OLG Köln MDR 1986, 152; OLG Köln NJW 1964, 1039; MüKoInsO/*Schmahl/Vuia* § 14 Rn. 66; einschränkend BGH VersR 1974, 1021; ferner Zöller/*Greger* § 294 Rn. 5. Vgl. auch BayObLG WuM 1994, 296.

[8] S zu diesem Begriff *Vuia* S. 75 mwN.

[9] Die Bewertung des Eröffnungsantrags als zulässig ist keine eigenständige Zwischenentscheidung, man sollte daher nicht von der „Zulassung des Antrags" sprechen; s hierzu MüKoInsO/*Schmahl/Vuia* § 14 Rn. 2, 11; § 12 Rn. 9 u § 14 Rn. 2.

[10] S hierzu MüKoInsO/*Schmahl/Vuia* § 14 Rn. 7 ff.

[11] Eingehend hierzu MüKoInsO/*Schmahl/Vuia* § 14 Rn. 18 ff.; *Geißler* ZInsO 2014, 14 ff.

[12] Vgl. auch LG Frankenthal RPfleger 1979, 433; LG Magdeburg ZIP 1995, 579; *Pape* NJW 1993, 665; *Haarmeyer/Wutzke/Förster*, Hdb Kap 3 Rn. 64 ff.; HK/*Kirchhof* § 14 Rn. 12; *Uhlenbruck* in Uhlenbruck § 14 Rn. 5; MüKoInsO/*Schmahl/Vuia* § 14 Rn. 19; Nerlich/Römermann/*Mönning* § 14 Rn. 16 ff.; *Pape/Uhlenbruck* Insolvenzrecht, Rn. 345; *Uhlenbruck* KTS 1972, 270; ders. NJW 1968, 685; Braun/*Bußhardt* § 14 Rn. 9.

[13] LG Osnabrück KTS 1972, 270; *Frege/Keller/Riedel* Rn. 396.

werden.[14] Ein Rechtsschutzbedürfnis besteht etwa dann nicht, wenn ein Antrag auf Eröffnung eines Regelinsolvenzverfahrens mangels Masse abgewiesen worden ist und der Antragsteller einen neuen Antrag auf Eröffnung eines Verbraucherinsolvenzverfahrens stellt, ohne darzulegen, dass sich die Vermögensverhältnisse des Schuldners zwischenzeitlich verändert haben.[15] Für gesicherte Gläubiger kann die Stellung eines Insolvenzantrags insbesondere dann angezeigt sein, wenn durch ein weiteres Zuwarten die übertragenen Sicherheiten entwertet zu werden drohen. Praktisch kann dies von Bedeutung sein, wenn einzelne (ungesicherte) Gläubiger mit dem Schuldner einen außergerichtlichen Sanierungsversuch unternehmen oder der Schuldner die Sicherungsgegenstände erneut überträgt oder sonst einen Zugriff des gesicherten Gläubigers auf die Sicherheiten zu verhindern versucht. Das Rechtsschutzinteresse für den Insolvenzantrag soll zwar dann fehlen, wenn der Gläubiger im Schuldnervermögen oder im Vermögen eines Dritten ausreichend abgesichert ist.[16] Es genügt aber für das Rechtsschutzinteresse, wenn der Gläubiger nachweist, dass er hinsichtlich seiner Forderung nur unzulänglich oder teilweise abgesichert ist. Darüber hinaus hat der Gläubiger grundsätzlich die Wahl zwischen der Einzelzwangsvollstreckung und dem Insolvenzverfahren als Gesamtvollstreckungsverfahren. Deshalb kann das Rechtsschutzinteresse für einen Insolvenzantrag nicht mit der Begründung verneint werden, der Gläubiger habe zunächst alle Möglichkeiten der Einzelzwangsvollstreckung auszuschöpfen.[17] Zudem darf nicht unberücksichtigt bleiben, dass der gesicherte Gläubiger mit dem Insolvenzantrag auch das Ziel verfolgen darf, die Haftungsmasse und damit die Sicherheiten in ihrem Wert zu erhalten; hierbei handelt es sich nicht um ein verfahrensfremdes, sondern im Gegenteil um ein dem Insolvenzverfahren immanentes Ziel. Der Insolvenzantrag hat für den Gläubiger dabei den Vorteil, dass bei Vorliegen eines zulässigen Antrags der Amtsermittlungsgrundsatz des § 5 I 1 eingreift.[18] Das Gericht ermittelt von Amts wegen alle Umstände, die für das Verfahren von Bedeutung sind. Es kann zu diesem Zweck insbesondere Zeugen und Sachverständige vernehmen, § 5 I 2.[19] Kann sich das Gericht vom Vorliegen eines Eröffnungsgrundes wegen unzureichender Angaben oder fehlender Unterlagen nicht überzeugen, muss es versuchen, die Ergänzung der Angaben und die Vorlage der Unterlagen mit den Mitteln des § 20 I 2 iVm §§ 97, 98, 101 zu erzwingen.[20]

Auch für ungesicherte Gläubiger kann es ratsam sein, einen Insolvenzantrag zu stellen, um die Durchführung einer Sanierung im Insolvenzverfahren zu erreichen. Sanierung und Liquidation stehen als Mittel zur Erreichung einer gleichmäßigen Gläubiger-

---

[14] BGH WM 1986, 652 = KTS 1986, 470; LG Bückeburg MDR 1985, 855; LG Köln MDR 1986, 507; LG Berlin NJW-RR 1992, 831; *Uhlenbruck* in Uhlenbruck § 14 Rn. 7; Nerlich/Römermann/*Mönning* § 14 Rn. 15; MüKoInsO/*Schmahl/Vuia* § 14 Rn. 39; KPB/*Pape* § 14 Rn. 60; *Uhlenbruck* Insolvenzrecht, Rn. 425; *ders.*, Gläubigerberatung, S. 239 f.; Braun/*Bußhardt* § 14 Rn. 10.

[15] LG Kassel ZVI 2005, 435 f.

[16] OLG Frankfurt MDR 1973, 235; LG Magdeburg ZIP 1995, 579; *Mohrbutter/Pape* HdbInsolvenzverwaltung Rn. XVI.45, XVI.46; *Haarmeyer/Wutzke/Förster*, Hdb Kap 3 Rn. 67; HK/*Kirchhof* § 14 Rn. 17; Nerlich/Römermann/*Mönning* § 14 Rn. 18; Braun/*Bußhardt* § 14 Rn. 11.

[17] BGH NZI 2004, 587; OLG Schleswig NJW 1951, 119; OLG Celle NZI 2000, 214; OLG Dresden NZI 2001, 472; LG Göttingen ZIP 1993, 446; *Becker*, Insolvenzrecht, Rn. 680; *Haarmeyer/Wutzke/Förster*, Hdb Kap 3 Rn. 70; *Uhlenbruck* in Uhlenbruck § 14 Rn. 8, 10; HK/*Kirchhof* § 14 Rn. 22; Jaeger/*Gerhardt* § 14 Rn. 6; MüKoInsO/*Schmahl/Vuia* § 14 Rn. 28; Braun/*Bußhardt* § 14 Rn. 10; aA LG Magdeburg ZIP 1995, 579; LG Potsdam ZInsO 2002, 1149 f.

[18] BGH NZI 2003, 147 = ZIP 2003, 358; BGH ZIP 2003, 1005; *Becker*, Insolvenzrecht, Rn. 6; Nerlich/Römermann/*Mönning* § 14 Rn. 29 ff. Zum Amtsermittlungsgrundsatz im Insolvenzverfahren *Prütting*, Kölner Schrift, 1997, S. 183, 194 ff.

[19] Eingehend hierzu MüKoInsO/*Ganter* § 5 Rn. 23 ff.

[20] BGH ZIP 2003, 358 = NZI 2003, 147; LG Köln NZI 2001, 559; LG Göttingen ZIP 2002, 1048; HK/*Kirchhof* § 20 Rn. 17; KPB/*Pape* § 20 Rn. 13a; *Haarmeyer/Wutzke/Förster*, Hdb Kap 3 Rn. 167; *Uhlenbruck* InVo 1999, 333, 334.

befriedigung gleichrangig nebeneinander.[21] Seit Einführung des Insolvenzplanverfahrens (§§ 217–269) und der Eigenverwaltung (§§ 270–285) besteht die Möglichkeit einer Sanierung durch den Schuldner selbst oder durch eine vollständige Übertragung des Unternehmens auf einen unbelasteten Träger (sog. übertragende Sanierung).[22] Im Rahmen des gerichtlichen Sanierungsverfahrens setzt die Rückschlagsperre des § 88 ein, und es besteht die Möglichkeit von Sicherungsmaßnahmen nach § 21. Da sich die Sozialansprüche der Arbeitnehmer an der Obergrenze des § 123 orientieren, sind die Sozialplanbelastungen kalkulierbar.[23] Hat der Gläubiger in der Schuldnerkrise anfechtbare Sicherheiten oder Befriedigung erlangt, muss er im eröffneten Verfahren mit der Anfechtung durch den Insolvenzverwalter rechnen (§§ 129 ff.). Bei einer Sanierung außerhalb des Insolvenzverfahrens (sog. freie Sanierung) bestehen derartige gesetzliche Schutzmechanismen nicht, vielmehr ist es hier allein Aufgabe des Haftungsrechts, die Interessen der an der Sanierung nicht beteiligten Personen zu wahren.[24]

7 Ein häufiges Problem außergerichtlicher Sanierungsversuche ist das Verhalten sog. Akkordstörer. Da ein außergerichtlicher Sanierungsversuch nur dann möglich ist, wenn die hieran Beteiligten einvernehmlich handeln, kann ein Sanierungsversuch von vorneherein scheitern, wenn einzelne Gläubiger ihre Mitwirkung verweigern. In diesem Fall können die übrigen Gläubiger dem obstruierenden Gläubiger dessen Forderungen abkaufen oder sonstige Sondervorteile gewähren, damit dieser seine Weigerungshaltung aufgibt und am Sanierungsversuch doch noch mitwirkt. Für die Gläubiger werden hierdurch allerdings negative Anreize dahingehend gesetzt, eine Mitwirkung zunächst zu verweigern, um in den Genuss solcher Sondervorteile zu kommen.[25] Die sog. Akkordstörer-Problematik kann nach herrschender Meinung mangels einer gesetzlichen Regelung nicht durch die Begründung von Mitwirkungspflichten überwunden werden.[26] Im Insolvenzverfahren besteht dagegen die Möglichkeit, das obstruierende Verhalten einzelner Gläubiger zu verhindern (vgl. § 245). Ferner kann einzelnen Gläubigern der Zugriff auf Gegenstände, die für die Fortführung des Unternehmens unerlässlich sind, verweigert werden (§§ 159, 165 ff. InsO, 30d ZVG); s unten Rn. 22.

8 Der Insolvenzantrag des Gläubigers (§ 13 I) ist oftmals ein wirksames Druckmittel, den Schuldner zur Zahlung zu veranlassen.[27] Da von einigen Gerichten die Abweisungsbeschlüsse des § 26 in der Tagespresse veröffentlicht werden, scheuen die Schuldner die hiermit verbundene Publizität. Zudem droht der Entzug der Gewerbeerlaubnis nach § 35 GewO wegen Vermögensverfalls.[28] Die Abweisung mangels einer die Verfahrenskosten deckenden Masse nach § 26 wird zudem nach der Anordnung über die Mitteilung in Zivilsachen (MiZi) an die zuständige Staatsanwaltschaft mitgeteilt. Bei juristischen Personen sind die Akten von Amts wegen der zuständigen Strafverfolgungsbehörde zuzuleiten. Bei Gesellschaften des Handelsrechts wird der Abweisungsbeschluss dem zuständigen Registergericht mitgeteilt, das gemäß § 394 FamFG ein Löschungsverfahren einleitet. Eine OHG oder eine KG, bei der kein persönlich haftender Gesellschafter eine natürliche Person ist, kann allerdings nur gelöscht werden, wenn die zur Vermögenslosigkeit erforderlichen Voraussetzungen sowohl bei der Gesellschaft als auch bei den persönlich haftenden Gesellschaftern vorliegen (§ 394 IV 2 FamFG). Geht es

---

[21] MüKoInsO/*Stürner* Einl Rn. 2; *Uhlenbruck* BB 1998, 2009.
[22] *Eidenmüller*, Unternehmenssanierung, S. 32 ff.; *Wellensiek* WM 1999, 405, 406.
[23] S zu den Vorteilen des Sanierungsverfahrens in der Insolvenz *Uhlenbruck* BB 2001, 1641, 1644 ff.; *Wellensiek* NZI 2002, 233, 237; *Wittig* NZI 1998, 49, 50.
[24] *Vuia* S. 71 f.
[25] *Vuia* S. 381 f. sowie S. 396 ff. zur Frage der Durchsetzbarkeit eingeräumter Sonderkonditionen.
[26] BGHZ 116, 319 (sog. co op-Urteil); *Vuia* S. 388 ff. mwN.
[27] Vgl. FK/*Schmerbach* § 13 Rn. 25.
[28] Vgl. *Marcks*, Die Untersagungsvorschrift der §§ 12, 35 GewO, München 1986; *Uhlenbruck* in Uhlenbruck § 26 Rn. 41; *Antoni* NZI 2003, 246; *Leibner* ZInsO 2002, 61; *Hattwig* ZInsO 2003, 646.

dem Gläubiger mit der Antragstellung darum, den Schuldner zur Zahlung an ihn zu veranlassen (sog. Druckantrag), kann allerdings das erforderliche Rechtsschutzbedürfnis fehlen, weil der Insolvenzantrag vom Gläubiger nicht als Druckmittel zu Ratenzahlungen oder zur Anerkennung einer zweifelhaften Forderung missbraucht werden darf. Die Annahme von Teilzahlungen und der Abschluss weitergehender Zahlungsvereinbarungen im Rahmen eines Insolvenzeröffnungsverfahrens mit anschließender voller Erledigungserklärung stellen ein Indiz für einen Druckausübungsantrag dar,[29] nicht aber allein die vorherige Ablehnung eines „Teilzahlungsvergleichs".[30] Darüber hinaus kann eine solche unter dem Druck des Insolvenzantrags erfolgte „freiwillige" Zahlung des Schuldners für den Fall einer späteren Verfahrenseröffnung anfechtbar sein.[31] Für Zahlungen zur Abwendung der Zwangsvollstreckung in einem Zeitraum von bis zu sechs Monaten vor dem Insolvenzantrag stellt die Zahlung außerhalb der Krise zwar keine inkongruente, sondern eine kongruente Deckung dar, jedoch als solche eine Rechtshandlung des Schuldners, die der Vorsatzanfechtung unterliegt (§ 133).[32] Insoweit genügt bedingter Gläubigerbenachteiligungsvorsatz. Der Schuldner handelt mit bedingtem Vorsatz, wenn es ihm primär nicht um die Erfüllung seiner Schuld, sondern um die Bevorzugung des drängenden Gläubigers geht, weshalb er die mittelbare Benachteiligung der übrigen Gläubiger zumindest in Kauf nimmt. Bei Zahlungen des Schuldners zur Abwendung der Zwangsvollstreckung in einem Zeitraum von bis zu acht Monaten vor dem Insolvenzantrag, also bis zu fünf Monaten vor der Krise, setzt der Benachteiligungsvorsatz des § 133 I 1 kein unlauteres Zusammenwirken von Gläubiger und Schuldner voraus. Es genügt bedingter Vorsatz.[33] Bei einem Gläubiger, der die Umstände kennt, die zwingend auf eine mindestens drohende Zahlungsunfähigkeit schließen lassen, ist zu vermuten, dass er auch die drohende Zahlungsunfähigkeit selbst erkennt.[34]

Geht es dem Gläubiger mit der Antragstellung ausschließlich darum, eine schnelle und günstige Beendigung eines lästigen Miet- oder Pachtverhältnisses zu erreichen, ist der Insolvenzantrag unzulässig.[35] Auch wenn der Gläubiger wegen bedingter oder betagter Insolvenzforderungen Insolvenzantrag gestellt hat, kann das Rechtsschutzinteresse für den Antrag fehlen.[36] Das rechtliche Interesse entfällt allerdings nicht durch den bloßen Umstand, dass der antragstellende Gläubiger nur eine nachrangige Forderung (§ 39 I Nr. 3 bis 5, II, §§ 265, 266, 327) hat und deshalb voraussichtlich nicht mit einer Quote rechnen kann.[37] Dies gilt auch dann, wenn ein qualifizierter Rangrücktritt vereinbart

---

[29] BGH NJW-RR 2002, 1278; LG Hamburg ZInsO 2002, 144; AG Hamburg NZI 2002, 561; AG Hamburg ZIP 2001, 257; AG Duisburg ZInsO 2002, 688; AG Duisburg NZI 2003, 161; HK/*Kirchhof* § 14 Rn. 24; MüKoInsO/*Schmahl/Vuia* § 14 Rn. 30; enger Braun/*Bußhardt* § 14 Rn. 8. S auch Jaeger/*Gerhardt* § 14 Rn. 4, 5.
[30] AG Hamburg ZInsO 2005, 669.
[31] Vgl. BGH ZInsO 2009, 1394; OLG Koblenz OLGR 2008, 319.
[32] Vgl. BGHZ 157, 242; BGHZ 155, 75 = NZI 2003, 533; BGH ZInsO 2009, 1394 f.
[33] BGH NZI 2003, 597 m. Anm. *Huber;* eingehend auch *Huber* ZInsO 2003, 1025, 1030 ff.; ders. FS Kirchhof S. 247 ff.; *Gerhardt/Kreft,* Aktuelle Probleme der Insolvenzanfechtung, 9. Aufl. 2005, Rn. 425, 426.
[34] Instruktiv hierzu *Huber* ZInsO 2003, 1025, 1030 f.; ders. ZInsO 2005, 628; *Stiller* ZInsO 2003, 595, 599; *Winter* EWiR 2003, 171. Zwangsvollstreckungen ohne eine vorsätzliche Rechtshandlung des Schuldners sind dagegen nicht nach § 133 I InsO anfechtbar; s hierzu BGH ZInsO 2005, 260.
[35] BGH NZI 2008, 121; BGH WM 2006, 1632; BGH DB 1962, 1203; OLG Oldenburg MDR 1955, 175; OLG Frankfurt ZIP 1984, 195; *Wieser* DGVZ 1970, 177; *Uhlenbruck* Insolvenzrecht, Rn. 424; *Haarmeyer/Wutzke/Förster,* Hdb Kap 3 Rn. 66; HK/*Kirchhof* § 14 Rn. 16 ff.; Nerlich/Römermann/*Mönning* § 14 Rn. 16, 17; *Uhlenbruck* in Uhlenbruck § 14 Rn. 5; ders. NJW 1968, 686.
[36] KPB/*Pape* § 14 Rn. 58 ff.; *Pape*/Uhlenbruck Insolvenzrecht, Rn. 345.
[37] BGH NZI 2011, 58; *Gundlach/Müller* EWiR 2010, 819 f.; dies., ZInsO 2011, 84 ff.; *Guski* WM 2011, 103, 107 f.; aA (zumindest eine teilweise Befriedigung muss zu erwarten sein) HK/*Kirchhof* § 14 Rn. 26; Jaeger/*Gerhardt* § 14 Rn. 13; HambKomm/*Wehr* § 14 Rn. 48; FK/*Schmerbach* § 14 Rn. 49a; *Uhlenbruck* in Uhlenbruck § 14 Rn. 2, 11; KPB/*Pape* § 14 Rn. 13; *Vallender* MDR 1999, 280, 282; ebenso noch die Vorauflage.

worden ist.[38] An einem Rechtsschutzinteresse fehlt es, wenn die dem Antrag zugrunde liegende Forderung verjährt, bedingt oder gestundet ist.[39] An einem Rechtsschutzinteresse fehlt es auch, wenn es dem Antragsteller nur darum geht, Informationen darüber zu erlangen, ob der Schuldner noch pfändbare Vermögenswerte besitzt, um diese nach Rücknahme des Antrags zu pfänden und für sich zu verwerten.[40] Teilzahlungen des Schuldners beseitigen grundsätzlich nicht das rechtliche Interesse an einer Verfahrenseröffnung.[41] Zwar zeigt die Zahlung der Hauptsumme im Regelfall, dass der Schuldner nicht zahlungsunfähig ist. Hat er jedoch weitere Verbindlichkeiten, reicht die Zahlung der dem Insolvenzantrag zugrunde liegenden Forderung nicht aus, um das rechtliche Interessen entfallen zu lassen. Leistet der Schuldner allerdings Teilzahlungen und einigt er sich mit dem Gläubiger auf die spätere ratenmäßige Zahlung des Restbetrages, entfällt das Rechtsschutzinteresse.[42] Da das Rechtsschutzinteresse nicht von der Höhe der dem Antrag zugrunde liegenden Forderung abhängt, ist der Gläubiger nicht gehindert, seinen Insolvenzantrag wegen der ausstehenden Kosten und Anwaltsgebühren weiter zu verfolgen.[43] Der Gläubiger kann durch eine Insolvenzantragstellung wegen eines Teilbetrags keine Kosten sparen. Er haftet für den Fall der Abweisung mangels Masse nach § 26 gemäß § 23 I 2 GKG als Zweitschuldner für die vollen Gerichtskosten einschließlich der Auslagen, sofern nicht der Schuldner gemäß § 14 III die Kosten des Verfahrens zu tragen hat (§ 23 I 4 GKG).

10 Zu bejahen ist das Rechtsschutzinteresse bei Insolvenzanträgen von Arbeitnehmern des Schuldnerunternehmens, die wegen rückständiger Lohn- und Gehaltsansprüche Insolvenzantrag stellen. Die Tatsache, dass die Lohn- und Gehaltsansprüche über § 183 SGB III für die vorausgehenden drei Monate des Arbeitsverhältnisses gesichert sind, lässt das Rechtsschutzinteresse nicht entfallen.[44] Der antragstellende Gläubiger ist ferner berechtigt, im Insolvenzeröffnungsverfahren die dem Antrag zugrunde liegende Forderung auszuwechseln oder andere Forderungen nachzuschieben.[45]

11 Ein weiterer Vorteil des Insolvenzverfahrens liegt darin, dass der Gläubiger seine Forderung im Rahmen der Gesamtvollstreckung ohne Prozess und ohne Vollstreckungstitel durchzusetzen vermag. Besonders in der wirtschaftlichen Krise versuchen Schuldner oftmals, Prozesse zu verschleppen, um eine Titulierung und die Einzelzwangsvollstreckung in ihr Vermögen zu verhindern. Ist der Schuldner später vermögenslos, haftet der Gläubiger als Kläger trotz Obsiegens für die Gerichtskosten gegenüber der Staatskasse als Zweitschuldner gemäß § 22 I 1 GKG. Im Insolvenzeröffnungsverfahren dagegen bedarf es für den antragstellenden Gläubiger lediglich der Glaubhaftmachung seiner Forderung, die in der Regel durch Vorlage von Belegen, wie zB Buchauszügen, Wechseln, Schuldscheinen oder Vollstreckungstiteln erfolgt. Dabei genügt es, dass der Gläubiger einen Teil der Forderung glaubhaft macht.[46] Wird das Insolvenzverfahren über das

---

[38] Gundlach/Müller ZInsO 2011, 84 ff.; aA *Uhlenbruck* in Uhlenbruck § 14 Rn. 9, 51.
[39] OLG Köln KTS 1970, 226; LG Braunschweig NJW 1961, 2316; AG Göttingen ZInsO 2001, 915; *Uhlenbruck* DStZ 1986, 40; *ders.* in Uhlenbruck § 14 Rn. 5; *Frege/Keller/Riedel* Rn. 402; MüKoInsO/*Schmahl/Vuia* § 14 Rn. 25. Zur Antragstellung wegen verjährter Forderungen s auch Nerlich/Römermann/*Mönning* § 14 Rn. 21, 22.
[40] AG Gummersbach KTS 1964, 61; Nerlich/Römermann/*Mönning* § 14 Rn. 20; *Haarmeyer/Wutzke/Förster,* Hdb Kap 3 Rn. 66; *Uhlenbruck* NJW 1968, 685, 686; MüKoInsO/*Schmahl/Vuia* § 14 Rn. 34.
[41] HK/*Kirchhof* § 14 Rn. 18; *Haarmeyer/Wutzke/Förster,* Hdb Kap 3 Rn. 69.
[42] OLG Oldenburg OLGR 1997, 178, 179.
[43] *Uhlenbruck* in Uhlenbruck § 14 Rn. 6.
[44] LG Bonn ZIP 1985, 1342; *Schmahl* NZI 2002, 182; MüKoInsO/*Schmahl/Vuia* § 14 Rn. 27; HK/*Kirchhof* § 14 Rn. 26; *Pape/Uhlenbruck* Insolvenzrecht, Rn. 353.
[45] BGH ZInsO 2012, 593; BGH NZI 2004, 587; LG Göttingen ZIP 1993, 446; AG Köln NZI 2000, 95; HK/*Kirchhof* § 14 Rn. 8; MüKoInsO/*Schmahl/Vuia* § 14 Rn. 33.
[46] OLG Naumburg NZI 2000, 263; OLG Köln ZIP 2000, 507; HK/*Kirchhof* § 14 Rn. 8; Nerlich/Römermann/*Mönning* § 14 Rn. 34; Kraemer/*Vogelsang,* Hdb z Insolvenz, Bd 1 Fach 2 Kap 4 Rn. 11; str.

Vermögen des Schuldners oder Schuldnerunternehmens eröffnet und werden im Prüfungstermin die Forderungen festgestellt und nicht vom Schuldner bestritten, findet gegen den Schuldner aus der Eintragung in der Tabelle nach der Aufhebung des Insolvenzverfahrens die Zwangsvollstreckung in entsprechender Anwendung der §§ 724–793 ZPO statt (§§ 201, 202). Eine vollstreckbare Ausfertigung aus der Inolvenztabelle darf nicht vor Aufhebung des Verfahrens erteilt, wohl aber beantragt werden.

Erhebt der Schuldner im Insolvenzverfahren Einwendungen gegen den Bestand der Forderung, wird der Antrag allerdings unzulässig, sofern der Schuldner seine Einwendungen glaubhaft macht.[47] Das Gleiche gilt, wenn die Einwendungen des Schuldners gegen die Forderung zwar nicht vollständig glaubhaft gemacht werden, das Vorbringen der Parteien aber erkennen lässt, dass nur durch eine eingehende Aufklärung des Sachverhalts oder durch die Beantwortung von Rechtsfragen festgestellt werden kann, ob die Forderung mit hinreichender Wahrscheinlichkeit berechtigt ist. Es gehört nicht zu den gesetzlichen Aufgaben des Insolvenzgerichts, den Bestand ernsthaft bestrittener, rechtlich zweifelhafter Forderungen zu überprüfen (vgl. §§ 179, 180, 184).[48] Liegt der Forderung des antragstellenden Gläubigers ein vollstreckbarer Titel zugrunde, stellt sich die Frage, ob und in wie weit das Insolvenzgericht Einwendungen des Schuldners gegen die titulierte Forderung berücksichtigen muss bzw. darf. Der Bundesgerichtshof vertritt die Auffassung, dass Einwendungen des Schuldners gegen die Vollstreckbarkeit der titulierten Forderung in dem dafür vorgesehenen Verfahren verfolgt werden müssten; solange die Vollstreckbarkeit nicht auf diese Weise beseitigt sei, brauche das Insolvenzgericht die Einwendungen des Schuldners nicht zu berücksichtigen.[49] Der Schuldner soll in diesen Fällen regelmäßig zusätzlich glaubhaft zu machen haben, dass er mit hinreichender Aussicht auf Erfolg[50] gegen den vollstreckbaren Titel des Gläubigers mit dem jeweils verfahrensrechtlich vorgesehenen Antrag vorgegangen ist, um seine Aufhebung zu erlangen oder die rechtliche Durchsetzbarkeit zu beseitigen.[51] Bei einem rechtskräftigen Titel oder einer vollstreckbaren Urkunde[52] aus dem Bereich des Zivilrechts sei die Vollstreckungsabwehrklage zu erheben (§§ 767, 769, 795 ZPO), bei einem vorläufig vollstreckbaren Titel sei der erforderliche Rechtsbehelf (das erforderliche Rechtsmittel) einzulegen, im Fall eines Vorbehaltsurteils das Nachverfahren[53] zu betreiben. Entbehrlich sei ein solcher Antrag, wenn der Schuldner ihn infolge einer Verfügungsbeschränkung (§ 240 ZPO, § 21 II 1 Nr. 2 InsO) nicht stellen könne;[54] in diesem Fall reiche die Glaubhaftmachung der Einwendung aus.

Überzeugender erscheint eine differenzierte Betrachtungsweise. Entscheidungen des Prozessgerichts über die vorläufige Vollstreckbarkeit oder über die Einstellung der Zwangsvollstreckung sind, sofern sie vorliegen, für das Insolvenzgericht bindend, soweit sie der Vollstreckbarkeit der Forderung entgegenstehen. In diesem Fall gelten dieselben Grundsätze wie für Einwendungen des Schuldners gegen nicht titulierte Forderungen. Fehlt es an einer solchen Entscheidung des Prozessgerichts, ist danach zu differenzieren,

---

[47] LG Berlin ZInsO 2005, 499; MüKoInsO/*Schmahl/Vuia* § 14 Rn. 82 f.; *Uhlenbruck* KTS 1986, 541 ff., 547; *Henckel* ZIP 2000, 2045, 2047; HK/*Kirchhof* § 14 Rn. 17, 48; Jaeger/*Gerhardt* § 14 Rn. 27; KPB/*Pape* § 14 Rn. 47.
[48] BGH NJW-RR 2006, 1061 = NZI 2006, 174; BGH NJW-RR 2006, 1482 = NZI 2006, 588; BGH NZI 2007, 408; MüKoInsO/*Schmahl/Vuia* § 14 Rn. 83.
[49] BGH ZInsO 2010, 1091; BGH ZInsO 2009, 2072; ebenso im Rahmen der Zulässigkeitsprüfung gemäß § 14 I 1 MüKoInsO/*Schmahl*² § 14 Rn. 24.
[50] LG Göttingen ZInsO 2005, 1114 = ZVI 2005, 540.
[51] BGH NZI 2006, 588, 589 f. = NJW-RR 2006, 1482; BGH NZI 2006, 642; OLG Celle NZI 2001, 426; HK/*Kirchhof* § 14 Rn. 17.
[52] Vgl. OLG Köln ZIP 1989, 789.
[53] Vgl. OLG Frankfurt KTS 1983, 148 f.
[54] LG Duisburg ZVI 2004, 396, 398.

ob dem Titel eine gerichtliche Sachprüfung unter Berücksichtigung der Einwendungen des Schuldners zugrunde liegt. Hat ein Gericht in erster Instanz eine Forderung für begründet erachtet, ist das Insolvenzgericht zu einer eigenen Sachprüfung weder verpflichtet noch berechtigt. Solange die Entscheidung weder aufgehoben noch ihre Vollstreckung eingestellt worden ist, hat das Insolvenzgericht vom Bestand der Forderung auszugehen. Handelt es sich bei dem Titel demgegenüber um ein Versäumnisurteil, einen Vollstreckungsbescheid,[55] eine vollstreckbare Urkunde oder einen Leistungsbescheid eines öffentlich-rechtlichen Gläubigers, hat das Insolvenzgericht die Einwendungen des Schuldners sachlich zu prüfen. Ist die Rechtsverteidigung des Schuldners nicht offensichtlich aussichtslos, ist die Begründetheit der Forderung von den jeweiligen Fachgerichten zu klären und der Eröffnungsantrag zurückzuweisen.[56] Dasselbe gilt, wenn die Forderung, die dem Insolvenzantrag des Gläubigers zugrunde liegt, die Einzige ist, die für den Fall ihres Bestehens den Insolvenzgrund ausmachen würde. Entgegen der Auffassung von *Stürner*[57] hat der Insolvenzrichter in diesen Fällen nicht über den Bestand der Forderung des Antragstellers selbst zu entscheiden. Bestreitet der Schuldner allerdings eine rechtskräftig titulierte Forderung, so nützt ihm dieses Bestreiten nichts. Er hat gegen die titulierte Forderung nur die Rechtsmittel, die gegen ein rechtskräftiges Urteil nach allgemeinem Prozessrecht zulässig sind. Deshalb ist sein Bestreiten nur erheblich, wenn er zugleich nachweist, dass er Restitutions- oder Nichtigkeitsklage erhoben hat und dass das Prozessgericht im Rahmen dieser Klage die Vollstreckung aus dem rechtskräftigen Urteil einstweilen eingestellt hat.

14 Der Gläubiger hat seine Forderung im Übrigen dann im Zivilprozess geltend zu machen, wenn der Insolvenzverwalter oder ein Gläubiger im Prüfungstermin die Forderung bestreiten (§ 179 I). In diesem Fall hat der antragstellende Gläubiger, wenn der Widerspruch im Termin nicht beseitigt werden kann, gemäß § 179 I die Feststellung der Forderung gegen den Bestreitenden zu betreiben. Bei titulierten Ansprüchen kehrt sich allerdings die Verpflichtung, den Widerspruch im Klagewege zu verfolgen, gemäß § 179 II um.

15 Ein Gläubiger, der fahrlässig einen unbegründeten Insolvenzantrag gegen seinen Schuldner stellt, ist grundsätzlich nicht schadensersatzpflichtig, insbesondere verletzt er damit nicht das Recht des Schuldners am eingerichteten und ausgeübten Gewerbebetrieb (§ 823 I BGB).[58] Derjenige, der ein staatlich geregeltes Verfahren in Anspruch nimmt, hat zugleich auch „ein Recht auf Irrtum". Dieses Recht endet erst dort, wo es zumutbar ist, die prozessuale Handlungs- und Entschließungsfreiheit des Antragstellers haftungsrechtlich zu begrenzen. Rechtfertigen Umstände und das Verhalten des Schuldners die Annahme, dass eine tatsächlich nicht gegebene Zahlungsunfähigkeit vorliegt, macht sich der Gläubiger mit der Stellung eines Insolvenzantrags daher grundsätzlich nicht schadensersatzpflichtig. Eine Ersatzpflicht des Antragstellers wird man aber dann bejahen müssen, wenn er einen rechtsmissbräuchlichen Insolvenzantrag gegen den Schuldner oder das Schuldnerunternehmen stellt, entweder um diesen zu schädigen oder um eigene Vorteile zu erlangen.[59] In diesem Fall haftet der antragstellende Gläubi-

---

[55] Vgl. LG Potsdam NZI 2000, 233; AG Hamburg ZInsO 2007, 504; Jaeger/*Gerhardt* § 14 Rn. 18.
[56] Zu den Einzelheiten s MüKoInsO/*Schmahl/Vuia* § 14 Rn. 84 f., § 16 Rn. 39.
[57] Vgl. *Baur/Stürner*, Zwangsvollstreckung und Konkurs, 12. Aufl. Bd II Rn. 7.21.
[58] BGHZ 36, 18 = NJW 1961, 2254; BGHZ 74, 9 = NJW 1979, 1361; BGH ZIP 1990, 805; OLG Düsseldorf ZIP 1994, 479; KPB/*Pape* § 13 Rn. 18; *Pape* ZIP 1995, 623 ff.; Kilger/*K. Schmidt* § 103 KO Anm. 8; *Häsemeyer*, Insolvenzrecht, Rn. 7.10; MüKoInsO/*Schmahl/Vuia* § 14 Rn. 12–16; HK/*Kirchhof* § 14 Rn. 34; eingehend auch *Uhlenbruck* in Uhlenbruck § 14 Rn. 117, 118.
[59] OLG Celle ZIP 1998, 1444; vgl. auch LG Sachsen-Anhalt EWiR § 2 GesO 1/94, 459 *(Pape)*; *Häsemeyer*, Insolvenzrecht, Rn. 7.10; HK/*Kirchhof* § 14 Rn. 45; *Uhlenbruck* in Uhlenbruck § 14 Rn. 117, 118; MüKoInsO/*Schmahl/Vuia* § 14 Rn. 13 f.

ger sowohl dem Schuldner als auch anderen Gläubigern gegenüber gemäß § 280 I BGB bzw. § 826 BGB.

b) *Nachteile eines Insolvenzantrags.* Auch wenn für gesicherte Gläubiger die Durchführung eines Insolvenzverfahrens zum Erhalt der Sicherungsmasse häufig von Vorteil sein dürfte (s. o. Rn. 5), können mit der Verfahrenseröffnung auch für diese Gläubiger nicht unerhebliche Nachteile verbunden sein, insbesondere dann, wenn nicht abgesicherte Risiken bestehen.[60] So kann auch ein gesicherter Gläubiger ein Interesse an der Fortführung eines Schuldnerunternehmens haben, etwa wenn er Kapital investiert hat, das nur bei dem Schuldner einen wirtschaftlichen Wert hat und im Übrigen verloren ist (sog. spezifisches Kapital). Ein Interesse an der Fortführung des Unternehmens kann sich aber auch aus sonstigen wirtschaftlichen Einbußen ergeben, die bei einer Zerschlagung des Unternehmens drohen, weil beispielsweise das Unternehmen der Hauptkunde des Gläubigers ist oder ein Verlust der gesicherten Gläubigerstellung droht. Für ungesicherte Gläubiger bedeutet die Eröffnung eines Insolvenzverfahrens als Gesamtvollstreckungsverfahren, dass diese lediglich einen Anspruch auf quotale Befriedigung haben, denn im Regelfall wird das Schuldnervermögen nicht ausreichen, um alle Gläubigerforderungen zu befriedigen. Von der Deckungsquote müssen die Kosten eines solchen Vorgehens abgezogen werden, so dass der Gläubiger letztlich oft nichts erhält. Von der Möglichkeit frühzeitiger Verfahrenseröffnung (§ 18), der Einbeziehung des Gesamtschadens (§ 92) und der persönlichen Haftung eines Gesellschafters (§ 93) in das Verfahren sowie von der Zuweisung von Schadensersatzansprüchen gegen den organschaftlichen Vertreter wegen Insolvenzverschleppung an den Vorschusszahlungen in § 26 III hat sich der Gesetzgeber der InsO nicht nur eine größere Anzahl eröffneter Verfahren erhofft, sondern zugleich auch eine wesentliche Erhöhung der Befriedigungsquoten. Zur Erhöhung der Quote sollten auch die Verfahrensbeiträge der dinglich gesicherten Gläubiger (§§ 10a ZVG, 171 InsO) beitragen. Die Erwartungen des Gesetzgebers haben sich bislang nur teilweise erfüllt. Nach wie vor muss der antragstellende Gläubiger damit rechnen, dass er letztlich nur einen geringen Bruchteil seiner Forderung im Insolvenzverfahren erstattet erhält.

Ein Nachteil der Verfahrenseröffnung besteht bei einer beabsichtigten Sanierung des Unternehmens darin, dass keine Anreize für eine Gewährung erforderlicher Sanierungshilfen durch Dritte, insbesondere Banken, bestehen. Eine hinreichende Besicherung von Sanierungsdarlehen wird in dieser Phase häufig kaum möglich sein. Hinzu kommt, dass Darlehensforderungen zwar als Masseforderungen vorweg zu befriedigen sind (§ 55), der Darlehensgeber aber leer ausgeht, wenn das Verfahren mangels Masse nicht eröffnet wird. Darüber hinaus ist die Durchführung eines Insolvenzverfahrens nach wie vor mit einem „Makel" behaftet.[61] Gläubiger, die von der Eröffnung des Verfahrens Kenntnis erlangen, werden nach wie vor die Geschäftsbeziehungen zu dem Schuldner sogleich abbrechen. Darüber hinaus werden die Erfolgsaussichten einer Reorganisation im Insolvenzverfahren noch dadurch erschwert, dass die Anfechtungstatbestände der §§ 129 ff. auch im Insolvenzplanverfahren Anwendung finden.[62]

Jeder Insolvenzantrag birgt zudem nicht unerhebliche Kostenrisiken für den Antragsteller in sich.[63] Bestreitet der Antragsgegner (Schuldner) oder bestreiten die organschaftlichen Vertreter eines Schuldnerunternehmens das Vorliegen einer Zahlungsunfähigkeit oder Überschuldung, wird sich der Insolvenzrichter regelmäßig die Überzeugung vom Vorliegen eines Insolvenzgrunds nur dadurch verschaffen können, dass er einen Sachver-

---

[60] S hierzu *Vuia* S. 46 f.
[61] *Wellensiek* BB 2000, 1, 2.
[62] *Eidenmüller* JZ 2001, 1041, 1050 f.; *Paulus* BB 2001, 425, 426 f.; *Uhlenbruck* BB 2001, 1641.
[63] FK/*Schmerbach* § 13 Rn. 27.

ständigen mit der Feststellung des Insolvenzgrunds beauftragt.[64] Das Gericht kann dabei den vorläufigen Insolvenzverwalter mit Verwaltungs- und Verfügungsbefugnis gemäß § 22 I 2 Nr. 3 zusätzlich beauftragen, als Sachverständiger zu prüfen, welche Aussichten für die Fortführung des Schuldnerunternehmens bestehen (s hierzu die Ausführungen bei § 14 Rn. 74 ff.). Für den gemäß § 22 I 2 Nr. 3 als Sachverständigen eingesetzten vorläufigen Insolvenzverwalter ist nach der bis zum 31.7.2013 geltenden Rechtslage gemäß § 9 II JVEG ein Stundensatz von 65 EUR festgelegt worden.[65] Nach herrschender Meinung gilt diese Bestimmung sowohl für den *„starken"* als auch den *„schwachen"* bzw. *„halbstarken"* Insolvenzverwalter.[66] Demgegenüber war nach der bis zum 31.7.2013 geltenden Rechtslage für einen isoliert als Gutachter in einem Insolvenzverfahren tätigen Sachverständigen keine Honorargruppe in § 9 I 1 JVEG bestimmt worden. Die Zuordnung und die Bestimmung des angemessenen Stundenhonorars waren deshalb nach gerichtlichem Ermessen festzulegen. Eine analoge Anwendung von § 9 II JVEG scheidet aus.[67] Die Vergütung des „isolierten" Sachverständigen bestimmt sich vielmehr nach § 9 I 3 JVEG und kann bei laufendem Geschäftsbetrieb im Einzelfall auf 95 EUR erhöht werden.[68] Überwiegend wird die Auffassung vertreten, dass regelmäßig ein Stundensatz von 80 EUR festzusetzen sei.[69] Für die Kosten eines als gerichtlich beauftragten Sachverständigen tätigen vorläufigen Insolvenzverwalters soll der Gläubiger als Zweitschuldner haften.[70] Mit dem Zweiten Gesetz zur Modernisierung des Kostenrechts (2. KostRMoG) vom 23.7.2013 (BGBl I, 2586) ist § 9 II JVEG mit Wirkung zum 1.8.2013 neu gefasst worden.[71] Dieser regelt das Honorar des vom Gericht beauftragten vorläufigen Insolvenzverwalters. Wie sich der Regelung entnehmen lässt, ist das Honorar außerhalb ihres Anwendungsbereichs nach § 9 I JVEG zu bemessen („… abweichend von Absatz 1 …"). Die Vergütung eines isoliert als Gutachter beauftragten Sachverständigen richtet sich daher ab dem 1.8.2013 nach § 9 I JVEG, wobei der Gesetzgeber (BT-Drucks. 17/11471, S. 260) davon ausgegangen ist, dass die Tätigkeit des Gutachters regelmäßig ein Sachgebiet betrifft, das in der neuen Sachgebietsliste unter Nr. 6 aufgeführt ist.[72] S. zur Verteilung der Kosten der vorläufigen Insolvenzverwaltung näher die Ausführungen in § 10 Rn. 27 u § 14 Rn. 133.

19 Der Gläubiger als Antragsteller sollte sich auch nach neuem Insolvenzrecht nicht darauf verlassen, dass das Insolvenzgericht den Schuldner bzw. Schuldnervertreter erst ein-

---

[64] Vgl. BGH KTS 1957, 12.
[65] Zur Verfassungsmäßigkeit dieser Bestimmung sowie deren Anwendung auch auf den „schwachen" vorläufigen Insolvenzverwalter s BVerfG ZInsO 2006, 83 ff.
[66] OLG Frankfurt NJW-RR 2006, 49 mwN; OLG München NZI 2005, 501 f.; AG Hamburg NZI 2004, 677 (analoge Anwendung); AG Kleve ZIP 2005, 228 f.; *Hartmann*, Kostengesetze, § 9 JVEG Rn. 28; KPB/*Prasser* § 11 InsVV Rn. 107; aA OLG Bamberg NZI 2005, 503 (jedoch im Rahmen des § 9 I 3 JVEG eine Vergütung in Höhe von 65 EUR ansetzend); LG Aschaffenburg ZIP 2005, 226 (Stundensatz von 80 EUR); AG Hamburg ZInsO 2005, 704.
[67] S OLG München ZIP 2005, 1329, 1330; OLG Bamberg NJW-RR 2005, 563 = ZIP 2005, 819; OLG Frankfurt ZIP 2006, 676; OLG Koblenz ZInsO 2006, 31; LG Aschaffenburg ZIP 2005, 226; LG Mönchengladbach ZIP 2005, 410; AG Göttingen NJW-RR 2005, 58; AG Wolfsburg ZInsO 2006, 764; *Schmerbach* ZInsO 2003, 882; *Ley* ZIP 2004, 1391; *Hartmann*, Kostengesetze, § 9 JVEG Rn. 28; KPB/*Prasser* § 11 InsVV Rn. 106.
[68] AG Göttingen NJW-RR 2005, 58. S auch OLG München ZIP 2005, 1329.
[69] So mit überzeugenden Argumenten OLG München ZIP 2005, 1329; OLG Frankfurt ZIP 2006, 676; OLG Koblenz ZInsO 2006, 31; LG Aschaffenburg ZVI 2004, 760; LG Aschaffenburg ZVI 2004, 762; LG Nürnberg-Fürth, Beschl. v. 11.2.2005 – 11 T 10660/04; AG Wolfsburg ZInsO 2006, 764; demgegenüber im Rahmen des § 9 I 3 JVEG von einer regelmäßigen Vergütung in Höhe von 65 EUR ausgehend OLG Bamberg NJW-RR 2005, 563; OLG Hamburg ZInsO 2010, 634 f.; OLG Nürnberg ZInsO 2006, 761; LG Mönchengladbach Rpfleger 2005, 328; AG Mönchengladbach, Beschl. v. 19.11.2004 – 20 IN 168/04.
[70] So OLG Düsseldorf ZIP 2009, 1172 f.
[71] S hierzu *Wehner* DZWIR 2013, 558 ff.; *Meyer* JurBüro 2013, 533 ff.
[72] Für Honorargruppe 7: AG Saarbrücken, Beschl. v. 7.5.2014 – 110/N 61/13; AG Darmstadt ZInsO 2013, 2400.

mal gemäß § 14 II mündlich zur Vermögenssituation anhört und ihm das Anhörungsprotokoll übermittelt. Nach wie vor hören viele Insolvenzgerichte den Antragsgegner im schriftlichen Verfahren an.[73] Es besteht kein Rechtsanspruch des Gläubigers als Antragsteller darauf, dass das Insolvenzgericht den Schuldner oder Schuldnervertreter zunächst einmal zur Vermögenssituation mündlich anhört. Ein Antrag, mit dem der Gläubiger ausschließlich Informationen darüber zu erlangen sucht, ob der Schuldner noch über pfändbares Vermögen verfügt, wäre in Ermangelung eines rechtlichen Interesses auch unzulässig (s. o. Rn. 9). Unter den Voraussetzungen des § 10 kann die Anhörung des Schuldners unterbleiben. Wird ein Eigenantrag nicht von sämtlichen Mitgliedern des Vertretungsorgans, allen persönlich haftenden Gesellschaftern oder allen Abwicklern gestellt, sind die übrigen Mitglieder des Vertretungsorgans, persönlich haftenden Gesellschafter oder Abwickler zu hören (§ 15 II 3). Diese Regelung bezieht sich jedoch nur auf den Eigenantrag. Wird Termin anberaumt zur Anhörung des Schuldners, sollte dem antragstellenden Gläubiger die Anwesenheit gestattet werden. Erfolgt die Anhörung des Schuldners im Wege der Rechtshilfe, kann das Rechtshilfegericht nicht von sich aus statt mündlicher Anhörung eine schriftliche Anhörung anordnen.[74] Die Anhörung des Schuldners durch den gerichtlich bestellten Sachverständigen genügt den Anforderungen an das rechtliche Gehör nicht.[75] Im Übrigen reicht es aus, dass dem Schuldner Gelegenheit zur Stellungnahme gegeben wird. Auf die tatsächliche Stellungnahme kommt es nicht an.[76] Ist der Insolvenzantrag zulässig, ist das Insolvenzgericht nicht nur berechtigt, sondern uU sogar verpflichtet, Sicherungsmaßnahmen nach § 21 und Amtsermittlungen nach § 5 I anzuordnen (s hierzu § 14 Rn. 2). Auf die Art und den Umfang dieser Amtsermittlungen hat der Antragsteller keinen Einfluss.

Schließlich läuft der Gläubiger als Antragsteller Gefahr, dass von ihm gemäß § 26 I 2 **20** ein hoher Massekostenvorschuss eingefordert wird, der in keinem vernünftigen Verhältnis zu seiner Forderung steht. Zwar hat der Gesetzgeber der InsO in § 54 die Kosten des Verfahrens definiert und auf die Gerichtskosten und Vergütungen von Verwalter und Gläubigerausschuss beschränkt; jedoch muss der Antragsteller damit rechnen, dass wegen der Unkalkulierbarkeit dieser Kosten, deren endgültige Höhe erst am Schluss des Verfahrens feststeht, ein hoher Massekostenvorschuss eingefordert wird, der zugleich auch die einstweilige Weiterführung eines Betriebs ermöglicht.[77] Der Erstattungsanspruch des Vorschussleistenden nach § 26 III nützt dem Antragsteller bei einer Vermögenslosigkeit des organschaftlichen Vertreters nichts. Erstattungsfähig nach § 26 III sind im Übrigen nur solche Geldbeträge, die zu dem Zweck vorgeschossen werden, die Abweisung mangels Masse zu verhindern.[78]

2. Vor- und Nachteile des Eigenantrags eines Schuldners. Der Insolvenzantrag **21** eines Schuldners (Eigenantrag) hat vor allem den Vorteil, dass er das Recht verschafft, sich frühzeitig, nämlich schon bei drohender Zahlungsunfähigkeit (§ 18), unter den

---

[73] Zur Zulässigkeit der schriftlichen Anhörung vgl. OLG Köln KTS 1958, 13, 15; AG Duisburg Rpfleger 1994, 268; Kuhn/*Uhlenbruck* § 105 KO Rn. 10a; *Uhlenbruck* in Uhlenbruck § 14 Rn. 63; *Frege/Keller/Riedel* Rn. 509, 511, 513; Jaeger/*Weber* § 105 KO Rn. 2; *Uhlenbruck*, Insolvenzrecht, Rn. 491; *Maintzer* KTS 1985, 617, 622; KPB/*Pape* § 14 Rn. 82.
[74] *Uhlenbruck* in Uhlenbruck § 14 Rn. 63.
[75] KG KTS 1960, 189; HK/*Kirchhof* § 14 Rn. 35; KPB/*Pape* § 14 Rn. 82.
[76] BGH KTS 1978, 26 f.; OLG Köln KTS 1958, 15; OLG Frankfurt KTS 1971, 286; HK/*Kirchhof* § 14 Rn. 35.
[77] Vgl. OLG Köln NZI 2000, 217; LG Traunstein NZI 2000, 439; LG Berlin ZInsO 2001, 718; AG Charlottenburg ZIP 1999, 1687 ff.; AG Neuruppin ZIP 1999, 1687; *Rattunde/Röder* DZWIR 1999, 309 ff.; *Vallender* InVo 1997, 4, 6; *Uhlenbruck* in Uhlenbruck § 26 Rn. 17; *Wienberg/Voigt* ZIP 1999, 1662 ff. Zur Massekostendeckung s auch KPB/*Pape* § 26 Rn. 2 ff.; *Haarmeyer* ZInsO 2001, 103, 105; *Uhlenbruck* DZWIR 2000, 15, 17.
[78] BGH ZInsO 2003, 28.

Schutz eines gerichtlichen Insolvenzverfahrens zu stellen. Oftmals haben außergerichtliche Sanierungsbemühungen nicht zum Erfolg geführt, weil einige Gläubiger (Akkordstörer) ihre Zustimmung zu einer vergleichsweisen Lösung verweigert haben (zur Akkordstörer-Problematik s. o. Rn. 7). Das Insolvenzverfahren ermöglicht es dem notleidenden Schuldnerunternehmen, nicht nur im Wege der Gläubigerabstimmung (§ 76 II) Mehrheitsentscheidungen herbeizuführen, sondern auch im Insolvenzplanverfahren zu erreichen, dass über das Obstruktionsverbot (§ 245) die Zustimmung einer Abstimmungsgruppe unter bestimmten Voraussetzungen als erteilt gilt. Die Rückschlagsperre (§ 88) verschafft mit Verfahrenseröffnung dem Unternehmen wieder Liquidität, wenn Gläubiger im letzten Monat vor dem Antrag auf Eröffnung des Verfahrens oder nach diesem Antrag durch Zwangsvollstreckung Sicherungen an dem zur Insolvenzmasse gehörenden Vermögen erlangt haben. Im Wege der Insolvenzanfechtung nach den §§ 129 ff. können Vollstreckungen und gläubigernachteilige Rechtshandlungen rückgängig gemacht werden. Schließlich hat vor der Eröffnung des Insolvenzverfahrens ein vorläufiger Insolvenzverwalter die Möglichkeit, gemäß § 30d IV ZVG den Antrag zu stellen, die Zwangsversteigerung des Betriebsgrundstücks einstweilen einzustellen. Er muss allerdings glaubhaft machen, dass die einstweilige Einstellung zur Verhütung nachteiliger Veränderungen in der Vermögenslage des Schuldners erforderlich ist, was in der Regel keine Schwierigkeiten macht. Im eröffneten Insolvenzverfahren greift die Vorschrift des § 30d I ZVG. Danach ist auf Antrag des Insolvenzverwalters die Zwangsversteigerung zB eines Betriebsgrundstücks einstweilen einzustellen, wenn der Berichtstermin noch bevorsteht, das Grundstück nach dem Ergebnis des Berichtstermins für die Unternehmensfortführung oder für die Vorbereitung der Veräußerung des Betriebes oder einer Gesamtheit von Gegenständen benötigt wird, durch die Versteigerung die Durchführung eines vorgelegten Insolvenzplans gefährdet würde oder wenn in sonstiger Weise durch die Versteigerung die angemessene Verwertung der Insolvenzmasse wesentlich erschwert würde. Der Antrag ist nur abzulehnen, wenn die einstweilige Einstellung dem Gläubiger unter Berücksichtigung seiner wirtschaftlichen Verhältnisse nicht zuzumuten ist. Hat der Schuldner einen Insolvenzplan vorgelegt und ist dieser nicht nach § 231 zurückgewiesen worden, ist die Zwangsversteigerung des Betriebsgrundstücks auf Antrag des Schuldners einstweilen einzustellen, wenn durch die Versteigerung die Durchführung eines vorgelegten Insolvenzplans gefährdet würde (§ 30d II ZVG).

22 Beim Eigenantrag drohen aber auch Nachteile, die teilweise nicht kalkulierbar und nicht beeinflussbar sind. Sämtliche Verfügungsbeschränkungen im Eröffnungsverfahren müssen veröffentlicht werden (§ 23 I; s zur Publizität auch o Rn. 8). Der Schuldner bzw. das Schuldnerunternehmen muss damit rechnen, dass das Gericht einen vorläufigen Insolvenzverwalter mit Verwaltungs- und Verfügungsbefugnis bestellt.[79] In diesem Fall geht die Unternehmensleitung gemäß § 22 I 2 Nr. auf den vorläufigen Verwalter über, der das Unternehmen fortzuführen hat, soweit nicht das Insolvenzgericht einer Stilllegung zustimmt, um eine erhebliche Verminderung des Vermögens zu vermeiden. Hat das Schuldnerunternehmen bestimmte Vorstellungen hinsichtlich der Art der Insolvenzabwicklung oder einer Sanierung entwickelt, wie zB in einem „prepackaged plan", muss die Unternehmensleitung damit rechnen, dass die erste Gläubigerversammlung im Berichtstermin gemäß § 157 S. 1 das Verfahrensziel anders bestimmt. Dies ist besonders in den Fällen misslich, in denen ein Schuldnerunternehmen wegen drohender Zahlungsunfähigkeit (§ 18) Insolvenzantrag gestellt hat, um sich rechtzeitig unter den Schutz eines gerichtlichen Insolvenzverfahrens zu stellen. In diesen Fällen, in denen ein zur Antragspflicht führender Insolvenzgrund noch nicht vorliegt, erweist sich die uneingeschränkte Gläubigerautonomie als nachteilig und für den Schuldner sogar gefähr-

---

[79] Vgl. LG Bonn ZIP 2003, 1412; *Bork* EWiR 2003, 871 f.

lich. Stellt ein Schuldner oder Schuldnerunternehmen wegen drohender Zahlungsunfähigkeit (§ 18) Insolvenzantrag, wird dieser Antrag nicht selten mit einem Antrag auf Eigenverwaltung (§§ 270 ff.) verbunden. Der Eigenantrag gewährleistet, dass die organschaftlichen Vertreter in die Lage versetzt werden, das Verfahren in eigener Regie durchzuführen, wenn nach den Umständen zu erwarten ist, dass die Anordnung nicht zu einer Verfahrensverzögerung oder zu sonstigen Nachteilen für die Gläubiger führen wird (§ 270 II Nr. 3).[80] Nach hM ist die Ablehnung der Eigenverwaltung nicht selbstständig anfechtbar.[81] Lehnt das Gericht die Eigenverwaltung ab oder hebt es sie nach § 272 auf, geht mit der Verfahrenseröffnung die Verwaltungs- und Verfügungsbefugnis über das gesamte Unternehmen nach § 80 I auf den Insolvenzverwalter über. Der organschaftliche Vertreter eines Schuldnerunternehmens muss damit rechnen, seine Position zu verlieren, weil der Insolvenzverwalter nach § 113 berechtigt ist, den Anstellungsvertrag zu kündigen. Gleichzeitig verliert der organschaftliche Vertreter oder der Schuldner jegliches Recht, hinsichtlich des Verfahrensziels Einfluss zu nehmen. Er kann allenfalls versuchen, mit der Vorlage eines Insolvenzplans an das Insolvenzgericht (§ 218 I 1) dem Verfahrensablauf eine bestimmte Richtung zu geben. Aber auch hier muss das Schuldnerunternehmen damit rechnen, dass die nach § 244 I erforderlichen Mehrheiten nicht zustande kommen. Die Folge ist die Liquidation des Unternehmens. Durch das Gesetz zur weiteren Erleichterung der Sanierung von Unternehmen (ESUG) v. 13.12.2010[82] hat der Gesetzgeber zur Vermeidung dieser nachteiligen Folgen zum 1.3.2012 für Schuldner die Möglichkeit eröffnet, das sog. Schutzschirmverfahren zu beantragen (§§ 270a, 270b); zu den Einzelheiten s. § 88. In welchem Umfang und mit welchem Erfolg von diesem Verfahren in der Praxis Gebrauch gemacht wird, bleibt abzuwarten.

IV. Der Entscheidungsprozess „Gerichtliches Verfahren oder Außergerichtlicher Vergleich?"

1. Analyse der Unternehmenssituation. Der Entscheidungsprozess, ob eine Insolvenz mittels eines gerichtlichen Verfahrens oder außergerichtlich bewältigt wird, hängt von zahlreichen Faktoren ab.[83] Die Entscheidung über eine außergerichtliche Sanierung setzt eine gründliche Analyse der Unternehmenssituation voraus. Einmal muss das Unternehmen reorganisationsfähig sein, wobei nicht nur die interne Reorganisationsfähigkeit zu bejahen sein muss, sondern auch die Überlebensfähigkeit am Markt. Weiterhin muss die Rolle und die Einstellung der am Verfahren Beteiligten analysiert werden, wie zB die Verhandlungs- und Opferbereitschaft der Banken, Lieferanten, Kreditversicherungen, Arbeitnehmer, des Betriebsrats und der Gewerkschaften, der Gesellschafter und Geschäftsführer sowie der sonstigen Beteiligten, wie zB Finanzämter, Öffentliche Hand, Sozialversicherungsträger, Pensionssicherungsverein und Arbeitsverwaltung.[84] Der Entscheidungsprozess „außergerichtliche Sanierung oder gerichtliches Insolvenzplanverfahren" wird auch beeinflusst von den Gefahren jeglicher gerichtlichen

---

[80] Vgl. *Huhn,* Die Eigenverwaltung im Insolvenzverfahren, 2003; *Uhlenbruck* FS Metzeler S. 85 ff.; *Görg* FS Uhlenbruck S. 117 ff.; *Görg/Stockhausen* FS Metzeler S. 105 ff.; *Buchalik* NZI 2000, 294; *Westrick* NZI 2003, 65 ff.; *Uhlenbruck* FS Kirchhof S. 479 ff.; *Vuia* S. 67.

[81] LG Mönchengladbach NZI 2003, 152; str. aA *Uhlenbruck* ZInsO 2003, 821; *Smid* WM 1998, 2489, 2510; *Bärenz* EWiR 2003, 483.

[82] BGBl I 2011, S. 2582.

[83] S *Uhlenbruck* BB 2001, 1641 ff.; *Pannen/Deuchler/Kahlert/Undritz,* Sanierungsberatung, 2005, S. 235 ff. Rn. 889 ff.; *Maus,* Sanierungsberatung, in: Römermann (Hrsg.), Steuerberater Handbuch Neue Beratungsfelder, 2005, S. 707 ff. Rn. 85 ff.; *Vuia* S. 65 ff.

[84] Vgl. *Leoprechting/Ziechmann,* Entscheidungsprozesse im Insolvenzverfahren, 1999. Zu rechtlichen Konstruktionen außergerichtlicher Unternehmenssanierungen s auch *Obermüller* ZInsO 2002, 597 ff.; *Uhlenbruck* BB 2001, 1641 ff.

Sanierung für Kreditinstitute. *H. P. Westermann*[85] hat bereits 1983 darauf hingewiesen, dass die Kreditinstitute bei Großinsolvenzen einem starken politischen Druck ausgesetzt sind. Die Gewährung von Krediten in der wirtschaftlichen Krise eines Unternehmens begründeten für die Bank nicht nur die Gefahr des Verlustes der ausgeliehenen Mittel, sondern zugleich auch eine Haftung wegen Insolvenzverschleppung. Selbst staatsverbürgte Sanierungskredite können den Tatbestand der Insolvenzverschleppung erfüllen und damit zum Schadensersatz gegenüber sämtlichen Gläubigern verpflichten. Auch darf nicht außer Betracht bleiben, dass staatliche Hilfen zur Abwendung einer Unternehmensinsolvenz unter dem Aspekt des Beihilfeverbots uU zurückgefordert werden können.

24 Die außergerichtliche Krisenbewältigung als freie Sanierung bietet für das Unternehmen und seine organschaftlichen Vertreter erhebliche Vorteile, weshalb sie der erfolgversprechendere Weg gegenüber dem gerichtlichen Reorganisationsverfahrens ist.[86] Die freie Sanierung wird nicht veröffentlicht. Die Organe können zwar von der Gesellschafterversammlung bzw. dem Aufsichtsrat abberufen, nicht aber von einem Gericht oder durch einen Insolvenzverwalter abgelöst bzw. gekündigt werden. Die freie Sanierung ermöglicht eine privatautonome Ausgestaltung der Sanierung, was neben Kostenersparnissen auch den Vorteil einer höheren Akzeptanz für sich hat.[87] Die Vorteile einer „stillen" Sanierung können wirtschaftlicher (Vermeidung von übereilten Aufkündigungen der Geschäftsbeziehungen zu dem Schuldner) oder rein affektiver Natur sein (Wahrung des Prestiges).[88] Auch für die Gläubiger hat die außergerichtliche (freie) Sanierung erhebliche Vorteile, weil sie im Regelfall nicht nur eine raschere Verfahrensabwicklung, sondern auch eine kostengünstigere Krisenbewältigung gewährleistet. Ein wesentlicher Nachteil des freien Sanierungsverfahrens ist die fehlende Möglichkeit, obstruierendes oder opportunistisches Verhalten einzelner Gläubiger zu unterbinden (s.o. Rn. 7). Im Rahmen der freien Sanierung kommen auch „Kombinationsmodelle" in Betracht, wie zB ein gerichtliches Insolvenzverfahren über das Vermögen mehrerer Konzernunternehmen mit einer Koordination der einzelnen Abwicklungen durch die Verwalter mit einem sog. „Insolvenzverwaltungsvertrag".[89]

25 Der Entscheidungsprozess wird nicht zuletzt auch von der Einstellung des Gerichts beeinflusst. Wer wegen drohender Zahlungsunfähigkeit (§ 18) einen Insolvenzantrag stellen will, gefährdet das eigene Sanierungskonzept, wenn das Gericht grundsätzlich gegen die Anordnung einer Eigenverwaltung nach den §§ 270 ff. ist und auch in solchen Fällen einen „starken" vorläufigen Insolvenzverwalter mit Verwaltungs- und Verfügungsbefugnis (§ 22) einsetzt. Nach geltendem Insolvenzrecht wird der vorläufige und endgültige Insolvenzverwalter vom Gericht eingesetzt (§ 21 II 1 Nr. 1 iVm § 56). Lediglich der vorläufige Gläubigerausschuss hat im Hinblick auf § 56a die Möglichkeit, auf die Person des zu bestellenden Verwalters Einfluss zu nehmen.

26 Weiterhin hat eine beschränkt haftende und damit antragspflichtige Gesellschaft eine Vorprüfung vorzunehmen, ob nicht der Insolvenzgrund der Zahlungsunfähigkeit (§ 17) oder der Überschuldung (§ 19) bereits vorliegt, der zum Insolvenzantrag verpflichtet. Liegt bei einem antragspflichtigen Unternehmen der Insolvenzgrund vor und besteht die Antragspflicht, ist es für außergerichtliche Unternehmensreorganisationen meist zu

---

[85] Kreditwirtschaft und Öffentliche Hand als Partner der Unternehmenssanierungen, 1983; instruktiv auch *Wittig* NZI 1998, 49 ff.; *Hax*, Insolvenzen und Staatseingriffe, in: *M. Heintzen u L. Kruschwitz* (Hrsg.), Unternehmen in der Krise, Betriebswirtschaftliche Schriften Heft 158, 2004, S. 209, 222 ff.
[86] S hierzu *Vuia* S. 70 f. mwN.
[87] *Eidenmüller* ZHR 160 (1996), 343, 348 ff.; *Wellensiek* BB 2000, 1, 6.
[88] *Wittig* NZI 1998, 49, 50.
[89] Vgl. *Köndgen*, Grenzüberschreitende Insolvenzen im Spannungsfeld von Territorialität und Ubiquität des Rechts, in: *Schenk/Schmidtchen/Streit/Vanberg* (Hrsg.), Jahrbuch für Neue politische Ökonomie, Bd 18, 2000, S. 52 ff. m Kommentar von *Eidenmüller*, S. 81 ebd.

spät. In dieser Phase muss das Insolvenzverfahren eingeleitet und von Sanierungsbemühungen Abstand genommen werden.

2. Die Mediation als alternative Form der Insolvenzbewältigung wird als weiteres Mittel außergerichtlicher Sanierung diskutiert.[90] In der amerikanischen Rechtspraxis hat sich neben dem traditionellen gerichtlichen Verfahren nach Chapter II unter dem Sammelbegriff „Alternative Dispute Resolution" (ADR) ein besonderes Verfahren zur Bewältigung der Insolvenz entwickelt. Die Mediation ist eine Spielart dieser ADR. Hier handelt es sich um eine Verhandlung zwischen Gläubigern und Schuldnerunternehmen unter Zwischenschaltung eines neutralen Dritten, des Mediators. Der Mediator ist kein Schiedsrichter oder Richter, denn er trifft keine für die Beteiligten bindenden Entscheidungen. Der Mediator ist auch kein Schlichter, sondern ein „schlichter Dienstleister". Bei außergerichtlichen Unternehmensreorganisationen besteht ein starker Anreiz zu strategischen Manövern, mit denen sich „Trittbrettfahrer" Sondervorteile zu Lasten der übrigen zu verschaffen versuchen (zur sog. Akkordstörer-Problematik s. o. Rn. 7). Der Mediator muss versuchen, diese „Trittbrettfahrer" in das Verfahren einzubinden.[91] Die Mediation kann besonders flexibel und einzelfallbezogen als Instrument der zielgerichteten Verhandlungssteuerung eingesetzt werden.

In Deutschland hat die Mediationstechnik im gerichtlichen Verfahren in den letzteren Jahren zunehmend an Bedeutung gewonnen. In einigen Bundesländern wurde die Durchführung eines gerichtlichen bzw gerichtsnahen Mediationsverfahrens in bereits rechtshängigen Zivilverfahren angeboten,[92] wobei das laufende Verfahren nach Zustimmung der Verfahrensbeteiligten gemäß § 251 S. 1 ZPO ausgesetzt und dem gerichtlichen Mediator als ersuchten Richter zur Durchführung eines Mediationsverfahrens übertragen wurde. Sollte es im Rahmen des Mediationsverfahrens zum Abschluss eines Vergleichs kommen, wurde vom ersuchten gerichtlichen Mediator im Rahmen der Güteverhandlung ein gerichtlicher Vergleich iSd § 794 I Nr. 1 ZPO protokolliert. Nachdem der Gesetzgeber für grenzüberschreitende Mediationen verpflichtet war, bis zum 20.5.2011 die EU-Richtlinie vom 21.5.2008 über bestimmte Aspekte der Mediation in Zivil- und Handelssachen (Amtsblatt EU vom 24.5.2008, L 136/3 ff.) umzusetzen[93], ist durch das Gesetz zur Förderung der Mediation und anderer Verfahren der außergerichtlichen Konfliktbeilegung vom 21.7.2012[94] zum 26.7.2012 das Mediationsgesetz in Kraft getreten.[95] Dieses regelt insbesondere die Verfahrensgrundsätze sowie die Aufgaben und Pflichten des Mediators (§§ 2–4 MediationsG). In einem laufenden Zivilprozess kann das Gericht die Parteien für die Güteverhandlung sowie für weitere Gütesuche vor einen hierfür bestimmten und nicht entscheidungsbefugten Richter (Güterichter) verweisen, der alle Methoden der Konfliktbeilegung einschließlich der Mediation einsetzen kann (§ 278 V ZPO nF). Das Gericht kann den Parteien gemäß § 278a I ZPO eine Mediation vorschlagen. Entscheiden sich die Parteien für die

---

[90] Vgl. *Eidenmüller*, Unternehmenssanierung zwischen Markt und Gesetz, 1999; *ders.*, Mediationstechniken bei Unternehmenssanierungen, BB Beilage 10 v. 1.10.1998, S. 19 ff.; *ders.* ZZP 121 (2008), 273 ff.; *E. Schuhmacher/Thiemann* DZWIR 1999, 441 ff.; *Steinacher*, Mediation in der Unternehmenskrise und Insolvenz, in: *Feldbauer-Durstmüller/Schlager* (Hrsg.), Krisenmanagement – Sanierung – Insolvenz –, 2002, S. 327 ff. Zu einem Kombinationsmodell verschiedener Elemente des Schiedsgerichts- und des Mediationsverfahrens s *Ingelmann* ZInsO 2009, 571 ff. („Moderation").
[91] Einzelheiten bei *Eidenmüller*, Unternehmenssanierung, S. 528 ff.
[92] S am Beispiel von Schleswig-Holstein *Probst* JR 2008, 364 ff. S zu den §§ 135, 153 FamFG sowie den Wirkungsmechanismen der Mediation *Wacker* ZRP 2009, 239 ff.
[93] S hierzu *Tögel/Rohlff* ZRP 2009, 209 ff.
[94] BGBl I 2012, S. 1577.
[95] S hierzu *Düwell* BB 2012, 1921 ff.; *Gullo* GWR 2012, 385 ff.; *Hartmann* MDR 2012, 941 ff.; *Hirtz* FF 2013, 9 ff.; *Jordans* MDR 2013, 65 ff.; *Probst* SchlHA 2012, 401 ff.; *Prütting* AnwBl 2012, 204 ff.; *Thomas/Wendler* DStR 2012, 1881 ff.

Durchführung einer Mediation, ordnet das Gericht gemäß § 278a II ZPO das Ruhen des Verfahrens an. Das gerichtliche bzw. gerichtsnahe Mediationsverfahren stellt eine sinnvolle Alternative zu der (eigentlichen) Güteverhandlung im Streitverfahren (§ 278 II ZPO) und eine uU erfolgversprechende Möglichkeit einer außergerichtlichen Insolvenzbewältigung dar.[96] Keineswegs kann die Mediation als bloßes „Modethema" bezeichnet werden.[97] Im Rahmen von Insolvenzverfahren dürfte die Durchführung eines Mediationsverfahrens allerdings vornehmlich bei Großunternehmen mit zahlreichen wirtschaftlich Beteiligten praktisch vorkommen.[98]

§ 5. Die Insolvenzfähigkeit des Schuldners

Übersicht

	Rn.
I. Der Begriff der Insolvenzfähigkeit	1
II. Insolvenzfähigkeit von natürlichen Personen	5
III. Insolvenzfähigkeit juristischer Personen	6
IV. Insolvenzfähigkeit des nicht rechtsfähigen Vereins	11
V. Insolvenzfähigkeit einer Gesellschaft ohne Rechtspersönlichkeit	12
VI. Insolvenzfähigkeit des Nachlasses	16
VII. Insolvenzfähigkeit des Gesamtguts einer fortgesetzten Gütergemeinschaft	17
VIII. Insolvenzfähigkeit von Vor- und Nachgesellschaften	18
1. Insolvenzfähigkeit der Vorgründungsgesellschaft	18
2. Insolvenzfähigkeit der Vorgesellschaft	19
3. Insolvenzfähigkeit von Nachgesellschaften	20
a) Liquidationsgesellschaft	20
b) Gelöschte Gesellschaft	21
4. Insolvenzfähigkeit sonstiger Vermögensmassen	26
5. Insolvenzfähigkeit bei Verschmelzung und Umwandlung	33
IX. Insolvenzunfähigkeit	34
1. Insolvenzunfähigkeit des Bundes und der Länder	34
2. Insolvenzunfähigkeit bestimmter juristischer Personen des öffentlichen Rechts	36
3. Insolvenzunfähigkeit der WEG	40
4. Sonstige insolvenzunfähige Institutionen	42
X. Örtliche Zuständigkeit und Zuständigkeitserschleichung	45

I. Der Begriff der Insolvenzfähigkeit

1   Die Insolvenzfähigkeit wird vom Gesetzgeber als erste Eröffnungsvoraussetzung genannt. Dabei nutzt er allerdings nicht den Begriff der Insolvenzfähigkeit, sondern formuliert, dass ein Insolvenzverfahren über das Vermögen bestimmter Personen beziehungsweise bestimmter Vermögensmassen möglich ist. Damit bringt er eine grundlegende Sichtweise zum Ausdruck. Er bezieht das Insolvenzverfahren auf eine bestimmtes haftungsrechtlich zugeordnetes Vermögen und verlässt die klassische subjektbezogene Betrachtungsweise der Gesamtvollstreckungsfähigkeit.[1] Dies ist unter haftungsrechtli-

---

[96] *Eidenmüller,* Mediationstechniken bei Unternehmenssanierungen, in: Mediation & Recht, Beil 10 zu Heft 40/1988 BB S. 19 ff.; *ders.* ZZP 121 (2008), 273 ff.; *Schuhmacher/Thiemann* DZWIR 1999, 441 ff.; *Uhlenbruck* BB 2001, 1641, 1647; krit. *Ingelmann* ZInsO 2009, 571 ff.
[97] So aber *Haft* FS Schütze S. 255.
[98] Beispiele bei *Eidenmüller,* Unternehmenssanierung, S. 267 ff.; *A. Finsterer,* Unternehmenssanierung durch Kreditinstitute, 1999.

[1] Dazu auch HK/*Kirchhof* § 11 Rn. 4; die vermögensbezogene Sicht wird auch in der Entscheidung des BGH, BGH NJW 2010 S. 69 f. – mit Anmerkung *Gundlach/Frenzel* S. 73 – deutlich.

chen Gesichtspunkten durchaus sachgerecht, denn in der Insolvenz geht es in erster Linie um die Haftungsverwirklichung – das Insolvenzverfahren dient der Gläubigerbefriedigung und damit der Haftungsrealisierung. Daher waren schon unter Geltung der Konkursordnung nach zutreffender Sicht[2] die Gesamtvollstreckungsnormen vermögensbezogen zu verstehen. Erst in zweiter Linie war die Frage relevant, wer Subjekt des Gesamtvollstreckungsverfahrens war.[3] Für die Konkursordnung führte daher *Henckel*[4] zutreffend aus, dass im Konkurs eine Vermögenshaftung realisiert werde. Der Grundsatz „eine Person – ein Insolvenzverfahren" trifft daher nur zu, da die InsO dem Grundsatz Rechnung trägt, dass für die Schulden einer Person deren gesamtes pfändbares Vermögen haftet. Nur insoweit ist richtig, dass das Insolvenzverfahren das gesamte Vermögen einer Person erfasst. Ist ein Teil des Vermögens einer Person jedoch haftungsrechtlich abgesondert, da es nur bestimmten Gläubigern zur Befriedigung dient, so muss auch ein gesondertes Insolvenzverfahren über dieses Vermögen stattfinden. Damit wird deutlich, dass das Merkmal der Insolvenzfähigkeit als haftungsrechtliche Abgrenzung zu verstehen ist.

Erst in zweiter Linie weist die Frage der Insolvenzfähigkeit eine personenbezogene Anknüpfung auf, nämlich insoweit als mit der Insolvenzeröffnung ein Rechtsträger oder eine Vermögensmasse (die einem oder mehreren Rechtsträgern zuzuordnen ist) angesprochen werden muss.[5] Die Insolvenzfähigkeit mag insoweit grundsätzlich der passiven Parteifähigkeit des Zivilprozesses entsprechen. Sie geht aber darüber hinaus und erlaubt es – wie die Regelungen des § 11 II deutlich macht – auch, über haftungsrechtlich abgesonderte Vermögensmassen ein Insolvenzverfahren durchzuführen. „Schuldner"[6] eines Insolvenzverfahrens sind daher nicht nur natürliche oder juristische Personen, sondern darüber auch zB nichtrechtsfähige Gesellschaften (dazu nachfolgend). Das Insolvenzverfahren kommt allerdings auch nicht ohne einen Schuldner aus – die Rolle des „Schuldners" muss also besetzt sein.[7] Die Stellung des „Schuldners" im Insolvenzverfahren nimmt im Fall von nicht rechtsfähigen Gesellschaften die Gesellschaft selbst ein,[8] es ist nicht notwendig und nicht zutreffend, die Gesellschafter persönlich heranzuziehen.

Es sei darauf verwiesen, dass unter Geltung der Konkursordnung zumindest grundsätzlich noch davon ausgegangen werden konnte, das die Insolvenz-/Konkursfähigkeit der Rechtsfähigkeit bzw. passiven Parteifähigkeit entspricht. Allerdings ergaben sich auch schon Fallgestaltungen, die diese Gleichsetzung relativierten bzw. in Frage stellten. So sah die KO in § 213 selbst vor, dass über das Vermögen eines Vereins, der als solcher verklagt werden konnte, ein Konkursverfahren eröffnet werden konnte. Damit wurde aber auch der nichtrechtfähige Verein für konkursfähig erklärt, da er gemäß § 50 II ZPO unabhängig von seiner Rechtsfähigkeit passiv parteifähig war. Zudem wurde die Vorgesellschaft bereits als konkursfähig angesehen und für die Konkursfähigkeit der BGB-Gesellschaft plädiert. Der InsO-Gesetzgeber hat hier eindeutig Stellung bezogen und Vermögensmassen, die haftungsrechtlich gesondert zugeordnet werden, also bestimmten Gläubigern gesondert zugewiesen werden, unabhängig davon, ob sie eine Rechtsfähigkeit aufweisen, dem Insolvenzverfahren unterstellt.

Vor diesem Hintergrund ist auch die Fallgestaltung zu beurteilen, in der der Verwalter einem wirtschaftlich selbstständig tätigen Schuldner das Vermögen aus der selbst-

---

[2] *Henckel,* ZZP 84 (1971), 457 f.
[3] *Gundlach/Frenzel/Schmidt,* NZI 2000 S. 563.
[4] Jaeger/*Henckel,* KO, 9. Aufl., § 1 Anm. 150.
[5] Für eine entsprechende Differenzierung, aber in der alten Sichtweise K. Schmidt/*K. Schmidt* § 11 Rn. 1 f.
[6] Wenn im Folgenden vom Schuldner die Rede ist, so ist damit der Insolvenzschuldner gemeint.
[7] *Gundlach/Schmidt/Schirrmeister,* DZWIR 2004 S. 450.
[8] Zutreffend Uhlenbruck/Hirte/Vallender/*Hirte,* § 11 Rn. 236, 337.

ständigen Tätigkeit gemäß § 35 II freigegeben hat. Durch diese Freigabe bildet dieses Vermögen ein Sondervermögen über das wiederum ein eigenes Insolvenzverfahren eröffnet werden kann.[9]

II. Insolvenzfähigkeit von natürlichen Personen

5 Jede Privatperson ist zugleich auch insolvenzfähig. Der Insolvenzschuldner braucht weder Kaufmann zu sein noch ein Gewerbe zu betreiben. Auf die Geschäftsfähigkeit des Insolvenzschuldners kommt es nicht an. Deshalb können auch Kinder oder wegen Geisteskrankheit unter Betreuung stehende Personen Schuldner eines Insolvenzverfahrens sein. Auch über das Vermögen ausländischer natürlicher Personen kann ein Insolvenzverfahren in Deutschland eröffnet werden. Für natürliche Personen hat der Gesetzgeber der InsO in den §§ 304ff. allerdings ein besonderes Verfahren vorgesehen, wenn bestimmte Voraussetzungen vorliegen. Dieses *Verbraucherinsolvenzverfahren* greift zwingend ein, wenn der Schuldner eine natürliche Person ist, die keine selbstständige wirtschaftliche Tätigkeit ausübt oder ausgeübt hat (§ 304 I S. 1). Hat der Schuldner eine selbstständige wirtschaftliche Tätigkeit ausgeübt, so unterfällt er nach § 304 I S. 2 ebenfalls dem Verbraucherinsolvenzverfahren, wenn seine Vermögensverhältnisse überschaubar sind und gegen ihn keine Forderungen aus Arbeitsverhältnissen bestehen. Überschaubar sind die Vermögensverhältnisse nur, wenn der Schuldner zu dem Zeitpunkt, zu dem der Antrag auf Eröffnung des Insolvenzverfahrens gestellt wird, weniger als zwanzig Gläubiger hat (§ 304 II).[10] Einzelheiten zum Verbraucherinsolvenzverfahren unten Kap V.

Die Insolvenzfähigkeit der natürlichen Person endet mit ihrem Tod,[11] ein bereits beantragtes Verfahren wird in ein Nachlassinsolvenzverfahren übergeleitet.

III. Insolvenzfähigkeit juristischer Personen

6 Insolvenzfähig ist jede juristische Person des Privatrechts (§ 11 I 1 InsO). Die Vorschrift des § 11 InsO ist an die Stelle der früher verstreuten Bestimmungen über die Konkursfähigkeit (vgl. §§ 207, 209, 213, 214, 236 I, § 236a I KO, § 63 II GmbHG, § 98 II GenG) getreten. Die Regelung in § 11 II 1 InsO wird allerdings – wie noch darzustellen sein wird – durch § 12 InsO eingeschränkt, wonach das Insolvenzverfahren über das Vermögen bestimmter juristischer Personen des öffentlichen Rechts unzulässig ist oder für unzulässig erklärt werden kann. Eine ausländische Gesellschaft, die im Bereich der EU gegründet wurde, bleibt auch nach Sitzverlegung nach Deutschland hinsichtlich der Geltendmachung von Rechten rechts- und insolvenzfähig (Überseering).[12] Die *stille Gesellschaft* (§ 230 HGB) ist nicht insolvenzfähig.[13] Nach § 11 I 1 InsO ist insolvenzfähig ua die Aktiengesellschaft, die GmbH, die Kommanditgesellschaft auf Aktien, die eingetragene Genossenschaft, der rechtsfähige Verein, aber auch die englische Limited. Kredit- und Finanzdienstleistungsinstitute sind regelmäßig insolvenzfähig, unterliegen aber wie Kapitalanlagegesellschaften und Treuhandvermögen sowie Versicherungen besonderen Vorschriften.[14] So kann zB der Insolvenzantrag gegen ein Kreditinstitut grundsätzlich nur vom Bundesamt für Finanzdienstleistungsaufsicht gestellt werden.[15]

---

[9] Zutreffend AG Hamburg ZInsO 2008 S. 680; AG Göttingen NZI 2008 S. 313; dazu auch BGH ZInsO 2011 S. 1349; BGH ZInsO 2008 S. 924; HambKommInsO/*Wehr/Linker* § 11 Rn. 6a.
[10] Einzelheiten bei Uhlenbruck/Hirte/Vallender/*Vallender*, § 304 Rn. 1ff.
[11] K. Schmidt/*K. Schmidt* § 11 Rn. 6; HambKommInsO/*Wehr/Linker* § 11 Rn. 48.
[12] BGH ZIP 2003, 718ff.; *Laukemann* RIW 2005, 104ff.; *B. M. Kübler*, FS Gerhardt 2004, S. 527ff.
[13] Uhlenbruck/Hirte/Vallender/*Hirte*, § 11 Rn. 384; *Karsten Schmidt* KTS 1977, 1ff. u 65ff.; K. Schmidt/*K. Schmidt* § 11 Rn. 22.
[14] Einzelheiten bei Uhlenbruck/Hirte/Vallender/*Hirte*, § 11 Rn. 22ff.
[15] Vgl. Uhlenbruck/Hirte/Vallender/*Uhlenbruck*, § 14 Rn. 107.

Die *fehlerhafte Gesellschaft* ist insolvenzfähig, sobald sie auf Grund des Gesellschaftsvertrages in Vollzug gesetzt worden ist und Sondervermögen gebildet hat.[16]

Die Insolvenzfähigkeit der juristischen Person beginnt mit ihrer Errichtung, also mit der Eintragung in das jeweilige Register. Das bedeutet aber nicht, dass über die Vermögensmasse, die mit der Eintragung zum Gesellschaftsvermögen wird, nicht bereits vorher ein Insolvenzverfahren geführt werden kann – allerdings handelt es sich dann eben nicht um ein Insolvenzverfahren über eine juristische Person (→ VIII Rn. 19).

Die Insolvenzfähigkeit einer juristischen Person endet nicht schon automatisch mit ihrer Auflösung. Ist noch Vermögen vorhanden, so kann über die aufgelöste juristische Person/Gesellschaft noch eine Insolvenzverfahren eröffnet werden (→ Rn. 20). Die Registereintragung ist dann ohne Belang – allerdings muss schlüssig dargetan werden, dass noch verteilbares Vermögen vorhanden ist. Nach Ansicht des BGH reicht es sogar schon, dass aufgrund einer Vorschusszahlung eine hinreichende Kostendeckung gewährleistet ist. In diesem Fall könne zunächst davon ausgegangen werden, dass noch verteilbares Vermögen vorhanden ist.[17]

Nicht insolvenzfähig ist der Konzern als Unternehmensverbund, da die Vermögen der jeweiligen Konzernunternehmen eben diesen einzelnen Konzernunternehmen haftungsrechtlich zugeordnet sind.[18]

IV. Insolvenzfähigkeit des nicht rechtsfähigen Vereins

Die InsO stellt in § 11 I 2 den nicht rechtsfähigen Verein einer juristischen Person gleich. Diese Regelung entspricht derjenigen im früheren § 213 KO. Insolvenzschuldner ist der Verein, vertreten durch seinen Vorstand, nicht dagegen sind es die Vereinsmitglieder.[19] Das gesamthänderisch gebundene Vereinsvermögen wird von der Insolvenz erfasst. Hierzu gehören auch die Ansprüche auf Mitgliedsbeiträge gegen einzelne Vereinsmitglieder. Für Verbindlichkeiten des Vereins haftet nur das Vereinsvermögen. Der Insolvenzverwalter ist nicht berechtigt, gem. § 93 auf das Privatvermögen der Vereinsmitglieder zuzugreifen.[20]

V. Insolvenzfähigkeit einer Gesellschaft ohne Rechtspersönlichkeit

Vor allem bei kaufmännischer Betätigung besteht ein rechtliches und wirtschaftliches Interesse daran, das Haftungsvermögen einer Gesellschaft bürgerlichen Rechts unter Ausschluss anderer Gläubiger den Gesellschaftsgläubigern haftungsrechtlich zuzuweisen.[21] Dementsprechend war die Festlegung, dass auch über das Vermögen von Gesellschaften ohne Rechtspersönlichkeit ein Insolvenzverfahren eröffnet werden kann, ein wichtiges Anliegen des InsO-Gesetzgebers. Aus diesem Grund sieht die Insolvenzordnung im Gegensatz zur Konkursordnung gesonderte Regelungen zur Insolvenzfähigkeit der GbR vor. Die Begründung der InsO[22] belegt dabei, dass in diesem Bereich eine wichtige Änderung gegenüber dem Konkursrecht vorgenommen werden sollte: Ver-

---

[16] Vgl. BGH ZInsO 2006 S. 1208; HK/*Kirchhof*, § 11 Rn. 9; Uhlenbruck/Hirte/Vallender/*Hirte*, § 11 Rn. 49; MüKoInsO/*Ott/Vuia* § 11 Rn. 16.
[17] BGH ZInsO 2005 S. 144 – soweit noch keine Vollbeendigung der GmbH eingetreten ist, wobei die Vollbeendigung erst eintritt, wenn die Gesellschaft tatsächlich vermögenslos ist.
[18] Ebenso HK/*Kirchhof*, § 11 Rn. 8. HambKommInsO/*Wehr/Linker* § 11 Rn. 11. Im Bundestag wird derzeit allerdings ein Gesetzentwurf zum Konzerninsolvenzrecht beraten.
[19] Einzelheiten bei MüKoInsO/*Ott/Vuia* § 11 Rn. 20, 21; HK/*Kirchhof*, § 11 Rn. 12; *Delhaes*, Der Insolvenzantrag, S. 73; Jaeger/*Ehricke* InsO § 11 Rn. 36.
[20] MüKoInsO/*Ott/Vuia*, § 11 Rn. 20.
[21] Vgl. *Prütting* ZIP 1997, 1725 ff.; *Fehl*, Die Gesellschaft bürgerlichen Rechts in der Insolvenz, FS Pawlowski, 1997, 243 ff.; Uhlenbruck/Hirte/Vallender/*Hirte*, § 11 Rn. 368–377; HK/*Kirchhof*, § 11 Rn. 16; MüKoInsO/*Ott/Vuia* § 11 Rn. 49–56.
[22] *Balz/Landfermann*, Die neuen Insolvenzgesetze, S. 84.

mögen, die dem Zugriff bestimmter Gläubigern ausgesetzt waren, sollten unabhängig von der Rechtsfähigkeit des Vermögens insolvenzfähig sein.

13 Gerade in § 11 II InsO wird damit die neue vermögensbezogene Sicht der Insolvenzordnung deutlich. In der Begründung heißt es dazu: „Auch bei dieser Gesellschaftsform (der BGB-Gesellschaft) ist das Gesellschaftsvermögen bestimmten Gläubigern, unter Ausschluss anderer Gläubiger der Gesellschafter, haftungsrechtlich zugewiesen".[23]

14 Zu den Gesellschaften ohne Rechtspersönlichkeit, über deren Vermögen ein Insolvenzverfahren eröffnet werden kann, zählen zB die offene Handelsgesellschaft, die Kommanditgesellschaft, die Gesellschaft bürgerlichen Rechts, die Partenreederei sowie die Partnerschaftsgesellschaft und die Europäische Wirtschaftliche Interessenvereinigung.[24]

15 Eine Einschränkung ist insoweit zu machen, als reine Innengesellschaften außer Betracht zu bleiben haben. Die reine Innengesellschaft weist weder Organe noch Gesamthandsvermögen auf.[25] Dementsprechend ist dieses Vermögen auch nicht bestimmten Gläubigern unter Ausschluss anderer Gläubiger haftungsrechtlich zugewiesen.

VI. Insolvenzfähigkeit des Nachlasses

16 Nach Maßgabe des §§ 315–331 InsO ist auch der Nachlass insolvenzfähig (§ 11 II 2 InsO). Hat der Erbe von der Zahlungsunfähigkeit oder der Überschuldung des Nachlasses Kenntnis erlangt, so hat er gemäß § 1980 I 1 BGB unverzüglich die Eröffnung des Nachlassinsolvenzverfahrens zu beantragen. Die Haftung des Erben für die aus dem Erbe stammenden Schulden ist dann auf das Erbe beschränkt. Das Erbe stellt dann ein Sondervermögen dar, dass einem bestimmten Kreis von Gläubigern ausschließlich haftungsrechtlich zugewiesen ist. Das Verfahren richtet sich nach §§ 315 ff. InsO (Einzelheiten → § 111). Nicht insolvenzfähig ist hingegen die Erbengemeinschaft[26] als solche.

VII. Insolvenzfähigkeit des Gesamtguts einer fortgesetzten Gütergemeinschaft

17 Nach § 11 II 2 InsO kann ein Insolvenzverfahren auch über das Gesamtgut einer fortgesetzten Gütergemeinschaft oder über das Gesamtgut einer Gütergemeinschaft, das von den Ehegatten gemeinschaftlich verwaltet wird, eröffnet werden. Das Insolvenzverfahren über das Gesamtgut einer fortgesetzten Gütergemeinschaft richtet sich nach den Regelungen der §§ 332, 315 bis 331 InsO. Der Eröffnungsgrund der Zahlungsunfähigkeit bezieht sich auf das Sondervermögen, nicht dagegen auf den oder die Ehegatten als Rechtsträger.[27]

VIII. Insolvenzfähigkeit von Vor- und Nachgesellschaften

18 **1. Insolvenzfähigkeit der Vorgründungsgesellschaft.** Eine Vorgründungsgesellschaft, dh eine gesellschaftsrechtliche Verpflichtung mehrerer Personen, eine Gesell-

---

[23] *Balz/Landfermann,* Die neuen Insolvenzgesetze, S. 84.
[24] Uhlenbruck/Hirte/Vallender/*Hirte,* § 11 Rn. 379 ff. u Rn. 383; MüKoInsO/*Ott/Vuia* § 11 Rn. 60 f.; *Jaeger/Ehricke,* § 11 Rn. 75–77. Die Partnerschaftsgesellschaft wurde erst nach dem Inkrafttreten der InsO durch Art. 2a d Gesetzes z Änderung d Umwandlungsgesetzes v. 22.7.1998 (BGBl. I S. 1878, 1881) in das Gesetz aufgenommen.
[25] Vgl. AG Köln NZI 2003, 614; *Prütting* ZIP 1997, 1725, 1732; HK/*Kirchhof,* § 11 Rn. 16; Braun/ Uhlenbruck, Unternehmensinsolvenz, S. 66 ff.; Uhlenbruck/Hirte/Vallender/*Hirte,* § 11 Rn. 374; Jaeger/ Ehricke InsO § 11 Rn. 65 ff. m zahlreichen Nachweisen.
[26] BGH NJW 2006 S. 3715.
[27] Einzelheiten bei Jaeger/*Ehricke* InsO § 11 Rn. 85 ff.

schaft zu gründen, ist weder rechts- noch insolvenzfähig.[28] Betreibt die Vorgründungsgesellschaft (entgegen ihrer ursprünglichen Zielsetzung) ein Handelsgeschäft, so kann sie uU zur BGB-Gesellschaft oder OHG werden und als solche insolvenzfähig sein.[29]

2. Insolvenzfähigkeit der Vorgesellschaft. Eine Handelsgesellschaft oder eine sonstige juristische Person ist grundsätzlich ab ihrer Entstehung insolvenzfähig. Trotzdem wird die Insolvenzfähigkeit einer Vorgesellschaft, dh einer Gesellschaft, die zwar errichtet, aber noch nicht im Handelsregister eingetragen worden ist, heute überwiegend bejaht.[30] Voraussetzung für die Insolvenzfähigkeit der Vorgesellschaft war nach früherem Recht, dass sie bereits Sondervermögen gebildet hatte, in kaufmännischer Weise ein Handelsgewerbe betrieb und im Rechtsverkehr als Gesellschaft in Erscheinung getreten war.[31] Zutreffend weist *Hirte*[32] darauf hin, dass diese Voraussetzungen für das neue Recht nicht mehr gegeben sein müssen, da nunmehr die Insolvenzfähigkeit auch der BGB-Gesellschaft anerkannt ist. Die Vorgesellschaft (Vorverein/Vorgenossenschaft) ist, soweit sie die Voraussetzungen einer BGB-Gesellschaft erfüllt (also keine reine Innengesellschaft ist), deshalb solange insolvenzfähig, wie die Verteilung des Vermögens nicht beendet ist.[33] Betreibt die Vorgesellschaft ein gewerbliches Unternehmen, das einen in kaufmännischer Weise eingerichteten Geschäftsbetrieb erfordert und wird die Eintragung in das Handelsregister nicht mehr angestrebt, so handelt es sich um eine unechte Vorgesellschaft, die unabhängig vom Willen der Gründer eine OHG ist (§ 128 HGB).[34] Zweifelhaft ist die Frage, ob die Abwicklung des Insolvenzverfahrens nach dem Recht der beabsichtigten Gesellschaftsform oder nach dem Recht der BGB-Gesellschaft bzw. OHG erfolgt. In jedem Fall ist das Insolvenzverfahren über das Vermögen der Vorgesellschaft kein Sonderinsolvenzverfahren über ein den Gründern gehörendes Gesellschaftsvermögen; vielmehr ist die Vorgesellschaft als solche Träger der Schuldnerrolle im Insolvenzverfahren.[35]

3. Insolvenzfähigkeit von Nachgesellschaften. a) *Liquidationsgesellschaft.* Auch nach Auflösung einer Gesellschaft oder sonstigen juristischen Personen kann die Insolvenzfähigkeit noch gegeben sein, solange die Gesellschaft nicht vollständig liquidiert ist.[36] Die Auflösung einer Gesellschaft beseitigt ihre Insolvenzfähigkeit damit nicht automatisch. Entscheidend ist, ob noch Vermögen der Gesellschaft vorhanden ist. Dies gilt selbst dann, wenn die Auflösung der Gesellschaft auf die Verfahrensablehnung mangels Masse (§ 26 I InsO) zurückzuführen ist. Entsprechende Festlegungen gibt es bei den Aktiengesellschaften, Gesellschaften mit beschränkter Haftung und Genossenschaften (§§ 262 I 4 AktG, 60 I 5 GmbHG, 81a Nr. 1 GenG). Gleiches gilt für die GmbH & Co KG (§§ 131 II 1, 161 II HGB). Solange noch Vermögen bei der Liquidationsgesellschaft vorhanden ist, ist und bleibt die Gesellschaft insolvenzfähig (Einzelheiten bei *Jaeger/*

---

[28] *Jaeger/Weber*, §§ 207, 208 KO Rn. 1; Uhlenbruck/Hirte/Vallender/*Hirte*, § 11 Rn. 36 u Rn. 241; HK/*Kirchhof*, § 11 Rn. 11; Jaeger/*Ehricke*, § 11 Rn. 18; MüKoInsO/*Ott/Vuia* § 11 Rn. 14.
[29] BGHZ 91, 148, 151 = NJW 1984, 2164; BGH NJW 1983, 2822; Uhlenbruck/Hirte/Vallender/ *Hirte*, § 11 Rn. 36 u Rn. 241.
[30] BGH ZIP 2003, 2123; BayObLG NJW 1965, 2254, 2257; OLG Nürnberg AG 1967, 362, 363 (betr eine Vor-AG); *U. Haas* DStR 1999, 985 ff.; Uhlenbruck/Hirte/Vallender/*Hirte*, § 11 Rn. 37–44; HK/*Kirchhof*, § 11 Rn. 10. Eine andere Frage ist, ob die Bejahung der Insolvenzfähigkeit auch zur Bejahung der Insolvenzantragspflicht führt. S. hierzu *Deutscher/Körner* wistra 1996, 8, 10 f.; s auch *Altmeppen* ZIP 1997, 273 ff.
[31] Vgl. *K. Schmidt* NJW 1975, 665; *Lieb* DB 1970, 961.
[32] Uhlenbruck/Hirte/Vallender/*Hirte*, § 11 Rn. 38.
[33] So auch *Haas* DStR 1999, 985.
[34] BGHZ 22, 240, 244; BGH WM 1965, 246; Uhlenbruck/Hirte/Vallender/*Hirte*, § 11 Rn. 39.
[35] Nach *U. Haas* (DStR 1999, 985, 988) obliegt die Antragspflicht den Geschäftsführern.
[36] Vgl. auch *Uhlenbruck* ZIP 1996, 1641, 1648 f; *H. Schmidt*, Zur Vollbeendigung juristischer Personen, 1989; *Hirte* ZInsO 2000, 127 ff.; Uhlenbruck/Hirte/Vallender/*Hirte*, § 11 Rn. 342; *Jan Uhlenbruck*, Kölner Schrift 2. Aufl., S. 1196.

§ 5 21–24 Kapitel II. Das Insolvenzeröffnungsverfahren

Ehricke, § 11 Rn. 25–27). Die gesetzlichen Insolvenzantragspflichten der bisherigen Organe erfasst nun auch die Liquidatoren. Selbst wenn ein Insolvenzverfahren durchgeführt worden ist, muss die Insolvenzfähigkeit damit nicht entfallen. Solange noch verteilungsfähiges Vermögen vorhanden ist bleibt die Insolvenzfähigkeit bestehen. Die Anordnung einer Nachtragsverteilung nach § 203 InsO schließt dementsprechend die Insolvenzfähigkeit einer Gesellschaft nicht aus, sondern bestätigt sie; die Anordnung der Nachtragsverteilung beseitigt aber das Rechtsschutzinteresse für die Einleitung eines neuen Verfahrens.

21 **b)** *Gelöschte Gesellschaft*. Nach einer überkommenen Meinung (die angesichts des Wortlaut der § 11 I und 2 InsO nicht mehr haltbar ist) ist die Insolvenzfähigkeit an die insolvente Person gebunden.[37] Wurde ein Verein, eine Handelsgesellschaft oder sonstige juristische Person im Register gelöscht, so ist sie nach dieser Meinung nicht mehr existent und als solche nicht mehr insolvenzfähig.

22 Diese Meinung ist abzulehnen: Nach der zutreffenden, herrschenden *Lehre vom Doppeltatbestand*[38] ist die Gesellschaft erst dann als voll beendet angesehen werden, wenn zwei Voraussetzungen gegeben sind: Einmal die Vermögenslosigkeit, zum andern die Löschung im Handelsregister. Dementsprechend ist die Gesellschaft trotz Löschung im Handelsregister noch insolvenzfähig, wenn sie verteilbares Vermögen hat. Dies gilt auch für ausländische Gesellschaften, die nach ausländischem Recht aufgehört haben zu existieren.[39]

23 Da insoweit auch die Insolvenzfähigkeit zu bejahen ist, ist es einem Gesellschaftsgläubiger unbenommen, einen Insolvenzantrag gegen die im Register gelöschte Gesellschaft mit der Behauptung zu stellen, es sei noch Vermögen vorhanden.[40] Die Insolvenzfähigkeit der gelöschten Gesellschaft kann vom Insolvenzgericht insoweit nicht verneint werden. Nach Ansicht des BGH reicht es sogar schon, dass aufgrund einer Vorschusszahlung eine hinreichende Kostendeckung gewährleistet ist. In diesem Fall könne zunächst davon ausgegangen werden, dass noch verteilbares Vermögen vorhanden ist.[41]

24 In diesem Zusammenhang gibt es immer wieder Zweifelsfragen. Das AG Potsdam[42] hat zB einen Insolvenzantrag über das Vermögen einer BGB-Gesellschaft als unzulässig angesehen, da ein Gesellschafter verstorben und der andere allein verbleibende Gesellschafter diesen beerbt hatte. Das AG argumentierte: im diesem Fall gelte die Verteilung mit dem Ableben des einen Gesellschafters als vollzogen (§§ 731 ff., 1922 I BGB), damit sei einem Insolvenzverfahren über das Gesellschaftsvermögen der BGB-Gesellschaft der Boden entzogen, ein solches Insolvenzverfahren sei unzulässig. Ähnlich argumentierte das LG Dresden in einem anderen Fall: Das Insolvenzverfahren über die Gesellschaft scheide aus, weil diese vollbeendet und ihr Vermögen angewachsen sei. Das LG Dresden bemerkt allerdings, dass es sachgerecht und vom Gesetzeswillen getragen ist, in diesem Fall (gleichwohl) ein Insolvenzverfahren über das Gesellschaftsvermögen durchzuführen. Zu diesem Ergebnis kommt das Gericht schließlich auch. Die Zulässigkeit des Insolvenzverfahrens leitet es dabei aus einer Analogie zu §§ 315, 332, 354, 11 II 1 InsO ab. Ein solcher Notgriff ist indes nicht notwendig. Denn die Insolvenzfähigkeit der Ge-

---

[37] *Hönn* ZHR 138 (1974) 74 ff. *Hüffer*, Gedächtnisschrift Schultz. 1987, S. 103 ff.
[38] Vgl. BGH NJW-RR 1988, 477; BAG NJW 1988, 2637; KTS 1988, 531; OLG Stuttgart ZIP 1986, 647, 648; K. *Schmidt/K. Schmidt* § 11 Rn. 14; *Vallender* NZG 1998, 249, 250; *Karsten Schmidt*, GmbHR 1988, 209, 210; *Uhlenbruck* KTS 1991, 223, 234; ders. ZIP 1996, 1641, 1648; ders., GmbH & Co KG S. 453, 462; *Bork* JZ 1991, 841, 844; Jaeger/*Ehricke* InsO § 11 Rn. 23 ff., 27; MüKoInsO/*Ott/Vuia* § 11 Rn. 71a.
[39] LG Duisburg NZI 2007 S. 475; LG Potsdamm ZInsO 2008 S. 1145.
[40] So jetzt ausdrücklich BGH NZI 2005, 225.
[41] BGH ZInsO 2005 S. 144 – soweit noch keine Vollbeendigung der GmbH eingetreten ist, wobei die Vollbeendigung erst eintritt, wenn die Gesellschaft tatsächlich vermögenslos ist.
[42] ZIP 2001 S. 346.

sellschaften endet aufgrund des § 11 III InsO erst mit der vollständigen Verteilung des Gesellschaftsvermögens. Eine solche Verteilung war in beiden Fällen nicht erfolgt. Das Gesellschaftsvermögen war haftungsmäßig durch den Rechtsübergang auf den Erben bzw. durch die Anwachsung nicht „verteilt" worden. Es bestand haftungsrechtlich vielmehr fort. Hierauf stellt das LG Dresden zutreffend ab, wenn es darauf verweist, dass der Rechtsnachfolger für die Schulden der Gesellschaft nur begrenzt auf das Gesellschaftsvermögen haftet. Zu ergänzen ist: das Gesellschaftsvermögen ist zudem (vorrangig) dem Zugriff der Gesellschaftsgläubiger vorbehalten. Denn Zielsetzung des § 11 II und III InsO ist es gerade, Vermögensgegenstände, die zum Gesellschaftsvermögen gehören, den Gesellschaftsgläubigern haftungsmäßig zur Befriedigung zuzuweisen.[43]

Vor diesem Hintergrund ist auch das Verhältnis von Insolvenzfähigkeit und Vollbeendigung einer Gesellschaft zu beurteilen. Eine Vollbeendigung einer Gesellschaft setzt regelmäßig die vollständige Verteilung des Gesellschaftsvermögens voraus. Diese ist in Insolvenzsituationen nur gegeben, wenn kein für die Gesellschaftsgläubiger haftendes (Sonder-)vermögen mehr vorhanden ist. Soweit in Sondersituationen eine Vollbeendigung einer Gesellschaft vor endgültiger Verteilung des Gesellschaftsvermögens vorgesehen ist (siehe dazu die Regelungen der §§ 161 II, 133 III 2 HGB), so verdrängen im Insolvenzfall die Spezialregelungen des § 11 II, III InsO diese Vorschriften und ermöglichen somit die Durchführung eines Insolvenzverfahrens[44] über das Vermögen der Gesellschaft. 25

4. Insolvenzfähigkeit sonstiger Vermögensmassen. § 11 InsO ist nicht enumerativ zu verstehen.[45] § 11 ist somit analogen Anwendungen zugänglich.[46] Dies erschließt sich schon vor dem Hintergrund, dass der Gesetzgeber die Möglichkeit, Insolvenzverfahren durchzuführen, aus einer vermögensmäßigen Sicht erweitern wollte und bereits unter Geltung der Konkursordnung eine Unterscheidung zwischen Gesamtkonkurs und Sonderkonkurs anerkannt war,[47] somit auch ein Konkurs-(Insolvenz-)verfahren über ein Teilvermögen einer Person möglich war.[48] Der Gesetzgeber hat eine vermögensmäßige Sicht des Insolvenzverfahrens in den § 11 und 12 InsO niedergelegt. 26

All dies macht deutlich, dass § 11 nicht voraussetzt, dass das zu verwertenden Vermögen rechtsfähig sein muss.[49] Eingrenzungen des § 11 aus personenbezogener Sicht sind ebenso nicht anzuerkennen. 27

Wenn die Insolvenzfähigkeit der BGB-Gesellschaft vom Gesetzgeber ausdrücklich zugelassen wird, ein Insolvenzverfahren über das Vermögen einer BGB-Gesellschaft damit unzweifelhaft möglich ist, zudem auch Insolvenzverfahren über Teilvermögen, wie zB eine Erbschaft, durchgeführt werden können und beide Verfahren damit begründet werden, dass diese Sondervermögen (also das Gesellschaftsvermögen bzw. die Erbmasse) sich dadurch auszeichnen, dass sie bestimmten Gläubigern gesondert haften, so gewinnt die Ausführung in der Gesetzesbegründung, dass die Insolvenzfähigkeit sich danach richtet, ob ein Vermögen bestimmten Gläubigern (die mit dem gesonderten Vermögen im Geschäftsverkehr in Berührung kommen) als gesonderte Haftungsmasse zugewiesen wurde, entscheidende Bedeutung auch für die Frage, ob andere Vermögensmassen insolvenzfähig sind. 28

---

[43] *Gundlach/Schmidt/Schirrmeister* DZWIR 2004 S. 450f.; BGH NJW 1978, 1526; das AG Köln, NZI 2009 S. 621, wendet § 11 II InsO analog an.
[44] *Gundlach/Frenzel/Schmidt* DStR 2004 S. 1658f.; *Gundlach/Schmidt/Schirrmeister* DZWIR 2004 S. 449f.
[45] So aber *Bork* ZIP 2001 S. 547, der diese Ansicht in ZInsO 2005 S. 1070 jedoch wieder aufgab.
[46] *Fischer* NZI 2005 S. 586; dazu schon *Gundlach/Frenzel/Schmidt* NZI 2000 S. 565.
[47] *Kilger/Karsten Schmidt*, Insolvenzgesetze, 17. Aufl., § 1 Rn. 1 A d; *Baur/Stürner* Zwangsvollstreckungs-, Konkurs-, und Vergleichsrecht, Band 2, 12 Aufl., S. 84f.
[48] Siehe dazu auch den Fall der Simultaninsolvenz bei der GmbH & Co KG, *Gundlach/Frenzel/Schmidt* DStR 2004 S. 1658f.; *Gundlach/Schmidt/Schirrmeister* DZWIR 2004 S. 451f.
[49] Statt vieler MüKoInsO/*Ott/Vuia*, § 11 Rn. 10.

29 Die Insolvenzfähigkeit einer Vermögensmasse ist mithin danach zu beurteilen, ob das Vermögen bestimmten Gläubigern (die mit dem gesonderten Vermögen im Geschäftsverkehr in Berührung kommen) als gesonderte Haftungsmasse zugewiesen wurde.[50] Die Frage, welches Vermögen für die Forderungen welcher Gläubiger haftet, gewinnt damit besondere Bedeutung für die Beantwortung der Frage nach der Insolvenzfähigkeit.

30 Bestätigt wird dies durch einen Blick auf die Bruchteilsgemeinschaft. Die Bruchteilsgemeinschaft wird überwiegend nicht als insolvenzfähig angesehen.[51] Zwar hat das AG Göttingen ein Insolvenzverfahren über das Vermögen einer Bruchteilsgemeinschaft im Einzelfall zugelassen.[52] Dies ist aber nicht sachgerecht, da der Bruchteilsgemeinschaft kein gesondertes Vermögen haftungsrechtlich zugewiesen ist – und das selbst, wenn es am Wirtschaftsverkehr teilnimmt.[53] Denn die Bruchteilsgemeinschaft ist gerade keine „Gemeinschaft" im Sinne eines gemeinschaftlichen Vorgehens, vielmehr teilen sich mehrere nur ein Recht nach Bruchteilen. Jeder Bruchteil ist dem jeweiligen Bruchteilsinhaber gesondert zugeordnet und Verbindlichkeiten werden nicht der Bruchteilsgemeinschaft, sondern den jeweiligen Teilhabern der Bruchteilsgemeinschaft zugeordnet.

31 Einige Sondervermögen der öffentlichen Hand, die zur Erfüllung einzelner begrenzter Aufgaben eingesetzt werden, sind zwar haushaltsmäßig verselbstständigt und werden gesondert bewirtschaftet (zB Versorgungsrücklage). Diese Vermögen sind jedoch regelmäßig nicht bestimmten Gläubigern unter Ausschluss anderer Gläubiger zugewiesen. Daher dürfte nur ausnahmsweise eine Insolvenzfähigkeit dieser Sondervermögen anzunehmen sein.[54]

32 Vom Sonderinsolvenzverfahren zu unterscheiden ist die Bildung von Sondermassen im Rahmen der Insolvenzverwaltung. Hat ein Insolvenzverwalter zB im Rahmen eines Insolvenzverfahrens die Eingliederung einer Unternehmung in das schuldnerische Unternehmen mit Erfolg angefochten, so sind im Rahmen dieses Insolvenzverfahrens zwei selbstständige Haftungsmassen zu bilden.[55]

33 **5. Insolvenzfähigkeit bei Verschmelzung und Umwandlung.** In den Fällen der Verschmelzung durch Aufnahme oder Neugründung nach den §§ 2–122 UmwG ist mit der Verschmelzung die aufgenommene Gesellschaft nicht mehr als Insolvenzschuldner anzusehen.[56] Das Vermögen der Gesellschaft bleibt aber als haftungsmäßig abgegrenztes Vermögen bestehen. Gleiches gilt für die Fälle der Umwandlung. Spaltet ein Rechtsträger sein Vermögen in der Weise, dass die zur Führung eines Betriebes notwendigen Vermögensteile im Wesentlichen auf einen übernehmenden oder mehrere übernehmende oder auf einen neuen oder mehrere neue Rechtsträger übertragen werden und die Tätigkeit dieses Rechtsträgers oder dieser Rechtsträger sich im Wesentlichen auf die Verwaltung dieser Vermögensteile beschränkt, so sind beide Gesellschaften insolvenzfähig. Dem Gläubigerschutz tragen die §§ 133, 134 UmwG dadurch Rechnung, dass für die Verbindlichkeiten des übertragenden Rechtsträgers, die vor dem Wirksamwerden der Spaltung begründet worden sind, die an der Spaltung beteiligten Rechtsträger als Gesamtschuldner haften. Auf die Spaltung zur Neugründung finden die Vorschriften entsprechende Anwendung (§ 135 UmwG). Erhält der insolvenzfähige Rechtsträger durch formwechselnde Umwandlung eine andere Rechtsform (§§ 190 ff.

---

[50] Dazu auch MüKoInsO/*Ott/Vuia* § 11 Rn. 9.
[51] Dazu MüKoInsO/*Ott/Vuia* § 11 Rn. 63a; *Bork* ZIP 2001 S. 545 mwN.
[52] AG Göttingen ZIP 2001 S. 580, zustimmend *Wimmer/Schmerbach*, InsO, § 11 Rn. 14a; dagegen *Bork* ZIP 2001 S. 545 f.; Uhlenbruck/Hirte/Vallender/*Hirte* § 11 Rn. 374; Braun/*Kind* § 11 Rn. 14.
[53] Dazu auch *Bork* ZIP 2001 S. 550.
[54] Dazu *Gundlach/Frenzel/Schmidt* NZI 2000 S. 565.
[55] BGHZ 71, 296; *Kuhn/Uhlenbruck*, § 1 Rn. 8a.
[56] Vgl. auch MüKoInsO/*Ott/Vuia*, § 11 Rn. 31; Jaeger/*Ehricke* InsO § 11 Rn. 28–31; HK/*Kirchhof*, § 11 Rn. 27.

UmwG), so ändert sich an der Insolvenzfähigkeit nichts. Vielmehr bleibt die bisherige Gesellschaft in der neuen Rechtsform als insolvenzfähige Gesellschaft bestehen. Sie haftet für sämtliche Verbindlichkeiten der früheren Gesellschaft, die zum Zeitpunkt des Formwechsels bestanden haben, persönlich (§ 224 UmwG iVm § 128 HGB). Der Gesellschafter haftet für diese Verbindlichkeiten, wenn sie vor Ablauf von fünf Jahren nach dem Formwechsel fällig und daraus Ansprüche gegen ihn gerichtlich geltend gemacht sind (§ 224 II UmwG). Erlangt ein persönlich haftender Gesellschafter einer formwechselnden Kommanditgesellschaft auf Aktien beim Formwechsel in eine Kommanditgesellschaft die Rechtsstellung eines Kommanditisten, so findet gemäß § 237 UmwG auf seine Haftung die Vorschrift des § 224 UmwG entsprechende Anwendung. Im Bereich des Formwechsels und der Verschmelzung wird durch die Gesamtrechtsnachfolge, die auch die Verbindlichkeiten erfasst, gewährleistet, dass die ursprüngliche Haftungsmasse den Gläubigern erhalten bleibt. Soweit den Gesellschaftsgläubigern Sicherheit zu leisten ist, sofern sie innerhalb von sechs Monaten nach dem Wirksamwerden der Umwandlung ihren Anspruch anmelden und glaubhaft machen, dass durch die Formwechsel die Erfüllung ihrer Forderung gefährdet wird, begründet die Sicherheitsleistung kein insolvenzfähiges Sondervermögen, sondern berechtigt zur bevorzugten Befriedigung.

IX. Insolvenzunfähigkeit

1. Insolvenzunfähigkeit des Bundes und der Länder. Während die Konkursordnung keine ausdrückliche Regelung zur Insolvenzunfähigkeit bestimmter juristischer Personen des öffentlichen Rechts enthielt, legt die Insolvenzordnung in § 12 I fest, welche juristischen Personen des öffentlichen Rechts insolvenzunfähig sind. Die in § 12 I InsO vorgenommene Aufzählung ist inhaltlich nicht neu, denn schon unter der Geltung der Konkursordnung war allgemein anerkannt, dass der Bund, die Länder und die Kommunen konkurs-/insolvenzunfähig waren. Hinsichtlich der juristischen Personen des öffentlichen Rechts, die nicht Kommunen waren, wurde die Konkurs-/Insolvenzunfähigkeit jedoch teilweise insoweit bestritten, als in Abrede gestellt wurde, dass die Länder über den Kreis der Kommunen hinaus Konkurs-/Insolvenzunfähigkeiten wirksam statuieren konnten.[57] Diese Meinung konnte mit einem Hinweis auf die nunmehr gültige Fassung des § 15 Nr. 3 EGZPO argumentieren, denn dort werden nur Gemeinden und Gemeindeverbände angesprochen. Der Art. IV des „Einführungsgesetzes zu dem Gesetz betreffend Änderungen der Konkursordnung" vom 17.5.1898 (EGÄndGKO) enthielt aber gerade bezogen auf die Regelung des § 15 Nr. 3 EGZPO die Vorgabe, dass die landesgesetzlichen Vorschriften über die Zulässigkeit eines Konkursverfahrens unberührt bleiben sollten.[58] Die Länder konnten somit abgesehen von Kommunen die Insolvenzunfähigkeit nur wirksam verleihen, wenn das EGÄndGKO in Artikel IV eine statische Verweisung enthielt. Denn zum Zeitpunkt des Inkrafttretens dieses Gesetzes waren in § 15 Nr. 3 EGZPO noch Körperschaften, Stiftungen, Anstalten des öffentlichen Rechts und unter der Verwaltung einer öffentlichen Behörde stehende Körperschaften oder Stiftungen aufgeführt. Erst das Bundesverfassungsgericht konnte diesen Streit entscheiden.[59] Es war der Auffassung, dass Art. IV eine statische Verweisung enthielt und billigte den Ländern somit eine weitgehende Kompetenz ein, juristische Personen des öffentlichen Rechts für konkurs-/insolvenzunfähig zu erklären.

---

[57] Zum Streit siehe Kempen DÖV 1988 S. 547; *Engelsing* (Fn. 1) S. 147 ff.
[58] Artikel IV EGÄndGKO lautete: Unberührt bleiben landesgesetzliche Vorschriften, welche die Zulässigkeit des Konkursverfahrens über das Vermögen der in § 15 Nr. 3 des Einführungsgesetzes zu Zivilprozessordnung bezeichneten juristischen Personen beschränken oder ausschließen.
[59] BVerfGE 66 S. 1 (19).

35 Beteiligt sich der Bund oder ein Land jedoch an einer Kapitalgesellschaft oder errichtet er eine solche, so ist diese selbst insolvenzfähig. Dies gilt selbst dann, wenn sich der Bund/das Land an einer BGB-Gesellschaft beteiligt.[60]

36 **2. Insolvenzunfähigkeit bestimmter juristischer Personen des öffentlichen Rechts.** Die Länder können nach § 12 I 2 InsO das Insolvenzverfahren über das Vermögen einer juristischen Person für unzulässig erklären, wenn sie ihrer Aufsicht untersteht. Dies ist zB für Gemeinden und Gemeindeverbände unzweifelhaft der Fall.[61] Die Insolvenzunfähigkeit erstreckt sich aber nicht auf Eigengesellschaften (in Form der GmbH oder AG) der Gemeinden/Gemeindeverbände, diese sind vielmehr insolvenzfähig.[62]

37 Soweit die Länder Insolvenzunfähigkeiten erklären hat dies allerdings zur Folge, dass im Fall der Zahlungsunfähigkeit oder Überschuldung dieser juristischen Person deren Arbeitnehmer von dem betreffenden Land die Leistungen verlangen können, die sie im Falle der Eröffnung eines Insolvenzverfahrens nach den Vorschriften des SGB III und des Betriebsrentengesetzes vom Träger der Insolvenzsicherung beanspruchen könnten. Diese Regelung war notwendig, weil die nicht insolvenzfähigen juristischen Personen von der Beitrags- und Umlagepflicht nach dem SGB III (§§ 183 ff.) und BetrAVG befreit sind.[63]

38 Eine Besonderheit ergibt sich im Fall der gesetzlichen Krankenversicherungen. Hier ist ab dem 1.1.2010 eine Rechtsänderung zu beachten. Vor diesem Datum waren die bundesunmittelbaren gesetzlichen Krankenversicherungen insolvenzfähig. Soweit landesunmittelbare gesetzliche Krankenkassen vom Land nicht für insolvenzunfähig erklärt wurden, waren diese Krankenkassen auch insolvenzfähig – jedoch ergab sich regelmäßig, dass der Landesgesetzgeber die Insolvenzunfähigkeit auch auf die landesunmittelbaren gesetzlichen Krankenkassen (insbesondere die entsprechenden Ortskrankenkassen) erstreckt hatte. Im Fall der gesetzlichen Krankenkassen bedurfte es mithin einer genaueren Betrachtung, ob diese insolvenzfähig waren. Ab dem 1.1.2010 sind alle Krankenkassen insolvenzfähig (siehe dazu das GKV-OrgWG). Hinzuweisen ist darauf, dass weiterhin weitere Besonderheiten zu beachten sind, so ist zB allein die Aufsichtsbehörde der Krankenkasse zur Insolvenzantragstellung berechtigt.

39 Schon an diesem Beispiel zeigt sich, dass die Entscheidung, ob eine juristische Person des öffentlichen Rechts für insolvenz(un)fähig erklärt wird, auch durchaus vorwiegend politisch motiviert vorgenommen wird. Vor diesem Hintergrund ist auch die Diskussion zu verstehen, ob nicht auch im Fall von Gemeinden ein Insolvenzverfahren angezeigt ist.[64]

40 **3. Insolvenzunfähigkeit der WEG.** Die Insolvenzfähigkeit der Wohnungseigentümergemeinschaft war zunächst nicht hinterfragt worden. Eine Änderung brachte insoweit ein Urteil des 5. Senats des BGH.[65] In diesem Urteil wurde festgestellt, dass die Gemeinschaft der Wohnungseigentümer rechtsfähig ist, wenn sie bei der Verwaltung des gemeinschaftlichen Eigentums am Rechtsverkehr teilnimmt. Gläubigern der Gemeinschaft sei es daher möglich, auf das Verwaltungsvermögen zuzugreifen, wobei das Verwaltungsvermögen auch die Ansprüche der Gemeinschaft gegen die Wohnungseigentümer und gegen Dritte umfasst. Es verwundert nicht weiter, dass in Folge dieser Entscheidung die Frage aufgeworfen wurde, ob die Wohnungseigentümergemeinschaft nicht nur rechtsfähig, sondern auch insolvenzfähig ist. Gegensätzliche Entscheidungen

---

[60] *Gundlach/Frenzel/Schmidt* NZI 2000 S. 563.
[61] K. Schmidt/*Gundlach* § 12 Rn. 4.
[62] *Gundlach/Frenzel/Schmidt* NZI 2000 S. 563.
[63] Vgl. HK/*Kirchhof*, § 12 Rn. 9; Uhlenbruck/Hirte/Vallender/*Hirte*, § 12 Rn. 18; *Gundlach* DZWIR 2000, 175; *Roth* ZInsO 2001, 701.
[64] Dazu zB *Frielinghaus*, Die kommunale Insolvenz; *Engelsing*, Zahlungsunfähigkeit von Kommunen und anderen juristischen Personen des öffentlichen Rechts.
[65] BGH NJW 2005 S. 2061 f.

der Gerichte[66] und Stellungnahmen in der Literatur[67] zu diesem Thema machten die Brisanz dieser Frage später deutlich. Die Ansicht, die die Insolvenzfähigkeit der Wohnungseigentumsgemeinschaft ablehnt,[68] konnte kaum tragfähige Argumente vortragen. Teilweise wurden Grundstrukturen des WEG-Rechts als mit einem Insolvenzverfahren unvereinbar herausgestellt: Dies gelte für die „Unauflösbarkeit" der Wohnungseigentumsgemeinschaft[69] und des der Gemeinschaft zugrundeliegenden Refinanzierungssystems, dass unendliche Insolvenzverfahren bedingen würde.[70]

Aufgrund der haftungsrechtlichen Strukturierung hätte die Wohnungseigentümergemeinschaft hinsichtlich des Verwaltungsvermögens aber als insolvenzfähig angesehen werden müssen.[71] Der Gesetzgeber reagierte auf diesen Streit daher recht schnell und bestimmte in § 11 III WEG ausdrücklich, dass über das Verwaltungsvermögen der WEG kein Insolvenzverfahren durchgeführt werden kann.

4. Sonstige insolvenzunfähige Institutionen. Die Insolvenzordnung hat die Rechtslage, die unter Geltung der Konkursordnung entwickelt wurde, im Ergebnis nicht verändert. Allerdings sind die Ergebnisse der Rechtsprechung nicht im vollen Umfang in den Gesetzestext aufgenommen worden. So hatte das BVerfG entschieden, dass die öffentlich-rechtlichen Kirchen und die öffentlich-rechtlichen Rundfunkanstalten aus verfassungsrechtlichen Gründen nicht konkursfähig seien.[72] Hierbei wurde insbesondere darauf abgestellt, dass das Konkurs-/Insolvenzverfahren nicht mit der verfassungsrechtlich geschützten Funktion dieser Kirchen bzw. Rundfunkanstalten vereinbar sei. Schon die Beschränkung/Übertragung der Verfügungs- und Verwaltungsbefugnis auf einen Verwalter, der den Zielen eines Konkurs-/Insolvenzverfahrens unterworfen ist, wäre somit grundgesetzwidrig.

Der Gesetzgeber hat gleichwohl davon abgesehen, die Insolvenzunfähigkeit der öffentlich-rechtlichen Kirchen und öffentlich-rechtlichen Rundfunkanstalten gesondert in den Gesetzestext aufzunehmen. Dies darf aber nicht in dem Sinn verstanden werden, dass der Gesetzgeber damit die Insolvenzfähigkeit dieser juristischen Personen festlegen wollte. Aus der Stellungnahme des Rechtsausschusses des Bundestages zum Gesetzentwurf der Insolvenzordnung wird vielmehr deutlich, dass davon ausgegangen wurde, dass eine gesonderte Aufnahme der öffentlich-rechtlichen Kirchen in die Fassung des § 12 I InsO aufgrund der verfassungsmäßigen Vorgaben nicht notwendig ist.[73] Der Rechtsausschuss machte zudem deutlich, dass er den verfassungsrechtlichen Erwägungen und Ergebnissen des BVerfG hinsichtlich der Konkurs-/Insolvenzunfähigkeit bestimmter juristischer Personen des öffentlichen Rechts nicht entgegentreten wollte, die InsO insbesondere keine Anwendung auf öffentlich-rechtliche Kirchen haben sollte.[74]

Kirchen und ihre Organisationen sind, soweit sie als Körperschaften des öffentlichen Rechts anerkannt sind, somit nicht insolvenzfähig.[75] Dies gilt allerdings nicht für kirch-

---

[66] Siehe dazu AG Dresden NZI 2006 S. 246; AG Mönchengladbach NZI 2006 S. 245; LG Dresden NZI 2006 S. 408.
[67] *Bork* ZInsO 2005 S. 1067; *Gundlach/Frenzel* DZWIR 2006 S. 483; *Gundlach/Frenzel/Schmidt*, DZWIR 2006 S. 149.
[68] *Bärmann/Pick/Merle*, Wohnungseigentumsgesetz, 9. Aufl., § 1 Rn. 139; *Bärmann/Pick*, Wohnungseigentumsgesetz, 16. Aufl., § 1 Rn. 28; *Bärmann* NJW 1989 S. 1062.
[69] *Häublein* ZIP 2005 S. 1726 f.; *Abramenko* ZMR 2005 S. 590.
[70] *Abramenko* ZMR 2005 S. 590.
[71] *Bork* ZIP 2005 S. 1209; *Gundlach/Frenzel* DZWIR 2006, 483; *Gundlach/Frenzel/Schmidt*, DZWIR 2006 S. 149; MüKoInsO/*Ott/Vuia*, 2. Aufl., § 11 Rn. 63b.
[72] BVerfGE 66 S. 1 ff.; BVerfGE 89 S. 153 f.
[73] *Balz/Landfermann*, Die neuen Insolvenzgesetze, S. 86.
[74] *Balz/Landfermann*, Die neuen Insolvenzgesetze, S. 87.
[75] BVerfGE 66, 18; AG Potsdam DZWIR 2001, 526; MüKoInsO/*Ott/Vuia*, § 12 Rn. 4, 11; *Gundlach/Frenzel/Schmidt* NZI 2000, 566; *Lehmann*, Die konkursfähigkeit juristischer Personen des öffentlichen Rechts, 1999, S. 113 f.; einschränkend Uhlenbruck/Hirte/Vallender/*Hirte*, § 12 Rn. 14, 15.

liche Einrichtungen in der Rechtsform des Privatrechts. Durch die Insolvenzeröffnung über das Vermögen einer privatrechtlichen Einrichtung einer kirchlichen Körperschaft des öffentlichen Rechts wird nicht etwa in innerkirchliche Beziehungen eingegriffen.[76] Insolvenzfähig sind im Übrigen regelmäßig Industrie- und Handelskammern, Handwerkskammern und Handwerksinnungen sowie Landesärztekammern und öffentlich-rechtliche Kreditinstitute.[77] Soweit Parteien und Gewerkschaften als juristische Personen inkorporiert sind, richtet sich ihre Insolvenzfähigkeit nach § 11 I S. 1 InsO. Andernfalls handelt es sich um nicht rechtsfähige Vereine, die gem. § 11 I S. 2 InsO ebenfalls wie juristische Personen insolvenzfähig sind.[78]

Zu beachten ist, dass der Bundes- bzw. Landesgesetzgeber Insolvenzunfähigkeiten auch in besonderen Gesetzen festlegen kann. Die ist durchaus erfolgt (zB § 15 ArchtG LSA).

X. Örtliche Zuständigkeit und Zuständigkeitserschleichung

45 Die internationale Zuständigkeit zur Eröffnung eines Insolvenzverfahrens beschäftigt in zunehmendem Maße die Insolvenzgerichte. Primär geht es um die Auslegung des Begriffes des Mittelpunkts der hauptsächlichen Interessen bzw. center of main interests.[79] Es gilt der Grundsatz, dass die internationale Zuständigkeit regelmäßig durch die örtliche Zuständigkeit indiziert wird.[80] Für das außereuropäische Recht gilt die Zuständigkeitsvorschrift des § 348 InsO. Zur Konzernzuständigkeit s *Ehricke* ZInsO 2002, 393 ff. In der Praxis häufen sich die Fälle, in denen notleidende Firmen oder ausgeschlachtete Firmenmäntel an professionelle Abwickler übertragen werden, die das Insolvenzverfahren an einem entlegenen Ort durchführen lassen, um auf diese Weise die Gläubiger abzuschütteln. Zu diesem Zweck erfolgt eine kurzfristige Sitzverlegung, um dort eine Abweisung mangels Masse und die Löschung im Handelsregister zu erreichen.[81] Nach Auffassung des BGH[82] kann eine missbräuchliche Inanspruchnahme der Zuständigkeit im Bereich der jeweils anderen Rechtsordnung (KO/GesO) nicht schon allein daraus abgeleitet werden, dass eine größere Anzahl von Firmen übernommen worden ist, deren Sitz in den Geltungsbereich der Gesamtvollstreckung verlegt wird, wenn erst mehr als drei Wochen nach Sitzverlegung der Antrag auf Eröffnung eines Gesamtvollstreckungsverfahrens gestellt wird. Im Hinblick auf die Eilbedürftigkeit von Insolvenzverfahren und die Notwendigkeit eindeutiger Zuständigkeiten ist im Zweifel das Gericht des förmlichen neuen Sitzes des Schuldnerunternehmens zuständig.[83] Eine Bündelung von Insolvenzanträgen mehrerer vermögensloser Gesellschaften spricht für missbräuchliche Zuständigkeitserschleichung.

---

[76] Zutr Uhlenbruck/Hirte/Vallender/*Hirte*, § 12 Rn. 14, 15; *Engelsing*, Zahlungsunfähigkeit von Kommunen und anderen juristischen Personen des öffentlichen Rechts, 1999, S. 160.

[77] Einzelheiten bei Uhlenbruck/Hirte/Vallender/*Hirte*, § 12 Rn. 7 ff.; *Lehmann*, Die Konkursfähigkeit juristischer Personen des öffentlichen Rechts, 1999, S. 116 ff.; MüKoInsO/*Ott/Vuia*, § 12 Rn. 12 f.; K. Schmidt/*Gundlach* § 12 Rn. 7; HK/*Kirchhof*, § 12 Rn. 5; *Stoll* KTS 1992, 535 f.

[78] Uhlenbruck/Hirte/Vallender/*Hirte*, § 12 Rn. 16 f.; K. Schmidt/*Gundlach* § 12 Rn. 11.

[79] S. High Court of Justice Leeds ZIP 2003, 1362; High Court of Justice Birmingham NZI 2005, 467 und 515; AG Düsseldorf ZIP 2003, 1363; AG Düsseldorf NZI 2004, 269 ff.; *Kübler*, Der Mittelpunkt der hauptsächlichen Interessen nach Art. 3 Abs. 1 EuInsVO, FS W. Gerhardt, 2004, S. 527 ff.; *Herchen* ZInsO 2004, 825 ff.; *Vallender/Fuchs* ZIP 2004, 829 ff.; *Leithaus* NZI 2004, 194; *Liersch* NZI 2004, 271; *Eidenmüller* NJW 2004, 3455 ff.; *Pannen/Riedemann* NZI 2004, 301 ff. → Kap XIII.

[80] BGH NJW 1999, 1395; Jaeger/*Gerhardt* InsO, § 3 Rn. 52; MüKoInsO/*Ganter* § 3 Rn. 23 ff.

[81] Vgl. *Uhlenbruck*, GmbHR 1986, Rn. 65 f.; Uhlenbruck/Hirte/Vallender/*Uhlenbruck*, § 3 Rn. 12; *Hey/Regel* GmbHR 2000, 115; *Hirte* ZInsO 2003, 833; HK/*Kirchhof*, § 3 Rn. 19; instruktiv auch BayObLG ZInsO 2003, 1045; Vorlagebeschl OLG Karlsruhe v. 30.5.2005 NZI 2005, 505 = ZIV 2005, 1475.

[82] BGHZ 132, 195, 197 = ZIP 1996, 847. S aber auch BayObLG ZInsO 2003, 1045, 1046; OLG Celle ZIP 2004, 581 = ZInsO 2004, 91; OLG Braunschweig ZIP 2000, 1118; MüKoInsO/*Ganter* § 3 Rn. 38 ff.

[83] Vgl. HK/*Kirchhof*, § 3 Rn. 20; MüKoInsO/*Ganter*, § 4 Rn. 41, 42.

§ 6. Die Insolvenzgründe als Verfahrensauslöser

Übersicht

	Rn.
I. Der Insolvenzgrund als Rechtfertigung von Eingriffen in das Schuldnervermögen und in Gläubigerpositionen	1
II. Zahlungsunfähigkeit	4
1. Der Begriff	4
a) Zeitpunkt der Illiquidität	7
b) Abgrenzung zur Zahlungsstockung	11
c) Böswillige Zahlungsverweigerung als Zahlungsunfähigkeit	12
2. Die Feststellung der Zahlungsunfähigkeit	13
III. Drohende Zahlungsunfähigkeit	17
1. Der Begriff der drohenden Zahlungsunfähigkeit	17
2. Die Feststellung der drohenden Zahlungsunfähigkeit	18
IV. Überschuldung	22
1. Die Überschuldung als Insolvenzgrund	22
a) Die Überschuldung im Zeitraum ab Oktober 2008	27
b) Die Überschuldung im Zeitraum bis Oktober 2008	28
2. Anwendungsbereich	30
3. Überschuldung und Zahlungsunfähigkeit	32
4. Die Überschuldungsprüfung	34
a) Zur schlüssigen, tragfähigen Darlegung des Insolvenzgrunds der Überschuldung	34
b) Die Pflicht zur ständigen Eigenprüfung	35
c) Reihenfolge der Prüfung, Dokumentation	38
d) Das prognostische Element	41
V. Der Überschuldungsstatus	44
1. Aktivposten des Überschuldungsstatus	45
2. Passivposten des Überschuldungsstatus	59
3. Besonderheiten bei der GmbH & Co KG	78

I. Der Insolvenzgrund als Rechtfertigung von Eingriffen in das Schuldnervermögen und in Gläubigerpositionen

Das Insolvenzverfahren ist ein Gesamtvollstreckungsverfahren, das durchgeführt wird, da eine Zahlungsunfähigkeit eingetreten ist bzw. das Vermögen des Schuldners nicht ausreicht, die Schulden des Schuldners zu decken. In dieser Situation bilden die Gläubiger des Schuldners eine Verlustgemeinschaft, die den Ausfall anteilmäßig (bezogen auf das Maß ihrer ungesicherten Kreditierung) zu tragen haben. Bestrebungen einzelner Gläubiger, sich der Verlustgemeinschaft zu entziehen, werden von der Insolvenzordnung weitgehend unterbunden. Zu diesem Zweck werden mit dem Eintritt des Insolvenzgrunds Eingriffe in Rechtspositionen des Insolvenzschuldners als auch der Gläubiger vorgenommen. 1

Das Insolvenzverfahren unterwirft nicht nur das gesamte pfändbare Schuldnervermögen der Zwangsverwertung durch einen Insolvenzverwalter (§ 148 I InsO). Vielmehr wird auch in Rechtspositionen der Gläubiger eingegriffen, indem diesen zB untersagt wird, Einzelzwangsvollstreckungen in das Schuldnerunternehmen zu betreiben (§ 89 InsO) oder Prozesse fortzusetzen (§§ 240 ZPO, 85, 86 InsO). Die Insolvenzgläubiger können ihre Forderungen nur nach den Vorschriften über das Insolvenzverfahren verfolgen (§ 87 InsO). Anfechtbare Sicherheiten oder Befriedigungen sind durch Insolvenzanfechtung zur Masse zurückzuführen (§§ 129 ff. InsO). Diese Eingriffe in Rechtspositionen bedürfen im Hinblick auf Art. 14 GG der Rechtfertigung. Die Rechtfertigung ist das Vorliegen der materiellen Insolvenz in Form der Zahlungsunfähigkeit bzw. Zahlungseinstellung, der drohenden Zahlungsunfähigkeit und der Überschuldung.

2 Die Eröffnung eines Insolvenzverfahrens setzt immer voraus, dass ein Eröffnungsgrund gegeben ist (§ 16 InsO). Im Gegensatz zur Konkursordnung hat der Gesetzgeber der InsO in den §§ 17 II, 18 II, 19 II Legaldefinitionen der Insolvenzgründe (Insolvenzauslöser) niedergelegt. Im Gegensatz zum früheren Konkursrecht kennt die InsO nunmehr drei Insolvenzgründe: Die Zahlungsunfähigkeit, die drohende Zahlungsunfähigkeit und die Überschuldung. Die Zahlungsunfähigkeit ist der allgemeine Insolvenzgrund, d. h. dieser Insolvenzgrund gilt für alle insolvenzfähigen Personen und Personengruppen bzw. Vermögensmassen. Daneben bestehen besondere Insolvenzgründe, die neben dem allgemeinen Insolvenzgrund der Zahlungsunfähigkeit gegeben sein können. Diese besonderen Insolvenzgründe sind in den §§ 18 und 19 InsO niedergelegt. Ihre Voraussetzungen sind regelmäßig früher erfüllt als die der Zahlungsunfähigkeit des § 17 InsO. Die Zahlungsunfähigkeit ist allein möglicher Insolvenzgrund bei natürlichen Personen und Personengesellschaften, bei denen mindestens ein Gesellschafter eine natürliche Person ist. Bei Aktiengesellschaften, Kommanditgesellschaften auf Aktien, der GmbH, Personengesellschaften, bei denen kein persönlich haftender Gesellschafter eine natürliche Person ist, sowie bei allen juristischen Personen und Vereinen ist daneben auch die Überschuldung Insolvenzgrund. Beim Nachlassinsolvenzverfahren (§§ 315 ff. InsO) ist ebenfalls neben der Zahlungsunfähigkeit auch die Überschuldung Insolvenzgrund (§ 320 I InsO). Beim Insolvenzverfahren über das Gesamtgut einer fortgesetzten Gütergemeinschaft ist sowohl Zahlungsunfähigkeit als auch Überschuldung Insolvenzgrund (§§ 320, 332 I InsO). Dagegen ist bei einem Insolvenzverfahren über das gemeinschaftlich verwaltete Gesamtgut einer Gütergemeinschaft lediglich Zahlungsunfähigkeit Eröffnungsgrund – wird der Antrag von beiden Ehegatten gestellt, so ist auch die drohende Zahlungsunfähigkeit als Eröffnungsgrund anerkannt. Gemäß § 46b KWG findet das Insolvenzverfahren über das Vermögen eines Kreditinstituts im Fall der Zahlungsunfähigkeit oder der Überschuldung statt. Eine ähnliche Regelung findet sich für Versicherungsunternehmen in § 88 II 1, 2 VAG.

3 Der richtige Zeitpunkt der Eröffnung eines Insolvenzverfahrens ist grundsätzlich nicht nur ein Problem optimaler Gläubigerstrategie, wie es bisweilen im betriebswirtschaftlichen Schrifttum dargestellt wird. Vielmehr geht es letztlich um die Frage, wann und unter welchen Voraussetzungen ein notleidendes Unternehmen aus dem Markt auszuscheiden hat, weil das unternehmerische Risiko auf die Gläubiger verlagert wird. Die lediglich betriebswirtschaftliche Krise verpflichtet eine beschränkt haftende Gesellschaft des Handelsrechts noch nicht, ein Insolvenzverfahren zu beantragen. Sie gibt den antragspflichtigen Unternehmen lediglich das Recht, gemäß § 18 InsO wegen drohender Zahlungsunfähigkeit einen Antrag auf Eröffnung des Insolvenzverfahrens zu stellen. Die Antragspflicht greift erst ein, wenn sich die betriebswirtschaftliche Krise zu einer rechtlichen Krise manifestiert hat, wenn also ein Insolvenzgrund vorliegt. Der richtige Zeitpunkt der Eröffnung eines Insolvenzverfahrens ist zugleich aber auch ein Problem des inneren Unternehmensrechts. Ein überzeugender und funktioneller Eröffnungstatbestand muss so konzipiert sein, dass er im optimalen Moment für eine Antragstellung der Unternehmensleitung sorgt und dabei die Unternehmensinteressen mit den Gläubigerinteressen in Einklang bringt. Das Vorliegen eines Insolvenzgrundes, verbunden mit einer Insolvenzantragspflicht, darf letztlich Wege aus der Unternehmenskrise nicht verbauen. Vielmehr hat ein Insolvenzrecht neben der Abwicklungsfunktion zugleich auch die Aufgabe, dem Schuldnerunternehmen ein Verfahren zur Verfügung zu stellen, das es ihm ermöglicht, unter Mitwirkung des Insolvenzgerichts die Krise nachhaltig zu bewältigen.

II. Zahlungsunfähigkeit

4 **1. Der Begriff.** Allgemeiner Eröffnungsgrund ist die Zahlungsunfähigkeit (§ 17 I InsO). § 17 II InsO enthält eine Legaldefinition der Zahlungsunfähigkeit: Der Schuldner ist zahlungsunfähig, wenn er nicht in der Lage ist, die fälligen Zahlungspflichten zu erfüllen. Der Begriff der Zahlungsunfähigkeit ist in der InsO einheitlich zu verstehen,[1] sodass § 17 II zB auch im Rahmen der §§ 15a, 129 ff. beachtlich ist. Zudem ist die Definition des § 17 auch maßgeblich für die Auslegung der §§ 64 GmbHG, 92 AktG, 99, 148 GenG, 130, 130a HGB. Eine eigenständige Auslegung hat sich demgegenüber in der strafrechtlichen Rechtsprechung ergeben (dazu → § 7 VI.). Zahlungsunfähigkeit ist immer Geldilliquidität.[2] Es werden mithin nur die Zahlungspflichten (nicht zum Beispiel Lieferverpflichtungen) in die Berechnung der Illiquidität aufgenommen. Die Zahlungsunfähigkeit knüpft dabei an die Fälligkeit der Zahlungsverpflichtungen an. Nur fällige Zahlungsverpflichtungen können eine Zahlungsunfähigkeit begründen. Maßgeblich für die Fälligkeit der Zahlungsverpflichtung ist die Fälligkeitsvereinbarung bzw. die entsprechende gesetzliche Vorgabe. Stundungen beseitigen die Fälligkeit und damit auch die Berücksichtigung der gestundeten Forderung bei der Berechnung der Zahlungsunfähigkeit. Eine Stundung kann auch konkludent erfolgen. Die Rechtsprechung sieht eine Stundung als gegeben an, wenn das tatsächliche ernsthafte Einfordern der Forderung durch den Gläubiger fehlt.[3] Hierbei ist zu differenzieren: Ist die Fälligkeit der Forderung auf ein Datum festgelegt, so bedarf es zumindest zunächst keiner weiteren Handlung des Gläubigers – die Forderung ist mit dem Erreichen des Datums fällig. Der Gläubiger muss seine Forderung nicht noch einmal gesondert einfordern. Gleiches gilt, wenn die Fälligkeit an den Eintritt eines bestimmten Ereignisses gebunden wird, zB an den Ablauf von Umschuldungsverhandlungen. Demgegenüber steht die konkludente Stundung der Forderung durch das Unterlassen der ernsthaften Einforderung der Forderung. Der BGH will damit solche Forderung aus der Zahlungsunfähigkeitsberechnung ausnehmen, die rein tatsächlich gestundet sind.[4] Eine solche tatsächliche Stundung liegt zB vor, wenn der Gläubiger den Schuldner zwar zunächst zur Zahlung aufgefordert, dann aber weitere Bemühungen zur Eintreibung der Forderung eingestellt hat.[5]

Forderungen von Gläubigern, die sich mit einer späteren oder auch nachrangigen Befriedigung einverstanden erklärt haben, sind ohnehin nicht zu berücksichtigen.[6] Auch einredebehaftete Forderungen sind in die Berechnung grundsätzlich nicht mit aufzunehmen (Ausnahme: auf die Geltendmachung der Einrede wird verzichtet).[7] Die mangelnde Durchsetzbarkeit der Forderung steht einer Einbeziehung der Zahlungsverpflichtung in die Zahlungsunfähigkeitsberechnung selbst dann entgegen wenn zB die Verjährung in der Zeit des Insolvenzeröffnungsverfahrens eintritt.[8] Ebenso sind Verbindlichkeiten nicht mit einzubeziehen, die erst nach der Insolvenzeröffnung entstehen. Handelt es sich beim Insolvenzschuldner um eine Gesellschaft, so können auch Forderungen der Gesellschafter als fällige Zahlungsverpflichtungen einzubeziehen sein. Soweit die Forderung der Gesellschafter aber gegen ein gesetzliches Verbot verstoßen ist die Verbindlichkeit nicht mit in die Zahlungsunfähigkeitsberechnung aufzunehmen. Umstritten ist die Berücksichtigung objektiv streitiger Forderungen.[9]

---

[1] BGH ZInsO 2006 S. 827
[2] Uhlenbruck/Hirte/Vallender/*Uhlenbruck*, § 17 Rn. 6; Jaeger/*Müller* InsO § 17 Rn. 6 ff.; MüKoInsO/*Eilenberger* § 17 Rn. 8 f.
[3] BGHZ 181, 132; kritisch dazu *Schulz* ZIP 2009, 2281 f.
[4] BGHZ 181, 132; BGH Z 173 S. 292; *Ahrens/Gehrlein/Ringstmeier* § 17 Rn. 12.
[5] Dazu BGH ZInsO 2008 S. 273 f.; auch OLG Hamm ZInsO 2008 S. 513; Karsten Schmidt/*Karsten Schmidt* § 17 Rn. 11 f.
[6] BGHZ 173 S. 292; *Ahrens/Gehrlein/Ringstmeier* § 17 Rn. 9.
[7] HambKommInsO/*Schröder* § 17 Rn. 11; Karsten Schmidt/*Karsten Schmidt* § 17 Rn. 10.
[8] LG Göttingen ZInsO 2005 S. 833; HambKommInsO/*Schröder* § 17 Rn. 11.
[9] Für eine Berücksichtigung Wimmer/*Schmerbach* § 17 Rn. 10; wohl auch Karsten Schmidt/*Karsten Schmidt* § 17 Rn. 8; für eine prozentuale Berücksichtigung HambKommInsO/*Schröder* § 17 Rn. 6; *Henkel* ZInsO 2011 S. 1239.

6 Den fälligen Zahlungsverpflichtungen sind die liquiden Mittel des Schuldners gegenüberzustellen. Dabei ist ohne Bedeutung aus welchen Quellen die Mittel stammen. Selbst aus Straftaten herrührende Einkünfte sind als liquide Mittel des Insolvenzschuldners anzuerkennen.[10] Zudem sind auch anfechtbar erworbene Zahlungsmittel auf der Liquiditätsseite zu berücksichtigen. Auf die Liquidität als Eigenschaft von Vermögensgegenständen (Liquidisierbarkeit) kommt es hingegen für die Beurteilung grundsätzlich ebenso wenig an wie auf die Möglichkeit, Aktivvermögen zu beleihen („verliehene Liquidität").[11] Liquidität als Eigenschaft von Vermögenswerten, liquidierbar zu sein, kann im Rahmen der Prüfung der Zahlungsunfähigkeit nur insoweit eine Rolle spielen, als sie die Fähigkeit und den Wille, sich kurzfristig (also innerhalb des 3-Wochen-Zeitraums) ausreichende Liquidität durch den Verkauf von Vermögensgegenständen zu verschaffen, widerspiegelt.[12] Als liquide Mittel sind dementsprechend auch die Beträge anzunehmen, die der Schuldner aus objektiver Sicht (zB unter Einsatz von Vermögensteilen als Sicherung) von Dritten, insbesondere Kreditinstituten, innerhalb der 3-Wochen-Frist aufnehmen kann. Selbst Forderungen gegen Dritte sind nur insoweit liquide, als ihre tatsächliche, kurzfristige Realisierbarkeit gegeben ist.[13]

7 **a)** *Zeitpunkt der Illiquidität.* Bei der Prüfung der Zahlungsunfähigkeit wird dem Gesamtbetrag der Zahlungsverpflichtungen der Gesamtbetrag der liquiden Mittel bezogen auf eine Zeitpunkt gegenübergestellt. Höchstrichterlich geklärt dürfte die Frage sein, auf welchen Zeitpunkt bezogen die Zahlungsunfähigkeit bei der Entscheidung über die Insolvenzeröffnung zu ermitteln ist. Der BGH legte sich insoweit auf den Zeitpunkt der Eröffnung des Insolvenzverfahrens fest.[14] Aus dieser Festlegung folgt, dass in die Berechnung der Illiquidität auch Forderungen einzubeziehen sind, deren Fälligkeit in den Zeitraum der vorläufigen Insolvenzverfahrens fällt.

8 Auf das **Merkmal** der **„Wesentlichkeit"** hat der Gesetzgeber der InsO bei der Definition der Zahlungsunfähigkeit in § 17 II 1 InsO verzichtet. Zum Verzicht auf das Merkmal der Wesentlichkeit wird im RegE darauf hingewiesen, dass es selbstverständlich sei, dass geringfügige Liquiditätslücken außer Betracht zu bleiben hätten. Letztlich müsse auch hier der bisherigen Tendenz einer übermäßig einschränkenden Auslegung des Begriffs der Zahlungsunfähigkeit entgegengewirkt werden. Insbesondere erscheine es nicht gerechtfertigt, Zahlungsunfähigkeit erst anzunehmen, wenn der Schuldner bzw. das Schuldnerunternehmen einen bestimmten Bruchteil der Gesamtsumme seiner Verbindlichkeiten nicht mehr erfüllen könne. Der Gesetzgeber wies mit diesen Überlegungen zwar eine Zielrichtung auf, die bei der Auslegung des Begriffs „Zahlungsunfähigkeit" verfolgt werden kann, er bot aber keine konkrete Lösung für die Frage, wann „geringfügige Liquiditätslücken" angenommen werden können. Schon vor diesem Hintergrund wurde die höchstrichterliche Rechtsprechung zur konkreten Definition der Zahlungsunfähigkeit mit Spannung erwartet.

---

[10] BGHZ 181, 132.
[11] Str aA Kommission für Rechnungswesen im Verband der Hochschullehrer für Betriebswirtschaft DBW 1981, 285 ff.; *Reck* ZInsO 2003, 929, 930. Instruktiv auch BGH v. 3.12.1998 – IX ZR 313/97, InVo 1999, 77.
[12] Vgl. AG Köln NZI 2000, 89 = ZIP 1999, 1889 (höchstens 2 Wochen); Uhlenbruck/Hirte/Vallender/*Uhlenbruck,* § 17 Rn. 6; *Uhlenbruck* wistra 1996, 1, 5; *Temme,* Die Eröffnungsgründe der Insolvenzordnung, 1997, S. 16 ff.; *Haas,* Die Eröffnungsgründe: Zahlungsunfähigkeit, drohende Zahlungsunfähigkeit, Überschuldung, in: *Henckel/Kreft* (Hrsg.), 1999, S. 4; *von Onciul,* Die rechtzeitige Auslösung des Insolvenzverfahrens, 2000, S. 96f; *Lücke* DB 1984, 2361, 2420 ff.; *Drukarczyk* ZfB 1981, 235 ff.; *Vodrazka,* Journal für Betriebswirtschaft (Österreich), 1977, 65 ff.; *Tiedemann,* Insolvenz-Strafrecht, 2. Aufl. 1996, vor § 283 StGB Rn. 126 ff. Umfassend auch zu den Insolvenzauslösern *Drukarczyk/Schüler,* Zahlungsunfähigkeit, drohende Zahlungsunfähigkeit und Überschuldung als Insolvenzauslöser, in: Kölner Schrift S. 28 ff.; Jaeger/*Müller* InsO § 17 Rn. 19 ff.
[13] Karsten Schmidt/*Karsten Schmidt* § 17 Rn. 14.
[14] BGH ZInsO 2009, 872 f.

9 Der BGH hat sich dieser Aufgabe gestellt und den Begriff näher definiert. In einer grundlegenden Entscheidung vom 24.5.2005 (IX ZR 123/04)[15] hat der IX. Zivilsenat eine „berechenbare" Definition der Zahlungsunfähigkeit vorgenommen, die für die insolvenzrechtliche Praxis maßgebend ist. Die Entscheidung betraf zwar die Ersatzpflicht eines GmbH-Geschäftsführers für Auszahlungen nach Eintritt der Insolvenzreife, dabei war aber auch zu beurteilen, ob im konkreten Fall eine Zahlungsunfähigkeit angenommen werden konnte. Diese Definition hat Geltung für alle gesetzlichen Tatbestände, die an den Begriff der Zahlungsunfähigkeit anknüpfen.[16]

10 Zahlungsunfähigkeit liegt nach Maßgabe des Gesetzgebers vor, wenn der Schuldner nicht in der Lage ist, seine fälligen Forderungen zu erfüllen. Der BGH konkretisiert, dass eine Zahlungsunfähigkeit regelmäßig vorliegt, wenn der Schuldner mindestens zehn Prozent seiner fälligen Gesamtverbindlichkeiten länger als 3 Wochen nicht befriedigen kann. Eine Ausnahme ist nur anzunehmen, wenn mit an Sicherheit grenzender Wahrscheinlichkeit zu erwarten ist, dass die Liquiditätslücke demnächst (fast) vollständig geschlossen wird und den Gläubigern ein solches Abwarten zumutbar ist. Diese Aussage kann aber nicht dahin verstanden werden, dass im Fall einer Unterschreitung dieser Schwelle jeweils von einer Zahlungsfähigkeit des Schuldners ausgegangen werden muss. Der BGH ergänzt insoweit, dass eine Unterschreitung dieses Schwellenwertes nur eine – widerlegbare – Vermutung für eine Zahlungsfähigkeit begründet. Zahlungsunfähigkeit ist in diesen Fallgestaltungen gleichwohl gegeben, wenn die Unterdeckung zwar unterhalb der Schwelle von zehn Prozent liegt, jedoch absehbar ist, dass sie demnächst zehn Prozent und mehr erreichen wird.[17] Diese Definition ist in Rechtsprechung und Praxis weitgehend akzeptiert worden. Sie ermöglicht durch die Merkmale „demnächst" und „fast vollständig beseitigt" den Gerichten, den Umständen des Einzelfalles Rechnung zu tragen.[18]

11 b) *Abgrenzung zur Zahlungsstockung.* Eine vorübergehende Zahlungsunfähigkeit wird als „Zahlungsstockung" angesehen und damit nicht als „Zahlungsunfähigkeit iSv § 17 InsO" anerkannt.[19] Nach Auffassung des Gesetzgebers brauchte die Ausnahme der Zahlungsstockung im Gesetzestext nicht zum Ausdruck gebracht werden, denn „es verstehe sich von selbst, dass ein Schuldner, dem in einem bestimmten Zeitpunkt liquide Mittel fehlen – etwa weil eine erwartete Zahlung nicht eingegangen ist –, der sich die Liquidität aber kurzfristig wieder beschaffen kann, im Sinne der Vorschrift „in der Lage ist, die fälligen Zahlungspflichten zu erfüllen". Eine Klarstellung sei nicht angebracht gewesen. Würde vom Gesetz verlangt, dass eine „andauernde" Unfähigkeit zur Erfüllung der Zahlungspflichten vorliegt, so könnte dies als Bestätigung der verbreiteten Neigung verstanden werden, den Begriff der Zahlungsunfähigkeit stark einzuengen, etwa auch eine über Wochen oder Monate fortbestehende Illiquidität zur rechtlich unerheblichen Zahlungsstockung zu erklären. Dies will der Gesetzgeber vermeiden. Eine solche Auslegung würde das Ziel einer rechtzeitigen Verfahrenseröffnung erheblich gefährden.

Wie dem auch sei. Der BGH hat in der Entscheidung vom 24.5.2005[20] auch eine Definition der „Zahlungsstockung" gegeben. Demnach ist als Zahlungsstockung nur noch eine Illiquidität anzusehen, die den Zeitraum nicht überschreitet, den eine kreditwürdige Person benötigt, um sich die erforderlichen Mittel zu beschaffen. Dabei

---

[15] NJW 2005, 3062 = ZIP 2005, 1426 = NZI 2005, 547 = ZInsO 2005, 807 = WM 2005, 1468.
[16] Zutr. *Neumaier* NJW 2005, 3041, 3043.
[17] S. auch *Pape* ZInsO 2005, 1140, 1145; *Neumaier* NJW 2005, 3041; *Knolle/Tetzlaff* ZInsO 2005, 897.
[18] *Neumaier* NJW 2005, 3041, 3043; *Blöse* GmbHR 2005, 1122, 1123f.; *Knolle/Tetzlaff* ZInsO 2005, 897.
[19] BGH NJW 2005, 3062 = ZIP 2005, 1426 = NZI 2005, 547 = ZInsO 2005, 807.
[20] BGH NJW 2005, 3062 = ZIP 2005, 1426 = NZI 2005, 547 = ZInsO 2005, 807.

stellt der BGH auf einen Zeitraum von höchstens drei Wochen ab – den Zeitraum, den eine kreditwürdige Person benötigt, um sich die erforderlichen Mittel zu beschaffen.

12 **c) Böswillige Zahlungsverweigerung als Zahlungsunfähigkeit.** Nicht geregelt hat der Gesetzgeber die in der höchstrichterlichen Rechtsprechung unterschiedlich beurteilte Frage, ob Zahlungsunwilligkeit (Leistungsverweigerung oder irrige Annahme von Zahlungsunfähigkeit) zivil- und auch strafrechtlich Zahlungsunfähigkeit ist. Zivilrechtlich kann die Zahlungsverweigerung der Zahlungsunfähigkeit nicht gleichgestellt werden[21]. Nach überwiegender Meinung im Strafrecht[22] hat der Schuldner seine Zahlungen auch dann eingestellt, wenn er irrig Zahlungsunfähigkeit annimmt oder sich trotz Zahlungsfähigkeit zu zahlen weigert. Diese Sicht ist überprüfungsbedürftig. Nach *K. Tiedemann*[23] besteht „insgesamt Anlass, die bereits von RGSt 3, 294 eingeleitete Ausweitung des strafrechtlichen Begriffs der Zahlungseinstellung gegenüber dem (engeren) konkursrechtlichen Begriff wieder rückgängig zu machen, zumal der böswillige Täter allein durch seine Böswilligkeit nicht zum Schuldner wird und damit auch diese Fälle nicht durch einen weiten Begriff der Zahlungseinstellung lösbar sind".[24] Allerdings muss bei Zahlungsunfähigkeit „sehr intensiv geprüft werden",[25] ob es sich nicht doch um eine versteckte Zahlungsunfähigkeit handelt, die nur mit der Behauptung kaschiert wird, man sei zwar zahlungsfähig, wolle aber nicht zahlen.[26]

13 **2. Die Feststellung der Zahlungsunfähigkeit.** Die Feststellung der Zahlungsunfähigkeit macht in der Praxis nicht nur deswegen Schwierigkeiten, weil die Begriffe der Liquidität und damit auch der Illiquidität rechtlich und betriebswirtschaftlich unterschiedlich definiert werden. Dem Gläubiger ist es regelmäßig gar nicht möglich tragfähige Aussagen zu den liquiden Mitteln des Schuldners zu machen. Noch weniger dürften ihm die Gesamtverbindlichkeiten und deren Fälligkeiten bekannt sein. Doch selbst für den Schuldner ist die Feststellung häufig nicht ohne weiteres möglich.

Wie bereits dargestellt wurde, hat der Gesetzgeber in § 17 InsO zwar auf die Merkmale der „Dauer" und der „Wesentlichkeit" verzichtet; dies befreit aber nach der BGH-Entscheidung vom 24.5.2005[27] den Antragsteller bzw. den Gutachter ebenso wenig wie das Gericht von der Prüfung, ob der Schuldner oder das Schuldnerunternehmen eine mindestens 10%ige Deckungslücke aufweist und außerstande ist, die fälligen oder kurzfristig fällig werdenden Verbindlichkeiten innerhalb von drei Wochen zu befriedigen. Selbst die Errechnung der Gesamtverbindlichkeiten und der fälligen Verbindlichkeiten, die nicht befriedigt werden können, reicht für sich nicht aus. Liegt eine liquiditätsmäßige Unterdeckung über zehn Prozent vor, so müssen noch weitere Umstände festgestellt werden, denn eine Zahlungsfähigkeit ist gleichwohl zu bejahen, wenn die Liquiditätslücke in mit an Sicherheit grenzender Wahrscheinlichkeit in absehbarer Zeit geschlossen werden kann. Wird die 10%ige Unterdeckung nicht erreicht, so bleibt zu prüfen, ob die Unterdeckung demnächst zehn Prozent und mehr erreichen wird.

Es bedarf grundsätzlich keines Liquiditätsstatus, wenn der Schuldner das Vorliegen der Zahlungsunfähigkeit einräumt oder eine Zahlungseinstellung erkennbar vorliegt. Zahlungsunfähig kann auch ein Schuldner oder Schuldnerunternehmen sein, das nur

---

[21] BGH ZInsO 2014, 1662; BGH NZI 2001 S. 417; Karsten Schmidt/*Karsten Schmidt* § 17 Rn. 16.
[22] Vgl. RGSt 14, 221; 41, 309, 312; BGH bei *Herlan*, GA 1953, 73; *Tiedemann*, Insolvenz-Strafrecht, 2. Aufl. 1996, vor § 283 StGB Rn. 144; *Matzen*, Der Begriff der drohenden und eingetretenen Zahlungsunfähigkeit im Strafrecht, 1993.
[23] Insolvenz-Strafrecht, vor § 283 StGB Rn. 144.
[24] BGH NJW 1962, 102, 104; BGH KTS 1960, 38, 39; KPB/*Pape,* § 17 Rn. 14; *Burger/Schellberg* BB 1995, 261, 262; Uhlenbruck/Hirte/Vallender/*Uhlenbruck*, § 17 Rn. 11; HK/*Kirchhof*, § 17 Rn. 14; v. *Onciul,* Die rechtzeitige Auslösung des Insolvenzverfahrens, S. 105 f.
[25] So *Pape* bei *Hess/Pape,* InsO und EGInsO Rn. 98.
[26] Vgl. *Karsten Schmidt/Uhlenbruck,* Die GmbH in Krise, Sanierung und Insolvenz 3. Aufl., Rn. 841.
[27] BGH ZInsO 2009, 807 f.

geringe Beträge nicht zu zahlen vermag. Es gilt der Grundsatz: Wer kleinere Beträge nicht zu zahlen vermag, kann erst recht größere Beträge nicht zahlen (kritisch hierzu BGH ZIP 2005, 1426, 1429).

Zahlungseinstellung. Die konkrete Berechnung der Zahlungsunfähigkeit kann häufig entfallen, da im Regelfall aus der Zahlungseinstellung auf die Zahlungsunfähigkeit geschlossen werden kann. In der Praxis kommt der Zahlungseinstellung daher ein hoher Stellenwert zu. Zahlungseinstellung liegt vor, wenn mindestens für den beteiligten Verkehrskreis nach außen hin erkennbar geworden ist bzw. sich der berechtigte Eindruck aufdrängte, dass der Schuldner seinen fälligen Zahlungsverpflichtungen aufgrund eines Mangels an Zahlungsmitteln nicht mehr erfüllen kann.[28] Die Zahlungseinstellung begründet die widerlegliche Vermutung, dass der Schuldner mit der Zahlungseinstellung zahlungsunfähig ist. 14

Eine Zahlungseinstellung wird insbesondere angenommen, wenn der Schuldner 15
– erklärt nicht mehr zahlen zu können[29]
– die eidesstattliche Versicherung abgibt[30]
– wachsende Lohnrückstände entstehen lässt[31]
– strafbedrohter Zahlungen nicht mehr vornimmt (zB gegenüber Sozialversicherungen)[32]
– laufender Betriebskosten (zB Strom) nicht mehr zahlt[33]
– den Betrieb ohne ordnungsgemäße Abwicklung schließt.[34]
Gleiches gilt wenn zB Vollstreckungsversuche mehrfach gescheitert sind.[35]

Eine einmal eingetretene Zahlungseinstellung wirkt fort. Auch einzelne Zahlungen des Schuldners stellen sie nicht in Frage (selbst wenn diese für sich betrachtet erheblich sind). Die Zahlungseinstellung ist erst beseitigt, wenn der Schuldner die geschuldeten Zahlungen an die Gesamtheit der Gläubiger im Allgemeinen wieder aufgenommen hat. Den Wegfall der Zahlungseinstellung hat der zu beweisen, der sich auf den Wegfall der Zahlungseinstellung beruft.[36] 16

III. Drohende Zahlungsunfähigkeit

1. Der Begriff der drohenden Zahlungsunfähigkeit. Es herrscht allgemein Übereinstimmung darüber, dass nach der KO die meisten Insolvenzverfahren zu spät eröffnet wurden. Im überwiegenden Teil der Verfahren wurde ein Insolvenzantrag in einem Zeitpunkt gestellt, in dem der Schuldner noch nicht einmal über genügend Masse verfügte, die Verfahrenskosten zu decken. Ein Sanierung des insolventen Unternehmens war in diesen Fällen regelmäßig aussichtslos. Der InsO-Gesetzgeber hat es deshalb als eine wesentliche Aufgabe des neuen Insolvenzgesetzes angesehen, die Zahl der Abweisungen mangels Masse drastisch zu verringern. Es sollen mehr insolvente Unternehmen dem Gesamtvollstreckungsverfahren unterworfen werden – dabei sollte das Gesamtvollstreckungsverfahren den insolventen Unternehmen eine reale Chance bieten, sich zu sanieren. Die InsO soll insolventen Unternehmen die Möglichkeit eröffnen, sich rechtzeitig unter den Schutz eines Insolvenzverfahrens zu stellen und durch einen Insolvenzplan zu sanieren. Die Insolvenzantragstellung wegen „drohender Zahlungsunfähigkeit", die Möglichkeit einen Eigenverwaltung zu beantragen und die Möglichkeit 17

---

[28] BGH ZInsO 2006 S. 1211; *Kirchhof* in Kölner Schrift S. 86 ff. Rn. 4 ff.
[29] HK/*Kirchhof* § 17 Rn. 31.
[30] OLG Celle ZInsO 2001 S. 1106; Karsten Schmidt/*Karsten Schmidt* § 17 Rn. 47.
[31] BGH ZInsO 2008 S. 378; Karsten Schmidt/*Karsten Schmidt* § 17 Rn. 47.
[32] BGH ZInsO 2006 S. 828.
[33] *Kirchhof* in Kölner Schrift S. 95 Rn. 29 ff.
[34] HK/*Kirchhof* § 17 Rn. 33; Karsten Schmidt/*Karsten Schmidt* § 17 Rn. 47.
[35] HambKommInsO/*Schröder* § 17 Rn. 29.
[36] BGH ZInsO 2006 S. 828.

einen Insolvenzplan aufzustellen bzw. aufstellen zu lassen haben insoweit eine gemeinsame Zielstellung. Im Hinblick auf natürliche Personen sollen durch die Möglichkeit der frühzeitigen Verfahrenseinleitung zudem die Erfolgsaussichten einer Schuldenbereinigung erhöht werden. Außergerichtlich Sanierung werden sowohl für Unternehmen als auch für natürliche Personen damit nicht ausgeschlossen.

Nach der Legaldefinition in § 18 II InsO droht der Schuldner zahlungsunfähig zu werden, wenn er voraussichtlich nicht in der Lage sein wird, die bestehenden Zahlungspflichten im Zeitpunkt der Fälligkeit zu erfüllen.

Der Insolvenzgrund der drohenden Zahlungsunfähigkeit soll es einem Schuldner bzw. Schuldnerunternehmen insbesondere ermöglichen, der Zerschlagung von Vermögenswerten durch Einzelzwangsvollstreckungen der Gläubiger frühzeitig zu begegnen und ein Sanierungskonzept zB in Form eines „prepackaged plan" vorzulegen. Die drohende Zahlungsunfähigkeit ist der Zahlungsunfähigkeit zeitlich vorgelagert, sie kann sich zeitlich mit der Überschuldung überschneiden.

Im Gegensatz zu den Vorschlägen der Reformkommission hat der Gesetzgeber den Eröffnungsgrund der drohenden Zahlungsunfähigkeit auf den Fall des Eigenantrags beschränkt (Gläubiger sind daher nicht berechtigt einen Insolvenzantrag unter Berufung auf eine drohende Zahlungsunfähigkeit zu stellen). Droht ein Schuldnerunternehmen zahlungsunfähig zu werden, so sind die organschaftlichen Vertreter zum Insolvenzantrag berechtigt, aber nicht verpflichtet, so dass die haftungsrechtlichen und strafrechtlichen Sanktionen einer unterlassenen Antragsstellung entfallen.[37] Eine andere Frage ist, ob die unterlassene Antragstellung wegen drohender Zahlungsunfähigkeit im Einzelfall eine Pflichtverletzung des organschaftlichen Vertreters gegenüber der Gesellschaft darstellt. Durch den Insolvenzgrund der drohenden Zahlungsunfähigkeit erhält der Schuldner bzw. das Schuldnerunternehmen die Möglichkeit, unter dem Schutz des Verfahrens und der Vollstreckungseinstellungen eine Sanierung mittels Insolvenzplans anzustreben (dazu → §§ 217 ff., 270 ff.) und sich über die Rückschlagsperre des § 88 InsO Liquidität zurückzuverschaffen. Das Betriebsgrundstück kann durch einstweilige Einstellung der Zwangsvollstreckung (§ 30d ZVG) dem Unternehmen erhalten werden. Schließlich erlaubt es das Insolvenzverfahren, die Sanierung des notleidenden Unternehmens gegen den Willen und Widerstand einzelner Akkordstörer als Minderheit mittels Obstruktionsverbots (§ 245 InsO) durchzusetzen.

Der Insolvenzgrund der drohenden Zahlungsunfähigkeit hat zumindest bis zum In-Kraft-Treten des ESUG in der Insolvenzrechtspraxis wenig Bedeutung erlangt.[38] Dies beruht nicht zuletzt darauf, dass einmal die Gläubigerversammlung im Berichtstermin das Verfahrensziel anders bestimmen kann als vom Schuldnerunternehmen beabsichtigt. So kann zB bei beabsichtigter Unternehmensfortführung auf Grund eines Insolvenzplans die Gläubigerversammlung die Liquidation beschließen (§ 157 InsO).[39] Zudem hat dass Insolvenzgericht darüber zu entscheiden, ob dem Antrag des Schuldners auf Eigenverwaltung stattgegeben wird. Hier hat das ESUG zwar insoweit eine Erleichterung gebracht, als § 270a Abs. 2 das Insolvenzgericht bindet, seine Bedenken gegen die Eigenverwaltung dem Schuldner mitzuteilen und ihm Gelegenheit zu bieten, seinen Insolvenzantrag zurückzunehmen, eine „Steuerung" ist dem Schuldner aber damit nur bedingt eingeräumt worden. Eine weitere Gefahr für den Antragsteller besteht darin,

---

[37] Vgl. *Uhlenbruck* KTS 1994, 169, 171; *ders.* GmbHR 1995, 195, 197; *ders.* wistra 1996, 1, 3 f.; Uhlenbruck/*Uhlenbruck*, § 18 Rn. 3 ff.; *Burger/Schellberg*, BB 1995, 261 ff. Zu den Anreisen für eine frühzeitige Antragstellung s Jaeger/*Müller* InsO § 18 Rn. 23 ff. Zur Akzeptanz des Insolvenzgrundes der drohenden Zahlungsunfähigkeit *Uhlenbruck*, FS *J. Drukarcyk*, 2003, S. 441 ff.

[38] Karsten Schmidt/*Karsten Schmidt* § 18 Rn. 6 f.; HambKommInsO/*Schröder* § 18 Rn. 8.

[39] Vgl. *Uhlenbruck* zur fehlenden Akzeptanz des Insolvenzauslösers „drohende Zahlungsunfähigkeit" in FS Drukarcyk, 2003, S. 441 ff.

Die Insolvenzgründe als Verfahrensauslöser 18 § 6

dass das Insolvenzgericht wegen § 16 InsO die Prüfung vornimmt, ob ein Insolvenzgrund vorliegt. Nicht selten stellt sich bei Antragstellung wegen drohender Zahlungsunfähigkeit heraus, dass längst eine Zahlungsunfähigkeit oder eine „verdeckte Überschuldungssituation" vorliegt.[40] Schließlich bestehen bei Insolvenzeröffnung wegen drohender Zahlungsunfähigkeit auch strafrechtliche Ungereimtheiten. Trotz rechtzeitiger Antragstellung muss der organschaftliche Vertreter eines Schuldnerunternehmens bei erfolgreicher Sanierung damit rechnen, wegen nachlässiger Führung der Handelsbücher (§ 283 I Nr. 5 StGB), unübersichtlicher oder verspäteter Bilanzaufstellung (§ 283 I Nr. 7 StGB) oder wegen einer Verringerung seines Vermögensstandes unter grobem Verstoß gegen die Anforderungen einer ordnungsgemäßen Wirtschaft (§ 283 I Nr. 8 StGB) bestraft zu werden.[41]

Die drohende Zahlungsunfähigkeit gewinnt auch Bedeutung im Zusammenhang mit der Bestimmung nachrangiger Forderungen (§ 39 Abs. 4) und der Anfechtung wegen vorsätzlicher Gläubigerbenachteiligung (§ 133). Eine neue Bedeutung erlangt die drohende Zahlungsunfähigkeit durch das sogen. „Schutzschirmverfahren" des § 270b. Hat ein Schuldner einen Insolvenzantrag unter Berufung auf eine bestehende „drohende Zahlungsunfähigkeit" (oder eine Überschuldung) gestellt und die Eigenverwaltung beantragt, so hat das Insolvenzgericht, soweit die angestrebte Sanierung nicht offensichtlich aussichtslos ist, auf Antrag des Schuldners eine Frist für die Vorlage eines Insolvenzplans zu bestimmen. Damit soll dem Schuldner im Zeitraum zwischen Eröffnungsantrag und Verfahrenseröffnung eine eigenständiges Sanierungsverfahren unter privilegierten Bedingungen (Schutzschirm) zur Verfügung gestellt werden. Zum Schutzschirmverfahren → unten § 88.

2. Die Feststellung der drohenden Zahlungsunfähigkeit. Nach dem Wortlaut 18 des § 18 II InsO ist für die Feststellung der drohenden Zahlungsunfähigkeit auf die bestehenden Zahlungspflichten abzustellen, die im Zeitpunkt der Fälligkeit vom Schuldner oder Schuldnerunternehmen nicht erfüllt werden können (diese sind dann dem Vermögen und voraussichtlichen Einnahmen gegenüberzustellen. Es stellt sich die Frage, ob damit die noch nicht begründeten, aber schon absehbaren Verbindlichkeiten außer Betracht zu bleiben haben. Die wohl herrschende Meinung ist dieser Ansicht.[42] Eine andere Ansicht, der sich nunmehr der BGH angeschlossen hat, will hingegen auch die noch nicht begründeten aber absehbaren Verbindlichkeiten einbeziehen.[43] Nach zutreffender Ansicht werden alle Verbindlichkeiten, deren Entstehung (wie etwa bei den Löhnen) voraussehbar ist, erfasst.[44] In der Begründung des RegE[45] heißt es: „In die Prognose, die bei der drohenden Zahlungsunfähigkeit anzustellen ist, muss die gesamte Entwicklung der Finanzlage des Schuldners bis zur Fälligkeit aller bestehenden Verbindlichkeiten einbezogen werden; in diesem Rahmen sind neben den zu erwartenden Einnahmen auch die zukünftigen, noch nicht begründeten Zahlungspflichten mit zu berücksichtigen. Die vorhandene Liquidität und die Einnahmen, die bis zu dem genannten Zeitpunkt zu erwarten sind, müssen den Verbindlichkeiten gegenüber gestellt werden, die bereits fällig sind oder bis zu diesem Zeitpunkt voraussichtlich fällig wer-

---

[40] Vgl. MüKoInsO/*Drukarczyk* § 18 Rn. 51 ff.
[41] Vgl. *Uhlenbruck* ZInsO 1988, 252; *ders.* in FS Drukarczyk S. 441, 451; *Moosmayer*, Einfluss der Insolvenzordnung 1999 auf das Insolvenzstrafrecht, 1997, S. 192; *Penzlin*, Strafrechtliche Auswirkungen der Insolvenzordnung, 2000, S. 191 ff.
[42] Dazu zB Karsten Schmidt/*Karsten Schmidt* § 18 Rn. 14 und 16.
[43] ZB BGH NZI 2014, 260 Uhlenbruck/Hirte/Vallender/*Uhlenbruck* § 18 Rn. 3.
[44] Vgl. auch *Burger/Schellberg* BB 1995, 216, 274; *Uhlenbruck* KTS 1994, 169, 171 f. Für Einstellung laufender künftiger Verbindlichkeiten in den Finanzplan jetzt auch HK/*Kirchhof*, § 18 Rn. 6. Noch weitergehend wohl HambKommInsO/*Schröder* § 18 Rn. 6; dagegen Karsten Schmidt/*Karsten Schmidt* § 18 Rn. 16.
[45] Abgedr bei *Uhlenbruck*, Das neue Insolvenzrecht, S. 318.

den." Letztlich geht es mithin nicht nur um die Zahlungsfähigkeit auf Basis der bestehenden Zahlungspflichten. Das Wort „voraussichtlich" in § 18 II InsO ist nach den Vorstellungen des Gesetzgebers dahingehend zu interpretieren, dass der Eintritt der Zahlungsunfähigkeit wahrscheinlicher sein muss als deren Vermeidung. Ist diese Voraussetzung gegeben, ist gleichzeitig die Befriedigung der Gläubiger so stark gefährdet, dass die Eröffnung eines Insolvenzverfahrens gerechtfertigt ist. Zur Feststellung einer künftigen Zahlungsunfähigkeit ist ausgehend von der Stichtagsliquidität im Prüfungszeitpunkt die gesamte finanzielle Entwicklung des Schuldnerunternehmens in einem Finanzplan darzustellen.[46]

19 Umstritten ist auch der **Prognosezeitraum.** Zutreffend haben *Drukarczyk/Schüler*[47] darauf hingewiesen, dass die Dauer des Prognosezeitraums prinzipiell durch den spätesten Fälligkeitszeitpunkt der bestehenden, aber noch nicht fälligen Zahlungspflichten bestimmt wird. Dieser Prognosezeitraum, der sich über viele Jahre erstrecken könnte, sei aber zu lang und nicht sinnvoll. Man wird sich wohl dazu verstehen müssen, einen Prognosezeitraum von ein bis zwei Jahren festzulegen. In der Literatur werden überwiegend maximal zwei Jahre als Prognosezeitraum vertreten.[48] Damit die drohende Zahlungsunfähigkeit als Tatbestand judizierbar bleibt, ist anzunehmen, dass sich der Planungszeitraum auf das laufende Geschäftsjahr bezieht und je nach Notwendigkeit auch das nächste Geschäftsjahr mit umfasst. Mehr kann man von einer belastbaren Finanzplanung nicht erwarten.[49]

20 Schwieriger schon ist die **Feststellung der Eintrittswahrscheinlichkeit** (Ruinwahrscheinlichkeit).[50] Der Eintritt der Zahlungsunfähigkeit muss wahrscheinlicher sein als der Nichteintritt; für die Annahme einer „drohenden Zahlungsunfähigkeit" muss die „Ruinwahrscheinlichkeit" damit über 50% liegen.[51] Ob die Eintrittswahrscheinlichkeit größer als 50 Prozent ist, also eine Gläubigergefährdung eingetreten ist, lässt sich nur auf Grund von Prognosen feststellen. Die Eintrittswahrscheinlichkeiten der Szenarien, in denen Zahlungsunfähigkeit droht, sind zu addieren.[52] Im Übrigen muss die Prüfung anhand eines Finanzplans erfolgen, der sich an den Zahlungsmitteln sowie den Ein- und Auszahlungen der jeweiligen Periode orientiert und der sich über den Zweijahreszeitraum erstreckt. Gleichzeitig müssen Plan-Bilanzen und Plan-Gewinn- und Verlustrechnungen aufgestellt werden.[53] In der Praxis wird sich herausstellen müssen, welche Anforderungen an den Nachweis der drohenden Zahlungsunfähigkeit zu stellen sind. Nach Auffassung des BGH[54] ist für die Zulässigkeit eines Eröffnungsantrags des Schuldners erforderlich, aber auch genügend, dass er Tatsachen mitteilt, welche die wesentlichen Merkmale eines Eröffnungsgrundes erkennen lassen. Dabei hat der Schuldner bzw. das Schuldnerunternehmen den Eröffnungsgrund der drohenden Zahlungsunfähigkeit in hinreichend substantiierter Form dazulegen. Erforderlichenfalls muss das Gericht versuchen, die Ergänzung der fehlenden Angaben und die Vorlage von Unterlagen vom

---

[46] Einzelheiten bei Uhlenbruck/Hirte/Vallender/*Uhlenbruck*, § 18 Rn. 3 ff.
[47] Kölner Schrift, S. 46 Rn. 45.
[48] KPB/*Pape*, § 18 Rn. 6; MüKoInsO/*Drukarczyk*, § 18 Rn. 21; Jaeger/*Müller* InsO § 18 Rn. 7. Offen, je auf den Einzelfall abstellend Karsten Schmidt/*Karsten Schmidt* § 18 Rn. 27.
[49] Vgl. auch BGH ZIP 1992, 1382, 1383; *Uhlenbruck* wistra 1996, 1, 6; FK/*Schmerbach*, § 18 Rn. 8a–8c; *Harz* ZInsO 2001, 193, 197; Uhlenbruck/Hirte/Vallender/*Uhlenbruck*, § 18 Rn. 10.
[50] Vgl. hierzu *U. Bretzke,* Der Begriff der „drohenden Zahlungsunfähigkeit" im Konkursstrafrecht – Analyse und Darlegung der Konsequenzen aus betriebswirtschaftlicher Sicht, 1984; *Drukarczyk/Schüler,* Kölner Schrift, S. 57 Rn. 68 ff.; *Uhlenbruck* KTS 1994, 169, 171, 172; Jaeger/*Müller* InsO § 18 Rn. 14; HK/*Kirchhof,* § 18 Rn. 13.
[51] Karsten Schmidt/*Karsten Schmidt* § 18 Rn. 21.
[52] So *Drukarczyk/Schüler,* Kölner Schrift, S. 57 Rn. 69.
[53] Einzelheiten bei *Drukarczyk/Schüler,* Kölner Schrift, S. 47 Rn. 49 ff.; Uhlenbruck/Hirte/Vallender/*Uhlenbruck*, § 18 Rn. 7 ff.; MüKoInsO/*Drukarczyk*, § 18 Rn. 32 ff.
[54] BGH, Beschl. v. 12.12.2002 – IX ZB 426/02 –, NZI 2003, 147.

Schuldner zu verlangen, wie zB die Vorlage eines Liquiditätsplans.[55] Den Inhalt des Liquiditätsplans hat das Gericht zumindest auf seine Plausibilität zu prüfen, was sich auch aus § 16 InsO ergibt.[56]

Da nur der Schuldner einen Insolvenzantrag wegen „drohender Zahlungsunfähigkeit" stellen kann beschränken sich die Anforderungen an die Darlegungs- und Beweislast für natürliche Personen auf das Mindestmaß. Dies ist gerechtfertigt, da kaum ein Schuldner oder Schuldnerunternehmen sich ohne zwingenden Grund einem Insolvenzverfahren unterwerfen wird, in dem letztlich die Gläubiger über das (Unternehmens)schicksal entscheiden. Erfolgt der Insolvenzantrag für eine juristische Person bzw. eine Gesellschaft ohne Rechtspersönlichkeit, so reicht die schlüssige Darlegung des Insolvenzgrunds nicht mehr, es ergeben sich vielmehr Besonderheiten. Auf Vorschlag des Rechtsausschusses des Deutschen Bundestages ist in § 18 III InsO insoweit eine **Einschränkung des Antragsrechts** erfolgt: Wenn der Antrag nicht von allen Mitgliedern des Vertretungsorgans, allen persönlich haftenden Gesellschaftern oder allen Abwicklern gestellt wird, ist er nur zulässig, wenn der oder die Antragsteller zur Vertretung der juristischen Person oder Gesellschaft berechtigt sind. Hier erfolgt mithin eine bewusste Abkehr vom Grundsatz des § 15 nach dem eigentlich alle Mitglieder des Vertretungsorgans je für sich antragsberechtigt sind. Mit dieser Eingrenzung des Antragsrechts soll einem missbräuchlichen Umgang mit dem neuen Insolvenzgrund der drohenden Zahlungsunfähigkeit vorgebeugt werden.

Schutz gegen **missbräuchliche Antragstellung** bietet weiterhin die Regelung in § 15 II 1 InsO: Wird der Antrag nicht von allen Mitgliedern des Vertretungsorgans, allen persönlich haftenden Gesellschaftern oder allen Abwicklern gestellt, so ist er nur zulässig, wenn der Eröffnungsgrund glaubhaft gemacht wird. Dies gilt auch für eine Insolvenzantragstellung unter Hinweise auf eine „drohende Zahlungsunfähigkeit". Das Insolvenzgericht hat dann auch die übrigen Mitglieder des Vertretungsorgans, persönlich haftenden Gesellschafter oder Abwickler zu hören (§ 15 II 1 InsO).

IV. Überschuldung

1. Die Überschuldung als Insolvenzgrund. Der Begriff der Überschuldung war früher in einzelnen gesellschaftsrechtlichen Vorschriften als Konkursauslöser definiert. Systemgerecht hat der Gesetzgeber der InsO mit Einführung der InsO in § 19 II eine Legaldefinition niedergelegt. Eine Überschuldung liegt nach § 19 Abs. 2 im Grundsatz vor, wenn das Vermögen des Schuldners die bestehenden Verbindlichkeiten nicht mehr deckt. Der Insolvenzgrund der Überschuldung tritt neben den allgemeinen Insolvenzgrund der Zahlungsunfähigkeit. Er kommt insbesondere bei juristischen Personen und Gesellschaften ohne Rechtspersönlichkeit (in den Fallgestaltungen ohne persönlich haftenden Gesellschafter) zur Anwendung. Er ist aber auch im Nachlassinsolvenzverfahren und in einem Insolvenzverfahren über das Gesamtgut einer fortgesetzten Gütergemeinschaft anzuwenden. In diesen Fallgestaltungen ist das für den Gläubiger haftende Vermögen auf das Vermögen der juristischen Person/Gesellschaft begrenzt. Reicht dieses Vermögen nicht mehr aus alle Gläubiger zu befriedigen, sieht der Gesetzgeber die Durchführung eines Insolvenzverfahrens für angemessen an.

Da mithin entscheidend ist inwieweit das vorhandene Vermögen absichern kann, dass alle Gläubiger des Schuldners befriedigt werden, kann vorliegend nicht auf den handelsrechtlichen Überschuldungsbegriff zurückgegriffen werden, es bedarf vielmehr einer besonderen Berechnung.

---

[55] Uhlenbruck/Hirte/Vallender/*Uhlenbruck*, § 18 Rn. 11; HK/*Kirchhof*, § 18 Rn. 14; FK/*Schmerbach*, § 18 Rn. 12; Jaeger/*Müller* InsO § 18 Rn. 15.
[56] Vgl. HK/*Kirchhof*, § 18 Rn. 14.

23 Diese Legaldefinition ist zwischenzeitlich zu einem Drehschraube der politischen Einflussnahme geworden. Die zunächst durch die InsO eingeführte Definition der Überschuldung in § 19 II InsO wurde später durch den unter Geltung der Konkursordnung entwickelten Überschuldungsbegriff ersetzt.[57] Politischer Wille des Gesetzgebers war es dabei, für einen beschränkten Übergangszeitraum (Oktober 2008 bis Dezember 2013) die vom InsO-Gesetzgeber als sachgerecht empfundene Regelung zugunsten von Unternehmen, die von der allgemeinen Finanzkrise betroffen sind, außer Kraft zu setzen und durch eine entgegenkommendere Regelung (nämlich die, die unter Geltung der KO anzuwenden war) zu ersetzen. Dieser gesetzlichen Maßnahme lag die Annahme zugrunde gelegt, dass die damalige allgemeinen Finanzkrise für die meisten Unternehmen keine grundlegenden, tiefgreifenden wirtschaftlichen Probleme mit sich brachte, sondern sich in der Regel nur dahin auswirkte, dass bewertungstechnische bilanzielle Abschläge zu verkraften waren (in der Pressemitteilung des BMJ zum FMStG wurde von einer formalen Überschuldung gesprochen). Vor diesem Hintergrund war die Aufweichung des Überschuldungsbegriff für einen gewissen Zeitraum zu verstehen. Ab dem 1.1.2014 sollte dann wieder der vor Oktober 2008 geltende Überschuldungsbegriff der InsO (§ 19 Abs. 1 Sätze 1 und 2) gelten. Diese „Wiedereinführung" wurde zwischenzeitlich aber wiederum gestoppt, sodass die „Übergangsregelung" auch über den 1.1.2014 hinaus gilt.

24 Im Ergebnis führt der Gesetzgeber die vor In-Kraft-Treten der InsO geltende Überschuldungsdefinition also wieder ein. Dies obgleich der *Gesetzgeber der InsO* sich, wie sich aus den Beschluss-Empfehlungen des Rechtsausschusses des Deutschen Bundestages zu § 23 II RegE (BT-Drucks. 12/7302)[58] ergibt, mit Einführung der InsO eindeutig für eine zweistufige Überschuldungsprüfung entschieden und dem modifizierten zweistufigen Überschuldungsprüfung (der vor In-Kraft-Treten der InsO galt) eine eindeutige Absage erteilt hatte. Im Ausschussbericht heißt es, die Definition der Überschuldung sei um einen Satz ergänzt worden, aus dem sich ergebe, dass auch bei einer positiven Prognose für die Fortführung des Unternehmens nicht von vornherein ausgeschlossen ist, dass Überschuldung vorliegt. Allerdings sei bei einer solchen positiven Prognose das Vermögen mit Fortführungswerten anzusetzen. Dies werde häufig dazu führen, dass der Wert des Vermögens die Summe der Verbindlichkeiten übersteigt. Wörtlich: „Der Ausschuss weicht damit entschieden von der Auffassung ab, die in der Literatur vordringt und der sich kürzlich auch der Bundesgerichtshof angeschlossen hat (BGHZ 119, 201, 214). Wenn eine positive Prognose stets zu einer Verneinung der Überschuldung führen würde, könnte eine Gesellschaft trotz fehlender persönlicher Haftung weiter wirtschaften, ohne dass ein die Schulden deckendes Kapital zur Verfügung steht. Dies würde sich erheblich zum Nachteil der Gläubiger auswirken, wenn sich die Prognose – wie in dem vom Bundesgerichtshof entschiedenen Fall – als falsch erweist."[59]

25 Diese Nachteile für die Gläubiger nimmt der Gesetzgeber nun hin. Zunächst um den Unternehmen, die aufgrund der Finanzkrise bewertungstechnische bilanzielle Abschläge verkraften mussten, zu helfen – nun allgemein.

26 Hinzuweisen ist darauf, dass dem Gesetzgeber bei der rechtstechnischen Umsetzung der Übergangsregelung ein Fehler unterlaufen ist. Art. 6 Abs. 3 FMStG ersetzt den gesamten bis zum 31.12.2010 geltenden § 19 II und legt den ab dem 1.1.2011 geltenden Wortlaut des § 19 II ausdrücklich fest. Die Änderung, die § 19 II durch das MoMiG

---

[57] Zur Historie: Karsten Schmidt/*Karsten Schmidt* § 19 Rn. 4 f.
[58] Abgedr bei *Uhlenbruck,* Das neue Insolvenzrecht, S. 320.
[59] *Altmeppen* (ZIP 1997, 1173, 1175) leitet aus dieser Formulierung her, dass der Gesetzgeber hiermit den zweistufigen Überschuldungsbegriff dezidiert abgelehnt hat. Dies kann wohl der Formulierung in § 19 II InsO nicht entnommen werden.

erhielt, wurde damit wieder aus dem Gesetzestext entfernt. Dies war übersehen worden.[60] Später erfolgte dann aber eine Richtigstellung, sodass auch die „MoMiG-Ergänzung" ab dem 1.1.2014 hätte gelten können. Im Jahr 2012 wurde dann aber Art. 6 Abs. 3 FMStG vollständig aufgehoben[61].

a) *Die Überschuldung im Zeitraum seit Oktober 2008.* Ab Ende 2008 gilt nunmehr, dass Überschuldung vorliegt, wenn das Vermögen des Schuldners die bestehenden Verbindlichkeiten nicht mehr deckt, es sei denn, die Fortführung des Unternehmens ist nach den Umständen überwiegend wahrscheinlich. Damit wird der positiven Fortführungsprognose wieder ein höherer, eigenständiger Stellenwert zugemessen. Damit werden Fallgestaltungen, in denen die Fortführungsprognose positiv ausfällt, generelle aus der „Zahlungsunfähigkeit" ausgenommen (während vor der Änderung die positive Fortführungsprognose das Unternehmen nur vor dem Insolvenzverfahren bewahrte, wenn das nach Fortführungswerten bewertete Vermögen des Schuldners höher als seine Schulden waren). 27

Maßgeblich ist nach der nun geltenden Legaldefinition zunächst ein Vergleich des Vermögens, das im Falle der Eröffnung des Insolvenzverfahrens als Insolvenzmasse zur Verfügung stünde, mit den Verbindlichkeiten, die im Falle der Verfahrenseröffnung gegenüber den Insolvenzgläubigern bestehen würden.[62] Dieser erste Teil der Definition wird ergänzt durch den Ausschlussgrund der positiven Fortführungsprognose. Eine rechtliche Überschuldung liegt mithin nur vor, wenn die rechnerische Überschuldung nicht durch eine positive Fortführungsprognose aufgehoben wird. In der Praxis erübrigt sich der erste Schritt wenn eine positive Fortführungsprognose vorliegt.

b) *Die Überschuldung im Zeitraum bis Oktober 2008.* Bis zum In-Kraft-Treten des FMStG Ende 2008 galt die Vorgabe, dass Überschuldung vorliegt, wenn das Vermögen des Schuldners die bestehenden Verbindlichkeiten nicht mehr deckt. Bei der Bewertung des Vermögens des Schuldners war jedoch die Fortführung des Unternehmens zugrunde zu legen (also Fortführungswerte anzusetzen), wenn diese nach den Umständen überwiegend wahrscheinlich war. Die Legaldefinition des § 19 II beschränkte sich damit auf den Vergleich der Vermögen. Die Einschränkung, dass eine Zahlungsunfähigkeit nicht gegeben ist, wenn die Fortführung des Unternehmens nach den Umständen überwiegend wahrscheinlich ist, wurde nicht vorgenommen. Die Fortführungsprognose hatte nicht als eigenes Tatbestandsmerkmal Bedeutung, sondern war nur bei der Frage heranzuziehen nach welchen Werten die Vermögensgegenstände bei der Gegenüberstellung in Ansatz zu bringen waren. War eine positive Fortführungsprognose möglich, so konnten Fortführungswerte angesetzt werden, während anderenfalls auf der Basis von Liquidationswerten gerechnet werden musste. 28

Der Gesetzgeber sah vor, dass die bis Oktober 2008 geltende Fassung des § 19 II mit Wirkung vom 1.1.2014 wiederum in Kraft gesetzt wird, also eine Überschuldung wieder vorliegen, wenn das Vermögen des Schuldners die bestehenden Verbindlichkeiten nicht mehr deckt – wobei bei der Bewertung des Vermögens des Schuldners jedoch die Fortführung des Unternehmens zugrunde zu legen ist, wenn diese nach den Umständen überwiegend wahrscheinlich ist. Die beabsichtigte „Wiedereinführung" wurde später jedoch (→ Rn. 23 f.) zurückgenommen. 29

---

[60] Dazu auch schon *Bitter* ZInsO 2008 S. 1097.
[61] BGBl. I 2012 S. 2424.
[62] Diese Auffassung, die im RegE zu § 19 InsO vertreten wird, bedarf insoweit der Einschränkung, als die durch die Verfahrenseröffnung entstehenden Verbindlichkeiten bei der Überschuldungsprüfung keine Berücksichtigung finden. Vgl. Uhlenbruck/Hirte/Vallender/*Uhlenbruck*, § 19 Rn. 2. Zu den einzelnen Methoden der Überschuldungsprüfung siehe *Drukarczyk/Schüler*, in: Kölner Schrift S. 58 Rn. 74 ff.; Jaeger/*Müller* InsO § 19 Rn. 15 ff. Zu den Entwicklungslinien des Überschuldungsbegriffs s *Götz* KTS 2003, 1 ff.

30 **2. Anwendungsbereich.** Auf den Insolvenzgrund der Überschuldung können sich sowohl Schuldner als auch Gläubiger des Schuldners berufen. Allerdings wird es den Gläubigern des Schuldners mangels entsprechender Kenntnisse regelmäßig nicht möglich sein den Insolvenzgrund der Zahlungsunfähigkeit zu unterlegen.

31 Die Definition der Überschuldung in § 19 II ist auch im Rahmen der §§ 64, 84 GmbHG, 92/93, 401 AktG, 99, 148 GenG; 130a, 130b HGB zur Anwendung zu bringen.

32 **3. Überschuldung und Zahlungsunfähigkeit.** *Zahlungsunfähigkeit und Überschuldung* sind keineswegs identisch. Der Insolvenzgrund der Überschuldung ist dem der Zahlungsunfähigkeit regelmäßig vorgelagert. Eine überschuldete Gesellschaft kann mithin durchaus zahlungsfähig sein. Der Insolvenzgrund der Zahlungsunfähigkeit kann durch eine Kredit beseitigt werden, der Insolvenzgrund der Überschuldung hingegen nicht, denn bei diesem Insolvenzgrund stellt primär auf die Frage ab, ob das Vermögen des Schuldners die bestehenden Verbindlichkeiten deckt. Eine Erhöhung des Vermögens durch eine gleichzeitige, gleichhohe Erhöhung der bestehenden Verbindlichkeiten ändert eine bestehende Überschuldung mithin nicht.

33 Die Überschuldungsprüfung bedarf aber auch eines prognostischen Elements, der Fortbestehensprognose (→ Rn. 41). Diese hat de facto eine Nähe zur „drohenden Zahlungsunfähigkeit", denn beide Prüfungen betrachten die zukünftige Entwicklung des Schuldners.

34 **4. Die Überschuldungsprüfung. a)** Zur schlüssigen, tragfähigen Darlegung des Insolvenzgrunds der Überschuldung (einerlei ob die Frage, ob genügend Vermögen zur Schuldendeckung vorhanden ist oder die Fortführungsprognose betrachtet wird) ist der Antragsteller regelmäßig auf interne Daten des Schuldners angewiesen. Der Insolvenzgrund der Überschuldung wird von einem Gläubiger daher kaum glaubhaft gemacht werden können. Letztlich richtet sich dieser Insolvenzgrund daher primär gegen den Schuldner selbst.[63]

35 **b)** *Die Pflicht zur ständigen Eigenprüfung,* ob ein Insolvenzgrund vorliegt, trifft sämtliche organschaftlichen Vertreter eines beschränkt haftenden Schuldnerunternehmens.[64] Die kontinuierliche Kontrolle der Liquidität und Finanzsituation einer antragspflichtigen Gesellschaft gehört zu den „10 Geboten an den Geschäftsführer".[65] Eine interne Arbeitsaufteilung befreit nicht von der Pflicht zur Eigenprüfung, so dass auch ein technisches Vorstandsmitglied verpflichtet bleibt, eine Überschuldungsprüfung vorzunehmen. Der Geschäftsführer einer GmbH kann sich nicht damit entlasten, dass er als technischer Leiter keine Möglichkeit der Kontrolle der Mitgeschäftsführer gehabt habe.[66] Die Folge der ständigen Prüfungspflicht ist, dass eine Gesellschaft so organisiert werden muss, dass eine Überschuldung auch tatsächlich wahrgenommen werden kann. Unzulässig wäre es zB, die Buchführung auszulagern, um den Überblick über die Vermögenssituation unmöglich zu machen oder zu erschweren. Der organschaftliche Vertreter einer antragspflichtigen Gesellschaft kann sich nicht auf die Erkenntnisse und Beurteilungen seines Steuerberaters verlassen. Eine Ausnahme gilt nur insoweit, als der Steuerberater oder Wirtschaftsprüfer ausdrücklich für die Gesellschaft mit der Aufgabe betraut ist, das Vorliegen eines Insolvenzgrundes zu prüfen.

36 Die Feststellung der Überschuldung erfolgt aufgrund einer besonderen Berechnung, dem Überschuldungsstatus (dazu → V.). Eine in der Jahresbilanz ausgewiesene Über-

---

[63] *Wimmer/Schmerbach* § 19 Rn. 2.
[64] Vgl. BGH DB 1994, 1608, 1613 = GmbHR 1994, 539, 545 = ZIP 1994, 891 = NJW 1994, 2149; *Scholz/Schmidt*, § 64 GmbHG Rn. 10; *Altmeppen* ZIP 1997, 1173, 1177.
[65] So *Lutter* GmbHR 2000, 301, 305; ebenso *Altmeppen* ZGR 1999, 300.
[66] BGH ZIP 1995, 560 = EWiR 1995, 785 *(Wittkowski); Altmeppen* ZIP 1997, 1173, 1177.

schuldung hat bei der Prüfung der Insolvenzreife einer antragspflichtigen Gesellschaft allenfalls indizielle Bedeutung.[67]

Stichtag der Überschuldungsprüfung. Ist ein Antrag auf Eröffnung eines Insolvenzverfahrens zu bewerten, so ist die Prüfung der Überschuldung bezogen auf den Zeitpunkt der gerichtlichen Entscheidung über diesen Antrag vorzunehmen. Ist hingegen fraglich, ob eine Person die zur Insolvenzantragstellung verpflichtet ist, nunmehr einen Insolvenzantrag stellen muss (zB aufgrund der Vorgaben des § 15a), so ist eine aktuelle, auf den jetzigen Zeitpunkt bezogene Prüfung notwendig. Soll die Haftung gemäß §§ 15a InsO, 823 BGB, 64 GmbHG, 92/93 AktG beurteilt werden ist der Tag zu ermitteln, zu dem eine Überschuldung in der Vergangenheit (jedenfalls) bestand.

c) *Reihenfolge der Prüfung, Dokumentation.* In der Vergangenheit wurde häufig die Frage aufgeworfen, in welcher Reihenfolge die Prüfungen der haftungsrechtlichen Überschuldung und der Fortführungsprognose vorzunehmen ist.[68] Der Gesetzgeber hat dafür keine Festlegungen getroffen. Eine zwingende Reihenfolge ergibt sich auch nicht aus der Natur der Sache. Häufig kann es ausreichen, wenn eins der Elemente geprüft und positiv bewertet wird. So ist es vielfach durchaus ausreichend eine positive Fortführungsprognose zu erarbeiten, die haftungsrechtliche Überschuldung muss dann nicht mehr geprüft werden. Diese vereinfachte Vorgehensweise kann aber nicht mehr angeraten werden, wenn Anzeichen einer Krise vorliegen. Denn eine Krise stellt die positive Fortführungsprognose in Frage. Fehleinschätzungen hinsichtlich der Fortführungsprognose können zu Lasten des Schuldners bzw. dessen Organ gehen. Um spätere Sanktionen zu entgehen sollte der Schuldner bzw. das für ihn handelnde Organ beide Elemente einer Prüfung unterziehen und damit die Betriebsfortführung möglichst gerichtsfest legitimieren.[69]

Zwar hat eine in der Jahresbilanz ausgewiesene Überschuldung bei der Prüfung der Insolvenzreife einer antragspflichtigen Gesellschaft keine originäre Bedeutung Die bilanzielle Überschuldung sollte in diesem Zusammenhang aber nicht unterschätzt werden. Sie wird teilweise als „Vermutungstatbestand" herangezogen, sodass auf Grundlage der bilanziellen Überschuldung die haftungsrechtliche Überschuldung vermutet wird.[70] Diese Vorgehensweise ist durchaus nachvollziehbar, da die bilanzielle Überschuldung als Hinweise auf eine kritische Entwicklung des Unternehmens angesehen werden kann und ein Erläuterungsbedarf aufgezeigt wird, aus welchen Gründen die Unternehmung ausnahmsweise doch nicht haftungsrechtlich überschuldet ist.

Die Überschuldungsprüfung ist eine ständige Aufgabe des Schuldners. Es ist angezeigt, dass diese Prüfungen dokumentiert werden. Denn diese Unterlagen können in einem späteren Insolvenzverfahren entlastende Bedeutung erlangen.

d) *Das prognostische Element.* Die Fortbestehensprognose setzt einen sorgfältig dokumentierten Finanz- und Ertragsplan voraus. Die Planrechnungen müssen ergeben, ob die Finanzkraft der Gesellschaft nach überwiegender Wahrscheinlichkeit mittelfristig zur Fortführung des Unternehmens ausreicht.[71] Dies muss durch einen Finanzplan unterlegt und gegebenenfalls dokumentiert werden.[72] Der Gesetzgeber hat bewusst von der Festlegung eines Prognosezeitraums abgesehen. Hierzu *R. Nonnenmacher:*[73] „Die Diskontie-

---

[67] BGH ZInsO 2001, 467; HK/*Kirchhof,* § 19 Rn. 17; vgl. auch BGHZ 146, 267 f.
[68] Dazu Vorauflage Rn. 39.
[69] Dazu auch K. Schmidt/*K. Schmidt* § 19 Rn. 15.
[70] Dazu K. Schmidt/*K. Schmidt* § 19 Rn. 16.
[71] So BGHZ 119, 201, 214; BGHZ 126, 181, 199; OLG Schleswig GmbHR 1998, 536 (Ls); *Kallmeyer,* GmbHR 1999, 16, 17; HambKommInsO/*Schröder* § 19 Rn. 13; *Wolf,* Überschuldung, S. 30 ff.
[72] Uhlenbruck/Hirte/Vallender/*Uhlenbruck,* § 19 Rn. 79; *Kallmeyer* GmbHR 1999, 16, 17.
[73] Sanierung, Insolvenz und Bilanz, in: FS Moxter, S. 315, 326. Eingehend auch *M. Karollus,* Die Fortbestehensprognose im Rahmen der Überschuldungsprüfung, 1997, S. 35 ff.

rung der finanziellen Überschüsse erfordert einerseits eine zeitlich unbegrenzte Planung (wobei uU nur die ersten zwei bis drei Jahre detailliert geplant werden müssen und für die Zeit danach eine konstante Entwicklung angenommen werden kann). Sie macht andererseits aber die Manipulationen ermöglichende Definition eines Prognosezeitraums entbehrlich." Die Fortführungsprognose ist weitgehend identisch mit der Prüfung der drohenden Zahlungsunfähigkeit iSv § 18 II InsO. Allerdings ist dabei nicht auf die bestehenden Zahlungspflichten abzustellen, sondern auch auf die zu erwartenden Einnahmen und die zukünftigen, noch nicht begründeten Zahlungspflichten. Unter Berücksichtigung der betriebswirtschaftlichen Möglichkeiten einer Planungsrechnung wird man die Grenze bei einem zwei- bis dreijährigen Zeitraum ziehen müssen.[74] In der Literatur hat sich inzwischen ein gewisser Generalkonsens herausgebildet, wonach sich die Fortbestehensprognose und damit auch die Finanzplanung auf die Zeit des laufenden bis zum Ablauf des nächsten Geschäftsjahres zu erstrecken hat.[75] Im Einzelfall kann es die Besonderheit des Unternehmens bzw. der Branche rechtfertigen, auf eine längere Planungsperiode abzustellen.[76] Zutreffend der Hinweis von *Karollus*,[77] im Einzelnen komme es darauf an, in welchen Marktverhältnissen sich das Unternehmen bewege. Je stabiler dieser Markt aus gegenwärtiger Sicht erschiene, desto eher könne der Planungszeitraum auf mehrere Jahre erstreckt werden. Handele es sich dagegen um einen instabilen Markt, in dem die künftige Preisentwicklung bzw. die künftigen Absatzchancen nicht abschätzbar seien, werde der Planungszeitraum kürzer anzusetzen sein. Jede aussagefähige Prognose setzt voraus, dass die Unternehmung ein ordnungsmäßiges Rechnungswesen aufweist.[78] Unverzichtbare Grundlage der Prognoseprüfung sind Finanz- und Erfolgspläne, mit denen die künftige Ertragssituation der Unternehmung dargestellt wird.[79] Eine Fortbestehensprognose, die ohne gesicherte Planungsinstrumente erstellt wird, ist wertlos.

42 In die Fortbestehensprognose sind auch Sanierungsmaßnahmen einzubeziehen, wenn diese beabsichtigt und ernsthaft in Angriff genommen werden. Die Umsetzung von Sanierungsmaßnahmen muss allerdings realistisch eingeschätzt werden. Bloße Zukunftshoffnungen und Pläne bzw. Expektanzen genügen nicht. Im Übrigen hat die Prognose nach objektiven Kriterien zu erfolgen. Dies gilt vor allem für die Prüfung der „überwiegenden Wahrscheinlichkeit".[80] Das Merkmal der „überwiegenden Wahrscheinlichkeit" ist vor allem in der Literatur umstritten.[81] Diese vom BGH geprägte Bedingung will sagen, dass die Fortführung „nach den Umständen wahrscheinlicher ist als die Stilllegung".[82] *R. Bork* (ZIP 2000, 1709 ff.) verdanken wir den Nachweis, dass die Justiz bei der Erstellung der Fortbestehensprognose nicht zwingend auf betriebswirtschaftliche Rechenwerke und sachverständige Beratung angewiesen sein muss. Es gebe Fälle, in denen anhand von Indikatoren und auf der Grundlage allgemeinen Erfahrungswissens

---

[74] Vgl. *Karollus*, Fortbestehensprognose S. 36. Vgl. auch *Bähner* KTS 1988, 443, 446; *Wolf*, Überschuldung, S. 34 ff. (höchstens 2 Jahre); *Bork* ZIP 2000, 1709 ff.; Uhlenbruck/Hirte/Vallender/*Uhlenbruck*, § 19 Rn. 29.

[75] Vgl. *Bork* ZIP 2000, 1709, 1710; Uhlenbruck/Hirte/Vallender/*Uhlenbruck*, § 19 Rn. 30; HK/*Kirchhof*, § 19 Rn. 12; vgl. auch OLG Koblenz ZIP 2003, 571. Der Prognosezeitraum ist jedoch in den Fällen zu erweitern, in denen sich das übliche Unternehmensrisiko zu einem abgrenzbaren „Projektrisiko" konkretisiert, wie zB bei Start-up-Unternehmen. S auch BGH ZIP 2001, 1874.

[76] Jaeger/*Müller* § 19 Rn. 37.

[77] Fortbestehensprognose S. 36. Vgl. auch *Möhlmann* DStR 1998, 1843, 1844.

[78] *Bähner* KTS 1988, 445 f.

[79] Uhlenbruck/*Uhlenbruck*, § 19 Rn. 28.

[80] Vgl. auch *Drukarczyk/Schüler* WPg 2003, 56 ff.; *Luttermann/Vahlenkamp* ZIP 2003, 1629 ff.; *Schaub* DStR 1993, 1483, 1487.

[81] Vgl. *Drukarczyk/Schüler* WPg 2003, 56 ff.; *Groß/Amen* WPg 2002, 225 ff; dies., FS Greiner, 2005, S. 83, 96 ff.; *Luttermann/Vahlenkamp* ZIP 2003, 1629 ff.

[82] Vgl. BGHZ 119, 201, 214. S. auch *Luttermann/Vahlenkamp* ZIP 2003, 1629 ff.

Urteile über die Überlebenschancen eines Unternehmens möglich sind. Festzustellen ist, dass auch in der OLG-Rechtsprechung an die Fortbestehensprognose unterschiedliche Anforderungen gestellt werden.[83] Kommt es in einem Haftungs-, Anfechtungs- oder Strafprozess auf das Vorliegen der Überschuldung und deren Erkennbarkeit an, so trägt der organschaftliche Vertreter, der sich darauf beruft, dass trotz rechnerischer Überschuldung keine insolvenzrechtliche Überschuldung vorgelegen hat, die Beweislast.[84]

Fehlt es an einem Fortführungswillen in der Zeit, für den die Fortführungsprognose zu erstellen ist, so ist die Fortführungsprognose per se negativ. Gleiches gilt im Ergebnis, wenn die Fortführungsprognose aufzeigt, dass das schuldnerische Unternehmen im Prognosezeitraum zahlungsunfähig werden wird.[85]

V. Der Überschuldungsstatus

Wie bereits festgestellt wurde, ist die Handelsbilanz (Jahresabschluss) für die Feststellung der Überschuldung grundsätzlich ungeeignet.[86] Vielmehr ist der Überschuldungsstatus eine Sonderbilanz, die primär dem Zweck dient, das gesamte Schuldnervermögen und die gesamten Verbindlichkeiten des Schuldnerunternehmens zu ermitteln und durch Gegenüberstellung die Überschuldung fest zu stellen. Letztlich soll die Frage beantwortet werden, ob der Schuldner mit seinem Vermögen seine Verbindlichkeiten finanzieren kann. Für die Überschuldungsbilanz gelten nicht die für die Jahresbilanz geltenden Bewertungsvorschriften.[87] Gleichwohl kann das Mengengerüst einer Handelsbilanz in der Regel den Ausgangspunkt für die Erstellung der Vermögensbilanz bilden (*U. Haas*).[88] Die permanente Eigenprüfungspflicht des organschaftlichen Vertreters heißt nicht, dass dieser täglich zur Erstellung eines Überschuldungsstatus verpflichtet ist. Jedoch entsteht diese Verpflichtung, wenn sich aus der Handelsbilanz, einem Zwischenabschluss oder sonstigen Umständen Anlass zur Prüfung ergibt, wie zB bei Ausweis eines nicht durch Eigenkapital gedeckten Fehlbetrages (§ 268 III HGB) oder bei Ausweis von Verlusten in einer die Lebensfähigkeit bedrohenden Höhe.[89] Treten während des Geschäftsjahres Indikatoren auf, die auf eine Unternehmenskrise schließen lassen, sind die organschaftlichen Vertreter der antragspflichtigen Gesellschaft verpflichtet, die Überschuldung zu prüfen. Eine gesetzlich vorgeschriebene Gliederung für den Überschuldungsstatus gibt es nicht. Die stillen Reserven sind aufzudecken und die wahren Werte zu ermitteln. Verbindlichkeiten, die erst durch die Eröffnung des Insolvenzverfahren entstehen oder ausgelöst werden, wie zB Sozialplanansprüche der Arbeitnehmer wegen insolvenzbedingter Betriebsbeendigung, sind nicht in den Überschuldungsstatus aufzunehmen.

---

[83] Vgl. den Überblick bei Uhlenbruck/Hirte/Vallender/*Uhlenbruck*, § 19 Rn. 31; OLG Koblenz ZIP 2003, 571 f.

[84] OLG Naumburg ZInsO 2002, 730, 732; OLG Koblenz ZIP 2003, 571 = GmbHR 2003, 419; OLG Düsseldorf GmbHR 1999, 718; *Altmeppen* ZIP 1997, 1173; 1176; *ders.* ZIP 2001, 2201, 2209; *Schaub* DStR 1993, 1483, 1487; *Karollus*, Fortbestehensprognose S. 65. Die Prognoserechnung ist nach heute allgem M zu dokumentieren. Vgl. zur Dokumentationspflicht *Wolf*, Überschuldung, S. 41 ff.

[85] HK/*Kirchhof* § 19 Rn. 9 ff.

[86] So BGH ZIP 2001, 242 = NJW 2001, 1136; BGHZ 125, 141, 146, str. aA KölnerKomm-*Mertens*, § 92 AktG Rn. 31.

[87] Uhlenbruck/Hirte/Vallender/*Uhlenbruck*, § 19 Rn. 35, 36; *Fischer*, Die Überschuldungsbilanz, 1980; *Drukarczyk* ZGR 1979, 553; *ders.* WiSt 1980, 305 ff.; *Vodrazka*, FS Koren 1993, S. 309; *Wimmer* NJW 1996, 2546, 2547; *H.-P. Müller*, Kölner Schrift 1. Aufl. 1997, S. 97, 99; *Wagner*, Die Messung der Überschuldung, in: IDW-Bericht 1994 S. 171, 184; HK/*Kirchhof*, § 19 Rn. 17.

[88] Kölner Schrift S. 1304 Rn. 8.27.

[89] Zutreffend *H.-P. Müller*, Kölner Schrift 1. Aufl. 1997, S. 100 Rn. 7; *Kallmeyer* GmbHR 1999, 16, 18. Vgl. auch BGHZ 126, 181, 199 = GmbHR 1994, 539, 545; OLG Celle NZG 1999, 1064; OLG Düsseldorf NZG 1999, 349; *Goette* ZInsO 2001, 529 ff.

45 **1. Aktivposten des Überschuldungsstatus. a)** *Kosten der Gründung, Kapitalbeschaffung und In-Gang-Setzung* bleiben im Rahmen der Überschuldungsrechnung grundsätzlich außer Ansatz. Gleiches gilt für die Kosten der laufenden Neu- und Fortentwicklung von Produkten und Produktionsverfahren.[90] Eine Aktivierung von Konzeptionskosten, Vermittlungsprovisionen und Aufgeldern ist unzulässig, denn diese Kosten sind erfolgswirksamer Aufwand und stellt keinen verwertbaren Vermögensgegenstand dar.[91]

46 **b)** *Der originäre, dh im Unternehmen selbst erwachsende Firmenwert,* ist ein immaterieller Wert. Er stellt sich dar als die Differenz zwischen Substanz- und Ertragswert iS der Unternehmensbewertung. Ob im Einzelfall der Firmen- oder Geschäftswert im Überschuldungsstatus aktiviert werden darf, ist umstritten.[92] Die Zulässigkeit einer Aktivierung des Firmenwerts richtet sich keineswegs danach, ob es sich um einen originären (selbst geschaffenen) oder um einen derivativen (erworbenen) Firmenwert handelt. Entscheidend für die Aktivierbarkeit oder Nichtaktivierbarkeit ist vielmehr das Kriterium selbstständiger Verwertbarkeit.[93] Aktivierbar im Überschuldungsstatus sind grundsätzlich sämtliche Gegenstände des Anlage- und Umlaufvermögens, die im Fall eines Insolvenzverfahrens den Gläubigern zur Verfügung stehen. Eine Aktivierbarkeit ist zB zu bejahen, wenn schuldrechtlich bereits ein Kaufvertrag über das gesamte Vermögen vorliegt und der Firmenwert durch den Kaufpreis unterlegt ist.[94] Kommt der Good-will einer Unternehmung im Rahmen einer möglichen Verwertung ein eigenständiger Veräußerungswert zu, kann im Einzelfall eine Aktivierung vertretbar sein.[95]

47 **c)** *Sonstige immaterielle Vermögenswerte,* wie zB Konzessionen, Markenrechte oder Patente sind im Überschuldungsstatus voll zu aktivieren.[96] Entscheidend für die Aktivierbarkeit ist immer die Einzelveräußerbarkeit der Gegenstände.[97] Dies gilt insbesondere für erworbene gewerbliche Schutzrechte, wie zB Patente oder Markenzeichen. Insoweit können auch originär im Unternehmen entstandene immaterielle Rechte, die gemäß § 248 HGB nicht in der Handelsbilanz aktivierbar sind, im Status bei positiver Fortführungsprognose aktiviert werden, wenn eine selbstständige Veräußerbarkeit zu dem angesetzten Wert hinreichend sicher erscheint.[98]

---

[90] BGH NJW 1991, 1057, 1059; *Bilo* GmbHR 1981, 104, 105; *Harz* ZInsO 2001, 193, 200; *Lutter* ZIP 1999, 641, 644; Jaeger/*Müller*, § 19 Rn. 53. → Rn. 55; str. aA *Fischer*, Die Überschuldungsbilanz, 1980, S. 117.

[91] Uhlenbruck/Hirte/Vallender/*Uhlenbruck*, § 19 Rn. 37.

[92] Bejahend *Fischer*, Die Überschuldungsbilanz, S. 113, 118; s die Übersicht bei Uhlenbruck/Hirte/Vallender/*Uhlenbruck*, § 19 Rn. 39; *Wolf*, Überschuldung S. 68 ff.; verneinend *Bilo*, GmbHR 1981, 106; *Haack*, Der Konkursgrund der Überschuldung bei Kapital- und Personengesellschaften, 1980, S. 100.

[93] Uhlenbruck/Hirte/Vallender/*Uhlenbruck*, § 19 Rn. 40; *Klar*, Überschuldung und Überschuldungsbilanz, 1987, S. 94 ff.; HK/*Kirchhof*, § 19 Rn. 20; *Wolf*, Überschuldung S. 68 ff.; zur Abgrenzung s *Fröhlich/Küchling* ZInsO 2002, 478. S. aber auch *Kallmeyer* GmbHR 1999, 16, 17 und Jaeger/*Müller*, § 99 Rn. 52, die neben der positiven Fortbestehensprognose eine positive Marktbeurteilung genügen lassen.

[94] *Bork* ZInsO 2001, 145, 147; Uhlenbruck/Hirte/Vallender/*Uhlenbruck*, § 19 Rn. 40; *Wolf*, Überschuldung, S. 68 ff.; HK/*Kirchhof*, § 19 Rn. 20.

[95] Vgl. *Lütkemeyer*, Die Überschuldung der GmbH, S. 270 ff. Nach zutreffender Auffassung kommt eine Aktivierung des derivativen oder originären Geschäfts- oder Firmenwerts nur ausnahmsweise in Betracht, wenn greifbare Aussichten bestehen, das Unternehmen oder Unternehmensteile zu veräußern und dabei einen über den Substanzwert hinausgehenden Mehrerlös zu erzielen. Weitergehend neuerdings *Kallmeyer* (GmbHR 1999, 16, 17), der mit Recht darauf hin weist, dass der Firmenwert nicht selbständig verwertbar ist, sondern nur durch Veräußerung des Gesamtunternehmens. Für den Ansatz des Firmenwerts sei daher die Verwertbarkeit des Unternehmens als Ganzes genügend.

[96] Uhlenbruck/*Uhlenbruck*, § 19 Rn. 39; *Fröhlich/Küchling* ZInsO 2002, 478.

[97] MüKoInsO/*Drukarczyk/Schüler* § 19 Rn. 93; Uhlenbruck/Hirte/Vallender/*Uhlenbruck*, § 19 Rn. 39; *Müller*, Kölner Schrift 1. Aufl. 1997, S. 108 Rn. 28. Nach Jaeger/*Müller*, § 19 Rn. 50, soll es auch genügen, dass die immateriellen Gegenstände mit dem Unternehmen veräußert werden können.

[98] *Haas* in Kölner Schrift, S. 1305 Rn. 28 f.; Uhlenbruck/Hirte/Vallender/*Uhlenbruck*, § 19 Rn. 39, 40; *Kallmeyer* GmbHR 1999, 16, 17.

Immaterielle Vermögenswerte, die nicht übertragbar sind (zB die Lizenz eine Spielbank zu betreiben), können nicht in Ansatz gebracht werden, da sie nicht für die Masse verwertbar ist.

d) *materielle Vermögenswerte: Grundstücke, Beteiligungen, Wertpapiere* des Anlagevermögens etc sind mit dem jeweiligen Verkehrs- bzw. Kurswert anzusetzen.[99] Der Ansatz eigener Geschäftsanteile ist jedoch ausgeschlossen, da diese Anteile wertlos sind. Auch Gegenstände, die mit einem Absonderungsrecht belastet sind, sind mit dem vollen Wert anzusetzen (allerdings sind auf der Passiv-Seite die gesicherten und ungesicherten Forderungen des Absonderungsberechtigten auch in voller Höhe anzusetzen). 48

Bewegliche Gegenstände sind mit ihrem Verkehrswert in Ansatz zu bringen. Sachgesamtheiten oder Unternehmensteile, die zusammen veräußert werden können, können dabei auch mit einem Gesamtbetrag bewertet werden. Allerdings können nur bewegliche Gegenstände berücksichtigt werden, die dem Schuldner auch haftungsrechtlich zuzuordnen sind. Gegenstände, die in der Insolvenz aussonderungsfähig wären, dürfen mithin nicht als Aktivposten aufgenommen werden. Später als absonderungsfähig zu qualifizierende bewegliche Gegenstände sind hingegen wie aufgezeigt aufzunehmen (wobei die entsprechend gesicherte Verbindlichkeit zu passivieren ist).

Ausstehende Forderungen sind mit dem Wert ihre Realisierbarkeit in Ansatz zu bringen. Mithin sind die Fragen, ob die Forderung rechtlich durchsetzbar ist, ob der Schuldner der Forderung über eine gute Bonität verfügt und auch die Absicht besteht, die Forderung einzutreiben, beim Wertansatz zu berücksichtigen. Ansprüche, die erst nach Insolvenzeröffnung entstehen, sind nicht aktivierbar.

e) *Ausstehende Einlagen* der Gesellschafter auf das Aktien-Stamm- oder Kommanditkapital sowie Ansprüche auf *beschlossene Nachschüsse* sind zu aktivieren, soweit sie realisierbar erscheinen. Damit ist auch die Bonität der zum Nachschuss Verpflichteten nachzuprüfen.[100] 49

f) *Ansprüche gegen Geschäftsführer und Gesellschafter,* die entweder auf schuldhafter Verletzung gesellschaftsrechtlicher Pflichten oder gar unerlaubter Handlung beruhen sowie Ansprüche wegen unzulässiger Auszahlungen auf das Stamm- bzw. Grundkapital sind im Überschuldungsstatus zu bewerten und (ggf. unter Berücksichtigung von Wertberichtigungen) zu aktivieren. Dies gilt sowohl für die Haftung der Aktionäre einer AG beim Empfang verbotener Leistungen (§ 62 AktG) als auch für Rückzahlungsansprüche nach §§ 30, 31 GmbHG. 50

g) Bei der Prüfung der rechnerischen Überschuldung dürfen bei der *Bewertung des Umlaufvermögens* (Roh-, Hilfs- und Betriebsstoffe) weder die Wiederbeschaffungswerte noch die Zeitwerte eingesetzt werden. Vielmehr sind die für den Fall der Liquidation erzielbaren Preise zu bewerten.[101] Ein „Erinnerungswert" kommt vor allem bei unfertigen Erzeugnissen in Betracht, die voraussichtlich nicht verwertbar sind.[102] Bei veräußerbarer Ware ist auf den erzielbaren Marktpreis abzustellen. Halbfertigerzeugnisse sind ggfs. nur mit dem Schrottwert anzusetzen. 51

h) *Forderungen aus Lieferungen und Leistungen* sind grundsätzlich mit den Buchwerten in den Status einzusetzen. Jedoch sind Wertberichtigungen vorzunehmen.[103] Ansprüche, deren Realisierung gleichwertige Gegenansprüche auslösen würden, bleiben außer Ansatz.[104] 52

---

[99] Uhlenbruck/Hirte/Vallender/*Uhlenbruck,* § 19 Rn. 42.
[100] AA noch in der Vorauflage
[101] *Auler* DB 1976, 2171; *Fischer,* Die Überschuldungsbilanz, S. 120; *Bilo* GmbHR 1981, 73, 78; str. aA und für einen Ansatz der Wiederbeschaffungswerte Jaeger/*Müller,* § 19 Rn. 57; *Wolf,* Überschuldung, 1998, S. 90.
[102] Uhlenbruck/Hirte/Vallender/*Uhlenbruck,* § 19 Rn. 35, 44.
[103] Einzelheiten bei *Dahl* GmbHR 1964, 112, 115; *Fischer,* Die Überschuldungsbilanz, S. 121; *Harz* ZInsO 2001, 193, 200.

53 i) Hat die Unternehmung Vorauszahlungen geleistet, die Aufwand für eine bestimmte Zeit nach dem Stichtag der Überschuldungsbilanz darstellen, so sind diese Posten als *aktive Rechnungsabgrenzungsposten* zu aktivieren.[105] Zu den transitorischen Rechnungsabgrenzungsposten gehören ua Mietvorauszahlungen, KFZ-Steuern und -Versicherungen, Beiträge, Zinsen etc.

54 j) Zu aktivieren sind ebenfalls *vertragliche oder vertraglich anerkannte Ansprüche auf Verlustübernahme* analog § 302 AktG. Das gilt auch für die Verlustdeckungsansprüche bei Vorliegen eines qualifizierten faktischen Konzern. Zu unterscheiden sind im Einzelnen Verlustausgleichsansprüche der abhängigen Gesellschaft, Schadenersatzansprüche der abhängigen Gesellschaft und Direktansprüche der Gesellschaftsgläubiger gegen das herrschende Unternehmen.[106]

55 k) Eine *gesetzliche Zuweisung von Haftungsansprüchen* an die Gesellschaft bzw. Insolvenzmasse ist nur in den Fällen der §§ 130a II, 171 II HGB, 64 GmbHG, 93 V 3, 4 AktG erfolgt. Soweit *Haftungsansprüche gegen Gesellschafter oder organschaftliche Vertreter* unmittelbar der Gesellschaft zustehen, wie zB nach §§ 62 AktG, 31, 43 II GmbHG, sind diese Ansprüche nach evtl. Wertberichtigung als Aktiva anzusetzen, da sie der Gesellschaft zugewiesen worden sind. Eine gesetzliche Zuweisung von Haftungsansprüchen gegen einen persönlich haftenden Gesellschafter ist in § 93 InsO erfolgt. Hiernach kann nach Verfahrenseröffnung der Insolvenzverwalter die persönliche Haftung eines Gesellschafters für Verbindlichkeiten der Gesellschaft geltend machen und die entsprechenden Ansprüche zur Insolvenzmasse (§ 35 InsO) ziehen. Diese Tatsache berechtigt jedoch nicht zur Aktivierung der persönlichen Haftung, da insoweit zwischen Schuld und Haftung zu unterscheiden ist. Die Haftung des persönlich haftenden Gesellschafters wird erst mit der Verfahrenseröffnung in das Insolvenzverfahren einbezogen, so dass sich schon nach dem Grundsatz, dass alle durch die Insolvenz ausgelösten Ansprüche im Insolvenzstatus außer Ansatz zu bleiben haben, eine Aktivierung verbietet.

56 l) Eine *Bilanzierung von Transferleistungen im Lizenzfußball* ist seit dem Urteil des Europäischen Gerichtshofs v. 15.12.1995[107] nicht mehr möglich. Nach der sogen Bossmann-Entscheidung des EuGH kann, da künftig keine Transferleistung mehr erbracht werden muss, die Spielerlaubnis für einen Fußballer nicht mehr aktiviert werden.[108]

57 m) Keine Berücksichtigung im Überschuldungsstatus finden *dingliche Sicherheiten oder Bürgschaften bzw. Garantieversprechen,* selbst wenn sie im eröffneten Insolvenzverfahren eine gleichrangige Haftung begründen.[109] Dagegen sind Patronatserklärungen Dritter zu aktivieren, wenn sie zu Gunsten aller Gläubiger und nicht nur gegenüber einzelnen wirken.[110]

58 n) Zu aktivieren im Überschuldungsstatus sind auch *Forderungen aus schwebenden Geschäften,* sofern trotz des drohenden Insolvenzverfahrens mit den Folgen des § 103 InsO mit ihrer Erfüllung zu rechnen ist.[111]

59 **2. Passivposten des Überschuldungsstatus.** Für die Feststellung der Überschuldung sind alle gegenwärtig bestehenden Verbindlichkeiten zu berücksichtigen, die für

---

[104] Wie zB Darlehensversprechen.
[105] *Auler* DB 1976, 2172; *Bilo* GmbHR 1981, 73, 78; Uhlenbruck/Hirte/Vallender/*Uhlenbruck*, § 19 Rn. 47.
[106] *Karsten Schmidt* ZGR 1963, 513, 526 ff.; *ders.,* Die isolierte Verlustdeckungszusage unter verbundenen Unternehmen als Insolvenzabwendungsinstrument, FS *Werner* 1984, S. 777 ff.; instruktiv auch *Acher,* Vertragskonzern und Insolvenz, 1987.
[107] ZIP 1996, 42.
[108] Vgl. auch *Söffing* BB 1996, 523 ff.
[109] Zutreffend *Lutter/Hommelhoff,* 16. Aufl. § 64 GmbHG Rn. 15.
[110] Uhlenbruck/Hirte/Vallender/*Uhlenbruck,* § 19 Rn. 46; *Rosenberg/Tillmann/Kruse* BB 2003, 641.
[111] *Fischer,* Die Überschuldungsbilanz, S. 12; Jaeger/*Müller,* § 19 Rn. 71.

den Fall der Eröffnung eines Insolvenzverfahrens zu befriedigen wären. Anders als bei der Zahlungsunfähigkeit kommen daher auch noch nicht fällige oder gestundete Verbindlichkeiten in Ansatz. Künftige, durch das Insolvenzverfahren ausgelöste Verbindlichkeiten, wie zB Schadenersatzansprüche wegen Nichterfüllung laufender Verträge oder Sozialplanansprüche der Arbeitnehmer, bleiben dagegen unberücksichtigt. Auch nachrangige Verbindlichkeiten iS von § 39 I Nr. 3 u 4 InsO sind zu passivieren (HK/*Kirchhof* § 19 Rn. 23).

a) Im Rahmen der Überschuldungsbilanz hat das *Eigenkapital* ebenso außer Ansatz zu bleiben wie die *freien Rücklagen*.[112]   60

b) Alle zum Stichtag bestehenden Verbindlichkeiten sind zum Nennwert zu passivieren, gleichgültig ob sie bereits fällig sind oder nicht. Auch durch *Dritte gesicherte Verbindlichkeiten* müssen im Überschuldungsstatus ihren Niederschlag finden. Denn der Dritte hat, wenn er zB aus der Bürgschaft in Anspruch genommen wird, regelmäßig einen Rückgriffsanspruch gegen den Schuldner bzw. das Schuldnerunternehmen.   61

c) Die *Einlage des stillen Gesellschafters* (§§ 230 ff. HGB) gehört nicht zum Eigenkapital der Gesellschaft, soweit sie den Betrag des auf den Stillen entfallenden Verlustes übersteigt. Der stille Gesellschafter kann insoweit seinen Anspruch auf Rückzahlung der Einlage als Insolvenzgläubiger geltend machen.[113] Soweit der stille Gesellschafter eine qualifizierte Rangrücktrittsvereinbarung mit dem Hauptgesellschafter trifft, darf von einer Passivierung des Rückzahlungsanspruchs im Überschuldungsstatus abgesehen werden.[114] Eine Verlustbeteiligung des stillen Gesellschafters schließt die Geltendmachung eines Rückzahlungsanspruchs allerdings nicht ohne weiteres aus, so dass insoweit eine Passivierungspflicht besteht.   62

d) Die in einer Jahresbilanz auszuweisenden *Rückstellungen* (§ 249 HGB) sind auch im Überschuldungsstatus zu passivieren, wenn ernsthaft mit einer Inanspruchnahme zu rechnen ist (*Auler*, DB 1976, 2172; HK/*Kirchhof* § 19 Rn. 24). *Drohverlustrückstellungen* sind nicht zu passivieren, wenn mit der Nichterfüllung des Vertrages zu rechnen ist. Auch *Aufwandsrückstellungen* nach § 249 I S. 1 Nr. 1 HGB brauchen nicht angesetzt zu werden.[115] Die besondere Schwierigkeit liegt in einer realistischen Einschätzung der Risiken. Dies gilt vor allem für drohende Schadenersatzverpflichtungen, die vom Schuldnerunternehmen im Grunde nach oder der Höhe nach bestritten werden und möglicherweise gerichtlich entschieden werden müssen. In der Handelsbilanz sind Rückstellungen zu bilden, damit es wegen der periodischen Gewinnermittlung nicht zu ungerechtfertigten Gewinnausschüttungen kommt. Wegen des Grundsatzes der Bilanzvorsicht (§ 252 I 4 HGB) kann es deshalb geboten sein, bei hohen akuten Risiken bereits frühzeitig Rückstellungen zu bilden. Der Grundsatz der Bilanzvorsicht gilt aber für die Überschuldungsbilanz nicht.[116]   63

Ein Rückstellungsproblem besteht hinsichtlich der *Abwicklungskosten*. Nach hier vertretener Auffassung werden die durch die Eröffnung des Insolvenzverfahrens entstehenden Kosten, wie zB Gerichts- oder Verwalterkosten bei der Überschuldungsprüfung nicht berücksichtigt. Eine Ausnahme ist nur dann gerechtfertigt, wenn die Liquidation   64

---

[112] BGHZ 31, 272; BGHSt 15, 309; BGH BB 1959, 754; OLG Hamburg BB 1981, 1441; OLG Karlsruhe WM 1978, 962, 965; Uhlenbruck/Hirte/Vallender/*Uhlenbruck*, § 19 Rn. 51; *Lutter* ZIP 1999, 641, 644; HK/*Kirchhof*, § 19 Rn. 24.
[113] BGH NJW 1983, 1855, 1856.
[114] *Priester* DB 1977, 2434.
[115] *Vonnemann* BB 1991, 871; MüKoInsO/*Drukarczyk/Schüler*, § 19 Rn. 100; Uhlenbruck/Hirte/Vallender/*Uhlenbruck*, § 19 Rn. 56; Jaeger/*Müller*, § 19 Rn. 75–77.
[116] MüKoInsO/*Drukarczyk/Schüler*, § 19 Rn. 99; Uhlenbruck/Hirte/Vallender/*Uhlenbruck*, § 19 Rn. 56; *Haas/Scholl* ZInsO 2002, 645 ff.

des Unternehmens bereits beschlossen ist oder wenn ein Sozialplan mit dem Betriebsrat bereits zustande gekommen ist.[117]

65   aa) Bei den *Pensionsrückstellungen* ist zu unterscheiden zwischen den laufenden Pensionsverpflichtungen sowie den verfallbaren und unverfallbaren Pensionsanwartschaften. Pensionsverpflichtungen und unverfallbare Pensionsanwartschaften sind unter Anrechnung der Zwischenzinsen mit dem Barwert zu kapitalisieren. Eine Ausnahme gilt, soweit das Schuldnerunternehmen zur Kürzung der Pensionen wegen wirtschaftlicher Krise berechtigt ist.[118] Nach § 1b BetrAVG sind Ansprüche aus Ruhegeldzusagen des Arbeitgebers gegenüber seinen Arbeitnehmern unverfallbar, wenn der Arbeitnehmer mindestens das 25. Lebensjahr vollendet hat und entweder die Versorgungszusage für ihn mindestens 5 Jahre bestanden hat. Laufende Pensionsverpflichtungen sind im Überschuldungsstatus voll zu passivieren, und zwar nach versicherungsmathematischen Grundsätzen.[119] Bei Bestehen einer Rückdeckungsversicherung kann der Rückkaufswert aktiviert werden. Kürzungsmöglichkeiten bleiben für den Fall der Liquidation und bei der rechnerischen Überschuldungsprüfung außer Ansatz.

66   bb) Im Überschuldungsstatus werden auch *sonstige Rückstellungen,* die nach den Grundsätzen ordnungsmäßiger Buchführung zu berücksichtigen sind, auf der Passivseite eingestellt, wenn mit einer tatsächlichen Inanspruchnahme zu rechnen ist, wie zB bei Garantie- und Prozessrückstellungen. Hohe Prozessrückstellungen zB wegen Inanspruchnahme für Verbindlichkeiten aus Umwelthaftung oder Produkthaftung müssen grundsätzlich passiviert werden, wenn in der Jahresbilanz entsprechende Rückstellungen gebildet worden sind.[120] Da der Grundsatz der Bilanzvorsicht nicht für die Überschuldungsbilanz gilt, erscheint es jedoch gerechtfertigt, von einer Passivierung von entsprechenden Rückstellungen abzusehen, wenn ein Prozess eindeutig überwiegende Chancen hat, vom Schuldnerunternehmen gewonnen zu werden. Eventualverbindlichkeiten, wie zB solche aus der Begebung und Übertragung von Wechseln, aus Bürgschaften oder Gewährleistungsverträgen oder der Bestellung von Sicherheiten für fremde Verbindlichkeiten, sind ebenfalls insoweit zu passivieren, als eine Inanspruchnahme der Gesellschaft droht. Wird die Verpflichtung wegen drohender Inanspruchnahme passiviert, so ist zugleich eine Rückgriffsforderung zu aktivieren, auch wenn die Forderung des Gläubigers gegen den Hauptschuldner erst mit Befriedigung des Gläubigers auf den Bürgen übergeht. Allerdings sind Wertberichtigungen meist angebracht. *Aufwandsrückstellungen* nach § 249 I HGB sind keine Verbindlichkeiten und daher nicht zu passivieren.

67   e) *Aufwendungs- und Annuitätendarlehen* im Rahmen des öffentlich geförderten sozialen Wohnungsbaus und Aufwendungsdarlehen im Rahmen des freifinanzierten Wohnungsbaus sind für die Feststellung der Überschuldung zu berücksichtigen.

68   f) *Ansprüche des Gesellschafters.* Bei der Ermittlung der Überschuldung sind grundsätzlich auch alle Verbindlichkeit gegenüber den Gesellschaftern anzusetzen.[121] Eine Aus-

---

[117] Einzelheiten bei Uhlenbruck/Hirte/Vallender/*Uhlenbruck,* § 19 Rn. 49; Jaeger/*Müller,* § 19 Rn. 79. Für eine generelle Passivierung von Sozialplananspüchen *Temme,* Die Eröffnungsgründe der Insolvenzordnung, 1997, S. 171 ff.
[118] Vgl. *Uhlenbruck,* § 19 Rn. 59..
[119] MüKoInsO/*Drukarczyk-Schüler* § 19 Rn. 102.
[120] Zu Rückstellungen wegen öffentlich-rechtlicher begründeter Verpflichtungen, insbesondere wegen Altlastensanierungsverpflichtungen s *Herzig/Köster* BB 1994, Beilage 23 zu Heft 33; Uhlenbruck/Hirte/Vallender/*Uhlenbruck,* § 19 Rn. 62; *Siegel* BB 1993, 326; *Herzig* DB 1990, 1341 ff.; *Kupsch* BB 1992, 2320 ff.; *Bartels,* Öffentlich-rechtliche Umweltschutzverpflichtungen: Eine Systematisierung unter Rückstellungsgesichtspunkten, BB 1991, 2044 ff.; *ders.,* Umweltrisiken im Jahresabschluss, 1992, S. 26 ff. u 84. Zur Berücksichtigung von Rückstellungen bei Prüfung der Überschuldung im Sinne des Bankrottstrafrechts vgl. *Hoffmann* MDR 1979, 93 ff.
[121] BGHZ 146, 264, 269 ff. = NZI 2001, 196 = ZInsO 2001, 260 = ZIP 2001, 235 m Anm. *Altmeppen;* OLG Düsseldorf NJW-RR 1996, 1441, 1444; OLG Stuttgart BB 1992, 531; OLG Hamburg WM

nahme ist lediglich für diejenigen Fälle anzuerkennen, in denen der Gesellschafter hinsichtlich seines Rückforderungsanspruchs einen qualifizierten Rangrücktritt erklärt hat.[122] Eine Ausnahme soll mithin nur dann gelten, wenn (mindestens) ein Rangrücktritt gemäß § 39 II vereinbart ist.[123] Einer darüber hinausgehenden Erklärung des Gesellschafters, insbesondere eines Verzichts auf die Forderung, bedarf es nicht. Die Festlegung des Gesetzgebers hat Klarheit in der vorher umstrittenen Frage gebracht, ob der Rangrücktritt in den Rang des § 39 I Nr. 5 InsO, in den Rang des § 39 II InsO oder in den Rang des § 199 S. 1 InsO zu erfolgen hat.[124]

Erwirbt ein Darlehensgeber in der Krise der GmbH oder GmbH & Co KG Geschäftsanteile zum Zwecke der Überwindung der Gesellschaftskrise, so finden für seine bestehenden oder neu gewährten Kredite die Kapitalersatzregeln keine Anwendung, § 39 IV 2. § 39 IV 2 betrifft aber nur die Frage, ob das Sanierungsdarlehen als Insolvenzforderung oder als nachrangige Insolvenzforderung einzustufen ist. Ob das Darlehen in die Überschuldungsrechnung mit zu berücksichtigen ist, ist damit noch nicht entschieden. Grundsätzlich sind auch *Sanierungsdarlehen* im Überschuldungsstatus der Gesellschaft zu passivieren. Nur ein qualifizierter Rangrücktritt des Gesellschafters führt dazu, dass das Darlehen nicht in die Überschuldungsrechnung aufzunehmen ist. Auf die Passivierungspflicht hat die Privilegierung von Sanierungsdarlehen somit grundsätzlich keine Auswirkungen.[125] 69

g) Bei *Genussrechten* hängt die Frage der Passivierungspflicht und der Bewertung eines etwa rückzuzahlenden Genussrechtskapitals von den zugrunde liegenden Vereinbarungen ab. Sind die Vereinbarungen derart, dass die Genussrechte von vornherein Quasi-Eigenkapital darstellen und an den Verlusten teilnehmen, so ist eine Passivierung ausgeschlossen, da sie nur nach Bedienung der nachrangigen Verbindlichkeiten iSv § 39 InsO aus Liquidationsüberschüssen rückzahlbar sind.[126] 70

h) *Konzernmäßige Konzernausgleichspflichten.* Besteht zwischen dem Schuldnerunternehmen und einem anderen Unternehmen ein Beherrschungs- oder Gewinnabführungsvertrag, auf Grund dessen das Schuldnerunternehmen verpflichtet ist, einen Jahresfehlbetrag der verbundenen Gesellschaft auszugleichen, so ist dieser Jahresfehlbetrag festzustellen und zu passivieren. Es gilt insoweit das gleiche wie für sogen harte Patronatserklärungen, die ein Unternehmen für ein anderes abgegeben hat. 71

i) *Erhaltene Anzahlungen* sind zu passivieren, es handelt sich um Vorleistungen, denen noch keine Leistung/Lieferung gegenübersteht. 72

j) Ob *Aufwendungen für die Ingangsetzung und Erweiterung des Geschäftsbetriebs* (§ 269 HGB) in der Überschuldungsbilanz ausgewiesen werden dürfen, ist umstritten. Das 73

1986, 1110, 1112; LG München ZIP 1983, 66, 67; *Karsten Schmidt* NJW 1988, 1769, 1772; *ders.* GmbHR 1999, 9 ff.; *Henle/Bruckner* ZIP 2003, 1738 ff.; HK/*Kirchhof*, § 19 Rn. 26; str. aA LG Waldshut-Tiengen NJW-RR 1996, 105; *Hommelhoff* FS Döllerer 1988, S. 245, 256; *Fleischer* ZIP 1996, 773 ff.; *Jaeger/Müller*, § 19 Rn. 88 ff.

[122] BGHZ 146, 264, 269 ff.; OLG München NJW 1994, 3112; *Teller*, Rangrücktrittsvereinbarungen zur Vermeidung der Überschuldung bei der GmbH; *Küting/Kessler*, Eigenkapitalähnliche Mittel in der Handelsbilanz und im Überschuldungsstatus, BB 1994, 2103 ff.; *Rodewald* GmbHR 1996, 194 f.; str. aA noch LG Waldshut/Tiengen NJW-RR 1996, 105; *Hommelhoff* WPg 1984, 629, 630; *ders.*, FS *Döllerer* 1988, S. 245, 256; *Fleischer* ZIP 1996, 773 ff.; *W. Haarmann*, Der Rangrücktritt, FS Röhricht, 2005, S. 137 ff.

[123] So auch HambKommInsO/*Schröder* § 19 Rn. 43.

[124] Für Letzteres zB *Goette* DStR 2001, 179; *Bauer* ZInsO 2001, 486, 491.

[125] Vgl. *Scholz/Schmidt*, §§ 32a, 32b GmbHG Rn. 195; *Dauner-Lieb* DStR 1998, 1519 f. Zum Sanierungsprivileg s auch *Dörrie* ZIP 1999, 12, 13; *v. Gerkan*, Dauer und Wegfall des Sanierungsprivilegs bei Scheitern der Sanierung, FS Röhricht, S. 105 ff.

[126] So Uhlenbruck/Hirte/Vallender/*Uhlenbruck*, § 19 Rn. 65; *Wolf*, Überschuldung, S. 120. S auch *R. Bork*, Genussrechte in der Überschuldungsbilanz, FS Röhricht, 2005, S. 47 ff.

Aktivierungswahlrecht in § 269 HGB ist eine Bilanzierungshilfe zwecks Vermeidung einer bilanziellen Überschuldung. Die Vorschrift ist für Zwecke der Insolvenzvermeidung ungeeignet.[127]

74 **k)** *Interessenausgleich, Sozialplanansprüche und Nachteilsausgleich nach §§ 112, 122a, 113 BetrVG, 123 II InsO.* Grundsätzlich sind direkte und indirekte Insolvenzkosten, dh Ansprüche, die durch die Eröffnung des Insolvenzverfahrens erst ausgelöst werden, in einem Überschuldungsstatus nicht zu berücksichtigen. Ist dagegen eine Betriebsstilllegung bereits beschlossen worden und liegen die Voraussetzungen der §§ 111 ff. BetrVG vor, oder sind Sozialplanvereinbarungen bereits getroffen worden, so sind die voraussichtlichen Sozialplanansprüche der Arbeitnehmer nach § 123 InsO ebenso zu passivieren wie ein Interessenausgleich. Der Interessenausgleich als solcher führt im Regelfall freilich nicht zu Verbindlichkeiten. Ist der Beschluss über die Betriebsstilllegung oder Teilstilllegung noch nicht endgültig gefasst worden, so bleiben Ansprüche der Arbeitnehmer aus einem künftigen Sozialplan im Überschuldungsstatus außer Ansatz.[128]

75 **l)** *Schwebende Geschäfte* sind Verpflichtungen aus Verträgen, bei denen zum Stichtag der Überschuldungsbilanz noch von keiner Vertragspartei der Vertrag vollständig erfüllt worden ist. Ansprüche aus schwebenden Geschäften und Verbindlichkeiten hieraus können erhebliche Beträge ausmachen, zB bei Bauleistungen, Dienstleistungen, Leasing-Verträgen oder bei Miet- oder Pachtverträgen als Dauerschuldverhältnissen. Sie sind zu passivieren, unabhängig davon, dass sich der Insolvenzverwalter nach § 103 InsO für die Erfüllung der Verträge entscheiden kann.

76 **m)** *Passive Rechnungsabgrenzungsposten* begründen nach hM Passivposten im Überschuldungsstatus.[129] Sie sind stets in voller Höhe anzusetzen, weil entweder die Leistungsverpflichtung fortbesteht oder eine Rückzahlungsverpflichtung entsteht.[130] Nach § 250 II HGB sind passive Rechnungsabgrenzungsposten Einnahmen vor dem Abschlussstichtag, soweit sie Ertrag für eine bestimmte Zeit nach diesem Stichtag darstellen.

77 **n)** *Sonstige Verbindlichkeiten* sind bei der Feststellung der Überschuldung mit dem Betrag zu passivieren, mit dem sie für den Fall der Eröffnung eines Insolvenzverfahrens gegenüber der Insolvenzmasse bzw. dem Insolvenzverwalter geltend gemacht werden können. Auf die Fälligkeit kommt es dabei nicht an. Auch nicht fällige, bedingte oder unverzinslich betagte Verbindlichkeiten sind zu passivieren.[131]

78 **3. Besonderheiten bei der GmbH & Co KG.** Auch wenn die GmbH & Co KG Alleingesellschafterin ihrer Komplementär-GmbH ist (Einheitsgesellschaft), muss die Überschuldungsfeststellung für beide Gesellschaften gesondert erfolgen.[132] Gleiches gilt, wenn eine Holding-Gesellschaft Alleingesellschafterin der GmbH oder alleinige Kommanditistin der KG ist. Der Gläubigerschutz orientiert sich nicht an der Art der Beteiligung, sondern ausschließlich daran, ob die selbstständige und damit insolvenzfähige Gesellschaft ausreichend Kapital und Aktivvermögen besitzt, um die Verbindlichkeiten abzudecken. Dies schließt nicht aus, dass bei der GmbH & Co KG wegen § 93 InsO im

---

[127] So BGH NJW 1991, 1057; *Commandeur/Commandeur* DB 1988, 661, 663 f.; Jaeger/*Müller*, § 19 Rn. 53; *Harz* ZInsO 2001, 193, 200; str. aA *Förschle/Hoffmann* bei *Budde/Förschle*, Sonderbilanzen N Rn. 41.
[128] Einzelheiten bei Uhlenbruck/Hirte/Vallender/*Uhlenbruck*, § 19 Rn. 49.
[129] Uhlenbruck/Hirte/Vallender/*Uhlenbruck*, § 19 Rn. 67; *Wolf*, Überschuldung, S. 122; *Auler* DB 1976, 2173.
[130] Uhlenbruck/Hirte/Vallender/*Uhlenbruck*, § 19 Rn. 67; *Wolf*, Überschuldung, S. 122.
[131] Jaeger/*Weber*, §§ 207, 208 KO Rn. 21; *Fischer*, Die Überschuldungsbilanz, S. 126; *Bilo*, GmbHR 1981, 104, 105.
[132] S auch *Karsten Schmidt* GmbHR 2002, 1209; *ders.* GmbHR 2003, 1404; *Albertus/Fischer* ZInsO 2005, 246; *Liebs* ZIP 2002, 1716; *Schlitt* NZG 1998, 701 u 755.

Rahmen der Überschuldungsprüfung das Haftungsvermögen der Komplementär-GmbH in die Prüfung mit einbezogen wird. Der Gläubigerschutz bei der GmbH & Co KG ist nur dann gewährleistet, wenn das Vermögen der KG zusammen mit demjenigen der Komplementär-GmbH insgesamt ausreicht, um sämtliche Verbindlichkeiten der KG abzudecken.[133] Solange die KG weder zahlungsunfähig noch überschuldet ist, besteht keine Gefahr für die Komplementär-GmbH, gem. §§ 161 II, 128 HGB in Anspruch genommen zu werden. Tritt dagegen bei der Kommanditgesellschaft Überschuldung ein, so ist der die Überschuldung ausmachende Teil der KG-Verbindlichkeiten im Überschuldungsstatus der Komplementär-GmbH auszuweisen.[134]

§ 7. Die Rechtsfolgen eines Insolvenzgrundes bei beschränkt haftenden Gesellschaften des Handelsrechts und sonstigen juristischen Personen oder Nachlässen

Übersicht

	Rn.
I. Allgemeines	1
II. Die Insolvenzantragspflicht	2
1. Grundsätzliches	2
2. § 15a InsO	3
3. Besondere Insolvenzantragspflichten	16
4. Führungslosigkeit	19
5. Vor- und Nachgesellschaften	26
III. Die Rechtsfolgen einer schuldhaften Verletzung der Insolvenzantragspflicht	29
1. Die privatrechtlichen Sanktionen	30
2. Die strafrechtliche Verantwortung antragspflichtiger Organe	40
IV. Die Aufklärungspflicht gegenüber Geschäftspartnern	41
V. Die Informations- und Sanierungspflicht organschaftlicher Vertreter gegenüber der Gesellschaft	45
VI. Strafbare Bankrotthandlungen	46
1. Bankrott	47
2. Gläubiger- und Schuldnerbegünstigung	51
3. Sonstige Insolvenzdelikte	52
VII. Umgründung und Niederlegung von Ämtern in der Unternehmenskrise	54
1. Umgründung und Umwandlung	54
2. Amtsniederlegung durch organschaftliche Vertreter nach Eintritt der Insolvenzreife	55
a) Amtsniederlegung nach Erkennen der Insolvenzreife	56
b) Abberufung wegen Eintritt der Insolvenzantragspflicht	57

I. Allgemeines

Das Vorliegen von Zahlungsunfähigkeit oder Überschuldung löst nicht selten bei Schuldnerunternehmen bestimmte „Abwehrreaktionen" aus, wie zB Bilanzmanipulationen zur Verschleierung der Krise, Umgründung der Firma, Betriebsaufspaltung, Sitzverlegung oder die Abberufung von verantwortlichen Organen. Häufig stellen sich diese Reaktionen als strafrechtliche relevante Verhaltensweisen dar. Vor allem bei beschränkt haftenden Gesellschaften des Handelsrechts besteht in der Krise zudem eine interne Verpflichtung der organschaftlichen Vertreter, rechtzeitig Sanierungsmaßnahmen einzuleiten und bei Verlust der Hälfte des gesetzlichen Kapitals die Gesellschafter

---

[133] Vgl. BGH BB 1991, 246.
[134] *Steckmeister*, GmbHR 1974, 5 f.; *Kuhn/Uhlenbruck*, § 209 KO Rn. 80; *Schmidt* DB 1973, 2228; vgl. auch BGH BB 1991, 246.

zu informieren. Die drohende Zahlungsunfähigkeit ist zwar nach neuem Recht zusätzlicher Insolvenzgrund, jedoch verpflichtet dieser Insolvenzgrund den organschaftlichen Vertreter nicht zur Insolvenzantragsstellung. Sie verschafft ihm nur das Recht, sich unter den Schutz eines gerichtlichen Insolvenzverfahrens zu stellen. Im Innenverhältnis zur Gesellschaft kann allerdings die drohende Zahlungsunfähigkeit bereits dazu führen, dass der organschaftliche Vertreter verpflichtet ist, nicht nur auf Grund einer sorgfältigen Schwachstellenanalyse Sanierungsmaßnahmen zu ergreifen, sondern auch bereits einen Insolvenzantrag unter Vorlage eines „prepacked plan" zu stellen. Das Recht der Gesellschaft zur Antragstellung kann sich also im Einzelfall zugleich als interne Pflicht gegenüber der Gesellschaft darstellen, deren schuldhafte Verletzung zum Schadenersatz im Innenverhältnis verpflichtet. Der Schadensersatzanspruch kann in einem späteren Insolvenzverfahren gemäß § 92 InsO als Gesamtschaden vom Verwalter geltend gemacht werden.

II. Die Insolvenzantragspflicht

1. Grundsätzliches. Das Vorliegen eines Insolvenzgrundes löst für natürliche Personen keine gesetzliche Insolvenzantragspflicht aus. Der Privatperson, aber auch dem Einzelkaufmann ist es überlassen, im Einzelfall zu entscheiden, ob und wann sie/er den Antrag auf Eröffnung eines Insolvenzverfahrens stellt. Sanktionen aufgrund einer unterlassenen oder verzögerten Antragstellung sieht das Gesetz in diesen Fallgestaltungen grundsätzlich nicht vor. Etwas anderes ergibt sich bei juristischen Personen und Gesellschaften ohne Rechtspersönlichkeit. Hier können sich Insolvenzantragspflichten ergeben. Die Insolvenzantragspflicht trifft dabei nicht den Insolvenzschuldner selbst, sondern die Personen, die für die juristische Person bzw. die Gesellschaften ohne Rechtspersönlichkeit berechtigt sind einen Insolvenzantrag zu stellen. Ausgangspunkt der Prüfung, ob eine Insolvenzantragspflicht besteht ist mithin die vorgelagerte Festlegung des Gesetzgebers, wer für die juristische Person bzw. die Gesellschaften ohne Rechtspersönlichkeit den Insolvenzantrag stellen darf. Einer Insolvenzantragspflicht kann mithin nur derjenige unterliegen, der überhaupt zur Stellung eines Insolvenzantrags berechtigt ist. Da der Gesetzgeber mit dem MoMiG die Insolvenzantragspflicht neu regeln wollte, war damit auch eine Überprüfung des § 15 InsO, also der Bestimmung über das Antragsberechtigung für juristische Personen und Gesellschaften ohne Rechtspersönlichkeit, verbunden. Zielsetzung des MoMiG-Gesetzgebers war von Beginn an – insoweit auch in der Gesetzesüberschrift des MoMiG ablesbar – die Bekämpfung von Missbräuchen. Insbesondere die Situation, in der ein Geschäftsführer, der eigentlich zur Stellung eines Insolvenzantrags verpflichtet ist, abtaucht bzw. die Gesellschaft schlicht über keinen Geschäftsführer verfügt, sollte aufgegriffen werden. Da eine juristische Person im Rechtsverkehr durch ihr Vertretungsorgan vertreten wird und daher diesem Organ bestimmte Rechte gewährt bzw. Pflichten auferlegt sind, ergaben sich nach dem bisherigen Recht erhebliche Anwendungsprobleme, wenn das Organ im konkreten Fall fehlte. Indem der Gesetzgeber in Fallgestaltungen, in denen die Gesellschaft führungslos ist, auch jedem Gesellschafter, bei Aktiengesellschaften auch jedem Mitglied des Aufsichtsrats die Insolvenzantragstellung eröffnete, machte er zudem auch gleich den Weg frei, diese Personengruppen mit einer Insolvenzantragspflicht zu belegen. Zentrale Bedeutung für diese Erweiterung erlangt dabei allerdings die Definition der „führungslosen Gesellschaft" (→ Rn. 19 f.).

2. § 15a InsO. Die Insolvenzantragspflicht gewinnt im neuen Insolvenzrecht eine besondere Stellung. Eine auffällige Änderung ist insoweit zu verzeichnen, als die bisher in verschiedenen Gesetzen verstreut aufzufindenden Regelungen zur Insolvenzantragspflicht nunmehr (weitgehend) im neuen § 15a InsO zusammengefasst wurden. § 15a

InsO enthält aber nicht nur eine zentrale Vorschrift zur Bestimmung, welchen Personen eine Insolvenzantragspflicht auferlegt ist, sondern enthält auch eine maßgebliche Regelung zur Lösung des Problems der „führungslosen GmbH" und zudem die strafrechtlichen Sanktionen für den Fall, in dem den Insolvenzantragspflichten nicht nachgekommen wird. Schon diese Zusammenfassung macht die neue, gestiegene Bedeutung der Insolvenzantragspflicht deutlich. Hinzu kommt, dass die in der Praxis sehr bedeutsame Insolvenzverschleppungshaftung nunmehr nicht mehr an § 64 I GmbHG, sondern eben an § 15a InsO anknüpft, da dieser Norm drittschützender Charakter zuzumessen ist.[1] Die Zusammenfassung der Insolvenzantragspflichten gewinnt durch die Verlagerung der verstreuten Regelungen in die InsO zudem eine eigene Bedeutung, denn damit wird unterstrichen, dass die Insolvenzantragspflicht als *insolvenzrechtliche* Norm anzusehen ist, was Auswirkungen auf die Anwendbarkeit dieser Regelung auf Fallgestaltungen mit internationalem Bezug haben kann.

§ 15a InsO schließt aber nicht aus, dass sich Insolvenzantragspflichten noch aus anderen Normen ergeben können. In der Begründung des MoMiG heißt es dementsprechend, dass für den Verein die Sonderregelung des § 42 II BGB vorgeht. Für den Verein kommte eine analoge/ergänzende Heranziehung des § 15a InsO damit insgesamt nicht in Betracht, wie sich aus dem neuen § 15a VI ergibt. Zu den besonderen Insolvenzantragspflichten → Rn. 16.

§ 15a InsO ist darauf gerichtet eine Verhaltenssteuerung vorzunehmen, die zunächst darauf abzielt, dass die Mitglieder des zuständigen Vertretungsorgans, also zB der Geschäftsführer, mit Eintritt des Insolvenzgrunds den Insolvenzantrag stellen. Zielsetzung ist dabei nicht nur, dass überhaupt ein Antrag gestellt wird und ein Insolvenzverfahren durchgeführt werden kann, sondern auch, dass der Antrag rechtzeitig erfolgt. Die Gläubiger, die von dem Schuldner Befriedigung verlangen können, gleichzeitig aber auf begrenzte Vermögens-/Haftungsmassen verwiesen werden, sollen vor einer weiteren Verringerung der Haftungsmasse mithin geschützt werden. Zudem dient die Insolvenzantragstellung auch dem Schutz des Rechtsverkehrs, denn potentiellen Vertragspartnern soll die Situation des Schuldner offen gelegt werden.

Dieser Ansatz beansprucht grundsätzliche Beachtung und gilt daher nicht nur für die juristischen Personen, sondern auch für Gesellschaften, die über keine eigene Rechtspersönlichkeit verfügen. Dieser Grundsatz soll aber auch für Gesellschaften gelten, die nach ausländischem Gesellschaftsrecht gegründet wurden und in Deutschland ihren Verwaltungssitz haben. Diese Neuregelungen ist vom Ansatz her zu begrüßen, auch wenn die Folgeprobleme schon jetzt absehbar sind und die beabsichtigte[2] Erfassung ausländischer juristischer Personen (insbesondere der Limited) bereits in Frage gestellt wird.[3]

Zu beachten ist, dass der Gesetzgeber im Aufbauhilfegesetz eine Aussetzung der Insolvenzantragspflicht aus § 15a niedergelegt hat.[4] Beruht die Zahlungsunfähigkeit bzw. Überschuldung auf den Auswirkungen der Hochwasserkatastrophe im Mai und Juni 2013, so unterliegt derjenige, der aus § 15a verpflichtet ist, bis zum 31.12.2013 (das BMJ hat von der ihm eingeräumten Verordnungsermächtigung nicht Gebrauch gemacht) nicht der Insolvenzantragspflicht, wenn er in dieser Zeit ernsthafte Finanzierungs- und Sanierungsverhandlungen führt und dadurch begründete Aussichten auf Sanierung bestehen. Damit will der Gesetzgeber der Sondersituation, die sich in Folge der Flut im Juni 2013 ergeben hat Rechnung tragen. Die recht offene Formulierung ermöglicht eine breite Einbeziehung von Unternehmen in den Anwendungsbereich des

---

[1] *Meyer* BB 2008 S. 1747; MüKoBGB/*Wagner*, 5. Aufl., § 823 Rn. 370, 395, 396 und § 826 Rn. 89.
[2] RegE MoMiG S. 127; dazu auch BR-Drucks. 354/07 S. 27.
[3] *Bittmann/Gruber* GmbHR 2008 S. 867 ff.
[4] Siehe Artikel 3 des Aufbauhilfegesetzes BGBl. 2013 Teil I Nr. 38, S. 2401, 2402.

Aufbauhilfegesetzes. Die Unternehmen müssen nicht selbst überflutet gewesen sein, es reicht, dass der Insolvenzgrund als Folge der Hochwasserkatastrophe eingetreten ist. Dies ist nicht nur anzunehmen, wenn die Betriebsausstattung durch das Hochwasser geschädigt wurde, sondern auch, wenn der Geschäftsbetrieb durch Evakuierungsmaßnahmen nicht mehr aufrecht erhalten werden konnte oder ein wichtiger Zulieferbetrieb aufgrund des Hochwassers die notwendigen Zulieferungen einstellte.[5]

7   Die Insolvenzantragspflicht ist für den Regelfall an die Person gebunden, die die juristische Person im Rechtsverkehr ohnehin zu vertreten hat. Das Gesetz spricht hierbei alle Mitglieder des jeweiligen Vertretungsorgans an. Dies ist dahin zu verstehen, dass unabhängig von einer internen Geschäftsaufteilung wirklich jedes einzelne Mitglied des Vertretungsorgans der Verpflichtung zur rechtzeitigen Insolvenzantragstellung zumindest grundsätzlich unterliegt. Die Antragspflicht wird aber über den Kreis der Mitglieder des Vertretungsorgans erweitert. Die Notwendigkeit dafür ergibt sich schon daraus, dass im Fall der Gesellschaft ohne Rechtspersönlichkeit eigentlich kein Vertretungsorgan besteht. Für diesen Fall legt das Gesetz fest, dass der zur Vertretung der Gesellschaft berechtigte Gesellschafter zur Insolvenzantragstellung verpflichtet ist. Nach zutreffender Ansicht ist darüber hinaus auch ein faktischer Geschäftsführer aus § 15a InsO zur Insolvenzantragstellung verpflichtet.[6] Das Gesetz selbst weist darauf hin, dass zudem auch der Abwickler einer Gesellschaft zur Antragstellung verpflichtet ist, so dass auch die Situation angesprochen wird, in der die juristische Person bereits aufgelöst ist, eine vollständige Vermögensverteilung aber noch nicht stattgefunden hat. Vor Insolvenzreife ausgeschiedene Geschäftsführer unterliegen der Insolvenzantragspflicht jedoch nicht mehr. Lag der Insolvenzgrund aber im Zeitpunkt des Ausscheidens bereits vor, so entbindet das Ausscheiden den Geschäftsführer nicht mehr nachträglich von der Pflicht zur Antragstellung (Zur Erweiterung des Personenkreises der Antragspflichtigen im Fall der Führungslosigkeit → I.4. Rn. 19 f.).

8   Eine Antragspflicht besteht nur, wenn entweder der Insolvenzgrund der Zahlungsunfähigkeit (§ 17 InsO) oder der Insolvenzgrund der Überschuldung (§ 19 InsO) eingetreten ist. Dem Insolvenzgrund der drohenden Zahlungsunfähigkeit (§ 18 InsO) kommt im Zusammenhang mit der Insolvenzantragspflicht keine Bedeutung zu. Ist die Zahlungsunfähigkeit bzw. die Überschuldung eingetreten, so haben die Mitglieder des Vertretungsorgans unverzüglich einen Insolvenzantrag zu stellen. Dies gilt jedenfalls, wenn ein Ansatz für erfolgversprechende Sanierungsbemühungen von Anfang an nicht besteht. Die im Gesetz genannte 3-Wochen-Frist gilt nur, wenn im Einzelfall erfolgversprechende Sanierungsmöglichkeiten objektiv möglich erscheinen. Die von der Rechtsprechung und Literatur zu § 64 I (alt) GmbHG entwickelten Grundsätze können bei der Auslegung des § 15a InsO herangezogen werden. Die 3-Wochen-Frist ist eine Höchstfrist, sodass länger anhaltende Sanierungsbemühungen den Fristablauf nicht unterbrechen oder hemmen. Die Ausnutzung der 3-Wochen-Frist ist zudem nur gerechtfertigt, wenn berechtigte Aussichten auf eine Sanierung und Fortführung des Unternehmens bestehen.[7] Wird im Laufe der 3-Wochen-Frist klar, dass die Sanierung nicht möglich ist, muss der Insolvenzantrag sofort gestellt werden.[8] Ein Abwarten der 3-Wochen-Frist ist dann nicht mehr zulässig.

Soweit der Insolvenzgrund auf den Auswirkungen der Flutkatastrophe 2013 zurückzuführen ist gelten hinsichtlich der Frist allerdings die Sonderregelungen des Artikel 3 des Aufbauhilfegesetzes (→ Rn. 6).

9   Zu § 64 I (alt) GmbHG war umstritten, ab welchem Zeitpunkt die 3-Wochen-Frist zu laufen beginnt. Dieser Streit dürfte unter Geltung des § 15a InsO weitergeführt wer-

---

[5] Dazu *Müller/Rautmann* DStR 2013 S. 1551 f.; *N. Schmidt* ZInsO 2013 S. 1463 f.
[6] → Rn. 14. Auch BGH ZInsO 2013, 443.
[7] BGH Z 75 S. 96 f.
[8] BGH Z 75 S. 96 f.

den.[9] So wird vertreten, dass die 3-Wochen-Frist mit dem objektiven Eintritt des Eröffnungsgrundes beginnt,[10] andererseits wird auf die Kenntnis bzw. das Kennen-müssen des Antragsverpflichteten abgestellt und der Fristbeginn dementsprechend an die Kenntnis bzw. fahrlässigen Nicht-Kenntnis der Insolvenzreife gebunden.[11] Nach anderer Auffassung[12] beginnt die Antragsfrist, wenn der Insolvenzgrund vorliegt, der Antragspflichtige es aber schuldhaft unterlassen hat, Vorkehrungen zu treffen, die Zahlungsunfähigkeit oder Überschuldung zu erkennen. Hier soll jede Art von Fahrlässigkeit genügen.[13] Die Rechtsprechung dürfte wiederum daran anknüpfen den Fristbeginn an die „erkennbare Überschuldung oder Zahlungsunfähigkeit" zu binden.[14] Dies ist auch sachgerecht, da die Frist gerade die Möglichkeit der Rettung durch geeignete Sanierungsbemühungen eröffnen soll und solche erst mit der Kenntniserlangung bzw. möglichen Kenntniserlangung eingeleitet werden können.

Verschließt sich der Antragsverpflichtete aber der (möglichen) Kenntniserlangung, so kann ihm dies nicht zugute kommen, die Frist beginnt gleichwohl zu laufen.[15] Doch die Regelung greift noch weiter: soweit es ein Antragspflichtiger verabsäumt, Vorkehrungen zu treffen, die Unternehmenskrise mit den Folgen der Einberufung einer Gesellschafterversammlung oder als Insolvenzgrund mit den Folgen einer dreiwöchigen Antragsfrist zu erkennen, kann er sich auf die Antragsfrist nicht berufen. Hinsichtlich des subjektiven Insolvenzverschleppungstatbestandes entfällt nach Meinung des BGH[16] eine Haftung des Geschäftsführers einer GmbH nicht deshalb, weil er auf überdurchschnittliche Geschäfte gehofft hatte, obwohl nicht einmal die laufenden Betriebskosten gedeckt wurden.

Gelingt es dem Antragsverpflichteten, den bzw. die Insolvenzgründe zu beseitigen, so erlischt auch seine Insolvenzantragsverpflichtung, sie lebt allerdings wieder auf, wenn erneut ein Insolvenzgrund (erkennbar) auftritt. Die Antragspflicht entfällt nicht dadurch, dass eine Verfahrenskosten deckende Masse (ohnehin) nicht mehr vorhanden ist.[17] Ebenso wenig kann sich zB ein Geschäftsführer darauf berufen, dass die Gesellschafter ihn angewiesen hätten, keinen Insolvenzantrag zu stellen.[18]

Die Antragspflicht trifft bei mehrköpfiger Vertretung jedes einzelne Organ, gleichgültig, ob er ressortmäßig mit dem Rechnungswesen befasst ist oder nur im technischen Bereich tätig wird.[19] Ein Geschäftsführer kann sich nicht etwa damit entlasten, dass die Ressortabgrenzung ihm die erforderlichen Kontrollmöglichkeiten nicht verschafft hätten. Vielmehr muss er nach der Rechtsprechung die erforderlichen Informationen einholen und gegebenenfalls einen Dritten mit der Überprüfung betrauen. Werden ihm die erbetenen Informationen zum Rechnungswesen vorenthalten, steht ihm sogar ein Recht zur fristlosen Kündigung und Amtsniederlegung zu.[20] Auch ein „intern unzuständiger" Geschäftsführer einer GmbH, der auf Grund einer Arbeitsteilung lediglich im technischen Bereich tätig ist, ist mithin zur Insolvenzantragstellung und damit zur

---

[9] Zum Streit unter Geltung der alten Regelung siehe die 3. Auflage.
[10] HK/*Kirchhof*, § 15a Rn. 6.
[11] *Bauer*, Die GmbH in der Krise, S. 232 Rn. 729.
[12] Eingehend Uhlenbruck/Hirte/Vallender/*Uhlenbruck*, § 13 Rn. 34.
[13] Vgl. BGHZ 143, 184, 186; BGHZ 75, 96, 111 = NJW 1979, 1823; BGHZ 126, 181, 199 = NJW 1994, 2220; LG Aachen ZIP 1995, 1837, 1838; *Uhlenbruck* WiB 1996, 409, 413.
[14] Dazu BGHZ 143 S. 184.
[15] Dazu BGHZ 26 S. 256 f.
[16] NJW-RR 1995, 289 = ZIP 1995, 124.
[17] OLG Bamberg ZIP 1983 S. 200.
[18] RGZ 72 S. 288.
[19] BGH ZIP 1994, 891, 892 = NJW 1994, 2149, 2150; *Lutter* GmbHR 1997, 329, 332; *Henssler*, Kölner Schrift, S. 998, Rn. 21; *Uhlenbruck* GmbHR 1999, 313, 322; *Medicus* GmbHR 1998, 9 ff.
[20] BGH ZIP 1995, 560 = EWiR 1995, 775 *(Wittkowski);* Altmeppen ZIP 1997, 1173, 1177.

ständigen Eigenprüfung verpflichtet.[21] Stellt ein organschaftlicher Vertreter rechtzeitig Insolvenzantrag für die Gesellschaft, werden hierdurch die übrigen organschaftlichen Vertreter grundsätzlich entlastet.

13 Der Antragsverpflichtete wird seiner Verpflichtung aber nicht schon dann gerecht, wenn er bzw. ein Mitverpflichteter einen unzureichenden bzw. unvollständigen Insolvenzantrag stellt. Aus dem Zusammenhang des § 15a InsO (insbesondere dem neuen Abs. 4) ergibt sich, dass nicht richtig gestellte Insolvenzanträge den Verpflichteten nicht exculpieren sollen.[22] Der Verpflichtete ist daher gehalten, den Antrag so zu stellen, dass das Gericht in der Lage ist eine sachlich richtige, ordnungsgemäße Prüfung des Eröffnungsantrages vorzunehmen. Die Antragspflicht besteht im Übrigen auch, wenn bereits ein Gläubiger einen Insolvenzantrag gestellt hat. In diesen Fallgestaltungen kann nicht sicher davon ausgegangen werden, dass der gestellte Antrag wieder zurückgenommen bzw. unzulässig wird, obgleich ein Insolvenzgrund vorliegt. Sind mehrere Personen zur Insolvenzantragstellung verpflichtet, müssen aber nicht alle (gleichzeitig) einen ordnungsgemäßen Antrag stellen. In diesen Fällen reicht es wie ausgeführt aus, dass ein Antragsverpflichteter den Antrag stellt und die anderen der Verfahrenseröffnung nicht entgegenwirken.[23]

14 Die Insolvenzantragspflicht trifft auch das faktische Organ, wie zB einen *faktischen Geschäftsführer*.[24] Führt jemand, ohne zum Geschäftsführer formell wirksam bestellt worden zu sein, die Geschäfte der GmbH mit Duldung der Gesellschafter oder verdrängt er durch maßgebliche Geschäftsführungsfunktionen weitgehend die Geschäftsführung der formell bestellten Geschäftsführer, so ist er bei Vorliegen eines Insolvenzgrundes zum Insolvenzantrag für die Gesellschaft verpflichtet.[25] Wenn der BGH in Strafsachen[26] die Strafbarkeit des faktischen Geschäftsführers wegen Konkursverschleppung bejaht, erscheint es notwendige Konsequenz zu sein, auch zivilrechtlich eine Insolvenzantragspflicht des faktischen Geschäftsführers zuzulassen und den Antrag nicht an der Antragsberechtigung scheitern zu lassen.[27]

15 Bei der GmbH & Co KG ist im Rahmen der Überschuldungsprüfung und der daraus resultierenden Insolvenzantragspflicht auf das Vermögen beider Gesellschaften abzustellen. So hat die Komplementär-GmbH in ihrer Überschuldungsbilanz regelmäßig den das Aktivvermögen der KG übersteigenden Teil der KG-Verbindlichkeiten zu passivieren, weil insoweit mit einer Inanspruchnahme zu rechnen ist. Hieran hat sich auch nichts dadurch geändert, dass nach § 93 InsO die persönliche Haftung eines Gesellschafters im Insolvenzverfahren über das Vermögen der Gesellschaft während der Dauer des Insolvenzverfahrens nur vom Insolvenzverwalter geltend gemacht werden kann.

16 **3. Besondere Insolvenzantragspflichten.** Bei Überschuldung oder Zahlungsunfähigkeit eines rechtsfähigen Vereins hat der Vorstand gem. § 42 II 1 BGB die Eröffnung des Insolvenzverfahrens zu beantragen. Die 3-Wochen-Frist gilt hier nicht. Diese Pflicht trifft

---

[21] BGH ZIP 1994, 891 = NJW 1994, 2149, 2150; *Altmeppen* ZIP 1997, 1173, 1177; *Uhlenbruck* GmbHR 1999, 313, 322; *Henssler,* Kölner Schrift, S. 998 Rn. 221.
[22] So wohl auch HK/*Kirchhof* § 15a Rn. 8.
[23] HK/*Kirchhof* § 15a Rn. 9.
[24] BGH ZIP 2005, 1550; BGHZ 104, 44, 46; BGHZ 150, 61, 68 ff.; BGHSt 3, 32, 37 ff.; 21, 101, 103; 31, 118; OLG Jena GmbHR 2002, 112; *Karsten Schmidt,* FS Rebmann, 1989, S. 419 ff.; HK/*Kirchhof,* § 13 Rn. 14; *Uhlenbruck* GmbHR 1999, 313, 322; *Haas* DStR 1998, 1359 ff.
[25] BGH ZIP 2005, 1550; BGHSt 31, 118, 121; BGH wistra 1990, 60, 61.
[26] BGHSt 3, 32, 37; 21, 101, 103; 31, 118, 122. Bestätigt in BGH ZInsO 2013 S. 443.
[27] Vgl. *Weimar,* Grundprobleme und offene Fragen um den faktischen GmbH-Geschäftsführer, GmbHR 1997, 473 ff. u II GmbHR 1997, 538 ff.; *Karsten Schmidt,* Die Strafbarkeit „faktischer Geschäftsführer" wegen Konkursverschleppung als Methodenproblem, FS Kurt Rebmann 1989, 419 ff. Zur Strafbarkeit des faktischen Geschäftsführers wegen Konkursverschleppung s auch BayObLG GmbHR 1997, 453 = BB 1997, 850. Zur zivilrechtlichen Antragspflicht des faktischen Geschäftsführers s auch BGHZ 104, 44, 46 ff. = NJW 1988, 1789; *Roth* ZGR 1989, 421 ff.

auch die Liquidatoren eines Vereins (§ 48 II BGB). Auf Körperschaften, Stiftungen und Anstalten des öffentlichen Rechts, bei denen das Insolvenzverfahren zulässig ist, findet gem. § 89 II BGB die Vorschrift des § 42 II BGB entsprechende Anwendung mit der Folge einer Insolvenzantragspflicht bei Überschuldung und Zahlungsunfähigkeit. Eine Haftungsbewährung ist in § 42 II 2 BGB (für Liquidatoren § 53 BGB) enthalten. § 15a kann insoweit auch nicht ergänzend herangezogen werden, dazu → § 15a VI.

Nach § 1980 I 1 BGB hat der Erbe unverzüglich die Eröffnung des Nachlassinsolvenzverfahrens zu beantragen, wenn er von der Zahlungsunfähigkeit oder der Überschuldung des Nachlasses Kenntnis erlangt. Sowohl den Erben als auch den Nachlassverwalter trifft gegenüber den Nachlassgläubigern die Pflicht, unverzüglich Insolvenzantrag zu stellen, wenn Zahlungsunfähigkeit und/oder Überschuldung des Nachlasses festgestellt werden (§§ 1980, 1985 II BGB). Nachlasspfleger und Testamentsvollstrecker sind dagegen nur den Erben gegenüber antragspflichtig.[28] Die schuldhafte Verletzung der Insolvenzantragspflichten führt zu Schadenersatzansprüchen der Gläubiger gegen den Antragspflichtigen. Sind mehrere Erben antragspflichtig, so haften sie bei schuldhafter Verletzung der Antragspflicht als Gesamtschuldner. Die Antragspflicht entsteht nicht, wenn die Erbschaft noch nicht angenommen ist.[29] Nicht zu verwechseln ist die Insolvenzantragspflicht des Erben oder Nachlassverwalters mit dem Antragsrecht, das in § 320 InsO geregelt ist. Beantragt der Erbe, der Nachlassverwalter oder ein anderer Nachlasspfleger oder ein Testamentsvollstrecker die Eröffnung des Nachlassinsolvenzverfahrens, so ist schon die drohende Zahlungsunfähigkeit Eröffnungsgrund (§ 320 S. 2 InsO). Das Antragsrecht besteht auch dann, wenn der Erbe als Schuldner die Erbschaft noch nicht ausdrücklich angenommen hat oder wenn er bereits unbeschränkt haftet, etwa weil er die Inventarfrist des § 1994 BGB nicht gewahrt hat (§ 316 InsO).[30] Der Antrag eines Gläubigers ist unzulässig, wenn seit der Annahme der Erbschaft zwei Jahre verstrichen sind (§ 319 InsO).

Bei inländischen *Versicherungsunternehmen* (§ 88 I VAG) und inländischen *Kreditinstituten* (§ 46 Satz 4 KWG) hat der Gesetzgeber die Antragsrechte des § 13 I InsO ausgeschlossen und auf die Aufsichtsbehörden, wie zB das Bundesanstalt für Finanzdienstleistungsaufsicht übertragen.[31] Gläubiger einer privaten Bausparkasse sind ebenfalls nicht antragsberechtigt.[32] Der Insolvenzverwalter eines ausländischen Insolvenzverfahrens ist berechtigt, ein deutsches Sekundärinsolvenzverfahren gemäß § 356 II InsO zu beantragen (vgl. auch Art. 29 EuInsVO).

4. Führungslosigkeit. Der Gesetzgeber beabsichtigte die Problematik der „führungslosen GmbH" durch das MoMiG zu lösen. Er sah daher – breit angelegt[33] – Ergänzungen der gesetzlichen Regelungen vor, die die Verfahrensdurchführung für den Insolvenzverwalter in diesen Fallgestaltungen erleichtern. Zunächst gewährt er im Fall der Führungslosigkeit einer juristischen Person jedem Gesellschafter das Recht einen Insolvenzantrag zu stellen, § 15 InsO. Für die Rechtsformen der AG und der Genossenschaft erweitert er dieses Recht in diesen Situationen auf jedes Aufsichtsratsmitglied.

Was bis Zeitpunkt des In-Kraft-Tretens des MoMiG für die hinter der juristischen Person stehenden Personen häufig eher als harmlos anzusehen wurde, mündet durch die Insolvenzantragspflicht des § 15a InsO in eine mögliche persönliche Haftung. Denn

---

[28] Vgl. KG KTS 1975, 230.
[29] BGH ZInsO 2005 S. 376.
[30] *Bork*, Einführung Rn. 424.
[31] Uhlenbruck/Hirte/Vallender/*Uhlenbruck*, § 13 Rn. 21, 28 u § 14 Rn. 38; MüKoInsO/*Schmahl*, § 13 Rn. 55.
[32] Uhlenbruck/Hirte/Vallender/*Uhlenbruck*, § 14 Rn. 38. Vgl. auch *Huber* ZBB 1998, 193; HK/*Kirchhof*, § 13 Rn. 10.
[33] Siehe insbesondere auch die Änderungen des § 35 GmbHG und des § 101 InsO.

§ 15a InsO enthält inhaltlich nicht nur den alten § 64 I GmbHG (zur Insolvenzverschleppungshaftung siehe unten III.), sondern verpflichtet im Fall der Führungslosigkeit einer Gesellschaft mit beschränkter Haftung jeden Gesellschafter, im Fall der AG bzw. Genossenschaft jedes Mitglied des Aufsichtsrats zur Stellung des Insolvenzantrags. Dieser Verpflichtung ist er nur enthoben, wenn er von der Zahlungsunfähigkeit oder der Überschuldung keine Kenntnis hatte.[34] Kommt der Gesellschafter/das Aufsichtsratsmitglied dieser Verpflichtung nicht nach, so trifft ihn die Insolvenzverschleppungshaftung, da § 15a InsO als Schutzgesetz im Sinne des § 823 II BGB anzusehen ist.[35] Zudem hat der Gesetzgeber in § 15a IV und V InsO eine durchaus empfindliche Strafbarkeit auch für diesen Personenkreis vorgesehen (dazu → III.).

21 Rechtspolitische ist die Regelung des § 15a III sicherlich zu begrüßen, auch wenn es schon etwas verwunderlich ist, dass im Fall großer GmbH's, die über einen fakultativen oder obligatorischen Aufsichtsrat verfügen, nicht diese Aufsichtsräte zur Antragstellung berechtigt und verpflichtet sind,[36] sondern die Gesellschafter.[37] Zwar sind die Gesellschafter zur Bestellung der Geschäftsführung berufen und ihnen kann daher der Vorwurf gemacht werden, dass sie es unterließen, für eine ordnungsgemäße Vertretung der juristischen Person zu sorgen. Jedoch haben diese Aufsichtsratsmitglieder regelmäßig einen besseren Einblick in die tatsächliche wirtschaftliche Situation der Gesellschaft als die Gesellschafter und haben maßgeblichen Einfluss auf die Geschäftsführung. Aber aufgrund des insoweit eindeutigen Wortlauts dürfte eine Ausweitung des § 15a III auf Aufsichtsratsmitglieder einer GmbH nicht möglich sein.

22 Als anscheinend geklärt kann gelten, dass der Wortlaut „es sei denn, diese Person hat von der Zahlungsunfähigkeit und der Überschuldung oder der Führungslosigkeit keine Kenntnis" missverständlich ist und so zu lesen ist, dass der Gesellschafter/das Aufsichtsratsmitglied das Vorliegen eines Insolvenzgrunds oder das Vorliegen der Führungslosigkeit kannte. Der Gesellschafter/das Aufsichtsratsmitglied, der/das von der Zahlungsunfähigkeit Kenntnis erlangt hat, kann also nicht davon ausgehen, dass ihn die Antragspflicht noch nicht trifft, da er nicht weiß, ob auch eine Überschuldung vorliegt, sondern ist zur Insolvenzantragstellung verpflichtet.

23 Zudem ist in diesen Fallgestaltungen eine Beweislastumkehr anzunehmen, sodass der Gesellschafter/das Aufsichtsratsmitglied die Beweislast dafür trägt, dass er/es keine Kenntnis hatte.

24 Nicht verkannt werden sollte, dass die Anwendung dieser Normen sicherlich neue Problemfelder aufwerfen wird. So dürfte absehbar sein, dass so mancher bislang gesellschaftsinterne Streit (zB darüber, ob eine Abberufung oder die Amtsniederlegung eines Geschäftsführers wirksam erfolgte)[38] eine ganz neue insolvenzrechtliche Bedeutung erlangt. Auch bleibt fraglich, ob die Gesellschafter/Aufsichtsratsmitglieder aus ihrer Haftung (auch für die Vergangenheit) frei werden, wenn sie eine neue „Führung" einsetzen, also den Zustand der Führungslosigkeit beenden.[39] Schließlich ist offen, ob ein neu eingesetzter Geschäftsführer berechtigt ist, den von einem Gesellschafter/Aufsichtsratsmitglied gestellten Antrag auf Insolvenzeröffnung gegenüber dem Insolvenzgericht wieder zurück zu nehmen (und damit ggfs die Ausplünderung auch des restlichen Gesellschaftsvermögens ermöglichen kann).

---

[34] Die Beweislast trifft hier allerdings den Gesellschafter/das Aufsichtsratsmitglied, so schon RegE zum MoMiG S. 128.
[35] *Meyer* BB 2008 S. 1747.
[36] Ebenso *Wälzholz* GmbHR 2008 S. 847.
[37] Dazu auch Handelsrechtsausschuss des deutschen Anwaltsvereins NZG 2007 S. 742.
[38] Dazu schon BR-Drucks. 254/07 S. 25.
[39] Der Gesellschafter, der sobald er von der Führungslosigkeit der Gesellschaft erfährt, dafür sorgt, dass umgehend eine neue Geschäftsführung eingesetzt wird, aber nicht gleichzeitig prüft, ob eine Insolvenzgrund vorliegt, könnte nach den Zielsetzungen des Gesetzes ggf. nicht haftbar gemacht werden.

Das AG Hamburg hat sich zwischenzeitlich dafür ausgesprochen, dass eine „Führungslosigkeit" nicht schon dann vorliegt, wenn der organschaftliche Vertreter der Gesellschaft „unbekannten Aufenthalts" ist.[40] Ob sich diese Rechtsprechung bestätigt bleibt abzuwarten. 25

5. Vor- und Nachgesellschaften. Die Insolvenzantragspflicht der Vorgesellschaft war vor der Einfügung des § 15a umstritten. Nach Auffassung von *Altmeppen*[41] setzte die Anwendung der damaligen gesellschaftsrechtlichen Vorschriften über die Insolvenzantragspflicht das Bestehen einer Gesellschaft voraus. Der Geschäftsführer einer Vor-GmbH oder der Vorstand einer Vor-Aktiengesellschaft könne sich nicht wegen Verletzung der Insolvenzantragspflicht schuldig machen, weil es einen solchen Tatbestand nicht gebe (Art. 101 II GG). Dieser Einwand dürfte sich aufgrund der neuen Gesetzeslage erübrigen. § 15a stellt nunmehr darauf ab, ob kein persönlich haftender Gesellschafter eine natürliche Person ist. Nur wenn keine persönlich haftenden natürliche Person (mittelbarer) Gesellschafter der Gesellschaft ohne Rechtspersönlichkeit ist, wird eine Insolvenzantragspflicht statuiert. Der Streit um die Haftungsverfassung der Vorgesellschaft[42] erhält damit eine neue Bedeutung. Geht man von der persönlichen Haftung der Gesellschafter einer Vorgesellschaft aus, scheidet mithin eine Insolvenzantragspflicht grundsätzlich aus. Eine Insolvenzantragspflicht wäre nur in den Fallgestaltungen anzunehmen, in denen die Vorgesellschaft (unmittelbar und mittelbar) ausschließlich aus Personen besteht, die nicht als natürliche Person einer persönlichen Haftung unterliegen. 26

Entsprechendes gilt für die unechte Vorgesellschaft, die nicht zur Eintragung gekommen ist, ihre wirtschaftliche Tätigkeit trotz Aufgabe der Eintragungsabsicht aber weiterführt. 27

Die Insolvenzantragspflicht der Nachgesellschaft Mit der Bejahung der Insolvenzfähigkeit der Nachgesellschaft ist zwar die Frage noch nicht beantwortet, ob die organschaftlichen Vertreter verpflichtet sind, bei Vorliegen eines Insolvenzgrundes und bei Vorhandensein von Vermögen einen Insolvenzantrag zu stellen. § 15a I 1 InsO bestimmt aber nunmehr ausdrücklich, dass die Abwickler zum Insolvenzantrag verpflichtet sind. 28

III. Die Rechtsfolgen einer schuldhaften Verletzung der Insolvenzantragspflicht

Das Gesetz knüpft an die schuldhafte Verletzung der gesetzlichen Insolvenzantragspflicht unterschiedliche Sanktionen. Während im Vereinsrecht und Erbrecht die Verletzung der Antragspflicht lediglich Schadenersatzansprüche gegen die Verantwortlichen zur Folge hat, sehen vor allem die gesellschaftsrechtlichen Vorschriften zusätzlich eine Bestrafung der Antragspflichtigen vor. 29

1. Die privatrechtlichen Sanktionen. a) Insolvenzverschleppung und Zahlungsverbot. Die zivilrechtlichen Folgen einer schuldhaften Verletzung der Insolvenzantragspflicht bestehen idR in *Schadenersatzansprüchen der Gläubiger* (unmittelbarer Gläubigerschutz) oder der Insolvenzmasse (mittelbarer Gläubigerschutz).[43] Diese sind 30

---

[40] AG Hamburg Beschluss vom 27.11.2008 – 67c IN 478/08. So wohl auch die zwischenzeitlich entstandene hM dazu K. Schmidt/*K. Schmidt/Herchen* § 15a Rn. 19.
[41] Vgl. *Altmeppen* ZIP 1997, 273 ff.
[42] Dazu zB: *Scholz/Karsten Schmidt*, § 11 Rn. 77 ff.; MüKoBGB/*Ulmer*, 5. Aufl., Vor § 705 Rn. 24; BGHZ 152 S. 290 f.
[43] Einzelheiten bei *Götker*, Der Geschäftsführer in der Insolvenz der GmbH, 1999, S. 131 ff., Rn. 344 ff.; Uhlenbruck/Hirte/Vallender/*Uhlenbruck*, § 13 Rn. 56 ff.; *Haas*, Geschäftsführerhaftung, S. 95.

zunächst gegen den Geschäftsführer/Organvertreter, als den, der regelmäßig zur Insolvenzantragstellung verpflichtet ist, gerichtet. Die Insolvenzverschleppungshaftung knüpft dabei an die nicht rechtzeitige Stellung des Insolvenzantrags an und stellt darauf ab, dass der Antragsverpflichtete mit seinem Verhalten eine gläubigerschützende Norm unterlaufen hat. § 15a InsO, 42 II BGB sind Schutzgesetze im Sinne des § 823 II BGB, die sowohl Gläubiger, die bei Vorliegen des Insolvenzgrunds bereits Gläubiger des späteren Insolvenzschuldners waren, als auch Personen, die erst nach diesem Zeitpunkt Gläubiger des Schuldners wurden, in ihrem Schutzbereich umfassen. Ersetzt wird der „Kreditgewährungsschaden". Da dieser Schaden je nach dem, ob der Gläubiger seinen Kredit vor oder nach dem Zeitpunkt gewährt hat, in dem der Insolvenzantrag hätte erfolgen sollen, unterschiedlich ausgestaltet ist, sind bei der Anwendung der §§ 823 II BGB, 15a InsO Altgläubiger (also Gläubiger, die vor diesem Zeitpunkt, ihren Kredit ausreichten) und Neugläubiger (also Gläubiger, die nach diesem Zeitpunkt Gläubiger wurden) zu unterscheiden. Dies zeigen auch die jeweiligen Rechtsfolgen. Wie unten in § 92 Rn. 56 ff. noch näher ausgeführt wird, haftet der Geschäftsführer einer GmbH gegenüber *Neugläubigern* seit dem Urteil des BGH vom 6.6.1994[44] auf das negative Interesse.[45] Den *Altgläubigern* ist nach § 823 II BGB iVm §§ 15a InsO dagegen nur der sogen *Quotenschaden* zu ersetzen, dh der Betrag, um den sich die Insolvenzquote des Gläubigers durch Verzögerung der Eröffnung des Insolvenzverfahrens gemindert hat.[46]

31 Der Schutzbereich der §§ 823 II BGB, 15a InsO bezieht sich – da es sich um einen „Kreditgewährungsschaden" handelt – nicht auf unfreiwillige Gläubiger des Insolvenzschuldners.[47] Zu nennen sind als „unfreiwillige Gläubiger" insbesondere Sozialversicherungsträger und das Finanzamt mit ihren gesetzlichen Ansprüchen. Umstritten ist, ob auch Deliktsgläubiger, die nur einen gesetzlichen Schadensersatzanspruch erlangt haben, unter den Schutzbereich der §§ 823 II, 15a InsO zu fassen sind. Dies ist mit dem BGH zu verneinen, da sie keine „Kreditgewährung" vornehmen.[48]

Die irrtümliche Annahme, eine vorliegende Überschuldung sei behoben, entschuldigt nur, wenn sich der Antragspflichtige durch Aufstellung eines Vermögensstatus zu Liquidationswerten hierüber Gewissheit verschafft.[49] Die Haftung entfällt nicht schon, wenn der Geschäftsführer einer GmbH auf überdurchschnittliche Geschäfte gehofft hat.[50]

32 Die Unterscheidung zwischen Alt- und Neugläubiger spiegelt sich auch in der Unterscheidung zwischen der *internen Haftung* der organschaftlichen Vertreter gegenüber der Gesellschaft und der *externen Haftung* der organschaftlichen Vertreter gegenüber den Gesellschaftsgläubigern.[51] Während – wie oben dargestellt wurde – der Individualschaden der Neugläubiger auch während des Gesellschaftsinsolvenzverfahrens unmittelbar durchgesetzt werden kann, weist § 92 InsO den Gesamtschaden, den die Gläubiger gemeinschaftlich durch eine Verminderung des zur Insolvenzmasse gehörenden Vermögens erlitten haben (Gesamtschaden), dem Insolvenzverfahren mit der Folge zu, dass die

---

[44] BGHZ 126, 181, 192 ff.; BGH NJW 1995, 398, 399; BGH ZIP 1995, 31, 32 u 124, 125.
[45] Uhlenbruck/Hirte/Vallender/*Uhlenbruck*, § 13 Rn. 56 ff.; *Karollus* ZIP 1995, 269 ff.; *Bork* ZGR 1964, 505 ff. S. auch BGH NJW 2005, 3137.
[46] BGHZ 100, 19, 23; BGHZ 108, 134, 136; *Uhlenbruck* DStR 1991, 357; *Dauner-Lieb* ZGR 1998, 617.
[47] BGHZ 164 S. 50, 61.
[48] BGHZ 164 S. 50 (60,61); ebenso *Bayer/Lieder* WM 2006 S. 1 f.; aA zB MüKoBGB/*Wagner*, 5. Aufl., § 823 Rn. 402.
[49] BGH NJW 1961, 740
[50] BGH ZIP 1995, 124 = GmbHR 1995, 125.
[51] Vgl. hierzu *Uhlenbruck*, Haftungstatbestände bei Konkursverursachung und -verschleppung, DStR 1991, 351 ff.; *Karsten Schmidt*, Konkursverschleppungshaftung und Konkursverursachungshaftung, ZIP 1988, 1497 ff.; *ders.* JZ 1978, 661 ff.

Ansprüche der Alt-Gläubiger nur vom Insolvenzverwalter geltend gemacht werden können. Der *Quotenschaden* besteht in der Differenz zwischen der Insolvenzquote, die die verfahrensbeteiligten Gläubiger bei rechtzeitiger Antragsstellung erhalten hätten und der Quote, die sie nunmehr auf Grund der verzögerten Antragstellung tatsächlich erhalten.[52] Teilweise wird darauf verwiesen, dass ein einzelner Gläubiger kaum je seinen Quotenschaden einklagen werde und die Führung eines Quotenschadensprozesses auch praktisch undurchführbar, die ganze Rechtsfigur gar eine „juristische Spielerei" sei.[53] Richtig ist, dass die Schadensberechnung im Fall der Geltendmachung durch den einzelnen Gläubiger schwierig ist, denn in einem Prozess hat das Gericht festzustellen, was die Gläubiger bei rechtzeitiger Antragstellung exakt bekommen hätten. Meist sind die Gerichte gezwungen, den Quotenschaden gem. § 287 ZPO zu schätzen.[54] In einem Urteil v. 28.4.1997 hat der BGH allerdings *Grundsätze für die Berechnung des Quotenschadens der Altgläubiger* (hierzu §§ 823 II BGB, 15a InsO) aufgestellt.[55] Zutreffend stellt der BGH darauf ab, dass es für die Ermittlung des Quotenschadens nur auf die effektiven Verfügbarkeit der Insolvenzmasse ankommt. In der Entscheidung wird darauf hingewiesen, dass ein unter einfachem Eigentumsvorbehalt des Lieferanten stehender Warenbestand, an dem ein Aussonderungsrecht besteht, nicht der hypothetisch im Zeitpunkt rechtzeitiger Antragstellung für die Verteilung verfügbaren Masse zuzurechnen ist. Entsprechendes gilt für vom Insolvenzschuldner sicherungszedierte Forderungen, wenn letztlich deren Wert nach Einzug und Abzug des Kostenbeitrags (§§ 166 II, 171 InsO) dem Zessionar zufließt. Maßgebend für die Berechnung des Quotenschadens ist letztlich die freie Teilungsmasse, die nach Bereinigung von der Istmasse zur Sollmasse zur Verwertung und Quotenausschüttung für die Gläubiger verbleibt.[56] Entscheidend ist immer die Differenz zwischen der ursprünglich erzielbaren und der tatsächlich erzielten Insolvenzquote.[57] Das Urteil des BGH v. 30.3.1998[58] spricht den Neugläubigern jegliche Teilnahme an der Gesamtschadensliquidation ab. Hierdurch ergeben sich erhebliche Wertungswidersprüche.[59]

Über den Quotenschaden hinaus haftet der organschaftliche Vertreter unmittelbar gegenüber der Gesellschaft bzw. Genossenschaft für *Minderungen der Haftungsmasse* durch Zahlungen aus dem Gesellschaftsvermögen (§§ 92, 93 AktG, 64 GmbHG). Die Zielsetzung dieser Haftungsnormen ist damit darauf ausgerichtet, die Masse, die den Insolvenzgläubigern zur Verfügung steht, zu erhalten bzw. wieder aufzufüllen.[60] Daher ist der entsprechende Anspruch als Haftung des organschaftlichen Vertreters gegenüber der Kapitalgesellschaft ausgestaltet (Innenhaftung). Im Fall der Insolvenz nimmt der Insolvenzverwalter die Anspruchsdurchsetzung vor. Der Begriff „Zahlungen"[61] ist dabei weit auszulegen. Damit werden zunächst einmal alle Geldleistungen erfasst – einerlei ob sie

---

[52] Einzelheiten bei KölnerKomm-*Mertens*, § 92 AktG Rn. 64; *Uhlenbruck* DStR 1991, 357.
[53] So *G. Müller* GmbHR 1994, 212; *Schanze* AG 1993, 380; *Bauder* BB 1993, 2473; Karsten Schmidt/ *Karsten Schmidt/Herchen* § 15a Rn. 37.
[54] Vgl. auch BGHZ 138, 211, 221; *Altmeppen* ZIP 2001, 2201, 2205 ff.
[55] BGH NJW 1997, 3021 = WiB 1997, 1244 m. Anm. *Vallender* = ZIP 1997, 1542; BGHZ 138, 211 = NJW 1998, 2667 = ZIP 1998, 776, 779 f.
[56] BGH NJW 1994, 2202, 2280; vgl. auch *Uhlenbruck* ZIP 1996, 1641, 1642 f.; *Baur/Stürner*, Zwangsvollstreckungs-, Konkurs- und Vergleichsrecht II § 12 Rn. 12.3; *Paulus* EWiR § 64 GmbHG 3/97, 993 f.
[57] BGHZ 138, 211, 221; *Dauner-Lieb* ZGR 1998, 617, 626; *Karsten Schmidt* NZI 1998, 9, 13.
[58] BGHZ 138, 211.
[59] Eingehend hierzu und zu den praktischen Konsequenzen für den Insolvenzverwalter Karsten Schmidt/*Karsten Schmidt/Herchen* § 15a Rn. 42.
[60] BGH NZI 2008 S. 509.
[61] Ob der Geschäftsleiter die Zahlung selbst vorgenommen oder nur veranlasst hat ist einerlei, da auch eine veranlasste Zahlung ihm zurechenbar ist – was regelmäßig aufgrund der internen gestuften Organisation gegeben ist.

in bar oder in Buchgeld erfolgen. Die höchstrichterliche Rechtsprechung hat letztlich alle Minderungen des Gesellschaftsvermögens unter diesen Begriff gefasst.[62] Ob eine Minderung des Gesellschaftsvermögens vorliegt ist nach wirtschaftlichen Gesichtspunkten zu entscheiden. Vor diesem Hintergrund sind beispielsweise folgende Vorgänge als „Zahlung"[63] anzusehen: Lieferung von Ware oder die Erbringung einer Dienstleistung,[64] Unterlassen des (zulässigen) Widerrufs einer Lastschrift, Begleichung einer Rechnung (auch unter Inanspruchnahme einer eingeräumten Kreditlinie), Einreichung eines erhaltenen Kundenschecks auf ein (Geschäfts-)Konto, das eine Unterdeckung aufweist, Veranlassung einer Zahlung auf ein debitorisches Konto der Gesellschaft (zB durch Weiterverwendung der alten Rechnungsbriefköpfe, auf denen eben dieses debitorische Konto als Geschäftskonto angegeben wird). Das Zahlungsverbot gilt bereits mit Eintritt der Insolvenzreife, die 3-Wochen-Frist des § 15a gilt hier nicht.[65]

34   Die Haftung greift nur ein, soweit die Zahlungen nicht mit der Sorgfalt eines ordentlichen und gewissenhaften Geschäftsleiters vereinbar waren. *Verschuldensmaßstab* ist die Sorgfalt eines ordentlichen und gewissenhaften Geschäftsleiters. Desinteresse oder mangelnde Sach- bzw. Rechtskenntnis entschuldigt nicht.[66] Ist die vollwertige Gegenleistung eines Vertragspartners der insolvenzreifen Gesellschaft zur Haftungsmasse gelangt, schließt dies den Anspruch aus, soweit sie oder ihr Wert in der Masse noch vorhanden ist.[67]

35   **b) Personenkreis der Haftenden** Anzumerken ist, dass sich die dargestellten zivilrechtlichen Haftungen nicht nur auf den formellen Geschäftsführer beziehen, sondern auch auf den faktischen Geschäftsführer. Zudem kann sich ein Gesellschafter (oder mehrere Gesellschafter) aufgrund einer Teilnahme an einer Insolvenzverschleppung haftbar machen – zB wenn der bzw. die Gesellschafter den Geschäftsführer angewiesen hat/haben, keinen Insolvenzantrag zu stellen.

Der neue § 15a InsO eröffnet darüber hinaus die Möglichkeit, im Fall der Führungslosigkeit der Gesellschaft Gesellschafter bzw. Aufsichtsratsmitglieder zur Schadensersatzleistungen heran zu ziehen.

36   **c) weitere Haftungen** Die schuldhafte Verletzung der Insolvenzantragspflicht kann auch eine Haftung aus § 826 BGB auslösen. Diese Haftung tritt neben die Haftung aus §§ 823 II BGB, 15a InsO, kann aber auch eine eigenständige Bedeutung erlangen, wenn der Anspruchsteller nicht unter den Schutzbereich der §§ 823 II BGB, 15a InsO fällt. Zu nennen ist hier beispielsweise die Bundesagentur für Arbeit für den Regress wegen der Zahlung von Insolvenzausfallgeld.[68] Allerdings muss dann auch eine Kausalität zwischen Schaden und Verzögerung der Insolvenzantragstellung gegeben sein.

37   Die **Verletzung von Aussonderungsrechten und Absonderungsrechten** in der Zeit der Insolvenzverschleppung begründete nach der Rechtsprechung und überwiegenden Literaturmeinung unter Geltung des § 64 I (alt) GmbHG keine Schadenersatzansprüche nach § 823 II BGB iVm § 64 I (alt) GmbHG.[69] Erläutert wurde die hM da-

---

[62] Dazu *Goette* Die GmbH, 2. Aufl. S. 309 Rn. 218.
[63] Die 3-Wochen-Frist des für die Insolvenzantragstellung gemäß § 15a InsO hat in diesem Zusammenhang keine Bedeutung (*Scholz/K. Schmidt*, GmbHG, 9. Aufl., § 64 Rn. 23). Das Zahlungsverbot gilt daher unabhängig von der Prüfung von Sanierungsmöglichkeiten innerhalb der 3-Wochen-Frist des § 15a InsO bereits ab dem Zeitpunkt des Vorliegens des Insolvenzgrunds.
[64] *Goette*, Die GmbH. 2. Aufl. S. 310 Rn. 219.
[65] BGH NZI 2009 S. 490; Karsten Schmidt/*Karsten Schmidt/Herchen* § 15a Rn. 53.
[66] Vgl. BGH WM 1986, 237.
[67] BGH NJW 1974, 1088, 1089; BGHZ 146, 264 = NJW 2001, 1280.
[68] MüKoBGB/*Wagner*, 5. Aufl., § 826 Rn. 97; BGHZ 175 S. 58; dazu auch Urteil des OLG München vom 27.2.2008 – 20 U 3548/07.
[69] BGHZ 100, 19, 24 = NJW 1987, 2433, 2434 = ZIP 1987, 509; OLG Köln ZIP 1982, 1086, 1087; str. aA OLG Düsseldorf BB 1974, 712, 713; *Windel* KTS 1991, 477, 507.

Die Rechtsfolgen eines Insolvenzgrundes   38–40   § 7

mit, § 64 I (alt) GmbHG schütze Gläubiger nur als Insolvenzgläubiger, nicht auch als Inhaber insolvenzfester Sicherungsrechte.[70] Nach Feststellung von *Karsten Schmidt*[71] war zu unterscheiden zwischen dem gegen die Gesamtgläubigerschaft gerichteten und durch Ersatz des Gesamtgläubigerschadens sanktionierten und dem gegen das dingliche Sicherungsrecht gerichteten Delikt. Das erstere sei ein Fall des § 64 (alt) GmbHG, das zweite nicht. Die Lösung dieser Haftungsprobleme sei deshalb außerhalb des § 64 (alt) GmbHG zu suchen.[72]

Dieser herrschenden Meinung und Rechtsprechung wurde in einer früheren Auflage 38 widersprochen.[73] Dabei wurde darauf verwiesen, dass die Annahme, die Vorschriften über die gesetzliche Insolvenzantragspflicht schütze lediglich Alt- und Neugläubiger, nicht dagegen dinglich gesicherte Gläubiger, angesichts der Tatsache, dass der Gesetzgeber in der InsO auch die dinglichen Rechte in das Insolvenzverfahren einbezogen hat, nicht unbedenklich sei. Diese Ansicht wird nach der Änderung der Regelungen über die Insolvenzantragspflicht nunmehr aufgegeben, da der Gesetzgeber den Schutzbereich des § 15a InsO ausweislich der Begründung zum MoMiG ausdrücklich nur auf die Alt- und Neugläubiger der Gesellschaft bezieht. Die Haftung für Individualschäden der Aus- bzw. Absonderungsberechtigten ist auf eine vertragliche Haftung beschränkt[74] bzw. über allgemeine Schadenersatzvorschriften zu suchen.[75] Eine Haftung gemäß § 823 II BGB, 15a InsO scheidet in diesen Fallgestaltungen aus.

d) mehrköpfige Vertretungen. Bei **mehrköpfiger Vertretung** einer antrags- 39 pflichtigen Gesellschaft, Genossenschaft oder eines Vereins haftet – wie oben zu Rn. 4 bereits festgestellt wurde – jeder organschaftliche Vertreter und jeder Liquidator gesamtschuldnerisch (§§ 830, 840 BGB), und zwar grundsätzlich unabhängig von der internen Aufgabenverteilung und Vertretungsmacht. Der technische Geschäftsführer einer GmbH hat erforderlichenfalls den zuständigen Geschäftsführer der GmbH zu überwachen.[76] Da die Antragspflicht eines *faktischen organschaftlichen Vertreters* zu bejahen ist, unterfällt dieser bei schuldhafter Verletzung der Insolvenzantragspflicht den gleichen Haftungsvorschriften wie der ordnungsgemäß bestellte Geschäftsführer.[77] Zur deliktischen Haftung des faktischen Geschäftsführers vgl. BGH DB 2005, 1787.

2. Die strafrechtliche Verantwortung antragspflichtiger Organe. Strafrechtliche 40 Sanktionen an die schuldhafte Verletzung der Insolvenzantragspflicht hat der Gesetzgeber zwar nicht beim Verein, beim Erben oder Nachlassverwalter geknüpft, wohl aber bei den juristischen Personen und den Gesellschaften, bei denen kein persönlich haftender Gesellschafter eine natürliche Person ist (§ 15a IV, V InsO). Strafbar ist jeweils die vorsätzliche oder fahrlässige Unterlassung eines gebotenen Insolvenzantrags. Soweit die Unternehmenskrise keine Insolvenzantragspflicht auslöst, wie zB bei der drohenden Zahlungsunfähigkeit (§ 18 InsO), scheidet eine Strafbarkeit wegen unterlassenen Insolvenzantrages aus.[78]

---

[70] So zB Baumbach/Hueck/*Schulze-Osterloh,* 17. Aufl. § 64 GmbHG Rn. 84 aE.
[71] *Scholz/Schmidt,* 9. Aufl. § 64 GmbHG Rn. 37.
[72] So schon OLG Köln ZIP 1982, 1086, 1087.
[73] Siehe dazu auch *Ulmer* NJW 1983 S. 1578 f.
[74] Dazu *Altmeppen/Wilhelm* NJW 1999, 673, 679.
[75] So zB *Altmeppen* ZIP 2001, 2201, 2205 ff.; *Altmeppen/Wilhelm* NJW 1999, 673 ff.
[76] BGH GmbHR 1994, 460 = JZ 1994, 961 m. Anm. *Grunewald* = ZIP 1994, 891; *Uhlenbruck* GmbHR 1999, 313, 322; *ders.* BB 1985, 1277 ff.; *Medicus* GmbHR 1998, 9 ff.; *Kübler/Prütting/Pape,* § 15 Rn. 4.
[77] BGHZ 75, 96, 106; BGHSt 31, 118, 122; BGHZ 104, 44, 46; *Stein* ZHR 148 (1984), 221 ff.; HK/*Kirchhof,* § 13 Rn. 14; Uhlenbruck/Hirte/Vallender/*Uhlenbruck,* § 13 Rn. 25, 54; *Haas* DStR 1998, 1359.
[78] Vgl. *Kohlmann/Giemulla* GmbHR 1978, 53; *Uhlenbruck* BB 1985, 1277; *Uhlenbruck,* Strafrechtliche Aspekte der Insolvenzrechtsreform 1994, wistra 1996, 1 ff.; Uhlenbruck/Hirte/Vallender/*Uhlenbruck,* § 13 Rn. 64.

Die schuldhafte Verletzung der Insolvenzantragspflicht wird in § 15a V InsO mit Freiheitsstrafe bis zu drei Jahren oder mit Geldstrafe bedroht. Bei Fahrlässigkeit droht Freiheitsstrafe bis zu einem Jahr oder Geldstrafe, § 15a V InsO. *Anstiftung* und *Beihilfe* kann auch von *Außenstehenden* begangen werden, wie zB von Beratern und Bankangestellten.[79] Drängt zB eine Bank den Geschäftsführer einer GmbH, die eigentlich angezeigte Insolvenzantragstellung zurückzustellen um vorher noch Gegenstände des Anlagevermögens zu verkaufen oder ihr vorher noch den vollständigen Zahlungsverkehr der GmbH zu übertragen, um die Bankforderungen bis auf die gesicherten Verbindlichkeiten zurückzuführen, so liegt der Tatbestand der Beihilfe zur Insolvenzverschleppung vor (§ 27 StGB). Zu beachten ist, dass auch eine unmittelbare Strafbarkeit gem. § 14 I 3 StGB eingreifen kann, obgleich es sich bei den Insolvenzantragsdelikten um Sonderdelikte handelt.[80]

IV. Die Aufklärungspflicht gegenüber Geschäftspartnern

41 Fraglich ist, inwieweit Vertragspartner des späteren Insolvenzschuldners sich darauf berufen können, dass ihnen die bevorstehende Insolvenz hätte offenbart werden müssen. Bei dieser Frage ist zunächst festzuhalten: Da die Vertragsschlüsse zwischen der (später insolventen) Gesellschaft und dem Dritten erfolgen, trifft eine etwaige Aufklärungspflicht (und damit auch die Schadensersatzpflicht aufgrund eines Unterlassens der Aufklärung) grundsätzlich die Gesellschaft und nicht deren organschaftlichen Vertreter.[81] Gläubiger berufen sich auf diese Aufklärungspflicht aber auch häufig, wenn sie den Geschäftsführer/Gesellschafter des Insolvenzschuldners persönlich in Haftung nehmen wollen. Doch selbst in Bezug auf den Insolvenzschuldner selbst besteht eine solche Aufklärungspflicht nur im Ausnahmefall, nämlich wenn im Einzelfall nach Treu und Glauben eine Aufklärung erwartet werden kann. Ein solcher Ausnahmefall ist nicht schon gegeben, wenn der spätere Insolvenzschuldner sich in der Krise befindet. Um so weniger ist der organschaftliche Vertreter einer insolventen Gesellschaft bzw. juristischen Person verpflichtet, einen Vertragspartner der Gesellschaft über das Vorliegen einer Krise aufzuklären.[82]

42 In der ersten Auflage dieses Werkes wurde angenommen, dass eine Ausnahme jedoch in den Fällen besteht, in denen der organschaftliche Vertreter ein besonderes Vertrauen des Vertragspartners in Anspruch nimmt, ausdrücklich nach dem Vorliegen einer Krise gefragt wird oder wenn eine gesetzliche Insolvenzantragspflicht besteht.[83] Die Haftung bei Inanspruchnahme besonderen Vertrauens oder bei besonderem Eigeninteresse am Vertragsabschluss wurde auf culpa in contrahendo (c.i.c.), heute § 311 II BGB, gestützt, wenn der Geschäftsführer an der GmbH (wesentlich) beteiligt war. Die Rechtsprechung zur dieser Rechtsfrage war uneinheitlich und umstritten. Sie wurde zumindest bezogen auf den Eigennutz/die wesentliche Beteiligung von der höchstrichterlichen Rechtsprechung zwischenzeitlich selbst in Frage gestellt.[84] Im Ergebnis muss davon ausgegangen werden, dass der BGH seine Rechtsprechung zur c.i.c.-Haftung im Rahmen der Insol-

---

[79] Vgl. *Tiedemann* ZIP 1983, 513, 514 f.; *Reck*, Der Berater und die Insolvenzverschleppung, ZInsO 2000, 121 ff.; *Uhlenbruck* BB 1998, 2009 ff.; Uhlenbruck/Hirte/Vallender/*Uhlenbruck*, § 13 Rn. 65.

[80] Vgl. auch *Uhlenbruck* BB 1985, 1277; *Reck* ZInsO 1999, 195 u GmbHR 1999, 267; *Moosmayer*, Einfluss der Insolvenzordnung 1999 auf das Insolvenzstrafrecht, 1997; Uhlenbruck/Hirte/Vallender/*Uhlenbruck*, § 13 Rn. 65.

[81] Dazu zB: BGH NJW-RR 1991 S. 1313; BGH NJW 1981 S. 2810.

[82] Vgl. BGH NJW 1981, 2810 = GmbHR 1982, 108; *Ulmer* NJW 1983, 1577, 1579; *Brandner*, FS Werner 1984, S. 53 ff.

[83] So auch BGH ZIP 1988, 505 ff.; WM 1985, 384; ferner BGHZ 87, 27 = NJW 1983, 1577. Vgl. auch BGHZ 79, 337 = NJW 1981, 1449; 72, 382 = NJW 1979, 718; 71, 284 = NJW 1978, 1625; 74, 103 = NJW 1979, 1449; BGH NJW 1989, 292; *Haas*, Geschäftsführerhaftung, S. 76 ff.; *ders.*, s.u. § 92 Rn. 99.

[84] BGHZ 126, 181.

venzverschleppung durch sein Grundsatzurteil vom 6.6.1994[85] zum Teil aufgegeben hat. Nach Auffassung des BGH entfällt gegenüber Neugläubigern, also Gläubiger, die erst nach Insolvenzreife Gesellschaftsgläubiger geworden sind, eine c.i.c.-Haftung, weil die *deliktische Haftung* nach § 823 II BGB iVm § 64 I GmbHG(alt)/§ 15a InsO(neu)[86] eingreift.[87]

Außerhalb des Anwendungsbereichs der §§ 823 II BHB, 15a InsO dürfte eine Haftung aus c.i.c. weiterhin in Frage kommen. Insbesondere in allen Fällen, in denen die Insolvenzreife noch nicht eingetreten ist, also der Insolvenzgrund der Zahlungsunfähigkeit und/oder Überschuldung noch nicht vorliegt, wird weiterhin die c.i.c.-Haftung eingreifen, wenn zB der Geschäftsführer einer GmbH dem Vertragspartner auf Anfrage wahrheitswidrig erklärt, die drohende Zahlungsunfähigkeit sei noch nicht gegeben. Das wirtschaftliche Eigeninteresse des Geschäftsführers als Anknüpfungspunkt der c.i.c.-Haftung dürfte aber im Ergebnis regelmäßig entfallen.[88]

Ist die Zahlungsunfähigkeit eingetreten, so besteht eine Offenbarungspflicht, wenn klar ist bzw. sein muss, dass die insolvente Gesellschaft die mit dem Vertrag begründeten Verpflichtungen nicht erfüllen kann. Die der Gesellschaft in diesem Fall obliegenden Offenbarungspflicht hat der Geschäftsführer zu erfüllen. Verletzt er diese Pflicht, so kann seine Haftung gemäß §§ 823 II BGB, 15a InsO; § 826 BGB in Betracht kommen.[89]

V. Die Informations- und Sanierungspflicht organschaftlicher Vertreter gegenüber der Gesellschaft

Die organschaftlichen Vertreter einer antragspflichtigen Gesellschaft entsprechen den internen Pflichten gegenüber der Gesellschaft am besten, indem sie nicht Insolvenzantrag stellen, sondern die drohende Insolvenz frühzeitig erkennen, diese abwenden oder ein sanierungsunfähiges Unternehmen rechtzeitig liquidieren. Sie entsprechen ihnen auch, wenn sie eine eingetretene Insolvenz alsbald durch Sanierungsmaßnahmen beseitigen. „Erst, wenn dies versäumt wird, konkretisiert sich die insolvenzrechtliche Organpflicht zu einer Insolvenzantragspflicht" *(Karsten Schmidt)*.[90] Jeder organschaftliche Vertreter dem eine Insolvenzantragspflicht auferlegt wurde ist verpflichtet, sich ständig über den finanziellen Stand zu informieren. Die *ständige Pflicht zur Eigenprüfung* bedeutet nicht, dass etwa täglich ein Überschuldungsstatus aufzustellen ist. Keinesfalls aber genügt es, trotz Krisenzeichen die Jahresbilanz abzuwarten, um bei entsprechenden Verlusten einen Insolvenzstatus aufzustellen. Im laufenden Geschäftsjahr aufgetretene Verluste können durchaus Anlass sein, die drohende oder eingetretene Zahlungsunfähigkeit bzw. Überschuldung zu prüfen. Während die Einberufungspflicht einer Gesellschafterversammlung nach § 49 III GmbHG oder einer Hauptversammlung nach § 92 I AktG erst bei Verlust in Höhe der Hälfte des Stamm- bzw. Grundkapitals eintritt, greift die *Informations- und Sanierungspflicht* der organschaftlichen Vertreter bereits früher ein.[91] Der Vorstand einer AG hat geeignete Maßnahmen zu treffen, insbesondere ein Überwachungssystem einzurichten, damit den Fortbestand der Gesellschaft gefährdende Ent-

---

[85] BGHZ 126, 181, 184 = ZIP 1994, 1103, 1104; BGH NJW 1995, 398 = ZIP 1995, 221 = EWiR 1995, 263 *(Uhlenbruck)* = GmbHR 1995, 226; BGHZ 87, 27, 33; BGHZ 56, 81, 84; BGH ZIP 1991, 1140, 1143; BGH WM 1987, 1431, 1432; OLG Celle GmbHR 1997, 127; OLG Köln OLG-Rep 1996, 191.
[86] → Rn. 3f.
[87] MüKoBGB/*Wagner*, 5. Aufl., § 823 Rn. 398.
[88] BGH Z 126 S. 198.
[89] BGH NJW-RR 1991 S. 1315; dazu auch BGHZ 75 S. 96f.
[90] *Karsten Schmidt/Uhlenbruck,* Die GmbH in Krise, Sanierung und Insolvenz, Rn. 11.2.
[91] Zur internen Sanierungspflicht der Geschäftsführer einer GmbH siehe *Uhlenbruck* GmbHR 1995, 81, 86; *ders.* WIB 1996, 409, 412u 466f.; *Götker,* Der Geschäftsführer in der Insolvenz der GmbH, Rn. 389 u Rn. 627f.

wicklungen früh erkannt werden. Er ist verpflichtet in einer ersten Stufe, die Früherkennung bestandsgefährdender Entwicklungen durch geeignete Maßnahmen zu gewährleisten. Die zweite Stufe fordert die Einrichtung eines Überwachungssystems, das nicht etwa mit einem Risikomanagement identisch ist.[92] Vor allem die drohende Zahlungsunfähigkeit lässt umfassende Informations- und Berichtspflichten der Organe gegenüber den Gesellschaftern entstehen.[93] Die Informations- und Berichtspflicht ist keine öffentliche Pflicht, die gegenüber den Gläubigern besteht, sondern lediglich eine interne Verpflichtung gegenüber der Gesellschaft bzw. den Gesellschaftern. Zu berichten ist insbesondere über die Rentabilität des Eigenkapitals und über alle Geschäfte, die für die Rentabilität oder Liquidität der Gesellschaft von erheblicher Bedeutung sein können. Hierzu gehört auch die Information über das Vorliegen einer Unternehmenskrise. Die Information bzw. Berichterstattung muss so rechtzeitig erfolgen, dass den Gesellschaftern die Möglichkeit bleibt, ausreichende und nachhaltige Sanierungsmaßnahmen zu treffen, wie zB eine vereinfachte Kapitalherabsetzung, verbunden mit einer Kapitalerhöhung. Die schuldhafte Verletzung von Informations- und Berichtspflichten kann ebenso zu einer Schadenersatzpflicht gegenüber der Gesellschaft führen wie die schuldhafte Unterlassung einer Sanierungsprüfung. Die Sanierungsprüfung umfasst zugleich auch die Prüfung der Sanierungsfähigkeit. Diese beginnt mit einer Schwachstellenanalyse im leitungs- und finanzwirtschaftlichen Bereich und endet mit Vorschlägen an die Gesellschafter, wenn die Sanierung im internen Bereich ohne Hilfe der Gesellschafter (interne Sanierung) oder der Gläubiger (externe Sanierung) nicht möglich ist.[94] Unterlässt der organschaftliche Vertreter Maßnahmen, die wirtschaftlichen Schwierigkeiten des von ihm vertretenen Unternehmens rechtzeitig zu erkennen oder leitet er nicht rechtzeitig Sanierungsmaßnahmen ein, so ist er der Gesellschaft gegenüber grundsätzlich zum Schadenersatz verpflichtet, wie zB bei der GmbH nach § 43 II GmbHG.[95] Die gesetzliche Drei-Wochen-Frist für den Insolvenzantrag läuft gnadenlos weiter. Auch noch so aussichtsreiche Sanierungsaussichten berechtigen den organschaftlichen Vertreter nicht, von dem Insolvenzantrag abzusehen oder die Drei-Wochen-Frist zu überschreiten. Längeres Zuwarten wird vom Gesetz immer als „schuldhaftes Zögern" angesehen.[96] Soweit die gesetzliche Drei-Wochen-Frist als Grenze vorgesehen ist, ist diese Grenze Höchstfrist und letzte Chance für Sanierungsbemühungen. Für nachhaltig wirkende Sanierungsmaßnahmen, wie zB eine Kapitalherabsetzung, verbunden mit einer Kapitalerhöhung, ist es zu diesem Zeitpunkt meist zu spät. Eine noch so nachhaltige und berechtigte Hoffnung auf Krisenbewältigung nach Ablauf der Drei-Wochen-Frist beseitigt die Insolvenzantragspflicht nicht.

VI. Strafbare Bankrotthandlungen

46 Der Gesetzgeber hat nicht nur durch die Insolvenzantragspflichten, sondern auch durch zahlreiche sonstige Vorschriften Vorsorge getroffen, dass die Gläubiger vor einer

---

[92] Vgl. *Höfer*, § 91 AktG Rn. 4 ff.; DAV-Handelsrechtsausschuss ZIP 1997, 163 ff.; *Lutter* AG 1997, August-Sonderheft, S. 52, 54 sowie *Mertens* ebend S. 70 f.
[93] *Höhn*, Die Geschäftsleitung der GmbH-Organisation, Führung und Verantwortung (1987), S. 95, 99, 132; *Uhlenbruck* WiB 1996, 409, 412.
[94] Vgl. *Karsten Schmidt* ZIP 1988, 1504.
[95] *Karsten Schmidt* ZIP 1988, 1504.
[96] Großzügiger die Beurteilung von *Altmeppen* (ZIP 1997, 1173, 1177), wonach die Frist weder mit Eintritt der Insolvenzreife zu laufen beginnt noch ab Erkennbarkeit für den organschaftlichen Vertreter. Nach Auffassung von *Altmeppen* dürfen und müssen die Geschäftsführer einer GmbH „ab Kenntnisnahme des Konkursgrundes unverzüglich und mit der Sorgfalt eines ordentlichen Geschäftsleiters gewissenhaft die Sanierungschancen prüfen." Dies gelte selbst dann, wenn sie bereits vorher fahrlässig die Insolvenzreife nicht bemerkt hätten. Die pflichtgemäße Prüfung unterbreche dann das Dauerdelikt. Allerdings bleibe eine bereits verwirklichte Haftung unberührt.

Beeinträchtigung ihrer Interessen an einer Befriedigung ihrer Ansprüche geschützt werden. Der gesetzliche Gläubigerschutz ist nicht nur in den Vorschriften über das Mindestkapital bei beschränkt haftenden Gesellschaften, das Verbot der Rückzahlung auf das Kapital bei Unterkapitalisierung oder durch die Zurückstufung von Gesellschafterdarlehen zum Ausdruck gekommen, sondern auch in zahlreichen Strafbestimmungen. Die Strafvorschriften dienen nicht nur dem Schutz der Gesellschaftsgläubiger, sondern zugleich auch dem Schutz allgemeiner Belange, nämlich dem Schutz der Gesamtwirtschaft.[97]

1. Bankrott. Gem. § 283 I 1–8 StGB wird mit Freiheitsstrafe bis zu fünf Jahren oder mit Geldstrafe bestraft, wer bei Überschuldung oder bei drohender oder eingetretener Zahlungsunfähigkeit bestimmte Handlungen vornimmt, zB Bestandteile seines Vermögens, die zur Insolvenzmasse gehören würden, beiseite schafft oder verheimlicht oder in einer den Anforderungen einer ordnungsgemäßen Wirtschaft widersprechenden Weise zerstört, beschädigt oder unbrauchbar macht. Ein Bankrottdelikt begeht auch, wer Waren oder Wertpapiere auf Kredit beschafft und sie oder die aus diesen Waren hergestellten Sachen erheblich unter ihrem Wert in einer den Anforderungen einer ordnungsgemäßen Wirtschaft widersprechenden Weise veräußert oder sonst abgibt (§ 283 I 3 StGB); ferner die Anerkennung vorgetäuschter oder erdichteter Rechte oder wenn der Kaufmann Handelsbücher, zu deren Führung er gesetzlich verpflichtet ist, zu führen unterlässt oder so führt oder verändert, dass die Übersicht über sein Vermögen erschwert wird. Auch das Beiseiteschaffen, Verheimlichen oder Zerstören bzw. Beschädigen von Handelsbüchern oder sonstigen Unterlagen, zu deren Aufbewahrung ein Kaufmann nach Handelsrecht verpflichtet ist, kann strafbar sein, wenn hierdurch die Übersicht über seinen Vermögensstand erschwert wird (§ 283 I 6 StGB).[98] Hinzuweisen bleibt darauf, dass die Formulierung „geschäftliche Verhältnisse" in § 283 Abs. 1 Nr. 8 StGB neben den Vermögensverhältnissen alle Umstände umfasst, die zur Beurteilung der Kreditwürdigkeit eines Unternehmens erheblich sind. Hierzu gehört auch die Frage der ernsthaften Fortführung eines Unternehmens. Dies kann insbesondere in Fallgestaltungen der „Firmenbestattung" relevant werden.[99]

Strafbar macht sich auch, wer entgegen dem Handelsrecht Bilanzen so aufstellt, dass die *Übersicht über seinen Vermögensstand erschwert* wird, oder wer es unterlässt, die Bilanz seines Vermögens oder des Inventars in der vorgeschriebenen Zeit aufzustellen (§ 283 I 7 StGB). Schließlich macht sich wegen Bankrottdelikts strafbar, wer in einer anderen, den Anforderungen einer ordnungsgemäßen Wirtschaft grob widersprechenden Weise seinen Vermögensstand verringert oder seine wirklichen geschäftlichen Verhältnisse verheimlicht oder verschleiert (§ 283 I 8 StGB). Strafbar ist auch das fahrlässige Herbeiführen einer Überschuldung oder Zahlungsunfähigkeit. Anzumerken ist jedoch, dass gem. § 283 VI StGB die Tat nur strafbar ist, wenn es tatsächlich zur Zahlungseinstellung kommt oder über das Vermögen des Täters bzw. der Gesellschaft das Insolvenzverfahren eröffnet oder der Insolvenzantrag gem. § 26 InsO mangels Masse abgewiesen worden ist. Kommt es nicht zur Zahlungseinstellung, Eröffnung eines Insolvenzverfahrens oder zur Abweisung mangels Masse, so verzichtet der Staat auf die Durchsetzung des Strafanspruchs. Täter einer Straftat nach § 283 StGB kann nur der Schuldner selbst sein. Ist der Schuldner eine juristische Person, für die ihre Organe handeln, so gilt § 14 StGB. Der handelnden Person wird ihr Verhalten somit nur zugerechnet, wenn sie als „Organ" agiert. Die höchstrichterliche Rechtsprechung hat zwischenzeitlich festgelegt, dass auch

---

[97] Vgl. *Tiedemann* ZRP 75, 130; *Moosmayer*, Einfluss der Insolvenzordnung 1999 auf das Insolvenzstrafrecht, 1997.
[98] Einzelheiten: *K. Tiedemann*, GmbH-Strafrecht, 4. Aufl. 2002, vor §§ 82 ff. GmbHG, Rn. 35 ff.
[99] BGH ZInsO 2013, 555.

§ 7 49

bei ausschließlich eigennützige Motiven des Handelnden eine Strafbarkeit aus § 283 StGB möglich ist und dann ggfs neben eine solche gemäß § 266 StGB tritt.[100]

49 Zahlreiche Schuldner und Schuldnerunternehmen bestellen bei Lieferanten, obgleich sie wissen, dass zumindest zweifelhaft ist, ob sie später im Stande sind, zum Fälligkeitszeitpunkt die Lieferung zu bezahlen. Wenn auch nach der bisherigen Rechtsprechung des BGH keine Aufklärungspflicht hinsichtlich der Krise als drohende Zahlungsunfähigkeit besteht, muss bei Vorliegen des Insolvenzgrundes der Zahlungsunfähigkeit oder Überschuldung der organschaftliche Vertreter einer beschränkt haftenden Gesellschaft damit rechnen, dass er, wenn es später zur Eröffnung eines Insolvenzverfahrens kommt, wegen *Betruges nach § 263 StGB* belangt werden kann. Besonders häufig kommt in der Praxis der Tatbestand des Kreditbetruges (§ 265b StGB) in der Krise des Unternehmens vor. Gleiches gilt für den Tatbestand der *Vereitelung der Zwangsvollstreckung* nach § 288 StGB, wenn zB der Schuldner bzw. der Schuldnervertreter zwecks Verhinderung einer Vollstreckung durch Gläubiger Vermögen oder Vermögensteile auf Dritte überträgt. Eine Gratwanderung zwischen Sanierungsmaßnahme und Bankrottdelikt ist insbesondere die *übertragende Sanierung*.[101] Die *übertragende Sanierung* hat in der Insolvenzordnung ihre besondere Bedeutung, weil der Gesetzgeber sie neben der Liquidation und Sanierung des Schuldnerunternehmens als eigenständiges Verfahrensziel ausgewiesen hat. Unter übertragender Sanierung versteht die InsO die Übertragung eines Unternehmens, Betriebes oder Betriebsteils von dem insolventen Träger auf einen anderen, bereits bestehenden oder neu zu gründenden Rechtsträger.[102] So sehr die übertragende Sanierung als Verfahrensziel nach der Insolvenzordnung zu begrüßen ist, so sehr ist zugleich aber auch auf die strafrechtlichen Risiken hinzuweisen, die mit einer übertragenden Sanierung außerhalb eines Insolvenzverfahrens in der Krise des Unternehmens verbunden sind.[103] Ohne auf Einzelheiten einzugehen ist hier festzustellen, dass eine rechtliche oder tatsächliche Verfügung, die den Anforderungen einer ordnungsgemäßen Wirtschaft entspricht, grundsätzlich kein Beiseiteschaffen iSv § 283 I StGB darstellt. Anders aber, wenn bei wirtschaftlicher Betrachtungsweise das Haftungsvermögen durch die übertragende Sanierung zu Lasten der Gläubiger der Gesellschaft vermindert wird.[104] Auch für den strafrechtlichen Krisenbegriff ist auf die Legaldefinition in § 18 II InsO abzustellen.[105] Die Beteiligten einer übertragenden Sanierung können sich nicht mehr darauf berufen, die gesetzliche Haftung wegen Vermögensübernahme nach § 419 BGB reiche aus, um die Gläubigerinteressen sicher zu stellen. Durch die Regelung in Art. 33 EGInsO 16 ist die Vorschrift des § 419 BGB ersatzlos entfallen.[106]

---

[100] BGH ZInsO 2012, 1484, dazu auch BGH NJW 2009 S. 2226.
[101] Zum Begriff vgl. *Karsten Schmidt*, Wege zum Insolvenzrecht der Unternehmen, S. 14 ff.; *ders.* ZGR 1986, 198; *ders.* ZIP 1988, 1028; *ders.*, Möglichkeiten der Sanierung von Unternehmen durch Maßnahmen im Unternehmens-, Arbeits-, Sozial- und Insolvenzrecht, Gutachten zum 54. DJT, 1982, S. 84.
[102] Vgl. die allgemeine Begründung des RegE einer Insolvenzordnung, abgedr bei *Uhlenbruck*, Das neue Insolvenzrecht, 1994, S. 259.
[103] Instruktiv hierzu *Randolf Mohr*, Bankrottdelikte und übertragende Sanierung, Köln 1993.
[104] Vgl. *Tiedemann*, Insolvenz-Strafrecht, 2. Aufl. 1996, § 283 StGB Rn. 28, 29, 30; *Hartung* in: *Kraemer*, Handbuch zur Insolvenz, Bd II Fach 7 Kap 1 Rn. 22, 22.1–22.2.
[105] In der Begründung zu § 22 RegE heißt es, der Begriff der drohenden Zahlungsunfähigkeit werde bereits im geltenden Konkursstrafrecht verwendet, dort jedoch nicht näher bestimmt. Die in § 18 II InsO gegebene Definition sei geeignet, auch für das Strafrecht größere Klarheit zu bringen. Vgl. auch *Uhlenbruck*, Strafrechtliche Aspekte der Insolvenzrechtsreform 1994, wistra 1996, 1, 3.
[106] *Mohr*, Bankrottdelikte und übertragende Sanierung, S. 142 ff. hat einen eigenen Lösungsvorschlag entwickelt, der weitgehend auf der Zustimmung der Betroffenen basiert. Wenn die Arbeitnehmer und Gläubiger zustimmen, besteht nach Auffassung von *Mohr* kein öffentliches Interesse mehr an einer Strafbarkeit eines Gesellschafter-Geschäftsführers, der das Vermögen im Wege der übertragenden Sanierung von einer Gesellschaft auf eine andere überträgt. Widersprechende Gläubiger könnten – ohne Verletzung des Gleichheitsgrundsatzes – vorab ausgezahlt werden. Vgl. auch *Uhlenbruck*, Gläubigerberatung in der Insolvenz, S. 150 ff.

Die Rechtsfolgen eines Insolvenzgrundes 50, 51 § 7

Zweifelhaft ist, ob die Strafbarkeit wegen Bankrottdelikts nach § 283 VI StGB ent- **50** fällt, wenn eine außergerichtliche Sanierung misslingt, es jedoch an dem erforderlichen *Kausalzusammenhang* zwischen der Bankrotthandlung und dem später eingetretenen Unternehmenszusammenbruch fehlt. Nach Feststellung von *K. Tiedemann*[107] beruht für § 283 I sowie bei den §§ 283b, 283c, 283d StGB das Entfallen der Strafbarkeit auf dem Wegfall des Strafbedürfnisses bei Fehlen des „tatsächlichen" Zusammenhangs von Krise und Zusammenbruch. Für das ab 1.1.1999 geltende Recht könne als Kriterium der Krisenüberwindung schon deshalb keine „echte Konsolidierung" verlangt werden, weil diese nicht einmal Zweck oder Gegenstand des Insolvenzplans bei Fortführung des Unternehmens sei. Eine echte Sanierung werde von der InsO weder vorausgesetzt noch angestrebt.[108] Richtig ist, dass nach § 283 VI StGB die Tat nur dann strafbar ist, wenn der Täter bzw. die vertretene Gesellschaft die Zahlungen eingestellt hat oder über das Vermögen ein Insolvenzverfahren eröffnet oder der Eröffnungsantrag mangels Masse abgewiesen worden ist. Mit dieser Regelung berücksichtigt der Gesetzgeber, dass das Strafbedürfnis an Erheblichkeit verliert, wenn es dem Schuldner gelingt, die Krise, die mit der Zahlungseinstellung offen zutage tritt, abzuwenden. Es braucht kein ursächlicher Zusammenhang zwischen Bankrotthandlung und Zahlungseinstellung bzw. Verfahrenseröffnung zu bestehen; vielmehr reicht es nach wohl richtiger Meinung aus, wenn eine tatsächliche Beziehung zwischen der Krisensituation des Täters und der Zahlungseinstellung bzw. Verfahrenseröffnung oder Abweisung mangels Masse gegeben ist.[109] *Tiedemann* will es für die Überwindung einer Krise in der Form der Zahlungsunfähigkeit ausreichen lassen, dass die Liquidität wieder hergestellt wird.[110] Beruhe die Wiederherstellung der Liquidität auf kurzfristigen Akten, insbesondere auf kurzfristig zurückzahlbarem Fremdkredit, so stehe nichts entgegen, auch strafrechtlich die Liquiditätskrise für nicht überwunden zu erklären. Richtig ist, dass nach früherem Recht die Eröffnung eines gerichtlichen Vergleichsverfahrens mit der Folge der Liquidation oder Sanierung mit Hilfe der Gläubiger nicht zur Strafbarkeit wegen Bankrottdeliktes geführt hat, weil das Gesetz in § 283 VI StGB nur von der Eröffnung des Konkursverfahrens ausging. Dies ist aber nach dem neuen Recht anders: In § 283 VI StGB ist das Wort „Konkursverfahren" durch das Wort „Insolvenzverfahren" ersetzt worden (Art. 60 II EGInsO). Da in der Insolvenzordnung die Zweispurigkeit der Verfahren beseitigt worden ist und es nur noch ein einheitliches Insolvenzverfahren gibt, ist die objektive Bedingung der Strafbarkeit des § 283 VI StGB auch dann gegeben, wenn ein Insolvenzverfahren wegen drohender Zahlungsunfähigkeit eröffnet und das Unternehmen durch bestätigten Insolvenzplan saniert wird.[111] Damit wird es künftig kaum noch Bankrottdelikte geben, die im Fall einer Verfahrenseröffnung ungeahndet bleiben.

2. Gläubiger- und Schuldnerbegünstigung. Wer in Kenntnis seiner Zahlungsun- **51** fähigkeit einem Gläubiger eine Sicherheit oder Befriedigung gewährt, die dieser nicht oder nicht in der Art oder nicht in der Zeit zu beanspruchen hat, und ihn dadurch absichtlich oder wissentlich vor den übrigen Gläubigern begünstigt, wird mit Freiheitsstrafe bis zu zwei Jahren oder mit Geldstrafe bestraft, § 283c I StGB. Eine Sicherung iSv § 283c StGB stellt auch die Werterhöhung des Sicherungseigentums von Gläubigern dar, die durch Weiterarbeiten des schuldnerischen Betriebes mittels Nettolohnfinanzierung unter Vorgriff auf das Insolvenzgeld der Arbeitnehmer erfolgt.[112] Besondere Be-

---

[107] Insolvenzstrafrecht, vor § 283 StGB Rn. 168.
[108] Vgl. auch *Tiedemann*, Insolvenz-Strafrecht, 2. Aufl. 1996, vor § 283 StGB Rn. 3 u Rn. 176.
[109] Zutreffend *Tiedemann* NJW 1977, 782 gegen *Schäfer* wistra 1990, 87.
[110] *Tiedemann* Insolvenz-Strafrecht, vor § 283 StGB Rn. 175.
[111] Vgl. auch *Tiedemann*, Insolvenz-Strafrecht, vor § 283 StGB Rn. 86 ff. u 180; *Uhlenbruck* ZInsO 1998, 250.
[112] Vgl. *Tiedemann*, Insolvenz-Strafrecht, § 283c StGB Rn. 15; ferner *Uhlenbruck* KTS 1980, 84 f.

deutung gewinnt für das neue Recht die Vorschrift des § 283d StGB *(Schuldnerbegünstigung)*. Nach § 283d StGB wird mit Freiheitsstrafe bis zu fünf Jahren oder mit Geldstrafe bestraft, wer in Kenntnis der einem anderen drohenden Zahlungsunfähigkeit oder nach Zahlungseinstellung oder in einem Insolvenzverfahren Bestandteile des Vermögens eines anderen, die im Fall der Verfahrenseröffnung zur Insolvenzmasse (§ 35 InsO) gehören, mit dessen Einwilligung oder zu dessen Gunsten beiseite schafft oder verheimlicht oder in einer den Anforderungen einer ordnungsgemäßen Wirtschaft widersprechenden Weise zerstört, beschädigt oder unbrauchbar macht. Ebenso wie in § 283 StGB hat der Gesetzgeber bei der Schuldnerbegünstigung bereits die Krise in der Form der drohenden Zahlungsunfähigkeit (§ 18 II InsO) ausreichen lassen, um die Strafbarkeit bestimmter Handlungsweisen zu begründen. Drohende Überschuldung reicht nicht aus. Da die Bankrottdelikte die Krise in einigen Vorschriften auf die drohende Zahlungsunfähigkeit ausdehnen, wird der Schuldner bzw. das Schuldnerunternehmen sorgfältig zu überlegen haben, ob es im Hinblick auf die Strafvorschriften die gerichtliche Insolvenzbewältigung der außergerichtlichen Sanierung vorzieht. Allerdings muss dem Schuldner, dem Schuldnervertreter und auch den Gesellschaftern bewusst sein, dass die Entscheidung über das Verfahrensziel nicht von ihnen, sondern gem. § 157 InsO in der ersten Gläubigerversammlung getroffen wird. Dem lässt sich aber in der Regel durch einen sogen „prepackaged plan" begegnen, indem der Schuldner bereits mit Insolvenzantragsstellung einen Insolvenzplan vorlegt. Eine Verurteilung nach den §§ 283–283d StGB hat zur Folge, dass der Verurteilte für die Dauer von fünf Jahren ab Rechtskraft des Urteils weder Geschäftsführer einer GmbH noch Mitglied des Vorstandes einer Aktiengesellschaft sein kann (§ 6 II 2 GmbHG, § 76 III 2 AktG).

52   **3. Sonstige Insolvenzdelikte.** Der Gesetzgeber hat durch das 1. WiKG 1976 die Vorschriften über Konkursstraftaten (§§ 239, 240 KO) wieder in das StGB eingefügt. Nach wie vor enthalten aber auch sonstige Gesetze Strafvorschriften, die sich ebenfalls als Insolvenzdelikte iw Sinne darstellen. So zB das Unterlassen der Einberufung einer Gesellschafterversammlung bei Verlust der Hälfte des Grund- oder Stammkapitals (§§ 401 AktG, 84 GmbHG, 148 GenG), Wechsel- und Scheckbetrug (§ 263 StGB), Subventionsbetrug (§§ 263, 264 StGB), Kapitalanlagebetrug (§ 264a StGB), Kreditbetrug (§ 265b StGB), Vorenthalten und Veruntreuen von Arbeitsentgelt (§ 266a StGB) oder Missbrauch von Scheck- und Kreditkarten (§ 266b StGB).[113] Schadenersatzklagen und Ermittlungsverfahren gegen Vorstände einer AG und Geschäftsführer einer GmbH wegen vorenthaltener Sozialversicherungsbeiträge haben in den letzten Jahren Konjunktur. In der Literatur spricht man bereits von der Zahlungsunfähigkeit als „Haftungsfalle für den GmbH-Geschäftsführer".[114] Trotz Abschaffung der früheren Konkursvorrechte verschafft § 266a StGB den Sozialversicherungsträgern eine Sonderstellung, die letztlich nichts anderes darstellt als die Wiedereinführung der früheren Konkursvorrechte. Lange Zeit ergab sich die Situation, dass gleichgültig wie sich der organschaftliche Vertreter einer antragspflichtigen Gesellschaft verhielt, er sich entweder schadenersatzpflichtig oder strafbar machte. Denn einerseits wurde die Nichtabführung von Sozialversicherungsbeiträgen strafrechtlich und zivilrechtlich sanktioniert, andererseits wurde die Abführung dieser Beiträge verboten und mit Schadensersatzpflichten belegt (§ 64 GmbHG).

---

[113] Einzelheiten bei *K. Tiedemann,* GmbH-Strafrecht, 4. Aufl., vor § 82 GmbHG Rn. 28 ff. u § 82 GmbHG Rn. 145, 190; *R. Reck,* Insolvenzstraftaten und ihre Vermeidung, 1999; *Hartung,* Insolvenzbedrohte und insolvente Mandanten. Berührungspunkte mit dem Konkursstrafrecht, Bonn 1990; *Schäfer* wistra 1990, 81 ff.; *Richter* GmbHR 1984, 137 ff.; *C. Schäfer* GmbHR 1993, 717 ff. u 780 ff.; *Labsch* wistra 1985, 59 ff. Vgl. *Tiedemann* ZIP 1983, 513 ff. Vgl. *Hartung,* Kapitalersetzende Darlehen – Eine Chance für Wirtschaftskriminelle? NJW 1996, 229 ff.

[114] *Gundlach/Frenzel/Schirrmeister* NZI 2003, 418 ff.; *Hickmann* GmbHR 2003, 1041 ff.; *Flöther/Bräuer* DZWIR 2003, 353 ff.; *Warrikoff* ZInsO 2003, 973 ff.; *Frind/A. Schmidt* ZInsO 2001, 1133 ff.

Die entsprechenden Rechtsprechungen verschiedener Senate des BGH standen sich starr gegenüber. Letztlich gab der II. Zivilsenat nach[115] und änderte seine Entscheidungspraxis: Der organschaftliche Vertreter, der bei Insolvenzreife der Gesellschaft den sozial- und steuerrechtlichen Normbefehlen folgend Arbeitnehmeranteile an der Sozialversicherung oder Lohnsteuer abführt, handele nunmehr „mit der Sorgfalt eines ordentlichen und gewissenhaften Geschäftsleiters" und sei der Gesellschaft somit nicht nach § 64 GmbHG bzw. § 92 AktG erstattungspflichtig.

Ob in diesem Streit der richtige Senat nachgegeben hat, mag an dieser Stelle dahinstehen, jedenfalls ist zu begrüßen, dass die durch die gegensätzliche Rechtsprechung der BGH-Senate faktisch entstandene Pflichtenkollision nunmehr aufgelöst ist. Zu beachten sein wird, dass der organschaftliche Vertreter zukünftig auch in der Krise tunlichst die Arbeitnehmeranteile an der Sozialversicherung abführt bzw. rechtzeitig Stundungsanträge stellt. Ist die Krise absehbar, sollte er bei den ersten Anzeichen der Liquiditätsprobleme ausreichende Rücklagen bilden.[116] Zu berücksichtigen ist dabei auch, dass die Verpflichtung zur Abführung der Beiträge auch dann besteht, wenn gar kein Lohn mehr an die Arbeitnehmer ausgezahlt wird.[117] Nur wenn die Liquiditätsprobleme nicht absehbar waren und auch keine liquiden Mittel vorhanden sind (also auch keine Kreditlinien mehr ausgeschöpft werden können) wird der Organvertreter frei.

VII. Umgründung und Niederlegung von Ämtern in der Unternehmenskrise

1. Umgründung und Umwandlung. In der Praxis ist immer wieder festzustellen, dass Firmen bei Vorliegen eines Insolvenzgrundes umgegründet werden, einmal, um die mit der Insolvenzeröffnung verbundene Publizität zu vermeiden, zum anderen, um den oftmals wertvollen Firmennamen, vor allem den Familiennamen, aus der Insolvenzmasse herauszuhalten. Ebenso wenig wie die Umgründung kann auch eine Betriebsaufspaltung in der Krise seitens der Gläubiger nicht verhindert werden. Stellt sich jedoch die Umgründung oder Betriebsaufspaltung als „Sanierungsmaßnahme" dar, durch die das Haftungsvermögen zu Lasten der Gläubiger beeinträchtigt wird, liegt ein Beiseiteschaffen iSv § 283 I 1 StGB vor oder bei einem Dritten Schuldnerbegünstigung iSv § 283d StGB. Enthält die Firma einer AG, GmbH oder GmbH & Co KG den werbewirksamen Familiennamen eines Gesellschafters, so fällt auch dieser Name in die Insolvenzmasse,[118] so dass der Insolvenzverwalter die Umgründung nach § 129 InsO anzufechten hat.[119] Nicht anders ist die Rechtslage bei Personenhandelsgesellschaften, weil hier das frühere Erfordernis, dass in der Firmenbezeichnung wenigstens der Name eines persönlich haftenden Gesellschafters enthalten sein muss, durch die Neufassung des § 19 HGB entfallen ist. Ist in einer Kapitalgesellschaft eine Personenhandelsgesellschaft durch Übernahme aller Gesellschaftsanteile aufgegangen, so kann im Falle eines späteren Insolvenzverfahrens der Insolvenzverwalter auch noch Rechtshandlungen der erloschenen Personenhandelsgesellschaft anfechten, wenn noch nicht befriedigte Gläubiger der Personenhandelsgesellschaft vorhanden sind. Vermögenswerte, die auf solche Weise zur Masse kommen, sind in Form einer „Sondermasse" auf diese Gläubiger zu verteilen. Zum Kreis dieser Gläubiger kann auch die übernehmende Gesellschaft gehören.[120]

2. Amtsniederlegung durch organschaftliche Vertreter nach Eintritt der Insolvenzreife. Geschäftsführer oder Vorstandsmitglieder, die ihr Amt nach Eintritt der

---
[115] BGH ZInsO 2007 S. 660 f.
[116] Dazu BGH DZWIR 2003 S. 24 f.
[117] BGH Z 144 S. 311.
[118] BGHZ 85, 221 = NJW 1983, 755.
[119] *K. Schmidt*, BB 1988, 5 ff.
[120] BGHZ 71, 296.

Insolvenzreife, also bei Vorliegen eines Insolvenzgrundes, der zum Insolvenzantrag verpflichtet, niederlegen, können sich nach wohl allgemeiner Meinung ihrer einmal eingetretenen zivil- und strafrechtlichen Verantwortung nicht mehr entziehen.[121] Einzelheiten sind allerdings umstritten. So wird zB vertreten, dass im Fall der Amtsniederlegung der Niederlegende entweder noch vorher Insolvenzantrag stellen oder bei seinem Nachfolger auf die Stellung des Antrags dringen muss.[122] Letzteres ist wenig überzeugend: Wie soll derjenige, der sein Amt niedergelegt hat, den Nachfolger zur Antragstellung veranlassen können, wenn er zB nicht mehr befugt ist, das Gelände der Firma zu betreten? Ein Einwirken auf den Nachfolger ist in der Praxis meist so gut wie unmöglich. Im Einzelnen sind folgende Fallgestaltungen zu unterscheiden:

56 **a)** *Der organschaftliche Vertreter erkennt die Insolvenzreife und legt aus diesem Grund sein Amt nieder.* Die aus wichtigem Grund erfolgende Amtsniederlegung zB des Geschäftsführers einer GmbH ist nach hM sofort wirksam.[123] Die ursprüngliche Rechtsprechung, dass der Geschäftsführer sein Amt nur aus wichtigem Grund aufgeben könne, hat der BGH 1993[124] aufgegeben. Aus Gründen der Rechtssicherheit sei es nicht gerechtfertigt, die Wirksamkeit der Amtsniederlegung davon abhängig zu machen, mit welchen möglicherweise schon in sich selbst unschlüssigen, also objektiv keinen wichtigen Grund enthaltenden Begründungen der Geschäftsführer seine Erklärung versehe.[125] Organschaftliche Vertreter, die ihr Amt nach Eintritt der Insolvenzreife niederlegen, können sich nach heute wohl allgemeiner Meinung in Rechtsprechung und Literatur ihrer einmal eingetretenen zivil- und strafrechtlichen Verantwortung durch Amtsniederlegung nicht mehr entziehen.[126] Eine Amtsniederlegung, die wirksam erfolgt ist, kann eine Strafbarkeit des organschaftlichen Vertreters wegen Konkursverschleppung nicht beseitigen. Nach Auffassung von *Karsten Schmidt*[127] kann die Niederlegung des Amtes sogar selbst eine Insolvenzverschleppung darstellen, wenn nämlich auf diese Weise das Insolvenzverfahren verschleppt wird. Fraglich ist im Hinblick auf die Rechtsprechung des BGH,[128] ob in Fällen der wirtschaftlichen Krise der Gesellschaft die Krise allein den Geschäftsführer berechtigt, sein Amt niederzulegen. Nach Auffassung des LG Frankenthal (GmbHR 1996, 939) erfolgt die Amtsniederlegung des Geschäftsführers einer GmbH nicht „zur Unzeit", wenn sie in Verbindung mit einer ordentlichen Kündigung seines Dienstvertrages und für einen künftigen Zeitpunkt erklärt wird und die Gesellschafter hinreichende Gelegenheit haben, rechtzeitig einen neuen Geschäftsführer zu bestellen.[129] Zu ähnlichen Ergebnissen, wenn auch mit anderer Begründung kommt

---

[121] BGH NJW 1952, 554; *Fleck* GmbHR 1974, 229; *Uhlenbruck* BB 1985, 1283; ders., Die anwaltliche Beratung, S. 185 f.; Uhlenbruck/Hirte/Vallender/*Uhlenbruck*, § 13 Rn. 67; ders. GmbHR 1999, 313, 322; *Götker*, Der Geschäftsführer in der Insolvenz der GmbH, Rn. 751 ff.; *Trölitzsch* GmbHR 1995, 857 ff.; *Münch* DStR 1993, 916 ff.; *Schneider/Schneider* GmbHR 1980, 4 ff.; *Uhlenbruck* GmbHR 2005, 817 ff., 819 f.

[122] BGHSt 2, 53, 54 = GmbHR 1952, 42 m. Anm. *Horn* u *H. Schneider; Fleck* GmbHR 1974, 224, 229.

[123] BGHZ 121, 257, 261; BGH ZIP 1980, 768; BGH GmbHR 1978, 85; *Schneider/Schneider* GmbHR 1980, 4, 7; *Dornbach* BB 1982, 1266, 1270; *Trölitzsch* GmbHR 1995, 857 ff. Nach Auffassung des OLG Düsseldorf (GmbHR 2001, 144 m. Anm. *Hohlfeld*) ist die Amtsniederlegung des einzigen Gesellschafters und Geschäftsführers einer GmbH, wenn nicht ein neuer Geschäftsführer bestellt wurde, rechtsmissbräuchlich und daher unwirksam, s auch *Khatib-Shahidi/Bögner* BB 1997, 1161 ff.; *Uhlenbruck* GmbHR 2005, 817, 819.

[124] BGH NJW 1993, 1198, 1199.

[125] Vgl. BGHZ 78, 82, 93; BayObLG DB 1999, 1748; auch *Khatib-Shahidi/Bögner* BB 1997, 1161; differenzierend Uhlenbruck/Hirte/Vallender/*Uhlenbruck*, § 13 Rn. 67; *Götker*, Der Geschäftsführer in der Insolvenz der GmbH, Rn. 751 ff.

[126] *Uhlenbruck* BB 1985, 1277 ff.; Uhlenbruck/Hirte/Vallender/*Uhlenbruck*, § 13 Rn. 67.

[127] *Scholz/Karsten Schmidt*, 9. Aufl. § 64 GmbHG Rn. 22.

[128] BGHZ 78, 82, 85 = NJW 1980, 2415; BGHZ 78, 82, 93 = NJW 1993, 1198 ff.

[129] Vgl. auch OLG Düsseldorf GmbHR 2001, 144 m. Anm. *Hohlfeld; Khatib-Shahidi/Bögner* BB 1997, 1161, 1173 f.

Das Insolvenzantragsrecht § 8

eine andere Meinung, wonach zwar die Amtsniederlegung wirksam ist, jedoch der Antragspflichtige weiterhin zur Stellung des Insolvenzantrages verpflichtet bleibt.[130]

b) *Der organschaftliche Vertreter wird wegen Eintritt der Insolvenzantragspflicht abberufen.* 57
Oftmals wird der organschaftliche Vertreter, der den Insolvenzantrag bei dem zuständigen Amtsgericht stellen muss und will, kurzfristig von den Gesellschaftern abberufen. Die Abberufung muss ins Handelsregister eingetragen werden. Im Zweifel darf der Insolvenzrichter davon ausgehen, dass der organschaftliche Vertreter berechtigt ist, einen Insolvenzantrag für die von ihm vertretene Gesellschaft zu stellen. Anders nur, wenn im Rahmen der Anhörung auf die Abberufung hingewiesen wird. Der Ausgang eines Streites im Wege der Feststellungs- oder Anfechtungsklage über die Wirksamkeit der Abberufung braucht er nicht abzuwarten. In den Fällen der Abberufung geht die volle Verantwortung für die rechtzeitige Antragstellung auf neu bestellte Organe, Mitorgane, ein faktisches Organ oder auf die Gesellschafter über (dazu → § 15a III). Keinesfalls ist der abberufene organschaftliche Vertreter verpflichtet, auf einen neubestellten Vertreter einzuwirken, unverzüglich Insolvenzantrag zu stellen. Mit der Abberufung ist die Verantwortung hinsichtlich der Insolvenzantragspflicht auf den Nachfolger übergegangen. Unterlassen es die Gesellschafter bewusst, einen neuen organschaftlichen Vertreter zu bestellen, so laufen sie Gefahr, als faktische Organe bzw. nach der Regelung des § 15a III, IV InsO nicht nur zivilrechtlich, sondern auch strafrechtlich in Anspruch genommen zu werden.

Zu unterscheiden ist zwischen der *Abberufung* und der *Kündigung des Anstellungsver-* 58
hältnisses. Wenn der Insolvenzverwalter das Anstellungsverhältnis eines organschaftlichen Vertreters nach § 113 InsO kündigt, hat diese Kündigung keine Auswirkungen auf die organschaftliche Position. Gleiches gilt umgekehrt für die Niederlegung des Amtes. Allerdings wird bei Amtsniederlegung hierin zugleich eine Kündigung des Anstellungsvertrages gesehen werden können.[131] Die Beendigung des Anstellungsverhältnisses führt nicht etwa zum Wegfall der verfahrensrechtlichen Rechte und Pflichten eines organschaftlichen Vertreters. Vielmehr obliegen ihm im eröffneten Verfahren die Auskunfts- und Eidespflichten sowie die Mitwirkungspflichten nach § 97 InsO (§ 101 I InsO). Zur Ausübung der Verfahrensrechte der Gesellschaft bleibt er verpflichtet. Die Organstellung wird durch die Anordnung der Eigenverwaltung (§§ 270 ff. InsO) nicht berührt, jedoch kann ein organschaftlicher Vertreter jederzeit abberufen werden. In diesen Fällen erlischt die Mitwirkungspflicht. Dagegen bleibt die Auskunftspflicht nach § 97 I InsO bestehen (§ 101 I S. 2 InsO entspr).

§ 8. Das Insolvenzantragsrecht

Übersicht

	Rn.
I. Eröffnungsantragsrecht des Schuldners	1
1. Natürliche Personen	1
a) Allgemeines	1
b) Besonderheiten der Verbraucherinsolvenz	7
2. Personengesellschaften	8
3. Kapitalgesellschaft & Co.	10
4. Juristische Personen	12
a) Kapitalgesellschaften und Genossenschaften	12

---

[130] Vgl. BayObLG GmbHR 1982, 43; GmbHR 1992, 671; OLG Hamm BB 1988, 1412; eingehend auch *Scholz/K. Schmidt*, 9. Aufl. § 64 GmbHG Rn. 22; *Götker,* Der Geschäftsführer in der Insolvenz der GmbH, Rn. 751 ff.; Uhlenbruck/Hirte/Vallender/*Uhlenbruck,* § 13 Rn. 67.
[131] Vgl. *Götker,* Der Geschäftsführer in der Insolvenz der GmbH, Rn. 758.

	Rn.
b) Europarechtliche Gesellschaften	15
c) Sonstige juristische Personen	16
d) Nicht rechtsfähige Vereine	17
e) Vor-Kapitalgesellschaften	18
f) Nachgesellschaften (gelöschte Gesellschaften)	22
5. Rechtsträger mit ausländischem Gesellschaftsstatut	23
a) Raum der Niederlassungsfreiheit (Gründungstheorie)	23
b) Sonstige Herkunftsstaaten (eingeschränkte Sitztheorie)	26
6. Fehlerhaft bestellte organschaftliche Vertreter	27
7. Faktische Geschäftsführer	28
8. Führungslose Gesellschaften mit eigener Rechtspersönlichkeit	29
9. Antragsrecht bei drohender Zahlungsunfähigkeit und beim Insolvenzplan	32
10. Antragsrecht bei Kredit-, Finanzdienstleistungs- und Versicherungsunternehmen	33
II. Eröffnungsantragsrecht des Gläubigers	34
1. Grundsatz: Insolvenzgläubiger	34
2. Auswechseln und Nachschieben von Forderungen	35
3. Dinglich gesicherte Gläubiger	36
4. Bedingte oder nicht fällige Forderungen	37
5. Beschränkung der Einziehungsbefugnis (Verpfändung, Beschlagnahme uä)	39
6. Befreiungsanspruch bei Mithaftung	40
7. Arbeitnehmer, Betriebsrentner	41
8. Träger der Insolvenzsicherung für Arbeitsentgelt und Betriebsrenten	44
9. Öffentlich-rechtliche Gläubiger	45
10. Verzicht des Gläubigers auf das Antragsrecht	46
III. Antragsrecht der Bundesanstalt für Finanzdienstleistungsaufsicht	47
IV. Antragsrecht der Aufsichtsbehörden der Krankenkassen	49
V. Antragsrecht des ausländischen Insolvenzverwalters	50
VI. Nachträglicher Wegfall des Antragsrechts	51
1. Grundsatz	51
2. Eigenantrag	52
3. Gläubigerantrag	53
4. Wegfall nach Verfahrenseröffnung	55
VII. Haftung des Antragstellers bei unberechtigter Antragstellung	56
1. Haftung beim Gläubigerantrag	56
2. Haftung beim Eigenantrag	59

I. Eröffnungsantragsrecht des Schuldners

1 **1. Natürliche Personen. a)** *Allgemeines.* Jede natürliche Person hat das Recht, die Eröffnung des Insolvenzverfahrens über ihr eigenes Vermögen zu beantragen (Eigenantrag), wenn sie uneingeschränkt geschäftsfähig und damit prozessfähig ist (§ 4 InsO, § 51 I ZPO). Andernfalls kann sie im Verfahren vor dem Insolvenzgericht nur durch ihre gesetzlichen Vertreter handeln. Eine Antragstellung durch den Schuldner liegt auch vor, wenn in der Nachlassinsolvenz ein Erbe, Nachlasspfleger oder Testamentsvollstrecker beantragt. Einem Erben, der die Versäumung der Ausschlagungsfrist angefochten hat, steht auch dann kein Antragsrecht zu, wenn die Wirksamkeit der Anfechtung noch nicht feststeht.[1]

2 Ist für einen volljährigen Schuldner ein Betreuer mit einem Aufgabenkreis bestellt, der die gesamte Vermögenssorge umfasst (§§ 1896 ff. BGB), kann der Betreuer für den Schuldner die Eröffnung des Insolvenzverfahrens beantragen (§ 1902 BGB). Solange dies nicht geschehen ist, kann auch der betreute Schuldner selbst einen Eigenantrag stellen, es sei denn, dass er geschäftsunfähig ist (§ 104 Nr. 2 BGB), ein einschlägiger Einwilligungsvorbehalt besteht (§ 1903 I 2, § 111 BGB) oder der Betreuer im Rahmen seines Aufgabenkreises die Rechte des Schuldners im Verfahren an sich zieht[2] (§ 53 ZPO, § 4 InsO).

---

[1] BGH NZI 2011, 653 ff.; s hierzu *Marotzke* ZInsO 2011, 2105 ff.
[2] Vgl. BGH NJW 1988, 49, 51; *Ley* ZVI 2003, 101, 103.

Der Vormund, Abwesenheitspfleger (§ 1911 BGB) oder Betreuer, der für den **3** Schuldner einen Eigenantrag stellt, bedarf hierzu grundsätzlich nicht der familien- oder betreuungsgerichtlichen Genehmigung nach § 1822 Nr. 12 BGB. Der Antrag steht einem Vergleich rechtlich und wirtschaftlich nicht gleich.[3] Anders ist es beim Eigenantrag in der Verbraucherinsolvenz, bei dem der Schuldner einen Schuldenbereinigungsplan vorzulegen hat (§§ 304, 305 I Nr. 4). Dieser Plan bedarf vor seiner Vorlage der Genehmigung nach § 1822 Nr. 12, § 1908i I, § 1915 I BGB. Der Plan hat nämlich nach Annahme durch die Gläubiger die Wirkungen eines Vergleichs im Sinne des § 794 I Nr. 1 ZPO (vgl. § 308 I 2). Da das Insolvenzgericht nicht überprüft, ob der Plan die Interessen des Schuldners angemessen berücksichtigt, liegt ein Fall des § 1822 Nr. 12 BGB vor. Gleiches gilt für die Vorlage eines Insolvenzplans im Namen des Schuldners im Regelverfahren (§§ 218, 254, 25).

Ein verheirateter Schuldner kann stets ohne Zustimmung des Ehegatten die Eröff- **4** nung des Insolvenzverfahrens über sein eigenes Vermögen beantragen;[4] der Schutzzweck des § 1365 BGB wird durch die §§ 16, 36 gewahrt. Nur beim Güterstand der Gütergemeinschaft (§§ 1415 ff. BGB) ergeben sich Besonderheiten. Das Verfahren beschränkt sich auf das Vermögen des antragstellenden Ehegatten unter Ausschluss seines Gesamtgutanteils, wenn das Gesamtgut entweder vom anderen Ehegatten allein oder von beiden Ehegatten gemeinsam verwaltet wird (§ 37 I 3, II). Obliegt die Verwaltung des Gesamtguts dagegen dem antragstellenden Ehegatten allein, gehört das Gesamtgut zur Insolvenzmasse seines Verfahrens (§ 37 I 1). Bei gemeinschaftlicher Verwaltung des Gesamtguts berührt ein Insolvenzverfahren über das Vermögen eines Ehegatten das Gesamtgut nicht (§ 37 II). In diesem Fall kann über das Gesamtgut nur ein gesondertes Insolvenzverfahren beantragt werden, und zwar von jedem Ehegatten (§ 333 II).

Ein vertraglicher Verzicht des Schuldners auf sein Recht zur Stellung eines Eigenan- **5** trags ist bei natürlichen Personen grundsätzlich nach § 134 BGB unwirksam, weil er gegen die sozialstaatliche Zweckbestimmung der Vorschriften über die Restschuldbefreiung (§§ 286 ff., 227) verstößt. Eine Ausnahme ist entsprechend dem Zweck der §§ 305 ff., 217 ff. nur denkbar im Rahmen einer gerichtlichen oder außergerichtlichen Einigung zwischen dem Schuldner und allen seinen Gläubigern über eine umfassende Schuldenbereinigung bei gleich bleibender Geschäftsgrundlage.

Der Antrag des Schuldners kann nur auf die Eröffnung eines Hauptinsolvenzverfah- **6** rens, dh eines Verfahrens über sein gesamtes in- und ausländisches Vermögen, gerichtet sein, nicht aber auf die Eröffnung eines auf das Inlandsvermögen beschränkten Sekundär- oder sonstigen Partikularinsolvenzverfahrens (§§ 354, 356 InsO, Art. 3 IV lit. b, Art. 4 II, Art. 29 lit. b EuInsVO).[5] Dem Schuldner ist es verwehrt, sein Vermögen „von den Rändern her zu liquidieren"[6] und damit die Versuche zur Bewältigung der Insolvenz zu zersplittern.

b) *Besonderheiten der Verbraucherinsolvenz.* Ein Verbraucher oder ehemaliger Selbstän- **7** diger, der wegen Überschaubarkeit seiner Vermögensverhältnisse in den Anwendungsbereich des Verbraucherinsolvenzverfahrens fällt (§ 304), kann den Eröffnungsantrag nur stellen, wenn er zuvor innerhalb der letzten sechs Monate erfolglos den Versuch unternommen hat, auf der Grundlage eines Plans eine außergerichtliche Einigung mit den Gläubigern zu erzielen (§ 305 I Nr. 1, § 305a). Zu den Einzelheiten vgl. Kapitel V.

---

[3] Jaeger/*Weber* § 103 KO Rn. 4; HK/*Kirchhof* § 13 Rn. 5; Jaeger/*Gerhardt* § 13 Rn. 11; *Uhlenbruck* in Uhlenbruck § 13 Rn. 21, 23.
[4] *Uhlenbruck* in Uhlenbruck § 13 Rn. 67; K. Schmidt/*Gundlach* § 13 Rn. 21.
[5] Begr RegE IIRNG 2003 zu § 354 und § 356, BT-Drucks. 15/16, S. 25; *Liersch* NZI 2003, 302, 308 f.; *Kichhof* in: *Kebekus* (Hrsg.), Grenzüberschreitende Insolvenzen in der Insolvenzpraxis, 2004, S. 96, 102; HK/*Stephan* § 354 Rn. 16, § 356 Rn. 5; MüKoInsO/*Schmahl/Vuia* § 13 Rn. 24.
[6] Begr RegE IIRNG 2003 zu § 354, BT-Drucks. 15/16, S. 25.

8 2. Personengesellschaften. Der eigene Eröffnungsantrag für eine Personengesellschaft (Gesellschaft ohne Rechtspersönlichkeit, § 11 II Nr. 1) kann von jedem persönlich haftenden Gesellschafter und jedem Abwickler (Liquidator) gestellt werden (§ 15 I 1). Dieses Antragsrecht ist eine besondere gesetzliche Form der Vertretungsbefugnis. Es steht der handelnden natürlichen Person nicht im eigenen Namen zu, sondern im Namen der schuldnerischen Gesellschaft.[7] Die Vorschrift ist zwingend und abschließend.[8] Sie überlagert die allgemeinen Vertretungsvorschriften und gilt unabhängig von abweichenden Bestimmungen des Gesellschaftsvertrages.[9] Sie gibt selbst solchen Gesellschaftern ein gesetzliches, stets einzeln wahrnehmbares Antragsrecht, die im Übrigen möglicherweise (vgl. § 125 I HGB, § 7 III PartGG) überhaupt nicht zur Vertretung der Gesellschaft berechtigt sind.[10]

9 Das Antragsrecht des persönlich haftenden Gesellschafters gilt für alle Gesellschaften ohne Rechtspersönlichkeit (§ 11 II Nr. 1), dh für die offene Handelsgesellschaft, die Kommanditgesellschaft, die Partnerschaftsgesellschaft, die Gesellschaft des Bürgerlichen Rechts, die Partenreederei und die Europäische wirtschaftliche Interessenvereinigung. Hat die Gesellschaft neben den Gesellschaftern auch organschaftliche Vertreter (zB einen Liquidator nach den §§ 146, 161 II HGB oder einen Geschäftsführer oder Abwickler nach Art. 20 EWIV-VO, §§ 10, 11 EWIV-AG), ist auch jeder von ihnen nach § 15 I 1 einzeln antragsberechtigt.

10 3. Kapitalgesellschaft & Co. Ist bei einer Gesellschaft ohne Rechtspersönlichkeit kein persönlich haftender Gesellschafter eine natürliche Person, steht das Antragsrecht jeder natürlichen Person zu, die für einen der persönlich haftenden Gesellschafter antragsberechtigt ist, sowie jedem Abwickler oder Liquidator (§ 15 III 1). Antragsberechtigt ist demnach jeder, der für den persönlich haftenden Gesellschafter in dessen Insolvenz den Eigenantrag stellen könnte; das Gesetz, das nur organschaftliche Vertreter und Abwickler nennt, ist insoweit zu eng gefasst.[11] Ob sich der Gesellschafter (zB die Komplementär-Kapitalgesellschaft) im Gründungs- oder Abwicklungsstadium befindet, ist ohne Bedeutung. Dies alles gilt nach § 15 III 2 auch bei mehrstufigen Konstruktionen dieser Art (Beispiel: GmbH & Co. KG als alleinige Komplementärin einer weiteren KG). Hier ist ebenfalls jede natürliche Person antragsberechtigt, die letztlich für den persönlich haftenden Gesellschafter das Antragsrecht hätte (im Beispiel: jeder Geschäftsführer der GmbH für beide Kommanditgesellschaften).

11 Ist über das Vermögen des persönlich haftenden Gesellschafters (zB der Komplementär-GmbH) bereits vorab das Insolvenzverfahren eröffnet worden, ist der dort bestellte Insolvenzverwalter nicht berechtigt, auf Grund seines Amtes im Namen der vertretenen Gesellschaft ohne Rechtspersönlichkeit (zB der KG) einen Eigenantrag zu stellen.[12] Der Insolvenzverwalter nimmt zwar die Rechte des Gesellschafters (zB Komplementär-GmbH) in der Gesellschaft ohne Rechtspersönlichkeit (zB KG) wahr, wird damit jedoch nicht zum Abwickler oder Liquidator im gesellschaftsrechtlichen Sinn, wie er in § 15 I, III angesprochen ist.[13]

---

[7] Vgl. BGH NZI 2008, 550 = NJW-RR 2008, 1439; KG OLGZ 1965, 166, 169 = NJW 1965, 2157f.; LG Berlin KTS 1974, 182f.; *Weber* KTS 1970, 73, 77.
[8] Vgl. zu §§ 208, 209, 213 KO: BGHZ 75, 96, 106 = NJW 1979, 1823, 1826.
[9] BGH NZI 2008, 550 = NJW-RR 2008, 1439; KG OLGZ 1965, 166, 169 = NJW 1965, 2157f.; AG Duisburg ZIP 1995, 582f.; AG Göttingen ZInsO 2011, 1114; allgM, vgl. Begr RegE InsO 1992 zu §§ 17, 18 (= § 15 InsO), BT-Drucks. 12/2443, S. 114, und Ausschussbericht 1994 zu § 22 InsO-E (= § 18 InsO), BT-Drucks. 12/7302, S. 157.
[10] HK/*Kichhof* § 15 Rn. 4; Jaeger/*H. F. Müller* § 15 Rn. 6; Uhlenbruck/*Hirte* § 15 Rn. 2.
[11] Einzelheiten bei Jaeger/*H. F. Müller* § 15 Rn. 41 ff.; Uhlenbruck/*Hirte* § 15 Rn. 14.
[12] AG Dresden ZIP 2003, 1264; HK/*Kichhof* § 15 Rn. 9. Anders zu Unrecht AG Hamburg ZIP 2006, 390f.; Uhlenbruck/*Hirte* § 15 Rn. 14.
[13] BGHZ 148, 252, 258 = NJW 2001, 2966f.; BGH NZI 2005, 387f.

4. Juristische Personen. a) *Kapitalgesellschaften und Genossenschaften.* Der Eröff- 12
nungsantrag für eine Gesellschaft mit eigener Rechtspersönlichkeit, dh für eine Kapitalgesellschaft (Aktiengesellschaft, Kommanditgesellschaft auf Aktien, GmbH)[14] oder eine
Genossenschaft, kann von jedem Mitglied des Vertretungsorgans (in § 15 III auch organschaftlicher Vertreter genannt) und jedem Abwickler (Liquidator) sowie bei einer
Kommanditgesellschaft auf Aktien von jedem persönlich haftenden Gesellschafter gestellt werden (§ 15 I 1). Ebenso wie bei der Personengesellschaft (s. o. Rn. 8) ist dieses
Antragsrecht auch hier eine besondere, gesetzlich zwingend geregelte Form der Vertretungsbefugnis. Es steht der handelnden natürlichen Person nicht im eigenen Namen zu,
sondern im Namen der schuldnerischen Gesellschaft.

Antragsberechtigt ist demnach, unabhängig von der satzungsmäßigen oder durch Be- 13
schluss festgelegten Vertretungsbefugnis, jedes ordentliche oder stellvertretende Mitglied
des Vorstands (§§ 78, 82, 94 AktG, §§ 24, 27 II, § 35 GenG), jeder ordentliche oder
stellvertretende Geschäftsführer (§§ 35, 37 II, § 44 GmbHG) sowie nach Auflösung der
Gesellschaft jeder Abwickler (§§ 265, 269, 290 AktG) oder Liquidator (§ 66 GmbHG,
§ 83 GenG). Dies gilt auch für Gesellschaften, die auf Grund gerichtlicher Entscheidung als aufgelöst gelten (vgl. § 397 FamFG). Ist eine juristische Person zum Abwickler
oder Liquidator bestellt (vgl. § 265 II 3 AktG, § 83 II GenG), ist nach dem Rechtsgedanken des § 15 I, III jeder organschaftliche Vertreter des Abwicklers oder Liquidators
einzeln antragsberechtigt.

Kein Antragsrecht steht anderen Organen des Schuldners zu, weder der Versamm- 14
lung der Anteilsinhaber noch dem Aufsichtsrat[15] noch sonstigen ähnlichen Gremien.
Dies gilt selbst dann, wenn sämtliche Antragsberechtigten sich weigern, eine Weisung
des anderen Organs zur Antragstellung zu befolgen. Das subsidiäre Antragsrecht der
Gesellschafter und Aufsichtsratsmitglieder nach § 15 I 2 (dazu u Rn. 29 ff.) greift erst
ein, wenn kein organschaftlicher Vertreter mehr im Amt ist.

b) *Europarechtliche Gesellschaften.* Unmittelbar auf dem europäischen Gemeinschafts- 15
recht beruhende Gesellschaften mit eigener Rechtspersönlichkeit – die Societas Europaea (Europäische Aktiengesellschaft, SE) und die Societas Cooperativa Europaea (Europäische Genossenschaft, SCE) – können nach dem monistischen Leitungssystem
organisiert sein, bei dem die Leitung und deren Überwachung in einem einheitlichen
Verwaltungsrat zusammengefasst sind, während bestimmte ausführende Aufgaben den
geschäftsführenden Direktoren obliegen (Art. 38, 43 bis 45 SEVO, §§ 20 bis 49 SEAG,
Art. 16 SCEVO, §§ 22, 23 SCEAG).[16] Bei diesen Gesellschaften ist Vertretungsorgan
im Sinne des § 15 nicht der geschäftsführende Direktor, sondern der Verwaltungsrat als
Träger der grundlegenden Leitungsverantwortung (§ 22 V 2, VI SEAG, Art. 72, 42 I
SCEVO, § 18 I, IV 2, V SCEAG iVm § 99 I GenG).[17] Antragsberechtigt (§ 15 I 1) ist
jedes Mitglied des Verwaltungsrats, unabhängig davon, ob es persönlich vertretungsbefugt ist oder nur überwachende Aufgaben hat;[18] an der Leitungsverantwortung des Verwaltungsrats hat jedes seiner Mitglieder gleichermaßen Anteil. Die geschäftsführenden

---

[14] Einschließlich der haftungsbeschränkten Unternehmergesellschaft (§ 5a GmbHG) als bloßer Variante der GmbH. Für sie gilt das gesamte deutsche GmbH-Recht, sofern nicht in § 5a GmbHG etwas
anderes bestimmt ist; vgl. Begr RegE MoMiG 2007, BT-Drucks. 16/6140, S. 31, zu Art. 1 Nr. 6.
[15] RGZ 36, 27, 30; BGHZ 75, 96, 106 = NJW 1979, 1823, 1826; *Uhlenbruck* in Uhlenbruck § 15
Rn. 3.
[16] Entsprechendes sieht auch der Kommissionsvorschlag für die an die GmbH angelehnte Societas
Privata Europaea (Europäische Privatgesellschaft, SPE) vor; vgl. *Hommelhoff/Teichmann* GmbHR 2008,
897, 902; *Maul/Röhricht* BB 2008, 1574, 1577; *Peters/Wüllrich* NZG 2008, 807, 809.
[17] Hierzu ausführlich MüKoInsO/*Klöhn* § 15 Rn. 23 ff., 27; ders. FS Greiner 2005, S. 295, 301 ff.;
ebenso *Oechsler* NZG 2005, 449, 452.
[18] MüKoInsO/*Klöhn* § 15 Rn. 23 ff., 27; ders. FS Greiner 2005, S. 295, 309 f.; anders zu Unrecht
J. Schmidt NZI 2006, 627, 629.

Direktoren können allerdings auf Grund ihrer allgemeinen Vertretungsbefugnis ebenfalls den Eröffnungsantrag stellen, sofern sie in vertretungsberechtigter Anzahl handeln (§ 41 I bis IV, § 44 I SEAG).

16 c) *Sonstige juristische Personen.* Auch für den eingetragenen Verein, die Stiftung und eine sonstige juristische Person ist nach § 15 I 1 jedes Mitglied des Vorstands und jeder Liquidator oder jedes ihnen gleichstehende Mitglied des satzungsmäßigen Vertretungsorgans (vgl. §§ 26, 48, 86 BGB) antragsberechtigt. Bei juristischen Personen des öffentlichen Rechts (§ 12) ergibt sich das Vertretungsorgan aus den jeweiligen besonderen Gesetzen oder Staatsverträgen in Verbindung mit der Satzung.

17 d) *Nicht rechtsfähige Vereine.* Nach § 11 I 2 steht der nicht rechtsfähige Verein im Eröffnungsverfahren und im eröffneten Insolvenzverfahren einer juristischen Person gleich. Antragsberechtigt ist deshalb auch hier jedes Mitglied des Vorstands und jeder Liquidator (§ 15 I 1). Als Vorstand gilt dabei nur das Gremium, das den Verein nach der Satzung gerichtlich und außergerichtlich vertritt.

18 e) *Vor-Kapitalgesellschaften.* Vor der notariellen Beurkundung der Satzung oder des Gesellschaftsvertrags ist eine Vereinigung zur Gründung einer Kapitalgesellschaft eine bloße Gesellschaft des Bürgerlichen Rechts oder offene Handelsgesellschaft (sog. Vorgründungsgesellschaft).[19] Antragsberechtigt (§ 15 I 1) ist in diesem Stadium jeder Gesellschafter, nicht jedoch der vorgesehene künftige organschaftliche Vertreter.

19 Ist die Satzung oder der Gesellschaftsvertrag der Kapitalgesellschaft zwar notariell beurkundet, die Gesellschaft aber noch nicht durch Eintragung in das Handelsregister zur juristischen Person geworden (sog. Vorgesellschaft oder Gesellschaft in Gründung), hat bereits jeder einzelne organschaftliche Vertreter das Antragsrecht.[20] Auf Vorgesellschaften sind die für ihre Rechtsform geltenden Regelungen anzuwenden, sofern sie nicht die Eintragung in das Handelsregister voraussetzen.[21] Die Bestellung der organschaftlichen Vertreter ist von der Eintragung nicht abhängig und deshalb unmittelbar wirksam.

20 Ebenfalls antragsberechtigt ist bei der Vorgesellschaft jeder Gesellschafter. Bei Eintritt der Insolvenz im Gründungsstadium wirkt sich eine Fortführung der Geschäfte unmittelbar auf die persönliche Verlustdeckungshaftung der Gesellschafter bis zur Eintragung der Gesellschaft und auf ihre persönliche Unterbilanzhaftung nach der Eintragung aus.[22] Es ist deshalb sachgerecht, vor der Eintragung jeden Gesellschafter hinsichtlich des Antragsrechts so zu behandeln wie den persönlich haftenden Gesellschafter einer Gesellschaft ohne Rechtspersönlichkeit.[23]

21 Das Gleiche gilt für den Fall, dass die Vorgesellschaft vor der Eintragung wieder aufgelöst worden ist, etwa durch widerspruchslose Zurückweisung der Registeranmeldung oder durch Aufgabe der Eintragungsabsicht. Für eine solche Vorgesellschaft in Liquidation ist, solange die Verteilung des Vermögens an die Gesellschafter noch nicht vollzogen ist (§ 11 III), nach dem Rechtsgedanken des § 730 II 2 BGB jeder Gesellschafter[24] und, falls ein solcher bestellt, jeder organschaftliche Vertreter (Liquidator, Abwickler)

---

[19] BGH NJW 1983, 1822; BGHZ 91, 148, 151f. = NJW 1984, 2164f.; BGH NJW 1992, 362f.; BGH NJW-RR 2001, 1042f.; BGH ZIP 2004, 1208f. = NZG 2004, 663f.

[20] Uhlenbruck/*Hirte* § 11 Rn. 40, 41; MüKoInsO/*Klöhn* § 15 Rn. 32.

[21] BGHZ 21, 242, 246 = NJW 1956, 1435; BGHZ 80, 129 = NJW 1981, 1373; BGH ZIP 2005, 253 = NZG 2005, 263; BGH NJW 2007, 589, 590.

[22] Vgl. BGHZ 80, 129, 140f. = NJW 1981, 1373; BGHZ 105, 300 = NJW 1989, 710; BGHZ 134, 333 = NJW 1997, 1507; BGHZ 152, 290 = NJW 2003, 429; BAGE 85, 94 = NJW 1997, 3331; BAGE 86, 38 = NJW 1998, 628; BAGE 93, 151 = NJW 2000, 2915; BAG ZIP 2005, 350; BSGE 85, 192 = NZI 2000, 389; BFHE 185, 356 = NJW 1998, 2926.

[23] So auch Haas DStR 1999, 985, 987; Jaeger/*H. F. Müller* § 15 Rn. 20; Uhlenbruck/*Hirte* § 11 Rn. 41.

[24] BGH NJW 1963, 859; BGHZ 51, 30, 34 = NJW 1968, 509, 510; BGH NJW 2008, 2441f.; Jaeger/*H. F. Müller* § 15 Rn. 21.

antragsberechtigt.[25] Wird das Unternehmen nicht abgewickelt, sondern als Gesellschaft ohne Rechtspersönlichkeit fortgeführt (sog unechte Vorgesellschaft),[26] ist entsprechend den für diese Gattung maßgebenden Regeln nur noch jeder persönlich haftende Gesellschafter antragsberechtigt, nicht jedoch ein vormals bestellter organschaftlicher Vertreter (Geschäftsführer, Vorstandsmitglied).[27] Bei der aufgelösten Einmann-Vorgesellschaft ist stets nur der Alleingesellschafter antragsberechtigt. Mit der Auflösung geht das Gesellschaftsvermögen mit den Verbindlichkeiten im Wege der Gesamtrechtsnachfolge ohne Abwicklung auf den bisherigen Alleingesellschafter über;[28] der eigene Eröffnungsantrag betrifft also nicht nur das Gesellschaftsvermögen, sondern das gesamte Vermögen des Gesellschafters.

f) *Nachgesellschaften (gelöschte Gesellschaften).* Bei einer Kapitalgesellschaft oder Genossenschaft, die im Register wegen Beendigung der Abwicklung oder wegen Vermögenslosigkeit (§ 394 FamFG) gelöscht worden ist (sog Nachgesellschaft), ist jeder vom Registergericht ernannte Nachtragsliquidator oder -abwickler unabhängig von einer etwa gerichtlich festgelegten Gesamtvertretungsbefugnis kraft Gesetzes (§ 15 I 1) einzeln antragsberechtigt. Die vor der Löschung zuletzt amtierenden organschaftlichen Vertreter sind dagegen nicht mehr antragsberechtigt, sie haben ihr Amt und ihr Antragsrecht durch die Löschung verloren. Den Anteilsinhabern steht auch nach der Löschung mangels persönlicher Haftung kein Antragsrecht zu. **22**

5. Rechtsträger mit ausländischem Gesellschaftsstatut. a) *Raum der Niederlassungsfreiheit (Gründungstheorie).* Auch Gesellschaften, deren Rechtsfähigkeit dem Recht eines ausländischen Staates unterliegt, können in Deutschland einen eigenen Eröffnungsantrag stellen, wenn ihr tatsächlicher, für den Rechtsverkehr ersichtlicher Verwaltungssitz (der sog Mittelpunkt der hauptsächlichen Interessen; vgl. Art. 3 I EuInsVO, Art. 102 § 1 EGInsO, § 3 I InsO) im Inland liegt. **23**

Ein organschaftliches Antragsrecht (§ 15 I 1, III) besteht bei diesen Gesellschaften allerdings nur, wenn das internationale oder das deutsche Recht die Identität der im Ausland begründeten Rechtspersönlichkeit und ihren Fortbestand anerkennt. Innerhalb der Europäischen Union wird diese Anerkennung durch die Niederlassungsfreiheit gewährleistet (Art. 49, 54 AEUV, früher Art. 43, 48 EG).[29] Für Gesellschaften aus anderen Staaten gilt Gleiches, soweit ihnen in völkerrechtlichen Verträgen eine gleichwertige Niederlassungsfreiheit zuerkannt ist, zB für solche aus den übrigen Vertragsstaaten des EWR-Abkommens[30] (Island, Norwegen und Liechtenstein) oder aus den USA,[31] nicht **24**

---

[25] BGH NJW 1998, 1079; BGH NJW 2007, 589, 592; Jaeger/*H. F. Müller* § 15 Rn. 21.
[26] BGHZ 22, 240, 244 f.; BGHZ 143, 314, 319 = NJW 2000, 1193; BGHZ 152, 290 = NJW 2003, 429; BGH NJW 2008, 2441 f.
[27] BGH NJW 2008, 2441 f.; OLG Hamm ZIP 2006, 2031 f. = NZG 2006, 754 f.; Jaeger/*H. F. Müller* § 15 Rn. 22.
[28] Vgl. BGH WM 1979, 249 f.; BGH ZIP 1999, 489, 490 f. = NZG 1999, 960f; BGH NJW 2001, 2092; BGH NJW 2008, 2992 f. = NZI 2008, 612 f.; BGH WM 2008, 2128 f.; BFHE 197, 304 = NZG 2002, 399 f. mwN; BayObLG NJW-RR 1987, 812; LG Berlin NJW-RR 1998, 1183; *K. Schmidt* ZHR 145 (1981), 540, 562 ff.; *Wertenbruch* EWiR 2005, 403; krit. *Priester* EWiR 2003, 221 f.; *Petersen* NZG 2004, 400, 406 (zu liquidierendes Sondervermögen).
[29] EuGH Slg. 1999, I-1459 – Centros = NJW 1999, 2027; EuGH Slg. 2002, I-9919 – Überseering = NJW 2002, 3614; EuGH Slg. 2003, I-10 155 – Inspire Art. = NJW 2003, 3331; BGHZ 178, 192 = NJW 2009, 289; BGHZ 164, 148, 151 = NJW 2005, 3351; BGHZ 154, 185, 189 = NJW 2003, 1461; BGH NJW 2003, 2609; BGH NJW 2005, 1648; BGH WM 2011, 1808; BGH ZIP 2011, 328.
[30] Art. 31, 34 und Anhang XXII des Abkommens über den Europäischen Wirtschaftsraum vom 2.5.1992 (BGBl. II 1993 S. 266 u 1294; dazu allgemein *Streit* NJW 1994, 555); BGHZ 164, 148 = NJW 2005, 3351; OLG Frankfurt IPRax 2004, 56; FG Rheinland-Pfalz EFG 2005, 981; *Binge/Thölke* DNotZ 2004, 21, 25; *Rauscher/Pabst* NJW 2007, 3541, 3546 f. mwN.
[31] BGH NZI 2002, 430 f. = NJW-RR 2002, 1359; BGHZ 153, 353, 357 f. = NJW 2003, 1607; BGH ZIP 2004, 1549 = NZG 2004, 1001; BFHE 201, 463 = ZIP 2003, 1340 = NZG 2003, 646.

dagegen für Gesellschaften aus der Schweiz.[32] Kann nach dem maßgebenden ausländischen Recht auch eine juristische Person Mitglied des Vertretungsorgans oder Abwickler sein, so steht das organschaftliche Antragsrecht entsprechend § 15 III jedem Mitglied ihres eigenen Vertretungsorgans zu. Bei Gesellschaften, die nach dem monistischen Leitungssystem organisiert sind, ist jedes Mitglied des Verwaltungsorgans antragsberechtigt; es gilt das Gleiche wie bei der monistisch aufgebauten Societas Europaea (s. o. Rn. 15).

25   Für einen nach ausländischem Recht gelöschten Rechtsträger, der in Deutschland noch Vermögen besitzt und deshalb als sog Restgesellschaft[33] insolvenzfähig ist (§ 11 III), wird das Antragsrecht durch einen nach dem Recht des Heimatstaats oder nach deutschem Recht vom Registergericht (§ 66 V GmbHG, § 273 IV AktG analog, § 375 Nr. 3, 6 FamFG) eingesetzten Nachtragsliquidator[34] ausgeübt. Nicht ausgeschlossen ist auch die Antragstellung durch einen vom deutschen Betreuungsgericht bestellten Pfleger[35] (§§ 1911, 1913 BGB analog, §§ 340, 341 FamFG).

26   **b)** *Sonstige Herkunftsstaaten (eingeschränkte Sitztheorie).* Auch Auslandsgesellschaften, die nicht aus dem Raum der Niederlassungsfreiheit (→ Rn. 24) stammen und deren rechtliche Identität und Kontinuität das deutsche Recht deshalb nicht anerkennt,[36] können in Deutschland einen eigenen Eröffnungsantrag stellen, wenn ihr tatsächlicher Verwaltungssitz (§ 3 I) im Inland liegt und es sich um einen Zusammenschluss mehrerer Personen handelt. Ein solcher Rechtsträger erlangt mit der Sitzverlegung in das Inland die Stellung einer insolvenzfähigen Personengesellschaft (§ 11 II Nr. 1) ohne Haftungsbeschränkung.[37] Antragsberechtigt ist jeder nunmehr persönlich haftende Gesellschafter (§ 15 I 1, III). Stellt dennoch der vermeintliche organschaftliche Vertreter einer scheinbaren ausländischen juristischen Person den Eröffnungsantrag, ist er allerdings als hinreichend Bevollmächtigter der Gesellschafter anzusehen, wenn er nach dem Gesellschaftsstatut ordnungsgemäß bestellt ist und mit Duldung der Gesellschafter am inländischen Verwaltungssitz die Geschäfte tatsächlich wie ein Leitungsorgan führt.[38]

27   **6. Fehlerhaft bestellte organschaftliche Vertreter.** Antragsberechtigt (§ 15 I 1) ist auch jeder organschaftliche Vertreter, der durch einen anfechtbaren Beschluss der Anteilsinhaber bestellt worden ist,[39] solange der Beschluss nicht rechtskräftig für nichtig

---

[32] BGHZ 178, 192 = NJW 2009, 289.

[33] Vgl. dazu BGH NJW 1952, 540; BGHZ 33, 195, 99 = NJW 1961, 22 f.; BGHZ 53, 383, 386 = NJW 1970, 1187; BGHZ 56, 66; BGH WM 1977, 730 ff.; BGH WM 1991, 14 f.; BGH NJW-RR 1992, 168; BGH NZG 2007, 429.

[34] OLG Jena NZI 2008, 260, 262; *Leible/Lehmann* GmbHR 2007, 1095, 1098; *Mock* NZI 2008, 262 f.; *Krömke/Otte* BB 2008, 964, 965 f.; *J. Schmidt* ZIP 2008, 2400, 2401 f. Die Zuständigkeit richtet sich stufenweise nach dem Ort der eingetragenen inländischen Zweigniederlassung, dem Ort der tatsächlichen inländischen Hauptniederlassung (§ 377 I FamFG) oder dem Ort des Hauptvermögens.

[35] OLG Nürnberg NZG 2008, 76, 77 f. Wegen des Auslandsbezugs ist der Richter zuständig (§ 14 I Nr. 10 RPflG); vgl. BGH NJW-RR 2003, 955 f. Der früher anwendbare § 10 ZustErgG 1952 (vgl. BGH WM 1977, 730; BGH WM 1982, 291; OLG Stuttgart NJW 1974, 1627 f.; KG DB 2005, 1730; LG Hannover NJW 1962, 1970; *Cohn* NJW 1975, 499; *Süß* DNotZ 2005, 180, 189; *Th. Schulz* NZG 2005, 415) ist im Zuge der Rechtsbereinigung durch Art. 48 des Gesetzes vom 19.4.2006 (BGBl I. S. 866; dazu BT-Drucks. 16/47, S. 59) als vermeintlich überholt aufgehoben worden.

[36] RGZ 92, 73, 76; BGHZ 53, 181 = NJW 1970, 998; BGHZ 97, 269 = NJW 1986, 2194; BGH ZIP 2000, 967 = NZG 2000, 926; BGHZ 151, 204 = NJW 2002, 3539; BGHZ 178, 192 = NJW 2009, 289 (Schweiz); BFHE 201, 463 = ZIP 2003, 1340 = NZG 2003, 646; BayObLG DB 2003, 819 (Sambia); OLG Köln ZIP 2007, 935 (Südafrika); OLG Hamburg ZIP 2007, 1108 = NZG 2007, 597 (Isle of Man); *Horn* NJW 2004, 893, 897; *U. Huber* FS Gerhardt 2004, S. 397, 400; *Kleinschmidt* EWiR 2007, 207 f.

[37] BGHZ 151, 204, 206 = NJW 2002, 3539; BGHZ 178, 192 Tz. 23 = NJW 2009, 289, 291; BayObLG DB 2003, 819; OLG Hamburg ZIP 2007, 1108 = NZG 2007, 597; ebenso schon *Bogler* DB 1991, 848; *H. F. Müller* ZIP 1997, 1049.

[38] Vgl. BGHZ 178, 192 Tz. 25 = NJW 2009, 289, 291; OLG Hamburg ZIP 2007, 1108 f. = NZG 2007, 597 f.

[39] Vgl. etwa RGSt 16, 269.

erklärt ist (vgl. §§ 246 bis 248 AktG). Beruht die Bestellung auf einem (nicht nur anfechtbaren, sondern) nichtigen Beschluss, ist der Bestellte gleichwohl als organschaftlicher Vertreter antragsberechtigt, wenn er im Handelsregister eingetragen oder auf Grund seiner fehlerhaften Bestellung mit Duldung der Anteilsinhaber zur Zeit der Antragstellung an der Geschäftsführung des Schuldners tatsächlich beteiligt ist.[40]

7. Faktische Geschäftsführer. Nicht antragsberechtigt (§ 15 I 1) ist ein sog faktischer Geschäftsführer,[41] der mit dem Einverständnis der Anteilsinhaber, ohne jedoch ausdrücklich zum organschaftlichen Vertreter bestellt zu sein, tatsächlich die Geschäfte auch nach außen hin wie ein solcher führt.[42] Dies gilt auch, wenn er sich vollständig an die Stelle der rechtlich Zuständigen setzt. Dass der faktische Geschäftsführer zivil- und strafrechtlich wegen Insolvenzverschleppung zur Rechenschaft gezogen werden kann,[43] zwingt entgegen einer weit verbreiteten Lehrmeinung[44] nicht zu dem Schluss, dass er auch förmlich antragsberechtigt ist. Er hat im Fall der Insolvenz dafür zu sorgen, dass der nominelle organschaftliche Vertreter rechtzeitig einen Eröffnungsantrag stellt.[45] Dem Insolvenzgericht ist es in aller Regel nicht mit vertretbarem Aufwand möglich, kurzfristig die faktische Geschäftsführerstellung des Antragstellers festzustellen.[46]

8. Führungslose Gesellschaften mit eigener Rechtspersönlichkeit. Hat eine Gesellschaft, die zugleich juristische Person ist (= Gesellschaft mit eigener Rechtspersönlichkeit), keinen organschaftlichen oder sonstigen gesetzlichen Vertreter mehr und ist sie damit rechtlich führungslos (§ 10 II 2), ist nach § 15 I 2 „auch jeder Gesellschafter, bei einer Aktiengesellschaft oder einer Genossenschaft zudem auch jedes Mitglied des Aufsichtsrats" zur Stellung des Eröffnungsantrags für die Gesellschaft berechtigt. Diese Regelung betrifft neben der Aktiengesellschaft (§ 1 I 1 AktG) und der Genossenschaft (§§ 1, 17 I GenG) auch die Kommanditgesellschaft auf Aktien (§ 278 I 1 AktG) und die GmbH (§ 13 I GmbHG) sowie die ihnen entsprechenden Rechtsträger nach europäischem oder ausländischem Recht,[47] nicht dagegen eingetragene Vereine oder Stiftungen.

Führungslosigkeit liegt ausschließlich dann vor, wenn nach den allgemeinen Regeln über Beginn und Ende der Organstellung (Bestellung, Abberufung, Amtsniederlegung, Verlust der rechtlichen Amtsfähigkeit, Tod) rechtlich kein organschaftlicher oder sonstiger gesetzlicher Vertreter mehr im Amt ist.[48] Unerheblich sind Mängel des Bestellungsakts, die das Antragsrecht unberührt lassen (Rn. 27). In eindeutigen Fällen mag Führungslosigkeit auch anzunehmen sein, wenn die Vertreter trotz offenkundiger Insolvenz gegen-

---

[40] RGSt 64, 81; *K. Schmidt* ZIP 1988, 1497, 1500f.; *U. Stein* ZHR 148 (1984), 207, 222; *Geißler* GmbHR 2003, 1106, 1110f.; HK/*Kichhof* § 15 Rn. 5; Jaeger/*H. F. Müller* § 15 Rn. 37; MüKoInsO/*Schmahl*[2] § 15 Rn. 65 ff.; *Goette* DStR 2007, 452; *Ganter* Beilage NZI 5/2007, 4.

[41] Einzelheiten hierzu bei MüKoInsO/*Schmahl*[2] § 15 Rn. 68, 100f.; MüKoInsO/*Klöhn* § 15 Rn. 11.

[42] Ebenso *Vallender* MDR 1999, 280, 282; HK/*Kichhof* § 15 Rn. 10; Jaeger/*H. F. Müller* § 15 Rn. 38; anders zu Unrecht *Uhlenbruck* in Uhlenbruck § 13 Rn. 25; Uhlenbruck/*Hirte* § 15 Rn. 2.

[43] Vgl. BGHSt 3, 32, 37; 21, 101, 103; 31, 118, 122; BGHZ 75, 96, 106f. = NJW 1979, 1823, 1826; BGHZ 104, 44, 46 = NJW 1988, 1789; BGH NJW 1995, 1158; BGH NJW 1998, 769; BGHSt 46, 62, 65 = NJW 2000, 2285f.; BGHZ 150, 61, 69f. = NJW 2002, 1803, 1805 = NZI 2002, 395 (dazu *Henze* BB 2002, 1011f.); BGH ZIP 2005, 1414 = NZG 2005, 755; BGH NZI 2006, 63; BayObLGSt 1997, 38 = NJW 1997, 1936; OLG Düsseldorf NJW 1988, 3166f.; OLG Düsseldorf NZG 1999, 1066f.; LG Braunschweig NZI 2001, 486.

[44] Nachweise bei MüKoInsO/*Klöhn* § 15 Rn. 11.

[45] *U. H. Schneider* BB 1981, 249, 255; *U. Stein* ZHR 148 (1984), 207, 230f.; KölnKommAktG-*Mertens* § 92 Rn. 49; Scholz/*K. Schmidt* GmbHG § 64 Rn. 7; *K. Schmidt* ZIP 1988, 1497, 1500f.; Jaeger/*H. F. Müller* § 15 Rn. 38; vgl. auch RGSt 72, 187, 192, dazu *K. Schmidt* FS Rebmann 1989, S. 419, 434; *Nauschütz* NZG 2005, 921, 922.

[46] *Haas* DStR 1998, 1359, 1360; *Vallender* MDR 1999, 280, 282.

[47] RegE MoMiG 2007, BT-Drucks. 16/6140, S. 55 zu Art. 9 Nr. 3; HK/*Kichhof* § 15 Rn. 7.

[48] *Schmahl* NZI 2008, 6, 7; HK/*Kichhof* § 10 Rn. 12.

über einem Mitglied des Bestellungsorgans ihre generelle Handlungsunwilligkeit zum Ausdruck gebracht und damit ihr Amt zumindest konkludent niedergelegt haben.[49] Es reicht jedoch nicht aus, dass den subsidiär Antragsberechtigten lediglich der Aufenthalt der Vertreter unbekannt ist und diese durch „Untertauchen" faktisch unerreichbar sind.[50] Ebenso wenig liegt Führungslosigkeit vor, wenn sämtliche gesetzlichen Vertreter infolge einer besonderen Notlage, etwa einer schweren Krankheit, einer längeren Bewusstlosigkeit oder einer Entführung, faktisch außer Stande sind, ihr Amt auszuüben.

31 Das subsidiäre Antragsrecht nach § 15 I 2 soll die erweiterte Insolvenzantragspflicht der Gesellschafter und Aufsichtsratsmitglieder bei Führungslosigkeit (§ 15a III) verfahrensrechtlich absichern.[51] Es steht deshalb trotz des weitergehenden gesetzlichen Wortlauts nur bei der GmbH den Gesellschaftern zu.[52] Aktionäre oder Genossenschaftsmitglieder sind allenfalls dann antragsberechtigt, wenn ihre Gesellschaft keinen Aufsichtsrat mehr hat (vgl. § 10 II 2, § 101 I 1); für die Beendigung des Aufsichtsratsmandats gelten ebenfalls die gesellschaftsrechtlichen Regeln.

32 **9. Antragsrecht bei drohender Zahlungsunfähigkeit und beim Insolvenzplan.** Wird der Eigenantrag einer juristischen Person oder einer Gesellschaft ohne Rechtspersönlichkeit bereits bei drohender Zahlungsunfähigkeit (§ 18 II) eingereicht, ist er abweichend von § 15 I nur zulässig, wenn der Antragsteller nach den allgemeinen gesellschaftsrechtlichen Regeln vertretungsberechtigt ist (§ 18 III). Ob die Zahlungsunfähigkeit tatsächlich nur droht oder bereits eingetreten ist, wird allerdings regelmäßig erst nach gerichtlicher Aufklärung der Finanz- und Vermögenslage (§§ 16 bis 19, 5 I) feststehen.[53] Wird bereits mit dem Eröffnungsantrag ein Insolvenzplan vorgelegt (§ 218 I 2), gelten ebenfalls die allgemeinen Vertretungsregelungen; § 15 I ist insoweit nicht anwendbar.[54] Die Zulässigkeit des Eröffnungsantrags kann unabhängig von der des Insolvenzplans zu beurteilen. Eine gesellschaftsrechtliche Bindung an die Zustimmung der Anteilsinhaber oder des Aufsichtsrats hat nur im Innenverhältnis Bedeutung, schränkt jedoch die Vertretungsbefugnis und damit das Antragsrecht gegenüber dem Insolvenzgericht nicht ein.[55]

33 **10. Antragsrecht bei Kredit-, Finanzdienstleistungs- und Versicherungsunternehmen.** Für diese Unternehmen besteht ein ausschließliches Antragsrecht der Bundesanstalt für Finanzdienstleistungsaufsicht (BaFin). Eröffnungsanträge des Schuldners oder eines Gläubigers sind grundsätzlich unzulässig (§ 46b I KWG, § 88 VAG). Einzelheiten bei → Rn. 47.

II. Eröffnungsantragsrecht des Gläubigers

34 **1. Grundsatz: Insolvenzgläubiger.** Zur Stellung eines Insolvenzeröffnungsantrags ist jeder Gläubiger berechtigt, der ein rechtliches Interesse an der Eröffnung des Insolvenzverfahrens haben kann[56] (§ 13 I, § 14 I), weil ihm nach der Art seines Anspruchs

---

[49] *Gehrlein* BB 2008, 846, 848; *Bittmann* NStZ 2009, 113, 115.
[50] AG Hamburg NJW 2009, 304 = NZI 2009, 63 f.; *Römermann* NZI 2008, 641, 645 f. Von einer solchen Regelung wurde bewusst abgesehen; vgl. RegE MoMiG 2007, BT-Drucks. 16/6140, S. 55 zu § 15a III InsO.
[51] RegE MoMiG 2007, BT-Drucks. 16/6140, S. 55 zu Art. 9 Nr. 2; *Hirte* ZInsO 2003, 833, 838 f., 843; *Wälzholz* DStR 2007, 1914, 1915; *Schmahl* NZI 2008, 6, 8.
[52] Einzelheiten bei *Schmahl* NZI 2008, 6 ff.; MüKoInsO/*Schmahl*² § 15 Rn. 61 f.; ebenso HK/*Kirchhof* § 15 Rn. 6.
[53] Näheres bei MüKoInsO/*Klöhn* § 15 Rn. 90 ff.
[54] Uhlenbruck/*Lüer* § 218 Rn. 11; MüKoInsO/*Eidenmüller* § 218 Rn. 74 ff.
[55] Vgl. BGHZ 83, 122, 131 = NJW 1982, 1703, 1705 (Holzmüller); BGHZ 159, 30, 38 f. = NJW 2004, 1860, 1862 (Gelatine); *Wortberg* ZInsO 2004, 707, 711; *Lieder* DB 2004, 2251, 2254; *Görg* FS Greiner 2005, S. 51, 52 ff.; *Tetzlaff* ZInsO 2008, 137, 139 f.
[56] Vgl. Begr RegE InsO 1992 zu §§ 15, 16 (= §§ 13, 14), BT-Drucks. 12/2443, S. 113.

Das Insolvenzantragsrecht   35–37 § 8

im Falle der Eröffnung die Teilnahme an der gemeinschaftlichen Befriedigung der Gläubiger zusteht.[57] Dies ist bei solchen Gläubigern der Fall, die einen zur Zeit der Entscheidung über den Eröffnungsantrag begründeten persönlichen Vermögensanspruch gegen den Schuldner haben (Insolvenzgläubiger iSd §§ 38, 39).[58] Der Anspruch muss sich auf eine rechtlich durchsetzbare Geldzahlung aus dem schuldnerischen Vermögen richten oder zumindest in einen Geldwert umgerechnet werden können (vgl. § 45). Auch nachrangige Insolvenzforderungen, insbesondere Geldstrafen und Geldbußen (§ 39 I Nr. 3) sowie Forderungen auf Rückgewähr kapitalersetzender Leistungen (§ 39 I Nr. 5, IV und V), geben ein Antragsrecht,[59] wenn sie bereits zur Zeit der Entscheidung über die Eröffnung begründet sind. Die mangelnde Quotenaussicht berührt das Antragsrecht nicht, zumal sie bei Antragstellung schwerlich abzuschätzen ist und der absehbare Ausfall der nachrangigen Insolvenzgläubiger eher das Vorliegen eines Eröffnungsgrundes bestätigt. Bei Hinweisen auf Missbrauch des Antragsrechts wird der Antragsteller allerdings sein rechtliches Interesse besonders darzulegen und glaubhaft zu machen haben.

2. Auswechseln und Nachschieben von Forderungen. Der Gläubiger darf zur 35
Begründung seines Antragsrechts Forderungen auswechseln oder weitere Forderungen in das Verfahren einführen (nachschieben). Dies gilt auch, wenn die ursprünglich herangezogene Forderung bereits erloschen ist.[60]

3. Dinglich gesicherte Gläubiger. Kein Antragsrecht geben bloße dingliche 36
Ansprüche, die ein Recht an einem bestimmten Vermögensgegenstand begründen.[61] Solche Gläubiger können ihre Ansprüche zwar im eröffneten Verfahren als Aus- oder Absonderungsrecht geltend machen (§§ 47 bis 52), nehmen jedoch nicht an der gemeinschaftlichen Befriedigung teil. Absonderungsberechtigte Gläubiger, denen neben dem dinglichen Sicherungsgut zugleich auch der Schuldner persönlich haftet, sind dagegen am Verfahren beteiligt (§ 52) und deshalb auch antragsberechtigt. Ob sie auf die abgesonderte Befriedigung verzichten oder bei ihr voraussichtlich ausfallen werden, ist unerheblich.[62] Allerdings entfällt hier das rechtliche Interesse (§ 14 I), wenn bereits vor Verfahrenseröffnung zweifelsfrei feststeht, dass die dingliche Sicherung des Absonderungsberechtigten ausreicht und er deshalb keinen Ausfall hinnehmen muss (vgl. u § 9 Rn. 40).

4. Bedingte oder nicht fällige Forderungen. Der Anspruch des antragstellenden 37
Gläubigers muss zur Zeit der Entscheidung über die Eröffnung begründet sein (§ 38). Das Antragsrecht hängt aber nicht davon ab, dass die Forderung bei Antragstellung oder bei Verfahrenseröffnung bereits fällig ist.[63] Dies folgt zwar nicht aus § 41,[64] weil die Be-

---

[57] MüKoInsO/*Schmahl/Vuia* § 13 Rn. 27.
[58] BGH NZI 2006, 588, 589 = NJW-RR 2006, 1482; *Vallender* MDR 1999, 280, 283; *Jauering* FS Uhlenbruck 2000, S. 3, 12; HK/*Kirchhof* § 13 Rn. 8; Jaeger/*Gerhardt* § 13 Rn. 4; *Uhlenbruck* in Uhlenbruck § 13 Rn. 78, § 14 Rn. 3; MüKoInsO/*Schmahl/Vuia* § 13 Rn. 28; K. Schmidt/*Gundlach* § 13 Rn. 27.
[59] BGH NZI 2011, 58 f.; LG Berlin ZInsO 2009, 526 f.; Braun/*Bußhardt* § 13 Rn. 4; K. Schmidt/ *Gundlach* § 13 Rn. 26; FK/*Schmerbach* § 13 Rn. 8, 10; HK/*Kirchhof* § 13 Rn. 7; KPB/*Pape* § 13 Rn. 32, § 14 Rn. 63; *Uhlenbruck* in Uhlenbruck § 14 Rn. 51; zum Antragsrecht nachrangiger Gläubiger bei Vereinbarung eines qualifizierten Rangrücktritts *Gundlach/Müller* ZInsO 2011, 84 ff.
[60] BGH NZI 2004, 587 f.; LG Göttingen NJW-RR 1993, 767; AG Köln NZI 2000, 94 f.
[61] HK/*Kirchhof* § 13 Rn. 8, § 14 Rn. 6; *Uhlenbruck* in Uhlenbruck § 14 Rn. 3; MüKoInsO/*Schmahl/ Vuia* § 13 Rn. 30, 32; aA K. Schmidt/*Gundlach* § 13 Rn. 30, der von einem fehlenden rechtlichen Interesse ausgeht.
[62] BGH 11.7.2002 – IX ZB 28/02, bei *G. Fischer* NZI 2003, 281; HK/*Kirchhof* § 13 Rn. 8; *Uhlenbruck* in Uhlenbruck § 14 Rn. 3.
[63] Jaeger/*Weber* § 105 KO Rn. 1; Jaeger/*Gerhardt* § 13 Rn. 6; *Uhlenbruck* in Uhlenbruck § 14 Rn. 3; anders zu Unrecht OLG Frankfurt aM WM 2001, 1629, 1631.
[64] So aber MüKoInsO/*Schmahl*[2], § 13 Rn. 38; HK/*Kirchhof* § 14 Rn. 7; ebenso noch die Voraufl.

stimmung erst im eröffneten Verfahren gilt und keine Aussage über die Anforderungen an das Antragsrecht im Rahmen des § 13 I 2 trifft. Das Antragsrecht ergibt sich jedoch daraus, dass auch Gläubiger einer nicht fälligen Forderung einen zur Zeit der Entscheidung über den Eröffnungsantrag begründeten persönlichen Vermögensanspruch gegen den Schuldner haben (s Rn. 34). Dies besagt indes nicht, dass die Fälligkeit der Forderung für die Prüfung der weiteren Zulässigkeitsvoraussetzungen eines Gläubigerantrags ohne Bedeutung ist.[65] Ist die Forderung (noch) nicht fällig und daher nicht durchsetzbar, fehlt das rechtliche Interesse an der Eröffnung eines Insolvenzverfahrens, sofern nicht die Voraussetzungen des § 14 I 2 vorliegen (vgl. u § 9 Rn. 37 ff.).[66]

38 Ein Antragsrecht steht ferner dem Gläubiger einer auflösend bedingten Forderung zu. Solange die auflösende Bedingung nicht eingetreten ist, hat der Gläubiger gegen den Schuldner eine durchsetzbare Forderung.[67] Im Einzelfall kann es aber an einem rechtlichen Interesse fehlen. Der Gläubiger verliert sein Antragsrecht, wenn die auflösende Bedingung eintritt und das Verfahren noch nicht eröffnet worden ist (Abs. 2). Tritt die auflösende Bedingung erst nach der Verfahrenseröffnung ein, ist der Wegfall des Antragsrechts unerheblich.

39 **5. Beschränkung der Einziehungsbefugnis (Verpfändung, Beschlagnahme uä).** Ein Antragsrecht steht dem Gläubiger nur zu, wenn er zur Einziehung der Forderung berechtigt ist. Eine verpfändete Forderung gibt daher vor Pfandreife (§ 1228 II BGB) sowohl dem Pfandgläubiger als auch dem Pfandschuldner ein Antragsrecht, die Forderungsanmeldung kann jedoch nur zur Leistung an beide gemeinschaftlich erfolgen (§ 1281 S. 2 BGB).[68] Soweit dem Pfandgläubiger nach Pfandreife die Einziehung der Forderung zusteht (§ 1282 I BGB), ist er allein antragsberechtigt. Das Gleiche gilt nach Pfändung und Überweisung einer Forderung im Wege der Zwangsvollstreckung (§§ 835, 836 ZPO, §§ 314, 315 AO). Ein Antragsrecht hat auch der Zwangsverwalter auf Grund der von ihm verwalteten Ansprüche (§§ 152, 148 I, § 21 I, II ZVG). Ebenso ist antragsberechtigt der einzelne Mitgläubiger (§ 432 I BGB), sofern er das Ziel verfolgt, bei der späteren Verteilung Leistung an alle zu erreichen.[69] Unterliegt ein Gläubiger einer insolvenzrechtlichen Verfügungsbeschränkung (zB durch Anordnungen nach den §§ 21, 263, 277), steht ihm ein Antragsrecht nur zu, soweit er trotz der Beschränkung zur Einziehung der Forderung befugt ist.[70] Die Antragsbefugnis eines Gläubigers entfällt auch, sobald dieser sein Einzugsrecht auf Grund der §§ 92, 93 zugunsten des Insolvenzverwalters verliert.

40 **6. Befreiungsanspruch bei Mithaftung.** Gesamtschuldner oder Bürgen, die noch nicht durch Befriedigung des Gläubigers eine Forderung erworben haben, können den künftigen Rückgriffsanspruch gegen den Schuldner im Insolvenzverfahren nur verfolgen, wenn der Gläubiger seine Forderung im Verfahren nicht geltend macht (§ 44). Nur unter dieser Voraussetzung steht den potentiell Mithaftenden ein Antragsrecht zu.[71] Sie müssen also einen Verzicht des Gläubigers auf Teilnahme am Verfahren glaubhaft machen.

---

[65] Ausdrücklich auf das rechtliche Interesse hinweisend LG Braunschweig NJW 1961, 2316; AG Göttingen NZI 2001, 606; HK/*Kichhof* § 14 Rn. 7; Nerlich/Römermann/*Mönning* § 14 Rn. 6; Pape/Uhlenbruck/Voigt-Salus, Insolvenzrecht, Kap. 18 Rn. 27; FK/*Schmerbach* § 14 Rn. 35; aA *Häsemeyer*, Insolvenzrecht, Rn. 7.14, der die Fälligkeit der Forderung nur bei der Prüfung des Insolvenzgrundes berücksichtigt wissen will.
[66] Vgl. OLG Frankfurt aM WM 2001, 1629, 1631.
[67] Dagegen auf § 42 abstellend noch die Voraufl.
[68] Jaeger/*Gerhardt* § 13 Rn. 7; *Uhlenbruck* in Uhlenbruck § 13 Rn. 80, § 14 Rn. 4.
[69] Vgl. KG NJW-RR 2000, 1409 f. (zu § 724 ZPO).
[70] LG Duisburg DZWIR 2000, 34; HK/*Kichhof* § 13 Rn. 9.
[71] Vgl. Jaeger/*Gerhardt* § 14 Rn. 11.

7. Arbeitnehmer, Betriebsrentner.
Der Arbeitnehmer mit einem Anspruch auf rückständiges Arbeitsentgelt ist auch dann als Gläubiger antragsberechtigt, wenn er bereits Insolvenzgeld beantragt hat und damit sein Entgeltanspruch nach § 187 SGB III auf die Bundesagentur für Arbeit übergegangen ist. Zwar kann der Arbeitnehmer nunmehr den Entgeltanspruch allenfalls zugunsten der Bundesagentur geltend machen,[72] doch darf der Forderungsübergang nicht zu einem Nachteil führen, der vom Normzweck des § 187 SGB III nicht gedeckt ist. Dies wäre bei einem Verlust des Antragsrechts der Fall.[73]

Der Betriebsrat des schuldnerischen Unternehmens ist nicht berechtigt, für die Arbeitnehmer als Gläubiger einen Eröffnungsantrag zu stellen.[74] Er repräsentiert sie zwar kollektiv, vertritt sie aber nicht individualrechtlich.[75]

Das rechtliche Interesse des antragstellenden Arbeitnehmers an der Eröffnung des Insolvenzverfahrens entfällt nicht wegen des Anspruchs auf Insolvenzgeld. Der Anspruch setzt nämlich regelmäßig gerade die Feststellung der Insolvenz des Arbeitgebers voraus (§ 183 I Nr. 1, 2 SGB III).[76] Ohne Bedeutung ist der Umstand, dass der Arbeitnehmer mit seinem Antrag nicht ausschließlich auf den Erlass eines Eröffnungsbeschlusses abzielt, sondern auch die Abweisung mangels Masse in Kauf nimmt. Dies ist legitim, weil durch beide Entscheidungen gleichermaßen die Anspruchsvoraussetzung für das Insolvenzgeld geschaffen werden kann (§ 183 I Nr. 1, 2 SGB III).[77] Entsprechendes gilt auch für Gläubiger mit Ansprüchen aus betrieblicher Altersversorgung, die bei Insolvenz des Arbeitgebers durch den Pensions-Sicherungs-Verein (PSVaG) gesichert sind.

8. Träger der Insolvenzsicherung für Arbeitsentgelt und Betriebsrenten.
Auch die Bundesagentur für Arbeit und der Pensions-Sicherungs-Verein (PSVaG) sind unter Umständen als Gläubiger aus übergegangenem Recht (vgl. § 187 SGB III, § 7 I 4 Nr. 1, 3 BetrAVG) berechtigt, einen Eröffnungsantrag gegen einen Arbeitgeber zu stellen.[78] In der Praxis ist dies jedoch bedeutungslos.

9. Öffentlich-rechtliche Gläubiger.
Unter den allgemeinen Voraussetzungen können auch Gläubiger öffentlich-rechtlicher Forderungen einen Eröffnungsantrag stellen und sich am Insolvenzverfahren beteiligen (vgl. § 185). Gläubiger ist die jeweilige juristische Person des öffentlichen Rechts, nicht die einzelne Behörde oder Verwaltungsstelle (§ 50 I, § 18 ZPO).[79] Zu den Besonderheiten vgl. u § 9 Rn. 58 ff.

10. Verzicht des Gläubigers auf das Antragsrecht.
Ein Gläubiger kann im Voraus oder nachträglich, solange auch die Antragsrücknahme zulässig wäre (§ 13 II; s. u. § 10), auf sein Recht zur Stellung eines Eröffnungsantrags vertraglich oder einseitig verzichten. Ein solcher Verzicht, für den der Schuldner die Beweislast trägt, macht ebenso wie vergleichbare Bindungen im allgemeinen Vollstreckungsrecht[80] den Eröffnungsantrag verfahrensrechtlich unzulässig.[81]

---

[72] BAG NZA 2007, 279, 281; BAG NJW 2008, 2204; LAG Schleswig-Holstein EWiR 1995, 833; LAG Hamm ZInsO 2001, 240 L.
[73] Einzelheiten bei MüKoInsO/*Schmahl/Vuia* § 13 Rn. 42; ebenso HK/*Kichhof* § 13 Rn. 9; K. Schmidt/*Gundlach* § 13 Rn. 28.
[74] Jaeger/*Gerhardt* § 13 Rn. 13; *Uhlenbruck* in Uhlenbruck § 13 Rn. 64.
[75] Vgl. BAG NZA 1987, 674; BAGE 63, 152, 158 f. = NZA 1990, 441; BAG NZA 2006, 167, 171; BAG NJW 2007, 172, 173.
[76] LG Duisburg NZI 2002, 666 f.; *Uhlenbruck* in Uhlenbruck § 14 Rn. 52.
[77] LG Frankenthal Rpfleger 1984, 31; LG Bonn ZIP 1985, 1342; LG Duisburg NZI 2002, 666 f.; *Uhlenbruck* in Uhlenbruck § 14 Rn. 52.
[78] Einzelheiten bei MüKoInsO/*Schmahl/Vuia* § 13 Rn. 46 ff.
[79] BGH ZIP 2007, 1379, 1381; BGH NZI 2008, 161 f.
[80] Vgl. BGH NJW 1955, 1556; BGH NJW 1982, 2072 f.; BGH NJW 1991, 2295 f.; BGH NJW-RR 2002, 282 f.; BGH NJW-RR 2007, 1724 f.
[81] *Bohn* KTS 1955, 135, 138; HK/*Kichhof* § 14 Rn. 38; Jaeger/*Gerhardt* § 13 Rn. 37; *Uhlenbruck* in Uhlenbruck § 13 Rn. 4; MüKoInsO/*Schmahl/Vuia* § 13 Rn. 49.

III. Antragsrecht der Bundesanstalt für Finanzdienstleistungsaufsicht

47 Bei Unternehmen der Kredit-, Finanzdienstleistungs- und Versicherungswirtschaft ist im öffentlichen Interesse ausschließlich die Bundesanstalt für Finanzdienstleistungsaufsicht (BaFin) zur Stellung eines Eröffnungsantrags berechtigt (§ 46b KWG, § 88 VAG).[82] Anträge des Schuldners oder eines Gläubigers sind in diesem Bereich unzulässig, können jedoch von der Bundesanstalt nachträglich genehmigt werden.[83]

48 Das Antragsmonopol gilt für privat- und öffentlich-rechtliche Kreditinstitute (§ 1 I, 1b, § 2 KWG), Finanzdienstleistungsinstitute (§ 1 I a, I b, § 2 KWG), Kapitalanlagegesellschaften (§§ 6, 19k InvG) und Versicherungsunternehmen (§§ 1, 1a VAG). Der Antrag kann unabhängig von der Rechtsform des Unternehmens auf Zahlungsunfähigkeit oder Überschuldung gestützt werden, im Kredit-, Kapitalanlage- und Finanzdienstleistungssektor auch auf drohende Zahlungsunfähigkeit (§ 46b I 3 KWG, § 88 II 1, 2 VAG). Im letztgenannten Fall darf die Bundesanstalt den Antrag allerdings in Anlehnung an § 18 I nur mit Zustimmung des Schuldners stellen; dabei ist dem Insolvenzgericht darzulegen, dass außergerichtliche Sanierungsmaßnahmen nicht Erfolg versprechend erscheinen (§ 46b I 5 KWG). Die Zustimmung des Schuldners kann nur von Personen mit gesellschaftsrechtlicher Vertretungsbefugnis erklärt werden (vgl. § 18 III). Die Antragstellung steht in allen Fällen im pflichtgemäßen Ermessen der Bundesanstalt.[84] Der Eröffnungsgrund ist anzugeben, braucht aber nicht glaubhaft gemacht zu werden.

IV. Antragsrecht der Aufsichtsbehörden der Krankenkassen

49 Tritt bei einer Krankenkasse ein Insolvenzgrund ein (Überschuldung, drohende Zahlungsunfähigkeit, Zahlungsunfähigkeit), hat der Vorstand der Krankenkasse dies der zuständigen Aufsichtsbehörde unter Beifügung aussagefähiger Unterlagen unverzüglich anzuzeigen (§ 171b II 1 SGB V).[85] Der Antrag auf Eröffnung des Insolvenzverfahrens kann nur von der Aufsichtsbehörde gestellt werden (§ 171b III 1 SGB V) und muss von der Aufsichtsbehörde dem Spitzenverband der Krankenkasse unverzüglich mitgeteilt werden (§ 171b IV 1 SGB V). Liegen zugleich die Voraussetzungen für eine Schließung wegen auf Dauer nicht mehr gesicherter Leistungsfähigkeit vor, soll die Aufsichtsbehörde anstelle des Insolvenzantrags die Krankenkasse schließen (§ 171b III 2 SGB V). Stellt die Aufsichtsbehörde den Antrag auf Eröffnung des Insolvenzverfahrens nicht innerhalb von drei Monaten nach Eingang der Anzeige des Vorliegens eines Insolvenzgrundes gegenüber der Aufsichtsbehörde, ist die spätere Stellung eines Insolvenzantrags so lange ausgeschlossen, wie der Insolvenzgrund, der zu der Anzeige geführt hat, fortbesteht (§ 171b III 3 SGB V). Das Insolvenzgericht hat vor Bestellung eines Insolvenzverwalters die Aufsichtsbehörde zu hören (§ 171b IV 2 SGB V). Der Aufsichtsbehörde ist der Eröffnungsbeschluss gesondert zuzustellen (§ 171b IV 3 SGB V). Der Aufsichtsbehörde und der Krankenkasse steht gegenüber dem Insolvenzgericht ein jederzeitiges Auskunftsrecht über den Stand des Verfahrens zu (§ 171b IV 4 SGB V). Mit der Eröffnung des Insolvenzverfahrens oder dem Tag der Rechtskraft des Beschlusses, durch den die Eröffnung eines Insolvenzverfahrens mangels Masse abgelehnt worden ist, ist die Krankenkasse geschlossen mit der Maßgabe, dass die Abwicklung der Geschäfte der Kran-

---

[82] Einzelheiten bei *Uhlenbruck* in Uhlenbruck § 13 Rn. 84; MüKoInsO/*Schmahl/Vuia* § 13 Rn. 50 ff.; *Pannen*, Krise und Insolvenz bei Kreditinstituten, 2. Aufl. 2006, passim; *Assmann* BB 1976, 579; *Heinsius/Kreutzer* WM 1987, 193; *Huber* ZBB 1998, 193.
[83] MüKoInsO/*Schmahl/Vuia* § 13 Rn. 55.
[84] VG Berlin NJW-RR 1996, 1072 f.; *Gramlich* EWiR 1996, 133; *Kollhosser/Goos* FS Gerhardt 2004, S. 487, 493; *Koppmann* WM 2006, 305, 306.
[85] *Pfohl/Sichert/Otto* NZS 2011, 8 ff.; s a BSGR 113, 107 ff. (keine Klagebefugnis von Arbeitnehmern).

kenkasse im Fall der Eröffnung des Insolvenzverfahrens nach den Vorschriften der Insolvenzordnung erfolgt (§ 171b V SGB V). Für die Verbände der Krankenkassen gelten die §§ 171b bis 171e SGB V entsprechend (§§ 171 f. SGB V).

V. Antragsrecht des ausländischen Insolvenzverwalters

Ist im Ausland ein nach Art. 3 I, Art. 16 EuInsVO, § 343 InsO anzuerkennendes Insolvenzverfahren über das gesamte Vermögen des Schuldners (Hauptinsolvenzverfahren) eröffnet, so ist der Verwalter dieses Verfahrens berechtigt, in Deutschland die Eröffnung eines parallelen Partikularinsolvenzverfahrens über das Inlandsvermögen des Schuldners zu beantragen (Art. 27, 29 EuInsVO, § 356 II InsO; sog Sekundärinsolvenzverfahren). Als ein solcher Verwalter ist jede Person oder Stelle anzusehen, deren Aufgabe es ist, in der Insolvenz des Schuldners in einem rechtlich geregelten Gesamtverfahren im Interesse der Gläubiger das schuldnerische Vermögen zu verwalten oder zu verwerten oder die Geschäftstätigkeit des Schuldners zu überwachen (vgl. Art. 2 lit. b, Art. 1 EuInsVO). Antragsberechtigt ist deshalb auch, wer nur eine dem Sachwalter bei der Eigenverwaltung (§§ 270, 274) ähnliche Rechtsstellung innehat. Nicht antragsberechtigt ist der eigenverwaltende Schuldner selbst.[86]   50

VI. Nachträglicher Wegfall des Antragsrechts

1. Grundsatz. Fällt das Antragsrecht eines Eröffnungsantragstellers im Verlaufe des Eröffnungsverfahrens weg, so wird der Antrag unzulässig. Dies gilt indessen nur, wenn sich die Rechtsstellung des vertretenen Antragstellers selbst ändert. Erlischt dagegen nach rechtswirksamer Antragstellung nur die Vertretungsmacht des Vertreters, so bleibt der Antrag ebenso wie andere Rechtshandlungen eines berechtigten Vertreters[87] wirksam.   51

2. Eigenantrag. Kein Wegfall des Antragsrechts liegt demnach vor, wenn die natürliche Person, die wirksam einen Eigenantrag im Namen des schuldnerischen Rechtsträgers gestellt hat, aus der organschaftlichen oder mitgliedschaftlichen Position, auf der ihr Antragsrecht beruht, ausscheidet.[88] Der Antrag ist kraft bestehender Vertretungsbefugnis für den schuldnerischen Rechtsträger gestellt und bleibt wirksam.   52

3. Gläubigerantrag. Das Antragsrecht eines Gläubigers entfällt, wenn die dem Antrag zugrunde liegende Forderung erlischt[89] oder auf einen anderen übergeht. § 265 ZPO ist nicht anzuwenden.[90] Der Gläubiger darf allerdings neue Forderungen in das Verfahren einführen (nachschieben) oder Forderungen auswechseln (s. o. Rn. 35).   53

Keine Erfüllungswirkung hat eine Leistung des Schuldners, die gegen eine Verfügungsbeschränkung nach § 21 II 1 Nr. 2 verstößt (§ 24 I, § 81 I).[91] Der Gläubiger kommt nicht in Annahmeverzug, wenn er sie aus diesem Grund ablehnt, nur unter Vorbehalt annimmt oder an den vorläufigen Insolvenzverwalter weiterleitet. Solange der antragstellende Gläubiger keine hinreichenden Anhaltspunkte dafür hat, dass die von ihm glaubhaft gemachte Zahlungsunfähigkeit des Schuldners weggefallen ist, darf er auch im Übrigen die vorbehaltlose Annahme der Leistung verweigern.[92] Eine Leistung des Schuldners in dieser   54

---

[86] Einzelheiten in Kap XIII und bei MüKoInsO/*Schmahl*/*Vuia* § 13 Rn. 63 ff.
[87] RGZ 107, 161, 166; BGH NJW 1974, 748; BGH WM 1984, 604.
[88] LG Dortmund ZIP 1985, 1341; AG Duisburg ZIP 1995, 582 f.; HK/*Kirchhof* § 15 Rn. 15; Jaeger/ *H. F. Müller* § 15 Rn. 8; Uhlenbruck/*Hirte* § 15 Rn. 6, § 13 Rn. 121; MüKoInsO/*Schmahl*/*Vuia* § 13 Rn. 149.
[89] BGH NZI 2004, 587, 588.
[90] *Smid* InVo 2003, 1, 3 ff.; HK/*Kirchhof* § 13 Rn. 9; vgl. auch BGHZ 92, 347, 349 = NJW 1985, 809; BGHZ 120, 387, 389 = NJW 1993, 1396.
[91] BGHZ 142, 72, 75 f. = NJW 1999, 2969 f. = NZI 1999, 313 f.; LG Duisburg NZI 2004, 150 f.
[92] *Kirchhof* ZInsO 2004, 1168, 1171; *Kreft* DStR 2005, 1232, 1235.

Lage bewirkt nämlich stets, auch wenn sie aus Kreditmitteln oder Einlagen Dritter stammt,[93] eine anfechtbare inkongruente Deckung (§ 131 I Nr. 1).[94]

55 4. Wegfall nach Verfahrenseröffnung. Der Wegfall des Antragsrechts lässt den Eröffnungsantrag nur unzulässig werden, solange der Antragsteller zur Rücknahme seines Antrags befugt ist.[95] Diese Dispositionsbefugnis endet mit Erlass des Eröffnungsbeschlusses, weil nunmehr die rechtlichen Wirkungen der Eröffnung (§§ 80 ff.) Vorrang vor den Interessen einzelner Beteiligter haben. Auf die Rechtskraft des Eröffnungsbeschlusses kommt es nicht an (§ 13 II; s. u. § 10 Rn. 8). Ein Wegfall des Antragsrechts nach Verfahrenseröffnung kann nur unter den Voraussetzungen der §§ 212, 213 zur Einstellung des Verfahrens führen. Eine Einstellung allein wegen Wegfalls der Forderung des antragstellenden Gläubigers kennt das Gesetz nicht.[96] Wird das Insolvenzverfahren nicht eröffnet, so ist der Wegfall des Antragsrechts bis zum rechtskräftigen Abschluss des Eröffnungsverfahrens, insbesondere bis zur rechtskräftigen Abweisung des Antrags, zu berücksichtigen (§ 13 II).

VII. Haftung des Antragstellers bei unberechtigter Antragstellung

56 1. Haftung beim Gläubigerantrag. Wer als Gläubiger einen Eröffnungsantrag stellt, kann vom Schuldner nicht allein deshalb zum Schadensersatz herangezogen werden, weil der Antrag sich im Ergebnis als unzulässig oder unbegründet erweist. Für eine solche, vom Verschulden unabhängige Haftung,[97] wie sie etwa in § 302 IV, § 717 II oder § 945 ZPO für ungerechtfertigte vorläufige Vollstreckungen vorgesehen ist, fehlt die rechtliche Grundlage.[98] Allerdings haftet ein Gläubiger dem Schuldner, wenn er den Eröffnungsantrag einsetzt, um ihn sittenwidrig und vorsätzlich (auch bedingt vorsätzlich) zu schädigen (§ 826 BGB).[99] Hierzu reicht jedoch nicht die Kenntnis aus, dass der Antrag unzulässig oder unbegründet ist. Es müssen vielmehr besondere Umstände in der Art und Weise des verfahrensrechtlichen Vorgehens hinzutreten, die es als sittenwidrig prägen.[100] Dies ist etwa der Fall, wenn der Gläubiger den Antrag wissentlich auf unwahre oder unvollständige Behauptungen stützt oder mit ihm bewusst einen nicht schutzwürdigen verfahrensfremden Zweck verfolgt.[101]

57 Außerhalb dieser Sachverhalte ist mit der herrschenden Meinung[102] davon auszugehen, dass ein Gläubiger auch bei einfacher Fahrlässigkeit wegen Verletzung vertraglicher

---

[93] Vgl. BGHZ 147, 193 = NJW 2001, 1937; BGH NZI 2001, 539; BGH NJW 2002, 1574, 1576 = NZI 2002, 255; BGHZ 174, 228 = NJW 2008, 655 = NZI 2008, 163; BGHZ 174, 314 = NJW 2008, 1067 = NZI 2008, 167; BGH NZI 2008, 297; BGH NJW 2008, 1535 = NZI 2008, 293; BGH NJW 2009, 225 = NZI 2009, 45; BGH NJW 2009, 3362 = NZI 2009, 764; AG Hamburg NZI 2004, 323, 325.

[94] BGHZ 157, 242, 246 f. = NJW 2004, 1385 f. = NZI 2004, 201; BGHZ 161, 315, 322 f. = NJW 2005, 1118; BGH NZI 2006, 159, 161; *G. Fischer* FS Kichhof 2003, S. 73, 81.

[95] BGHZ 169, 17, 25 = NJW 2006, 3553, 3555; BGH ZVI 2006, 564; BGH, Beschl. v. 12.7.2007 – IX ZB 32/07, bei *G. Fischer* NZI 2008, 265, 266; BGH, Beschl. v. 13.12.2007 – IX ZB 82/07; BGH, Beschl. v. 20.12.2007 – IX ZB 48/07; vgl. auch BGH NZI 2005, 108; BGH, Beschl. v. 26.6.2008 – IX ZB 238/07.

[96] BGH ZVI 2006, 564 f.; BGH, Beschl. v. 19.3.2009 – IX ZB 57/08.

[97] So aber *Baur* JZ 1962, 95.

[98] Hierzu und zum folgenden *Schillgalis* S 23 ff., 40 ff.; *Weitnauer* DB 1962, 461 f.; *Zeiss* NJW 1967, 703 ff.; *Pape* ZIP 1995, 623; Jaeger/*Gerhardt* § 13 Rn. 55 ff.; KPB/*Pape* § 13 Rn. 111 ff.; *Uhlenbruck* in Uhlenbruck § 14 Rn. 158.

[99] Vgl. BGHZ 36, 18 = NJW 1961, 2254; OLG Koblenz NZI 2006, 353 f.; HK/*Kichhof* § 14 Rn. 62; *Uhlenbruck* in Uhlenbruck § 14 Rn. 157; *Rein* NZI 2006, 354 f.; krit. Jaeger/*Gebhardt* § 13 Rn. 57.

[100] BGHZ 36, 18, 20 f. = NJW 1961, 2254f; BGHZ 148, 175, 182 ff. = NJW 2001, 3187, 3189; BGHZ 154, 269 = NJW 2003, 1934; BGH NJW 2004, 446 = NZI 2004, 518; OLG Koblenz NZI 2006, 353 mit zust. Anm. *Rein*.

[101] OLG Koblenz NZI 2006, 353 f.

[102] Anders etwa *Baur* JZ 1962, 95; *Weitnauer* DB 1962, 461; *ders.* AcP 170 (1970), 437, 449; *Hopt* S. 165 ff.; *Zeiss* NJW 1967, 703 ff.; *Schillgalis* S 46 ff., 111 f.

Nebenpflichten oder wegen unerlaubten Eingriffs in den eingerichteten und ausgeübten Gewerbebetrieb des Schuldners für einen unzulässigen oder unbegründeten Eröffnungsantrag nicht haftet (§§ 280 I, 241 II BGB, § 823 I BGB).[103] Die Verletzung eines fremden Rechtsguts durch die Nutzung eines gesetzlich geregelten gerichtlichen Verfahrens indiziert auch dann nicht die Rechtswidrigkeit, wenn das Begehren des Antragstellers sachlich nicht gerechtfertigt ist. Das gerichtliche Verfahren selbst dient in einem solchen Fall durch seine gesetzliche Ausgestaltung dem Schutz des Schuldners. Der Gläubiger ist nicht verpflichtet, mit Sorgfalt zu prüfen, ob er sich zur Antragstellung für berechtigt halten darf. Etwas anderes gilt, wenn dem Antragsteller grobe Fahrlässigkeit (Leichtfertigkeit) zur Last fällt, insbesondere wenn der Antrag ohne jede (oder nur nach offensichtlich gänzlich unzulänglicher) Prüfung der Voraussetzungen in tatsächlicher und rechtlicher Hinsicht gestellt worden ist, obwohl es leicht zu überprüfende Hinweise dafür gegeben hat, dass ein Eröffnungsantrag ungerechtfertigt ist.[104] Zwar liegt es außerhalb seines Verantwortungsbereichs, ob der Eröffnungsantrag letztlich begründet ist. Stellt ein Gläubiger jedoch vorsätzlich oder grob fahrlässig einen Eröffnungsantrag ohne die erforderliche hinreichende Glaubhaftmachung, kommt diesem Antrag keine verfahrensrechtliche Legalität zu. Der Gläubiger haftet dann im Rahmen der §§ 280 I, 241 II BGB, § 823 I BGB für den entstehenden Schaden des Schuldners. Die Fahrlässigkeit mag bei einem rechtlich unerfahrenen Gläubiger weniger schwer wiegen als bei einem rechtskundig beratenen oder bei einer Behörde.[105] Man wird aber grobes Verschulden jedenfalls dann annehmen müssen, wenn der Gläubiger Hinweise des Insolvenzgerichts auf wesentliche Mängel des Eröffnungsantrags unbeachtet lässt und den Antrag dennoch aufrechterhält.

Ein Gläubiger, der außerhalb eines gerichtlichen Verfahrens vorsätzlich oder fahrlässig unwahre Behauptungen über die Zahlungsunfähigkeit des Schuldners in Umlauf bringt, kann sich einer Haftung wegen Kreditgefährdung aus § 824 BGB aussetzen.[106] Auch wenn er Dritten nur die Tatsache seiner Antragstellung mitteilt, wird hierin in der Regel die Aussage liegen, der Schuldner sei in einer Lage, die einen solchen Antrag rechtfertigt.[107] Solange der Gläubiger nicht sicher sein kann, dass das Insolvenzgericht den Antrag als zulässig ansieht, wird diese *außergerichtliche* Bekanntgabe nicht von der Privilegierung des gerichtlichen Verfahrens umfasst. Entsprechendes gilt für die außergerichtliche Verbreitung kreditgefährdender Meinungsäußerungen oder Werturteile des Gläubigers über die Solvenz des Schuldners, wenn er hierdurch eine vertragliche Pflicht verletzt (§§ 280 II, 241 II BGB).[108]

2. Haftung beim Eigenantrag. Organschaftliche Vertreter einer juristischen Person oder einer kapitalistisch strukturierten Personengesellschaft[109] (Publikumsgesell-

---

[103] Zu Konkursantrag und Vollstreckung s BGHZ 36, 18, 20f. = NJW 1961, 2254f.; BGHZ 118, 201, 206 = NJW 1992, 2014f.; OLG Celle ZIP 1998, 1444f.; dazu krit. *Mankowski* EWiR 1998, 733; OLG Koblenz NZI 2006, 353; zum Betreiben eines Rechtsstreits s BGHZ 74, 9, 17 = NJW 1979, 1351f.; BGHZ 148, 175 = NJW 2001, 3187 = NZI 2001, 533; BGHZ 154, 269 = NJW 2003, 1934; BGH NJW 2004, 446 = NZI 2004, 518f.; zur Strafanzeige s BVerfGE 74, 257 = NJW 1987, 1929; BVerfG NJW 2001, 3474; BGH NJW-RR 2003, 897f. = ZIP 2003, 759f.; BAG NJW 2004, 1547f.
[104] BGHZ 36, 18, 20f. = NJW 1961, 2254f.; BGHZ 74, 9, 17 = NJW 1979, 1351f.; BGHZ 118, 201, 206 = NJW 1992, 2014f.; BGHZ 154, 269 = NJW 2003, 1934; BGHZ 164, 1, 6ff. = BGH NJW 2005, 3141f.; BGH NJW-RR 2003, 897f.
[105] Vgl. den Fall BGHZ 110, 253 = NJW 1990, 2675: Konkursantrag einer Gemeinde ohne jede Glaubhaftmachung der Antragsvoraussetzungen.
[106] Vgl. BGHZ 39, 129; BGHZ 166, 84 Rn. 61ff. = NJW 2006, 830, 836f.; BGH NJW 1963, 904; BGH NJW 1994, 2614, 2616; *Weitnauer* DB 1962, 461; *Pape* ZIP 1995, 623, 627.
[107] So zu Recht *Weitnauer* DB 1962, 461f.; *Schillgalis* S. 130f.; Jaeger/*Gerhardt* § 13 Rn. 58.
[108] Vgl. dazu BGHZ 166, 84 Rn. 25, 37ff. = NJW 2006, 830, 833f.
[109] Hier gilt nicht die Haftungsbeschränkung des § 708 BGB; vgl. BGHZ 69, 207 = NJW 1977, 2311; BGHZ 75, 321 = NJW 1980, 589; BGH NJW 1995, 1353.

schaft) haften ihrem Rechtsträger auf Schadensersatz (vgl. § 93 II AktG, § 43 II GmbHG, § 34 II GenG), wenn sie unter Verletzung der Sorgfalt eines ordentlichen und gewissenhaften Geschäftsleiters einen unzulässigen oder unbegründeten Eröffnungsantrag stellen. Diese Sorgfalt verlangt von ihnen, dass sie jederzeit im erforderlichen Umfang über die wirtschaftliche Lage des Unternehmens informiert sind und rechtzeitig vor der Antragstellung klären, ob eine erfolgversprechende Sanierungsmöglichkeit besteht. Zumindest bei drohender Zahlungsunfähigkeit (§ 18) ist vor Antragstellung regelmäßig die Entschließung des Aufsichtsrats oder der Versammlung der Anteilsinhaber einzuholen (vgl. auch § 92 I AktG, § 49 III GmbHG). Ein Beschluss dieser Gremien, der das Vertretungsorgan positiv anweist, einen Eröffnungsantrag zu stellen, ist bindend, sofern nicht offensichtlich Missbrauch vorliegt. Dagegen ist eine negative Weisung oder eine Ermächtigung, den Eröffnungsantrag entgegen einer gesetzlichen Antragspflicht nicht zu stellen, rechtlich unwirksam.[110] Gleiches gilt für einen entsprechenden Beschluss des kollegialen Vertretungsorgans selbst.[111]

§ 9. Form und Inhalt des Eröffnungsantrags

Übersicht

	Rn.
I. Allgemeine Anforderungen an den Antrag	1
1. Form des Antrags	1
2. Bezeichnung der Parteien	4
3. Antragsziel	6
4. Bezeichnung der Verfahrensart	7
5. Darlegung der internationalen und örtlichen Zuständigkeit	8
6. Unzulässigkeit von Bedingungen	9
II. Antragstellung durch Bevollmächtigte	12
1. Prokura, Handlungsvollmacht, Generalvollmacht beim Eigenantrag	12
2. Verfahrensbevollmächtigte	13
III. Besonderheiten beim Eigenantrag	16
1. Notwendigkeit einer Antragsbegründung	16
2. Darstellung des Eröffnungsgrundes (Finanz- und Vermögenslage)	19
3. Natürliche Personen	25
4. Juristische Personen, Gesellschaften ohne Rechtspersönlichkeit	26
IV. Besonderheiten beim Gläubigerantrag	28
1. Rechtliches Interesse des Gläubigers	29
a) Rechtliche oder wirtschaftliche Nutzlosigkeit des Antrags	30
b) Anderweitige Befriedigungsmöglichkeit	31
c) Verfolgung verfahrensfremder Zwecke	32
d) Unverhältnismäßigkeit, sittenwidrige Härte	33
e) Gerichtliche Untersagung der Antragstellung	36
2. Vorherige Antragstellung (§ 14 I 2)	37
a) Zweck und rechtspolitische Bewertung der Neuregelung	38
b) Erfüllung der Forderung	39
c) Voraussetzungen an das „Erstverfahren"	40
d) Fortbestehen des Antragsrechts	47
e) Fortbestehen des rechtlichen Interesses	48
f) Fortbestehen des Insolvenzgrundes	49

---

[110] BGHZ 31, 258, 278 = NJW 1960, 285; BGH NJW 1974, 1088f.; BGH DStR 2001, 1537f. m. Anm. *Goette*; BGH ZIP 2003, 945f. = NJW-RR 2003, 895; BGH ZIP 2007, 674f. = NZG 2007, 396f.; LG Dortmund ZIP 1985, 1341f.; *Ulmer* KTS 1981, 469, 489; *Konzen* NJW 1989, 2977, 2982; *Mennicke* NZG 2000, 622, 623; *Lutter/Banerjea* ZIP 2003, 2177; *Fleischer* BB 2005, 2025f.; *Haas* WM 2006, 1417f.

[111] *Fleischer* BB 2004, 2645 ff.; KölnKommAktG/*Mertens* § 92 Rn. 42; MüKoAktG/*Hefermehl/Spindler* § 92 Rn. 32.

	Rn.
3. Glaubhaftmachung der Forderung	53
4. Glaubhaftmachung des Eröffnungsgrundes	57
a) Zahlungsunfähigkeit	58
b) Überschuldung	63
5. Glaubhaftmachung der vorherigen Antragstellung (§ 14 I 3)	64
V. Eröffnungsanträge öffentlich-rechtlicher Gläubiger	65
1. Grundsätze	65
2. Glaubhaftmachung der Forderung	66
3. Glaubhaftmachung des Eröffnungsgrundes	69

I. Allgemeine Anforderungen an den Antrag

1. Form des Antrags. Der Eröffnungsantrag ist beim Insolvenzgericht schriftlich einzureichen (§ 13 I); die Antragstellung durch Erklärung zu Protokoll der Geschäftsstelle ist ausgeschlossen.[1] Dies gilt auch für die Anträge auf Restschuldbefreiung und auf Stundung der Verfahrenskosten (§ 287 I, § 4a I InsO).

Ein schriftlicher Antrag muss vom Antragsteller oder seinem gesetzlichen Vertreter oder Bevollmächtigten unterschrieben sein (§ 253 IV, § 130 Nr. 6 ZPO, § 4 InsO). Die Grundsätze über die Klageerhebung mit Hilfe elektronischer Telekommunikationsmittel[2] gelten auch für Insolvenzeröffnungsanträge. Anhängigkeit tritt bereits mit Eingang des Fax-Schreibens ein (§ 130 Nr. 6, vgl. auch § 130a III ZPO).[3] Schriftstücke, die der Glaubhaftmachung von Tatsachen dienen sollen, sind in aller Regel im Original oder in beglaubigter Abschrift vorzulegen. Ob eine als Fax-Schreiben übersandte eidesstattliche Versicherung hinreichenden Beweiswert hat, hängt vom Einzelfall ab. Bei schriftlicher Antragstellung durch einen Gläubiger sind die erforderlichen Abschriften der Antragsschrift und ihrer Anlagen zur Übermittlung an den Schuldner beizufügen (§ 253 V ZPO, § 4 InsO).[4]

Soweit durch Rechtsverordnung (§ 13 III, § 305 V) ein amtliches Formular für die Antragstellung durch den Schuldner eingeführt wird (bisher ist dies nur beim Verbraucherinsolvenzverfahren der Fall), ist ein Antrag nur zulässig, wenn er auf einem solchen ordnungsgemäß ausgefüllten und unterschriebenen Formular gestellt wird.[5] Durch das Gesetz zur Verkürzung des Restschuldbefreiungsverfahrens und zur Stärkung der Gläubigerrechte vom 15.7.2013[6] ist § 305 V dahingehend geändert worden, dass sich die Verordnungsermächtigung nur noch auf die nach Abs. 1 Nr. 1 bis 3 vorzulegenden Bescheinigungen, Anträge und Verzeichnisse beziehen soll. Eine Bezugnahme auf Abs. 1 Nr. 4 fehlt. Nach dem Wortlaut der Bestimmung besteht für Schuldenbereinigungspläne mithin kein Formularzwang mehr. Der Formularzwang soll durch die Standardisierung von Gliederung, Form und Inhalt die Bearbeitung des Antrags vereinfachen. Er soll dem Gericht insbesondere die kurzfristige Prüfung erleichtern, ob alle zur Zulässigkeit des Antrags erforderlichen Angaben vorliegen und ob Sicherungsmaßnahmen erforderlich sind.[7] Das eingereichte Antragsformular muss deshalb sowohl inhaltlich als auch bildlich (nach Gestaltung, Schriftbild, Seitenumbruch, Layout) mit dem amtlichen Formular vollständig übereinstimmen. Jede nicht nur ganz unwesentliche Abweichung von diesen Vorgaben läuft dem Vereinfachungszweck zuwider und macht den Antrag unzulässig.[8] Der Formularzwang

---

[1] Begr RegE InsVfVereinfG 2007, BT-Drucks. 16/3227, zu Art. 1 Nr. 4a, S. 14 f.; ebenso zu § 305 InsO: BT-Drucks. 14/120, zu Art. 2 Nr. 16 EGInsOÄndG 1998.
[2] Vgl. BVerfG NJW 1987, 2067; BGH NJW 1993, 3141; GmS-OGB in BGHZ 144, 160.
[3] GmS-OGB in BGHZ 144, 160, 165.
[4] Anders OLG Köln NZI 2000, 80; FK/*Schmerbach* § 14 Rn. 11.
[5] AG Dresden ZVI 2002, 415; AG Köln NZI 2002, 679 f.
[6] BGBl. I S. 2379.
[7] Vgl. Begr RegE InsVfVereinfG 2007, BT-Drucks. 16/3227, S. 15.
[8] AG Köln NZI 2002, 679 f.

beseitigt nicht die Befugnis des Gerichts, für andere Zwecke als die Antragstellung, etwa zur Anhörung oder zur Einholung von Auskünften, zusätzlich eigene Fragebögen oder sonstige Formulare einzusetzen. Die Regelung in § 13 III 3, die durch das Gesetz zur weiteren Erleichterung der Sanierung von Unternehmen vom 7.12.2011 (ESUG) eingeführt worden und mit Wirkung zum 1.3.2012 in Kraft getreten ist, stellt eine Ergänzung des Formularzwangs dar. Für vom Gericht maschinell und nicht maschinell bearbeitete Verfahren können demnach unterschiedliche Formulare eingeführt und verwendet werden.

4   **2. Bezeichnung der Parteien.** Antragsteller und Antragsgegner, Gläubiger und Schuldner sind so genau zu bezeichnen, dass an ihrer Identität kein Zweifel besteht (§ 253 II Nr. 1 ZPO, § 4 InsO). Anzugeben sind deshalb neben dem Vor- und Zunamen oder der vollständigen Firma auch die Rechtsform und die zustellungsfähigen Anschriften der Beteiligten.[9] Bei Unternehmen, die keine eigenen Geschäftsräume (mehr) haben, gehört hierzu auch die Anschrift zumindest eines organschaftlichen Vertreters oder Zustellungsbevollmächtigten (vgl. § 185 Nr. 2 ZPO) oder die Wohnanschrift des Einzelinhabers. Behauptet der antragstellende Gläubiger, der Wohnsitz oder der Aufenthalt des Schuldners sei allgemein unbekannt, hat er dies unter Darlegung der ernstlich angestellten Nachforschungen, zu denen zumindest zeitnahe Anfragen beim maßgebenden Einwohner- und Gewerbemelderegister, aber auch Nachfragen bei Familienangehörigen, (früheren) Arbeitgebern und/oder Behörden gehören, nachzuweisen.[10] Die öffentliche Zustellung des Eröffnungsantrags erfolgt sodann von Amts wegen[11] (§ 8 I 1).

5   Ist der Schuldner auf Grund seiner Rechtsform in das Handelsregister oder ein ähnliches öffentliches Register einzutragen, muss das Insolvenzgericht anhand der Angaben des Antragstellers in der Lage sein, einen Registerauszug über den Schuldner anzufordern. Die ordnungsgemäße Bezeichnung des Schuldners umfasst daher zumindest[12] auch die Angabe des zuständigen Registergerichts. Dies gilt insbesondere, wenn der tatsächliche Sitz des Schuldners (der wirtschaftliche Mittelpunkt im Sinne des § 3 I 2) nicht mit dem Ort des registerrechtlichen satzungsmäßigen Sitzes übereinstimmt. Bei einem nicht eingetragenen Rechtsträger, insbesondere der Gesellschaft des Bürgerlichen Rechts, sind zur eindeutigen Identifizierung neben der etwa verwendeten firmenähnlichen Bezeichnung alle Gesellschafter zu benennen.[13]

6   **3. Antragsziel.** Der Antrag muss zweifelsfrei zum Ausdruck bringen, dass der Antragsteller ernsthaft die Eröffnung des Insolvenzverfahrens über das Vermögen eines bestimmten Schuldners oder über ein insolvenzfähiges Sondervermögen anstrebt (§ 253 II Nr. 2 ZPO, § 4 InsO). Unzulässig ist ein Antrag, der sich nur auf ein nicht selbständig haftendes Teilvermögen bezieht, etwa einen von mehreren Betrieben des Schuldners. Eine Ausnahme gilt nur für das Inlandsvermögen eines Schuldners, für dessen Gesamtvermögen deutschen Insolvenzgerichten die internationale Zuständigkeit fehlt (Art. 3 II bis IV EuInsVO, §§ 354, 356 InsO). Bei Unklarheiten des Antrags kann das Gericht ihn wie jede Prozesserklärung in Analogie zu den §§ 133, 157 BGB auslegen. Bei verblei-

---

[9] LG Hamburg NZI 2006, 115; LG Hamburg NZI 2010, 865; AG Hamburg ZInsO 2005, 276; AG Hamburg ZInsO 2007, 501 ff.; K. Schmidt/*Gundlach* § 13 Rn. 3; ausführlich dazu *Frind* ZVI 2005, 57 ff.; *Uhlenbruck* in Uhlenbruck § 13 Rn. 59, § 14 Rn. 24.
[10] Vgl. BVerfG NJW 1988, 2361; BGH NJW-RR 1992, 578; BGHZ 149, 311, 315 = NJW 2002, 827; BGH NJW 2003, 1530 f.; AG Potsdam NZI 2001, 604 f.
[11] OLG Köln, ZIP 1988, 1070.
[12] So auch AG Potsdam NZI 2001, 606; weitergehend (stets Vorlage des Registerauszugs durch den Antragsteller) Jaeger/*Weber* § 105 KO Rn. 1; KPB/*Pape* § 14 Rn. 5.
[13] AG Potsdam ZIP 2001, 797; *Wellkamp* KTS 2000, 331, 342; anders zu Unrecht *Hirte* NJW 2003, 1285, 1288.

benden Unklarheiten muss das Gericht auf eine Klarstellung durch den Antragsteller hinwirken (§ 139 I 2 ZPO). Im Zweifel ist davon auszugehen, dass der Antragsteller mit einer Prozesserklärung das anstrebt, was nach den Maßstäben der Rechtsordnung vernünftig ist und seiner erkennbaren, recht verstandenen Interessenlage entspricht.[14]

4. Bezeichnung der Verfahrensart. Eine bestimmte Verfahrensart, etwa das Regelinsolvenzverfahren, das Verbraucherinsolvenzverfahren (§§ 304ff., 312ff.) oder das Nachlassinsolvenzverfahren (§§ 315ff.), braucht der Antragsteller nicht zu wählen. Das Insolvenzgericht hat von Amts wegen die Verfahrensvorschriften anzuwenden, die nach dem jeweiligen Erkenntnisstand über die rechtlichen und tatsächlichen Verhältnisse des Schuldners (§ 5 I) einschlägig sind.[15] Allerdings ist die ausdrückliche Beschränkung des Antrags auf eine bestimmte Verfahrensart rechtlich möglich; eine unzulässige Bedingung liegt hierin nicht.[16] In diesem Fall ist der Antrag nur zulässig, wenn die – von Amts wegen zu klärenden – Voraussetzungen für die gewählte Verfahrensart vorliegen.[17] Bei Bedenken gegen die Richtigkeit der Wahl hat das Gericht einen Hinweis zu erteilen, bei missverständlichen Erklärungen des Antragstellers ist auf eine Klarstellung hinzuwirken (§ 139 ZPO, § 4).[18] Im Zweifel ist der Eröffnungsantrag dahin auszulegen, dass der Antragsteller ein Verfahren der richtigen, gesetzlich einschlägigen Art anstrebt. Die Verwendung von Formularen oder von standardisierten Texten für eine bestimmte Verfahrensart bedeutet noch keine Beschränkung des Antrags. Die Beschränkung kann als teilweise Rücknahme des umfassenden Antrags in den zeitlichen Grenzen des § 13 II auch nachträglich erklärt werden.

5. Darlegung der internationalen und örtlichen Zuständigkeit. Im Eröffnungsantrag sind die Umstände anzugeben, aus denen die örtliche Zuständigkeit des Insolvenzgerichts abgeleitet wird (§ 3 I, § 354 III InsO, Art. 102 § 1 EGInsO). In Fällen mit Auslandsberührung gilt gleiches für die internationale Zuständigkeit (Art. 3 EuInsVO, §§ 354, 356 InsO). Ergeben sich die maßgebenden Umstände nicht bereits aus den Angaben über die Anschrift des Schuldners, so sind sie im Einzelnen darzulegen.[19]

6. Unzulässigkeit von Bedingungen. Der Eröffnungsantrag kann als verfahrenseinleitender Hauptantrag nicht mit einer Bedingung verbunden oder mit Maßgaben für das weitere Vorgehen des Insolvenzgerichts versehen werden.[20] Ist der Antrag einmal bei Gericht eingegangen, steht das Betreiben des weiteren Verfahrens nicht im Ermessen der Parteien. Das Verfahren ist schon vor der Eröffnung wesentlich darauf angelegt, das gemeinsame Interesse der gesamten Gläubigerschaft an einer möglichst effektiven Haftung des Schuldners durchzusetzen (vgl. → § 5 I, §§ 21, 22).

---

[14] BGH NJW-RR 1995, 1183f.; BGH NJW-RR 2000, 1446; BGH NZI 2006, 599, 600f. = NJW-RR 2006, 1554; BGH, Beschl. v. 9.2.2012 – IX ZB 86/10; LG Hamburg NZI 2012, 29f.

[15] BGH NZI 2002, 548; OLG Köln NZI 2001, 216; LG Kassel NZI 2000, 34; LG Mannheim NZI 2000, 490; LG Hamburg NZI 2012, 29f.; AG Hamburg ZIP 2000, 323; *Bork* ZIP 1999, 301, 303; *A. Schmidt* EWiR 1999, 1069; *Henckel* ZIP 2000, 2045, 2051; *K. Schmidt/Gundlach* § 13 Rn. 5.

[16] OLG Schleswig NZI 2000, 164; OLG Celle NZI 2000, 229, 230; OLG Köln NZI 2000, 542; LG Halle NZI 2000, 379; AG Köln NZI 1999, 241; AG Mönchengladbach ZInsO 1999, 724; *Henckel* ZIP 2000, 2045, 2051.

[17] BGH ZInsO 2008, 1324; BGH ZIP 2009, 626f.; OLG Schleswig NZI 2000, 164; OLG Köln NZI 2000, 542, 543; OLG Naumburg NZI 2000, 603; OLG Oldenburg ZInsO 2001, 560; AG Köln NZI 1999, 241f.

[18] LG Hamburg NZI 2012, 29f.; *K. Schmidt/Gundlach* § 13 Rn. 11.

[19] AG Göttingen ZIP 2001, 387; AG Potsdam NZI 2001, 606f; AG Köln NZI 2006, 57; AG Hamburg ZInsO 2007, 501; AG Köln NZI 2008, 390; HK/*Kirchhof* § 3 Rn. 22, § 13 Rn. 6; Jaeger/*Gerhardt* § 13 Rn. 31.

[20] BGHZ 167, 190 = NJW 2006, 2701f. = NZI 2006, 469; BGH NZI 2008, 45f.; OLG Frankfurt JW 1926, 2114 und JW 1928, 1156; AG Gummersbach KTS 1964, 61; *K. Schmidt* GmbHR 2002, 1209, 1212; *K. Schmidt/Gundlach* § 13 Rn. 8.

10 Wird der Eröffnungsantrag mit der Maßgabe gestellt, dessen Bearbeitung kurzfristig zurückzustellen, ist dies regelmäßig als unverbindliche, das Insolvenzgericht nicht bindende Anregung zu verstehen, dem das Insolvenzgericht nachkommen kann.[21] Ein Antrag, der mit der Maßgabe gestellt wird, dass er zunächst nicht bearbeitet wird, enthält dagegen eine unzulässige Bedingung und ist deshalb unzulässig.[22] Dasselbe gilt, wenn der Gläubiger erklärt, er werde mögliche Gutachterkosten nicht begleichen, bevor er nicht über das Ergebnis einer Anhörung des Schuldners informiert worden ist.[23] Der Eröffnungsantragsteller kann die Wirksamkeit seines Antrags nicht von einer bestimmten Gestaltung des gerichtlichen Verfahrens abhängig machen. Insbesondere geht es nicht an, dass er dem Gericht aufgibt, das Verfahren bis auf weiteres auszusetzen,[24] den Antrag nicht vor einem bestimmten Zeitpunkt zuzustellen, von kostenauslösenden Ermittlungshandlungen ohne Rücksprache mit dem Antragsteller abzusehen oder keine Sicherungsmaßnahmen[25] anzuordnen. Ebenso wenig kann er verlangen, dass das Gericht den Schuldner zunächst persönlich anhört, bevor es einen Sachverständigen beauftragt oder einen vorläufigen Insolvenzverwalter einsetzt.[26] Zulässig sind dagegen innerprozessuale Bedingungen, insbesondere Hilfsanträge. Dies gilt etwa für einen Antrag, der nur für den Fall gestellt wird, dass noch kein Insolvenzverfahren gegen den Schuldner eröffnet ist. Ferner kann der Antragsteller seinen Antrag unter die Bedingung stellen, dass das Insolvenzgericht seine Zuständigkeit bejaht oder verneint.[27] Ein Gläubiger kann den Eröffnungsantrag auch für den Fall stellen, dass ihm Prozesskostenhilfe bewilligt wird.[28] Dass kein anderer Antrag anhängig ist, kann demgegenüber nicht zur Bedingung gemacht werden. Auch kann der Eigenantrag des Schuldners nicht unter die Bedingung gestellt werden, dass ein Fremdantrag zur Verfahrenseröffnung führt.[29] Der Schuldner selbst kann aber nicht die Stundung der Verfahrenskosten auf der Grundlage eines Antragsentwurfs begehren, weil die Stundung bereits die zulässige Beantragung der Restschuldbefreiung und damit einen wirksamen Eröffnungsantrag voraussetzt (§ 4a I 1, § 287 I) und weil erst dann die Prüfung möglich ist, ob kostendeckende Masse vorhanden ist (§ 5 I, § 26 I).

11 Unzulässig ist ein Eröffnungsantrag, der unter der Bedingung gestellt wird, dass das Gericht zugleich dem Antrag auf Eigenverwaltung (§ 270) stattgibt.[30] Selbst wenn der Antrag nur auf drohende Zahlungsunfähigkeit gestützt wird, kann das Gericht bei der Anordnung sachgerechter Verfügungsbeschränkungen nicht durch Vorgaben eines Beteiligten eingeschränkt werden.

II. Antragstellung durch Bevollmächtigte

12 **1. Prokura, Handlungsvollmacht, Generalvollmacht beim Eigenantrag.** Die beschränkte Vertretungsbefugnis von Prokuristen und Handlungsbevollmächtigten (§§ 49, 54 HGB) ermächtigt nicht zur Stellung eines Eigenantrags im Namen des Prin-

---

[21] BGHZ 167, 190 = NJW 2006, 2701 f. = NZI 2006, 469; HK/*Kirchhof* § 13 Rn. 4; Jaeger/*Gerhardt* § 13 Rn. 33; *Uhlenbruck* in Uhlenbruck § 13 Rn. 60.
[22] BGHZ 167, 190 = NJW 2006, 2701 f. = NZI 2006, 469.
[23] AG Göttingen ZVI 2012, 12.
[24] OLG Frankfurt JW 1926, 2114.
[25] AG Gummersbach KTS 1964, 61.
[26] Vgl. AG Göttingen ZVI 2012, 12.
[27] BGH NJW-RR 2012, 503 f.
[28] HK/*Kirchhof* § 13 Rn. 3; HambKommInsO/*Wehr* § 13 Rn. 4; aA Jaeger/*Gerhardt* § 13 Rn. 34; *Uhlenbruck* in Uhlenbruck § 14 Rn. 21; näher zur „Insolvenzkostenhilfe" für den Gläubigerantrag *Uhlenbruck* in Uhlenbruck § 13 Rn. 104 ff.
[29] BGH NJW-RR 2010, 1199 f. = NZI 2010, 441 ff.; BGH NJW-RR 2012, 503 f.
[30] *Schlegel* ZIP 1999, 954, 957; HK/*Kirchhof* § 13 Rn. 4; *Uhlenbruck* in Uhlenbruck § 13 Rn. 7; vgl. auch BGH NZI 2006, 34 f.

zipals. Ein solcher Antrag berührt die wirtschaftliche Existenz des Schuldners schlechthin und gehört nicht zu den Geschäften, die der Betrieb eines Handelsgewerbes mit sich bringt.[31] Erforderlich ist eine ausdrückliche Vollmacht zur Antragstellung. Ohne sie ist auch ein Generalbevollmächtigter nicht antragsberechtigt, selbst wenn seine Rechtsstellung der eines organschaftlichen Vertreters gleichkommt.[32] Ein Mangel der Vertretungsbefugnis kann durch Genehmigung des Berechtigten rückwirkend geheilt werden, solange der Antrag noch nicht wegen des Mangels zurückgewiesen worden ist; dies gilt sogar noch nach Verfahrenseröffnung.[33]

2. Verfahrensbevollmächtigte. Für die Vertretung des Schuldners vor dem Insolvenzgericht gilt gem. § 4 die durch Art. 8 des RBerNeuregelungsG vom 12.12.2007 mit Wirkung ab dem 1.7.2008 in Kraft getretene Regelung des § 79 ZPO.[34] Die Insolvenzordnung trifft in den §§ 174 I 3, 305 IV keine abschließende Sonderregelung in dem Sinne, dass eine Vertretung des Schuldners außerhalb dieser Verfahren unzulässig ist.[35] Durch die vorgenannten Regelungen wird die Vertretungsbefugnis vielmehr für solche Personen erweitert, die an sich nicht gem. § 79 ZPO vertretungsbefugt wären, insbesondere Inkassounternehmen. Außer Rechtsanwälten sind nur die in § 79 II 2 ZPO genannten Personen als Bevollmächtigte vertretungsbefugt. Die Regelung unterscheidet anders als die §§ 79, 157 ZPO aF nicht mehr zwischen der Vertretung im Verfahren innerhalb und außerhalb der mündlichen Verhandlung, sondern trifft eine einheitliche Regelung der Vertretung im Verfahren.[36] Im Verfahren vor dem Insolvenzgericht ist eine Vertretung durch Rechtsanwälte nicht vorgeschrieben. Ein Verfahrensbevollmächtigter, der nicht Anwalt ist, hat stets eine schriftliche Vollmacht zu den Akten zu reichen, die ausdrücklich zur Stellung eines Eröffnungsantrags ermächtigt; dies ist vom Gericht von Amts wegen zu beachten[37] (§ 80 I, § 88 II ZPO, § 4 InsO). Ferner hat das Gericht zu prüfen, ob der Bevollmächtigte zu einer der in § 79 II 2 ZPO genannten Personen gehört. Für Beistände in Verhandlungen gilt § 90 I ZPO. Tritt als Bevollmächtigter ein Rechtsanwalt auf, kann der Mangel der Vollmacht vom Gegner in jeder Lage des Verfahrens gerügt werden (§ 4 InsO, § 88 I ZPO). Das Gericht kann jedoch wegen des geltenden Untersuchungsgrundsatzes (§ 5 I) vom Rechtsanwalt auch von Amts wegen die Vorlage einer Vollmacht verlangen, wenn besondere Umstände Anlass geben, die Bevollmächtigung des Anwalts in Zweifel zu ziehen.[38] Ein Mangel der Vollmacht kann durch Genehmigung rückwirkend beseitigt werden (vgl. Rn. 77). Die Vollmacht des Schuldners zu seiner persönlichen Vertretung im Insolvenzverfahren bleibt auch nach Erlass des Eröffnungsbeschlusses für die Teilnahme am Verfahren wirksam; sie fällt nicht unter § 117.[39]

In der Verbraucherinsolvenz (§§ 304, 305) treten Rechtsanwälte bei Eröffnungsanträgen der Schuldner vielfach nur als Bote zur Übermittlung der amtlichen Formulare auf. Ist ihre Bestellung zum Verfahrensbevollmächtigten zweifelhaft, sind sie nur dann als

---

[31] HK/*Kirchhof* § 13 Rn. 5; Jaeger/*Gerhardt* § 13 Rn. 12; *Uhlenbruck* in Uhlenbruck § 13 Rn. 23; vgl. BGHZ 116, 190, 193 = NJW 1992, 975.
[32] KG JR 1950, 343; HK/*Kirchhof* § 13 Rn. 5; *Uhlenbruck* in Uhlenbruck § 13 Rn. 23; vgl. auch BGHZ 34, 27, 30 = NJW 1961, 506; BGH NJW 1977, 199 f.; BGH NJW 1986, 54 f.; BGH ZIP 2002, 1895 = NJW-RR 2002, 1325; BGH NJW 2009, 293, 294; *Henze* BB 2000, 209, 210; *Fleischer* ZIP 2003, 1, 6 ff.; *ders.* NZG 2003, 449, 450.
[33] GmS-OGB in BGHZ 91, 111, 115; BGH NZI 2003, 375.
[34] AG Ludwigshafen, Beschl. v. 9.12.2011 – 3e IN 458/11 – juris.
[35] So aber AG Köln NZI 2013, 149 f.
[36] Zöller/*Vollkommer*, ZPO, § 79 Rn. 1.
[37] Vgl. *Uhlenbruck* MDR 1978, 8; *Vallender* MDR 1999, 280; HK/*Kirchhof* § 13 Rn. 4; Jaeger/*Gerhardt* § 13 Rn. 30.
[38] Vgl. BGH NJW 2001, 2095; BVerwG NJW 1985, 1178; BVerwGE 71, 20 = NJW 1985, 2963; BFH NJW 2001, 2912; BFH NJW 2003, 2703.
[39] OLG Dresden ZIP 2002, 2000; zu Unrecht zweifelnd AG Hamburg ZIP 2006, 1880 f.

solche zu behandeln, wenn dies auf Nachfrage des Gerichts klargestellt wird. Bis zur Klarstellung sind unmittelbare Zustellungen an den Schuldner (§ 305 III) jedenfalls dann wirksam (vgl. § 172 I ZPO), wenn das Gericht den Schuldner auf die unklare Lage hinweist. Im Verfahren über den Schuldenbereinigungsplan (§§ 305 bis 310) kann sich der Schuldner auch von der geeigneten Person oder einem Angehörigen der geeigneten Stelle vertreten lassen, welche die Bescheinigung über den erfolglosen außergerichtlichen Einigungsversuch ausgestellt hat (§ 305 IV). Eine besondere schriftliche Vollmacht ist erforderlich. Bei einer mündlichen Verhandlung in diesem Verfahrensabschnitt kann der Bevollmächtigte mitwirken (§ 305 IV 2). Das Gericht kann ihm jedoch durch unanfechtbare Anordnung den weiteren Vortrag untersagen, wenn er zum geeigneten Vortrag nicht fähig ist (§ 4 InsO, § 79 III 3 ZPO). Die Bestimmung des § 305 IV in ihrer bis zum 1.7.2014 geltenden Fassung betrifft allerdings nur das außergerichtliche sowie gerichtliche Schuldenbereinigungsplanverfahren. Aus ihr lässt sich eine darüber hinausgehende Vertretungsbefugnis nicht ableiten.[40] Im Insolvenzverfahren kann sich der Schuldner nach dem bis zum 1.7.2014 geltenden Recht von einer „geeigneten Stelle" iS des § 305 I 1 daher nur vertreten lassen, wenn es sich hierbei um einen Rechtsanwalt oder eine der in § 79 II 2 ZPO genannten Personen handelt, was vom Gericht von Amts wegen zu prüfen ist. Ein Verfahrensbevollmächtigter, der nicht Anwalt ist, hat stets eine schriftliche Vollmacht zu den Akten zu reichen, die ausdrücklich zur Stellung eines Eröffnungsantrags ermächtigt. Das Gericht kann wegen des geltenden Untersuchungsgrundsatzes (§ 5 I) auch von einem Rechtsanwalt von Amts wegen die Vorlage einer Vollmacht verlangen, wenn besondere Umstände Anlass geben, die Bevollmächtigung des Anwalts in Zweifel zu ziehen.[41] Für Beistände in Verhandlungen gilt § 90 I ZPO. Demgegenüber sind durch das Gesetz zur Verkürzung des Restschuldbefreiungsverfahrens und zur Stärkung der Gläubigerrechte vom 15.7.2013[42] in § 305 IV 1 die Wörter „im Verfahren nach diesem Abschnitt" gestrichen worden. Der Gesetzgeber wollte damit „einem praktischen Bedürfnis folgend den Wirkungskreis der geeigneten Personen und der Angehörigen einer als geeignet anerkannten Stelle erweitern und ihnen die gerichtliche Vertretung im gesamten Insolvenzverfahren erlauben".[43] Für Verfahren, die nach dem 1.7.2014 beantragt worden sind, folgt aus § 305 IV 1 daher für die dort genannten Personen eine Vertretungsbefugnis für das gesamte Insolvenzverfahren.

15   Einen unbefugten Bevollmächtigten hat das Insolvenzgericht durch unanfechtbaren konstitutiven Beschluss zurückzuweisen (§ 79 III 1 ZPO, § 4 InsO).[44] Mit der Bekanntgabe des Beschlusses an den Vollmachtgeber oder den Bevollmächtigten ist dieser von der Teilnahme am weiteren Verfahren ausgeschlossen.[45] Der Ausschluss kann nicht durch Erteilung einer Untervollmacht des unbefugten Hauptbevollmächtigten auf einen Rechtsanwalt umgangen werden.[46] Prozesshandlungen des Ausgeschlossenen sowie Zustellungen oder Mitteilungen an ihn sind bis zur Zurückweisung wirksam (§ 79 III 1, 2 ZPO).

---

[40] *Hofmeister/Richter* ZVI 2003, 588.
[41] Vgl. BGH NJW 2001, 2095; BVerwG NJW 1985, 1178; BVerwGE 71, 20 = NJW 1985, 2963; BFH NJW 2001, 2912; BFH NJW 2003, 2703.
[42] BGBl. I S. 2379.
[43] BT-Drucks. 17/11268, S. 34 (zu Buchstabe c).
[44] AG Ludwigshafen, Beschl. v. 9.12.2011 – 3e IN 458/11.
[45] Materialien zu §§ 79, 90 ZPO: BT-Drucks. 16/3655, S. 33 ff., 61 f., 89. Ebenso bereits BGH NZI 2004, 510; LG Kleve ZVI 2003, 605; LG Duisburg NZI 2004, 45; AG Duisburg NZI 2003, 455; vgl. auch BVerfG NJW 2004, 1373; NJW-RR 2004, 1713; BVerwG NJW 2005, 1293 f.
[46] Ausschussbericht zum RegE RBerNG 2007, BT-Drucks. 16/6634, S. 6, 52, zu § 5 III RDG-E; BGH NJW 2008, 3069, 3070 Tz. 20; BGH NJW 2009, 3242, 3244 f.; LG Duisburg, Beschl. v. 1.9.2006 – 7 T 187/06, unveröff.; AG Duisburg, Beschl. v. 23.8.2006 – 62 IK 286/06, juris; *Ring* EWiR 2008, 701 f.

III. Besonderheiten beim Eigenantrag

1. Notwendigkeit einer Antragsbegründung. Ebenso wie bei einer Klage der 16 Grund des erhobenen Anspruchs angegeben werden muss, ist auch der Eröffnungsantrag durch Darstellung des maßgebenden Sachverhalts zu begründen (§ 4 InsO, § 253 II Nr. 2, § 130 Nr. 3 ZPO). Es sind die tatsächlichen Verhältnisse zu schildern, aus denen sich das Antragsrecht und ein gesetzlicher Eröffnungsgrund ergeben sollen.[47] In Zweifelsfällen sind außerdem die tatsächlichen Grundlagen für das rechtliche Interesse des Antragstellers oder für sonstige Zulässigkeitsvoraussetzungen vorzutragen.

Bevor der Schuldner in eigener Sache das Insolvenzgericht in Anspruch nimmt, hat 17 er seine wirtschaftliche Lage sorgfältig zu prüfen. Sein Antrag muss erkennen lassen, dass dies geschehen ist,[48] und das Ergebnis der Prüfung geordnet zusammenstellen. Dass das Gericht den maßgebenden Sachverhalt von Amts wegen aufzuklären hat (§ 5 I) und es den Schuldner und seine organschaftlichen Vertreter zur Auskunft und Mitwirkung anhalten kann (§ 20 I, §§ 97, 98, 101), ist in diesem Zusammenhang ohne Bedeutung. Die Ermittlungspflicht des Gerichts greift erst ein, wenn ein ordnungsgemäßer Eröffnungsantrag vorliegt.[49] Es ist nicht Aufgabe des Gerichts, einen unvollständigen Antrag durch eigene Ermittlungen in Ordnung zu bringen.

Der Schuldner hat den gesetzlichen Eröffnungsgrund, auf den er den Antrag stützt 18 (§§ 17 bis 19), in substantiierter, nachvollziehbarer Form darzulegen. Er hat Tatsachen mitzuteilen, welche die wesentlichen Merkmale des herangezogenen Eröffnungsgrundes erkennen lassen. Ob sich aus ihnen bei zutreffender Rechtsanwendung ein Eröffnungsgrund ergibt, ist unerheblich. Eine Schlüssigkeit im technischen Sinne ist nicht erforderlich.[50]

2. Darstellung des Eröffnungsgrundes (Finanz- und Vermögenslage). Stellt 19 der Schuldner den Eröffnungsantrag wegen drohender oder eingetretener Zahlungsunfähigkeit (§§ 17, 18), hat er in der Antragsbegründung seine Finanzlage nachvollziehbar darzustellen (Liquiditätsstatus).[51] Er hat anzugeben, welche Zahlungsverpflichtungen gegenwärtig fällig sind und in absehbarer Zeit (mindestens drei Wochen) fällig werden, und ihnen die jeweils vorhandenen oder kurzfristig herbeizuschaffenden finanziellen Mittel gegenüberzustellen.[52]

Wird der Eigenantrag mit Überschuldung begründet (§ 19), ist eine aktuelle Über- 20 sicht des Vermögensstandes vorzulegen (Überschuldungsstatus). In ihr sind sämtliche Vermögensgegenstände unter Angabe des tatsächlichen Wertes sowie sämtliche Verbindlichkeiten und notwendigen Rückstellungen mit ihren jeweiligen Beträgen zusammenzustellen.[53] Die Zusammenfassung zu hinreichend erläuterten Bilanzposten oder ähnlichen Sachgruppen reicht aus. Vermögensgegenstände, an denen ein Sicherungsrecht besteht oder die einem Herausgabeanspruch unterliegen, sind gesondert aufzuführen.

Oftmals ergibt die Darstellung des Schuldners, dass aus seiner Sicht Vermögenslosigkeit 21 vorliegt, also keine nennenswerten verwertbaren Vermögensgegenstände vorhanden sind.

---

[47] BGHZ 153, 205, 207f. = NJW 2003, 1187 = NZI 2003, 147; AG Hamburg NZI 2000, 238; AG Köln NZI 2000, 284; AG Duisburg NZI 2002, 501; AG Duisburg NZI 2005, 415; AG Duisburg NZI 2007, 354; AG Köln NZI 2008, 315.

[48] BGH NZI 2003, 647 f.

[49] BGHZ 153, 205, 207 = NJW 2003, 1187f = NZI 2003, 147f.; BGHZ 156, 139, 142 = NJW 2003, 3558 = NZI 2003, 662.

[50] BGHZ 153, 205, 207 = NJW 2003, 1187 = NZI 2003, 147.

[51] BGHZ 153, 205, 207 = NJW 2003, 1187 = NZI 2003, 147; LG Stendal NZI 2008, 44f.; AG Duisburg NZI 2007, 354ff.; AG Köln NZI 2008, 315.

[52] BGHZ 163, 134, 139ff. = NJW 2005, 3062 = NZI 2005, 547; BGH, Beschl. v. 23.11.2006 – IX ZA 21/06; vgl. auch BGH wistra 2008, 379 ff. Tz. 39; BGH NJW 2009, 2225 f.

[53] Vgl. BGH wistra 2003, 301, 302; BGH NZI 2009, 429, 433; OLG Düsseldorf NJW 1997, 1455 f.; OLG Düsseldorf wistra 1998, 360, 361.

In diesem Fall ist entsprechend dem Zweck der Antragsbegründung zusätzlich zu verlangen, dass der Schuldner den Verbleib seines Vermögens erläutert und die Entwicklung schildert, die – etwa im Verlaufe des letzten Jahres – zu dieser Lage geführt hat.[54]

22 Zur Vorbereitung der Antragsbegründung hat der Schuldner zunächst selbst die notwendigen Nachforschungen anzustellen. Die Anforderungen an die Antragsbegründung des Schuldners dürfen aber nicht überzogen werden. Dies läge nicht im Interesse der Gläubiger. Eine Insolvenz beruht vielfach auf dem Unvermögen des Schuldners, einen hinreichenden Überblick über seine Vermögenslage zu behalten, weil ein geordnetes und vollständiges Rechnungswesen fehlt. Ist der Schuldner in einer solchen Lage trotz zumutbarer Anstrengungen nicht imstande, eine hinreichende Antragsbegründung zu erstellen, so hat er statt dessen dem Gericht die Schwierigkeiten und Hindernisse sowie seine Bemühungen im Einzelnen zu schildern[55] und zumindest Ansatzpunkte für die weiteren Ermittlungen zu liefern.

23 Darüber hinaus *hat* der Schuldner seinem Antrag ein Verzeichnis der Gläubiger und ihrer Forderungen beizufügen (§ 13 I 3).[56] Anzugeben sind sämtliche Gläubiger,[57] auch solche, deren Forderungen der Schuldner bestreitet oder in Zweifel zieht, weil auch diese Gläubiger am Verfahren teilnehmen können. Anzugeben sind sämtliche Forderungen, auch solche, die im Zeitpunkt der Antragstellung noch nicht fällig oder bedingt sind, weil auch Gläubiger solcher Forderungen Insolvenzgläubiger iSd. § 38 sind.[58] Hat der Schuldner einen Geschäftsbetrieb, der nicht eingestellt ist, *sollen* in dem Verzeichnis die Forderungen nach Maßgabe des § 13 I 4 Nr. 1.–5. besonders kenntlich gemacht werden. In diesem Fall *hat* der Schuldner gem. § 13 I 5 auch Angaben zur Bilanzsumme, zu den Umsatzerlösen und zur durchschnittlichen Zahl der Arbeitnehmer des vorangegangenen Geschäftsjahres zu machen. Zweck der Regelung ist, dass der Schuldner Angaben zu machen hat, die für den weiteren Verlauf des Verfahrens von zentraler Bedeutung sind. Auf der Grundlage dieser Angaben wird die Art und Weise einer frühzeitigen Einbeziehung der Gläubiger abhängen, insbesondere wenn es um die Einsetzung eines vorläufigen Gläubigerausschusses (§ 21 II 1 Nr. 1a), um das Vorschlagsrecht der Gläubiger bei der Auswahl des Insolvenzverwalters (§ 56 II) oder um eine Anordnung der Eigenverwaltung (§ 270 III) geht.[59] Folgerichtig sind die Angaben nach § 13 I 4 verpflichtend von dem Schuldner zu machen, wenn dieser die Eigenverwaltung beantragt, die Merkmale des § 22a I erfüllt oder die Einsetzung eines vorläufigen Gläubigerausschusses beantragt wurde (§ 13 I 5). Ist der Geschäftsbetrieb eingestellt, hat der Schuldner lediglich die Angaben nach § 13 I 3 zu machen; aus § 13 I 6 folgt nichts Abweichendes, da diese Bestimmung lediglich regelt, wann die Angaben nach § 13 I 4 verpflichtend sind.[60] Dem Verzeichnis nach § 13 I 3 und den Angaben nach § 13 I 4, 5 ist die Erklärung beizufügen, dass die enthaltenen Angaben richtig und vollständig sind (§ 13 I 6). Eine Versicherung an Eides statt ist jedoch nicht erforderlich.[61]

24 Das Fehlen des Verzeichnisses nach § 13 I 3 oder das Fehlen der Richtigkeitserklärung nach § 13 I 7 führt zur Unzulässigkeit des Antrags.[62] Inhaltliche Unrichtigkeiten

---

[54] BGHZ 153, 205, 208 f. = NJW 2003, 1187 f. = NZI 2003, 147 f.; AG Duisburg NZI 2005, 415 f.; AG Duisburg NZI 2007, 354, 356.
[55] BGH NZI 2003, 647 f.
[56] S. hierzu *Fuhst* DStR 2012, 418 ff.
[57] Im DiskE Juli 2010 war noch vorgesehen, dass der Schuldner eine Liste der „wesentlichen Gläubiger" vorzulegen hat; s. hierzu kritisch *Frind* ZInsO 2010, 1473, 1474 f.
[58] S. hierzu MüKoInsO/*Schmahl/Vuia* § 13 Rn. 35 f.
[59] *Willemsen/Rechel* BB 2011, 834, 835.
[60] Vgl. *Frind* ZInsO 2011, 2249, 2252 f.
[61] Vgl. BT-Drucks. 17/7511, S. 45.
[62] LG Potsdam ZInsO 2013, 2501; AG Mönchengladbach ZIP 2013, 536; *Frind* ZInsO 2011, 2249, 2252; s. a. *Vallender* MDR 2012, 61 (ggf. telefonische Anforderung).

oder Unvollständigkeiten sollen dagegen nach dem Willen des Gesetzgebers nicht zur Unzulässigkeit des Antrags führen, sofern „*trotz gebührender Anstrengung des Schuldners bei der Zusammenstellung des Verzeichnisses vereinzelte Gläubiger oder einzelne Forderungen im Verzeichnis fehlen.*"[63] Gleichwohl kann nicht jedes Verzeichnis ausreichen und der Schuldner hat im Einzelnen darzulegen, welche „gebührenden Anstrengungen" er unternommen hat. Insgesamt erscheint daher fraglich, ob die Neuregelung geeignet ist, das mit ihr verfolgte Ziel zu erreichen.[64] Das Fehlen der Angaben nach § 13 I 4 führt nur dann zur Unzulässigkeit des Antrags, wenn diese gem. § 13 V verpflichtend sind.[65] Musste der Schuldner zunächst keine Angaben nach § 13 I 4 machen, weil bei der Antragstellung die Voraussetzungen des § 13 I 6 nicht vorgelegen haben, werden die Angaben jedoch nach § 13 I 6 Nr. 3 verpflichtend,[66] weil die Einsetzung eines vorläufigen Gläubigerausschusses beantragt wurde (§ 22a II), hat das Gericht den Schuldner gem. § 4, § 139 ZPO hierauf hinzuweisen und ihm eine kurze Frist zur Ergänzung zu setzen, andernfalls ist der Antrag als unzulässig zurückzuweisen.[67] Inhaltliche Mängel oder Unvollständigkeiten des Antrags führen nicht zu einer Strafbarkeit gem. § 15a IV. Nur wenn das Verzeichnis vollständig fehlt, ist der Antrag „nicht richtig" gestellt iSd § 15a IV.[68]

3. Natürliche Personen. Ist der Schuldner eine natürliche Person, gehören zur 25 ordnungsgemäßen Antragsbegründung auch nähere Angaben zu den Abgrenzungskriterien des § 304.[69] Insbesondere hat der Schuldner mitzuteilen, ob und bis wann er selbstständig wirtschaftlich tätig war, sowie nachvollziehbare Angaben zu Beginn und Ende, Ort, Art und Umfang dieser Tätigkeit zu machen. Ferner ist anzugeben, ob gegen ihn Forderungen aus Arbeitsverhältnissen geltend gemacht werden. Fällt der Schuldner unter die Bestimmungen über die Verbraucherinsolvenz, hat er die amtlichen Formulare nach § 305 I, V einzureichen.

4. Juristische Personen, Gesellschaften ohne Rechtspersönlichkeit. Wird der 26 Eröffnungsantrag nicht von allen Antragsberechtigten aus der Sphäre des Schuldners (§ 15 I) gestellt, ist er nur zulässig, wenn der dem Antrag zugrunde gelegte Eröffnungsgrund glaubhaft gemacht wird (§ 15 II). Mit dieser Regelung soll leichtfertigen Anträgen einzelner Berechtigter entgegengewirkt werden. Die Notwendigkeit der Glaubhaftmachung ist unabhängig davon, ob der Antragsteller nach den allgemeinen Regeln vertretungsbefugt ist.[70] Sie gilt auch bei einem Antrag wegen drohender Zahlungsunfähigkeit nach § 18 III InsO.[71] Stützt der Antragsteller sein Antragsrecht auf die Führungslosigkeit des Schuldners (§ 15 I 2, § 10 II 2; s.o. § 8 Rn. 29 ff.), ist auch die Führungslosigkeit glaubhaft zu machen (§ 15 II 2).

Für die Glaubhaftmachung (§ 294 ZPO, § 4 InsO) gelten die gleichen Regeln wie 27 beim Gläubigerantrag (vgl. Rn. 30). Eine Tatsache ist glaubhaft gemacht, wenn das Gericht der Überzeugung ist, dass die Behauptung mit überwiegender Wahrscheinlichkeit zutrifft; ein vollständiger Beweis ist nicht erforderlich. Einem Antragsberechtigten aus der Sphäre des Schuldners wird die Vorlage aussagekräftiger Unterlagen in der Regel leichter fallen als einem Gläubiger, weil er Einblick in das Rechnungswesen des schuld-

---

[63] Vgl. BT-Drucks. 17/5712, S. 23; s a K. Schmidt/*Gundlach* § 13 Rn. 19.
[64] Zu Recht kritisch daher *Vallender* MDR 2012, 61; ebenso PK-HWF/*Mitter* § 13 Rn. 5a; *Pape* ZInsO 2011, 1033, 1035 f.
[65] BT-Drucks. 17/7511, S. 33.
[66] Kritisch hierzu *Vallender* MDR 2012, 61, 62.
[67] *Frind* ZInsO 2011, 2249, 2254.
[68] *Willemsen/Rechel* BB 2011, 834, 835; weitergehend *Römermann* ZInsO 2010, 353 ff.
[69] BGH NZI 2003, 647 f.
[70] Vgl. LG Baden-Baden ZIP 1983, 205.
[71] *Uhlenbruck* GmbHR 1999, 313, 318; HK/*Kirchhof* § 18 Rn. 19; Jaeger/*H. F. Müller* § 15 Rn. 47; MüKoInsO/*Klöhn* § 15 Rn. 93.

nerischen Unternehmens hat. Notfalls kann auch er den Eröffnungsgrund durch eine eigene, hinreichend substantiierte eidesstattliche Versicherung glaubhaft machen.

IV. Besonderheiten beim Gläubigerantrag

28   Der Eröffnungsantrag eines Gläubigers ist zulässig, wenn er ein rechtliches Interesse an der Eröffnung des Insolvenzverfahrens hat und er seine Forderung und den Eröffnungsgrund der Zahlungsunfähigkeit oder Überschuldung glaubhaft macht (§ 14 I, § 18 I). Der Antragsteller braucht also grundsätzlich weder zwingend über einen vollstreckbaren Schuldtitel zu verfügen noch einen erfolglosen Zwangsvollstreckungsversuch unternommen zu haben. Ob der Antrag letztlich begründet ist, hängt vom Ergebnis der gerichtlichen Ermittlungen und der dabei gewonnenen Überzeugung des Gerichts ab, dass ein Eröffnungsgrund tatsächlich vorliegt (§§ 16 bis 19).

29   **1. Rechtliches Interesse des Gläubigers.** Das Erfordernis des rechtlichen Interesses in § 14 I 1 soll nach den Vorstellungen des Gesetzgebers[72] zwei verschiedene Zwecke erfüllen: Zum einen soll es der Abgrenzung des Kreises der antragsberechtigten Gläubiger schlechthin dienen, zum anderen soll es dem Missbrauch des Antragsrechts eines Gläubigers im Einzelfall entgegenwirken. Das erforderliche rechtliche Interesse an der Eröffnung des Insolvenzverfahrens liegt in aller Regel vor, wenn der Antrag die übrigen Zulässigkeitsvoraussetzungen erfüllt. Es wird daher, sieht man von der generellen Antragsbefugnis ab (s. o. § 8 Rn. 34), nur bedeutsam, wenn sich Umstände ergeben, die ein schutzwürdiges Anliegen des antragstellenden Gläubigers ausschließen.[73] Es ist in jeder Lage des Verfahrens bis zur Entscheidung über die Eröffnung von Amts wegen[74] zu beachten. Bei ernstlichen, durch Tatsachen belegten Zweifeln hat der Gläubiger sein Interesse schlüssig zu begründen und glaubhaft zu machen. Der Antrag ist unzulässig, wenn sich mit Sicherheit feststellen lässt, dass ein Grund für den Ausschluss des rechtlichen Interesses besteht.[75] Es ergeben sich im wesentlichen folgende Fallgruppen:[76]

30   a) *Rechtliche oder wirtschaftliche Nutzlosigkeit des Antrags.* Das rechtliche Interesse fehlt, wenn der Antragsteller seine Position durch die beantragte Verfahrenseröffnung weder rechtlich noch wirtschaftlich verbessern kann. Unzulässig ist deshalb ein Eröffnungsantrag, wenn über das schuldnerische Vermögen bereits ein inländisches Insolvenzverfahren eröffnet ist[77] und kein weiteres verwertbares, etwa freigegebenes oder aus einer insolvenzfreien selbständigen Tätigkeit des Schuldners (§ 35 II) stammendes Vermögen existiert.[78] Dagegen schließt die Vermögenslosigkeit des Schuldners das rechtliche Interesse ebenso wenig aus[79] wie der Nachrang der Forderung des Antragstellers.[80] Vertretbare Prognosen über den künftigen Umfang der Insolvenzmasse sind bei Antragstellung in aller Regel unmöglich.

---

[72] Begr. RegE zu § 16 (= § 14), *Balz/Landfermann* S. 88 = *Kübler/Prütting*, Dok. Bd. I, S. 173.
[73] BGH NZI 2006, 588, 589 f. = NJW-RR 2006, 1482; *Baur* JZ 1951, 209, 210; *Unger* KTS 1962, 205, 218; *Uhlenbruck* NJW 1968, 685; *W. Delhaes* (1994), S. 84; HK/*Kirchhof* § 14 Rn. 24; Jaeger/*Gerhardt* § 14 Rn. 2, 15; *Uhlenbruck* in Uhlenbruck § 14 Rn. 39.
[74] *Unger* KTS 1962, 205, 209; *W. Delhaes* (1994), S. 84; Jaeger/*Gerhardt* § 14 Rn. 15.
[75] Instruktiv LG Kassel ZVI 2005, 435 f.
[76] Zum Folgenden vgl. ausführlich HK/*Kirchhof* § 14 Rn. 24 ff.; Jaeger/*Gerhardt* § 14 Rn. 2 ff., 15; *Uhlenbruck* in Uhlenbruck § 14 Rn. 39 ff.; MüKoInsO/*Schmahl/Vuia* § 14 Rn. 18 ff.
[77] BGHZ 162, 181, 186 = NJW 2005, 1433 = NZI 2005, 271 f.; BGH NJW 2008, 3494, 3495 = NZI 2008, 609, 610 Tz. 14 ff.; BGH NZI 2004, 444; OLG Köln NZI 2003, 99 f.; AG Duisburg NZI 2003, 159; AG Leipzig ZVI 2007, 282. Zur Anwaltshaftung in einem ähnlichen Fall vgl. BGH WM 2004, 481 = AnwBl 2004, 661; *Jansen/Hung* NJW 2004, 3379.
[78] BGH NJW 2008, 3494, 3495 = NZI 2008, 609, 610; AG Göttingen NZI 2008, 313; AG Hamburg ZIP 2009, 384.
[79] OLG Frankfurt KTS 1971, 285; Jaeger/*Gerhardt* § 14 Rn. 10, 14; vgl. auch BGH NJW-RR 2003, 1650; anders AG St. Ingbert KTS 1983, 648.
[80] Anders HK/*Kirchhof* § 14 Rn. 26; Jaeger/*Gerhardt* § 14 Rn. 13 mwN.

b) *Anderweitige Befriedigungsmöglichkeit.* Das rechtliche Interesse fehlt, wenn dem Antragsteller mit hinreichender Gewissheit ein einfacherer, schnellerer und billigerer Weg zur vollständigen Befriedigung seiner Forderung zur Verfügung steht.[81] Dies ist insbesondere der Fall bei zweifelsfrei ausreichenden, nicht nach § 88 oder durch Anfechtungsmöglichkeiten gefährdeten Sicherungsrechten an Vermögensgegenständen des Schuldners oder eines Dritten.[82] Es gibt allerdings keine allgemeine Subsidiarität des Insolvenzverfahrens gegenüber anderen Vollstreckungsmöglichkeiten. Der Gläubiger muss vor der Stellung des Eröffnungsantrags nicht die Befriedigung durch Einzelzwangsvollstreckung versucht, erst recht nicht deren verschiedene Stadien erfolglos durchlaufen haben.[83]

31

c) *Verfolgung verfahrensfremder Zwecke.* Ein rechtliches Interesse an der Eröffnung fehlt ferner, wenn der Gläubiger mit seinem Eröffnungsantrag einen nicht schutzwürdigen verfahrensfremden Zweck verfolgt.[84] Dies gilt insbesondere, wenn es ihm nicht auf die gerichtliche Entscheidung über die Eröffnung ankommt, sondern auf die Nebenwirkungen, die von der Zustellung des Antrags und von den Ermittlungen des Gerichts auf den Schuldner ausgehen. Gleiches gilt für einen Gläubiger, der sich mit Hilfe der Verfahrenseröffnung einen Vorteil verschaffen will, der ihm nicht zusteht. Alleine aus dem Umstand, dass der antragstellende Gläubiger keine Auskunft erteilt über die tatsächlichen Voraussetzungen eines Anfechtungsanspruchs gegen ihn, kann jedoch nicht der Schluss gezogen werden, der Gläubiger verfolge mit seinem Antrag verfahrensfremde Zwecke, weil er zu einer solchen Auskunft nicht verpflichtet ist.[85] Ferner kann alleine aus dem Umstand, dass der antragstellende Gläubiger in Kenntnis des Vorliegens der Voraussetzungen des § 14 I 2 seinen Eröffnungsantrag für erledigt erklärt, nicht der Schluss gezogen werden, dass es sich um einen unzulässigen Druckantrag handelt,[86] weil der Gläubiger zu einem „Weiterlaufenlassen" nicht verpflichtet ist.[87] Es können legitime Gründe für einen Gläubiger bestehen, seinen Antrag gleichwohl für erledigt zu erklären, insbesondere um seiner Glaubhaftmachungslast zu entgehen, die sich nach einer Erfüllung der Forderung nicht nur auf das Fortbestehen eines rechtlichen Interesses und eines Insolvenzgrundes, sondern auch auf die Voraussetzungen des § 14 I 2 beziehen und dabei insbesondere auf die Voraussetzungen, die an das Erstverfahren zu stellen sind. Vom Vorliegen eines unzulässigen Druckantrages kann hier nur dann ausgegangen werden, wenn weitere Indizien hinzukommen.

32

d) *Unverhältnismäßigkeit, sittenwidrige Härte.* Die geringe Höhe der Forderung lässt das rechtliche Interesse eines Gläubigers nicht entfallen.[88] Dass der Schuldner nicht einmal

33

---

[81] BGH NJW 2008, 1380 f. = NZI 2008, 182 f.; OLG Schleswig NJW 1951, 119; OLG Frankfurt MDR 1973, 235; OLG Hamm MDR 1973, 1029; OLG Köln ZIP 1989, 789; *Baur* JZ 1951, 209, 210; *Unger* KTS 1962, 205, 213 f.; HK/*Kirchhof* § 14 Rn. 27; Jaeger/*Gerhardt* § 14 Rn. 2, 7; *Uhlenbruck* in Uhlenbruck § 14 Rn. 49.

[82] BGH, Beschl. v. 11.7.2002 – IX ZB 28/02, bei *Fischer* NZI 2003, 281; BGH NZI 2008, 182 ff.; BGH ZInsO 2010, 1662 f.; BGH NZI 2011, 632 f.; BGH ZInsO 2011, 1216 f.; BFH, Beschl. v. 16.9.2010 – VII B 281/09; Graf-Schlicker/*Fuchs* § 14 Rn. 10; Nerlich/Römermann/*Mönning* § 14 Rn. 24; vgl. auch OLG Brandenburg NZI 2002, 108, 109; kritisch *Hölzle* EWiR 2008, 407 f.; aA FK/*Schmerbach* § 14 Rn. 56.

[83] BGH NZI 2004, 587, 589 = NZS 2005, 24; OLG Schleswig NJW 1951, 119; OLG Celle NZI 2000, 214; OLG Dresden NZI 2001, 472 f.; LG Osnabrück KTS 1972, 270 f.; *Guski* WM 2011, 103, 108; *Unger* KTS 1962, 205, 214; *Gerhardt* EWiR 1989, 701, 702 (zu OLG Köln ZIP 1989, 789); HK/*Kirchhof* § 14 Rn. 28, 35; *Uhlenbruck* in Uhlenbruck § 14 Rn. 40.

[84] HK/*Kirchhof* § 14 Rn. 29; Jaeger/*Gerhardt* § 14 Rn. 4 ff.

[85] BGH NZI 2008, 240 f.; *Büttner* EWiR 2008, 369 f.

[86] So aber AG Hamburg NZI 2011, 859 f.

[87] Vgl. MüKoInsO/*Schmahl/Vuia* § 14 Rn. 48.

[88] BGH NJW-RR 1986, 1188; vgl. auch 1. KommBer. Leitsatz 1.2.1, S. 98, 100; ebenso schon die Motive zu § 103 KO, *Hahn* S. 296; zum Eröffnungsantrag des Finanzamtes s. BGH, Beschl. v. 7.5.2009 – IX ZB 262/08.

eine solche Forderungen erfüllen kann, zeigt besonders deutlich seine bedenkliche Lage. Ebenso wenig setzt die Verfahrenseröffnung zwingend voraus, dass eine Mehrheit von Gläubigern vorhanden ist.[89]

34 Ein Schuldnerschutz nach § 765a ZPO gegenüber dem Eröffnungsantrag eines Gläubigers ist grundsätzlich, insbesondere bei drohender schwerer Gefahr für Leben oder körperliche Unversehrtheit des Schuldners, nicht auszuschließen.[90] Die sittenwidrige Härte wird das rechtliche Interesse des Gläubigers allerdings nur in äußerst seltenen Fällen vollständig beseitigen, zumal der Schuldner zugleich die Chance der Restschuldbefreiung erhält (§ 20 II). Die Rechtswirkungen und Eingriffsmöglichkeiten, die typischerweise mit einem Insolvenzverfahren verbunden sind, hat der Schuldner hinzunehmen.[91] Für die Annahme einer sittenwidrigen Härte reicht es jedenfalls nicht aus, dass durch die Eröffnung die gegenwärtige wirtschaftliche oder familiäre Existenz des Schuldners gefährdet wird[92] oder eine Verschleuderung des schuldnerischen Vermögens droht. Dies alles wird erst bei der späteren Verwertung einzelner Gegenstände bedeutsam (§ 36 I 1, §§ 58, 163).[93] Im Eröffnungsverfahren kommt nur ein kurzfristiger einstweiliger Aufschub der abschließenden Entscheidung oder eine sonstige, der besonderen Lage angemessene Gestaltung der Ermittlungen und Sicherungsmaßnahmen in Betracht.[94]

35 § 765a ZPO greift nicht ein, wenn der Schuldner aus gesundheitlichen Gründen dauerhaft nicht imstande ist, seine Rechte im Verfahren persönlich wahrzunehmen oder seine Auskunfts- und Mitwirkungspflichten zu erfüllen.[95] Der Schuldner kann sich eines Bevollmächtigten bedienen oder sich notfalls einen Betreuer beiordnen lassen.

36 e) *Gerichtliche Untersagung der Antragstellung.* Die Entscheidung eines Prozessgerichts, die dem Gläubiger untersagt, einen Eröffnungsantrag gegen den Schuldner zu stellen, hat für die Wirksamkeit eines dennoch gestellten oder aufrechterhaltenen Antrages keine unmittelbare Bedeutung. Sie bindet das Insolvenzgericht nicht.[96] Über die Zulässigkeit eines Eröffnungsantrags entscheidet allein das Insolvenzgericht. Gleichwohl kann der Schuldner vor den Fachgerichten, insbesondere Zivil- und Finanzgerichten, (im Wege einstweiligen Rechtsschutzes) einen Gläubiger auf Unterlassung der Antragstellung in Anspruch nehmen, sofern ein materiell-rechtlicher Unterlassunganspruch besteht. Insoweit gelten dieselben Grundsätze wie zur Inanspruchnahme eines Gläubigers auf Rücknahme eines bereits gestellten Insolvenzantrages und zum Rechtsschutz durch die Fachgerichte (s. hierzu § 10 Rn. 2 f.).

37 **2. Vorherige Antragstellung (§ 14 I 2).** Nach der bis zum 1.1.2011 geltenden Rechtslage führte die Erfüllung der dem Eröffnungsantrag des Gläubigers zugrunde

---

[89] RGZ 11, 40, 42; BGH NJW 2001, 1874 = NZI 2001, 496 f.; LG Koblenz NZI 2004, 157; AG Köln NZI 2003, 560; HK/*Kirchhof* § 14 Rn. 3; *Unger* KTS 1962, 205, 213; *Pape* ZVI 2003, 624.
[90] BGH KTS 1978, 24, 29 = MDR 1978, 37 f.; BGH NJW 2009, 78 f. = NZI 2009, 48 f.; BGH NZI 2009, 163 f.; FK/*Schmerbach* § 14 Rn. 23; HK/*Kirchhof* § 4 Rn. 19; aA OLG Nürnberg KTS 1971, 291, 292; Jaeger/*Gerhardt* § 14 Rn. 43; KPB/*Pape* § 14 Rn. 72; *Uhlenbruck* in Uhlenbruck § 14 Rn. 147 f.; eingehend *Schur* KTS 2008, 471 ff.
[91] BGH NJW-RR 2008, 496, 498 = NZI 2008, 93, 95; BGH NJW 2009, 78 f. = NZI 2009, 48 f.
[92] Vgl. hierzu aus der Sicht des kanonischen Rechts die Entscheidung des Offizialats des Erzbistums Freiburg, NJW 1994, 3375 f. Danach verstößt der Konkursantrag eines katholischen Gläubigers gegen einen katholischen Schuldner nicht generell gegen das KircheNr.echt oder das Gebot der Nächstenliebe; dies gilt auch, wenn dabei die wirtschaftliche und familiäre Existenz des Schuldners bedroht ist.
[93] Vgl. BGH NJW-RR 2008, 496, 498 = NZI 2008, 93, 94 f.; BGH NJW 2009, 78 f. = NZI 2009, 48 f.; BGH NZI 2009, 163 f.; LG Bonn, Beschl. v. 28.11.2005 – 6 T 346/05, juris; LG Kaiserslautern Rpfleger 2006, 482 f; LG Dresden ZVI 2008, 493–495; LG Dortmund ZInsO 2007, 1357 f.; *Henning* ZInsO 2007, 1253, 1258 f.; *St. Schmidt* EWiR 2009, 223 f.; generell ablehnend LG Bochum ZInsO 2007, 1156 ff.
[94] Vgl. BVerfG NJW 1998, 295; BVerfG NJW 2004, 49; BGH KTS 1978, 24, 29 f. = MDR 1978, 37 f.
[95] MüKoInsO/*Schmahl/Vuia* § 14 Rn. 43.
[96] Jaeger/*Gerhardt* § 13 Rn. 21; *Uhlenbruck* in Uhlenbruck § 14 Rn. 152 ff., 156, § 13 Rn. 9.

liegenden Forderung(en) zum Wegfall des Antragsrechts, sofern dem Gläubiger keine weiteren Forderungen gegen den Schuldner zustanden. Hatte der Gläubiger weitere Forderungen gegen den Schuldner, waren diese jedoch noch nicht durchsetzbar, entfiel infolge der Zahlung zwar nicht das Antragsrecht des Gläubigers, jedoch fehlte es an einem rechtlichen Interesse an der Durchführung eines Insolvenzverfahrens.[97] War es im Zeitpunkt der Erfüllung noch nicht zur Eröffnung des Verfahrens gekommen, war der Gläubiger zur Vermeidung einer nachteiligen Kostenentscheidung gehalten, den Eröffnungsantrag für erledigt zu erklären. Der Wegfall der dem Eröffnungsantrag zugrunde liegenden Forderung(en) führte in der Praxis dazu, dass ein Insolvenzverfahren nicht eröffnet werden konnte, obwohl ein Insolvenzgrund weiterhin vorlag.

a) *Zweck und rechtspolitische Bewertung der Neuregelung.* Die mit Wirkung zum 1.1.2011 **38** in Kraft getretene Neuregelung des § 14 I 2 bezweckt, die weitere Teilnahme insolventer Schuldner am Rechts- und Wirtschaftsverkehr einzuschränken sowie zu verhindern, dass Gläubiger bei einer Erfüllung der fälligen Forderung(en) fortwährend neue Eröffnungsanträge stellen müssen (sog. Stapelanträge) und zugleich Gefahr laufen, dass bei einer späteren Verfahrenseröffnung die in der Vergangenheit von dem Schuldner erbrachten Zahlungen durch eine Anfechtung des Insolvenzverwalters wieder zurückgewährt werden müssen.[98] Die Regelung verfolgt damit zwar einen legitimen Zweck, jedoch besteht für sie kein praktisches Bedürfnis.[99] Auch im Anwendungsbereich des § 14 I 2 bleibt es dem antragstellenden Gläubiger unbenommen, den Antrag in den zeitlichen Grenzen des § 13 II zurückzunehmen oder für erledigt zu erklären und so dem Eröffnungsantrag den Boden zu entziehen. Das Gesetz regelt keine Verpflichtung des Gläubigers zur Fortführung des Verfahrens.[100] Auch weiterhin wird man hier lediglich in den Fällen eines missbräuchlichen Gläubigerverhaltens zu einer Unbeachtlichkeit dieser Verfahrenshandlungen kommen können (→ § 10 Rn. 24 ff.). Gläubiger, die wegen der fortbestehenden Zahlungsunfähigkeit an ihrem Antrag trotz der Zahlungen des Schuldners festhalten wollen, können einen Wegfall des rechtlichen Interesses schlicht dadurch verhindern, dass sie die Annahme der Zahlung verweigern oder, sofern sie zur Annahme der Zahlungen verpflichtet sind, die Zahlung unter Vorbehalt annehmen. In einem solchen Fall fehlt es jedoch an einer wirksamen Erfüllung der Forderung, weshalb der Eröffnungsantrag unabhängig davon, ob die Voraussetzungen des § 14 I 2 vorliegen, zulässig bleibt (→ Rn. 39).[101] Ferner gibt die Neuregelung einem unredlichen Gläubiger eine weitere Möglichkeit an die Hand, den Schuldner zu einer vorrangigen Befriedigung seiner Forderung oder zur Stellung von Sicherheiten zu veranlassen.[102]

---

[97] S. hierzu MüKoInsO/*Schmahl/Vuia* § 13 Rn. 35, § 14 Rn. 26.

[98] Vgl. BT-Drucks. 17/3030, S. 42; *Gundlach/Rautmann* DStR 2011, 82; *dies.* NZI 2011, 315; *Jungclaus/Keller* NZI 2011, 808; *Kollbach/Lodyga/Zanthoff* NZI 2010, 932; *Leithaus* in Andres/Leithaus § 14 Rn. 12.

[99] Mit unterschiedlicher Begründung kritisch auch *Frind* ZInsO 2010, 1784 ff.; *ders.* ZInsO 2010, 2186 ff.; *Gundlach/Rautmann* DStR 2011, 82 ff.; *Guski* WM 2011, 103, 109 f.; *Jungclaus/Keller* NZI 2011, 808 ff.; *Marotzke* ZInsO 2010, 2163 ff.; *ders.* ZInsO 2011, 841 ff.; FK/*Schmerbach* § 14 Rn. 88p; die Neuregelung begrüßend dagegen *Kollbach/Lodyga/Zanthoff* NZI 2010, 932, 933; ebenso zu § 14 I 2 idF. des Gesetzentwurfs der Bundesregierung vom 27.9.2010 *Pape* ZInsO 2010, 2155 f.

[100] Vgl. *Frind* NJW 2013, 2478, 2479; *Gundlach/Rautmann* NZI 2011, 315, 317; HK/*Kirchhof* § 14 Rn. 16; *Laroche/Meier/Pruskowski/Schöttler/Siebert/Vallender* ZIP 2013, 1456, 1457; *Marotzke* ZInsO 2010, 2163, 2166; *Pape* ZInsO 2010, 2155 f.; FK/*Schmerbach* § 14 Rn. 88c.

[101] MüKoInsO/*Schmahl/Vuia* § 14 Rn. 49 f.; vgl. auch *Frind* ZInsO 2011, 412, 417; *Marotzke* ZInsO 2011, 841, 849.

[102] S. hierzu *Frind* ZInsO 2010, 2183; *Guski* WM 2011, 103, 110; *Pape* ZInsO 2010, 2156; diese Gefahr würde sich noch vergrößern, wenn man dem Vorschlag von *Jungclaus/Keller* NZI 2010, 808 folgen würde, wonach der Eröffnungsantrag trotz Erfüllung der Forderung zulässig bleiben soll, sofern nicht der Schuldner sämtliche fälligen Forderungen des antragstellenden Gläubigers tilgt und für alle weiteren bereits begründeten, aber noch nicht fälligen Forderungen ausreichende Sicherheit leistet.

Schließlich ist zu kritisieren, dass der Wille des Gesetzgebers im Wortlaut der Regelung weitgehend keinen Niederschlag gefunden hat und der zu weit gehende Wortlaut in mehrfacher Hinsicht einer teleologischen Reduktion bedarf (→ Rn. 43ff., 47). Zur Kostenentscheidung gem. § 14 III für den Fall der Aufrechterhaltung eines Insolvenzantrags trotz Erfüllung der Forderung(en) → § 12 Rn. 48ff.

39   **b)** *Erfüllung der Forderung.* Der Anwendungsbereich des § 14 I 2 ist nur eröffnet, wenn die dem Eröffnungsantrag zugrunde liegende Forderung erfüllt wird. Die Forderung muss nach Eingang des Eröffnungsantrages beim Insolvenzgericht erfüllt worden sein, weil andernfalls der Antrag von Anfang an unzulässig ist und nicht durch die Erfüllung unzulässig „wird" iSd § 14 I 2. In diesem Fall bleibt dem Antragsteller lediglich die Rücknahme des Antrages, wobei hinsichtlich der Kosten uU von § 269 III 3 Gebrauch gemacht werden kann (→ § 10 Rn. 11). Im Übrigen führt nicht jede Zahlung an den antragstellenden Gläubiger durch den Schuldner oder einen Dritten dazu, dass der Eröffnungsantrag unzulässig wird. Die Zulässigkeit des Antrags hängt nicht von einer bestimmten Forderung ab. Maßgebend ist allein, ob der Antragsteller zum Zeitpunkt der Eröffnungsentscheidung eine glaubhaft gemachte Gläubigerstellung hat. Er darf deshalb zur Begründung seines Antrags auch weitere Forderungen in das Verfahren einführen oder Forderungen auswechseln, sofern ein rechtliches Interesse an der Durchführung eines Insolvenzverfahrens weiterhin besteht. Selbst wenn der Gläubiger keine weiteren Forderungen gegen den Schuldner hat oder diese nicht in das Verfahren einführt, hat nicht jede Zahlung des Schuldners eine Erfüllung der dem Antrag zugrunde liegenden Forderung zur Folge. Keine Erfüllungswirkung hat etwa eine Leistung des Schuldners, die gegen eine Verfügungsbeschränkung nach § 21 II 1 Nr. 2 verstößt (§ 24 I, § 81 I).[103] Der Gläubiger kommt nicht in Annahmeverzug, wenn er die Zahlung ablehnt, unter Vorbehalt annimmt oder an den vorläufigen Insolvenzverwalter weiterleitet. Auch ohne Anordnung einer Verfügungsbeschränkung ist der Gläubiger berechtigt, die vorbehaltlose Annahme der Leistung zu verweigern, solange er keine hinreichenden tatsächlichen Anhaltspunkte dafür hat, dass die von ihm glaubhaft gemachte Zahlungsunfähigkeit des Schuldners weggefallen ist.

40   **c)** *Voraussetzungen an das „Erstverfahren".* § 14 I 2 setzt weiter voraus, dass in einem Zeitraum von zwei Jahren vor der Antragstellung bereits ein Antrag auf Eröffnung des Insolvenzverfahrens über das Vermögen des Schuldners gestellt worden ist, sog. Erstantrag. Ist innerhalb eines solchen Zeitraums die Eröffnung des Verfahrens beantragt worden, besteht nach der Wertung des Gesetzgebers eine Situation, in der sich die Gefahr von Stapelanträgen verwirklichen kann und deshalb dem Gläubiger ein Instrument an die Hand gegeben werden muss, hierauf reagieren zu können. Für die Berechnung des Zeitraums ist der Eingang der jeweiligen Eröffnungsanträge bei dem Insolvenzgericht maßgeblich. Der Zeitraum beträgt zwei Jahre und ist bezogen auf den Tag vor Eingang des „Zweitantrags" zu berechnen. Dies folgt aus dem Wortlaut des § 14 I 2, der auf den Zeitraum von zwei Jahren „vor der Antragstellung" abstellt. Die Auslegungsvorschrift des § 187 I BGB (§ 4 InsO, § 222 I ZPO) ist daher nicht anwendbar.[104] In zeitlicher Hinsicht ist nicht erforderlich, dass der Erstantrag nach dem 31.12.2010 eingegangen ist.[105]

---

[103] LG Duisburg NZI 2004, 150f.; AG Göttingen NZI 2011, 594ff.; AG Hamburg ZInsO 2005, 158, 159; Nerlich/Römermann/*Mönning* § 13 Rn. 113; HambKommInsO/*Wehr* § 13 Rn. 62; Frind ZInsO 2011, 412, 417.

[104] Anders *Gundlach/Rautmann* NZI 2011, 315; K. Schmidt/*Gundlach* § 14 Rn. 12; FK/*Schmerbach* § 14 Rn. 88d; Pape/Uhländer/*Zimmer* § 14 Rn. 15.

[105] BGH NJW 2013, 2119, 2120; BGH NZI 2013, 594; LG Leipzig NZI 2012, 274, 275; LG Berlin NZI 2012, 248, 249; LG Dessau-Rößlau, Beschl. v. 16.7.2012 – 1 T 141/12; LG Freiburg (Breisgau) ZInsO 2012, 1232f.; AG Wuppertal ZInsO 2012, 1531ff.; K. Schmidt/*Gundlach* § 14 Rn. 12;

Bei dem Erstantrag muss es sich um einen Antrag auf Eröffnung des Insolvenzverfah- **41**
rens iSd § 13 I gehandelt haben. Ferner muss sich der Erstantrag auf das Vermögen des
Schuldners bezogen haben. Dies kann auch ein Partikularinsolvenzverfahren gem.
§§ 354 ff. sein. Ausreichend ist ferner ein ausländisches Insolvenzverfahren, sofern dies
in Deutschland anzuerkennen ist. Für die Eröffnung eines Insolvenzverfahrens in einem
EU-Mitgliedstaat ist Art. 16 EuInsVO einschlägig.

Weitergehende Anforderung an den „Erstantrag" stellt der Wortlaut des § 14 I 2 nicht. **42**
Gleichwohl sind unterschiedliche Versuche unternommen worden, die Bestimmung teleologisch zu reduzieren. Nach einer Auffassung soll nur ein Fremdantrag als „Erstantrag"
in Betracht kommen,[106] wohingegen verbreitet die Auffassung vertreten wird, dass es unerheblich sei, ob es sich bei dem „Erstantrag" zum einen Eigen- oder einen Fremdantrag
handelt.[107] Weiter wird die Auffassung vertreten, dass es unerheblich sei, welches rechtliche Schicksal der Erstantrag genommen habe, ob dieser also als unzulässig oder unbegründet abgewiesen, das Verfahren mangels Masse eingestellt oder ein Verfahren eröffnet, dann
aber eingestellt worden sei.[108] Nach einer weiteren Auffassung soll für einen Erstantrag
erforderlich sein, dass der antragstellende Gläubiger seine Forderung und den behaupteten
Eröffnungsgrund in dem Erstverfahren vor einer Rücknahme oder Erledigungserklärung
in einer den Anforderungen des § 14 I 1 entsprechenden Weise hinreichend glaubhaft
gemacht hat[109] oder der Antrag mangels Masse abgewiesen worden ist.[110]

In der Beschlussempfehlung des Haushaltsausschusses vom 26.10.2010[111] wird offen- **43**
bar davon ausgegangen, dass in dem Erstverfahren ein Fremdantrag gestellt („gegen den
Schuldner") und zum anderen das Erstverfahren infolge einer Erfüllung der Forde-
rung(en) des antragstellenden Gläubigers beendet worden sein muss („nach der Begleichung der Forderung nicht fortgeführt"). Dieser gesetzgeberische Wille hat allerdings
im Wortlaut der Regelung keinen Niederschlag gefunden. Gleichwohl ist im Hinblick
auf den Zweck der Regelung (→ Rn. 38) in dreifacher Hinsicht eine teleologische
Reduktion vorzunehmen:

Erstens muss es sich bei dem Erstantrag um einen Fremdantrag gehandelt haben. Hat **44**
der Schuldner im „Erstverfahren" den Antrag gestellt, kann sich die Gefahr sog. Stapelanträge nicht realisieren. Die Neuregelung will nicht allgemein Gläubiger davor schützen, dass mehrfach ein Antrag auf Eröffnung des Insolvenzverfahrens über das Vermögen eines Schuldners gestellt wird. Auch zielt die Regelung auf einen Schutz der
Gläubiger und nicht eine Sanktionierung eines Schuldnerverhaltens ab.

Zweitens ist erforderlich, dass der Erstantrag infolge einer Zahlung nicht mehr fort- **45**
geführt worden ist.[112] Die Neuregelung bezweckt zwar, insolvente Unternehmen mög-

---

FK/*Schmerbach* § 14 Rn. 88d; Pape/Uhländer/*Zimmer* § 14 Rn. 15; ohne nähere Begründung auch AG Göttingen NZI 2011, 862 f.; AG Göttingen NZI 2011, 594 ff.; aA AG Leipzig ZInsO 2011, 1802 f.; s. ausführlich zum Ganzen MüKoInsO-*Schmahl/Vuia* § 14 Rn. 54.

[106] LG Koblenz ZInsO 2011, 1987 ff.; Pape/Uhländer/*Zimmer* § 14 Rn. 14; offen lassend LG Berlin NZI 2012, 248, 249.

[107] *Frind* ZInsO 2011, 412, 416; *Gundlach/Rautmann* NZI 2011, 315; K. Schmidt/*Gundlach* § 14 Rn. 12; HK/*Kirchhof* § 14 Rn. 16; *Klages/Pape* NZI 2013, 561, 565; KPB/*Pape* § 14 Rn. 118; offen lassend *Marotzke* ZInsO 2011, 841, 850.

[108] *Frind* ZInsO 2011, 412, 416; HK/*Kirchhof* § 14 Rn. 16; ebenso *Gundlach/Rautmann* NZI 2011, 315, 316 und K. Schmidt/*Gundlach* § 14 Rn. 12f., die allerdings § 14 I 2 unangewendet lassen wollen, wenn im Erstverfahren der Eröffnungsantrag abgewiesen worden ist, weil kein Insolvenzgrund bestand; grundsätzlich auch *Laroche/Meier/Pruskowski/Schöttler/Siebert/Vallender* ZIP 2013, 1456, 1458, die aber einen zulässigen Erstantrag fordern.

[109] HK/*Kirchhof* § 14 Rn. 16; *Klages/Pape* NZI 2013, 561, 564.

[110] *Marotzke* ZInsO 2011, 841, 850, 851; *Klages/Pape* NZI 2013, 561, 565.

[111] BT-Drucks. 17/3452, S. 6.

[112] LG Dessau-Roßlau, Beschl. v. 16.7.2012 – 1 T 141/12; LG Leipzig NZI 2012, 274, 275; LG München ZInsO 2014, 362 f.; FG Leipzig, Beschl. v. 28.3.2013 – 3 V 271/13; AG Göttingen NZI 2011, 862 f.; AG Göttingen NZI 2011, 594 ff.; *Klages/Pape* NZI 2013, 561, 564; FK/*Schmerbach* § 14

lichst frühzeitig an einer weiteren wirtschaftlichen Tätigkeit zu hindern. Dies allein rechtfertigt eine Anwendung des § 14 I 2 indes nicht (→ Rn. 48).[113] Insbesondere ist unerheblich, ob „Erstantrag" und „Zweitantrag" dieselbe Krisensituation zugrunde liegt.[114] Primärer Gesetzeszweck ist der Schutz der Gläubiger in den Fällen, in denen die Gefahr sog. Stapelanträge besteht. Nur wenn sich das „Erstverfahren" infolge einer Zahlung durch den Schuldner an den antragstellenden Gläubiger erledigt, realisiert sich diese Gefahr in dem „Zweitverfahren", auch wenn beiden Verfahren keine voneinander unabhängigen Krisensituationen zugrunde liegen. Dies gilt auch, wenn der Erstantrag nach Zahlung durch den Schuldner zurückgenommen worden ist.[115] Aus dem Gesagten folgt zugleich, dass das Erstverfahren beendet worden sein muss. Laufende Parallelanträge genügen im Rahmen des § 14 I 2 nicht.[116]

46   Drittens muss der antragstellende Gläubiger im Zweitverfahren darlegen und glaubhaft machen (§ 14 I 3), dass im Erstverfahren bis zur Erfüllung der Forderung(en) durch den Schuldner ein Insolvenzgrund vorgelegen hat.[117] Denn zahlt der Schuldner auf den Eröffnungsantrag, obwohl ein Insolvenzgrund nicht gegeben ist, lässt sich hieraus nicht die Gefahr sog. Stapelanträge herleiten. Es trifft zwar zu, dass der bloß zahlungsunwillige Schuldner nicht schutzwürdig ist,[118] jedoch ist es nicht die Zielrichtung der Neuregelung, ein solches Schuldnerverhalten zu sanktionieren. Der Fortbestand des Insolvenzgrundes nach der Erfüllung der Forderung(en) im Erstverfahren muss von dem antragstellenden Gläubiger im Zweitverfahren dagegen nicht glaubhaft gemacht werden. Denn die Notwendigkeit, den Fortbestand des Insolvenzgrundes im Rahmen des Zweitverfahrens darzulegen und glaubhaft zu machen (→ Rn. 49 ff.) beruht alleine darauf, dass der antragstellende Gläubiger im Anwendungsbereich des § 14 I 2 das Verfahren fortsetzen will und für die Verfahrenseröffnung das Vorliegen eines Insolvenzgrundes zwingend erforderlich ist (§ 16). Eine Identität der antragstellenden Gläubiger im Erst- und Zweitverfahren ist dagegen nicht erforderlich.[119] Bei einer Identität der antragstellenden Gläubiger kann allerdings im Einzelfall das rechtliche Interesse an einer Fortsetzung des Zweitverfahrens fehlen.[120] Unerheblich ist zudem, ob der Schuldner in dem Erstverfahren auf einen sog. Druckantrag hin die Forderung(en) des antragstellenden Gläubigers erfüllt hat und hieraufhin das Verfahren beendet worden ist.[121] Auch insoweit kann allerdings bei einer Identität der antragstellenden Gläubiger das rechtliche Interesse an der Aufrechterhaltung des Antrages zweifelhaft sein.

47   **d)** *Fortbestehen des Antragsrechts.* Hat der antragstellende Gläubiger glaubhaft gemacht, dass die Voraussetzungen des § 14 I 2 vorliegen, wird der Eröffnungsantrag nicht alleine

---

Rn. 88e; *Wimmer* jurisPR-InsR 23/2010 Anm. 1; aA K. Schmidt/*Gundlach* § 14 Rn. 11, 12; *Laroche/Meier/Pruskowski/Schöttler/Siebert/Vallender* ZIP 2013, 1456, 1458; HambKommInsO/*Wehr* § 14 Rn. 69; Pape/Uhländer/*Zimmer* § 14 Rn. 14.

[113] So aber *Laroche/Meier/Pruskowski/Schöttler/Siebert/Vallender* ZIP 2013, 1456, 1458; HambKommInsO/*Wehr* § 14 Rn. 69.

[114] Hierauf abstellend aber *Laroche/Meier/Pruskowski/Schöttler/Siebert/Vallender* ZIP 2013, 1456, 1458.

[115] Anders HK/*Kirchhof* § 14 Rn. 16, der darauf abstellt, dass bei einer Rücknahme die „weiteren Voraussetzungen" nicht sicher festzustellen seien; ebenso *Klages/Pape* NZI 2013, 561, 564; auf den Fortfall der Anhängigkeit gem. § 4 InsO, 269 III 1 ZPO hinweisend *Laroche/Meier/Pruskowski/Schöttler/Siebert/Vallender* ZIP 2013, 1456, 1459. Es ist Sache des Gläubigers, dies im Zweitverfahren glaubhaft zu machen; gelingt dies nicht, liegen die Voraussetzungen des § 14 I 3 nicht vor.

[116] Anders *Frind* ZInsO 2011, 412, 416; KPB/*Pape* § 14 Rn. 117 ff.; *Laroche/Meier/Pruskowski/Schöttler/Siebert/Vallender* ZIP 2013, 1456, 1458; HambKommInsO/*Wehr* § 14 Rn. 69.

[117] K. Schmidt/*Gundlach* § 14 Rn. 13; s a LG München ZInsO 2014, 362 f.

[118] Hierauf hinweisend *Kollbach/Lodyga/Zanthoff* NZI 2010, 932, 934.

[119] HK/*Kirchhof* § 14 Rn. 16; K. Schmidt/*Gundlach* § 14 Rn. 12; die Erforderlichkeit einer Identität als naheliegend, aber nicht gesetzeskonform erachtend *Marotzke* ZInsO 2011, 841, 851.

[120] MüKoInsO/*Schmahl/Vuia* § 14 Rn. 57.

[121] MüKoInsO/*Schmahl/Vuia* § 14 Rn. 57; aA *Marotzke* ZInsO 2011, 841, 850; *Klages/Pape* NZI 2013, 561, 564.

infolge der Erfüllung der Forderung(en) unzulässig. Legt man den Wortlaut der Regelung zugrunde, würde sie auch diejenigen Fälle erfassen, in denen der antragstellende Gläubiger infolge der Erfüllung sein Antragsrecht verloren hat, weil ihm begründete Forderungen gegen den Schuldner nicht mehr zustehen. Auch insoweit ist die nach ihrem Wortlaut zu weit geratene Bestimmung teleologisch zu reduzieren.[122] Die Gefahr sog. Stapelanträge besteht nur bei den Gläubigern, denen bereits im Zeitpunkt der Antragstellung aus einem Schuldverhältnis weitere Forderungen gegen den Schuldner zustehen, die entweder noch nicht fällig sind oder für deren Entstehen noch weitere Voraussetzungen vorliegen müssen. Solche Gläubiger haben zwar ein Antragsrecht,[123] jedoch fehlt ihnen das rechtliche Interesse an der Verfahrenseröffnung. Mit der Neuregelung ging es dem Gesetzgeber darum, dem Gläubiger nicht fälliger Forderungen die Möglichkeit zu eröffnen, an seinem Eröffnungsantrag fest zu halten.[124] Im Anwendungsbereich des § 14 I 2 überwiegt das Interesse des antragstellenden Gläubigers an einer Sicherung noch vorhandener Vermögenswerte, weshalb es hier gerechtfertigt ist, von einem trotz Erfüllung der fälligen Forderung(en) fortbestehenden rechtlichen Interesse auszugehen. Entfällt dagegen infolge der Erfüllung das Antragsrecht, fehlt es an einer Gläubigerstellung und damit einer wesentlichen Verfahrensvoraussetzung (§ 13 I 2). Es kann nicht davon ausgegangen werden, dass der Gesetzgeber mit der Neuregelung auch solchen Gläubigern die Fortführung eines Eröffnungsverfahrens ermöglichen wollte, die nicht mehr Gläubiger sind. Entsprechend hat § 14 I 2 lediglich zur Folge, dass in seinem Anwendungsbereich das rechtliche Interesse nicht allein wegen der Erfüllung der Forderung(en) entfällt und für die Eröffnung des Verfahrens das Bestehen weiterer Forderungen aus einem bereits begründeten Schuldverhältnis genügt, seien diese auch noch nicht fällig oder vom Eintritt weiterer Voraussetzungen abhängig. Ist dagegen infolge der Erfüllung das Antragsrecht des Gläubigers entfallen, wird der Antrag auch dann unzulässig, wenn die Voraussetzungen des § 14 I 2 vorliegen.[125] Nicht gefolgt werden kann aus diesem Grund einer verbreitet vertretenen Ansicht, die ohne nähere Diskussion und Unterscheidung zwischen dem Fortfall des Antragsrechts und des rechtlichen Interesses von einer Anwendbarkeit des § 14 I 2 auch dann ausgeht, wenn lediglich zu erwarten ist, dass der Schuldner künftig bei dem Gläubiger neue Verbindlichkeiten begründen wird.[126] Gerade bei Forderungen des Fiskus und von Sozialversicherungsträgern wird es aber in der Regel so sein, dass die Forderungen aus einem öffentlich-rechtlichen (Dauer-)Schuldverhältnis herrühren und selbst bei Erfüllung der fälligen und festgesetzten Forderungen die Gläubigerstellung nicht entfällt.[127] Hier endet die Gläubigerstellung erst, wenn auch das Schuldverhältnis beendet worden ist, für einen Sozialversicherungsträger also dann, wenn der Schuldner den bei ihm versicherten Arbeitnehmern gekündigt und die Betriebsstätte geschlossen hat.[128]

e) *Fortbestehen des rechtlichen Interesses.* Da aus § 14 I 2 lediglich folgt, dass das rechtliche Interesse des antragstellenden Gläubigers nicht alleine durch die Erfüllung der Forde-

---

[122] Ohne nähere Auseinandersetzung anders *Klages/Pape* NZI 2013, 561, 562; HambKommInsO/*Wehr* § 14 Rn. 67; undeutlich *Laroche/Meier/Pruskowski/Schöttler/Siebert/Vallender* ZIP 2013, 1456f.
[123] S. hierzu MüKoInsO/*Schmahl/Vuia* § 13 Rn. 34f.
[124] Vgl. BT-Drucks 17/3030, S. 42.
[125] *Geißler* ZInsO 2014, 14, 16; nicht überzeugend daher *Guski* WM 2011, 103, 109f., der meint, die Neuregelung modifiziere den Gläubigerbegriff.; ebenso LG Koblenz ZInsO 2011, 1987ff.
[126] BGH ZIP 2012, 1674f.; LG Freiburg (Breisgau) ZInsO 2012, 1232f.; LG Leipzig NZI 2012, 274, 275f.; Nerlich/Römermann/*Mönning* InsO § 13 Rn. 12, § 14 Rn. 92; HambKommInsO/*Wehr* § 14 Rn. 72; s. hierzu auch *Hackländer/Schur* ZInsO 2012, 901, 904, die von einer „eigenartiger Mischung vergangener und zukünftiger Rechte des antragstellenden Gläubigers" sprechen.
[127] MüKoInsO/*Schmahl/Vuia* § 13 Rn. 34.
[128] Vgl. BGH ZIP 2012, 1674f.; BGH NJW 2013, 2119, 2121; LG Freiburg (Breisgau) ZInsO 2012, 1232f.; LG Berlin ZInsO 2014, 1349f.

rung(en) entfällt, müssen darüber hinaus die weiteren Zulässigkeitsvoraussetzungen des § 14 I 1 vorliegen.[129] Der antragstellende Gläubiger hat demnach zunächst darzulegen, dass trotz der Erfüllung seiner Forderung(en) weiterhin ein rechtliches Interesse an der Verfahrenseröffnung besteht.[130] Das allgemeine Interesse, ein gleichwohl insolventes Unternehmen an der weiteren Teilnahme am Marktgeschehen zu hindern, reicht hierfür nicht. Soweit der Gesetzesbegründung die Annahme zugrunde liegt, der antragstellende Gläubiger handele im Interesse der gesamten Gläubigerschaft,[131] bedeutet dies nicht, dass allein dieses Motiv ein rechtliches Interesse an der Fortführung des Verfahrens begründet.[132] Erforderlich ist, dass der antragstellende Gläubiger wegen weiterer Forderungen aus einem bestehenden Schuldverhältnis (Dauerschuldverhältnis, Bezugsvertrag, Rahmenvertrag etc.) in absehbarer Zeit erneut einen Eröffnungsantrag stellen müsste.[133] Dieses Interesse beschränkt sich entgegen der Einschätzung des Gesetzgebers[134] nicht auf den Fiskus und die Sozialversicherungsträger, sondern kann bei jedem Gläubiger bestehen, der aufgrund eines Dauerschuldverhältnisses mit dem Schuldner verbunden ist.[135] Legt der antragstellende Gläubiger dar, dass aufgrund der bestehenden Geschäftsbeziehung zu dem Schuldner Forderungen bestehen, die in absehbarer Zeit fällig werden oder im Rahmen eines Dauerschuldverhältnisses zur Entstehung gelangen, ist ein rechtliches Interesse an der Aufrechterhaltung seines Eröffnungsantrages gegeben.[136] Dass ein „privater" Gläubiger das Dauerschuldverhältnis – anders als Finanzbehörden und Sozialversicherungsträger – bei wiederholt eingetretenem Zahlungsverzug einseitig beenden *kann,* bedeutet nicht, dass er dies auch tun *muss.* Allein das Bestehen einer Kündigungsmöglichkeit lässt daher das rechtliche Interesse nicht entfallen.[137] Ob in der Praxis „Privatgläubiger" von der Möglichkeit einer Verfahrensfortführung tatsächlich Gebrauch machen werden, ist eine andere Frage.[138] Im Übrigen kann das rechtliche Interesse fehlen, wenn ungewiss ist, ob und wann die Fälligkeit eintreten wird. Ferner ist auch im Anwendungsbereich des § 14 I 2 stets zu prüfen, ob der antragstellende Gläubiger mit der Aufrechterhaltung seines Antrags verfahrensfremde Zwecke verfolgt.

49 f) *Fortbestehen des Insolvenzgrundes.* Ob der Gläubiger darüber hinaus darlegen und glaubhaft machen muss, dass trotz Erfüllung der dem Antrag zugrunde liegenden Forderung(en) weiterhin ein Insolvenzgrund besteht, ist umstritten. Die überwiegend vertre-

---

[129] HK/*Kirchhof* § 14 Rn. 16; zur fehlenden Glaubhaftmachung der Antragsforderung s. AG Köln ZInsO 2013, 1695 f.

[130] BGH NZI 2012, 708; BGH NJW 2013, 2119, 2121 = NZI 2013, 594; LG Freiburg (Breisgau) ZInsO 2012, 1232 f.; *Klages/Pape* NZI 2013, 561, 562; *Laroche/Meier/Pruskowski/Schöttler/Siebert/Vallender* ZIP 2013, 1456, 1460.

[131] BT-Drucks 17/3030, S. 42; ähnlich *Müller/Rautmann* ZInsO 2013, 378, 379 f.; kritisch hierzu *Jungclaus/Keller* NZI 2010, 808.

[132] Zutreffend HambKommInsO/*Wehr* § 14 Rn. 67. Nach Auffassung von LG Koblenz ZInsO 2011, 1987 ff. soll die Gesetzesbegründung „unklar" sein; zur Kritik an der Gesetzesbegründung aufgrund „argumentativer Widersprüchlichkeit" s. *Marotzke* ZInsO 2011, 841, 845; *Müller/Rautmann* ZInsO 2013, 378, 379.

[133] BGH NZI 2012, 708; kritisch *Guski* WM 2011, 103, 110; *Müller/Rautmann* ZInsO 2013, 378 ff.

[134] Vgl. BT-Drucks. 17/3030, S. 42; so auch LG Koblenz ZInsO 2011, 1987 ff.; FG Leipzig, Beschl. v. 28.3.2013 – 3 V 271/13; AG Hamburg NZI 2011, 859 f.; *Klages/Pape* NZI 2013, 561, 566; nach Auffassung von *Marotzke* ZInsO 2011, 841, 848 soll die Neuregelung lediglich auf sog. Zwangsgläubiger anzuwenden sein; ebenso *Laroche/Meier/Pruskowski/Schöttler/Siebert/Vallender* ZIP 2013, 1456, 1459.

[135] K. Schmidt/*Gundlach* § 14 Rn. 11; KPB/*Pape* § 14 Rn. 115; *Frind* NJW 2013, 2478, 2481.

[136] BGH NJW 2013, 2119, 2121 = NZI 2013, 594; BGH NZI 2012, 708.

[137] So aber *Klages/Pape* NZI 2013, 561, 566; im Grundsatz ebenso Pape/Uhländer/*Zimmer* § 14 Rn. 18, der lediglich bei infolge der Kündigung entstehender Schadensersatzansprüche eine Ausnahme machen will; aA *Frind* NJW 2013, 2478, 2481 unter Hinweis darauf, dass die Kündigungsfristen ggf. lang sein könnten.

[138] Zu den möglichen Motiven für eine Nichtfortführung des Antrags s. *Laroche/Meier/Pruskowski/Schöttler/Siebert/Vallender* ZIP 2013, 1456, 1457.

tene Auffassung hält es für notwendig, dass der antragstellende Gläubiger auch im Anwendungsbereich des § 14 I 2 das Fortbestehen eines Insolvenzgrundes glaubhaft macht.[139] Die Gegenauffassung meint, dass der antragstellende Gläubiger einen fortbestehenden Insolvenzgrund nicht glaubhaft machen müsse, vielmehr wird für ausreichend erachtet, wenn im Zeitpunkt der Antragstellung ein Insolvenzgrund vorgelegen hat.[140] Teilweise wird davon ausgegangen, dass im Anwendungsbereich des § 14 I 2 die Zulässigkeit des Eröffnungsantrages zunächst fingiert werde und das Eröffnungsverfahren fortzusetzen sei. Erst wenn der Schuldner im Rahmen der vor der Anordnung weiterer Maßnahmen notwendigen Anhörung darlege und glaubhaft mache, dass ein Insolvenzgrund nicht (mehr) bestehe, soll den antragstellenden Gläubiger die Gegenglaubhaftmachungslast treffen.[141]

Der IX. Zivilsenat des BGH hat sich zu Recht der zuerst genannten Auffassung angeschlossen.[142] Aus Wortlaut und Systematik der Norm folgt, dass das rechtliche Interesse nicht allein deshalb entfallen soll, weil die dem Antrag zugrunde liegende Forderung erfüllt worden ist, also die übrigen Zulässigkeitsvoraussetzungen – zu denen auch das Vorliegen eines Insolvenzgrundes gehört – weiterhin vorliegen müssen.[143] Dagegen erklärt sie weder das Fortbestehen eines Antragsrechts (→ Rn. 47) noch die Voraussetzungen des § 16 für entbehrlich. Erst recht modifiziert die Regelung nicht die bei einem Fremdantrag maßgeblichen Eröffnungsgründe.[144] Das Vorliegen eines Insolvenzgrundes ist und bleibt – ebenso wie das eines fortbestehenden Antragsrechts – auch im Anwendungsbereich des § 14 I 2 zentrale Voraussetzung für die Durchführung eines Insolvenzverfahrens und ist im Rahmen der Zulässigkeit des Antrages von dem Gläubiger darzulegen und glaubhhaft zu machen. Auch wenn der Eröffnungsantrag als unbegründet abzulehnen ist, wenn sich später herausstellt, dass tatsächlich kein Insolvenzgrund (mehr) vorliegt, ist die Glaubhaftmachung eines fortbestehenden Insolvenzgrundes wegen der mit der Zulässigkeit eines Eröffnungsantrages einhergehenden erheblichen Eingriffe in die Rechtssphäre des Schuldners unerlässlich. Neben der Möglichkeit, Sicherungsmaßnahmen gem. §§ 21 ff. zu erlassen, führt ein zulässiger, aber unbegründeter Eröffnungsantrag zur Kostenfolge des § 14 III (→ § 12 Rn. 48 ff.), was nur sachgerecht erscheint, wenn ein fortbestehender Insolvenzgrund von dem antragstellenden Gläubiger glaubhaft gemacht wird.[145] Soweit die Auffassung vertreten wird, dass der Gesetzgeber auch die Fälle in den Regelungsbereich der Norm habe einbeziehen wollen, in denen die Zahlungsunfähigkeit zunächst entfallen sei, weil der Zweitan-

---

[139] LG Berlin ZInsO 2014, 1349 f.; LG Berlin NZI 2012, 248, 249 f.; LG Düsseldorf NZI 2013, 94, 95; LG Köln, Beschl. v. 6.9.2011 – 1 T 280/11; AG Düsseldorf, Beschl. v. 13.8.2012 – 502 IN 51/12; AG Köln NZI 2011, 593 f.; AG Ludwigshafen, Beschl. v. 16.2.2012 – 3a IN 203/11; AG Ludwigshafen ZInsO 2013, 514; AG Wuppertal ZIP 2012, 1090, 1091; AG Wuppertal ZIP 2012, 1363, 1364; *Beth* NZI 2012, 1, 2 ff.; *ders.* ZInsO 2013, 1680 ff.; *Franke* NJ 2013, 388 f.; *Harder* NJW-Spezial 2012, 277; Ahrens/Gehrlein/Ringstmeier/*Kadenbach* § 14 Rn. 16; *Kexel* EWiR 2013, 515 f.; MüKoInsO/*Schmahl*/ *Vuia* § 14 Rn. 59 f.; *Wimmer* jurisPR-InsR 23/2010 Anm. 1; Pape/Uhländer/*Zimmer* § 14 Rn. 17; offen lassend FG Leipzig, Beschl. v. 28.3.2013 – 3 V 271/13; dem zuneigend LG Freiburg (Breisgau) ZInsO 2012, 1232 f. („wohl zutreffend").
[140] AG Göttingen NZI 2011, 862; *Frind* ZInsO 2011, 412, 416; K. Schmidt/*Gundlach* § 14 Rn. 16; Hackländer/*Schur* ZInsO 2012, 901, 906; PK-HWF/*Mitter* § 14 Rn. 24; *Pape* ZInsO 2011, 2154, 2163; FK/*Schmerbach* § 14 Rn. 88e, 88k; HambKommInsO/*Wehr* § 14 Rn. 72; wohl auch AG Deggendorf ZInsO 2011, 1801, allerdings ohne Begründung; zu einer solchen Auslegung der Neuregelung auch *Marotzke* ZInsO 2011, 841, 846.
[141] *Laroche*/*Meier*/*Pruskowski*/*Schöttler*/*Siebert*/*Vallender* ZIP 2013, 1456, 1457, 1460 ff.; *Meier* NZI 2013, 95, 96.
[142] BGH NJW 2013, 2119 = NZI 2013, 594.
[143] Zutr LG Berlin NZI 2012, 248, 249 f.; LG Düsseldorf NZI 2013, 94, 95; ohne überzeugende Begründung aA *Meier* NZI 2013, 95, 96.
[144] Ebenso *Laroche*/*Meier*/*Pruskowski*/*Schöttler*/*Siebert*/*Vallender* ZIP 2013, 1456, 1457.
[145] Zutr *Klages*/*Pape* NZI 2013, 561, 564.

trag die Vermutung, dass weitere Anträge folgen, begründe und schon dieses Risiko für den Gesetzgeber eine ausreichende Rechtfertigung gewesen sei, die weitere Zulässigkeit des Gläubigerantrages zu fingieren und das Eröffnungsverfahren fortzusetzen,[146] überzeugt dies nicht. Selbst wenn man trotz der erheblichen Widersprüche in der Gesetzesbegründung[147] einmal unterstellt, dass der Gesetzgeber Dahingehendes gewollt hat,[148] wäre allein dieser Wille unbeachtlich, da er weder im Wortlaut noch der Systematik des § 14 I 2, 3 zum Ausdruck kommt und zudem der Gesetzeszweck einer dahingehenden erweiternden Auslegung entgegensteht. Die Neuregelung bezweckt den Schutz der Gläubiger vor sog. Stapelanträgen, nicht die Sanktionierung des Schuldners, der es unterlässt, im Rahmen der Anhörung zu dem aufrechterhaltenen Antrag des Gläubigers darzulegen und glaubhaft zu machen, dass ein Insolvenzgrund nicht besteht. Letzteres ist Voraussetzung für die Schutzbedürftigkeit des Gläubigers und daher von diesem darzulegen und glaubhaft zu machen. Ist infolge der Zahlung durch den Schuldner der Insolvenzgrund entfallen, ist der Gläubiger nicht mehr schutzbedürftig. Es besteht in diesem Fall auch kein Interesse, die wirtschaftliche Tätigkeit des Schuldners einzuschränken.

51   Da bei einem Fremdantrag lediglich Überschuldung und Zahlungsunfähigkeit in Betracht kommen (vgl. § 18), hat der antragstellende Gläubiger zunächst schlüssig darzulegen, dass trotz der Erfüllung seiner Forderung(en) und unter Berücksichtigung des § 17 II ein Insolvenzgrund weiterhin besteht. Diese Glaubhaftmachungslast trifft den antragstellenden Gläubiger unabhängig davon, ob sich der Schuldner zum Fortbestehen eines Insolvenzgrundes – etwa im Rahmen einer Anhörung gem. § 14 II – geäußert hat.[149] Den Schuldner trifft insoweit keine sekundäre Darlegungslast.[150] Eine andere Frage ist, welche Anforderungen an den Umfang der Glaubhaftmachungslast des antragstellenden Gläubigers zu stellen sind. Die von dem Gläubiger bereits bei Antragstellung dargelegte und glaubhaft gemachte nach außen in Erscheinung getretene Zahlungsunfähigkeit kann nur dadurch beseitigt werden, dass der Schuldner seine Zahlungen insgesamt wieder aufgenommen hat, weshalb alleine die Erfüllung der Forderung(en) des antragstellenden Gläubigers nicht ausreicht.[151] Hieraus folgt allerdings nicht, dass alleine aufgrund einer Indizwirkung der ursprünglich glaubhaft gemachten Zahlungsunfähigkeit weitere Darlegungen und Glaubhaftmachungen durch den antragstellenden Gläubiger entbehrlich sind.[152] Hat der Gläubiger die Zahlungsunfähigkeit unter Bezugnahme auf die eigene(n) Forderung(en) glaubhaft gemacht, ist die Indiziwirkung grundsätzlich entfallen, zumindest aber ganz erheblich abgeschwächt.[153] Aus diesem Grund hat der *antragstellende Gläubiger* darzulegen und glaubhaft zu machen, dass der Schuldner zwar die Forderung(en) gegen ihn beglichen, nicht aber die Zahlungen insgesamt wieder aufgenommen hat.[154] Hierzu gehört, dass neben dem antragstellenden Gläubiger noch weitere Gläubiger existieren, die infolge der Zahlungsunfähigkeit des Schuldners nicht mehr bedient worden sind. Dass der Gläubiger keinen umfassenden Einblick in die Finanz-

---

[146] So *Laroche/Meier/Pruskowski/Schöttler/Siebert/Vallender* ZIP 2013, 1456, 1457, 1460.
[147] S. *Marotzke* ZInsO 2011, 841, 845.
[148] Anders etwa LG Berlin NZI 2012, 248, 249 f.; LG Düsseldorf NZI 2013, 94, 95.
[149] Vgl. BGH NJW 2013, 2119, 2121 Rn. 17; aA *Laroche/Meier/Pruskowski/Schöttler/Siebert/Vallender* ZIP 2013, 1456, 1457, 1460 ff.; *Meier* NZI 2013, 95, 96.
[150] Zutreffend BGH NJW 2013, 2119, 2120 = NZI 2013, 594; AG Ludwigshafen, Beschl. v. 16.2.2012 – 3a IN 203/11; *Beth* NZI 2012, 1, 3; krit. *Frind* NJW 2013, 2478, 2479 f.; aA AG Köln NZI 2011, 593; Ahrens/Gehrlein/Ringstmeier/*Kadenbach* § 14 Rn. 16; *Meier* NZI 2013, 95, 96 f.; offen lassend AG Düsseldorf, Beschl. v. 13.8.2012 – 502 IN 51/12.
[151] BGH NJW 2013, 2119, 2120 unter Hinweis auf BGH NJW-RR 2006, 1422.
[152] In diesem Sinne aber *Laroche/Meier/Pruskowski/Schöttler/Siebert/Vallender* ZIP 2013, 1456, 1460 f.
[153] Zutreffend *Beth* ZInsO 2013, 1680, 1682.
[154] Pape/Uhländer/*Zimmer* § 14 Rn. 17; krit. *Beth* ZInsO 2013, 1680, 1682 f., der zu einer „differenzierten Bewertung des Einzelfalls" rät.

und Vermögenslage hat, führt – wie auch sonst – lediglich dazu, dass an den Umfang der Glaubhaftmachung geringere Anforderungen zu stellen sind (→ Rn. 57 ff.). Es genügt daher, wenn der antragstellende Gläubiger darlegt und glaubhaft macht, dass andere Gläubiger Forderungen gegen den Schuldner haben[155] und dem antragstellenden Gläubiger über eine Wiederaufnahme der Zahlungen gegenüber diesen Gläubigern oder zwischen dem Schuldner und den übrigen Gläubigern geschlossenen Zahlungsvereinbarungen nichts bekannt ist. Unüberwindbare Hürden werden dem antragstellenden Gläubiger damit nicht auferlegt.[156] Der BGH hat sich in seiner Entscheidung vom 11.4.2013 allerdings nicht ausdrücklich dazu geäußert, ob er nach einer Erfüllung der dem Eröffnungsantrag zugrunde liegende(n) Forderung(en) weitere Darlegungen und Glaubhaftmachungen des antragstellenden Gläubigers für notwendig erachtet oder ob der Schuldner im Rahmen der gem. § 14 II durchzuführenden Anhörung die vollständige Wiederaufnahme der Zahlungen darzulegen (und glaubhaft) zu machen hat. Die Ausführungen des Senats deuten darauf hin, dass eine weitergehende Darlegung und Glaubhaftmachung durch den Gläubiger erforderlich sein soll, da trotz zunächst glaubhaft gemachter Zahlungsunfähigkeit erst nach Prüfung und ergänzendem Vortrag, ob ein Insolvenzgrund vorliegt, der Schuldner anzuhören und das Verfahren fortzuführen sein soll.[157] Das Insolvenzgericht ist zur Amtsermittlung gem. § 5 I nur verpflichtet, wenn ein zulässiger Insolvenzantrag (noch) vorliegt. Andere verstehen den BGH so, dass er vom Schuldner die Darlegung der Wiederaufnahme der Zahlungen verlange.[158] In diesem Fall würde dem Schuldner de facto eine sekundäre Darlegungslast auferlegt, was der Senat indes ausdrücklich abgelehnt hat. Auch lässt sich den Ausführungen des Senats nicht entnehmen, dass er für die Fortführung des Verfahrens die Fiktion eines fortbestehenden Insolvenzgrundes ausreichen lassen will.[159]

Genügt der antragstellende Gläubiger seiner Glaubhaftmachungslast, ist der Schuldner gem. § 14 II anzuhören. Tritt der Schuldner dem Fortbestehen eines Insolvenzgrundes substantiiert entgegen, indem er etwa darlegt, dass er die Zahlungen zwar nicht insgesamt wieder aufgenommen hat, mit den übrigen Gläubigern jedoch Zahlungsvereinbarungen getroffen wurden,[160] trifft den antragstellenden Gläubiger eine erhöhte Darlegungs- und Glaubhaftmachungslast.[161] Genügt er dieser nicht, ist der fortgeführte Insolvenzantrag unzulässig.

3. Glaubhaftmachung der Forderung. Da nur Tatsachen, nicht aber Rechtsfolgen glaubhaft gemacht werden können, setzt die Glaubhaftmachung der Forderung zunächst einen schlüssigen Sachvortrag einschließlich der Spezifizierung der Forderung voraus, damit der Schuldner beurteilen kann, ob und in welchem Umfang er sich hiergegen zur Wehr setzen soll.[162] Ist die Forderung bereits tituliert, reicht die genaue Bezeichnung des Titels und der dort begründeten Forderung aus. Bei nicht-titulierten Forderungen ist eine geordnete und vollständige Sachverhaltsdarstellung erforderlich, aus der sich alle haftungs- und anspruchsbegründenden Umstände ergeben.[163] Auf die bei Antragstellung bekannten Einwendungen des Schuldners braucht der Gläubiger im Zusammenhang mit der Glaubhaftmachung seiner Forderung nicht einzugehen. Eine entsprechende Darstellung ist jedoch bei nicht rechtskräftig titulierten Forderungen für

---

[155] Vgl. Pape/Uhländer/*Zimmer* § 14 Rn. 17.
[156] So aber *Laroche/Meier/Pruskowski/Schöttler/Siebert/Vallender* ZIP 2013, 1456, 1460.
[157] S. BGH NJW 2013, 2119, 2121 Rn. 17.
[158] So *Beth* ZInsO 2013, 1680, 1681 f.; *Frind* NJW 2013, 2478, 2480 f.
[159] Hierfür *Laroche/Meier/Pruskowski/Schöttler/Siebert/Vallender* ZIP 2013, 1456, 1457, 1460 f.
[160] Ein solcher Sachverhalt lag der Entscheidung LG Düsseldorf NZI 2013, 94 f. zugrunde.
[161] Vgl. hierzu LG Berlin NZI 2012, 248, 249; *Laroche/Meier/Pruskowski/Schöttler/Siebert/Vallender* ZIP 2013, 1456, 1461.
[162] BGH NZI 2006, 34; vgl. auch BGH NJW 2008, 3498, 3499 (zu § 690 I Nr. 3 ZPO).
[163] OLG Köln NZI 2001, 308 f.

die Frage des Eröffnungsgrundes und dessen Glaubhaftmachung von Bedeutung, wenn die Zahlungsunfähigkeit von der Zahlungsunwilligkeit abzugrenzen ist (→ Rn. 38).

54 Eine Tatsache ist glaubhaft gemacht, wenn das Gericht der Überzeugung ist, dass die Behauptung mit überwiegender Wahrscheinlichkeit zutrifft;[164] ein vollständiger Beweis ist nicht erforderlich. Dies gilt auch und gerade dann, wenn die Tatsache bestritten ist. Für die Mittel der Glaubhaftmachung gilt § 294 ZPO (§ 4 InsO). Der Antragsteller kann sich aller Beweismittel bedienen, die dem Gericht sofort zur Verfügung stehen (präsente Beweismittel, § 294 II ZPO),[165] oder selbst eine entsprechende eidesstattliche Versicherung abgeben. Die eidesstattliche Versicherung muss die Wahrnehmungen des Erklärenden im Einzelnen wiedergeben, eine Bezugnahme auf Ausführungen in der Antragsschrift oder einem anderen Schriftstück ist nicht zulässig.[166] Die bloße Benennung von Beweismitteln genügt nicht, ebenso wenig die Bezugnahme auf außerhalb der Insolvenzabteilung geführte Gerichtsakten oder das Angebot, bestimmte schriftliche Unterlagen nachzureichen. Zur Glaubhaftmachung sind auch unbeglaubigte Fotokopien und Lichtbilder geeignet.[167] Ausdrucke elektronisch übermittelter Dokumente (vgl. § 371 I 2, § 371a ZPO), die eine Erklärung des ursprünglichen Absenders wiedergeben sollen, müssen diesen Absender durch ein authentisches Merkmal erkennen lassen. Ihre vollständige inhaltliche Übereinstimmung mit dem ursprünglichen Dokument ist zu beglaubigen (vgl. § 416a ZPO).[168] Gleiches gilt für Ausdrucke gescannter Dokumente.[169] Auch die anwaltliche Versicherung kann ein Mittel der Glaubhaftmachung sein.[170]

55 Hinsichtlich der dem Antrag zugrundeliegenden Forderung kommen als Mittel der Glaubhaftmachung neben der eidesstattlichen Versicherung einer mit dem Sachverhalt vertrauten Person vor allem Urkunden in Betracht, zB vollstreckbare gerichtliche Entscheidungen, die nach Schlüssigkeitsprüfung ergangen sind, also auch Versäumnisurteile[171] oder Arreste, ferner Vollstreckungsbescheide (selbst nur vorläufig vollstreckbare),[172] notarielle Urkunden (sofern sich aus ihnen die persönliche Forderung ergibt),[173] Entscheidungen eines Ermittlungsrichters oder sonstige Aktenstücke aus einem Ermittlungsverfahren,[174] bestätigte Lieferscheine, sonstige Bestätigungsschreiben des Schuldners, Buchungsbelege, Schuldscheine oder Wechsel. Die Überzeugungskraft der beigebrachten Mittel der Glaubhaftmachung beurteilt das Gericht in freier Beweiswürdi-

---

[164] BGHZ 156, 139, 141 = NJW 2003, 3558 = NZI 2003, 662; BGH VersR 1976, 928 f.; BGH NZI 2002, 601, 602 = NJW-RR 2002, 1571; BGH NJW-RR 2011, 136 ff.; OLG Köln ZIP 1988, 664; AG München ZIP 2009, 820 ff.; Braun/Bußhardt § 14 Rn. 13; Nerlich/Römermann/Mönning § 14 Rn. 27.
[165] Braun/Bußhardt § 14 Rn. 13.
[166] BGH NJW 1988, 2045.
[167] OLG Jena OLGR 1997, 94 f.; OLG Köln FamRZ 1983, 709 ff.; AG Leipzig ZInsO 2011, 2097 ff.; aA Frind ZInsO 2011, 412, 414; Nerlich/Römermann/Mönning § 14 Rn. 30; Uhlenbruck in Uhlenbruck § 14 Rn. 32, 33, 68; MüKoInsO/Schmahl² § 14 Rn. 16: Schriftstücke sind zumindest in anwaltlich oder amtlich beglaubigter Abschrift vorzulegen.
[168] LG Duisburg, Beschl. v. 12.9.2006 – 7 T 201/06; AG Hamburg ZInsO 2006, 386; Schmitz/Schlatmann NVwZ 2002, 1281, 1288; Roßnagel/Fischer-Dieskau NJW 2006, 806, 808; Schmahl NZI 2007, 20 f.
[169] Roßnagel/Wilke NJW 2006, 2145, 2149.
[170] LG Duisburg, Beschl. v. 12.9.2006 – 7 T 201/06; LG Duisburg, Beschl. v. 5.1.2009 – 7 T 168/08; AG Hamburg ZInsO 2006, 386; Schmitz/Schlatmann NVwZ 2002, 1281, 1288; Roßnagel/Fischer-Dieskau NJW 2006, 806, 808; Schmahl NZI 2007, 20 f.
[171] OLG Köln ZIP 1988, 664, 665; HK/Kirchhof § 14 Rn. 14; Holzer EWiR 1996, 601; aA LG Leipzig ZIP 1996, 880.
[172] FK/Schmerbach § 14 Rn. 65, 67; HK/Kirchhof § 14 Rn. 14; KPB/Pape § 14 Rn. 41; aA LG Potsdam NZI 2000, 233; AG Dresden ZIP-aktuell 2001 Nr. 110; Blenske EWiR 2001, 535 f.; Jaeger/Gerhardt § 14 Rn. 18.
[173] OLG Frankfurt WM 2001, 1629, 1631.
[174] LG Dresden ZIP 2004, 1062; Schmerbach EWiR 2004, 1135.

gung. Auch die Vorlage eines deklaratorischen Schuldanerkenntnisses kann ausreichen. Ob die Abgabe des deklaratorischen Schuldanerkenntnisses schlüssig dargelegt und glaubhaft gemacht worden ist, hat das Insolvenzgericht zu prüfen, das auch im Wege der Auslegung zu ermitteln hat, wie weit der Einwendungsausschluss reicht.[175]

Der bloße Umstand, dass eine Behauptung vom Antragsgegner im Verfahren nicht bestritten wird, reicht, wie aus § 14 II, § 15 II folgt, zur Glaubhaftmachung nicht aus.[176] Etwas anderes kann gelten, wenn das Gericht die Behauptung in gewissem Maße für wahrscheinlich hält und es den Antragsgegner nach Belehrung über die rechtliche Bedeutung ausdrücklich darauf hinweist, dass es die Darstellung als glaubhaft gemacht ansehen wird, wenn er ihr nicht im Einzelnen entgegentritt. Ob die Forderung bestritten, Gegenstand eines Prozesses oder nur gegen Sicherheitsleistung vorläufig vollstreckbar ist, hat für die Anforderungen an die Glaubhaftmachung keine Bedeutung. Eine größere Gewissheit als die überwiegende Wahrscheinlichkeit verlangt das Gesetz auch in diesen Fällen nicht. Das Erfordernis der Glaubhaftmachung bringt vielmehr gerade zum Ausdruck, dass nicht der volle Beweis erforderlich ist.[177]

4. Glaubhaftmachung des Eröffnungsgrundes. Auch hier erfordert die Glaubhaftmachung (§ 294 ZPO, § 4 InsO; → Rn. 27) zunächst einen Tatsachenvortrag. Allerdings kann der Gläubiger nur selten einen umfassenden und genauen Einblick in die Finanz- und Vermögenslage des Schuldners haben. Es reicht daher in der Regel aus, wenn er Indizien glaubhaft macht, die einzeln oder in ihrer Häufung nach der allgemeinen Erfahrung den hinreichend sicheren Schluss auf das Vorliegen des Eröffnungsgrundes erlauben.[178]

a) *Zahlungsunfähigkeit.* Als urkundliche Mittel der Glaubhaftmachung kommen bei der Zahlungsunfähigkeit vor allem das Protokoll eines Gerichtsvollziehers oder Vollstreckungsbeamten über einen erfolglosen Zwangsvollstreckungsversuch, aus dem sich ergibt, dass der Schuldner in seiner geschäftlichen Hauptniederlassung und (bei einer natürlichen Person) in der Wohnung pfändbare, interventionsfreie bewegliche Sachen nicht besitzt, oder die entsprechende Fruchtlosigkeitsbescheinigung, das Protokoll über die Erteilung einer Vermögensauskunft durch den Schuldner (§ 802c ZPO, § 284 AO), die Bescheinigung des Vollstreckungsgerichts, dass im Schuldnerverzeichnis (§ 882b ZPO) eine Eintragungsanordnung gegen den Schuldner vermerkt ist, schriftliche Erklärungen des Schuldners gegenüber seinen Gläubigern, in denen er seine Zahlungsunfähigkeit für die absehbare Zukunft eingesteht, etwa Gesuche um Zahlungsaufschub von deutlich mehr als einem Monat,[179] ferner schriftliche Anerkenntnisse oder Zahlungsankündigungen, denen (was gesondert glaubhaft zu machen ist) allenfalls eigenmächtige Teilzahlungen folgen[180] sowie zuverlässige substantiierte Presseberichte, auch wenn sie keine amtliche Verlautbarung enthalten,[181] in Betracht.

Der Beweiswert der Unterlagen hängt auch vom zeitlichen Abstand zwischen dem mitgeteilten Ereignis und der Antragstellung ab. Ein Jahr wird der äußerste Grenzwert

---

[175] Vgl. BGH ZInsO 2009, 767 f.
[176] BGH NZI 2006, 172 f.; LG Köln KTS 1964, 247, 248 f.; Jaeger/*Gerhardt* § 14 Rn. 17; aA FK/*Schmerbach* § 14 Rn. 51, 57; differenzierend auch *Rugullis* KTS 2007, 283 ff., nach dessen Auffassung Schweigen des Schuldners hinsichtlich der Forderung als Zugeständnis wertet und nur hinsichtlich des Eröffnungsgrundes der Amtsermittlungsgrundsatz gelten soll.
[177] OLG Köln ZIP 1988, 664 f.; zust. *Stürner/Stadler* EWiR 1988, 603; LG Aachen KTS 1988, 805.
[178] Motive zu § 102 KO, in: *Hahn,* Materialien, 1881, S. 294; BGH NJW 2013, 2119 = NZI 201, 594; BGH NZI 2007, 36 f.; BGH NZI 2007, 515, 517; OLG Köln ZIP 1986, 664; *Uhlenbruck* in Uhlenbruck § 14 Rn. 86.
[179] Vgl. BGH NZI 2002, 34 f. = NJW-RR 2002, 261 (6 Wochen); BGH NZI 2007, 36 f. (3 Monate); OLG Rostock ZIP 2003, 1459; KG NZI 2007, 247; LG Berlin ZVI 2005, 29.
[180] Vgl. *Holzer* NZI 2005, 308, 313.
[181] Vgl. BGH NZI 2001, 585.

sein.[182] Sind bereits mehrere Monate vergangen, kommt es darauf an, wie der Schuldner sich in der Zwischenzeit gegenüber dem Gläubiger verhalten hat, insbesondere ob sich hinreichende Anzeichen für die allgemeine Wiederaufnahme seiner Zahlungen oder für eine sonstige nennenswerte Verbesserung seiner Finanzlage ergeben haben; auch dies hat der Gläubiger darzulegen und glaubhaft zu machen. Bei einer Personengesellschaft muss sich die Glaubhaftmachung der Zahlungsunfähigkeit nur auf das Gesellschaftsvermögen beziehen, nicht auf die Finanzlage ihrer persönlich haftenden Gesellschafter.[183]

60 Als weitere Indizien, die je nach Lage des Falls, insbesondere in ihrer Häufung oder zusammen mit ähnlichen anderen Umständen, als Zahlungseinstellung gewertet werden können[184] oder in sonstiger Weise den Schluss auf die Zahlungsunfähigkeit erlauben (vgl. § 17 II 2), sind zu nennen: häufige Scheck- oder Wechselproteste, häufige Zurückweisung von Lastschriften; vollständige oder überwiegende Einstellung der laufenden Zahlungen[185] wie Sozialversicherungsbeiträge oder Steuern für mindestens sechs Monate,[186] Löhne,[187] Entgelte für Energielieferungen oder ähnliche betriebsnotwendige Kosten; dauerhaft und regelmäßig erheblich verspätete Zahlungen[188] auf solche Verpflichtungen; umfangreiche Herausgabe von Sicherungsgut an die Sicherungsgläubiger;[189] Einstellung des Geschäftsbetriebs oder Sitzverlegung ohne geordnete Abwicklung des Geschäfts; tatsächliche Unerreichbarkeit über mehrere Monate; Flucht vor den Gläubigern.[190]

61 Kein ausreichendes Indiz für Zahlungsunfähigkeit ist in der Regel das bloße Hinauszögern einer fälligen und mehrmals angemahnten Zahlung, selbst wenn ein vollstreckbarer Titel existiert und die Zwangsvollstreckung droht.[191] Ebenso wenig genügt der Hinweis auf vertragliche Vereinbarungen, nach denen der Schuldner nur bei Zahlungsunfähigkeit zur Zahlungseinstellung berechtigt sein soll.[192]

62 Ist die Forderung des antragstellenden Gläubigers nicht rechtskräftig tituliert, ist auch glaubhaft zu machen, dass keine bloße Zahlungsunwilligkeit des Schuldners vorliegt.[193] Hierzu gehört eine Auseinandersetzung mit den bisherigen Einwendungen des Schuldners.[194] Der Gläubiger hat diese Einwendungen mitzuteilen und mit den Mitteln der Glaubhaftmachung zu entkräften. Sind Einwendungen nicht erhoben worden, so ist auch dies glaubhaft zu machen.

63 **b)** *Überschuldung.* Die Glaubhaftmachung der Überschuldung (§§ 19, 320, 332) erfordert grundsätzlich eine durch Beweismittel belegte Darlegung der aktuellen Vermö-

---

[182] LG Düsseldorf NZI 2007, 530 f.; *Uhlenbruck* in Uhlenbruck § 14 Rn. 82.
[183] LG Frankfurt/O. ZIP 1995, 1213.
[184] Instruktiv hierzu *App* JurBüro 1996, 177 f.; *Holzer* NZI 2005, 308, 311 ff.; zur bloßen Indizwirkung vgl. auch BGH NJW 2001, 2163 = NZI 2001, 363; BGH NZI 2002, 341, 342 f.; LG Hamburg NZI 2002, 164 Nr. 11 m. Anm. *Hess* EWiR 2002, 349; LG Potsdam ZInsO 2002, 1195 = ZVI 2002, 406; AG Hamburg NZI 2001, 163; AG Potsdam NZI 2001, 604 f.; AG Potsdam NZI 2003, 155, 157.
[185] So schon die Motive zu § 102 KO, *Hahn* S. 295; s. a. LG Bielefeld ZInsO 2010, 1194 ff.
[186] BGH NJW 2001, 2163 = NZI 2001, 363; BGH NZI 2003, 542, 544; BGH NZI 2006, 591 f. = NJW-RR 2006, 1422; BGH NZI 2008, 1019 BGH NJW 2013, 2119, 2120; OLG Celle NZI 2000, 214 m krit. Anm. *Plagemann* EWiR 2000, 1025; OLG Köln ZInsO 2000, 43; AG Hamburg NZI 2001, 163; *Hess* WuB VI A § 14 InsO 1.07; aA LG Hamburg ZInsO 2012, 225 f.; LG Hamburg ZInsO 2010, 1650; AG München ZIP 2009, 820; zu pauschal allerdings OLG Celle ZInsO 2002, 979; OLG Naumburg KTS 2000, 440; OLG Dresden NZI 2001, 261 f.; OLG Dresden NZI 2001, 472 ff.; OLG Zweibrücken NZI 2001, 30, 31.
[187] BGH NZI 2007, 36 f.
[188] OLG Rostock ZInsO 2006, 1109.
[189] OLG Stuttgart ZIP 1997, 652 f.
[190] BGH NZI 2006, 405; vgl. *Holzer* NZI 2005, 308, 313.
[191] OLG Düsseldorf NZI 2003, 439 f.; LG Hamburg NZI 2003, 441.
[192] LG Cottbus ZIP 1995, 234 f.
[193] BGH NZI 2006, 34; AG Leipzig ZInsO 2010, 1239 ff.; HK/*Kirchhof* § 14 Rn. 20; Jaeger/*Gerhardt* § 14 Rn. 22.
[194] Vgl. Motive und Protokolle zu § 102 KO, in: *Hahn,* Materialien, 1881, S. 294 f., 574 f.

Form und Inhalt des Eröffnungsntrags

gens- und Ertragslage des Schuldners. Dies wird einem Gläubiger in der Regel nicht möglich sein. Ein gewichtiges Indiz für die Überschuldung kann sich allerdings aus dem Jahresabschluss[195] ergeben, wenn die Bilanz einen nicht durch Eigenkapital gedeckten Fehlbetrag[196] (§ 268 III HGB), dh eine buchmäßige, bilanzielle Überschuldung ausweist und der Anhang (§ 264 HGB) weder ausgleichende stille Reserven noch eine nachvollziehbare positive Fortführungsprognose erkennen lässt (§ 264 II 2, § 252 I Nr. 2, § 284 II Nr. 1 HGB).[197] Die Vorlage eines solchen (vollständigen) Jahresabschlusses für das letzte abgelaufene Geschäftsjahr dürfte zur Glaubhaftmachung der Überschuldung grundsätzlich ausreichen, sofern nicht einzelne Positionen, etwa Grundeigentum oder anderes Anlagevermögen, die Existenz ausgleichender stiller Reserven wahrscheinlich machen.[198] Zusätzlich wird der Antragsteller an Eides Statt zu versichern haben, dass ihm nichts bekannt ist, was dem im Jahresabschluss vermittelten Bild der Vermögens-, Finanz- und Ertragslage entgegensteht, und dass sich diese Lage nach seiner Kenntnis seit dem Bilanzstichtag nicht wesentlich verbessert hat.

5. Glaubhaftmachung der vorherigen Antragstellung (§ 14 I 3). Der antragstellende Gläubiger hat gem. § 14 I 3 glaubhaft zu machen, dass die Voraussetzungen des § 14 I 2 vorliegen. Zu den Anforderungen, die an die Glaubhaftmachung sowie das Beweismaß und die zulässigen Mittel der Glaubhaftmachung zu stellen sind, kann auf die Ausführungen in den Rn. 46 ff. Bezug genommen werden. Zur Glaubhaftmachung der vorherigen Antragstellung innerhalb des Zwei-Jahres-Zeitraums kann der antragstellende Gläubiger unter Nennung des Gerichts, bei dem das „Erstverfahren" geführt worden ist, sowie des Aktenzeichens die Beiziehung der Akte des vorangegangenen Verfahrens beantragen. Hat das Insolvenzgericht die Akte bereits beigezogen, hat der Antragsteller gem. §§ 4 InsO, 299 I ZPO ein Recht auf Akteneinsicht.[199] Andernfalls kann der Gläubiger in seinem Antrag das Insolvenzgericht um Mitteilung ersuchen, ob bei diesem innerhalb des Zwei-Jahres-Zeitraums ein Insolvenzantrag anderer Gläubiger eingegangen ist.[200] Ist das vorangegangene Verfahren bei dem Gericht geführt worden, bei dem der Zweitantrag eingegangen ist, kann eine Glaubhaftmachung entbehrlich sein, wenn gerichtsbekannt ist, dass die Voraussetzungen des § 14 I 2 vorliegen.[201] Hat das Gericht Kenntnis von dem vorangegangenen Verfahren, hat es den antragstellen Gläubiger im Hinblick auf die hieraus folgende weitergehende Darlegungs- und Glaubhaftmachungslast hinzuweisen (§ 4 InsO, § 139 ZPO).[202] Sind die Forderung(en) nicht aus dem Vermögen des Schuldners, insbesondere durch einen Dritten, erfolgt, stellt dies ein gewichtiges Indiz für den fortbestehenden Insolvenzgrund dar. Macht der antragstellende Gläubiger dies glaubhaft, wird in der Regel davon auszugehen sein, dass der bereits glaubhaft gemachte Insolvenzgrund weiterhin besteht.

---

[195] Bilanz, Gewinn- und Verlustrechnung, Anhang; §§ 242, 264 HGB.
[196] Vgl. hierzu *Herrmann* ZGR 1989, 273, 276 ff.; *Küting/Göth* BB 1994, 2446 f. – Bei einer letztlich nur beschränkt haftenden Personenhandelsgesellschaft (Kapitalgesellschaft & Co.) entspricht ihm der „nicht durch Vermögenseinlagen gedeckte Verlustanteil" eines Gesellschafters (§ 264c II 5, 6 HGB).
[197] Vgl. OLG München ZIP 2004, 2102, 2106; *Th. Wolf* DStR 1998, 126 f.; *Jungmann* DStR 2004, 688 f.; *Goette* DStR 1999, 553, 554 f.; *Semler/Goldschmidt* ZIP 2005, 3, 5 ff., 10 f. Anders (Angaben im Lagebericht, § 289 HGB, reichen aus) Uhlenbruck/Hirte/Vallender*Leibner* KTS 2004, 505, 510. Zur indiziellen Bedeutung der Handelsbilanz für die Überschuldung vgl. BGHZ 125, 141, 145 = NJW-RR 1994, 932; BGH NZI 2005, 351 f. mwN.
[198] Zutr *Gischer/Hommel* BB 2003, 945, 949; ähnlich *Uhlenbruck* in Uhlenbruck § 14 Rn. 89 bei mehrjähriger bilanzieller Überschuldung.
[199] *Frind* ZInsO 2011, 412, 416; Pape/Uhländer/*Zimmer* § 14 Rn. 16.
[200] *Frind* ZInsO 2011, 412, 416; *Laroche/Meier/Pruskowski/Schöttler/Siebert/Vallender* ZIP 2013, 1456, 1460.
[201] Vgl. *Gundlach/Rautmann* NZI 2011, 315, 316; Pape/Uhländer/*Zimmer* § 14 Rn. 16.
[202] Vgl. *Gundlach/Rautmann* NZI 2011, 315, 316; K. Schmidt/*Gundlach* § 14 Rn. 15.

V. Eröffnungsanträge öffentlich-rechtlicher Gläubiger

65 1. Grundsätze. Ein Gläubiger öffentlich-rechtlicher Forderungen nimmt bei der Stellung eines Eröffnungsantrags hoheitliche Aufgaben wahr. Der Antrag ist eine Maßnahme der Zwangsvollstreckung.[203] Neben der InsO sind daher auch die Beschränkungen zu beachten, die das Verwaltungsvollstreckungsrecht für die Beitreibung von Geldforderungen vorsieht. Es muss stets ein vollstreckbarer Leistungsbescheid oder eine ihm gleichstehende Urkunde vorliegen, in dem der Anspruch festgesetzt ist (§ 218 I, § 249 I AO, § 3 II VwVG).[204] Als gleichstehende Urkunden gelten Selbstberechnungserklärungen des Schuldners,[205] in denen er die Höhe seiner Schuld selbst vorläufig berechnet oder einschätzt, etwa Steueranmeldungen (§§ 167, 168 AO) oder Beitragsnachweise des Arbeitgebers für die Gesamtsozialversicherungsbeiträge (§ 28f III SGB IV). Der Leistungsbescheid braucht nicht bestandskräftig zu sein.[206] Die Vollstreckbarkeit entfällt, wenn die Forderung gestundet oder die Vollziehung ausgesetzt, nicht jedoch, wenn die Forderung nur aus Zweckmäßigkeitsgründen niedergeschlagen wird.[207] Ohne behördliche Festsetzung können öffentlich-rechtliche Forderungen erst nach Eröffnung des Insolvenzverfahrens geltend gemacht werden, und zwar im allgemeinen Anmeldungs- und Prüfungsverfahren (§§ 174 ff., 185).[208]

66 2. Glaubhaftmachung der Forderung. Zur Substantiierung der Forderung sind im Eröffnungsantrag die geschuldeten Beträge nach Art (zB Steuerart), Veranlagungs- oder Abrechnungszeitraum, Haupt- und Nebenforderung sowie Fälligkeit im Einzelnen aufzuschlüsseln.[209] Zusätzlich ist zur Darstellung ihrer tatsächlichen Grundlagen der vollstreckbare Titel, in dem die Forderung im Einzelnen errechnet worden ist, unter Angabe der Art (Leistungsbescheid, Beitragsnachweis u. ä.) und des Datums zu bezeichnen.[210] Hat der Schuldner den Beitragsnachweis oder die Steuervoranmeldung durch elektronische Datenübertragung mitgeteilt (vgl. § 28f III SGB IV, § 41a I EStG, § 18 I UStG),[211] ist neben dieser Tatsache auch das Datum der Übermittlung anzugeben. Die bloße Beifügung von Vollstreckungsnachweisen ohne konkrete Bezugnahme auf den Titel reicht zur Substantiierung nicht aus. Der Inhalt der Antragsschrift muss den maßgebenden Sachverhalt so vollständig darstellen, dass der Schuldner in der Lage ist, in Verbindung mit dem ihm bekannten Vollstreckungstitel die Entstehung und Berech-

---

[203] BSG NJW 1978, 2359 f.; BFH ZIP 1985, 1160 f.; BFH ZIP 1991, 458 f.; BFH/NV 2004, 464 f.; vgl. auch BGHZ 110, 253, 254 = NJW 1990, 2675.

[204] Vgl. BSGE 32, 263, 264 ff.; BSGE 63, 67, 68 = ZIP 1988, 659; BSG ZIP 1981, 39 f.; BSG ZIP 1981, 1108, 1110; BFH ZIP 1991, 458 f.; BGH ZInsO 2006, 828; BGH ZInsO 2009, 1533 f.; BGH NZI 2011, 712 f.; BGH NZI 2012, 95 f.; LSG Bayern ZIP 1998, 1931, 1933 f.; FG Münster EFG 2000, 634; FG Köln EFG 2005, 372; AG Duisburg NZI 1999, 507.

[205] Vgl. BGH NZI 2012, 95 f.

[206] BFH ZIP 1985, 1160, 1163; BFH/NV 2005, 1002.

[207] BFH/NV 1999, 285; BFH, Beschl. v. 27.11.2003 – VII B 279/03, juris; BGH, Beschl. v. 12.10.2006 – IX ZB 107/05.

[208] Ihre Feststellung durch Verwaltungsakt ist sodann zulässig, wenn sie im Prüfungstermin bestritten worden sind (§ 185); vgl. BFHE 183, 365 = NJW 1998, 630; BFHE 201, 392 = NJW 2003, 2335 = NZI 2003, 456; BFHE 207, 10 = NJW 2005, 782; BSGE 88, 146 = NZI 2001, 609; BSGE 92, 82 = ZIP 2004, 521; BVerwG NJW 2003, 3576.

[209] OLG Köln NZI 2000, 78 f.; OLG Naumburg NZI 2000, 263 f.; HK/*Kirchhof* § 14 Rn. 13; Jaeger/*Gerhardt* § 14 Rn. 19.

[210] BGH NZI 2004, 587 f. = NZS 2004, 24; LG Hamburg ZInsO 1999, 651 f.; AG Duisburg NZI 1999, 507; *Pannen* EWiR 2000, 779; *Schmahl* NZI 2007, 20, 22; vgl. auch OLG Köln OLGZ 1993, 375 = Rpfleger 1993, 29 (für die Einzelvollstreckung); LG Köln MDR 2004, 355; *Uhlenbruck* Rpfleger 1981, 377, 378; *ders.* DStZ 1986, 39, 42 f.; *Strunk* BB 1990, 1530 f.; *App* InVo 1999, 65, 69; so auch Abschn. 26 II, Abschn. 34 II Nr. 3 VollstrA.

[211] Vgl. auch für das Sozialrecht: Datenerfassungs- und -übermittlungsverordnung (DEÜV) idF der Bek v. 23.1.2006 (BGBl I S. 152); für das Steuerrecht: Steuerdaten-Übermittlungsverordnung (StDÜV) v. 28.1.2003 (BGBl I S. 139).

nung der Forderung nachzuvollziehen und bei der Wahrnehmung des rechtlichen Gehörs seine Rechtsverteidigung entsprechend einzurichten.

Welche Mittel der Glaubhaftmachung das Gericht für die Überzeugungsbildung als 67 ausreichend ansieht, hängt vom Einzelfall ab. Eine öffentlich-rechtliche Forderung und ihre Vollstreckbarkeit sind jedoch nicht bereits durch den bloßen Eröffnungsantrag als glaubhaft gemacht anzusehen.[212] Es gibt weder einen Rechts- noch einen Erfahrungssatz, dass schlichte Erklärungen öffentlich-rechtlicher Gläubiger im Rahmen eines massenhaft abzuwickelnden Forderungseinzugs zuverlässiger sind als solche von Privatpersonen. Die Annahme, bei öffentlich-rechtlichen Gläubigern sei wegen ihrer besonderen Bindung an das Gesetz allgemein zu vermuten, dass sie ihr Antragsrecht verantwortungsbewusst ausüben, entspricht nicht der Erfahrung der Insolvenzgerichte und der Insolvenzverwalter.[213] Auch Prozessgerichte sind zunehmend skeptisch.[214] Bestimmte Erleichterungen können allerdings gerechtfertigt sein.[215] Die Vorlage einer Abschrift des vollstreckbaren Titels oder eines beglaubigten Ausdrucks des authentischen, vom Schuldner elektronisch übermittelten Dokuments[216] ist nicht allgemein,[217] sondern nur in Zweifelsfällen erforderlich. Es reicht in der Regel aus, wenn die Behörde im Anschluss an die aufgeschlüsselte Forderungsaufstellung[218] und die genaue Bezeichnung des Titels oder des übermittelten elektronischen Dokuments bestätigt, dass die gesetzlichen Voraussetzungen für die Vollstreckung vorliegen.[219] Diese Erklärung ist in § 322 III 2 AO für den Fall vorgeschrieben, dass eine Finanzbehörde die Einzelvollstreckung in das unbewegliche Vermögen beantragt. Die Bestätigungserklärung kann ohne Verlust an Rechtssicherheit auch für den Eröffnungsantrag und auch von anderen Behörden verwendet werden. Der Sache nach ist sie unerlässlich.[220] Zum Nachweis der Echtheit des Schriftstücks und der Vertretungsbefugnis des unterzeichnenden Amtsträgers ist dem Antrag analog § 725 ZPO, § 29 III GBO das Dienstsiegel (der Dienststempel) im Original beizudrücken.[221]

---

[212] BGH NZI 2004, 587f. = NZS 2005, 24 mwN; BGH ZInsO 2008, 828f.; BGH ZInsO 2009, 1533; BGH ZInsO 2011, 1614; BGH NZI 2012, 95f.; LG Hamburg ZInsO 1999, 651f.; LG Duisburg, Beschl. v. 25.3.2009 – 7 T 256/08; LG Hamburg ZInsO 2010, 1650f.; AG München ZIP 2009, 820ff.; ebenso *App* ZIP 1992, 460; *Henckel* ZIP 2000, 2045, 2047; *Jaeger/Gerhardt* § 14 Rn. 19; Nerlich/Römermann/*Mönning* § 14 Rn. 44; *Uhlenbruck* in Uhlenbruck § 14 Rn. 72.

[213] Dazu ausführlich *Frind/A. Schmidt* ZInsO 2001, 1133; *dies.* ZInsO 2002, 8; *Schmahl* NZI 2002, 177; *ders.* NZS 2003, 239; vgl. auch AG Hamburg NZI 2001, 163; AG Potsdam NZI 2001, 495; AG Potsdam NZI 2003, 155f.; ferner BGHZ 149, 100 = NJW 2002, 512 = NZI 2002, 88; BGH NZI 2003, 542, 544; OLG Hamburg ZIP 2001, 708; OLG Frankfurt NZI 2002, 491; LG Stuttgart ZIP 2001, 2014; LG Hamburg ZIP 2001, 711; LG Kiel ZIP 2001, 1726; *A. Schmidt* EWiR 2001, 185; *ders.* EWiR 2001, 921; *Frind* EWiR 2003, 531.

[214] Vgl. nur BGHZ 149, 100, 112 = NJW 2002, 512, 514f. = NZI 2002, 88, 90; dazu *Dahl* NZI 2002, 63, 65.

[215] Vgl. BVerfGE 57, 346, 357; BGH ZInsO 2009, 1533; BGH ZInsO 2011, 1614; BGH NZI 2012, 95f.; OLG Köln OLGZ 1993, 375 = Rpfleger 1993, 29.

[216] AG Hamburg ZInsO 2006, 386; *Schmitz/Schlatmann* NVwZ 2002, 1281, 1288; *Schmahl* NZI 2007, 20, 21f.

[217] So aber BGH NZI 2004, 587f. = NZS 2005, 24; BGH NZI 2006, 172f.; BGH ZInsO 2008, 828f.; BGH ZInsO 2009, 1533; BGH ZInsO 2011, 1614; BGH NZI 2012, 95f.; OLG Hamm ZIP 1980, 258f.; LG Itzehoe KTS 1989, 730; AG Charlottenburg ZInsO 2000, 520; AG Potsdam NZI 2001, 495; *Uhlenbruck* BB 1972, 1266, 1269; *ders.* Rpfleger 1981, 377, 378; *ders.* DStZ 1986, 39, 43; *App* InVo 1999, 65, 69.

[218] Vgl. LG Hamburg ZInsO 2010, 1842f.

[219] Einzelheiten bei *Schmahl* NZI 2007, 20, 22; vgl. hierzu auch BGH ZInsO 2009, 1533f.

[220] AG Duisburg NZI 1999, 507; AG Hamburg NZI 2001, 163; *Uhlenbruck* Rpfleger 1981, 377f.; *ders.* DStZ 1986, 39, 43; vgl. auch Abschn 26 II 3 VollstrA.

[221] LG Aachen JurBüro 1983, 622; LG Aurich Rpfleger 1988, 198; AG Duisburg NZI 1999, 507; krit. dazu *Pannen* EWiR 2000, 779; *Hornung* Rpfleger 1981, 86, 89. Zur Gewährleistungsfunktion des Siegels vgl. BayObLGZ 1954, 322, 330; OLG Zweibrücken Rpfleger 2001, 71; OLG Düsseldorf Rpfleger 2004, 283; *Neumeyer* RNotZ 2001, 249ff., 261ff.

§ 10 Kapitel II. Das Insolvenzeröffnungsverfahren

68 Die Frage, ob die Vollstreckbarkeitsbestätigung der Wahrheit entspricht, unterliegt in vollem Umfang der Beurteilung des Insolvenzgerichts. In Zweifelsfällen, etwa wenn der Schuldner glaubhaft vorträgt, dass das Zahlenwerk des Gläubigers unrichtig ist oder einzelne Vollstreckungsvoraussetzungen fehlen, ist das Gericht nicht gehindert, von der Behörde weitere Erklärungen und Unterlagen zu verlangen. Hierzu kann insbesondere eine geordnete Zusammenstellung der einzelnen Vollstreckungstitel, der hierauf jeweils entfallenden Zahlungen und Rückstände sowie die Vorlage der Titel und der Akten gehören.[222] S. 3 des § 322 III AO, der diese Überprüfung dem Vollstreckungsgericht und dem Grundbuchamt verwehrt, gilt für das Insolvenzgericht nicht.[223]

69 **3. Glaubhaftmachung des Eröffnungsgrundes.** Auch der Eröffnungsgrund ist von öffentlich-rechtlichen Gläubigern glaubhaft zu machen. Hierbei sind keine geringeren Maßstäbe anzulegen als sonst (s. Rn. 46 f., 50 ff.).[224] Die in Betracht kommenden Behörden haben zumindest den gleichen Einblick in die Vermögensverhältnisse des Schuldners wie andere Gläubiger, jedenfalls können sie ihn sich durch eigene Ermittlungen von Amts wegen verschaffen.[225] Im Allgemeinen werden dem Eröffnungsantrag erfolglose Einzelvollstreckungsmaßnahmen vorausgegangen sein. Ihr Ergebnis ist im Einzelnen darzustellen und durch nachvollziehbare[226] Protokolle oder Berichte der Vollziehungsorgane zu belegen. Allgemeine Erklärungen, dass Beitreibungsmaßnahmen der Behörde erfolglos geblieben seien, genügen nicht. Der Eilcharakter des Eröffnungsverfahrens rechtfertigt es jedenfalls in aller Regel nicht, bei der Glaubhaftmachung durch Behörden auf eine hinreichende Konkretisierung der maßgeblichen Tatsachen zu verzichten.[227]

§ 10. Antragsrücknahme und Erledigungserklärung

Übersicht

	Rn.
I. Antragsrücknahme	1
1. Allgemeines	1
2. Rücknahmebefugnis beim Eigenantrag	4
a) Natürliche Personen	4
b) Juristische Personen, Gesellschaften ohne Rechtspersönlichkeit	5
3. Zeitliche Beschränkung	8
a) Eröffnung	8
b) Ablehnung der Eröffnung	9
4. Folgen der Rücknahme	10
5. Kosten	11
II. Erledigungserklärung	14
1. Allgemeines	14
2. Kein Widerspruch des Schuldners	17
3. Widerspruch des Schuldners	21

---

[222] BGH NZI 2004, 587 f. = NZS 2005, 24; OLG Köln OLGZ 1993, 375 = Rpfleger 1993, 29.
[223] Die abweichende Aussage des Abschn. 26 III VollstrA, die § 322 III 3 AO auch auf das Insolvenzgericht bezieht, ist vom Gesetz nicht gedeckt.
[224] Nerlich/Römermann/*Mönning* § 14 Rn. 46 f.
[225] § 249 II AO, § 5 VwVG, § 66 I SGB X. Zum Einsatz sog. Liquiditätsprüfer der Finanzverwaltung vgl. *Bruschke* NZI 2003, 636; *Maus* ZInsO 2004, 837.
[226] AG Potsdam NZI 2003, 155.
[227] So aber, zu weitgehend, BayObLG NZI 2000, 320; LG Chemnitz ZInsO 2011, 684 f.; wie hier AG Potsdam DZWIR 2001, 262; AG Potsdam NZI 2003, 155; *Jacobi* ZInsO 2011, 1094 ff.; Jaeger/*Gerhardt* § 14 Rn. 19.

	Rn.
III. Rechtsmissbrauch	24
IV. Kosten des vorläufigen Insolvenzverwalters bei Antragsrücknahme oder Erledigungserklärung	27
1. Allgemeines	27
2. Rechtslage bis zum 1.3.2012	28
3. Rechtslage nach Inkrafttreten des § 26a (ESUG)	29
4. Rechtslage ab dem 1.7.2014	30

I. Antragsrücknahme

1. Allgemeines. Nach § 13 II kann der Eröffnungsantrag zurückgenommen werden, bis das Insolvenzverfahren eröffnet oder der Antrag rechtskräftig abgewiesen ist. Die Rücknahme erfolgt durch einseitige Erklärung des Antragstellers gegenüber dem Gericht und ist als Prozesshandlung bedingungsfeindlich; eine Zustimmung des Antragsgegners ist nicht erforderlich, weil über ihn keine mündliche Verhandlung stattfindet (§ 5 III).[1] Eine teilweise, etwa auf den Wegfall einer Teilforderung gestützte oder auf Teilvermögen bezogene Antragsrücknahme ist unzulässig, weil schon das Antragsrecht unteilbar ist[2] und der Antrag, abgesehen vom Sonderfall des Partikularinsolvenzverfahrens (Art. 3 II bis IV EuInsVO, §§ 354, 365), nicht auf Teile des schuldnerischen Vermögens beschränkt werden kann. Im Fall des Rechtsmissbrauchs kann die Antragsrücknahme unwirksam sein (s. Rn. 24 ff.).[3]

Wird der Antragsteller außerhalb des Insolvenzverfahrens auf Rücknahme seines Antrags in Anspruch genommen, stellt sich zunächst die Frage, ob unter Berücksichtigung der zeitlichen Grenzen des § 13 II ein materiell-rechtlicher Anspruch auf Rücknahme des Eröffnungsantrags besteht. Ist der Antragsteller im Eröffnungsverfahren ein Privatrechtssubjekt, ergibt sich ein Anspruch auf Rücknahme des Eröffnungsantrages aus dem zugrunde liegenden Schuldverhältnis (§§ 280 I, 241 II, 249 I BGB) bzw. § 823 I und II BGB grundsätzlich selbst dann nicht, wenn sich der Eröffnungsantrag als unzulässig oder unbegründet erweist. Wer sich zum Vorgehen gegen seinen Schuldner eines staatlichen, gesetzlich eingerichteten und geregelten Verfahrens bedient, greift auch dann nicht unmittelbar und rechtswidrig in den geschützten Rechtskreis des Schuldners ein, wenn sein Begehren sachlich nicht gerechtfertigt ist und dem anderen Teil aus dem Verfahren Nachteile erwachsen.[4] Den Schutz des Schuldners gegebenenfalls auch durch Interessenabwägung übernimmt vielmehr das Verfahren selbst nach Maßgabe seiner gesetzlichen Ausgestaltung. Ein Anspruch auf Rücknahme kann sich daher allenfalls unter den Voraussetzungen des § 826 BGB[5] ergeben, insbesondere wenn mit der Antragstellung verfahrensfremde Zwecke verfolgt werden, wie etwa bei einem sog. Druckantrag (s. hierzu § 8 Rn. 56).[6] Außerhalb dieses Tatbestands kommt ein Anspruch aus §§ 280 I, 241 II BGB, § 823 I BGB allenfalls bei grober Fahrlässigkeit in Betracht (s. hierzu § 8 Rn. 57). Die Voraussetzungen hierfür sind von dem Anspruchsteller darzulegen und glaubhaft zu machen sowie ggf. zu beweisen. Ist der Antragsteller ein Träger öffentlicher Gewalt (Behörde), stellt die Entscheidung, einen Eröffnungsantrag zu stellen, zwar keinen Verwaltungsakt dar, jedoch handelt es sich um schlichthoheitliches Handeln der Behörde, das eine fehlerfreie Ermessensentscheidung erfordert und einer

---

[1] Jaeger/*Gerhardt* § 13 Rn. 45; MüKoInsO/*Schmahl/Vuia* § 13 Rn. 113.
[2] AG Duisburg NZI 2003, 161; HK/*Kirchhof* § 14 Rn. 41; FK/*Schmerbach* § 13 Rn. 16.
[3] BGH NJW-RR 2008, 1439 f.
[4] S. hierzu auch Zöller/*Vollkommer*, ZPO, § 940 Rn. 8 „Prozessführung" mwN.
[5] Vgl. BGHZ 36, 18 = NJW 1961, 2254; OLG Koblenz NZI 2006, 353 f.; LG Dortmund, Urt. v. 8.8.2008 – 3 O 556/07; *Uhlenbruck* in Uhlenbruck § 14 Rn. 157; HambKommInsO/*Wehr* § 14 Rn. 62; krit. Jaeger/*Gebhardt* § 13 Rn. 57. Wird die Antragstellung Dritten mitgeteilt, kommt eine Haftung gem § 824 BGB in Betracht; s. hierzu *Schillgalis* S. 130 f.
[6] OLG Koblenz NZI 2006, 353 f.

Prüfung durch die Fachgerichte unterliegt (→ § 9 Rn. 58 ff.).[7] Hier kann sich ein Anspruch auf Rücknahme des Antrags bei einer fehlerhaften Ermessensausübung ergeben.

3   Eine weitere Frage ist, ob ein materiell-rechtlicher Anspruch auf Rücknahme des Eröffnungsantrags im Wege einstweiligen Rechtsschutzes[8] außerhalb des Insolvenzverfahrens durchgesetzt werden kann. Da der Schuldner im Rahmen des Insolvenzverfahrens die Möglichkeit hat, sich gegen einen unzulässigen oder unbegründeten Antrag zur Wehr zu setzen, ist das Rechtsschutzbedürfnis für einen Antrag auf Erwirkung einer Prozesshandlung in einem anderen Verfahren fraglich. Verbreitet wird die Auffassung vertreten, dass ein Rechtsschutz außerhalb eines Insolvenzverfahrens nicht gegeben sei, weil allein dem Insolvenzgericht die Prüfungskompetenz für die Zulassungskriterien eines Insolvenzantrags zustehe.[9] Diese Auffassung überzeugt jedoch nicht. In den vorliegenden Konstellationen geht es um die Durchsetzung eines materiell-rechtlichen Anspruchs (s. Rn. 2). Über das Bestehen eines solchen Anspruchs haben die jeweiligen Fachgerichte zu befinden. Soweit es hierbei auch darauf ankommt, ob ein Insolvenzantrag zulässig und begründet ist, stellt dies die Prüfungskompetenz der Fachgerichte nicht in Frage (vgl. § 17 II 1 GVG). Dementsprechend sind Anträge auf einstweiligen Rechtsschutz, die auf die Rücknahme eines Eröffnungsantrags gerichtet sind, zulässig.[10] Ob diese Erfolg haben, hängt vom Bestehen eines Anspruchs auf Rücknahme sowie vom Vorliegen eines Verfügungsgrundes ab. Wird dem Antragsteller durch ein Fachgericht aufgegeben, einen Eröffnungsantrag zurückzunehmen, führt dies allerdings weder zur Unzulässigkeit des Antrags, noch ist das Insolvenzgericht an die Entscheidung des jeweiligen Fachgerichts gebunden;[11] zur gerichtlichen Untersagung der Antragstellung → § 9 Rn. 36.

4   **2. Rücknahmebefugnis beim Eigenantrag. a)** *Natürliche Personen.* Ist der Schuldner eine natürliche Person, können er selbst und jeder Vertreter in seinem Namen den Eigenantrag unter den selben Voraussetzungen zurücknehmen, unter denen sie ihn stellen konnten (→ § 8 I). Hat das Gericht ein allgemeines Verfügungsverbot angeordnet (§ 21 II 1 Nr. 2 Alt. 1), kann der Schuldner seinen Antrag erst wirksam zurücknehmen, wenn dieses zuvor vom Insolvenzgericht aufgehoben worden ist.[12] In der Nachlassinsolvenz ist jeder der in § 317 genannten Antragsberechtigten grundsätzlich nur zur Rücknahme des von ihm selbst gestellten Antrags berechtigt; der Antrag eines Nachlasspflegers oder Testamentsvollstreckers kann auch von sämtlichen Erben zurückgenommen werden, wenn das Amt des Antragstellers beendet ist.

5   **b)** *Juristische Personen, Gesellschaften ohne Rechtspersönlichkeit.* In den Fällen des § 15 hängt die Rücknahmebefugnis davon ab, ob die natürliche Person, die als Antragsteller

---

[7] BFH DZWIR 2011, 322 f.; FG Dessau-Roßlau EFG 2013, 1782 ff.; FG Stuttgart EFG 2010, 1102 f.; FG Hamburg, Beschl. v. 18.8.2011 – 6 V 102/11; FG Hannover ZInsO 2011, 587 ff.; FG München, Urt v. 21.1.2010 – 14 K 1868/09; FG Köln ZInsO 2009, 1296 ff.; in der finanzgerichtlichen Spruchpraxis sind die Anträge allerdings nur selten begründet, s. hierzu *Schmerbach* ZInsO 2011, 895, 897. Eingehend zum einstweiligen Rechtsschutz gegen Insolvenzanträge der Finanzverwaltung *Schmittmann* FS Haarmeyer 289 ff.; *ders.* ZInsO 2013, 1992 ff.

[8] Im Hinblick auf die zeitliche Grenze des § 13 II wird sich der Anspruch praktisch nur im Wege des einstweiligen Rechtsschutzes durchsetzen lassen.

[9] AG Göttingen ZInsO 2011, 1258 ff.; *Jaeger/Gebhardt* § 13 Rn. 23, 47; *KPB/Pape* § 13 Rn. 69 ff.; MünchKomm-InsO/*Schmahl*[2] § 13 Rn. 119, § 14 Rn. 69; *Schmerbach* ZInsO 2011, 895 ff.; *Uhlenbruck* in Uhlenbruck § 13 Rn. 9, 130, § 14 Rn. 147 f., 156; zumindest für den Bereich der „Zivilrechtsprechung" *Gogger*, Insolvenzgläubiger-Handbuch, § 2 Rn. 73 f.

[10] Vgl. BFH DZWIR 2011, 322 f.; FG Köln EFG 2009, 870 f.; FG Hamburg, Beschl. v. 18.8.2011 – 6 V 102/11; iE ebenso OLG Koblenz NZI 2006, 353 f., das allerdings Fragen der Zulässigkeit und der Begründetheit eines Antrags auf Erlass einer einstweiligen Verfügung vermengt.

[11] AG Göttingen ZInsO 2011, 1258 ff.; *Jaeger/Gebhardt* § 13 Rn. 23; *KPB/Pape* § 13 Rn. 69 ff.; *Uhlenbruck* in Uhlenbruck § 13 Rn. 9.

[12] Nerlich/Römermann/*Mönning* § 13 Rn. 96.

aus der Sphäre des Schuldners aufgetreten ist, noch die organschaftliche oder mitgliedschaftliche Stellung innehat, auf der ihr Antragsrecht beruht.[13] Solange dies der Fall ist, kann allein dieser Antragsberechtigte seinen Eröffnungsantrag zurücknehmen.[14] Die übrigen Antragsberechtigten können ihre abweichende Sicht nur im Wege der Anhörung durch das Insolvenzgericht (§ 15 II) geltend machen. Dies folgt aus dem Zweck des § 15, jedem einzelnen Antragsberechtigten die Möglichkeit zu geben, bei hinreichenden Anhaltspunkten für eine Insolvenz unabhängig von anderen Berechtigten das gerichtliche Verfahren in Gang zu setzen und bei Meinungsverschiedenheiten eine rationale Lösung des Konflikts herbeizuführen. Dieser Zweck kann nur erreicht werden, wenn es den übrigen Berechtigten oder sonstigen Interessenten verwehrt ist, die gerichtliche Überprüfung der Angelegenheit durch Antragsrücknahme ohne Zustimmung des Antragstellers zu verhindern.[15]

Anders ist es nur, wenn der Antragsteller nachträglich aus der Position ausgeschieden ist, die ihm das Antragsrecht gewährt hat. In diesem Fall kann der Eröffnungsantrag von denjenigen Personen zurückgenommen werden, die nach den allgemeinen gesellschaftsrechtlichen Regeln zur Vertretung des schuldnerischen Rechtsträgers befugt sind.[16] Die Anteilsinhaber oder Aufsichtsratsmitglieder haben also die Möglichkeit, einen unerwünschten Eröffnungsantrag aus der Sphäre des Schuldners zu Fall zu bringen, indem sie den Antragsteller aus seiner Position rechtlich verdrängen, insbesondere ihn aus dem organschaftlichen Amt abberufen oder aus seiner mitgliedschaftlichen Stellung ausschließen, und sodann den Antrag zurücknehmen lassen. Die verbleibenden Antragsberechtigten und die Personen, die an der Verdrängung des ursprünglichen Antragstellers mitwirken, tragen für ihr Handeln allerdings die die zivil- und strafrechtliche Verantwortung (§ 15a InsO, §§ 823 II, §§ 826, 830 BGB, §§ 26, 27, 283 ff. StGB). Das Insolvenzgericht hat zudem in einem solchen Fall zu prüfen, ob die Antragsrücknahme missbräuchlich und damit unwirksam ist.[17] Dies kommt insbesondere in Betracht, wenn nach dem Stand des Eröffnungsverfahrens deutliche Anzeichen für eine strafbare Insolvenzverschleppung vorliegen (→ Rn. 25).

Anders ist die Rechtslage bei der Antragstellung wegen drohender Zahlungsunfähigkeit (§ 18 InsO). Da das Gesetz die Antragsbefugnis in § 18 III unter Rückgriff auf die Vertretungsbefugnis der Antragsteller bestimmt, richtet sich auf die Rücknahme des Antrags nach den allgemeinen Vertretungsregeln (→ § 92 Rn. 65).[18]

3. Zeitliche Beschränkung. a) *Eröffnung.* Ab Eröffnung des Insolvenzverfahrens ist eine Antragsrücknahme nicht mehr zulässig (§ 13 II). Mit Erlass des Eröffnungsbeschlusses sind rechtliche Wirkungen gegenüber bisher unbeteiligten Dritten eingetreten, und das Verfahren ist endgültig in ein Amtsverfahren übergegangen.[19] Ein ordnungsgemäß eröffnetes Verfahren kann nur noch unter den Voraussetzungen der §§ 207 bis 213

---

[13] Ausführlich hierzu BGH NZI 2008, 550 f. = NJW-RR 2008, 1439.
[14] LG Tübingen KTS 1961, 158 f; LG Dortmund NJW-RR 1986, 258; LG Hamburg, Beschl. v. 20.6.1995 – 326 T 54/95, zit. bei *Delhaes*, Kölner Schrift, S. 141, 148; AG Duisburg ZIP 1995, 582; AG Potsdam NZI 2000, 328; AG Hamburg ZIP 2006, 1688, 1689; MüKoInsO/*Klöhn* § 15 Rn. 83; HK/*Kirchhof* § 13 Rn. 16; Jaeger/*H. F. Müller* § 15 Rn. 57; *Uhlenbruck* in Uhlenbruck § 13 Rn. 125; *Haas* DStR 1998, 1359, 1361; *Vosberg* EWiR 2008, 753 f.; offen gelassen von BGH NZI 2008, 550 f = NJW-RR 2008, 1439.
[15] Vgl. MüKoInsO/*Klöhn* § 15 Rn. 83.
[16] BGH NZI 2008, 550 f. = NJW-RR 2008, 1439; OLG Brandenburg NZI 2002, 44, 48; *K. Schmidt*/*Gundlach* § 13 Rn. 39; HK/*Kirchhof* § 13 Rn. 16, § 15 Rn. 15; Jaeger/*H. F. Müller* § 15 Rn. 58 f.; *Uhlenbruck* in Uhlenbruck § 13 Rn. 126; *Vosberg* EWiR 2008, 753 f.
[17] BGH NZI 2008, 550 f. = NJW-RR 2008, 1439.
[18] MüKoInsO/*Klöhn* § 15 Rn. 94; Jaeger/*H. F. Müller* § 15 Rn. 60; *Uhlenbruck* in Uhlenbruck § 13 Rn. 127; *Haas* DStR 1998, 1359, 1361 aA MüKoInsO/*Schmahl²* § 15 Rn. 85; FK/*Schmerbach* § 15 Rn. 21, § 18 Rn. 20; ebenso noch die Voraufl. Rn. 5.
[19] Vgl. BGH NJW 1961, 2016 f.

InsO vorzeitig abgebrochen werden.[20] Wirksam wird der Eröffnungsbeschluss in dem Zeitpunkt, in dem er erstmals aus dem inneren Geschäftsbetrieb des Gerichts herausgegeben wird und damit aufhört, ein Internum des Insolvenzgerichts zu sein.[21] Nicht erforderlich ist, dass ein Verfahrensbeteiligter von ihm Kenntnis erlangt hat. Der Antrag kann nur bis zu diesem Wirksamwerden des Beschlusses zurückgenommen werden; auf die Rechtskraft kommt es nicht an.[22] Wird das Verfahren erst durch das Beschwerdegericht eröffnet, richtet sich die Wirksamkeit des Eröffnungsbeschlusses nach § 6 III; in diesem Fall ist die Antragsrücknahme bis zum Eintritt der Rechtskraft (→ Rn. 9) zulässig, sofern nicht das Beschwerdegericht die sofortige Wirksamkeit seiner Entscheidung angeordnet hat.[23]

9   b) *Ablehnung der Eröffnung.* Bei der Abweisung des Eröffnungsantrags mangels Masse (§ 26) oder bei seiner Zurückweisung als unzulässig oder unbegründet (vgl. § 34 I) kann der Antrag noch bis zum Eintritt der Rechtskraft dieser Entscheidung zurückgenommen werden. Die Rechtskraft tritt mit Ablauf der Beschwerde- bzw. Rechtsbeschwerdefrist bei Zulassung der Rechtsbeschwerde durch das Beschwerdegericht (§ 569 I, § 575 I ZPO, §§ 4, 6 InsO) ein, sofern nicht rechtzeitig ein statthaftes und auch im Übrigen zulässiges Rechtsmittel eingelegt worden ist (§ 705 ZPO, § 4 InsO).[24] Eine unzulässige Beschwerde verlängert die Frist zur Rücknahme also nicht.

10 **4. Folgen der Rücknahme.** Ein Eröffnungsbeschluss, der trotz einer rechtzeitig eingegangenen Antragsrücknahme den inneren Geschäftsbetrieb des Gerichts verlassen hat, wird in vollem Umfang wirksam;[25] § 269 III 1 ZPO ist wegen der rechtsgestaltenden Wirkung des Eröffnungsbeschlusses nicht anzuwenden (§§ 4, 34 III 3). Der Wegfall des Antrags ist vom Schuldner mit der Beschwerde geltend zu machen (§ 34 II, § 6).[26] Eine ablehnende Entscheidung über den Eröffnungsantrag wird dagegen, sofern sie noch nicht rechtskräftig ist, mit der Antragsrücknahme wirkungslos, ohne dass es einer ausdrücklichen Aufhebung bedarf (§ 4 InsO, § 269 III 1 ZPO). Das Gleiche gilt für eine Ablehnung, die in Unkenntnis der Rücknahme noch nach ihr ergeht,[27] ebenso wie für Beschlüsse des Insolvenzgerichts, die in Rechte eines Beteiligten eingreifen, insbesondere die Anordnung von Verfügungs- oder Vollstreckungsbeschränkungen sowie Postsperren, Vorführungs- und Haftbefehle. Solche Beschlüsse sind aber im Interesse der Rechtssicherheit auf Antrag des Schuldners für wirkungslos zu erklären.[28]

---

[20] BGHZ 169, 17, 25 = NJW 2006, 3553, 3555 = NZI 2006, 693, 695; BGH ZVI 2006, 564 f.; BGH, Beschl. v. 12.7.2007 – IX ZB 32/07, bei *G. Fischer* NZI 2008, 265, 266; BGH, Beschl. v. 13.12.2007 – IX ZB 82/07; BGH, Beschl. v. 20.12.2007 – IX ZB 48/07; vgl. auch BGH NZI 2005, 108; BGH, Beschl. v. 26.6.2008 – IX ZB 238/07.

[21] Vgl. MüKoInsO/*Schmahl*/*Busch* §§ 27 bis 29 Rn. 124–127; BVerfGE 62, 347, 353 = NJW 1983, 2187; BVerfG NJW 1993, 51; RGZ 156, 385, 389; RGZ 160, 307, 310; BGHZ 25, 60, 66; BGH NJW 82, 2074 f.; BGHZ 133, 307, 310; BGH NJW-RR 2000, 877 f; BGH NJW-RR 2004, 1575; BGH ZVI 2006, 565 f.; OLG Köln KTS 1958, 13, 14 f.; OLG Koblenz AnwBl 2001, 522; LG Nürnberg-Fürth NJW 1953, 1147, 1148; *Böhle-Stamschräder* NJW 1953, 1147.

[22] BGH ZVI 2006, 564; BGH, Beschl. v. 26.6.2008 – IX ZB 238/07, Tz. 4; OLG Hamm KTS 1976, 146, 148; OLG Köln NJW-RR 1994, 445; OLG Celle NZI 2001, 480; K. Schmidt/*Gundlach* § 13 Rn. 35.

[23] HK/*Kirchhof* § 13 Rn. 15; Jaeger/*Gerhardt* § 13 Rn. 41; *Uhlenbruck* in Uhlenbruck § 13 Rn. 115.

[24] GmS-OGB in BGHZ 88, 353 = NJW 1984, 1027; BGHZ 178, 47 = NJW-RR 2008, 1673; OLG Hamm KTS 1978, 106; OLG Köln ZIP 1993, 936.

[25] OLG Brandenburg NZI 2002, 44, 47; HK/*Kirchhof* § 13 Rn. 18; *Uhlenbruck* in Uhlenbruck § 13 Rn. 128.

[26] Anders KPB//*Pape* § 13 Rn. 120 (gerichtliche Feststellung der Wirkungslosigkeit).

[27] LG München I KTS 1973, 74.

[28] OLG Hamm KTS 1976, 146; OLG Köln ZIP 1993, 936; LG München I KTS 1973, 74; *Uhlenbruck* in Uhlenbruck § 13 Rn. 129; aA (konstitutive Aufhebung notwendig) BGH NZI 2007, 99 f. Tz. 10 = NJW-RR 2007, 400; BGH NZI 2008, 100 Tz. 7; BGHZ 177, 218 = NJW 2008, 3067 f.; HK/*Kirchhof* § 21 Rn. 64, § 25 Rn. 3; Jaeger/*Gerhardt* § 25 Rn. 6; K. Schmidt/*Hölzle* § 21 Rn. 21.

5. Kosten. Nach wirksamer Rücknahme des Eröffnungsantrags gilt für die Kosten- 11
folge § 269 III 2, 3 ZPO (§ 4 InsO). Im Regelfall hat der Antragsteller die Kosten des
Verfahrens zu tragen (§ 269 III 2 ZPO). Etwas anderes gilt, wenn entweder eine abweichende Vereinbarung der Verfahrensbeteiligten vorliegt oder der Anlass zur Antragstellung vor Zustellung des Antrags an den Schuldner weggefallen ist und der Antrag daraufhin zurückgenommen wird (§ 269 III 3 ZPO). Letzterenfalls sind die Regeln über
die Erledigungserklärung (→ Rn. 13 ff.) entsprechend anzuwenden. Zu den von dem
Antragsteller bei einer Antragsrücknahme zu tragenden Kosten gehört, gewöhnlich als
größter Posten, auch die Entschädigung eines bestellten Insolvenzsachverständigen (s. u.
Rn. 27). Dem antragstellenden Gläubiger bleibt es unbenommen, diese Kosten als Verzugsschaden gegen den Schuldner geltend zu machen.

Die von dem Antragsteller zu tragenden Kosten umfassen nicht die Vergütung des 12
vorläufigen Insolvenzverwalters. Für den Fall der Nichteröffnung des Verfahrens bleibt
Schuldner der Verwaltervergütung ausschließlich der Insolvenzschuldner.[29] Dem antragstellenden Gläubiger kann für den Fall der Antragsrücknahme oder der Erledigungserklärung auch nicht im Rahmen einer Kostengrundentscheidung gem. § 269 III 2 ZPO
(analog) etwa wegen einer rechtsmissbräuchlichen Antragstellung die an den Verwalter
zu entrichtende Vergütung auferlegt werden.[30]

Beim Eigenantrag einer juristischen Person oder einer Gesellschaft ohne Rechtsper- 13
sönlichkeit ist Antragsteller im kostenrechtlichen Sinn der schuldnerische Rechtsträger
als solcher, nicht die antragstellende natürliche Person.[31] Dies gilt auch, wenn nur einzelne Berechtigte den Antrag gestellt hatten und andere Berechtigte ihm mit Erfolg
entgegengetreten sind.[32] Interne Ersatzansprüche bleiben unberührt. Hat sich dagegen
ein Antragsteller eines Antragsrechts im Namen des Schuldners berühmt, ohne es
nachweisen zu können, so sind ihm persönlich die Kosten aufzuerlegen.[33]

II. Erledigungserklärung

1. Allgemeines. Um die Kostenfolge der Antragsrücknahme zu vermeiden (vgl. 14
Rn. 9 f.), kann der antragstellende Gläubiger, anders als der Schuldner beim Eigenantrag,[34] seinen Eröffnungsantrag in der Hauptsache für erledigt erklären, wenn er
ihn nicht mehr weiterverfolgen will.[35] Damit wird nach Belehrung und Anhörung
der Gegenseite (§ 91a I 2 ZPO, § 4 InsO) der Weg frei für eine Kostenentscheidung
zu Lasten des Schuldners. Die zeitlichen Einschränkungen des § 13 II (→ Rn. 6 ff.)
gelten für die Erledigungserklärung entsprechend.[36] In einem höheren Rechtszug

---

[29] BGHZ 157, 370 = NJW 2004, 1957; BGHZ 175, 48 = NJW 2008, 583 = NZI 2008, 170; BGH NJW-RR 2006, 1204 f.; BGH NZI 2007, 40 f.; OLG Frankfurt ZIP 1992, 1564 f.; OLG Celle NZI 2000, 226, 227 f.; LG Stuttgart NZI 2004, 630 f.; AG Köln NZI 2000, 384 f.; *Uhlenbruck* KTS 1983, 341, 346 f.; *H. Mohrbutter* EWiR 2000, 681; *Vallender* EWiR 2004, 609; Nerlich/Römermann/*Mönning* § 26 Rn. 54; *Uhlenbruck* in Uhlenbruck § 13 Rn. 134, § 26 Rn. 32; FK/*Schmerbach* § 26 Rn. 70; aA LG Mainz NJW-RR 1999, 698 f.; HambKommInsO/*Wehr* § 13 Rn. 51, 90 ff.

[30] BGHZ 175, 48 = NJW 2008, 583; Braun/*Kind* § 63 Rn. 19; HK/*Kirchhof* § 14 Rn. 60; aA AG Hamburg ZInsO 2007, 1167 f.; AG Hamburg ZInsO 2001, 1121; MüKoInsO/*Schmahl*² § 13 Rn. 171; *Uhlenbruck* NZI 2010, 161, 162 ff.; ebenso noch die Vorauf. § 4 Rn. 19.

[31] BGH NZI 2007, 40 f.

[32] LG Berlin ZInsO 2002, 884 f.

[33] LG Duisburg DZWIR 2000, 34, 35; allgemein hierzu BGH NJW 1983, 883 f.; BGHZ 121, 397, 400 = NJW 1993, 1865; BGH NZI 2000, 420, 422; OLG Brandenburg NZI 2001, 255 f.; OLG Karlsruhe NZI 2005, 39 f.; OLG Bamberg InVo 2006, 184.

[34] LG Berlin ZInsO 2002, 884 f.; HK/*Kirchhof* § 15 Rn. 17.

[35] BGHZ 149, 178, 181 f. = NJW 2002, 515 f = NZI 2002, 91 f.; BGH NZI 2008, 736 f.

[36] BGH NZI 2005, 108 = NJW-RR 2005, 418; BGH NZI 2006, 34; BGH, Beschl. v. 26.6.2008 – IX ZB 238/07, Tz. 5; OLG Celle NZI 2000, 265 f.; LG Dresden Rpfleger 1999, 505; LG Halle DZWIR 2004, 260 = ZVI 2005, 39.

ist die Erklärung allerdings nur möglich, wenn das eingelegte Rechtsmittel zulässig ist.[37]

15 In der Erledigungserklärung sind Grund und Zeitpunkt der Erledigung anzugeben. Grund kann jedes nach Antragstellung eingetretene Ereignis sein, infolge dessen der Antrag unzulässig oder unbegründet geworden ist oder sonst seinen Sinn für den Antragsteller verloren hat. In Betracht kommt insbesondere die Erfüllung der Forderung als Grundlage des Antragsrechts, eine Zahlungsvereinbarung, der nachträgliche Wegfall des Eröffnungsgrundes, die Erkenntnis, dass nicht einmal eine kostendeckende Insolvenzmasse vorhanden ist,[38] oder die prozessuale Überholung durch die Verfahrenseröffnung auf Grund eines anderen Antrags.[39] Tritt eine Erledigung durch Verlust der Gläubigerstellung des Antragstellers ein, hat dieser unter den Voraussetzungen des § 14 I 2 die Möglichkeit, den Antrag aufrecht zu erhalten.[40] Erweist sich der Insolvenzantrag sodann als unbegründet, sind dem Schuldner gemäß § 14 III die Kosten des Verfahrens aufzuerlegen.[41]

16 Die Erledigungserklärung des Gläubigers hat zur Folge, dass auf Grund des betreffenden Antrags eine Entscheidung über die Eröffnung nicht mehr ergehen kann. Bei ausdrücklicher oder konkludenter Zustimmung des Schuldners (Rn. 17) ist das Eröffnungsbegehren bis auf den Kostenpunkt nicht mehr anhängig. Widerspricht der Schuldner dagegen der Erledigungserklärung (Rn. 21), ist der für erledigt erklärte Antrag nur noch auf den Ausspruch gerichtet, dass sich das frühere Eröffnungsbegehren erledigt habe.[42] Ein Widerruf der Erledigungserklärung des Gläubigers mit der Konsequenz, dass der ursprüngliche Eröffnungsantrag wieder aufgegriffen wird, ist möglich, solange der Schuldner sich der Erledigungserklärung nicht (ausdrücklich oder konkludent) angeschlossen hat oder das Gericht auf Grund der einseitig gebliebenen Erklärung noch keine rechtskräftige Entscheidung über die Erledigung getroffen hat.[43]

17 **2. Kein Widerspruch des Schuldners.** Schließt der Schuldner sich der Erledigungserklärung an oder widerspricht er ihr trotz ordnungsgemäßer Belehrung nicht (§ 91a I 2 ZPO), ist die Rechtshängigkeit des Eröffnungsantrags beseitigt. Bereits ergangene, noch nicht rechtskräftige Entscheidungen werden wie nach der Antragsrücknahme wirkungslos (→ Rn. 10).

18 Für die Kostenentscheidung nach § 91a ZPO, § 4 InsO ist von ausschlaggebender Bedeutung, ob der Eröffnungsantrag im Zeitpunkt des erledigenden Ereignisses noch zulässig, insbesondere der Eröffnungsgrund noch glaubhaft gemacht war.[44] Ist dies der Fall, sind die Kosten des Verfahrens in der Regel dem Schuldner aufzuerlegen. Weitere Ermittlungen, ob ein Eröffnungsgrund tatsächlich vorgelegen hat, finden nicht statt.[45] Die Zulässigkeit des Antrags wird nicht ernstlich dadurch erschüttert, dass der Schuldner nachträglich Zahlungen an den Gläubiger geleistet hat. Zumeist belegt schon die lange Dauer des Zahlungsrückstands, dass nicht nur eine vorübergehende Zahlungsstockung, sondern Zahlungsunfähigkeit vorlag. Einzelne Leistungen, selbst solche in beachtlicher Höhe, stehen der Annahme der Zahlungsunfähigkeit nur entgegen, wenn der

---

[37] BGHZ 50, 197 f. = NJW 1968, 1725; BGH NZI 2004, 216; BGH NZI 2005, 108.
[38] LG Göttingen ZIP 1992, 572 f.; LG Koblenz NZI 2001, 44; *H. Mohrbutter* EWiR 1992, 587 f.
[39] BGH NZI 2005, 108 = NJW-RR 2005, 418; BGH NZI 2006, 34; BGH, Beschl. v. 22.3.2007 – IX ZB 208/05; BGH, Beschl. v. 20.9.2007 – IX ZB 241/06.
[40] S. hierzu im Einzelnen MüKoInsO/*Schmahl/Vuia* § 14 Rn. 49 ff.
[41] S. MüKoInsO/*Schmahl/Vuia* § 14 Rn. 151 ff.
[42] BGHZ 149, 178, 182 = NJW 2002, 515 f. = NZI 2002, 91 f.; BGH NZI 2008, 736 f.; MüKoInsO/*Schmahl/Vuia* § 13 Rn. 137.
[43] BGHZ 149, 178, 182 = NJW 2002, 515 f.; BGH NJW 2002, 442.
[44] OLG Köln ZIP 1993, 1483; LG Koblenz NZI 2001, 44; AG Köln NZI 2000, 94 f.; AG Göttingen ZIP 2007, 295 f.; *Uhlenbruck* KTS 1986, 541 ff.; *ders.* EWiR 1997, 271.
[45] BGH NZI 2005, 108; BGH NZI 2008, 736 f.; OLG Köln NZI 2002, 157, 158.

Schuldner seine Zahlungen generell im wesentlichen wieder aufgenommen hat.[46] Hält der antragstellende Gläubiger den Antrag unter den Voraussetzungen des § 14 I 2 aufrecht, stellt sich aber im nachhinein heraus, dass ein Insolvenzgrund von voneherein nicht vorgelegen hat, können für den Fall einer Erledigungserklärung dem Schuldner die Kosten des Verfahrens nicht auferlegt werden, weil es an einem erledigenden Ereignis fehlt. In diesem Fall ist eine Kostenentscheidung nach § 14 III zu treffen.[47]

Eine Kostenentscheidung zu Lasten des antragstellenden Gläubigers kommt in Betracht, wenn sich eine Zurückweisung des Eröffnungsantrags als unzulässig abzeichnet oder die gerichtlichen Ermittlungen schwerwiegende Zweifel daran ergeben haben, dass zur Zeit der Antragstellung ein Eröffnungsgrund vorlag. Hierbei sind auch die Umstände zu berücksichtigen, die zu der (angeblichen) Erledigung geführt haben, selbst wenn sie erst anlässlich der Erledigungserklärung zu Tage treten.[48] Dies gilt insbesondere, wenn der Eröffnungsantrag ersichtlich als Druckmittel gegenüber dem Schuldner eingesetzt worden ist.[49] Die gleiche Entscheidung ist regelmäßig gerechtfertigt, wenn die Erledigung unter Missachtung einer angeordneten Verfügungsbeschränkung (§ 24 I) zustande gekommen ist (s. o. § 8 Rn. 54).[50] Der Gläubiger kann diese Kostenfolge vermeiden, indem er bei der Erledigungserklärung den nachträglichen Wegfall der Zahlungsunfähigkeit glaubhaft macht (§ 294 ZPO, § 4 InsO).[51]

Gegen die Kostenentscheidung ist die sofortige Beschwerde nach § 91a II, § 567 ZPO, § 4 InsO gegeben; eine anschließende Rechtsbeschwerde bedarf der Zulassung durch das Beschwerdegericht (§ 574 I Nr. 2, III ZPO).[52]

3. Widerspruch des Schuldners. Widerspricht der Schuldner der Erledigungserklärung des Gläubigers (§ 91a I 2 ZPO), wandelt sich der Eröffnungsantrag in einen Antrag auf Feststellung der Erledigung um. Zu entscheiden ist nur noch über diesen Antrag und hieran anknüpfend über die Kosten nach § 91 ZPO (§ 308 II ZPO, § 4 InsO).[53] Die Entscheidung hängt davon ab, ob der Eröffnungsantrag nach dem Verfahrensstand zur Zeit des angeblich erledigenden Ereignisses zulässig war und ob tatsächlich eine Erledigung (Rn. 15) eingetreten ist.[54] Weitere Ermittlungen zu den Eröffnungsvoraussetzungen finden nicht statt.[55]

Ein unzulässiger Eröffnungsantrag ist trotz der einseitigen Erledigungserklärung durch Entscheidung in der Sache selbst auf Kosten des Gläubigers zurückzuweisen.[56] War der Antrag bis zuletzt zulässig, so sind mit der Feststellung der Erledigung die Kosten dem Schuldner aufzuerlegen. Eine Zahlung, die zur Erledigung geführt hat, sagt für sich

---

[46] BGH NJW 1982, 1952, 1954; BGH NZI 2001, 247 und 417; BGHZ 149, 100, 108f. = NJW 2002, 512 = NZI 2002, 88; BGH NZI 2008, 366, 368.
[47] MüKoInsO/*Schmahl/Vuia* § 14 Rn. 155.
[48] Vgl. OLG Brandenburg NJW 1995, 1843 f.; LG Hamburg NZI 2002, 164 Nr. 12; AG Hamburg NZI 2002, 561.
[49] LG Hamburg NZI 2002, 164 Nr. 12; AG Oldenburg (Oldb) NZI 2002, 391; *Frind/A. Schmidt* ZInsO 2002, 8, 10; *Schmahl* NZI 2002, 177, 184.
[50] LG Duisburg NZI 2004, 150f.; AG Offenbach ZInsO 2000, 624; AG Oldenburg (Oldb) NZI 2002, 391; AG Hamburg ZIP 2001, 257; AG Hamburg NZI 2004, 323; AG Hamburg ZIP 2007, 388; HK/*Kirchhof* § 14 Rn. 51.
[51] LG Hamburg NZI 2002, 164 Nr. 12; AG Duisburg NZI 2002, 669; *Schmahl* NZI 2002, 177, 183 f.
[52] BGH ZIP 2008, 382 f.; BGH NZI 2008, 736 f.
[53] BGHZ 149, 178, 181 f. = NJW 2002, 515 f = NZI 2002, 91 f.; BGH NZI 2008, 736 f.; LG Frankfurt/O. ZIP 1995, 1211, 1213; LG Bonn NZI 2001, 488, 490; LG Koblenz NZI 2001, 265; LG Duisburg NZI 2004, 150 f.
[54] BGH NZI 2005, 108; BGH NZI 2006, 34; OLG Köln ZIP 1993, 1483; LG Münster ZIP 1993, 1103; LG Kiel KTS 1998, 575 f.; LG Koblenz NZI 2001, 44; AG Göttingen NZI 2001, 385; *Uhlenbruck* KTS 1986, 541 ff.
[55] BGH NZI 2005, 108; BGH NZI 2008, 736 f.; *Uhlenbruck* in Uhlenbruck § 14 Rn. 121; HK/*Kirchhof* § 14 Rn. 53.
[56] LG Meiningen ZIP 2000, 1451 f.; *Uhlenbruck* KTS 1986, 541, 547.

genommen nichts über die finanzielle Lage des Schuldners aus und erschüttert nicht die Glaubhaftmachung der Zahlungsunfähigkeit (Rn. 18). Der Feststellungsantrag ist allerdings auf Kosten des Gläubigers als unbegründet zurückzuweisen, wenn die vermeintliche Erledigung unter Missachtung einer Verfügungsbeschränkung nach § 21 II 1 Nr. 2 eingetreten ist (→ Rn. 19); eine solche Rechtshandlung ist unwirksam (§ 24 I) und stellt kein erledigendes Ereignis dar.[57]

23 Die Rechtsmittel gegen die Erledigungsfeststellung oder deren Ablehnung sowie die damit verbundene Kostenentscheidung nach § 91 ZPO richten sich nach den §§ 34, 6 InsO.[58] Eine isolierte Anfechtung der Kostenentscheidung ist unstatthaft (§ 99 ZPO, § 4 InsO).[59] Der Schuldner kann die Erledigungsfeststellung nach § 34 II, der antragstellende Gläubiger die Ablehnung dieser Feststellung nach § 34 I mit der sofortigen Beschwerde anfechten. Eine anschließende Rechtsbeschwerde bedarf der Zulassung durch das Beschwerdegericht (§ 574 I Nr. 2, III ZPO).

III. Rechtsmissbrauch

24 Die Antragsrücknahme oder Erledigungserklärung kann wegen Rechtsmissbrauchs unzulässig und damit unwirksam[60] sein, wenn sie zur Vereitelung der gleichmäßigen Gläubigerbefriedigung in der Insolvenz und damit zu einem nicht schutzwürdigen, offenkundig grob verfahrensfremden Zweck (vgl. § 1 InsO) eingesetzt wird.[61] Soweit diese Auffassung unter dem Gesichtspunkt der Dispositionsmaxime auf Kritik gestoßen ist,[62] überzeugt dies nicht. Ebenso wie das Antragsrecht findet auch die Freiheit des Gläubigers, über seinen gestellten Antrag zu disponieren, ihre Grenze an dem Verbot missbräuchlicher Rechtsausübung (§ 242 BGB).[63] Es untersagt den Verfahrensbeteiligten, prozessuale Rechte zu verfahrensfremden, nicht schutzwürdigen Zwecken einzusetzen.

25 Eine missbräuchliche Antragsrücknahme oder Erledigungserklärung liegt insbesondere vor, wenn ein beschränkt haftender Rechtsträger Schuldner ist und die Erklärung in einer Lage abgegeben wird, in welcher der dringende Verdacht einer strafbaren Insolvenzverschleppung (§ 15a IV, V) besteht. Dies ist erfahrungsgemäß zumeist schon der Fall, wenn die Verantwortlichen des Schuldners trotz Zulässigkeit des Eröffnungsantrags beharrlich ihre insolvenzrechtliche Auskunfts- und Mitwirkungspflicht (§ 20 I, § 22 III, §§ 97, 101) verletzen und so die schuldnerische Finanz- und Vermögenslage gegenüber dem Insolvenzgericht zu verschleiern suchen.[64]

26 Eine missbräuchliche Antragsrücknahme oder Erledigungserklärung hindert nicht die Fortsetzung des Eröffnungsverfahrens und die spätere Verfahrenseröffnung.[65] Die Un-

---

[57] LG Duisburg NZI 2004, 150 f.; LG Hamburg ZInsO 2008, 679 f.; AG Offenbach ZInsO 2000, 624; MüKoInsO/*Schmahl/Vuia* § 14 Rn. 50.

[58] BGH NZI 2008, 736 f.

[59] Vgl. BGH ZVI 2007, 68 f.; BGH, Beschl. v. 25.10.2007 – IX ZB 127/06.

[60] Hierzu allgemein BGHZ 10, 333 = NJW 1953, 1830; BGHZ 21, 285, 289 = NJW 1956, 1598 f.; BGH NJW 1987, 1946 f.; BGH NJW-RR 2007, 185 f.; BGH NJW-RR 2008, 1310 f.; *Jänich* ZZP 109 (1996), 183, 187 mwN.

[61] BGH NZI 2008, 550; LG Duisburg NZI 2009, 911 f.; AG Hamburg NZI 2003, 104; AG Duisburg, Beschl. v. 11.12.2002 – 62 IN 264/02, zit bei *Brückl/Kersten* NZI 2004, 422, 423 Fn. 9; AG Duisburg ZVI 2005, 129; *Frind/A. Schmidt* ZInsO 2002, 8, 9; K. Schmidt/*Gundlach* § 13 Rn. 36; MüKoInsO/*Schmahl/Vuia* § 13 Rn. 141 ff.; zur missbräuchlichen Rücknahme eines Eröffnungsantrags s. BGH NJW-RR 2008, 1439 f.

[62] *Ferslev* EWiR 2003, 605 f.; *Gerke* ZInsO 2003, 873, 880 f. (rechtspolitisch zustimmend); HK/*Kirchhof* § 14 Rn. 43; KPB/*Pape* § 13 Rn. 130; skeptisch zunächst auch *Schmahl* NZI 2002, 177, 185.

[63] LG Duisburg NZI 2009, 911 f.; s. ferner BGH WM 1978, 847, 849; BGH NJW-RR 2007, 185 f.; BGH NJW-RR 2008, 1310 f.; BGH NZI 2008, 550 f. = NJW-RR 2008, 1439.

[64] MüKoInsO/*Schmahl/Vuia* § 13 Rn. 142.

[65] LG Duisburg ZIP 2009, 342 f.; AG Hamburg NZI 2003, 104; vgl. auch *Jänich* ZZP 109 (1996), 183, 191; ablehnend HK/*Kirchhof* § 14 Rn. 54; BGH NZI 2006, 364 (allerdings ohne Erwähnung des Missbrauchs).

wirksamkeit der Prozesshandlung kann das Insolvenzgericht in einer Zwischenentscheidung (§ 303 ZPO, § 4 InsO) feststellen. Gegen sie ist die sofortige Beschwerde des Gläubigers und des Schuldners gegeben (§ 269 IV, V, § 280 II ZPO analog, § 4 InsO);[66] eine anschließende Rechtsbeschwerde bedarf der Zulassung durch das Beschwerdegericht (§ 574 I Nr. 2, III ZPO).

IV. Kosten des vorläufigen Insolvenzverwalters bei Antragsrücknahme oder Erledigungserklärung

1. Allgemeines. Die Kosten des vorläufigen Insolvenzverwalters trägt der Schuldner. Gem. § 23 I 1 GKG ist im Insolvenzverfahren zwar grundsätzlich der Antragsteller Kostenschuldner der Gebühr für das Verfahren. Wird der Antrag abgewiesen oder zurückgenommen, ist der Antragsteller auch Schuldner der in dem Verfahren entstandenen Auslagen (§ 23 I 2 GKG); nur bezüglich der Auslagen nach Nr. 9018 des Kostenverzeichnisses ist Kostenschuldner der Insolvenzschuldner (§ 23 I 3 GKG). Die an den vorläufigen Insolvenzverwalter zu entrichtende Verwaltervergütung gehört jedoch nicht zu den Kosten des gerichtlichen Verfahrens (→ § 14 Rn. 133).[67] Etwas anderes gilt hinsichtlich der Kosten, die durch die gerichtliche Beauftragung des Verwalters als Sachverständiger entstanden sind.[68] Nur bei einer Eröffnung des Insolvenzverfahrens werden Vergütung und Auslagen des (vorläufigen) Verwalters gem. §§ 53, 54 Nr. 2, 209 I Nr. 1 Masseverbindlichkeiten. Wird ein Erstantrag abgelehnt und das Verfahren sodann infolge eines Zweitantrages eröffnet wird, sind die Kosten des vorläufigen Insolvenzverwalters im Zweitverfahren als Insolvenzforderung zu behandeln.[69] Die Kosten des vorläufigen Insolvenzverwalters sind auch nicht Teil der Verfahrenskosten i. S. der §§ 4 InsO, 91 ff., 269 III 2 ZPO. Bei dem durch die Zustellung des Eröffnungsantrags an den Schuldner in Gang gesetzten Eröffnungsverfahren stehen sich – anders als im eröffneten Verfahren – nur der antragstellende Gläubiger und der Schuldner ähnlich wie Parteien in einem Zivilprozess gegenüber, der vorläufige Insolvenzverwalter ist hingegen nicht „Partei" des Eröffnungsverfahrens.[70] Dem antragstellenden Gläubiger können Vergütung und Auslagen des vorläufigen Verwalters daher auch nicht abweichend hiervon im Wege einer Kostengrundentscheidung auferlegt werden (→ Rn. 12). Ein Erstattungsanspruch gegen die Staatskasse steht dem vorläufigen Insolvenzverwalter wegen seiner Vergütung gem. § 63 II nur zu, wenn dem Schuldner die Kosten des Verfahrens gestundet worden sind, im Übrigen dagegen nicht.[71]

2. Rechtslage bis zum 1.3.2012. Nach der bis zum 1.3.2012 geltenden Rechtslage hat der BGH die Auffassung vertreten, dass bei einer Nichteröffnung des Verfahrens der Verwalter seine Ansprüche gegen den Schuldner nur vor den allgemeinen Zivilge-

---

[66] LG Duisburg ZIP 2009, 342 f.; MüKoInsO/*Schmahl*/*Vuia* § 13 Rn. 144.
[67] BGHZ 157, 370 = NJW 2004, 1957; BGH NJW-RR 2006, 1204 f.; OLG Celle ZIP 2000, 706; LG Stuttgart NZI 2004, 630 f.; Nerlich/Römermann/*Mönning* § 26 Rn. 54; *Uhlenbruck* in Uhlenbruck § 26 Rn. 32; FK/*Schmerbach* § 26 Rn. 70; MüKoInsO/*Hefermehl* § 54 Rn. 14; aA LG Mainz NJW-RR 1999, 698 f.
[68] OLG Düsseldorf ZIP 2009, 1172 f.
[69] BGH NZI 2009, 53; K. Schmidt/*Vuia* § 63 Rn. 12; aA bei Vorliegen einer „materiellen Verfahrenseinheit" LG Hamburg ZIP 1991, 116; AG Hamburg-Altona ZIP 1989, 458, 459; AG Neubrandenburg ZInsO 2006, 931; Haarmeyer/Wutzke/*Förster* § 1 InsVV Rn. 82; Uhlenbruck/*Mock* § 63 Rn. 54.
[70] BGHZ 157, 370 = NJW 2004, 1957; BGH NJW-RR 2006, 1204 f.
[71] BGHZ 157, 370 = NJW 2004, 1957; BGHZ 175, 48 = NJW 2008, 583, 585 = NZI 2008, 170, 172; BGH NZI 2006, 239 = NJW-RR 2006, 1204; BGH NJW 2006, 2992, 2996 = NZI 2006, 515, 518; LG Fulda NZI 2002, 61; vgl. auch BVerfG KTS 1982, 221; *Vallender* EWiR 2004, 609; Begr RegE EGInsO, BT-Drucks 12/3803, S. 72; offen lassend OLG Celle ZIP 2000, 706; aA Haarmeyer/Wutzke/*Förster* § 8 InsVV Rn. 56 ff.; Haarmeyer/*Mock,* InsVV, Vorbem. Rn. 99. Etwas anderes gilt hinsichtlich der Auslagen des vorläufigen Verwalters; s. hierzu Braun/*Kind* § 63 Rn. 19; offen lassend BGHZ 157, 370 = NJW 2004, 1957 = NZI 2004, 245, 247.

richten gemäß §§ 1835, 1836, 1915, 1987, 2221 BGB analog geltend machen kann.[72] Für die vorläufigen Insolvenzverwalter ist diese Auffassung mit erheblichen Nachteilen verbunden, weil sie im Zivilverfahren für die Gerichtskosten vorschusspflichtig sind. Darüber hinaus führt sie zu einer Ungleichbehandlung im Hinblick auf den durch § 25 privilegierten starken Insolvenzverwalter. Einige Instanzgerichte haben dem BGH daher die Gefolgschaft verweigert und die Vergütung trotz Nichteröffnung des Verfahrens festgesetzt.[73] Soweit dabei teilweise der Versuch unternommen worden ist, die Rechtsprechung des BGH umzuinterpretieren,[74] überzeugt dies zwar angesichts der anderslautenden Entscheidungen des IX. Senats[75] nicht, jedoch ergibt sich die Befugnis des Insolvenzgerichts zur Vergütungsfestsetzung aus der Verweisungsnorm des § 21 II 1 Nr. 1, die auch für den Fall der Nichteröffnung des Verfahrens gilt. Der Auffassung des BGH liegt die nicht näher begründete Annahme zugrunde, dass es sich bei der nach §§ 63, 64 festzusetzenden Vergütung um eine Massekostenforderung iSd § 54 Nr. 2 handeln müsse.[76] Dies ergibt sich jedoch weder aus dem Wortlaut der Norm, noch spricht die Systematik des Gesetzes hierfür. Im Rahmen der §§ 63, 64 geht es ausschließlich um die Festsetzung der Vergütung in dem Verhältnis zwischen dem Verwalter und dem Insolvenzschuldner (→ § 63 Rn. 11). Insoweit folgt die Befugnis zur Festsetzung der Vergütung durch das Insolvenzgericht auf Antrag des Verwalters aus §§ 21 II 1 Nr. 1, 63, 64, ohne dass es einer gesonderten Kostengrundentscheidung bedarf. Eine schlüssige Begründung dafür, weshalb § 21 II 1 Nr. 1 für den Fall der Nichteröffnung des Verfahrens unanwendbar sein soll, lässt sich den Ausführungen des IX. Zivilsenats nicht entnehmen.[77]

29   **3. Rechtslage nach Inkrafttreten des § 26a (ESUG).** Durch das Gesetz zur weiteren Erleichterung der Sanierung von Unternehmen vom 7.12.2011 (ESUG)[78] neu eingeführt worden und gilt für sämtliche ab dem 1.3.2012 beantragten Insolvenzverfahren (Art. 103g EGInsO). Ergänzend finden die §§ 63–65 über § 21 II 1 Nr. 1 Anwendung, soweit nicht § 26a eine abschließende Spezialregelung enthält.[79] Der materiellrechtliche Vergütungsanspruch des vorläufigen Verwalters ergibt sich aus §§ 26a, 21 II 1 Nr. 1, 63 I 1, für eine analoge Anwendung der §§ 1835, 1836, 1915, 1987, 2221 BGB fehlt es jedenfalls nach Inkrafttreten des § 26a an einer Regelungslücke.[80] Mit der Neuregelung wollte der Gesetzgeber im Hinblick auf die Rechtsauffassung des IX. Zivilsenats (→ Rn. 28) dem Insolvenzgericht die Möglichkeit einräumen, eine Vergütung auch außerhalb eines Insolvenzverfahrens gegen den Schuldner festzusetzen. Die Kritik an der Neuregelung, die vor allem damit begründet wird, dass nach ihrem Wortlaut die Vergütung „gegen den Schuldner" festzusetzen ist,[81] überzeugt nicht. Nach Auffassung des BGH und der herrschenden Meinung ist Schuldner der Verwaltervergütung allein der Insolvenzschuldner (→ Rn. 27). Der Gesetzgeber hat der Neurege-

---

[72] BGHZ 175, 48 = NJW 2008, 583; BGH NJW-RR 2010, 560; ebenso LG Lüneburg ZInsO 2011, 590 ff.; LG Gießen ZInsO 2011, 304; LG Duisburg NZI 2010, 651 f.
[73] LG Koblenz ZInsO 2011, 1805 ff. m. Anm. *Seehaus* ZInsO 2011, 1783 ff.; AG Düsseldorf ZInsO 2010, 1807 f.; AG Göttingen NZI 2010, 652 f.; AG Duisburg NZI 2010, 487 ff.
[74] S. hierzu LG Koblenz ZInsO 2011, 1805 ff.; *Frind* ZInsO 2010, 108, 109; *Seehaus* ZInsO 2011, 1783 ff.
[75] S. insbesondere BGH NJW-RR 2010, 560 f.; ebenso LG Gießen ZInsO 2011, 304.
[76] So LG Gießen ZInsO 2011, 304; *Smid* jurisPR-InsR 3/2010 Anm. 3.
[77] S. hierzu im Einzelnen K. Schmidt/*Vuia* § 64 Rn. 5 mwN.
[78] BGBl I S. 2582.
[79] S. hierzu K. Schmidt/*Vuia* § 26a Rn. 6, 10.
[80] HambKommInsO/*Schröder* § 26a Rn. 2; MüKoInsO/*Haarmeyer* § 26a Rn. 5; K. Schmidt/*Vuia* § 26a Rn. 1; aA *Wimmer*, ESUG-Reform, S. 31.
[81] *Frind* ZInsO 2011, 2249 f.; *Keller* NZI 2012, 317 f.; MüKoInsO/*Haarmeyer* § 26a Rn. 6; Nerlich/Römermann/*Mönning*/Zimmermann § 26a Rn. 1, 6; *Römermann* NJW 2012, 645, 647; *Vallender* MDR 2012, 61, 65.

lung diese Auffassung zugrunde gelegt. Für eine teleologische Reduktion der Norm in dem Sinne, dass nur die Zuständigkeit des Insolvenzgerichts zur Festsetzung der Höhe der Vergütung des vorläufigen Verwalters gemeint ist, während die weitergehende Regelung zur Frage, wer im konkreten Fall diese zu tragen habe, entgegen dem gewählten Wortlaut faktisch ins Leere gehe und mit der Beschränkung auf eine Festsetzung gegen den Schuldner insoweit auch unbeachtlich sei, ist angesichts dessen kein Raum.[82] Der Schuldner muss für den Fall einer rechtsmissbräuchlichen Antragstellung die ihn treffenden Kosten des Verwalters im Rahmen eines Schadensersatzanspruchs[83] gegen den antragstellenden Gläubiger ggf. vor den allgemeinen Zivilgerichten geltend machen.[84] Da es bei der Beurteilung, ob ein solcher Schadensersatzanspruch besteht, überwiegend auf tatsächliche Fragen ankommen wird, erscheint es sachgerecht, den Schuldner auf den Zivilrechtsweg zu verweisen, statt die Insolvenzgerichte hiermit zu belasten.[85] Darüber hinaus besteht bei Eingang eines Gläubigerantrags eine Prüfungspflicht für das Insolvenzgericht, ob der Antrag nicht offensichtlich rechtsmissbräuchlich gestellt wurde, bevor es Sicherungsmaßnahmen ergreift. Ist das Insolvenzgericht dieser Prüfungspflicht nicht oder nicht ausreichend nachgekommen, kann der Schuldner den ihm hierdurch entstandenen Schaden, zu dem auch die Vergütung und Auslagen des vorläufigen Verwalters gehören, im Wege eines Amtshaftungsanspruchs geltend machen.[86]

4. Rechtslage ab dem 1.7.2014. Aufgrund der gegen die Regelung des § 26a vorgebrachten Kritik (→ Rn. 29) ist bereits in einem Entwurf der Bundesregierung über ein Gesetz zur Verkürzung des Restschuldbefreiungsverfahrens und zur Stärkung der Gläubigerrechte vom 10.8.2012[87] eine Änderung der Neuregelung vorgesehen gewesen. § 26a sollte dahingehend geändert werden, dass die Kosten dem Gläubiger auferlegt werden sollten, wenn sein Antrag unbegründet ist, ansonsten dem Schuldner.[88] In einer Stellungnahme des Bundesrates zu dem Regierungsentwurf ist vorgeschlagen worden, § 26a dahingehend zu ändern, dass die Festsetzung gegen den Schuldner erfolgen sollte; für den Fall, dass ein Gläubiger den Eröffnungsantrag gestellt hat, sollte die Festsetzung gegen ihn erfolgen, wenn dies unter Berücksichtigung der Erfolgsaussicht seines Antrags billigem Ermessen entspreche.[89] Zur Begründung wird ausgeführt, dass die vorgeschlagene Änderung der Bundesregierung einerseits zu weit gehe, weil sie stets bei Unbegründetheit des Antrags dem Gläubiger die Kosten auferlege, andererseits zu kurz greife, weil sie die Fälle der Antragsrücknahme und der nachträglich festgestellten Unzulässigkeit des Antrags nicht abdecke.[90] Dem hat die Bundesregierung in ihrer Gegenäußerung entgegengehalten, sie werde den Vorschlag des Bundesrats prüfen, jedoch sei zu berücksichtigen, dass mit einer solchen Änderung werde jedoch eine Grundentscheidung über die Kostentragungspflicht getroffen, obgleich der vorläufige Insolvenzverwalter nicht Partei des Eröffnungsverfahrens sei und seine Kosten auch nicht zu den Verfahrenskosten gehörten, weshalb eine solche Änderung mit den sonstigen Regelungen der Insolvenz- und Zivilprozessordnung und den Vorschriften des Gerichtskosten-

---

[82] *Marotzke* DB 2012, 617, 619 f.; aA *Frind* ZInsO 2011, 2249, 2250; MüKoInsO/*Haarmeyer* § 26a Rn. 6; wohl auch *Vallender* MDR 2012, 61, 65; ähnlich *Keller* NZI 2012, 317, 318: § 26a nur anwendbar, wenn das Insolvenzgericht die Kosten des Eröffnungsverfahrens dem Schuldner auferlegt
[83] S. hierzu MüKoInsO/*Schmahl/Vuia* § 14 Rn. 12–16.
[84] *Wimmer*, ESUG-Reform, S. 30 f.
[85] So aber der Vorschlag von *Marotzke* DB 2012, 617, 620 f.
[86] *Wimmer*, ESUG-Reform, S. 32.
[87] BR-Drucks. 467/12.
[88] S. zu der geplanten Änderung und ihren Motiven BR-Drucks. 467/12, S. 1 f., 30 f.
[89] BT-Drucks 17/11268, S. 42. S. zu weiteren Vorschlägen einer Neuregelung *Marotzke* DB 2012, 617, 619 f.; Nerlich/Römermann/*Mönning/Zimmermann* § 26a Rn. 8, 11.
[90] S. zur Berechtigung dieser Kritik K. Schmidt/*Vuia* § 26a Rn. 2.

gesetzes abgestimmt werden müsse.[91] Diese Bedenken treffen zwar sachlich zu, bestehen jedoch auch bezogen auf die von der Bundesregierung in dem Entwurf vom 10.8.2012 geplante Änderung, weil auch durch sie eine Kostentragungspflicht des antragstellenden Gläubigers statuiert werden sollte, obwohl der vorläufige Insolvenzverwalter nicht „Partei" des Eröffnungsverfahrens ist (→ Rn. 27).

31 In der Beschlussempfehlung und dem Bericht des Rechtsausausschusses vom 15.5.2013 ist im weiteren Gesetzgebungsverfahren sodann vorgeschlagen worden, § 26a dahingehend zu ändern, dass die Festsetzung grundsätzlich gegen den Schuldner erfolgt, es sei denn, der Eröffnungsantrag ist unzulässig oder unbegründet *und* den antragstellenden Gläubiger treffe ein grobes Verschulden. In diesem Fall sollen Vergütung und Auslagen des vorläufigen Verwalters ganz oder teilweise dem Gläubiger aufzuerlegen und gegen ihn festzusetzen sein. Von einem groben Verschulden sei insbesondere dann auszugehen, wenn der Antrag an von vorneherein keine Aussicht auf Erfolg gehabt habe und der Gläubiger dies habe erkennen müssen. Durch die vorgeschlagene Änderung soll einerseits den Bedenken des Bundesrates (→ Rn. 30) Rechnung getragen, andererseits der Grundsatz der schuldnerischen Haftung gegenüber dem vorläufigen Insolvenzverwalter beibehalten werden.[92] Der Gesetzentwurf ist in der Ausschussfassung vom Bundestag angenommen worden. Das Gesetz zur Verkürzung des Restschuldbefreiungsverfahrens und zur Stärkung der Gläubigerrechte ist am 18.7.2013 verkündet worden.[93] Die Neuregelung des § 26a ist am 1.7.2014 in Kraft getreten. Für eine „Vorwirkung" ist kein Raum.[94]

32 Mit der Neuregelung hat der Gesetzgeber formal am Dogma der schuldnerischen Haftung für die Vergütung und Auslagen des vorläufigen Insolvenzverwalters festgehalten. In der Sache begründet sie eine „Durchgriffshaftung" des antragstellenden Gläubigers gegenüber dem vorläufigen Insolvenzverwalter für einen allein dem Schuldner entstandenen Schaden und ermöglicht dem vorläufigen Insolvenzverwalter, auf einen weiteren Schuldner zuzugreifen.[95] Sachliche Bedenken bestehen hiergegen nicht, weil eine Vergütungsfestsetzung gegen den antragstellenden Gläubiger nur bei einem groben Verschulden in Betracht kommt und der vorläufige Insolvenzverwalter in einem solchen Fall bei der Vollstreckung einer Vergütungsfestsetzung gegen den Schuldner ebenso auf den Schadensersatzanspruch des Schuldners gegen den antragstellenden Gläubiger[96] im Wege der Zwangsvollstreckung gem. §§ 829, 835 ZPO zugreifen könnte. Die Neuregelung stößt jedoch auf praktische Bedenken, weil das Insolvenzgericht zu prüfen hat, ob ein grobes Verschulden vorliegt. Da nach der Gesetzesformulierung entweder der vorläufige Insolvenzverwalter, der eine Vergütungsfestsetzung gegen den antragstellenden Gläubiger begehrt, oder der Schuldner, der eine Vergütungsfestsetzung gegen sich abwenden will, das Vorliegen eines groben Verschuldens des Gläubigers glaubhaft zu machen hat und eine Beweisaufnahme im Rahmen der Vergütungsfestsetzung nicht erfolgt, wird im Zweifel, insbesondere wenn der antragstellende Gläubiger ein grobes Verschulden in Abrede stellt, eine Festsetzung gegen den Gläubiger gemäß § 26a II nF ausscheiden. Für eine Vergütungsfestsetzung gegen den antragstellenden Gläubiger wird in der Praxis daher nur Raum sein, wenn ein evidenter Missbrauch des Antragsrechts durch den Gläubiger nach Aktenlage feststeht. In allen anderen Fällen sind die Kosten des vorläufigen Insolvenzverwalters auch weiterhin gegenüber dem Schuldner festzuset-

---

[91] BT-Drucks 17/11268, S. 47 f.
[92] BT-Drucks 17/13535, S. 38 f.
[93] BGBl I 2379.
[94] K. Schmidt/*Vuia* § 26a Rn. 9 aE; aA *Schmerbach* NZI 2012, 689, 691.
[95] Bei BT-Drucks. 17/13535, S. 38 ist von einer „vergütungsrechtlichen Direkthaftung des antragstellenden Gläubigers gegenüber dem vorläufigen Insolvenzverwalter" die Rede.
[96] S. hierzu MüKoInsO/*Schmahl/Vuia* § 14 Rn. 12–16.

zen, und der Schuldner ist auf einen materiell-rechtlichen Schadensersatzanspruch gegen den Gläubiger, der vor den Zivilgerichten geltend gemacht werden muss, zu verweisen (→ Rn. 29).

§ 11. Das Verfahren beim Eigenantrag des Schuldners

Übersicht

	Rn.
I. Prüfung der Zulässigkeit des Antrags	1
1. Prüfungsgegenstand	1
2. Zweitanträge	3
3. Zwischenverfügung des Gerichts	5
4. Verbraucherinsolvenz	6
5. Feststellung der Zulässigkeit	7
6. Hinweis auf Restschuldbefreiung	8
7. Hinweis auf Stundung der Verfahrenskosten	12
II. Anhörung weiterer Antragsberechtigter aus der Sphäre des Schuldners	13
1. Juristische Personen, Gesellschaften ohne Rechtspersönlichkeit	13
2. Nachlassinsolvenz, Gesamtgutinsolvenz	17
III. Gerichtliche Ermittlungen zur Vorbereitung der Eröffnungsentscheidung	18
IV. Tod des Schuldners während des Eröffnungsverfahrens	19

I. Prüfung der Zulässigkeit des Antrags

1. Prüfungsgegenstand. Nach Eingang eines Eröffnungsantrags des Schuldners 1 (§ 13) oder eines (angeblich) Antragsberechtigten aus dessen Sphäre (§ 15 I) hat das Insolvenzgericht die Zulässigkeit des Antrags zu prüfen. Diese Prüfung erstreckt sich insbesondere auf folgende Punkte: Befreiung des Schuldners von der deutschen Gerichtsbarkeit (Immunität, vgl. §§ 18 bis 20 GVG); internationale und örtliche Zuständigkeit des Gerichts (§ 3 InsO, Art. 3 EuInsVO, Art. 102 § 1 EGInsO); Insolvenzfähigkeit des Schuldners (§§ 11, 12; s.o. § 5); Partei- und Prozessfähigkeit des Schuldners (§§ 50 ff. ZPO, § 4 InsO; s.o. § 8 Rn. 1 ff.); Antragsberechtigung im Namen des Schuldners (§ 15 I, III, § 18 III; s.o. § 8 Rn. 12 ff.); Ordnungsmäßigkeit der Vollmacht eines Bevollmächtigten (§§ 79 ff. ZPO, § 4 InsO; s.o. § 9 Rn. 12 ff.); Ordnungsmäßigkeit des Antrags (§§ 13 bis 15; s.o. § 9 Rn. 1 ff., 16 ff.); Ordnungsmäßigkeit etwaiger Zusatzanträge, insbesondere solcher auf Restschuldbefreiung (§ 287) und auf Stundung der Verfahrenskosten (§ 4a).

Geben die Antragsunterlagen Anlass, eine Zulässigkeitsvoraussetzung in Zweifel zu 2 ziehen, ist es grundsätzlich Sache des Antragstellers, nach einem entsprechenden Hinweis des Insolvenzgerichts (§ 139 ZPO, § 4 InsO) die maßgeblichen Umstände mitzuteilen und zu belegen. Dies gilt insbesondere, wenn das Gesetz die Glaubhaftmachung verlangt; insoweit obliegt es allein dem jeweiligen Beteiligten, die ihm günstigen Tatsachen vorzutragen und die entsprechenden Beweismittel zur Glaubhaftmachung beizubringen. Die Amtsermittlungspflicht des Gerichts (§ 5 I, §§ 16, 26) setzt erst ein, wenn ein zulässiger Eröffnungsantrag vorliegt. Allerdings hat das Gericht die allgemeinen, unabhängig von § 5 bei jedem gerichtlichen Verfahren zu beachtenden Zulässigkeitsvoraussetzungen, etwa die Immunität und Verfahrensfähigkeit (Insolvenzfähigkeit) des Schuldners, die gerichtliche Zuständigkeit oder die Wahl der richtigen Verfahrensart, jederzeit durch eigene Ermittlungen von Amts wegen aufzuklären. Der Erlass von Sicherungsmaßnahmen kommt nicht erst dann in Betracht, wenn der Antrag zulässig ist, sondern bereits dann, wenn „die Zulässigkeitsvoraussetzungen mit überwiegender, auf gesicherter Grundlage beruhender Wahrscheinlichkeit gegeben" sind und „sich das Insolvenzgericht die letzte Gewissheit erst im weiteren Verlauf des Verfahrens verschaffen" kann.[1] Im Hinblick auf den Normzweck der §§ 21, 22 ist noch weitergehend davon auszugehen, dass das Insolvenzgericht Sicherungsmaßnahmen bereits dann ergreifen kann, wenn der Insolvenzantrag weder missbräuchlich noch offenkundig rechtswidrig ist (s. hierzu § 14 Rn. 2).[2] Auch wenn sich der Insolvenzantrag später als unzulässig erweist, berührt dies die Rechtmäßigkeit der Anordnung von Sicherungsmaßnahmen nicht.[3] Die Auskunfts- und Mitwirkungspflichten des Schuldners nach § 20 I kommen dagegen erst zum Tragen, wenn der Eröffnungsantrag zulässig ist.

3   **2. Zweitanträge.** Unabhängig von der Position des Antragstellers als Gläubiger oder Schuldner fehlt grundsätzlich das Rechtsschutzinteresse, wenn während eines bereits eröffneten inländischen Insolvenzverfahrens ein paralleler Eröffnungsantrag („echter Zweitantrag") über dasselbe schuldnerische Vermögen gestellt wird (→ § 12 Rn. 13f.). Auch das Ziel der Restschuldbefreiung des Schuldners rechtfertigt die Eröffnung eines gleichzeitigen zweiten Verfahrens nicht.[4] Ist das erste Verfahren auf Antrag eines Gläubigers eröffnet worden, ohne dass das Gericht den Schuldner ordnungsgemäß auf die Möglichkeit des eigenen Eröffnungs- und Restschuldbefreiungsantrags hingewiesen hat, ist ausnahmsweise der Antrag auf Restschuldbefreiung isoliert statthaft.[5]

4   Differenziert zu beurteilen ist die Zulässigkeit eines zweiten Eröffnungsantrags nach Beendigung des aufgrund des Erstantrages initiierten Verfahrens („unechter Zweitantrag").[6] Zur Zulässigkeit eines Gläubigerantrags während des Verfahrens zur Restschuldbefreiung → § 12 Rn. 14. Ein mit einem Antrag auf Restschuldbefreiung verbundener Eröffnungsantrag des Schuldners ist nicht allein deshalb unzulässig, weil zuvor der Antrag eines Gläubigers mangels Masse abgewiesen worden ist.[7] Der Ablauf einer richterlich gesetzten Antragsfrist, die in dem Erstverfahren nach Eingang eines Gläubigerantrags gesetzt worden ist, hat keine Ausschlusswirkung.[8] Hat dagegen der ordnungsgemäß belehrte Schuldner in einem auf seinen Antrag eröffneten Verfahren den Antrag auf Erteilung der Restschuldbefreiung nicht gestellt oder ist der Antrag auf Erteilung der Restschuldbefreiung rechtskräftig abgelehnt worden, ist entgegen einer teilweise vertretenen Auffassung[9] ein neuer Eröffnungsantrag des Schuldners mit einem erneuten Restschuldbefreiungsantrag unzulässig, wenn kein neuer Gläubiger hinzugekommen ist.[10]

5   **3. Zwischenverfügung des Gerichts.** Hat der Antrag nicht den erforderlichen wesentlichen Inhalt oder liegen ihm nicht die notwendigen Unterlagen bei, hat das

---

[1] So BGH NJW-RR 2007, 1062 = ZInsO 2007, 440 bei Zweifeln hinsichtlich der internationalen und örtlichen Zuständigkeit; BGH EWiR 2008, 181.
[2] MüKoInsO/*Haarmeyer* § 21 Rn. 16, 17; *Haarmeyer/Wutzke/Förster,* Hdb Kap 3 Rn. 238; wohl auch *Pohlmann* Rn. 19.
[3] MüKoInsO/*Haarmeyer* § 21 Rn. 17.
[4] BGHZ 162, 181 = NJW 2005, 1433 = NZI 2005, 271f.; BGH NJW-RR 2004, 1349; BGH, Beschl. v. 21.9.2006 – IX ZA 23/06; BGH NJW 2008, 3494f.; *Leithaus* in Andres/Leithaus § 13 Rn. 2.
[5] BGH NJW 2005, 1433f. = NZI 2005, 271f.
[6] *Schmerbach* ZInsO 2009, 2078ff. verwendet die Begriffe „nachgeschaltetes Insolvenzverfahren" und „Parallelinsolvenzverfahren".
[7] BGH NZI 2006, 181f.; LG Dresden ZVI 2005, 553f.; ZVI 2006, 154; LG München NZI 2006, 49; AG Göttingen NZI 2005, 398; KPB/*Pape* § 13 Rn. 84f.; aA LG Koblenz NZI 2004, 679; AG Marburg ZInsO 2005, 726.
[8] MüKoInsO/*Schmahl/Vuia* § 20 Rn. 99.
[9] AG Bremen ZVI 2009, 254f.; AG Göttingen NZI 2005, 398f.; AG Leipzig ZVI 2007, 280ff.; *Büttner* ZVI 2007, 2007, 229ff.; *Hackenberg* ZVI 2005, 468, 469ff.; *Pape/Wenzel* ZInsO 2008, 287ff., FK/*Schmerbach* § 13 Rn. 42k.
[10] BGH NZI 2006, 601f.; BGH ZInsO 2007, 1223f.; LG Duisburg ZInsO 2009, 110f.; LG Koblenz ZVI 2005, 91; LG Zweibrücken NZI 2005, 397, 398; AG Hamburg ZVI 2009, 224ff.; AG Marburg ZInsO 2005, 726f.; HK/*Kirchhof* § 13 Rn. 22; HambKommInsO/*Wehr* § 13 Rn. 33.

Gericht den Antragsteller mit einer Zwischenverfügung auf den Mangel hinzuweisen und ihm eine angemessene Frist zur Beseitigung zu setzen (§ 139 I, III, V ZPO, § 4 InsO). Die Verfügung ist nicht anfechtbar (§ 6 I). Der Antrag ist als unzulässig zurückzuweisen, wenn die Beanstandung nicht fristgemäß erledigt wird.[11]

4. Verbraucherinsolvenz. Für den unvollständigen Eigenantrag in der Verbraucherinsolvenz enthält § 305 III eine Sonderregelung. Entspricht der Antrag nicht den Vorgaben des § 305 I, IV und wird er trotz Aufforderung des Insolvenzgerichts, die ebenfalls unanfechtbar ist,[12] nicht innerhalb eines Monats – bei gleichzeitiger Anhängigkeit eines Gläubigerantrags: innerhalb von drei Monaten – ordnungsgemäß ergänzt, so gilt der Antrag kraft Gesetzes als zurückgenommen (§ 305 III 2).

5. Feststellung der Zulässigkeit. Die Zulassung des Antrags als zulässig ist im Gesetz nicht vorgesehen, insbesondere bedarf sie keiner förmlichen (anfechtbaren) Zwischenentscheidung (→ § 14 Rn. 2).[13] Sie ist nur gedanklich der erste von mehreren rechtlichen Gesichtspunkten, die für die Beurteilung des Antrags insgesamt bedeutsam sind (Einzelheiten → § 12 Rn. 9, 43).

6. Hinweis auf Restschuldbefreiung. Ist der Schuldner eine natürliche Person, soll er nach § 20 II, wenn ein zulässiger Eröffnungsantrag vorliegt (§ 20 I), vom Insolvenzgericht darauf hingewiesen werden, dass er nach Maßgabe der §§ 286 bis 303 Restschuldbefreiung erlangen kann.[14] Der Schuldner soll nicht aus Rechtsunkenntnis die Chance auf die Restschuldbefreiung verlieren.[15] Zweckmäßigerweise erfolgt der Hinweis unmittelbar nach Prüfung der Zulässigkeit des Eröffnungsantrags.[16] Ob der Schuldner anwaltlich vertreten ist oder von anderer Seite bereits eine hinreichende Belehrung erfahren hat, ist unerheblich. Der Hinweis ist auch zu erteilen, wenn der Antrag auf Restschuldbefreiung unvollständig ist. Er ist nur entbehrlich, wenn bereits ein zulässiger Antrag des Schuldners auf Restschuldbefreiung einschließlich der ordnungsgemäßen Abtretungserklärung vorliegt oder der Schuldner aus Anlass eines noch anhängigen unerledigten Eröffnungsantrags bereits ordnungsgemäß belehrt worden ist.

Eine bestimmte Form des Hinweises ist nicht vorgeschrieben (§ 139 ZPO, § 4 InsO).[17] Er kann daher nicht nur schriftlich, sondern auch mündlich erfolgen,[18] etwa in einem Anhörungstermin, in einer Gläubigerversammlung[19] oder notfalls telefonisch. Er ist aktenkundig zu machen (§ 139 IV ZPO).

Hat der Schuldner den Eröffnungsantrag gestellt, beginnt mit der Erteilung, dh der Zustellung oder dem tatsächlichen Zugang[20] des ordnungsgemäßen Hinweises in der Verbraucherinsolvenz die Monatsfrist des § 305 III, I Nr. 2[21] und in der Regelinsolvenz die zweiwöchige Antragsfrist nach § 287 I 2. Der Hinweis kann seinen Informationszweck nur erfüllen, wenn er den Schuldner zumindest ausdrücklich über die Bestimmungen zur Antragstellung (§ 287 I, II) belehrt: über die Notwendigkeit eines besonderen schriftli-

---

[11] BGHZ 153, 205, 207 = NJW 2003, 1187 f. = NZI 2003, 147 f.
[12] BGH NJW 2004, 67, 68 = NZI 2004, 40, 41; BGH NZI 2005, 403 = NJW-RR 2005, 990; BGH, Beschl. v. 19.1.2006 – IX ZB 52/03, bei *Ganter* NZI 2005, Beilage Heft 5, 25.
[13] BGH NJW-RR 2007, 1062 = ZInsO 2007, 440; LG Aachen, Beschl. v. 6.2.2007 – 6 T 19/07. Man sollte deshalb nicht von „Zulassung" des Antrags sprechen. Der Gebrauch dieses Begriffs in § 105 I KO war bereits nach altem Recht irreführend.
[14] Vgl. zum Folgenden auch MüKoInsO/*Schmahl/Vuia* § 20 Rn. 90 ff.
[15] Begr RegE InsO 1992, BT-Drucks 12/2443, S. 120; Begr RegE InsOÄndG 2001, BT-Drucks. 14/5680, S. 28.
[16] Begr RegE InsOÄndG 2001, BT-Drucks 14/5680, S. 24 f.
[17] AllgM, vgl. BGH, Beschl. v. 28.9.2006 – IX ZB 64/06.
[18] BGH NZI 2004, 593, 594.
[19] OLG Köln NZI 2000, 587, 589.
[20] BGH NZI 2004, 593, 594.
[21] BGH NZI 2009, 120 = NJW-RR 2009, 396.

§ 11 11–14 Kapitel II. Das Insolvenzeröffnungsverfahren

chen Antrags beim Insolvenzgericht, das Erfordernis der Abtretungserklärung einschließlich ihres vorgeschriebenen Inhalts, den Beginn und die Länge der Frist für Antrag und Abtretungserklärung sowie die Folgen einer Fristversäumung.[22] Die jeweilige Frist gilt auch für die notwendige Ergänzung eines unvollständigen Antrags. Das Gericht kann die Fristen nicht verlängern (§ 224 II ZPO, § 4 InsO).[23]

11 Ohne den ordnungsgemäßen Hinweis des Gerichts nach § 20 II oder § 305 III 1, I Nr. 2 beginnt die Frist zur Nachholung oder Ergänzung des Antrags auf Restschuldbefreiung (§ 287 I 2, § 305 III 2) nicht zu laufen.[24] Wird der Hinweis auch nicht nachträglich erteilt,[25] kann der Schuldner den Antrag bis zur Aufhebung oder Einstellung des Insolvenzverfahrens nachholen.[26] Versäumnisse des Gerichts bei einem gesetzlich vorgeschriebenen Hinweis dürfen nicht zu einem verfahrensrechtlichen Nachteil der zu schützenden Partei führen.[27]

12 **7. Hinweis auf Stundung der Verfahrenskosten.** Ist der Schuldner eine natürliche Person (auf seine Verbrauchereigenschaft im Sinne des § 304 kommt es nicht an) und werden sein Vermögen und sein laufendes Einkommen nach Lage der Akten voraussichtlich nicht ausreichen, um die Kosten des Verfahrens zu decken, gebietet es die Fürsorgepflicht des Gerichts (§ 4a II), den Schuldner nach Stellung des Eigenantrags möglichst frühzeitig auch auf die Möglichkeit der Kostenstundung nach § 4a I hinzuweisen. Zu Einzelheiten siehe § 85.

II. Anhörung weiterer Antragsberechtigter aus der Sphäre des Schuldners

13 **1. Juristische Personen, Gesellschaften ohne Rechtspersönlichkeit.** Wird der Eigenantrag im Namen einer juristischen Person oder einer Gesellschaft ohne Rechtspersönlichkeit nicht von allen Antragsberechtigten aus der Sphäre des Schuldners (§ 15 I) gestellt und ist der Antrag zulässig, hat das Insolvenzgericht die übrigen Antragsberechtigten anzuhören (§ 15 II 3), dh ihnen rechtliches Gehör zu gewähren. Damit soll gewährleistet werden, dass alle Verantwortlichen von dem Antrag Kenntnis erlangen und die Möglichkeiten erhalten, dem Gericht ihre Sicht der Dinge vorzutragen. Die Anhörung ist auch bei der Antragstellung wegen drohender Zahlungsunfähigkeit (§ 18 III) erforderlich. Sie kann noch im Beschwerdeverfahren nachgeholt werden.[28]

14 Anzuhören sind die übrigen, nach § 15 I in der konkreten Situation Antragsberechtigten. Für die in § 15 II 3 genannten „Gesellschafter der juristischen Person" (→ § 8 Rn. 29 ff.) und Mitglieder des Aufsichtsrats gilt dies nur, wenn der Antrag zulässigerweise auf das subsidiäre Antragsrecht wegen Führungslosigkeit gestützt worden ist (§ 15 I 2, § 10 II 2). Ist der Antrag dagegen von einem primär Antragsberechtigten gestellt, sind die subsidiär berechtigten Gesellschafter oder Aufsichtsratsmitglieder nicht am Verfahren zu beteiligen.[29] Auch im Übrigen sind Organe ohne Antragsrecht und nicht persönlich haftende Anteilsinhaber nicht anzuhören. Selbst wenn sie sich im Eröffnungs-

---

[22] BGH NZI 2004, 593, 594; BGH NZI 2006, 299; BGH, Beschl. v. 28.9.2006 – IX ZB 64/06; LG Berlin ZInsO 2003, 964 = ZVI 2003, 536; LG Memmingen NZI 2004, 44 f.; AG Duisburg NZI 2002, 216 und 566; vgl. auch LG Bonn ZInsO 2003, 189 = ZVI 2003, 228.
[23] BGHZ 162, 181, 185 = NJW 2005, 1433 f. = NZI 2005, 271, 272; BGH NZI 2009, 120 f.
[24] BGH NZI 2004, 593, 594; BGHZ 162, 181, 185 = NJW 2005, 1433 f. = NZI 2005, 271 f.
[25] Vgl. AG Duisburg NZI 2002, 566 f.
[26] BGHZ 162, 181, 185 = NJW 2005, 1433 f. = NZI 2005, 271, 272 f.; LG Memmingen NZI 2004, 44 f.; LG Koblenz, Beschl. v. 17.7.2008 – 2 T 470/08, juris; AG Duisburg NZI 2002, 566; im Ergebnis ebenso OLG Zweibrücken NZI 2002, 670, 671 f.
[27] Vgl. BVerfGE 60, 1, 6 = NJW 1982, 1453; BVerfGE 75, 183, 188 ff. = NJW 1987, 2003; BVerfG NJW 1996, 1811; BVerfG NJW 1997, 2941; BVerfGE 110, 339, 342 = NJW 2004, 2887 f.; BVerfG NJW 2005, 3629; BVerfG NJW 2008, 2167 f.
[28] Einzelheiten bei MüKoInsO/*Schmahl/Busch* § 34 Rn. 76.
[29] *Schmahl* NZI 2008, 6, 9.

verfahren äußern, sind sie keine Beteiligten. Insbesondere gibt § 112 AktG dem Aufsichtsrat keinen Anspruch auf Anhörung, wenn der Eröffnungsantrag vom gesamten Vorstand gestellt worden ist.

Die Anhörung kann nach dem Ermessen des Gerichts mündlich oder schriftlich durchgeführt werden (→ § 12 Rn. 19 ff.). In ihr können die übrigen Antragsberechtigten alle Gesichtspunkte vorbringen, die gegen die Zulässigkeit oder Begründetheit des Eröffnungsantrags sprechen. 15

Einwände der widersprechenden Antragsberechtigten gegen den vom Antragsteller dargelegten und glaubhaft gemachten Eröffnungsgrund haben besonderes Gewicht, wenn sie durch aussagekräftige Beweismittel ihrerseits glaubhaft gemacht werden. Beseitigt diese Gegenglaubhaftmachung die überwiegende Wahrscheinlichkeit der Angaben des Antragstellers, wird der Eröffnungsantrag unzulässig. Im Übrigen können die Antragsberechtigten den weiteren Gang des Eröffnungsverfahrens durch Rechtsausführungen, Sachvortrag sowie Vorlage oder Benennung von Beweismitteln beeinflussen. Hiervon unberührt bleibt ihre Auskunftspflicht gegenüber dem Gericht und dem vorläufigen Insolvenzverwalter (§ 20 I, § 22 III, §§ 97, 101 I). Außerdem kann jeder einzelne von ihnen im Namen des schuldnerischen Rechtsträgers gegen die abschließende Entscheidung über die Eröffnung des Insolvenzverfahrens nach § 34 sofortige Beschwerde einlegen.[30] Zurücknehmen können sie den Antrag nur (und zwar in vertretungsberechtigter Anzahl), wenn der Antragsteller nachträglich aus der Position ausgeschieden ist, die ihm das Antragsrecht gewährt hat (→ § 10 Rn. 3 ff.). 16

2. Nachlassinsolvenz, Gesamtgutinsolvenz. Ähnliche Anhörungspflichten des Insolvenzgerichts gegenüber anderen Antragsberechtigten aus der schuldnerischen Sphäre bestehen in der Nachlassinsolvenz zugunsten der Erben, Testamentsvollstrecker und Abkömmlinge (§ 317 II, III, § 318 II) sowie in der Gesamtgutinsolvenz zugunsten des anderen Ehegatten (§ 332 III, § 333 II). 17

III. Gerichtliche Ermittlungen zur Vorbereitung der Eröffnungsentscheidung

Liegt ein zulässiger Eröffnungsantrag vor, hat das Insolvenzgericht von Amts wegen alle Umstände zu ermitteln, die für das Verfahren von Bedeutung sind (§ 5 I). Es kann zu diesem Zweck insbesondere Sachverständige beauftragen und Zeugen vernehmen (§ 5 I 2). Art und Umfang der Ermittlungen bestimmt das Gericht nach pflichtgemäßem Ermessen (zu Einzelheiten → § 13). Bei Bedarf ordnet es Sicherungsmaßnahmen an (§§ 21, 22; s.u. § 14). 18

IV. Tod des Schuldners während des Eröffnungsverfahrens

Stirbt der Schuldner nach Stellung des Eigenantrags noch vor der Eröffnung des Insolvenzverfahrens, ist umstritten, ob dies unmittelbar von Rechts wegen (ipso iure) zur Überleitung des Verfahrens mit seinem aktuellen Stand in ein Nachlassinsolvenz-Eröffnungsverfahren[31] oder zu einer Unterbrechung des Verfahrens gem. § 4 InsO, § 239 ZPO[32] führt. Das Gericht hat von Amts wegen die Tatsache des Todes zu berücksichtigen und die Verfahrensvorschriften anzuwenden, die nach den rechtlichen 19

---

[30] RG JW 1895, 454; BGH NZI 2006, 594 f. = NJW-RR 2006, 1423; BGH NZI 2006, 700; BGH NZI 2008, 121; BGH, Beschl. v. 17.7.2008 – IX ZB 48/08; BGH, Beschl. v. 19.2.2009 – IX ZB 198/07.
[31] Vgl. Begr RegE InsO 1992, BT-Drucks 12/2443, S. 231; BGHZ 157, 350, 354 = NJW 2004, 1444, 1445 = NZI 2004, 206 f.; BGHZ 175, 307 = NJW-RR 2008, 873 ff. = NZI 2008, 382 f.; LG Frankenthal Rpfleger 1986, 104; *Siegmann* ZEV 2000, 345 ff.; MüKoInsO/*Ott/Vuia* § 304 Rn. 76a.
[32] So *Nöll*, Der Tod des Schuldners in der Insolvenz, 2005, Rn. 208; *Köke/Schmerbach* ZVI 2007, 497, 502 f.; *Heyrath/Jahnke/Kühn* ZInsO 2007, 1202, 1203 f.; MüKoInsO/*Schmahl/Vuia* § 13 Rn. 77; *Uhlenbruck* in Uhlenbruck § 13 Rn. 140.

§ 12 Kapitel II. Das Insolvenzeröffnungsverfahren

und tatsächlichen Verhältnissen des Schuldners einschlägig sind. Zu den Rechtsfolgen beim Gläubigerantrag → § 12 Rn. 48.

20 Als Träger der Schuldnerrolle sind nunmehr die Erben sowie ein etwa bestellter Nachlasspfleger oder Testamentsvollstrecker mit Verwaltungsbefugnis über den Nachlass beteiligt (vgl. § 317). Sie haben die gleichen Rechte, Pflichten und Obliegenheiten wie im originären Nachlassinsolvenzverfahren. Ist der ursprüngliche Eröffnungsantrag nicht ordnungsgemäß, ist es nunmehr Sache der genannten Träger der Schuldnerrolle, den Antrag nach den Bestimmungen des Regelinsolvenzverfahrens zu ergänzen. Die §§ 304ff. sind in keinem Fall mehr einschlägig.[33] Im Übrigen hat das Gericht ihnen in den zeitlichen Grenzen des § 13 II Gelegenheit zu geben, den Eröffnungsantrag zurückzunehmen. Restschuldbefreiung und Stundung der Verfahrenskosten sind nicht mehr möglich;[34] eine bewilligte Stundung ist von Amts wegen aufzuheben (§ 4c Nr. 5 analog).

21 Das Insolvenzverfahren ist über den Nachlass zu eröffnen. Das Beschwerderecht nach § 34 I, II steht auf Seiten des Nachlasses jedem einzelnen Antragsberechtigten, nicht dagegen dem bloßen Erbprätendenten,[35] zu (vgl. §§ 317, 318, 330, 332, 333).[36] War der Tod des Erblassers dem Gericht bei Verfahrenseröffnung nicht bekannt, wird die fehlerhafte Bestimmung der Verfahrensart und des betroffenen Vermögens mit Rechtskraft des Eröffnungsbeschlusses geheilt. Eine klarstellende Berichtigung des Beschlusses (§ 319 ZPO, § 4 InsO) ist zulässig und zweckmäßig; am Zeitpunkt der Eröffnung ändert sich dadurch nichts.[37]

§ 12. Das Verfahren beim Gläubigerantrag

Übersicht

	Rn.
I. Allgemeines	1
II. Prüfung der Zulässigkeit des Antrags	4
1. Prüfungsgegenstand	4
2. Zwischenverfügung des Gerichts	7
3. Vorläufige Feststellung der Zulässigkeit (sog Zulassung)	9
4. Parallelanträge	10
5. Zweitanträge	13
III. Anhörung des Schuldners	15
1. Gewährung des rechtlichen Gehörs	15
2. Anzuhörende Personen	17
3. Zustellung des Antrags	20
4. Art und Themen der Anhörung	21
5. Unterlassung der Anhörung	24
6. Hinweispflicht zur Restschuldbefreiung bei natürlichen Personen	26
a) Zeitpunkt, Form und Inhalt	27
b) Verbraucherinsolvenz	30
c) Fehlerhafter Hinweis	31
IV. Schutzschrift	32
V. Reaktionen des Schuldners	33
1. Bestreiten allgemeiner Zulässigkeitsvoraussetzungen	33

---

[33] Floeth EWiR 2008, 573 f.; MüKoInsO/Ott/Vuia § 304 Rn. 76a.
[34] BGH NZI 2005, 399, 400.
[35] LG Wuppertal ZIP 1999, 1536.
[36] Jaeger/Weber, KO, § 214 Rn. 21 Abs. 1; Uhlenbruck in Uhlenbruck § 13 Rn. 139; MüKoInsO/Schmahl/Busch § 34 Rn. 57.
[37] Jaeger/Weber, KO, § 214 Rn. 21 Abs. 3; MüKoInsO/Siegmann vor § 315 Rn. 4; MüKoInsO/Schmahl/Busch § 34 Rn. 57.

	Rn.
2. Bestreiten der Forderung	34
a) Grundsatz	34
b) Vollstreckbare Forderungen	36
c) Vollstreckbare öffentlich-rechtliche Forderungen	38
d) Insolvenzbegründende Forderungen	41
3. Bestreiten des Eröffnungsgrundes	42
4. Zahlungen an den Gläubiger	43
5. Ankündigung von Zahlungen	45
VI. Weiterer Gang des Verfahrens	46
VII. Kostenentscheidung nach Erfüllung der Forderung (§ 14 III)	48
VIII. Tod des Schuldners während des Eröffnungsverfahrens	53

I. Allgemeines

Der Eröffnungsantrag eines Gläubigers ist nach § 14 I zulässig, wenn der Gläubiger ein rechtliches Interesse an der Eröffnung des Insolvenzverfahrens hat und seine Forderung und den Eröffnungsgrund glaubhaft macht (s. hierzu im Einzelnen § 9 Rn. 28 ff.). Ein vollstreckbarer Titel ist ebenso wenig zwingend erforderlich wie ein vorausgegangener erfolgloser Zwangsvollstreckungsversuch. Diese relativ geringen Anforderungen an den Antrag sollen einen angemessenen Ausgleich zwischen den Interessen der Gläubiger an einem schnellen Zugriff auf das in der Krise noch vorhandene schuldnerische Vermögen einerseits und dem Interesse des Schuldners an einer eigenverantwortlichen Bewältigung seiner Schwierigkeiten andererseits schaffen.[1] Sie sind gerechtfertigt, weil ein zulässiger Antrag noch nicht unmittelbar die Eröffnung des Insolvenzverfahrens zur Folge hat, sondern nur die Grundlage für das Eröffnungsverfahren bildet, in dem das Insolvenzgericht von Amts wegen zu ermitteln hat, ob tatsächlich ein Insolvenztatbestand (Eröffnungsgrund, § 5 I, §§ 16 bis 19) vorliegt. Nur wenn nach der Überzeugung des Gerichts diese Voraussetzung erfüllt ist (§ 286 ZPO; § 4 InsO), darf das Insolvenzverfahren eröffnet werden. 1

Das Eröffnungsverfahren gliedert sich in folgende Unterabschnitte, die sich in der praktischen Anwendung teilweise überlagern können, systematisch aber zu trennen sind: Antragstellung, §§ 13 bis 15, 305 bis 310; Prüfung der Zulässigkeit des Antrags, §§ 2, 3, 11 bis 15, 18 III; Gewährung des rechtlichen Gehörs (Anhörung des Schuldners), § 14 II, § 15 II, § 10; Aufklärung der schuldnerischen Vermögenslage zur Prüfung der Begründetheit des Antrags und der Existenz einer kostendeckenden Masse, §§ 16 bis 19, 5 I, § 20 I; vorläufige Sicherung der künftigen Insolvenzmasse, insbesondere Einsetzung eines vorläufigen Insolvenzverwalters, §§ 21 bis 25; Entscheidung über den Eröffnungsantrag, §§ 26, 27. 2

Das Eröffnungsverfahren ist im Fall des Gläubigerantrags eine besondere Art des streitigen Verfahrens („quasi-streitiges Verfahren").[2] Gläubiger und Schuldner stehen sich ähnlich wie im Zivilprozess als Parteien eines Rechtsstreits gegenüber. Soweit das Gesetz als Zulässigkeitsvoraussetzung die Glaubhaftmachung von Tatsachen verlangt, obliegt es allein der jeweiligen Partei, die ihr günstigen Tatsachen vorzutragen und die entsprechenden Beweismittel zur Glaubhaftmachung beizubringen. Der Pflicht des Insolvenzgerichts, von Amts wegen die für seine Entscheidungen maßgebenden Umstände aufzuklären, setzt erst ein, wenn die erforderliche Glaubhaftmachung gelungen ist und damit ein grundsätzlich zulässiger Antrag vorliegt.[3] Hiervon unberührt bleibt die Hinweispflicht des Gerichts nach § 139 ZPO, § 4 InsO.[4] 3

---

[1] Vgl. Motive zu § 103 KO, in: *Hahn,* Materialien, 1881, S. 296 f.
[2] Vgl. BGH NJW 1961, 2016; BGH KTS 1978, 24, 29; BGHZ 149, 178, 181 = NJW 2002, 515 = NZI 2002, 91; OLG Celle NJW 1962, 1970; OLG Köln ZIP 1988, 664 f.; OLG Zweibrücken NZI 2001, 32 f.; *Uhlenbruck* in Uhlenbruck § 13 Rn. 1.
[3] BGH WM 1986, 652; BGHZ 156, 139, 142 f. = NJW 2003, 3558 = NZI 2003, 662; OLG Köln ZIP 1989, 789.
[4] BGHZ 153, 205 = NJW 2003, 1187 f. = NZI 2003, 147 f.; BGH KTS 1978, 24, 29.

II. Prüfung der Zulässigkeit des Antrags

4 **1. Prüfungsgegenstand.** Das Insolvenzgericht hat die Zulässigkeit eines Gläubigerantrags schon vor dessen Zustellung an den Schuldner zu prüfen (vgl. § 14 II). Diese Prüfung erstreckt sich insbesondere auf folgende Punkte: Befreiung des Schuldners von der deutschen Gerichtsbarkeit (Immunität, vgl. §§ 18 bis 20 GVG); internationale und örtliche Zuständigkeit des Gerichts (§ 3 InsO, Art. 3 EuInsVO, Art. 102 § 1 EGInsO); Insolvenzfähigkeit des Schuldners (§§ 11, 12; s. o. § 5); Partei- und Prozessfähigkeit des Schuldners (§§ 50 ff. ZPO, § 4 InsO; → § 8 Rn. 1 ff.); Antragsberechtigung des Gläubigers (§§ 13, 14 I; → § 8 Rn. 34 ff.); Ordnungsmäßigkeit der Vollmacht eines Bevollmächtigten (§§ 79 ff. ZPO, § 4 InsO; → § 9 Rn. 12 ff.); Ordnungsmäßigkeit des Antrags (§ 14; → § 9 Rn. 1 ff., 28 ff.).

5 Geben die Antragsunterlagen Anlass, eine Zulässigkeitsvoraussetzung in Zweifel zu ziehen, ist es grundsätzlich Sache des antragstellenden Gläubigers, nach einem entsprechenden Hinweis des Insolvenzgerichts (§ 139 ZPO, § 4 InsO) die maßgeblichen Umstände mitzuteilen und zu belegen. Dies gilt insbesondere, soweit das Gesetz die Glaubhaftmachung verlangt (§ 14 I; → § 9 Rn. 46 ff.).

6 Allerdings hat das Gericht die allgemeinen, unabhängig von § 5 bei jedem gerichtlichen Verfahren zu beachtenden Zulässigkeitsvoraussetzungen, etwa die Immunität und Verfahrensfähigkeit (Insolvenzfähigkeit) des Schuldners, die gerichtliche Zuständigkeit oder die Wahl der richtigen Verfahrensart, jederzeit durch eigene Ermittlungen von Amts wegen aufzuklären. Das Insolvenzgericht darf Sicherungsmaßnahmen nach §§ 21, 22 allerdings bereits dann ergreifen, wenn der Insolvenzantrag weder missbräuchlich noch offenkundig rechtswidrig ist (→ § 14 Rn. 2).[5]

7 **2. Zwischenverfügung des Gerichts.** Ist der Antrag nicht ordnungsgemäß, kann er aber möglicherweise in Ordnung gebracht werden, hat das Gericht mit einer Zwischenverfügung (§ 139 ZPO, § 4 InsO) den Antragsteller auf den Mangel hinzuweisen und ihm eine angemessene Frist zur Beseitigung zu setzen (§ 139 I, III, V ZPO, § 4 InsO). Die Verfügung ist nicht anfechtbar (§ 6 I). Der Antrag ist als unzulässig zurückzuweisen, wenn die Beanstandung nicht fristgemäß erledigt wird.[6] Gegen den Zurückweisungsbeschluss steht dem Gläubiger die sofortige Beschwerde zu (§ 34 I).

8 Wenn damit zu rechnen ist, dass der Mangel behoben wird, ist das Gericht durch die vorläufige Unvollständigkeit des Antrags nicht gehindert, nach pflichtgemäßem Ermessen bereits erste Ermittlungen anzustellen. Es kann insbesondere Auskünfte des zuständigen Gerichtsvollziehers, des Schuldnerverzeichnisses, der Gewerbemeldebehörde oder des Grundbuchamts einholen.

9 **3. Vorläufige Feststellung der Zulässigkeit (sog. Zulassung).** Die Bewertung des Eröffnungsantrags als zulässig ist keine eigenständige Zwischenentscheidung[7] und schon deshalb, unabhängig von § 6 I, nicht mit einem Rechtsmittel anfechtbar. Sie ist nur gedanklich der erste von mehreren rechtlichen Gesichtspunkten, die für die Beurteilung des Antrags insgesamt bedeutsam sind. Sie erfordert deshalb auch keinen ausdrücklichen Bescheid an den Antragsteller, sondern allenfalls einen kurzen internen Aktenvermerk.[8] Nach außen kommt die (vorläufige) Bewertung als zulässig regelmäßig dadurch zum Ausdruck, dass das Gericht die Anhörung des Schuldners, Beweiserhebungen oder Sicherungsmaßnahmen anordnet. Nicht selten stellt sich erst im weiteren

---

[5] BGH NJW 1981, 1726 f.; BGH NZI 2007, 344 f. = NJW-RR 2007, 1062; BGH, Beschl. v. 13 12. 2007 – IX ZB 238/06; BGH, Beschl. v. 9.10.2008 – IX ZB 224/07.
[6] BGHZ 153, 205, 207 = NJW 2003, 1187 f. = NZI 2003, 147 f.; K. Schmidt/*Gundlach* § 13 Rn. 32.
[7] Man sollte deshalb nicht von „Zulassung" des Antrags sprechen; s. hierzu MüKoInsO/*Schmahl/Vuia* § 14 Rn. 2.
[8] BGH NZI 2006, 5909 f. = NJW-RR 2006, 1641; BGH NZI 2007, 344 f. = NJW-RR 2007, 1062.

Verlauf anhand der Stellungnahme des Schuldners oder bei den Ermittlungen des Gerichts zur Begründetheit heraus, dass der Antrag unzulässig ist oder durch nachträglich eingetretene Umstände unzulässig geworden ist. In diesem Fall muss er auch dann noch zurückgewiesen werden.[9]

4. Parallelanträge. Mehrere Eröffnungsanträge, die den selben Schuldner betreffen (Parallelanträge), lösen jeweils ein rechtlich selbständiges Eröffnungsverfahren aus.[10] Etwas anderes gilt nur, wenn mehrere Antragsteller ihr Antragsrecht gemeinschaftlich ausüben und auf den selben Rechtsgrund stützen. Die Zulässigkeit des Antrags ist jedoch auch hier für jeden Antragsteller getrennt zu beurteilen.[11]

Die förmliche Verbindung paralleler Verfahren vor der Eröffnung ist wegen der häufigen Antragsrücknahmen oder Erledigungserklärungen nicht zweckmäßig. Beweis- oder Sicherungsanordnungen können zudem auch ohne Verbindung der Verfahren einheitlich und mit identischem Wortlaut ergehen.[12] Die Ergebnisse der Ermittlungen können in weiteren (etwa später hinzu kommenden) Parallelverfahren verwertet werden (vgl. § 411a ZPO, § 4 InsO). Geboten ist die Verbindung erst, sobald auf Grund mehrerer zulässiger Anträge ein Eröffnungsbeschluss ergeht.[13] Über ein identisches Vermögen kann nämlich zur gleichen Zeit nur ein einziges Insolvenzverfahren stattfinden (vgl. § 35 I).

Erweist sich in Parallelverfahren gegen den selben Schuldner auch nur einer von mehreren Eröffnungsanträgen als zulässig und begründet, hat das Gericht, wenn die Kosten gedeckt sind, das Verfahren zu eröffnen, ohne die Unzulässigkeit der übrigen Anträge besonders auszusprechen.[14] Mit der Eröffnung sind die unzulässigen Anträge erledigt, denn das Ziel der Antragsteller ist, wenn auch auf anderem Weg, erreicht. Die nicht zum Zuge gekommenen Antragsteller tragen abtrennbare Gerichtskosten ihres Eröffnungsverfahrens kraft Gesetzes selbst (§ 23 I GKG)[15] und können ihre Forderungen einschließlich der bis zur Eröffnung entstandenen Kosten in dem eröffneten Verfahren mit dem Rang des § 38 anzumelden.

5. Zweitanträge. Unabhängig von der Position des Antragstellers als Gläubiger oder Schuldner fehlt grundsätzlich das Rechtsschutzinteresse, wenn während eines bereits eröffneten inländischen Insolvenzverfahrens ein paralleler Eröffnungsantrag („echter Zweitantrag") über dasselbe schuldnerische Vermögen gestellt wird.[16] Ein zweiter Eröffnungsantrag ist dagegen zulässig, wenn er sich auf ein in dem ersten Verfahren gem. § 35 II freigegebene Vermögensgegenstände bezieht.[17]

Differenziert zu beurteilen ist die Zulässigkeit eines zweiten Eröffnungsantrags nach Beendigung des aufgrund des Erstantrages initiierten Verfahrens („unechter Zweitantrag").[18] Nicht grundsätzlich ausgeschlossen ist der Eröffnungsantrag eines Gläubigers

---

[9] BGH NZI 2006, 590; BGH NZI 2007, 344 f.; Jaeger/*Gerhardt* § 14 Rn. 27; MüKoInsO/*Schmahl*/ *Vuia* § 16 Rn. 6.
[10] OLG Hamm MDR 1973, 1029; OLG Köln NZI 2001, 318, 319; *Boennecke* KTS 1955, 173; *Unger* KTS 1962, 205, 209; *Uhlenbruck* KTS 1987, 561, 563; K. Schmidt/*Gundlach* § 13 Rn. 13.
[11] *Uhlenbruck* KTS 1987, 561, 563; Jaeger/*Gerhardt* § 13 Rn. 36.
[12] *Uhlenbruck* KTS 1987, 561, 562 f.
[13] BGH, Beschl. v. 17.2.2005 – IX ZB 88/03.
[14] Jaeger/*Weber*, KO, § 105 Rn. 1 aE; *Uhlenbruck* KTS 1987, 561, 565; Jaeger/*Gerhardt* § 13 Rn. 36; anders Jaeger/*Schilken* § 27 Rn. 9.
[15] *Uhlenbruck* KTS 1987, 561, 563.
[16] BGH NJW 2008, 3494 f. = NZI 2008, 609 ff.; Braun/*Bußhardt* § 14 Rn. 8; *Uhlenbruck* in Uhlenbruck § 14 Rn. 56; aA AG Göttingen NZI 2008, 313 ff.
[17] BGH NZI 2011, 633 f.; AG Göttingen, Beschl. v. 26.2.2008 – 74 IN 304/07; AG Hamburg ZVI 2008, 295, 296; AG Köln NZI 2010, 743, 744; HK/*Kirchhof* § 14 Rn. 26, 37; K. Schmidt/*Gundlach* § 13 Rn. 15; *Schmerbach* ZInsO 2009, 2078, 2086; *Uhlenbruck* in Uhlenbruck § 14 Rn. 47, 56; aA LG Dresden ZVI 2011, 179 f.; AG Dresden ZVI 2009, 289, 290.
[18] *Schmerbach* ZInsO 2009, 2078 ff. verwendet die Begriffe „nachgeschaltetes Insolvenzverfahren" und „Parallelinsolvenzverfahren".

während des anschließenden Verfahrens zur Restschuldbefreiung (Laufzeit der Abtretungserklärung, sog. Wohlverhaltensperiode; § 287 II, §§ 292 bis 302).[19] Allerdings berechtigt in diesem Fall eine Insolvenzforderung aus dem ersten Verfahren nicht zur Antragstellung (§ 294 I analog).[20] Außerdem erfasst das neue Insolvenzverfahren nur dasjenige Vermögen des Schuldners, das nicht an den Treuhänder abgetreten ist oder dem abgetretenen Vermögen nach § 295 II gleichsteht;[21] bei der Antragstellung ist entsprechend dem Rechtsgedanken des § 802d I 1 ZPO glaubhaft zu machen, dass freies Neuvermögen vorhanden ist.[22] Nach Aufhebung oder Einstellung des ersten Insolvenzverfahrens oder nach einer Abweisung mangels Masse ist innerhalb der ersten (maximal wohl sechs) Monate das Rechtsschutzinteresse für einen neuen Eröffnungsantrag eines Gläubigers regelmäßig nur anzuerkennen, wenn die Existenz eines verteilbaren Vermögens glaubhaft gemacht wird. Zu den Besonderheiten beim Schuldnerantrag → § 11 Rn. 3 f.

III. Anhörung des Schuldners

15 **1. Gewährung des rechtlichen Gehörs.** Ist der Eröffnungsantrag des Gläubigers zulässig, hat das Gericht den Schuldner zu dem Antrag anzuhören (§ 14 II), dh ihm rechtliches Gehör (Art. 103 I GG) zu gewähren.[23] Der Schuldner muss Gelegenheit erhalten, die tatsächlichen und rechtlichen Gesichtspunkte vorzubringen, die er als Erwiderung auf den Antrag des Gläubigers für wesentlich hält. Ob der Schuldner sein Recht ausübt, steht ihm frei. Nimmt er es schuldhaft nicht wahr, hat er die nachteiligen Folgen selbst zu verantworten.[24] Der weitere Fortgang des Verfahrens ist nicht davon abhängig, dass der Schuldner sich tatsächlich geäußert hat.

16 Die Gewährung des rechtlichen Gehörs ist zu unterscheiden von der Vernehmung zur Aufklärung des Sachverhalts.[25] Die Vernehmung als inquisitorische Befragung steht im Ermessen des Gerichts und dient der Ermittlung der entscheidungserheblichen Tatsachen von Amts wegen (§ 5 I, Untersuchungsgrundsatz). Hier bestimmt das Gericht, zu welchen Themen der Schuldner Auskunft zu erteilen hat. Notfalls kann die Auskunft auch erzwungen werden (§ 20 I, §§ 97, 98). Beide Aspekte, die Gewährung des rechtlichen Gehörs und die Vernehmung zur Sachaufklärung, können sich überlagern und je nach der Verfahrenslage miteinander verknüpft werden.

17 **2. Anzuhörende Personen.** Das rechtliche Gehör ist dem Schuldner, dh der schuldnerischen Partei als solcher, zu gewähren. Ist Schuldner keine natürliche Person oder ist er als natürliche Person nicht unbeschränkt geschäftsfähig, werden seine Rechte von denjenigen Personen wahrgenommen, die ihn im Rechtsverkehr organschaftlich

---

[19] AG Göttingen ZInsO 2011, 347 f.; FK/*Schmerbach* § 13 Rn. 61 f.
[20] Vgl. dazu schon RGZ 129, 390, 393; ferner AG Göttingen ZInsO 2011, 347 f.; *Schmerbach* ZInsO 2009, 2078, 2087. Dagegen steht es dem Gläubiger frei, seine Forderung während der sog. Wohlverhaltensperiode titulieren zu lassen; s. hierzu BGH ZInsO 2011, 102 ff.; LG Arnsberg NZI 2004, 515 f.; AG Göttingen ZInsO 2011, 347 f.
[21] AG Oldenburg (Oldb) ZInsO 2004, 1154 f. = ZVI 2005, 44 f.
[22] AG Oldenburg (Oldb) ZInsO 2004, 1154 f. = ZVI 2005, 44 f.; AG Oldenburg (Oldb) ZVI 2009, 196 f.; AG Köln NZI 2008, 386 f.; Braun/*Bußhardt* § 14 Rn. 8; aA AG Göttingen NZI 2008, 56 f.
[23] *Skrotzki* KTS 1956, 105, 106; *Unger* KTS 1962, 205, 215. – Die Differenzierung der Begr. RegE MoMiG (BT-Drucks 16/6140, S. 54 zu Art. 9 Nr. 1 = § 10 InsO) zwischen der Pflicht zur Anhörung und der Pflicht zur Gewährung rechtlichen Gehörs findet weder im einfachen Recht noch in Art. 103 I GG eine Stütze.
[24] BVerfGE 5, 9 ff.; 15, 256, 267; 21, 132, 137; BGH NZI 2006, 405 f. = NJW-RR 2006, 1557; OLG Frankfurt KTS 1971, 285; OLG Köln ZIP 1984, 1284 f.; *Skrotzki* KTS 1956, 105, 106; *Uhlenbruck* FS Baumgärtel 1990, S. 569, 572; *Vallender*, Kölner Schrift, Rn. 13.
[25] Vgl. hierzu *Skrotzki* KTS 1956, 105, 106; *Vallender*, Kölner Schrift, Rn. 8.

oder sonst gesetzlich vertreten. Rechtsträger mit ausländischem Gesellschaftsstatut werden auch durch den für die inländische Niederlassung bestellten ständigen Vertreter (§ 13e II 4 Nr. 3 HGB) vertreten.[26] Es obliegt den gesetzlichen Vertretern, durch eine sachgerechte Organisation der Vermögensangelegenheiten und des internen Informationsflusses dafür zu sorgen, dass ein Eröffnungsantrag, den das Gericht dem Schuldner zur Gewährung des rechtlichen Gehörs zuleitet, ordnungsgemäß bearbeitet werden kann (vgl. § 170 II, § 178 I Nr. 2 ZPO). Dies gilt vor allem für Rechtsträger wirtschaftlicher Unternehmen.[27] Scheidet der intern zuständige gesetzliche Vertreter des Schuldners nach Zugang des Antrags aus seinem Amt aus, ist es Sache der verbliebenen Vertreter oder des Nachfolgers, die Angelegenheit an sich zu ziehen und die Stellungnahme abzugeben.[28] Die Anhörung des Vertreters kann unterbleiben, wenn er sich im Ausland aufhält und seine Anhörung das Verfahren übermäßig verzögern würde oder wenn sein Aufenthalt unbekannt ist (§ 10 I, II 1).

Sind mehrere Vertretungsberechtigte auf Seiten des Schuldners vorhanden, ist das Gericht nicht verpflichtet, den Eröffnungsantrag jedem von ihnen bekanntzugeben und so jeden Vertretungsberechtigten unmittelbar in die Gewährung des rechtlichen Gehörs einzubeziehen.[29] Die gegenteilige Ansicht wird bisher überwiegend, aber zu Unrecht aus § 15 II (bzw. den entsprechenden Vorschriften des alten Rechts) abgeleitet.[30] Dabei wird nicht genügend beachtet, dass die Regelung des § 15 II nur den Eigenantrag betrifft[31] und die dort bestimmte Anhörung der übrigen Vertreter sich allein auf diesen Fall des Eigenantrags bezieht. Ist im Zivilprozess der Beklagte zwar parteifähig, aber nicht prozessfähig, genügt bei der Klageerhebung für die Gewährung des rechtlichen Gehörs die Zustellung der Klage an einen der gesetzlichen Vertreter (§ 170 III ZPO). Diese Regelung ist anerkanntermaßen im Hinblick auf Art. 103 I GG verfassungsrechtlich nicht zu beanstanden.[32] Sie entspricht dem allgemeinen Grundsatz, dass bei passiver Vertretung stets die Abgabe der Erklärung gegenüber einem der Vertreter ausreicht.[33] Sie ist deshalb nach § 4 auch auf den Eröffnungsantrag eines Gläubigers entsprechend anzuwenden. Gerade wegen der Bedeutung des rechtlichen Gehörs für die Rechtmäßigkeit des weiteren gerichtlichen Verfahrens wäre für eine abweichende Regelung eine unzweideutige gesetzliche Grundlage erforderlich. Eine solche ist nicht vorhanden.

Ist der Schuldner eine juristische Person und hat diese rechtlich keinen organschaftlichen Vertreter mehr (sog. Führungslosigkeit; dazu → § 8 Rn. 29 ff.), kann das Insolvenzgericht nach pflichtgemäßem Ermessen[34] an Stelle des Vertreters einzelne oder alle Anteilsinhaber anhören (§ 10 II 2). Es kann jedoch auch einen Verfahrenspfleger zur

---

[26] AG Duisburg NZI 2003, 610 = NJW-RR 2004, 259; MüKoInsO/*Schmahl/Vuia* § 14 Rn. 130; *Wachter* MDR 2004, 611, 612; *Holzer* ZVI 2005, 457, 463; *Pannen/Riedemann* MDR 2005, 496, 497; zum ständigen Vertreter allgemein auch *Heidinger* MittBayNot 1998, 72; *Süß* DNotZ 2005, 180; *Klose-Mokross* DStR 2005, 1013; *Willer/Krafka* NZG 2006, 495.
[27] Vgl. BGHZ 132, 30, 37 = NJW 1996, 1339 f.; BGHZ 140, 54, 62 = NJW 1999, 284, 286; BGH NZI 2006, 175 f.; BGH ZIP 2008, 1747 f. = NJW-RR 2008, 1565 f.; *Buck,* Wissen und juristische Person, 2001, S. 410; *Rodewald/Unger* BB 2007, 1629, 1631.
[28] OLG Köln KTS 1958, 13, 15.
[29] HK/*Kirchhof* § 14 Rn. 44 f.; HambKommInsO/*Wehr* § 14 Rn. 57.
[30] *Uhlenbruck* Festschrift für Baumgärtel 1990, S. 569, 574; *Vallender,* Kölner Schrift, Rn. 37; zu den entsprechenden Vorschriften des alten Rechts (§ 208 II, § 210 II KO) vgl. BGH KTS 1978, 24, 27 für die OHG in einem obiter dictum unter Hinweis auf BGHZ 34, 293, 297; OLG Düsseldorf KTS 1959, 175; verallgemeinert Jaeger/*Gerhardt* § 14 Rn. 33.
[31] Vgl. *Weber* KTS 1970, 73, 74 (zu § 208 KO); HK/*Kirchhof* § 14 Rn. 45.
[32] BVerfGE 67, 208, 211; vgl. auch BGH NJW 1984, 57.
[33] Siehe § 78 II 2 AktG, § 35 II 3 GmbHG, § 125 II 3 HGB, § 25 I 3 GenG, § 28 II, § 1629 I 2 BGB; vgl. BGHZ 62, 166, 173; BGHZ 149, 28, 30 f. = NZI 2002, 97 f.
[34] Begr RegE MoMiG 2007, BT-Drucks 16/6140, S. 55 zu Art. 9 Nr. 1 (§ 10 InsO); HK/*Kirchhof* § 10 Rn. 12.

Wahrnehmung der Rechte des Schuldners ernennen (§ 57 ZPO, § 4 InsO).[35] Die Bestellung eines Notgeschäftsführers, Notvorstands, Liquidators oder Abwicklers durch das Registergericht ist nicht erforderlich.[36] Dies gilt auch für Gesellschaften mit eigener Rechtspersönlichkeit, die im Handels- oder Genossenschaftsregister gelöscht, aber noch nicht vollständig abgewickelt sind (Nachgesellschaften).

20   **3. Zustellung des Antrags.** Die ordnungsgemäße Zustellung des Eröffnungsantrags an den Schuldner ist Bestandteil der Gewährung des rechtlichen Gehörs. Sie soll sicherstellen, dass der Schuldner von dem Antrag Kenntnis erhält und sich bei seiner Rechtsverteidigung auf dessen Inhalt einstellen kann.[37] Eine Ausnahme von dieser Verfahrensweise ist allenfalls gerechtfertigt, wenn der Schuldner vom Gericht auf andere Weise, etwa im Rahmen einer mündlichen Anhörung, ausreichend vom wesentlichen Inhalt des Antrags benachrichtigt wird.[38] Soweit der Schuldner nicht anzuhören ist (§ 10 I 1), muss ihm der Antrag auch nicht zugestellt werden; die Zustellung hat dann jedoch an den Vertreter, Angehörigen oder Anteilsinhaber zu erfolgen, der an seiner Stelle angehört werden soll (§ 10 I 2, II). Wenn eine solche Person nicht erreichbar ist, sollte der Antrag trotz des § 8 II 1 wegen seiner grundlegenden Bedeutung für das gesamte Verfahren zur (fiktiven) Gewährleistung des rechtlichen Gehörs zumindest öffentlich zugestellt werden. Die öffentliche Zustellung des Antrags erfolgt von Amts wegen (§ 8 I 1)[39] durch auszugsweise Veröffentlichung nach § 9. Die inhaltlichen Vorgaben des § 186 II ZPO (§ 4) sind zu beachten, insbesondere ist anzugeben, wo der Antrag eingesehen werden kann. Abweichend von § 499 I ZPO (§ 4) braucht der Schuldner mit der Zustellung nicht darüber belehrt zu werden, dass eine Vertretung durch einen Rechtsanwalt nicht vorgeschrieben ist. Die europäische Rechtsnorm, auf die § 499 I ZPO zurückgeht, ist nach ihrem ausdrücklichen Wortlaut nicht auf Insolvenzverfahren anzuwenden.[40]

21   **4. Art und Themen der Anhörung.** Entscheidungen des Insolvenzgerichts können ohne mündliche Verhandlung ergehen (§ 5 III). Das Gericht kann die Art und Weise der Anhörung zum Eröffnungsantrag je nach Zweckmäßigkeit bestimmen. Es kann den Schuldner zu einem mündlichen Anhörungstermin laden oder ihm Gelegenheit geben, sich innerhalb einer bestimmten Frist schriftlich zu äußern.[41] Die Frist dient nicht dem Zweck, dem Schuldner Zeit zu geben, um veränderte Tatsachen zu schaffen und dadurch die Entscheidung zu seinen Gunsten zu beeinflussen.[42] Sie kann wegen der Dringlichkeit des Verfahrens kurz sein.[43] Sie sollte nur ausnahmsweise weniger als eine Woche betragen, zwei Tage sind zu wenig.[44] Vor Ablauf der Frist darf das Gericht nicht in der Sache entscheiden.[45] Nimmt der Schuldner die Gelegenheit des rechtlichen Gehörs nicht wahr, ist das Gericht weder verpflichtet noch berechtigt, eine Stellungnahme

---

[35] OLG Zweibrücken NZI 2001, 378; OLG Dresden ZInsO 2003, 855 = GmbHR 2002, 163; OLG München NZG 2008, 160; LG Berlin NZI 2002, 163; AG Duisburg NZI 2008, 621; *Kutzer* ZIP 2000, 654; *Henckel* ZIP 2000, 2045, 2046 f.; *Helmschrott* ZIP 2001, 636, 637; *G. Pape* EWiR 2002, 223.
[36] Insoweit hat sich die Rechtslage mit der Einfügung des § 10 II 2 durch Art. 9 Nr. 1 MoMiG seit 2008 geändert.
[37] BVerfGE 67, 208, 211; BGH NJW 1978, 1858 (für die Klage im Zivilprozess).
[38] So wohl BGH, Beschl. v. 13.6.2006 – IX ZB 212/05.
[39] OLG Köln ZIP 1988, 1070.
[40] Art. 2 II, Art. 17 VO (EG) Nr. 805/2004 über einen Europäischen Vollstreckungstitel vom 21.4.2004 (ABl EU 2004 Nr. L 143, S. 15); dazu RegE DurchfG vom 18.8.2005 (BGBl. I S. 2477), BT-Drucks 15/5222, S. 10, 12.
[41] BGH KTS 1978, 24, 26 f.; KG KTS 1960, 188, 189; AG Duisburg Rpfleger 1994, 268; *Skrotzki* KTS 1956, 105, 106; *Maintzer* KTS 1985, 617, 622; *Uhlenbruck* FS Baumgärtel 1990, S. 569, 577; *Vallender*, Kölner Schrift, Rn. 9 f.
[42] BVerfG NZI 2002, 30 = NJW 2002, 1564 L.
[43] OLG Köln ZIP 1984, 1284; vgl. auch BVerfGE 36, 298, 303; 60, 313, 318.
[44] OLG Köln NZI 2000, 480, 483 f.; LG Saarbrücken Rpfleger 1995, 37.
[45] BVerfGE 49, 212, 215; BVerfG NJW 1988, 1773.

durch Zwangsmittel herbeizuführen.[46] Nur Auskünfte zur Aufklärung des Sachverhalts kann das Gericht vom Schuldner erzwingen (§ 20 I, §§ 97, 98).

Der Termin zur mündlichen Anhörung des Schuldners ist nicht öffentlich. Er ist keine mündliche Verhandlung im Sinne von § 128 ZPO, § 169 GVG, § 5 II, denn er dient nicht der Verhandlung der Beteiligten über die Eröffnungsvoraussetzungen vor dem erkennenden Gericht. Der antragstellende Gläubiger ist berechtigt, im Termin anwesend zu sein, sofern hierdurch die Sicherung der Masse nicht gefährdet wird (vgl. § 21 I). Erforderlich ist seine Anwesenheit nicht. Ohne Zustimmung des Gerichts ist es dem Gläubiger nicht erlaubt, Fragen an den Schuldner zu richten. Er hat keinen Anspruch auf Antworten. Die Anhörung ist kein Instrument des Gläubigers zur kostengünstigen Ausforschung der schuldnerischen Vermögensverhältnisse.[47]

Bei seiner Anhörung kann der Schuldner alle Einwendungen gegen die Zulässigkeit oder Begründetheit des Eröffnungsantrags vorbringen. Insbesondere kann er sich gegen das rechtliche Interesse des Gläubigers wenden oder im Wege der Gegenglaubhaftmachung versuchen, die glaubhaft gemachten Behauptungen des Antragstellers in Frage zu stellen. Die entsprechenden Unterlagen und sonstigen Beweismittel müssen für das Gericht sofort verfügbar sein (§ 294 ZPO, § 4 InsO). Zur Zulässigkeit einer sog Schutzschrift → Rn. 32.

5. Unterlassung der Anhörung. Die Gewährung des rechtlichen Gehörs zum Eröffnungsantrag eines Gläubigers ist, abgesehen von den Ausnahmefällen des § 10, verfassungsrechtlich zwingend vorgeschrieben (Art. 103 I GG). Sie muss vom Gericht ernst genommen werden. Nach herrschender Meinung kann die Gehörsverletzung im Beschwerdeverfahren geheilt werden.[48] Trotz des Verfahrensfehlers muss die Entscheidung des Insolvenzgerichts dann nicht aufgehoben werden. Diese Auffassung erscheint indes nicht unbedenklich.[49] Wird rechtliches Gehör durch das Beschwerdegericht gewährt, mag zwar Art. 103 I GG Genüge getan sein. Allerdings erscheint eine Nachholung der Gehörsgewährung durch das Beschwerdegericht im Hinblick auf den Anspruch des Beschwerdeführers auf den gesetzlichen Richter gemäß Art. 101 I 2 GG bedenklich. Wenn das rechtliche Gehör bereits im Verfahren erster Instanz hätte gewährt werden müssen, hat der Betroffene einen Anspruch darauf, dass seine Einwendungen durch das Insolvenzgericht gewürdigt und überprüft werden. Grundsätzlich kann daher lediglich eine Nachholung der Gehörsgewährung im Rahmen des Abhilfeverfahrens durch das Insolvenzgericht (§ 571 I ZPO) die Gehörsverletzung heilen.[50] Setzt sich das Insolvenzgericht in seiner Nichtabhilfeentscheidung mit den Einwendungen des Beschwerdeführers nicht bzw. nicht erkennbar auseinander oder wartet es eine von ihm angekündigte Begründung nicht ab, verletzt es erneut den Anspruch auf rechtliches Gehör, weshalb die Nichtabhilfeentscheidung vom Beschwerdegericht aufzuheben und an das Insolvenzgericht zur erneuten Entscheidung über die Abhilfe zurückzugeben ist.[51] Nur

---

[46] AG Duisburg Rpfleger 1994, 268; *Skrotzki* KTS 1956, 105, 106.
[47] Vgl. *Skrotzki* KTS 1956, 105, 107; *Unger* KTS 1962, 205, 215.
[48] So BVerfGE 5, 9, 10 = NJW 1956, 985; BVerfGE 5, 22, 24 = NJW 1956, 1026; BVerfGE 22, 282, 286 f.; BVerfGE 107, 395, 410 f. = NJW 2003, 1924, 1926 f.; BVerfG NZI 2002, 30; BGH, Beschl. v. 3.4.2003 – IX ZB 373/02, juris Rn. 4; BGH ZVI 2004, 24 f.; BGH NZI 2009, 604 = ZInsO 2009, 1491; BGH NZI 2011, 282 = ZInsO 2011, 724; BGH NZI 2012, 619 = ZInsO 2012, 972; MüKoInsO/*Ganter/Lohmann* § 10 Rn. 24; MüKoInsO/*Schmahl/Busch* § 34 Rn. 76; ebenso noch die Voraufl.
[49] Ablehnend etwa Uhlenbruck/*I. Pape* § 10 Rn. 10 mwN zum Streitstand.
[50] Undifferenziert auf die Heilung „im Abhilfeverfahren vor dem Insolvenzgericht und im Beschwerdeverfahren" abstellend BGH NZI 2009, 604 = ZInsO 2009, 1491; iE wie hier Uhlenbruck/*I. Pape* § 10 Rn. 10.
[51] Vgl. LG Dessau-Roßlau, Beschl v 7.9.2012 – 5 T 252/12; LG Erfurt ZIP 2003, 1955 f.; LG Potsdam ZIP 2006, 780; *Haarmeyer/Wutzke/Förster* § 8 Rn. 34; K. Schmidt/*Vuia* § 64 Rn. 26; aA *Johlke/Schröder* EWiR 2004, 561 f. (Sachentscheidungskompetenz des Beschwerdegerichts); offenlassend BVerfGE 22, 282, 286 f.

wenn der Beschwerdeführer seine Beschwerde vor dem Insolvenzgericht nicht weiter begründet, sondern seine Einwendungen erstmals vor dem Beschwerdegericht vorträgt, kann der Verfahrensfehler in der Beschwerdeinstanz ohne Verstoß gegen Art 101 I 2 GG geheilt werden. In diesem Fall ist allein das Beschwerdegericht zur Prüfung der Einwendungen des Beschwerdeführers berufen.

25   Nur eingeschränkt zulässig ist die nachgeholte Anhörung des Schuldners im Anwendungsbereich der Verbraucherinsolvenz (§ 304). Hier hat das Gericht dem Schuldner vor der Entscheidung über die Eröffnung Gelegenheit zu geben, ebenfalls einen Eröffnungsantrag zu stellen (§ 306 III). Der Schuldner soll damit die Möglichkeit erhalten, mit Hilfe eines Schuldenbereinigungsplans eine vereinfachte endgültige Regulierung seiner Schulden zu erreichen. Dieses Recht muss gewahrt bleiben. Der Eröffnungsbeschluss ist deshalb allein wegen der Unterlassung der Anhörung aufzuheben,[52] wenn der Schuldner mit der Beschwerde vorbringt, er wolle einen Eigenantrag stellen. Man wird von ihm allerdings zumindest die Vorlage eines einfachen schriftlichen Eröffnungsantrags (Antragsformel) sowie die Glaubhaftmachung verlangen müssen, dass der außergerichtliche Einigungsversuch unmittelbar bevorsteht und der Schuldner innerhalb von drei Monaten alle erforderlichen Unterlagen wird einreichen können (vgl. § 305 I, III). Sicherungsmaßnahmen bleiben ohnehin zulässig.

26   **6. Hinweispflicht zur Restschuldbefreiung bei natürlichen Personen.** Ist der Schuldner eine natürliche Person, soll er nach § 20 II, wenn ein zulässiger Eröffnungsantrag vorliegt (§ 20 I), vom Insolvenzgericht darauf hingewiesen werden, dass er nach Maßgabe der §§ 286 bis 303 Restschuldbefreiung erlangen kann.

27   a) *Zeitpunkt, Form und Inhalt.* Der Hinweis zur Restschuldbefreiung ergeht zweckmäßigerweise im Zusammenhang mit der Anhörung zum zulässigen Gläubigerantrag (§ 14 II).[53] Er ist nur entbehrlich, wenn bereits ein zulässiger Antrag des Schuldners auf Restschuldbefreiung (einschließlich des erforderlichen eigenen Eröffnungsantrags und der ordnungsgemäßen Abtretungserklärung) vorliegt oder der Schuldner aus Anlass eines noch anhängigen unerledigten Eröffnungsantrags bereits ordnungsgemäß belehrt worden ist.

28   Eine bestimmte Form des Hinweises ist nicht vorgeschrieben (§ 139 ZPO, § 4 InsO).[54] Er kann daher nicht nur schriftlich erfolgen, sondern auch mündlich,[55] etwa in einem Anhörungstermin oder notfalls telefonisch. Er ist aktenkundig zu machen (§ 139 IV ZPO).

29   Liegt noch kein Eröffnungsantrag des Schuldners vor, hat der Hinweis alle Informationen zu enthalten, die der Adressat benötigt, um beim zuständigen Gericht einen zulässigen Antrag zu stellen. Im Grundsatz reicht es aus, den Schuldner auf die Notwendigkeit eines rechtzeitigen eigenen Eröffnungsantrags aufmerksam zu machen und im Übrigen auf die §§ 286 bis 303 Bezug zu nehmen. Dabei ist der Schuldner darauf hinzuweisen, dass ein Eigenantrag unzulässig ist, wenn er erst nach Verfahrenseröffnung gestellt wird. Ferner ist ihm eine angemessene richterliche Frist für seine Anträge zu setzen (§ 139 ZPO). Sie muss mindestens zwei und sollte in der Regel nicht mehr als vier Wochen betragen, kann jedoch verlängert werden (§ 224 II ZPO, § 4 InsO).[56] Wird das Verfahren dennoch vor Ablauf der Frist eröffnet, ist ein späterer, noch innerhalb der richterlichen Frist eingehender Antrag auf Restschuldbefreiung ausnahmsweise

---

[52] Vgl. für die ähnliche Situation nach altem Recht (Möglichkeit des Vergleichsantrags) OLG Oldenburg MDR 1955, 175; OLG Düsseldorf KTS 1959, 173; KG KTS 1960, 188, 189.
[53] Begr RegE InsOÄndG 2001, BT-Drucks 14/5680, S. 24 f.; zum folgenden ausführlicher MüKo-InsO-*Schmahl/Vuia* § 20 Rn. 90 ff.
[54] AllgM, vgl. BGH, Beschl. v. 28.9.2006 – IX ZB 64/06.
[55] BGH NZI 2004, 593, 594.
[56] BGHZ 162, 181, 186 = NJW 2005, 1433 f. = NZI 2005, 271 f.

Das Verfahren beim Gläubigerantrag 30–33 § 12

ohne verbundenen Eröffnungsantrag des Schuldners statthaft.[57] Ebenso statthaft bleiben beide Anträge, wenn sie, ansonsten ordnungsgemäß, erst nach Ablauf der richterlichen Frist, aber noch vor Verfahrenseröffnung gestellt werden. Die richterliche Frist ist keine Ausschlussfrist, ihre Wahrung keine allgemeine Zulässigkeitsvoraussetzung.[58]

b) *Verbraucherinsolvenz.* Liegt ein Gläubigerantrag gegen einen Schuldner vor, der als 30 Verbraucher oder gleichgestellter ehemaliger Selbständiger (§ 304) anzusehen ist, hat das Insolvenzgericht, notfalls auch noch nach Erteilung des Hinweises nach § 20 II, dem Schuldner vor der Entscheidung über den Gläubigerantrag Gelegenheit zu geben, einen eigenen, den Anforderungen des § 305 I entsprechenden Eröffnungsantrag zu stellen (§ 306 III 1).[59] Für die Frist zur bloßen Antragstellung ist nicht § 305 III maßgebend, sondern die zu setzende richterliche Frist.[60] Die Dreimonatsfrist des § 305 III 3 greift erst ein, wenn ein unvollständiger Antrag des Schuldners vorliegt.[61]

c) *Fehlerhafter Hinweis.* Solange der Schuldner vom Gericht nicht ordnungsgemäß 31 über die genannten Antragsmöglichkeiten belehrt worden ist, kann er die erforderlichen Anträge jederzeit nachholen. Nach Verfahrenseröffnung reicht in einem solchen Fall der isolierte Antrag auf Restschuldbefreiung nebst Abtretungserklärung (§ 287) aus.[62]

IV. Schutzschrift

Als vorbeugende Anhörung kann der Schuldner bereits vor Anhängigkeit eines Er- 32 öffnungsantrags eine Schutzschrift einreichen.[63] Dieses gewohnheitsrechtlich anerkannte prozessuale Mittel, sich bei Gericht zur Verteidigung gegen einen erwarteten Antrag vorsorglich Gehör zu verschaffen,[64] hat auch im Insolvenzeröffnungsverfahren seine Berechtigung, weil das Gericht sofort nach Eingang eines Eröffnungsantrags Sicherungsmaßnahmen anordnen und bekannt machen kann (§§ 21, 23). Das Insolvenzgericht hat das präventive Vorbringen zu berücksichtigen und gedanklich zu würdigen, sofern es ihm rechtzeitig zur Kenntnis kommt (Art. 103 I GG) und durch die Befassung die Sicherung der künftigen Masse nicht gefährdet wird.[65] Die Bedeutung einer Schutzschrift hängt nicht zuletzt von der Aktualität ihres Inhalts ab. Je geringer der zeitliche Abstand zum Eröffnungsantrag ist, um so eher wird eine Schutzschrift sachdienlich sein. Wegen der Fristen, die für den Eintritt der Zahlungsunfähigkeit maßgeblich sind, wird eine Schutzschrift einen Monat nach Einreichung regelmäßig ihre Aktualität verlieren.[66]

V. Reaktionen des Schuldners

1. Bestreiten allgemeiner Zulässigkeitsvoraussetzungen. Bestreitet der Schuld- 33 ner allgemeine Zulässigkeitsvoraussetzungen, zB seine Insolvenzfähigkeit, die mangelnde Prozessfähigkeit des Antragstellers, dessen rechtliches Interesse oder die örtliche Zu-

---

[57] BGHZ 162, 181, 186 f. = NJW 2005, 1433 f. = NZI 2005, 271, 273; zust *Smode* EWiR 2005, 311 f.
[58] BGH NJW 2008, 3494, 3495 Tz. 16 = NZI 2008, 609, 610; BGH ZInsO 2008, 1138 f. Tz. 7; LG Dresden ZVI 2006, 154; *Högner* ZVI 2006, 267; unrichtig AG Dresden ZVI 2005, 490; *Schäferhoff* ZVI 2006, 155.
[59] Vgl. OLG Köln NZI 2000, 367, 369.
[60] BGHZ, 162, 181, 184 = NJW 2005, 1433 f. = NZI 2005, 271 f.; BGH NZI 2009, 120 f.
[61] BGH NZI 2009, 120 f.
[62] BGHZ 162, 181, 185 = NJW 2005, 1433 f. = NZI 2005, 271, 272 f.; LG Memmingen NZI 2004, 44 f.; LG Koblenz, Beschl. v. 17.7.2008 – 2 T 470/08 – juris; AG Duisburg NZI 2002, 566; im Ergebnis ebenso OLG Zweibrücken NZI 2002, 670, 671 f.
[63] *Schillgalis* S. 147 ff.; FK/*Schmerbach* § 14 Rn. 107 f.; *Rein* NZI 2006, 354 f.; *Uhlenbruck* in Uhlenbruck § 14 Rn. 150; vgl. auch *Bichlmeier* DZWIR 2000, 62, 64.
[64] Vgl. BVerfG NJW 1982, 1635 f.; BGH NJW 2003, 1257 f.
[65] *Schillgalis* S. 151.
[66] Zur Dauer der Aufbewahrung s. *Schillgalis* S. 153 (sechs bis zwölf Monate).

ständigkeit des Gerichts, hat das Insolvenzgericht diesem Vorbringen im Wege der Amtsermittlungen (§ 5 I) nachzugehen (→ Rn. 6).

34 **2. Bestreiten der Forderung. a)** *Grundsatz.* Der Schuldner kann der glaubhaft gemachten Darstellung des Gläubigers zum Bestand seiner Forderung ebenfalls mit Mitteln der Glaubhaftmachung entgegentreten (Gegenglaubhaftmachung).[67] Einwendungen allein gegen die Höhe der Forderung sind unerheblich, weil es nur auf das Bestehen einer Forderung schlechthin ankommt. Auch das bloße Bestreiten oder Aufstellen von Gegenbehauptungen reicht in der Regel nicht aus. Der Schuldner muss seine Angaben durch sofort verfügbare Beweismittel (§ 294 II ZPO) belegen.

35 Stellt der glaubhaft gemachte Vortrag des Schuldners die Forderung des Gläubigers ernstlich in Frage, wird der Eröffnungsantrag nachträglich unzulässig.[68] Das Gleiche gilt, wenn das Vorbringen der Parteien erkennen lässt, dass nur durch eine eingehende Aufklärung des Sachverhalts oder durch die Beantwortung problematischer Rechtsfragen festgestellt werden kann, ob die Forderung mit hinreichender Wahrscheinlichkeit berechtigt ist. Es gehört nicht zu den gesetzlichen Aufgaben des Insolvenzgerichts, den Bestand ernsthaft bestrittener, rechtlich zweifelhafter Forderungen zu überprüfen (vgl. §§ 179, 180, 184).[69] Im Eröffnungsverfahren hat das Insolvenzgericht das Vorbringen der Parteien zur Forderung des Gläubigers nur summarisch zu bewerten. Fällt die tatsächliche oder rechtliche Beurteilung nicht eindeutig aus, sind die Parteien auf den ordentlichen Prozessweg zu verweisen.[70] Legt der antragstellende Gläubiger allerdings ein deklaratorisches Schuldanerkenntnis vor, schließt dies die Einwendungen des Schuldners auch im Insolvenzantragsverfahren aus.[71]

36 **b)** *Vollstreckbare Forderungen.* Liegt der Forderung des antragstellenden Gläubigers ein vollstreckbarer Titel zugrunde, stellt sich die Frage, ob und in wie weit das Insolvenzgericht Einwendungen des Schuldners gegen die titulierte Forderung berücksichtigen muss bzw. darf. Der Bundesgerichtshof vertritt – ohne zwischen der Glaubhaftmachung der Forderung gem. § 14 I 1 und des Beweises eines Eröffnungsgrundes gem. § 16 zu unterscheiden – die Auffassung, dass Einwendungen des Schuldners gegen die Vollstreckbarkeit der titulierten Forderung in dem dafür vorgesehenen Verfahren verfolgt werden müssten; solange die Vollstreckbarkeit nicht auf diese Weise beseitigt sei, brauche das Insolvenzgericht die Einwendungen des Schuldners nicht zu berücksichtigen.[72] Der Schuldner soll in diesen Fällen regelmäßig zusätzlich glaubhaft zu machen haben, dass er mit hinreichender Aussicht auf Erfolg[73] gegen den vollstreckbaren Titel des Gläubigers mit dem jeweils verfahrensrechtlich vorgesehenen Antrag vorgegangen ist, um seine Aufhebung zu erlangen oder die rechtliche Durchsetzbarkeit zu beseitigen.[74]

---

[67] OLG Köln ZIP 1988, 664 f.; OLG Frankfurt WM 2001, 1629, 1631; LG Dresden ZIP 2004, 1062 f.; LG Berlin ZInsO 2005, 499 f.; vgl. allgemein BGH MDR 1983, 749; KG MDR 1986, 1032.

[68] LG Berlin ZInsO 2005, 499; *Uhlenbruck* KTS 1986, 541 ff., 547; *Henckel* ZIP 2000, 2045, 2047; HK/*Kirchhof* § 14 Rn. 15 f.; Jaeger/*Gerhardt* § 14 Rn. 27.

[69] BGH NJW-RR 2006, 1061 f. = NZI 2006, 174 f.; BGH NJW-RR 2006, 1482 f. = NZI 2006, 588 ff.; BGH NZI 2007, 408 f.

[70] Vgl. BGH NJW-RR 1992, 919 f.; BGH NZI 2002, 601 f.; BGH NZI 2005, 108; BGH NZI 2006, 588, 589 f.; BGH NZI 2007, 350; BGH NZI 2007, 408 f.; OLG Hamm KTS 1971, 54, 56; OLG Frankfurt KTS 1973, 140 f.; OLG Frankfurt KTS 1983, 148 f.; OLG Köln ZIP 1989, 789 f.; OLG Köln NZI 2000, 174 f.; OLG Frankfurt WM 2001, 1629, 1631; AG Montabaur, Beschl. v. 7.3.2013 – 14 IN 345/12; *Frind* ZInsO 2011, 412, 414; HK/*Kirchhof* § 14 Rn. 17, 48; *Uhlenbruck* in Uhlenbruck § 14 Rn. 67; Jaeger/*Gerhardt* § 14 Rn. 28.

[71] BGH ZInsO 2009, 767 f.

[72] BGH ZInsO 2010, 1091; BGH ZInsO 2009, 2072; ebenso im Rahmen der Zulässigkeitsprüfung gem. § 14 I 1 MüKoInsO/*Schmahl*² § 14 Rn. 24.

[73] LG Göttingen ZInsO 2005, 1114 f. = ZVI 2005, 540 f.

[74] BGH NZI 2006, 588, 589 f. = NJW-RR 2006, 1482; BGH NZI 2006, 642; OLG Celle NZI 2001, 426 f.; HK/*Kirchhof* § 14 Rn. 17.

Das Verfahren beim Gläubigerantrag 37–39 § 12

Bei einem rechtskräftigen Titel oder einer vollstreckbaren Urkunde[75] aus dem Bereich des Zivilrechts sei die Vollstreckungsabwehrklage zu erheben (§§ 767, 769, 795 ZPO), bei einem vorläufig vollstreckbaren Titel sei der erforderliche Rechtsbehelf (das erforderliche Rechtsmittel) einzulegen, im Fall eines Vorbehaltsurteils das Nachverfahren[76] zu betreiben. Entbehrlich sei ein solcher Antrag, wenn der Schuldner ihn infolge einer Verfügungsbeschränkung (§ 240 ZPO, § 21 II 1 Nr. 2) nicht stellen könne;[77] in diesem Fall reiche die Glaubhaftmachung der Einwendung aus.

Überzeugender erscheint es danach zu differenzieren, ob dem Titel eine gerichtliche 37 Sachprüfung zugrunde liegt.[78] Der Unterschied zu der im Rahmen der Begründetheit durchzuführenden Prüfung, ob ein Eröffnungsgrund gegeben ist (§ 16), liegt alleine darin, dass im Rahmen der Glaubhaftmachung der Forderung gem. § 14 I 1 ein geringeres Beweismaß gilt als bei der Prüfung von Einwendungen, die das Bestehen eines Eröffnungsgrundes betreffen.[79] Entscheidungen des Prozessgerichts über die vorläufige Vollstreckbarkeit oder über die Einstellung der Zwangsvollstreckung sind für das Insolvenzgericht bindend, soweit sie der Vollstreckbarkeit der Forderung entgegenstehen. In diesem Fall gelten dieselben Grundsätze wie für Einwendungen des Schuldners gegen nicht titulierte Forderungen (→ Rn. 35). Dasselbe gilt, wenn sich der Gläubiger nicht auf die Titulierung als Rechtsgrund seiner Forderung, sondern auf den ursprünglichen Lebenssachverhalt und die materielle Rechtslage beruft. Kann er die Forderung mit den allgemeinen Mitteln der Glaubhaftmachung belegen, kann er den Eröffnungsantrag auch stellen, ohne dass die Voraussetzungen für die Vollstreckbarkeit des Titels vorliegen.[80] Dies kommt etwa in Betracht, wenn der Gläubiger die angeordnete Sicherheit nicht leisten will.

c) *Vollstreckbare öffentlich-rechtliche Forderungen.* Einwendungen gegen vollstreckbare öf- 38 fentlich-rechtliche Forderungen kann der Schuldner nur außerhalb des Insolvenzverfahrens mit den allgemein vorgesehenen Rechtsbehelfen verfolgen (§ 256 AO, § 5 I VwVG, § 66 I SGB X). Für das Insolvenzgericht sind sie unerheblich.[81] Die Vollstreckbarkeit der Forderung entfällt, wenn die Vollziehung des zugrundeliegenden Verwaltungsakts ausgesetzt ist oder die Vollstreckung aus einem anderen Grund eingestellt worden ist. Diese Anordnungen trifft die Behörde oder das Finanz-, Sozial- oder Verwaltungsgericht.

Gleiches gilt, wenn Einwendungen gegen die Forderung erhoben werden, die erst 39 nach deren Bestandskraft entstanden sind und die der Schuldner mit Rechtsbehelfen gegen den Leistungsbescheid nicht mehr geltend machen konnte (zB zwischenzeitliche Erfüllung, Verjährung). Solche Einwendungen sind mit einem Antrag auf erneute Abrechnung der Schuld (vgl. § 218 II AO) und auf Einstellung der Vollstreckung bei der Behörde vorzubringen.[82] Notfalls ist beim Finanz-, Sozial- oder Verwaltungsgericht einstweiliger Rechtsschutz zu beantragen (§ 114 FGO, § 86b SGG, § 123 VwGO) und Verpflichtungsklage auf Erlass eines Abrechnungsbescheids zu erheben.[83] Ebenso ist zu verfahren, wenn der Schuldner behördliche Billigkeitsentscheidungen wie Stundung,

---

[75] Vgl. OLG Köln ZIP 1989, 789.
[76] Vgl. OLG Frankfurt KTS 1983, 148 f.
[77] LG Duisburg ZVI 2004, 396, 398.
[78] S. hierzu MüKoInsO/*Schmahl/Vuia* § 16 Rn. 39 mwN.
[79] MüKoInsO/*Schmahl/Vuia* § 16 Rn. 34, 38.
[80] Vgl. BGH WuM 2009, 144 f.
[81] BGH ZVI 2003, 289; BGH NZI 2003, 645, 646; BGH ZVI 2006, 564 f.; BGH NZI 2007, 103 f. = NJW-RR 2007, 398.
[82] Vgl. BFHE 102, 446 = NJW 1972, 224; BFH/NV 1989, 75; 1990, 212; BFHE 168, 206 = NJW 1993, 350 f.; BFHE 181, 202 = NJW-RR 1997, 43; BFHE 189, 331 = NVwZ 2000, 236; BFHE 199, 71 = ZIP 2003, 85; BFH/NV 2006, 1446.
[83] Vgl. BVerwGE 27, 141 = NJW 1967, 1976 f.; BVerwG NVwZ 1984, 168 f.

Zahlungsaufschub, Bewilligung von Ratenzahlungen sowie Niederschlagung oder Erlass der Forderung anstrebt.[84]

40 Es ist Sache des Schuldners, dem Insolvenzgericht die entsprechende Einstellungsentscheidung vorzulegen.[85] Mit ihr entfällt eine Voraussetzung für die Vollstreckbarkeit der Forderung, und der Eröffnungsantrag wird mangels Glaubhaftmachung der Forderung unzulässig.

41 d) *Insolvenzbegründende Forderungen.* Der vollständige Beweis, dass die Forderung des antragstellenden Gläubigers besteht, ist für die Zulässigkeit des Antrags selbst dann nicht erforderlich, wenn von dieser Forderung der Eröffnungsgrund schlechthin abhängt. Insoweit ist streng zwischen der Zulässigkeit und der Begründetheit des Eröffnungsantrags zu unterscheiden.[86] Bei der Zulässigkeit dient die Glaubhaftmachung der Forderung dazu, den Antragsteller als antragsberechtigt zu legitimieren.[87] Bei der Begründetheit geht es um die Frage, ob ein gesetzlicher Eröffnungsgrund vorliegt. Hier ist die Forderung des antragstellenden Gläubigers nur einer von mehreren Posten unter den Verbindlichkeiten des Schuldners und kann ebenso wie jede andere Verbindlichkeit den Ausschlag für das Bestehen des Eröffnungsgrundes geben. Kommt es hierauf für die Feststellung des Eröffnungsgrundes an, muss die Forderung zur Überzeugung des Insolvenzgerichts erwiesen sein.[88] Dies ist keine Ausnahme von der Glaubhaftmachung nach § 14 I 1, sondern hängt mit einem anderen rechtlichen Gesichtspunkt zusammen, nämlich mit den Anforderungen an die Feststellung des Eröffnungsgrundes.[89]

42 **3. Bestreiten des Eröffnungsgrundes.** Auch die Glaubhaftmachung des Eröffnungsgrundes kann der Schuldner erschüttern, indem er hinreichend substantiierte Einwendungen erhebt und sie durch sofort verfügbare Beweismittel (§ 294 II ZPO) glaubhaft macht (Gegenglaubhaftmachung, → Rn. 34 f.). Zur Entkräftung der Zahlungsunfähigkeit kann etwa ein Zahlungsplan (Liquiditätsstatus) vorgelegt werden, der nachvollziehbar aufzeigt, welche Verbindlichkeiten zurzeit bestehen und in absehbarer Zeit (mindestens drei Wochen) zu erwarten sind und aus welchen Mitteln sie bei Fälligkeit erfüllt werden sollen (→ § 9 Rn. 19).[90] Fällige Verbindlichkeiten müssen spätestens innerhalb von drei Wochen in Höhe von mindestens 90% getilgt werden können.[91] Dass der Schuldner vereinzelt noch Zahlungen in beachtlicher Höhe geleistet oder die Forderung des antragstellenden Gläubigers nachträglich erfüllt hat, steht der Annahme der Zahlungsunfähigkeit nicht unbedingt entgegen. Zur Widerlegung der Überschuldung sind als Grundlage eine vollständige aktuelle Vermögensübersicht und hinreichend detaillierte Erläuterungen zu den einzelnen Positionen unter Berücksichtigung des § 19 II erforderlich (→ § 9 Rn. 19 ff.).

---

[84] BGH AnwBl 2007, 94; BGH, Beschl. v. 21.6.2007 – IX ZB 193/03; anders zu Unrecht LG Hildesheim ZIP 2008, 325, 327 (Pflicht des Insolvenzgerichts zur überschlägigen Prüfung).

[85] *Uhlenbruck* Rpfleger 1981, 377, 381; *ders.* DStZ 1986, 39, 44; OLG Celle NZI 2001, 426 f.

[86] Vgl. BGH NJW-RR 1992, 919 f.; OLG Köln ZIP 1988, 664; LG Duisburg ZVI 2004, 396 f.; *Stürner/Stadler* EWiR 1988, 603, 604; *Pape* NJW 1993, 297, 299 ff.; FK/*Schmerbach* § 14 Rn. 58, 64; HK/*Kirchhof* § 14 Rn. 17, 18; Jaeger/*Gerhardt* § 14 Rn. 26, 27; *Uhlenbruck* in Uhlenbruck § 14 Rn. 62; ohne Differenzierung dagegen BGH ZInsO 2010, 1091; BGH ZInsO 2009, 2072.

[87] OLG Frankfurt KTS 1983, 148; BayObLG NZI 2001, 659 f.

[88] BGH WM 1957, 67 = LM BGB § 839 (Fi) Nr. 4; BGH ZIP 1992, 947 f. = NJW-RR 1992, 919 f.; BGH NZI 2006, 174 f. = NJW-RR 2006, 1061; BGH NZI 2006, 588, 589 f. = NJW-RR 2006, 1482; BGH NZI 2006, 590 f.; BGH ZInsO 2007, 1275; OLG Frankfurt KTS 1983, 148 f.; OLG Hamm ZIP 1980, 258 f.; OLG Köln NZI 2000, 130, 132; OLG Köln NZI 2000, 174 f.

[89] MüKoInsO/*Schmahl*/*Vuia* § 16 Rn. 34 ff.

[90] LG Duisburg ZVI 2004, 396, 399.

[91] Vgl. BGHZ 163, 134 = NJW 2005, 3062 = NZI 2005, 547; BGH NZI 2007, 36 f.; BGH NZI 2007, 517, 519.

Das Verfahren beim Gläubigerantrag 43–47 § 12

4. Zahlungen an den Gläubiger. Erfüllt der Schuldner, selbst oder über einen 43 Dritten, unter dem Druck der drohenden Verfahrenseröffnung die Forderung des Antragstellers, fällt regelmäßig mit der Gläubigerstellung das Antragsrecht weg (§ 14 I 1). Auch die Regelung des § 14 I 2 ist unanwendbar, wenn infolge einer Erfüllung der Forderung das Antragsrecht entfällt (→ § 9 Rn. 44). Das erforderliche rechtliche Interesse des Gläubigers (§ 13 I) wird beseitigt, wenn der Schuldner ihm eine ausreichende Sicherheit stellt. In beiden Fällen ist der Eröffnungsantrag unzulässig geworden und kann vom Gläubiger in den zeitlichen Grenzen des § 13 II entweder zurückgenommen oder in der Hauptsache für erledigt erklärt werden (s. o. § 10).

Dies gilt jedoch nur, wenn die Rechtshandlung, die zur Erledigung geführt hat, 44 wirksam war. Hat das Gericht im Zeitpunkt der Erledigung bereits eine allgemeine oder besondere Verfügungsbeschränkung des Schuldners angeordnet, die ihm die Rechtshandlung verbietet (§ 21 II Nr. 2), ist die Handlung rechtlich unwirksam (§ 24 I). Zahlungen aus dem schuldnerischen Vermögen, selbst wenn sie aus Kreditmitteln oder Einlagen Dritter stammten, haben dann keine Erfüllungswirkung mehr (→ § 8 Rn. 54; → § 9 Rn. 39).

5. Ankündigung von Zahlungen. Das Insolvenzgericht kann dem Schuldner keine 45 Zahlungserleichterungen bewilligen. Kündigt der Schuldner Zahlungen an, so steht es dem Gläubiger, der hierauf eingehen will, in den zeitlichen Grenzen des § 13 II frei, seinen Antrag zurückzunehmen oder in der Hauptsache für erledigt zu erklären (vgl. § 10). Das Eröffnungsverfahren als Eilverfahren kann nicht zum Ruhen gebracht werden (→ § 13 Rn. 5). Mit der Bewilligung oder stillschweigenden Duldung einer Zahlungserleichterung oder einem sonstigen Stillhalteabkommen verliert der Gläubiger das erforderliche rechtliche Interesse (§ 13 I), weil der schwebende Eröffnungsantrag nicht als Druckmittel gegenüber dem Schuldner eingesetzt werden darf. Der Antrag wird unzulässig (→ § 9 Rn. 32). Dem Gläubiger bleibt allerdings das Recht erhalten, einen neuen Eröffnungsantrag zu stellen, sobald der Schuldner seine Zusagen nicht einhält.

VI. Weiterer Gang des Verfahrens

Zu den Behauptungen und Rechtsausführungen des Schuldners und zu den von ihm 46 beigebrachten Mitteln der Gegenglaubhaftmachung ist dem antragstellenden Gläubiger seinerseits rechtliches Gehör zu gewähren, wenn das Gericht sie für rechtserheblich hält.[92] Äußert sich der Schuldner nicht oder nur mit Einwendungen, die für die Zulässigkeit des Eröffnungsantrags unerheblich sind, hat das Gericht von Amts wegen zu untersuchen, ob der Antrag begründet ist, also ein gesetzlicher Eröffnungsgrund besteht (§ 5 I, §§ 16 bis 19), und ob kostendeckende Masse vorhanden ist (§ 26). Art und Ausmaß der Ermittlungen richten sich nach den Erfordernissen des Einzelfalls (s. u. § 13). Bei Bedarf kann das Gericht Sicherungsmaßnahmen anordnen (§§ 21, 22; s. u. § 14).

Häufig äußert sich der Schuldner erst dann zu Umständen, welche die Zulässigkeit 47 des Antrags betreffen, wenn bereits die Ermittlungen zur Aufklärung seiner Vermögensverhältnisse laufen. Wendet er sich gegen die Forderung des Gläubigers, sind die Einwendungen des Schuldners ohne Bedeutung, solange sie nicht unter Vorlage der beizubringenden Beweismittel unmittelbar gegenüber dem Gericht geltend gemacht werden. Solche Umstände sind nicht von Amts wegen aufzuklären. Dagegen betreffen Einwendungen gegen den glaubhaft gemachten Eröffnungsgrund unmittelbar die Begründetheit des Antrags (§ 16). Das Gericht hat deshalb insoweit allen wesentlichen Hinweisen von Amts wegen nachzugehen; ob sie glaubhaft gemacht sind, ist nunmehr ohne Bedeutung.

---

[92] *Uhlenbruck* FS Baumgärtel 1990, S. 569, 576.

VII. Kostenentscheidung nach Erfüllung der Forderung (§ 14 III)

48 Die Regelung des § 14 III ist, wie auch § 14 I 2 und 3, durch das Haushaltsbegleitgesetz vom 9.12.2010[93] mit Wirkung zum 1.1.2011 neu eingeführt worden. Ferner ist § 23 I GKG ein neuer S. 4 angefügt worden, wonach die Sätze 1 und 2 des § 23 I GKG (Kostenhaftung des Antragstellers) nicht gelten, wenn der Schuldner gem. § 14 III die Kosten zu tragen hat. Insbesondere deshalb, weil § 14 III dem Gericht – anders als § 91a I 1 ZPO – kein Ermessen einräumt („hat"), ist die Regelung verbreitet auf Kritik gestoßen, vereinzelt wird sie sogar wegen Verstoßes gegen Art. 3 I GG[94] für verfassungswidrig gehalten.[95] Ob diese Kritik berechtigt ist, kann nicht ohne eine Klärung des Anwendungsbereichs der Norm beantwortet werden. Hierzu wird teilweise die Auffassung vertreten, § 14 III sei auch außerhalb des Anwendungsbereichs des § 14 I 2 und 3 anwendbar, also für alle Fälle, in denen der Antrag aufgrund einer Zahlung des Schuldner unzulässig wird.[96] Aus diesem Grund soll § 14 III zum Schutz des „rechtstreuen, solventen Schuldners"[97] nur gelten, wenn im Zeitpunkt der Insolvenzantragstellung ein zulässiger und begründeter Insolvenzantrag vorlag.[98] Dem kann nicht gefolgt werden. Der Anwendungsbereich des § 14 III ist wesentlich enger und nur dann eröffnet, wenn sämtliche Voraussetzungen des § 14 I 2 und 3 vorliegen.[99] Wie sich sowohl aus dem Wortlaut der Bestimmung als auch seiner systematischen Stellung hinter § 14 II ergibt, setzt § 14 III einen zulässigen Eröffnungsantrag voraus. Ist der Eröffnungsantrag unzulässig (geworden), ist dieser als unzulässig abzuweisen und gerade nicht als unbegründet. Ein zulässiger Eröffnungsantrag liegt nach einer Erfüllung der Forderungen(en) des antragstellenden Gläubigers aber nur unter den Voraussetzungen des § 14 I 2 und 3 vor. Außerhalb des Anwendungsbereichs dieser Bestimmung bleibt es dabei, dass der Eröffnungsantrag entweder infolge des fortgefallen Antragsrechts oder mangels eines rechtlichen Interesses unzulässig wird (→ § 9 Rn. 44). Hält der Gläubiger gleichwohl an seinem Antrag fest, ist dieser als unzulässig abzuweisen mit der Folge, dass der antragstellende Gläubiger die Kosten zu tragen hat.[100] Erklärt der antragstellende Gläubiger den Antrag für erledigt, ist Raum für eine Kostenentscheidung gem. § 91a I 1 (→ § 10 Rn. 14 ff.). Zumindest wenn eine Kostenentscheidung nach § 14 III getroffen werden soll, darf das Insolvenzgericht die Frage nach der (Un-)Zulässigkeit des Antrags nicht offenlassen.[101]

49 Aus der Erkenntnis, dass § 14 III nur zur Anwendung kommt, wenn die Voraussetzungen des § 14 I 2 vorliegen, folgt, dass für eine Kostentragungs*pflicht* des Schuldners nur Raum ist, wenn in einem Zeitraum von zwei Jahren vor der Antragstellung bereits ein Eröffnungsantrag durch einen *Gläubiger* gestellt worden ist, das Erstverfahren infolge einer *Erfüllung der Forderung* durch den Schuldner nicht mehr fortgeführt worden ist, im

---

[93] BGBl I S. 1885; s. hierzu *Frind* ZInsO 2010, 2183 ff.; *Marotzke* ZInsO 2010, 2163 ff.
[94] Kritisch insoweit auch *Marotzke* ZInsO 2011, 841 ff.; *ders.* ZInsO 2010, 2163, 2168 f.; s. ferner *Klages/Pape* NZI 2013, 561, 565, die Einschränkungen bei der Anwendung des § 14 I 2 im Hinblick auf das allgemeine Willkürverbot für notwendig erachten, weil andernfalls bereits eine unberechtigte vorherige Antragstellung den Anwendungsbereich des § 14 III begründen könnte.
[95] So AG Deggendorf ZInsO 2011, 1801 f.; zur Kritik an dieser Entscheidung s. MüKoInsO/*Schmahl/Vuia* § 14 Rn. 151 in Fn. 331. Das BVerfG hat die Vorlage zu Recht für unzulässig gehalten; s. BVerfG NZI 2013, 1000.
[96] *Leithaus* in Andres/Leithaus § 14 Rn. 12; *Frind* ZInsO 2010, 2183, 2184 f.; *Gundlach/Rautmann* NZI 2011, 315, 317 f.; HK/*Kirchhof* § 14 Rn. 53.
[97] So *Gundlach/Rautmann* DStR 2011, 82, 84.
[98] *Gundlach/Rautmann* NZI 2011, 315, 318; K. Schmidt/*Gundlach* § 14 Rn. 33.
[99] *Marotzke* ZInsO 2011, 841, 842, 844, 848, der § 14 I 2 als „Türöffner" zu § 14 III bezeichnet; in diese Richtung auch LG Bonn NZI 2012, 460.
[100] Zutreffend *Beth* NZI 2012, 1, 2 f.; anders AG Bamberg, Beschl. v. 10.10.2011 – 4 IN 364/11, das zu Unrecht § 14 III analog anwendet, ohne dies zu begründen.
[101] Vgl. *Martotzke* ZInsO 2011, 841, 849; anders HK/*Kirchhof* § 14 Rn. 53.

Erstverfahren zumindest *bis zur Erfüllung der Forderung(en) ein Insolvenzgrund bestand* und der antragstellende Gläubiger in dem Zweitverfahren auch nach Erfüllung der Forderung *weitere noch nicht fällige Forderungen gegen den Schuldner* darlegt und glaubhaft macht, das Fortbestehen sowohl eines rechtlichen Interesses als auch eines Insolvenzgrundes darlegt und den fortbestehenden Insolvenzgrund glaubhaft macht. Nur in diesem Fall bleibt der Eröffnungsantrag im Zweitverfahren zulässig (→ § 9 Rn. 37 ff.). Zu einer Kostenentscheidung gem. § 14 III kommt es dann nur in den wenigen Ausnahmefällen, in denen der antragstellende Gläubiger zwar das Fortbestehen des Insolvenzgrundes trotz Erfüllung der Forderung glaubhaft gemacht hat, sich aber – etwa nach Einholung eines Gutachtens – herausstellt, dass der Insolvenzgrund tatsächlich nicht besteht oder sich ein solcher nicht beweisen lässt und der – weiterhin zulässige – Eröffnungsantrag hieraufhin als unbegründet abgewiesen wird.[102]

Für diese enge Auslegung des Anwendungsbereichs der Bestimmung spricht der Wille **50** des Gesetzgebers. Danach soll § 14 III den Antragsteller von Kosten entlasten, wenn sich der Antrag zwar als zulässig, aber unbegründet erweist und daher dem Antragsteller gem. §§ 4, 92 ZPO die Kosten aufzuerlegen wären. Es soll eine frühzeitige Antragstellung gefördert werden,[103] ohne das Kostenrisiko des Antragstellers zu erhöhen.[104] Auch der Gesetzgeber wollte damit eine Kostenregelung nur für diejenigen Fälle schaffen, in denen der Antrag sich nach seiner Fortführung zwar als zulässig, jedoch unbegründet erweist. Zu einer solchen Situation kann es aber nur kommen, wenn die Voraussetzungen des § 14 I 2 und 3 vorliegen. In allen anderen „Erfüllungsfällen" bleibt es bei der Unzulässigkeit des Antrags. Erklärt der antragstellende Gläubiger den Antrag für erledigt, wird der Weg für eine Kostenentscheidung nach §§ 4, 91a I ZPO eröffnet. § 14 III ist hier nicht anwendbar, auch sein „Rechtsgedanke" kommt im Hinblick auf den eingeschränkten Anwendungsbereich der Norm nicht zur Anwendung.[105] Schließlich spricht der Gesetzeszweck für eine enge Auslegung des Anwendungsbereichs. Ziel der Neuregelung in § 14 III ist, dem antragstellenden Gläubiger das Kostenrisiko zu nehmen, wenn er sich dazu entscheidet, trotz Erfüllung der Forderung(en) den Eröffnungsantrag aufrecht zu erhalten, um zu verhindern, dass aufgrund künftig fällig werdender Forderungen in absehbarer Zeit erneut ein Eröffnungsantrag gestellt werden muss. Liefe der antragstellende Gläubiger Gefahr, bei einer auf § 14 I 2 gestützten Fortführung des Verfahrens nach Einholung eines Sachverständigengutachtens die Kosten einschließlich der Auslagen (vgl. § 23 I 2 GKG) tragen zu müssen, würden antragstellende Gläubiger im Hinblick auf das höhere Kostenrisiko den Antrag im Zweifel nicht fortführen, sondern für erledigt erklären. Ersichtlich soll § 14 III damit verhindern, dass das Regelungsziel des § 14 I 2 und 3 infolge des Kostenrisikos leer zu laufen droht. Diesem Zweck dient auch § 23 I 4 GKG, weil alleine durch eine Kostentragungspflicht des Schuldners das Kostenrisiko aufgrund der Zweitschuldnerhaftung des antragstellenden Gläubigers nicht entfallen würde.

Für die Regelung einer abweichenden Kostenentscheidung besteht im Anwendungs- **51** bereich des § 14 I 2 auch ein praktisches Bedürfnis. Hält der antragstellende Gläubiger seinen Eröffnungsantrag trotz Erfüllung der Forderung(en) aufrecht und stellt sich sodann heraus, dass ein Insolvenzgrund tatsächlich nicht gegeben oder nicht zu beweisen ist, könnte der Gläubiger seinen Antrag zwar nach wie vor für erledigt erklären, jedoch wären ihm die Kosten aufzuerlegen, weil es an einem erledigenden Ereignis fehlt. Auf die Erfüllung der Forderung(en) kann nicht abgestellt werden, weil der Gläubiger sei-

---

[102] *Beth* NZI 2012, 1, 2 f.
[103] In der Praxis warten Gläubiger aus Dauerschuldverhältnissen und öffentlich-rechtliche Gläubiger häufig zu lange mit der Antragstellung ab; s. hierzu *Frind* ZInsO 2011, 412 mwN.
[104] S. hierzu die Begründung des Haushaltsausschusses zu den vorgeschlagenen Änderungen gegenüber dem Gesetzentwurf der Bundesregierung, BT-Drucks 17/3452, S. 6, 7.
[105] Im Ergebnis ebenso *Marotzke* ZInsO 2011, 841, 852; anders *Frind* ZInsO 2010, 2183, 2185.

§ 12 50

nen Antrag aufrechterhalten hat und dieser zulässig geblieben ist (vgl. § 14 I 2). Aufgrund des nicht gegebenen oder nicht feststellbaren Insolvenzgrundes erweist sich der Antrag als zwar zulässig, jedoch von Anfang an unbegründet. Entsprechend wären gem. § 4, § 91a I ZPO dem antragstellenden Gläubiger die Kosten aufzuerlegen. Darüber hinaus ist es sachgerecht, dem Schuldner die Kosten aufzuerlegen, wenn ein Eröffnungsantrag zulässig bleibt, weil der antragstellende Gläubiger unter den Voraussetzungen des § 14 I 2 das Fortbestehen eines rechtlichen Interesses und eines Insolvenzgrundes glaubhaft gemacht hat und den Eröffnungsantrag weiterbetreibt, weil der Schuldner Veranlassung hierzu gegeben hat.[106] In dem so verstandenen Anwendungsbereich bedarf die Bestimmung weder einer einschränkenden Auslegung, noch stellt sie sich als verfassungswidrig dar. Andererseits verbietet sich nach dem Gesagten eine analoge Anwendung des § 14 III auch auf Fälle, in denen der Eröffnungsantrag infolge der Erfüllung der Forderung(en) unzulässig geworden ist.[107]

52 Voraussetzung für eine Kostenentscheidung gem. § 14 III ist, dass die Forderung(en) des Gläubigers erfüllt werden.[108] Unmaßgeblich ist auch hier, ob die Zahlung von dem Schuldner oder von Dritten erbracht wird. Ferner muss durch die Zahlung eine „Erfüllung" eingetreten sein. Dies ist nicht der Fall, wenn eine Leistung des Schuldners gegen eine Verfügungsbeschränkung nach § 21 II 1 Nr. 2 verstößt oder der Gläubiger die Leistung nicht annimmt, nur unter Vorbehalt annimmt oder an den vorläufigen Verwalter weiterleitet (→ § 9 Rn. 39). Voraussetzung ist weiter, dass durch die Erfüllung der Forderung(en) der Antrag des Gläubigers unzulässig geworden und damit der Anwendungsbereich des § 14 I 2 eröffnet ist (→ § 9 Rn. 39 ff.). Nur in den Fällen des § 14 I 2 erscheint es sachgerecht, dem antragstellenden Gläubiger das Kostenrisiko abzunehmen, das mit einer Fortführung seines zulässigen Eröffnungsantrages einhergeht. Außerhalb dieser Konstellationen bleibt es bei der gem. §§ 4, 91 I 1 ZPO zu treffenden Kostenentscheidung. Insbesondere kommt § 14 III bei einer Abweisung mangels Masse (§ 26) nicht zur Anwendung,[109] weil in diesem Fall die Abweisung nicht auf einer Erfüllung der Forderung beruht. Bei einer Abweisung mangels Masse fallen in der Regel dem Schuldner die Kosten zur Last.[110] Diese Kostenentscheidung folgt nicht aus § 14 III, sondern aus § 91 I 1 bzw. § 91a I ZPO, weshalb es bei der Kostenhaftung des Antragstellers gem. § 23 I 1 und 2 GKG bleibt. Zwar besteht auch bei einer Abweisung mangels Masse ein Insolvenzgrund fort, jedoch ist es nur im Anwendungsbereich des § 14 I 2 gerechtfertigt, dem antragstellenden Gläubiger das vollständige Kostenrisiko abzunehmen (s. Rn. 50). Das allgemeine Kostenrisiko, dass der Eröffnungsantrag trotz Insolvenzgrund mangels Masse abgewiesen wird,[111] verbleibt bei dem antragstellenden Gläubiger. § 14 III setzt schließlich voraus, dass die Erfüllung nach Antragstellung eintritt. Hat der Schuldner die Forderung(en) schon vor Antragstellung erfüllt, ist der Eröffnungsantrag von Anfang an unzulässig.

VIII. Tod des Schuldners während des Eröffnungsverfahrens

53 Stirbt der Schuldner nach Eingang des Gläubigerantrags bei Gericht noch vor der Eröffnung des Insolvenzverfahrens, führt dies, ohne dass es eines besonderen Antrags des Gläubigers bedarf, unmittelbar von Rechts wegen (*ipso iure,* automatisch) und ohne

---

[106] Zutreffend *Wimmer* jurisPR–InsR 23/2010 Anm. 1; anders Pape/Uhländer/*Zimmer* § 14 Rn. 21; abweichend auch *Marotzke* ZInsO 2011, 841, 842 ff., dessen Argumente jedoch nicht durchgreifen, wenn man das Erfordernis einer vorherigen Antragstellung teleologisch reduziert.

[107] So zutreffend LG Bonn NZI 2012, 460; LG Düsseldorf NZI 2013, 94, 95; Pape/Uhländer/*Zimmer* § 14 Rn. 22; hierfür aber AG Bamberg, Beschl. v. 10.10.2011 – 4 IN 364/11; *Kollbach* ZInsO 2011, 1822, 1825.

[108] HK/*Kirchhof* § 14 Rn. 53.

[109] Pape/Uhländer/*Zimmer* § 14 Rn. 23; aA *Marotzke* ZInsO 2011, 841, 850.

[110] MüKoInsO/*Schmahl/Vuia* § 13 Rn. 154.

[111] S. hierzu *Uhlenbruck* in Uhlenbruck § 14 Rn. 2.

Unterbrechung[112] zur Überleitung des Verfahrens mit seinem aktuellen Stand in ein Nachlassinsolvenz-Eröffnungsverfahren.[113] Das Gericht hat dem antragstellenden Gläubiger in den zeitlichen Grenzen des § 13 II Gelegenheit zu geben, den Eröffnungsantrag zurückzunehmen. Zum Tod des Schuldners nach Stellung eines Eigenantrags (→ § 11 Rn. 19 ff.).

§ 13. Die Aufklärung der sachlichen Eröffnungsvoraussetzungen

Übersicht

	Rn.
I. Feststellung der Eröffnungsgründe und der Kostendeckung	1
1. Amtsermittlungen	1
2. Unanfechtbarkeit von Beweisanordnungen	4
3. Eröffnungsverfahren als Eilverfahren	5
4. Zulässige Beweismittel	6
5. Beauftragung eines Sachverständigen	7
II. Auskunfts- und Mitwirkungspflicht des Schuldners	8
1. Voraussetzungen	9
2. Auskunftspflicht	10
3. Unterstützungspflicht	14
4. Bereitschaftspflicht	16
5. Verpflichtete Personen	17
6. Zwangsmittel, sonstige Sanktionen, Restschuldbefreiung	19
III. Rechtliches Gehör zum Ermittlungsergebnis	21
1. Anhörung bei Eröffnungsreife	21
2. Anhörung vor Ablehnung der Eröffnung	23
IV. Akteneinsicht und Sachstandsauskünfte im Eröffnungsverfahren	26

I. Feststellung der Eröffnungsgründe und der Kostendeckung

1. Amtsermittlungen. Ist der Eröffnungsantrag zulässig, hat das Insolvenzgericht 1 dem Schuldner oder den weiteren Antragsberechtigten aus seiner Sphäre rechtliches Gehör zu gewähren (§ 14 II, § 15 II). Zugleich hat es von Amts wegen die erforderlichen Ermittlungen durchzuführen (§ 5 I), um gesicherte Feststellungen darüber treffen zu können, ob die Eröffnungsvoraussetzungen erfüllt sind, insbesondere ob tatsächlich ein Eröffnungsgrund vorliegt (§§ 16 bis 19; Begründetheit des Antrags) und ob eine kostendeckende Masse vorhanden ist (§ 26 I). Es darf das Insolvenzverfahren nur eröffnen, wenn es die Überzeugung gewonnen hat (§ 286 ZPO, § 4 InsO), dass beim Schuldner im Zeitpunkt der Verfahrenseröffnung ein gesetzlicher, nach der Rechtsform des Schuldners einschlägiger und nicht nach § 18 (drohende Zahlungsunfähigkeit) von einem besonderen Antrag abhängiger Eröffnungsgrund vorliegt.[1] Dabei reicht die Feststellung der wesentlichen Umstände aus, die mit einem hinreichenden, für das praktische Leben brauchbaren Grad an Gewissheit auf die entscheidungserheblichen Tatsachen schließen lassen.[2] Abstrakt-theoretische Möglichkeiten ohne reale Anhaltspunkte im Einzelfall können außer Betracht bleiben. An den vom Antragsteller genannten Eröffnungsgrund ist das Gericht nur gebunden, falls es ausschließlich drohende Zahlungsunfähigkeit feststellt.[3]

---

[112] S. hierzu die Nw. i. d. Vorauflage § 13 Fn. 63.
[113] S. hierzu die Nw. i. d. Vorauflage § 13 Fn. 64.
[1] Vgl. Motive zu § 102 KO und Protokolle zu den §§ 104, 105 KO, in: *Hahn*, Materialien, 1881, S. 291 ff., 294 f., 576 f.
[2] BGH NZI 2006, 405 f.; OLG Hamm ZIP 1980, 258; OLG Stuttgart NZI 1999, 491 f.; *Zipperer* NZI 2003, 590, 592; HK/*Kirchhof* § 16 Rn. 10.
[3] HK/*Kirchhof* § 16 Rn. 11; Jaeger/*H. F. Müller* § 16 Rn. 8 f.; MüKoInsO/*Schmahl/Vuia* § 16 Rn. 9, 34.

§ 13 2–5 Kapitel II. Das Insolvenzeröffnungsverfahren

2   Umfang und Art der Ermittlungen stehen im pflichtgemäßen Ermessen des Gerichts. Das bloße Nichtbestreiten des Schuldners reicht für die notwendigen Feststellungen nicht aus. Angesichts der Missbrauchsmöglichkeiten muss nicht einmal sein ausdrückliches Geständnis vom Gericht ohne weiteres hingenommen werden.[4] Ebenso wenig ist das Gericht an Beweisanträge oder unstreitiges Vorbringen der Beteiligten gebunden. Weder die Undurchsichtigkeit der Verhältnisse oder die mangelnde Bereitschaft des Schuldners, zur Aufklärung beizutragen, noch das Drängen des Antragstellers dürfen das Gericht von seiner Aufgabe abhalten, im Rahmen des Vertretbaren und gesetzlich Zulässigen den Sachverhalt so weit aufzuklären, dass eine sachgerechte Entscheidung getroffen werden kann.[5]

3   Lässt sich ein Eröffnungsgrund trotz der gebotenen Ermittlungen des Gerichts nicht feststellen, ist der Eröffnungsantrag als unbegründet zurückzuweisen. Die Nichterweislichkeit geht stets zu Lasten des Antragstellers.[6] Mit der Glaubhaftmachung des Eröffnungsgrundes tritt keine Umkehr der Feststellungslast (materiellen Beweislast) ein.

4   **2. Unanfechtbarkeit von Beweisanordnungen.** Gegen richterliche Maßnahmen zur Vorbereitung einer Entscheidung ist unabhängig von § 6 I grundsätzlich ein Rechtsmittel nicht gegeben.[7] Dies gilt auch für die Anordnung einer Beweisaufnahme und die Bestimmung ihrer Art und Weise (vgl. § 355 II ZPO, § 4 InsO). Unanfechtbar sind daher insbesondere die Beauftragung eines Sachverständigen mit der Untersuchung der schuldnerischen Vermögensverhältnisse[8] sowie die Ablehnung beantragter Ermittlungshandlungen.[9] Die mit den Ermittlungen verbundenen Auswirkungen auf seine wirtschaftliche und persönliche Entscheidungsfreiheit muss der Schuldner hinnehmen. Etwas anderes gilt in Analogie zu § 21 I 2, wenn der vom Insolvenzgericht angeordnete Maßnahme von vorneherein außerhalb seiner gesetzlichen Befugnisse liegt.[10] Darüber hinaus hat der durch die Beweisanordnung Beschwerte die Möglichkeit, im Wege einer Gegenvorstellung eine Überprüfung der Anordnung durch das Gericht zu veranlassen. Solange die Entscheidung noch abänderbar ist, kann das Gericht sie abändern.[11] Ändert das Gericht auf die Gegenvorstellung hin den Beschluss ab, kann dem durch die Abänderung betroffenen Beteiligten hiergegen die sofortige Beschwerde zustehen.

5   **3. Eröffnungsverfahren als Eilverfahren.** Das Eröffnungsverfahren ist nach seiner gesetzlichen Zweckbestimmung (§§ 1, 21 I) ein Eilverfahren. Es soll nur bei deutlichen Anzeichen für eine krisenhafte Entwicklung der schuldnerischen Finanz- oder Vermögenslage stattfinden (vgl. § 14 I, § 15 II 1). In dieser Situation tragen Verzögerungen besonders große Gefahren für die gesamte Gläubigerschaft in sich.[12] Das Eröffnungsver-

---

[4] BGH NZI 2007, 45; OLG Köln NZI 2000, 480, 483; *Rugullis* KTS 2007, 283, 289 f.; HK/*Kirchhof* § 16 Rn. 11; Jaeger/*Gerhardt* § 13 Rn. 26, § 14 Rn. 40; Jaeger/*H. F. Müller* § 16 Rn. 10; *Uhlenbruck* in Uhlenbruck § 16 Rn. 7.

[5] BGH NZI 2006, 405 f.; LG Karlsruhe KTS 1978, 57; LG Stendal ZIP 1995, 1106 f.; LG Göttingen ZIP 1996, 144 f.; LG Münster NZI 2005, 632 = NJW-RR 2005, 845; *Runkel* EWiR 1996, 271.

[6] BGHZ 163, 134, 142 f. = NJW 2005, 3062, 3066 = NZI 2005, 547, 550; OLG Hamm MDR 1970, 1019; HK/*Kirchhof* § 16 Rn. 19; Jaeger/*H. F. Müller* § 16 Rn. 15; *Uhlenbruck* in Uhlenbruck § 16 Rn. 9.

[7] BGH NZI 1998, 42; BGH NJW-RR 2007, 1375 Tz. 8; KG KTS 1960, 61; OLG Hamm KTS 1972, 105; OLG Köln Rpfleger 1990, 353; OLG Düsseldorf NJW-RR 1993, 1256.

[8] BGHZ 158, 212, 214 = NJW 2004, 2015 = NZI 2004, 312; BGH NZI 1998, 42; BGH, Beschl. v. 3.5.2007 – IX ZB 9/06; BGH NZI 2008, 100; BGH, Beschl. v. 4.12.2008 – IX ZB 166/08; BGH, Beschl. v. 3.3.2009 – IX ZB 166/08.

[9] BGH, Beschl. v. 20.3.2008 – IX ZA 28/07; BGH, Beschl. v. 22.10.2009 – V ZB 65/09.

[10] BGH ZInsO 2011, 1499 f.

[11] Vgl. BVerfGE 122, 190 = NJW 2009, 829; BGH, Beschl. v. 29.6.2011 – XII ZB 113/11; BGH, Beschl. v. 21.7.2011 – I ZR 138/10; BGH VersR 1982, 598; BFHE 225, 310 = NJW 2009, 3053.

[12] Vgl. Motive zu den §§ 104 bis 109 KO, in: *Hahn*, Materialien, 1881, S. 297 ff., 298; BGHZ 154, 72, 80 = NZI 2003, 259 f.; BGH NJW-RR 1986, 1188 = KTS 1986, 470; BGH NZI 2002, 601 f. = NJW-RR 2002, 1571; *Uhlenbruck* in Uhlenbruck § 13 Rn. 102, § 14 Rn. 92, 104.

Die Aufklärung der sachlichen Eröffnungsvoraussetzungen 6–8 § 13

fahren kann deshalb nicht ausgesetzt, zum Ruhen gebracht oder einstweilen eingestellt werden.[13] Es ist nicht die Zeit der außergerichtlichen Vergleichsverhandlungen und Sanierungsversuche. Nicht gerechtfertigt sind deshalb insbesondere Verzögerungen, die es dem Schuldner ermöglichen sollen, seine Solvenz wiederherzustellen oder den antragstellenden Gläubiger zu befriedigen.[14] Auch die Gewährung des rechtlichen Gehörs dient nicht dem Zweck, den Verfahrensbeteiligten Zeit zu geben, um neue Tatsachen zu schaffen und so die Entscheidungsgrundlage des Gerichts zu ihren Gunsten zu beeinflussen.[15]

4. Zulässige Beweismittel. Zur Aufklärung des Sachverhalts darf das Gericht sich aller gesetzlich zulässigen Beweismittel bedienen (§ 5 I). Für das Verfahren bei der Beweisaufnahme gelten grundsätzlich die Vorschriften der ZPO entsprechend (§ 4), jedoch können sich aus dem Grundsatz der Amtsermittlung und aus der Notwendigkeit, die künftige Masse zu sichern (§ 21 I), Besonderheiten ergeben. Das Gericht kann außerdem ohne förmlichen Beweisbeschluss im Wege des Freibeweises schriftliche Auskünfte einholen.[16] Der Schuldner und seine gesetzlichen Vertreter sind in besonderer Weise zur Auskunft und Mitwirkung verpflichtet (§ 20 I 2, § 22 III 3; → Rn. 8 ff.). Bei der gerichtlichen Vernehmung von Zeugen ist die erweiterte Auskunftspflicht nach den §§ 101, 97 I zu beachten (§ 20 I 2, § 22 III 3). 6

5. Beauftragung eines Sachverständigen. Die Pflicht zur Amtsermittlung erfordert, dass zumindest bei einem unternehmerisch tätigen Schuldner seine Angaben überprüft und die maßgebenden Tatsachen und Rechtsverhältnisse möglichst vollständig erfasst und zutreffend (rechtlich und wirtschaftlich) bewertet werden. Hierzu hat sich das Insolvenzgericht in der Regel eines Sachverständigen zu bedienen.[17] Dieser hat die Aufgabe, die tatsächlichen Grundlagen für die richterliche Entscheidung über die Eröffnung zu ermitteln und in einem Gutachten fachkundig darzustellen. Er muss sich durch eigene Nachforschungen, insbesondere durch Auswertung der Geschäftsunterlagen des Schuldners sowie durch Besichtigung der Betriebseinrichtungen und Geschäftsräume einen möglichst vollständigen Überblick über die schuldnerischen Finanz- und Vermögensverhältnisse verschaffen. Es bleibt Sache des Gerichts, das Gutachten des Sachverständigen zu würdigen (§ 286 ZPO, § 4 InsO) und zu beurteilen, ob es nachvollziehbar und in sich widerspruchsfrei ist und damit Grundlage der Entscheidung sein kann.[18] 7

II. Auskunfts- und Mitwirkungspflicht des Schuldners

Ist der Eröffnungsantrag zulässig, hat der Schuldner dem Insolvenzgericht nach bestem Wissen und Gewissen wahrheitsgemäß, dh richtig und vollständig, alle Auskünfte zu erteilen, die zur Entscheidung über den Antrag erforderlich sind (§ 20 I 2, § 97 I, § 98 I), das Gericht auch sonst bei der Erfüllung seiner Aufgaben zu unterstützen (§ 20 I 2, § 97 II), sich auf dessen Anordnung jederzeit zur Verfügung zu stellen, um seine Pflichten im Verfahren zu erfüllen (§ 20 I 2, § 97 III), sowie alle Handlungen zu unterlassen, die der Erfüllung dieser Pflichten zuwiderlaufen (§ 20 I 2, § 97 III). Die Aus- 8

---

[13] BGH NZI 2006, 642; OLG Frankfurt JW 1926, 2114; LG Köln KTS 1986, 362; AG Hamburg NZI 2000, 445; AG Hamburg ZIP 2008, 520 f.
[14] LG Hamburg, ZInsO 2007, 335; AG Hamburg ZIP 2008, 520 f.
[15] BVerfG NZI 2002, 30.
[16] MüKoInsO/*Ganter/Lohmann* § 5 Rn. 24, 51; Jaeger/*Gerhardt* § 5 Rn. 13.
[17] BGH WM 1957, 67 = LM BGB § 839 (Fi) Nr. 4; OLG Hamm MDR 1972, 521; vgl. zum Folgenden insbesondere AG Köln InVo 1999, 141; AG Duisburg NZI 1999, 308; *Bollig* KTS 1990, 599 ff.; *Wessel* (1993), passim; *ders.* DZWIR 1999, 230 ff.; *Rendels* NZG 1998, 839 ff.; MüKoInsO/*Schmahl/Vuia* § 16 Rn. 45 ff.
[18] BGH NZI 2004, 30, 31; BGH NZI 2009, 233, 234; MüKoInsO/*Schmahl/Vuia* § 16 Rn. 48, 68.

kunfts- und Mitwirkungspflicht (sie ist der Oberbegriff für diese Teilpflichten) ist das sachlich gebotene Korrelat zur Amtsermittlungspflicht des Insolvenzgerichts. Sie greift bei allen Sachverhalten ein, zu deren Klärung das Gericht von Amts wegen tätig wird.

9   1. Voraussetzungen. Die Pflichten des Schuldners nach § 20 I setzen ein, wenn ein nach den allgemeinen Regeln zulässiger Eröffnungsantrag gestellt ist. Eine ausdrückliche Feststellung der Zulässigkeit durch das Insolvenzgericht ist weder beim Gläubiger- noch beim Eigenantrag erforderlich (→ § 11 Rn. 7; → § 12 Rn. 9).[19] Im Fall des Gläubigerantrags entsteht die Auskunfts- und Mitwirkungspflicht, sobald der zulässige Antrag dem Schuldner bekannt wird, beim Eigenantrag schon mit der Einreichung eines Schreibens des Schuldners, das ein ernsthaftes Eröffnungsverlangen und die Darlegung eines Eröffnungsgrundes enthält. Die Angaben des Schuldners in seinem Eröffnungsantrag und in dessen Anlagen (zB in Vermögensübersichten, Gläubiger- und Drittschuldnerverzeichnissen) werden bereits von der Wahrheitspflicht (§ 20 I, § 98 I) erfasst.[20] Ist ein Antrag dem ersten Anschein nach zulässig, treten jedoch nachträglich, etwa aufgrund der Anhörung anderer Beteiligter, ernsthafte Zweifel an der Zulässigkeit auf, bleibt der Schuldner zur Auskunft und Mitwirkung verpflichtet, solange der Antrag nicht als unzulässig zurückgewiesen worden ist.[21]

10   2. Auskunftspflicht. Die Auskunftspflicht des Schuldners gegenüber dem Insolvenzgericht und dem von diesem beauftragten Sachverständigen erstreckt sich im Eröffnungsverfahren auf alle von Amts wegen zu beachtenden rechtlichen und tatsächlichen Umstände, die in irgendeiner Weise für die Entscheidung über die Eröffnung oder für eine sonstige gerichtliche Entscheidung in diesem Verfahrensabschnitt von Bedeutung sein können. Der Schuldner hat in diesem Rahmen seine gesamten Rechts- und Vermögensverhältnisse offenzulegen, die gegenwärtigen und für die Zukunft absehbaren ebenso wie die vergangenen, soweit sie für die Gegenwart oder die Zukunft erheblich sein können.[22] Dementsprechend kann der Schuldner auch im Rahmen eines Gläubigerantrags im Rahmen des Zumutbaren gehalten sein, die Angaben zu machen, die ihm für den Fall eines Eigenantrags in § 13 I 3 bis 5 auferlegt werden, sofern diese etwa für die Einsetzung eines vorläufigen Gläubigerausschusses gem. §§ 21 II 1 Nr. 1a, 22a I, II von Bedeutung sind. Allerdings besteht eine Auskunftspflicht nur dann, wenn die Angaben für den Fall eines Eigenantrags ebenfalls verpflichtend sind (→ § 9 Rn. 23). Ist der Schuldner nach der Vorstellung des Gesetzgebers nicht einmal bei einem Eigenantrag zur Mitteilung verpflichtet, hat dies erst recht bei einem Fremdantrag zu gelten.

11   Die Auskunftspflicht erschöpft sich im Übrigen nicht in der Pflicht, ausdrückliche Fragen des Insolvenzgerichts zu beantworten. Der Schuldner hat vielmehr ungefragt auch solche sachdienlichen Umstände zu offenbaren, die für das Gericht als Auskunftsthemen nicht erkennbar sind oder von ihm ersichtlich übersehen werden und deshalb keine Nachfrage auslösen.[23] Gleiches gilt für nachträgliche Veränderungen. Dass der Schuldner bereits in der Einzelzwangsvollstreckung (§ 802c ZPO, § 284 AO) oder im Rahmen behördlicher Ermittlungen Auskünfte erteilt hat steht der Auskunftspflicht gegenüber dem Insolvenzgericht nicht entgegen.[24] Der Zweck des Verfahrens erfordert aktuelle, für ergänzende Fragen offene Auskünfte unter dem besonderen Blickwinkel des Insolvenzrechts. Soweit der Schuldner zur Auskunft verpflichtet ist, ist das Insolvenzgericht nicht daran gehindert, Erkenntnisse aus anderen Verfahren, etwa von der

---

[19] BGH NZI 2009, 65; MüKoInsO/*Schmahl*/*Vuia* § 20 Rn. 11.
[20] BGH NZI 2009, 65.
[21] MüKoInsO/*Schmahl*/*Vuia* § 20 Rn. 11.
[22] Ebenso HK/*Kirchhof* § 20 Rn. 10; ähnlich *Uhlenbruck* in Uhlenbruck § 20 Rn. 22.
[23] BGH ZInsO 2011, 396 f.; BGH ZInsO 2010, 477; AG Oldenburg ZInsO 2001, 1170 f.; AG Erfurt ZInsO 2006, 1173 f.; AG Duisburg NZI 2008, 697 ff.
[24] Vgl. BGH NJW 2004, 2905 f.

Steuerfahndung erlangten Beweismittel, zu verwerten.[25] Der Schuldner hat darüber hinaus seine bereits gemachten Angaben unverzüglich und in eigener Initiative zu ergänzen oder richtigzustellen, wenn er erkennt, dass sich nicht unwesentliche Veränderungen ergeben haben oder die bisherigen Informationen unvollständig oder unrichtig waren.[26] Dies gilt auch, wenn die ursprüngliche Auskunft in der Antragsbegründung, in deren Anlagen[27] oder in einer sonstigen Erklärung des Schuldners gegenüber dem Insolvenzgericht enthalten war.

Der Schuldner hat die Auskünfte nach bestem Wissen und Gewissen wahrheitsgemäß, also richtig und vollständig zu erteilen (§ 20 I, § 98 I 1). Er hat sich auf sie so sorgfältig vorzubereiten, dass er sachdienliche und möglichst genaue Angaben machen kann. Zu diesem Zweck hat er seine Unterlagen herauszusuchen, einzusehen und gründlich durchzuarbeiten.[28] Bei einer arbeitsteiligen Geschäftsorganisation hat er sich durch seine Angestellten informieren zu lassen. Sind die Unterlagen nicht in seinem Besitz, so hat er sich mit der gebotenen Sorgfalt um ihre Beschaffung zu bemühen. Unterlässt der Schuldner die erforderliche Vorbereitung, kann dies nach den Umständen, insbesondere bei Missachtung einer entsprechenden Aufforderung des Gerichts, als Verweigerung der Auskunft gewertet werden und zumindest nach Ablauf einer angemessenen Nachfrist die Anordnung der Haft nach § 98 II Nr. 1 rechtfertigen.[29]

Das Gericht kann durch Auflagen an den Schuldner die Art und Weise der Auskunftserteilung regeln.[30] Auf Verlangen hat der Schuldner seine Auskunft in Form geordneter schriftlicher Übersichten oder Zusammenfassungen zu erteilen.[31] Das Gericht kann ihm ferner aufgeben, geordnete und aussagekräftige Aufzeichnungen über seine laufenden Geschäftsvorfälle anzufertigen und in bestimmten Zeitabständen vorzulegen, auch wenn er nach den allgemeinen Gesetzen nicht zur Buchführung verpflichtet ist.[32]

3. Unterstützungspflicht. Über die Erteilung von Auskünften hinaus hat der Schuldner das Gericht bei allen Ermittlungen zu unterstützen, die es von Amts wegen durchführt (§ 20 I 2, § 97 II). Zu diesem Zweck hat er dem Gericht alle Erkenntnisquellen zu erschließen, die ihm selbst zur Verfügung stehen, insbesondere ihm bekannte Beweismittel zu benennen und Unterlagen vorzulegen. Auch den vom Gericht eingesetzten Sachverständigen hat er durch Auskünfte und die Bereitstellung von Unterlagen zu unterstützen.

Soweit erforderlich, ist der Schuldner zur Erteilung von Vollmachten[33] oder Ermächtigungen sowie zur Abgabe sonstiger rechtsgeschäftlicher Erklärungen verpflichtet, die das Gericht, den Insolvenzsachverständigen oder den vorläufigen Insolvenzverwalter in

---

[25] AG Köln ZInsO 2009, 671 ff.
[26] BGH GA 1956, 123 f.; BGH NJW 2008, 2581, 2583 (zu § 1579 Nr. 5 BGB); BGH NZI 2009, 65; BGH NJW-RR 2009, 783, 785 = ZIP 2009, 675, 677; LG Mönchengladbach ZInsO 2003, 955 = ZVI 2003, 675 f.; AG Oldenburg ZInsO 2001, 1170 f.; AG Göttingen ZInsO 2004, 757 = ZVI 2004, 424; AG Erfurt ZInsO 2006, 1171; AG Duisburg NZI 2007, 596 f.; AG Oldenburg (Oldb) ZInsO 2009, 686 = ZVI 2009, 128; MüKoInsO/*Schmahl/Vuia* § 20 Rn. 34; Jaeger/*Gerhardt* § 20 Rn. 6; *Tiedemann* KTS 1984, 539, 544 f.
[27] BGH GA 1956, 123 f.; BGH NZI 2009, 65.
[28] BGHZ 162, 187, 197 f. = NJW 2005, 1505, 1507 = NZI 2005, 263, 264 f.; BGH ZInsO 2006, 264 f.; OLG Hamm ZIP 1980, 280, 282; Jaeger/*Gerhardt* § 20 Rn. 10; MüKoInsO/*Schmahl/Vuia* § 20 Rn. 33.
[29] Vgl. BGHZ 162, 187, 197 f. = NJW 2005, 1505, 1507 = NZI 2005, 263, 264 f.; BGH ZInsO 2006, 264 f.; LG Göttingen NZI 2003, 383 f.
[30] LG Duisburg NZI 2001, 384; *Uhlenbruck* in Uhlenbruck § 20 Rn. 21.
[31] HK/*Kirchhof* § 20 Rn. 11; *Uhlenbruck* in Uhlenbruck § 20 Rn. 21.
[32] LG Duisburg NZI 2001, 384; *Uhlenbruck* NZI 2002, 401, 402; im Erg auch *App* EWiR 2001, 879.
[33] BGH NJW-RR 2004, 134 = NZI 2004, 21; OLG Köln ZIP 1986, 658; 1998, 113; LG Memmingen ZIP 1983, 204; LG Köln ZIP 1997, 989 und 2161.

die Lage versetzen, ihre Aufgaben wahrzunehmen. Bedeutsam ist dies vor allem im Zusammenhang mit der Ermittlung und Sicherung von Auslandsvermögen.[34] Ist es auf Grund bestimmter Tatsachen nicht ganz unwahrscheinlich, dass der Schuldner über solches Vermögen verfügt, hat er dem vorläufigen Insolvenzverwalter eine Vollmacht zu erteilen, die ihm eine umfassende Ermittlung und Sicherstellung des Vermögens ermöglicht.[35] Dies gilt auch für Vermögen in Staaten, welche die Beschlagnahmewirkungen des deutschen Insolvenzverfahrens anerkennen.[36]

16 **4. Bereitschaftpflicht.** Die Regelung des § 97 III, § 20 I 2 verpflichtet den Schuldners, sich auf Anordnung des Gerichts jederzeit zur Verfügung zu stellen. Er hat dafür zu sorgen, dass er jederzeit zumindest postalisch erreichbar ist. Insbesondere hat der Schuldner dem Gericht jeden Wechsel der Wohn- oder Geschäftsanschrift zu melden.[37] Darüber hinaus ermächtigt die Regelung das Gericht, im Rahmen des Verfahrenszwecks die Freizügigkeit des Schuldners einzuschränken.[38] Solche Auflagen können auch Bestandteil eines Haftverschonungsbeschlusses[39] sein (§ 98 II InsO, § 116 StPO analog).

17 **5. Verpflichtete Personen.** Zur Auskunft und Mitwirkung verpflichtet sind der Schuldner und jeder seiner zur Zeit des Verfahrens amtierenden organschaftlichen Vertreter einschließlich der vertretungsberechtigten persönlich haftenden Gesellschafter sowie der Mitglieder des Aufsichtsrats oder eines vergleichbaren gesetzlichen oder statuarischen Aufsichtsorgans (§ 20 I 2, § 101 I 1, § 97). Die Pflicht ist unabhängig von der internen Zuständigkeit einzelner Organmitglieder. Sie trifft auch den gerichtlich bestellten Verfahrenspfleger als sektoralen Vertreter des Schuldners[40] und – zusätzlich zum nominellen – den sog faktischen Geschäftsführer (→ § 8 Rn. 28).[41] Unbeschränkt zur Auskunft verpflichtet sind ferner ehemalige organschaftliche Vertreter der genannten Kategorien, die nicht früher als zwei Jahre vor der Stellung des Eröffnungsantrags oder erst nach Antragstellung[42] aus einer solchen Position ausgeschieden sind (§ 20 I 2, § 101 I 2, § 97); sie gelten gegenüber dem Insolvenzgericht als Partei.[43]

18 Ist der Schuldner eine nicht unbeschränkt geschäftsfähige natürliche Person, treffen seine Auskunfts- und Mitwirkungspflichten jeden seiner gesetzlichen Vertreter, daneben aber auch den Schuldner persönlich (§ 4 InsO, § 455 ZPO). Das Gleiche gilt, falls die Vermögenssorge eines geschäftsfähigen Schuldners einem Betreuer oder Pfleger obliegt (vgl. §§ 1902, 1915, 1793 BGB). Unerheblich ist, ob ein Einwilligungsvorbehalt angeordnet oder der Betreuer oder Pfleger in das Verfahren eingetreten ist.[44] Die Auswahl trifft das Gericht nach pflichtgemäßem Ermessen.

19 **6. Zwangsmittel, sonstige Sanktionen, Restschuldbefreiung.** Leistet der Schuldner oder die für ihn auskunftspflichtige Person einem bestimmten Auskunfts- oder Mitwirkungsverlangen nicht Folge, kann das Insolvenzgericht die Erfüllung der Pflicht mit den in § 98 II geregelten Zwangsmitteln (Vorführung und Haft) durchset-

---

[34] Begr RegE InsO 1992 zu § 110 (= § 97 II InsO), BT-Drucks.12/2443, S. 142.
[35] AllgM; BGH NJW-RR 2004, 134 = NZI 2004, 21 f. mit Anm. *Uhlenbruck*.
[36] *Vallender* EWiR 2004, 293 f.
[37] BGH, Beschl. v. 15.11.2007 – IX ZB 159/06; BGH ZInsO 2008, 975; LG Verden ZVI 2006, 469; AG Königstein ZVI 2003, 365; AG Duisburg NZI 2007, 596 f.; MüKoInsO/*Stephan* § 97 Rn. 37; *Uhlenbruck* in Uhlenbruck § 97 Rn. 20.
[38] Begr. RegE InsO 1992 zu § 111 (= § 97 III InsO), BT-Drucks 12/2443, S. 142.
[39] Vgl. LG Hamburg MDR 1971, 309; LG Memmingen ZIP 1983, 204.
[40] AG Duisburg NZI 2008, 621, 623.
[41] *Uhlenbruck* KTS 1997, 371, 390; *Vallender* ZIP 1996, 529, 530 f.; HK/*Kirchhof* § 20 Rn. 4; *Uhlenbruck* in Uhlenbruck § 20 Rn. 10; MüKoInsO/*Schmahl/Vuia* § 20 Rn. 17.
[42] *Uhlenbruck* NZI 2002, 401, 403; vgl. auch OLG Düsseldorf NZI 2001, 97.
[43] *Uhlenbruck* KTS 1997, 371, 387; vgl. auch LG Düsseldorf KTS 1961, 191.
[44] BGH NJW-RR 2009, 1.

zen, sofern dies zur gesetzmäßigen Durchführung des Verfahrens notwendig ist und weniger einschneidende Mittel nicht zur Verfügung stehen.[45] In diesem Rahmen können auch Gesichtspunkte der Zweckmäßigkeit berücksichtigt werden.[46]

Abgesehen von diesen Zwangsmitteln und der strafrechtlichen Verantwortlichkeit des Schuldners oder seiner Vertreter wegen Bankrotts (vgl. etwa § 283 I Nr. 1, 4, 8 StGB), kann die Verletzung der Auskunfts- und Mitwirkungspflichten in der Insolvenz einer natürlichen Person weitere schwerwiegende Folgen haben. Vor allem kann sie die Versagung der Restschuldbefreiung (§ 290 I Nr. 5, 6) sowie die Verweigerung[47] oder spätere Aufhebung der Kostenstundung (§ 4c Nr. 1, 5) rechtfertigen. Dabei ist es unerheblich, ob durch die Pflichtverletzung die Befriedigungsaussichten der Gläubiger beeinträchtigt worden sind. Es reicht aus, dass das pflichtwidrige Verhalten des Schuldners der Art nach geeignet war, die Befriedigung der Insolvenzgläubiger zu gefährden.[48]

III. Rechtliches Gehör zum Ermittlungsergebnis

1. Anhörung bei Eröffnungsreife. Wie in jedem gerichtlichen Verfahren haben die Beteiligten auch im Eröffnungsverfahren grundsätzlich Anspruch auf rechtliches Gehör zu den Ermittlungsergebnissen, die das Gericht seiner Entscheidung zugrunde legen will.[49] Andererseits gebietet der Verfahrenszweck eine zügige Entscheidung, wenn das Gericht zu der Einschätzung kommt, das Insolvenzverfahren sei zur Eröffnung reif (s. o. Rn. 5). Diese besondere Lage erfordert es, bei der Gewährung des rechtlichen Gehörs auf das bisherige Verhalten des Schuldners im Verfahren abzustellen. Ist der Schuldner dem Antrag eines Gläubigers substantiiert entgegengetreten, muss er Gelegenheit erhalten, zu den Ermittlungsergebnissen Stellung zu nehmen.[50] In allen anderen Fällen ist die Anhörung in der Regel entbehrlich. Dies gilt insbesondere, wenn der Schuldner den Eröffnungsgrund nur schlicht bestritten hat. Ein Schuldner, der seine Rechte im Verfahren nicht oder nicht sorgfältig genug wahrnimmt, muss sich eine vermeidbare Gleichgültigkeit verfahrensrechtlich zurechnen lassen[51] und darf durch sie nicht die Interessen der Gläubiger noch zusätzlich gefährden. Die Frist zur Stellungnahme darf wegen der Eilbedürftigkeit kurz bemessen sein,[52] sie kann weniger als eine Woche betragen.[53] Die gleichen Regeln gelten, wenn in den Fällen des § 15 InsO andere Antragsberechtigte dem Antrag widersprochen haben. Die widersprechenden Berechtigten sind so zu behandeln wie der Schuldner bei einem Gläubigerantrag.

Der Eröffnungsantragsteller selbst, sei es ein Gläubiger, der Schuldner oder ein Berechtigter nach § 15, ist bei Eröffnungsreife nicht mehr zu hören. Dies gilt auch, wenn bei einem Eigenantrag der Schuldner ersichtlich die Abweisung mangels Masse erwartet.[54] In allen diesen Fällen entspricht die Entscheidung dem Antrag und kann deshalb den Antragsteller nicht überraschen.[55]

---

[45] Ausschussbericht 1994 zu § 110 III InsO-E (= § 98 III InsO), BT-Drucks 12/7302, S. 166; BGH NZI 2004, 86; LG Stendal ZIP 1995, 1106 f.; LG Göttingen ZIP 1996, 144 f.; *Runkel* EWiR 1996, 271.
[46] MüKoInsO/*Schmahl/Vuia* § 20 Rn. 66.
[47] Vgl. dazu BGHZ 156, 92, 93 f. = NJW 2003, 2910 = NZI 2003, 556; BGH ZVI 2004, 281; BGH NZI 2005, 45; BGH NZI 2005, 273; BGH ZInsO 2008, 111 f.; BGH NZI 2008, 507 f.; BGH NZI 2008, 624 f.; BGH NZI 2009, 188 f.; BGH NZI 2009, 253.
[48] BGH NZI 2009, 253.
[49] *Uhlenbruck* FS Baumgärtel 1990, S. 569, 571.
[50] OLG Köln KTS 1989, 450; LG München I ZInsO 2001, 814 f.; *Uhlenbruck* Festschrift für Baumgärtel 1990, S. 569, 579; *Vallender*, Kölner Schrift, Rn. 60; FK/*Schmerbach* § 27 Rn. 12.
[51] Vgl. BVerfGE 42, 120, 126 f.; BVerfG NJW 1996, 1811 f.
[52] *Uhlenbruck* FS Baumgärtel 1990, S. 569, 579 f.; vgl. auch BVerfG NZI 2002, 30.
[53] Vgl. OLG Köln ZIP 1984, 1284.
[54] *Vallender*, Kölner Schrift, Rn. 59.
[55] *Uhlenbruck* FS Baumgärtel 1990, S. 569, 576, 581; *Vallender*, Kölner Schrift, Rn. 59.

23 **2. Anhörung vor Ablehnung der Eröffnung.** Soll der Eröffnungsantrag eines Gläubigers mangels Masse abgewiesen werden, erhält der Antragsteller, sofern dies nach Aktenlage nicht offenkundig sinnlos erscheint, Gelegenheit, einen Verfahrenskostenvorschuss einzuzahlen (§ 26 I 2). Dabei ist ihm das wesentliche Ergebnis der Ermittlungen mitzuteilen, damit er die Notwendigkeit und die Höhe des Vorschusses nachvollziehen kann. Ob auch der Schuldner vor der Entscheidung über den Gläubigerantrag nochmals anzuhören ist, richtet sich wie bei der Eröffnungsreife nach seinem bisherigen Vorbringen.

24 Der Schuldner als Eröffnungsantragsteller braucht vor der Abweisung mangels Masse regelmäßig nicht mehr angehört zu werden, weil erfahrungsgemäß mit der Einzahlung eines Kostenvorschusses von seiner Seite nicht zu rechnen ist. Nur wenn der Schuldner eine natürliche Person ist und er bereits Restschuldbefreiung, aber noch keine Stundung der Verfahrenskosten beantragt hat, muss er Gelegenheit erhalten, entweder den Stundungsantrag nachzuholen (§ 4a) oder aus Fremdmitteln die Durchführung des Verfahrens zu ermöglichen, weil ihm andernfalls die Restschuldbefreiung verwehrt ist (§ 289 III).

25 Ergibt sich im Verlaufe der Ermittlungen, dass der Eröffnungsantrag unzulässig oder unbegründet ist, steht dem Antragsteller vor der Entscheidung rechtliches Gehör zu, damit er sein Vorbringen ergänzen oder neue Ermittlungsmöglichkeiten aufzeigen kann.

IV. Akteneinsicht und Sachstandsauskünfte im Eröffnungsverfahren

26 Für die Gewährung von Akteneinsicht an Beteiligte und Unbeteiligte gilt § 299 ZPO entsprechend (§ 4). Dabei sind die Besonderheiten des insolvenzgerichtlichen Verfahrens als eines Ermittlungs- und Vollstreckungsverfahrens im Interesse der Gesamtheit der Gläubiger zu berücksichtigen.

27 Die Beteiligten des Eröffnungsverfahrens haben grundsätzlich jederzeit ein Recht auf Akteneinsicht (§ 299 I ZPO). Dies sind der Schuldner, seine gesetzlichen Vertreter und die je nach Sachlage sonst Antragsberechtigten aus seiner Sphäre (vgl. § 15 I) sowie der Gläubiger, der einen zulässigen Eröffnungsantrag gestellt hat. Allerdings kann das Gericht mit Rücksicht auf den Verfahrenszweck die Einsicht versagen, soweit und solange durch sie die gerichtlichen Ermittlungen oder die Sicherung der künftigen Insolvenzmasse gefährdet erscheinen oder das Verfahren erheblich verzögert würde (§ 21 I; Rechtsgedanke der § 147 II, § 406e II, § 477 II StPO).[56] Solange die Ermittlungen nicht abgeschlossen sind, dienen insbesondere die Angaben des Schuldners und die Berichte des Sachverständigen oder vorläufigen Insolvenzverwalters nur der Förderung des Verfahrens, nicht der Information der Gläubiger. Die Ausübung des Akteneinsichtsrechts darf nicht dazu führen, dass sich der antragstellende Gläubiger das aktenkundige Wissen des Gerichts während des laufenden Eröffnungsverfahrens für eigene Zwecke zunutze machen kann. Eine Versendung der Akten kommt nicht in Betracht, weil die Akten für das Gericht jederzeit sofort verfügbar sein müssen.[57]

28 Unbeteiligten Personen (Dritten) darf ohne Einwilligung der Beteiligten die Akteneinsicht nur gestattet werden, wenn ein rechtliches Interesse glaubhaft gemacht wird (§ 299 II ZPO, § 4 InsO). Als Dritte sind während des Eröffnungsverfahrens auch alle Gläubiger anzusehen, die zwar ihre Forderung glaubhaft gemacht, selbst aber keinen zulässigen Eröffnungsantrag gestellt haben.[58] Ein rechtliches Interesse liegt vor, wenn der Einsichtbegehrende auf die Kenntnis des Akteninhalts oder einzelner Aktenstücke angewiesen ist, um eigene schutzwürdige Belange wahrzunehmen, die einen rechtlichen

---

[56] LG Darmstadt ZIP 1990, 1424 f.; AG Köln KTS 1989, 935 f.; MüKoInsO/*Ganter* § 4 Rn. 75; Jaeger/*Gerhardt* § 4 Rn. 29, jeweils mwN.
[57] BGH NJW 1961, 559; MüKoInsO/*Ganter* § 4 Rn. 71; *Uhlenbruck* KTS 1989, 527, 540.
[58] BGH NZI 2006, 472 f.; *Uhlenbruck* KTS 1989, 527, 532 f.; *Graf/Wunsch* ZIP 2001, 1800, 1801.

Bezug zum Verfahrensgegenstand haben,[59] und keine schutzwürdigen Interessen anderer entgegenstehen. Das rechtliche Interesse haben insbesondere Gläubiger, die sich über die Vermögenslage des Schuldners informieren wollen. Das Einsichtsrecht des Unbeteiligten geht indessen nicht weiter als das eines Beteiligten. Die Einschränkungen aufgrund des gesetzlichen Ermittlungs- und Sicherungsauftrags (→ Rn. 27) gelten deshalb auch hier.

Ist das Eröffnungsverfahren ohne einen Eröffnungsbeschluss rechtskräftig beendet worden, besteht für die Gläubiger des Schuldners das rechtliche Interesse an der Einsicht in die Insolvenzakte (§ 4 InsO, § 299 II ZPO) fort. Nach einer Abweisung des Eröffnungsantrags mangels Masse erstreckt sich dieses Interesse auch auf die Frage, ob sich aus der Akte Anhaltspunkte für werthaltige Durchgriffs- oder Schadensersatzansprüche gegen Dritte, insbesondere Organmitglieder, Anteilsinhaber oder Hintermänner des Schuldners, ergeben.[60] Im Anwendungsbereich des § 14 I 2 kann sich ein rechtliches Interesse daraus ergeben, dass der antragstellende Gläubiger die Voraussetzungen des „Erstverfahrens" glaubhaft machen muss (→ § 9 Rn. 57). Vor Gewährung der Akteneinsicht ist dem Schuldner im Rahmen des Möglichen und Zumutbaren Gelegenheit zu geben, sein Geheimhaltungsinteresse geltend zu machen.[61] Die Anhörung ist entbehrlich, wenn offensichtlich ein solches Interesse nicht berührt werden kann.[62] 29

Auskünfte über die Anhängigkeit eines Eröffnungsantrags gegen einen bestimmten Schuldner darf das Insolvenzgericht grundsätzlich nur erteilen, wenn der Antrag vom Schuldner selbst gestellt worden ist. Über zulässige Gläubigeranträge ist im Regelfall nur mitzuteilen, dass ein eröffnetes Insolvenzverfahren nicht anhängig sei.[63] Weitergehende Auskünfte zum Verfahrensstand sind gegenüber Dritten nur sachgerecht, sofern sie Anordnungen des Insolvenzgerichts betreffen, die notwendigerweise einem größeren Personenkreis bekannt werden, etwa die Einsetzung eines vorläufigen Insolvenzverwalters (§ 23) oder, wenn sich ein Eröffnungsverfahren über mehrere Monate hinzieht, die Beauftragung eines Sachverständigen. 30

§ 14. Einstweilige Maßnahmen des Insolvenzgerichts

Übersicht

	Rn.
I. Das Regelungsziel der §§ 21, 22 InsO	1
II. Allgemeine Voraussetzungen für die Anordnung von Sicherungsmaßnahmen	2
1. Zulässigkeit und „Zulassung" des Insolvenzantrages?	2
2. Der Grundsatz der Verhältnismäßigkeit	3
III. Inhalt und Wirkungen der Sicherungsmaßnahmen	5
1. Der Regelungsgehalt der §§ 21, 22 InsO	5
2. Die Unwirksamkeit anordnungswidriger Rechtshandlungen	6
3. Sofortige Beschwerde und Aufhebung von Sicherungsmaßnahmen	13
IV. Die Sicherungsmaßnahmen im Einzelnen	22
1. Die Bestellung eines vorläufigen Insolvenzverwalters	22
2. Die Einsetzung eines vorläufigen Gläubigerausschusses	28

---

[59] Vgl. BGH NZI 2006, 472 f.
[60] BGH NZI 2006, 472, 473 f.; OLG Köln NZI 1999, 502.
[61] BVerfG NJW 2003, 501; BVerfG NJW 2007, 1052; BGH ZIP 1998, 961 f.; BGH NZI 2006, 472 f.
[62] MüKoInsO/*Ganter/Lohmann* § 4 Rn. 71; *Graf/Wunsch* ZIP 2001, 1800, 1805.
[63] *Uhlenbruck* KTS 1989, 527, 529.

		Rn.
	3. Die Anordnung eines Verfügungsverbots	30
	4. Die Anordnung eines Zustimmungsvorbehalts	39
	5. Die Einstellung oder Untersagung von Zwangsvollstreckungsmaßnahmen	44
	6. Die Anordnung einer vorläufigen Postsperre	49
	7. Die Anordnung eines Verwertungs- und Einziehungsverbots für aus- und absonderungsberechtigte Gläubiger	51
	8. Sonstige Sicherungsmaßnahmen	54
V.	Die Rechtswirkungen der Bestellung eines vorläufigen Insolvenzverwalters	56
	1. Der vorläufige Insolvenzverwalter ohne Verwaltungs- und Verfügungsbefugnis	56
	2. Der vorläufige Insolvenzverwalter mit Zustimmungsvorbehalt	64
	3. Der vorläufige Insolvenzverwalter mit Verwaltungs- und Verfügungsbefugnis	70
	4. Die Wirksamkeit von Rechtshandlungen des vorläufigen Insolvenzverwalters bei vorzeitiger Verfahrensbeendigung	73
VI.	Die Rechtsstellung des vorläufigen Insolvenzverwalters	74
	1. Die Aufsicht des Insolvenzgerichts	74
	2. Die allgemeinen Pflichten des vorläufigen Insolvenzverwalters	76
	3. Die allgemeinen Rechts des vorläufigen Insolvenzverwalters	89
	4. Die Rechtsstellung gegenüber aus- und absonderungsberechtigten Gläubigern	99
	5. Der vorläufige Insolvenzverwalter in Sonderrechtsgebieten	107
	6. Die Vergütung des vorläufigen Insolvenzverwalters	127
	7. Die Haftung des vorläufigen Insolvenzverwalters	134
	8. Zwangsmaßnahmen und Entlassung des vorläufigen Insolvenzverwalters	147
VII.	Die Rechtsstellung des vorläufigen Insolvenzverwalters mit Verwaltungs- und Verfügungsbefugnis	148
	1. Inbesitznahme des Schuldnervermögens und Herausgabevollstreckung	148
	2. Vom vorläufigen Insolvenzverwalter begründete Verbindlichkeiten	150
	3. Die Pflicht zur einstweiligen Unternehmensfortführung	154
	4. Die Pflicht zur Betriebsstilllegung	160
VIII.	Der Zahlungsverkehr im vorläufigen Insolvenzverfahren	166
	1. Überweisungsverkehr	167
	2. Lastschriftverkehr	175
	3. Wechselverkehr	184
	4. Scheckverkehr	187
	5. Anweisung nach BGB	190
IX.	Auskunfts- und Mitwirkungspflichten des Schuldners	191
	1. Auskunftspflichten	191
	2. Mitwirkungspflichten gegenüber dem vorläufigen Verwalter	192

I. Das Regelungsziel der §§ 21, 22 InsO

1   Die Bewältigung einer wirtschaftlichen Krise ist dann am aussichtsreichsten, wenn Sanierungsbemühungen möglichst frühzeitig begonnen werden. Hat der Schuldner dagegen bereits das Stadium der Insolvenzreife erreicht, werden Sanierungsbemühungen im gerichtlichen Verfahren häufig schon daran scheitern, dass gerade für gesicherte Gläubiger das Risiko einer weiteren Entwertung ihrer Sicherheiten besonders hoch ist. Im Grundsatz sollten daher außergerichtliche Sanierungsbemühungen bereits zu Beginn der Krisenphase gefördert werden. Gleichwohl darf nicht verkannt werden, dass die außergerichtliche Sanierung gerade deshalb auf erhebliche Schwierigkeiten stößt, weil es an gesetzlichen Handlungsinstrumentarien fehlt, insbesondere zur Verhinderung obstruktiven Gläubigerverhaltens (→ zur sog Akkordstörer-Problematik § 4 Rn. 7). Vor diesem Hintergrund kann es ratsam sein, einen Sanierungsversuch erst im gerichtlichen Verfahren zu versuchen. Sanierung und Liquidation stehen dabei nach dem geltenden Insolvenzrecht als Mittel zur Erreichung einer gleichmäßigen Gläubigerbefriedigung (par conditium creditorum) gleichrangig nebeneinander. Ein wesentlicher Nachteil des

Einstweilige Maßnahmen des Insolvenzgerichts 2 § 14

früheren Insolvenzrechts bestand darin, dass Einzelzugriffe vor allem der Sicherungsgläubiger noch im Eröffnungsverfahren zulässig waren und damit der Wert des uU sanierungsfähigen Unternehmens erheblich beeinträchtigt wurde, insbesondere dann, wenn Eigentumsvorbehalts- und Sicherungsgläubiger betriebsnotwendige Gegenstände aus dem schuldnerischen Unternehmen in der Krise herausholten. Das Ziel einer Verhinderung masseschmälernder Zugriffe und damit der vorzeitigen Zerschlagung von Unternehmen und Unternehmenseinheiten lässt sich aber nur erreichen, wenn verhindert wird, dass der Schuldner Vermögen beiseite schafft oder einzelne Gläubiger sich noch Sicherungen oder Befriedigung hinsichtlich ihrer Forderungen verschaffen.[1] Für die Zeitspanne bis zur Entscheidung über die Verfahrenseröffnung bedarf es massesichernder Maßnahmen.[2] Unter Geltung der InsO existiert für das Eröffnungsverfahren ein umfassendes Netz von Sicherungsmaßnahmen, das es dem Gericht ermöglicht, eine vorzeitige Zerschlagung des Schuldnerunternehmens zu verhindern und die Voraussetzungen für eine mögliche Sanierung zu erhalten. Vor allem, wenn es sich um einen laufenden Geschäftsbetrieb handelt, sind gerichtliche Sicherungsmaßnahmen die einzige Möglichkeit, eine einstweilige Unternehmensfortführung zu gewährleisten.[3]

II. Allgemeine Voraussetzungen für die Anordnung von Sicherungsmaßnahmen

1. Zulässigkeit und „Zulassung" des Insolvenzantrags? Geht ein Insolvenzantrag bei Gericht ein, hat das Gericht zunächst zu prüfen, ob der Antrag zulässig, also von einem Antragsberechtigten gestellt und die übrigen Verfahrensvoraussetzungen, insbesondere die Zuständigkeit des Gerichts, gegeben sind (→ § 11 Rn. 1 f.). Hat ein Gläubiger den Antrag gestellt, hat das Gericht ferner gemäß § 14 I zu prüfen, ob ein rechtliches Interesse an der Verfahrenseröffnung besteht (→ § 9 Rn. 29 ff.). Weiter hat das Gericht zu prüfen, ob der Eröffnungsgrund und der Anspruch des Gläubigers glaubhaft gemacht sind. In einem weiteren Schritt ist im Rahmen der Begründetheit zu prüfen, ob ein Eröffnungsgrund tatsächlich vorliegt (§ 16) und die Masse ausreicht, um die Verfahrenskosten zu decken (§ 26 I). Letzteres lässt sich häufig nur unter Zuhilfenahme eines Sachverständigen, ggf. auch des vorläufigen Insolvenzverwalters klären (→ Rn. 76 ff.). Während jedenfalls nach der Entscheidung über den Insolvenzantrag der Erlass von Sicherungsmaßnahmen nicht mehr in Betracht kommt, erhebt sich die Frage, ab welchem Zeitpunkt frühestens das Gericht Sicherungsmaßnahmen erlassen kann. Hierzu wird im Schrifttum teilweise die Auffassung vertreten, dass Sicherungsmaßnahmen des Gerichts nur dann angeordnet werden dürften, wenn der Insolvenzantrag – sei es Schuldner- oder Gläubigerantrag – zugelassen worden sei.[4] Die Zulassung des Antrags als zulässig ist im Gesetz jedoch nicht vorgesehen, insbesondere bedarf sie keiner förmlichen (anfechtbaren) Zwischenentscheidung.[5] Ihrem Wortlaut nach stellt die Be- 2

---

[1] *Haarmeyer/Wutzke/Förster*, Hdb Kap 3 Rn. 235; KPB/*Pape* § 21 Rn. 15; *Uhlenbruck* in Uhlenbruck § 21 Rn. 1; FK/*Schmerbach* § 21 Rn. 1; Jaeger/*Gerhardt* § 21 Rn. 4, 5; *Heinke* S. 125 f.
[2] Vgl. BGH NJW-RR 2007, 1062 = ZInsO 2007, 440; *Becker*, Insolvenzrecht, Rn. 688 f.; *Gerhardt*, Grundbegriffe, Rn. 250; MüKoInsO/*Haarmeyer* § 21 Rn. 1–3; *Uhlenbruck* in Uhlenbruck § 21 Rn. 4; *Gerhardt*, ZZP 109, 415, 416; *Haarmeyer/Wutzke/Förster*, Hdb Kap 3 Rn. 34 ff.; K. Schmidt/*Hölzle* § 21 Rn. 1.
[3] *Haarmeyer/Wutzke/Förster*, Hdb Kap 3 Rn. 236; *Pohlmann* Rn. 96. Eingehend zur Funktion der Betriebsfortführung s *Mönning*, Betriebsfortführung in der Insolvenz, 1997, Rn. 340 ff.; Braun/*Uhlenbruck*, Unternehmensinsolvenz, S. 232.
[4] *Heinke* S. 126; KPB/*Pape* § 21 Rn. 18; Blersch/Goetsch/*Haas* § 21 Rn. 6; FK/*Schmerbach* § 21 Rn. 31; *Uhlenbruck* in Uhlenbruck § 21 Rn. 2; *Leithaus* in Andres/Leithaus § 21 Rn. 3; auf die Zulässigkeit des Antrags abstellend auch Graf-Schlicker/*Voß* § 21 Rn. 3; *Bork* Rn. 102; Nerlich/Römermann/*Mönning* § 21 Rn. 32.
[5] BGH NJW-RR 2007, 1062 = ZInsO 2007, 440; LG Aachen, Beschl. v. 6.2.2007 – 6 T 19/07; K. Schmidt/*Hölzle* § 21 Rn. 7.

§ 14 3, 4 Kapitel II. Das Insolvenzeröffnungsverfahren

stimmung des § 21 ebenfalls nicht auf die Zulässigkeit des Antrags ab. Vielmehr hat der Gesetzgeber hierauf entgegen der Empfehlung der Ersten Kommission für Insolvenzrecht ausdrücklich verzichtet.[6] Darüber hinaus hat der BGH zutreffend betont, dass eine solche enge Handhabung des § 21 jedenfalls dann nicht mit den berechtigten Sicherungsinteressen der Insolvenzgläubiger vereinbar ist, wenn „die Zulässigkeitsvoraussetzungen mit überwiegender, auf gesicherter Grundlage beruhrender Wahrscheinlichkeit gegeben" seien und „sich das Insolvenzgericht die letzte Gewissheit erst im weiteren Verlauf des Verfahrens verschaffen" könne, was insbesondere dann gelte, wenn die offenen Zulässigkeitsvoraussetzungen nicht in der Sphäre des Gläubigers wurzelten und erst mit Hilfe eines Sachverständigen oder vorläufigen Insolvenzverwalters geklärt werden könnten.[7] Im Hinblick auf den Normzweck der §§ 21, 22 ist noch weitergehend davon auszugehen, dass das Insolvenzgericht Sicherungsmaßnahmen bereits dann ergreifen kann, wenn der Insolvenzantrag weder missbräuchlich noch offenkundig rechtswidrig ist.[8] Auch wenn sich der Insolvenzantrag später als unzulässig erweist, berührt dies die Rechtmäßigkeit der Anordnung von Sicherungsmaßnahmen nicht.[9]

3 **2. Der Grundsatz der Verhältnismäßigkeit.** Das Insolvenzeröffnungsverfahren unterliegt ebenso wie jedes staatliche Handeln dem Grundsatz der Verhältnismäßigkeit.[10] Bei der Anordnung von Sicherungsmaßnahmen hat das Gericht im Einzelfall zu prüfen, ob die Maßnahme zur Erreichung des Verfahrenszwecks erforderlich ist. Dies bedeutet, dass routinemäßige Anordnungen unzulässig sind. Vielmehr hat das Gericht in jedem Einzelfall zu prüfen, welche Maßnahmen erforderlich sind, um eine nachteilige Veränderung der Haftungsmasse zu verhindern. Ist der Schuldnerbetrieb vollständig eingestellt worden, kann es uU nicht erforderlich sein, einen vorläufigen Insolvenzverwalter mit Verwaltungs- und Verfügungsbefugnissen zu bestellen.[11] Andererseits ist die Bestellung eines vorläufigen Insolvenzverwalters im Rahmen einer beabsichtigten Betriebsfortführung geeignet, notwendiges Vertrauen bei den Gläubiger wieder herzustellen. Stehen mehrere Maßnahmen zur Verfügung, die gleich wirksam sind, ist die für den Schuldner weniger einschneidende Maßnahme anzuordnen, wenn damit der gleiche Zweck erfüllt werden kann.[12] Im Schutzschirmverfahren gem. § 270b gelten für die Ausübung des gerichtlichen Ermessens Besonderheiten; → die Kommentierung in § 88 Rn. 45 ff.

4 Der Grundsatz der Verhältnismäßigkeit bedeutet darüber hinaus, dass sich die Sicherungsmaßnahmen nicht nur am Verfahrenszweck, sondern auch an den berechtigten Interessen des Schuldners zu orientieren haben (Verhältnismäßigkeit ieS). Auf die Belange des Schuldners ist Rücksicht zu nehmen, vor allem wenn der Insolvenzantrag wegen drohender Zahlungsunfähigkeit gestellt worden und eine Sanierung beabsichtigt ist. Es kann im Einzelfall unverhältnismäßig sein, eine Postsperre nach § 21 II 1 Nr. 4 anzuordnen und damit den Geschäftsbetrieb des Schuldnerunternehmens vollständig lahm zu legen. Andererseits darf die „Angst vor Masseverbindlichkeiten" (vgl. § 55 II)

---

[6] BT-Drucks 12/2443 S. 115; s hierzu BGH NJW-RR 2007, 1062 = ZInsO 2007, 440.
[7] So BGH NJW-RR 2007, 1062 = ZInsO 2007, 440 bei Zweifeln hinsichtlich der internationalen und örtlichen Zuständigkeit; BGH EWiR 2008, 181; s a K. Schmidt/*Hölzle* § 21 Rn. 7.
[8] MüKoInsO/*Haarmeyer* § 21 Rn. 16, 17; *Haarmeyer/Wutzke/Förster*, Hdb Kap 3 Rn. 238; wohl auch Pohlmann Rn. 19.
[9] MüKoInsO/*Haarmeyer* § 21 Rn. 17.
[10] Einzelheiten hierzu bei KPB/*Prütting* § 5 Rn. 7 ff.; KPB/*Pape* § 21 Rn. 15 ff.; *Uhlenbruck* in Uhlenbruck § 21 Rn. 43; MüKoInsO/*Haarmeyer* § 21 Rn. 23 ff.; K. Schmidt/*Hölzle* § 21 Rn. 9 ff.; Nerlich/Römermann/*Mönning* § 21 Rn. 125 f.
[11] Einzelheiten bei *Haarmeyer/Wutzke/Förster*, Hdb Kap 3 Rn. 244; KPB/*Pape* § 21 Rn. 15 ff.; HK/*Kirchhof* § 22 Rn. 4 ff.; *Vallender* DZWIR 1999, 265, 266.
[12] Blersch/Goetsch/*Haas* § 21 Rn. 7; *Uhlenbruck* in Uhlenbruck § 21 Rn. 43.

nicht dazu führen, von dringend gebotenen Sicherungsmaßnahmen, wie zB der Anordnung eines allgemeinen Verfügungsverbots, Abstand zu nehmen.[13]

III. Inhalt und Wirkungen der Sicherungsmaßnahmen

1. Der Regelungsgehalt der §§ 21, 22. Die §§ 21 ff. enthalten neben der Generalklausel des § 21 I in § 21 II 1 einen Katalog von Sicherungsmaßnahmen, die das Gericht je nach Notwendigkeit und unter Berücksichtigung des Grundsatzes der Verhältnismäßigkeit zu verhängen hat.[14] § 21 I stellt sich als Grundnorm dar: Das Insolvenzgericht hat alle Maßnahmen zu treffen, die erforderlich erscheinen, um bis zur Entscheidung über den Antrag eine den Gläubigern nachteilige Veränderung in der Vermögenslage des Schuldners zu verhüten. Der Wortlaut des § 21 II 1 („insbesondere") zeigt, dass die Aufzählung der einzelnen Sicherungsmaßnahmen lediglich beispielhaft ist.[15] Dem Gericht kommt bei seiner Entscheidung, welche Maßnahmen es ergreift, ein weiter Spielraum zu, der allerdings durch den vorläufigen Charakter der Sicherungsmaßnahmen begrenzt wird.[16]

2. Die Unwirksamkeit anordnungswidriger Rechtshandlungen. Der Zweck der gesetzlichen Sicherungsmaßnahmen kann nur dann erreicht werden, wenn die künftige Insolvenzmasse vor masseschmälernden Handlungen des Schuldners oder Dritter effektiv geschützt wird. Diese Interessen können mit den Interessen des Rechtsverkehrs an der Wirksamkeit vom Schuldner oder Dritter vorgenommener Rechtshandlungen kollidieren. In diesem Zusammenhang stellt sich die Frage, welche Wirkungen Rechtshandlungen haben, die im Widerspruch zu den vom Gericht getroffenen Sicherungsmaßnahmen stehen und in welchem Umfang der gute Glaube des Rechtsverkehrs geschützt wird.

a) *Absolute und relative Unwirksamkeit.* Ein weitgehender Schutz der künftigen Insolvenzmasse wird erreicht, wenn den Sicherungsmaßnahmen entgegenstehende Verfügungen absolut, dh auch gegenüber Dritten unwirksam sind. Eine anordnungswidrige Verfügung kann dann nur durch eine Genehmigung des Verwalters oder eine spätere Aufhebung der Sicherungsmaßnahme eintreten (s hierzu unten Rn. 30). In wie weit der gute Glaube in die Verfügungsbefugnis geschützt ist, ergibt sich dann aus den in § 24 I in Bezug genommen Bestimmungen der §§ 81 I 2, 82 S. 1. Allerdings nimmt § 24 I lediglich Bezug auf die in § 21 II 1 Nr. 2 genannten Verfügungsbeschränkungen, weshalb der Anwendungsbereich dieser Norm umstritten ist (→ zum Streitstand unten Rn. 36).

Zu einem schwächeren Schutz der künftigen Insolvenzmasse führt die Annahme einer relativ wirkenden Unwirksamkeit lediglich gegenüber denjenigen Personen, die von einem gesetzlichen Veräußerungsverbot geschützt werden sollen (§ 135 I 1 BGB). Hier wird der gute Glaube des Rechtsverkehrs weitergehend geschützt (§ 135 II BGB). Welche der vorgenannten Rechtswirkungen bei dem Erlass von Sicherungsmaßnahmen nach den §§ 21, 22 eintreten, ist im Einzelnen umstritten und hängt maßgeblich auch davon ab, ob im Eröffnungsverfahren dem Interesse der Gläubiger am Erhalt der (potentiellen) Insolvenzmasse oder dem guten Glauben des Rechtsverkehr der Vorrang einzuräumen ist.

b) *Bekanntmachung und Wirksamwerden der Sicherungsmaßnahmen.* Gemäß § 23 I 1 ist der Beschluss, durch den eine der in § 21 II 1 Nr. 2 vorgesehenen Verfügungsbeschrän-

---
[13] *Uhlenbruck* in Uhlenbruck § 21 Rn. 43.
[14] KPB/*Pape* § 21 Rn. 15; MüKoInsO/*Haarmeyer* § 21 Rn. 23.
[15] MüKoInsO/*Haarmeyer* § 21 Rn. 15.
[16] MüKoInsO/*Haarmeyer* § 21 Rn. 15.

kungen angeordnet und ein vorläufiger Insolvenzverwalter bestellt wird, öffentlich bekannt zu machen. Daneben sieht das Gesetz in § 23 I 2 eine besondere Zustellung an den Schuldner, Personen, die Verpflichtungen gegenüber dem Schuldner haben, und den vorläufigen Insolvenzverwalter vor. Eine besondere Zustellung des die Verfügungsbeschränkung anordnenden Beschlusses an die Gläubiger findet nicht statt.[17] Die öffentliche Bekanntmachung ist keine Voraussetzung für die Wirksamkeit des Beschlusses.[18] Die öffentliche Bekanntmachung hat aber eine Beweislastumkehr zu Lasten des Gläubigers zur Folge, wenn er an den Insolvenzschuldner leistet (vgl. §§ 24 I, 82 S. 2).[19] In § 23 II, III hat der Gesetzgeber dafür Sorge getragen, dass eine Verfügungsbeschränkung und die Bestellung des vorläufigen Insolvenzverwalters aus dem Handels-, Genossenschafts- oder Vereinsregister ersichtlich sind. Für die Eintragung dieser Sicherungsmaßnahmen im Grundbuch, im Schiffsregister, im Schiffsbauregister und im Register über Pfandrechte an Luftfahrzeugen gelten gemäß § 23 III die Vorschriften des §§ 32, 33 entsprechend. Da das allgemeine Verfügungsverbot ein absolutes ist (→ Rn. 30), tritt wie im eröffneten Insolvenzverfahren mit der Eintragung des allgemeinen Verfügungsverbots eine Grundbuchsperre ein, die einen gutgläubigen Erwerb verhindert. Wegen des zwingenden Charakters des § 23 I 1 empfiehlt es sich nicht, die Veröffentlichung erst nach Rücksprache mit dem vorläufigen Verwalter anzuordnen und nur dann, wenn sich die Herbeiführung von Drittwirkungen und Öffentlichkeit zur Erreichung des Verfahrenszwecks als notwendig erweist.

10 Umstritten war nach altem Recht, ob Sicherungsmaßnahmen bereits mit Erlass oder erst mit Zustellung des Beschlusses wirksam werden. Grundsätzlich werden gerichtliche Beschlüsse mit ihrer Verkündung wirksam. Dabei ist es unerheblich, ob der Adressat des Veräußerungsverbots bei der Verkündung anwesend ist oder nicht. Zu § 106 KO hatte der BGH[20] seine ursprüngliche Auffassung dahingehend korrigiert, dass ein allgemeines Veräußerungsverbot nicht erst mit Zustellung an den Schuldner wirksam wird.[21] Zu § 2 IV GesO hat der BGH entschieden, dass ein allgemeines Verfügungsverbot (Veräußerungsverbot und Vollstreckungsverbot) bereits mit dem Erlass und nicht erst mit der Zustellung des Beschlusses wirksam wird.[22] Ist in dem Beschluss Tag und Stunde angegeben, ist dieser Zeitpunkt für das Wirksamwerden maßgebend.[23] Fehlen diese Angaben, wird das Verbot mit der Mittagsstunde des Erlasstages wirksam.[24] Der Gesetzgeber der InsO hat die Frage des Wirksamwerdens von Beschlüssen nach § 21 nicht geregelt. Deshalb ist entsprechend der Rechtsprechung zu § 2 IV GesO auch für das neue Recht in Analogie zu § 27 III anzunehmen, dass der Beschluss, durch den Sicherungsmaßnahmen angeordnet werden, mit dem Zeitpunkt seines Erlasses wirksam wird.[25] Erlas-

---

[17] Vgl. MüKoInsO/*Haarmeyer* § 21 Rn. 35.
[18] BGH ZIP 1995, 40; BGH ZIP 1996, 1909; *Uhlenbruck* in Uhlenbruck § 21 Rn. 49; MüKoInsO/*Haarmeyer* § 21 Rn. 35, 36; KPB/*Pape* § 20 Rn. 16; HK/*Kirchhof* § 21 Rn. 56; Jaeger/*Gerhardt* § 21 Rn. 95.
[19] Vgl. auch *Gerhardt* ZIP 1982, 1, 5; MüKoInsO/*Haarmeyer* § 21 Rn. 36, § 24 Rn. 12; *Pape/Uhlenbruck,* Insolvenzrecht, Rn. 391.
[20] Zur früheren Rechtsprechung s BGH ZIP 1982, 464 = RPfleger 1982, 305.
[21] So auch *Häsemeyer*, InsolvenzR, Rn. 7.38b; *Uhlenbruck* in Uhlenbruck § 21 Rn. 48; HK/*Kirchhof* § 21 Rn. 56.
[22] BGHZ 133, 307 = ZIP 1996, 1909; BGH ZIP 1995, 40; BGH NZI 2001, 203.
[23] BGH ZIP 1995, 40.
[24] BGHZ 133, 307 = ZIP 1996, 1909. Vgl. auch HK/*Kirchhof* § 21 Rn. 56; MüKoInsO/*Haarmeyer* § 21 Rn. 37; *Ampferl* Rn. 128–136; *Pape* ZInsO 1998, 63; *Hintzen* ZInsO 1998, 77; *Uhlenbruck* in Uhlenbruck § 21 Rn. 48; *Vallender* DZWIR 1999, 265, 267; FK/*Schmerbach* § 23 Rn. 11; KPB/*Pape* § 21 Rn. 21; Jaeger/*Gerhardt* § 21 Rn. 96–98.
[25] *Gerhardt* KTS 1979, 260, 265; Jaeger/*Gerhardt* § 21 Rn. 96–98; *Uhlenbruck* EWiR 1995, 57; HK/*Kirchhof* § 21 Rn. 56; MüKoInsO/*Haarmeyer* § 21 Rn. 1–3, 15, 44; *Uhlenbruck* in Uhlenbruck § 21 Rn. 1; Kraemer/*Vogelsang*, Hdb z Insolvenz, Bd 1 Fach 2 Kap 5 Rn. 53; KPB/*Pape* § 21 Rn. 15 ff.; K. Schmidt/*Hölzle* § 21 Rn. 16; *Mohrbutter/Mohrbutter/Ernestus*, HdbInsverw Rn. 1.8.

sen ist ein Beschluss, wenn er aufgehört hat, eine innere Angelegenheit des Gerichts zu sein (→ § 10 Rn. 8). Es genügt, dass die Richterin bzw der Richter den Beschluss in den Geschäftsgang geben.[26] Die Wirkungen eines allgemeinen Veräußerungs- und Verfügungsverbots sowie sonstiger nach § 21 angeordneter Maßnahmen treten somit unabhängig von der Zustellung oder einer öffentlichen Bekanntmachung ein. Im Übrigen gilt der Anordnungsbeschluss als erlassen, wenn er die vollständige Unterschrift des zuständigen Richters bzw der Richterin trägt. Zu beachten ist, dass für die wirksame Bestellung zum vorläufigen Insolvenzverwalter die Annahme des Amtes durch diesen erforderlich ist.[27]

c) *Die Privilegierung von Finanzsicherheiten.* Die Sonderregelung für Finanzsicherheiten **11** in § 21 II 2 geht zurück auf die Richtlinie 2002/47/EG vom 6.6.2002 (sog Finanzsicherheiten-Richtlinie).[28] Die Diskussionen um die Umsetzung der Richtlinie 2002/47/EG kreisten vor allem um die Frage, ob der deutsche Gesetzgeber von der ihm durch Art. 1 III der Richtlinie 2002/47/EG eingeräumten Möglichkeit einer Beschränkung der nationalen Umsetzungsakte auf den Interbankenverkehr Gebrauch machen sollte (sog opt-out-Lösung).[29] Der Gesetzgeber hat sich dagegen entschieden und lediglich den sachlichen Anwendungsbereich eingeschränkt.[30] Durch Gesetz vom 5.4.2004[31] sind die Sonderbestimmungen über Finanzsicherheiten zum 9.4.2004 in Kraft getreten und gelten für alle seit diesem Tag eröffneten Verfahren (Art. 103b EGInsO). Sowohl der Sicherungsgeber als auch der Sicherungsnehmer müssen einem der in Art. 1 II a–e der Richtlinie 2002/47/EG genannten Personenkreise angehören. Keine Anwendung findet § 1 XVII KWG daher, wenn und soweit eine natürliche Person beteiligt ist;[32] ferner scheiden Sicherungsgeschäfte aus, an denen ausschließlich die in Art. 1 II e der Richtlinie 2002/47/EG genannten Personen oder Gesellschaften (juristische Personen des Privatrechts, Einzelkaufleute, Personengesellschaften) beteiligt sind (§ 1 XVII 1 KWG).[33] Taugliche Sicherungsgegenstände sind gemäß § 1 XVII 1 KWG ausschließlich Barguthaben, Wertpapiere (§ 1 XI 2 KWG), Geldmarktinstrumente (§ 1 XI 3 KWG) sowie sonstige Schuldscheindarlehen[34] einschließlich jeglicher damit in Zusammenhang stehender Rechte oder Ansprüche. Weitere Einschränkungen enthält das Gesetz für den Fall, dass es sich bei dem Sicherungsgeber um eine der in Art. 1 II e der Richtlinie 2002/47/EG genannten Personen oder Gesellschaften handelt (vgl. § 1 XVII 3 KWG).

Die Finanzsicherheiten müssen aufgrund einer Sicherungsvereinbarung in Form eines beschränkten dinglichen Sicherungsrechts oder im Wege der Vollrechtsübertragung als Sicherheit bereitgestellt werden. Hinsichtlich des Sicherungszwecks enthält das Gesetz eine Einschränkung ausdrücklich nur für den Fall, dass es sich bei dem Sicherungs- **12**

---

[26] KPB/*Pape*, § 21 Rn. 21; *Pape* ZInsO 1998, 61, 63; K. Schmidt/*Hölzle* § 21 Rn. 16; *Vallender* DZWIR 1999, 265, 267; MüKoInsO/*Haarmeyer* § 21 Rn. 37. Nach BGH ZIP 1995, 41u OLG Köln ZIP 1995, 1684, 1685 ist, wenn der Beschluss datiert ist, das Datum maßgeblich.
[27] *Pohlmann* Rn. 48, 49.
[28] AblEG Nr. L 168 vom 27.6.2002, S. 43 ff.; hierzu *Keller/Langner* BKR 2003, 616 ff.; KPB/*Pape* § 21 Rn. 45a ff.; Nerlich/Römermann/*Mönning* § 21 Rn. 111a–111e.
[29] Hierfür *Ehricke* ZIP 2003, 1065 ff.; *Hölzle* ZIP 2003, 2144, 2145; *Meyer/Rein* NZI 2004, 367, 368 ff.; dagegen *Wimmer* ZIP 2003, 1563, 1564; *ders.* ZInsO 2004, 1 f.
[30] S hierzu die Beschlussempfehlung des Rechtsausschusses zum RegE, BT-Drucks 15/2485, S. 29.
[31] Gesetz zur Umsetzung der Richtlinie 2002/47/EG vom 6.6.2002 über Finanzsicherheiten und zur Änderung des Hypothekenbankgesetzes und anderer Gesetze, BGBl I S. 502; ein chronologischer Überblick zu der Entwicklung der Finanzsicherheiten-Richtlinie und ihrer Umsetzung in das nationale Recht findet sich bei *Kollmann* WM 2004, 1012 f.
[32] Zum persönlichen Anwendungsbereich der Richtlinie *Kieper* ZInsO 2003, 1109, 1110 f.
[33] *Kieper* ZInsO 2003, 1109, 1111, 1115.
[34] Zu der hiermit erfolgten Umsetzung des Begriffs der Finanzinstrumente gemäß Art. 2 Ie der Richtlinie 2002/47/EG s *Kollmann* WM 2004, 1012, 1015 f.; ferner BT-Drucks 15/2485, S. 29.

geber um eine der in Art. 1 IIe der Richtlinie 2002/47/EG genannten Personen oder Gesellschaften handelt. Die besicherte Verbindlichkeit muss dann gemäß § 1 XVII 2 KWG im Zusammenhang mit Finanzinstrumenten einschließlich Termingeschäften iSd § 1 XVII 3 KWG stehen. Ob diese Beschränkung auch für den Interbankenverkehr gilt, ist fraglich. Aus dem Umstand, dass der Gesetzgeber den Sicherungszweck ausdrücklich nur für die in Art. 1 IIe der Richtlinie 2002/47/EG genannten Personen und Gesellschaften begrenzt hat, wird zum Teil der Schluss gezogen, dass dies für den Interbankenverkehr nicht gelten solle.[35] Allerdings ist diese Frage nicht Gegenstand des Gesetzgebungsverfahrens gewesen.[36] Die mit den Änderungen des Rechtsausschusses[37] am 12.2.2004 verabschiedete Neufassung des § 1 XVII 17 KWG ist vor allem aufgrund der Kritik erfolgt, die von Seiten der Insolvenzverwalter an dem Gesetzesentwurf der Bundesregierung vom 15.8.2003[38] wegen der Nichtausübung der sog opt-out-Lösung für die in Art. 1 IIe der Richtlinie 2002/47/EG genannten Personenkreise geübt wurde und sich im Anschluss hieran auch in der Stellungnahme des Bundesrats vom 17.10.2003[39] wiederfand. Im Schrifttum wurden diese Bedenken insbesondere von *Ehricke*[40] und *Kieper*[41] unter Hinweis auf die „maßgeblichen Verbindlichkeiten" iSd Art. 2 I f. der Richtlinie 2002/47/EG mit dem Argument relativiert, dass schon die Finanzsicherheiten-Richtlinie ihrer Systematik und ihrem Regelungsziel nach nur die Besicherung von Verbindlichkeiten im Zusammenhang mit Finanzinstrumenten erfasse. Folgt man dem, ergäbe sich eine entsprechende Beschränkung des Sicherungszwecks auch für den Interbankenverkehr aufgrund einer richtlinienkonformen Auslegung des nationalen Rechts.[42] Für die in Art. 1 IIe der Richtlinie 2002/47/EG genannten Personenkreise hätte § 1 XVII 2 KWG in diesem Fall lediglich eine klarstellende Funktion. Die Gegenauffassung[43] entnimmt der Richtlinie keine dahingehende Beschränkung des Sicherungszwecks und versteht die ausdrückliche Beschränkung durch § 1 XVII 2 KWG als Ausübung einer „Teil-opt-out-Möglichkeit"; für den Interbankenverkehr ergäbe sich dann weder aus der Richtlinie noch aus dem nationalen Recht eine entsprechende Beschränkung. Praktisch relevant wird diese Frage wohl kaum werden, weil im Interbankenverkehr ohnehin nur die in § 1 XVII 2 KWG genannten Sicherungsgeschäfte vorkommen.[44]

13   3. Sofortige Beschwerde und Aufhebung von Sicherungsmaßnahmen. a) *Sofortige Beschwerde.* Nach § 21 I 2 ist der Schuldner berechtigt, gegen die Anordnung von Sicherungsmaßnahmen des Insolvenzgerichts sofortige Beschwerde einzulegen. Andere Personen als der Schuldner bzw. der organschaftliche Vertreter eines Schuldnerunternehmens haben kein Beschwerderecht.[45] Auch von Sicherungsmaßnahmen betroffene Gläubiger sind nicht beschwerdeberechtigt. Diese Personen haben lediglich die Möglichkeit der Gegenvorstellung.[46] Auch nach der Einführung der Gehörs-

---

[35] So *Obermüller/Hartenfels* BKR 2004, 440, 444; ohne nähere Diskussion auch *Primozic/Voll* NZI 2004, 363, 367.
[36] Hierauf hinweisend auch *Obermüller/Hartenfels* BKR 2004, 440, 444.
[37] BT-Drucks 15/2485.
[38] BR-Drucks. 563/03, abgedr in ZIP 2003, 1563; hierzu *Sabel* ZIP 2003, 781 ff.; *Stephan* ZVI 2003, 145 ff.; *Vallender* NJW 2003, 3605 f.
[39] BR-Drucks. 563/03, S. 7 ff.
[40] *Ehricke* ZIP 2003, 2141, 2142 ff.
[41] *Kieper* ZInsO 2003, 1109, 1111 f., 1116.
[42] S hierzu *Ehricke* ZIP 2003, 2141, 2142 mwN (Bindung des nationalen Gesetzgebers an das Richtlinienziel auch bei einer „überschießenden" Umsetzung der Richtlinie).
[43] *Kollmann* WM 2004, 1012, 1013, 1014 ff.
[44] *Obermüller/Hartenfels* BKR 2004, 440, 444.
[45] BGH, Beschl. v. 25.8.2009 – IX ZA 31/09 - juris; BGH ZInsO 2009, 2053; BayObLG ZInsO 2001, 754; LG Mainz ZInsO 2001, 629; LG Berlin ZInsO 1999, 355; LG Göttingen NZI 2000, 383; *Jaeger/Gerhardt* § 21 Rn. 193 ff., 105; *Braun/Böhm* § 21 Rn. 66; MüKoInsO/*Haarmeyer* § 21 Rn. 41.
[46] MüKoInsO/*Haarmeyer* § 21 Rn. 41; K. Schmidt/*Hölzle* § 21 Rn. 30.

rüge hat die Gegenvorstellung ihren Anwendungsbereich allenfalls für die Fälle der Verletzung rechtlichen Gehörs verloren.[47]

Die Beschwerdemöglichkeit ist erst durch das InsOÄndG 2001 auf Grund nachhaltiger Kritik in der Literatur[48] geschaffen worden. In der Begründung des Regierungsentwurfs[49] heißt es, vorläufige Sicherungsmaßnahmen könnten in der Tat nachhaltig in die Rechtsposition des Schuldners eingreifen, ihm etwa vollständig die Verwaltungs- und Verfügungsbefugnis über sein Vermögen entziehen. Dies stelle im Vergleich zur Rechtslage unter der KO eine erhebliche Schlechterstellung des Schuldners dar. Verfahrensverzögerungen seien durch die Zulassung der Beschwerde nicht zu erwarten, da der Beschwerde keine aufschiebende Wirkung zukomme. Anfechtbar ist gemäß § 21 III 3 iVm § 98 III 3 auch der Beschluss, durch den der Antrag auf Aufhebung eines Haftbefehls zurückgewiesen wird. Ein lediglich klarstellender Beschluss hinsichtlich der Aufrechterhaltung einer formell unanfechtbaren Sicherungsanordnung ist dagegen aufgrund seiner rein deklaratorischen Wirkung nicht anfechtbar.[50] Gleiches gilt für die Bestellung eines „isolierten" Sachverständigen oder die Bestellung einer bestimmten Person zum vorläufigen Insolvenzverwalter.[51] Nicht anfechtbar sind weiter Zwischenentscheidungen des Gerichts, wie etwa die Zulassung des Insolvenzantrags als zulässig (→ Rn. 2).[52] Ebenfalls nicht beschwerdefähig sind Entscheidungen des Insolvenzgerichts, die der Vorbereitung der Verfahrenseröffnung dienen, wie zB die Anordnung, dass der Schuldner gemäß §§ 20 I, 22 III 3 Auskunft zu erteilen hat.[53] Maßnahmen, die keine Sicherungsmaßnahmen, sondern lediglich Ermittlungsanordnungen im Rahmen des § 5 darstellen, wollte der Gesetzgeber nicht der sofortigen Beschwerde unterworfen sehen.[54]

Die sofortige Beschwerde setzt eine Beschwer des Rechtsmittelführers voraus. Bei der Anordnung von Sicherungsmaßnahmen haben sich diese mit der Eröffnung des Insolvenzverfahrens erledigt, eine Sachentscheidung über eine Beschwerde ist dann nicht mehr möglich.[55] Allenfalls dann, wenn das Interesse des Betroffenen an der Feststellung der Rechtslage in besonderer Weise schutzwürdig ist, bleibt die Weiterverfolgung der Beschwerde im Wege eines sog Fortsetzungsfeststellungsantrags zulässig.[56] Die sofortige Beschwerde ist gem. § 6 I 2 bei dem Insolvenzgericht einzulegen.

b) *Aufhebung von Sicherungsmaßnahmen.* Aus dem Grundsatz der Erforderlichkeit (→ Rn. 3) folgt, dass das Insolvenzgericht gehalten ist, Sicherungsmaßnahmen wieder aufzuheben, sobald sich herausstellt, dass diese entbehrlich werden oder sicher zu erwarten ist, dass der Eröffnungsantrag abgewiesen wird.[57] Diese Verpflichtung war ursprünglich in § 29 I RegE ausdrücklich geregelt, ist jedoch auf Vorschlag des Rechts-

---

[47] Vgl. BSG NJW 2006, 860; BFHE 211, 13 = NW 2006, 861; BFH, Beschl. v. 4.2.2009 – VI S 16/08; LG Aachen, Beschl. v. 6.2.2007 – 6 T 19/07; aA BFHE 219, 27 = NJW 2008, 543 (Vorlagebeschluss); die Vorlage ist mittlerweile zurückgenommen worden, s BFH NJW 2009, 3053 f.
[48] Vgl. *Pohlmann* Rn. 54 ff.; *Haarmeyer/Wutzke/Förster,* Hdb Kap 2 Rn. 66 ff.; KPB/*Pape* § 34 Rn. 5 ff.; vgl. auch MüKoInsO/*Haarmeyer* § 21 Rn. 38–41; *Uhlenbruck* in Uhlenbruck § 21 Rn. 50.
[49] NZI Beilage zu Heft 1/2001 S. 16.
[50] LG Potsdam DZWIR 2000, 477.
[51] HK/*Kirchhof* § 21 Rn. 59; FK/*Schmerbach* § 21 Rn. 51, § 22 Rn. 123.
[52] Vgl. LG Aachen, Beschl. v. 6.2.2007 – 6 T 19/07.
[53] Vgl. OLG Köln NZI 2001, 598; OLG Celle ZIP 2001, 128; KPB/*Pape* § 21 Rn. 14; FK/*Schmerbach* § 21 Rn. 51; HK/*Kirchhof* § 21 Rn. 58.
[54] Vgl. BGH ZInsO 2011, 1499. Einzelheiten bei KPB/*Pape* § 21 Rn. 14. S auch Jaeger/*Gerhardt* § 21 Rn. 106 sowie LG Aachen, Beschl. v. 6.2.2007 – 6 T 19/07.
[55] BGH ZInsO 2008, 203 f.; BGH ZInsO 2007, 267 = NJW-RR 2007, 384; BGH ZInsO 2006, 1212 = NJW-RR 2007, 193.
[56] S hierzu die bei BGH ZInsO 2007, 267 = NJW-RR 2007, 384 genannten Fallgruppen; s für die Anordnung einer Postsperre BGH ZInsO 2006, 1212 = NJW-RR 2007, 193 (verneinend); für die Anordnung einer Kontensperre BGH ZInsO 2008, 203 f. (verneinend); für eine Durchsuchungsanordnung BGH NJW-RR 2008, 1271 (verneinend).
[57] MüKoInsO/*Haarmeyer* § 25 Rn. 10.

ausschusses ersatzlos gestrichen worden, weil es sowohl nach früherem als auch nach neuem Recht selbstverständlich ist, dass das Insolvenzgericht jederzeit von Amts wegen zu prüfen hat, ob Sicherungsmaßnahmen entfallen können.[58] Wird das Insolvenzverfahren über das Vermögen des Schuldners eröffnet, bedarf es der Aufhebung der im Eröffnungsverfahren angeordneten Sicherungsmaßnahmen nicht.[59] Werden die Sicherungsmaßnahmen aufgehoben, gilt gemäß § 25 I für die Bekanntmachung der Aufhebung einer Verfügungsbeschränkung § 23 entsprechend. Hieraus folgt, dass in den Fällen der öffentlichen Bekanntmachung der Anordnung einer Verfügungsbeschränkung gemäß § 21 II Nr. 2 und bei Bestellung eines vorläufigen Insolvenzverwalters auch die Aufhebungen bzw. Einschränkungen öffentlich bekannt zu machen sind.[60] Im Übrigen hat eine öffentliche Bekanntmachung zu erfolgen, sofern auch die Anordnung der Sicherungsmaßnahme zuvor bekannt gemacht worden war.[61] Ein Verzicht des Schuldners ist unbeachtlich, weil die Bekanntmachungspflicht den Rechtsverkehr und damit ein für den Schuldner nicht disponibles Recht betrifft.[62]

17 Die Bestimmung des § 25 II verfolgt das Ziel, Auseinandersetzungen um die Erfüllung der von einem vorläufigen Insolvenzverwalter begründeten Verbindlichkeiten zu vermeiden.[63] Durch diese Regelung soll verhindert werden, dass durch einen vorzeitigen Rückfall der Verfügungsbefugnis auf den Schuldner bzw. das Schuldnerunternehmen Masseverbindlichkeiten nicht beglichen bleiben, die aus der Zeit der vorläufigen Insolvenzverwaltung resultieren.[64] Sie gewährleistet, dass Verbindlichkeiten, die von einem vorläufigen Insolvenzverwalter begründet worden sind, auf den die Verfügungsbefugnis über das Schuldnervermögen übergegangen ist, in Fällen, in denen es nicht zu einer Verfahrenseröffnung kommt, vor Aufhebung seiner Bestellung aus der Haftungsmasse berichtigt werden können, ohne dass eine Haftung des Verwalters nach § 61 eintritt. Hat das Gericht einen vorläufigen Insolvenzverwalter bestellt, der nach § 22 I 1 verfügungsbefugt ist, hat dieser gemäß § 25 II vor der Aufhebung seiner Bestellung aus dem von ihm verwalteten Vermögen zunächst die entstandenen Kosten zu berichtigen und die von ihm begründeten Verbindlichkeiten zu erfüllen (§ 25 II 1). Gleiches gilt für die Verbindlichkeiten aus einem Dauerschuldverhältnis, soweit der vorläufige Verwalter für das von ihm verwaltete Vermögen die Gegenleistung in Anspruch genommen hat (§ 25 II 2). Durch § 25 II 2 werden insbesondere die Arbeitnehmer eines Schuldnerunternehmens geschützt, die vom vorläufigen Insolvenzverwalter weiter beschäftigt worden sind. Auch ein Vermieter kann sich darauf berufen, dass der Insolvenzverwalter die Mietsache für das verwaltete Vermögen genutzt hat.[65]

18 Ihrem Wortlaut nach findet die Bestimmung des § 25 II nur Anwendung, wenn das Insolvenzgericht einem vorläufigen Insolvenzverwalter die Verfügungsbefugnis über das

---

[58] Vgl. auch AG Göttingen ZInsO 1999, 476; AG Hamburg WM 2000, 895; *Haarmeyer* ZInsO 2000, 70, 72; *Hess/Pape*, InsO und EGInsO, Rn. 156; *Haarmeyer/Wutzke/Förster*, Hdb Kap 3 Rn. 490 ff.; HK/*Kirchhof* § 21 Rn. 62; *Uhlenbruck* in Uhlenbruck § 25 Rn. 2; MüKoInsO/*Haarmeyer* § 25 Rn. 4, 13; FK/*Schmerbach* § 25 Rn. 7; Nerlich/Römermann/*Mönning* § 25 Rn. 1; KPB/*Pape* § 25 Rn. 3 ff.; Jaeger/*Gerhardt* § 21 Rn. 108.
[59] KPB/*Pape* § 25 Rn. 6; K. Schmidt/*Hölzle* § 21 Rn. 20; s a BGH ZInsO 2008, 203 f.
[60] MüKoInsO/*Haarmeyer* § 25 Rn. 28. Dagegen die Bekanntmachungspflicht auf Verfügungsbeschränkungen iSv § 21 II 1 Nr. 2 beschränkend Jaeger/*Gerhardt* § 25 Rn. 8, 9.
[61] MüKoInsO/*Haarmeyer* § 25 Rn. 28.
[62] MüKoInsO/*Haarmeyer* § 25 Rn. 28.
[63] MüKoInsO/*Haarmeyer* § 25 Rn. 1. Zu den Schwierigkeiten des Abwicklungsverfahrens nach § 25 II s *Haarmeyer* ZInsO 2000, 70 ff.
[64] Vgl. auch *Haarmeyer* ZInsO 2000, 70 ff.; *Heinke* S. 181; *Pape* WPrax 1995, 254; KPB/*Pape* § 25 Rn. 7 ff.; *Uhlenbruck*, Kölner Schrift, 1. Aufl. 1997, S. 239 ff. Rn. 64 (hinsichtlich der Vergütung); Nerlich/Römermann/*Mönning* § 25 Rn. 2 ff.; HK/*Kirchhof* § 25 Rn. 4, 5.
[65] So teilweise wörtlich der RegE zu § 29 (§ 25 InsO), abgedr. bei *Uhlenbruck*, Das neue Insolvenzrecht, S. 329, 330; *Haarmeyer/Wutzke/Förster*, Hdb Kap 3 Rn. 263, 264.

Schuldnervermögen übertragen hat, also auf den „starken" vorläufigen Insolvenzverwalter. Aus dem vorgenannten Zweck des § 25 II folgt, dass eine analoge Anwendung auf alle vergleichbaren Konstellationen möglich ist, wie etwa dann, wenn dem Schuldner ein gegenständlich beschränktes Verfügungsverbot auferlegt worden ist und insoweit die Verfügungsmacht auf den Verwalter übergegangen ist, wenn dem vorläufigen Verwalter die Kassenführung übertragen war bzw. ihm die Begründung von Masseverbindlichkeiten durch vorab erteilte Einzelermächtigungen gerichtlich gestattet worden ist[66] oder für den Fall der isolierten Aufhebung des allgemeinen Verfügungsverbots. Ebenfalls findet § 25 II entsprechende Anwendung, wenn der Eröffnungsbeschluss im Beschwerdeverfahren aufgehoben wird.[67]

Im Gesetz nicht weiter geregelt ist die genaue Ausgestaltung des Aufhebungsverfahrens.[68] Mit *Haarmeyer*[69] ist davon auszugehen, dass sich das Aufhebungsverfahren in drei Stufen vollzieht. Sobald das Gericht erkennt, dass es zu einer Verfahrenseröffnung nicht kommt oder dass die rechtlichen Voraussetzungen für eine Eröffnung wegen Antragsrücknahme, Erledigung etc nicht vorliegen, hat es in einem ersten Schritt die Übertragung der Verfügungsbefugnis aufzuheben mit Ausnahme der Befugnisse über die liquiden Vermögenswerte, die bis zu diesem Zeitpunkt der Verwaltung unterstanden haben. In einem zweiten Schritt ist sodann der gesetzliche Aufgabenkreis des vorläufigen Insolvenzverwalters nach § 22 unter Anwendung von § 22 II dahingehend zu reduzieren, dass sich seine Verfügungsbefugnis auf die vorhandenen und von ihm verwalteten liquiden Mittel beschränkt. Nach außen hin ist dann der Schuldner wieder verfügungsbefugt, jedoch obliegt dem Verwalter die Verteilung des vorhandenen Vermögens bezüglich der Kosten und der von ihm begründeten Verbindlichkeiten. Mit dem Vollzug der Verteilung hebt sodann das Insolvenzgericht nach Prüfung der Rechnungslegung in einem dritten Schritt das Eröffnungsverfahren auf. Mit der Aufhebung endet das Amt des vorläufigen Insolvenzverwalters und es fehlt ihm von diesem Zeitpunkt an jede hoheitlich legitimierte Funktion. Das Gericht kann dabei die bevorstehende Abweisung des Eröffnungsantrags ankündigen und zugleich dem vorläufigen Insolvenzverwalter die Bereinigung der im vorläufigen Insolvenzverfahren entstandenen Verbindlichkeiten nach § 25 II innerhalb einer bestimmten Frist aufgeben.[70] Tritt die Verfahrensbeendigung sofort ein, etwa bei aufhebender Beschwerdeentscheidung und Antragsrücknahme bzw Erledigungserklärung, kann das Gericht die angeordneten Verfügungsbeschränkungen und die Bestellung des vorläufigen Insolvenzverwalters sogleich aufheben, aber eine Nachtragsliquidation gemäß § 211 III analog anordnen.[71]

Die Bedeutung des § 25 II liegt darin, dass zwecks Vermeidung von Haftungslagen der bisherige vorläufige Insolvenzverwalter neben dem Schuldner berechtigt bleibt, alle Maßnahmen vorzunehmen, die erforderlich sind, um eine Befriedigung der Gerichtskosten und der von ihm begründeten Masseverbindlichkeiten auch aus Dauerschuldverhältnissen zu ermöglichen. Insoweit handelt es sich lediglich um eine interne Beschränkung, die der Schuldner bzw. das Schuldnerunternehmen zu dulden hat. Wie bei der Nachtragsverteilung oder im Fall des § 211 III handelt es sich um vorbehaltene Restbefugnisse des vorläufigen Insolvenzverwalters, die über die Verfahrensbeendigung hinaus andauern.[72] Der vor-

---

[66] Vgl. *Uhlenbruck* § 25 Rn. 5; *Meyer* DZWIR 2001, 309, 316; *Prager/Thiemann* NZI 2001, 634, 637; HK/*Kirchhof* § 25 Rn. 9; *Gundlach/Frenzel/Schmidt* DZWIR 2003, 309, 310 f.
[67] S zum Ganzen MüKoInsO/*Haarmeyer* § 25 Rn. 7; KPB/*Pape* § 25 Rn. 6b ff.
[68] Eingehend hierzu s *Heinke* S. 182 ff.
[69] *Haarmeyer* ZInsO 2000, 70, 74 f.; MüKoInsO/*Haarmeyer* § 25 Rn. 20 ff.
[70] KPB/*Pape* § 25 Rn. 9 ff.; vgl. auch AG Duisburg DZWIR 2000, 306 m. Anm. *Smid*; *Uhlenbruck* § 25 Rn. 8; *Haarmeyer* ZInsO 2000, 70, 74.
[71] Vgl. Nerlich/Römermann/*Mönning* § 25 Rn. 19, der diesen Weg stets befürwortet. Vgl. auch *Uhlenbruck* in Uhlenbruck § 25 Rn. 12.
[72] *Uhlenbruck* in Uhlenbruck § 25 Rn. 12.

läufige Insolvenzverwalter darf nunmehr nur noch solche Handlungen vornehmen, die Voraussetzung für eine endgültige Aufhebung der vorläufigen Verwaltung sind.[73] Weiterhin ist der Verwalter berechtigt, Verwertungshandlungen vorzunehmen, um die Gerichtskosten zu bezahlen und die von ihm begründeten Verbindlichkeiten zu erfüllen. Dabei ist der Verwalter nicht nur berechtigt, vorhandenes Barvermögen zu verteilen, vielmehr ist er auch berechtigt, das vorhandene, nicht bare Vermögen zu verwerten und etwa Forderungen einzuziehen, um die Kosten und Verbindlichkeiten zu erfüllen.[74] Man wird ihn auch für berechtigt ansehen müssen, Gelder auf Anderkonto zu nehmen, um den Zugriff anderer Gläubiger des Schuldners auf das verwaltete Vermögen nach Aufhebung der Sicherungsmaßnahmen zu verhindern.[75] Der auf streitige Forderungen entfallende Betrag ist zu hinterlegen.[76] Neue Masseverbindlichkeiten darf der vorläufige Insolvenzverwalter nicht mehr eingehen.[77] Letztlich ist es Sache des Schuldners bzw des Schuldnerunternehmens, für eine möglichst rasche Befriedigung der Massekosten und Masseverbindlichkeiten Sorge zu tragen, damit Restbefugnisse des vorläufigen Insolvenzverwalters erlöschen. Soweit in der Literatur[78] zum Teil die Auffassung vertreten wird, der Schuldner, der eine schnelle Aufhebung der Sicherungsmaßnahmen erreichen wolle, könne nach Schätzung, erforderlichenfalls nach vorheriger Anfrage beim vorläufigen Insolvenzverwalter oder Sachverständigen, den erforderlichen Betrag in Höhe der zu erwartenden Kosten unter Verzicht auf die Rücknahme hinterlegen, kann dem in dieser Allgemeinheit nicht gefolgt werden. Denn zum einen wird die Höhe der Kosten nur selten hinreichend sicher feststehen, zum andern wird die Liquidität des Schuldners durch die Hinterlegung erheblich eingeschränkt.[79]

21 Der vorläufige Verwalter hat schon bei Erkennbarwerden der Abweisungsreife oder Erledigung des Insolvenzantrags gegenüber dem Gericht Rechnung zu legen und den Antrag auf Vergütungsfestsetzung und Auslagenersatz zu stellen.[80] Die festgesetzte Vergütung kann der vorläufige Verwalter der verwalteten Masse entnehmen. Der gerichtliche Beschluss über die Festsetzung der Vergütung und der Auslagen des vorläufigen Insolvenzverwalters hat im Interesse des Schuldners zeitnah zu erfolgen. Reicht das verwaltete Vermögen zur Berichtigung der Massekosten und Masseverbindlichkeiten nicht aus, findet § 209 I Anwendung.[81] Danach sind zunächst die Kostengläubiger des Verfahrens (§ 209 I Nr. 1), dann die sonstigen Massegläubiger iSv § 209 I Nr. 3 zu befriedigen. Erhalten Gläubiger keine Befriedigung wegen ihrer Forderungen, können sie sich wegen ihres Ausfalls entweder an den Schuldner halten oder – bei Verschulden – Schadenersatzansprüche gegen den vorläufigen Verwalter nach § 61 geltend machen (s im Einzelnen hierzu u Rn. 132 ff.).[82]

IV. Die Sicherungsmaßnahmen im Einzelnen

22 **1. Die Bestellung eines vorläufigen Insolvenzverwalters.** Das Gesetz nennt in § 21 II 1 an erster Stelle die Möglichkeit, einen vorläufigen Insolvenzverwalter zu bestel-

---

[73] MüKoInsO/*Haarmeyer* § 25 Rn. 23.
[74] *Uhlenbruck* in Uhlenbruck § 25 Rn. 12, 13; MüKoInsO/*Haarmeyer* § 25 Rn. 23; *Gundlach/Frenzel/Schmidt* DZWIR 2003, 309 ff.; aA MüKoInsO/*Schmahl/Busch* § 34 Rn. 107.
[75] HK/*Kirchhof* § 25 Rn. 7.
[76] *Haarmeyer* ZInsO 2000, 70, 76; MüKoInsO/*Haarmeyer* § 25 Rn. 25 aE; FK/*Schmerbach* § 25 Rn. 23.
[77] Vgl. *Haarmeyer* ZInsO 2000, 70, 75; KPB/*Pape* § 25 Rn. 12.
[78] FK/*Schmerbach* § 25 Rn. 22; *Vallender* DZWIR 1999, 265, 276.
[79] Vgl. *Uhlenbruck* in Uhlenbruck § 25 Rn. 10.
[80] KPB/*Pape* § 25 Rn. 12.
[81] Vgl. AG Duisburg DZWIR 2000, 306; HK/*Kirchhof* § 25 Rn. 7; MüKoInsO/*Haarmeyer* § 25 Rn. 26; KPB/*Pape* § 25 Rn. 16.
[82] Vgl. KPB/*Pape* § 25 Rn. 16.

len, auf den § 8 III und die §§ 56, 58–66 entsprechend Anwendung finden. Im Hinblick darauf, dass das Gericht zu ermitteln hat,[83] ob ein Insolvenzgrund sowie eine Massekostendeckung gegeben sind und dies ohne Hilfe eines Sachverständigen häufig nicht zu klären sein wird, bietet sich regelmäßig die Bestellung eines vorläufigen Insolvenzverwalters an. Auch wird sich der Insolvenzverwalter regelmäßig einen besseren Überblick über die Vermögensverhältnisse des Schuldners und etwaige Missstände, die die Anordnung weitergehender Sicherungsmaßnahmen erfordern, verschaffen können als das Insolvenzgericht. Die Bestellung eines vorläufigen Insolvenzverwalters gemäß § 21 II 1 Nr. 1 durch das Insolvenzgericht stellt daher die praktisch wichtigste Sicherungsmaßnahme dar.[84] Zu den Besonderheiten im sog. Schutzschirmverfahren → § 88 Rn. 45 ff.

a) *Der Begriff des vorläufigen Insolvenzverwalters.* In Anlehnung an die in §§ 21 II 1 Nr. 2, 22 geregelten abgestuften Befugnisse des vorläufigen Insolvenzverwalters wird verbreitet zwischen „schwachem", „halbstarkem" oder „starkem" vorläufigen Insolvenzverwalter unterschieden.[85] Bestellt das Gericht einen vorläufigen Insolvenzverwalter und verhängt es gegen den Schuldner bzw das Schuldnerunternehmen ein allgemeines Verfügungsverbot, geht nach § 22 I 1 die Verwaltungs- und Verfügungsbefugnis über das schuldnerische Vermögen auf den vorläufigen Insolvenzverwalter über. Der Verwaltungsbefugnis kommt dabei neben der Verfügungsbefugnis eine eigenständige Bedeutung zu, nämlich für alle Rechtshandlungen des Schuldners, die keine Verfügungen im Rechtssinne darstellen, gleichwohl aber die Masse betreffen.[86] So kann der Schuldner nach dem Übergang der Verwaltungsbefugnis auf den vorläufigen Insolvenzverwalter keine Verpflichtungsgeschäfte mehr zu Lasten der Insolvenzmasse abschließen (→ Rn. 31).

23

Die Anordnung der Sicherungsmaßnahmen steht gemäß § 21 I 1 unter dem Vorbehalt der Erforderlichkeit sowie des allgemeinen Grundsatzes der Verhältnismäßigkeit ieS (→ Rn. 3f.).[87] Hieraus folgt, dass das Gericht bei der Auswahl der Sicherungsmaßnahmen die jeweiligen Interessen der Verfahrensbeteiligten und den Grad der Gefährdung der Haftungsmasse zu beachten hat. Die Einsetzung eines sog „starken" vorläufigen Insolvenzverwalters ist nicht der gesetzliche Regelfall.[88] Ordnet das Insolvenzgericht ein allgemeines (absolutes) Verfügungsverbot nach § 21 II 1 Nr. 2 an und geht die vollständige Verwaltungs- und Verfügungsbefugnis auf den vorläufigen Verwalter über, geht mit dieser Maßnahme wegen der nach § 22 I 1 erfolgenden einstweiligen Fortführung des schuldnerischen Unternehmens ein nicht unerhebliches Haftungsrisiko für den Insolvenzverwalter einher (§§ 55 II, 60, 61).[89] Zudem greift die Bestellung eines sog „starken" vorläufigen Insolvenzverwalters erheblich in die Rechte des Schuldners bzw.

24

---

[83] Zum Amtsermittlungsgrundsatz s die Ausführungen bei § 4 Rn. 5.
[84] Vgl. hierzu die eingehende Darstellung von *Pohlmann* Befugnisse und Funktionen des vorläufigen Insolvenzverwalters, 1998; *Vallender* DZWIR 1999, 265 ff.; KPB/*Pape* § 22 Rn. 4 ff.; *Uhlenbruck* in Uhlenbruck § 22 Rn. 1; *Prütting/Stickelbrock* ZIP 2002, 1608; FK/*Schmerbach* § 22 Rn. 1 ff.; *Smid* WM 1995, 785, 787; Jaeger/*Gerhardt* § 22 Rn. 1 ff.; *Kraemer/Vogelsang*, Hdb z Insolvenz, Bd 1 Fach 2 Kap 6 Rn. 1 ff.; MüKoInsO/*Haarmeyer* § 22 Rn. 14 ff.; *Haarmeyer/Wutzke/Förster*, Hdb Kap 3 Rn. 300 ff.; *Häsemeyer*, Insolvenzrecht Rn. 7.40 ff.; *Smid*, Grundzüge, § 4 Rn. 25 ff.; *Bork* Rn. 103, 104. Zu den Ausgestaltungsvarianten der vorläufigen Insolvenzverwaltung eingehend Beck/Depré/*Beck*, Praxis der Insolvenz, § 1 Rn. 47 ff. S zur Rechtsstellung des Sequesters unter Geltung der KO BGHZ 86, 190 = KTS 1983, 283 = ZIP 1983, 191; BGHZ 97, 97 = KTS 1986, 333 = ZIP 1986, 333.
[85] S hierzu KPB/*Pape* § 22 Rn. 5; *Bork* Rn. 103; *Uhlenbruck* in Uhlenbruck § 22 Rn. 2; Beck/Depré/*Ley*, Praxis der Insolvenz, § 4 Rn. 174, 175; *Bähr* ZIP 1998, 1553, 1558; HK/*Kirchhof* § 22 Rn. 4; *Smid*, Grundzüge, § 4 Rn. 31 Fn 38 hält diese Diktion für „schlicht falsch".
[86] Vgl. MüKoInsO/Ott/*Vuia* § 81 Rn. 5.
[87] S KPB/*Pape* § 21 Rn. 15 ff., § 22 Rn. 32; *Pape/Uhlenbruck*, Insolvenzrecht, Rn. 394 ff.; *Haarmeyer/Wutzke/Förster*, Hdb Kap 3 Rn. 300 ff.
[88] BGH ZInsO 2002, 822; *Prager/Thiemann* NZI 2001, 635; *Thiemann* Rn. 128; HK/*Kirchhof* § 22 Rn. 4; *Smid* DZWIR 2002, 444 ff.; *Undritz* NZI 2003, 137, 139; *Ampferl* Rn. 40 ff.
[89] Eingehend hierzu *Heinke* S. 132 ff.

Schuldnerunternehmens ein.[90] Den geringsten Eingriff begründet die Bestellung eines vorläufigen Insolvenzverwalters ohne ein allgemeines oder besonderes Verfügungsrecht bzw. die Anordnung eines Zustimmungsvorbehalts (→ Rn. 37 ff.). Einem solchen vorläufigen Insolvenzverwalter kommt lediglich die Bedeutung einer „Aufsichtsperson" oder eines „Beraters" zu, der nicht in der Lage ist, die Masse schmälernde Handlungen zu verhindern.[91] Sinnvoll kann die isolierte Bestellung eines vorläufigen Insolvenzverwalters etwa dann sein, wenn es vor allem darum geht, Erkenntnisse über etwaige masseschädigende Verhaltensweisen des Schuldners zu erlangen oder bei einem sonstigen Bedarf die jeweils erforderlichen weitergehenden Sicherungsmaßnahmen anzuordnen,[92] etwa besondere Verfügungsbeschränkungen.

25   b) *Auswahl und Bestellung.* Gemäß § 21 II 1 Nr. 1 erfolgt die Bestellung des vorläufigen Insolvenzverwalters durch das Gericht. Da die Vorschriften der §§ 56, 58–66 entsprechend gelten, geschieht die Auswahl nach den gleichen Kriterien, die für den endgültigen Insolvenzverwalter in § 56 festgelegt sind (s hierzu die Ausführungen bei § 22).[93] Auswahl und Bestellung des vorläufigen Insolvenzverwalters haben sich daran zu orientieren, dass der vorläufige Verwalter später auch endgültiger Verwalter wird. Die in § 57 vorgesehene Möglichkeit der Wahl eines anderen Insolvenzverwalters in der ersten Gläubigerversammlung stellt sich in der Praxis als Ausnahme dar. Dies gilt um so mehr, nachdem nunmehr die Gläubiger über den vorläufigen Gläubigerausschuss bereits vor der Bestellung des vorläufigen Verwalters gem. §§ 22 II 1 Nr. 1, 56a I 1 zu hören sind. Als vorläufiger Insolvenzverwalter ist eine für den jeweiligen Einzelfall geeignete, insbesondere geschäftskundige und von den Gläubigern und dem Schuldner unabhängige natürliche Person zu bestellen.[94] Die im Arbeitskreis für Insolvenzrecht im Deutschen Anwaltverein bis 1999 zusammengeschlossenen Anwälte haben 1992 Verhaltensrichtlinien für als Insolvenzverwalter tätige Rechtsanwälte beschlossen.[95] Die Bestellung des vorläufigen Insolvenzverwalters ist, da dieser meist später auch der endgültige Verwalter wird, wohl die schwierigste und teilweise auch die wichtigste Verfahrensentscheidung des Insolvenzgerichts.[96] Zum Insolvenzverwalter können nicht bestellt werden juristische Personen,[97] Gesellschaften ohne Rechtspersönlichkeit, nicht voll ge-

---

[90] Einzelheiten bei *Ampferl* Rn. 260 ff.
[91] KPB/*Pape* § 22 Rn. 33; MüKoInsO/*Haarmeyer* § 22 Rn. 30; vgl. auch Braun/*Uhlenbruck* S. 235.
[92] MüKoInsO/*Haarmeyer* § 22 Rn. 30.
[93] S *Uhlenbruck* in Uhlenbruck § 21 Rn. 13; *Pohlmann* Rn. 72 ff.; *Kraemer*, Hdb z Insolvenz, Bd 1 Fach 2 Kap 7 Rn. 8 ff.; Kraemer/*Vogelsang*, Hdb z Insolvenz, Bd 1 Fach 6 Kap 6 Rn. 124 ff.; MüKoInsO/*Haarmeyer* § 22 Rn. 18; *Pape/Uhlenbruck*, Insolvenzrecht, Rn. 395; KPB/*Pape* § 22 Rn. 11 ff.; Nerlich/Römermann/*Mönning* § 21 Rn. 45 ff.; *Vallender* DZWIR 1999, 265, 266; *Ampferl* Rn. 97 ff.; eingehend zur Auswahl und Bestellung des Insolvenzverwalters *Paulsen*.
[94] Vgl. *Pohlmann* Rn. 72 ff.; *Vallender* DZWIR 1999, 265, 266; *Haarmeyer* InVo 1997, 57; Nerlich/Römermann/*Mönning* § 21 Rn. 55.
[95] Die Verhaltensrichtlinien sind abgedruckt in AnwBl 1992, 118; ferner bei Kuhn/*Uhlenbruck* § 78 KO Rn. 2; NZI 2002, 23. S auch *Runkel* NZI 2002, 2.
[96] Vgl. auch *Uhlenbruck* in Uhlenbruck § 56 Rn. 1 ff., § 21 Rn. 13 ff., § 22 Rn. 3; *Vallender* DZWIR 1999, 265, 266; *Ampferl* Rn. 99 ff.; *Pape/Uhlenbruck*, Insolvenzrecht, Rn. 395; *Uhlenbruck* in: IDW (Hrsg.): Beiträge zur Reform des Insolvenzrechts, Düsseldorf 1987, S. 139 ff.; ders. KTS 1989, 229; ders. BB 1989, 433, 437; Jaeger/*Gerhardt* § 21 Rn. 16, § 22 Rn. 3 ff.; Kuhn/*Uhlenbruck* § 78 KO Rn. 2; *Kübler*, in: *Kübler* (Hrsg.): Neuordnung des Insolvenzrechts, Köln 1989, S. 61; *Heinze*, Das Verhältnis zwischen Insolvenzverwalter und Insolvenzgericht, in: Leipold (Hrsg.): Insolvenzrecht im Umbruch, 1991, S. 33 ff.; *Hess/Pape*, InsO und EGInsO, Rn. 55 ff.; *Pape* ZIP 1993, 737; *Schick* NJW 1991, 1328.
[97] Die vom RegE einer InsO zunächst zugelassene Möglichkeit, juristische Personen mit den Aufgaben eines Insolvenzverwalters zu betrauen, ist in der Anhörung des Rechtsausschusses am 28.4.1993 auf starke Kritik gestoßen. Der Rechtsausschuss hat nicht zuletzt auch im Hinblick auf die persönliche Haftung eines Insolvenzverwalters das Amt auf natürliche Personen beschränkt. Zur damaligen Diskussion vgl. *Uhlenbruck* AnwBl 1993, 454; *Pape* ZIP 1993, 737; *Grub* ZIP 1993, 393, 397; *Braun* BB 1993, 2172; Kuhn/*Uhlenbruck* § 78 KO Rn. 4; *Pohlmann* Rn. 77; *Haarmeyer* InVo 1997, 57, 58; *Ampferl* Rn. 104; *Häsemeyer*, Insolvenzrecht, Rn. 6.28.

schäftsfähige Personen sowie der Insolvenzschuldner oder seine gesetzlichen Vertreter. Die Ernennung eines zum Verwalteramt Unfähigen ist wirkungslos.[98] Auch wenn die Bestellung des vorläufigen Insolvenzverwalters im pflichtgemäßen Ermessen des Gerichts steht und in freier richterlicher Unabhängigkeit zu treffen ist, liegt in einer sachlich nicht gerechtfertigten Beschränkung – etwa auf die bei einem Gericht bereits zugelassenen Verwalter – eine unzulässige Reduzierung des Auswahlermessens.[99] Auch in Großverfahren mit mehreren Betriebsstätten des Schuldnerunternehmens ist für das gesamte Verfahren nur ein vorläufiger Insolvenzverwalter zu bestellen, der sich erforderlichenfalls der Hilfe geeigneter Mitarbeiter zu bedienen hat.

Die Verwalterbestellung wird mit dem Erlass des gerichtlichen Beschlusses und der Übernahme des Amtes durch den vorläufigen Insolvenzverwalter wirksam.[100] Zur Annahme ist der vorläufige Verwalter nicht verpflichtet.[101] Auch der vorläufige Insolvenzverwalter erhält eine Bestallungsurkunde (§§ 21 II 1 Nr. 2, 56). Der Bestellungsakt ist unanfechtbar. Der vorläufige Insolvenzverwalter steht ebenso wie der endgültige Verwalter unter der Aufsicht des Insolvenzgerichts (§§ 21 II 1 Nr. 1, 58 I 1). Auch vom vorläufigen Insolvenzverwalter kann das Gericht jederzeit Auskünfte oder einen Bericht über den Sachstand und die Geschäftsführung verlangen. Erfüllt der vorläufige Verwalter seine Pflichten nicht oder nur unzulänglich, ist das Insolvenzgericht berechtigt, nach vorheriger Androhung ein Zwangsgeld bis zu 25 000 Euro gegen ihn festzusetzen (§ 58 II).[102] Hiergegen steht dem vorläufigen Insolvenzverwalter das Recht der sofortigen Beschwerde zu (§ 58 II 3). Entsprechend §§ 21 II 1 Nr. 1, 59 I 1 kann das Insolvenzgericht den vorläufigen Insolvenzverwalter aus wichtigem Grund aus dem Amt entlassen.[103] Auch hiergegen steht dem Verwalter das Recht der sofortigen Beschwerde zu (§ 59 II 1).

26

c) *Zustellungen.* Nach § 21 II 1 Nr. 1 findet auch für den vorläufigen Insolvenzverwalter die Vorschrift des § 8 III entsprechende Anwendung. Das Insolvenzgericht kann somit den vorläufigen Verwalter beauftragen, die Zustellungen bereits im Eröffnungsverfahren durchzuführen. Diese Regelung ändert nichts daran, dass die Zustellungen von Amts wegen zu erfolgen haben.[104] Die Auswahl der gebotenen Art der Zustellung kann entweder dem pflichtgemäßen Ermessen des Verwalters überlassen oder vom Gericht angeordnet werden.[105] In der Praxis hat sich die Vorschrift für die vorläufigen Insolvenzverwalter besonders nachteilig ausgewirkt, wenn es später nicht zur Verfahrenseröffnung kommt und die Kosten aus der Masse gemäß § 25 I aus dem verwalteten Vermögen nicht berichtigt werden können. Denn Zustellungskosten sind Auslagen des Verwalters.[106] Es stellt eine

27

---

[98] *Jauernig* § 43 I 1.
[99] Hierzu BVerfG ZInsO 2006, 1101; BVerfG ZInsO 2006, 869; BVerfG ZInsO 2004, 913; OLG Hamburg ZInsO 2005, 1170; OLG Stuttgart ZInsO 2006, 331 f.; MüKoInsO/*Haarmeyer* § 22 Rn. 19 mwN; eingehend Nerlich/Römermann/*Mönning* § 21 Rn. 74 ff. sowie *Paulsen.* Zur Forderung nach Mitspracherechten der Gläubiger s *Seide/Brosa* ZInsO 2008, 769 ff.
[100] *Uhlenbruck* in Uhlenbruck § 22 Rn. 4; *Pohlmann* Rn. 48, 49; MüKoInsO/*Haarmeyer* § 22 Rn. 21.
[101] OLG Düsseldorf ZIP 1993, 135.
[102] Einzelheiten bei KPB/*Pape* § 22 Rn. 44; *Uhlenbruck* § 58 Rn. 27; HK/*Eickmann* § 58 Rn. 10; FK/*Kind* § 58 Rn. 10 ff.; MüKoInsO/*Graeber* § 58 Rn. 31, 32; MüKoInsO/*Haarmeyer* § 22 Rn. 215; *Uhlenbruck* Rpfleger 1982, 351 ff.; *Pohlmann* Rn. 240; Nerlich/Römermann/*Mönning* § 21 Rn. 98; Kraemer/*Vogelsang,* Hdb z Insolvenz, Bd 1 Fach 6 Kap 6 Rn. 128 ff.; Blersch/Goetsch/*Haas* § 21 Rn. 10.
[103] Vgl. auch OLG Köln NJW-RR 1987, 124; OLG Zweibrücken NZI 2000, 535, 536; LG Magdeburg ZIP 1996, 2116; LG Halle ZIP 1993, 1739; *Vallender* DZWIR 1999, 265, 274; HK/*Kirchhof* § 22 Rn. 76; *Uhlenbruck* in Uhlenbruck § 21 Rn. 15, § 22 Rn. 5; FK/*Schmerbach* § 21 Rn. 83; *Pohlmann* Rn. 244 ff.
[104] KPB/*Prütting* § 8 Rn. 7, 9. Zum Zustellungsreformgesetz v. 25.6.2001 (BGBl I, 1206) s *Keller* NZI 2002, 581, 587 f.
[105] Zu den einzelnen Arten der Zustellung vgl. die Kommentierungen zu § 8 InsO.
[106] BGH NZI 2007, 244; AG Marburg ZInsO 2005, 706; aA LG Leipzig NZI 2003, 442. Zu den Kosten der Zustellung s auch MüKoInsO/*Riedel* § 4 InsVV Rn. 5 f.; *Haarmeyer/Wutzke/Förster,* § 4 InsVV Rn. 6; *Vallender* NZI 2003, 244.

Verletzung der Fürsorgepflicht des Insolvenzgerichts dar, wenn es den Verwalter mit kostenaufwändigen Zustellungen im Eröffnungsverfahren betraut, obgleich bekannt ist, dass diese Kosten aus dem Schuldnervermögen oder einem Massekostenvorschuss nicht oder nicht in voller Höhe berichtigt werden können. Angesichts der Tatsache, dass der vorläufige Insolvenzverwalter ohnehin wegen seiner Vergütung und seiner Auslagen nicht abgesichert ist, weil der Gesetzgeber sich geweigert hat, diese Kosten in das KostVerz aufzunehmen, wird man das Gericht nur dann für befugt halten dürfen, den vorläufigen Verwalter mit Zustellungen zu beauftragen, wenn die Kosten dieser Zustellungen gedeckt oder auf sonstige Weise gesichert sind.[107]

28 **2. Die Einsetzung eines vorläufigen Gläubigerausschusses.** Gemäß § 21 II 1 Nr. 1a Hs. 1 kann das Insolvenzgericht einen vorläufigen Gläubigerausschuss einsetzen für den § 67 II und die §§ 69 bis 73 entsprechend gelten. Unter den Voraussetzungen des § 22a I muss und unter den Voraussetzungen des § 22a II soll das Insolvenzgericht einen vorläufigen Gläubigerausschuss einsetzen. Die §§ 21 III Nr. 1a, 22a sind durch das Gesetz zur weiteren Erleichterung der Sanierung von Unternehmen vom 7.12.2011 (ESUG)[108] neu eingeführt worden. Mit ihnen soll die Gläubigerautonomie gestärkt und der Einfluss der Gläubiger auf die Auswahl und die Person des Insolvenzverwalters bereits im Eröffnungsverfahren institutionalisiert werden.[109] Der Gesetzgeber hat damit den Charakter des Eröffnungsverfahrens grundlegend verändert.[110] Praktisch bedeutsam wird die Einsetzung eines vorläufigen Gläubigerausschusses vor allem bei einem Eigenantrag des Schuldners.[111]

29 Von dem vorläufigen Gläubigerausschuss im Eröffnungsverfahren (§§ 21 II 1 Nr. 1a, 22a) zu unterscheiden sind der Interminsausschuss in der Zeit zwischen der Eröffnung des Insolvenzverfahrens und der ersten Gläubigerversammlung (§ 67) sowie der endgültige Gläubigerausschuss für das eröffnete Insolvenzverfahren (§ 68).[112] Ob das Gericht einen vorläufigen Gläubigerausschuss bestellt, steht gem. § 21 II 1 Nr. 1a in seinem pflichtgemäßen Ermessen (fakultativer vorläufiger Gläubigerausschuss).[113] In § 22a I, II sind Fälle geregelt, in denen für das Insolvenzgericht eine Pflicht zur Bestellung eines vorläufigen Gläubigerausschusses besteht. Das Gericht hat gem. § 22a I einen vorläufigen Gläubigerausschuss einzusetzen (sog. originärer Pflichtausschuss), wenn mindestens zwei der drei in § 22a I Nr. 1–3 genannten Merkmale vorliegen.[114] Auch wenn die sog. Schwellenwerte des § 22a I Nr. 1–3 vorliegen, hat das Gericht stets zu prüfen, ob der Einsetzung eines vorläufigen Gläubigerausschusses die „Einsetzungsbremse" des § 22a III entgegensteht.[115] Sie gilt für beide der in § 22a I, II genannten Ausschussformen.[116] Auf Antrag des Schuldners, des vorläufigen Insolvenzverwalters oder eines Gläubiger soll das Gericht gem. § 22a II einen vorläufigen Gläubigerausschuss einsetzen (sog. optionaler Antrags-

---

[107] Zu den Kosten der Anordnung von Sicherungsmaßnahmen s Jaeger/*Gerhardt* § 21 Rn. 111 ff.
[108] BGBl I S. 2582.
[109] BT-Drucks 17/5712, S. 24; Nerlich/Römemann/*Mönning* § 22a Rn. 6.
[110] MüKoInsO/*Haarmeyer* § 21 Rn. 47a.
[111] S. hierzu HambKomm-*Frind* § 22a Rn. 2.
[112] Vgl. K. Schmidt/*Hölzle* § 22a Rn. 4.
[113] MüKoInsO/*Haarmeyer* § 22a Rn. 122.
[114] Zu den Einzelheiten s. K. Schmidt/*Hölzle* § 22a Rn. 16–20; MüKoInsO/*Haarmeyer* § 22a Rn. 72–87; HambKomm-*Frind* § 22a Rn. 3–9; Nerlich/Römemann/*Mönning* § 22a Rn. 11–22.
[115] HambKomm-*Frind* § 22a Rn. 3; zu den Einzelheiten s. HambKomm-*Frind* § 22a Rn. 16–21; K. Schmidt/*Hölzle* § 22a Rn. 23–36; Nerlich/Römemann/*Mönning* § 22a Rn. 30–34. Von einer Unverhältnismäßigkeit i. S. des § 22a III 2 soll *jedenfalls* auszugehen sein, wenn die Kosten der Einsetzung eines vorläufigen Gläubigerausschusses einen Anteil von 7% der zu erwartenden Teilungsmasse übersteigen; s. AG Ludwigshafen NZI 2012, 850 f.
[116] AG Hamburg ZIP 2013, 1135. Bei einer bereits konkret absehbare und noch im Eröffnungsverfahren erfolgenden Einstellung des Geschäftsbetriebs gilt § 22a III Alt. 1 analog; s. AG Hamburg, Beschl. v. 3.5.2013 – 67c IN 161/13.

ausschuss), wenn Personen benannt werden, die als Mitglieder des Ausschusses in Betracht kommen und dem Antrag Einverständniserklärungen der benannten Personen beigefügt werden.[117] Antragsberechtigt sind neben den Insolvenzgläubigern auch Massegläubiger.[118] Der Antrag ist nur zulässig, wenn mindestens vier notwendige Personen gem. § 67 II benannt werden.[119] Um eine Stimmengleichheit zu vermeiden muss der Ausschuss mindestens fünf Mitglieder haben.[120] Das Gericht ist an den Besetzungsvorschlag nicht gebunden.[121] Ein Rechtsmittel gegen die Entscheidungen des Insolvenzgerichts im Zusammenhang mit der Einsetzung eines vorläufigen Gläubigerausschusses sieht das Gesetz in § 21 I 2 nur für den Schuldner vor, wobei sich das Beschwerderecht des Schuldners ausschließlich auf das „Ob" und nicht auf die Auswahl der Mitglieder des vorläufigen Gläubigerausschusses bezieht.[122] Da das Gesetz für andere Beteiligte ein Beschwerderecht nicht vorsieht, ist für diese im Hinblick auf § 6 I kein Rechtsmittel gegeben.[123] Es besteht lediglich die Möglichkeit der Gegenvorstellung.[124]

3. Die Anordnung eines Verfügungsverbots. Gemäß § 21 II 1 Nr. 2 Alt. 1 kann 30 das Insolvenzgericht dem Schuldner ein „allgemeines" Verfügungsverbot auferlegen. Da das Insolvenzgericht darüber hinaus gemäß § 21 I 1 zur Anordnung weiterer Sicherungsmaßnahmen berechtigt ist, kann es, insbesondere um dem Grundsatz der Verhältnismäßigkeit Rechnung zu tragen, das Verfügungsverbot auf einzelne Gegenstände des Schuldnervermögens beschränken (sog „besonderes" Verfügungsverbot).

a) *Das allgemeine Verfügungsverbot.* Die Anordnung eines allgemeinen Verfügungsverbots 31 nach § 21 II 1 Nr. 2 stellt eine der effektivsten Sicherungsmaßnahmen zum Zwecke der Massesicherung dar.[125] Das allgemeine Verfügungsverbot kann dabei vom Gericht als alleinige Sicherungsmaßnahme angeordnet werden.[126] Da aber ein nach § 21 II 1 Nr. 2 gerichtlich angeordnetes Verfügungsverbot ein absolutes ist, eine „Verfügungslosigkeit" aber nicht bestehen kann, führt nach zutreffender Auffassung nahezu jede Anordnung eines derartigen Verfügungsverbots zwingend zur gleichzeitigen Anordnung der vorläufigen Insolvenzverwaltung.[127]

Unter Geltung der KO wurde von einer relativen Unwirksamkeit allgemeiner Verfügungsverbote 32 ausgegangen.[128] Soweit im Schrifttum zum Teil auch unter Geltung der InsO die Auffassung vertreten wird, das allgemeine Verfügungsverbot führe zur relativen Unwirksamkeit,[129] kann dem im Hinblick auf den entgegenstehenden Willen des Gesetz-

---

[117] Zu den Einzelheiten s. K. Schmidt/*Hölzle* § 22a Rn. 7–13; MüKoInsO/*Haarmeyer* § 22a Rn. 100–121; HambKomm-*Frind* § 22a Rn. 10–15; Nerlich/Römemann/*Mönning* § 22a Rn. 23–29.
[118] MüKoInsO/*Haarmeyer* § 22a Rn. 106; *Obermüller* ZInsO 2012, 18, 20; aA HambKomm-*Frind* § 22a Rn. 11.
[119] AG Hamburg ZIP 2013, 1135; HambKomm-*Frind* § 22a Rn. 12.
[120] AG Ludwigshafen NZI 2012, 850 f.; *Frind* BB 2013, 265, 266 f.
[121] Braun/*Böhm* § 22a Rn. 15; HambKomm-*Frind* § 22a Rn. 14 f.; ders. BB 2013, 265, 267 f.; K. Schmidt/*Hölzle* § 22a Rn. 10; Nerlich/Römemann/*Mönning* § 22a Rn. 27.
[122] LG Kleve NZI 2013, 599 f.
[123] LG Dessau-Roßlau, Beschl. v. 2.5.2012 – 1 T 116/12; LG Kleve NZI 2013, 599 f.; *N. Schmidt* ZInsO 2012, 1107 ff.; aA MüKoInsO/*Haarmeyer* § 22a Rn. 169 f.
[124] HambKomm-*Frind* § 22a Rn. 24.
[125] Vgl. BGH NJW-RR 1986, 1188, 1189; *Smid* WM 1995, 785, 787; Jaeger/*Gerhardt* § 21 Rn. 5; *Uhlenbruck* in Uhlenbruck § 21 Rn. 17; Braun/*Uhlenbruck*, Unternehmensinsolvenz, S. 263 f.; *Pape* WPrax 1995, 236, 238; ders. NJW 1999, 30; Haarmeyer/Wutzke/*Förster*, Hdb Kap 3 Rn. 248 ff., 261; MüKoInsO/*Haarmeyer* § 21 Rn. 54 f.; Blersch/Goetsch/*Haas* § 21 Rn. 21.
[126] Vgl. Braun/*Uhlenbruck*, Unternehmensinsolvenz, S. 264.
[127] *Jauernig* § 54 IV; *Bork* Rn. 107; Nerlich/Römermann/*Mönning* § 21 Rn. 104 f.; KPB/*Pape* § 23 Rn. 1; *Uhlenbruck* in Uhlenbruck § 21 Rn. 18; MüKoInsO/*Haarmeyer* § 21 Rn. 54.
[128] Vgl. BGHZ 19, 355, 359; OLG Köln ZIP 1981, 749; s zum Meinungsstand BGH ZInsO 2006, 261, 263.
[129] So Obermüller/*Hess*, InsO, Rn. 104; ebenso noch *Smid* WM 1995, 785, 787; anders nunmehr *Smid* § 24 Rn. 3.

§ 14 33, 34 Kapitel II. Das Insolvenzeröffnungsverfahren

gebers und der klaren gesetzlichen Regelung in § 24 I nicht gefolgt werden. Eine unter Verstoß gegen § 21 II 1 Nr. 2 vorgenommene Verfügung ist vielmehr absolut (schwebend) unwirksam;[130] gemäß § 24 I gelten bei einem Verstoß gegen eine der in § 21 II 1 Nr. 2 vorgesehenen Verfügungsbeschränkungen die §§ 81, 82 entsprechend. Die Verfügung kann allerdings von einem vorläufigen Insolvenzverwalter mit Verfügungsbefugnis gemäß § 185 II BGB genehmigt werden, auch werden entgegenstehende Verfügungen des Schuldners nach Aufhebung der Verfügungsbeschränkung ohne Rückwirkung voll wirksam.[131] Wegen der mit der Anordnung eines allgemeinen Verfügungsverbots einhergehenden Haftungsrisiken (s hierzu u Rn. 135) haben die Gerichte in der Praxis nur verhalten von der Anordnung dieser Sicherungsmaßnahme Gebrauch gemacht.[132]

33 Das allgemeine Verfügungsverbot wird schon mit dem Erlass, nicht dagegen erst mit Zustellung an den Schuldner bzw. an das Schuldnerunternehmen oder der Veröffentlichung wirksam.[133] Die Wirksamkeit tritt daher ein, wenn der unterschriebene und vollständig abgefasste Beschluss vom zuständigen Richter in den allgemeinen Geschäftsgang des Gerichts gegeben wird bzw. von der Geschäftsstelle einem Beteiligten mitgeteilt oder dies veranlasst wird (→ Rn. 10).[134] Hat das Gericht die Angabe der genauen Zeit des Erlasses auf dem Beschluss nicht vermerkt, gilt analog § 27 III als Zeitpunkt des Erlasses des Veräußerungsverbots die Mittagsstunde des Tages, an dem der Beschluss erlassen worden ist (s zum Wirksamwerden von Sicherungsmaßnahmen o Rn. 10).[135] Die absolute Unwirksamkeit von Verfügungen des Schuldners führt dazu, dass ein gutgläubiger Erwerb Dritter für Mobilien ausgeschlossen ist. Verfügt der Schuldner über Gegenstände des insolvenzfreien Vermögens, sind diese Verfügungen wirksam. Da sich die Unwirksamkeitsfolge ausschließlich auf entgegenstehende Verfügungen bezieht, bleiben vom Schuldner abgeschlossene Verpflichtungsgeschäfte wirksam.[136] Schließt der Schuldner Verpflichtungsgeschäfte ab, bleibt dem Verwalter lediglich die Möglichkeit einer Anfechtung gemäß §§ 130 ff.[137] Wird jedoch ein vorläufiger Insolvenzverwalter bestellt und dem Schuldner ein allgemeines Verfügungsverbot auferlegt, kann der Schuldner jedenfalls nicht mit Wirkung zulasten der Masse Verpflichtungsgeschäfte abschließen, weil in diesem Fall mit der Verfügungs- auch die Verwaltungsbefugnis auf den Verwalter übergegangen ist (§ 22 I 1);[138] zu den Auswirkungen im Überweisungsverkehr → Rn. 167 ff.

34 Ob mit dem Erlass eines allgemeinen Verfügungsverbots Vorausverfügungen des Schuldners unwirksam werden, wenn das betroffene Recht bei Anordnung der Siche-

---

[130] BGH ZInsO 2006, 261, 263; *Bork* Rn. 106; *Hess/Pape,* InsO und EGInsO, Rn. 152; Braun/*Uhlenbruck,* Unternehmensinsolvenz, S. 263; *Haarmeyer/Wutzke/Förster,* Hdb Kap 3 Rn. 263–265; *Uhlenbruck* in Uhlenbruck § 21 Rn. 17; MüKoInsO/*Haarmeyer* § 21 Rn. 55, § 24 Rn. 10; K. Schmidt/*Hölzle* § 21 Rn. 49; HK/*Kirchhof* § 24 Rn. 3 *Uhlenbruck* KTS 1994, 169, 179; Nerlich/Römermann/*Mönning* § 21 Rn. 101; Jaeger/*Gerhardt* § 21 Rn. 19–22.
[131] MüKoInsO/*Haarmeyer* § 21 Rn. 55 mwN; *Haarmeyer/Wutzke/Förster,* Hdb Kap 3 Rn. 263.
[132] MüKoInsO/*Haarmeyer* § 21 Rn. 54.
[133] Vgl. BGH ZIP 1995, 40 m. Anm. *Uhlenbruck* EWiR 1995, 57; BGH ZIP 1996, 1909; OLG Köln ZIP 1995, 1684; MüKoInsO/*Haarmeyer* § 21 Rn. 56; Jaeger/*Gerhardt* § 24 Rn. 6; *Hess/Pape,* InsO und EGInsO, Rn. 151; Braun/*Uhlenbruck,* Unternehmensinsolvenz, S. 263; *Pape* WPrax 1995, 236, 239; K. Schmidt/*Hölzle* § 21 Rn. 53; *Haarmeyer/Wutzke/Förster,* Hdb Kap 3 Rn. 264; KPB/*Pape* § 21 Rn. 21; aA wohl nur BAG ZIP 1998, 33.
[134] MüKoInsO/*Haarmeyer* § 21 Rn. 37.
[135] Vgl. BGH NZI 2001, 203; BGH ZIP 1996, 1909; BGH ZIP 1995, 40; BGH ZIP 1989, 1911; *Haarmeyer/Wutzke/Förster,* Hdb Kap 3 Rn. 197.
[136] BGHZ 165, 283, 287; BGH ZInsO 2009, 659 = NJW-RR 2009, 981; BGH NZI 2010, 138; MüKoInsO/*Haarmeyer* § 24 Rn. 13; HK/*Kayser* § 81 Rn. 6; HK/*Kirchhof* § 24 Rn. 10; Graf-Schlicker/*Voß* § 21 Rn. 10, 12; FK/*Schmerbach* § 24 Rn. 5.
[137] MüKoInsO/*Haarmeyer* § 24 Rn. 13.
[138] BGH ZInsO 2009, 659 = NJW-RR 2009, 981 für einen Überweisungsvertrag; ebenso MüKoInsO-*Ott/Vuia* § 81 Rn. 12 b.

rungsmaßnahme noch nicht besteht, ist umstritten. Unter Geltung der KO ist verbreitet die Auffassung vertreten worden, dass mit der Anordnung eines allgemeinen Verfügungsverbots Vorausverfügungen des Schuldners ihre Wirksamkeit verlieren.[139] Dieser Ansicht ist der BGH in einem Urteil vom 20.3.1997[140] „jedenfalls für den Geltungsbereich der Konkursordnung" nicht gefolgt, vielmehr müsse es hier dabei verbleiben, dass die Masse gegen Vorausverfügungen über künftige Forderungen und bereits durchgeführte Zwangsvollstreckungen nur durch die Anfechtungsvorschriften geschützt sei.[141] Die Entstehung der abgetretenen Forderung gehöre nicht zum Übertragungstatbestand. Ob nunmehr die Bestimmung des § 24 I bzw der dort enthaltene Verweis auf § 81 I 1 zu einer abweichenden Sichtsweise zwingt, hängt davon ab, ob für den Begriff der Verfügung iSd § 81 I 1 auf die Verfügungshandlung des Schuldners (so die hM)[142] oder allein auf den Eintritt des Verfügungserfolgs abzustellen ist.[143] Nach zutreffender Auffassung ist grundsätzlich der Eintritt des Verfügungserfolgs maßgeblich, also der Zeitpunkt, zu dem die Verfügung vollwirksam wird.[144] Bei einer Vorausabtretung führt demzufolge der Verlust der Verfügungsbefugnis infolge der Anordnung eines allgemeinen Verfügungsverbots zur Unwirksamkeit der Vorausverfügung gemäß §§ 24 I, 81 I 1.[145]

Auch bei Anordnung eines allgemeinen Verfügungsverbots und späterer Verfahrenseröffnung kann gegen Forderungen eines Schuldners, die nach Eingang des Eröffnungsantrags begründet werden, mit Insolvenzforderungen aufgerechnet werden, weil § 96 eine abschließende Regelung darstellt.[146] Die Anordnung des allgemeinen Verfügungsverbots kann die Herbeiführung einer Aufrechnungslage durch Handlungen eines Dritten nicht verhindern.[147] Der BGH hat das Aufrechnungsverbot strikt auf das Gesamtvollstreckungsverfahren[148] beschränkt.[149] Für das frühere Konkursverfahren hatte der BGH eine Vorverlagerung der allgemeinen Aufrechnungsschranke des § 55 Nr. 1 KO auf den Zeitpunkt der Sequestration abgelehnt.[150] Auch aus der Insolvenzordnung kann kein grundsätzlicher Ausschluss der Aufrechnung im Insolvenzeröffnungsverfahren hergeleitet werden. Eine Aufrechnung im Eröffnungsverfahren ist nur dann rückwirkend

---

[139] So etwa OLG Koblenz ZIP 1984, 164; OLG Düsseldorf ZIP 1986, 973; OLG Stuttgart ZIP 1994, 798; KG ZIP 1995, 53; OLG Hamm ZIP 1995, 140; OLG Schleswig ZIP 1995, 759.

[140] BGHZ 135, 140 = NJW 1997, 1857 = ZIP 1997, 737; bestätigend BGH NZI 2009, 888 ff.; BGH NZI 2010, 138; zustimmend *Marotzke* JR 1998, 31; *Stürner/Bormann* LM KO § 106 Nr. 16; *Bode* WuB VI B. § 37 KO 1.97; *Henckel* EWiR 1997, 943; ablehnend *Eckardt* ZIP 1997, 957 ff.; *Häsemeyer* ZZP 111 (1998), 83 ff.; *ders.* Insolvenzrecht Rn. 7.38a; Jaeger/*Gerhardt* § 24 Rn. 6, 7; KPB/*Pape* § 24 Rn. 5 f.

[141] Ebenso zur InsO BGH NZI 2009, 888 ff.; OLG Köln ZInsO 2008, 622; K. Schmidt/*Hölzle* § 21 Rn. 55.

[142] Vgl. BGHZ 135, 140 = NJW 1997, 1857; BGHZ 162, 187 = NJW 2005, 1505; BGHZ 167, 363 = NJW 2006, 2485 sowie die Nw zum Streitstand bei MüKoInsO/*Ott/Vuia* § 81 Rn. 9.

[143] Zu kurz greift daher die Argumentation des BGH (NZI 2009, 888) und des OLG Köln (ZInsO 2008, 622; ebenso *Becker,* Insolvenzrecht, Rn. 708), wonach § 24 I InsO „nur" auf § 81 und nicht auf § 91 verweise.

[144] MüKoInsO/*Ott/Vuia* § 81 Rn. 9 mwN.

[145] Ebenso die Unwirksamkeit von Vorausverfügungen befürwortend OLG Dresden ZInsO 2006, 1057; Jaeger/*Gerhardt* § 24 Rn. 6, 7; *Häsemeyer* ZZP 111 (1998), 83 ff.; MüKoInsO/*Haarmeyer* § 21 Rn. 57, § 24 Rn. 12b; *Haarmeyer/Wutzke/Förster,* Hdb Kap 3 Rn. 265; *Uhlenbruck* § 21 Rn. 19; *Ampferl* Rn. 459; FK/*Schmerbach* § 24 Rn. 9; HK/*Kirchhof* § 24 Rn. 8; aA BGH NZI 2009, 888; BGH NZI 2010, 138.

[146] MüKoInsO/*Haarmeyer* § 21 Rn. 57; *Henckel* FS Lüke, S. 237, 242, 249; *Mankowski* JZ 1996, 392, 396; aA *Weitekamp* NZI 1998, 112, 113; zum Meinungsstand s *Hess,* § 21 Rn. 62 ff.

[147] KPB/*Lüke* § 94 Rn. 88; vgl. auch *Adam* WM 1998, 801, 804; *Wittig* WM 1995, 865, 867.

[148] S hierzu BGH ZIP 1996, 845; BGH ZIP 1996, 926; BGH ZIP 1995, 1200.

[149] BGHZ 159, 388, 391 f. Vgl. auch KPB/*Lüke* § 94 Rn. 90; *Wittig* WM 1995, 865, 867; MüKoInsO/*Brandes* § 96 Rn. 34 ff.; *Ampferl* Rn. 483; *Ganter,* Die Rechtsprechung des Bundesgerichtshofs zur Insolvenzordnung, S. 37; s. unter Geltung der GesO BGH ZIP 1996, 845; BGH ZIP 1996, 926; BGH ZIP 1995, 1200.

[150] BGHZ 109, 321, 322; BGHZ 99, 36, 40 f.

§ 14

mit der Verfahrenseröffnung nach § 96 I Nr. 3 unwirksam, wenn ein Anfechtungstatbestand erfüllt ist.[151] Eine wirksame Aufrechnung im Insolvenzeröffnungsverfahren kann daher nur nach den §§ 129 ff. angefochten werden (§ 96 Nr. 3).[152]

36 Die Regelung in § 21 II 1 Nr. 2 hindert das Insolvenzgericht allerdings nicht, auf Grund der Generalvorschrift des § 21 I ein allgemeines oder spezielles Aufrechnungsverbot zu erlassen.[153] In Betracht kommt auch die Verhängung eines speziellen Veräußerungsverbots iSd §§ 135, 136 BGB. Ein solches empfiehlt sich vor allem in den Fällen, in denen die Verwaltungs- und Verfügungsbefugnis nicht auf den vorläufigen Insolvenzverwalter übertragen wurde, um die Begründung zusätzlicher Masseverbindlichkeiten zu verhindern.[154] Der Auffassung, wonach der vorläufige Insolvenzverwalter ermächtigt werden kann, zur Sicherheit abgetretene Forderungen einzuziehen, obgleich die Globalzession offen gelegt worden war,[155] kann nicht gefolgt werden. Für das Insolvenzeröffnungsverfahren fehlt es an einer dem § 166 II entsprechenden Regelung, so dass ein Einziehungsrecht des Verwalters grundsätzlich nicht besteht (→ zur Anordnung eines Einziehungsstopps Rn. 51–53).[156] Das vom Insolvenzgericht im Eröffnungsverfahren erlassene Zwangsvollstreckungsverbot (→ Rn. 14–18) hindert für sich allein den Sicherungsnehmer nicht, seine vertraglichen Rechte ohne Vollstreckungsmaßnahmen durchzusetzen.[157] Ein im Eröffnungsverfahren erlassenes insolvenzrechtliches Verbot an Drittschuldner, an den Insolvenzschuldner zu zahlen, die Ermächtigung des vorläufigen Insolvenzverwalters zum Forderungseinzug sowie das Gebot an die Drittschuldner, an den vorläufigen Verwalter zu zahlen, wirken von sich aus allerdings nicht gegenüber Sicherungsnehmern.[158]

37 Leistungen von Schuldnern an den Insolvenzschuldner (nicht an den vorläufigen Insolvenzverwalter) im Rahmen des Eröffnungsverfahrens sind bei Gutgläubigkeit des Leistenden trotz Anordnung eines allgemeinen Verfügungsverbots nach den §§ 24 I, 82 wirksam und führen zur Befreiung des leistenden Schuldners von seiner Verbindlichkeit.[159] Die Beweislast für seine Unkenntnis trägt der Leistende (§ 82 S. 1 Hs. 2).[160] Entsprechend § 82 S. 2 greift die Vermutung seiner Unkenntnis ein, wenn der Leistende vor der öffentlichen Bekanntmachung geleistet hat. Über § 81 I S. 2 finden trotz des absoluten Verfügungsverbots die Gutglaubensvorschriften Anwendung, jedoch lediglich im Bereich des Grundstücksrechts (§§ 892, 893 BGB). Ein Verweis auf § 932 BGB hinsichtlich des gutgläubigen Erwerbs beweglicher Sachen fehlt. Wegen der Möglichkeit gutgläubigen Erwerbs an Grundstücken und Grundstücksrechten ist der Erlass des allgemeinen Verfügungsverbots unverzüglich in das Grundbuch einzutragen (§§ 23 III, 32 InsO, § 38 GBO). Durch die Eintragung wird der Erwerb kraft guten Glaubens ausgeschlossen. Die Eintragung erfolgt sowohl beim Eigentum (Abt II) als auch bei dingli-

---

[151] BGH ZInsO 2004, 852, 853; MüKoInsO/*Haarmeyer* § 21 Rn. 72.
[152] S auch BGHZ 159, 388 ff.; K. Schmidt/*Hölzle* § 21 Rn. 56.
[153] *Ampferl* Rn. 484.
[154] *Hess* § 21 Rn. 87. Vgl. auch BGH NZI 1999, 23, 24; *Obermüller* ZInsO 1999, 696; *Thiemann* Rn. 137 ff.; MüKoInsO/*Haarmeyer* § 22 Rn. 31; *Uhlenbruck* in Uhlenbruck § 21 Rn. 20, 21. Ein allgemeines Veräußerungsverbot ist zugleich ein allgemeines Verfügungsverbot, auf das die §§ 135, 136 BGB keine Anwendungen finden.
[155] So LG Duisburg, ZIP 1999, 1366; LG Berlin ZInsO 1999, 355, 356; *Mitlehner* ZIP 2001, 677, 678 f.
[156] Vgl. *Pohlmann* Rn. 430; *Vallender*, RWS-Forum 14, S. 78; *Uhlenbruck* in Uhlenbruck § 22 Rn. 43.
[157] BGH ZIP 2003, 632. Vgl. auch BGH ZInsO 2002, 826; *Mitlehner* ZIP 2001, 677, 679; *Kirchhof* ZInsO 2003, 155; *Uhlenbruck* in Uhlenbruck § 22 Rn. 43.
[158] BGH ZIP 2003, 632, 634 f.
[159] Jaeger/*Gerhardt* § 24 Rn. 9; MüKoInsO/*Ott*/*Vuia* § 82 Rn. 9, 16; K. Schmidt/*Hölzle* § 21 Rn. 57.
[160] BGH ZIP 2006, 138; MüKoInsO/*Haarmeyer* § 24 Rn. 14; FK/*App* § 82 Rn. 13; MüKoInsO/*Ott*/*Vuia* § 82 Rn. 15.

chen Rechten, die dem Schuldner zustehen (Veränderungsspalte der Abt II bzw III). Sind die Erklärungen nach § 878 BGB für die Beteiligten bindend geworden und ist der Eintragungsantrag beim Grundbuchamt vor Erlass des allgemeinen Verfügungsverbots gestellt worden, kommt es auf den guten Glauben nicht an. Vielmehr hat das Grundbuchamt das Recht einzutragen.[161]

b) *Besonderes Verfügungsverbot.* Statt eines allgemeinen Verfügungsverbots kann das Gericht spezielle oder besondere Verfügungsbeschränkungen anordnen, die sich auf einzelne Gegenstände des Schuldnervermögens oder auf einzelne Geschäftsvorgänge beziehen (§ 21 I 1).[162] Umstritten ist, welche Wirkung einem solchen besonderen Verfügungsverbot zukommt. Überwiegend wird die Auffassung vertreten, dass das besondere Verfügungsverbot kein absolutes Verfügungsverbot sei, das deshalb auch nicht der Rechtsfolgenregelung des § 24 unterfalle; § 24 verweise ausdrücklich nur für das allgemeine Verfügungsverbot auf die Anwendbarkeit der §§ 81, 82. Deshalb führe ein Verfügungsverbot bezüglich einzelner Gegenstände nur zu einem relativen Verfügungsverbot nach §§ 135, 136 BGB.[163] Mit *Haarmeyer*[164] ist indes davon auszugehen, dass die Bestimmung des § 24 I allen nach § 21 II 1 Nr. 2 angeordneten Verfügungsbeschränkungen die gleiche absolute Wirkung zukommen lässt. Der Gesetzesbegründung lässt sich entnehmen, dass der Gesetzgeber zum Zwecke der Vorverlagerung der Eröffnungswirkungen in das Eröffnungsverfahren auch den „allgemeinen Verfügungsbeschränkungen" eine absolute Wirkung zukommen lassen wollte. Für die von der hM vertretenen engen Auslegung des § 24 I gibt weder die ratio legis etwas her, noch ist ein materielles Wertungskriterium für eine unterschiedliche Behandlung von Verfügungen unter Anordnung eines allgemeinen Verfügungsverbots einerseits und unter Anordnung besonderer Verfügungsverbote andererseits zu erkennen.

4. Die Anordnung eines Zustimmungsvorbehalts. Die Anordnung der vorläufigen Insolvenzverwaltung nach § 21 II 1 Nr. 1 hat nicht zwingend zugleich auch die Anordnung eines allgemeinen Verfügungsverbots zur Folge.[165] Wie sich aus der Formulierung des § 21 II 1 Nr. 2 ergibt, ist das Gericht berechtigt, den Insolvenzschuldner nur einzelnen Verfügungsbeschränkungen zu unterwerfen, obgleich die vorläufige Insolvenzverwaltung angeordnet wurde. Man spricht insoweit von einem „schwachen" vorläufigen Insolvenzverwalter, dessen Befugnisse das Insolvenzgericht im Rahmen des § 22 I bestimmt (→ Rn. 57).[166] Bleibt trotz Bestellung eines vorläufigen Insolvenzverwalters die Verfügungsbefugnis beim Schuldner, kann es sich im Einzelfall empfehlen, die Wirksamkeit von Verfügungen des Schuldners an die Zustimmung des vorläufigen Insolvenzverwalters zu binden (§ 21 II 1 Nr. 2; näher zu den Befugnissen und zur Rechtsstellung des vorläufigen Insolvenzverwalters mit Zustimmungsvorbehalt → Rn. 64 ff.).[167]

---

[161] Vgl. MüKoInsO/*Haarmeyer* § 24 Rn. 12c.
[162] Vgl. *Gerhardt* FS Flume, Bd I, S. 527, 537; *Uhlenbruck* in Uhlenbruck § 21 Rn. 23; MüKoInsO/*Haarmeyer* § 22 Rn. 31; Beck/Depré/*Beck*, Praxis der Insolvenz, Rn. 28; KPB/*Pape* § 21 Rn. 22, § 22 Rn. 5; *Thiemann* Rn. 137, 138; FK/*Schmerbach* § 21 Rn. 268; *Haarmeyer/Wutzke/Förster*, Hdb Kap 3 Rn. 270; Nerlich/Römermann/*Mönning* § 21 Rn. 115 ff.
[163] Vgl. *Gerhardt* FS Flume, Bd I, S. 527, 537; *Uhlenbruck* in Uhlenbruck § 21 Rn. 23; HK/*Kirchhof* § 24 Rn. 4; *Fritsche* DZWIR 2002, 8; FK/*Schmerbach* § 24 Rn. 22; KPB/*Pape* § 24 Rn. 2; Nerlich/Römermann/*Mönning* § 21 Rn. 116; Andres/*Leithaus* § 21 Rn. 2; Graf-Schlicker/*Voß* § 24 Rn. 9.
[164] MüKoInsO/*Haarmeyer* § 21 Rn. 59 ff.; *Haarmeyer/Wutzke/Förster*, Hdb Kap 3 Rn. 267.
[165] *Gerhardt* ZZP 109, 422 f.; *Uhlenbruck* § 21 Rn. 24; vgl. auch Blersch/Goetsch/*Haas* § 21 Rn. 30.
[166] Vgl. KPB/*Pape* § 21 Rn. 24, § 22 Rn. 4 f.
[167] Vgl. *Uhlenbruck*, Kölner Schrift, S. 325, 343, Rn. 16; *Bork* ZIP 1999, 781, 783 ff.; *Vallender* DZWIR 1999, 265, 268 f.; Braun/*Uhlenbruck*, Unternehmensinsolvenz, S. 234; *Pohlmann* Rn. 345 ff.; *Uhlenbruck* in Uhlenbruck § 21 Rn. 24, § 22 Rn. 11; MüKoInsO/*Haarmeyer* § 21 Rn. 65 ff.; HK/*Kirchhof* § 21 Rn. 16; KPB/*Pape* § 21 Rn. 24; Jaeger/*Gerhardt* § 21 Rn. 24 ff.

Insoweit spricht man von einem „halbstarken" vorläufigen Insolvenzverwalter.[168] Eine solche Maßnahme braucht nicht unbedingt im Misstrauen gegen den Schuldner oder das Schuldnerunternehmen ihren Grund zu haben. Vielmehr kann es im Einzelfall auch darum gehen, durch die Einschaltung des vorläufigen Insolvenzverwalters das Vertrauen der Geschäftspartner eines Schuldnerunternehmens zurück zu gewinnen oder neues Vertrauen aufzubauen.[169] Die Anordnung eines Zustimmungsvorbehalts schont vor allem auch das Ansehen des Schuldners und stärkt das Vertrauen der Geschäftspartner.[170]

40 a) *Allgemeiner Zustimmungsvorbehalt.* Der allgemeine Zustimmungsvorbehalt verleiht dem vorläufigen Insolvenzverwalter keine Befugnis zur Vertretung des Schuldners. Auch kann der Verwalter den Schuldner in diesem Fall nicht gegen dessen Willen zu Handlungen anhalten.[171] Verfügt der Schuldner bzw. Schuldnervertreter unter Verstoß gegen den allgemeinen Zustimmungsvorbehalt, treten über § 24 I die Rechtsfolgen der §§ 81, 82 ein.[172] Diese sind dieselben wie bei der Vornahme einer Verfügung unter Verstoß gegen das allgemeine Verfügungsverbot (→ Rn. 31 ff.). Leistungen an den Schuldner befreien gemäß § 82 nur, wenn der Leistende zurzeit der Leistung die Anordnung des Zustimmungsvorbehalts nicht gekannt hat. Hat er vor der öffentlichen Bekanntmachung geleistet, wird vermutet, dass er die Anordnung nicht kannte (§ 82 S. 2).[173] Eine Rechtshandlung des Schuldners kann trotz Zustimmung des vorläufigen Insolvenzverwalters im später eröffneten Verfahren anfechtbar sein, wenn die Zustimmung in einer Notlage erfolgt ist.[174]

41 Bei der Anordnung eines allgemeinen Zustimmungsvorbehalts tritt der Verwalter nicht an die Stelle, sondern an die Seite des Schuldners.[175] Dieses Nebeneinander der Rechtszuständigkeit von vorläufigem Insolvenzverwalter und Schuldner kann praktische Probleme aufwerfen,[176] wenn zB im Rahmen einer einstweiligen Betriebsfortführung eine Abstimmung der Entscheidungen zwischen dem vorläufigen Insolvenzverwalter und dem Schuldner bzw. Schuldnervertreter über die Art und Weise der Massesicherung auftreten.[177] Ferner ist die Zustimmung zu der Vielzahl im Tagesgeschäft anfallender Verfügungen häufig kaum praktikabel.[178] Vor diesem Hintergrund wird zum Teil die Auffassung vertreten, dass bei der Bestellung eines vorläufigen Insolvenzverwalters alles dafür spreche, auch ein „allgemeines Verfügungsverbot zu erlassen, um ein Gegeneinanderarbeiten von Verwalter und Schuldner zu verhindern."[179] In der Praxis ist die

---

[168] KPB/*Pape* § 21 Rn. 24; *Bork* ZIP 2001, 1521 ff.; *Pape* ZInsO 2001, 830 ff.; *Spliedt* ZIP 2001, 1941 ff.; Beck/Depré/*Beck*, Praxis der Insolvenz, § 6 Rn. 169 ff.; MüKoInsO/*Haarmeyer* § 21 Rn. 65 ff.; eingehend zur Rechtsstellung des vorläufigen Insolvenzverwalters ohne allgemeine Verfügungs- und Verwaltungsbefugnisse MüKoInsO/*Haarmeyer* § 22 Rn. 28 ff.

[169] *Gerhardt* ZZP 109, 422 f.; *Uhlenbruck* in Uhlenbruck § 21 Rn. 24; Kilger/*K. Schmidt* § 12 VglO Anm. 2b; Braun/*Uhlenbruck*, Unternehmensinsolvenz, S. 235 f.; *Pape* ZIP 1994, 89 ff.; *Pohlmann* Rn. 229 ff.

[170] Jaeger/*Gerhardt* § 21 Rn. 25.

[171] BGH ZInsO 2002, 819, 821.

[172] *Gerhardt*, Kölner Schrift, S. 200 Rn. 15; *Uhlenbruck* in Uhlenbruck § 21 Rn. 25; KPB/*Pape* § 24 Rn. 1; Beck/Depré/*Beck*, Praxis der Insolvenz, § 6 Rn. 151; *Haarmeyer/Wutzke/Förster*, Hdb Kap 3 Rn. 271; *Thiemann* Rn. 133 ff.; *Pohlmann* Rn. 257 ff.

[173] Vgl. auch *Uhlenbruck* in Uhlenbruck § 21 Rn. 25; KPB/*Pape* § 21 Rn. 24; *Haarmeyer/Wutzke/Förster*, Hdb Kap 3 Rn. 271; *Mankowski* NZI 2000, 572; *Bork* ZIP 1999, 781 ff.

[174] BGH InVo 2005, 137; OLG Celle ZInsO 2003, 185 = ZIP 2003, 412.

[175] *Fritsche* DZWIR 2005, 265, 268; Jaeger/*Gerhardt* § 21 Rn. 24.

[176] Hierzu Hess/*Pape*, InsO und EGInsO, Rn. 143; Jaeger/*Gerhardt* § 21 Rn. 26; Beck/Depré/*Beck*, Praxis der Insolvenz, § 6 Rn. 168.

[177] *Mönning*, Betriebsfortführung in der Insolvenz, 1997, Rn. 313 ff.; *Vallender* DZWIR 1999, 265, 269; Nerlich/Römermann/*Mönning* § 21 Rn. 107.

[178] *Gerhardt*, Kölner Schrift, S. 199 Rn. 14; Kraemer/*Vogelsang*, Hdb z Insolvenz, Bd 1 Fach 2 Kap 6 Rn. 28; *Uhlenbruck* in Uhlenbruck § 21 Rn. 25; *Kießling/Singhof* DZWIR 2000, 361; MüKoInsO/*Haarmeyer* § 21 Rn. 66 ff.

[179] So Hess/*Pape*, InsO und EGInsO, Rn. 143 aE; vgl. auch Blersch/Goetsch/*Haas* § 21 Rn. 30.

Bestellung eines vorläufigen Verwalters mit Anordnung eines allgemeinen Zustimmungsvorbehalts allerdings zum Regelfall geworden.[180] Ergeben sich nach der Anordnung ernsthafte Schwierigkeiten, hat das Gericht die Anordnung sowie die mit ihr getroffenen Sicherungsmaßnahmen zu überdenken und ggf. abzuändern; hierzu ist das Gericht schon aufgrund des Verhältnismäßigkeitsgrundsatzes gehalten (→ Rn. 3 f.).

Obgleich das Gesetz keine dem § 57 II VglO entsprechende Vorschrift enthält, ist anzunehmen, dass sich der Zustimmungsvorbehalt auch auf die Kassenführung beziehen kann.[181] Das Recht des vorläufigen Insolvenzverwalters zur Kassenführung umfasst zugleich auch das Recht, Zahlungen zu verweigern. Auf Verlangen des vorläufigen Insolvenzverwalters hat der Schuldner zu gestatten, dass die eingehenden Gelder nur von dem vorläufigen Verwalter entgegen genommen und Zahlungen nur von dem Verwalter geleistet werden. Allerdings darf der Verwalter von dem Recht zur Kassenführung nur Gebrauch machen, wenn die Besorgnis besteht, dass für die Masse nachteilige Geschäfte durch den Schuldner geschlossen werden.[182] Nimmt man an, der allgemeine Zustimmungsvorbehalt umfasse die Kassenführung beim Schuldner nicht, hat das Gericht eine partielle Verfügungsbeschränkung anzuordnen, wonach der vorläufige Insolvenzverwalter berechtigt ist, eingehende Gelder entgegen zu nehmen und Zahlungen für den Schuldner zu leisten. Die Übertragung der Kassenführung auf den vorläufigen Insolvenzverwalter wird zweckmäßigerweise regelmäßig mit der Anordnung des Zustimmungsvorbehalts zu kombinieren und Drittschuldnern befreiende Zahlungen nur auf ein Sonderkonto des vorläufigen Insolvenzverwalters zu gestatten sein.[183] Bei der Entgegennahme von Zahlungen ist der vorläufige Insolvenzverwalter als gesetzlicher Vertreter des Schuldners anzusehen.[184] **42**

b) *Besonderer Zustimmungsvorbehalt.* Statt des allgemeinen Zustimmungsvorbehalts ist das Gericht auch berechtigt, einen speziellen oder besonderen Zustimmungsvorbehalt anzuordnen mit der Folge, dass nur bestimmte Verfügungen des Schuldners der Zustimmung des vorläufigen Insolvenzverwalters bedürfen.[185] Solche partiellen Zustimmungsbeschränkungen werden im Schrifttum zum Teil für „schwerfällig, wenig transparent, kaum praktikabel und mit einem hohen Risikopotenzial behaftet" gehalten.[186] Zutreffend hieran ist, dass das Zustimmungserfordernis erhebliche praktische Probleme aufwirft, da immer eine Abstimmung zwischen Verwalter und Schuldner im Einzelfall erforderlich ist. Da die Anordnung eines beschränkten Zustimmungsvorbehalts darüber hinaus dem Gericht regelmäßig (noch) nicht vorliegende Kenntnisse darüber voraussetzt, durch welche Verfügungen im Einzelfall etwaige Vermögensminderungen eintreten oder welche Gegenstände des Vermögens betroffen sein können, wird in der Eröffnungsphase grundsätzlich ein allgemeiner Zustimmungsvorbehalt auszusprechen sein.[187] Sofern sich im nachhinein ein allgemeiner Zustimmungsvorbehalt als zu weitgehend herausstellt, kann dieser auf einzelne Gegenstände beschränkt bzw. einzelne Gegenstände aus dem Zustimmungserfordernis herausgenommen werden. **43**

---

[180] MüKoInsO/*Haarmeyer* § 21 Rn. 65.
[181] MüKoInsO/*Haarmeyer* § 21 Rn. 69, § 22 Rn. 32, Rn. 131 ff.; *Pohlmann* Rn. 229; *Uhlenbruck* in Uhlenbruck § 21 Rn. 24. Zum erweiterten Aufgabenkreis s auch Nerlich/Römermann/*Mönning* § 21 Rn. 94 ff.; *Uhlenbruck* NZI 2000, 289, 290; Beck/Depré/*Ley*, Praxis der Insolvenz, § 6 Rn. 28 ff.
[182] OLG Nürnberg KTS 1965, 172; *Bley/Mohrbutter*, § 57 VglO Rn. 25; Kilger/*K. Schmidt* § 57 VglO Anm. 3 a.
[183] MüKoInsO/*Haarmeyer* § 21 Rn. 47, 69.
[184] BGH ZIP 1988, 1136, 1137.
[185] Vgl. BGH ZIP 2002, 1625, 1629; *Pohlmann* Rn. 218 ff.; Nerlich/Römermann/*Mönning* § 21 Rn. 119 ff.; *Uhlenbruck* in Uhlenbruck § 21 Rn. 25. *K. Schmidt*/*Hölzle* § 21 Rn. 64. Einzelheiten in MüKoInsO/*Haarmeyer* § 22 Rn. 32, 33; *Thiemann* Rn. 133 ff.; *Uhlenbruck* in Uhlenbruck § 21 Rn. 24, 25, § 22 Rn. 11; *Uhlenbruck* KTS 1994, 169 ff., ders. KTS 1990, 15 ff.; *Pape* ZIP 1994, 91 f.; *Smid* WM 1995, 785, 787; *Vallender* DZWIR 1999, 265, 268 ff.
[186] Nerlich/Römermann/*Mönning* § 21 Rn. 122.
[187] MüKoInsO/*Haarmeyer* § 21 Rn. 65.

44 5. Die Einstellung oder Untersagung von Zwangsvollstreckungsmaßnahmen. Ein wesentliches Ziel der InsO ist es, den Grundsatz der Gleichbehandlung aller Gläubiger möglichst früh im Verfahren zur Geltung zu bringen und gleichzeitig eine vorzeitige Zerschlagung des Schuldnervermögens zu verhindern. Auch soll sich kein Gläubiger durch Vollstreckung in das Schuldnervermögen noch im Eröffnungsverfahren ein Absonderungsrecht verschaffen können. Deshalb räumt § 21 II 1 Nr. 3 dem Insolvenzgericht die Möglichkeit ein, anhängige Vollstreckungsmaßnahmen von Gläubigern einstweilen einzustellen oder/und künftige Vollstreckungsmaßnahmen durch Gläubiger zu untersagen.[188] Hat ein Gläubiger bereits rechtswirksam ein Pfändungspfandrecht erlangt, ist eine Aufhebung der Zwangsvollstreckungsmaßnahme nicht möglich.[189] Ausdrücklich ausgenommen von der Untersagungs- oder Einstellungsmöglichkeit werden Vollstreckungsmaßnahmen in das unbewegliche Schuldnervermögen. Insoweit gilt die Vorschrift des § 30d IV ZVG: „Ist vor der Eröffnung des Insolvenzverfahrens ein vorläufiger Verwalter bestellt, so ist auf dessen Antrag die Zwangsversteigerung einstweilen einzustellen, wenn glaubhaft gemacht wird, dass die einstweilige Einstellung zur Verhütung nachteiliger Veränderungen in der Vermögenslage des Schuldners erforderlich ist." Der Antrag auf einstweilige Einstellung der Zwangsversteigerung eines Grundstücks ist beim Zwangsversteigerungsgericht, also dem Vollstreckungsgericht (Rechtspfleger, § 3 Nr. 1e RpflG), zu stellen. Die ursprünglich vorgesehene Zuständigkeit des Insolvenzgerichts für die einstweilige Einstellung der Zwangsversteigerung in unbewegliches Vermögen, wie es noch § 25 II Nr. 3 RegE vorgesehen hatte, ist auf Anregung des Rechtsausschusses aufgegeben worden.[190] Die Zuständigkeitsverlagerung auf das Zwangsversteigerungsgericht hat zur Folge, dass das Insolvenzgericht keine amtswegige Einstellungsbefugnis hat. Ist jedoch ein vorläufiger Insolvenzverwalter bestellt, hat dieser nach § 30d IV ZVG die Möglichkeit, die Einstellung der Zwangsversteigerung zu beantragen. Ist ein solcher nicht bestellt, kann allenfalls der Schuldner einen Antrag nach § 30a ZVG stellen.[191] Auch eine Zwangsverwaltung kann vom Zwangsversteigerungsgericht entsprechend § 30d IV ZVG eingestellt werden.[192] Hierzu auch die Ausführungen → Rn. 94.

45 Im Verbraucherinsolvenzverfahren verweist § 306 II zwar auf die §§ 21 ff.; jedoch sind nach § 21 II 1 Nr. 3 Zwangsvollstreckungsmaßnahmen in das unbewegliche Vermögen wiederum ausgeklammert.[193] Im außergerichtlichen Schuldenbereinigungsverfahren kann Entsprechendes über § 765a ZPO erreicht werden.[194] Auch einem im Ver-

---

[188] Einzelheiten bei MüKoInsO/*Haarmeyer* § 21 Rn. 70 ff.; Jaeger/*Gerhardt* § 21 Rn. 30 ff.; FK/*Schmerbach* § 21 Rn. 190 ff.; KPB/*Pape* § 21 Rn. 25; *Haarmeyer/Wutzke/Förster*, Hdb Kap 3 Rn. 274 ff.; *Uhlenbruck* in Uhlenbruck § 21 Rn. 26 ff.; Nerlich/Römermann/*Mönning* § 21 Rn. 134 ff.; Blersch/Goetsch/*Haas* § 21 Rn. 24; *Fuchs* ZInsO 2000, 430; *Steder* ZIP 2002, 65 ff.; Beck/Depré/*Beck*, Praxis der Insolvenz, § 6 Rn. 11.
[189] *Gerhardt*, Kölner Schrift, S. 201 Rn. 18; *Haarmeyer/Wutzke/Förster*, Hdb Kap 3 Rn. 275; Hess/*Pape*, InsO und EGInsO, Rn. 157; *Vallender* ZIP 1997, 1993, 1997; *Uhlenbruck* in Uhlenbruck § 21 Rn. 26.
[190] Vgl. *Uhlenbruck*, Das neue Insolvenzrecht, S. 324; *Haarmeyer/Wutzke/Förster*, Hdb Kap 3 Rn. 285 ff.; krit. *Gerhardt*, Festgabe Zivilrechtslehre 1934/1935, S. 121, 133; *Uhlenbruck* in Uhlenbruck § 21 Rn. 30; KPB/*Pape* § 21 Rn. 32; Blersch/Goetsch/*Haas* § 21 Rn. 33; MüKoInsO/*Haarmeyer* § 21 Rn. 79 ff.
[191] Vgl. Jaeger/*Gerhardt* § 21 Rn. 42 ff.; *Uhlenbruck* in Uhlenbruck § 21 Rn. 30; ders. KTS 1994, 169, 176; *Vallender* ZIP 1997, 1993, 2001; KPB/*Pape* § 21 Rn. 32 ff.; *Hintzen* ZInsO 1998, 318, 319; *Haarmeyer/Wutzke/Förster*, Hdb Kap 3 Rn. 285 ff.; MüKoInsO/*Haarmeyer* § 21 Rn. 79 ff.; *Marotzke* ZZP 109, 446 ff.
[192] HK/*Kirchhof* § 21 Rn. 47; Nerlich/Römermann/*Mönning* § 21 Rn. 146; Jaeger/*Gerhardt* § 21 Rn. 46; *Jungmann* NZI 1999, 353 f.; *Klein* ZInsO 2002, 1067 ff.; HambKomm-*Schröder* § 21 Rn. 61; str. aA Blersch/Goetsch/*Haas* § 21 Rn. 33; FK/*Schmerbach* § 21 Rn. 210; unter Berufung auf LG Cottbus ZInsO 2000, 337, 338.
[193] Vgl. *Uhlenbruck* in Uhlenbruck § 21 Rn. 33; *Jungmann* NZI 1999, 352, 354.
[194] LG Itzehoe NZI 2000, 100; AG Elmshorn NZI 2000, 329.

braucherinsolvenzverfahren bestellten vorläufigen Treuhänder muss die Befugnis zugestanden werden, den Einstellungsantrag nach § 30d IV ZVG zu stellen.[195]

Mit der Untersagung von Vollstreckungsmaßnahmen wird die Wirkung des Vollstreckungsverbots, das an sich erst mit Verfahrenseröffnung eintritt (§ 89), in das Eröffnungsverfahren vorgezogen.[196] Da sich die Anordnung – wie die Bestimmung des § 89 I – auf das gesamte Schuldnervermögen bezieht, gilt das Vollstreckungsverbot auch für solche Gegenstände, die vom vorläufigen Insolvenzverwalter aus der Insolvenzmasse freigegeben worden sind.[197] Die Untersagung von Zwangsvollstreckungen in das Schuldnervermögen kann für sämtliche künftigen Vollstreckungen durch einheitlichen Beschluss erfolgen. Die einzelnen Vollstreckungsmaßnahmen brauchen im Beschluss nicht aufgeführt zu werden. Auch die einstweilige Einstellung von Zwangsvollstreckungsmaßnahmen kann durch einheitlichen Beschluss angeordnet werden.[198] Das Prinzip der Verfahrensökonomie spricht dafür, eine einheitliche Einstellung sämtlicher Vollstreckungsmaßnahmen durch einheitlichen Beschluss zuzulassen. Die Tatsache, dass grundsätzlich jedem Vollstreckungsgläubiger rechtliches Gehör zu gewähren ist, steht dem nicht entgegen, weil es bei der Anordnung von Sicherungsmaßnahmen einer vorherigen Anhörung des Schuldners oder der Gläubiger nicht bedarf.[199] Die einstweilige Einstellung von Einzelzwangsvollstreckungsmaßnahmen durch das Insolvenzgericht ist von Amts wegen anzuordnen. Wie bei der Untersagung von Vollstreckungsmaßnahmen braucht der Einstellungsbeschluss nicht einmal erkennen lassen, welche Maßnahme welches Gläubigers von der einstweiligen Einstellung betroffen ist. Die komplizierte Handhabung entsprechend dem früheren § 13 VglO ist damit weggefallen. Im Hinblick auf die fehlende Beschwerdemöglichkeit für Gläubiger (§ 21 I 2) ist mithin anzunehmen, dass nicht nur die Untersagung von Maßnahmen der Zwangsvollstreckung, sondern auch die einstweilige Einstellung ohne vorherige Anhörung der betroffenen Gläubiger durch einheitlichen Beschluss erfolgen kann.[200] Bei Anordnung eines generellen Vollstreckungsverbots empfiehlt sich eine öffentliche Bekanntmachung.[201]

Die einstweilige Einstellung von Maßnahmen der Zwangsvollstreckung erfasst auch die Herausgabevollstreckung aus- und absonderungsberechtigter Gläubiger (s im Einzelnen hierzu u Rn. 99 ff.).[202] Streitig ist, ob und auf welcher Rechtsgrundlage der vorläufige Insolvenzverwalter zur Weiterverarbeitung von Sicherungsgut im Schuldnerunternehmen berechtigt ist. Entscheidend ist, ob die dem Schuldnerunternehmen erteilte Ermächtigung zur Verbindung, Vermischung und Verarbeitung sowie Veräußerung des Sicherungsguts im Rahmen des Eröffnungsverfahrens weiter gilt. Verwertet der vor-

---

[195] *Uhlenbruck* in Uhlenbruck § 21 Rn. 33; FK/*Schmerbach* § 21 Rn. 209; str. aA *Wenzel* NZI 1999, 101; vgl. auch KPB/*Wenzel* § 306 Rn. 1; *A. Schmidt* ZIP 1999, 915 ff.; *Jungmann* NZI 1999, 352, 354.
[196] MüKoInsO/*Haarmeyer* § 21 Rn. 71.
[197] S zu § 89 I BGH ZInsO 2009, 830 = ZIP 2009, 818 mwN.
[198] *Haarmeyer/Wutzke/Förster*, Hdb Kap 3 Rn. 277, die von einer „generellen wie individuellen Einstellung durch das Gericht" sprechen.
[199] LG Aachen, Beschl. v. 6.2.2007 – 6 T 19/07; *Vallender*, Kölner Schrift, S. 261 Rn. 36; MüKoInsO/*Haarmeyer* § 21 Rn. 74; Andres/*Leithaus* § 21 Rn. 12; KPB/*Pape* § 21 Rn. 18, 20; FK/*Schmerbach* § 21 Rn. 38 ff.; aA LG Magdeburg KTS 1995, 436, 437; Graf-Schlicker/*Voß* § 21 Rn. 3 (Ausnahme nur bei Eilbedürftigkeit).
[200] So auch OLG Düsseldorf NJW-RR 1994, 1126; *Vallender*, Kölner Schrift, S. 249, 261 Rn. 36; MüKoInsO/*Haarmeyer* § 21 Rn. 74; Blersch/Goetsch/*Haas* § 21 Rn. 8; KPB/*Pape* § 14 Rn. 21. Vgl. auch OLG Köln ZInsO 2000, 104, 106 für das alte Recht zu § 2 IV GesO. Vgl. auch *Lohkemper* ZIP 1995, 1641, 1646 ff.
[201] Blersch/Goetsch/*Haas* § 21 Rn. 35.
[202] Vgl. KPB/*Pape* § 21 Rn. 28; *Uhlenbruck* InVO 1996, 89; HK/*Kirchhof* § 21 Rn. 39; *Uhlenbruck* § 21 Rn. 29; MüKoInsO/*Haarmeyer* § 21 Rn. 72; FK/*Schmerbach* § 21 Rn. 205; *Ampferl* Rn. 538; Nerlich/Römermann/*Mönning* § 21 Rn. 138; s auch AG Mühldorf ZInsO 1999, 481; *Smid* § 21 Rn. 23; aA für Aussonderung *Vallender* ZIP 1997, 1993, 1997, Jaeger/*Gerhardt* § 21 Rn. 54.

läufige Insolvenzverwalter Mobiliarsicherungsgut, wird die Haftungsmasse mit der Umsatzsteuer als Masseverbindlichkeit nach § 55 II 1 nur belastet, wenn ein allgemeines Verfügungsverbot erlassen worden war.[203] Nach § 23 I 3 ist es ferner zulässig, im gerichtlichen Beschluss ein Verbot an die Drittschuldner auszusprechen, Zahlungen an den Schuldner zu leisten und den vorläufigen Insolvenzverwalter zu ermächtigen, Forderungen des Schuldners einzuziehen sowie eingehende Gelder entgegen zu nehmen.[204] Ein im Eröffnungsverfahren erlassenes gerichtliches Vollstreckungsverbot hindert den Sicherungsnehmer ebenso wenig an der Verwertung seiner Sicherungsrechte wie eine dem „schwachen" vorläufigen Insolvenzverwalter erteilte Einziehungsermächtigung, so dass der Sicherungsnehmer auch berechtigt ist, abgetretene Forderungen rechtswirksam einzuziehen.[205]

48 Vollstreckt ein Gläubiger entgegen einer Anordnung nach § 21 II1 Nr. 3, ist hiergegen die Erinnerung statthaft.[206] Vollstreckt ein Gläubiger in das bewegliche Vermögen, ist das Insolvenzgericht und nicht das Vollstreckungsgericht für Einwendungen des Schuldners gegen die verbotswidrige Zwangsvollstreckungsmaßnahme zuständig. Die Bestimmung des § 89 III findet hier entsprechende Anwendung.[207] Dagegen ist bei der Vollstreckung in das unbewegliche Vermögen das Vollstreckungsgericht zuständig (→ Rn. 94).[208] Funktionell zuständig zur Entscheidung über die Erinnerung ist der Richter (§ 20 Nr. 17 RpflG).[209] Das Insolvenzgericht darf dabei auch die allgemeinen Vollstreckungsvoraussetzungen prüfen.[210] Gegen die Zurückweisung der Erinnerung ist die sofortige Beschwerde gemäß § 793 I ZPO gegeben.[211]

49 **6. Die Anordnung einer vorläufigen Postsperre.** Durch Art. 2 Nr. 1 EGInsOÄndG vom 19.12.1998 (BGBl 1998 I S. 3836) ist in § 21 II 1 Nr. 4 die Möglichkeit einer vorläufigen Postsperre geschaffen worden, für deren Anordnung die Vorschriften der §§ 99, 101 I 1 entsprechend gelten.[212] Die Postsperre im Eröffnungsverfahren ist weitgehend eine Postkontrolle.[213] Sie umfasst entsprechend der Begründung zum RegE (§ 112) – ggf. nach einer entsprechenden ausdrücklichen Beschlussfassung[214] – neben Briefen, Päckchen und Paketen auch Übermittlungen durch Telefax, Telex, E-Mail[215]

---

[203] *Onusseit* KTS 1994, 3; *Obermüller/Hess,* InsO, Rn. 834.
[204] BGH ZIP 2003, 632, 635 f.
[205] Vgl. auch BGH ZIP 2003, 632, 636.
[206] Die Anordnung nach § 21 II 1 Nr. 3 steht der Erzwingung der Erteilung einer Vermögensauskunft des Schuldners nach § 802c ZPO nicht entgegen; vgl. zu § 807 ZPO aF LG Würzburg NZI 1999, 504; AG Rostock NZI 2000, 142 mwN zum Streitstand; Graf-Schlicker/*Voß* § 21 Rn. 17.
[207] LG Dessau, Beschl. v. 3.11.2006 – 7 T 411/06; AG Göttingen NZI 2003, 612; Musielak/*Lackmann* § 766 Rn. 6 mwN; MüKoInsO/*Ganter* § 6 Rn. 63; Jaeger/*Gerhardt* § 21 Rn. 59; Blersch/Goetsch/*Haas* § 21 Rn. 39; FK/*Schmerbach* § 21 Rn. 217; MüKoInsO/*Haarmeyer* § 21 Rn. 75; aA AG Dresden ZIP 2004, 778; AG Köln NJW-RR 1999, 1351; AG Rostock NZI 2000, 142; Nerlich/Römermann/*Mönning* § 21 Rn. 149.
[208] Nerlich/Römermann/*Wittkowski* § 89 Rn. 30; aA MüKoInsO/*Breuer* § 89 Rn. 38; KPB/*Lüke* § 89 Rn. 34; K. Schmidt/*Hölzle* § 21 Rn. 70.
[209] BGH NZI 2004, 278; AG Göttingen NZI 2003, 612; MüKoInsO/*Ganter* § 6 Rn. 63; aA *Smid,* § 89 Rn. 21.
[210] AG Göttingen ZVI 2002, 25, 26; FK/*Schmerbach* § 6 Rn. 57; offen lassend AG Göttingen NZI 2003, 612; aA MüKoInsO/*Ganter* § 6 Rn. 63 (Abgabe an das Vollstreckungsgericht).
[211] LG Traunstein NZI 2000, 438; MüKoInsO/*Ganter* § 6 Rn. 64; KPB/*Lüke* § 89 Rn. 35; FK/*App* § 89 Rn. 18; aA AG Hamburg NZI 2000, 96; AG Göttingen NZI 2000, 493; FK/*Schmerbach* § 6 Rn. 59, 63; letztlich offen lassend AG Göttingen NZI 2003, 612.
[212] Vgl. *Uhlenbruck* in Uhlenbruck § 21 Rn. 34; MüKoInsO/*Haarmeyer* § 21 Rn. 88; Jaeger/*Gerhardt* § 21 Rn. 71; FK/*Schmerbach* § 21 Rn. 219 ff.; HK/*Kirchhof* § 21 Rn. 12. S auch OLG Zweibrücken ZInsO 2000, 627; OLG Celle NZI 2001, 147; OLG Celle ZIP 2002, 578; LG Göttingen NZI 2001, 44; LG Göttingen DZWIR 1999, 471; *Gundlach/Frenzel/N. Schmidt* ZInsO 2001, 983.
[213] Zutreffend Nerlich/Römermann/*Mönning* § 21 Rn. 129.
[214] *Münzel/Böhm* ZInsO 1998, 363.
[215] Hierzu *Münzel/Böhm* ZInsO 1998, 363, 368; *Thiemann* DZWIR 2000, 205.

und Telegramme, nicht aber die Durchführung einer Telefonüberwachung.[216] Die Anordnung einer Postsperre erweist sich vor allem dann als notwendig, wenn durch die Kontrolle des massebezogenen Postverkehrs des Schuldners Informationen über den Umfang und den Verbleib der Masse gewonnen werden können.[217] Die Postsperre im Eröffnungsverfahren kann auch angeordnet werden, wenn nicht zugleich ein vorläufiger Insolvenzverwalter bestellt wird, der die Kontrolle der Post des Schuldners übernimmt.[218] Das Gericht ist berechtigt, falls ein vorläufiger Verwalter nicht bestellt worden ist, entweder die Kontrolle selbst zu übernehmen oder den Sachverständigen damit zu betrauen. Auf diese Weise wird uU der Sachverständige überhaupt in die Lage versetzt, die Massezulänglichkeit zu prüfen.

Wegen des mit der Anordnung einer Postsperre verbundenen Grundrechtseingriffs ist die Anordnung der Postsperre sorgfältig vom Gericht zu prüfen und die Notwendigkeit in den Gründen des Anordnungsbeschlusses im Einzelnen darzulegen.[219] Der die Postsperre anordnende Beschluss ergeht entweder von Amts wegen oder auf Antrag des vorläufigen Insolvenzverwalters. Es müssen konkrete Anhaltspunkte dafür vorliegen, dass entweder Vermögensverschiebungen durch den Schuldner erfolgt sind oder künftig erfolgen werden.[220] Verdächtige Hinhaltetaktik des Schuldners rechtfertigt uU die Annahme von Verschleierung und Vermögensverschiebungen und damit die Anordnung einer Postsperre im Eröffnungsverfahren.[221] Liegen dagegen keinerlei Anhaltspunkte für derartige Manipulationen vor, so ist eine Postsperre nicht gerechtfertigt. Vor Anordnung einer Postsperre ist dem Schuldner bzw. Schuldnervertreter rechtliches Gehör zu gewähren (§ 99 I 2). Unterbleibt die vorherige Anhörung des Schuldners, so ist dies in dem Beschluss besonders zu begründen und die Anhörung unverzüglich nachzuholen (§ 99 I 3).[222]

7. Die Anordnung eines Verwertungs- und Einziehungsverbots für aus- und absonderungsberechtigte Gläubiger. Gemäß § 22 I 1 Nr. 2 hat ein vorläufiger Insolvenzverwalter das Schuldnerunternehmen unter den dort genannten Voraussetzungen bis zur Entscheidung über die Eröffnung des Verfahrens fortzuführen. Sind wesentliche Teile des Schuldnervermögens zur Sicherheit auf Dritte übertragen worden und begehren diese die Herausgabe von Vermögensgegenständen zum Zwecke der Verwertung, kann dies eine Unternehmensfortführung von vorneherein unmöglich machen. Vor diesem Hintergrund ist bereits nach bisherigem Recht die Auffassung vertreten worden, das Insolvenzgericht könne gegen den Sicherungsgläubiger ein Verwertungsverbot verhängen.[223] Nunmehr hat der Gesetzgeber[224] ausdrücklich in § 21 II 1 Nr. 5 die Befugnis des Insolvenzgerichts geregelt, eine Anordnung dahingehend zu treffen, dass Gegenstände, die im Falle der Eröffnung des Insolvenzverfahrens von § 166 erfasst würden oder deren Aussonderung verlangt werden könnte, vom Gläubiger nicht verwertet oder eingezogen werden dürfen und dass solche Gegenstände zur Fortführung des Unternehmens des Schuldners eingesetzt werden können, soweit sie hierfür von erheblicher Bedeutung

---

[216] MüKoInsO/*Haarmeyer* § 21 Rn. 88 mwN.
[217] *Gundlach/Frenzel/N. Schmidt* ZInsO 2001, 979 ff.; HK/*Kirchhof* § 21 Rn. 12.
[218] Str. aA OLG Celle ZInsO 2001, 128, 130; FK/*Schmerbach* § 21 Rn. 219a; *Haarmeyer/Wutzke/ Förster*, Hdb Kap 3 Rn. 291; Graf-Schlicker/*Voß* § 21 Rn. 24.
[219] Zu den verfassungsrechtlichen Bedenken vgl. *Haarmeyer/Wutzke/Förster*, Hdb 2. Aufl. Kap 3 Rn. 219.
[220] OLG Bremen ZIP 1992, 1757; OLG Celle NZI 2001, 147; OLG Celle ZIP 2002, 578.
[221] LG Bonn ZInsO 2004, 818.
[222] Vgl. HK/*Kirchhof* § 21 Rn. 52 f.; Kraemer/*Vogelsang*, Hdb z Insolvenz, Bd 1 Fach 2 Kap 5 Rn. 111; FK/*Schmerbach* § 21 Rn. 223; *Pape/Uhlenbruck*, Insolvenzrecht, Rn. 390.
[223] *Graf-Schlicker* ZIP 2002, 1172 f.; *Sabel* ZIP 2003, 782; *Vallender/Fuchs* NZI 2003, 293; s zum Streitstand *Ganter* NZI 2007, 549, 550 mwN; KPB/*Pape* § 21 Rn. 9b–9d, 9f–9h, 40a–40z; Nerlich/ Römermann/*Mönning* § 21 Rn. 150 ff.
[224] S BGBl I 2007, S. 509.

sind.²²⁵ Sofern das Gericht dem Verwalter die Befugnis zur Einziehung sicherungsabgetretener Forderungen übertragen hat und der vorläufige Insolvenzverwalter eine zur Sicherheit abgetretene Forderung anstelle des Gläubigers einzieht, gelten gemäß § 21 II 1 Nr. 5 S. 3 die §§ 170, 171. Wenn die Position der Sicherungsgeber hierdurch nicht beeinträchtigt wird, kann das Insolvenzgericht auch anordnen, dass der vorläufige Insolvenzverwalter Umlaufvermögen des Schuldners verarbeitet und/oder weiterveräußert.²²⁶ Die gerichtliche Anordnung schränkt zwar das Verfügungsrecht des Aussonderungsberechtigten ein und begründet daher einen Eingriff in Art. 14 GG, jedoch ist dieser Eingriff zur Sicherung des Verfahrenszwecks gerechtfertigt.²²⁷ Die Bestimmung des § 21 II 1 Nr. 5 bezieht sich nicht nur auf Forderungen und bewegliche Sachen, sondern auch auf Grundvermögen.²²⁸ Insbesondere im Hinblick auf die Einbeziehung aussonderungsberechtigter Gläubiger ist die Neuregelung auf berechtigte Kritik gestoßen.²²⁹

52 Die Anordnung einer Maßnahme nach § 21 II 1 Nr. 5 lässt ein zwischen dem Gläubiger und dem Schuldner bestehendes Nutzungsverhältnis (etwa Miete oder Leasing) unberührt. Die dem Gläubiger hiernach zustehenden Ansprüche auf Zahlung eines Entgelts stellen jedoch Insolvenzforderungen dar. Die Bestimmung des § 55 II 2 gilt nur für den „starken" vorläufigen Insolvenzverwalter.²³⁰ Von einem „schwachen" vorläufigen Insolvenzverwalter begründete Verbindlichkeiten sind allenfalls dann Masseforderungen, wenn das Insolvenzgericht den Verwalter zur Eingehung der Verbindlichkeit ermächtigt hat (s hierzu u Rn. 150 ff.). Soweit eine analoge Anwendung des § 55 II 2 für den Fall einer Anordnung des Insolvenzgerichts gemäß § 21 II 1 Nr. 5 angenommen worden ist,²³¹ kann dem aus mehreren Gründen nicht gefolgt werden. Zum einen ist eine solche gerichtliche Anordnung nicht mit einer Einzelermächtigung zur Eingehung einzelner Masseforderungen vergleichbar. Zum anderen hat der Gesetzgeber in § 21 II Nr. 5 selbst Regelungen über den Ausgleich des Gläubigers für die Weiternutzung des Gegenstands getroffen, weshalb es bereits an einer im Wege der Analogie zu füllenden Regelungslücke fehlt.²³² Bei Anordnung eines Verwertungs- bzw. Einziehungsverbots hat der vorläufige Insolvenzverwalter gemäß § 21 II 1 Nr. 5 S. 1 einen wirtschaftlichen Ausgleich an den Gläubiger zu leisten, wobei es sich bei diesen Ansprüchen um Masseforderungen iSd § 55 handelt.²³³ Als Ausgleich für die Einräumung der Nutzungsbefugnis ist danach ein laufendes Nutzungsentgelt an den Aussonderungsberechtigten zu zahlen, wobei diese Verpflichtung spätestens drei Monate nach der insolvenzgerichtlichen Anordnung beginnt (→ Rn. 99 ff.).²³⁴ Die Verpflichtung zu einer Ausgleichszahlung besteht allerdings nur, soweit der durch die Nutzung entstehende

---

²²⁵ Vgl. zur Neuregelung HambKomm-*Schröder* § 21 Rn. 69a ff.; FK/*Schmerbach* § 21 Rn. 228 ff.; Blersch/Goetsch/*Haas* § 21 Rn. 42 ff.; kritisch *Kirchhof* ZInsO 2007, 227 ff.; *Scharff*/*Griesbach* FLF 2008, 122 ff.; *Griesbach* FLF 2007, 124; ein Beschwerderecht steht den Gläubigern nicht zu, s *Ganter* NZI 2007, 549, 551 sowie Rn. 14. Zu den inhaltlichen Anforderungen s BGH NZI 2010, 95 ff.
²²⁶ *Ganter* NZI 2007, 549, 551 f.
²²⁷ Vgl. KG ZInsO 2009, 35 = NZI 2009, 35; *Ampferl* Rn. 550; *Heublein* ZIP 2009, 11 ff.; Einzelheiten bei *Pohlmann* Rn. 439 ff.
²²⁸ Zweifelnd MüKoInsO/*Haarmeyer* § 21 Rn. 100; Einzelheiten bei MüKoInsO/*Haarmeyer* § 22 Rn. 52 mwN.
²²⁹ S etwa MüKoInsO/*Haarmeyer* § 21 Rn. 97; *Ganter* NZI 2007, 549, 552 f. mwN; *Kirchhof* ZInsO 2007, 227; KPB/*Pape* § 21 Rn. 9g, 40c ff.; vgl. hierzu auch die Ausführungen bei Nerlich/Römermann/*Mönning* § 21 Rn. 153 ff.
²³⁰ S nur BGHZ 174, 84, 94; BGH ZInsO 2009, 1102 ff.; FG Baden-Württemberg, Urt v. 27.5.2009 – 1 K 105/06.
²³¹ So LG Berlin ZInsO 2008, 629 f.
²³² Zutreffend KG ZInsO 2009, 35 = NZI 2009, 35; *Büchler* ZInsO 2008, 719 ff.
²³³ KG ZInsO 2009, 35 = NZI 2009, 35; HambKomm-*Schröder* § 21 Rn. 69e; Graf-Schlicker/*Voß* § 21 Rn. 25; MüKoInsO/*Haarmeyer* § 21 Rn. 102; s zu den Ausgleichsansprüchen des Aussonderungsberechtigten im Einzelnen *Heublein* ZIP 2009, 11 ff.
²³⁴ *Ganter* NZI 2007, 549, 555.

Wertverlust die Sicherung des absonderungsberechtigten Gläubigers beeinträchtigt, was in der Praxis selten vorkommen dürfte.[235]

Die gesetzliche Regelung sieht lediglich ein Verwertungs- und Einziehungsverbot vor, begründet dagegen keine Befugnis des vorläufigen Insolvenzverwalters, über den Gegenstand zu verfügen; insoweit bedarf es, etwa wenn der Verwalter den Gegenstand zur Finanzierung einsetzen möchte, weiterhin einer Vereinbarung mit dem Sicherungsgläubiger.[236] S zu den Aus- und Absonderungsrechten im Eröffnungsverfahren im Übrigen → Rn. 99 ff.

8. Sonstige Sicherungsmaßnahmen. Da § 21 II 1 lediglich die wichtigsten Sicherungsmaßnahmen aufzeigt, setzt die Generalermächtigung in § 21 I das Gericht in die Lage, jede erforderlich erscheinende Maßnahme anzuordnen.[237] So ist das Gericht nach § 21 I auch berechtigt, eine Kontensperre zu verhängen, um zu verhindern, dass im Eröffnungsverfahren von Gläubigern, vor allem der kontenführenden Bank, auf ein Guthaben Zugriff genommen wird oder Verrechnungen stattfinden.[238] Es ist berechtigt, Kreditinstituten durch Beschluss jegliche Verrechnung oder Verfügung zum Nachteil der Haftungsmasse vorläufig zu untersagen.[239] Zu den sonstigen Sicherungsmaßnahmen können nach einer in der instanzgerichtlichen Rechtsprechung verbreiteten Ansicht auch Maßnahmen gegen Dritte gehören, wenn erhebliche tatsächliche Anhaltspunkte für schwerwiegende Verdunkelungshandlungen oder Vermögensverschiebungen des Dritten im Zusammenwirken mit dem Schuldner vorliegen.[240] Dem kann indes nicht gefolgt werden, weil eine gesetzliche Ermächtigungsgrundlage hierfür fehlt.[241] Als sonstige Maßnahme kommt weiterhin in Betracht die Durchsuchung von Wohn- und Geschäftsräumen des Schuldners sowie die Beschlagnahme von Geschäftsunterlagen (→ im Einzelnen hierzu Rn. 90 ff.),[242] die Entziehung des Reisepasses[243] oder die Schließung der Büro- und Betriebsräume. Ferner kann das Gericht den vorläufigen Insolvenzverwalter ermächtigen, Betretungsverbote hinsichtlich der Grundstücke des Schuldners auszusprechen.[244] Dagegen kann das Insolvenzgericht den vorläufigen Insolvenzverwalter nicht ermächtigen, in die organschaftliche Stellung der Vertreter des Schuldnerunternehmens einzugreifen, weil selbst nach der Eröffnung eines Insolvenzverfahrens die Struktur der betroffenen Gesellschaft bestehen bleibt und die organschaftlichen Vertreter des Schuldnerunternehmens die Aufgaben der Schuldnerin im Insolvenzverfahren wahrnehmen.[245]

---

[235] Vgl. Braun/*Böhm* § 21 Rn. 58.
[236] Braun/*Böhm* § 21 Rn. 58; s a BGH DB 2010, 779.
[237] Vgl. *Haarmeyer/Wutzke/Förster*, Hdb Kap 3 Rn. 291 ff.; MüKoInsO/*Haarmeyer* § 21 Rn. 88 ff.; FK/*Schmerbach* § 21 Rn. 267 ff.; Nerlich/Römermann/*Mönning* § 21 Rn. 30 ff., 110; *Uhlenbruck* in Uhlenbruck § 21 Rn. 11 ff.; KPB/*Pape* § 21 Rn. 41 ff.; *Pape/Uhlenbruck*, Insolvenzrecht, Rn. 387.
[238] LG Aachen, Beschl. v. 6.2.2007 – 6 T 19/07; *Haarmeyer/Wutzke/Förster*, Hdb Kap 3 Rn. 293 unter Berufung auf OLG Dresden ZIP 1994, 1128; MüKoInsO/*Haarmeyer* § 21 Rn. 89; FK/*Schmerbach* § 21 Rn. 270; *Uhlenbruck* in Uhlenbruck § 21 Rn. 23; Graf-Schlicker/*Voß* § 21 Rn. 28.
[239] Vgl. OLG Dresden ZIP 1994, 1128; FK/*Schmerbach* § 21 Rn. 270; *Haarmeyer/Wutzke/Förster*, Hdb Kap 3 Rn. 293.
[240] AG München ZVI 2007, 22 f.; AG Korbach ZInsO 2005, 1060 f.; HambKomm-*Schröder* § 21 Rn. 13; FK/*Schmerbach* § 21 Rn. 270; Graf-Schlicker/*Voß* § 21 Rn. 30.
[241] Zutr BGH NJW 2009, 3438 ff.; aA K. Schmidt/*Hölzle* § 21 Rn. 34 f.
[242] BayObLG NZI 2001, 592; OLG Köln NZI 2001, 598; LG Duisburg ZIP 1991, 674 f.; KPB/*Pape* § 21 Rn. 44; MüKoInsO/*Haarmeyer* § 21 Rn. 91, 92; s zum Ausschluss eines Zurückbehaltungsrechts der Muttergesellschaft wegen unerfüllter Vergütungsansprüche gegenüber einem Herausgabeverlangen AG Karlsruhe-Durlach NZI 2007, 296 f.
[243] AG München ZIP 2013, 2074 f.; FK/*Schmerbach* § 21 Rn. 278; str. aA mit beachtlichen Gründen Nerlich/Römermann/*Mönning* § 21 Rn. 183; MüKoInsO/*Haarmeyer* § 21 Rn. 93.
[244] BGH ZInsO 2007, 267 = NJW-RR 2007, 624 = NZI 2007, 231 m zust Anm. Gundlach/Frenzel NZI 2007, 233 f.
[245] BGH ZInsO 2007, 267 = NJW-RR 2007, 624; vgl. hierzu auch MüKoInsO/*Ott/Vuia* § 80 Rn. 111 ff.

55 Im Verbraucherinsolvenzverfahren kann nach § 306 II statt eines vorläufigen Insolvenzverwalters ein vorläufiger Treuhänder vom Gericht eingesetzt werden.[246] Nach A. Schmidt[247] wird das Gericht bei Pfändung von laufenden Bezügen durch einen einzelnen Gläubiger „nur ausnahmsweise davon absehen können, einen vorläufigen Treuhänder einzusetzen, der ermächtigt ist, die Forderungen des Schuldners einzuziehen." Oftmals wird sich aber diese Maßnahme als unverhältnismäßig erweisen, wenn nur sehr geringfügige Beträge gepfändet und die Kosten für den vorläufigen Treuhänder zB die Höhe der zu sichernden Beträge übersteigen.

V. Die Rechtswirkungen der Bestellung eines vorläufigen Insolvenzverwalters

56 **1. Der vorläufige Insolvenzverwalter ohne Verwaltungs- und Verfügungsbefugnis.** Bestellt das Gericht gemäß § 21 II 1 Nr. 1 einen vorläufigen Insolvenzverwalter, ohne dem Schuldner zugleich ein allgemeines Verfügungsverbot aufzuerlegen, ist zu unterscheiden zwischen dem „schwachen" vorläufigen Insolvenzverwalter mit oder ohne gerichtliche Pflichtenbestimmung und dem vorläufigen Insolvenzverwalter mit Zustimmungsvorbehalt.

57 a) *Vorläufige Insolvenzverwaltung ohne Pflichtenbestimmung und ohne Zustimmungsvorbehalt.* Nach § 21 II 1 Nr. 1 kann das Insolvenzgericht einen „schwachen" vorläufigen Insolvenzverwalter bestellen, ohne den Schuldner in seinen Verfügungen zu beschränken oder von der Zustimmung des Verwalters abhängig zu machen.[248] Diese Sicherungsmaßnahme stellt einerseits den geringsten Eingriff in die Rechtsstellung des Schuldners dar, andererseits ist der vorläufige Insolvenzverwalter nicht in der Lage, nachteilige Veränderungen der Masse zu verhindern. Der vorläufige Insolvenzverwalter kann allenfalls etwaige vermögensschädigende Handlungen dem Insolvenzgericht mitteilen, das sodann den Erlass weitergehender Sicherungsmaßnahmen zu prüfen hat.[249] Der vorläufige Verwalter ohne Verwaltungs- und Verfügungsbefugnis und ohne Zustimmungsvorbehalt wird ohne eine ausdrückliche Anordnung des Insolvenzgerichts nicht Besitzer des schuldnerischen Vermögens oder einzelner Vermögensgegenstände.[250] Der vorläufige Verwalter ohne Befugnisse darf darüber hinaus weder Masseverbindlichkeiten im Insolvenzeröffnungsverfahren begründen (§ 55 II) noch Prozesse führen oder die künftige Insolvenzmasse verpflichten. Seine Aufgaben entsprechen weitgehend den Aufgaben des früheren Sequesters nach § 106 KO.[251] Der „schwache" vorläufige Insolvenzverwalter mit bloßen Sicherungskompetenzen ist nicht einmal befugt, den Schuldner zur Rückgabe einer Pachtsache anzuhalten.[252] Setzt das Insolvenzgericht einen vorläufigen Verwalter ohne Pflichtenbestimmung ein, beschränkt sich dessen Tätigkeit einmal auf die Prüfung, ob der Insolvenzgrund vorliegt, ob das Vermögen des Schuldners die Kosten des Verfahrens voraussichtlich decken wird und welche Fortführungschancen bestehen.[253] Darüber hinaus kann das Insolvenzgericht ihn zusätzlich als Sach-

---

[246] *A. Schmidt* ZIP 1999, 915 spricht vom „kleinen Bruder des vorläufigen Insolvenzverwalters"; vgl. auch Blersch/Goetsch/*Haas* § 306 Rn. 5; KPB/*Wenzel* § 306 Rn. 1.
[247] ZIP 1999, 915, 917.
[248] Zu Einzelheiten s MüKoInsO/*Haarmeyer* § 22 Rn. 128; *Uhlenbruck* in Uhlenbruck § 22 Rn. 6; Kraemer/*Vogelsang*, Hdb z. Insolvenz, Bd 1 Fach 2 Kap 6 Rn. 18ff.; KPB/*Pape* § 22 Rn. 29ff. Zur Verwertung durch den *„schwachen"* Verwalter AG Hamburg ZInsO 2005, 1056. Zur Betriebseinstellung AG Hamburg ZInsO 2005, 1056.
[249] Vgl. *Uhlenbruck* in Uhlenbruck § 22 Rn. 6; *Vallender* DZWIR 1999, 265, 268; KPB/*Pape* § 22 Rn. 30, 32; MüKoInsO/*Haarmeyer* § 22 Rn. 128.
[250] OLG Celle ZIP 2003, 87.
[251] Vgl. hierzu BGHZ 86, 190; BGHZ 97, 87; BGHZ 105, 230; BGH ZIP 1992, 1005; Kuhn/*Uhlenbruck* § 106 KO Rn. 12ff.; Braun/*Uhlenbruck*, Unternehmensinsolvenz, S. 235; *Vallender* DZWIR 1999, 265, 268; *Pohlmann* Rn. 212ff.
[252] Vgl. BGH ZIP 2002, 1625, 1628.
[253] *Uhlenbruck* § 22 Rn. 2.

verständigen beauftragen.²⁵⁴ Unzulässig ist es, einen sog „starken Gutachter" zu bestellen, dem die Ermächtigung im Beschlusswege erteilt wird, über das Schuldnervermögen zu verfügen.²⁵⁵ Im Hinblick auf diese schwache Stellung eines solchen Verwalters sowie der sich hieraus ergebenden Risiken und Unsicherheiten²⁵⁶ sollte eine solche isolierte Anordnung nur ausnahmsweise erfolgen. Die „isolierte oder einfache vorläufige Insolvenzverwaltung" sollte allenfalls dann erfolgen, wenn es darum geht, dem Schuldner einen Berater an die Seite zu stellen.²⁵⁷ Allerdings kann die Anordnung der einfachen vorläufigen Insolvenzverwaltung zugleich mit der Anordnung von Sicherungsmaßnahmen gegen Dritte verbunden werden. So ist es zB zulässig, einen vorläufigen Insolvenzverwalter zu bestellen und gegen den Schuldner ein spezielles Verfügungsverbot zu erlassen oder der Hausbank des Schuldners zu untersagen, Verrechnungen auf debitorischen Konten des Schuldners mit Eingängen vorzunehmen.²⁵⁸

b) *Vorläufige Insolvenzverwaltung mit gerichtlicher Pflichtenbestimmung.* Wird ein vorläufiger **58** Insolvenzverwalter eingesetzt, ohne dass dem Schuldner ein allgemeines Verfügungsverbot auferlegt wird, ist das Insolvenzgericht berechtigt, die Pflichten des „schwachen" vorläufigen Insolvenzverwalters zu bestimmen (§ 22 II 1). Die Pflichten dürfen allerdings nicht über diejenigen des § 22 I 2 hinausgehen (§ 22 II 2). Die Anordnung der vorläufigen Insolvenzverwaltung mit Kompetenzzuweisung empfiehlt sich entweder als Alternative zum Zustimmungsvorbehalt nach § 21 II 1 Nr. 2 oder in Kombination mit einem Zustimmungsvorbehalt. Die Vorschrift des § 22 II 1 gilt nicht nur für die Konkretisierung der Pflichten des vorläufigen Insolvenzverwalters, sondern auch für die Konkretisierung seiner Rechte.²⁵⁹ Zunächst ist auch der „schwache" vorläufige Insolvenzverwalter ohne Verfügungsbefugnis verpflichtet, unabhängig von dem gesetzlich oder gerichtlich eingeräumten Grad der Befugnisse die Haftungsmasse als künftige Insolvenzmasse zu sichern (s hierzu u Rn. 76 f.). Er hat zu prüfen, ob das Vermögen des Schuldners die Verfahrenskosten decken wird und ob ein Eröffnungsgrund vorliegt.²⁶⁰ Dies ist allerdings nicht unbestritten, jedoch stellt sich die Frage nicht, wenn der Verwalter zugleich auch als Gutachter vom Gericht bestellt wird. Soweit es sich um spezifische Pflichten des vorläufigen Insolvenzverwalters handelt, hat das Gericht diese Pflichten durch Beschluss festzulegen. So muss zB eine Grundbucheintragung von gemäß § 21 angeordneten Verfügungsbeschränkungen aus Gründen der Rechtsklarheit und des gebotenen Schutzes des Rechtsverkehrs unmissverständlich erkennen lassen, mit welchen Einzelbefugnissen nach Art und Umfang der vorläufige Insolvenzverwalter ausgestattet ist.²⁶¹

Bei der gerichtlichen Kompetenzzuweisung nach § 22 II 1 ist die Grenze dort zu **59** ziehen, wo die Anordnung der vollständigen Übertragung der Verwaltungs- und Verfügungsbefugnis über das Schuldnervermögen gleichkommt.²⁶² Zulässig ist zB die Auferlegung der Vermögenssicherungs- und Erhaltungspflicht.²⁶³ Zweifelhaft und umstritten ist jedoch, in welchem Umfang der „schwache" vorläufige Verwalter im Rahmen der

---

²⁵⁴ Zu Einzelheiten s *Uhlenbruck* in Uhlenbruck § 22 Rn. 2; *Uhlenbruck* NZI 2000, 289 ff.; *Feuerborn* KTS 1997, 171, 183 ff.
²⁵⁵ So zutr *Pape* ZInsO 2001, 830; KPB/*Pape* § 21 Rn. 42 u § 22 Rn. 36; HK/*Kirchhof* § 22 Rn. 7; *Ampferl* Rn. 81 f., 94; *Uhlenbruck* in Uhlenbruck § 22 Rn. 2, 6. Zur Sonderform des „starken Gutachters", der kein vorläufiger Insolvenzverwalter ist, s auch Beck/Depré/*Beck*, Praxis der Insolvenz, § 5 Rn. 23–25.
²⁵⁶ S hierzu *Pape* ZIP 1994, 89, 90; MüKoInsO/*Haarmeyer* § 22 Rn. 128; KPB/*Pape* § 22 Rn. 32 ff., 35.
²⁵⁷ So zutr. MüKoInsO/*Haarmeyer* § 22 Rn. 128 Fn 470; *Uhlenbruck* in Uhlenbruck § 22 Rn. 6. Zu grundsätzlichen Bedenken gegen diese Form der vorläufigen Verwaltung *Pape* ZIP 1994, 89 ff.
²⁵⁸ *Uhlenbruck* in Uhlenbruck § 22 Rn. 6.
²⁵⁹ BGH ZIP 2002, 1629 f.
²⁶⁰ *Uhlenbruck* in Uhlenbruck § 22 Rn. 7.
²⁶¹ LG Flensburg ZVI 2002, 418.
²⁶² MüKoInsO/*Haarmeyer* § 22 Rn. 131.
²⁶³ OLG Celle OLGR 2004, 469.

§§ 21 II 11 Nr. 1, 2, 22 II 1 durch gerichtlichen Beschluss mit Einzelkompetenzen ausgestattet werden darf. Unzulässig und damit unwirksam ist eine pauschale Ermächtigung, dass der vorläufige Insolvenzverwalter berechtigt ist, für den Schuldner zu handeln.[264] Gleiches gilt für die Ermächtigung des „schwachen" vorläufigen Verwalters, alle ihm notwendig erscheinenden Rechtshandlungen vorzunehmen.[265]

60 Ebenfalls umstritten ist die Frage, ob das Insolvenzgericht den „schwachen" vorläufigen Insolvenzverwalter ermächtigen kann, Masseverbindlichkeiten nach § 55 II zu begründen. Die Vorschrift des § 55 II 2 ist weder unmittelbar noch entsprechend auf Rechtshandlungen eines „schwachen" vorläufigen Insolvenzverwalters anzuwenden. Gleichwohl ist der BGH der Auffassung, dass das Insolvenzgericht – jedenfalls in Verbindung mit dem Erlass eines besonderen Verfügungsverbots – berechtigt sein soll, den „schwachen" vorläufigen Insolvenzverwalter ohne begleitendes allgemeines Verfügungsverbot zu ermächtigen, einzelne, im Voraus genau festgelegte Masseverbindlichkeiten zu begründen, soweit dies „für eine erfolgreiche Verwaltung nötig" ist.[266] Das Insolvenzgericht hat also im Rahmen des § 22 II 1 bei einer Ermächtigung des „schwachen" vorläufigen Insolvenzverwalters zur Begründung einzelner Masseverbindlichkeiten die einzelnen Maßnahmen genau zu bezeichnen.[267] Nicht einheitlich beurteilt wird dabei die Frage, welche Anforderungen an die Bestimmtheit der Ermächtigung im Einzelnen zu stellen sind.[268] S hierzu auch die Ausführungen u zu Rn. 150 ff.

61 Die Einzelermächtigung setzt im Voraus genau festgelegte Verbindlichkeiten voraus.[269] Das sog „Erstarkungsmodell" sieht demgegenüber vor, dem schwachen vorläufigen Insolvenzverwalter kurz vor Verfahrenseröffnung durch Beschluss die Verwaltungs- und Verfügungsbefugnis über das Schuldnervermögen gemäß § 22 I zu verleihen. In dieser Eigenschaft könne er die zuvor gemachten Zahlungszusagen durch Bestätigung nach § 55 II insolvenzfest machen.[270] Bei dem sog „Treuhandkontenmodell"[271] werden eingehende Gelder vom Verwalter einbehalten und auf ein Anderkonto genommen, um die Gelder vom Insolvenzbeschlag auszunehmen. Dieses von *Georg Kuhn* auf Anregung von *Jürgen Mohrbutter* entwickelte Modell ist vom BGH ausdrücklich gebilligt worden.[272] Hierzu haben Hamburger Richter Leitlinien zum Insolvenzeröffnungsverfahren entwickelt.[273] Danach dürfen Forderungen des Schuldners, die aus den Lieferungen der durch das Treuhandkonto abgesicherten „Weiterlieferer" generiert worden sind, sofern sie vor Verfahrenseröffnung von den Drittschuldnern nicht bezahlt worden sind, im eröffneten Verfahren auf das Treuhandkonto fließen.[274] Weitgehend ungeklärt ist die

---

[264] Vgl. BGH ZIP 2002, 1625, 1629 f.; BGH ZIP 2003, 632, 635; *Prütting/Stickelbrock* ZIP 2002, 1608; KPB/*Pape* § 22 Rn. 37; Graf-Schlicker/*Voß* § 22 Rn. 8.

[265] Vgl. AG Duisburg ZIP 2002, 1636; Einzelheiten *bei Haarmeyer/Pape* ZInsO 2002, 845 ff. Vgl. auch BGHZ 151, 353 ff. = ZIP 2003, 632, 635.

[266] BGHZ 151, 353, 365 = ZIP 2002, 1625, 1629; s näher zum Meinungsstand *Heinke* S. 174 ff.

[267] Zur Begründung von Masseverbindlichkeiten im vorläufigen Insolvenzverfahren s *Kirchhof* ZInsO 2004, 57 ff.; *Wiester* NZI 2003, 632 ff.; *Marotzke* ZInsO 2004, 113 ff. u 178 ff.; *Louven/Böckmann* NZI 2004, 128 ff.; kritisch *Pape/Uhlenbruck* ZIP 2005, 417, 419; *Jaeger/Gerhardt* § 22 Rn. 131.

[268] S. MüKoInsO/*Haarmeyer* § 21 Rn. 68 mwN.

[269] BGHZ 151, 353, 365 = NZI 2002, 543, 546 = ZIP 2002, 1625, 1629; *Frind* ZInsO 2003, 778, 779, 782; *Haarmeyer/Pape* ZInsO 2002, 845, 848; *Bork* ZIP 2003, 1421, 1423. Vgl. auch *Prütting/Stickelbrock* ZIP 2002, 1608, 1611.

[270] AG Hamburg NZI 2003, 153; *Pape* ZIP 2002, 2277, 2286.

[271] Vgl. hierzu BGH ZInsO 2002, 819; AG Hamburg ZIP 2003, 43; AG Hamburg ZInsO 2003, 816; *Frind* ZInsO 2003, 778; *Hess,* § 21 Rn. 174 f.; *Undritz* NZI 2003, 136, 141; *Bork* ZIP 2003, 1421; *Bähr* ZIP 1998, 1553, 1559 f.; *Uhlenbruck* in Uhlenbruck § 22 Rn. 194; Nerlich/Römermann/*Mönning* § 22 Rn. 221 f.; MüKoInsO/*Haarmeyer* § 22 Rn. 71; *Windel* ZIP 2009, 101 ff.

[272] BGHZ 109, 47; so auch *Kreft* FS Merz S. 313, 317; s hierzu auch Graf-Schlicker/*Voß* § 22 Rn. 17.

[273] ZInsO 2004, 24 f. = NZI 2004, 133.

[274] Einzelheiten bei *Kirchhof* ZInsO 2004, 57 ff.

Frage, ob und in welchem Umfang das Insolvenzgericht den „schwachen" vorläufigen Insolvenzverwalter zur Begründung von Masseverbindlichkeiten beim Verkauf von Unternehmen ermächtigen kann.[275]

c) *Bestellung eines vorläufigen Treuhänders im Verbraucherinsolvenzverfahren.* Das nach § 306 I 1 eintretende Ruhen des Insolvenzverfahrens hindert gemäß § 306 II die Anordnung von Sicherungsmaßnahmen durch das Insolvenzgericht nicht. Der Zweck von Sicherungsmaßnahmen kann im Verbraucherinsolvenzverfahren allerdings nur darin liegen, eine Massesicherung und -anreicherung zu bewirken.[276] Das Gericht kann entweder einen „schwachen" oder eine „starken" vorläufigen Treuhänder bestellen.[277] Wenn die Vermögensverhältnisse des Schuldners überschaubar sind, soll die Bestellung eines vorläufigen Treuhänders im Regelfall nicht angebracht sein.[278] Die Bestellung eines vorläufigen Treuhänders ist jedenfalls dann geboten, wenn das Gericht ein Verfügungsverbot erlässt.[279] **62**

d) *Bestellung eines vorläufigen Sachwalters bei beantragter Eigenverwaltung.* Hat der Schuldner bzw das Schuldnerunternehmen einen Insolvenzantrag gestellt, der mit einem Antrag auf Anordnung der Eigenverwaltung nach den §§ 270 ff. verbunden ist, ist das Insolvenzgericht nicht gehindert, Sicherungsmaßnahmen nach §§ 21 ff. anzuordnen. Umstritten ist dabei, ob das Insolvenzgericht berechtigt ist, einen vorläufigen Sachwalter oder einen vorläufigen Insolvenzverwalter nach § 21 II 1 Nr. 1 iVm § 274 analog zu bestellen.[280] Nicht zulässig ist die Anordnung einer vorläufigen Eigenverwaltung. Eine solche widerspricht nicht nur dem Wortlaut des § 270 I 1, sondern ist zudem nicht erforderlich, da die Sicherungsmaßnahmen der §§ 21, 22 ausreichenden Schutz bieten.[281] Im Übrigen darf das Insolvenzgericht bei einem zulässigen Antrag auf Eigenverwaltung keine Sicherungsmaßnahmen anordnen, die dazu führen können, Sinn und Zweck der Eigenverwaltung bereits im Eröffnungsverfahren obsolet zu machen.[282] Würde das Insolvenzgericht einen „starken" vorläufigen Insolvenzverwalter einsetzen, wäre eine Eigenverwaltung im eröffneten Verfahren weitgehend unmöglich, da dem Schuldner bzw den organschaftlichen Vertretern des Schuldnerunternehmens die Unternehmensleitung bereits vor Verfahrenseröffnung genommen worden wäre. Andererseits ist die Bestellung eines „vorläufigen Sachwalters" in Analogie zu den §§ 21 II 1 Nr. 1, 274 nicht erforderlich, da das Gesetz insoweit keine planwidrige Regelungslücke aufweist und der Sicherungseffekt durch die Anwendung der §§ 21 ff. erreicht werden kann.[283] Setzt das Gericht einen „vorläufigen Sachwalter" ein, handelt es sich um eine rechtlich unschädliche Falschbezeichnung,[284] die die mit der Verfahrenseröffnung zu treffende Entscheidung über die Eigenverwaltung keineswegs präjudiziert. **63**

---

[275] Für die Zulässigkeit einer solchen Ermächtigung zB AG Duisburg NZI 2002, 614; MüKoInsO/*Haarmeyer* § 22 Rn. 73 ff.; *Spieker* NZI 2002, 472 ff.; *Menke* NZI 2003, 522 ff.; *Louven/Böckmann* NZI 2004, 128 ff. Vgl. auch *Fröhlich/Köchling* ZInsO 2003, 923 ff.
[276] MüKoInsO/*Ott/Vuia* § 306 Rn. 16.
[277] Vgl. AG Köln ZIP 2000, 418, 420 = ZInsO 2000, 118; Uhlenbruck/*Vallender* § 306 Rn. 46; KPB/*Wenzel* § 306 Rn. 1; *Kohte/Ahrens/Grote* § 306 Rn. 13; *A. Schmidt* ZIP 1999, 915; MüKoInsO/*Ott/Vuia* § 306 Rn. 17 mwN.
[278] Uhlenbruck/*Vallender* § 306 Rn. 47; *Haarmeyer* ZInsO 2001, 203, 207; aA AG Kaiserslautern ZInsO 2000, 624.
[279] So zutr Uhlenbruck/*Vallender* § 306 Rn. 48. Vgl. auch KPB/*Pape* § 22 Rn. 10; *Pape/Uhlenbruck*, Insolvenzrecht, Rn. 900.
[280] Vgl. *Ehricke* ZIP 2002, 782, 786 ff.; Uhlenbruck NZI 2001, 632 ff.; *Huhn*, Die Eigenverwaltung im Insolvenzverfahren, 2003, Rn. 499 ff.; *Görk* FS Uhlenbruck S. 117, 123; *Uhlenbruck* in Uhlenbruck § 270 Rn. 22; *Vallender* WM 1998, 2129, 2132; Küber/Prütting/Bork/*Pape* § 270 Rn. 14.
[281] *Uhlenbruck* NZI 2001, 632 ff.; *Huhn*, Die Eigenverwaltung im Insolvenzverfahren, 2003, Rn. 517.
[282] Vgl. *Vallender* WM 1998, 2129, 2132 f.; *Ehricke* ZIP 2002, 782, 789.
[283] AA *Ehricke* ZIP 2002, 782 ff. Eingehend zum Diskussionsstand *Huhn*, Die Eigenverwaltung im Insolvenzverfahren, 2003, Rn. 500 ff.
[284] S auch MüKoInsO/*Haarmeyer* § 22 Rn. 15 aE.

§ 14

64   **2. Der vorläufige Insolvenzverwalter mit Zustimmungsvorbehalt.** Soweit das Insolvenzgericht im Eröffnungsverfahren gemäß § 21 II 1 Nr. 2 anordnet, dass Verfügungen des Schuldners nur mit Zustimmung des vorläufigen Insolvenzverwalters wirksam sind, gelten weitgehend die Grundsätze, die in Literatur und Rechtsprechung zum früheren vorläufigen Vergleichsverwalter und zum Sequester entwickelt worden sind.[285] Die Sicherungsmaßnahmen nach § 21 richten sich gegen den Schuldner. Oftmals erübrigt sich durch die Anordnung einer Sicherungsmaßnahme nach § 21 die konkrete Bestimmung der Verwalterpflichten nach § 22 II 1. Ordnet zB das Insolvenzgericht einen Zustimmungsvorbehalt nach § 21 II 1 Nr. 2 an, kann die Bestimmung der konkreten Pflichten nach § 22 II 1 oftmals entfallen, weil sich die originären Verwalterpflichten bereits aus dem Gesetz ergeben. Vor allem im Rahmen der beantragten Eigenverwaltung nach den §§ 270 ff. (s hierzu o Rn. 63) erweist sich eine Kooperation zwischen Schuldner und vorläufigem Insolvenzverwalter oftmals als notwendig, bis das Gericht über die Zulässigkeit der Eigenverwaltung entscheidet.[286] Allerdings ist auch der vorläufige Insolvenzverwalter, wenn ein Zustimmungsvorbehalt nicht besteht, berechtigt, die Geschäftsräume des Schuldners zu betreten und dort Nachforschungen anzustellen. Der Schuldner hat dem vorläufigen Insolvenzverwalter Einsicht in seine Bücher und Geschäftspapiere zu gestatten (§ 22 III 2). Er hat ihm ferner alle erforderlichen Auskünfte zu erteilen (§ 22 III 3). Erteilt der vorläufige Insolvenzverwalter die Zustimmung zu einer Verfügung, ist damit die spätere Anfechtung im eröffneten Verfahren nicht ausgeschlossen (→ Rn. 40).[287]

65   Bei der Anordnung eines Zustimmungsvorbehalts gemäß § 21 II 1 Nr. 2 Alt. 2 bleibt das Verfügungsrecht des Schuldners bestehen. Aufgrund des Zustimmungsvorbehalts ist der Schuldner in seiner Verfügungsbefugnis lediglich insoweit eingeschränkt, als er entweder generell oder zu bestimmten Verfügungen die Zustimmung des vorläufigen Insolvenzverwalters einzuholen hat. Zwingende Voraussetzung ist daher, dass mit dem Zustimmungsvorbehalt zugleich ein vorläufiger Insolvenzverwalter nach § 21 II 1 Nr. 1 bestellt wird.[288]

66   Der Zustimmungsvorbehalt in § 22 II 1 Nr. 2 bezieht sich lediglich auf Verfügungen. Unter diesen Begriff fällt jedes Rechtsgeschäft, durch das der Verfügende auf ein Recht unmittelbar einwirkt, es also entweder auf einen anderen überträgt, mit einem Recht belastet, das Recht aufhebt oder es sonst wie in seinem Inhalt verändert.[289] Die Wirksamkeit einer vom Schuldner ausgesprochenen Kündigung ist demgemäß ebenfalls von der Zustimmung des vorläufigen Insolvenzverwalters abhängig.[290] Auf Verpflichtungsgeschäfte bezieht sich der Zustimmungsvorbehalt nicht.[291] Nur wenn das Gericht einen vorläufigen Insolvenzverwalter bestellt und dem Schuldner ein allgemeines Verfügungs-

---

[285] Vgl. BGHZ 105, 230 = ZIP 1988, 1411; BGH ZIP 1992, 781, 783; OLG Hamburg JR 1983, 66 m. Anm. *Gerhardt; Gerhardt* ZIP 1982, 1 ff.; Braun/*Uhlenbruck,* Unternehmensinsolvenz, S. 235 f.; *Haarmeyer/Wutzke/Förster,* Hdb Kap 3 Rn. 239; *Obermüller/Hess,* InsO, Rn. 114 ff.; *Uhlenbruck* KTS 1982, 201 ff.; *ders.* KTS 1990, 15 ff.; *ders.* KTS 1994, 169, 178 f.; *Bork* Rn. 103; Kuhn/*Uhlenbruck* § 106 KO Rn. 6 ff.; *Pape* ZIP 1994, 89, 91 f.; *ders.* WPrax 1995, 240; *Smid* WM 1995, 785, 787; *Hess/Pape,* InsO und EGInsO, Rn. 138 ff.; *Vallender* DZWIR 1999, 265, 268 f.; *Pohlmann* Rn. 217 ff. Eingehend zu den Ausgestaltungsvarianten der vorläufigen Insolvenzverwaltung bei Beck/Depré/*Beck,* Praxis der Insolvenz, § 1 Rn. 47 ff.
[286] Vgl. *Pohlmann* Rn. 230 ff.; *Uhlenbruck* NZI 2001, 632; *Vallender* DZWIR 1999, 265, 269; *Thiemann* Rn. 136; Kraemer/*Vogelsang,* Hdb z Insolvenz, Bd 1 Fach 2 Kap 6 Rn. 27 ff.; MüKoInsO/*Haarmeyer* § 21 Rn. 65 ff.
[287] OLG Celle ZInsO 2003, 185 = ZIP 2003, 412.
[288] *Haarmeyer/Wutzke/Förster,* Hdb Kap 3 Rn. 272.
[289] BGHZ 1, 304; BGHZ 75, 226; BGHZ 101, 26.
[290] Vgl. BAG ZIP 2003, 1162; *Berscheid* ZInsO 2001, 989; 990; KPB/*Pape* § 22 Rn. 68; Graf-Schlicker/*Voß* § 22 Rn. 21.
[291] Vgl. BGHZ 131, 305; HK/*Kirchhof* § 21 Rn. 18; s auch *Ampferl* Rn. 278 ff.

verbot auferlegt, ist der Schuldner gehindert, zu Lasten der Masser Verpflichtungsgeschäfte abzuschließen, weil gemäß § 22 I 1 mit der Verfügungs- auch die Verwaltungsbefugnis auf den Verwalter übergegangen ist (s. o. Rn. 4). Zu den Verfügungen iSd § 22 II 1 Nr. 2 zählen darüber hinaus rechtsgeschäftsähnliche Handlungen, sofern sie unmittelbar auf Bestand bzw. Inhalt eines Rechts einwirken. Problematisch ist dabei die Einordnung von rechtsgeschäftsähnlichen Handlungen, wie etwa Fristsetzungen, Mahnungen oder Prozesshandlungen. De lege lata werden solche Handlungen des Schuldners nicht vom Verfügungsbegriff erfasst,[292] vielmehr müsste das Gericht weitergehende Sicherungsmaßnahmen anordnen, wenn es auch die Vornahme solcher rechtsgeschäftsähnlicher Handlungen durch den Schuldner verhindern will. Entsprechendes gilt für sonstige Handlungen des Schuldners, die keine Verfügungen darstellen, so bspw. rein tatsächliche Handlungen, wie etwa die Herausgabe von Gegenständen.[293]

67 Verfügt der Schuldner oder das Schuldnerunternehmen unter Verstoß gegen den Zustimmungsvorbehalt über Gegenstände der Haftungsmasse, so treten über § 24 die Rechtsfolgen der §§ 81, 82 ein. Danach sind Verfügungen des Schuldners ohne Zustimmung des vorläufigen Insolvenzverwalters grundsätzlich unwirksam. Dasselbe gilt für den speziellen Zustimmungsvorbehalt, insbesondere kommen auch hier nicht die §§ 135, 136 BGB zur Anwendung (zur abweichenden herrschenden Meinung beim besonderen Verfügungsverbot → Rn. 38).

68 Da es sich auch in Fällen der Einsetzung eines vorläufigen Insolvenzverwalters bei Anordnung eines Zustimmungsvorbehalts um einen „schwachen" vorläufigen Verwalter handelt, stellen sich hinsichtlich der Begründung von Masseverbindlichkeiten die gleichen Probleme wie bei jedem sonstigen vorläufigen Verwalter ohne Verfügungsbefugnis.[294] Auch für den „schwachen" vorläufigen Insolvenzverwalter mit Zustimmungsvorbehalt ist davon auszugehen, dass ihm durch gerichtlichen Beschluss für den konkreten Einzelfall das Recht eingeräumt werden kann, bestimmte in Voraus genau festgelegte Masseverbindlichkeiten entsprechend § 55 II zu begründen (→ Rn. 150 ff.).[295]

69 Bei Anordnung eines allgemeinen oder bestimmten Zustimmungsvorbehalts verbleiben die Arbeitgeberfunktionen in der Regel beim Schuldner (→ Rn. 113 ff.).[296] Eine Prozessunterbrechung nach § 240 S. 2 ZPO findet nicht statt.[297] Zur Prozessführung ist der Zustimmungsverwalter nicht berechtigt. Allerdings kann ihm das Insolvenzgericht mittels Einzelermächtigung eine auf die Aufgabenerfüllung beschränkte Prozessführungsbefugnis übertragen, wenn es sich um eine unaufschiebbare Eilmaßnahme der Massesicherung handelt.[298] Zu der prozessrechtlichen Stellung des vorläufigen Insolvenzverwalters s im Übrigen die Ausführungen → Rn. 116 ff.

70 **3. Der vorläufige Insolvenzverwalter mit Verwaltungs- und Verfügungsbefugnis.**[299] Anders als bei der Bestellung eines vorläufigen Insolvenzverwalters ohne Ver-

---

[292] Vgl. MüKoInsO/Ott/Vuia § 81 Rn. 5 f. zu § 81 I, wo dieses Problem indes wegen des gleichzeitigen Übergangs der Verwaltungsbefugnis auf den Insolvenzverwalter keine praktische Bedeutung erlangt.
[293] OLG Naumburg ZInsO 2009, 1448 f.
[294] Vgl. *Uhlenbruck* in Uhlenbruck § 22 Rn. 11; *Häsemeyer,* Insolvenzrecht, Rn. 7.46; *Jaffé/Hellert* ZIP 1999, 1204; *Bähr* ZIP 1998, 1553, 1559; *Hauser/Hawelka* ZIP 1998, 1261, 1263; *Kirchhof* ZInsO 1999, 365, 368; *ders.* ZInsO 2004, 57 ff.; *Spliedt* ZIP 2001, 1941 ff.; *Bork* ZIP 2001, 1521 ff.
[295] BGH ZIP 2002, 1625; OLG Köln ZIP 2001, 1422, 1426 = ZInsO 2001, 762; *Prütting/Stickelbrock* ZIP 2002, 1625; *Haarmeyer/Pape* ZInsO 2002, 845; *Treffer* DB 2002, 2091; *Uhlenbruck* in Uhlenbruck § 22 Rn. 11; *Jaeger/Gerhardt* § 22 Rn. 128, 131, § 21 Rn. 25.
[296] Uhlenbruck/Berscheid § 22 Rn. 56; Berscheid ZInsO 1998, 9, 11; *ders.* NZI 2000, 1, 3; *Bichlmeier/Engberding/Oberhofer,* Hdb S. 186.
[297] Zu § 240 ZPO aF vgl. BGH NJW 1999, 2822; OLG Karlsruhe ZInsO 2003, 768.
[298] HK/Kirchhof § 22 Rn. 61; *Uhlenbruck* in Uhlenbruck § 22 Rn. 208.
[299] Eingehend hierzu *Ampferl* Der „starke" vorläufige Insolvenzverwalter in der Unternehmensinsolvenz, 2002; *Uhlenbruck* in Uhlenbruck § 22 Rn. 17 ff.; *Thiemann* Rn. 126 ff.; *Pape/Uhlenbruck,* Insolvenzrecht, Rn. 400 ff.; *Braun/Uhlenbruck,* Unternehmensinsolvenz, S. 236 ff.; MüKoInsO/*Haarmeyer*

fügungsbefugnisse (§§ 21 II 1 Nr. 1, 22 II) kann das Gericht gemäß § 21 II 1 Nr. 2 dem Schuldner ein allgemeines Verfügungsverbot auferlegen (zu den Rechtswirkungen eines solchen Verbots → Rn. 31 ff.). Da es im Insolvenzverfahren keinen kompetenzlosen Zustand geben darf, geht in diesem Fall die Verfügungsbefugnis hinsichtlich des Schuldnervermögens gemäß § 22 I 1 auf den zu bestellenden vorläufigen Insolvenzverwalter über. Das Gesetz nimmt insoweit für das Eröffnungsverfahren bereits die Wirkungen des § 80 I 1 vorweg, insbesondere geht neben der Verfügungs- auch die Verwaltungsbefugnis auf den vorläufigen Insolvenzverwalter über, was vor allem im Hinblick auf die Einbeziehung sonstiger Rechtshandlungen sowie den Abschluss von Verpflichtungsgeschäften durch den Schuldner praktisch bedeutsam ist. Da die Kompetenzzuweisung durch das Gesetz erfolgt, bedarf es keiner Aufgabenzuweisung durch das Gericht. Der Beschluss, durch den ein vorläufiger Insolvenzverwalter bestellt wird und Verfügungsbeschränkungen angeordnet werden, ist gemäß § 23 I 1 öffentlich bekannt zu machen. Gleichzeitig ist die Verfügungsbeschränkung im Grundbuch, im Schiffsregister, im Schiffsbauregister und im Register über Pfandrechte an Luftfahrzeugen einzutragen (§§ 23 III, 32, 33). Verstößt der Schuldner oder Schuldnervertreter gegen eine der in § 21 II 1 Nr. 2 vorgesehenen Verfügungsbeschränkungen, gelten nach § 24 I die Vorschriften der §§ 81, 82 entsprechend mit der Folge, dass Verfügungen des Schuldners nach Eintritt der Wirksamkeit des Beschlusses, also mit dessen Erlass, unwirksam sind (§ 81 I 1); → Rn. 10.[300] Für eine Verfügung über künftige Forderungen auf Bezüge aus einem Dienstverhältnis des Schuldners oder an deren Stelle tretende laufende Bezüge gilt die Vorschrift des § 81 I auch insoweit, als die Bezüge für die Zeit nach der Beendigung des Insolvenzverfahrens betroffen sind (§ 81 II 1). Hat der Schuldner oder Schuldnervertreter am Tag des Erlasses des Verfügungsverbots verfügt, wird gesetzlich vermutet, dass er nach Eintritt der Wirksamwerden der Anordnung verfügt hat (§ 81 III).

71 Die Kompetenzen des vorläufigen Insolvenzverwalters mit Verwaltungs- und Verfügungsbefugnis sind durch die Regelung in § 22 I gegenüber dem früheren Recht der Sequestration erheblich erweitert worden.[301] Gleichwohl wird das zulässige Verwalterhandeln vom Sicherungszweck der vorläufigen Verwaltung, nämlich die Sicherung des Vermögens bis zur Entscheidung über die Eröffnung des Insolvenzverfahrens begrenzt.[302] Der vorläufige Verwalter hat daher das Vermögen des Insolvenzschuldners in Besitz zu nehmen und zu verwalten (→ Rn. 77, 148 f.).[303] Er hat es weiterhin zu inventarisieren und erforderlichenfalls siegeln zu lassen.[304] Ferner ist das Vermögen zu sichern und ggf. zu versichern.[305] Demgegenüber umfasst der Übergang der Verwaltungs- und Verfügungsbefugnis nach dem Gesagten grundsätzlich nicht die Verwertung der künfti-

---

§ 22 Rn. 36 ff.; Braun/*Böhm* § 22 Rn. 10 ff.; Nerlich/Römermann/*Mönning* § 22 Rn. 22 ff.; Beck/Depré/*Beck*, Praxis der Insolvenz, § 1 Rn. 47 ff.; *Uhlenbruck* KTS 1990, 15 ff.; *ders.* KTS 1994, 169, 178; *Pohlmann* Rn. 105 ff.; *Smid* WM 1995, 785 ff.; *Pape* WPrax 1995, 236, 238 ff.; Blersch/Goetsch/*Haas* § 22 Rn. 4 ff.; KPB/*Pape* § 22 Rn. 56 ff.; Kraemer/*Vogelsang*, Hdb z Insolvenz, Bd 1 Fach 6 Kap 6 Rn. 88 ff.

[300] Einzelheiten bei *Gerhardt*, Kölner Schrift, S. 193, 194 ff. Rn. 3 ff., 9; *Uhlenbruck* in Uhlenbruck § 22 Rn. 17; *Pohlmann* Rn. 263 ff.; *Ampferl* Rn. 271 ff.

[301] Einzelheiten bei *Uhlenbruck*, Kölner Schrift, S. 325, 343 ff. Rn. 17 ff.; Braun/*Uhlenbruck*, Unternehmensinsolvenz, S. 236 ff.; MüKoInsO/*Haarmeyer* § 22 Rn. 36; Kraemer/*Vogelsang*, Hdb z Insolvenz Bd 1 Fach 2 Kap 6 Rn. 88 ff.; *Uhlenbruck* in Uhlenbruck § 22 Rn. 17.

[302] S hierzu MüKoInsO/*Haarmeyer* § 22 Rn. 25 mwN auch zur Begründung im RegE.

[303] Zu den Pflichten vgl. auch KPB/*Pape* § 22 Rn. 56 ff.; MüKoInsO/*Haarmeyer* § 22 Rn. 36 ff.; *Vallender* DZWIR 1999, 265, 270 ff.

[304] Kraemer/*Vogelsang*, Hdb z Insolvenz, Bd 1 Fach 6 Kap 6 Rn. 88 ff.

[305] BGH ZIP 2001, 296, 299. Vgl. auch Haarmeyer/Wutzke/*Förster*, Hdb Kap 3 Rn. 344; Hess/*Pape*, InsO und EGInsO, Rn. 140; Nerlich/Römermann/*Mönning* § 22 Rn. 28 ff.; Blersch/Goetsch/*Haas* § 22 Rn. 12 ff.; MüKoInsO/*Haarmeyer* § 22 Rn. 37; *Uhlenbruck* in Uhlenbruck § 22 Rn. 18.

gen Insolvenzmasse (§ 159), die Aufgabe des endgültigen Verwalters ist und erst nach der Entscheidung der ersten Gläubigerversammlung (§ 157) über das Verfahrensziel erfolgen darf.[306] Die Vorschriften der §§ 170, 171 finden keine Anwendung.[307] Nach dem Willen des Gesetzgebers soll das Eröffnungsverfahren möglichst zügig durchgeführt werden, damit es zu einer raschen Verfahrenseröffnung kommt. Mit diesem gesetzgeberischen Ziel wäre es nicht vereinbar, wenn dem vorläufigen Verwalter umfassende Abwicklungsbefugnisse eingeräumt würden.[308] Aus dem Verwertungsverbot folgt zugleich, dass der vorläufige Insolvenzverwalter grundsätzlich auch nicht berechtigt ist, bereits im Eröffnungsverfahren das Schuldnerunternehmen zu veräußern.[309] Soweit im Einzelfall Ausnahmen hiervon erwogen werden, sofern es sich bei der Betriebsveräußerung um eine „vernünftige, im Interesse der Konkursgläubiger geradezu zwingend gebotene Maßnahme zur Sicherung des Schuldnervermögens" handelt,[310] bürgt dies die Gefahr in sich, die vorgenannten Verfahrensgrundsätze mit wenig bestimmten und auch kaum bestimmbaren Ausnahmetatbeständen aufzuweichen. Aufgrund der Vielfältigkeit der Interessen der am Verfahren Beteiligten dürfte kaum jemals hinreichend feststellbar sein, wann eine Betriebsveräußerung eine im Interesse der Gläubiger geradezu „zwingend gebotene Maßnahme" darstellt. Soweit eine Unternehmensveräußerung für zulässig erachtet wird, wenn sie sich wirtschaftlich als Minus-Maßnahme zur Betriebsstilllegung darstellt,[311] sind hier gegeben dieselben Bedenken zu erheben. Ein wirtschaftlicher Vergleich zwischen Betriebsstilllegung und Unternehmensveräußerung würde eine umfassende Unternehmensanalyse erfordern, die im Eröffnungsverfahren sowohl im Hinblick auf den finanziellen als auch den zeitlichen Aufwand kaum zu leisten sein dürfte. Soweit zum Teil die Betriebsveräußerung für zulässig erachtet wird, wenn das Insolvenzgericht einer solchen zustimmt,[312] hilft dies ebenfalls nicht weiter, weil das Insolvenzgericht vor einer solchen Zustimmung ebenfalls prüfen müsste, ob und in wie weit eine Betriebsveräußerung wirtschaftlich sinnvoll erscheint. Dies wird aber das Insolvenzgericht in der Regel noch schlechter beurteilen können als der vorläufige Insolvenzverwalter. Es ist daher davon auszugehen, dass der vorläufige Insolvenzverwalter zu einer Unternehmensveräußerung grundsätzlich nicht befugt ist.[313] Allenfalls dann, wenn jede andere Entscheidung unausweichlich und erkennbar zur Stilllegung des Unternehmens führen würde, kann der Verwalter im Einzelfall zur Unternehmensveräußerung befugt sein, wobei auch hier in der Regel die Zustimmung durch das Insolvenzgericht erforderlich ist. Soweit zum Teil empfohlen wird, den Verfahrensbeteiligten Mitspracherechte einzuräumen, um die sachgerechte Berücksichtigung ihrer Interessen bei einem Verkauf des Schuldnerunternehmens bereits im Eröffnungsverfahren zu gewährleisten, dürfte dies in

---

[306] BGHZ 146, 165, 172 = ZIP 2001, 296, 298; BGH ZIP 2003, 632, 634; MüKoInsO/*Haarmeyer* § 22 Rn. 76. Zur Verwertungsbefugnis s *Vallender*, RWS-Forum 14, 1998, S. 71 ff.; *Pohlmann* Rn. 400 ff.; *Uhlenbruck*, Kölner Schrift, S. 325, 353 Rn. 30. Auch die Vorschrift des § 158, wonach der Verwalter vor Stilllegung des Schuldnerunternehmens die Zustimmung des Gläubigerausschusses einzuholen hat, findet im Rahmen des Eröffnungsverfahrens keine Anwendung. Vgl. aber auch *Pape* ZIP 1994, 89, 91 f.; *ders.* WPrax 1995, 236, 240.
[307] BGH ZIP 2003, 632, 635; MüKoInsO/*Haarmeyer* § 22 Rn. 82.
[308] *Pape* WPrax 1995, 236, 240.
[309] Einzelheiten bei *Uhlenbruck* in Uhlenbruck § 22 Rn. 32; *Pohlmann* Rn. 414 f.; *Vallender* DZWIR 1999, 265, 271; *ders.* RWS-Forum 14, S. 71 ff.; *Ampferl* Rn. 515 ff.
[310] OLG Düsseldorf ZIP 1992, 344, 346; s zur übertragenden Sanierung *Spieker* NZI 2002, 473; *Fröhlich/Köchling* ZInsO 2003, 923; *Förster* ZInsO 2000, 142.
[311] So *Pohlmann* Rn. 413 ff.; vgl. den Überblick über die einzelnen Meinungen bei *Ampferl* Rn. 519 ff.; s auch *Kammel* NZI 2000, 103; *Spieker* NZI 2002, 472 ff.
[312] Vgl. *Lohkemper* ZIP 1999, 1251, 1252; Blersch/Goetsch/*Haas* § 22 Rn. 12.
[313] *Uhlenbruck* in Uhlenbruck § 22 Rn. 32; *Uhlenbruck*, RWS-Forum 14, S. 98; *Graf-Schlicker* ZIP 2000, 1173; *Vallender/Fuchs* NZI 2003, 293 ff.; *Pape* ZInsO 2003, 391; MüKoInsO/*Haarmeyer* § 22 Rn. 81; FK/*Schmerbach* § 22 Rn. 69; kritisch auch HambKomm-*Schröder* § 22 Rn. 41.

72 der Praxis nur schwer und allenfalls bei Schuldnern mit einem überschaubaren Vermögens- und Gläubigerstamm umsetzbar sein (zu den Möglichkeiten der Mediation als alternative Form der Insolvenzbewältigung → § 4 Rn. 28 f.).[314]

72 Führt der vorläufige Insolvenzverwalter das Unternehmen einstweilen fort (§ 22 I 2 Nr. 2), ist er befugt, Veräußerungen und Verarbeitungen im normalen Geschäftsgang vorzunehmen.[315] Erfolgt eine Veräußerung von Gegenständen des Umlaufvermögens primär, um den Geschäftsbetrieb des Schuldnerunternehmens im Eröffnungsverfahren einstweilen aufrecht zu erhalten, liegt darin keine „Verwertung" im insolvenzrechtlichen Sinne.[316] Da der „starke" vorläufige Insolvenzverwalter nach § 22 I 2 Nr. 2 verpflichtet ist, das Schuldnerunternehmen bis zur Entscheidung über die Verfahrenseröffnung fortzuführen, ist er auch befugt, Vermögensgegenstände des Umlaufvermögens zu verarbeiten oder zu veräußern, soweit nicht im Einzelfall der Gläubiger dies ausdrücklich untersagt. Auch die Veräußerung der im Rahmen der Betriebsfortführung fertig gestellten Produkte ist als Verwaltungsmaßnahme anzusehen.[317] Die Grenzen zwischen „ordnungsmäßiger Verwaltung" und „veräußernder Verfügung" sind zuweilen fließend. Jedenfalls fallen unter den Begriff der Verwaltung alle Handlungen, die zur Fortführung des Schuldnerunternehmens im bisherigen Umfang und Zuschnitt anfallen, also die Verarbeitung von Rohstoffen, der Verkauf von Fertigprodukten und der Einzug von Forderungen. Zulässig ist somit auch eine Auslaufproduktion oder ein geordneter Abverkauf.[318] Darüber hinaus kann der vorläufige Insolvenzverwalter eine Verwertung dann vornehmen, wenn und soweit bei einem Aufschub die künftige Insolvenzmasse geschädigt würde.[319] So kann der Verwalter fällige Forderungen des Schuldners gegenüber Drittschuldnern auch außerhalb des laufenden Geschäftsbetriebs einziehen, um die drohende Verjährung oder eine drohende Uneinbringlichkeit zu verhindern.[320] Auch ist der Verwalter zur Veräußerung bei einem drohenden Verderb von Waren befugt.[321] Um einen Notverkauf handelt es sich auch, wenn die Veräußerung dazu dient, die für die Lagerung oder Bewachung bestimmter Gegenstände unverhältnismäßig hohen Kosten zu vermeiden.[322] Sofern es sich um eine Notmaßnahme handelt, sollte der vorläufige Verwalter die Gründe hierfür dokumentieren und – soweit dies zeitlich möglich ist – die Zustimmung des Insolvenzgerichts einholen.[323] Im Übrigen sind Verwertungshandlungen dann zulässig, wenn sämtliche Beteiligten der Verwertung zustimmen.[324]

73 **4. Die Wirksamkeit von Rechtshandlungen des vorläufigen Insolvenzverwalters bei vorzeitiger Verfahrensbeendigung.** Nach § 34 III 3 werden die Wir-

---

[314] Eingehend hierzu *Marotzke*, Das Unternehmen in der Insolvenz, 2000, Rn. 43 ff.; *Menke* BB 2003, 1133, 1135 ff.; *ders.* NZI 2003, 522 ff.
[315] BGH ZIP 2003, 634, 635; Kraemer/*Vogelsang*, Hdb z Insolvenz, Bd 1 Fach 6 Kap 6 Rn. 67 ff.; *Vallender* DZWIR 1999, 265, 270; MüKoInsO/*Haarmeyer* § 22 Rn. 76.
[316] So auch *Ampferl* Rn. 495, 496; *Kirchhof* ZInsO 1999, 436; *Vallender*, RWS-Forum 14, S. 71, 80 f.; *Pohlmann* Rn. 404; *Uhlenbruck* in Uhlenbruck § 22 Rn. 35 ff.; FK/*Schmerbach* § 22 Rn. 70; *Uhlenbruck*, Kölner Schrift, S. 345 Rn. 18; *Pohlmann* Rn. 400, der von „sichernder Verwertung" spricht (Rn. 398); *Haarmeyer*/*Wutzke*/*Förster*, Hdb Kap 3 Rn. 377; Nerlich/Römermann/*Mönning* § 22 Rn. 38 ff.
[317] *Pohlmann* Rn. 404; *Gerhardt* ZIP 1982, 1, 7; *Vallender*, in: RWS-Forum 14, 1998, S. 71, 80 f.; *Ampferl* Rn. 496, 497.
[318] *Förster* ZInsO 2000, 141; *Uhlenbruck* in Uhlenbruck § 22 Rn. 36; *Haarmeyer*/*Wutzke*/*Förster*, Hdb Kap 3 Rn. 382; MüKoInsO/*Haarmeyer* § 22 Rn. 77.
[319] MüKoInsO/*Haarmeyer* § 22 Rn. 76 aE.
[320] BGH ZIP 2003, 635; HK/*Kirchhof* § 22 Rn. 14; MüKoInsO/*Haarmeyer* § 22 Rn. 77.
[321] *Uhlenbruck* in Uhlenbruck § 22 Rn. 36; *Vallender*, RWS-Forum 14, S. 77; HK/*Kirchhof* § 22 Rn. 14; *Kirchhof* ZInsO 1999, 436 ff.; *Pohlmann* Rn. 400; *Pape* ZIP 1994, 89, 91; MüKoInsO/*Haarmeyer* § 22 Rn. 73 ff.; Beck/Depré/*Beck*, Praxis der Insolvenz, Rn. 103; Nerlich/Römermann/*Mönning* § 22 Rn. 39; *Uhlenbruck*, Kölner Schrift, S. 353 Rn. 30.
[322] *Pohlmann* Rn. 400.
[323] Vgl. Kraemer/*Vogelsang*, Hdb z Insolvenz, Bd 1 Fach 2 Kap 6 Rn. 131.
[324] Beck/Depré/*Beck*, Praxis der Insolvenz, § 6 Rn. 103.

kungen von Rechtshandlungen, die vom Insolvenzverwalter oder ihm gegenüber im eröffneten Verfahren vorgenommen worden sind, durch die Aufhebung des Insolvenzverfahrens nicht berührt. Bei einer Kollision von Verfügungen des Insolvenzschuldners und des vorläufigen Insolvenzverwalters genießen die Handlungen des Verwalters ohne Rücksicht auf die zeitliche Reihenfolge der Vornahme absoluten Vorrang vor den Rechtshandlungen des Insolvenzschuldners.[325] Die Vorschrift des § 34 III 3 bezieht sich zwar nur auf das eröffnete Verfahren; sie ist jedoch entsprechend auf Rechtshandlungen des vorläufigen Insolvenzverwalters anzuwenden, wenn diesem die Verwaltungs- und Verfügungsbefugnis vom Insolvenzgericht übertragen worden war.[326] Begründet der vorläufige Insolvenzverwalter mit Verwaltungs- und Verfügungsbefugnis im Rahmen des Eröffnungsverfahrens Verbindlichkeiten zu Lasten der Haftungsmasse, sind diese Verbindlichkeiten vom Schuldner auch dann zu erfüllen, wenn es später nicht zu einer Verfahrenseröffnung kommt oder das Verfahren zwar eröffnet, jedoch später wegen Masseunzulänglichkeit wieder eingestellt wird. Die entsprechende Anwendung des § 34 III 3 ist nicht zuletzt auch im Hinblick auf das Vertrauen des Rechtsverkehrs gerechtfertigt. Vertragspartner des vorläufigen Insolvenzverwalters müssen sich darauf verlassen können, dass die von ihm begründeten Verbindlichkeiten erfüllt werden, auch wenn es nicht zu einer Verfahrenseröffnung kommt.[327] Dem trägt auch § 25 II 1 Rechnung. Grundsätzlich ist auf den „schwachen" vorläufigen Insolvenzverwalter § 25 II nicht anwendbar, weil dieser weder Vermögen des Schuldners zu verwalten noch Masseverbindlichkeiten zu begründen hat.[328] Soweit allerdings das Insolvenzgericht den „schwachen" vorläufigen Insolvenzverwalter im konkreten Einzelfall ermächtigt hat, bestimmte Masseverbindlichkeiten zu begründen, findet die Vorschrift entsprechende Anwendung.[329] § 25 II ist schließlich auch dann entsprechend anzuwenden, wenn dem Schuldner nur ein gegenständlich beschränktes Verfügungsverbot auferlegt worden ist und insoweit die Verfügungsmacht auf den vorläufigen Verwalter übergegangen ist.[330] Eine andere Frage ist die, ob der vorläufige Insolvenzverwalter nach § 61 haftet, wenn er bei Begründung der Verbindlichkeiten erkennen konnte, dass die Masse voraussichtlich zur Erfüllung nicht ausreichen würde. Dies ist meist zu verneinen. Vgl. zur Haftung des vorläufigen Insolvenzverwalters die Ausführungen → Rn. 134 ff.

VI. Die Rechtsstellung des vorläufigen Insolvenzverwalters

1. Die Aufsicht des Insolvenzgerichts. Anders als im gesetzlich nicht geregelten 74 außergerichtlichen („freien") Krisenbewältigungsverfahren (→ § 4 Rn. 25) sieht das Gesetz nach Eintritt der Insolvenzreife ein gesetzlich geregeltes Verfahren vor, das über entsprechende Schutzinstrumente zugunsten der Gläubiger verfügt. Da nach § 21 II 1 Nr. 1 die Vorschriften der §§ 56, 58–66 entsprechend gelten, steht auch der vorläufige

---

[325] BGHZ 30, 173, 176; *Uhlenbruck* in Uhlenbruck § 34 Rn. 34; HK/*Kirchhof* § 34 Rn. 40; FK/*Schmerbach* § 34 Rn. 43; MüKoInsO/*Schmahl*/*Busch* § 34 Rn. 93 ff.; Blersch/Goetsch/*Haas* § 34 Rn. 41.
[326] KG ZInsO 1999, 716, 717; Jaeger/*Smid* § 34 Rn. 35; MüKoInsO/*Schmahl*/*Busch* § 34 Rn. 98; FK/*Schmerbach* § 34 Rn. 42; Braun/*Uhlenbruck*, Unternehmensinsolvenz, S. 255; *Uhlenbruck* KTS 1994, 169, 182; *Uhlenbruck* in Uhlenbruck § 34 Rn. 33; *Haarmeyer* ZInsO 2000, 70, 75; *Vallender* DZWIR 1999, 265, 276; Nerlich/Römermann/*Mönning* § 34 Rn. 39; Blersch/Goetsch/*Haas* § 25 Rn. 12; KPB/*Pape* § 25 Rn. 13.
[327] Einzelheiten bei KPB/*Pape* § 25 Rn. 13; *Haarmeyer* ZInsO 2000, 70, 75; *Uhlenbruck* in Uhlenbruck § 34 Rn. 33; MüKoInsO/*Schmahl*/*Busch* § 34 Rn. 94.
[328] OLG Celle ZIP 2001, 797; HK/*Kirchhof* § 25 Rn. 9; *Vallender* EWiR 2002, 70.
[329] Vgl. LG Duisburg ZIP 2001, 1021; AG Duisburg DZWIR 2000, 306m. Anm. *Smid*; HK/*Kirchhof* § 25 Rn. 9; *Uhlenbruck* in Uhlenbruck § 25 Rn. 5; *Meyer* DZWIR 2001, 310, 316; Prager/Thiemann NZI 2001, 634, 637; Gundlach/Frenzel/N. *Schmidt* DZWIR 2003, 309 ff.; MüKoInsO/*Haarmeyer* § 25 Rn. 7.
[330] MüKoInsO/*Haarmeyer* § 21 Rn. 59 ff., § 25 Rn. 7.

Insolvenzverwalter unter Aufsicht des Insolvenzgerichts (§ 58 II). Das Gericht kann jederzeit einzelne Auskünfte oder einen Bericht über den Sachstand und die Geschäftsführung von ihm verlangen (§ 58 I 2). Hinsichtlich der Aufsicht des Insolvenzgerichts gelten im Grundsatz die gleichen Vorgaben wie für die Aufsicht nach § 58 im eröffneten Verfahren. Insoweit kann auf die Ausführungen § 23 verwiesen werden.[331] Die Aufsicht über den vorläufigen Insolvenzverwalter ist Amtspflicht des Insolvenzgerichts iSv § 839 BGB.[332] Auch wenn der Verwalter selbst seine Aufgaben mit vollem Haftungsrisiko gegenüber den Verfahrensbeteiligten eigenverantwortlich und selbstständig wahrzunehmen hat, darf nicht übersehen werden, dass sich der Verwalter gerade im Eröffnungsverfahren den häufig widerstreitenden Interessen der Beteiligten ausgesetzt sieht.[333] Da im Eröffnungsverfahren anders als im eröffneten Verfahren keine Überwachung und Kontrolle durch die Organe der Gläubigerselbstverwaltung erfolgt, kommt der Aufsicht des Gerichts hier eine hohe Bedeutung zu. Vor diesem Hintergrund sind die Aufsichtspflichten des Gerichts im Eröffnungsverfahren strenger.[334] Hieraus folgt nicht, dass das Insolvenzgericht jede Maßnahme des vorläufigen Verwalters auf seine Zweckmäßigkeit hin zu überprüfen hätte.[335] Das Gericht darf sich aber auch nicht darauf beschränken, lediglich Stichproben durchzuführen, vielmehr hat sich das Gericht durch Vorlage entsprechender Belege einen Überblick über das Vorgehen des Verwalters zu verschaffen. Das Gericht hat sich laufend über den Verfahrensstand und die Entscheidungen des vorläufigen Insolvenzverwalters zu informieren;[336] ferner kann es bei Vorliegen entsprechender Anhaltspunkte gehalten sein, Informationen einzuholen, die die Geeignetheit des Verwalters betreffen.[337] Die Informationspflicht des Verwalters folgt aus §§ 21 II 1 Nr. 1, 58 I 2. Ergeben sich konkrete Hinweise dafür, dass der Verwalter seinen Verpflichtungen nicht ordnungsgemäß nachkommt, hat sich das Gericht einen umfassenden Überblick zu verschaffen, dabei kann es auch gehalten sein, Einblick in die Buch- und Kassenführung des Verwalters zu nehmen. Es ist darüber hinaus verpflichtet, von ihm Auskünfte über unklare oder hinsichtlich der Rechtmäßigkeit zweifelhafte Handlungen zu verlangen.[338] Das Gericht kann sich nicht darauf berufen, es sei durch Überlastung zur Aufsicht nicht imstande gewesen.[339] Erforderlichenfalls haben der oder die Richter/Richterinnen oder die Rechtspfleger/Rechtspflegerinnen die Überlastung dem Gerichtspräsidenten anzuzeigen und mitzuteilen, dass die Wahrnehmung der gesetzlichen Aufgaben gefährdet oder unmöglich ist. Im Haftungsprozess kann auch nicht geltend gemacht werden, das Vertrauensverhältnis zwischen Gericht und vorläufigem Verwalter habe es gerechtfertigt, von einer Aufsicht gänzlich abzusehen.

---

[331] Vgl. auch *Vallender* DZWIR 1999, 265, 273; MüKoInsO/*Graeber* § 58 Rn. 8 ff.
[332] RGZ 154, 296; MüKoInsO/*Haarmeyer* § 22 Rn. 213; *Pohlmann* Rn. 238 ff.; KPB/*Pape* § 22 Rn. 44; *Uhlenbruck* in Uhlenbruck § 22 Rn. 5.
[333] Zutreffend MüKoInsO/*Haarmeyer* § 22 Rn. 213; s zu den widerstreitenden Interessen in der Krise von Unternehmen *Vuia* S. 45 ff.
[334] Zutreffend *Haarmeyer/Wutzke/Förster*, Hdb Kap 3 Rn. 475; MüKoInsO/*Haarmeyer* § 22 Rn. 213; *Thiemann* Rn. 427; *Pohlmann* Rn. 241.
[335] Vgl. *Heinze*, in: *Leipold* (Hrsg.), Insolvenzrecht im Umbruch, S. 31 ff.; *Haarmeyer/Wutzke/Förster*, Hdb Kap 3 Rn. 475; weitergehend *Thiemann* Rn. 427; ebenso MüKoInsO/*Haarmeyer* § 22 Rn. 214 (stichprobenartige Zweckmäßigkeitsprüfung).
[336] Einzelheiten bei *Uhlenbruck*, Kölner Schrift, S. 325, 366 Rn. 44; *Pohlmann* Rn. 238; *Vallender* DZWIR 1999, 265, 273; KPB/*Pape* § 22 Rn. 44; *Haarmeyer/Wutzke/Förster*, Kap 3 Rn. 475 ff.; MüKoInsO/*Haarmeyer* § 22 Rn. 213; *Uhlenbruck* in Uhlenbruck § 22 Rn. 5; *Naumann*, Kölner Schrift, S. 431, 442 ff. Rn. 24 f.; *Thiemann* Rn. 427.
[337] S hierzu *Eckert/Brenner* ZInsO 2005, 1130, 1133 ff.; MüKoInsO/*Haarmeyer* § 22 Rn. 215.
[338] So zutr *Haarmeyer/Wutzke/Förster*, Hdb Kap 3 Rn. 475; *Kraemer/Vogelsang*, Hdb z Insolvenz, Bd 1 Fach 6 Kap 6 Rn. 194.
[339] Vgl. LG Magdeburg RPfleger 1995, 224; *Haarmeyer/Wutzke/Förster*, Hdb Kap 3 Rn. 475 f.

Einstweilige Maßnahmen des Insolvenzgerichts 75–79 § 14

In § 22 I 1 hat der Gesetzgeber den Aufgabenbereich des vorläufigen Insolvenzverwalters, auf den die Verwaltungs- und Verfügungsbefugnis über das Vermögen des Schuldners übergegangen ist, im Einzelnen geregelt. Der in § 22 I 1 normierte Übergang der Verwaltungs- und Verfügungsbefugnis hat weitreichende Folgen für die Rechtsstellung des Schuldners sowie des vorläufigen Insolvenzverwalters, der nicht als „Vertreter" des Schuldners, sondern aus eigenem Recht als Amtswalter tätig wird.[340] Im Folgenden sind die sich aus dieser Rechtsstellung des vorläufigen Insolvenzverwalters ergebenden Pflichten darzustellen. 75

2. Die allgemeinen Pflichten des vorläufigen Insolvenzverwalters. Hinsichtlich der Pflichten, die einen vorläufigen Insolvenzverwalter treffen, ist zu unterscheiden zwischen denjenigen Pflichten, die jeden vorläufigen Insolvenzverwalter treffen und denjenigen Pflichten, die ausschließlich den vorläufigen Insolvenzverwalter mit Verwaltungs- und Verfügungsbefugnis treffen (→ Rn. 148 ff.). Zu den allgemeinen Pflichten, die sowohl den „schwachen", „halbstarken" als auch den „starken" vorläufigen Insolvenzverwalter treffen, zählen zunächst die Sicherungs- und Erhaltungspflicht nach § 22 I 2 Nr. 1, die Prüfung, ob ein Eröffnungsgrund vorliegt und ob das Vermögen des Schuldners die Kosten des Verfahrens decken wird (§ 22 I 2 Nr. 3 Hs. 1); zu den allgemeinen Pflichten zählt aber auch die Prüfung, welche Aussichten für eine Fortführung des Schuldnerunternehmens bestehen (§ 22 I 2 Nr. 3 Hs. 2).[341] 76

a) *Die Sicherungs- und Erhaltspflicht.* Die Primärpflicht des vorläufigen Insolvenzverwalters besteht darin, die vorhandene Haftungsmasse (Ist-Masse) zu sichern und masseschmälernde Handlungen des Schuldners oder seiner organschaftlichen Vertreter sowie der Gläubiger zu verhindern.[342] Zur Sicherung und Erhaltung der Haftungsmasse gehört zunächst, dass der vorläufige Insolvenzverwalter das zu verwaltende Vermögen unverzüglich in Besitz nimmt (→ Rn. 148 f.).[343] 77

b) *Prüfung der Massekostendeckung.* Das Gesetz hat jedem vorläufigen Insolvenzverwalter, also auch demjenigen ohne Verwaltungs- und Verfügungsbefugnis, bestimmte Gutachterpflichten auferlegt, die er unabhängig von möglichen Kompetenzzuweisungen zu erfüllen hat.[344] Die Einfügung der Worte „als Sachverständiger" in § 22 I 2 Nr. 3 Hs. 2 beruht lediglich darauf, dass die Vergütung in Fällen der Masselosigkeit zumindest als Sachverständiger sichergestellt sein sollte.[345] Die Regelung in § 22 I 2 Nr. 3 schließt demgemäß nicht aus, dass auch ein vorläufiger Insolvenzverwalter ohne Verwaltungs- und Verfügungsbefugnis zum Sachverständigen bestellt wird, zumal wenn die Gefahr der Masselosigkeit besteht.[346] 78

Nach § 22 I 2 Nr. 3 hat der vorläufige Insolvenzverwalter zu prüfen, ob das Vermögen des Schuldners die Kosten des Verfahrens voraussichtlich decken wird, ob also eine die 79

---

[340] Vgl. MüKoInsO/*Haarmeyer* § 22 Rn. 23 f.
[341] S zu dieser Unterscheidung *Uhlenbruck* NZI 2000, 289, 290 sowie die Ausführungen unter § 14 Rn. 72 der Voraufl.
[342] Einzelheiten bei *Pape* ZIP 1994, 89, 91 ff.; *Uhlenbruck*, Kölner Schrift, 2. Aufl, Rn. 18, Rn. 32 ff.; *Vallender* DZWIR 1999, 265, 270; *Pohlmann* Rn. 105 ff., Rn. 218 ff.; *Pape/Uhlenbruck*, Insolvenzrecht, Rn. 401, 402; *Uhlenbruck* NZI 2000, 289, 290; KPB/*Pape* § 22 Rn. 56; *Bork* Rn. 104; *Uhlenbruck* in Uhlenbruck § 22 Rn. 9, 18, 21; *Ampferl* Rn. 300 ff.; *Thiemann* Rn. 201 ff.; MüKoInsO/*Haarmeyer* § 22 Rn. 36 ff.; *Smid*, Grundzüge, § 4 Rn. 40–42, Rn. 50 ff.; *Haarmeyer/Wutzke/Förster*, Hdb Kap 3 Rn. 329 ff., Rn. 342.
[343] Vgl. MüKoInsO/*Haarmeyer* § 22 Rn. 37; *Jaeger/Gerhardt* § 22 Rn. 28; *Uhlenbruck* in Uhlenbruck § 22 Rn. 19; HK/*Kirchhof* § 22 Rn. 9; *Haarmeyer/Wutzke/Förster*, Hdb Kap 3 Rn. 331; *Thiemann* Rn. 205 ff.; *Pohlmann* Rn. 110 ff.; Braun/*Uhlenbruck*, Unternehmensinsolvenz, S. 250; Nerlich/Römermann/*Mönning* § 22 Rn. 32.
[344] Vgl. *Uhlenbruck* NZI 2000, 289, 290.
[345] MüKoInsO/*Haarmeyer* § 22 Rn. 141; *Pohlmann* Rn. 180; KPB/*Pape* § 22 Rn. 61.
[346] So zutr *Pape/Uhlenbruck*, Insolvenzrecht, Rn. 411; *Uhlenbruck* NZI 2000, 289, 291 f.

Verfahrenskosten deckende ausreichende freie Masse vorhanden ist;[347] zur Massekostendeckung s auch die Darstellung → § 15 Rn. 2 ff. Auch wenn das Gesetz die Prüfung der Massekostendeckung dem vorläufigen Insolvenzverwalter nunmehr als Aufgabe zuweist, ergibt sich aus der Begründung zu § 26 RegE,[348] dass der Gesetzgeber die Möglichkeit nicht ausschließen wollte, die Prüfung der Massekostendeckung einem Sachverständigen zu übertragen. Die Vorschrift des § 22 I 2 Nr. 3 ist insoweit undeutlich gefasst, da sie originäre Verwalterpflichten, besondere Pflichten und Prüfungsaufgaben nicht trennt. Die Prüfung der Massekostendeckung hat sich auch auf mögliche Anfechtungs- und Haftungslagen zu erstrecken.[349] Ein Insolvenzverfahren kann auch dann eröffnet werden, wenn zwar das vorhandene Vermögen des Schuldners die Kosten des Verfahrens (§ 54) nicht deckt, wenn aber der fehlende Betrag auf dem Wege der Insolvenzanfechtung hinzu gewonnen werden kann.[350] Diese Prüfung und die Feststellung zB von Aussonderungsvermögen des Schuldners können uU erhebliche Aufwendungen erfordern, die das Ausfallrisiko des Verwalters vor allem in Großverfahren kaum mehr kalkulierbar machen. Für die Frage der Massekostendeckung kann ua auch die Frage relevant werden, ob die Kosten des Insolvenzverfahrens durch die persönliche Haftung von Gesellschaftern nach § 93 gedeckt sind.[351] Die Prüfung von Haftungslagen und ihrer Realisierbarkeit setzt allerdings die Feststellung voraus, ob und in welchem Umfang ein persönlich haftender Gesellschafter für die Verbindlichkeiten der Gesellschaft zu haften hat und ob er imstande ist, mit seinem Vermögen für diese Verbindlichkeiten ganz oder teilweise einzustehen. Nicht selten werden Gläubiger nur dann zu einem Massekostenvorschuss nach § 26 I 2 bereit sein, wenn der Insolvenzverwalter zur Ersatzpflicht des organschaftlichen Vertreters nach § 26 III Stellung genommen hat. Bei der Prüfung der Massezulänglichkeit ist im Übrigen auch das Auslandsvermögen des Schuldners mit einzubeziehen.[352]

80 Zu den Kosten des Verfahrens zählen ausschließlich die Kosten des § 54, also die Gerichtskosten für das Verfahren, die Vergütung und Auslagen des vorläufigen und endgültigen Insolvenzverwalters sowie der Mitglieder des Gläubigerausschusses. Hinsichtlich der Prognose der Vergütung des Verwalters sowie der Vergütung der Mitglieder des Gläubigerausschusses ist der vorläufige Insolvenzverwalter weitgehend auf Schätzungen angewiesen.[353] Ergibt die gerichtliche Prognose im Eröffnungszeitpunkt, dass eine etwas mehr als die Verfahrenskosten deckende Masse erstmals in etwa einem Jahr ab Verfahrenseröffnung zu realisieren ist, ist ein Insolvenzverfahren zu eröffnen.[354] Insoweit spricht man von „temporärer Masselosigkeit", in deren Verlauf der Insolvenzverwalter keine Masseverbindlichkeiten begründen darf.[355] Zu berücksichtigen ist allerdings nur eine konkret und zeitnah zum Eröffnungszeitpunkt realisierbare Vermögensanreicherung.[356]

---

[347] Vgl. KPB/*Pape* § 22 Rn. 61; *Uhlenbruck* in Uhlenbruck § 22 Rn. 203, 204; *Ampferl* Rn. 827 ff.; Beck/Depré/*Beck*, Praxis der Insolvenz, Rn. 132; MüKoInsO/*Haarmeyer* § 22 Rn. 145 ff.; *Förster* ZInsO 1999, 141 f.; HK/*Kirchhof* § 22 Rn. 33; *Pohlmann* Rn. 180; *Vallender* DZWIR 1999, 265, 272.
[348] BR-Drucks. 1/92, S. 116/117. Abgedr bei *Uhlenbruck*, Das neue Insolvenzrecht, S. 325. S a *Uhlenbruck* NZI 2000, 289 ff.
[349] Vgl. OLG Hamm ZInsO 2005, 217; Begr RegE zu § 26 InsO, abgedr bei *Uhlenbruck*, Das neue Insolvenzrecht, S. 325; *Uhlenbruck* NZI 2000, 289; *Uhlenbruck* in Uhlenbruck § 22 Rn. 203, 204; KPB/*Pape* § 22 Rn. 61; *Ampferl* Rn. 830 ff.; Beck/Depré/*Beck*, Praxis der Insolvenz, § 6 Rn. 132.
[350] OLG Hamm ZInsO 2005, 217; MüKoInsO/*Haarmeyer* § 26 Rn. 21.
[351] MüKoInsO/*Haarmeyer* § 26 Rn. 21 f.
[352] *Uhlenbruck* in Uhlenbruck § 26 Rn. 11; MüKoInsO/*Haarmeyer* § 26 Rn. 22.
[353] Vgl. MüKoInsO/*Haarmeyer* § 22 Rn. 147; *Uhlenbruck* NZI 1998, 1, 5; *Ampferl* Rn. 832 ff.; Nerlich/Römermann/*Mönning* § 22 Rn. 194; *Rendels* NZG 1998, 843 ff.; HK/*Kirchhof* § 22 Rn. 33.
[354] BGH ZInsO 2003, 706, 707.
[355] Vgl. auch LG Leipzig ZInsO 2002, 576; LG Kaiserslautern ZInsO 2001, 628; KPB/*Pape* § 26 Rn. 9 h; *Uhlenbruck* in Uhlenbruck § 26 Rn. 14; *Uhlenbruck* NZI 2001, 408, 409. Für einen noch längeren Zeitraum AG Hamburg NZI 2000, 140, 141 (zwei Jahre) und Jaeger/*Schilken* § 26 Rn. 29.
[356] OLG Köln NZI 2000, 217, 219; LG Berlin ZInsO 2001, 718.

Einstweilige Maßnahmen des Insolvenzgerichts 81–83 § 14

c) *Prüfung des Insolvenzgrundes.* Nach § 22 I 2 Nr. 3 kann das Insolvenzgericht den 81 vorläufigen Verwalter mit Verwaltungs- und Verfügungsbefugnis zusätzlich beauftragen, als Sachverständiger zu prüfen, ob ein Eröffnungsgrund vorliegt und welche Aussichten für eine Fortführung des Unternehmens des Schuldners bestehen.[357] In der Begründung RegE zu § 26 (§ 22)[358] hieß es ursprünglich, die Prüfung des Vorliegens eines Insolvenzgrundes und der Massezulänglichkeit seien Aufgaben, „die auch von einem besonderen Sachverständigen wahrgenommen werden könnten, die jedoch im Falle der Bestellung eines vorläufigen Insolvenzverwalters zweckmäßigerweise von diesem zusätzlich wahrgenommen werden". Auf Vorschlag des Rechtsausschusses[359] ist in § 22 I 2 Nr. 3 noch der Zusatz „als Sachverständiger" eingefügt worden, der nach Auffassung des Rechtsausschusses vom Gericht „die besonderen Aufgaben nach Nr. 3 übertragen bekommt". Weiterhin schließt die Regelung in § 22 I 2 Nr. 3 nicht aus, dass auch in den Fällen, in denen kein vorläufiger Insolvenzverwalter oder ein solcher ohne Verwaltungs- und Verfügungsbefugnis bestellt wird, gleichzeitig ein Sachverständiger bestellt werden kann, der die Aufgabe hat, nicht nur das Vorliegen eines Insolvenzgrundes zu prüfen, sondern zugleich auch die Aussichten für eine Fortführung des Schuldnerunternehmens. Die Sachverständigentätigkeit umfasst zugleich auch die Möglichkeit, Sanierungen vorzubereiten.[360]

Die Feststellung der Insolvenzgründe wirft auch nach der Legaldefinition der 82 §§ 17 II, 18 II, 19 II für das neue Recht Probleme auf. Dies gilt sowohl für die Zahlungsunfähigkeit[361] als auch für die drohende Zahlungsunfähigkeit (§ 18) und vor allem für die Überschuldung.[362] Einzelheiten zu den Insolvenzgründen s o § 6.

d) *Prüfung der Fortführungsaussichten eines Schuldnerunternehmens.* Grundsätzlich hat je- 83 der vorläufige Insolvenzverwalter die originäre gesetzliche Aufgabe, neben dem Insolvenzgrund auch die Sanierungsaussichten für den Schuldner bzw das Not leidende Schuldnerunternehmen zu prüfen. Diese Aufgabe gehört wohl zu den anspruchsvollsten und schwierigsten Tätigkeiten des vorläufigen Insolvenzverwalters und/oder Gutachters.[363] Die Prüfung der Fortführungsaussichten ist identisch mit der Prüfung der Sanierungsfähigkeit.[364] Die Methoden der Sanierungsfähigkeitsprüfung orientieren sich

---

[357] Zu Aufgaben, Befugnissen und Entschädigung des gerichtlichen Sachverständigen im Konkurseröffnungsverfahren s *Wessel* DZWir 1999, 230 ff.; *Rendels* NZG 1998, 839 ff.; *Holzer*, Entscheidungsträger, Rn. 285 ff.; *Bollig* KTS 1990, 599 ff. Zum Recht des Sachverständigen, die Geschäftsräume des Schuldnerunternehmens zu betreten und dort Nachforschungen anzustellen sowie Einsicht in die Bücher und Geschäftspapiere zu nehmen vgl. die Ausführungen u zu Rn. 90 ff. Vgl. auch *Pohlmann* Rn. 185; KPB/*Pape* § 22 Rn. 61; *Uhlenbruck* in Uhlenbruck § 22 Rn. 198 ff.; *Vallender* DZWIR 1999, 265 ff.; *Ampferl* Rn. 842 ff.; *Pape/Uhlenbruck*, Insolvenzrecht, Rn. 412, 413; Beck/Depré/*Beck*, Praxis der Sanierung, Rn. 130 ff.; MüKoInsO/*Haarmeyer* § 22 Rn. 153 ff., Rn. 163 ff.

[358] Abgedr bei *Uhlenbruck*, Das neue Insolvenzrecht, S. 325. Vgl. auch *Uhlenbruck* NZI 2000, 289 ff.

[359] Vgl. *Uhlenbruck*, Das neue Insolvenzrecht, S. 326.

[360] So der Ausschussbericht, abgedr bei *Uhlenbruck*, Das neue Insolvenzrecht, S. 326; vgl. hierzu auch Nerlich/Römermann/*Mönning* § 22 Rn. 201 ff.; Braun/*Uhlenbruck*, Unternehmensinsolvenz, S. 243 ff.

[361] Vgl. *Möhlmann* WPg 1998, 947 ff.; *Uhlenbruck*, Kölner Schrift, S. 355 ff. Rn. 33 ff.; *Drukarczyk/Schüler*, Kölner Schrift, S. 95, 106 ff. Rn. 29 ff.; *Uhlenbruck* in Uhlenbruck § 17 Rn. 3 ff.

[362] Einzelheiten bei *Uhlenbruck* in Uhlenbruck § 22 Rn. 201, 202, § 19 Rn. 13 ff.; *Möhlmann* DStR 1998, 1843 ff.; *Nonnenmacher* FS Moxter S. 314 ff.; K. *Schmidt*/Uhlenbruck/*K. Schmidt*, Die GmbH in Krise, Sanierung und Insolvenz, Rn. 849 ff., Rn. 881 ff.; MüKoInsO/*Haarmeyer* § 22 Rn. 153 ff.; *Pape/Uhlenbruck*, Insolvenzrecht, Rn. 411 ff.; *Ampferl* Rn. 187 ff.

[363] *Uhlenbruck*, Kölner Schrift, S. 360 Rn. 39; *Vallender* DZWIR 1999, 265, 273; *Haberhauer/Meeh* DStR 1995, 1442, 1444; Braun/*Uhlenbruck*, Unternehmensinsolvenz, S. 243; MüKoInsO/*Haarmeyer* § 22 Rn. 163; *Braun* WPg 1989, 683; *ders.* Betriebswirtschaftliche Checkliste zur Prüfung der Sanierungsfähigkeit von Unternehmen, in: *Baetge* (Hrsg.): Rechnungslegung, Finanzen, Steuern und Prüfung in den neunziger Jahren, Düsseldorf 1990, 95 ff.; *Kayser* BB 1983, 415 ff.; *Wegmann*, Die Sanierungsprüfung, 1987.

[364] Vgl. hierzu Nerlich/Römermann/*Mönning* § 22 Rn. 201 ff.; *Pape/Uhlenbruck*, Insolvenzrecht, Rn. 415. Vgl. auch MüKoInsO/*Haarmeyer* § 22 Rn. 163 ff.; *Braun* in: Henckel/Kreft (Hrsg.), Insolvenzrecht, 1998, RWS-Forum 14, S. 53 ff.; *Ampferl* Rn. 864 ff.

weitgehend an betriebswirtschaftlichen Maßstäben.[365] Der Arbeitskreis für Sanierung und Insolvenz (AKS I) des IDW hat 1990/1991 Anforderungen an ein Sanierungskonzept erarbeitet. Danach ist Grundlage eines jeden Konzepts die vollständige Erfassung aller für das Unternehmen wesentlichen Daten, der Ursachen- und Wirkungszusammenhänge sowie der rechtlichen und wirtschaftlichen Einflussfaktoren.[366] Anschließend an eine Krisenursachen- oder Schwachstellenanalyse ist ein Leitbild des zu sanierenden Unternehmens zu entwickeln. Eine Planverprobungsrechnung schließt das Sanierungskonzept ab. Aus ihr soll sich insbesondere auch die Finanzierbarkeit der geplanten Sanierungsmaßnahmen ergeben.[367] Ohne auf die betriebswirtschaftlichen Methoden der Sanierungsfähigkeitsprüfung einzugehen, ist hier festzustellen, dass die insolvenzrechtliche Sanierungsfähigkeit nicht immer mit der betriebswirtschaftlichen Sanierungsfähigkeit identisch ist. So kann zB die übertragende Sanierung durchaus im Einzelfall die optimale Betriebsfortführung darstellen, bei der der Betrieb erhalten bleibt, jedoch die Anteilseigner wechseln. Letztlich nützt eine interne Sanierungsfähigkeit des Not leidenden Unternehmens im leistungs- und finanzwirtschaftlichen Bereich nichts, wenn nicht gleichzeitig auch die marktwirtschaftliche Sanierungsfähigkeit bejaht werden kann, nämlich die Fähigkeit, sich nach einer insolvenzplanmäßigen Sanierung eigenständig und nachhaltig am Markt zu behaupten.[368] Um die Zustimmung der Mehrheit der Gläubiger zu erlangen, ist letztlich die Vorlage eines plausiblen Sanierungskonzepts erforderlich.

84 Nach den Vorstellungen des Rechtsausschusses des Deutschen Bundestags[369] muss der vorläufige Insolvenzverwalter – wie bereits vorstehend festgestellt wurde – auch die Möglichkeit haben, Sanierungen bereits vorzubereiten. Dies muss in den Fällen aussichtsreicher Sanierungen die Regel sein, denn Sanierungen verlangen ein rasches Konzept und möglichst wenig Publizität.[370] Nach den Vorstellungen des Rechtsausschusses kann die Eröffnung des Verfahrens bei solcher Beauftragung des vorläufigen Insolvenzverwalters entsprechend hinausgeschoben werden, um eine vorschnelle Verfahrenseröffnung zu vermeiden. Eine durch Sanierungsprüfung bedingte Verzögerung der Verfahrenseröffnung kann sich allerdings für die Vertragspartner eines Insolvenzunternehmens nachteilig auswirken, denn sie werden über längere Zeit gezwungen, Eigentumsvorbehaltsgut und Sicherungsgut im Unternehmen zu belassen und bleiben in Ungewissheit, ob sich der Verwalter für die Vertragserfüllung oder Ablehnung nach § 103 entscheidet.[371] Auch wenn der Schuldner selbst einen „prepackaged plan" vorgelegt hat, bedarf

---

[365] Umfassend zur Sanierungsfähigkeitsprüfung *Jaeger/Gerhardt* § 22 Rn. 151 ff.
[366] S auch IDW, Fachausschuss Recht, Anforderungen an Sanierungskonzepte, FN 1991, S. 319 ff.; *Maus* DB 1991, 1133 ff.; K. Schmidt/Uhlenbruck/*Maus*, Die GmbH in Krise, Sanierung und Insolvenz, Rn. 355; *Brandstätter*, Die Prüfung der Sanierungsfähigkeit notleidender Unternehmen, 1993, S. 158; *Uhlenbruck* in Uhlenbruck § 22 Rn. 206; Braun/*Uhlenbruck*, Unternehmensinsolvenz, Rn. 243 ff.; *Pohlmann* Rn. 190 ff. Eingehend auch Jaeger/*Gerhardt* § 22 Rn. 151 ff.
[367] Vgl. auch *Pape/Uhlenbruck*, Insolvenzrecht, Rn. 416; *Nonnenmacher* FS Moxter 1994, S. 1315 ff.
[368] Vgl. auch *Uhlenbruck* KTS 1981, 513; Braun/*Uhlenbruck*, Unternehmensinsolvenz, S. 245 ff.; *Vuia* S. 53 ff.
[369] Vgl. den Ausschussbericht, abgedr. bei *Uhlenbruck*, Das neue Insolvenzrecht, S. 326.
[370] Vgl. *Groß*, in: WPK-Mitteilungen, Sonderheft, Dez 1997 S. 63 ff.; *Uhlenbruck* in Uhlenbruck § 22 Rn. 207; *Pape/Uhlenbruck*, Insolvenzrecht, Rn. 414 ff.; *Uhlenbruck* WPg 1978, 661 ff.; ders. Kölner Schrift, S. 325, 3609 f. Rn. 39; *Schedlbauer* DStR 1993, 218 ff.; *Schedlbauer* Prüfung der Sanierungsfähigkeit. Beiträge zur Reform des Insolvenzrechts, 1987. Vgl. auch *Uhlenbruck* AnwBl 1982, 338 ff. Umfassend zur Prüfung der Unternehmensfortführung und Sanierung Nerlich/Römermann/*Mönning* § 22 Rn. 57 ff.; Kraemer/*Vogelsang*, Hdb z Insolvenz, Bd 1 Fach 6 Kap 6 Rn. 46 ff.; Braun/*Uhlenbruck*, Unternehmensinsolvenz, S. 243 ff.; *Grub* AnwBl 1993, 459.
[371] Vgl. hierzu auch *Haberhauer/Meeh* DStR 1995, 1442, 1445, die zutreffend darauf hinweisen, dass sich der Gesetzgeber bei dem Abwägungsproblem Sanierungsprüfung und schnelle Eröffnung zugunsten des insolventen Unternehmens und zulasten der Vertragspartner entschieden hat. Dies sei vor dem Hintergrund der Zielsetzung der InsO, die Sanierung zu erleichtern, „sicherlich die angemessene Lösung

die Prüfung dieses Plans eines erheblichen gutachtlichen Aufwandes, denn der Insolvenzverwalter hat in der ersten Gläubigerversammlung (§ 157) den Plan zu erörtern und die Gläubiger über die Aussichten des vorgelegten Plans zu unterrichten.[372]

Soweit der vorläufige Insolvenzverwalter mit oder ohne Verwaltungs- und Verfügungsbefugnis als Sachverständiger mit der Prüfung des Insolvenzgrundes, der Massezulänglichkeit und der Sanierungsfähigkeit betraut wird, richtet sich seine Vergütung nach dem Justizvergütungs- und -entschädigungsgesetz – JVEG – vom 5.5.2004 (BGBl I, 718). Für den gemäß § 22 I 2 Nr. 3 als Sachverständigen eingesetzten vorläufigen Insolvenzverwalter ist gemäß § 9 II JVEG ein Stundensatz von 65 EUR festgelegt worden.[373] Mit dem Zweiten Gesetz zur Modernisierung des Kostenrechts (2. KostRMoG) vom 23.7.2013 (BGBl. I, 2586) ist § 9 II JVEG neu gefasst worden. Danach beträgt das Honorar abweichend von § 9 Abs. 1 JVEG für jede Stunde 80 EUR, wenn das Gericht den vorläufigen Insolvenzverwalter beauftragt, als Sachverständiger zu prüfen, ob ein Eröffnungsgrund vorliegt und welche Aussichten für eine Fortführung des Unternehmens des Schuldners bestehen (§ 22 I 2 Nr 3, auch iVm § 22 II). S im Übrigen zur Vergütung eines isoliert als Gutachter in einem Insolvenzverfahren tätigen Sachverständigen die Ausführungen bei § 4 Rn. 19. Zur Vergütung des vorläufigen Insolvenzverwalters s im Übrigen u Rn. 127 ff. **85**

e) *Rechnungslegungspflicht.* Unter Geltung der KO/GesO war streitig, ob der Sequester/Verwalter bei Beendigung seiner Tätigkeit verpflichtet war, gegenüber dem Insolvenzgericht oder den Gläubigern Rechnung zu legen. Soweit in der Literatur überhaupt auf die Rechnungslegungspflicht des Sequesters eingegangen worden war, wurde eine solche Verpflichtung bejaht.[374] § 21 II 1 Nr. 1 regelt für das neue Recht die Streitfrage: Danach findet die Vorschrift des § 66 auf den vorläufigen Insolvenzverwalter entsprechende Anwendung. Nach § 66 I hat der Insolvenzverwalter bei der Beendigung seines Amtes einer Gläubigerversammlung Rechnung zu legen.[375] Aus der entsprechenden Anwendung des § 66 I folgt, dass der vorläufige Insolvenzverwalter jedenfalls dann gesondert Rechnung zu legen hat, wenn die vorläufige Verwaltung eine Zeit lang gedauert hat und das Verfahren nicht zur Eröffnung gekommen ist, sei es wegen Antragsrücknahme oder wegen Abweisung mangels Masse nach § 26 I.[376] Da in solchen Fällen eine Gläubigerversammlung nicht zustande kommt, ist die Schlussrechnung des vorläufigen Insolvenzverwalters dem Insolvenzgericht zu legen. Dieses hat die Schlussrechnung zu prüfen und die Vergütung des vorläufigen Insolvenzverwalters festzusetzen. Für die Rechnungslegung als solche fällt keine besondere Vergütung an.[377] Im Einzelfall kann es vor allem im Hinblick auf eine kurze Eröffnungsphase und wenn es zu einer Verfahrenseröffnung kommt, gerechtfertigt sein, auf eine gesonderte Rechnungslegung **86**

---

gewesen". S a *Grub* ZIP 1993, 393, 396. Zur Erstellung eines Sanierungskonzepts: *Grub* AnwBl 1993, 459; *Nonnenmacher* FS Moxter S. 1315 f.

[372] Zur Prüfung der Aussichten für eine Unternehmensfortführung vgl. *Uhlenbruck,* Kölner Schrift, S. 3609 f. Rn. 39; Braun/*Uhlenbruck,* Unternehmensinsolvenz, S. 242 ff. mwN.

[373] Zur Verfassungsmäßigkeit dieser Bestimmung sowie deren Anwendung auch auf den „schwachen" vorläufigen Insolvenzverwalter s BVerG ZInsO 2006, 83 ff.

[374] *Kilger* FS KonkursO S. 195; *Koch,* Die Sequestration im Konkurseröffnungsverfahren, 1982, S. 151; Kilger/*K. Schmidt,* § 106 KO Anm. 4 aE; *Uhlenbruck* KTS 1990, 15, 25 f.; *Mohrbutter/Mohrbutter/Ernestus,* HdbInsVerw I.63.

[375] Vgl. *Pink,* Insolvenzrechnungslegung, 1995, S. 77 ff., *ders.* in: *Hofbauer/Kupsch,* Bonner Hdb Rechnungslegung, Bd 4 Fach 5; *ders.* ZIP 1997, 177 ff.

[376] Einzelheiten bei *Uhlenbruck* NZI 1999, 289 ff.; *Uhlenbruck* in Uhlenbruck § 22 Rn. 216–220; Beck/Depré/*Beck,* Praxis der Insolvenz, § 6 Rn. 218–228; MüKoInsO/*Haarmeyer* § 22 Rn. 201 ff.; Haarmeyer/Wutzke/Förster, Hdb Kap 3 Rn. 455 ff.; *Pape/Uhlenbruck,* Insolvenzrecht, Rn. 441; Blersch/Goetsch/Haas § 21 Rn. 18 ff.; *Pink* ZIP 1997, 177 ff.; HK/*Kirchhof* § 22 Rn. 77; *Pohlmann* Rn. 249; KPB/*Pape* § 22 Rn. 51, 52; *Vallender* DZWIR 1999, 265; Nerlich/Römermann/*Mönning* § 22 Rn. 242.

[377] Beck/Depré/*Beck,* Praxis der Insolvenz, § 6 Rn. 219.

für den Eröffnungszeitraum zu verzichten.[378] Kommt es zur Verfahrenseröffnung, ist bei Verzicht auf eine gesonderte Rechnungslegung in der nach § 153 zu erstellenden Vermögensübersicht anzugeben, welche Gegenstände der Insolvenzmasse im Eröffnungsverfahren bereits verwertet worden sind und welche Maßnahmen der vorläufige Insolvenzverwalter getroffen hat.[379] Zulässig ist es auch, in solchen Fällen dem Verwalter zu gestatten, die Rechnungslegung hinsichtlich des Eröffnungsverfahrens mit der Rechnungslegung bei Beendigung seines Amtes nach § 66 I zu verbinden.[380] Hat der vorläufige Insolvenzverwalter kein Vermögen verwaltet, ist eine Einnahmen-Ausgaben-Rechnung ebenso überflüssig wie eine Bilanz.[381]

87   Kommt es nicht zu einer Verfahrenseröffnung, ist zur Prüfung der Rechnungslegung der Richter bzw. die Richterin funktionell zuständig. Wird das Verfahren eröffnet, ist streitig, ob der Richter oder der Rechtspfleger funktionell zuständig ist.[382] Bejaht man die funktionelle Zuständigkeit des Richters bzw. der Richterin nicht nur für die Vergütungsfestsetzung, sondern auch für die Prüfung der Schlussrechnung des vorläufigen Insolvenzverwalters, bleibt die richterliche Zuständigkeit bestehen. Folgt man der Gegenmeinung, wonach mit Verfahrenseröffnung die gesamte funktionelle Zuständigkeit auf den Rechtspfleger übergeht, wird man die funktionelle Zuständigkeit des Rechtspflegers bejahen müssen.[383] Das Gericht hat hinsichtlich der Befreiung oder Beschränkung der Rechnungslegungspflichten des vorläufigen Insolvenzverwalters keinen unbeschränkten Ermessensspielraum. Steht allerdings bei Abweisung mangels Masse (§ 26 I 1) fest, dass Vergütung und Auslagen des vorläufigen Insolvenzverwalters nicht gedeckt sind, wird man das Insolvenzgericht als befugt ansehen dürfen, den Verwalter von seiner Rechnungslegungspflicht zu befreien oder diese auf ein Minimum zu beschränken.[384] In den Fällen zulässigen Verzichts auf die Rechnungslegung sind die Verfahrensbeteiligten auf die Vorschrift des § 259 BGB zu verweisen. Wird der Insolvenzeröffnungsbeschluss in der Beschwerdeinstanz aufgehoben, hat der vorläufige Insolvenzverwalter nicht gegenüber dem Gericht, sondern auf dessen Verlangen dem Schuldner Rechnung zu legen.[385]

88   Eine Rechnungslegungspflicht des vorläufigen Insolvenzverwalters mit Zustimmungsbefugnis wird zwar in der Literatur teilweise bejaht;[386] jedoch wird man, da der Verwalter keinerlei Verwaltungsbefugnisse hat, das Gericht als befugt ansehen müssen, ihn im Einzelfall von der Rechnungslegungspflicht zu befreien.[387] Regelmäßig genügt ein Bericht über die mit Zustimmung vorgenommenen Rechtsgeschäfte des Schuldners bzw des Schuldnerunternehmens.[388]

---

[378] Vgl. KPB/*Pape* § 22 Rn. 11; *Pohlmann* Rn. 248 ff.; Nerlich/Römermann/*Mönning* § 22 Rn. 245; *Vallender* DZWir 1999, 265, 275 f.; *Uhlenbruck* NZI 1999, 289 ff. Eingehend auch *Hess/Mitlehner*, Steuerrecht – Rechnungslegung – Insolvenz, 2001.

[379] Zur gerichtlichen Befugnis, die Rechnungslegung des vorläufigen Insolvenzverwalters zu beschränken, s *Uhlenbruck* NZI 1999, 289, 293. Vgl. auch *Möhlmann*, Die Berichterstattung im neuen Insolvenzrecht, 1999.

[380] Vgl. *Uhlenbruck* in Uhlenbruck § 22 Rn. 219; HK/*Kirchhof* § 22 Rn. 77; *Uhlenbruck* NZI 1999, 289, 292; MüKoInsO/*Haarmeyer* § 22 Rn. 204; *Braun* ZIP 1997, 1014, 1015; *Pink* ZIP 1997, 185; KPB/*Pape* § 22 Rn. 51; kritisch FK/*Schmerbach* § 21 Rn. 159 ff. Zur Rechnungslegungspflicht des vorläufigen Insolvenzverwalters vgl. auch *Uhlenbruck* KTS 1994, 169, 181; *ders.* NZI 1999, 289 ff.; Braun/*Uhlenbruck,* Unternehmensinsolvenz, S. 259; *Pohlmann* Rn. 248 ff.

[381] MüKoInsO/*Haarmeyer* § 22 Rn. 206 mwN.

[382] Einzelheiten bei *Uhlenbruck* in Uhlenbruck § 22 Rn. 219; K. Schmidt/*Vuia* § 64 Rn. 8 f.

[383] S. LG Halle ZIP 1995, 486, 488; LG Magdeburg Rpfleger 1996, 38; *Holzer,* Entscheidungsträger, Rn. 25, 26; MüKoInsO/*Haarmeyer* § 22 Rn. 203.

[384] *Uhlenbruck* NZI 1999, 298, 293; Beck/Depré/*Beck,* Praxis der Insolvenz, § 6 Rn. 227, 228; *Uhlenbruck* in Uhlenbruck § 22 Rn. 219, 220.

[385] FK/*Schmerbach* § 21 Rn. 160.

[386] So zB *Pohlmann* Rn. 251; *Uhlenbruck* NZI 1999, 289, 291.

[387] *Uhlenbruck* NZI 1999, 289, 291.

[388] S auch *Uhlenbruck* in Uhlenbruck § 22 Rn. 216 ff.

3. Die allgemeinen Rechte des vorläufigen Insolvenzverwalters. Zur Erfüllung der oben genannten allgemeinen Pflichten müssen dem vorläufigen Insolvenzverwalter Rechte zukommen, die er gegenüber dem Schuldner bzw. Dritten ggf. durchzusetzen hat. Während in § 22 I die Pflichten des vorläufigen Insolvenzverwalters mit Verwaltungs- und Verfügungsbefugnis und in § 22 II die Pflichten des Insolvenzverwalters ohne Verfügungsbefugnisse geregelt sind bzw. dem Gericht die Zuweisung dieser Pflichten überlassen bleibt, regelt § 22 III die Rechte des vorläufigen Insolvenzverwalters und gleichzeitig die entsprechenden Pflichten des Schuldners, ohne dass das Gesetz insoweit eine Differenzierung hinsichtlich der Verfügungsbefugnis vorsieht. Die Rechte nach § 22 III stehen deshalb jedem vorläufigen Insolvenzverwalter zu.

a) *Das Recht, die Geschäftsräume des Schuldners zu betreten.* Nach § 22 III 1 ist der vorläufige Insolvenzverwalter berechtigt, die *Geschäftsräume* des Schuldners zu betreten und dort Nachforschungen anzustellen.[389] Dieses Recht ist nicht an die Voraussetzungen der Vorschriften über die Einzelzwangsvollstreckung geknüpft. Eines gesonderten richterlichen Durchsuchungsbeschlusses bedarf es hierfür nicht.[390] Der Beschluss über die Bestellung des Insolvenzverwalters stellt zugleich eine Anordnung iSd Art. 13 II GG sowie einen Vollstreckungstitel iSd § 794 I Nr. 3 ZPO dar, aus dem die Vollstreckung gemäß §§ 883, 885 ZPO betrieben werden kann[391] (s hierzu auch Rn. 148 f.). Der gerichtliche Anordnungsbeschluss muss nicht mit einer Vollstreckungsklausel versehen werden.[392]

Fraglich ist, ob es eines gesonderten richterlichen Beschlusses bedarf, wenn der vorläufige Insolvenzverwalter die Wohnräume des Schuldners betreten will. Der vorläufige Insolvenzverwalter darf die privaten Wohnräume des Schuldners auf Grund der gesetzlichen Ermächtigung in § 22 III 1 jedenfalls dann ohne eine weitere Anordnung betreten, wenn darin zumindest ein Teil der Geschäftstätigkeit stattfindet oder wenn dort Geschäftsunterlagen versteckt werden.[393] Es genügt schon, dass der Schuldner die auf Festplatte oder Diskette gespeicherten geschäftlichen Daten in seiner Wohnung aufbewahrt, um ohne besondere richterliche Anordnung nach § 758a I 2 ZPO ein Zutrittsrecht des vorläufigen Verwalters zu bejahen. Gleiches gilt für das „Bunkern" von Geschäftsunterlagen oder die Aufbewahrung wertvoller Gegenstände, die zur Insolvenzmasse gehören. Allerdings muss jeweils ein konkreter dahingehender Verdacht bestehen. In diesen Fällen ist eine richterliche Anordnung nicht zuletzt auch deswegen entbehrlich, weil andernfalls der Erfolg der Durchsuchung gefährdet wäre.[394] Nur aus der Einwilligungsverweigerung des Schuldners zur Durchsuchung kann nicht ohne weiteres auf die Gefahr eines Beiseiteschaffens iSv § 283 I Nr. 1 StGB oder auf das Vorhandensein von Geschäftsunterlagen geschlossen werden. Die vorgenannten Grundsätze

---

[389] Vgl. Jaeger/*Gerhardt* § 22 Rn. 29; *Uhlenbruck* § 22 Rn. 211; *Ampferl* Rn. 876 ff.; Nerlich/Römermann/*Mönning* § 22 Rn. 250; MüKoInsO/*Haarmeyer* § 22 Rn. 178 ff.; Beck/Depré/*Beck,* Praxis der Insolvenz, § 6 Rn. 184–186. Nach AG Duisburg ZIP 2004, 1376 steht dieses Recht auch dem Insolvenzsachverständigen zu; nach AG Korbach ZInsO 2005, 1060 können auch Räume Dritter durchsucht werden; ebenso LG Duisburg NZI 1999, 328; LG Duisburg ZIP 1991, 674; AG Duisburg ZInsO 1999, 720; AG Gelsenkirchen ZIP 1997, 2092; s hierzu o Rn. 54.

[390] Vgl. LG Duisburg ZIP 1991, 674; MüKoInsO/*Haarmeyer* § 22 Rn. 179; *Thiemann* Rn. 207; *Ampferl* Rn. 327; *Uhlenbruck* in Uhlenbruck § 22 Rn. 19; Jaeger/*Gerhardt,* § 22 Rn. 31. Kritisch *Smid* § 22 Rn. 53. S auch Pohlmann Rn. 128.

[391] BGH ZInsO 2008, 268, 269; HambKomm-*Schröder* § 22 Rn. 191; HK/*Kirchhof* § 22 Rn. 65; MüKoInsO/*Haarmeyer* § 22 Rn. 179; aA *Jauernig* § 54 IV, der stets eine richterliche Durchsuchungsanordnung, also auch für Geschäftsräume, verlangt, wenn der Schuldner den Zutritt verweigert.

[392] AG Duisburg ZInsO 2005, 105 (§ 929 I ZPO analog); MüKoInsO/*Haarmeyer* § 22 Rn. 41; aA Blersch/Goetsch/*Haas* § 22 Rn. 30; Jaeger/*Gerhardt* § 22 Rn. 31; HK/*Kirchhof* § 22 Rn. 9; *Vallender* DZWIR 1999, 270; *Lohkemper* ZIP 1995, 1641, 1642; FK/*Schmerbach* § 23 Rn. 20; *Pohlmann* Rn. 122.

[393] HK/*Kirchhof* § 22 Rn. 65; Blersch/Goetsch/*Haas* § 22 Rn. 30; Kraemer/*Vogelsang,* Hdb z Insolvenz, Bd 1 Fach 2 Kap 6 Rn. 96; MüKoInsO/*Haarmeyer* § 22 Rn. 180; Graf-Schlicker/*Voß* § 22 Rn. 27.

[394] Vgl. auch *Ampferl* Rn. 890.

gelten auch dann, wenn die Verwaltungs- und Verfügungsbefugnis beim Schuldner verbleibt. Die Gegenauffassung, die hier den vorläufigen Insolvenzverwalter nur für berechtigt hält, die Geschäftsräume des Schuldners zu betreten und dort Nachforschungen anzustellen, dagegen für das Betreten der Privatwohnung des Schuldners durch einen „schwachen" vorläufigen Insolvenzverwalter eine zusätzliche richterliche Anordnung iSv § 758a ZPO verlangt,[395] überzeugt nicht. Sachliche Gründe für diese Differenzierung sind nicht erkennbar.[396] Für die Räumungsvollstreckung im Bereich des Immobilienvermögens ist eine besondere gerichtliche Anordnung erforderlich.[397] Mitbewohner des Schuldners haben die Durchsuchung der Wohnräume des Schuldners zu dulden (§§ 4 InsO, 758a III 1 ZPO).[398]

92 Soweit teilweise empfohlen wird, im Eröffnungsbeschluss klarstellend den Hinweis hinein zu nehmen, dass der Verwalter und ein von ihm beauftragter Gerichtsvollzieher verpflichtet und berechtigt sind, die Privat- und Geschäftsräume des Schuldners zu betreten, „um Verzögerungen bei der Inbesitznahme zu vermeiden",[399] ist eine solche pauschale Anordnung zur Betretung der Privatwohnung des Schuldners jedenfalls in den Fällen nicht ausreichend, in denen eine gesonderte richterliche Durchsuchungsanordnung notwendig und der hierfür erforderliche Verdacht eines Beiseiteschaffens von Vermögensgegenständen oder Unterlagen bei Erlass des Beschlusses nicht gegeben ist. Darüber hinaus ist auch hier unter Berücksichtigung der Umstände des Einzelfalls der Grundsatz der Verhältnismäßigkeit zu beachten,[400] was einer pauschalen Anordnung entgegensteht. Streitigkeiten über das Betretungsrecht des vorläufigen Insolvenzverwalters sind bei dem Insolvenzgericht und nicht vor dem Prozess- oder Vollstreckungsgericht zu klären.[401]

93 Das Nachforschungsrecht beinhaltet zugleich auch das Recht, Schränke und Behältnisse in den Geschäftsräumen des Schuldners – notfalls gewaltsam – zu öffnen. Soweit die Verwaltungsbefugnis auf den vorläufigen Insolvenzverwalter übergegangen ist, wird man ihn auch als berechtigt ansehen müssen, anstelle des Schuldners oder seiner organschaftlichen Vertreter innerbetriebliche Anordnungen zu treffen, denen die Mitarbeiter des Schuldnerunternehmens Folge zu leisten haben. Da der vorläufige Insolvenzverwalter in diesem Fall in die Rechtsstellung des Arbeitgebers eintritt (s hierzu Rn. 113), steht ihm zugleich auch das Weisungsrecht gegenüber den Arbeitnehmern zu. Massenachteilige Anordnungen des Schuldners bzw. des Schuldnervertreters, die noch nicht ausgeführt worden sind, hat er zu widerrufen. Das Recht, die Geschäftsräume des Schuldnerunternehmens zu betreten und Einsicht in die Bücher und Geschäftspapiere zu nehmen, steht dem vorläufigen Insolvenzverwalter zugleich auch in seiner Eigenschaft als Gutachter zu, wenn ihn das Gericht mit gutachtlichen Aufgaben betraut.[402] Die zusätzliche Beauftragung des vorläufigen Insolvenzverwalters als Sachverständiger (§ 22 I 2 Nr. 3) hat den Vorteil, dass der Sachverständige in seiner Eigenschaft als vorläufiger Insolvenzverwalter sämtliche Befugnisse des § 22 III hat. Darüber hinaus hat der Schuldner bzw. Schuldnervertreter ihm nach § 22 III 2 die erforderlichen Auskünfte zu erteilen.

---

[395] So *Uhlenbruck* in Uhlenbruck § 22 Rn. 211; HK/*Kirchhof* § 22 Rn. 65; Beck/Depré/*Beck,* Praxis der Insolvenz, § 6 Rn. 185; FK/*Schmerbach* § 23 Rn. 20.
[396] Zutr gegen eine Differenzierung *Pohlmann* Rn. 128.
[397] So zutr *Pohlmann* Rn. 126.
[398] BGH NJW-RR 2008, 1271 = ZInsO 2008, 268 = EWiR 2008, 351 m. Anm. *Frind* = DZWIR 2008, 251 m. Anm. *Thiemann/Lohs*.
[399] Vgl. *Mohrbutter/Mohrbutter/Ernestus,* HdbInsverw III.24, 26.
[400] S LG Göttingen NZI 2007, 353 = ZInsO 2007, 499.
[401] LG Duisburg NZI 1999, 328, 329; MüKoInsO/*Haarmeyer* § 22 Rn. 180.
[402] Vgl. auch *Bollig* KTS 1990, 599, 609 ff.; *Pohlmann* Rn. 178 ff.; *Ampferl* Rn. 827 ff.; *Uhlenbruck* in Uhlenbruck § 22 Rn. 198 ff.; Graf-Schlicker/*Voß* § 21 Rn. 29.

b) Das Recht, die Einstellung der Zwangsversteigerung zu beantragen. Mit der Zulassung 94 des Insolvenzantrags kann das Insolvenzgericht Maßnahmen der Einzelzwangsvollstreckung gegen den Schuldner bzw. das Schuldnerunternehmen untersagen oder einstweilen einstellen, soweit nicht unbewegliche Gegenstände betroffen sind (§ 21 II 1 Nr. 3). Für Grundstücke sieht § 30d IV ZVG idF von Art. 20 EGInsO vor, dass auf Antrag eines vorläufigen Insolvenzverwalters die Zwangsversteigerung des Grundstücks einstweilen einzustellen ist, wenn glaubhaft gemacht wird, dass die einstweilige Einstellung zur Verhütung nachteiliger Veränderungen in der Vermögenslage des Schuldners erforderlich ist. Die einstweilige Einstellung nach § 30d IV ZVG ist auf Antrag des Gläubigers aufzuheben, wenn der Antrag auf Eröffnung des Insolvenzverfahrens zurückgenommen oder abgewiesen wird (§ 30f II ZVG).[403] Eine Zwangsverwaltung kann im Eröffnungsverfahren nicht eingestellt werden. Das Verfahrensziel steht im Eröffnungsverfahren meist noch nicht fest. Handelt es sich bei dem in der Zwangsversteigerung befindlichen Grundstück um das Betriebsgrundstück des schuldnerischen Unternehmens, wird es regelmäßig Pflicht des vorläufigen Insolvenzverwalters sein, die Einstellung der Zwangsversteigerung zu beantragen. Bei Glaubhaftmachung der Erforderlichkeit wird man das Zwangsversteigerungsgericht für verpflichtet halten müssen, die Zwangsversteigerung einstweilen einzustellen. Anders nur, wenn entweder der Betrieb bereits stillgelegt worden ist oder eine Betriebsstilllegung mit Zustimmung des Gerichts erfolgt.[404] S im Übrigen auch die Ausführungen → Rn. 44.

c) Das Recht auf Sicherungsmaßnahmen nach Art. 38 der EG-Insolvenzverordnung (EuIns- 95 **VO), Verordnung des Rates der Europäischen Union Nr. 1346/2000 (ABl EG Nr. L 160 v. 30.6.2000).**[405] Bestellt das nach Art. 3 I EuInsVO zuständige Gericht eines Mitgliedstaats zur Sicherung des Schuldnervermögens einen vorläufigen Verwalter, ist dieser berechtigt, zur Sicherung und Erhaltung des Schuldnervermögens, das sich in einem anderen Mitgliedstaat befindet, jede Maßnahme zu beantragen, die nach dem Recht dieses Staates für die Zeit zwischen dem Antrag auf Eröffnung eines Liquidationsverfahrens und dessen Eröffnung vorgesehen ist. Wurde im Ausland vor Eröffnung eines Hauptinsolvenzverfahrens ein vorläufiger Insolvenzverwalter bestellt, kann auf seinen Antrag das zuständige Insolvenzgericht gemäß § 344 I die Maßnahmen nach § 21 anordnen, die zur Sicherung des von einem inländischen Sekundärinsolvenzverfahren erfassten Vermögens erforderlich erscheinen. Gegen den Beschluss steht auch dem vorläufigen Verwalter die sofortige Beschwerde zu (§ 344 II).[406]

d) Die Vorfinanzierung von Insolvenzgeld. Führt der vorläufige Insolvenzverwalter ein 96 Schuldnerunternehmen fort und beschäftigt er dabei die Arbeitnehmer des Schuldnerunternehmens weiter, stellen die hierdurch begründeten Lohnansprüche der Arbeitnehmer Masseverbindlichkeiten dar (§ 55 II 2). Wird von der Bundesagentur für Arbeit an die Arbeitnehmer Insolvenzgeld gezahlt, gehen die Lohnansprüche der Arbeitnehmer in Höhe des gewährten Nettobetrags auf die Bundesagentur über (§§ 183, 187 SGB III). Gemäß § 55 III kann die Bundesagentur für Arbeit die auf sie übergegange-

---

[403] Einzelheiten bei *Vallender* RPfleger 1997, 354 ff.; *ders.* DZWIR 1999, 265, 270; KPB/*Pape* § 21 Rn. 32 ff.; KPB/*Kemper* § 165 Rn. 33 ff.; *Uhlenbruck* in Uhlenbruck § 22 Rn. 18; *ders.* KTS 1994, 169 ff.; *Gerhardt*, RWS-Forum 14, 1998, S. 217 ff.; *Bork* Rn. 252; *Thiemann* Rn. 361, 362.
[404] Vgl. *Uhlenbruck* § 165 Rn. 18; *ders.* KTS 1994, 169, 176 f.; Braun/*Uhlenbruck*, Unternehmensinsolvenz, S. 253; *Haarmeyer/Wutzke/Förster*, Hdb Kap 3 Rn. 285 ff.
[405] Abgedr bei *Kübler/Prütting* (Hrsg.), InsO, Anh II, 1a und ZInsO 2001, 111 ff. Vgl. auch *Paulus* ZIP 2002, 729; *ders.* ZIP 2003, 1725 ff.; *Pannen* NZI 2003, 72 ff.; *Martini* ZInsO 2002, 905 ff.; *Wimmer* ZInsO 2001, 97 ff.; *Lehr* KTS 2000, 577 ff.; *Herchen* ZInsO 2002, 345; *Kemper* ZIP 2001, 1609 ff.; *Fritz/Bähr* DZWIR 2001, 221; MüKoInsO/*Reinhart* Art. 38 EuInsVO, Rn. 4 ff.
[406] Vgl. auch *Paulus* ZIP 2002, 729, 733. Zur Insolvenz in der Europäischen Union und zur Verordnung des Rates über Insolvenzverfahren s auch *Becker* ZEuP 2002, 287 ff. u unten §§ 129 ff.

nen Entgeltansprüche allerdings nur als Insolvenzforderungen geltend machen.[407] Gemäß § 183 I SGB III hat der Arbeitnehmer bei Eintritt eines Insolvenzereignisses einen Anspruch auf Zahlung von Insolvenzgeld für die vorausgehenden drei Monate des Arbeitsverhältnisses.[408] Insolvenzereignis ist gemäß § 183 I SGB III die Eröffnung des Insolvenzverfahrens über das Vermögen des Arbeitgebers, die Abweisung des Antrags mangels Masse oder die vollständige Beendigung der Betriebstätigkeit im Inland, wenn ein Antrag auf Eröffnung des Insolvenzverfahrens nicht gestellt worden ist und ein Insolvenzverfahren offensichtlich mangels Masse nicht in Betracht kommt.[409] Demnach steht dem vorläufigen Insolvenzverwalter die Möglichkeit offen, die nach Antragstellung fällig werdenden Lohn- und Gehaltsansprüche der Arbeitnehmer mittels der künftigen Insolvenzgeld-Ansprüche vorzufinanzieren. Rechtliche Bedenken ergeben sich im Hinblick auf die Urteile des EuGH vom 10.7.1997[410] insoweit, dass der Begriff „Eintritt der Zahlungsunfähigkeit des Arbeitgebers" iSv Art. 3 II und Art. 4 II der Richtlinie 80/987/EWG den Zeitpunkt der Einreichung des Antrags auf Eröffnung des Insolvenzverfahrens zur gemeinschaftlichen Befriedigung bezeichnet. Die Regelung in § 183 I SGB III, die für die Berechnung der Dreimonatsfrist auf die Eröffnung des Insolvenzverfahrens über das Vermögen des Arbeitgebers abstellt, steht somit im Widerspruch zu der Rechtsprechung des EuGH.[411] Für den nationalen Gesetzgeber besteht gleichwohl kein Handlungsbedarf. Die beiden EuGH-Entscheidungen vom 10.7.1997 betrafen italienisches Recht und stellten auf dessen Besonderheiten ab. Ein entsprechender Zwang zur Anpassung der Insolvenzgeld-Vorschriften besteht nicht, weil die deutsche Regelung günstiger ist als die in der Richtlinie festgelegten Mindestanforderungen.[412] Die oben angeführte Richtlinie 80/987/EWG ist inzwischen durch Beschluss des Rates vom 27.6.2002 geändert worden. Danach bleibt es den Mitgliedstaaten überlassen, den Zeitpunkt festzulegen, von dem an der Ausfallzeitraum beginnt.[413]

97 Die Möglichkeiten zur Vorfinanzierung von Insolvenzgeld sind durch die Regelung in § 188 IV SGB III allerdings eingeschränkt. Zwar kann die Bundesagentur für Arbeit gemäß § 55 III die auf sie übergegangenen Entgeltansprüche nur als Insolvenzforderungen geltend machen. Jedoch hat nach § 188 IV SGB III der Gläubiger oder Pfandgläubiger, dem die Ansprüche auf Arbeitsentgelt vor dem Insolvenzereignis übertragen oder verpfändet worden sind, nur dann Anspruch auf Insolvenzgeld, wenn das Arbeitsamt der Übertragung oder Verpfändung ausdrücklich zugestimmt hat. Die Zustimmung ist gemäß § 188 IV 2 SGB III an eine positive Prognoseentscheidung des Arbeitsamtes über den erheblichen Erhalt von Arbeitsplätzen im Rahmen eines Sanierungsversuchs geknüpft.[414] Durch die Bindung der Zustimmung an eine positive Prognoseentscheidung soll einerseits die arbeitsplatzerhaltende Sanierung ermöglicht werden, andererseits aber eine missbräuchliche Inanspruchnahme der Insolvenzgeld-Versicherung verhindert werden.[415]

---

[407] S zum Ganzen MüKoInsO/*Hefermehl* § 55 Rn. 234 ff. sowie die Ausführungen zu § 109 II.
[408] Vgl. auch die Durchführungsanweisungen der Bundesanstalt für Arbeit v. 22.12.1999, abgedr in ZIP 1999, 205 ff.
[409] Vgl. Beck/Depré/Braun/*Wierzioch*, Praxis der Insolvenz, § 21 Rn. 24 ff.
[410] EuGH ZIP 1997, 1658; EuGH ZIP 1997, 1663; Vorlagebeschluss des SG Leipzig DZWIR 2002, 340.
[411] Eingehend hierzu *Wimmer* ZIP 1997, 1635; *Heinze* KTS 1998, 513 ff.; ferner *Kind* InVo 1998, 57; *Krause* ZIP 1998, 56.
[412] Beck/Depré/Braun/*Wierzioch*, Praxis der Insolvenz, § 21 Rn. 11.
[413] Vgl. Beck/Depré/Braun/*Wierzioch*, Praxis der Insolvenz, § 21 Rn. 11.
[414] Vgl. Uhlenbruck/*Berscheid* § 22 Rn. 149; *Berscheid* BuW 1999, 633 ff.; *Hase* DZWIR 1999, 190 ff.; *Oberhofer* DZWIR 1999, 317 ff.; *Smid* NZA 2000, 113, 116 f.; HK/*Linck* IV § 188 SGB III Rn. 9 ff.; MüKoInsO/*Löwisch*/*Caspers* vor §§ 113–128 Rn. 37; KPB/*Pape* § 22 Rn. 72; Beck/Depré/Braun/*Wierzioch*, Praxis der Insolvenz, § 21 Rn. 111; *Pape*/*Uhlenbruck*, Insolvenzrecht, Rn. 76 ff.; *Kind* InVo 1998, 58 f.
[415] Zur positiven Prognoseentscheidung u Missbrauch s auch Beck/Depré/Braun/*Wierzioch*, Praxis der Insolvenz, § 21 Rn. 115 ff.; *Peters-Lange* ZIP 1999, 421, 425; Uhlenbruck/*Berscheid* § 22 Rn. 148; KPB/*Pape*, § 22 Rn. 72.

Die mit der Vorfinanzierung von Insolvenzgeld einhergehenden Haftungsgefahren 98
dürfen nicht unterschätzt werden. So darf die Vorfinanzierung nicht zu einer Insolvenzverschleppung führen. Solchenfalls kommt neben der Haftung nach §§ 60, 61 eine Schadenersatzpflicht nach §§ 823, 826 BGB in Betracht.[416] Ein Rechtsmissbrauch liegt nicht vor, wenn der vorläufige Insolvenzverwalter einige Zeit benötigt, um einen Überblick über die spätere Aktivmasse zu erlangen und in dieser Zeit die Arbeitnehmer zwecks Aufarbeitung von Halberzeugnissen weiterbeschäftigt.[417] Was ein „erheblicher Teil der Arbeitsplätze" ist, lässt sich nicht allgemein feststellen. Als erheblich ist jedenfalls die Erhaltung von so vielen Arbeitsplätzen anzusehen, wie diese „im spiegelbildlichen Fall des Personalabbaus eine wesentliche Betriebseinschränkung im Sinne des § 111 III Nr. 1 BetrVG ausmachen".[418]

4. Die Rechtsstellung gegenüber aus- und absonderungsberechtigten Gläu- 99
bigern. Eine der wichtigsten Fragen im Eröffnungsverfahren ist der Umgang mit Aus- und Absonderungsrechten. Ziel des Eröffnungsverfahrens ist die Sicherung und Erhaltung des Schuldnervermögens, wohingegen die Klärung fremder Rechte dem eröffneten Verfahren vorbehalten ist.[419] Gerade bei Vorliegen eines Insolvenzgrundes besteht für gesicherte Gläubiger jedoch ein Bedürfnis, die Sicherheiten zu verwerten. In der Praxis kommt es indes häufig vor, dass nahezu an dem gesamten Schuldnervermögen Sicherungsrechte bestehen, weshalb die Durchsetzung dieser Sicherungsrechte insbesondere die Fortführung eines Unternehmens praktisch von vornherein unmöglich machen würde. Ohne die Möglichkeit, vorhandene Vorräte und Materialbestände zu verarbeiten sowie Fertigerzeugnisse zu veräußern, wäre jede Geschäftstätigkeit praktisch ausgeschlossen.[420] In diesem Zusammenhang geht es insbesondere um die Frage, ob der Verwalter, vor allem der zur einstweiligen Unternehmensfortführung gesetzlich verpflichtete „starke" vorläufige Insolvenzverwalter, zur Nutzung des Sicherungsguts berechtigt ist, ob der Sicherungsgläubiger einen finanziellen Ausgleich hierfür erhält und ob der vorläufige Insolvenzverwalter auch zu Verfügungen über das Sicherungsgut berechtigt ist.

Im eröffneten Verfahren kann der Insolvenzverwalter gemäß § 166 I eine bewegliche 100
Sache, an der ein Absonderungsrecht besteht, freihändig verwerten, wenn er die Sache in seinem Besitz hat. Forderungen, die der Schuldner zur Sicherung eines Anspruchs abgetreten hatte, darf er einziehen oder in anderer Weise verwerten (§ 166 II). Aus dieser grundsätzlichen Einbeziehung des Sicherungsguts in das Insolvenzverfahren lässt sich allein noch nicht der Schluss ziehen, dass der Sicherungsgläubiger auch im Eröffnungsverfahren kein Recht hat, Mobiliarsicherheiten zu verwerten. Vielmehr ist der Gesetzgeber davon ausgegangen, dass die Sicherungsübereignung, die verdeckte Sicherungszession von Forderungen sowie die Verlängerungs- und Erweiterungsformen des Eigentumsvorbehalts erst mit Verfahrenseröffnung einem automatischen Verwertungsstopp unterliegen.[421] Gleichwohl wurde schon nach bisherigem Recht angenommen, dass das Insolvenzgericht dem Sicherungsgläubiger die Verwertung untersagen könne

---

[416] Vgl. BSGE 55, 195 = ZIP 1983, 1224, 1228.
[417] Vgl. SG Hamburg ZIP 1989, 1476; *Hess/Pape*, InsO und EGInsO, Rn. 905 ff.; *Pape/Uhlenbruck*, Insolvenzrecht, Rn. 77.
[418] MüKoInsO/*Löwisch/Caspers* vor §§ 113–128 Rn. 37 mwN.
[419] HK/*Kirchhof* § 22 Rn. 16; *Uhlenbruck* in Uhlenbruck § 22 Rn. 39; MüKoInsO/*Haarmeyer* § 22 Rn. 48.
[420] So zutr Beck/Depré/*Beck*, Praxis der Insolvenz, § 6 Rn. 107.
[421] Ursprünglich sah § 199 RegE vor, dass in Ausnahmefällen auch eine mit einem Absonderungsrecht belastete bewegliche Sache, die sich nicht im Besitz des Verwalters befindet, für die Fortführung des Unternehmens des Schuldners aber benötigt wird, herausgegeben werden muss, wenn auf Antrag des Verwalters das Insolvenzgericht dies anordnet. Diese Vorschrift ist nicht in die InsO übernommen worden.

(s. o. Rn. 51). Nunmehr hat der Gesetzgeber dem Insolvenzgericht ausdrücklich die Befugnis eingeräumt, gemäß § 21 II 1 Nr. 5 ein Verwertungs- und Einziehungsverbot für aus- und absonderungsberechtigte Gläubiger zu erlassen. Ferner ist nunmehr ausdrücklich geregelt, dass der Sicherungsgegenstand zur Fortführung des Schuldnerunternehmens eingesetzt werden kann (zum Ganzen die Ausführungen → Rn. 51–53).

101 Unabhängig davon, ob das Insolvenzgericht eine Maßnahme nach § 21 II 1 Nr. 5 erlassen hat, ist der vorläufige Insolvenzverwalter berechtigt, den Sicherungsgegenstand den von dem Schuldner mit dem Sicherungsgläubiger getroffenen Vereinbarungen gemäß weiter zu nutzen, denn die von den Lieferanten erteilten Verarbeitungs- und Weiterveräußerungsermächtigungen bleiben bestehen.[422] Hieraus folgt zugleich, dass der vorläufige Insolvenzverwalter Gegenstände, die Dritten sicherungshalber übereignet worden sind, nicht ohne deren Zustimmung verwerten oder sonst über diese verfügen darf.[423] Will der vorläufige Insolvenzverwalter einen Sicherungsgegenstand etwa zur Aufnahme eines Massedarlehens zum Zwecke der Besicherung einsetzen, bedarf er hierfür der Zustimmung des Sicherungsgläubigers. Gegenstände, die unter Eigentumsvorbehalt geliefert worden sind, braucht der „starke" vorläufige Verwalter im Hinblick auf § 107 II zunächst nicht herauszugeben.[424] Der vorläufige Verwalter hat hier ein Recht zum Besitz an dem Gegenstand.[425] Ein Aussonderungsrecht auf Grund eines Eigentumsvorbehalts kann wegen der Regelung in § 107 II erst nach Verfahrenseröffnung gegen den Verwalter geltend gemacht werden, es sei denn, dass eine erhebliche Minderung des Werts der Sache zu erwarten ist und der Gläubiger den vorläufigen Verwalter auf diesen Umstand hingewiesen hat (§ 107 II 2).[426]

102 Gegenstände, die im eröffneten Verfahren zur abgesonderten Befriedigung berechtigen, brauchen im Hinblick auf die §§ 166, 172 regelmäßig vom vorläufigen Verwalter nicht herausgegeben zu werden[427] und zwar auch dann nicht, wenn das Gericht keine Maßnahme nach § 21 II 1 Nr. 5 trifft. Der Verwalter darf diese Gegenstände im Rahmen einer ordnungsmäßigen Betriebsfortführung weiter benutzen.[428] Verwertet der „starke" vorläufige Insolvenzverwalter unberechtigt Gegenstände, die in einem später eröffneten Verfahren der Aus- oder Absonderung unterliegen (§§ 47, 50, 51), kommt ein Recht des Gläubigers auf Ersatzaus- oder -absonderung (§ 48) in Betracht,[429] ferner vertragliche und bereicherungsrechtliche Ansprüche nach § 816 BGB. Hat der vorläufige Insolvenzverwalter den unter Eigentumsvorbehalt gelieferten Gegenstand während des Eröffnungsverfahrens unberechtigt veräußert, kann der Aussonderungsberechtigte entsprechend § 48 die Abtretung des Rechts auf die Gegenleistung verlangen, soweit diese noch aussteht.[430] Im Insolvenzeröffnungsverfahren fallen bei Verwertung von Sicherungsgut grundsätzlich keine Kostenbeiträge nach den §§ 170, 171 an, da diese Regelungen erst im eröffneten Verfahren gelten.[431] In der Praxis wird allerdings oftmals

---

[422] *Pohlmann* Rn. 448ff.; *Ampferl* Rn. 545; *Beck/Depré/Beck*, Praxis der Insolvenz, § 6 Rn. 108; *Kraemer/Vogelsang*, Hdb z Insolvenz, Bd 1 Fach 2 Kap 6 Rn. 106; *Pape*, Kölner Schrift, S. 531ff. Rn. 50ff.
[423] OLG Köln NZI 2000, 268.
[424] AG Düsseldorf DZWIR 2000, 348; *Uhlenbruck* in Uhlenbruck § 22 Rn. 39; aA *Jaeger/Gerhardt* § 22 Rn. 118ff., die eine Lösung über die Rücktrittsvorschriften empfehlen.
[425] BGHZ 165, 266, 269; BGHZ 146, 165, 173; HambKomm-*Schröder* § 21 Rn. 69c; MüKoInsO/*Haarmeyer* § 22 Rn. 49.
[426] Vgl. auch MüKoInsO/*Haarmeyer* § 22 Rn. 49.
[427] LG Bremen ZIP 1982, 202f.; HK/*Kirchhof* § 22 Rn. 16; *Ampferl* Rn. 586ff.; *Jaeger/Gerhardt* § 22 Rn. 105–107; *Lohkemper* ZIP 1995, 1641, 1650.
[428] *Jaeger/Gerhardt* § 22 Rn. 112; *Schlegel* DZWIR 2000, 94, 96f.
[429] Vgl. *Uhlenbruck* in Uhlenbruck § 22 Rn. 43; *Gundlach* DZWIR 1998, 136; *Smid/Thiemann* § 22 Rn. 94; HK/*Kirchhof* § 22 Rn. 17. Vgl. auch Beck/Depré/*Beck*, Praxis der Insolvenz, § 6 Rn. 109.
[430] MüKoInsO/*Haarmeyer* § 22 Rn. 51.
[431] Beck/Depré/*Beck*, Praxis der Insolvenz, § 6 Rn. 110; *Jaeger/Gerhardt* § 22 Rn. 115.

zwischen dem vorläufigen Insolvenzverwalter und dem Sicherungsnehmer vereinbart, dass ersterer das Sicherungsgut verwerten bzw veräußern darf und der Sicherungsgläubiger für die Feststellung und Verwertung freiwillig einen Beitrag in die Haftungsmasse leistet.[432] Bei Verarbeitung oder Veräußerung von Aussonderungsgut ist der vorläufige Insolvenzverwalter berechtigt, Ersatzsicherheiten zu stellen oder dem Gläubiger zuzusagen, dass der aus der Verarbeitung entstehende Anspruch Masseverbindlichkeit iSv § 55 II in einem eröffneten Verfahren ist.[433] Verletzt der vorläufige Insolvenzverwalter Rechte Dritter durch Veräußerung oder Verarbeitung, haftet er bei Verschulden gemäß §§ 60 InsO, 823 I BGB auf Schadenersatz.

Ermächtigt das Insolvenzgericht im Beschlusswege den „schwachen" vorläufigen Insolvenzverwalter zur Verwertung von Sicherungsgut, fällt kein Verfahrensbeitrag nach den §§ 170, 171 I an.[434] Zieht der vorläufige Insolvenzverwalter eine zur Sicherung eines Anspruchs abgetretene Forderung anstelle des Gläubigers ein, gelten gemäß § 21 II 1 Nr. 5 die §§ 170, 171 entsprechend. Vor dem Inkrafttreten dieser Neuregelung war die Einziehung sicherungshalber abgetretener Forderungen durch den vorläufigen Insolvenzverwalter umstritten. Das galt auch für die Befugnis des Insolvenzgerichts, einem „schwachen" vorläufigen Insolvenzverwalter die Einziehungsermächtigung im Beschlusswege zu erteilen.[435]

Im Übrigen darf der vorläufige Insolvenzverwalter aus dem Recht des Schuldners heraus Forderungen zunächst weiter einziehen, bis die Ermächtigung widerrufen wird.[436] Allerdings darf die Einziehung nicht zur Verwertung werden, sondern muss sich im Rahmen der erlaubten Verwaltungstätigkeit bewegen.[437] So hat der vorläufige Verwalter das Absonderungsrecht des Gläubigers zu wahren, indem er das Geld treuhänderisch für den Gläubiger verwahrt und auf ein Sonderkonto nimmt.[438] Demgegenüber soll nach Auffassung von *Ampferl*[439] mit der Verhängung eines allgemeinen Verfügungsverbots die dem Schuldner erteilte Einziehungsermächtigung automatisch erlöschen. Der Sicherungsgläubiger ist nach dieser Auffassung im Eröffnungsverfahren berechtigt, die Abtretung offen zu legen und den Gegenwert bei den Drittschuldnern einzuziehen. Im Hinblick auf die gesetzliche Fortführungspflicht ist jedoch davon auszugehen, dass der „starke" vorläufige Insolvenzverwalter im Rahmen der ihm gesetzlich übertragenen Aufgaben berechtigt ist, sicherungshalber abgetretene Forderungen einzuziehen.[440] Die schon nach früherem Recht für das Insolvenzgericht bestehende Möglichkeit, gemäß § 21 I den Sicherungsgläubigern die Einziehung von Forderungen und Außenständen

---

[432] Vgl. auch Beck/Depré/*Beck,* Praxis der Insolvenz, § 6 Rn. 110; HK/*Kirchhof* § 22 Rn. 17.
[433] MüKoInsO/*Haarmeyer* § 22 Rn. 106; HK/*Kirchhof* § 22 Rn. 20. Eingehend zur Problematik *Pohlmann* Rn. 451 ff. Zum Verwertungskostenbeitrag s auch *Kirchhof* ZInsO 1999, 436, 438; *Gundlach/Frenzel/N. Schmidt* NZI 2001, 119, 122; *Lwowski/Tetzlaff* NZI 1999, 395.
[434] Vgl. BGH ZIP 2003, 634 f.; HK/*Kirchhof* § 22 Rn. 13; KPB/*Pape* § 22 Rn. 25; *Ganter* NZI 2007, 549, 551 f.
[435] Eingehend zum Streitstand *Ampferl* Rn. 597 ff. Für eine analoge Anwendung des § 166 II InsO im Eröffnungsverfahren Jaeger/*Gerhardt* § 22 Rn. 97. S a BGH DB 2010, 779.
[436] *Kirchhof* ZInsO 1999, 436, 437; vgl. auch BGHZ 146, 165, 174 = ZIP 2001, 296, 299 = NZI 2000, 306, 307; BGH ZIP 2002, 895, 897; *Uhlenbruck* § 22 Rn. 42; aA *Klasmeyer/Elsner/Ringstmeier,* Kölner Schrift, S. 1096 Rn. 52; *Pohlmann* Rn. 428 ff.; *Obermüller* DZWIR 2000, 10, 14; *Foltis* ZInsO 1999, 386, 390 ff. für den Fall der Offenlegung; umfassend zum Meinungsstand *Ampferl* Rn. 597 ff.
[437] HK/*Kirchhof* § 22 Rn. 16; *Kirchhof* ZInsO 1999, 436, 437; Beck/Depré/*Beck,* Praxis der Insolvenz, § 6 Rn. 114.
[438] *Uhlenbruck,* Kölner Schrift, S. 352 f. Rn. 19; Jaeger/*Gerhardt* § 22 Rn. 100, 101.
[439] *Ampferl* Rn. 597 ff.; ebenso *Klasmeyer/Elsner/Ringstmeier,* Kölner Schrift, S. 1083, Rn. 52; *Pohlmann* Rn. 428 ff.
[440] Vgl. auch BGH ZIP 2003, 632, 635; *Uhlenbruck* in Uhlenbruck § 22 Rn. 36 f.; HK/*Kirchhof* § 22 Rn. 13; *Obermüller* DZWIR 2000, 11; *Graf-Schlicker* ZIP 2002, 1171 f.; Jaeger/*Gerhardt* § 22 Rn. 97, 98; *Förster* ZInsO 2000, 141 f.; Beck/Depré/*Beck,* Praxis der Insolvenz, § 6 Rn. 114 ff.; zu den Rechtsfolgen bei einer fehlenden Einziehungsbefugnis s BGH NJW-RR 2007, 989 = NZI 2007, 338.

§ 14   105   Kapitel II. Das Insolvenzeröffnungsverfahren

einstweilen zu untersagen,[441] ist nunmehr ausdrücklich in § 21 II 1 Nr. 5 geregelt; im Gesetz ist nunmehr ferner die Frage geregelt, dass in diesem Fall die §§ 170, 171 gelten.[442]

105   Die einstweilige Einstellung von Maßnahmen der Zwangsvollstreckung durch das Insolvenzgericht gemäß § 21 II 1 Nr. 3 erfasst auch die Herausgabevollstreckung aus- und absonderungsberechtigter Gläubiger. Mit der Ermöglichung einer solchen Sicherungsmaßnahme will der Gesetzgeber verhindern, dass eine vorzeitige Zerschlagung der Masse erfolgt und gewährleisten, dass ein funktionsfähiger Betrieb bis zur Entscheidung der Gläubiger über das Verfahrensziel bestehen bleibt. Eine derartige einstweilige Anordnung kann zugleich einen Vorgriff auf Beschränkungen bedeuten, die mit der Verfahrenseröffnung ohnehin kraft Gesetzes (§§ 107 II 1, 166, 172) eintreten. Würde man die absonderungsberechtigten Gläubiger von dem gerichtlichen Verbot der Herausgabevollstreckung oder der Möglichkeit der einstweiligen Einstellung der Vollstreckung ausnehmen, könnte das grundsätzliche Verbot der Selbstverwertung von Mobiliarsicherungsgut im eröffneten Verfahren umgangen werden.[443] Soweit zum Teil die Auffassung vertreten wird, die Herausgabevollstreckung eines aussonderungsberechtigten Gläubigers sei nicht abwehrbar, kann dem nicht gefolgt werden.[444] Zutreffend ist zwar, dass sich die §§ 166 ff. nur auf absonderungsberechtigte Gläubiger beziehen. Jedoch muss der Insolvenzverwalter, den der EV-Verkäufer zur Ausübung des Wahlrechts aufgefordert hat, aus gutem Grund die Erklärung nach § 103 II 2 erst unverzüglich nach dem Berichtstermin abgeben (§ 107 II 1). Soweit die Auffassung vertreten wird, dass in Aussonderungsrechte nur im Rahmen der §§ 107 II, 112 eingegriffen werden dürfe,[445] ist diese Auffassung zu eng, denn sie ermöglicht eine frühzeitige Unternehmenszerschlagung und kann aussichtsreiche Sanierungsbemühungen zunichte machen. Der Gesetzgeber will eine vorzeitige Zerschlagung des Schuldnerunternehmens aber gerade verhindern.[446] Im Übrigen hat die Einstellung anhängiger Vollstreckungsmaßnahmen grundsätzlich ohne Sicherheitsleistung zu erfolgen. Der Gerichtsvollzieher hat nach Vorlage einer Ausfertigung des Beschlusses oder nach Bekanntmachung die Vollstreckung gemäß § 775 Nr. 2 ZPO einzustellen.[447] Im Einzelfall ist zu unterscheiden zwischen der Untersagung der Herausgabe durch den Schuldner und der Einstellung der Herausgabevollstreckung von Aussonderungsgut. Die freiwillige Herausgabe von Gegenständen, die im eröffneten Verfahren der Aus- oder Absonderung unterliegen würden, kann sowohl vom Schuldner als auch vom vorläufigen Insolvenzverwalter verweigert werden. Darüber hinaus ist das Gericht berechtigt, dem Schuldner aufzugeben, keine Gegenstände an ab- oder aussonderungsberechtigte Gläubiger herauszugeben.[448] Diese Anordnung kann auch an den vorläufigen Insolvenzverwalter ergehen. Weiterhin kann nach § 21 II 1 Nr. 3 durch gerichtliche Anordnung den künftigen aussonderungsberechtigten Gläubigern untersagt werden, die der Aussonderung unterliegenden Gegenstände aus der Haftungsmasse herauszuholen.[449] Schließlich ist das Insolvenzgericht

---

[441] Vgl. BayObLG ZInsO 2001, 754 = NZI 2001, 592, 593.
[442] Auch nach früherem Recht sollte das Insolvenzgericht berechtigt sein, einem *„schwachen"* vorläufigen Insolvenzverwalter die Befugnis zu übertragen, sicherungshalber abgetretene Forderungen einzuziehen; so AG Duisburg ZIP 1999, 1366; aA *Ampferl* Rn. 611 ff., 630. Zur Unanwendbarkeit der §§ 170, 171 bei einer Tilgung sicherungshalber abgetretener Forderung vor der Insolvenzverfahrenseröffnung s BGH ZIP 2003, 632, 634; *Klasmeyer/Elsner/Ringstmeier*, Kölner Schrift, S. 1083 Rn. 53 f.
[443] So zutr *Gerhardt*, Kölner Schrift, S. 202 f. Rn. 20.
[444] *Lohkemper* ZIP 1995, 1641, 1650; *Vallender* ZIP 1997, 1993, 1997; Jaeger/*Gerhardt* § 21 Rn. 54.
[445] HK/*Kirchhof* § 21 Rn. 32.
[446] So auch KPB/*Pape* § 21 Rn. 29; MüKoInsO/*Haarmeyer* § 21 Rn. 72; *Ampferl* Rn. 531 ff.; Kraemer/*Vogelsang*, Hdb z Insolvenz, Bd 1 Fach 2 Kap 5 Rn. 98; Blersch/Goetsch/*Haas* § 21 Rn. 35; nicht ganz eindeutig *Vallender* ZIP 1997, 1993, 1997.
[447] Einzelheiten bei *Haarmeyer/Wutzke/Förster*, Hdb Kap 3 Rn. 292.
[448] MüKoInsO/*Haarmeyer* § 21 Rn. 73; *Kirchhof* ZInsO 1999, 436, 437.
[449] *Ampferl* Rn. 545.

berechtigt, in Bezug auf Aus- und Absonderungsrechte der Gläubiger die Herausgabevollstreckung im Eröffnungsverfahren zu untersagen, wenn es sich als notwendig erweist, die Störung des Eröffnungsverfahrens durch Individualvollstreckungen abzuwehren.[450] Hat das Geicht dagegen keine Maßnahmen nach § 21 II 1 Nr. 3 und 5 getroffen, kann der Schuldner in seinem Besitz befindliche fremde Sachen auch ohne Zustimmung des schwachen vorläufigen Insolvenzverwalters an den Eigentümer herausgeben.[451]

Ordnet das Gericht eine Maßnahme nach § 21 II 1 Nr. 5 an, hat der Insolvenzverwalter einen wirtschaftlichen Ausgleich an den betroffenen Sicherungsgläubiger zu leisten. Der Gläubiger kann zum einen nach § 169 S. 2 u 3 die Zahlung der geschuldeten Zinsen bzw. bei Aussonderungsgegenständen das laufende Nutzungsentgelt verlangen, jedoch erst beginnend drei Monate nach gerichtlicher Anordnung der Nutzungsbefugnis.[452] Zum anderen hat der Insolvenzverwalter einen eventuellen Wertverlust auszugleichen, wobei der Anspruch eine Masseforderung darstellt.[453] Allerdings besteht ein Anspruch auf Ersatz des Wertverlustes nur, soweit der durch die Nutzung entstehende Wertverlust die Sicherung des absonderungsberechtigten Gläubigers beeinträchtigt. Diese Einschränkung gilt entsprechend, wenn das Insolvenzgericht keine Anordnung nach § 21 II 1 Nr. 5 trifft.[454] Ob auch dem Aussonderungsberechtigten ein Anspruch auf Wertersatz zusteht, ist umstritten, richtigerweise aber zu verneinen.[455]

5. Der vorläufige Insolvenzverwalter in Sonderrechtsgebieten. In Ermangelung eines allgemeinen Insolvenzprivilegs treffen den vorläufigen Insolvenzverwalter im Grundsatz die allgemeinen Pflichten, die sich etwa im Wettbewerbs-, Ordnungs- oder Strafrecht ergeben. Sofern der vorläufige Insolvenzverwalter ein Schuldnerunternehmen fortführt, stellt sich insbesondere die Frage, welche Verpflichtungen sich hieraus hinsichtlich der steuer- und arbeitsrechtlichen Pflichten ergeben.

a) *Steuerrechtliche Pflichtenstellung.* Verhängt das Insolvenzgericht gegen den Schuldner ein allgemeines Verfügungsverbot nach § 21 II 1 Nr. 2, geht nach § 22 I 1 die Verwaltungs- und Verfügungsbefugnis über das Schuldnervermögen auf den vorläufigen Insolvenzverwalter über. Damit wird der „starke" vorläufige Insolvenzverwalter Vermögensverwalter iSv § 34 III AO und zugleich Verfügungsberechtigter nach § 35 AO.[456] Der vorläufige Insolvenzverwalter mit Verwaltungs- und Verfügungsbefugnis hat in diesem Fall auch die steuerlichen Pflichten des Schuldners zu erfüllen, zu denen die Steuererklärungspflichten

---

[450] KPB/*Pape* § 21 Rn. 28; Kraemer/*Vogelsang,* Hdb z Insolvenz, Bd 1 Fach 2 Kap 5 Rn. 98; MüKoInsO/*Haarmeyer* § 21 Rn. 72; *Ampferl* Rn. 547.
[451] OLG Naumburg ZInsO 2009, 1448 f.
[452] BGH ZIP 2003, 632, 636; KG NZI 2009, 114 = ZInsO 2009, 35; *Uhlenbruck* in Uhlenbruck § 169 Rn. 7; Blersch/Goetsch/*Haas* § 169 Rn. 5; MüKoInsO/*Haarmeyer* § 21 Rn. 101; *Ganter* NZI 2007, 549, 551; eingehend zur entsprechenden Anwendung des § 169 S. 2 und 3s KPB/*Pape* § 21 Rn. 40q ff.; FK/*Schmerbach* § 21 Rn. 254 ff.
[453] MüKoInsO/*Haarmeyer* § 21 Rn. 101.
[454] S zum Anspruch auf Zinszahlung und Wertausgleich in diesen Fällen MüKoInsO/*Haarmeyer* § 21 Rn. 72, 73; KPB/*Pape* § 21 Rn. 29; *Warikoff* KTS 1996, 489, 492; str. aA Blersch/Goetsch/*Haas* § 21 Rn. 36.
[455] So zutr HambKomm-*Schröder* § 21 Rn. 69e; aA *Büchler* ZInsO 2007, 719, 720; offen lassend KG NZI 2009, 114 = ZInsO 2009, 35.
[456] Vgl. MüKoInsO/*Haarmeyer* § 22 Rn. 193 ff.; *Maus* ZInsO 1999, 566 ff.; *ders.* ZIP 2004, 389 ff.; *Onusseit* ZInsO 2000, 363 ff.; Beck/Depré/*Beck,* Praxis der Insolvenz, § 6 Rn. 193 ff.; Uhlenbruck/*Maus* § 22 Rn. 183 ff.; *Ampferl* Rn. 730 ff.; Nerlich/Römermann/*Mönning* § 22 Rn. 236 ff.; *Pape*/Uhlenbruck, Insolvenzrecht, Rn. 406; *Thiemann* Rn. 380 ff.; *Maus,* Steuerrechtliche Probleme im Insolvenzverfahren; Haarmeyer/Wutzke/*Förster,* Hdb Kap 3 Rn. 446 ff.; *Uhlenbruck* KTS 190, 28; *ders.* Das neue Insolvenzrecht, S. 92; Braun/*Uhlenbruck,* Unternehmensinsolvenz, S. 240; *Feuerborn* KTS 1997, 171, 198; KPB/*Pape* § 22 Rn. 74 ff.; *Pohlmann* Rn. 380 ff.; Kraemer/*Vogelsang,* Hdb z Insolvenz, Bd 1 Fach 6 Kap 6 Rn. 162 ff.

gehören.⁴⁵⁷ Er ist zur Abgabe der erforderlichen Umsatzsteuervoranmeldungen verpflichtet. Die Umsatzsteuer aus Veräußerungen und sonstigen Verwertungshandlungen des vorläufigen Insolvenzverwalters ist im eröffneten Verfahren Masseverbindlichkeit iSv § 55 II 1.⁴⁵⁸ Verbreitet wird die Auffassung vertreten, dass die Umsatzsteuer aus diesem Grund vom vorläufigen Insolvenzverwalter unverzüglich an das Finanzamt abzuführen sei.⁴⁵⁹ Mit der Gegenansicht ist davon auszugehen, dass der vorläufige Insolvenzverwalter berechtigt ist, mit der Abführung der Umsatzsteuer zuzuwarten, bis das Verfahren eröffnet ist, um den Zweck des Verfahrens nicht zu gefährden, dringend benötigte Liquidität zu erhalten und nicht zuletzt auch um den Verteilungsschlüssel nach § 209 für den Fall der Masseunzulänglichkeit (§ 208) zu gewährleisten.⁴⁶⁰ Der Umstand, dass die Frage, ob eine Forderung als Masseforderung zu qualifizieren ist, erst nach Insolvenzeröffnung entschieden werden kann, spricht dafür, den vorläufigen Verwalter noch nicht als abführungspflichtig anzusehen.⁴⁶¹ Die Gegenansicht, wonach der „starke" vorläufige Insolvenzverwalter im Eröffnungsverfahren uneingeschränkt zur Umsatzsteuerzahlung verpflichtet ist, führt nicht selten zu einer erheblichen Einschränkung der Liquidität im Eröffnungsverfahren. Die Qualifizierung der Umsatzsteuer als Masseverbindlichkeit zieht nicht ohne weiteres deren Abführungspflicht im Insolvenzeröffnungsverfahren nach sich.⁴⁶²

109 Der vorläufige Insolvenzverwalter ohne Verwaltungs- und Verfügungsbefugnis rückt grundsätzlich nicht in die steuerliche Rechtsstellung des Schuldners ein. Die steuerlichen Rechte und Pflichten bleiben beim Insolvenzschuldner. Der vorläufige Insolvenzverwalter braucht daher Umsatzsteuer aus Verwertungshandlungen des Insolvenzschuldners weder zu deklarieren noch abzuführen.⁴⁶³ Auch steuerlich gelten für den vorläufigen Insolvenzverwalter ohne Verwaltungs- und Verfügungsbefugnis weitgehend die Grundsätze, die in Literatur und Rechtsprechung für den früheren Sicherungssequester entwickelt worden sind.⁴⁶⁴ Im Hinblick auf die zahlreichen Möglichkeiten im Rahmen der Ausgestaltung einer vorläufigen Insolvenzverwaltung vom „isolierten" über den „schwachen" bis hin zum „halbstarken" vorläufigen Verwalter ist allerdings jeweils im Einzelfall zu entscheiden

---

⁴⁵⁷ Vgl. *Frotscher*, Besteuerung bei Insolvenz, S. 36 ff.; Beck/Depré/*Beck*, Praxis der Insolvenz, § 6 Rn. 194; *Ampferl* Rn. 731; Uhlenbruck/*Maus* § 22 Rn. 184. S auch BMF BStBl I 1998, 1500 ff.; MüKoInsO/*Haarmeyer* § 22 Rn. 194.
⁴⁵⁸ BFH NZI 2006, 251; FG Baden-Württemberg, Urt v. 27.5.2009 – 1 K 105/06; MüKoInsO/*Haarmeyer* § 22 Rn. 195.
⁴⁵⁹ *Frotscher*, Besteuerung bei Insolvenz, S. 185; *Uhlenbruck*, Das neue Insolvenzrecht, S. 92; *Feuerborn* KTS 1997, 171, 198; *Maus* ZIP 2000, 339 ff.; *ders.* ZInsO 1999, 683, 685; Uhlenbruck/*Maus* § 22 Rn. 189; *Hess/Boochs/Weis*, Steuerrecht in der Insolvenz, 1996, Rn. 1075; *Uhlenbruck*, Kölner Schrift, S. 325, 351 Rn. 27; *Ampferl* Rn. 746 ff. S auch § 123 für das eröffnete Verfahren.
⁴⁶⁰ So zB *Onusseit* KTS 1997, 3, 24 f.; Kraemer/*Vogelsang*, Hdb z Insolvenz, Bd 1 Fach 6 Kap 6 Rn. 168; *Pohlmann* Rn. 381 ff.; MüKoInsO/*Haarmeyer* § 22 Rn. 195.
⁴⁶¹ KPB/*Pape* § 22 Rn. 76. So im Ergebnis auch *Onusseit* ZInsO 2000, 363 ff.; *ders.* KTS 1997, 3, 24; *Pohlmann* Rn. 387; *Thiemann* Rn. 385; *Haarmeyer/Wutzke/Förster*, Hdb Kap 3 Rn. 451 ff.; Beck/Depré/*Beck*, Praxis der Insolvenz, § 6 Rn. 198.
⁴⁶² Zutr Beck/Depré/*Beck*, Praxis der Insolvenz, § 6 Rn. 198.
⁴⁶³ BFHE 204, 520; BFH, Beschl. v. 10.3.2009 – XI B 66/08; BFH ZInsO 2009, 191 f.; FG Schleswig-Holstein, Urt v. 3.8.2006 – 5 K 198/05; *Uhlenbruck*, Das neue Insolvenzrecht, S. 92; Braun/*Uhlenbruck*, Unternehmensinsolvenz, S. 240; *Feuerborn* KTS 1997, 171, 198 f.; Beck/Depré/*Beck*, Praxis der Insolvenz, § 6 Rn. 202 ff.; Kraemer/*Vogelsang*, Hdb z Insolvenz, Bd 1 Fach 2 Kap 6 Rn. 163, 164; Uhlenbruck/*Maus* § 22 Rn. 185, 186.
⁴⁶⁴ Einzelheiten bei *Mohrbutter/Ernestus*, I.64 ff.; Uhlenbruck/*Maus* § 22 Rn. 185, 186; Beck/Depré/*Beck*, Praxis der Insolvenz, § 6 Rn. 202 ff.; Jaffé/*Hellert* ZIP 1999, 1204, 1206; MüKoInsO/*Haarmeyer* § 22 Rn. 195; *Frotscher*, Besteuerung in der Insolvenz, S. 48; *Hess/Boochs/Weis*, Steuerrecht in der Insolvenz, Rn. 1072 ff.; *Onusseit/Kunz*, Steuern in der Insolvenz, 2. Aufl. 1997, S. 37 ff.; *Weiss*, Insolvenz und Steuer S. 11; *Pohlmann* Rn. 385; Kuhn/*Uhlenbruck*, § 106 KO Rn. 13c; *Onusseit* ZIP 1990, 345 ff.; Hübschmann/Hepp/Spitaler/*Beermann*, § 251 AO Rn. 41c; *Braun*, Steuerrechtliche Aspekte der Konkurseröffnung, 1987, S. 79 ff.; *Herbert*, Die Sequestration im Konkurseröffnungsverfahren, S. 101; *Kramer*, Konkurs- und Steuerverfahren, S. 136 ff.

ist, ob der vorläufige Verwalter die Rechtsstellung eines Vermögensverwalters iSv § 34 III AO oder § 35 AO hat.[465] Durch die Anordnung eines allgemeinen oder besonderen Zustimmungsvorbehalts wird der „schwache" vorläufige Verwalter weder zum Vermögensverwalter iSv § 34 III AO noch zum Verfügungsberechtigten iSv § 35 AO.[466] Allerdings kann die Übertragung der Kassenführung zur Anwendung des § 35 AO führen.[467] Beim „halbstarken" vorläufigen Insolvenzverwalter werden einem „schwachen" vorläufigen Verwalter weitere Befugnisse und Pflichten nach § 22 II 1 übertragen. Hier ist auf Grund des Einzelfalls zu unterscheiden, ob eine Vermögensverwalterschaft in Betracht kommt.[468] Soweit sich die gerichtliche Ermächtigung auf einzelne Vermögensgegenstände bezieht, wird der „schwache" vorläufige Verwalter Vermögensverwalter iSv § 34 III AO.[469]

Wird der „halbstarke" vorläufige Insolvenzverwalter ermächtigt, das Unternehmen partiell fortzuführen, liegen die Voraussetzungen des § 34 III AO in der Regel vor. Werden dem vorläufigen Verwalter Arbeitgeberfunktionen durch gerichtlichen Beschluss übertragen, hat er die Lohnsteueranmeldungen nach § 41a EStG abzugeben, wenn er Löhne und Gehälter selbst ausbezahlt.[470]

Der vorläufige Insolvenzverwalter, der nach dem Gesagten als Vermögensverwalter und gleichzeitig Verfügungsberechtigter nach §§ 34 III, 35 AO anzusehen ist, haftet für die Erfüllung der steuerlichen Pflichten des Schuldners. Nach § 69 S. 1 AO haftet er jedoch nur für Vorsatz und grobe Fahrlässigkeit.[471] Die Vorschrift des § 69 AO verdrängt als lex specialis die Haftungstatbestände der §§ 60, 61.[472]

Nach neuem Recht bringt es dem vorläufigen Insolvenzverwalter keine steuerlichen Vorteile, Sicherungsgut im Eröffnungsverfahren zu verwerten, denn die auf den Verwertungserlös entfallende Umsatzsteuer ist nach § 55 II 1 Masseverbindlichkeit, die nach § 53 vorweg zu berichtigen ist.[473] Das vom Gesetzgeber gewollte Mittel der Masseanreicherung durch Verkäufe im Eröffnungsverfahren unter Verweisung der Umsatzsteuerforderungen als einfache Insolvenzforderungen (§ 38) ist weitgehend durch die Regelung in § 55 II entwertet.[474] Nach Feststellung von S. Beck „lohnt es sich damit nicht mehr, Veräußerungen im größeren Umfange – sofern überhaupt rechtlich zulässig – in das Eröffnungsverfahren vorzuziehen".[475] Nach Feststellung von Thiemann bietet in der Rechtspraxis § 55 II „Anreize zu Umgehungstatbeständen".[476] So könnte das Gericht zunächst von der Anord-

---

[465] Beck/Depré/*Beck,* Praxis der Insolvenz, § 6 Rn. 202; MüKoInsO/*Haarmeyer* § 22 Rn. 193 f.
[466] *Maus* ZInsO 1999, 683, 684; *Onusseit* ZInsO 2000, 363; Kraemer/*Vogelsang,* Hdb z Insolvenz, Bd 1 Fach 2 Kap 6 Rn. 166; *Uhlenbruck* § 22 Rn. 186.
[467] Vgl. *Onusseit,* Kölner Schrift, S. 1784 Rn. 11; *ders.* ZInsO 2000, 363, 364; Kraemer/*Vogelsang,* Hdb z Insolvenz, Bd 1 Fach 2 Kap 6 Rn. 164 aE; Uhlenbruck/*Maus* § 22 Rn. 185; *Jaffé/Hellert* ZIP 1999, 1204, 1206. Zum Einzug sicherungshalber abgetretener Forderungen durch den vorläufigen Insolvenzverwalter s AG Duisburg ZInsO 1999, 478.
[468] Vgl. *Maus,* Steuern im Insolvenzverfahren, 2004 Rn. 154; *Blank* ZInsO 2003, 308, 310; *Feuerborn* KTS 1997, 171, 199; *Onusseit* ZInsO 2000, 363 ff.; Beck/Depré/*Beck,* Praxis der Insolvenz, § 6 Rn. 205.
[469] MüKoInsO/*Haarmeyer* § 22 Rn. 194; *Blank* ZInsO 2003, 308, 310.
[470] Vgl. Beck/Depré/*Beck,* Praxis der Insolvenz, § 6 Rn. 206.
[471] Vgl. *Frotscher,* Besteuerung bei Insolvenz, S. 40 ff.; s zum Auswahlermessen bei mehreren Haftungsschuldnern FG Berlin-Brandenburg, Urt v. 2.7.2009 – 9 K 2590/03, juris Rn. 47.
[472] Vgl. *Uhlenbruck* NZI 1998, 1, 7; Beck/Depré/*Beck,* Praxis der Insolvenz, § 6 Rn. 201; KPB/*Pape* § 22 Rn. 77.
[473] Vgl. auch *Uhlenbruck,* Kölner Schrift, S. 325, 351 F Rn. 27 ff.; Beck/Depré/*Beck,* Praxis der Insolvenz, § 6 Rn. 54; krit. Klasmeyer/Elsner/Ringstmeier, Kölner Schrift, S. 1096 f. Rn. 55, 56; *Thiemann* Rn. 292; *Marotzke,* Das Unternehmen in der Insolvenz, S. 11 Fußn 36; eingehend zum Meinungsstand *Ampferl* Rn. 734 ff.; zur steuerlichen Rechtsstellung des vorläufigen Insolvenzverwalters s *Onusseit,* Kölner Schrift, S. 1779 ff. Rn. 2 ff.; *Onusseit* KTS 1994, 3 ff.; *Pape* WPrax 1995, 236, 240; *Hess/Pape,* InsO und EGInsO, Rn. 145; KPB/*Pape* § 22 Rn. 74–78, § 55 Rn. 66; Uhlenbruck/*Maus* § 22 Rn. 183 ff.
[474] *Maus* ZIP 2000, 339; *Uhlenbruck* KTS 1994, 169, 180; Braun/*Uhlenbruck,* Unternehmensinsolvenz, S. 251; *Thiemann* Rn. 292.
[475] Beck/Depré/*Beck,* Praxis der Insolvenz, § 6 Rn. 54.
[476] *Thiemann* Rn. 292.

nung eines allgemeinen Verfügungsverbots absehen, um dem vorläufigen Verwalter selbst oder unter Mitwirkung des Schuldners die Verwertung des nicht für eine Fortführung benötigten Anlage- und Umlaufvermögens zu ermöglichen. Allerdings setze sich der Richter der Gefahr von Amtshaftungsansprüchen aus. Auch bleibe abzuwarten, ob die Finanzverwaltung derartigen Konstruktionen mit den Mitteln des § 42 AO begegnen werde.

113 **b)** *Die arbeitsrechtliche Stellung.* Soweit die Verwaltungs- und Verfügungsbefugnis auf den vorläufigen Insolvenzverwalter übergeht, rückt er gleichzeitig in die Rechtsstellung des Arbeitgebers ein.[477] Soweit der schuldnerische Betrieb nicht schon eingestellt worden ist und der Schuldner bzw seine Vertreter die Kündigungen nicht schon in der Krise ausgesprochen haben, wird man den vorläufigen Insolvenzverwalter für berechtigt und uU sogar für verpflichtet halten müssen, sämtlichen oder einigen Arbeitnehmern zu kündigen.[478] Das Kündigungsrecht des vorläufigen Insolvenzverwalters mit Verwaltungs- und Verfügungsbefugnis ist keineswegs unproblematisch, weil ihn das Gesetz in § 22 I 2 Nr. 2 verpflichtet, das Schuldnerunternehmen bis zur Entscheidung über die Eröffnung des Insolvenzverfahrens einstweilen fortzuführen. Gleichwohl wird man den vorläufigen Verwalter als berechtigt ansehen müssen, Kündigungen auszusprechen und nicht benötigte Arbeitnehmer freizustellen.[479] Soweit das Insolvenzgericht einer vorzeitigen Betriebsstilllegung zustimmt, um eine erhebliche Verminderung des Haftungsvermögens zu vermeiden, ist der vorläufige Verwalter sogar verpflichtet, den Arbeitnehmern des Unternehmens zu kündigen.[480] Kündigt ein „starker" vorläufiger Insolvenzverwalter die Arbeitsverhältnisse der bei der Schuldnerin beschäftigten Arbeitnehmer wegen einer geplanten Betriebsstilllegung, soll die Kündigung unwirksam sein, wenn die Zustimmung des Insolvenzgerichts zur Betriebsstilllegung im Zeitpunkt des Zugangs der Kündigung nicht vorliegt.[481] Hierbei wird jedoch übersehen, dass die Zustimmung des Insolvenzgerichts für die Rechtswirksamkeit der von dem starken vorläufigen Insolvenzverwalter ausgesprochenen Kündigung nicht erforderlich ist, vielmehr bezieht sie sich lediglich auf die Frage, was der vorläufige Insolvenzverwalter im Innenverhältnis tun darf und nicht, was er im Außenverhältnis bewirken kann.[482]

114 Der vorläufige Insolvenzverwalter hat die allgemeinen Kündigungsvorschriften zu beachten. Die Vorschrift des § 113 findet im Eröffnungsverfahren weder direkte noch analoge Anwendung.[483] Die gegenteilige Auffassung[484] lässt sich angesichts der Rechtsprechung des BAG[485] nicht aufrecht erhalten.[486] Allerdings hat der vorläufige Insol-

---

[477] BAG ZIP 2002, 2051, 2053; LAG Hamm ZIP 2002, 579; Uhlenbruck/*Berscheid* § 22 Rn. 69 ff.; *Berscheid* ZInsO 2000, 134 ff.; *ders.* ZInsO 1999, 697 ff.; *ders.* ZIP 1997, 1569 ff.; *ders.* ZInsO 1998, 9, 10 f.; *ders.* NZI 1999, 6 ff.; *Kania* DStR 1996, 832; KPB/*Pape* § 22 Rn. 65; *Pape/Uhlenbruck,* Insolvenzrecht, Rn. 407; *Smid* WM 1995, 785; Braun/*Uhlenbruck,* Unternehmensinsolvenz, S. 240; *Uhlenbruck,* Kölner Schrift, S. 348 Rn. 24; *Vallender* DZWIR 1999, 265, 271; Nerlich/Römermann/*Mönning* § 22 Rn. 103, 104; *Bichlmeier/Engberding/Oberhofer,* Insolvenzhandbuch, S. 188, die vom „Quasi-Arbeitgeber" sprechen; *Schaub* DB 1999, 217 ff.
[478] Vgl. *Smid* WM 1995, 785, 788; *Uhlenbruck,* Kölner Schrift, S. 325, 349 f. Rn. 24, 26; Braun/*Uhlenbruck,* Unternehmensinsolvenz, S. 240 f.; Uhlenbruck/*Berscheid* § 22 Rn. 69 ff., §§ 126, 127 Rn. 23, 24; *Thiemann* Rn. 313 ff.; *Annuß* NZI 1999, 352; *Ampferl* Rn. 415; *Pape/Uhlenbruck,* Insolvenzrecht, Rn. 407; KPB/*Prütting* § 22 Rn. 66; MüKoInsO/*Haarmeyer* § 22 Rn. 110.
[479] Vgl. Uhlenbruck/*Berscheid* § 22 Rn. 83.
[480] Vgl. *Uhlenbruck,* Kölner Schrift, S. 325, 349 Rn. 24; Braun/*Uhlenbruck,* Unternehmensinsolvenz, S. 240; KPB/*Pape* § 22 Rn. 66.
[481] So BAGE 95, 197, 209 = ZIP 2000, 1588 (8. Senat); LAG Düsseldorf ZIP 2003, 1811; LAG Hamburg ZIP 2004, 869, 872.
[482] Zutr BAGE 116, 168 = NZI 2006, 310 (6. Senat).
[483] BAG ZIP 2003, 1670; Uhlenbruck/*Berscheid* § 22 Rn. 70; *Bertram* NZI 2001, 625, 626; *ders.* ZInsO 2001, 64 f.; *Ampferl* Rn. 415; *Thiemann* Rn. 313 ff.; *Düwell,* Kölner Schrift, S. 1433, 1441, Rn. 22; KPB/*Pape* § 22 Rn. 66; Nerlich/Römermann/*Mönning* § 22 Rn. 105; *Heinke* S. 148.
[484] KPB/*Moll* § 113 Rn. 22 ff.
[485] BAG ZIP 2003, 1670.

venzverwalter später im eröffneten Verfahren als endgültiger Verwalter die Möglichkeit der Nachkündigung.[487] Die Nachkündigung ist so lange zulässig, wie die Frist einer im Eröffnungsverfahren ausgesprochenen Kündigung noch nicht abgelaufen ist.[488] Hat das Gericht lediglich einen allgemeinen Zustimmungsvorbehalt angeordnet (§ 21 II 1 Nr. 2 Alt. 2), kann das Gericht dem „schwachen" vorläufigen Verwalter bestimmte Kompetenzen zuweisen. Grundsätzlich bleibt in solchen Fällen die Arbeitgeberfunktion beim Schuldner. Das Gericht ist aber berechtigt, dem „schwachen" vorläufigen Verwalter durch Beschluss Arbeitgeberfunktionen zuzuweisen. Hierzu gehört auch das Recht zur Kündigung unter Beachtung der allgemeinen Kündigungsvorschriften. In der insolvenzgerichtlichen Praxis hat sich folgende Klausel eingebürgert:

„Das Recht zur Ausübung der Arbeitgeberfunktion einschließlich der Ermächtigung, Kündigungen auszusprechen und mit einem vorhandenen Betriebsrat Interessenausgleichs- und Sozialplanverhandlungen zu führen, wird dem vorläufigen Insolvenzverwalter übertragen."

Hierdurch wird den arbeitsrechtlichen Bedenken Rechnung getragen und aus arbeitsgerichtlicher Sicht klargestellt, dass in diesem Fall der vorläufige Insolvenzverwalter kündigungsberechtigt ist.[489] Ein vom Insolvenzgericht nach § 21 II 1 Nr. 2 Alt. 2 angeordneter Zustimmungsvorbehalt, wonach Verfügungen des Schuldners über Gegenstände seines Vermögens nur mit Zustimmung des vorläufigen Insolvenzverwalters wirksam sind, erfasst nach Auffassung des BAG auch die Kündigung von Arbeitsverhältnissen.[490] Die Anordnung des „gemeinsamen" Handelns durch Schuldner und vorläufigen Insolvenzverwalter führt dazu, dass sowohl der Schuldner als auch der vorläufige Verwalter Arbeitsverhältnisse nur gemeinsam kündigen können.[491] In der Kündigung eines Arbeitsverhältnisses liegt eine Verfügung über Gegenstände des Schuldners (zum Verfügungsbegriff → Rn. 66). Dem „starken" vorläufigen Insolvenzverwalter obliegt es auch, bei Betriebsänderungen iSv § 111 S. 2 BetrVG die Interessenausgleichs- und Sozialplanverhandlungen mit dem Betriebsrat zu führen. Gleiches gilt, wenn der „schwache" vorläufige Insolvenzverwalter durch Beschluss des Insolvenzgerichts ermächtigt wird, Kündigungen auszusprechen und mit dem Betriebsrat Interessenausgleichs- und Sozialplanverhandlungen zu führen.[492] Wird von einem „schwachen" vorläufigen Insolvenzverwalter ohne gerichtliche Ermächtigung lediglich die Zustimmung zu einer Kündigung erteilt, ist Beklagter in einem Kündigungsschutzprozess, der sich gegen eine Kündigung durch den Schuldner mit Zustimmung des Verwalters richtet, der Schuldner. Der „schwache" Verwalter wird nicht Prozesspartei.[493]

Soll im Rahmen der übertragenden Sanierung das Unternehmen auf einen anderen Rechtsträger übertragen werden, kann der vorläufige Insolvenzverwalter Kündigungen ohne Verstoß gegen § 613a IV S. 1 BGB erst nach Eröffnung des Verfahrens aussprechen.[494] Den Bedenken im Hinblick auf die Gefährdung des Sanierungszwecks kann dadurch Rechnung getragen werden, dass das Insolvenzgericht im Eröffnungsverfahren einer Teilstilllegung zustimmt mit der Folge, dass der vorläufige Insolvenzverwalter einen Teil der Arbeitnehmer freistellt. Zu der Freistellung ist der Betriebsrat weder nach § 102 BetrVG zu hören[495] noch bedarf die Freistellung nach § 99 BetrVG der Zustimmung des Betriebs-

---

[486] Für eine Analogie auch *Caspers*, Personalabbau und Betriebsänderung im Insolvenzverfahren, 1998, Rn. 520 ff.
[487] BAG ZIP 2003, 1670; Uhlenbruck/*Berscheid* § 22 Rn. 84.
[488] Vgl. AG Mönchengladbach ZInsO 2002, 634; KPB/*Moll* § 113 Rn. 22 ff.; KPB/*Pape* § 22 Rn. 66.
[489] Uhlenbruck/*Berscheid* § 22 Rn. 67.
[490] BAG ZIP 2003, 1161, 1162.
[491] Einzelheiten bei *Berscheid* FS Hanau S. 701, 724 ff.; Uhlenbruck/*Berscheid* § 22 Rn. 59, 60.
[492] *Berscheid* ZInsO 1998, 9, 11; Uhlenbruck/*Berscheid* § 22 Rn. 87; krit. *Förster* ZInsO 1998, 45, 48.
[493] Vgl. LAG Hamm ZIP 2000, 579; KPB/*Pape* § 22 Rn. 68. Einzelheiten u zu § 104.
[494] So zutr. *Berscheid* ZIP 1997, 1569, 1576.
[495] BAG ZInsO 1998, 190.

rats.[496] Der vorläufige Insolvenzverwalter kann bei wirksamer Freistellung die Arbeitnehmer auf das Arbeitslosengeld verweisen.[497] Im Übrigen ist der vorläufige Insolvenzverwalter mit Verwaltungs- und Verfügungsbefugnis berechtigt, bereits im Eröffnungsverfahren alle arbeitsrechtlichen Maßnahmen einzuleiten oder zu treffen, die bestimmt und geeignet sind, die Masse von unverhältnismäßigen Kosten zu entlasten und eine künftige Sanierung oder Liquidation vorzubereiten. So kann zB der vorläufige Insolvenzverwalter bereits mit dem Betriebsrat entsprechend § 120 I 1 über eine einvernehmliche Herabsetzung von Leistungen beraten, die in Betriebsvereinbarungen vorgesehen sind.[498]

116 c) *Der vorläufige Insolvenzverwalter im Prozess.* Grundsätzlich steht dem vorläufigen Insolvenzverwalter ohne Verwaltungs- und Verfügungsbefugnis über das Schuldnervermögen ein Recht zur Prozessführung nicht zu. Anhängige Prozesse für und gegen den Schuldner werden durch die Anordnung von Sicherungsmaßnahmen nach § 21 nicht unterbrochen.[499] Das Insolvenzgericht kann den „schwachen" vorläufigen Insolvenzverwalter aber entsprechend § 53 ZPO ermächtigen, zur Sicherung und Erhaltung des Schuldnervermögens Prozesse zu führen.[500] Es bedarf insoweit einer ausdrücklichen Anordnung des Insolvenzgerichts.[501] An die Ermächtigung durch das Insolvenzgericht zur Prozessführung sind die Prozessgerichte grundsätzlich gebunden.[502] Darüber hinaus kann das Insolvenzgericht dem „schwachen" Verwalter die Überwachung der Prozessführung bzw des Sachvortrags des Schuldners übertragen.[503] Verstößt der Schuldner hiergegen, kann ihm das Gericht nachträglich die Verwaltungs- und Verfügungsbefugnis entziehen, was den Eintritt der Unterbrechungswirkung (§ 240 S. 2 ZPO) zur Folge hat. Soweit der „schwache" vorläufige Insolvenzverwalter auf Grund gerichtlicher Ermächtigungen zur Führung von Neuprozessen berechtigt ist, gelten hinsichtlich der Prozesskostenhilfe die gleichen Grundsätze wie für den „starken" vorläufigen Verwalter.

117 Hat das Gericht ein besonderes Verfügungsverbot nach § 21 erlassen, wird die Prozessführungsbefugnis des vorläufigen Verwalters insoweit bejaht, als es sich um unaufschiebbare Maßnahmen handelt, die zur Sicherung und Erhaltung des verwalteten Vermögens erforderlich sind.[504] Auch bei der Anordnung eines Zustimmungsvorbehalts ist anzunehmen, dass der vorläufige Verwalter unter dem Gesichtspunkt der Notprozessführung bei unaufschiebbaren Eilmaßnahmen berechtigt ist, im eigenen Namen zu klagen, wie zB bei der Sicherstellung der Wasser- und Energieversorgung des schuldnerischen Betriebs (→ Rn. 156).[505]

118 Verhängt das Gericht ein allgemeines Verfügungsverbot gegen den Schuldner (§ 21 II 1 Nr. 2) und geht die Verwaltungs- und Verfügungsbefugnis über das Vermögen des Schuldners auf den vorläufigen Verwalter gemäß § 22 I 1 über,[506] verschafft die Rege-

---

[496] BAG ZIP 1998, 748 = KTS 1998, 499.
[497] Einzelheiten bei Uhlenbruck/*Berscheid* § 22 Rn. 83.
[498] Zu Reformvorschlägen *Berscheid* NZI 1999, 6 ff.
[499] Vgl. BGH ZIP 1999, 1315; OLG Celle ZInsO 2002, 728, *Uhlenbruck* in Uhlenbruck § 22 Rn. 195; MüKoInsO/*Haarmeyer* § 22 Rn. 185; HK/*Kirchhof* § 22 Rn. 61; *Pape* ZIP 1994, 89, 95.
[500] HK/*Kirchhof* § 22 Rn. 61; *Uhlenbruck* in Uhlenbruck § 22 Rn. 195; MüKoInsO/*Haarmeyer* § 22 Rn. 185, 187.
[501] LG Essen InVo 2000, 241 f.
[502] OLG Köln ZIP 2004, 2450; *Uhlenbruck* in Uhlenbruck § 22 Rn. 195; *Berscheid* ZIP 1997, 1569, 1574; HK/*Kirchhof* § 22 Rn. 61; FK/*Schmerbach* § 24 Rn. 33; MüKoInsO/*Haarmeyer* § 22 Rn. 185; aA OLG Dresden ZIP 1998, 1808. Einzelheiten bei *Pohlmann* Rn. 573 ff.
[503] MüKoInsO/*Haarmeyer* § 22 Rn. 188 mwN zur Rechtslage unter Geltung der KO.
[504] Vgl. OLG Braunschweig ZIP 1999, 1770; OLG Stuttgart ZInsO 1999, 474; *Uhlenbruck* in Uhlenbruck § 22 Rn. 195; HK/*Kirchhof* § 22 Rn. 61.
[505] So zB *Thiemann* Rn. 262.
[506] Einzelheiten bei Nerlich/Römermann/*Mönning* § 24 Rn. 24 ff.; Braun/*Uhlenbruck*, Unternehmensinsolvenz, S. 251; KPB/*Pape* § 24 Rn. 8 ff.; *Uhlenbruck* § 22 Rn. 195 ff.; *Ampferl* Rn. 762 ff.; MüKo-

lung in § 24 II dem „starken" vorläufigen Insolvenzverwalter die volle Prozessführungsbefugnis über das Vermögen des Schuldners.[507] Die sich aus § 24 II ergebende Prozessführungsbefugnis des Verwalters gilt dabei nicht nur für unterbrochene Prozesse und sonstige Verfahren, sondern zugleich auch für neu anzustrengende Aktivprozesse sowie für Passivprozesse gegen die Masse.[508] Bei einem Übergang der Verwaltungs- und Verfügungsbefugnis auf den vorläufigen Insolvenzverwalter ordnet § 240 S. 2 ZPO an, dass ein Verfahren, wenn es die Insolvenzmasse betrifft, unterbrochen wird, bis es nach den für das Insolvenzverfahren geltenden Vorschriften aufgenommen oder das Insolvenzverfahren beendet wird.[509] Die Unterbrechungswirkung des § 240 S. 2 ZPO tritt allerdings nur dann ein, wenn und soweit der Prozess im Zeitpunkt der Anordnung der Sicherungsmaßnahmen bereits rechtshängig ist.[510] Andernfalls ist die Klage unzulässig,[511] weil entweder der Schuldner hinsichtlich des massebefangenen Vermögens nicht mehr prozessfähig (Vertretertheorie)[512] oder nicht mehr (passiv) prozessführungsbefugt (Amtstheorie)[513] ist.[514] Eine nach Anordnung der Sicherungsmaßnahme eingereichte Klage ist dem Schuldner zuzustellen.[515] Nimmt der Kläger die Klage zurück, kann der Schuldner keinen Kostenantrag nach § 269 III 3, IV ZPO stellen, weil der Kostenerstattungsanspruch nach Eröffnung des Insolvenzverfahrens als Neuerwerb (§ 35) zur Masse gehört und während der vorläufigen Insolvenzverwaltung ebenfalls der Verwaltungsbefugnis des vorläufigen Insolvenzverwalters unterliegt (§ 22 I 1).[516] Zulässig bleibt dagegen eine Klage gegen den Schuldner persönlich, wenn es um Ansprüche gegen diesen geht, die erst nach Übergang der Verwaltungs- und Verfügungsbefugnis auf den vorläufigen Insolvenzverwalter entstanden sind. Solche richten sich stets gegen den Schuldner persönlich, der allerdings nur mit seinem insolvenzfreien Vermögen haftet, diesbezüglich verklagt werden kann und insoweit auch allein prozessführungsbefugt ist.[517]

InsO/*Haarmeyer* § 22 Rn. 184 ff., § 24 Rn. 15 ff.; *Haarmeyer/Wutzke/Förster*, Hdb Kap 3 Rn. 240; FK/*Schmerbach* § 24 Rn. 30; *Pohlmann* Rn. 569 ff.; *Thiemann* Rn. 256 ff.; Beck/Depré/*Beck*, Praxis der Insolvenz, § 6 Rn. 60 ff.; Kraemer/*Vogelsang*, Hdb z Insolvenz, Bd 1 Fach 2 Kap 6 Rn. 142 ff.

[507] KPB/*Pape* § 24 Rn. 8; *Uhlenbruck,* Kölner Schrift, 1. Aufl. 1997, S. 239 Rn. 45 ff.; Hess/*Pape* Rn. 144; *Pape* WPRax 1995, 236, 241; *Thiemann* Rn. 270; *Pohlmann* Rn. 569; MüKoInsO/*Haarmeyer* § 24 Rn. 28. Zur Durchsetzung des Anspruchs auf Herausgabe von Steuerdaten gegen den Steuerberater des Schuldners im Wege einer einstweiligen Verfügung s LG Berlin ZIP 2006, 962. Zum alleinigen Recht auf Akteneinsicht gemäß § 78 FGO s BFH, Beschl. v. 16.10.2009 – VIII B 346/04.

[508] Kraemer/*Vogelsang,* Hdb z Insolvenz, Bd 1 Fach 6 Kap 6 Rn. 149–153; *Pohlmann* Rn. 570.

[509] BGH, Urt. v. 16.5.2013 – IX ZR 332/12; AG Göttingen NZI 2000, 506; AG Göttingen ZInsO 2002, 386; FK/*Schmerbach* § 24 Rn. 23; HK/*Kirchhof* § 22 Rn. 41; *Uhlenbruck* in Uhlenbruck § 22 Rn. 195; MüKoInsO/*Haarmeyer* § 22 Rn. 184; *Ampferl* Rn. 766; Nerlich/Römermann/*Mönning* § 24 Rn. 24; Braun/*Uhlenbruck,* Unternehmensinsolvenz, S. 251 f.; *Pohlmann* Rn. 579; Beck/Depré/*Beck,* Praxis der Insolvenz, § 6 Rn. 60 f.; Blersch/Goetsch/*Haas* § 24 Rn. 18 ff.

[510] Vgl. BGH NZI 2009, 169; KG ZIP 1990, 1092, 1093 f.; OLG Frankfurt MDR 1980, 856; AG Hamburg-Harburg, Beschl. v. 17.7.2006 – 644 C 143/06; MüKoInsO/*Schumacher* Vor §§ 85 bis 87 Rn. 42; für eine Anwendbarkeit des § 240 ZPO ab Anhängigkeit der Klage OLG Schleswig ZInsO 2004, 1086; ohne nähere Begründung auch OLG Brandenburg NJW-RR 1999, 1428, 1429.

[511] AG Hamburg-Harburg, Beschl. v. 17.7.2006 – 644 C 143/06; *K. Schmidt* NJW 1995, 911, 915; MüKoInsO/*Schumacher* Vor §§ 85 bis 87 Rn. 42.

[512] Hierzu *K. Schmidt* NJW 1995, 911, 912 f.

[513] BGH NZI 2009, 169 (auch zum fehlenden Rechtsschutzbedürfnis einer Klage gegen den Schuldner); undeutlich KG ZIP 1990, 1092, 1093, das von fehlender „Passivlegitimation" ausgeht.

[514] Zur Theorie der Insolvenzverwaltung s MüKoInsO/*Ott/Vuia* § 80 Rn. 20 ff. mwN.

[515] BGH NZI 2009, 169; KG ZIP 1990, 1092, 1093 f.; AG Hamburg-Harburg, Beschl. v. 17.7.2006 – 644 C 143/06; MüKoInsO/*Schumacher* Vor §§ 85 bis 87 Rn. 42; MüKoInsO/*Ott/Vuia* § 80 Rn. 77; *K. Schmidt* NJW 1995, 911, 912.

[516] BGH NZI 2009, 169; anders, wenn der Verwalter erklärt, keinen Kostenantrag zu stellen, s hierzu AG Hamburg-Harburg, Beschl. v. 17.7.2006 – 644 C 143/06 (Zurückweisung gemäß § 333 BGB analog bzw. Freigabe des Anspruchs).

[517] MüKoInsO/*Ott/Vuia* § 80 Rn. 11; Braun/*Kroth* § 80 Rn. 11; *Pape* ZInsO 2002, 917, 918; ohne tragfähige Begründung aA LG Lüneburg ZInsO 2002, 941.

119 Das Aufnahmerecht des vorläufigen Insolvenzverwalters mit Verwaltungs- und Verfügungsbefugnis ist in §§ 24 II, 85 II 1, 86 geregelt.[518] Der vorläufige Insolvenzverwalter ist danach berechtigt, entsprechend den §§ 85 II 1, 86 Aktivprozesse des Schuldners und Passivprozesse schon während des Eröffnungsverfahrens aufzunehmen.[519] Notwendige prozessuale Maßnahmen müssen damit nicht mehr bis zur Verfahrenseröffnung aufgeschoben oder dem in der Regel nicht mehr interessierten Schuldner überlassen werden.[520] Im Einzelnen ist zwischen Aktiv- und Passivprozessen zu unterscheiden. Ein Aktivprozess des Schuldners kann unter den Voraussetzungen der §§ 24 II, 85 InsO, § 250 ZPO aufgenommen werden. Er wird gemäß § 85 vom „starken" vorläufigen Insolvenzverwalter in der Lage fortgesetzt, in der er sich zum Zeitpunkt der Unterbrechung, also zum Zeitpunkt des Erlasses der Sicherungsmaßnahme, befand. Die Vorschriften über eine Verzögerung oder eine Ablehnung der Aufnahme eines Aktivprozesses finden auf den vorläufigen Insolvenzverwalter keine Anwendung.[521] Umstritten ist, in welchem Umfang die Aufnahme von Passivprozessen durch den „starken" vorläufigen Insolvenzverwalter möglich ist. Die Vorschrift des § 85 II ist in § 24 II nicht erwähnt. Hieraus wird in der Literatur teilweise gefolgert, dass die Aufnahme von Passivprozessen während der Zeit der vorläufigen Insolvenzverwaltung auf Prozessgegenstände beschränkt ist, die entweder Masseverbindlichkeiten betreffen (§ 86 I Nr. 3), die Aussonderung eines Gegenstands aus der Haftungsmasse (§ 86 I Nr. 1) oder die abgesonderte Befriedigung (§ 86 I Nr. 2).[522] Auf keinen Fall können Passivprozesse aufgenommen werden, die Insolvenzforderungen betreffen. Überhaupt wird man in allen Fällen, in denen der Passivprozess das Schuldnervermögen betrifft, der anderen Partei zumuten müssen, die Verfahrenseröffnung abzuwarten.[523] Eine auf Herausgabe gerichtete Klage des im eröffneten Verfahren absonderungsberechtigten Gläubigers, die vom vorläufigen Insolvenzverwalter gemäß §§ 24 II, 86 I Nr. 2 aufgenommen wird, ist in aller Regel als unbegründet abzuweisen.[524]

120 Nimmt der Prozessgegner den Rechtsstreit auf, bleibt dem vorläufigen Insolvenzverwalter nur die Möglichkeit, den geltend gemachten Anspruch gemäß § 307 ZPO anzuerkennen mit der Folge, dass der Gegner den Kostenerstattungsanspruch gemäß §§ 24 II, 86 II nur als Insolvenzforderung (§ 38) geltend machen kann.[525] Eine Zustimmung des Insolvenzgerichts zur Aufnahme von Rechtsstreitigkeiten analog § 160 ist nicht erforderlich.[526] Das Aufnahmerecht des vorläufigen Insolvenzverwalters hat zwar in der Praxis im Hinblick auf die angestrebte kurze Dauer des Eröffnungsverfahrens keine allzu große Bedeutung erlangt,[527] jedoch liegt die Bedeutung der Unterbrechungswirkung

---

[518] S hierzu *Uhlenbruck* in Uhlenbruck § 24 Rn. 8 ff.; MüKoInsO/*Haarmeyer* § 24 Rn. 27; *Thiemann* Rn. 254 ff.; *Hess/Pape,* InsO und EGInsO, Rn. 144; KPB/*Pape* § 24 Rn. 8 ff.; Braun/*Uhlenbruck,* Unternehmensinsolvenz, S. 251 f.; *Pohlmann* Rn. 582 ff.; *Vallender* DZWIR 1999, 265, 271; Kraemer/*Vogelsang,* Hdb z Insolvenz, Bd 1 Fach 6 Kap 6 Rn. 142 ff.; Blersch/Goetsch/*Haas* § 24 Rn. 18. Zum alten Recht *Uhlenbruck* KTS 1990, 15; *Pape* ZIP 1994, 95; *Urban* MDR 1982, 441.

[519] Vgl. *Vallender* DZWIR 1999, 265, 271; *Pohlmann* Rn. 582 ff. Einzelheiten zur Aufnahme unterbrochener Prozesse bei *Ampferl* Rn. 772 ff.; *Pohlmann* Rn. 582 ff.; *Uhlenbruck* § 22 Rn. 196.

[520] Einzelheiten bei *Uhlenbruck,* Kölner Schrift, S. 325, 348 Rn. 23; *Hess/Pape,* InsO und EGInsO, Rn. 144; Braun/*Uhlenbruck,* Unternehmensinsolvenz, S. 251 f.; Nerlich/Römermann/*Mönning* § 24 Rn. 24; KPB/*Pape* § 24 Rn. 10.

[521] So zutr *Ampferl* Rn. 777.

[522] So zB HK/*Kirchhof* § 24 Rn. 27; KPB/*Pape* § 24 Rn. 11, 12; *Ampferl* Rn. 779; MüKoInsO/*Haarmeyer* § 24 Rn. 27; *Pohlmann* Rn. 589 ff.; Nerlich/Römermann/*Mönning* § 24 Rn. 24; *Uhlenbruck* in Uhlenbruck § 22 Rn. 197.

[523] Vgl. KPB/*Pape* § 24 Rn. 12; HK/*Kirchhof* § 24 Rn. 26; MüKoInsO/*Haarmeyer* § 24 Rn. 27.

[524] So zutr *Pohlmann* Rn. 592; *Ampferl* Rn. 782.

[525] *Ampferl* Rn. 783.

[526] HK/*Kirchhof* § 24 Rn. 25; *Uhlenbruck* in Uhlenbruck § 24 Rn. 9; *Ampferl* Rn. 784–789; MüKo InsO-*Haarmeyer* § 24 Rn. 26; aA *Pohlmann* Rn. 594 f.

[527] *Pape* WPrax 1995, 236, 241.

nach § 240 S. 2 ZPO darin, dass im Eröffnungsverfahren gegen den Schuldner keine Urteile mehr ergehen dürfen. Weiterhin hat die Unterbrechungswirkung den Vorteil, dass die Gläubiger keine Möglichkeit mehr haben, durch die Fortführung von Prozessen auf die Verfahrensabwicklung Druck auszuüben und die Vorbereitung der Entscheidung über die Verfahrenseröffnung zu stören.[528] Die Erweiterung der Unterbrechungswirkung auf das Eröffnungsverfahren bedeutet zugleich für die Prozessgerichte eine Entlastung, weil unergiebige Rechtsstreitigkeiten nicht sinnlos fortgeführt werden müssen, auf die es wegen der Anmeldepflicht im eröffneten Verfahren (§§ 87, 174) letztlich nicht mehr ankommt. Soweit Insolvenzgläubiger ihre Forderungen im eröffneten Verfahren gemäß § 87 nur noch nach den Vorschriften über das Insolvenzverfahren verfolgen können, wird der vorläufige Insolvenzverwalter von einer Aufnahme des Verfahrens absehen und die Eröffnung des Verfahrens abwarten, womit sich die meisten anhängigen Streitigkeiten erledigen. Die Aufnahme von Passivprozessen ist gemäß § 86 I auf Aussonderungs- und Absonderungsfälle sowie Masseverbindlichkeiten beschränkt.[529]

Der vorläufige Insolvenzverwalter mit Verfügungsbefugnis ist auch berechtigt, in bestimmtem Umfang neue Klagen für den Schuldner anhängig zu machen, soweit die Sicherung und Erhaltung der Masse dies erfordert.[530] Auf die Frage, ob es sich im Einzelfall um eine unaufschiebbare Maßnahme handelt, kommt es dabei nicht an.[531] Der „starke" vorläufige Verwalter wird aber nur Prozesse führen, wenn es sich um Eilmaßnahmen handelt.[532]

Die Bestimmung des § 19a ZPO, wonach der allgemeine Gerichtsstand eines Insolvenzverwalters für Klagen, die sich auf die Insolvenzmasse beziehen, durch den Sitz des zuständigen Insolvenzgerichts bestimmt wird, greift für Prozesse des vorläufigen Insolvenzverwalters nicht ein, da sich die Vorschrift nur auf das eröffnete Insolvenzverfahren bezieht.[533]

Kraft eigener Sachbefugnis ist der vorläufige Insolvenzverwalter stets dann prozessführungsbefugt, wenn und soweit er ihm originär zustehende Rechte geltend macht, so etwa Ansprüche wegen einer Besitzstörung, da der vorläufige Insolvenzverwalter als Teil der Verpflichtung zur Sicherung und Erhaltung des Schuldnervermögens (§ 22 I 2 Nr. 1) dasselbe in Besitz zu nehmen hat (→ Rn. 148f.).[534]

Eine Prozesskostenhilfebewilligung für den vorläufigen Insolvenzverwalter kommt von vornherein nur dann in Betracht, wenn und soweit der Verwalter zugleich auch zur Prozessführung berechtigt ist (→ Rn. 116–118).[535] Soweit der vorläufige Insolvenzverwalter im Insolvenzeröffnungsverfahren Prozesskostenhilfe beantragt, hat er grundsätzlich darzulegen, aus welchem Grunde den bereits bekannten Gläubigern nicht zuzumuten ist, die Prozesskosten vorzuschießen (§ 116 1 Nr. 1 ZPO).[536] Dies gilt auch im Eröffnungsverfahren. Soweit hier keine realistische Chance bestehen sollte, solche Zahlungen zu

---

[528] *Pape* WPrax 1995, 236, 241.
[529] Einzelheiten bei HK/*Kirchhof* § 24 Rn. 25–27; *Uhlenbruck* in Uhlenbruck § 22 Rn. 195–197; MüKoInsO/*Haarmeyer* § 24 Rn. 22–28; *Pohlmann* Rn. 582 ff.; *Ampferl* Rn. 772 ff.; Beck/Depré/*Beck*, Praxis der Insolvenz, § 6 Rn. 63, 64; Kraemer/*Vogelsang*, Hdb z Insolvenz, Bd 1 Fach 2 Kap 6 Rn. 142 ff.; *Thiemann* Rn. 254 ff.; KPB/*Pape* § 24 Rn. 10–12. Zur Prozessführungsbefugnis des vorläufigen Insolvenzverwalters vgl. auch *Haarmeyer/Wutzke/Förster*, Hdb Kap 3 Rn. 438 ff.; *Pape* WPrax 1995, 236, 241; Braun/*Uhlenbruck*, Unternehmensinsolvenz, S. 251 f.; *Smid* WM 1995, 785, 787.
[530] Vgl. AG Göttingen NZI 1999, 506; *Pohlmann* Rn. 570; Kraemer/*Vogelsang*, Hdb z Insolvenz, Bd 1 Fach 6 Kap 6 Rn. 142–145; FK/*Schmerbach* § 24 Rn. 30; *Thiemann* Rn. 259 ff.; KPB/*Pape* § 24 Rn. 10; MüKoInsO/*Haarmeyer* § 24 Rn. 28; *Uhlenbruck* in Uhlenbruck § 24 Rn. 11.
[531] AG Göttingen NZI 1999, 506.
[532] Vgl. MüKoInsO/*Haarmeyer* § 24 Rn. 28; FK/*Schmerbach* § 24 Rn. 30.
[533] Blersch/Goetsch/*Haas* § 24 Rn. 26; FK/*Schmerbach* § 24 Rn. 30b; *Thiemann* Rn. 264.
[534] MüKoInsO/*Haarmeyer* § 22 Rn. 185, 186.
[535] LG Essen ZInsO 2000, 296; AG Göttingen ZInsO 2002, 386; MüKoInsO/*Haarmeyer* § 24 Rn. 29.
[536] MüKoInsO/*Ott/Vuia* § 80 Rn. 89 ff.

erhalten,[537] ist dies vom Verwalter im Einzelnen darzulegen. Im Übrigen wird das Prozessgericht bei der Bewilligung von PKH an den vorläufigen Insolvenzverwalter zu berücksichtigen haben, dass im Regelfall der Kreis der Gläubiger noch nicht bekannt ist, da diese erst im Eröffnungsbeschluss gemäß § 28 I 1 aufgefordert werden, innerhalb einer bestimmten Frist ihre Forderungen gemäß § 174 beim Insolvenzverwalter anzumelden.[538] Auch können von einem vorläufigen Insolvenzverwalter nicht Angaben dazu verlangt werden, welche Gläubiger aus der beabsichtigten Rechtsverfolgung Vorteile haben und ob diesen eine Aufbringung der Kosten zuzumuten ist. Dieses lässt sich in dem frühen Verfahrensstadium meist noch nicht übersehen.[539] Zudem dient ein Prozess, den der vorläufige Insolvenzverwalter führt, in der Regel lediglich der Sicherung des schuldnerischen Vermögens.[540] Maßgeblich für die Gewährung von Prozesskostenhilfe an den vorläufigen Verwalter ist daher lediglich das vorgefundene schuldnerische Vermögen.[541]

125 Neben der Erfolgsaussicht und der Zumutbarkeit eines Vorschusses durch die wirtschaftlich Begünstigten spielt auch im Eröffnungsverfahren die Frage der Deckung dieser Kosten aus dem verfügbaren Haftungsmassebestand eine Rolle. Allerdings sollten kleinliche Prüfungen der Massezulänglichkeit vermieden werden.[542] Auf die Angaben des vorläufigen Verwalters kann sich das Gericht verlassen. Einem vorläufigen Insolvenzverwalter ist nicht zuzumuten, das Risiko einer Haftung nach § 61 einzugehen, um liquide Masse für die Prozessführung einzusetzen. Deshalb kann dem Verwalter PKH nicht versagt werden, weil der Prozess aus dem Barbestand der Masse finanziert werden kann, wenn er darlegt, dass der vorhandene Barbestand dringend erforderlich ist, um vorrangige Massekosten zu berichtigen.[543] Dem vorläufigen Verwalter kann die PKH nicht mit der Begründung versagt werden, ein Prozesserfolg diene auch oder ausschließlich der Befriedigung seines Vergütungsanspruchs.[544] Nur ein nach Abzug der Kosten des § 54 und der sonstigen Masseverbindlichkeiten nach § 55 verbleibender Restbestand kann für die Prozesskosten herangezogen werden.[545] Entscheidend für die Beurteilung der Deckung der Prozesskosten aus der vorhandenen Haftungsmasse ist die aktuelle Liquidität, nicht dagegen die Masseprognose.[546] In voraussichtlich masselosen oder massearmen Verfahren ist deshalb dem vorläufigen Insolvenzverwalter mit Verwaltungs- und Verfügungsbefugnissen im Zweifel PKH für Prozesse oder die Weiterführung von Prozessen zu bewilligen, wenn das Gericht die Erfolgsaussicht bejaht. Für die Frage, ob und in wie weit eine hinreichende Erfolgsaussicht besteht, gelten die allgemeinen Grundsätze auch hier, insbesondere kommt eine Bewilligung von PKH bereits dann in Betracht, wenn die Entscheidung von einer schwierigen, bisher ungeklärten Rechtsfrage abhängig ist.[547]

---

[537] Aus diesem Grund die Darlegung von Vorschussleistungen bestimmter Gläubiger für unzulässig haltend MüKoInsO/*Haarmeyer* § 24 Rn. 30.
[538] Vgl. *Mohrbutter/Ernestus* Hdb Rn. I. 53.
[539] FK/*Schmerbach* § 24 Rn. 34.
[540] *Thiemann* Rn. 271.
[541] *Thiemann* Rn. 271; vgl. auch FK/*Schmerbach* § 24 Rn. 34.
[542] *Haarmeyer/Wutzke/Förster,* Hdb Kap 2 Rn. 24, Kap 3 Rn. 117 ff.; vgl. auch MüKoInsO/*Haarmeyer* § 24 Rn. 29, 30; *Uhlenbruck* § 24 Rn. 11.
[543] Die Grundsätze, die das OLG Köln (ZIP 1994, 724, ZIP 1990, 936) für das eröffnete Konkursverfahren entwickelt hat, finden auch auf das Eröffnungsverfahren Anwendung. Vgl. auch *Pape* ZIP 1988, 1293, 1297; Blersch/Goetsch/*Haas* § 4 Rn. 22; Kuhn/*Uhlenbruck* § 6 KO Rn. 31.
[544] BGHZ 116, 233, 238; BGH ZInsO 2005, 877; BGH ZIP 1998, 297, 298; MüKoInsO/*Haarmeyer* § 24 Rn. 29; instruktiv auch OLG Köln NZI 2000, 540.
[545] OLG Köln ZIP 1994, 724, 725.
[546] So zutr *Haarmeyer/Wutzke/Förster,* Hdb Kap 2 Rn. 26; MüKoInsO/*Haarmeyer* § 24 Rn. 29. S auch AG Göttingen NZI 1999, 506.
[547] MüKoInsO/*Haarmeyer* § 24 Rn. 29; zu Erfolgsaussicht und fehlendem Mutwillen vgl. im Übrigen *Kalthoener/Büttner/Wrobel-Sachs* Rn. 407 ff.

d) Die strafrechtliche Verantwortlichkeit. Neben die Haftung des vorläufigen Insolvenz- **126** verwalters tritt dessen strafrechtliche Verantwortlichkeit. Soweit der Verwalter im Rahmen seiner Befugnisse über Massegegenstände verfügt, macht er sich nicht wegen Eigentumsdelikten strafbar, auch wenn der Schuldner Eigentümer der Massegegenstände bleibt und es sich daher um „fremde Sachen" im straflichen Sinne handelt.[548] Im Übrigen kommen insbesondere die Straftatbestände der §§ 266, 266a, 324, 324a, 325 und 326 StGB in Betracht.[549] Wird dem vorläufigen Insolvenzverwalter die Verwaltungs- und Verfügungsbefugnis übertragen, treffen ihn im Rahmen einer möglichen Untreuestrafbarkeit (§ 266 StGB) dieselben Pflichten wie den Insolvenzverwalter im eröffneten Verfahren.[550] Soweit teilweise die Auffassung vertreten wird, dass der vorläufige Insolvenzverwalter nach § 22 II generell vermögensbetreuungspflichtig sei,[551] kann dem in dieser Allgemeinheit nicht gefolgt werden. Richtigerweise ist wie folgt zu differenzieren:[552] Verbleibt dem Schuldner die Verwaltungs- und Verfügungsbefugnis (schwache Insolvenzverwaltung), ist der Verwalter nicht vermögensbetreuungspflichtig, sofern er nicht im Einzelfall faktisch die Geschäftsleitung übernimmt. Ordnet das Gericht einen allgemeinen Zustimmungsvorbehalt, ein besonderes Verfügungsverbot bzw besondere Zustimmungsvorbehalte für einzelne Vermögensgegenstände an, ist der Verwalter vermögensbetreuungspflichtig. Darüber hinaus kommt der Verwalter als tauglicher Täter iSd § 266a StGB in Betracht, wenn er in die Arbeitgeberstellung einrückt, wenn ihm nämlich die Verwaltungs- und Verfügungsbefugnis übertragen wird, im Übrigen nur, wenn ihm vom Insolvenzgericht die Befugnisse eines Arbeitgebers übertragen worden sind (zur arbeitsrechtlichen Stellung des vorläufigen Insolvenzverwalters die Ausführungen → Rn. 113 ff.).[553]

6. Die Vergütung des vorläufigen Insolvenzverwalters. Da die §§ 63–65 ent- **127** sprechend auch für den vorläufigen Insolvenzverwalter gelten (§ 21 II 1 Nr. 1), hat der vorläufige Insolvenzverwalter einen Anspruch auf Vergütung für seine Geschäftsführung und auf Erstattung angemessener Auslagen (§ 63 S. 1). Entgegen der Auffassung des BGH gilt dies auch für den Fall, dass das Insolvenzverfahren nicht eröffnet worden ist, insbesondere ist der vorläufige Insolvenzverwalter hier nicht mit seinem Vergütungsanspruch nicht auf den Rechtsweg vor den ordentlichen Gerichten zu verweisen. Mit Wirkung ab dem 1.3.2012 ist die Neuregelung des § 26a in Kraft getreten (s. hierzu im Einzelnen § 10 Rn. 28 ff.). Für die Vergütung des vorläufigen Insolvenzverwalters ist durch das Gesetz zur Verkürzung des Restschuldbefreiungsverfahrens und zur Stärkung der Gläubigerrechte vom 15.7.2013 (BGBl. I, S. 2379) mit Wirkung ab dem 19.7.2013 dem § 63 ein neuer Absatz 3 angefügt worden. Demnach erhält der vorläufige Verwalter in der Regel 25% der Vergütung des Insolvenzverwalters bezogen auf das Vermögen, auf das sich seine Tätigkeit während des Eröffnungsverfahrens erstreckt (§ 63 III 2); s im Einzelnen hierzu → Rn. 129. Maßgebend für die Wertermittlung ist der Zeitpunkt der Beendigung der vorläufigen Verwaltung oder der Zeitpunkt, ab dem der Gegenstand nicht mehr der vorläufigen Verwaltung unterliegt (§ 63 III 3). Beträgt die Differenz des tatsächlichen Werts der Berechnungsgrundlage der Vergütung zu dem der Vergütung zugrunde gelegten Wert mehr als 20%, so kann das Gericht den Beschluss über die Vergütung des vorläufigen Insolvenzverwalters bis zur Rechtskraft der Entscheidung über die Vergütung des Insolvenzverwalters ändern (§ 63 III 4). Ferner ist die in § 65 geregelte Verordnungsermächti-

---

[548] Hierzu *Tachau* wistra 2005, 449 ff.
[549] S näher zur strafrechtlichen Verantwortlichkeit des Insolvenzverwalters MüKoInsO/*Ott/Vuia* § 80 Rn. 145 ff.
[550] MüKoInsO/*Ott/Vuia* § 80 Rn. 147, 146.
[551] So LK-StGB-*Schünemann* § 266 Rn. 60, 127; *Weyand* ZInsO 2002, 543, 544.
[552] Hierzu *Schramm* NStZ 2000, 398, 400 f.
[553] MüKoInsO/*Ott/Vuia* § 80 Rn. 149 mwN.

gung mit Wirkung ab dem 1.7.14 dahingehend erweitert worden, dass diese auch die Vergütung und die Erstattung der Auslagen des vorläufigen Insolvenzverwalters sowie „das hierfür maßgebliche Verfahren" umfassen soll. Damit sollen die bestehenden Zweifel am Umfang der Verordnungsermächtigung beseitigt und Rechtssicherheit hergestellt werden.[554] Aufgrund der Ermächtigung in § 65 hat der Bundesminister der Justiz eine insolvenzrechtliche Vergütungsverordnung (InsVV) erlassen, die zuletzt durch das Gesetz zur Verkürzung des Restschuldbefreiungsverfahrens und zur Stärkung der Gläubigerrechte vom 15.7.2013 (BGBl. I, S. 2379) mit Wirkung ab dem 19.7.2013 geändert worden ist. Die Tätigkeit des vorläufigen Insolvenzverwalters – gleichgültig ob „starker" oder „schwacher" Verwalter – wird gemäß § 63 III 1 gesondert vergütet, auch wenn er nach Verfahrenseröffnung zum endgültigen Insolvenzverwalter bestellt wird. Eine Verbindung der beiden Vergütungen ist unzulässig.[555] Der Vergütungsanspruch entsteht bereits mit der Aufnahme der Tätigkeit.[556] Unter Geltung des § 11 I 2 InsVV idF der Verordnung vom 4.10.2004 (BGBl I, S. 2569) war das gesicherte und verwaltete Vermögen Berechnungsgrundlage für die Verwaltervergütung, wobei auf den Zeitpunkt der Beendigung des Tätigkeit des vorläufigen Verwalters abgestellt wurde (sog Stichtagsprinzip).[557] Gemäß der durch die Zweite Verordnung vom 21.12.2006 (BGBl. I, S. 3389) eingefügten Regelung in § 11 I 3 InsVV war demgegenüber für die Wertermittlung der Zeitpunkt der Beendigung der vorläufigen Verwaltung oder der Zeitpunkt, ab dem der Gegenstand nicht mehr der vorläufigen Verwaltung unterliegt, maßgebend. Nunmehr ist dieser Grundsatz in § 63 III 3 normiert. Entsprechend § 63 I 2 wird der Regelsatz der Vergütung nach dem Wert der Insolvenzmasse, die beim vorläufigen Insolvenzverwalter dem Wert der verwalteten Masse entspricht, berechnet.[558] Gemäß § 11 I 2 InsVV sind Vermögensgegenstände, an denen bei der Verfahrenseröffnung Aus- oder Absonderungsrechte bestehen, dem Vermögen nach § 11 I 1 InsVV hinzuzurechnen, sofern sich der vorläufige Insolvenzverwalter in erheblichem Umfang mit ihnen befasst;[559] eine Berücksichtigung soll nicht erfolgen, sofern der Schuldner die Gegenstände lediglich aufgrund eines Besitzüberlassungsvertrags hat (hierzu auch → Rn. 129, 131).[560]

128 Im Rahmen des Vergütungsfestsetzungsantrags hat der Verwalter, damit das Gericht die Berechnung der Vergütung nachvollziehen kann, zu der maßgeblichen Berechnungsgrundlage detaillierte Angaben zu machen.[561] Zuständig für die Festsetzung ist das Insolvenzgericht. Funktionell zuständig ist gem. § 18 I Nr. 1 RPflG der Richter. Soweit vereinzelt die Auffassung vertreten wird, dass generell der Rechtspfleger zuständig sei, weil die Vergütungsfestsetzung nicht ausdrücklich dem Richter vorbehalten sei,[562] kann dem nicht gefolgt werden. § 18 I Nr. 1 RPflG weist sämtliche im Eröffnungsverfahren zu treffenden Entscheidungen ungeachtet ihres Gegenstands, also auch die Vergütungsfestsetzung, dem Richter zu.[563] Ein Meinungsstreit herrscht zu der Frage, wie lange die

---

[554] S hierzu K. Schmidt/*Vuia* § 65 Rn. 1; *Haarmeyer/Mock,* InsVV, Vorbem. Rn. 54.
[555] *Uhlenbruck* in Uhlenbruck § 22 Rn. 228.
[556] BGHZ 116, 242 f.; BFH ZIP 1993, 1892, 1894; MünchKommInsO-*Stephan* § 11 InsVV Rn. 22.
[557] BGH NZI 2006, 515; OLG Köln ZIP 2000, 1993; s ferner die Nachweise bei MüKoInsO/*Nowak*[2] § 11 InsVV Rn. 6 in Fn 25, Rn. 7.
[558] OLG Zweibrücken NZI 2000, 314; LG Baden-Baden ZInsO 1999, 301; LG Frankfurt ZInsO 1999, 542; LG Magdeburg ZInsO 1999, 112; LG Potsdam ZInsO 1999, 600; LG Wuppertal ZInsO 1999, 421; LG Göttingen ZInsO 2000, 46; KPB/*Prasser,* § 11 InsVV Rn. 22 ff.; *Haarmeyer/Wutzke/Förster* § 11 InsVV Rn. 39; FK-*Schmerbach* § 21 Rn. 109; unzutr LG Karlsruhe ZInsO 2000, 230 m krit Anm *Haarmeyer*.
[559] Vgl BGH NZI 2006, 515 ff.; BGH NZI 2006, 167 ff.; AG Leipzig NZI 2006, 478ff; *Haarmeyer/Wutzke/Förster,* § 11 InsVV Rn. 53.
[560] MüKoInsO/*Nowak*[2] § 11 InsVV Rn. 9–11.
[561] BGH ZInsO 2006, 143 ff.; BGH ZInsO 2007, 259 f.; *Graeber* ZInsO 2007, 133, 136.
[562] So AG Düsseldorf NZI 2000, 37; AG Düsseldorf ZInsO 2010, 1807 f.
[563] BGH NZI 2010, 977, 979.

Zuständigkeit des Richters fortdauert. Überwiegend wird die Auffassung vertreten, dass § 18 I Nr. 1 RPflG eine zeitliche Abgrenzung in den Sinne treffe, dass ab Eröffnung des Insolvenzverfahrens der Rechtspfleger zuständig ist.[564] Die Gegenmeinung geht davon aus, dass eine sachliche Abgrenzung vorzunehmen ist, weshalb der Richter für sämtliche das Eröffnungsverfahren betreffenden Entscheidungen zuständig wäre und dies auch nach der Verfahrenseröffnung bliebe.[565] Für die zuletzt genannte Meinung spricht, dass der Richter mit dem Eröffnungsverfahren bereits befasst gewesen ist und häufig die für die Festsetzung der Vergütung maßgeblichen Faktoren effizienter erfassen kann. Ferner dürfte es durch das (vorübergehende) Nebeneinander von Richter und Rechtspfleger zu keinen nennenswerten „Reibungsverlusten" kommen, ist dieses doch in zahlreichen anderen Rechtsgebieten (Nachlass, Betreuung etc.) Gang und Gäbe. Jedoch ist unter Zugrundelegung von Wortlaut und Systematik des Gesetzes davon auszugehen, dass der Gesetzgeber eine zeitliche Abgrenzung treffen wollte,[566] weshalb ab der Eröffnung des Verfahrens der Rechtspfleger zuständig ist, sofern der Richter sich die Entscheidung nicht vorbehalten hat (§ 18 II RpflG). Ebenso umstritten ist, ob zu dem Festsetzungsantrag des Verwalters die Insolvenzgläubiger und der Schuldner zu hören sind.[567] In Ermangelung einer spezialgesetzlichen Regelung steht jedem Verfahrensbeteiligten ein verfassungsrechtlicher Anspruch auf Gewährung rechtlichen Gehörs zu, der durch die Festsetzungsentscheidung in einer verfahrensbezogenen Rechtsposition betroffen sein kann.[568] Die Gewährung rechtlichen Gehörs ist der Grundsatz, ein Absehen hiervon die Ausnahme, für die besondere Gründe vorliegen müssen.[569] Gleichwohl wird verbreitet die Auffassung vertreten, das Insolvenzgericht müsse rechtliches Gehör nicht gewähren.[570] Die Gegenauffassung geht zu Recht davon aus, dass grundsätzlich allen von der Festsetzungsentscheidung betroffenen Personen, insbesondere sowohl dem Schuldner als auch den Insolvenzgläubigern, vor der Festsetzung der Vergütung zu dem Antrag des

---

[564] BGH NZI 2010, 977, 978 f.; OLG Zweibrücken NZI 2000, 314; OLG Köln ZIP 2000, 1993, 1995; OLG Naumburg ZIP 2000, 1587; OLG Stuttgart ZInsO 2001, 898; LG Frankfurt ZIP 1999, 1686; LG Göttingen ZIP 2001, 625; LG Baden-Baden NZI 1999, 159; LG Düsseldorf NZI 2000, 182; LG Halle ZIP 1995, 486, 487 m. Anm. *Uhlenbruck*; AG Düsseldorf ZInsO 2000, 54; KPB/*Prasser* § 11 InsVV Rn. 102 f.; *Fuchs* ZInsO 2001, 1033; MüKoInsO/*Riedel* § 64 Rn. 3; *Franke/Burger* NZI 2001, 402, 405; *Holzer*, Die Entscheidungsträger, Rn. 25, 26; *Haarmeyer/Wutzke/Förster*, § 8 InsVV Rn. 15 ff.; *Haarmeyer* Rpfleger 1997, 273; *Blersch/Goetsch/Haas* § 64 Rn. 4; HK-*Eickmann* § 64 Rn. 2; *Braun/Blümle* § 64 Rn. 4; *Vorwerk* NZI 11, 7 f.; *Andres* in Andres/Leithaus § 64 Rn. 3; HambKomm-*Büttner* § 64 Rn. 3; Uhlenbruck/*Mock* § 64 Rn. 8; Jaeger/*Schilken* § 64 Rn. 8; K. Schmidt/*Vuia* § 64 Rn. 9.
[565] So LG Köln Rpfleger 1997, 273; LG Koblenz Rpfleger 1997, 427; LG Rostock ZInsO 2001, 96 [LS]; AG Köln NZI 2000, 143; AG Göttingen NZI 1999, 469; Uhlenbruck ZIP 1996, 1889, 1890; ders. NZI 1999, 289, 292; *ders.* in Uhlenbruck § 22 Rn. 237; Beck/Depré/*Beck*, Praxis der Insolvenz, § 6 Rn. 248; *Keller* DZWIR 2000, 127 f.; FK/*Schmerbach* § 21 Rn. 144; *Vallender* DZWIR 1999, 265, 275; *Ampferl* Rn. 934; Jaeger/*Gerhardt* § 22 Rn. 239; MüKoInsO/*Nowak*² § 64 Rn. 7; MüKoInsO/*Stephan* § 11 InsVV Rn. 81; Graf-Schlicker/*Kalkmann* § 64 Rn. 2.
[566] Zutreffend *Haarmeyer/Wutzke/Förster* § 8 InsVV Rn. 20, 23.
[567] S zum Ganzen K. Schmidt/*Vuia* § 64 Rn. 11 ff. mwN; *Vuia* ZInsO 2014, 1038 ff.
[568] Nach Auffassung des BVerfG folgt der Anspruch für die Tätigkeit des Richters aus Art 103 I GG und für die Tätigkeit des Rechtspflegers aus dem Rechtsstaatsprinzip, vgl BVerfGE 101, 397 = NJW 2000, 1709; aA etwa Jaeger/*Schilken* § 63 Rn. 66, wonach Art. 103 I GG auch für die Tätigkeit des Rechtspflegers Anwendung finden soll.
[569] Zutreffend Jaeger/*Schilken* § 64 Rn. 9 f.
[570] LG Potsdam ZIP 2005, 914; *Vallender*, Kölner Schrift, Kap 5 Rn. 103; *Haarmeyer/Wutzke/Förster* § 8 Rn. 18; BK-*Blersch* § 64 Rn. 10, § 8 InsVV Rn. 23; HambKommInsO/*Büttner* § 64 Rn. 4; Nerlich/Römermann/*Delhaes* § 64 Rn. 5; HK-*Eickmann* § 64 Rn. 5; FK-*Lorenz* § 8 InsVV Rn. 13; Graf-Schlicker/*Mäusezahl*¹ § 64 Rn. 3; MüKoInsO/*Riedel* § 64 Rn. 5; FK-*Schmerbach* § 21 Rn. 151; LSZ/Smid/*Leonhardt* § 64 Rn. 6; Stephan/*Riedel*, InsVV, § 8 Rn. 11; Uhlenbruck/*Mock* § 64 Rn. 7; s ferner die Kommentierung bei § 128 Rn. 44; zur KO ebenso *Dempewolf* DB 1977, 1260 f.; Kuhn/Uhlenbruck § 85 Rn. 16d; *Kilger/K. Schmidt* § 85 Rn. 1h; *Maintzer* KTS 1985, 617, 624 f.

Insolvenzverwalters rechtliches Gehör zu gewähren ist.[571] Auch der IX. Zivilsenat des Bundesgerichtshofs geht davon aus, dass das Insolvenzgericht im Vergütungsfestsetzungsverfahren zu einer Anhörung sowohl des Schuldners als auch der Insolvenzgläubiger verpflichtet ist.[572] Von einer Festsetzungsentscheidung unmittelbar betroffen sein können neben dem Insolvenzschuldner vor allem die Insolvenzgläubiger, die Massegläubiger, die Mitglieder eines (vorläufigen) Gläubigerausschusses, die Staatskasse und sonstige Beteiligte.[573] Lediglich hinsichtlich der Insolvenzgläubiger kann von einer Anhörung abgesehen werden, wenn wegen ihrer großen Anzahl unzumutbare Verfahrensverzögerungen und/oder Kostenbelastungen drohen. In diesem Fall ist rechtliches Gehör durch eine öffentliche Bekanntmachung des Vergütungsfestsetzungsantrags gemäß § 9 zu gewähren.[574] Sieht das Insolvenzgericht von einer Anhörung ab, hat es dies zumindest kurz in dem Festsetzungsbeschluss oder in Form eines Aktenvermerks zu begründen. [575] Im Übrigen hat das Gericht bei Bedenken gegen den Antrag den (vorläufigen) Insolvenzverwalter gemäß § 4 InsO, § 139 ZPO auf diese hinzuweisen.

129 Gemäß § 11 I 2 InsVV erhält der vorläufige Insolvenzverwalter eine Regelvergütung in Höhe von 25 vom Hundert der Vergütung nach § 2 I InsVV.[576] Je nach Art, Dauer und Umfang der Tätigkeit des vorläufigen Insolvenzverwalters sind auf die Regelvergütung Zu- oder Abschläge zu machen (§ 1 III InsVV). Nach Auffassung des BGH ist das System der Vergütungsfestsetzung zweistufig angelegt. Zum Einen gilt die ungekürzte Berechnungsgrundlage, wenn der Verwalter auch nur eine „nennenswerte Verwaltungstätigkeit" entfaltet hat. Zum andern erfolgt eine Korrektur im Wege der Kürzung des Regelbruchteils von 25 Prozent, wenn die Tätigkeit zwar „nennenswert", aber „nicht erheblich" war. Belasten erschwerende Umstände den vorläufigen Verwalter in gleicher Weise wie den endgültigen Insolvenzverwalter, sind die Zuschläge zum Regelsatz grundsätzlich für beide mit dem gleichen Hundertsatz zu bemessen.[577] In Einzelfällen kann die Vergütung auch höher sein als die spätere Vergütung des Verwalters.[578] Im Rahmen der Würdigung konkreter gegebener rechtserheblicher Umstände ist es grundsätzlich Aufgabe des Tatrichters, Vergütungszu- und -abschläge anhand der jeweiligen Tätigkeit zu bemessen.[579] Ein Grundsatz, dass die Vergütung des „starken" vorläufigen Insolvenzverwalters 50 Prozent der Verwaltervergütung beträgt, besteht indes nicht.[580] Richtig ist lediglich, dass bei der Vergütung des „starken" vorläufigen Verwalters von einem grundsätzlichen Ausgangswert von 25 Prozent der Verwaltervergütung ausgegangen werden kann.[581] Hat das Insolvenzgericht angeordnet, dass Verfügungen des Schuldners nur mit Zustimmung des vorläufigen Insolvenzverwalters wirksam sind, rechtfertigt dies allein bei der gesonderten Festsetzung der Vergütung des vorläufigen Verwalters keinen generellen Zuschlag von

---

[571] LG Karlsruhe ZInsO 2009, 2358, 2359 f.; MüKoInsO/*Nowak*² § 64 Rn. 5; *Andres*/Leithaus § 64 Rn. 4; Beck/Depré/*Graeber*, Praxis der Insolvenz, § 51 Rn. 71; *ders.* DZWIR 2007, 460, 461f; *Hess* § 64 Rn. 1; LPB/*Lüke* § 64 Rn. 5, 6; Graf-Schlicker/*Kalkmann* § 64 Rn. 3; FK-*Kind* § 64 Rn. 6; Jaeger/*Schilken* § 64 Rn. 9 f.; FK/*Schmitt* § 64 Rn. 6; ebenso nunmehr *Haarmeyer/Mock*, InsVV, § 8 Rn. 25; zur KO ebenso LG Düsseldorf DB 1977, 1260; eine Anhörung der Gläubiger ohne nähere Begründung grundsätzlich für geboten erachtend LG Braunschweig ZInsO 2012, 506 = ZIP 2012, 838.
[572] BGH ZInsO 2010, 397 = NZI 2010, 395; BGH ZInsO 2012, 1640 = ZIP 2012, 1779; für eine Pflicht zur Anhörung des Schuldners bei einer Vergütungsfestsetzung für den Fall der Nichteröffnung des Verfahrens auch LG Düsseldorf DB 1977, 1260; LG Gießen KTS 1986, 68.
[573] K. Schmidt/*Vuia* § 64 Rn. 11ff.; *Vuia* ZInsO 2014, 1038, 1045 f.
[574] *Vuia* ZInsO 2014, 1038, 1044 f.
[575] K. Schmidt/*Vuia* § 64 Rn. 16.
[576] Zur Bestimmung des vergütungsrechtlichen „Normalfalls" vgl. *Haarmeyer/Wutzke/Förster* § 11 InsVV Rn. 21 ff.; anders nunmehr *Haarmeyer/Mock,* InsVV, § 11 Rn. 59 ff.
[577] BGH ZIP 2004, 2448 = ZInsO 2004, 1350.
[578] LG Bielefeld ZInsO 2004, 1250; AG Göttingen NZI 2005, 271; AG Siegen ZIP 2002, 2054.
[579] BGH ZIP 2003, 1260.
[580] BGH ZIP 2003, 1759; OLG Celle ZInsO 2001, 948; *Uhlenbruck* in Uhlenbruck § 22 Rn. 230.
[581] BGH ZIP 2003, 1759 = ZInsO 2003, 792.

10 Prozent auf den Regelsatz von 25 Prozent der Vergütung des endgültigen Verwalters, vielmehr ist auch hier auf die konkrete Dauer, Art und Umfang der Tätigkeit abzustellen.[582] So kann das Insolvenzgericht bei einer sehr kurzen Dauer des Eröffnungsverfahrens von wenigen Tagen den Prozentsatz von 25 Prozent auf 15 Prozent reduzieren.[583] Handelt es sich nur um eine kurzfristige vorläufige Verwaltung oder um eine vorläufige Verwaltung ohne Verfügungsbefugnisse des Verwalters, ist es im Einzelfall gerechtfertigt, auch bei umfangreicher Haftungsmasse nur eine geringe Vergütung festzusetzen.[584] Ein Zuschlag auf die Vergütung wegen ungeordneter Verhältnisse beim Schuldner ist dann nicht gerechtfertigt, wenn der vorläufige Verwalter sich die notwendigen Kenntnisse schon als Sachverständiger beschafft und dafür eine Vergütung erhalten hat.[585] Auch im Hinblick auf die Art, Dauer und Umfang der Tätigkeit verbietet sich eine schematische Betrachtungsweise. So stellt selbst bei einem „starken" vorläufigen Insolvenzverwalter eine zweimonatige Dauer der vorläufigen Insolvenzverwaltung noch keine erhebliche Abweichung vom Normalfall dar und rechtfertigt deshalb allein keine Heraufsetzung der Vergütung.[586] Insbesondere kann dem vorläufigen Insolvenzverwalter ein Zuschlag zur Regelvergütung nicht allein wegen der langen Dauer des Verfahrens, sondern nur wegen der in dieser Zeit von ihm erbrachten Tätigkeiten gewährt werden.[587] Ein Zuschlag für die Bearbeitung von Aus- und Absonderungsrechten ist nicht schon allein deshalb gerechtfertigt, weil die Höhe der Fremdrechte oder die Anzahl der Berechtigten eine bestimmte Quote erreicht. Vielmehr ist der Zuschlag nur gerechtfertigt, wenn die Bearbeitung den Insolvenzverwalter stärker als in entsprechenden Insolvenzverfahren allgemein üblich in Anspruch genommen hat (→ Rn. 131).[588]

Zuschläge kommen vor allem in Betracht bei einer Unternehmensfortführung.[589] **130** Insbesondere die Prüfung eines vom Schuldnerunternehmen vorgelegten „prepackaged plans" oder die eigene Erstellung eines Insolvenzplans bereits im Eröffnungsverfahren ist bei der Festsetzung der Vergütung zu berücksichtigen.[590] Sie sind auch gerechtfertigt, wenn es sich um schwierige gesellschaftsrechtliche Strukturen handelt oder komplizierte Rechtsfragen zu bewältigen sind.[591] Auch eine erhebliche Mehrarbeit auf Grund einer Postsperre oder die Übertragung der Zustellungen auf den vorläufigen Insolvenzverwalter können Zuschläge rechtfertigen.[592] Fallen im Einzelfall mehrere Zuschläge an, dürfen diese nicht einfach zusammengerechnet werden.[593]

---

[582] BGH ZIP 2003, 1612; MüKoInsO/*Nowak*² § 11 InsVV Rn. 18; nach abw Ansicht des OLG Dresden (ZIP 2002, 1365; ebenso AG Dresden ZIP 2005, 88; LG Potsdam ZInsO 2005, 588) soll dem vorläufigen Verwalter bei Anordnung eines allgemeinen Zustimmungsvorbehalts (§ 21 II 1 Nr. 2 Alt 2) ein pauschaler Zuschlag von 10 Prozent zum Regelsatz von 25 Prozent, also 35 Prozent der fiktiven Vergütung eines endgültigen Insolvenzverwalters zuzubilligen sein. Zur Vergütung bei pauschaler und umfassender Ermächtigung BGH ZIP 2005, 1372.
[583] OLG Celle NZI 2001, 650 = ZInsO 2001, 1003.
[584] OLG Brandenburg ZInsO 2001, 1148; LG Bamberg ZIP 2005, 671; LG Wuppertal ZIP 1998, 1692; *Haarmeyer/Wutzke/Förster* § 11 InsVV Rn. 49–52.
[585] BGH NZI 2004, 448; MüKoInsO/*Stephan* § 11 InsVV Rn. 65.
[586] OLG Celle NZI 2001, 653 = ZInsO 2001, 948.
[587] BGH NZI 2010, 982 f.; offen lassend noch BGH NZI 2008, 544.
[588] BGHZ 146, 165; BGH NZI 2006, 515; BGH NZI 2004, 665; BGH NZI 2003, 603; MüKoInsO-*Nowak*² § 11 InsVV Rn. 21; KPB/*Prasser* § 11 InsVV Rn. 53; FK/*Schmerbach* § 21 Rn. 117.
[589] BGH ZInsO 2006, 257, 258; BGH Köln ZInsO 2002, 873; LG Potsdam ZInsO 2005, 588; LG Göttingen NZI 2001, 665 = ZInsO 2001, 846; LG Münster ZInsO 2013, 841 ff.; LG Wuppertal ZInsO 1998, 286; KPB/*Prasser* § 11 InsVV Rn. 58 ff.; MüKoInsO/*Stephan* § 11 InsVV Rn. 65. Zur Wiederaufnahme eines stillgelegten Betriebs vgl. LG Bielefeld DZWIR 2004, 477 = ZInsO 2004, 1250.
[590] MüKoInsO/*Nowak*² § 11 InsVV Rn. 21 mwN.
[591] OLG Celle ZInsO 2001, 952.
[592] Vgl. BGH NZI 2006, 167; LG München I ZInsO 2002, 275; AG Bonn ZIP 1999, 2167; MüKoInsO/*Stephan* § 11 InsVV Rn. 65 (ab einer Zahl von 100).
[593] So aber LG Braunschweig ZInsO 2001, 555; AG Siegen ZIP 2002, 2055; AG Chemnitz ZIP 2001, 1473.

131 Berechnungsgrundlage iSv § 1 InsVV ist der tatsächliche Wert des verwalteten Vermögens zum Zeitpunkt der Beendigung der vorläufigen Verwaltung bzw zum Zeitpunkt, ab dem der Gegenstand nicht mehr der vorläufigen Verwaltung unterliegt.[594] Von der Frage des Wertermittlungszeitpunkts zu unterscheiden sind die die Bewertung des Schuldnervermögens tragenden Erkenntnisquellen, die bis zum letzten tatrichterlichen Entscheidungszeitpunkt, an dem der Vergütungsanspruch zu berücksichtigen ist, zu nutzen sind.[595] Der Verkehrswert wird aber nur im Fall der Unternehmensfortführung zugrunde gelegt werden können. Im Übrigen ist der Liquidationswert maßgeblich. Missverhältnisse sind im Rahmen der Vergütungsfestsetzung durch Zuschläge auszugleichen, wie zB eine unverhältnismäßig geringe Verwaltungsmasse oder bei Grundstücken, die unter Zwangsverwaltung stehen. Der BGH[596] hat ua folgende Grundsätze für die Vergütungsfestsetzung des vorläufigen Insolvenzverwalters festgelegt: Für die Berechnung der Vergütung ist die „Ist-Masse" maßgeblich. Eine „Deckelung" der Vergütung etwa mit 50 Prozent der Feststellungskosten soll nicht stattfinden. Habe sich der Verwalter mit Aus- oder Absonderungsrechten zu befassen, müsse der vorläufige Verwalter eine nennenswerte Verwaltungstätigkeit auch in Bezug auf die Aus- und Absonderungsrechte entfaltet haben.[597] Dem ist zwischenzeitlich durch § 11 I 4, 5 InsVV Rechnung getragen worden.[598] War die Tätigkeit des vorläufigen Verwalters in Bezug auf Gegenstände, die mit Aus- oder Absonderungsrechten belegt waren, nicht erheblich, so ist ein Abschlag nach § 3 II InsVV gerechtfertigt.[599]

132 Lässt sich das Schuldnervermögen nicht exakt beurteilen, hat auf Grund überprüfbarer Anhaltspunkte eine Schätzung stattzufinden.[600] Stellt sich nach Festsetzung der Vergütung des vorläufigen Insolvenzverwalters heraus, dass die tatsächlichen Werte der Massegegenstände höher oder niedriger sind, sollte nach Auffassung des BGH eine Korrektur durch das Insolvenzgericht grundsätzlich nicht stattfinden.[601] Nicht ausgeschlossen sollte sein, die Korrekturen in einer ergänzenden Feststellung nachträglich zu berücksichtigen.[602] Mit der Neuregelung in § 11 II InsVV sind demgegenüber wesentliche spätere Umstände für eine nachträglich erhöhte oder herabgesetzte Bemessung der Vergütung zu berücksichtigen, wobei das Gesetz als Grenze die Überschreitung der Wertdifferenz zwischen dem tatsächlichen Wert und dem Schätzwert der Vergütungsfestsetzung von 20% für maßgeblich erklärt. Sofern der Festsetzungsbeschluss rechtskräftig geworden ist, kommt allerdings eine Herabsetzung der Vergütung nicht mehr in Betracht. Dass eine Aufhebung rechtskräftiger Beschlüsse möglich sein soll, lässt sich dem Gesetz nicht entnehmen und galt auch schon zuvor nach § 11 II InsVV aF, denn der Verordnungsgeber ist zu einer Durchbrechung der Rechtskraftwirkung nicht ermächtigt.[603] Durch die Neuregelung über die Umsatzsteuer in § 7 InsVV ist die Streitfrage über die Erstattung der Umsatzsteuer beendet worden.[604] Hinsichtlich der Erstat-

---

[594] Vgl. BGHZ 146, 171, 175 f.; OLG Stuttgart ZIP 2001, 2187; OLG Köln NZI 2001, 662; LG Magdeburg ZInsO 1998, 90; Nerlich/Römermann/*Mönning*, § 22 Rn. 256; MüKoInsO/*Stephan* § 11 InsVV Rn. 28 f.
[595] BGH ZIP 2010, 1504; BGH ZInsO 2011, 1128; BGH ZInsO 2011, 2055 f.
[596] BGHZ 146, 165 = NZI 2001, 191 = ZInsO 2001, 165 = ZIP 2001, 296.
[597] Vgl. auch LG Bamberg ZIP 2005, 671; aA LG Traunstein ZIP 2004, 1657.
[598] S. hierzu MüKoInsO/*Stephan* § 11 InsVV Rn. 41 ff.
[599] BGH NZI 2004, 665; BGH ZInsO 2004, 265, 266.
[600] LG Göttingen ZInsO 2003, 26; LG Heilbronn ZIP 2005, 1928.
[601] BGH NZI 2006, 15; ebenso Beck/Depré/*Beck,* Praxis der Insolvenz, Rn. 244.
[602] LG Halle/Saale ZInsO 2000, 410; AG Potsdam ZInsO 2000, 113; Beck/Depré/*Beck,* Praxis der Insolvenz, Rn. 244.
[603] MüKoInsO/*Nowak*² § 11 InsVV Rn. 12.
[604] S hierzu BGH ZIP 2004, 81. Zur Vergütung des Insolvenzverwalters in masselosen Insolvenzverfahren s BGH ZIP 2004, 417 u ZIP 2004, 424 sowie *Keller* ZIP 2004, 633 ff.

Einstweilige Maßnahmen des Insolvenzgerichts 133, 134 § 14

tung der Auslagen gilt § 8 III InsVV.[605] Dem Verwalter steht wegen seiner Vergütung allerdings kein Zinsanspruch zu.[606]

Hinsichtlich der Kosten einer besonderen Haftpflichtversicherung als Auslagen enthält § 4 III 1 InsVV für das eröffnete Verfahren die Regelung, dass grundsätzlich mit der Vergütung auch die Kosten einer Haftpflichtversicherung abgegolten sind. Ist die Verwaltung jedoch mit einem besonderen Haftungsrisiko verbunden, sind die Kosten einer angemessenen zusätzlichen Versicherung als Auslagen zu erstatten (§ 4 III 2 InsVV).[607] Zwar hat der Verordnungsgeber in § 11 InsVV die Auslagen des vorläufigen Insolvenzverwalters nicht einmal erwähnt. Jedoch gilt für den vorläufigen Insolvenzverwalter gemäß § 10 InsVV die Regelung des § 4 III InsVV entsprechend,[608] so dass auch der vorläufige Insolvenzverwalter einen Anspruch auf Erstattung der Haftpflichtprämien hat, wenn die Risiken des Eröffnungsverfahrens diejenigen eines Durchschnittverfahrens nicht unerheblich übersteigen. Gemäß § 23 I 1 GKG ist im Insolvenzverfahren der Antragsteller grundsätzlich Schuldner der Gebühr für das Verfahren. Wird der Antrag abgewiesen oder zurückgenommen, ist der Antragsteller auch Schuldner der in dem Verfahren entstandenen Auslagen (§ 23 I 2 GKG); nur bezüglich der Auslagen nach Nr. 9018 des Kostenverzeichnisses ist Kostenschuldner der Schuldner des Insolvenzverfahrens (§ 23 I 3 GKG). In der Begründung des durch Art. 27 EGInsO geänderten Gerichtskostengesetzes heißt es zu Nr. 8 (§ 50 GKG aF, § 23 GKG nF):[609] „Dabei wird davon ausgegangen, dass die Vorschrift des Absatzes 1 S. 2, nach der bei Abweisung oder Rücknahme des Eröffnungsantrags der Antragsteller Schuldner der im Verfahren entstandenen Auslagen ist, nicht zu der Haftung des Antragstellers für die Vergütung eines vorläufigen Insolvenzverwalters führen kann. Diese Vergütung fällt nicht unter den Begriff der Auslagen. Das Kostenverzeichnis enthält keinen derartigen Auslagentatbestand." Die an den vorläufigen Insolvenzverwalter zu entrichtende Verwaltervergütung gehört daher nicht zu den Kosten des gerichtlichen Verfahrens (→ § 10 Rn. 27).

7. Die Haftung des vorläufigen Insolvenzverwalters. Der Insolvenzverwalter sieht sich in der Regel mit den unterschiedlichen und zum Teil völlig gegensätzlichen Interessen der Verfahrensbeteiligten konfrontiert. Um vor diesem Hintergrund eine ordnungsgemäße Wahrnehmung der Aufgaben zu sichern, sieht das Gesetz die persönliche Haftung des Verwalters vor.[610] Daneben tritt die strafrechtliche Verantwortlichkeit des Verwalter (→ Rn. 126). Gemäß § 21 II 1 Nr. 1 gelten für den vorläufigen Insolvenzverwalter die Haftungsvorschriften der §§ 60, 61, 62 entsprechend.[611] Daneben

---

[605] MüKoInsO/*Stephan* § 11 InsVV Rn. 72 mwN.
[606] BGH ZInsO 2004, 268 f.; OLG Zweibrücken NZI 2002, 434 f.; MüKoInsO/*Stephan* § 11 InsVV Rn. 73; K. Schmidt/*Vuia* § 63 Rn. 29; für einen Anspruch aus § 812 BGB bei einer Bereicherung der Masse *Haarmeyer/Wutzke/Förster* § 8 InsVV Rn. 26; Uhlenbruck/*Mock* § 63 Rn. 512 mwN.
[607] *Uhlenbruck* in Uhlenbruck § 22 Rn. 236; Beck/Depré/*Beck*, Praxis der Insolvenz, § 6 Rn. 245. Nerlich/Römermann/*Mönning* § 22 Rn. 262 halten die Kosten einer zusätzlichen Haftpflichtversicherung immer dann für erstattungsfähig, wenn der Verfügungsberechtigte vorläufig Verwalter zur einstweiligen Unternehmensfortführung verpflichtet ist.
[608] MüKoInsO/*Stephan* § 11 InsVV Rn. 72.
[609] Vgl. *Uhlenbruck*, Das neue Insolvenzrecht, S. 914. Zu den Gerichtskosten im Insolvenzverfahren s. u. zu § 126 sowie Beck/Depré/*Ringstmeier*, Praxis der Insolvenz, § 34 Rn. 81 ff.; *U. Keller*, Vergütung und Kosten im Insolvenzverfahren, 2000. Zum Kostenrisiko des Antragstellers s auch Beck/Depré/*Beck*, Praxis der Insolvenz, § 1 Rn. 72; KPB/*Pape* § 26 Rn. 27 ff.
[610] Vgl. MüKoInsO/*Brandes/Schoppmeyer* § 60 Rn. 1 f.
[611] MüKoInsO/*Haarmeyer* § 22 Rn. 208 ff.; *Pape* ZInsO 2005, 953 ff.; *Thiemann* Rn. 434 ff.; *Haarmeyer/Wutzke/Förster*, Hdb Kap 3 Rn. 465 ff.; *Uhlenbruck* in Uhlenbruck § 22 Rn. 222 ff.; Kraemer/*Vogelsang*, Hdb z Insolvenz, Bd 1 Fach 6 Kap 6 Rn. 171–181; KPB/*Pape* § 22 Rn. 45 ff.; *Vallender* DZWIR 1999, 265, 273 f.; Blersch/Goetsch/*Haas* § 22 Rn. 13; *Haarmeyer* ZInsO 1998, 157 ff.; *Feuerborn* KTS 1997, 171, 206 ff.; *Kirchhof* ZInsO 1999, 365, 366; *Merz* KTS 1989, 277 ff.

können die allgemeinen haftungsrechtlichen Bestimmungen treten, etwa bei Bestehen eines (gesetzlichen) Schuldverhältnisses die Haftung nach § 280 I BGB bzw §§ 311 II, III, 280 I BGB[612] oder bei einer unerlaubten Handlung die §§ 823 ff. BGB.[613] Eine persönliche Haftung des vorläufigen Verwalters kommt etwa in Betracht, wenn er gegenüber einem Geschäftspartner die Zusage macht, er garantiere die Erfüllung der Verbindlichkeit.[614] Nicht ausreichend ist allerdings die Zusage des vorläufigen Verwalters, der Mietzins werde „von ihm" beglichen.[615] Bestätigt der „schwache" vorläufige Insolvenzverwalter gegenüber einem Geschäftspartner des Schuldners, dass die Zahlungen für künftige Leistungen „durch das Insolvenzsonderkonto sichergestellt" seien, ist darin eine Garantieerklärung zu sehen, so dass der Verwalter persönlich für die zugesagten Zahlungen einzustehen hat.[616] Ferner hat der vorläufige Insolvenzverwalter ohne Verfügungsbefugnis den Lieferanten und Neugläubiger darüber aufzuklären, dass die im Eröffnungsverfahren begründeten Verbindlichkeiten keine Masseverbindlichkeiten iSv § 55 II sind. Eine Ausnahme gilt nur bei einer entsprechenden gerichtlichen Ermächtigung zur Begründung von Masseverbindlichkeiten (s. u. Rn. 150 ff.). Zu der Streitfrage, ob der „starke" oder mit Zustimmungsvorbehalt ausgestattete vorläufige Insolvenzverwalter berechtigt ist, die Genehmigung von Belastungsbuchungen im Lastschrifteinziehungsverfahren zu verhindern, s. u. Rn. 179 f.

135 **a)** *Die Haftung des vorläufigen Insolvenzverwalters gemäß § 60.* Gemäß § 60 I 1 ist der Insolvenzverwalter allen Beteiligten zum Schadenersatz verpflichtet, wenn er schuldhaft die Pflichten verletzt, die ihm in seiner Eigenschaft als vorläufiger Insolvenzverwalter nach der InsO obliegen. Zu den „Beteiligten" iSd § 60 I 1 gehören die späteren Insolvenzgläubiger, aus- und absonderungsberechtigte Gläubiger, Massegläubiger, der Schuldner bzw. die Gesellschafter des Schuldnerunternehmens, nicht aber die Vertretungs- und Aufsichtsorgane.[617] Der Verwalter hat für die Sorgfalt eines ordentlichen und gewissenhaften vorläufigen Insolvenzverwalters einzustehen (§ 60 I 2).[618] Insoweit bestehen keine wesentlichen Unterschiede zur Haftung des früheren Sequesters.[619] Der vorläufige Insolvenzverwalter haftet nur für die schuldhafte Verletzung insolvenzspezifischer Pflichten, die ihm gegenüber den Beteiligten obliegen.[620] Die Haftung für die

---

[612] S hierzu OLG Schleswig EWiR 2004, 393 f., *Undritz („schwacher"* vorläufiger Insolvenzverwalter sagt zu, „dass die Kosten für Warenlieferungen aus der Insolvenzmasse übernommen werden"); MüKoInsO/*Brandes/Schoppmeyer* § 60 Rn. 72 ff. mwN.

[613] S etwa BGHZ 100, 346 = NJW 1987, 3133; MüKoInsO/*Brandes/Schoppmeyer* § 60 Rn. 75 ff. mwN.

[614] Vgl. OLG Rostock ZIP 2005, 220; OLG Schleswig NZI 2004, 92; OLG Brandenburg ZIP 1999, 1979; OLG Düsseldorf DZWIR 1999, 208; OLG Frankfurt NZI 2001, 151, 152; AG Neumünster ZIP 2002, 720 = ZInsO 2002, 387; KPB/*Pape* § 22 Rn. 50; *Wiester* NZI 2003, 632 ff.

[615] Vgl. OLG Düsseldorf DZWIR 1999, 208.

[616] OLG Celle NZI 2004, 89 ; krit. Graf-Schlicker/*Voß*, § 22 Rn. 20; s auch BAG ZIP 2009, 1772 ff.

[617] BGH ZIP 1985, 423; MüKoInsO/*Haarmeyer* § 22 Rn. 209; MüKoInsO/*Brandes/Schoppmeyer* § 60 Rn. 68 ff. mwN.

[618] Vgl. *Obermüller/Hess*, InsO Rn. 336 ff.; *Pape* WPrax 1995, 236, 239, *Hess/Pape*, InsO und EG-InsO, Rn. 146; Braun/*Uhlenbruck*, Unternehmensinsolvenz, S. 259 f.; *Uhlenbruck* in Uhlenbruck § 22 Rn. 222; *Pape/Uhlenbruck*, Insolvenzrecht, Rn. 443; MüKoInsO/*Haarmeyer* § 22 Rn. 209; MüKoInsO/ *Brandes/Schoppmeyer* § 60 Rn. 90; Beck/Depré/*Beck*, Praxis der Insolvenz, § 6 Rn. 231. Grundsätzlich auch *Lüke*, Haftung des Insolvenzverwalters in der Unternehmensfortführung, in: H. Prütting (Hrsg.), Insolvenzrecht 1996, RWS-Forum 9, S. 67 ff.

[619] Zur Haftung des vorläufigen Insolvenzverwalters s BGH ZIP 1988, 1411; BGH ZIP 1993, 48; BGH ZIP 1993, 687; MüKoInsO/*Haarmeyer* § 22 Rn. 208 ff.; *Haarmeyer/Wutzke/Förster*, Hdb Kap 3 Rn. 465 ff.; *Uhlenbruck* in Uhlenbruck § 22 Rn. 222 ff.; Kraemer/*Vogelsang*, Hdb z Insolvenz, Bd 1 Fach 2 Kap 6 Rn. 171 ff.; Pohlmann Rn. 369 ff.; *Pape/Uhlenbruck*, Insolvenzrecht, Rn. 442; Beck/Depré/ *Beck*, Praxis der Insolvenz, § 6 Rn. 229 ff.; *Jaffé/Hellert* ZIP 1999, 1204 ff.; *Vallender* DZWIR 1999, 265 ff.; *ders.* ZIP 1997, 345 ff.; *Feuerborn* KTS 1997, 171, 205; *Wiester* ZInsO 1998, 99 ff.; *Bähr* ZIP 1998, 1553 ff.; *Ampferl* Rn. 359 ff.; *Kirchhof* ZInsO 1999, 365 ff.; KPB/*Pape* § 22 Rn. 45 ff.

[620] BGH ZIP 1988, 1411; BGH ZIP 1993, 48; BGH ZIP 1993, 687; OLG Hamburg ZIP 1996, 386; Blersch/Goetsch/*Haas* § 22 Rn. 13; Beck/Depré/*Beck*, Praxis der Insolvenz, § 6 Rn. 231; *Uhlenbruck* in

Nichterfüllung von Masseverbindlichkeiten, die der vorläufige Insolvenzverwalter später im eröffneten Verfahren nicht erfüllen kann, richtet sich nach § 61. Nach den allgemeinen Grundsätzen muss derjenige das Vorliegen der Haftungsvoraussetzungen darlegen und beweisen, der sich darauf beruft, nämlich der Anspruchsteller; der Insolvenzverwalter ist demgegenüber darlegungs- und beweisbelastet für ein Mitverschulden oder die Voraussetzungen eines Vorteilsausgleichs.[621] Nur im Rahmen bestehender Schuldverhältnisse sowie der Haftung nach § 61 S. 1 gilt hinsichtlich des Vertretenmüssens die sich aus § 280 I 2 BGB, § 61 S. 2 InsO ergebende Beweislast zum Nachteil des Verwalters. Ggf. kann der Verwalter allerdings sekundär darlegungsbelastet sein, wenn und soweit Vorgänge betroffen sind, zu denen nur der Verwalter, nicht aber der Anspruchsteller substantiiert vortragen kann. Ein (gesetzliches) Schuldverhältnis iSd § 280 I BGB entsteht allerdings noch nicht alleine durch die Einsetzung des vorläufigen Insolvenzverwalters, weil andernfalls die besonderen Haftungsvoraussetzungen der §§ 60, 61 unterlaufen würden.

136 Der „starke" vorläufige Insolvenzverwalter haftet gemäß § 60 II nicht gemäß § 278 BGB für Verschulden von Angestellten und sonstigen Mitarbeitern des Schuldnerunternehmens, die er zur Erfüllung der ihm obliegenden Pflichten einsetzen muss und die nicht offensichtlich ungeeignet sind.[622] Für den „schwachen" vorläufigen Insolvenzverwalter mit gerichtlicher Kompetenzzuweisung nach § 22 II 1 greift § 60 II nur insoweit ein, als er den Schuldnerbetrieb fortzuführen hat oder ihm das Gericht die Funktionen eines weisungsberechtigten Arbeitgebers überträgt. Setzt der vorläufige Insolvenzverwalter eigene Mitarbeiter im Schuldnerunternehmen ein, haftet er nach § 278 BGB für deren Verschulden.[623] Die Begrenzung der Haftung gemäß § 60 II greift nur ein, wenn der Verwalter nach den Umständen des Falles Angestellte des Schuldners bzw Schuldnerunternehmens einsetzen „muss" (§ 60 II). Hierzu zählen besondere Kenntnisse eines Angestellten, aber auch finanzielle Gründe, die den Verwalter zur Weiterbeschäftigung eines bisherigen Angestellten zwingen. In solchen Fällen trifft den Verwalter nur eine Überwachungspflicht und eine Verantwortlichkeit für Entscheidungen von besonderer Bedeutung (§ 60 II). Gerade im Insolvenzeröffnungsverfahren wird der vorläufige Insolvenzverwalter mit Verwaltungs- und Verfügungsbefugnis in besonderem Maße auf die Mitarbeit der Angestellten und sonstigen Arbeitnehmer des Schuldners angewiesen sein. Seine Haftung greift für das Eröffnungsverfahren demgemäß nur ein, wenn er schuldhaft Mitarbeiter einsetzt, die sich – insbesondere im Zusammenhang mit dem Eintritt der Insolvenz – erkennbar als unfähig zur Erledigung ihrer Aufgaben erwiesen haben.[624] Das Haftungsprivileg bezieht sich nicht auf eine Mitarbeit des Schuldners oder organschaftlichen Vertreters des Schuldnerunternehmens nach § 97 II. Die Grenzen sind in diesem Bereich allerdings fließend.[625] So kann der Geschäftsführer einer GmbH im Rahmen der gesetzlichen Kündigungsfrist und damit im Rahmen seiner Weiterbeschäftigung durchaus verpflichtet sein, über die allgemeine insolvenzrechtliche Mitwirkung des § 97 II hinaus im Unternehmen weiter zu arbeiten. Insoweit kann auch das Haftungsprivileg des § 60 II eingreifen.

137 **b)** *Die Haftung des vorläufigen Insolvenzverwalters für die Nichterfüllung von Masseverbindlichkeiten gemäß § 61.* Gemäß § 22 I 2 Nr. 2 hat der vorläufige Insolvenzverwalter ein

---

Uhlenbruck § 22 Rn. 222, 223; *Haarmeyer* ZInsO 1998, 157 ff.; MüKoInsO/*Haarmeyer* § 22 Rn. 208–211; KPB/*Pape* § 22 Rn. 48; *Vallender* DZWIR 1999, 265, 273 f.; Braun/*Uhlenbruck*, Unternehmensinsolvenz, S. 260; *Kirchhof* ZInsO 1999, 365 ff.; *Pohlmann* Rn. 369 ff.
[621] MüKoInsO/*Brandes/Schoppmeyer* § 60 Rn. 95 aE.
[622] Vgl. *Feuerborn* KTS 1997, 171, 205 f.; *Haarmeyer* ZInsO 1998, 157 ff.
[623] MüKoInsO/*Haarmeyer* § 22 Rn. 212.
[624] *Thiemann* Rn. 440; MüKoInsO/*Haarmeyer* § 22 Rn. 212; *Uhlenbruck* in Uhlenbruck § 22 Rn. 223.
[625] Vgl. *Kirchhof* ZInsO 1999, 365 ff.; KPB/*Pape* § 22 Rn. 9, 10.

§ 14 138   Kapitel II. Das Insolvenzeröffnungsverfahren

Unternehmen, das der Schuldner betreibt, bis zur Entscheidung über die Eröffnung des Insolvenzverfahrens fortzuführen, sofern nicht das Insolvenzgericht einer Stilllegung zustimmt. Die Unternehmensfortführung steht unter dem Gebot der Vermögenserhaltung mit dem Ziel der Haftungsverwirklichung.[626] Für den „starken" vorläufigen Insolvenzverwalter gehen hiermit besondere Haftungsrisiken einher, weil er für die von ihm im Rahmen der Fortführung begründeten Verbindlichkeiten einzustehen hat (§ 61 S. 1). Die Vorschrift des § 61 greift aber auch dann ein, wenn das Insolvenzgericht zwar kein allgemeines Verfügungsverbot verhängt, aber dem „schwachen" vorläufigen Insolvenzverwalter in einem konkreten Einzelfall gestattet, Masseverbindlichkeiten zu begründen.[627] Die Haftung für die Nichterfüllung von Verbindlichkeiten besteht unabhängig davon, ob das Insolvenzverfahren später eröffnet wird oder nicht.[628] Will sich der Verwalter nach § 61 S. 2 entlasten, muss er darlegen, dass er einen „sorgfältig erwogenen Liquiditätsplan" erarbeitet hat, der auf „zutreffenden Anknüpfungstatsachen" beruhen muss.[629] Gerade im Eröffnungsverfahren und zu Beginn einer Fortführung wird es allerdings auch für den „starken" vorläufigen Insolvenzverwalter häufig schwierig sein, diesen Anforderungen zu genügen. Die Haftungsgefahr für den vorläufigen Insolvenzverwalter im Rahmen der Betriebsfortführung ist nicht zuletzt deshalb besonders groß, weil er häufig mit einem ihm in den Produktionsabläufen unbekannten Betrieb sowie ungeordneten Verhältnissen im Rechnungswesen konfrontiert wird.[630] Die Zuordnung der einzelnen Vermögensgegenstände, die unter Eigentumsvorbehalt geliefert worden sind, erfordert einen ebenso intensiven Arbeitsaufwand wie die Feststellung von Absonderungsrechten. Das Haftungsrisiko des vorläufigen Insolvenzverwalters für eine Betriebsfortführung und die Nichterfüllung von Masseverbindlichkeiten lässt sich dabei nur begrenzt durch den Abschluss einer Haftpflichtversicherung absichern.[631]

138 Vor dem Hintergrund der gesetzlichen Fortführungsverpflichtung einerseits sowie der Haftungsrisiken andererseits wird verbreitet die Auffassung vertreten, die Bestimmung des § 61 finde im Eröffnungsverfahren keine oder allenfalls eingeschränkte Anwendung.[632] Nach Auffassung von *Kirchhof*[633] soll die gesetzliche Fortführungspflicht als Rechtfertigungsgrund anzusehen sein, der erst dann entfalle, wenn der vorläufige Verwalter den Stilllegungsantrag schuldhaft verzögere. Eine weitere Grenze seien Kreditbetrugshandlungen nach den §§ 263, 265a StGB. Nach Auffassung von *Kirchhof* muss jeder Geschäftspartner eines vorläufigen Insolvenzverwalters wissen, dass dieser nicht frei ist in der Entscheidung, ob ein Schuldnerunternehmen fortgeführt wird oder nicht. Im Übrigen sei die Frage der Massekostendeckung erst nach einer gewissen Prüfungszeit einigermaßen zuverlässig zu beurteilen, was ein Geschäftspartner ebenfalls wisse. Ein Geschäftspartner, dem dies nicht zuverlässig genug sei, möge Kreditsicherheiten oder eine persönliche Garantie des vorläufigen Verwalters verlangen. Daraus folge, dass jeder Kläger, der den vorläufigen Insolvenzverwalter wegen der Begründung nicht gedeckter Masseverbindlichkeiten auf Schadenersatz in Anspruch nimmt, zunächst einmal darlegen und beweisen müsste, dass der vorläufige Insolvenzverwalter die Verbind-

---

[626] BGH ZInsO 2001, 165; MüKoInsO/*Haarmeyer* § 22 Rn. 89 mwN.
[627] Vgl. auch *Kirchhof* ZInsO 1999, 365, 368; KPB/*Pape* § 22 Rn. 46.
[628] *Haarmeyer/Wutzke/Förster*, Hdb Kap 3 Rn. 469; *Pohlmann* Rn. 374; Kraemer/*Vogelsang*, Hdb z Insolvenz, Bd 1 Fach 2 Kap 6 Rn. 176.
[629] So BGH ZInsO 2005, 205.
[630] Vgl. zB *Feuerborn* KTS 1997, 171, 207; KPB/*Pape* § 22 Rn. 46; *Uhlenbruck* in Uhlenbruck § 22 Rn. 223.
[631] Vgl. *Uhlenbruck* in Uhlenbruck § 22 Rn. 226.
[632] *Uhlenbruck* § 22 Rn. 16; Jaeger/*Gerhardt* § 22 Rn. 212. S auch LG Cottbus NZI 2002, 441; KPB/*Pape* § 22 Rn. 46, 47–49; *Hauser/Hawelka* ZIP 1998, 1261; *Haarmeyer* ZInsO 1998, 197; *Wiester* ZInsO 1998, 99; *Ampferl* Rn. 359 ff.; *Vallender* DZWIR 1999, 265, 274; *ders.* ZIP 1997, 345 ff.
[633] *Kirchhof* ZInsO 1999, 365, 366; im Anschluss an *Wiester* ZInsO 1998, 99, 102 f.

lichkeit begründet hat, nachdem das Insolvenzgericht der Unternehmensstilllegung zugestimmt hat oder die Stilllegungsentscheidung hätte herbeigeführt werden können und müssen, der Rechtfertigungsgrund der gesetzlichen Fortführungspflicht also entfallen sei. Gelinge dieser Beweis, so könne sich der vorläufige Insolvenzverwalter immer noch nach § 61 S. 2 entlasten.[634] *Bähr*[635] will die Problematik dadurch entschärfen, dass die Haftung des vorläufigen Insolvenzverwalters nach § 61 auf Vorsatz und grobe Fahrlässigkeit beschränkt sein soll.[636]

Im Hinblick auf die klare gesetzgeberische Entscheidung für eine Fortführungspflicht des „starken" vorläufigen Verwalters einerseits (§ 22 I 2 Nr. 2) sowie der entsprechenden Anwendung des § 61 andererseits (§ 21 II 1 Nr. 1) kann von einer Unanwendbarkeit des § 61 im Eröffnungsverfahren nicht ausgegangen werden. Diese ginge auch in der Sache zu weit, weil nicht generell davon ausgegangen werden kann, dass der Verwalter für die Begründung von Verbindlichkeiten nicht haften soll. Dem Dilemma, in dem sich der „starke" vorläufige Verwalter in der Eröffnungsphase befindet, ist vielmehr im Rahmen der Auslegung und Anwendung des § 61 S. 2 Rechnung zu tragen.[637] Insbesondere kann der teilweise in der Rechtsprechung vertretenen Auffassung, hinsichtlich der Anwendbarkeit des § 61 sei nicht zwischen „starkem" und „endgültigem" Insolvenzverwalter zu differenzieren,[638] nicht gefolgt werden. Bejaht man eine uneingeschränkte Haftung des vorläufigen Insolvenzverwalters nach § 61 bei nicht gesicherter Finanzierung der Betriebsfortführung, so ist zu befürchten, dass im Zweifel der vorläufige Verwalter die Zustimmung zur Betriebseinstellung einholt und abwartet, bis die Finanzierungsfragen geklärt sind.[639] Das gilt vor allem, wenn erhebliche Kosten für die Beseitigung von Altlasten bereits auf den „starken" vorläufigen Insolvenzverwalter zukommen.[640] Ob und in wie weit der Verwalter bei der Begründung der Verbindlichkeit nicht erkennen konnte, dass die Masse voraussichtlich zur Erfüllung nicht ausreichen würde, ist vielmehr anhand der jeweiligen Umstände des konkreten Einzelfalls und unter Berücksichtigung des Ziels der Fortführungspflicht bis zur Entscheidung über die Eröffnung des Insolvenzverfahrens (§ 22 I 2 Nr. 1) zu beurteilen. Insbesondere ist auf den jeweiligen Verfahrensstand abzustellen. Hierbei lassen sich grob folgende Verfahrensstadien unterscheiden:

Innerhalb einer ersten Phase wird sich der Verwalter nach seiner Bestellung zunächst einen groben Überblick über den wirtschaftlichen Zustand des Schuldnerunternehmens verschaffen. Insbesondere muss der Verwalter sich ein erstes Bild darüber machen, ob für eine Fortführung des Unternehmens zumindest bis zur Entscheidung über die Eröffnung des Insolvenzverfahrens überhaupt eine hinreichende Aussicht besteht. Auch hier ist zu berücksichtigen, dass der Verwalter lediglich für die Sorgfalt eines ordentlichen und gewissenhaften Insolvenzverwalters und nicht etwa für die Sorgfalt eines

---

[634] Vgl. auch *Uhlenbruck* in Uhlenbruck § 22 Rn. 224.
[635] *Bähr* ZIP 1998, 1553, 1562.
[636] Zur Zulässigkeit vertraglicher Haftungsfreizeichnung s *Wallner/Neuenhahn* NZI 2004, 63, 66 f.
[637] Zutr KPB/*Pape* § 22 Rn. 48; *ders.* ZInsO 2003, 1061, 1064 ff.; ebenso nunmehr MüKoInsO/*Haarmeyer* § 22 Rn. 121; ähnlich OLG Brandenburg NZI 2003, 552; LG Cottbus NZI 2002, 441; Blersch/Goetsch/*Haas* § 22 Rn. 13 f.; *Graf-Schlicker* ZIP 2002, 1166, 1171; *Uhlenbruck* in Uhlenbruck § 22 Rn. 224.
[638] Vgl. OLG Brandenburg NZI 2003, 552 ff. m. Anm. *Vallender;* OLG Celle ZIP 2003, 587; LG Cottbus NZI 2002, 441 ff.; *Wallner/Neuenhahn* NZI 2004, 63, 65 f. Nach *Förster* (ZInsO 1998, 268, 269) soll die persönliche Haftung des vorläufigen Insolvenzverwalters nach § 61 zwar nicht tangiert sein, er schlägt jedoch eine Besicherung über Treuhandguthaben vor, die dem Verwalter als Rückversicherung diene; das Treuhandkontenmodell (hierzu o Rn. 61), das vor allem für den „*schwachen*" vorläufigen Insolvenzverwalter entwickelt worden ist, ist indes umstritten; s hierzu AG Hamburg ZIP 2003, 43 = NZI 2003, 153 ff.; AG Hamburg ZIP 2003, 1809, 1810 = ZInsO 2003, 816, 817; *Marotzke* ZInsO 2004, 113 ff. u 178 ff.; *Ampferl* Rn. 377 ff.; *Wiester* NZI 2003, 632 ff.
[639] So zB *Grub* ZIP 1993, 393, 396; *Vallender* ZIP 1997, 345, 349; *Uhlenbruck* FS Hanisch S. 286.
[640] Vgl. VG Hannover NZI 2002, 171 = ZIP 2001, 1727.

Kaufmanns, Geschäftsleiters oder eines Geschäftsmanns einzustehen hat (§ 60 I 2). In dieser frühen Fortführungsphase[641] ist davon auszugehen, dass der Verwalter allenfalls solche Verbindlichkeiten eingehen darf, die für die Fortführung des Unternehmens unerlässlich sind.[642] Geht der Verwalter demgegenüber Verbindlichkeiten ein, mit deren Begründung er bis zum Vorliegen einer fundierten Fortführungsprognose hätte zuwarten können, wird man den Entlastungsbeweis nicht als geführt ansehen können. Ebenso hat der Verwalter darzulegen und ggf. zu beweisen, dass er die Erstellung der Fortführungsprognose mit der erforderlichen Sorgfalt vorangetrieben hat.

141 Innerhalb einer zweiten Phase zwischen Stellung einer (positiven) groben und vorläufigen Fortführungsprognose bis zur Erstellung eines sorgfältig erwogenen Liquiditätsplans wird man dem Verwalter einen gewissen Ermessensspielraum zubilligen müssen. Über die für die Fortführung des Unternehmens notwendigen Verbindlichkeiten hinaus darf der Verwalter in dieser Phase solche Verbindlichkeiten eingehen, die im Hinblick auf die zu erwartende Betriebsfortführung sinnvoll und förderlich erscheinen.

142 Innerhalb einer dritten Phase nach Vorliegen eines Liquiditätsplans bis zur Entscheidung über die Eröffnung des Insolvenzverfahrens ist der Verwalter berechtigt, sämtliche Verbindlichkeiten einzugehen, die unter Zugrundelegung des Liquiditätsplans voraussichtlich getilgt werden können. Dabei hat der Verwalter den Liquiditätsplan fortlaufend zu aktualisieren und zu überprüfen.

143 Unabhängig vom Verfahrensstand darf der Verwalter im Zusammenhang mit der Betriebsfortführung keine Verbindlichkeiten mehr eingehen, sobald er erkennt, dass das Unternehmen nicht fortführungswürdig ist. Andernfalls hat er den Beteiligten den Ausfallschaden zu ersetzen. Ist abzusehen, dass der Eintritt der Masseunzulänglichkeit wahrscheinlicher ist als deren Nichteintritt, ist der vorläufige Insolvenzverwalter schon nach allgemeinen schuldrechtlichen Grundsätzen verpflichtet, den Geschäftspartner zu warnen.[643] Unterlässt oder verzögert der Verwalter die Stellung eines Antrags auf Stilllegung des Unternehmens bei dem Insolvenzgericht, haftet er für alle danach begründeten Verbindlichkeiten für den durch die Verzögerung entstandenen Schaden.[644] Stellt der Verwalter rechtzeitig einen solchen Antrag, haftet er für Verbindlichkeiten, die bis zu einer Entscheidung des Insolvenzgerichts begründet werden, nur unter den allgemeinen Voraussetzungen des § 60 I, weil er alles getan hat, was für die Stilllegung des Unternehmens erforderlich ist.[645] Gleichzeitig hat der vorläufige Insolvenzverwalter die Möglichkeit, analog § 208 I beim Insolvenzgericht die Masseunzulänglichkeit anzuzeigen.[646] Solange das Insolvenzgericht der Stilllegung noch nicht zugestimmt hat, besteht die Fortführungspflicht fort. Da der Verwalter aber erkannt hat, dass die Masseverbindlichkeiten nicht mehr getilgt werden können und einen entsprechenden Antrag auf Zustimmung zur Unternehmensstilllegung gestellt hat, hat der den Entlastungsbeweis nach § 61 S. 2 geführt.[647] Stimmt das Insolvenzgericht der Stilllegung zu, entfällt die gesetzliche Fortführungspflicht,[648] was zur Folge hat, dass der Verwalter für alle danach begründeten Verbindlichkeiten haftet.

144 Versagt das Gericht seine Zustimmung zur Stilllegung des Unternehmens und ist der vorläufige Insolvenzverwalter deshalb gezwungen, das Insolvenzunternehmen bis zur

---

[641] *Ampferl* Rn. 386 ff., 404 ff. spricht von einer „Orientierungsphase".
[642] Zu weitgehend *Ampferl* Rn. 386 ff., 404 ff., der hier eine Haftung mangels Verschuldens für ausgeschlossen erachtet.
[643] So zB *Pohlmann* Rn. 371; MüKoInsO/*Haarmeyer* § 22 Rn. 210.
[644] MüKoInsO/*Haarmeyer* § 22 Rn. 123.
[645] Vgl. *Kirchhof* ZInsO 1999, 365, 367.
[646] *Ampferl* Rn. 823 f.
[647] *Ampferl* Rn. 823 f.; iE ebenso *Kirchhof* ZInsO 1999, 365, 367. Vgl. auch *Wieter* ZInsO 1998, 100, 102; *Lüke*, in: H. Prütting (Hrsg.), RWS-Forum 9, S. 67, 81 ff.; Kraemer/*Vogelsang*, Hdb z Insolvenz, Bd 1 Fach 2 Kap 6 Rn. 177 ff.; MüKoInsO/*Haarmeyer* § 22 Rn. 123.
[648] *Kirchhof* ZInsO 1999, 365, 367 (Fortführungspflicht als Rechtfertigungsgrund).

Verfahrenseröffnung bzw. bis zum Berichtstermin fortzuführen, ist zweifelhaft, ob der Verwalter für danach begründete Verbindlichkeiten nach § 61 haftet.[649] In diesem Fall soll § 61 nicht mehr eingreifen und an dessen Stelle die Haftung des Insolvenzgerichts bzw. Landes nach § 839 BGB iVm Art. 34 GG treten.[650] Hat der Verwalter nach negativer Prüfung der Fortführungswürdigkeit einen Antrag auf Zustimmung zur Unternehmensstilllegung gestellt, ist er, wie dargelegt, seinen sich aus § 61 ergebenden Pflichten nachgekommen und er kann den Entlastungsbeweis führen. Dementsprechend ist hier von vornherein nur noch Raum für eine Amtshaftung, wenn und soweit das Insolvenzgericht bei der weiteren Behandlung des Antrags pflichtwidrig handelt, also etwa die Zustimmung zur Stilllegung trotz fehlender Fortführungswürdigkeit ablehnt oder die Entscheidung über den Antrag ohne hinreichenden Grund verzögert wird.

Die mit der hier vertretenen, nach dem jeweiligen Verfahrensstand und den besonderen Umständen des Einzelfalls differenzierenden Ansicht einhergehenden Darlegungs- und Beweisschwierigkeiten lassen sich in der Praxis dadurch handhaben, dass der vorläufige Insolvenzverwalter darlegungs- und beweisbelastet ist für die Voraussetzungen des § 61 S. 2. Um diesen nachkommen zu können, wird der Verwalter die einzelnen Verfahrensstadien und seine damit einhergehenden Prüfungen und Ergebnisse schriftlich dokumentieren müssen. Kommt der Verwalter dem nicht nach, wird er im Prozess regelmäßig schon nicht hinreichend substantiiert zu den Voraussetzungen des § 61 S. 2 vortragen können. Der Anspruchsteller, der weder Einblick in die Unternehmensinterna noch die Entscheidungsprozesse des Verwalters und dessen Tätigkeit hat, kann sich im Prozess auf ein Bestreiten mit Nichtwissen (§ 138 IV ZPO) beschränken. **145**

Die Haftung des Verwalters gemäß § 61 gilt uneingeschränkt auch für den „schwachen" vorläufigen Insolvenzverwalter, der vom Gericht zur Begründung von Masseverbindlichkeiten ermächtigt worden ist.[651] Nach Auffassung des BGH[652] kann ein Insolvenzgericht jedenfalls in Verbindung mit dem Erlass eines besonderen Verfügungsverbots den vorläufigen Insolvenzverwalter ermächtigen, einzelne, im Voraus festgelegte Verpflichtungen zu Lasten der späteren Insolvenzmasse einzugehen (s hierzu u Rn. 152). Hierbei ist allerdings zu berücksichtigen, dass der „schwache" vorläufige Insolvenzverwalter zur Betriebsfortführung nicht verpflichtet ist. Begründet er im Zusammenhang hiermit Verbindlichkeiten, kommen die oben dargelegten Grundsätze daher nicht zur Anwendung, vielmehr wird der Verwalter Masseverbindlichkeiten nur dann eingehen dürfen, wenn deren Erfüllung hinreichend sichergestellt ist. Nach welchen Kriterien das Insolvenzgericht die Ermächtigung zur Begründung von Masseverbindlichkeiten nach § 22 II erteilen sollte, ist bislang noch nicht entschieden worden.[653] **146**

8. Zwangsmaßnahmen und Entlassung des vorläufigen Insolvenzverwalters. **147**
Nach §§ 21 II 1 Nr. 1, 59 kann das Insolvenzgericht den vorläufigen Verwalter aus wichtigem Grund aus dem Amt entlassen.[654] Eine Entlassung aus dem Amt kommt etwa dann in Betracht, wenn sich der Verwalter als ungeeignet erweist oder schwere Pflichtverletzungen bzw. offensichtliche Amtsunfähigkeit festgestellt wird.[655] Im Rahmen sei-

---

[649] Vgl. dazu MüKoInsO/*Haarmeyer* § 22 Rn. 123; *Haarmeyer/Wutzke/Förster*, Hdb Kap 3 Rn. 434; *Kirchhof* ZInsO 1999, 365, 366 f.; *Ampferl* Rn. 823 ff.; Blersch/Goetsch/*Haas* § 22 Rn. 17; *Uhlenbruck* in Uhlenbruck § 22 Rn. 225.
[650] *Uhlenbruck* § 22 Rn. 225; MüKoInsO/*Haarmeyer* § 22 Rn. 123; *Ampferl* Rn. 824; *Haarmeyer/Wutzke/Förster*, Hdb Kap 3 Rn. 434; Nerlich/Römermann/*Mönning* § 22 Rn. 191.
[651] KPB/*Pape* § 22 Rn. 46; *Kirchhof* ZInsO 1999, 365, 368; MüKoInsO/*Haarmeyer* § 22 Rn. 211.
[652] BGHZ 151, 353, 365 ff.
[653] S zu den einzelnen Kriterien *Kirchhof* ZInsO 2004, 57, 59 f.
[654] S zu den Entlassungsgründen im Einzelnen MüKoInsO/*Graeber* § 59 Rn. 16 ff. mwN.
[655] Vgl. Hess/Pape, InsO und EGInsO, Rn. 49; *Pohlmann* Rn. 245; *Uhlenbruck* KTS 1989, 229, 246; Uhlenbruck/*Delhaes* HRP Rn. 355; KPB/*Pape* § 22 Rn. 8; Kraemer/*Vogelsang*, Hdb z Insolvenz, Bd 1 Fach 6 Kap 6 Rn. 131; *Mönning*, Kölner Schrift, S. 375, 378 Rn. 14.

ner Überwachungspflicht hat das Gericht im Einzelfall zu prüfen, ob die Androhung und Festsetzung von Zwangsgeld nach § 58 II 1 ausreicht, um den Verwalter zur Erfüllung seiner Pflichten anzuhalten. Das einzelne Zwangsgeld darf den Betrag von 25 000 EUR nicht übersteigen (§ 58 II 2). Der Verwalter kann sich gegen die Festsetzung von Zwangsgeld mit der sofortigen Beschwerde wehren (§ 58 II 3). Im Eröffnungsverfahren kommt eine Entlassung aus dem Amt nur von Amts wegen in Betracht, ggf. auch auf einen Antrag (Anregung) des Verwalters hin. Die Entlassung aus dem Amt ist nur zulässig, wenn die Erfüllung der Verwalterpflichten nicht mit den Mitteln des § 58 II durchgesetzt werden kann. Neben Verhinderungen aus persönlichen Gründen, wie zB durch schwere Krankheit, kommen als Entlassungsgründe vor allem unredliche Zusammenarbeit des Verwalters mit bestimmten Gläubigern oder Gläubigergruppen in Betracht oder strafbare Handlungen.[656] Es hat sich in der Praxis als schwierig erwiesen, die Anforderungen an den Nachweis von Pflichtverletzungen des Verwalters exakt zu bestimmen. Einerseits kann der „bloße Schein einer pflichtwidrigen Zusammenarbeit mit bestimmten Gläubigern noch kein ausreichender Entlassungsgrund sein, andererseits darf auch nicht der voll strafrechtlich verwertbare Nachweis von Unregelmäßigkeiten verlangt werden, weil sonst das auf Schnelligkeit angelegte Entlassungsverfahren viel zu schwerfällig werden würde".[657] Ein wichtiger Grund für die Abberufung des vorläufigen Insolvenzverwalters liegt im Regelfall nur vor, wenn die Beibehaltung des Verwalters unzumutbar für die Beteiligten ist und die Beanstandung nicht durch ein milderes Mittel, wie zB durch eine formlose Abmahnung, aus der Welt zu schaffen ist.[658] Die Entlassung des vorläufigen Verwalters auf Grund bloßer Verdachtsmomente ist unzulässig.[659] Ein Abberufungsgrund ist ua gegeben bei beleidigendem Verhalten des Verwalters,[660] nicht dagegen, wenn der vorläufige Insolvenzverwalter eine Abwicklung des Verfahrens nach dessen Eröffnung erörtern will.[661] Die Entlassung des vorläufigen Insolvenzverwalters ist auch möglich, wenn das Vertrauensverhältnis zwischen Verwalter und Gericht in einem Maße zerstört oder zerrüttet ist, dass ein gedeihliches Zusammenwirken ausgeschlossen ist.[662] Die Zerstörung oder Zerrüttung des Vertrauensverhältnisses darf aber nicht allein auf Differenzen zwischen dem Verwalter und dem Insolvenzgericht beruhen, insbesondere darf § 59 nicht dazu dienen, einen als unliebsam empfundenen Verwalter durch eine andere Person zu ersetzen.[663] Ein „wichtiger Grund" für die Entlassung des vorläufigen Verwalters kann ferner die fehlende Haftungsbonität sein.[664] Da das

---

[656] *Uhlenbruck* in Uhlenbruck § 22 Rn. 5; *Mönning*, Kölner Schrift, S. 375, 378 Rn. 14; *Pohlmann* Rn. 245; KPB/*Pape* § 22 Rn. 44; *Vallender* DZWIR 1999, 265, 274. Vgl. zum alten Recht OLG Köln ZIP 1986, 1261 = EWiR 1986, 1011 *(Dempewolf);* Kuhn/*Uhlenbruck* § 106 KO Rn. 25; *Smid* ZIP 1995, 1137, 1141; *Pape* DtZ 1995, 409 f. u 218, 221; *Holzer,* Die Entscheidungsträger im Insolvenzverfahren, Rn. 419.

[657] Vgl. *Hess/Pape,* InsO und EGInsO, Rn. 49; *Uhlenbruck* § 22 Rn. 5; *ders.* KTS 1989, 229, 249 (Fn 63); *Pohlmann* Rn. 246.

[658] So wörtlich Kilger/*K. Schmidt* § 8 GesO Anm. 3. Instruktiv auch LG Halle ZIP 1994, 572; *Schmittmann* ZInsO NZI 2004, 239 ff.

[659] LG Halle ZIP 1993, 1739; *Pohlmann* Rn. 246; *Pape* EWiR 1993, 1203; *Uhlenbruck* in Uhlenbruck § 22 Rn. 5; Kraemer/*Vogelsang,* Hdb z Insolvenz, Bd 1 Fach 2 Kap 6 Rn. 197; aA *Carl* DZWIR 1994, 78, 80.

[660] OLG Zweibrücken ZInsO 2000, 611.

[661] OLG Köln NJW-RR 1987, 124; *Uhlenbruck* § 22 Rn. 5.

[662] OLG Zweibrücken NJW-RR 2001, 631 = NZI 2000, 534, 535; *Uhlenbruck* in Uhlenbruck § 22 Rn. 5; *Pohlmann* Rn. 246.

[663] LG Stendal ZInsO 1999, 233; MüKoInsO/*Graeber* § 59 Rn. 35; zwischen der Zerstörung des Vertrauensverhältnisses zwischen Gericht u Verwalter und persönlichen Differenzen zwischen Insolvenzrichter und vorläufigem Verwalter unterscheidend auch MüKoInsO/*Haarmeyer* § 22 Rn. 216. S auch *Haarmeyer/Wutzke/Förster,* Hdb Kap 3 Rn. 478 ff. u Kap 5 Rn. 54 ff. Vgl. auch AG Halle-Saalekreis ZIP 1993, 1669; LG Halle ZIP 1993, 1739, 1740.

[664] *Pohlmann* Rn. 247; *Uhlenbruck* in Uhlenbruck § 22 Rn. 5.

Gericht – anders als früher nach § 78 II KO – heute nicht mehr die Möglichkeit hat, einem Verwalter die Leistung einer Sicherheit aufzuerlegen, muss es die Möglichkeit haben, eine ausreichende Absicherung der Haftung etwa durch den Abschluss einer Berufshaftpflichtversicherung zu verlangen, die auch die Tätigkeit des vorläufigen Insolvenzverwalters abdeckt.[665]

VII. Die Rechtsstellung des vorläufigen Insolvenzverwalters mit Verwaltungs- und Verfügungsbefugnis

1. Inbesitznahme des Schuldnervermögens und Herausgabevollstreckung.

148 Zu den allgemeinen Pflichten eines jeden vorläufigen Insolvenzverwalters gehört die Sicherungs- und Erhaltspflicht (s.o. Rn. 76). Zur Sicherung und Erhaltung der Haftungsmasse gehört zunächst, dass der vorläufige Insolvenzverwalter das zu verwaltende Vermögen unverzüglich in Besitz nimmt. Soweit der Verwalter Besitz ergreift, wird er unmittelbarer Fremdbesitzer iSv § 854 I BGB. Der Schuldner dagegen bleibt mittelbarer Eigenbesitzer gemäß §§ 868, 872 BGB.[666] Weigert sich der Schuldner, dem vorläufigen Insolvenzverwalter den Besitz zu übertragen, ist dieser berechtigt, die Herausgabevollstreckung nach den §§ 883 ff. ZPO zu betreiben. Vollstreckungstitel iSv § 794 I Nr. 3 ZPO ist der Anordnungsbeschluss.[667] Nimmt der vorläufige Insolvenzverwalter einzelne Vermögensgegenstände in Besitz und bestreitet der Schuldner die Zugehörigkeit zur Haftungsmasse oder wendet er sich gegen die Art und Weise der Zwangsvollstreckung, steht ihm das Rechtsmittel der Vollstreckungserinnerung nach § 766 ZPO zu.[668] Als weitere Maßnahmen der Sicherung kommen neben der Inbesitznahme in Betracht: die Inventarisierung des Schuldnervermögens,[669] die Siegelung[670] sowie die Versicherung der Masse.[671] Die durch Versicherungsschutz entstehenden Aufwendungen sind Masseverbindlichkeiten iSv § 55 II.[672]

149 Zur Sicherung von Immobilien ist nicht notwendig, dass sich der Verwalter durch Übergabe der Schlüssel den Besitz einräumen lässt. Dennoch ist der vorläufige Verwalter berechtigt, sich bereits am Tag seiner Ernennung sämtliche Schlüssel zum Betriebsgelände sowie zu den Verwaltungsgebäuden aushändigen zu lassen.[673] Oftmals empfiehlt es sich, sämtliche Schlösser der Zugänge und Gebäude des Betriebsgeländes auszuwechseln. Der vorläufige Verwalter hat aber auch die Möglichkeit, einzelne oder sämtliche Gegenstände beim Schuldner sowie bei Dritten zu belassen, so lange von deren Herausgabebereitschaft ausgegangen werden kann.[674] Das Recht auf Besitznahme erfasst nicht

---

[665] Pohlmann Rn. 247.
[666] Pohlmann Rn. 119; HK/Kirchhof § 22 Rn. 9; MüKoInsO/Haarmeyer § 22 Rn. 39; Uhlenbruck in Uhlenbruck § 22 Rn. 19; Kraemer/Vogelsang, Hdb z Insolvenz, Bd 1 Fach 2 Kap 6 Rn. 93; Thiemann Rn. 205; Beck/Depré/Beck, Praxis der Insolvenz, § 6 Rn. 82 ff.
[667] Vgl. Uhlenbruck in Uhlenbruck § 22 Rn. 19; Uhlenbruck, Kölner Schrift, S. 346 Rn. 19; Jaeger/Gerhardt § 22 Rn. 30; Pohlmann Rn. 120 ff.; Lohkemper ZIP 1995, 1641, 1649; Vallender DZWIR 1999, 265, 270; KPB/Pape § 22 Rn. 86; Thiemann Rn. 207; MüKoInsO/Haarmeyer, § 22 Rn. 180; HK/Kirchhof § 22 Rn. 9.
[668] BGH NJW 1962, 1392; AG Duisburg ZInsO 2005, 105; Uhlenbruck KTS 1982, 201, 206; MüKoInsO/Haarmeyer, § 22 Rn. 41.
[669] MüKoInsO/Haarmeyer, § 22 Rn. 42; Uhlenbruck in Uhlenbruck § 22 Rn. 21; K. Schmidt/Uhlenbruck/Wellensiek, Die GmbH in Krise, Sanierung und Insolvenz, Rn. 636; Pohlmann Rn. 130; Thiemann Rn. 210.
[670] Thiemann Rn. 216 f.; Uhlenbruck § 22 Rn. 45; Nerlich/Römermann/Mönning, § 22 Rn. 33; Pohlmann Rn. 129.
[671] Vgl. BGHZ 105, 230, 237; OLG Köln ZIP 1982, 977; OLG Bremen ZIP 1988, 846; MüKoInsO/Haarmeyer, § 22 Rn. 47; Thiemann Rn. 280.
[672] MüKoInsO/Haarmeyer, § 22 Rn. 47; Thiemann Rn. 220; Haarmeyer/Wutzke/Förster, Hdb Kap 3 Rn. 344.
[673] Vgl. Beck/Depré/Beck, Praxis der Insolvenz, § 6 Rn. 83; Ampferl Rn. 302.
[674] Vgl. OLG Hamburg ZIP 1996, 386, 387; Ampferl Rn. 303.

das unpfändbare Vermögen des Schuldners mit Ausnahme der Geschäftsbücher. Dem vorläufigen Insolvenzverwalter stehen die Besitzschutzrechte des unmittelbaren Besitzers nach den §§ 859, 861 ff., 1007 BGB zu.[675] Auch dem Schuldner als mittelbarem Besitzer stehen im Eröffnungsverfahren die Besitzschutzrechte nach den §§ 864, 861, 862 BGB zu, wenn und soweit seine Rechte durch Dritte gestört werden. Da er jedoch durch das Verfügungsverbot zur gerichtlichen Geltendmachung nicht berechtigt ist, kann er seine Rechte nur im Wege der Selbsthilfe nach den §§ 227 ff., 859 BGB ausüben.[676] Zur gewaltsamen Besitzergreifung ist der vorläufige Insolvenzverwalter nicht befugt. Widersetzt sich der Schuldner bzw. widersetzen sich die organschaftlichen Vertreter der Inbesitznahme des Vermögens durch den vorläufigen Verwalter, kann dieser die Herausgabevollstreckung nach den Vorschriften der §§ 883, 885 ZPO betreiben (s. o. Rn. 148).[677]

150   2. Vom vorläufigen Insolvenzverwalter begründete Verbindlichkeiten. Insbesondere im Zusammenhang mit einer Fortführung des Schuldnerunternehmens besteht für den vorläufigen Insolvenzverwalter das Bedürfnis, neue Verbindlichkeiten einzugehen, sei es zur Sicherung bzw. Herbeiführung von Liquidität, sei es überhaupt zur Aufrechterhaltung des Schuldnerbetriebs, insbesondere zur Sicherung der Grundversorgung.[678] Liquidität wird ein vorläufiger Insolvenzverwalter mit Verwaltungs- und Verfügungsbefugnis aber praktisch nur schaffen können, wenn die von ihm begründeten Verbindlichkeiten in einem nachfolgenden eröffneten Insolvenzverfahren privilegiert sind. Während unter Geltung der KO überwiegend die Auffassung vertreten wurde, dass die von einem Sequester begründeten Verbindlichkeiten in einem späteren Konkurs lediglich Konkursforderungen und keine Masseschulden sind,[679] sieht § 55 II vor, dass Verbindlichkeiten, die von einem vorläufigen Insolvenzverwalter begründet worden sind, auf den die Verfügungsbefugnis über das Vermögen des Schuldners übergegangen ist, nach Eröffnung des Verfahrens Masseverbindlichkeiten sind. Gleiches gilt für Verbindlichkeiten aus einem Dauerschuldverhältnis, soweit der vorläufige Insolvenzverwalter für das von ihm verwaltete Vermögen die Gegenleistung in Anspruch genommen hat (§ 55 II 2). Auch wenn der vorläufige Insolvenzverwalter damit dem Gläubiger eine gewisse Sicherstellung aus der Insolvenzmasse verschaffen kann, darf doch nicht verkannt werden, dass für den Fall der Abweisung mangels Masse (§ 26 I 1), der späteren Einstellung mangels Masse (§ 207 I 1) oder bei Masseunzulänglichkeit (§§ 208, 209) dem Massegläubiger die Vorzugsstellung wenig nützt. Bei Abweisung oder Einstellung mangels Masse erhält er nichts. Die Befugnis des vorläufigen Insolvenzverwalters nach § 25 II, vor der Aufhebung seiner Bestellung noch „Masseverbindlichkeiten" zu berichtigen (s hierzu o Rn. 17 ff.), bringt im Regelfall mangels vorhandener Masse nichts. Bei Masseunzulänglichkeit greift im eröffneten Verfahren der Verteilungsschlüssel des § 209 ein, wobei die Verfahrenskosten und Masseverbindlichkeiten iSv § 209 I Nr. 2 vorgehen. Mit den übrigen Massegläubigern gemäß §§ 55, 123 II muss der Kreditgeber teilen, so dass ein Kreditinstitut, das im Eröffnungsverfahren Kredit gewährt, sorgfältig

---

[675] *Thiemann* Rn. 206; *Beck/Depré/Beck,* Praxis der Insolvenz, § 6 Rn. 82; MüKoInsO/*Haarmeyer,* § 22 Rn. 39.
[676] MüKoInsO/*Haarmeyer,* § 22 Rn. 39.
[677] Vgl. *Ampferl* Rn. 312 ff.; *Thiemann* Rn. 207; *Uhlenbruck* § 22 Rn. 19; *Beck/Depré/Beck,* Praxis der Insolvenz, Rn. 84; KPB/*Pape* § 22 Rn. 86; MüKoInsO/*Haarmeyer,* § 22 Rn. 180; Jaeger/*Gerhardt* § 22 Rn. 31. Insoweit kommen die gleichen Grundsätze zur Anwendung, die für den früheren Sequester entwickelt worden sind. Vgl. hierzu *Lohkemper* ZIP 1995, 1641, 1649; *Kuhn/Uhlenbruck,* § 106 KO Rn. 13; Kilger/*K. Schmidt* § 106 KO Anm. 4.
[678] Vgl. MüKoInsO/*Haarmeyer* § 22 Rn. 65.
[679] BGHZ 97, 87 = ZIP 1986, 448 = JZ 1986, 694 m. Anm. *Henckel;* OLG Düsseldorf ZIP 1984, 92 u 728 m. Anm. *Eickmann; Uhlenbruck* KTS 1990, 15, 23; Kuhn/*Uhlenbruck* § 106 KO Rn. 15; Kilger/ *K. Schmidt* § 106 Anm. 4; MüKoInsO/*Haarmeyer* § 22 Rn. 66.

prüfen muss, ob die Befriedigung der Masseverbindlichkeiten gewährleistet ist. Es bleibt dann noch die Haftung des vorläufigen Insolvenzverwalters gemäß § 61. Gerade wegen der damit einhergehenden nicht unerheblichen Haftungsrisiken muss aber bezweifelt werden, dass das mit der Einführung des § 55 II verfolgte Ziel erreicht werden kann.[680] Lediglich für das Insolvenzgeld hat der Gesetzgeber dem Rechnung getragen. Durch das InsOÄndG 2001 haben nach dem neu eingefügten § 55 III die auf die Bundesanstalt für Arbeit übergegangenen Entgeltansprüche der weiterbeschäftigten Arbeitnehmer im eröffneten Verfahren nur noch den Rang von Insolvenzforderungen (s hierzu o Rn. 96 ff.).[681] Ob den Problemen der Praxis durch eine teleologische Reduktion des § 55 II begegnet werden kann, wie es teilweise in der Literatur gefordert wird, ist zweifelhaft.[682]

151 Die Bestimmung des § 55 II gilt auch für gesetzliche Verbindlichkeiten wie zB für Steuerschulden, die durch Rechtshandlungen des „starken" vorläufigen Insolvenzverwalters begründet werden.[683] Im Übrigen stellt § 55 II eine Sondernorm für den „starken" vorläufigen Insolvenzverwalter dar. Demzufolge ist diese Vorschrift lex specialis gegenüber § 108 II, der insoweit keine Anwendung findet.[684] Nimmt der „starke" vorläufige Insolvenzverwalter im Eröffnungsverfahren ein Massedarlehen auf, ist der Rückforderungsanspruch ebenfalls nach § 55 II im eröffneten Verfahren als Masseverbindlichkeit privilegiert. Streitig ist dabei, ob der Verwalter zur Aufnahme eines Massedarlehens die Zustimmung des Schuldners, eines im Rahmen des § 21 I eingesetzten Gläubigerausschusses (s hierzu → Rn. 165) oder des Insolvenzgerichts einzuholen hat.[685] Der sich aus § 160 II Nr. 2 für das eröffnete Verfahren ergebende Gläubigerschutzgedanke muss auch im Eröffnungsverfahren wirken und zwar auch dann, wenn man die Möglichkeit, einen vorläufigen Gläubigerausschuss gemäß § 21 I zu bestellen, ablehnt. Für Maßnahmen des vorläufigen Insolvenzverwalters, die im Rahmen des § 160 der Zustimmung des Gläubigerausschusses bedürfen, ist im Eröffnungsverfahren die Zustimmung des Insolvenzgerichts oder – soweit vorhanden – eines Gläubigerausschusses einzuholen und gemäß § 161 S. 1 analog der Schuldner zuvor anzuhören.[686] Ein unter Verstoß hiergegen von dem Verwalter abgeschlossener Kreditvertrag ist gemäß § 164 analog wirksam, jedoch kommen in diesem Fall aufsichtsrechtliche Maßnahmen des Insolvenzgerichts in Betracht, ferner haftet der Insolvenzverwalter.[687]

152 Die von einem „schwachen" vorläufigen Insolvenzverwalter begründeten Verbindlichkeiten sind nicht durch § 55 II privilegiert, sondern einfache Insolvenzforderungen iSv. 38. Dasselbe gilt, wenn das Gericht einen Zustimmungsvorbehalt angeordnet hat.[688] Auch wenn § 55 II 2 weder unmittelbar noch entsprechend auf Rechtshandlungen eines „schwachen" vorläufigen Insolvenzverwalters anwendbar ist, kann das In-

---

[680] Vgl. MüKoInsO/*Haarmeyer* § 22 Rn. 68; vgl. auch *Smid* EWiR 1993, 479, 480.
[681] Krit. hierzu *Pape* ZInsO 2001, 587, 594; eingehend zum Meinungsstand vor Inkrafttreten des § 55 III s *Heinke* S. 151 ff.
[682] Vgl. zur teleologischen Reduktion des § 55 II *Thiemann* Rn. 298; *Heinke* S. 151 ff.; befürwortend auch Beck/Depré/*Beck,* Praxis der Insolvenz, § 6 Rn. 49; *Pape* ZInsO 2000, 143 f.; *Zwanziger* ZIP 1998, 2135, 2137. Vgl. auch LAG Köln ZInsO 2000, 237; LAG Hamm ZIP 2000, 590.
[683] *Uhlenbruck* § 22 Rn. 47; *Pohlmann* Rn. 381 ff., 384, 616; *Marotzke* 2. FS Schwab S. 65, 75; *Thiemann* Rn. 298 ff.
[684] Vgl. *Bork* ZIP 1999, 781, 782 f.; s zum umstrittenen Verhältnis von § 108 II zu § 55 II 2 näher *Heinke* S. 136 ff.
[685] Für eine Analogie zu § 160 II Nr. 2 zB *Ampferl* Rn. 428; Beck/Depré/*Beck,* Praxis der Insolvenz, § 6 Rn. 57; vgl. auch MüKoInsO/*Haarmeyer* § 22 Rn. 72.
[686] Zutr *Pohlmann* Rn. 353; MüKoInsO/*Haarmeyer* § 22 Rn. 72.
[687] MüKoInsO/*Haarmeyer* § 22 Rn. 72 aE.
[688] BGHZ 151, 353, 358, 363; BGHZ 161, 315, 318; BGH, NJW 2008, 1442; OLG Köln ZIP 2001, 1422; LG Leipzig ZIP 2001, 1778; *Kirchhof* ZInsO 1999, 365, 368 f.; *Jaffé/Hellert* ZIP 1999, 1205; *Kißling/Singhof* DZWIR 2000, 362; *Heinke* S. 173 f.; aA *Bork* ZIP 1999, 793 ff.; *Pape* DB 1999, 1542.

solvenzgericht – jedenfalls in Verbindung mit dem Erlass eines besonderen Verfügungsverbots – den vorläufigen Insolvenzverwalter ohne begleitendes allgemeines Verfügungsverbot ermächtigen, einzelne, im Voraus genau festgelegte Verpflichtungen zu Lasten der späteren Insolvenzmasse einzugehen (s hierzu auch o Rn. 60).[689]

153 Eine Anfechtbarkeit von Rechtshandlungen des vorläufigen Insolvenzverwalters ist grundsätzlich ausgeschlossen. Die Regelung in § 55 II soll das Vertrauen des Rechtsverkehrs in die Tätigkeit des „starken" vorläufigen Insolvenzverwalters stärken und ihn kreditfähig machen. Dieser Zweck würde nicht erreicht, wenn es dem „starken" vorläufigen Insolvenzverwalter möglich wäre, später im eröffneten Insolvenzverfahren als endgültiger Verwalter im Wege der Insolvenzanfechtung Rechtshandlungen wieder rückgängig zu machen.[690] Ausnahmsweise kann aber eine Rechtshandlung des „starken" vorläufigen Insolvenzverwalters anfechtbar sein, wenn besondere Umstände vorliegen, so zB, wenn er Forderungen befriedigt hat, die nicht unter § 55 II fallen.[691] Eine Anfechtbarkeit ist – soweit nicht ohnehin Nichtigkeit wegen insolvenzzweckwidrigen Handelns vorliegt – zu bejahen, wenn ein „starker" vorläufiger Insolvenzverwalter von einem Vertragspartner gezwungen wird, die Befriedigung von Altverbindlichkeiten aus der Zeit vor Antragstellung vorzunehmen, um eine Fortsetzung der für die Unternehmensfortführung dringend benötigten Weiterbelieferung zu erreichen.[692] Eine erzwungene Befriedigung von Ansprüchen der Sozialversicherungsträger mit der Strafandrohung des § 266a StGB ist immer anfechtbar. Gleiches gilt für Rechtshandlungen des „schwachen" vorläufigen Insolvenzverwalters, die im Namen und in Vollmacht des Schuldners erfolgt sind. Macht zB ein Gläubiger, der mit seiner Altforderung lediglich Insolvenzgläubiger wäre, eine für die Fortführung des Schuldnerunternehmens notwendige Leistung davon abhängig, dass der mit Zustimmungsvorbehalt bestellte „schwache" vorläufige Insolvenzverwalter einer Befriedigung der Altforderung zustimmt, ist diese Zusage unmittelbar gläubigerbenachteiligend und kann nach § 132 I Nr. 2 angefochten werden.[693]

154 **3. Die Pflicht zur einstweiligen Unternehmensfortführung.** Nach § 22 I 2 Nr. 2 hat der vorläufige Insolvenzverwalter, auf den die Verwaltungs- und Verfügungsbefugnis über das Vermögen des Schuldners übergegangen ist, die Pflicht, das Schuldnerunternehmen bis zur Entscheidung über die Eröffnung des Insolvenzverfahrens fortzuführen, soweit nicht das Insolvenzgericht einer Stilllegung zustimmt, um eine erhebliche Verminderung des Haftungsvermögens zu vermeiden.[694] Die gesetzliche Regelung lässt

---

[689] BGHZ 151, 353 = ZIP 2002, 1625, 1629; vgl. auch *Uhlenbruck* § 22 Rn. 48; *Pohlmann* Rn. 335 ff.; *Smid* DZWIR 2002, 446 f.; *Bork* ZIP 2003, 1423; *Prütting/Stickelbrock* ZIP 2002, 1611; *Pape* ZIP 2002, 2285 f.

[690] Vgl. OLG Celle ZInsO 2005, 148; *Kirchhof* ZInsO 2000, 297; KPB/*Pape* § 22 Rn. 96; MüKo-InsO-*Haarmeyer* § 22 Rn. 191; *Smid*, Grundzüge, Rn. 84–87; Beck/Depré/*Beck*, Praxis der Insolvenz, § 6 Rn. 211; *Ampferl* Rn. 967 ff.; *Pohlmann* Rn. 514 ff.; Nerlich/Römermann/*Nerlich* § 129 Rn. 47.

[691] OLG Celle ZIP 2003, 412; OLG Stuttgart ZInsO 2002, 1700; OLG Stuttgart ZInsO 2002, 885 m. Anm. *Pape;* LG Karlsruhe ZIP 2002, 362; *Pape* ZIP 2002, 2277, 2285; MüKoInsO/*Hefermehl* § 55 Rn. 213 ff.; KPB/*Pape* § 22 Rn. 97, § 55 Rn. 64 ff.

[692] BGHZ 165, 283 = NJW 2006, 1134; KPB/*Pape* § 22 Rn. 98, § 55 Rn. 69; MüKoInsO/*Haarmeyer* § 22 Rn. 191; ähnlich *Kirchhof* ZInsO 2000, 297. Vgl. auch BGH ZIP 2001, 80.

[693] BGH ZIP 2003, 855; BGH NZI 2003, 315 = ZIP 2003, 810 = WM 2003, 893. Einzelheiten bei Beck/Depré/*Beck,* Praxis der Insolvenz, § 6 Rn. 213 ff.; *Ampferl* Rn. 966 ff.; MüKoInsO/*Haarmeyer* § 22 Rn. 189 ff. Zur Frage, wann ein Insolvenzverwalter Rechtshandlungen, die er als vorläufiger Insolvenzverwalter selbst vorgenommen oder denen er zugestimmt hat, nach Eröffnung des Verfahrens anfechten kann, s auch OLG Celle NZI 2003, 95 = ZIP 2003, 412; Nerlich/Römermann/*Mönning* § 21 Rn. 235.

[694] Einzelheiten bei *Uhlenbruck* in Uhlenbruck § 22 Rn. 23; Jaeger/*Gerhardt* § 22 Rn. 77 ff.; *Ampferl* Rn. 340 ff.; *Thiemann* Rn. 221 ff.; Haberhauer/Meeh DStR 1995, 1442, 1443 f.; MüKoInsO/*Haarmeyer* § 22 Rn. 83 ff.; Blersch/Goetsch/*Haas* § 22 Rn. 13 ff.; Beck/Depré/*Beck*, Praxis der Insolvenz, § 6 Rn. 94 ff.; *Denkhaus* ZInsO 1999, 216 ff.; *Haarmeyer/Wutzke/Förster*, Hdb Kap 3 Rn. 390 ff.; Kraemer/*Vogelsang*, Hdb z Insolvenz, Bd 1 Fach 2 Kap 6 Rn. 97 ff.; Braun/*Uhlenbruck*, Unternehmensinsolvenz, S. 237 f.; *Pape*/Uhlen-

erkennen, dass eine vorzeitige Zerschlagung des schuldnerischen Unternehmens vermieden werden soll.[695] Ist ein Betrieb einmal stillgelegt, lässt er sich schwerlich ohne großen Kostenaufwand wieder in Gang setzen. Das Vertrauen der Gläubiger, vor allem der Arbeitnehmer, in die Bonität des Unternehmens ist erschüttert. Schon unter Geltung der KO ging die Rechtsprechung davon aus, dass im Einzelfall der Sequester zur einstweiligen Betriebsfortführung nicht nur berechtigt, sondern sogar verpflichtet sein konnte.[696] Ist der Betrieb bei Stellung des Insolvenzantrags bereits stillgelegt worden, ist für eine einstweilige Betriebsfortführung allerdings kein Raum mehr.[697] Entsprechendes gilt, wenn der Betrieb zwar noch nicht vollständig stillgelegt worden ist, jedoch eine weitere Fortführung erkennbar keinen Sinn macht. Eine wirtschaftlich unsinnige Betriebsfortführung um jeden Preis wird vom Gesetz nicht verlangt.[698] In den übrigen Fällen sieht nunmehr das Gesetz in § 22 I 2 Nr. 2 vor, dass der vorläufige Insolvenzverwalter mit Verwaltungs- und Verfügungsbefugnis das Unternehmen einstweilen fortzuführen hat.

Aus der Regelung des § 22 I 2 Nr. 2 ergibt sich, dass der vorläufige Insolvenzverwalter nicht nur berechtigt, sondern vielmehr verpflichtet ist, das Schuldnerunternehmen fortzuführen. Mit dieser Neuregelung hat der Gesetzgeber der Kritik Rechnung getragen, die unter Geltung der KO an der Zerschlagungsautomatik im Eröffnungsverfahren geübt worden ist.[699] Die Neuregelung ist allerdings im Schrifttum zum Teil deswegen kritisiert worden, weil sie dem vorläufigen Insolvenzverwalter nunmehr engere Grenzen für die Unternehmensfortführung im Eröffnungsverfahren ziehe, als dies bei dem Sequester unter Geltung der KO der Fall gewesen sei.[700] Diese Kritik ist unberechtigt, weil nunmehr klar vorgegeben ist, dass der vorläufige Insolvenzverwalter das Schuldnerunternehmen fortzuführen hat. Dieser gesetzliche Zwang zur Fortführung beinhaltet zugleich das Recht des vorläufigen Insolvenzverwalters, sämtliche zur Aufrechterhaltung des Betriebs erforderlichen Maßnahmen zu treffen.

Zur Betriebsfortführung gehört in der Regel die Aufrechterhaltung der Produktion, um halbfertige Produkte oder begonnene Projekte zwecks Werterhaltung oder Wertverbesserung zu Ende zu führen.[701] Der vorläufige Insolvenzverwalter ist berechtigt, die

---

bruck, Insolvenzrecht, Rn. 403, 404; *Pohlmann* Rn. 134 ff.; KPB/*Pape* § 22 Rn. 57; *Uhlenbruck* FS Hanisch S. 281 ff.; *Mönning,* Betriebsfortführung in der Insolvenz, Rn. 285; *Vallender* DZWIR 1999, 265, 270 f.

[695] Vgl. *Uhlenbruck* FS Hanisch S. 281, 285; *ders.* in: *Elschen* (Hrsg.), Unternehmenssicherung und Unternehmensentwicklung, S. 210, 220 ff.; *Mönning,* Betriebsfortführung in der Insolvenz, Rn. 285; *ders.* Betriebsfortführung oder Liquidation – Entscheidungskriterien, in: Prütting (Hrsg.), Insolvenzrecht 1996, S. 43, 47.

[696] Der BGH (BGHZ 35, 13, 17 = NJW 1961, 1304, 1305) hatte ursprünglich die Geschäftsfortführung oder gar Liquidation durch den Sequester abgelehnt. Die spätere Rechtsprechung hat dagegen vom Sicherungszweck getragene Veräußerungen zugelassen (BGH ZIP 1993, 48; BGH ZIP 1993, 687). In allen Entscheidungen hat der BGH aber betont, dass die Sequestration der Sicherung der Masse und der Aufrechterhaltung des schuldnerischen Betriebes zu dienen hat. Vgl. BGHZ 104, 151, 155 = ZIP 1988, 727, 728; BGH ZIP 1983, 191m. Anm. *Schulz;* BGH ZIP 1992, 1005.

[697] HK/*Kirchhof* § 22 Rn. 19; KPB/*Pape* § 22 Rn. 57; *Uhlenbruck* in Uhlenbruck § 22 Rn. 24; MüKoInsO/*Haarmeyer* § 22 Rn. 93; *Denkhaus* ZInsO 1999, 216 ff.; *Ampferl* Rn. 343; *Thiemann* Rn. 230; *Smid,* Grundzüge, § 4 Rn. 54 ff.; Beck/Depré/*Beck,* Praxis der Insolvenz, § 6 Rn. 95.

[698] AG Aachen NZI 1999, 279; KPB/*Pape* § 22 Rn. 57; *Haarmeyer/Wutzke/Förster,* Hdb Kap 3 Rn. 27; MüKoInsO/*Haarmeyer* § 22 Rn. 88 ff. Zu den Grenzen der Fortführungspflicht s *Kirchhof* ZInsO 1999, 365, 367 ff.; *Pape/Uhlenbruck,* Insolvenzrecht, Rn. 403 ff.

[699] Vgl. vor allem *Kilger* KTS 1989, 495 ff.; *ders.* KTS 1975, 142, 146; *Kübler* ZGR 1982, 498, 500; *Stüdemann* FS KonkursO S. 401 ff. Vgl. aber auch *Reichold* KTS 1989, 291 ff.; *Feuerborn* KTS 1997, 171, 184. Vgl. auch *Stüdemann* BFuP 1995, 1 ff.

[700] So *Feuerborn* KTS 1997, 171, 184, der anführt, die Neuregelung ordne die Geschäftsführung an, ohne dass die bisherigen erweiterten Rechte des Sequesters damit verbunden wären, so seien zB Veräußerungen ausgeschlossen.

[701] So zutr. *Mönning,* Betriebsfortführung oder Liquidation, S. 47; *ders.* Betriebsfortführung in der Insolvenz, Rn. 352, Rn. 716 f.; *Ampferl* Rn. 347. Vgl. auch Kraemer/*Vogelsang,* Hdb z Insolvenz, Bd 1 Fach 6 Kap 6 Rn. 97 ff.

zur Fortführung der Produktion benötigten Gegenstände einzukaufen bzw zu beziehen, wie zB Energie.[702] Betriebsnotwendige Geräte sind zu warten und erforderlichenfalls zu reparieren.[703] Der vorläufige Verwalter ist auch zur Beschaffung von Liquidität berechtigt. So kann er zB Kredite aufnehmen, die nach § 55 II privilegiert sind. Auch dürfen Grundstücke zur Absicherung nötiger Kredite eingesetzt[704] oder entbehrliche Gegenstände, die für die Betriebsfortführung nicht benötigt werden, verkauft werden.[705] Zu beachten ist, dass auch die Betriebsfortführung im eröffneten Verfahren primär unter dem Gebot der Vermögenserhaltung mit dem Ziel der Haftungsverwirklichung steht.[706] Da im Eröffnungsverfahren insoweit der „Fortführungsgrundsatz mit Stilllegungsvorbehalt" gilt,[707] hat der vorläufige Insolvenzverwalter permanent zu prüfen, ob nach einer Analyse der Insolvenzursachen eine Sanierungsfähigkeit besteht. Die Betriebsfortführung dient nicht zuletzt auch der Erhaltung der Möglichkeit, im Berichtstermin (§ 157) die Fortführung des Schuldnerunternehmens und damit die Sanierung zu beschließen.

157 Die Pflicht des vorläufigen Insolvenzverwalters zur Betriebsfortführung beginnt mit seiner Ernennung.[708] Der Beginn der Fortführungspflicht ist dabei nicht identisch mit dem der tatsächlichen Fortführung. Dem vorläufigen Insolvenzverwalter ist es vor allem in den ersten Tagen nach seiner Einsetzung kaum möglich, im Einzelnen abzusehen, welche Risiken eine Unternehmensfortführung mit sich bringt und ob nicht eine Stilllegung mit gerichtlicher Genehmigung dem Interesse der Gläubiger eher entspricht. Die Differenzierung zwischen dem Beginn der Fortführungspflicht und der Betriebsfortführung ist auch deshalb bedeutsam, weil an die tatsächliche Betriebsfortführung insbesondere im Altlastenbereich erhebliche Haftungsfolgen geknüpft sind. So stellt etwa § 5 BImSchG für die Pflichtigkeit an den Betrieb bzw. das Weiterbetreiben einer genehmigungspflichtigen Anlage ab. Ein Insolvenzverwalter, der eine umweltgefährdende Anlage nach seiner Ernennung stilllegt, ist grundsätzlich nicht als Betreiber im immissionsrechtlichen Sinne anzusehen.[709] Dabei kommt es nicht auf den Besitz oder die gesetzliche Pflicht zur einstweiligen Betriebsfortführung an, sondern man wird dem vorläufigen Insolvenzverwalter einen zeitlichen Spielraum einräumen müssen, die Frage der Betriebsstilllegung oder Betriebsfortführung zu entscheiden. Für die zivilrechtlichen Ansprüche auf Beseitigung eines störenden Zustands hat der BGH in einem grundlegenden Urteil vom 18.4.2002 entschieden, der Umstand allein, dass der Insolvenzverwalter eine Sache des Insolvenzschuldners in Besitz nimmt, die sich auf einem fremden Grundstück in einem störenden Zustand befindet, begründe noch keine Haftung der Masse für die Beseitigungskosten,[710] weil die Besitzergreifung „zunächst nur – im allseitigen Interesse – der Sicherstellung" diene.[711] Ob und unter welchen Voraussetzungen im Übrigen bei einer Betriebsfortführung eine ordnungsrechtliche Verantwortlichkeit des vorläufigen Insolvenzverwalter begründet wird, ist im Einzelnen umstritten.[712] Ferner ist umstritten, wie die ordnungsrechtlichen Pflichten insolvenzrechtlich einzuordnen sind und ob der Insolvenzverwalter berechtigt ist, belastete Grundstücke freizugeben.[713]

---

[702] FK/*Schmerbach* § 22 Rn. 57.
[703] BGH ZIP 2001, 296, 299.
[704] Vgl. BGH WM 1987, 985.
[705] HK/*Kirchhof* § 22 Rn. 13.
[706] Nerlich/Römermann/*Mönning* § 22 Rn. 59; MüKoInsO/*Haarmeyer* § 22 Rn. 88, 89.
[707] So MüKoInsO/*Haarmeyer* § 22 Rn. 94.
[708] *Mönning*, Betriebsfortführung in der Insolvenz, Rn. 315; *Ampferl* Rn. 356.
[709] MüKoInsO/*Ott/Vuia* § 80 Rn. 138 mwN; aA OVG Lüneburg NJW 1993, 1671.
[710] BGH ZInsO 2002, 524.
[711] Vgl. auch BGHZ 130, 38, 49.
[712] S hierzu MüKoInsO/*Ott/Vuia* § 80 Rn. 138 mwN.
[713] S zum Ganzen mwN MüKoInsO/*Ott/Vuia* § 80 Rn. 139 ff.

Einstweilige Maßnahmen des Insolvenzgerichts 158–160 § 14

Nach dem gesetzlichen Leitbild soll die Unternehmensfortführung bis zur Entschei- 158
dung über die Verfahrenseröffnung erfolgen. Insbesondere dann, wenn das maßgebliche
Vermögen des Schuldnervermögens zur Sicherheit auf Dritte übertragen worden ist, wird
dieses Verfahrensziel gefährdet, wenn der Insolvenzverwalter diese Gegenstände nicht
nutzen darf oder sogar gehalten ist, diese an die betroffenen Gläubiger herauszugeben.
Sofern das Gericht kein Verwertungs- und Einziehungsverbot gemäß § 21 II 1 Nr. 5 anordnet (s. o. Rn. 51 ff.), ist der vorläufige Insolvenzverwalter zur Herausgabe des Ausson-
derungsguts verpflichtet, sofern er nicht ein Recht zum Besitz hat. Denn Vertragsverhältnisse bleiben grundsätzlich unberührt. So bleiben Miet- und Pachtverträge mit Wirkung
für das schuldnerische Unternehmen grundsätzlich bestehen.[714] Demgegenüber steht
absonderungsberechtigten Gläubigern kein Herausgabeanspruch zu (Im Einzelnen zur
Rechtsstellung ab- und aussonderungsberechtigter Gläubiger → Rn. 99 ff.).

Nicht zu verkennen ist, dass mit der gesetzlichen Verpflichtung des vorläufigen Insol- 159
venzverwalters zur Betriebsfortführung erhebliche haftungsrechtliche Probleme verbunden sind, die vom Gesetzgeber wohl nicht in vollem Umfang gesehen wurden.[715] So ist die
Frage nicht geklärt, ob der vorläufige Insolvenzverwalter bereits im Eröffnungsverfahren zu
einer Betriebsveräußerung mit Zustimmung des Schuldners (Gesellschafter) befugt ist
(s hierzu auch o Rn. 71).[716] Im Regelfall benötigt das Not leidende Unternehmen vor allem bei Vorliegen einer Zahlungsunfähigkeit „fresh money", um die Liquidität wieder
herzustellen. Die Weiterbelieferung des Unternehmens durch bisherige oder neue Lieferanten ist unverzichtbare Voraussetzung für eine Betriebsfortführung. Kann der Insolvenzverwalter die im Eröffnungsverfahren begründeten Verbindlichkeiten später als Masseve-
bindlichkeiten (§ 55 II 1) nicht begleichen, stellt sich das Problem seiner Haftung nach § 61
(Im Einzelnen hierzu die Ausführungen → Rn. 137 ff.).[717] Da im Übrigen die insolvenzrechtlichen Regelungen den rechtlichen Pflichten des vorläufigen Insolvenzverwalters in
anderen Sonderrechtsgebieten, insbesondere im Arbeits-, Wettbewerbs-, Ordnungs- und
Steuerrecht nicht prinzipiell vorgehen, gehen mit der Unternehmensfortführung auch
insoweit ganz erhebliche Haftungsrisiken für den vorläufigen Insolvenzverwalter einher;
Zur steuerrechtlichen Stellung des vorläufigen Insolvenzverwalters → Rn. 108 ff.; Zur
arbeitsrechtlichen Stellung des vorläufigen Insolvenzverwalters → Rn. 113 ff.

4. Die Pflicht zur Betriebsstilllegung. Sind Verluste zu erwarten, die zu einer 160
erheblichen Verminderung des Haftungsvermögens führen, und besteht keine Aussicht auf eine nachhaltige Sanierung des Not leidenden Unternehmens, hat gemäß § 22
I 2 Nr. 2 der Verwalter den Betrieb mit Zustimmung des Gerichts stillzulegen. Die
vorzeitige Betriebsstilllegung durch den vorläufigen Insolvenzverwalter wirft erhebliche arbeits- und betriebsverfassungsrechtliche Probleme auf.[718] Zum einen hat der
Gesetzgeber den Vorschlag von Kilger[719] nicht aufgegriffen, den vorläufigen Insolvenz-

---

[714] Vgl. Beck/Depré/*Beck,* Praxis d Insolvenz, § 6 Rn. 98; *Ampferl* Rn. 413 ff.
[715] S *Lüke,* Haftung des Insolvenzverwalters in der Unternehmensfortführung, in: *Prütting* (Hrsg.), Insolvenzrecht 1996, S. 67 ff.; *Kirchhof* ZInsO 1999, 365 ff.; *Ampferl* Rn. 359 ff.; *Uhlenbruck* in Uhlenbruck
§ 22 Rn. 222 ff., 226; *Pohlmann* Rn. 369 ff.; MüKoInsO/*Haarmeyer* § 22 Rn. 121 ff.; *Wiester* ZInsO
1998, 99 ff.; *Haarmeyer/Wutzke/Förster,* Hdb Kap 3 Rn. 432 ff.; *Warrikoff* KTS 1996, 489 ff.; KPB/*Pape*
§ 22 Rn. 46.
[716] Vgl. OLG Düsseldorf ZIP 1992, 344, 346; *Pohlmann* Rn. 406; *Uhlenbruck* in Uhlenbruck § 22
Rn. 35, 37; *Kammel* NZI 2000, 103 f.; HK/*Kirchhof* § 22 Rn. 15; *Graf-Schlicker* ZIP 2002, 1173; *Vallen-
der/Fuchs* NZI 2003, 293; *Pape* ZInsO 2003, 391; *Jaeger/Gerhardt* § 22 Rn. 89, 90.
[717] Vgl. OLG Schleswig NJW 2004, 1257; OLG Celle NZI 2004, 89. Einzelheiten bei *Uhlenbruck* in
Uhlenbruck § 22 Rn. 224; *Pohlmann* Rn. 369 ff.; *Feuerborn* KTS 1997, 171 ff.; *Vallender* ZIP 1997, 345,
349; *Kirchhof* ZInsO 1999, 365 ff.; KPB/*Pape* § 22 Rn. 46 ff.; *Haarmeyer/Wutzke/Förster,* Hdb Kap 3
Rn. 432 ff.; *Haarmeyer* ZInsO 1998, 157; *Kraemer/Vogelsang,* Hdb z Insolvenz, Bd 1 Fach 2 Kap 6
Rn. 176 ff.; *Lüke,* RWS-Forum 9, S. 67 ff.; MüKoInsO/*Haarmeyer* § 22 Rn. 121 ff.
[718] Vgl. *Kirchhof* ZInsO 1999, 365, 367 ff.; *Pohlmann* Rn. 140 ff.
[719] *Kilger* KTS 1989, 495, 513.

§ 14   161, 162   Kapitel II. Das Insolvenzeröffnungsverfahren

verwalter zu berechtigen, Dienstverhältnisse der Arbeitnehmer, die zur Geschäftsfortführung oder bei Betriebsstilllegung nicht benötigt werden, zu kündigen oder freizustellen mit der Folge, dass die Insolvenzmasse im eröffneten Verfahren von diesen Personalkosten weitgehend entlastet wird. Zum anderen ist streitig, ob im Eröffnungsverfahren die Vorschriften der §§ 113, 120–128 zur Anwendung kommen (Hierzu → Rn. 114).

161   Nicht klargestellt worden ist auch die Frage, was der Gesetzgeber unter einer „erheblichen Verminderung des Vermögens" versteht.[720] In der Begründung RegE ist von der Erwirtschaftung erheblicher Verluste die Rede und die fehlende Aussicht auf Sanierung.[721] Unzweifelhaft ist, dass die mit einer einstweiligen Betriebsfortführung verbundene Weiterbeschäftigung von Arbeitnehmern zu erheblichen Kosten führt, die wegen der Einordnung als Masseverbindlichkeiten nach § 55 II 2 zu einer Verminderung der Haftungsmasse und einer Beeinträchtigung der Gläubigerinteressen führen. Es entspricht zwar einem Anliegen des Gesetzgebers, das Eröffnungsverfahren so kurz wie möglich zu halten. Trotzdem lässt es sich auch künftig nicht vermeiden, dass in dieser Zeit Masseverbindlichkeiten anfallen, die das Haftungsvermögen wesentlich beeinträchtigen. Hier ist zumindest zweifelhaft, ob in diesen Fällen, vor allem wenn eine übertragende Sanierung geplant ist, die Zustimmung zur Betriebsstilllegung eingeholt werden soll. Ob das Gericht auf Grund eigener Prüfungskompetenz imstande ist, die Voraussetzungen für eine Betriebsstilllegung und damit für eine Zustimmung zu prüfen, muss ernstlich bezweifelt werden.[722] Das Insolvenzgericht wird sich weitgehend auf die Antragsbegründung des vorläufigen Insolvenzverwalters verlassen müssen. Bestehen Zweifel hinsichtlich der Voraussetzungen für eine vorzeitige Betriebsstilllegung, wird das Gericht im Regelfall einen Gutachter heranzuziehen haben, wodurch das Eröffnungsverfahren nicht unerheblich verzögert und verteuert wird.[723]

162   Was unter einer „erheblichen Minderung des Vermögens" zu verstehen ist, wird unterschiedlich beurteilt.[724] Nach einer Meinung ist „erheblich jede Vermögensminderung, welche die Befriedigung der Gläubiger ernsthaft zu verschlechtern droht".[725] Nach einer weiteren Meinung soll die „Opfergrenze" der Gläubiger bei einer Verschlechterung der Befriedigungsaussichten von mehr als 25 Prozent liegen.[726] Ferner wird die Auffassung vertreten, eine erhebliche Vermögensminderung sei jedenfalls dann gegeben, wenn die Erlöse aus einer Betriebsfortführung nicht einmal die Herstellungskosten des betreffenden Produkts bzw. der Dienstleistung decken.[727] Von einer „erheblichen Minderung des Vermögens" ist auszugehen, wenn die entstehenden Verluste den wertmäßigen Vorsprung des Fortführungswerts vor dem Zerschlagungswert aufzuzehren drohen und keine konkreten Aussichten auf eine nachhaltige Sanierung bestehen.[728] Die erhebliche Verminderung des Vermögens kann sich dabei auch aus dem Bestehen

---

[720] Vgl. Nerlich/Römermann/*Mönning* § 22 Rn. 173 ff.; HK/*Kirchhof* § 22 Rn. 23, 24 (Wertminderung von 10%); *Haberhauer/Meeh* DStR 1995, 1443 f.; Blersch/Goetsch/*Haas* § 22 Rn. 15; Jaeger/*Gerhardt* § 22 Rn. 84, 85; *Vallender* DZWIR 1999, 271.
[721] Vgl. auch AG Aachen NZI 1999, 279.
[722] S aber AG Aachen ZIP 1999, 1494.
[723] Vgl. Braun/*Uhlenbruck,* Unternehmensinsolvenz, S. 238; *Uhlenbruck* in Uhlenbruck § 22 Rn. 29; MüKoInsO/*Haarmeyer* § 22 Rn. 115 ff. Nerlich/Römermann/*Mönning* § 22 Rn. 179 sprechen sich dagegen für eine Generalermächtigung aus; ebenso Beck/Depré/*Beck,* Praxis der Insolvenz, § 6 Rn. 123.
[724] Vgl. auch die Übersicht über die einzelnen Meinungen bei *Ampferl* Rn. 794–797.
[725] HK/*Kirchhof* § 22 Rn. 23; vgl. auch *Uhlenbruck* in Uhlenbruck § 22 Rn. 26; *Pohlmann* Rn. 141 ff.; *Ampferl* Rn. 793 ff.; Nerlich/Römermann/*Mönning* § 22 Rn. 176; MüKoInsO/*Haarmeyer* § 22 Rn. 114; Jaeger/*Gerhardt* § 22 Rn. 84, 85; *Vallender* DZWIR 1999, 271.
[726] MüKoInsO/*Haarmeyer* § 22 Rn. 114; vgl. auch Nerlich/Römermann/*Mönning* § 22 Rn. 176.
[727] Blersch/Goetsch/*Haas* § 22 Rn. 15.
[728] *Ampferl* Rn. 804.

von Altlasten ergeben.[729] Zur Frage der ordnungsrechtlichen Verantwortlichkeit des vorläufigen Insolvenzverwalters → Rn. 157.

163 Der Schuldner ist vor der Stilllegungsentscheidung anzuhören.[730] Der vorläufige Insolvenzverwalter hat im Rahmen der Betriebsstilllegung den Betriebsrat gemäß § 111 1 Nr. 1 BetrVG zu beteiligen, wenngleich die Vorschriften der §§ 121, 122 noch nicht eingreifen.[731] Die Betriebsstilllegung stellt eine Betriebsänderung iSd §§ 111 ff. BetrVG dar.[732] Zulässig ist auch die Stilllegung bzw. Schließung einzelner Betriebsteile, die für die Verluste des Insolvenzunternehmens verantwortlich sind. Auch die Stilllegung von organisatorisch abgrenzbaren Unternehmensteilen bedarf der Zustimmung des Insolvenzgerichts.[733] Der gerichtlichen Zustimmung bedarf vor allem die Stilllegung eigenständiger Unternehmensteile und Zweigniederlassungen.[734] Keine Zustimmung erfordert die Stilllegung von einzelnen Betriebsteilen.[735]

164 Die vorzeitige Betriebsstilllegung kann schließlich auch haftungsrechtliche Folgen haben, wenn die Gläubigerversammlung im Berichtstermin (§ 157) beschließt, dass das Schuldnerunternehmen vorläufig fortgeführt werden soll. Andererseits kann auch die Fortführung des Betriebs Haftungsfragen aufwerfen, wenn nämlich die Gläubiger Haftungsansprüche wegen unterlassener Stilllegung gegen den vorläufigen Insolvenzverwalter geltend machen.[736] Das Insolvenzgericht setzt sich einer nicht unerheblichen Haftungsgefahr aus, wenn es ohne eingehende Prüfung der vorzeitigen Stilllegung des Schuldnerbetriebs zustimmt. Im Rahmen der Haftung für Amtspflichtverletzung (§ 839 BGB) stellt sich dabei die Frage, ob bei Fahrlässigkeit des Richters oder der Richterin die Haftung des vorläufigen Insolvenzverwalters eine „andere Ersatzmöglichkeit" iSv § 839 I S. 2 BGB darstellt.[737]

165 Zur Vermeidung der Haftung und zur Unterstützung des vorläufigen Verwalters wurde von einigen Gerichten bereits vor Inkrafttreten des § 22a schon im Eröffnungsverfahren ein vorläufiger Gläubigerausschuss bestellt.[738] So sehr rechtspolitisch Bedürfnis für die Einsetzung eines vorläufigen Gläubigerausschusses im Insolvenzeröffnungsverfahren bestehen kann, so bedenklich schien diese Praxis im Hinblick auf die eindeutige gesetzliche Regelung. Zudem ist der Nutzen eines solchen Gremiums, das vom Insolvenzgericht bestellt wird, fraglich.[739] Der Grundsatz der Gläubigerautonomie und der Gläubigerselbstverwaltung kommt erst im eröffneten Insolvenzverfahren zum Tragen. Im Eröff-

---

[729] Vgl. VG Hannover NZI 2002, 171 = ZIP 2001, 1727.
[730] So zB HK/*Kirchhof* § 22 Rn. 26; *Uhlenbruck* in Uhlenbruck § 22 Rn. 30; *Vallender*, Kölner Schrift, S. 249 Rn. 38; Nerlich/Römermann/*Mönning* § 22 Rn. 177; *Pohlmann* Rn. 153 ff.; aA *Ampferl* Rn. 807–811.
[731] HK/*Kirchhof* § 22 Rn. 26; *Uhlenbruck* § 22 Rn. 30; *ders.* KTS 1973, 88 ff.; *Berscheid* ZIP 1997, 1578 ff.; aA *Pohlmann* Rn. 159–163.
[732] K. Schmidt/Uhlenbruck/*Moll*, Die GmbH in Krise, Sanierung und Insolvenz, Rn. 758; MüKoInsO-*Haarmeyer* § 22 Rn. 119; *Berscheid* ZIP 1997, 1578 ff.
[733] *Uhlenbruck* in Uhlenbruck § 22 Rn. 31; Beck/Depré/*Beck*, Praxis der Insolvenz, § 6 Rn. 121; *Vallender*, Kölner Schrift, S. 249 Rn. 38; Nerlich/Römermann/*Mönning* § 22 Rn. 177; MüKoInsO/*Haarmeyer* § 22 Rn. 111.
[734] Blersch/Goetsch/*Haas* § 22 Rn. 15; Beck/Depré/*Beck*, Praxis der Insolvenz, § 6 Rn. 121.
[735] *Uhlenbruck* in Uhlenbruck § 22 Rn. 31; *Ampferl* Rn. 812 ff.; K. Schmidt/Uhlenbruck/*Wellensiek*, Die GmbH in Krise, Sanierung und Insolvenz, Rn. 1027 ff.
[736] Zur Haftung s auch *Kirchhof* ZInsO 1999, 365 ff.; MüKoInsO/*Haarmeyer* § 22 Rn. 121–126; *Haarmeyer/Wutzke/Förster*, Hdb Kap 3 Rn. 424 ff. Zu den sachlichen Voraussetzungen für eine Betriebsstilllegung s *Pohlmann* Rn. 141 ff.
[737] Zur einstweiligen Unternehmensfortführung im Eröffnungsverfahren vgl. *Grub/Rinn* ZIP 1993, 1583 ff.; *Haberhauer/Meeh* DStR 1995, 1442, 1443 f. S auch *Uhlenbruck* KTS 1990, 15, 20.
[738] Vgl. AG Köln ZIP 2000, 1350 = ZInsO 2000, 406; MüKoInsO/*Schmid-Burgk* § 67 Rn. 2; *Heidland*, Kölner Schrift, S. 549 Rn. 9; Jaeger/*Gerhardt* § 22 Rn. 172 ff.
[739] So zB *Pape* ZInsO 1999, 675, 676; *Pohlmann* Rn. 300 ff.; *Uhlenbruck* § 67 Rn. 5–7; *Pape/Uhlenbruck*, Insolvenzrecht, Rn. 264.

nungsverfahren ist und bleibt das Insolvenzgericht nach den Vorstellungen des Gesetzgebers Kontrollinstanz für die Einhaltung der Interessen aller Beteiligten.[740] Trotz dieser Bedenken hat der Gesetzgeber durch das Gesetz zur weiteren Erleichterung der Sanierung von Unternehmen vom 7.12.2011 (ESUG)[741] dem Insolvenzgericht die Möglichkeit eröffnet, einen vorläufigen Gläubigerausschuss einzusetzen, uU kann sogar eine Pflicht zur Einsetzung eines solchen bestehen (→ Rn. 28 f.). Der Gesetzgeber hat damit den Charakter des Eröffnungsverfahrens grundlegend verändert (→ Rn. 28).[742]

VIII. Der Zahlungsverkehr im vorläufigen Insolvenzverfahren

166 Weitreichende Folgen kann die Anordnung von Sicherungsmaßnahmen auf den Zahlungsverkehr haben. Dabei kommt es darauf an, ob das Gericht Maßnahmen anordnet, bei denen die dem Schuldner zustehende Verfügungsbefugnis aufgehoben bzw beschränkt wird. Verbleibt die Verfügungsbefugnis beim Schuldner und ordnet das Gericht auch sonst keine Maßnahmen an, die sich auf den Zahlungsverkehr des Schuldners beziehen, wie etwa eine Kontensperre (s hierzu o Rn. 54), ergeben sich keine besonderen Auswirkungen auf den Zahlungsverkehr. In den übrigen Fällen kann es insbesondere darauf ankommen, ob neben der Verfügungs- auch die Verwaltungsbefugnis des Schuldners auf einen vorläufigen Insolvenzverwalter übergeht (§ 22 I 1).

167 **1. Überweisungsverkehr.** Durch die europäische Zahlungsdiensterichtlinie,[743] die durch Art. 1 Nr. 47 VerbrKrRL-UG vom 29.7.2009[744] umgesetzt wurde, ist das Recht des Zahlungsverkehrs in den §§ 675c bis 676c BGB neu geregelt worden.[745] Die neuen Regelungen finden auf sämtliche Geschäftsbesorgungsverträge Anwendung, die die Erbringung von Zahlungsdiensten zum Gegenstand haben (§ 675c I BGB). Zahlungsdienst ist jede privatrechtliche Dienstleistung eines Dritten, die die Ausführung einer Zahlung zwischen zwei Parteien, dem Zahler und dem Zahlungsempfänger bewirken soll, also den Zahler in die Lage versetzen soll, einen Geldbetrag aus seinem Vermögen in das des Zahlungsempfängers zu übertragen, und nicht unter einen der Ausschlusstatbestände des § 1 X ZAG fällt.[746] Die gesetzliche Neuregelung orientiert sich an den Verfahrensschritten des Zahlungsvorgangs („horizontaler Ansatz"). Die Verfahrensabschnitte werden dabei für alle Zahlungsinstrumente geregelt.[747] Der auf der Grundlage eines Zahlungsdiensterahmenvertrages (Girovertrag) erteilte Überweisungsauftrag ist ein Zahlungsauftrag iSd § 675 f. III 2 BGB. In Abkehr zu § 676a BGB aF ist die Überweisung nicht mehr als Vertrag, sondern – wie vor Inkrafttreten des Überweisungsgesetzes – als Weisung iSd § 665 BGB ausgestaltet.[748] Die Überweisung bildet den wichtigsten Anwendungsfall sog. Push-Zahlungen.[749] Der Überweisungsauftrag wird mit Zugang bei dem Zahlungsdienstleister (Bank) wirksam (§ 675n I 1 BGB). Bei der Anordnung

---

[740] *Pohlmann* Rn. 300 ff.; *Uhlenbruck* in Uhlenbruck § 67 Rn. 5; *Pape* ZInsO 1999, 675, 676; Jaeger/*Gerhardt* § 22 Rn. 172–175.
[741] BGBl. I S. 2582.
[742] MüKoInsO/*Haarmeyer* § 21 Rn. 47a.
[743] RL 2007/64/EG vom 13.11.2007.
[744] BGBl I S. 2355.
[745] S. zur Neuregelung eingehend *Meckel* jurisPR-BKR 11/2009 Anm. 1; *ders.* jurisPR-BKR 12/2009 Anm. 1; *ders.* jurisPR-BKR 1/2010 Anm. 1; *ders.* jurisPR-BKR 2/2010 Anm. 1; s ferner *Derleder* NJW 2009, 3195 ff.; *Franck/Massari* WM 2009, 1117 ff.; *Grundmann* WM 2009, 1109 ff.; *Kulke* VuR 2009, 12 ff.; *Nobbe* WM 2011, 961 ff.; *Obermüller* ZInsO 2010, 8 ff.; *Reymann* DStR 2011, 1959 ff.; *Rösler/Werner* BKR 2009, 1 ff.; *Rühl* DStR 2009, 2256 ff.
[746] Palandt/*Sprau* § 675c BGB Rn. 3; BeckOK-BGB-*Schmalenbach* § 675c Rn. 8.
[747] *Reymann* DStR 2011, 1959; BeckOK-BGB-*Schmalenbach* § 675c Rn. 12.
[748] *Grundmann* WM 2009, 1109, 1114; BankenKommInsO-*Ellers* § 116 Rn. 23; BeckOK-BGB-*Schmalenbach* § 675 f. Rn. 33.
[749] Im Gegensatz zu sog. Pull-Zahlungen werden sog. Push-Zahlungen nicht von dem Zahlungsempfänger, sondern von dem Zahler ausgelöst; s. hierzu BeckOK-BGB-*Schmalenbach* § 675 f. Rn. 28, 30.

von Sicherungsmaßnahmen über das Vermögen des Überweisungsempfängers ist fraglich, ob bzw. unter welchen Voraussetzungen der Drittschuldner durch eine an den Insolvenzschuldner erbrachte Überweisung von seiner Leistungspflicht diesem gegenüber befreit wird, wenn die Überweisung dem Konto des Empfängers nach Anordnung von Sicherungsmaßnahmen gutgebracht wird. Zum andern stellt sich die Frage, ob und unter welchen Voraussetzungen die Empfängerbank in der Insolvenz ihres Kunden berechtigt und verpflichtet ist, den Zahlungseingang dem Konto des Schuldners gutzubringen und welche Rechte der Empfängerbank daraus ggf. erwachsen. Bei der Anordnung von Sicherungsmaßnahmen über das Vermögen des Überweisenden stellt sich die Frage, ob dessen Bank berechtigt bzw. verpflichtet ist, einen vor der Anordnung erteilten Überweisungsauftrag durchzuführen und ob sie ggf. bei Durchführung der Überweisung nach der Anordnung eine der Insolvenzmasse gegenüber wirksame Leistung erbringt.

a) *Anordnung von Sicherungsmaßnahmen über das Vermögen des Überweisungsempfängers.* **168** Wird die Überweisung vor der Anordnung von Sicherungsmaßnahmen durchgeführt und der Überweisungsbetrag dem Empfänger vor diesem Zeitpunkt gutgebracht, ist der Zahlungsvorgang abgeschlossen, und der Drittschuldner ist gemäß § 362 I BGB von der Leistungspflicht befreit. Ist eine Deckung bei der Empfängerbank dagegen erst nach Anordnung einer verfügungsbeschränkenden Sicherungsmaßnahme iSd § 21 II 1 Nr. 2 eingegangen, wird der Drittschuldner nach Maßgabe der §§ 24 I, 82 S. 1 frei.

Mit dem Girovertrag als Zahlungsdiensterahmenvertrag übernimmt das Kreditinstitut **169** neben der Verpflichtung zur Führung eines laufenden Kontos auch die Ausführung von Überweisungen auf andere Konten und die Entgegennahme von Geldeingängen (§ 675f II 1 BGB).[750] Diese Verpflichtung erstreckt sich auch auf die Ausführung von Überweisungsaufträgen bevollmächtigter Dritter.[751] Der Girovertrag ist Geschäftsbesorgungsvertrag mit Dienstleistungscharakter.[752] Er erlischt mit der Eröffnung des Insolvenzverfahrens.[753] Dagegen erlischt der Girovertrag mit der Anordnung von Sicherungsmaßnahmen nicht. Die Bestimmungen der §§ 116 S. 1, 115 I gelten erst im eröffneten Verfahren.[754] Geht bei der Empfängerbank buchmäßige Deckung vor der Anordnung von Sicherungsmaßnahmen ein, entsteht ein Anspruch des Begünstigten auf Gutschrift, der von der Bank zur Masse zu erfüllen ist. Die Gutschrift auf ein nicht zur Masse gehörendes Konto des Schuldners könnte die Bank nur befreien, wenn sie von der Anordnung der Sicherungsmaßnahme im Zeitpunkt der Erteilung der Gutschrift keine Kenntnis hatte, §§ 24 I, 82. Fahrlässige Unkenntnis schadet ihr nicht.

Zahlungseingänge, die die Empfängerbank dem Konto des Begünstigten nach der An- **170** ordnung verfügungsbeschränkender Sicherungsmaßnahmen gutbringt, unterliegen nicht der kontokorrentmäßigen Verrechnung, weil mit der Anordnung solcher Maßnahmen die in der Kontokorrentvereinbarung enthaltene antizipierte Verrechnungsabrede erloschen ist.[755] Die Bank ist jedoch berechtigt, mit ihren Ansprüchen aus einem debitorischen Kon-

---

[750] Vgl. BGH NJW 2000, 1258; zu den Anfechtungsrisiken der Bank bei der Ausführung von Überweisungen s. *Ganter* NZI 2010, 835 ff.
[751] Vgl. BGH NJW 2000, 1258, 1259.
[752] BGH WM 1979, 417, 418; BGH 1985, 1098, 1099; BGH 1991, 317, 318; BGH NJW-RR 1996, 882; MüKoBGB-*Heermann* § 675 Rn. 87; Kilger/*K. Schmidt* § 23 Anm. 1b; LSZ/*Zeuner* § 116 Rn. 15; *Einsele* JZ 2000, 19; *Fischer* ZInsO 2003, 101.
[753] BGHZ 58, 108, 111 = NJW 1972, 633; BGHZ 70, 86, 93 = NJW 1978, 538; BGHZ 74, 253, 254 = NJW 1979, 1658; BGH NJW 2007, 914, 915; BGH NJW 1991, 1286, 1287; BGH BB 1995, 695; *Obermüller*, Bankpraxis, Rn. 3.20; Nerlich/Römermann/*Kießner* § 116 Rn. 7, 17; Uhlenbruck/*Sinz* §§ 115, 116 Rn. 16.
[754] KPB/*Pape* § 22 Rn. 27; *Steinhoff* ZIP 2000, 1141, 1146; zu § 106 I 3 KO ebenso BGH ZIP 1995, 659, 660.
[755] OLG Düsseldorf WM 1986, 626; OLG Koblenz ZIP 1984, 164; *Nobbe*, Das Girokonto in der Insolvenz, in: Prütting (Hrsg.), Insolvenzrecht 1996, S. 99, 111; Nerlich/Römermann/*Mönning* § 21 Rn. 146; offen lassend BGHZ 99, 36, 38 = NJW 1987, 683. Die Kontokorrentabrede selbst

§ 14   171, 172   Kapitel II. Das Insolvenzeröffnungsverfahren

to des Schuldners aufzurechnen.[756] Die Unzulässigkeit der Aufrechnung ist in § 96 abschließend geregelt. Die Bestimmung des § 96 I Nr. 1 ist auf eine im Eröffnungsverfahren begründete Aufrechnungslage auch dann nicht anwendbar, wenn das Insolvenzgericht einen vorläufigen Insolvenzverwalter bestellt und Sicherungsmaßnahmen nach § 21 II angeordnet hat.[757] Ist der Bank die Anordnung der Sicherungsmaßnahme dagegen infolge eigenen Verschuldens unbekannt oder ist ihr die Sicherungsmaßnahme sogar bekannt, erwirbt sie keinen Aufwendungsersatzanspruch, mit dem sie aufrechnen könnte.[758]

171 Eine Verpflichtung der Empfängerbank gegenüber dem Auftraggeber der Überweisung (Zahler), diesen vor Erteilung der Gutschrift von der Krise oder der Insolvenz des Zahlungsempfängers zu benachrichtigen und Rückfrage zu nehmen, besteht grundsätzlich nicht.[759] Ob die Bank ausnahmsweise verpflichtet ist, den Überweisenden (Zahler) zu informieren, wenn sie Kenntnis von der Zahlungseinstellung oder dem unmittelbar bevorstehenden Zusammenbruch des Zahlungsempfängers hat,[760] erscheint zweifelhaft und ist im Hinblick auf den damit für die Bank unter den Bedingungen der Massenhaftigkeit der Geschäftsvorgänge verbundenen Aufwand und insbesondere auch im Hinblick auf das damit verbundene Haftungsrisiko gegenüber ihrem Kunden in der Regel zu verneinen.[761] Solche Hinweispflichten können allenfalls in besonderen Ausnahmefällen in Betracht kommen.[762] Es ist vielmehr Sache des Auftraggebers, sich über wie wirtschaftliche Lage seines Vertragspartners selbst zu informieren und die Risiken einzuschätzen.

172 **b)** *Anordnung von Sicherungsmaßnahmen über das Vermögen des Überweisenden.* Keine Besonderheiten ergeben sich, sofern die Bank einen wirksam zustande gekommenen Überweisungsauftrag noch vor der Anordnung verfügungsbeschränkender Sicherungsmaßnahmen ausführt. Ob der Zahlungsempfänger den Betrag behalten kann, richtet sich danach, ob die Voraussetzungen für eine Anfechtung gegeben sind (§§ 129 ff.).[763] Bereits vor der Anordnung von Sicherungsmaßnahmen zustande gekommene Überweisungsaufträge bleiben wirksam und sind daher von der Bank auszuführen. Im eröffneten Verfahren folgt dies aus § 116 S. 3. Erst recht muss dies für das Eröffnungsverfahren gelten.[764] Durch die Ausführung entsteht der Bank bei Unkenntnis der Maßnahme ein Aufwendungsersatzanspruch, den sie bei einem entsprechenden Guthaben aufrechnen kann, im Übrigen steht ihr der Anspruch als Insolvenzforderung zu.

---

erlischt dagegen gemäß §§ 115, 116 erst mit der Verfahrenseröffnung, s BGH NJW 2009, 2677, 2678.

[756] Vgl. hierzu BGHZ 159, 388 ff.; *Canaris* ZIP 1986, 1225 ff.; *Gerhardt* FS *Zeuner* S. 353, 358; *Kleiner*, Bedeutung und Probleme der Sicherungsmaßnahmen während des Konkurseröffnungsverfahrens – (§ 106 KO) –, 1993, S. 152 ff.; *Nobbe*, Das Girokonto in der Insolvenz, in: Prütting (Hrsg.), Insolvenzrecht 1996, S. 99, 121 f.; *Uhlenbruck* § 24 Rn. 4, 5; KPB/*Pape* § 24 Rn. 7; HK/*Kirchhof* § 24 Rn. 7; *Smid*/*Thiemann* § 24 Rn. 5; FK/*Schmerbach* § 24 Rn. 11. Ein umfassender Überblick über die verschiedenen Literaturmeinungen findet sich bei *Ampferl* Rn. 467 ff.

[757] BGHZ 159, 388, 391 f.; *Bork* ZBB 2001, 271, 274 ff.; *Steinhoff* ZIP 2000, 1141, 1146.

[758] MüKoHGB-*Häuser*, ZahlungsV B 391; *Nobbe*, Das Girokonto in der Insolvenz, in: Prütting (Hrsg.), Insolvenzrecht 1996, S. 122, 124; *Gerhardt*, Kölner Schrift, 1997, S. 159 ff. Rn. 3 ff.

[759] OLG Zweibrücken WM 1985, 86; *v. Sethe* BKR 2010, 16, 21; BankenKommInsO-*Ellers* § 116 Rn. 26; *Büchel*/*Günther* ZInsO 2008, 547, 549 f.; krit. auch *Hellner* ZHR 145 (1981), 109, 123 f.; *Obermüller*, Bankpraxis, Rn. 3.53 ff., 3.72 ff.

[760] So BGH WM 1961, 510, 511; BGH WM 1978, 588, 589; BGH WM 1986, 1409 f.; BGH WM 2004, 1625, 1626; *Baumbach*/*Hopt*, Bankgeschäfte, Rn. A/24; *Canaris*, Bankvertragsrecht, Rn. 105; Schlegelberger/*Hefermehl*, HGB, Anh. § 365 Rn. 22.

[761] *Hellner* ZHR 145 (1981), 109, 123; für eine restriktive Auslegung solcher Warnpflichten Nerlich/Römermann/*Wittkowski* § 82 Rn. 12.

[762] BGH NJW 1987, 317, 318; BGH NJW 1963, 1872; BGH NJW 1978, 1852; OLG Hamburg BB 1961, 1075.

[763] Vgl. LG Hamburg ZIP 2001, 711 ff.

[764] *Bork* ZBB 2001, 271, 173.

Sofern im Zeitpunkt der Anordnung der Sicherungsmaßnahme ein Überweisungsauftrag noch nicht wirksam zustande gekommen ist, stellt sich die Frage, ob der Schuldner nach Anordnung der Sicherungsmaßnahme noch wirksam Überweisungsaufträge erteilen kann bzw. ein bereits erteilter, aber noch nicht ausgeführter Überweisungsauftrag wirksam bleibt. Im Eröffnungsverfahren kann der Schuldner grundsätzlich weiterhin Weisungen iSd §§ 675c I, 665 BGB erteilen und weitere Verpflichtungsgeschäfte abschließen.[765] In gleicher Weise wie die Verfahrenseröffnung führt jedoch auch der Erlass eines allgemeinen Verfügungsverbots im Eröffnungsverfahren (§ 21 II 1 Nr. 2) zur Unwirksamkeit neuer Überweisungsaufträge, sofern zugleich ein vorläufiger Insolvenzverwalter eingesetzt worden ist;[766] in diesem Fall geht die Verwaltungs- und Verfügungsbefugnis auf den vorläufigen Insolvenzverwalter über, was zugleich bewirkt, dass der Schuldner die Befugnis verliert, mit Wirkung für und gegen die Masse rechtswirksam zu handeln und dass er von allen Einwirkungsmöglichkeiten auf das vom Insolvenzbeschlag erfasste Vermögen ausgeschlossen ist. Nach hM ist der Schuldner jedoch allein schon durch das allgemeine Verfügungsverbot an der Erteilung eines neuen Überweisungsauftrages gehindert, weil dem Überweisungsauftrag auch Verfügungswirkung zugesprochen wird.[767] Danach fällt die Verfügung über ein Bankguthaben des Schuldners unter § 81 I 1, der über § 24 I im Eröffnungsverfahren zur Anwendung kommt. Begründet wird dies zum einen damit, dass die Bank auf Grund einer Ermächtigung des Anweisenden handele, weswegen die von ihr vorgenommene Umbuchung als Verfügung des Schuldners anzusehen sei.[768] Zum andern wird darauf abgestellt, dass die Bank durch die Ausführung des Überweisungsauftrags eine Leistung an den Kontoinhaber sowohl auf den Überweisungsauftrag als auch auf den Zahlungsdiensterahmenvertrag erbringt und dadurch ihre Verbindlichkeiten diesem gegenüber in Bezug auf dessen Auszahlungsanspruch unmittelbar erfüllt.[769] Danach liegt in der Erteilung eines Überweisungsauftrags eine Einziehung dieser Forderung durch den Schuldner, die wiederum eine Verfügung darstellt.[770] Dieser Ansatz verfängt indes von vornherein nicht, wenn es an einem Auszahlungsanspruch fehlt, wie im Falle einer von der Bank nur geduldeten Kontoüberziehung. Auch im Übrigen stößt dieser Ansatz auf Bedenken. Die sich aus dem Überweisungsauftrag ergebende Ermächtigung der Bank bewirkt – insofern wie bei der Anweisung (§ 783 BGB)[771] –, dass die Bank für Rechnung des Anweisenden leisten soll und zu leisten befugt ist und die erbrachte Zahlung nur im Deckungsverhältnis mit diesem zu verrechnen hat. Durch die Ermächtigung wird mithin nicht die Verfügungsgewalt über einen zur Masse gehörenden Gegenstand auf die Bank übertragen, sondern die schuldrechtliche Zuordnung der Zahlung der Bank zum Deckungsverhältnis mit dem Überweisenden bewirkt mit der Folge, dass die Bank legitimiert ist, die erbrachte Zahlung im Rahmen des Deckungsverhältnisses in Rechnung zu stellen und zu verrechnen. Auch führen die Ermächtigung der Bank und die Aus-

---

[765] Vgl. BGH WM 2014, 21 ff.; *Obermüller* ZInsO 1999, 690, 692.
[766] BGH ZInsO 2009, 659 = NJW-RR 2009, 981; *Obermüller* ZInsO 1999, 690, 693; gegen diese Einschränkung *Bork* ZBB 2001, 271, 272.
[767] BGH NJW-RR 2006, 771 ff.; LG Offenburg ZInsO 2004, 559, 561; *Bork* ZBB 2001, 271, 272 ff.; *Schimansky*, Bankrechtshandbuch, § 50 Rn. 13, 35; einschränkend *Obermüller* ZUnsO 1999, 690 ff. Zur Rechtslage vor Einführung des Überweisungsgesetzes *Uhlenbruck* in Uhlenbruck § 82 Rn. 6. Zum gleichen Ergebnis gelangt *Peschke*, Insolvenz des Girokontoinhabers, S. 159 ff., der zwar der Einordnung des Überweisungsvertrags als Verfügung widerspricht, den gesamten Zahlungsvorgang wegen der reflexartigen Reduktion der Guthabenforderung im Kontokorrent aber für unwirksam hält gem. §§ 24, 81 analog; gegen eine Analogie *Tinnefeld*, Auf- und Verrechnungsmöglichkeit, S. 83 ff. Unerörtert geblieben ist die Frage bei BGH WM 2014, 21 ff., wo ein Zustimmungsvorbehalt angeordnet worden ist.
[768] *Uhlenbruck* in Uhlenbruck § 81 Rn. 4; ebenso LG Offenburg ZInsO 2004, 559, 561.
[769] *Bork* ZBB 2001, 271, 272.
[770] Vgl. *Obermüller*, Insolvenzrecht, Rn. 3.11.
[771] Dazu Staudinger/*Martinek* § 783 BGB Rn. 23.

führung der Überweisung noch nicht dazu, dass Forderungen des Überweisenden aus dem Überweisungsauftrag und aus dem Zahlungsdiensterahmenvertrag auf Durchführung der Überweisung erfüllt werden. Die Einstellung der Leistung der Bank in das Kontokorrent hat wegen der Kontokorrentgebundenheit der Forderungen des Kontoinhabers keine Tilgungswirkung.[772] Im Übrigen gilt, dass der Anspruch des Überweisenden aus dem Deckungsverhältnis auf Vornahme der Überweisung erst mit dem Eintreffen des Buchgeldes beim Kreditinstitut des Begünstigten erlischt.[773] Im Eröffnungsverfahren kann der Schuldner daher auch weiterhin wirksam einen Überweisungsauftrag mit Wirkung für die Masse erteilen, wenn lediglich ein allgemeines Verfügungsverbot erlassen worden ist.[774] Letztlich obliegt es dem Insolvenzgericht, durch entsprechende Sicherungsmaßnahmen, wie etwa die Anordnung einer Kontensperre, für einen wirksamen Masseschutz zu sorgen. Ob der Empfänger die Leistung behalten darf, richtet sich wiederum nach §§ 129 ff. Hat die wirksame Überweisung des Insolvenzschuldners nicht zu einer wirksamen Erfüllung der dem Zahlungsempfänger zustehenden Forderung geführt, kann der Insolvenzverwalter die Zahlung von dem Empfänger nach § 812 I 1 Alt 1 BGB kondizieren.[775]

174 Hat die Bank von der Anordnung der Sicherungsmaßnahme keine Kenntnis erlangt, wird sie im Falle eines kreditorisch geführten Kontos des Schuldners von der Verpflichtung zur Auszahlung des Guthabens gemäß §§ 24 I, 82 S. 1 befreit. Maßgeblich für das Vorliegen oder Nichtvorliegen der Kenntnis ist der Zeitpunkt, zu dem die Bank die Überweisung ausgeführt hat. Die Befreiung tritt jedoch nur ein, wenn durch die Übermittlung des Überweisungsbetrags auch der Leistungszweck im Valutaverhältnis gegenüber dem Empfänger erreicht wird. Dies hängt nach allgemeinen Grundsätzen davon ab, ob der Empfänger den Eingang des Überweisungsbetrags gutgläubig für eine Leistung des Überweisenden halten konnte oder ob für den Empfänger offensichtlich und ohne weiteres erkennbar war, dass der Zahlung ein wirksamer Überweisungsvertrag nicht zugrunde lag.

175 **2. Lastschriftverkehr. a)** *Grundlagen*. Das Lastschriftverfahren stellt eine Sonderform des Überweisungsverkehrs („rückläufige Überweisung") dar.[776] Die Auswirkungen der Anordnung von Sicherungsmaßnahmen bei einem der Beteiligten bestimmen sich demgemäß nach den gleichen Grundsätzen wie beim Überweisungsverkehr. Besonderheiten gegenüber dem Überweisungsverkehr ergeben sich daraus, dass die Initiative beim Lastschriftverfahren vom Gläubiger ausgeht. Der Gläubiger (Zahlungsempfänger) reicht die Lastschrift bei seiner Bank (Gläubigerbank, Erste Inkassostelle) zum Inkasso ein, die diese an die Schuldnerbank (Zahlstelle) zur Einlösung weiterleitet. Rechtsgrundlage für den Zahlungsvorgang ist der vom Zahlungspflichtigen im Rahmen des Girovertrags an die Bank erteilte Abbuchungsauftrag bezüglich der vom Zahlungsempfänger vorgelegten Lastschriften (Abbuchungsverfahren) oder eine diesem erteilte Einzugsermächtigung, die Leistung bei der Bank des Zahlungspflichtigen (Zahlstelle) zu erheben (Einzugsermächtigungsverfahren). Die Einlösung der Lastschrift durch die Schuldnerbank und die Gutschrift auf dem Gläubigerkonto führt wie bei der Überweisung zur Erfüllung der Forderung (§ 362 I BGB), die der Schuldner nicht mehr durch Widerruf hindern kann; sein Widerrufsrecht hinsichtlich des Abbuchungsauftrags er-

---

[772] Hierauf weist *Peschke*, Insolvenz des Girokontoinhabers, S. 95 ff. zutr hin.
[773] *Langenbucher/Gößmann/Werner/Langenbucher*, Zahlungsverkehr, § 1 Rn. 133; *Peschke*, Insolvenz des Girokontoinhabers, S. 97.
[774] BGH WM 2014, 21 ff. für den Erlass eines Zustimmungsvorbehalts; aA noch BGH NJW-RR 2006, 771 ff.
[775] S hierzu BGH NJW 2014, 547 = WM 2014, 21 (Fehlen einer wirksamen Erfüllungszweckbestimmung wegen Anordnung eines Zustimmungsvorbehalts).
[776] S zum Ganzen MüKoInsO/*Ott/Vuia* § 82 Rn. 23 ff. mwN.

lischt mit der Einlösung der Lastschrift durch die Schuldnerbank. Beim Einzugsermächtigungsverfahren bezieht sich die dem Schuldner erteilte Ermächtigung darauf, am Lastschriftverfahren teilzunehmen und die Leistung bei der Bank des Zahlungspflichtigen über seine Bank (Erste Inkassostelle) zu erheben. Diese Einzugsermächtigung wird dem Gläubiger vom Schuldner erteilt. Davon rechtlich zu unterscheiden ist die Frage nach den Voraussetzungen der Wirksamkeit der Belastungsbuchung im Deckungsverhältnis zwischen dem Schuldner und der Schuldnerbank und des Eintritts der Erfüllungswirkung gegenüber dem Gläubiger im Valutaverhältnis.

Der Lastschriftbetrag wird dem Konto des Zahlungsempfängers bei dessen Bank (Erste Inkassostelle) unter Vorbehalt des Eingangs gutgeschrieben. Der Schuldnerbank erwächst aus der Einlösung der Lastschrift ein Aufwendungsersatzanspruch gegen den Schuldner nur dann, wenn dieser die Belastungsbuchung genehmigt, da die Bank die Belastung ohne einen entsprechenden Auftrag des Schuldners vorgenommen hat. Ob mit der Einlösung der Lastschrift durch die Zahlstelle und der entsprechenden Gutschrift auf dem Gläubigerkonto der Gläubigerbank der Leistungserfolg und damit zugleich eine Erfüllung der zugrunde liegenden Forderung gemäß § 362 BGB eintritt, ist umstritten. Die hM sieht die geschuldete Leistung erst dann als „bewirkt" an, wenn der Schuldner die Einziehung ausdrücklich oder konkludent genehmigt („Genehmigungstheorie").[777] Solange eine solche (konstitutive) Genehmigung durch den Schuldner[778] weder ausdrücklich noch konkludent erklärt wurde, kann er die Lastschrift durch seinen Widerspruch gegenüber der Zahlstelle rückgängig machen. Die Ausübung des Widerspruchs durch den Schuldner stellt danach lediglich die ausdrückliche Verweigerung der Genehmigung dar. Eine zeitliche Befristung des Widerspruchs ergibt sich allerdings aus Abschn. A Nr. 2.4 der Sonderbedingungen für den Lastschriftverkehr (6 Wochen nach Zugang eines Rechnungsabschlusses).[779] Erfolgt ein Widerspruch nicht innerhalb dieser Frist, gilt die Genehmigung als erteilt. Gem. Abschnitt III Nr. 2 S. 1 des Lastschriftabkommens ist die Rückbelastung ausgeschlossen, wenn der Zahlungspflichtige nicht binnen sechs Wochen nach Belastung widerspricht. Die Sechs-Wochen-frist für den Widerspruch des Zahlungspflichtigen beginnt jedoch erst mit Zugang des Rechnungsabschlusses (Abschn. A Nr. 2.4 S. 2 der Sonderbedingungen für den Lastschriftverkehr). Eine ausdrückliche oder konkludente Genehmigung der Lastschrift durch den Kontoinhaber kommt auch schon vor Ablauf der 6-Wochen-Frist in Betracht. Ob dem Verhalten des Kontoinhabers aus der maßgeblichen objektiven Sicht der Zahlstelle als Erklärungsempfängerin (§§ 133, 157 BGB) ein entsprechender Erklärungswert beigemessen werden kann, richtet sich nach den konkreten Umständen des Einzelfalls. Das bloße Schweigen des Kontoinhabers auf die zugegangenen Kontoauszüge

---

[777] BGHZ 186, 242 = NJW 2010, 3517; BGHZ 186, 269 = NJW 2010, 3510; BGHZ 177, 69 = NJW 2008, 3348; BGHZ 174, 84 = NJW 2008, 63; BGHZ 167, 171 = NJW 2006, 1965; BGHZ 162, 294, 302 f. = NJW 2005, 1645; BGHZ 161, 49, 53 = NJW 2005, 675; BGHZ 144, 349, 353 = NJW 2000, 2667; BGHZ 95, 103, 106 = NJW 1985, 2326; BGHZ 74, 309, 312 f. = NJW 1979, 2145; BGHZ 72, 343, 346; BGHZ 69, 82, 84 f. = NJW 1977, 1916; BGHZ 161, 49 = NJW 2005, 675, 676; BGH NJW 1996, 988; BGH NJW 1989, 1672, 1673; *Dahl* NZI 2005, 102; *van Gelder*, Bankrechtshandbuch, § 58 Rn. 172, 175; MüKoHGB-*Hadding/Häuser* Zahlungsverkehr Rn. C 158; *Menn* NZI 2009, 463, 464; *Peschke*, Die Insolvenz des Girokontoinhabers, S. 120 f.

[778] Ein vorläufiger Insolvenzverwalter mit Zustimmungsvorbehalt kann die Genehmigung einer Belastungsbuchung nicht erteilen, er kann allenfalls einer Genehmigungserklärung des Schuldners zustimmen; vgl. BGH NJW 2008, 63, 66; OLG Köln ZInsO 2009, 93 = NZI 2009, 111; HambKomm-*Schröder* § 22 Rn. 157.

[779] OLG München NZI 2007, 107, 108; *Nobbe/Ellenberger* WM 2006, 1885, 1887; *Spliedt* ZIP 2005, 1260; Baumbach/*Hopt* (8) AGB-Banken Nr. 7 Rn. 8; *Jungmann* NZI 2005, 84; *Knees/Fischer* ZInsO 2004, 5, 6 f.; *Peschke*, Die Insolvenz des Girokontoinhabers, S. 118; krit. *Rattunde/Berner* DZWIR 2003, 185, 189; aA *Fehl* DZWIR 2004, 257, 258 (Verstoß gegen § 308 Nr. 5 BGB); *Ringstmeier/Homann* NZI 2005, 492 f.; offen lassend BGHZ 161, 49 = NJW 2005, 675, 676.

kann ohne Hinzutreten weiterer Umstände nicht als Genehmigung der darin enthaltenen Lastschriftbuchungen gewertet werden.[780] Auch dem Fortsetzen des Zahlungsverkehrs über das Konto, das mit Lastschriftbuchungen belastet worden ist, kann der Erklärungswert einer Genehmigung durch schlüssiges Verhalten nicht beigemessen werden.[781] Etwas anderes gilt, wenn besondere Umstände hinzutreten, was etwa dann der Fall ist, wenn der Kontoinhaber seinen Zahlungsverkehr unter Berücksichtigung des Kontostandes und den danach möglichen Dispositionen mit der Bank abstimmt,[782] wenn der Kontoinhaber in der Vergangenheit eine Lastschrift bereits genehmigt hat und es sich um regelmäßig wiederkehrende Lastschriften aus Dauerschuldverhältnissen handelt, die sich innerhalb der Schwankungsbreite bereits zuvor genehmigter Lastschriften bewegen oder diese nicht wesentlich unter- oder überschreiten,[783] oder der Insolvenzverwalter in Kenntnis der Lastschriften nach Eingang von Gutschriften um Schließung des Kontos bittet.[784] Von einer konkludenten Genehmigung kann die Bank auch dann ausgehen, wenn der Schuldner im Zusammenhang mit der Lastschrift durch konkrete Einzahlungen erst eine ausreichende Kontodeckung sicherstellt.[785] Liegt eine Genehmigung des Schuldners vor, besteht kein Widerrufsrecht des Insolvenzverwalters.[786] Soweit eine Irrtumsanfechtung der vorzeitigen Lastschriftgenehmigung durch den Insolvenzschuldner in Betracht kommt, kann die Anfechtung auch durch den Insolvenzverwalter erklärt werden.[787] Im unternehmerischen Geschäftsverkehr sind an eine Genehmigung durch schlüssiges Verhalten keine zu hohen Anforderungen zu stellen.[788] Hier kann von einer konkludenten Genehmigung ausgegangen werden, wenn es sich für die Zahlstelle erkennbar um wiederkehrende Leistungen aus Dauerschuldverhältnissen, laufenden Geschäftsbeziehungen oder um den Einzug von wiederkehrenden Sozialversicherungsbeiträgen handelt, jeweils innerhalb der Schwankungsbreite bereits genehmigter Lastschriften.[789] Die Zahlstelle kann damit rechnen, dass Kontobewegungen zeitnah überprüft und Einwendungen innerhalb einer angemessenen Überlegungsfrist geltend gemacht werden.[790]

---

[780] BGHZ 186, 269 = NJW 2010, 3510; BGHZ 174, 84 = NJW 2008, 63; BGHZ 144, 349, 354 = NJW 2000, 2267; BGHZ 95, 103, 108 = NJW 1985, 2326; LG Ulm NZI 2010, 65 ff.; LG Amberg ZInsO 2009, 1495 ff.

[781] BGHZ 186, 269 = NJW 2010, 3510; BGH NJW 2011, 994 ff.; BGH WM 2012, 933 ff.; OLG Dresden ZInsO 2005, 1272, 1274; OLG Köln WM 2009, 889, 891; LG Siegen ZIP 2006, 1459; LG Ulm WM 2010, 461, 463; *Tetzlaff* ZInsO 2010, 161, 164; aA OLG Düsseldorf BKR 2007, 514, 516; *Fischer* WM 2009, 629, 633; *Knees/Kröger* ZInsO 2006, 393; *Nobbe/Ellenberger* WM 2006, 1885, 1887; für den kaufmännischen Verkehr auch *Kuder* LMK 2005, 45, 46; *dies.* ZInsO 2004, 1356, 1357 f.; offen lassend noch BGHZ 144, 349, 356 = NJW 2000, 2667. Zu den Möglichkeiten einer konkludenten Genehmigung vor Verfahrenseröffnung LG Hannover WM 2005, 1319, 1320; *Böhm* BKR 2005, 366, 368; *Ganter* WM 2005, 1557, 1562; *Spliedt* ZIP 2005, 1260, 1262.

[782] BGHZ 186, 269 = NJW 2010, 3510; BGH NJW 2011, 994 ff.; BGH NJW 2011, 2715 ff.; OLG Koblenz NZI 2011, 21 ff.; OLG München ZIP 2005, 2102, 2103; *Nobbe* WM 2009, 1537, 1541; vgl. auch BGH WM 2012, 933 ff. (laufende Überwachung der Kontoführung durch die Schuldnerin und Zuführung von Liquidität zur Sicherstellung weiterer Dispositionen bzw. zur Vermeidung von Kontoüberziehungen).

[783] BGHZ 186, 269 = NJW 2010, 3510; BGH WM 2012, 933; BGH WM 2012, 160; BGH WM 2011, 743; BGH WM 2011, 2259; BGH WM 2011, 2316; BGH WM 2011, 2358; s. zu der hierbei anzuwendenden Prüfungsfrist OLG München NZI 2011, 285, 286 ff.; krit. *Ringstmeier/Homann* ZInsO 2010, 2039 ff.

[784] BGHZ 174, 84 = NJW 2008, 63.

[785] BGH ZInsO 2010, 239; OLG Koblenz NZI 2011, 21.

[786] BGH NZI 2012, 22 = NJW 2012, 146.

[787] Dazu *M. Wagner* ZIP 2011, 846 ff., 853 f.

[788] BGHZ 186, 269 Rn. 48 = NJW 2010, 3510; BGH ZInsO 2011, 2330.

[789] BGH WM 2012, 933 ff.; BGH ZInsO 2012, 135; BGH ZInsO 2011, 1980; BGH ZInsO 2011, 576; BGH NJW 2011, 994; BGH ZInsO 2010, 2293; BGH ZInsO 2010, 2393.

[790] BGHZ 186, 269 = NJW 2010, 3510; BGH WM 2012, 933 ff.; BGH ZInsO 2012, 135 (Überlegungsfrist von 14 Tagen bei wiederkehrenden Sozialversicherungsbeiträgen); BGH ZInsO 2011, 1980.

Demgegenüber nimmt die sog. Ermächtigungstheorie ein Bewirken der geschuldeten 177 Leistung bereits bei Einlösung der Lastschrift an; die Erfüllung stehe lediglich unter der auflösenden Bedingung eines Widerspruchs durch den Lastschriftschuldner.[791] Der Widerspruch des Schuldners führt nach dieser Ansicht dazu, dass die Erfüllung rückwirkend entfällt und die zugrunde liegende Forderung wieder auflebt.[792] Nach beiden Auffassungen hat es der Schuldner allein in der Hand, den Eintritt der Erfüllungswirkung durch seinen Widerspruch wirksam zu verhindern bzw. rückgängig zu machen.[793] Nach einer anderen Ansicht tritt mit der Einlösung der Lastschrift durch die Schuldnerbank und durch die entsprechende Gutschrift auf dem Gläubigerkonto Erfüllung der Forderung unabhängig von einer Genehmigung des Schuldners im Deckungsverhältnis ein (Erfüllungstheorie).[794] Danach ist der vom Schuldner herbeizuführende Leistungserfolg mit der Einlösung der Lastschrift eingetreten und der Gläubiger hat dadurch eine irreversible und auch insolvenzfeste Rechtsposition erlangt; der Schuldner schuldet nur noch ein Unterlassen des Widerspruchs gegen die Belastungsbuchung. Der Schuldner handelt nach allen Auffassungen bei einem Widerspruch pflicht- bzw sittenwidrig und macht sich gegenüber dem Lastschriftgläubiger bzw der ersten Inkassostelle schadensersatzpflichtig (§§ 280 I, 826 BGB), sofern keine anerkennenswerten Gründe für einen Widerspruch bestehen; denn in diesem Fall ist der Schuldner auf Grund der dem Lastschriftgläubiger erteilten Einzugsermächtigung zur Erteilung der Genehmigung verpflichtet. Ein anerkennenswerter Grund ist etwa darin zu sehen, dass der Schuldner keine Einzugsermächtigung erteilt hat oder der Anspruch des Lastschriftgläubigers unbegründet oder einredebehaftet ist.[795]

b) *Anordnung von Sicherungsmaßnahmen über das Vermögen des Zahlungsempfängers.* Da 178 mit der Anordnung verfügungsbeschränkender Sicherungsmaßnahmen die zwischen dem Lastschriftgläubiger und der Gläubigerbank geschlossenen Inkassovereinbarung erlischt, ist der vorläufige Insolvenzverwalter nicht mehr in der Lage, weitere Lastschriften zum Einzug einzureichen. Die vom Lastschriftschuldner erteilte Lastschriftermächtigung wird davon aber nicht berührt. Die Leistung an den Gläubiger kann insofern noch wirksam erbracht werden. Der Anspruch gegen die Empfängerbank (Erste Inkassostelle) auf die Gutschrift sowie der Anspruch aus der Gutschrift fällt in die Insolvenzmasse. Wird die Lastschrift vor der Eröffnung des Insolvenzverfahrens gutgeschrieben, aber erst nach der Eröffnung eingelöst, erstarkt der bisher aufschiebend bedingte Anspruch zum Vollrecht, da der Begründungstatbestand bereits vor der Eröffnung abgeschlossen war. Eine Verpflichtung der Bank, die Einlösung nach bereits erfolgter Gutschrift entgegenzunehmen, ergibt sich aus dem Girovertrag, der als Verpflichtungs-

---

[791] *Bauer* WM 1981, 1186, 1194; *Burghardt/Wegmann* NZI 2009, 752, 755f.; *Canaris*, Bankvertragsrecht, Rn. 636; *Bork* FS Gerhardt S. 69, 74ff.; *Bork* ZIP 2004, 2446f.; MüKoBGB/*Casper* Vorbem. zu §§ 676a–676g Rn. 40; *Fallscheer-Schlegel*, Lastschriftverfahren, S. 34f.; *Uhlenbruck* § 82 Rn. 24; wohl auch AG München NZI 2009, 483, 484.
[792] Hiergegen und für eine „Erfüllung unter Vorbehalt" *Meder* NJW 2005, 637, 638; *ders.* JZ 2005, 1089, 1092f.
[793] Aus diesem Grund hat der Lastschriftgläubiger allein infolge der Lastschrift auch noch keine verfestigte Rechtsposition erlangt; BGHZ 161, 49 = NJW 2005, 675, 676, 677; *Feuerborn* ZIP 2005, 604, 605; *Fehl* DZWIR 2004, 257, 259; aA *Canaris*, Bankvertragsrecht, Rn. 661; *Nobbe/Ellenberger* WM 2006, 1885ff.; *Fallscheer-Schlegel*, Lastschriftverfahren, S. 27f.; *Hadding* WM 2005, 1549, 1555; *Peschke*, Die Insolvenz des Girokontoinhabers, S. 118f., 120, 121, 122; *Rottnauer* WM 1995, 272, 279; *Kling* DZWIR 2004, 54, 58; *Meder* NJW 2005, 637, 638; *ders.* JZ 2005, 1089, 1094 („Erfüllung unter Vorbehalt").
[794] *Nobbe/Ellenberger* WM 2006, 1885ff.; *Peschke* ZInsO 2006, 470; *Bork* FS Gerhardt S. 69, 75; vgl. auch BGHZ 177, 69 = NJW 2008, 3348; *Burghardt/Wegmann* NZI 2009, 752ff.; abl *Spliedt* NZI 2007, 72.
[795] BGHZ 74, 300, 305 = NJW 1979, 1652, 1653; BGHZ 161, 49 = NJW 2005, 675f.; BGH NJW 1987, 2370, 2371.

geschäft von der Anordnung der Sicherungsmaßnahmen grundsätzlich unberührt bleibt (s. o. Rn. 167). Widerspricht der Schuldner der Belastung seines Kontos im Einzugsermächtigungsverfahren, ist die Gläubigerforderung nicht erfüllt, diese fällt vielmehr in die Masse. Bei einem debitorischen Konto besteht dann lediglich ein Anspruch auf Korrektur der ungenehmigten Belastung.[796] Kehrt die Empfängerbank den Betrag der Gutschrift an den Schuldner aus, wird sie nur befreit, wenn sie in Unkenntnis der Eröffnung des Insolvenzverfahrens verfügt hat, §§ 24 I, 82 S. 1.

179   c) *Anordnung von Sicherungsmaßnahmen über das Vermögen des Zahlungspflichtigen.* Bei der Anordnung von verfügungsbeschränkenden Sicherungsmaßnahmen über das Vermögen des Zahlungspflichtigen erlischt der der Bank erteilte Abbuchungsauftrag. Die dem Zahlungsempfänger erteilte Einziehungsermächtigung erlischt gemäß §§ 24 I, 81 I S. 1. Führt die Bank des Zahlungspflichtigen eine Lastschrift nach Anordnung der Sicherungsmaßnahme noch durch, erwirbt sie ebenso wie im Falle eines nach Anordnung durchgeführten Überweisungsauftrags einen Anspruch auf Aufwendungsersatz nur dann, wenn sie von der Anordnung keine Kenntnis hat (vgl. § 674 BGB). Die Zuständigkeit für die Genehmigung in Bezug auf bereits ausgeführte Lastschriften und mithin auch für die Verweigerung der Genehmigung durch Widerspruch geht auf den vorläufigen Insolvenzverwalter über. Dieser kann daher (ebenso wie der Schuldner) wirksam die bereits erfolgte Einlösung einer Lastschrift rückgängig machen. Ob der vorläufige Insolvenzverwalter wegen eines missbräuchlichen Widerspruchs nach §§ 826 BGB, 60 InsO haftet, hängt davon ab, unter welchen Voraussetzungen er pflicht- bzw. sittenwidrig handelt. Da die Möglichkeit des Widerspruchs mit einer Genehmigungspflicht korrespondiert, geht es darum, ob der Insolvenzverwalter auf Grund der mit dem Lastschriftgläubiger getroffenen Abrede aus dem Valutaverhältnis verpflichtet ist, eine Erfüllung der Gläubigerforderung durch eine Genehmigung zu bewirken (Genehmigungstheorie) bzw. diese nicht durch einen Widerspruch wieder rückgängig zu machen (Ermächtigungstheorie bzw. Erfüllungstheorie).

180   Die Streitfrage, ob der „starke" oder mit Zustimmungsvorbehalt ausgestattete vorläufige Insolvenzverwalter berechtigt ist, die Genehmigung von Belastungsbuchungen im Lastschrifteinziehungsverfahren zu verhindern, auch wenn sachliche Einwendungen gegen die eingezogene Forderung nicht erhoben werden, ist in den letzten Jahren intensiv und kontrovers diskutiert worden. Ob mit der Einlösung der Lastschrift durch die Zahlstelle und der entsprechenden Gutschrift auf dem Gläubigerkonto der Leistungserfolg eintritt, ist umstritten (s zum Meinungsstand näher o Rn. 174 f.). Nach der nunmehr auch vom BGH vertretenen sog Genehmigungstheorie ist die geschuldete Leistung erst dann „bewirkt", wenn der Schuldner die Einziehung ausdrücklich oder konkludent[797] genehmigt; solange eine solche Genehmigung nicht vorliegt, kann der Schuldner die Lastschrift durch Verweigerung der Genehmigung in Form eines Widerspruchs gegenüber der Zahlstelle rückgängig machen. Macht der Schuldner von seinem Widerspruchsrecht Gebrauch, obwohl anerkennenswerte Gründe hierfür (zB Einwendungen gegen die zugrunde liegende Forderung) nicht gegeben sind, macht er sich gegenüber dem Lastschriftgläubiger bzw. der ersten Inkassostelle schadensersatzpflichtig (§§ 280 I, 826 BGB).[798]

181   Ist ein (vorläufiger) Insolvenzverwalter bestellt, kreist der Streit um die Frage, in wie weit dieser zum Widerspruch bzw. zur Verweigerung der Genehmigung einer Lastschriftbuchung berechtigt ist. Während der Schuldner sich gem. § 826 BGB schadenser-

---

[796] BGH ZInsO 2009, 659 = NJW-RR 2009, 981.
[797] Näher hierzu BGHZ 174, 84 = NJW 2008, 63; BGH ZInsO 2009, 659 = NJW-RR 2009, 981; KG ZInsO 2009, 179 ff.; OLG Düsseldorf ZIP 2009, 980 ff.
[798] MüKoInsO/*Ott/Vuia* § 82 Rn. 23a mwN.

satzpflichtig macht, wenn er Lastschriften widerspricht, denen berechtigte Forderungen zugrunde liegen,[799] ist dem Insolvenzverwalter in der Rechtsprechung insbesondere des IX. Zivilsenats bislang ein weitergehendes Widerspruchsrecht gegen alle noch nicht genehmigten Lastschriften mit der Begründung eingeräumt worden, die volle Erfüllung von Forderungen im Lastschriftverfahren würde zu einer insolvenzzweckwidrigen Bevorzugung von Lastschriftgläubigern gegenüber sonstigen Gläubigern führen, deren Forderungen Insolvenzforderungen im Rang des § 38 darstellen.[800] Dies entsprach einer bereits zuvor in der Rechtsprechung und dem Schrifttum vertretenen Auffassung.[801] Verbreitet wird jedoch auch die Ansicht vertreten, dem Verwalter stehe kein weitergehendes Widerspruchsrecht zu, so dass er ebenfalls wegen eines missbräuchlichen Widerspruchs haften könne.[802] Nach dieser Ansicht tritt der Insolvenzverwalter gleichsam in die „Fußstapfen" des Schuldners. Dieser Auffassung hat sich der XI. Zivilsenat des BGH angeschlossen.[803] Das Insolvenzrecht rechtfertigt es danach nicht, das Einzugsermächtigungsverfahren in der Insolvenz des Schuldners zu einem Instrument der Massemehrung umzufunktionieren.[804] Durch Entscheidungen der beiden Senate vom 20.7.2010, die jeweils vom andern Senat mitgetragen werden, ist eine weiterführende Lösung entwickelt worden.[805] Wie bisher schon wird zunächst darauf abgestellt, ob eine konkludente Genehmigung der Lastschriftbuchung durch den Schuldner erfolgt ist; in diesem Fall ist die Belastung wirksam und ein Widerspruch wirkungslos.[806] Ob eine konkludente Genehmigung erfolgt ist, beurteilt sich nach den Umständen des Einzelfalls (s. o. Rn. 174). Im Übrigen schließt der IX. Zivilsenat das Widerspruchsrecht des Insolvenzverwalters in Bezug auf pfändungsfreies Vermögen des Schuldners (Schonvermögen) aus.[807] Soweit die Summe der Buchungen aus Lastschriften und Barabhebungen sowie Überweisungen den pfändungsfreien Betrag nicht übersteige, dürfe der Verwalter den Lastschriften nicht widersprechen. Auch wenn der Betrag überschritten sei, sei ein pauschaler Widerspruch unzulässig, der Verwalter müsse dem Schuldner Gelegenheit geben zu entscheiden, welche Lastschriften aus dem „Schonvermögen bedient sein sollen.[808]

---

[799] *Schleich/Götz/Nübel* DZWIR 2010, 409, 410.
[800] BGHZ 161, 49 = NJW 2005, 675, 676 ff.; BGHZ 174, 84 = NJW 2008, 63; BGH ZIP 2009, 1477; BGH WM 2006, 2092; ebenso die beiden Parallelentscheidungen BGH ZInsO 2005, 40 ff.; BGH EWiR 2005, 227; bestätigt durch BGH NZI 2006, 697 = WM 2006, 2092; zust *Spliedt* NZI 2007, 72 ff.; KG ZInsO 2004, 1361, 1362; LG Amberg ZInsO 2009, 1495 ff.; *Dahl* NZI 2005, 102 f.; *Flitsch* BB 2005, 17; *Feuerborn* ZIP 2005, 604 ff.; *Ganter* WM 2005, 1557 ff.; krit. *Meder* NJW 2005, 637; *ders.* JZ 2005, 1089; scharf abl *Nobbe/Ellenberger* WM 2006, 1885 ff.; zu den Voraussetzungen und Konsequenzen des Verwalterwiderspruchs *Schröder* ZInsO 2006, 1 ff.
[801] LG Berlin DZWIR 2004, 255, 256 f.; AG Charlottenburg DZWIR 2005, 39, 40; *Fehl* DZWIR 2004, 257, 259; *G. Fischer* FS Walter Gerhardt S. 223, 230 ff.; *Rattunde/Berner* DZWIR 2003, 185, 188 ff.; zurückhaltender AG Hamburg ZInsO 2004, 517, 519 (Rückruf von „wahrscheinlich anfechtbaren" Lastschriftabbuchungen zulässig).
[802] OLG Hamm NZI 2004, 256, 257; OLG Hamm NJW 1985, 865; LG Erfurt NJW-RR 2003, 49; AG München ZIP 2008, 592, 596; *Böhm* BKR 2005, 366, 369 f.; *Bork* ZIP 2004, 2446 ff.; *ders.* FS Walter Gerhardt S. 69, 81 ff.; *Hadding* WM 2005, 1549 ff.; *Jungmann* NZI 2005, 84, 85; *Kling* DZWIR 2004, 54, 55; *Knees/Fischer* ZInsO 2004, 5, 12 f.; *Nobbe/Ellenberger* WM 2006, 1885 ff.; *Meder* NJW 2005, 637; *ders.* JZ 2005, 1089; *Uhlenbruck* in Uhlenbruck § 82 Rn. 235.
[803] BGHZ 177, 69 = NJW 2008, 3348; s hierzu *Burghardt/Wegmann* NZI 2009, 752 ff.; Keilmann BB 2010, 519 ff.
[804] BGHZ 177, 69 = NJW 2008, 3348.
[805] BGHZ 186, 269 = NJW 2010, 3510; BGHZ 186, 242 = NJW 2010, 3517; s hierzu *Langen/Lang* NJW 2010, 3484 ff.; *Reymann* DStR 2011, 1959, 1963 f.; *Vallender* NJW 2011, 1491, 1493; *Jacoby* ZIP 2010, 1725 ff.; *Th. Schmidt/Tetzlaff* DB 2011, 37 ff.; *Wagner* ZIP 2011, 846.
[806] BGHZ 186, 242 Rn. 11; BGHZ 174, 84, 97 Rn. 32 ff.
[807] BGHZ 186, 242 Rn. 13 ff., 23; s zum Pfändungsschutzkonto („P-Konto") gem § 850k ZPO, § 36 I 2 InsO *Büchel* ZInsO 2010, 20 ff.; BankenKommInsO-*Ellers* § 116 Rn. 21.
[808] BGHZ 186, 242 = NJW 2010, 3517; s hierzu *Backer/Priebe* NZI 2010, 961 ff.; *Ganter* NZI 2010, 835, 837 f.; *Langen/Lang* NJW 2010, 3484 ff.; *Reymann* DStR 2011, 1959, 1963 f.; *Wagner* NZI 2010, 785 ff. Zum Lastschriftwiderspruch im Unternehmensinsolvenzverfahren s OLG München NZI 2011, 285 ff.

§ 14　182, 183　　　　　　　　　　　　　　　　　Kapitel II. Das Insolvenzeröffnungsverfahren

Auf Grund eines unberechtigten Widerspruchs kommt eine Haftung des Insolvenzverwalters gegenüber dem Schuldner gem. § 60 sowie gem. § 826 BGB gegenüber dem Gläubiger in Betracht. Da die geänderte Auffassung des IX. Zivilsenats vom XI. Zivilsenat mitgetragen wird, wie dieser auf Anfrage erklärt hat, musste der Große Senat nicht angerufen werden.[809] Die Entscheidung des IX. Zivilsenats, die das Widerspruchsrecht des Insolvenzverwalters in Bezug auf Lastschriften, die das „Schonvermögen" des Schuldners betreffen, beschränkt nicht die Möglichkeit des Widerspruchs gegen Lastschriften bei Unternehmensinsolvenzen. Hier besteht das Problem der mangelnden Insolvenzfestigkeit von Lastschriften fort.[810] Eine umfassende Lösung kann sich ergeben, wenn das SEPA-Lastschriftverfahren von der Kreditwirtschaft oder von dem Gesetzgeber eingeführt wird. Dies eröffnet die Möglichkeit für den Schuldner, neben dem Gläubiger auch sein eigenes Kreditinstitut zur Vornahme der Belastungsbuchung zu ermächtigen (Vorabermächtigung), wodurch die Belastungsbuchung von Anfang an Wirksamkeit erlangt.[811]

182　Im Eröffnungsverfahren steht dem vorläufigen Insolvenzverwalter ein Widerspruchsrecht gegen Lastschriften jedenfalls dann zu, wenn dem Schuldner ein allgemeines Verfügungsverbot auferlegt ist. Die Rechtsstellung des vorläufigen starken Insolvenzverwalters entspricht der des endgültigen Insolvenzverwalters. Der vorläufige Insolvenzverwalter mit Zustimmungsvorbehalt kann eine Lastschrift dagegen nicht an Stelle des Schuldners genehmigen; dieser kann die Lastschrift nicht ohne Zustimmung des Insolvenzverwalters genehmigen. Der Schuldner kann ihr auch nicht eigenmächtig wirksam widersprechen, da auch der Lastschriftwiderspruch eine Verfügung darstellt.[812] Gleichwohl wird der Widerspruch des vorläufigen Insolvenzverwalters mit Zustimmungsvorbehalt gegenüber der Schuldnerbank in der Rechtsprechung unabhängig von einem Widerspruch des Schuldners als erforderlich und als wirksam betrachtet, um ein Eintreten der Genehmigungsfiktion zu verhindern.[813] Ebenso wie er die Wirksamkeit von Verfügungen des Schuldners im Interesse einer Gleichbehandlung der Gläubiger durch Verweigerung der Zustimmung verhindern kann, muss er auch den Eintritt der Genehmigungsfiktion zum Zwecke der Massesicherung verhindern können.[814]

183　**d) *SEPA-Lastschriftverfahren*.** In dem Bestreben, einen einheitlichen europäischen Euro-Zahlungsverkehrsraum (Single Euro Payments Area – SEPA) zu schaffen, hat die Bankwirtschaft zusammen mit europäischen und nationalen kreditwirtschaftlichen Verbänden europäisch einheitliche Verfahren für Zahlungsvorgänge (Überweisungen, Lastschrift und Kartenzahlungen) entwickelt, u a die Regelungen über das sog. SEPA-Lastschriftverfahren.[815] Ist der Lastschriftschuldner Verbraucher, kommen die Bedingungen des SEPA-Basislastschriftverfahrens zur Anwendung, bei allen anderen Lastschriftschuldnern finden die Bedingungen des SEPA-Firmenlastschriftverfahrens Anwendung. Bei beiden Verfahren wird die Durchführung des Zahlungsvorganges bereits mit Erteilung des SEPA-Lastschriftmandats autorisiert (Abschn. C. und D., jeweils Nr. 2.2.1 der Sonderbedingungen für den Lastschriftverkehr). Das SEPA-Lastschriftmandat beinhaltet neben der Gestattung für den Zahlungsempfänger, den Betrag vom Konto des Zahlers

---

[809] BGHZ 186, 242 Rn. 32.
[810] OLG München NZI 2011, 285 m Anm. *Freitag*.
[811] BGHZ 186, 269 Rn. 15 ff.; für eine entsprechende Lösung aufgrund einer Auslegung der Einzugsermächtigung auch außerhalb des SEPA-Lastschriftverfahrens *Einsele* AcP 209 (2009), 720, 740 ff.
[812] *Kirchhof* WM 2009, 337 ff.; *Wagner* NZI 2010, 471, 473; aA *Bork* FS Walter Gerhardt S. 69, 79.
[813] BGHZ 177, 69 = NJW 2008, 3348, Rn. 30 ff.; BGH NZI 2010, 938; BGH NZI 2011, 17 unter Aufgabe der früheren Rechtsprechung, BGHZ 174, 84 = NJW 2008, 63.
[814] BGH NJW 2008, 3348; aA HK/*Kayser* § 82 Rn. 44; *Berger* NJW 2009, 473, 475; *Wagner* NZI 2008, 721, 723 f.; *ders.* NZI 2010, 471 ff.
[815] S. hierzu *Reymann* DStR 2011, 1959, 1964; *Werner* BKR 2010, 9 ff.; *Bitter* WM 2010, 1725 ff.; *Obermüller/Kuder* ZIP 2010, 349 ff.

einzuziehen, sondern darüber hinaus auch die an die Zahlstelle gerichtete Anweisung, die vom Zahlungsempfänger auf das Schuldnerkonto gezogene SEPA-Lastschrift einzulösen. In dieser Weisung liegt der Zahlungsauftrag iSd. § 675f III 2 BGB, der aufgrund der Parteivereinbarung bereits vor der Ausführung autorisiert wird iSd. § 675j I 2 Fall 1 BGB. Der Zahlungsauftrag, der an die Schuldnerbank zu erteilen ist, wird dieser im SEPA-Lastschriftverfahren durch den Zahlungsempfänger als Erklärungsboten (vgl. § 120 BGB) über sein Kreditinstitut übermittelt.[816] Der Zahlungsauftrag wird mit Zugang bei der Schuldnerbank gemäß § 675n I 1 BGB wirksam. Der Zahlungsempfänger wird gleichzeitig ermächtigt, den Zahlungsauftrag durch die Einreichung bezifferter Lastschriften zu konkretisieren. Die mittels SPEA-Lastschriftverfahrens bewirkte Zahlung kann dann auch nach der Verfahrenseröffnung oder der Anordnung von Sicherungsmaßnahmen im Eröffnungsverfahren von dem Verwalter nicht mehr durch einen Widerspruch verhindert werden. Im SEPA-Lastschriftverfahren ist die Forderung des Gläubigers bereits mit vorbehaltloser Gutschrift des Zahlbetrages auf seinem Konto erfüllt und nicht erst mit Ablauf der in § 675x I, II, IV BGB vorgesehenen 8-Wochen-Frist. Das Recht des Zahlers, binnen acht Wochen von seiner Bank die Erstattung des Zahlbetrages verlangen zu können, fällt gem. § 377 I BGB analog nicht in die Insolvenzmasse.[817] Nach Auffassung des XI. Zivilsenats soll über das SEPA-Lastschriftverfahren hinaus durch eine entsprechende Ausgestaltung der Allgemeinen Geschäftsbedingungen der Banken eine Vorabautorisierung des Zahlungsvorganges bei einer mittels Lastschrift bewirkten Zahlung rechtlich möglich und zulässig sein, weshalb auch in diesem Fall die Forderung bereits mit der Gutschrift erfüllt wäre.[818]

3. Wechselverkehr.[819] Der Wechsel als Sonderform der bürgerlich-rechtlichen Anweisung enthält eine Ermächtigung des Bezogenen durch den Aussteller, mit befreiender Wirkung an den legitimierten Wechselinhaber zu leisten, und eine Ermächtigung des Wechselinhabers, die Leistung beim Bezogenen zu erheben. Eine Zahlungspflicht des Bezogenen entsteht erst durch dessen Akzept (Art. 28 WG). Demgemäß sind folgende Konstellationen der Insolvenz zu unterscheiden:

a) *Anordnung von Sicherungsmaßnahmen über das Vermögen des Ausstellers.* Die Ermächtigung des Bezogenen durch einen vom Aussteller ausgestellten und begebenen Wechsel, sich durch Zahlung an den legitimierten Inhaber des Wechsels von seiner Schuld gegenüber dem Aussteller zu befreien, verliert ihre Wirksamkeit mit der Anordnung verfügungsbeschränkender Sicherungsmaßnahmen über das Vermögen des Ausstellers. Der Bezogene wird daher der Masse gegenüber nur befreit, wenn er in Unkenntnis der Verfahrenseröffnung gehandelt hat, §§ 24 I, 82 S. 1.[820] Gleiches gilt, wenn der Bezogene den Wechsel nach Anordnung der Sicherungsmaßnahme, aber in Unkenntnis hiervon akzeptiert hat. Hat er den Wechsel dagegen vor Anordnung der Maßnahmen akzeptiert, hat diese keinen Einfluss auf den weiteren Ablauf. Auch eine spätere Leistung in Kenntnis der Verfahrenseröffnung steht der befreienden Wirkung nicht entgegen, da der Wechselinhaber auf Grund des Akzepts einen selbständigen Anspruch gegen den Bezogenen hat.

b) *Anordnung von Sicherungsmaßnahmen über das Vermögen des Bezogenen.* Ein Wechselakzept des Bezogenen nach Anordnung der Sicherungsmaßnahme ist unwirksam, sofern

---

[816] BGHZ 186, 260 = NJW 2010, 3510; *Laitenberger* NJW 2010, 192, 193; Palandt/*Sprau* § 675f. BGB Rn. 40.
[817] BGHZ 186, 260 = NJW 2010, 3510.
[818] So obiter dictum BGHZ 186, 260 = NJW 2010, 3510.
[819] Gem § 1 X Nr. 6 ZAG rechnen Zahlungsvorgänge per Scheck und Wechsel nicht zu den „Zahlungsdiensten" iSd § 675c I BGB, weshalb die Bestimmungen über Zahlungsdienste (§§ 675c ff. BGB) hier keine Anwendung finden.
[820] S zum Ganzen MüKoInsO/*Ott/Vuia* § 82 Rn. 26 ff. mwN.

die Verwaltungsbefugnis auf den vorläufigen Insolvenzverwalter übergegangen ist (§ 22 I 1). Ein vor der Anordnung erteiltes Akzept behält seine Wirksamkeit. Der Wechselinhaber hat einen Anspruch hieraus gegen die Masse. Davon zu unterscheiden ist die Frage, welche Ansprüche der Bank des Akzeptanten (Domizilbank) aus einer Einlösung der zur Zahlung präsentierten Wechsel erwachsen. Da die Bestimmung des § 116 I erst im eröffneten Verfahren gilt, erlischt der von dem Akzeptanten der Bank erteilte Auftrag, den Wechsel bei Fälligkeit einzulösen, nicht.

187 **4. Scheckverkehr.** Die Begebung eines Schecks erfolgt erfüllungshalber (§ 364 II BGB). Auch hier ist wiederum zwischen den Rechtsverhältnissen zwischen dem Scheckaussteller, dem Schecknehmer und dem Bezogenen zu unterscheiden. Da jedoch für den Scheckverkehr das Akzeptverbot des Art. 4 SchG gilt, kommt eine selbstständige Verpflichtung der bezogenen Bank nur durch eine besondere vertragliche Vereinbarung außerhalb des Scheckrechts in Betracht.[821]

188 **a)** *Anordnung von Sicherungsmaßnahmen über das Vermögen des Ausstellers.* Durch die Anordnung von Sicherungsmaßnahmen über das Vermögen des Scheckausstellers erlischt weder der Scheckvertrag noch der Girovertrag. Sofern die Verwaltungsbefugnis auf den vorläufigen Insolvenzverwalter übergegangen ist (§ 22 I 1), kann der Schuldner einen Scheck nicht mit Wirkung gegen die Masse ausstellen. Da er die Verwaltungsbefugnis über das zur Masse gehörende Vermögen verloren hat, kann er weder den Schecknehmer ermächtigen, den Scheckbetrag mit Wirkung für die Masse entgegenzunehmen, noch kann er die Bank ermächtigen, mit Wirkung für die Masse an den Schecknehmer zu leisten. Der Scheck bleibt zwar wirksam, kann sich aber nur auf ein etwaiges insolvenzfreies Vermögen des Schuldners beziehen.

189 **b)** *Anordnung von Sicherungsmaßnahmen über das Vermögen des Schecknehmers.* Bei der Anordnung von Sicherungsmaßnahmen über das Vermögen des Scheckinhabers gehört der Scheck zum Schuldnervermögen. Wurde der Scheck nach der Anordnung für eine zuvor entstandene Kausalforderung gegen den Drittschuldner von diesem begeben, gehört der Scheck zum Schuldnervermögen, sofern der Drittschuldner gutgläubig iSd §§ 24 I, 82 war. Nach Anordnung der Sicherungsmaßnahmen über das Vermögen des Scheckinhabers darf nur noch der vorläufige Insolvenzverwalter den Scheck zum Einzug geben.

190 **5. Anweisung nach BGB.** Für die Anweisung iSd §§ 783 ff. BGB gelten die zum Wechsel- und Scheckverkehr gemachten Aussagen entsprechend. Nimmt der Angewiesene die Anweisung vor der Anordnung der Sicherungsmaßnahmen an, wird er durch Zahlung frei. Erfolgt die Zahlung nach der Anordnung in Unkenntnis gilt dasselbe.

IX. Auskunfts- und Mitwirkungspflichten des Schuldners

191 **1. Auskunftspflichten.** Nach § 22 III 3 hat der Schuldner bzw. der organschaftliche Vertreter eines Schuldnerunternehmens dem vorläufigen Insolvenzverwalter alle erforderlichen Auskünfte zu erteilen. Der Inhalt der Auskunftspflicht entspricht derjenigen nach § 20 gegenüber dem Insolvenzgericht. Dem Umfang nach erstreckt sich die Auskunft auf alle Tatsachen, die im Zusammenhang mit dem beantragten Insolvenzverfahren stehen. Der Schuldner bzw. der organschaftliche Vertreter eines Schuldnerunternehmens ist verpflichtet, auf Anforderungen des vorläufigen Verwalters die benötigten Daten und Dokumente selbst aus den Unterlagen zusammen zu suchen und zu übermitteln.[822] Der Schuld-

---

[821] S zum Ganzen MüKoInsO/*Ott/Vuia* § 82 Rn. 29 ff.
[822] *Uhlenbruck* in Uhlenbruck § 22 Rn. 213; KPB/*Pape* § 22 Rn. 106; *Thiemann* Rn. 413; Blersch/Goetsch/*Haas* § 22 Rn. 32; HK/*Kirchhof* § 22 Rn. 69; *Ampferl* Rn. 894; Uhlenbruck/Hirte/Vallender/*Pape*, Insolvenzrecht, Rn. 435; *Haarmeyer/Wutzke/Förster*, Hdb Kap 3 Rn. 161 ff.; MüKoInsO/*Haarmeyer* § 22 Rn. 171 ff.

ner hat Auskunft zu erteilen über alle abgetretenen Forderungen, Vertragsverhältnisse sowie bestehende Schulden.[823] Das Insolvenzgericht kann den Schuldner zu regelmäßigen schriftlichen geordneten Aufzeichnungen verpflichten, die dem vorläufigen Verwalter wöchentlich zur Verfügung zu stellen sind.[824] Die Verpflichtung des Schuldners umfasst alle das Eröffnungsverfahren betreffenden Verhältnisse. Die Auskunftspflicht stellt eine höchstpersönliche Pflicht dar und kann grundsätzlich nicht durch einen Verfahrensbevollmächtigten erfüllt werden.[825]

2. Mitwirkungspflichten gegenüber dem vorläufigen Verwalter. § 22 III 3 Hs. 1 regelt nur, dass der Schuldner dem vorläufigen Verwalter alle erforderlichen Auskünfte zu erteilen hat. Deswegen wird teilweise in der Literatur die Auffassung vertreten, die Regelungen in den §§ 20, 22 III 3 bezögen sich nur auf Auskünfte.[826] Dieser Auffassung kann nicht gefolgt werden. In § 22 III 3 ist die Auskunftspflicht nur beispielhaft erwähnt. Die umfassende Verweisung auf die Vorschriften der §§ 97, 98, 101 zeigt, dass der Gesetzgeber die aktiven und passiven Mitwirkungspflichten des Schuldners und seiner organschaftlichen Vertreter auch für das Eröffnungsverfahren regeln wollte.[827] Die Auskunfts- und Mitwirkungspflichten des Schuldners im Insolvenzeröffnungsverfahren erfassen gemäß § 97 auch die Erteilung einer Auslandsvollmacht, wenn Anhaltspunkte für Vermögen des Schuldners im Ausland bestehen und die Befugnisse des vorläufigen Insolvenzverwalters im Ausland nicht ohne weiteres anerkannt werden.[828] Zu den aktiven Mitwirkungspflichten gehört es auch, dass der Schuldner oder organschaftliche Vertreter Dritte als Wissensträger von ihrer Verschwiegenheitspflicht befreit.[829] Die gebotene Mitwirkung macht es im Eröffnungsverfahren meist notwendig, dass sich der Schuldner bzw der organschaftliche Vertreter zwecks Erfüllung seiner Mitwirkungspflichten entsprechend § 97 III 1 bereit hält.

Die Erfüllung der Mitwirkungspflichten kann durch Haftanordnung nach § 22 III 3 iVm § 98 II, III vollstreckt werden.[830] Soweit frühere Mitglieder des Vertretungsorgans oder Angestellte des Schuldnerunternehmens im Rahmen des § 20 I zur Auskunft verpflichtet sind, besteht diese Pflicht auch gegenüber dem vorläufigen Verwalter. Auf die Art der Verwaltung kommt es dabei nicht an.[831]

§ 15. Massekostendeckung und Massekostenvorschuss

Übersicht

	Rn.
I. Allgemeines	1
II. Die Massekostendeckung	4
1. Die gerichtliche Prüfung der Massekostendeckung	4
2. Keine Vorschussanforderung bei Eigenantrag	13

---

[823] Vgl. Nerlich/Römermann/*Mönning* § 22 Rn. 255; Jaeger/*Gerhardt* § 22 Rn. 183. Einzelheiten bei *Ampferl* Rn. 894 ff.
[824] LG Duisburg ZIP 2001, 165 = ZInsO 2001, 522.
[825] *Uhlenbruck* KTS 1997, 371, 385.
[826] So zB *Pohlmann* Rn. 202 ff.
[827] *Uhlenbruck* KTS 1997, 371, 389; *ders.* § 22 Rn. 214; *ders.* ZInsO 1999, 404; HK/*Kirchhof* § 22 Rn. 69; *Ampferl* Rn. 903 ff.; *Thiemann* Rn. 414; *Pape*/*Uhlenbruck*, Insolvenzrecht, Rn. 437; MüKoInsO/*Haarmeyer* § 22 Rn. 171; Jaeger/*Gerhardt* § 22 Rn. 184.
[828] Vgl. BGH NZI 2004, 21 m. Anm. *Uhlenbruck*.
[829] *Uhlenbruck* in Uhlenbruck § 22 Rn. 214; Jaeger/*Gerhardt* § 22 Rn. 184; Blersch/Goetsch/*Haas* § 22 Rn. 32; HK/*Kirchhof* § 22 Rn. 69. Vgl. auch OLG Köln ZIP 1986, 658.
[830] *Uhlenbruck* in Uhlenbruck § 22 Rn. 215; HK/*Kirchhof* § 22 Rn. 70.
[831] Blersch/Goetsch/*Haas* § 22 Rn. 32 ff.; KPB/*Pape* § 22 Rn. 107; *Uhlenbruck* ZInsO 1999, 493.

		Rn.
III.	Der Massekostenvorschuss des Gläubigers	14
	1. Anforderung des Vorschusses	14
	2. Auflagenbeschluss und Rechtsmittel	18
	3. Der Massekostenvorschuss bei mehreren Antragstellern	19
	4. Der Massekostenvorschuss als Treuhandvermögen	20
	5. Keine Insolvenzkostenhilfe für Massekostenvorschüsse	21
	6. Die Berechnung des Massekostenvorschusses	22
	7. Erstattungsansprüche gegen antragspflichtige Personen	25
	8. Vorschlusspflicht	37

I. Allgemeines

1   Vor In-Kraft-Treten der InsO wurde die geringe Zahl der Verfahrenseröffnungen als Mangel des Gesamtvollstreckungsverfahrens nach der Konkursordnung beklagt. Man sprach vom „Konkurs des Konkurses". Diese Kritik war berechtigt: So wurden in den Jahren 1985 bis 1998 über 75 Prozent der Konkursanträge mangels Masse abgewiesen. Im Allgemeinen Teil der Begründung zum RegE der Insolvenzordnung (BegrRegE)[1] heißt es dementsprechend, das Versagen der Konkursordnung habe zu schweren Missständen geführt. Nahezu vermögenslose Schuldner, vor allem insolvente GmbH's könnten am Rechtsverkehr teilnehmen und andere schädigen. Wenn ein Insolvenzverfahren nicht eröffnet werde, finde eine geordnete gleichmäßige Gläubigerbefriedigung nicht statt: Wer seine Interessen härter durchsetze als andere oder wer gute Beziehungen zum Schuldner unterhalte, werde voll befriedigt. Nachgiebige oder weniger informierte Gläubiger, insbesondere Kleingläubiger, gingen allzu oft leer aus. Da sich für ungesicherte Gläubiger die Konkursteilnahme kaum lohne, laufe die Gläubigerselbstverwaltung weitgehend leer. Ein wesentliches Anliegen des InsO-Gesetzgebers war es deshalb, erheblich mehr Verfahren als bislang zur Eröffnung zu bringen.[2] Nur wenn es zu einer Verfahrenseröffnung komme, könnten die Effizienzvorteile des neuen marktkonformen Verfahrens genutzt werden. Die Arbeitnehmer hätten von einer rechtsstaatlich geordneten Insolvenzabwicklung wesentliche Vorteile. Im Übrigen könnten die Chancen für die Erhaltung des Unternehmens und seiner Arbeitsplätze wesentlich besser genutzt werden. Der Gesetzgeber hat dabei auch die *Ordnungsfunktion des Insolvenzverfahrens* besonders betont. Auch ein nicht vollständig durchgeführtes Insolvenzverfahren, so heißt es in der Allgemeinen Begründung zum RegE, könne Nutzen stiften. Die geordnete Feststellung von Aktiv- und Passivvermögen und der zeitweilige Vollstreckungs- und Zugriffsstopp der Gläubiger fördere die Selbstorganisation der Beteiligten. Der Ordnungsfunktion des Insolvenzverfahrens entspreche es schließlich auch, „die Vollabwicklung des Schuldnervermögens als insolvenzrechtliche Aufgabe zu bewältigen". Das Verfahren übernehme bei Gesellschaften regelmäßig zugleich die Aufgabe der gesellschaftsrechtlichen Abwicklung bis hin zur Herbeiführung der Löschungsreife und anschließenden Löschung.[3]

2   Die Zielsetzung, in möglichst vielen Fällen zu einer Verfahrenseröffnung zu kommen, und damit eine geordnete Abwicklung der Insolvenz zu gewährleisten, wird an verschiedenen Stellen der InsO deutlich. So enthält § 209 I InsO für das eröffnete Insolvenzverfahren einen Verteilungsschlüssel, der die Kosten des Verfahrens iSv § 54 InsO in die erste Rangstelle verweist. Das Insolvenzgericht ist nach In-Kraft-Treten der InsO verpflichtet, ein Insolvenzverfahren schon dann zu eröffnen, wenn die Kosten des Insolvenzverfahrens (§ 54 InsO) gedeckt sind (§ 26 I 1 InsO).

---

[1] BT-Drucks. 12/2443, S. 72–108.
[2] So die Allgem Begr RegE, BT-Drucks. 12/2443.
[3] Vgl. *Karsten Schmidt* ZGR 1996, 209; *Vallender* NZG 1998, 249, 251; *J. Uhlenbruck*, in: Kölner Schrift 2. Aufl. S. 1187, 1194 Rn. 15.

Schon früh zeigt sich indes, dass die Zielvorgaben des Gesetzgebers in der Praxis nicht erfüllt wurden. So zeigte sich nach In-Kraft-Treten der InsO, dass der zunächst erwartete Boom an Insolvenzverfahren ausblieb. Erst als durch das Gesetz zur Änderung der Insolvenzordnung und anderer Gesetze vom 26.10.2001 (BGBl. I, S. 2710) das *Stundungsmodell* (§§ 4a–4d InsO) eingeführt wurde und eine Änderung des § 26 I S. 2 InsO erfolgte, stieg die Zahl der Insolvenzen in Deutschland rapide an.[4]

II. Die Massekostendeckung

1. Die gerichtliche Prüfung der Massekostendeckung. Nach § 26 I 1 InsO hat das Gericht den Antrag auf Eröffnung des Insolvenzverfahrens abzuweisen, wenn das Vermögen des Schuldners bzw. Schuldnerunternehmens voraussichtlich nicht ausreichen wird, um die Kosten des Verfahrens zu decken. Was Kosten des Insolvenzverfahrens sind, regelt § 54 InsO: Die Gerichtskosten für das gesamte Verfahren[5] sowie die Vergütung und Auslagen des vorläufigen Insolvenzverwalters, des Insolvenzverwalters und der Mitglieder des Gläubigerausschusses. Zum Streit, ob darüber hinaus auch (bestimmte) Masseverbindlichkeiten einzurechnen sind → Rn. 10.

§ 26 erlangt regelmäßig Bedeutung für die Insolvenzverfahren juristischer Person und Personengesellschaften. Wurde hingegen beantragt ein Insolvenzverfahren über das Vermögen einer natürlichen Personen zu eröffnen ist vorrangig § 4a zu beachten. Danach kann eine natürliche Person, deren Vermögen voraussichtlich nicht ausreichen wird die Verfahrenskosten zu decken einen Antrag auf Restschuldbefreiung stellen. Aufgrund dieses Antrags können ihr die Kosten des Insolvenzverfahrens gestundet werden. Abgesehen von dieser Besonderheit gilt § 26 für alle Verfahrensarten, mithin zB auch für Sekundärinsolvenzverfahren. Anwendbar ist § 26 auch, wenn dem Schuldner eine Kostenstundung verwehrt oder eine solche nach § 4c vorzeitig aufgehoben wurde.[6]

Dem Insolvenzgericht obliegt letztlich die Entscheidung, ob ein Insolvenzverfahren durchgeführt oder der Insolvenzantrag mangels Masse abgewiesen wird. Es wird sich dazu regelmäßig sachkundiger Zuarbeit bedienen. Zur Prüfung der Massekostendeckung werden dabei regelmäßig Sachverständige bzw. vorläufige Insolvenzverwalter herangezogen. Selbst für die Sachverständigen bzw. vorläufigen Insolvenzverwalter gehört die Prüfung der Massekostendeckung zu den schwierigen Aufgaben. Seitens des Insolvenzgerichts, ist auch vor diesem Hintergrund zu beachten, dass die Umstände, die zur Beurteilung der Massekostendeckung herangezogen werden müssen, wenn notwendig im Wege der Amtsermittlung zu erfolgen haben. Das Insolvenzgericht kann den Insolvenzantrag dementsprechend nicht mit dem Argument zurückweisen, dass die Frage, ob die Verfahrenskosten gedeckt sind, nicht geklärt werden konnten. Das Insolvenzgericht kann sich auch nicht einfach auf die Angaben des Schuldners verlassen oder sich mit oberflächlichen Ermittlungen begnügen.[7] Es kann dabei auch nicht ungeprüft den Empfehlungen des Sachverständigen folgen, vielmehr kann sich das Insolvenzgericht auf die gutachterliche Stellungnahme nur stützen, wenn diese nachvollziehbar und in sich widerspruchsfrei ist.[8] Teilweise wird auch darauf verwiesen, dass das Insolvenzgericht

---

[4] Vgl. Uhlenbruck/Hirte/Vallender/*Uhlenbruck*, § 26 Rn. 3; dazu auch MüKoInsO/*Haarmeyer*, § 26 Rn. 27 ff. Zur Kostenhürde im Verbraucherinsolvenzverfahren s auch *Graf-Schlicker*, in: FS *Uhlenbruck*, S. 573 ff.

[5] Vgl. *Kübler*, in: Kölner Schrift 2. Aufl. S. 967, 968 f. Rn. 3–7; HK/*Kirchhof*, § 26 Rn. 11; *Möhlmann* KTS 1998, 373, 377; *Pape/Hauser*, Massearme Verfahren, Rn. 92 ff.; Uhlenbruck/Hirte/Vallender/ *Uhlenbruck*, § 26 Rn. 5–8. Eingehend zum Ziel und Zweck der gesetzlichen Regelung in § 26 Jaeger/Schilken, § 26 Rn. 1–10.

[6] Karsten Schmidt/*Keller* § 26 Rn. 8.

[7] BGH NZI 2009 S. 234.

[8] BGH NZI 2009 S. 234.

gehalten ist, die Darlegungen des bestellten Sachverständigen kritisch zu prüfen, wenn die Abweisung mangels Masse empfohlen wird, da der Gesetzgeber darauf abzielte, im Regelfall eine geordnete Abwicklung durch das Insolvenzverfahren zu ermöglichen.[9] Letztlich bleibt es aber dabei, dass es sich um eine Prognoseentscheidung des Insolvenzgerichts handelt. Das Insolvenzgericht hat bei seiner Entscheidung die Ergebnisse der Prüfung durch den Sachverständen/vorläufigen Verwalter und seine bisherigen Erfahrungswerte mit einzubeziehen. Zeigt sich in der späteren Entwicklung, dass die sachgerecht vorbereitete Prognoseentscheidung nicht zutrifft, so ergibt sich allein aus dieser Tatsache keinerlei Rechtsfolge, insbesondere auch keine Haftung des Insolvenzgerichts. Gleiches gilt für die aufgrund der Prognoseentscheidung durch das Insolvenzgericht angeforderten Vorschusszahlung: § 26 III ist auch anwendbar, wenn die Masse zur Begleichung der Verfahrenskosten tatsächlich ausgereicht hat (→ Rn. 21).

6 Die *Schwierigkeiten bei der Feststellung der Masselosigkeit*. Nach dem Gesetzeswortlaut des § 26 I S. 1 InsO erscheint es auf den ersten Blick einfach, die Massekostendeckung festzustellen. Den im Wege der Prognoserechnung ermittelten Verfahrenskosten iSv § 54 InsO ist die sog. *freie Masse* (Teilungsmasse) gegenüber zu stellen. Schon die Ermittlung der Verfahrenskosten bereitet aber Schwierigkeiten. Die Schwierigkeiten in der Praxis beruhen einmal darauf, dass für die Berechnung der Gerichtsgebühren nach § 58 I S. 1 GKG auf den *Wert der Insolvenzmasse zur Zeit der Beendigung des Verfahrens* abzustellen ist. Damit wird ein derzeit allenfalls grob abschätzbarer Wert zur Rechenbasis gemacht. Die nach dem Kostenverzeichnis anfallenden Gebühren lassen sich in der Folge vor allem in Großinsolvenzen auch nur grob einschätzen. Zum andern ist es zu Beginn des Verfahrens kaum möglich, die *Vergütung des Insolvenzverwalters und der Mitglieder des Gläubigerausschusses* einigermaßen zutreffend anzugeben. Zwar ist in der Vergütungsverordnung (InsVV) ein bestimmter Stundensatz zB für die Vergütung der Mitglieder der Gläubigerausschusses als Regelsatz festgelegt. Jedoch ist a priori nicht einzuschätzen, wie viel Stunden ein Gläubigerausschuss tagen wird. Nicht eindeutig kalkulierbar sind auch die *Vergütung und Auslagen des Insolvenzverwalters*. Berechnungsgrundlage ist auch hier der Wert der Insolvenzmasse, auf die sich die Schlussrechnung des Verwalters bezieht (§ 1 I InsVV). Welche Teilungsmasse bei Beendigung des Verfahrens zur Verfügung steht, lässt sich wie bereits dargetan vor Verfahrenseröffnung kaum sicher abschätzen. Das gilt nicht zuletzt auch für *Zu- und Abschläge*, die auf die Verwaltervergütung zu gewähren sind, wenn der Insolvenzverwalter das Unternehmen zeitweise fortgeführt hat und die Masse nicht entsprechend größer geworden ist.[10] Die Abschätzung der Kosten des Verfahrens ist daher von vornherein mit Unsicherheiten behaftet.

Problematisch ist zudem die Berechnung der „freien Masse". Bei der Berechnung der freien Masse ist das Vermögen zugrunde zu legen, dass dem Insolvenzverfahren des Schuldners unterliegt (dazu → §§ 35, 36). Damit ist nicht nur das pfändbare Vermögen des Schuldners erfasst, das er im Zeitpunkt der Insolvenzeröffnung hat, sondern auch das pfändbare Vermögen, das der Schuldner während des Insolvenzverfahrens erlangt. Zu diesem Vermögen gehören zB auch Ansprüche der insolventen Gesellschaft gegen die eigenen Organe – zB den eigenen Geschäftsführer. Zudem sind auch Vermögenswerte einzubeziehen, die durch Insolvenzanfechtung nach den §§ 129 ff. InsO oder durch die Realisierung von Haftungsansprüchen (§§ 92, 93 InsO) durch den Insolvenzverwalter zur Masse gezogen werden können. Absonderungsfähige Gegenstände sind insoweit in die Betrachtung mit einzubeziehen, als ihre Verwertungen einen Beitrag zur „freien Masse" erbringt. Insoweit sind die Kostenbeiträge des § 171 InsO bzw. die frei

---

[9] AG Hamburg ZInsO 2006 S. 51.
[10] Vgl. hierzu auch Uhlenbruck/Hirte/Vallender/*Uhlenbruck*, § 26 Rn. 5; *Dienstühler* ZIP 1998, 1697 ff.; *Pape/Hauser*, Massearme Verfahren, Rn. 96 ff.

vereinbarten Kostenbeiträge und die ggfs erzielbaren belastungsfreien Erlösspitzen zu berücksichtigen. Bei mithaftendem Grundstückszubehör ist in analoger Anwendung des § 10 I Nr. 1a ZVG der Verfahrenskostenbeitrag in Höhe von 4 Prozent des festgestellten Verkehrswerts anzusetzen. Nicht in die Betrachtung einzubeziehen sind hingegen aussonderungsfähige Gegenstände.

Allerdings ergeben sich auch bei der Ermittlung der „freien Masse" regelmäßig Schwierigkeiten. Zum Zeitpunkt der Gutachtenerstellung wissen zB weder der Sachverständige noch das Gericht, ob bestehende *Anfechtungslagen* (§§ 129 ff. InsO) oder ein *Gesamtschaden der Gläubiger* (§ 92 InsO) oder eine *persönliche Gesellschafterhaftung* (§ 93 InsO; §§ 161 II, 128 HGB) zu realisieren sind.[11] Auch ist nicht konkret abzusehen, ob Verwertungsvereinbarungen geschlossen oder belastungsfreie Erlösspitzen erzielt werden können. Auch hier müssen sachgerechte Schätzungen erfolgen.

Bei Forderungen des Schuldners ist eine vorsichtige Bewertung angebracht und sind notwendige Wertberichtigungen vorzunehmen.[12] Insoweit kann auch die Vermögenslage desjenigen, der die Forderung zu erfüllen hat, einzubeziehen sein. Können Forderungen nur im Prozesswege realisiert werden, finden sowohl die *Prozessaussichten* als auch das *Kostenrisiko* Berücksichtigung.[13] Dabei spielt es eine Rolle, ob für die Prozessführung des Verwalters im Einzelfall die Gewährung von *Prozesskostenhilfe* (§§ 114, 116 ZPO) in Betracht kommt.[14] Aber auch die Frage, ob dem Verwalter in dem konkreten Fall Prozesskostenhilfe gewährt wird, ist angesichts der uneinheitlichen Rechtsprechung dazu kaum einzuschätzen. Letztlich ist eine Abwägung in jedem Einzelfall unter Berücksichtigung der Zumutbarkeit erforderlich.[15]

Im Gesetz nicht geregelt ist die Frage, für welchen *Zeitraum* das Vermögen zur Kostendeckung verfügbar sein muss. Das *Problem der „temporären Massekostenunterdeckung"* spielt in der Praxis eine große Rolle, vor allem bei der Realisierung von Auslandsvermögen des Schuldners oder bei nicht unerheblichen Prozessrisiken.[16] Nach Auffassung des BGH[17] ist ein Insolvenzverfahren auch dann zu eröffnen, wenn die gerichtliche Prognose ergibt, dass eine etwas mehr als die Verfahrenskosten deckende Masse erstmals in etwa einem Jahr ab Verfahrenseröffnung zu realisieren ist.[18] Nach AG Hamburg[19] hat der Insolvenzverwalter für die Zeit der temporären Verfahrenskostenunterdeckung alles zu tun, um Zwänge zur Begründung vermeintlich notwendiger Masseverbindlichkeiten abzuwehren. Danach ist er nicht berechtigt, die Masseunzulänglichkeit nach § 208 InsO anzuzeigen, wenn eine etwas mehr als die Verfahrenskosten deckende Masse erstmals in mehr als *zwei Jahren* zu realisieren ist.[20] Nach Auffassung von *Pape*[21] genügt es, dass die Kosten innerhalb der voraussichtlichen Verfahrensdauer erwirtschaftet werden können.[22] Letztlich ist die Frage der Verfahrensdauer auch eine solche der *Zumutbarkeit*. Schwer

7

---

[11] Vgl. Uhlenbruck/Hirte/Vallender/*Uhlenbruck*, § 26 Rn. 4; *Pape/Hauser*, Massearme Verfahren, S. 42 ff. Rn. 91 ff.; *Uhlenbruck* KTS 1994, 169, 173 f.; *Förster* ZInsO 1999, 689 f.
[12] MüKoInsO/*Haarmeyer*, § 26 Rn. 21; Uhlenbruck/Hirte/Vallender/*Uhlenbruck*, § 26 Rn. 10; FK/*Schmerbach*, § 26 Rn. 10; HK/*Kirchhof*, § 26 Rn. 6.
[13] Vgl. OLG Karlsruhe ZIP 1989, 1070; LG Konstanz ZIP 1982, 1232; HK/*Kirchhof*, § 26 Rn. 7.
[14] Vgl. AG Göttingen ZIP 1993, 1020; *Haarmeyer* ZInsO 2001, 103, 106; MüKoInsO/*Haarmeyer*, § 26 Rn. 22; Uhlenbruck/Hirte/Vallender/*Uhlenbruck*, § 26 Rn. 10.
[15] AG Göttingen ZInsO 2009 S. 191; AG Hamburg ZInsO 2006 S. 53.
[16] Vgl. *Uhlenbruck* NZI 2001, 408, 409; LG Leipzig ZInsO 2002, 576.
[17] ZInsO 2003, 706, 707; ähnlich LG Kaiserslautern ZInsO 2001, 628.
[18] *Jaeger/Schilken*, § 26 Rn. 29; *Metzger*, Verfahrenskostendeckende Masse, 2002, S. 60 ff.
[19] NZI 2000, 140.
[20] Ebenso *Haarmeyer* ZInsO 2001, 103, 106, der auf einen Zeitraum bis zu einem Jahr abstellt. Weitergehend AG Hamburg NZI 2000, 140, 141 (zwei Jahre); *Jaeger/Schilken*, § 26 Rn. 29. Anders OLG Köln ZInsO 2000, 606, 607.
[21] KPB/*Pape* § 26 Rn. 7.
[22] Ebenso FK/*Schmerbach*, § 26 Rn. 15 f.

verwertbare Gegenstände, bei denen langfristig erst ein Gegenwert zur Masse fließt, rechtfertigen in der Regel keine Bejahung der Massekostendeckung, weil es an aktueller Liquidität fehlt, die für die Eröffnung und einstweilige Unternehmensfortführung dringend erforderlich ist. Zudem ist es einem Insolvenzverwalter nicht zuzumuten, ein Verfahren uU mehrere Monate oder gar Jahre lang durchzuführen, nur weil unsichere Realisierungschancen hinsichtlich des ausländischen Schuldnervermögens bestehen.[23]

8   *Liquiditätsproblem.* Für den Insolvenzverwalter ist es nicht besonders attraktiv massearme Verfahren zu führen. Dies nicht nur vor dem Hintergrund der Vergütung des Verwalters in einem solchen Fall, sondern auch weil ihm in einer solchen Fallgestaltung die notwendigen Mittel zur sachgerechten Durchführung eines Insolvenzverfahrens regelmäßig nicht zur Verfügung stehen. Der Staat stellt in dieser Situation dem Verwalter aber nicht nur nicht die notwendigen Mittel zur Verfügung um die Verfahrensdurchführung abzusichern, er belastet den Verwalter auch noch mit dem Risiko der persönlichen Haftung wegen der Nichterfüllung von sonstigen Masseverbindlichkeiten. Entsteht die Situation, dass das Verfahren eröffnet wird, ohne dass die bis zum Berichtstermin anfallenden Masseverbindlichkeiten gedeckt sind, läuft der Insolvenzverwalter Gefahr, nach § 61 S. 1 InsO zu haften.[24] Da die Gläubigerversammlung erst im Berichtstermin über das Verfahrensziel entscheidet (§ 157 S. 1 InsO) und der Gesetzgeber in § 159 InsO davon ausgeht, dass eine Verwertungsbefugnis des Insolvenzverwalters erst nach dem Berichtstermin gegeben ist, hat der Insolvenzverwalter auch im eröffneten Verfahren grundsätzlich zunächst einmal das Insolvenzunternehmen fortzuführen. Eine vorzeitige Stilllegung ist gem. § 158 I InsO nur mit Zustimmung des Gläubigerausschusses oder nach Unterrichtung des Schuldners zulässig. In diesem Zeitraum, der gem. § 29 I Nr. 1 InsO bis zu drei Monaten betragen kann, können erhebliche Masseverbindlichkeiten iSv § 55 InsO anfallen.

9   Aus diesem Grund wird in diesem Zusammenhang das *Problem der für die einstweilige Fortführung notwendigen Liquidität* erörtert. Dies betrifft einmal die Frage inwieweit die freie Masse ausreichen muss auch die unausweichlichen Verwaltungskosten zu finanzieren und zudem die Frage, ob zudem nicht auch die sonstigen Masseverbindlichkeiten gedeckt sein müssen (→ Rn. 10 und 11).

10   Im Hinblick auf die Haftungsgefahren für den vorläufigen Insolvenzverwalter wird in der Literatur[25] die Auffassung vertreten, die für die Sicherung der Vermögensmasse notwendigen *unausweichlichen Verwaltungskosten,* wie zB die Feuerversicherungsbeiträge, seien in die Kostendeckungsberechnung mit einzubeziehen. Zutreffend weist *Herzig*[26] darauf hin, dass der Insolvenzverwalter insbesondere bei Strom- und Wasserkosten regelmäßig in einen Automatismus eintritt, den er nicht ohne weiteres unterbrechen kann. Lasse man die als sonstige Masseverbindlichkeiten iSv § 55 InsO anzusetzenden Kosten bei der Prüfung der Deckung der Verfahrenskosten unberücksichtigt, werde das Insolvenzverfahren zwar eröffnet, das gesetzgeberische Ziel jedoch verfehlt. Deshalb solle man die *„Verfahrensgewährleistungskosten"* mit in die Berechnung einbeziehen. Diese würden sich aus zwingend einzugehenden Verpflichtungen auf Grund gesetzlicher Vorgabe und aus Verpflichtungen aus entgegengenommenen Leistungen zusammensetzen, die auch nach Anzeige der Masseunzulänglichkeit noch anzunehmen seien, um das Ver-

---

[23] OLG Köln NZI 2000, 217; anders AG Hamburg NZI 2000, 140, wonach das Verfahren auch zu eröffnen ist, wenn eine etwas mehr als die Verfahrenskosten deckende Masse in mehr als 2 Jahren zu realisieren ist.
[24] Dazu Uhlenbruck/Hirte/Vallender/*Uhlenbruck,* § 26 Rn. 7–10; *Pape/Hauser,* Massearme Verfahren, Rn. 72 ff.
[25] So zB *Rattunde/Röder* DZWIR 1999, 309 ff.; *Kübler* Kölner Schrift S. 576 Rn. 7 f.
[26] Braun/*Herzig,* § 26 Rn. 18.

fahren überhaupt abwickeln zu können. Dieser Argumentation ist unter wirtschaftlichen Gesichtspunkten zwar nachvollziehbar, da das Verfahren insoweit wirklich höhere Kosten als die in § 54 InsO erfassten Kosten verursacht. Wie *Pape/Hauser* (Massearme Verfahren, → Rn. 73) zutreffend ausführen, legt der Wortlaut des Gesetzes aber „den Schluss nahe, dass nach In-Kraft-Treten der Insolvenzordnung die Berücksichtigung von Masseverwaltungs-, Verwertungs- und Verteilungskosten nicht mehr gewollt war".[27] Das AG Charlottenburg[28] hat zwar entschieden, dass ein Insolvenzverfahren nicht zu eröffnen ist, wenn auf Grund notwendiger Maßnahmen des Verwalters die alsbaldige Masseunzulänglichkeit und die Einstellung des Verfahrens gesichert erscheinen. Diese Auffassung, die weder in der Literatur noch bei den Insolvenzgerichten Gefolgschaft gefunden hat, widerspricht aber dem eindeutigen Gesetzeswortlaut.[29] Zutreffend wird darauf hingewiesen, dass der Regelungsmechanismus der §§ 207, 209 InsO das Schicksal der sonstigen Masseverbindlichkeiten für den Fall der Masseunzulänglichkeit aufgreift.[30]

Einbeziehung von Masseverbindlichkeiten. Noch weitergehend als die vorstehend dargestellte Auffassung, wonach die *unausweichlichen Verwaltungskosten* in die Deckungskostenberechnung einzubeziehen sind, wird in der Gerichtspraxis und Literatur die Auffassung vertreten, dass bei der Kostendeckungsfeststellung auch sonstige Masseverbindlichkeiten, die im eröffneten Verfahren entstehen, zu berücksichtigen sind.[31] Die Argumentation dieser Ansicht ist durchaus nachvollziehbar. Dies nicht zuletzt auch deswegen, weil die Einordnung der Ansprüche aus einer *Zustandsverantwortlichkeit des vorläufigen und endgültigen Insolvenzverwalters* zB für die Beseitigung von Altlasten, hinsichtlich ihrer insolvenzrechtlichen Zuordnung umstritten ist.[32] Zudem ist schon eine Betriebsfortführung im Eröffnungsverfahren ohne Begründung neuer Verbindlichkeiten regelmäßig unmöglich. Zur Aufrechterhaltung der Produktion müssten Rohmaterialien, Hilfs- und Betriebsstoffe, Komponenten- und Zukaufsteile erworben werden, zu deren Lieferung niemand ohne ausreichende Zahlungsgarantie bereit ist. Gleichwohl ist dieser Ansicht der eindeutige Wille des Gesetzgebers entgegenzuhalten. Hatte der vorläufige Insolvenzverwalter mit Verwaltungs- und Verfügungsbefugnissen im Eröffnungsverfahren solche Verbindlichkeiten begründet, so darf er sie nicht in die Deckungsrechnung einbeziehen.[33] Auch dürfen sie nicht als Auslagen des Insolvenzverwalters deklariert in die Verfahrenskostendeckung einbezogen werden.[34] Es entspricht der gesetzgeberischen Entscheidung, dass es für die Verfahrenseröffnung nicht auf die Deckung von sonstigen Masseverbind-

---

[27] Vgl. auch *Frenzel/Schmidt* InVo 2000, 149 ff.; *Kübler* in: Kölner Schrift, 2. Aufl., S. 967, 969 Rn. 7.
[28] ZIP 1999, 1687 ff.
[29] Wie hier Karsten Schmidt/*Keller* § 26 Rn. 25. Vgl. aber auch *Förster* ZInsO 1999, 141; *ders.* ZInsO 2000, 444; *Rattunde/Röder* DZWIR 1999, 309, dazu auch BGH ZInsO 14, 951.
[30] HK/*Kirchhof*, § 26 Rn. 15; die Rangfolge des § 209 I InsO gilt hinsichtlich der Befriedigung anderer Forderungen selbst dann, wenn der Insolvenzverwalter die Anzeige der Masseunzulänglichkeit unterlässt (BGH, ZInsO 14, 951).
[31] AG Charlottenburg ZIP 1999, 1689 = ZInsO 2000, 597 m. Anm. *Pape;* AG Charlottenburg ZIP 1999, 1688; AG Charlottenburg ZIP 1999, 1687; *Rattunde/Röder* DZWIR 1999, 309 ff.; *Förster* ZInsO 1999, 141 ff.; *Wienberg/Voigt* ZIP 1999, 1662.
[32] So hat zB nach BVerwG ZIP 1999, 538; OVG Greifswald (NJW 1999, 175) und VG Frankfurt/Oder NZI 1999, 284 der als Zustandsverantwortlicher in Anspruch genommene Konkursverwalter oder Gesamtvollstreckungsverwalter ordnungsrechtliche Pflichten wie Masseverbindlichkeiten zu erfüllen. Vgl. auch *Schulz* NVwZ 1997, 530; *Weitemeyer* NVwZ 1997, 533 ff.; *Pape* KTS 1993, 551 ff.; *Karsten Schmidt* BB 1991, 73 ff.; *ders.* KTS 1988, 12 ff.; *ders.*, Gedächtnisschrift W. *Martens,* 1987, S. 699 ff.; *Stoll*, Insolvenz und hoheitliche Aufgabenerfüllung, Göttingen 1992; *Wiester*, Altlastensanierung im Konkurs, 1996; *Wienberg/Voigt* ZIP 1999, 1662; *Pape/Hauser*, Massearme Verfahren, Rn. 79 ff. Konsequent und am Gesetzeswortlaut orientiert dagegen LG Berlin ZInsO 2000, 224, 226; AG Neuruppin ZIP 1999, 1687.
[33] Vgl. LG Berlin ZInsO 2000, 224, 226.
[34] LG Berlin ZInsO 2000, 224, 226; anders *Frenzel/Schmidt* InVo 2000, 149, 155 f.

lichkeiten (§ 55 InsO) ankommt.[35] Erst im eröffneten Verfahren knüpft der Gesetzgeber an die Massearmut im weiteren Sinne Rechtsfolgen.[36]

12   Die erleichterte Eröffnung von Insolvenzverfahren hat in der Praxis dazu geführt, dass in zahlreichen Verfahren der Verwalter unmittelbar nach Verfahrenseröffnung die Masseunzulänglichkeit nach § 208 InsO angezeigt hat.[37] Kann der Verwalter öffentlich-rechtliche Ordnungspflichten aus der vorhandenen Haftungsmasse nicht erfüllen und zeigt er deshalb zeitnah zur Verfahrenseröffnung Masseinsuffizienz an, haben nach Auffassung von *Pape*[38] auch die Verwaltungsbehörden keine Handhabe, ihn persönlich zur Erfüllung dieser Pflichten zu zwingen. Zudem steht dem Verwalter die Möglichkeit der „Freigabe" zur Verfügung, sodass er sich belasteter Vermögensgegenstände entledigen kann.

13   **2. Keine Verpflichtung zur Vorschussanforderung bei Eigenantrag.** Hat der Schuldner oder das Schuldnerunternehmen Eigenantrag auf Eröffnung des Insolvenzverfahrens gestellt, so ist das Gericht nicht verpflichtet, einen Massekostenvorschuss vom Schuldner einzufordern.[39] Eine Ausnahme ist aber dann zu machen, wenn Anhaltspunkte dafür bestehen, dass der Schuldner trotz Masselosigkeit ein persönliches Interesse an der Verfahrenseröffnung hat und uU bereit ist, einen Massekostenvorschuss aus privatem Vermögen oder dem Vermögen Dritter zur Verfügung zu stellen. So kann es zB durchaus im Interesse der Gesellschafter einer GmbH sein, die Eröffnung des Insolvenzverfahrens zu ermöglichen, um auf diese Weise Ansprüche gegen einen ungetreuen Geschäftsführer zu realisieren. Ein persönliches Interesse des Insolvenzschuldners ist auch anzunehmen, wenn dieser die Eigenverwaltung beantragt hat oder eine Restschuldbefreiung anstrebt.

III. Der Massekostenvorschuss des Gläubigers

14   **1. Anforderung des Vorschusses.** Die Abweisung des Antrags auf Eröffnung eines Insolvenzverfahrens kann durch die Zahlung eines entsprechenden Massekostenvorschusses durch einen Dritten, insbesondere einen Gläubiger des Schuldners, vermieden werden. Die Zahlung des Vorschusses bewirkt, dass die Frage, ob genügend Mittel vorhanden sind, das beantragte Insolvenzverfahren durchzuführen, positiv zu beantworten ist. Eine Garantie dafür, dass ein Insolvenzverfahren auch wirklich durchgeführt wird, enthält die Zahlung des Vorschusses hingegen nicht. Hat zB nur der Insolvenzschuldner einen Insolvenzantrag gestellt und nimmt er diesen Antrag trotz Vorschussleistung durch einen Gläubiger zurück, so sind die Eröffnungsvoraussetzungen mangels Antrag nicht mehr gegeben.

Die Vorschussleistung erfolgt auf Anforderung des Gerichts, ggfs sollte der Dritte dem Insolvenzgericht signalisieren, dass er bereit wäre, einen Vorschuss zu leisten. Hat der zur Vorschussleistung bereite Gläubiger den Insolvenzantrag selbst gestellt, so wird er vom Gericht auf die Möglichkeit der Vorschusszahlung angesprochen.

15   § 26 InsO schreibt nicht vor, dass die Anforderung des Massekostenvorschusses durch *gerichtlichen Beschluss* erfolgen muss. Trotzdem wird für das neue Recht teilweise die Auffassung vertreten, dass der Antragsteller durch Beschluss aufzufordern ist, einen bestimmten Massekostenvorschuss zu leisten.[40] Richtig ist, dass vom Gericht ein Verfah-

---

[35] *Jaeger/Schilken* § 26 Rn. 22, 23.
[36] So *Kübler* in: Kölner Schrift, 2. Aufl. S. 969 Rn. 7. S auch AG Hamburg NZI 2000, 140, AG Neuruppin ZIP 1999, 1687; *Pape* ZInsO 1999, 398 f.; *Haarmeyer* ZInsO 2001, 103, 105; Uhlenbruck/Hirte/Vallender/*Uhlenbruck*, § 26 Rn. 6 ff.; s auch *Graf-Schlicker* ZIP 2002, 1174 f.; *Smid*, § 26 Rn. 11 ff.
[37] Zur praktischen Abwicklung dieser masselosen od. massearmen Verfahren s die Darstellung von *Pape/Hauser*, Massearme Verfahren nach der InsO, Rn. 172 ff.
[38] KPB/*Pape*, § 26 Rn. 9c.
[39] KG NZI 2001, 379, 380; Uhlenbruck/Hirte/Vallender/*Uhlenbruck*, § 26 Rn. 18; *Jaeger/Schilken*, § 26 Rn. 56; str. aA LG Traunstein NZI 2000, 439; Karsten Schmidt/*Keller* § 26 Rn. 35.
[40] So zB BerlK-*Goetsch*, § 26 Rn. 31.

renskostenvorschuss vom Antragsteller vor Abweisung mangels Masse einzufordern ist.[41] Soweit zur Beantwortung der Frage, ob genügend Mittel vorhanden sind, um die Verfahrenskosten zu decken, ein Gutachter eingeschaltet wurde, ist zudem (zumindest wenn der Schuldner den Antrag gestellt hat) dem Antragsteller das Gutachten zur Verfügung zu stellen, um ihm die Möglichkeit einer Stellungnahme zu geben.[42]

Die Vorschussanforderung durch Beschluss ist aber keineswegs zwingend. Nach neuem Recht kann die Vorschussanforderung nicht mehr in Rechtskraft erwachsen. Sie hat keinerlei Bindungswirkung für den Abweisungsbeschluss. Deshalb wird von der hM[43] angenommen, dass es einer *förmlichen Anforderung* eines Massekostenvorschusses nicht bedarf. *Pape*[44] empfiehlt trotzdem, die Einzahlung eines Vorschusses innerhalb eines bestimmten Zeitraums *durch Beschluss* anzuordnen.[45] Dies ist zutreffend im Hinblick auf den Hinweis von *Kirchhof*,[46] dass das Insolvenzgericht dem Antragsteller die Überprüfung der Massearmut ermöglichen soll, „um überflüssigen, anfechtbaren Abweisungsbeschlüssen vorzubeugen". Im Übrigen ist die Vorschussanforderung, die *mündlich oder durch Anschreiben* erfolgen kann, selbstständig nicht anfechtbar, sondern gem. § 34 InsO nur zusammen mit dem Eröffnungs- bzw. Abweisungsbeschluss. Eine fehlerhafte Festsetzung des eingeforderten Vorschusses kann deshalb nur noch mit der sofortigen Beschwerde gegen die Abweisung mangels Masse geltend gemacht werden.[47] Auch wenn das Gesetz nicht vom Insolvenzgericht verlangt, vom Eigenantragsteller einen Massekostenvorschuss zahlen zu lassen, ist dieser oder ein Dritter berechtigt, durch Einzahlung des Vorschusses die Verfahrenseröffnung zu ermöglichen. Das Gesetz hat die Vorschussleistung nicht auf den Antragsteller beschränkt. Deshalb kann es in geeigneten Fällen durchaus angebracht sein, nicht nur dem Antragsteller die Zahlung eines Massekostenvorschusses anheim zu geben, sondern im Hinblick auf die Regelung in § 26 III InsO auch sonstigen Gläubigern oder gar Dritten, die eine Vorschussleistung im Hinblick auf § 26 III in Aussicht gestellt haben.[48] Im Übrigen hat das Gericht zu prüfen, in welcher Höhe die Gerichtskosten (§ 54 InsO) aus der vorhandenen oder zu schaffenden freien Insolvenzmasse gedeckt werden können. Bei teilweiser Deckung der Kosten des Insolvenzverfahrens (§ 54 InsO) ist der fehlende Teilbetrag einzuzahlen. Die Höhe der voraussichtlichen Verfahrenskosten ist großzügig zu bemessen.[49]

Zu beachten ist, dass die Gewährung von *Prozesskostenhilfe* für den Antragsteller nicht auch einen Massekostenvorschuss umfasst.[50] Gleiches gilt für einen Antragsteller, der Gebührenfreiheit genießt.[51] Der Kostenvorschuss kann auch noch im Beschwerdeverfahren gegen die Abweisung des Insolvenzantrags geleistet werden. Allerdings kann der Vorschuss nicht an Zweckbestimmungen gebunden werden, die nicht dem § 26 I InsO entsprechen. Insbesondere ist es nicht möglich die Vorschusszahlung unter die Bedingung, dass eine beantragte Eigenverwaltung angeordnet wird, zu stellen.[52]

---

[41] Uhlenbruck/Hirte/Vallender/*Uhlenbruck,* § 26 Rn. 21; *Jaeger/Schilken,* § 26 Rn. 56.
[42] LG Frankfurt DZWIR 2005 S. 348.
[43] KPB/*Pape,* § 26 Rn. 18; MüKoInsO/*Haarmeyer,* § 26 Rn. 28; Uhlenbruck/Hirte/Vallender/*Uhlenbruck,* § 26 Rn. 21.
[44] KPB/*Pape,* § 26 Rn. 18.
[45] So auch *Jaeger/Schilken,* § 26 Rn. 56.
[46] HK/*Kirchhof,* § 26 Rn. 23.
[47] Vgl. OLG Köln ZIP 2000, 551; LG Berlin ZInsO 2002, 681; LG Göttingen NZI 2000, 438; BerlK-*Goetsch,* § 26 Rn. 28; Uhlenbruck/Hirte/Vallender/*Uhlenbruck,* § 26 Rn. 21.
[48] Vgl. KPB/*Pape,* § 26 Rn. 20.
[49] So *Vallender* InVo 1997, 4, 6; HK/*Kirchhof,* § 26 Rn. 22; strenger LG Berlin ZInsO 2000, 224, 226. Einzelheiten bei KPB/*Pape,* § 26 Rn. 14 ff.
[50] LG Frankenthal Rpfleger 1985, 504, 505; AG Köln KTS 1972, 126, 127; Uhlenbruck/Hirte/Vallender/*Uhlenbruck,* § 26 Rn. 19; MüKoInsO/*Haarmeyer,* § 26 Rn. 27.
[51] MüKoInsO/*Haarmeyer,* § 26 Rn. 27.
[52] Vgl. BGH NZI 2006 S. 35.

17 Wurde ein Vorschuss eingefordert, so hat das Gericht den Eingang zu kontrollieren. Geht nur eine geringerer Betrag als der eingeforderte ein, so muss der Restbetrag nochmals eingefordert werden, wenn nicht sicher davon ausgegangen werden kann, dass keine weiteren Zahlungen eingehen werden.[53] Es reicht nicht aus, dass ein Gläubiger erklärt, einen ausreichenden Vorschuss leisten zu wollen, die Eröffnung des Verfahrens ist vielmehr davon abhängig, dass ein der Massekostenvorschuss auch wirklich gezahlt wird.[54]

18 **2. Auflagenbeschluss und Rechtsmittel.** Die Einzahlung eines Massekostenvorschusses braucht – wie oben bereits festgestellt wurde – weder dem Antragsteller noch den Gläubigern durch gerichtlichen Beschluss aufgegeben zu werden. Erlässt das Gericht trotzdem einen Auflagenbeschluss mit Fristsetzung, so ist gegen diesen Beschluss gem. § 6 I InsO eine sofortige Beschwerde trotzdem nicht gegeben, denn § 26 InsO sieht eine solche nicht vor.[55] Die Vorschussanforderung kann nur zusammen mit dem Abweisungsbeschluss angefochten werden.[56]

19 **3. Der Massekostenvorschuss bei mehreren Antragstellern.** Beantragen mehrere Gläubiger unabhängig von einander die Eröffnung eines Insolvenzverfahrens über das Vermögen des Schuldners bzw. des Schuldnerunternehmens, so ist jeder Antrag selbstständig zu behandeln und hat das Gericht jedem Antragsteller anheim zu stellen, einen ausreichenden Geldbetrag iSv § 54 InsO vorzuschießen. Dabei ist jedem Antragsteller ein Betrag in Höhe des vollen Kostenvorschusses abzuverlangen. Den Antragstellern ist es aber unbenommen, gemeinsam den erforderlichen Vorschuss aufzubringen und damit die Verfahrenseröffnung zu ermöglichen.[57] Der Vorschussbetrag kann auch von nicht am Verfahren beteiligten Dritten aufgebracht werden.[58] Es genügt, wenn Dritte ein berechtigtes Interesse an einer Verfahrenseröffnung nachweisen. Absonderungsberechtigte können den Vorschuss auch durch teilweise Abtretung des Verwertungserlöses leisten.[59] Voraussetzung ist allerdings, dass zeitnah eine ausreichende, gesicherte Massevergrößerung zu erwarten ist.

20 **4. Der Massekostenvorschuss als Treuhandvermögen.** Der von einem Antragsteller oder sonstigen Gläubiger oder einem Dritten geleistete Massekostenvorschuss wird nicht Teil der Insolvenzmasse iSv § 35 InsO, sondern bleibt Sondervermögen.[60] Da der Massekostenvorschuss zweckgebundenes Treuhandvermögen ist und ausschließlich für die Deckung der Kosten iSv § 54 InsO verwendet werden muss, darf er vom Gläubiger nicht mit einer Zweckbindung versehen werden, wie zB mit der Auflage, dass gegen den Einzahlenden kein Anfechtungsprozess nach den §§ 129 ff. InsO finanziert wird.[61] Soweit der Vorschuss zur Deckung der Kosten des Insolvenzverfahrens nicht benötigt oder nicht verbraucht wird, ist er vorrangig an den Vorschussleistenden zurückzuzahlen.[62] Da der Massekostenvorschuss kein Bestandteil der Insolvenzmasse wird, sondern zweckbestimmtes Sondervermögen ist, unterliegt er nicht dem Vertei-

---

[53] Vgl. dazu auch LG Frankfurt/Oder DZWIR 2005 S. 348.
[54] LG Göttingen ZInsO 2007 S. 1358.
[55] Vgl. OLG Köln ZIP 2000, 551; LG Göttingen NZI 2000, 438; LG Berlin ZInsO 2002, 681; *Uhlenbruck/Uhlenbruck*, § 26 Rn. 21.
[56] LG Berlin ZInsO 2000, 226.
[57] Uhlenbruck/Hirte/Vallender/*Uhlenbruck*, § 26 Rn. 18.
[58] KPB/*Pape*, § 26 Rn. 20.
[59] OLG Hamm WM 1999, 1226 f.
[60] Uhlenbruck/Hirte/Vallender/*Uhlenbruck*, § 26 Rn. 20; HK/*Kirchhof*, § 26 Rn. 34; FK/*Schmerbach*, § 26 Rn. 26.
[61] Vgl. *Henckel*, FS KonkursO S. 180 Fn 28; *Kuhn/Uhlenbruck*, § 107 KO Rn. 4 f.
[62] Vgl. OLG Frankfurt ZIP 1986, 931; Uhlenbruck/Hirte/Vallender/*Uhlenbruck*, § 26 Rn. 20; *Haarmeyer* ZInsO 2001, 103, 107; FK/*Schmerbach*, § 26 Rn. 26.

lungsschlüssel des § 209 InsO.[63] Der Vorschussleistende rückt nach zutreffender herrschender Meinung mit seinem Rückzahlungsanspruch in den Rang des nach § 54 InsO berechtigten Gläubigers ein, dessen Forderung mit dem Vorschuss beglichen wurde.[64] Erlangt der Vorschussleistende Schadenersatz nach § 26 III InsO, entfällt die Rückzahlungspflicht des Verwalters.

5. Keine Insolvenzkostenhilfe für Massekostenvorschüsse. War dem Antragsteller für das Insolvenzverfahren Prozesskostenhilfe (PKH) gewährt worden, so erstreckt sich diese Prozesskostenhilfe zwar auf das Insolvenzverfahren, nicht aber auf die Zahlung eines Massekostenvorschusses. Bei dem Massekostenvorschuss handelt es sich nicht um Prozesskosten, sondern um Kosten, die eine Verfahrenseröffnung ermöglichen sollen. Der Gesetzgeber hat durch die Regelung in § 26 I InsO eindeutig zu erkennen gegeben, dass bei fehlender Massekostendeckung und Nichteinzahlung eines Massekostenvorschusses der Insolvenzantrag abzuweisen ist. Nach § 26 I S. 2 InsO besteht aber durch das InsOÄndG 2001 und die Einführung des Stundungsmodells in den §§ 4a–4d InsO die Möglichkeit für natürliche Personen, trotz Massenlosigkeit die Verfahrenseröffnung zu erreichen.[65] Das Stundungsmodell der §§ 4a–d InsO bezieht sich ausschließlich auf *natürliche Personen* und setzt voraus, dass der Schuldner einen *Antrag auf Restschuldbefreiung* gestellt hat (§ 4a I S. 1 InsO). Das Problem der Insolvenzkostenhilfe für natürliche Personen hat sich damit weitgehend erledigt.[66]

6. Die Berechnung des Massekostenvorschusses. Bei der Berechnung des Massekostenvorschusses bestehen die gleichen Probleme wie bei der Prüfung der Massekostendeckung. Nach dem Wortlaut des Gesetzes sind auch hier vorhandene oder voraussichtlich entstehende Masseverbindlichkeiten in die Vorschussberechnung nicht einzubeziehen.[67] Vielmehr hat sich die Höhe des Massekostenvorschusses ausschließlich an den Kosten des § 54 InsO zu orientieren.[68] Ursprünglich sah § 30 RegE InsO vor, dass ein Insolvenzverfahren schon eröffnet werden musste, wenn die Kosten des Verfahrens *bis zum Berichtstermin* gedeckt waren. Der Rechtsausschuss hat die Worte „bis zum Berichtstermin" gestrichen und damit erreicht, dass ein Insolvenzverfahren nur dann eröffnet werden muss, wenn die *Kosten des gesamten Verfahrens* gedeckt sind. Als Begründung ist in dem Bericht des Rechtsausschusses[69] ausgeführt, dass die frühere Regelung zu einer Belastung der Gerichte mit einer großen Zahl von Verfahren führen würde, die zwar eröffnet, aber nicht bis zum Ende durchgeführt würden. Entsprechend diesen Überlegungen wird in der Literatur[70] ebenso wie zur Massekostendeckung (→ Rn. 10, 11) die Auffassung vertreten, dass der Massekostenvorschuss auch die Kosten der Ver-

---

[63] Siehe aber auch *Uhlenbruck* in Kölner Schrift 2. Aufl. S. 1157, 1171 Rn. 22, wonach der Vorschuss entsprechend dem Verteilungsschlüssel des § 209 I an erster Rangstelle zurückzuzahlen ist. Richtig ist dass § 209 InsO nur in masseamen Verfahren eingreift. Im Übrigen ist der Vorschuss im eröffneten Verfahren zurückzuzahlen, wenn ausreichende Masse vorhanden ist. Vgl. auch Uhlenbruck/Hirte/Vallender/*Uhlenbruck*, § 26 Rn. 20; HK/*Kirchhof*, § 6 Rn. 31; MüKoInsO/*Haarmeyer*, § 26 Rn. 29.
[64] *Uhlenbruck*, in: Kölner Schrift, 2. Aufl. S. 1157 Rn. 22; HK/*Kirchhof*, § 26 Rn. 34; MüKoInsO/*Haarmeyer*, § 26 Rn. 29.
[65] Einzelheiten in MüKoInsO/*Ganter*, Vorbem. vor §§ 4a–4d InsO; FK/*Kohte*, § 4a Rn. 1 ff.; *Uhlenbruck/Uhlenbruck*, § 26 Rn. 24.
[66] Vgl. auch Uhlenbruck/Hirte/Vallender/*Uhlenbruck*, § 26 Rn. 24; *Häusler*, Die Bedeutung der Kosten für die Eröffnung und Durchführung des Insolvenzverfahrens, 1999; *Metzger*, Verfahrenskostendeckende Masse 2002.
[67] LG Berlin ZInsO 2000, 224, 226.
[68] So LG Berlin ZInsO 2000, 222, 224; *Pape*, ZInsO 1999, 141 ff. u 398; *ders.* ZInsO 2000, 227; *Uhlenbruck/Uhlenbruck*, § 26 Rn. 17; *Vallender* InVO 1997, 4, 6; anders *Rattunde/Röder* DZWIR 1999, 309 ff.
[69] BT-Drucks. 12/7302, abgedr. bei *Uhlenbruck,* Das neue Insolvenzrecht, S. 332 f.
[70] Vorauflage hier; *Rattunde/Köder* DZWIR 1999, 309; ähnlich AG Charlottenburg ZIP 1999, 1687 u 1688.

waltung zumindest insoweit abdecken sollte, als nicht unmittelbar nach Eröffnung Masseunzulänglichkeit eintritt. Deshalb könnten nicht nur die Gerichts- und Verwaltergebühren in die Berechnung einbezogen werden, sondern müssten auch die Kosten für Verwaltung, Verwertung und die Verteilung der Insolvenzmasse umfasst sein. Ebenso wie zur Massekostendeckung wird darüber hinaus die Auffassung vertreten, dass nicht nur die *unvermeidlichen Massekosten,* sondern auch die mit der Eröffnung anfallenden *Masseverbindlichkeiten* in den Vorschuss eingerechnet werden können.[71]

23 Angesichts des eindeutigen Gesetzeswortlauts in § 26 I S. 1 InsO lassen sich die Auffassungen, die unausweichlichen Verwaltungskosten bzw. anfallenden Masseverbindlichkeiten seien mit in die Vorschussberechnung einzubeziehen, nicht aufrecht erhalten. Vielmehr ist alleiniger Maßstab für die Höhe des Vorschusses § 54 InsO.[72] Wie bei der Massekostendeckung sind das Insolvenzgericht sowie der Gutachter oder vorläufige Insolvenzverwalter auf *Schätzungen* angewiesen.

24 Richtig ist zwar der Hinweis von *Mönning,*[73] dass zur Aufrechterhaltung der Produktion Rohmaterialien, Hilfs- und Betriebsstoffe, Komponenten und Zukaufsteile erworben werden müssen, zu deren Lieferung niemand ohne ausreichende Zahlungsgarantie bereit ist. Demgegenüber weist *Kübler*[74] darauf hin, dass nach der gesetzgeberischen Entscheidung die Deckung der sonstigen Masseverbindlichkeiten zunächst einmal keine Rolle für die Eröffnung spielt. Erst im bereits eröffneten Verfahren würden an die Massearmut im weiteren Sinne Rechtsfolgen geknüpft.

25 **7. Erstattungsansprüche gegen antragspflichtige Personen.** Eine im Konkursrecht unbekannte Neuerung ergab sich in der InsO durch die Regelung des § 26 III InsO: Reicht das Vermögen einer antragspflichtigen Gesellschaft oder sonstigen juristischen Person nicht einmal aus, um die Kosten des gesamten Verfahrens zu decken, und leistet jemand einen Massekostenvorschuss, so kann der Vorschussleistende die Erstattung des vorgeschossenen Betrages von jeder Person verlangen, die entgegen den Vorschriften des Insolvenz-/Gesellschaftsrechts den Antrag auf Eröffnung des Insolvenzverfahrens pflichtwidrig und schuldhaft nicht gestellt hat. Durch diese gesetzliche Regelung sollen einmal Missbräuche, die sich in der Praxis insbesondere bei der Rechtsform der Gesellschaft mit beschränkter Haftung ergeben haben, verhindert werden; zum andern aber soll dem Antragsteller oder anderen Gläubigern die Möglichkeit eröffnet werden, durch Zuweisung der Ansprüche wegen Insolvenzverschleppung den eingezahlten Vorschussbetrag von Antragspflichtigen zurückzuerlangen. Gleichzeitig wird durch die gesetzliche Zuweisung dieser Ansprüche erreicht, dass die schuldhafte Verletzung der Insolvenzantragspflicht nicht deswegen sanktionslos bleibt, weil es auf Grund der verspäteten Antragstellung zu einer Abweisung mangels Masse kommt.[75]

26 Diese Norm, die zunächst nur auf die antragspflichtigen Geschäftsführer und Vorstandsmitglieder abzielte, erfuhr durch das MoMiG[76] eine Erweiterung. Denn die Insol-

---

[71] So zB AG Charlottenburg ZIP 1994, 385; *Rattunde/Röder* DZWIR 1999, 309 ff.; *Wienberg/Voigt* ZIP 1999, 1662 ff.
[72] So zB *Pape/Hauser,* Massearme Verfahren, Rn. 121; KPB/*Pape,* § 26 Rn. 14; Uhlenbruck/Hirte/Vallender/*Uhlenbruck,* § 26 Rn. 17; *Jaeger/Schilken,* § 26 Rn. 63.
[73] Nerlich/Römermann/*Mönning,* § 26 Rn. 19–21.
[74] Kölner Schrift, 2. Aufl. S. 969 Rn. 7. S auch MüKoInsO/*Haarmeyer,* § 26 Rn. 18, 19; instruktiv auch OLG Köln NZI 2000, 217; LG Traunstein NZI 2000, 439.
[75] Vgl. auch *Ulmer,* Die gesellschaftsrechtlichen Aspekte der neuen Insolvenzordnung, in: *Kübler,* (Hrsg.) Neuordnung des Insolvenzrechts, S. 119, 123 f.; *Häsemeyer,* Die Regelungen der Masseverbindlichkeiten, der Masseunzulänglichkeit und des Verfahrenskostenvorschusses, in: *Leipold* (Hrsg.), Insolvenzrecht im Umbruch 1991, S. 101, 110; *Uhlenbruck* KTS 1994, 169, 175; *Kübler* in Kölner Schrift 2. Aufl. S. 578 Rn. 11 ff.; *Jaeger/Schilken,* § 26 Rn. 89 ff.
[76] Gesetz zur Modernisierung des GmbH-Rechts und zur Bekämpfung von Missbräuchen vom 23.10.2008 (BGBl. I S. 2026).

venzantragspflicht dieser Personen wurde nicht nur in die Insolvenzordnung (§ 15a) verlagert, sondern auch hinsichtlich des Personenkreises erweitert. So sind gemäß § 15a III nunmehr auch die Gesellschafter, im Fall einer AG oder einer Genossenschaft auch jedes Mitglied des Aufsichtsrats zur Stellung des Insolvenzantrags verpflichtet, wenn die Gesellschaft führungslos ist. Damit ist dieser Personenkreis auch Adressat einer möglichen Haftung gemäß § 26 III geworden.

Ist streitig, ob die Person pflichtwidrig oder schuldhaft gehandelt hat, so trifft sie die **27** Beweislast (§ 26 III 2 InsO).[77]

Die *Effizienz dieser Vorschrift* kann bezweifelt werden. Einmal ist bei den meisten Ge- **28** schäftsführern oder Vorständen nichts zu holen. Zum andern wird dem Vorschussleistenden ein Prozessrisiko aufgebürdet, das auch durch die Beweislastumkehr in § 26 III 2 InsO kaum gemildert wird. Der Vorschussleistende als Kläger läuft zudem Gefahr, dass der in Anspruch genommene organschaftliche Vertreter der antragspflichtigen Gesellschaft im Fall der Inanspruchnahme ebenfalls einen Antrag auf Eröffnung des Insolvenzverfahrens stellt, und zwar als Verbraucherinsolvenzverfahren mit Restschuldbefreiung.

Trotz der rechtspolitisch wünschenswerten Regelung in § 26 III InsO, zeigt diese **29** Vorschrift, dass der Staat seine Finanzierungverantwortung auch an dieser Stelle nicht wahrnimmt. Die Zwangsvollstreckung wegen Geldforderungen ist durch staatliche Verfahren ausgestaltet, die dem Forderungsinhaber den verfassungsmäßigen Anspruch auf Forderungsdurchsetzung gewährleisten soll. Vor diesem Hintergrund mag es schon fraglich sein, dass die Finanzierung dieses staatlichen Verfahrens vorrangig aus der Masse, also dem Schuldnervermögen, erfolgt und der Staat sich bei der Finanzierung dieser staatlichen Aufgabe sehr dezent zurückhält.

Diese Zurückhaltung hat aber durchaus Tradition und diejenigen, die sich seit langen **30** Jahren mit dem Insolvenzrecht auseinandersetzen, halten es zwischenzeitlich vielfach für selbstverständlich, dass ein Gesamtvollstreckungsverfahren nur durchgeführt wird, wenn die Insolvenzmasse dafür genügend Mittel aufweist oder ein Dritter die notwendigen Gelder vorschießt. Eigentlich ist es gar nicht einzusehen, dass der Staat die Durchführung eines staatlichen Verfahrens zur Durchsetzung verfassungsmäßiger Rechte von der Vorschusszahlung eines Dritten abhängig macht. Aber selbst dies ist eine zu beachtende Rechtslage in Deutschland.

Der in § 26 III InsO enthaltene Ausgleichsanspruch ist gegen denjenigen gerichtet, der **31** die Insolvenzantragstellung pflichtwidrig unterlassen hat. Zutreffend wird der Anspruch aus § 26 III InsO nicht als bloßer Erstattungsanspruch, sondern als deliktsähnlicher Anspruch verstanden.[78] Von den vorhandenen „Dritten" ist der Dritte, der die Antragstellung pflichtwidrig unterlässt, jedenfalls der der eher für die Verfahrenskosten aufzukommen hat. Denn der Gesetzgeber hat dem Antragsverpflichteten eine zentrale Stellung für die Abwicklung des Gesamtvollstreckungsverfahrens über „seine" Gesellschaft zugewiesen. Damit er seiner Verpflichtung nachkommt wurden Haftungen für den Fall vorgesehen, in dem er seinen Verpflichtungen nicht gerecht wird. Den entsprechenden Haftungsnormen ist somit eine Verhaltenssteuerungsfunktion zuzusprechen.

Dies ist bei der Auslegung des § 26 III InsO[79] zu beachten. Geht das Gericht irrtüm- **32** lich davon aus, dass kein kostendeckendes Vermögen vorhanden ist und fordert daher einen Vorschuss, so ändert dies nichts daran, dass die pflichtgemäße Insolvenzantragstellung unterblieben und damit die sanktionswürdige Situation eingetreten ist. Daher kann nicht angenommen werden, dass in dem Fall, in dem auf Abforderung des Gerichts ein

---

[77] Zur Beweislast s auch *Jaeger/Schilken*, § 26 Rn. 95, 96.
[78] Uhlenbruck/Hirte/Vallender/*Uhlenbruck*, InsO, 12. Aufl., § 26 Rn. 48; HambKommInsO/*Schröder*, 3. Aufl., § 26 Rn. 48.
[79] Vergl. zu den Zielsetzungen der Norm: MüKoInsO/*Haarmeyer*, 2. Aufl., § 26 Rn. 56 f.

Massekostenvorschuss gezahlt wurde, obgleich tatsächlich die Verfahrenskosten gedeckt sind, ein Anspruch nach § 26 III InsO entfällt. Denn zunächst hat das Gericht „nur" eine sachgerechte Schätzung vorzunehmen, ob die Verfahrenskosten gedeckt werden können und auf dieser Basis zu entscheiden, ob einen Vorschuss eingefordert werden soll/muss. Damit wird klar, dass die Eigenschaft als „Vorschuss" nicht an dem Kriterium gemessen werden kann, ob die späterer erkennbare tatsächlichen Auskömmlichkeit der Masse gegeben ist. Zudem würde wie ausgeführt die Verhaltenssteuerungsfunktion der Norm unterlaufen. Schließlich ist darauf zu verweisen, dass in § 26 III InsO nicht danach differenziert wird, ob dieser Vorschuss tatsächlich für die Durchführung des Verfahrens notwendig ist oder nicht. Es reicht nach dem schlichten Wortlaut, dass überhaupt ein Vorschuss geleistet wurde.[80]

33 Von dieser Problematik ist die Frage zu trennen, ob eine Zahlung als „Vorschuss" im Sinne des § 26 III anzuerkennen ist. Dies kann nicht von jeder Zahlung angenommen werden, sondern nur dann, wenn die Zahlung (regelmäßig auf Anforderung des Insolvenzgerichts) mit dem Zweck vorgenommen wird, die Einstellung des Verfahrens mangels Masse zu verhindern.[81] Allgemeine Massedarlehen, allgemeine Massezuschüsse, Prozesskostenvorschüsse oder Zahlungen, die der Durchführung eines Insolvenzplans unterstützen sollten, gehören nicht zu den Vorschusszahlungen gemäß § 26 III. Die Bezeichnung der Zahlung als „Massekostenvorschuss" allein reicht nicht aus, die Anwendbarkeit des § 26 III zu begründen.[82]

34 Einige Fragen zu § 26 sind noch nicht geklärt, so wird diskutiert, ob es sich hierbei um eine Legalzession handelt, kraft deren ein Teil der für die Masse geltend zu machenden Gläubigeransprüche (§ 92 InsO) auf den Vorschussleistenden übergeht, oder ob es sich um einen Erstattungsanspruch kraft Prozessführungsrecht für die Masse zwecks eigener Befriedigung handelt.[83] *L. Häsemeyer*[84] wies schon zur Rechtslage vor In-Kraft-Treten des MoMiG auf die unglückliche Fassung des § 26 III InsO hin, weil sie nur auf Verantwortlichkeiten des Gesellschaftsrechts abstellte. Einzubeziehen seien auch die entsprechenden Vorschriften des Vereins- und Nachlassrechts (§§ 42 II, 1980, 1985 II BGB). Ungeklärt sei ferner, ob mit der Regelung ein entsprechender Teil des Gesamtschadens ersatzweise (§ 92 InsO) auf den Vorschussleistenden übergeleitet werde (Legalzession), „oder ob er kraft Prozessstandschaft oder aus eigenen Rechts (Einzelschaden) den Anspruch durchsetzen" könne.

35 Der in Anspruch genommene organschaftliche Vertreter soll eine zusätzlich Inanspruchnahme nach § 26 III InsO vermeiden können, indem er direkt Leistungen in Höhe der Verfahrenskosten in die Masse erbringt.[85] Erstattungsfähig nach § 26 III InsO sind nur solche Geldbeträge, die zu dem Zweck vorgeschossen werden, die Abweisung mangels Masse zu verhindern (BGH ZInsO 2003, 28).

36 Durch die *Beweislastumkehr in Bezug auf die Pflichtwidrigkeit* der Insolvenzverschleppung und des Verschuldens wird der Kläger von der Verpflichtung entlastet, die subjektiven Voraussetzungen für die Insolvenzverschleppung nachzuweisen. Neben dem Prozessrisiko besteht gleichzeitig auch noch das Risiko, dass die zugesprochene Forderung

---

[80] So wohl auch *Jaeger/Schilken*, § 26 Rn. 90, 97; HK/*Kirchhof*, 5. Aufl., § 26 Rn. 41; aA wohl HambKommInsO/*Schröder*, 3. Aufl., § 26 Rn. 51; siehe dazu auch BGH NZI 2009 S. 233 mit Anmerkung *Gundlach/Frenzel*.
[81] BGH NZI 2003 S. 324; OLG Brandenburg ZInsO 2003, 225.
[82] BGH NZI 2009 S. 233; BGH NZI 2003 S. 324.
[83] Vgl. auch *Jaeger/Schilken*, § 26 Rn. 98; *Ulmer*, in: *Kübler*, (Hrsg.), Neuordnung des Insolvenzrechts, S. 123 f.; *Kübler*, in: Kölner Schrift 2. Aufl. S. 967, 969 f. Rn. 8–12; KPB/*Pape*, § 26 Rn. 22–26; *Karsten Schmidt* JZ 1978, 661; *Uhlenbruck* KTS 1994, 169, 175; *Uhlenbruck/Hirte*, § 26 Rn. 48, 49; *Uhlenbruck* GmbHR 1999, 313, 326; MüKoInsO/*Haarmeyer* § 26 Rn. 56–59.
[84] *Leipold* (Hrsg.), Insolvenzrecht im Umbruch, S. 101, 110.
[85] Vgl. *Henssler* ZInsO 1999, 121, 122 f.; Uhlenbruck/Hirte/Vallender/*Hirte,* § 26 Rn. 50.

nicht beigetrieben werden kann, weil der in Anspruch Genommene in Vermögensverfall geraten ist.[86] Schließlich weist *Pape*[87] zutreffend darauf hin, dass sich für die Anwendung des § 26 III InsO die Verhaltensweise mancher Gerichte „extrem kontraproduktiv" auswirkt, weil sie die Einsicht in die Insolvenzakten durch Gläubiger erheblich erschweren, indem sie ihnen ein rechtliches Interesse an der Einsicht absprechen.

8. Vorschusspflicht. In der Vorauflage wurde noch darauf verwiesen, dass eine Möglichkeit, der Vorschrift mehr Effizienz zu verschaffen, darin bestehen könnte, dem Insolvenzverwalter ein eigenes Vorschussrecht zuzubilligen. Der Gesetzgeber hat zwischenzeitlich reagiert und den § 26 III ergänzt indem er einen Abs. 4 einfügt. Der Gesetzgeber verwies zur Begründung dieser Gesetzesänderung darauf, dass das Verfahren nach § 26 Abs. 3 wegen des hohen Kostenrisikos von den Gläubigern zu wenig genutzt worden sei. Dementsprechend soll der jenige, der zur Insolvenzantragstellung verpflichtet ist, dieser Pflicht aber nicht nachgekommen ist, auch direkt zur Zahlung eines Vorschusses herangezogen werden können. Die neue Regelung sieht vor, dass der vorläufige Insolvenzverwalter oder jede Person, die mit Insolvenzeröffnung Insolvenzgläubiger werden würde, den Vorschuss einfordern kann. Der Anspruch hat nicht mehr den Charakter einer Erstattungsanspruchs, der zunächst eine Vorleistung voraussetzt, sondern ist als unmittelbare Vorschusspflicht des Antragsverpflichteten ausgestaltet. § 26 IV setzt voraus, dass ein Insolvenzantrag gestellt worden ist. Zudem darf das Vermögen des Insolvenzschuldners voraussichtlich nicht ausreichen die Verfahrenskosten zudecken. Zumal der einzelne Gläubiger regelmäßig bezogen auf den konkreten Fall Schwierigkeiten haben dürfte eine Massearmut darzulegen bzw. zu beweisen und er durch die regelmäßig notwendige Prozessführung ein nicht unerhebliches Kostenrisiko eingehen muss, dürfte in der Praxis nur der vorläufige Verwalter nach § 26 IV vorgehen. Dies wird ihm insoweit erleichtert, als auch hier wie schon im Fall der Erstattungspflicht des § 26 III eine Beweislastumkehr gilt soweit es die pflichtwidrige/schuldhafte Unterlassung der Insolvenzantragstellung betrifft. **37**

In der Praxis dürfte sich als hinderlich erweisen, dass die Insolvenzantragverpflichteten sich regelmäßig gegen eine Inanspruchnahme nach § 26 IV wehren werden und die Anspruchsteller damit gehalten sind, die Gerichte anzurufen. Dies Situation wird sich in der Regel ergeben, da die Zahlung eines Vorschusses gemäß § 26 IV präjudizierende Wirkung für eine spätere Inanspruchnahme des Vorschussleistenden hinsichtlich einer persönlichen Haftung wegen Insolvenzverschleppung haben dürfte.[88] Insgesamt dürfte es fraglich sein, ob die Neuregelung die in sie gesetzte Erwartung wirklich erfüllen wird.[89] **38**

§ 16. Verfahrensabschließende Entscheidungen des Insolvenzgerichts

Übersicht

	Rn.
I. Allgemeines	1
II. Zurückweisung des Insolvenzantrags als unzulässig	2
III. Abweisung des Insolvenzantrags als unbegründet	3
IV. Abweisung mangels Masse	4
1. Rechtliches Gehör	7
2. Veröffentlichung des Abweisungsbeschlusses	10

---

[86] *Uhlenbruck* KTS 1994, 169, 175. Zur Behauptungs- und Beweislast nach § 26 III S. 2 InsO s *Jaeger/Schilken*, § 26 Rn. 95.
[87] KPB/*Pape*, § 26 Rn. 26a.
[88] *Hirte/Knof/Mock,* Das neue Insolvenzrecht nach dem ESUG. S. 21.
[89] Dazu auch *Pape* ZInsO 2011, 1039; *Zimmermann* ZInsO 2012, 396; *Karsten Schmidt* NJW 2011, 1258.

		Rn.
3. Eintragung des Schuldners in das Schuldnerverzeichnis		11
4. Löschung des Schuldners im Schuldnerverzeichnis		13
5. Rechtsmittel gegen den Abweisungsbeschluss		14
6. Rechtsfolgen der Abweisung für Gesellschaften des Handelsrechts		15
7. Berufs- und gewerberechtliche Folgen		17
8. Die Kostenentscheidung bei Abweisung mangels Masse		18
V. Die Eröffnung des Insolvenzverfahrens		22
1. Der Insolvenzeröffnungsbeschluss		23
a) Der zwingende Inhalt		25
b) Der fakultative Inhalt des Eröffnungsbeschlusses		26
2. Wirksamwerden des Eröffnungsbeschlusses		27
3. Bekanntmachung		28
4. Mitteilungspflichten		29
VI. Rechtsmittel im Insolvenzeröffnungsverfahren		32
1. Rechtsmittel gegen Sicherungsmaßnahmen nach § 21 InsO		32
2. Die Beschwerde bei Abweisung des Eröffnungsantrags		36
3. Sofortige Beschwerde gegen den Eröffnungsbeschluss		39
4. Der Ausschluss der sofortigen Beschwerde in sonstigen Fällen		42
5. Rechtsbeschwerde		43

I. Allgemeines

1   Das Insolvenzeröffnungsverfahren (Antragsverfahren) endet idR mit einer verfahrensabschließenden Entscheidung des Insolvenzgerichts, wenn nicht der Antrag durch Rücknahme oder eine Erklärung nach § 91a ZPO seine Erledigung findet.[1] Ist der Schuldner eine natürliche Person, die eine selbstständige wirtschaftliche Tätigkeit ausübt oder ausgeübt hat, so gelten für das Verfahren die allgemeinen Vorschriften, soweit nicht in den §§ 304 ff. InsO etwas anderes bestimmt ist. § 304 I InsO findet auch Anwendung, wenn der Schuldner eine selbstständige wirtschaftliche Tätigkeit ausgeübt hat, seine Vermögensverhältnisse überschaubar sind und gegen ihn keine Forderungen aus Arbeitsverhältnissen bestehen. Ist der Schuldner eine natürliche Person und hat er einen Antrag auf Restschuldbefreiung gestellt, so werden ihm auf Antrag die Kosten des Insolvenzverfahrens bis zur Erteilung der Restschuldbefreiung gestundet, soweit sein Vermögen voraussichtlich nicht ausreichen wird, um diese Kosten zu decken (§ 4a I S. 1 InsO). Eine Abweisung des Insolvenzantrags mangels Masse ist *vor* der Stundungsentscheidung unzulässig, denn die Gewährung der Stundung gilt für die gesamten Kosten des § 54 InsO.[2] Ist der Stundungsantrag unzulässig oder unschlüssig, weist ihn das Insolvenzgericht zurück, selbst wenn es – weil ein zulässiger Insolvenzantrag vorliegt – weiterhin die Eröffnungsvoraussetzungen prüft.[3] Keine das Verfahren abschließende Entscheidung ist die *Anordnung oder Ablehnung der Eigenverwaltung* nach den §§ 270 ff. InsO. Die Entscheidung über die Eigenverwaltung ergeht nach § 270 I S. 1 InsO in dem Beschluss über die Eröffnung des Insolvenzverfahrens. Ein Rechtsmittel gegen die Anordnung oder Ablehnung der Eigenverwaltung im Eröffnungsbeschluss ist im Gesetz nicht vorgesehen.[4] Allerdings ist eine nachträgliche Anordnung der Eigenverwaltung möglich, § 271. Die angeordnete Eigenverwaltung kann zudem nach den Maßgaben des § 272 aufgehoben werden.

---

[1] Vgl. hierzu oben die Ausführungen zu § 10; Uhlenbruck/Hirte/Vallender/*Uhlenbruck*, § 14 Rn. 84; *Delhaes*, Der Insolvenzantrag, 1994.
[2] LG Bochum ZInsO 2003, 92; HK/*Kirchhof*, § 4a Rn. 11.
[3] Einzelheiten zum Stundungsverfahren in MüKoInsO/*Ganter*, Vorbem vor §§ 4a–4d; Uhlenbruck/ *Uhlenbruck*, § 4a Rn. 3 ff.
[4] Vgl. LG Mönchengladbach NZI 2003, 152 = ZInsO 2003, 95 = ZIP 2003, 728; *Schlegel* ZIP 1999, 954 ff. Zur Eigenverwaltung s ua *Prütting*, in: FS Kirchhof, 2003, S. 433 ff.; *Huhn*, Die Eigenverwaltung im Insolvenzverfahren, 2002; *Görg* in: FS Uhlenbruck, 2000, S. 117 ff.; *Görg/Stockhausen*, in: FS *Metzeler*, 2003, S. 105 ff.

II. Zurückweisung des Insolvenzantrages als unzulässig

Fehlt es an einer für die Eröffnung des Insolvenzverfahrens zwingenden Zulässigkeitsvoraussetzung und wird der Antrag vom Antragsteller trotz gerichtlichen Hinweises nicht zurückgenommen, so hat das Gericht den Insolvenzantrag als unzulässig zurückzuweisen. So zB, wenn es an der örtlichen Zuständigkeit des Insolvenzgerichts iSv § 3 InsO fehlt und der Antragsteller trotz gerichtlichen Hinweises entsprechend § 139 ZPO keinen Verweisungsantrag stellt.[5] Gleiches gilt, wenn es an der Antragsberechtigung iSv § 13 I 2 InsO fehlt oder der Antrag in formeller Hinsicht nicht den gesetzlichen Anforderungen entspricht.[6] Eine Abweisung als unzulässig erfolgt auch in den Fällen, in denen der Gläubiger das nach § 14 I InsO erforderliche rechtliche Interesse an der Verfahrenseröffnung, seine Forderung oder den Eröffnungsgrund nicht glaubhaft zu machen vermag.[7]

Der Antragstellende muss mithin auch ein berechtigtes Interesse an der Insolvenzeröffnung haben. Der BGH sah dies in einem Fall als nicht gegeben an, in dem der Gläubiger, der den Insolvenzantrag stellt, unabhängig von der Durchführung eines Insolvenzverfahrens eine volle Befriedigung seiner Forderungen zu erwarten hatte. Ist ein Gläubiger zweifellos ausreichend dinglich gesichert, bringt ihm das Insolvenzverfahren kein Vorteil und ein von ihm gestellter Insolvenzantrag ist unabhängig davon, ob im Einzelfall Insolvenzgründe vorliegen, unzulässig. Dieses berechtigte Interesse ist also Zulässigkeitsvoraussetzung eines Insolvenzantrags, § 14 I InsO.[8] Unzulässig mangels eines berechtigten Interesses ist auch ein Insolvenzantrag, der aus insolvenzfremden Zwecken gestellt wurde.[9] Unzulässig ist ein Insolvenzantrag als Eigenantrag weiterhin, wenn bei mehreren Vertretungsorganen, mehreren persönlich haftenden Gesellschaftern oder mehreren Abwicklern der einzelne Antragsteller außerstande ist, den Eröffnungsgrund nach § 15 II 1 InsO glaubhaft zu machen. Die Insolvenzunfähigkeit iSv § 12 InsO führt ebenso zur Abweisung des Insolvenzantrags als unzulässig[10] wie die mangelnde Antragsbefugnis bei einem Insolvenzantrag eines Gläubigers gegen eine Bank oder ein Versicherungsunternehmen. Unzulässig ist ein Insolvenzverfahren zudem, wenn bereits ein Insolvenzverfahren über das Vermögen durchgeführt wird bzw. 3 Jahre seit Aufhebung eines Insolvenzverfahrens über das Vermögen derselben natürlichen Person noch nicht vergangen sind.[11] Keine Zulässigkeitsvoraussetzung ist das Vorhandensein neuer Gläubiger.[12] Zweifelhaft und umstritten war die Frage, ob eine Zurückweisung des Insolvenzantrags als unzulässig auch in Betracht kommt, wenn der Antragsteller die falsche Verfahrensart angegeben bzw. beantragt hat, wie zB Regelverfahren statt Verbraucherinsolvenzverfahren.[13] Nach zutreffender Meinung[14] hat das

---

[5] HK/*Kirchhof*, § 3 Rn. 23; Uhlenbruck/Hirte/Vallender/*Uhlenbruck*, § 13 Rn. 17 u § 3 Rn. 18.
[6] Vgl. hierzu oben die Ausführungen zu § 9 Rn. 8; *Uhlenbruck* InVO 1999, 334; Uhlenbruck/Hirte/Vallender/*Uhlenbruck*, § 13 Rn. 12 ff. u § 14 Rn. 16 ff.; HK/*Kirchhof*, § 13 Rn. 3 ff. u § 14 Rn. 3 ff.; *Vallender* MDR 1999, 280, 283.
[7] Uhlenbruck/Hirte/Vallender/*Uhlenbruck*, § 14 Rn. 41 ff.
[8] BGH NZI 2008 S. 182 f.; ein Antrag auf Eröffnung des Insolvenzverfahrens ist selbst dann nicht unzulässig, wenn der Gläubiger die Zahlung eines Teilbetrages nicht angenommen hat; BGH Beschluss vom 7.5.2009 IX 7 B 262/08.
[9] LG Münster ZIP 1993 S. 1103; AG Hamburg ZIP 2000 S. 1019.
[10] Vgl. dazu im Einzelnen HK/*Kirchhof*, § 12 Rn. 3 ff.
[11] Dazu BGH Beschluss vom 21.2.2010 IX ZB 174/09.
[12] BGH ZInsO 2010 S. 140.
[13] Vgl. hierzu OLG Schleswig NZI 2000, 164; AG Köln NZI 1999, 241; AG Kassel NZI 2000, 34; *Vallender* MDR 1999, 280, 283, die den Antrag als unzulässig zurückweisen wollen, wenn der Schuldner auf Hinweis des Gerichts seinen Antrag nicht auf die richtige Verfahrensart umstellt.
[14] LG Halle ZInsO 2000, 227; LG Frankfurt ZIP 2000, 1067; LG Traunstein ZInsO 2001, 525, 526; AG Köln NZI 1999, 241, 242; *Vallender/Fuchs/Rey* NZI 1999, 218, 219; Uhlenbruck/Hirte/Vallender/*Uhlenbruck*, § 14 Rn. 19; *Kothe* ZInsO 2002, 58; HK/*Landfermann*, § 304 Rn. 13.

Gericht die Verfahrensart von Amts wegen zu bestimmen, da der Schuldner oder Gläubiger nur berechtigt bzw. verpflichtet ist, einen Antrag auf Eröffnung des Insolvenzverfahrens zu stellen.[15] Hat der Antragsteller den Antrag auf Eröffnung in einer unzulässigen Verfahrensart gestellt, ist ihm entspr. §§ 4 InsO, 139 ZPO Gelegenheit zu geben, seinen *Antrag auf das zulässige Verfahren umzustellen*. Beharrt er weiterhin auf Eröffnung in der unzulässigen Verfahrensart, erfolgt also keine Umstellung, ist der Insolvenzantrag als „in der gewählten Verfahrensart unzulässig" zurückzuweisen.[16] Wird ein als Verbraucherinsolvenzverfahren eröffnetes Verfahren in ein Regelinsolvenzverfahren übergeleitet, so steht dem Schuldner gegen diese Entscheidung des Insolvenzgerichts die sofortige Beschwerde zu.[17]

Ein zunächst zulässiger Insolvenzantrag kann auch später unzulässig werden. Entscheidend für die Prüfung der Zulässigkeit ist der Zeitpunkt der Entscheidung über die Insolvenzeröffnung. Diese Problematik stellte sich und stellt sich insbesondere, wenn ein Gläubiger den Insolvenzantrag stellt und der Schuldner nach der Antragstellung aber vor Insolvenzeröffnung die Forderung nur dieses Gläubigers durch Zahlung befriedigt. Soweit der Gläubiger keine Forderung gegen den Schuldner „nachschieben" kann verliert der antragstellende Gläubiger mit der Zahlung seine Antragsberechtigung.[18] Der Antrag ist dann grundsätzlich als unzulässig abzuweisen. In diesem Zusammenhang ist allerdings die Neuregelung des § 14 Abs. 1 Sätze 2 und 3 zu beachten. War innerhalb der letzten zwei Jahre bereits ein Insolvenzantrag gestellt worden (Altantrag), so wird der (neue) Insolvenzantrag nicht allein dadurch unzulässig, dass die Forderung des Antragstellers befriedigt worden ist. Das Insolvenzgericht hat den Insolvenzantrag in diesen Fallgestaltungen also nicht wegen der Zahlung zurückzuweisen. Mit der Neuregelung wollte der Gesetzgeber insbesondere sogenannten Stapelanträgen entgegenwirken, bei denen die Insolvenzeröffnung durch gezielte Zahlungen der Forderungen der Antragsteller teilweise über Jahre hinausgezögert wurde.

Die Zurückweisung des Antrags als unzulässig hindert den Antragsteller nicht, einen neuen – zulässigen – Antrag zu stellen.[19]

III. Abweisung des Insolvenzantrags als unbegründet

3 Der Insolvenzantrag eines Gläubigers ist als unbegründet zurückzuweisen, wenn entweder der Insolvenzgrund nicht vorliegt oder das Gericht außerstande ist, sich vom Vorliegen des Insolvenzgrundes die für eine Verfahrenseröffnung notwendige richterliche Überzeugung zu verschaffen. Ist der Insolvenzgrund nicht feststellbar, geht das „non liquet" immer zu Lasten des antragstellenden Gläubigers.[20] Ist die dem Insolvenzantrag zugrunde liegende Forderung die einzige, die für den Fall ihres Bestehens den Insolvenzgrund ausmacht, bedarf es des vollen Beweises. Die Glaubhaftmachung nach § 14 I InsO reicht in diesen Fällen nicht.[21] Ist allerdings die bestrittene Forderung

---

[15] Einzelheiten bei *Vallender/Fuchs/Rey* NZI 1999, 218 ff.; *Bork* ZIP 1999, 301, 303; OLG Schleswig NZI 2000, 164 f.
[16] OLG Köln ZInsO 2000, 612; OLG Celle ZIP 2000, 802 = NZI 2000, 229; OLG Schleswig NZI 2000, 164; AG Köln NZI 2000, 241, 243; Uhlenbruck/Hirte/Vallender/*Uhlenbruck,* § 14 Rn. 19; Uhlenbruck/Hirte/Vallender/*Vallender,* § 304 Rn. 34; *Vallender/Fuchs/Rey* NZI 1999, 218, 219; HK/*Landfermann,* § 304 Rn. 14.
[17] BGH ZInsO 2013 S. 1100.
[18] Karsten Schmidt/Gundlach § 14 Rn. 7 f.
[19] *Jaeger/Gerhardt,* § 13 Rn. 35.
[20] BGH NJW-RR 1992, 919; OLG Hamm ZIP 1980, 259; OLG Hamm MDR 1970, 1019 = KTS 1971, 54 = RPfleger 1970, 348; LG Tübingen KTS 1961, 159; *Uhlenbruck,* Die anwaltliche Beratung, S. 130; Uhlenbruck/Hirte/Vallender/*Uhlenbruck,* § 16 Rn. 8; vgl. auch *Zipperer* NZI 2003, 590.
[21] BGH NJW-RR 1992, 919; BayObLG ZInsO 2001, 1013; OLG Celle ZInsO 2001, 1015; LG Stendal ZIP 1994, 1035; Uhlenbruck/Hirte/Vallender/*Uhlenbruck,* § 16 Rn. 8.

rechtskräftig tituliert, darf das Gericht davon ausgehen, dass sie bewiesen ist. Die rechtskräftige Zurückweisung eines Eröffnungsantrags hindert nicht die Stellung eines neuen Antrags mit neuer Begründung.[22]

Bei *Insolvenzantragstellung* durch den Schuldner selbst sind geringere Anforderungen an die richterliche Überzeugungsbildung zu stellen. Dies gilt, wenn der Antrag vom Schuldner allein oder bei mehrköpfiger Vertretung von allen organschaftlichen Vertretern gestellt wird.[23] In diesen Fällen darf das Gericht davon ausgehen, dass niemand ohne wichtigen Grund das Vorliegen der Insolvenzreife behauptet.[24] Anders aber, wenn der Verdacht besteht, dass das Insolvenzverfahren lediglich dazu benutzt wird, lästige Verbindlichkeiten oder Tarifbindungen los zu werden. Hier hat das Gericht im Zweifel einen Gutachter mit der Prüfung des Insolvenzgrundes zu beauftragen. Bestehen Zweifel am Vorliegen eines Insolvenzgrundes, so ist auch in solchen Fällen des Eigenantrags der Antrag als unbegründet zurückzuweisen, denn § 16 InsO setzt für die Verfahrenseröffnung zwingend voraus, dass ein Insolvenzgrund gegeben ist.

Festzustellen ist, dass das Insolvenzgericht im Hinblick auf die wirtschaftliche Bedeutung des Insolvenzverfahrens für alle Beteiligten die Ermittlungen nach § 5 InsO zum Eröffnungsgrund mit *besonderer Sorgfalt* zu führen hat.[25] Während sich das Insolvenzgericht im Regelfall mit der bloßen Glaubhaftmachung der Forderung begnügen darf, hat es sich vom Vorliegen eines Insolvenzgrundes die notwendige Überzeugung zu verschaffen. Lediglich dann, wenn die dem Antrag zugrunde liegende Forderung die einzige ist, die den Insolvenzgrund ausmachen würde, reicht die Glaubhaftmachung (§ 294 ZPO) der Forderung nicht aus. Selbst wenn der Schuldner den Insolvenzgrund einräumt, ist das Gericht hieran nicht gebunden.[26] Das Insolvenzgericht ist hinsichtlich des Eröffnungsgrundes nicht an den Antrag gebunden. Stellt zB ein Gläubiger Insolvenzantrag wegen Zahlungsunfähigkeit (§ 17 InsO) des Schuldners, so ist das Gericht nicht gehindert, das Verfahren zu eröffnen, wenn zwar keine Zahlungsunfähigkeit vorliegt, der Sachverständige jedoch Überschuldung festgestellt hat. Zweifelhaft ist dies beim *Eigenantrag* des Schuldners. Hat zB ein Schuldnerunternehmen wegen drohender Zahlungsunfähigkeit (§ 18 InsO) Insolvenzantrag gestellt und ergibt das Gutachten, dass bereits eine Zahlungsunfähigkeit oder eine Überschuldung vorliegt, so wird man eine Verpflichtung des Gerichts bejahen müssen, den Antragsteller darauf hinzuweisen, dass das Verfahren wegen eines anderen Insolvenzgrundes eröffnet wird. Handelt es sich bei dem Antragsteller um eine antragspflichtige Gesellschaft, ist der Antragsteller auf die haftungs- und strafrechtlichen Folgen einer Antragsrücknahme hinzuweisen.

IV. Abweisung mangels Masse

Wie bereits bei der Behandlung des Massekostenvorschusses dargestellt wurde (→ § 15 II 1 Rn. 2), weist das Insolvenzgericht gem. § 26 I 1 InsO den Antrag auf Eröffnung des Insolvenzverfahrens ab, wenn das Vermögen des Schuldners voraussichtlich nicht ausreichen wird, um die Kosten des Verfahrens (§ 54 InsO) zu decken, und wenn der Antragsteller oder ein sonstiger Verfahrensbeteiligter zur Zahlung eines ausreichenden Geldbetrages (§ 26 I 2 InsO) nicht bereit ist.

---

[22] BGH NZI 2002, 601 = ZInsO 2002, 818 = ZIP 2002, 1695 = KTS 2003, 149; OLG Köln ZIP 1989, 789 = EWiR 1989, 701, *Gerhardt*.

[23] HK/*Kirchhof*, § 15 Rn. 14; Uhlenbruck/Hirte/Vallender/*Hirte*, § 15 Rn. 11 ff.; *Uhlenbruck*, in: Kölner Schrift, 2. Aufl. S. 1157, 1161 f. Rn. 6 f.

[24] Lässt man mit einem Teil der Rechtsprechung auch den Antrag eines faktischen Organs zu, sind allerdings strengere Anforderungen an die Prüfungspflicht des Gerichts zu stellen. Zur Insolvenzantragspflicht des faktischen Geschäftsführers einer GmbH → § 92 Rn. 41 ff.

[25] BGH KTS 1957, 12; BGH NJW 1959, 1085; BGH KTS 1978, 24, 27; BGH ZIP 1992, 947; LG Köln KTS 1964, 248; Uhlenbruck/Hirte/Vallender/*Uhlenbruck*, § 16 Rn. 6.

[26] *Jaeger/Weber*, § 105 KO Rn. 2.

Eine Besonderheit gegenüber dem früheren Recht ergibt sich aus § 25 II InsO. Soweit das Gericht vorläufige Sicherungsmaßnahmen nach § 21 InsO angeordnet hatte, sind diese mit der Abweisung mangels Masse aufzuheben.[27] Gem § 25 II 1 InsO hat ein vorläufiger Insolvenzverwalter, auf den die Verwaltungs- und Verfügungsbefugnis übergegangen ist, vor der Aufhebung seiner Bestellung aus dem von ihm verwalteten Vermögen die entstandenen Kosten zu berichtigen und die von ihm begründeten Verbindlichkeiten zu erfüllen. Gleiches gilt nach § 25 II 2 InsO für die Verbindlichkeiten aus einem Dauerschuldverhältnis, soweit der vorläufige Insolvenzverwalter für das von ihm verwaltete Vermögen die Gegenleistung in Anspruch genommen hatte.[28] Anders als in § 207 III 2 InsO hat das Gesetz in § 25 II InsO nicht geregelt, ob der vorläufige Insolvenzverwalter zur *Verwertung von Massegegenständen* berechtigt ist, um die Kosten zu berichtigen und Verbindlichkeiten zu erfüllen. Aus dem grundsätzlichen Fehlen der Verwertungsbefugnis im Eröffnungsverfahren folgt, dass die Berichtigung der Kosten und Verbindlichkeiten aus dem vorhandenen Barvermögen zu erfolgen hat. Trotzdem wird man ihn als berechtigt ansehen müssen, schnell liquidierbare Gegenstände zu verwerten, um Liquidität zu erhalten. Nach Auffassung von *Kübler/Prütting/Pape* (→ § 25 Rn. 12) ist er sogar berechtigt, in beschränktem Umfang Neuverbindlichkeiten einzugehen, wenn dies die Restabwicklung erfordert. *Streitige Verbindlichkeiten* sollte er grundsätzlich nicht berichtigen. In entsprechender Anwendung des § 34 III InsO sollte der vorläufige Insolvenzverwalter den streitigen Betrag bis zur Erledigung des Streits auf einem Anderkonto hinterlegen.[29] Während ansonsten, wie zB bei Abweisung eines unbegründeten Insolvenzantrags, der Schuldner ein Interesse an der schnellen Aufhebung der Sicherungsmaßnahmen hat, ist dies bei Abweisung mangels Masse in der Regel nicht der Fall. Bei der Abweisung mangels Masse sollte darauf geachtet werden, dass der vorläufige Insolvenzverwalter die Maßgaben des § 25 II erfüllt hat bevor der Abweisungsbeschluss erfolgt.

5 Erfolgt dies nicht, so sollte der vorläufige, aber auch der endgültige Insolvenzverwalter in masselosen Verfahren dafür Sorge tragen, möglichst viel vom Schuldnervermögen zurückzuhalten. Die praktischen Schwierigkeiten haben dazu geführt, dass *Mönning*[30] vorgeschlagen hat, eine *Nachtragsliquidation* analog § 211 III InsO anzuordnen. Einer solchen Analogie bedarf es aber nicht, weil die Bedeutung des § 25 II InsO gerade darin liegt, dass der bisherige vorläufige Insolvenzverwalter *neben dem Schuldner* berechtigt bleibt, alle Maßnahmen vorzunehmen, die erforderlich sind, um eine Befriedigung der Gerichtskosten und der von ihm begründeten Masseverbindlichkeiten auch aus Dauerschuldverhältnissen zu erreichen. Wie bei der Nachtragsverteilung im Fall des § 211 III InsO handelt es sich um *vorbehaltene Restbefugnisse* des vorläufigen Insolvenzverwalters, die über die Verfahrensbeendigung hinaus andauern.[31] Die Rechtslage ist insoweit unklar. Aus dem Verfahrenszweck ergibt sich jedoch, dass in den Fällen der Masselosigkeit kein berechtigtes Interesse des Schuldners besteht, ihm noch restliches Haftungsvermögen zu belassen.

6 Nach seinem Wortlaut ist § 25 II InsO nur anwendbar auf den „starken" vorläufigen Insolvenzverwalter. Es stellt sich aber die Frage, ob die Vorschrift des § 25 II InsO auch auf den „schwachen" vorläufigen Verwalter entsprechende Anwendung findet, den das Insolvenzgericht ermächtigt hat, im konkreten Einzelfall Masseverbindlichkeiten zu

---

[27] Einzelheiten bei *Runkel/Schnurbusch*, NZI 2000, 49, 56; *Haarmeyer* ZInsO 2000, 70, 75; *Uhlenbruck/Uhlenbruck*, § 25 Rn. 2 ff.; MüKoInsO/*Haarmeyer*, § 25 Rn. 10 ff.
[28] Vgl. hierzu *Jaeger/Gerhardt*, § 25 Rn. 10 ff.
[29] *Haarmeyer* ZInsO 2000, 70, 76.
[30] Nerlich/Römermann/*Mönning*, § 25 Rn. 19.
[31] Einzelheiten bei Uhlenbruck/Hirte/Vallender/*Uhlenbruck*, § 25 Rn. 12. Zum dreistufigen Aufhebungsverfahren s auch *Haarmeyer* ZInsO 2000, 70, 74 f. u MüKoInsO/*Haarmeyer*, § 25 Rn. 20 ff.

begründen.³² Grundsätzlich ist festzustellen, dass § 25 II InsO nicht auf den „schwachen" vorläufigen Verwalter anwendbar ist. Ausnahmsweise ist die Vorschrift jedoch entsprechend anzuwenden, wenn der vorläufige Insolvenzverwalter durch Gerichtsbeschluss ermächtigt worden ist, Masseverbindlichkeiten zu begründen.³³

1. Rechtliches Gehör. Grundsätzlich ist dem Insolvenzschuldner vor jeder ihm nachteiligen Entscheidung des Gerichts rechtliches Gehör zu gewähren. Dieser in Art. 103 I GG niedergelegte Anspruch auf rechtliches Gehör erfährt jedoch als zentrales prozessuales Grundrecht³⁴ im Insolvenzverfahren über die Regelung in § 10 InsO hinaus weitere Einschränkungen, da es sich um ein Vollstreckungsverfahren handelt.³⁵ Die durch die Anhörung drohende Vereitelung von Vollstreckungs- oder Sicherungsmaßnahmen sowie der rechtlich anerkannte Zweck, durch Präklusionsvorschriften ein anhängiges Verfahren zu beschleunigen, rechtfertigen es in Einzelfällen, von der vorherigen Gewährung rechtlichen Gehörs abzusehen oder das rechtliche Gehör gänzlich zu versagen, weil der Schuldner dieses Recht verwirkt hat.³⁶

§ 14 II InsO sieht die Anhörung des Schuldners im Fall eines Gläubigerantrags ausdrücklich vor. Diese Anhörung ersetzt jedoch nicht die erneute Anhörung vor Erlass eines Abweisungsbeschlusses.³⁷ In den Fällen der Anordnung von Sicherungsmaßnahmen nach § 21 InsO kann eine vorherige Anhörung des Schuldners nur unterbleiben, wenn durch die Anhörung nicht der Sicherungszweck gefährdet wird.³⁸ Zwingend vorgeschrieben ist die Anhörung des Schuldners vor einer *Verhaftung* (§ 98 II InsO) sowie bei Anordnung einer *vorläufigen Postsperre* (§§ 21 II Nr. 4, 99, 101 I S. 1 InsO). Entsprechend § 99 I S. 2, 3 InsO kann aber ebenfalls von der vorherigen Anhörung abgesehen werden, wenn hierdurch wegen besonderer Umstände des Einzelfalles der Zweck der Anordnung gefährdet wird. Dagegen wird von einem Teil der Literatur³⁹ die Auffassung vertreten, die Anordnung von Sicherungsmaßnahmen stelle zwar einen schwer wiegenden Eingriff in die Rechte des Schuldners dar, ausreichend sei aber in der Regel eine Anhörung nach Anordnung der Sicherungsmaßnahmen, weil man sonst dem Eilcharakter der Vorschriften nicht gerecht würde. Richtig ist, dass der Schuldner die vorherige Anhörung oftmals zum Anlass nimmt, den Zweck der Sicherungsmaßnahmen zu vereiteln. Richtig ist auch, dass mit der Anhörung ein erheblicher Zeitverlust verbunden ist. Andererseits kann in der Praxis die Problematik weitgehend dadurch gelöst werden, dass der Schuldner bereits im Rahmen der Anhörung nach § 14 II InsO darauf hingewiesen wird, dass Sicherungsmaßnahmen gegen ihn nach § 21 InsO verhängt werden können.⁴⁰ Un-

---

³² Vgl. Uhlenbruck/Hirte/Vallender/*Uhlenbruck,* § 25 Rn. 5; MüKoInsO/*Haarmeyer,* § 25 Rn. 7; *Jaeger/Gerhardt,* § 25 Rn. 4; *Gundlach/Frenzel/Schmidt* DZWIR 2003, 309 ff.; HK/*Kirchhof,* § 25 Rn. 9; *Meyer* DZWIR 2001, 316; *Prager/Thiemann* NZI 2001, 634, 637.
³³ HK/*Kirchhof,* § 25 Rn. 9; Uhlenbruck/Hirte/Vallender/*Uhlenbruck,* § 25 Rn. 5; MüKoInsO/ *Haarmeyer,* § 25 Rn. 7; *Pohlmann,* Rn. 335 ff.; *Gundlach/Frenzel/Schmidt* DZWIR 2003, 309, 310; vgl. aber auch LG Duisburg ZIP 2001, 1021; AG Duisburg DZWIR 2000, 306; *Bähr* ZIP 1998, 1553, 1559 f. Gegen eine entsprechende Anwendung des § 25 II InsO auf einem „schwachen" vorläufigen Insolvenzverwalter *Jaeger/Gerhardt,* § 25 Rn. 4.
³⁴ *Jaeger/Schilken,* § 26 Rn. 34, 35. Grundsätzlich zum rechtlichen Gehör *Prütting,* Allgemeine Verfahrensgrundsätze der Insolvenzordnung in: Kölner Schrift, S. 1 ff. Rn. 21 ff.; vgl. auch HK/*Kirchhof,* 4 Rn. 22.
³⁵ Vgl. *Vallender,* Das rechtliche Gehör im Insolvenzverfahren in: Kölner Schrift, S. 115 ff. Rn. 48 ff.; *Uhlenbruck,* FS *Baumgärtel* 1990, S. 569 ff.; *Maintzer* KTS 1985, 617; *Quack* RPfleger 1975, 185; *Skrotzki* KTS 1956, 105.
³⁶ Vgl. BVerfGE 9, 100; BVerfGE 36, 98; BVerfGE 55, 65, 233; BVerfGE 69, 136.
³⁷ *Jaeger/Schilken,* § 26 Rn. 34.
³⁸ OLG Köln ZInsO 2000, 106; LG Magdeburg Rpfleger 1995, 225; LG Göttingen ZIP 2003, 679; HK/*Kirchhof,* § 21 Rn. 33; Uhlenbruck/Hirte/Vallender/*Uhlenbruck,* § 21 Rn. 44; MüKoInsO/ *Haarmeyer,* § 21 Rn. 32–34.
³⁹ ZB FK/*Schmerbach,* § 21 Rn. 38.
⁴⁰ Vgl. auch OLG Düsseldorf NJW-RR 1994, 1126; HK/*Kirchhof,* § 21 Rn. 33; Uhlenbruck/Hirte/ Vallender/*Uhlenbruck,* § 21 Rn. 45.

terbleibt die vorherige Anhörung des Schuldners oder der in § 101 I InsO genannten Personen, so ist die *Anhörung unverzüglich nachzuholen,* was mit der Zustellung des Anordnungsbeschlusses erfolgt, denn es genügt, dass dem Schuldner Gelegenheit zur Stellungnahme gegeben wird.[41] Hält sich das Insolvenzgericht für örtlich unzuständig, hat es den Antragsteller anzuhören und ihm Gelegenheit zu geben, einen Verweisungsantrag zu stellen.[42]

8   Für *verfahrensabschließende Entscheidungen* ist zu differenzieren. Hat der Schuldner bzw. das Schuldnerunternehmen den Eröffnungsantrag selbst gestellt und dargelegt, dass ein Insolvenzgrund iS der §§ 17, 18, 19 InsO vorliegt, so bedarf es für die Verfahrenseröffnung keiner gesonderten Gewährung rechtlichen Gehörs. Zweifelhaft ist dies jedoch, wenn zB die Frage der Massekostendeckung iSv § 26 I 1 InsO streitig ist. Hat der Schuldner mit seinem Insolvenzantrag die Verfahrenseröffnung angestrebt, kommt jedoch das Gericht zu dem Ergebnis, dass eine Abweisung mangels Masse nach § 26 I S. 1 InsO zu erfolgen hat, so hat es den Schuldner als Antragsteller vor der Entscheidung anzuhören.[43] Andererseits ist mit der Gegenmeinung[44] nicht zu verkennen, dass der antragstellende Schuldner, der den Insolvenzgrund einräumt, mit einer Eröffnung oder Abweisung mangels Masse als gesetzliche Initiative rechnen muss. Letztlich ist hinsichtlich der *erneuten Gewährung rechtlichen Gehörs* zu differenzieren. Ist der Schuldner einmal angehört worden, so richtet sich jede erneute Anhörung nach den allgemeinen Grundsätzen über die Gewährung rechtlichen Gehörs bei gerichtlichen Entscheidungen. *Erneutes rechtliches Gehör* ist dem Schuldner aber bei *Gläubigerantrag* vor Abweisung mangels Masse dann zu gewähren, wenn er die Zulassungsvoraussetzungen oder das Vorliegen eines Insolvenzgrunds im Rahmen seiner ersten Anhörung bestritten hatte.[45] In der Praxis erübrigt sich die Frage der erneuten Gewährung rechtlichen Gehörs oftmals deswegen, weil der Schuldner bzw. Schuldnervertreter mit dem Sachverständigen das Gutachten erörtert. In einer Entscheidung hat der BGH[46] es für ausreichend gehalten, wenn dem Schuldner das Gutachten, dass die fehlende Massekostendeckung feststellt, zur Kenntnisnahme zugeleitet wird zusammen mit der Ankündigung, bei ausbleibender Einzahlung durch einen Verfahrensbeteiligten innerhalb einer bestimmten Frist den Eröffnungsantrag abzuweisen. In dieser Lage habe der Schuldner mit der Abweisung des Insolvenzantrags rechnen müssen, und „effektives rechtliches Gehör" sei gewährt worden.

9   Nicht zuletzt auch wegen der einschneidenden Folgen der Abweisung mangels Masse für Gesellschaften des Handelsrechts ist im Zweifel der Schuldner bzw. Schuldnervertreter vor Erlass der Abweisungsentscheidung regelmäßig erneut zu hören, und zwar auch, um ihm Gelegenheit zu geben, einen Massekostenvorschuss aufzubringen.[47] Behauptet der antragstellende Schuldner, es sei eine die Kosten des Verfahrens deckende Masse (§ 54 InsO) vorhanden, kommt jedoch der Gutachter zu dem Ergebnis, dass die Verfahrenskosten nicht gedeckt sind, so ist das Ergebnis des Gutachtens dem Schuldner mitzuteilen.[48] Jede Anhörung kosten Zeit. Führt die Gewährung rechtlichen Gehörs zu einer unvertretbaren Verzögerung des Verfahrens, hat das Gericht gem. § 10 InsO zu verfahren.[49] Im

---

[41] Vgl. auch LG Göttingen ZIP 2003, 679.
[42] *Vallender,* in: Kölner Schrift, 2. Aufl. S. 249, 264 Rn. 47.
[43] LG Bielefeld MDR 1956, 363; LG Saarbrücken Rpfleger 1992, 444; HK/*Kirchhof,* § 26 Rn. 20; MüKoInsO/*Haarmeyer,* § 26 Rn. 24; *Jaeger/Schilken,* § 26 Rn. 34.
[44] Vgl. zB *Uhlenbruck,* in: FS Baumgärtel, S. 581; differenzierend Uhlenbruck/Hirte/Vallender/*Uhlenbruck,* § 26 Rn. 26.
[45] Einzelheiten bei Uhlenbruck/Hirte/Vallender/*Uhlenbruck,* § 26 Rn. 26.
[46] BGH ZIP 2004, 724.
[47] Vgl. MüKoInsO/*Haarmeyer,* § 26 Rn. 26; *Jaeger/Schilken,* § 26 Rn. 35.
[48] Zutreffend LG Saarbrücken RPfleger 1992, 444.
[49] HK/*Kirchhof,* § 26 Rn. 20.

Übrigen kann eine Anhörung des Schuldners in allen Fällen unterbleiben, in denen der Schuldner das die Masselosigkeit feststellende Gutachten zur Kenntnis nimmt und gegen die Richtigkeit der gutachtlichen Feststellungen keine Einwände erhebt.[50]

2. Veröffentlichung des Abweisungsbeschlusses. Der Gesetzgeber der InsO hat die in der Literatur vielfach geforderte und von den Gerichten teilweise praktizierten *Veröffentlichung der Abweisungsbeschlüsse* nunmehr in § 26 I 3 geregelt.[51] Die in den europäischen Ländern überwiegend bestehende Praxis, Abweisungsbeschlüsse wegen fehlender Masse zu veröffentlichen, hat schon die Reformkommission zum Anlass genommen, in Leitsatz 1.2.9 III 1 vorzusehen, dass der Beschluss über die Abweisung mangels Masse öffentlich bekannt zu machen ist. Im Falle der Abweisung mangels Masse sollte der Schuldner die Kosten einschließlich derjenigen der öffentlichen Bekanntmachung und des Abweisungsbeschlusses tragen. Der Entwurf einer Insolvenzordnung[52] hat in § 30 diese Regelung nicht übernommen mit der Begründung, bei den juristischen Personen des Handelsrechts (Aktiengesellschaft, Kommanditgesellschaft auf Aktien, Gesellschaft mit beschränkter Haftung) führe die Abweisung des Insolvenzantrags mangels Masse zur Auflösung der Gesellschaft und die Auflösung sei von Amts wegen ins Handelsregister einzutragen und ohnehin im Bundesanzeiger und mindestens einem anderen Blatt öffentlich bekannt zu machen. Die Frage, ob in allen Fällen der Abweisungsbeschluss öffentlich bekannt zu machen ist, war danach weiter umstritten und wurde erst 2007 durch die Einführung des § 26 I 3 entschieden. Nunmehr ist der Beschluss über die Abweisung des Eröffnungsantrags mangels Masse unverzüglich (also nicht erst nach Eintritt der Rechtskraft) öffentlich bekannt zu machen. Die öffentliche Bekanntmachung richtet sich nach § 9. Auch die Fiktion des § 9 III ist in diesen Fällen zu beachten.[53]

Nach der *Anordnung über Mitteilungen in Zivilsachen* – MiZi – 12. Änderung vom 17.8.2012 – ist die Abweisung mangels Masse nicht nur dem Registergericht mitzuteilen, sondern ggf. auch dem zuständigen Finanzamt, der Agentur für Arbeit, der zuständigen Berufsgenossenschaft, dem Träger der gesetzlichen Krankenversicherung und, soweit ein Bezug zu einer gewerblichen Tätigkeit besteht, auch der zuständigen Staatsanwaltschaft.[54]

3. Eintragung des Schuldners in das Schuldnerverzeichnis. Nach § 26 II 1 InsO hat das Gericht die Schuldner, bei denen der Eröffnungsantrag mangels Masse abgewiesen worden ist, in ein Verzeichnis einzutragen *(Schuldnerverzeichnis)*.[55] Das Schuldnerverzeichnis dient zur Warnung des Geschäftsverkehrs vor Personen, bei denen der Eröffnungsantrag mangels Masse abgewiesen worden ist. Das Recht auf Einsicht, Erteilung von Auskünften oder Abschriften aus dem Verzeichnis sowie die Löschung der Eintragungen richten sich nach den Vorschriften der ZPO über das Schuldnerverzeichnis, das bei den Vollstreckungsgerichten geführt wird (§§ 882 b ff. ZPO) sowie § 1 II/III der Schuldnerverzeichnisverordnung (SchuVVO).[56] Die *Warnfunktion des Schuld-*

---

[50] *Haarmeyer* ZInsO 2001, 103, 106; HK/*Kirchhof*, § 26 Rn. 20; Uhlenbruck/Hirte/Vallender/ *Uhlenbruck*, § 26 Rn. 26, 27.
[51] Einzelheiten bei *Dempewolf* DB 1976, 1141; ders. ZIP 1981, 953; *Kuhn/Uhlenbruck*, § 107 KO Rn. 5d; *Jaeger/Weber*, § 106 KO Rn. 14.
[52] BT-Drucks. 12/2443.
[53] KarstenSchmidt/Keller § 26 Rn. 48.
[54] Einzelheiten im 3. Abschnitt IX. 2 der MiZi, Mitteilungen in Konkurs- und Vergleichssachen; ferner die Kommentierung bei KPB/*Pape*, § 31 Rn. 12; FK/*Schmerbach*, § 26 Rn. 74.
[55] Einzelheiten bei Uhlenbruck/Hirte/Vallender/*Uhlenbruck*, § 26 Rn. 37 ff.; MüKoInsO/*Haarmeyer*, § 26 Rn. 42 ff.; *Jaeger/Schilken*, § 26 Rn. 80 ff.; HK/*Kirchhof*, § 26 Rn. 36 ff. Zur Reformbedürftigkeit des Schuldnerverzeichnisses s *Suda* RPfleger 1997, 193 ff.
[56] Vgl. *Schauf* DGVZ 1994, 185 ff.; *Prütting*, Datenschutz und Zivilverfahrensrecht in Deutschland, ZZP 106 (1993) 427, 446; *Suda* RPfleger 1997, 193 ff.; *Lappe* NJW 1994, 3067.

nerverzeichnisses ist durch die Möglichkeit des Verbraucherinsolvenzverfahrens nach den §§ 304 ff. InsO weitgehend entfallen. Juristische Personen des Handelsrechts, wie zB Aktiengesellschaften, Kommanditgesellschaften auf Aktien oder Gesellschaften mit beschränkter Haftung werden ohnehin nicht in das Schuldnerverzeichnis eingetragen, da der Abweisungsbeschluss gem. § 31 Nr. 2 InsO dem Registergericht zu übermitteln ist. Bei Handelsgesellschaften wird nur die Firma vermerkt, nicht dagegen werden die Namen der organschaftlichen Vertreter (Geschäftsführer, Vorstand) eingetragen, wie es die Reformkommission in Leits 9.5.2 Abs. III vorgeschlagen hatte.[57] *Einsicht* in das Schuldnerverzeichnis wird jedem gestattet, der dargelegt, dass er die Daten für die in § 882f ZPO genannten Zwecke (insbesondere zum Zweck der Zwangsvollstreckung oder der Prüfung der wirtschaftlichen Zuverlässigkeit/Bonität) benötigt.

12   Die Eintragung erfolgt allerdings erst nach Rechtskraft des Beschlusses. Einzutragen ist im Fall der natürlichen Person der Name und das Geburtsdatum, bei Unternehmen die Firma und der Sitz. Nicht eingetragen in das Schuldnerverzeichnis werden Vertreter des Schuldners (§ 1 III SchuVVO). Entgegen den Vorschlägen der Reformkommission erfolgt auch nicht die Eintragung derjenigen Personen, die im Zeitpunkt des Eröffnungsantrags *organschaftliche Vertreter einer* juristischen Person oder Gesellschaft ohne Rechtspersönlichkeit waren. Das Verzeichnis wird als alphabetisches Verzeichnis in Karteiform geführt. Sind mehrere Abteilungen der Geschäftsstelle (Service-Einheit) mit der Bearbeitung von Vollstreckungs- und Insolvenzsachen befasst, so ist das Schuldnerverzeichnis für alle Abteilungen einheitlich und gemeinschaftlich zu führen.[58]

13   **4. Löschung des Schuldners im Schuldnerverzeichnis.** Nach Ablauf von *fünf Jahren* seit Abweisung des Insolvenzantrags mangels einer die Verfahrenskosten deckenden Masse ist die Eintragung im Schuldnerverzeichnis dadurch zu löschen, dass der Name des Schuldners unkenntlich gemacht wird (§ 26 II 2 InsO). Umstritten ist, ob bei Befriedigung der dem Insolvenzantrag zugrunde liegenden Forderung der Insolvenzschuldner verlangen kann, dass die *Eintragung vor Ablauf der Fünfjahresfrist im Schuldnerverzeichnis* gelöscht wird.[59] Da sich gem. § 26 II 2 InsO das Recht auf Einsicht, auf Auskünfte und auf Abschriften aus dem Verzeichnis sowie die Löschung der Eintragungen nach der Zivilprozessordnung richtet, ist anzunehmen, dass entsprechend § 882e ZPO eine vorzeitige Löschung im Schuldnerverzeichnis in bestimmten Ausnahmefällen in Betracht kommt.[60] Weist der Schuldner nach, dass er die Forderung des antragstellenden Gläubigers nachträglich befriedigt hat, reicht dies für eine vorzeitige Löschung nicht aus, denn die Warnfunktion der Eintragung besteht fort.[61] Doch sind nach neuem Recht Ausnahmefälle denkbar, wenn die Eintragung auf einem fehlerhaften Beschluss beruht. Hatte der Richter den Insolvenzantrag irrtümlich mangels Masse abgewiesen, so wurde er bereits nach früherem Recht als befugt angesehen, seinen Beschluss dahingehend zu ändern, dass der Insolvenzantrag nicht mangels Masse, sondern als unzulässig bzw. unbegründet abgewiesen worden ist.[62] Keinesfalls ist es für eine vorzeitige Löschung ausreichend, dass der Schuldner nach Rechtskraft des Abweisungsbeschlusses die dem Antrag zugrunde liegende Forderung tilgt.[63] Einen Anspruch auf vorzeitige Lö-

---

[57] Vgl. Zweiter Bericht der Kommission für Insolvenzrecht, Köln 1986, S. 186 f.
[58] Vgl. FK/*Schmerbach*, § 26 Rn. 81; Uhlenbruck/Hirte/Vallender/*Uhlenbruck*, § 26 Rn. 37.
[59] Vgl. *Jaeger/Schilken*, § 26 Rn. 84.
[60] HK/*Kirchhof*, § 26 Rn. 35; Uhlenbruck/Hirte/Vallender/*Uhlenbruck*, § 26 Rn. 38; *Jaeger/Schilken*, § 26 Rn. 85.
[61] Vgl. BVerfG NJW 1988, 3009; LG Oldenburg ZIP 1980, 966; *Jaeger/Schilken*, § 26 Rn. 87.
[62] Vgl. RGZ 118, 241; 140, 143; LG Münster ZIP 1995, 1760; Kilger/*Karsten Schmidt*, § 107 KO Anm. 7; zum neuen Recht s Uhlenbruck/Hirte/Vallender/*Uhlenbruck*, § 26 Rn. 38; HK/*Kirchhof*, § 26 Rn. 38.
[63] LG Oldenburg ZIP 1980, 966; AG Regensburg Rpfleger 1979, 267; *Jaeger/Schilken*, § 26 Rn. 88; Uhlenbruck/Hirte/Vallender/*Uhlenbruck*, § 26 Rn. 39; HK/*Kirchhof*, § 26 Rn. 38; str. aA *K. Schmidt*/Keller § 26 Rn. 73.

schung wird man allenfalls bejahen können, wenn der Gläubiger mitteilt und nachweist, dass die dem Insolvenzantrag zugrunde liegende Forderung nicht bestanden hat.[64] Die Vorschrift des § 319 ZPO findet entsprechende Anwendung.[65] Auch wenn der Schuldner innerhalb der Fünfjahresfrist nachweist, dass er sämtliche am früheren Verfahren beteiligten Gläubiger befriedigt hat, ist das Insolvenzgericht nicht befugt, die vorzeitige Löschung der Eintragung im Schuldnerverzeichnis anzuordnen.[66]

5. Rechtsmittel gegen den Abweisungsbeschluss. Während hinsichtlich der gerichtlichen Vorschussanforderung kein Rechtsmittel gegeben ist, eröffnet § 34 I InsO die *sofortige Beschwerde* gegen den Beschluss, durch den der Insolvenzantrag mangels Masse abgewiesen wird. Beschwerdeberechtigt ist sowohl der Antragsteller als auch der Schuldner.[67] Das Beschwerdegericht ist berechtigt, alle Voraussetzungen des § 26 I InsO zu überprüfen, wie zB ob tatsächlich Masselosigkeit vorgelegen hat oder ob der Massekostenvorschuss richtig berechnet worden ist.[68] Der antragstellende Gläubiger kann die Aufhebung des Abweisungsbeschlusses noch in der Beschwerdeinstanz dadurch erreichen, dass er einen Kostenvorschuss einzahlt oder den Antrag zurücknimmt.[69] Der Schuldner kann im Beschwerdeverfahren vorbringen, dass die Forderung des Antragstellers inzwischen durch Erfüllung erloschen ist.[70] Nicht selbstständig anfechtbar ist die mit dem Abweisungsbeschluss ergangene *Kostenentscheidung*.[71] Hat das Insolvenzgericht einen Antrag auf Insolvenzeröffnung über das Vermögen einer GmbH mangels Masse abgewiesen, kann bei nachträglichem Erwerb oder Auffindung neuen Vermögens durch die GmbH nochmals ein Insolvenzantrag gestellt und ein Verfahren eröffnet werden.[72]

6. Rechtsfolgen der Abweisung für Gesellschaften des Handelsrechts. Mit Rechtskraft des Beschlusses, durch den die Eröffnung des Insolvenzverfahrens mangels Masse über das Vermögen einer Gesellschaft des Handelsrechts abgelehnt wird, wird die Gesellschaft kraft Gesetzes aufgelöst. So zB die Aktiengesellschaft nach § 262 I Nr. 4 AktG; die GmbH nach § 60 I 5 GmbHG; die GmbH & Co KG nach §§ 131 II Nr. 1, 161 II HGB und die Genossenschaft nach § 81a Nr. 1 GenG. Durch Einfügung dieses Auflösungsgrundes in den §§ 42 I 1 BGB (Verein), 728 I 1 BGB (Gesellschaft bürgerlichen Rechts) und in § 131 II Nr. 1 HGB (OHG mit natürlicher Person als persönlich haftendem Gesellschafter) hat der Gesetzgeber dem berechtigten Anliegen von *Karsten Schmidt*[73] Rechnung getragen und die Verfahrenseröffnung als Auflösungsgrund auch für Gesellschaften mit unbeschränkter Gesellschafterhaftung eingeführt. Eine Regelung für die Fälle der Abweisung mangels Masse nach § 26 I InsO hat der Gesetzgeber jedoch weder für die BGB-Gesellschaft, die Stiftung noch für den Verein getroffen.[74] In einer früheren Auflage wurde angenommen, der Gesetzgeber habe zugleich auch die Frage geklärt, ob die Abweisung mangels Masse Auflösungsgrund für die BGB-Gesellschaft, den rechtfähigen Vereine, Stiftungen sowie den nicht rechtsfähigen Verein sei. Nach wie vor vertritt aber die hM[75] die

---

[64] Vgl. LG Münster ZIP 1995, 1760; MüKoInsO/*Haarmeyer*, § 26 Rn. 44.
[65] Vgl. *Uhlenbruck* MDR 1971, 891; *Kuhn/Uhlenbruck*, § 107 KO Rn. 10.
[66] BVerfG NJW 1988, 3009; AG Duisburg NZI 2001, 437; Uhlenbruck/Hirte/Vallender/*Uhlenbruck*, § 26 Rn. 39; FK/*Schmerbach*, § 26 Rn. 84; s auch AG Köln ZInsO 2003, 957.
[67] Vgl. LG Berlin ZInsO 2001, 269; HK/*Kirchhof*, § 26 Rn. 27; MüKoInsO/*Haarmeyer*, § 26 Rn. 38.
[68] Vgl. HK/*Kirchhof*, § 26 Rn. 27; MüKoInsO/*Haarmeyer*, § 26 Rn. 38.
[69] OLG Hamm OLGZ 1969, 55; LG Potsdam ZInsO 2002, 779; OLG Köln ZIP 1993, 936.
[70] OLG Köln ZIP 1993, 1483, 1484.
[71] LG München I ZInsO 2002, 42; HK/*Kirchhof*, § 26 Rn. 28.
[72] LG Zweibrücken NZI 2005, 397.
[73] Wege zum Insolvenzrecht der Unternehmen, S. 184, 186.
[74] Vgl. *Jaeger/Schilken*, § 26 Rn. 40, 41.
[75] So zB MüKoInsO/*Haarmeyer*, § 26 Rn. 48; *Jaeger/Schilken*, § 26 Rn. 40, 41, wo für den eingetragenen Verein eine Ausnahme gemacht wird; wohl auch HK/*Kirchhof*, § 26 Rn. 29. Zu den Besonderheiten bei Genossenschaften s *Hirte*, FS *Uhlenbruck*, 2000, S. 637, 652.

Auffassung, dass bei Gesellschaften ohne Rechtspersönlichkeit die Abweisung des Insolvenzantrags mangels Masse *nicht zur Auflösung* führt. *Karsten Schmidt*[76] spricht von einer vertanen rechtspolitischen Chance.[77] Dem kann nur zugestimmt werden, da es rechtspolitische Zielsetzung sein muss, die Teilnahme dieser vermögenslosen Gesellschaften/Organisationen am Marktgeschehen zu verhindern, um die Schädigung Dritter zu vermeiden.

16 Die Solvenz der Gesellschaft gehört zu den Normativbestimmungen im Recht der unternehmenstragenden Gesellschaften. Die Abweisung des Insolvenzantrags mangels Masse ohne Vollabwicklung hat vor allem bei Personengesellschaften die Folge, dass die Abwicklung auch künftig wieder aus dem Insolvenzverfahren herausgedrängt und in die außergerichtliche Liquidation verwiesen wird. Zur *Lehre vom Doppeltatbestand*.[78] Damit wird ein wesentliches Ziel des neuen Insolvenzgesetzes zunichte gemacht: die Vollabwicklung einer Gesellschaft bis hin zur Herbeiführung der Löschungsreife und der anschließenden Löschung im Register.[79] Zu den gesellschaftsrechtlichen Folgen einer Abweisung mangels Masse → Kap VII § 92 VII. 2.

17 **7. Berufs- und gewerberechtliche Folgen.** Die Abweisung des Insolvenzantrags mangels Masse hat für den Schuldner, wenn er einer bestimmten Berufsgruppe angehört, *berufsrechtliche Folgen*. Die Abweisung mangels Masse begründet einen hinreichenden Verdacht des Vermögensverfalls, sodass zB folgende Vorschriften eingreifen: § 14 II Nr. 7 BRAO, § 50 I Nr. 6 BNotO (Amtsenthebung des Notars), § 21 II Nr. 8 PatAnwO, § 48 V PatAnwO (Widerruf der Bestellung des Patentanwalts, Bestellung eines Kanzleiabwicklers), § 46 II Nr. 4 StBerG (Widerruf der Bestellung zum Steuerberater). Weiterhin kann die Verwaltungsbehörde gem. §§ 12, 35 GewO die Untersagung, Rücknahme oder den Widerruf eine gewerberechtlichen Erlaubnis anordnen.[80]

18 **8. Die Kostenentscheidung bei Abweisung mangels Masse.** § 23 I 1 GKG bestimmt, dass im Insolvenzverfahren der Antragsteller Schuldner der Gebühr für das Verfahren über den Antrag auf Eröffnung des Insolvenzverfahrens ist. Wird der Antrag abgewiesen, so ist der Antragsteller zugleich auch Schuldner der in dem Verfahren entstandenen Auslagen (§ 23 I 2 GKG). Die Vorschriften der §§ 23, 58 GKG regeln lediglich die *gesetzliche Kostentragungspflicht des Antragstellers* im Verhältnis zum Fiskus. Sie machen eine gerichtliche Kostenentscheidung im Verhältnis zwischen den Parteien des Eröffnungsverfahrens keineswegs überflüssig. Man unterscheidet insoweit zwischen dem *gesetzlichen Kostenschuldner* und dem *Entscheidungsschuldner*.[81] Der Entscheidungsschuldner (§ 29 Nr. 1 GKG) haftet gem. § 31 II S. 1 GKG vorrangig gegenüber dem gesetzlichen Kostenschuldner.[82]

Das Gesetz regelt in § 26 InsO nicht, wer bei Abweisung mangels Masse die entstandenen Verfahrenskosten (Gerichtskosten und die oftmals nicht unerhebliche Vergütung des vorläufigen Insolvenzverwalters nebst Auslagen) zu tragen hat. Der Bundesrat hat bei der Beratung der InsO in seiner Stellungnahme zu § 30 I 1[83] darauf hingewiesen, dass dies unerwünschte Folgen haben kann. Würde der Eröffnungsantrag von einem Gläubiger gestellt, so komme dessen Kostenhaftung in Betracht. Die entstandenen Kos-

---

[76] ZGR 1996, 209, 220 ff.
[77] Vgl. auch *Karsten Schmidt*, in: Kölner Schrift, 2. Aufl. S. 1199, 1207 ff. Rn. 14 ff.
[78] S auch BGH ZIP 1994, 1685; *Jaeger/Schilken* § 26 Rn. 48.
[79] Vgl. *Karsten Schmidt*, Insolvenzordnung und Unternehmensrecht – Was bringt die Reform? in: Kölner Schrift, 1997, S. 911 ff.; *J. Uhlenbruck,* Die Rechtsfolgen der Abweisung oder Einstellung mangels Masse für die Gesellschaft mit beschränkter Haftung, in Kölner Schrift, 1997, S. 901 ff. Rn. 4 ff.
[80] Einzelheiten bei Uhlenbruck/Hirte/Vallender/*Uhlenbruck*, § 26 Rn. 41; *Hartwig* ZInsO 2003, 646 ff.; *Antoni* NZI 2003, 246 ff.; siehe auch OVG Lüneburg, Beschluss vom 11.8.2009 ZLA 232/07.
[81] Vgl. OLG München ZIP 1987, 48 f.; *Uhlenbruck* KTS 1983, 343.
[82] Unzutreffend insoweit *Jaeger/Schilken* § 26 Rn. 72.
[83] BT-Drucks. 12/2443, S. 249, 262.

ten würden jedoch häufig, etwa wenn ein Arbeitnehmer des Schuldners Antragsteller sei, außer Verhältnis zu der Forderung stehen, die Anlass für den Eröffnungsantrag gewesen sei. Das Kostenrisiko werde deshalb nicht selten Gläubiger davon abhalten, einen zu einer geordneten Haftungsverwirklichung in einem Insolvenzverfahren wünschenswerten Eröffnungsantrag zu stellen.[84] Der Gesetzgeber hat auf Grund der Gegenäußerung der Bundesregierung,[85] wonach die Vergütung des vorläufigen Insolvenzverwalters nicht unter den Begriff der Auslagen fällt, von einer gesetzlichen Regelung abgesehen. Bei Abweisung mangels Masse sei der Antragsteller Schuldner der Gerichtsgebühr und der in dem Verfahren entstandenen Auslagen.[86] Wird der Insolvenzantrag eines Gläubigers mangels einer die Verfahrenskosten deckenden Masse abgewiesen (§ 26 I 1 InsO), sind in entsprechender Anwendung von § 91 ZPO (§ 4 InsO) dem Schuldner bzw. dem Schuldnerunternehmen auch nach neuem Recht die Verfahrenskosten einschließlich der Auslagen aufzuerlegen.[87] Sind nicht einmal die Verfahrenskosten des § 54 InsO gedeckt, so hat der Antragsteller in vollem Umfang obsiegt, wobei lediglich das objektive Verfahrenshindernis der Masseunzulänglichkeit einer Eröffnung des Insolvenzverfahrens entgegensteht. Der Insolvenzantrag wird also aus Gründen abgewiesen, die ausschließlich in der Person des Antragsgegners (Schuldners) liegen.[88] Die Folge dieser Kostenentscheidung ist, dass gem. § 31 II 1 GKG die Zweitschuldnerhaftung des Antragstellers nach § 23 I 1 GKG eingreift, wenn eine Zwangsvollstreckung in das Vermögen des Entscheidungsschuldners erfolglos geblieben ist oder aussichtslos erscheint. Die Haftung für Auslagen nach § 23 I 2 GKG kann zu einer erheblichen Kostenbelastung des Antragstellers führen, denn zu den Auslagen gehören nicht nur die Kosten der Amtsermittlungen, sondern auch die Kosten von Veröffentlichungen, Zustellungen und Gutachter- bzw. Sachverständigenkosten nach dem JVEG.[89]

Da die *Vergütung des vorläufigen Insolvenzverwalters* mit Ausnahme der Stundung nach § 4a InsO (Nr. 9018 KostVerz) nicht unter den Begriff der gerichtlichen Auslagen fällt,[90] weil diese im Kostenverzeichnis nicht aufgeführt ist,[91] bedurfte es einer gesetzlichen Sonderregelung zur Vergütung des vorläufigen Insolvenzverwalters bei fehlender Eröffnung des Verfahrens. § 26a bestimmt (für alle ab dem 1.3.2012 beantragten Insolvenzverfahren), dass das Insolvenzgericht die Vergütung und die zu erstattenden Auslagen durch Beschluss festsetzt. Der Beschluss erfolgt gegen den Insolvenzschuldner – es sei denn der Eröffnungsantrag ist unzulässig oder unbegründet und den antragstellenden Gläubiger trifft ein grobes Verschulden. In letzteren Fallgestaltungen sind die Vergütung und die Auslagen dem Gläubiger ganz oder teilweise aufzuerlegen, § 26a Abs. 2. Mit

---

[84] Dazu auch FK/*Schmerbach,* § 26 Rn. 66 ff.
[85] Abgedr bei *Balz/Landfermann,* Die neuen Insolvenzgesetze, Düsseldorf 1995, S. 105.
[86] Vgl. LG Göttingen NZI 2009 S. 729.
[87] So zutreffend LG München ZInsO 2002, 42; LG Berlin ZInsO 2001, 269; AG Köln NZI 2000, 384; Uhlenbruck/Hirte/Vallender/*Uhlenbruck,* § 26 Rn. 23, 28 ff.; MüKoInsO/*Haarmeyer,* § 26 Rn. 33; *Vallender* InVo 1997, 4, 6; *Uhlenbruck* KTS 1983, 343 f.; FK/*Schmerbach,* § 26 Rn. 68; einschränkend HK/*Kirchhof,* § 26 Rn. 25, wonach bei Streit über die Masselosigkeit der ASt die Erledigung der Hauptsache erklären soll. Nicht gefolgt werden kann der Auffassung von *Jaeger/Schilken,* § 26 Rn. 72, 73, wonach der Antragsteller die Kosten zu tragen hat nach dem Grundsatz „Wer verliert, zahlt".
[88] Vgl. Uhlenbruck/Hirte/Vallender/*Uhlenbruck,* § 26 Rn. 28; *Uhlenbruck* AnwBl 1979, 96; *ders.* KTS 1983, 311 ff.; *ders.,* Die anwaltliche Beratung, S. 133; MüKoInsO/*Haarmeyer,* § 26 Rn. 33; FK/*Schmerbach,* § 26 Rn. 68; unzutreffend OLG Köln NZI 2000, 374, 375. Zur Gegenmeinung s auch *Jaeger/Schilken,* § 26 Rn. 72, 73.
[89] Einzelheiten Uhlenbruck/Hirte/Vallender/*Uhlenbruck,* § 26 Rn. 30 f.
[90] Dies hat nichts mit den Kosten des Insolvenzverfahrens nach § 54 InsO zu tun, bei denen zu den Kosten auch die Vergütung und die Auslagen des vorläufigen Insolvenzverwalters zählen (§ 54 Nr. 2 InsO).
[91] BGH NZI 2006 S. 239; OLG Celle ZIP 2000, 706, 709; LG Frankenthal Rpfleger 1997, 39; HK/*Kirchhof,* § 22 Rn. 90; *Vallender* InVo 1997, 6. Zur Kritik: *Uhlenbruck* KTS 1994, 169, 182 f.; *Jaeger/Gerhardt,* § 21 Rn. 114 und § 22 Rn. 240, 242.

dieser differenzierten Regelung wird beachtet, dass der Antragsteller (wie sich aus der Zulassung des Insolvenzantrags ergibt) alle Voraussetzungen des § 14 I InsO erfüllt und der Schuldner Veranlassung zu dem Insolvenzverfahren gegeben hat.[92]

20   Die Regelung des § 26a hat klargestellt, dass das Insolvenzgericht die Vergütung und die Auslagen des vorläufigen Verwalters festzusetzen hat. Fraglich ist aber, ob die zugrundeliegende Fragestellung allein durch die Festsetzung gegenüber Schuldner/Gläubiger ausreichend beantwortet ist. Fraglich bleibt, ob es schließlich doch noch zu einer *Einstandspflicht des Staates* in masselosen Insolvenzverfahren kommt. Entsprechende Anzeichen sind erkennbar. So hat zB der BGH in seiner Entscheidung vom 15.1.2004[93] für Treuhänder, die ab 1.1.2004 in einem masselosen Verbraucherinsolvenzverfahren bestellt werden, die Beschränkung auf eine Mindestvergütung von 250 Euro für verfassungswidrig erklärt.[94]

21   Die Entscheidung des Bundesverfassungsgerichts v. 14.10.2003[95] hat *Haarmeyer*[96] zum Anlass genommen, hieraus Schlüsse für künftige Verfassungsbeschwerden zu ziehen. Die Entscheidung ist deshalb bemerkenswert, weil das BVerfG aus gesetzlichen Regelungen anderer Rechtsbereiche die generelle Erkenntnis gewonnen hat, „dass der Staat seine Verantwortung gegenüber solchen Personen, derer er sich auf Grund des staatlichen Gewaltmonopols zur Erreichung eines bestimmten Rechtsschutzziels bedient, zunehmend wahrnimmt, im Einzelnen aber durchaus unterschiedliche Regelungen trifft." Die Differenzierungen ließen sich auf eine historisch überkommene Rechtslage nicht mehr stützen. Personengruppen, die Ämter freiwillig übernehmen, üben ihre Ämter im Interesse einer geordneten Rechtspflege nach staatlicher Bestellung und unter staatlicher Aufsicht aus. Das verfassungsrechtlich verankerte Gebot effektiven Rechtsschutzes (Art. 19 IV GG) verpflichte den Staat, wenn er Verfahrensweisen schafft, die die Beauftragung eines privaten Dritten erforderlich machen, innerhalb des zur Verfügung gestellten Systems Sorge dafür zu tragen, dass auch Unbemittelte das Rechtsschutzziel erreichen können (BVerfG aaO). Das Ergebnis weiterer Verfassungsbeschwerden bleibt abzuwarten.

V. Die Eröffnung des Insolvenzverfahrens

22   Kommt das Insolvenzgericht auf Grund der Prüfung der vorgelegten Unterlagen und der Amtsermittlungen (§ 5 I 1 InsO) zum Ergebnis, dass die Zulässigkeitsvoraussetzungen gegeben sind, der Antragsteller ein rechtliches Interesse an der Eröffnung des Verfahrens hat, ein Eröffnungsgrund vorliegt und die Verfahrenskosten des § 54 InsO gedeckt sind, so eröffnet es das Insolvenzverfahren durch Beschluss (§ 27 InsO). Zu den Elementen des Eröffnungsbeschlusses siehe *Smid/Frenzel*.[97] Der notwendige Inhalt des Eröffnungsbeschlusses ergibt sich aus den §§ 27 bis 29 InsO. Es können mehrere anhängige Insolvenzanträge zusammengefasst werden.[98] Das Gericht kann im Eröffnungsbeschluss unter bestimmten Voraussetzungen (§ 270 II InsO) die *Eigenverwaltung* anordnen. Formelle Voraussetzung ist jedoch, dass der Schuldner sie beantragt hat. Mit der Anordnung der Eigenverwaltung sind im Eröffnungsbeschluss gleichzeitig bereits angeordnete *Sicherungsmaßnahmen* aufzuheben (§ 25 InsO). Grundsätzlich braucht das Insolvenzgericht dem Schuldner bzw. organschaftlichen Vertreter eines Schuldnerunternehmens *kein erneutes rechtliches Gehör* zu gewähren, wenn eine Anhörung zu dem

---

[92] Kritisch K. Schmidt/*Vuia* § 26a Rn. 2.
[93] ZIP 2004, 424 = ZInsO 2004, 257.
[94] Vgl. auch BGH ZIP 2004, 417.
[95] ZInsO 2004, 383.
[96] ZInsO 2004, 385.
[97] Siehe *Smid/Frenzel* DZWIR 1998, 442 ff.
[98] AG Göttingen NZI 2002, 560; HK/*Kirchhof*, § 27 Rn. 11; MüKoInsO/*Schmahl*, §§ 27–29 Rn. 13.

Eröffnungsantrag erfolgt ist (§ 14 II InsO). War aber zB das Vorliegen des Insolvenzgrundes streitig und hat das Gericht einen Gutachter mit der Feststellung des Insolvenzgrundes beauftragt, so ist vor der Eröffnung dem Schuldner bzw. Schuldnervertreter erneut rechtliches Gehör zu gewähren.[99]

1. Der Insolvenzeröffnungsbeschluss. Der Erlass des Eröffnungsbeschlusses ist ebenso Richtersache wie der Beschluss über eine Abweisung mangels Masse nach § 26 I 1 InsO (§ 18 I RpflG). Ist der Schuldner eine natürliche Person, die keine selbstständige wirtschaftliche Tätigkeit ausübt oder ausgeübt hat, oder hat der Schuldner eine selbstständige wirtschaftliche Tätigkeit ausgeübt und sind seine Vermögensverhältnisse überschaubar und bestehen gegen ihn keine Forderungen aus Arbeitsverhältnissen (§ 304 InsO), so ruht nach zwingender Vorschrift des § 306 I 1 InsO das Verfahren über den Antrag auf Eröffnung des Insolvenzverfahrens bis zur Entscheidung über den Schuldenbereinigungsplan. Dieser Zeitraum soll *drei Monate* nicht überschreiten (§ 306 I 2 InsO). Hat ein Gläubiger die Eröffnung des Insolvenzverfahrens über das Vermögen eines Schuldners beantragt, bei dem die Voraussetzungen des § 304 InsO vorliegen, so hat gem. § 306 III 1 InsO das Insolvenzgericht dem Antragsgegner vor der Entscheidung über die Verfahrenseröffnung Gelegenheit zu geben, einen Antrag auf Eröffnung eines Verbraucherinsolvenzverfahrens zu stellen.[100] Stellt der Schuldner (Antragsgegner) diesen Antrag, so darf das Insolvenzgericht das Insolvenzverfahren nicht eröffnen, weil dieses gem. § 306 III 2 iVm I InsO bis zur Entscheidung über den Schuldenbereinigungsplan ruht. Scheitert das Verbraucherinsolvenzverfahren, weil Einwendungen gegen den Schuldenbereinigungsplan erhoben werden, die nicht gem. § 309 InsO durch gerichtliche Zustimmung ersetzt werden, oder liegen die Voraussetzungen des § 305a InsO vor, so wird das Verfahren über den Eröffnungsantrag von Amts wegen wieder aufgenommen (§ 311 InsO). Das Gericht erlässt nunmehr den Eröffnungsbeschluss, wenn die Verfahrenskosten (§ 54 InsO) gedeckt sind oder vorgeschossen werden.[101] Wird durch den Eröffnungsbeschluss ein *vereinfachtes Insolvenzverfahren* nach den §§ 311 ff. InsO eröffnet, so bleibt es für den Beschluss bei der richterlichen Zuständigkeit des § 18 I Nr. 1 RpflG. Mit der Eröffnung des vereinfachten Insolvenzverfahrens geht das Verfahren in die Zuständigkeit des Rechtspflegers über.[102]

Ist der Insolvenzantrag – gleichgültig ob Eigen- oder Fremdantrag – zulässig und begründet, so hat das Insolvenzgericht durch richterlichen Beschluss das Insolvenzverfahren zu eröffnen (§ 27 I 1 InsO). Eine *Begründung* des Eröffnungsbeschlusses ist nicht vorgeschrieben, jedoch empfiehlt es sich, im Eröffnungsbeschluss den Insolvenzgrund anzugeben. Im Übrigen stellt das Gesetz an den *Inhalt des Eröffnungsbeschlusses* bestimmte Anforderungen, die vom Gericht zu beachten sind.[103]

a) Der Eröffnungsbeschluss hat folgenden **zwingenden Inhalt:**[104]
– Die genaue Bezeichnung und die Anschrift des Insolvenzschuldners, dh Firma oder Vor- und Zunamen, Geschäftszweig oder Beschäftigung, gewerbliche Niederlassung oder Wohnung des Schuldners (§ 27 II Nr. 1 InsO); vgl. auch OLG Köln ZIP 2000, 1343, 1349. Wird über das Vermögen einer im Handelsregister als KG eingetragenen

---

[99] Vgl. *Uhlenbruck*, FS *Baumgärtel*, S. 583.
[100] Einzelheiten unten zum Verbraucherinsolvenzverfahren. Vgl. auch FK/*Grote*, § 305 Rn. 18 ff.
[101] Es brauchen auch in dem Verfahren nach den §§ 311 ff. InsO nur die Verfahrenskosten gedeckt zu sein, nicht dagegen sonstige Masseverbindlichkeiten.
[102] Vgl. auch *Wimmer* InVo 1997, 316, 320; *Helwich* MDR 1997, 13, 14 f.; *Uhlenbruck* RPfleger 1997, 356, 358.
[103] Vgl. auch *Vallender/Fuchs/Rey* NZI 1999, 181 ff.; Uhlenbruck/Hirte/Vallender/*Uhlenbruck*, § 27 Rn. 4 ff.; MüKoInsO/*Schmahl*, §§ 27 bis 29 Rn. 17 ff. Zur Problematik nichtiger Eröffnungsbeschlüsse s *Pape* ZInsO 1998, 61 ff.
[104] Vgl. Uhlenbruck/Hirte/Vallender/*Uhlenbruck*, § 27 Rn. 4 ff.; MüKoInsO/*Schmahl*, §§ 27 bis 29 Rn. 17 ff.; *Jaeger/Schilken*, § 27 Rn. 23 ff.

Gesellschaft bürgerlichen Rechts das Insolvenzverfahren eröffnet, liegt nach Auffassung des BGH darin kein so offensichtlicher und schwerwiegender Mangel, dass dies zur Nichtigkeit des Eröffnungsbeschlusses führen würde.[105] Ein Eröffnungsbeschluss, der den Schuldner nicht namentlich, sondern durch Bezugnahme auf ein Blatt der Akten bezeichnet, ist rechtlich fehlerhaft ergangen, jedoch wirksam, wenn die Person des Schuldners aus der Verweisung eindeutig zu entnehmen ist.[106] Verstöße sind so lange unschädlich, als der Schuldner zweifelsfrei zu identifizieren ist.[107] Soll ein Insolvenzverfahren über ein haftungsrechtliches Sondervermögen eröffnet werden, so ist dieses Sondervermögen sowie dessen Rechtsträger zu bezeichnen.

– die Angabe der Verfahrensart. Im Eröffnungsbeschluss ist anzugeben, ob es sich um ein Regelinsolvenzverfahren handelt, ein Nachlassinsolvenzverfahren oder ein Verfahren nach den §§ 304 ff. InsO bzw. §§ 311 ff. InsO.[108] Handelt es sich um ein Insolvenzverfahren mit internationalem Bezug, so ist anzugeben, ob es sich um ein Hauptverfahren, Partikularverfahren oder Sekundärinsolvenzverfahren handelt;
– die Ernennung des Insolvenzverwalters mit Angabe von Name und Anschrift (§ 27 II Nr. 2 InsO). Eine Ausnahme gilt gem. § 270 I 1 InsO für die Eigenverwaltung, bei deren Zulassung mit der Eröffnung ein Sachwalter ernannt wird sowie für das vereinfachte Insolvenzverfahren (§§ 311 ff. InsO), bei dem gem. § 313 I 2 InsO der Treuhänder (§ 292 InsO) bereits mit der Eröffnung des Insolvenzverfahrens bestimmt wird. Wird das Verfahren eröffnet, ohne dass gleichzeitig ein Insolvenzverwalter bestellt wird, so macht dieser Verstoß gegen § 27 InsO den Eröffnungsbeschluss nicht etwa unwirksam. Vielmehr ist der Verwalter nachträglich zu ernennen, wobei streitig ist, ob insoweit eine funktionelle Zuständigkeit des Richters oder Rechtspflegers gegeben ist;[109]
– Tag und Stunde der Verfahrenseröffnung (§ 27 I Nr. 3 InsO).[110] Ist in dem Eröffnungsbeschluss die Stunde der Eröffnung nicht angegeben, so gilt gem. § 27 III InsO als Zeitpunkt der Eröffnung die Mittagsstunde des Tages, an dem der Beschluss erlassen worden ist. Die Vordatierung von Insolvenzeröffnungsbeschlüssen ist unzulässig;[111]
– ggfs der Hinweis, dass der Schuldner einen Antrag auf Restschuldbefreiung gestellt hat
– ggfs die Gründe, aus denen das Gericht von einem einstimmigen Vorschlag des vorläufigen Gläubigerausschusses zur Person des Verwalters abgewichen ist
– die Aufforderung an die Gläubiger, ihre Forderungen innerhalb einer bestimmten Anmeldefrist beim Insolvenzverwalter (§ 174 I 1 InsO) anzumelden (§ 28 I 1 InsO). Die Frist ist auf einen Zeitraum von mindestens zwei Wochen und höchstens drei Monaten festzusetzen (§ 28 I 2 InsO);
– die Aufforderung an die gesicherten Gläubiger, dem Insolvenzverwalter unverzüglich mitzuteilen, welche Sicherungsrechte sie an beweglichen Sachen oder an Rechten des Schuldners bzw. Schuldnerunternehmens in Anspruch nehmen (§ 28 II 1 InsO). Der Sicherungsgläubiger hat den Sicherungsgegenstand, die Art und den Entstehungsgrund des Sicherungsrechts sowie die gesicherte Forderung genau zu bezeichnen (§ 28 II 2 InsO). Unterlässt der Sicherungsgläubiger schuldhaft die Mitteilung an den Verwalter oder verzögert er sie, so hat er für den daraus entstehenden Schaden gem. § 28 II 3 InsO einzustehen;

---

[105] BGHZ 113, 216, 218 = ZIP 1991, 233, 234.
[106] BGH ZIP 2003, 356 = NZI 2003, 197 = ZInsO 2003, 178.
[107] HK/Kirchhof, § 27 Rn. 20.
[108] So Uhlenbruck/Hirte/Vallender/Uhlenbruck, § 27 Rn. 5; Smid/Frenzel DZWIR 1998, 442, 443.
[109] HK/Kirchhof, § 27 Rn. 21; Uhlenbruck/Hirte/Vallender/Uhlenbruck, § 27 Rn. 6.
[110] Vgl. auch HK/Kirchhof, § 27 Rn. 22.
[111] BGH ZInsO 2004, 387; Uhlenbruck ZInsO 2001, 977; aA wohl Karsten Schmidt/Keller § 27 Rn. 34.

- die *Aufforderung an die Schuldner des Insolvenzschuldners,* nicht mehr an diesen, sondern nur noch an den Verwalter zu leisten (§ 28 III InsO);[112]
- die *Terminsbestimmungen* (§ 29 I InsO). Der Termin für die erste Gläubigerversammlung (Berichtstermin) soll nicht über *sechs Wochen* und darf nicht über *drei Monate* hinaus angesetzt werden (§ 29 I Nr. 1 InsO). Die Frist wird gerechnet vom Ablauf des zweiten Tages nach der öffentlichen Bekanntmachung im Regierungsamtsblatt. Die Gegenstände der Beschlussfassung (Tagesordnung) sind zumindest schlagwortartig zu benennen, BGH NZI 2008 S. 840 mit Anmerkung *Gundlach/Frenzel;*
- die *Bestimmung eines allgemeinen Prüfungstermins,* also die Gläubigerversammlung, in der die angemeldeten Forderungen geprüft werden (§ 29 I Nr. 2 InsO). Der Zeitraum zwischen dem Ablauf der Anmeldefrist und dem Prüfungstermin soll *mindestens eine Woche* und höchstens *zwei Monate* betragen.

Berichtstermin und Prüfungstermin können verbunden werden (§ 29 II InsO).
- *Unterschrift des Richters.* Fehlt die Unterschrift des Richters, so ist der Eröffnungsbeschluss nicht wirksam geworden.[113]

b) *Der fakultative Inhalt des Eröffnungsbeschlusses.* Der Eröffnungsbeschluss kann neben dem zwingenden Inhalt weitere Anordnungen enthalten, die entweder der Klarstellung gesetzlicher Folgen oder dem Schutz der Insolvenzmasse dienen:[114]
- Der Hinweis auf den *Übergang des Verwaltungs- und Verfügungsrechts auf den Insolvenzverwalter* (§ 80 I InsO) und die Rechtsfolgen der §§ 81, 82 InsO;
- die *Anordnung einer Postsperre* gem. § 99 I 1 InsO. Nach § 99 I 2 InsO hat die Anordnung nach Anhörung des Schuldners zu ergehen, sofern dadurch nicht wegen besonderer Umstände des Einzelfalls der Zweck der Anordnung gefährdet wird. Hat das Gericht von einer *vorherigen Anhörung des Schuldners* Abstand genommen, so ist dies im Eröffnungsbeschluss besonders zu begründen und nach Verfahrenseröffnung die Anhörung unverzüglich nachzuholen.[115] Die Anordnung einer Postsperre im Eröffnungsbeschluss ist immer dann angebracht, wenn der Insolvenzschuldner oder der organschaftliche Vertreter des Schuldners die Mitwirkung an der Feststellung der Vermögenswerte verweigert, Geschäftsunterlagen verschwunden sind oder die Gefahr besteht, dass Schecks unterschlagen werden;
- die *Anordnung von Zwangsmaßnahmen* gegen den Schuldner oder organschaftliche Vertreter des Schuldnerunternehmens nach § 98 InsO, wenn zB der Schuldner eine Auskunft oder die eidesstattliche Versicherung oder die Mitwirkung bei der Erfüllung der Aufgaben des Insolvenzverwalters verweigert. Gleiches gilt, wenn der Schuldner oder Schuldnervertreter sich der Erfüllung seiner Auskunfts- und Mitwirkungspflichten entziehen will, insbesondere Anstalten zur Flucht trifft oder wenn dies zur Sicherung der Insolvenzmasse erforderlich ist (§ 98 II InsO);
- die *Angabe des Insolvenzgrundes,* was im Hinblick auf die Entscheidung über das Verfahrensziel für die Gläubiger von Bedeutung sein kann;[116]
- die *Bestellung eines vorläufigen Gläubigerausschusses* gem. § 67 I InsO. Die Einsetzung eines Gläubigerausschusses empfiehlt sich vor allem, wenn schon vor der ersten Gläubigerversammlung (Berichtstermin) wesentliche Entscheidungen getroffen werden sollen, wie zB die Stilllegung des Schuldnerunternehmens (§ 158 I InsO);

---

[112] Dieser früher in § 118 KO geregelte offene Arrest entfällt bei der Anordnung der Eigenverwaltung nach § 270 InsO.
[113] BGHZ 137, 49 = ZIP 1997, 2126; BGH ZIP 2003, 356, 357.
[114] Vgl. Uhlenbruck/Hirte/Vallender/*Uhlenbruck,* § 27 Rn. 14; *Jaeger/Schilken,* § 27 Rn. 35 ff.; HK/*Kirchhof,* § 27 Rn. 25.
[115] Uhlenbruck/Hirte/Vallender/*Uhlenbruck,* § 27 Rn. 14.
[116] So Uhlenbruck/Hirte/Vallender/*Uhlenbruck,* § 27 Rn. 14.

- die *Bestimmung einer vorläufigen Hinterlegungsstelle für Wertgegenstände* (Geld, Wertpapiere und Kostbarkeiten) gem. § 149 I 2 InsO, wenn ein vorläufiger Gläubigerausschuss nicht bestellt worden ist;[117]
- die *Anordnung der Betriebsstilllegung,* um eine erhebliche Verminderung des Haftungsvermögens zu vermeiden (§ 22 I Nr. 2 InsO). Die Zulässigkeit eines Beschlusses über die Betriebsstilllegung als Teil des Eröffnungsbeschlusses ist aber im Hinblick auf die Regelung in § 22 I Nr. 2 InsO nicht unzweifelhaft;
- *sonstige Anordnungen,* die für das Verfahren notwendig sind und von der gesetzlichen Regelung nicht erfasst werden.[118]

27 2. Wirksamwerden des Eröffnungsbeschlusses. Das Insolvenzverfahren ist eröffnet, sobald der Richter bzw. die Richterin den Eröffnungsbeschluss unterschrieben hat.[119] Instruktiv zur formellen und materiellen Wirksamkeit des Eröffnungsbeschlusses *Jaeger/Schilken,* § 27 Rn. 14–16. Nach neuerer Auffassung des BGH[120] kommt es für den Eintritt der formellen Wirksamkeit nicht darauf an, wann der Richter den Beschluss in den inneren Geschäftsgang des Gerichts gegeben hat, sondern ausschließlich auf den Zeitpunkt der Unterzeichnung.[121] Der Eröffnungsbeschluss ist auch dann wirksam, wenn er von einem örtlich unzuständigen Gericht erlassen wird.[122] Fehlt die richterliche Unterschrift auf dem Eröffnungsbeschluss, so erlangt der Beschluss keine Wirksamkeit, auch wenn er zugestellt und öffentlich bekannt gemacht worden ist.[123] Schon aus Gründen der Rechtssicherheit wird ein Insolvenzverfahren erst mit der richterlichen Unterschrift eröffnet, die zwar nachgeholt werden kann, aber keine Rückwirkung entfaltet.[124] Die Unterschriftsleistung durch den Richter braucht nicht in den Gerichtsräumen zu erfolgen.[125] Zu beachten ist, dass die Angabe des *Zeitpunkts der Eröffnung* Urkundsfunktion iS von § 417 ZPO hat. Deshalb kann sie nicht nachgeholt werden. Fehlt eine Zeitangabe, so gilt gem. § 27 III InsO als Zeitpunkt der Eröffnung die Mittagsstunde des Tages, an dem der Beschluss erlassen worden ist. Die *Vordatierung des Insolvenzeröffnungsbeschlusses* ist im Hinblick auf die Regelung des § 27 III InsO rechtswidrig.[126] Zulässig ist es dagegen, wenn der Richter bzw. die Richterin die Akte mit nach Hause nimmt und dort unterzeichnet. Bei längeren Feiertagswochenenden ist dadurch gewährleistet, dass die Wirkungen einer Insolvenzeröffnung nicht von den Geschäftszeiten des Insolvenzgerichts abhängig sind. Da die im Beschluss angegebene Eröffnungsstunde immer mit der Unterschrift zusammenfällt, kommt es nach neuerer Rechtsprechung des BGH[127] nicht mehr darauf an, wann der Richter den Beschluss in den Geschäftsgang gegeben hat. Eine andere Frage ist es, zu welchem Zeitpunkt der unterschriebene Eröffnungsbeschluss nach allgemeinen prozessualen Regelungen *nach außen*

---

[117] Vgl. Uhlenbruck/Hirte/Vallender/*Uhlenbruck,* § 27 Rn. 14.
[118] Vgl. OLG Köln ZIP 1998, 113; LG Köln ZIP 1997, 989; MüKoInsO/*Schmahl,* § 27 Rn. 102 ff.; Uhlenbruck/Hirte/Vallender/*Uhlenbruck,* § 27 Rn. 14.
[119] BGH ZIP 1996, 1909; BGH ZIP 1982, 464, 465; Uhlenbruck/Hirte/Vallender/*Uhlenbruck,* § 27 Rn. 8; *Pape* ZInsO 1998, 61 ff.
[120] ZInsO 2004, 387, 388.
[121] Dazu auch HK/*Kirchhof,* § 27 Rn. 28.
[122] BGH ZIP 1998, 477.
[123] Vgl. BGH ZInsO 2004, 387, 388; BGH ZIP 1997, 2126 = EWiR 1998, 175; OLG Köln ZIP 1988, 1001, 1002; *Uhlenbruck* ZIP 1986, 319; HK/*Kirchhof,* § 27 Rn. 28; *Pape* ZInsO 1998, 61, 64; MüKoInsO/*Schmahl,* §§ 27 bis 29 Rn. 122; s aber auch LG Halle ZIP 1995, 1757.
[124] BGHZ 137, 49, 53; BGHZ 50, 242, 245; BGH ZIP 1997, 2126; BGH ZIP 1994, 40; *Pape* ZInsO 1998, 61 ff.; *Jaeger/Schilken,* § 27 Rn. 14.
[125] Vgl. BGH KTS 1968, 242; HK/*Kirchhof,* § 27 Rn. 22.
[126] BGH ZInsO 2004, 387, 388; Uhlenbruck/Hirte/Vallender/*Uhlenbruck,* § 27 Rn. 9; *Uhlenbruck* ZInsO 2001, 977; HK/*Kirchhof,* § 27 Rn. 22; str. aA MüKoInsO/*Schmahl,* §§ 27 bis 29, Rn. 41; Karsten Schmidt/Keller § 27 Rn. 34.
[127] BGH ZInsO 2004, 387, 388.

hin wirksam wird. Hier kommt es darauf an, wann er aus dem inneren Geschäftsbereich des Insolvenzgerichts hinausgelangt ist.[128] Für den Eintritt der insolvenzrechtlichen Wirkungen, wie zB des Insolvenzbeschlags, ist jedoch immer der im Beschluss angegebene Zeitpunkt der Unterzeichnung maßgeblich.

3. Bekanntmachung. Der Beschluss über die Eröffnung des Insolvenzverfahrens ist durch die Geschäftsstelle des Insolvenzgerichts *öffentlich bekannt zu machen* (§ 30 I 1 InsO). Die öffentliche Bekanntmachung erfolgt gem. § 9 I 1 InsO durch Veröffentlichung im Internet (www.insolvenzbekanntmachungen.de). Die Veröffentlichung kann *auszugsweise* geschehen. Dabei ist der Schuldner genau zu bezeichnen, insbesondere sind seine Anschrift und sein Geschäftszweig anzugeben (§ 9 I 2 InsO). **28**

4. Mitteilungspflichten. Neben der Zustellung und öffentlichen Bekanntmachung obliegen der Geschäftsstelle des Insolvenzgerichts nach §§ 31, 32, 33 InsO bestimmte *Mitteilungspflichten*. Ist der Schuldner im Handels-, Genossenschafts-, Partnerschafts- oder Vereinsregister eingetragen, so hat die Geschäftsstelle gem. § 31 InsO dem Registergericht eine Ausfertigung des Eröffnungsbeschlusses zu übermitteln. Weiterhin ist gem. § 32 I InsO die Verfahrenseröffnung in das Grundbuch einzutragen bei Grundstücken, deren Eigentümer der Schuldner ist und bei den für den Schuldner eingetragenen Rechten an Grundstücken und an eingetragenen Rechten, wenn nach der Art des Rechts und den Umständen zu befürchten ist, dass ohne die Eintragung die Insolvenzgläubiger benachteiligt würden. **29**

Schließlich sieht § 33 InsO für die Eintragung der Eröffnung des Insolvenzverfahrens in das Schiffsregister, das Schiffsbauregister und das Register für Pfandrechte an Luftfahrzeugen die entsprechende Anwendung des § 32 InsO vor. **30**

In der Anordnung über Mitteilungen in Zivilsachen (MiZi) können *weitere Mitteilungen* vorgesehen werden, wie zB die Mitteilung an die Dienstbehörde eines Schuldners, die zuständige Staatsanwaltschaft, die Verteilungsstelle für Gerichtsvollzieheraufträge, das Vormundschafts- oder Nachlassgericht, die Gerichtskasse, das Finanzamt, das Hauptzollamt oder an die Steuerkasse der Gemeinde.[129] **31**

VI. Rechtsmittel im Insolvenzeröffnungsverfahren

1. Rechtsmittel gegen Sicherungsmaßnahmen nach § 21 InsO. Entscheidungen des Insolvenzgerichts unterliegen gem. § 6 I InsO nur in den Fällen einem Rechtsmittel, in denen die InsO die sofortige Beschwerde ausdrücklich vorsieht. Im Eröffnungsverfahren hatte die InsO ursprünglich lediglich bei Anordnung von Haft (§ 21 III S. 3 InsO iVm § 98 III S. 3 InsO) und bei Verhängung einer einstweiligen Postsperre (§ 21 II Nr. 4 InsO iVm §§ 99, 101 I S. 1 InsO) die *sofortige Beschwerde* vorgesehen. Dies hatte dem Gesetzgeber den Vorwurf eingetragen, die Justizgewährungspflicht des Staates sei in verfassungsrechtlich kaum haltbarer Weise eingeschränkt worden.[130] Durch das InsOÄndG 2001 ist die Vorschrift des § 21 I InsO um einen S. 2 ergänzt worden, wonach gegen die Anordnung von Sicherungsmaßnahmen dem Schuldner die sofortige Beschwerde zusteht. Somit ist insbesondere die Bestellung eines vorläufigen Insolvenzverwalters mit der sofortigen Beschwerde angreifbar.[131] Anfechtbar ist auch der Beschluss, durch den das Insolvenzgericht eine Sicherungsmaßnahme zunächst aufgehoben hat, den aufhebenden Beschluss aber wieder aufhebt.[132] Ein lediglich klarstellender Beschluss über die Aufrechterhaltung einer unanfechtbaren Sicherungs- **32**

---
[128] Vgl. OLG Celle ZIP 2000, 675; HK/*Kirchhof*, § 27 Rn. 28; Karsten Schmidt/Keller § 27 Rn. 57.
[129] Vgl. KPB/*Pape*, § 31 Rn. 12.
[130] So zB *Pohlmann*, Rn. 34.
[131] Dazu LG Berlin ZInsO 2009 S. 526 f.
[132] HK/*Kirchhof* § 21 Rn. 57.

maßnahme ist dagegen nicht anfechtbar.[133] Anfechtbar sind im Übrigen nur die *Sicherungsmaßnahmen als solche,* nicht dagegen mit dem Eröffnungsbeschluss verbundene Maßnahmen, wie zB die Auswahl eines bestimmten Insolvenzverwalters.[134]

33 Das Problem, ob in Ausnahmefällen die *sofortige Beschwerde wegen greifbarer Gesetzwidrigkeit* der Maßnahmen zugelassen werden kann[135] hat sich durch die gesetzliche Neuregelung weitgehend erledigt.[136] Das Recht der sofortigen Beschwerde gegen Sicherungsmaßnahmen steht *ausschließlich dem Schuldner* zu (§ 21 I S. 2 InsO).[137]

34 *Nicht anfechtbar* sind Maßnahmen des Gerichts, die lediglich der Vorbereitung der Entscheidung über die Verfahrenseröffnung dienen. So zB kann die Bestellung eines Sachverständigen oder die Anordnung, dass der Schuldner gem. §§ 20 I, 22 III S. 3 InsO Auskunft zu erteilen hat, nicht angefochten werden.[138] Die Auswahl des vorläufigen Insolvenzverwalters ist unanfechtbar.[139] Auch Handlungen des vorläufigen Insolvenzverwalters unterliegen nicht der Anfechtung.[140] Werden Sicherungsmaßnahmen mit unanfechtbaren Maßnahmen in einem Beschluss verbunden, so wird für letztere nicht der Beschwerdeweg eröffnet. Sie bleiben unanfechtbar.[141]

35 Zu beachten ist auch, dass § 21 I 2 das Recht der sofortigen Beschwerde nur auf den Schuldner bezieht. Wird durch die Sicherungsmaßnahme ein Gläubiger beschwert, wie zB bei der einstweiligen Untersagung von Maßnahmen der Zwangsvollstreckung (§ 21 II Nr. 3 InsO), so steht diesem *kein Beschwerderecht* zu. Es bleibt ihm nur die Möglichkeit einer Gegenvorstellung[142] oder die Überprüfung der materiellen Wirksamkeit der Anordnung im Klagewege.[143] Auch steht dem vorläufigen Insolvenzverwalter kein Beschwerderecht gegen die Aufhebung von Sicherungsmaßnahmen zu.[144]

36 **2. Die Beschwerde bei Abweisung des Eröffnungsantrags.** Wird die Eröffnung des Insolvenzverfahrens abgelehnt, so steht nach § 34 I InsO dem Antragsteller[145] und, wenn die Abweisung mangels Masse erfolgt, auch dem Schuldner bzw. Schuldnervertreter das Rechtsmittel der sofortigen Beschwerde zu.[146] Ebenso wenig wie gegen die *Zulassung des Gläubigerantrags* steht den Beteiligten ein *Rechtsmittel gegen die Vorschussanforderung* zu.[147] Der Ausschluss der Beschwerdemöglichkeit hat zur Folge, dass der Gläubiger abwarten muss, bis das Gericht die Verfahrenseröffnung mangels Masse endgültig beschließt.[148]

Der Ausschluss des Rechtsmittels gegen die Vorschussanforderung erscheint nicht zuletzt auch deswegen gerechtfertigt, weil der Gesetzgeber nicht verlangt, dass der Vorschuss durch *gerichtlichen Beschluss* angefordert werden muss. Vielmehr wird der Sachver-

---

[133] LG Potsdam DZWIR 2000, 477.
[134] Vgl. LG Duisburg ZInsO 2002, 990; LG Münster ZInsO 2002, 777; Uhlenbruck/Hirte/Vallender/*Uhlenbruck,* § 34 Rn. 21; HK/*Kirchhof,* § 34 Rn. 10; KPB/*Pape,* § 34 Rn. 34.
[135] Vgl. *Vallender* ZIP 1997, 1993, 1997 f.
[136] S auch *Jaeger/Gerhardt* § 21 Rn. 104–107.
[137] Vgl. auch LG Göttingen NZI 2004, 50; Karsten Schmidt/Hölzle § 21 Rn. 30.
[138] OLG Köln NZI 2001, 598, OLG Celle ZIP 2001, 128; KPB/*Pape,* § 21 Rn. 14; HK/*Kirchhof,* § 21 Rn. 59; FK/*Schmerbach,* § 21 Rn. 51.
[139] *Jaeger/Gerhardt,* § 21 Rn. 106.
[140] LG Gera ZIP 2002, 1738; Uhlenbruck/Hirte/Vallender/*Uhlenbruck,* § 22 Rn. 239.
[141] OLG Köln ZIP 2000, 1221, 1222; *Thiemann* DZWIR 2000, 205; HK/*Kirchhof,* § 21 Rn. 60.
[142] FK/*Schmerbach* § 21 Rn. 53.
[143] HK/*Kirchhof* § 21 Rn. 61.
[144] Siehe dazu BGH NZI 2007 S. 99 – dort: keine Beschwerde des vorläufigen Verwalters gegen die Aufhebung eines allgemeinen Verfügungsverbots.
[145] Einzelheiten bei KPB/*Pape,* § 34 Rn. 21 ff.; MüKoInsO/*Schmahl,* § 34 Rn. 43 ff. u Rn. 48 ff.
[146] Vgl. HK/*Kirchhof,* § 34 Rn. 3–7; MüKoInsO/*Schmahl,* § 34 Rn. 43 ff.; Uhlenbruck/Hirte/Vallender/*Uhlenbruck,* § 34 Rn. 6; *Jaeger/Schilken,* § 26 Rn. 79; *Smid,* § 34 Rn. 6.
[147] Kritisch zur fehlenden Anfechtbarkeit von Vorschussanforderungen *Pape* ZInsO 1999, 398 f.; MüKoInsO/*Haarmeyer,* § 26 Rn. 28.
[148] Vgl. KPB/*Pape,* § 34 Rn. 19, 20.

ständige oder vorläufige Insolvenzverwalter den Vorschuss berechnen und das Gericht den Verfahrensbeteiligten anheim stellen, die Verfahrenseröffnung durch Vorschussleistung zu ermöglichen.[149] Zulässig ist die sofortige Beschwerde auch im Rahmen des *Verbraucherinsolvenzverfahrens*, wenn zB der Antrag als in der falschen Verfahrensart gestellt, abgewiesen wird[150] oder aus sonstigen Gründen, wie zB wegen Nichtbeibringung der Unterlagen, zurückgewiesen wird.[151]

Wird im Übrigen der Insolvenzantrag als unzulässig oder unbegründet zurückgewiesen, so steht dem Antragsteller ein Beschwerderecht nach § 34 InsO zu. Handelt es sich bei dem Antragsteller um eine *juristische Person* oder um eine *Gesellschaft ohne Rechtspersönlichkeit*, so gilt als beschwerdeberechtigter Antragsteller jeder, der im Rahmen des Schuldnerunternehmens den Eröffnungsantrag gestellt hat.[152] Hat ein anderer der in § 15 I InsO angeführten Antragsberechtigten selbst keinen Insolvenzantrag gestellt und sich auch einem Antrag nicht angeschlossen, so ist er im Fall der Zurückweisung des Antrags als unzulässig gleichwohl beschwerdeberechtigt.[153] Nimmt man an, auch der *faktische Geschäftsführer* sei zur Antragstellung berechtigt, so steht ihm ebenfalls ein Beschwerderecht nach § 34 InsO zu.[154] 37

Bei der *sofortigen Beschwerde gegen die Abweisung mangels Masse* steht dem Schuldner das Rechtsmittel auch dann zu, wenn er nicht selbst den Antrag gestellt hat. Der Grund für die Erweiterung der Beschwerdeberechtigung liegt in den schwerwiegenden Folgen, die eine Abweisung mangels Masse für den Schuldner hat.[155] Da es bei der Abweisung mangels Masse nicht darauf ankommt, ob die Entscheidung auf Eigenantrag des Schuldners oder auf Gläubigerantrag erfolgt ist, können sowohl Gläubiger als auch der Schuldner Beschwerde einlegen.[156] 38

Der Schuldner kann mit der Beschwerde rügen, die vorhandene Masse sei für die Verfahrenseröffnung ausreichend oder er selbst werde den erforderlichen Massekostenvorschuss einzahlen.[157] Das Beschwerdegericht hat zu prüfen, ob ein Insolvenzgrund vorliegt (bezogen auf den Zeitpunkt der Entscheidung über die Beschwerde) und eine verfahrenskostendeckende Masse vorhanden ist.[158] Zulässig ist auch die *sofortige Beschwerde mit dem Ziel der Antragsrücknahme*. Grundsätzlich ist in den Fällen der Abweisung mangels Masse eine Rücknahme des Insolvenzantrags bis zum Eintritt der formellen Rechtskraft des Abweisungsbeschlusses zulässig.[159] Die zulässige Rücknahme des Insolvenzantrags hat gem. § 4 InsO iVm § 269 III S. 1 ZPO zur Folge, dass der Insolvenzantrag als nicht gestellt gilt und das Insolvenzverfahren als nicht anhängig gemacht anzusehen ist.

3. Sofortige Beschwerde gegen den Eröffnungsbeschluss. Gegen den Eröffnungsbeschluss steht nur dem Insolvenzschuldner gem. § 34 II InsO die *sofortige Beschwerde* zu (die Insolvenzgläubiger sind also nicht beschwerdebefugt). Die sofortige Beschwerde hat keine aufschiebende Wirkung. 39

---

[149] Die von KPB/*Pape*, § 34 Rn. 19 befürchtete „Verschlechterung des Verfahrens" ist hierbei nicht zu sehen.
[150] Vgl. OLG Celle ZIP 2000, 802, 803; OLG Köln NZI 2000, 542, 543; *Henckel* ZIP 2000, 2045, 2052; HK/*Kirchhof*, § 34 Rn. 3; MüKoInsO/*Schmahl*, § 34 Rn. 32; K. Schmidt/*Keller*, § 34 Rn. 8.
[151] Eingehend KPB/*Pape*, § 34 Rn. 13b–13d.
[152] MüKoInsO/*Schmahl*, § 34 Rn. 44.
[153] Jaeger/*Schilken* § 34 Rn. 18; aA K. Schmidt/*Keller*, § 34 Rn. 7.
[154] Vgl. auch KPB/*Pape*, § 34 Rn. 22–24.
[155] Uhlenbruck/Hirte/Vallender/*Uhlenbruck*, § 34 Rn. 6; HK/*Kirchhof*, § 34 Rn. 5.
[156] *Jageger/Schilken*, § 26 Rn. 78.
[157] HK/*Kirchhof*, § 34 Rn. 6.
[158] BGH NZI 2008 S. 391.
[159] OLG Köln ZIP 1993, 936; OLG Hamm KTS 1978, 106; Uhlenbruck/Hirte/Vallender/*Uhlenbruck*, § 34 Rn. 9.

Die Frage, ob und unter welchen Voraussetzungen ein Antragsteller den Beschluss über die Eröffnung des Insolvenzverfahrens anzufechten berechtigt ist, wenn er selbst den Antrag gestellt hatte, war schon nach altem Recht umstritten. Vor allem herrschte Streit darüber, ob der Gemeinschuldner auch dann beschwert war, wenn das Konkursgericht entgegen seinen Erwartungen nicht eine Abweisung mangels Masse nach § 107 KO beschloss, sondern das Verfahren eröffnete.[160] Dieser Streit ist auch für das neue Recht nicht abschließend entschieden. Teilweise wird eine materielle Beschwer mit der Begründung verneint, durch die Verfahrenseröffnung werde die Rechtsstellung des Schuldners nicht weitergehend beeinträchtigt als durch die Abweisung mangels Masse.[161] Eine andere Auffassung bejaht dagegen auch in diesen Fällen eine Beschwer des Schuldners.[162] Nach zutreffender Feststellung von *Pape*[163] gibt es „keinen Grund, dem Schuldner, der selbst Verfahrenseröffnung beantragt hat und deshalb mit dem Erlass eines Eröffnungsbeschlusses rechnen muss, die Möglichkeit einzuräumen, im Beschwerdeverfahren auf eine Abweisung mangels Masse zu drängen, um damit den besonderen Haftungsrisiken, die gerade Organe mit Antragspflichten treffen, zu entgehen." Zudem hat der Schuldner, der selbst einen Antrag auf Eröffnung des Insolvenzverfahrens stellt, keinen rechtlich geschützten Anspruch darauf, dass das Insolvenzgericht in einer bestimmten Art und Weise entscheidet.[164] Die gilt selbst dann, wenn neben dem Schuldner ein Gläubiger einen weiteren Insolvenzantrag gestellt hat. Der Insolvenzschuldner kann mithin den Eröffnungsbeschluss nicht mit der Zielsetzung/Argumentation angreifen, das Insolvenzgericht hätte den Antrag mangels Masse abweisen müssen. Auch der BGH billigt dem Schuldner in dieser Situation grundsätzlich kein Beschwerderecht zu.[165] Ein bloßer Sinneswandel des Schuldners nach Antragstellung begründe ebenso wenig eine Beschwer wie ein Irrtum über die ursprünglichen Voraussetzungen der Verfahrenseröffnung.[166]

40 Die Beschwerde hat *keine aufschiebende Wirkung* (§§ 4 InsO, 572 I ZPO entspr). Das Insolvenzgericht ist jedoch berechtigt, im Einzelfall die Vollziehung des Beschlusses auszusetzen (§§ 4 InsO, 570 II ZPO).[167] Es ist berechtigt, der *Beschwerde abzuhelfen*. Hilft das Insolvenzgericht der sofortigen Beschwerde nicht ab, so legt es diese dem zuständigen Landgericht vor (§§ 4 InsO, 571 ZPO). Auch dieses ist berechtigt, die Vollziehung des Beschlusses einstweilen auszusetzen (§§ 4 InsO, 570 III ZPO). Die Entscheidung des Landgerichts über die Beschwerde wird erst mit Rechtskraft wirksam, jedoch ist die *Anordnung der sofortigen Wirksamkeit* zulässig (§ 6 III InsO). Die Anordnung der sofortigen Wirksamkeit kommt aber nur in besonderen Ausnahmefällen in Betracht, wenn dem Beschwerdeführer außergewöhnliche Nachteile drohen und die Gläubigerinteressen unzureichend gewahrt sind.[168] Wird der Eröffnungsbeschluss aufgehoben, so fallen mit der Rechtskraft der Entscheidung oder mit Anordnung ihrer sofor-

---

[160] Vgl. OLG Bamberg ZIP 1983, 200; OLG Hamm ZIP 1993, 777; LG Frankfurt NJW-RR 1998, 338; LG München ZIP 1996, 1952.
[161] OLG Karlsruhe ZIP 1992, 417; OLG Celle ZIP 1999, 1605; OLG Stuttgart NZI 1999, 491; OLG Köln ZInsO 2002, 331; LG Mönchengladbach ZIP 1997, 1384; LG Frankfurt NJW-RR 1998, 338; Uhlenbruck/Hirte/Vallender/*Uhlenbruck*, § 34 Rn. 22; MüKoInsO/*Ganter*, § 6 Rn. 32; MüKoInsO/*Schmahl*, § 34 Rn. 69 f.
[162] OLG Frankfurt KTS 1971, 219; OLG Hamm ZIP 1993, 777; HK/*Kirchhof*, § 34 Rn. 9.
[163] KPB/*Pape* § 34 Rn. 36.
[164] Vgl. OLG Köln NZI 2002, 101; OLG Celle NZI 1999, 493 = ZIP 1999, 1605; LG Düsseldorf NZI 2002, 60; Uhlenbruck/Hirte/Vallender/*Uhlenbruck*, § 34 Rn. 32.
[165] BGH ZInsO 2008, 859; BGH ZInsO 2007, 206.
[166] BGH ZInsO 2007, 207.
[167] BGH NJW 2006 S. 3556; die kraft Gesetzes eingetretenen Rechtswirkungen des Eröffnungsbeschlusses bleiben aber bestehen. BGH ZInsO 2009, 432. Vgl. Uhlenbruck/Hirte/Vallender/*Uhlenbruck*, § 34 Rn. 24. Der Insolvenzverwalter darf allerdings nicht weiter Verwertungsmaßnahmen durchführen.
[168] Vgl. BGH ZIP 2002, 718; HK/*Kirchhof*, § 34 Rn. 27.

tigen Wirksamkeit (§ 6 III InsO) sämtliche Rechtsfolgen der Verfahrenseröffnung rückwirkend fort. Die *Rechtshandlungen des vorläufigen oder endgültigen Insolvenzverwalters* und solche, die ihm gegenüber vorgenommen worden sind, werden jedoch durch die Aufhebung nicht berührt (§ 34 III 3 InsO).[169] Das Rechtsschutzbedürfnis für eine Beschwerde des Schuldners besteht auch dann, wenn er die Abweisung eines Gläubigerantrags mangels Masse anstrebt.[170] Zur Aufhebung des Eröffnungsbeschlusses wegen Verfahrensmängeln siehe die Entscheidung des LG Frankfurt/M.[171]

Die Beschwerde kann sich insbesondere dagegen wenden, dass zum Zeitpunkt der **41** Insolvenzeröffnung kein Insolvenzgrund vorlag. Da die Insolvenzeröffnung voraussetzt, dass im Zeitpunkt der Eröffnung ein Insolvenzgrund vorlag, kommt es nicht darauf an, ob der Insolvenzgrund im Zeitpunkt der letzten Tatsachenentscheidung des Beschwerdegerichts vorlag, entscheidend ist der Zeitpunkt der Entscheidung des Insolvenzgerichts über den Insolvenzantrag. Lag in diesem Zeitpunkt ein Insolvenzgrund vor und entfiel dieser später, so hat des Beschwerdegericht dementsprechend gleichwohl die Insolvenzeröffnung zu bestätigen, der Wegfall des Insolvenzgrunds kann nur im Verfahren gem. § 212 geltend gemacht werden.[172]

4. Der Ausschluss der sofortigen Beschwerde in sonstigen Fällen. Wie bereits **42** festgestellt wurde, hat der Gesetzgeber im Rahmen des Eröffnungsverfahrens die Rechtsmittel gegen vorbereitende Maßnahmen des Insolvenzgerichts ausgeschlossen. So zB gegen die Zulassung des Gläubigerantrags und gegen die Bestellung eines Sachverständigen. Etwas anderes gilt dagegen für die in § 21 III InsO geregelten *Zwangsmaßnahmen* gegen den Schuldner oder einen Schuldnervertreter und die vorläufige Postsperre (§ 21 II Nr. 4 InsO), für die § 99 III InsO Anwendung findet. Während gegen die Anordnung der *Vorführung des Schuldners* keine Beschwerde gegeben ist, sehen die §§ 21 III 3, 98 III 3 InsO bei der *Anordnung von Haft* und gegen die *Abweisung eines Antrags auf Aufhebung des Haftbefehls* wegen Wegfalls seiner Voraussetzungen das Rechtsmittel der *sofortigen Beschwerde* vor. Nicht anfechtbar ist dagegen die Beweisanordnung im Insolvenzeröffnungsverfahren einschließlich ihrer Ablehnung.[173] Gegen Sicherungsmaßnahmen gem. § 21 InsO, die sich auf andere Personen als den Schuldner beziehen, hat der Betroffene kein Beschwerderecht.[174] Gleicher gilt für den vorläufigen Insolvenzverwalter.[175] Auch gegen die Ablehnung der Anordnung von Sicherungsmaßnahmen findet keine sofortige Beschwerde statt.[176] Im insolvenzrechtlichen Schrifttum wird überwiegend angenommen, der Teil des Eröffnungsbeschlusses, in dem die *Eigenverwaltung* angeordnet bzw. nicht angeordnet wird, sei nicht mit der sofortigen Beschwerde anfechtbar.[177] Nach Auffassung von *Häsemeyer*[178] hätte zumindest der Anordnungsbeschluss für beschwerdefähig erklärt werden müssen. Nach Meinung von *Foltis*[179] ist

---

[169] Einzelheiten bei HK/*Kirchhof*, § 34 Rn. 40; Uhlenbruck/Hirte/Vallender/*Uhlenbruck*, § 34 Rn. 33; MüKoInsO-*Schmahl*, § 34 Rn. 92 f.; FK/*Schmerbach*, § 34 Rn. 41, 41a, 42.
[170] BGH ZIP 2004, 1727.
[171] Vgl. LG Frankfurt/M. DZWIR 2005, 348.
[172] BGH NZI 2011 S. 20; BGH NJW 2006 S. 3553, mit zustimmender Anmerkung von *Gundlach*; Karsten Schmidt/*Stephan* § 6 Rn. 19 und K. Schmidt/*Keller* § 34 Rn. 39, 44; kritisch dazu Karsten Schmidt/*Karsten Schmidt* § 16 Rn. 7.
[173] OLG Köln NZI 2000, 173; OLG Köln NZI 2001, 598; OLG Celle ZIP 2001, 128; HK/*Kirchhof*, § 6 Rn. 6.
[174] BayObLG ZInsO 2001, 754; LG Mainz ZInsO 2001, 629; LG Göttingen NZI 2000, 383; HK/*Kirchhof*, § 6 Rn. 6.
[175] Siehe dazu BGH NZI 2007 S. 99 – dort: keine Beschwerde des vorläufigen Verwalters gegen die Aufhebung eines allgemeinen Verfügungsverbots.
[176] LG München I ZVI 2003, 78; MüKoInsO/*Ganter*, § 6 Rn. 11; HK/*Kirchhof*, § 6 Rn. 6.
[177] So zB *Vallender* WM 1998, 2129, 2133.
[178] InsR Rn. 8.09.
[179] FK/*Foltis*, § 270 Rn. 4; ebenso *Bärenz* EWiR 2003, 483 f.

notwendiger Bestandteil der Anordnung der Eigenverwaltung die Eröffnung des Verfahrens, sodass zwangsläufig die Rechtsmittelmöglichkeiten des Insolvenzverfahrens bei der Eröffnung oder Ablehnung der Eröffnung zur Verfügung stehen müssen. Der BGH[180] hat sich allerdings dahin festgelegt, dass die Ablehnung der Eigenverwaltung weder isoliert noch mit der sofortigen Beschwerde gegen den Eröffnungsbeschluss angefochten werden kann.

5. Die Rechtsbeschwerde Die Rechtsbeschwerde gegen den Beschluss des Beschwerdegerichts ist zulässig, wenn dieses Gericht sie in dem Beschluss zugelassen hat (§ 574 Abs. 1 Nr. 2 ZPO). Die Zulassung der Rechtsbeschwerde kann auf einen tatsächlich oder rechtlich selbstständigen Teil des Gesamtstreitstoffes beschränkt werden.[181] Lässt das Beschwerdegericht die Rechtsbeschwerde nicht zu, so ist diese Entscheidung nicht angreifbar. Ist die Rechtsbeschwerde aber eröffnet, so kann derjenige die Rechtsbeschwerde einlegen, der durch die Entscheidung des Beschwerdegerichts in seinen Rechten beeinträchtigt wird. Diese Beschwer ist offensichtlich beim dem, der sich mit seinem Rechtsmittel beim Beschwerdegericht nicht durchgesetzt hat, gilt aber auch für den, der durch die Beschwerdeentscheidung erstmals beschwert wird.[182] Wurde die Rechtsbeschwerde eingelegt, so hat sie keine aufschiebende Wirkung. Allerdings kann das angerufene Gericht die angefochtene Entscheidung durch eine einstweilige Anordnung aussetzen.[183]

---

[180] BGH ZInsO 2007, 207 f.
[181] BGH NJW-RR 2011 S. 427; Karsten Schmidt/Stephan § 6 Rn. 33.
[182] BGH NZI 2006 S. 239.
[183] BGH ZInsO 2009 S. 432.

Kapitel III. Das eröffnete Insolvenzverfahren

1. Abschnitt. Die Verfahrensbeteiligten

Übersicht

	Rn.
§ 17. Das Insolvenzgericht	
I. Allgemeiner Standort im Verfahren	1
II. Zuständigkeiten	3
III. Kompetenzen	18
IV. Gerichtsverfahren	20
V. Verfahrens- und Prozesskostenhilfe	40
§ 18. Der Insolvenzschuldner	
I. Rechtsstellung	1
II. Pflichten	6
III. Befugnisse	15
§ 19. Die Insolvenzgläubiger	
I. Rechtsstellung	1
II. Persönlicher Anspruch	8
III. Vermögensanspruch	9
IV. Begründung vor Verfahrenseröffnung	14
V. Unterhaltsansprüche	31
VI. Forderungsumrechnung	32
VII. Wiederkehrende Leistungen	35
VIII. Nachrangige Insolvenzgläubiger	36
§ 20. Die Gläubigerversammlung	
I. Rechtsstellung	1
II. Verfahrensstruktur	7
III. Kompetenzen	18
§ 21. Der Gläubigerausschuss	
I. Rechtsstellung	1
II. Verfahrensstruktur	5
III. Kompetenzen	19
§ 22. Der Insolvenzverwalter	
I. Rechtsstellung	1
II. Verwaltung	26
III. Befriedigung der Gläubigeransprüche	52
IV. Vorzeitige Beendigung des Verfahrens	69
V. Schlussrechnung	71
VI. Steuerrechtliche Stellung	80
§ 23. Die Haftung der Verfahrensbeteiligten	
I. Allgemeines	1
II. Haftung des Insolvenzverwalters	5
III. Haftung der Mitglieder des Gläubigerausschusses	28
IV. Staatshaftung bei Amtspflichtverletzung des Insolvenzgerichts	35
V. Haftung der Absonderungs-, Masse- und Insolvenzgläubiger	44
VI. Haftung des Insolvenzschuldners	47
VII. Haftungskonkurrenzen der Verfahrensbeteiligten	51

Schrifttum §§ 17–23: *Adam*, Die Prozessführung des Insolvenzverwalters, DZWIR 2006, 321; *ders.*, Die Haftung des Insolvenzverwalters aus § 61 InsO, DZWIR 2008, 14; *Ahrend/Hofert*, Unternehmenskauf aus der Insolvenz, BB 2009, 1538; *Albrecht/Stein*, Die Verantwortlichkeiten von Insolvenzverwalter und Organen einer insolventen börsennotierten Aktiengesellschaft – Teil I,

II und III, 1886 u. 1939 u. 1991; *Andres,* Die Flucht vor deutschen Insolvenzgerichten nach England, NZI 2007, 137; *ders.,* Messbarkeit der Qualität der Verwaltertätigkeit aus der Sicht eines Insolvenzverwalters, NZI 2008, 522; *ders.,* Die geplante Neuregelung des Neuerwerbs des selbständigen Schuldners in der Insolvenz, NZI 2006, 198; *Andres/G. Pape,* Die Freigabe des Neuerwerbs als Mittel zur Bewältigung der Probleme einer selbstständigen Tätigkeit des Schuldners, NZI 2005, 141; *Bader,* Das Verwendungsverbot des § 97 I 3 InsO, NZI 2009, 416; *Bähmer,* Die Schlussrechnung des Konkursverwalters, ZIP 1993, 1283; *Balz,* Die Ziele der Insolvenzordnung, Kölner Schrift zur InsO, 2. Aufl., 3; *Bange,* Die Veräußerung einer Arztpraxis im Rahmen eines (Liquidations-)Insolvenzplanverfahrens, ZInsO 2006, 362; *Bank/Weinbeer,* Insolvenzverwalterhaftung unter besonderer Berücksichtigung der aktuellen BGH-Rechtsprechung, NZI 2005, 478; *Berger,* Die unternehmerische Tätigkeit des Insolvenzschuldners im Rahmen der Haftungserklärung nach § 35 Abs. 2 InsO, ZInsO 2008, 1101; *Bergmann,* Die Verwaltungsbefugnis des Insolvenzverwalters über einen zur Insolvenzmasse gehörenden GmbH-Geschäftsanteil, ZInsO 2004, 225; *Berkowsky,* Der arbeitsrechtliche Zeugnisanspruch in der Insolvenz, NZI 2008, 224; *Bernsen,* Probleme der Insolvenzrechtsreform aus der Sicht des Rechtspflegers, Kölner Schrift zur InsO, 1843; *Biegelsack,* Schuldner in die Warteschleife, ZInsO 2009, 2326; *Bittmann,* Strafrechtliche Risiken der Insolvenzverwaltervergütung ZInsO 2009, 2036; *Blank/Blank,* Der Auskunftsanspruch des Insolvenzverwalters nach IFG bei fiskalischem Handeln der Behörde zur Vorbereitung einer insolvenzrechtlichen Anfechtung, ZInsO 2009, 1881; *Bönner,* Unternehmerisches Ermessen und Haftung des Insolvenzverwalters im Vergleich mit andern gesetzlich geltenden Vermögens-Verwaltern, Münster 2009; *Bork,* Der Firmenwert in der Überschuldungsbilanz, ZInsO 2001, 145; *ders.,* Der Geschäfts- oder Firmenwert aus der Sicht des Wirtschaftsprüfers, ZInsO 2001, 308; *Bork/Jacoby,* Auskunftsansprüche des Schuldners und des persönlich haftenden Gesellschafters gegen den Insolvenzverwalter, ZInsO 2002, 398; *Brandt,* Softwarelizenzen in der Insolvenz, NZI 2001, 337; *Braun,* Handelsbilanz contra Schlussrechnung – Der entmündigte Rechtspfleger?, ZIP 1997, 1013; *Braun, F.,* Die Pflicht des Insolvenzverwalters zur Rückgabe von Mietsachen, NZI 2005, 255; *Breuer,* Beschlagnahme- und Ausschüttungskonkurrenzen bei parallellaufenden Straf- und Konkursverfahren, KTS 1995, 1; *Busch/Winkens,* Verpflichtung zur Abgabe von Steuererklärungen, Veranlagungswahlrecht und eigenhändige Unterschrift des Insolvenzverwalters bzw. des Treuhänders, ZInsO 2009, 2173; *Brückl,* Die Forderung aus vorsätzlich begangener unerlaubter Handlung in der Insolvenz des Schuldners, ZInsO 2005, 16; *Brünink,* Insolvenz und Umsatzsteuer aus zivilrechtlicher Sicht, NZI 2006, 257; *van Bühren,* Die Berufshaftpflichtversicherung des Insolvenzverwalters, NZI 2003, 465; *Cepl,* Lizenzen in der Insolvenz des Lizenznehmers, NZI 2000, 357; *Dahl,* Der Lizenzvertrag in der Insolvenz des Lizenzgebers und die geplante Einführung des § 108a InsO, NZI 2007, 626; *ders.,* Der Gläubigerausschuss im Insolvenzverfahren, NJW-Spezial 2009, 117; *Deimel,* Schadensersatzpflicht des Insolvenzverwalters gegenüber Masseglaubigern, ZInsO 2004, 783; *Diversy/Weyand,* Insolvenzverwalter und Untreuetatbestand, ZInsO 2009, 802; *Düwell,* Änderungs- und Beendigungskündigung nach dem neuen Insolvenzrecht, Kölner Schrift, 2. Aufl., S. 1433; *Dörndorfer,* Insolvenzverfahren und Lohnpfändung, NZI 2000, 292; *Durchlaub,* Der gewerbliche Rechtsanwalt aufgrund von Insolvenzverwaltungen – der BFH auf dem (berufsrechtlichen) Irrweg, ZInsO 2002, 319; *Eckardt,* Die Feststellung und Befriedigung des Insolvenzgläubigerrechts, Kölner Schrift, 2. Aufl., S. 743; *Eckert,* Miete, Pacht und Leasing im neuen Insolvenzrecht, ZIP 1996, 897; *ders.,* Leasingraten – Masseschulden oder Konkursforderungen?, ZIP 1997, 2077; *Ehricke,* Beschlüsse der Gläubigerversammlung bei mangelnder Teilnahme der Gläubiger, NZI 2000, 57; *Eicke,* Informationspflichten der Mitglieder des Gläubigerausschusses, ZInsO 2006, 798; *Eickmann,* Alte und neue Vergütungsprobleme in der Insolvenz, Kölner Schrift, 1. Aufl., S. 359; *Förster,* Entmündigung der Rechtspfleger – Zu *Pink,* Rechnungslegungspflichten in der Insolvenz der Kapitalgesellschaft, ZIP 1997, 344; *ders.,* Auswahl und Abwahl des Insolvenzverwalters – Regelungsmechanismen der Praxis, ZInsO 2002, 406; *ders.,* Die Verwertung von Grundbesitz im Insolvenzverfahren und die Kostenpauschalen für die Insolvenzmasse, ZInsO 2002, 864; *ders.,* Verwalterkontrolle durch „harte" Inhaltskriterien – oder geht es um ein Problem der Justiz? ZInsO 2006, 865; *Fölsing,* Der Sonderinsolvenzverwalter, KSI, 178; *Förster,* Klartext; Sau oder Sauerei?! Zur Diskussion um den „Dienstleister" Insolvenzverwalter, ZInsO 2009, 1932; *Förster/Bruhn,* Die Forderungsprüfung durch den Insolvenzverwalter – alte Haftungsfalle mit verschärfter Wirkung, ZInsO 2002, 802; *Frank,* Die Pflicht zur Prüfung von Jahresabschluss und Lagebericht nach § 316 I 1 HGB in der Insolvenz, NZI 2006, 205; *Franke/Burger,* Richter und

Rechtspfleger im Insolvenzverfahren, NZI 2001, 403; *Franke/Goth/Firmenich,* die (gerichtliche?!) Schlussrechnungsprüfung im Insolvenzverfahren – zwischen Legalitäts- und Legitimitätskontrolle, ZInsO 2009, 123; *Frege/Keller,* „Schornsteinhypothek" und Lästigkeitsprämie bei Verwertung von Immobiliarvermögen in der Insolvenz, NZI 2009, 11; *Frege/Riedel,* Schlussbericht und Schlussrechnung, 2. neu bearb Aufl., Köln 2007, *dies.,* Schlussbericht und Schlussrechnung im Insolvenzverfahren, 3. Aufl., Köln 2009; *Frenzel,* Die Rechtsaufsicht des Insolvenzgerichts als Mittel der Begrenzung der Gläubigerautonomie, NZI 2008, 461; *ders.,* Die Insolvenzverwaltung nach den Änderungen durch das MoMiG, NZI 2008, 647; *Frind,* Gültigkeit von thematischen Teil – Richtervorbehalten gem. § 18 Abs. 2 RPflG, ZInsO 2001, 993; *ders.,* Insolvenzverwalterbestellung: Auswahlkriterien und Grenzen der Justiziabilität in der Praxis, NZI 2004, 533; *ders.,* Kann Verwaltererfolg gemessen werden?, NZI 2008, 518; *ders.,* Insolvenzgerichtliche Konzentration und Verfahrenskontrolle – Plädoyer zur Beachtung einer Wechselwirkung, ZInsO 2009, 952; *ders.,* Zulassungsordnung für Verwalter – cui bono?, ZInsO 2009, 1997; *Fröhlich/Köchling,* Immaterielle Werte im Insolvenzverfahren, ZInsO 2002, 448; *Frystatzki,* Die Hinweise des Instituts der Wirtschaftsprüfer zur Rechnungslegung in der Insolvenz, NZI 2009, 581; *Fuchs,* Die Zuständigkeitsverteilung zwischen Richter und Rechtspfleger im Insolvenzeröffnungs- und eröffneten Insolvenzverfahren, ZInsO 2001, 1033; *Fürst,* Prüfungs- und Überwachungspflichten im Insolvenzverfahren, DZWIR 2006, 499; *Gaiser,* Die Auskunfts- und Mitwirkungspflichten des Schuldners gem. § 97 InsO und die Frage nach alternativen Auskunftsquellen, ZInsO 2002, 472; *Ganter,* Insolvenz und Umsatzsteuer aus zivilrechtlicher Sicht, NZI 2006, 257; *ders.,* Sicherungsmaßnahmen gegenüber Aus- und Absonderungsberechtigten im Insolvenzeröffnungsverfahren, NZI 2007, 549; *ders.,* Umsatzsteuer bei der Verwertung von Sicherheiten in der Insolvenz KSI 2008, 59; *ders.,* Betriebsfortführung durch den vorläufigen Verwalter trotz Globalzession, NZI 2010, 551; *Gaul,* Verwertungsbefugnis des Insolvenzverwalters bei Mobilien trotz Sicherungsübereignung und Eigentumsvorbehalt, ZInsO 2000, 256; *Gerhardt,* Verfügungsbeschränkungen in der Eröffnungsphase und nach Verfahrenseröffnung, Kölner Schrift, 2. Aufl., S. 193; *ders.,* Die Haftung des Konkursverwalters, ZIP 1987, 760; *ders.,* Auskunftspflicht des Konkursverwalters gegenüber dem Gemeinschuldner?, ZIP 1980, 941; *ders.,* Neue Probleme der Insolvenzverwalterhaftung, ZInsO 2000, 574; *Giesen,* Das Vermieterpfandrecht in der Insolvenz des Mieters, KTS 1995, 579; *Göcke,* Haftungsfalle Führungslosigkeit? Gefahren für den Insolvenzverwalter eines GmbH-Gesellschafters bei führungsloser Gesellschaft, ZInsO 2008, 1305; *Gottwald/Adolphsen,* Die Rechtsstellung dinglich gesicherter Gläubiger in der Insolvenzordnung, Kölner Schrift, 2. Aufl., S. 1043; *Graeber,* Die Unabhängigkeit des Insolvenzverwalters gegenüber Gläubigern und Schuldner, NZI 2002, 345; *ders.,* Auswirkungen der Entscheidung des BVerfG zur Vorauswahl des Insolvenzverwalters auf die Insolvenzgerichte, NZI 2004, 546; *ders.,* Haftpflichtversicherungen des Insolvenzverwalters und die Behandlung ihrer Kosten im Insolvenzverfahren, InsBürO 2006, 105; *Grashoff,* Die handelsrechtliche Rechnungslegung durch den Insolvenzverwalter nach Inkrafttreten des EHUG, NZI 2008, 65; *Grell,* Stimmverbote im Insolvenzrecht, NZI 2006, 77; *Groß/Hess/Ley,* Der Wirtschaftsprüfer/vereidigte Buchprüfer als Unternehmensliquidator und Insolvenzverwalter, WPK-Mitt Sonderheft 1997, 2–83; *Grub,* Die Stellung des Schuldners im Insolvenzverfahren, Kölner Schrift, 2. Aufl., S. 671; *Gundlach/Frenzel/Jahn,* Die Kassenprüfung durch die Gläubigerausschussmitglieder, ZInsO 2009, 902; *dies.,* Die Zustimmung der Gläubigerversammlung gemäß § 162 InsO, ZInsO 2008, 360; *dies.,* Die Haftung der Gläubigerausschussmitglieder wegen Verletzung ihrer Überwachungspflicht, ZInsO 2009, 1095; *dies.,* Macht und Ohnmacht des Gläubigerausschusses – dargestellt am Beispiel des § 160 InsO, ZInsO 2008, 1028; *dies.,* Die Ausweitung des Aufgaben- und Haftungsbereichs des Gläubigerausschusses durch Beschluss der Gläubigerversammlung, DZWIR 2008, 441; *dies.,* Die Haftungsfreistellung des Insolvenzverwalters durch eine Beschlussfassung des Gläubigerausschusses, ZInsO 2007, 363; *dies.,* Haftungsbegrenzung des Schuldners in seiner Insolvenz; *Gundlach/Frenzel/Schmidt,* Die Haftung des Insolvenzverwalters gegenüber Aus- und Absonderungsberechtigten, NZI 2001, 350; *dies.,* Zur Postsperre des § 99 InsO, ZInsO 2001, 979; *dies.,* Der Antrag eines Gläubigers auf Einberufung einer Gläubigerversammlung, ZInsO 2002, 1128; *Haarmeyer,* Die Auswahl des Insolvenzverwalters nach der InsO und das richterliche Ermessen, InVo 1997, 57; *ders.,* Akteneinsicht im Insolvenzverfahren – zwischen Geheimverfahren und Versteckspiel?, InVo 1997, 253; *ders.,* Strukturmerkmale der Vergütung im Insolvenzverfahren, Kölner Schrift, 2. Aufl., S. 483; *ders.,* Die „gute" Insolvenzverwaltung. Leistungsmerkmale und Leistungskriterien für Vorauswahl, Auswahl und Zertifizierung,

ZInsO 2007, 169; *Haarmeyer/Seibt,* Akteneinsicht durch Gläubiger und „Dritte" im Insolvenzverfahren, Rpfleger 1996, 221; *Haug,* Fälle der Konkursverwalterhaftung, ZIP 1984, 773; *Haertlein,* Die Einschaltung privater Sachverständiger bei der Schlussrechnungsprüfung durch das Insolvenzgericht, NZI 2009, 577; *Hagebusch/Oberle,* Gläubigerbefriedigung durch Unternehmenssanierung: die übertragende Sanierung. Eine Bestandsaufnahme vor dem Hintergrund jüngster InsO-Reformen, NZI 2006, 618; *Heck,* Die Gläubigerversammlung nach Anzeige der Masseunzulänglichkeit, NZI 2005, 65; *Heeseler,* Auskunfts-/Akteneinsichtsrechte und weitere Informationsmöglichkeiten des Gläubigers im Regelinsolvenzverfahren, ZInsO 2001, 873; *Heidland,* Die Rechtsstellung und Aufgaben des Gläubigerausschusses als Organ der Gläubigerselbstverwaltung in der Insolvenzordnung, Kölner Schrift, 2. Aufl., S. 711; *Heim,* Lizenzverträge in der Insolvenz – Anmerkungen zu § 108a InsO – E, NZI 2008, 338; *Heine,* Die Haftung des Betriebsübernehmers für Investitionszulagen im Insolvenzverfahren, ZInsO 2003, 828; *Heitsch,* (GmbH & Co.) KG und übertragende Sanierung, ZInsO 2004, 1339; *Henckel,* Insolvenzanfechtung, Kölner Schrift, 2. Aufl., S. 813; *Henkamp,* Die gläubigerfreie Gläubigerversammlung, ZInsO 2008, 57; *Herchen,* Die Befugnis des Insolvenzverwalters zur Änderung der Firma im Rahmen der übertragenden Sanierung, ZInsO 2004, 1112; *Hess,* Haftung des Insolvenzverwalters aus § 61 InsO auch bei Sekundäransprüchen, ZIP 2011, 502; *Hess/Ruppe,* Auswahl und Einsetzung des Insolvenzverwalters und die Justiziabilität des Nichtzugangs zur Insolvenzverwaltertätigkeit, NZI 2004, 641; *Hess/Weis,* Die neue InsO – Ein Überblick, InVo 1996, 1; *dies.,* Die Stellung des Insolvenzverwalters nach der Insolvenzordnung, InVo 1996, 281; *dies.,* Die Stellung des Gläubigerausschusses in der Insolvenzordnung, InVo 1997, 1; *dies.,* Die Stellung des Insolvenzgerichts nach der neuen Insolvenzordnung, InVo 1996, 197; *dies.,* Die Rechnungslegung des Insolvenzverwalters nach der Insolvenzordnung, InVo 1996, 281; *dies.,* Die Schlussrechnung des Insolvenzverwalters, NZI 1999, 260; *Heyrath,* Vermögenshaftpflichtversicherung für Insolvenzverwalter, ZInsO 2002, 1023; *Höfling,* Freiheit und Regulierung der Insolvenzverwaltertätigkeit aus verfassungsrechtlicher Sicht, JZ 2009, 339; *Hoffmann,* Rechtsmittel im Insolvenzrecht unter besonderer Berücksichtigung des Verbraucherinsolvenzverfahrens, NZI 1999, 425; *Holzer,* Die Verbindung von Insolvenzverfahren, NZI 2007, 432; *Hölzle,* Die Fortführung von Unternehmen im Insolvenzeröffnungsverfahren, ZIP 2011, 1889; *Huber,* Vertragsspaltung in der Insolvenz des Auftragnehmers auch für mangelhafte Teilleistung vor Verfahrenseröffnung?, ZInsO 2005, 449; *Jungmann,* Grenzen des Widerspruchsrechts des Insolvenzverwalters beim Einzugsermächtigungsverfahren, NZI 2005, 84; *Kammel,* Ausgewählte Probleme des Unternehmenskaufs aus der Insolvenz, NZI 2000, 102; *Kayser/Heck,* Die Gläubigerversammlung nach Anzeige der Masseunzulänglichkeit, NZI 2005, 65; *Keller,* Berechnungsformeln zur Vergütung des Insolvenzverwalters, NZI 2005, 23; *ders.,* Der Unterhaltsanspruch als Insolvenzforderung und die Stellung des Unterhaltsgläubigers im Insolvenzverfahren, NZI 2007, 143; *ders.,* Die Verjährung des Vergütungsanspruchs des Insolvenzverwalters, NZI 2007, 378; *ders.,* Der Auslagenersatz des Insolvenzverwalters bei der Beauftragung von Zustellungen nach § 8 Abs. 3 InsO, ZInsO 2008, 1215; *ders.,* Die Vergütung des Insolvenzverwalters bei Unternehmensfortführung, DZWIR 2009, 231; *ders.,* Die gerichtliche Aufsicht bei Unklarheiten in der Insolvenzabwicklung, NZI 2009, 633; *Kilger,* Der Konkurs des Konkurses, KTS 1975, 142; *Kind/Heinrich,* Die Insolvenzakte im Blickpunkt des Gläubigerinteresses, NZI 2006, 433 ff.; *Kirchhof,* Bundesgerichtshof als einziges Rechtsbeschwerdegericht in Insolvenzsachen?, ZInsO 2001, 729; *ders.,* Rechtsbeschwerden nur durch einen beim BGH zugelassenen Rechtsanwalt, ZInsO 2001, 1073; *ders.,* Einfluss der ZPO-Reform auf die Insolvenzabwicklung, ZInsO 2002, 606; *ders.,* Zur Anfechtbarkeit (möglicherweise) nichtiger Beschlüsse der Gläubigerversammlung. Zugleich eine Anmerkung zu LG Saarbrücken, ZInsO 2007, 824 ff., ZInsO 2007, 1196; *ders.,* Insolvenzrechtliche weitere Beschwerden im Zickzackkurs, ZInsO 2012, 16; *Klasmeyer/Elsner/Ringstmeier,* Ausgewählte Probleme bei der Verwertung von Mobiliarsicherheiten, Kölner Schrift, 2. Aufl., S. 1083; *Kloos,* Zur Standardisierung insolvenzrechtlicher Rechnungslegung, NZI 2009, 586; *Kluth,* Die Rechtsstellung des Insolvenzverwalters oder die „Insolvenz" der Verwaltertheorien, NZI 2000, 351; *ders.,* Die Schizophasie in und um § 7 InsO (aF), ZInsO 2001, 446; *ders.,* Die Rechtsbeschwerde des § 7 InsO alte und neue Fassung – eine unendliche Geschichte, ZInsO 2001, 1082; *ders.,* Die „übertragende Sanierung" – Risiken und Nebenwirkungen einer Packungsbeilage zur Unternehmensveräußerung in der Insolvenz, NZI 2002, 1; *ders.,* Der Insolvenzverwalter als „Konzernspitze" – Scherz oder Ernst?, NZI aktuell 2002 Heft 5, S. V; *ders.,* Die freiberufliche Praxis „als solche" in der Insolvenz – „viel Lärm um nichts?", NJW 2002, 186;

Schrifttum §§ 17–23

ders., Das Verfahren bei unzulänglicher Insolvenzmasse oder ein „Himmelfahrtskommando" für den Insolvenzverwalter, ZInsO 2000, 177; *ders.,* Die „wertlosen Geschäftsanteile" – der Stein des Anstoßes im Sanierungs- Insolvenzplan, ZInsO 2002, 258; *ders.,* Auf der Suche nach dem verlorenen Partner – die merkwürdige Unternehmensveräußerung im Insolvenzplan, ZInsO 2002, 1115; *ders.,* Die überwachte Übernahmegesellschaft – der „Kannitverstan" in und um § 260 III InsO, NZI 2003, 361; *Köchling,* Übertragende Sanierung in der Finanzmarktkrise, ZInsO 2009, 641; *Koehler/Ludwig,* Die Behandlung von Lizenzen in der Insolvenz, NZI 2007, 79; *Köster,* Freier Zugang zur Tätigkeit des Insolvenzverwalters?, NZI 2004, 538; *Kohte,* Die Behandlung von Unterhaltsansprüchen nach der Insolvenzordnung, Kölner Schrift, 2. Aufl., S. 781; *Kranzusch,* Die Quoten der Insolvenzgläubiger – Verfahrensergebnisse nach der Insolvenzrechtsreform, ZInsO, 2009, 1513; *Kupka,* Die Stellung des Schuldners zwischen Ankündigung und Erteilung der Restschuldbefreiung, ZInsO 2010, 113; *ders.,* Die Vergütung des Belegprüfers aus buchhalterischer Sicht, ZInsO 2009, 1806; *ders.,* Neues zu den Betriebsausgaben im Rahmen der Schlussrechnungen des Insolvenzverwalters, ZInsO 2010, 214; *Küpper/Heinze,* Wie sieht das Pflichtenprogramm des Insolvenzverwalters bei Altlastenverdacht aus?, ZInsO 2005, 409; *Landfermann,* Allgemeine Wirkungen der Insolvenzeröffnung, Kölner Schrift, 2. Aufl., S. 159; *J. Laws,* Keine Haftung des Insolvenzverwalters aus § 61 InsO für ungerechtfertigte Bereicherungen der Masse und USt-Masseverbindlichkeiten, ZInsO 2009, 996; *R. Laws,* Insolvenzverwaltervorauswahl – Neue Maßstäbe für das Verfahren nach den §§ 23 ff. EGGVG?, NZI 2008, 279; *ders.,* Die Haftung des Insolvenzverwalters im Zusammenhang mit – gescheiterten – Anträgen auf Gewährung von Insolvenzgeld, ZInsO 2009, 57; *Leibner,* Die Gläubigervertretung bei „gesteuerten" Insolvenzen, NZI 2002, 479; *Leithaus,* Zu den Aufsichtsbefugnissen des Insolvenzgericht nach § 83 KO/§ 58 I InsO, NZI 2001, 124; *ders.,* Haftungsfalle Verwalterbestellung? NZI Heft 1/2007; *Lwowski/Tetzlaff,* Altlasten in der Insolvenz – Freigabe, Insolvenzplan und parallele Zwangsverwaltungsverfahren, NZI 2004, 225; *Marotzke,* Gläubigerautonomie – ein modernes Missverständnis, ZInsO 2003, 726; *Maus,* Der Rechtsanwalt als Gewerbetreibender? ZInsO 2002, 251, *ders.,* Die steuerrechtliche Haftung des Insolvenzverwalters, ZInsO 2003, 965; *ders.,* Die Rechtsstellung des Insolvenzverwalters, ZInsO 2009, 1929; *Meyer-Löwy/Poertzgen,* Schranken und Beschränkbarkeit der Insolvenzverwalterhaftung, ZInsO 2004, 363; *Meyer, P./Rein,* Das Ende der Gläubigergleichbehandlung im Insolvenzrecht – Anmerkungen zur Umsetzung der Finanzsicherheitenrichtlinie, NZI 2004, 367; *Möhlmann,* Die Berichtspflichten des Insolvenzverwalters zum Berichtstermin – eine betriebswirtschaftliche Perspektive, NZI 1999, 433; *Mönning,* Die Auswahl des Verwalters als Problem der Qualitätssicherung, Kölner Schrift, 2. Aufl., S. 375; *ders.,* Die Einstellungsanträge des Insolvenzverwalters gem. §§ 30d I, 153b I ZVG im eröffneten Insolvenzverfahren, NZI 2008, 134; *Molitor,* Zulässigkeit der Freigabe trotz Verwaltungsvereinbarung, ZInsO 2009, 231; *Müller,* Die persönliche Haftung des Insolvenzverwalters für eine Freigabe aus einem gegen ihn „in seiner Eigenschaft als Insolvenzverwalter" gerichteten Titel, ZInsO 2008, 79; *Naumann,* Die Aufsicht des Insolvenzgerichts über den Insolvenzverwalter, Kölner Schrift, 2. Aufl., S. 431; *Neubert,* Aktuelle Tendenzen bei der Verwalterauswahl, ZInsO 2007, 979; *ders.,* Das Hannoveraner Modell zur Verwalterauswahl ZInsO 2010, 73; *Onusseit,* Die steuerrechtlichen Rechte und Pflichten des Insolvenzverwalters in den verschiedenen Verfahrensarten nach der InsO, ZInsO 2000, 363; *ders.,* Zur Einbeziehung der Vorsteuer in die Berechnungsgrundlage, ZInsO 2009, 2285; *Pannen,* Auswirkungen der Entscheidung des BVerfG zur Vorauswahl des Insolvenzverwalters aus Verwaltersicht, NZI 2004, 548; *Pape, G.,* Ablehnung und Erfüllung schwebender Rechtsgeschäfte durch den Insolvenzverwalter, Kölner Schrift, 2. Aufl., S. 531; *ders.,* Zur Stellung und Bedeutung der Gläubigerversammlung im Konkurs, ZIP 1990, 1251; *ders.,* Aufhebung von Beschlüssen der Gläubigerversammlung und Beurteilung des gemeinsamen Interesses nach § 78 InsO, ZInsO 2000, 469; *ders.,* Zur Problematik der Unanfechtbarkeit von Stimmrechtsfestsetzungen in der Gläubigerversammlung, ZIP 1991, 837; *ders.,* Der Konkursverwalter als Ehrverletzer, ZIP 1995, 1660; *ders.,* Schadensersatz wegen fahrlässig gestellten Konkursantrags?, ZIP 1995, 623; *ders.,* Folgen der Reform des Zivilprozessrechts für das Insolvenzverfahren, ZInsO 2001, 1074; *ders.,* Selbstkorrektur oder außerordentliche Beschwerde wegen „greifbarer Gesetzwidrigkeit", NZI 2003, 12; *ders.,* Die Haftung des Insolvenzverwalters für den Kostenerstattungsanspruch des Prozessgegners, ZIP 2001, 1701; *ders.,* Einziehungsrecht des Insolvenzverwalters bei sicherungshalber abgetretenen Forderungen, NZI 2000, 301; *ders.,* Prozesskostenhilfe für Konkursverwalter, NZI 1998, 64; *ders.,* Unzulässigkeit von Neugläubigerklagen gegen den Schuldner? ZInsO 2002, 917; *ders.,* Keine Verschärfung der Haftung aus § 61 InsO bei fehlerhafter Verteilung der Masse durch den Insolvenzverwalter, ZInsO 2004, 605; *ders.*, Keine pers. Haftung des Insolvenzverwalters für die Kosten des Prozessgegners der Insolvenzmasse, ZInsO 2005, 138; *ders.*, Ungeschriebene Kompetenzen der Gläubigerversammlung versus Verantwortlichkeit des Insolvenzverwalters, NZI 2006, 65; *ders.*, Die Qual der Insolvenzverwalterauswahl – viel Lärm um wenig, NZI 2006, 665; *ders.*, Schwierigkeiten und Risiken der Mitwirkung im Gläubigerausschuss, WM 2006, 19; *ders.*, 10 Jahre Insolvenzordnung, ZInsO 2009, 1, *Pape, G./Graeber*, Handbuch der Insolvenzverwalterhaftung, Münster 2007; *Pape, I.*, Auswirkungen der ZPO-Reform auf das insolvenzrechtliche Beschwerdeverfahren, NZI 2001, 516; *dies.*, Auswirkungen der ZPO-Reform auf Beschwerden in Zwangsverwaltungs- und Zwangsversteigerungsverfahren, ZInsO 2001, 891; *Passarge*, Heidelberger Musterfragebogen für das Vorauswahlverfahren für Insolvenzverwalter, NZI 2009, 97; *Paulus*, Insolvenzverwalter und Gläubigerorgane, NZI 2008, 705; *Philipp/Rieger*, Zur Zeugniserteilungspflicht des Insolvenzverwalters, NZI 2004, 190; *Pink*, Rechnungslegungspflichten in der Insolvenz der Kapitalgesellschaft, ZIP 1997, 177; *Prütting*, Allgemeine Verfahrensgrundsätze der Insolvenzordnung, Kölner Schrift, 2. Aufl., S. 221; *ders.*, Ist die Gesellschaft bürgerlichen Rechts insolvenzfähig?, ZIP 1997, 1725; *ders.*, Aktuelle Fragen der Rechtsmittel im Insolvenzrecht, NZI 2000, 145; *Rauscher*, Mut zum sachgerechten Auswahlermessen – eine Betrachtung aus der Praxis, ZInsO 2009, 275; *ders.*, Sinn und Grenzen gerichtlicher Leitlinien für die Insolvenzverwaltung, ZInsO 2009, 1847; *Rechel*, Die Aufsicht des Insolvenzgerichts über den Insolvenzverwalter, 2009; *Rezbach*, Die Parallelität von Massehaftung und persönlicher Verwalterhaftung bei Versagen des Insolvenzverwalters, Frankfurt/M. 2009; *Richter*, Strafbarkeit des Insolvenzverwalters, NZI 2002, 121; *Richter/Völksen*, Persönliche Haftung des Insolvenzverwalters wegen unterbliebener Freistellung von Arbeitnehmern bei späterer Anzeige der Masseunzulänglichkeit, ZIP 2011, 1800; *Riggert*, Die Unabhängigkeit des Insolvenzverwalters gegenüber Gläubigern, NZI 2002, 352; *Risse*, Betriebswirtschaftliche Aspekte der Sanierung durch Unternehmensfortführung nach der Insolvenzordnung, KTS 1994, 465; *Robrecht*, Zum klagbaren Anspruch des Rechtsanwalt auf Bestellung zum Konkursverwalter, KTS 1996, 63; *Römermann*, Anfechtbarkeit der Verwalterbestellung, NZI 2003, 134; *ders.*, Die Zukunft der Insolvenzverwalterbestellung, ZInsO 2004, 937; *ders.*, Insolvenzrecht im MoMiG, NZI 2008, 641; *Runkel*, Der Freiberufler in der Insolvenz, ZVI 2007, 45; *Schlegel*, Der Verwalter als Zahlstelle nach § 166 InsO, NZI 2003, 17; *Schmahl*, Subsidiäres Insolvenzantragsrecht bei führungslosen juristischen Personen nach dem Regierungsentwurf des MoMiG, NZI 2008, 6; *Schmehl*, Umsatzsteuer auf die Insolvenzverwalterhaftung nach § 61 InsO?, NZI 2006, 276; *Schmerbach*, Die Änderung der §§ 6, 7 InsO zum 1.1.2002 durch das Gesetz zur Reform des Zivilprozesses, ZInsO 2001, 1087; *ders.*, Keine Verpflichtung des Schuldners zur Geltendmachung von Pflichtteilsansprüchen, NZI 2009, 552; *ders.*, Bestreitenspflicht des Schuldners im Schlusstermin; NZI 2009, 227; *ders.*, Die übertragende Sanierung im Insolvenzverfahren, ZInsO 2009, 458; *ders.*, Zweitinsolvenzverfahren, ZInsO 2009, 2078; *Schmidt, A./Büchner*, Effiziente Ermittlung und Abwicklung von Aus- und Absonderungsrechten in der Insolvenz, InsBürO 2006, 322; *Schmidt, K.*, Insolvenzordnung und Unternehmensrecht – Was bringt die Reform?, Kölner Schrift, 2. Aufl., S. 1199; *ders.*, Unterbrechung und Fortsetzung von Prozessen im Konkurs einer Handelsgesellschaft – Fragen und Thesen zu §§ 240 ZPO, 10ff. KO (96ff. InsO), KTS 1994, 309; *ders.*, Zur Haftung des Konkursverwalters gegenüber Vertragspartnern, ZIP 1988, 7; *ders.*, Die Konkursverwalterhaftung aus unzulässiger Unternehmensfortführung und ihre Grenzen, NJW 1987, 812; *ders.*, Anwendung von Handelsrecht auf Rechtshandlungen des Konkursverwalters, NJW 1987, 1905; *ders.*, Das Insolvenzrecht und seine Reform zwischen Prozessrecht und Unternehmensrecht, KTS 1988, 1; *ders.*, Institutionen eines künftigen Insolvenzrechts der Unternehmen, ZIP 1985, 713; *ders.*, Vom Konkursrecht der Gesellschaften zum Insolvenzrecht der Unternehmen, ZIP 1980, 233; *ders.*, Organverantwortlichkeit und Sanierung im Insolvenzrecht der Unternehmen, ZIP 1980, 328; *Schmidt, N.*, Die Einladung zur Sitzung des Gläubigerausschusses – zugleich ein Beitrag zu § 72 InsO, NZI 2005, 304; *Siebel*, Insolvenzverwalter, Gesellschaftsorgane und die Börse, NZI 2007, 498; *Siebert*, Die Verwertung der unter Eigentumsvorbehalt gelieferten Gegenstände im Umsatzsteuerrecht, NZI 2008, 529; *Siemon*, Zur Gewerbesteuerpflicht des Rechtsanwalts als Insolvenzverwalter. Wie geht es nach dem Beschluss des BFH v. 7.4.2009 – VIII B 191/07, ZInsO 2009, 1261 weiter?, ZInsO 2009, 1526; *ders.*, Der Rechtsanwalt als Insolvenzverwalter übt eine freiberufliche Tätigkeit aus, ZInsO 2009, 305; *Sinz*, Leasing und Factoring im Insolvenzverfahren, Kölner Schrift, 2. Aufl., S. 593; *Skrotzki*, Zur Regresshaftung des Konkursverwalters und des

Gläubigerausschusses, KTS 1967, 142; *Slahrr/Weber,* Gestaltungsmöglichkeiten in IFRS Abschlüssen, Herausforderung für das Insolvenzgericht und der Verwalter, ZInsO 2009, 2313; *Slopek,* Viel Lärm um nichts: Die (Be-)Stellung des Insolvenzverwalters und die Dienstleistungsrichtlinie, ZInsO 2008, 1243; *Smid,* Die Haftung des Insolvenzverwalters in der Insolvenzordnung, Kölner Schrift, 2. Aufl., S. 453; *ders.,* Zum Recht der Planinitiative gem. § 218 InsO, WM 1996, 1249; *ders.,* Grund und Grenzen der Rechtsmittelbefugnis des Konkursverwalters – Zugleich ein Beitrag zur Stellung des Konkursverwalters aus verfahrensrechtlicher Sicht, ZIP 1995, 1137; *ders.,* Zur Stellung des Insolvenzverwalters in der Auseinandersetzung der Gemeinschaft von Insolvenzschuldner und Drittem, InVo 2006, 45; *Staufenbiel/Hautner,* Der Insolvenzverwalter als Partei kraft Amtes und als natürliche Person – Folgen der Trennung zwischen den beiden Rechtssubjekten, InsBürO 2006, 292; *Sterzinger,* Angesellte Insolvenzverwalter als Unternehmer, NZI 2009, 208; *Stöber,* Insolvenzverfahren und Vollstreckungs-Zwangsversteigerung, NZI 1998, 105; *Strandmann,* Die Rechtsaufsicht des Insolvenzgerichts als Mittel der Begrenzung der Gläubigerautonomie, NZI 2008, 461; *ders.,* Die Insolvenzverwaltung nach den Änderungen durch das MoMiG, NZI 2008, 647; *Szalai,* Die Verwertungsbefugnis des Insolvenzverwalters bei Sicherungsabtretungen, ZInsO 2009, 1177; *Tetzlaff,* Rechtliche Probleme in der Insolvenz des Selbständigen, ZInsO 2005, 393; *Tintelnot,* Die gegenseitigen Verträge im neuen Insolvenzrecht, ZIP 1995, 616; *Tretow,* Die Betriebsveräußerung in der Insolvenz, ZInsO 2000, 309; *Uhlenbruck, W.,* Gesellschaftsrechtliche Aspekte des Insolvenzrechts, Kölner Schrift, 2. Aufl., S. 1157; *ders.,* Das Bild des Insolvenzverwalters, KTS 1998, 1; *ders.,* Mitwirkung und Mitarbeit des Schuldners und seiner organschaftlichen Vertreter im künftigen Insolvenzverfahren, InVo 1997, 225; *ders.,* Auskunfts- und Mitwirkungspflichten des Schuldners und seiner organschaftlichen Vertreter nach der Konkursordnung, Vergleichsordnung, Gesamtvollstreckungsordnung sowie Insolvenzordnung, KTS 1997, 371; *ders.,* Das Verbot der Einzelvollstreckung im Insolvenzverfahren, InVo 1996, 85; *ders.,* Die Durchsetzung von Gläubigeransprüchen gegen eine vermögenslose GmbH und deren Organe nach geltendem und neuem Insolvenzrecht, ZIP 1996, 1641; *ders.,* Aus- und Abwahl des Insolvenzverwalters – Eine Schicksalsfrage der Insolvenzrechtsreform, KTS 1989, 229; *ders.,* Grenzen der Mitwirkung von Gläubigerausschuss und Gläubigerbeirat im Insolvenzverfahren, BB 1976, 1198; *ders.,* Rechtsmittelzug bei Insolvenzkostenhilfe und Vergütungsfestsetzung, NZI 1999, 175; *ders.,* Zur Forderung des Bundes Deutscher Rechtspfleger auf Vollübertragung des gerichtlichen Insolvenzverfahrens auf den Rechtspfleger, ZInsO 2001, 1129; *ders.,* Auskunfts- und Mitwirkungspflichten des Schuldners und seiner organschaftlichen Vertreter im Insolvenzverfahren, NZI 2002, 401; *ders.,* Gerichtliche Anordnung der Vorlage von Urkunden gegenüber dem Insolvenzverwalter, NZI 2002, 589; *ders.,* Zur Vorauswahl und Bestellung des Insolvenzverwalters, NZI 2006, 489; *ders.,* „Virtueller wirtschaftlicher Besitz" und Verwertungsrecht des Insolvenzverwalters nach § 166 Abs. 1 InsO, ZInsO 2008, 114; *ders.,* Von der Notwendigkeit eines eigenständigen Sanierungsgesetzes, NZI 2008, 201; *ders.,* Zehn Jahre Insolvenzordnung – eine kritische Zwischenbilanz, NZI 2009, 1; *Vallender,* Das rechtliche Gehör im Insolvenzverfahren, Kölner Schrift, 2. Aufl., S. 249; *ders.,* Die Rechtsprechung des Bundesgerichtshofs zur Konkursverwalterhaftung, ZIP 1997, 345; *ders.,* Typische Haftungs- und Erstattungsansprüche gegen Geschäftsführer und Gesellschafter im Konkurs einer GmbH – Eine „Checkliste" für den Konkursverwalter, InVo 1997, E 1; *ders.,* Die Abweisung des Konkursantrages mangels Masse und ihre Folgen, InVo 1997, 4; *ders.,* Effiziente Zwangsvollstreckung durch Kontenpfändung, InVo 1996, 283; *ders.,* Einzelzwangsvollstreckung im neuen Insolvenzrecht, ZIP 1993, 1993; *ders.,* Wie viele Verwalter braucht das Land?, NZI 2005, 473; *ders.,* Ein großer Wurf? – Anmerkungen zum Diskussionsentwurf des BMJ, NZI 2003, 292; *ders.,* Rechtsschutz gegen die Bestellung eines Konkurrenten zum Insolvenzverwalter? – Business as usual?, NJW 2006, 2597; *ders.,* Die gerichtliche Zuständigkeit in Insolvenzverfahren, NJW-Spezial 2009, 418; *Vierhaus,* Umweltrechtliche Pflichten des Insolvenzverwalters, ZInsO 2005, 127; *Vortmann,* Die Haftung von Mitgliedern eines Gläubigerausschusses, ZInsO 2006, 310; *Wallner,* Insolvenzfeste Nutzungsrechte und Lizenzen an Software, NZI 2002, 70; *Warrikoff,* Die Möglichkeiten zum Unternehmenserhalt nach dem neuen Insolvenzrecht, KTS 1996, 489; *Weber,* Der Geschäfts- oder Firmenwert aus der Sicht des Wirtschaftsprüfers, ZInsO 2001, 304; *de Weerth,* Umsatzsteuerhaftung nach § 13c UStG und Insolvenzrecht, NZI 2006, 257; *ders.,* Zur Umsatzsteuerhaftung bei „Alt-Zessionen" ZInsO 2009, 2326; *Weis/Ristelhuber,* Die Verwertung von Grundbesitz im Insolvenzverfahren und die Kostenpauschalen für die Insolvenzmasse, ZInsO 2002, 859; *Wellensiek,* Die Aufgaben des Insolvenzverwalters nach der Insolvenzordnung, Kölner Schrift, 2. Aufl.,

§ 17 1   Kapitel III. 1. Abschnitt. Die Verfahrensbeteiligten

S. 403; *ders.,* Übertragende Sanierung, NZI 2002, 233; *Wenzel,* Die Rechtsstellung der Grundpfandrechtsgläubiger im Insolvenzverfahren, NZI 1999, 101; *Wessing,* Insolvenz und Strafrecht, Risiken und Rechte des Beraters und Insolvenzverwalters, NZI 2003, 1; *Weyand,* Strafrechtliche Risiken im Insolvenzverfahren für Verwalter und Berater, ZInsO 2000, 413; *ders.,* Der Insolvenzverwalter – ein Refugium für Geschäftsunterlagen? ZInsO 2008, 24; *Wieland,* Die Bestellung des Insolvenzverwalters, ZIP, 2007, 462; *Wimmer,* Der Rechtspfleger im neuen Insolvenzverfahren, InVo 1997, 316; *Windel,* Die Verteilung der Befugnisse zur Entscheidung über Vermögenserwerb zwischen (Gemein-)Schuldner und Konkurs-(Insolvenz-)verwalter bzw. Vollstreckungsgläubiger nach geltendem und künftigem Haftungsrecht, KTS 1995, 367; *Wischemeyer,* Haftung und Restschuldbefreiung für Forderungen der Massegläubiger, KTS 2008, 495; *Wolf,* Rechtsschutz des unterlegenen Bewerbers bei der Insolvenzverwalterbestellung, DStR 2006, 1769; *Zeuner,* Durchsetzung von Gläubigerinteressen in Insolvenzverfahren, NHW 2007, 2952; *Zimmer,* Gesetz zur Änderung des § 522 ZPO (und des § 7 InsO!) – Das neue Beschwerderecht in Insolvenzsachen, ZInsO 2011, 1689; *Zimmermann,* Die Einstellungsanträge des Insolvenzverwalters gem. §§ 30d I, 153b I ZVG im eröffneten Insolvenzverfahren, NZI 2008, 134; *Zipperer,* Private und behördliche Einsicht in Insolvenzakten – eine systematische Bestandsaufnahme, NZI 2002, 244.

§ 17. Das Insolvenzgericht

Übersicht

	Rn.
I. Allgemeiner Standort im Verfahren	1
II. Zuständigkeiten	3
1. Verfahrenszuständigkeit	3
2. Örtliche Zuständigkeit	5
3. Funktionelle Zuständigkeit	13
a) Allgemeines	13
b) Rechtspfleger	15
c) Richter	16
d) Geschäftsstelle	17
III. Kompetenzen	18
1. Allgemeines	18
2. Einzelne Kompetenzen	19
IV. Gerichtsverfahren	20
1. Allgemeines	20
2. Besondere Verfahrensregelungen der InsO	21
a) Allgemeine Grundsätze	21
b) Rechtsmittelverfahren	26
c) Einzelregelungen	31
3. Verfahrensregelungen der ZPO	37
4. Verfahrensregelungen des GVG	38
V. Verfahrens- und Prozesskostenhilfe	40
1. Allgemeines	40
2. Verfahrenskostenhilfe	41
a) Keine generelle Bewilligung	41
b) Einzelbewilligungen	43
c) Kostenstundung	46
3. Prozesskostenhilfe	47

I. Allgemeiner Standort im Verfahren

1   Insolvenzverfahren und Gerichtsverfahren sind nicht identisch; Abgrenzungen sind erforderlich: Das Insolvenzverfahren wird entscheidend geprägt durch den Grundsatz der Gläubigerautonomie und dementsprechend durch eine Deregulierung sowohl der dem Verfahrenszweck der Gläubigerbefriedigung (§ 1 InsO) dienenden zentralen

Entscheidungen (Verwertung, Liquidation, Sanierung, Insolvenzplan, Restschuldbefreiung ua) als auch des Verfahrensablaufs zur Organisation der Entscheidungsfindungen auf andere Verfahrensbeteiligte (Gläubigerversammlung, Insolvenzverwalter, Gläubigerausschuss).[1] Grundentscheidungen fällt das Insolvenzgericht nur in einigen, wenn auch bedeutsamen Punkten, wie zB Verfahrenseröffnung, Aufhebung und Einstellung des Verfahrens. Darüber hinaus wird das Gericht in einer Reihe von Einzelfällen zur Aufsicht, Sicherung, Prüfung und Bestätigung tätig, überwiegend nur auf Antrag anderer Verfahrensbeteiligter (zu den Kompetenzen im Einzelnen wird auf die Ausführungen zu III. verwiesen).

Soweit das Insolvenzverfahren kraft Selbstverwaltung im Kompetenzbereich und Organisationsrahmen anderer Verfahrensbeteiligter verläuft, wäre die Qualifizierung „Gerichtsverfahren" verfehlt.

Die systematische Einordnung des Insolvenzverfahrens war schon zur Zeit der KO umstritten und reichte von einer Zuweisung zur „streitigen" bis zur „freiwilligen" Gerichtsbarkeit.[2]

Die Vorstellung, einem zwangsweisen Zuweisungsmechanismus ausgesetzt zu sein, war nach der KO und ist im Bereich der InsO erst recht verfehlt, zumindest, wie *K. Schmidt* schon zur KO betonte, wenig hilfreich.[3] Das folgt bereits aus der mangelnden Identität zwischen Insolvenzverfahren und Insolvenzgerichtsverfahren. Darüber hinaus ist der Versuch einer systematischen Einordnung des Insolvenzverfahrens als ausschließliches „Gesamtvollstreckungsverfahren" in Anknüpfung an die Einzelzwangsvollstreckung der ZPO[4] zu einseitig, da das Verfahren nach der InsO nicht nur ein Liquidations-/Exekutionsverfahren ist, sondern auch der Gläubigerbefriedigung mittels Schuldnersanierung dienen kann (Verwertung oder Auswertung). Nicht zu folgen ist auch der Auffassung, das Insolvenzverfahren sei „durch die Unterwerfung in § 4 InsO unter die Regelungen der ZPO der streitigen Gerichtsbarkeit zuzuordnen".[5] Niemand wird die Vermutung äußern, zB die Verwaltungsgerichtsbarkeit sei aufgrund der Verweisungsvorschriften der §§ 55, 57 II, 62 IV, 64 VwGO dem GVG und der ZPO (teilweise) „unterworfen". Andere Verfahrensordnungen – InsO, VwGO, FGO (§§ 51, 52), SGG (§§ 60, 61), ArbGG (§§ 9 II, 46 II, 48 I) „bedienen" sich lediglich der ZPO und des GVG, ohne ihre Eigenständigkeit aufzugeben.

Nach allem ist das Insolvenzverfahren ein selbstständiges Verfahren eigener Art, das der ordentlichen (Zivil-)Gerichtsbarkeit angehört.

II. Zuständigkeiten

1. Verfahrenszuständigkeit. Im Insolvenzverfahren sind die dem Gericht zufallenden Aufgaben nach § 2 I InsO dem „Amtsgericht als Insolvenzgericht" übertragen.

Die bisher weitgehend übliche Bezeichnung dieser Zuständigkeit als „sachliche" Zuständigkeit[6] sollte vermieden werden, wie auch von der InsO selbst praktiziert.[7]

---

[1] *Prütting*, Kölner Schrift, S. 221 ff., 244 Rn. 72; *Uhlenbruck* BB 1992, 1734 (1735), Uhlenbruck/Hirte/Vallender/*Pape*, § 1 Rn. 2; MüKoInsO/*Ganter/Lohmann*, § 1 Rn. 46; KPB/*Prütting* Einl Rn. 51 ff., § 1 Rn. 14 ff.; Nerlich/Römermann/*Nerlich*, Einl Rn. 16, 18; HK/*Kreft* Einl Rn. 8 (4); FK/*Schmerbach*, § 1 Rn. 5.

[2] Vgl. Überblick in Kilger/*K. Schmidt*, § 71 KO Anm. 1.

[3] *K. Schmidt* KTS 1988, 1 ff.; Kilger/*K. Schmidt*, § 71 KO Anm. 1.

[4] Vgl. *Hess/Weis* InVo 1996, 197.

[5] So *Haarmeyer/Wutzke/Förster*, Kap 2 Rn. 4.

[6] So zur KO ua hier: 1. Aufl. § 18 Rn. 10, 11; Kilger/*K. Schmidt*, § 71 KO Anm. 3; zur InsO auch *Prütting* Kölner Schrift 2. Aufl., S. 227 Rn. 19; Uhlenbruck/Hirte/Vallender/*Pape*, § 2 Rn. 2; MüKoInsO/*Ganter/Lohmann*, § 2 Rn. 3 ff.; KPB/*Prütting*, § 1 Rn. 1 ff.; Nerlich/Römermann/*Becker*, § 2 Rn. 1; Braun/*Kießner*, § 2 Rn. 1, 4; HK/*Kirchhof*, § 2 Rn. 1; FK/*Schmerbach*, § 2 Rn. 1.

[7] Von den ZPO-üblichen Bezeichnungen wird nur in § 3 InsO die „örtliche" Zuständigkeit übernommen, während in § 2 I InsO die Kennzeichnung „sachliche" Zuständigkeit vermieden wird.

Sie führt zu verfahrens-prozessrechtlichen Missverständnissen und dogmatischen Verzerrungen. Die sachliche Zuständigkeit gehört dem prozessualen Erkenntnisverfahren an, setzt grundsätzlich eine an sich mögliche alternative Zuständigkeitskonkurrenz zwischen den erstinstanzlichen Gerichten (Amts- und Landgericht) voraus und verteilt die Prozesse nach Streitwert- oder Ausschließlichkeitsmerkmalen entweder an das eine oder andere Gericht. Auch *Zöller/Lückemann* betonen die Abgrenzungsfunktion der sachlichen Zuständigkeit für die Eingangszuständigkeit zwischen AG und LG.[8]

Diese verfahrensdogmatischen Eigenheiten fehlen der Zuständigkeit des „Amtsgerichts als Insolvenzgericht". Irreführend ist vor allem die Formulierung „sachlich zuständig für das Konkursverfahren ist das Amtsgericht, GVG § 22".[9] Sie erweckt den unzutreffenden Eindruck, als ob sich die „sachliche" Zuständigkeit aus „§ 22 GVG" ergebe, während in Wirklichkeit § 22 GVG die völlig andere Frage der Richterbesetzung und Dienstaufsicht betrifft.[10] Gesetzestechnische Verweisungen führen ebenfalls nicht zu der angeblich „sachlichen" Zuständigkeit des Insolvenzgerichts: § 1 ZPO (§ 4 InsO) verweist bezüglich der sachlichen Zuständigkeit auf das GVG. In den §§ 23, 23a ff. GVG ist jedoch die Zuständigkeit des Insolvenzgerichts nicht aufgeführt.

§ 27 GVG öffnet – überflüssigerweise[11] – den Weg für „sonstige" Zuständigkeiten des Amtsgerichts, ua durch Vorschriften „der Prozessordnungen". Eine derartige „Prozessordnung" ist auch die InsO in ihren §§ 2, 3.[12]

Nach allem erscheint es sachgerecht, in Insolvenzsachen in schlichtem Anschluss an die Gesetzesformulierung in § 2 InsO von einer Zuständigkeit des Amtsgerichts als Insolvenzgericht zu sprechen.

4 Die Zuständigkeit des AG ist nach § 2 I InsO eine ausschließliche. Sie ist zwingend, von Amts wegen zu beachten und lässt daher weder eine Zuständigkeitsvereinbarung der Verfahrensbeteiligten noch einen Rügeverzicht zu.[13]

Eine praktische Bedeutung kommt dieser Regelung im Gegensatz zur örtlichen Zuständigkeit nicht zu. Es ist kaum damit zu rechnen, dass ein Verfahrensbeteiligter auf den Gedanken kommt, die Zuständigkeit eines Landgerichts vereinbaren oder dort einen Insolvenzantrag stellen zu wollen.

5 **2. Örtliche Zuständigkeit.** Die Regelung der örtlichen Zuständigkeit in § 3 InsO[14] wird vorab durch die Gerichtsstrukturbestimmungen in § 2 I und II InsO beeinflusst: Grundsätzlich ist nur das Amtsgericht, in dessen Bezirk ein Landgericht seinen Sitz hat, Insolvenzgericht, und zwar für den gesamten Bezirk des Landgerichts. Hiervon kann kraft Ermächtigung der Landesregierungen nach Maßgabe des § 2 II InsO abgewichen werden.

6 Nach § 3 I 1 InsO ist das Insolvenzgericht örtlich zuständig, in dessen Bezirk der Schuldner bei Eingang des Insolvenzeröffnungsantrages seinen allgemeinen Gerichtsstand hat (§§ 13–19 ZPO, Wohnsitz: § 13 ZPO; Firmensitz: § 17 ZPO). S. 2 des § 3 I InsO normiert eine Vorrangstellung zugunsten des Ortes, an dem „der Mittelpunkt

---

[8] *Zöller/Lückemann*, § 23 GVG Rn. 1.
[9] So zur KO noch *Kilger/K. Schmidt*, § 71 KO Anm. 3; *Kuhn/Uhlenbruck*, § 71 KO Rn. 1.
[10] Aufschlussreich ist, dass das „Urzitat" bei *Jaeger/Weber* KO, 8. Aufl. 1973 nicht zu beanstanden ist (§ 71 KO Rn. 1): „Für das Konkursverfahren sind die mit Einzelrichter besetzten Amtsgerichte zuständig (vgl. § 22 GVG ...)".
[11] Jedes Gesetz, also auch die InsO, kann den Zuständigkeitsweg eröffnen, ohne auf die Ermächtigung durch ein anderes gleichrangiges Gesetz angewiesen zu sein, vgl. *Kissel/Mayer* GVG, § 27 GVG Rn. 2.
[12] Vgl. *Zöller/Lückemann*, § 27 GVG Rn. 1.
[13] Vgl. allgemein: *Rosenberg/Schwab/Gottwald*, § 29 Rn. 18 (S. 149); Uhlenbruck/Hirte/Vallender/Pape, § 2 Rn. 2; MüKoInsO/*Ganter,/Lohmann* § 2 Rn. 11; KPB/*Prütting*, § 2 Rn. 12; Nerlich/Römermann/*Becker*, § 2 Rn. 15; Braun/*Kießner*, § 2 Rn. 4; HK/*Kirchhof*, § 2 Rn. 1, 4; FK/*Schmerbach*, § 2 Rn. 1.
[14] *Vallender/Pegda*, NZI 2009, 825, zur Frage eines Konzerninsolvenzgerichtsstandes.

einer selbstständigen wirtschaftlichen Tätigkeit des Schuldners" liegt. Durch diese präzisere Neufassung wird der Begriff der „gewerblichen Niederlassung" in § 71 I KO ersetzt. Nunmehr ist eindeutig klargestellt, dass nicht nur ein „Gewerbe" im Rechtssinne erfasst wird, dass es bei mehreren Niederlassungen auf die Hauptniederlassung ankommt und dass mit einer rein formellen – „strategischen"[15] – Sitzverlegung die örtliche Zuständigkeit nicht manipuliert werden kann.

§ 315 InsO enthält für das Nachlassinsolvenzverfahren eine besondere Regelung der örtlichen Zuständigkeit, die grundsätzlich an den allgemeinen Gerichtsstand des Erblassers zur Zeit seines Todes anknüpft. Diese gilt entsprechend auch im Insolvenzverfahren über das Gesamtgut einer fortgesetzten Gütergemeinschaft (§§ 332 I, 315 InsO). 7

Wenn **mehrere** Insolvenzgerichte örtlich zuständig sind, schließt nach § 3 II InsO das Gericht, bei dem zuerst der Insolvenzeröffnungsantrag eingegangen ist, die übrigen aus. 8

Der Fall der Zuständigkeitskonkurrenz ist selten. Er dürfte in der Praxis nur vorkommen, wenn eine natürliche Person keine selbstständige wirtschaftliche Tätigkeit ausübt, jedoch einen doppelten Wohnsitz hat.

Die örtliche Zuständigkeit ist nach § 2 I InsO eine ausschließliche. Sie ist daher zwingend und von Amts wegen zu beachten. Zuständigkeitsvereinbarungen und Rügeverzicht der Verfahrensbeteiligten sind unzulässig. 9

Wird ein Insolvenzeröffnungsantrag bei einem örtlich unzuständigen Amtsgericht gestellt, hat dieses den Antragsteller darauf hinzuweisen und auf entsprechenden Antrag hin das Verfahren nach §§ 281 ZPO, 4 InsO an das örtlich zuständige Amtsgericht zu verweisen. 10

Der Verweisungsbeschluss ist grundsätzlich – Ausnahme nur bei greifbarer Gesetzwidrigkeit, zB bei Verletzung des rechtlichen Gehörs nach Art. 103 I GG – wie auch unmittelbar im Zivilprozess bindend und mit Rechtsmitteln nicht überprüfbar.[16]

Wird ein Verweisungsantrag nicht gestellt, ist der Antrag auf Eröffnung des Insolvenzverfahrens mangels örtlicher Zuständigkeit als unzulässig zurückzuweisen. Hiergegen steht dem Gläubiger als Antragsteller nach § 34 I InsO die sofortige Beschwerde zu, dem Schuldner als Antragsteller jedoch nicht (§ 6 I InsO), da dessen Beschwerdebefugnis nur im Falle des hier nicht einschlägigen § 26 InsO (Abweisung mangels Masse) gegeben ist.[17] 11

In entsprechender Anwendung der §§ 36, 37 ZPO (§ 4 InsO) ist eine gerichtliche Zuständigkeitsbestimmung in den Fällen möglich, in denen aus tatsächlichen oder rechtlichen Gründen ein im Einzelfall zuständiges Insolvenzgericht nicht (zweifelsfrei) feststellbar ist. Auf diese Weise wird die Lückenlosigkeit des Rechtsschutzes gewährleistet.[18] In Betracht kommt eine analoge Anwendung der Fallalternativen des § 36 Nr. 1, 2, 3, 5, 6 ZPO. 12

3. Funktionelle Zuständigkeit. a) *Allgemeines.* Bei der funktionellen Zuständigkeit handelt es sich um die Verteilung verschiedener Rechtspflegefunktionen unter verschiedene Rechtspflegeorgane in derselben Sache (Verteilungsmaßstab ist die Art der gerichtlichen Tätigkeit).[19] Im Insolvenzverfahren sind somit die Verrichtungen der 13

---

[15] Zur KO hier: 1. Aufl: § 18 Rn. 3.
[16] Vgl. *Zöller/Greger*, § 281 Rn. 16, 17; Uhlenbruck/Hirte/Vallender/*Pape*, § 4 Rn. 15; MüKoInsO/*Ganter/Lohmann*, § 3 Rn. 28; KPB/*Prütting*, § 3 Rn. 17; Nerlich/Römermann/*Becker*, § 3 Rn. 49; Braun/*Kießner*, § 3 Rn. 13; HK/*Kirchhof*, § 3 Rn. 22; FK/*Schmerbach*, § 3 Rn. 37.
[17] Uhlenbruck/Hirte/Vallender/*Pape*, § 34 Rn. 3; FK/*Schmerbach*, § 34 Rn. 6.
[18] *Zöller/Vollkommer*, § 36 Rn. 1, 2; BGHZ 132, 196; BayObLG NJW 1999, 367; Uhlenbruck/Hirte/Vallender/*Pape*, § 4 Rn. 3 mwN; MüKoInsO/*Ganter/Lohmann*, § 3 Rn. 21, § 4 Rn. 39; KPB/*Prütting*, § 3 Rn. 16; Nerlich/Römermann/*Becker*, § 3 Rn. 51; Braun/*Kießner*, § 3 Rn. 14; HK/*Kirchhof*, § 3 Rn. 23; FK/*Schmerbach*, § 3 Rn. 35 ff.
[19] *Rosenberg/Schwab/Gottwald*, § 30 Rn. 1 (S. 149); Uhlenbruck/Hirte/Vallender/*Pape*, § 2 Rn. 3 ff.; MüKoInsO/*Ganter/Lohmann* § 2 Rn. 20 ff.; KPB/*Prütting*, § 2 Rn. 19; Nerlich/Römermann/*Becker*, § 2 Rn. 19; Braun/*Kießner*, § 2 Rn. 9; HK/*Kirchhof*, § 2 Rn. 7; FK/*Schmerbach*, § 2 Rn. 20 ff.

Richter von denen der Rechtspfleger und der Urkundsbeamten der Geschäftsstelle abzugrenzen.

14 Die funktionelle Zuständigkeit ist eine ausschließliche[20] und daher der Vereinbarung und dem Rügeverzicht entzogen. Die Entscheidung eines Rechtspflegers, dem hierzu die Ermächtigung nach dem RpflG fehlt, ist unwirksam,[21] zB ein von ihm erlassener Insolvenzeröffnungsbeschluss (§ 8 I RPflG). Wenn andererseits ein Insolvenzrichter entscheidet, obwohl an sich der Rechtspfleger zuständig gewesen wäre, ist das folgenlos, da dem Richter ohnehin nach § 18 II RpflG Kompetenzvorbehalte zustehen (latente Allzuständigkeit).

15 **b)** *Rechtspfleger.* Nach § 3 Nr. 2e RpflG ist das gerichtliche Insolvenzverfahren grundsätzlich – Ausnahmen vorbehalten – dem Rechtspfleger übertragen. Die Schlussrechnungsprüfung wird häufig von dem Rechtspfleger an Externe vergeben. Fraglich ist, ob das Gericht überhaupt zur Bestellung eine solchen Externen befugt ist und in welchem Umfang es seine Prüfungspflicht auf Sachverständige übertragen kann.[22] Der Rechtspfleger hat jedenfalls im Rahmen des Verfahrens gewichtige und umfangreiche Kompetenzen wahrzunehmen.

16 **c)** *Richter.* Dem Richter bleiben nach § 18 I Nr. 1 und 2 RpflG ausnahmslos vorbehalten:
- das Insolvenzeröffnungsverfahren mit allen zu treffenden einstweiligen Anordnungen und die Entscheidung über den Eröffnungsantrag einschließlich Ernennung des Insolvenzverwalters;
- das Verfahren über einen Schuldenbereinigungsplan nach den §§ 305–310 InsO;
- im Restschuldbefreiungsverfahren die Entscheidungen nach §§ 287a, 290, 296 bis 297a, 300 InsO, wenn ein Insolvenzgläubiger die Versagung der Restschuldbefreiung beantragt; außerdem die Entscheidung über den Widerruf der Restschuldbefreiung nach § 303 InsO.

Darüber hinaus steht es nach § 18 II RpflG im pflichtgemäßen Ermessen des Insolvenzrichters, ob er sich das Verfahren ganz oder teilweise vorbehält, sodann wieder auf den Rechtspfleger überträgt und schließlich wieder an sich zieht.

Nach § 4 II RpflG ist nur der Richter befugt, Beeidigungen durchzuführen und Freiheitsentziehungen anzudrohen oder anzuordnen.

17 **d)** *Geschäftsstelle.* Die Aufgaben der Geschäftsstelle bzw. des Urkundsbeamten erfassen insbesondere folgende Tätigkeiten:

Aufnahme von Protokollerklärungen, Auslage bzw. Niederlegung wichtiger Informationsunterlagen zur Einsicht der Verfahrensbeteiligten, Mitwirkung bei der öffentlichen Bekanntmachung gerichtlicher Entscheidungen und der Information von Registergerichten, Führen der Stimmliste im Planverfahren ua (vgl. §§ 66 II 2, 30, 31 auch iVm 200 II und 215 I, 150 2, 154, 188 2, 194 III 1, 214 I 1u 2, 234, 239, 258 III, 267, 268 II, 273, 277 III InsO).

III. Kompetenzen

18 **1. Allgemeines.** Die Kompetenzen des Insolvenzgerichts werden zwangsläufig von seiner eingeschränkten Stellung innerhalb des Insolvenzverfahrens geprägt. Insbesondere ist das Gericht nicht „Herr" des eröffneten Insolvenzverfahrens, dessen zentrale Entscheidungen (Verwertung, Liquidation, Sanierung, Insolvenzplan ua) der Gläubigerautonomie überlassen sind.

---

[20] *Rosenberg/Schwab/Gottwald,* § 30 Rn. 23 (S. 151).
[21] *Rosenberg/Schwab/Gottwald,* § 30 Rn. 25 (S. 152); Uhlenbruck/Hirte/Vallender/*Pape,* § 2 Rn. 4; MüKoInsO/*Ganter/Lohmann,* § 2 Rn. 23; FK/*Schmerbach* § 2 Rn. 52.
[22] *Franke/Goth/Firmenich,* ZInsO 2009 (S. 123 ff.).

Grundentscheidungen trifft das Gericht allerdings im Eröffnungsverfahren sowie zur Aufhebung und Einstellung des Verfahrens. Im Übrigen nimmt das Gericht vor allem Aufgaben der Aufsicht, Sicherung und Prüfung wahr.

2. Einzelne Kompetenzen. An besonders wichtigen Befugnissen und Aufgaben des Insolvenzgerichts sind hervorzuheben:
- §§ 20, 21, 22a, 26, 27, 270a I 2 InsO: Insolvenzeröffnungsverfahren: Auskunftsberechtigung gegenüber dem Schuldner, einstweilige Sicherungsmaßnahmen durch Verfügungsverbot und Bestellung eines vorläufigen Insolvenzverwalters, Einsetzung eines vorläufigen Gläubigerausschusses sowie Bestellung eines vorläufigen Sachwalters; Eröffnungsantrag ablehnen oder stattgeben, einschließlich Bestellung eines Insolvenzverwalters oder Sachwalters.[23]
- Durch das Gesetz zur Vereinfachung des Insolvenzverfahrens vom 23.10.2008 ist mit § 21 II S. 1 Nr. 5 InsO eine Vorschrift eingefügt worden, die dem Insolvenzgericht Anordnungen gegenüber Gläubigern ermöglicht, die im Fall der Eröffnung des Verfahrens als aus- oder absonderungsberechtigt anzusehen sind. Das Gericht kann danach bestimmen, dass Gegenstände, die bei Verfahrenseröffnung von § 166 InsO erfasst würden oder deren Aussonderung verlangt werden könnte, von Gläubigern nicht verwertet oder eingezogen werden dürfen und dass solche Gegenstände zur Fortführung des Unternehmens des Schuldners eingesetzt werden können, soweit sie hierfür von erheblicher Bedeutung sind.[24]
- § 29 InsO: wichtige Terminbestimmungen (Berichtstermin und Prüfungstermin).
- §§ 74, 75, 76 I, 78 I InsO: Einberufung und Leitung der Gläubigerversammlung sowie Prüfung und ggf. Aufhebung eines Beschlusses der Gläubigerversammlung.
- §§ 58, 59 InsO: Aufsicht über den Insolvenzverwalter und seine Entlassung.[25]
- §§ 67, 70 InsO: (einstweilige) Einsetzung eines Gläubigerausschusses und Entlassung eines Mitglieds des Gläubigerausschusses.
- §§ 89 III, 148 II 2 InsO: Das Insolvenzgericht „als Vollstreckungsgericht" bei Entscheidungen über Einwendungen im Zusammenhang mit Vollstreckungsverboten und einer Herausgabevollstreckung des Verwalters aufgrund einer vollstreckbaren Ausfertigung des Eröffnungsbeschlusses.
- §§ 97 I und III, 98, 99 I InsO: Auskunftsberechtigung gegenüber dem Schuldner sowie Anordnung einer eidesstattlichen Versicherung des Schuldners, seiner Zwangsvorführung, Haftanordnung und Postsperre.
- §§ 158 II 2, 161 2, 163 I InsO: vorläufige Untersagung von Rechtshandlungen und Auflage einer Zustimmung.
- §§ 194 I und II, 196 II, 197 III, 203, 211 III InsO: Entscheidung über Einwendungen gegen das Verteilungsverzeichnis, Zustimmung zur Schlussverteilung und Entscheidung über Einwendungen gegen das Schlussverzeichnis, Anordnung von Nachtragsverteilungen.
- §§ 200 I, 207 I 1, 211 I, 212, 213, 258 InsO: Beschlussfassung über Aufhebungen und Einstellungen des Insolvenzverfahrens.

---

[23] Verwalterauswahl durch das Insolvenzgericht, vgl. BVerfG, NZI 2006, 453; BGH, NZI 2008, 161; BVerfG, NZI 2009, 641; OLG Brandenburg, NZI 2009, 647; OLG Brandenburg, NZI 2009, 682; OLG Brandenburg, NZI 2009, 723; vgl. auch BGH, NZI 2010, 95, keine pauschale Anordnung eines Verwertungsverbots für künftige Aus- und Absonderungsrechte.

[24] *Heublein* ZIP 2009 (S. 11, 17); *Ganter*, NZI 2007, 549; *Vallender/Fuchs*, NZI 2003, 292; Die Regelung des § 21 II 1 Nr. 5 InsO ist umstritten, vgl. Uhlenbruck/Hirte/Vallender/*Vallender*, § 21 Rn. 38h. Nach diesseitiger Auffassung ist sie im Hinblick auf Gegenstände, die der Aussonderung unterliegen, verfassungswidrig.

[25] LG Göttingen, Aufsichtsmaßnahmen/Androhung eines Zwangsgelds, NZI 2009, 61.

- §§ 231, 233, 248, 249, 250, 251, 268 InsO: Insolvenzplanverfahren, Zurückweisung des Plans, Aussetzung der Verwertung und Verteilung der Masse, Planbestätigung oder Versagung der Bestätigung, Aufhebung der Planüberwachung.
- §§ 270, 272 InsO: Anordnung und Aufhebung der Eigenverwaltung des Schuldners.
- §§ 287a, 288, 290, 296 I, 297, 297a, 300 I und III, 303 I InsO: Feststellung, Erteilung oder Versagung der Restschuldbefreiung des Schuldners und Widerruf, Bestimmung des Treuhänders.

IV. Gerichtsverfahren

20   **1. Allgemeines.** Die InsO enthält kein in sich geschlossenes Verfahrenssystem. Sie normiert lediglich eine Reihe von Sonderregelungen und bedient sich im Übrigen durch Verweisung in § 4 InsO einer entsprechenden Anwendung der *ZPO,* soweit diese mit der Rechtsnatur des Insolvenzverfahrens vereinbar ist. Unter dieser Voraussetzung sind auch Bestimmungen des *GVG* entsprechend anwendbar. Dass insoweit eine Analogie in § 4 InsO nicht ausdrücklich normiert ist, besagt nichts Gegenteiliges. Da das Insolvenzverfahren in sachgerechter Wertung (§ 17 I.) nicht der „streitigen" Gerichtsbarkeit zuzuordnen ist, kann man zur Rechtfertigung einer direkten Anwendung des GVG zwar nicht auf § 2 EGGVG zurückgreifen. Eine analoge Anwendung ist jedoch generell zulässig.[26] Im Übrigen dürfte die in § 4 InsO unterbliebene Bezugnahme auf das GVG ein bloßes Redaktionsversehen des Gesetzgebers sein (wie bereits in § 72 KO). Wenn schon in den Verfahrensordnungen der Nachbargerichtsbarkeiten der ordentlichen Gerichtsbarkeit (VwGO, FGO, SGG, ArbGG) die entsprechende Anwendung von Vorschriften der ZPO und auch des GVG vorgesehen ist (§ 17 I.), hat das erst recht für das der ordentlichen Gerichtsbarkeit zugeordnete Insolvenzverfahren zu gelten. Schließlich enthielt bzw. enthält das GVG – wie selbstverständlich – zwei unmittelbar das Insolvenzverfahren betreffende Regelungen: Nach § 202 GVG (inzwischen aufgehoben) waren die (ehemaligen) Gerichtsferien auf das Insolvenzverfahren ohne Einfluss. Durch Art. 12 EGInsO ist § 22 GVG ein neuer Absatz VI angefügt worden, wonach ein Richter auf Probe im ersten Jahr nach seiner Ernennung Geschäfte in Insolvenzsachen nicht wahrnehmen darf.[27] Diese Direktregelungen sprechen ebenfalls zwingend für die Zulässigkeit einer analogen Anwendung passender Bestimmungen des GVG im Insolvenzverfahren.

21   **2. Besondere Verfahrensregelungen der InsO. a)** *Allgemeine Grundsätze.* Nach § 5 I InsO hat das Insolvenzgericht alle verfahrensrelevanten Umstände von Amts wegen zu ermitteln.[28] Das gilt insbesondere im Rahmen der speziellen gerichtlichen Kompetenzen (§ 17 III.), aber auch darüber hinaus, wenn andere Verfahrensbeteiligte, insbesondere der Insolvenzverwalter, Hinweise und Anregungen zu klärungsbedürftigen Fragen geben (zB Ermittlungen zwecks Sicherung der Insolvenzmasse oder Vorbereitung zur Insolvenzanfechtung).

22   Die Befugnis zur Amtsermittlung umfasst die Einholung amtlicher Auskünfte, die Beiziehung anderer Verfahrens- und Registerakten, den Urkundenbeweis, die Augenscheineinnahme (zB Ortsbesichtigung) und insbesondere die Zeugen- und Sachverständigenvernehmung (einschließlich Einholung eines schriftlichen Sachverständigengutachtens), die Vernehmung des Schuldners;[29] die Anhörung der übrigen Mitglieder des Vertretungsorgans, Gesellschafter, Mitglieder des Aufsichtsrats oder des Abwicklers gemäß § 15 II 3 InsO.

---

[26] *Kissel/Mayer* GVG, § 2 EGGVG Rn. 2.
[27] § 22 VI GVG wurde mit Gesetz zur weiteren Erleichterung der Sanierung von Unternehmen (BGBl. 2011 I 2582) erweitert.
[28] BGH, NZI 2007, 408 und NZI 2008, 121 zur Amtsermittlungspflicht des Insolvenzgerichts.
[29] Vgl. *Prütting,* Kölner Schrift, S. 235 f. Rn. 44, 45.

Der sog. Amtsbetrieb³⁰ beinhaltet die Tätigkeit des Gerichts, von Amts wegen für 23
Terminierungen, Ladungen, Zustellungen (§ 8 InsO), Bekanntmachungen (§ 9 InsO)
und Eintragungen (§§ 31–33 InsO) zu sorgen. Eine Neuerung gegenüber der Konkursordnung und Ausnahme enthält § 8 III InsO, wonach das Gericht die Durchführung von Zustellungen auf den Insolvenzverwalter delegieren kann. Mit dem Gesetz
vom 23.10.2008 wurde diese zusammen mit der öffentlichen Bekanntmachung (§ 9
InsO) präzisiert.

Nach § 5 II 1 InsO gilt der Grundsatz der fakultativen Mündlichkeit. Es reicht daher 24
grundsätzlich aus, wenn die von einer gerichtlichen Entscheidung betroffenen Verfahrensbeteiligten in irgendeiner Form vorab Kenntnis und Gelegenheit zur Stellungnahme
erhalten.³¹

Förmliche, besonders wichtige Entscheidungen des Insolvenzgerichts ergehen durch 25
Beschluss (zB Entscheidungen über Eröffnung, Aufhebung und Einstellung des Insolvenzverfahrens). Das folgt indirekt, da der Sprachgebrauch der InsO insoweit nicht einheitlich ist, aus dem Rechtsmittelsystem des § 6 InsO (sofortige Beschwerde), das schon
nach der ZPO traditionell der Beschlussentscheidung zugeordnet ist. Nicht jede gerichtliche Anordnung erfolgt durch Beschluss, vielmehr häufig durch gerichtliche Verfügung (zB Terminbestimmung, Anordnungen von Ermittlungen). Jedenfalls haben mit
Rechtsmittel anfechtbare Entscheidungen durch – zu begründenden – Beschluss zu
ergehen. Darüber hinaus ist die Abgrenzung der Entscheidungsförmlichkeit unerheblich
und der Verfahrenspraxis der Gerichte überlassen (zB Anordnung einer Zeugenvernehmung, Einholung eines Sachverständigengutachtens durch Beschluss oder gerichtliche
Verfügung).

b) *Rechtsmittelverfahren*. Das **Rechtsmittelverfahren** ist in der InsO in Abweichung 26
von der Regelung in der KO (§ 73 III KO) neu gestaltet. Nach § 6 I InsO ist ein
Rechtsmittel (sofortige Beschwerde) gegen Entscheidungen des Insolvenzgerichts nur
dann zulässig, wenn und für wen die InsO dies ausdrücklich zulässt. Diese Regelung
schließt allerdings nicht aus, dass gegen Entscheidungen des Rechtspflegers nach § 11 II
RPflG der Rechtsbehelf der Erinnerung möglich ist.³² Die Beschwerdefrist beginnt
grundsätzlich mit der Verkündung der Entscheidung oder bei Nichtverkündung mit
deren Zustellung (§ 6 II InsO).

In § 572 I 1 ZPO (§ 4 InsO) wird dem Insolvenzgericht die Befugnis eingeräumt, 27
einer sofortigen Beschwerde selbst abzuhelfen, so dass sich eine Rechtsmittelentscheidung des Beschwerdegerichts erübrigen kann. Diese Abhilfemöglichkeit dient dem zügigen Fortgang des Insolvenzverfahrens. Sie gilt nach § 11 I RPflG auch bei einer „sofortigen Beschwerde" gegen Entscheidungen des Rechtspflegers.³³

Grundsätzlich wird nach § 6 III 1 InsO die Entscheidung über die Beschwerde erst
mit ihrer Rechtskraft wirksam. Jedoch ist das Beschwerdegericht auch befugt, die sofortige Wirksamkeit der Entscheidung anzuordnen (§ 6 III 2 InsO).

Vor seiner Entscheidung kann das Beschwerdegericht nach § 570 III ZPO (§ 4 InsO)
die Vollziehung der angefochtenen Entscheidung einstweilen aussetzen. Diese Befugnis
steht vorab auch dem Erstgericht zu (§ 570 II ZPO).

---

³⁰ *Prütting*, aaO S. 236 Rn. 46.
³¹ *Prütting*, aaO S. 236 f. Rn. 47, 48.
³² Uhlenbruck/Hirte/Vallender/*Pape*, § 6 Rn. 7; MüKoInsO/*Ganter/Lohmann*, § 6 Rn. 59; Nerlich/
Römermann/*Becker*, § 6 Rn. 18; Braun/*Bußhardt*, § 6 Rn. 49; HK/*Kirchhof*, § 6 Rn. 15; FK/
Schmerbach, § 6 Rn. 44 ff.; KPB/*Prütting*, § 6 Rn. 40; Arnold/Meyer-Stolte/Hintzen, § 11 RPflG
Rn. 127.
³³ Statt der früheren „Durchgriffserinnerung" nach § 11 I, II RPflG aF ist nach § 11 I RPflG nF
das „allgemeine" Rechtsmittel gegeben; Uhlenbruck/Hirte/Vallender/*Pape*, § 6 Rn. 10; MüKoInsO/
Ganter/Lohmann, § 6 Rn. 59; KPB/*Prütting*, § 6 Rn. 41; Nerlich/Römermann/*Becker*, § 6 Rn. 14;
Braun/*Baumert*, § 6 Rn. 52; HK/*Kirchhof*, § 6 Rn. 31; FK/*Schmerbach*, § 6 Rn. 89 ff., 98.

28 Die Regelung des § 7 InsO wurde durch Art. 2 des am 26.10.2011 verkündeten Gesetzes zur Änderung des § 522 ZPO[34] mit Wirkung zum 27.10.2011 aufgehoben und gilt gemäß Art. 103 f. EGInsO nur noch für alle vor Inkrafttreten des Gesetzes ergangenen Beschwerdeentscheidungen, sofern die Frist für die Rechtsbeschwerde nicht schon vorher abgelaufen war. Damit ist gemäß § 4 InsO iVm. §§ 574 ff. ZPO die Rechtsbeschwerde in Insolvenzverfahren nur noch statthaft, wenn das Beschwerdegericht die Rechtsbeschwerde zugelassen hat.[35]

29 Das Prinzip der ausdrücklichen Rechtsmittelzulassung in § 6 I InsO gilt nur für „Entscheidungen des Insolvenzgerichts", dh für insolvenzgerichtstypische, in der InsO selbst geregelte Entscheidungen. Soweit das Insolvenzgericht kraft Verweisung auf die ZPO (§ 4 InsO) oder in entsprechender Anwendung des GVG Entscheidungen erlässt, gilt auch das analoge Rechtsmittelsystem (zB sofortige Beschwerde nach § 380 III ZPO gegen Sanktionen bei Ausbleiben eines Zeugen und nach § 409 II ZPO bei Ausbleiben oder Weigerung eines Sachverständigen).

30 Die InsO gewährt ua in folgenden Fällen eine **sofortige Beschwerde:**[36]
§ 34 I, II: Entscheidung über Verfahrenseröffnung; §§ 58 II 3, III, 59 II 1: Zwangsmaßnahmen gegen Insolvenzverwalter und Entlassung; § 70 S. 3: Entlassung eines Mitgliedes des (vorläufigen) Gläubigerausschusses; § 64 III 1, § 21 II Nr. 1, § 73 II, § 274 I, § 293 II, § 313 I 3: Vergütungsfestsetzung bezüglich Insolvenzverwalter, vorläufigen Insolvenzverwalter, Mitglieder des Gläubigerausschusses, Sachwalter bei Eigenverwaltung des Schuldners, Treuhänder im Verfahren der Restschuldbefreiung und Treuhänder im vereinfachten Insolvenzverfahren; § 75 III: Ablehnung der Einberufung einer Gläubigerversammlung; § 78 II 2 und 3: Beschlussaufhebung der Gläubigerversammlung; §§ 98 III 3, 99 III 1: Haftanordnungen, Postsperre; §§ 194 II 2 und III 2, 197 III, 204 I 2 und II 2: Verteilungsverzeichnis, Schlussverteilung, Nachtragsverteilung; § 216: Verfahrenseinstellungen nach §§ 216, 207, 212, 213; §§ 231 III, 253: Insolvenzplanzurückweisung, Planbestätigung oder Versagung der Bestätigung; § 272 II 3: Entscheidung über Aufhebung der Eigenverwaltung; §§ 287a I 2, 289 II 1 aF; 290 III, 296 III 1, 297 II, 297a II, 298 III, 300 III 2 aF, 300 IV 2, 303 III 2: Entscheidungen im Verfahren der Restschuldbefreiung; § 309 II 3: Entscheidung bei Ersetzen der Zustimmung im Verfahren des Schuldenbereinigungsplans.

31 c) *Einzelregelungen.* Die InsO enthält eine Vielzahl von Anordnungen der **Zustellung und öffentlichen Bekanntmachung.** Ihre Ausgestaltung, §§ 8 und 9 InsO, ist zuletzt durch das Gesetz vom 13.4.2007 präzisiert worden.[37]

32 Zustellung: §§ 23 I 2, 25 I, 30 II, 64 II 1, 204 II 1, 208 II 2, 307 I;

33 Öffentliche Bekanntmachung: §§ 23 I 1, 25 I, 30 I, 34 III 1, 64 II 1, 74 II 1, 78 II 1, 200 II, 208 II 1, 214 I 1, 215 I 1, 235 II, 258 III 1, 267 I und II, 268 II 1, 273, 277 III 1, 300 III 1, 345.

Insbesondere die öffentliche Bekanntmachung betrifft besonders wichtige Entscheidungen und Vorgänge des Insolvenzverfahrens und dient einer möglichst umfassenden Information der im Einzelfall zahlreichen Beteiligten und des allgemeinen Geschäftsverkehres.

---

[34] BGBl. 2011 I 2082.
[35] Vgl. HambKommInsO/*Rüther*, § 7 InsO Rn. 1; *Kirchhof*, ZInsO 2012, 16; *Zimmer*, ZInsO 2011, 1689.
[36] Vgl. den Beschwerdekatalog bei Uhlenbruck/Hirte/Vallender/*Pape*, InsO § 6 Rn. 5.
[37] Aufgrund der Neuregelung des § 8 I InsO gilt das Schriftstück drei Tage nach Aufgabe zur Post als zugestellt, wenn die Zustellung im Insolvenzverfahren im Inland bewirkt werden soll. Systemwechsel in § 9 InsO: Danach erfolgen öffentliche Bekanntmachungen im Insolvenzverfahren nur noch durch eine zentral und länderübergreifende Veröffentlichung im Internet auf der Plattform: www.insolvenzbekanntmachungen.de; vgl. auch BGH, ZInsO 2008, 320, § 8 I 2 InsO ist lediglich eine Rechtsfolgenverweisung.

Das Insolvenzgericht   34–37 § 17

Besonders ausgeprägt sind die von der InsO normierten, zahlreichen **Anhörungs-** 34
pflichten:
- §§ 14 II, 15 II 3: Anhörung im Insolvenzeröffnungsverfahren;
- §§ 59 I 3, 70 S. 3: Anhörung vor Entlassung des Verwalters oder eines Mitgliedes des (vorläufigen) Gläubigerausschusses;
- § 99 I 2, 3u III 2: Anhörung bei Postsperre zu Lasten des Schuldners;
- §§ 156 II, 197 I: Anhörung im Berichtstermin und im Schlusstermin;
- §§ 158 II, 161 S. 2: Unterrichtung bzw. Anhörung vor Unternehmensstilllegung und bei vorläufiger Untersagung von Rechtshandlungen;
- §§ 207 II, 214 II: Anhörung vor Verfahrenseinstellungen;
- §§ 232, 235, 248 II: Anhörung zum Insolvenzplan und im Erörterungs- und Abstimmungstermin sowie vor Entscheidung über die Planbestätigung;
- § 272 II 2: Anhörung vor Aufhebung der Eigenverwaltung des Schuldners;
- §§ 289 I 1, 296 II 1, 298 II 1, 300 I, 303 III 1: Anhörung im Verfahren der Restschuldbefreiung;
- §§ 307 III 1, 309 II 1, 314 II und III 3: Möglichkeit der Stellungnahme im Verfahren des Schuldenbereinigungsplans und im vereinfachten Insolvenzverfahren;
- §§ 317 II 2 und III, 318 II 2, 332 I: Anhörung im Nachlassinsolvenzverfahren und Insolvenzverfahren über das Gesamtgut einer fortgesetzten Gütergemeinschaft;

Auch Pflichten zur **Niederlegung** wichtiger Insolvenzunterlagen zur Einsicht der 35
Verfahrensbeteiligten dienen der Information und Anhörung:
- § 66 II 2 InsO: Schlussrechnung des Verwalters;
- §§ 154 (151, 152, 153) InsO: Verzeichnis der Massegegenstände, des Gläubigerverzeichnisses und der Vermögensübersicht;
- § 175 I 2 InsO: Forderungstabelle;
- §§ 188 S. 2, 194 III 1, 197 III InsO: Verteilungsverzeichnis, Beschluss über Berichtigung des Verteilungsverzeichnisses, Entscheidung über Einwendungen gegen Schlussverteilung;
- § 214 I 2 InsO: Anträge auf Einstellungen des Verfahrens nach §§ 212, 213 InsO;
- § 234 InsO: Insolvenzplan.

Alle vorgenannten Anhörungspflichten dienen dem Verfassungsgrundsatz der Ge- 36
währung rechtlichen Gehörs nach Art. 103 I GG. Die Anhörungspflichten in der InsO stellen keinen abgeschlossenen Katalog dar. Im Einzelfall sind weitere Anhörungspflichten unmittelbar aus Art. 103 I GG abzuleiten.

Unter bestimmten Voraussetzungen kann allerdings eine Anhörung (des Schuldners) unterbleiben (§ 10 InsO).

3. Verfahrensregelungen der ZPO. Über § 4 InsO erscheint die entsprechende 37
Anwendung (insbesondere) folgender ZPO-Regelungen sachgerecht:[38]
- §§ 13 ff. ZPO: Allgemeiner Gerichtsstand;
- § 36 ZPO: Bestimmung des (örtlich) zuständigen Gerichts;
- §§ 41–49 ZPO (§ 10 RpflG): Ausschließung und Ablehnung von Gerichtspersonen (Richter, Rechtspfleger, Urkundsbeamter);
- §§ 51 ff., 80 ff. ZPO: Prozess-/Verfahrensfähigkeit und Vertretung;
- §§ 217, 222, 224 II, 225, 233 ff. ZPO: Fristen und Wiedereinsetzung bei Fristversäumnis (die Sonderregelung des § 186 InsO ist zu beachten);
- § 281 ZPO: Verweisung bei (örtlicher) Unzuständigkeit;

---

[38] Vgl. zur KO: *Kilger/K. Schmidt*, § 72 KO Anm. 1–3 und zur InsO: Uhlenbruck/Hirte/Vallender/Pape, § 4 Rn. 3–39; MüKoInsO/*Ganter/Lohmann*, § 4 Rn. 37–89; KPB/*Prütting*, § 4 Rn. 5–25; *Nerlich/Römermann/Becker*, § 4 Rn. 18–27; Braun/*Baumert*, § 4 Rn. 5–43; HK/*Kirchhof*, § 4 Rn. 5–20; FK/*Schmerbach*, § 4 Rn. 3–22.

§ 17 38, 39   Kapitel III. 1. Abschnitt. Die Verfahrensbeteiligten

- § 294 ZPO: Glaubhaftmachung;
- §§ 299 I, 299a ZPO: Akteneinsicht und Abschriften für Verfahrensbeteiligte, nach § 299 II ZPO Einsicht mit Bewilligung des Direktors/Präsidenten des Insolvenzgerichts auch für Drittpersonen, falls diese ein rechtliches Interesse glaubhaft machen.[39]
- §§ 91 ff., 269 III 2 ZPO: Kosten, zB bei Abweisung oder Rücknahme (§ 13 II InsO) des Insolvenzeröffnungsantrages, zur Anwendbarkeit des § 91a ZPO vgl. *Kilger/ K. Schmidt* (§ 103 KO Anm. 2 mwN);
- §§ 319, 320 ZPO: Berichtigung von Beschlüssen des Insolvenzgerichts;
- §§ 322 ff. ZPO: auch Beschlüsse des Insolvenzgerichts können in materielle Rechtskraft erwachsen;
- §§ 355 ff. ZPO: Beweisaufnahme;
- §§ 567 ff. ZPO: Beschwerderegelungen, soweit nicht die Sonderbestimmungen der §§ 6, 7 InsO eingreifen;
- §§ 136–143, 159–165 ZPO: Verfahrensleitung und Protokollierung, auch in den der Leitung des Gerichts unterliegenden Gläubigerversammlungen.

38   **4. Verfahrensregelungen des GVG.** Was die Bestimmungen des GVG betrifft, ist die entsprechende Anwendung folgender Regelungen sachgerecht:
- §§ 156 ff. GVG: Rechtshilfeersuchen zur unterstützenden Ermittlung im Rahmen des Verfahrenszwecks, allerdings nicht zur Abhaltung zentraler Termine wie Berichtstermin, Prüfungstermin und andere Gläubigerversammlungen;
- §§ 176 ff. GVG: sitzungspolizeiliche Maßnahmen in mündlichen Verhandlungen und Beweisterminen, aber auch in den der Leitung des Gerichts unterliegenden Gläubigerversammlungen;
- §§ 184 ff. GVG: Gerichtssprache.

39   Ob und inwieweit die Bestimmungen der §§ 169 ff. GVG über die **Öffentlichkeit** der Verhandlung gelten, ist zweifelhaft.[40] In Betracht kommt eine analoge Anwendung (allenfalls) dann, wenn das Insolvenzgericht, was nicht zwingend ist (§ 5 II InsO), zur Vorbereitung einer Entscheidung eine mündliche Verhandlung bestimmt.[41] Bejaht man den Öffentlichkeitszwang für eine derartige mündliche Verhandlung, dann gilt dies – wie auch im Zivilprozess[42] – uneingeschränkt, also einschließlich einer etwa in oder unmittelbar mit der mündlichen Verhandlung stattfindenden Beweisaufnahme. Findet ausschließlich eine Beweisaufnahme statt, sei es vor dem Insolvenzgericht oder vor dem Rechtshilfegericht, ist diese auf keinen Fall der Öffentlichkeit zugänglich, da keine „Verhandlung" im Sinne des § 169 GVG erfolgt. Auch Gläubigerversammlungen sind grundsätzlich nicht öffentlich.[43] Bei ihnen wird das Insolvenzgericht, das nicht Entscheidungsträger und damit auf keinen Fall „erkennendes" Gericht ist, in der Regel nur im Rahmen seiner Leitungsbefugnis tätig.

---

[39] Zur Problematik und Einschränkung der Akteneinsicht: *Haarmeyer* InVo 1997, 253; *Haarmeyer/Seibt* Rpfleger 1996, 221. Vgl. iÜ Uhlenbruck/Hirte/Vallender/*Pape*, § 4 Rn. 26, 28, 29; MüKoInsO/ Ganter/Lohmann, § 4 Rn. 57–78; KPB/*Prütting*, § 4 Rn. 19; Nerlich/Römermann/*Becker*, § 4 Rn. 24; Braun/*Baumert*, § 4 Rn. 28 ff.; HK/*Kirchhof*, § 4 Rn. 15; FK/*Schmerbach*, § 4 Rn. 53 ff.

[40] Zöller/*Lückemann*, § 169 GVG Rn. 1; vgl. die differenzierten Ausführungen bei Uhlenbruck/ Hirte/Vallender/*Pape*, § 4 Rn. 40; MüKoInsO/*Ganter/Lohmann*, § 4 Rn. 7–10; KPB/*Kübler*, § 76 Rn. 12; Nerlich/Römermann/*Becker*, § 4 Rn. 21 u *Delhaes*, § 74 Rn. 11 ff.; HK/*Kirchhof*, § 4 Rn. 26; FK/ *Schmerbach*, § 4 Rn. 24.

[41] So *Kilger/K. Schmidt*, § 72 KO Anm. 3; *Uhlenbruck* u MüKoInsO/*Ganter/Lohmann*, § 4 Rn. 13; Nerlich/Römermann/*Becker*, § 4 Rn. 21; HK/*Kirchhof*, § 4 Rn. 26.

[42] Zöller/*Lückemann*, § 169 GVG Rn. 9.

[43] *Kilger/K. Schmidt*, § 72 KO Anm. 3; Uhlenbruck/Hirte/Vallender/*Pape*, § 4 Rn. 40; MüKoInsO/ Ganter/Lohmann, § 4 Rn. 7; Nerlich/Römermann/*Becker*, § 4 Rn. 21; HK/*Riedel*, § 74 Rn. 10 ff.; FK/ *Schmerbach*, § 4 Rn. 24.

Ob entsprechend § 175 II GVG Pressevertretern ausnahmsweise Zutritt zu den Gläubigerversammlungen gewährt werden darf, ist zweifelhaft, wird aber teilweise bejaht.[44]

V. Verfahrens- und Prozesskostenhilfe

1. Allgemeines.[45] Grundsätzlich kommt im Insolvenzverfahren kraft Verweisung in § 4 InsO auch eine entsprechende Anwendung der Bestimmungen über die Bewilligung von Prozesskostenhilfe (§§ 114 ff. ZPO) in Betracht. Zu den einschlägigen Fragen im *Insolvenzeröffnungsverfahren* wird auf die Ausführungen in → § 11 Rn. 6 f. und → § 12 Rn. 34 Bezug genommen. 40

Im eröffneten Insolvenzverfahren stellen sich zwei grundsätzlich verschiedene Fragen: Einmal ist zu prüfen, ob und ggf. welchen Beteiligten im Insolvenzverfahren selbst Verfahrenskostenhilfe durch das Insolvenzgericht gewährt werden kann. Zum anderen bedarf es der Klärung, ob und bei welchen Zivilprozessen, die im Zusammenhang mit dem Insolvenzverfahren stehen, in direkter Anwendung der §§ 114 ff. ZPO Prozesskostenhilfe durch das Prozessgericht zu bewilligen ist.

2. Verfahrenskostenhilfe. a) *Keine generelle Bewilligung.* Eine Verfahrenskostenhilfe hat zwar im eröffneten Insolvenzverfahren im Allgemeinen keine Bedeutung für eine Kostenfreistellung, wohl aber für die Beiordnung eines Rechtsanwalts (§ 121 II ZPO). 41

Als Antragsteller für die Bewilligung von Verfahrenskostenhilfe kommen nur Gläubiger und Schuldner in Betracht. Für den Insolvenzverwalter stellt sich, was seine verfahrensinterne Tätigkeit angeht, die Frage einer Antragsberechtigung von vornherein nicht: Verwaltung, Verwendung und Verwertung der Insolvenzmasse finanzieren sich entweder durch die Masse oder überhaupt nicht; bei Masseamut kommen nur rudimentäre Abwicklungs- und Einstellungsmechanismen (§§ 207–211 InsO) zum Zuge, keine „Kostenhilfe".

Die Prozesskostenbewilligung erfasst grundsätzlich die Verfahrenseinheit, also keine Einzelakte (Ausnahme: § 121 IV ZPO). Das ergibt sich indirekt aus § 119 I 1 ZPO („für jeden Rechtszug besonders"). Dieser Grundsatz kann für das Insolvenzverfahren nicht entsprechend gelten: Die Bewilligung setzt neben der Bedürftigkeit des Antragstellers insbesondere eine „hinreichende Aussicht auf Erfolg" der beabsichtigten Rechtsverfolgung oder Rechtsverteidigung voraus (§ 114 ZPO). Für den Schuldner ist eine generelle Anbindung an die erforderliche Erfolgsaussicht des Insolvenzverfahrens schon begrifflich – da sinnlos – ausgeschlossen. Das gilt zwar nicht für den Gläubiger, dem im eröffneten Insolvenzverfahren immerhin die Erfolgsaussicht einer teilweisen Befriedigung seiner Forderung zukommt. Der Antrag eines Gläubigers auf generelle Bewilligung würde aber als *mutwillig* im Sinne des § 114 ZPO abzuweisen sein, da ein verständiger Gläubiger seine Rechte im eröffneten Insolvenzverfahren grundsätzlich auch ohne Verfahrenskosten und damit auch ohne Kostenhilfe sowie ohne Beiordnung eines Rechtsanwalts verfolgen kann. Das gilt insbesondere für die zentrale Verfahrensbeteiligung der Forderungsanmeldung zur Insolvenztabelle. 42

b) *Einzelbewilligungen.* Für Gläubiger und Schuldner kommt allerdings für abtrennbare, besondere Teilbereiche des eröffneten Insolvenzverfahrens die Bewilligung von Verfahrenskostenhilfe unter Beiordnung eines Rechtsanwalts in Betracht. 43

---

[44] So LG Frankfurt ZIP 1983, 344 ua. Zu den Bedenken vgl. *Kilger/K. Schmidt*, 72 KO Anm. 3. *Uhlenbruck/Pape*, § 4 Rn. 40; MüKoInsO/*Ganter/Lohmann*, § 4 Rn. 8; KPB/*Kübler*, § 76 Rn. 13; Nerlich/Römermann/*Delhaes*, § 74 Rn. 14; HK/*Riedel*, § 74 Rn. 12; FK/*Schmerbach*, § 4 Rn. 24.
[45] Auf die detaillierten Ausführungen bei Uhlenbruck/Hirte/Vallender/*Pape*, § 4 Rn. 17–20, 23, 24 wird Bezug genommen. Vgl. auch MüKoInsO/*Ganter/Lohmann*, § 4 Rn. 17, 18, 22–24u *Ott/Vuia*, § 80 Rn. 85–94; KPB/*Prütting*, § 4 Rn. 10 ff.; Nerlich/Römermann/*Becker*, § 4 Rn. 20; Braun/*Baumert*, § 4 Rn. 12–22; HK/*Kirchhof*, § 4 Rn. 8, 10; FK/*Schmerbach*, § 4 Rn. 10 mwN, BGH, ZIP 2009, 1591; OLG Celle, OLGReport 2009, 275.

Teilbewilligungen sind durchaus zulässig (arg § 121 IV ZPO). Es gibt besonders wichtige Einzelfälle im Verfahrensablauf, die in der Gestaltung kompliziert und in ihrer Folgewirkung auf die Rechts- und Interessenstellung der Gläubiger und Schuldner besonders erheblich sein können. Für die Bewilligung kommt es selbstverständlich auf die konkreten Umstände im jeweiligen Insolvenzverfahren an; eine Bewilligungsautomatik gibt es nicht.

Die Einzelbewilligung von Verfahrenskostenhilfe unter Beiordnung eines Rechtsanwalts ist möglich, vor allem auch mit dem Erfordernis der „Erfolgsaussicht" verknüpfbar:

44 **Für den Gläubiger:** § 78 I InsO: Aufhebungsverfahren bezüglich eines Beschlusses der Gläubigerversammlung auf Antrag eines absonderungsberechtigten Gläubigers oder eines nicht nachrangigen Insolvenzgläubigers; § 89 III InsO: Einwendungen gegen Vollstreckungsverbote (ausnahmsweise entscheidet das Insolvenzgericht als Vollstreckungsgericht über die Einwendungen und ist daher auch für eine Bewilligung von Verfahrenskostenhilfe zuständig); §§ 176–178 InsO: Wahrnehmung der Rechte im Prüfungstermin; §§ 194, 197 InsO: Wahrnehmung der Rechte im Schlusstermin, insbesondere Einwendungen gegen Verteilungsverzeichnis und Schlussverteilung; § 203 InsO: Wahrnehmung der Rechte zur Nachtragsverteilung; §§ 217 ff. InsO: Wahrnehmung der Rechte im Insolvenzplanverfahren (Prüfung und Wertung eines vorgelegten Plans, Gläubigergruppenbildung, Minderheitenschutz der Gläubiger u. a.).

45 **Für den Schuldner:** §§ 97, 98, 99 InsO: Auskunfts- und Mitwirkungspflichten des Schuldners und Postsperre; §§ 89 III, 148 II InsO: Einwendungen gegen Vollstreckungsverbote (→ Gläubiger) sowie Vollstreckungsverfahren aufgrund vollstreckbarer Ausfertigung des Eröffnungsbeschlusses (ausnahmsweise entscheidet das Insolvenzgericht als Vollstreckungsgericht nach § 766 ZPO und daher auch über eine Bewilligung von Verfahrenskostenhilfe); §§ 156, 157, 158 II 2 InsO: Wahrnehmung der Rechte im Berichtstermin (besonders wichtig bei Frage der Stilllegung oder vorläufigen Fortführung eines Unternehmens) und Antrag auf Untersagung der Stilllegung des Unternehmens; §§ 161 S. 2 (160), 163 I InsO: vorläufige Untersagung besonders bedeutsamer Rechtshandlungen des Insolvenzverwalters und Anordnung der Zustimmung der Gläubigerversammlung zu einer Betriebsveräußerung unter Wert; §§ 217 ff. InsO: Wahrnehmung der Rechte im Insolvenzplanverfahren (Erstellung und Vorlage eines eigenen Plans, Prüfung und Wertung eines vom Verwalter vorgelegten Plans, Planannahme und Planbestätigung); §§ 270 ff., 286 ff. InsO: Wahrnehmung der Rechte bei Eigenverwaltung des Schuldners und Restschuldbefreiung.

46 c) **Kostenstundung für natürliche Personen bei beantragter Restschuldbefreiung.** Durch das InsOÄndG 2001 ist in den §§ 4a)–d) InsO eine eingeschränkte „Verfahrenskostenhilfe" für einen speziellen Sonderfall eingeführt worden. Es handelt sich hierbei um das sog. „Stundungsmodell". Dieses eröffnet auch völlig mittellosen Personen den Zugang zum Restschuldbefreiungsverfahren und unterstützt damit deren wirtschaftlichen Neuanfang (iE → § 85 Rn. 10 ff.). Ein zur Vertretung bereiter Rechtsanwalt nach Wahl des Schuldners wird nur beigeordnet, wenn die Vertretung durch einen Rechtsanwalt trotz der dem Gericht obliegenden Fürsorge erforderlich erscheint, § 4a II 1 InsO.

47 **3. Prozesskostenhilfe.** Im Zusammenhang mit dem Insolvenzverfahren kommt es häufig zu Zivilprozessen, die zwangsläufig in dem ihnen zugeordneten Verfahrensrahmen der ZPO ablaufen, zB:

48 1. **Insolvenzmasse-Prozesse:** Der Insolvenzverwalter begehrt klageweise die Herausgabe von Massegegenständen vom Schuldner oder einem Dritten. Der Schuldner oder ein Dritter (Aussonderungsberechtigter nach §§ 47, 48 InsO) begehrt vom Verwalter die Herausgabe von Gegenständen, die nicht zur (Soll-)Masse gehören.

2. **Masseforderungs-Prozesse:** Ein Massegläubiger klagt gegenüber dem Insolvenzverwalter einen Masseanspruch ein. Der Insolvenzverwalter erhebt gegenüber einem angeblichen Massegläubiger eine negative Feststellungsklage. **49**
3. Der Insolvenzverwalter macht klageweise Insolvenzanfechtungsrechte (§§ 129 ff. **50** InsO) geltend.
4. Der Gläubiger einer zur Insolvenztabelle angemeldeten, aber bestrittenen Forderung **51** klagt auf Feststellung der Forderung gegen den Bestreitenden, den Insolvenzverwalter oder den (anderen) Gläubiger (§§ 179 I, 180 InsO). Falls für eine angemeldete Forderung ein vollstreckbarer Titel oder ein Endurteil vorliegt, ist es Sache des Bestreitenden, seinen Widerspruch klageweise geltend zu machen (§§ 179 II, 180 InsO). Der zum 1.7.2007 eingeführte § 184 II InsO erlegt die Feststellungslast bei titulierten Forderungen dem Schuldner auf. Die Verfolgung des Widerspruchs hat binnen eines Monats zu erfolgen.[46]

In diesen Prozessen können die Parteien – Gläubiger, Schuldner oder Insolvenzverwalter – unmittelbar nach §§ 114 ff. ZPO die Bewilligung von Prozesskostenhilfe beantragen.

In Prozessen, die der Insolvenzverwalter aktiv als Kläger oder passiv als Beklagter **52** führt, ist dieser Partei kraft Amtes,[47] dh eine Person, die als Partei auftritt aber Fremdinteressen wahrnimmt und nicht mit seinem eigenen Vermögen für die Prozesskosten aufzukommen hat. Bei einer Prozesskostenbewilligung für den Insolvenzverwalter ist die spezielle Regelung des § 116 ZPO zu beachten. Sie hat das Ziel, dem Verwalter die Prozessführung zwecks Anreicherung der Insolvenzmasse zu erleichtern. Es soll vermieden werden, dass einerseits Masseprozesse nur aus dem Grunde nicht geführt werden können, weil zahlungsfähige Gläubiger angesichts einer etwa nur zu erwartenden geringen Quote das Prozessrisiko nicht übernehmen wollen, und dass andererseits Geschäftspartner des Schuldners sich rechtswidrige Vermögensvorteile verschaffen in der Erwartung, der Verwalter könne die Prozessfinanzierung nicht gewährleisten.[48] Die Frage, ob Bedürftigkeit im Sinne des § 116 ZPO vorliegt, bereitet im Einzelfall erhebliche Schwierigkeiten in der Wertung. Das Merkmal der Bedürftigkeit im Prozesskostenhilfeantrag kann nicht nur mit der Insolvenz des Antragstellers begründet werden.[49]

Einige Leitsätze sind besonders hervorzuheben:[50] **53**

Grundsätzlich sind die zur Prozessführung benötigten Mittel aus der verwalteten Insolvenzmasse aufzubringen, den Barmitteln und dem weiteren verwertbaren Vermögen. Eine Verwertung in wirtschaftlich unsinniger Weise ist unzumutbar. Der Verwalter darf der Masse nicht die Mittel entziehen, die er zur Abwicklung des Insolvenzverfahrens braucht, nur der Restbestand der Masse, der nach Abzug der Masseschulden und -kosten verbleibt, darf für die Prozesskosten herangezogen werden.[51] Falls die Insolvenzmasse zur Prozesskostenfinanzierung nicht ausreicht, ist zu prüfen, ob es den am Gegenstand des Rechtsstreits wirtschaftlich Beteiligten (Gläubiger) zuzumuten ist, die Kosten aufzubringen. Wirtschaftlich beteiligt sind nur die Insolvenzgläubiger, deren Befriedigungsaussichten durch einen Prozesserfolg des Verwalters verbessert würden (Aufwand und Ertrag sind in ein angemessenes Verhältnis zu setzen).[52]

---

[46] HambKommInsO *Herchen* § 184 Rn. 10 ff.
[47] *Zöller/Geimer* § 116 Rn. 2; Uhlenbruck/Hirte/Vallender/*Uhlenbruck*, § 80 Rn. 116 ff.; MüKoInsO/*Ott/Vuia*, § 80 Rn. 73 ff.; Braun/*Kroth*, § 80 Rn. 18; HK/*Kayser*, § 80 Rn. 45 ff.
[48] BGH NJW 1991, 40 f.; *Zöllner/Geimer*, § 116 Rn. 1; Uhlenbruck/*Uhlenbruck*, § 80 Rn. 117 ff.
[49] *Berkowsky* NZI 2009, 33.
[50] Vgl. *Zöller/Geimer*, § 116 Rn. 4–7a; Uhlenbruck/*Uhlenbruck*, § 80 Rn. 76–87; MüKoInsO/*Ott/Vuia*, § 80 Rn. 85–94; FK-*Schmerbach*, § 26 Rn. 41 ff.; Nerlich/Römermann/*Wittkowski*, § 80 Rn. 57–64; Braun/*Baumert*, § 4 Rn. 12–18.
[51] OLG Schleswig ZIP 1995, 759 mwN; OLG Köln ZIP 1994, 724.
[52] BGH NJW 1991, 40 f. mwN = MDR 1991, 334 = ZIP 1990, 1490; OLG Hamburg NJW-RR 1994, 572 = ZIP 1994, 221; OLG Schleswig ZIP 1995, 759.

54 Bei zu erwartender Minimalquote, aber auch bei ohne Prozess voraussichtlich voller Quote liegt keine wirtschaftliche Beteiligung am Prozess vor. Der Insolvenzverwalter ist selbst wegen eines vorrangigen Anspruchs auf Befriedigung seines Vergütungsanspruchs nicht als wirtschaftlich Beteiligter anzusehen.[53] Der Verwalter trägt die Darlegungs- und Beweislast dafür, dass den wirtschaftlich Beteiligten die erforderlichen Mittel fehlen oder ihnen eine Inanspruchnahme nicht zumutbar ist.[54] Das Gericht wird sich auf die Angaben des Insolvenzverwalters in der Regel verlassen können. Eine kleinliche Prüfung der Vermögensverhältnisse der Gläubiger ist unangebracht.[55]

§ 18. Der Insolvenzschuldner

Übersicht

	Rn.
I. Rechtsstellung	1
1. Übergang der Rechtsausübung	1
2. Ausnahmen	2
3. Rechtsträgerstellung	3
4. Öffentliche Rechtsstellung	4
5. Aktive Einflussnahme	5
II. Pflichten	6
1. Auskunftspflicht	6
2. Mitwirkungspflicht	9
3. Präsenzpflicht	12
4. Duldung der Postsperre	13
5. Mitwirkung bei der Vermögensaufnahme	14
III. Befugnisse	15
1. Antragsrechte	15
2. Anhörungsrechte	16
3. Anwesenheits- und Einsichtsrechte	17
4. Auskunftsrechte	18
5. Beschwerderechte	19
6. Erstreckung auf Organmitglieder und persönlich haftende Gesellschafter, frühere Angestellte	20

I. Rechtsstellung

1 **1. Übergang der Rechtsausübung.** Nach § 80 I InsO geht durch die Eröffnung des Insolvenzverfahrens das Recht des Schuldners, das zur Insolvenzmasse gehörende Vermögen zu verwalten und darüber zu verfügen, auf den Insolvenzverwalter über.

2 **2. Ausnahmen.** Dieser Grundsatz hat allerdings Ausnahmen:[1] Ordnet das Insolvenzgericht nach §§ 270 I, 270a, 270b, 271 InsO die (vorläufige) Eigenverwaltung des Schuldners an, behält der Schuldner die Verwaltungs- und Verfügungsbefugnis, wenn auch unter Aufsicht eines Sachwalters. Bis zum 30.6.2014 bestand im vereinfachten Insolvenzverfahren (§§ 311 ff. InsO aF) ebenfalls eine Ausnahme. § 313 I 1 InsO aF verwies auf die Treuhänder-Regelung in § 292 InsO aF, die nur die Kassenführungsbefugnis des Treuhänders festlegte.[2] Im Übrigen fand eine teilweise Kompetenzverlagerung auf die Insolvenzgläubiger statt (§ 313 II, III InsO aF). Im Rahmen des Gesetzes zur Verkürzung des Restschuldbefreiungsverfahrens und zur Stärkung der Gläubigerrechte vom 15.7.2013[3] wurden die §§ 312 bis 314 InsO zum 1.7.2014 aufgehoben.

---

[53] *Pape* ZIP 1988, 1306 ff. (1309).
[54] Vgl. *Pape* ZIP 1988, 1308 mwN; OLG Hamburg ZIP 1987, 385.
[55] BGH ZIP 1998, 297 = MDR 1998, 438.
[1] Vgl. *Grub* Kölner Schrift, S. 671 ff. Rn. 20, 21 ff., 32 ff.
[2] *Grub*, aaO S. 684 f. Rn. 34, 35.
[3] BGBl. 2013 I 2379.

3. Rechtsträgerstellung. Die Verfahrenseröffnung lässt die Rechtsträgerstellung an den mit Insolvenzbeschlag belegten Gegenständen unberührt. Der Schuldner bleibt Inhaber der Rechte und Eigentümer der Sachen. Erwirbt der Insolvenzverwalter im Rahmen seiner Amtsbefugnis Gegenstände, zB bei einstweiliger Fortführung des Schuldnerunternehmens, wird der Schuldner Rechtsinhaber.

Der Schuldner verliert weder seine Rechts- noch Geschäftsfähigkeit, mag auch der Übergang der Verwaltungs- und Verfügungsbefugnis auf den Verwalter sich auf die Wirksamkeit rechtsgeschäftlichen Handelns des Schuldners auswirken (§§ 81, 82 InsO). Die grundsätzliche Prozessfähigkeit des Schuldners wird ebenfalls nicht beeinträchtigt, mit Ausnahme von Prozessen, die der Verwalter als Partei kraft Amtes führt, also insbesondere Masseprozesse.

4. Öffentliche Rechtsstellung. Aus der Eröffnung des Insolvenzverfahrens ergeben sich Auswirkungen auf die öffentliche Rechtsstellung des Schuldners.[4] Dieser hat Rechtsbeschränkungen hinzunehmen (Amt des Schöffen und ehrenamtlichen Richters, §§ 33 Nr. 6, 109 III 2, 113 II GVG).

Die bisherige Entzugs- bzw. Beschränkungsautomatik ist durch Soll-Bestimmungen gemildert worden. Ähnliche Regelungen gelten auch für die Amtsenthebung von Rechtsanwälten und Patentanwälten sowie Wirtschaftsprüfern und Steuerberatern in den entsprechenden Berufsordnungen (zB § 14 II Nr. 7 BRAO, § 21 II Nr. 8 PatAO, § 46 II Nr. 4 StBerG: „Widerruf, es sei denn ...").

Im Bereich der gewerberechtlichen Zulassung sind ebenfalls entsprechende Vorschriften zu beachten (§§ 12, 34b IV Nr. 2 GewO).

5. Aktive Einflussnahme. Der Schuldner ist nach der InsO nicht nur der Liquidations-„Dulder"; ihm stehen auch ausgeprägt aktive, das Insolvenzverfahren beeinflussende Gestaltungsbefugnisse zu: die Insolvenzplaninitiative (§ 218 I 1 InsO), der Antrag auf Eigenverwaltung (§ 270 I InsO), der Antrag auf Restschuldbefreiung (§ 287 I InsO) und die Vorlage eines Schuldenbereinigungsplans (§ 305 I Nr. 4 InsO) zur Erreichung eines Vergleichs (§ 308 I InsO).

II. Pflichten

1. Auskunftspflicht. Nach § 97 I InsO ist der Schuldner verpflichtet, dem Insolvenzgericht, dem Insolvenzverwalter, dem Gläubigerausschuss und auf Anordnung des Gerichts der Gläubigerversammlung über alle verfahrensrelevanten Verhältnisse Auskunft zu geben. Die umfassende Auskunftspflicht des Schuldners setzt ein, sobald er einen zulässigen Antrag einreicht; die ausdrückliche Feststellung der Zulässigkeit des Antrags durch das Insolvenzgericht wird nicht vorausgesetzt.[5] Diese Regelung entspricht der Erkenntnis, dass eine sachgerechte und effektive Durchführung des Insolvenzverfahrens zwingend eine umfassende Information über die wirtschaftlichen und rechtlichen Verhältnisse des Schuldners voraussetzt.[6] Der Schuldner hat daher nicht nur Auskünfte zu den Vermögensverhältnissen, dem Gläubiger- und Schuldnerverzeichnis und den Ursachen der Krise zu geben, sondern auch über Anfechtungslagen, Auslandsvermögen und Sachverhalte, die unmittelbar oder mittelbar die Insolvenzmasse betreffen.[7] Macht der Schuldner unvoll-

---

[4] *Grub*, aaO S. 705 ff. Rn. 91–95.
[5] Vgl. BGH, NZI 2009, 65.
[6] *Uhlenbruck* KTS 1997, 385; Uhlenbruck/Hirte/Vallender/*Uhlenbruck*, § 97 Rn. 1; MüKoInsO/*Stephan*, § 97 Rn. 1; KPB/*Lüke*, § 97 Rn. 2; Nerlich/Römermann/*Wittkowski/Kruth*, § 97 Rn. 2; HK/*Kayser*, § 97 Rn. 1; FK/*App*, § 97 Rn. 1.
[7] *Uhlenbruck* KTS 1997, 386; Uhlenbruck/Hirte/Vallender/*Uhlenbruck*, § 97 Rn. 7; MüKoInsO/*Stephan*, § 97 Rn. 14a ff.; KPB/*Lüke*, § 97 Rn. 3; Nerlich/Römermann/*Wittkowski/Kruth*, § 97 Rn. 4; Braun/*Kroth*, § 97 Rn. 9 ff.; HK/*Kayser*, § 97 Rn. 11; FK/*App*, § 97 Rn. 13 ff.

ständige Angaben über seine Gläubiger, kann dies gemäß § 290 I Nr. 5 InsO zur Versagung der Restschuldbefreiung führen, auch wenn sein Antrag zulässig war.[8]

7 Auch eigenschädliche Umstände sind vom Schuldner zu offenbaren, selbst wenn sie ihn einer Verfolgung wegen einer Straftat oder Ordnungswidrigkeit aussetzen (§ 97 I 2 InsO). Jedoch dürfen entsprechende Angaben ohne seine Zustimmung in einem Strafverfahren oder Verfahren nach dem OWiG nicht gegen ihn oder nahe Angehörige verwendet werden (§ 97 I 3 InsO).[9]

8 Die Auskunftspflicht ist höchstpersönlicher Art und kann daher grundsätzlich nicht durch einen Verfahrensbevollmächtigten – auch Rechtsanwalt – des Schuldners erfüllt werden.[10]

Nach § 101 I 1 InsO gilt die Auskunftspflicht ebenfalls für organschaftliche Vertreter des Schuldners. Diese Pflicht wird in § 101 I 2 und II InsO durch *nachwirkende* Auskunftspflichten für frühere organschaftliche Vertreter und (neben jetzigen) frühere Angestellte des Schuldners erweitert. Hierin liegt ein wirksames Gegenmittel gegenüber dem „Trick", durch vorzeitiges Ausscheiden der späteren Auskunftspflicht zu entgehen.

Nach §§ 98 (101 I) InsO kann zur Durchsetzung der Auskunftspflichten die eidesstattliche Versicherung der Richtigkeit und Vollständigkeit der Auskunft angeordnet werden, die Zwangsvorführung und die Inhaftnahme.

9 **2. Mitwirkungspflicht.** Die InsO hat im Gegensatz zur KO erstmals auch eine aktive Mitwirkungspflicht des Schuldners normiert: Nach §§ 97 II, 101 I 1 InsO haben der Schuldner oder seine organschaftlichen Vertreter den Verwalter bei der Erfüllung seiner Aufgaben zu „unterstützen".[11] Eine derartige Zusammenarbeit ist vor allem bei einer einstweiligen Unternehmensfortführung und einer angestrebten Unternehmenssanierung im Rahmen eines Insolvenzplans bedeutsam.

10 Mitwirkungspflichten bestehen aber auch zur Sammlung und Sicherung der Insolvenzmasse sowie zur Förderung der Liquidation, der Masseverwertung.

Im Hinblick auf die pauschale Gesetzesformulierung in § 97 II InsO („unterstützen") ergeben sich im Einzelfall zwangsläufig Abgrenzungsprobleme zwischen erforderlicher „Mitwirkung" und unzumutbarer „Mitarbeit".[12] Hier öffnet sich ein weites Entscheidungsfeld für die Rechtsprechung.

11 Entgegen einer Anregung des RegE hat die InsO eine Vorschrift über einen Auslagenerstattungs- und Vergütungsanspruch des Schuldners für Auskunfts- und Mitwirkungstätigkeiten nicht normiert (vgl. Begr zu § 113 RegE, BR-Drucks. 1/92 S. 143; Beschlussempfehlung des RechtsA zu § 113, BT-Drucks. 12/7302 S. 167).

Bei Verweigerung oder sonstiger Entziehung und Vereitelung der Mitwirkung stehen ebenfalls die Zwangsmittel der Vorführungs- und Haftanordnung zur Verfügung (§§ 98 II Nr. 1–3, 101 I 1 InsO).

---

[8] BGH NZI 2009, 562, BGH ZInsO 2008, 1278, 1279.
[9] Vgl. Zum Verwendungsverbot des § 97 I 3 InsO den Beitrag von *Bader*, NZI 2009, 416.
[10] *Uhlenbruck* KTS 1997, 385/386; Uhlenbruck/Hirte/Vallender/*Uhlenbruck*, § 97 Rn. 5; MüKoInsO/*Stephan*, § 97 Rn. 22 ff.; KPB/*Lüke*, § 97 Rn. 7; Braun/*Kroth*, § 97 Rn. 7.
[11] Vgl. *Grub*, Kölner Schrift, S. 687 ff. Rn. 41–43; *Uhlenbruck* InVo 1997, 225 ff.; ders. KTS 1997, 387 ff. Uhlenbruck/Hirte/Vallender/*Uhlenbruck*, § 97 Rn. 16 f.; MüKoInsO/*Stephan*, § 97 Rn. 30 ff.; KPB/*Lüke*, § 97 Rn. 9 ff.; Nerlich/Römermann/*Wittkowski/Kruth*, § 97 Rn. 13 ff.; Braun/*Kroth*, § 97 Rn. 11; HK/*Kayser*, § 97 Rn. 8, 6; FK/*App*, § 97 Rn. 18 f.; im Übrigen: Gemäß § 20 I 1 InsO hat der Schuldner das Insolvenzgericht – neben seiner im Gesetz festgeschriebenen Auskunftserteilung – „auch sonst bei der Erfüllung seiner Aufgaben zu unterstützen".
[12] Zu der Problematik vgl. *Uhlenbruck* InVo 1997, 226/227; *Grub* Kölner Schrift, S. 687 ff. Rn. 41–43; Uhlenbruck/Hirte/Vallender/*Uhlenbruck*, § 97 Rn. 16; MüKoInsO/*Stephan*, § 97 Rn. 33; Kübler/Prütting/*Lüke*, § 97 Rn. 11; Nerlich/Römermann/*Wittkowski/Kruth*, § 97 Rn. 5 f.; Braun/*Kroth*, § 97 Rn. 11; HK/*Kayser*, § 97 Rn. 8 ff.; FK/*App*, § 97 Rn. 19.

3. Präsenzpflicht. Anstelle der früheren Residenzpflicht des Schuldners (§ 101 I KO) ist in den §§ 97 III, 101 I 1 InsO eine Präsenzpflicht getreten: Der Schuldner oder seine organschaftlichen Vertreter haben sich auf Anordnung des Gerichts jederzeit zur Verfügung zu stellen, um ihre Auskunfts- und Mitwirkungspflichten zu erfüllen; sie haben alles zu unterlassen, was der Erfüllung dieser Pflichten zuwiderläuft. Diese Bereitschaftspflicht ist eine bedeutsame flankierende Maßnahme zur Erfüllung der Auskunfts- und Mitwirkungspflichten.

Die Zwangsmittel der Vorführungs- und Haftanordnung (§§ 98 II Nr. 1–3, 101 I 1 InsO) gelten auch hier.

4. Duldung der Postsperre. Der Schuldner ist verpflichtet, eine vom Insolvenzgericht nach § 99 I InsO angeordnete Postsperre hinzunehmen und zu beachten.

Im Gegensatz zu der Regelung in § 121 I KO, die eine mehr oder minder routinemäßige Postsperre auslöste, soll nach § 99 I InsO eine Postsperre nur dann verhängt werden, wenn für die Gläubiger nachteilige Rechtshandlungen des Schuldners aufzuklären oder zu verhindern sind. Hierfür müssen zumindest indizielle Anhaltspunkte bestehen. Mit der Ergänzung des § 99 I 1 InsO (13.4.2007) in dem Sinne, dass in dem Beschluss über die Anordnung der Postsperre die Unternehmen zu bestimmen sind, an die sich die Anordnung richtet, wird dem Wegfall des Postmonopols und der Liberalisierung des Postdienstleistungsmarktes Rechnung getragen.

Ein Beschwerderecht ist für den Schuldner vorgesehen (§ 99 III 1 InsO). Dem Verwalter steht (im Falle der Ablehnung der von ihm beantragten Postsperre) kein Beschwerderecht zu. Hieraus können sich, falls das Gericht unbegründet abgelehnt und der Schuldner das zu Manipulationen zulasten der Masse ausgenutzt hat, Schadensersatzansprüche wegen Amtspflichtverletzung (§ 839 BGB, Art. 34 GG) ergeben.

5. Mitwirkung bei der Vermögensaufnahme. Nach § 151 I 2 InsO ist der Schuldner, wenn keine nachteilige Verzögerung eintritt, vom Verwalter bei der Erstellung des Masseverzeichnisses hinzuzuziehen. Hierdurch wird (neben einer Mitwirkungsbefugnis) eine Mitwirkungspflicht des Schuldners ausgelöst.

Die allgemeine Auskunfts- und Mitwirkungspflicht aus § 97 InsO kann unterstützend und ergänzend zum Zuge kommen.

Nach erfolgter Aufstellung der Vermögensübersicht, die eine auf den Zeitpunkt der Verfahrenseröffnung abgestellte, geordnete Übersicht über die Gegenstände der Masse und die Verbindlichkeiten des Schuldners enthält (§ 153 I InsO), kann das Insolvenzgericht nach § 153 II 1 InsO auf Antrag des Verwalters oder eines Gläubigers dem Schuldner aufgeben, die Vollständigkeit (also nicht die Richtigkeit im einzelnen) der Vermögensübersicht eidesstattlich zu versichern.

Das gilt mittels Verweisung in § 153 II 2 InsO ebenfalls für organschaftliche Vertreter nach § 101 I 1 und 2 InsO; auch greifen die Zwangsmittel des § 98 InsO ein.

Die zusätzliche Verpflichtung aus § 153 II 1 InsO stärkt die allgemeine Auskunfts- und Mitwirkungsverpflichtung des Schuldners aus § 97 InsO.

III. Befugnisse

1. Antragsrechte. Da der Schuldner nicht nur Liquidations-„Dulder" ist, stehen ihm auch einige bedeutsame Antragsrechte zu, durch die er auf den Verlauf des Insolvenzverfahrens aktiv Einfluss nehmen kann:
– § 158 II 2 InsO: Antrag auf Untersagung der Unternehmensstilllegung;
– §§ 161 S. 2, 163 I InsO: Anträge auf vorläufige Untersagung besonders bedeutsamer Rechtshandlungen des Insolvenzverwalters und auf Betriebsveräußerung unter Wert nur mit Zustimmung der Gläubigerversammlung;

- § 184 S. 1 InsO: Widerspruch (= Quasi-Antrag) gegen zur Insolvenztabelle angemeldete Gläubigerforderungen; nach § 184 InsO trifft den Schuldner die Verpflichtung, binnen eines Monats ab dem Bestreiten der Forderung im Prüftermin oder im schriftlichen Verfahren den Widerspruch gerichtlich zu verfolgen, wenn der Gläubiger für seine Forderung bereits einen vollstreckbaren Titel oder ein Endurteil besitzt.
- §§ 212, 213 InsO: Anträge auf Verfahrenseinstellungen wegen Wegfall des Eröffnungsgrundes und mit Zustimmung der Gläubiger;
- §§ 217 ff. InsO: Anträge im Insolvenzplanverfahren: § 218 I 2: Vorlage (= Quasi-Antrag) eines Insolvenzplans durch den Schuldner, § 233 S. 1: Aussetzung der Verwertung und Verteilung der Masse, § 247: Widerspruch (= Quasi-Antrag) gegen Planzustimmung;
- §§ 270 II Nr. 1, 287 I 1, 305 I Nr. 4 InsO: Anträge auf Anordnung der Eigenverwaltung, auf Restschuldbefreiung und Vorlage (= Quasi-Antrag) des Schuldenbereinigungsplans.

Für Unterhaltsansprüche des Schuldners und seiner Angehörigen lassen sich aus §§ 100, 101 I 3 InsO weder förmliche Antrags- noch Forderungsrechte ableiten (im Einzelnen → § 57 VIII).

16 **2. Anhörungsrechte.** Zugunsten des Schuldners bestehen in Ausprägung des Anspruchs auf Gewährung rechtlichen Gehörs (Art. 103 I GG) verschiedene Anhörungsrechte. Diese korrespondieren teilweise mit Antrags- und Beschwerderechten. Auch wenn das nicht der Fall ist, können Anregungen des Schuldners im Rahmen seiner Anhörung sachgerechte Auswirkungen auf den Verfahrensverlauf auslösen.

Im Einzelnen sind an Anhörungen des Schuldners hervorzuheben:
- § 99 I 2, 3 InsO: Postsperre;
- § 156 II 1 InsO: im Berichtstermin;
- §§ 232 I Nr. 2, 235 III, 248 II InsO: zum Insolvenzplan des Verwalters, im Planerörterungs- und Abstimmungstermin, vor Planbestätigung;
- § 248a II InsO: Anhörung bei Berichtigung des Insolvenzplans;
- §§ 272 II 2, 296 II 1, 298 II 1 InsO: vor Aufhebung der Anordnung der Eigenverwaltung und vor Versagung der Restschuldbefreiung.

17 **3. Anwesenheits- und Einsichtsrechte.** Der sachgerechten Information und Anhörung des Schuldners dienen auch Anwesenheits- und Einsichtsrechte.

Anwesenheitsrechte hat der Schuldner in allen Terminen der Gläubigerversammlung (§ 74 I 2 InsO) und auch (eingeschränkt) bei der Erstellung des Masseverzeichnisses durch den Insolvenzverwalter (§ 151 I 2 InsO).

Einsichtsrechte bestehen, soweit wichtige Verfahrensunterlagen zur Einsicht auszulegen sind:
- § 66 II 2: Schlussrechnung des Verwalters;
- §§ 154 (151, 152, 153) InsO: Masseverzeichnis, Gläubigerverzeichnis, Vermögensübersicht;
- § 175 I 2 InsO: Forderungstabelle;
- §§ 188 S. 2, 194 III 1, 197 III InsO: Verteilungsverzeichnis, Entscheidung über Berichtigung des Verteilungsverzeichnisses, Entscheidung über Einwendungen eines Gläubigers gegen das Schlussverzeichnis.

18 **4. Auskunftsrechte.** Ein allgemeiner Auskunftsanspruch des Schuldners gegenüber dem Insolvenzverwalter besteht nicht.[13] Ob der Verwalter im Einzelfall Auskunft erteilt, ist seinem pflichtgemäßen Ermessen überlassen. Hierbei sind Zumutbarkeit und Verfahrensgefährdung zu beachten. In der Regel reichen die dargelegten Anhörungs-, Anwesenheits- und Einsichtsrechte des Schuldners aus.

---

[13] Vgl. *Gerhardt* ZIP 1980, 941 ff. (946).

5. Beschwerderechte. Beschwerderechte (§ 6 InsO) stärken die Stellung des 19
Schuldners im eröffneten Insolvenzverfahren; sie intensivieren die Einflussnahme auf
den Verfahrensablauf, allerdings mangels Beschwerdezulassungen (§ 6 I InsO) nicht bei
Liquidationsakten des Verwalters.

Kraft der erforderlichen ausdrücklichen Zulassung (§ 6 I InsO) steht dem Schuldner
in folgenden wichtigen Fällen das Recht zur sofortigen Beschwerde zu:
- § 4d I InsO: Gegen die Ablehnung der Stundung der Kosten des Insolvenzverfahrens oder deren Aufhebung, sowie die Ablehnung der Beiordnung eines Rechtsanwalts;
- §§ 34 I, 26, 34 II InsO: Rechtsmittel gegen die Entscheidung über die Abweisung des Insolvenzantrages mangels Masse oder gegen die Entscheidung über die Verfahrenseröffnung;
- §§ 64 III 1, 21 II Nr. 1, 73 II, 274 I, 293 II, 313 I 3 InsO (bis 30.6.2014): Vergütungsfestsetzungen des Gerichts für die Verwalter und Mitglieder des Gläubigerausschusses;
- §§ 98 III 3, 99 III 1 InsO: Haftanordnung und Postsperre;
- § 216 II InsO: Ablehnung von Einstellungsanträgen nach §§ 212, 213 InsO;
- §§ 231 III, 253 InsO: Zurückweisung eines Schuldner-Insolvenzplans, Bestätigung bzw. Versagung der Bestätigung eines Insolvenzplans;
- § 272 II 3 InsO: Aufhebung der Anordnung der Eigenverwaltung;
- §§ 289 II 1 (290), 296 III 1, 297 II, 298 III, 300 III 2 InsO: Versagung der Restschuldbefreiung; § 303 III 2 InsO: Widerruf der Restschuldbefreiung.

Gemäß § 21 I 2 InsO steht dem Schuldner gegen die Anordnung von Sicherungsmaßnahmen im Insolvenzeröffnungsverfahren die sofortige Beschwerde zu.[14]

Die gleiche Rechtsmittelbefugnis folgt für die Anordnung einer vorläufigen Postsperre (auch) aus § 21 II Nr. 4 iVm §§ 99 III 1, 101 I 1 InsO und für die Anordnung von Haft oder die Ablehnung eines Antrags auf Aufhebung des Haftbefehls wegen Wegfalls seiner Voraussetzungen aus § 21 III 3 iVm § 98 III InsO.

6. Erstreckung auf Organmitglieder und persönlich haftende Gesellschafter, 20
frühere Angestellte. § 101 InsO erstreckt die Anwendbarkeit der §§ 97–100 InsO auf die Mitglieder der Vertretungsorgane, Mitglieder der Aufsichtsorgane und die vertretungsberechtigten persönlich haftenden Gesellschafter der Schuldnerin. Die Pflicht zur Mitwirkung und Auskunft trifft jedes einzelne Mitglied dieser Organe.

In § 101 I 2, 2. Hs. InsO wurde durch das MoMiG zum 1.11.2008 eine subsidiäre Auskunfts- und Mitwirkungspflicht bei Führungslosigkeit der Gesellschaft eingeführt. (Nur) die Auskunftspflicht erstreckt sich auch auf die ausgeschiedenen Organmitglieder und vertretungsberechtigten persönlich haftenden Gesellschafter, soweit sie nicht bereits vor mehr als 2 Jahren vor dem Insolvenzantrag aus dieser Stellung ausgeschieden sind. Das Gleiche gilt für Angestellte, die aber keine strafrelevanten Tatsachen offenbaren müssen und denen gegenüber keine Anordnung von Zwangsmitteln nach § 98 InsO und keine Verhängung einer Postsperre erfolgen kann (§ 101 II InsO). Als Folge der mangelnden Auskunfts- und Mitwirkungspflicht können diesen Personen im Falle der Abweisung des Insolvenzeröffnungsantrages die Kosten des Verfahrens auferlegt werden, § 101 III InsO.

---

[14] Vgl. Uhlenbruck/Hirte/Vallender/*Vallender*, § 21 Rn. 50; KPB/*Pape*, § 21 Rn. 11; Nerlich/Römermann/*Mönning*, § 21 Rn. 243; Braun/*Böhm*, § 21 Rn. 66; HK/*Kirchhof*, § 21 Rn. 60; FK/*Schmerbach*, § 21 Rn. 22.

§ 19. Die Insolvenzgläubiger

Übersicht

	Rn.
I. Rechtsstellung	1
1. Allgemeines	1
2. Befugnisse im Verfahren	2
a) Antrags- und sonstige Mitwirkungsrechte	3
b) Anhörungsrechte	4
c) Anwesenheits- und Einsichtsrechte	5
d) Auskunftsrechte	6
e) Beschwerderechte	7
II. Persönlicher Anspruch	8
III. Vermögensanspruch	9
IV. Begründung vor Verfahrenseröffnung	14
1. Allgemeines	14
2. Einzelfälle	20
a) Steuerforderungen	20
b) Rentenansprüche	21
c) Prozessuale Schadensersatzforderungen	22
d) Prozessuale Erstattungsansprüche	23
e) Anerkannte Ansprüche	24
f) Wechselblankett	25
g) Vergütungsansprüche des Vormunds oder Betreuers	26
h) Ansprüche aus Vertrag zugunsten Dritter	27
i) Schuldbefreiungsansprüche	28
j) Ansprüche der Gesamtschuldner und Bürgen	29
k) Altersteilzeit-Vergütung	30
V. Unterhaltsansprüche	31
VI. Forderungsumrechnung	32
1. Geldwerte Leistungsansprüche	32
2. Im Betrag unbestimmte Zahlungsansprüche	33
3. Ansprüche in Fremdwährung oder Rechnungseinheit	34
VII. Wiederkehrende Leistungen	35
VIII. Nachrangige Insolvenzgläubiger	36

I. Rechtsstellung

1. Allgemeines. Nach der Legaldefinition des § 38 InsO sind Insolvenzgläubiger die persönlichen Gläubiger, die einen zur Zeit der Eröffnung des Insolvenzverfahrens begründeten Vermögensanspruch gegen den Schuldner haben. Die Zielrichtung ihrer Anspruchsbefriedigung ergibt sich aus §§ 1, 38 InsO: Die Insolvenzmasse, also grundsätzlich das gesamte Vermögen des Schuldners zur Zeit der Verfahrenseröffnung und sein anschließender Neuerwerb (§ 35 – Ausnahme: § 36 InsO) dient ihrer gemeinschaftlichen Befriedigung. Gleichzeitig sind Einschränkungen in der Geltendmachung der Ansprüche zu beachten: Nach § 87 InsO können die Insolvenzgläubiger ihre Forderungen nur nach den Regelungen der InsO verfolgen, also im Anmeldungs- und Feststellungsverfahren sowie im Verteilungsverfahren (§§ 174 ff., §§ 187 ff. InsO). Hieraus folgt, dass mangels gesonderter Erfüllungsansprüche Insolvenzgläubiger derartige Ansprüche auch nicht gegenüber dem Insolvenzverwalter als Masseverwalter und ebenfalls nicht gegenüber dem Schuldner einklagen und, falls Ansprüche bereits vor Verfahrenseröffnung tituliert worden sind, vollstrecken dürfen (§ 89 I InsO). Klagen von Gläubigern gegen andere Gläubiger, den Verwalter oder den Schuldner kommen lediglich als Feststellungsklagen nach §§ 179 ff., 184 InsO im Falle des Bestreitens der zur Insolvenztabelle angemeldeten Forderungen in Betracht.

Die InsO hat die Gläubigerrangfolgen der KO (§§ 61, 62 KO) nicht übernommen, allerdings eine Regelung in § 39 InsO für „nachrangige" Insolvenzgläubiger eingeführt (VIII.).

2. Befugnisse im Verfahren. Die Rechtsstellung der Insolvenzgläubiger wird verfahrensmäßig gestärkt durch ihre Mitwirkung, insbesondere Abstimmung in der Gläubigerversammlung und Befugnis zur Bestellung eines Gläubigerausschusses.

Außerdem wirkt sich die Amtstätigkeit des Insolvenzverwalters bei der Verwaltung und Verwertung der Masse, die ihrer Anspruchsbefriedigung zu dienen hat, zu ihren Gunsten aus.

Den Gläubigern stehen an Einzelbefugnissen zu:

a) *Antrags- und sonstige Mitwirkungsrechte.* Antrags- und sonstige Mitwirkungsrechte der Insolvenzgläubiger ergeben sich aus:
- § 22a II InsO: Bestellung eines vorläufigen Gläubigerausschusses;
- § 57 S. 1 InsO: Wahl eines anderen Insolvenzverwalters;
- § 75 I Nr. 3 und 4 InsO: Antrag (qualifizierter Gläubiger bzw. Gläubigermehrheiten) auf Einberufung einer Gläubigerversammlung;
- §§ 76 II, 77 II und III, 78 I InsO: Mitwirkung bei Beschlussfassung und Feststellung des Stimmrechts;
- § 153 II InsO: Antrag auf eidesstattliche Versicherung des Schuldners zur Vollständigkeit der vom Verwalter erstellten Vermögensübersicht;
- §§ 157, 159 InsO: Mitwirkung bei der Beschlussfassung im Berichtstermin über den Fortgang des Verfahrens;
- § 160 InsO: Mitwirkung bei Zustimmung der Gläubigerversammlung zu besonders bedeutsamen Rechtshandlungen des Verwalters;
- § 161 S. 2 InsO: Antrag (einer qualifizierten Gläubigermehrheit) auf vorläufige Untersagung der Vornahme einer besonders bedeutsamen Rechtshandlung des Verwalters und Einberufung einer Gläubigerversammlung über die Vornahmeentscheidung;
- § 162 InsO: Mitwirkung bei Zustimmung der Gläubigerversammlung zu der Betriebsveräußerung an besonders Interessierte;
- § 163 InsO: Antrag (einer qualifizierten Gläubigermehrheit) auf Zustimmungsentscheidung der Gläubigerversammlung zu der geplanten Betriebsveräußerung unter Wert;
- §§ 174 ff. InsO: Anmeldung der Gläubigerforderungen und Teilnahme (mit Widerspruchsbefugnis) im Prüfungstermin;
- §§ 194, 197 InsO: Einwendungen gegen Verteilungs- und Schlussverzeichnis;
- § 203 InsO: Antrag auf Anordnung der Nachtragsverteilung;
- §§ 217 ff. InsO: Teilnahme am Insolvenzplanverfahren, insbesondere: § 235 InsO: Teilnahme am Erörterungs- und Abstimmungstermin, §§ 237 ff. InsO: Stimmrechtsausübung, § 248a II InsO: Anhörung bei Planberichtigung, § 251 InsO: Antrag auf Bestätigungsversagung. Auch im Verfahren über den Restschuldbefreiungsantrag des Schuldners haben die Gläubiger wichtige Anhörungsrechte und Mitwirkungsmöglichkeit.

Die Versagung der Restschuldbefreiung kann nur auf Antrag eines Insolvenzgläubigers erfolgen, der eine Forderung zur Tabelle angemeldet hat, § 290 I InsO. Eine Versagung der Restschuldbefreiung erfolgt ebenfalls nur auf Antrag eines Insolvenzgläubigers, § 296 InsO; im Rahmen der vereinfachten Verteilung, § 314 III InsO erfolgt ebenfalls die Versagung der Restschuldbefreiung nur auf Antrag eines Gläubigers. Dabei ist zu beachten, dass die §§ 312 bis 314 InsO auf Grund des Gesetzes zur Verkürzung des Restschuldbefreiungsverfahrens und zur Stärkung der Gläubigerrechte vom 15.7.2013[1] nur bis 30.6.2014 in Kraft sind. Im Schuldenbereinigungsverfahren ersetzt das Insol-

---
[1] BGBl. 2013 I 2379.

§ 19 4–7   Kapitel III. 1. Abschnitt. Die Verfahrensbeteiligten

venzgericht u. a. auf Antrag eines Gläubigers die Einwendungen eines (anderen) Gläubigers gegen den Schuldenbereinigungsplan durch eine Zustimmung, § 309 I InsO.

4   **b)** *Anhörungsrechte.* Die Anhörungsrechte der Gläubiger ergeben sich zwangsläufig aus ihren Antrags- und sonstigen Mitwirkungsrechten (zu a)) sowie im Zusammenhang mit ihren Beschwerderechten (zu e)).

5   **c)** *Anwesenheits- und Einsichtsrechte.* Dass Insolvenzgläubiger an Gläubigerversammlungen (Berichtstermin, Prüfungstermin, Schlusstermin und sonstigen Gläubigerversammlungen) teilnehmen dürfen, ist an sich selbstverständlich, wird jedoch in § 74 I 2 InsO zur Verdeutlichung ausdrücklich hervorgehoben.

Aus der Teilnahmeberechtigung folgt zwangsläufig auch ein Einsichtsrecht der Gläubiger in die in der Gläubigerversammlung zur Erörterung und Vorbereitung von Beschlussfassungen vorgelegten Unterlagen. Weitere Einsichtsrechte ergeben sich insoweit, als Verfahrensunterlagen zur Einsicht auszulegen sind. Auf die hier entsprechend geltenden Ausführungen zum Einsichtsrecht des Schuldners wird Bezug genommen (§ 18 III. 3.). Nach einer Entscheidung des BGH vom 5.4.2006 reicht die Gläubigerstellung als rechtliches Interesse im Sinne des § 4 InsO, § 299 II ZPO aus, um ein Einsichtsrecht in die gesamten Verfahrensakten, das Sachverständigengutachten eingeschlossen, zu begründen.[2] Die Akten des Insolvenzverwalters gehören allerdings nicht zu den von § 299 ZPO erfassten Unterlagen.

6   **d)** *Auskunftsrechte.* Im Rahmen der Teilnahme-, Erörterung- und Mitentscheidungsberechtigung der Gläubiger ergeben sich Auskunftsrechte in den Gläubigerversammlungen gegenüber dem in den Terminen anwesenden Insolvenzverwalter, insbesondere zu den von diesem eingebrachten Anträgen und Anregungen.

Unter Berücksichtigung der InsO-Struktur, nach der Auskunftsansprüche im Einzelfall konkret geregelt sind, sind folgende Regelungen hervorzuheben:
– §§ 20, 22 III 3, 97 InsO: Auskunftspflichten des Schuldners;
– § 69 S. 2 InsO: Auskunftspflicht des Verwalters gegenüber dem (vorläufigen) Gläubigerausschuss (ist zwar nicht ausdrücklich formuliert, folgt jedoch zwingend aus dem Regelungszweck der vorgenannten Bestimmung);
– § 79 S. 1 InsO: Auskunftspflicht des Verwalters gegenüber der Gläubigerversammlung;
– §§ 167, 168 InsO: Auskunfts- bzw. Mitteilungsverpflichtung des Verwalters gegenüber absonderungsberechtigten Gläubigern, ist infolge Umkehrschlusses ein allgemeiner Auskunftsanspruch der Gläubiger gegenüber dem Verwalter nicht gegeben. Ob der Verwalter im Einzelfall Auskunft erteilt, ist seinem pflichtgemäßen Ermessen überlassen, wobei Zumutbarkeitskriterien von Bedeutung sind.

7   **e)** *Beschwerderechte.* Beschwerderechte (§ 6 InsO) der Insolvenzgläubiger gewähren ihnen bestimmenden Einfluss auf den Verfahrensablauf. Durch ausdrückliche Zulassung (§ 6 InsO) steht den Gläubigern im eröffneten Insolvenzverfahren das Recht zur sofortigen Beschwerde zu:
– § 57 S. 4 InsO: Versagung der Bestellung eines anderen Insolvenzverwalters;
– § 59 II 2 InsO: Ablehnung der von der Gläubigerversammlung beantragten Entlassung des Insolvenzverwalters;
– §§ 64 III 1, 21 II Nr. 1, 73 II, 274 I, 293 II, 313 I 3 InsO (bis 30.6.2014): Vergütungsfestsetzungen des Gerichts für die Verwalter und Mitglieder des Gläubigerausschusses;
– § 75 III InsO: Ablehnung der von Gläubigern nach § 75 I Nr. 3 und 4 InsO beantragten Einberufung einer Gläubigerversammlung;

---

[2] BGH NZI 2006, 472, *Kind/Heinrich,* NZI 2006, 433 ff.

- § 194 II 2 und III 2 InsO: Zurückweisung von Einwendungen gegen das Verteilungsverzeichnis oder gegen seine Berichtigung;
- § 197 III InsO: Zurückweisung von Einwendungen gegen das Schlussverzeichnis;
- § 204 I InsO: Ablehnung einer beantragten Nachtragsverteilung;
- § 216 I 1 InsO: Einstellungen des Verfahrens mangels Masse (§ 207 InsO), wegen Wegfall des Eröffnungsgrundes (§ 212 InsO) und mit Gläubigerzustimmung (§ 213 InsO);
- § 253 InsO: Bestätigung des Insolvenzplans;
- § 272 II 3 InsO: Ablehnung einer beantragten Aufhebung der angeordneten Eigenverwaltung;
- §§ 289 II 1 (bis 30.6.2014), 296 III 1, 297 II, 298 III, 300 III 2, 303 III 2 InsO: die Ablehnung der Versagung, die Erteilung und die Ablehnung des Widerrufs der Restschuldbefreiung;
- § 309 II 3 InsO: Entscheidung über Ersetzen der Zustimmung zum Schuldenbereinigungsplan.

II. Persönlicher Anspruch

Nach § 38 InsO ist es erforderlich, dass der Insolvenzgläubiger einen – nur – persönlichen Anspruch hat. Abgrenzungen sind erforderlich: Eine Forderung ist vor allem dann keine Insolvenzforderung, wenn sie nicht das allgemeine, mit den Befriedigungsrechten der übrigen Gläubiger konkurrierende Haftungsrecht an der Insolvenzmasse begründet, sondern ein den übrigen Gläubigern gegenüber vorrangiges Recht auf ausschließliche Befriedigung an einzelnen, in der Masse befindlichen Gegenständen zum Inhalt hat.[3] Daher sind insbesondere Aussonderungs- und Ersatzaussonderungsansprüche (§§ 47, 48 InsO) keine Insolvenzgläubigerforderungen. Auch Absonderungsrechte als solche (§§ 49–51 InsO) lösen keine derartigen Forderungen aus. Falls sich allerdings die gesicherte Forderung ebenfalls gegen den Schuldner richtet, ist der Absonderungsberechtigte zugleich Insolvenzgläubiger (§ 52 S. 1 InsO); seine anteilsmäßige Befriedigung richtet sich jedoch nicht nach dem vollen Forderungsbetrag, sondern nach der Höhe eines etwaigen nach Verwertung der Sicherheit verbleibenden Forderungsausfalls. Nur wegen einer Forderung, die auch ohne die Eröffnung eines Insolvenzverfahrens mit Sicherheit vollständig befriedigt werden kann, darf ein Insolvenzverfahren nicht eröffnet werden.[4]

Durch Vormerkung gesicherte Forderungen sind aus der Insolvenzmasse vorrangig zu befriedigen (§ 106 InsO), stellen also keine der gemeinschaftlichen Befriedigung zugewiesenen Insolvenzgläubigerforderungen dar. Ob es sich hierbei um ein Aussonderungs- oder Absonderungsrecht handelt,[5] ist belanglos; auf keinen Fall ist eine einfache Insolvenzgläubigerforderung gegeben.

Schließlich sind die Ansprüche der Insolvenzgläubiger abzugrenzen von den Ansprüchen der *Massegläubiger* (→ §§ 53–60).

Für die Einordnung des Anspruchs als Insolvenzgläubigeranspruch ist es grundsätzlich ohne Belang, welche Rechtsgrundlage er hat (Schuldrecht, Deliktsrecht, Bereicherungsrecht ua). Er kann auch im öffentlichen Recht begründet sein (zB Steuerrecht).

III. Vermögensanspruch

Insolvenzforderungen setzen als Vermögensansprüche im Sinne des § 38 InsO voraus, dass sie aus dem haftenden Vermögen (Insolvenzmasse) erfüllt werden können. Deshalb

---

[3] Vgl. *Eckardt*, Kölner Schrift, S. 745 Rn. 4; Uhlenbruck/Hirte/Vallender/*Sinz*, § 38 Rn. 5 f.; MüKoInsO/*Ehricke*, § 38 Rn. 10 ff.; KPB/*Holzer*, § 38 Rn. 9; Nerlich/Römermann/*Andres*, § 38 Rn. 3; Braun/*Bäuerle*, § 38 Rn. 2; HK/*Ries*, § 38 Rn. 11; FK/*Bornemann*, § 38 Rn. 3, 3 a.
[4] BGH NZI 2008, 182 ff.
[5] Vgl. *Kilger*/K. *Schmidt*, § 24 KO Anm. 4; Uhlenbruck/Hirte/Vallender/*Wegener*, § 106 Rn. 1; MüKoInsO/*Ott*/*Vuia*, § 106 Rn. 1, 3; KPB/*Tintelnot*, § 106 Rn. 2; *Gerhardt* ZIP 1988, 749, 750.

muss es sich entweder um eine Geldforderung handeln oder um eine Forderung, die in eine Geldforderung umrechenbar ist (§§ 45, 46 InsO).

Hiernach scheiden als Insolvenzforderungen aus:

10 Ansprüche auf *Vornahme nicht vertretbarer Handlungen* durch den Schuldner im Sinne des § 888 ZPO[6] sind keine Insolvenzforderungen, zB Ansprüche auf unvertretbare Dienstleistungen wie Ausbildung, ärztliche oder anwaltliche Dienste; Ansprüche auf Weiterbeschäftigung, Ausfüllung der Arbeitspapiere und Erteilung eines Arbeitszeugnisses; Ansprüche auf Auskunftserteilung, Rechnungslegung, Bilanzerstellung, Anfertigung eines Nachlassverzeichnisses; Ansprüche auf Inbetriebnahme oder Weiterführung eines Geschäfts;[7] Ansprüche auf Gegendarstellung nach den Pressegesetzen,[8] Widerruf einer Behauptung durch eigenhändig zu unterzeichnende Widerrufserklärung,[9] Widerruf einer kreditschädigenden Äußerung;[10] Ansprüche auf Ausstellung von Wechselakzepten; Unterlassungsansprüche als solche, auch öffentlichrechtliche Handlungs- und Unterlassungsansprüche.[11]

11 *Gestaltungsrechte* (Anfechtung, Rücktritt, Widerruf, Kündigung) beinhalten schon als solche keine Ansprüche, sie lösen nur Ansprüche aus und sind deshalb auch keine Insolvenzforderungen.

12 Die sog. natürlichen und unvollkommenen Ansprüche wie Ehemäklerlohn (§ 656 BGB), Forderungen aus Spiel, Wette und Differenzgeschäften (§§ 762, 764 BGB) sowie aus Börsentermingeschäften, soweit diese nicht nach §§ 53 ff. BörsG verbindlich sind, lösen ebenfalls keine Insolvenzforderungen aus.[12]

13 Verjährte Forderungen können dagegen trotz ihrer einredebehafteten „Unvollkommenheit" als Insolvenzforderungen angemeldet werden, wenn auch im Ergebnis weitestgehend wirkungslos, da der Verwalter in der Regel die Verjährungseinrede erheben (darf und) wird.

IV. Begründung vor Verfahrenseröffnung

14 **1. Allgemeines.** Insolvenzforderungen setzen nach § 38 InsO voraus, dass sie zur Zeit der Eröffnung des Insolvenzverfahrens begründet, dh vor Eröffnung entstanden sind. Diese Abgrenzung ist sachgerecht; wenn der Schuldner mit der Verfahrenseröffnung seine Verfügungsbefugnis über die Insolvenzmasse verliert (§§ 80 ff. InsO), dann korrespondierend auch seine Verpflichtungsbefugnis zulasten der Masse.[13]

15 Allerdings entstehen Abgrenzungsfragen. Diese werden teilweise von der InsO selbst klargestellt: Nach § 41 I InsO gelten nicht fällige Forderungen als fällig, wobei jedoch bei Unverzinslichkeit eine Abzinsung vorzunehmen ist (§ 41 II InsO). Auflösend bedingte Forderungen werden vor Bedingungseintritt nach § 42 InsO wie unbedingte Forderungen berücksichtigt. Nach § 191 I InsO werden aufschiebend bedingte Forderungen bei einer Abschlagsverteilung mit ihrem vollen Betrag berücksichtigt, allerdings

---

[6] Vgl. Zöller/*Stöber*, § 888 Rn. 3; Uhlenbruck/Hirte/Vallender/*Sinz*, § 38 Rn. 20; MüKoInsO/*Ehricke*, § 38 Rn. 43 ff.; KPB/*Holzer*, § 38 Rn. 16 f.; Nerlich/Römermann/*Andres*, § 38 Rn. 9; Braun/*Bäuerle*, § 38 Rn. 3; HK/*Ries*, § 38 Rn. 15; FK/*Bornemann*, § 38 Rn. 11.
[7] OLG Celle NJW-RR 1996, 585; OLG Hamm NJW 1973, 1135.
[8] OLG Köln NJW 1969, 755.
[9] BVerfG NJW 1970, 651.
[10] OLG Frankfurt JurBüro 1993, 749.
[11] Kilger/K. Schmidt, § 3 KO Anm. 2 f.; ders. NJW 1993, 2833 (2835); MüKoInsO/*Ehricke*, § 38 Rn. 38 ff.
[12] Kilger/K. Schmidt, § 3 KO Anm. 2 g; MüKoInsO/*Ehricke*, § 38 Rn. 48; Uhlenbruck/Hirte/Vallender/*Sinz*, § 38 Rn. 17; KPB/*Holzer*, § 38 Rn. 24; Braun/*Bäuerle*, § 38 Rn. 3; HK/*Ries*, § 38 Rn. 24; FK/*Bornemann*, § 38 Rn. 11.
[13] Vgl. *Eckardt* Kölner Schrift S. 746 f. Rn. 7; Uhlenbruck/Hirte/Vallender/*Sinz*, § 38 Rn. 26 ff.; MüKoInsO/*Ehricke*, § 38 Rn. 15 f.; KPB/*Holzer*, § 38 Rn. 12; Nerlich/Römermann/*Andres*, § 38 Rn. 13 f.; Braun/*Bäuerle*, § 38 Rn. 4; HK/*Ries*, § 38 Rn. 3 f, 27 ff.; FK/*Bornemann*, § 38 Rn. 14 ff.

zurückbehalten. In der Schlussverteilung ist nach § 191 II InsO die Möglichkeit des Bedingungseintritts unter wirtschaftlicher Wertung einzuschätzen.

Ein durch freies Belieben des Schuldners bedingter (Potestativbedingung) Anspruch begründet keine Insolvenzforderung.

Aus den gesetzlichen Teilregelungen lässt sich allgemein der Grundsatz ableiten, dass Insolvenzforderungen vor Verfahrenseröffnung nicht schon vollwirksam entstanden und durchsetzbar gewesen sein müssen. Es genügt vielmehr, wenn von ihrem Entstehungstatbestand bereits so viele Merkmale verwirklicht waren, dass der Gläubiger eine gesicherte Forderungsanwartschaft hatte.[14]

Auch im vorliegenden Zusammenhang (neben der entsprechenden Behandlung der Frage → II. aE) sind Abgrenzungen zu den Ansprüchen der Massegläubiger (§§ 53–60) vorzunehmen. Insbesondere ist zu beachten, dass die zeitliche Zäsur der Verfahrenseröffnung nicht einschränkungslos gilt, vielmehr Vorauswirkungen möglich sind, die keine Insolvenzgläubigeransprüche, sondern Masseansprüche auslösen: Vergütungsansprüche des vorläufigen Insolvenzverwalters[15] (§ 54 Nr. 2 InsO), Ansprüche aufgrund von Rechtshandlungen, die bereits der vorläufige Insolvenzverwalter vorgenommen hat (§ 55 II InsO), Verbindlichkeiten des Insolvenzschuldners aus dem Steuerverhältnis, die von einem vorläufigen Insolvenzverwalter oder vom Schuldner mit Zustimmung eines vorläufigen Insolvenzverwalters begründet worden sind (§ 55 IV InsO) und Ansprüche, die in der vorläufigen Eigenverwaltung auf Grund einer gerichtlichen Anordnung Masseverbindlichkeiten darstellen (§§ 270a III 1, 2, 55 II InsO).

Bedeutsame Abgrenzungen enthalten:

1. § 105 InsO bei teilbaren Leistungen, die insbesondere die sog. Wiederkehr- und Sukzessivlieferungs-Schuldverhältnisse (Sach- und Energielieferungsverträge) betreffen (s. u. § 56 III. 2.)
2. § 108 II InsO bei Dauerschuldverhältnissen – Miet/Pacht/Dienstverträge – (§ 56 III. 3. a, b, c).

2. Einzelfälle. a) *Steuerforderungen.*[16] Die Frage der Entstehung der Forderungen richtet sich nach Steuerrecht. Insolvenzforderungen liegen vor, wenn der steuerpflichtige Tatbestand vor Verfahrenseröffnung verwirklicht ist. Der Anspruch des Steuerfiskus auf Rückforderung abgezogener Vorsteuerbeträge ist Insolvenzforderung.[17]

b) *Rentenansprüche.* Insolvenzforderungen sind die aus einem vor Verfahrenseröffnung begründeten Stammrecht fließenden einzelnen Ansprüche wie Forderungen aus einem Leibrentenvertrag, Pensions- und Rentenansprüche der Beamten und Angestellten sowie Rentenansprüche aufgrund unerlaubter Handlung nach § 843 BGB, wenn die unerlaubte Handlung vor Verfahrenseröffnung begangen war.[18] Das gilt zunächst für bis zur Verfahrenseröffnung rückständige Ansprüche (für künftige Ansprüche siehe VII.).

c) *Prozessuale Schadensersatzforderungen:* Schadensersatzansprüche nach §§ 302 IV 3, 600 II, 717 II 1 ZPO sind Insolvenzforderungen, wenn die Leistung bzw. Beitreibung vor Verfahrenseröffnung erfolgt ist.

---

[14] *Eckardt,* aaO, S. 746 f. Rn. 7; vgl. auch BGH NJW 1979, 310; BAG NJW 1979, 774; BFH ZIP 1994, 1286 f.

[15] Vgl. zur Festsetzungszuständigkeit bei nicht eröffnetem Verfahren BGH NJW 2010, 1882 = WM 2010, 184.

[16] Vgl. auch *Kilger/K. Schmidt,* § 3 KO Anm. 4k; Uhlenbruck/Hirte/Vallender/*Sinz,* § 38 Rn. 67 ff.; MüKoInsO/*Ehricke,* § 38 Rn. 25, 79 ff.; KPB/*Holzer,* § 38 Rn. 36 ff.; Nerlich/Römermann/*Andres,* § 38 Rn. 15 ff.; Braun/*Bäuerle,* § 38 Rn. 26 f.; HK/*Ries,* § 38 Rn. 33 ff.; FK/*Bornemann,* § 38 Rn. 17 ff.

[17] BFH ZIP 1987, 119; MüKoInsO/*Ehricke,* § 38 Rn. 91; KPB/*Holzer,* § 38 Rn. 39; Nerlich/Römermann/*Andres,* § 38 Rn. 19.

[18] *Kilger/K. Schmidt,* § 3 KO Anm. 4a; Uhlenbruck/Hirte/Vallender/*Sinz,* § 38 Rn. 58; MüKoInsO/ *Ehricke,* § 38 Rn. 19 ff.; KPB/*Holzer,* § 38 Rn. 27; Nerlich/Römermann/*Andres,* § 38 Rn. 20; FK/ *Bornemann,* § 38 Rn. 21.

23 **d)** *Prozessuale Erstattungsansprüche:* Erstattungsansprüche nach § 717 III 2, 3 ZPO sind Insolvenzforderungen, wenn die Leistung oder Beitreibung vor Verfahrenseröffnung erfolgt ist. Kostenerstattungsansprüche aus vor Verfahrenseröffnung anhängig gemachten Prozessen sind bei Verfahrenseröffnung vor Kostenfestsetzung aufschiebend bedingte Insolvenzforderungen; nach Kostenfestsetzung sind sie bis zur Rechtskraft auflösend bedingt (§§ 42, 191 I, II InsO).

24 **e)** *Anerkannte Ansprüche.* Schuldanerkenntnis und Saldoanerkennung mit Novationswirkung seitens des Insolvenzverwalters begründen zwar neue selbstständige Verpflichtungen, diese sind aber nur Insolvenzforderungen, wenn die anerkannten Forderungen vor Verfahrenseröffnung begründet worden sind.[19]

25 **f)** *Wechselblankett:* Ein vor Verfahrenseröffnung übergebenes Wechselblankett kann vom Gläubiger auch nach Eröffnung des Verfahrens ausgefüllt werden mit der Folge des Entstehens einer Insolvenzforderung.

26 **g)** *Vergütungsansprüche des Vormunds oder Betreuers.* Sie sind nur dann Insolvenzforderungen, wenn die gerichtliche Festsetzung vor der Verfahrenseröffnung erfolgt ist.

27 **h)** *Ansprüche aus Vertrag zugunsten Dritter.* Ein vor Verfahrenseröffnung geschlossener Vertrag zugunsten Dritter löst eine Insolvenzforderung des Drittbegünstigten aus, wenn dieser nach § 328 I BGB einen unmittelbaren Leistungsanspruch erwirbt. Der Zuwendende kann nur eine Insolvenzforderung auf Zahlung an den Dritten geltend machen. Doppelte Forderungsanmeldung ist nicht zulässig; das Prioritätsprinzip entscheidet.

28 **i)** *Schuldbefreiungsansprüche:* Sie beinhalten Insolvenzforderungen, allerdings auf Zahlung an den Hauptgläubiger[20] (entsprechend der Forderung des Zuwendenden auf Zahlung an den Begünstigten bei einem Vertrag zugunsten Dritter). Die Rechtfertigung der Gleichbehandlung mit Zahlungsansprüchen ergibt sich (auch) aus dem Systemzusammenhang mit § 887 ZPO.

Für die Qualifizierung als Zahlungsanspruch ist es entbehrlich, auf die Umrechnungsbestimmung des § 45 InsO zurückzugreifen.

29 **j)** *Ansprüche der Gesamtschuldner und Bürgen:* Nach § 44 InsO können sie Forderungen, die sie durch eine Befriedigung des Hauptgläubigers künftig gegen den Schuldner erwerben könnten, im Insolvenzverfahren nur dann geltend machen, wenn der Hauptgläubiger seine Forderung nicht zur Insolvenztabelle anmeldet.

Die Forderung des Hauptgläubigers und die Rückgriffsforderung des Gesamtschuldners oder des Bürgen sind bei wirtschaftlicher Betrachtung identisch. Daher dürfen sie im Insolvenzverfahren nicht nebeneinander geltend gemacht werden. Wird die Rückgriffsforderung im Insolvenzverfahren zulässigerweise angemeldet, ist sie aufschiebend bedingt durch (volle oder teilweise) Befriedigung des Gläubigers (§ 191 I, II InsO).

Falls der Bürge oder der Gesamtschuldner den Hauptgläubiger bereits vor Verfahrenseröffnung voll befriedigt hat, steht ihm wegen seines Rückgriffsanspruchs gegen den Schuldner eine uneingeschränkte Insolvenzforderung zu.

30 **k)** *Altersteilzeit-Vergütung:* Vor Insolvenzeröffnung erarbeitete Vergütungsansprüche aus der Freistellungsphase sind lediglich Insolvenzforderungen, auch wenn das Arbeitsverhältnis des in der Freistellungsphase befindlichen Arbeitnehmer auf den Betriebserwerber übergeht.[21]

---

[19] Hier: 1. Aufl. § 20 Rn. 19.
[20] Vgl. *Jaeger/Henckel* § 3 KO Rn. 23; MüKoInsO/*Ehricke*, § 38 Rn. 30.
[21] BAG 30.10.2008 mit Anm., *Berkowsky* NZI 2009 33 ff.

V. Unterhaltsansprüche

Bei Unterhaltsansprüchen[22] gegen den Insolvenzschuldner ist § 40 InsO zu beachten: Unterhaltsansprüche nach §§ 1569ff., 1601ff., 1615a, 1615 I, 1615n BGB können grundsätzlich nur für die Zeit vor Eröffnung des Insolvenzverfahrens und nicht für die Zeit danach geltend gemacht werden. Eine Ausnahme für die Zeit nach Verfahrenseröffnung besteht nur, soweit der Schuldner als Erbe des Verpflichteten haftet.

Vor Inkrafttreten der InsO konnten die Unterhaltsberechtigten auf den Neuerwerb des Schuldners – insbesondere aus Arbeitseinkünften – zurückgreifen. Diese Möglichkeit entfällt weitgehend, da § 35 InsO auch den Neuerwerb zur Insolvenzmasse zieht. Die Unterhaltsberechtigten haben die (bescheidenere) Möglichkeit, in den erweitert pfändbaren Teil des Arbeitseinkommens zu vollstrecken (vgl. § 850d ZPO), der nicht zur Insolvenzmasse gehört (vgl. auch § 89 II InsO). Soweit Unterhaltsansprüche keine Insolvenzforderungen sind, werden sie nach Verfahrensbeendigung auch nicht von einer etwaigen Restschuldbefreiung erfasst (§ 301 I InsO). Von Bedeutung ist allerdings die Möglichkeit – ohne Rechtsanspruch – einer Unterhaltsgewährung aus der Insolvenzmasse nach § 100 InsO.

VI. Forderungsumrechnung

In § 45 InsO ist die Umrechnung einzelner Insolvenzforderungen geregelt:

1. Geldwerte Leistungsansprüche. An Ansprüchen, die nicht auf Geld gerichtet, jedoch geldwert und deshalb umrechnungsfähig sind, kommen zB in Betracht: Ansprüche des Käufers auf Lieferung des Kaufgegenstands; Ansprüche aus Werk- oder Werklieferungsvertrag auf Werkausführung oder Werklieferung; Ansprüche auf Rückgewähr von Gegenständen infolge Anfechtung, Rücktritt oder Wandlung; Ansprüche auf Vornahme von Nachbesserung, Mängelbeseitigung und Renovierung.

Derartige Ansprüche sind nach § 45 S. 1 InsO zum Schätzwert im Zeitpunkt der Eröffnung des Insolvenzverfahrens in Geld umzurechnen, und zwar vom zur Insolvenztabelle anmeldenden Gläubiger selbst.

2. Im Betrag unbestimmte Zahlungsansprüche. Hierbei handelt es sich insbesondere um deliktische oder vertragliche Schadensersatzansprüche, die dem Grunde, aber nicht der Höhe nach feststehen: zB Schmerzensgeldansprüche, Reparaturkostenansprüche, Nachbesserungs-, Mängelbeseitigungs- und Renovierungskostenansprüche.

Es besteht ein Systemzusammenhang mit den Fällen, in denen im Zivilprozess eine gerichtliche Forderungsschätzung nach § 287 ZPO vorzunehmen ist. Allerdings ist die nach § 45 S. 1 InsO auf den Zeitpunkt der Verfahrenseröffnung vorzunehmende Schätzwertumrechnung vom Insolvenzgläubiger selbst vorzunehmen.

3. Ansprüche in Fremdwährung oder Rechnungseinheit. Nach § 45 S. 2 InsO sind Insolvenzforderungen, die in ausländischer Währung oder in einer Rechnungseinheit ausgedrückt sind, nach dem Kurswert, der zur Zeit der Verfahrenseröffnung für den Zahlungsort maßgeblich ist, in inländische Währung umzurechnen.

VII. Wiederkehrende Leistungen

§ 46 InsO bestimmt eine Kapitalisierung der Insolvenzansprüche auf wiederkehrende Leistungen,[23] also insbesondere Forderungen aus einem Leibrentenvertrag, Rentenan-

---

[22] Vgl. Uhlenbruck/Hirte/Vallender/*Sinz*, § 38 Rn. 37; MüKoInsO/*Ehricke*, § 38 Rn. 76ff. mwN; KPB/*Holzer*, § 40 Rn. 1ff.; Nerlich/Römermann/*Andres*, § 40 Rn. 2ff.; Braun/*Bäuerle*, § 40 Rn. 2ff.; HK/*Riedel*, § 40 Rn. 2ff.; FK/*Bornemann*, § 40 Rn. 1.

[23] Vgl. Uhlenbruck/Hirte/Vallender/*Sinz*, § 38 Rn. 58f.; MüKoInsO/*Ehricke*, § 38 Rn. 19ff.; KPB/*Holzer*, § 46 Rn. 1ff.; Nerlich/Römermann/*Andres*, § 38 Rn. 20; HK/*Keller*, § 46 Rn. 6; FK/*Bornemann*, § 38 Rn. 21.

sprüche der Angestellten und Rentenansprüche aufgrund unerlaubter Handlung nach § 843 BGB. Bei Forderungen auf wiederkehrende Leistungen, deren Betrag und Dauer bestimmt sind, hat nach § 46 S. 1 InsO eine Addition der ausstehenden Leistungen unter Abzug des in § 41 InsO für nicht fällige Forderungen bezeichneten Zwischenzinses zu erfolgen. Falls die Dauer der Leistung unbestimmt ist (zB bis Lebensende des Berechtigten), ist nach § 45 S. 1 InsO zu verfahren, also eine Wertschätzung auf den Zeitpunkt der Verfahrenseröffnung vorzunehmen.

VIII. Nachrangige Insolvenzgläubiger

36 Die InsO hat einerseits – sachgerecht – die mit Vorzugsrechten versehenen Rangfolgeregelungen der KO (§§ 61, 62 KO) bei Insolvenzgläubigeransprüchen nicht übernommen, aber andererseits – fragwürdig – in § 39 InsO eine neue Regelung für „nachrangige" Insolvenzgläubiger eingeführt.

Die nachrangigen Gläubiger, deren Teilnahme am Verfahren bis dahin ausgeschlossen war (§ 63 KO, § 32a I 1 aF GmbHG, nunmehr § 39 I Nr. 5 InsO), kommen erst zum Zuge, wenn die übrigen vorrangigen Gläubiger voll befriedigt werden konnten und noch ein Überschuss verbleibt. In der Insolvenzpraxis haben nachrangige Gläubiger nur eine mehr oder minder utopische Quotenchance.

37 Die nachrangigen Gläubigeransprüche werden in § 39 I Nr. 1–5 InsO erfasst:
1. Zinsansprüche ab Verfahrenseröffnung,
2. Kosten der Verfahrensteilnahme der Gläubiger,
3. Geldstrafen, Geldbußen, Ordnungsgelder ua,
4. Forderungen auf unentgeltliche Leistungen des Schuldners,
5. Forderungen auf Rückgewähr eines Gesellschafterdarlehens oder Forderungen aus Rechtshandlungen, die einem solchen Darlehen wirtschaftlich entsprechen, wobei diese Regelungen nach Maßgabe der Abs. 4 u. 5 anzuwenden sind. Die durch das MoMiG eingeführten neuen Regelungen des § 39 InsO gelten über Art. 103d EGInsO im Rahmen von nach dem 1. November 2008 eröffneten Insolvenzverfahren, wobei die bis dahin geltenden Vorschriften der Insolvenzordnung über die Anfechtung von Rechtshandlungen anzuwenden sind, soweit die Rechtshandlungen nach dem bisherigen Recht der Anfechtung entzogen oder in geringerem Umfang unterworfen sind.

38 Wenn keine abweichenden Regelungen normiert sind, gelten für nachrangige Gläubiger dieselben Regelungen wie für die übrigen Gläubiger. Nach § 77 I 2 InsO sind nachrangige Gläubiger in der Gläubigerversammlung nicht stimmberechtigt.

Im Anmeldeverfahren sind nach §§ 174 III 1, 177 II InsO die Forderungen nachrangiger Gläubiger nur anzumelden und zu prüfen, soweit das Insolvenzgericht zur Anmeldung gesondert auffordert. Im Masseverteilungsverfahren sollen nachrangige Gläubiger bei der Abschlagsverteilung nicht berücksichtigt werden (§ 187 II 2 InsO). Das Insolvenzplanverfahren enthält in §§ 225, 246 InsO ebenfalls Sonderregelungen, die im Wesentlichen die Nachrangigkeit verstärken.

39 Die Einbeziehung der nachrangigen Insolvenzgläubiger und ihre praktisch wertlose Berechtigung zur Teilnahme am Insolvenzverfahren werden in ihrer Fragwürdigkeit zusätzlich durch einschneidende Folgeerscheinungen angereichert:

Das Vollstreckungsverbot des § 89 InsO gilt auch für sie, wobei die Einbeziehung des Neuerwerbs des Schuldners in die Insolvenzmasse durch § 35 InsO ohnehin ihre Zugriffsmöglichkeit weitgehend beschneidet. § 225 I InsO bestimmt, dass mangels anderweitiger Regelung im Insolvenzplan die Forderungen nachrangiger Gläubiger als erlassen gelten. Wird einem Schuldner Restschuldbefreiung erteilt, so wirkt sie nach § 301 I InsO gegen alle Insolvenzgläubiger, also auch gegen nachrangige (Ausnahme nach § 302 Nr. 2 InsO für Gläubiger der in § 39 I Nr. 3 InsO aufgeführten Geldstrafen und gleichgestellten Verbindlichkeiten).

§ 20. Die Gläubigerversammlung

Übersicht

	Rn.
I. Rechtsstellung	1
1. Herrin des Verfahrens	1
2. Macht und Ohnmacht	4
II. Verfahrensstruktur	7
1. Einberufung	7
2. Stimmrecht	9
3. Leitung	15
III. Kompetenzen	18
1. Wahlbefugnisse	18
a) Wahl des Verwalters	18
b) Wahl des Gläubigerausschusses	19
2. Informationsbefugnisse	20
3. Entscheidungsbefugnisse in Grundfragen der Insolvenzabwicklung	21
4. Unterhaltsgewährung	22

I. Rechtsstellung

1. Herrin des Verfahrens. Die Gläubigerversammlung ist, dem Ziel des Insolvenzverfahrens in § 1 S. 1 InsO folgend, die auf gemeinschaftliche Befriedigung der Gläubigeransprüche ausgerichtete Zweckgemeinschaft der Gläubiger; sie unterliegt allerdings nicht dem allgemeinen Gemeinschafts- oder gar Gesellschaftsrecht der §§ 741 ff., 705 ff. BGB, sondern ausschließlich den Regeln der InsO. 1

Die Versammlung der Gläubiger ist das in erster Linie maßgebende, das Insolvenzverfahren weitgehend beherrschende Selbstverwaltungsorgan der Gläubiger.[1] Was Grundentscheidungen angeht, so sind nur die Entscheidungen über die Verfahrenseröffnung und Verfahrensbeendigung (Einstellung oder Aufhebung des Verfahrens) dem Insolvenzgericht vorbehalten. Die wirtschaftlich bedeutsamsten Entscheidungen der Verfahrensgestaltung und Verfahrensabwicklung – die Weichenstellungen – sind der Gläubigerversammlung überlassen. Das gilt vor allem für die im Berichtstermin zu treffende Entscheidung, ob ein Unternehmen des Schuldners stillgelegt oder vorläufig fortgeführt werden soll (§ 157 S. 1 InsO). Weitere Entscheidungen erheblicher Relevanz fällt die Gläubigerversammlung, falls sie kein Exekutivorgan – Gläubigerausschuss – bestellt hat, bei der Zustimmung zu besonders bedeutsamen Rechtshandlungen des Verwalters (§ 160 InsO), insbesondere bei der Unternehmensveräußerung, der Immobilienveräußerung und dem Anhängigmachen wichtiger Prozesse. Bei einer Betriebsveräußerung an besonders Interessierte ist auf jeden Fall – auch wenn ein Gläubigerausschuss bestellt ist – die Zustimmung der Gläubigerversammlung erforderlich (§ 162 InsO). Das gilt nach § 163 InsO auch für eine Betriebsveräußerung unter Wert, wenn das Insolvenzgericht antragsgemäß die Zustimmungspflicht der Gläubigerversammlung angeordnet hat. 2

Schließlich entscheidet die Gläubigerversammlung die gewichtige und insbesondere für den Schuldner folgenreiche Frage, ob statt einer Liquidation eine Unternehmenssanierung im Rahmen eines *Insolvenzplans* (§§ 217 ff. InsO) durchgeführt werden soll. Jeder Plan scheitert, wenn er von den Gläubigern nach den Abstimmungsmodalitäten 3

---

[1] *Pape* ZIP 1990, 1251; *Haarmeyer/Wutzke/Förster*, Kap 6 Rn. 58; Uhlenbruck/Hirte/Vallender/*Uhlenbruck*, § 74 Rn. 1–4; MüKoInsO/*Ehricke*, § 74 Rn. 1–6; KPB/*Kübler*, § 74 Rn. 3 f.; Nerlich/Römermann/*Delhaes*, vor § 56 Rn. 16 ff.; Braun/*Herzig*, § 74 Rn. 2; FK/*Schmitt*, § 74 Rn. 3.

der §§ 244–246 InsO nicht angenommen wird. Ein Plan bedarf zwar der gerichtlichen Bestätigung (§ 248 InsO); das Insolvenzgericht – und auch ein anderer Verfahrensbeteiligter – kann jedoch eine Planannahme durch die Gläubigerversammlung nicht erzwingen.

2. Macht und Ohnmacht. Die Kompetenzmacht der Gläubigerversammlung steht und fällt mit der Potenz der Insolvenzmasse; je geringer die Masse desto geringer sind die Kompetenzen in ihrer praktischen Auswirkung und das Interesse der Gläubiger an einer aktiven Verfahrensteilnahme.

Ein Spannungsverhältnis zwischen Macht und Ohnmacht entsteht mit besonderer Brisanz aber auch, wenn widerstreitende Gläubigerinteressen übermächtiger Großgläubiger und mehr oder minder einflussloser Kleingläubiger aufeinandertreffen. Nach § 78 I InsO sind allerdings einseitige Bevorzugungsbeschlüsse der Gläubigerversammlung vom Insolvenzgericht auf Antrag aufzuheben.

Auch bei der Bestellung eines anderen Insolvenzverwalters nach § 57 InsO können die unterschiedlichen Machtverhältnisse der Gläubiger in der Gläubigerversammlung die Gefahr eines Missbrauchs auslösen.[2] Das gilt ebenso bei einer dubiosen Abwahl der vom Gericht bestellten und/oder Wahl anderer Mitglieder des Gläubigerausschusses nach § 68 II InsO. Jedoch bestehen in diesen Fällen gerichtliche Kontroll- und Eingriffszuständigkeiten (§§ 59, 70 InsO). Ob dem Insolvenzgericht zusätzlich eine Aufhebungsbefugnis nach § 78 I InsO zusteht, ist zweifelhaft (siehe bereits: *Uhlenbruck* KTS 1989, 229, 235 ff.).

Im Übrigen hat das InsOÄndG 2001 im Rahmen des § 57 InsO die Missbrauchsanfälligkeit durch Einfügen eines weiteren Satzes (§ 57 S. 2 InsO nF) gemindert: Ein anderer Verwalter bedarf für seine Wahl neben der „Summenmehrheit" des § 76 II InsO nunmehr auch der Mehrheit der abstimmenden Gläubiger, der „Kopfmehrheit".

II. Verfahrensstruktur

1. Einberufung. Gläubigerversammlungen sind nach § 74 I 1 InsO vom Insolvenzgericht einzuberufen. Das steht im Zusammenhang mit der gerichtlichen Leitungsbefugnis (§ 76 I InsO). Zeit, Ort und Tagesordnung der Gläubigerversammlung sind in der Regel (Ausnahme bei Vertagung im Termin) öffentlich bekanntzumachen (§ 74 II InsO). Nach § 75 I InsO ist eine Gläubigerversammlung einzuberufen auf Antrag des Insolvenzverwalters, des Gläubigerausschusses und der nach Maßgabe des I Nr. 3 und 4 qualifizierten Gläubiger.[3] Auch absonderungsberechtigte Gläubiger, die nicht zugleich Insolvenzgläubiger sind, können antragsberechtigt sein.

Die Antragsbefugnisse werden dadurch gestärkt, dass der Zeitraum zwischen Antragseingang und Termin höchstens drei Wochen betragen soll (§ 75 II InsO).

Nachrangige Insolvenzgläubiger (§ 39 InsO) haben kein Antragsrecht.

Wird die Einberufung abgelehnt, kann der Antragsteller sofortige Beschwerde einlegen (§ 75 III InsO).

In einigen besonders bedeutsamen Fällen hat das Insolvenzgericht – auch ohne Antrag – Gläubigerversammlungen zwingend einzuberufen:
– § 29 InsO: Berichtstermin (§ 156 InsO) und Prüfungstermin (§ 176 InsO);
– § 66 InsO: Termin zur Rechnungslegung des Verwalters bei Beendigung seines Amtes;

---

[2] *Pape* ZIP 1990, 1255; *Uhlenbruck* KTS 1989, 229; Uhlenbruck/Hirte/Vallender/*Uhlenbruck*, § 57 Rn. 1 f., 25 ff.; KPB/*Kübler*, § 74 Rn. 2; Nerlich/Römermann/*Delhaes*, § 57 Rn. 4; Braun/*Blümle*, § 57 Rn. 4 f.; HK/*Riedel*, § 57 Rn. 8; FK/*Jahntz*, § 57 Rn. 4.

[3] BGH, Antrag auf Einberufung der Gläubigerversammlung – zu berücksichtigende Unterlagen, NZI 2009, 604, vgl. auch zu der in dieser Sache ergangene Entscheidung BGH NZI 2007, 723; BGH ZIP 2009, 1528; BGH ZIP 2007, 551.

Die Gläubigerversammlung 9–12 § 20

– §§ 160 I 2, 162 I InsO: Termine über Zustimmung zu besonders bedeutsamen Rechtshandlungen des Verwalters, falls kein Gläubigerausschuss bestellt ist, und über Zustimmung zu einer Betriebsveräußerung an besonders Interessierte;
– § 197 InsO: Schlusstermin;
– § 235 InsO: Erörterungs- und Abstimmungstermin im Insolvenzplanverfahren.

Darüber hinaus kann das Insolvenzgericht nach pflichtgemäßem, am gemeinsamen Gläubigerinteresse ausgerichtetem Ermessen Gläubigerversammlungen einberufen.[4]

2. Stimmrecht. Das Zustandekommen der Beschlüsse in der Gläubigerversammlung wird in den §§ 76 II, 77 InsO geregelt. Nach § 76 II InsO erfordert der Beschluss im Regelfall eine Summenmehrheit von mehr als die Hälfte der Forderungsbeträge (bzw. der Wertbeträge bei Absonderungsrechten ohne persönliche Forderungen) der abstimmenden Insolvenzgläubiger und absonderungsberechtigten Gläubiger. 9

Eine zusätzliche „Kopfmehrheit" ist nur bei speziellen Abstimmungen erforderlich, zB bei der Wahl eines anderen Verwalters nach § 57 S. 2 InsO und bei der Abstimmung über einen Insolvenzplan nach § 244 I InsO.

Die Beschlussfähigkeit der Gläubigerversammlung hängt nicht von der Anzahl der erschienenen Gläubiger ab, so dass – mehr oder weniger theoretisch – Beschlussfähigkeit vorliegen kann, wenn nur ein einziger stimmberechtigter Gläubiger erscheint,[5] dessen Forderung allerdings nicht bestritten sein darf (bei bestrittener Forderung wäre die Einigungs- und Entscheidungsprozedur des § 77 II InsO nicht möglich). Nachrangige Insolvenzgläubiger sind nicht stimmberechtigt (§ 77 I 2 InsO). In der am 1.7.2007 in Kraft getretenen Neufassung des § 160 InsO hat der Gesetzgeber die Konsequenz einer fiktiven Zustimmung der Gläubiger zu den besonders bedeutsamen Rechtshandlungen des Insolvenzverwalters für den Fall, dass in der Gläubigerversammlung niemand erscheint, gezogen.[6] Voraussetzung ist, dass die Gläubiger bei der Einladung zur Gläubigerversammlung hierauf hingewiesen worden sind. 10

Im Falle der Interessenkollision trifft den befangenen Gläubiger ein *Stimmverbot*,[7] zB bei einer Beschlussfassung über die Vornahme eines Rechtsgeschäfts mit ihm (Betriebsübernahme ua) oder über einen Prozess gegen ihn (Insolvenzanfechtung ua). 11

Nach § 77 I 1 InsO gewähren grundsätzlich nur solche Forderungen ein Stimmrecht, die angemeldet und weder vom Insolvenzverwalter noch von einem stimmberechtigten Gläubiger bestritten worden sind. Gläubiger bestrittener Forderungen erhalten nach § 77 II 1 InsO ein Stimmrecht im Falle einer entsprechenden Einigung zwischen dem Verwalter und den erschienenen stimmberechtigten Gläubigern oder im Falle der Nichteinigung durch eine Zulassungsentscheidung des Gerichts. Eine derartige Stimmrechtszulassung des Gerichts wirkt jeweils nur für den betreffenden Versammlungstermin. Abgesehen von einer Abänderungsbefugnis des Gerichts selbst (§ 77 II 3 InsO), ist gegen eine richterliche Stimmrechtszulassung mangels Zulassung (§ 6 I InsO) kein Rechtsmittel (sofortige Beschwerde) gegeben.[8] 12

---

[4] *Kilger/K. Schmidt*, § 93 KO Anm. 2; Uhlenbruck/Hirte/Vallender/*Uhlenbruck*, § 75 Rn. 1; MüKo-InsO/*Ehricke*, § 75 Rn. 1; KPB/*Kübler*, § 74 Rn. 8; FK/*Schmitt*, § 74 Rn. 5.

[5] *Kuhn/Uhlenbruck*, § 94 KO Rn. 2; *Kilger/K. Schmidt*, § 94 KO Anm. 2; *Haarmeyer/Wutzke/Förster*, Kap 6 Rn. 73; Uhlenbruck/Hirte/Vallender/*Uhlenbruck*, § 76 Rn. 20; MüKoInsO/*Ehricke*, § 76 Rn. 15; KPB/*Kübler*, § 76 Rn. 22; Nerlich/Römermann/*Delhaes*, § 76 Rn. 3; Braun/*Herzig* § 76 Rn. 7; HK/*Riedel*, § 76 Rn. 5; FK/*Schmitt*, § 76 Rn. 7.

[6] *Pape*, ZinsO 2009, 1, 5.

[7] Vgl. *Kilger/K. Schmidt*, § 94 KO Anm. 2; Uhlenbruck/Hirte/Vallender/*Uhlenbruck*, § 76 Rn. 30; KPB/*Kübler*, § 77 Rn. 21a; Nerlich/Römermann/*Delhaes*, § 77 Rn. 9; HK/*Riedel*, § 76 Rn. 6; FK/*Schmitt*, § 77 Rn. 21.

[8] AG Frankfurt a. M., Neufestsetzung des Stimmrechts durch den Insolvenzverwalter, NZI 2009, 441 (mit Anm. *Gundlach*).

13 Bei einer Rechtspflegerentscheidung ist zu beachten: § 11 III 2 RPflG ordnet an, dass gegen die Entscheidung über die Gewährung eines Stimmrechts (§§ 77, 237, 238 InsO) die Erinnerung ausgeschlossen ist. Allerdings bestimmt § 18 III 2 RPflG, dass im Fall der Auswirkung der Rechtspflegerentscheidung auf das Abstimmungsergebnis der Richter auf einen bis zum Terminschluss zu stellenden Antrag eines Gläubigers oder des Verwalters das Stimmrecht neu festsetzen und eine Abstimmungswiederholung anordnen kann.[9]

14 Beschlüsse der Gläubigerversammlung sind unwirksam, wenn sie unter Verletzung der Vorschriften über die Abstimmung zustande kommen.

15 **3. Leitung.** Nach § 76 I InsO wird die Gläubigerversammlung vom Gericht – Richter oder Rechtspfleger – geleitet (äußerer Verfahrensablauf zur der Tagesordnung, Worterteilung zur Antragstellung und Erörterung sowie Beschlussfassung. Für Disziplinarbefugnisse sowie Verfahrensleitung und Protokollierungen – vor allem der Beschlüsse – gelten die Vorschriften des GVG (§§ 176 ff.) und der ZPO (§§ 136 ff., 159 ff.) entsprechend (§ 17 IV. 3., 4.).

16 Zur Teilnahme an Gläubigerversammlungen sind berechtigt (§ 74 I 2 InsO): alle absonderungsberechtigten Gläubiger, also auch die ohne persönliche Forderung, alle Insolvenzgläubiger, also auch die nachrangigen Gläubiger des § 39 InsO, der Insolvenzverwalter und der Insolvenzschuldner. Auch Mitglieder des Gläubigerausschusses, soweit sie nicht zugleich Gläubiger sind (§ 67 III InsO), haben Anspruch auf Anwesenheit in der Gläubigerversammlung.[10]

17 Die Gläubigerversammlung ist jedoch nicht der Öffentlichkeit zugänglich (§ 17 IV. 4.). Ob Ausnahmen zugelassen werden, steht im Ermessen der Gläubigerversammlung. Für den Berichtstermin sind in § 156 II InsO Ausnahmeregelungen insoweit bestimmt, als dem Betriebsrat und dem Sprecherausschuss der leitenden Angestellten sowie den für den Schuldner etwa zuständigen amtlichen Berufsvertretungen Gelegenheit zu geben ist, sich zum Bericht des Verwalters zu äußern; diese Befugnis setzt ein jedenfalls zeitlich beschränktes Anwesenheitsrecht voraus.

III. Kompetenzen

18 **1. Wahlbefugnisse. a)** *Wahl des Verwalters.* Nach § 57 S. 1 InsO steht der Gläubigerversammlung in ihrer ersten Sitzung, die der (gerichtlichen) Bestellung des Insolvenzverwalters folgt, die Befugnis zu, mit „Summen- und Kopfmehrheit" (§ 57 S. 2 InsO) einen anderen Insolvenzverwalter zu wählen. Die gerichtliche Bestellung des anderen Verwalters darf nur bei dessen Ungeeignetheit versagt werden, und zwar mit anschließender Beschwerdeberechtigung eines jeden Insolvenzgläubigers (§ 57 S. 4 InsO). Stellt sich erst im weiteren Verfahrensverlauf die Ungeeignetheit des Verwalters heraus, ist das Gericht von Amts wegen zur Amtsentlassung des gerichtlich bestellten oder von der Gläubigerversammlung gewählten anderen Verwalters aus wichtigem Grund befugt (§ 59 I InsO), allerdings auch auf Antrag des Gläubigerausschusses oder der Gläubigerversammlung.[11]

19 **b)** *Wahl des Gläubigerausschusses.* Die Gläubigerversammlung entscheidet nach ihrem Ermessen darüber, ob überhaupt ein Gläubigerausschuss eingesetzt oder ein vom Gericht bereits eingesetzter Gläubigerausschuss beibehalten wird (§ 68 I InsO). Sie ist auch

---

[9] BGH zur abschließenden Entscheidung des Insolvenzgerichts über Abstimmungsberechtigung in Gläubigerversammlung, NZI 2009, 106 (mit Anm. *Gundlach/Frenzel* und weiteren Hinweisen).

[10] Klargestellt durch die ergänzte Neufassung des § 74 I 2 InsO (EGInsOÄndG v. 19.12.1998, BGBl. I 3836).

[11] AG Gifhorn, Versagung der Bestellung eines von der Gläubigerversammlung gewählten Verwalters wegen fehlender Eignung im konkreten Verfahren, NZI 2009, 394.

Der Gläubigerausschuss § 21

befugt, vom Insolvenzgericht bestellte Mitglieder abzuwählen und andere oder zusätzliche Mitglieder des Ausschusses zu wählen (§ 68 II InsO).

Nach § 70 InsO findet eine gerichtliche Kontrolle insoweit statt, als das Insolvenzgericht aus wichtigem Grund die Entlassung eines Mitglieds des Gläubigerausschusses anordnen kann, und zwar von Amts wegen, auf Antrag des Mitglieds des Gläubigerausschusses oder der Gläubigerversammlung.

Die Gläubigerversammlung ist gegenüber dem Gläubigerausschuss als eigenständigem Selbstverwaltungsorgan der Gläubiger nicht weisungsbefugt. Einflussnahmen ergeben sich allerdings daraus, dass der Ausschuss der „verlängerte Arm" der die Gläubigerversammlung in hohem Masse beherrschenden Großgläubiger sein kann.

2. Informationsbefugnisse. Nach § 79 S. 1 InsO ist die Gläubigerversammlung 20 berechtigt, vom Verwalter einzelne Auskünfte und einen Bericht über den Sachstand und die Geschäftsführung zu verlangen, und zwar wiederholt entsprechend dem jeweiligen Stand des Verfahrens. Sie kann ferner, wenn ein Ausschuss nicht bestellt ist, den Geldverkehr und -bestand des Verwalters prüfen lassen (§ 79 S. 2 InsO).

Darüber hinaus wird dem Informationsbedürfnis in den Versammlungen der Gläubiger zur Vorbereitung ihrer Entscheidungen Rechnung getragen: Im Berichtstermin (§§ 156, 157 InsO) hat der Verwalter über die wirtschaftliche Lage des Schuldners und ihre Ursachen zu berichten, über die Befriedigungschancen der Gläubiger, über die Aussichten einer (Teil-)Erhaltung des Schuldnerunternehmens und die Möglichkeiten für einen Insolvenzplan. Der Prüfungstermin (§§ 176 ff. InsO) dient (auch) der Information der Gläubiger über den Bestand der rivalisierenden Forderungen einschließlich der Frage des Bestreitens dieser Forderungen.

Im Schlusstermin (§ 197 InsO) wird (auch) das Informationsbedürfnis gefördert, soweit die Erörterung der Schlussrechnung des Verwalters (§ 66 InsO), des Schlussverzeichnisses und der Frage nicht verwertbarer Massegegenstände betroffen ist.

3. Entscheidungsbefugnisse in Grundfragen der Insolvenzabwicklung. 21 Schließlich und vor allem werden die Kompetenzen der Gläubigerversammlung bestimmt durch ihre Befugnisse zu den Entscheidungen in den grundsätzlichen Fragen und Weichenstellungen der Durchführung und Abwicklung des Insolvenzverfahrens: Liquidation oder Sanierung, vor allem eines Schuldnerunternehmens, und im Falle der Liquidation Zustimmung zu besonders wichtigen Verwertungsmaßnahmen.

Diese Kompetenzen prägen vornehmlich die Rechtsstellung der Gläubigerversammlung. Auf die Ausführungen zu dieser Rechtsstellung im Einzelnen wird Bezug genommen (I. 1.).

4. Unterhaltsgewährung. Eine atypische, nachrangige Sonderkompetenz ist der 22 Gläubigerversammlung insoweit überlassen, als sie nach §§ 100, 101 I 3 InsO (unanfechtbar) beschließt, ob und in welchem Umfang dem Schuldner und seiner Familie oder den vertretungsberechtigten persönlich haftenden Gesellschaftern des Schuldners und ihren Angehörigen Unterhalt aus der Insolvenzmasse zu gewähren ist.

§ 21. Der Gläubigerausschuss

Übersicht

	Rn.
I. Rechtsstellung	1
II. Verfahrensstruktur	5
1. Bestellung und Amtsbeendigung	5
a) Vorläufige Bestellung	5

	Rn.
b) Reguläre Bestellung	6
c) Amtsbeendigung	9
2. Verfahrensordnung	13
III. Kompetenzen	19
1. Allgemeine Befugnisse	19
2. Spezielle Befugnisse	21
a) Zustimmungsbefugnisse	21
b) Antragsbefugnisse	22
c) Bestimmungs- und Mitbestimmungsbefugnisse	23
d) Anhörungs- und Unterrichtungsbefugnisse	24

I. Rechtsstellung

1 Der Gläubigerausschuss ist neben der Gläubigerversammlung ein weiteres Selbstverwaltungsorgan der Gläubiger, durch das der „ständige Einfluss der beteiligten Gläubiger auf den Ablauf des Insolvenzverfahrens sichergestellt werden soll".[1] Ihm kommt ebenfalls eigenständige und weitreichende Bedeutung zu. Er ist das Exekutivorgan der Gläubigerversammlung,[2] jedoch nicht mit unmittelbarer Außenwirkung im allgemeinen Rechtsverkehr; der Vollzug der Abwicklungsmaßnahmen im Verfahrensverlauf ist dem Insolvenzverwalter vorbehalten. Der Gläubigerausschuss ist in der Ausübung seiner Tätigkeit selbstständig und einer Kontrolle durch das Insolvenzgericht und die Gläubigerversammlung grundsätzlich nicht unterworfen (Ausnahme: Rechtskontrolle gemäß § 70 InsO). Er hat das Gesamtinteresse der Gläubigergemeinschaft zu wahren.[3] Die Gefahr einer tatsächlichen Steuerung durch Großgläubiger(-Gruppen) in der Gläubigerversammlung bei der Wahl/Auswahl der Ausschussmitglieder ist jedoch nicht zu übersehen (§ 20 I. 2.).

2 Die allgemeine Aufgabenstellung wird durch § 69 S. 1 InsO bestimmt:

Die Mitglieder des Gläubigerausschusses haben den Insolvenzverwalter bei seiner Geschäftsführung zu unterstützen und zu überwachen, allerdings ohne konkrete Weisungsbefugnisse. Die Kompetenzen des Ausschusses (im Einzelnen siehe III.) werden insbesondere geprägt durch seine Mitwirkung bei den Grundentscheidungen, zB ob Unternehmen stillgelegt werden und besonders gewichtige Rechtshandlungen zur Masseabwicklung getroffen werden sollen (§§ 158 I, 160 InsO). Ebenfalls kann der Gläubigerausschuss bestimmen wie und wo zu welchen Bedingungen Geld, Wertpapiere und Kostbarkeiten hinterlegt und Wertgegenstände anzulegen sind (§ 149 InsO).

3 Die weitgehend flexible und selbstständige Tätigkeitsausübung des Gläubigerausschusses hat als wirksames Korrektiv die in § 71 InsO normierte *Haftung* ihrer Mitglieder bei schuldhafter schadenstiftender Pflichtverletzung gegenüber den absonderungsberechtigten Gläubigern und den Insolvenzgläubigern. Daneben ist die Möglichkeit einer *Amtsentlassung* aus wichtigem Grund zu beachten (§ 70 InsO).

4 Schließlich ist für die Rechtsstellung der Ausschussmitglieder von Bedeutung, dass sie nach § 73 I InsO Anspruch auf Vergütung für ihre Tätigkeit und auf Erstattung angemessener Auslagen haben, deren Festsetzung durch das Gericht erfolgt (§§ 73 II, 64 I InsO).

---

[1] Begr zu § 78 RegE (BR-Drucks. 1/92 S. 131). Vgl. auch Uhlenbruck/Hirte/Vallender/*Uhlenbruck*, § 67 Rn. 1 ff.; MüKoInsO/*Schmid-Burgk*, § 67 Rn. 1 f.; KPB/*Kübler*, § 69 Rn. 2, 4 ff.; Nerlich/Römermann/*Delhaes*, vor § 56 Rn. 13 ff.; Braun/*Hirte*, § 69 Rn. 5, 6; § 72 Rn. 20; HK/*Riedel*, § 67 Rn. 1; FK/*Schmitt*, § 69 Rn. 1, 5 f.

[2] Vgl. auch *Haarmeyer/Wutzke/Förster* Kap 6 Rn. 2, 4 ff.

[3] *Kilger/K. Schmidt*, § 87 KO Anm. 1; Uhlenbruck/Hirte/Vallender/*Uhlenbruck*, § 67 Rn. 2; MüKoInsO/*Schmid-Burgk*, § 69 Rn. 10; KPB/*Kübler*, § 69 Rn. 5; Nerlich/Römermann/*Delhaes*, § 69 Rn. 12; Braun/*Kind*, § 69 Rn. 15; FK/*Schmitt*, § 69 Rn. 5, 15.

Durch die Zuweisung von Informations- und Kontrollrechten, Mitwirkungspflichten und Zustimmungsvorbehalten erwächst dem Ausschuss – neben dem Verwalter – eine zentrale Stellung innerhalb der Gläubigerselbstverwaltung zur Klärung und Entscheidung in Detailfragen der Insolvenzverwaltung und -abwicklung.[4]

II. Verfahrensstruktur

1. Bestellung und Amtsbeendigung. a) *Vorläufige Bestellung.* Das Insolvenzgericht kann nach § 67 I InsO vor der ersten Gläubigerversammlung einstweilen einen Gläubigerausschuss einsetzen, über dessen Zusammensetzung die Absätze II und III Soll- und Kannvorschriften enthalten (zB können auch Drittpersonen, die nicht Gläubiger sind, Ausschussmitglieder sein). Eine derartige vorläufige Bestellung ist sachgerecht, wenn besonders wichtige Zustimmungskompetenzen des Ausschusses (§§ 158 I, 160 InsO) in eilbedürftigen Fällen aktiviert werden sollen. Hiervon zu unterscheiden ist der vorläufige Gläubigerausschuss gemäß §§ 21 II 1 Nr. 1a, 22a (im Einzelnen siehe § 14 IV.).

b) *Reguläre Bestellung.* Die Gläubigerversammlung entscheidet nach § 68 InsO mit autonomem Bestimmungsrecht, ob überhaupt ein Gläubigerausschuss einzusetzen oder der gerichtlich bestellte Ausschuss beizubehalten ist. Sie kann vom Gericht bestellte Mitglieder abwählen und andere oder zusätzliche Mitglieder wählen. An die Vorgaben für die gerichtliche Auswahl bei der vorläufigen Bestellung in § 67 II und III InsO ist die Gläubigerversammlung nicht gebunden.

Die Frage der Zulässigkeit eines „Zweier"-Ausschusses[5] hat weitgehend keine praktische Bedeutung. Da bei der Beschlussfassung die Kopfmehrheit entscheidend ist (§ 72 InsO), erfordert ein vollaktionsfähiger Ausschuss mindestens drei Mitglieder.

Die Entscheidungen sind mangels Zulassung (§ 6 InsO) auch nicht mit Rechtsmitteln angreifbar und als solche auch nicht von Amts wegen überprüfbar.[6] Eine Überprüfung kommt lediglich im Rahmen des § 78 I InsO in Betracht. Hiernach ist ein Beschluss der Gläubigerversammlung, also auch ein Beschluss im Zusammenhang mit der Einsetzung und Besetzung eines Gläubigerausschusses, auf Antrag eines absonderungsberechtigten Gläubigers, eines nicht nachrangigen Insolvenzgläubigers oder des Insolvenzverwalters aufzuheben, wenn er dem gemeinsamen Interesse der Insolvenzgläubiger widerspricht.

c) *Amtsbeendigung.* Neben der Amtsbeendigung der Mitglieder eines vom Gericht vorläufig bestellten Gläubigerausschusses durch entsprechende Entscheidung der Gläubigerversammlung (§ 68 InsO) ist eine vorzeitige Amtsbeendigung der von der Gläubigerversammlung beibehaltenen oder neu gewählten Mitglieder (außer im Todesfall) nur durch *Entlassung* nach § 70 InsO möglich.[7]

Voraussetzung für eine Entlassung ist ein wichtiger Grund in der Person des Ausschussmitglieds, der in schuldhafter Pflichtverletzung begründet sein kann, aber auch in wertneutralen Umständen (Krankheit, Wohnortwechsel, berufliche Mehrbelastung ua).

---

[4] *Heidland,* Kölner Schrift, S. 714 Rn. 4.
[5] Vgl. zur KO: *Kilger/K. Schmidt,* § 87 KO Anm. 2 unter Bezugnahme auf BGH NJW 1994, 453 (= MDR 1994, 683). Die BGH-Entscheidung betrifft allerdings einen „Dreier"-Ausschuss, bei dem die Wahl eines Mitglieds unwirksam war. Die übrigen zwei Mitglieder sind nicht gehindert, ihre Aufgaben bis zur Neuwahl des dritten Mitglieds zu erfüllen, wobei zwangsläufig bei Beschlussfassung Einstimmigkeit erforderlich ist; vgl. auch Uhlenbruck/Hirte/Vallender/*Uhlenbruck,* § 67 Rn. 20; MüKoInsO/ *Schmid-Burgk,* § 72 Rn. 20; KPB/*Kübler,* § 68 Rn. 15; Nerlich/Römermann/*Delhaes,* § 68 Rn. 4; Braun/*Hirte,* § 67 Rn. 12; HK/*Riedel,* § 67 Rn. 10; BGH zur Frage der Mindestbesetzung eines Gläubigerausschusses mit zwei Mitgliedern, NZI 2009, 386; BGH, ZIP 2009, 727.
[6] *Heidland,* Kölner Schrift, S. 720 f. Rn. 18/19; *Hess/Weiss* InvO 1997, 1.
[7] Entlassung von Mitgliedern, vgl. BGH, NZI 2008, 306 und BGH, NZI 2008, 308; BGH, ZIP 2007, 781.

Die Entlassung kann von Amts wegen oder auf Antrag des betroffenen Mitglieds bzw. der Gläubigerversammlung erfolgen, und zwar nur durch Entscheidung des Insolvenzgerichts, also nicht durch Beschluss der Gläubigerversammlung.

11 Eine reguläre Amtsbeendigung tritt in den Fällen der Aufhebung des Insolvenzverfahrens ein, dh nach vollzogener Schlussverteilung (§ 200 I InsO) und rechtskräftiger Bestätigung eines Insolvenzplans (§§ 258 I, 259 I 1 InsO) sowie in den Fällen der Einstellung des Verfahrens (§§ 207, 211, 212, 213 InsO).

12 Aus dem Umstand, dass das Erlöschen des Amtes nur im Planverfahren in § 259 I 1 InsO ausdrücklich erwähnt ist, kann für die übrigen Fälle nichts Gegenteiliges gefolgert werden. Der entscheidende Anknüpfungspunkt der Amtsbeendigung, der auch für die übrigen Insolvenzorgane gilt (Gläubigerversammlung und Insolvenzverwalter), ist die Wiedererlangung der Verfügungsmacht des Schuldners in allen vorgenannten Fällen. Dass es ausnahmsweise Amtsnachwirkungen gibt, zB bei einer Nachtragsverteilung, besagt ebenfalls nichts Gegenteiliges.

13 **2. Verfahrensordnung.** Zur Förderung der Flexibilität und Stärkung der Handlungsfreiheit sind in der InsO keine spezifischen Verfahrensmodalitäten normiert. Wann, wo und wie der Gläubigerausschuss seine Tätigkeit entfaltet, ist seinem pflichtgemäßen Ermessen überlassen. Das gilt auch für die Frage, ob Ausschussmitglieder im Rahmen des § 69 InsO Einzelaktionen zur Einsicht oder Überprüfung durchführen oder ob der Ausschuss als Kollegium zur Erörterung und Entscheidung in speziellen Ausschusssitzungen zusammentrifft oder diese Kollegialaufgaben in anderer Weise wahrnimmt, zB in weniger bedeutsamen Angelegenheiten schriftlich oder telefonisch.

14 Durch die InsO werden dem Ausschuss – außer den Kompetenzen und den sich hieraus (auch) ergebenden Pflichten zur sachgemäßen Kompetenzausübung – lediglich die allgemeinen Wirksamkeitsvoraussetzungen einer **Beschlussfassung** vorgegeben. Insoweit bestimmt § 72 InsO, dass ein Beschluss des Gläubigerausschusses nur gültig ist, wenn die Mehrheit seiner Mitglieder an der Beschlussfassung teilgenommen hat und der Beschluss mit der Mehrheit der abgegebenen Stimmen gefasst worden ist.

15 Im Falle besonderer Interessenbefangenheit hat ein Ausschussmitglied kein Stimmrecht, zB bei Zustimmung zu einem mit ihm selbst abzuschließenden Rechtsgeschäft (Unternehmensveräußerung ua) oder zu einem gegen ihn anzustrengenden Prozess (Anfechtungsklage nach §§ 129 ff. InsO).[8]

16 Mangels Zulassung (§ 6 I InsO) findet eine Überprüfung von Beschlüssen des Gläubigerausschusses im Beschwerdeweg nicht statt. Die Auffassung, die Aufhebungskompetenz des Insolvenzgerichts nach § 78 I InsO erfasse nicht nur Beschlüsse der Gläubigerversammlung, sondern „erst recht" Beschlüsse des Gläubigerausschusses,[9] ist nicht überzeugend. Eine analoge Anwendung des § 78 I InsO ist unzulässig: Abgesehen davon, dass es sich hierbei um eine der Analogie unzugängliche Ausnahmevorschrift handelt, ist ein rechtsähnlicher Zusammenhang zwischen Beschlüssen der Gläubigerversammlung und des Gläubigerausschusses nicht gegeben. Beschlüsse des Gläubigerausschusses – insbesondere die Zustimmungsbeschlüsse zu besonders gewichtigen Rechtshandlungen des Insolvenzverwalters (§§ 158 I, 160 InsO) – haben keine unmittelbare Wirkung, vor allem keine Aussenwirkung, wie § 164 InsO eindrucksvoll bestätigt. Hiernach wird die Wirksamkeit von Handlungen des Verwalters durch Zustimmungsverstöße nicht berührt. Das gilt nicht nur,

---

[8] *Kilger/K. Schmidt*, § 90 KO Anm. 1; Uhlenbruck/Hirte/Vallender/*Uhlenbruck*, § 72 Rn. 11 f.; MüKoInsO/*Schmid-Burgk*, § 72 Rn. 14; KPB/*Kübler*, § 72 Rn. 7 ff.; Nerlich/Römermann/*Delhaes*, § 72 Rn. 4; Braun/*Hirte*, § 69 Rn. 16, § 72 Rn. 7; HK/*Riedel*, § 72 Rn. 3; FK/*Schmitt*, § 69 Rn. 15 f. u § 72 Rn. 7.

[9] *Haarmeyer/Wutzke/Förster* Kap 6 Rn. 5; wie hier aA auch: MüKoInsO/*Schmid-Burgk*, § 69 Rn. 12; Uhlenbruck/Hirte/Vallender/*Uhlenbruck*, § 69 Rn. 6, § 72 Rn. 17; Braun/*Hirte*, § 72 Rn. 18; HK/*Riedel*, § 69 Rn. 8; KPB/*Kübler*, § 69 Rn. 9 u § 72 Rn. 14; FK/*Schmitt*, § 72 Rn. 13 ff., 18.

wenn der Verwalter eine erforderliche Zustimmung des Gläubigerausschusses pflichtwidrig nicht einholt, sondern auch dann, wenn der Gläubigerausschuss eine Zustimmung pflichtwidrig erteilt. Diese Konsequenzen gelten gegenüber Beschlüssen der Gläubigerversammlung nur in den Ausnahmefällen der §§ 162, 163 InsO, jedoch nicht in den sonstigen Beschlussfällen. Soweit Beschlüsse des Gläubigerausschusses die Ausübung von Antragsrechten betreffen (§§ 59 I, 75 I InsO), wäre eine analoge Anwendung des § 78 I InsO geradezu widersinnig: Entweder wird den Anträgen durch das Insolvenzgericht stattgegeben oder nicht.

Zur Erörterung und Entscheidung in gewichtigen Angelegenheiten (zB nach §§ 158 I, 160 InsO) wird der Gläubigerausschuss in Ausschusssitzungen zusammentreffen. Spezielle Antragsrechte und Einberufungsmodalitäten gibt es nicht. Die Initiative ist jedem Ausschussmitglied überlassen. Vielfach werden Anregungen auch vom Insolvenzverwalter ausgehen. Das gilt insbesondere bei besonders wichtigen, zustimmungsbedürftigen Rechtshandlungen wie Unternehmensstilllegung, Unternehmensveräußerung oder Klageerhebungen. Eine sachgerechte und vertrauensvolle Zusammenarbeit zwischen Ausschuss und Verwalter auch bei der Einberufung von Ausschusssitzungen erleichtert und erspart komplizierten, zeitraubenden und unnützen Aufwand. Ladungen im förmlichen Sinne, allgemeine Bekanntmachungen oder Mitteilungen von Sitzungsterminen an das Gericht und an die Gläubigerversammlung sind nicht erforderlich, sogar überflüssig. Ausschusssitzungen sind nicht nur der Öffentlichkeit nicht zugänglich, sondern auch den übrigen Verfahrensbeteiligten. Die Auffassung,[10] das Gericht sei berechtigt, an Gläubigerausschusssitzungen „beobachtend bzw. als Gast teilzunehmen", überzeugt nicht: Außer der Entlassungsbefugnis in § 70 InsO stehen dem Insolvenzgericht nach den Regelungen der InsO gegenüber dem Ausschuss keine weiteren Rechte zu, insbesondere kein allgemeines Aufsichtsrecht. Darüber hinaus wäre es auch nicht nachvollziehbar, wie das Gericht an Ausschusssitzungen teilnehmen könnte, über deren Termine es nicht informiert werden muss. Auch der Insolvenzverwalter hat kein förmliches Teilnahmerecht, wenn er auch mit in der Regel konkludent erteilter Zustimmung des Ausschusses zulässigerweise an dessen Sitzungen teilnimmt, was naturgemäß der Sache dienlich ist. Nimmt der Verwalter auch in der Regel an den Sitzungen teil, so ist es dem Ausschuss jedoch unbenommen, seine Beschlussfassungen in den Sitzungen ohne Anwesenheit des Verwalters vorzunehmen.

Was die Frage der Protokollierung in den Ausschusssitzungen angeht, insbesondere bezüglich der Beschlussfassung, so besteht ebenfalls kein Formzwang. Eine Analogie zu den gerichtlichen Protokollierungsbestimmungen scheidet bereits deshalb aus, weil es keine Protokollführer im verfahrenstechnischen Sinne gibt. Ob und durch wen der Ausschuss überhaupt protokolliert, ist seinem Ermessen überlassen. Was die gefassten Beschlüsse angeht, ist es allerdings sachgerecht, diese in schriftlichen Vermerken – ob man diese Sitzungsprotokoll nennt, ist nebensächlich – festzuhalten. Hierbei genügt es zu „protokollieren", ob und welcher Beschluss gefasst worden ist; nähere Angaben über die Stimmabgaben sind nicht notwendig.[11] Auch eine förmliche Aktenführung „stationärer Art" entfällt; bereits deshalb scheidet ein Recht zur Akteneinsicht für andere Verfahrensbeteiligte aus. Jedes Ausschussmitglied und zweckmäßigerweise auch der Verwalter werden jeweils eine Abschrift der „Protokolle" erhalten.

III. Kompetenzen

1. Allgemeine Befugnisse. Nach § 69 S. 1 InsO haben „die Mitglieder" des Gläubigerausschusses – also nicht nur das Kollegium als solches – die allgemeine Befugnis,

---

[10] So *Haarmeyer/Wutzke/Förster* Kap 6 Rn. 5; ebenfalls MüKoInsO/*Schmid-Burgk*, § 69 Rn. 12; KPB/Kübler, § 69 Rn. 9; Uhlenbruck/Hirte/Vallender/*Uhlenbruck*, § 69 Rn. 7.
[11] Nähere Angaben zur Stimmabgabe wären uU auch im Haftungsfall selbstschädigend (→ § 23. III.2.).

den Insolvenzverwalter bei seiner Geschäftsführung zu unterstützen und zu überwachen. Die Mitglieder „haben sich" – nach § 88 I 1 KO war es ihrem Ermessen überlassen – über den Gang der Geschäfte zu unterrichten sowie die Bücher und Geschäftspapiere einzusehen und den Geldverkehr und -bestand (zu prüfen oder) prüfen zu lassen (§ 69 S. 2 InsO).

Aufgrund dieser Befugnisse entstehen zwangsläufig auch Auskunftsansprüche gegenüber dem Verwalter, die nach § 97 I 1 InsO gegenüber dem Insolvenzschuldner erweitert werden.

Die allgemeinen Befugnisse lösen korrespondierende Verpflichtungen aus, die im Hinblick auf die Haftung nach § 71 InsO besondere Bedeutung gewinnen.

Was im Einzelnen unter aktiver „Unterstützung" des Verwalters zu verstehen ist, wird in der InsO – sachgerecht – nicht näher geregelt; diese Frage ist der flexiblen, zu koordinierenden Zusammenarbeit des Ausschusses und des Insolvenzverwalters überlassen.

20   Auch wenn die allgemeinen Befugnisse und Verpflichtungen aus § 69 InsO Individualbefugnisse und -verpflichtungen der einzelnen Ausschussmitglieder und damit auch aller Mitglieder sind, ist es nicht erforderlich und in umfangreichen Insolvenzverfahren auch nicht angebracht, dass die entsprechenden Aufgaben gemeinschaftlich wahrgenommen werden.[12] Eine Arbeitsteilung unter den einzelnen Ausschussmitgliedern ist zulässig und im Einzelfall angebracht. Jedoch darf das alle Mitglieder treffende Haftungsrisiko aus § 71 InsO nicht übersehen werden.

21   **2. Spezielle Befugnisse.**[13] a) *Zustimmungsbefugnisse*
   – § 151 III 2 InsO: bei Antrag des Insolvenzverwalters auf Nichtaufstellung eines Masseverzeichnisses;
   – § 158 I InsO: bei Unternehmensstilllegung vor dem Berichtstermin;
   – § 160 InsO: bei besonders bedeutsamen Rechtshandlungen des Insolvenzverwalters (§ 160 II enthält keinen abschließenden Zustimmungskatalog);
   – §§ 231 II, 233 S. 2 InsO: im Insolvenzplanverfahren: bei Zurückweisung eines neuen Insolvenzplans des Schuldners und bei Fortsetzung der Verwertung und Verteilung der Insolvenzmasse;
   – § 276 InsO: bei besonders bedeutsamen Rechtshandlungen des zur Eigenverwaltung berechtigten Schuldners;
   – § 100 II (§ 101 I 3) InsO: bei Unterhaltsgewährung (bis zur Entscheidung der Gläubigerversammlung) an den Schuldner und seine Familie oder an vertretungsberechtigte persönlich haftende Gesellschafter des Schuldners und ihre Angehörigen.

22   b) *Antragsbefugnisse*. § 59 I InsO: zur Entlassung des Insolvenzverwalters aus wichtigem Grund; § 75 I Nr. 2 InsO: zur Einberufung einer Gläubigerversammlung.

23   c) *Bestimmungs- und Mitbestimmungsbefugnisse*. § 149 I und II InsO: Bestimmungsrecht bezüglich der Hinterlegung oder Anlegung von Geld, Wertpapieren und Kostbarkeiten der Insolvenzmasse sowie Mitquittierungsrecht bei der Empfangnahme der hinterlegten oder angelegten Gegenstände. Durch das Gesetz zur Vereinfachung des Insolvenzverfahrens (13.4.2007) ist die bislang in § 149 II InsO geregelte Mitzeichnungspflicht eines Mitglieds des Gläubigerausschusses ersetzt worden in der Art, dass die Gläubiger-

---

[12] *Heidland*, Kölner Schrift, S. 724 f. Rn. 25; Uhlenbruck/Hirte/Vallender/*Uhlenbruck*, § 69 Rn. 3 f.; MüKoInsO/*Schmid-Burgk*, § 69 Rn. 13; KPB/*Kübler*, § 69 Rn. 14 ff.; Nerlich/Römermann/*Delhaes*, § 69 Rn. 4 ff.; Braun/*Hirte*, § 69 Rn. 12; HK/*Riedel*, § 69 Rn. 3; FK/*Schmitt*, § 69 Rn. 12.
[13] Vgl *Heidland*, Kölner Schrift, S. 728 ff. Rn. 35–91 nebst abschließender tabellarischer Übersicht; Hess/Weiss InVo 1997, 2 ff.; Uhlenbruck/Hirte/Vallender/*Uhlenbruck*, § 69 Rn. 37 ff.; MüKoInsO/*Schmid-Burgk*, § 69 Rn. 13–27; KPB/*Kübler*, § 69 Rn. 13 ff.; Nerlich/Römermann/*Delhaes*, § 69 Rn. 1; Braun/*Hirte*, § 69 Rn. 8–11; HK/*Riedel*, § 69 Rn. 1; FK/*Schmitt*, § 69 Rn. 8 ff.

versammlung abweichende Regelungen beschließen kann, § 149 II InsO; § 195 I 1 InsO: Bruchteilbestimmung bei Abschlagsverteilungen; § 218 III InsO: bei Aufstellung eines Insolvenzplans (beratende Mitbestimmung).

d) *Anhörungs- und Unterrichtungsbefugnisse* 24
- § 156 II 1 InsO: Stellungnahme zum Bericht des Insolvenzverwalters im Berichtstermin;
- § 214 II InsO: Anhörung vor Einstellung des Insolvenzverfahrens nach §§ 212, 213 InsO;
- §§ 232 I Nr. 1, 248 II, 258 III 2, 261 II 1, 262 InsO: im Insolvenzplanverfahren: Stellungnahme zu einem nicht zurückgewiesenen Insolvenzplan, Stellungnahme vor gerichtlicher Bestätigung des Plans, Unterrichtung über den bevorstehenden Zeitpunkt des Wirksamwerdens der Verfahrensaufhebung, Unterrichtung über den Stand während der Planüberwachung und Information über die Nichterfüllung der Pflichten während der Planüberwachung;
- § 274 III 1 InsO: Unterrichtung bei Gefahr von Gläubigernachteilen bei Fortsetzung der Eigenverwaltung des Schuldners.

§ 22. Der Insolvenzverwalter

Übersicht

	Rn.
I. Rechtsstellung	1
1. Aufgaben und Befugnisse	1
2. Pflichten und Sanktionen	6
3. Bestellung und Amtsbeendigung	10
a) Bestellung	10
b) Vergütung	17
c) Amtsbeendigung	18
4. Das Fiasko des Theorienstreits	20
II. Verwaltung	26
1. Sammlung, Sichtung und Sicherung der Masse	26
a) Allgemeines	26
b) Inbesitznahme und Sicherung der Masse	27
c) Aufstellen von Verzeichnissen	33
(1) Masseverzeichnis	34
(2) Gläubigerverzeichnis	35
(3) Vermögensübersicht	36
d) Inanspruchnahme von Auskunft und Mitwirkung	38
e) Klarstellung schwebender Rechtsverhältnisse	39
f) Ergänzung der Masse	40
g) Bereinigung der Masse	41
(1) Beachtung der Aussonderungsrechte	41
(2) Freigabe	42
2. Vorläufige Erhaltungsmaßnahmen	44
3. Einstweilige Unternehmensfortführung	45
a) Die Pflicht zur Fortführung	45
b) Der Zweck der Fortführung	46
c) Die Brisanz der Fortführung	49
III. Befriedigung der Gläubigeransprüche	52
1. Anmeldung, Prüfung und Feststellung der Gläubigerforderungen	53
2. Liquidation	55
a) Verwertung	56
(1) Allgemeines	56
(2) Unternehmensveräußerung	57
b) Vorwegbefriedigung der Massegläubiger	59

§ 22 1–4 Kapitel III. 1. Abschnitt. Die Verfahrensbeteiligten

Rn.
- c) Verteilung an die Absonderungs- und Insolvenzgläubiger 60
  - (1) Abschlagszahlungen 61
  - (2) Vorwegbefriedigung der absonderungsberechtigten Gläubiger 62
  - (3) Schlussverteilung 63
- 3. Insolvenzplan 66
- IV. Vorzeitige Beendigung des Verfahrens 69
  - 1. Einstellung mangels Masse 69
  - 2. Einstellung wegen Masseunzulänglichkeit 70
- V. Schlussrechnung 71
  - 1. Allgemeines 71
  - 2. Inhalt 73
- VI. Steuerrechtliche Stellung 80
  - 1. Des Insolvenzverwalters 80
  - 2. Des vorläufigen Insolvenzverwalters 101
  - 3. Des Treuhänders und Sachverwalters 104

I. Rechtsstellung

1   **1. Aufgaben und Befugnisse.**[1] Die Rechtsstellung des Insolvenzverwalters im eröffneten Insolvenzverfahren wird grundlegend geprägt durch § 80 I InsO: Das Recht des Schuldners zur Verwaltung und Verfügung über die Insolvenzmasse (§§ 35, 36 InsO) geht auf den Verwalter über. Diese Verwaltungs- und Verfügungsmacht des Verwalters hat dem zentralen Ziel des Insolvenzverfahrens – der möglichst optimalen Gläubigerbefriedigung – zu dienen. Sie aktiviert den Verwalter innerhalb der insolvenzrechtlichen Selbstverwaltung zum alleinigen Organ mit unmittelbarer Außenwirkung im allgemeinen Rechtsverkehr einschließlich der Prozessführung – zum *Exekutivorgan*. Der Verwalter handelt grundsätzlich selbstständig und eigenverantwortlich.

2   Die Verwaltungs- und Verfügungsmacht ist die Basis für die stufenweise anzustrebende Gläubigerbefriedigung: Sie befähigt den Verwalter zur Inbesitznahme der Insolvenzmasse (§ 148 InsO), zu ihrer Ergänzung durch Führen von Masseprozessen und Insolvenzanfechtungsprozessen (§§ 129 ff. InsO) sowie durch einstweilige Unternehmensfortführung, zu ihrer Verwertung (§§ 159 ff. InsO) und Verteilung des Verwertungserlöses (§§ 187 ff. InsO).

3   Die InsO hat allerdings durch die Vereinheitlichung des Insolvenzverfahrens, insbesondere die Einführung des Insolvenzplanverfahrens (§§ 217 ff. InsO) und die Ablösung des Vergleichsverfahrens nach der früheren VerglO und des Zwangsvergleichs nach der KO auch einen bedeutsamen Wandel in der Rechtsstellung des Insolvenzverwalters ausgelöst: Er ist Liquidierungsorgan, wenn und soweit aufgrund der Entscheidung der Gläubigerversammlung eine Gläubigerbefriedigung durch Liquidation der Insolvenzmasse erfolgt. Soll jedoch eine Gläubigerbefriedigung (gleichrangig: § 1 S. 1 InsO) durch einen Insolvenzplan erreicht werden, hat der Insolvenzverwalter nicht die herkömmliche Stellung eines Exekutivorgans zur Masseliquidierung. Seine Aufgaben und Befugnisse im Planverfahren (§ 218 InsO: Kompetenz zur Planinitiative, Ausarbeitung eines Plans im Auftrag der Gläubigerversammlung; §§ 261–263 InsO: Planüberwachung) sind eigenspezifischer Art.

4   Eine (nachgeordnete) *Sonderaufgabe* hat der Verwalter nach §§ 100, 101 I 3 InsO insoweit wahrzunehmen, als er bis zur Entscheidung der Gläubigerversammlung nach seinem Ermessen (mit Zustimmung eines etwa bestellten Gläubigerausschusses) dem

---

[1] Vgl. *Wellensiek*, Kölner Schrift, S. 403 ff.; *Haarmeyer/Wutzke/Förster* Kap 5 Rn. 69 ff.; *Hess/Weiss* InVo 1997, 88 f.; Uhlenbruck/Hirte/Vallender/*Uhlenbruck*, § 80 Rn. 78 ff.; MüKoInsO/*Ott/Vuia*, § 80 Rn. 43 ff.; KPB/*Lüke*, § 80 Rn. 39 ff.; Nerlich/Römermann/*Wittkowski*, § 80 Rn. 68 ff.; Braun/*Kroth*, § 80 Rn. 17 ff.; HK/*Kayser*, § 80 Rn. 7 ff.; FK/*App*, § 80 Rn. 11 ff.; BVerfG NZI 2009, 371; BFH ZInsO 2009, 1261; BAG ZInsO 2007, 830.

Schuldner und seiner Familie oder den vertretungsberechtigten persönlich haftenden Gesellschaftern des Schuldners und ihren Familien den notwendigen Unterhalt gewähren kann.

Damit eine sachgerechte, wirksame Entscheidungs- und Arbeitskoordination erzielt wird, hat der Insolvenzverwalter das Recht, an den Gläubigerversammlungen teilzunehmen (§ 74 I 2 InsO) und die Einberufung dieser Versammlungen zu beantragen (§ 75 I Nr. 1 InsO), notfalls im Beschwerdeweg (§ 75 III InsO).

Für den Insolvenzverwalter besteht ein Auskunftsanspruch nach dem IFG. Ein auf das IFG gestützter Auskunftsanspruch des Insolvenzverwalters ist durch das OVG Münster mit Beschluss vom 28.7.2008 – 8 A 1548/07 rechtskräftig anerkannt. Anspruchsberechtigt ist nach dem klaren Wortlaut von § 1 I S. 1 IFG „jeder", dh jede natürliche und juristische Person des Privatrechts. Damit kann ein Insolvenzverwalter sein Auskunftsverlangen selbst dann auf das IFG stützen, wenn er der Behörde gegenüber offen in seiner Funktion als Insolvenzverwalter auftritt (FN ZIP 2008, 2296, 2301; 2298). Der Auskunftsanspruch gibt dem Insolvenzverwalter ein wichtiges Instrumentarium zur Aufarbeitung von Sachverhalten gegenüber den Krankenkassen und Sozialversicherungsträgern.[2]

Wegen der Aufgaben und Befugnisse des Verwalters im Einzelnen wird auf die nachfolgenden Ausführungen (→ II–V) Bezug genommen.

2. Pflichten und Sanktionen. Aus allen Befugnissen des Insolvenzverwalters ergeben sich zugleich korrespondierende Verpflichtungen zur sachgemäßen Ausübung der Befugnisse.

Von besonderer Bedeutung ist § 58 I InsO, der die grundsätzlich selbstständige, eigenverantwortliche Tätigkeit des Verwalters einschränkt: Diese steht unter der Aufsicht des Insolvenzgerichts, die jedoch keine Zweckmäßigkeitskontrolle erfasst, sondern nur eine Ordnungsmäßigkeitsprüfung. Das Gericht kann vom Verwalter jederzeit Einzelauskünfte oder Berichte über den Sachstand und seine Geschäftsführung verlangen. Auskunftspflichten des Verwalters bestehen auch gegenüber der Gläubigerversammlung (§ 79 InsO) und dem Gläubigerausschuss, der eine zusätzliche Überwachungskompetenz hat (§ 69 InsO).

Dem Insolvenzschuldner steht kein allgemeines Auskunftsrecht gegenüber dem Verwalter zu (§ 18 III. 4.).

Die InsO enthält ua folgende Einzelpflichten des Verwalters:
- § 8 III InsO: Vornahme der vom Gericht delegierten Zustellungen;
- §§ 151, 152, 153 InsO: Aufstellen von Masseverzeichnis, Gläubigerverzeichnis und Vermögensübersicht;
- §§ 28 I und II, 174, 175 InsO: Entgegennahme von Forderungsanmeldungen und Mitteilungen über Sicherungsrechte, Führung der Forderungstabelle;
- §§ 188, 193, 197 I Nr. 2 InsO: Aufstellen und Ändern des Verteilungsverzeichnisses sowie Aufstellen des Schlussverzeichnisses.

Nach § 66 InsO ist der Insolvenzverwalter bei Beendigung seines Amtes verpflichtet, eine Schlussrechnung zu erstellen und einer Gläubigerversammlung Rechnung zu legen. Das geschieht bei regulärer Insolvenzabwicklung im Schlusstermin (§ 197 I Nr. 1 InsO) oder nach rechtskräftiger Bestätigung eines Insolvenzplans (§§ 258, 259 I 1 InsO), im Übrigen bei vorzeitiger Amtsbeendigung in den Fällen der Verfahrenseinstellungen nach §§ 207 ff. InsO (zusätzliche Verpflichtung in § 211 II InsO) oder im Fall der Amtsentlassung (§ 59 InsO).

Das Insolvenzgericht kann nach § 58 II InsO durch Zwangsgeldfestsetzung die Durchsetzung der Auskunfts- und Berichtspflichten aus Abs. 1 im Bedarfsfall erzwin-

---

[2] Vgl. bei Auskunftsersuchen an das Finanzamt: BGH ZIP 2008, 565 = WM 2008, 655, wonach keine Auskunftspflicht eines späteren Anfechtungsschuldners bestehe.

§ 22 10 Kapitel III. 1. Abschnitt. Die Verfahrensbeteiligten

gen. Durch § 58 III InsO wird die Zwangsdurchsetzung auf die Herausgabepflicht eines entlassenen Verwalters erweitert. Eine Zwangsdurchsetzung der Auskunfts- und Berichtspflichten kann nicht auf § 98 InsO gestützt werden, da der Insolvenzverwalter sich nicht in der Rolle des Schuldners gegenüber dem Gericht oder dem Sonderinsolvenzverwalter gemäß § 97 InsO befindet.[3]

Erhebliche Sanktionen[4] ergeben sich aus den Haftungsbestimmungen der §§ 60, 61 InsO bei schadenverursachenden Pflichtverletzungen des Insolvenzverwalters (§ 23 II.).

10 **3. Bestellung und Amtsbeendigung. a)** *Bestellung.* In § 56 I InsO sind zwei Kriterien der Qualifikation für die Auswahl eines geeigneten Insolvenzverwalters bestimmt: Er muss geschäftskundig sein, also die zur Erfüllung seiner Aufgaben erforderlichen Erfahrungen und Kenntnisse besitzen. Die richtige Auswahl ist oft entscheidend für eine sachgerechte Abwicklung des Verfahrens. In der Regel werden Rechtsanwälte bestellt, aber auch Wirtschaftsprüfer oder Steuerberater. Eine Vorstrafe wegen einer Insolvenzstraftat steht der Bestellung eines Rechtsanwalts zum Insolvenzverwalter im Allgemeinen ohne Rücksicht darauf entgegen, ob die Tat im Zusammenhang mit der beruflichen Tätigkeit des Rechtsanwalts stand.[5] Außerdem muss der Verwalter von den Gläubigern und vom Schuldner unabhängig sein, um sein Amt frei von sachwidrigen Einflüssen ausüben zu können. Jedoch begründet allein der Umstand, dass der Verwalter von einem Gläubiger vorgeschlagen worden ist oder dass er den Schuldner vor dem Eröffnungsverfahren in allgemeiner Form über den Ablauf eines Insolvenzverfahrens und dessen Folgen beraten hat, gemäß § 56 I 3 Nr. 1 oder Nr. 2 InsO keine indiziellen Zweifel an seiner Unabhängigkeit. § 56 I 3 InsO ist durch das das Gesetz zur weiteren Erleichterung der Sanierung von Unternehmen vom 7.12.2011 (ESUG)[6] neu eingeführt worden.

Das Insolvenzgericht hat das Vorliegen der Eignung für den jeweiligen Einzelfall zu prüfen; eine schematische Auswahl der Verwalter ist unzulässig.[7]

Gemäß § 56a I InsO – ebenfalls neu eingeführt durch das ESUG – ist vor der Bestellung des Verwalters dem gemäß §§ 21 II Nr. 1a, 22a InsO eingesetzten vorläufigen Gläubigerausschuss Gelegenheit zu geben, sich zu den Anforderungen, die an den Verwalter zu stellen sind, und zur Person des Verwalters zu äußern, soweit dies nicht offensichtlich zu einer nachteiligen Veränderung der Vermögenslage des Schuldners führt. Bei einem einstimmigen Vorschlag des vorläufigen Gläubigerausschusses zur Person des Verwalters darf das Gericht gemäß § 56a II InsO hiervon nur abweichen, wenn die vorgeschlagene Person für die Übernahme des Amtes nicht geeignet ist. Das Gericht hat ferner bei der Auswahl des Verwalters die vom vorläufigen Gläubigerausschuss beschlossenen Anforderungen an die Person des Verwalters zugrunde zu legen. Hat das Gericht mit Rücksicht auf eine nachteilige Veränderung der Vermögenslage des Schuldners von einer Anhörung gemäß § 56a I InsO abgesehen, so kann der vorläufige Gläubigerausschuss gemäß § 56a III InsO in seiner ersten Sitzung einstimmig eine andere Person als die bestellte zum Insolvenzverwalter wählen. Der Gesetzgeber will hierdurch die Gläubiger bereits zu Beginn des Insolvenzantragsverfahrens – und nicht erst im Zeitpunkt der ersten Gläubigerversammlung nach § 57 InsO – in den Prozess der Auswahl des

---

[3] *Frege* ZInsO 2008, 1130.
[4] BGH, ZInsO 2010, 132 zur Frage der Inhaftnahme des Insolvenzverwalters; BGH, ZInsO 2010, 185, Durchsetzung der Anwesenheit eines Insolvenzverwalters durch Zwangsgeld.
[5] BGH, NZI 2008, 241.
[6] BGBl. 2011 I 2582.
[7] Beschl-Empf des RechtsA zu § 65 (BT-Drucks. 12/7302161); MüKoInsO/*Graeber*, § 56 Rn. 50 ff.; FK/*Jahntz*, § 56 Rn. 24 ff.; Nerlich/Römermann/*Delhaes*, § 56 Rn. 6; Braun/*Kind*, § 56 Rn. 13 ff.; HK/*Riedel*, § 56 Rn. 20 ff.

vorläufigen Insolvenzverwalters einbeziehen.[8] Dabei ist jedoch zu beachten, dass diese Regelung in der Praxis nur bei den Insolvenzfällen zur Anwendung kommt, bei denen gemäß § 22a InsO ein vorläufiger Gläubigerausschuss eingesetzt wurde, mithin eine bestimmte Verfahrensgröße erreicht ist oder besondere Gründe die Bestellung eines vorläufigen Gläubigerausschusses notwendig machen.[9]

Zum Verwalter kann nur eine *natürliche Person* bestimmt werden (§ 56 I InsO). Damit ist die Diskussion, ob auch eine juristische Person Verwalter sein kann („Verwalter-GmbH") vorläufig beendet.[10] Es bleibt aber abzuwarten, wie sich die Umsetzung der europäischen Dienstleistungsrichtlinie (RL 2006/123/EG vom 12. Dezember 2006, ABl EU Nr. L 376, S. 36) auf die Auswahl und Bestellung des Insolvenzverwalters auswirkt. Eine Beschränkung auf natürliche Personen, wie sie § 56 I InsO vorsieht, scheint dann nicht mehr möglich zu sein. Richtlinienkonform müssten auch juristische Personen zuzulassen sein.[11] Anderer Ansicht nach ist die Tätigkeit des Insolvenzverwalters mit der Ausübung von öffentlicher Gewalt verbunden iSv Art. 45 EGV, so dass die Tätigkeit des Insolvenzverwalters nicht unter die Dienstleistungsrichtlinie fällt und es durch die Umsetzung der Dienstleistungsrichtlinie in nationales Recht bis zum 28.12.2009 zu keiner Änderung hinsichtlich der Zulassung zum Insolvenzverwalter kommt.[12] Nach der hier vertretenen Auffassung (→ Rn. 20 ff.), nach der der Insolvenzverwalter kraft Gesetz seine Stellung erhält, sind Änderungen bei der Zulassung zum Insolvenzverwalter zu erwarten. An der Bestellung des Insolvenzverwalters und Auswahl des einzelnen Insolvenzverwalters durch das Gericht ändert sich nach allen vertretenen Ansichten nichts. **11**

Die Amtsausführung durch den Verwalter ist höchstpersönlich, wie sich schon aus der Amtsübertragung selbst ergibt, so dass der Verwalter keine (Teil-)Delegationsbefugnis besitzt. Allerdings ist es ihm nicht verwehrt, Vollmachten zur Durchführung von Einzelakten der Verwaltung und Verwertung zu erteilen sowie sich Erfüllungsgehilfen (§ 278 BGB) zu bedienen.[13] **12**

Abweichend vom früheren Konkursrecht (§ 79 KO) sieht die InsO die Möglichkeit der Bestellung mehrerer gleichberechtigter Verwalter für verschiedene Geschäftszweige eines insolventen Unternehmens nicht vor. Es hat sich in der Praxis bewährt, auch für Großunternehmen nur einen Verwalter zu bestellen, der sich der Hilfe geeigneter Mitarbeiter bedient.[14] Auf diese Weise wird die Schwierigkeit einer Abgrenzung der Zuständigkeitsbereiche mehrerer Verwalter vermieden. **13**

Die Bestellung von *Sonderinsolvenzverwaltern* bei rechtlicher oder tatsächlicher Verhinderung des Insolvenzverwalters ist jedoch (wie bisher im Bereich der KO) zulässig, mag dies in der InsO (wie auch in der KO) nicht ausdrücklich vorgesehen sein.[15] Unter-

---

[8] BT-Drucks. 17/5712 S. 2, 24 ff.; MüKoInsO/*Graeber*, § 56a Rn. 1; Nerlich/Römermann/*Delhaes*, § 56a Rn. 1.
[9] MüKoInsO/*Graeber*, § 56a Rn. 2; Braun/*Blümle*, § 56a Rn. 5.
[10] Vgl. BGH ZIP 2013, 2070 = NJW 2013, 3374, wonach eine juristische Person nicht in die Vorauswahlliste aufgenommen werden kann.
[11] *Sabel/Wimmer* ZIP 2008, S. 2097 ff.
[12] *Slopek* ZInsO 2008 1243, 1248; 1245.
[13] Vgl. *Kilger/K. Schmidt*, § 6 KO Anm. 1; Uhlenbruck/Hirte/Vallender/*Uhlenbruck*, § 56 Rn. 19, 21 ff.; MüKoInsO/*Graeber*, § 56 Rn. 149 ff.; Braun/*Kroth*, § 80 Rn. 25; FK/*Jahntz*, § 56 Rn. 14.
[14] So Begr zu § 65 RegE (BR-Drucks. 1/92127); Uhlenbruck/Hirte/Vallender/*Uhlenbruck*, § 56 Rn. 65; MüKoInsO/*Graeber*, § 56 Rn. 150 f.; KPB/*Lüke*, § 56 Rn. 44 ff., 74; Nerlich/Römermann/ *Andres*, § 55 Rn. 6 ff. u *Delhaes*, § 56 Rn. 12, 21 aE.
[15] Beschl-Empfehlung des RechtsA zu § 77 RegE – Sonderinsolvenzverwalter – (BT-Drucks. 12/ 7302, 162): „Der Ausschuss geht davon aus, dass die Bestellung eines Sonderinsolvenzverwalters auch ohne eine ausdrückliche Regelung möglich ist, wie es auch der bisherigen Praxis zur KO entspricht". Zur KO vgl. *Kilger/K. Schmidt*, § 78 KO Anm. 2; Uhlenbruck/Hirte/Vallender/*Uhlenbruck*, § 56 Rn. 66 ff.; MüKoInsO/*Graeber*, § 56 Rn. 153 ff.; FK/*Jahntz*, § 56 Rn. 54 ff.; Nerlich/Römermann/

§ 22   13

schiedliche Auffassungen werden nur hinsichtlich der Vergütung des Sonderinsolvenzverwalters vertreten (§ 127). Der Beitrag von Looff (DZWIR 2009, 14, 19) gibt anlässlich einer Entscheidung des Bundesgerichtshofes[16] eine zusammenfassende Darstellung zu den höchst umstrittenen Fragen, wie sich die Vergütung des Sonderinsolvenzverwalters bemisst und ob es einer Vergütungsfestsetzung durch das Insolvenzgericht bedarf. Die Diskussion um die Bestellungspraxis der Gerichte und die Voraussetzungen für eine Aufnahme in die Liste der zu berücksichtigenden Verwalter hat inzwischen einen solch breiten Raum eingenommen, dass darüber Sachthemen im Zusammenhang mit der Tätigkeit des Verwalters vernachlässigt werden.[17] Die in der Diskussion vertretenen Standpunkte sind auch von der jeweiligen Tätigkeit des Autors beeinflusst. Insolvenzrichter dürfte sicher mehr interessieren, wie sie bei der Bestellung Risiken der Amtshaftung vermeiden, Rechtspfleger dürften mehr die Art der Durchführung der Tätigkeit des Verwalters bis hin zur Schlussrechnung im Auge haben.

Probleme der Delegierung von Aufgaben des Verwalters, Einsetzung und direkte Bezahlung von Hilfskräften aus der Masse, Zweckmäßigkeitsprüfung des Handelns des Verwalters allgemein, Überprüfung der Zwischenberichte und insbesondere der Schlussberichte und Schlussrechnungen, ganz allgemein der Buchhaltung des Verwalters und die Vergabe dieser Tätigkeiten durch das Gericht an Dritte sind Themen, die in den Hintergrund getreten sind. So sind folgende erschreckende Feststellungen noch immer keine Einzelfälle: Buchhalterisch wird keine Trennung zwischen den Zahlungsvorgängen bis zur Eröffnung des Verfahrens und ab Eröffnung des Verfahrens vorgenommen, trotz der eindeutigen Regelung in § 155 II InsO. Oft wird während und für die Zeit der Betriebsfortführung sowohl im vorläufigen Verfahren wie im eröffneten Verfahren lediglich eine handelsrechtliche Buchführung angeboten, deren Ergebnisse in Saldenform ab Eröffnung des Insolvenzverfahrens oder bei Betriebseinstellung der dann folgenden insolvenzrechtlichen Buchhaltung zugrunde gelegt werden. Belege werden nicht oder nur unvollständig der Buchhaltung beigefügt, die Buchungen nicht fortlaufend nummeriert, Ausgangs-/Eingangsrechnungsbücher bei Betriebsfortführung werden nicht geführt. Die Rechnungen sind nicht mit den gesetzlich geforderten Angaben versehen. Diese Fehler sind sowohl bei Steuerberatern wie auch Rechtsanwälten als Verwalter festzustellen.

Häufig zu beobachten: Einschaltung eines Steuerberaters für die Erstellung der Buchhaltung des Verwalters trotz geringen Umfanges und fehlender steuerlicher Problematik, Einsetzung eines Controllers bei kurzfristiger Fortführung eines nicht umfangreichen Geschäftsbetriebes, Einschaltung eines Unternehmens zwecks Überprüfung und Geltendmachung von Anfechtungsansprüchen, Einsetzung eines Geschäftsführers bei vorläufiger Insolvenz aus einer Gesellschaft, an der der vorläufige Insolvenzverwalter beteiligt ist. Die vorstehend angeführten Beispiele zeigen, dass gerade bei den Insolvenzverwaltern eine fortlaufende Überprüfung von Seiten der Gerichte wie auch Selbstüberprüfung notwendig ist, wie auch auf Seiten der Gerichte die Erlangung von Buchhaltungskenntnissen und dauernde Fortbildungsanstrengungen notwendig erscheinen. Inzwischen kann jedoch auch beobachtet werden, dass bei den Gerichten und Insolvenzverwaltern eine zunehmende Professionalisierung eintritt, die den vorgenann-

---

Delhaes, § 56 Rn. 29 ff.; Braun/*Blümle,* § 56 Rn. 47 f.; vgl. auch BGH zu der Frage Bestellung eines Sonderinsolvenzverwalters bei Amtsverhinderung, NZI 2009, 517; ferner *Fölsing,* Die Sonderinsolvenzverwaltung: Klärung des Antrags- und Beschwerderechts durch den BGH, NZI 2009, 297; BGH, NZI 2009, 517; BGH, ZIP 2009, 476; BGH, ZIP 2007, 547; BGH, ZIP 2007, 548; Übertragung der Verwaltungs- und Verfügungsbefugnis, BGH, ZInsO 2010, 186; Übertragung der Kassenführung, BGH, ZInsO 2010, 187.

[16] BGH, NZI 2008, 485.
[17] HambKommInsO/*Frind* § 56 Rn. 4–37.

ten Missständen entgegen wirkt. Zu erwähnen sind insofern die verschiedenen Qualitätssiegel, die zunehmend nicht nur verfahrenstechnische, sondern auch inhaltliche Anforderungen abfragen. Gleichwohl muss auf die Problematik der Bestellung der Verwalter hingewiesen werden, die das Gesetz lediglich in einem Paragraphen regelt, § 56 InsO, und deren Lösung zurzeit nur durch entsprechende Entscheidungen der Gerichte zu erwarten ist.

Nach § 56 II InsO erhält der Insolvenzverwalter vom Insolvenzgericht eine Urkunde über seine Bestellung, die bei Amtsbeendigung zurückzugeben ist. 14

Die Urkunde wirkt nicht konstitutiv, sie dient der Legitimation bei der Amtsausübung, bewirkt aber keinen Gutglaubensschutz.[18] Das Amt beginnt mit der Annahme durch den Verwalter. Dieser ist zur Annahme nicht verpflichtet, hat jedoch nach erfolgter Annahme kein Recht zur freien Niederlegung.[19]

Zunächst ist das Insolvenzgericht nach § 27 InsO im Eröffnungsbeschluss zur (möglicherweise nur einstweiligen) Verwalterbestellung berufen. Nach § 57 S. 1 InsO sind die Gläubiger befugt, in ihrer ersten Gläubigerversammlung, die auf die (gerichtliche) Bestellung des Verwalters folgt, an dessen Stelle einen anderen Verwalter zu wählen. 15

Hierdurch entsteht ein brisantes Spannungsverhältnis zwischen berechtigten Gläubigerinteressen und Manipulationsgefahr: Der Verwalter muss, um seine Aufgaben optimal ausführen zu können, das Vertrauen der Gläubigermehrheit besitzen. Andererseits besteht die Gefahr, dass ein Verwalter zum Handlanger übermächtiger Großgläubiger(-Gruppen) werden kann.

Allerdings hat das InsOÄndG 2001 im Rahmen des § 57 InsO die Missbrauchsanfälligkeit durch Einfügen eines weiteren Satzes (§ 57 S. 2 InsO nF) gemindert: Ein anderer Verwalter bedarf für seine Wahl neben der „Summenmehrheit" des § 76 II InsO auch der Mehrheit der abstimmenden Gläubiger, der „Kopfmehrheit".

Das Insolvenzgericht hat nach § 57 S. 3 und 4 InsO nur die im Beschwerdeweg überprüfbare Möglichkeit, eine Bestellung des gewählten Verwalters zu versagen, wenn dieser „nicht geeignet" ist. Diese Voraussetzung ist vor allem dann gegeben, wenn der Gewählte nicht die erforderliche Sachkunde besitzt, von den übrigen Verfahrensbeteiligten nicht unabhängig ist oder ihm die erforderliche Zuverlässigkeit und Vertrauenswürdigkeit aus sonstigen Gründen fehlt. 16

b) *Vergütung.* Die durch die Bestellung ausgelöste Amtsausübung begründet für den Insolvenzverwalter neben seinen Befugnissen und Pflichten auch einen Vergütungsanspruch[20] nach Maßgabe der §§ 63, 64, 65 InsO, der nach §§ 53, 54 Nr. 2 InsO zu den Masseansprüchen gehört. Die Vergütung erfolgt nach der InsVV, die mit wenigen Ausnahmen auch für den Sonderinsolvenzverwalter gilt.[21] Durch das Gesetz zur Verkürzung des Restschuldbefreiungsverfahrens und zur Stärkung der Gläubigerrechte[22] wurden Teile der bisherigen vergütungsrechtlichen Regelungen des § 11 InsVV als gesetzliche Regelung in § 63 III InsO übernommen, nachdem der Bundesgerichtshof § 11 I 4 17

---

[18] *Kilger/K. Schmidt,* § 81 KO Anm. 1; Uhlenbruck/Hirte/Vallender/*Uhlenbruck,* § 56 Rn. 57; MüKoInsO/*Graeber,* § 56 Rn. 161 f.; KPB/*Lüke,* § 56 Rn. 81; Nerlich/Römermann/*Delhaes,* § 56 Rn. 23; Braun/*Blümle,* § 56 Rn. 49; FK/*Jahntz,* § 56 Rn. 30.
[19] *Kilger/K. Schmidt,* § 78 KO Anm. 2.
[20] BGH, NZI 2007, 196 und NZI 2004, 224 zur Frage der Verfassungsmäßigkeit der Regelung der Mindestvergütung; BGH, NZI 2008, 428 zur Frage der Bemessungsgrundlage; BGH, NZI 2008, 239, Zu- und Abschläge auf die Regelvergütung; BGH, NZI 2008, 444 (Anschluss an Beschluss v. 21.12.2006, NJW-RR 2007, 622) zum Auslagenersatz; BGH ZInsO 2009, 1511m Anm. *Haarmeyer*; BGH ZInsO 2009, 1557.
[21] BGH, Beschl. v. 29.5.2008 – IX ZB 303/05, ZInsO 2008, 733ff (zum Vergütungsanspruch s. u. § 127 A.
[22] BGBl. 2013 I 2379.

InsVV aF für nichtig erklärt hatte.[23] Bei der Umsatzbesteuerung des Insolvenzverwalters, ist darauf abzustellen, wer durchgängig den Außenauftritt wahrnimmt. Es wird differenziert zwischen der Sozietät oder dem Einzelunternehmer. Den betroffenen angestellten Insolvenzverwaltern ist zu empfehlen, zusammen mit ihren Arbeitgebern zu bestimmen, wer der wirtschaftliche Träger der Leistungserbringung der Insolvenzverwaltung sein soll, sonst kann der daraus mit dem Finanzamt bestehende Streit zum Haftungsfall werden.[24]

18   c) *Amtsbeendigung.* Das Amt des Insolvenzverwalters endet (außer durch Tod) durch Abwahl des gerichtlich bestellten Verwalters bei Neuwahl eines anderen Verwalters (§ 57 InsO). Es endet ferner bei Aufhebung des Insolvenzverfahrens nach Abwicklung (vorbehaltlich etwaiger Nachtragsverteilung), nach rechtskräftiger Bestätigung eines Insolvenzplans (§§ 258 I, 259 I 1 InsO) und nach Einstellung des Verfahrens (§§ 207 ff. InsO).

19   Ein Sonderfall der Amtsbeendigung wird in § 59 I 1 InsO geregelt: die Entlassung des Insolvenzverwalters aus wichtigem Grund. Dieser Grund kann berechtigt sein aus objektiven Gründen wie Krankheit, Wegfall der Geschäftsfähigkeit, Wohnsitzwechsel, Berufswechsel und berufliche Mehrbelastung. Er ist auch und insbesondere abzuleiten aus subjektiven Umständen wie später erkannte oder eingetretene Unzuverlässigkeit, Unfähigkeit und Befangenheit sowie vor allem aus schuldhaften und erheblichen Pflichtverstößen im Einzelfall. Die Entlassung kann nach § 59 I 2 InsO von Amts wegen oder auf Selbstantrag des Verwalters, auf Antrag des Gläubigerausschusses oder der Gläubigerversammlung angeordnet werden. Nach Maßgabe des § 59 II InsO sind Beschwerderechte gegen die Entscheidung des Insolvenzgerichts gegeben.

20   **4. Das Fiasko des Theorienstreits.** Der seit langem andauernde Theorienstreit über die Rechtsstellung des Konkurs/Insolvenzverwalters ist ein „Erzübel"[25] des Insolvenzrechts. Der Streit ist nur Spiegelfechterei; Bedeutung in der Insolvenzpraxis ist den Theorien nie zugekommen.[26] Ohne auf die Theorien im Einzelnen einzugehen,[27] seien die zwei Haupttheorien kurz herausgestellt:

Nach der *„Amtstheorie"* (hM) ist der Verwalter ein Amtstreuhänder, der materiellrechtlich und prozessual im eigenen Namen, jedoch mit *Wirkung für und gegen die Masse* handelt. Im Gegensatz hierzu steht die *„neue Vertretertheorie".*[28] Hiernach ist der Verwalter *gesetzlicher Vertreter des Schuldners im Rahmen des Verfahrenszwecks,* dh er ist bei juristischen Personen und insolvenzfähigen Personenvereinigungen als obligatorischer Fremdliquidator deren Organ und bei natürlichen Personen deren gesetzlicher Vertreter.

21   Mit dem Inkrafttreten der InsO haben die Verwaltertheorien ihr Verfallsdatum überschritten; sie sind nur noch Theorien von „gestern und vorgestern", die weitgehend der Rechtsgeschichte angehören: Der Einheitsbegriff des Verwalters als „Nur"-Liquidator

---

[23] BGH ZIP 2012, 2515 = NJW 2013, 532.
[24] *Dahms* ZInsO 2008 1174, 1178; 1177.
[25] So *Redeker* zu den Rechtswegstreitigkeiten des deutschen Prozesses, AnwBl 1977, 108; ebenfalls *Kissel* GVG, 3. Aufl., § 17 Rn. 1; *ders.* NJW 1991, 947; *Hager,* FS *Kissel,* München 1994, 327; vgl. auch *Kluth* NZI 2000, 351.
[26] Vgl. hier: 1. Aufl. § 23 Rn. 9.
[27] Übersicht über die Theorien in *Kilger/Schmidt, K.,* § 6 KO Anm. 2; vgl. auch *Haarmeyer/Wutzke/Förster,* Kap. 5 Rn. 21–28; Uhlenbruck/Hirte/Vallender/*Uhlenbruck,* § 80 Rn. 78 ff.; MüKoInsO/*Graeber,* § 56 Rn. 142–148 u *Ott/Vuia,* § 80 Rn. 26–31; KPB/*Lüke,* § 80 Rn. 32 ff.; Nerlich/Römermann/*Delhaes,* vor § 56 Rn. 8 ff. u *Wittkowski,* § 80 Rn. 38 ff.; Braun/*Kroth,* § 80 Rn. 10 ff.; HK/*Riedel,* § 56 Rn. 38; FK/*App,* § 80 Rn. 20 ff.
[28] So *K. Schmidt,* in *Kilger/K. Schmidt,* § 6 KO Anm. 2a; *ders.* KTS 1984, 345 ff.: „Der Konkursverwalter als Gesellschaftsorgan und als Repräsentant des Gemeinschuldners – Versuch einer Konkursverwaltertheorie für heute und morgen –".

besteht nicht mehr. Die Gläubigerbefriedigung im Rahmen eines Insolvenzplans tritt gleichrangig neben die Befriedigung durch Liquidierung der Masse. Die Verwalterkompetenzen im Planverfahren (Planinitiative, Planerstellung und Vorlage sowie Planüberwachung) lassen sich mit der die Amtstheorie prägenden Wirkungskompetenz „für und gegen die Masse" nicht vereinbaren. Hier versagt auch die „neue" Vertretertheorie: Die Planinitiative steht sowohl dem Schuldner als auch dem Insolvenzverwalter zu (§ 218 I 1 InsO). Es wäre deshalb widersinnig, bei Ausübung der Planinitiative durch den Verwalter eine „gesetzliche Vertretung des Schuldners", der ein selbstständiges eigenes Initiativrecht hat, anzunehmen. Das gilt auch für die dem Verwalter seitens der Gläubigerversammlung auferlegte Ausarbeitung eines Insolvenzplans (§§ 157 S. 2, 218 II InsO), die das Initiativrecht des Schuldners unberührt lässt. Eine totale Unstimmigkeit der Vertretertheorie ergibt sich ferner bei der Planüberwachung durch den Verwalter. Die Vorstellung, hier eine „gesetzliche Vertretung des Schuldners" durch den Verwalter anzunehmen, würde weitgehend zu einer Art „Insich- oder Selbstüberwachung" führen.

Das Dilemma der „neuen" Verwaltertheorie erhellt zudem aus der Mehrzahl der durch die InsO geschaffenen, unterschiedlichen Verwaltertypen: Der vorläufige Insolvenzverwalter ohne oder mit (eingeschränkter) Verfügungsbefugnis (§ 22 InsO), der (vorläufige) Sachwalter bei Eigenverwaltung des Schuldners (§§ 270a, b, 274 InsO), der Treuhänder im Restschuldbefreiungsverfahren (§ 292 InsO) und (bis 30.6.2014) der Treuhänder im vereinfachten Insolvenzverfahren (§ 313 InsO) lassen sich in ihrer Rechtsstellung mit den Kriterien der Amts- oder Vertretertheorien nicht sachgerecht erfassen.

Nach allem sollten die Theorien über die Rechtsstellung des Verwalters endgültig aufgegeben werden. Eine Reanimation der ausgedienten Theorien oder eine Anpassung an die neue Rechtslage ist entgegen der Auffassung von *Hess/Weis*,[29] die ausgerechnet die Anwendung der am wenigsten tauglichen „neuen" Vertretertheorie – als „allerdings etwas modifizierte" Anwendung – für empfehlenswert halten, nicht angebracht. Man sollte sich mit der einfachen Erkenntnis begnügen, dass sich Kompetenz und Wirkung der Rechtsstellung des Verwalters aus den Regelungen der InsO selbst ergeben, ohne dass eine Theorie als Transformator erforderlich ist. Eine solche Einschätzung entspricht im Kern der früheren *Wertung Kilgers*, der die objektbezogene Fremdwirkung des Verwalterhandelns schlicht und richtig als „auf dem Gesetz" beruhend ansieht.[30]

Die Amtstheorie hat allerdings im Bereich der prozessualen Tätigkeit des Insolvenzverwalters ihre Bedeutung insoweit behalten, als sie dem Verwalter die prozessuale Rechtsstellung als *„Partei kraft Amtes"* zuspricht:[31] Der Verwalter vertritt weder den Insolvenzschuldner, noch die Insolvenzgläubiger, noch die Insolvenzmasse. Seine ihm (auch) im öffentlichen Interesse übertragene Funktion ist es, in eigener Parteistellung die Rechte des Schuldners und die Rechte der Insolvenzgläubiger – zur Schuldentlastung des Schuldners und zur Befriedigung der Gläubiger – wahrzunehmen. Seine Legitimation hierzu nimmt der Verwalter nicht aus fremden Rechten, sondern unmittelbar aus dem Gesetz, das sein Amt bestimmt.

Die „neue" Vertretertheorie ist im Übrigen nicht fähig, nach ihren Kriterien eine stimmige Erklärung für folgende besonders wichtige Prozesse zu geben, die der Verwalter zu führen hat:

Insolvenzanfechtungsprozesse, Prozesse oder Vollstreckungsverfahren (nach § 148 II InsO) gegen den Schuldner selbst („Insich-Prozess") sowie Prozesse zur Geltendma-

---

[29] InVo 1997, 85; zu den Gegenargumenten: *Kluth* NZI 2000, 351, 356.
[30] *Kilger* KO 15. Aufl. 1987, § 6 KO Anm. 2 aE; als beachtlich erwähnt auch von *K. Schmidt* KTS 1991, 212 mit Fußn 13.
[31] *Zöller/Vollkommer*, § 51 Rn. 7 u *Zöller/Geimer*, § 116 Rn. 2; Uhlenbruck/Hirte/Vallender/*Uhlenbruck,* § 80 Rn. 79; MüKoInsO/*Ott/Vuia,* § 80 Rn. 76 ff.; Braun/*Kroth,* § 80 Rn. 11.

chung eines gemeinschaftlichen Gesamtschadens der Gläubiger (§ 92 InsO) und der persönlichen Haftung eines Gesellschafters für die Verbindlichkeiten einer Gesellschaft, über deren Vermögen das Insolvenzverfahren eröffnet ist (§ 93 InsO).

Nach mehrjähriger InsO-Praxis hat sich der überspitzte Theorienstreit weitgehend beruhigt. Es ist beachtenswert, dass Henckel bereits vor etlichen Jahren mit beeindruckender Ausführlichkeit dargelegt hat,[32] alle Theorien könnten durch entsprechende Korrekturen ihres ursprünglichen Ansatzes die Lösung sämtlicher relevanter Einzelfälle einbeziehen und offen bleiben für die Einordnung weiterer Einzelwertungen.

II. Verwaltung

26 **1. Sammlung, Sichtung und Sicherung der Masse. a)** *Allgemeines.* Das Ziel des Insolvenzverfahrens, eine optimale Gläubigerbefriedigung zu erreichen, kann nur stufenweise verwirklicht werden. Im Berichtstermin hat der Verwalter nach *§ 156 I InsO* insbesondere über die wirtschaftliche Lage des Schuldners zu berichten und darzulegen, ob Aussichten für einen Unternehmenserhalt bestehen, welche Möglichkeiten für einen Insolvenzplan in Betracht kommen und welche Befriedigungschancen die Gläubiger jeweils haben. Nur aufgrund dieser Informationen ist die Gläubigerversammlung nach § 157 InsO zu einer sachgerechten Entscheidung darüber imstande, ob ein Unternehmen des Schuldners stillgelegt oder vorläufig fortgeführt und ob der Verwalter einen Insolvenzplan ausarbeiten soll (vor allem Weichenstellung: Liquidation oder Sanierung). Um seinen Berichtspflichten nachkommen zu können, hat der Verwalter in einer ersten Vorstufe möglichst umgehend die Insolvenzmasse zu sammeln, sichten und sichern. Die Pflichten sind, soweit sie bis zum Berichtstermin nicht zu realisieren sind, im weiteren Verfahrensverlauf zu beachten.

27 **b)** *Inbesitznahme und Sicherung der Masse.* Nach der grundlegenden Bestimmung des § 148 I InsO hat der Verwalter nach Verfahrenseröffnung das gesamte zur Insolvenzmasse gehörende Vermögen des Schuldners sofort in Besitz und Verwaltung zu nehmen. Soweit sich Massesachen (bewegliche und unbewegliche) im Gewahrsam des Schuldners befinden, hat der Verwalter die Möglichkeit, mit einer vollstreckbaren Ausfertigung des Eröffnungsbeschlusses die Herausgabevollstreckung zu betreiben. Für ein Vollstreckungserinnerungsverfahren nach § 766 ZPO gilt die Besonderheit, dass anstelle des Vollstreckungsgerichts das Insolvenzgericht zuständig ist (§ 148 II InsO). Gegen die Erinnerungsentscheidung ist mangels Zulassung (§ 6 I InsO) eine sofortige Beschwerde (§ 793 ZPO) nicht zulässig.

Der Eröffnungsbeschluss berechtigt den Verwalter und den von ihm beauftragten Gerichtsvollzieher, zum vorgenannten Vollstreckungszweck die Wohnung des Schuldners zu betreten, ohne dass es einer zusätzlichen richterlichen Anordnung bedarf.[33]

Für die Durchführung der Herausgabevollstreckung ist auch § 739 ZPO zu beachten, wonach der Schuldner als Gewahrsamsinhaber gilt, soweit nach § 1362 BGB vermutet wird, dass ihm bewegliche Sachen im Besitz seines Ehegatten oder im Mitbesitz beider Ehegatten (bzw. Lebenspartner) gehören.[34]

28 Was *Geld, Wertpapiere und Kostbarkeiten* angeht, so bestimmt § 149 I InsO, dass der Verwalter nach Anweisung des Gläubigerausschusses oder bei dessen Fehlen oder noch mangelnder Regelung durch den Gläubigerausschuss das Insolvenzgericht entsprechen-

---

[32] *Jaeger/Henckel* KO 9. Aufl., § 6 Rn. 4–160, 165–168.
[33] Begr zu § 167 RegE (BR-Drucks. 1/92 170/171); Uhlenbruck/Hirte/Vallender/*Uhlenbruck*, § 148 Rn. 30; KPB/*Holzer*, § 148 Rn. 16 ff.; Nerlich/Römermann/*Andres*, § 148 Rn. 42; Braun/*Naumann*, § 148 Rn. 8; FK/*Wegener*, § 148 Rn. 12; aA MüKoInsO/*Füchsl/Weishäupl/Jaffé*, § 148 Rn. 66.
[34] Uhlenbruck/Hirte/Vallender/*Uhlenbruck*, § 148 Rn. 29; MüKoInsO/*Füchsl/Weishäupl/Jaffé*, § 148 Rn. 69; FK/*Wegener*, § 148 Rn. 12 aE; Braun/*Naumann*, § 148 Rn. 8; HK/*Depré*, § 148 Rn. 10 f.

de Anordnungen treffen kann, die wiederum durch die Gläubigerversammlung abweichend geregelt werden können, § 149 II InsO.

Eine Sicherungsmaßnahme besonderer Art ist dem Verwalter dadurch gestattet, dass er zur Sicherung der zur Masse gehörenden Sachen durch den Gerichtsvollzieher oder eine andere dazu gesetzlich ermächtigte Person eine *Siegelung* vornehmen lassen kann (§ 150 InsO).

Durch zu begründende gerichtliche Anordnung einer *Postsperre* für Postsendungen an den Schuldner auf Antrag des Verwalters (oder von Amts wegen) nach § 99 InsO ist eine weitere Möglichkeit gegeben, zur Massesicherung beizutragen und Manipulationen seitens des Schuldners vorzubeugen. In der Begründung ist die Notwendigkeit der Postsperre darzulegen.

Eine Sicherung allgemeiner Art wird dadurch erreicht, dass im Eröffnungsbeschluss, der öffentlich bekanntzumachen ist, die Schuldner des Insolvenzschuldners aufzufordern sind, nicht mehr an den Insolvenzschuldner zu leisten, sondern an den Verwalter (§§ 28 III, 30 I und II InsO), wobei den Gläubigern und Schuldnern des Schuldners und dem Schuldner selbst der Beschluss auch noch besonders zuzustellen ist, § 30 II InsO.

Schließlich haben die *Sperrvermerke* im Grundbuch und in anderen Registern (§§ 31, 32, 33 InsO) eine bedeutsame Sicherungsfunktion.

c) *Aufstellen von Verzeichnissen.* Im Rahmen seiner Verwaltungsaufgaben hat der Verwalter mehrere Verzeichnisse aufzustellen. Diese dienen der Sichtung der Masse, ihrer Übersicht und Wertung sowie der Information der Gläubiger und damit dem Ziel, im Dienste der Gläubigerbefriedigung die Grundentscheidung über Liquidation oder Sanierung zu treffen. Im Einzelnen handelt es sich um folgende Verzeichnisse:[35]

(1) *Masseverzeichnis.* Nach § 151 I InsO hat der Verwalter grundsätzlich (Ausnahme: § 151 III InsO) ein *Verzeichnis der Massegegenstände* aufzustellen. Der Schuldner ist hierbei zur Information und Unterstützung hinzuzuziehen, falls keine nachteilige Verzögerung eintritt.

In das Masseverzeichnis sind auch Wertangaben aufzunehmen (§ 151 II InsO), wobei besonders schwierige Bewertungen einem Sachverständigen übertragen werden können. Falls in den Auswirkungen von Bedeutung, hat der Verwalter doppelte Wertangaben zu machen (Zerschlagungs- und Fortführungswerte). Im Gegensatz zu § 123 I KO ist die Zuziehung einer „obrigkeitlichen Person" bei der Erstellung des Masseverzeichnisses nicht mehr erforderlich. Der Antrag auf Wegfall des Verzeichnisses ist vom Verwalter zu begründen und bei Bestehen eines Gläubigerausschusses nur mit dessen Zustimmung möglich, § 151 III InsO.

(2) *Gläubigerverzeichnis.* Der Verwalter hat nach § 152 I, II InsO ein umfassendes Gläubigerverzeichnis aufzustellen. Als Informationsquellen sind insbesondere zu beachten die Geschäftsunterlagen des Schuldners, seine sonstigen Angaben und die Forderungsanmeldungen der Gläubiger. Bei den Gläubigern sind die absonderungsberechtigten Gläubiger – bei ihnen zusätzlich auch der Absonderungsgegenstand und die Höhe des mutmaßlichen Ausfalls – sowie die einzelnen Rangklassen der nachrangigen Insolvenzgläubiger gesondert aufzuführen. Bei allen Gläubigern ist im Verzeichnis deren Anschrift sowie der Grund und der Betrag ihrer Forderung anzugeben.

Auch ist anzugeben, welche Aufrechnungsmöglichkeiten bestehen (§ 152 III 1 InsO).

Schließlich hat der Verwalter die schwierige und risikobelastete Aufgabe, im Gläubigerverzeichnis auch die *Höhe der Masseverbindlichkeiten* im Falle einer zügigen Verwertung des Schuldnervermögens zu schätzen (§ 152 III 2 InsO). Sind Masseprozesse zu

---

[35] Zu Einzelheiten vgl. *Haarmeyer/Wutzke/Förster,* Kap 5 Rn. 92–141; *Wellensiek,* Kölner Schrift, S. 404 f. Rn. 6–8.

führen, ist im Hinblick auf das Prozessrisiko eine Schätzung der uU hohen Prozesskosten (Masseverbindlichkeiten) besonders schwierig.

36 (3) *Vermögensübersicht.* § 153 InsO verpflichtet den Verwalter, auf den Zeitpunkt der Eröffnung des Insolvenzverfahrens eine gesonderte Übersicht aufzustellen, in der die Gegenstände der Insolvenzmasse und die Verbindlichkeiten des Schuldners aufzuführen und einander gegenüberzustellen sind (quasi „Eröffnungsbilanz").

Für die Wertangaben gilt § 151 II InsO entsprechend: ggf. doppelte Angaben zu Zerschlagungs- und zu Fortführungswerten sowie Beauftragung eines Sachverständigen bei besonders schwieriger Bewertung. Die Gliederungsbestimmung des § 152 II 1 InsO zum Gläubigerverzeichnis gilt entsprechend für die Gliederung der Verbindlichkeiten: Die Verbindlichkeiten gegenüber den absonderungsberechtigten Gläubigern und den nachrangigen Gläubigern sind gesondert aufzuführen.

Durch die Aufstellung der Vermögensübersicht wird in besonders effektiver Weise eine Übersicht und Wertung der Vermögenslage des Schuldners ermöglicht und damit auch eine wirkungsvolle Einschätzung der Gläubigerbefriedigung, ihrer Quotenchancen, sei es durch Liquidation oder Sanierung.

37 Die Anforderungen an den Verwalter sind erheblich. Sie führen zu einer nicht zweifelsfreien Perfektionierung des Verfahrens. Die zeitliche Einengung durch § 154 InsO (Niederlegung der Verzeichnisse nach §§ 151, 152, 153 InsO spätestens eine Woche vor dem Berichtstermin, der seinerseits nach § 29 I Nr. 1 InsO möglichst bis zur sechsten Woche nach Verfahrenseröffnung und nicht über drei Monate hinaus anzusetzen ist), hat besondere – unangemessene – Bedeutung.

38 **d)** *Inanspruchnahme von Auskunft*[36] *und Mitwirkung.* Beachtenswert bei der dem Verwalter übertragenen Verwaltung der Insolvenzmasse sind die Auskunfts- und Mitwirkungspflichten des Schuldners nach §§ 97, 98 InsO (im Einzelnen zu § 18 II 1., 2., 3.). Auch die sich aus § 69 S. 1 InsO ergebende Pflicht der Mitglieder des Gläubigerausschusses, den Verwalter bei seiner Geschäftsführung aktiv zu unterstützen, wirkt sich zugunsten einer sachgerechten Verwaltung der Insolvenzmasse aus (§ 21 III. 1.).

39 **e)** *Klarstellung schwebender Rechtsverhältnisse.* Im Rahmen der Verwaltungstätigkeit des Verwalters ist die Klärung schwebender Rechtsverhältnisse von Bedeutung, da diese sich auf die Insolvenzmasse auswirken, sei es durch deren Anreicherung, aber auch durch ihre Belastung mit Ansprüchen von Massegläubigern und Insolvenzgläubigern.

Angesprochen in diesem Zusammenhang sind das Wahlrecht des Verwalters bei gegenseitigen, beiderseits nicht voll erfüllten Verträgen (§§ 103 ff. InsO), seine Kündigungsrechte bei Miet- und Pachtverhältnissen (§§ 108 ff. InsO) sowie seine Kündigungsrechte bei Dienstverhältnissen (§ 113 InsO).

40 **f)** *Ergänzung der Masse.* Bleibt die Soll-Masse hinter der vorhandenen Ist-Masse zurück, hat der Verwalter für eine Masseergänzung zu sorgen, ggf. im Prozessweg.

In Betracht kommen Rückgewähransprüche infolge *Insolvenzanfechtung* nach §§ 129 ff. InsO, das Geltendmachen eines Gläubigergesamtschadens nach § 92 InsO (§ 26 IV. 3.) und der persönlichen Haftung eines Gesellschafters für Verbindlichkeiten der Gesellschaft nach § 93 InsO (§ 26 IV. 4.) sowie allgemeine Herausgabeansprüche gegen Dritte – gegen den Schuldner in der Regel durch Vollstreckung nach § 148 II InsO –, die Massegegenstände in Besitz haben.

Zu beachten ist auch die Aufnahme bereits anhängiger Prozesse durch den Verwalter (§§ 85, 86 InsO). Schließlich ist es Aufgabe des Verwalters, die Rückschlagsperre des § 88 InsO wahrzunehmen, die zur Unwirksamkeit von Zwangsvollstreckungssicherun-

---

[36] *Gundlach/Flöther,* NZI 2009, Auskunftsansprüche des Insolvenzverwalters bei Anfechtung.

gen führt, die Insolvenzgläubiger in der kritischen Phase vor oder nach dem Antrag auf Verfahrenseröffnung erlangt haben.

g) *Bereinigung der Masse.* (1) *Beachtung der Aussonderungsrechte.* Zu den Verwalteraufgaben gehört die Beachtung von Aussonderungs- und Ersatzaussonderungsansprüchen Dritter (§§ 47, 48 InsO). Gegenstände, die nicht zur Insolvenzmasse gehören, sich jedoch im Besitz des Verwalters befinden, hat dieser an die Berechtigten herauszugeben. 41

(2) *Freigabe.* Zur („echten") Freigabe von Gegenständen aus der Masse, die auch tatsächlich zur Masse gehören, ist der Verwalter ausnahmsweise dann befugt, wenn die Gegenstände unverwertbar sind oder von der Verwertung für die Masse ein Ertrag nicht erwartet werden kann.[37] 42

Je nach Bedeutung hat der Verwalter die Zustimmung des Gläubigerausschusses bzw. der Gläubigerversammlung einzuholen (§ 160 InsO).

Von besonderer Bedeutung ist die umstrittene Frage,[38] ob sich der Verwalter im Ordnungs- und Umweltrecht („Altlastensanierung") den kostenträchtigen Pflichten durch Freigabe der belasteten Gegenstände aus der Masse entledigen kann.

Zu beachten ist auch, dass der Verwalter zu einer Freigabe im weiteren Sinne (ein Fall der „unechten" oder „modifizierten" Freigabe) berechtigt sein kann, ggf. auch hier mit Zustimmung des Gläubigerausschusses bzw. der Gläubigerversammlung, wenn ungeklärt ist, ob ein Gegenstand zur Masse gehört oder nicht und die Chancen in keinem angemessenen Verhältnis zu der entstehenden Kostenbelastung stehen. Das gilt insbesondere für die Frage, ob der Verwalter als Kläger einen Masseprozess anstrengen und zu Ende führen oder sich als Beklagter einem solchen Prozess (weiter oder erstmals) aussetzen soll. 43

2. Vorläufige Erhaltungsmaßnahmen. Im Einzelfall erfordern spezifische Besonderheiten der Massegegenstände Erhaltungsmaßnahmen des Verwalters, sei es um die Massesubstanz zu gewährleisten, sei es um die Massenützlichkeit zu fördern. Als Beispiele kommen in Betracht: Pflege und Fütterung von Tieren/Tierherden, Reparatur und Wartung von Fahrzeugen und Maschinen – insbesondere bei einer einstweiligen Unternehmensfortführung – sowie Abschluss oder Weiterführung notwendiger Versicherungen gegen Schadenseintritt (Diebstahl, Feuer, Wasser, Sturm). Hierzu gehört auch die bereits erwähnte (1. b) nützliche Anlage von Geld und Wertpapieren nach § 149 I InsO. 44

3. Einstweilige Unternehmensfortführung.[39] **a)** *Die Pflicht zur Fortführung.* Der Insolvenzverwalter hat im Rahmen seiner Verwaltung ein Unternehmen (oder Geschäft) des Schuldners grundsätzlich einstweilen fortzuführen. Diese Verpflichtung ist in der InsO zwar nicht ausdrücklich normiert, folgt jedoch zwingend aus folgenden Regelungen: Wenn der vorläufige Insolvenzverwalter nach § 22 I Nr. 2 InsO ein Unter- 45

---

[37] BGH NJW 1961, 1528; *Lüke,* Kölner Schrift S. 885 ff. Rn. 73 ff.; *Wellensiek,* Kölner Schrift, S. 423 f. Rn. 73–75; *K. Schmidt,* Kölner Schrift, S. 1207 f. Rn. 19; *Kilger/K. Schmidt,* § 6 KO Anm. 4d, aa); allgemein zur Freigabe: Uhlenbruck/Hirte/Vallender/*Hirte,* § 35 Rn. 71 ff.; MüKoInsO/*Lwowski/Peters,* § 35 Rn. 84 ff., 104 ff. u *Sinz,* §§ 60 Rn. 44; KPB/*Lüke,* § 80 Rn. 88 ff. u *Holzer,* § 35 Rn. 21 ff.; *Nerlich/Römermann/Wittkowski,* § 80 Rn. 95–103 u *Andres,* § 148 Rn. 53–58; Braun/*Kroth,* § 80 Rn. 27 u *Naumann,* § 148 Rn. 10; HK/*Ries,* § 35 Rn. 42, 51 ff. u § 159 Rn. 11; FK/*Schumacher,* § 35 Rn. 13 ff.

[38] *Kilger/K. Schmidt,* § 6 KO Anm. 5g mwN; zur Gefahrenabwehr vgl. VGH Kassel, NZI 2009, 695; zur Zustandsverantwortlichkeit vgl. VGH Hess., ZInsO 2010, 296; vgl. im Übrigen die Lit-Angaben s. o. vor §§ 24–29.

[39] Vgl. Uhlenbruck/Hirte/Vallender/*Hirte,* § 11 Rn. 11 ff. sowie Uhlenbruck/Hirte/Vallender/*Uhlenbruck,* § 80 Rn. 186 u § 148 Rn. 40 ff.; MüKoInsO/*Haarmeyer,* § 22 Rn. 83 ff. sowie *Füchsl/Weishäupl/Jaffé,* § 148 Rn. 55 ff.; KPB/*Onusseit,* § 157 Rn. 3 ff.; Nerlich/Römermann/*Mönning,* § 22 Rn. 71 ff. u *Wittkowski,* § 80 Rn. 87 ff., 145 ff.; Braun/*Kind,* § 22 Rn. 12 f. u *Gerbers,* § 157 Rn. 3 f.; HK/*Kirchhof,* § 22 Rn. 20 ff.; FK/*Schmerbach,* § 22 Rn. 50 ff.

nehmen in der Regel einstweilen fortzuführen hat, gilt das in Wahrung der gebotenen Kontinuität erst recht für den Insolvenzverwalter nach Verfahrenseröffnung, dessen Aufgaben und Kompetenzen weitreichender sind. Nach § 157 S. 1 InsO beschließt die Gläubigerversammlung im Berichtstermin, ob das Unternehmen stillgelegt oder vorläufig fortgeführt werden soll. Diese Entscheidung wäre illusorisch, müsste der Verwalter nicht vorher das Unternehmen einstweilen fortführen. Die einstweilige Fortführungspflicht wird auch in § 158 I InsO stillschweigend vorausgesetzt, da der Verwalter für eine abweichende Entscheidung, die Stilllegung des Unternehmens, die Zustimmung des etwa bestellten Gläubigerausschusses einholen muss.

46 **b)** *Der Zweck der Fortführung.* Das Unternehmen ist vom Verwalter in der Regel einstweilen weiterzuführen, damit die im Unternehmen verkörperten Vermögenswerte, die dynamisch geprägt sind, möglichst erhalten bleiben, jedenfalls für die Übergangsphase bis zur Grundentscheidung der Gläubigerversammlung im Berichtstermin: Die zwei Wege zur bestmöglichen Verwertung – Liquidation – oder Verwendung – Sanierung – des Unternehmens sollen bis zur entscheidenden Weichenstellung durch die Gläubigerversammlung offen bleiben.

Die Variationsbreite der Liquidation ist vielfältig. Sie reicht von der Einzelakt – „Zerschlagungs" – Liquidation des Unternehmens über modifizierte Formen der Liquidation (Teilliquidation mit verbundener Teilsanierung, Liquidation erst nach zeitweise fortgesetztem Produktions- oder Vertriebsablauf) bis zur Liquidation durch Veräußerung des Unternehmens an eine Übernahmegesellschaft zu einem Fortführungsmehrwert – vielfach irreführend als „übertragende Sanierung" kaschiert (III. 2. a) (2) zu § 22).

Soll anstelle einer Liquidation eine Sanierung des insolventen Unternehmensträgers erfolgen, so ist diese (nur) im Rahmen eines Insolvenzplans (§§ 217 ff. InsO) zu realisieren.

47 Nach der Begründung zum RegE zu § 30 (= § 26 InsO)[40] kann für Gläubiger auch ein Insolvenzverfahren von Wert sein, das **nur** bis zum Berichtstermin durchgeführt wird: In diesem Verfahrensabschnitt verschafft ihnen der Verwalter einen Überblick über das vorhandene Vermögen des Schuldners, über die Möglichkeiten zur Insolvenzanfechtung und über den Schuldenstand; er erkundet, ob das Unternehmen oder einzelne Betriebe durch den Schuldner oder durch einen Dritterwerber fortgeführt werden können oder welche Möglichkeiten sich sonst für eine Verwertung des Schuldnervermögens ergeben.

Durch diese Begründung[41] wird sogar die Möglichkeit und Erforderlichkeit einer einstweiligen Unternehmensfortführung angesprochen, die alsbald nach dem Berichtstermin zu einer Einstellung mangels Masse (§ 207 InsO) oder zu einer Anzeige der Masseunzulänglichkeit durch den Verwalter (§ 208 I InsO) und nach rudimentärer Abwicklung (§ 209 InsO) ebenfalls zu einer Verfahrenseinstellung (§ 211 InsO) führen kann.

48 Mit der Alternativentscheidung der Gläubigerversammlung im Berichtstermin (§ 157 InsO) – Stilllegung oder vorläufige Fortführung des Unternehmens – fällt die Entscheidung darüber, ob der Verwalter auch weiterhin zur einstweiligen Unternehmensfortführung verpflichtet ist.

49 **c)** *Die Brisanz der Fortführung.* Die einstweilige Unternehmensfortführung erfordert vom Verwalter ein Höchstmaß an (auch) unternehmerischen Fähigkeiten des Ein- und Durchblicks, der Wertung der Überlebens- und Genesungschancen des insolventen Unternehmens. Der schwierigen Aufgabenstellung entspricht eine gesteigerte Verant-

---

[40] BR-Drucks. 1/92.
[41] Die Problematik bleibt offen: Ohne einstweilige Unternehmensfortführung kann nicht „erkundet" werden, ob das Unternehmen fortgeführt werden kann; das Unternehmen in seiner dynamischen Struktur ist nicht in den „einstweiligen Ruhestand" zwecks Erkundung seiner Potenz versetzbar.

wortung des Verwalters und damit auch ein hohes Haftungsrisiko. Die Rechte und Pflichten des Schuldners aus dessen Unternehmer- und Arbeitgeberstellung gehen einstweilen auf den Verwalter über.[42] Den Verwalter treffen somit grundsätzlich alle Pflichten des Arbeitgebers, die aufgrund von Arbeits- und Tarifverträgen, Betriebsverfassungsrecht und Gesetz vor Verfahrenseröffnung dem Schuldner oblagen. Das gilt auch für die handels- und steuerrechtlichen Pflichten.

Durch die einstweilige Fortführung des Unternehmens entstehen zwangsläufig erhebliche *Masseverbindlichkeiten*. Der Verwalter hat zu entscheiden, ob er seine Wahlrechte und Sonderkündigungsrechte (§§ 103 ff., 109 ff. InsO) vollständig, teilweise oder überhaupt nicht ausübt. Im Einzelfall kann der Verwalter auch veranlasst sein, neue Arbeitskräfte einzustellen sowie Vertragsverpflichtungen aus Miete, Kauf, Werkvertrag und insbesondere aus Darlehensaufnahme einzugehen.

Die sich aus der einstweiligen Unternehmensfortführung ergebenden Aussichten des Erhalts und der Anreicherung der Masse müssen in einem angemessenen Verhältnis zum Umfang der durch die Fortführung entstehenden Masseverbindlichkeiten stehen. Wird die Masse durch die Fortführung des Unternehmens und das dadurch bedingte Entstehen von Masseverbindlichkeiten reduziert, so stellt sich für den Verwalter zwangsläufig die Regressfrage.

Ein brisantes Sonderproblem betrifft die Konzerninsolvenz:

Da der Insolvenzverwalter das insolvente Unternehmen grundsätzlich einstweilen fortführen soll, liegt die Schlussfolgerung nahe, dass er die insolvente Konzernmutter auch in Ausübung ihrer Konzernleitungsmacht gegenüber einer nicht insolventen Konzerntochter einstweilen fortzuführen hat.[43] In diesem Zusammenhang ist auch auf die Insolvenzantragspflicht nach § 15a InsO, eingeführt durch das MoMiG, BGBl. 2008, S. 2026 und in Kraft getreten am 1.11.2008, hinzuweisen.

Eine gewisse Zäsur des Fortführungsrisikos bringt die *Grundsatzentscheidung der Gläubigerversammlung* im Berichtstermin über die Frage der Stilllegung oder einstweiligen Fortführung:

Vor der Grundsatzentscheidung kann der Verwalter dem Risiko nur vorsorglich mit einer Stilllegung des Unternehmens (§ 158 InsO) begegnen, der entweder der Gläubigerausschuss (falls schon bestellt) zustimmen muss oder auf Antrag des Schuldners das Insolvenzgericht. Allerdings birgt auch eine sachwidrig vorgenommene Stilllegung ein Haftungsrisiko.

Durch die Entscheidung der Gläubigerversammlung für eine einstweilige Unternehmensfortführung liegt zwar das grundsätzliche Risiko bei den Gläubigern. Der Verwalter hat aber auch weiterhin eine erhebliche Eigenverantwortung im Rahmen der ihm obliegenden Durchführung der Unternehmensfortführung. Er hat insbesondere das angemessene Gleichgewicht zwischen Massepotenz und entstehenden Masseverbindlichkeiten unvermindert zu beachten. Falls eine Stilllegung geboten ist, hat er nach § 160 I InsO die Zustimmung des Gläubigerausschusses bzw. der Gläubigerversammlung einzuholen. Ist eine erhebliche Massereduzierung eingetreten oder ist ihr Eintritt voraussichtlich zu erwarten, so wird der Verwalter zu prüfen haben, ob er nach § 208 I InsO die Anzeige der Masseunzulänglichkeit abgeben muss.

III. Befriedigung der Gläubigeransprüche

Als Exekutivorgan im Rahmen der insolvenzrechtlichen Selbstverwaltung hat der Verwalter vor allem auch bedeutsame Aufgaben zur Befriedigung der Gläubigeransprüche wahrzunehmen.

---

[42] Vgl. *Wellensiek*, Kölner Schrift, S. 419 ff. Rn. 58–70.
[43] Zu dieser Problematik: *Kluth*, NZI aktuell 2002, Heft 5, S. V, VI.

53 1. Anmeldung, Prüfung und Feststellung der Gläubigerforderungen. In einer Vorstufe zur Gläubigerbefriedigung ist zu klären, welche Forderungen überhaupt vorliegen oder wenigstens in Betracht kommen.

Nach § *28 I InsO* werden die Gläubiger im Eröffnungsbeschluss zur Anmeldung ihrer Forderungen aufgefordert, und zwar unter Bestimmung einer Frist, die mindestens zwei Wochen und höchstens drei Monate betragen kann. Außerdem werden die Gläubiger nach § 28 II InsO aufgefordert, dem Verwalter unverzüglich mitzuteilen, welche Sicherungsrechte sie an beweglichen Sachen oder Rechten des Schuldners in Anspruch nehmen.

Nach § *174 InsO* haben die Gläubiger ihre Forderungen nach Grund und Betrag schriftlich beim Insolvenzverwalter anzumelden. Nachrangige Gläubiger (§ 39 InsO) brauchen ihre Forderungen nur auf ausdrückliche Aufforderung des Insolvenzgerichts anzumelden.

54 Der Insolvenzverwalter ist – im Gegensatz zur Regelung in der KO – nach § *175 InsO* zur Tabellenführung über die angemeldeten Forderungen verpflichtet.

In einer Gläubigerversammlung, dem Prüfungstermin, werden die angemeldeten Forderungen ihrem Betrag und Rang nach geprüft und, soweit sie vom Verwalter, vom Schuldner oder einem Insolvenzgläubiger bestritten werden, einzeln erörtert (§§ 176, 177 InsO). Durch das Gesetz zur Vereinfachung des Insolvenzverfahrens vom 13.4.2007 wurde der bisherige § 184 InsO erweitert um den Abs. 2. Hierdurch wurde die Feststellungslast im Falle des Bestreitens einer Forderung durch den Schuldner auf diesen übertragen, wenn für diese Forderung bereits ein vollstreckbarer Schuldtitel oder Endurteil vorliegt. Nach herrschender Meinung ist die neu eingeführte Bestimmung des § 184 II InsO auf den Widerspruch des Schuldners gegen den Schuldgrund der „vorsätzlich begangenen unerlaubten Handlung" anzuwenden.[44] Es gilt somit auch die einmonatige Frist für den Schuldner. Der vollstreckbare Auszug aus der Insolvenztabelle mit dem Schuldgrund der vorsätzlich begangenen unerlaubten Handlung, stellt auch in einem zweiten Verfahren einen vollstreckbaren Schuldtitel im Sinne des § 184 II InsO dar.

§ 178 InsO regelt die Forderungsfeststellung und die entsprechenden Eintragungen in die Tabelle durch das Insolvenzgericht, je nach Feststellung und Widerspruch. Werden Forderungen bestritten, so kann im Prozessweg auf Feststellung geklagt werden (§§ 179, 180, 181, 184, 185 InsO).

Das Bestreiten von Forderungen hat im Übrigen auch insoweit Bedeutung, als den Gläubigern bestrittener Forderungen nach § 77 I 1 InsO grundsätzlich kein Stimmrecht in den Gläubigerversammlungen zusteht (Ausnahme nach Maßgabe des § 77 II InsO).

55 2. Liquidation. Als nächste Stufe der Gläubigerbefriedigung wird die Liquidation der Insolvenzmasse ausgelöst, falls die Gläubigerversammlung sich für diese Art der Befriedigung und nicht für einen Insolvenzplan entschieden hat.

56 a) *Verwertung.* (1) *Allgemeines.* Nach § *159 InsO* hat der Verwalter nach dem Berichtstermin die Insolvenzmasse unverzüglich zu verwerten, soweit die Beschlüsse der Gläubigerversammlung nicht entgegen stehen, wie im Fall der Anordnung einer (weiteren) einstweiligen Unternehmensfortführung.

Der Verwalter hat im Rahmen des Machbaren einen möglichst optimalen Verwertungserlös anzustreben. Er ist zur *freihändigen Veräußerung* der zur Masse gehörenden beweglichen und unbeweglichen Sachen sowie Rechte befugt. Darüber hinaus kann er bei *unbeweglichen Sachen* die Zwangsversteigerung oder (in der Praxis weniger bedeutsam) die Zwangsverwaltung betreiben. Das gilt nach § *165 InsO* auch dann, wenn an dem Gegenstand ein Absonderungsrecht besteht.

---

[44] *Sengl,* NZI 2009, 31; HambKommInsO/*Herchen* § 184 Rn. 12.

Bewegliche Sachen, die der Verwalter in seinem Besitz hat, darf er nach § 166 I InsO freihändig verwerten, selbst wenn an ihnen Absonderungsrechte bestehen. Diese Regelung stellt eine wesentliche Neuerung dar; nach der früheren Rechtslage zur KO war in der Regel der absonderungsberechtigte Gläubiger selbst verwertungsberechtigt (§ 127 II KO).

In konsequenter Erweiterung zu § 166 I InsO bestimmt Abs. 2, dass der Verwalter eine Forderung, die der Schuldner zur Sicherung eines gegen ihn gerichteten Anspruchs abgetreten hat, einziehen oder in anderer Weise verwerten darf. Wie sich aus § 471 BGB ergibt, ist bei einer Veräußerung durch den Insolvenzverwalter ein Vorkaufsrecht ausgeschlossen. Ein Insolvenzausverkauf unterliegt den Regelungen des UWG. Bei besonders bedeutsamen Rechtshandlungen der Verwertung ist der Verwalter verpflichtet, die Zustimmung des Gläubigerausschusses bzw. der Gläubigerversammlung nach Maßgabe der §§ 160, 162, 163 InsO einzuholen. Das gilt z. B. bei Unternehmensveräußerung sowie der Veräußerung von Grundstücken und gewichtigen Aktienbeständen.

(2) *Unternehmensveräußerung.* In Anknüpfung an die Ausführungen zur Verpflichtung, zum Zweck und zur Brisanz der *einstweiligen Unternehmensfortführung* (II. 3a, b, c) hat der Verwalter bei einer von ihm geplanten, mit erforderlicher Zustimmung des Gläubigerausschusses bzw. der Gläubigerversammlung (§§ 160, 162, 163 InsO) versehenen oder bei einer ihm durch Beschluss der Gläubigerversammlung (§ 157 InsO) vorgegebenen Unternehmensveräußerung besonders wichtige, schwierige und haftungsträchtige Aufgaben zu erfüllen:

Diese ergeben sich bereits dann, wenn eine an sich einfach strukturierte „Zerschlagungs"-Verwertung stattfinden soll, ausgeführt durch Einzelakte der Verwertung wie Veräußerung von Grundstücken des Unternehmens, von Werkzeugen, Maschinen und Fahrzeugen oder Warenlagern sowie von Rechten und sonstigen Vermögenswerten. Die zeit- und arbeitsintensive Suche nach ernsthaften und soliden Interessenten ist schon schwierig und belastend. Das gilt erst recht für das Aushandeln einigermaßen akzeptabler Preise, da einer „Zerschlagungs"-Verwertung Ausverkaufscharakter zukommt. Bei einer Veräußerung unter Wert setzt sich der Verwalter Haftungsrisiken aus. Hinzu kommt, dass im Einzelfall die Erwerber von Massegegenständen Gewährleistungsansprüche geltend machen, die zu Massebelastungen führen können und im Übrigen den Verwertungsablauf verzögern. Die Schwierigkeiten kulminieren, falls eine Verwertung durch eine Unternehmensveräußerung „im Paket", losgelöst von den Altverbindlichkeiten, an eine Übernahmegesellschaft erfolgen soll.

Diese für die Insolvenzgläubiger in der Regel einträgliche Variante der Liquidation – Erzielung eines Fortführungsmehrwerts – wird in der Insolvenzliteratur nahezu flächendeckend mit dem vermeintlichen „Zauberwort" der „übertragenden Sanierung" belegt.[45]

Dass es sich hierbei realitätsbezogen um einen eklatanten „Missgriffbegriff" handelt, ist nicht ernsthaft zu verschleiern.[46] Eine Unternehmensveräußerung ist in der Regel nicht kurzfristig zu realisieren. Die entsprechende Suche, Sichtung und Verhandlung verlangen einen angemessenen Zeitrahmen. Es entsteht ein ausgeprägtes Spannungsverhältnis zu der korrespondierend erforderlichen einstweiligen Unternehmensfortführung

---

[45] Vgl. zur „übertragenden" und sonstigen Sanierung: *K. Schmidt* ZIP 1980, 328 ff. (336 f.); *ders.,* Kölner Schrift, S. 1214 Rn. 33; *Warrikoff* KTS 1996, 489 ff.; *Risse* KTS 1994, 465 ff.; *Grub,* ZIP 1993, 393 ff.; *Kilger,* KTS 1989, 495 ff.; *Haarmeyer/Wutzke/Förster,* Kap 5 Rn. 482, 483, 488–490; *Balz,* Kölner Schrift, S. 18 Rn. 48/49; Uhlenbruck/Hirte/Vallender/*Hirte,* § 11 Rn. 16 f. u Uhlenbruck/Hirte/Vallender/*Uhlenbruck,* § 157 Rn. 7; MüKoInsO/*Ganter/Lohmann,* § 1 Rn. 90 ff.; KPB/*Bork/Prütting,* § 1 Rn. 24 u *Otte,* § 217 Rn. 26 ff.; Braun/*Kießner,* § 1 Rn. 5 u Braun/*Frank,* vor § 217 Rn. 17 sowie § 218 Rn. 18; HK/*Kirchhof,* § 1 Rn. 5 u *Ries* § 160 Rn. 11 sowie *Haas* § 217 Rn. 17; FK/*Jaffé,* § 217 Rn. 146 u § 220 Rn. 24 ff.; *Wellensiek* NZI 2002, 233.

[46] Zur Kritik: *Kluth,* NZI 2002, 1 f.; *ders.* ZInsO 2002, 258, 260 ff.; *ders.* ZInsO 2002, 1115, 1122.

mit ihren spezifischen Eigenproblemen, insbesondere mit der Gefahr eines unangemessenen Anwachsens der Masseverbindlichkeiten (II. 3. c). Diese Risikosituation kann zu einem Scheitern der geplanten Unternehmensveräußerung führen.

Bahnt sich eine ausgesprochen zügige Unternehmensübernahme an, entstehen Probleme anderer Art: Von Interessierten aus dem Umfeld des Schuldnerunternehmens (zB verbundenes Unternehmen, Muttergesellschaft, Auffanggesellschaft) können schon im Vorfeld der Insolvenz Strategien entwickelt werden, die jedoch gezielt erst nach Verfahrenseröffnung zum Tragen kommen (sollen). Hier sind vor allem Betriebsveräußerungen an besonders Interessierte und solche unter Wert angesprochen (§§ 162, 163 InsO).

Ein Sonderproblem betrifft die Frage der Unternehmensveräußerung einer freiberuflichen Praxis.[47]

59 **b)** *Vorwegbefriedigung der Massegläubiger.* Die Massegläubiger sind Gläubiger eigener Art Nach § 53 InsO sind die Masseverbindlichkeiten – die Kosten des Insolvenzverfahrens (§ 54 InsO) und die sonstigen Masseverbindlichkeiten (§ 55 InsO) „vorweg" zu befriedigen, d. h. vor den Ansprüchen der Insolvenzgläubiger (§§ 38–46 InsO) und grundsätzlich unabhängig vom Verteilungsverfahren (§§ 187–205 InsO).

Auf die Ausführungen zur Befriedigung der Massegläubiger im Einzelnen wird Bezug genommen (§ 53–§ 59).

60 **c)** *Verteilung an die Absonderungs- und Insolvenzgläubiger.* Mit der Verteilung des Verwertungserlöses an die Gläubiger zwecks Anspruchsbefriedigung darf erst nach dem allgemeinen Prüfungstermin (§ 176 InsO) begonnen werden (§ 187 I InsO).

61 (1) *Abschlagszahlungen.* Nach Maßgabe des § 187 II, III InsO kann der Verwalter mit Zustimmung des Gläubigerausschusses, falls ein solcher bestellt ist, Abschlagszahlungen an die Insolvenzgläubiger vornehmen. Den Bruchteil der Zahlung bestimmt der Gläubigerausschuss auf Vorschlag des Verwalters; fehlt ein Ausschuss, so bestimmt der Verwalter den Bruchteil (§ 195 InsO). Vor jeder Verteilung hat der Verwalter ein Verteilungsverzeichnis aufzustellen (§ 188 InsO), das geändert werden kann (§ 193 InsO). Einwendungen gegen das Verteilungsverzeichnis sind nach Maßgabe des § 194 InsO zulässig.

Absonderungsberechtigte Gläubiger werden bei Abschlagszahlungen für ihren bereits eingetretenen oder voraussichtlichen Forderungsausfall nach den Sonderregelungen des § 190 II, III InsO berücksichtigt, je nachdem sie eigene Verwertungsbefugnis haben oder an ihrer Stelle der Verwalter diese ausübt.

62 (2) *Vorwegbefriedigung der absonderungsberechtigten Gläubiger.* Den absonderungsberechtigten Gläubigern steht ein Recht auf – abgesonderte – Vorabbefriedigung aus der Verwertung der mit Absonderungsrechten belasteten unbeweglichen und beweglichen Sachen zu (§§ 49, 50, 51, 165, 166 InsO). Das gilt unabhängig davon, ob die absonderungsberechtigten Gläubiger selbst zur Verwertung berechtigt sind oder nur der Verwalter verwertungsbefugt ist.

Haftet der Schuldner den absonderungsberechtigten Gläubigern auch persönlich, so können diese für einen etwaigen Forderungsausfall als einfache Insolvenzgläubiger am weiteren Verteilungsverfahren teilnehmen (§ 52 InsO). Nach § 190 I InsO hat der absonderungsberechtigte Gläubiger mit eigenem Verwertungsrecht den Forderungsausfall nachzuweisen. Hat der Verwalter selbst die Verwertung ausgeführt, genügt die allgemeine Forderungsanmeldung des Gläubigers; der Verwalter kann den Ausfall selbst bestimmen und berücksichtigen.

63 (3) *Schlussverteilung.* Sobald die Verwertung der Insolvenzmasse beendet ist, hat der Verwalter die Schlussverteilung des noch vorhandenen Verwertungserlöses an die Insolvenzgläubiger vorzunehmen (§ 196 I InsO). Durch die Änderung des Gesetzes vom

---

[47] *Kluth* NJW 2002, 186 ff.; zu den Einzelheiten → § 26 III.

26.10.2001 wurde klargestellt, dass ein laufendes Einkommen des Insolvenzschuldners einer Schlussverteilung nicht entgegensteht. Das Insolvenzverfahren ist auf eine schnelle Bereinigung der Vermögenssituation des Schuldners und eine rasche Beteiligung der Gläubiger an den erzielten Verwertungserlösen gerichtet.[48] Vorher sind die Masseverbindlichkeiten zu bereinigen oder wenigstens sicherzustellen (zB Verfahrenskosten) und die Verwertungserlöse an die absonderungsberechtigten Gläubiger auszukehren, soweit der Verwalter verwertet hat. Die Schlussverteilung darf nur mit Zustimmung des Insolvenzgerichts vorgenommen werden (§ 196 II InsO).

Da der Verwalter bei jeder Verteilung ein Verteilungsverzeichnis aufzustellen hat (§ 188 InsO), ist es seine Pflicht, auch für die Schlussverteilung ein Verteilungsverzeichnis – Schlussverzeichnis – zu erstellen. Die aktuelle Fassung des § 188 S. 3 InsO, nach der der Insolvenzverwalter dem Gericht die Summe der Forderungen und den für die Verteilung verfügbaren Betrag aus der Insolvenzmasse anzeigt und das Gericht die angezeigte Summe der Forderungen und den für die Verteilung verfügbaren Betrag öffentlich bekannt zu machen hat, ist eine Folgeänderung zu der Umstellung des Bekanntmachungssystems auf das Internet. Bei der Zustimmung zur Schlussverteilung bestimmt das Insolvenzgericht den Termin für eine abschließende Gläubigerversammlung (§ 197 InsO). Dieser Termin dient vor allem der Erörterung der Schlussrechnung des Insolvenzverwalters (§ 66 InsO) und der Erhebung von Einwendungen gegen das Schlussverzeichnis (insoweit mit Beschwerdebefugnissen, §§ 197 III, 194 II, III InsO).

Ein (mehr oder minder theoretisch) bei der Schlussverteilung verbleibender Überschuss ist an den Schuldner herauszugeben bzw. bei einem Unternehmen an die an ihm Beteiligten wie bei einer Liquidation außerhalb des Insolvenzverfahrens anteilsmäßig zu verteilen (§ 199 InsO).

Nach Vollzug der Schlussverteilung beschließt das Insolvenzgericht die Aufhebung des Insolvenzverfahrens (§ 200 InsO), der Beschluss und der Grund der Aufhebung sind öffentlich bekannt zu machen (§ 200 II). Spätere Nachtragsverteilungen sind möglich (§§ 203 ff. InsO).

3. Insolvenzplan. Soll eine Gläubigerbefriedigung im Rahmen eines Insolvenzplans (§§ 217 ff. InsO) angestrebt und durchgeführt werden, ergeben sich für den Insolvenzverwalter vielfältige Aufgaben mit erheblichen Schwierigkeiten und Risiken. Diese beginnen bereits mit den planspezifischen Aufgaben: der Ausarbeitung und Vorlage eines Plans in eigener Initiative oder aufgrund eines entsprechenden Auftrags der Gläubigerversammlung (§§ 157, 218 InsO) sowie im Fall der Planbestätigung bei der anschließenden Überwachung der Planerfüllung (§§ 260–263 InsO).

Der Insolvenzplan dient vor allem der Sanierung des insolventen Unternehmensträgers. Die Gläubigerbefriedigung erfolgt in der Regel aus den künftig erwirtschafteten Erträgen des zu sanierenden Unternehmens. Die variantenreiche Bandbreite der Plan-Gestaltung erfasst allerdings auch eine „planvolle" Liquidierung des insolventen Unternehmens, bezogen auf eine sachgerechte, nützliche Produktions- und Vertriebsabwicklung, ohne die Nachteile einer Zerschlagungsautomatik. Sie erfasst vor allem die einträgliche Variante der Liquidierung in der Sonderform der Unternehmensveräußerung an eine Übernahmegesellschaft, vielfach dargeboten mit der „Mogelpackung" der „übertragenden Sanierung" (→ Rn. 20). Dieser Missgriffbegriff löst im Rahmen eines Insolvenzplans zusätzliche Irritationen aus, die sich nicht zuletzt auch zu Lasten des Insolvenzverwalters auswirken. Es wird ein paradoxes Dogma kreiert: „Die übertragende Sanierung im InsO-Regelverfahren durch den Insolvenzverwalter ist Liquidierung, dieselbe im InsO-Planverfahren ist Sanierung."[49]

---

[48] Nerlich/Römermann/*Westphal*, § 196 Rn. 2; *Häsemeyer*, Rn. 7.60.
[49] Vgl. hierzu: *Kluth* ZInsO 2002, 258, 260 f.; *ders.* NZI 2002, 1 f.

Auch wird bei einer Plan-Unternehmensveräußerung der Versuch unternommen, den Insolvenzverwalter zum „Plan-Unternehmensveräußerungs-Werkzeug" abzuqualifizieren.[50] Dieser untaugliche Versuch hängt zusammen mit der weitgehend verdrängten Erkenntnis, dass ausschließlich den planbeteiligten Gläubigern die Rechtsstellung als Unternehmensveräußerer zukommt. Hiermit entsteht ein neues Problem, das für die Insolvenzpraxis allgemein und speziell für den Verwalter verheerende Folgen auslösen kann: das „999"-Gläubiger-Fiasko.[51]

Schließlich wird der Insolvenzverwalter, wenn ihm die Überwachung der Planerfüllung (§§ 260–263 InsO) zur Unternehmensveräußerung obliegt, mit zusätzlichen Risiken belastet; er wird in die vielschichtige Misere des § 260 III InsO zur ggf. rechtswidrigen Überwachung der Übernahmegesellschaft einbezogen.[52]

67 Nach allem birgt der Liquidierungs-Insolvenzplan zur Unternehmensveräußerung derart erhebliche Zweifel, Risiken und Unzulänglichkeiten, dass seine Verwendungstauglichkeit hochgradig beeinträchtigt ist. Daher hat die Unternehmensveräußerung im InsO-Regelverfahren durch den Insolvenzverwalter mit Zustimmung des Gläubigerausschusses bzw. der Gläubigerversammlung den absoluten Vorrang.

Diese Wertung führt dazu, dass einem Insolvenzplan nur in den – eher seltenen – Fällen der „echten" Sanierung des Schuldnerunternehmensträgers Bedeutung zukommt.

Für den Insolvenzverwalter entsteht angesichts der variablen, vielfältigen und komplizierten Verfahrensweisen die Gefahr, überfordert und zwischen den „Mühlsteinen" der Verfahrensmechanismen zerrieben zu werden.

68 Hierbei ist vor allem zu beachten, dass die einzelnen Verfahrensvarianten – Eigensanierung des insolventen Unternehmensträgers oder planvolle Liquidierung, speziell durch eine Veräußerung des insolventen Unternehmens – zwangsläufig mit einer einstweiligen Unternehmensfortführung durch den Verwalter verbunden sind, unabhängig davon, ob ein Planverfahren durchgeführt wird oder nicht. Damit ist der Verwalter nicht nur, aber auch im Planverfahren den Schwierigkeiten und Risiken ausgesetzt, die durch die einstweilige Unternehmensfortführung ausgelöst werden (→ II. 3. c und III. 2. a (2). Sie werden sogar im zeitaufwendigeren Planverfahren noch intensiviert.

IV. Vorzeitige Beendigung des Verfahrens

69 **1. Einstellung mangels Masse.** Stellt sich im Verlauf des eröffneten Insolvenzverfahrens heraus, dass die Masse nicht ausreicht, um die Kosten des Verfahrens (§ 54 InsO) zu decken, so hat das Insolvenzgericht nach § 207 I InsO das Verfahren einzustellen.

Der Insolvenzverwalter ist dann nach § 207 III InsO nur noch verpflichtet, vor der Einstellung mit den in der Masse vorhandenen Barmitteln die Kosten des Verfahrens in der vorgeschriebenen Rangfolge zu berichtigen. Zur Verwertung von Massegegenständen ist er nicht mehr verpflichtet. Eine solche Belastung wäre ihm ohne entsprechende Vergütung nicht zumutbar.

Wegen der Einzelheiten wird auf die Ausführungen zu § 74 II. 1. a)–d) Bezug genommen.

70 **2. Einstellung wegen Masseunzulänglichkeit.** Wenn sich nach Verfahrenseröffnung herausstellt, dass die Masse zwar die Verfahrenskosten (§ 54 InsO) deckt, jedoch nicht oder voraussichtlich nicht die sonstigen fälligen Masseverbindlichkeiten (§ 55 InsO), hat der Verwalter nach § 208 I InsO dem Insolvenzgericht anzuzeigen, dass Mas-

---

[50] *Kluth* ZInsO 2002, 1115, 1119, 1121.
[51] *Kluth* ZInsO 2002, 1115, 1120 f.
[52] *Kluth* NZI 2003, 361.

seunzulänglichkeit vorliegt. Die Masseunzulänglichkeitsanzeige des Verwalters ist von erheblicher Bedeutung für den weiteren Verfahrensablauf. Versäumt der Verwalter die Anzeige, setzt er sich einem beträchtlichen Haftungsrisiko aus.[53]

Was die Tätigkeit des Verwalters betrifft, so hat er auch nach der Anzeige die Verwaltung und Verwertung der Masse fortzusetzen (§ 208 III InsO). Auch nach Anzeige der Masseunzulänglichkeit kann der Insolvenzverwalter noch PKH beanspruchen, wenn die übrigen Voraussetzungen der §§ 114, 116 I Nr. 1 ZPO erfüllt sind.[54] Da die Verfahrenskosten, dh auch seine Vergütung, gedeckt sind, ist ihm diese weitere Tätigkeit auch zuzumuten. Für die nur eingeschränkt mögliche Befriedigung der Massegläubiger – die Insolvenzgläubiger kommen zwangsläufig nicht zum Zuge – hat der Verwalter die in § 209 InsO vorgeschriebene Rangfolge zu beachten.

Nach erfolgter Verteilung der Masse stellt das Insolvenzgericht das Verfahren nach § 211 I InsO ein.

Wegen der Einzelheiten wird auf die Ausführungen zu § 74 II. 2. a)–d) verwiesen.

V. Schlussrechnung

1. Allgemeines. In einem von der Autonomie der Gläubiger geprägten Verfahren ist es angemessen, dass der Insolvenzverwalter bei Beendigung seines Amtes einer Gläubigerversammlung Rechnung legt.[55] Diese Verpflichtung ist in § 66 I InsO normiert.[56]

Vor der Gläubigerversammlung hat das Insolvenzgericht und ein etwa bestellter Gläubigerausschuss die Schlussrechnung des Verwalters nebst Belegen zu prüfen (§ 66 II InsO). Zur Prüfung – insbesondere bei Großverfahren – kann ein Sachverständiger zugezogen werden.[57] Diese Möglichkeit ist allerdings umstritten. So wird die Zulässigkeit der Beauftragung externer Sachverständiger und die Rechtmäßigkeit der Abwälzung von Sachverständigenkosten auf die Insolvenzmasse in Frage gestellt.[58] Eickmann hatte diese Frage bereits in der Vorauflage (→ § 65 Rn. 15) bejaht. In der Zwischenzeit hat auch der Hauptfachausschuss des IDW drei Rechnungslegungshinweise zu diesem Themenkreis verabschiedet.[59]

Die Gläubigerversammlung hat nach § 66 III InsO das Recht, dem Verwalter aufzugeben, auch zu bestimmten Zeitpunkten während des Verfahrens Zwischenrechnung zu legen, und zwar ebenfalls in einer Gläubigerversammlung und mit vorausgegangener Prüfung durch das Insolvenzgericht und den etwa bestellten Gläubigerausschuss.

Von erheblicher Bedeutung ist, dass die InsO eine der Regelung des § 86 S. 4 KO entsprechende Bestimmung nicht übernommen hat. Die Schlussrechnung des Verwalters gilt **also nicht als anerkannt,** wenn im Termin der Gläubigerversammlung Einwendungen nicht erhoben werden. Die frühere Regelung überforderte die Gläubiger, da von ihnen verlangt wurde, binnen kurzer Frist die Ordnungsmäßigkeit der Abrechnung festzustellen. Das berechtigte Anliegen des Verwalters, nicht auf unabsehbare Zeit im Unklaren über etwaige Regressverpflichtungen zu bleiben, wird durch die Verjährungsregelung in § 62 InsO angemessen berücksichtigt.[60]

---

[53] Vgl. *Kluth* ZInsO 2000, 177 ff.: „Himmelfahrtskommando" für den Insolvenzverwalter.
[54] BGH, ZInsO 2008, 378.
[55] Begr zu § 76 RegE = § 66 InsO (BR-Drucks. 1/92131).
[56] Zur Rechnungslegung des Verwalters: *Haarmeyer/Wutzke/Förster*, Kap 8 Rn. 39–122; *Wellensiek*, Kölner Schrift, S. 427 Rn. 85–88; *Hess/Weiss*, InVo 1996, 281 ff.; *Böhmer/Berger/Braun*, ZIP 1993, 1283 ff.
[57] OLG Dresden, ZInsO 2010, 46. *Kilger/K. Schmidt*, § 86 KO Anm. 5d).
[58] Uhlenbruck/Hirte/Vallender/*Uhlenbruck*, § 66 Rn. 57 ff.; MüKoInsO/*Riedel* § 66 Rn. 29 f.; *Haertlein*, NZI 2009, 577 ff.
[59] WPg Supplement 3/2008, 37, 49 u. 59; *Frystatzki*, Die Hinweise des Instituts der Wirtschaftsprüfer zur Rechnungslegung in der Insolvenz, NZI 2009, 581 ff.
[60] S o Fußn 53.

73 **2. Inhalt.** Für den Fall der regulären Verfahrensabwicklung mit Schlussverteilung an die Insolvenzgläubiger bestimmt § 197 I 2 Nr. 1 InsO, dass der Termin für die abschließende Gläubigerversammlung – Schlusstermin – auch „zur Erörterung" der Schlussrechnung des Verwalters dient. Eine derartige Erörterung setzt in sachgerechter Auslegung die Verpflichtung des Verwalters voraus, im Termin, und zwar in jedem Rechnungslegungstermin, nicht nur im Schlusstermin des § 197 InsO, einen (Zwischen- oder) Schlussbericht zu erstatten; die bloße Bezugnahme auf die vorab erstellte Schlussrechnung reicht nicht aus.

Der Verwalter hat daher im Rahmen seiner Schlussrechnung einen Schlussbericht zu erstatten, der als Tätigkeitsbericht den gesamten Abwicklungshergang erfassen sollte.[61]

74 Bedeutsam ist die Unterscheidung zwischen der unternehmerischen Rechnungslegung – nach dem HGB – und der Rechnungslegung des Verwalters als Organ des Insolvenzverfahrens – nach der InsO –:[62] Die Rechnungslegung nach § 66 InsO erschöpft sich in der Information der Verfahrensbeteiligten, sie macht die unternehmerische Rechnungslegung nicht entbehrlich. Eine bloße Einnahmen- und Ausgabenrechnung oder eine Handels- oder Steuerbilanz erfüllen die Anforderungen an eine ordnungsgemäße Insolvenzrechnunglegung nicht, weil sie zu der Verwertung der einzelnen Massegegenstände nicht ergebnisbezogen sind.

75 Die „Schlussrechnung" erfasst insgesamt die Einnahmen- und Ausgabenrechnung (Überschussrechnung/Ergebnisrechnung) und die Insolvenzschlussbilanz (im Kontext zur Insolvenzeröffnungsbilanz), welche einen statusmäßigen Überblick über das Ergebnis der Abwicklung und die Ausschüttungen an die Gläubiger enthält, sowie den Schlussbericht. Neben dem Rechnungswerk im engeren Sinne hat der Verwalter die Verfahrensbeteiligten darüber zu informieren, welche Vermögenswerte aus- und abgesondert, welche mit welchem Ergebnis verwertet, welche Mehr- oder Mindererlöse dabei erzielt und wie schwebende oder neue Rechtsgeschäfte und Prozesse abgewickelt worden sind und was durch Insolvenzanfechtung zur Masse gezogen werden konnte.[63] Auch das Verteilungs/Schlussverzeichnis (§§ 188, 197 I Nr. 2 InsO), das zwar nicht im engeren Sinne zur Schlussrechnung gehört, ist jedoch nach Erlösverteilungen an die Gläubiger eine notwendige Ergänzung der Schlussrechnung.

76 Eine Sonderbestimmung enthält § 211 II InsO: Bei einer Masseunzulänglichkeitsanzeige des Verwalters hat dieser für seine Tätigkeit nach der Anzeige gesondert Rechnung zu legen (insbesondere wegen des Befriedigungsvorrangs „zweiter Stelle" für (Neu-)Massegläubiger nach § 209 I Nr. 2 InsO, allerdings auch im Hinblick auf eine „Sparsamkeitskontrolle" mit etwaigen Haftungsfolgen für den Verwalter aus §§ 60, 61 InsO).

77 Der Schlussrechnungszeitraum erstreckt sich bis zur jeweiligen Beendigung des Verwalteramtes. Er reicht von der Amtsbeendigung bei regulärem Verfahrensablauf (Vollabwicklung) bis zur vorzeitigen Amtsbeendigung bei Verfahrenseinstellungen (§§ 207 ff. InsO) und Entlassung des Verwalters (§ 59 I InsO).

78 Eine leicht zu übersehende, nicht unwichtige *formelle Regelung* enthält § 66 II 2 InsO: Das Insolvenzgericht hat die Schlussrechnung des Verwalters nebst Belegen „zur Einsicht der Beteiligten auszulegen". Aus „Platzangst"[64] ist die sonst übliche Formulierung „zur Einsicht in der Geschäftsstelle" (vgl. § 154 InsO) unterblieben.

---

[61] *Hess/Weis* InVo 1996, 282; Braun/*Blümle*, § 66 Rn. 7 ff.; MüKoInsO/*Riedel*, § 66 Rn. 4 ff.
[62] *Kilger*/K. *Schmidt*, § 86 KO Anm. 1a); Uhlenbruck/Hirte/Vallender/*Uhlenbruck*, § 66 Rn. 1; MüKoInsO/*Riedel*, § 66 Rn. 14 f.
[63] *Kilger*/K. *Schmidt*, § 86 KO Anm. 1a).
[64] Vgl. Beschl.-Empfehlung des RechtsA zu § 76 II (= § 66 II InsO) – BT-Drucks. 12/7302 162: „Im Regierungsentwurf war ein Auslegen in der Geschäftsstelle vorgesehen; dies kann bei Großinsolvenzen zu erheblichen praktischen Problemen im Geschäftsablauf des Gerichts führen. Nach der neuen Fassung

Zur Erfüllung seiner Rechnungslegungspflichten kann der Verwalter notfalls durch Zwangsgeldfestsetzungen des Insolvenzgerichts angehalten werden (§ 58 II InsO). 79

VI. Steuerrechtliche Stellung

1. Des Insolvenzverwalters. Nach § 80 I InsO verliert der Schuldner mit der Eröffnung des Insolvenzverfahrens das Recht, das zur Insolvenzmasse gehörende Vermögen zu verwalten und darüber zu verfügen; dieses Verwaltungs- und Verfügungsrecht wird von dem Insolvenzverwalter ausgeübt (→ § 22 Rn. 1 ff.). Ausgenommen sind Gegenstände einschließlich Zubehör, die einem vor Eröffnung des Insolvenzverfahrens angeordneten Zwangsversteigerungs- oder Zwangsverwaltungsverfahren unterliegen.[65] Der Übergang des Verwaltungsrechts auf den Insolvenzverwalter hat auch Auswirkungen auf die steuerrechtlichen Rechte und Pflichten sowie für auf dem Steuerrecht basierende Rechtshandlungen. So ist eine Abtretung von Steuererstattungsansprüchen (die zur Insolvenzmasse gehören) nach § 46 II AO erst ab Entstehung des Anspruchs zulässig. Die Abtretungsanzeige nach § 46 III AO als materielle Wirksamkeitsvoraussetzung für einen nach Eröffnung des Insolvenzverfahrens entstandenen (wenn auch schon vorher begründeten) Steuererstattungsanspruch ist deshalb von dem Insolvenzverwalter bzw. mit seiner Zustimmung, die aus der Abtretungsanzeige erkennbar sein muss, abzugeben.[66] Eine Abtretungsanzeige durch den Schuldner ohne Mitwirkung des Insolvenzverwalters oder durch den Abtretungsempfänger führt nicht zur Wirksamkeit der Abtretung. 80

Anknüpfend an den Übergang des Verwaltungs- und Verfügungsrechts auf den Insolvenzverwalter bestimmt § 34 III AO, dass ein Insolvenzverwalter als Vermögensverwalter die steuerlichen Pflichten des Schuldners zu erfüllen hat. Der Insolvenzverwalter hat damit insbesondere die Pflichten aus §§ 90, 93, 137 ff., 140 ff., 149 ff. AO zu erfüllen. Andererseits kann der Insolvenzverwalter alle steuerlichen Rechte geltend machen, soweit sie an die Insolvenzmasse anknüpfen, z. B. Rechte gegenüber einem Außenprüfer während einer Prüfung des zur Insolvenzmasse gehörenden Gewerbebetriebs. 81

Da das Verwaltungs- und Verfügungsrecht des Insolvenzverwalters auf die Insolvenzmasse beschränkt ist, stehen Strafverfahren außerhalb der Regelungen der Insolvenzordnung. Wird ein Außenprüfungsverfahren in ein steuerstrafrechtliches Ermittlungsverfahren übergeleitet, ist dieses gegen den Insolvenzschuldner, nicht gegen den Insolvenzverwalter, zu richten. Beschlagnahmung von Unterlagen ist nach §§ 94 ff. StPO auch gegen den Insolvenzverwalter möglich. Es gibt keinen Grundsatz, dass das Insolvenzrecht dem Strafrecht vorgeht, im Gegenteil überwiegt das öffentliche Interesse an der Strafverfolgung das private Interesse der Forderungsbefriedigung der Gläubiger. 82

Dem Insolvenzverwalter steht auch das Recht zu, nach § 9 UStG für die Umsatzsteuerpflicht zu optieren,[67] sowie, steuerliche Freistellungsbescheinigungen zu beantragen.[68] Dem Insolvenzverwalter steht auch die Befugnis zu, auf die Kleinunternehmerregelung des § 19 UStG zu verzichten. Dieser Verzicht bezieht sich auch auf eine unternehmerische Tätigkeit des Schuldners außerhalb der Insolvenz, da umsatzsteuerlich der Schuldner nur ein einziges Unternehmen haben kann, zu dem die Insolvenzmasse und seine Aktivitäten außerhalb des Insolvenzverfahrens gehören.[69] 83

---

kann das Auslegen der Schlussrechnung an einem Ort nach Wahl des Gerichts unter Berücksichtigung der besonderen Umstände des jeweiligen Falles erfolgen".
[65] Vgl. § 42 Rn. 93; BFH BStBl. II 2013, 131 = DStR 2012, 11.
[66] BFH BStBl. II 1996, 557.
[67] BFH BStBl. II 2003, 337.
[68] BFH BStBl. II 2003, 716.
[69] BFH BStBl. II 2013, 334.

84 Der Insolvenzverwalter kann von der Finanzbehörde Auskunft über die Verhältnisse des Insolvenzschuldners und Akteneinsicht verlangen, soweit auch der Schuldner ein entsprechendes Auskunfts- und Akteneinsichtsrecht hatte.[70] Da nach der AO kein uneingeschränktes Akteneinsichtsrecht besteht, liegt die Entscheidung im Ermessen der Finanzbehörde. Das Steuergeheimnis, § 30 AO, steht dem Akteneinsichtsrecht des Insolvenzverwalters nicht entgegen. Bei der Ermessensentscheidung hat die Finanzbehörde das Interesse des Insolvenzverwalters, Auskünfte zum Zweck der Erfüllung steuerlicher Pflichten oder zur Prüfung der angemeldeten Insolvenzforderungen zu erhalten, zu berücksichtigen. Kann der Insolvenzverwalter ein berechtigtes Interesse dartun, etwa weil die Unterlagen des Insolvenzschuldners unvollständig sind, stellt die Weigerung, Auskunft zu erteilen, einen Ermessensfehler dar. Dagegen ist das Interesse des Insolvenzverwalters, Auskünfte bzw. einen Kontoauszug zur Prüfung von Anfechtungsmöglichkeiten zu erhalten, kein mit seinen steuerlichen Pflichten zusammenhängendes Interesse und ist bei der Interessenabwägung nicht zu berücksichtigen.[71] Diese Grundsätze gelten auch für die Akteneinsicht eines unterbrochenen Gerichtsverfahrens, und zwar auch, bevor der Rechtsstreit aufgenommen worden ist.[72]

85 Ein weiter gehendes Akteneinsichtsrecht kann sich jedoch aus den Informationsfreiheitsgesetzen der Länder ergeben.[73] Für diese Verfahren ist der Verwaltungsrechtsweg eröffnet.[74]

86 Nach § 155 I InsO bleiben die steuerrechtlichen Pflichten des Schuldners zur Buchführung und zur Rechnungslegung durch die Eröffnung des Insolvenzverfahrens unberührt; in Bezug auf die Insolvenzmasse hat der Insolvenzverwalter diese Pflichten zu erfüllen.

Der Insolvenzverwalter hat daher die steuerlich nach §§ 140 ff. AO erforderlichen *Bücher und Aufzeichnungen* zu führen.[75] Der Schuldner, über dessen Vermögen das Insolvenzverfahren eröffnet worden ist, bleibt Kaufmann nach § 1 HGB; die handelsrechtlichen Buchführungspflichten bleiben also durch die Eröffnung des Insolvenzverfahrens unberührt. Diese Pflichten sind nach § 140 AO auch im steuerlichen Interesse zu erfüllen. Der Insolvenzverwalter muss die Bücher und Aufzeichnungen während der Dauer seines Amtes auch nach den handels- und steuerrechtlichen Vorschriften aufbewahren.

87 Die steuerliche Pflicht zur Führung von Büchern und Aufzeichnungen wird nicht schon dadurch erfüllt, dass der Insolvenzverwalter nach § 153 InsO auf den Zeitpunkt der Eröffnung des Insolvenzverfahrens eine Vermögensübersicht aufstellt. Bei diesen insolvenzrechtlichen Aufzeichnungen handelt es sich um Vermögensbilanzen, in denen nach § 151 II InsO die tatsächlichen Werte (Verkehrswerte) anzugeben sind. Diese Bilanzen dienen nicht der steuerlichen Gewinnermittlung; es müssen daher zusätzlich Steuerbilanzen aufgestellt werden.[76]

88 Nach § 155 II S. 1 InsO beginnt mit der Eröffnung des Insolvenzverfahrens ein neues Geschäftsjahr; es entsteht bis zur Eröffnung des Insolvenzverfahrens regelmäßig ein *Rumpfgeschäftsjahr*. Dies führt steuerrechtlich nach dem Grundsatz der Maßgeblichkeit der Handelsbilanz für die Steuerbilanz (vgl. § 5 EStG) zu entsprechenden Wirtschaftsjahren. Es entsteht also bis zur Eröffnung des Insolvenzverfahrens ein Rumpfwirtschaftsjahr, mit Eröffnung des Insolvenzverfahrens beginnt ein neues Wirtschaftsjahr. Nach

---

[70] BFH BFH/NV 2000, 1134; BFH BFH/NV 2007, 1182; BFH BFH/NV 2011, 2.
[71] BFH, 19.3.2013, BFH/NV 2013, 1190.
[72] BFH BStBl. II 2000, 431.
[73] Vgl. hierzu OVG Münster NZI 2011, 915; BVerwG NZI 2012, 684; *Eisolt*, DStR 2013, 439.
[74] Der BFH hat sich auf den Vorlagebeschluss BVerwG NZI 2012, 1012 dieser Ansicht angeschlossen, so dass sich das Verfahren vor dem Gemeinsamen Senat erledigt hat.
[75] BFH/NV 2008, 334.
[76] BFH BStBl. II 1972, 784; BStBl. II 1993, 594; vgl. *Weisang* BB 1998, 1149.

diesem Geschäfts- bzw. Wirtschaftsjahr ist wieder auf das gewöhnliche Geschäfts-/Wirtschaftsjahr überzugehen (Kalenderjahr oder abweichendes Geschäfts-/Wirtschaftsjahr). Das mit Eröffnung des Insolvenzverfahrens beginnende Geschäfts- und Wirtschaftsjahr ist daher regelmäßig ebenfalls ein Rumpfgeschäfts-/wirtschaftsjahr.[77] Der Umstellung des Wirtschaftsjahres durch Eröffnung des Insolvenzverfahrens kann die Finanzbehörde nicht nach § 4a I 2 Nr. 2 EStG widersprechen. Die Umstellung erfolgt auf Grund einer zwingenden gesetzlichen Vorschrift, so dass kein Raum für ein Zustimmungserfordernis der Finanzbehörde ist.[78]

Der Insolvenzverwalter hat nach § 149 I AO iVm den Einzelsteuergesetzen an Stelle des Schuldners die *Steuererklärungen* abzugeben, soweit die Besteuerungsgrundlagen (Umsätze, Gewinne) zur Insolvenzmasse gehören. Das gilt auch, wenn das Insolvenzverfahren über das Vermögen einer Personengesellschaft eröffnet worden ist (aber → Rn. 92). Ist der Schuldner eine natürliche Person, hat der Insolvenzverwalter eine Erklärung für die Ertragsteuern abzugeben, die die betrieblichen Bemessungsgrundlagen umfasst. Ist der Schuldner eine juristische Person, hat der Insolvenzverwalter neben der Umsatz- und Gewerbesteuererklärung auch die Körperschaftsteuererklärung abzugeben. 89

In zeitlicher Hinsicht hat der Insolvenzverwalter diese Pflichten nicht nur ab der Eröffnung des Insolvenzverfahrens zu erfüllen, sondern auch für die davor liegende Zeit, soweit für diesen Zeitraum noch keine Steuererklärungen abgegeben wurden. Die aus dieser Zeit resultierenden Steuerforderungen sind regelmäßig Insolvenzforderungen, nehmen also am Insolvenzverfahren teil; die diesbezüglichen Steuererklärungspflichten gehören daher zum Verwaltungsbereich des Insolvenzverwalters.[79] 90

Der Insolvenzverwalter kann sich diesen Erklärungspflichten nicht mit dem Argument entziehen, die Kosten für die Erstellung der Steuererklärung könnten nicht aus der Insolvenzmasse gedeckt werden.[80]

Den Insolvenzverwalter trifft auch die Pflicht nach § 153 AO, eine unrichtige oder unvollständige Steuererklärung zu berichtigen, und zwar auch dann, wenn diese unrichtige Steuererklärung vor Eröffnung des Insolvenzverfahrens von dem Schuldner abgegeben worden war (§ 153 I 2 AO). Voraussetzung für die Berichtigungspflicht ist jedoch, dass der Insolvenzverwalter die Unrichtigkeit oder Unvollständigkeit der Steuererklärung erkennt. 91

Nicht zu den Steuererklärungen, die der Insolvenzverwalter abzugeben hat, gehören die Erklärungen zur einheitlichen und gesonderten Feststellung des Gewinns einer Personengesellschaft, über deren Vermögen das Insolvenzverfahren eröffnet worden ist.[81] Diese Steuererklärungen dienen der Errechnung der Einkommensteuer der Gesellschafter, die sich aus keinem denkbaren Rechtsgrund gegen die Insolvenzmasse in der Insolvenz der Personengesellschaft richten können. Die Durchführung des einheitlichen und gesonderten Feststellungsverfahrens gehört daher zu den insolvenzfreien Angelegenheiten der Gesellschafter. Da die Gesellschafter ihre Erklärungspflicht nur erfüllen können, wenn ein Jahresabschluss vorliegt, muss der Insolvenzverwalter der Personengesellschaft 92

---

[77] AA *Weisang* BB 1998, 1149, wonach das mit Eröffnung des Insolvenzverfahrens beginnende Geschäftsjahr eine Dauer von 12 Monaten hat; ebenso OLG Frankfurt DB 2012, 2389.
[78] *Frotscher/Maas*, KStG, UmwStG, zu § 7 KStG Rn. 43; aA *Weisang* BB 1998, 1149.
[79] BFH BStBl. III 1951, 212; BGH BB 1979, 1007.
[80] BFH BStBl. II 1995, 194; BFH/NV 1996, 13 für Masseamut; BFH BFH/NV 2008, 334. Rechtspolitisch ist diese Ansicht des BFH sehr problematisch, da es kaum zumutbar ist, dass der Insolvenzverwalter die Kosten aus eigenen Mitteln aufbringt, er aber andererseits gegenüber der Finanzbehörde verpflichtet ist, er zur Erfüllung dieser Verpflichtung auch durch Zwangsgeld, § 328 AO, gezwungen werden kann. Bei Masseunzulänglichkeit sind dem Insolvenzverwalter die Kosten der Beauftragung eines Steuerberaters nach § 63 I 1 InsO zu erstatten; vgl. BGH NZI 2004, 577.
[81] BFH BStBl. II 1979, 780; BStBl II 1995, 194; KG Berlin, BB 2009, 2531; AO-Anwendungserlass, zu § 251 Tz. 4.4.1.1; *Frotscher*, S. 39.

den Gesellschaftern einen solchen Jahresabschluss zur Verfügung stellen. Muss der Insolvenzverwalter dadurch Kosten nur im Interesse der Gesellschafter aufwenden, müssen diese die Kosten erstatten.[82]

Ist über das Vermögen eines Gesellschafters das Insolvenzverfahren eröffnet, ist der Insolvenzverwalter dieses Verfahrens zur Abgabe der Feststellungserklärung verpflichtet.

93 Bei einer Personengesellschaft, über deren Vermögen das Insolvenzverfahren eröffnet ist, ist der Insolvenzverwalter aber zur Abgabe der Gewerbesteuererklärung verpflichtet; er muss insoweit den Gewinn aus Gewerbebetrieb und den Gewerbeertrag ermitteln.[83] Hat für den Schuldner eine gesonderte Feststellung der Einkünfte nach § 180 I Nr. 2b AO zu erfolgen, ist diese Feststellungserklärung von dem Insolvenzverwalter abzugeben, soweit die Einkünfte zur Insolvenzmasse gehören.

94 Erzielt der Schuldner während des Insolvenzverfahrens insolvenzfreie Einkünfte (zB pfändungsfreies Arbeitseinkommen, das nach § 36 I InsO nicht zur Insolvenzmasse gehört), oder hat er außerhalb des Insolvenzverfahrens Ausgaben geleistet, die steuerlich zu berücksichtigen sind (zB Sonderausgaben, außergewöhnliche Belastungen), so hat der Insolvenzverwalter diese Besteuerungsgrundlagen nicht in die von ihm abzugebende Steuererklärung einzubeziehen, da der insolvenzfreie Bereich des Schuldners nicht seiner Verwaltung unterliegt. Insoweit hat der Schuldner selbst eine Steuererklärung abzugeben. Die Finanzverwaltung hat dann die beiden vom Schuldner und dem Insolvenzverwalter abgegebenen (Teil-)Steuererklärungen zusammenzufügen. Entsprechendes gilt für Einkünfte und Ausgaben des Ehegatten des Schuldners.

95 Erfüllt der Insolvenzverwalter die ihn treffenden steuerlichen Pflichten nicht, so können gegen ihn persönlich *Zwangsmittel* nach §§ 328 ff. AO oder Verspätungszuschläge nach § 152 AO festgesetzt werden.[84] Das gilt auch, wenn voraussichtlich nicht mit steuerlichen Auswirkungen der Erklärungen zu rechnen ist.[85] Hierfür haftet der Schuldner nicht.

96 Außerdem kann den Insolvenzverwalter die *Haftung* nach § 69 AO treffen.[86] Bei Nichterfüllung der steuerlichen Pflichten haftet der Insolvenzverwalter daneben nicht nach § 60 InsO. § 69 AO ist die speziellere Norm, die § 60 InsO verdrängt, soweit es sich um die Verletzung steuerlicher Pflichten handelt.[87] Verletzt der Insolvenzverwalter dagegen zu Lasten der Finanzbehörde rein insolvenzrechtliche Pflichten, zB bei der Verteilung der Masse, bleibt § 60 InsO anwendbar.[88]

97 Richtet sich die Haftung nach § 69 AO, muss die Handlung des Insolvenzverwalters ursächlich dafür gewesen sein, dass die Finanzbehörde in dem Insolvenzverfahren mit ihrer Forderung ausfällt. Ist das nicht der Fall, weil auch ohne die schädigende Handlung des Insolvenzverwalters die Masse zur Befriedigung des Steuergläubigers nicht ausgereicht hätte, entfällt die Haftung.[89] Die Haftung nach § 69 AO wird durch Haftungsbescheid, § 191 AO, geltend gemacht.

98 Soweit sich die Haftung nach § 60 InsO richtet, ist sie nicht durch Haftungsbescheid nach § 191 AO, sondern durch Klage im ordentlichen Rechtsweg geltend zu machen,

---

[82] BGH BFH/NV 2011, 189.
[83] Diese Daten können dann von den Gesellschaftern zur Erstellung der Erklärung zur Gewinnfeststellung verwendet werden; BFH BStBl. II 1995, 194.
[84] *Bringewat/Waza/Grawe*, Rn. 172.
[85] BFH BStBl. II 2013, 141.
[86] BFH BStBl. II 1995, 230; OFD Frankfurt v. 15.12.1997, NJW 1998, 1544; *Mösbauer* DStZ 2000, 443; BFH NZI 2010, 37.
[87] *Blersch/Goetsch,/Haas* Insolvenzrecht, zu § 60 Rn. 17; *Frotscher*, S. 43.
[88] Abweichend BGH NJW 1989, 303; danach soll § 69 AO eingreifen, soweit die Steueransprüche Massekosten (Masseverbindlichkeiten) sind, aber § 60 InsO, soweit es sich um Insolvenzforderungen handelt. Zur Haftung des Insolvenzverwalters → § 23 Rn. 5 ff.
[89] BFH BFH/NV 1996, 522; BFH BStBl. II 2003, 337; *Frotscher*, S. 45.

da es sich nicht um Einstehen für fremde Schuld handelt, wie es § 191 AO voraussetzt.[90]

Für nicht beglichene Steuerforderungen, die Masseverbindlichkeiten sind, haftet der Insolvenzverwalter nicht nach § 61 InsO. Diese Haftung setzt voraus, dass die Masseverbindlichkeit durch eine „Rechtshandlung" des Insolvenzverwalters begründet worden ist. Steueransprüche werden aber nicht durch „Handlungen" des Insolvenzverwalters iSd § 55 I Nr. 1 Alt. 1 InsO begründet, sondern „in anderer Weise". Es handelt sich daher um „aufgezwungene Masseverbindlichkeiten", für die die Haftung nach § 61 InsO nicht eingreift. **99**

Durch Nichterfüllung der steuerlichen Pflichten kann der Insolvenzverwalter auch einen steuerrechtlichen Straftatbestand (Steuerhinterziehung, § 370 AO) oder den Tatbestand einer Steuerordnungswidrigkeit (zB leichtfertige Steuerverkürzung, § 378 AO; Steuergefährdung, § 379 AO; Gefährdung von Abzugssteuern, § 380 AO) erfüllen. Im Falle der Steuerhinterziehung haftet der Insolvenzverwalter nach § 71 AO. **100**

2. Des vorläufigen Insolvenzverwalters. Nach § 21 II Nr. 1 InsO kann das Gericht einen vorläufigen Insolvenzverwalter bestellen. Die insolvenzrechtliche, und damit auch die steuerrechtliche Stellung des vorläufigen Insolvenzverwalters hängt von der Entscheidung des Gerichts ab. Wird von dem Gericht gegen den Schuldner ein allgemeines Verfügungsverbot nach § 21 II Nr. 2 InsO erlassen (→ § 14 Rn. 30 ff.), steht dem vorläufigen Insolvenzverwalter nach § 22 I InsO die Verwaltungs- und Verfügungsbefugnis über das Vermögen des Schuldners zu (sog. „starker" vorläufiger Insolvenzverwalter). Er hat insoweit, und damit auch steuerrechtlich, die Stellung des Insolvenzverwalters und muss sich am Maßstab des § 34 III AO messen lassen. Das gilt insbesondere für die Buchführungspflicht und die Verpflichtung zur Abgabe der Steuererklärungen. Es kann jedoch ermessensfehlerhaft sein, wenn die Finanzbehörde den vorläufigen Insolvenzverwalter in Anspruch nimmt und nicht bis zur Eröffnung des Insolvenzverfahrens zuwartet. Auf jeden Fall hat der vorläufige Insolvenzverwalter Steueranmeldungen abzugeben, bei denen der gesetzliche Abgabetermin in die Zeit seiner Verwaltung fällt. **101**

Nach § 55 II InsO gehören Verbindlichkeiten, die ein vorläufiger Insolvenzverwalter begründet hat, auf den die Verfügungsbefugnis über das Vermögen des Schuldners übergegangen ist, zu den Masseverbindlichkeiten. Das gilt auch für Steueransprüche; → § 60 Rn. 4. Es handelt sich um sonstige Masseverbindlichkeiten nach § 55 I Nr. 1 Alt. 2 InsO. Der vorläufige Insolvenzverwalter haftet für Masseansprüche, die er durch Rechtshandlungen begründet hat und die aus der Insolvenzmasse nicht voll erfüllt werden können, nach §§ 21 II Nr. 1, 61 InsO. Für Steueransprüche tritt diese Haftung aber ebenso wie für den Insolvenzverwalter (→ Rn. 99) nicht ein, da es sich um „aufgezwungene Masseverbindlichkeiten" handelt. **102**

Soweit das Gericht kein allgemeines Verfügungsverbot gegen den Schuldner erlässt, bestimmt das Gericht nach § 22 II InsO die Pflichten des vorläufigen Insolvenzverwalters (sog. „schwacher" vorläufiger Insolvenzverwalter). IdR wird der vorläufige Insolvenzverwalter in diesen Fällen nicht verfügungsbefugt über das Vermögen des Schuldners sein. Er ist dann nicht Vermögensverwalter iS des § 34 III AO[91] und hat die steuerlichen Pflichten des Schuldners nicht zu erfüllen. Steuerforderungen, die auf das Handeln dieses vorläufigen Insolvenzverwalters oder des Schuldners vor Eröffnung des Insolvenzverfahrens zurückgehen, sind Insolvenzforderungen. Der Schuldner bleibt verfügungsberechtigt und hat daher die steuerlichen Pflichten zu erfüllen.[92] **103**

---

[90] BGH NJW 1989, 303; *Neeb* DStZ 1989, 407; *Frotscher*, S. 46.
[91] BFH BFH/NV 2009, 1591.
[92] Schlesw.-Holst. FG EFG 2004, 1023.

§ 23 Kapitel III. 1. Abschnitt. Die Verfahrensbeteiligen

Das gilt auch, wenn dem vorläufigen Insolvenzverwalter in einzelnen Fällen die Verfügungsbefugnis übertragen worden ist.[93] Der „schwache" vorläufige Insolvenzverwalter wird auch durch Übertragung einer Vielzahl von einzelnen Verfügungs- und Verwaltungsrechten nicht zu einem Vermögensverwalter iSd § 34 III AO, solange der Schuldner nicht von der Verwaltung und Verfügung ausgeschlossen ist. Der „schwache" Insolvenzverwalter kann aber Verfügungsberechtigter iSd § 35 AO sein, wenn er als solcher auftritt; er hat dann die Pflichten nach § 34 AO zu erfüllen. In diesen Fällen bleibt der Steuerpflichtige bzw. der gesetzliche Vertreter verpflichtet, die steuerlichen Pflichten zu erfüllen. Tut er dies nicht, kann ihn die persönliche Haftung treffen.[94]

104 **3. Des Treuhänders und Sachverwalters.** Die Stellung des Sachwalters bei der Eigenverwaltung nach § 270 III InsO ist mit der Stellung eines Insolvenzverwalters nicht vergleichbar, für ihn gilt § 34 AO nicht. Der Sachwalter hat daher die steuerrechtlichen Pflichten nicht zu erfüllen. Soweit der Sachwalter jedoch nach § 275 InsO allein berechtigt ist, Zahlungen zu leisten, ist er Verfügungsberechtigter nach § 35 AO. Insoweit hat er die steuerrechtlichen Pflichten des Schuldners zu erfüllen, insbesondere die Steuerzahlungspflicht.

Die Stellung eines Treuhänders bei der Restschuldbefreiung nach § 292 InsO entspricht der des Sachwalters; ihn treffen also die steuerlichen Pflichten nach § 34 AO nicht.

§ 23. Die Haftung der Verfahrensbeteiligten

Übersicht

	Rn.
I. Allgemeines	1
II. Haftung des Insolvenzverwalters	5
1. Insolvenzspezifische Haftung	5
a) Das Grundkonzept	5
b) Einzelne Haftungsfälle	17
2. Haftung wegen Nichtausgleich von Masseverbindlichkeiten als Sonderfall der insolvenzspezifischen Haftung	24
3. Deliktshaftung	27
III. Haftung der Mitglieder des Gläubigerausschusses	28
1. Das Grundkonzept	28
2. Einzelne Haftungsfälle	33
IV. Staatshaftung bei Amtspflichtverletzung des Insolvenzgerichts	35
1. Allgemeines	35
2. Einzelne Haftungsfälle	36
a) Entscheidungsfehler bei Grundentscheidungen	37
b) Verletzung von Aufsichts-, Sicherungs- und Prüfungspflichten	38
c) Entscheidungsfehler bei Zwischenentscheidungen	39
3. Privilegfragen	40
a) Nichtanwendung des Spruchrichterprivilegs	40
b) Nichtanwendung des Verweisungsprivilegs im Regelfall	41
c) Rechtsmittelversäumung	43
V. Haftung der Absonderungs-, Masse- und Insolvenzgläubiger	44
1. Sonderregelung (§ 28 II 3 InsO)	44
2. Deliktshaftung	45
VI. Haftung des Insolvenzschuldners	47
VII. Haftungskonkurrenzen der Verfahrensbeteiligten	51
1. Allgemeines	51

---

[93] FG Saarland EFG 2003, 594.
[94] BFH BFH/NV 2005, 665.

	Rn.
2. Sonderfälle	53
a) Konkurrenz der Verwalter- und Massehaftung	53
b) Konkurrenz der privilegierten mit der nicht privilegierten Haftung („hinkende Gesamtschuld")	54

I. Allgemeines

Die Insolvenz im Allgemeinen und das Insolvenzverfahren im Besonderen birgt ein erhebliches, weit gestreutes Haftungspotential: Die Bandbreite beginnt mit der Gefahr der vor und nach der Verfahrenseröffnung seitens des Schuldners praktizierten Manipulationen zur Vereitelung der Gläubigerbefriedigung durch Verhinderung des Zugriffs auf Massegegenstände. Sie setzt sich fort mit der Gefahr der eigensüchtigen, dem gemeinschaftlichen Befriedigungsinteresse aller Gläubiger widersprechenden Ausbeutungsaktionen einzelner Gläubiger oder Gläubigergruppen.

Ansprüche der geschädigten Gläubiger ergeben sich aus den allgemeinen Bestimmungen des Deliktsrecht, insbesondere aus § 826 BGB; die InsO enthält insoweit (selbstverständlich) keine Sonderregelungen.

Das Haftungspotential gewinnt zusätzliche, erhebliche Bedeutung im Rahmen der Einleitung und Durchführung des Insolvenzverfahrens. Die zwangsläufig schwierige, zumeist verfahrene Situation der Insolvenz, die hohe Ansprüche an eine optimale Entscheidungs- und Handlungsfähigkeit der Verfahrensorgane stellt, birgt die Gefahr des schadenstiftenden Missgriffs. In erster Linie ist der Insolvenzverwalter betroffen, dem als eigentlichem Exekutivorgan die weitestgespannten Kompetenzen zukommen. Haftungsgefährdet sind aber auch die Mitglieder des Gläubigerausschusses, die den Verwalter bei seiner Geschäftsführung zu unterstützen und zu überwachen haben.

Schließlich kann auch das Insolvenzgericht durch Amtspflichtverletzungen in Ausübung seiner Überwachungs- und Entscheidungskompetenz Schadensersatzansprüche nach § 839 BGB (Art. 34 GG) auslösen.

Die InsO enthält einige bedeutsame Sonderregelungen der Haftung, und zwar zur Haftung des Insolvenzverwalters (§§ 60, 61, 62 InsO) und der Mitglieder des Gläubigerausschusses (§ 71 InsO).

Eine (leicht zu übersehende) weitere Sonderregelung ist § 28 II 3 InsO zu entnehmen, wonach ein sicherungsberechtigter Gläubiger bei Verletzung seiner Mitteilungspflichten schadensersatzpflichtig sein kann.

Im Einzelfall ist es möglich, dass der Verwalter und die Mitglieder des Gläubigerausschusses konkurrierend zu den vorgenannten besonderen Haftungsregelungen auch aus allgemeinen Haftungsgrundlagen in Anspruch genommen werden, insbesondere aus den Deliktsbestimmungen der §§ 823 ff. BGB.

II. Haftung des Insolvenzverwalters

1. Insolvenzspezifische Haftung. a) *Das Grundkonzept.* Nach § 60 I 1 InsO ist der Insolvenzverwalter (über § 21 II Nr. 1 InsO auch der vorläufige Insolvenzverwalter) allen Beteiligten zum Schadensersatz verpflichtet, wenn er schuldhaft die Pflichten verletzt, die ihm „nach diesem Gesetz" obliegen.[1] Es müssen also insolvenzspezifische Pflichten verletzt sein, die sich aus den Regelungen der InsO selbst ergeben. § 60 I 1 InsO knüpft an

---

[1] Vgl. *Smid*, Kölner Schrift, S. 453 ff.; *Vallender* ZIP 1997, 345 ff.; *Feuerborn* KTS 1997, 171 ff. (205 ff.); *Pape* KTS 1995, 189 ff. (208 ff.); *K. Schmidt* ZIP 1988, 7 ff.; *ders.* NJW 1987, 812 ff.; *ders.* KTS 1976, 191 ff.; *Gerhardt* ZIP 1987, 760 ff.; *Haug* ZIP 1984, 773 ff.; *Uhlenbruck* KTS 1976, 212 ff.; *Skrotzki* KTS 1967, 142 ff.; *Gerhardt* ZInsO 2000, 574; *Förster/Bruhn* ZInsO 2002, 802; *Gundlach/Frenzel/Schmidt* NZI 2001, 350.

die hM zur Rechtslage der KO an, insbesondere auch an die gewandelte, eingrenzende Rechtsprechung des BGH.² Im Fall der Betriebsfortführung haftet der Verwalter den Massegläubigern, zu deren Befriedigung die Masse nicht ausreicht, nur dann persönlich, wenn er das Unternehmen, obwohl feststand, dass es nicht wenigstens seinen Aufwand erwirtschaften wird, nicht sofort liquidiert, sondern weitergeführt hat und bei Anwendung der Sorgfalt eines ordentlichen und gewissenhaften Geschäftsleiters hätte erkennen können und müssen, dass er die mit der Fortführung notwendig erwachsenden Verbindlichkeiten nicht aus der Masse werde tilgen können. Die Pflichten des Verwalters werden aber für den Fall, dass ein Unternehmen ganz oder teilweise zum Vorteil der Gläubiger veräußert werden soll, als Vertragspartner des Massegläubigers (in spe) nicht mehr auf dessen Beratung über die rechtlichen Folgen des Veräußerungsvertrages erstreckt.

6   Insolvenzspezifisch sind nicht die Pflichten, die dem Verwalter, wie jedem Vertreter fremder Interessen gegenüber seinem Geschäftspartner, bei oder nach Vertragsschluss obliegen. Werden solche Pflichten durch einen anderen ermächtigten Vertreter fremder Interessen verletzt, so haftet in aller Regel nur der Vertretene. Es ist grundsätzlich Sache des Geschäftspartners, Risiken und Vorteile des in Aussicht genommenen Vertrages abzuwägen. Bei Geschäften mit dem Verwalter soll es nicht anders sein. Die Geschäftspartner des Insolvenzverwalters sind durch die Verfahrenseröffnung gewarnt und müssen die Risiken (Ausnahme: § 61 InsO) einkalkulieren.

7   Ausnahmen zu Lasten einer Eigenhaftung des Verwalters kommen nur dann in Betracht, falls dieser bei Vertragsanbahnung oder Vertragsschluss mit dem Massegläubiger (in spe) persönliche Einstandserklärungen für die Vertragserfüllung abgegeben hat. Das gilt auch dann, wenn der Verwalter den Geschäftspartner über die Risiken des abzuschließenden Geschäfts getäuscht, insbesondere die künftige Zulänglichkeit der Masse als sicher vorgespiegelt, dadurch den Geschäftspartner zum Vertragsabschluss bewogen und einen ihm daraus möglicherweise erwachsenden Schaden erkannt und in Kauf genommen hat. Ein derartiges doloses Verhalten des Verwalters würde konkurrierende Ansprüche aus § 60 I 1 InsO und § 826 BGB auslösen.

8   Eine Verletzung der allgemeinen Verkehrssicherungspflicht durch den Verwalter ist nicht insolvenzspezifisch. Deshalb scheidet insoweit eine Haftung des Verwalters aus § 60 I 1 InsO gegenüber dem unmittelbar Geschädigten aus, zB im Fall mangelnder Sicherungsmaßnahmen gegen Wasserrohrbruch bei Frostgefahr;³ es entsteht allerdings eine Masseverbindlichkeit. Das gilt auch in den Fällen der Gefährdungshaftung aus § 7 StVG, der Haftung bei Einsturz eines Bauwerks aus §§ 836, 837, 838 BGB und der Tierhalterhaftung aus § 833 BGB.

Es ist jedoch zu beachten, dass in diesen Fällen indirekt insolvenzspezifische Pflichten verletzt sein können, wenn der Verwalter durch das Entstehen entsprechender Masseverbindlichkeiten die Masse zu Lasten aller Gläubiger schuldhaft schmälert, zB durch den von ihm geduldeten Einsatz verkehrsuntauglicher Fahrzeuge oder bei erkennbarer Einsturzgefahr von Gebäuden. Grundsätzlich bestehen für den Insolvenzverwalter keine Hinweis- und Aufklärungspflichten mit Bezug auf die sozialrechtlichen Folgen und Auswirkungen auf Arbeitsverhältnisse in der Insolvenz.⁴

9   Der Verwalter hat insolvenzspezifische Pflichten gegenüber dem Insolvenzschuldner, insbesondere gegenüber den Insolvenzgläubigern wahrzunehmen, aber auch gegenüber den Massegläubigern (mit den oa Einschränkungen bei „Geschäftspartnern") sowie den

---

² Vgl. insbesondere BGH Urteil v. 4.12.1986, ZIP 1987, 115 und Urteil v. 14.4.1987, ZIP 1987, 650, BGHZ 154, 190 = NZI 2003, 315; BGH WM 2005, 337 = BB 2005, 463; BGH 20.3.2008, NZI 2008, 365; *Frege/Keller,* NZI 2009, 11 ff.

³ BGH ZIP 1987, 1398f; *Vallender* ZIP 1997, 346; Uhlenbruck/Hirte/Vallender/*Sinz,* § 60 Rn. 58; MüKoInsO/*Brandes/Schoppmeyer,* §§ 60 Rn. 76 f.; FK/*Jahntz,* § 60 Rn. 15.

⁴ Laws, InsO 2009, 57 ff.

Aussonderung- und Absonderungsberechtigten.[5] Er hat für eine möglichst weitgehende gleichmäßige Befriedigung der Insolvenzforderungen zu sorgen; Massegläubiger sind vorweg und bei Masseunzulänglichkeit in der vorgeschriebenen Rangfolge zu befriedigen. Bei schuldhafter Verletzung von Rechten der Aussonderungs- und Absonderungsberechtigten entsteht ebenfalls eine insolvenzspezifische Haftung des Verwalters aus § 60 I 1 InsO, ggf. konkurrierend mit einer Haftung aus §§ 823 ff. BGB.

§ 60 I 2 InsO legt den vom Verwalter zu beachtenden Sorgfaltsmaßstab fest: Er hat für die Sorgfalt eines ordentlichen und gewissenhaften Insolvenzverwalters einzustehen. Beachtenswert in diesem Zusammenhang ist die Begründung zu § 71 RegE = § 60 InsO:[6] **10**

Die Formulierung der Sorgfaltsanforderungen lehnt sich zwar an Regelungen des Handels- und Gesellschaftsrechts an, macht aber zugleich deutlich, dass Besonderheiten zu beachten sind. Bei der Fortführung eines insolventen Unternehmens steht der Verwalter regelmäßig vor besonderen Schwierigkeiten. Außer den Problemen eines angeschlagenen, insolventen Unternehmens als solchen ist auch zu beachten, dass der Verwalter eine Einarbeitungszeit für die Fortführung eines Unternehmens mit einem ihm vielfach nicht vertrauten Geschäftszweig übernimmt und er häufig keine geordneten Geschäftsunterlagen, insbesondere Buchführung vorfindet. Die Amtsführung unter erheblich ungünstigen Bedingungen ist bei der Sorgfaltsbewertung angemessen zu berücksichtigen.

Grundsätzlich haftet der Verwalter für das Verschulden seiner Erfüllungsgehilfen nach § 278 BGB. Eine wichtige Modifizierung zugunsten des Verwalters enthält allerdings § 60 II InsO: Hat der Verwalter nach den Umständen des Falles keine andere (akzeptable) Möglichkeit, als Angestellte des Schuldners einzusetzen, und sind diese Angestellten nicht offensichtlich ungeeignet, so trifft den Verwalter nur eine Überwachungspflicht und eine Verantwortlichkeit für Entscheidungen von besonderer Bedeutung. **11**

Bei Schadensersatzansprüchen gegen den Verwalter ist ein mitwirkendes Verschulden des Geschädigten zu beachten (§ 254 BGB).[7] **12**

Die Verantwortlichkeit des Verwalters entfällt nicht automatisch dadurch, dass die Gläubigerversammlung oder der Gläubigerausschuss seinem Verwaltungs- oder Verwertungsakt zugestimmt hat.[8] Dennoch erscheint der Hinweis wichtig, dass sich der Verwalter nur durch größtmögliche Transparenz seines Handelns exkulpiert.[9] Maßgebend bleibt die Eigenverantwortung des Verwalters, wobei ausnahmsweise ein Verschulden entfallen kann, zB bei einer quasi „oktroyierten" schadenstiftenden Handlungsweise. Das ist jedenfalls für den Fall der Zustimmung der Gläubigerversammlung beachtenswert, und zwar unter dem Gesichtspunkt des allgemein unzulässigen widersprüchlichen Verhaltens: Stimmt eine Gläubigerversammlung, die über die Einzelheiten informiert ist, einer Handlungsweise des Verwalters zu, die zu Gläubigerschäden führt, wäre eine Risikoentlastung mit Schadensausgleich zugunsten der selbstschädigenden Gläubiger mit den Grundsätzen von Treu und Glauben (§ 242 BGB) nicht vereinbar. **13**

Im Hinblick auf die ausgeprägt risikobelastete Tätigkeit des Insolvenzverwalters ist für ihn der Abschluss einer Haftpflichtversicherung sinnvoll, vor allem bei einer einstweiligen Unternehmensfortführung (wobei allerdings eine genaue Sichtung der Versicherungsbedingungen anzuraten ist). Eine im Versicherungsvertrag enthaltene allgemeine Ausschlussklausel, nach der eine unternehmerische Tätigkeit von der Versicherung nicht gedeckt ist, wirkt in der Regel nicht zu Lasten des Verwalters:[10] **14**

---

[5] BGH ZIP 1987, 652.
[6] BR-Drucks. 1/92 129.
[7] *Smid* Kölner Schrift, S. 474 f. Rn. 62, 63; *Vallender* ZIP 1997, 351 f.
[8] *Smid*, aaO S 474 Rn. 60; *Vallender*, aaO, 351 f.; *Kilger/K. Schmidt*, § 82 KO Anm. 7.
[9] *Frege/Keller* NZI 2009, 11 ff.
[10] BGH ZIP 1980, 851; ZIP 1982, 326 m. Anm. *Prölss* = MDR 1982, 559; *Kilger/K. Schmidt*, § 82 KO Anm. 9; *Feuerborn* KTS 1997, 209.

Die vom Insolvenzzweck getragene risikobelastete, aber iS des § 60 I 1 InsO pflichtwidrige Entscheidung des Verwalters stellt keine „unternehmerische" Entscheidung dar, die dem Versicherungsausschluss anheimfällt. Das gilt auch für Entscheidungen bei der einstweiligen Unternehmensfortführung. Eine praxisfremde Ausnahme käme nur dann in Betracht, wenn die insolvenzbezogene Verwaltung völlig in den Hintergrund träte zugunsten einer auf gewinnbringenden Überschuss gerichteten Leitentscheidung.

15 Ansprüche gegen den Insolvenzverwalter auf Ersatz eines gemeinschaftlichen Gesamtschadens der Gläubiger können während der Dauer des Insolvenzverfahrens nur von einem neu bestellten Insolvenzverwalter geltend gemacht werden (§ 92 S. 2 InsO).

16 Nach § 62 InsO verjähren Schadensersatzansprüche gegen den Verwalter in drei Jahren von dem Zeitpunkt an, in dem der Verletzte von dem Schaden und den die Ersatzpflicht des Verwalters begründenden Umständen Kenntnis erlangt hat, spätestens in drei Jahren von der Aufhebung oder Rechtskraft der Einstellung des Insolvenzverfahrens an (bzw. vom Vollzug einer Nachtragsverteilung oder von der Beendigung einer Insolvenzplanüberwachung an).

17 **b)** *Einzelne Haftungsfälle.* Den Insolvenzverwalter trifft eine beträchtliche Fülle von insolvenzspezifischen Einzelpflichten, die eine Haftung nach § 60 I 1 InsO gegenüber den Insolvenzgläubigern, den Massegläubigern, den Aussonderungs- und Absonderungsberechtigten sowie gegenüber dem Schuldner auslösen können:

Durch das Gesetz zur Vereinfachung des Insolvenzverfahrens vom 13.4.2007 ist mit Wirkung vom 1.7.2007 an dem Verwalter eine Erklärungspflicht auferlegt worden und dadurch eine neue Regelung für die Vermögens- und Schuldensordnung bei selbständiger Tätigkeit des Schuldners nach Verfahrenseröffnung getroffen worden. Gem. § 35 II InsO kann der Verwalter durch Erklärung darüber, ob er Vermögen aus der Tätigkeit des Schuldners für die Masse in Anspruch nimmt und ob Ansprüche gegen den Schuldner im Insolvenzverfahren geltend gemacht werden können, die Haftung der Insolvenzmasse für die von dem Schuldner nach Verfahrenseröffnung aus selbständiger Tätigkeit begründeten Verbindlichkeiten abwenden. Gibt der Verwalter eine „Negativerklärung" ab, haftet die Masse auch nicht für die vom Schuldner eingegangenen Verbindlichkeiten.[11]

18 Im Rahmen der Verwaltung hat der Verwalter zahlreiche Pflichten der Sammlung, Sichtung und Sicherung der Masse zu beachten (§ 22 II. 1. a–e), insbesondere die Pflicht zur Inbesitznahme der Masse, zum Aufstellen der Verzeichnisse, zur Klarstellung schwebender Rechtsverhältnisse (Wahlrechte, Kündigungsrechte), zur Ergänzung der Masse (Insolvenzanfechtung, Geltendmachen eines Gläubigergesamtschadens und einer persönlichen Gesellschafterhaftung sowie von Herausgabeansprüchen gegen den Schuldner oder Dritte, ggf. im Prozess) und die Pflicht zur Bereinigung der Masse durch Beachtung der Aussonderungsrechte Dritter.

19 Der Verwalter hat ferner Pflichten zur Vornahme von Masseerhaltungsmaßnahmen und insbesondere zur einstweiligen Unternehmensfortführung (§ 22 II. 2. und 3. a–c).

20 Im Rahmen der Gläubigerbefriedigung treffen den Verwalter ebenfalls zahlreiche Pflichten, und zwar bei der Anmeldung, Prüfung und Feststellung der Gläubigerforderungen (§ 22 III. 1.), bei der Liquidation: Verwertung, Unternehmensveräußerung (§ 22 III. 2. a (1), (2)); Vorwegbefriedigung der Massegläubiger (§ 22 III. 2b); Verteilung an die Absonderungs- und Insolvenzgläubiger (§ 22 III. 2c, (1), (2), (3)) sowie bei der Erstellung und Überwachung eines Insolvenzplans (§ 22 III. 3).

21 Weitere Pflichten des Verwalters ergeben sich bei der Einstellung des Verfahrens mangels Masse (§ 22 IV. 1.) und bei der Einstellung wegen Masseunzulänglichkeit; insbesondere besteht die Pflicht zur rechtzeitigen Anzeige der Masseunzulänglichkeit (§ 22 IV. 2.) sowie zur Erstellung der Schlussrechnung (§ 22 V. 1., 2.).

---

[11] BAG 10.4.2008, NZI 2008, 1127; *Berger* ZInsO 2008, 1101 ff.

Die Frage der insolvenzspezifischen Wertung von Steuerpflichten und diesbezüglichen Buchhaltungspflichten ist zweifelhaft, zumindest zu differenzieren.[12]   22

Ein Sonderproblem betrifft die (Weiter-)Führung von Prozessen durch den Verwalter, die der Stärkung der Masse und damit den Gläubigerinteressen dienen sollen.[13] Auch wenn aus seiner zutreffenden Sicht die Prozessprognose günstig ist, stellt sich die Frage, ob der Verwalter dann „aufgeben" muss, wenn die Verfahrenskosten, die bei einem immerhin möglichen Unterliegen entstehen könnten, derart hoch wären, dass sie die vorhandene Masse mindern oder sogar mehr oder weniger aufzehren würden.   23

Der Verwalter steckt hier buchstäblich in der Klemme zwischen der Pflicht, die Masse zu mehren, und der Pflicht, die Masse nicht zu mindern. Die Bildung von Rückstellungen für die etwa entstehenden Prozesskosten stellt keine Patentlösung dar; die effektive Verlustfrage für die Masse bleibt offen.

2. Haftung wegen Nichtausgleich von Masseverbindlichkeiten als Sonderfall der insolvenzspezifischen Haftung. Begründet der Insolvenzverwalter Masseverbindlichkeiten, so entsteht gegenüber den Massegläubigern grundsätzlich keine insolvenzspezifische Haftung des Verwalters, solange der Massebestand zur Tilgung der Masseansprüche ausreicht oder der Verwalter bedenkenlos davon ausgehen durfte.   24

In § 61 S. 1 InsO ist eine Sonderregelung für die grundsätzlich eintretende Haftung des Verwalters normiert, und zwar für die durch seine Rechtshandlungen begründeten (also nicht für die ihm aufgezwungenen) Masseverbindlichkeiten, wenn diese aus der Masse nicht voll beglichen werden können. Allerdings entfällt nach § 61 S. 2 InsO die Haftung dann, wenn der Verwalter den Entlastungsbeweis führt, dass er bei Begründung der Verbindlichkeit nicht erkennen konnte, dass die Masse „voraussichtlich" zu ihrer Erfüllung nicht ausreichen würde. Eine Masseunzulänglichkeit ist dann „voraussichtlich" gegeben, wenn sie wahrscheinlicher ist als ihr Nichteintritt.[14] Der Normzweck des § 61 InsO erhellt aus der Begründung zum RegE zu § 72 = § 61 InsO:[15]   25

Würde auch im Falle einer voraussichtlichen Masseunzulänglichkeit eine Haftung des Verwalters mit der Begründung abgelehnt, die Geschäftspartner des Verwalters seien durch die Verfahrenseröffnung hinreichend gewarnt und müssten sich des Risikos einer Masseunzulänglichkeit bewusst sein, so ergäbe sich die Gefahr, dass Dritte nicht mehr bereit wären, Geschäftsbeziehungen mit einem insolventen Unternehmen aufzunehmen, ohne besondere Sicherheiten zu verlangen. Insbesondere könnte die Unternehmensfortführung entscheidend erschwert werden.

Die Beweislastregel zu Lasten des Verwalters rechtfertigt sich aus der Erwägung, dass dieser den (relativ) besseren Überblick über Masseumfang und Masseverbindlichkeiten hat.

§ 61 InsO gewinnt auch Bedeutung in den Masseverbindlichkeiten auslösenden Fällen der Ausübung des Wahlrechts nach § 103 InsO, der Nichtausübung der Sonderkündigungsrechte nach §§ 109, 113 InsO und der (Weiter-)Führung von Prozessen.

Ob die Vorstellung des Gesetzgebers, § 61 InsO sei der Unternehmensfortführung dienlich, überzeugend ist, erscheint fraglich.[16] Ob Geschäftspartner aktiviert werden können, mag dahinstehen; fraglich ist, ob der Verwalter zur Unternehmensfortführung   26

---

[12] vgl. BGH NJW 1979, 2212 = MDR 1979, 927 = ZIP 1980, 25 ff. mit Anm. von *Kilger; Kilger/ K. Schmidt,* § 82 KO Anm. 3a, 8; *Smid* Kölner Schrift, S. 464 f. Rn. 30–33 und S. 467 f. Rn. 43, 44; *Vallender* ZIP 1997, 347/348; *Feuerborn* KTS 1997, 208, HambKommInsO/*Weitzmann,* § 155 InsO Rn. 29 ff.
[13] *Vallender,* aaO, 348.
[14] Begr RegE zu § 72 = § 61 InsO (BR-Drucks. 1/92 129/130).
[15] → Rn. 14.
[16] *Grub* ZIP 1993, 393, 396; *Vallender* ZIP 1997, 349; vgl. auch *Kluth* ZInsO 2000, 177, 180 ff., 184: Die unangemessene Regressbelastung beschert dem Insolvenzverwalter ein „Himmelfahrtskommando"; *Gundlach/Frenzel/Jahn,* ZInsO 2009, 1095 ff.

zu motivieren sein wird oder bei ungeklärter Finanzierung eher eine Unternehmensstilllegung anstrebt.

Im Übrigen entsteht durch ein Anwachsen der Masseverbindlichkeiten, selbst wenn diese durch die Masse gedeckt werden können, für den Verwalter ein Haftungsrisiko gegenüber den Insolvenzgläubigern, wenn deren Quotenchancen durch einüberproportionales Ansteigen der Masseverbindlichkeiten unangemessen reduziert werden.

27 **3. Deliktshaftung.** Eine Haftung des Insolvenzverwalters kommt auch nach den allgemeinen Deliktsbestimmungen der §§ 823, 826 BGB in Betracht.

Das ist zB dann der Fall, wenn durch fahrlässig mangelnde Aufsicht oder Vorsorge des Verwalters Masse- oder Aussonderungsgegenstände vernichtet oder beschädigt werden und durch Vornahme oder Duldung dubioser Manipulationen der Masse Schaden zugefügt wird. Die Deliktshaftung kann mit der insolvenzspezifischen Haftung aus §§ 60, 61 InsO konkurrieren.

Eine strafbewehrte Verpflichtung des Insolvenzverwalters zur Insolvenzantragstellung bei führungslosen Gesellschaften, § 15a InsO, eingefügt durch das Gesetz zur Modernisierung des GmbH-Rechts und zur Bekämpfung von Missbräuchen (MoMiG) vom 23.10.2008 erscheint nicht so fernliegend, dass auf dieses Risiko nicht aufmerksam gemacht werden sollte.[17]

III. Haftung der Mitglieder des Gläubigerausschusses

28 **1. Das Grundkonzept.** Nach § 71 S. 1 InsO sind die Mitglieder des Gläubigerausschusses zum Schadensersatz verpflichtet, wenn sie schuldhaft die Pflichten verletzen, die ihnen „nach diesem Gesetz" obliegen. Es müssen also wie bei der Haftung des Verwalters insolvenzspezifische Pflichten verletzt werden.

29 Eine bedeutsame Regelung enthält § 71 InsO insoweit, als im Gegensatz zu § 89 KO eine Haftung nicht „allen Beteiligten" gegenüber begründet wird, sondern nur gegenüber den „absonderungsberechtigten Gläubigern und den Insolvenzgläubigern". Es besteht also keine insolvenzspezifische Haftung gegenüber dem Schuldner, den Massegläubigern und den Aussonderungsgläubigern. Die Begründung für die Haftungsbeschränkung,[18] der Ausschuss solle, ebenso wie die Gläubigerversammlung, die Interessen der beteiligten Gläubiger im Insolvenzverfahren zur Geltung bringen, die Interessen der übrigen Beteiligten würden durch den umfassenden Pflichtenkreis des Insolvenzverwalters und durch die Aufsicht des Gerichts geschützt, ist ausgesprochen fragwürdig.[19] Die Pflichten der Ausschussmitglieder zur aktiven Unterstützung des Verwalters bei seiner Geschäftsführung und zu seiner Überwachung (§ 69 InsO) und zur Zustimmung zu besonders bedeutsamen Rechtshandlungen des Verwalters (§ 160 InsO) wirken sich in erheblicher Weise auch auf die Interessen der anderen Beteiligten aus. Das bedarf, soweit der Schuldner und die Massegläubiger betroffen sind, keiner näheren Begründung, es gilt aber auch gegenüber den Aussonderungsgläubigern. Ist ein Aussonderungsrecht streitig, so kann im Einzelfall die Zustimmung des Ausschusses zu einer Freigabe des Gegenstandes erforderlich sein, wenn der Verwalter die Erfolgschancen verneint oder als gering einschätzt; umgekehrt kann die Zustimmung aber auch erforderlich sein, wenn der Verwalter bei einem streitigen Aussonderungsrecht einen Masseprozess beabsichtigt.

30 Der Verschuldensmaßstab richtet sich nach der allgemeinen Haftungsbestimmung des § 276 BGB für Vorsatz und Fahrlässigkeit. Ein Mitverschulden des Geschädigten ist nach § 254 BGB zu berücksichtigen.

---

[17] *Göcke* ZInsO 2008, 1305 ff.
[18] Begr zu § 82 RegE = § 71 InsO (BR-Drucks. 1/92, 132).
[19] Vgl. die herbe Kritik: *Heidland* Kölner Schrift, S. 725 ff. Rn. 26–32.

Die Verpflichtungen der Ausschussmitglieder sind nicht aufteilbare Individualverpflichtungen aller Mitglieder (§ 21 III. 1.). Diese Gesamtverantwortung wirkt sich haftungsrechtlich aus, wenn der Ausschuss eine – durchaus zulässige – Arbeitsteilung unter den einzelnen Mitgliedern vorgenommen hat. 31

Bedienen sich die Ausschussmitglieder bei ihrer Tätigkeit Erfüllungsgehilfen, haben sie für diese nach § 278 BGB einzustehen.

In Betracht kommt auch eine Haftung der Ausschussmitglieder nach den allgemeinen Deliktsbestimmungen der §§ 823, 826 BGB. Die entsprechenden Ausführungen zur Haftung des Verwalters gelten sinngemäß (II. 3.). 32

2. Einzelne Haftungsfälle. Insolvenzspezifische Pflichten, deren Verletzung eine Haftung der Ausschussmitglieder auslösen kann, sind vor allem folgende (§ 21 III. 1., 2. a–d): 33

a) Verletzung der allgemeinen Mitwirkungs- und Überwachungspflicht aus § 69 InsO;
b) Verletzung bei Ausübung von Zustimmungsbefugnissen nach §§ 151 III 2, 158 I, 160, 231 II, 233 S. 2, 276, 100 II (101 I 3) InsO;
c) Verletzung der Antragsbefugnis zur Entlassung des Verwalters aus wichtigem Grund nach § 59 I InsO;
d) Verletzung von Bestimmungs- und Mitbestimmungspflichten bei Hinterlegung und Bruchteilsbestimmung (Abschlagsverteilung) nach § 149 I und § 195 I 1 InsO.

Soweit Fehlentscheidungen des Ausschusses als Entscheidungsgremium betroffen sind (bedeutsam vor allem in den Zustimmungsfällen nach § 160 InsO), können, da der Ausschuss als solcher nicht haftungsfähig ist, die an den Fehlentscheidungen mitwirkenden Ausschussmitglieder zwar – theoretisch – haftpflichtig sein. Es ist allerdings fraglich, ob eine derartige Haftpflicht überhaupt durchsetzbar ist. Bei der Beschlussfassung des Gläubigerausschusses sind nähere Angaben über die Stimmabgaben nicht erforderlich und daher auch nicht – durch Protokollierung – zu offenbaren (§ 21 II. 2.). Die Verpflichtungen der Gläubigerausschussmitglieder ergeben sich (nur) aus dem Gesetz und können nicht durch die Gläubigerversammlung eingeengt oder erweitert werden.[20] 34

Es bestehen auch keine Kontroll- und Anwesenheitsrechte anderer Verfahrensbeteiligter (Insolvenzgericht, Insolvenzverwalter) anlässlich der Beschlussfassung. Folglich lassen sich die für und gegen eine (Fehl-)Entscheidung stimmenden Ausschussmitglieder nicht aussondern. Dieser „Mangel" ist kein rechtsrelevantes Defizit. Er steht im Ergebnis im stimmigen Einklang mit Kollegialentscheidungen anderer Entscheidungsträger, zB des Kollegialgerichts:

Bei einer Amtspflichtverletzung durch die Entscheidung eines Kollegialgerichts, bei der die Haftung nicht bereits durch das sog. Spruchrichterprivileg des § 839 II 1 BGB ausgeschlossen ist, also ein Amtshaftungsanspruch des Geschädigten nach § 839 I 1 BGB (Art. 34 GG) besteht, ist der unter bestimmten Voraussetzungen zulässige Haftungsrückgriff im Innenverhältnis (Art. 34 S. 2 GG) ebenfalls nicht realisierbar, da Beratung und Abstimmung der Geheimhaltungspflicht unterliegen.[21]

IV. Staatshaftung bei Amtspflichtverletzung des Insolvenzgerichts

1. Allgemeines. Eine insolvenzspezifische Haftung des Insolvenzgerichts gibt es nicht; sie wäre auch systemwidrig. Die Staatshaftung bei Amtspflichtverletzungen – auch des Gerichts (Richters, Rechtspflegers und sonstiger Bediensteter) – wird von der zentralen Haftungsnorm des § 839 BGB (Art. 34 GG) erfasst. Die Frage, welchem Rechtsweg und welcher Verfahrenszuständigkeit das Gericht angehört, ist für die Haftungsfrage 35

---

[20] Uhlenbruck/Hirte/Vallender/*Uhlenbruck*, § 71 InsO Rn. 4.
[21] Anmerkung: Wenn auch Vergleiche im Einzelfall „hinken", sind auch derartige Vergleiche durchaus in der Lage, ein scheinbares Defizit erklärbar zu machen.

ohne rechtsystematische Bedeutung, zumal einschränkungslos alle Amtshaftungsansprüche vor den ordentlichen Gerichten in der ausschließlichen sachlichen Zuständigkeit des Landgerichts einzuklagen sind (Art. 34 S. 3 GG, § 71 II Nr. 2 GVG).

36 **2. Einzelne Haftungsfälle.** Amtspflichtverletzungen kommen insbesondere in Betracht (§ 17 III. 1. 2.):

37 **a)** *Entscheidungsfehler bei Grundentscheidungen:* Soweit dem Insolvenzgericht Grundentscheidungen besonders bedeutsamer Art übertragen sind, besteht eine hohe Haftungsanfälligkeit: bei der Beschlussfassung über die Verfahrenseröffnung (§§ 26, 27 InsO), bei der Beschlussfassung über Aufhebungen und Einstellungen des Verfahrens (§§ 200 I, 207 I 1, 211 I, 212, 213, 258 InsO), bei der Zurückweisung, Bestätigung oder der Versagung der Bestätigung eines Insolvenzplans und der Aufhebung der Planüberwachung (§§ 231, 248, 249 S. 2, 250, 251, 268 InsO), bei Anordnung und Aufhebung der (vorläufigen) Eigenverwaltung des Schuldners (§§ 270, 270a, 270b, 272 InsO) und bei Versagung, Ankündigung, Erteilung oder Versagung der Restschuldbefreiung des Schuldners und Widerruf (§§ 289 I, 290, 291 I, 296 I, 297, 300 I und II, 303 I InsO).

38 **b)** *Verletzung von Aufsichts-, Sicherungs- und Prüfungspflichten*
– im Eröffnungsverfahren: §§ 5 I 1, 20, 21 InsO;
– bei Einberufung und Leitung der Gläubigerversammlung sowie Prüfung und ggf. Aufhebung eines Beschlusses der Gläubigerversammlung: §§ 74, 75, 76 I, 78 I InsO;
– bei Aufsicht über den Insolvenzverwalter und seiner Entlassung: §§ 58, 59 InsO;
– bei (einstweiliger) Einsetzung eines Gläubigerausschusses und Entlassung eines Ausschussmitgliedes: §§ 67, 70 InsO.

39 **c)** *Entscheidungsfehler bei Zwischenentscheidungen*
– bei Anordnung einer eidesstattlichen Versicherung des Schuldners, seiner Zwangsvorführung, Haftanordnung und Postsperre: §§ 98, 99 I InsO;
– bei Entscheidungen über Einwendungen im Zusammenhang mit Vollstreckungsverboten und einer Herausgabevollstreckung des Verwalters aufgrund einer vollstreckbaren Ausfertigung des Eröffnungsbeschlusses: §§ 89 III, 148 II 2 InsO;
– bei vorläufiger Untersagung von Rechtshandlungen und Auflage einer Zustimmung: §§ 158 II 2, 161 S. 2, 163 I InsO;
– bei Entscheidung über Einwendungen gegen das Verteilungsverzeichnis, Zustimmung zur Schlussverteilung und Entscheidung über Einwendungen gegen das Schlussverzeichnis sowie Anordnung von Nachtragsverteilungen: §§ 194 I und II, 196 II, 197 III, 203, 211 III InsO;
– bei Aussetzung der Verwertung und Verteilung der Masse im Insolvenzplanverfahren: § 233 InsO.

40 **3. Privilegfragen. a)** *Nichtanwendung des Spruchrichterprivilegs.* Nach § 839 II 1 BGB besteht das sog. Spruchrichterprivileg darin, dass „bei dem Urteil in einer Rechtssache" eine Amtshaftung nur ausnahmsweise dann eintritt, wenn die Pflichtverletzung in einer Straftat besteht. Maßgebend für den Begriff „Urteil in einer Rechtssache" ist zwar nicht, dass es sich formal um ein Urteil im Sinne der Prozessordnung handelt, entscheidend ist vielmehr, ob es sich um eine Entscheidung handelt, durch welche ein Rechtsstreit rechtskräftig beendet wird.[22] Diese Voraussetzung ist für die Tätigkeit des Insolvenzgerichts nicht gegeben.[23] Das Insolvenzverfahren, in dem das Insolvenzgericht nur Teilaufgaben zu erfüllen hat, zielt, geprägt durch seinen eigenspezifischen Charakter (§ 17 I.), nicht auf eine „Rechtsstreitentscheidung" ab. Für den gerichtlichen Tätigkeitsbereich der Aufsicht, Sicherung und Prüfung ist das selbstverständlich. Das gilt aber

---

[22] *Ossenbühl,* Staatshaftungsrecht, 5. Aufl. 1998, S. 102.
[23] BGH NJW 1959, 1095; Palandt/*Sprau,* § 839 Rn. 65.

auch für den Bereich der Zwischenentscheidungen, insbesondere der Grundentscheidungen. So ist zB die Entscheidung über die Verfahrenseröffnung, so bedeutsam und folgenreich und so sehr umstritten sie zwischen antragstellendem Gläubiger und widersprechendem Schuldner sein mag, keine selbstständige „Rechtsstreitentscheidung" iS des § 839 II 1 BGB, sondern nur eine Verfahrenseinleitungsentscheidung. Gleiches gilt für die Entscheidung über die Aufhebung und Einstellung des Insolvenzverfahrens, die lediglich Verfahrensbeendigungsentscheidungen sind, und auch für die übrigen Grundentscheidungen im Planverfahren, bei Eigenverwaltung des Schuldners und im Rahmen der Restschuldbefreiung.

b) *Nichtanwendung des Verweisungsprivilegs im Regelfall.* Bei nur fahrlässiger Amtspflichtverletzung (Regelfall) besteht das sog. Verweisungsprivileg nach § 839 I 2 BGB darin, dass eine Amtshaftung nur zum Zuge kommt, wenn der Geschädigte nicht auf andere Weise Ersatz erlangen kann, also insbesondere nicht von einem weiteren Schuldner. 41

Die Frage des Verweisungsprivilegs hat Bedeutung, wenn eine Haftung aus Amtspflichtverletzung des Gerichts mit einer Haftung des Insolvenzverwalters konkurriert (Regelfall). Eine andere Haftungskonkurrenz ist in der Insolvenzpraxis selten. Das Privileg ist in derartigen Fällen abzulehnen. Das folgt aus der Anknüpfung an die ua durch die Rechtsprechung des BGH vorgenommene teleologische Reduktion der Subsidiaritätsklausel des § 839 I 2 BGB.[24] Ausgangspunkt der Reduktion ist, dass das Verweisungsprivileg nicht eingreift, wenn mehrere Hoheitsträger haften.[25] Es ist zwar nicht zu übersehen, dass der Insolvenzverwalter kein „Hoheitsträger" ist. Er ist weder „Beamter" im haftungsrechtlichen Sinne noch „Beliehener", dh Privatperson in Ausübung eines ihm anvertrauten öffentlichen Amtes.[26] Andererseits ist die Besonderheit zu berücksichtigen, dass die Amtsbestellung des Verwalters mit den sich hieraus ergebenden Kompetenzen öffentlich-rechtlicher Natur ist, wenn auch die Amtsausführung sich privatrechtlich vollzieht. Durch die Amtsbestellung des Insolvenzverwalters wird eine beachtliche „Amtsnähe" zum Amtsträger Insolvenzgericht hergestellt.

Aufschlussreich ist ein Vergleich zu der mit einer Amtshaftung konkurrierenden *Notarhaftung.* Für diese Fälle hat der BGH ein Verweisungsprivileg zugunsten der Amtshaftung abgelehnt.[27] Es erscheint sachgerecht, die Wertung dieser Rechtsprechung auf die Anspruchskonkurrenz zwischen Amtshaftung und Verwalterhaftung auszudehnen. Der Besonderheit, dass der Notar üblicherweise als „Gebührenbeamter" bezeichnet wird und nach § 1 BNotO „unabhängiger Träger eines öffentlichen Amtes" ist, steht der Ausdehnung nicht entgegen. Entscheidend ist, dass die jeweilige Amtsbestellung öffentlichrechtlicher Natur ist, die Amtshaftung jeweils mit einer persönlichen Amtshaftung konkurriert – Haftungsregelungen in §§ 19, 46, 61 BNotO und in §§ 60, 61 InsO –, die Tätigkeiten des Notars und des Insolvenzverwalters weitgehend selbstständig und eigenverantwortlich ausgeübt werden und die Tätigkeitsvergütungen jeweils „aus privater Hand" fließen, gesteuert durch amtliche Regelungen (§§ 17, 59 BNotO, §§ 140 ff. KostO – §§ 64, 65 InsO). 42

Ob das Verweisungsprivileg zugunsten der Amtshaftung ausnahmsweise dann erhalten bleibt und keine Reduktion der Subsidiaritätsklausel vorzunehmen ist, wenn und soweit der Insolvenzverwalter *haftpflichtversichert* ist, erscheint fraglich.[28]

c) *Rechtsmittelversäumung.* Ein Privileg besonderer Art enthält die Regelung in § 839 III BGB. Hiernach tritt die Ersatzpflicht nicht ein, wenn der Geschädigte schuldhaft 43

---

[24] Vgl. *Ossenbühl,* aaO, S. 84 ff. (86 ff.).
[25] BGHZ 113, 88 (102); 49, 267 (275).
[26] *Ossenbühl,* aaO, S. 14 ff. (16).
[27] BGH NJW 1993, 3061 (3063); WM 1991, 653 (656); WM 1984, 364 (365); BGHZ 31, 5 (13).
[28] Zu der Problematik *Ossenbühl,* aaO, S 83/84.

unterlassen hat, den Schaden „durch Gebrauch eines Rechtsmittels abzuwenden".[29] Zu beachten ist, dass der Begriff des „Rechtsmittels" untechnisch zu verstehen ist. Auch in den Fällen, in denen die InsO bei haftungsrelevanten Entscheidungen des Gerichts förmliche Rechtsmittel nicht vorsieht (§ 6 InsO), hat der Geschädigte „Rechtsmittel" iS allgemeiner Rechtsbehelfe einzulegen, will er seinen Amtshaftungsanspruch erhalten. Er hat also im eigenen Interesse formlose Gegenvorstellungen, formlose Beschwerden oder Dienstaufsichtsbeschwerden zu erheben.[30]

V. Haftung der Absonderungs-, Masse- und Insolvenzgläubiger

44   **1. Sonderregelung (§ 28 II 3 InsO).** Eine (leicht zu übersehende) insolvenzspezifische Haftungsregelung enthält § 28 II 3 InsO, wonach ein sicherungsberechtigter Gläubiger bei Verletzung seiner Mitteilungspflichten schadensersatzpflichtig ist. Die Mitteilungspflichten des § 28 II 1 und 2 InsO stellen nicht mehr – wie § 119 KO – auf den Besitz an einer Sache ab, sondern nur darauf, ob ein Sicherungsrecht an einer beweglichen Sache oder an einem Recht in Anspruch genommen wird. Von den Mitteilungspflichten erfasst werden also auch Sicherungsrechte an beweglichen Sachen, die sich nicht im Besitz des Gläubigers befinden. Gerade derartige Sicherungsvereinbarungen – wie Eigentumsvorbehalt, Sicherungsübereignung und Sicherungsabtretung – haben erhebliche praktische Bedeutung, so dass diesbezügliche Ansprüche der Gläubiger dem Verwalter unverzüglich bekannt werden sollen, damit er sich hierauf einstellen und einen Schadenseintritt vermeiden kann.[31]

45   **2. Deliktshaftung.** Einzelne Absonderungs-, Masse- und Insolvenzgläubiger können nach den allgemeinen Deliktsbestimmungen, insbesondere nach § 826 BGB, zum Schadensersatz verpflichtet sein. Das ist dann der Fall, wenn sie zu Lasten des gemeinschaftlichen Befriedigungsinteresses aller Gläubiger (Gesamtschaden, § 92 InsO), aber auch zu Lasten des Erhaltungs- und Schuldenminderungsinteresses des Schuldners Manipulationen und Ausbeutungsaktionen durchführen.

46   Ein *Sonderproblem* betrifft den Fall, dass ein Gläubiger einen im Ergebnis unberechtigten Antrag auf Eröffnung des Insolvenzverfahrens gestellt hat.[32] In Betracht kommt ein Anspruch des Schuldners aus § 823 I BGB (Eingriff in das absolute Recht des eingerichteten und ausgeübten Gewerbebetriebs). Ein gewisser Entscheidungsspielraum mit dem „Recht auf Irrtum" ist dem Gläubiger bei Antragstellung einzuräumen, sonst würde seine grundsätzliche Antragsbefugnis unzulässig ausgehöhlt. Insbesondere ist aus einer rechtskräftigen Eröffnungsablehnung des Gerichts kein zwingendes Indiz zu Lasten des Gläubigers abzuleiten, da die Ablehnung in der Regel auf erst nach gestelltem Antrag durchgeführten Ermittlungen beruht. Mit *Pape*[33] ist davon auszugehen, dass eine Haftung des Gläubigers dann in Betracht kommt, wenn dieser den Eröffnungsantrag in Schädigungsabsicht gestellt hat oder in sonst rechtsmissbräuchlicher Weise, indem er leicht überprüfbare Anhaltspunkte für das Nichtvorliegen der Insolvenzvoraussetzungen vernachlässigt hat.

VI. Haftung des Insolvenzschuldners

47   Insolvenzspezifische Haftungsregelungen für den Schuldner sind in der InsO nicht normiert.

---

[29] Vgl. *Ossenbühl*, aaO, S. 92 ff.
[30] Palandt/*Sprau*, § 839 Rn. 68–73.
[31] Vgl. Begr zu § 33 RegE (BR-Drucks. 1/92).
[32] BGH NJW 1961, 2254; NJW 1979, 1351; OLG Düsseldorf ZIP 1984, 1499; ZIP 1994, 479.
[33] *Pape* ZIP 1995, 623 (627).

Er ist daher ausschließlich von den Bestimmungen des allgemeinen Deliktsrechts betroffen (§§ 823 I, 823 II iVm einschlägigen Schutzgesetzen und vor allem § 826 BGB). Eine Haftung des Schuldners kommt in Betracht gegenüber einzelnen Gläubigern oder der Gemeinschaft aller Gläubiger (Gesamtschaden, § 92 InsO).

Manipulationen zum Beiseiteschaffen von Massegegenständen und Ausbeutungsaktionen zu Lasten einzelner Gläubiger oder der Insolvenzmasse und damit zu Lasten der gemeinsamen Gläubigerbefriedigung lösen Schadensersatzansprüche der Gläubiger gegen den Schuldner aus. 48

Auch die Verletzung der Auskunfts- und Unterstützungspflichten aus § 97 InsO kann zu Schadensersatzansprüchen gegen den Schuldner führen.[34] 49

Schadensersatzansprüche gegen den Schuldner werden im Verlauf des Insolvenzverfahrens nur in seltenen Fällen von praktischem Nutzen sein, da der Neuerwerb des Schuldners zur Insolvenzmasse gehört (§ 35 InsO, aber nunmehr § 35 II InsO bei selbständiger Tätigkeit des Schuldners zu beachten) und somit ein nennenswertes darüber hinausgehendes Haftungspotential nicht greifbar ist. Erst nach Verfahrensbeendigung kommt der Schuldner in reale Anspruchsbedrängung. 50

VII. Haftungskonkurrenzen der Verfahrensbeteiligten

1. Allgemeines. Insolvenzspezifische Amtshaftungsansprüche gegen den Verwalter (§§ 60, 61 InsO) und die Mitglieder des Gläubigerausschusses (§ 71 InsO) können konkurrieren. Es ist auch eine Konkurrenz der insolvenzspezifischen Amtshaftungsansprüche mit den allgemeinen Deliktsansprüchen möglich, zB eine Konkurrenz mit den Deliktsansprüchen aus §§ 823, 826 BGB gegen Gläubiger oder Schuldner oder mit dem Amtshaftungsanspruch des § 839 BGB (Art. 34 GG). 51

Sind neben dem Insolvenzverwalter Mitglieder des Gläubigerausschusses für den Schaden verantwortlich, so entsteht eine gesamtschuldnerische Haftung.[35] Die internen Ausgleichspflichten richten sich nach § 426 BGB. Eine gesamtschuldnerische Haftung mit interner Ausgleichsverpflichtung greift auch ein bei der Anspruchskonkurrenz der insolvenzspezifischen Haftung mit der allgemeinen Deliktshaftung, da eine Identität des Rechtsgrundes nicht Voraussetzung für das Entstehen einer Gesamtschuld ist.[36] 52

2. Sonderfälle. a) *Konkurrenz der Verwalter- und Massehaftung.* Ein Sonderproblem betrifft den Fall, in dem Ansprüche gegen den Insolvenzverwalter (§§ 60, 61 InsO oder § 823 BGB) mit Ansprüchen „gegen die Insolvenzmasse" (§ 55 I Nr. 2 InsO – der Masse durch Fehlverhalten des Verwalters „oktroyierte" Verbindlichkeiten) – konkurrieren. Zur Problemlösung, insbesondere des Ausgleichsverhältnisses, brauchen keine insolvenzspezifischen Sonderkonstruktionen strapaziert werden, etwa eine „interne Verantwortlichkeit" des Verwalters als „Sonderrechtsbeziehung im Hinblick auf die Masse" mit der Folge, dass der Verwalter „den Schaden im Fall eines Verschuldens – also praktisch in jedem Fall einer Gesamtschuld – allein trägt".[37] Eine sachgerechte Lösung lässt sich mit allgemeinen Schuldrechtskriterien erzielen: In Rechtslehre und Rechtsprechung hat sich inzwischen die Auffassung durchgesetzt, dass die *Gleichstufigkeit – Gleichrangigkeit –* der Verpflichtungen das für eine Gesamtschuld entscheidende Strukturelement ist (anstelle des früheren Begriffs der „Zweckgemeinschaft").[38] Die Gleichstufigkeit der Verbindlichkeiten und damit auch eine Gesamtschuld sind nicht gegeben, wenn es einen endgültig zur Leistung Verpflichteten und daneben einen nur zum vorläufigen 53

---

[34] LG Köln ZIP 1997, 989; *Uhlenbruck* InVo 1997, 225 (227).
[35] *Smid* Kölner Schrift, S. 475 Rn. 64; *Kilger/K. Schmidt*, § 82 KO Anm. 6 und § 89 KO Anm. 2.
[36] Palandt/*Grüneberg*, § 421 Rn. 9 mwN.
[37] So *K. Schmidt* KTS 1976, 191 (193, 206, 207).
[38] Vgl. Palandt/*Grüneberg*, § 421 Rn. 7–9 mwN.

Eintreten Verpflichteten gibt. Gerade diese mangelnde Gleichstufigkeit liegt aber im vorgenannten Problemfall vor: Nur der Verwalter, der pflichtwidrig und schuldhaft sowohl Eigenhaftung als auch Massehaftung ausgelöst hat, ist der endgültig Verpflichtete.

In der Praxis wird die Anspruchskonkurrenz im angesprochenen Sonderfall durch Geltendmachen des Anspruchs gegen den Verwalter (einfacher und effektiver) abgewickelt mit der Folge, dass dem Verwalter im Innenverhältnis (schon) mangels Anwendbarkeit des § 426 BGB keine Befugnis zu einer (teilweisen) Abwälzung zu Lasten der Masse zusteht.

Im (theoretischen) Ausnahmefall, dass der Gläubiger zuerst seinen Masseanspruch verfolgt und Erfüllung erlangt, regelt sich der „Ausgleich" – ohne Anwendbarkeit des § 426 BGB „von selbst", nämlich durch Geltendmachung des Schadensersatzanspruches aus §§ 60, 61 InsO seitens eines zu bestellenden Sonderinsolvenzverwalters.

54   **b)** *Konkurrenz der privilegierten mit der nicht privilegierten Haftung („hinkende Gesamtschuld").* Das weitere Sonderproblem einer Anspruchskonkurrenz, bei der eine von mehreren Haftungen privilegiert sein kann – Haftung des Insolvenzverwalters einerseits und möglicherweise durch Verweisungsprivileg bevorzugte Amtshaftung andererseits (§ 839 I 2 BGB) –, ist bereits angesprochen worden (§ 23 IV. 3. b). Diese Problematik setzt sich fort im internen Ausgleichsverhältnis mit der Frage, ob eine Privilegierung auch im Innenverhältnis der Schuldner zu Lasten des nichtprivilegierten Schuldners durchschlägt. Hieraus ergibt sich das brisante Thema der „gestörten" oder „hinkenden" Gesamtschuld.[39] Die Frage ist die, ob ein einzelner Gesamtschuldner das Risiko eines Regresses allein tragen muss.

---

[39] Vgl *Selb,* Die neuere zivilrechtliche Rechtsprechung zu Gläubiger- und Schuldnermehrheiten, JZ 1986, 483 (485/486); BGH MDR 1985, 834.

2. Abschnitt. Die Insolvenzmasse

Übersicht

	Rn.
§ 24. Rechtlicher Standort der Masse	
I. Gegenstand und Umfang der Masse	1
II. Rechtliche Zuordnung der Masse	6
III. Zweckbestimmung der Masse	7
IV. Sondermassen	8
§ 25. Zuordnung und Ausgrenzung der Massegegenstände	
I. Allgemeines	1
II. Unbewegliches Vermögen	2
III. Bewegliches Vermögen	12
§ 26. Zuordnung und Ausgrenzung der Massegegenstände in Sonderfällen	
I. Allgemeines	1
II. Das Unternehmen des Schuldners	2
III. Die freiberufliche Praxis des Schuldners	9
IV. Gestaltungsrechte zur Ergänzung der Masse	12
V. Ausgrenzung der Insolvenzmasse bei konkurrierender Zwangsverwaltung	23
§ 27. Veränderung des Umfangs der Masse nach Verfahrenseröffnung	
I. Zuwachs (Neuerwerb) ua	1
II. Austausch	5
III. Verringerung	6
§ 28. Streit über Massezugehörigkeit	
§ 29. Gesamtgut bei Gütergemeinschaft	
I. Allgemeines	1
II. Gesamtgut bei Einzelverwaltung	6
III. Gesamtgut bei gemeinschaftlicher Verwaltung	8
IV. Gesamtgut bei fortgesetzter Gütergemeinschaft	9
V. Beendigung der Gütergemeinschaft	11

Schrifttum Vor §§ 24–29: *Abel,* Filmlizenzen in der Insolvenz des Lizenzgebers und Lizenznehmers, NZI 2003, 121; *Ahrens,* Negativverklärung zur selbständigen Tätigkeit des Schuldners gem. § 35 II InsO, NZI 2007, 622; *Andres,* Die geplante Neuregelung des Neuerwerbs des selbständigen Schuldners in der Insolvenz, NZI 2006, 198; *Andres/G. Pape,* Die Freigabe des Neuerwerbs als Mittel zur Bewältigung der Probleme einer selbständigen Tätigkeit des Schuldners, NZI 2005, 141; *Arens,* Verwertung der Insolvenzmasse durch Versteigerungen/Auktionen, GewA 2008, 298; *Bartels,* Der erbrechtliche Erwerb des Insolvenzschuldners – Erbschafts- und Vermächtnisausschlagung sowie die Vernachlässigung von Vermächtnis- und Pflichtteilsansprüchen im Vorfeld und während des Insolvenzverfahrens, KTS 2003, 41–67; *Benckendorff,* Freigabe von Kreditsicherheiten in der Insolvenz, Kölner Schrift, 2. Aufl., S. 1099; *Berger,* Die unternehmerische Tätigkeit des Insolvenzschuldners im Rahmen der Haftungserklärung nach § 35 Abs. 2 InsO, ZInsO 2008, 1101; *ders.,* Der BGH auf dem Wege zur Anerkennung der Insolvenzfestigkeit von Softwarelizenzen, NZI 2006, 380; *Bitter,* Richterliche Korrektur der Funktionstauglichkeit des § 93 InsO?, ZInsO 2002, 557; *Bork,* Gesamt(schadens)liquidation im Insolvenzverfahren, Kölner Schrift, 2. Aufl., S. 1333; *ders.,* Die analoge Anwendung des § 93 InsO auf Parallelsicherheiten, NZI 2002, 362; *Bornheimer/Krumm,* Insolvenzmasse; Staatliche Zuwendungen; Rückforderung, KTS 2008, 145, LSK 2007, 290 892; *Bulllinger/Hermes,* Insolvenzfestigkeit von Lizenzen im zweiten Anlauf einer Insolvenzrechtsreform, NZI 2012, 492; *Bunke,* Keine Durchsetzungssperre nach § 93 InsO für konkurrierende Steueransprüche aus §§ 69, 34 AO, NZI 2002, 591; *Dahl,* „Unternehmensfreigabe" nach § 35 II, III InsO – Insolvenzmasse, NJW-Spezial, 485; *Dengler/Gruson/Spielberger,* Insolvenzfestigkeit von Lizenzen? Forschungsstandort Deutschland – so wohl kaum!, NZI 2006, 677; *Eckert,* Leasingraten – Masseschulden oder Konkursforderungen?, ZIP 1997,

2077; *ders.*, Miete, Pacht und Leasing im neuen Insolvenzrecht, ZIP 1996, 897; *Ehrenberg*, Haftungsrisiko des Insolvenzverwalters, Hamburg 2009; *Franz,* Insolvenzrechtliche Probleme der Altlastenhaftung nach dem Bundes-Bodenschutzgesetz, NZI 2000, 10; *Ganter,* Zweifelsfragen bei der Ersatzaussonderung und Ersatzabsonderung, NZI 2005, 1; *ders.,* Patentlizenzen in der Insolvenz des Lizenzgebers, NZI 2011, 833; *Gottwald/Adolphsen,* Die Rechtsstellung dinglich gesicherter Gläubiger in der Insolvenzordnung, Kölner Schrift, 2. Aufl., S. 1043; *Gundlach/Frenzel/Jahn,* Die Zustimmung der Gläubigerversammlung gemäß § 162 InsO, ZInsO 2008, 360; *Gundlach/Frenzel/Strandmann,* Die Insolvenzverwaltung nach den Änderungen durch das MoMiG, NZI 2008, 647; *Haarmeyer,* Die „Freigabe" selbständiger Tätigkeit und die Erklärungspflichten des Insolvenzverwalters, InsO 2007, 696; *Haas/Müller,* Zur Reichweite des § 93 InsO, NZI 2002, 366; *Heilmann,* Aus welchen Gegenständen besteht die Konkursmasse?, BB 1988, 1546; *Heitsch,* Probleme bei der Anwendung von § 93 InsO – cessio legis oder Treuhand?, ZInsO 2003, 692; *ders.,* (GmbH & Co) KG und übertragende Sanierung, ZInsO 2004, 1339; *Hoffmann,* Immaterialgüterrechte in der Insolvenz, ZInsO 2003, 732; *Huber,* Konkurrierende Anfechtungsansprüche zu Gunsten verschiedener Insolvenzmassen im Dreiecksverhältnis oder: „Krieg der Insolvenzverwalter", NZI 2008, 149; *Hügel,* Die Eigenverwaltung als Modell zur Erhöhung der Insolvenzmasse, München 2007; *Kayser,* Die Lebensversicherung im Spannungsfeld der Interessen von Insolvenzmasse, Bezugsberechtigtem und Sicherungsnehmer – eine Zwischenbilanz, ZInsO 2004, 1321; *Kebekus,* Altlasten in der Insolvenz – aus Verwaltersicht, NZI 2001, 63; *Keller,* Die Feststellung des Stimmrechts bei Gläubigerversammlungen – eine in der Insolvenzpraxis gerne unterschätzte Problematik, NZI Heft 3/2009; *ders.,* Das Erbbaurecht in der Insolvenz des Erbbauberechtigten, NZI 2012, 777; *Kesseler,* Persönliche Sicherheiten und § 93 InsO, ZInsO 2002, 549; *ders.,* Die verfahrensunterbrechende Wirkung des § 93 InsO, ZInsO 2003, 67; *ders.,* Die freien Teile von Grundschulden als Massebestandteil, ZIP 2014, 110; *Kirstein,* Das Konkrete und das virtuelle Vermögen der Masse, ZInsO, 2008, 830; *Klinck,* Voraussetzungen und Folgen eines Prozessvergleichs im Einziehungsprozess nach § 93 InsO, NZI 2008, 349; *Kluth,* Die freiberufliche Praxis „als solche" in der Insolvenz – „viel Lärm um nichts?", NJW 2002, 186; *Koehler/Ludwig,* Die Behandlung von Lizenzen in der Insolvenz, NZI 2007, 79; *Kohte,* Die Behandlung von Unterhaltsansprüchen nach der Insolvenzordnung, Kölner Schrift, 2. Aufl., S. 781; *Kolbe,* Stilllegungskündigung durch den starken vorläufigen Insolvenzverwalter, ZIP 2009, 450; *Kranenberg,* Modifizierte Freigabe – Quo Vadis?, NZI 2009, 156; *Krüger,* Die Vergleichsbefugnis des Insolvenzverwalters bei Ansprüchen nach §§ 92, 93 InsO, NZI 2002, 367; *Lüke,* Umweltrecht und Insolvenz, Kölner Schrift, 2. Aufl., 859; *Lwowski/Tetzlaff,* Altlasten in der Insolvenz – Die insolvenzrechtliche Qualifikation der Ersatzvornahmekosten für die Beseitigung von Umweltlasten, NZI 2001, 57; *dies.,* Strafbarkeit des Konkursverwalters wegen umweltgefährdender Abfallbeseitigung nach Betriebsstilllegung, NZI 2001, 182; *dies.,* Altlasten in der Insolvenz – Freigabe, Insolvenzplan und parallele Zwangsverwaltungsverfahren, NZI 2004, 225; *Meyer-Sommer,* Die Freigabe streitbefangener Forderungen im Regelinsolvenzverfahren über das Vermögen einer GmbH, Baden-Baden 2007; *Müller,* Die echte Freigabe durch den Insolvenzverwalter in Spannungsfeld von gesetzlicher Prozessstandschaft und Parteiwechsel, Remscheid 2007; *Nestler/Hinkemöller,* Der Wert der Marke in der Insolvenzpraxis, ZInsO 2009, 2233; *Oepen,* Die Zuständigkeiten des Insolvenzverwalters für Gesamtschadensersatzansprüche und Gesellschafterhaftung, ZInsO 2002, 162; *Pape,* Ablehnung und Erfüllung schwebender Rechtsgeschäfte durch den Insolvenzverwalter, Kölner Schrift, 2. Aufl., S. 531; *ders.,* Absolute Freistellung öffentlich-rechtlicher Ordnungspflichten von insolvenzrechtlichen Zwängen, ZInsO 1998, 154; *Paulus,* Software in Vollstreckung und Insolvenz, ZIP 1996, 2; *Poertzgen,* Die künftige Insolvenzverschleppungshaftung nach dem MoMiG, NZI 2007, 15; *ders.,* Neues zur Insolvenzverschleppungshaftung – der Regierungsentwurf des MoMiG, NZI 2008, 9; *Riedel,* Massezugehörigkeit bedingt pfändbarer Einkünfte, ZVI 2009, 271; *Ries,* § 35 InsO und die „aufoktroyierte Neumasse", über die der Verwalter gar nicht verfügt, ZInsO 2005, 298; *Robra,* Umweltstrafrechtliche Unterlassungshaftung des Konkursverwalters im Zusammenhang mit Altlasten, wistra 1996, 243; *Roth,* Umfang der Insolvenzmasse im Nachlassinsolvenzverfahren, ZInsO 2010, 118; *Römermann,* Insolvenzrecht im MoMiG, NZI 2008, 641; *Schäfer,* Der Sonderinsolvenzverwalter, Köln 2009 (KTS-Schrift), 230; *Schmahl,* Subsidiäres Insolvenzantragsrecht bei führungslosen juristischen Personen nach dem Regierungsentwurf des MoMiG, NZI 2008, 6; *Schmitz/Dahl,* Die Insolvenzfestigkeit von Lizenzen in der Insolvenz des Lizenzgebers, NZI 2013, 878; *Schwartmann,* Zur Befreiung des Insolvenzverwalters aus der ordnungsrechtlichen Verantwortlichkeit durch Freigabe, NZI 2001, 69; *Sinz,* Leasing und Factoring im Insolvenzverfahren, Kölner Schrift, 2. Aufl., S. 593; *Smid,* Zahlung von Lästigkeitsprämien aus der Insolvenzmasse, DZWIR, 2008, 501; *ders.,* Freigabe des Neuerwerbs in der Insolvenz selbständig tätiger Schuldner, DZWIR 2008, 133; *Tappmeier,* Wettbewerbsrechtliche Probleme des Konkurswarenverkaufs, ZIP 1992, 679; *Tetzlaff,* Beihilfen und Insolvenz – Masseanreicherung durch Anwendung des Beihilfenrechts, ZInsO 2009, 419; *Trams,* Rechte und Pflichten der Gläubigerausschussmitglieder, NJW-Spezial 2009, 181; *Uhlenbruck,* Die Verwertung einer freiberuflichen Praxis durch den Insolvenzverwalter, FS Henckel, 1995, S. 877 ff.; *ders.,* Die Firma als Teil der Insolvenzmasse, ZIP 2000, 401; *ders.,* Familienrechtliche Aspekte der Insolvenzordnung, KTS 1999, 413; *ders.,* Kosten gesellschaftlicher Pflichten und Sanierungsmaßnahmen in der Insolvenz, NZI 2007, 313; *Vallender,* Rechtliche und tatsächliche Probleme bei der Abwicklung der Arztpraxis in der Insolvenz, NZI 2003, 530; *von Craushaar/Holdt,* Verwertung des Körperschaftssteuerguthabens im Insolvenzverfahren, NZI 2011, 350; *Wazlawik,* Existenzvernichtung und kein Ende, NZI 2009, 291; *Webel,* Haftung des Insolvenzverwalters aus § 61 InsO für ungerechtfertigte Bereicherungen der Masse und USt-Masseverbindlichkeiten, ZInsO 2009, 393; *Weber/Hötzel,* Das Schicksal der Softwarelizenz in der Lizenzkette bei Insolvenz des Lizenznehmers, NZI 2011, 432; *Weis/Ristelhuber,* Die Verwertung von Grundbesitz in Insolvenzverfahren und die Kostenpauschalen für die Insolvenzmasse, ZInsO 2002, 859; *Wenzel,* Die streitige Stimmrechtsfestsetzung in der Gläubigerversammlung durch das Insolvenzgericht, ZInsO, 2007, 751; *Werres,* Lastschriftbuchungen in der Insolvenz, Quo Vadis IX Senat?, ZInsO 2008, 1065; *Wessel,* Das Aufdecken stiller Reserven – Haftungsfalle für den Insolvenzverwalter, DZWIR 2009, 112; *von Wilmowsky,* Altlasten in der Insolvenz, Verwaltungsakt – Vollstreckung – Freigabe, ZIP 1997, 389; *ders.,* Vermieter (Verpächter, Lizenzgeber) in Insolvenz, ZInsO 2011, 1473; *Wischemeyer,* Die Freigabe der selbständigen Tätigkeit des Schuldners gem. § 35 Abs. 2 InsO – eine „kleine" übertragende Sanierung? ZInsO 2009, 937; *ders.,* Freigabe einer selbstständigen Tätigkeit nach § 35 II InsO – Praxisfrage und Lösungswege, ZInsO 2009, 2121; *Wollmann,* Berufsunfähigkeitsrenten Selbständiger sind nicht Teil der Insolvenzmasse, ZInsO 2009, 2319; *Zipperer,* „Übertragende Sanierung" – Sanierung ohne Grenzen oder erlaubtes Risiko?, NZI 2008, 206.

§ 24. Rechtlicher Standort der Masse

Übersicht

	Rn.
I. Gegenstand und Umfang der Masse	1
II. Rechtliche Zuordnung der Masse	6
III. Zweckbestimmung der Masse	7
IV. Sondermassen	8

I. Gegenstand und Umfang der Masse

Der Begriff der Insolvenzmasse wird durch §§ 35, 36 InsO geprägt, und zwar in systematisch umständlicher Weise zwischen Regel, Ausnahme und „Gegen"-Ausnahme: Nach § 35 InsO erfasst das Insolvenzverfahren grundsätzlich das gesamte Vermögen, das dem Schuldner zur Zeit der Verfahrenseröffnung gehört und das er während des Verfahrens erlangt. Die im Gegensatz zur früheren Regelung in § 1 KO bedeutsame Neuerung liegt darin, dass nunmehr auch der **Neuerwerb** des Schuldners nach Verfahrenseröffnung grundsätzlich zur Masse gehört, wobei eine Einschränkung zB durch Erklärung des Insolvenzverwalters nach § 35 II 1 InsO bei Ausübung einer selbständigen Tätigkeit des Schuldners erfolgen kann. Die Ausnahmeregelung des § 36 I InsO bestimmt, dass Gegenstände, die nicht der Zwangsvollstreckung unterliegen, also unpfändbar sind, nicht zur Masse gehören. Von dieser Ausnahme ausgenommen sind jedoch nach § 36 II InsO die Geschäftsbücher des Schuldners und die nach § 811 I Nr. 4 und 9 ZPO an sich unpfändbaren Gegenstände (unentbehrliche Mittel zum Betreiben einer Landwirtschaft oder einer Apotheke).

§ 36 III InsO erstreckt, inhaltlich an § 812 ZPO anknüpfend, die Nichtzugehörigkeit zur Masse auf Sachen, die zum gewöhnlichen Hausrat gehören und im Haushalt des Schuldners gebraucht werden, wenn der zu erwartende Verwertungserlös außer allem Verhältnis zum Wert der Sachen stehen würde.

2 Die gesetzliche Anknüpfung an den Begriff der „Pfändbarkeit/Unpfändbarkeit" ist, soweit als Schuldner eine juristische Person oder Personen(handels)gesellschaft betroffen ist, zwar rechtssystematisch nicht stimmig,[1] aber in der Praxis unschädlich. Eine Anbindung an die Pfändbarkeit hat aber auch Defizite in konkreten Einzelfällen der Massezuordnung (→ §§ 25, 26).

Die frühere Unstimmigkeit, dass der Ausschluss des Neuerwerbs aus der Masse in § 1 KO nicht auf juristische Personen und Personenhandelsgesellschaften passte,[2] hat sich durch die Masseerstreckung auf den Neuerwerb in § 35 InsO erübrigt.

3 Gegenstand und Umfang der Masse werden zwangsläufig – begriffsimmanent – durch die unterschiedliche personale Anbindung und Zuordnung an den jeweiligen Insolvenzschuldner mitbestimmt. Die Schuldnerfähigkeit und damit auch die Massebestimmung richtet sich nach den Maßstäben des § 11 InsO (wobei insbesondere die Neuerung der Schuldnerfähigkeit der BGB-Gesellschaft zu beachten ist) und der Ausnahmeregelung des § 12 InsO für juristische Personen des öffentlichen Rechts.

4 Für die Bestimmung des Massegegenstands und Masseumfangs hilfreich ist die weitgehend übliche Unterscheidung zwischen „Soll"- und „Ist"-Masse.[3] Unter „Ist-Masse" ist die Masse zu verstehen, die der Verwalter bei Verfahrenseröffnung vorfindet oder sodann rein tatsächlich, aber irrtümlich als Masse an sich zieht. Die „Soll-Masse" ist demgegenüber die Masse, die nach den Regelungen der InsO die Masse sein und der Gläubigerbefriedigung dienen soll (§§ 35, 36, 38 InsO). Es ist Aufgabe des Verwalters, die „Ist-Masse", wenn erforderlich, in zweifacher Weise zu berichtigen: Dieser hat einmal Gegenstände, die nicht zur „Soll-Masse" gehören aus der „Ist-Masse" freizugeben, zB Gegenstände, die Aussonderungsberechtigten (§§ 47, 48 InsO) zustehen, oder unpfändbare Gegenstände, die an den Schuldner zurückzugeben sind. Andererseits ist es Aufgabe des Verwalters, die Soll-Masse, falls die Ist-Masse unvollständig ist, zu ergänzen. Das geschieht insbesondere durch Geltendmachen von Herausgabeansprüchen gegen den Schuldner oder Dritte und durch Ausübung von Insolvenzanfechtungsrechten (§§ 129 ff., 143 I S. 1 InsO).

Die Soll-Masse ist im Verfahrensverlauf Änderungen unterworfen, zB durch Neuerwerb, Nutzungserwerb, Surrogationsvorgänge sowie (insbesondere bei einstweiliger Unternehmensfortführung) durch Verbindung, Vermischung und Verarbeitung.

Über die Frage, ob eine Massegenerierung durch Lastschriftwiderruf im Insolvenzverfahren natürlicher Personen möglich ist und wenn ja in welchem Umfang war ein heftiger Streit entbrannt. Zum einen wurde angenommen, dass der Insolvenzverwalter zum Widerruf verpflichtet ist.[4] Die eher praxisorientierte Gegenmeinung sah in dem Lastschriftwiderruf in dem Verfahren natürlicher Personen hingegen nur ein Ärgernis,

---

[1] *Kilger/K. Schmidt,* § 1 KO 1 Anm. 1 A c und 3 D; MüKoInsO/*Peters,* § 36 Rn. 6; Nerlich/Römermann/*Andres,* § 35 Rn. 3; FK/*Bornemann,* § 36 Rn. 1.

[2] Uhlenbruck/Hirte/Vallender/*Hirte,* § 35 Rn. 120; MüKoInsO/*Peters,* § 35 Rn. 45 ff.; KPB/*Holzer,* § 35 Rn. 32; FK/*Bornemann,* § 35 Rn. 8, 10.

[3] Vgl. ua *Niesert* InVo 1998, 85 (86); *Kilger/K. Schmidt,* § 1 KO Anm. 4 A, B; MüKoInsO/*Peters,* § 35 Rn. 19 f.; KPB/*Holzer,* § 35 Rn. 3, 16 f.; Nerlich/Römermann/*Andres,* § 35 Rn. 4; Braun/*Bäuerle,* § 35 Rn. 1; FK/*Bornemann,* § 35 Rn. 1d.

[4] *Frind* ZInsO 2008, 1357 ff.; vgl. auch *Menn* NZI 2009, 463; *Frind* NZI 2009, 140; ferner: AG Hamburg NZI 2009, 331, Rückbuchung einer Mietzahlung; BGH NZI 2009, 378 bei eingezogenen Leasingraten; OLG Köln NZI 2009, 111, Rechtshandlung bei Lastschriftbuchung erst mit Genehmigung; BHG NZI 2008, 482 zur Bardeckung bei Genehmigung; BGH NZI 2008, 27 zur Genehmigungsfiktion; BGH NZI 2008, 675 zum Widerspruchsrecht des vorläufigen Insolvenzverwalters.

welches in keinem Verhältnis zu den damit erzielten Erträgen steht.[5] Insoweit haben der IX. und XI. Senat des Bundesgerichtshofes nun mit Urteil vom 20.7.2010 ihre bis dahin unterschiedlichen Rechtsauffassungen angeglichen.[6]

Auf Gegenstand und Umfang der Masse wirkt sich auch die **räumliche Erstreckung** aus. Die Masse erfasst nicht nur das Inlandsvermögen des Schuldners, sondern auch dessen Auslandsvermögen (s. u. § 132 I.).[7]

II. Rechtliche Zuordnung der Masse

Die Insolvenzmasse ist nicht selbstständiges Rechtssubjekt, der Schuldner ist und bleibt auch im eröffneten Verfahren Rechtsträger der Masse.[8] Auch in diesem Zusammenhang gewinnt die unterschiedliche personale Anbindung und Zuordnung der Masse an den jeweiligen Insolvenzschuldner (s. o. § 24 I.) Bedeutung.

Der Schuldner wird allerdings in der Ausübung seiner Rechtsstellung erheblich eingeschränkt; er verliert für die Dauer des Insolvenzverfahrens grundsätzlich die Verwaltungs- und Verfügungsbefugnis, die auf den Insolvenzverwalter übergeht (§ 80 I InsO). Wegen der Einzelheiten wird auf die Ausführungen zu § 18 I. Bezug genommen.

III. Zweckbestimmung der Masse

Die Massebildung verfolgt keinen Selbstzweck, sie dient vielmehr, wie das Insolvenzverfahren insgesamt (§ 1 InsO), der gemeinschaftlichen Gläubigerbefriedigung (§ 38 InsO) durch Verwertung (Liquidation) oder anderweitige Verwendung (insbesondere Unternehmenssanierung) der Masse.

IV. Sondermassen

Bei der Massebestimmung – Gegenstand und Umfang – wirken sich Besonderheiten aus:

Das Insolvenzverfahren ist in der Regel „Gesamtinsolvenz", da es das gesamte, dem Insolvenzbeschlag unterliegende Vermögen des jeweiligen Insolvenzschuldners erfasst (§§ 11 I, II Nr. 1, 35 InsO). Folglich ist eine „Teilinsolvenz", bezogen auf ein Teilvermögen nur eines Schuldners, ebenso ausgeschlossen, wie eine „Gemeinschaftsinsolvenz", bezogen auf die Vermögen mehrerer Schuldner (etwa Eheleute oder eine OHG und ihre Gesellschafter). Die Erkenntnis, dass „Parallelinsolvenzen" zulässig sind, ist ebenso zutreffend wie überflüssig, da selbstverständlich.

Es sind allerdings Ausnahmen vom Grundsatz der „Gesamtinsolvenz" gegeben, soweit „Sonderinsolvenzen" gesetzlich zulässig sind, die sich auf einen bestimmten abgesonderten Vermögenskomplex und damit auch auf eine Sonderinsolvenzmasse beziehen.[9] Zu den Sonderinsolvenzen gehören: das Nachlassinsolvenzverfahren (§§ 11 II Nr. 2, 315 ff. InsO), das Insolvenzverfahren über das Gesamtgut einer fortgesetzten Gütergemeinschaft (§§ 11 II Nr. 2, 37 III, 332 InsO) und das Insolvenzverfahren über das von Eheleuten gemeinschaftlich verwaltete Gesamtgut einer Gütergemeinschaft (§§ 11

---

[5] *Grote* ZinsO 2009, 9 ff.; einen Überblick zur Rechtsprechung gibt *Werres* ZinsO 2008, 1065.
[6] BGHZ 186, 242 = NZI 2010, 731; vgl. insoweit HK/*Keller*, § 36 Rn. 85 ff.
[7] Vgl. auch *Kilger*/K. *Schmidt*, § 1 KO Anm. 1 B; MüKoInsO/*Peters*, § 35 Rn. 36 ff.; KPB/*Holzer*, § 35 Rn. 20; Nerlich/Römermann/*Andres*, § 35 Rn. 12; Braun/*Bäuerle*, § 35 Rn. 2; FK/*Bornemann*, § 35 Rn. 4.
[8] *Kilger*/K. *Schmidt*, § 1 KO Anm. 1 A g; Uhlenbruck/Hirte/Vallender/*Hirte*, § 35 Rn. 10; MüKoInsO/*Peters*, § 35 Rn. 22; KPB/*Holzer*, § 35 Rn. 9; Nerlich/Römermann/*Andres*, § 35 Rn. 7.
[9] *Kilger*/K. *Schmidt*, § 1 KO Anm. 1 A d; MüKoInsO/*Peters*, § 35 Rn. 72; MüKoInsO/*Ott/Vuia*, § 11 Rn. 9 ff.; Uhlenbruck/Hirte/Vallender/*Hirte*, § 11 Rn. 418 f.; KPB/*Holzer*, § 35 Rn. 11; Nerlich/Römermann/*Mönning*, § 11 Rn. 94 ff.; Nerlich/Römermann/*Andres*, § 35 Rn. 17; Braun/*Bußhardt* § 11 Rn. 11; HK/*Kirchhof*, § 11 Rn. 22 ff.; FK/*Schmerbach*, § 11 Rn. 27.

§ 25

II Nr. 2, 37 II, 333, 334 InsO). Der ehemalige weitere Fall einer Sonderinsolvenz bei Vermögensübernahme ist durch Aufhebung des § 419 BGB entfallen. Entsprechendes gilt für den Fall des Neuerwerbs, da dieser nunmehr zur (einheitlichen) Insolvenzmasse gehört (§ 35 I InsO mit der Einschränkung des § 35 II 1 InsO).

Aus rechtssystematischen Gründen sollten Insolvenzverfahren, welche die OHG und KG (und jetzt auch die BGB-Gesellschaft) betreffen, nicht als „Sonderinsolvenzen" bezeichnet werden.[10]

§ 25. Zuordnung und Ausgrenzung der Massegegenstände

Übersicht

	Rn.
I. Allgemeines	1
II. Unbewegliches Vermögen	2
1. Grundstücke	2
2. Grundstücksgleiche Rechte	7
a) Wohnungs- und Teileigentum	7
b) Erbbaurechte	8
c) Heimstätten	9
d) Höfe der Landwirte	10
e) Schiffe und Schiffsbauwerke	11
III. Bewegliches Vermögen	12
1. Bewegliche Sachen	12
2. Ansprüche (Forderungen)	17
a) Allgemeines	17
b) Ansprüche aus Arbeitseinkommen	19
c) Sozialleistungsansprüche	24
d) Bedingt pfändbare Ansprüche ohne Insolvenzbeschlag	27
(1) Renten wegen Verletzung des Körpers oder der Gesundheit	28
(2) Gesetzliche Unterhaltsrenten	29
(3) Einkünfte aus Stiftungen, Altenteils- oder Auszugsverträgen ua	30
(4) Bezüge aus Witwen-, Waisen-, Hilfs- und Krankenkassen	31
(5) Ansprüche aus spezieller Lebensversicherung (Sterbefallkosten-Sicherung)	32
e) Versicherungsansprüche	34
f) Ansprüche in der Insolvenz der Handelsgesellschaften (ua)	37
g) Beschränkt pfändbare Ansprüche	38
h) Masseanfall von Forderungen unter Beachtung höchstpersönlicher Belange	39
i) Schmerzensgeldanspruch	40
j) Weitere Einzelfallansprüche	41
(1) Steuererstattungsansprüche	41
(2) Ansprüche auf Leistung unpfändbarer Gegenstände	42
(3) Schuldbefreiungsansprüche	43
(4) Ansprüche auf Rücknahme hinterlegter Sachen	44
(5) Beihilferückforderungen	45
3. Sonstige Rechte	46
a) Dienstbarkeiten	47
b) Sicherungsrechte	51
(1) Allgemeines	51
(2) Eigentumsvorbehalt	52
(3) Sicherungseigentum („Treuhand")	53
c) Vorkaufs-, Wiederkaufs- und Wiederverkaufsrechte	55
d) Immaterialgüterrechte (Patente ua)	56
e) Anteils- und Mitgliedschaftsrechte	61

---

[10] Der insoweit weiter gefasste Begriff des „Sonderkonkurses" in der 1. Auflage (§ 25 I Rn. 2) wird aufgegeben (vgl. bereits 2. Aufl., § 24 Rn. 9 aE).

I. Allgemeines

Die gesetzliche Anknüpfung zur Massebestimmung an den Begriff „Pfändbarkeit/ **1**
Unpfändbarkeit" – Regel und Ausnahmen – hat in konkreten Einzelfällen, wie bereits
angesprochen (s. o. § 24 I.), Unklarheiten und Nachteile zur Folge. Daher ist bei der
Sichtung der Massegegenstände jeweils die ambivalente Prüfung der Zuordnung oder
Ausgrenzung zu beachten.

II. Unbewegliches Vermögen

1. Grundstücke. Zur Masse gehören die Grundstücke des Schuldners mit ihren Be- **2**
standteilen, Zubehör und Früchten (nach Maßgabe der §§ 865, 810 ZPO).

Das gilt auch für sein Anwartschaftsrecht auf Eigentumserwerb an einem Grund- **3**
stück. Dieses entsteht durch Eintragung einer Auflassungsvormerkung oder durch bindende Auflassung (§§ 873 II, 925 BGB) nebst beim Grundbuchamt eingegangenen
Antrag auf Eigentumsumschreibung; das Anwartschaftsrecht ist übertragbar und damit
(auch in der Insolvenz) verwertbar.[1]

Der Miteigentumsbruchteil des Schuldners an einem Grundstück nach §§ 1008 ff. **4**
BGB (oder an beweglichen Sachen) gehört ebenfalls zur Masse.

Das gilt auch für das dingliche Vorkaufsrecht nach § 1094 II BGB zugunsten des je- **5**
weiligen Eigentümers des herrschenden Grundstücks des Schuldners, das allerdings
nicht selbstständig verwertbar ist. Auszugrenzen ist jedoch das personengebundene Vorkaufsrecht nach § 1094 I BGB, jedenfalls vor Ausübung durch den Schuldner.[2]

In der Insolvenz des Schuldners, der Grundstückseigentümer ist, gehören Heimfall- **6**
anspruch und Erbbauzins nach der ErbbaurechtsVO zur Masse, wobei jedoch Verwertungseinschränkungen bestehen können.[3]

2. Grundstücksgleiche Rechte. a) *Wohnungs- und Teileigentum.* Wohnungs- und **7**
Teileigentum des Schuldners gehören zur Masse. Der Verwalter hat jedoch vereinbarte
Veräußerungsbeschränkungen (§ 12 WEG) zu beachten.[4]

b) *Erbbaurechte.* Erbbaurechte, die nach Inkrafttreten der VO v. 15.1.1919 (RGBl 72) **8**
begründet worden sind, fallen in der Insolvenz des Erbbauberechtigten in die Masse,
jedoch ist eine Veräußerung möglicherweise nach §§ 5, 8 ErbbRVO nur mit Zustimmung des Eigentümers zulässig, deren Erteilung bzw. Ersetzung (§ 7 I und III ErbbRVO) auch vom Verwalter geltend gemacht werden kann.[5]

c) *Heimstätten.* Heimstätten[6] sind durch das Aufhebungsgesetz vom 17.6.1993 **9**
(BGBl. I 912) betroffen.[7]

---

[1] Palandt/*Bassenge*, § 925 Rn. 25–27; Uhlenbruck/Hirte/Vallender/*Hirte*, § 35 Rn. 258, 265; KPB/*Holzer*, § 35 Rn. 94; Nerlich/Römermann/*Andres*, § 35 Rn. 32 f.; Braun/*Bäuerle*, § 35 Rn. 18; HK/*Ries*, § 35 Rn. 9.

[2] Palandt/*Bassenge*, § 1094 Rn. 6; Uhlenbruck/Hirte/Vallender/*Hirte*, § 35 Rn. 185; KPB/*Holzer*, § 35 Rn. 80; Nerlich/Römermann/*Andres*, § 35 Rn. 82, § 36 Rn. 31; Braun/*Kroth*, § 106 Rn. 12; HK/*Keller*, § 36 Rn. 48.

[3] *Kuhn*/*Uhlenbruck*, § 1 KO Rn. 13.

[4] *Kuhn*/*Uhlenbruck*, § 1 KO Rn. 14; MüKoInsO/*Peters*, § 35 Rn. 168; Uhlenbruck/Hirte/Vallender/*Hirte*, § 35 Rn. 137; KPB/*Holzer*, § 35 Rn. 47; Nerlich/Römermann/*Andres*, § 35 Rn. 25; Braun/*Bäuerle*, § 35 Rn. 13; FK/*Bornemann*, § 35 Rn. 5.

[5] OLG Hamm Rpfleger 1967, 415 mAv *Haegele*; *Kalter* KTS 1966, 139; *Kilger*/*K. Schmidt*, § 1 KO Anm. 2 A a; MüKoInsO/*Peters*, § 35 Rn. 167; Uhlenbruck/Hirte/Vallender/*Hirte*, § 35 Rn. 133; KPB/*Holzer*, § 35 Rn. 45; Nerlich/Römermann/*Andres*, § 35 Rn. 26; Braun/*Bäuerle*, § 35 Rn. 12; HK/*Ries*, § 35 Rn. 13 f.; FK/*Bornemann*, § 35 Rn. 5.

[6] Vgl. zur KO: *Kilger*/*K. Schmidt*, § 1 KO Anm. 2 A a.

[7] Palandt/*Bassenge*, Überblick vor § 873 Rn. 5 (auch zum Übergangsrecht); MüKoInsO/*Peters*, § 35 Rn. 166; Uhlenbruck/Hirte/Vallender/*Hirte*, § 35 Rn. 135.

10 **d) *Höfe der Landwirte*.** Höfe der Landwirte gehören zur Insolvenzmasse, wobei der Verwalter Veräußerungsbeschränkungen nach dem Grundstücksverkehrsgesetz zu beachten hat.[8]

11 **e) *Schiffe und Schiffsbauwerke*.** Schiffe und Schiffsbauwerke, soweit sie im Schiffsregister eingetragen sind bzw. eingetragen werden können, sind nach § 864 ZPO mit Umfangbestimmung gem. § 865 ZPO der Einzelvollstreckung zugänglich und gehören deshalb auch zu Insolvenzmasse.

III. Bewegliches Vermögen

12 **1. Bewegliche Sachen.** Bei der Frage, ob bewegliche Sachen des Schuldners zur Insolvenzmasse gehören, sind die Zuordnungs- und Ausgrenzungsmodalitäten der „Pfändbarkeit/Unpfändbarkeit" von Bedeutung (s. o. § 25 I.).

Die in § 811 I Nr. 1–3, 4a–8, 10–13 ZPO aufgeführten Sachen sind grundsätzlich nicht vom Insolvenzbeschlag erfasst (§ 36 I InsO).[9] Zur Masse gehören jedoch (§ 36 II Nr. 2 InsO) die bei einer Einzelvollstreckung nach § 811 I Nr. 4 und 9 ZPO unpfändbaren Sachen (unentbehrliche Mittel zum Betreiben einer Landwirtschaft oder einer Apotheke) sowie in teilweiser Einschränkung des § 811 I Nr. 11 ZPO die Geschäftsbücher des Schuldners (§ 36 II Nr. 1 InsO), und zwar wegen ihrer Bedeutung bei einer Fortführung oder Veräußerung des Unternehmens. Nach § 36 III InsO wird in Anlehnung an § 812 ZPO die Nichtzugehörigkeit zur Masse bei Hausratsachen erweitert (s. o. § 24 I.). Mit Hilfe einer Austauschpfändung (§§ 811a, 811b ZPO) kann der Verwalter Sachen zur Masse ziehen.[10]

13 Sachen, die dem verfassungsrechtlich gewährleisteten Schutz der Privatsphäre unterliegen, wie Briefe, private Aufzeichnungen, Unterlagen über den Gesundheitszustand, sind insolvenzfrei.[11]

14 Computerhardware und auch Computersoftware sind bewegliche Sachen (letztere zumindest Rechte), pfändbar und somit auch vom Insolvenzbeschlag belegt.[12]

15 Die Eigentumsanwartschaft bezüglich (auch) beweglicher Sachen gehört in der Insolvenz des Vorbehaltskäufers zur Insolvenzmasse.[13]

16 Das gilt auch für Miteigentumsbruchteile an beweglichen Sachen nach §§ 1008 ff. BGB.

17 **2. Ansprüche (Forderungen). a)** *Allgemeines*. Auch bei der Prüfung, ob Forderungen des Schuldners zur Insolvenzmasse gehören, haben die Zuordnungs- und Ausgrenzungsmodalitäten der „Pfändbarkeit/Unpfändbarkeit" – Regel und Ausnahmen – Bedeutung (s. o. § 24 I. und § 25 I.).

Nach § 851 I ZPO ist eine Forderung der Pfändung und damit auch dem Insolvenzbeschlag in der Regel nur insoweit unterworfen, als sie **übertragbar** ist. Eine Ausnahme bestimmt § 851 II ZPO für den Fall, dass eine nach § 399 BGB nicht übertragbare Forderung (bei zwangsläufiger Inhaltsänderung der Forderung oder ent-

---

[8] *Kilger/K. Schmidt*, § 1 KO Anm. 2 A a; MüKoInsO/*Peters*, § 36 Rn. 75 ff.; Uhlenbruck/Hirte/Vallender/*Hirte*, § 35 Rn. 298.

[9] Zu den Einzelheiten des § 811 ZPO vgl. Zöller/*Stöber*, § 811 Rn. 3–37.

[10] *Kuhn/Uhlenbruck*, § 1 KO Rn. 26; Uhlenbruck/Hirte/Vallender/*Hirte*, § 36 Rn. 41; Nerlich/Römermann/*Andres*, § 36 Rn. 8; Braun/*Bäuerle*, § 36 Rn. 4.

[11] *Kuhn/Uhlenbruck*, § 1 KO Rn. 22; Kilger/*K. Schmidt*, § 1 KO Anm. 2 A b.

[12] *Paulus* ZIP 1996, 2; *Kuhn/Uhlenbruck*, § 1 KO Rn. 23; Kilger/*K. Schmidt*, § 1 KO Anm. 2 A b; MüKoInsO/*Peters*, § 35 Rn. 160 ff.; zu Ausnahmen: MüKoInsO/*Peters*, § 36 Rn. 23; KPB/*Holzer*, § 35 Rn. 63 f.; Nerlich/Römermann/*Andres*, § 35 Rn. 31; HK/*Ries*, § 35 Rn. 18.

[13] *Kuhn/Uhlenbruck*, § 1 KO Rn. 27; Kilger/*K. Schmidt*, § 1 KO Anm. 2 A c; Uhlenbruck/Hirte/Vallender/*Hirte*, § 35 Rn. 259 ff.; KPB/*Holzer*, § 35 Rn. 94; Nerlich/Römermann/*Andres*, § 35 Rn. 32 f.; Braun/*Bäuerle*, § 35 Rn. 18; HK/*Ries*, § 35 Rn. 9; FK/*Bornemann*, § 36 Rn. 56.

Zuordnung und Ausgrenzung der Massegegenstände 18–22 § 25

sprechender Vereinbarung) dann pfändbar ist und folglich auch zur Masse gehört, wenn der geschuldete Gegenstand der Pfändung unterworfen ist. Das gilt auch dann, wenn die Vereinbarung über den Übertragungsausschluss auch den Insolvenzfall einschließen soll.[14] Der Verwalter kann dann zwar die Forderung nicht veräußern, wohl aber einziehen.

Für Forderungen, die auf wiederkehrende Leistungen gerichtet sind, hat die gesetzliche Neubestimmung der Insolvenzmasse in § 35 InsO – Erstreckung des Insolvenzbeschlags auch auf den *Neuerwerb* während der Verfahrensdauer – erhebliche Bedeutung. **18**

b) *Ansprüche aus Arbeitseinkommen.* Ansprüche aus Arbeitseinkommen gehören in den Grenzen der Pfändbarkeit zur Insolvenzmasse, auch nach Verfahrenseröffnung entstehende Ansprüche (Neuerwerb). Betroffen sind Ansprüche, die der Legaldefinition des § 850 ZPO entsprechen, also insbesondere Arbeits- und Dienstlöhne, Dienst- und Versorgungsbezüge der Beamten, Ruhegelder, Hinterbliebenenbezüge ua. Die Pfändungsschranken der §§ 850, 850a, 850c, 850e, 850f I, 850g bis 850k, 851c und 851d ZPO gelten im Insolvenzverfahren entsprechend. Diese Klarstellung bewirkt der durch das InsOÄndG 2001 eingeführte § 36 I 2 InsO. **19**

Von Bedeutung ist auch § 36 IV InsO, der die Zuständigkeit des Insolvenzgerichts anstelle des Vollstreckungsgerichts bestimmt.

Nach § 850 III ZPO gehören zum Arbeitseinkommen auch die sog. Wettbewerbsrenten und die auf Versicherungsverträgen beruhenden Versorgungsrenten früherer Arbeitnehmer oder unterhaltsberechtigter Angehöriger.[15] Laufend gezahlte Entgelte für Arbeitnehmererfindungen zählen ebenfalls zum Arbeitseinkommen.

Für die Einordnung als Arbeitseinkommen ist die Benennung und Berechnungsart grundsätzlich unerheblich (§ 850 IV ZPO):[16] Dem Arbeitseinkommen gehören ua an: Mehrarbeits- und Überstundenzuschlag, Leistungsprämien, Erfolgsbeteiligung, Sozialzulagen (zB Kindergartenzuschuss), Fixum und Provision, Inkassoprämie, Diäten, Honorare, Gagen und Auftrittsgeld, Gewinnanteile und Verkaufsprämien, Mietzuschüsse, Teuerungsprämien und Gratifikationen. Die Unpfändbarkeitsregelungen des § 850a ZPO sind allerdings zu beachten. Des Weiteren hat der Verwalter durch Abgabe einer sog. „Negativerklärung" die Möglichkeit, Neuerwerb des selbständigen Schuldners aus der Masse freizugeben, § 35 II 1 InsO. **20**

Vermögenswirksame Leistungen nach dem 5. VermBG v. 4.3.1994 (BGBl. I 407) sind zwar Bestandteil des Lohnes oder Gehalts, der diesbezügliche Anspruch ist jedoch nicht übertragbar und daher auch nicht pfändbar; das gilt auch für die zur Vermögensbildung festgelegten Teile des Arbeitseinkommens.[17] Allerdings sind die aus solchen Geldern gebildeten Spareguthaben pfändbar. **21**

Die Spezialregel des § 850h ZPO über die Pfändbarkeit verschleierten Arbeitseinkommens ist im Insolvenzverfahren anwendbar (§ 36 I 2 InsO) und löst daher Masseforderungen aus. Auch in diesem Zusammenhang ist der Zuständigkeitswechsel vom Vollstreckungs- zum Insolvenzgericht zu beachten (§ 36 IV InsO): Auf Antrag des Insolvenzverwalters erlässt das Insolvenzgericht bei Lohnschiebung (§ 850h I ZPO) oder bei Lohnverschleierung (§ 850h II ZPO) einen Pfändungs- und Überweisungsbeschluss, und zwar in gleicher Weise wie bei einer Einzelvollstreckung ohne sachliche Nachprüfung des der Insolvenzmasse angeblich zustehenden Anspruchs.[18] **22**

---

[14] BGHZ 35, 85, 87 = NJW 1961, 1349.
[15] *Zöller/Stöber*, § 850 Rn. 10, 11.
[16] *Zöller/Stöber*, § 850 Rn. 12–15.
[17] *Zöller/Stöber*, § 850 Rn. 13; § 829 Rn. 33, § 851 Rn. 2.
[18] *Rosenberg/Gaul/Schilken*, Zwangsvollstreckungsrecht, 11. Aufl., S. 880; *Zöller/Stöber*, § 850h Rn. 2, 8; zu Bedenken: *Keller*, NZI 2001, 449, 450 ff.

Zahlt der Drittschuldner nicht freiwillig, so ist der Insolvenzverwalter, wie der Gläubiger in der Einzelvollstreckung, auf eine Zahlungsklage vor dem zuständigen Prozessgericht angewiesen.

Die Vorteile einer Forderungspfändung liegen nur – aber immerhin – in der Verstrickung der Forderung, im Verfügungsverbot, im Entstehen eines Pfändungspfandrechts an der Forderung und im Auskunftsanspruch (§ 840 ZPO). Sie dienen einer erfolgversprechenden Durchsetzung der Insolvenzmasseansprüche vor dem ordentlichen Prozessgericht (s. u. § 28).

23 Pfändbar und daher vom Insolvenzbeschlag belegt sind auch einmalig zu zahlende Beträge, die Arbeitnehmer bei Ausscheiden aus dem Arbeitsverhältnis als Abfindung erhalten. Hierzu gehören der arbeitsrechtliche Abfindungsanspruch nach §§ 112, 113 BetrVG und die Abfindungen nach §§ 9 f. KSchG.[19] Durch die Vorschrift des § 36 I 2 InsO ist klargestellt, dass der Pfändungsschutz in § 850i ZPO für einmalige Arbeitsvergütungen auch im Insolvenzverfahren auf Antrag des Schuldners möglich ist. Für die Entscheidung über den Vollstreckungsschutzantrag ist nach § 36 IV InsO wiederum das Insolvenzgericht zuständig.

24 c) *Sozialleistungsansprüche.*[20] Die Frage der Pfändbarkeit von Sozialleistungsansprüchen ist im Sozialgesetzbuch (SGB I) geregelt. Nach § 54 I SGB I können Ansprüche auf Dienst- und Sachleistungen (aus allen Sozialleistungsbereichen) grundsätzlich nicht gepfändet werden.

§ 54 II SGB I lässt eine eingeschränkte Billigkeitspfändung für Ansprüche auf einmalige Geldleistungen zu. Es besteht somit keine Unpfändbarkeit; sie kann nur durch eine konstitutiv wirkende Entscheidung des Insolvenzgerichts (§ 36 IV InsO) durchbrochen werden.[21]

Nach § 54 III SGB I sind bestimmte weitere Ansprüche unpfändbar, während § 54 IV SGB I im Übrigen die Pfändung von Ansprüchen auf laufende Geldleistungen wie bei Arbeitseinkommen zulässt.

Ansprüche auf laufende Geldleistungen (zB Arbeitslosengeld und Arbeitslosenhilfe, Krankengeld, Verletzten- und Hinterbliebenenrente, Rente wegen Berufsunfähigkeit, Erwerbsunfähigkeit oder Alters, Wohngeld) sind also entweder nach § 54 III SGB I unpfändbar oder nach § 54 IV SGB I wie Arbeitseinkommen pfändbar.

25 Das Sozialgesetzbuch XII (Sozialhilfe) regelt Leistungen verschiedenster Art (§§ 67, 70 SGB XII). Nach § 17 SGB XII kann der Anspruch auf Sozialhilfe nicht gepfändet werden, so dass auch ein Insolvenzbeschlag nicht erfolgt.

26 Die Pfändung von Insolvenzgeld (§§ 165 ff. SGB III) ist nach Maßgabe des § 171 SGB III grundsätzlich wie Arbeitseinkommen möglich, so dass insoweit auch ein Insolvenzbeschlag im Insolvenzverfahren des Anspruchsberechtigten eintreten kann.

27 d) *Bedingt pfändbare Ansprüche ohne Insolvenzbeschlag.* Nach § 850b I Nr. 1–4 ZPO sind folgende Ansprüche grundsätzlich, jedoch bedingt durch die Ausnahmeregelung in Abs. 2, unpfändbar:

28 (1) *Renten wegen Verletzung des Körpers oder der Gesundheit.* Renten, die wegen einer Verletzung des Körpers oder der Gesundheit zu entrichten sind (insbesondere Haftpflichtrenten nach § 843 BGB, § 8 HaftpflG, § 13 StVG, § 38 LuftVG, § 30 AtomG, aber auch Renten nach § 618 III BGB oder § 62 HGB wegen Verletzung der Fürsorgepflicht des Arbeitgebers)[22] sind grundsätzlich unpfändbar.

---

[19] BAG MDR 1992, 590 = NJW 1992, 1646 L; OLG Düsseldorf MDR 1980, 63 = NJW 1979, 2520 sowie BAG AP § 850 Nr. 1 m Anm. *Förster* = Rpfleger 1960, 247 m. Anm. *Berner;* BAG 32, 96 = MDR 1980, 346; *Zöller/Stöber,* § 850i Rn. 1.

[20] Auf die ausführliche Darstellung in *Zöller/Stöber,* § 850i Rn. 6–48 wird Bezug genommen.

[21] Vgl. *Zöller/Stöber,* § 850i Rn. 20 mwN.

[22] RGZ 87, 85.

Das gilt auch für auf vertraglicher Grundlage gewährte Unfall- und Invaliditätsrenten und damit auch für eine Berufsunfähigkeits-(Zusatz)Rente.[23]

(2) *Gesetzliche Unterhaltsrenten*. Grundsätzlich unpfändbar sind auch auf gesetzlicher Vorschrift beruhende Unterhaltsrenten.[24] In Betracht kommen die gesetzlichen Unterhaltsansprüche nach §§ 1569ff., 1601ff., 1615a, 1615l, 1615n BGB. Ohne Belang ist, ob im Einzelfall diese gesetzlichen Ansprüche vertraglich geregelt und ausgestaltet sind. 29

Die grundsätzliche Unpfändbarkeit gilt auch für Schadensersatzrenten wegen Entziehung des Unterhaltsanspruchs vor allem durch Tötung,[25] zB für Renten nach §§ 5 II, 8 I HaftpflG, § 13 II StVG, § 38 II LuftVG, § 28 II AtomG.

(3) *Einkünfte aus Stiftungen, Altenteils- oder Auszugsverträgen ua.* Fortlaufende Einkünfte aus Stiftungen und sonst aus Fürsorge und Freigebigkeit eines Dritten oder aufgrund eines Altenteils oder Auszugsvertrages bezogene Einkünfte sind in der Regel ebenfalls unpfändbar.[26] 30

(4) *Bezüge aus Witwen-, Waisen-, Hilfs- und Krankenkassen*. Grundsätzlich unpfändbar sind auch Bezüge aus Witwen-, Waisen-, Hilfs- und Krankenkassen. Voraussetzung ist, dass die Leistungen ausschließlich oder zu einem wesentlichen Teil zu Unterstützungszwecken gewährt werden.[27] 31

(5) *Ansprüche aus spezieller Lebensversicherung (Sterbefallkosten-Sicherung)*. Schließlich sind Ansprüche aus Lebensversicherungsverträgen unpfändbar, wenn die Versicherung *nur für den Todesfall* des Versicherungsnehmers abgeschlossen ist, also nicht, wenn die Versicherungssumme auch bei Erreichen eines bestimmten Lebensalters fällig wird oder die Versicherung auf den Tod eines Dritten abgeschlossen ist, und wenn die Versicherungssumme 3579,– EUR nicht übersteigt (Normzweck: Deckung von Sterbefallkosten). Liegt die Versicherungssumme darüber, so ist der Anspruch in voller Höhe pfändbar, weil es sich dann nicht mehr um die typische Sterbefallsicherung handelt.[28] 32

§ 850b II ZPO enthält eine *Ausnahmeregelung*, die zu einer Pfändung entsprechend den Regelungen bei Arbeitseinkommen führen kann, jedoch nur wenn bestimmte Voraussetzungen in der Person und Lage des jeweiligen Gläubigers gegeben sind. Diese Einzelfallanbindung führt im Insolvenzverfahren, das der gemeinschaftlichen Befriedigung aller Gläubiger dient, dazu, dass die nach § 850b ZPO bedingt pfändbaren Ansprüche uneingeschränkt nicht zu einem Insolvenzbeschlag führen.[29] Das ist inzwischen durch § 36 I 2 InsO eindeutig klargestellt, da § 850b II ZPO im Katalog des § 36 I 2 InsO nicht aufgeführt wird (Die Unpfändbarkeitsbestimmung des § 850b I ZPO ist zwar im Katalog ebenfalls nicht zitiert. Das ist jedoch ohne Belang, da sich der insolvenzrechtliche „Durchschlag" unmittelbar aus § 36 I 1 InsO ergibt). 33

e) *Versicherungsansprüche*.[30] Die Ansprüche des Insolvenzschuldners als Versicherungsnehmer aus Versicherungsverträgen gehören grundsätzlich zur Insolvenzmasse. Hierzu 34

---

[23] BGHZ 70, 206; BGHZ 31, 210; OLG Oldenburg MDR 1994, 257 = NJW-RR 1994, 479 mwN; OLG Saarbrücken VersR 1995, 1227 (1228); *Hülsmann* MDR 1994, 537u VersR 1996, 308; *Zöller/Stöber*, § 850b Rn. 2.
[24] Vgl. *Zöller/Stöber*, § 850b Rn. 3–5a. Im Übrigen wird auf die umfassenden Ausführungen bei *Kohte*, Kölner Schrift, S. 781 ff., „Die Behandlung von Unterhaltsansprüchen nach der InsO" Bezug genommen.
[25] Vgl. *Zöller/Stöber*, § 850b Rn. 6.
[26] Einzelheiten vgl. *Zöller/Stöber*, § 850b Rn. 7, 8.
[27] Einzelheiten vgl. *Zöller/Stöber*, § 850b Rn. 9.
[28] *Zöller/Stöber*, § 850b Rn. 10.
[29] *Kohte* Kölner Schrift, S. 785 Rn. 13, 14; Uhlenbruck/Hirte/Vallender/*Hirte*, § 36 Rn. 9; FK/*Bornemann*, § 36 Rn. 22.
[30] Vgl. *Heilmann* KTS 1966, 79; KTS 1972, 14; KTS 1986, 251; *Haegele* Rpfleger 1969, 156; *Kilger/K. Schmidt*, § 1 KO Anm. 2 Bc; Uhlenbruck/Hirte/Vallender/*Hirte*, § 35 Rn. 207ff.; KPB/*Holzer*, § 35 Rn. 82f.; Nerlich/Römermann/*Andres*, § 35 Rn. 55ff., § 36 Rn. 22ff.; Braun/*Bäuerle*, § 35 Rn. 25ff.; HK/*Ries*, § 35 Rn. 20.

zählt auch ein versicherungsrechtlicher Befreiungsanspruch.[31] Zur Masse gehört auch ein etwaiges Kündigungsrecht, das Recht auf den Rückkaufswert sowie insbesondere auch das Recht auf den Widerruf einer Drittbegünstigung.[32] Das gilt auch bei einem Lebensversicherungsvertrag zwecks betrieblicher Altersversorgung.[33] Bei einer widerruflichen Drittbegünstigung ist der Insolvenzverwalter befugt, den Widerruf zu erklären, so dass der Versicherungsanspruch für die Masse aktiviert werden kann, wenn der Versicherungsfall eintritt oder mittels Kündigung gegenüber dem Versicherer der Rückkaufswert zur Masse fließt.[34]

Ist die Bezugsberechtigung widerruflich, kann der Verwalter gegenüber dem Versicherer auch die Erfüllung des Versicherungsvertrages ablehnen (§ 103 InsO).

Lebensversicherungen mit unwiderruflicher Drittbegünstigung fallen in der Insolvenz des Versicherungsnehmers nicht in die Masse.[35] Besonderheiten sind zu beachten für den Fall eines eingeschränkt unwiderruflichen Bezugsrechts.[36]

Bei Lebensversicherungen zur Versorgung des Schuldners oder seiner unterhaltberechtigten Angehörigen greifen Pfändungsbeschränkungen ein (§ 850 III b ZPO) und damit auch ein eingeschränkter Insolvenzbeschlag (s. o. § 25 III. 2.).

Zum Sonderfall der ausschließlich für den Todesfall abgeschlossenen Lebensversicherung („Sterbefallkostendeckung") im Rahmen des § 850b I Nr. 4 ZPO wird auf die Ausführungen zu Rn. 32 f. Bezug genommen.

35 Im *Nachlassinsolvenzverfahren* gilt die Besonderheit, dass ein Anspruch aus einer Lebensversicherung des Erblassers zugunsten Dritter nicht in die Insolvenzmasse fällt, unabhängig davon, ob die Drittbegünstigung widerruflich war oder nicht.[37]

36 Auch die Ansprüche des Insolvenzschuldners als Versicherungsnehmer aus *Sachversicherungen* gehören grundsätzlich zur Insolvenzmasse, zB die Ansprüche aus Kfz-Versicherungen.

Bei der Immobiliarbrandversicherung entzieht die Wiederaufbauklausel den Versicherungsanspruch nicht dem Insolvenzbeschlag, wobei allerdings der Verwalter erst dann Zahlung verlangen kann, wenn das Gebäude wieder hergestellt oder die Wiederherstellung gesichert ist.[38]

37 f) *Ansprüche in der Insolvenz der Handelsgesellschaften (u. a.).* Auf die in § 11 InsO definierten Insolvenzschuldner, die nicht zu den natürlichen Personen gehören, also *vor allem die Handelsgesellschaften,* passt die Massebestimmung nach der „Pfändbarkeit/Unpfändbarkeit" nicht. Unpfändbares Vermögen gibt es nicht. Masse ist vielmehr das gesamte Gesellschafts(Vereins- oder Stiftungs-)vermögen.[39]

Gesellschaftstypische Ansprüche aus *Einlagerückständen,* auf Wiederauffüllung der Masse und Rückforderungsansprüche gehören zur Masse.[40] Das gilt vor allem für Schadensersatzansprüche der Gesellschaft gegen ihre Organe.[41] Hier kann ein Zusammen-

---

[31] BGH ZIP 1996, 842 (843).
[32] Uhlenbruck/Hirte/Vallender/*Hirte,* § 35 Rn. 207.
[33] *Heilmann* KTS 1986, 251.
[34] BGH ZIP 1993, 600.
[35] BAG ZIP 1996, 965; Uhlenbruck/Hirte/Vallender/*Hirte,* § 35 Rn. 221 mwN.
[36] BAG BB 1990, 2272; VersR 1991, 942.
[37] BGHZ 32, 47.
[38] Uhlenbruck/Hirte/Vallender/*Hirte,* § 35 Rn. 223.
[39] Überzeugend: Kilger/K. Schmidt, § 1 KO Anm. 1 A c mwN und § 1 KO Anm. 3 D a; vgl. auch Uhlenbruck/Hirte/Vallender/*Hirte,* § 35 Rn. 301 ff., 378 ff.; MüKoInsO/*Peters,* § 35 Rn. 185 ff., 196; KPB/*Holzer,* § 35 Rn. 32; FK/*Bornemann,* § 35 Rn. 6g.
[40] Kilger/K. Schmidt, § 1 KO Anm. 3 D a mwN; Uhlenbruck/Hirte/Vallender/*Hirte,* § 35 Rn. 380 ff.; Nerlich/Römermann/*Andres,* § 35 Rn. 48, 54; HK/*Ries,* § 35 Rn. 23.
[41] Kilger/K. Schmidt, § 1 KO Anm. 3 D b mwN; Uhlenbruck/Hirte/Vallender/*Hirte,* § 35 Rn. 410 ff.; MüKoInsO/*Peters,* § 35 Rn. 185 ff.; Nerlich/Römermann/*Andres,* § 35 Rn. 53; HK/*Ries,* § 35 Rn. 20; KPB/*Holzer,* § 35 Rn. 93.

Zuordnung und Ausgrenzung der Massegegenstände   38–42 § 25

hang bestehen mit der Geltendmachung eines Gesamtschadens der Gläubiger oder einer persönlichen Gesellschafterhaftung für Verbindlichkeiten der Gesellschaft durch den Verwalter nach §§ 92, 93 InsO.

g) *Beschränkt pfändbare Ansprüche.* Nach § 852 ZPO sind folgende Ansprüche nur be- **38** schränkt pfändbar, und zwar wenn sie durch Vertrag anerkannt oder rechtshängig (§ 261 ZPO) geworden sind:
a) Pflichtteilsansprüche (§§ 2303, 2305–2307, 2325, 2329 BGB);
b) Schenkungsrückforderungsansprüche (§ 528 BGB);
c) Zugewinnausgleichsansprüche (§§ 1372ff., 1378 BGB).

Unter diesen Voraussetzungen, die höchstpersönlichen Belangen Rechnung tragen, werden die Forderungen auch vom Insolvenzbeschlag erfasst.[42]

h) *Masseanfall von Forderungen unter Beachtung höchstpersönlicher Belange.* Höchstpersön- **39** liche Belange des Anspruchsinhabers, die angemessen zu beachten sind, haben auch in folgenden Fällen Bedeutung:
a) Annahme oder Ausschlagung einer Erbschaft oder eines Vermächtnisses vor oder nach Eröffnung des Insolvenzverfahrens (§ 83 InsO, §§ 1432, 1455 Nr. 1, 1822 Nr. 2, 1942ff., 2142, 2180, 2307 BGB);
b) Ablehnung der fortgesetzten Gütergemeinschaft vor oder nach Eröffnung des Insolvenzverfahrens (§ 83 InsO, §§ 1483ff. BGB);
c) Widerruf einer Schenkung wegen groben Undanks vor oder nach Eröffnung des Insolvenzverfahrens (§ 35 InsO, § 530 BGB).

Nach Annahme, Ablehnung und Widerruf steht einem Masseanfall grundsätzlich nichts entgegen.

i) *Schmerzensgeldanspruch.* Schmerzensgeldansprüche nach § 253 II BGB (aus Delikt, **40** Gefährdungshaftung oder Vertrag) sind übertragbar, vererblich, pfändbar, verpfändbar und damit Gegenstand der Insolvenzmasse.[43] Eine Ausnahme ist jedoch dann zu beachten, wenn bei besonders schweren Dauerschäden statt der Kapitalentschädigung eine (zulässige)[44] Schmerzensgeldrente gewährt wird. Für diese Rente gilt die Unpfändbarkeitsbestimmung des § 850b I Nr. 1 ZPO, die (auch) einen Insolvenzbeschlag nicht entstehen lässt.

Eine Ausnahme-Pfändbarkeit nach § 850b II ZPO führt nicht zu einem Insolvenzbeschlag. Diese Bestimmung ist insolvenzrechtlich irrelevant, da sie im Katalog des § 36 I 2 InsO nicht aufgeführt wird.

Die unterschiedliche Behandlung (Kapital oder Rente) ist im Hinblick auf den Verletzungsausnahmefall mit besonders schweren Dauerschäden sachgerecht.

j) *Weitere Einzelfallansprüche.* (1) *Steuererstattungsansprüche.* Ansprüche des Insolvenz- **41** schuldners auf Steuererstattung und Lohnsteuerausgleich gehören zur Insolvenzmasse.[45] Hierbei ist zu beachten, dass die Zäsur der Verfahrenseröffnung grundsätzlich ohne Belang ist, da auch der „Neuerwerb" zur Masse gehört (§ 35 InsO).

(2) *Ansprüche auf Leistung unpfändbarer Gegenstände.* Die Unpfändbarkeit von Ge- **42** genständen (zB §§ 811, 851, 857 ZPO) hat zur Folge, dass auch hierauf gerichtete

---

[42] *Kuhn/Uhlenbruck,* § 1 KO Rn. 58, 58d; Uhlenbruck/Hirte/Vallender/*Hirte,* § 36 Rn. 7; Nerlich/Römermann/*Andres,* § 35 Rn. 62f., § 36 Rn. 21, 34; HK/*Ries,* § 35 Rn. 38; FK/*Bornemann,* § 36 Rn. 53.
[43] Palandt/*Heinrichs,* § 253 Rn. 22; Uhlenbruck/Hirte/Vallender/*Hirte,* § 35 Rn. 198; Nerlich/Römermann/*Andres,* § 35 Rn. 64; HK/*Keller,* § 36 Rn. 44.
[44] Palandt/*Heinrichs,* § 253 Rn. 21.
[45] *Kilger/K. Schmidt,* § 1 KO Anm. 2 B d; Uhlenbruck/Hirte/Vallender/*Hirte,* § 35 Rn. 181ff.; MüKoInsO/*Peters,* § 35 Rn. 421ff.; Nerlich/Römermann/*Andres,* § 35 Rn. 59ff.; Braun/*Bäuerle,* § 35 Rn. 60; KPB/*Holzer,* § 35 Rn. 84.

Leistungsansprüche nicht pfändbar sind und damit auch nicht zur Insolvenzmasse gehören.[46]

43 (3) *Schuldbefreiungsansprüche.* Schuldbefreiungsansprüche sind grundsätzlich nicht abtretbar (Ausnahme: zulässig ist die Abtretung an den Drittgläubiger, auf dessen Befriedigung es letztendlich ankommt) und nicht pfändbar. Sie fallen jedoch in der Insolvenz des Inhabers der Schuldbefreiungsansprüche als verwandelte Zahlungsansprüche mit dem vollen Betrag in die Masse.[47]

44 (4) *Ansprüche auf Rücknahme hinterlegter Sachen.* Nach § 377 BGB ist das Recht des Schuldners zur Rücknahme hinterlegter Sachen der Pfändung nicht unterworfen und kann während des Insolvenzverfahrens „auch nicht" vom Schuldner ausgeübt werden, also weder vom Insolvenzverwalter noch vom Schuldner.

Falls die Hinterlegung nach Eröffnung des Insolvenzverfahrens unwirksam wird oder der Gläubiger die Vorteile der Hinterlegung aufgibt oder sein Annahmerecht verliert, so fällt der hinterlegte Gegenstand in die Masse; der Verwalter kann den Rücknahmeanspruch geltend machen.[48] Ist der Insolvenzschuldner Gläubiger, zu dessen Befriedigung die Hinterlegung erfolgt ist, so gehört der Anspruch auf Empfangnahme der hinterlegten (pfändbaren) Sachen zur Insolvenzmasse.

45 (5) *Beihilferückforderungen.* Im Rahmen der Rückforderung gemeinschaftswidrig gewährter Beihilfen sind die Vorschriften des deutschen Kapitalerhaltungs- und Insolvenzrechts zu beachten, soweit hierdurch nicht der Zielsetzung des Beihilfenverbots zuwider gehandelt wird. Das europäische Beihilferecht steht einer Rückforderung einer als verbotene Beihilfe zu qualifizierenden Finanzierungshilfe des Gesellschafters nicht entgegen.[49]

46 **3. Sonstige Rechte.** Außer den Ansprüchen (Forderungen) im engeren Sinne gibt es eine Reihe sonstiger Rechte, die entweder zur Insolvenzmasse gehören oder dem Insolvenzbeschlag nicht unterliegen:

47 a) *Dienstbarkeiten.* Die Dienstbarkeiten betreffen die Grunddienstbarkeiten (§§ 1018–1029 BGB), den Nießbrauch an Sachen, Rechten und an einem Vermögen (§§ 1030–1089 BGB) sowie die beschränkt persönlichen Dienstbarkeiten (§§ 1090–1093 BGB). Dient die Grunddienstbarkeit einem zur Insolvenzmasse gehörenden Grundstück, so fällt auch sie in die Masse, was sich zwangsläufig bei einer Nutzung des dienenden Grundstücks durch den Insolvenzverwalter auswirkt, aber auch und vor allem bei der Veräußerung des herrschenden Grundstücks durch den Verwalter.

48 Der Nießbrauch ist nach § 1059 S. 1 BGB als Stammrecht grundsätzlich nicht übertragbar und gehört daher in seiner Substanz nicht zur Insolvenzmasse. Die Ausübung des Nießbrauchs kann jedoch nach § 1059 S. 2 BGB einem anderen überlassen werden. Daher fallen die sich aus einem Nießbrauch ergebenden Inhaltsrechte, Nutzung und insbesondere Erträge, in die Masse, selbst wenn die Überlassung der Nießbrauchsrechte vertraglich ausgeschlossen worden ist.[50] Bei Nießbrauch einer juristischen Person oder

---

[46] *Kilger/K. Schmidt,* § 1 KO Anm. 2 E c; zum Verzicht des Schuldners auf Pfändungsschutz: Uhlenbruck/Hirte/Vallender/*Hirte,* § 36 Rn. 39 f.

[47] *Kilger/K. Schmidt,* § 1 KO Anm. 2 E d mwN; Uhlenbruck/Hirte/Vallender/*Hirte,* § 35 Rn. 162; MüKoInsO/*Peters,* § 35 Rn. 399; Nerlich/Römermann/*Andres,* § 35 Rn. 45; Braun/*Bäuerle,* § 35 Rn. 39 f.; FK/*Bornemann,* § 36 Rn. 50a; KPB/*Holzer,* § 35 Rn. 79.

[48] *Kilger/K. Schmidt,* § 1 KO Anm. 2 E e; Uhlenbruck/Hirte/Vallender/*Hirte,* § 36 Rn. 206; MüKoInsO/*Peters,* § 35 Rn. 424 f.; Nerlich/Römermann/*Andres,* § 36 Rn. 16; KPB/*Holzer,* § 35 Rn. 90.

[49] OLG Jena, WM 2006, 222; EuGH NZI 2004, 392; vgl. auch *Gurski* KTS 2008, 404.

[50] *Kilger/K. Schmidt,* § 1 KO Anm. 2 C, c, aa mwN; Uhlenbruck/Hirte/Vallender/*Hirte,* § 35 Rn. 191; MüKoInsO/*Peters,* § 35 Rn. 449 ff.; Nerlich/Römermann/*Andres,* § 35 Rn. 66; Braun/*Bäuerle,* § 35 Rn. 16; HK/*Keller,* § 36 Rn. 40; KPB/*Holzer,* § 35 Rn. 50.

einer anderen rechtsfähigen Personengemeinschaft ist jedoch eine Übertragbarkeit nach Maßgabe der § 1059a–§ 1059e BGB zu beachten.

Nach § 1067 I 1 BGB wird der Nießbraucher, falls verbrauchbare Sachen Gegenstand des Nießbrauchs sind, Sacheigentümer mit der Folge eines entsprechenden Insolvenzbeschlags.

Der Anspruch auf Bestellung eines Nießbrauchs fällt in der Insolvenz des Anspruchsinhabers zur Masse.

Die beschränkt persönliche Dienstbarkeit gehört in ihrer Substanz und in der Regel auch in ihrer Ausübung nicht zur Masse, eine Folgewirkung des § 1092 I 1 BGB. Sie kann ausnahmsweise für die Masse ausgeübt werden, wenn die Überlassung der Ausübung an einen anderen vertraglich gestattet ist (§ 1092 I 2 BGB).[51] **49**

Das Wohnungsrecht nach § 1093 BGB, oft als sog. „Altenteil" begründet, ist eine Abart der beschränkten persönlichen Dienstbarkeit mit nießbrauchsähnlicher Gestaltung. Bei natürlichen (Privat-)Personen wird das Wohnrecht nach § 1092 I BGB weitestgehend insolvenzfrei sein. Bei Kaufleuten, insbesondere Handelsgesellschaften, denen ein Wohnrecht zusteht (Zweck zB Unterbringung von Geschäftspartnern) können Ausnahmen bestehen, die dem Verwalter im Rahmen einer einstweiligen Unternehmensfortführung Befugnisse zugunsten der Masse einräumen. **50**

b) *Sicherungsrechte.* (1) *Allgemeines.* Die dem Insolvenzschuldner zustehenden Sicherungsrechte gehören mit den gesicherten Forderungen zur Insolvenzmasse. **51**

Es handelt sich hierbei insbesondere um Grundschulden, Hypotheken, Pfandrechte an beweglichen Sachen und Rechten, Eigentumsvorbehalt sowie Sicherungseigentum und Sicherungszession.

(2) *Eigentumsvorbehalt.* Bei einem Eigentumsvorbehalt ist § 107 InsO zu beachten: **52**

Hat der Insolvenzschuldner vor Verfahrenseröffnung eine bewegliche Sache unter Eigentumsvorbehalt des Verkäufers gekauft und den Besitz erhalten, so ist die (weitere) Massezugehörigkeit der Sache von der Ausübung des Wahlrechts des Verwalters nach § 103 InsO abhängig. Der Verwalter braucht allerdings nach § 107 II InsO bei einer entsprechenden Aufforderung des Verkäufers die Wahlrechtserklärung grundsätzlich erst nach dem Berichtstermin (§ 156 InsO) abzugeben, dies aber dann unverzüglich. Damit ist dem Verwalter, insbesondere bei einstweiliger Unternehmensfortführung, ein angemessener Ermessensspielraum bis zur grundsätzlichen Weichenstellung zum weiteren Verfahrensverlauf durch die Gläubigerversammlung eingeräumt. Hat dagegen der Schuldner vor Verfahrenseröffnung eine bewegliche Sache unter Eigentumsvorbehalt verkauft und dem Käufer den Besitz übertragen, so kann der Verwalter nach § 107 I InsO die Anwartschaft des Vorbehaltskäufers nicht durch eine Ablehnung der Erfüllung des Kaufvertrages (§ 103 InsO) zerstören. Solange der Käufer vertragstreu bleibt, ist der Verwalter nicht berechtigt, die Kaufsache zurückzuverlangen. Das gilt auch dann, wenn der Verkäufer im Kaufvertrag zusätzliche Pflichten übernommen und diese noch nicht erfüllt hat. Von Bedeutung ist in diesem Zusammenhang auch § 449 III BGB (Unzulässigkeit insbesondere des sog. Konzernvorbehalts zur Erweiterung des Eigentumsvorbehalts). Mit § 107 I InsO ist die alte Streitfrage zum Recht der KO[52] geklärt.

(3) *Sicherungseigentum („Treuhand").* Sicherungseigentum und Sicherungszession sind die bedeutsamsten Erscheinungsformen der sog. „Treuhand". Eine „echte Treuhand" **53**

---

[51] *Kilger/K. Schmidt,* § 1 KO Anm. 2 C c, bb mwN; Uhlenbruck/Hirte/Vallender/*Hirte,* § 35 Rn. 141; MüKoInsO/*Peters,* § 35 Rn. 454 ff.; Nerlich/Römermann/*Andres,* § 35 Rn. 67; Braun/ *Bäuerle,* § 35 Rn. 16; HK/*Keller,* § 36 Rn. 32; KPB/*Holzer,* § 35 Rn. 50.
[52] Vgl. *Kilger/K. Schmidt,* § 17 KO Anm. 3 b.

liegt vor, wenn ein Treuhänder Vermögensrechte zu eigenem Recht innehat, aber nur zu (ua) Sicherungszwecken.[53] Für die Insolvenzmasse sind folgende Auswirkungen zu beachten:

Im Insolvenzverfahren des *Sicherungsnehmers* kann der Sicherungsgeber das Sicherungsgut aussondern, wenn er das Sicherungsrecht beseitigt, also die Forderung tilgt; dagegen steht im Insolvenzverfahren des *Sicherungsgebers* dem Sicherungsnehmer kein Aussonderungsrecht zu, sondern nur ein Absonderungsrecht.

54 Diese Rechtsfolge, die im Bereich der KO der herrschenden Meinung entsprach,[54] ist nunmehr in § 51 Nr. 1 InsO ausdrücklich normiert. Mit dieser rechtlichen Einordnung wird dem Umstand Rechnung getragen, dass die Sicherungsübertragung bei wirtschaftlicher Betrachtung dem Pfandrecht näher steht als dem Eigentum.

Als Sicherungsübertragung sind wie nach bisherigem Recht zur KO grundsätzlich auch die Verlängerungs- und Erweiterungsformen des Eigentumsvorbehalts zu behandeln, also die Vorausabtretung der Kaufpreisforderung aus der Weiterveräußerung unter Eigentumsvorbehalt gelieferter Waren, die vorweggenommene Übereignung des Produkts, das durch die Verarbeitung der gelieferten Sachen entstehen soll, oder die Erstreckung des Eigentumsvorbehalts auf Forderungen des Veräußerers, die nicht aus dem Kaufvertrag stammen. § 449 III BGB ist jedoch zu beachten.[55]

55 **c)** *Vorkaufs-, Wiederkaufs- und Wiederverkaufsrechte.* Das persönliche Vorkaufsrecht (§§ 463 ff. BGB) ist nach § 473 S. 1 BGB grundsätzlich nicht übertragbar und damit auch nicht massefähig. Das dingliche Vorkaufsrecht nach § 1094 BGB ist nach Maßgabe der Abs. 1 und 2 unterschiedlich zu behandeln (s. o. § 25 II. 1.).

Das Vorkaufsrecht der Miterben nach §§ 2034, 2035 BGB ist höchstpersönlich und daher weder (auch nicht mit dem Erbteil) übertragbar noch dem Insolvenzbeschlag zugänglich.[56]

Das Wiederkaufsrecht nach §§ 456 ff. BGB und das Wiederverkaufsrecht sind Vermögenswerte und gehören in der Insolvenz des Berechtigten zur Masse.[57]

56 **d)** *Immaterialgüterrechte (Patente ua):*[58] Patente oder patentfähige Erfindungen gehören dann zur Insolvenzmasse, wenn der Erfinder (Insolvenzschuldner) seine Absicht, das Verfahren wirtschaftlich zu verwerten, kundgetan und damit zu erkennen gegeben hat, dass er selbst die Erfindung als Vermögenswert ansieht und ausbeutet.

Massegegenstände sind auch die Anmeldebefugnis, der Anspruch auf Patenterteilung, Ansprüche gegen einen unbefugten Anmelder sowie Ansprüche, die sich nach der Patenterteilung aus ihr für den Erfinder ergeben (mit Befugnis zur Lizenzerteilung).

57 Die einfache Lizenz gehört nicht zur Insolvenzmasse, wohl aber die schuldrechtlichen Ansprüche aus dem Lizenzvertrag. In die Insolvenzmasse fällt hingegen die ausschließliche Lizenz. Ist diese betriebsbezogen, kann der Verwalter sie allerdings nur mit dem Betrieb veräußern.[59]

---

[53] S u zur Absonderung und Aussonderung §§ 40–43; *Kilger/K. Schmidt*, § 43 KO Anm. 9 mwN.
[54] *Kilger/K. Schmidt*, § 43 KO Anm. 9 mwN.
[55] Begr zu § 58 RegE = § 51 InsO (BR-Drucks. 1/92 125).
[56] *Kilger/K. Schmidt*, § 1 KO Anm. 2 C d, bb; Uhlenbruck/Hirte/Vallender/*Hirte*, § 35 Rn. 186; MüKoInsO/*Peters*, § 35 Rn. 384, 443.
[57] *Jaeger/Henckel*, § 1 Rn. 91 mwN; Uhlenbruck/Hirte/Vallender/*Hirte*, § 35 Rn. 188; MüKoInsO/*Peters*, § 35 Rn. 444 ff.; HK/*Keller*, § 36 Rn. 48.
[58] Vgl. *Kilger/K. Schmidt*, § 1 KO Anm. 2 C a, aa–cc mwN; Uhlenbruck/Hirte/Vallender/*Hirte*, § 35 Rn. 238 ff.; MüKoInsO/*Peters*, § 35 Rn. 283 ff.; Nerlich/Römermann/*Andres*, § 35 Rn. 70; Braun/*Bäuerle*, § 35 Rn. 19; HK/*Ries*, § 35 Rn. 17 u HK/*Keller*, § 36 Rn. 33; KPB/*Holzer*, § 35 Rn. 97 f.
[59] Uhlenbruck/Hirte/Vallender/*Hirte*, § 35 Rn. 254; *Jaeger/Henckel* § 1 KO Rn. 38; MüKoInsO/*Peters*, § 35 Rn. 310 ff.; Nerlich/Römermann/*Andres*, § 35 Rn. 70; HK/*Ries*, § 35 Rn. 18.

Das Urheberrecht am eingetragenen Design (früher: Geschmacksmuster) gehört zur 58
Masse, wenn das Muster zur Eintragung angemeldet und ein Exemplar oder eine Abbildung bei der Registerbehörde niedergelegt ist.[60]

Die nach dem Urheberrechtsgesetz geschützten Rechte und Werke gehören nur 59
dann zur Masse, wenn und soweit nach Maßgabe der §§ 112 ff. UrhG die Zwangsvollstreckung zulässig ist (grundsätzliche Beschränkung auf Nutzungsrechte sowie Einwilligungsvorbehalte).[61]

Bezüglich Marken und Warenzeichen wird auf die Ausführungen zu § 26 II.3. Bezug 60
genommen.

e) *Anteils- und Mitgliedschaftsrechte.* Aktien, GmbH-Geschäftsanteile (oder solche einer 61
Unternehmergesellschaft gemäß 5a GmbHG neu eingeführt durch MoMiG) und Personengesellschaftsanteile sind Vollstreckungsobjekte und fallen daher in die Insolvenzmasse, auch wenn es sich um vinkulierte Aktien handelt und eine Veräußerung des GmbH-Geschäftsanteils an die Zustimmung der Gesellschaft gebunden wird.[62]

Der Wohnungseigentumsanteil des Schuldners und sein Miteigentumsanteil an einem 62
Grundstück nach §§ 1008 ff. BGB (oder an beweglichen Sachen) gehören zur Masse, ebenfalls der pfändbare (§ 859 II ZPO) Miterbenanteil.

§ 84 InsO enthält Bestimmungen für die Auseinandersetzung.

Bezüglich der Gütergemeinschaft und der fortgesetzten Gütergemeinschaft sind die 63
Regelungen des § 860 ZPO und der §§ 11 II Nr. 2, 37, 83 I, 332, 333 f. InsO zu beachten.

Die Mitgliedschaftsrechte in Vereinen, die weder übertragbar noch pfändbar sind, fal- 64
len nicht in die Masse.[63] Das gilt grundsätzlich auch für die Zwangszugehörigkeit zu öffentlich-rechtlichen Körperschaften (Rechtsanwalts-, Notar-, Ärztekammer ua).

Ausnahmen kommen in Betracht,[64] wenn die Mitgliedschaft an die gewerbliche oder berufliche Tätigkeit des Schuldners anknüpft und der Verwalter das Geschäft oder die Praxis (Rechtsanwalt als Verwalter) einstweilen fortführt oder wenn die Mitgliedschaft dem Schuldner für den Fall seines Ausscheidens einen vermögensrechtlichen Anspruch gegen den Verein oder die Körperschaft gewährt.

§ 26. Zuordnung und Ausgrenzung der Massegegenstände in Sonderfällen

Übersicht

	Rn.
I. Allgemeines	1
II. Das Unternehmen des Schuldners	2
1. Allgemeines	2
2. Firma	3
3. Marken und Warenzeichen	5

---

[60] MüKoInsO/*Peters*, § 35 Rn. 325 ff.; Nerlich/Römermann/*Andres*, § 35 Rn. 72; Braun/*Bäuerle*, § 35 Rn. 19; KPB/*Holzer*, § 35 Rn. 96.

[61] *Jaeger*/Henckel, § 1 KO Rn. 20 ff.; Uhlenbruck/Hirte/Vallender/*Hirte*, § 35 Rn. 248; MüKoInsO/ *Peters*, § 35 Rn. 339 ff.; Nerlich/Römermann/*Andres*, § 35 Rn. 71; Braun/*Bäuerle*, § 35 Rn. 19; KPB/ *Holzer*, § 35 Rn. 95, 95a.

[62] *Kilger*/K. Schmidt, § 1 KO Anm. 2 C b, bb mwN; MüKoInsO/*Peters*, § 35 Rn. 179, 192, 240, 250 f.; MüKoInsO/*Bergmann*/Gehrlein, § 84 Rn. 19; Nerlich/Römermann/*Andres*, § 35 Rn. 52 f.; Braun/ *Bäuerle*, § 35 Rn. 43; HK/*Ries*, § 35 Rn. 25 ff.; FK/*Bornemann*, § 36 Rn. 57a; KPB/*Holzer*, § 35 Rn. 68, 68 a.

[63] MüKoInsO/*Peters*, § 35 Rn. 220; KPB/*Holzer*, § 35 Rn. 67; FK/*Bornemann*, § 36 Rn. 55.

[64] *Kilger*/K. Schmidt, § 1 KO Anm. 2 C b, aa.

	Rn.
4. Gewerbegenehmigungen	6
5. Geschäftsunterlagen	7
III. Die freiberufliche Praxis des Schuldners	9
IV. Gestaltungsrechte zur Ergänzung der Masse	12
1. Allgemeine Gestaltungsrechte des Schuldners	13
2. Insolvenzspezifische Gestaltungsrechte	14
3. Gesamtschaden der Gläubiger	15
4. Persönliche Gesellschafterhaftung	18
5. Verwertungs- und Nutzungsrechte an Gläubigersicherungsrechten	21
6. Allgemeine Prozessführungsbefugnis des Verwalters	22
V. Ausgrenzung der Insolvenzmasse bei konkurrierender Zwangsverwaltung	23

I. Allgemeines

1 Es gibt spezielle Teilaspekte, die – unmittelbar oder mittelbar – eigenständige Auswirkungen auf die Insolvenzmasse haben. Auch in diesem Zusammenhang ist die ambivalente Zuordnung und Ausgrenzung zu beachten.

II. Das Unternehmen des Schuldners

2 **1. Allgemeines.** Im vorliegenden Zusammenhang geht es nicht um die Grundfragen der einstweiligen Unternehmensfortführung (s. o. § 22 II. 3.), der Unternehmensveräußerung in Einzelteilen (Sachen und Ansprüche) oder insgesamt (s. o. § 22 III. 2. a 2.) und die Sanierung (s. o. § 22 III. 3.), sondern um Einzelaspekte wie folgt:

3 **2. Firma.** Der Insolvenzverwalter ist ohne Zustimmung des Schuldners befugt, mit dem Unternehmen (Geschäft) auch den Firmennamen zu veräußern und zu übertragen, wenn in ihm der Familienname des Schuldners nicht enthalten ist.[1]

Streitig ist allerdings, ob das ohne Zustimmung des Schuldners auch gilt, wenn dessen Familienname im Firmennamen enthalten ist.[2] Für gewisse Handelsgesellschaften, zB die GmbH, Unternehmergesellschaft und die GmbH & Co KG, ist das ohne Einschränkung zu bejahen, da sich die Namensträger des ausschließlichen Rechts zur firmenmäßigen Verwendung des Namens begeben haben.

4 Das Handelsrechtsreformgesetz aus dem Jahre 1998 hat eine größere Wahlfreiheit bei der Firmenbildung eingeführt. Einzelkaufleute und Personenhandelsgesellschaften haben nach §§ 18, 19 HGB die Wahl einer Personen-, Sach- oder Phantasiefirma. Auf Grund dieses Wahlrechts ist es gerechtfertigt, dem Insolvenzverwalter eine umfassende Verwertungskompetenz einschließlich des bürgerlichen Namens des insolventen Einzelkaufmanns – dieser hat seinen Namen ohne Zwang kommerzialisiert – zuzusprechen.[3]

Eine Ausnahme gilt – oder kommt jedenfalls ernsthaft in Betracht – für sog. „Altunternehmen", also Einzelkaufleute, die ihre Firma noch nach früherem Recht über die Firmenbildung gegründet haben.[4]

5 **3. Marken und Warenzeichen.** Zum Marken- und Warenzeichenrecht wird Bezug genommen auf die Ausführungen von *K. Schmidt* (Handelsrecht § 7 III 3, IV 2; *Kilger/K. Schmidt*, § 1 KO Anm. 2 D c, cc) und *Peters* (MüKoInsO § 35 Rn. 365 ff.).

---

[1] *K. Schmidt*, Handelsrecht 5. Aufl., § 12 I 3 mwN; *Kilger/K. Schmidt*, § 1 KO Anm. 2 D c, bb.
[2] Zum Meinungsstand *Kilger/K. Schmidt*, § 1 KO Anm. 2 D c, bb; MüKoInsO/*Peters*, § 35 Rn. 486 ff.; Uhlenbruck/Hirte/Vallender/*Hirte*, § 35 Rn. 379; Nerlich/Römermann/*Andres*, § 35 Rn. 76 f.; Braun/*Bäuerle*, § 35 Rn. 50; HK/*Ries*, § 35 Rn. 31; FK/*Wegener*, § 159 Rn. 14; KPB/*Holzer*, § 35 Rn. 71 ff.
[3] MüKoInsO/*Peters*, § 35 Rn. 486; Braun/*Bäuerle*, § 35 Rn. 52; HK/*Ries*, § 35 Rn. 31; KPB/*Holzer*, § 35 Rn. 71a; *Baumbach/Hopt*, § 17 HGB Rn. 47.
[4] MüKoInsO/*Peters*, § 35 Rn. 500 ff. mwN sowie Rn. 503 („Alt"-Personenhandelsgesellschaften); aA KPB/*Holzer*, § 35 Rn. 71 a.

§ 29 MarkenG bestimmt ausdrücklich, dass Marken der Zwangsvollstreckung unterliegen und vom Insolvenzverfahren erfasst werden.

4. Gewerbegenehmigungen. Gewerbegenehmigungen kann der Verwalter grundsätzlich nicht verwerten, sie sind jedenfalls bei höchstpersönlichen Erlaubnissen nicht übertragbar. In der Regel erlöschen Gewerbegenehmigungen jedoch nicht mit der Eröffnung des Insolvenzverfahrens, so dass der Verwalter den Gewerbebetrieb einstweilen fortführen darf.[5]

5. Geschäftsunterlagen. Nach § 36 II Nr. 1 InsO gehören „Geschäftsbücher" des Schuldners trotz ihrer Unpfändbarkeit (§ 811 Nr. 11 ZPO) zur Insolvenzmasse, wobei gesetzliche Aufbewahrungspflichten (zB 257 HGB, § 147 AO) zu beachten sind. Als Geschäftsbücher anzusehen sind nicht nur die kaufmännisch geführten Handelsbücher, sondern auch Konto- und Arbeitsbücher, EDV-Daten- oder Bildträger, Akten, Quittungen, Geschäftskorrespondenzen, Abonnentenverzeichnisse, Adressenverzeichnisse und Kundenkartotheken.[6]

Im Zusammenhang mit einer Geschäftsübertragung sind diese Unterlagen von Wert. Einzelne Unterlagen haben jedoch auch selbstständigen Einzelwert und sind daher auch durch den Verwalter einzeln verwertbar. Die frühere Einschränkung in § 117 II KO, die nur mit Hilfe der Auslegung des Normzwecks überwunden werden konnte,[7] ist nicht mehr hinderlich; § 148 InsO hat eine derartige Bestimmung nicht übernommen. Selbstständige Vermögensobjekte mit eigenständiger Verwertungsmöglichkeit sind die Abonnentenverzeichnisse eines Zeitschriftenverlages, Adressenverzeichnisse und die Kundenkartotheken.

III. Die freiberufliche Praxis des Schuldners

Bis zur Einfügung des § 35 II und III InsO mit Wirkung ab 1.7.2007 durch das Insolvenzverfahrensvereinfachungsgesetz galt es als weitgehend unstreitig, dass die freiberufliche Praxis des Schuldners als Arzt, Rechtsanwalt, Steuerberater, Wirtschaftprüfer ua als solche vom Insolvenzbeschlag betroffen ist.[8]

Die sachlichen Ausstattungsgegenstände der Praxis gehören zur Masse. Auch die praxisbezogenen Verträge – zB Kauf-, Miet- oder Dienstverträge – unterliegen den insolvenzspezifischen Regelungen (§§ 103, 108 ff., 113 InsO ua).

Die Frage eines generellen Insolvenzbeschlages hatte insbesondere für eine Praxisweiterführung und Praxisveräußerung Bedeutung. Nach der bis dahin herrschenden Meinung war die Zustimmung des Schuldners Zulässigkeitsvoraussetzung.[9] Durch die am 1.7.2007 in Kraft getretene Ergänzung des § 35 InsO bezweckte der Gesetzgeber eine Förderung der selbständigen Tätigkeit des Schuldners durch Einführung speziell geregelter Freigabemöglichkeiten.[10]

Die Arbeitskraft des Schuldners unterliegt nicht dem Insolvenzbeschlag, nur die daraus erzielten pfändbaren Entgelte.[11] Durch die in § 35 II 1 InsO geregelte Erklärung

---

[5] *Jaeger/Henckel,* § 1 KO Rn. 11; *Kuhn/Uhlenbruck,* § 1 KO Rn. 81; *Kilger/K. Schmidt,* § 1 KO Anm. 2 D d.
[6] *Kalter* KTS 1960, 65; *Kilger/K. Schmidt,* § 1 KO Anm. 2 B b.
[7] *Kilger/K. Schmidt,* § 117 KO Anm. 6a mwN.
[8] *Kluth* NJW 2002, 186; Uhlenbruck/Hirte/Vallender/*Hirte,* § 35 Rn. 276 f.; MüKoInsO/*Peters,* § 35 Rn. 507; Nerlich/Römermann/*Andres,* § 35 Rn. 73 (mit Einschränkung); zweifelnd: HK/*Ries,* § 35 Rn. 33; KPB/*Holzer,* § 35 Rn. 74 (mit Einschränkung); FK/*Wegener,* § 159 Rn. 13; BGH, ZInsO 2009, 734.
[9] Vgl. *Kilger/K. Schmidt,* § 1 KO Anm. 2 D a, bb mwN; *W. Uhlenbruck,* FS Henckel, 1995, S. 877 ff.; Uhlenbruck/Hirte/Vallender/*Hirte,* § 35 Rn. 288, lehnt die Zustimmungsbedürftigkeit ab. Vgl. auch *Kluth* NJW 2002, 186; Nerlich/Römermann/*Andres,* § 35 Rn. 73; aA *Braun/Bäuerle,* § 35 Rn. 46.
[10] HambKommInsO/*A.Schmidt,* § 1 Rn. 9.
[11] HambKommInsO/*Lüdtke,* § 35 Rn. 36.

des Insolvenzverwalters (sog. Negativ- oder Positiverklärungen) werden die vom Schuldner im Rahmen seiner selbständigen Tätigkeit eingegangenen Verpflichtungen Masseverbindlichkeiten (Positiverklärung) oder nicht (Negativerklärung). Einzige Möglichkeit des Verwalters die Haftung der Masse und auch seine persönliche Haftung zu vermeiden ist die in § 35 II InsO geregelte Freigabe des Neuerwerbs aus der selbständigen Tätigkeit. Durch Zugang der sog. Negativerklärung beim Schuldner wird die Haftung der Masse ex nunc beendet. Das gleiche gilt für den beruflichen Neuerwerb. Das von Insolvenzeröffnung bis zum Zugang der Negativerklärung vom Schuldner erworbene Vermögen verbleibt der Masse. Danach verbleibt nur anderweitiger Neuerwerb der Masse.[12]

IV. Gestaltungsrechte zur Ergänzung der Masse

12 Es gibt eine Reihe von Befugnissen, die zwar keinen eigenständigen Vermögensmasse-Effekt mit selbstständiger Verwertungsmöglichkeit aufweisen, aber mittelbar der Masseergänzung dienen:

13 **1. Allgemeine Gestaltungsrechte des Schuldners** hat der Verwalter nach § 80 I InsO im Rahmen seiner Verwaltungsaufgaben sachgerecht zugunsten der Masse wahrzunehmen.

Es handelt sich hierbei insbesondere um die schuldrechtlichen Befugnisse zur Irrtums- und Täuschungsanfechtung, zur Kündigung und zum Rücktritt. Auch die Rechtsausübung im Rahmen einer einstweiligen Unternehmensfortführung zur Verbindung, Vermischung und Verarbeitung (§§ 946 ff. BGB) sind für die Massebildung von Bedeutung.

14 **2. Insolvenzspezifische Gestaltungsrechte,** die der Verwalter zu beachten hat, sind vor allem:
a) Wahlrecht nach § 103 InsO bei schwebenden, beiderseits noch nicht erfüllten gegenseitigen Verträgen;
b) Sonderkündigungsrechte nach §§ 109, 113 InsO bei Miet-, Pacht- und Dienstverträgen;
c) Insolvenzanfechtungsrechte nach §§ 129 ff. InsO.

15 **3. Gesamtschaden der Gläubiger.** Ansprüche der Insolvenzgläubiger auf Ersatz eines Schadens, den sie gemeinschaftlich durch eine Verminderung der Masse vor oder nach Verfahrenseröffnung erlitten haben, hat der Verwalter zwecks Ergänzung der Masse nach § 92 InsO geltend zu machen.[13]

16 Derartige Ansprüche gehören nicht unmittelbar zur Insolvenzmasse, da sie nicht Aktivvermögen des Insolvenzschuldners sind. Die durch § 92 InsO bewirkte mittelbare Masseerstreckung löst eine Sperrwirkung zu Lasten der Einzelgläubiger aus – ein „Gläubigerwettlauf" wird verhindert – und zugleich eine Ermächtigungswirkung für den Insolvenzverwalter.[14] Zwei Fallgruppen sind besonders bedeutsam: Betroffen sind zunächst Ansprüche der Insolvenzgläubiger wegen verspäteter Insolvenzantragstellung. Hiervon zu unterscheiden sind Ansprüche nach § 64 GmbHG aufgrund sog. Masseschmälerungshaftung. Der Geschäftsführer ist zum Ersatz von Zahlungen verpflichtet, die nach Eintritt der Insolvenzreife geleistet wurden.[15] Diese Ansprüche stehen nicht den Gläubigern, sondern der Gesellschaft bzw. der Schuldnerin zu.[16] Es geht hierbei um

---

[12] *Ahrens* NZI 2007, 622 ff.; *Berger* ZInsO 2008, 1101 ff.; *Haarmeyer* ZInsO 2007, 696 ff.
[13] *Bork* Kölner Schrift zur InsO, S. 1333 ff.; Uhlenbruck/Hirte/Vallender/*Hirte,* § 92 Rn. 1 ff.; MüKoInsO/*Brandes/Gehrlein,* § 92 Rn. 1 ff.; *Oepen* ZInsO 2002, 162; *Krüger* NZI 2002, 367.
[14] *Bork* Kölner Schrift zur InsO, S. 1333, 1338 f. Rn. 13, 14.
[15] Übersicht bei HambKommInsO/*A. Schmidt,* Anhang H zu § 35 Rn. 1 ff.
[16] HambKommInsO/*Pohlmann* § 92 Rn. 8.

den Quotenschaden der „Altgläubiger". Ihre Gläubigerstellung bestand bereits zum Zeitpunkt des – fiktiv – rechtzeitig gestellten Insolvenzantrags.

Die strafbewehrte Antragspflicht der Organe für die juristischen Personen und die Gesellschaften ohne Rechtspersönlichkeit (§ 11 II Nr. 1 InsO) ist durch das MoMiG (BGBl. I 2008, S. 2026, in Kraft getreten am 1.11.2008) in § 15a InsO eingefügt. Durch den verspätet gestellten Antrag verschlechtert sich die im Insolvenzverfahren zu erwartende Befriedigungsquote.

Abzugrenzen sind allerdings die Schadensersatzansprüche der „Neugläubiger" auf Ersatz des negativen Interesses. Diese Gläubiger haben ihre Ansprüche gegen den künftigen Insolvenzschuldner erst nach Entstehung der Insolvenzantragspflicht erworben. Nach hM werden die Schadensersatzansprüche der Neugläubiger auf Ersatz des negativen Interesses – bei rechtzeitig gestelltem Insolvenzantrag hätten sie sich nicht auf Rechtsgeschäfte mit dem Schuldner eingelassen – als Individualansprüche nicht von § 92 InsO erfasst.[17] Die zweite Fallgruppe betrifft den Gläubigergesamtschaden, der durch haftungsbegründendes Fehlverhalten des Insolvenzverwalters (§ 60 InsO) entstanden ist.[18] Nach § 92 S. 2 InsO sind derartige Ansprüche von einem neu zu bestellenden Insolvenzverwalter oder einem Sonderverwalter[19] geltend zu machen.

Ein Sonderproblem betrifft die Frage, ob § 92 InsO auch im Verfahren bei Masseunzulänglichkeit (s.u. § 74 II.2.) anwendbar ist, und zwar einerseits analog bei Gesamtschadensersatzansprüchen der Massegläubiger selbst[20] sowie andererseits direkt bei Gesamtschadensersatzansprüchen der Insolvenzgläubiger.[21]

4. Persönliche Gesellschafterhaftung. Die persönliche Gesellschafterhaftung für Verbindlichkeiten der Gesellschaft kann nach § 93 InsO nur vom Verwalter geltend gemacht werden. Auch diese Verfahrensweise wirkt sich zu Gunsten der Massebildung aus.

§ 93 InsO kommt bei allen Gesellschaftsformen zum Zuge, bei denen Gesellschafter nach Gesellschaftsrecht für die Verbindlichkeiten der Gesellschaft – Insolvenzschuldnerin – persönlich haften. Angesprochen sind die BGB-(Außen-)Gesellschaft, die OHG, die KG und die KGaA.[22]

Auch im Rahmen des § 93 InsO gilt die Sperr- und Ermächtigungswirkung (s.o. IV 3 zu § 26). Erneut ist die gleichmäßige Befriedigung der Gläubiger unter Vermeidung eines „Gläubigerwettlaufs" zu realisieren.

Einige Sonderfragen sind von Bedeutung:

Auf Ansprüche gegen Gesellschafter oder Mitglieder einer juristischen Person im Wege der „Durchgriffshaftung" dürfte § 93 InsO analog anwendbar sein.[23] Ein heikles Problem löst die Frage aus, ob mit sog. „Parallel-Sicherheiten" eine für alle Gläubiger günstige Anwendung des § 93 InsO zu Gunsten einzelner, gesondert gesicherter Gläubiger ausgeschlossen werden kann. Die hM bejaht den Vorrang der Individual-

---

[17] Zum Meinungsstand: *Bork* Kölner Schrift zur InsO, S. 1333, 1339 ff. Rn. 17–22; *Oepen* ZInsO 2002, 162, 163 f.; *Krüger* NZI 2002, 367 f.; Uhlenbruck/Hirte/Vallender/*Hirte*, § 92 Rn. 12 ff.; MüKo-InsO/*Brandes/Gehrlein*, § 92 Rn. 11, 29 ff.
[18] Uhlenbruck/Hirte/Vallender/*Hirte*, § 92 Rn. 7.
[19] Uhlenbruck/Hirte/Vallender/*Hirte*, § 92 Rn. 29 f.
[20] *Bork*, Kölner Schrift zu InsO, S 1333, 1337 Rn. 11.
[21] Anmerkung: Gesamtschadensersatzansprüche der Massegläubiger sind nicht zwingend identisch mit Gesamtschadensersatzansprüchen der Insolvenzgläubiger. Auch wenn im Verfahren bei Masseunzulänglichkeit die Insolvenzgläubiger in der Regel keine Befriedigungschancen haben, ist die Frage, ob ihre Gesamtschadensersatzansprüche zur Anreicherung der Insolvenzmasse – wenn auch letztlich nur im Interesse der Massegläubiger – vom Insolvenzverwalter geltend zu machen sind, nicht von der Hand zu weisen.
[22] *Bork*, Kölner Schrift zur InsO, S. 1333, 1342 f. Rn. 23 ff.; Uhlenbruck/Hirte/Vallender/*Hirte*, § 93 Rn. 7.
[23] Uhlenbruck/Hirte/Vallender/*Hirte*, § 93 Rn. 8.

sicherheiten (Prototyp: zusätzliche Bürgschaft des persönlich haftenden Gesellschafters).[24]

20 Eine weitere Frage betrifft die Zulässigkeit von Aufrechnungen im Rahmen des § 93 InsO.[25] Schließlich dürfte im Verfahren bei Masseunzulänglichkeit eine Anwendung des § 93 InsO auf Haftungsansprüche der Massegläubiger zu bejahen sein.[26] Im Fall der Führungslosigkeit einer GmbH wird jeder Gesellschafter, im Fall der AG bzw. Genossenschaft auch jedes Mitglied des Aufsichtsrates, zur Stellung des Insolvenzantrages gemäß § 15a InsO verpflichtet. Kommt der Gesellschafter oder das Aufsichtsratsmitglied dieser Verpflichtung nicht nach, so trifft ihn die Insolvenzverschleppungshaftung, da § 15a InsO als Schutzgesetz iS des § 823 II BGB anzusehen ist. Eine Strafbarkeit für den Personenkreis ergibt sich aus § 15a IV, V InsO. Dabei wird nicht nur die unterlassene Antragsstellung strafbewehrt, sondern auch der Fall, dass der Insolvenzantrag nicht richtig oder rechtzeitig gestellt wurde. Ob dieses vorsätzlich oder fahrlässig geschehen ist, spielt dabei keine Rolle.[27]

21 **5. Verwertungs- und Nutzungsrechte an Gläubigersicherungsrechten** sind den §§ 165, 166 I und II, 172 I und II InsO zu entnehmen und können (auch) der Massebildung nützlich sein.

22 **6. Allgemeine Prozessführungsbefugnis des Verwalters.** Diese Verwalteraufgabe dient nicht nur der Verwirklichung einer Insolvenzanfechtung, sondern in allen Fällen, in denen der Masse Gegenstände vorenthalten werden oder in denen die Masse geschädigt worden ist, ihrer Ergänzung.

V. Ausgrenzung der Insolvenzmasse bei konkurrierender Zwangsverwaltung

23 Eine zum Insolvenzverfahren parallel laufende Zwangsverwaltung (§§ 146 ff. ZVG) kann zu einer Reduzierung der Insolvenzmasse führen.[28]

Die Zwangsverwaltung soll die Nutzungen eines Grundstücks, insbesondere Miet- und Pachtzinsforderungen, dem (Einzel-)Gläubiger zuführen (§ 148 I 1 iVm § 21 II ZVG). Das Recht zur Verwaltung und Benutzung des Grundstücks wird dem Schuldner entzogen und geht auf den Zwangsverwalter über (§§ 148 II, 152 I ZVG). Mit einer wirksamen Beschlagnahme in der Zwangsverwaltung erlangt der betreibende Gläubiger ein Verwertungs-Nutzungsrecht. Dieses Recht bleibt in einem nachfolgend eröffneten Insolvenzverfahren grundsätzlich wirksam (§ 80 II 2 InsO), führt also zu einer Schmälerung der Insolvenzmasse. Bei einer erst nach Eröffnung des Insolvenzverfahrens von einem persönlichen (Einzel-)Gläubiger beabsichtigten Zwangsverwaltung ist das Vollstreckungsverbot des § 89 I InsO zu beachten. Darüber hinaus gilt für einen (nur) persönlichen Gläubiger – im Gegensatz zum absonderungsberechtigten Gläubiger, den im Rahmen seiner Verwertungsbefugnis auch nicht das Vollstreckungsverbot des § 89 I InsO trifft (§ 49 InsO) – die Rückschlagsperre des § 88 InsO.

24 Schwierige Masse-Abgrenzungsprobleme zwischen parallel laufenden Insolvenz- und Zwangsverwaltungsverfahren bedürfen der Klärung, wenn bei einer einstweiligen Unternehmensfortführung Betriebsgrundstücke betroffen sind.[29] Letztlich kommt es auf eine einvernehmliche Problemlösung durch die beiden kooperierenden Verwalter an.

---

[24] Zu dieser Problematik: *Oepen* ZInsO 2002, 162, 167 ff.; *Bork* NZI 2002, 362 ff.; *Kesseler* ZInsO 2002, 549 ff.; *Bitter* ZInsO 2002, 557 ff.; *Haas/Müller* NZI 2002, 366 f.; *Bunke* NZI 2002, 591 ff.; MüKoInsO/*Brandes/Gehrlein*, § 93 Rn. 21; vgl. auch BGH NZI 2002, 483 ff.; BFH NZI 2002, 173 ff.
[25] MüKoInsO/*Brandes/Gehrlein*, § 93 Rn. 32 ff.; *Bork* Kölner Schrift zur InsO, S. 1333, 1344 f. Rn. 28 ff.
[26] MüKoInsO/*Brandes/Gehrlein*, § 93 Rn. 20.
[27] *Gundlach/Frenzel/Strandmann*, NZI 2008, 647 ff.
[28] *Haarmeyer/Wutzke/Förster/Hintzen*, Handbuch zur Zwangsverwaltung, 2002, S. 27 f. Rn. 28–31u S. 34 Rn. 4.
[29] Vgl. hierzu *Haarmeyer/Wutzke/Förster/Hintzen*, aaO S. 28 Rn. 31.

§ 27. Veränderung des Umfangs der Masse nach Verfahrenseröffnung

Übersicht

	Rn.
I. Zuwachs (Neuerwerb) ua	1
II. Austausch	5
III. Verringerung	6
1. Allgemeines	6
2. Freigabe	7

I. Zuwachs (Neuerwerb) ua

Einen bedeutsamen Zuwachs erhält die Masse durch die gesetzliche Regelung in § 35 InsO: Auch der Neuerwerb des Schuldners nach Verfahrenseröffnung wird vom Insolvenzbeschlag erfasst, in den allgemeinen Grenzen des § 36 InsO. **1**

Ein Zuwachs tritt ferner ein, wenn der Verwalter durch einstweilige Unternehmensfortführung oder durch Einzelveräußerung von Massegegenständen Gewinne erzielt oder erfolgreiche Prozesse zugunsten der Masse führt. **2**

Den bis dahin uneingeschränkten Grundsatz, dass der Neuerwerb zur Masse gehört, schränkt der Gesetzgeber im Rahmen des am 1.7.2007 in Kraft getretenen Insolvenzverfahrensvereinfachungsgesetzes bei selbständiger Tätigkeit des Schuldners dahin ein, dass durch entsprechende Erklärung des Verwalters der Neuerwerb aus der selbständigen Tätigkeit des Schuldners nicht in die Masse fällt, § 35 II InsO. Diese sog. „Negativerklärung"[1] wird auch als Freigabe bezeichnet, obwohl die echte Freigabe sich auf einen konkreten Gegenstand bezieht, die Erklärung nach § 35 II InsO auf eine unbestimmte Rechtsgesamtheit.[2]

Die Masse erhält auch einen Zuwachs, wenn der Schuldner vor oder nach Verfahrenseröffnung anfallende Erbschaften oder Vermächtnisse annimmt. Das gilt auch für den Fall, dass der Schuldner in zustimmungsbedürftige Verwertungen von Immaterialgüterrechten einwilligt. **3**

Ob ein Verzicht des Schuldners auf Pfändungsschutz vor, bei und nach Pfändung zulässig ist mit der Folge eines Insolvenzbeschlags zur Masseanreicherung, ist zweifelhaft.[3] Allenfalls ein Verzicht bei oder nach einer Pfändung könnte zulässig sein; der Schuldner hat es ja auch in der Hand, unpfändbare Gegenstände rechtsgeschäftlich zu veräußern. **4**

II. Austausch

Eine bloße Masseänderung ohne Zuwachs ist möglich bei Austausch einzelner Massegegenstände, und zwar infolge wertdeckender Surrogation, zB bei Beschädigung einer Insolvenzsache durch entsprechenden Schadensersatz oder bei (nur) wertdeckender Veräußerung von Massegegenständen. **5**

III. Verringerung

1. Allgemeines. Eine Verringerung der Masse erfolgt, wenn nach Maßgabe der §§ 81, 82 InsO ein Dritter gutgläubig Massegegenstände erwirbt oder ein Drittschuld- **6**

---
[1] *Ahrens* NZI 2007, 622.
[2] HambKommInsO/*Lüdtke*, § 35 Rn. 254 mwN; MüKoInsO/*Peters*, § 35 Rn. 47c.
[3] Vgl. zum Meinungsstand: *Rosenberg/Gaul/Schilken*, Zwangsvollstreckungsrecht, 11. Aufl., S. 516 f.; Zöller/*Stöber*, § 811 Rn. 10.

ner durch Leistung an den Insolvenzschuldner mit befreiender Wirkung einen zur Masse gehörenden Anspruch tilgt.

Eine Masseverringerung tritt ferner ein, wenn durch Fehlverhalten und Fehlentscheidungen des Verwalters bei der Verwaltung und Verwertung die Masse unmittelbar geschädigt oder durch unverhältnismäßig starkes Anwachsen von Masseverbindlichkeiten geschmälert wird.

7 **2. Freigabe.**[4] Eine „positive" Verringerung betrifft die Frage der Zulässigkeit der **Freigabe** von Massegegenständen durch den Verwalter.

Eine Freigabe überführt mit Insolvenzbeschlag belegte Gegenstände in das massefreie Vermögen des Schuldners (sog. „echte" Freigabe).[5] Zur Freigabe von Gegenständen aus der Masse, die auch tatsächlich zur Masse gehören, ist der Verwalter ausnahmsweise dann befugt, wenn die Gegenstände unverwertbar sind. Von akuter Bedeutung ist die umstrittene Frage, ob sich der Verwalter im Ordnungs- und Umweltrecht – „Altlastensanierung" – den kostenträchtigen Pflichten durch Freigabe der belasteten Gegenstände aus der Masse zu deren Gunsten entledigen kann. Bei einer Erklärung nach § 35 II InsO handelt es sich nicht um eine Freigabe im eigentlichen Sinne.[6]

Auf die Ausführungen zu den Verwaltungsaufgaben des Verwalters wird Bezug genommen (s. o. § 22 II. 1. g (2)).

8 Soweit eine Freigabe zulässig ist, gilt das auch im Insolvenzverfahren einer juristischen Person oder insolvenzfähigen Personenvereinigung. Das Gegenargument, die herrschende Meinung „verkenne den Liquidationszweck der Gesellschaftsinsolvenz",[7] verkennt seinerseits, dass es nicht um die Frage geht, ob der Liquidationszweck „verkannt wird", sondern um die Frage, ob ein spezieller Liquidationszweck der Gesellschaft zur Erreichung des zentralen Insolvenzziels der optimalen Gläubigerbefriedigung (§ 1 InsO) „verkannt werden darf und muss".[8] Dafür spricht auch, dass die InsO nur für den extremen Ausnahmefall eines bei der Schlussverteilung verbleibenden Überschusses nach § 199 S. 2 InsO eine vereinfachte Gesellschaftsliquidation durch den Insolvenzverwalter selbst vorgesehen hat, um eine anschließende gesonderte Gesellschaftsliquidation zu ersparen.

§ 28. Streit über Massezugehörigkeit

1 Besteht Streit darüber, ob ein Gegenstand zur Insolvenzmasse gehört, ist dieser von den Beteiligten in der Regel vor dem ordentlichen Prozessgericht zu klären.

Streit kann entstehen zwischen dem Insolvenzverwalter und Dritten über die Berechtigung eines Aussonderungs- und Ersatzaussonderungsanspruchs (§§ 47, 48 InsO), aber auch zwischen dem Verwalter und dem Schuldner,[1] sei es dass dieser Gegenstände für massefrei hält oder jener Gegenstände als Massegegenstände beansprucht.

---

[4] Uhlenbruck/Hirte/Vallender/*Hirte,* § 35 Rn. 71 ff.; MüKoInsO/*Peters,* § 35 Rn. 47a ff. u *Brandes/Schoppmeyer,* § 60 Rn. 16 f.; Nerlich/Römermann/*Wittkowski,* § 80 Rn. 95 ff. u *Andres,* § 148 Rn. 53 ff.; Braun/*Kroth,* § 80 Rn. 27 u *Naumann,* § 148 Rn. 10; HK/*Ries,* § 35 Rn. 51 ff., § 159 Rn. 11; FK/*Bornemann,* § 35 Rn. 29 ff.; KPB/*Holzer,* § 35 Rn. 21 ff. u *Lüke,* § 80 Rn. 59.

[5] Die sog. „unechte" Freigabe ist hier ohne Belang; sie bedeutet, dass der Verwalter den Schuldner nur zur Geltendmachung (auch weiterhin) masseangehöriger Rechte ermächtigt oder zu einer entsprechenden Prozessführung.

[6] AA *Berger* ZInsO 2008, 1101 ff., vgl. im Übrigen: *Wichemeyer* ZInsO 2009, 937.

[7] So *Kilger/K. Schmidt,* § 6 KO Anm. 4d, cc.

[8] *Kluth* NZI 2000, 351, 356.

[1] *Kilger/K. Schmidt,* § 1 KO Anm. 4 C mwN; Uhlenbruck/Hirte/Vallender/*Hirte,* § 35 Rn. 126 ff.; MüKoInsO/*Peters,* § 35 Rn. 23 ff.; KPB/*Prütting,* § 47 Rn. 75 ff., 89 f.; Nerlich/Römermann/*Andres,* § 35 Rn. 138 f.; HK/*Keller,* § 36 Rn. 11 f.; FK/*Imberger,* § 47 Rn. 90 ff.

§ 148 II 1 InsO enthält eine Sonderregelung insoweit, als der Verwalter aufgrund einer vollstreckbaren Ausfertigung des Insolvenzeröffnungsbeschlusses die Herausgabe von Massesachen, die sich im Gewahrsam des Schuldners befinden, im Wege der Zwangsvollstreckung durchsetzen kann. In diesem Fall tritt für das Erinnerungsverfahren nach § 766 ZPO ausnahmsweise an die Stelle des Vollstreckungsgerichts das Insolvenzgericht selbst (§ 148 II 2 InsO). 2

Im ordentlichen Verfahren sind auch Streitigkeiten bezüglich zur Tabelle angemeldeter bestrittener Gläubigerforderungen zu klären (§§ 179, 180, 184, 185 InsO). Derartige Verfahren sind zwar keine Masseprozesse im engeren Sinne, sie wirken sich aber mittelbar auf die Masse aus. 3

§ 29. Gesamtgut bei Gütergemeinschaft

Übersicht

	Rn.
I. Allgemeines	1
II. Gesamtgut bei Einzelverwaltung	6
III. Gesamtgut bei gemeinschaftlicher Verwaltung	8
IV. Gesamtgut bei fortgesetzter Gütergemeinschaft	9
V. Beendigung der Gütergemeinschaft	11

I. Allgemeines

Eheleute können nach §§ 1415, 1410 BGB durch notariellen Ehevertrag, abweichend vom gesetzlichen Güterstand der Zugewinngemeinschaft (§§ 1363 ff. BGB), eine Gütergemeinschaft vereinbaren, die den Regelungen der §§ 1416 ff. BGB unterliegt. 1

Für die Bestimmung der Insolvenzmasse sind zunächst die allgemeinen güterrechtlichen Regelungen von Bedeutung: Durch die Vereinbarung der Gütergemeinschaft werden nach § 1416 BGB die Einzelvermögen der Ehegatten und ihr Neuerwerb durch Universalsukzession gemeinschaftliches Vermögen beider Ehegatten – Gesamtgut.

Vom Gesamtgut auszugrenzen ist das Sondergut (§ 1417 BGB) und das Vorbehaltsgut (§ 1418 BGB) des einzelnen Ehegatten. 2

Die Bestimmung des Sondergutes in § 1417 II BGB – Gegenstände, die nicht durch Rechtsgeschäft übertragen werden können – hat auch zur Folge, dass das Sondergut grundsätzlich nicht vom Insolvenzbeschlag erfasst wird und deshalb für die Abgrenzung zum Gesamtgut, das dem Insolvenzbeschlag zugänglich ist, von Bedeutung ist. 3

Zum Sondergut gehören insbesondere die unpfändbaren Gegenstände.[1] Das Vorbehalts- und Sondergut wird nach allgemeinen Zuordnungskriterien in der Insolvenz des einen oder anderen Ehegatten vom Insolvenzbeschlag erfasst oder nicht erfasst.

Eine Ausnahme besteht nach § 1417 III BGB, wonach jeder Ehegatte sein Sondergut zwar selbstständig verwaltet, aber „für Rechnung" des Gesamtguts. Das bedeutet, dass die Nutzungen des Sonderguts, soweit diese durch Rechtsgeschäft übertragbar sind, dem Gesamtgut zufallen[2] und damit auch einem Insolvenzbeschlag des Gesamtguts zugänglich sind. 4

Im Ehevertrag kann nach § 1421 BGB bestimmt werden, ob das Gesamtgut von einem der Eheleute oder von ihnen gemeinschaftlich verwaltet wird. 5

---
[1] Palandt/*Brudermüller*, § 1417 Rn. 2, 3.
[2] Palandt/*Brudermüller*, § 1417 Rn. 4.

Die Zuordnungsvermutung der §§ 739 ZPO, 1362 BGB hat für das Gesamtgut einer Gütergemeinschaft (für diese gelten die §§ 740 ff. ZPO) keine Bedeutung,[3] sondern nur für Sonder- und Vorbehaltsgut.

Für die Zuordnung der Insolvenzmasse bei Gütergemeinschaft sind sodann die insolvenzspezifischen Bestimmungen der §§ 11 II Nr. 2, 37 I und II, 333, 334 InsO zu beachten:

II. Gesamtgut bei Einzelverwaltung

6 Wird bei der Gütergemeinschaft das Gesamtgut von einem Ehegatten allein verwaltet,[4] so ergeben sich nach § 37 I InsO folgende Auswirkungen für die Insolvenzmasse:

1. In der Insolvenz des alleinverwaltenden Ehegatten gehört das Gesamtgut voll (ohne Auseinandersetzung) zu „seiner" Masse.
2. In der Insolvenz des nicht verwaltenden anderen Ehegatten gehört dagegen das Gesamtgut uneingeschränkt nicht zu „dessen" Masse.

7 Der Insolvenzverwalter ist den Beschränkungen der §§ 1423, 1424 BGB (Einwilligungsvorbehalte zugunsten des anderen Ehegatten) nicht unterworfen.[5] Die allgemeinen Einschränkungen der Massezugehörigkeit nach § 36 I, III InsO sind selbstverständlich auch für das Gesamtgut (und Vorbehaltsgut) zu beachten.

III. Gesamtgut bei gemeinschaftlicher Verwaltung

8 Wird das Gesamtgut der Gütergemeinschaft von beiden Ehegatten gemeinschaftlich verwaltet, so wird das Gesamtgut nach § 37 II InsO in der Insolvenz des einen oder anderen Ehegatten nicht vom Insolvenzbeschlag erfasst.

Über das Gesamtgut als Sondermasse (s. o. § 24 IV.) ist dann allerdings nach § 11 II Nr. 2 InsO ein selbstständiges Sonderinsolvenzverfahren zulässig (§§ 333, 334 InsO).

IV. Gesamtgut bei fortgesetzter Gütergemeinschaft

9 Für die bei Tod eines Ehegatten mögliche fortgesetzte Gütergemeinschaft bestimmt § 37 III InsO, dass die Regelung in Abs. 1 entsprechend gilt mit der Maßgabe, dass an die Stelle des Ehegatten, der das Gesamtgut allein verwaltet, der überlebende Ehegatte tritt (entweder ist er schon vorher Alleinverwalter oder er wird es ersatzweise im Todesfall des Alleinverwalters) und an die Stelle des verstorbenen Ehegatten die Abkömmlinge treten.

10 Über das Gesamtgut ist bei der fortgesetzten Gütergemeinschaft wie bei der gemeinschaftlichen Verwaltung des Gesamtguts bei Gütergemeinschaft unter lebenden Ehegatten – atypischerweise (der überlebende Ehegatte ist ja Alleinverwalter) – nach § 11 II Nr. 2 InsO ein selbstständiges Sonderinsolvenzverfahren zulässig; das Gesamtgut wird also Sondermasse. Das Verfahren wird in § 332 InsO geregelt, ua durch Verweisung auf die Vorschriften für das Nachlassinsolvenzverfahren (§§ 315–331 InsO).

V. Beendigung der Gütergemeinschaft

11 Ist die eheliche oder die fortgesetzte Gütergemeinschaft beendet, so findet auf ein jetzt erst zu eröffnendes Insolvenzverfahren § 37 InsO keine Anwendung, auch wenn die Liquidation der Gütergemeinschaft sich noch im Abwicklungsstadium befindet.[6]

---

[3] *Zöller/Stöber*, § 739 Rn. 2.
[4] Vgl. BGH NZI 2006, 402.
[5] *Jaeger/Henckel*, § 2 KO Rn. 1; *Kuhn/Uhlenbruck*, § 2 KO Rn. 3 a.
[6] Vgl zur Rechtslage der KO, die insoweit weiter gilt: *Kilger/K. Schmidt*, § 2 KO Anm. 3; *Jaeger/Henckel*, § 2 KO Rn. 31 ff.; *Kuhn/Uhlenbruck*, § 2 KO Rn. 5.

Diese Verfahrenssituation hat folgende Auswirkungen auf die Masse:

In der Insolvenz des jeweiligen Ehegatten gehört sein Gesamtgutsanteil zur Masse. Die Auseinandersetzung erfolgt außerhalb des Insolvenzverfahrens (§ 84 InsO). Es wird allerdings die Auffassung vertreten,[7] dass über das Gesamtgut im Auseinandersetzungsstadium, unabhängig von § 37 InsO, ein Sonderinsolvenzverfahren zulässig ist.

Falls die Gütergemeinschaft erst nach Eröffnung des Insolvenzverfahrens endet, haben die Auswirkungen des § 37 InsO (selbstverständlich) auch weiterhin Bestand.

---

[7] So MüKoInsO/*Schumann*, § 37 Rn. 46; vgl. auch Uhlenbruck/Hirte/Vallender/*Knof,* § 37 Rn. 14.

3. Abschnitt. Rechtsfolgen der Insolvenzeröffnung im Allgemeinen

Übersicht

	Rn.
§ 30. Auswirkungen auf den Schuldner	
I. Unmittelbare Wirkungen	1
II. Mittelbare Wirkungen	31
III. Vermögensbezogene Auswirkungen	37
§ 31. Materiell-rechtliche Folgen der Verfügungsbeschränkung	
I. Verpflichtungs- und Verfügungsgeschäfte des Schuldners	1
II. Leistungen an den Schuldner	93
III. Die Auswirkungen von Veräußerungsverboten	105
IV. Der Schuldner als Erbe und Vermächtnisnehmer	127

Schrifttum zu § 30: *Eickmann*, Festschrift Adomeit 2008, S. 167; *Gerhardt*, Verfügungsbeschränkungen in der Eröffnungsphase und nach Verfahrenseröffnung, in: Kölner Schrift, S. 159; *ders.*, Vorausabtretung und Konkurseröffnung, in: Gedächtnisschrift Knobbe-Keuk, 1997, S. 169; *ders.*, Die Verfahrenseröffnung nach Insolvenzordnung und ihre Wirkung, ZZP 109 (1996), 415; *ders.*, Vorausabtretung und § 17 KO, FS Merz, 1992, S. 117; *ders.*, Insolvenzrecht und Bürgerliches Gesetzbuch, AcP 200 (2000), 426; *Hess*, Rechtsstellung der Verf.beteiligten, 1996; *Landfermann*, Allgemeine Wirkungen der Insolvenzeröffnung, in: Kölner Schrift, 2. Aufl. 2000 S. 159; *Uhlenbruck*, Auskunftspflichten und Mitwirkungspflichten des Schuldners und seiner organschaftlichen Vertreter …, KTS 1997, 371.

Zu § 31 I: *Eickmann*, Konkurseröffnung und Grundbuch – Ein Beitrag zu Zweifelsfragen über Prüfungsrecht und Prüfungspflicht des Grundbuchamts, Rpfleger 1972, 77; *ders.*, Die Verfügungsbeschränkungen des § 21 II Nr. 2 InsO und der Immobiliarrechtsverkehr, FS Uhlenbruck 2000, S. 149; *Marotzke*, BGB und InsO, KTS 2002, 1, 41; *v. Olshausen*, „Verfügung" statt „Rechtshandlung" in § 81 InsO oder: Der späte Triumph des Reichstagsabgeordneten Levin Goldschmidt, ZIP 1998, 1093; *Scholz*, § 878 BGB in der Verkäuferinsolvenz, ZIP 1999, 1693; *Wörbelauer*, § 878 BGB und der Konkurs des Grundpfandrechts-Schuldners, DNotZ 1965, 580.

Zu § 31 II: *Nobbe*, Das Girokonto in der Insolvenz, in: Prütting (Hrsg.), Insolvenzrecht 1996, S. 99; *Windel*, Die Verteilung der Befugnisse zur Entscheidung über Vermögenserwerb zwischen (Gemein-)Schuldner und Konkurs-(Insolvenz-)Verwalter bzw. Vollstreckungsgläubiger nach geltendem und künftigem Haftungsrecht, KTS 1995, 367.

Zu § 31 III: *Canaris*, Die Rechtsfolgen rechtsgeschäftlicher Abtretungsverbote, in: FS Serick, 1992, S. 9; *Paulus*, Richterliches Verfügungsverbot und Vormerkung im Konkurs, 1981.

Zu § 31 IV: *Dieckmann*, Zur Behandlung des Neuerwerbs, in: Leipold (Hrsg.), Insolvenzrecht im Umbruch, 1992, S. 127; *Haegele*, Der Testamentsvollstrecker bei Konkurs, Vergleich und Anfechtung außerhalb Konkurses, KTS 1969, 158; *Leipold*, Erbrechtlicher Erwerb und Zugewinnausgleich im Insolvenzverfahren und bei der Restschuldbefreiung, FS Gaul 1997, S. 367.

§ 30. Auswirkungen auf den Schuldner

Übersicht

	Rn.
I. Unmittelbare Wirkungen	1
1. Berufsausübung; Ehrenämter	1
2. Verfahrensbedingte Pflichten und Grundrechtseinschränkungen	4
II. Mittelbare Wirkungen	31

	Rn.
III. Vermögensbezogene Auswirkungen	37
1. Verwaltungs- und Verfügungsbefugnis	37
2. Besitzverhältnisse	41
3. Kaufmannseigenschaft	42
4. Arbeitgebereigenschaft	43
5. Wechselfähigkeit	44

I. Unmittelbare Wirkungen

1. Berufsausübung; Ehrenämter. Der Schuldner darf nicht zur *Rechtsanwaltschaft* zugelassen werden (§ 7 Nr. 9 BRAO); ist er bereits zugelassen, so kann die Zulassung gem. § 14 II Nr. 7 BRAO zurückgenommen werden (dazu: BGH ZInsO 2005, 213). Gleiches gilt für die Patentanwaltschaft, § 14 I Nr. 10, § 21 II Nr. 10 PatAnwO. 1

Die Bestellung eines Schuldners zum *Notar* ist grundsätzlich nicht möglich, weil Zweifel an der persönlichen Eignung (§ 6 BNotO) bestehen. Der bereits zum Notar Bestellte ist gem. § 50 I Nr. 6 BNotO seines Amtes zu entheben. Das Amt des Anwaltsnotars erlischt mit dem Wegfall der Zulassung als Rechtsanwalt, § 47 Nr. 3 iVm § 14 II Nr. 7 BRAO. Zum Widerruf der Bestellung eines Steuerberaters BFH ZIP 2008, 657. 2

Der Schuldner soll nicht zum *Schöffen* bestellt werden (§ 33 Nr. 5 GVG); die Unfähigkeitsregel in § 32 Nr. 3 GVG aF ist durch Art. 12 Nr. 2 EGInsO aufgehoben worden. Nach § 109 III GVG gilt § 33 Nr. 5 auch für ehrenamtliche Richter. Der Schuldner soll nicht als *ehrenamtlicher Richter* in der Arbeits-, Finanz-, Verwaltungs- und Sozialgerichtsbarkeit oder in Steuerberatungs- und Wirtschaftsprüfersachen berufen werden (§§ 21 II S. 2, 37 II, 43 III ArbGG; § 18 II FGO; § 21 II VwGO; §§ 17 I Nr. 3, 35 I, 47 SGG; § 46 II Nr. 5 StBerG; §§ 76 I, 77 I Nr. 1, 2 WirtschaftsPrO). 3

2. Verfahrensbedingte Pflichten und Grundrechtseinschränkungen. a) Nach § 97 I InsO obliegt dem Schuldner eine *Auskunftspflicht* bezüglich aller verfahrensrelevanten Fragen, also insbesondere hinsichtlich des Vermögens, des Verbleibs bestimmter Vermögensgegenstände, der Berechtigung angemeldeter Forderungen oder geltendgemachter Aus- und Absonderungsrechte sowie über Umstände, die ein Anfechtungsrecht begründen können (BGH ZInsO 2010, 477). Die Auskunftspflicht erstreckt sich auch auf Angaben, die den Schuldner der Gefahr strafgerichtlicher Verfolgung aussetzen, § 97 I 2, 3 InsO. Auch die Vorlage von Belegen kann verlangt werden (BGH ZInsO 2006, 265). 4

Auskunftspflichtig ist der Schuldner. Ist er keine natürliche Person, so gilt § 97 I uneingeschränkt für die derzeitigen organschaftlichen Vertreter und vertretungsberechtigten persönlich haftenden Gesellschafter sowie deren Vorgänger, wenn das Ausscheiden nicht länger als zwei Jahre zurückliegt, § 101 I InsO. Eingeschränkt (nur mit S. 1) gilt § 97 I für Angestellte und frühere Angestellte, die in gleicher Frist ausgeschieden sind. 5

Auskunftsberechtigt sind das Gericht, der Verwalter, der Gläubigerausschuss oder ein von ihm beauftragtes Mitglied sowie – nach entsprechender Anordnung des Gerichts – die Gläubigerversammlung. Gegenüber Sicherungsgläubigern besteht keine unmittelbare Auskunftspflicht (BGH ZIP 2004, 328); ihnen gegenüber ist der Verwalter auskunftspflichtig, im Verhältnis zu ihm besteht freilich die Pflicht des Schuldners. 6

b) Den Schuldner trifft nach § 97 II InsO eine allgemeine **Verfahrensförderungspflicht**. Bedeutungsvoll ist sie zB beim Zugriff des Verwalters auf Auslandsvermögen, insbesondere in den Fällen, in denen der andere Staat die Eröffnungswirkungen nicht anerkennt (Vollmachtserteilung).[1] Bei einer Betriebsfortführung hat der Schuldner seine 7

---

[1] BGH ZIP 2003, 2124; Braun/*Kroth*, § 97 Rn. 11.

Fach- und Sachkenntnisse zur Verfügung zu stellen; bei der Masseverwertung kann er dem Verwalter ihm nicht zugängliche Abnehmerkreise erschließen.

8 Die Mitwirkungspflicht kann jedoch nur als eine punktuelle Tätigkeitspflicht verstanden werden; den Schuldner trifft keine Pflicht, seine Arbeitskraft der Masse generell zur Verfügung zu stellen.[2] Für eine solche weitreichende, auch verfassungsrechtlich zweifelhafte Pflicht finden sich weder im Wortlaut des Gesetzes noch in dessen Begründung hinreichende Anhaltspunkte. Die Arbeitskraft des Schuldners ist nicht Massebestandteil.

9 Die Mitwirkungspflicht gilt für den Schuldner als natürliche Person; bei anderen Schuldnern gilt § 101 I InsO.

10 **c)** Nach § 97 III InsO trifft den Schuldner eine **Bereithaltungs- und Bereitstellungspflicht.** Sie löst die umstrittene Residenzpflicht des bisherigen § 101 I KO ab. Sie verbietet dem Schuldner und den Personen nach § 101 I 1 (nicht: § 101 I 2, II!) nicht mehr generell die Ausübung ihrer Freizügigkeitsrechte, sondern gebietet ihnen lediglich, zur Erfüllung ihrer Pflichten auch dann zur Verfügung zu stehen, wenn sie sich außerhalb des Wohnortes aufhalten. Verfassungsrechtliche Bedenken dagegen bestehen nicht. Die Bereitschaftspflicht besteht im Rahmen des Verhältnismäßigkeitsgrundsatzes „jederzeit", dh dass der Betroffene mit persönlichen Hinderungsgründen grundsätzlich nicht gehört wird. Die Bereitschaftspflicht besteht auf Anordnung des Gerichts. Diese Anordnung ergeht von Amts wegen, soweit die Anwesenheit in den Terminen betroffen ist; die Verfügung des Gerichts, der Schuldner sei zum Termin zu laden, ist zugleich die Anordnung im Sinne von Abs. 3 S. 1. Hält das Gericht die Anwesenheit des Schuldners nicht für zwingend notwendig, so ist er lediglich vom Termin zu benachrichtigen. Außerhalb der Termine wird die gerichtliche Anordnung eine darauf gerichtete Anregung des Verwalters voraussetzen.

11 Eine pauschale Anordnung ist nach dem Telos der Norm unstatthaft, denn sie liefe auf eine bloße allgemeine Bekräftigung des Gesetzesbefehles hinaus; die Anordnung hat ort- und zeitbezogen für den Einzelfall zu ergehen. Das schließt nicht aus, dass sie einen bestimmten Zeitraum umfasst („... während der im Februar durchzuführenden Revision der Buchhaltung ..." uÄ). Die gerichtliche Anordnung ist gemäß § 6 InsO unanfechtbar (bei Entsch dch den Rechtspfleger: § 11 II RpflG).

12 **d)** Nach § 98 I InsO ist der Schuldner (bzw. die derzeitigen und früheren organschaftlichen Vertreter und Gesellschafter nach Maßgabe des § 101 I InsO) zur Abgabe einer **eidesstattlichen Versicherung** verpflichtet. Während die bisherige Regelung des § 125 KO sich nur auf die Richtigkeit des erstellten Inventars bezog, knüpft § 98 I an die Auskunftspflicht des § 97 I an. Betroffen ist jedoch nicht der Verwalter. Sie soll gewährleisten, dass die vom Auskunftspflichtigen erteilte konkrete Auskunft richtig und vollständig ist. Dieser gegenüber dem Insolvenzverfahren stark ausgeweitete, anders geartete Anwendungsbereich kann mithin dazu führen, dass eine eV mehrmals im Laufe des Verfahrens erforderlich wird. → Rn. 20.

13 Voraussetzung ist eine Anordnung des Gerichts; sie kann von Amts wegen oder auf Anregung eines Auskunftsberechtigten geschehen. Nach der Entwurfsbegründung[3] kann die Anregung nur vom Verwalter oder einem Insolvenzgläubiger herrühren; wegen des eindeutigen Zusammenhanges von § 98 I mit § 97 I erscheint das zu eng.[4]

14 Problematisch ist die in § 98 I S. 1 verlangte Erforderlichkeit. Soll die Norm nicht praktisch leerlaufen, können konkrete Anhaltspunkte für das Vorliegen einer unwahren oder unvollständigen Auskunft nicht vorausgesetzt werden; das Fehlen tatsächlicher Erkenntnisse ist es ja gerade, was den Verwalter zur Auskunftserholung nötigt. Die eV

---

[2] Braun/*Kroth*, § 97 Rn. 11. HK/*Kayser*, § 97 Rn. 25, 30.
[3] Begr zu § 109 RegE, BT-Drucks. 12/2443, S. 143.
[4] Ebenso: Braun/*Kroth*, § 98 Rn. 3 („... ein Verfahrensbeteiligter ...").

kann nicht Erkenntnisse voraussetzen, die sie in der Regel erst verschaffen soll. „Erforderlich" ist die eV deshalb schon dann, wenn die betreffende Auskunft für das Verfahren von nicht nur geringfügiger Bedeutung ist. Wenn in der Einzelvollstreckung (vgl. § 807 ZPO) die publizistische Pflicht des Schuldners lediglich voraussetzt, dass die Gläubiger bisher keine vollständige Befriedigung erlangt haben, so kann in der Gesamtvollstreckung vernünftigerweise die Hürde nicht höher sein.

Zuständig zur Abnahme ist – im Gegensatz zum Verfahren des § 125 KO – das Ins- 15
Ger.[5] Die § 478 (Leistung), § 479 (Subsidiäre Leistung vor dem Richterkommissar), § 480 (Belehrung über die Bedeutung des Vorganges) und § 483 ZPO (Vorgehen bei Stummen) gelten entsprechend. Der Schuldner hat zu erklären, er habe die von ihm verlangte Auskunft nach bestem Wissen und Gewissen richtig und vollständig erteilt.

Die Anordnung der eV durch den Richter ist nicht anfechtbar (§ 6); hat der Rechts- 16
pfleger entschieden, so ist die befristete Erinnerung nach § 11 II 1 RpflG statthaft.

e) Nach § 153 II InsO kann – insoweit dem bisherigen § 125 KO vergleichbar – das 17
Insolvenzgericht anordnen, dass der Schuldner die Richtigkeit der **Vermögensübersicht** (§ 153 I InsO) an **Eides Statt versichert.** Die Pflicht trifft nach Maßgabe des § 101 I organschaftliche Vertreter bzw. vertretungsberechtigte Gesellschafter sowie deren Vorgänger.

Voraussetzung ist ein Antrag des Verwalters oder eines Gläubigers. Richtigerweise 18
sollte der Verwalter im Regelfall von seinem Antragsrecht Gebrauch machen. Das Gericht entscheidet nach pflichtgemäßem Ermessen; die auch hier vorauszusetzende Erforderlichkeit wird angesichts der Bedeutung der Vermögensübersicht regelmäßig zu bejahen sein.

Für die Abnahme der eV ist das Insolvenzgericht zuständig.[6] Anders als im Falle des 19
§ 807 ZPO erstreckt sich die Versicherung des § 153 II InsO nicht auf das gesamte Vermögen, sondern erfasst nur das massezugehörige Vermögen und die Verbindlichkeiten. Völlig wertlose Gegenstände brauchen nicht angegeben zu werden. Anzugeben sind jedoch Anwartschaften und Anfechtungslagen. Das Verzeichnis ist mit dem Schuldner insoweit durchzusprechen, ggf. werden Ergänzungen zu Protokoll genommen. Stichtag ist der Eröffnungstag. Die objektiven Anfechtungstatbestände sind sodann mit ihm zu erörtern, auch dazu sind die Erklärungen des Schuldners im Protokoll festzustellen. Das Protokoll ist vorzulesen und dessen Genehmigung zu vermerken (§ 162 ZPO). Sodann ist der Schuldner über die Bedeutung der eidesstattlichen Versicherung und die Strafbarkeit falscher und unvollständiger Angaben zu belehren. Die dann abzugebende Versicherung lautet:

„Ich bin nach bestem Wissen nicht imstande, außer den im Vermögensverzeichnis genannten – (und von mir zusätzlich benannten) – Vermögensgegenständen noch weiteres, zur Masse gehöriges Vermögen anzugeben; ich bin auch nicht imstande, weitere Verbindlichkeiten zu benennen".

Bei Weigerung ist nach § 98 II Nr. 1 zu verfahren. Die eV des § 153 II kann im Ge- 20
gensatz zu der des § 98 I nur einmal im Verfahren verlangt werden.

f) Nach § 99 InsO kann das Gericht anordnen, dass bestimmte oder alle für den Schuld- 21
ner eingehenden Postsendungen (Drucksachen, Zeitschriften, Pakete und Päckchen, Briefe, Postkarten, Telegramme) dem Verwalter auszuhändigen sind, sog. **Postsperre.** Gegen die Vorläuferregelung in § 121 KO wurden verfassungsrechtliche Bedenken geltend gemacht.[7] Da Art. 10 II 1 GG Beschränkungen auf Grund nicht zweckgebundener Gesetze zulässt, ist die Norm am Verhältnismäßigkeitsgrundsatz zu messen. Dabei mag die

---

[5] *Breutigam/Blersch,* § 98 Rn. 5.
[6] *Schmerbach* NZI 2002, 538; Uhlenbruck/*Maus,* § 153 Rn. 7.
[7] *Quack* Rpfleger 1975, 185; *Landgrebe* Rpfleger 1984, 7 ff.

Geeignetheit der Maßnahme für die mit ihr verfolgten Zwecke (Feststellung und Sicherung der Masse) zu bejahen sein, weil aus der Praxis bekannt ist, dass mit Hilfe der Postsperre in Einzelfällen tatsächlich Massegegenstände ermittelt werden konnten. Auch die Erforderlichkeit kann bejaht werden, wenn Anhaltspunkte für Masseverschleierung, -verkürzung oder -verschiebung oder für andere nachteilige Geschäfte vorliegen. Ein bloßer Anfangsverdacht muss genügen, soll die Norm nicht leerlaufen, so zB wenn der Schuldner die Offenbarung seiner Vermögensverhältnisse verzögert.[8] Geeignet ist die Postsperre grundsätzlich zur Zweckerreichung, es sei denn, es bestehen tatsächliche Anhaltspunkte dafür, dass die Manipulationen über Kommunikationsmittel betrieben werden (sollen), die ohnehin nicht von der Sperre erfasst werden. Die Zweck/Mittel-Relation kann fehlen, wenn der in Frage stehende Vermögenswert gering ist.

22 Grundsätzlich ist der Schuldner vor Anordnung anzuhören; ist dies im Einzelfall nicht sinnvoll (Überraschungseffekt!), so ist die Anhörung unverzüglich nachzuholen, § 99 I S. 2, 3.[9]

23 Geschieht die Anordnung im Eröffnungsverfahren, so ist der Richter funktionell zuständig (§ 18 I Nr. 1 RpflG); wird die Anordnung zusammen mit der Eröffnung getroffen, gilt nach dem Grundgedanken des § 6 RpflG dasselbe. Nach Eröffnung ist der Rechtspfleger zuständig.

24 Die Anordnung geschieht durch begründeten Beschluss; dazu genügen floskelhafte Wiederholungen des Normtextes nicht, die Begründung hat sich mit dem konkreten Einzelfall und den Verhältnismäßigkeitskriterien auseinanderzusetzen. Die Anordnung richtet sich nicht nur gegen die Deutsche Post AG; sie erfasst auch Sendungen, die durch lizenzierte Unternehmen (§ 51 PostG) oder durch private Kurierdienste befördert werden.

25 Der Beschluss ist, sofern nicht verkündet (zB bei Gelegenheit der Anhörung), zuzustellen, § 6 II InsO. Er ist mit sofortiger Beschwerde anfechtbar, § 99 III S. 1.

26 Die allgemeine Postsperre erfasst Briefe, Postkarten, Postversandstücke (Zeitschriften), Telegramme, Fernschreiben und Telekopien (Faxe). Nicht ermöglicht ist nach dem Willen des Gesetzgebers (vgl. BegrRegE S. 143) eine Telefonsperre; verfassungsrechtlich wäre sie freilich zulässig. Sofern Netzbetreiber und E-Mail-Adresse bekannt sind können auch E-Mails erfasst werden.[10]

27 Die gerichtliche Anordnung kann einzelne Sendungsarten ausnehmen. Die erfassten Sendungen werden dem InsVerw ausgehändigt; er ist berechtigt, sie zu öffnen und einzusehen. Das Einsichtsrecht sollte, wenn praktisch möglich, vom Verwalter höchstpersönlich ausgeübt werden.[11]

28 Der Schuldner hat das Recht auf Einsicht in alle Sendungen; soweit eine Sendung für das Verfahren ohne Bedeutung ist, kann er die Herausgabe verlangen, § 99 II 2 InsO. Das Einsichtsrecht kann der Schuldner nur verfolgen durch die Anregung von Aufsichtsmaßnahmen des Gerichts nach § 58 I InsO. Das Herausgaberecht muss der Insolvenzschuldner im Prozessweg verfolgen. Er stützt seine Klage auf § 985 BGB; der Verwalter kann einwenden, dass ihm ein Recht zum Besitz (§ 986 BGB) zustehe, weil die Sendung für die Insolvenzabwicklung (zB als Beweismittel in einem Anfechtungsprozess) von Bedeutung ist.

29 Nach § 99 III 2 ist die Postsperre aufzuheben, wenn die Voraussetzungen weggefallen sind.

---

[8] OLG Bremen ZIP 1992, 1757, 1760; OLG Celle NZI 2000, 583; LG Frankfurt/M. InVO 1999, 346.
[9] Vgl. dazu u zur gesonderten Begründungspflicht LG Göttingen ZIP 1999, 1565 sowie *Bähr* EWiR 1/99, S. 1065.
[10] LG Deggendorf EWiR 2006, 87; KPB/*Lüke*, § 99 Rn. 4; *Pöllmann*, InsR-Report 2000 Nr. 14; MüKoInsO/*Passauer/Stephan*, § 99 Rn. 20.
[11] KPB/*Lüke* § 99 Rn. 10 (großzügiger); HK/*Kayser* § 99 Rn. 36; *Jaeger/Henckel/Schilken* § 99 Rn. 26.

Es empfiehlt sich also nicht, solche Sendungen von vornherein oder bald nach An- 30
ordnung auszunehmen. Nach einigen Monaten der Postsperre hat der Verwalter jedoch
einen Überblick über die eingehenden Periodica gewonnen, so dass ihre Freigabe möglich sein muss. Überhaupt verliert die Postsperre mit zunehmender Verfahrensdauer an
Bedeutung, nach etwa einem halben Jahr sollte von einer Aufhebung nur abgesehen
werden, wenn konkrete Gründe für ihre Aufrechterhaltung vorliegen (noch nicht abgeschlossene Masseermittlung; fehlende Kooperation des Schuldners; Anhaltspunkte für
Manipulationen zB aus der Auswertung früherer Postsendungen).

II. Mittelbare Wirkungen

Die Regelungen des § 1670 BGB (= Wegfall der Vermögenssorge in Bezug auf Kin- 31
der des Schuldners) und § 1781 Nr. 3 BGB (= Untauglichkeit des Schuldners zum
Vormund) sind durch Art. 1 Nr. 48 KindRG bzw. Art. 33 Nr. 30 EGInsO weggefallen.
Damit wirkt sich die Eröffnung der Insolvenz nicht mehr unmittelbar und automatisch
auf *familienrechtliche Positionen* des Schuldners aus.

Unberührt bleibt die Möglichkeit, im Einzelfall durch Anordnungen nach §§ 1666, 32
1667 BGB dem Vermögensverfall eines Elternteils Rechnung zu tragen oder einen
Vormund gem. § 1886 BGB wegen seines Vermögensfalls zu entlassen. Der Insolvente
ist regelmäßig als ungeeignet anzusehen.

Wird der Insolvenzantrag wegen Masseunzulänglichkeit abgelehnt (§ 16 InsO), so kann 33
in der damit zu Tage getretenen Vermögenslosigkeit des Vormundes uU eine objektive
Gefährdung der Mündelinteressen erblickt werden, die gleichfalls die Entlassung nach § 1886
BGB rechtfertigt; sie ist freilich nur ultima ratio. Das Gericht hat zu prüfen, ob nicht weniger schwer wiegende Maßregeln, wie etwa nach §§ 1796, 1818, 1837 BGB ausreichen.

Auf *Pfleger* finden gem. § 1915 BGB die für den Vormund geltenden Vorschriften ent- 34
sprechende Anwendung, soweit nicht andere Vorschriften unmittelbar oder ihrem Zwecke
nach entgegenstehen. Hinsichtlich der Ungeeignetheit zum Amt gelten Vormundschaftsregeln insoweit, als sie auf die Natur der jeweiligen Pflegschaftsart sinngemäß anwendbar
sind. Der Vermögensverfall des Pflegers gibt deshalb nur dann Anlass zu einem Einschreiten des Familiengerichts, wenn es sich um eine Vermögenspflegschaft handelt, nicht jedoch
bei einer Pflegschaft zum Abschluss von Rechtsgeschäften, zur Prozessführung, zur Regelung von Wohnungsangelegenheiten oder für dienstrechtliche Angelegenheiten.

Ähnlich ist die Situation bei einer *Betreuung*. Nach § 1908b BGB ist ein Betreuer zu 35
entlassen wenn seine Eignung nicht mehr gewährleistet ist; fehlt diese von Anfang an,
so soll eine Bestellung nicht erfolgen. Dies ist im Hinblick auf die Betreuerinsolvenz
jedenfalls dann zu prüfen, wenn die Betreuung (auch) die Vermögensangelegenheiten
des Betreuten umfasst.[12]

Familiengericht u. Betreuungsgericht können von der Insolvenz regelmäßig nur 36
Kenntnis erlangen, wenn sie mitgeteilt wird. Angesichts der Einschränkungen in § 22a II
FamFG dürfte bei den Insolvenzgerichten wie bisher bei § 35a FGG insoweit eine gewisse Zurückhaltung bestehen. Da die Insolvenzeröffnung ohnehin öffentlich bekanntgemacht wird, kann ein schutzwürdiges Interesse des Schuldners iSv § 22a II jedoch
nicht bestehen. Wenn bekannt ist, dass der Schuldner minderjährige Kinder hat, dass er
Vormund, Pfleger oder Betreuer ist, sollte stets eine Mitteilung geschehen.

III. Vermögensbezogene Auswirkungen

1. Verwaltungs- und Verfügungsbefugnis.
Nach § 80 I InsO verliert der Schuld- 37
ner im Zeitpunkt der Eröffnung die Verwaltungs- und Verfügungsbefugnis. Er bleibt

---

[12] Vgl. *Sonnenfeld*, Betreuungs- und Pflegschaftsrecht, 2. Aufl., Rn. 79.

§ 31 Kapitel III. 3. Abschnitt. Rechtsfolgen der Insolvenzeröffnung

zwar Eigentümer (Inhaber) der massezugehörigen Gegenstände, darf jedoch gegen den Willen des Verwalters weder tatsächlich auf sie einwirken noch über sie verfügen. § 80 wird ergänzt durch die §§ 81, 91 InsO, die Verfügungen vorbehaltlich eines beschränkten Schutzes Dritter die Wirksamkeit verwehren (→ § 32) sowie durch § 80 II InsO, der die Verwaltung von relativen Veräußerungsverboten freistellt.

38 Die Wirkungen des § 80 I ergreifen nur das massezugehörige Vermögen; freies Vermögen unterliegt unbeschränkt der Verwaltung und Verfügung des Schuldners.

39 Die Wirkungen des § 80 enden mit der Verfahrensaufhebung, sofern nicht bestimmte Gegenstände einer Nachtragsverteilung vorbehalten sind, mit der Einstellung des Verfahrens sowie mit der Freigabe eines Gegenstandes aus der Masse durch den Verwalter.

40 Der Umfang der Rechtsmacht des Verwalters wird durch den Insolvenzzweck bestimmt. Maßnahmen, welche erkennbar dem Verfahrenszweck zuwiderlaufen, sind unwirksam. Abgrenzungsrichtlinien kann eine entsprechende Anwendung der Grundsätze zum Missbrauch der Vertretungsmacht liefern.[13]

41 **2. Besitzverhältnisse.** Der Verwalter, der Sachen der Masse in seine tatsächliche Gewalt genommen hat (§ 148 InsO) ist unmittelbarer Fremdbesitzer, der Schuldner ist mittelbarer Eigenbesitzer.[14]

42 **3. Kaufmannseigenschaft.** Solange der Verwalter das Handelsunternehmen nicht aufgegeben oder veräußert hat, behält der Schuldner die Kaufmannseigenschaft.[15] Hingegen erlangt der Verwalter auch bei Unternehmensfortführung keine Kaufmannseigenschaft.[16]

43 **4. Arbeitgebereigenschaft.** Führt der Verwalter den Betrieb fort oder wickelt er ihn mit weiterbeschäftigten Arbeitnehmern ab, so ist er Betriebsleiter und ihn trifft die arbeitsrechtliche Fürsorgepflicht. Arbeitgeber als Vertragspartner der Arbeitnehmer bleibt der Schuldner.[17]

44 **5. Wechselfähigkeit.** Der Schuldner bleibt wechselfähig.[18] Freilich kann er nach Eröffnung die Masse nicht mehr verpflichten. Soll nach Art. 43 I WG Rückgriff genommen werden, so ist der dafür nach Art. 44 I, III WG erforderliche Protest gegenüber dem Schuldner, nicht gegenüber dem Verwalter zu erklären.[19]

§ 31. Materiell-rechtliche Folgen der Verfügungsbeschränkung

Übersicht

	Rn.
I. Verpflichtungs- und Verfügungsgeschäfte des Schuldners	1
1. Verpflichtungen des Schuldners	1
2. Verfügungen des Schuldners	2
3. Mehraktige Verfügungen (§§ 81, 91 InsO)	4
4. Unwirksamkeit von Verfügungen	7
5. Rechtserwerb an Massegegenständen nach Eröffnung	15

---

[13] BGH InVo 2002, 396; *Spickhoff* KTS 2000, 15. Vgl. auch BGHZ 118, 379u 154, 194 sowie BGH ZIP 2008, 884.
[14] Braun/*Naumann*, § 148 Rn. 5.
[15] MüKoInsO/*Ott/Vuia*, § 80 Rn. 99; Nerlich/Römermann/*Wittkowski*, § 80 Rn. 33; *Uhlenbruck*, § 80 Rn. 10.
[16] Die in Fn 18 Genannten.
[17] BAG AP Nr. 1 § 113 BetrVG 1972; *Uhlenbruck* KTS 1973, 81, 88; *Richardi*, Sozialplan und Insolvenz, 1975, S. 39. *Eickmann*, FS Adomeit, 2008, S. 167.
[18] *Kalter* KTS 1956, 145 ff.; Braun/*Kroth*, § 90 Rn. 13.
[19] *Kalter* (Fn 21), S. 146.

Materiell-rechtliche Folgen der Verfügungsbeschränkung 1–4 **§ 31**

Rn.
6. Einzelfälle zu §§ 81, 91 InsO 16
7. Verfügungen des Schuldners und öffentlicher Glaube des Grundbuchs 68
8. Verfügungen über künftige Bezüge 89
II. Leistungen an den Schuldner 93
1. Leistung in die Masse 93
2. Leistungen auf eingetragene Rechte 95
3. Andere Leistungen 97
4. Befreiende Leistung an den Schuldner 101
5. Leistung an Vertreter des Schuldners 104
III. Die Auswirkungen von Veräußerungsverboten 105
1. Gesetzliche relative Veräußerungsverbote 106
2. Gerichtliche relative Veräußerungsverbote 109
3. Behördliche relative Veräußerungsverbote 111
4. Absolute Veräußerungsverbote 112
5. Einzelfälle 114
6. Pfändung und Beschlagnahme in der Vollstreckung 124
IV. Der Schuldner als Erbe und Vermächtnisnehmer 127
1. Anfall vor oder nach Insolvenzeröffnung 127
2. Testamentsvollstreckung 129

I. Verpflichtungs- und Verfügungsgeschäfte des Schuldners

1. Verpflichtungen des Schuldners. Über Verpflichtungen des Schuldners findet 1
sich keine ausdrückliche Regelung. Der Gesetzgeber hielt eine solche angesichts der
Definition der Insolvenzgläubiger (§ 38 InsO) für nicht erforderlich.[1] Verpflichtungsgeschäfte des Schuldners sind wirksam, auch wenn sie sich auf Gegenstände der Masse
beziehen; sie begründen jedoch nur eine Verpflichtung des Schuldners persönlich,[2]
keine aus der Masse zu erfüllende Verbindlichkeit.

2. Verfügungen des Schuldners. Gegenüber der Regelung in § 7 KO fällt zu- 2
nächst in § 81 InsO auf das Abgehen von dem Begriff der „Rechtshandlung" und das
Abstellen auf Verfügungen des Schuldners.[3] Im Vergleich zu dem außerordentlich weiten Anwendungsbereich des Rechtshandlungsbegriffes bedeutet die Neufassung eine
Verdeutlichung und eine Konzentrierung auf das Gewollte.[4] Als Konsequenz aus dem in
§ 80 I InsO angeordneten Verlust der Verfügungsbefugnis (→ § 30 Rn. 37) folgt die
Unwirksamkeit von Verfügungen über Gegenstände der Insolvenzmasse.

Die Behandlung von nun nicht mehr erfassten rechtsgeschäftsähnlichen Handlungen[5] 3
und von Prozesshandlungen mit verfügungsähnlichen Wirkungen kann im Wege der
Lückenausfüllung dahin geschehen, dass sie analog § 81 InsO als unwirksam angesehen
werden.[6]

3. Mehraktige Verfügungen (§§ 81, 91 InsO). Problematisch ist die Einordnung 4
mehraktiger Verfügungen. Sie sind sachenrechtlich erst vorgenommen mit dem Vorliegen des letzten Wirksamkeitselements; eine Grundstücksveräußerung zB mithin erst mit
der Eintragung. Durch die Verwendung des Begriffes „Rechtshandlung des Schuldners"
im früheren § 7 KO wurde insoweit eine systematisch eindeutige Abgrenzung zu § 15
KO geschaffen:
Lag bereits die Einigung nach Eröffnung, so war § 7 anzuwenden und Erwerberschutz nur über § 892 BGB möglich; lag die Einigung vor und die Eintragung nach

---
[1] Begr RegE, BT-Drucks. 12/2443, S. 135.
[2] Fn 1.
[3] Dazu: *v. Olshausen* ZIP 1998, 1094; *Eickmann* FS Uhlenbruck, S. 149.
[4] Begr RegE (Fn 1), S. 135.
[5] Beispiele bei Palandt/*Ellenberger*, Vor § 104 BGB Rn. 6.
[6] MüKoInsO/*Ott/Vuia*, § 81 Rn. 5.

Eröffnung, so handelte es sich um einen in § 15 KO einzuordnenden Vorgang, auf den neben § 892 auch § 878 BGB anwendbar war. Nunmehr ist der Begriff „Rechtshandlung" durch den Begriff „Verfügung" ersetzt. Dies muss dahin verstanden werden, auch einen Vorgang, bei dem lediglich die Eintragung noch nach Eröffnung geschah, in § 81 einzuordnen, weil sich erst mit ihr der Verfügungstatbestand vollendet. § 878 BGB ist dann unmittelbar anwendbar; einer Verweisung auf ihn bedarf es nicht. Die bisherige Erklärung des Systemzusammenhanges zwischen den §§ 7 und 15 KO fand ihre Notwendigkeit und Rechtfertigung gerade im nunmehr aufgegebenen Rechtshandlungsbegriff; er beschränkte die Auswirkung der Verfügungsbeeinträchtigung innerhalb des Verfügungstatbestandes auf das Willenselement. Das Publizitätselement, wenn es nicht, wie in § 929 BGB, gleichfalls „Rechtshandlung" war, wurde dem § 15 KO zugeordnet. Diese Einordnung kann nach dem Begriffswechsel nicht mehr aufrecht erhalten werden. Der vor Eröffnung eingeleitete Verfügungstatbestand, der in die Zeit nach Eröffnung „hineinreicht" ist eine Verfügung iSv § 81 InsO.[7]

5   Erst recht erfasst § 81 InsO Verfügungen, bei denen bereits das dingliche Rechtsgeschäft nach Eröffnung liegt. § 91 InsO beschränkt sich dann auf die Fälle, in denen nach Eröffnung weitere Erwerbs- oder Berechtigungselemente eintreten, die keine Schuldnerverfügung darstellen.

6   Für die Verfügung über bewegliche Sachen gilt allein § 81; die Rechtsänderung tritt nur ein, wenn sowohl die Einigung als auch die Übergabe vor der Eröffnung liegen. Unberührt bleibt § 161 I S. 2 BGB: Bei aufschiebend bedingter Verfügung wirkt auch noch ein Bedingungseintritt nach Eröffnung.

7   **4. Unwirksamkeit von Verfügungen.** Eine von § 81 InsO erfasste Verfügung ist unwirksam, nicht etwa nichtig, denn es ist Heilung möglich (→ Rn. 8). Es handelt sich dabei um eine absolute, aber sachlich durch den Verfahrenszweck beschränkte Unwirksamkeit.[8]

8   Die Unwirksamkeit kann geheilt werden. Dies kann geschehen durch eine Genehmigung des Verwalters, weil nach allgemeiner Auffassung § 185 II BGB entsprechend anwendbar ist.[9] Ob der Verwalter genehmigt, ist von ihm nach wirtschaftlichen Gesichtspunkten, orientiert am Verfahrenszweck, zu beurteilen. In der Praxis häufig ist die Genehmigung von Veräußerungen durch einen Kaufmann, die in Unkenntnis der bereits wirksam gewordenen Eröffnung vorgenommen wurden, jedoch nicht missbilligt zu werden brauchen, weil sie zu Marktpreisen geschahen, der Erlös sich in der Masse befindet und der Verwalter nicht annehmen kann, seinerseits einen besseren Erlös zu erzielen. Die Genehmigung kann nach § 182 BGB sowohl dem Schuldner wie dessen Vertragspartner gegenüber erklärt werden; letzteres erscheint zweckmäßiger. Bei einseitigen Rechtsgeschäften scheidet eine Genehmigung aus; das ergibt sich aus der in § 111 S. 1, § 180 S. 1 BGB zum Ausdruck kommenden allgemeinen Regel.[10] Etwas anderes gilt allerdings für einseitige Rechtsgeschäfte, die sich auf eingetragene Grundstücksrechte beziehen, denn auf sie ist § 893 BGB anwendbar (→ Rn. 95).

9   Wird das Verfahren aufgehoben oder eingestellt oder wird der Gegenstand, über den der Schuldner verfügt hat, vom Verwalter aus der Masse freigegeben, so heilt dies die Verfügung entsprechend § 185 II, 2. Alt. BGB.[11] Freilich wirkt diese Heilung, im Ge-

---

[7] *Uhlenbruck*, § 81 Rn. 6. Die überwiegende Auff. in der Literatur begnügt sich mit der Feststellung, der Gesetzgeber" habe eigentlich nichts ändern wollen". Er hat aber entscheidend geändert, vgl. auch *v. Olshausen* ZIP 1998, 1093; ausf *Windel* in *Jaeger*, § 81 Rn. 2 ff.
[8] *Baur/Stürner*, § 4 II 2a; *Gerhardt*, FS Flume, 1978, S. 527 ff.; *Uhlenbruck*, § 81 Rn. 7.
[9] BGH ZIP 2006, 481.
[10] *Soergel/Leptien*, § 182 Rn. 12.
[11] *Uhlenbruck*, § 81 Rn. 8; MüKoInsO/*Ott/Vuia*, § 81 Rn. 17; zur Heilung bei Verfahrenseinstellung: *Baur*, FS Weber 1975, S. 43.

gensatz zu der durch Genehmigung bewirkten, nur ex nunc. Das ist von Bedeutung für zwischenzeitlich angefallene Früchte, denn sie verbleiben im Eigentum des Schuldners.[12]

Im Falle der Freigabe sind somit die Früchte der freigegebenen Sache noch Massebestandteil; der Verwalter kann sie gleichfalls freigeben, er kann sie aber auch verwerten.

Tritt keine Heilung ein, so gewährt das Gesetz dem anderen Teil nur geringen Schutz. Lediglich bei Verfügungen in Bezug auf Grundstücke, grundstücksgleiche Rechte oder Grundstücksrechte ist der Partner des Insolvenzschuldners durch die §§ 878, 892, 893 BGB geschützt (→ Rn. 68 ff.). Bei Verfügungen über bewegliche Sachen oder Forderungen ist er, trotz eigener Unkenntnis von Verfahren und der Beschränkung des Schuldners, nicht geschützt. Der Verwalter kann also eine unwirksam veräußerte bewegliche Sache mit der Klage gem. § 985 BGB zurückholen; er kann eine unwirksam zedierte Forderung selbst einziehen.

Hingegen sind Dritte, die mit dem Vertragspartner des Schuldners kontrahieren, nach Maßgabe der allgemeinen Vorschriften geschützt. Veräußert der Vertragspartner des Schuldners eine vom Schuldner auf Grund unwirksamer Veräußerung erlangte bewegliche Sache an einen Dritten, so erwirbt dieser unter den Voraussetzungen des § 932 BGB das Eigentum. Die Sache ist nicht abhandengekommen iS des § 935 BGB, so lange der Verwalter den Besitz an ihr noch nicht gem. § 148 I InsO ergriffen hatte.[13]

Kann der Vertragspartner des Schuldners eine unwirksam erlangte Sache nicht zurückgeben, so bestimmt sich seine Haftung nach bürgerlichem Recht. Hat er wirksam weiterverfügt, so greift § 816 I BGB. Darüber hinaus und in den Fällen der Zerstörung oder Beschädigung der Sache kann er nach Maßgabe der §§ 989, 990 BGB auf Schadensersatz haften.

Hat der Vertragspartner des Schuldners an diesen eine Gegenleistung erbracht, so besteht gegen den Schuldner ein Rückgewähr- oder Schadensersatzanspruch, idR nach §§ 812 ff., uU auch § 823 BGB. Dieser Anspruch ist jedoch, da nach Eröffnung entstanden, keine Insolvenzforderung (§ 38 InsO), also unanmeldbar. Ist jedoch die Masse (nicht: das sonstige Vermögen des Schuldners) bereichert, dh die Gegenleistung in die Masse gelangt, so ist sie nach § 81 I 3, § 55 I Nr. 3 InsO zurückzugewähren. Inhalt und Umfang der Haftung der Masse bestimmen sich nach den §§ 818, 819 BGB.

5. Rechtserwerb an Massegegenständen nach Eröffnung. § 91 InsO befasst sich mit einem Rechtserwerb an Massegegenständen, der sich erst nach Eröffnung vollendet und bei dem das den Erwerb vollendende Element keine Verfügungshandlung des Schuldners darstellt. Liegt also irgendeine der gesetzlichen Erwerbsvoraussetzungen nach Eröffnung, so ist zu prüfen, ob diese eine Verfügungshandlung darstellt. Ist das der Fall, dann greift § 81 ein; ist das nicht der Fall, liegt § 91 InsO vor.

6. Einzelfälle zu §§ 81, 91 InsO (alphabetisch):

Abtretung von Forderungen. Künftige Forderungen können bei hinreichender Bestimmbarkeit abgetreten werden.[14] Dies geschieht in der Praxis häufig, sowohl zur Sicherung des Warenkredits (Globalzession), wie auch – seltener – zur Sicherung von Geldkrediten. Die Abtretungswirkung tritt erst ein, wenn die Forderung mindestens bedingt entstanden ist. Geschieht dies erst nach Eröffnung, so erwirbt der Sicherungszessionar grundsätzlich kein Absonderungsrecht.[15] Man kann dies anhand der Figur des

---

[12] RGZ 138, 71, 72.
[13] MüKoInsO/Ott/Vuia, § 81 Rn. 24.
[14] BGH NZI 2010, 682; BGH NZI 2009, 599; BGHZ 7, 365, 367 ff. = NJW 1953, 21; BGH NJW 1978, 538 u 1978, 1050. Zur Abtretung künftiger Mietzinsforderung s OLG Celle InVO 1999, 231.
[15] BGH NJW 1955, 544 = LM Nr. 1 zu § 15 KO; OLG Naumburg ZIP 2008, 1931; HK/*Kirchhof* § 24 Rn. 8.

Durchgangserwerbes begründen (*Lüke*, unten Fn. 15), weil in der logischen Sekunde des „Durchganges" das Recht gem. § 91 beschlagnahmt wird;[16] aber auch bei einem Direkterwerb scheitert der Rechtserwerb des Zessionars daran, dass der Rechtserfolg eben nicht bereits mit Abschluss des Verfügungsgeschäfts eintritt, sondern nach Entstehung des Rechts. Auf die – ohnehin problematische[17] Interpretation des § 103 durch den BGH („Änderung der originären Qualität" der zedierten Forderung) kommt es dann wohl nicht mehr an.

Ist der Anspruch auf Rückgewähr einer Grundschuld abgetreten, so liegt kein Fall des § 91 InsO vor, weil der Anspruch bereits mit Abschluss des Sicherungsvertrages entsteht.[18] Auch wenn der Anspruch erst durch eine Gläubigerbefriedigung nach Eröffnung fällig wird, ist die Zession insolvenzfest.[19]

17 Ist die zedierte Forderung bereits vor Eröffnung entstanden, so hindert die erst nach Eröffnung eintretende Fälligkeit nicht die Wirksamkeit der vor Eröffnung geschehenen Zession, so zB bei Steuererstattungs- oder Steuervergütungsansprüchen.[20] Auch die vor Eröffnung bewirkte Abtretung einer Kontokorrent-Saldo-forderung (mag sich die Abtretung auf die kausale oder abstrakte Schlusssaldoforderung beziehen), wird allgemein – wenn auch mit unterschiedlicher Begründung – anerkannt.[21] Unwirksam wegen § 81 ist eine Abtretung nach der Eröffnung.

18 *Abtretung von Grundpfandrechten.* Ein *Buchrecht* wird abgetreten durch Einigung und Eintragung, §§ 1154 III, 873 BGB. Geschah bereits die Einigung nach Eröffnung, so liegt ein Fall des § 81 InsO vor; der Zessionar kann nur noch über § 892 BGB erwerben. Liegt die Einigung vor, jedoch die Eintragung nach Eröffnung, so handelt es sich gleichfalls um einen Fall des § 81 InsO; der Erwerb des Zessionars ist grundsätzlich unwirksam, es sei denn, zu Gunsten des Zessionars wirken § 878 oder § 892 BGB (→ Rn. 68–87). Zu prüfen ist jedoch stets, ob eine bloße Abtretung überhaupt geeignet ist, die Rechte der Insolvenzgläubiger zu beeinträchtigen.[22]

19 Ein *Briefrecht* kann gem. § 1154 I, II BGB abgetreten werden a) durch Abtretungsvertrag (wobei die Erklärung des Zedenten der Schriftform bedarf) und Briefübergabe, oder b) durch formlosen Abtretungsvertrag, Grundbucheintragung und Briefübergabe. Im Falle a) ist die Abtretung voll wirksam, wenn beide Voraussetzungen vor Eröffnung liegen. Wird der Brief erst nach Eröffnung übergeben, so liegt ein Fall des § 81 InsO vor, der Zessionar kann nur unter den Voraussetzungen des § 892 BGB erwerben.

20 Liegen im Falle b) Vertrag und Briefübergabe vor, jedoch die Eintragung nach Eröffnung, so greift § 81 InsO ein; es gilt dann das zum Buchrecht Gesagte. Wird der Brief nach Eröffnung übergeben, so gilt das zu Fall a) Gesagte.

21 Nach § 1154 I 1 BGB sind die Übergabesurrogate des § 1117 I 2 BGB und die Aushändigungsabrede des § 1117 II BGB auch bei der Zession möglich. Wird eine dieser Abreden erst nach Eröffnung getroffen, so greift wiederum § 81 InsO ein.

22 *Anwartschaftsrecht.* Überträgt der künftige Schuldner vor Insolvenzeröffnung ein ihm zustehendes Anwartschaftsrecht an einen anderen, so erwirbt dieser mit Bedingungseintritt das Vollrecht, auch wenn zwischenzeitlich die Insolvenz über das Vermögen des Veräußerers eröffnet wurde.[23]

---

[16] *Marotzke* KTS 1979, 40, 48; *Jaeger/Henckel*, § 15 Rn. 47.
[17] *Windel* in *Jaeger*, § 91 Rn. 62 ff.
[18] *Huber*, Sicherungsgrundschuld, 1965, S. 185; MüKo-*Eickmann*, § 1191 Rn. 81.
[19] *Gerhardt* ZIP 1980, 165, 168.
[20] Vgl. OLG Nürnberg KTS 1971, 116.
[21] BGHZ 70, 86 = NJW 1978, 538; *Serick* BB 1978, 783, 876 ff.
[22] BGH ZIP 2002, 408 u 2008, 704.
[23] BGHZ 20, 88 = NJW 1956, 665; 27, 360, 367 = NJW 1958, 1286; s auch *Häsemeyer* Rn. 10.25 u *Bork*, Rn. 150.

Materiell-rechtliche Folgen der Verfügungsbeschränkung 23–30 **§ 31**

Eigentumsvorbehalt. Zahlt der Vorbehaltskäufer, dem vor Eröffnung aufschiebend bedingt übereignet wurde, nach Eröffnung den Restkaufpreis, so wird wegen § 161 BGB der Eigentumsvorbehalt des Käufers durch § 91 InsO nicht gehindert.[24] Dies ist hM. Der Streit, ob der Verwalter ein Recht zur Erfüllungsablehnung hat, ist durch § 107 I InsO beendet. 23

Einziehung. Wird nach Eröffnung die strafrechtliche Einziehung eines Gegenstands angeordnet (§ 74 StGB), so muss unterschieden werden, ob es sich um eine Einziehung mit strafähnlichem Charakter oder um eine Einziehung mit Sicherungscharakter handelt.[25] Liegt letzteres vor (§§ 74 II Nr. 2, 74d StGB), so ist sie ohne Rücksicht auf die Eigentumslage und Rechte Dritter zulässig. § 74e II 2 StGB. Sie ist deshalb auch der Insolvenzmasse gegenüber wirksam.[26] Die Einziehung mit Strafcharakter hingegen muss die Eigentumslage ebenso wie Rechte Dritter berücksichtigen, § 74 II Nr. 1, § 74e II 1 StGB. Sie scheitert nach Eröffnung an der haftungsrechtlichen Zuweisung der Massegegenstände an die Gläubigerschaft. Das zu Gunsten der Insolvenzgläubiger beschlagnahmte Vermögen soll durch Strafmaßnahmen gegen den Schuldner nicht geschmälert werden; die Einziehung wird durch § 91 InsO gehindert.[27] 24

Ersitzung. Der Erwerb durch Ersitzung wird von § 91 InsO gehindert, wenn die Frist des § 937 I BGB erst nach Eröffnung abläuft und der Besitzer den Eigenbesitz vom (späteren) Schuldner erlangt hat.[28] Der Ersitzende erlangt jedoch das Eigentum, wenn er den Besitz von einem Dritten erlangt hat.[29] 25

Fruchterwerb. Ein Fruchterwerb nach § 955 BGB kann sich bei einer Trennung nach Eröffnung wegen § 91 InsO nicht mehr vollziehen.[30] Liegt eine Aneignungsgestattung nach § 956 BGB vor, so ist ein Fruchterwerb nicht mehr möglich, wenn der Berechtigte bei Eröffnung den Besitz an der Muttersache noch nicht erlangt hatte.[31] War er bereits im Besitz der Muttersache, so ist die Erwerbsgestattung unwiderruflich, wenn der Eigentümer (= Insolvenzschuldner) zur Gestattung verpflichtet ist, § 956 I 2 BGB. Fällt der Verpflichtungsvertrag unter § 103 InsO dann ist die Verpflichtung und damit die Gestattung nur insolvenzfest, wenn der Verwalter Erfüllung wählt. Ist das Verpflichtungsgeschäft hingegen ein Pachtvertrag, so ist die Masse gem. § 108 I InsO an ihn gebunden; der Pächter darf das Fruchtziehungsrecht weiter ausüben. 26

Hat der Berechtigte ein dingliches Fruchtziehungsrecht (Nießbrauch, Dienstbarkeit), so ist der Eigentumserwerb des § 954 BGB durch § 91 InsO nicht gehindert, weil dingliche Rechte Bestand haben, wenn sie nicht angefochten werden können. 27

Früchtepfandrecht. Das Pfandrecht nach § 1 I des Gesetzes zur Sicherung der Düngemittel- und Saatgutversorgung v. 19.1.1949 (BGBl. I 476) ist insolvenzfest.[32] Es besteht, von § 91 InsO ungehindert, auch an Früchten, die erst nach Eröffnung entstehen oder getrennt werden. 28

Fund. Der Eigentumserwerb eines Finders nach §§ 973, 974, 976 BGB kann sich auch nach Eröffnung vollenden; § 91 InsO steht nicht entgegen.[33] 29

Genehmigung. Hat der Schuldner vor Eröffnung über ein ihm gehörendes Recht verfügt und hängt die Wirksamkeit der Verfügung von der Genehmigung eines Dritten ab 30

---

[24] BGHZ 27, 360, 367; MüKoBGB/*H. P. Westermann*, § 161 Rn. 14.
[25] Vgl. *Windel/Fischer*, StGB, 56. Aufl., § 74 Rn. 2.
[26] *Jaeger/Windel*, § 91 Rn. 98.
[27] *Jaeger/Windel*, § 91 Rn. 99.
[28] *Jaeger/Windel*, § 91 Rn. 17.
[29] *Jaeger/Windel*, § 91 Rn. 18.
[30] *Jaeger/Windel*, § 91 Rn. 20.
[31] *Jaeger/Windel*, § 91 Rn. 21.
[32] *Jaeger/Windel*, § 91 Rn. 36.
[33] *Häsemeyer*, Rn. 10.19.

(zB nach § 5 ErbbRVO, § 12 WEG, §§ 876, 880 II BGB), so wird die Verfügung auch bei Genehmigung nach Eröffnung von § 91 InsO nicht beeinträchtigt.[34]

31   Hat der Schuldner über ein fremdes Recht verfügt, so ist der Vorgang nicht verfahrensrelevant, denn die Masse wird nicht betroffen.

32   Hat ein Dritter über ein dem Schuldner gehörendes Recht verfügt und der Schuldner dies nach Eröffnung genehmigt, so gilt in Bezug auf die Genehmigung § 81 InsO. Das Gleiche gilt, wenn ein Dritter über ein ihm zustehendes Recht verfügt und diese Verfügung der Genehmigung des Schuldners (zB nach § 876 oder § 880 II 2 BGB) bedarf.

33   *Gesetzliche Pfandrechte.* Sie setzen Besitzverschaffung an den Gläubiger oder Einbringung voraus. § 81 ist analog anzuwenden (→ Rn. 3). Werden sie nach Eröffnung vorgenommen, kann das Pfandrecht nicht entstehen.

34   *Grundbuchberichtigung.* Da sie eine bereits außerhalb des Buches eingetretene Rechtsänderung voraussetzt, also nur deklaratorischen Charakter hat, ist sie auch nach Eröffnung zulässig.

35   *Grundpfandrechtsbestellung.* Ein *Buchrecht* entsteht durch Einigung und Eintragung, § 873 I BGB. Liegt beides nach Eröffnung, so greift § 81 InsO ein, der Gläubiger kann nur über § 892 BGB erwerben (→ Rn. 80–87). Ist die Einigung vor der Eröffnung zustandegekommen, wird das Recht jedoch erst nach der Eröffnung eingetragen, so greift gleichfalls § 81 InsO (→ Rn. 4/5); in diesen Fällen kann der Gläubiger – Valutierung vorausgesetzt (→ Rn. 51) – das Recht über § 878 oder § 892 BGB erwerben.

36   Bei einem *Briefrecht* tritt zu den in § 873 BGB genannten Voraussetzungen noch die Erwerbsvoraussetzung der Briefübergabe bzw. eines Übergabesurrogates, § 1117 I BGB. Ist keine Vereinbarung nach § 1117 II BGB getroffen, so müssen zwei Rechtsvorgänge unterschieden werden: Zunächst die Rechtsentstehung, die unter den Voraussetzungen von § 873 I BGB ein Eigentümerrecht begründet, § 1163 II BGB; sodann der gem. § 1117 I BGB zu bewirkende Übergang dieses Rechts auf den Gläubiger. Liegt schon die Einigung nach Eröffnung, so kann kein Recht entstehen, weil die von § 81 InsO ermöglichte Ausnahme nach § 892 BGB nicht eingreift: ein Eigentümerrecht kann über § 892 BGB nicht entstehen. Liegt die Einigung vor der Eröffnung, die Eintragung jedoch danach, so gilt zwar auch § 81 InsO, jedoch kann das Recht (als Eigentümerrecht) gem. § 878 BGB entstehen (→ Rn. 69 ff.). Für den Rechtserwerb des Gläubigers ist jedoch die Briefübergabe erforderlich. Diese ist analog § 81 zu behandeln, so dass der Gläubiger das Recht über § 892 BGB nur erwirbt, wenn er im Zeitpunkt der Besitzerlangung am Brief gutgläubig war. Gleiches gilt, wenn bereits Einigung und Eintragung vor Eröffnung vollzogen waren, also nur noch die Briefübergabe ausstand. Unwesentlich ist dabei, ob der Brief durch den Schuldner selbst oder auf Grund seiner einseitigen Anweisung nach § 60 GBO durch das Grundbuchamt ausgehändigt wird, denn im letzteren Falle ist das Grundbuchamt nur Geheißperson des Schuldners. Etwas anderes gilt dann, wenn eine vertragliche Vereinbarung nach § 1117 II BGB getroffen wurde, denn sie fingiert die Briefübergabe im Augenblick des Vertragsabschlusses. Das Recht wird dann für die hier interessierenden Fragen im Ergebnis wie ein Buchrecht behandelt; vgl. ausführlich (freilich noch zur Rechtslage der KO): *Eickmann* Rpfleger 1982, 77 ff. Wegen der Valutierung der Grundpfandrechte → Rn. 51.

37   *Gutgläubiger Erwerb bei Verfügungen Dritter.* Verfügt ein Dritter über ein für ihn im Grundbuch eingetragenes Recht, das nicht ihm, sondern dem Schuldner zusteht, so wird der gutgläubige Erwerber nach Maßgabe der §§ 892, 893 BGB geschützt. Hier liegt kein Fall des § 91 InsO vor, denn geschützt wird, wie *Henckel* (zu § 15 KO) tref-

---

[34] BGH KTS 1958, 187 ff. = LM Nr. 2 zu § 15 KO; RGZ 134, 73, 78; *Jaeger/Windel*, § 91 Rn. 106.

fend bemerkt,[35] nicht die Unkenntnis von der Insolvenz des Berechtigten, sondern die Unkenntnis von der Nichtberechtigung des Verfügenden. Darum schadet dem Erwerber die Kenntnis vom Insolvenzverfahren grundsätzlich nicht; nur ausnahmsweise wird er sich diese Kenntnis dann zurechnen lassen müssen, wenn sich im Einzelfall aus ihr der zwingende Schluss auf die Nichtberechtigung des Eingetragenen ergibt und der Erwerber sich dieser Erkenntnis ohne gerechtfertigten Grund verschließt.[36] Gleiches gilt für den Erwerber einer massezugehörigen beweglichen Sache, die ihm von einem nicht berechtigten Dritten übereignet wird.[37]

Hinterlegung. Hat der Schuldner vor Eröffnung zum Zwecke der Schuldbefreiung hinterlegt, so ist sein Recht zur Rücknahme gem. § 377 I BGB unpfändbar und fällt deshalb nicht in die Masse. Der Gläubiger kann deswegen auch nach Eröffnung die Annahme erklären und das Eigentum erlangen. Eine Hinterlegung nach Eröffnung ist wegen § 81 InsO unwirksam. **38**

Löschungsanspruch. Ist gegen ein massezugehöriges Eigentümerrecht eine Löschungsvormerkung eingetragen oder besteht ein gesetzlicher Löschungsanspruch, der gem. § 1179a I 3 BGB als vormerkungsgesichert gilt, so muss der Verwalter gem. § 106 InsO erfüllen; § 91 InsO greift nicht ein. Der Anspruch ist insolvenzfest (BGH Rpfleger 2012, 452). Ungeachtet dessen muss jedoch vor einer voreiligen Erfüllung des Anspruchs gewarnt werden. In der Praxis ist zu beobachten, dass Verwalter häufig bereits bei Einleitung des Verfahrens auf Verlangen von Löschungsberechtigten das Recht aufheben. Dabei wird nicht bedacht, dass häufig trotz Bestehens von Löschungsansprüchen das Eigentümerrecht in der Versteigerung hebungsberechtigt bleibt, wenn zwischen ihm und dem Recht, dem der Löschungsanspruch zusteht, rangmäßig ein Recht steht, dem ein Löschungsanspruch nicht zusteht oder das ihn nicht geltend macht (sog. Zwischenrecht). **39**

Beispiel:
Eingetragen sind:
1. Eigentümerrecht € 5000
2. Zwischenrecht € 10000
3. Löschungsberechtigtes Recht € 10000.

Es gelten dann für die Erlösverteilung in der Zwangsversteigerung folgende Regeln: **40**
– Das begünstigte Recht hat nur insoweit Anspruch auf einen Erlösanteil, als das begünstigte Recht bei einer vor Einleitung der Zwangsversteigerung bewirkten Löschung des Eigentümerrechts zum Zuge gekommen wäre.[38]
– Das Zwischenrecht hingegen kann aus der Geltendmachung des Löschungsanspruches nicht den gleichen Nutzen ziehen, wie es ihn hätte, wäre die Löschung bereits geschehen: Der Löschungsanspruch ist schuldrechtlicher Natur, aus seiner Erfüllung kann ein am Schuldverhältnis nicht Beteiligter keinen Nutzen beanspruchen.[39]

Somit verbleibt dem Eigentümerrecht der Betrag, der zwar rechnerisch auf das Zwischenrecht entfiele, den jedoch weder dieses Recht noch der Löschungsberechtigte erhalten können.
Im obigen Beispiel steht somit ein Erlös von 5000 EUR allein dem Eigentümerrecht, dh der Masse, zu.

---

[35] *Jaeger/Henckel,* KO, § 15 Rn. 85.
[36] Vgl. dazu MüKoBGB/*Kohler,* § 892 Rn. 50 ff.
[37] RGZ 87, 419, 423; *Jaeger/Windel,* § 91 Rn. 93.
[38] BGHZ 25, 382 = NJW 1958, 21; BGHZ 39, 242 = NJW 1963, 1497; MüKoBGB/*Eickmann,* § 1179 Rn. 35 ff.
[39] BGHZ 39, 242 = NJW 1963, 1497.

Weiteres Beispiel:

Eigentümerrecht	€ 20 000
Zwischenrecht	€ 10 000
begünstigtes Recht	€ 20 000.

Bei einem Erlös von 20 000 € erhalten das Eigentümerrecht und das begünstigte Recht je 10 000 €.

41 *Mietforderungen.* Verfügungen des Schuldners über Mietforderungen nach Eröffnung sind gem. § 81 InsO unwirksam. Verfügungen, die vor Eröffnung getroffen wurden, fallen unter § 110 InsO (→ § 38 Rn. 31 ff.), sofern eine unbewegliche Sache vermietet ist; bei beweglichen Sachen ist zu differenzieren: Soweit die Überlassung unter § 103 fällt, erlöschen Vorauszessionen, wenn der Verwalter die Erfüllung ablehnt. Wählt er Erfüllung, muss der Mieter nicht noch einmal leisten.[40] Ist § 108 I 2 anzuwenden, so ist die Vorausverfügung wirksam.

42 *Rangänderung bei Grundstücksrechten.* Nach § 880 II BGB setzt eine Rangänderung die Einigung der beiden Gläubiger und die Eintragung voraus; tritt ein Grundpfandrecht im Range zurück, so muss der Grundstückseigentümer zustimmen (§ 880 II 2 BGB). Ist das zurücktretende Recht mit dem Recht eines Dritten belastet, so muss dieser zustimmen (§ 876 S. 1 BGB). Ist das zurücktretende Recht ein subjektiv-dingliches, so müssen die am herrschenden Grundstück dinglich Berechtigten zustimmen, sofern sie betroffen werden, § 876 S. 2 BGB. Daraus ergibt sich folgendes: Ist der Schuldner Gläubiger des vortretenden Rechts, so greifen §§ 81, 91 InsO nach ihrer ratio nicht ein, weil die Masse begünstigt wird; die Verfügung ist, unabhängig vom Zeitpunkt ihrer Vornahme, wirksam.

Ist der Schuldner Gläubiger des zurücktretenden Rechts, so liegt § 81 InsO vor, wenn die Einigungserklärung des Schuldners vor Eröffnung wirksam wurde, die Eintragung aber erst nach Eröffnung geschah. Der Begünstigte kann den besseren Rang nur nach §§ 878, 893 BGB erwerben (→ Rn. 69 ff.). Ist die Erklärung des Schuldners erst nach Eröffnung zugegangen, so liegt § 81 InsO vor; der Begünstigte kann den besseren Rang nur über § 893 BGB erwerben.

43 Ist der Schuldner Grundstückseigentümer und seine Zustimmung gem. § 880 II 2 BGB erforderlich, so steht § 81 InsO der Rangänderung entgegen, wenn die Zustimmung zwar vor Eröffnung zugegangen ist, die Eintragung jedoch erst nach Eröffnung geschah.[41] Ist die Zustimmung erst nach Eröffnung zugegangen, so gilt § 81 InsO. Bedarf die Rangänderung nicht der Zustimmung nach § 880 II 2 BGB, so sind grundsätzlich Interessen der Masse nicht berührt. Anderes kann gelten bei dem Rangrücktritt einer Hypothekenvormerkung, der nach hM nicht der Eigentümerzustimmung bedarf.[42] Hier greift § 91 InsO ein, wenn die Forderung des zurücktretenden Gläubigers Insolvenzforderung ist, die des vortretenden jedoch nicht.[43]

44 Ist die Zustimmung des Schuldners nach § 876 S. 1 oder 2 BGB erforderlich, so gilt § 81 InsO, wenn sie erst nach Eröffnung wirksam wird oder wenn sie zwar vor Eröffnung wirksam wurde, die Eintragung jedoch erst nach Eröffnung geschieht.

45 *Rangvorbehalt.* Die Ausübung eines Rangvorbehalts nach § 881 BGB wird von § 91 InsO nicht gehindert, weil es sich dabei um die Ausnutzung einer dinglichen Rechtsstellung handelt.[44]

46 *Rückgewähranspruch.* Wegen seiner Abtretung → Rn. 16. Die Erfüllung des Anspruches durch den Schuldner als Gläubiger der Grundschuld erfordert eine Verfü-

---

[40] Häsemeyer Rn. 20.48.
[41] BGHZ 109, 368, 377 = NJW 1990, 1113.
[42] RGZ 65, 260, 263; KG JW 1936, 2746; MüKoBGB/*Kohler*, § 880 Rn. 11.
[43] *Jaeger/Windel* § 91 Rn. 47.
[44] *Jaeger/Windel*, § 91 Rn. 46.

Materiell-rechtliche Folgen der Verfügungsbeschränkung   47–52   § 31

gung über das Recht, denn er richtet sich auf Zession, Verzicht oder Aufhebung (→ Rn. 41).

Surrogation. Wandelt sich ein wirksam begründetes Recht nach Eröffnung kraft Ge- 47 setzes in ein anderes um, so geschieht dies unberührt von § 91 InsO.[45] Hierher gehören zB die Fälle der §§ 1075, 1287 S. 2 BGB, § 848 II ZPO. Soweit eine Grundbucheintragung geschieht, handelt es sich um eine Grundbuchberichtigung, die ungeachtet des Insolvenzverfahrens zulässig ist.

Übereignung beweglicher Sachen. Liegt die Einigung des § 929 S. 1 BGB nach Eröff- 48 nung, so greift § 81 InsO ein; die Willenserklärung des Schuldners ist unwirksam. Gutglaubensschutz findet nicht statt, weil § 932 BGB nicht für entsprechend anwendbar erklärt ist. Eine direkte Anwendung der Norm scheidet aus, denn es verfügt kein Nichtberechtigter, sondern der nicht mehr verfügungsbefugte Berechtigte. Gleiches gilt, wenn zwar die Einigung vor Eröffnung liegt, jedoch nach Eröffnung die Übergabe erfolgt oder die in §§ 930, 931 BGB genannten Übergabesurrogate vereinbart werden. Eine bewegliche Sache kann somit vom (späteren) Schuldner nur wirksam erworben werden, wenn alle Erwerbsvoraussetzungen noch vor Eröffnung vollendet sind.

Übereignung von Grundstücken. Wurde die Auflassung erst nach Eröffnung erklärt, so 49 greift § 81 InsO ein; der Erwerber kann das Eigentum nur noch über § 892 BGB erlangen (→ Rn. 80 ff.). Wurde vor Eröffnung aufgelassen, die Eintragung jedoch nach Eröffnung vorgenommen, so gilt gleichfalls § 81 InsO (→ Rn. 4, 5), der Erwerber kann das Eigentum nach §§ 878 oder 892 BGB erwerben (→ Rn. 69 ff.).

Übereignung von Schiffen. Ist das Schiff im Binnenschiffsregister eingetragen, so sind 50 zur Übereignung Einigung und Eintragung in das Register erforderlich, § 3 SchiffsRG. Es gilt dann das zur Übereignung von Grundstücken Gesagte (→ Rn. 49), wobei an die Stelle von § 878 BGB der § 3 II SchiffsRG, an die Stelle von § 892 BGB die §§ 16, 17 SchiffsRG treten (→ Rn. 47 ff.). Ist das Schiff im Seeschiffsregister eingetragen, so erfolgt die Übereignung durch bloße Einigung, § 2 I SchiffsRG. Liegt sie vor der Eröffnung, so kann sie allenfalls über §§ 129 ff. InsO beseitigt werden. Erfolgte die Einigung nach Eröffnung, so ist sie nach § 81 InsO unwirksam; der Erwerber wird durch §§ 16, 17 SchiffsRG geschützt. Ist ein Schiff nicht eingetragen, so gelten die allgemeinen Regeln für bewegliche Sachen.

Valutierung von Grundpfandrechten. Entsteht bei einer Hypothek die Forderung durch 51 Auszahlung der Valuta an den Schuldner oder durch ein anderes Rechtsgeschäft mit ihm nach Eröffnung, so greift § 81 InsO ein; der Gläubiger erwirbt kein Absonderungsrecht.[46] Dies gilt auch bei einer Höchstbetragshypothek; sie begründet ein Absonderungsrecht nur in Höhe der im Eröffnungszeitpunkt geschuldeten Forderung.[47] Wird nicht gegenüber dem Schuldner, sondern gegenüber einem Dritten (auch dem Zwischenfinanzierer)[48] valutiert, so liegt, wenn dies nach Eröffnung geschieht, ein Fall des § 91 InsO vor.

Gleiches gilt im Ergebnis (bei Streit in Einzelfragen) auch für die *Sicherungsgrund-* 52 *schuld*.[49] Zwar geht es hier für den Gläubiger nicht, wie bei der Hypothek, um den Erwerb des dinglichen Rechts, denn infolge der forderungsunabhängigen Natur der Grundschuld entsteht diese, auch bei Nichtbestehen der Forderung, bereits mit der Eintragung. Dem Eigentümer steht jedoch, solange die zu sichernde Forderung nicht entstanden ist, gegen den Gläubiger eine Einrede zu, die die Geltendmachung der

---

[45] *Jaeger/Windel,* § 91 Rn. 25.
[46] RGZ 51, 324 ff.; RG LZ 1912, 398; *Wörbelauer* DNotZ 1965, 580; *Jaeger/Windel,* § 81 Rn. 43; vgl. *Eickmann,* FS Uhlenbruck S. 149, 151.
[47] *Jaeger/Windel,* § 81 Rn. 8.
[48] AG München DNotZ 1954, 40.
[49] *Uhlenbruck,* Rn. 12.

Eickmann

Grundschuld hindert.[50] Diese Einrede fiele zu Lasten der Masse weg, was die Anwendung von §§ 81, 91 InsO rechtfertigt. Ähnlich argumentiert der BGH.[51] Er lässt das Absonderungsrecht des Gläubigers an § 91 InsO scheitern, wenn mit diesem die der Grundschuld zu unterlegende Forderung erst nach Eröffnung von einem Dritten abgetreten wurde: Zwar bestehe die Grundschuld als solche bereits, jedoch sei ihre Durchsetzbarkeit vom Bestehen einer konkreten Forderung abhängig; das Absonderungsrecht entsteht eben erst mit dem Forderungserwerb.

53 Fraglich ist, ob dem in Unkenntnis der Eröffnung Valutierenden der Schutz des § 892 BGB zugute kommt. Für die Hypothek ist dies problemlos. Denn die Valutierung ist eine der Voraussetzungen des Rechtserwerbes, so dass § 892 BGB unmittelbar eingreift. Bei der Grundschuld wird die Anwendbarkeit hingegen vereinzelt bezweifelt,[52] weil der von der Norm angesprochene „Erwerb eines Rechts" nicht vorliege; der Grundschuldgläubiger erwerbe nichts, was er nicht schon habe. Das ist jedoch nicht richtig. Denn die nicht valutierte Grundschuld ist im Verhältnis Sicherungsgeber zu Sicherungsnehmer eine bloße Formalposition; erst der Wegfall der Einrede und das durchsetzbare Absonderungsrecht geben ihr wirtschaftlichen Wert. § 892 BGB ist deshalb jedenfalls entsprechend anwendbar, sofern nicht § 1192 Abs. 1a BGB eingreift.[53]

54 *Verarbeitung, Verbindung, Vermischung.* Der Eigentumserwerb nach den §§ 946, 947 II, 950 BGB wird durch die §§ 81, 91 InsO nicht gehindert.[54] Die so geschaffenen Situationen sind tatsächlich und rechtlich nicht mehr zu beseitigen; wollte man etwa im Falle des § 946 BGB den Eigentumserwerb am Insolvenzbeschlag scheitern lassen, so verstieße man zwangsläufig gegen § 93 BGB. Zum Ausgleich steht der Masse der Bereicherungsanspruch des § 951 BGB zu. Dieser Anspruch besteht auch, wenn der Schuldner in Erfüllung wirksamer vertraglicher Pflichten gehandelt hat: Da er wegen § 81 InsO nicht mit Rechtswirkung gegen die Masse aus dieser leisten konnte, hat der Erwerber das Eigentum nicht durch eine Leistung der Masse (§ 812 I 1, 1. Alt. BGB; Leistungskondiktion) erlangt; somit greift § 812 I 1, 2. Alt. BGB ein. Wegen des Schicksals vertraglicher Verarbeitungsklauseln → § 43 Rn. 26 ff.

55 *Verfügung über fremde Sachen.* Verfügt der Schuldner vor Insolvenzeröffnung über eine ihm nicht gehörende Sache und wird die Verfügung nach Eröffnung genehmigt, so ist der Vorgang nicht verfahrensrelevant, weil die Masse nicht betroffen ist. Liegt hingegen ein Fall des § 185 II 1, 2. Alt. BGB (= Wirksamwerden durch Sacherwerb des Verfügenden) vor, so kann die Verfügung wegen § 91 InsO nicht wirksam werden.[55]

56 *Verfügungen über Grundstücksrechte.* Wegen der Abtretung und der Rangänderung s.o. Rn. 16, 42. Die Aufhebung eines Rechts geschieht durch einseitige Aufhebungserklärung und Löschung des Rechts (§ 875 I BGB); der Aufhebung eines Grundpfandrechtes muss der Grundstückseigentümer zustimmen, § 1183 BGB. Gibt der Schuldner die Aufhebungserklärung erst nach Eröffnung ab, so gilt § 81 InsO; liegt die Aufhebungserklärung vor Eröffnung, die Löschung jedoch danach, so gilt dasselbe. Der Eigentümer kann nur über § 878 bzw. § 892 BGB von der Belastung frei werden (→ Rn. 69 ff.).

57 Inhaltsänderungen setzen nach §§ 877, 873 BGB Einigung und Eintragung voraus. Es gilt dann das zur Grundpfandrechtsbestellung beim Buchrecht Gesagte (→ Rn. 35).

---

[50] Vgl. dazu MüKoBGB/*Eickmann,* § 1191 Rn. 46.
[51] BGH NJW 1975, 122.
[52] *Wörbelauer* DNotZ 1963, 580, 583.
[53] *Jaeger/Windel,* § 91 Rn. 123; im Ergebnis auch *Uhlenbruck,* § 91 Rn. 12 mit zutreffendem Vergleich zu BGH NJW 1975, 122.
[54] *Jaeger/Windel,* § 91 Rn. 26.
[55] *Jaeger/Windel,* § 91 Rn. 105.

Die Verpfändung eines Grundpfandrechts geschieht gem. §§ 1274, 1291 BGB in den 58
für die Übertragung vorgesehenen Formen; es gilt deshalb das zur Abtretung Gesagte
(→ Rn. 16).

Vertragspfandrechte an beweglichen Sachen. Ein Pfandrecht wird bestellt durch Einigung 59
und Übergabe. § 1205 I BGB. Beide Voraussetzungen sind Teil der Verfügung, so dass
§ 81 InsO vorliegt, wenn die eine oder andere erst nach Eröffnung vorgenommen wird.
Die Verpfändung ist dann unwirksam; ein Gutglaubensschutz findet nicht statt. Wird
ein vor Eröffnung für eine künftige Forderung bestelltes Pfandrecht (§ 1204 II BGB)
nach Eröffnung valutiert, so soll dieser Vorgang nach einer Auffassung insolvenzfest
sein,[56] weil das Pfandrecht bereits mit Bestellung entsteht. *Henckel* weist jedoch zu
Recht darauf hin,[57] dass gegen das nicht valutierte Pfandrecht eine Einrede besteht, die
die Masse nach Eröffnung verlöre. Die Rechtslage ist damit die gleiche wie bei der
nachträglichen Valutierung der Sicherungsgrundschuld (→ Rn. 52).

Das Pfandrecht am Inventar eines landwirtschaftlichen Grundstücks nach § 1 Pacht- 60
kreditgesetz entsteht gem. § 2 I 1 durch schriftliche Einigung und Niederlegung des
Verpfändungsvertrages beim Amtsgericht. Liegt der Vertragsabschluss nach Eröffnung,
so gilt § 81 InsO; geschieht die Niederlegung nach Eröffnung, so gilt § 91 InsO. Nach
beiden Vorschriften ist die Pfandrechtsbestellung unwirksam; Schutzvorschriften greifen
nicht ein, weil es sich um einen Rechtserwerb an beweglichen Sachen handelt.

Vormerkung. Zur Bestellung einer Vormerkung sind nach § 885 I 1 BGB erforderlich 61
die Bewilligung des Grundstückseigentümer und die Eintragung. Wird die Bewilligung
erst nach Eröffnung abgegeben, oder liegt sie vor, jedoch die Eintragung nach Eröffnung, so gilt § 81 InsO. Wegen des Erwerberschutzes → Rn. 69 ff.

Der durch Vormerkung gesicherte Anspruch ist insolvenzfest; der Verwalter muss ihn 62
erfüllen, § 106 I InsO. Ist die Vormerkung für einen künftigen Anspruch bestellt worden (§ 883 I 2 BGB), so gilt dies gleichermaßen u ohne Rücksicht auf den Zeitpunkt
der Anspruchsentstehung (BGH NJW 2002, 213). Tritt die aufschiebende Bedingung
für das Entstehen des Anspruchs erst nach Eröffnung ein, so hindert § 161 I BGB die
Anwendung des § 91 InsO; die Stellung des Berechtigten ist insolvenzfest, er erwirbt
Forderung und Vormerkung.[58] Dasselbe muss gelten, wenn der gesicherte künftige Anspruch erst nach Eröffnung entsteht.[59] Bedenklich ist die Auff des BGH zur Möglichkeit
des sog. „Aufladens" einer Vormerkung, dh des Unterschiebens weiterer, neuer Ansprüche.[60] In einer neuen Entsch[61] stellt der BGH zur Insolvenzfestigkeit in einem solchen Fall fest, es komme auf den Zeitpunkt der neuen Bewilligung an.

In der Praxis sind Auflassungsvormerkungen häufig, in denen der Anspruch eines 63
noch zu benennenden Dritten gesichert wird. Grundlage dafür sind Kaufverträge, die
ein Bauträger mit dem Grundstückseigentümer zu Gunsten noch nicht bekannter,
künftiger Erwerber abschließt.[62] Eine Vormerkung unmittelbar für den erst „zu benennenden Dritten" oÄ kann wegen des sachenrechtlichen Bestimmtheitsgebots nicht im
Grundbuch eingetragen werden.[63] Die Vormerkung ist jedoch wirksam, wenn sie das
eigene Forderungsrecht auf Leistung an den Dritten (§ 335 BGB) zu Gunsten des Versprechensempfängers sichert, also für diesen eingetragen ist. Da in diesem Falle von
Anfang an der zu sichernde Anspruch besteht, muss die Vormerkung in der Insolvenz

---

[56] *Jauernig* ZwVR § 40 IV 5.
[57] *Jaeger/Windel* § 91 Rn. 31.
[58] BGHZ 20, 88 = NJW 1956, 665; BGH NJW 1965, 1475; 1977, 247.
[59] BGH ZIP 2001, 2008; Staudinger/*Gursky*, § 883 Rn. 196.
[60] BGHZ 143, 175 = NJW 2000, 805, zu Recht abl Staudinger/*Gursky*, § 883 Rn. 46 ff., 333.
[61] ZIP 2008, 893.
[62] Vgl. dazu *Ludwig* NJW 1983, 2792 ff.; *Denck* NJW 1984, 1009 ff.
[63] BGH NJW 1983, 1543.

des Versprechenden erfüllt werden, auch wenn die Benennung des Dritten erst nach Eröffnung geschieht.[64] Bei Insolvenz des Versprechensempfängers ist das Forderungsrecht nicht massezugehörig, weil es keinen eigenständigen Vermögenswert für den Versprechensempfänger beinhaltet.[65]

64 *Zubehör.* Erwirbt der Schuldner ohne Mitwirkung des Verwalters nach Eröffnung das Eigentum an einer Sache, die Zubehöreigenschaft hat, so fällt die Sache *nicht* in den Haftungsverbund der §§ 1120 ff. BGB, auch wenn der Schuldner die Zubehörwidmung aufrechterhält, oder bei Sachen, die sich noch nicht auf dem Grundstück befanden, die Zubehöreigenschaft neu begründet. § 91 InsO steht dem entgegen, weil die Masse geschmälert wird; die Sache ist Neuerwerb der nunmehr auch massezugehörig ist.

65 Steht eine Sache bei Eröffnung bereits im Eigentum des Gemeinschuldners, so kann er sie nach Eröffnung nicht mehr zum Zubehör widmen. Denn dies wäre ein masseschädigender Vorgang, weil die Sache der Verwertung für die Insolvenzgläubiger zu Gunsten der absonderungsberechtigten Grundpfandrechtsgläubiger entzogen wird. Sieht man die Zweckbestimmung als geschäftsähnliche Handlung an,[66] so folgt die Unwirksamkeit aus analoger Anwendung von § 81 InsO, sonst aber aus § 91 InsO.[67] Ein Schutz der Gläubiger nach §§ 892, 893 BGB scheidet aus; einmal weil kein Rechtsgeschäft des Schuldners mit den Gläubigern vorliegt, zum anderen, weil es sich nicht um den Erwerb eines Grundstücksrechts, sondern um den Erwerb eines Haftungsrechts an einer beweglichen Sache handelt.

Erwirbt der Verwalter eine Sache und bestimmt sie als Zubehör oder widmet er eine bereits massezugehörige Sache als Zubehör, so steht § 91 InsO dem nicht entgegen,[68] denn der Verwalter ist dazu gem. § 80 InsO befugt.

66 *Zurückbehaltungsrecht.* Nach § 369 HGB hat ein Kaufmann gegen einen anderen Kaufmann wegen seiner Ansprüche aus beiderseitigen Handelsgeschäften ein Zurückbehaltungsrecht an beweglichen Sachen und Wertpapieren, die mit Willen des Schuldners in die Verfügungsmacht des Gläubigers gelangt sind. Das Zurückbehaltungsrecht ist mit Absonderungskraft ausgestattet, § 51 Nr. 3 InsO. Das Recht wird jedoch wegen der §§ 81, 91 InsO nur wirksam erworben, wenn vor Eröffnung bereits die bewilligte Besitzerlangung erfolgte und auch die Forderung des Gläubigers fällig war. Etwas anderes gilt natürlich, wenn die Forderung im Geschäftsverkehr mit dem Verwalter entstand, oder wenn dieser den Sachbesitz verschafft hat.

67 Das Zurückbehaltungsrecht wegen der Verwendungen auf eine Sache (§§ 273 II, 1000 BGB), das ebenfalls mit Absonderungswirkungen ausgestattet ist § 51 Nr. 2 InsO, ist nur durchsetzbar, wenn die Verwendungen vor Eröffnung erbracht wurden.

68 **7. Verfügungen des Schuldners und öffentlicher Glaube des Grundbuchs.** Sowohl bei Vorgängen, die von § 81 InsO erfasst werden, als auch bei Vorgängen iSv § 91 InsO können die Schutzvorschriften der §§ 878, 892, 893 BGB eingreifen (→ Rn. 4, 5).

In diesen nunmehr zu behandelnden Situationen kollidieren naturgemäß die Interessen der auf Sicherung bedachten Gläubiger mit denen des Verwalters bzw. der einfachen Insolvenzgläubiger. Ein Handbuch, das allen Insolvenzbeteiligten dienlich sein will, muss deshalb diese widerstreitenden Interessenlagen und das ihnen jeweils praktisch Förderliche objektiv referieren, ohne Stellung zu beziehen. Praktische Ratschläge an beide Seiten erscheinen deshalb nur äußerlich widersprüchlich.

---

[64] S Fn 58; wohl auch *Uhlenbruck,* § 91 Rn. 26.
[65] *Hadding* AcP 171 (1971), 403, 418; MüKoBGB/*Gottwald,* § 335 Rn. 3.
[66] RG HRR 1934, 1273.
[67] *Jaeger/Windel,* § 91 Rn. 43.
[68] RGZ 53, 350; 59, 367; 369; *Windel* § 91 Rn. 43.

§ 878 BGB. Die Norm ist anwendbar auf die unter § 873 BGB fallenden Vorgänge (Grundstücksübereignung, Belastung eines Grundstückes, Übertragung oder Belastung eines Grundstücksrechts), die Aufhebung eines Grundstücksrechts nach § 875 BGB, sowie die Änderung des Inhalts eines Grundstücksrechts nach § 877 BGB; auch auf Bestellung und Aufhebung einer Vormerkung.[69] Sie ist ferner kraft Verweisung anwendbar auf die Rangänderung (§ 880 II 1 BGB), die Belastungsbestimmung bei Teilung des mit einer Reallast belasteten Grundstückes (§ 1109 II BGB), den Briefausschluss (§ 1116 II 3 BGB), die Verteilung der Gesamthypothek (§ 1132 II 2 BGB), den Verzicht auf ein Grundpfandrecht (§ 1168 II 2 BGB), die Forderungsauswechslung (§ 1180 I 2 BGB) sowie die Bestellung einer ursprünglichen Eigentümergrundschuld (§ 1196 II BGB). 69

Die Norm hat zwei Voraussetzungen, die kumulativ vorliegen müssen: 70
(1) Der Eintragungsantrag muss (wirksam) vor Eröffnung (§ 27 II Nr. 3 InsO) gestellt sein.
(2) Die materiellrechtlichen Erklärungen müssen vor Eröffnung bindend geworden sein und es müssen sämtliche anderen materiellen Elemente vorliegen, dh Drittzustimmungen müssen erteilt sein, bei behördlichen oder gerichtlichen Genehmigungen genügt rechtzeitige Beantragung, weil die erteilte Genehmigung zurückwirkt.

Der *Antrag* ist gestellt, wenn er bei dem Grundbuchamt (!) eingegangen ist. Häufig wird von Antragstellern nicht beachtet, dass die allgemeine Einlaufstelle (Briefannahmestelle) des Amtsgerichts für die Entgegennahme von Eintragungsanträgen nicht zuständig ist; ein Antrag ist also nicht etwa schon mit dem Einwurf in den Briefkasten des Amtsgerichts „gestellt" iS des § 878 BGB, sondern erst, wenn er beim Grundbuchamt vorgelegt wird, § 13 II 2 GBO. Es empfiehlt sich somit in Eilfällen, den Antrag unmittelbar beim zuständigen Rechtspfleger abzugeben. Dieser ist zur Entgegennahme zuständig und verpflichtet § 13 III GBO. Eingangszeitpunkt ist der Zeitpunkt der Aushändigung an den Rechtspfleger; bei großen Amtsgerichten bedeutet das gegenüber der Abgabe in der Briefannahmestelle oder dem Einwurf in den allgemeinen Gerichtsbriefkasten in der Regel einen Zeitgewinn von Tagen. 71

Wesentlich ist für den Gläubiger, dass (auch) er den *Eintragungsantrag* stellt. Ist der Antrag nur vom Eigentümer (= Schuldner) oder vom Notar gem. § 15 GBO nur im Namen des Eigentümers gestellt, so kann der Verwalter diesen Antrag zurücknehmen und dadurch die Eintragung verhindern.[70] Dies gilt auch dann, wenn der Antrag „unwiderruflich" gestellt wurde, weil diese Einschränkung verfahrensrechtlich bedeutungslos ist.[71] Wenn Gläubiger – was häufig geschieht – im Hinblick auf die durch eine eigene Antragstellung ausgelöste Kostenhaftung (§ 2 Nr. 1 KostO) davon absehen, selbst Antrag zu stellen, so ordnen sie dem möglichen Kostenrisiko das ungleich gewichtigere Insolvenzrisiko unter. Für den Verwalter ergibt sich aus alledem die Notwendigkeit, baldmöglichst nach Eröffnung beim Grundbuchamt nach anhängigen Anträgen des Schuldners zu forschen, die ggf. durch Zurücknahme erledigt werden können. 72

Der *Bindungseintritt* beurteilt sich bei Vorgängen, denen materiellrechtlich eine Einigung zugrundeliegt, nach § 873 II BGB; bei Vorgängen, die materiellrechtlich nur eine einseitige Erklärung erfordern (also auch bei der Bestellung einer Vormerkung[72] oder einer Eigentümergrundschuld[73]) gilt § 875 II BGB. 73

---

[69] BGHZ 28, 182, 185 = NJW 1958, 2013, 2014; BGHZ 33, 123, 129 = NJW 1960, 1757, 1758; BGHZ 60, 46, 50 = NJW 1973, 323, 324; BayObLG NJW 1954, 1120 f.
[70] *Rahn* BWNotZ 1967, 269, 274; *Demharter*, GBO, § 13 Rn. 38; *Meikel/Böttcher*, GBO, § 13 Rn. 91; aA *Jaeger/Windel* § 91 Rn. 118.
[71] BayObLGZ 1972, 215; *KEHE/Herrmann*, § 13 Rn. 50; *Wörbelauer* DNotZ 1965, 529 ff.
[72] MüKoBGB/*Kohler*, § 878 Rn. 24.
[73] MüKoBGB/*Eickmann*, § 1196 Rn. 9.

Nach § 873 II BGB kann die *Einigung bindend* werden:
- Mit notarieller Beurkundung der Einigung (Beurkundung der Bewilligung des § 19 GBO genügt nicht!). Dieser Fall liegt stets vor bei einer Auflassung; bei der Bestellung anderer dinglicher Rechte pflegt die Einigung der Beteiligten nahezu nie beurkundet zu werden. Ersetzt wird die Beurkundung durch die Aufnahme der Einigung in einem gerichtlichen Vergleich (§ 127a BGB).
- Mit Einreichung der Einigung beim Grundbuchamt. Dieser Möglichkeit kommt neben der ersten Alternative kaum Bedeutung zu, weil wegen des formellen Konsensprinzips (§ 19 GBO) die Einigung dem Grundbuchamt nicht vorgelegt wird. In den Fällen, in denen sie ausnahmsweise (§ 20 GBO) vorgelegt werden muss, ist ohnehin bereits eine Bindung nach der ersten Alternative (Beurkundung) eingetreten. Die zweite Alternative hat somit nur dort Bedeutung, wo ausnahmsweise die Auflassung einen Beurkundungsmangel aufweist, was ihre materielle Wirksamkeit zwar nicht beeinträchtigt, aber den Bindungseintritt nach der ersten Alternative hindert, oder bei Bestellung, Übertragung oder Inhaltsänderung eines Erbbaurechts, weil hier auch § 20 GBO gilt, wegen der Nichtanwendbarkeit von § 925 BGB (vgl. § 11 ErbbauRG) jedoch nicht beurkundet wird.
- Mit Aushändigung einer ordnungsgemäßen Eintragungsbewilligung vom Verfügenden an den Begünstigten. Die gesetzliche Grundvorstellung ist die der unmittelbaren Besitzverschaffung durch persönliche Übergabe oder Übersendung; Besitzkonstitut genügt nicht.[74] Die Rechtsprechung lässt jedoch – in gewissem Gegensatz zum allgemeinen Besitzrecht – Stellvertretung zu,[75] wobei der Vertretung durch den Notar besondere Bedeutung zukommt. Hierbei sind verschiedene Gestaltungsformen in der Praxis zu beobachten:

74 Der Notar händigt aus (dh in Praxis: übersendet die Bewilligung an den Gläubiger). Hierzu bedarf er einer Vollmacht durch den Betroffenen. Wichtig ist, dass die Bewilligung in Urschrift oder Ausfertigung ausgehändigt werden muss; die Zusendung einer beglaubigten Abschrift an den Erwerber genügt nicht.[76]

75 Der Notar reicht die Bewilligung beim Grundbuchamt ein. Hierzu bedarf er wiederum der vorerwähnten Vollmacht des Betroffenen. Da jedoch die Erteilung dieser Ermächtigung allein die Aushändigung nicht zu ersetzen vermag,[77] bedarf der Notar auch einer Vollmacht des Erwerbers zur Entgegennahme. Reicht er die Urschrift der Bewilligung ein, so muss die Aushändigung durch ein zweckmäßig auf der Bewilligung kenntlich zu machendes Insichgeschäft erfolgt sein; § 181 BGB steht nicht entgegen.[78] Reicht der Notar eine Ausfertigung ein, so genügt deren Herstellung als Bindungsakt.[79]

76 Die Ermächtigung durch den Betroffenen ist bis zum Bindungseintritt widerruflich. Diese Widerrufsmöglichkeit besteht jedoch nicht, wenn der Erwerber einen gesetzlichen Anspruch auf Erteilung einer Ausfertigung der Bewilligung hat. Ein solcher Anspruch besteht nach §§ 51, 52 BeurkG nur, wenn *entweder* (1) die Bewilligung in einer Urkunde enthalten ist, die zugleich eine Vollstreckungsunterwerfung enthält (§ 52 BeurkG),[80]

oder (2) wenn gem. § 51 II BeurkG der Erklärende (= Betroffene) bestimmt hat, dass dem Erwerber eine Ausfertigung zu erteilen ist. Für die Gläubiger empfiehlt sich also, die Aufnahme einer solcher Bestimmung zu verlangen.

---

[74] KG JR 1925 Nr. 1759; MüKoBGB/*Kohler*, § 873 Rn. 77.
[75] BGHZ 46, 398 = NJW 1967, 771, 772; OLG München DNotZ 1966, 283, 285.
[76] OLG Frankfurt DNotZ 1970, 162; MüKoBGB/*Kohler*, § 873 Rn. 77.
[77] BGH (Fn 70).
[78] OLG München (Fn 70); MüKoBGB/*Kohler*, § 873 Rn. 77 Fn 245.
[79] BGH (Fn 70); *Ertl* DNotZ 1967, 562 ff.
[80] Vgl. *Winkler*, BeurkG, 15. Aufl. 2003, § 52 Rn. 32–35.

77 Die in § 873 II BGB noch vorgesehene Herbeiführung der Bindung durch Abgabe der materiellrechtlichen Erklärungen vor dem Grundbuchamt (dh zu dessen Niederschrift) ist durch § 57 VI, VII BeurkG obsolet geworden.

78 In den Fällen, in denen § 875 II BGB unmittelbar oder entsprechend anzuwenden ist (→ Rn. 51), tritt Bindung ein:
– durch Einreichung der materiellrechtlichen (!) Erklärung beim Grundbuchamt. Dies ist bei der Bestellung eines Eigentümerrechtes durch Bewilligungseinreichung stets gegeben, weil Adressat der Bestellungserklärung ohnehin nur das Grundbuchamt ist (§ 1196 II BGB). Bei der Aufhebung eines Rechts und der Bestellung einer Vormerkung sind an sich die Aufhebungserklärung (§ 875 I BGB) und die materiellrechtliche Bewilligung des § 885 I BGB von der Löschungs- bzw. Eintragungsbewilligung des § 19 GBO zu unterscheiden. Jedoch enthält die verfahrensrechtliche Bewilligung regelmäßig auch die (konkludente) materiellrechtliche Erklärung,[81] so dass diese mit Eingang der Bewilligung beim Grundbuchamt, das ja in beiden Fällen (auch) Adressat sein kann, bindend wird. Die zweite, nachstehend geschilderte Möglichkeit hat demgegenüber insoweit Bedeutung, als sie einen früheren Zeitpunkt des Bindungseintritts bewirken kann.
– durch Aushändigung der (verfahrensrechtlichen) Bewilligung an den Begünstigten. Hierfür gelten die für § 873 II letzte Alt. dargestellten Regeln (→ Rn. 73).

79 Zusammenfassend ergibt sich folgende *Übersicht*:

Vorgang bei Bewilligung	Bindungswirkung	Zeitpunkt des Bindungseintritts
Einreichung durch Schuldner	*Nein* bei § 873 *Ja* bei § 875	Eingang beim GBAmt
Einreichung durch Erwerber:		
a) Nach Aushändigung durch Betroffenen	*Ja*	Eingang beim Erwerber (*Empfehlung*: Eingangsvermerk mit genauer Uhrzeit!)
b) Nach Aushändigung durch den Notar	*Ja*, wenn Notar unwiderrufene bzw. unwiderrufliche Aushändigungsermächtigung durch Eigentümer hatte	wie oben
Einreichung durch Notar	*Ja*, wenn Notar Empfangsermächtigung durch Erwerber hatte	Herstellung der Urkunde (Ausfertigung) vgl. Ertl, DNotZ 1967, 562; (*Empfehlung*: Bitte an Notar, auf Bewilligung zu vermerken: „Kraft Ermächtigung durch den Gläubiger entgegengenommen am ..., ... Uhr". Dieser Vermerk empfiehlt sich a) als Beweis für evtl Streitfälle, b) als Nachweis für das GBA das sonst die Voraussetzung des § 878 BGB nicht erkennen kann!)

---

[81] KGJ 38, 273, 275; MüKoBGB/*Kohler*, § 875 Rn. 9.

80 §§ 892, 893 BGB. Ist § 878 BGB nicht anwendbar, so kann der Erwerber nur noch kraft Gutglaubensschutzes das ihm zugedachte Recht erlangen, sofern nicht, wie neuerdings in § 1192 Abs. 1a BGB, Gutglaubensschutz ausgenommen ist. Voraussetzungen dafür sind:

81 (1) *Rechtsgeschäftlicher* Erwerb; der Erwerb nach § 894 ZPO gilt als rechtsgeschäftlicher, vgl. § 898 ZPO.

82 (2) Vorliegen eines *Verkehrsgeschäftes*.[82] An einem solchen fehlt es, wenn ein wirtschaftlicher Güterumsatz nicht stattfindet, weil auf Veräußerer- und Erwerberseite persönliche oder wirtschaftliche Identität besteht. Persönliche Identität besteht bei Bestellung oder Aufhebung eines Eigentümerrechts, sowie bei bloßem Rechtsformwechsel einer auf beiden Seiten aus denselben Personen bestehenden Personenverbindung (zB Auflassung von Erbengemeinschaft an personengleiche OHG oder KG). Gehören der Erwerberseite weniger Personen an als der Veräußererseite, so fehlt es gleichfalls am Verkehrsgeschäft;[83] anders, wenn sich auf der Erwerberseite Personen befinden, die der Veräußererseite nicht angehören.[84] Wirtschaftliche Identität besteht, wenn zwar rechtlich ein Inhaberwechsel vorliegt, abgebendes und aufnehmendes Vermögen jedoch wirtschaftlich (!) ein und derselben Person (denselben Personen) zuzurechnen sind (Typisches Beispiel: Rechtsgeschäfte der Einmann-GmbH mit ihrem Gesellschafter). Bloße wirtschaftliche Beherrschung einer AG oder GmbHG durch den Veräußerer oder Erwerber schließt die Anwendung von §§ 892, 893 BGB nicht aus.[85]

83 (3) *Redlichkeit* des Erwerbers. Sie fehlt stets, wenn vor dem Recht des Erwerbers bereits der Vermerk des § 32 InsO gebucht ist. Ist dies nicht der Fall, so kommt es auf die Kenntnis des Erwerbers an. Redlich ist, wer bis zur Vollendung seines Rechtserwerbes keine Kenntnis von der Eröffnung hat. Ist für einen Rechtserwerb nur noch(!) die Eintragung ausstehend, so schadet eine nach Antragstellung erlangte Kenntnis nicht mehr, § 892 II BGB. Diese Vorschrift ist somit nicht anwendbar (dh die Unkenntnis muss bis zur Vollendung des Rechtserwerbes andauern), wenn noch Erwerbserfordernisse ausstehen, wie zB die Valutierung eines Grundpfandrechts oder die Briefübergabe (bzw. die sie ersetzende Vereinbarung) gem. § 1117 BGB. Bei bedingtem oder befristetem Erwerb wird Unkenntnis bis zum Bedingungseintritt oder Termin hingegen nicht verlangt.[86] Steht noch eine privatrechtliche oder behördliche Genehmigung aus, so ist die Rechtslage streitig, ohne dass von einer hM gesprochen werden könnte: Das RG[87] lehnte die Anwendung von § 892 II ab; die gegenteilige Auffassung lässt den Rückwirkungsgedanken des § 184 BGB entsprechend gelten. Sie findet sich vor allem in der neueren Literatur.[88]

84 *Kenntnis* bedeutet für die hier in Frage stehenden Vorgänge die positive Kenntnis der Eröffnung; Kenntnis von der Krise oder auch vom Antrag reichen nicht, den Erwerber trifft keine Erkundigungspflicht. Den Ausgleich schafft das Anfechtungsrecht, das in § 147 InsO ausdrücklich auch die Anfechtung eines Rechtserwerbes zulässt, der sich nach Eröffnung über die §§ 892, 893 BGB vollendet hat. Die Kenntnis eines Erwerbers hat der Verwalter zu beweisen, weil die Nichtkenntnis gesetzlich vermutet wird („... es sei denn ...").[89]

---

[82] Ganz hM: vgl. für viele: MüKoBGB/*Kohler*, § 892 Rn. 33 ff.
[83] BGHZ 30, 255 = NJW 1959, 1635.
[84] RGZ 117, 257, 267; *Staudinger/Gursky*, § 892 Rn. 102, 109.
[85] RG WarnR 1936 Nr. 191; RG JW 1929, 1387; RG JW 1930, 3740; *Staudinger/Gursky*, § 892 Rn. 109.
[86] BGHZ 10, 69, 72 = NJW 1953, 1099 (allerdings zu § 932 BGB); MüKoBGB/*Kohler*, § 892 Rn. 55 mwN.
[87] RGZ 142, 59; ebenso *Staudinger/Gursky*, § 892 Rn. 196; Palandt/*Bassenge*, § 892 Rn. 25.
[88] *Zunft* AcP 152 (1952), 300; *Schönfeld* JZ 1959, 140; MüKoBGB/*Kohler*, § 892 Rn. 55.
[89] RGZ 79, 165, 169; auch im Schrifttum allgemeine Meinung vgl. MüKoBGB/*Kohler*, § 892 Rn. 49 mwN.

Wann der Beweis erbracht ist, ist eine Frage der freien Beweiswürdigung gem. § 286 ZPO; die hM stellt an die Widerlegung der Vermutung strenge Anforderungen.[90]

Hat der Erwerber zwar Kenntnis von der Eröffnung, hält er jedoch den betroffenen Gegenstand für insolvenzfrei, so genießt er jedenfalls dann keinen Schutz, wenn der Vermerk eingetragen ist. Der Vermerk ist auch bei einer Erbengemeinschaft notwendig, wenn das Verf über das Vermögen eines Miterben eröffnet wird (BGH ZInsO 2011, 1212). Denn dieser bekundet nicht nur die Eröffnung als solche, sondern indiziert auch die Massezugehörigkeit. Wer trotzdem Gegenteiliges glaubt, vertraut gerade nicht auf die Richtigkeit, sondern auf die Unrichtigkeit des Buches.[91] Etwas anderes kann gelten, wenn der Vermerk nicht eingetragen ist.[92] 85

Aus alledem ergibt sich, dass aus der Sicht des Verwalters einer möglichst raschen Eintragung des Vermerks besondere Bedeutung zukommt. Das Gericht ersucht gem. § 32 II 1 InsO das Grundbuchamt um die Eintragung; bis das Ersuchen jedoch beim Gericht gefertigt und dann beim Grundbuchamt eingelaufen ist, können Tage vergehen. Der Verwalter sollte deshalb, wenn Anhaltspunkte dafür bestehen, dass der Schuldner noch nicht vollzogene Verfügungen vorgenommen hat, von der Möglichkeit des § 32 II 2 InsO Gebrauch machen und selbst die Eintragung des Vermerkes beantragen. Der Antrag ist nicht formbedürftig (§ 30 GBO); ihm ist eine Ausfertigung des Eröffnungsbeschlusses beizufügen, der den Verwalter legitimiert und zugleich den Unrichtigkeitsnachweis iS des § 22 GBO erbringt. 86

Hatte das Grundbuchamt Kenntnis von der Eröffnung, so wurde bis in die jüngste Zeit ein bereits vorliegender Eintragungsantrag nicht mehr vollzogen, wenn auf ihn § 878 BGB nicht anwendbar war, der Erwerber also seinen Erwerb ersichtlich nur noch auf § 892 BGB stützen konnte. Diese Handhabung beruhte auf der Auffassung, dass das Grundbuchamt niemandem wissentlich zu einem gutgläubigen Erwerb verhelfen dürfe.[93] Sie sollte heute als überholt gelten; das neuere Schrifttum vertritt die Auffassung, dass das Grundbuchamt auch in einem solchen Fall eintragen muss,[94] weil die Interessenkollision zwischen den Insolvenzgläubigern und einem redlichen Erwerber durch die §§ 81, 91 InsO zugunsten des Erwerbers entschieden ist und das Verfahrensrecht nicht dazu dienen darf, materiellrechtliche Wertentscheidungen in ihr Gegenteil zu verkehren. Folgt das Grundbuchamt dieser Auffassung, so vollzieht es alle Anträge, die vor dem Ersuchen (Antrag) auf Eintragung des Vermerkes eingegangen sind, weil der Reihenfolgegrundsatz des § 17 GBO auch insoweit gilt.[95] Dann trägt es den Vermerk ein; erst nach dem Ersuchen (Antrag) auf Eintragung des Vermerkes eingegangene Anträge sind zurückzuweisen, weil ein Rechtserwerb ausgeschlossen ist, das Grundbuch durch die Eintragung mithin unrichtig würde. Dies gilt natürlich nicht für Eintragungen, die der Verwalter bewilligt hat. 87

Schiffe, Luftfahrzeuge. Den §§ 878, 892 BGB vergleichbare Regelungen finden sich in §§ 3 III, 16, 17 SchiffsRG und §§ 5 III, 16, 17 LuftfzRG. Zu beachten ist jedoch, dass die Vorschriften des SchiffsRG nur für eingetragene Schiffe gelten; nicht eingetragene Schiffe werden wie bewegliche Sachen behandelt, so dass insoweit ein Erwerberschutz nicht Platz greift. 88

---

[90] RGZ 123, 19, 23; 130, 359.
[91] So treffend *Jaeger/Henckel*, KO, § 7 Rn. 51.
[92] *Jaeger/Henckel* (Fn 91).
[93] RGZ 71, 38; KG DNotZ 1973, 301; BayObLG Rpfleger 1994, 453; OLG Dresden NotBZ 1999, 261; *Demharter* GBO, § 13 Rn. 12.
[94] *Wacke* ZZP 82, 377 ff.; *Habscheid* ZZP 77, 199; *Ertl* MittBayNotV 1975, 204 u Rpfleger 1980, 44; *Böttcher* Rpfleger 1983, 187; *Eickmann/Böttcher*, Grundbuchverfahrensrecht, 4. Aufl., Rn. 155 ff.; MüKo-BGB-*Kohler*, § 892 Rn. 67; Staudinger/*Gursky*, § 892 Rn. 176 mwN; HambKomm/*Kuleisa* § 81 Rn. 20; MüKoInsO/*Ott/Vuia* § 81 Rn. 23.
[95] KEHE/*Hermann*, § 17 Rn. 7.

Auch Luftfahrzeuge werden als bewegliche Sachen behandelt; bei ihrer Übereignung kommt deshalb ein Erwerberschutz gleichfalls nicht in Betracht. Geschützt ist jedoch der Erwerber eines Registerpfandrechts an einem Luftfahrzeug nach Maßgabe der vorgenannten Vorschriften, §§ 16, 17 LuftfzRG.

89 **8. Verfügungen über künftige Bezüge.** § 81 II InsO verbietet dem Schuldner während des Verfahrens eine Verfügung über sein künftiges, nach Verfahrensbeendigung anfallendes Arbeitseinkommen und vergleichbare Bezüge. Verfügungen dieser Art vor Eröffnung fallen unter § 114.

90 Grund für die Regelung ist, dass solche Bezüge im Rahmen der Restschuldbefreiung (§ 287 II InsO), der Erfüllung eines Insolvenzplanes oder eines Schuldenbereinigungsplanes zur Verfügung stehen müssen. Deshalb ist die Abtretung an einen Treuhänder wirksam, wenn sie zu einem der genannten Zwecke geschieht.

91 Alle anderen Verfügungen sind absolut unwirksam; Gutglaubensschutz ist schon nach allgemeinen Regeln ausgeschlossen.

92 Erfasst wird jede Art von Arbeitseinkommen iSv § 850 ZPO, Renten und sonstige laufende Geldleistungen der Träger der Sozialversicherung und der BfA, auch das Arbeitsentgelt von Strafgefangenen.

II. Leistungen an den Schuldner

93 **1. Leistung in die Masse.** Fällt ein dem Schuldner zustehender Anspruch in die Masse, so gebührt eine auf diesen Anspruch erbrachte Leistung der Masse. Wer an den Schuldner nach Eröffnung leistet, ist deshalb grundsätzlich nur dann befreit, wenn dieser die Leistung der Masse zuführt, oder wenn sie (auch gegen den Willen des Schuldners) in diese gelangt.

94 Das Gesetz enthält jedoch zugunsten eines in Unkenntnis der Eröffnung Leistenden Schutzvorschriften, die seine Leistung als eine den Gläubigern gegenüber befreiende anerkennen; sie greifen in den Fällen ein, in denen die Leistung nicht zur Masse gelangt ist. Dabei ist jedoch nach dem Leistungsinhalt zu unterscheiden:
– Handelt es sich um eine Leistung auf ein im Grundbuch eingetragenes Recht, so beurteilt sich der Schutz des Leistenden nach § 893 BGB, auf den § 81 I InsO verweist.
– Alle anderen Leistungen beurteilen sich nach § 82 InsO. Grundsätzlich: BGH ZInsO 2009, 1646.

95 **2. Leistungen auf eingetragene Rechte.** Voraussetzung ist die Leistung an den als Inhaber eines Grundstücksrechts eingetragenen Schuldner nach Eröffnung. Hierher gehören Zins- und Tilgungsleistungen auf Grund einer Hypothek, wenn der Leistende Grundstückseigentümer ist; bei Verschiedenheit von Eigentümer und persönlichem Schuldner fällt die Leistung des Eigentümers unter § 893 BGB, die Leistung des persönlichen Schuldners unter § 82 InsO. Hierher gehören weiter Zins- und Tilgungsleistungen auf eine Grundschuld, aber nur, wenn sie nach den einschlägigen Regeln[96] „auf die Grundschuld" erbracht werden. Bei einer Briefhypothek oder Briefgrundschuld fällt eine Leistung darüber hinaus nur dann unter § 893 BGB, wenn der Schuldner noch den Brief in Besitz hat.[97] Weiter gehören hierher Zahlungen von Renten oder die Ablösesumme auf eine Rentenschuld sowie die Leistungen auf eine Reallast.

96 In diesen Fällen ist der Leistende befreit, wenn er im Zeitpunkt der Leistung gutgläubig war. Maßgebend dafür ist nicht der Zeitpunkt der Leistungshandlung, sondern der Zeitpunkt, bis zu dem der Leistende den Leistungserfolg verhindern konnte,[98] also

---

[96] Vgl. MüKoBGB/*Eickmann*, § 1191 Rn. 58, 104 ff.
[97] RGZ 56, 415; 150, 348, 356; BGH NJW 1996, 1207; MüKoBGB/*Kohler*, § 893 Rn. 3.
[98] *Jaeger/Windel* § 82 Rn. 48; *Uhlenbruck*, § 82 Rn. 11. AA: MüKoInsO/*Ott/Vuia*, § 82 Rn. 13.

zB eine Banküberweisung noch widerruflich war. Gutgläubig war der Leistende, wenn zum maßgeblichen Zeitpunkt der Insolvenzvermerk bei dem Recht, auf das geleistet wurde, noch nicht eingetragen war und der Leistende auch keine Kenntnis von der Eröffnung hatte. Wegen des dem Verwalter obliegenden Beweises von der Kenntnis des Leistenden → Rn. 84.

3. Andere Leistungen. Hier gilt § 82 InsO, der danach differenziert, ob die Leistung vor oder nach der öffentlichen Bekanntmachung erbracht wurde. Wegen der Leistungszeit → Rn. 96. Dieser Zeitpunkt ist zu vergleichen mit dem Zeitpunkt des Wirksamwerdens der öffentlichen Bekanntmachung.

Als öffentliche Bekanntmachung gilt die Veröffentlichung im Internet (vgl. dazu *Keller* ZIP 2003, 155), § 9 I InsO. Die daneben geschehenden Veröffentlichungen im Bundesanzeiger (vgl. § 9 II InsO) oder in anderen Blättern, gar der Aushang an der Gerichtstafel, sind für § 82 InsO ohne Belang. Wirksamkeit erlangt die Bekanntmachung nach § 9 I 3 InsO mit dem Ablauf des zweiten Tages nach der erstmaligen Einstellung ins Internet.[99] Dabei ist zu beachten, dass nach hM auf § 9 I 3 InsO die Verlängerungsregel des § 222 II ZPO Anwendung findet;[100] liefe die Frist an einem Samstag, allgemeinen Feiertag[101] oder Sonntag ab, so endet sie erst mit dem darauf folgenden Werktag, es sei denn, dieser ist ein Samstag. Denn dann tritt eine erneute Verschiebung bis zum Ablauf des folgenden Montags ein.[102] Bei der Fristberechnung wird der Einstellungstag im Internet nicht mitgerechnet.

Beispiel:
Einstellung: Montag, 5.3.:/Do, 8.3.:
Fristende: Mittwoch, 7.3./Montag, 12.3.,
                24 Uhr/24 Uhr (sofern kein Feiertag!)

Liegt der maßgebliche Leistungszeitpunkt (→ Rn. 97) *vor* dem Wirksamkeitszeitpunkt, so wird vermutet, dass der Leistende die Eröffnung nicht kannte. Der Leistende ist befreit, es sei denn, der Verwalter kann beweisen, dass der Leistende im maßgeblichen Leistungszeitpunkt bereits Kenntnis von der Eröffnung hatte. Auch hier entscheidet positive Kenntnis; bloße Kenntnis von Krise oder Eröffnungsantrag genügen nicht. Eine Zustellung des Eröffnungsbeschlusses an den Leistenden gem. § 30 II InsO kann nicht von vornherein einer Kenntniserlangung gleichgestellt werden;[103] wurde die Zustellung einer Ersatzperson ausgehändigt oder bei der Postanstalt niedergelegt, so muss nachgewiesen werden, dass die Zustellung dem Leistenden ausgehändigt bzw. abgeholt wurde. Freilich kann dann nicht der rechtliche Zustellungszeitpunkt maßgebend sein, sondern der der tatsächlichen Besitzerlangung. Die einmal erlangte Kenntnis von der Verfahrenseröffnung dauert an. Sie fällt nur weg durch zuverlässige Kenntnis von der Aufhebung des Verfahrens. Ein zwischenzeitliches „Vergessen" schadet.[104]

Liegt der maßgebliche Leistungszeitpunkt *nach* dem Wirksamkeitszeitpunkt, so wird die Kenntnis des Leistenden von der Eröffnung nunmehr vermutet und es obliegt ihm, seine Unkenntnis zu beweisen. Gelingt dieser Beweis nicht, so ist der Leistende nicht befreit und muss (erneut) an den Verwalter leisten.

---

[99] OLG Rostock ZInsO 2006, 884; HK/*Kirchhof*, § 9 Rn. 7.
[100] HK/*Kirchhof*, § 9 Rn. 6; *Kübler/Prütting*, § 9 Rn. 16; *Jaeger/Gerhardt* § 9 Rn. 5.
[101] Gemeint ist ein in allen Bundesländern gesetzlich anerkannter Feiertag. Bisher (bei einer Veröffentlichung im Amtsblatt) wurde auf den Publikationsort abgestellt. Den gibt es jetzt nicht mehr. Vgl. dazu die Zusammenstellung der Feiertagsgesetze in den Kommentaren zu § 193 BGB.
[102] Staudinger/*Repgen*, § 193 Rn. 16; Soergel/*Niedenführ*, § 193 Rn. 2.
[103] So zu Recht *Jaeger/Henckel*, § 8 Rn. 59; aA offenbar *Hess/Kropshofer*, § 111 Rn. 4.
[104] LG Dresden ZIP 2008, 935.

101 **4. Befreiende Leistung an den Schuldner.** Ist die Leistung nach § 82 InsO oder § 893 BGB eine befreiende, so gehört der Leistungsgegenstand zur Masse, denn er wurde ja auf einen massezugehörigen Anspruch erbracht, zudem fällt jeder Neuerwerb in die Masse. Der Verwalter kann somit das Geleistete kraft seines Rechts zur Inbesitznahme der Masse vom Schuldner herausverlangen. Bei Verbrauch, Zerstörung oder Beschädigung haftet der Schuldner der Masse mit seinem freien Vermögen nach den allgemeinen Vorschriften.

102 Ist die Leistung nicht befreiend geschehen, so ist der Drittschuldner grundsätzlich zur (erneuten) Leistung an den Verwalter verpflichtet, denn er hat den massezugehörigen Anspruch noch nicht erfüllt. Der Leistende kann jedoch verlangen, dass der Verwalter versucht, den Leistungsgegenstand beim Schuldner zu ermitteln und einzuziehen; weigert sich der Verwalter, dies zu tun, so steht seinem Leistungsverlangen die Arglisteinrede entgegen.[105] Zieht er den Leistungsgegenstand beim Schuldner ein, so genehmigt er damit das Erfüllungsgeschäft; der Leistungsanspruch erlischt ex tunc.[106] Eine solche Genehmigung kann jedoch nicht in bloßen Erkundigungen beim Schuldner, auch noch nicht in der Herausgabeaufforderung erblickt werden. Denn wenn der Schuldner zur Herausgabe wegen Verbrauchs, Zerstörung oder Veräußerung außerstande ist und auch, mangels freien Vermögens, kein Ersatz von ihm erlangt werden kann, wäre der Leistende befreit und die Masse ginge der Schutzwirkung der §§ 80–82 InsO verlustig. Die Arglisteinrede greift somit nur dann, wenn der Verwalter es unterlässt, einen eindeutig realisierbaren Herausgabe- oder Ersatzanspruch gegen den Schuldner durchzusetzen.[107]

103 Ist der Drittschuldner nach alledem zur erneuten Leistung verpflichtet, so steht ihm gegen den Schuldner ein Bereicherungsanspruch nach § 812 I 2, 2. Hs BGB (Zweckverfehlungskondition) zu. § 815 BGB steht dem nicht entgegen, denn die mit der Leistung bezweckte Schuldbefreiung war nicht von Anfang an unmöglich; der Leistende konnte zB auch bei Kenntnis von der Eröffnung mit einer Ablieferung an den Verwalter rechnen.[108] § 814 BGB steht schon deswegen nicht entgegen, weil er auf die Fälle der Zweckverfehlungskondiktion nicht anwendbar ist.[109] Der Bereicherungsanspruch entsteht erst nach Eröffnung; er ist somit gem. § 35 keine Insolvenzforderung. Natürlich fällt er auch nicht unter § 55 I Nr. 3 InsO; denn bereichert ist das freie Vermögen des Schuldners und nicht die Masse.

104 **5. Leistung an Vertreter des Schuldners.** Entsprechendes gilt auch, wenn **an** einen gesetzlichen oder gewillkürten **Vertreter des Schuldners geleistet** wurde.[110]

Ist gem. §§ 185, 362 II BGB an einen Dritten geleistet worden, so ist § 82 gleichfalls anwendbar.[111] Fälle dieser Art liegen vor bei einer Anweisung, sowie bei der sog. Einziehungsermächtigung.

Hat der Schuldner nach Eröffnung die Forderung abgetreten, so ist dies unwirksam, § 81 InsO. Der Leistende ist zwar bei Leistung an den nichtberechtigten Zessionar insoweit durch § 409 BGB geschützt, dass ihm die Leistung an die falsche Person nicht zum Nachteil gereicht; § 409 BGB kann jedoch nicht mehr an Schutz gewähren, als der Schuldner genösse, zahlte er an den richtigen Gläubiger. Deshalb gilt § 82 InsO auch in diesem Fall.[112]

---

[105] *Uhlenbruck*, § 82 Rn. 5; wohl auch *Häsemeyer* Rn. 10, 14.
[106] Vgl. MüKoInsO/*Ott/Vuia*, § 892 Rn. 6.
[107] Ähnlich HK/*Kayser* § 82 Rn. 11; *Jaeger/Windel*, § 82 Rn. 41.
[108] Ebenso *Jaeger/Windel* § 82 Rn. 38.
[109] BGH WPM 1972, 283.
[110] *Jaeger/Windel* § 82 Rn. 38.
[111] *Jaeger/Windel*, § 82 Rn. 11.
[112] MüKoBGB/*Rothe*, § 409 Rn. 37.

III. Die Auswirkungen von Veräußerungsverboten

Relative Veräußerungsverbote sichern Individualansprüche. Sie sind deshalb mit dem 105 Grundsatz der Gläubigergleichbehandlung nicht vereinbar und verlieren in der Insolvenz gem. § 80 II 1 InsO grundsätzlich ihre Wirkung. Erfasst sind:
(1) Gesetzliche relative Veräußerungsverbote,
(2) Gerichtliche relative Veräußerungsverbote,
(3) Behördliche relative Veräußerungsverbote, freilich gilt eine Ausnahme dann, wenn der Geschützte wirksam vor Eröffnung ein Absonderungsrecht erlangt hat.
Nicht unter § 80 II fallen:
(4) Absolute Veräußerungsverbote,
(5) Rechtsgeschäftlich vereinbarte Veräußerungsverbote,
(6) infolge ausdrücklicher Regelung in S. 2 die vollstreckungsrechtlichen Veräußerungsverbote.

1. Gesetzliche relative Veräußerungsverbote sind selten. Im BGB findet sich 106 keines; die früher streitigen Fälle von § 719 BGB[113] und §§ 2113, 2211 BGB[114] werden heute allgemein als Fälle schwebender bzw. absoluter Unwirksamkeit eingeordnet.

Ein relatives Veräußerungsverbot findet sich in § 94 VVG,[115] (früher § 98) der bei 107 Bestehen einer Wiederaufbauklausel die Zession der Forderung auf die Entschädigungssumme aus einer Gebäudeversicherung einschränkt. Der von § 80 II 1 InsO bewirkte Wegfall dieser Beschränkung ist jedoch ohne praktische Bedeutung, weil, wie *Henckel* richtig ausführt,[116] auch der Verwalter an die Wiederaufbauklausel gebunden ist und deshalb die Versicherungsforderung zweckbestimmt verwenden muss.

Das in § 108 VVG vorgesehene Veräußerungsverbot bezüglich der Ansprüche aus ei- 108 ner Haftpflichtversicherung bleibt wirksam, weil der geschädigte Dritte, zu dessen Gunsten das Verbot besteht, gem. § 110 VVG in der Insolvenz des Versicherungsnehmers absonderungsberechtigt ist und somit die ratio des § 80 II 1 InsO (§ 13 KO) nicht eingreift.[117]

2. Gerichtliche relative Veräußerungsverbote (§ 136 BGB) kommen zustande 109
– bei der Zwangsvollstreckung in Forderungen und Rechte gem. §§ 829, 857 ZPO;[118]
– wenn in einer einstweiligen Verfügung die Veräußerung eines Gegenstandes untersagt wird (§ 983 II ZPO);
– bei der in § 480 FamFG vorgesehenen Zahlungssperre während des Aufgebotsverfahrens;
– bei nicht rechtskräftiger Anordnung des Verfalls (§ 73e II StGB) und der Einziehung (§ 74e StGB), sowie bei der Beschlagnahme zur Sicherstellung gem. §§ 111b, c StPO;
– schließlich bei der Beschlagnahme im Immobiliarvollstreckungsverfahren, §§ 20 ff. ZVG.

Das Veräußerungsverbot durch eine – auch im Hinblick auf § 88 – **wirksame** 110 Forderungs- oder Rechtspfändung (auch im Wege der Arrestvollziehung) wird nicht erfasst, weil die Pfändung ein Absonderungsrecht begründet und der Gläubiger somit nicht der pars conditio creditorum unterworfen ist. Die strafrechtlichen Veräußerungsverbote ergehen nicht zur Sicherung von Individualinteressen, sondern im Allgemeininteresse; auch sie werden deshalb von § 80 II 1 nicht erfasst und müssen vom Verwalter

---

[113] Dazu BGHZ 13, 179 = NJW 1954, 1155.
[114] MüKoBGB/*Mayer-Maly*/*Armbrüster*, § 135 Rn. 24, 25.
[115] BGH JuS 1994, 144.
[116] *Jaeger*/*Henckel*, KO, § 1 Rn. 77.
[117] HK/*Kayser*, § 80 Rn. 61; *Jaeger*/*Windel* § 80 Rn. 277 (noch zur Vorläufernorm des § 156 VVG).
[118] BGHZ 58, 25 = NJW 1972, 428; RGZ 145, 328, 332.

respektiert werden.[119] Das durch die Beschlagnahme in der Immobiliarvollstreckung bewirkte Veräußerungsverbot ist in Abs. 2 S. 2 gleichfalls ausdrücklich ausgenommen (→ Rn. 126). Somit verbleibt unter den gerichtlichen Veräußerungsverboten als Anwendungsfall von § 80 II 1 im Wesentlichen nur das durch einstweilige Verfügung angeordnete. Auch hier besteht jedoch ein Gläubigerschutz, wenn der Berechtigte ein Aus- oder Absonderungsrecht hat oder wenn er Massegläubiger ist.[120] In den wenigen Fällen, in denen § 80 II 1 somit eingreift, ist der Verwalter an die einstweilige Verfügung nicht gebunden, die Verfügung über den Gegenstand wird nicht gehindert, ohne dass es einer vorgängigen Aufhebung der einstweiligen Verfügung bedürfte.

111   **3. Behördliche relative Veräußerungsverbote** spielen eine praktische Rolle nur insoweit, als Behörden im Rahmen des Verwaltungszwangsverfahren befugt sind, Forderungen und Rechte zu pfänden. In diesen Fällen greift jedoch § 80 II 2 ein. Soweit zur Sicherung einer beabsichtigten Enteignung ein Veräußerungsverbot ergeht, dient dies öffentlichen Interessen und fällt gleichfalls nicht unter § 80 II 1;[121] der Verwalter muss es gegen sich gelten lassen.

112   **4. Absolute Veräußerungsverbote** werden von § 80 II 1 nicht erfasst. Sie gelten grundsätzlich auch gegenüber dem Verwalter. Ihre Erfassung und Abgrenzung gegenüber ähnlichen Instituten wird durch die in Literatur und Rechtsprechung höchst unterschiedlich verwendete Terminologie sehr erschwert, wenn nicht unmöglich gemacht. So gibt es neben Vorschriften, die eine Veräußerung als solche verbieten, auch Regeln, die eine an sich mögliche Veräußerung an die Zustimmung bestimmter Personen knüpfen und bei fehlender Zustimmung die Veräußerung mit absoluter Unwirksamkeit belegen. Hier handelt es sich nicht um Veräußerungsverbote im engeren Sinne; die praktisch bedeutsameren Fälle dieser Art sollen jedoch des Sinnzusammenhanges wegen hier erörtert werden, weil es letztlich immer um die Frage geht, inwieweit der Verwalter an der Verwertung von Massegegenständen gehindert sein könnte.

113   Arreste (§§ 916 ff. ZPO) gehören nicht hierher. Der Arrest äußert erst mit seiner Vollziehung Rechtswirkungen. Diese geschieht durch Pfändung bzw. Eintragung einer Sicherungshypothek (§§ 930–932 ZPO); sie verschafft dem Gläubiger ein Absonderungsrecht, so dass § 80 II 2 anwendbar ist.

114   **5. Einzelfälle** (alphabetisch geordnet): *Abtretungsverbot gem.* § 399 BGB. Es wirkt absolut[122] und bindet auch den Verwalter. Er kann die betroffene Forderung zwar einziehen, da sie wegen § 851 II ZPO pfändbar und deshalb massezugehörig ist; er kann sie jedoch nicht abtreten.[123]

115   *Beschlagnahme* nach §§ 94 ff. StPO wirkt absolut; der Verwalter muss sie gegen sich gelten lassen.[124]

116   *Eheliches Güterrecht.* Die Beschränkungen der §§ 1365, 1369 BGB wirken nach hM absolut.[125] Trotzdem wirken sie nicht gegen den Verwalter, so dass dieser massezugehöriges Vermögen unbeschränkt veräußern kann.[126]

117   *Erbbaurecht.* Nach § 5 ErbbRG kann als Inhalt eines Erbbaurechtes vereinbart werden, dass dessen Veräußerung oder Belastung der Zustimmung des Grundstückseigentümers bedarf. Besteht eine solche Vereinbarung, so wirkt sie nach der ausdrücklichen

---

[119] *Jaeger/Windel* § 80 Rn. 280.
[120] HK/*Kayser*, § 80 Rn. 83 ff.
[121] Braun/*Kroth*, § 80 Rn. 31.
[122] BGHZ 40, 156, 159 = NJW 1964, 243; BGHZ 56, 228 = NJW 1971, 1750; BGHZ 112, 387 = NJW 1991, 559; BGH NJW-RR 1997, 919.
[123] BGHZ 56, 228, 232 = NJW 1971, 1750; MüKoInsO/*Ott/Vuia*, § 80 Rn. 154.
[124] FK/*App*, § 80 Rn. 27.
[125] BGHZ 40, 218, 219 = NJW 1964, 347; BayObLG NJW 1967, 1614; KG NJW 1973, 428, 429.
[126] MüKoBGB/*Koch*, § 1365 Rn. 5; MüKoInsO/*Ott/Vuia*, § 80 Rn. 154.

Regelung in § 8 ErbbRG auch gegen den Verwalter, gleichviel ob er freihändig veräußert oder die sog. Verwalterversteigerung nach §§ 172 ff. ZVG betreibt.

Testamentsvollstreckung → Rn. 129 f. **118**

Unübertragbarkeitsregelungen gehören zwar begrifflich hierher, sie verhindern jedoch **119** wegen der regelmäßig mit ihnen verbundenen Unpfändbarkeit (§ 851 I ZPO) schon die Zugehörigkeit der betreffenden Gegenstände zur Masse; → § 25 Rn. 17.

Versorgungsrecht. Die Veräußerungsverbote nach § 6 KapitalabfindungsG, § 75 Bun- **120** desversorgungsG oder § 14 III Gesetz über die Errichtung der Stiftung „Hilfswerk für behinderte Kinder" v. 17.12.1971 sind absoluter Natur.[127] Da sie öffentlichen Interessen dienen (= bestimmungsgemäße Verwendung öffentlicher Leistungen), bleiben sie wirksam.[128]

Vorerbe. Die den Vorerben zu Gunsten des Nacherben treffenden Beschränkungen **121** (§§ 2113 ff. BGB) gelten in der Insolvenz des Vorerben weiter. § 2115 BGB, § 83 II InsO. Der Verwalter darf ohne Zustimmung des Nacherben einen zum Nachlass gehörenden Gegenstand nicht veräußern, wenn dadurch das Recht des Nacherben vereitelt würde. Sehr fraglich ist, ob Dritte bei Zuwiderhandlungen Gutglaubensschutz genießen. Dies wird zwar überwiegend bejaht,[129] ist aber abzulehnen, weil eine dem § 2113 III BGB vergleichbare Verweisung auf die Gutglaubensschutzregeln in § 2115 BGB fehlt.[130] Im insolvenzrechtlichen Schrifttum wird der Gutglaubensschutz damit begründet, dass § 83 III (wie früher § 128 KO) eine eigenständige Verfügungsbeschränkung enthalte, die unter § 135 BGB falle, so dass § 135 II BGB eingreife.[131] Auch das ist abzulehnen. § 83 II wiederholt mit Hinweischarakter lediglich das in § 2215 BGB Geregelte; es wäre völlig unerklärlich, wieso ein und derselbe Sachverhalt doppelt und dann auch noch unterschiedlich geregelt sein sollte. Denn § 2115 BGB enthält ein absolutes Verfügungsverbot,[132] während § 83 III von den Befürwortern seines eigenständigen Charakters als relative Verfügungsbeschränkungen verstanden wird.

Wohnungseigentum. Nach § 12 WEG kann als Inhalt des Sondereigentums vereinbart **122** werden, dass der Wohnungseigentümer zur Veräußerung des Wohnungseigentums der Zustimmung bedarf. Nach § 12 III 2 WEG wirkt eine solche Vereinbarung auch gegenüber dem Verwalter.

Rechtsgeschäftlich vereinbarte Veräußerungsverbote mit Ausnahme der oben genann- **123** ten Fälle des § 399 BGB (→ Rn. 85) sowie der §§ 5 ErbbRG, 12 WEG (→ Rn. 88, 93) haben keine dingliche Wirkung, sie sind wegen § 137 S. 1 BGB unwirksam.

6. Pfändung und Beschlagnahme in der Vollstreckung. Besondere Regeln er- **124** fahren in § 80 III 2 InsO die Pfändung und Beschlagnahme in der Vollstreckung; sie bleiben wirksam und müssen in der Insolvenz respektiert werden.

Die Pfändung bzw. Beschlagnahme muss nach den allgemeinen Regeln – insbes auch **125** § 88 – wirksam sein.

Der Schutz eines die Zwangsversteigerung betreibenden persönlichen Gläubigers, dh **126** die Anerkennung seines Absonderungsrechtes, setzt voraus, dass die Zustellung des Anordnungs- oder Beitrittsbeschlusses bzw. der Eingang des Eintragungsersuchens oder die Besitzerlangung des Zwangsverwalters zeitlich vor der Insolvenzeröffnung liegen. Streitig ist, ob die Beschlagnahme noch wirksam werden kann, wenn zwar das Eintragungsersuchen vor Eröffnung beim Grundbuchamt eingeht, jedoch die Eintragung des Ver-

---

[127] BGHZ 19, 355, 359 = NJW 1956, 763.
[128] *Jaeger/Henckel,* KO, § 13 Rn. 3 (gilt gleichermaßen in der InsO).
[129] MüKoBGB/*Grunsky,* § 2115 Rn. 11; *Uhlenbruck,* § 83 Rn. 18.
[130] Wie hier Staudinger/*Avenarius,* § 2115 Rn. 24; HK/*Kayser,* § 83 Rn. 19.
[131] HambKomm/*Kuleisa* § 83 Rn. 16.
[132] BGHZ 33, 76, 86 = NJW 1960, 2093.

steigerungsvermerkes erst nach der Eröffnung geschieht. Die ältere Literatur verneint die Frage nahezu einhellig,[133] während sie neuerdings bejaht wird.[134] Letztere Auffassung ist richtig, denn sie verwirklicht die gesetzgeberische Absicht, mit § 22 I ZVG eine dem § 878 BGB vergleichbare Regelung zu schaffen, die gerade vor Fällen wie dem hier diskutierten Schutz gewähren soll.

Ungehindert ist eine Vollstreckung stets, wenn sie ein bereits vor Eröffnung wirksam entstandenes Absonderungsrecht realisiert. Vgl. zu alledem ausf *Eickmann,* Immobiliarvollstreckung und Insolvenz, 1998.

IV. Der Schuldner als Erbe und Vermächtnisnehmer

127 **1. Anfall vor oder nach Insolvenzeröffnung.** Sind Erbschaft oder Vermächtnis vor Eröffnung oder während des Verfahrens angefallen oder wird dieser Anfall fingiert (§§ 1953 II, 2180 III, 2344 BGB), so gehören die dadurch erlangten Rechtspositionen nach den allgemeinen Regeln zur Masse und der Verwalter könnte über sie durch Annahme oder Ausschlagung verfügen. Da der Erwerb von Todes wegen jedoch nicht nur vermögensrechtlichen, sondern auch höchstpersönlichen Charakter hat, belässt § 83 I InsO dem Schuldner die *freie Entscheidung* darüber, *ob* er die *Erbschaft annimmt oder ausschlägt.*

128 Nimmt der Schuldner an, so gehören Nachlass bzw. Vermächtnisanspruch zur Masse, Leistungen auf Nachlassgegenstände oder auf den Vermächtnisanspruch fallen gleichfalls in die Masse. Für diese Leistungen freilich, werden sie an den Schuldner erbracht, gelten wieder §§ 80, 82 InsO; die durch § 83 I verliehene Rechtsmacht erschöpft sich in Annahme oder Ausschlagung. Die *Erbschaft* fällt auch dann *in die Masse,* wenn der Schuldner zwar keine ausdrückliche Annahme erklärt, aber die Ausschlagungsfrist verstreichen lässt (BGH NZI 2006, 161; NZI 2010, 741). Mit der Einbeziehung des Nachlasses in die Masse übernimmt diese auch die gegen den Nachlass gerichteten Verbindlichkeiten. Ansprüche aus Vermächtnissen, Auflagen und Pflichtteilsrechten sind gleichfalls Insolvenzforderungen (§ 1967 II BGB). Ist der Nachlass überschuldet, so obliegt es dem Verwalter, die haftungsbeschränkenden bzw. aufschiebenden Einreden (§§ 1973, 1974, 1990–1992, 2014 ff. BGB) zu erheben oder Nachlassinsolvenz, ggf. Nachlassverwaltung zu beantragen. Der Schuldner ist zu keiner dieser Maßnahmen berechtigt.[135]

129 **2. Testamentsvollstreckung.** Ist *Testamentsvollstreckung* angeordnet, so wird diese durch die Insolvenz verdrängt. Nach allgemeine Auffassung wirken die gegen den Erben bestehenden Verfügungsbeschränkungen (§ 2211 BGB) auch gegen den Verwalter;[136] das Verbot des § 2214 BGB richtet sich auch gegen die Insolvenzgläubiger, die nicht Nachlassgläubiger sind.[137] Dies wirft schwierige Probleme auf. So wird bei Bestehen der Testamentsvollstreckung schon die Massezugehörigkeit des Nachlasses in Frage gestellt.[138] Das ist jedoch nicht richtig, denn die Nachlassgegenstände sind nicht generell, sondern nur für bestimmte Gläubiger unpfändbar.[139] Dass innerhalb der Gesamtmasse Sondermassen bestehen, die nur bestimmten Gläubigergruppen zur Verfügung stehen, ist nichts Besonderes.

---

[133] *Drischler* RpflJB 1967, 275; *Jaeckel/Güthe,* ZVG, 7. Aufl., § 23 Anm. 12; *Korintenberg/Wenz,* ZVG, 6. Aufl., § 23 Anm. 6.
[134] *Stöber,* § 22 Rn. 2 (5); *Steiner/Teufel,* § 23 Rn. 48; MüKoInsO/*Ott/Vuia,* § 80 Rn. 158.
[135] MüKoInsO/*Schumann,* § 83 Rn. 5; aA (aber unzutreffend) für Nachlassverwaltung LG Aachen NJW 1960, 46, 48.
[136] MüKoBGB/*Zimmermann,* § 2211 Rn. 2.
[137] MüKoBGB/*Zimmermann,* § 2214 Rn. 3.
[138] OLG Düsseldorf KTS 1962, 115; MüKoInsO/*Schumann,* § 83 Rn. 8.
[139] Für Massezugehörigkeit: LG Aachen NJW 1960, 46.

130 Solange die Testamentsvollstreckung besteht, ist der Nachlass dem Zugriff der Privatgläubiger des Erben entzogen; die Erbeninsolvenz ist de facto, wie *Weber* zutreffend feststellt,[140] eine Eigeninsolvenz unter Ausklammerung des Nachlasses, den allein der Testamentsvollstrecker abwickelt. Wegen Gleichheit der Interessenlage ist in Bezug auf die Nachlassgläubiger während der Dauer der Testamentsvollstreckung der Ausfallgrundsatz des § 331 InsO entsprechend anzuwenden.

131 Schlägt der Schuldner aus, so gilt der Anfall an ihn als nicht erfolgt; Erbschaft und Vermächtnis fallen dem Nächstberufenen an (§§ 1953 I, II, 2180 III BGB). Hat der Schuldner bereits vor Eröffnung ausgeschlagen, so unterliegt dies, aus welchen Beweggrund es auch geschah, nicht der Insolvenzanfechtung.[141]

---

[140] *Jaeger/Weber*, KO, § 234 Rn. 8.
[141] RGZ 54, 289; 67, 431; *Jaeger/Henckel*, § 9 Rn. 9.

4. Abschnitt. Auswirkungen der Insolvenzeröffnung auf Prozesse und Zwangsvollstreckungen

Übersicht

	Rn.
§ 32. Auswirkungen der Insolvenzeröffnung auf Prozesse	
I. Grundlagen der Prozessführung im Insolvenzverfahren	1
II. Unterbrechung schwebender Prozesse	80
III. Aufnahme von Aktivprozessen	136
IV. Aufnahme von Passivprozessen	161
V. Aufnahme von Passivprozessen wegen Insolvenzforderungen	179
§ 33. Auswirkungen der Insolvenzeröffnung auf Zwangsvollstreckungen	
I. Grundlagen der Vollstreckung im Insolvenzverfahren	1
II. Vollstreckung durch Insolvenzgläubiger	11
III. Vollstreckung durch Massegläubiger	66
IV. Vollstreckung durch Aussonderungsberechtigte	89
V. Vollstreckung durch Absonderungsberechtigte	94
VI. Vollstreckung durch Neugläubiger	99
VII. Vollstreckung durch Gläubiger von nichtvermögensrechtlichen Ansprüchen	107
VIII. Vollstreckung durch den Insolvenzverwalter	108
IX. Vollstreckung durch oder gegen den Schuldner persönlich	111

Schrifttum (zu §§ 32–33): *Damerius,* Das Schicksal schwebender Verfahren des Insolvenzschuldners, 2007; *Flöther,* Auswirkungen des inländischen Insolvenzverfahrens auf Schiedsverfahren und Schiedsabrede, 2001; *Heuser,* Schiedsgerichtsbarkeit und Mediation im Insolvenzverfahren, 2011; *Jacoby,* Das private Amt, 2007; *Kallweit,* Die Eigenhaftung des Insolvenzverwalters für prozessuale Masseverbindlichkeiten, 2005; *Kühnemund,* Die insolvenzrechtliche Anfechtung von Prozeßhandlungen des Insolvenzschuldners nach der InsO, 1998; *Meyer, Peter,* Die Auswirkungen der Insolvenz, Umwandlung und Vollbeendigung von Gesellschaften auf den anhängigen Zivilprozess, 2005; *Müller, Kim J.,* Die echte Freigabe durch den Insolvenzverwalter im Spannungsfeld von gesetzlicher Prozessstandschaft und Parteiwechsel, 2007; *Rebmann,* Die Anfechtung von Zwangsvollstreckungsmaßnahmen nach § 131 InsO und die Vollstreckungssperren (v. a § 88 InsO), Diss Tübingen 2003; *Rückert,* Einwirkung des Insolvenzverfahrens auf schwebende Prozesse, 2007; *Rugullis,* Litispendenz im Europäischen Insolvenzrecht, 2002; *Viertelhausen,* Einzelzwangsvollstreckung während des Insolvenzverfahrens, 1999; *Weber, Nicolai,* Prozessunterbrechung und materielles Recht in der Insolvenz, 2010; *Weidmüller,* Die Rückschlagsperre als Instrument zur gemeinschaftlichen Haftungsverwirklichung, 2012.

§ 32. Auswirkungen der Insolvenzeröffnung auf Prozesse

Übersicht

	Rn.
I. Grundlagen der Prozessführung im Insolvenzverfahren	1
1. Die Parteistellung des Insolvenzverwalters nach der „Amtstheorie"	1
a) Prozessführungsbefugnis und Parteistellung	1
b) Parteistellung „mit der Masse"	2
c) Prozesssubjekte während des Insolvenzverfahrens	4
d) Prozessführung bei Eigenverwaltung	8
e) Prozessführung im Eröffnungsverfahren	13
2. Allgemeine Fragen der massebezogenen Prozessführung des Insolvenzverwalters	15
a) Anhängige Prozesse	15
b) Beendigung des Insolvenzverfahrens	16

Auswirkungen der Insolvenzeröffnung auf Prozesse   § 32

		Rn.
c)	Erhebung der Klage	18
d)	Gerichtsstand	21
e)	Freigabe	22
f)	Gläubigermitwirkung	25
g)	Nebenintervention	27
h)	Prozessbeteiligung des Amtswalters als Privatperson	28
i)	Prozesskosten	29
j)	Prozesskostenhilfe	32
k)	Prozessstandschaft	33
l)	Prozessvereinbarungen	34
m)	Prozessvertretung	35
n)	Rechtskraft	38
o)	Richterausschluss und -ablehnung	41
p)	Schuldner als Prozessbeteiligter	42
q)	Vernehmung des Insolvenzverwalters als Partei bzw. Zeuge	46
r)	Wechsel in der Person des Amtswalters	47
s)	Zustellungen	49

3. Besondere Verfahren und Prozessgegenstände 50
   a) Andere Gerichtsbarkeiten 50
   b) Aus- bzw. Absonderungsstreit 53
   c) Haftung des Insolvenzverwalters 59
   d) Insolvenzanfechtung 65
   e) Insolvenzforderungen 66
   f) Kündigungsschutz 71
   g) Masseforderungen 72
   h) Schiedsverfahren 77
   i) Zwangsvollstreckung 79

II. Unterbrechung schwebender Prozesse (§ 240 ZPO) 80
  1. Grundgedanken 80
  2. Anwendungsbereich 84
    a) Betroffene Rechtssubjekte 84
    b) Unterbrechender Rechtsakt 94
    c) Erforderlicher Massebezug 104
    d) Betroffene Verfahren 109
  3. Rechtsfolgen 116
    a) Rechtlicher Stillstand des Verfahrens 116
    b) Fristenlauf 117
    c) Parteihandlungen 118
    d) Gerichtliche Handlungen 120
  4. Ende der Unterbrechung 125
    a) Aufnahme des Rechtsstreits 125
    b) Beendigung des Insolvenzverfahrens 133

III. Aufnahme von Aktivprozessen (§ 85 InsO) 136
  1. Grundgedanken 136
  2. Anwendungsbereich 137
  3. Durchführung der Aufnahme 141
    a) Aufnahmeberechtigung 141
    b) Form 142
    c) Wirkungen 145
    d) Kosten 146
  4. Ablehnung der Aufnahme 148
    a) Grundgedanken 148
    b) Prozesshandlung 150
    c) Freigabe 151
    d) Kosten 155
  5. Zögern des Insolvenzverwalters 156

IV. Aufnahme von Passivprozessen (§ 86 InsO) 161
  1. Grundgedanken 161
  2. Anwendungsbereich 162
    a) Aussonderung 163
    b) Absonderung 165
    c) Masseverbindlichkeiten 166

	Rn.
3. Durchführung der Aufnahme	168
a) Aufnahmeberechtigung	168
b) Kosten	172
c) Sofortiges Anerkenntnis	173
d) Freigabe	176
V. Aufnahme von Passivprozessen wegen Insolvenzforderungen (§§ 87, 180 II InsO)	179
1. Grundgedanken und Anwendungsbereich	179
2. Aufnahme durch oder gegen den bestreitenden Verwalter oder Gläubiger	182
a) Aufnahmeberechtigung	182
b) Gegenstand des Feststellungsprozesses	185
c) Widerspruchsbefangenheit	188
d) Durchführung der Aufnahme	191
3. Aufnahme durch oder gegen den bestreitenden Schuldner (§ 184 InsO)	198
a) Feststellung der Forderung	198
b) Feststellung der Qualifikation als privilegierte Forderung	201

I. Grundlagen der Prozessführung im Insolvenzverfahren

1. Die Parteistellung des Insolvenzverwalters nach der „Amtstheorie".
a) *Prozessführungsbefugnis und Parteistellung.* Die Grundprämissen für die Auswirkungen der Insolvenzeröffnung auf die massebezogene Prozessführung finden sich im Gesetz (§ 80 I InsO). In den Worten des Bundesgerichtshofs:[1] „Die Übertragung der Befugnis zur Verwaltung und Verfügung über das Vermögen des Schuldners auf den Verwalter gilt nicht nur im Bereich des materiellen Rechts, sondern führt dazu, dass ein gerichtliches Verfahren über massezugehöriges Vermögen des Schuldners nur von oder gegen den Verwalter begonnen oder fortgesetzt werden kann. Die Rechtsstellung eines Verfahrensbeteiligten kann grundsätzlich nicht von der Befugnis zur Verwaltung und Verfügung über das Vermögen getrennt werden, dessentwegen das Verfahren geführt wird, weil das Verhalten in einem gerichtlichen Verfahren auf das der Verwaltung unterliegende Vermögen im Ergebnis nicht anders wirkt als sonstiges tatsächliches oder rechtsgeschäftliches Verhalten." In der Handhabung durch die Gerichtspraxis folgt hieraus, dass dem Insolvenzverwalter mit der Insolvenzeröffnung die alleinige Prozessführungsbefugnis und damit einhergehend die Eigenschaft als „richtige" Partei in den massebezogenen Prozessen zukommt; der Verwalter führt den Prozess also nicht im Namen des insolventen Rechtsträgers, sondern als gesetzlicher Prozessstandschafter – als „Partei kraft Amtes" – selbst und im eigenen Namen (sog. Amtstheorie).[2] Die Eigenschaft als taugliches Prozesssubjekt wird damit von der Eigenschaft als Rechtsträger des verwalteten Vermögens (die von der Insolvenzeröffnung unbeeinflusst bleibt) gelöst und mit der Befugnis verknüpft, über dieses Vermögen zu verfügen und prozessieren.

b) *Parteistellung „mit der Masse".* Indem die Amtstheorie im Gegensatz zu konkurrierenden Erklärungsmodellen nicht den insolventen Rechtsträger oder die Masse als solche, sondern den Insolvenzverwalter zum primären Zuordnungssubjekt des massebezogener Prozessrechtsverhältnisses erhebt, so hat sie diesen doch explizit – wenngleich rechtskonstruktiv eher vage begründet – nicht als Individuum im Auge, sondern in seiner spezifischen amtlichen Eigenschaft: Der Insolvenzverwalter ist hiernach „mit der

---

[1] BGH NZI 2008, 613 Rn. 8; s aus der Literatur etwa *Henckel,* Parteilehre und Streitgegenstand im Zivilprozeß, 1961, S. 105; *ders.,* FS Schumann, 2002, S. 211, 212; ausf *Rückert,* S. 15 ff., 19 ff.
[2] Grundlegend RGZ 29, 29 ff., 36; s ferner BGHZ 44, 1, 4; BGHZ 88, 331, 334; BGHZ 185, 11 Rn. 40 mwN; BVerfGE 65, 182, 190; BVerwGE 32, 316, 321; BAG NJW 2007, 458 Rn. 21; BFH ZIP 2005, 954; zuletzt BGH NZI 2012, 625 Rn. 6; BGH NZI 2013, 641 Rn. 11; BGH NZI 2013, 747 Rn. 14; BAGE 120, 27, 29; BAG NJW 2009, 3529, 3530; aus der Lit s mwN *Jaeger/Windel,* § 80 Rn. 11 ff., 145 ff.; *Rückert,* S. 12 ff.; s. a. (Parteistellung des „Amts") *Jacoby,* S. 281 ff., 298 ff.

Masse" Partei und gerade nicht als Privatperson hinsichtlich seiner privaten Rechts- und Interessensphäre; auf die Masse als „Interessevermögen" sind deshalb auch die materiell-rechtlichen wie prozessualen Folgen seines Handelns bezogen.[3] Der Aufgabe, durch eine geeignete Konstruktion sicherzustellen, dass die Vor- und Nachteile des Prozessierens sachlich im Grundsatz das verwaltete Vermögen – die Insolvenzmasse – treffen, versucht die Amtstheorie also durch eine funktionelle und damit im besten Sinne teleologische Interpretation ihrer eigenen Postulate gerecht zu werden, die darauf hinausläuft, trotz der verbalen Anknüpfung an die Person des jeweiligen Funktionsträgers der Sache nach auf die Funktion als Insolvenzverwalter und damit eben mittelbar auf das dem Funktionsträger treuhänderisch zugeordnete Sondervermögen Insolvenzmasse abzustellen (→ Rn. 21 zum Gerichtsstand, Rn. 29 ff. zu Prozesskosten und Prozesskostenhilfe, Rn. 38 zu den Urteilswirkungen, Rn. 47 zum Amtswalterwechsel, aber auch → Rn. 45 f. zur Vernehmung als Zeuge bzw. Partei).[4]

Der Amtstheorie immanent ist nach dem Vorgesagten also die Vorstellung einer Ver- **3** vielfachung des Rechtskreises der zum Verwalters bestellten Person: neben den Funktionsträger „als Privatperson" tritt als dessen *alter ego* der gleichfalls im eigenen Namen auftretende, aber mit Wirkung für die Insolvenzmasse handelnde „Verwalter in seiner Eigenschaft als Amtsträger".[5] Die Prozesspartei „X als Insolvenzverwalter über das Vermögen des Y" ist insofern also von der natürlichen Person X, dem Funktionsträger, zu abstrahieren; dies würde terminologisch noch besser zum Ausdruck kommen, wenn man die „Insolvenzverwaltung" oder das „Amt" selbst als Prozesspartei bezeichnen würde[6] – sachlich ist dies in der Interpretation des „Prozessrechts der Insolvenzverwaltung" durch die hM und die gerichtliche Praxis ohnehin gemeint.

c) *Prozesssubjekte während des Insolvenzverfahrens.* Im Ergebnis sind also für die Prozess- **4** führung während des Insolvenzverfahrens drei verschiedene denkbare Prozesssubjekte auseinanderzuhalten:

– In der Hauptsache geht es um die *mit der Funktion als Insolvenzverwalter verbundene* **5** *Amtssphäre,* die prozessuale Zuständigkeit der jeweils als Insolvenzverwalter bestellten Person für das Sondervermögen „Insolvenzmasse"; dies ist gemeint, wenn der Insolvenzverwalter „als solcher" klagt oder verklagt wird (oder wenn es im Alltagssprachgebrauch heißt, es werde ein Anspruch „gegen die Masse" geltend gemacht). Im Einzelnen hierzu → Rn. 15 ff.

– Daneben existiert aber noch die persönliche Rechtssphäre des jeweiligen Funktions- **6** trägers, gebildet primär durch sein privates Eigenvermögen; mit ihr ist er selbstverständlich gleichfalls taugliches Prozesssubjekt (und prozessual gewissermaßen eine andere Person als in seiner Eigenschaft als „Amtspartei"); dies ist gemeint, wenn es im Alltagssprachgebrauch heißt, es werde ein Anspruch „gegen den Verwalter persönlich" geltend gemacht (→ Rn. 59 ff.).

– Der *Schuldner* kann hinsichtlich des Sondervermögens „Insolvenzmasse", obwohl er **7** nach wie vor dessen Rechtsträger ist, nach den der Amtstheorie zugrundeliegenden konstruktiven Vorstellungen mangels Prozessführungsbefugnis auch nicht mehr taugliches Prozesssubjekt sein. Möglich ist dies aber (selbstverständlich) hinsichtlich seiner verfahrensfreien Rechtssphäre, also insbesondere hinsichtlich seines insolvenzfreien Vermögens bzw. im Streit um die Zugehörigkeit hierzu; dies ist gemeint, wenn es im Alltagssprachgebrauch heißt, es werde ein Anspruch „gegen den Schuldner persönlich" geltend gemacht (→ Rn. 42 ff.).

---

[3] Grundlegend *Dölle,* Festschrift F. Schultz, Bd. II, 1951, S. 268, 269 ff.; *Weber,* KTS 1955, 102, 104 ff.; *Henckel,* Parteilehre und Streitgegenstand im Zivilprozeß, 1961, S. 118 ff.
[4] Vgl. dazu *Jacoby,* S. 290 f., 298 ff., 307 ff. (der das freilich einen „begrifflichen Schwindel" nennt).
[5] Vgl. *Bötticher,* ZZP 64 (1971), 55, 61.
[6] Vgl. *Jacoby,* aaO.

8   d) *Prozessführung bei Eigenverwaltung.* aa) Im Fall der mit der Insolvenzeröffnung verbundenen Anordnung der Eigenverwaltung (§ 270 I 1 InsO) besteht ebenso wie in der Normalinsolvenz ein Bedürfnis für eine Phase des rechtlichen Prozessstillstands, damit der Schuldner sich über Sinn und Aussichten der weiteren Prozessführung unter den veränderten Prämissen schlüssig werden kann; es ist deshalb weitgehend anerkannt, dass in diesem Fall eine *Unterbrechung* gem. §§ 270 I 2, 240 ZPO stattfindet, die durch die dem Schuldner zustehende Aufnahme gem. §§ 270 I 2, 85f, 180 II InsO iVm § 250 ZPO ihr Ende findet (→ Rn. 96).

9   Damit sind die mit der *Prozessführung des eigenverwaltenden Schuldners* verbundenen Fragen indessen keineswegs beantwortet. Denn der Schuldner behält auch bei angeordneter Eigenverwaltung nicht einfach der Insolvenzeröffnung zum Trotz die Verfügungs- und Prozessführungsbefugnis über sein (als einheitliches anzusehendes) Vermögen.[7] Vielmehr findet mit der Insolvenzeröffnung richtiger Ansicht nach – und trotz § 270c S. 3 InsO – auch in diesem Fall der Insolvenzbeschlag und damit verbunden eine Vermögenstrennung in das Sondervermögen „Insolvenzmasse" einerseits, sein verfahrensfreies Vermögen andererseits statt, die es erforderlich macht, auch prozessual nach allgemeinen Grundsätzen zu separieren.[8] Verfügungs- und Prozessführungsbefugnis über die Gegenstände der Insolvenzmasse nimmt der Schuldner folglich nicht aus eigenem (Eigentümer-)Recht wahr, sondern kraft einer ihm mit der Anordnung der Eigenverwaltung zugewachsenen amtlichen Stellung („Amtswalter in eigenen Angelegenheiten");[9] prozessual ist er deshalb hinsichtlich des Sondervermögens „Insolvenzmasse" ebenso gesetzlicher Prozessstandschafter und Amtspartei wie der Insolvenzverwalter.[10]

10   Richtigerweise sollte deshalb die Prozessführung des eigenverwaltenden Schuldners auch im Übrigen grundsätzlich *analog zur Prozessführung des Insolvenzverwalters* behandelt werden. Es gilt deshalb das hier zum Insolvenzverwalter Ausgeführte für den Fall, dass die Eigenverwaltung endet und die normale Insolvenzverwaltung angeordnet wird (s o Rn. 47 zum Amtswalterwechsel), für den Fall der Insolvenzbeendigung (→ Rn. 16), für den Gerichtsstand (→ Rn. 21) und die Art und Weise der Klageerhebung (→ Rn. 18), die Prozesskosten und die Prozesskostenhilfe (→ Rn. 29), die Möglichkeit paralleler Prozessführung mit der Masse und dem verfahrensfreien Eigenvermögen (→ Rn. 59, natürlich wiederum unter Ausschluss der Möglichkeit, sich selbst zu verklagen) die Rechtskraft (→ Rn. 38) und die Zwangsvollstreckung (→ § 33).

11   Dagegen wird man beim eigenverwaltenden Schuldner sogar konsequenter als beim Insolvenzverwalter die Vorschriften zur Parteieigenschaft anzuwenden haben, wo es um die Parteieigenschaft und das Zeugnisverweigerungsrecht der Angehörigen (Rn. 46) sowie die Beziehung zum Gericht (→ Rn. 41) geht.

12   bb) Dem *Sachwalter* kommt in der Eigenverwaltung die Stellung als Amtspartei entsprechend dem hier zum Insolvenzverwalter Ausgeführten zu,[11] soweit ihm nach § 280

---

[7] So aber LAG Stuttgart ZIP 2014, 1455; wohl auch BGH NZI 2007, 188 Rn. 8; BGH ZIP 2012, 1527 Rn. 42; BFH ZInsO 2014, 1771 Rn. 14.

[8] Vgl. mwN *Uhlenbruck,* FS Metzeler, 2003, S. 85, 92; *Jacoby,* S. 30 f.; *Schlegel,* Die Eigenverwaltung in der Insolvenz, 1999, S. 122 ff.; *N. Weber,* S. 30 ff.

[9] S. a. BGH NZI 2013, 1025 Rn. 13 zum spezifischen Widerspruchsrecht (§ 176 InsO) des eigenverwaltenden Schuldners in seiner Eigenschaft als Amtswalter.

[10] S. u. § 90 Rn. 3, ferner zB *Leonhardt/Smid/Zeuner/Wehdeking,* § 270 Rn. 6; Uhlenbruck/Hirte/Vallender/*Uhlenbruck,* § 270 Rn. 32; *Jacoby,* S. 30 f.; *Häsemeyer,* Rn. 8.15; *Henckel,* FS Schumann, 2001, S. 211, 224 f.; *Smid,* WM 1998, 2489, 2511; *N. Weber,* S. 83 ff.; s. a. KPB/*Pape,* § 270 Rn. 183; *K. Schmidt/Sternal,* § 270 Rn. 16f; aA FK/*Foltis,* § 270 Rn. 20; HK/*Landfermann,* § 270 Rn. 28; MüKoInsO/*Wittig/Tetzlaff,* § 270 Rn. 106; unklar insoweit die Rspr., vgl. BGH NZI 2007, 188 Rn. 7 ff.; BFH BeckRS 2014, 94867 Rn. 14.

[11] Unstr, s etwa Uhlenbruck/Hirte/Vallender/*Uhlenbruck,* § 280 Rn. 5; KPB/*Pape,* § 280 Rn. 5; FK/*Foltis,* § 280 Rn. 4 ff.; *Jacoby,* S. 32, 98.

InsO eigene prozessuale Handlungsbefugnisse zugesprochen werden, dh bei der Durchsetzung von Ansprüchen wegen Gesamtschäden (§ 92 InsO), bei Ansprüchen aus der persönlichen Gesellschafterhaftung (§ 93 InsO) sowie bei Anfechtungsansprüchen (§ 143 InsO); insoweit wird auch die an sich umfassende Prozessführungsbefugnis des Schuldners verdrängt. Im Übrigen kommen ihm jedoch gerade keine Prozessführungsbefugnisse zu, was zu gespaltenen Zuständigkeiten für die Verfolgung von Ansprüchen aus einem einheitlichen Lebenssachverhalt führen kann.[12] Da es sich um ein einheitliches Sondervermögen handelt, bei dem die Kompetenzen nur auf zwei Amtsparteien verteilt sind,[13] wirken die von dem Sachwalter erwirkten Titel ohne weiteres zugunsten der Masse und brauchen nicht umgeschrieben werden, weder für die Vollstreckung des Schuldners noch im Fall der Bestellung eines Insolvenzverwalters für diesen.[14] Die anfallenden Kosten belasten aus demselben Grund unproblematisch die Masse; eine persönliche Haftung des Sachwalters hierfür im Fall der Masseinsuffizienz besteht ebenso wie beim Insolvenzverwalter in der Regel nicht.[15]

e) *Prozessführung im Eröffnungsverfahren.* aa) *Vorläufiger Insolvenzverwalter mit Prozessführungsbefugnis.* Die Rechtslage im Fall der Bestellung eines vorläufigen Insolvenzverwaltern mit Verwaltungs- und Verfügungsbefugnis iSv § 22 I InsO entspricht weitgehend der nach Insolvenzeröffnung bestehenden Rechtslage, dh der vorläufige Verwalter erlangt zugleich die Prozessführungsbefugnis und mit ihr die Parteistellung in den bei seiner Bestellung schwebenden Prozessen. Dies gilt ebenso, wenn der vorläufige Verwalter zwar nicht die Verwaltungs- und Verfügungsbefugnis iSv § 22 I InsO, wohl aber kraft besonderer Anordnung iSv § 21 I InsO die Prozessführungsbefugnis für einzelne oder alle das Schuldnervermögen betreffenden Rechtsstreitigkeiten übertragen bekommen hat. In beiden Fällen findet folgerichtig auch eine Unterbrechung anhängiger Prozesse durch die Bestellung des vorläufigen Verwalters statt (§ 240 S. 2 ZPO, s.u. Rn. 97). Wird später das Insolvenzverfahren eröffnet, so findet bei Personenidentität von vorläufigem und endgültigem Insolvenzverwalter weder ein erneuter Parteiwechsel noch eine erneute Prozessunterbrechung statt, während bei Bestellung einer anderen Person zum Insolvenzverwalter analog zum Amtswalterwechsel eine Unterbrechung (nur) nach Maßgabe der §§ 241, 246 ZPO stattfindet (→ Rn. 47, 98). **13**

bb) *Vorläufiger Insolvenzverwalter ohne Prozessführungsbefugnis.* Ohne solche gerichtlichen Anordnungen erlangt der (schwache) vorläufige Insolvenzverwalter jedoch keine Prozessführungsbefugnis hinsichtlich des Schuldnervermögens, dh er kann insoweit weder zulässigerweise neue Prozesse anstrengen bzw. verklagt werden noch rückt er als Partei in die schwebenden Prozesse ein; demensprechend findet auch keine Unterbrechung dieser Prozesse gemäß oder analog § 240 S. 2 ZPO statt (→ Rn. 97). Auch eine Art Eilkompetenz des vorläufigen Verwalters sollte man in diesen Fällen schon aus Gründen der Rechtssicherheit nicht anerkennen;[16] erforderlichenfalls mag das Insolvenzgericht dem vorläufigen Verwalter ausdrücklich entsprechende Einzelkompetenzen übertragen. Insofern bleibt es also bei der umfassenden aktiven und passiven Prozessführungsbefugnis des Schuldners bzw. seiner Organe. Zur Prozessführung durch den vorläufigen Insolvenzverwalter im Einzelnen → § 14 Rn. 116ff. **14**

2. Allgemeine Fragen der massebezogenen Prozessführung des Insolvenzverwalters a) *Anhängige Prozesse.* Schwebende Prozesse geraten nach § 240 ZPO mit **15**

---

[12] KPB/*Pape,* § 280 Rn. 5; FK/*Foltis,* § 280 Rn. 4ff.
[13] Vgl. *Jacoby,* S. 32.
[14] Zutr KPB/*Pape,* § 280 Rn. 5.
[15] Zutr KPB/*Pape,* § 280 Rn. 14; aA Uhlenbruck/Hirte/Vallender/*Uhlenbruck,* § 280 Rn. 6.
[16] Vgl. OLG Braunschweig ZIP 1999, 1770; OLG Stuttgart ZInsO 1999, 474; Uhlenbruck/Hirte/Vallender/*Vallender,* § 22 Rn. 195, 208i; HK/*Kirchhof,* § 22 Rn. 63.

der Insolvenzeröffnung (bzw. dem Übergang der Prozessführungsbefugnis auf einen vorläufigen Verwalter) rechtlich in Stillstand und müssen zum Zweck der Fortsetzung gem. § 250 ZPO besonders aufgenommen werden. Anders als beim Amtswalterwechsel (→ Rn. 47) liegt in diesem Fall auch und gerade eine funktionelle Diskontinuität vor, die den automatischen Parteiwechsel nach sich ziehen muss: Zur Absicherung des Übergangs der prozessualen Verfügungsmacht auf den Insolvenzverwalter geht hier nach zutr hM auch die Parteistellung sogleich mit Insolvenzeröffnung auf den Verwalter über; dieser wird also nicht erst durch die Aufnahme zur Partei, sondern ihm kommt gerade umgekehrt die Aufnahmebefugnis zu, weil er durch das Insolvenzereignis iSv § 240 ZPO bereits Partei geworden ist (→ Rn. 80, 125). S zu Unterbrechung und Aufnahme im Übrigen die Erl Rn. 80 ff., 136 ff.

16 **b)** *Beendigung des Insolvenzverfahrens.* Der Situation bei Insolvenzeröffnung an sich vergleichbar ist die Rechtslage, wenn die prozessuale Rechtszuständigkeit auf den Rechtsträger zurückfällt: Endet das Insolvenzverfahren durch wirksame Aufhebung (§§ 200, 258 InsO) oder Einstellung (§§ 207, 213 InsO) oder durch rechtskräftige Aufhebung des Eröffnungsbeschlusses im Beschwerdeverfahren (§ 34 InsO), so erlangt der Schuldner grundsätzlich seine massebezogene Prozessführungsbefugnis zurück[17] (anders insbesondere bei anhängigen Forderungsfeststellungsklagen (→ Rn. 197) sowie insoweit, wie die Prozessführungsbefugnis des Insolvenzverwalters nach § 259 III InsO oder infolge der Anordnung einer Nachtragsverteilung trotz der Verfahrensbeendigung fortdauert[18]); damit einhergehend rückt er im Wege des gesetzlichen Parteiwechsels ohne weiteres wieder in die zwischenzeitlich auf den Verwalter übergegangene Parteistellung ein.[19]

17 Weitgehend ähnlich beantwortet wird auch die hiervon zu unterscheidende Frage eines – zur Abfederung des Übergangs notwendigen – Verfahrensstillstands; hierzu wird in der vorliegenden Konstellation richtigerweise überwiegend angenommen, dass der Prozess analog § 239 ZPO ein weiteres Mal unterbrochen wird und durch den Schuldner analog § 250 ZPO besonders aufgenommen werden muss.[20] Eine von dem Verwalter erteilte Prozessvollmacht besteht grundsätzlich – anders bei Selbstvertretung – fort, so dass die Analogie die Anwendung des § 246 ZPO einschließt.[21]

18 **c)** *Erhebung der Klage.* Zur Begründung eines massebezogenen Prozessrechtsverhältnisses ist die Klage nach der Insolvenzeröffnung zwingend durch bzw. gegen den Insolvenzverwalter als Partei kraft Amtes zu erheben, dh unter Kenntlichmachung des Umstands, dass die betreffende Person „in ihrer Eigenschaft als Insolvenzverwalter über das Vermögen des (näher bezeichneten) Schuldners" Partei werden soll. Fehlt es daran (und lässt sich dies der Klageschrift auch nicht im Wege der Auslegung entnehmen, was ggf. eine „Rubrumsberichtigung" ermöglicht[22]), so wird der Verwalter im Aktivprozess

---

[17] S mwN BGH NZI 2010, 99 Rn. 7; BGH BeckRS 2013, 01866 Rn. 6; *Jaeger/Meller-Hannich*, § 200 Rn. 18; Uhlenbruck/Hirte/Vallender/*Uhlenbruck*, § 200 Rn. 14. Zu den prozessualen Befugnissen eines Treuhänders s BGHZ 193, 44 = NZI 2012, 531 (zur „Verteilungsabwehrklage").
[18] Vgl. BGHZ 83, 102, 103 = NJW 1982, 1765; BGH NJW 1992, 2894, 2895; BGH NZI 2010, 99 Rn. 8; BGH BeckRS 2013, 01866 Rn. 6; BGH NZI 2014, 262 Rn. 15 f.; BAG NZI 2014, 660 Rn. 10; *Jaeger/Windel*, § 80 Rn. 208; *Jaeger/Meller-Hannich*, § 200 Rn. 18; *Smid*, ZInsO 2010, 641.
[19] So auf der Grundlage der hM (Rn. 80) zutr RGZ 79, 27, 29; OLG München NZI 2014, 610; *Ahrens/Gehrlein/Ringstmeier/Piekenbrock*, § 80 Rn. 20; *Jaeger/Gerhardt*, § 179 Rn. 112; *Jaeger/Meller-Hannich*, § 200 Rn. 18; *Jacoby*, S. 294, 314 f.; MüKoInsO/*Hefermehl*, § 53 Rn. 35; wohl auch *Jaeger/Windel*, § 80 Rn. 205 ff.; aA Stein/Jonas/*Roth*, § 240 Rn. 34: Parteiwechsel erst mit der Aufnahme.
[20] Vgl. OLG München NZI 2014, 610; *Ahrens/Gehrlein/Ringstmeier/Piekenbrock*, § 80 Rn. 20; *Jaeger/Gerhardt*, § 179 Rn. 112; *Jaeger/Windel*, § 80 Rn. 206; iE auch Stein/Jonas/*Roth*, § 240 Rn. 34.
[21] Zutr mwN *Jaeger/Windel*, § 80 Rn. 207; Stein/Jonas/*Roth*, § 240 Rn. 34.
[22] Vgl. *Kempe/Antochewicz*, NJW 2013, 2797 ff. mwN; großzügig insbes die Rspr zur Kündigungsschutzklage, s etwa BAG NZA 2002, 1207; BAG ZIP 2002, 1412; BAG NZA 2003, 1391; BAG NZA 2006, 404.

ohne weiteres persönlich Partei;[23] im Passivprozess müssen hierfür auch für ihn persönlich die Voraussetzungen einer wirksamen Zustellung vorliegen.

Bezeichnet die Klageschrift den Schuldner anstelle des Verwalters als beklagte Partei, **19** wird sie aber gleichwohl dem Insolvenzverwalter zugestellt, wird dieser nicht Partei (und mangels Zustellung ebenso wenig der Schuldner persönlich);[24] auch § 189 ZPO vermag hier nicht zu helfen.

Auch die Zustellung einer gegen die Insolvenzmasse gerichteten Klage kann nur **20** wirksam an den Verwalter erfolgen. Die Zustellung beim Schuldner führt in diesem Fall zur wirksamen Erhebung einer allerdings der Abweisung als unzulässig unterliegenden Klage gegen den Schuldner.[25]

d) *Gerichtsstand.* Den „Sitz des Insolvenzverwalteramts" und damit den allgemeinen **21** Gerichtsstand des Insolvenzverwalters für massebezogene Prozesse wird man nicht anders als am Sitz des Insolvenzgerichts ansiedeln können; § 19a ZPO regelt dies dann auch ganz folgerichtig (gem. § 261 III Nr. 1 ZPO für die gesamte Dauer des Verfahrens am Sitz des eröffnenden Insolvenzgerichts)[26] und zustellt zugleich klar, dass dies unabhängig davon gilt, ob das eröffnende Gericht seine eigene Zuständigkeit richtig bestimmt hatte.[27] Der allgemeine Gerichtsstand des § 19a ZPO bezieht sich entsprechend allgemeinen Grundsätzen nur auf Passivprozesse, nicht auch auf Aktivprozesse des Insolvenzverwalters;[28] dies gilt auch für die internationale Zuständigkeit.[29] § 19a ZPO begründet auch insoweit aber keinen ausschließlichen Gerichtsstand. Ein im Ergebnis gleichlaufender ausschließlicher Gerichtsstand am Sitz des Insolvenzgerichts existiert für Insolvenzfeststellungsklagen (§ 180 I 2, 3 InsO). Zu *Gerichtsstandsvereinbarungen* s. u. Rn. 34, 57.

e) *Freigabe.* Durch die Erklärung, den streitgegenständlichen Vermögenswert *aus der* **22** *Masse freizugeben,* fällt dieser ohne weiteres in das insolvenzfreie Vermögen des Schuldners und damit in dessen eigene Verwaltungs- und Verfügungsbefugnis zurück.[30] Zusammen mit der Verwaltungs- und Verfügungsbefugnis erlangt der Schuldner hinsichtlich des betreffenden Vermögenswerts die Prozessführungsbefugnis.[31] Die Freigabe hat also mit der Beendigung des Insolvenzverfahrens gemeinsam, dass die prozessuale Rechtszuständigkeit ohne weiteres auf den Schuldner als Rechtsträger zurückfällt.

Es wäre deshalb an sich angemessen, hieran ebenso wie im Fall der Verfahrensbeendi- **23** gung das automatische Einrücken des Schuldners in die Parteistellung zu knüpfen;[32]

---

[23] *K. Schmidt/Sternal*, § 80 Rn. 37.
[24] BGHZ 127, 156, 163 = NJW 1994, 323; MüKoInsO/*Ott/Vuia*, § 80 Rn. 77; krit. *Ahrens/ Gehrlein/Ringstmeier/Piekenbrock*, § 80 Rn. 22; *Gerhardt*, ZZP 108 (1995), 390, 392; *Schöpflin*, JR 1995, 505, 506.
[25] BGH ZIP 2009, 240 mwN; KG ZIP 1990, 1092, 1093f.; *K. Schmidt/Sternal*, § 80 Rn. 39; aA LG Mainz NZI 2011, 768: „schwebend unwirksame" Parteistellung des Verwalters.
[26] BGHZ 88, 331 (wo der Vermögensbezug der Prozessführung des Insolvenzverwalters völlig verkannt worden war) ist damit überholt.
[27] *Jaeger/Windel*, § 80 Rn. 154; *Stein/Jonas/Roth*, § 19a Rn. 3.
[28] BGH NZI 2003, 545; OLG Schleswig ZIP 2001, 1595; OLG Bremen ZInsO 2002, 189; *Jaeger/ Windel*, § 80 Rn. 154; *Stein/Jonas/Roth*, § 19a Rn. 1f.; aA Uhlenbruck/Hirte/Vallender/*Uhlenbruck*, § 80 Rn. 87.
[29] BGH NZI 2003, 545.
[30] Vgl. zur Zulässigkeit der Freigabe sogar in der Verbandsinsolvenz etwa BGHZ 163, 32, 34ff. = ZIP 2005, 1034; BGH WM 2013, 1563 Rn. 19; BVerwGE 122, 75 = NZI 2005, 51; *Henckel*, FS Kreft, 2004, S. 291, 300ff.; *Jaeger/Windel*, InsO, § 80 Rn. 30; aA mit guten Gründen insoweit *H.-F. Müller*, Der Verband in der Insolvenz, 2002, S. 25ff., 38ff., 45; *ders.*, in *Jaeger*, § 35 Rn. 148 mwN.
[31] Vgl. (auch zur Freigabe nach § 35 II InsO) zB BGH NZI 2013, 641 Rn. 11f.; BAG ZIP 2014, 339 Rn. 13ff.
[32] So bislang die höchstrichterliche Rspr, vgl. RGZ 79, 27, 29; BGHZ 46, 249, 251ff. = NJW 1967, 781; BGHZ 123, 132, 136 = NJW 1993, 3072; HK/*Kayser*, § 80 Rn. 23; Stein/Jonas/*Roth*, ZPO, § 265 Rn. 13; dazu s. a. *K. Müller*, S. 127ff.

eine hiervon zu trennende weitere Frage wäre dann, ob dies mit oder ohne Verfahrensstillstand und Aufnahmeerfordernis geschehen müsste.[33] Die im Schrifttum herrschende und auch in der Rechtsprechung vordringende Auffassung lehnt dieses Ergebnis jedoch ab, weil der Verwalter die Masse durch die Freigabe willkürlich aus dem selbst angestrengten oder nach §§ 85 f. InsO, 250 ZPO aufgenommenen Prozess „davonstehlen" und von der Verantwortung insbesondere für die entstandenen Kosten befreien könnte; aus diesem Grund wendet diese hM die Bestimmung des § 265 II ZPO und zwingt den Verwalter praktisch, den Rechtsstreit als gesetzlicher Prozessstandschafter für den Schuldner fortzuführen (so dass der Verwalter, der auch insofern natürlich als „Amtspartei" und nicht als Privatperson handelt, gewissermaßen doppelter Prozessstandschafter wird).[34]

24 Anders kann aber auch diese hM entscheiden, wenn der Verwalter noch keine Verantwortung für den Prozess übernommen hatte; dies ist der Fall, wenn nach § 240 ZPO unterbrochene Rechtsstreit in Ermangelung einer Aufnahme immer noch ruht, aber im Fall des § 86 InsO auch dann, wenn der Gegner den Prozess aufgenommen hat und der Verwalter die Freigabe vor dem in § 86 II InsO genannten Zeitpunkt erklärt hat (→ Rn. 178). Es bestehen daher in diesen Konstellationen keine Bedenken, die Freigabe analog zur Beendigung des Insolvenzverfahrens zu behandeln. In diesen Fällen rückt also der Schuldner ebenfalls ohne weiteres in die Parteistellung ein, und der Prozess wird analog §§ 239, 246 ZPO – ggf. erneut – unterbrochen und muss gem. § 250 ZPO aufgenommen werden (→ Rn. 153, 176 f.).

25 **f)** *Gläubigermitwirkung.* Der Insolvenzverwalter hat die Zustimmung des Gläubigerausschusses einzuholen, wenn ein Rechtsstreit mit erheblichem Streitwert[35] anhängig gemacht oder aufgenommen, die Aufnahme eines solchen Rechtsstreits abgelehnt oder zur Beilegung oder zur Vermeidung eines solchen Rechtsstreits ein Vergleich oder ein Schiedsvertrag geschlossen werden soll (§ 160 I 1, II Nr. 3 InsO). Ist ein Gläubigerausschuss nicht bestellt, so ist die Zustimmung der Gläubigerversammlung einzuholen; ist die einberufene Gläubigerversammlung beschlussunfähig, gilt die Zustimmung als erteilt (§ 160 I 2, 3 InsO).

26 Wie der Verzicht auf die Aufnahme eines Rechtsstreits führen auch die Freigabe sowie der Verzicht auf die Rechtsmitteleinlegung zu einem unwiederbringlichen Verlust von Rechtspositionen, so dass auch diese zustimmungsbedürftig sind.[36] Außergerichtliche Schlichtungs- oder Mediationsverfahren werden dagegen nicht erfasst, ebenso wie die Rechtsverteidigung des Verwalters gegen eine nach Insolvenzeröffnung gegen ihn erhobene Klage. Vor der Beschlussfassung der Gremien hat der Insolvenzverwalter nach Möglichkeit den Schuldner zu unterrichten (§ 161 S. 1 InsO). Der Schuldner sowie eine qualifizierte Minderheit der Gläubiger können die Prozessführung notfalls einstweilen verbieten lassen (§ 161 S. 2 InsO).

27 **g)** *Nebenintervention.* Zum Schuldner als Nebenintervenienten im massebezogenen Prozess des Insolvenzverwalters → Rn. 44.

28 **h)** *Prozessbeteiligung des Amtswalters als Privatperson.* Prozessrechtlich ist der Insolvenzverwalter als „Amtspartei" von dem Amtswalter, also der betreffenden natürlichen Person mit ihrer persönlichen Rechtssphäre, zu unterscheiden; es handelt sich um ver-

---

[33] Für unterbrechungslose Fortsetzung des Prozesses mit dem Schuldner die in der Fn. zuvor Genannten.

[34] OLG Nürnberg ZIP 1994, 144, 147; OLG Köln BeckRS 2013, 07458; LG Hamburg BeckRS 2001, 14966; *Ahrens/Gehrlein/Ringstmeier/Piekenbrock,* § 80 Rn. 21; *Jaeger/Windel,* § 80 Rn. 211; Uhlenbruck/Hirte/Vallender/*Uhlenbruck,* § 80 Rn. 135; ausf zum Ganzen *Damerius,* S. 124 ff., 135 ff., 181 ff.; *K. Müller,* S. 114 ff., 150 ff.; *Rückert,* S. 140 ff.

[35] Es gibt keine feste Wertgrenze, vielmehr ist der Streitwert in eine Relation zum Umfang der Masse zu setzen, s *Ahrens/Gehrlein/Ringstmeier/Lind,* § 160 Rn. 10; MüKoInsO/*Görg,* § 160 Rn. 37.

[36] KPB/*Onusseit,* § 160 Rn. 20; MüKoInsO/*Görg,* § 160 Rn. 37.

schiedene Prozesssubjekte.[37] Von Bedeutung ist dies insbesondere bei der persönlichen Inanspruchnahme des Insolvenzverwalters auf Schadensersatz wegen Verletzung seiner (Amts-)Pflichten; ausführl hierzu → Rn. 59 ff.

i) *Prozesskosten.* Nach dem hier dargelegten Verständnis der Rechtsstellung als „Amtspartei" versteht es sich von selbst, dass für die Kosten eines „Amtsprozesses" des Verwalters – für einen Prozessstandschafter an sich atypisch – nicht der Verwalter mit seinem privaten Eigenvermögen haftet (→ Rn. 2); er verpflichtet vielmehr über § 55 I Nr. 1 InsO ausschließlich die Masse.[38] Zur Frage einer möglichen Kostenaufteilung im Falle eines bei Insolvenzeröffnung bereits rechtshängigen und durch bzw. gegen den Verwalter aufgenommenen Prozesses → Rn. 146, 155, 172 ff., 196.

Eine andere Frage ist die interne *Haftung des Insolvenzverwalters* für die Schädigung der Insolvenzmasse durch die die bei dieser als Masseverbindlichkeit anfallenden Kosten eines sorgfaltswidrig angestrengten oder geführten Prozesses; diese mag auch unter den strengen Anforderungen des § 60 InsO häufiger einmal begründet sein.[39]

Der Verwalter ist dagegen nicht (vor dem Hintergrund persönlicher Haftung nach § 60 InsO) verpflichtet, im Rahmen seiner Prozessführung die Befriedigung der möglichen *Kostenerstattungsansprüche des Prozessgegners* aus der Insolvenzmasse sicherzustellen;[40] allenfalls mag er diesem unter engen Voraussetzungen einmal aus § 826 BGB für eine offenkundig aussichtslose Prozessführung haften.[41]

j) *Prozesskostenhilfe.* § 116 Nr. 1 ZPO regelt die Gewährung von Prozesskostenhilfe an den Insolvenzverwalter; systemkonform stellt das Gesetz hierbei darauf ab, ob die Verfahrenskosten aus der Insolvenzmasse oder den an dieser wirtschaftlich Beteiligten – und (natürlich) nicht aus dem privaten Eigenvermögen des Verwalters – aufgebracht werden können (im Einzelnen → § 17 Rn. 47 ff.).

k) *Prozessstandschaft.* Hatte der Schuldner einen Dritten zur Prozessführung in einer nunmehr massebezogenen Angelegenheit ermächtigt, so wird diese Ermächtigung mit der Verfahrenseröffnung entsprechend § 81 InsO unwirksam.[42] Unberührt bleibt selbstverständlich die Befugnis des Insolvenzverwalters, nach allgemeinen Grundsätzen Dritte zur Prozessführung zu ermächtigen. Zu einer dem Schuldner durch den Insolvenzverwalter erteilten Ermächtigung, als gewillkürter Prozessstandschafter einen massebezogenen Prozess anstelle des Verwalters zu führen, → Rn. 43. Zur Auswirkung der Insolvenzeröffnung auf einen durch den Schuldner als gewillkürten oder gesetzlichen Prozessstandschafter eines Dritten geführten anhängigen Prozess → Rn. 90 f.

l) *Prozessvereinbarungen.* Unbedenklich kann der *Insolvenzverwalter* Prozessvereinbarungen, insbesondere Gerichtsstandsvereinbarungen mit einem Gegner treffen; ob er dies, auch ohne formal Kaufmann zu sein, im gleichen Umfang wie ein Kaufmann tun kann (§ 38 II ZPO), wenn ein kaufmännisches Unternehmen zur Insolvenzmasse gehört, ist nicht unzweifelhaft, aber wohl zu bejahen.[43] Die bindende Wirkung der vom *Schuldner*

---

[37] BGHZ 65, 264, 268; BGH NJW 1981, 989; BGH NJW-RR 1990, 318, 319; BGH NZI 2005, 222, 223; BGH NJW 2006, 1351, 1353 f.; BGH NZI 2008, 63 Rn. 7; *K. Schmidt/Sternal,* § 80 Rn. 37; krit. *K. Schmidt,* KTS 1991, 211 ff.
[38] *Jaeger/Windel,* § 80 Rn. 167; *Weber,* KTS 1955, 102, 107; *Jacoby,* S. 310, 315 ff.
[39] *K. Schmidt/Sternal,* § 60 Rn. 15 f.
[40] BGHZ 148, 175, 178 ff. = NJW 2001, 3187; BGHZ 161, 236, 240 = NJW 2005, 901; KPB/*Lüke,* § 60 Rn. 26; *K. Schmidt/Sternal,* § 60 Rn. 15; aA *Kallweit,* S. 47 ff., 115 ff., 135 ff. mwN.
[41] *K. Schmidt/Sternal,* § 60 Rn. 15; s ausf *Kallweit,* S. 60 ff., 196 ff. mwN.
[42] Vgl. *Jaeger/Jacoby,* § 117 Rn. 21; *Windel* ebd § 81 Rn. 12; iE ebenso (analog § 117 InsO) HK/InsO/*Marotzke,* § 117 Rn. 9; *Schilken,* KTS 2007, 1, 14 f.; s. a. (entsprechend § 168 S. 1 BGB iVm § 23 I 1 KO) BGH NJW 2000, 738 f.
[43] OLG Hamburg, ZIP 1993, 37; *Zöller/Vollkommer,* § 38 Rn. 18; *Keller,* Jura 2008, 523, 528 f.; aA OLG Bamberg BeckRS 1998, 15848; MüKoZPO/*Patzina,* § 38 Rn. 17; *Musielak/Heinrich,* § 38 Rn. 10.

abgeschlossenen Prozessvereinbarungen – den wichtigsten Anwendungsfall stellen wiederum Gerichtsstandsvereinbarungen dar – ist ebenfalls noch weitgehend ungeklärt; zT wird sie pauschal bejaht,[44] zT wird hierauf isoliert das Wahlrecht des § 103 I InsO entsprechend angewandt.[45] Richtigerweise sollte die Geltung der Prozessvereinbarung für und gegen den Insolvenzverwalter der betreffenden Leistungspflicht akzessorisch sein: Enthält ein kraft Gesetzes oder nach Erfüllungswahl für und gegen die Masse wirksamer Vertrag prozessuale Nebenabreden, so wirken diese ebenso für und gegen den Insolvenzverwalter wie die materiellrechtlichen Leistungspflichten.[46] Soweit Gläubiger dagegen ihre Rechte ohne weiteres gegen den Insolvenzverwalter durchsetzen können, wie dies bei Aus- und Absonderungsberechtigten weitgehend der Fall ist, sollte dies auch für die die Durchsetzung ihres dinglichen Rechts betreffenden Gerichtsstandsvereinbarungen gelten.[47] Für den Feststellungsrechtsstreit wegen einer Insolvenzforderung gehen Gerichtsstandsvereinbarungen im Hinblick auf die ausschließliche Zuständigkeit nach § 180 I 2, 3 InsO ohnehin ins Leere. Zu *Schiedsvereinbarungen* → Rn. 57, 77, 194.

35   **m)** *Prozessvertretung.* aa) *Prozessbevollmächtigte des Insolvenzverwalters.* Der Insolvenzverwalter kann selbstverständlich nach allgemeinen Grundsätzen einen Rechtsanwalt als Prozessbevollmächtigten mandatieren. Ist der zum Insolvenzverwalter bestellte Amtswalter selbst Rechtsanwalt, kann er die Masse – dh sich selbst in seiner Eigenschaft als Amtspartei – im Anwaltsprozess auch selbst vertreten (§ 78 IV ZPO); hierfür kann er der Insolvenzmasse die Vergütung nach RVG zusätzlich zu seiner Insolvenzverwaltervergütung nach der InsVV in Rechnung stellen.[48] Entsprechendes gilt für die Mandatierung eines Rechtsanwalts, mit dem der Insolvenzverwalter in einer Sozietät zusammenarbeitet. Hatte der Insolvenzverwalter bereits als (personenidentischer) vorläufiger Verwalter mit Prozessführungsbefugnis (→ Rn. 13) einen Prozessbevollmächtigten mandatiert, so bestehen im Hinblick auf die Kontinuität des Verwalteramts sowohl der anwaltliche Geschäftsbesorgungsvertrag als auch die Prozessvollmacht ungeachtet der Insolvenzeröffnung fort (was zugleich die entsprechende Anwendung der §§ 241, 246 ZPO rechtfertigt, → Rn. 98).[49]

36   bb) *Prozessbevollmächtigte des Schuldners.* In Bezug auf einen anhängigen (und nach § 240 ZPO unterbrochenen, → Rn. 80 ff.) massebezogenen Rechtsstreit erlöschen gem. §§ 116 f. InsO sowohl der anwaltliche Geschäftsbesorgungsvertrag als auch die Prozessvollmacht mit der Insolvenzeröffnung ohne weiteres; §§ 86 f. ZPO sind nicht anwendbar.[50] Im Ergebnis nichts Abweichendes gilt, auch wenn §§ 116 f. InsO hierauf nicht anwendbar sind, im Fall der Bestellung eines mit Prozessführungsbefugnis ausgestatteten vorläufigen Verwalters iSv § 240 S. 2 ZPO.[51] Von Bedeutung ist dies auch für die Zustellung des Aufnahmeschriftsatzes des Gegners in den Fällen des § 86 InsO; sie muss folglich an den Insolvenzverwalter persönlich erfolgen, nicht an den bisherigen Prozess-

---

[44] BayObLG NJW-RR 2000, 660; *Musielak/Heinrich*, § 19a Rn. 6; Stein/Jonas/*Bork*, § 38 Rn. 50; *Keller*, Jura 2008, 523, 527 f.; → Rn. 57 zu Schiedsvereinbarungen.
[45] *Jaeger/Windel*, § 80 Rn. 249; *Häsemeyer*, Rn. 13.27.
[46] Vgl. *Jaeger/Jacoby*, § 103 Rn. 305 mwN.
[47] Vgl. MüKoInsO/*Ganter*, vor §§ 49–52 Rn. 140; Stein/Jonas/*Roth*, § 19a Rn. 7; aA LG Kleve MDR 2001, 291 (m abl Anm. *Treffer*); *Jaeger/Henckel*, vor §§ 49–52 Rn. 24 (anders *ders.* zur Aussonderung, aaO § 47 Rn. 162).
[48] *K. Schmidt/Sternal*, § 80 Rn. 39.
[49] Vgl. *Jaeger/Jacoby*, § 117 Rn. 28 mwN.
[50] Vgl. BGH VersR 1982, 1054; BGH NJW-RR 1989, 183; BGH ZIP 2009, 240 Rn. 14; BAG ZIP 2009, 1134 Rn. 14; BAG NJW 2009, 3529 Rn. 16; BAG ZInsO 2013, 2456 Rn. 9; OLG Karlsruhe NZI 2005, 39; OLG Celle ZIP 2011, 2127 u. ZInsO 2014, 1801, 1803; *Jaeger/Jacoby*, § 117 Rn. 40 f.; *Schilken*, KTS 2007, 1, 10 f.; aA mit beachtl Gründen *Paulus*, NJW 2010, 1633 ff.; s.a. BFH BeckRS 2008, 25013778; BFH BeckRS 2013, 95602.
[51] Vgl. HK/*Marotzke*, § 117 Rn. 11; *Jaeger/Jacoby*, § 117 Rn. 26; MüKoInsO/*Ott/Vuia*, § 117 Rn. 12; s.a. *Schilken*, KTS 2007, 1, 4 f.; s.a. BFH BeckRS 2003, 25002282; aA FG Hamburg ZInsO 2011, 1985.

bevollmächtigten des Schuldners (→ Rn. 154). Legt der auf diese Weise womöglich ohne seine Kenntnis vollmachtlos gewordene bisherige Prozessbevollmächtigte zB ein Rechtsmittel ein, müsste er nach allgemeinen Grundsätzen an sich dessen Kosten persönlich tragen; allerdings lehnt die Praxis diese Haftung des Prozessbevollmächtigten ab, wenn dieser keine positive Kenntnis der Insolvenzeröffnung hatte.[52]

Der bisherige Prozessbevollmächtigte des Schuldners ist nach hM auch zur weiteren **37** Vertretung des Schuldners nicht befugt und deshalb zB zur Empfangnahme von Zustellungen für den Schuldner nicht ermächtigt.[53] Lehnt der Insolvenzverwalter die Aufnahme eines unterbrochenen Prozesses ab und soll dieser für oder gegen den Schuldner aufgenommen werden (§ 85 II InsO), so soll der Schuldner seinen früheren Prozessbevollmächtigten deshalb ggf. neu mandatieren müssen (→ Rn. 154).[54] Da es hier nur um die verfahrensfreie Rechtssphäre des Schuldners (→ Rn. 6, 42) gehen kann (und insoweit gegen ein Fortbestehen der vom Schuldner erteilten Prozessvollmacht grundsätzlich keine Bedenken bestehen[55]), überzeugt dies nicht; es ist auch nicht mit der von der hM angenommenen Befugnis des vom Schuldner mandatierten Prozessbevollmächtigten vereinbar, gegen eine Entscheidung, die unter Missachtung des gesetzlichen Parteiwechsels und der Unterbrechung gegen den Schuldner persönlich ergangen ist, noch Rechtsmittel einzulegen (→ Rn. 124). Richtig ist aber, dass die erloschene massebezogene Prozessvollmacht auch nach Verfahrensbeendigung nicht wieder auflebt.[56]

n) *Rechtskraft.* Erläuterungsbedürftig ist die Aussage, ein im massebezogenen Prozess **38** des Verwalters ergangenes Urteil wirke analog § 325 I Alt. 2 ZPO grundsätzlich für und gegen den Schuldner Rechtskraft:[57] Primär wirkt dieses Urteil Rechtskraft für und gegen die Insolvenzmasse – die „Amtssphäre" des Verwalters – und insofern für die Dauer des Insolvenzverfahrens gegen den Verwalter und gerade nicht gegen den Schuldner; dass hinter dem Verwalter noch der Schuldner als Rechtsträger der Insolvenzmasse steht, wirkt sich während des Verfahrens nicht aus.[58]

Wenn aber nach Beendigung des Insolvenzverfahrens der Schuldner die Verwaltungs- **39** und Verfügungsbefugnis über die Masse wieder zurückerlangt, muss er wie ein Rechtsnachfolger auch die zwischenzeitlich ergangenen massebezogenen Erkenntnisse gegen sich gelten lassen. Die Frage kann insoweit nur sein, ob sich die nachinsolvenzliche Rechtskraftwirkung wiederum nur auf Prozessen mit Bezug auf zurückgegebene Vermögenswerte der ehemaligen Insolvenzmasse bezieht. Sieht man mit der hM[59] schon die materiell-rechtliche Haftung des Schuldners für die auf die Insolvenzverwaltung zurückgehenden Masseverbindlichkeiten entsprechend beschränkt, mag dies bei allen praktischen Umsetzungsschwierigkeiten naheliegen; indessen ist diese Prämisse gerade richtigerweise zu verneinen.[60]

Ein vergleichbarer Gedankengang liegt umgekehrt der Aussage zugrunde, dass die **40** vor Insolvenzeröffnung mit Bezug auf die Insolvenzmasse für oder gegen den Schuldner

---

[52] BAG NJW 2006, 461 f.; OLG Brandenburg NJW-RR 2002, 265 f.; OLG Karlsruhe NZI 2005, 39, 40; *Jaeger/Jacoby*, § 117 Rn. 65; KPB/*Tintelnot*, § 117 Rn. 20; MüKoInsO/*Ott/Vuia*, § 116 Rn. 6 ff., § 117 Rn. 8.
[53] *Jaeger/Jacoby*, § 117 Rn. 41, 49; KPB/*Tintelnot*, § 117 Rn. 17.
[54] *Jaeger/Jacoby*, § 117 Rn. 49; KPB/*Tintelnot*, § 117 Rn. 19.
[55] Im Grundsatz unstreitig, s mwN *Jaeger/Jacoby*, § 117 Rn. 13 f.; *Schilken*, KTS 2007, 1, 11.
[56] OLG Karlsruhe NZI 2005, 39; *Jaeger/Jacoby*, § 117 Rn. 16; *Schilken*, KTS 2007, 1, 10 f.
[57] S mwN *Jaeger/Windel*, § 80 Rn. 185 ff.; Uhlenbruck/Hirte/Vallender/*Uhlenbruck*, § 80 Rn. 114; *Berger*, Die subjektiven Grenzen der Rechtskraft bei der Prozeßstandschaft (1992), S. 93 ff.; einschr (nur bezogen auf die Insolvenzmasse) *Ahrens/Gehrlein/Ringstmeier/Piekenbrock*, § 80 Rn. 18; *Häsemeyer*, Rn. 13.29; MüKoInsO/*Ott/Vuia*, § 80 Rn. 39.
[58] Zutr *Jacoby*, S. 310; vgl. insofern auch BGHZ 88, 331, 334.
[59] MüKoInsO/*Hefermehl*, § 53 Rn. 34a mwN; mindestens der Sache nach auch BGH NJW 2010, 69 Rn. 12.
[60] S mwN *Windel*, KTS 2011, 25 ff.; *ders.* in *Jaeger*, § 80 Rn. 44, § 215 Rn. 19.

ergangenen rechtskräftige Urteile grundsätzlich – dh vorbehaltlich der Insolvenzanfechtung – Rechtskraft für bzw. gegen den Verwalter wirken;[61] denn auch insoweit liegt ein der Rechtsnachfolge zumindest ähnlicher Tatbestand vor.

41 **o)** *Richterausschluss und -ablehnung.* Schwierigkeiten macht die Abstraktion von der Person des Amtswalters auch unter dem Aspekt der möglichen Beeinträchtigung der richterlichen Unvoreingenommenheit. Richtigerweise muss für den Ausschluss eines Richters als Ehegatte, Verwandter, Verschwägerter der Partei (§ 41 Nr. 2, 3 ZPO) sowohl derjenige Richter erfasst werden, der mit dem prozessführenden Insolvenzverwalter in der genannten Beziehung steht,[62] als auch derjenige, bei dem das hinsichtlich des Schuldners der Fall ist.[63] Auch die Besorgnis der Befangenheit kann sich sowohl aus Gründen ergeben, die in der Person des Schuldners als des Trägers des streitbefangenen Rechts ergeben, wie aus solchen, die in der Person des Verwalters als der Prozesspartei liegen.[64] Verschärfte Anforderungen an eine Ablehnung wegen persönlicher Spannungen zum Insolvenzverwalter etwa analog zu den für Prozessbevollmächtigte geltenden Regeln sind abzulehnen.

42 **p)** *Der Schuldner als Prozessbeteiligter.* aa) *Eigene Rechtssphäre.* Der Schuldner ist – hinsichtlich seiner verfahrensfreien Interessensphäre (→ Rn. 7) – ein vom Insolvenzverwalter, auch wenn dieser „mit der Masse Partei ist", prozessrechtlich verschiedenes Subjekt; ihm bleibt insoweit (selbstverständlich) auch die Prozessführungsbefugnis. Der Schuldner kann deshalb unproblematisch seinerseits Prozessgegner des Verwalters sein, wenn zB die Rechtszuordnung zwischen der Masse und dem verfahrensfreien Vermögen streitig ist.[65] Der prozessuale Kostenerstattungsanspruch aus einem nach der Verfahrenseröffnung gegen den Schuldner begonnenen Rechtsstreit richtet sich ausschließlich gegen das insolvenzfreie Vermögen des Schuldners; der hiervon zu unterscheidende materiell-rechtliche Kostenerstattungsanspruch kann dagegen Insolvenzforderung sein, wenn der Anspruchsgrund vor der Verfahrenseröffnung verwirklicht wurde.[66] Zur Prozessführung des Schuldners in seiner Eigenschaft als Eigenverwalter → Rn. 8 ff.

43 bb) *Gewillkürte Prozessstandschaft.* Der Verwalter kann den Schuldner nach hM wirksam im Wege einer *gewillkürten Prozessstandschaft* ermächtigen, als Aktivpartei massebezogene Prozesse zu führen.[67] Das hierfür erforderliche rechtsschutzwürdige Eigeninteresse des Schuldners wird bei natürlichen Personen dabei schon im Hinblick auf den Umfang der Nachhaftung (§ 201 InsO) bejaht, es sei denn, dass damit nur der Zweck verfolgt wird, das Prozesskostenrisiko von der Masse fernzuhalten.[68] Genannt wird auch die Unsicherheit über die Zugehörigkeit des Streitgegenstands zur Masse bzw. zum insolvenzfreien Schuldnervermögen als Legitimationsgrundlage.[69] In der Verbandsinsolvenz ist das rechtsschutzwürdige Interesse jedenfalls dann zu verneinen, wenn keine Aussicht auf eine Fortexistenz des Verbands besteht.[70] Für eine Prozessstandschaft

---

[61] *Jaeger/Windel,* § 80 Rn. 192; *Berger* aaO S. 174.
[62] *Jaeger/Windel,* § 80 Rn. 160; *Stein/Jonas/Bork,* § 41 Rn. 12; *Jacoby,* S 309 f.
[63] *Stein/Jonas/Bork,* § 41 Rn. 7; *Jacoby,* S 309.
[64] *Jaeger/Windel,* § 80 Rn. 162; s. a. *Jaeger/Gerhardt,* § 4 Rn. 11.
[65] Vgl. etwa BGH NJW 1962, 1392; allg. *Jaeger/Windel,* § 80 Rn. 199; Uhlenbruck/Hirte/Vallender/*Uhlenbruck,* § 80 Rn. 4.
[66] BGH NZI 2014, 310 Rn. 11 ff.
[67] BGHZ 35, 180, 182 ff. = NJW 1961, 1528; BGH KTS 1965, 236 ff.; BGHZ 96, 151, 156 = NJW 1986, 850; BGHZ 100, 217, 221 = NJW 1987, 2018; *Ahrens/Gehrlein/Ringstmeier/Piekenbrock,* § 80 Rn. 20; HK/*Kayser,* § 80 Rn. 42; *K. Schmidt/Sternal,* § 80 Rn. 43; Stein/Jonas/*Bork,* vor § 50 Rn. 59; Uhlenbruck/Hirte/Vallender/*Uhlenbruck,* § 80 Rn. 137; aA *Jaeger/Windel,* § 80 Rn. 216 ff.; *Häsemeyer,* Rn. 10.44.
[68] BGHZ 100, 217, 221 = NJW 1987, 2018; BGHZ 96, 151, 156 = NJW 1986, 850.
[69] BGH KTS 1965, 236 ff.
[70] Vgl. BGHZ 96, 151, 156 = NJW 1986, 850; ganz ablehnend für die Verbandsinsolvenz *H.-F. Müller,* Der Verband in der Insolvenz, 2002, S. 121 f.

durch und für andere Verfahrensbeteiligte gelten weitgehend die allgemeinen Grundsätze.[71]

cc) *Nebenintervention.* Der Schuldner kann dem Insolvenzverwalter auch als *Nebenintervenient* beitreten, sofern er aus seiner verfahrensfreien Rechtssphäre (→ Rn. 7, 42) ein rechtliches Interesse hieran dartun kann;[72] dies ist insbesondere im Feststellungsprozess gegen den widersprechenden Verwalter (oder einen widersprechenden Gläubiger) angesichts der zumindest faktischen Präjudizwirkung für den eigenen Prozess des Schuldners nach § 184 InsO der Fall.[73]

dd) *Vernehmung des Schuldners als Partei bzw. Zeuge.* Der Schuldner (bzw. in der Verbandsinsolvenz das geschäftsführende Organ des Verbands) ist im massebezogenen Prozess des Insolvenzverwalters nicht als Partei, sondern als Zeuge zu vernehmen.[74] Auch ein Zeugnisverweigerungsrecht des Schuldners analog § 383 Nr. 1–3 ZPO kann im Hinblick auf § 97 I InsO nicht anerkannt werden.[75] Folgerichtig sollte auch den Angehörigen des Schuldners kein solches Zeugnisverweigerungsrecht zuerkannt werden.[76] Auch die Möglichkeit zur Entbindung der gem. § 383 I Nr. 6 ZPO aus sachlichen Gründen Zeugnisverweigerungsberechtigten von der Schweigepflicht steht, soweit es sich nicht um rein persönliche Daten des Schuldners handelt,[77] in massebezogenen Prozessen allein dem Insolvenzverwalter zu.[78]

q) *Vernehmung des Insolvenzverwalters als Partei bzw. Zeuge.* Im Hinblick auf seine Parteistellung ist der Insolvenzverwalter in der Beweisaufnahme dann auch als Partei (und nicht als Zeuge) zu vernehmen;[79] hier stößt also der Amtstheorie an sich immanente Abstraktion der „Amtspartei" von dem als Amtswalter eingesetzten Individuum an eine sich wohl aus der Natur der Sache ergebende Grenze. Ob man das im Hinblick auf seine Angehörigen ebenso sehen muss, erscheint zweifelhaft; richtigerweise sollte diesen das Zeugnisverweigerungsrecht gem. § 383 Nr. 1–3 ZPO verweigert werden, da im Hinblick auf die „Amtssphäre" des Verwalters gerade kein Angehörigenverhältnis besteht.[80]

r) *Wechsel in der Person des Amtswalters.* Der Wechsel in der Person des mit dem Amt „Insolvenzverwalters" betrauten Funktionsträgers – infolge Tod, Abwahl oder Entlassung des bisherigen Amtswalters – ist nach ganz hM durch eine analoge Anwendung

---

[71] Vgl. mwN *Jaeger/Windel*, § 80 Rn. 224 f.
[72] So *Ahrens/Gehrlein/Ringstmeier/Piekenbrock*, § 80 Rn. 19; KPB/*Lüke*, § 80 Rn. 57; MüKoInsO/*Ott/Vuia*, § 80 Rn. 82; *K. Schmidt/Sternal*, § 80 Rn. 42; Stein/Jonas/*Bork*, § 66 Rn. 13; s. a. Uhlenbruck/Hirte/Vallender/*Uhlenbruck*, § 80 Rn. 9 f., 72; aA *Jaeger/Windel*, § 80 Rn. 201 mwN.
[73] Zutr *Jaeger/Gerhardt*, § 180 Rn. 28 f.; MüKoInsO/*Ott/Vuia*, § 80 Rn. 82; Uhlenbruck/Hirte/Vallender/*Uhlenbruck*, § 80 Rn. 12; aA RGZ 24, 422, 423; RG, JW 1937, 3042; KPB/*Pape/Schaltke*, § 179 Rn. 12; *K. Schmidt/Sternal*, § 80 Rn. 42.
[74] RGZ 29, 29 ff.; BFH ZIP 1997, 797 f.; *Ahrens/Gehrlein/Ringstmeier/Piekenbrock*, § 80 Rn. 19; *Jaeger/Windel*, § 80 Rn. 165; *K. Schmidt/Sternal*, § 80 Rn. 41.
[75] *Ahrens/Gehrlein/Ringstmeier/Piekenbrock*, § 80 Rn. 19; *Jaeger/Windel*, § 80 Rn. 166; aA *K. Schmidt/Sternal*, § 80 Rn. 41; Uhlenbruck/Hirte/Vallender/*Uhlenbruck*, § 80 Rn. 13; *Jacoby*, S 309 f.; erweiternd *Häsemeyer*, Rn. 13.24: dem Schuldner seien immerhin die sachlichen Aussageverweigerungsrechte des § 384 Nr. 1, 2 ZPO zu gewähren.
[76] *Jaeger/Windel*, § 80 Rn. 163; aA aber die ganz hM, vgl. *Ahrens/Gehrlein/Ringstmeier/Piekenbrock*, § 80 Rn. 18; *K. Schmidt/Sternal*, § 80 Rn. 41; Stein/Jonas/*Berger*, § 383 Rn. 31 f.; Uhlenbruck/Hirte/Vallender/*Uhlenbruck*, § 80 Rn. 13; *Häsemeyer*, Rn. 13.25; *Jacoby*, S 310; *Weber*, KTS 1955, 102, 109.
[77] OLG Frankfurt WM 1989, 1171; LG Lübeck ZIP 1983, 712 m. Anm. *Henckel*.
[78] RGZ 59, 85, 87; BGHZ 109, 260, 265 ff. = NJW 1990, 510; OLG Düsseldorf NJW-RR 1994, 958; OLG Oldenburg NJW 2004, 2176; *Jaeger/Windel*, § 80 Rn. 164; MüKoInsO/*Ott/Vuia*, § 80 Rn. 44; *K. Schmidt/Sternal*, § 80 Rn. 41; einschr Stein/Jonas/*Berger*, § 385 Rn. 25.
[79] RGZ 29, 29 ff.; BFH ZIP 1997, 797 f.; *Ahrens/Gehrlein/Ringstmeier/Piekenbrock*, § 80 Rn. 19; *Jaeger/Windel*, § 80 Rn. 165; *K. Schmidt/Sternal*, § 80 Rn. 41; *Jacoby*, S 309.
[80] *Ahrens/Gehrlein/Ringstmeier/Piekenbrock*, § 80 Rn. 19; *Jaeger/Windel*, § 80 Rn. 163; Stein/Jonas/*Berger*, § 383 Rn. 31 f.; *Jacoby*, S 309; aA *Häsemeyer*, Rn. 13.25; *Weber*, KTS 1955, 102, 109.

der §§ 241, 246 ZPO zu bewältigen,[81] dh der neue Amtswalter wird ohne weiteres (und damit schon vor der Aufnahme) zum Zuordnungssubjekt der mit der Parteistellung im Prozess verbundenen Rechte und Pflichten, jedoch kommt der Prozess grundsätzlich – anders bei anwaltlicher Vertretung, § 246 ZPO – zunächst zum Stillstand und muss durch Verfahrensaufnahme analog § 250 ZPO wieder aktiviert werden. Das gleiche gilt, wenn nach einem ersten Parteiwechsel auf den mit Prozessführungsbefugnis ausgestatteten vorläufigen Verwalter mit Insolvenzeröffnung eine andere Person zum endgültigen Insolvenzverwalter bestellt wird (→ Rn. 98).

48 Indem die hM hier der entsprechenden Anwendung der (die Parteikontinuität voraussetzenden) §§ 241, 246 ZPO gegenüber der Analogie zu den (die Diskontinuität der Partei voraussetzenden) §§ 239, 246 ZPO den Vorzug gibt, zeigt sie besonders deutlich, dass es bei der Parteistellung des Verwalters nicht um das konkrete Individuum geht, sondern eigentlich um die Funktion, um das „Amt" als solches; insofern besteht trotz der personellen Diskontinuität unter dem entscheidenden Aspekt eben doch eine funktionelle Kontinuität, die die Annahme eines Parteiwechsels entbehrlich macht und die Anwendung des § 241 ZPO rechtfertigt.[82]

49 s) *Zustellungen.* Zustellungen können im massebezogenen Prozess selbstverständlich nur an den Insolvenzverwalter wirksam erfolgen. Der bisherige Prozessbevollmächtigte des Schuldners ist zur Empfangnahme von Zustellungen nicht befugt (nicht für den Schuldner und erst recht natürlich nicht für den Insolvenzverwalter, → Rn. 36 f.). Ferner → Rn. 18 (zur Klageerhebung).

50 **3. Besondere Verfahren und Prozessgegenstände. a)** *Andere Gerichtsbarkeiten.* Die massebezogene Prozessführungsbefugnis des Insolvenzverwalters erstreckt sich selbstverständlich auf verwaltungsgerichtliche, arbeits- und sozialgerichtliche sowie finanz- und patentgerichtliche Prozesse (→ Rn. 112 sub specie der Unterbrechung nach § 240 ZPO); hier gilt das bisher Dargestellte daher ohne weiteres entsprechend. Gleiches gilt aber für die Beteiligung des Verwalters in Verwaltungsverfahren.[83]

51 In massebezogenen (vermögensbezogenen) Angelegenheiten der freiwilligen Gerichtsbarkeit nimmt der Verwalter kraft seines Amtes die Beteiligtenstellung anstelle des Schuldners ein;[84] danach bleibt der Schuldner folglich (und selbstverständlich) beteiligungsbefugt, sofern es sich um personenbezogene Angelegenheiten handelt.

52 Soweit die Insolvenzmasse in ihren verfassungsmäßigen Rechten beeinträchtigt ist, ist der Verwalter auch – unter Ausschluss des Schuldners[85] – berechtigt, eine massebezogene Verfassungsbeschwerde im eigenen Namen einzulegen.[86] Der Insolvenzverwalter kann zudem die in die Masse gefallenen Rechte des Geschädigten im strafprozessualen Adhäsionsverfahren gegen den Täter geltend machen.[87]

53 **b)** *Aus- bzw. Absonderungsstreit.* aa) *Aussonderungsberechtigte* machen ihr Recht gem. § 47 S. 2 InsO nach den außerhalb des Insolvenzverfahrens geltenden Regeln gegen den Insolvenzverwalter als Amtspartei geltend. Es muss also nicht in irgendeiner Form

---

[81] BGH NZI 2011, 586 Rn. 6; *Jaeger/Windel*, § 80 Rn. 209; MüKoInsO/*Ott/Vuia*, § 80 Rn. 97; Stein/Jonas/*Roth*, § 239 Rn. 10, § 241 Rn. 7; Uhlenbruck/Hirte/Vallender/*Uhlenbruck*, § 80 Rn. 138; *Rechel*, ZInsO 2012, 1641, 1651.
[82] *Jacoby*, S. 309 f.
[83] *Jaeger/Windel*, § 80 Rn. 238.
[84] *Jaeger/Windel*, § 80 Rn. 226 ff.
[85] BVerfGE 51, 405, 407 ff. (auch dazu, dass dies eine Verfassungsbeschwerde gegen den Eröffnungsbeschluss nicht ausschließt); *Jaeger/Windel*, § 80 Rn. 239.
[86] BVerfGE 51, 405, 407 ff.; BVerfGE 65, 182, 190; BVerfGE 95, 267, 299; BVerfG ZIP 2013, 986 Rn. 8; *Jaeger/Windel*, § 80 Rn. 239; MüKoInsO/*Stürner*, Einl Rn. 94.
[87] Zutr *Jaeger/Windel*, § 80 Rn. 243; KarlsrKommStPO/*Engelhardt*, § 403 Rn. 5; einschr (nur bei Straftaten nach Insolvenzeröffnung) LG Stuttgart JR 1998, 84 m abl Anm. *Hilger;* aA OLG Frankfurt ZInsO 2007, 609 f.

insolvenzspezifisch zB auf „Freigabe" (mit der technisch ohnehin ein anderer Vorgang bezeichnet wird, → Rn. 22) geklagt werden; der Aussonderungsberechtigte klagt also zB gem. § 985 BGB auf Herausgabe der ihm vermögens- bzw. haftungsrechtlich zugeordneten Sache, oder gem. § 771 ZPO, wenn der Insolvenzverwalter im Wege der Zwangsverwertung des Gegenstands vorgeht, oder auch zB statt auf Leistung nur auf Feststellung, wenn die Masse noch zum Besitz berechtigt ist.

54 Klagt der Insolvenzverwalter seinerseits gegen den Aussonderungsberechtigten auf Herausgabe der in dessen Besitz befindlichen Sache, wird die Aussonderungsbefugnis durch einredeweise Geltendmachung der materiellen Berechtigung des Beklagten geltend gemacht. Nicht selten wird eine Anwendung von § 93 InsO in Betracht kommen, wenn der Aussonderungsberechtigte seinen Anspruch nicht hinreichend nachgewiesen hat.[88]

55 Ein durch die Eröffnung des Insolvenzverfahrens (§ 240 S. 1 ZPO) oder die Bestellung eines prozessführungsbefugten vorläufigen Verwalters (§ 240 S. 2 ZPO) unterbrochener Passivprozess gegen einen Aussonderungsberechtigten kann nicht nur vom Insolvenzverwalter bzw. vom vorläufigen Verwalter, sondern auch vom Gegner aufgenommen werden (§§ 24 II, 86 InsO, → Rn. 161, 169). Ausführl zum *Aussonderungsstreit* → § 40 Rn. 106 ff.

56 bb) *Absonderungsberechtigte* können ihr Recht ebenfalls grundsätzlich ohne spezifisch insolvenzrechtliche Hindernisse gegen den Insolvenzverwalter geltend machen; gegen den Schuldner persönlich richtet sich der Anspruch nur dann, wenn der Verwalter den Gegenstand wegen der darauf ruhenden Belastungen freigegeben hat. Das Klageziel richtet sich je nach Sachlage und materiellem Inhalt ihres Recht, so kann ggf. zB auf Feststellung des Absonderungsrechts (so insbesondere in den Fällen des § 166 InsO),[89] auf Duldung der Zwangsvollstreckung (so etwa die Grundpfandgläubiger oder die Mobiliarsicherungsgläubiger in den Fällen des § 173 InsO)[90] oder auf Leistung des bereits erzielten Verwertungserlöses (§ 170 I 2 InsO) geklagt werden.

57 Für die Klage des Absonderungsberechtigten gilt idR – anders insbes in den Fällen des § 24 ZPO – der Gerichtsstand des § 19a InsO (→ Rn. 21); erhebt der Verwalter negative Feststellungsklage, so muss er dies aber an einem Gerichtsstand des Beklagten tun. Eine im Hinblick auf das Absonderungsrecht vereinbarte Schiedsklausel bindet auch den Verwalter (allg. → Rn. 77);[91] richtigerweise sollte dies für Gerichtsstandsvereinbarungen ebenso gelten (→ Rn. 34).

58 Ein durch die Eröffnung des Insolvenzverfahrens (§ 240 S. 1 ZPO) oder die Bestellung eines prozessführungsbefugten vorläufigen Verwalters (§ 240 S. 2 ZPO) unterbrochener Absonderungsprozess kann nicht nur vom Insolvenzverwalter bzw. vom vorläufigen Verwalter, sondern auch vom Gegner aufgenommen werden (§§ 24 II, 86 InsO, → Rn. 161, 169).

59 c) *Haftung des Insolvenzverwalters.* aa) *Parteistellung des Amtswalters als Privatperson.* Wenn der Insolvenzverwalter auf Schadensersatz wegen Verletzung seiner insolvenzspezifischen Amtspflichten (§§ 61 f. InsO, → § 23 Rn. 5 ff., 17 ff., 24 ff.) oder aus einem allgemeinen Haftungstatbestand in Anspruch genommen wird, ist der Amtswalter, also die betreffende natürliche Person mit ihrer persönlichen Rechtssphäre betroffen; es handelt sich hierbei um ein von dem Insolvenzverwalter als „Amtspartei" verschiedenes Prozesssubjekt (→ Rn. 75).

---

[88] OLG Bamberg NJW 1953, 109; Uhlenbruck/Hirte/Vallender/*Brinkmann*, § 47 Rn. 112.
[89] Vgl. BGH WM 1971, 71, 72; LG Düsseldorf ZIP 1996, 1309; BFH NJW-RR 1997, 28; MüKoInsO/*Ganter*, vor §§ 49–52 Rn. 142.
[90] MüKoInsO/*Ganter*, vor §§ 49–52 Rn. 142.
[91] RGZ 137, 109, 111; BGHZ 24, 15, 18 = NJW 1957, 791; *Jaeger/Henckel,* vor §§ 49–52 Rn. 26; MüKoInsO/*Ganter,* vor §§ 49–52 Rn. 165.

60 Dies muss – auch wenn sich allfällige Defizite häufig durch Auslegung der Klageschrift und nachfolgende Rubrumsberichtigung korrigieren lassen werden[92] – grundsätzlich schon bei der Klageerhebung deutlich gemacht werden, indem Formulierungen vermieden werden, die auf den Insolvenzverwalter als solchen, also als Amtspartei hindeuten; der Kläger riskiert sonst, eine nur ex nunc wirkende Parteiänderung vornehmen zu müssen.[93]

61 bb) *Gerichtsstand.* Für den Amtswalter als Privatperson gelten die Besonderheiten, die für die Amtspartei gelten, sämtlichst (natürlich) nicht. So gelten die für ihn persönlich einschlägigen Gerichtsstände und nicht § 19a InsO.[94]

62 cc) *Streitgenossenschaft.* Aufgrund der Verschiedenheit der Prozesssubjekte kann der Insolvenzverwalter „doppelte Prozesspartei" oder „Streitgenosse seiner selbst" sein, nämlich einerseits mit seiner „Amtssphäre", als Partei kraft Amtes für das Vermögen des Schuldners, andererseits – bei Geltendmachung seiner persönlichen Haftung nach §§ 60 f. InsO – als Individuum mit seinem Eigenvermögen.[95] Der Übergang von der Klage gegen die Amtspartei zur Klage gegen den Amtswalter persönlich oder umgekehrt (bzw. die entsprechende nachträgliche subjektive Klagehäufung) stellt folgerichtig eine nach allgemeinen Grundsätzen analog § 263 ZPO zu behandelnder gewillkürte Parteiänderung dar;[96] allerdings darf der Verwalter seine Zustimmung idR nicht verweigern, weil das rechtsmissbräuchlich wäre.[97] Werden beide Klagen zugleich erhoben, ist nach allgemeinen Grundsätzen ein Eventualverhältnis unzulässig, dh die Klage gegen den Amtswalter persönlich darf nicht hilfsweise nur für den Fall werden, dass die Klage gegen die Amtspartei erfolglos bleibt.[98]

63 dd) *Interne Prozesse.* Eine Prozessführung des Insolvenzverwalters mit sich selbst (mit der jeweils anderen „Sphäre") bleibt bei alledem aber ausgeschlossen. Der Insolvenzverwalter kann also auch nicht als Amtspartei einen in die Masse gefallenen Schadensersatzanspruch gem. §§ 60 f. InsO gegen sich persönlich geltend machen;[99] hierfür bedarf es, wenn dies nicht nach seiner Entlassung durch den Amtsnachfolger geschehen soll, der Bestellung eines Sonderverwalters (vgl. § 92 S. 2 InsO).

64 Ist der Verwalter als Amtspartei rechtskräftig wegen einer Pflichtverletzung des Verwalters zum Schadensersatz verurteilt worden, so erstreckt sich die Rechtskraft nicht auf den Amtshaftungsprozess gegen den Amtswalter persönlich; jedoch soll dem Urteil im Folgeprozess immerhin eine Tatbestandswirkung zukommen.[100] Der Kläger sollte in einem solchen Fall sinnvollerweise dem Amtswalter persönlich den Streit verkünden.[101]

65 d) *Insolvenzanfechtung.* Dass die Rechtsfolgen der Insolvenzanfechtung durch eine unveräußerlich dem Insolvenzverwalter vorbehaltene spezifische „Anfechtungsklage" bzw. „Anfechtungseinrede" gerichtlich geltend gemacht werden müssten, ist spätestens seit Inkrafttreten der Insolvenzordnung Geschichte; jedenfalls heute geht es nurmehr um die (allenfalls zur Hemmung der Verjährung des § 146 InsO erforderliche) gerichtliche

---

[92] Vgl. etwa BGHZ 161, 49, 50 f. = ZIP 2004, 2442.
[93] BGH NZI 2005, 222, 223.
[94] HK/*Lohmann*, § 60 Rn. 52.
[95] BGH NJW-RR 1990, 318, 319; BGH NZI 2008, 63 Rn. 7; OLG Nürnberg ZInsO 2014, 206, 208; *K. Schmidt/Sternal*, § 80 Rn. 37; krit. *K. Schmidt*, KTS 1991, 211 ff.
[96] BGHZ 65, 264, 268; BGH NJW 1981, 989; BGH NZI 2005, 222, 223; BGH NJW 2006, 1351, 1353 f.
[97] BGHZ 144, 192, 196 = NZI 2000, 306; HK/*Lohmann*, § 60 Rn. 54.
[98] BGH NZI 2008, 39 Rn. 13.
[99] BGH ZIP 2006, 194, 195; HK/*Lohmann*, § 60 Rn. 55.
[100] BGH ZIP 2006, 194, 195.
[101] Vgl. BGH ZIP 1994, 46, 48 f.

Verfolgung eines gewöhnlichen Leistungsanspruchs iSv § 204 I Nr. 1 BGB,[102] die nicht einmal mehr notwendig durch den Insolvenzverwalter erfolgen muss.[103] Auch die tradierten besonderen Anforderungen an eine „Anfechtungsklage" sind weitgehend entfallen, insbes was die Darstellung des Anfechtungsgegenstands bzw. -grunds angeht.[104] Im Einzelnen → § 51 Rn. 22 ff., 29 ff.

e) *Insolvenzforderungen.* aa) Insolvenzgläubiger dürfen nicht gegen den Insolvenzverwalter auf Leistung aus der Masse klagen (§ 87 InsO), sondern müssen ihre Forderungen zunächst beim Insolvenzverwalter zur Insolvenztabelle anmelden und prüfen lassen (§§ 174 ff. InsO, → Rn. 179 ff. sowie § 63 Rn. 1 ff., § 64 Rn. 1 ff.). Zu einem auf die Teilhabe des Gläubigers an der Masse bezogenen Prozess unter Beteiligung des Insolvenzverwalters – dem *Feststellungsprozess* iSv § 180 InsO – kann es nur kommen, wenn der Verwalter der angemeldeten Forderung widerspricht (→ Rn. 188). Auch die Möglichkeit, einen Anspruch primär (mit dem Leistungsantrag) als Masseforderung, hilfsweise (mit dem Antrag auf Feststellung zur Tabelle) als Insolvenzforderung geltend zu machen, ist an diese Voraussetzung gebunden.[105] Die Rechte als Insolvenzgläubiger dürfen darum auch nach Grund, Betrag und Rang der Forderung nicht wesentlich anders beansprucht werden, als sie schon in der Anmeldung bzw. im Prüfungstermin in Anspruch genommen wurden (§ 181 InsO). Eine ungeachtet des Anmeldeerfordernisses gegen den Insolvenzverwalter erhobene Klage ist unzulässig und kann für den Anwalt des Gläubigers einen Haftpflichtfall begründen.[106]

Ist in einem Insolvenzverfahren eine Forderung vom Insolvenzverwalter oder von einem Insolvenzgläubiger bestritten worden, so bleibt es gemäß § 179 I InsO grundsätzlich dem Gläubiger überlassen, die Feststellung klageweise gegen den bzw. die Widersprechenden zu betreiben; im Unterschied dazu obliegt es gemäß § 179 II InsO dem Widersprechenden, den Widerspruch zu verfolgen, wenn für eine Forderung ein vollstreckbarer Schuldtitel oder ein Endurteil vorliegt. Es ist aber nach hM auch in diesem Fall der Gläubiger der Forderung zur Klage befugt, wenn der Widersprechende seinen Widerspruch nicht verfolgt (→ Rn. 184). *Mehrere Widersprechende* sind im Hinblick auf die „partielle" Rechtskrafterstreckung nach § 183 InsO notwendige Streitgenossen iSv § 62 Abs. 1, 1. Alt. ZPO.

Bei der Klage „auf die Feststellung" (§ 180 I 1 InsO) handelt es sich um eine echte Feststellungsklage iSv § 256 ZPO (→ Rn. 186). Streitgegenstand des Feststellungsprozesses ist das *subjektive Haftungsrecht des Gläubigers an der Masse*, also das „Insolvenzgläubigerrecht"; die „Insolvenzforderung" als solche, also der persönliche Leistungsanspruch des Gläubigers gegen den Schuldner stellt hierfür nur eine Vorfrage dar (→ Rn. 185). Der Klageantrag wird üblicherweise auf „Feststellung der (näher bezeichneten) Forderung zur Tabelle" gerichtet (→ Rn. 187). Ausschließlich zuständig für Neuklagen sind die ordentlichen Gerichte am Sitz des Insolvenzgerichts (§ 180 I 2, 3 InsO); Gerichtsstandsvereinbarungen und rügeloses Verhandeln entfalten daher keinerlei Wirkungen (§ 40 II 1 Nr. 2, 2 ZPO).

bb) Gegen den bestreitenden *Schuldner* muss der Gläubiger nicht wegen seiner Teilnahme am Insolvenzverfahren prozessieren, sondern nur zu dem Zweck, nach Verfah-

---

[102] Vgl. MüKoInsO/*Kirchhof,* vor § 129 Rn. 11 ff.; ausführl *Eckardt,* Die Anfechtungsklage wegen Gläubigerbenachteiligung, 1994, S. 200 ff., 391 ff. S zum Rechtsweg zuletzt BGH NZI 2011, 323 Rn. 3 ff.
[103] Zur Abtretbarkeit des „Anfechtungsanspruchs" s BGH NZI 2011, 486 Rn. 8 ff.; *Jaeger/Henckel,* § 143 Rn. 101 f; MüKoInsO/*Kirchhof,* § 129 Rn. 214 ff.; ausführl *Eckardt,* KTS 1993, 585 ff.
[104] Vgl. BGHZ 135, 140, 149 ff. = NJW 1997, 1857; ausführl *Jaeger/Henckel,* § 146 Rn. 20, 50 ff.; MüKoInsO/*Kirchhof,* § 146 Rn. 15 ff., 39 ff.; *Eckardt,* S. 200 ff., 391 ff.; nicht überzeugend deshalb BGH BeckRS 2011, 20818.
[105] Vgl. BGH NZI 2004, 214, 215; KPB/*Pape/Schaltke,* § 53 Rn. 31; MüKoInsO/*Hefermehl,* § 53 Rn. 53.
[106] AG Müllheim NJW-RR 2013, 1064; s. a. *Jansen/Hung,* NJW 2004, 3379.

rensbeendigung aus der Insolvenztabelle gegen den Schuldner zu vollstrecken (§ 201 II InsO, → Rn. 198); dies kommt ebenfalls nur mit einem auf Feststellung gerichteten Antrag und nur dann in Betracht, wenn der Gläubiger seine Insolvenzforderung zuvor angemeldet und der Schuldner sie bestritten hatte (§ 184 I 1, 2 InsO). Da es sinnlos wäre, gegen den Schuldner um alle Voraussetzungen des Insolvenzgläubigerrechts zu prozessieren, ist Streitgegenstand in dieser Konstellation unmittelbar der persönliche Leistungsanspruch gegen den Schuldner (→ Rn. 200).

70 Hatte der Schuldner isoliert der vom Gläubiger angemeldeten Qualifikation als privilegierte Forderung iSv §§ 174 II, 302 Nr. 1 InsO widersprochen, um zu verhindern, dass trotz erteilter Restschuldbefreiung gegen ihn vollstreckt wird, so kann der Gläubiger diesen Widerspruch mit einem allein hierauf gerichteten Feststellungsantrag ausräumen; dies kann schon während des noch laufenden Insolvenzverfahrens erfolgen (→ Rn. 201).

71 **f) *Kündigungsschutz*.** Im Ansatz keine Besonderheiten gelten für die Kündigungsschutzklage in einem massebezogenen Dienst- oder Arbeitsverhältnis; sie ist gegen diejenige Person zu richten, die zum Zeitpunkt der Klageerhebung (§ 253 I ZPO) für die Insolvenzmasse prozessführungsbefugt ist (dh nicht notwendig gegen diejenige Person, die die Kündigung ausgesprochen hat).[107] Im Hinblick auf die Kürze der Klagefrist liegen hier Adressierungs- und Zustellungsfehler nicht fern; die Rechtsprechung versucht soweit wie möglich durch Auslegung der Klageschrift und entsprechende Rubrumsberichtigung zu helfen (→ Rn. 18). Die zum Zeitpunkt der Insolvenzeröffnung bzw. der Bestellung eines mit Prozessführungsbefugnis ausgestatteten vorläufigen Insolvenzverwalters bereits anhängigen Kündigungsschutzprozesse fallen unter §§ 86 I Nr. 3, 24 II InsO (→ Rn. 166). Im Einzelnen → § 105 Rn. 103 ff.

72 **g) *Masseforderungen*.** Die Massegläubiger können grundsätzlich ohne Einschränkung im Wege der Leistungs- und ggf. der Feststellungsklage[108] gegen den Insolvenzverwalter vorgehen (§ 53 InsO, → § 58 Rn. 4 ff.). Ein bei Insolvenzeröffnung (ausnahmsweise) bereits anhängiger Prozess wird nach § 240 ZPO unterbrochen und kann nach § 86 I Nr. 3 InsO aufgenommen werden (→ Rn. 166).

73 Auch wenn die Vollstreckung aus dem Titel nach § 90 InsO vorübergehend ausgeschlossen ist (→ § 33 Rn. 49 ff.), nimmt dies der Klage nicht die Zulässigkeit (→ § 74 Rn. 50 ff., § 107 Rn. 158). Anders soll dies nach hM in den Fällen des §§ 209 I Nr. 3, 210 InsO sein, dh für die Altmasseverbindlichkeiten nach Anzeige der Masseunzulänglichkeit, da in diesem Fall das Rechtsschutzbedürfnis für eine Leistungsklage fehle (mit der Folge, dass die Klage als Feststellungsklage erhoben bzw. auf eine solche umgestellt werden muss).[109]

74 Das Gleiche gilt nach hM auch für die Leistungsklage eines Neumassegläubigers iSv § 209 I Nr. 2, II InsO, sofern der Insolvenzverwalter konkret darlegt, dass die vorhandene Masse nicht einmal zur Begleichung der Neumasseverbindlichkeiten ausreiche;[110]

---

[107] Vgl. mwN BAG ZIP 2014, 339 Rn. 12 ff. (dort auch speziell zum Fall der Freigabe der unternehmerischen Tätigkeit iSv § 35 II InsO); *Jaeger/Giesen*, vor § 113 Rn. 28 ff.

[108] Zum rechtlichen Interesse iSv § 256 I ZPO s bei Sozialplangläubigern BAG NZA 2006, 220, 221.

[109] BGHZ 154, 358, 360 = NZI 2003, 369; BGHZ 167, 178 Rn. 8; BAG ZIP 2006, 1312, 1313 f.; BAGE 123, 269 = ZIP 2007, 2173 Rn. 40; BAG NZI 2014, 660 Rn. 13; ausf *Walther*, Das Verfahren bei Masseunzulänglichkeit nach den §§ 208 ff. InsO, 2005, S. 57 ff.; s.a. § 74 Rn. 50 ff., § 107 Rn. 149; aA mit beachtl Gründen *Jaeger/Windel*, § 210 Rn. 57; *Häsemeyer*, Rn. 14.26; ausf *Kröpelin*, Die massearme Insolvenz, 2003, Rn. 262 ff.; *Kögel*, Die Rechtsfolgen der Masseunzulänglichkeitsanzeige auf beiderseitig nicht oder nicht vollständig erfüllte Verträge, 2007, S. 73 ff.; *N. Weber*, S. 96 ff.

[110] BGHZ 154, 358, 368 ff. = NZI 2003, 369; BGHZ 167, 178 Rn. 20 ff. = ZIP 2006, 1004; BAG ZIP 2003, 1850, 1851 f; BAGE 110, 135 = ZIP 2004, 1323, 1324 f; BAG ZIP 2004, 1660, 1661; BAGE 123, 269 = ZIP 2007, 2173 Rn. 40; BAG NZI 2014, 660 Rn. 13; s.a. § 107 Rn. 150; krit. zB *Jaeger/Windel*, § 210 Rn. 59 mwN (für Vollstreckungserinnerung); KPB/*Pape*, § 210 Rn. 6 (für Vollstreckungsgegenklage).

es sei denn, dass in einem solchen Fall die Quote, nach der die Masse unter den Neumassegläubigern aufzuteilen ist, bereits feststeht[111] oder dass überhaupt nur ein Neumassegläubiger in Betracht kommt.[112]

Ausgeschlossen ist in diesen Fällen auch ein Kostenfestsetzungsbeschluss;[113] tritt das 75 gesetzliche Vollstreckungsverbot nach dem Erlass, aber vor dem Eintritt der Rechtskraft des Kostenfestsetzungsbeschlusses ein, so kann dies noch im Beschwerdeverfahren berücksichtigt werden.[114]

Dass der Verwalter in diesen Fällen häufig die Masseverbindlichkeit als solche nicht 76 bestreitet, kann bei sofortigem Anerkenntnis in jedem Fall zur Anwendung von § 93 ZPO führen.[115]

h) *Schiedsverfahren.* Hatte der Schuldner vor dem Insolvenzverfahren mit seinem 77 Gläubiger vereinbart, dass Streitigkeiten vor einem Schiedsgericht auszutragen seien (§§ 1025 ff. ZPO), so bindet diese Übereinkunft – unbeschadet der Möglichkeit einer gegen die Schiedsvereinbarung gerichteten Insolvenzanfechtung[116] – nach ganz hM grundsätzlich auch den Insolvenzverwalter.[117]

Spezifische Einschränkungen zum Schutz der Insolvenzmasse implementiert das 78 deutsche Recht durch Statuierung von Ausnahmetatbeständen, etwa für Prozesse um insolvenzverwalterspezifische Befugnisse wie insbesondere die Ansprüche aus Insolvenzanfechtung, die überwiegend von der Bindung an eine Schiedsabrede ausgenommen werden,[118] oder über den nationalen ordre public;[119] der letztere Aspekt verlangt etwa, dass das Schiedsgericht dem natürlich auch im Schiedsverfahren zu beachtenden Übergang der Prozessführungsbefugnis und damit der Beteiligtenstellung auf den Insolvenzverwalter[120] Rechnung trägt (→ Rn. 105). Zur Bindung an die Schiedsvereinbarung in besonderen Fällen → Rn. 57 (Absonderungsstreit), 194 (Feststellungsstreit).

i) *Zwangsvollstreckung.* Dazu → § 33 Rn. 1 ff. 79

II. Unterbrechung schwebender Prozesse (§ 240 ZPO)

1. Grundgedanken. Durch die Eröffnung des Insolvenzverfahrens verliert der 80 Schuldner nicht nur sein Verwaltungs- und Verfügungsrecht über die Insolvenzmasse (§ 80 I InsO), sondern insoweit – dh für das massezugehörige Vermögen[121] – zugleich

---

[111] BAGE 110, 135 = ZIP 2004, 1323, 1324 f.; MüKoInsO/*Hefermehl*, § 210 Rn. 23.
[112] OLG Stuttgart ZIP 2011, 2077, 2079; MüKoInsO/*Hefermehl*, § 210 Rn. 23.
[113] BGH NZI 2005, 328 f.; BGH NZI 2008, 735 Rn. 6; OLG Naumburg BeckRS 2013, 22092.
[114] OLG Naumburg BeckRS 2013, 22092.
[115] KPB/*Pape/Schaltke*, § 53 Rn. 35; MüKoInsO/*Hefermehl*, § 53 Rn. 56; Nerlich/Römermann/*Andres*, § 53 Rn. 17.
[116] Auch die Schiedsvereinbarung als solche kann der Insolvenzanfechtung unterliegen, vgl. RGZ 137, 109, 111; BGH ZInsO 2004, 88; *Flöther*, S. 73 f., 90 f.; *Heuser*, S. 41 ff.; aA *Berger*, ZInsO 2009, 1033, 1035 f.
[117] RGZ 137, 109, 111; BGHZ 24, 15, 18; BGH ZInsO 2004, 88; BGHZ 160, 127 = NJW 2004, 2898, 2899; BGH ZIP 2008, 478 Rn. 17; BGHZ 179, 304 = ZIP 2009, 627 Rn. 11; BGH NZI 2013, 934 Rn. 8; *Dahl/Thomas*, NZI 2012, 534, 536; *Nacimiento/Bähr*, NJOZ 2009, 4752 ff.; *G. Wagner*, KTS 2010, 39, 41 f; *Prütting*, FS Görg, 2010, S. 371, 374 f.; *Longrée/Gantenbrink*, SchiedsVZ 2014, 21, 24 ff.; einschränkend (nur für Aktivprozesse des Verwalters) aber offenbar BGHZ 155, 371 = ZIP 2003, 1550, 1552; s auch *Ehricke*, ZIP 2006, 1847, 1849 ff.: keine Bindung für konkurrierende Gläubiger; aA *Häsemeyer*, Rn. 13.27 f.; *Jaeger/Windel*, § 80 Rn. 245, 249 m Fn 1737; *Schulte-Frohlinde/Wilts*, ZInsO 2006, 196, 199.
[118] Vgl. BGH ZInsO 2004, 88; BGH ZIP 2008, 478 Rn. 17; BGH NZI 2011, 634 Rn. 14; BGH NZI 2013, 934 Rn. 9; *Berger*, ZInsO 2009, 1033, 1036 f.; *Heidbrinck*, SchiedsVZ 2009, 258 ff.; *G. Wagner*, KTS 2010, 39, 48.
[119] Vgl. BGHZ 179, 304 = ZIP 2009, 627 Rn. 28; *Ehricke*, ZIP 2006, 1847, 1850 ff.; *Flöther*, S. 109 ff.; *Heidbrinck/von der Groeben*, ZIP 2006, 265, 270; *Nacimiento/Bähr*, NJOZ 2009, 4752, 4755 f.; *Poelzig*, ZZPInt 14 (2009), 393, 407 ff.
[120] Vgl. BGHZ 179, 304 = ZIP 2009, 627 Rn. 13 f.
[121] Dabei soll mit der hM die Auffassung zugrunde gelegt werden, dass es auch in der Gesellschaftsinsolvenz eine massefreie Schuldnersphäre gibt, so dass auch für den Anwendungsbereich des Parteiwech-

seine Prozessführungsbefugnis, die auf den als „Partei kraft Amtes" für ihn handelnden Insolvenzverwalter übergeht (→ Rn. 1). Für die zu diesem Zeitpunkt bereits rechtshängig gewordenen Prozesse über das massezugehörige Vermögen folgt hieraus die Notwendigkeit eines *gesetzlichen Parteiwechsels,* um die ausschließliche Prozessführung durch den Insolvenzverwalter sicherzustellen. Dieser Parteiwechsel und damit die Überleitung des Prozessrechtsverhältnisses auf den Insolvenzverwalter vollzieht sich nicht erst als Folge der Prozessaufnahme durch oder gegen den Verwalter,[122] sondern als notwendige Konsequenz des Übergangs der Prozessführungsbefugnis ipso iure bereits im Moment der Insolvenzeröffnung.[123] Entsprechendes gilt uU schon im vorgelagerten Eröffnungsverfahren, sofern als Folge der in diesem Stadium angeordneten Sicherungsmaßnahmen ausnahmsweise bereits die Prozessführungsbefugnis hinsichtlich des Vermögens des Schuldners auf einen vorläufigen Insolvenzverwalter übergeht (→ Rn. 97).

81 Der eingetretene gesetzliche Parteiwechsel wiederum bedingt ein unabweisbares Bedürfnis sowohl für die bisherigen Parteien als auch und vor allem für den Verwalter als neuer Partei, sich auf die veränderte Lage einzustellen;[124] da es für den Verwalter um die Frage geht, ob die Insolvenzmasse mit der Qualität einer Masseschuld mit den Kosten der (weiteren) Prozessführung belastet werden soll (→ Rn. 146, 172, 196), ist es für ihn besonders wichtig, sich zuvor ein valides Bild von den Erfolgsaussichten der weiteren Prozessführung machen zu können.[125]

82 Aus diesen Gründen, hinter denen zugleich der Gedanke einer effektiven Verwirklichung des Anspruchs auf rechtliches Gehör steht (Art. 103 I GG), wird der Prozess nicht übergangslos mit dem Verwalter als neuer Partei fortgesetzt; vielmehr tritt gem. § 240 ZPO wiederum ipso iure ein prozessuales Moratorium in Gestalt einer *Unterbrechung des Rechtsstreits* ein. Der durch die Insolvenzeröffnung eingetretene Verfahrensstillstand dauert an, bis das Verfahren entweder nach den insolvenzrechtlichen Vorschriften (§§ 85f, 180, 184 InsO iVm § 250 ZPO) *aufgenommen* wird oder aber der Schuldner – sei es durch Beendigung des Insolvenzverfahrens, sei es durch Freigabe des Streitgegenstands aus der Masse – seine Prozessführungsbefugnis hinsichtlich des Streitgegenstands und mit ihr seiner Parteistellung wiedererlangt.

83 Prozessunterbrechung und -aufnahme sind nach alledem also keine Voraussetzungen für den Eintritt des Insolvenzverwalters in das Prozessrechtsverhältnis, sondern werden im Gegenteil vom Gesetz angeordnet, um den als solchen vorausgesetzten Parteiwechsel gewissermaßen „abzufedern": Der Insolvenzverwalter ist nicht Partei, weil er aufgenommen hat; vielmehr kann er aufnehmen, weil er mit Insolvenzeröffnung Partei geworden ist. Für die Interpretation des Anwendungsbereichs von § 240 ZPO ist deshalb in erster Linie maßgeblich, dass der Verfahrensgegenstand vom Übergang der Prozessführungsbefugnis auf den Insolvenzverwalter betroffen ist; ist dies der Fall, so wird an Prozessstillstand und

---

sels und der Unterbrechungswirkung zwischen massebezogenen und nicht massebezogenen Prozessen unterschieden werden kann und muss; hiergegen insbes *K. Schmidt,* zB in FS Kreft, 2004, S. 503, 508 ff.

[122] So aber *Jaeger/Gerhardt,* § 179 Rn. 27, 73, 118; KPB/*Lüke,* § 80 Rn. 14, § 85 Rn. 57; *Stein/Jonas/Roth,* § 240 Rn. 1, 21; *Musielak/Stadler,* § 240 Rn. 1; *Nikisch,* ZPR, § 94 I 3; *Henckel,* Parteilehre und Streitgegenstand im Zivilprozeß, 1961, S. 145 ff., 150 f.; *ders.,* JZ 1992, 645, 650; *N. Weber,* S. 68.

[123] So zutr die hM, vgl. RGZ 53, 9, 10; BGH NJW 1997, 1445 (krit. *Grunsky,* LM § 240 ZPO Nr. 26); BGH NZI 2009, 169 Rn. 16; BAG ZInsO 2001, 727, 728; BFH BeckRS 2011, 9438 Rn. 3; BFH ZInsO 2013, 1156 Rn. 25; OLG Köln BeckRS 2005, 13950; OLG Celle ZIP 2011, 2127; *Ahrens/Gehrlein/Ringstmeier/Piekenbrock,* § 85 Rn. 41; BeckOKZPO-*Jaspersen,* § 240 Rn. 2; MüKoInsO/*Schumacher,* § 85 Rn. 15; *Rosenberg/Schwab/Gottwald,* § 42 Rn. 4; Uhlenbruck/Hirte/Vallender/*Uhlenbruck,* § 80 Rn. 107 (anders Rn. 106 aE); *Rückert,* S. 24 ff.; *Meyer,* NZI 2005, 9, 12; s. a. *Jaeger/Windel,* § 80 Rn. 203, § 85 Rn. 1; *K. Schmidt/Sternal,* § 80 Rn. 41.

[124] Zum Normzweck s BGH ZIP 1998, 659, 660; BGH NZI 2012, 625 Rn. 7; BGH NZI 2012, 572 Rn. 46; BGH NZI 2013, 747 Rn. 15; *Jaeger/Windel,* § 80 Rn. 203 ff., § 85 Rn. 2; *Damerius,* S. 39 ff.; *Rückert,* S. 10 ff.; *N. Weber,* S. 65f, 72 ff.

[125] Zutr gesehen, aber überbetont bei *N. Weber,* S. 72 ff.

Aufnahmeerfordernis nur in besonderen Ausnahmefällen ein Weg vorbei führen, während umgekehrt ein hiervon nicht betroffenes Verfahren nur in besonderen Ausnahmefällen von einer Unterbrechung erfasst werden kann (und für diese dann als Analogiegrundlage die Bestimmung des § 17 I AnfG vorzuziehen ist, bei der ebenfalls ein „Einstieg" des Verwalters in ein unzweifelhaft fremdes Verfahren geregelt wird, → Rn. 87 ff.).[126]

2. Anwendungsbereich. a) *Betroffene Rechtssubjekte.* aa) *Parteien.* Voraussetzung für 84
den Übergang des Prozessrechtsverhältnisses auf den Insolvenzverwalter (den gesetzlichen Parteiwechsel, → Rn. 80) und folgeweise für die Unterbrechung des Rechtsstreits nach § 240 ZPO ist die Stellung des nunmehr insolventen Schuldners als *formelle Prozesspartei*.

Im Falle einer subjektiven Klagehäufung (Parteimehrheit) tritt die Unterbrechung folg- 85
lich nur für diejenige Partei ein, bei der sie vorliegt.[127] Das Insolvenzverfahren eines einfachen Streitgenossen (§ 61 ZPO) – ebenso eines einfachen Streithelfers (§ 67 ZPO)[128] – führt demgemäß nicht zur Unterbrechung des Prozesses der anderen Streitgenossen, gegen die ggf. im Wege des Teilurteils gem. § 301 ZPO entschieden werden kann.[129] Ob die Eröffnung des Insolvenzverfahrens über das Vermögen eines *notwendigen* Streitgenossen (§ 62 ZPO) das Verfahren für alle Streitgenossen unterbricht, ist umstritten;[130] eine unmittelbare Unterbrechungswirkung ist richtigerweise generell abzulehnen, jedoch bei materiell-rechtlich notwendiger Streitgenossenschaft (§ 62 I 1. Alt. ZPO) immerhin eine mittelbare Auswirkung – Aussetzung gem. § 148 ZPO – anzunehmen.[131]

bb) *Nichtparteien.* (1) In verschiedenen Konstellationen wird allerdings eine Unterbre- 86
chung auch dann angenommen, wenn der insolvente Schuldner zwar bisher gerade *nicht formell Partei* des betreffenden Rechtsstreits war, aber gleichwohl ein Bedürfnis für eine „Übernahme" des Prozesses durch den Insolvenzverwalter und damit zugleich für ein prozessuales Moratorium besteht; hier wird also die Unterbrechungswirkung von dem automatischen gesetzlichen Parteiwechsel, auf den sie im „Grundfall" reagiert und der sie legitimiert (→ Rn. 80), gewissermaßen abgelöst und isoliert auf die analoge Fallgestaltung übertragen.

(2) Für *Anfechtungsprozesse* eines einzelnen Gläubigers nach dem AnfG ist diese 87
Rechtsfolge in § 17 I 1 AnfG ausdrücklich geregelt, indem das Gesetz eine Unterbrechung durch die Insolvenz des Schuldners (einschließlich des vereinfachten Insolvenzverfahrens gem. § 311 InsO idF bis 30.6.2014[132]) ungeachtet der Tatsache anordnet, dass der Schuldner natürlich nicht Partei des zwischen dem Gläubiger und dem Anfechtungsgegner geführten Rechtsstreits ist; dies soll dem Insolvenzverwalter eine Überle-

---

[126] S a BGH NJW 1998, 156, 157, wonach eine Prozessunterbrechung nach § 240 ZPO nur in Betracht komme, wenn der Schuldner formell Prozesspartei sei; ebenso KPB/*Lüke*, § 85 Rn. 26a; MüKoZPO-*Pießkalla*, § 240 Rn. 15; *Zöller/Greger*, ZPO, § 240 Rn. 7; aA insoweit MüKoInsO/ *Schumacher*, vor §§ 85–87 Rn. 15; Stein-Jonas/*Roth*, ZPO, § 240 Rn. 17; *Haas*, FS Rüßmann, 2013, S. 537, 547 f.
[127] BGH NJW 2011, 683 Rn. 11.
[128] BGH BeckRS 2000, 02086.
[129] BGH NJW-RR 2003, 1002 f.; BGH NJW 2007, 156 Rn. 15; BGH NZI 2010, 901 Rn. 15; BGH NJW 2011, 683 Rn. 13; BGH NZM 2012, 417 Rn. 15; BGH BeckRS 2013, 20774 Rn. 6.
[130] Bejahend OLG Frankfurt/M. NJW-RR 2002, 1277; OLG Dresden NZG 2006, 622; *Ahrens/ Gehrlein/Ringstmeier/Piekenbrock*, § 85 Rn. 11; KPB/*Lüke*, § 85 Rn. 23; MüKoZPO/*Pießkalla*, § 240 Rn. 15.
[131] Zutr *Jaeger/Windel*, § 85 Rn. 16 mwN; ebenso wohl auch BGH BauR 2003, 1758 [im insolvenzrechtlichen Ansatz nicht aufgegeben durch BGH NJW 2011, 683 Rn. 12]; gegen eine Differenzierung und stets für Unterbrechung *Rückert*, S. 59 ff.; für „mittelbare" Unterbrechungswirkung Stein/Jonas/ *Bork*, ZPO, § 62 Rn. 36.
[132] Hier ist in den bis zum 30.6.2014 beantragten Verfahren zu beachten, dass die Aufnahmebefugnis analog § 313 II 1 InsO dem Gläubiger zusteht, der den Prozess sodann zugunsten der Insolvenzmasse fortzuführen hat, BGH NZI 2010, 196 Rn. 9 ff.

§ 32 88–90   Kapitel III. 4. Abschnitt. Auswirkungen der Insolvenzeröffnung

gungsfrist hinsichtlich der ihm durch § 17 I 2, 3 AnfG ermöglichten „Übernahme" des Rechtsstreits gewähren.[133]

88 (3) Diese Grundgedanken des § 17 I AnfG lassen sich im Wege der Analogie auch für andere Fallgestaltungen fruchtbar machen. So unterbricht die Insolvenzeröffnung über das Vermögen einer *Gesellschaft ohne Rechtspersönlichkeit* iSv § 11 II Nr. 1 InsO (oHG, KG, PartG, [Außen-]GbR, Partenreederei, Europäische wirtschaftliche Interessenvereinigung [EWIV]) an sich unzweifelhaft nur in das Gesellschaftsvermögen betreffendes Verfahren und nicht auch einen Rechtsstreit gegen einen Gesellschafter persönlich; denn hierbei handelt es sich jeweils um selbständige Rechts- und Prozesssubjekte.[134] Jedoch können in der Gesellschaftsinsolvenz Ansprüche aus der persönlichen Haftung der Gesellschafter gem. § 93 InsO nur vom Verwalter geltend gemacht werden; dies muss analog § 17 I AnfG auch für bei Insolvenzeröffnung anhängige Prozesse zu berücksichtigen sein, die deshalb vom Verwalter analog § 17 I 2, 3 AnfG übernommen werden können und bis dahin analog § 17 I 1 AnfG unterbrochen sind.[135]

89 (4) Eine vergleichbare Konzentrationswirkung und folgeweise – wie schon vom RegE-InsO als ausdrückliche gesetzliche Regelung vorgeschlagen – ein Moratorium mit Einstiegsoption analog § 17 I AnfG bestehen im Fall eines anhängigen Prozesses über einen „Gesamtschaden" iSv § 92 InsO,[136] bei der Geltendmachung der Kommanditistenhaftung (§ 172 II HGB)[137] sowie im Fall des § 334 InsO.[138] Im Verhältnis zueinander sind die Gesellschafter einer Personengesellschaft lediglich einfache Streitgenossen; die Insolvenz eines Gesellschafters bewirkt daher entsprechend allgemeinen Grundsätzen (Rn. 84 f.) keine Unterbrechung des Rechtsstreits gegen einen anderen Gesellschafter.[139]

90 (5) Ähnlich ist richtigerweise die Begründung für eine Unterbrechungswirkung, wenn bei *gewillkürter Prozessstandschaft* das Insolvenzverfahren über das Vermögen des Rechtsinhabers eröffnet wird: Da die Ermächtigung zur Prozessführung analog § 117 I InsO grundsätzlich mit der Insolvenzeröffnung erlischt,[140] bleibt nur die Wahl zwischen einer Erledigung des Prozesses wegen nachträglichen Unzulässigwerdens und einem Einstieg des Insolvenzverwalters in den Prozess; Letzteres ist vorzuziehen, um den Prozessgegner nicht um die Früchte seines bisherigen Prozessierens zu bringen, und dann analog § 17 I 1 AnfG (Prozessunterbrechung) bzw. § 17 I 2, 3 AnfG (Aufnahme und damit Prozesseinstieg seitens des Verwalters) abzuwickeln.[141]

---

[133] Vgl. BGHZ 82, 209, 217 = NJW 1982, 883; BGH NZI 2010, 196 Rn. 8 ff., 15; MünchKomm-AnfG-*Kirchhof*, § 17 Rn. 1; Stein/Jonas/*Roth*, § 240 Rn. 8; s. a. (zu Rechtsbehelfsverfahren gegen einen anfechtungsrechtlichen Duldungsbescheid der Verwaltung) BFH/NV 2010, 2298; BFHE 238, 505 = NZI 2013, 410 Rn. 17 ff.; *Olbing/Hennig*, ZInsO 2013, 119 ff.

[134] Vgl. nur BGH NJW 2011, 683 Rn. 12. Zu Besonderheiten bei anhängige Steuerstreitigkeiten s aber *Kaiser*, NZI 2013, 332 ff.

[135] BGH NJW 2003, 590 f.; BGH NZI 2009, 108 Rn. 6; BGH NJW 2011, 683 Rn. 11; KG BeckRS 2014, 06106; *Jaeger/Müller*, § 93 Rn. 72; *K. Schmidt*, FS Kreft, 2004, S. 503, 515 f.; in der Begr abw (Gesamtanalogie zu den §§ 240 ZPO, 85 f., 180 II InsO) *Jaeger/Windel*, § 85 Rn. 17, 21 f.

[136] *Jaeger/Müller*, § 92 Rn. 37; *Jaeger/Windel*, § 85 Rn. 22; MüKoInsO/*Schumacher*, vor §§ 85–87 Rn. 13; Stein/Jonas/*Roth*, § 240 Rn. 10.

[137] Vgl. BGHZ 82, 209, 216 ff. = NJW 1982, 883; *Jaeger/Windel*, § 85 Rn. 21 f.; MüKoInsO/*Schumacher*, vor §§ 85–87 Rn. 11; Stein/Jonas/*Roth*, § 240 Rn. 9.

[138] MüKoInsO/*Schumacher*, vor §§ 85–87 Rn. 14.

[139] BGH NJW 2011, 683 Rn. 11; OLG Frankfurt/M. NJW-RR 2002, 1277 f; OLG Dresden NZG 2006, 622; *Jaeger/Windel*, § 85 Rn. 18.

[140] Vgl. (teils mit Hinweis auf § 115 I InsO iVm § 168 S. 1 BGB) BGH NJW 2000, 738, 739; *Ahrens/Gehrlein/Ringstmeier/Piekenbrock*, § 85 Rn. 9; *Jaeger/Windel*, § 85 Rn. 12; KPB/*Lüke*, § 85 Rn. 25; *Haas*, FS Rüßmann, 2013, S. 537, 540 ff. Anders ist dies aber im Fall des § 259 III InsO und der Eröffnung eines zweiten Insolvenzverfahrens, BGH NZI 2014, 262 Rn. 23.

[141] So iErg (mit Analogie zu § 240 ZPO, der hier aber aus den gleichen Gründen nicht passt wie bei §§ 92 f. InsO) auch die hM, vgl. BGH NZI 2014, 262 Rn. 23, 34 (für den Fall des § 259 III InsO); OLG Düsseldorf JMBl NW 1976, 42; Stein/Jonas/*Roth*, § 240 Rn. 7; MüKoInsO/*Schumacher*, vor

Auswirkungen der Insolvenzeröffnung auf Prozesse 91–95 § 32

(6) Bei *gesetzlicher Prozessstandschaft* wird die Insolvenz des Rechtsinhabers dagegen **91** für den Prozess idR unerheblich sein; so besteht etwa im Fall des § 265 II ZPO keine rechtliche Möglichkeit für den Verwalter des insolventen Zessionars, aufgrund eigenen Willensentschlusses den Prozess über die abgetretene Forderung zu übernehmen, so dass folgeweise auch keine Prozessunterbrechung eintritt.[142] Zum umgekehrten Fall der Insolvenz des Prozessstandschafters → Rn. 105.

cc) *Sondervermögen.* Bei Sondervermögen ist zwischen diesem und dem sonstigen Eigen- **92** vermögen des Rechtsträgers zu unterscheiden. Die Eröffnung des *Nachlassinsolvenzverfahrens* führt nach den dargestellten Grundsätzen zu einem Parteiwechsel auf den Insolvenzverwalter und folgeweise einer Unterbrechung gem. § 240 ZPO für alle Aktiv- und Passivprozesse der Erben, die diese als solche führen;[143] das gleiche gilt, wenn der Prozess durch einen Nachlassverwalter geführt worden war.[144] Nicht betroffen sind dagegen solche Prozesse, die ausschließlich das nicht zum Nachlass gehörende Eigenvermögen der Erben betreffen.[145]

War bereits der vom Erblasser geführte Prozess unterbrochen oder ausgesetzt (§§ 239 **93** I, 246 I ZPO) und bisher nicht durch oder gegen die Erben aufgenommen worden, kommt es zu keiner erneuten Unterbrechung; vielmehr ist der Prozess nunmehr durch bzw. gegen den in die Parteistellung eingerückten Verwalter anstelle der Erben aufzunehmen.[146]

b) *Unterbrechender Rechtsakt.* aa) (1) Der die Unterbrechung auslösende Rechtsakt ist **94** grundsätzlich die *Eröffnung des Insolvenzverfahrens* (§ 240 S. 1 InsO) als der für den Übergang der Prozessführungsbefugnis und damit der Parteistellung im Prozess maßgeblich Umstand, dh maßgeblich ist der im Eröffnungsbeschluss nach § 27 II Nr. 3 InsO anzugebende Zeitpunkt. Dieser Zeitpunkt bleibt auch dann ausschlaggebend, wenn der Eröffnungsbeschluss im Beschwerdeverfahren bestätigt wird;[147] wird er aufgehoben, so entfällt die Unterbrechung mit Wirkung ex nunc.[148]

(2) In *Verbraucherinsolvenzverfahren* iSv § 304 InsO gelten für die Unterbrechung keine **95** Besonderheiten, dh maßgeblich ist die Eröffnung des (bei Antragstellung bis 30. 6. 2014: vereinfachten) Insolvenzverfahrens, nicht das vorherige außergerichtliche oder gerichtliche Schuldenbereinigungsverfahren gem. §§ 305ff. InsO;[149] auch für das Einrücken des Insolvenzverwalters (bei Antragstellung bis 30.6.2014: des Treuhänders) in die Parteistellung des Schuldners und die Möglichkeiten zur Verfahrensaufnahme gelten die allgemeinen Regeln.[150]

---

§§ 85–87 Rn. 15; *Jaeger/Windel*, § 85 Rn. 12; ähnlich (Analogie zu §§ 240 ZPO, 85 f., 180 II InsO) *Ahrens/Gehrlein/Ringstmeier/Piekenbrock,* § 85 Rn. 9; *Berger*, FS Fischer, 2008, S. 1, 11 f.; (auch speziell zur Zedentenklage bei der Sicherungszession); noch anders (Analogie zu § 239 ZPO) *Leyendecker-Langner*, ZZP 122 (2009), 465, 478 ff.; s ferner *Haas*, FS Rüßmann, 2013, S. 537, 541 f. (nicht zustimmungsbedürftiger gewillkürter Parteiwechsel); aA BGH NJW 1998, 156, 157; KPB/*Lüke*, § 85 Rn. 25; MüKoZPO/*Pießkalla*, § 240 Rn. 15; *Zöller/Greger*, ZPO, § 240 Rn. 7.

[142] Insoweit zutr desh BGH NJW 1998, 156, 157; *Ahrens/Gehrlein/Ringstmeier/Piekenbrock*, § 85 Rn. 10; *K. Schmidt/Sternal*, § 85 Rn. 19; MüKoInsO/*Schumacher*, vor §§ 85–87 Rn. 15; aA *Jaeger/Windel*, § 85 Rn. 13; Stein/Jonas/*Roth*, § 240 Rn. 7.

[143] BGH NZI 2008, 681 Rn. 1; OLG Köln NZI 2002, 686 u NZI 2003, 48; OLG Frankfurt ZInsO 2013, 140, 141; einschr LG Karlsruhe BeckRS 2014, 11587.

[144] OLG Frankfurt ZInsO 2013, 140, 141.

[145] OLG Köln NZI 2002, 686, 687.

[146] *Ahrens/Gehrlein/Ringstmeier/Piekenbrock,* § 85 Rn. 4.

[147] BGH WM 1956, 1473; KPB/*Lüke* InsO, § 85 Rn. 45.

[148] MüKoInsO/*Pießkalla*, § 240 Rn. 9; Uhlenbruck/Hirte/Vallender/*Uhlenbruck*, § 85 Rn. 2.

[149] BGH NZI 2003, 666, 667; *Jaeger/Windel*, § 85 Rn. 85; *Henckel*, FS Schumann, 2001, S. 211, 225 f.

[150] BGH NZI 2003, 666, 667; Uhlenbruck/Hirte/Vallender/*Vallender*, § 311 Rn. 38.

96 (3) Im Fall der *Eigenverwaltung* (§ 270 I 1 InsO) wird der Rechtsstreit ebenfalls gem. § 240 unterbrochen[151] und kann und muss durch bzw. gegen den Schuldner besonders aufgenommen werden;[152] denn de iure findet trotz vordergründig identisch bleibender Partei auch hier ein gesetzlicher Parteiwechsel statt, indem der Schuldner jetzt nur noch mit dem Sondervermögen „Insolvenzmasse" Partei des Rechtsstreits ist (Rn. 98). Auch in teleologischer Hinsicht ist die Unterbrechungswirkung hier zu rechtfertigen, da der nunmehr den Masseinteressen verpflichtete eigenverwaltende Schuldner andere Maßstäbe an die zu treffenden Entscheidungen anlegen muss als zuvor und deshalb ebenso der Überlegungsfrist bedarf wie der Regelverwalter.

97 bb) Ein vom Schuldner geführter Rechtsstreit wird gem. § 240 S. 2 ZPO auch dann unterbrochen, wenn die Prozessführungsbefugnis auf Grund eines im *Eröffnungsverfahren* erlassenen allgemeinen Verfügungsverbots gem. § 22 I 1 iVm § 21 II Nr. 2, 1. Alt. InsO auf den („starken" oder „alleinbestimmenden") vorläufigen Insolvenzverwalter übergeht (→ § 14 Rn. 116 ff.); die Anordnung eines Zustimmungsvorbehalts gem. § 21 II Nr. 2, 2. Alt. InsO reicht für sich genommen nicht aus.[153] Bei einem Wechsel der Prozessführungsbefugnis aufgrund einer wirksamen Einzelermächtigung des („mitbestimmenden") vorläufigen Insolvenzverwalters greift die Prozesssperre jedoch ebenfalls ein:[154] Der Normzweck des § 240 ZPO knüpft an die Prozessführungsbefugnis an; wird diese dem Schuldner bereits im Eröffnungsverfahren genommen und auf den vorläufigen Verwalter übertragen, kann der vom Gesetzgeber angestrebte Sicherungszweck nur erreicht werden, wenn auch ein auf die Prozessführungsbefugnis beschränktes Verfügungsverbot die Prozesssperre auslöst.

98 In den Fällen des § 240 S. 2 ZPO ist § 240 S. 1 ZPO grundsätzlich nicht mehr (kumulativ) anwendbar, so dass die nach § 240 S. 2 ZPO eingetretene Unterbrechung nach Insolvenzeröffnung ohne weiteres und ohne erneute Unterbrechung fortdauert[155] und ein Rechtsstreit, den der mit Prozessführungsbefugnis ausgestattete vorläufige Verwalter begonnen oder aufgenommen hatte, durch die Insolvenzeröffnung nicht (erneut) unterbrochen wird.[156] Ist der („endgültige") Insolvenzverwalter mit dem vorläufigen Verwalter nicht personenidentisch, sind allerdings die allgemeinen Grundsätze über einen Wechsel in der Person des Verwalters anwendbar,[157] dh der Rechtsstreit wird analog §§ 241, 246 ZPO (nur) dann unterbrochen, wenn der vorläufige Verwalter nicht anwaltlich vertreten war (→ Rn. 47). Der vorläufige Insolvenzverwalter kann zudem zwar aufnehmen, die Aufnahme aber nicht ablehnen und auch nicht gem. § 85 I 2 iVm § 239 II–IV ZPO zu einer Entscheidung angehalten werden, da § 24 II InsO weder auf § 85 II InsO noch auf § 85 I 2 InsO verweist; in diesem Fall ist der Gegner also zumutbarerweise darauf verwiesen, die nur vorübergehende Dauer des Insolvenzeröffnungsver-

---

[151] BGH NZI 2007, 188 Rn. 6 ff.; BGH NZI 2012, 572 Rn. 42; KPB/*Pape*, § 270 Rn. 183 ff.; *Jaeger/Windel*, § 85 Rn. 85, 152; *Henckel*, FS Schumann, 2001, S. 211, 224 f.; *Rückert*, S. 36 ff.; *N. Weber*, S. 23 ff.; aA MüKoInsO/*Pießkalla*, § 240 Rn. 10; differenzierend *P. Meyer*, S. 16 f. u ZInsO 2007, 807 ff.: nur bei Insolvenzforderungen.

[152] KPB/*Pape*, § 270 Rn. 184, § 283 Rn. 5 f. mwN; krit. (insbes im Hinblick auf die mit der Ablehnungsmöglichkeit verbundene Missbrauchsgefahr) *K. Schmidt*, FS Kreft, 2004, S. 503, 513.

[153] BGH NJW 1999, 2822; BGH NJW-RR 2006, 1208 Rn. 3; BGH NZI 2013, 747 Rn. 12; OLG Naumburg ZInsO 2003, 664 f.; BFH/NV 2005, 1832; BFH/NV 2008, 818; BFH ZInsO 2013, 2217; *Jaeger/Windel*, § 85 Rn. 86; *Jaeger/Gerhardt*, § 24 Rn. 11 ff.; *Rückert*, S. 82 ff.; s. a. (zu § 270a InsO) LG Freiburg ZIP 2014, 1351.

[154] BGH NZI 2013, 747 Rn. 13 ff.

[155] *Jaeger/Windel*, § 85 Rn. 85, 111; *Henckel*, FS Schumann, 2001, S. 211, 220 f.

[156] *Jaeger/Windel*, § 85 Rn. 85; MüKoInsO/*Schumacher*, vor §§ 85 bis 87 Rn. 19, § 86 Rn. 13, 18; *Henckel*, FS Schumann, 2001, S. 211, 221; aA KPB/*Lüke*, § 86 Rn. 6 f.; HK/*Kayser*, § 86 Rn. 13, 17.

[157] Vgl. *Ahrens/Gehrlein/Ringstmeier/Piekenbrock*, § 85 Rn. 13; *Jaeger/Windel*, § 85 Rn. 85.

fahrens abzuwarten, falls der vorläufige Insolvenzverwalter sich nicht von sich aus erklärt.[158]

Die spezifische Unterbrechung nach § 240 S. 2 ZPO erlischt, wenn das Gericht die Sicherungsmaßnahmen aufhebt oder derart modifiziert, dass die Prozessführungsbefugnis des vorläufigen Verwalters verloren geht;[159] in diesem Fall wird der Schuldner nach den für die Beendigung des Verfahrens geltenden Grundsätzen mit allen Befugnissen wieder selbst Partei (→ Rn. 16, auch zur Verfahrensunterbrechung in diesem Fall) und es kommt ggf. mit Insolvenzeröffnung zu einer erneuten Unterbrechung nach § 240 S. 1 ZPO. 99

cc) (1) Die *Auswirkungen ausländischer Insolvenzverfahren* auf inländische Prozesse richten sich innerhalb der EU (außer Dänemark) zunächst nach der Kollisionsnorm des Art. 15 EuInsVO, wonach die *lex fori processus* – dh das Recht desjenigen Staates, in dem der Rechtsstreit anhängig ist – über die Auswirkung des Insolvenzverfahrens auf diesen Rechtsstreit entscheidet. Für Inlandsprozesse kommen als Sachnormen somit unmittelbar die §§ 240 ZPO, 85–87 InsO zur Anwendung;[160] dies gilt auch hinsichtlich der Regelung der Aufnahmebefugnis.[161] Die inländische *lex fori processus* gilt in diesem Fall auch für die Beurteilung des Fortbestehens der vom Schuldner erteilten Prozessvollmacht (→ Rn. 36).[162] Ob ein ausländisches (mitgliedstaatliches) Verfahren im Inland anzuerkennen ist und ob es als „Insolvenzverfahren" anzuerkennen ist, richtet sich dabei allein nach dem Bestimmungen der EuInsVO.[163] 100

Für das Eingreifen von Art. 15 EuInsVO genügt an sich die durch Einreichung der Klageschrift bei Gericht entstandene Anhängigkeit eines Rechtsstreits;[164] für Prozesse in Deutschland ändert das aber nichts daran, dass nach dem hiernach maßgeblichen § 240 ZPO nur ein bereits rechtshängiger Rechtsstreit unterbrochen wird (→ Rn. 109). Aus dem gleichen Grund ist für den Unterbrechungstatbestand bei Inlandsprozessen nicht der gegenüber § 240 ZPO teils weitergehende Begriff des „Insolvenzverfahrens" iSd EuInsVO maßgeblich, vielmehr gilt das hier allgemein zu § 240 S. 1 und S. 2 Ausgeführte (→ Rn. 94 ff.).[165] 101

(2) Für Insolvenzeröffnungen in solchen Staaten, die nicht in den Anwendungsbereich des Art. 15 EuInsVO fallen – dh in Drittstaaten sowie in Dänemark –, statuiert zunächst § 352 I 1 InsO als Sachnorm eine dem § 240 ZPO entsprechende unmittelbare Unterbrechungswirkung.[166] Vorausgesetzt wird hier – wie bei § 240 ZPO (→ Rn. 109) 102

---

[158] BGH NZI 2008, 683 Rn. 16; *Jaeger/Gerhardt*, § 24 Rn. 11 ff.; *Henckel*, FS Schumann, 2001, S. 211, 213 ff.

[159] KPB/*Lüke*, § 85 Rn. 46; MüKoInsO/*Schumacher*, vor §§ 85–87 Rn. 85; aA *Jaeger/Windel*, § 85 Rn. 111; *Henckel*, FS Schumann, 2001, S. 211, 218.

[160] OLG München NZI 2012, 1028; Uhlenbruck/Hirte/Vallender/*Lüer*, Art. 15 EuInsVO Rn. 4; MüKoInsO/*Reinhart*, Art. 15 EuInsVO Rn. 13; *Brinkmann*, IPRax 2011, 143, 146; ausf *Eyber*, ZInsO 2009, 1225 ff.; aA *Ahrens/Gehrlein/Ringstmeier/Gruber*, § 352 Rn. 10: § 352 InsO analog.

[161] BGHZ 197, 177 = NZI 2013, 690 Rn. 6 mwN; OLG München NZI 2010, 826, 828; aA MüKoInsO/*Reinhart*, Art. 15 EuInsVO Rn. 12, 14; *K. Schmidt/Brinkmann*, Art. 15 EuInsVO Rn. 9; *Rugullis*, S. 97.

[162] MüKoInsO/*Reinhart*, Art. 15 EuInsVO Rn. 13; *K. Schmidt/Brinkmann*, Art. 15 EuInsVO Rn. 9.

[163] EuGH EuZW 2013, 72 Rn. 24 [Rs. Radziejewski]; vgl. dazu *Cranshaw*, ZInsO 2013, 153, 154, 158; teilw unzutr deshalb BFH BeckRS 2013, 95530 Rn. 9; OLG Celle ZIP 2013, 945.

[164] MüKoInsO/*Reinhart*, Art. 15 EuInsVO Rn. 5; *K. Schmidt/Brinkmann*, Art. 15 EuInsVO Rn. 5; *Rugullis*, S. 53 ff.

[165] Zutr OLG München NZI 2012, 1028 f.; MüKoInsO/*Reinhart*, Art. 15 EuInsVO Rn. 13; ebenso iE *K. Schmidt/Brinkmann*, Art. 15 EuInsVO Rn. 6 f.

[166] BAG ZInsO 2014, 200 Rn. 32; *Jaeger/Windel*, § 85 Rn. 87; MüKoInsO/*Reinhart*, § 352 Rn. 4; vgl. BGH NZI 2009, 859 (dazu *Brinkmann*, IPRax 2011, 143; *Hergenröder/Gotzen*, DZWIR 2010, 273; *Gebler/Stracke*, NZI 2010, 13; *Podewils*, ZInsO 2010, 209) u BAG NZI 2008, 122 (dazu *Temming*, IPRax 2009, 327) jew zum Verfahren nach Chapter 11 des US-Bankruptcy Code, BGH NZI 2012, 572 (m Bespr *Buntenbroich*, NZI 2012, 547) zum Schweizer Nachlassstundungsverfahren; teilw unzutr BFH BeckRS 2013, 95530 für engl. Insolvenzverfahren.

– trotz des Wortlauts ein bereits rechtshängig gewordener Rechtsstreit, bloße Anhängigkeit genügt also nicht.[167] Für die Eigenschaft als „Insolvenzverfahrens" und des Anerkennungsfähigkeit im Inland gilt § 343 I InsO; danach werden grundsätzlich alle Eröffnungsentscheidungen automatisch und ohne Durchführung eines gesonderten Verfahrens anerkannt, es sei denn, einer der beiden Versagungsgründe des § 343 I 2 Nrn. 1, 2 InsO greift ein. Ein Unterschied zum Ansatz der EuInsVO besteht noch insofern, als die Unterbrechung nach § 352 I 1 InsO nach neuerer Rechtsprechung grundsätzlich[168] nicht voraussetzt, dass der Schuldner nach dem ausländischen Insolvenzstatut die Prozessführungsbefugnis verliert[169] und dass das Insolvenzstatut eine Prozessunterbrechung im Fall der Insolvenzeröffnung kennt.[170]

103 In gleichem Umfang wie nach § 240 S. 2 ZPO (→ Rn. 97) tritt gemäß § 352 II InsO die Unterbrechung auch dann ein, wenn die Prozessführungsbefugnis auf einen vorläufigen Insolvenzverwalter übergegangen ist. Die Aufnahmeberechtigung richtet sich in allen Fällen gemäß der Kollisionsnorm des § 352 I 2 InsO – wiederum abweichend von der Regelung der EuInsVO – wiederum nach dem jeweiligen ausländischen Insolvenzstatut (und damit gerade nicht nach §§ 85 f. InsO), während sich die Art und Weise der Aufnahme bei Inlandsprozessen nach deutschem Recht (§ 250 ZPO) als der *lex fori processus* richtet. Zum Ganzen → § 131 Rn. 67 ff., § 134 Rn. 64 ff.

104 c) *Erforderlicher Massebezug.* aa) Ein Rechtsstreit wird nur dann von dem mit der Insolvenzeröffnung einhergehenden Übergang der Prozessführungsbefugnis auf den Verwalter und damit von dessen Einrücken in die Parteistellung des Schuldners betroffen, wenn er *die Insolvenzmasse betrifft;* folgerichtig knüpft im hieran auch die in § 240 ZPO vorgesehene Unterbrechung an. Diese Voraussetzung ist erfüllt, wenn das im Verfahren geltend gemachte Recht ganz oder teilweise zugunsten oder zu Lasten des zur Insolvenzmasse gehörenden Vermögens in Anspruch genommen wird.[171] Die Klageart ist dabei ebenso unerheblich wie die Parteirolle.[172]

105 bb) (1) Es genügt auch eine *mittelbare Betroffenheit* der Insolvenzmasse, insbesondere bei Feststellungsklagen oder bei Klagen auf Rechnungslegung, die einen massebezüglichen Hauptanspruch vorbereiten.[173] Auch ein Prozess, den der Schuldner zum Zeitpunkt der Insolvenzeröffnung einen Prozess als gewillkürter oder gesetzlicher *Prozessstandschafter* für einen dritten Rechtsinhaber führt, wird – ungeachtet der trotz der Insolvenzeröffnung fortbestehenden Prozessführungsbefugnis[174] – nach hM gemäß oder analog § 240 ZPO unterbrochen, wenn sich das Ergebnis des Prozesses nicht allein auf den Rechtsinhaber auswirkt, sondern zumindest mittelbare Auswirkungen auf die Insolvenzmasse hat,[175] also etwa bei der Klage des Schuldners als zur Prozessführung

---

[167] BAG ZInsO 2014, 200 Rn. 34 ff. mwN; aA *K. Schmidt/Brinkmann,* § 352 Rn. 4.
[168] Anders BGH NZI 2012, 572 Rn. 45 für den Fall, dass das ausländische Verfahren nach der lex fori concursus überhaupt keine Auswirkungen auf anhängige Prozesse hat (entschieden zum Schweizer Nachlassstundungsverfahren).
[169] BGH NZI 2012, 572 Rn. 40 ff.; OLG München ZInsO 2011, 866 Rn. 36; offen noch BGH ZIP 2009, 2217 Rn. 13; aA aber viele, zB OLG Frankfurt/M. ZIP 2007, 932, 934; *Ahrens/Gehrlein/Ringstmeier/Gruber,* § 352 Rn. 4; FK/*Wenner/Schuster,* § 352 Rn. 6; abw auch noch BGH NJW 1997, 2525 (zur KO).
[170] BGH NZI 2012, 572 Rn. 44 f.; BAG ZInsO 2014, 200 Rn. 86; Braun/*Ehret,* § 352 Rn. 2; FK/*Wenner/Schuster,* § 352 Rn. 6; *Liersch,* NZI 2003, 302, 308; krit. *K. Schmidt/Brinkmann,* § 352 Rn. 4; *Brinkmann,* IPRax 2011, 143 f.; *Buntenbroich,* NZI 2012, 547.
[171] BGH NZI 2013, 641 Rn. 11 f.
[172] HK/*Kayser,* § 85 Rn. 48; *Jaeger/Windel,* § 85 Rn. 27 ff.
[173] BGH LM Nr. 4 zu § 146; BAG NJW 1984, 998.
[174] BGH NJW 1989, 1932, 1933; Stein/Jonas/*Bork,* vor § 50 Rn. 60; *Haas,* FS Rüßmann, 2013, S. 537, 542 f.
[175] Noch weitergehend *Haas,* FS Rüßmann, 2013, S. 537, 549 f: stets bei zulässiger Prozessstandschaft; ganz abl dagegen zB MüKoZPO/*Pießkalla,* § 240 Rn. 15.

ermächtigter Sicherungszedent,[176] als gesetzlicher Prozessstandschafter aus materiellrechtlichen Gründen (zB §§ 432, 1011, 2039 BGB)[177] oder als Veräußerer in den Fällen des § 265 II ZPO, wenn die Veräußerung iSv §§ 129 ff. InsO anfechtbar[178] oder lediglich erfüllungshalber vorgenommen war.[179] Zum umgekehrten Fall der Insolvenz des Rechtsinhabers → Rn. 90 f.

(2) Einschlägig ist das Kriterium einer zumindest mittelbaren Betroffenheit auch bei verbandsinternen Organisationsprozessen wie insbesondere der *Beschlussmängelklage* gemäß bzw. analog §§ 246 ff. AktG während des Insolvenzverfahrens über das Vermögen des Verbands. Dies ist eine Folge der von der hM vertretenen Auffassung, es gebe im Insolvenzverfahren des Verbands eine insolvenzfreie Sphäre, für die – auch prozessual – dessen Organe zuständig blieben; denn dies erfordert eine Abgrenzung der Kompetenzbereiche des Insolvenzverwalters und des nach wie vor durch seine Organe handelnden Verbands.[180] Zudem ist hier von Bedeutung, dass der Insolvenzverwalter nicht gezwungen werden darf, im Prozess einen für die Masse nachteiligen Beschluss zu verteidigen.[181] Im Ansatz herrscht deswegen weitgehend Einigkeit, dass es bei Beschlussmängelstreitigkeiten auf die praktischen Auswirkungen einer erfolgreichen Klage auf die Insolvenzmasse ankommen muss: Sind diese – in Gestalt einer Minderung der Aktivmasse oder einer Vermehrung der Passiva – nachteilig, so begründet dies die Prozessführungsbefugnis des Verwalters (und zugleich die Unterbrechungswirkung des § 240 ZPO), während umgekehrt der durch seine Organe vertretene Verband zuständig bleibt (mit der weiteren Folge, dass das Beschlussmängelverfahren nicht unterbrochen wird), wenn die Klage entweder keine Veränderung der Masse bewirken kann oder darauf abzielt, die Insolvenzmasse zu vergrößern.[182] Ein Unterschied zwischen AG und GmbH besteht bei alledem nicht.[183]

cc) (1) *Nicht betroffen* ist die Insolvenzmasse durch Ansprüche mit ausschließlichem Bezug zum *insolvenzfreien Vermögen* des Schuldners.[184] Nicht betroffen ist die Insolvenzmasse durch Klagen auf Unterhaltszahlung insoweit, wie sie für die Zeit nach Insolvenzeröffnung geltend gemacht werden; denn diese Forderungen richten sich nach § 40 S. 1 InsO nur gegen das verfahrensfreie Vermögen des Schuldners.[185] Ebenso fehlt es an der Betroffen-

---

[176] Insoweit ergibt sich der Massebezug schon aus der haftungsrechtlichen Zuordnung der sicherungsabgetretenen Forderung zur Insolvenzmasse, zutr BGH NZI 2003, 666, 667; *Berger,* FS Fischer, 2008, S. 1, 11 f. Im umgekehrten Fall einer Klage des Sicherungszessionars folgt hieraus ebenfalls eine Unterbrechung analog § 240 ZPO, um den wegen § 166 II InsO gebotenen Einstieg des Verwalters in den Prozess abzufedern, so iE auch *Berger,* aaO, S. 12; aA *Lüke,* ebd. S. 353, 358.

[177] HK/*Kayser,* § 85 Rn. 15; *Jaeger/Windel,* § 85 Rn. 11.

[178] BGH NZI 2010, 298 Rn. 8; OLG Koblenz ZIP 1995, 1033 ff.; OLG Rostock ZIP 2004, 1523, 1524 u OLGReport 2007, 661 f.; *Gundlach/Frenzel/Schmidt* NJW 2004, 3222; *Jaeger/Windel,* § 85 Rn. 13; vgl. auch RGZ 66, 181, 183; BGHZ 50, 397, 398 f = NJW 1969, 49.

[179] BGH NJW 1968, 48, 49.

[180] Auf der Grundlage der konkurrierenden Konzeption, wonach es eine massefreie Sphäre in der Insolvenz eines Verbands nicht geben kann und die Vollabwicklung durch den Insolvenzverwalter vorzunehmen ist, bleibt dagegen im Insolvenzverfahren stets der nunmehr durch den Insolvenzverwalter handelnde Verband die richtige Prozesspartei (s mwN *Scholz/K. Schmidt,* GmbHG, § 45 Rn. 149; *ders.,* FS Kreft, 2004, S. 503, 518 ff.); es kommt danach stets zu einer Unterbrechung gem. § 240 ZPO.

[181] *H.-F. Müller,* Der Verband in der Insolvenz, 2002, S. 193 f.

[182] Vgl. zum Ganzen BGHZ 190, 291 = NZI 2011, 809 Rn. 8; OLG München ZIP 2010, 2369; OLG Düsseldorf NZG 2013, 875; OLG Bamberg ZIP 2014, 77; MünchKommAktG-*Hüffer,* § 246 Rn. 49; MüKoInsO/*Schumacher,* vor §§ 85–87 Rn. 38 ff.; ausf zum Ganzen mwN *H.-F. Müller* (Fn. zuvor), S. 190 ff.; *Jaeger/Windel,* § 85 Rn. 41, 47 ff. Zum Klagezulassungsverfahren (§ 148 AktG) vgl. im übrigen *Mock,* ZInsO 2010, 2013, zu Auskunftsansprüchen nach § 51a GmbHG s *Gessner,* NZI 2013, 677.

[183] *Jaeger/Windel,* § 85 Rn. 53; s. a. (mit gegenteiligen Folgerungen) *H.-F. Müller* (Fn. zuvor), S. 205 f.

[184] BGH NZI 2013, 641 Rn. 11 f.; BVerwG ZIP 2009, 1899 Rn. 23; HK/*Kayser,* § 80 Rn. 23, § 85 Rn. 21, 23; *Jaeger/Windel,* § 85 Rn. 25; *Thomas/Putzo/Hüßtege,* § 240 Rn. 6.

[185] *Jaeger/Henckel,* § 40 Rn. 8.

heit der Insolvenzmasse bei Gegenständen, die der Insolvenzverwalter – sei es individuell oder iSv § 35 II InsO „pauschal" – durch Erklärung gegenüber dem Schuldner aus der Insolvenzmasse *freigegeben* hat, bevor eine Klage erhoben war (→ Rn. 22, 151).

108 (2) Nicht betroffen ist die Insolvenzmasse schließlich durch nichtvermögensrechtliche Streitigkeiten, bei denen es ausschließlich um ein *höchstpersönliches Verhalten* des Schuldners geht, etwa um einen von ihm persönlich zu erfüllenden Anspruch auf Auskunft, Rechnungslegung und eidesstattliche Versicherung, auf eine unvertretbare Handlung, auf ein persönliches Dulden oder Unterlassen,[186] um den Kündigungsschutzprozess eines Arbeitnehmers (in dessen eigener Insolvenz)[187] oder Verwaltungsgerichtsprozesse über eine personengebundene Erlaubnis[188] oder die Rechtmäßigkeit einer Gewerbeuntersagung.[189] In allen diesen Fällen besteht die Prozessführungsbefugnis des Schuldners fort und geht nicht auf den Insolvenzverwalter über; es fehlt deshalb wiederum an einer Rechtfertigung für die Unterbrechung.[190]

109 d) *Betroffene Verfahren.* aa) Unter den Begriff des „*Verfahrens*" iSv § 240 ZPO fallen nach der systematischen Stellung des § 240 ZPO im 1. Buch „Allgemeine Vorschriften" alle rechtshängigen zivilrechtlichen Streitverfahren, soweit sie auf Grund ihrer Eigenart nicht ausgenommen sind oder es spezielle Regelungen gibt.[191]

110 Zugleich ist in der Voraussetzung eines existenten „Verfahrens" iSd ZPO nach hM die weitere Aussage enthalten, dass die nach dieser Vorschrift eintretende Unterbrechung erst nach Eintritt der *Rechtshängigkeit* (§ 261 ZPO iVm § 253 ZPO) möglich sein soll;[192] erfolgt die Insolvenzeröffnung bzw. Bestellung eines prozessführungsbefugten vorläufigen Verwalters in der Phase der bloßen Anhängigkeit zwischen Klageeinreichung und -zustellung, so unterbleibt hiernach eine Unterbrechung und Aufnahme, und die gegen den nicht mehr prozessführungsbefugten Schuldner persönlich erhobene Klage muss kostenpflichtig zurückgenommen werden oder ist als unzulässig abzuweisen.[193] Betrifft im Fall objektiver Klagehäufung (§ 260 ZPO) nur einer von mehreren im Prozess zusammen geltend gemachten prozessualen Ansprüchen die Insolvenzmasse (zB Ersatz materiellen Schadens neben einem gem. § 851 ZPO nicht zur Masse gehörenden Schmerzensgeldanspruch), so wird nach hM gleichwohl einheitlich der gesamte Rechtsstreit unterbrochen.[194]

---

[186] Zu den erforderlichen Abgrenzungen bei Unterlassungsklagen wegen Schutzrechtsverletzungen vgl. *K. Schmidt,* ZZP 90 (1977), 38 ff.; *ders.,* FS *Gerhardt,* 2004, S. 903 ff.; *Jaeger/Windel,* § 85 Rn. 30, 34 ff., 72 f.

[187] BAG NJW 2010, 955 Rn. 10; BAG NZI 2013, 942 Rn. 26.

[188] OVG Münster GewArch 2004, 73; OVG Lüneburg NJW 2007, 1224u NVwZ-RR 2008, 358; anders bei Streitigkeiten über Sachgenehmigungen, VG Gießen ZIP 2005, 2074.

[189] So jedenfalls BVerwG ZIP 2006, 530, 531; VGH Kassel NVwZ 2003, 626; OVG Münster BeckRS 2010, 45058; BayVGH BeckRS 2012, 56520 Rn. 6 u ZInsO 2014, 725 Rn. 13; hiergegen überzeugend *Ahrens/Gehrlein/Ringstmeier/Piekenbrock,* § 85 Rn. 19; *Jaeger/Windel,* § 85 Rn. 84, da hier die Betriebsfortführung durch den Verwalter betroffen ist; s ausf *Rückert,* S. 74 ff.

[190] Vgl. BGH NZI 2011, 552 Rn. 9 f.

[191] BGHZ 172, 16, 18 = NJW 2007, 3132 Rn. 9; BGH NZI 2008, 683 Rn. 10.

[192] BGH ZIP 2009, 240 Rn. 10 f.; BGH NZI 2013, 489 Rn. 10 f.; ZInsO 2014, 200 Rn. 34 ff.; OLG München ZIP 2007, 2052; OLG Hamm BeckRS 2009, 05074; HK/*Kayser,* § 85 Rn. 10 f.; KPB/*Lüke,* § 85 Rn. 21; aA (Unterbrechung im Stadium der Anhängigkeit ist möglich, sie wirkt aber erst nach Rechtshängigkeit, deren Eintritt selbst durch den Unterbrechungsgrund nicht gehindert wird) m beachtl Gründen *Jaeger/Windel,* § 85 Rn. 6 ff.; *ders.,* ZZP 122 (2009), 367 ff.; *Lattka,* ZInsO 2007, 1034; s.a. *K. Schmidt,* NJW 1995, 911, 915.

[193] S immerhin *Ghassemi-Tabar/Delaveaux* NZM 2011, 537 u *Pießkalla,* ZInsO 2013, 1729, jew mit dem Vorschlag einer Kostenentscheidung analog § 269 III 3 ZPO.

[194] RGZ 64, 361, 362; RGZ 151, 279, 282 f.; BGH NJW 1966, 51; BGH NZI 2004, 318 f.; OLG Nürnberg NZI 2001, 91, 93; MüKoZPO/*Pießkalla,* § 240 Rn. 18; Stein/Jonas/*Roth,* § 240 Rn. 11; aA überzeugend *Jaeger/Windel,* § 85 Rn. 26; MüKoInsO/*Schumacher,* vor §§ 85 bis 87 Rn. 26; KPB/*Lüke,* § 85 Rn. 15; abw (nur) für wettbewerbsrechtliche Ansprüche auf Drittauskunft auch BGH NJW 2010, 2213 Rn. 20.

bb) (1) Nach § 240 ZPO *unterbrochen* wird mithin zunächst jedes zum Zeitpunkt der Insolvenzeröffnung schon bzw. noch rechtshängige Klageverfahren bis zur Rechtskraft des (Rechtsmittel-)Urteils.[195] Erfasst wird darüber hinaus das *Mahnverfahren,*[196] das *Kostenfestsetzungsverfahren,*[197] das *Exequaturverfahren* gem. § 722 ZPO,[198] das Verfahren zur Erwirkung eines *Arrestes oder einer einstweiligen Verfügung.*[199]

Ebenso unterbrochen werden die die Masse betreffenden arbeitsgerichtlichen (§§ 46 II 1, 64 VI, 72 V ArbGG),[200] patentgerichtlichen (§ 99 PatG),[201] verwaltungsgerichtlichen (§ 173 VwGO),[202] finanzgerichtlichen (§ 155 FGO)[203] und sozialgerichtlichen (§ 202 SGG) *Streitverfahren in anderen Gerichtsbarkeiten,* grundsätzlich nicht aber die *Verwaltungsverfahren* einschließlich der verwaltungsinternen Rechtsbehelfsverfahren,[204] es sei denn, es handelt sich um ein Verfahren, in dem die Grundlagen für zur Tabelle anzumeldende Insolvenzforderungen festgestellt werden.[205] § 240 ZPO ist ferner anzuwenden auf *Familienstreitsachen* (§ 113 I 3 FamFG)[206] sowie auf *echte Streitverfahren der freiwilligen Gerichtsbarkeit,* soweit diese Massebezug haben (natürlich schon im Ansatz nicht auf solche Verfahren, in denen nur die persönliche Rechtssphäre des Schuldners betroffen ist),[207] nicht jedoch zB auf *Grundbuchsachen.*[208]

(2) *Nicht anwendbar* ist § 240 ZPO demgegenüber auf das *Prozesskostenhilfeverfahren;*[209] allerdings hat die Unterbrechung des Hauptsacheverfahrens insoweit Auswirkung auf

---

[195] Zu Verfahren in der Berufungs- oder Revisionsinstanz s BGH NJW 1975, 442, 443; BGH VersR 1982, 1054; BGH ZIP 1999, 1314; BGH NJW 2004, 214.
[196] Vorauszusetzen ist, dass der Mahnbescheid bei Insolvenzeröffnung bereits zugestellt war, vgl. LG Koblenz ZInsO 2003, 666; *K. Schmidt/Sternal,* § 85 Rn. 7; aA insoweit *Jaeger/Windel,* § 85 Rn. 57; s ausf *Damerius,* S. 42 ff.
[197] BGH NZI 2006, 128; BGH NZI 2012, 625 Rn. 6 mwN (mit dem Zusatz, dies gelte auch bei bereits rechtskräftiger Kostengrundentscheidung); BGH ZIP 2013, 1742 Rn. 15; OLG Köln FamRZ 2012, 1669; *Jaeger/Windel,* § 85 Rn. 62; ausf *Damerius,* S. 85 ff.; teilw abw *Lüke,* FS Ganter, 2010, S. 269, 278.
[198] BGH NZI 2008, 681 Rn. 2 ff.; OLG Zweibrücken NJW-RR 2001, 985; OLG Dresden DZWIR 2001, 434; MüKoZPO/*Pießkalla,* § 240 Rn. 3; *Gruber,* IPRax 2002, 426, 428 f.; aA zB OLG Frankfurt IPRax 2002, 35 f. u ZInsO 2002, 33, 35; MüKoInsO/*Schumacher,* vor §§ 85–87 Rn. 47.
[199] BGH NJW 1962, 591; HK/*Kayser,* § 85 Rn. 27; MüKoInsO/*Schumacher,* vor §§ 85–87 Rn. 44; ausf *Jaeger/Windel,* § 85 Rn. 70.
[200] Vgl. zB BAG NJW 1984, 998; BAGE 115, 332 = NZA 2006, 109 Rn. 13 f.; BAG NZI 2007, 300; BAG NJW 2009, 3529; LAG Berlin-Brandenburg NZI 2012, 624 Rn. 9 ff.; *Zeuner,* FS K. *Schmidt,* 2009, S. 1771 f.; s ausf *Mohn,* NZA-RR 2008, 617; *Reinfelder,* NZA 2009, 124; aA für Beschlussverfahren LAG Hamm BeckRS 2013, 69957.
[201] Nach BPatG BeckRS 2012, 01431 u BeckRS 2014, 01412 aber nur, wenn eine vermögensrechtlich bedeutsame Beziehung zwischen den Beteiligten den Hintergrund des Verfahrens bilde; s aber BGH NJW 1966, 2059 u BPatG BeckRS 2013, 12865, wonach im Hinblick auf § 81 I 2 PatG die Prozessführungsbefugnis des eingetragenen Schuldners fortbestehe.
[202] Vgl. zB BVerwG NJW 1989, 314; BVerwG NZI 2003, 339; VGH Kassel NZI 2012, 765; OVG Koblenz NZI 2012, 1026.
[203] Vgl. zB BFH ZIP 2006, 968; BFH ZIP 2011, 592; BFH BeckRS 2014, 94089 Rn. 18 (zugleich dazu, dass dies auch für Prozesse wegen Grundlagenbescheiden gilt); BFH BeckRS 2014, 94387 (zum Beschwerdeverfahren); ausf *Jäger,* DStR 2008, 1272 ff.
[204] *Jaeger/Windel,* § 85 Rn. 82 mwN; ebenso für Widerspruchsverfahren vor dem DPMA BPatG NZI 2012, 291; aA BPatG BeckRS 2008, 15448 u BeckRS 2013, 21429; ausf *Kraßer/Neuburger,* GRUR 2010, 588.
[205] So für steuerliche Verwaltungsverfahren BFHE 183, 365 = NJW 1998, 630; BFHE 207, 10 = ZIP 2004, 2392; BFH/NV 2009, 719; BFHE 225, 278 = ZIP 2009, 1631; BFH/NV 2011, 1202; BFHE 241, 291 = NZI 2013, 1086 Rn. 19; *Gundlach/Frenzel/Schirrmeister,* DZWIR 2005, 189 mwN.
[206] Vgl. OLG Köln FamRZ 2012, 1669 (Kostenfestsetzungsverfahren, nicht Scheidungssache als solche).
[207] Vgl. zu Spruchverfahren OLG Frankfurt ZIP 2006, 203; OLG Schleswig ZIP 2008, 2326; allg. *Jaeger/Windel,* § 85 Rn. 74; KPB/*Lüke,* § 85 Rn. 34; Uhlenbruck/Hirte/Vallender/*Uhlenbruck,* § 85 Rn. 43.
[208] BayObLG ZInsO 2002, 490.
[209] BGH NZI 2006, 543 Rn. 1; OLG Düsseldorf ZIP 2003, 2131 f; OLG Zweibrücken ZInsO 2005, 444; KG OLGR 2008, 72; OLG Saarbrücken ZVI 2008, 471; OLG Frankfurt ZInsO 2013, 140, 142; aA zB OLG Köln NZI 2003, 58; BFHE 214, 293 = ZIP 2006, 2333; KPB/*Lüke,* § 85 Rn. 32; differen-

§ 32   114, 115   Kapitel III. 4. Abschnitt. Auswirkungen der Insolvenzeröffnung

das PKH-Verfahren, als die Entscheidung über die Bewilligung der Prozesskostenhilfe nur noch bis zu dem Zeitpunkt der Unterbrechung des Hauptsacheverfahrens zu treffen ist; der durch die Insolvenzeröffnung bedingte Wechsel in der Prozessführungsbefugnis ist damit bei der Entscheidung über die Erfolgsaussichten der PKH nicht zu berücksichtigen.[210] Ebenfalls nicht betroffen sind nach hM das *Verfahren zur Zuständigkeitsbestimmung* iSv § 36 ZPO[211] und das *Streitwertfestsetzungsverfahren*.[212] Eine Unterbrechung des *selbstständigen Beweisverfahrens* scheidet nach hM im Hinblick auf die Besonderheiten und die Eilbedürftigkeit dieses Verfahrens gleichfalls grundsätzlich aus;[213] anders nur dann, wenn die Beweisaufnahme bereits beendet ist, da ab diesem Zeitpunkt kein besonderes Beschleunigungsbedürfnis mehr bestehe.[214]

114   (3) Ebenfalls nicht iSv § 240 ZPO unterbrochen (wohl aber uU durch § 89 I ZPO unzulässig, → § 33 Rn. 13 ff.) werden die *Zwangsvollstreckungsverfahren*[215] einschließlich des vorgelagerten Klauselverfahrens (§§ 724–730, 732 ZPO)[216] und des Verfahrens zur Erteilung der Vermögensauskunft (§§ 802c ff., 807 ZPO)[217] bzw. der eidesstattlichen Versicherung (§ 883 II ZPO), jeweils einschließlich des Rechtsbehelfsverfahrens.[218] Die *„zivilrechtlichen Streitverfahren"* des Vollstreckungsrechts, also Klauselerteilungs- und -abwehrklagen (§§ 731, 768 ZPO), Vollstreckungsabwehrklagen (§ 767 ZPO), Drittwiderspruchsklagen (§§ 771 f. ZPO), Klagen auf vorzugsweise Befriedigung (§ 805 ZPO) und Widerspruchsklagen gegen einen Teilungsplan (§ 878 ZPO) werden allerdings unproblematisch von der Unterbrechung betroffen.[219]

115   (4) Das *Schiedsverfahren* wird nach hM durch die Insolvenzeröffnung an sich nicht berührt, also insbesondere nicht ipso iure analog § 240 ZPO unterbrochen;[220] jedoch wird das Schiedsgericht idR gehalten sein, dem Übergang der Prozessführungsbefugnis und mit ihr der Beteiligtenstellung im Schiedsverfahren auf den Verwalter (→ Rn. 77) durch Aussetzung besonders Rechnung zu tragen.[221]

---

zierend *Jaeger/Windel*, § 85 Rn. 65 ff.: nur wenn der Prozess in der Hauptsache bereits rechtshängig ist; s ausf *Damerius*, S. 79 ff.
[210] OLG Zweibrücken ZInsO 2005, 444; OLG Saarbrücken ZVI 2008, 471; OLG Frankfurt ZInsO 2013, 140, 142; aA BGH NZI 2006, 543 Rn. 2.
[211] So jedenfalls BGH BeckRS 2009, 05200 Rn. 12; BGH ZIP 2014, 243 Rn. 7; BayObLGZ 1985, 314, 315; OLG Frankfurt BeckRS 2013, 15628 Rn. 58.
[212] So jedenfalls OLG Neustadt NJW 1965, 591; OLG Hamm MDR 1971, 495; Uhlenbruck/Hirte/Vallender/*Uhlenbruck*, § 85 Rn. 32; aA KPB/*Lüke*, § 85 Rn. 31; *Jaeger/Windel*, § 85 Rn. 68 mwN.
[213] BGH NJW 2004, 1388 (m krit. Anm. *Stickelbrock*, EWiR 2004, 309 f.); *Gundlach/Frenzel/Schmidt* NJW 2004, 3222, 3224; *P. Meyer*, S. 11 ff. u NZI 2005, 9 ff.; Stein/Jonas/*Leipold*, § 490 Rn. 1; Uhlenbruck/*Uhlenbruck*, § 85 Rn. 39 mwN; aA OLG Frankfurt ZIP 2003, 2043; OLG Hamm ZIP 2004, 431; *Thomas/Putzo/Hüßtege*, Vorbem § 239 Rn. 1; differenzierend (nur bei einem Verfahren über das Vermögen des Antragsgegners) *Jaeger/Windel*, § 85 Rn. 71; HK/*Kayser*, § 85 Rn. 27.
[214] BGH NJW 2011, 1679 Rn. 7.
[215] BGH ZIP 2006, 1009 Rn. 17 f.; BGH ZIP 2007, 1126 Rn. 29; BGHZ 172, 16 = NJW 2007, 3132 Rn. 10 ff.; BGH NZI 2008, 683 Rn. 12; BGH NJW 2008, 918 Rn. 7; BGH ZIP 2009, 818 Rn. 4; OLG Stuttgart NZI 2011, 907; *Jaeger/Henckel*, § 49 Rn. 38 ff.; einschr *Jaeger/Windel*, § 85 Rn. 69 für Zwangsvollstreckungsverfahren, die einen kontradiktorischen Verfahrensabschnitt vor dem Prozessgericht umfassen, zB gem. § 887 I, II ZPO.
[216] BGH NJW 2008, 918 Rn. 7.
[217] BGH NZI 2013, 539 Rn. 6.
[218] BGH NZI 2013, 539 Rn. 6 ff. (zu Widerspruch und Beschwerde bei der Vermögensauskunft).
[219] BGH NZI 2008, 683 Rn. 9 ff. (zu Vollstreckungsabwehrklagen).
[220] BGH KTS 1966, 246, 247; BGHZ 179, 304 = NZI 2009, 309 Rn. 9 ff.; s ausf *Damerius*, S. 46 ff.; *Ehricke*, ZIP 2006, 1847, 1850; *Flöther*, S. 12 ff., 63, 108; ders., DZWIR 2001, 89, 92; *Heidbrinck/von der Groeben*, ZIP 2006, 265, 268 f.; *Heuser*, S. 19 ff.; *Jaeger/Windel*, § 85 Rn. 68; KPB/*Lüke*, § 85 Rn. 33; *Poelzig*, ZZPInt 14 (2009), 393, 406; aA mit beachtl Gründen *G. Wagner*, KTS 2010, 39, 57; *N. Weber*, S. 114 ff.
[221] Vgl. BGHZ 179, 304 = ZIP 2009, 627 Rn. 28 (zur Forderungsfeststellung); *Jaeger/Windel*, § 85 Rn. 68; MüKoInsO/*Schumacher*, vor §§ 85–87 Rn. 53.

3. Rechtsfolgen. a) *Rechtlicher Stillstand des Verfahrens.* Bei der von § 240 ZPO angeordneten Unterbrechung des Prozesses handelt es sich um eine Form des rechtlichen Stillstands des Verfahrens, das damit unter Fortdauer seiner Rechtshängigkeit an seinem Fortgang gehindert wird. Kennzeichen der Unterbrechung ist der Umstand, dass der Verfahrensstillstand kraft Gesetzes und unabhängig von dem Willen oder der Kenntnis des Gerichts oder der Parteien eintritt; die in der Praxis gelegentlich zu beobachtenden gerichtlichen Beschlüsse dieses Inhalts gehen also ins Leere. Die Unterbrechung tritt auch dann ein, wenn der Schuldner einen (anwaltlichen) Prozessbevollmächtigten hatte, da § 246 ZPO hier keine Anwendung findet; dies harmoniert mit der hM, der zufolge gem. §§ 116 f. InsO sowohl der anwaltliche Geschäftsbesorgungsvertrag als auch die Prozessvollmacht mit der Insolvenzeröffnung ohne weiteres erlöschen (→ Rn. 36).

b) *Fristen.* In praktischer Hinsicht hat die Unterbrechung vor allem die Wirkung, dass der Lauf einer *Frist* endet und nach Beendigung der Unterbrechung in vollem Umfang von neuem beginnt, § 249 I ZPO. Das gilt allerdings lediglich für die echten (gesetzlichen und richterlichen) Fristen, insb also auch für die Notfristen,[222] ferner (analog) für die Wiedereinsetzungsfrist des § 234 I ZPO,[223] nicht hingegen für die sog. uneigentlichen Fristen.[224] Bei richterlichen (Datums-)Fristen ist eine neue Fristsetzung geboten.[225] Ist eine Rechtsmittelbegründungsfrist *vor* der Unterbrechung bis zu einem datumsmäßig bestimmten Zeitpunkt verlängert worden und endet die Unterbrechung erst *nach* Ablauf dieses Termins, so ist unter der von neuem laufenden Frist iSv § 249 I ZPO nur die Monatsfrist des § 517 ZPO zu verstehen.[226]

c) *Parteihandlungen.* Nach § 249 II ZPO sind die während der Unterbrechung vorgenommenen Prozesshandlungen einer Partei *der anderen Partei gegenüber* ohne rechtliche Wirkung. Diese Unwirksamkeitsregel bezieht sich nur auf Prozesshandlungen, welche die Hauptsache, dh den prozessualen Anspruch, betreffen. Nicht erfasst davon sind Handlungen, die der Geltendmachung der Unterbrechung oder der Aufnahme des Rechtsstreits dienen.[227] Zulässig bleibt auch die Akteneinsicht (durch den Insolvenzverwalter, der schon ipso iure mit Insolvenzeröffnung in die Rechtsstellung als Prozesspartei eingerückt ist).[228] Unwirksam sind die Parteihandlungen auch nur der anderen Partei gegenüber, dh Handlungen gegenüber Dritten, etwa die Bevollmächtigung eines Anwalts, sind wirksam, auch wenn sie sich gerade auf das unterbrochene Verfahren beziehen.[229]

Streitig ist, ob auch Prozesshandlungen, die *dem Gericht gegenüber* vorzunehmen sind und vorgenommen werden, von der Unwirksamkeit erfasst sind; für die praktisch wichtigen Fälle der Einlegung und Begründung eines Rechtsbehelfs durch den Gegner des Schuldners wird dies von der hM verneint.[230] Folglich kann die zunächst unterbliebene Zustellung eines Rechtsbehelfs bzw. der Begründungsschrift an den Gegner nach dem Ende der Unterbrechung erfolgen, ohne dass die Einlegung bzw. Begründung des Rechtsbehelfes wiederholt werden müsste. Überdies kann der Mangel einer (während der Unterbrechung) unwirksam vorgenommenen Zustellung durch Genehmigung des

---

[222] Stein/Jonas/*Roth*, § 249 Rn. 6 ff. mwN, insb Rn. 8–11 zu den Rechtsmittelfristen; Einzelheiten bei *Jaeger/Windel*, § 85 Rn. 93.
[223] BFHE 191, 247 = NZI 2000, 504.
[224] *Jaeger/Windel*, § 85 Rn. 94; *Thomas/Putzo/Hüßtege*, § 249 Rn. 2; zum Begriff s Stein/Jonas/*Roth*, Vorbem § 214 Rn. 17, 30 ff.
[225] Stein/Jonas/*Roth*, § 249 Rn. 8.
[226] BGHZ 64, 1, 4 f. = NJW 1975, 692; BGH ZIP 1999, 75.
[227] Stein/Jonas/*Roth*, § 249 Rn. 15; Einzelheiten bei *Grunsky* JZ 1969, 237.
[228] BGHZ 9, 308 = NJW 1953, 1144.
[229] *Musielak/Stadler*, § 249 Rn. 3; *Thomas/Putzo/Hüßtege*, § 249 Rn. 6a; *Zöller/Greger*, § 249 Rn. 4.
[230] So BGHZ 50, 397, 400 = NJW 1969, 49; BGH NJW 1995, 2563; BGHZ 197, 177 = NZI 2013, 690 Rn. 10; *Jaeger/Windel*, § 85 Rn. 97.

Gegners sowie durch rügelose Einlassung auf den Rechtsbehelf nach § 295 ZPO geheilt werden.[231]

120 **d)** *Gerichtliche Handlungen.* aa) § 249 III ZPO sieht für Gerichtshandlungen als Ausnahme ausdrücklich vor, dass durch die nach Schluss einer mündlichen Verhandlung eintretende Unterbrechung die Verkündung der auf Grund dieser Verhandlung zu erlassenden Entscheidung nicht gehindert wird. Das Gericht muss danach die Entscheidung erlassen, auch wenn ihm die Unterbrechung bekannt ist. Tritt die Unterbrechung des Verfahrens zwar nach dem Schluss einer mündlichen Verhandlung, aber vor dem Ende einer Schriftsatzfrist, die einer Partei bewilligt war ein, so ist die Verkündung des Urteils unzulässig.[232]

121 Im Übrigen gilt für richterliche Handlungen, wie sich § 249 III ZPO wegen des engen Wortlauts nur im Umkehrschluss entnehmen lässt, der Grundsatz, dass sich das Gericht nach Bekanntwerden des Unterbrechungsgrundes den Parteien gegenüber aller weiteren Handlungen hinsichtlich der Hauptsache zu enthalten hat;[233] insbesondere darf weder eine Verhandlung stattfinden noch eine Entscheidung ergehen.[234] Auch eine verfahrensabschließende Einstellung des unterbrochenen Verfahrens durch das Gericht ist nicht zulässig.[235] Lädt das Gericht während der Unterbrechung unzulässigerweise zur mündlichen Verhandlung, liegt in der Ladung zugleich die (verfahrensfehlerhafte und beschwerdefähige) Entscheidung, das unterbrochene Verfahren fortzusetzen.[236]

122 Ist nur die teilweise Aufnahme des Prozesses möglich, so ist ein Teilurteil hingegen zulässig; dies gilt auch dann, wenn die Gefahr eines Widerspruchs zu einer späteren Entscheidung über den nicht aufgenommenen Teil nicht ausgeschlossen werden kann.[237] In Analogie zu § 249 III ZPO kann ein bereits *vor* der Unterbrechung unzulässiges Rechtsmittel nach deren Eintritt noch durch Beschluss verworfen werden.[238] Die Unterbrechung kann auch durch *Zwischenurteil* festgestellt werden; geschieht dies, so kann das Urteil wie ein Endurteil angefochten werden, da es die rechtssuchende Partei in vergleichbarer Weise beschwert.[239]

123 bb) Hat das Gericht die Unterbrechung unrichtig oder in Unkenntnis über die Insolvenzeröffnung unberücksichtigt gelassen, so handelt es sich um einen Mangel, der in jeder Lage des Verfahrens zu berücksichtigen ist.[240] Sofern ein Urteil oder eine andere nicht durch die Ausnahmevorschrift des § 249 III ZPO gedeckte gerichtliche *Entscheidung* ergangen ist, ist diese allerdings nicht nichtig;[241] vielmehr kann und muss sie durch das Rechtsmittelgericht im Wege der Aufhebung und Zurückverweisung an das

---

[231] BGHZ 4, 314, 320 = NJW 1952, 705; BGHZ 50, 397, 400 = NJW 1969, 49.
[232] BGH NJW 2012, 682 Rn. 8.
[233] BFH ZInsO 2013, 1156 Rn. 17.
[234] *Jaeger/Windel*, § 85 Rn. 103; Stein/Jonas/*Roth*, § 249 Rn. 22 f. Differenzierend demgegenüber BGH ZInsO 2005, 372 für Kostenentscheidungen: Sei die gesamte frühere Hauptsache erledigt, werde die Kostenentscheidung als einzig verbliebene Streitposition selbst zur Hauptsache, die Unterbrechung nach § 240 ZPO dauere dann fort; sei die Kostenentscheidung hingegen bloße Nebenentscheidung, weil ein Teil der früheren Hauptsache erhalten bleibe und nicht vom Insolvenzverfahren betroffen sei, dürfe die Kostenentscheidung ergehen, weil nach dem Wortlaut des § 249 II ZPO während der Unterbrechung nur Handlungen „in Ansehung der Hauptsache" ohne rechtliche Wirkung seien.
[235] BFH ZInsO 2013, 1156 Rn. 18.
[236] BFH ZInsO 2013, 1156 Rn. 12 f.
[237] BGHZ 195, 233 = NJW 2012, 3725 Rn. 24; BGH NZI 2013, 437 Rn. 12 ff.
[238] BGH NJW 1959, 532; BGH BeckRS 2013, 21008; OLG Düsseldorf, MDR 2001, 470; OLG München, NJOZ 2004, 2619; Stein/Jonas/*Roth*, § 249 Rn. 19.
[239] BGH NZI 2012, 572 Rn. 12 mwN.
[240] BGH NJW 2011, 1679 Rn. 8.
[241] BGHZ 66, 59, 61f; BGH NZI 2004, 341; BGHZ 172, 250 = NJW 2007, 2702 Rn. 7; BGH NZI 2009, 783 Rn. 10; BGH NJW 2011, 1679 Rn. 8; BSG BeckRS 2013, 72755; aA BFH BeckRS 2003, 25002811; BFH BeckRS 2009, 25015519; BFH BeckRS 2010, 25016676; BFH BeckRS 2013, 95602: „entfaltet keine Rechtswirkung und ist aus Gründen der Rechtsklarheit aufzuheben".

Gericht, bei dem die Sache zum Zeitpunkt der Unterbrechung anhängig war, beseitigt werden.[242]

Dieser Fehler kann – als Folge des bereits mit Insolvenzeröffnung eingetretenen gesetzlichen Parteiwechsels (→ Rn. 80) auch ohne zuvor oder gleichzeitig erklärte Prozessaufnahme[243] – vom Insolvenzverwalter, aber auch von jeder der bisherigen Parteien mit Rechtsmitteln geltend gemacht werden.[244] Insbesondere ist deshalb auch der Schuldner bereits während des Insolvenzverfahrens zur Anfechtung einer ihn ausweislich des Rubrums nach wie vor persönlich betreffenden Entscheidung berechtigt;[245] insoweit besteht dann auch die – im Hinblick auf die Masse als erloschen anzusehende (Rn. 36) – Vertretungsbefugnis des vom Schuldner mandatierten Prozessbevollmächtigten fort.[246] Eine andere Entscheidung des Rechtsmittelgerichts als die der Aufhebung und Zurückverweisung ist in diesem Stadium des Verfahrens dagegen nicht möglich.[247] Auch andere gerichtliche Handlungen, zB Ladungen und Zustellungen, die entgegen § 249 III ZPO vorgenommen werden, sind unwirksam.[248] 124

4. Ende der Unterbrechung. a) *Aufnahme des Rechtsstreits.* aa) Die Unterbrechung des Verfahrens nach § 240 ZPO dauert an, „bis es nach den für das Insolvenzverfahren geltenden Vorschriften *aufgenommen* wird." Konstitutive Wirkungen hat die Aufnahme danach nur hinsichtlich der durch sie beendeten Unterbrechung des Rechtsstreits. Die Parteistellung als solche ist dagegen bereits mit der Insolvenzeröffnung auf den Verwalter übergegangen; der Verwalter ist nicht Partei, weil er aufgenommen hat, sondern er kann aufnehmen, weil er mit der Insolvenzeröffnung Partei geworden ist (→ Rn. 80). 125

Die Aufnahme ist deshalb auch die einzige Möglichkeit, über den anhängigen prozessualen Anspruch weiter zu prozessieren; erhebt der Insolvenzverwalter oder der Prozessgegner anstelle der Aufnahme des Rechtsstreits eine *neue Klage* (gegen den jeweils anderen) mit einem in objektiver Hinsicht identischem Streitgegenstand, so ist diese wegen der entgegenstehenden Rechtshängigkeit nach § 261 III Nr. 1 ZPO unzulässig.[249] Durch *Ablehnung der Prozessaufnahme* seitens des Insolvenzverwalters endet die Unterbrechung dagegen nicht; dazu → Rn. 148 ff. 126

bb) Was unter „insolvenzmäßiger Aufnahme" zu verstehen ist und wer dazu befugt ist, richtet sich nach dem jeweiligen Streitgegenstand und dessen Bedeutung für die Insolvenzmasse: 127

– Bei *Aktivprozessen des Schuldners,* dh Rechtsstreitigkeiten, in denen ein Recht *für* die Masse in Anspruch genommen wird („*Teilungsmassestreit",* → Rn. 136 ff.), ist allein der Insolvenzverwalter, nicht hingegen der Prozessgegner, zur Entscheidung über die Aufnahme berufen, § 85 I 1 InsO. 128

– Bei *Passivprozessen des Schuldners,* dh Rechtsstreitigkeiten, in denen ein Recht *gegen* die Masse in Anspruch genommen wird, sind zwei Fallgestaltungen auseinanderzuhalten: 129

---

[242] RGZ 64, 361, 362 f.; BGHZ 172, 250 Rn. 7; BGH NZI 2009, 783 Rn. 10 ff., 14; BGH NJW-RR 2012, 1465 Rn. 3; BGH NZI 2013, 747 Rn. 18; BAG AP Nr. 1 zu § 240; BAG ZIP 2009, 1134 Rn. 10; BAG NJW 2009, 3529 Rn. 15; KG BeckRS 2014, 06106; *Jaeger/Windel,* § 85 Rn. 105; Stein/Jonas/*Roth,* § 249 Rn. 26 f.
[243] RGZ 88, 206, 207 f; RGZ 141, 306, 308; BGH NJW 1997, 1445; BGH BeckRS 2010, 03331; *Jaeger/Windel,* § 85 Rn. 106 mwN.
[244] BGH NJW 1995, 2563; BGH NZI 2009, 783 Rn. 6; BGH NJW 2011, 1679 Rn. 8.
[245] BGH NJW 1995, 2563; BGH NZI 2006, 128; BAG ZIP 2009, 1134 Rn. 11 f.; BFH NZI 2011, 907 Rn. 10 (zur Missachtung der Unterbrechung eines Besteuerungsverfahrens); aA *Jaeger/Windel,* § 85 Rn. 106 mwN.
[246] BAG ZIP 2009, 1134 Rn. 14 ff.; LSG Berlin-Brandenburg ZIP 2009, 2360; FG Hamburg ZInsO 2011, 1985; *Jaeger/Jacoby,* § 117 Rn. 50; KPB/*Tintelnot,* § 117 Rn. 21.
[247] BGH NJW 2011, 1679 Rn. 8.
[248] BGHZ 111, 104, 107 ff.; *Jaeger/Windel,* § 85 Rn. 107; *Thomas/Putzo/Hüßtege,* § 249 Rn. 8.
[249] *Jaeger/Windel,* § 85 Rn. 127.

In der einen Gruppe von Passivprozessen mindert das im Streit befindliche Recht des Prozessgegners die Aktivmasse, es geht also um Aussonderungs- bzw. Absonderungsrechte oder Masseschuldansprüche gegen die jetzige Insolvenzmasse („*Teilungsmassegenstreit*", → Rn. 161 ff.). Hierfür bestimmt § 86 InsO, dass der unterbrochene Prozess sowohl vom Insolvenzverwalter als auch vom Gegner aufgenommen werden kann.

130 – In der anderen Fallgruppe vergrößert das Recht des Gegners die Schuldenmasse, es handelt sich also um einen Vermögensanspruch, dessen Inhaber Insolvenzgläubiger iSv § 38 InsO ist („*Schuldenmassestreit*", → Rn. 179 ff.). Für diese Fälle bestimmt § 87 InsO, dass die Rechtsverfolgung nur im Wege der Anmeldung zur Tabelle (§§ 174 ff. InsO) stattfinden darf. Die Rechtsverfolgung findet hier also nur im Insolvenzverfahren statt, der Gläubiger wird so auf die insolvenzmäßige, also gleichmäßige Befriedigung beschränkt. Wird die angemeldete Forderung im Prüfungstermin bestritten, so ist ihre Feststellung grundsätzlich vom Anmelder durch Aufnahme des unterbrochenen Rechtsstreits nach § 180 II InsO zu verfolgen.

131 cc) Waren iSv § 260 ZPO mehrere Streitgegenstände, für die unterschiedliche Regeln zur Anwendung kommen – insbesondere wenn in einem Passivprozess des Schuldners ein Klageantrag wegen eines Aussonderungs- oder Absonderungsrechts mit einem Klageantrag kumuliert worden ist, mit dem eine Insolvenzforderung geltend gemacht wird –, in einer Klage verbunden (objektive Klagehäufung), so kann der nach hM insgesamt unterbrochene Prozess (→ Rn. 110) nach Streitgegenständen getrennt aufgenommen werden; über die einzelnen Streitgegenstände ist dann jeweils durch Teilurteil (§ 301 ZPO) zu entscheiden.[250] Sofern dabei für einzelne Streitgegenstände wegen fehlenden Massebezugs die Prozessführungsbefugnis des Schuldners bestehen bleibt, bleibt dieser jedenfalls insoweit selbst Partei und es entsteht kraft Gesetzes eine subjektive Klagehäufung mit dem als Amtspartei handelnden Verwalter und dem (für seine verfahrensfreie Rechtssphäre handelnden) Schuldner als Streitgenossen. Sind *Klage und Widerklage* unterbrochen, so sind die Aufnahmevoraussetzungen für Klage und Widerklage unabhängig voneinander zu prüfen.[251]

132 Zur Aufnahme im Einzelnen → Rn. 140 ff., 168 ff., 191 ff.

133 **b)** *Beendigung des Insolvenzverfahrens.* Die Unterbrechung endet nach § 240 S. 1 ZPO ferner im Fall der Beendigung des Insolvenzverfahrens, also bei Aufhebung (§§ 200, 258 InsO) oder Einstellung des Verfahrens (§§ 207, 213 InsO) sowie im Fall der Aufhebung des Eröffnungsbeschlusses im Beschwerdeverfahren (§ 34 InsO). Im letzteren Fall endet die Unterbrechung erst mit der Rechtskraft des Beschlusses (§ 6 III InsO), in den übrigen Fällen mit dem Wirksamwerden des Beschlusses, dh mit Ablauf des zweiten Tages nach der öffentlichen Bekanntmachung (§ 9 I 3 InsO).[252]

134 Durch die Beendigung des Insolvenzverfahrens erlangt der Schuldner idR seine massebezogene Prozessführungsbefugnis zurück; damit einhergehend rückt er im Wege des gesetzlichen Parteiwechsels ohne weiteres wieder in die zwischenzeitlich auf den Verwalter übergegangene Parteistellung ein (→ Rn. 16). In rechtspolitisch nicht unbedenklicher Weise gewährt ihm das Gesetz in § 240 S. 1 ZPO gleichwohl keine erneute – durch explizite Aufnahme zu beendende – Übergangsfrist, sondern setzt den stillstehenden Prozess ohne Rücksicht auf die Kenntnis der Beteiligten automatisch wieder in Gang,[253] so dass insbesondere alle Fristen sogleich wieder zu laufen beginnen.

---

[250] BGH NZI 2010, 901 Rn. 15 ff., 18; BGH NZM 2012, 417 Rn. 15.
[251] RGZ 122, 51, 54 ff.; *Jaeger/Windel*, § 85 Rn. 113 mwN in Fn 558.
[252] BGHZ 36, 258, 262 = NJW 1962, 589; BGHZ 64, 1, 3 = NJW 1975, 692; *Jaeger/Windel*, § 85 Rn. 109; *Häsemeyer*, Rn. 7.57a.
[253] RGZ 122, 51, 55; BGHZ 36, 258, 262 = NJW 1962, 589; BGHZ 64, 1, 2 = NJW 1975, 692; BFH/NV 2008, 2045; *Jaeger/Meller-Hannich*, § 200 Rn. 18; *Jaeger/Windel*, § 85 Rn. 109; Stein/Jonas/ *Roth*, ZPO, § 240 Rn. 17.

Tritt die Beendigung des Insolvenzverfahrens *während eines bereits aufgenommenen* **135**
Rechtsstreits ein, so erlangt der Schuldner zusammen mit der massebezogenen Prozessführungsbefugnis ebenfalls ohne weiteres seine Parteistellung zurück (→ Rn. 16). Die hiervon zu unterscheidende Frage des erneuten Verfahrensstillstands wird dort jedoch abweichend beantwortet, indem – richtigerweise – überwiegend angenommen wird, dass der Prozess analog §§ 239, 246 ZPO ein weiteres Mal unterbrochen wird und durch den Schuldner besonders aufgenommen werden muss (→ Rn. 17).

III. Aufnahme von Aktivprozessen (§ 85 InsO)

1. Grundgedanken. Auch wenn sich der Eintritt des Insolvenzverwalters in anhängi- **136**
ge massebezogene Prozesse ipso iure mit der Insolvenzeröffnung vollzieht (→ Rn. 80), bedarf es, damit der zum Stillstand gekommene Prozess fortgesetzt werden kann, der Prozessaufnahme durch eine der aktuellen Prozessparteien (→ Rn. 125 f.). Nach § 85 I 1 InsO wird das Recht hierzu für „Rechtsstreitigkeiten über das zur Insolvenzmasse gehörende Vermögen, die zur Zeit der Eröffnung des Insolvenzverfahrens für den Schuldner anhängig sind", ausschließlich dem Insolvenzverwalter zugewiesen (sowie in der Eigenverwaltung dem Schuldner in seiner Eigenschaft als Amtspartei); allerdings kann bei Verzögerung auch die Gegenseite nach § 239 ZPO die Initiative ergreifen, vgl. § 85 I 2 InsO.

2. Anwendungsbereich. § 85 I 1 InsO gilt allerdings nur für den sog. *Teilungsmasse-* **137**
streit, dh einen Prozess, in dem ein Vermögensrecht für den Schuldner – also nach der Insolvenzeröffnung für die Insolvenzmasse („Teilungsmasse") – in Anspruch genommen wird. Der Streitgegenstand des Prozesses muss ein potentielles Aktivum der Insolvenzmasse bilden, weshalb man auch von Aktivprozessen spricht. Nicht entscheidend für die Beurteilung der Frage, ob ein Aktivprozess vorliegt, ist freilich die *Parteirolle* des Schuldners.[254] So stellt zB eine gegen den Schuldner gerichtete verneinende Feststellungsklage für diesen einen Aktivprozess dar, während umgekehrt eine negative Feststellungsklage des Schuldners (als Kläger) für diesen gerade *keinen* Aktivprozess bildet. Aufgegeben ist allerdings die ältere Rechtsprechung, wonach auch eine gegen den Schuldner gerichtete Unterlassungsklage, die auf einen gesetzlichen Unterlassungsanspruch wegen Verletzung eines gewerblichen Schutzrechts oder wegen eines Wettbewerbsverstoßes gestützt ist, unter § 85 I InsO fällt.[255] Nicht um einen Aktivprozess handelt es sich auch bei einer durch den Schuldner erhobenen Vollstreckungsgegenklage (§ 767 ZPO).[256]

Der Charakter als Aktiv- oder Passivprozess kann sich auch *je nach der Prozesslage ändern*. **138**
Sofern etwa der Schuldner in einem gegen ihn gerichteten Passivprozess bei Insolvenzeröffnung bereits zur Zahlung verurteilt war und die Urteilssumme auf Grund vorläufiger Vollstreckbarkeit beigetrieben worden ist, wandelt sich der Rechtsstreit in einen Aktivprozess iSv § 85 InsO, weil der in die Parteirolle des beklagten Schuldners eintretende Insolvenzverwalter den Rückforderungsanspruch nach § 717 II ZPO als Aktivum zur Masse ziehen will.[257] Das gilt unabhängig davon, ob der Ersatzanspruch durch selbstständige Klage oder durch Zwischenantrag nach § 717 II 2 ZPO geltend gemacht wird.

Umgekehrt wandelt sich ein ursprünglicher Aktiv- in einen Passivprozess, wenn der **139**
Schuldner eine Leistung eingeklagt und beigetrieben hatte, die der Gegner jetzt nach

---

[254] RGZ 134, 377, 379; BGH NJW 1995, 1750; BGH NZI 2008, 683 Rn. 14; BGH BeckRS 2010, 15124; BGH BeckRS 2012, 09227; HK/*Kayser*, § 85 Rn. 48; *Jaeger/Windel*, § 85 Rn. 113, 116.
[255] So BGHZ 185, 11 = NZI 2010, 811 Rn. 20 ff. (unter Aufgabe von RGZ 134, 377, 379; BGH GRUR 1966, 218, 219 f.; BGH, GRUR 1983, 179, 180); zur Subsumtion unter § 86 InsO → Rn. 36 aE, 39 aE.
[256] BGH NZI 2008, 683 Rn. 14; *Jaeger/Windel*, § 85 Rn. 117.
[257] BGHZ 36, 258, 264 = NJW 1962, 598; BGH ZIP 1995, 643 f.; *Jaeger/Windel*, § 85 Rn. 115.

§ 717 II ZPO zurückfordert.[258] Handelt es sich um einen massezugehörigen Erfüllungsanspruch aus einem beiderseits noch nicht erfüllten gegenseitigen Vertrag iSv § 103 I InsO, so hängt danach die Frage, ob der Prozess nach § 85 I 1 InsO aufzunehmen ist, uU noch von der Wahlrechtsausübung des Verwalters ab, die mit der Aufnahme verbunden werden kann.[259]

140 Eine vom Schuldner in einem Passivprozess einredeweise geltend gemachte *Aufrechnung* führt trotz der nach § 322 II ZPO eintretenden Rechtskraftwirkungen nicht zur Anwendung des § 85 InsO.[260]

141 **3. Durchführung der Aufnahme. a)** *Aufnahmeberechtigung.* Zur Aufnahme des schwebenden Aktivprozesses ist grundsätzlich allein der Insolvenzverwalter berechtigt (→ Rn. 136). Dessen Entscheidung über die Aufnahme ist nach pflichtgemäßem Ermessen zu treffen. Maßgebliches Kriterium ist das Interesse der Insolvenzmasse und damit der Insolvenzgläubiger an der Fortführung des Rechtsstreits.[261] Neben der Berücksichtigung der Erfolgsaussichten in tatsächlicher und rechtlicher Hinsicht wird bei der Entscheidungsfindung regelmäßig die Finanzierbarkeit der im Unterliegensfall zu zahlenden Prozesskosten eine Rolle spielen. Für die Aufnahme eines Prozesses mit einem erheblichen Streitwert oder deren Ablehnung benötigt der Insolvenzverwalter *intern* die Zustimmung des Gläubigerausschusses gem. § 160 II Nr. 3 InsO (→ Rn. 25).

142 **b)** *Form.* Die Aufnahme des nach § 240 ZPO unterbrochenen Rechtsstreits durch den Verwalter erfolgt durch „Zustellung eines bei Gericht einzureichenden Schriftsatzes" (§ 250 ZPO) an den Gegner. Neben der Zustellung einer ausdrücklichen Aufnahmeerklärung wird auch die einer konkludenten Erklärung des Insolvenzverwalters als ausreichend erachtet, die den Willen des Insolvenzverwalters erkennen lässt, den Prozess fortsetzen zu wollen.[262] Mängel der Aufnahmeform können überdies nach § 295 ZPO geheilt werden.[263]

143 Der Schriftsatz ist grundsätzlich an das Gericht zu richten, bei dem das Verfahren zum Zeitpunkt der Unterbrechung rechtshängig war. Im Fall der *Unterbrechung eines Rechtsstreits zwischen den Instanzen* ist dies das Ausgangsgericht. Ob die Aufnahme in diesem Fall mit der Einlegung eines Rechtsmittels verbunden werden kann, ist streitig. Nach zutreffender hM können Aufnahme und Rechtsmitteleinlegung hier zusammen in einem Schriftsatz erklärt werden, der bei dem höheren Gericht eingereicht wird.[264] Diese Auffassung vermeidet das Erfordernis eines besonderen (dem Anwaltszwang unterliegenden) Aufnahmeschriftsatzes an das Untergericht, und damit eine unnötige und kostentreibende Formalität. Hinzu kommt, dass der Aufnahme beim Rechtsmittelgericht jedenfalls dann keine Hindernisse entgegenstehen, wenn man annimmt,[265] der Rechtsstreit gelange durch das auch während der Unterbrechung zulässige Rechtsmittel an das Rechtsmittelgericht. Auf der Grundlage der hM wird die Einlegung des Rechtsmittels in der Regel als konkludente Aufnahmeerklärung zu werten sein.

---

[258] BGH NZI 2004, 318; BGH NZI 2005, 394; OLG Hamburg ZInsO 2013, 2178; *Jaeger/Windel*, § 85 Rn. 115.
[259] Vgl. nur *Jaeger/Windel*, § 85 Rn. 128; *Ahrens/Gehrlein/Ringstmeier/Piekenbrock*, § 85 Rn. 50 f.
[260] RG JW 1915, 1437; OLG Hamburg ZInsO 2013, 2178; *Jaeger/Windel*, § 85 Rn. 114; MüKoInsO/*Schumacher*, § 85 Rn. 5.
[261] *Jaeger/Windel*, § 85 Rn. 127.
[262] BGHZ 23, 172, 175 = NJW 1957, 713; BGH ZIP 1983, 592; *Jaeger/Windel*, § 85 Rn. 130.
[263] BGHZ 23, 172, 175 = NJW 1957, 713 (betr den Verzicht auf die Zustellung); BGHZ 50, 397, 400 = NJW 1969, 48 (betr den Verzicht auf das Schriftsatzerfordernis); *Jaeger/Windel*, § 85 Rn. 130; MüKoZPO/*Pießkalla*, § 250 Rn. 10.
[264] BGHZ 36, 258 = NJW 1962, 589; BGHZ 111, 104, 109; zust *Rosenberg/Schwab/Gottwald*, § 124 Rn. 19; KPB/*Lüke*, § 85 Rn. 56; *Jaeger/Windel*, § 85 Rn. 131; HK/*Kayser*, § 85 Rn. 55; aA *Stein/Jonas/Roth*, § 250 Rn. 4: zunächst müsse der Rechtsstreit beim unteren Gericht aufgenommen werden, erst danach könne das Rechtsmittel beim höheren Gericht wirksam angebracht werden.
[265] Vgl. BGHZ 50, 397 = NJW 1969, 48.

Unterbleibt die Aufnahme durch den Verwalter, so kann der Gegner den Insolvenz- 144
verwalter in entsprechender Anwendung des § 239 II ZPO durch das erstinstanzliche
Gericht zur Aufnahme des Rechtsstreits laden lassen;[266] wird das Verfahren dann vom
Insolvenzverwalter aufgenommen, so ist die Unterbrechung beendet, so dass die Berufungsfrist von neuem zu laufen beginnt (§ 249 I ZPO), lehnt der Verwalter die Aufnahme
dagegen ab, so kann der Gegner den Rechtsstreit selbst aufnehmen (§ 85 II InsO).

c) *Wirkungen.* Grundsätzlich besteht eine *Bindung* des Insolvenzverwalters an die bis- 145
herige Prozessführung des Schuldners, einschließlich eventueller Anerkenntnisse, Verzichte, Geständnisse, Fristversäumnisse etc gelten lassen, sofern er nicht im Einzelfall
solche Rechtshandlungen gemäß §§ 129 ff. InsO erfolgreich anfechten kann.[267] Der
Verwalter führt den Rechtsstreit also in der Lage fort, in der sich dieser befindet. Folgerichtig steht es dem Verwalter natürlich frei, sämtliche dem Schuldner bei Eintritt der
Unterbrechung noch zustehenden Angriffs- und Verteidigungsmittel vorzubringen oder
über den Streitgegenstand durch Rücknahme der Klage oder des Rechtsbehelfs oder
durch Anerkenntnis bzw. Verzicht zu verfügen.[268]

d) *Kosten.* Soweit der Insolvenzverwalter den von ihm aufgenommenen Prozess ver- 146
liert, bilden die Kosten des gesamten Rechtsstreits, also auch die vor der Aufnahme
entstandenen, nach dem Prinzip der Einheitlichkeit der Kostenentscheidung grundsätzlich eine einheitliche Masseverbindlichkeit nach § 55 I Nr. 1 InsO.[269] Anders – dh iS
einer Kostenaufteilung in Insolvenz- und Masseverbindlichkeiten – sollte hier aber dann
entschieden werden, wenn das Insolvenzereignis den Rechtsstreit in einer höheren Instanz oder nach Zurückverweisung der Sache an die Vorinstanz unterbricht.[270]

Führt der Insolvenzverwalter den Rechtsstreit nach Insolvenzeröffnung selbst an- 147
stelle des bisherigen Prozessbevollmächtigten weiter, so sind die dadurch entstandenen
Mehrkosten grundsätzlich nicht erstattungsfähig.[271] Nimmt der Insolvenzverwalter ein
Verfahren auf, bei dem dies nicht oder nur unter zusätzlichen Voraussetzungen zulässig
ist, so ist dies wirkungslos; die Kosten sind in diesem Fall der Insolvenzmasse aufzuerlegen.[272]

4. Ablehnung der Aufnahme. a) *Grundgedanken.* Bei mangelndem Interesse der 148
Masse an der Prozessführung kann der Insolvenzverwalter die Aufnahme ablehnen. Der
streitige Gegenstand gehört fortan zum freigegebenen und damit insolvenzfreien Vermögen, für das dem Schuldner ohne weiteres die Verfügungsbefugnis und mit ihr die
Prozessführungsbefugnis zukommt; er erwirbt damit ebenfalls ipso iure die Parteistellung in dem hierüber anhängigen Prozess zurück (→ Rn. 22, 152). Dementsprechend
können in diesem Fall – und nur in diesem Fall – gemäß § 85 II InsO sowohl der
Schuldner als auch der Gegner den Rechtsstreit aufnehmen. Die nach § 240 ZPO eingetretene Unterbrechung des Prozesses endet erst mit dieser Aufnahme, nicht schon mit
der Ablehnung seitens des Insolvenzverwalters (→ Rn. 153).

---

[266] Vgl. BGHZ 36, 258, 264 = NJW 1962, 589; BGH, KTS 1960, 121; *Jaeger/Windel,* § 85 Rn. 156.
[267] S dazu ausf *Kühnemund,* S. 30 ff., 83 ff.; *ders.,* ZInsO 1999, 62 ff.
[268] *Jaeger/Windel,* § 85 Rn. 132.
[269] *Jaeger/Henckel,* § 55 Rn. 21; *Jaeger/Windel* § 85 Rn. 139; *Adam,* DZWIR 2010, 187, 189 f.; *Heinze,* DZWIR 2006, 252; s. a. BGH NZI 2006, 295 Rn. 15; BGH NZI 2007, 104 Rn. 12 ff., jew mwN zur Aufnahme nach § 180 InsO; s ausf *Damerius,* S. 188 ff.; *Rückert,* S. 155 ff.
[270] So auch – gegen die aaO Fn. zuvor dargestellte hM – OLG Rostock ZIP 2001, 2145; LG Köln ZIP 2003, 1310; LAG Hamm, ZIP 2002, 770, 771 f.; *Ahrens/Gehrlein/Ringstmeier/Piekenbrock,* § 85 Rn. 33; *Damerius,* S. 191 ff. u ZInsO 2007, 569 ff.; *Heiderhoff,* ZIP 2002, 1564 ff.; MüKoInsO/*Schumacher,* § 85 Rn. 20; explizit offen lassend BGH NZI 2005, 33, 34; BGH NZI 2007, 104 Rn. 14.
[271] OLG München KTS 1989, 449.
[272] BGH NZI 2005, 108; BAG ZInsO 2013, 1475 Rn. 9 ff., 12.

149 Anstelle einer Ablehnung der Aufnahme kann der Verwalter die Klage auch ohne vorherige Aufnahme zurücknehmen;[273] denn die Parteistellung und damit zugleich die Befugnis zur allen Dispositionshandlungen hinsichtlich des Streitgegenstands war bereits mit der Verfahrenseröffnung auf ihn übergegangen (→ Rn. 80). Nicht dagegen kann er *den Schuldner zur Aufnahme* des unterbrochenen Prozesses ermächtigen.[274] Steht dem Schuldner danach kein Recht zur Aufnahme des Rechtsstreits zu (vor allem weil der Verwalter sich noch gar nicht zur Aufnahme geäußert hat), so ist diese auch seinem Nebenintervenienten jedenfalls dann zu versagen, wenn der Insolvenzverwalter mit der Aufnahme nicht einverstanden ist; denn es darf nicht die Entscheidung des Insolvenzverwalters unterlaufen werden, der allein nach pflichtgemäßem Ermessen darüber zu befinden hat, ob der Prozess für die Masse fortgeführt wird.[275]

150 **b)** *Prozesshandlung.* Die Ablehnungserklärung ist als solche zunächst Prozesshandlung (prozessuale Bewirkungshandlung);[276] sie ist aber nicht dem Gericht gegenüber, sondern entweder dem Schuldner oder der anderen Partei gegenüber zu erklären[277] und unterliegt deshalb auch nicht dem Anwaltszwang nach § 78 ZPO.[278] Sie ist nach allgemeinen Grundsätzen unanfechtbar und unwiderruflich,[279] unterliegt keiner Form und kann deshalb auch durch schlüssiges Verhalten bekundet werden.[280] Eine Ablehnung mit dem (geheimen oder ausdrücklichen) Vorbehalt, den Gegenstand trotzdem für die Masse in Anspruch nehmen zu wollen, ist wegen inneren Widerspruchs unwirksam.[281] Die Befugnis des Insolvenzverwalters, die Aufnahme des Prozesses abzulehnen, besteht – wie allgemein die Freigabemöglichkeit (→ Rn. 22 mwN) – ohne Einschränkung auch in der Insolvenz einer juristischen Person, einer Gesellschaft ohne Rechtspersönlichkeit gem. § 11 II Nr. 1 InsO und in der Nachlassinsolvenz.[282]

151 **c)** *Freigabe.* Durch die Ablehnung der Aufnahme überlässt der Insolvenzverwalter nicht nur den Rechtsstreit, sondern mit ihm zugleich das streitige Recht dem Schuldner zur freien Verfügung. Die Ablehnung enthält deshalb – nicht nur als regelmäßiges Auslegungsergebnis,[283] sondern zwingend[284] – zugleich die an den Schuldner gerichtete materiell-rechtliche Erklärung, den streitgegenständlichen Vermögenswert aus der Masse freizugeben, wodurch dieser ohne weiteres in das insolvenzfreie Vermögen des Schuldners und damit in dessen eigene Verwaltungs- und Verfügungsbefugnis zurückfällt (Rn. 22).

152 Mittelbar hat allerdings auch die an sich rein materiell-rechtliche Freigabe prozessuale Folgen, die sogar weiter reichen als die der bloßen Ablehnung der Aufnahme: Zusammen mit der Verwaltungs- und Verfügungsbefugnis erlangt der Schuldner hierdurch hinsichtlich des betreffenden Vermögenswerts die Prozessführungsbefugnis und damit einhergehend ipso iure zugleich die Parteistellung in dem betreffenden Rechtsstreit

---

[273] So OLG Celle ZIP 2011, 2127; *Jaeger/Windel*, § 85 Rn. 99; *K. Schmidt/Sternal*, § 85 Rn. 33; aA Nerlich/Römermann/*Wittkowski/Kruth*, § 85 Rn. 18a.
[274] BGH NJW 1973, 2065; abw für die *Klageerhebung* durch den ermächtigten Schuldner BGHZ 35, 180, 182f = NJW 1961, 1527; BGH KTS 1965, 236, 237; BGH ZIP 1987, 793, 794; BGHZ 100, 217, 221 = NJW 1988, 2018; hiergegen wiederum *Jaeger/Windel*, § 86 Rn. 23 iVm § 80 Rn. 210ff., 216ff.
[275] BGH NZI 2010, 298 Rn. 22; BGH ZIP 2014, 1304 Rn. 2.
[276] OVG Lüneburg NVwZ-RR 2008, 358; *Jaeger/Windel*, § 85 Rn. 127.
[277] BGH WM 1969, 98, 99; BGH NZI 2003, 666, 667; BGH NZI 2007, 173 Rn. 18.
[278] *Jaeger/Windel*, § 85 Rn. 143.
[279] BGH NZI 2007, 173 Rn. 18; OVG Lüneburg NVwZ-RR 2008, 358.
[280] BGH NZI 2003, 666, 667; BGH NZI 2007, 173 Rn. 18.
[281] RGZ 70, 368, 370; RGZ 122, 51, 57; KPB/*Lüke*, § 85 Rn. 68.
[282] BGH NZI 2007, 173 Rn. 18 mwN; einschr *Jaeger/Windel*, § 85 Rn. 150f.
[283] So aber zB BGH WM 1969, 98, 99; *Jaeger/Windel*, § 85 Rn. 144; indessen könnte eine *nicht* als Freigabe interpretierbare „Ablehnung der Aufnahme" nur eine vorläufige Meinungsäußerung darstellen, an die auch nicht die Wirkungen des § 85 II InsO anknüpfen können, vgl. BGH NJW 1973, 2065.
[284] Zutr BGHZ 163, 32, 34f. = NJW 2005, 2015 sub II 4; BGH NZI 2007, 173 Rn. 18; *Henckel*, FS Kreft, 2004, S. 291, 303f.

zurück (Rn. 22). Als weitere Konsequenz hieraus fällt dem Schuldner ohne weiteres auch die Befugnis zu (neben dem Prozessgegner), den nach wie vor unterbrochenen Rechtsstreit aufzunehmen, so dass es des § 85 II InsO an sich gar nicht bedurft hätte. Es reicht deshalb stets aus, wenn der Verwalter nur die Freigabe und nicht auch ausdrücklich die Ablehnung der Aufnahme erklärt.[285]

Wie stets in den Fällen des Rückfalls der Prozessführungsbefugnis an den Schuldner **153** bedarf es auch im Fall der Freigabe einer Phase des Prozessstillstands, um sowohl dem Schuldner als nunmehr (wieder) prozessführungsbefugter Person als auch dem Gegner Gelegenheit zu geben, sich auf die veränderte Prozesssituation einzustellen (Rn. 23 f.). Eine erneute Unterbrechung analog §§ 239, 246 ZPO ist jedoch entbehrlich, weil und soweit die nach § 240 ZPO eingetretene Prozessunterbrechung ohnehin noch fortdauert; es genügt also, diese bis zur Aufnahme durch den Schuldner oder den Prozessgegner (§§ 85 II InsO, 250 ZPO) fortdauern zu lassen.[286] Anders wäre dies, wenn die *Freigabe erst nach der Aufnahme* erfolgen würde; indessen tritt hier richtigerweise schon gar kein Rückfall der Parteistellung auf den Schuldner ein, sondern es sind die Regeln des § 265 II ZPO anzuwenden, so dass der Insolvenzverwalter den Prozess ungeachtet der Freigabe selbst fortführen muss (→ Rn. 23).

Soll der Prozess für oder gegen den Schuldner aufgenommen werden (§ 85 II InsO), **154** soll der Schuldner nach hM seinen früheren Prozessbevollmächtigten – dessen Prozessvollmacht durch die Insolvenzeröffnung erloschen war – ggf. neu mandatieren müssen (→ Rn. 37). Für die Aufnahme gilt im Übrigen das zur Aufnahme durch den Insolvenzverwalter Ausgeführte (→ Rn. 142 ff.).

d) *Kosten.* Bei Ablehnung der Aufnahme des Prozesses durch den Insolvenzverwalter **155** und Fortführung des Prozesses durch den Schuldner fallen der Insolvenzmasse nach hM keinerlei Prozesskosten zur Last; diese treffen vielmehr nach dem Grundsatz der Einheitlichkeit der Kostenentscheidung für den Fall des Unterliegens in vollem Umfang – dh einschließlich der vor Insolvenzeröffnung in womöglich sogar bereits abgeschlossenen Instanzen entstandenen Kosten – den Schuldner (bereits → Rn. 146).[287] Dagegen lässt sich die Entstehung einer Masseschuld nach § 55 I Nr. 1 InsO nicht vermeiden, wenn der Insolvenzverwalter den Prozess allein zu dem Zweck aufnimmt, eine aussichtslose Klage oder ein aussichtsloses Rechtsmittel des Schuldners zurückzunehmen.

5. Zögern des Insolvenzverwalters. Einer vom Insolvenzverwalter verursachten **156** Verzögerung soll § 239 ZPO begegnen, § 85 I 2 InsO. Der Verwalter muss die Entscheidung, ob er den unterbrochenen Prozess aufnehmen oder aber die Aufnahme ablehnen will, binnen einer den Umständen nach angemessenen Überlegungsfrist treffen. Tut er dies nicht, so hat der Prozessgegner nach §§ 85 I 2 InsO, 239 II ZPO die Möglichkeit, den Insolvenzverwalter zur Aufnahme sowie zur Verhandlung der Hauptsache zu laden.[288] *Zuständig* für das Aufnahmeverfahren ist dasjenige Gericht, vor dem der Rechtsstreit zurzeit der Unterbrechung schwebte. Das ist auch nach der Verkündung bzw. Zustellung eines Urteils das untere Gericht, solange nicht ein Rechtsmittel bzw. Einspruch eingelegt worden ist.[289]

---

[285] Die Freigabe soll als Ablehnung der Aufnahme interpretiert werden können, vgl. etwa BGH NZI 2003, 666, 667; darauf kann es jedoch nicht ankommen, da mit der Freigabe bereits die Prozessführungsbefugnis des Verwalters entfällt.
[286] Vgl. dazu nur BGHZ 36, 258, 261 ff. = NJW 1962, 589; BGH NJW 1970, 1790; *Jaeger/Windel*, § 85 Rn. 110, 147; Stein/Jonas/*Roth*, § 240 Rn. 17; missverständlich aber BGHZ 163, 32 = NJW 2005, 2015 sub III.
[287] Vgl. *Jaeger/Windel*, § 85 Rn. 147; KPB/*Lüke*, § 85 Rn. 72; Stein/Jonas/*Roth*, § 240 Rn. 22; aA Ahrens/Gehrlein/Ringstmeier/Piekenbrock, § 85 Rn. 49.
[288] *Jaeger/Windel*, § 85 Rn. 147.
[289] *Jaeger/Windel*, § 85 Rn. 156; Stein/Jonas/*Roth*, § 239 Rn. 31, 37; dazu auch oben Rn. 25.

157 Die Ladungsfrist ist dabei nach § 239 III 2 ZPO vom Vorsitzenden des Prozessgerichts unter Berücksichtigung der Umstände des einzelnen Falles zu bestimmen. Nach § 239 III 1 ZPO ist die Ladung dem Insolvenzverwalter „selbst" zuzustellen; damit ist die Zustellung an den bisherigen Bevollmächtigten des Schuldners ausgeschlossen. Hat der Verwalter selbst einen Prozessbevollmächtigten mit der Sache betraut und die Bestellung dem Prozessgegner angezeigt, so muss die nach § 239 III 1 ZPO erforderliche Zustellung an den neuen Prozessbevollmächtigten (§ 172 ZPO) erfolgen.[290]

158 Erscheint der Insolvenzverwalter oder sein Prozessbevollmächtigter im Termin, so endet im Regelfall die Prozessunterbrechung durch *ausdrückliche oder konkludente Aufnahmeerklärung*. In diesem Fall kann sofort zur Hauptsache verhandelt werden, sofern dies noch erforderlich ist. Einer Entscheidung über die Aufnahme bedarf es nicht. Bestreitet der Geladene hingegen seine Prozessführungsbefugnis, etwa mit der Begründung, er sei nicht Insolvenzverwalter, er habe bereits die Ablehnung der Aufnahme erklärt oder der Streitgegenstand sei aus der Insolvenzmasse freigegeben worden, so hat das Gericht, wenn der Gegner seinen Antrag nicht entsprechend § 269 ZPO zurücknimmt, über die Prozessführungsbefugnis des Geladenen zu entscheiden. Verneint das Gericht die Prozessführungsbefugnis, so wird nicht etwa die Klage abgewiesen, vielmehr wird nur die Zulässigkeit der Fortsetzung des Verfahrens mit dem Geladenen verneint. Dieses (Zwischen-)Urteil unterliegt wie ein Endurteil der Berufung und Revision, während der Prozess unterbrochen bleibt.[291]

159 Dies gilt auch für den Fall, dass der Kläger mit der Berufung geltend macht, der erhobene Anspruch betreffe nicht die Insolvenzmasse und sei nicht auf Duldung der Zwangsvollstreckung nach dem AnfG gerichtet.[292] Bejaht das Gericht hingegen die Prozessführungsbefugnis und damit die Aufnahmelast des geladenen Insolvenzverwalters, so kann dies alternativ durch Zwischenurteil oder in den Gründen des späteren Endurteils ausgesprochen werden. Das Zwischenurteil ist stets selbstständig anfechtbar und nicht etwa nur dann, wenn über die Rüge gem. § 280 I ZPO abgesondert verhandelt worden ist.[293]

160 Erscheint der Geladene hingegen nicht im Termin, so kann auf Antrag des Prozessgegners gem. §§ 85 I 2 InsO, 239 IV ZPO ein *Versäumnisurteil* in der Hauptsache erlassen werden[294] oder eine Entscheidung nach Lage der Akten gem. § 331a ZPO ergehen.[295] Lässt der Insolvenzverwalter dieses Versäumnisurteil rechtskräftig werden, so bildet der Prozesskostenerstattungsanspruch des Gegners einheitlich eine Masseschuld nach § 55 I Nr. 1 InsO.[296]

IV. Aufnahme von Passivprozessen (§ 86 InsO)

161 **1. Grundgedanken.** § 86 InsO behandelt den Passivprozess in der Variante des sog. *Teilungsmassegegenstreits* (im Unterschied zum Passivprozess wegen einer Insolvenzforderung, dem sog. Schuldenmassestreit, → Rn. 179 ff.); hierbei geht es um die Geltendmachung von Aussonderungs- oder Absonderungsrechten und Masseverbindlichkeiten, dh um Streitigkeiten über Ansprüche gegen den Schuldner, die unmittelbar auf eine Minderung der Teilungsmasse abzielen. Anders als beim Teilungsmassestreit (§ 85 InsO) kann die Weiterführung des gemäß § 240 ZPO unterbrochenen Prozesses hier selbstverständlich nicht zur Disposition des Verwalters stehen, so dass der Teilungsmassegegenstreit nicht nur vom Insolvenzverwalter (sowie in der Eigenverwaltung vom Schuld-

---

[290] *Jaeger/Windel*, § 85 Rn. 155; Stein/Jonas/*Roth*, § 239 Rn. 38.
[291] BGH ZIP 2004, 2024.
[292] BGH ZIP 2004, 2399, 2400.
[293] HM, vgl. BGH NJW 1956, 1920; *Jaeger/Windel*, § 85 Rn. 157 mwN.
[294] RGZ 58, 202, 203; *Jaeger/Windel*, § 85 Rn. 158; Stein/Jonas/*Roth*, § 239 Rn. 44.
[295] *Jaeger/Windel* aaO.
[296] *Jaeger/Windel*, § 85 Rn. 158.

ner in seiner Eigenschaft als Amtspartei), sondern ohne weitere Voraussetzungen *auch vom Prozessgegner aufgenommen* werden kann (→ Rn. 169). Von den im Folgenden dargestellten Besonderheiten abgesehen gilt hier aber das bereits zu § 85 InsO Ausgeführte.

2. Anwendungsbereich. Beim Teilungsmassegegenstreit befindet sich der Schuldner idR in der Parteirolle des Beklagten, jedoch ist für die Anwendbarkeit von § 86 InsO die Parteirolle ebenso wenig entscheidend wie für die Anwendung des § 85 InsO bei den aktiven Teilungsmassestreitigkeiten (→ Rn. 137 ff.); als Teilungsmassegegenstreit kommt deshalb insbesondere auch eine negative Feststellungsklage in Betracht, mit der der Kläger die Feststellung des Nichtbestehens eines vom Schuldner in Anspruch genommenen Rechts begehrt.[297] Im Einzelnen: 162

a) *Aussonderung.* Wird gegen den Insolvenzschuldner ein Anspruch verfolgt, der in der Insolvenz zur Aussonderung (§ 47 S. 1 InsO, → § 40 Rn. 5 ff.) berechtigen würde, so liegt ein Fall des § 86 I Nr. 1 InsO vor. Musterbeispiel ist hier die auf § 985 BGB gestützte Herausgabeklage gegen den jetzigen Schuldner. Weitere Beispielsfälle sind Eigentumsfeststellungsklagen, Klagen auf Feststellung eines persönlichen Herausgabe- oder Räumungsanspruchs, Klagen auf Grundbuchberichtigung, Drittwiderspruchsklagen gem. § 771 ZPO, Patentnichtigkeitsklagen,[298] ferner nach hL die auf einen gesetzlichen Unterlassungsanspruch wegen Verletzung eines gewerblichen Schutzrechts oder wegen eines Wettbewerbsverstoßes gestützten Unterlassungsklagen.[299] 163

Streitig ist, ob § 86 InsO bei „*Anfechtungsklagen*" nach §§ 129 ff. InsO bzw. nach dem AnfG bei Insolvenz des Anfechtungsgegners zur Anwendung kommt. Nach früher hM war dies deshalb nicht der Fall, weil der Anspruch des anfechtenden Gläubigers gegen den Anfechtungsgegner lediglich als Insolvenzforderung qualifiziert wurde mit der Folge, dass §§ 87, 180 II InsO anzuwenden wären. Nach nunmehr hM gewährt die Insolvenz- bzw. Gläubigeranfechtung jedoch ein Aussonderungs- oder zumindest ein Absonderungsrecht;[300] dies zugrunde gelegt, ist folgerichtig § 86 I Nr. 1 (bzw. Nr. 2) InsO anzuwenden. 164

b) *Absonderung.* Ein Teilungsmassegegenstreit iSv § 86 I Nr. 2 InsO liegt vor, wenn der geltend gemachte Anspruch in der Insolvenz zu einem Absonderungsrecht (§§ 49 ff. InsO, → § 42 Rn. 5 ff.) führen würde. Hauptanwendungsfall ist hier die gegen den Insolvenzschuldner als Eigentümer eines jetzt zur Insolvenzmasse gehörenden und mit einem Grundpfandrecht belasteten Grundstücks erhobene Klage auf Duldung der Zwangsvollstreckung gem. § 1147 BGB (während die damit evtl verbundene Schuldklage nicht unter § 86 InsO, sondern unter §§ 87, 180 II InsO fällt, → Rn. 179).[301] Das Recht zur Aufnahme des Passivprozesses schließt die Aufnahme wegen entstandener Kosten ein, soweit diese ebenfalls durch das Recht gesichert sind, das dem Gläubiger abgesonderte Befriedigung gewährt.[302] Um einen Absonderungsstreit handelt es sich auch bei einer vom Schuldner erhobenen Vollstreckungsgegenklage gegen einen Absonderungsanspruch.[303] § 86 I Nr. 2 InsO ist analog anwendbar, wenn ein der Testamentsvoll- 165

---

[297] BGHZ 197, 177 = NZI 2013, 690 Rn. 10 mwN; *Jaeger/Windel*, § 86 Rn. 6; s. o. Rn. 137.
[298] BGHZ 197, 177 = NZI 2013, 690 Rn. 10; aber s o Rn. 108 zu der auf § 81 I 2 PatG gestützten Auffassung, wonach hier uU der Schuldner prozessführungsbefugt bleibt.
[299] Vgl. OLG Köln ZIP 2008, 518, 519; HK/InsO/*Kayser*, § 86 Rn. 8; Uhlenbruck/Hirte/Vallender/*Uhlenbruck*, § 86 Rn. 8; *K. Schmidt*, FS *Gerhardt*, 2004, S. 903, 921 f.; aA BGHZ 185, 11 = NZI 2010, 811 Rn. 27 f.; *Jaeger/Windel*, § 86 Rn. 13, 16: § 86 I Nr. 3 InsO; offen BGHZ 197, 177 = NZI 2013, 690 Rn. 10.
[300] S zur Insolvenzanfechtung mwN BGHZ 156, 350 ff. = NJW 2004, 214, zust *Gerhardt* ZIP 2005, 1675 ff.; abl *Eckardt* KTS 2005, 1, 15 ff.; dazu → § 40 Rn. 30, § 52 Rn. 3f.
[301] S (zum Absonderungsrecht aus § 110 VVG) BGH ZIP 2013, 1742 Rn. 12 ff.; *Thole*, NZI 2011, 41, 42 ff.
[302] BGH ZIP 2013, 1742 Rn. 14.
[303] BGH NJW 1973, 2065; *Jaeger/Windel*, § 85 Rn. 9.

streckung unterliegender Nachlass in die Masse fällt, aus dem rechtshängige Pflichtteils- und Pflichtteilsergänzungsansprüche zu berücksichtigen sind.[304]

166 c) *Masseverbindlichkeiten.* In den Anwendungsbereich von § 86 I Nr. 3 InsO fallen schließlich anhängige Prozesse über Ansprüche, die in der Insolvenz Masseverbindlichkeiten sind (→ §§ 56 f.). Paradigmatisch hierfür ist der unter § 55 I Nr. 2 InsO fallende Gegenleistungsanspruch des Gläubigers[305] aus einem beiderseits nicht voll erfüllten Vertrag, dessen Erfüllung zur Insolvenzmasse der Verwalter gem. § 103 I InsO verlangt hat (so dass es in diesem Fall also von der Wahlrechtsausübung des Verwalters abhängt, ob der Prozess nach § 86 I Nr. 3 InsO aufzunehmen ist oder als Schuldenmassestreit hinsichtlich der Insolvenzforderung gem. § 103 II 1 InsO unter §§ 87, 180 II InsO (→ Rn. 179) fällt), oder aus einem Dauerschuldverhältnis, das gem. §§ 108 f. InsO ipso iure für die Zeit nach Insolvenzeröffnung zur Insolvenzmasse zu erfüllen ist.[306]

167 Ebenfalls erfasst werden die von einem vorläufigen Verwalter begründeten Verbindlichkeiten, soweit ihnen nach § 55 II, IV InsO Masseschuldqualität zukommt. Die durch eine Rechtshandlung des Verwalters (§ 55 I Nr. 1 InsO) oder durch eine ungerechtfertigte Bereicherung der Masse (§ 55 I Nr. 3 InsO) entstehenden Ansprüche können dagegen, da sie erst nach der Insolvenzeröffnung entstehen, nicht Gegenstand eines bei Insolvenzeröffnung rechtshängigen Rechtsstreits gewesen sein. Analog anzuwenden ist § 86 I Nr. 3 InsO nach Ansicht des BGH bei der auf einen gesetzlichen Unterlassungsanspruch wegen Verletzung eines gewerblichen Schutzrechts oder wegen eines Wettbewerbsverstoßes gestützten Unterlassungsklage.[307]

168 **3. Durchführung der Aufnahme. a)** *Aufnahmeberechtigung.* aa) Auch in den Fällen des § 86 InsO kann der gemäß § 240 ZPO unterbrochene Teilungsmassegegenstreit natürlich zunächst durch den *Insolvenzverwalter* (sowie in der Eigenverwaltung vom Schuldner in seiner Eigenschaft als Amtspartei, → Rn. 8 ff.) aufgenommen werden; hierfür gilt das zu § 85 I InsO Ausgeführte entsprechend (→ Rn. 142 ff.).

169 bb) Anders als beim Teilungsmassestreit (§ 85 InsO) kann der unterbrochene Rechtsstreit aber ohne weitere Voraussetzungen auch durch den *Prozessgegner* aufgenommen werden (dh gegen den Insolvenzverwalter und nicht nur, wie im Fall des § 85 II InsO, nach Ablehnung/Freigabe seitens des Verwalters gegen den Schuldner persönlich – dazu sogleich → Rn. 176 f.). Der Prozessgegner wird freilich zu erwägen haben, ob seine Rechtsstellung durch die Insolvenzeröffnung Einbußen erlitten hat; dies trifft etwa auf absonderungsberechtigte Inhaber von besitzlosen Sicherungsrechten zu, die ihr Verwertungsrecht und damit auch den etwa eingeklagten Anspruch auf Herausgabe zur Verwertung gem. § 166 I InsO mit der Insolvenzeröffnung verloren haben (worauf je nach sachlichem Grund der Auseinandersetzung mit einer – mit der Aufnahme zu verbindenden – Klageänderung auf Feststellung des dinglichen Rechts oder mit einer Erledigungserklärung zu reagieren wäre[308]).

170 Auch zur Aufnahme durch den Prozessgegner gilt grundsätzlich das zu § 85 I InsO Ausgeführte (→ Rn. 142 ff.). Der Prozessgegner muss den Rechtsstreit nicht speziell „gegen den Insolvenzverwalter" aufnehmen; denn der Insolvenzverwalter ist schon

---

[304] BGH ZIP 2006, 1258; zust *Jaeger/Windel*, § 85 Rn. 9 mwN.

[305] Zu den Auswirkungen der Wahlrechtsausübung auf einen *Aktivprozess* (dh betr den in die Masse gefallenen Erfüllungsanspruch des Schuldners) → Rn. 22 aE.

[306] Hierzu gehören auch die Kündigungsschutzprozesse gekündigter Arbeitnehmer des Schuldners, sofern das Fortbestehens des Arbeitsverhältnisses über den Zeitpunkt der Insolvenzeröffnung hinaus geltend gemacht wird, vgl. BAGE 120, 27 = NZI 2007, 300 Rn. 24 f.

[307] So (unter Aufgabe der älteren Rspr, wonach § 85 I InsO Anwendung finden sollte) BGHZ 185, 11 = NZI 2010, 811 Rn. 20 ff., 27 f.; offen BGHZ 197, 177 = NZI 2013, 690 Rn. 10; für § 86 I Nr. 1 InsO dagegen die hL, s. o. Rn. 36 aE.

[308] Vgl. mwN *Jaeger/Windel*, § 86 Rn. 26 f.; *Smid* ZInsO 2001, 433, 440.

mit der Insolvenzeröffnung (bzw. seiner Bestellung zum prozessführungsbefugten vorläufigen Verwalter) ipso iure Partei des anhängigen Rechtsstreits geworden und der Aufnahmeerklärung bedarf es nur zur Fortsetzung des Rechtsstreits. Da die Prozessvollmacht eines vom Schuldner vor Insolvenzeröffnung bestellten Anwalts mit der Insolvenzeröffnung erlischt (→ Rn. 37, 154), darf die Zustellung des Aufnahmeschriftsatzes des Gegners aber nicht an diesen erfolgen;[309] erforderlich ist mithin die Zustellung an den Insolvenzverwalter persönlich.

cc) Dem *Schuldner persönlich* steht – anders als dem als Amtspartei handelnden Schuldner im Fall der Eigenverwaltung (→ Rn. 9) – auch in den Fällen des § 86 InsO ein Aufnahmerecht grundsätzlich nicht zu.[310] Anders ist dies ausnahmsweise dann, wenn der Insolvenzverwalter den Streitgegenstand wegen Wertlosigkeit oder Aussichtslosigkeit des Prozesses aus der Insolvenzmasse freigibt und es somit dem Schuldner persönlich überlässt, den Prozess auszutragen (→ Rn. 22 ff., 151 ff., 176 ff.); eine bloße Ermächtigung des Schuldners zur Aufnahme des Prozesses ist bedeutungslos (→ Rn. 43).

b) *Kosten.* Für die Kostenentscheidung in dem nach § 86 InsO aufgenommenen Rechtsstreit gelten die allgemeinen Vorschriften (§§ 91 ff. ZPO). Der Kostenerstattungsanspruch ist der hM zufolge auch hier einheitlich in dem Sinne, dass nicht zwischen Kosten, die vor und nach Insolvenzeröffnung erwachsen sind, unterschieden wird.[311]

c) *Sofortiges Anerkenntnis.* Der Insolvenzverwalter kann in einem nach § 86 I InsO aufgenommenen Teilungsmassegegenstreit den gegen die Insolvenzmasse gerichteten Anspruch ganz oder teilweise anerkennen und ist dann „dem Anerkenntnis gemäß" zu verurteilen, § 307 ZPO. Unter den Voraussetzungen des § 93 ZPO – dh wenn das Anerkenntnis „sofort" abgegeben war und weder der Schuldner noch der Verwalter Anlass zur Klageerhebung gegeben hatte – sind die Prozesskosten trotz des Unterliegens in diesem Fall dem Gegner aufzubürden.[312]

Hatte der Schuldner hingegen Veranlassung zur Klage gegeben und erkennt der Insolvenzverwalter nun in dem nach § 86 I InsO aufgenommenen Rechtsstreit den Klageanspruch sofort an, so ist zwar § 93 ZPO nicht anwendbar; jedoch „kann der Gegner einen Anspruch auf Erstattung der Kosten des Rechtsstreits nur als Insolvenzgläubiger geltend machen" (§ 86 II InsO). Der Insolvenzverwalter kann hier also nicht die Kostentragungspflicht als solche vermeiden (es handelt sich auch nicht um eine nachrangige Insolvenzforderung iSv § 39 I Nr. 2 InsO), wohl aber die haftungsrechtliche Qualifikation der Kostenforderung beeinflussen und dadurch die Belastung der Masse wesentlich vermindern. Unberührt bleibt freilich ggf. das Recht auf abgesonderte Befriedigung aus dem streitigen dinglichen Recht, das sich bei Pfandrechten und Grundpfandrechten auf die Kostenforderung erstreckt (vgl. §§ 1118, 1192, 1199, 1210 II, 1273 BGB, § 10 II ZVG).[313]

Das Erfordernis eines *sofortigen* Anerkenntnisses für die Anwendbarkeit des § 86 II InsO ist ebenso zu interpretieren wie bei § 93 ZPO. Es kann den Verwalter bei einem Prozess, über dessen Erfolgsaussichten er sich kein sicheres Bild zu machen vermag, in folgendes Dilemma bringen: Erkennt er den Klageanspruch nicht sofort an und verliert er später den Prozess, so wird die Insolvenzmasse mit den Prozesskosten als Masseschuld belastet. Erkennt er hingegen sofort an, so setzt er sich möglichen Haftungsansprüchen nach § 60 InsO aus. Bei streitigem Tatsachenvortrag kann der Insolvenzverwalter durchaus verpflichtet sein, hinsichtlich eines sofortigen Anerkenntnisses Zurückhaltung zu

---

[309] BGH ZIP 1999, 75, 76; KPB/*Lüke*, § 86 Rn. 16; MüKoInsO/*Schumacher*, § 86 Rn. 20; *Uhlenbruck*/*Uhlenbruck*, § 86 Rn. 18.
[310] *Jaeger*/*Windel*, § 86 Rn. 21.
[311] So mwN zB *Jaeger*/*Windel*, § 86 Rn. 29; Stein/Jonas/*Roth*, § 240 Rn. 24; vgl. aber Rn. 146 zur auch hier vorzugswürdigen differenzierenden Gegenansicht.
[312] Vgl. nur BGH NZI 2007, 104; OLG Frankfurt NJW-RR 2006, 418; *Jaeger*/*Windel*, § 86 Rn. 33.
[313] BGH ZIP 2013, 1742 Rn. 14; *Jaeger*/*Windel*, § 86 Rn. 30.

üben und die Beweisaufnahme abzuwarten; überzeugt die Beweiserhebung den Verwalter dann von der Aussichtslosigkeit des Prozesses, so bleibt der Masse allerdings das Privileg des § 86 II InsO versagt, dh die Prozesskosten bilden eine Masseschuld.[314]

176 **d)** *Freigabe.* aa) Zur Vermeidung der Kostenlast kann der Insolvenzverwalter, statt – mit dem Ziel, nach § 86 II InsO zu verfahren – einen aussichtslosen Aus- oder Absonderungsrechtsstreit aufzunehmen bzw. die Aufnahme durch den Gegner abzuwarten, den streitigen Vermögenswert auch aus der Masse freigeben. Dies führt dazu, dass die Verwaltungs- und Verfügungsbefugnis und mit ihr die Prozessführungsbefugnis an den Schuldner zurückfällt (→ Rn. 22); damit wird der Schuldner ohne weiteres wieder Prozesspartei und erlangt damit auch das Recht zur Aufnahme des unterbrochenen Prozesses (→ Rn. 22, 24, 152 f.). Denn auch wenn der Gegner bereits aufgenommen hatte – was in Ermangelung einer dem Insolvenzverwalter gewährten „Überlegungsfristeinrede" uU sehr bald nach Insolvenzeröffnung geschieht –, muss der Insolvenzverwalter die Möglichkeit haben, die Entstehung von Prozesskosten als Masseverbindlichkeit zu verhindern; er kann sich deshalb so lange, wie er nach § 86 II InsO kostenwirksam anerkennen könnte (→ Rn. 174 f.), alternativ durch Freigabe der weiteren Prozessführung und damit auch der Kostenlast entziehen.[315]

177 Soweit danach der Prozess durch den Schuldner als Partei fortgeführt wird, hat er im Unterliegensfall für die gesamten Prozesskosten mit seinem insolvenzfreien Vermögen einzustehen, nach hM (vgl. → Rn. 146) wiederum einschließlich der Kosten, die auf die vor Insolvenzeröffnung abgeschlossenen Instanzen entfallen.[316]

178 bb) Kommt es zur Freigabe des Streitgegenstands dagegen erst nach dem in § 86 II InsO angesprochenen Zeitpunkt oder nach einer von dem Verwalter selbst erklärten Aufnahme, so findet § 265 II ZPO mit der Folge Anwendung, dass der Verwalter den Prozess als gesetzlicher Prozessstandschafter fortzuführen hat (→ Rn. 23, 153); die Kosten sind dann – nach hM wiederum insgesamt, dh einschließlich der Kosten etwa vor Insolvenzeröffnung abgeschlossener Instanzen (→ Rn. 146) – Masseverbindlichkeiten.

V. Aufnahme von Prozessen wegen Insolvenzforderungen (§§ 87, 180 II InsO)

179 **1. Grundgedanken und Anwendungsbereich.** Besonderheiten gelten, wenn es sich bei dem anhängigen Rechtsstreit um einen *Schuldenmassestreit* handelt, dh einen mit welchen Parteirollen auch immer geführten Prozess des Schuldners um einen Anspruch, dem im Insolvenzverfahren nur noch die Rechtsqualität einer *Insolvenzforderung* (§ 38 InsO, → § 19 Rn. 8 ff.) zukommt. Auch ein solcher Schuldenmassestreit wird – da nach der gesetzlichen Ausgestaltung die insolvenzmäßige Befriedigung aus der Masse im Vordergrund steht und nicht die Möglichkeit der persönlichen Nachhaftung des Schuldners – von dem Übergang der Prozessführungsbefugnis auf den Verwalter betroffen, der deshalb mit dem Insolvenzereignis iSv § 240 ZPO ohne weiteres in die Parteistellung des Schuldners einrückt (→ Rn. 1, 80); zugleich wird der Rechtsstreit nach der genannten Bestimmung unterbrochen, und es kann die Feststellung der Teilhaberechte an der Masse nur durch *Aufnahme des unterbrochenen Rechtsstreits* (§ 180 II InsO) betrieben werden.[317]

180 Von den in § 86 InsO genannten Passivprozessen unterscheidet sich der Schuldenmassestreit insofern sehr grundsätzlich, als Insolvenzgläubiger ihre Forderungen nur nach Maßgabe der Vorschriften über das Insolvenzverfahren verfolgen können (§ 87

---

[314] KPB/*Lüke*, § 86 Rn. 19–22; Uhlenbruck/Hirte/Vallender/*Uhlenbruck* § 86 Rn. 22.
[315] *Ahrens/Gehrlein/Ringstmeier/Piekenbrock,* § 86 Rn. 16; *Jaeger/Windel,* § 86 Rn. 23; MüKoInsO/*Schumacher,* § 86 Rn. 26 f.
[316] *Jaeger/Windel,* § 86 Rn. 29 mwN.
[317] Dh die Erhebung einer selbständigen Feststellungsklage ist ausgeschlossen, BGHZ 105, 34 = NJW 1989, 170; OLG Frankfurt/O. NZI 2010, 684, 685.

InsO), dh ihnen ist – zu dem Zweck, die Gleichbehandlung der Insolvenzgläubiger zu gewährleisten[318] – im Hinblick auf ihre Teilhaberechte an der Insolvenzmasse die (weitere) Prozessführung gegen den Insolvenzverwalter grundsätzlich ebenso verwehrt wie gegen den Schuldner persönlich. Sie müssen ihr Insolvenzgläubigerrecht vielmehr nach §§ 174 ff. InsO beim Insolvenzverwalter *anmelden* und der förmlichen Prüfung durch den Insolvenzverwalter und die konkurrierenden Gläubiger unterwerfen. Zu einem auf die Teilhabe des Gläubigers an der Masse bezogenen Prozess – dem *Feststellungsprozess* iSv § 180 InsO – kann es nur kommen, wenn der Insolvenzverwalter oder ein anderer Gläubiger gegen die angemeldete Forderung Widerspruch (§ 178 I 1 InsO) erhebt. Dies gilt auch im Fall eines bereits anhängigen Schuldenmassestreits, so dass die Aufnahme iSv §§ 180 II InsO, 250 ZPO erst nach ordnungsgemäßer Durchführung des Anmelde- und Prüfungsverfahrens und nur im Hinblick auf solche Forderungen erfolgen kann, gegen deren Berücksichtigung wirksam Widerspruch erhoben worden ist (→ Rn. 188).[319]

Wird die streitgegenständliche Forderung zur Insolvenztabelle festgestellt (§ 178 I 1 InsO) und auch von dem Schuldner kein Widerspruch erhoben, so bewirkt dies zwar die Erledigung des unterbrochenen Rechtsstreits,[320] aber idR nicht zugleich das Ende der Unterbrechung[321] oder gar der Rechtshängigkeit; vielmehr muss der Prozess nach Ende des Insolvenzverfahrens durch entsprechende (übereinstimmende) Erledigungserklärungen der Parteien – des Gläubiger und des dann ohne weiteres wieder prozessführungsbefugten Schuldners – zu einem Abschluss gebracht werden.[322]

2. Aufnahme durch oder gegen den bestreitenden Verwalter oder Gläubiger. a) *Aufnahmeberechtigung.* Die Befugnis zur Aufnahme eines anhängigen Schuldenmassestreits wird durch die in § 179 InsO differenziert geregelte Betreibungslast beeinflusst. Ist in einem Insolvenzverfahren eine Forderung vom Insolvenzverwalter oder von einem Insolvenzgläubiger bestritten worden, so bleibt es gemäß § 179 I InsO grundsätzlich dem Gläubiger überlassen, die Feststellung klageweise gegen den bzw. die Widersprechenden zu betreiben; die Aufnahme seitens des Widersprechenden ist in diesem Fall unzulässig.[323]

Im Unterschied dazu obliegt es gemäß § 179 II InsO dem Widersprechenden, den Widerspruch zu verfolgen, wenn für eine Forderung ein vollstreckbarer Schuldtitel (einschließlich vollstreckbarer Abgabenbescheide[324]) oder ein Endurteil vorliegt. Es ist

---

[318] Vgl. nur BGH NZI 2010, 223 Rn. 9.
[319] Vgl. nur BGH NZI 2014, 749 Rn. 9 mwN; aA BAG ZInsO 2013, 2456 Rn. 5 für den Sonderfall, dass der Insolvenzverwalter die angemeldete Forderung nicht in die Tabelle eingetragen hat; indessen muss in diesem Fall zunächst der Tabelleneintrag durchgesetzt werden, vgl. dazu *Jaeger/Gerhardt*, § 175 Rn. 8 ff. mwN. Zu den Anforderungen an die Anmeldung s BGH NZI 2009, 242 Rn. 10; BGH NZI 2013, 388 Rn. 15; BGH NZI 2014, 127 Rn. 6.
[320] Unstr, vgl. BGH NJW 1961, 1066, 1067; BGH ZInsO 2005, 372; BFH BeckRS 2012, 95763 Rn. 20 ff.; BFH ZInsO 2013, 1156 Rn. 20; KPB/*Lüke*, § 87 Rn. 4; MüKoInsO/*Schumacher*, vor §§ 85–87 Rn. 2; MüKoInsO/*Breuer*, § 87 Rn. 16; *K. Schmidt/Sternal*, § 87 Rn. 14 f.
[321] BFH BeckRS 2012, 95763 Rn. 20 ff.; BFH ZInsO 2013, 1156 Rn. 20 ff.; *Zöller/Greger*, § 240 Rn. 13; *Hölzle*, BB 2013, 1740; so für den Normalfall, dass der Prozess zuvor nur über den jetzt erledigten prozessualen Anspruch geführt worden war, wohl auch BGH ZInsO 2005, 372; *K. Schmidt/Sternal*, § 87 Rn. 15.
[322] Vgl. (auch zu der Möglichkeit des Gläubigers, den bedingten Kostenerstattungsanspruch bereits als Insolvenzforderung zur Tabelle anzumelden) KPB/*Lüke*, § 87 Rn. 4 a.
[323] BAG NJW 1961, 1885; BAG ZInsO 2013, 1475 Rn. 11; *Jaeger/Gerhardt*, § 179 Rn. 19; MüKoInsO-*Schumacher*, § 179 Rn. 22; aA *Häsemeyer*, InsR, Rn. 22.38; *Jaffé*, FS Wellensiek, 2011, S. 315, 318 ff. Anders entscheidet auch die hM, wenn sich der Gläubiger auf die Klage bzw. den aufgenommenen Rechtsstreit sachlich einlässt, vgl. BGHZ 19, 163, 164 f.; OLG Jena BeckRS 2012, 09579 sub II.4.b. bb.
[324] Vgl. (auch dazu, dass die Aufnahme in diesem Fall durch Fortsetzung des Rechtsbehelfsverfahrens geschieht) BFHE 228, 134 = NZI 2010, 496; BFH ZInsO 2013, 1540 mwN.

aber nach (wenig überzeugender) hM auch in diesem Fall der Gläubiger der Forderung zur Klage bzw. Aufnahme befugt, wenn der Widersprechende seinen Widerspruch nicht verfolgt.[325]

184 *Mehrere Widersprechende* sind im Hinblick auf die „partielle" Rechtskrafterstreckung nach § 183 InsO notwendige Streitgenossen iSv § 62 Abs. 1, 1. Alt. ZPO, so dass Einzelklagen an sich zulässig bleiben; bereits anhängige Prozesse sollen aber im Hinblick auf den Zweck der Aufnahmemöglichkeit, die Prozessökonomie, unabhängig von der an sich gegebenen Feststellungslast (§ 179 I, II InsO) zwingend gegenüber allen Widersprechenden zugleich aufzunehmen sein.[326] Umgekehrt genügt aber unstreitig die Aufnahme durch einen einzelnen Widersprechenden, da die von ihm erstrittene „Beseitigung" des Widerspruchs ohnehin allen Widersprechenden zugute kommt.[327]

185 **b)** *Gegenstand des Feststellungsprozesses.* Streitgegenstand des Feststellungsprozesses nach § 180 I InsO und damit übereinstimmend auch des nach § 180 II InsO aufgenommenen Prozesses ist das *subjektive Haftungsrecht des Gläubigers an der Masse*, also das „Insolvenzgläubigerrecht"; die „Insolvenzforderung" als solche, also der persönliche Leistungsanspruch des Gläubigers gegen den Schuldner stellt hierfür nur eine Vorfrage dar.[328] Das spezifische Interesse des Gläubigers an der Feststellung seines Rechts zur Teilnahme am Insolvenzverfahren und zur Teilhabe an den Verteilungen rechtfertigt damit zugleich den Feststellungsprozess; hierauf beruht die Regelung des § 179 I InsO, nach der ein darüber hinaus gehendes Feststellungsinteresse gerade nicht vorausgesetzt wird.[329]

186 Bei der Klage „auf die Feststellung" (§ 180 I 1 InsO) handelt es sich um eine echte Feststellungsklage iSv § 256 ZPO,[330] die sich von der allgemeinen zivilprozessualen Feststellungsklage lediglich durch die unwiderlegliche Vermutung eines insolvenzspezifischen Feststellungsinteresses (→ Rn. 185) unterscheidet. Denn die Klage vor dem Prozessgericht dient lediglich dazu, das subjektive Haftungsrecht des Gläubigers außer Streit zu stellen. Die Beteiligungsrechte des Gläubigers im Verfahren ebenso wie die Befugnis, nach Verfahrensbeendigung gegen den Schuldner persönlich zu vollstrecken, sind dagegen nur mittelbare, zT erst durch die Feststellung iSv § 178 InsO vermittelte Folgen, die den Charakter der Klage nicht bestimmen.

187 Der Klageantrag wird üblicherweise auf „Feststellung der (näher bezeichneten) Forderung zur Tabelle" gerichtet.[331] Ein (unzulässigerweise) auf Leistung gerichtetes Urteil oder Schiedsspruch soll aber ebenfalls als bloße Feststellung zur Insolvenztabelle auszulegen sein, wenn insbesondere aufgrund der Entscheidungsgründe feststehe, dass die

---

[325] BGHZ 139, 132 = NJW 1998, 3121, 3122; BGH NZI 2008, 611 Rn. 11, 14; BGHZ 195, 233 = NZI 2012, 967 Rn. 7; BGH NZI 2013, 437 Rn. 7; BAG ZInsO 2013, 2456 Rn. 5; MüKoInsO/*Schumacher*, § 179 Rn. 43 mwN; s. a. BFHE 212, 11 = ZIP 2006, 968; BFH/NV 2012, 991 Rn. 9;
[325] Vgl. zB BFH ZIP 2006, 968; BFH ZIP 2011, 592; BFH BeckRS 2014, 94089 Rn. 25 mwN zur Anfechtungsklage gegen einen Abgabenbescheid.
[326] BGHZ 195, 233 = NZI 2012, 967 Rn. 23 ff.; bestätigt durch BGH NZI 2013, 437 Rn. 9 (mit der Einschränkung, dies gelte nicht, wenn in den Fällen eines zulässigen Teilurteils ein lediglich teilweiser Widerspruch eines Widersprechenden beseitigt werden müsse); aA *Jaeger/Gerhardt*, § 180 Rn. 64; MüKoInsO/*Schumacher*, § 179 Rn. 18; Uhlenbruck/Hirte/Vallender/*Sinz*, § 179 Rn. 14; ausf dazu *Adam*, ZInsO 2013, 1227 ff.
[327] So auch BGHZ 195, 233 = NZI 2012, 967 Rn. 25 aE.
[328] *Jaeger/Gerhardt*, § 178 Rn. 29 ff., 67 ff., § 183 Rn. 11; *Eckardt*, Kölner Schrift, Kap. 17 Rn. 2 ff., 39 ff., 53; *Nunner-Krautgasser*, Schuld, Vermögenshaftung und Insolvenz, 2007, S. 356 ff.; s. a. BGHZ 168, 112 = NZI 2006, 520 Rn. 21 f.: es gehe primär um „die Beteiligung des Gläubigers an der Verteilung der haftenden Masse", das Bestehen der Forderung sei hierfür nur die Voraussetzung, ferner BGH NZI 2011, 687 Rn. 12.
[329] Vgl. mwN BGH NZI 2008, 611 Rn. 11 ff.; BFH BeckRS 2014, 94089 Rn. 30: Feststellungsinteresse selbst dann, wenn derzeit von einer Nullquote auszugehen ist.
[330] BGH WM 1957, 1226, 1227; BGH NZI 2009, 275 Rn. 9.
[331] Vgl. nur BGH ZIP 1994, 1193, 1194; BGHZ 168, 112 = NZI 2006, 520 Rn. 21.

geltend gemachte Forderung nur ein Recht auf insolvenzmäßige Befriedigung verschaffen sollte und es sich bei ihr nicht um eine Masseforderung handeln könne;[332] folgt man dem, muss man auch einen in entsprechender Weise inkorrekten Klageantrag in dieser Weise auslegen können.

c) *Widerspruchsbefangenheit.* aa) Das vom Gesetz vorausgesetzte rechtsschutzwürdige **188** Interesse für die Aufnahme eines wegen einer Insolvenzforderung anhängigen Prozesses besteht unabhängig von der Person und bisherigen Parteirolle des Aufnehmenden nur dann, wenn die Forderung zuvor ordnungsgemäß zur Insolvenztabelle angemeldet worden ist und der Insolvenzverwalter, ein anderer Insolvenzgläubiger oder der Schuldner widersprochen haben.[333] Die Rechte als Insolvenzgläubiger dürfen darum auch nach Grund, Betrag und Rang der Forderung nicht wesentlich anders beansprucht und zuerkannt werden, als sie schon in der Anmeldung bzw. im Prüfungstermin in Anspruch genommen wurden (§ 181 InsO). Entsprechend ihrem Zweck, jedem Widerspruchsberechtigten die Möglichkeit zum Bestreiten der geltend gemachten Rechtsposition des Gläubigers zu geben, kann diese Rechtsfolge nicht zur Disposition der Prozessparteien oder des Gerichts stehen, sodass dem Anmelder auch §§ 263, 267 f. ZPO insoweit nicht zugute kommen können.[334] Im Fall einer Abweichung von den Prüfungsgrundlagen muss also grds. eine Neuanmeldung mit neuer Prüfung erfolgen. Entgegen dem Gesetzeswortlaut („in der Weise") ist die Geltendmachung bzw. Zuerkennung eines geringeren Betrags aber selbstverständlich zulässig.[335]

Wenn die angemeldete Forderung nicht mehr wirksam bestritten ist – dh wenn der **189** Widerspruch zwischenzeitlich zurückgenommen bzw. die Forderung nachträglich „anerkannt" wurde –, entfällt das rechtsschutzwürdige Interesse an der Feststellung; der Anmelder wird in diesem Fall zweckmäßigerweise den Feststellungsrechtsstreit für erledigt erklären, so dass dem Gegner die Kosten auferlegt werden können (§§ 91, 91a ZPO). Hat der Insolvenzverwalter pflichtwidrig schon die Aufnahme in die Tabelle unterlassen, folgt hieraus kein Recht des Gläubigers, unmittelbar auf Feststellung zu klagen bzw. einen anhängigen Rechtsstreit aufzunehmen;[336] vielmehr ist zunächst der Tabelleneintrag durchzusetzen.

bb) Auch ein *vorläufiges Bestreiten* des Insolvenzverwalters ist grundsätzlich als ein Bestreiten iSv §§ 179 ff. InsO anzusehen, so dass der jeweilige Aufnahmeberechtigte einen **190** anhängigen Rechtsstreit nach § 180 II InsO aufnehmen und fortführen kann:[337] Da hierdurch die Feststellung der Forderung iSv § 178 I, III InsO gerade verhindert werden soll, handelt es sich um einen (uneingeschränkten) Widerspruch mit allen dessen Rechtsfolgen, der lediglich um die Erklärung ergänzt wird, der Widersprechende müsse sich eine Meinung über den Bestand der angemeldeten Forderung erst noch bilden und werde den Widerspruch ggf. wieder zurücknehmen. Das gerade in Großverfahren idR berechtigte Interesse des Verwalters, Zeit für die ihm obliegende sorgfältige Meinungsbildung zu gewinnen, wird durch das zivilprozessuale Kostenrecht (§§ 91a, 93 ZPO) hinreichend geschützt: Sofern dem Gläubiger nach den Umständen des Einzelfalls zuzumuten war, noch länger auf den Abschluss der Meinungsbildung des Verwalters zu

---

[332] Vgl. nur BGH KTS 1963, 175, 176; BGH ZIP 1994, 1193, 1194; BGHZ 179, 304 = ZIP 2009, 627 Rn. 8 f.; MüKoInsO/*Breuer*, § 87 Rn. 20; MüKoInsO/*Schumacher*, § 179 Rn. 6.
[333] BGH LM § 146 KO Nr. 1–3; BGH NJW 1962, 153, 154; BGH NZI 2000, 259; BAG ZInsO 2013, 1475 Rn. 11.
[334] BGHZ 173, 103 = NZI 2007, 647 Rn. 19; BGH NZI 2009, 242 Rn. 22, 25.
[335] BGHZ 103, 1, 3.
[336] So aber BAG ZInsO 2013, 2456 Rn. 5.
[337] BGH NZI 2006, 295 Rn. 7 ff.; BGHZ 173, 103 = NZI 2007, 647 Rn. 15; BGH NZI 2011, 937 Rn. 9; BAG BeckRS 2014, 70206 Rn. 15; OLG Stuttgart ZInsO 2008, 627; *Jaeger/Gerhardt*, § 174 Rn. 82, § 176 Rn. 60 ff.; MüKoInsO/*Schumacher*, § 178 Rn. 37; *Hägele*, ZVI 2009, 347 ff.

warten, so hat er trotz Obsiegens die Kosten zu tragen, wenn der Verwalter nunmehr prozessual anerkennt (oder den Widerspruch zurücknimmt und damit die Erledigung herbeiführt).

191   d) *Durchführung der Aufnahme.* aa) Im Zuge der Aufnahme ist der Klageantrag im Wege einer ohne weiteres zulässigen *Klageänderung* auf Feststellung bzw. Nichtfeststellung des Anspruchs zur Insolvenztabelle anzupassen (§ 264 Nr. 3 ZPO);[338] hierdurch reduziert sich der Streitwert auf die bei der Verteilung zu erwartende Insolvenzquote (§ 182 InsO).[339] Parallel sind entsprechend § 264 Nr. 3 ZPO ggf. weitere insolvenzbedingte Modifikationen des Anspruchs im Antrag (sowie vorausgesetzermaßen bereits zuvor in der Anmeldung) zu berücksichtigen, so etwa die Umwandlung von Sachleistungsansprüchen in Ansprüche auf Geldzahlung (vgl. § 45 InsO).

192   bb) Als weitere Folge der Aufnahme kann sich auch die subjektive Zuordnung des Prozessrechtsverhältnisses (erneut) ändern: Neben oder anstelle des Verwalters, der bereits mit der Insolvenzeröffnung in die Parteistellung des Schuldners eingerückt war (→ Rn. 1, 80), treten ggf. im Wege der *Parteierweiterung bzw. des Parteiwechsels* der oder die (in der Aufnahmeerklärung zu benennenden) bestreitenden Gläubiger in den Rechtsstreit ein;[340] sie übernehmen damit zugleich die bisherigen Prozessergebnisse einschließlich etwaiger Säumnisfolgen.[341] Die Aufnahme kann auch durch einen Streithelfer erfolgen.[342]

193   cc) Nach einer instanzbeendenden Entscheidung kann die Aufnahme sowohl bei dem unteren Gericht als auch – verbunden mit der Rechtsmitteleinlegung – beim *Rechtsmittelgericht* erfolgen.[343] Dies gilt auch im Hinblick auf die Revisionsinstanz, eingeschlossen den Fall einer Nichtzulassungsbeschwerde; die Unzulässigkeit des gewillkürten Parteiwechsels in der Revisionsinstanz steht in diesem Fall der Aufnahme des Verfahrens durch oder gegen den Widersprechenden nicht entgegen.[344] Da das Insolvenzgläubigerrecht immer insgesamt Gegenstand des Rechtsstreits wird, ist ein anhängiger Prozess sogar dann in der betreffenden Instanz fortzuführen, wenn die Beteiligten zugleich oder ausschließlich über die Eigenschaft als Insolvenzforderung oder des Nachrangs streiten; dies gilt an sich wiederum auch in der Revisionsinstanz.[345] Werden zur Eigenschaft als Insolvenzforderung oder zum Nachrang jedoch neue Tatsachen vorgetragen, so kann das Revisionsgericht hierüber nicht befinden; zur Auflösung dieser „eigenartigen Situation" muss der Rechtsstreit deshalb nach der Aufnahme an das Berufungsgericht zurückverwiesen werden.[346]

194   dd) Auch ein über die nunmehrige Insolvenzforderung anhängiges *Schiedsverfahren* ist mit dem Ziel einer Forderungsfeststellung durch Schiedsspruch fortzuführen – unter

---

[338] BGHZ 195, 233 = NZI 2012, 967 Rn. 22; MüKoInsO/*Schumacher*, § 180 Rn. 23; s. a. (zu abgabenrechtlichen Anfechtungsklagen) BFHE 212, 11 = ZIP 2006, 968; BFHE 220, 289 = ZIP 2008, 1745.

[339] Vgl. BGH NZI 2007, 175 Rn. 6 ff. Dies führt aber nicht zum Erfordernis eines Schlichtungsverfahrens iSv § 15a EGZPO, BGH NZI 2011, 687 Rn. 8 ff.

[340] Inkonsequent insoweit die hM mit der Formulierung, der Widersprechende trete anstelle des *Schuldners* in den Rechtsstreit ein, vgl. mwN BGHZ 195, 233 = NZI 2012, 967 Rn. 10f; BAG ZInsO 2013, 2456 Rn. 7; BAG ZInsO 2014, 1768 Rn. 17; s. a. *Jaeger/Gerhardt*, § 180 Rn. 75.

[341] BGH NZI 2007, 104; BGHZ 195, 233 = NZI 2012, 967 Rn. 17; MüKoInsO/*Schumacher*, § 180 Rn. 22; *Jaeger/Gerhardt*, § 180 Rn. 75.

[342] BGH ZVI 2004, 530.

[343] BGHZ 36, 258, 259 f.; BGHZ 111, 104, 108 f.

[344] BGH ZVI 2004, 530; BGH ZIP 2004, 2345; BGHZ 195, 233 = NZI 2012, 967 Rn. 8; BGH NZI 2013, 437 Rn. 8; BFHE 204, 35 = BFH/NV 2004, 433; BAG ZInsO 2013, 2456 Rn. 6; BAG ZInsO 2014, 1768 Rn. 17 f.

[345] Ebenso MüKoInsO/*Schumacher*, § 179 Rn. 35, § 180 Rn. 18; aA insoweit die hM, vgl. RG LZ 1912, Sp. 400; BGH LM § 146 KO Nr. 5; *Häsemeyer*, Rn. 22.31.

[346] BGH LM § 146 KO Nr. 4; *Jaeger/Gerhardt*, § 180 Rn. 69; MüKoInsO/*Schumacher*, § 180 Rn. 24; s. a. BGHZ 195, 233 = NZI 2012, 967 Rn. 22.

der Voraussetzung der Anmeldung und Widerspruchsbefangenheit und natürlich mit dem Verwalter anstelle des Schuldners,[347] wenngleich mangels Verfahrensunterbrechung (→ Rn. 115) ohne förmliche Aufnahme –, denn die Bindung an die vom Insolvenzschuldner geschlossene Schiedsvereinbarung (→ Rn. 77) erstreckt sich auch auf das Feststellungsverfahren;[348] allerdings begründet dies in Ermangelung einer besonderen Vereinbarung zwischen Gläubiger und Widersprechendem keine Entscheidungskompetenz zur Eigenschaft als Insolvenzforderung, zum Nachrang oder auch zur Anfechtbarkeit.[349]

Dagegen kann der Feststellungsstreit richtiger Ansicht nach nicht in der besonderen **195** Verfahrensart des *Urkunden-, Wechsel- oder Scheckprozesses* betrieben werden kann; denn der Zweck der Verfahrenszweiteilung, dem durch Urkunden legitimierten Gläubiger möglichst schnell einen erleichtert vollstreckbaren Titel zu verschaffen, macht im Insolvenzverfahren keinen Sinn.[350] Ebenso wenig kann ein unterbrochenes Mahnverfahren zum Zwecke der Feststellung aufgenommen werden.[351]

ee) Die *Kosten* eines hiernach durch oder gegen den Insolvenzverwalter aufgenom- **196** menen Rechtsstreits können nach hM auch hier nicht danach aufgeteilt werden, ob sie vor oder nach der Eröffnung des Insolvenzverfahrens entstanden sind; sie sind im Unterliegensfall vielmehr im Grundsatz einheitlich als Masseschuld zu behandeln (→ Rn. 146, 172).[352] Entsprechendes gilt für die Prozessfortführung durch einen anderen widersprechenden Gläubiger.

ff) Die *Aufhebung des Insolvenzverfahrens* nach Vollzug der Schlussverteilung (§ 200 I **197** InsO) hat im Feststellungsprozess – anders als sonst (Rn. 16, 134) – nicht die Wirkung, dass die Prozessführungsbefugnis und mit ihr die Parteistellung im Prozess vom Insolvenzverwalter auf den Schuldner persönlich übergeht bzw. zurückfällt. Vielmehr wird der Rechtsstreit zwischen den bisherigen Parteien, also ggf. unter Beteiligung des Insolvenzverwalters, dessen Prozessführungsbefugnis insofern fortbesteht, um die nach §§ 189 II, 198 InsO zurückbehaltenen und hinterlegten Beträge fortgesetzt (arg § 203 I Nr. 1 InsO).[353] Anders ist die Rechtslage aber, wenn für den Gläubiger keine Anteile zurückbehalten wurden oder wenn das Insolvenzverfahren auf andere, nicht zur insolvenzmäßigen Befriedigung der Insolvenzgläubiger führende Weise – Aufhebung nach Planbestätigung (§ 258 InsO), Einstellung des Verfahrens (§§ 207, 211, 213 InsO) – beendet wird, da in diesem Fall die Fortsetzung des Feststellungsprozesses keinem legitimen Zweck mehr dient;[354] in diesem Fall erlischt dann auch die die Prozessführungsbefugnis des Verwalters und mit ihr seine Parteistellung im Prozess (zu den Folgen s. o. Rn. 16),[355] während ein mit einem widersprechenden Gläubiger geführter Feststellungsprozess sich in der Hauptsache erledigt.[356]

3. Aufnahme durch oder gegen den bestreitenden Schuldner (§ 184 InsO). **198**
a) *Feststellung der Forderung.* Gegen den bestreitenden Schuldner muss der Gläubiger

---

[347] BGHZ 179, 304 = ZIP 2009, 627 Rn. 14, 28; OLG Stuttgart ZInsO 2014, 720, 721 (auch zu ausländischem Insolvenzverfahren); *Jaeger/Windel*, § 85 Rn. 68, MüKoInsO/*Schumacher*, vor §§ 85 bis 87 Rn. 53.
[348] BGHZ 179, 304 = ZIP 2009, 627 Rn. 11; BGH NZI 2013, 934 Rn. 8; *Longrée/Gantenbrink*, SchiedsVZ 2014, 21, 24 ff.; *G. Wagner*, KTS 2010, 39, 44 f.
[349] *Berger*, ZInsO 2009, 1033, 1036 ff.; MüKoInsO/*Schumacher*, § 180 InsO Rn. 10, 31.
[350] Vgl. KPB/*Pape*, § 180 Rn. 2; iErg zutreffend deshalb RGZ 32, 230, 231; BGH WM 1979, 614 (zur VglO); aA MüKoInsO/*Schumacher*, § 180 Rn. 7, 29; *Teske*, ZZP 99 (1986), 185 ff.
[351] MüKoInsO/*Schumacher*, § 180 Rn. 8, 30; Nerlich/Römermann/*Becker*, § 180 Rn. 18.
[352] *Jaeger/Gerhardt*, § 180 Rn. 76 mwN.
[353] *Jaeger/Gerhardt*, § 180 Rn. 102 mwN; MüKoInsO/*Schumacher*, vor §§ 85–87 Rn. 90, § 179 Rn. 46.
[354] *Jaeger/Gerhardt*, § 180 Rn. 105 ff.; MüKoInsO/*Schumacher*, vor §§ 85–87 Rn. 90, § 179 Rn. 46.
[355] *Jaeger/Gerhardt*, § 180 Rn. 110 f. mwN; MüKoInsO/*Schumacher*, vor §§ 85–87 Rn. 90, § 179 Rn. 46.
[356] *Jaeger/Gerhardt*, § 180 Rn. 115 mwN; MüKoInsO/*Schumacher*, vor §§ 85–87 Rn. 90, § 179 Rn. 46.

wegen seiner Teilnahme am Insolvenzverfahren nicht prozessieren: Im Hinblick auf die Insolvenzmasse ist der Schuldner gewissermaßen aus dem Spiel, sein Widerspruch ohne Bedeutung.[357] Allerdings hindert der Widerspruch des Schuldners den Gläubiger daran, nach Verfahrensbeendigung aus der Insolvenztabelle gegen den Schuldner zu vollstrecken (§ 201 II InsO); die „Beseitigung" des Schuldnerwiderspruchs ist deshalb ein legitimes und vorbehaltlich einer etwaigen Restschuldbefreiung auch wirtschaftlich sinnvolles Anliegen. Nach dem Gesetz kommt eine Prozessaufnahme durch einen Insolvenzgläubiger jedoch ebenfalls nur mit einem auf Feststellung gerichteten Antrag und nur dann in Betracht, wenn der Gläubiger seine Insolvenzforderung zuvor angemeldet und der Schuldner sie bestritten hatte (§ 184 I 1, 2 InsO). Die Weiterführung des auf Verurteilung gerichteten Leistungsantrags ist nach hM selbst dann nicht zulässig, wenn der Gläubiger auf die Teilnahme am Insolvenzverfahren verzichtet und den Leistungsantrag dahin ergänzt, dass eine Vollstreckung erst nach Beendigung des Insolvenzverfahrens möglich sein soll.[358]

199 Die aus dem Feststellungsprozess nach § 179 InsO geläufige Umkehrung der *Betreibungslast* für den Fall, dass ein vollstreckbarer Schuldtitel vorliegt (Rn. 183), erstreckt sich nunmehr, verschärft um eine mit dem Prüfungstermin beginnende Monatsfrist, auf die Konstellation des Schuldnerwiderspruchs (§ 184 II InsO idF seit 1. 7. 2007); daraus folgt insoweit zugleich die – im Gesetz für diese Konstellation an sich zwingend dem Gläubiger vorbehaltene[359] – Befugnis des Schuldners zur Aufnahme eines über die Forderung anhängigen Prozesses, sofern zu diesem Zeitpunkt eine spätere Vollstreckungsmöglichkeit nach Verfahrensende nicht sicher ausgeschlossen ist.[360] Versäumt der Schuldner diese Frist, gilt der Widerspruch nach § 184 II 2 InsO als nicht erhoben; das hat zur Folge, dass der Widerspruch auch im Sinne des § 201 II 2 InsO beseitigt und die Tabelle analog § 183 II InsO zu berichtigen ist.[361]

200 Da es sinnlos wäre, gegen den Schuldner um alle Voraussetzungen des Insolvenzgläubigerrechts zu prozessieren, ist *Streitgegenstand* in dieser Konstellation (abweichend von → Rn. 185) unmittelbar der persönliche Leistungsanspruch gegen den Schuldner.[362] Für die Bemessung des nach der Aufnahme zugrunde zu legenden Streitwerts kommt es aus dem gleichen Grund nicht auf die zu erwartende Insolvenzdividende (§ 182 InsO, → Rn. 191), sondern im Ansatz auf den persönlichen Leistungsanspruch gegen den Schuldner an, freilich unter maßgeblicher Berücksichtigung der späteren Vollstreckungsaussichten des Gläubigers nach Beendigung des Insolvenzverfahrens und Erteilung der Restschuldbefreiung.[363]

201 **b)** *Feststellung der Qualifikation als privilegierte Forderung.* Hatte der Schuldner isoliert der (vom Gläubiger zuvor angemeldeten[364]) Qualifikation als privilegierte Forderung iSv §§ 174 II, 302 Nr. 1 InsO widersprochen – um zu verhindern, dass trotz erteilter

---

[357] Vgl. nur BGH ZIP 2011, 39 Rn. 8; BGH ZIP 2013, 1640 Rn. 8.
[358] BGH ZIP 2004, 2345 mwN (sub A. aE); BGHZ 179, 304 = ZIP 2009, 627 Rn. 8; *Jaeger/Gerhardt*, § 184 Rn. 10 f.; aA insoweit *Häsemeyer*, InsR, Rn. 25.21; MüKoInsO/*Schumacher*, § 184 Rn. 6 f.
[359] BGH ZIP 2013, 1640 Rn. 8; s. a. BGH NZI 2004, 54; BGH ZInsO 2009, 432 Rn. 7; BFH ZIP 2006, 968 Rn. 12, jew mwN zu § 184 InsO aF; teilw krit. (für „Freigabe"-Möglichkeit auch bei Insolvenzforderungen) *Ries*, ZInsO 2013, 595 ff.
[360] BGH ZIP 2013, 1640 Rn. 11 ff., 15 (dort auch Rn. 18 ff. dazu, dass dies im Hinblick auf die Freigabe-Option praktisch nie sicher ausschließbar sei; teilw krit. *Müller*, NZI 2013, 803).
[361] BGH ZIP 2011, 39 Rn. 11; BGH ZIP 2013, 1640 Rn. 9.
[362] BGH ZIP 2013, 1640 Rn. 13; MüKoInsO/*Schumacher*, § 178 Rn. 25, § 184 Rn. 3.
[363] BGH NJW 2009, 920 Rn. 8 f.
[364] Zu den Anforderungen s BGH NZI 2014, 127 Rn. 7 mwN. Nachmeldung gem. § 177 I 3 InsO ist an sich zulässig, BGH NZI 2008, 250 Rn. 12; BGH NZI 2013, 1085 Rn. 6, 12, aber nur bis zum Ablauf der sechsjährigen Abtretungsfrist des § 287 II 1 InsO, BGHZ 197, 186 = NJW 2013, 3300 Rn. 12 ff.

Restschuldbefreiung gegen ihn vollstreckt wird –, so kann der Gläubiger diesen Widerspruch mit einem allein hierauf gerichteten Feststellungsantrag ausräumen;³⁶⁵ dies kann schon während des noch laufenden Insolvenzverfahrens erfolgen.³⁶⁶

Ging die Qualifikation als privilegierte Forderung aus einem vor Insolvenzeröffnung erwirkten Vollstreckungstitel hervor, so geht die Betreibungslast analog § 184 II InsO auch insoweit auf den Schuldner über, dh dieser kann und muss gegen die angemeldete Qualifikation seinerseits mit Klage bzw. Prozessaufnahme (mit einem negativen Feststellungsantrag) vorgehen.³⁶⁷ War diese Eigenschaft dagegen nicht speziell tituliert, muss der Gläubiger klagen bzw. aufnehmen (mit positivem Feststellungsantrag),³⁶⁸ jedoch steht dem Schuldner, der Klarheit gewinnen will, die Klage bzw. Aufnahme immerhin als Option zu Gebote.³⁶⁹ Zu beachten ist, dass die Qualifikation als privilegierte Forderung iSv §§ 174 II, 302 Nr. 1 InsO nicht schon dadurch „tituliert" ist, dass in dem Urteil über die Forderung kein anderer Anspruchsgrund in Betracht kam;³⁷⁰ es wird deshalb regelmäßig eines neben dem Leistungsantrag geltend gemachten Feststellungsantrags bzw. einer titelergänzenden Feststellungsklage bedürfen.³⁷¹

Der Streitwert eines nach der Aufnahme nurmehr um die Feststellung der Qualifikation als privilegierte Forderung geführten Rechtsstreits bemisst sich wiederum – ausgehend vom Nennwert der Forderung – nach den voraussichtlichen Vollstreckungsaussichten nach Beendigung des Insolvenzverfahrens und Erteilung der Restschuldbefreiung.³⁷²

§ 33. Auswirkungen der Insolvenzeröffnung auf Zwangsvollstreckungen

Übersicht

	Rn.
I. Grundlagen der Vollstreckung im Insolvenzverfahren	1
1. Materiell-insolvenzrechtliche Grenzen der Vollstreckung	1
2. Verfahrensrechtliche Besonderheiten der Vollstreckung	2
a) Beteiligtenstellung	2
b) Eigenschaft als formeller Titelgläubiger und -schuldner	4
3. Unterbrechung anhängiger Vollstreckungsverfahren	10
II. Vollstreckung durch Insolvenzgläubiger (§ 89 I InsO)	11
1. Grundgedanken	11

---

³⁶⁵ BGH NZI 2004, 39 Rn. 13; BGH NZI 2006, 536 Rn. 10; BGH NZI 2007, 416 Rn. 8 ff.; BGH NZI 2008, 250 Rn. 15; BGH NZI 2009, 612 Rn. 6.

³⁶⁶ BGH NZI 2006, 536 Rn. 8 ff.; BGH NZI 2009, 189 Rn. 6 ff.; BGHZ 187, 337 = NZI 2011, 111 Rn. 8; BGH NZI 2013, 1085 Rn. 6; *Kolbe*, Deliktische Forderungen und Restschuldbefreiung, 2009, S. 128 ff.; MüKoInsO/*Schumacher*, § 184 Rn. 3 aE; str.

³⁶⁷ BGH NZI 2006, 536 Rn. 12 f.

³⁶⁸ BGHZ 187, 337 = NZI 2011, 111 Rn. 8; BGH ZInsO 2011, 39 Rn. 8 ff.; BGH ZInsO 2012, 1614 Rn. 10 ff., jew mwN; abw jetzt BGH NZI 2014, 568 Rn. 12 ff.: Vollstreckung des Gläubigers bleibt trotz erteilter Restschuldbefreiung möglich, Schuldner muss ggf Vollstreckungsgegenklage erheben.

³⁶⁹ BGH NZI 2009, 189 Rn. 12; BGH NZI 2013, 1085 Rn. 7 ff.; OLG Celle, NZI 2009, 329, 330; *Kuna*, ZInsO 2013, 2253 ff.; aA zB OLG Hamm ZInsO 2004, 683; MüKoInsO/*Schumacher*, § 184 Rn. 8.

³⁷⁰ BGHZ 183, 77 = NZI 2010, 69 Rn. 7, 15 ff.; ferner mwN BGH NZI 2006, 536 Rn. 12 f.; BGHZ 187, 337 = NZI 2011, 111 Rn. 9; BGH ZInsO 2011, 39 Rn. 8 ff.; BGH ZInsO 2012, 1614 Rn. 10 ff. (alle auch dazu, dass ein Vollstreckungsbescheid und ein Versäumnisurteil hierzu – natürlich – ebenso untauglich seien). Ein außergerichtlicher Vergleich genügt hierfür ebenfalls nicht, AG Göttingen ZInsO 2011, 2103 u NZI 2012, 679; aA OLG Düsseldorf ZInsO 2013, 1488, 1490 f.

³⁷¹ BGH NZI 2009, 612 Rn. 8; BGHZ 183, 77 = NZI 2010, 69 Rn. 18; s. a. BGHZ 187, 337 = NZI 2011, 111 Rn. 9 ff.

³⁷² BGH NJW 2009, 920 Rn. 8 f; OLG Hamm ZInsO 2012, 1638; aA OLG Rostock FamRZ 2011, 910.

	Rn.
2. Anwendungsbereich	13
a) Betroffene Rechtsakte	13
b) Betroffene Gläubiger	28
c) Betroffenes Vermögen	29
3. Rechtsfolgen	39
a) Vollstreckungshindernis	39
b) Rechtsfolgen des Verstoßes	40
c) Rechtsbehelfe	43
d) Ausgleichsansprüche	49
4. Rückschlagsperre (§ 88 InsO)	51
a) Grundgedanken	51
b) Anwendungsbereich	52
c) Rechtsfolgen	61
III. Vollstreckung durch Massegläubiger	66
1. Zulässigkeit der Vollstreckung (§ 53 InsO)	66
2. Anfängliches Vollstreckungsmoratorium (§ 90 InsO)	71
a) Grundgedanken	71
b) Anwendungsbereich	73
c) Rechtsfolgen	81
3. Vollstreckung bei Masseunzulänglichkeit (§ 210 InsO)	83
a) Grundgedanken	83
b) Anwendungsbereich	84
c) Rechtsfolgen	86
d) Rückschlagsperre	88
IV. Vollstreckung durch Aussonderungsberechtigte	89
V. Vollstreckung durch Absonderungsberechtigte	94
1. Vollstreckung wegen des dinglichen Rechts	94
2. Vollstreckung wegen der gesicherten Forderung	98
VI. Vollstreckung durch Neugläubiger	99
1. Vollstreckung in die Insolvenzmasse	99
2. Vollstreckung in das insolvenzfreie Schuldnervermögen	102
a) Grundgedanken	102
b) Vorausvollstreckung in Arbeitsentgelt (§ 89 II InsO)	103
VII. Vollstreckung durch Gläubiger von nichtvermögensrechtlichen Ansprüchen	107
VIII. Vollstreckung durch den Insolvenzverwalter	108
IX. Vollstreckung durch oder gegen den Schuldner persönlich	111
1. Vollstreckung während des Insolvenzverfahrens	111
a) Vollstreckung mit ausschließlichem Massebezug	111
b) Vollstreckung mit Bezug zur insolvenzfreien Schuldnersphäre	112
2. Vollstreckung nach Beendigung des Insolvenzverfahrens	114
a) Grundsatz	114
b) Anhängige Vollstreckungsverfahren	117
c) Restschuldbefreiungsverfahren	118

Schrifttum s. vor § 32.

I. Grundlagen der Vollstreckung im Insolvenzverfahren

1. Materiell-insolvenzrechtliche Grenzen der Vollstreckung. Die Zulässigkeit der Vollstreckung im Insolvenzverfahren hängt von einem nicht immer leicht zu durchschauenden Zusammenspiel verschiedener Faktoren ab. In materiellrechtlicher Hinsicht ist zunächst zu fragen, ob die Vermögensmasse, in die vollstreckt werden soll, überhaupt für die titulierte Forderung *haftet;* hieran fehlt es etwa, wenn Neugläubiger, deren Forderung gegen den Schuldner erst nach der Insolvenzeröffnung entstanden ist, in die Insolvenzmasse vollstrecken wollen (→ Rn. 10, 99), oder wenn umgekehrt Insolvenz- oder Massegläubiger in das insolvenzfreie Vermögen des Schuldners vollstrecken möchten (→ Rn. 30, 102, 112). Aber auch im Fall bestehender Haftung ist die Vollstreckung insolvenzrechtlich häufig modifiziert oder ausgeschlossen; hier ist insbesondere auf das grundsätzliche Vollstreckungsverbot für Insolvenzgläubiger zu verweisen, das deren Gleichbehandlung sichern soll (→ Rn. 11 ff.), aber auch auf die – geringfügigeren – Einschränkungen der Vollstreckung durch Massegläubiger (→ Rn. 66 ff.) oder Absonderungsberechtigte (→ Rn. 94 ff.).

2. Verfahrensrechtliche Besonderheiten der Vollstreckung. a) *Beteiligtenstellung.* In verfahrensrechtlicher Hinsicht ist auch für die Zwangsvollstreckung im Insolvenzverfahren der Umstand von maßgeblicher Bedeutung, dass die *Prozessführungsbefugnis über das massezugehörige Vermögen* mit der Insolvenzeröffnung auf den Insolvenzverwalter übergeht (→ § 32 Rn. 1); uU geschieht dies bereits als Folge der im Eröffnungsverfahren angeordneten Sicherungsmaßnahmen (→ § 32 Rn. 13, allg. zur Vollstreckung im Eröffnungsverfahren → § 14 Rn. 44 ff.). Als Bestandteil der Prozessführungsbefugnis verliert der Schuldner ipso iure die aktive und passive Beteiligteneigenschaft in den massebezogenen Vollstreckungsverfahren; er ist damit weder tauglicher Adressat von Vollstreckungsmaßnahmen in die massezugehörigen Bestandteile seines Vermögens noch behält er die Befugnis, selbst Vollstreckungsmaßnahmen zur Durchsetzung massezugehöriger Ansprüche zu beantragen oder in Vollstreckungsverfahren über massezugehörige Bestandteile seines Vermögens Anträge zu stellen bzw. Rechtsmittel einzulegen.[1] Seine Stelle wird von dem auch insoweit als Amtspartei (→ § 32 Rn. 1 ff.) für die Insolvenzmasse handelnden Insolvenzverwalter eingenommen.[2]

Hinsichtlich seiner verfahrensfreien Rechts- und Interessensphäre bleibt der Schuldner aber ein vom Insolvenzverwalter als Amtspartei verschiedenes Verfahrenssubjekt und zugleich (selbstverständlich) auch weiterhin prozessführungsbefugt und demgemäß auch aktiv wie passiv taugliches Subjekt eines Zwangsvollstreckungsverfahrens. Dies betrifft neben seinen persönlichen, etwa gesundheitlichen Belangen vor allem sein etwa durch Freigabe erlangtes insolvenzfreies Vermögen (→ § 32 Rn. 22, → Rn. 30, 102, 112 ff.).[3]

b) *Eigenschaft als formeller Titelgläubiger und -schuldner.* aa) Als Folge des Umstands, dass es sich bei dem Insolvenzverwalter als Amtspartei um ein von dem Schuldner verschiedenes Verfahrenssubjekt handelt (→ § 32 Rn. 4 ff.), bedarf ein Titel, der vor Insolvenzeröffnung für oder gegen den Schuldner erwirkt worden ist, zur Vollstreckung für oder gegen den (vorläufigen) Insolvenzverwalter analog §§ 727, 731 ZPO jedenfalls der *Titelumschreibung* für oder gegen den Verwalter; im Fall des Passivvollstreckung muss der Titel dem Verwalter gem. § 750 II ZPO mitsamt der titelübertragenden Klausel zudem (ggf. erneut) zugestellt werden.[4] Die titelübertragende Klausel ist aber stets entbehrlich, wenn die Vollstreckung derart begonnen hatte, dass sie bereits zu einer Pfändung bzw. Beschlagnahme geführt hatte.[5]

Im Klauselverfahren gelten die allgemeinen Grundsätze, dh der jew Vollstreckungsgläubiger hat die ihm obliegenden Nachweise mit öffentlichen oder öffentlich beglaubigten Urkunden zu führen (Vorlage der gem. § 56 II 2 InsO erteilten Bestallungsur-

---

[1] BGH NJW 2009, 1283 Rn. 7, 11; BGH NZI 2008, 613 Rn. 5 ff.; BGH NJW-RR 2008, 360 Rn. 11; BGHZ 188, 177 = NZI 2011, 420 Rn. 8.
[2] BGH NJW 2009, 1283 Rn. 8; BGH NZI 2008, 613 Rn. 5 ff.
[3] BGH NJW 2009, 1283 Rn. 8; BGH NZI 2008, 613 Rn. 5, 10; BGH NJW-RR 2008, 360 Rn. 11.
[4] Vgl., jew mwN, nur BGH NZI 2005, 689; *Kesseler,* RNotZ 2006, 144 u DNotZ 2006, 84 (jew betr Vollstreckung durch den Insolvenzverwalter); BGH KTS 2006, 465 Rn. 6, 12; BGHZ 188, 177 = NZI 2011, 420 Rn. 8; *Jaeger/Henckel,* vor §§ 49–52 Rn. 26; MüKoInsO/*Ganter,* vor §§ 49–52 Rn. 147; Uhlenbruck/Hirte/Vallender/*Brinkmann,* § 49 Rn. 58 (jew betr Vollstreckung durch einen Absonderungsberechtigten); RGZ 53, 8, 10; OLG Stuttgart NJW 1958, 1353 u ZIP 1995, 45, 46; OLG Jena ZIP 1996, 1558 (jew betr Vollstreckung durch einen Aussonderungsberechtigten); ferner allg. *Jaeger/Eckardt,* § 89 Rn. 22, 56; *Jaeger/Windel,* § 80 Rn. 193, 196; *K. Schmidt/Sternal,* § 80 Rn. 58 f.; Stein/Jonas/*Münzberg,* § 727 Rn. 28; *Jacoby,* S. 315 f.
[5] BGH KTS 2006, 465 Rn. 12 (m krit. Anm. *Heese* aaO S. 469, 473 ff.); *Jaeger/Windel,* § 215 Rn. 20.

kunde im Original oder in öffentlich beglaubigter Abschrift); die Bekanntmachung des Eröffnungsbeschlusses nach § 9 InsO genügt nicht.[6] Die Eigenschaft als ein die Vollstreckung in die Insolvenzmasse eröffnender Aussonderungs-, Absonderungs- oder Masseanspruch muss im Klauselverfahren ebenfalls geprüft werden; fehlt es daran – insbesondere weil es sich entgegen der Rechtsbehauptung des Gläubigers um eine Insolvenzforderung handelt –, so ist die Klauselerteilung gegen den Verwalter zu verweigern.[7] Eine erneute (Feststellungs-)Klage mit dem Ziel der Klärung dieser Frage ist danach richtigerweise nicht erforderlich, wohl aber zulässig.[8]

6 Tritt während des Insolvenzverfahrens ein *Wechsel in der Person des Verwalters* ein, so bedarf es im Hinblick auf die Amtskontinuität (→ § 32 Rn. 47 zum Erkenntnisverfahren) keiner Titelumschreibung;[9] dies ist für das Vollstreckungsorgan bei korrekter Parteibezeichnung im Titel („... als Insolvenzverwalter über das Vermögen des ...") auch zweifelsfrei ersichtlich. Dagegen ist im Fall der Eigenverwaltung richtiger Ansicht nach eine Titelumschreibung erforderlich (zu den Gründen → § 32 Rn. 8 f.).[10]

7 **bb)** Betreibt ein Gläubiger während des *Eröffnungsverfahrens* die Zwangsvollstreckung, so ist die Umschreibung eines gegen den Schuldner erwirkten Titels grundsätzlich auch dann nicht erforderlich, wenn als Sicherungsmaßnahme ein („schwacher") vorläufiger Insolvenzverwalter bestellt wurde; denn dann behält der Schuldner die Prozessführungsbefugnis über sein Vermögen, und die Vollstreckung ist auch formaliter weiterhin gegen ihn zu betreiben.

8 Wurde dagegen ein „starker" vorläufiger Insolvenzverwalter (§ 22 I InsO) bestellt oder ist dem (an sich „schwachen") vorläufigen Verwalter die Prozessführung durch Einzelermächtigung des Insolvenzgerichts übertragen worden,[11] so ist wiederum eine Umschreibung analog §§ 727, 731 ZPO sowie in der Passivvollstreckung gem. § 750 II ZPO eine (erneute) Zustellung des Titels mitsamt der titelübertragenden Klausel erforderlich, da dann wie bei einem Insolvenzverwalter die Prozessführungsbefugnis auf den vorläufigen Verwalter als Amtspartei übergegangen ist.[12]

9 Im eröffneten Verfahren ist dann unabhängig von der Personenidentität des jeweiligen Amtswalters keine nochmalige Umschreibung erforderlich, da die Amtskontinuität insofern die Diskontinuität in der Person des handelnden Amtswalters überlagert (→ § 32 Rn. 47, 98).[13]

10 **3. Unterbrechung anhängiger Vollstreckungsverfahren.** Ein Moratorium nach Maßgabe des § 240 ZPO erfahren aber nur die „zivilrechtlichen Streitverfahren" des Vollstreckungsrechts, also Klauselerteilungs- und -abwehrklagen (§§ 731, 768 ZPO), Vollstreckungsabwehrklagen (§ 767 ZPO), Drittwiderspruchsklagen (§§ 771 f. ZPO), Klagen auf vorzugsweise Befriedigung (§ 805 ZPO) und Widerspruchsklagen gegen einen Teilungsplan (§ 878 ZPO), nicht dagegen die eigentlichen Zwangsvollstreckungsverfahren einschließlich des vorgelagerten Klauselverfahrens (§§ 724–730, 732 ZPO)

---

[6] BGH NZI 2005, 689.
[7] Dies entspricht der Funktion des Klauselverfahrens, so (zur Eigenschaft als Masseforderung) zutr *Jaeger/Windel*, § 80 Rn. 193; aA LG Karlsruhe ZIP 1981, 1236; KPB/*Pape/Schaltke*, § 53 Rn. 57; MüKoInsO/*Hefermehl*, § 53 Rn. 58: Feststellungsklage erforderlich.
[8] Insofern zutr KPB/*Pape/Schaltke*, § 53 Rn. 57; MüKoInsO/*Hefermehl*, § 53 Rn. 58.
[9] *Jaeger/Gerhardt*, § 56 Rn. 16; *Jaeger/Windel*, § 80 Rn. 197; *K. Schmidt/Sternal*, § 80 Rn. 59; Uhlenbruck/Hirte/Vallender/*Uhlenbruck*, § 80 Rn. 91; *Jacoby*, S. 310; einschr Stein/Jonas/*Münzberg*, § 727 Rn. 30: nur bei Passivtiteln; aA Zöller/*Stöber*, § 727 Rn. 18.
[10] AA *Hintzen*, Kölner Schrift, Kap. 20 Rn. 30; Nerlich/Römermann/*Becker*, § 165 Rn. 52 aE.
[11] Zur Gleichstellung dieser Situation mit der des starken vorläufigen Verwalters vgl. BGH NZI 2013, 747 Rn. 13 ff.
[12] LG Cottbus ZInsO 2000, 107 u. 337; MüKoInsO/*Ganter*, vor §§ 49–52 Rn. 165a; *Tetzlaff*, ebd § 165 Rn. 49; aA LG Halle Rpfleger 2002, 89; *Hintzen*, ZInsO 2004, 713, 719.
[13] AA offenbar MüKoInsO//*Tetzlaff*, § 165 Rn. 49; *Knees*, ZIP 2001, 1568, 1572.

und des Verfahrens zur Erteilung der Vermögensauskunft (§§ 802c ff., 807 ZPO) bzw. der eidesstattlichen Versicherung (§ 883 II ZPO) und der jeweils dazu gehörigen Rechtsbehelfsverfahren (→ § 32 Rn. 114); Letztere können daher grundsätzlich für und gegen den Insolvenzverwalter fortgesetzt werden.

II. Vollstreckung durch Insolvenzgläubiger (§ 89 I InsO)

1. Grundgedanken. Die wichtigste Einschränkung für die Vollstreckung eines vor Insolvenzeröffnung gegen den Schuldner erwirkten Titels formuliert die Bestimmung des § 89 I InsO: So wie die §§ 87, 174 ff. InsO den Insolvenzgläubigern grundsätzlich ein weiteres Prozessieren untersagen, um die gleichmäßige Befriedigung der Insolvenzgläubiger ausschließlich nach den Regeln der Insolvenzordnung zu gewährleisten (→ § 32 Rn. 179), so unterbindet das Gesetz durch § 89 I InsO auch die Zwangsvollstreckung zugunsten einzelner Insolvenzgläubiger (zum Anwendungsbereich → Rn. 28).[14] Die Aussage, dass die Insolvenzgläubiger im Vollstreckungswege keine dinglichen Befriedigungsrechte am massezugehörigen Vermögen erwerben können, würde sich allerdings schon aus dem „Erwerbsverbot" des § 91 I InsO ergeben;[15] das Vollstreckungsverbot verlagert also den masseschützenden Effekt dieser Norm für eine bestimmte Fallgruppe vor und verhindert einen Rechtsakt, dem nach § 91 I InsO ohnehin die dinglichen Wirkungen abzusprechen wären, mit zumindest klarstellender Wirkung gleich ganz.[16] Mit eigenständigem Schutzzweck erfasst das Vollstreckungsverbot darüber hinaus das insolvenzfreie Vermögen des Insolvenzschuldners (→ Rn. 30, 112) sowie das Arbeitsentgelt in der nachinsolvenzlichen Abtretungsfrist iSv § 287 II InsO (§ 89 II InsO, → Rn. 103).

Bei dem Verbot des § 89 I InsO handelt es sich um ein von Amts wegen zu beachtendes Vollstreckungshindernis. Es gilt erst im eröffneten Insolvenzverfahren; im Eröffnungsverfahren können entsprechende Schutzmaßnahmen aber besonders durch das Insolvenzgericht angeordnet werden (§§ 21 II Nr. 3, 306 II 1 InsO, → § 14 Rn. 44 ff.), ebenso im Schutzschirmverfahren (§ 270b II 3 InsO, → § 88 Rn. 17). Für die nachinsolvenzliche Abtretungsfrist iSv § 287 II InsO gilt ebenfalls ein spezielles Vollstreckungsverbot (§ 294 I InsO, → Rn. 37, 118 und § 78 Rn. 61 ff.).

2. Anwendungsbereich. a) *Betroffene Rechtsakte.* aa) Das Vollstreckungsverbot gilt vom Wirksamwerden des Eröffnungsbeschlusses an bis zum Wirksamwerden des Aufhebungs- und Einstellungsbeschlusses.[17] Einer besonderen gerichtlichen Anordnung bedarf es hierfür (anders als im Eröffnungsverfahren und im Rahmen der Immobiliarvollstreckung nach §§ 30d, e, 153b ZVG) nicht; auf die Kenntnis des vollstreckenden Gläubigers oder des Vollstreckungsorgans von der Insolvenzeröffnung kommt es nicht an.

Auch die *Fortsetzung* einer bereits beantragten oder schon begonnenen Vollstreckung ist an sich unstatthaft; insoweit verdrängt § 89 I InsO die Unterbrechungswirkung des § 240 ZPO (→ Rn. 10, § 32 Rn. 114).[18] Das Verbot des § 89 I InsO greift allerdings dann nicht mehr ein, wenn die Vollstreckung bereits zu einer wirksamen – dh auch nicht von der Rückschlagsperre (§ 88 InsO, → Rn. 51 ff.) betroffenen – dinglichen Sicherung des Gläubigers geführt hat, da dann ein insolvenzfestes Absonderungsrecht entstanden ist und der Gläubiger die Vollstreckung deshalb nicht mehr als Insolvenz-

---

[14] Vgl. zum Regelungszweck BGH NZI 2010, 223 Rn. 9; *Jaeger/Eckardt*, § 89 Rn. 1.
[15] Zur Anwendbarkeit von § 91 I InsO auf Vollstreckungsmaßnahmen von Insolvenzgläubigern (konkret zu Vorauspfändungen über „künftige" Forderungen) vgl. die Nachw in Rn. 35.
[16] Die lediglich klarstellende Wirkung zeigt sich etwa bei den Vollstreckungsmaßnahmen der Neugläubiger, → Rn. 99.
[17] Zu den zeitlichen Grenzen des Verbots s *Jaeger/Eckardt*, § 89 Rn. 68 f.; KPB/*Lüke*, § 89 Rn. 7 ff.
[18] BGHZ 172, 16 = NZI 2007, 543 Rn. 10; BGH, NZI 2008, 683 Rn. 12; OLG Stuttgart NZI 2011, 907.

gläubiger fortführt;[19] so etwa beim Pfändungspfandrecht (vgl. § 90 IV 1 Nr. 3 GVGA) sowie beim durch die Vollziehung des Arrestbefehls entstandenen Arrestpfandrecht und bei der Arresthypothek.[20] Eine Vorpfändung iSv § 845 ZPO genügt hierfür allein – dh soweit die Zustellung des Pfändungs- und Überweisungsbeschlusses vor Insolvenzeröffnung nicht (mehr) erfolgt ist – nicht; denn da sich die Pfändung anschließend nicht mehr wirksam nachholen lässt, verfällt die Wirkung der Vorpfändung zwangsläufig, vgl. § 845 II 1 ZPO.[21]

15 Vorauspfändungen (§ 832 ZPO) fallen, wenn die Zustellung vor Insolvenzeröffnung erfolgt war, aber nicht schon deshalb unter das Vollstreckungsverbot, weil die betroffene Forderung erst nach Insolvenzeröffnung vollwirksam entstanden ist (→ Rn. 35). Ebenfalls nicht ausreichend ist eine unter Verstoß gegen §§ 750 f., 798 ZPO verfrüht durchgeführte Vollstreckungsmaßnahme, da der Mangel nach Insolvenzeröffnung nicht mehr geheilt werden.[22]

16 Bei der *Immobiliarvollstreckung* ist eine Rückbeziehung auf den Antragszeitpunkt analog § 878 BGB nicht möglich; maßgeblich ist vielmehr der Zeitpunkt der Eintragung.[23]

17 bb) Nach § 89 I InsO ist *jede Art der Zwangsvollstreckung* verboten. Unzulässig ist nicht nur die zivilprozessuale Zwangsvollstreckung, sondern zB auch das Verwaltungszwangsverfahren wegen Steuerforderungen oder sonstiger öffentlich-rechtlicher Forderungen (§ 89 I InsO iVm §§ 251 II 1 AO, 5 VwVG).

18 Konkret betrifft das Verbot zunächst die *Geldvollstreckung* in das bewegliche (§§ 803 ff. ZPO) und in das unbewegliche Vermögen (§§ 864 ff. ZPO). Ebenso wird die Erzwingung anderer Ansprüche als Geldforderungen (§§ 883 ff. ZPO) unterbunden, sofern es sich bei ihnen um Insolvenzforderungen handelt (→ Rn. 28);[24] dies wird in der Regel auf Ansprüche auf ein vertretbares Handeln des Schuldners oder Befreiungsansprüche zutreffen, während Herausgabeansprüche (§ 883 ZPO) in der Regel ebenso wenig betroffen sind wie gegen den Schuldner als Person gerichtete (nichtvermögensrechtliche) *Ansprüche ohne Massebezug* (→ Rn. 117).

19 Schon gar kein Vollstreckungsakt und daher von § 89 I InsO nicht betroffen ist die *Einigungsfiktion* nach §§ 894 f. ZPO; ihre Wirksamkeit ist nach §§ 81, 91 InsO zu beurteilen. Zusätzlich zu beachten ist, dass die Prozessunterbrechung nach § 240 ZPO (→ § 32 Rn. 80 ff.) dem Eintritt der Rechtskraft und damit der Erklärungsfiktion entgegenstehen kann.[25] Auf die *Aufrechnung* ist das Vollstreckungsverbot trotz § 394 S. 1 BGB nicht anwendbar; hier sind allein die §§ 94 ff. InsO maßgeblich.[26]

20 Unzulässig ist auch die Erwirkung einer *Vermögensauskunft* (§§ 802 c ff., 807 ZPO), soweit sich der Vollstreckungstitel auf eine Insolvenzforderung (→ Rn. 28) bezieht,[27]

---

[19] OVG Sachsen-Anhalt WM 2007, 1622; Nerlich/Römermann/*Wittkowski/Kruth*, § 89 Rn. 10.
[20] So die hM, vgl. *Jaeger/Eckardt*, § 89 Rn. 51 mwN (weil bereits diese die Stellung als Absonderungsberechtigter begründe); aA für die Arresthypothek zB Uhlenbruck/Hirte/Vallender/*Uhlenbruck*, § 89 Rn. 5; *Morvilius*, FPR 2013, 382, 390 (weil die Umschreibung in eine Zwangshypothek einen neuen Vollstreckungsakt darstelle).
[21] RGZ 26, 425, 426; 42, 365, 366; LG Berlin KTS 1963, 185; ausführlich *Jaeger/Eckardt*, § 89 Rn. 53; MüKoInsO/*Breuer*, § 89 Rn. 15; KPB/*Lüke*, § 89 Rn. 6.
[22] RGZ 125, 286, 288; KG JW 1934, 3146, 3147; *Thomas/Putzo/Hüßtege*, Vorbem zu § 704 Rn. 58; Uhlenbruck/Hirte/Vallender/*Uhlenbruck*, § 89 Rn. 7; aA für §§ 750 II, 798 ZPO Ahrens/Gehrlein/Ringstmeier/Piekenbrock, § 89 Rn. 10.
[23] Vgl. BGHZ 9, 250, 252; OLG Hamm FGPrax 2012, 54; *Jaeger/Eckardt*, § 89 Rn. 72; HKInsO/*Piekenbrock*, § 89 Rn. 32; Uhlenbruck/Hirte/Vallender/*Uhlenbruck*, § 89 Rn. 8; MüKoInsO/*Breuer*, § 89 Rn. 61; aA *Wacke* ZZP 82 (1969), 380 ff.
[24] OLG Stuttgart NZI 2011, 907 Rn. 6 (zu § 887 ZPO); *Jaeger/Eckardt*, § 89 Rn. 26, 40 mwN.
[25] *Jaeger/Eckardt*, § 89 Rn. 58.
[26] Ahrens/Gehrlein/Ringstmeier/Piekenbrock, § 89 Rn. 11, 28; *Jaeger/Eckardt*, § 89 Rn. 57.
[27] BGH NZI 2012, 560 Rn. 7 ff.; BGH NZI 2013, 539 Rn. 8; BGH NZI 2014, 310 Rn. 7; MüKoInsO/*Breuer*, § 89 Rn. 33; Uhlenbruck/Hirte/Vallender/*Uhlenbruck*, § 89 Rn. 10; KPB/*Lüke*, § 89

oder die *Erzwingungshaft* zur Durchsetzung von Forderungen.[28] Jedoch hindert § 89 I InsO nicht, während des Insolvenzverfahrens über das Rechtsmittel gegen einen vor Insolvenzeröffnung erlassenen Haftbefehl zur Erzwingung der Vermögensauskunft (§ 802g ZPO) zu entscheiden, da es sich weder bei der Aufhebung noch bei der Bestätigung des Haftbefehls um eine Vollstreckungsmaßnahme handelt.[29]

cc) Das Verbot des § 89 I InsO erstreckt sich nicht auf solche Akte, die die Zwangsvollstreckung lediglich *vorbereiten*.[30] Ein Urteil kann daher für vorläufig vollstreckbar erklärt werden (§§ 708 ff. ZPO); ebenso hindert die Vorschrift nicht die *Erteilung oder Umschreibung der vollstreckbaren Ausfertigung* (Vollstreckungsklausel, §§ 724 ff. ZPO)[31] oder die *Vollstreckbarerklärung* von ausländischen Erkenntnissen, Anwaltsvergleichen, Schiedssprüchen und Schiedsvergleichen (§§ 722, 796a ff., 1053, 1055, 1060 f. ZPO), da damit die Zwangsvollstreckung noch nicht begonnen wird. Die Umschreibung seines gegen den Schuldner erwirkten Titels *gegen den Insolvenzverwalter* analog §§ 727, 731 ZPO (Rn. 4) kann ein Insolvenzgläubiger gleichwohl nicht verlangen;[32] richtigerweise ist ihm das Rechtsschutzbedürfnis für diesen Antrag abzusprechen, da er wegen § 89 I InsO niemals gegen den Insolvenzverwalter vollstrecken kann.[33]

Die Zulässigkeit von *Zustellungen* ist ebenfalls davon abhängig, ob sie unmittelbar die Vollstreckungswirkung herbeiführen.[34] Ist dies der Fall, wie etwa bei der Zustellung des Pfändungs- und Überweisungsbeschlusses an den Drittschuldner (§ 829 III ZPO), so darf sie nach Insolvenzeröffnung nicht mehr erfolgen.[35] Ebenso wenig handelt es sich bei der *Vorpfändung* iSv § 845 ZPO um eine die Vollstreckung nur vorbereitende Maßnahme, da sie bereits die Wirkung einer (durch die nachfolgende Pfändung bedingten) Beschlagnahme hat; sie ist daher nach Insolvenzeröffnung unstatthaft.[36]

dd) Von § 89 I InsO wird auch die *Vollziehung von Arresten und einstweilige Verfügungen* erfasst, obwohl diese im Wortlaut der Norm nicht mehr ausdrücklich genannt sind.[37] Im Hinblick auf den *Erlass des Arrestbefehls bzw. der einstweiligen Verfügung* und den Lauf einer nach § 926 ZPO gesetzten Frist ist dagegen richtigerweise nicht § 89 I InsO, sondern § 240 ZPO (→ § 32 Rn. 112) einschlägig.[38]

War der Arrestbefehl bei Insolvenzeröffnung schon erlassen, aber noch nicht vollzogen, ist er auf Widerspruch (§ 924 I ZPO) des Insolvenzverwalters ohne Sachprüfung aufzuheben.[39] War die Vollziehung bereits erfolgt, so ergeht auf den Widerspruch des

---

Rn. 9; Nerlich/Römermann/*Wittkowski/Kruth*, § 89 Rn. 11 a; *Schwörer*, DGVZ 2008, 19; aA FK/*App*, § 89 Rn. 15; *App*, DGVZ 2007, 5.

[28] Zutr LG Hechingen NZI 2009, 187; LG Hannover NdsRpfl 2011, 78; LG Flensburg BeckRS 2011, 22829; LG Dresden, Beschl. v. 20. 7. 2012 – 5 Qs 95/11 (juris); LG Bochum BeckRS 2013, 17768; AG Ahrensburg ZInsO 2011, 1257; *Ahrens/Gehrlein/Ringstmeier/Piekenbrock*, § 89 Rn. 6; *Petershagen*, ZInsO 2007, 703; aA LG Berlin NJW 2007, 1541; LG Potsdam NStZ 2007, 293; LG Deggendorf ZInsO 2012, 2206; FKInsO/*App*, § 89 Rn. 18; *Schuster*, NZV 2009, 538.

[29] AG Frankfurt/O. NZI 2013, 150; KPB/*Lüke*, § 89 Rn. 9; MüKoInsO/*Breuer*, § 89 Rn. 35.

[30] BGH NJW 2008, 918 Rn. 13; *Jaeger/Eckardt*, § 89 Rn. 55; MüKoInsO/*Breuer*, § 89 Rn. 42; Uhlenbruck/Hirte/Vallender/*Uhlenbruck*, § 89 Rn. 16; *App*, DGVZ 2007, 5.

[31] BGH NJW 2008, 918 Rn. 13; MüKoInsO/*Breuer*, § 89 Rn. 42; Braun/*Kroth*, § 89 Rn. 3; *Jaeger/Eckardt*, § 89 Rn. 55.

[32] *Jaeger/Eckardt*, § 89 Rn. 56; Uhlenbruck/*Uhlenbruck*, § 89 Rn. 16; ausf zur Umschreibung der Klausel *Schreiber*, RNotZ 2013, 161 ff.; *Soutier*, MittBayNot 2011, 366, 369 ff.

[33] *Ahrens/Gehrlein/Ringstmeier/Piekenbrock*, § 89 Rn. 27; iE auch MüKoInsO/*Breuer*, § 89 Rn. 42; offen BGH NJW 2008, 918 Rn. 14.

[34] Uhlenbruck/Hirte/Vallender/*Uhlenbruck*, § 89 Rn. 17.

[35] LG Berlin KTS 1963, 185; *Heyn*, InsbürO 2009, 447 ff.; ausf *Viertelhausen*, S. 131 ff.

[36] LG Detmold KTS 1977, 126, 127; *Behr*, DGVZ 1977, 54; Stein/Jonas/*Münzberg*, § 845 Rn. 10.

[37] Begr RegE zu § 100, BT-Drucks. 12/2443, S. 137; *Jaeger/Eckardt*, § 89 Rn. 43.

[38] *Jaeger/Eckardt*, § 89 Rn. 44 mwN; aA insoweit OLG Köln, ZIP 2004, 2013, 2015 f; KG NJW 2005, 3734; KPB/*Lüke*, § 89 Rn. 10; MüKoInsO/*Breuer*, § 89 Rn. 37.

[39] BGH KTS 1962, 51, 52.

Insolvenzverwalters eine Entscheidung über die Rechtmäßigkeit des Arrests; Bestätigung und Abänderung sind nach Insolvenzeröffnung noch möglich.[40] Hatte der Schuldner bereits Widerspruch gegen den Arrest eingelegt, wird dieses Verfahren mit Eröffnung des Insolvenzverfahrens unterbrochen (§ 240 ZPO); es ist aber vom Insolvenzverwalter mit dem Ziel der Aufhebung des Arrests wieder aufzunehmen.[41]

25 Wenn der Arrest gem. § 929 III 1 ZPO ohne vorherige Zustellung vollzogen wurde, kann die *Zustellung des Arrestbefehls bzw. der einstweiligen Verfügung* nach Insolvenzeröffnung nicht mehr nachgeholt werden, da für die „Insolvenzfestigkeit" des Arrestpfandrechts alle notwendigen Voraussetzungen vor Insolvenzeröffnung eingetreten sein müssen, also Vollziehung und Zustellung.[42] Ein durch eine vorläufig vollstreckbare Entscheidung aufgehobener Arrest kann zwar an sich auch nach Insolvenzeröffnung in der Rechtsmittelinstanz wiederhergestellt werden, da dem aufhebenden Urteil vor Rechtskraft nur eine vorläufige Wirksamkeit zukam;[43] anders verhält es sich aber, wenn auf Grund des ersten Urteils die Arrestpfändung bereits aufgehoben worden war, da der etwa bestätigte Arrest im Hinblick auf § 89 I InsO nicht erneut vollzogen werden könnte.[44]

26 Betroffen ist auch die Verhängung eines *strafprozessualen dinglichen Arrests* nach §§ 111d ff. StPO zur Sicherstellung verschiedener aus Anlass des Strafverfahrens entstehender staatlicher Ansprüche (ggf. im Rahmen der sog. Rückgewinnungshilfe nach § 111g III StPO erstreckt auf die Ansprüche von Verletzten einer Straftat); dieser ist also nur dann insolvenzfest, wenn er bereits vor Insolvenzeröffnung mit der Folge eines Absonderungsrechts vollzogen worden ist (und durch Rückschlagsperre und Insolvenzanfechtung nicht betroffen ist), während eine Vollziehung nach Insolvenzeröffnung ausgeschlossen ist.[45] Ist einem vor Insolvenzeröffnung angeordneten und vollzogenen strafprozessualen dinglichen Arrest nicht rechtzeitig der eigene Vollstreckungsakt des Verletzten (§ 111g III 1 StPO) gefolgt, so ist allerdings nur der Verletzte mit seinen Ansprüchen ausgeschlossen; nicht hingegen ist der strafprozessuale Arrest mit Eröffnung des Insolvenzverfahrens über das arretierte Vermögen aufzuheben, da er subsidiär die staatlichen Ansprüche gem. § 111i V StPO sichert.[46]

27 ee) Die Eintragung einer *Vormerkung aufgrund einstweiliger Verfügung,* die einen zu den Insolvenzforderungen gehörenden Anspruch gegenüber der Insolvenzmasse sichern soll, stellt nach Wortlaut und Regelungszweck eine Vollstreckungsmaßnahme dar und ist deshalb ebenfalls während des Insolvenzverfahrens unstatthaft.[47] Keine Vollstreckungs-

---

[40] RGZ 56, 145, 148; BGH KTS 1962, 51, 52.
[41] *Jaeger/Eckardt,* § 89 Rn. 44; KPB/*Lüke,* § 89 Rn. 10; MüKoInsO/*Breuer,* § 89 Rn. 37.
[42] *Ahrens/Gehrlein/Ringstmeier/Piekenbrock,* § 89 Rn. 24; *Jaeger/Eckardt,* § 89 Rn. 45; aA die hM, vgl. KPB/*Lüke,* § 89 Rn. 19; MüKoInsO/*Breuer,* § 89 Rn. 37, da der Gläubiger bereits vor Verfahrenseröffnung ein auflösend bedingtes Absonderungsrecht erworben habe.
[43] RGZ 56, 145, 148; vgl. auch OLG Düsseldorf MDR 1963, 853; 1969, 1017; OLG Hamburg MDR 1977, 148; Uhlenbruck/Hirte/Vallender/*Uhlenbruck,* § 89 Rn. 12; aA OLG München OLGZ 1969, 196, 199; OLG Frankfurt OLGZ 1976, 373, 375; Stein/Jonas/*Grunsky,* § 925 Rn. 19; *Thomas/Putzo/Reichold,* § 925 Anm. 2.
[44] RGZ 56, 145, 148; Uhlenbruck/Hirte/Vallender/*Uhlenbruck,* § 89 Rn. 12 mwN.
[45] KG NJW 2005, 3734f.; OLG Frankfurt/M. ZIP 2009, 1582 Rn. 10 ff.; KG ZIP 2013, 2483; OLG Hamm ZIP 2013, 2485, 2486; OLG Karlsruhe ZInsO 2014, 608, 609; LG Saarbrücken NStZ-RR 2004, 274, 275; *Jaeger/Eckardt,* § 89 Rn. 44; *Markgraf,* NZG 2013, 1014, 1015 f.; ausf *Hansen,* Die Rückgewinnungshilfe, 2013, S. 193 ff., 229 ff., 253 ff., 310 ff.; *Huber,* Strafrechtlicher Verfall und Rückgewinnungshilfe bei der Insolvenz des Täters, 2011, S. 27 ff., 118 ff.
[46] Zutr KG ZIP 2013, 2483; OLG Hamm ZIP 2013, 2485; aA (bloße „Platzhalterfunktion" für die Ansprüche der durch die Straftat Geschädigten) OLG Frankfurt/M., ZIP 2009, 1582 Rn. 14; OLG Nürnberg NZI 2013, 552 Rn. 42 ff. u ZIP 2013, 2489, 2490 ff.; *Greier,* ZInsO 2007, 953, 957 f.; *Markgraf,* NZG 2013, 1014, 1016; *Rönnau,* ZInsO 2012, 509, 513 f.; zur Rückgewinnungshilfe idF vor 1.1.2007 vgl. BGH NZI 2007, 450 Rn. 8 ff.
[47] *Jaeger/Eckardt,* § 89 Rn. 46.

maßnahme ist hingegen die Eintragung einer Vormerkung auf Grund einer gem. §§ 894f. ZPO fingierten Bewilligung in Bezug auf ein insolvenzbefangenes Grundstück; ihre Wirksamkeit ist nach §§ 81, 91 InsO zu beurteilen, nicht nach § 89 I InsO.[48] Für die Zulässigkeit der Eintragung einer Zwangsvormerkung ist in zeitlicher Hinsicht wiederum (→ Rn. 16) die Eintragung maßgeblich, nicht die Antragstellung.[49]

b) *Betroffene Gläubiger.* Von dem Vollstreckungsverbot betroffen sind alle *Insolvenzgläubiger* (§ 38 InsO, dazu → § 19 Rn. 8ff.), auch im Falle des Verzichts auf die Teilnahme am Insolvenzverfahren (und hinsichtlich des insolvenzfreien Vermögens, → Rn. 30, 112).[50] Betroffen sind deshalb – natürlich – auch die Inhaber nachrangiger Forderungen iSv § 39 InsO (→ § 19 Rn. 36ff.), darunter der Staat im Hinblick auf die im Straf- und Ordnungswidrigkeitenverfahren verhängten Geldstrafen und Bußgelder.[51] Nicht betroffen sind dagegen *Massegläubiger* (→ Rn. 66), *aussonderungs- und absonderungsberechtigte Gläubiger* als solche (→ Rn. 89ff., 94ff.), Gläubiger *nichtvermögensrechtlicher Ansprüche* (→ Rn. 107ff.) sowie *Neugläubiger,* die ihre Forderung erst nach Insolvenzeröffnung erworben haben (→ Rn. 99ff.).

c) *Betroffenes Vermögen.* aa) § 89 I InsO verbietet den Insolvenzgläubigern die Zwangsvollstreckung primär hinsichtlich des nunmehr zur *Insolvenzmasse* gehörigen Vermögens des Schuldners. Zur Insolvenzmasse gehört gemäß § 35 InsO das bei der Insolvenzeröffnung vorhandene sowie das während des Insolvenzverfahrens neu erworbene Vermögen des Schuldners; eine Einschränkung nimmt § 36 InsO im Hinblick auf bestimmte unpfändbare Gegenstände vor.

bb) Das Vollstreckungsverbot des § 89 I InsO erfasst darüber hinaus aber das „sonstige", dh das (pfändbare) *insolvenzfreie Vermögen* des Schuldners, da dieses nicht den Insolvenzgläubigern, sondern allein den Neugläubigern haftet; auch in vom Insolvenzverwalter aus der Masse freigegebene Vermögensstücke darf daher nicht vollstreckt werden.[52] Dies betrifft auch das Vermögen, das der Schuldner im Rahmen eines nach § 35 II, III InsO freigegebenen Geschäftsbetriebs erwirbt.[53] Freiwillige Leistungen des Schuldners aus dem insolvenzfreien Vermögen bleiben aber – in den durch die Insolvenzanfechtung gezogenen Grenzen – zulässig.[54] Auch die Abtretung insolvenzfreier Forderungen ist deshalb ungeachtet des § 400 BGB nicht ausgeschlossen.[55] Zur Vollstreckung bestimmter privilegierter Gläubiger in den erweitert pfändbaren Teil des Arbeitsentgelts (§ 89 II 2 InsO) → Rn. 103.

cc) Bei *Sonderinsolvenzverfahren* über eine begrenzte Vermögensmasse, die kraft Gesetzes bestimmten persönlichen Gläubigern allein oder im Voraus haftet, gilt das Vollstreckungsverbot nur für das Sondervermögen. Im Nachlassinsolvenzverfahren nach

---

[48] *Jaeger/Eckardt,* § 89 Rn. 58; Uhlenbruck/Hirte/Vallender/*Uhlenbruck,* § 89 Rn. 14; *Nerlich/Römerann/Wittowski/Kruth,* § 89 Rn. 15.
[49] *Jaeger/Eckardt,* § 89 Rn. 46, 72 mwN.
[50] RGZ 86, 394, 397; BGHZ 25, 395, 400 = NJW 1958, 23; LG Stuttgart DGVZ 1952, 57; LG Berlin KTS 1963, 185.
[51] S mwN LG Bochum BeckRS 2013, 17768; ausf *Janca/Heßlau,* ZInsO 2012, 2128ff.; *Laroche,* VIA 2014, 17ff.; *Lissner,* ZVI 2013, 137ff.; s.a. BGH NZI 2011, 189 u BeckRS 2014, 17827 zur Insolvenzanfechtung der Zahlung von Geldstrafen. Unzulässig ist in diesem Fall auch die Verhängung von Erzwingungshaft, → Rn. 20, während Ersatzfreiheitsstrafen möglich bleiben, BVerfG NJW 2006, 3626 f. mwN; krit. *Rönnau/Tachau,* NZI 2007, 208 ff.
[52] BGHZ 166, 74, 83 = NJW 2006, 1286 Rn. 26; BGH ZIP 2009, 818 Rn. 12; BGHZ 192, 322 = NZI 2012, 409 Rn. 28; BGH NZI 2013, 641 Rn. 12; BGH ZInsO 2013, 1734 Rn. 19.
[53] BGH NZI 2011, 633 Rn. 11; BGHZ 192, 322 = NZI 2012, 409 Rn. 28; BGH ZInsO 2014, 40 Rn. 16.
[54] Vgl. nur BGH NZI 2010, 223 Rn. 9 mwN.
[55] *Ahrens/Gehrlein/Ringstmeier/Piekenbrock,* § 89 Rn. 29; *Jaeger/Eckardt,* § 89 Rn. 57; s.a. BAG ZInsO 2013, 1214 Rn. 46 ff.

§§ 315 ff. InsO gilt das Vollstreckungsverbot deshalb nur für die Nachlassgegenstände, im Insolvenzverfahren über das Gesamtgut einer fortgesetzten Gütergemeinschaft (§ 332) oder über das gemeinschaftlich verwaltete Gesamtgut einer Gütergemeinschaft (§ 333) nur für das Gesamtgut.

32   Nicht zu dieser Fallgruppe gehört das Vermögen einer *Gesellschaft ohne Rechtspersönlichkeit* iSv § 11 II Nr. 1 InsO (oHG, KG, PartG, [Außen-]GbR, Partenreederei, Europäische wirtschaftliche Interessenvereinigung [EWIV]) im Verhältnis zu den Gesellschaftern. Jedoch ist wiederum (→ § 32 Rn. 88 zur Prozessunterbrechung) § 93 InsO zu beachten, wonach die Gesellschaftsgläubiger im Rahmen eines Insolvenzverfahrens über das Vermögen einer Gesellschaft ohne Rechtspersönlichkeit nicht die persönliche Haftung eines Gesellschafters für die Verbindlichkeit der Gesellschaft geltend machen können; sie verlieren hierdurch sowohl die Prozessführungs- als auch die Einziehungsbefugnis und damit auch die Berechtigung zur Vollstreckung an den Verwalter. Die Sperrwirkung des § 93 InsO – und nicht § 89 I InsO – führt damit für den Gläubiger zu einem Hindernis für die Vollstreckung in das Privatvermögen der Gesellschafter.[56]

33   dd) Nach dem in §§ 35, 335 InsO, Art. 17 I EuInsVO verankerten Universalitätsprinzip gehört, soweit keine staatsvertragliche Sonderregelung besteht, auch das *im Ausland belegene Vermögen des Schuldners* zur Insolvenzmasse eines im Inland eröffneten Verfahrens. Die Zulässigkeit von Vollstreckungsmaßnahmen richtet sich dann – in Anwendung der inländischen *lex fori concursus* (§ 335 InsO, Art. 4 II 2 lit. f. EuInsVO) – nach § 89 I InsO;[57] praktisch wirksam wird dieser universelle Regelungsanspruch des deutschen Rechts aber nur, wenn der ausländische Belegenheitsstaat das deutsche Verfahren und sein Vollstreckungsverbot anerkennt. Eine Vollstreckungsmaßnahme in Gegenstände des Auslandsvermögens, die wegen § 89 I InsO unzulässig ist, kann ein materielles Befriedigungsrecht des Gläubigers nicht begründen, weshalb der Insolvenzgläubiger das Erlangte abzüglich der berechtigterweise aufgewandten Kosten an den Insolvenzverwalter herauszugeben hat (§ 342 InsO, Art. 20 I EuInsVO).[58]

34   Folgeweise ist im umgekehrten Fall eines *im Ausland eröffneten Insolvenzverfahrens* die Einzelzwangsvollstreckung auch im Inland unzulässig, sofern das ausländische Recht eine den § 89 InsO entsprechende Regelung enthält.[59] Ist dem Gerichtsvollzieher bekannt, dass im Ausland ein Insolvenzverfahren gegen den Schuldner eröffnet ist, so hat er die Akten seiner vorgesetzten Dienstbehörde vorzulegen und ihre Weisungen abzuwarten (§ 90 VI 2 GVGA). Ausführl zum Ganzen → § 132 Rn. 70 ff., 160, § 134 Rn. 71 f.

35   ee) (1) Praktisch besonders wichtig ist die Pfändung von *wiederkehrenden Ansprüchen* auf Arbeitsentgelt oder Miet- bzw. Pachtzins. Es handelt sich hierbei um zeitabschnittsweise entstehende, ggf. also „künftige" Ansprüche; dies wirft die Frage auf, ob die Vorauspfändung (§ 832 ZPO) solcher Ansprüche nicht nur dann von dem Vollstreckungsverbot des § 89 I InsO erfasst wird, wenn Zustellung des Pfändungs- und Überweisungsbeschlusses beim Drittschuldner (§ 829 III ZPO) während des Insolvenzverfahrens erfolgt, sondern auch insoweit, wie die von einer vor Insolvenzeröffnung erfolgten Pfändung erfassten Bezüge oder Monatsraten während des Insolvenzverfahrens entstehen. Richtigerweise fällt eine solche Vorauspfändung nicht unter § 89 I InsO, da sich das an die Vollstreckungsorgane adressierte Verbot nicht rückwirkend auf vorher abge-

---

[56] BGHZ 178, 171 = NZI 2009, 45 Rn. 10; OLG Saarbrücken, ZInsO 2009, 1704; AG Dresden ZIP 2010, 243; AG Duisburg NZI 2011, 945.
[57] Vgl. mit iE unterschiedlicher Argumentation KPB/*Lüke*, § 89 Rn. 13, 26; MüKoInsO/*Breuer*, § 89 Rn. 29; Nerlich/Römermann/*Wittkowski/Kruth*, § 89 Rn. 7.
[58] MüKoInsO/*Breuer*, § 89 Rn. 29; *Jaeger/Eckardt*, § 89 Rn. 34 f.; KPB/*Lüke*, § 89 Rn. 13, 26.
[59] Vgl. EuGH ZIP 2010, 187 Rn. 44 [MG Probud Gdynia], zu einem polnischen Insolvenzverfahren; BGH WM 2013, 1225 Rn. 33 ff. zu einem griechischen (Versicherungs-)Insolvenzverfahren.

schlossene Pfändungsakte beziehen kann;[60] jedoch ist eine solche Pfändung nach § 91 I InsO wie jeder andere nicht auf den Verwalter zurückgehende Rechtserwerb an massezugehörigen Vermögenswerten in Anwendung von § 91 I InsO insoweit materiell-rechtlich unwirksam (und nur ausnahmsweise in dem in § 110 I, II 2 InsO für die Immobilienmiete und bis 30. 6. 2014 noch in § 114 III 1 InsO für das Arbeitsentgelt genannten geringfügigen Umfang – die ersten ein bzw. zwei Monate nach der Insolvenzeröffnung – ausnahmsweise wirksam).[61]

Für einen Antrag auf eine solche dinglich unwirksame Pfändung fehlt bereits das Rechtsschutzbedürfnis; wird sie vorgenommen, ist dies zugleich verfahrensfehlerhaft, was idR entsprechend § 89 III InsO mit einer vor dem Insolvenzgericht zu erhebenden Vollstreckungserinnerung geltend gemacht werden kann.[62] Soweit §§ 110 I, II 2, § 114 III 1 InsO die Pfändung für den danach liegenden Zeitraum explizit für unwirksam erklären, hat dies neben § 91 I InsO mithin lediglich klarstellende Bedeutung. 36

(2) Das Vorgesagte betrifft die Vollstreckung der Insolvenzgläubiger während des Insolvenzverfahrens bzw. hinsichtlich der während des Insolvenzverfahrens zeitabschnittsweise entstehenden Ansprüche. Nach § 294 I InsO sind jedoch weitergehend Zwangsvollstreckungen für einzelne Insolvenzgläubiger in das nunmehr wieder einheitliche Vermögen des Schuldners in dem Zeitraum zwischen der Beendigung des Insolvenzverfahrens und dem Ende der Abtretungsfrist iSv § 287 II InsO nicht zulässig; hier ist also ein außerhalb des Insolvenzverfahrens und damit an sich auch des Insolvenzbeschlags liegender Zeitraum erfasst. Im Einzelnen → Rn. 118 sowie § 78 Rn. 61 ff. 37

(3) Nicht hierhin gehört dagegen das *besondere Vollstreckungsverbot des § 89 II 1 InsO:* Seine Adressaten sind die Nicht-Insolvenzgläubiger, v. a die „Neugläubiger" einschließlich der von der Verfahrensteilnahme ausgeschlossenen Gläubiger der Unterhaltsansprüche iSv § 40 InsO. → Rn. 103 ff. 38

3. Rechtsfolgen. a) *Vollstreckungshindernis.* Unter den Voraussetzungen des § 89 I InsO ist die Zwangsvollstreckung unzulässig; das Verbot ist im Vollstreckungsverfahren sowohl von dem Vollstreckungsorgan wie auch ggf. von dem Rechtsmittelgericht von Amts wegen zu beachten ist.[63] Darum dürfen die Vollstreckungsorgane einem Vollstreckungsantrag nicht stattgeben (vgl. § 90 III 2 GVGA).[64] Sie sind allerdings nach § 139 I ZPO gehalten, den Antragsteller auf die Insolvenzeröffnung hinzuweisen und ihm Gelegenheit zur Antragsrücknahme zu geben.[65] Ist dem Vollstreckungsorgan die Eröffnung des Insolvenzverfahrens nicht nachgewiesen und auch nicht auf andere Weise, insbesondere über die öffentliche Bekanntmachung im Internet, bekannt geworden, so stellt er – soweit dies ohne Verzögerung der Zwangsvollstreckung möglich ist – durch Nachfrage beim zuständigen Insolvenzgericht (§ 3 InsO) fest, ob das Verfahren eröffnet ist (vgl. § 90 V GVGA). Bereits begonnene Vollstreckungen sind von Amts wegen einzustellen, sofern sie nicht bereits zu einem Absonderungsrecht geführt haben (vgl. § 90 IV 1 Nr. 3 GVGA).[66] 39

---

[60] So implizit auch die in der folgenden Fn. genannten Entscheidungen (indem sie § 91 I InsO statt des § 89 I InsO anwenden); aA aber BAGE 132, 125 = NJW 2010, 253 Rn. 14, 20.

[61] Vgl. zur Anwendbarkeit von § 91 I InsO auf Vorauspfändungen (§ 832 ZPO) über derartige „künftige" Forderungen zB (für Arbeitsentgelt:) BGH NZI 2003, 320 Rn. 15; BGH NZI 2008, 563 Rn. 16, 20; BGH NZI 2011, 365 Rn. 11 ff.; BAGE 132, 125 = NJW 2010, 253 Rn. 16, 20; (für Immobilienmiete:) BGHZ 182, 264 = NJW 2010, 444 Rn. 10; aA aber die hL, vgl. nur *Ahrens/Gehrlein/Ringstmeier/Flöther/Wehner*, § 110 Rn. 1 f.; FK/*Wegener*, § 110 Rn. 15; HK/*Marotzke*, § 110 Rn. 5; *Jaeger/Windel*, § 91 Rn. 54, 67; *Jaeger/Jacoby*, § 110 Rn. 54; KPB/*Tintelnot*, § 110 Rn. 8.

[62] Die Rechtslage entspricht insoweit also der Rechtslage bei Vollstreckung von Neugläubigern, für die ebenfalls nicht § 89 I InsO, wohl aber § 91 I InsO Anwendung findet, s. u. Rn. 99 ff.

[63] BGH NZI 2011, 365 Rn. 9; BGH NZI 2013, 539 Rn. 8.

[64] BGHZ 25, 395, 400 = NJW 1958, 23, 24; MüKoInsO/*Breuer*, § 89 Rn. 59.

[65] LG Oldenburg ZIP 1981, 1011, 1012.

[66] MüKoInsO/*Breuer*, § 89 Rn. 59.

40 b) *Rechtsfolgen des Verstoßes*. aa) Verbotswidrige Vollstreckungsmaßnahmen sind nicht nichtig; sie lösen vielmehr eine *wirksame öffentlich-rechtliche Verstrickung* aus, die durch § 136 StGB strafrechtlich geschützt wird und nur mit den von der Prozessordnung vorgesehenen Rechtsbehelfen (→ Rn. 43 ff.) beseitigt werden kann.[67] Die auf der Verstrickung beruhende Verwertung ist daher rechtmäßig; der Ersteigerer erwirbt das Eigentum an dem Gegenstand.[68]

41 bb) Im Falle eines Verstoßes gegen § 89 I InsO ist die Vollstreckung nach hM („gemischt öffentlich-rechtlich/privatrechtlichen Theorie") aber im Hinblick auf den schweren Verfahrensfehler trotz der wirksamen Verstrickung materiell-rechtlich unwirksam; es entsteht daher *kein Pfändungspfandrecht*.[69] Ebenso wenig kann eine Zwangs- oder Arresthypothek zur Entstehung gelangen, auch nicht als Eigentümerrecht; das Grundbuch wird daher mit der Eintragung unrichtig und kann nach Maßgabe der §§ 22, 29 GBO berichtigt werden (→ Rn. 48).[70]

42 Wird das *Insolvenzverfahren beendet*, ohne dass der verbotswidrig gepfändete Gegenstand verwertet worden ist, so wird der Mangel nach ganz hM ex nunc geheilt;[71] haben mehrere Gläubiger unter Verstoß gegen § 89 I InsO vollstreckt, so erhalten sie den gleichen Rang.[72] Bei der Zwangshypothek muss eine Heilung dagegen ausscheiden, da diese nach § 879 II BGB notwendig zurückwirken und dem Gläubiger einen ungerechtfertigten Vorrang verschaffen würde.[73]

43 b) *Rechtsbehelfe*. aa) Der Verstoß gegen § 89 I InsO ist, da es sich um einen Einwand gegen die derzeitige Zulässigkeit der Zwangsvollstreckung, nicht gegen den titulierten Anspruch handelt, grundsätzlich – anders bei der Immobiliarvollstreckung, → Rn. 48 – mit den allgemeinen vollstreckungsrechtlichen Rechtsbehelfen, dh der *Erinnerung* (§ 766 I ZPO) bei Vollstreckungsmaßnahmen, der sofortigen Beschwerde (§§ 793 ZPO, 11 I RPflG) bei Entscheidungen des Vollstreckungsgerichts, geltend zu machen;[74] dazu ist in Ansehung der Insolvenzmasse der Insolvenzverwalter, in Ansehung des insolvenzfreien Vermögens der Schuldner befugt.[75] Dies gilt auch für die nach § 91 I InsO unzulässige Vollstreckung der Neugläubiger (→ Rn. 28, 99).

44 Über die *Erinnerung* entscheidet nach der besonderen Zuständigkeitsregelung in § 89 III InsO *nicht das Vollstreckungsgericht, sondern das Insolvenzgericht* – entsprechend § 20 Nr. 17 S. 2 RPflG handelnd durch den Richter[76] – als das sachnähere Gericht.[77] Die Zuständigkeit des Insolvenzgerichts ist auch dann gegeben, wenn die Vollstreckungsorgane unter Berufung auf § 89 I, II InsO den Erlass der beantragten Vollstreckungsmaß-

---

[67] OLG Celle KTS 1962, 112, 114; LAG Hamm ZIP 1980, 749, 750; LAG Mainz AP § 14 KO Nr. 1; FK/*App*, § 89 Rn. 21; Uhlenbruck/Hirte/Vallender/*Uhlenbruck*, § 89 Rn. 40.
[68] OLG Celle KTS 1962, 112, 114; LAG Hamm ZIP 1980, 749, 750. Vgl. aber u Rn. 24 zu Ansprüchen gegen den Vollstreckungsgläubiger in diesem Fall; MüKoInsO/*Breuer*, § 89 Rn. 63.
[69] LAG Mainz AP § 14 KO Nr. 1; LAG Hamm ZIP 1980, 749, 750; MüKoInsO/*Breuer*, § 89 Rn. 62; KPB/*Lüke*, § 89 Rn. 21; *Jaeger/Eckardt*, § 89 Rn. 74.
[70] OLG Hamm FGPrax 2012, 54; *Jaeger/Eckardt*, § 89 Rn. 74, 76, jew mwN.
[71] *Jaeger/Eckardt*, § 89 Rn. 77 mwN; aA *Jaeger/Windel*, § 215 Rn. 20.
[72] *Uhlenbruck/Uhlenbruck*, § 89 Rn. 41; MüKoInsO/*Breuer*, § 89 Rn. 65; offen gelassen von LAG Hamm ZIP 1980, 749, 750.
[73] *Jaeger/Eckardt*, § 89 Rn. 77m Fn 233; MüKoInsO/*Breuer*, § 89 Rn. 65; aA *Ahrens/Gehrlein/Ringsmeier/Piekenbrock*, § 89 Rn. 37.
[74] BGH LM Nr. 15 zu § 767 ZPO; LAG Hamm ZIP 1980, 749, 750; LG Hamburg KTS 1983, 599, 600; Braun/*Kroth*, § 89 Rn. 15; Nerlich/Römermann/*Wittkowski/Kruth*, § 89 Rn. 24.
[75] BGHZ 25, 395, 400 = NJW 1958, 23; BGH NZI 2004, 278; BGH NZI 2006, 697, 698; BGH ZIP 2013, 1181 Rn. 12; *Jaeger/Eckardt*, § 89 Rn. 79 aE; MüKoInsO/*Breuer*, § 89 Rn. 68.
[76] BGH NZI 2004, 278; BGH NZI 2005, 520; MüKoInsO/*Breuer*, § 89 Rn. 66; *Kuleisa*, ZVI 2014, 121, 127; skeptisch *Jaeger/Eckardt*, § 89 Rn. 83.
[77] Dies gilt auch im Anwendungsbereich des § 114 III InsO (BGH NZI 2006, 697 Rn. 8; BGH NZI 2011, 365 Rn. 4), nicht aber in den Fällen des § 294 I InsO (LG Saarbrücken BeckRS 2012, 10305; LG Köln NZI 2003, 669; AG Göttingen NZI 2006, 714, 715; MüKoInsO/*Ehricke*, § 294 Rn. 18).

nahme verweigern; denn die *Ablehnung einer Vollstreckungsmaßnahme* kann sinnvollerweise nicht anders als ihre Anordnung behandelt werden.[78] Nicht sinnvoll anwendbar ist § 89 III 1 InsO auch in den Fällen, in denen ein aus einer Auslandsinsolvenz resultierendes Vollstreckungsverbot (→ Rn. 33) zu beachten ist.[79] Erkennt das Insolvenzgericht auf Unzulässigkeit der Zwangsvollstreckung, so sind die bereits getroffenen Vollstreckungsmaßnahmen nach Maßgabe der §§ 775 Nr. 1, 776 ZPO aufzuheben.

Der *Rechtsmittelzug* richtet sich aber auch dann nach den allgemeinen vollstreckungsrechtlichen Vorschriften, wenn das Insolvenzgericht kraft der besonderen Zuweisung des § 89 III 1 InsO funktional als Vollstreckungsgericht über die Erinnerung entschieden hat. Daher findet die sofortige Beschwerde statt (§ 793 ZPO), ohne dass es der ausdrücklichen Eröffnung dieses Rechtsbehelfs bedürfte (§ 6 I InsO);[80] hierüber entscheidet das Landgericht.[81] Eine Rechtsbeschwerde kann zugelassen werden (§ 574 I 1 Nr. 2, II ZPO). Auf die Unzuständigkeit des erstinstanzlichen Gerichts kann sie nicht gestützt werden (§ 576 II ZPO); dies gilt auch für die funktionelle Unzuständigkeit.[82] Hat das Gericht einer anderen Gerichtsbarkeit mit der unzutreffenden Begründung, mit der Klage würden in die Zuständigkeit des Insolvenzgerichts fallende Einwendungen nach § 89 I, II InsO geltend gemacht, den Rechtsstreit an das Amtsgericht verwiesen, so ist die unanfechtbar gewordene Verweisung hinsichtlich des Rechtswegs bindend; eine Zuständigkeit des Insolvenzgerichts wird hierdurch jedoch nicht begründet.[83]

bb) *Einzelfälle:* Bei der *Forderungspfändung* hängt das statthafte Rechtsmittel entsprechend allgemeinen Grundsätzen davon ab, ob es sich um eine Vollstreckungsmaßnahme (dann Vollstreckungserinnerung gem. § 766 ZPO) oder um eine „Entscheidung" (dann Beschwerde gem. § 793 ZPO) handelt; zur Entscheidung über das Rechtsmittel berufen ist aber in jedem Fall gem. § 89 III InsO das Insolvenzgericht.[84] Neben dem Insolvenzverwalter bzw. ggf. dem Schuldner (→ Rn. 43) kann auch der Drittschuldner den Verstoß gegen § 89 I, II InsO mit der Erinnerung rügen,[85] ihn jedoch nicht im Einziehungsrechtsstreit geltend machen, da die Rechtsstellung des Vollstreckungsgläubigers insoweit auf der wirksamen Verstrickung beruht.[86]

Die gegen den Schuldner zur Abgabe der Vermögensauskunft gem. § 802c ZPO erlassener *Haftbefehl* (§ 802g ZPO) kann auf Antrag des Schuldners (auch) außerhalb eines Beschwerde- oder Erinnerungsverfahrens aufgehoben werden; zuständig für die Entscheidung ist nach § 89 III InsO wiederum das Insolvenzgericht als besonderes Vollstreckungsgericht.[87] War der Schuldner schon vor Insolvenzeröffnung *verhaftet* worden, so ist er unverzüglich von Amts wegen aus der Haft zu entlassen.[88]

Die verbotswidrig vollzogene Eintragung einer *Zwangs- oder Arresthypothek* kann demgegenüber, da das Eintragungsverfahren Grundbuchsache ist, *nicht* mit der Vollstreckungserinnerung nach § 766 I ZPO beanstandet werden. Auch § 89 III 1 InsO be-

---

[78] BGH NZI 2008, 50 Rn. 4; BGH ZInsO 2008, 39 Rn. 4.
[79] Zutr LG Krefeld BeckRS 2013, 09743; *Buhlert,* DZWIR 2007, 173; *Mankowski,* ZInsO 2007, 1328; unrichtig LG Kiel ZInsO 2007, 1360 (sowie auch noch der Verf. in *Jaeger/Eckardt,* § 89 Rn. 90).
[80] BGH NZI 2004, 278; BGH ZInsO 2004, 441; BGH NZI 2004, 447.
[81] BGH ZIP 2006, 340, 341; BGH ZVI 2006, 461; OLG Jena NJW-RR 2002, 626, 627; OLG Düsseldorf NZI 2002, 388; *Jaeger/Eckardt,* § 89 Rn. 90.
[82] BGH NZI 2008, 50 Rn. 4; BGH ZInsO 2008, 39 Rn. 4; BGH WM 2013, 1225 Rn. 14.
[83] BGH NZI 2011, 552 Rn. 9 f.
[84] BGH NZI 2004, 447 f.; BGH NZI 2011, 365 Rn. 4 f.
[85] LAG Mainz AP § 14 KO Nr. 1; LAG Hamm ZIP 1980, 749 f.; vgl. BGHZ 69, 144, 148 = NJW 1977, 1881 mwN; KPB/*Lüke,* § 89 Rn. 37; MüKoInsO/*Breuer,* § 89 Rn. 68.
[86] Vgl. BGHZ 66, 79, 80 ff. = NJW 1976, 851; Stein/Jonas/*Münzberg,* § 829 Rn. 107 ff., jeweils mwN; aA LAG Mainz AP § 14 KO Nr. 1.
[87] AG Frankfurt/O. NZI 2013, 150; aA OLG Jena NZI 2002, 156, 157; AG Oranienburg ZVI 2006, 155.
[88] MüKoInsO/*Breuer,* § 89 Rn. 35.

gründet die Zuständigkeit des Insolvenzgerichts grundsätzlich nur anstelle des Vollstreckungsgerichts; mithin sind Einwendungen gegen Vollstreckungsmaßnahmen in Grundstücke lediglich mit den Rechtsbehelfen des Grundbuchrechts beim Grundbuchamt geltend zu machen.[89] Da jedoch eine Grundstücksbelastung nicht entstanden ist, ist das Grundbuch unrichtig (→ Rn. 41). Der Insolvenzverwalter (bzw. hinsichtlich eines insolvenzfreien Grundstücks der Schuldner) kann daher von dem eingetragenen Gläubiger die Bewilligung der Grundbuchberichtigung beanspruchen (§§ 894 BGB, 894 ZPO) bzw. diese unter den Voraussetzungen der §§ 22, 29 GBO unmittelbar erwirken.[90] Darüber hinaus ist von Amts wegen ein Widerspruch einzutragen (§ 53 I 1 GBO), Durchsetzung ggf. mit der Beschwerde nach §§ 71 I, II 2 GBO, 11 I RpflG. Eine Amtslöschung (§ 53 I 2 GBO) kommt nicht in Betracht, da die Eintragung inhaltlich zulässig ist; ebenso wenig kann Beschwerde/Erinnerung unmittelbar gegen die Eintragung eingelegt werden (§§ 71 II 1 GBO, 11 III RpflG).

49 **d)** *Ausgleichsansprüche.* Nach Abschluss der Zwangsvollstreckung durch Verwertung des gepfändeten Gegenstandes geht die Erinnerung des § 766 I ZPO ins Leere. Der Ersteigerer hat auf Grund der wirksamen öffentlich-rechtlichen Verstrickung (→ Rn. 40) Eigentum an der Sache erworben.

50 Der Insolvenzverwalter (bzw. bei insolvenzfreien Gegenständen der Schuldner) kann jedoch den Vollstreckungserlös von dem Gläubiger *kondizieren* (§ 812 I 1 2. Alt. BGB), da dieser kein den Vollstreckungseingriff rechtfertigendes Pfändungspfandrecht erworben hatte.[91] In Sonderfällen kann sich zudem ein Schadensersatzanspruch ergeben, ggf. auch auf Rückübereignung der vom Gläubiger selbst ersteigerten Sache.[92] Zu Ausgleichsansprüchen bei unzulässiger Vollstreckung in Auslandsvermögen bei Inlandsinsolvenz und umgekehrt, → Rn. 33 u § 132 Rn. 72 ff., 160, § 134 Rn. 72, 82, 85.

51 **4. Rückschlagsperre (§ 88 InsO). a)** *Grundgedanken.* Nach § 88 I InsO werden die in der Krise – hierfür in der Regelinsolvenz definiert als die Phase vom Beginn des letzten Monats vor dem Eröffnungsantrag bis zur Insolvenzeröffnung – durch Zwangsvollstreckung erlangten Sicherungen späterer Insolvenzgläubiger im Moment der Insolvenzeröffnung ohne weiteres, insbesondere ohne subjektive Voraussetzungen unwirksam. Damit werden die betroffenen Gläubiger im Vorgriff bereits den Folgen des eröffneten Insolvenzverfahrens unterworfen; insoweit wird mithin die insolvenzrechtliche *Gläubigergleichbehandlung vorverlagert.*[93] Die Rückschlagsperre ergänzt deshalb die in den Vollstreckungsfällen ebenfalls ohne weitere subjektive Voraussetzungen eingreifende Insolvenzanfechtung wegen inkongruenter Deckung iSv § 131 I Nr. 1 InsO (→ § 47 Rn. 45 ff.), indem sie deren grundsätzlich rein schuldrechtliche Rechtsfolgen für einen bestimmten Anwendungsfall – eben den Erwerb vollstreckungsrechtlicher Sicherungen – mit unmittelbarer und dinglicher Wirkung ausstattet.[94] Die Beschränkung des Anwendungsbereichs der Rückschlagsperre auf den Erwerb vollstreckungsrechtlicher Sicherheiten rechtfertigt sich zum einen aus dem Umstand, dass es nur in diesen Fällen mit der Unwirksamkeitsanordnung bereits sein Bewenden haben kann und nichts zurückzugewähren ist; hierfür streitet aber auch die Intensität des rückwirkenden Eingriffs in an sich wohlerworbene Rechte, der mit der dinglich wirkenden Rückschlagsperre ver-

---

[89] KG ZIP 2010, 2467, 2468; *Jaeger/Eckardt*, § 89 Rn. 75; Braun/*Kroth*, § 89 Rn. 15; aA KPB/*Lüke*, § 89 Rn. 36; MüKoInsO/*Breuer*, § 89 Rn. 67; *Kuleisa*, ZVI 2014, 121, 127.
[90] OLG Hamm FGPrax 2012, 54; *Jaeger/Eckardt*, § 89 Rn. 76; *Morvilius*, FPR 2013, 382, 388.
[91] *Jaeger/Eckardt*, § 89 Rn. 75; Braun/*Kroth*, § 89 Rn. 14; KPB/*Lüke*, § 89 Rn. 22; MüKoInsO/*Breuer*, § 89 Rn. 64.
[92] Vgl. OLG Celle KTS 1962, 112, 114.
[93] S ausf *Weidmüller*, S. 25 ff., 90 ff. und passim.
[94] Ausf *Jaeger/Eckardt*, § 88 Rn. 6 ff.; s.a. BGHZ 194, 60 = NJW 2012, 3574 Rn. 20; BAG NZI 2014, 129 Rn. 32; HK/*Piekenbrock*, § 88 Rn. 5; hiergegen *Weidmüller*, S. 74 ff., 90 f.

bunden ist, und die im Hinblick auf Eingriffsvoraussetzungen und -rechtsfolgen eine restriktive Handhabung erheischt.

b) *Anwendungsbereich.* aa) *Betroffene Gläubiger.* Ebenso wie die Anfechtung wegen inkongruenter Deckung erfasst die Rückschlagsperre unzweifelhaft nur die Zwangsvollstreckungsmaßnahmen der *Insolvenzgläubiger* (§ 38 InsO). Zwangsvollstreckungsmaßnahmen aus- und absonderungsberechtigter Gläubiger als solcher – dh im Hinblick auf die Durchsetzung ihrer dinglichen Rechtsstellung – werden daher von der Rückschlagsperre nicht betroffen; dies gilt auch dann, wenn die Rechtsstellung als Absonderungsberechtigter ihrerseits auf einer Vollstreckungsmaßnahme beruht.[95] Massegläubiger iSv § 55 II, IV InsO sind, da sie auch nach Insolvenzeröffnung noch vollstrecken können (→ Rn. 66), ebenfalls nicht erfasst.

bb) *Betroffene Rechtsakte.* (1) Ihrem Anwendungsbereich nach ergreift die Rückschlagsperre zunächst nur den Rechtserwerb *durch Zwangsvollstreckung,* nicht dagegen den auf Gesetz oder freiwilliger Leistung beruhenden Rechtserwerb.[96] Anders als bei Einordnung des Vollstreckungserwerbs im Rahmen der Anfechtung wegen inkongruenter Deckung, bei der die höchstrichterliche Rechtsprechung bekanntlich eine extensive Handhabung verficht (→ § 47 Rn. 46 f.), muss dieses Kriterium im Hinblick auf die dingliche Wirkung der Rückschlagsperre (→ Rn. 61) aus Gründen der Rechtssicherheit eng interpretiert werden; unter keinen Umständen erfasst werden deshalb freiwillige Zahlungen oder rechtsgeschäftliche Sicherheitenbestellungen, mag es sich auch um „abgenötigte" Zahlungen oder Sicherungsleistungen zur Abwendung einer unmittelbar bevorstehenden Zwangsvollstreckung gehandelt haben[97] oder um Zahlungen gem. §§ 754 I, 802b ZPO, selbst wenn der Erlös noch nicht an den Gläubiger ausgekehrt wurde.[98] Ebensowenig erfasst wird ein unmittelbar auf Gesetz beruhender Sicherheitenerwerb wie im Fall der gesetzlichen Pfandrechte (zB §§ 562, 582 II, 583, 647, 704 BGB, §§ 397, 441, 464, 475b HGB) oder der Vormerkungswirkung nach § 1179a I 3 BGB.[99]

(2) Die Rückschlagsperre betrifft schließlich aus den bereits genannten Gründen (Rn. 51) nur die durch Zwangsvollstreckung erlangten *Sicherheiten,* nicht hingegen die hierdurch erlangte Befriedigung.[100] Ob Befriedigung oder lediglich eine Sicherheit erlangt wurde, bestimmt sich nach den für die Vollstreckungsmaßnahme geltenden Verfahrensregeln und dem zugrundeliegenden Titel. Erst wenn danach die Vollstreckungsmaßnahme beendet ist, ist Befriedigung eingetreten.[101]

Sicherungen im Sinne des § 88 InsO stellen daher Pfändungspfandrechte an beweglichen Sachen, Forderungen und sonstigen Vermögensrechten sowie Arrestpfandrechte an beweglichen Sachen dar (§§ 804, 829 ff., 857 ff., 886, 930 f. ZPO).[102] Betroffen sind ebenso die Zwangs- und Arresthypothek (§§ 868, 932 ZPO) und die sich durch die Beschlagnahme eines Grundstücks (§ 20 ZVG) ergebenden Sicherungen,[103] ebenso eine Zwangsvormerkung.[104] Schließlich unterfällt auch eine außerhalb der Sperrfrist bewirk-

---

[95] Vgl. BGH ZIP 2014, 796 Rn. 7 (betr Teilungsversteigerung nach Pfändung des Anspruchs aus § 749 I BGB); OLG Köln ZIP 2004, 2013; KG NZI 2008, 691.
[96] *Jaeger/Eckardt,* § 88 Rn. 11 f., 20; MüKoInsO/*Breuer,* § 88 Rn. 25 ff.; KPB/*Lüke,* § 88 Rn. 16; trotz rechtspolitischer Kritik de lege lata ebenso *Weidmüller,* S. 111 ff., 118 ff. mwN.
[97] *Ahrens/Gehrlein/Ringstmeier/Piekenbrock,* § 88 Rn. 5.
[98] *Jaeger/Eckardt,* § 88 Rn. 21; Grothe, KTS 2001, 205, 224 mwN; aA zB Braun/*Kroth,* § 88 Rn. 2.
[99] *Ahrens/Gehrlein/Ringstmeier/Piekenbrock,* § 88 Rn. 5; FK/*App,* § 88 Rn. 9; s. a. BGHZ 55, 307, 310 (zu § 104 VglO).
[100] HK/*Piekenbrock,* § 88 Rn. 19; *Jaeger/Eckardt,* § 88 Rn. 9 f., 22, 30 ff.; KPB/*Lüke,* § 88 Rn. 10; MüKoInsO/*Breuer,* § 88 Rn. 18; hiergegen ausf *Weidmüller,* S. 103 ff., 109 ff. mwN.
[101] *Vallender* ZIP 1997, 1993, 1995.
[102] *Vallender* ZIP 1997, 1993, 1994.
[103] FK/*App,* § 88 Rn. 7; HK/*Piekenbrock,* § 88 Rn. 21.
[104] BGHZ 142, 208, 210 f. = NJW 1999, 3122 (zu § 7 III GesO).

te Vorpfändung (§ 845 ZPO) der Rückschlagsperre, wenn nur die Forderungspfändung selbst innerhalb der Sperrfrist (→ Rn. 58) erfolgte.[105] Soweit der Anspruch dagegen seinerseits auf eine Sicherung gerichtet war – wie etwa im Fall des § 648 BGB –, ist mit der Begründung der Sicherheit bereits Befriedigung eingetreten und § 88 InsO nicht mehr anwendbar.[106]

56 (3) Erfasst werden nicht nur die zivilprozessualen Zwangsvollstreckungsmaßnahmen einschließlich derer des einstweiligen Rechtsschutzes, sondern auch diejenigen der Verwaltungsvollstreckung.[107]

57 cc) *Betroffenes Vermögen*. Die Rückschlagsperre erfasst darüber hinaus nur die an *Gegenständen der Insolvenzmasse* (§§ 35 f. InsO) erlangten Sicherungen. So sind zB die Zwangsvollstreckungsmaßnahmen der privilegierten Unterhalts- und Deliktsgläubiger in den nicht in die Insolvenzmasse fallenden erweitert pfändbaren Teil des Arbeitsentgelts (vgl. §§ 850d, 850f ZPO) von § 88 InsO nicht betroffen.

58 dd) *Betroffener Zeitraum*. (1) Unwirksam werden im Regelinsolvenzverfahren nur die innerhalb einer *Monatsfrist* vor dem Eröffnungsantrag oder nach diesem Antrag erlangten Sicherungen. Im Falle eines Verbraucherinsolvenzverfahrens beträgt die Sperrfrist *drei Monate* (§ 312 I 2 InsO, ab 1.7.2014 geregelt in § 88 II InsO idF des Gesetzes zur Verkürzung des Restschuldbefreiungsverfahrens etc vom 16.5.2013).

Die Fristen berechnen sich nach § 139 InsO. Dabei wird die Rückschlagsperre auch durch einen zunächst unzulässigen oder unbegründeten Eröffnungsantrag ausgelöst, sofern dieser zur Insolvenzeröffnung führt.[108] Umgekehrt ist ein an sich zulässiger und begründeter Antrag, der nicht auch zur Insolvenzeröffnung geführt hat, nur im Fall der Abweisung mangels Masse unerheblich, nicht dagegen zB bei Wegfall des Antragsrechts nach § 14 I InsO.[109] Sofern mehrere Eröffnungsanträge gestellt wurden, ist gemäß § 139 II 1 InsO der erste zulässige und begründete Antrag maßgeblich, selbst wenn das Insolvenzverfahren auf Grund eines späteren Antrags eröffnet wurde;[110] Voraussetzung dabei ist, dass „dieselbe Insolvenz" vorliegt, der Schuldner sich also zwischen den Insolvenzanträgen nicht wirtschaftlich erholt hat, und dass der frühere Antrag nicht rechtskräftig abgewiesen worden ist.[111]

59 (2) Für den *Zeitpunkt der Erlangung der Sicherung* ist auf die Vollendung der Vollstreckungsmaßnahme abzustellen. Bei der Sachpfändung entscheidet folglich die Inbesitznahme durch den Gerichtsvollzieher (§ 808 I ZPO), bei der Forderungspfändung die Zustellung des Pfändungsbeschlusses an den Drittschuldner (§ 829 III ZPO),[112] bei der Rechtspfändung ohne Drittschuldner die Zustellung des Pfändungsbeschlusses an den Schuldner (§ 857 II ZPO) und bei der Anordnung einer Zwangsversteigerung oder

---

[105] BAG NZI 2011, 117 Rn. 31; FK/*App*, § 88 Rn. 16; MüKoInsO/*Breuer*, § 88 Rn. 30; KPB/*Lüke*, § 88 Rn. 16; vgl. a BGHZ 167, 11 = NJW 2006, 1870 Rn. 12.
[106] *Ahrens/Gehrlein/Ringstmeier/Piekenbrock*, § 88 Rn. 7; *Jaeger/Eckardt*, § 88 Rn. 27, 30; mindestens missverständlich insoweit BGHZ 142, 208, 210 f. = NJW 1999, 3122 (zu § 7 III GesO).
[107] FK/*App*, § 88 Rn. 6; HK/*Piekenbrock*, § 88 Rn. 17; *Vallender* ZIP 1997, 1993 f.
[108] BGH NZI 2011, 600 Rn. 9 mwN (für einen Antrag auf Eröffnung des Verbraucherinsolvenzverfahrens ohne vorheriges außergerichtliches Schuldenbereinigungsverfahren); OLG Köln ZIP 2010, 1763, 1764; s. a. *Kuleisa*, ZVI 2014, 121, 124; *Perleberg-Kölbel*, FuR 2014, 18 f.
[109] BGHZ 157, 350, 354; BGH NZI 2008, 184 Rn. 11.
[110] Vgl. BGH NZI 2009, 377 Rn. 10 f.; BGH BeckRS 2009, 87667; BGHZ 194, 60 = NJW 2012, 3574 Rn. 19 f.; HK/*Piekenbrock*, § 88 Rn. 29; *Wazlawik*, NZI 2009, 368 ff.
[111] Vgl. LAG Niedersachsen NZI 2011, 297, 298.
[112] Bei der Pfändung *künftiger* Forderungen kommt es dagegen auf die Entstehung der Forderung an, weil ein Pfandrecht als akzessorisches Recht in seiner Existenz vom Bestehen der gepfändeten Forderung abhängt, vgl. BFHE 209, 34 = NZI 2005, 569, 570 f.; *Ahrens/Gehrlein/Ringstmeier/Piekenbrock*, § 88 Rn. 14; HK/*Piekenbrock*, § 88 Rn. 41; *Jaeger/Eckardt*, § 88 Rn. 42; s. a. (zu § 140 I InsO) BGHZ 157, 350, 354; BGHZ 167, 363 sub II.2.a. = ZIP 2006, 1254, 1256; BGH NJW 2007, 81, 82.

Zwangsverwaltung die Zustellung des Anordnungsbeschlusses an den Schuldner (§ 22 I 1 ZVG), hilfsweise die Grundbucheintragung (§ 22 I 2 ZVG). Bei Zwangs- und Arresthypotheken ist, da eine entsprechende Anwendung von § 878 BGB oder § 140 II BGB ausscheidet, der Zeitpunkt der Eintragung im Grundbuch maßgeblich.[113] Bei einem dinglichen Arrest (§ 930f ZPO) kommt es grundsätzlich auf den Zeitpunkt der Arrestvollziehung an; bedarf es noch zusätzlich der iSv § 929 III ZPO fristgerechten nachträglichen Zustellung des Arrestbefehls, so ist jedoch jener spätere Zeitpunkt maßgeblich, da der Gläubiger erst hierdurch die für ein insolvenzfestes Arrestpfandrecht notwendigen Voraussetzungen sämtlich vorliegen.[114] Aus vergleichbaren Erwägungen ist im Fall einer Vorpfändung (§ 845 ZPO) nicht diese, sondern der Zeitpunkt der Hauptpfändung für die Anwendung der Sperrfrist entscheidend.[115]

(3) Praktisch besonders wichtig ist die Pfändung von *wiederkehrenden Ansprüchen* auf Arbeitsentgelt oder Miet- bzw. Pachtzins.[116] Es handelt sich hierbei um zeitabschnittsweise entstehende Ansprüche, ggf. also „künftige" Ansprüche; dies hat die praktisch bedeutsame Konsequenz, dass die (Voraus-)Pfändung nicht nur dann von der Rückschlagsperre erfasst wird, wenn Zustellung des Pfändungs- und Überweisungsbeschlusses während der Sperrfrist erfolgt (dann auch mit Wirkung für alle von der Pfändung erfassten Monatsraten); sie wird vielmehr auch insoweit durch die Rückschlagsperre betroffen, wie die von der Pfändung erfasst Monatsraten während der ein- oder dreimonatigen Sperrfrist entstehen (dh ebenso wie gem. § 140 I InsO unter dem Aspekt der Anfechtbarkeit und gem. § 91 I InsO im Hinblick auf den Insolvenzbeschlag, aber anders als für § 89 I InsO, → Rn. 35).[117]

c) *Rechtsfolgen.* aa) *Dingliche Unwirksamkeit.* Die Rückschlagsperre führt zur *Unwirksamkeit der Sicherung;* sie entfaltet damit dingliche (absolute) Wirkung.[118] Zu beachten ist aber, dass der Gesetzgeber den durch Art. 14 I GG erfassten Rechtsschutzanspruch des Vollstreckungsgläubigers und seine durch die Zwangsvollstreckung erlangte Rechtsposition nur beschränken darf, soweit und solange überwiegende Gründe dies zwingend erfordern.[119] Der Wegfall der Sicherung auf Grund der dinglichen Wirkung der Rückschlagsperre tritt erst mit Rechtskraft des Insolvenzeröffnungsbeschlusses ein; dies soll verhindern, dass das Vollstreckungsorgan eine Vollstreckungsmaßnahme bereits vor der Rechtskraft endgültig mit Rangverlust beseitigt.

bb) *Einzelne Vollstreckungsmaßnahmen.* (1) *Zwangs- oder Arresthypothek.* Für eine Zwangs- oder Arresthypothek hat die Rückschlagsperre nach hM nicht die Umwandlung in eine

---

[113] OLG Brandenburg ZInsO 2010, 2097, 2098; OLG Köln ZIP 2010, 1763, 1764; LG Bonn ZIP 2004, 1374; MüKoInsO/*Breuer,* § 88 Rn. 31; *Jaeger/Eckardt,* § 88 Rn. 41; *Gerhardt,* FS Greiner, 2005, S. 31 ff., 37; *Kuleisa,* ZVI 2014, 121, 124; *Viertelhausen,* S. 69 ff.; *Weidmüller,* S. 127 f.; offen BGHZ 194, 60 = NJW 2012, 3574 Rn. 17; aA FK/*App,* § 88 Rn. 19; KPB/*Lüke,* § 88 Rn. 17 mwN.
[114] HK/*Piekenbrock,* § 88 Rn. 31; *Jaeger/Eckardt,* § 88 Rn. 44 f.; MüKoInsO/*Breuer,* § 88 Rn. 30; s. a. BGHZ 167, 11 Rn. 10 ff. (zu § 140 I InsO).
[115] HK/*Piekenbrock,* § 88 Rn. 32; *Jaeger/Eckardt,* § 88 Rn. 46 mwN; aA zB MüKoInsO/*Breuer,* § 88 Rn. 30.
[116] Dass die Rückschlagsperre des § 88 InsO hier eingreift, ist nicht zweifelhaft: Ein Umkehrschluss aus dem zum 30. 6. 2014 aufgehobenen § 114 III 2 InsO (der das für Arbeitsentgeltforderungen ausdrücklich klarstellte), ist nicht angebracht, vgl. BGH NZI 2008, 563 Rn. 20; *Jaeger/Eckardt,* § 88 Rn. 75, 78 mwN; erst recht haben §§ 110 II, 114 III 1 InsO nichts mit einer (womöglich spezielleren) Rückschlagsperre gemein, sondern enthalten gerade umgekehrt eine Wirksamkeitsanordnung, s. o. Rn. 15.
[117] BFHE 209, 34 = NZI 2005, 569, 570 f.; OLG Nürnberg NZI 2014, 162; *Jaeger/Eckardt,* § 88 Rn. 43; *K. Schmidt/Keller,* § 88 Rn. 22, § 89 Rn. 44; *Häsemeyer,* Rn. 10.26.
[118] BGHZ 166, 74, 78 = NZI 2006, 224 Rn. 10 ff.; MüKoInsO/*Breuer,* § 88 Rn. 33; *Jaeger/Eckardt,* § 88 Rn. 53; aA zB KPB/*Lüke,* § 88 Rn. 25 ff.; ausf *Weidmüller,* S. 129 ff., 137 ff. mwN.
[119] Vgl. BGHZ 142, 208, 213 (zu § 7 GesO); BGHZ 166, 74 Rn. 23; BGH NZI 2011, 365 Rn. 14; *Jacobi,* KTS 2006, 239 ff.; *Kreft,* FS Fischer, 2008, S. 297, 304 ff., jew mwN.

Eigentümergrundschuld, sondern das *Erlöschen des Grundpfandrechts* zur Folge.[120] Die Zwangshypothek ist deshalb nach hM ungeachtet der Möglichkeit der späteren Konvaleszenz (→ Rn. 65) auf Antrag des Verwalters im Grundbuch zu löschen, um die (unmittelbar bevorstehende[121]) Veräußerung des Grundstücks zu erleichtern.[122] Die Grundbuchberichtigung kann dabei nach zutreffender hM nicht nur aufgrund einer – von dem Insolvenzverwalter notfalls gemäß §§ 894 BGB, 894 ZPO einzuklagenden – Bewilligung des eingetragenen Gläubigers (§ 19 GBO), sondern grundsätzlich auch aufgrund Unrichtigkeitsnachweises (§ 22 I GBO) erfolgen.[123] Praktisch verspricht dieses Vorgehen aber nur dann Erfolg, wenn die Eintragung im letzten Monat vor Insolvenzeröffnung erfolgte (und § 878 BGB entsprechend der hM nicht angewendet wird, → Rn. 59), da dies durch den Eröffnungsbeschluss in grundbuchmäßiger Form (§ 29 I GBO) bewiesen werden kann, während eine solche Nachweismöglichkeit bezogen auf den Zeitpunkt des Eingangs des Insolvenzantrags nicht besteht.[124] Von Amts wegen kann das Grundbuchamt nicht tätig werden, da die Voraussetzungen der §§ 53, 84 GBO nicht vorliegen.

63 (2) *Pfändungspfandrecht.* Durch die Rückschlagsperre entfällt ohne weiteres auch ein Pfändungspfandrecht; die öffentlich-rechtliche Verstrickung ist durch die Vollstreckungsorgane von Amts wegen aufzuheben.[125] Hebt das Vollstreckungsorgan die Vollstreckungsmaßnahmen nicht von Amts wegen auf, so ist diese auf Vollstreckungserinnerung (§ 766 ZPO) des Insolvenzverwalters hin nach den allgemeinen Vorschriften anzuordnen;[126] zuständig hierfür ist analog § 89 III InsO aber nicht das Vollstreckungsgericht, sondern das Insolvenzgericht.[127] War dem Gläubiger der Verwertungserlös bereits ausgezahlt worden, so entbehrt dies in Ermangelung eines materiellen Befriedigungsrecht des rechtlichen Grunds, so dass er den ausgezahlten Betrag gem. § 812 I 1 Alt. 1 BGB herauszugeben hat.[128]

64 Die dingliche Wirkung der Rückschlagsperre kann bei der *Forderungspfändung* allerdings versagen, wenn der Drittschuldner nach der Aufhebung des Pfändungs- und Überweisungsbeschlusses unter den Voraussetzungen des § 836 II ZPO befreiend an

---

[120] BGHZ 166, 74, 78 = NJW 2006, 1286 Rn. 16; BGH NZI 2011, 600 Rn. 11; BGHZ 194, 60 = NJW 2012, 3574 Rn. 8; OLG München ZIP 2010, 1861 f.; OLG Köln ZIP 2010, 1763; OLG Brandenburg ZInsO 2010, 2097; OLG Stuttgart ZIP 2011, 1876; *Jaeger/Eckardt,* § 88 Rn. 56, 59 ff., 63 f.; *Fischinger,* WM 2009, 637 ff.; *Weidmüller,* aaO S. 174 ff., 177 f.; aA KPB/*Lüke,* § 88 Rn. 24; *Keller* ZIP 2006, 1174 ff. u. ZfIR 2006, 499 ff.

[121] BGHZ 166, 74 = NJW 2006, 1286 Rn. 13, 22; BGHZ 194, 60 = NJW 2012, 3574 Rn. 11 ff.; *Jaeger/Eckardt,* § 88 Rn. 63 f., 69.

[122] Für dieses zusätzliche Erfordernis zur Vermeidung eines übermäßigen Eingriffs in die Rechte des Gläubigers HK/*Kayser,* § 88 Rn. 39 f., 44; *Kreft,* FS Fischer, 2008, S. 297, 303 ff.; *ders.,* FS Pannier, 2010, S. 109, 114 f.

[123] BGHZ 194, 60 = NJW 2012, 3574 Rn. 11 ff.; BGH BeckRS 2013, 11831; OLG Köln, ZIP 2010, 1763, 1765; OLG München, ZIP 2012, 382, 383; *Jaeger/Eckardt,* § 88 Rn. 65; MüKoInsO/*Breuer,* § 88 Rn. 38.

[124] Vgl. BGHZ 194, 60 = NJW 2012, 3574 Rn. 16 ff.; BGH BeckRS 2013, 11831; OLG München ZIP 2010, 1861 f. u BeckRS 2014, 17105 Rn. 8 ff.; OLG Hamm ZInsO 2014, 150; *Böttcher* NotBZ 2007, 86, 89 u 2011, 417 f.; *Keller* ZfIR 2006, 499, 501 u FGPrax 2010, 278 f.; aA OLG Brandenburg ZInsO 2010, 2097 Rn. 16 (Nachweis durch öffentlich beglaubigte Ablichtung der Insolvenzantragsschrift möglich); OLG Köln ZIP 2010, 1763 (Nachweis durch dienstliche Erklärung des Insolvenzrichters möglich); *Böhringer* Rpfleger 2007, 187; *Volmer* ZfIR 2006, 441 (Nachweis durch Bescheinigung des Insolvenzgerichts möglich, hiergegen explizit BGH und OLG München aaO).

[125] Zutr *Ahrens/Gehrlein/Ringstmeier/Piekenbrock,* § 88 Rn. 17; KPB/*Lüke,* § 88 Rn. 23; MüKoInsO/*Breuer,* § 88 Rn. 37; *Vallender* ZIP 1997, 1993, 1994; aA (Aufhebung nur auf Antrag des Insolvenzverwalters) HK/*Kayser,* § 88 Rn. 45; *Kuleisa,* ZVI 2014, 121, 125.

[126] *Häsemeyer* Rn. 10.39; *Vallender* ZIP 1997, 1993, 1994.

[127] AG Duisburg NZI 2011, 944; AG Hamburg ZIP 2014, 1401; HK/*Kayser,* § 88 Rn. 46; *K. Schmidt/Keller,* § 88 Rn. 45; *Kuleisa,* ZVI 2014, 121, 125; aA AG Potsdam DZWIR 2011, 425; MüKoInsO/*Breuer,* § 88 Rn. 40.

[128] BGH NZI 2013, 1042 Rn. 8; *Jaeger/Eckardt,* § 88 Rn. 60.

den Gläubiger leistet; in diesem Fall verbleiben nur bereicherungsrechtliche Ansprüche gegen den Gläubiger.[129]

cc) *Konvaleszenz.* Die von der Rückschlagsperre erfassten Sicherungen leben (nach hM[130] grundsätzlich mit Wirkung ex nunc, dh ggf. mit verändertem Rang und untereinander ranggleich) wieder auf, wenn der betreffende Gegenstand durch den Insolvenzverwalter aus der Insolvenzmasse freigegeben wird oder wenn das Verfahren nach §§ 207 ff. InsO eingestellt wird, bevor der betreffende Gegenstand verwertet worden ist;[131] dies gilt bei einer Zwangshypothek richtigerweise unabhängig davon, ob das Recht bereits im Grundbuch gelöscht worden war,[132] während die förmlich aufgehobene Pfändung einer beweglichen Sache oder Forderung einer Neuvornahme bedarf.[133] 65

III. Vollstreckung durch Massegläubiger

1. Überblick. a) *Zulässigkeit der Vollstreckung.* Gläubiger von Masseverbindlichkeiten iSv § 53 InsO können grundsätzlich beanspruchen, in vollem Umfang „vorweg" befriedigt zu werden. Sie sind deshalb folgerichtig befugt, ihren Anspruch im Wege der Leistungsklage gerichtlich gegen den Verwalter geltend zu machen und aus gegen den Verwalter erwirkten Titel in die Insolvenzmasse den Verwalter zu vollstrecken (→ § 58 Rn. 4 ff., 10 ff.); die §§ 87–89, 91 InsO gelten für sie nicht.[134] 66

Prinzipielle Einschränkungen erfahren diese Befugnisse nur und erst dann, wenn auch der Anspruch auf vollumfängliche Vorwegbefriedigung relativiert werden muss, dh in der Situation der Masseunzulänglichkeit, in der die Massegläubiger ausnahmsweise untereinander ebenfalls von einer Gleichbehandlungspflicht betroffen sind (vgl. §§ 210, 209 I Nr. 3 InsO, → Rn. 83 ff., § 107 Rn. 158), sowie für Sozialplangläubiger (§ 123 III InsO). In das insolvenzfreie Vermögen des Schuldners können Massegläubiger dagegen nicht vollstrecken, da es ihnen haftungsrechtlich nicht zugewiesen ist (→ Rn. 90). 67

b) *Anwendungsfälle.* Bei der Vollstreckung von Masseverbindlichkeiten geht es naturgemäß primär um solche Titel, die bereits gegen die Insolvenzmasse erwirkt worden sind. Allerdings kommt in den Fällen, in denen Rechtsgrund für die betreffende Masseverbindlichkeit bereits vor Insolvenzeröffnung gelegt worden ist – also in den Anwendungsfällen des Moratoriums nach § 90 InsO mit Ausnahme des § 55 I Nr. 1 InsO (→ Rn. 74 ff.) –, auch eine Vollstreckung aus einem vor Insolvenzeröffnung gegen den Schuldner erwirkten Titel in Betracht; es kann sich hierbei um einen gegen den vorläufigen Insolvenzverwalter (soweit dieser mit Prozessführungsbefugnis ausgestattet ist, → § 32 Rn. 13) erwirkten Titel handeln oder um einen Titel über die Gegenleistungsforderung aus einem nach Erfüllungswahl bzw. als Dauerschuldverhältnis aus der Insolvenzmasse zu erfüllenden gegenseitigen Vertrag. 68

---

[129] *Vallender* ZIP 1997, 1993, 1994.
[130] BGHZ 166, 74 = NJW 2006, 1286 Rn. 20 ff., 24; BGH NZI 2011, 600 Rn. 11; BGHZ 194, 60 = NJW 2012, 3574 Rn. 9; MüKoInsO/*Breuer,* § 88 Rn. 34; differenzierend *Jaeger/Eckardt,* § 88 Rn. 66 ff.; aA zB *Morvilius,* FPR 2013, 382, 387; s im Einzelnen *Weidmüller,* S. 172 ff., 178 ff. mwN.
[131] BGHZ 166, 74 = NJW 2006, 1286 Rn. 16; BGH NZI 2011, 600 Rn. 11; BGHZ 194, 60 = NJW 2012, 3574 Rn. 9; Jaeger/*Eckardt,* § 88 Rn. 56 f.; ausf *Weidmüller,* aaO S. 148 ff., 152 ff., 171 f. mwN pro und contra.
[132] Vgl. Jaeger/*Eckardt,* § 88 Rn. 66, 69; aA insoweit aber BGHZ 166, 74 = NJW 2006, 1286 Rn. 23; *Weidmüller,* aaO S. 178 ff., 180 f. mwN.
[133] Vgl. Jaeger/*Eckardt,* § 88 Rn. 67 f.; *Weidmüller,* aaO S. 185 ff. mwN.
[134] Dies gilt selbst dann, wenn die titulierte Masseforderung zunächst irrig als Insolvenzforderung angemeldet und zur Tabelle festgestellt worden ist: dies ist zwar nicht wirkungslos (so aber mwN BGHZ 168, 112 = NJW 2006, 3068 Rn. 14 f.; aA *Jaeger/Gerhardt,* § 178 Rn. 76 ff.; *Eckardt,* ZIP 1993, 1765, 1768 ff.), hat aber idR auch nicht die Wirkung eines Verzichts auf die weitergehenden Rechte als Massegläubiger (*Gerhardt, Eckardt* aaO).

69 c) *Titelumschreibung.* In einem solchen Fall muss der gegen den Schuldner erwirkte Titel nach allgemeinen Regeln (→ Rn. 4) grundsätzlich – dh wenn die ggf. gegen den Schuldner bereits eingeleitete Vollstreckung nicht schon zu einer Beschlagnahme geführt hatte – zur Vollstreckung in die Masse analog §§ 727, 731 ZPO *gegen den Verwalter umgeschrieben* und diesem sodann gem. § 750 II ZPO mitsamt der titelübertragenden Klausel zugestellt werden.[135] Im Klauselverfahren kann dann, sofern dies erforderlich sein sollte, auch der Charakter der Forderung als Masseschuld geklärt werden; eine hierauf gerichtete Feststellungsklage ist danach richtigerweise nicht erforderlich, wohl aber zulässig (→ Rn. 5).

70 d) *Verfahren.* Im Übrigen gelten für die Vollstreckung gegen den Verwalter die allgemeinen Regeln. Er ist als Amtspartei Verfahrensbeteiligter und nimmt in dieser Eigenschaft alle Antrags- und Rechtsmittelbefugnisse wahr (→ Rn. 2f.). Als Amtspartei kann gegen den Verwalter auch, solange dieser nicht die Masseunzulänglichkeit angezeigt hat (→ Rn. 83), nach allgemeinen Regeln die Abgabe einer *Vermögensauskunft* (§§ 802c ff., 807 ZPO) für die Insolvenzmasse durchgesetzt werden; denn die ohnehin praktisch unzureichenden Rechnungslegungs- und Aufsichtsregelungen sind nicht zum Schutz der Interessen einzelner Gläubiger gedacht und dazu auch nicht geeignet.[136]

71 **2. Anfängliches Vollstreckungsmoratorium (§ 90 InsO). a)** *Grundgedanken.* Auch in der „Normalinsolvenz" sind die Interessen der Massegläubiger jedoch in einen Ausgleich mit den Bedürfnissen der Insolvenzmasse zu bringen und müssen unter bestimmten Umständen hinter diese zurücktreten. § 90 I InsO statuiert deshalb ein *zeitlich begrenztes Vollstreckungsmoratorium,* das den Insolvenzverwalter davor bewahren soll, schon zu Beginn des Verfahrens Masseforderungen befriedigen zu müssen; dies soll ihm in der Anfangsphase des Verfahrens die häufig ohnehin dürftigen liquiden Mittel erhalten und damit den erforderlichen finanziellen Bewegungsspielraum und günstigere Rahmenbedingungen vor allem für Sanierungen in der Unternehmensinsolvenz schaffen.

72 Allerdings sieht das Gesetz die hierdurch zurückgesetzten Interessen der Massegläubiger nur dann als nachrangig an, wenn die *Masseverbindlichkeit nicht durch den Verwalter selbst begründet* wurde („aufgezwungene Masseverbindlichkeit"). Hat dieser die Verbindlichkeit dagegen selbst begründet („gewillkürte Masseverbindlichkeit"), wird das Vertrauen des Vertragspartners darauf, dass die Verbindlichkeit entsprechend den vereinbarten Bedingungen erfüllt wird, als schützenswerter angesehen.

73 b) *Anwendungsbereich.* aa) Nach der gesetzlichen Regelung des § 90 I InsO gilt das Vollstreckungsverbot im Ansatz für alle Masseverbindlichkeiten. Jedoch statuiert das Gesetz schon in § 90 I InsO hiervon zunächst eine Ausnahme für Verbindlichkeiten, die „durch eine Rechtshandlung des Insolvenzverwalters begründet worden sind", und hiervon dann wieder eine Gegenausnahme für die in § 90 II InsO genannten Verbindlichkeiten. Der Anwendungsbereich des Vollstreckungsverbots ist folglich zu ermitteln, indem zunächst der Anwendungsbereich der Ausnahmebestimmungen ermittelt wird (Rn. 74 ff.); da dieser die in der Praxis weitaus meisten Masseverbindlichkeiten erfasst, verbleibt für das Vollstreckungsverbot im Ergebnis nur ein recht schmaler Anwendungsbereich. Dies sind vor allem (aber → Rn. 80 zu § 90 II Nr. 3 InsO) die sog. aufgezwungenen („oktroyierten") Verbindlichkeiten, die nicht vom Verwalter begründet worden sind und von denen sich der Verwalter auch nicht lösen kann.

---

[135] Einem mit der Rechtsbehauptung, Massegläubiger zu sein, gestellten Umschreibungsantrag fehlt natürlich auch nicht das Rechtsschutzbedürfnis; aA KPB/*Pape/Schaltke,* § 53 Rn. 57; MüKoInsO/*Hefermehl,* § 53 Rn. 58.

[136] Zutr *Jaeger/Henckel,* § 53 Rn. 25; aA LG Bremen ZIP 1984, 1259; MüKoInsO/*Hefermehl,* § 53 Rn. 58; Uhlenbruck/Hirte/Vallender/*Sinz,* § 53 Rn. 8.

bb) Man beginnt also am besten mit der Frage, welche Verbindlichkeiten von dem **74** Vollstreckungsverbot gerade ausgenommen sind. Es sind dies vor allem die sog. *gewillkürten (iSv „nichtoktroyierten") Verbindlichkeiten*, dh vom Verwalter willentlich begründeten oder (durch Nichtgebrauchmachen von einer Lösungsoption) hingenommenen Verpflichtungen der Insolvenzmasse. Im Einzelnen sind danach zu unterscheiden:
- *Verbindlichkeiten aus Rechtshandlungen des Verwalters (§ 90 I iVm § 55 I Nr. 1 Alt. 1* **75** *InsO)*. Vom Vollstreckungsverbot ausgenommen sind zunächst Masseverbindlichkeiten, die durch eine Rechtshandlung des Verwalters begründet wurden, also namentlich die Gegenleistungsansprüche aus den vom Verwalter geschlossenen gegenseitigen Verträgen; dies erfasst auch diejenigen Masseverbindlichkeiten, die – wie zB Ansprüche auf öffentliche Abgaben – als gesetzliche Nebenfolge eines solchen Rechtsgeschäfts begründet werden oder die als gesetzliche Kostenerstattungsansprüche in einem vom Insolvenzverwalter geführten Rechtsstreit entstehen.[137]
- *Verbindlichkeiten aus einem vom Verwalter erfüllten gegenseitigen Vertrag (§ 90 II Nr. 1 iVm* **76** *§ 55 I Nr. 2 Alt. 1 InsO)*. Ebenso und aus demselben Grundgedanken entzieht das Gesetz solche Verbindlichkeiten dem Vollstreckungsverbot, die durch den Eintritt des Verwalters in einen beiderseits noch nicht voll erfüllten gegenseitigen Vertrag (Erfüllungswahl gem. § 103 I InsO) entstehen; dem muss hinsichtlich der Prozesskosten gleichstehen das aktive Betreiben eines ursprünglich mit dem Schuldner geführten Rechtsstreits durch den Insolvenzverwalter (durch Aufnahme gem. §§ 85f., 180 II, 184 InsO).[138]
- *Verbindlichkeiten, die durch „sonstige Handlungen" des Verwalters bzw. „in anderer Weise"* **77** *begründet worden sind (§ 90 I iVm § 55 I Nr. 1 Alt. 2 InsO)*. Den durch „Rechtshandlungen" des Verwalters begründeten Verbindlichkeiten müssen nach dem Zweck des Verbots solche Ansprüche gleichstehen, die durch sonstige „Handlungen" des Verwalters begründet sind. Es geht aber zu weit, darunter sämtliche durch die Verwaltung ausgelösten Ansprüche (§ 55 I Nr. 1 Alt. 2 InsO) zu fassen;[139] auszunehmen sind vielmehr die „in anderer Weise" ohne Zutun des Verwalters entstandenen Verbindlichkeiten, namentlich solche aufgrund von gesetzlichen Haftungstatbeständen, die nicht an ein Verhalten des Verwalters anknüpfen (etwa ein ohne Zutun des Verwalters verwirklichter Massebereicherungsanspruch gem. § 55 I Nr. 3 InsO).[140]
- *Verbindlichkeiten, die durch Rechtshandlungen eines „starken" oder entsprechend ermächtigten* **78** *vorläufigen Insolvenzverwalters begründet worden sind (§ 90 I iVm § 55 II InsO)*. Zu den gewillkürten Masseverbindlichkeiten gehören nach § 55 II InsO auch die Verbindlichkeiten, die von dem mit voller Verfügungs- und Verwaltungskompetenz gem. § 22 I InsO bestellten oder mit einer entsprechenden gerichtlichen Einzelermächtigung versehenen *vorläufigen Insolvenzverwalter* begründet worden sind. In diesen Fällen gilt gleichermaßen der Grundgedanke, dass die Betätigung des vorläufigen Verwalters im Rechtsverkehr geschützt werden soll; dazu gehört dann auch die Rechtsdurchsetzungsmöglichkeit für betroffene Gläubiger.[141]
- *Verbindlichkeiten aus Dauerschuldverhältnissen nach der ersten Kündigungsmöglichkeit (§ 90 II* **79** *Nr. 2 iVm § 55 I Nr. 2 Alt. 2 InsO)*. Dauerschuldverhältnisse, die trotz der Verfahrenseröffnung an sich mit Wirkung für und gegen die Insolvenzmasse fortgelten, die der Verwalter jedoch hätte kündigen können (§§ 109 I 1, 2, 113 S. 1 iVm § 55 I Nr. 2

---

[137] *Ahrens/Gehrlein/Ringstmeier/Piekenbrock*, § 90 Rn. 5.
[138] *Ahrens/Gehrlein/Ringstmeier/Piekenbrock*, § 90 Rn. 6.
[139] So aber die hM, vgl. KPB/*Lüke*, § 90 Rn. 6; MüKoInsO/*Breuer*, § 90 Rn. 8.
[140] *Ahrens/Gehrlein/Ringstmeier/Piekenbrock*, § 90 Rn. 9, 11; *Jaeger/Eckardt*, § 90 Rn. 7 mwN
[141] *Ahrens/Gehrlein/Ringstmeier/Piekenbrock*, § 90 Rn. 10; *Jaeger/Eckardt*, § 90 Rn. 8; MüKoInsO/ *Breuer*, § 90 Rn. 10; *Kuleisa*, ZVI 2014, 121, 127; aA *Braun/Kroth*, § 90 Rn. 8; BKInsO/*Blersch/ v. Olshausen*, § 90 Rn. 5.

Alt. 2 InsO), sind ab dem Verstreichenlassen der ersten Kündigungsmöglichkeit für den Verwalter praktisch wie Verträge nach erfolgter Erfüllungswahl iSv § 103 I InsO zu behandeln. Dem sind hinsichtlich der Kosten schwebender Prozesse gleichzustellen die Möglichkeiten des Verwalters, die Kostenhaftung der Masse durch Freigabe (§ 85 II InsO), Anerkenntnis (§ 86 II InsO) bzw. Nichtbestreiten (§ 178 I InsO) abzuwenden.[142]

80 – *Verbindlichkeiten aus Dauerschuldverhältnissen vor der ersten Kündigungsmöglichkeit (§ 90 II Nr. 3 iVm § 55 I Nr. 2 Alt. 2 InsO).* Den bisher genannten Fallgruppen müssen – auch wenn die Faustregel von der Undurchsetzbarkeit der aufgezwungenen Verbindlichkeiten insoweit nicht passt – aus Billigkeitsgründen diejenigen Fälle gleichstehen, in denen der Insolvenzverwalter die Gegenleistung aus dem Dauerschuldverhältnis in Anspruch nimmt, da dem Erbringenden die Möglichkeit der zeitnahen Durchsetzung seiner Ansprüche hier nicht legitimerweise versagt werden kann; hierunter fallen vor allem die Verbindlichkeiten aus Dauerschuldverhältnissen bis zur ersten möglichen Kündigungsmöglichkeit, also für den Zeitraum, der von § 90 II Nr. 2 InsO nicht erfasst wird.

81 c) *Rechtsfolgen und Rechtsbehelfe.* Für einen Zeitraum von sechs Monaten nach Insolvenzeröffnung sind Zwangsvollstreckungen für die betroffenen Masseforderungen verfahrensrechtlich *unzulässig*. Der Begriff der Zwangsvollstreckungsmaßnahme in § 90 InsO entspricht dem in § 89 I InsO (→ Rn. 2 ff.).[143] Das Vollstreckungsmoratorium greift bei Insolvenzeröffnung kraft Gesetzes ein, ohne dass hierfür ein Beschluss des Insolvenzgerichts erforderlich ist. Nach Ablauf der Sperrfrist dürfen alle Massegläubiger ebenso ohne weiteres wieder vollstrecken.

82 Wird gegen das Vollstreckungsverbot des § 90 I InsO *verstoßen,* so gilt das zu § 89 InsO Ausgeführte entsprechend (→ Rn. 19 ff.). Für die Entscheidung über eine Vollstreckungserinnerung ist ggf. analog § 89 III InsO das Insolvenzgericht anstelle des Vollstreckungsgerichts zuständig;[144] es entscheidet durch den Richter (§ 20 Nr. 17 S. 2 RPflG). Eine verbotswidrige Vollstreckung betrifft aber nur die Insolvenzmasse, so dass lediglich der Verwalter gegen die Vollstreckung vorgehen kann. Die Heilung tritt hier ex nunc mit dem Ablauf der Moratoriumsfrist ein.[145]

83 **3. Vollstreckung bei Masseunzulänglichkeit (§ 210 InsO). a)** *Grundgedanken.* Nach Anzeige der Masseunzulänglichkeit sind Altmassegläubiger iSv § 209 I Nr. 3, II InsO gegenüber den Kostengläubigern (§ 209 I Nr. 1 InsO) und den Neumassegläubigern (§ 209 I Nr. 2 InsO) zurückgesetzt und untereinander gleich zu behandeln; ihnen fehlt insofern die volle haftungsrechtliche Durchsetzbarkeit.[146] § 210 InsO verbietet deshalb die die Haftungswicklung störende Vollstreckung des Altmassegläubigers und gibt dem Verwalter die Handhabe, die Vollstreckung des Altmassegläubigers zu verhindern.

84 b) *Anwendungsbereich.* Der Begriff der Zwangsvollstreckungsmaßnahme in § 210 InsO entspricht dem in § 89 I InsO (→ Rn. 13 ff.). Das Vollstreckungsverbot greift bei Insolvenzeröffnung kraft Gesetzes ein, ohne dass hierfür ein Beschluss des Insolvenzgerichts erforderlich ist.

85 Unmittelbar betroffen ist die Vollstreckung der Altmassegläubiger iSv § 209 I Nr. 3, II InsO nach Anzeige der Masseunzulänglichkeit iSv § 208 InsO; deren Richtigkeit ist durch die befassten Gerichte nicht nachzuprüfen. Entsprechend anwendbar ist das Voll-

---

[142] *Ahrens/Gehrlein/Ringstmeier/Piekenbrock,* § 90 Rn. 8.
[143] *Ahrens/Gehrlein/Ringstmeier/Piekenbrock,* § 90 Rn. 13.
[144] BGH NZI 2006, 697 Rn. 8 mwN.
[145] *Ahrens/Gehrlein/Ringstmeier/Piekenbrock,* § 90 Rn. 14.
[146] *Jaeger/Windel,* § 210 Rn. 2; s zB *Lakies,* ArbR 2013, 148 ff. zu arbeitsrechtlichen Ansprüchen.

streckungsverbot des § 210 InsO auf Vollstreckungsmaßnahmen eines Kostengläubigers in den Fällen der „Massekostenarmut" nach der Anzeige gem. § 207 InsO.[147] Noch weitgehend ungeklärt ist, was in den Fällen der „Neumasseunzulänglichkeit" zu gelten hat, dh wenn die sich nach Anzeige der Masseunzulänglichkeit herausstellt, dass die Masse noch nicht einmal zur Befriedigung der Neumasseverbindlichkeiten iSv § 209 I Nr. 2 InsO ausreicht; hierauf dürften die §§ 207ff. InsO zwar nicht insgesamt entsprechend anwendbar sein,[148] wohl aber speziell das Vollstreckungsverbot des § 210 InsO.[149]

c) *Rechtsfolgen des Verstoßes.* Der Verstoß gegen das Vollstreckungsverbot des § 210 InsO bedeutet einen *Verfahrensfehler*, der durch den Insolvenzverwalter – nicht aber durch konkurrierende Massegläubiger[150] – mit den allgemeinen Rechtsbehelfen des Vollstreckungsrechts geltend gemacht werden kann;[151] insoweit gilt im Einzelnen grundsätzlich das zu § 89 I InsO Ausgeführte entsprechend.[152] Für die Entscheidung über eine Vollstreckungserinnerung ist ggf. analog § 89 III InsO das Insolvenzgericht anstelle des Vollstreckungsgerichts zuständig;[153] es entscheidet durch den Richter (§ 20 Nr. 17 S. 2 RPflG).[154] Dies gilt auch bei Vollstreckungsmaßnahmen eines Kostengläubigers in den Fällen der „Massekostenarmut" nach der Anzeige gem. § 207 InsO.[155]

Die Vollstreckungsmaßnahme ist aber *nicht nichtig*, sondern führt zu einer wirksamen Verstrickung, die ihrerseits die Grundlage für eine wirksame Versteigerung sein kann.[156] Materiell-rechtlich führt die verfahrensfehlerhafte Vollstreckungsmaßnahme gleichwohl nicht zur Entstehung eines wirksamen dinglichen Befriedigungsrechts, so dass nach allgemeinen Grundsätzen materiell-rechtliche Ausgleichsansprüche gegen den Gläubiger begründet werden.[157]

d) *Rückschlagsperre.* Das Gesetz ordnet für das Vollstreckungsverbot in der Situation der Masseunzulänglichkeit keine in die Vergangenheit zurückgreifende Rückschlagsperre an; hier kann § 88 InsO auch nicht entsprechend angewandt werden,[158] da es insoweit auch keine in die „Massekrise" zurückgreifende Anfechtungsmöglichkeit gibt.[159]

IV. Vollstreckung durch Aussonderungsberechtigte

Aussonderungsberechtigte Gläubiger (→ § 40 Rn. 5ff.) können ihr Recht grundsätzlich nach Insolvenzeröffnung ebenso geltend machen wie außerhalb des Insolvenzverfahrens (§ 47 S. 1 InsO, s aber die insolvenzrechtlichen Modifikation zB durch §§ 107 II, 112

---

[147] Vgl. mwN BGH NZI 2006, 697 Rn. 11 ff.; *Jaeger/Windel*, § 207 Rn. 100, § 210 Rn. 5.
[148] Vgl. mwN BGHZ 167, 178, 185 f. = NZI 2006, 392; *K. Schmidt/Jungmann*, § 210 Rn. 16.
[149] Vgl. mwN *Jaeger/Windel*, § 210 Rn. 5 f.; *K. Schmidt/Jungmann*, § 210 Rn. 17 f.; s.a. BGH NZI 2008, 735 Rn. 6 f.; offen BGH NZI 2004, 358, 369 = NZI 2003, 369; BGHZ 167, 178, 189 = NZI 2006, 392; s zum Ganzen *N. Weber*, S. 93 ff.
[150] *Jaeger/Windel*, § 210 Rn. 15.
[151] HK/*Lohmann*, § 53 Rn. 7; für Vollstreckungsgegenklage nach § 767 ZPO *Smid/Leonhardt*, in: *Leonhardt/Smid/Zeuner*, § 53 Rn. 11; Uhlenbruck/Hirte/Vallender/*Sinz*, § 53 Rn. 8; s.a. BGH NZI 2006, 697 Rn. 6 ff.
[152] Vgl. mwN *Jaeger/Windel*, § 210 Rn. 12 ff.; *K. Schmidt/Jungmann*, § 210 Rn. 21 ff.
[153] BGH NZI 2006, 697 Rn. 10; LG Trier NZI 2005, 170 f.; LG Berlin ZInsO 2008, 108, 109; MüKoInsO/*Hefermehl*, § 210 Rn. 15; *Jaeger/Windel*, § 210 Rn. 2.
[154] *Jaeger/Windel*, § 210 Rn. 2.
[155] BGH NZI 2006, 697 Rn. 10.
[156] Vgl. mwN *Jaeger/Windel*, § 210 Rn. 16.
[157] Vgl. mwN *Jaeger/Windel*, § 210 Rn. 16.
[158] Zutr AG Marburg BeckRS 2012, 15193; *Jaeger/Windel*, § 210 Rn. 8; MüKoInsO/*Hefermehl*, § 210 Rn. 13; Uhlenbruck/Hirte/Vallender/*Berscheid*, § 210 Rn. 6; ausf *Kröpelin*, Die masseaarme Insolvenz, 2003, Rn. 253 ff.; *Schröder*, Die Abwicklung des masseunzulänglichen Insolvenzverfahrens, 2010, S. 121 ff.; *Walther*, Das Verfahren bei Masseunzulänglichkeit nach den §§ 208 ff. InsO, 2005, S. 155 f., 222; aA HK-InsO/*Landfermann*, § 210 Rn. 4; offen BGH BeckRS 2011, 20955 mwN.
[159] Vgl. mwN *Jaeger/Windel*, § 210 Rn. 12.

InsO). Sie sind deshalb folgerichtig befugt, ihren Anspruch im Wege der Leistungsklage gerichtlich gegen den Verwalter geltend zu machen (zum Aussonderungsrechtsstreit → § 32 Rn. 53 ff., § 40 Rn. 106 ff.) und aus einem gegen den Verwalter erwirkten Titel in die Insolvenzmasse zu vollstrecken; die §§ 87–89, 91 InsO gelten für sie nicht (wohl aber uU ein im Eröffnungsverfahren gem. § 21 II Nr. 5 InsO angeordnetes Vollstreckungs- und Verwertungsverbot, → dazu § 14 Rn. 44 ff., 47, 99 ff.).

90 Ein Moratorium für bereits eingeleitete Verfahren nach Maßgabe des § 240 ZPO findet für das eigentliche Zwangsvollstreckungsverfahren – einschließlich des Klauselverfahrens, des Verfahrens zur Erteilung der Vermögensauskunft bzw. der eidesstattlichen Versicherung und der jeweils dazu gehörigen Rechtsbehelfsverfahren – nicht statt (sondern nur für die vollstreckungsrechtlichen Klageverfahren, → zum Ganzen Rn. 10, § 32 Rn. 114); sie können daher grundsätzlich ohne weiteres gegen den Insolvenzverwalter fortgesetzt werden.

91 Um die Vollstreckung in die Insolvenzmasse zu ermöglichen, kann und muss der auf den Schuldner lautende Titel jedoch grundsätzlich zunächst analog §§ 727, 731 ZPO gegen den Insolvenzverwalter umgeschrieben und diesem gem. § 750 II ZPO mitsamt der titelübertragenden Klausel (ggf. erneut) zugestellt werden (→ Rn. 4). Das Gleiche gilt schon bei der Bestellung eines mit Prozessführungsbefugnis ausgestatteten vorläufigen Insolvenzverwalters (→ Rn. 7). Die Eigenschaft als Aussonderungsanspruch muss danach im Klauselverfahren ebenfalls geprüft werden; fehlt es daran – insbesondere weil es sich entgegen der Rechtsbehauptung des Gläubigers um eine Insolvenzforderung handelt –, so ist die Klauselerteilung gegen den Verwalter zu verweigern. Eine hierauf gerichtete Feststellungsklage ist danach richtigerweise nicht erforderlich, wohl aber zulässig. Wechselt während des Insolvenzverfahrens der Verwalter, so bedarf es im Hinblick auf die Amtskontinuität allerdings keiner Titelumschreibung (→ Rn. 4).

92 Im Übrigen gelten für die Vollstreckung gegen den Verwalter die allgemeinen Regeln. Er ist als Amtspartei Verfahrensbeteiligter und nimmt in dieser Eigenschaft alle Antrags- und Rechtsmittelbefugnisse wahr (→ Rn. 2).

93 Als Amtspartei kann gegen den Verwalter auch nach allgemeinen Regeln die Abgabe einer *eidesstattlichen Versicherung* (§ 883 II ZPO) für die Insolvenzmasse verlangt werden; denn die ohnehin praktisch unzureichenden Rechnungslegungs- und Aufsichtsregelungen sind nicht zum Schutz der Interessen einzelner Gläubiger gedacht und dazu auch nicht geeignet.[160] Von einer Masseinsolvenz iSv §§ 207 ff. InsO sind die Aussonderungsberechtigten nicht betroffen.

V. Vollstreckung durch Absonderungsberechtigte

94 **1. Vollstreckung wegen des dinglichen Rechts.** Absonderungsberechtigte Gläubiger (§§ 49 ff. InsO, → § 42 Rn. 5 ff.) sind hinsichtlich ihres dinglichen Verwertungsrechts am massezugehörigen Sicherungsgut nicht Insolvenzgläubiger iSv § 38 InsO und deshalb nicht vom Vollstreckungsverbot des § 89 I InsO betroffen (wohl aber von einem uU im Eröffnungsverfahren gem. §§ 21 II Nr. 5 InsO, 30d IV ZVG angeordneten Vollstreckungs- und Verwertungsstopp, → dazu § 14 Rn. 44 ff., 47, 94, 99 ff.).[161] Sie sind deshalb folgerichtig befugt, ihren Anspruch im Wege der Leistungsklage gerichtlich gegen den Verwalter geltend zu machen (→ § 32 Rn. 56) und aus einem gegen den Verwalter erwirkten Titel in die Insolvenzmasse zu vollstrecken.

---

[160] Vgl. *Jacoby*, S. 311.
[161] Nach BGHZ 168, 339 ff. = NZI 2006, 577 schließt dies zB die Einzelzwangsvollstreckung in die miethaftenden Miet- und Pachtforderungen (§ 1123 BGB) auch dann nicht mit ein, wenn sie aufgrund des dinglichen Titels erfolgt, s dazu auch BGH BeckRS 2006, 13738; BGH JurBüro 2009, 162 Rn. 5; BGH NZI 2011, 939 Rn. 18; *Jaeger/Eckardt*, § 89 Rn. 23 mwN.

Ein Moratorium für bereits eingeleitete Verfahren nach Maßgabe des § 240 ZPO findet **95** für das eigentliche Zwangsvollstreckungsverfahren – einschließlich des Klauselverfahrens, des Verfahrens zur Erteilung der Vermögensauskunft bzw. der eidesstattlichen Versicherung und der jeweils dazu gehörigen Rechtsbehelfsverfahren – nicht statt (sondern nur für die vollstreckungsrechtlichen Klageverfahren, → zum Ganzen Rn. 10, § 32 Rn. 114); sie können daher grundsätzlich ohne weiteres gegen den Insolvenzverwalter fortgesetzt werden. Um die Vollstreckung in die Insolvenzmasse zu ermöglichen, kann und muss der auf den Schuldner lautende Titel jedoch grundsätzlich zunächst analog §§ 727, 731 ZPO gegen den Insolvenzverwalter umgeschrieben und diesem gem. § 750 II ZPO mitsamt der titelübertragenden Klausel (ggf. erneut) zugestellt werden (→ Rn. 4). Das Gleiche gilt schon bei der Bestellung eines mit Prozessführungsbefugnis ausgestatteten vorläufigen Insolvenzverwalters (→ Rn. 7). Wechselt während des Insolvenzverfahrens der Verwalter, so bedarf es im Hinblick auf die Amtskontinuität allerdings keiner Titelumschreibung (→ Rn. 6).

Bei *unbeweglichen Gegenständen* können die gesicherten Gläubiger die Verwertung **96** durch Zwangsversteigerung oder Zwangsverwaltung betreiben (§ 49 InsO). Für das Betreibungsrecht ist an sich unerheblich, ob der Versteigerungsantrag (§§ 15 f. ZVG) *vor* oder *nach* Insolvenzeröffnung gestellt worden ist. Denn die Beschlagnahme durch einen Grundpfandgläubiger – eben weil dieser, wenn das Grundpfandrecht wirksam und unanfechtbar erworben war, im Hinblick auf seine dingliche Rechtsposition gerade kein Insolvenzgläubiger ist – wird von der Rückschlagsperre (§ 88 InsO) ebenso wenig erfasst wird wie vom Vollstreckungsverbot im eröffneten Verfahren (§ 89 InsO) oder von der Deckungsanfechtung (§§ 130 f. InsO). Auch eine Unterbrechung des Zwangsversteigerungsverfahrens findet nicht statt (→ § 32 Rn. 114); jedoch besteht die Möglichkeit der – einstweiligen – Einstellung der Zwangsversteigerung bzw. Zwangsverwaltung auf Antrag des Insolvenzverwalters (§§ 30d ZVG, → § 42 Rn. 98 ff., 107 ff.).

Bei *beweglichen Sachen und Forderungen* bedarf der absonderungsberechtigte Gläubiger **97** dagegen, soweit ihm nach § 173 InsO die Verwertungsbefugnis zukommt, keiner Zwangsvollstreckungsmaßnahme, sondern kann sich durch Veräußerung der Sache oder des Rechts bzw. durch Einziehung der Forderung befriedigen; die Frage nach Vollstreckungshindernissen stellt sich hier daher nicht. Soweit der Gläubiger sich etwa eine bewegliche Sache zum Zweck der Verwertung bei dem Verwalter beschaffen müsste, liegt das Verwertungs- und folgeweise das Besitzrecht gem. § 166 I InsO dagegen ohnehin beim Insolvenzverwalter, so dass den absonderungsberechtigten Gläubigern kein Herausgabeanspruch zusteht; damit besteht auch keine Zugriffsmöglichkeit auf das Haftungsgut im Wege der Herausgabevollstreckung, was zweckmäßigerweise durch eine analoge Anwendung von § 89 I, III InsO abgesichert werden sollte.[162]

2. Vollstreckung wegen der gesicherten Forderung. Auch die absonderungsbe- **98** rechtigten Gläubiger sind überdies von dem Vollstreckungsverbot des § 89 I InsO betroffen, soweit es um die Durchsetzung ihrer gesicherten persönlichen Forderung geht; denn insoweit sind sie – zudem beschränkt auf ihren Ausfall – lediglich Insolvenzgläubiger (§ 52 S. 1 InsO).[163] Die gesicherte Forderung muss deshalb zur Tabelle angemeldet werden; im Verteilungsverfahren wird sie dann nach Maßgabe der §§ 52 S. 2, 189 InsO wegen des Ausfalls befriedigt (→ § 42 Rn. 80 ff., 87).

VI. Vollstreckung durch Neugläubiger

1. Vollstreckung in die Insolvenzmasse. *Neugläubiger* (Nachinsolvenzgläubiger), **99** die ihre Forderung erst nach Insolvenzeröffnung wirksam erworben haben, sind keine

---

[162] *Ahrens/Gehrlein/Ringstmeier/Piekenbrock*, § 89 Rn. 10; *Jaeger/Eckardt*, § 89 Rn. 18 f.; MüKoInsO/ Ganter, vor §§ 49–52 Rn. 148; aA (Vollstreckungsgegenklage) KPB/*Lüke*, § 89 Rn. 5.
[163] S etwa *Jaeger/Henckel*, § 52 Rn. 4.

§ 33 100–104 Kapitel III. 4. Abschn. Auswirkungen der Insolvenzeröffnung

Insolvenzgläubiger iSv § 38 InsO;[164] für sie gilt das Vollstreckungsverbot des § 89 I InsO mithin nicht (→ Rn. 28).[165]

100 Für die Neugläubiger ergibt sich jedoch aus § 91 I InsO gleichfalls ein Vollstreckungsverbot hinsichtlich der massezugehörigen Gegenstände, weil die Masse für die Befriedigung der Insolvenzgläubiger reserviert ist und den Neugläubigern gerade nicht haftet.[166] Denn dies bedeutet nicht nur, dass ein dingliches (Absonderungs-)Recht des vollstreckenden Gläubigers nicht entstehen kann; vielmehr hat das Vollstreckungsorgan nach hM schon die Vornahme der Vollstreckungsmaßnahme als unzulässig abzulehnen.[167]

101 Unterbleibt dies, so kann der Insolvenzverwalter – soweit es sich nicht um eine Zwangs- oder Arresthypothek handelt (→ Rn. 48) – diesen Verfahrensfehler mit dem einschlägigen vollstreckungsrechtlichen Rechtsbehelf (→ Rn. 43ff., 464ff.) geltend machen; zur Entscheidung hierüber ist analog § 89 III InsO (→ Rn. 44) das Insolvenzgericht berufen.[168] Darüber hinaus kann der Übergriff in die haftungsrechtlich gesonderte Insolvenzmasse auch mit der Drittwiderspruchsklage gem. § 771 ZPO geltend gemacht werden.[169]

102 **2. Vollstreckung in das insolvenzfreie Schuldnervermögen. a)** *Grundgedanken.* Zulässigerweise vollstrecken können die Neugläubiger dagegen in das insolvenzfreie Vermögen.[170] Da der Neuerwerb seit der Insolvenzrechtsreform zur Masse gehört (§ 35 I InsO) und die wegen Unpfändbarkeit insolvenzfreien Vermögensgegenstände (§ 36 InsO) natürlich auch dem Zwangszugriff der Neugläubiger entzogen sind, wird allerdings in der Regel kaum pfändbares insolvenzfreies Vermögen vorhanden sein; in Betracht kommen hier im Wesentlichen die vom Insolvenzverwalter aus der Masse freigegebenen Gegenstände einschließlich derjenigen Vermögensgegenstände, die der Schuldner im Rahmen eines nach § 35 II, III InsO freigegebenen Geschäftsbetriebs erwirbt, und die Differenz zwischen den nach § 850c und §§ 850d, 850f II ZPO pfändbaren Bezügen, soweit es sich um einen privilegierten Gläubiger handelt.

103 **b)** *Vorausvollstreckung in Arbeitsentgelt (§ 89 II InsO).* aa) § 89 II 1 InsO statuiert ein spezielles Verbot der Vorausvollstreckung (§ 832 ZPO) in künftige Dienstbezüge oder an deren Stelle tretende laufende Bezüge, also das Arbeitsentgelt. Das Verbot erlangt nur für spezielle Konstellationen Bedeutung, da das künftige Arbeitsentgelt in weitem Umfang ohnehin schon von anderen Bestimmungen geschützt wird: Soweit diese Forderungen als Neuerwerb nach Maßgabe der §§ 35f. InsO vom Insolvenzbeschlag erfasst werden, verbietet schon § 89 I InsO während des Verfahrens die Vollstreckung von Insolvenzgläubigern in diese Vermögenswerte (und ebenso § 91 I InsO, → Rn. 35).

104 Wie § 287 II InsO zeigt, sind jedoch auch die Bezüge, die auf die nach Verfahrensbeendigung liegende Abtretungsfrist entfallen, im Umfang ihrer Pfändbarkeit haftungsrechtlich noch ausschließlich den Insolvenzgläubigern zugewiesen, um die Restschuldbefreiung zu ermöglichen und zugleich zu legitimieren; über sie kann der Schuldner deshalb auch nicht verfügen (§ 81 II InsO, → § 31 Rn. 89). § 89 II 1 InsO ergänzt folgerichtig den durch Abs. 1 gewährleisteten Vollstreckungsschutz durch ein an die Nicht-Insolvenzgläubiger (→ Rn. 116) gerichtetes Verbot, während des Verfahrens in

---

[164] Zur Abgrenzung s *Jaeger/Henckel*, § 38 Rn. 81–83, 87–89.
[165] *Ahrens/Gehrlein/Ringstmeier/Piekenbrock*, § 89 Rn. 7; HK/*Ganter*, § 89 Rn. 14; *Jaeger/Eckardt*, § 89 Rn. 25; MüKoInsO/*Breuer*, § 89 Rn. 16; *K. Schmidt/Keller*, § 89 Rn. 14; aA KG NJW 2005, 3734f.; FK/*App*, § 89 Rn. 5; Uhlenbruck/Hirte/Vallender/*Uhlenbruck*, § 89 Rn. 19.
[166] OLG Celle NZI 2003, 201; OLG Hamm ZIP 2011, 1068; *Jaeger/Eckardt*, § 89 Rn. 25; *Jaeger/Windel*, § 91 Rn. 6, 115; HK/*Piekenbrock*, § 91 Rn. 48.
[167] *Jaeger/Windel*, § 91 Rn. 115 mwN.
[168] *Jaeger/Eckardt*, § 89 Rn. 90; *Jaeger/Windel*, § 91 Rn. 115 mwN.
[169] *Jaeger/Windel*, § 91 Rn. 115 mwN.
[170] BGH NZI 2011, 633 Rn. 11; BGH NZI 2012, 409 Rn. 29; BGH ZInsO 2014, 40 Rn. 8; ausf *Pech* Die Einbeziehung des Neuerwerbs, S. 147ff.

diese zukünftigen Bezüge zu vollstrecken.[171] Diesem Zweck entsprechend werden die Dienstbezüge von § 89 II 1 InsO allerdings nur insoweit erfasst, wie sie im Falle des Antrags auf Restschuldbefreiung an den Treuhänder abzutreten sind.[172] Ob ein Antrag gestellt wird, ist aber unerheblich.[173] Ein *vor Insolvenzeröffnung* vorgenommener Pfändungsakt wird allerdings von § 89 II InsO ebenso wenig erfasst wie von Abs. 1 (→ Rn. 35); hierfür gelten § 114 III InsO (bis zu dessen Abschaffung ab 1.7.2014) und § 91 I InsO (→ Rn. 35, 120).

bb) (1) *Betroffen* vom Vollstreckungsverbot des § 89 II 1 InsO sind im Ansatz alle **105** Gläubiger, die nicht Insolvenzgläubiger iSv § 38 InsO sind, dh vor allem eben die „Neugläubiger" (→ Rn. 99) einschließlich der von der Verfahrensteilnahme ausgeschlossenen Gläubiger der Unterhaltsansprüche iSv § 40 InsO.[174]

(2) *Ausgenommen* von dem erweiterten Vollstreckungsverbot für nachinsolvenzliche **106** Dienstbezüge sind nach § 89 II 2 InsO jedoch die privilegierten Vollstreckungsgläubiger der §§ 850d, 850f II ZPO, dh die *Unterhalts- und Deliktsgläubiger*[175] (wiederum: weil und soweit sie nicht am Insolvenzverfahren teilnehmen[176]). Diese können in den erweitert pfändbaren Teil des nachinsolvenzlichen Arbeitsentgelts, den sog. Vorrechtsbereich, vollstrecken: Diese nach §§ 850d, 850f II ZPO erweitert pfändbaren Einkünfte des Schuldners fallen weder nach §§ 35f. InsO in die Insolvenzmasse noch sind sie nach § 287 II 1 InsO an einen Treuhänder im Fall der Restschuldbefreiung abzutreten. Die erweiterte Pfändbarkeit dieser Ansprüche beruht auf einem besonderen Schutzbedürfnis der begünstigten Gläubiger; diese Vorteile dürfen im Insolvenzverfahren nicht entfallen.

VII. Vollstreckung durch Gläubiger von nichtvermögensrechtlichen Ansprüchen

Nichtvermögensrechtliche Ansprüche sind weder aus der Insolvenzmasse noch aus **107** dem insolvenzfreien Vermögen des Schuldners zu erfüllen, sondern richten sich gegen den Schuldner als Person. Dies betrifft etwa Ansprüche gegen den Schuldner auf Vornahme unvertretbarer Handlungen (§ 888 ZPO), auf Unterlassungen und Duldungen (§ 890 ZPO) sowie nach bürgerlichem Recht begründete Ansprüche auf Leistung einer eidesstattlichen Versicherung (§ 889 ZPO), Rechnungslegung oder Auskunft (→ § 19 Rn. 9 ff.).[177] Mangels Massebezugs bleibt die materiell-rechtliche Rechtszuständigkeit des Schuldners hier ebenso uneingeschränkt erhalten wie seine Prozessführungsbefugnis. Folgeweise bestehen insoweit auch keinerlei insolvenzrechtlich motivierten Klage- und Vollstreckungsverbote; insbesondere sind natürlich die §§ 87, 89 I InsO nicht anwendbar (bereits → § 32 Rn. 108 zur Unanwendbarkeit von § 240 ZPO).

VIII. Vollstreckung durch den Insolvenzverwalter

Der Insolvenzverwalter kann selbstverständlich ohne weiteres aus den von ihm als **108** Amtspartei für die Insolvenzmasse erwirkten Titeln vollstrecken; tut er dies, erwirbt er wie auch sonst unmittelbar für die Insolvenzmasse bzw. den Schuldner als deren Rechtsträger (→ § 32 Rn. 1).

---

[171] BGH NZI 2008, 50 Rn. 9; MüKoInsO/*Breuer*, § 89 Rn. 48 ff.; KPB/*Lüke*, § 89 Rn. 28.
[172] Vgl. (zu § 114 III InsO idF bis 30.6.2014) BGH NZI 2011, 365 Rn. 10 ff.
[173] *Jaeger/Eckardt*, § 89 Rn. 60 mwN; aA *Ahrens/Gehrlein/Ringstmeier/Piekenbrock*, § 89 Rn. 31.
[174] Vgl. BGH NZI 2008, 50 Rn. 9; LG Saarbrücken BeckRS 2012, 10305.
[175] Vgl. zum Anwendungsbereich BGH NZI 2011, 738 Rn. 6 ff.
[176] BGH ZInsO 2006, 1166; BGH NZI 2008, 50 Rn. 9; BGH FamRZ 2008, 684 Rn. 4 ff.; BGH NZI 2012, 811 Rn. 7; BGH NZI 2014, 310 Rn. 8; BAGE 132, 125 = NJW 2010, 253 Rn. 18 f.; OVG Münster ZInsO 2014, 1345.
[177] Beisp s *Ahrens/Gehrlein/Ringstmeier/Piekenbrock*, § 89 Rn. 11 ff.; *Jaeger/Eckardt*, § 89 Rn. 26; MüKoInsO/*Breuer*, § 89 Rn. 43.

109 Als Folge des Umstands, dass es sich bei dem Insolvenzverwalter als Amtspartei um ein vom Schuldner verschiedenes Verfahrenssubjekt handelt (→ § 32 Rn. 4 ff.), bedarf ein Titel, der vor Insolvenzeröffnung zugunsten des Schuldners erwirkt worden ist, zur *Vollstreckung durch den Verwalter* analog §§ 727, 731 ZPO der Titelumschreibung auf diesen (→ Rn. 4).

110 Dies gilt richtiger Ansicht nach auch im Fall der Eigenverwaltung. Wechselt während des Insolvenzverfahrens der Verwalter, so bedarf es im Hinblick auf die Amtskontinuität dagegen keiner Titelumschreibung (→ Rn. 6).

IX. Vollstreckung durch oder gegen den Schuldner persönlich

111 **1. Vollstreckung während des Insolvenzverfahrens. a)** *Vollstreckung mit ausschließlichem Massebezug.* Als Bestandteil der Prozessführungsbefugnis verliert der Schuldner durch die Insolvenzeröffnung grundsätzlich auch die aktive und passive Beteiligteneigenschaft im Vollstreckungsverfahren, soweit die Insolvenzmasse betroffen ist; er ist damit weder tauglicher Adressat von Vollstreckungsmaßnahmen noch behält er die Befugnis, selbst Vollstreckungsmaßnahmen zu beantragen oder in Vollstreckungsverfahren über massezugehörige Bestandteile seines Vermögens Anträge zu stellen bzw. Rechtsmittel einzulegen (→ Rn. 2).[178]

112 **b)** *Vollstreckung mit Bezug zur insolvenzfreien Schuldnersphäre.* Hinsichtlich seiner verfahrensfreien Rechts- und Interessensphäre bleibt der Schuldner aber ein vom Insolvenzverwalter als Amtspartei verschiedenes Verfahrenssubjekt und zugleich (selbstverständlich) auch weiterhin prozessführungsbefugt und demgemäß auch aktiv wie passiv taugliches Subjekt eines Zwangsvollstreckungsverfahrens. Dies betrifft vor allem sein etwa durch Freigabe erlangtes insolvenzfreies Vermögen: Soweit dieses Ansprüche gegen Dritte umfasst, können diese selbstverständlich ungehindert durch den Schuldner tituliert und im Vollstreckungswege durchgesetzt werden. Umgekehrt können aber auch die Gläubiger, denen das insolvenzfreie Schuldnervermögen haftet – also insbesondere die „Neugläubiger" (→ Rn. 102), aber nicht die Massegläubiger (→ Rn. 67) und wegen § 89 I InsO auch nicht die Insolvenzgläubiger (→ Rn. 28) – ihre gegen den Schuldner persönlich titulierten Ansprüche auch gegen diesen vollstrecken. Nicht zuletzt fallen hierunter auch die Gläubiger von nichtvermögensrechtlichen Ansprüchen gegen den Schuldner (Rn. 117).

113 Eine hinreichende Betroffenheit der insolvenzfreien Schuldnersphäre kann sich auch bei vordergründig massebezogenen Vollstreckungsmaßnahmen ergeben: So kann sich etwa eine bewegliche oder unbewegliche (Mietwohnung!) Sache, deren Aussonderung beansprucht werden kann, im Besitz des Schuldners befinden; in diesem Fall muss neben der unstreitigen oder im Wege der Feststellungsklage gegen den Verwalter geltend gemachten Aussonderung auch die Herausgabe oder Räumung gegen den Schuldner persönlich geltend gemacht und nach Titulierung im Vollstreckungswege gegen ihn durchgesetzt werden können.[179] Ebenso muss der Schuldner zB auch in der Zwangsversteigerung eines massezugehörigen Grundstücks mit dem Rechtsbehelf des § 765a ZPO eine Gefahr für Leib und Leben (für sich selbst oder einen nahen Angehörigen) geltend machen[180] oder sich hiermit gegen die Herausgabevollstreckung des Insolvenzverwalters

---

[178] Für die Rechtsbehelfsbefugnis im Zusammenhang mit der Zugehörigkeit von Gegenständen zur Insolvenzmasse (§ 36 IV 1 InsO) oder mit der Herausgabevollstreckung des Insolvenzverwalters (§ 148 II 2 InsO) wird dies vom Gesetz als selbstverständlich vorausgesetzt; s zB BGH NZI 2008, 98 Rn. 4; BGH NJW 2009, 78 Rn. 15 ff. mwN.

[179] AG Offenbach DGVZ 2005, 14; *Ahrens/Gehrlein/Ringstmeier/Piekenbrock*, § 89 Rn. 8.

[180] BGH NJW 2009, 1283 Rn. 9 ff.; BGH ZInsO 2009, 1029 Rn. 6; aA die bis dahin hM, vgl. mwN *Jaeger/Windel*, § 80 Rn. 198; Stein/Jonas/*Münzberg*, § 765a Rn. 19.

gem. § 148 II InsO zu Wehr setzen können;[181] im Zwangsversteigerungsverfahren genießt er zudem schon nach dem Gesetz ein eigenes Recht zur Stellung eines Einstellungsantrags (§ 30d II ZVG).

2. Vollstreckung nach Beendigung des Insolvenzverfahrens. a) *Grundsatz.* 114
Durch die Beendigung des Insolvenzverfahrens erlangt der Schuldner zusammen mit der Verwaltungs- und Verfügungsbefugnis über die bisherige Insolvenzmasse auch die hierauf bezogene Prozessführungsbefugnis zurück; es kann deshalb an sich – vorbehaltlich der im Restschuldbefreiungsverfahren geltenden Beschränkungen (→ Rn. 118) – wieder ungehindert für und gegen ihn vollstreckt werden.

Ein während des Insolvenzverfahrens für oder gegen den Verwalter erwirkter Titel 115
muss nach Verfahrensbeendigung zur Vollstreckung für oder gegen den (früheren) Schuldner persönlich ebenfalls analog §§ 727, 731 ZPO gegen den Schuldner umgeschrieben und im Fall der Passivvollstreckung diesem gem. § 750 II ZPO mitsamt der titelübertragenden Klausel zugestellt werden.[182] Dies gilt auch im Fall einer notariellen Unterwerfung des Verwalters unter die sofortige Zwangsvollstreckung; der Verwalter hat nicht die Rechtsmacht, diese mit Wirkung gegen den Schuldner persönlich zu erklären.[183] Die titelübertragende Klausel ist aber entbehrlich, wenn die Vollstreckung bereits zu einer Pfändung bzw. Beschlagnahme geführt hatte.[184]

Folgt man der Ansicht, dass der (frühere) Schuldner nach Verfahrensbeendigung für 116
die auf den Insolvenzverwalter zurückgehenden Masseverbindlichkeiten nur mit der ihm ausgeantworteten Restmasse haftet (→ Rn. 116), so muss dies mit einer Vollstreckungsgegenklage analog §§ 786, 781, 785, 767 ZPO geltend gemacht werden.[185]

b) *Anhängige Vollstreckungsverfahren.* Mit der Prozessführungsbefugnis erlangt der 117
Schuldner zugleich ipso iure die Beteiligtenstellung in etwa anhängigen Vollstreckungsverfahren. Wie in der umgekehrten Situation der Insolvenzeröffnung findet eine Prozessunterbrechung – hier: analog §§ 239, 246 ZPO – aber nur in den „zivilrechtlichen Streitverfahren" des Vollstreckungsrechts statt, also bei Klauselerteilungs- und -abwehrklagen (§§ 731, 768 ZPO), Vollstreckungsabwehrklagen (§ 767 ZPO), Drittwiderspruchsklagen (§§ 771 f. ZPO), Klagen auf vorzugsweise Befriedigung (§ 805 ZPO) und Widerspruchsklagen gegen einen Teilungsplan (§ 878 ZPO), nicht dagegen in den eigentlichen Zwangsvollstreckungsverfahren einschließlich des vorgelagerten Klauselverfahrens (§§ 727 ff., 732 ZPO) und des Verfahrens zur Erteilung der Vermögensauskunft (§§ 802 c ff., 807 ZPO) bzw. der eidesstattlichen Versicherung (§ 883 II ZPO) und der jeweils dazu gehörigen Rechtsbehelfsverfahren (→ Rn. 4, § 32 Rn. 114); Letztere können daher grundsätzlich ohne weiteres für und gegen den (früheren) Schuldner fortgesetzt werden.

c) *Restschuldbefreiungsverfahren.* aa) Im Restschuldbefreiungsverfahren einer natürlichen 118
Person ist allerdings für die Dauer der Abtretungsfrist gem. § 287 II InsO (und bis zur – ggf. iSv § 300 I InsO vorzeitigen – rechtskräftigen Erteilung der Restschuldbefreiung) das Vollstreckungsverbot des § 294 InsO zu beachten. Sachlich bezieht sich dieses auf das gesamte Schuldnervermögen. In persönlicher Hinsicht richtet es sich aber ausschließlich an Insolvenzgläubiger und soll auch für diese Phase deren Gleichbehandlung gewährleisten (→ § 78 Rn. 61 ff.): Zwar wird hier ein außerhalb des Insolvenzverfahrens und damit an sich auch des Insolvenzbeschlags liegender Zeitraum erfasst. Jedoch

---

[181] BGH NJW 2009, 78 Rn. 15 ff. mwN.
[182] BGH KTS 2006, 465 Rn. 12; LAG Düsseldorf ZInsO 2005, 1283; Details bei *Kesseler*, RNotZ 2004, 462 ff.; *ders.,* ZInsO 2005, 918 ff.; *ders.,* DNotZ 2006, 84.
[183] OLG Hamm ZIP 2013, 788 = MittBayNot 2013, 407 m. Anm. *Reul.*
[184] BGH KTS 2006, 465 Rn. 13 (m krit. Anm. *Heese* aaO S. 469, 473 ff.); *Jaeger/Windel,* § 215 Rn. 20.
[185] *Jaeger/Windel,* § 80 Rn. 195; *Jacoby,* S. 317.

weist das Gesetz die in dieser Phase anfallenden Einkünfte nach wie vor der Gesamtheit der Insolvenzgläubiger zu, an die der Treuhänder die ihm zufließenden Einkünfte gleichmäßig zu verteilen hat; das Verbot, sich durch Zwangsvollstreckung einen Sondervorteil zu verschaffen (§ 89 I InsO), muss daher auch auf diesen Zeitraum erstreckt werden.[186] Verstöße hiergegen werden aber mit den gewöhnlichen Rechtsmitteln geltend gemacht; § 89 III InsO gilt insoweit nicht.[187]

119 bb) Noch weitergehend geschützt sind die während der Abtretungsfrist iSv § 287 II InsO an den Treuhänder abzutretenden *künftigen Dienstbezüge* bzw. die an deren Stelle tretenden laufenden Bezüge, also das Arbeitsentgelt: Für diese Ansprüche wird für die Dauer des Insolvenzverfahrens ein an alle Gläubiger – mit praktischen Konsequenzen vor allem für die „Neugläubiger" – adressiertes spezielles Verbot der „Vorausvollstreckung" statuiert, um der Abtretung an den Treuhänder ihre Effektivität zu sichern (§ 89 II 1 InsO, dazu → Rn. 103 ff.).

120 Allerdings gilt das Vollstreckungsverbot nach § 89 II 1 InsO nur für Vollstreckungsmaßnahmen „während der Dauer des Verfahrens". Es fragt sich deshalb, wie die Unwirksamkeit von solchen Vorauspfändungen in das auf die Abtretungsfrist entfallende Arbeitsgelt zu begründen ist, die *vor Insolvenzeröffnung* bewirkt (§ 829 III ZPO) worden sind – denn dass diese ebenfalls unwirksam sein müssen, ist schlechthin nicht zu bezweifeln. § 114 III InsO könnte insoweit als sedes materiae getaugt haben, ist aber gerade mit Wirkung zum 1.7.2014 vom Gesetzgeber mit der Begründung aufgehoben worden, nach der Rechtsprechung des BGH keine Unwirksamkeitsanordnung, sondern lediglich eine – rechtspolitisch nunmehr abgelehnte – Wirksamkeitsanordnung (für einen an sich unter § 91 I InsO fallenden Rechtserwerb) enthalten zu haben. Insofern liegt es nahe, hierfür nunmehr auf § 91 I InsO zurückzugreifen; indessen ist zwar richtig, dass sich der Insolvenzbeschlag für die für die Abtretung vorgesehenen Forderungen über das Verfahrensende hinaus verlängert,[188] jedoch dürfte dies gerade die wirksame Abtretung iSv § 287 II InsO voraussetzen und nicht umgekehrt die Wirksamkeit der Abtretung bei einer prioritären anderweitigen Verfügung überhaupt erst ermöglichen. Gleichwohl erscheint dies immer noch plausibler als der Ansatz des BAG, das Vollstreckungsverbot des § 294 InsO (→ Rn. 118) auf Vollstreckungsakte zu beziehen, die nicht nur vor dem Abtretungszeitraum, sondern sogar vor der Insolvenzeröffnung bewirkt worden sind.[189]

---

[186] Vgl. BGHZ 163, 391 = NJW 2005, 2988 sub II 2b cc; BAGE 132, 125 = NJW 2010, 253 Rn. 23.

[187] FK/*Ahrens*, § 89 Rn. 29; *K. Schmidt/Henning*, § 294 Rn. 5 mwN.

[188] Vgl. – dazu, dass die Forderung (nur und zugleich immerhin) bis zum Ende der Abtretungsfrist dem Insolvenzbeschlag unter fällt – jetzt § 300 a II InsO idF ab 1. 7. 2014 und bisher schon BGHZ 183, 258 = NJW 2010, 2283 Rn. 30 ff.; BGH NZI 2010, 577 Rn. 9; LG Dresden NZI 2008, 508; AG Göttingen, NZI 2009, 779, 781; *Heinze*, ZVI 2008, 416, 419; *Kobialka/Schmittmann*, ZInsO 2009, 653, 654; s. a. BGH NZI 2011, 365 Rn. 14.

[189] So aber BAGE 132, 125 = NJW 2010, 253 Rn. 23.

5. Abschnitt. Gegenseitige Verträge

Übersicht

	Rn.
§ 34. Grundlagen der Abwicklung schwebender Rechtsgeschäfte	
I. Allgemeines	1
II. Insolvenzeröffnung während der Abwicklung eines gegenseitigen Vertrages	5
III. Anwendungsbereich des § 103 InsO	14
IV. Konstruktives Verständnis des § 103 InsO	35
§ 35. Erfüllung durch den Insolvenzverwalter und Nichterfüllung nach § 103 InsO	
I. Ausübung des Wahlrechts	1
II. Erfüllungsverlangen des Insolvenzverwalters	20
III. Ablehnung der Erfüllung und unterlassene Wahlrechtsausübung durch den Insolvenzverwalter	26
§ 36. Besonderheiten einzelner Vertragstypen	
I. Verträge über teilbare Leistungen, § 105 InsO	1
II. Der Kauf unter Eigentumsvorbehalt	13
III. Auftrag und Geschäftsbesorgung, §§ 115, 116 InsO	42
IV. Vollmachten, § 117 InsO	54
§ 37. Miete und Pacht, Dienst- und Arbeitsverhältnisse sowie Darlehensverträge in der Insolvenz des Darlehensgebers, §§ 108–112 InsO	
I. Anwendungsbereich des § 108 I InsO	1
II. Darlehensverträge in der Insolvenz des Darlehensgebers (§ 108 II InsO)	6
III. Bewegliche Sachen und Rechte, § 103 InsO	9
IV. Unbewegliche Gegenstände und Räume, §§ 108 I, III, 109 ff. InsO	24
V. Sonstige Beendigung während des Insolvenzverfahrens	48
VI. Reformvorhaben: Insolvenzfestigkeit von Lizenzen, § 108a RegE	49
§ 38. Einfluss der Insolvenzeröffnung auf sonstige Rechtsverhältnisse	
I. Fixgeschäfte und Finanzleistungen, § 104 InsO	1
II. Vorgemerkte Ansprüche, § 106 InsO	11
III. Sondervorschriften des Bürgerlichen Rechts	23

Schrifttum §§ 34–38: *Abel,* Filmlizenzen in der Insolvenz des Lizenzgebers und Lizenznehmers, NZI 2003, 121; *Adam,* Die Forderungsabtretung und das Wahlrecht des § 103 InsO, DZWiR 1998, 227; *Adolphsen,* Die Insolvenz im Filmlizenzgeschäft, DZWiR 2003, 228; *Armbrüster/Pilz,* Schicksal des Lebensversicherungsvertrags in der Insolvenz des Versicherungsnehmers, KTS 2004, 481; *Bärenz,* Von der Erlöschenstheorie zur Theorie der insolvenzrechtlichen Modifizierung – zur Dogmatik der neuen BGH-Rechtsprechung zu § 103 InsO, NZI 2006, 72; *Bausch,* Patentlizenz und Insolvenz des Lizenzgebers, NZI 2005, 289; *Berger,* Lösungsklauseln für den Insolvenzfall, in: Kölner Schrift, S. 499; *Blank/Möller,* Das Wahlrecht des Insolvenzverwalters in der Warenkreditversicherung: § 103 InsO im Spannungsfeld vertraglicher und „gesetzlicher" Lösungsklauseln, ZInsO 2003, 437; *Bork,* Die Doppeltreuhand in der Insolvenz, NZI 1999, 337; *ders.,* Vorleistungen des Schuldners in der Insolvenz, FS Wellensiek, 2011, S. 201; *Bosch,* Differenz- und Finanztermingeschäfte nach der Insolvenzordnung, in: Kölner Schrift zur Insolvenzordnung, 2. Aufl. (2000), S. 1009; *Brandt,* Softwarelizenzen in der Insolvenz, NZI 2001, 337; *Bruns,* Das Wahlrecht des Insolvenzverwalters und vertragliche Lösungsrechte, ZZP 110 (1997), 305; *Burkhard,* Der Einfluss der Schuldrechtsreform auf die von § 103 InsO erfassten Kaufverträge, 2010; *Dahl/Schmitz,* Der Rückgewähranspruch des Insolvenzverwalters nach der Wahl der Nichterfüllung gem. § 103 InsO, NZI 2013, 631; *Duursma-Kepplinger,* Eigentumsvorbehalt und Mobilienleasing in der Insolvenz, 2002; *Eckert,* Miete, Pacht und Leasing im neuen Insolvenzrecht, ZIP 1996, 897; *Emde/Klem,* Der Handelsvertretervertrag in der Insolvenz des Unternehmers, ZIP 2005, 58; *Franken,* Mietverhältnisse in der Insolvenz, 2002; *v. Frentz/Masch,* Die Insolvenzfestigkeit von einfachen und ausschließlichen Nutzungsrechten (Patentlizenzen, Markenlizenzen und urheberrechtlichen Nutzungsrechten), ZIP 2011, 1245; *Gehrlein,* Behandlung eines Darlehens in der Insolvenz eines Darlehensgebers, ZInsO 2012, 101; *Graf/Wunsch,* Gegenseitige Verträge im Insolvenzverfahren, ZIP 2002, 2117; *Gottwald,* Der unerkannte Baumangel in der Insolvenz, NZI 2005, 588; *Haberhauer/Meeh,* Handlungsspielraum des Insolvenzverwalters im eröffneten Insolvenzverfahren, DStR 1995, 2005; *Haas,* Die Auswirkungen der Insolvenz auf die Teilnahmeberechtigung der Sportvereine am Spiel- und Wettkampfbetrieb, NZI 2003, 177; *Häsemeyer,* Gegenseitige Verträge im Spannungsfeld zwischen Privatautonomie und Insolvenzrecht, Festgabe 50 Jahre BGH, 2000, Bd. III, S. 725; *ders.,* Insolvenzrechtlicher Rückabwicklungsschutz nach anerkannter Störung des Leistungsaustausches, KTS 2002, 603; *Heidland,* Rechtliche und tatsächliche Folgen der Erfüllungswahl eines Bauvertrages durch den Insolvenzverwalter gem. § 103 InsO, ZInsO 2011, 201; *ders.,* Konsequenzen der „Erlöschenstheorie" und der Theorie der Teilbarkeit der Bauleistungen für die baurechtliche Abnahme für Vergütungsansprüche, Gewährleistungsfrist und Vertragsstrafe im Insolvenzverfahren über das Vermögen des Auftraggebers, FS Uhlenbruck, 2000, S. 423; *ders.,* Der Bauvertrag in der Insolvenz von Auftraggeber und Auftragnehmer, 2001; *Henckel,* Konstruktion, Funktion, Interessen – zur modifizierten Erlöschenstheorie durch den BGH, FS Kirchhof, 2003, 191; *Hoenig/Meyer-Löwy,* Unternehmenskauf von „starken" vorläufigen Insolvenzverwalter, ZIP 2002, 2162; *Huber,* Schicksal des bauvertraglichen Kündigungsrechts nach § 8 II Nr. 1 VOB/B als insolvenzbedingte Lösungsklausel, NZI 2014, 49; *ders.,* Unwirksamkeit von insolvenzbedingten Lösungsklauseln – Vertragspraxis, was nun?, ZIP 2013, 493; *ders.,* Insolvenz bei Bauverträgen, in: *Messerschmidt/Voit,* Privates Baurecht, 2. Aufl. (2012), Syst. Teil R; *ders.,* Grundstrukturen der Abwicklung eines Bauvertrags in der Insolvenz, NZBau 2005, 117 ff., 256 ff.; *ders.,* Gegenseitige Verträge und Teilbarkeit von Leistungen in der Insolvenz, NZI 2002, 467; *ders.,* Insolvenz des Vorbehaltskäufers, FS Musielak, 2004, S. 267; *ders.,* Rücktrittsrecht des Vorbehaltsverkäufers in der Insolvenz des Vorbehaltskäufers, NZI 2004, 57; *ders.,* Vertragsspaltung in der Insolvenz des Auftragnehmers auch für mangelhafte Teilleistung vor Verfahrenseröffnung?, FS Kreft, 2004, S. 327 = (Nachdruck) ZInsO 2005, 449; *ders.,* Die Abwicklung gegenseitiger Verträge nach der Insolvenzordnung, NZI 1998, 97; *ders.,* Abwicklung gegenseitiger Verträge, JuS 1998, 644 ff., 744 ff.; *Jacoby,* Lösungsklauseln in der Insolvenz, ZIP 2014, 649; *Janka,* Der Lebensversicherungsvertrag im Insolvenzverfahren, ZInsO 2003, 449; *Kayser,* Die Lebensversicherung im Spannungsfeld der Interessen von Insolvenzmasse, Bezugsberechtigten und Sicherungsnehmer – eine Zwischenbilanz, FS Kreft, 2004, S. 341; *Kepplinger,* Das Synallagma in der Insolvenz – Das Wahlrecht des Masseverwalters, Ausgleichsschuldners und Insolvenzverwalters, 2000; *Kesseler,* Die Insolvenz des Bauträgers, RNotZ 2004, 176; *Klinck,* Reformiertes Mobilienleasing in der Insolvenz des Leasinggebers – § 108 I S. 2 InsO auf dem Prüfstand, KTS 2007, 37; *Kreft,* Teilbare Leistungen nach § 105 InsO (unter besonderer Berücksichtigung des Bauvertragsrecht), FS Uhlenbruck, 2000, S. 387; *ders.,* Ausgesuchte Fragen des neuen Schuldrechts auf die Erfüllungswahl nach § 103 InsO, FS Kirchhof, 2003, S. 275; *Krämer,* Leasingverträge in der Insolvenz, 2005; *Krull,* Zur Abwicklung schwebender Vertragsverhältnisse im künftigen Insolvenzverfahren, ZInsO 1998, 291; *Lindner,* Vorleistungen in der Insolvenz, 2006; *Livornius,* § 108 I S. 2 InsO und seine Anwendbarkeit auf Mietverträge, ZInsO 1998, 111; *Lorenz,* Gewährleistungsansprüche in der Insolvenz, ZInsO 2009, 66; *Marotzke,* Im Überblick: Gesellschaftsinterne Nutzungsverhältnisse im Spiegel der §§ 39 I Nr. 5, 103, 108 ff., § 235 I und III InsO, ZInsO 2009, 2073; *ders.,* Der Eigentumsvorbehalt im neuen Insolvenzrecht, JZ 1995, 803; *ders.,* Gegenseitige Verträge im neuen Insolvenzrecht, 3. Aufl., 2001; *ders.,* BGB und InsO: zwei neue Leistungsstörungsrechte im Widerstreit, KTS 2002, 1; *ders.,* kein Gewährleistungsausschluss bei der Veräußerung beweglicher Massegegenstände an Verbraucher?, ZInsO 2002, 501; *Marwedel,* Die Suspensivtheorie in § 103 InsO – dogmatische Brüche im Richterrecht, ZInsO 2011, 037; *Meyer,* Die Teilbarkeit von Bauleistungen nach § 105 InsO, NZI 2001, 294; *Mossler,* Rücktrittsrecht vor Fälligkeit bei insolvenzbedingten Zweifeln an der Leistungsfähigkeit des Schuldners (§ 323 IV BGB), ZIP 2002, 1831; *Nunner-Krautgasser/Pateter,* Die Neuregelung über Verträge im österreichischen Insolvenzrecht, ZInsO 2011, 2068; *Müller-Feldhammer,* Die Lebensversicherung in der Insolvenz des Versprechensempfängers, NZI 2001, 343; *Obermüller,* Lösungsklauseln im Bankgeschäft, ZInsO 2013, 476; *ders.,* Auswirkungen des Wahlrechts des Insolvenzverwalters auf Zessionen und Avale, in: Kölner Schrift, S. 985; *Pape,* Behandlung bei Verfahrenseröffnung nicht vollständig erfüllter gegenseitiger Verträge nach der Insolvenzordnung, WPrax 1995, 25; *ders.,* Ablehnung und Erfüllung schwebender Rechtsgeschäfte durch den Insolvenzverwalter, in: Kölner Schrift zur Insolvenzordnung,

2. Aufl. (2000), S. 531; *Prahl,* Zur Bereicherung des anderen Teils aus Vorleistungen des Schuldners, ZInsO 2005, 568; *Reul,* Lösungsklauseln in notariellen Übergabeverträgen, DNotZ 2007, 649; *ders.,* Erneut: Insolvenzbedingte Lösungsklauseln auf dem Prüfstand, DNotZ 2008, 824; *Reul/Heckschen/Wienberg,* Insolvenzrecht in der Gestaltungspraxis, 2012; *Rühle,* Gegenseitige Verträge nach Aufhebung des Insolvenzverfahrens, 2006; *Runkel,* Praktische und rechtliche Probleme der Eigentumsvorbehaltslieferanten in der Insolvenz, FS Kirchhof, 2003, S. 455; *Scherer,* Neues Kaufgewährleistungsrecht und § 103 InsO, NZI 2002, 356; *dies.,* Teilweise Vorleistungen in der Insolvenz, NZI 2004, 113; *Schmidt,* Änderung des Kaufrechts durch die Schuldrechtsreform und deren Bedeutung für Praxis der Insolvenzverwaltung, ZInsO 2002, 103; *ders.,* Pflicht zur Bezahlung einer mangelhaften Werkleistung bei späterer Insolvenz des Bauunternehmers wegen § 95 I S. 3 InsO?, NZI 2003, 186; *Schmid-Burgk/Ditz,* Die Refinanzierung beim Leasing nach der Insolvenzrechtsreform, ZIP 1996, 1123; *ders.,* Leasingraten – Masseschulden oder Konkursforderungen, ZIP 1998, 1022; *Schmitz,* Die Bauinsolvenz, 3. Aufl. 2004; *ders.,* Mängel nach Abnahme und offener Werklohnanspruch – ein wesentlicher Anwendungsbereich des § 103 InsO bei Bauverträgen, ZIP 2001, 765; *ders.,* Der Bauvertrag in der Insolvenz, DZWiR 1999, 485; *Schollmeyer,* Gegenseitige Verträge im internationalen Insolvenzrecht, 1997; *Schwörer,* Lösungsklauseln für den Insolvenzfall, 2000; *Sinz,* Leasing und Factoring im Insolvenzverfahren, in: Kölner Schrift, S. 593; *Tintelnot,* Die gegenseitigen Verträge im neuen Insolvenzverfahren, ZIP 1995, 616; *Wallner,* Softwarelizenzen in der Insolvenz des Leasinggebers, ZIP 2004, 2073; *ders.,* Die Insolvenz des Urhebers, 2002; *ders.,* Die Insolvenz des Urhebers unter besonderer Berücksichtigung der Verträge zur Überlassung von Software, 2002; *ders.,* Insolvenzfeste Nutzungsrechte und Lizenzen an Software, NZI 2002, 70; *Stamm,* Die Entmystifizierung des Insolvenzverwalterwahlrechts aus zivilrechtlicher Sicht, KTS 2011, 421; *Weber/Hötzel,* Das Schicksal von Softwarelizenzen in der Lizenzkette bei Insolvenz des Lizenznehmers, NZI 2011, 432; *Wegener,* Das Wahlrecht des Insolvenzverwalters unter dem Einfluss des Schuldrechtsmodernisierungsgesetzes, 2007; *Wellin,* Miet- und Leasingverträge über bewegliche Sachen im neuen Insolvenzrecht, 1999; *Wieser,* Erfüllungsverlangen des Insolvenzverwalters und Aufrechnung mit einer Insolvenzforderung, JZ 2003, 231; *v. Wilmowsky,* Insolvenzvertragsrecht: Rechte am Vertragsanspruch des Insolvenzschuldners, ZIP 2012, 401; *ders.,* Teilleistung des Schuldners vor dem Insolvenzverfahren, KTS 2012, 285; *ders.,* Insolvenzvertragsrecht: Die Grundstrukturen, KTS 2011, 453; *ders.,* Der Darlehensnehmer in der Insolvenz, WM 2008, 1189 ff., 1237 ff.; *ders.,* Lösungsklauseln für den Insolvenzfall – Wirksamkeit, Anfechtbarkeit, Reform, ZIP 2007, 553; *ders.,* Der Mieter eines beweglichen Gegenstandes in der Insolvenz – zum Inhalt des § 103 InsO bei Miet- und Pachtverhältnissen, ZInsO 2007, 731; *ders.,* Der Mieter in der Insolvenz: Zur Kündigungssperre des § 112 InsO, ZInsO 2004, 882; *Wittig,* Auswirkungen der Schuldrechtsreform auf das Insolvenzrecht, ZInsO 2003, 629; *Wortberg,* Die Überlegungsfrist bei der Ausübung des Verwalterwahlrechts – ein Instrument zur Masseanreicherung? ZInsO 2006, 1256; *ders.,* Lösungsklauseln und Insolvenz, ZInsO 2003, 1032.

Schrifttum zu KO und GesO: Vgl. die Nachweise in der 4. Auflage.

§ 34. Grundlagen der Abwicklung schwebender Rechtsgeschäfte

Übersicht

	Rn.
I. Allgemeines	1
1. Ausgangslage	1
2. Problemstellung bei gegenseitigen Verträgen	3
3. Der vor Insolvenzeröffnung von beiden Seiten erfüllte gegenseitige Vertrag	4
II. Insolvenzeröffnung während der Abwicklung eines gegenseitigen Vertrages	5
1. Überblick	5
2. Der vor Insolvenzeröffnung von einer Seite voll erfüllte gegenseitige Vertrag	6
a) Erfüllung durch Schuldner	6
b) Erfüllung durch Vertragspartner	7
3. Der vor Insolvenzeröffnung von keiner Seite voll erfüllte gegenseitige Vertrag	8
a) Regelungsbedürfnis	8
b) Überblick über die insolvenzrechtlichen Sondervorschriften	11

		Rn.
c) Rechtslage nach KO bzw. GesO		12
d) Übergangsrecht		13
III. Anwendungsbereich des § 103 InsO		14
1. Gegenseitige Verträge		14
2. Beschränkungen im Anwendungsbereich, §§ 104–128 InsO		17
3. Unanwendbarkeit des § 103 InsO		19
4. Begriff der vollständigen Erfüllung		21
a) Grundsätze		21
b) Einzelheiten für Kaufverträge		24
c) Einzelheiten für Werk-/Bauvertrag		27
d) Leistung mit Rechtsmangel		28
e) Leistung mit Sachmangel		31
IV. Konstruktives Verständnis des § 103 InsO		35
1. Problemstellung		35
2. Streitpunkte zu den Rechtsfolgen der Insolvenzeröffnung		36
a) Auffassungen in der Literatur		36
b) Rechtsprechung des BGH (zu § 17 KO) bis zur sog. Wende		38
3. Grundsatzurteil des BGH v. 11.2.1988: Erlöschenstheorie		39
4. Grundsatzurteil des BGH v. 25.4.2002 und Suspensivtheorie als neue dogmatische Grundlage		42
a) Rechtsfolgen der Insolvenzeröffnung		43
b) Erfüllungswahl des Insolvenzverwalters		45
c) Keine Erfüllungswahl		46
5. Zusammenfassung der Grundsätze zur Abwicklung nach neuer Rechtslage (ohne Teilleistungen vor Insolvenzeröffnung)		47
a) Keine Erfüllungswahl		48
b) Erfüllungswahl		49
c) Insolvenzzweckwidrigkeit abweichender Vereinbarungen		50

I. Allgemeines

1. Ausgangslage. Erst mit der Eröffnung des Insolvenzverfahrens verliert der Schuldner die Befugnis, sein zur Masse gehöriges Vermögen (§§ 35, 36 InsO) zu verwalten und über dasselbe zu verfügen, § 80 I InsO. Alle noch vor diesem Zeitpunkt abgeschlossenen Rechtsgeschäfte sind mithin grundsätzlich wirksam (vgl. aber insb § 21 I, II Nr. 2 InsO, §§ 135, 136 BGB) und vom Insolvenzverwalter – vorbehaltlich einer Anfechtung nach §§ 129 ff. InsO – hinzunehmen.

Der Verwalter hat daher nicht nur die dem Schuldner zustehenden Forderungen zur Insolvenzmasse zu ziehen, sondern auch die gegen diesen begründeten Vermögensansprüche zu erfüllen. Allerdings werden mit der Eröffnung des Verfahrens alle persönlichen Gläubiger des Schuldners nach § 38 InsO Insolvenzgläubiger, ihre Ansprüche folglich Insolvenzforderungen, die nur noch im Verfahren nach der InsO verfolgt und befriedigt werden können, §§ 87, 174 ff. InsO.[1] Das gilt auch für einen auf Sachleistung gerichteten Anspruch, zB auf Herstellung; er verwandelt sich nach § 45 InsO mit der Feststellung zur Tabelle (§ 178 InsO), also nicht etwa schon mit Insolvenzeröffnung, in eine Geldforderung.[2] Ein Gläubiger kann somit stets lediglich die Quote verlangen, muss sich also mit einer teilweisen Befriedigung abfinden (§§ 63 ff.).

2. Problemstellung bei gegenseitigen Verträgen. Die Frage ist nun allerdings, in welchem Umfang diese Regeln auf einen gegenseitigen (vollkommen zweiseitig verpflichtenden) Vertrag angewendet werden können. Seine Besonderheit liegt nämlich darin, dass eine Partei ihre Verpflichtung nur wegen der von der anderen Seite zugleich übernommenen Verbindlichkeit eingeht, die beiderseitigen Pflichten also nach Grund und

---
[1] BGHZ 89, 189, 194 = NJW 1984, 1557.
[2] BGHZ 113, 207 = NJW 1991, 1111; BGH NJW 1976, 2264.

Zweck im wechselseitigen Austauschverhältnis zueinander stehen (sog. Synallagma).[3] So verpflichtet sich bei einem Kaufvertrag (§ 433 BGB) der Verkäufer zur Übergabe und Übereignung der Sache lediglich aus dem Grunde, weil und damit der Käufer die Verpflichtung übernimmt, den vereinbarten Kaufpreis zu zahlen (und – falls das Synallagma so weit reicht – die Sache abzunehmen). Diese wechselseitigen Ansprüche der Vertragspartner entstehen zwar schon mit Vertragsschluss. Die Verknüpfung der Leistungspflichten bewirkt indessen gem. §§ 320, 322 BGB und in der Zwangsvollstreckung gem. § 756 ZPO, dass jede Partei grundsätzlich nur erfüllen muss, wenn sie zugleich – Ausnahme: §§ 322 II, 274 II BGB – die (volle) Gegenleistung erhält (sog. funktionelles Synallagma), sofern sie nicht vorleistungspflichtig ist. Mit einer Teilleistung braucht sie sich nicht zufrieden zu geben.

3. Der vor Insolvenzeröffnung von beiden Seiten erfüllte gegenseitige Vertrag. Dieser Fall entspricht dem beschriebenen und von der Rechtsordnung geschützten Leistungsaustausch. Ist also ein gegenseitiger Vertrag noch vor Eröffnung des Verfahrens vollständig (→ Rn. 21 ff.) abgewickelt worden, so hat es dabei grundsätzlich sein Bewenden; denn das Schuldverhältnis ist durch die Erfüllung erloschen, § 362 I BGB. Also verbleibt die vom Schuldner vereinnahmte Leistung, so weit noch vorhanden, in der Masse und die von ihm erbrachte Gegenleistung beim Geschäftspartner. Der Insolvenzverwalter kann daran nur etwas ändern, wenn bei der Vermögensverschiebung einer der Anfechtungstatbestände verwirklicht worden ist (→ § 46 Rn. 1–3, 5, 6); lediglich dann besteht ein Anspruch auf Rückgewähr des aus dem Vermögen des Schuldners anfechtbar Weggegebenen, § 143 InsO (→ § 52 Rn. 4 ff.). 4

II. Insolvenzeröffnung während der Abwicklung eines gegenseitigen Vertrages

1. Überblick. Wird während der Abwicklung eines gegenseitigen Vertrages das Insolvenzverfahren über das Vermögen eines Vertragspartners eröffnet, so ist der verabredete Leistungsaustausch gefährdet. Das Schuldverhältnis droht einen anderen als den vertraglich festgelegten Verlauf zu nehmen, also in eine Leistungsstörung einzumünden. Dann ist zwischen dem von einer Seite voll erfüllten und dem von keiner Seite voll erfüllten gegenseitigen Vertrag zu unterscheiden. Die Insolvenzordnung belässt es nämlich für den zuerst genannten Fall bei den allgemeinen Grundsätzen und trifft nur für den anderen besondere Vorschriften. 5

2. Der vor Insolvenzeröffnung von einer Seite voll erfüllte gegenseitige Vertrag. a) Hat lediglich der spätere *Insolvenzschuldner* die ihm obliegende Leistung bereits vor der Eröffnung des Insolvenzverfahrens vollständig (→ Rn. 21 ff.) erbracht, so darf sie der Vertragspartner – vorbehaltlich einer Anfechtung nach §§ 129 ff. InsO[4] – behalten, muss aber seinerseits in die Masse leisten. Eine Leistung an den Schuldner befreit ihn nach § 82 InsO nur, wenn er in Unkenntnis der Verfahrenseröffnung geleistet hat (Einzelheiten → § 31 Rn. 94 ff.). 6

b) Hat lediglich der *andere Teil* seine Leistung bereits vor Insolvenzeröffnung vollständig (→ Rn. 21 ff.) erbracht, dann fällt sie, so weit noch vorhanden, in die Masse; § 103 ist unanwendbar.[5] Eine Rückgabepflicht des Insolvenzverwalters besteht nicht, wie aus § 105 S. 2 InsO folgt; der Vertragspartner kann vielmehr seinen Anspruch auf die Gegenleistung – gegebenenfalls nur nach Umrechnung gem. § 45 – nur als Insolvenzforderung geltend machen.[6] Das funktionelle Synallagma wirkt also nicht. Die Erklärung 7

---

[3] Näher zum Synallagma in der Insolvenz *Kepplinger,* S. 18 ff.
[4] Zu den einschlägigen Anfechtungsbestimmungen MüKoInsO/*Huber,* § 103 Rn. 59.
[5] BGHZ 169, 43 Rn. 13 = ZIP 2006, 136 = ZInsO 2006, 933 = NJW 2006, 2919 m. Anm. *Huber.*
[6] BGHZ 155, 371, 376 = NJW 2003, 3060 = NZI 2003, 539 = ZIP 2003, 1550 = ZInsO 2003, 751.

dafür ergibt sich aus dem Umstand, dass der andere Teil seine Verpflichtung erfüllt hat, ohne auf dem vertraglich vereinbarten Leistungsaustausch zu bestehen; darin liegt ein Verzicht auf die Rechte nach §§ 320, 322 BGB. Er befindet sich mithin in derselben Lage wie jeder andere (ungesicherte) Kreditgeber des Insolvenzschuldners auch. Entsprechendes gilt auch für ungesichert in Vorleistung tretende Arbeitnehmer.[7]

8   **3. Der vor Insolvenzeröffnung von keiner Seite voll erfüllte gegenseitige Vertrag. a)** *Regelungsbedürfnis.* Ist ein gegenseitiger Vertrag vor Eröffnung des Verfahrens von keiner Seite vollständig (→ Rn. 21 ff.) erfüllt worden, so ergäbe sich nach den bisher dargestellten Grundsätzen: Der Insolvenzverwalter könnte den vom Schuldner erworbenen Anspruch zur Masse ziehen; der andere Teil müsste also seine Leistung voll erbringen, hätte aber selbst wegen § 38 InsO nur eine teilweise Befriedigung (Quote) zu erwarten.

9   Außerhalb des Insolvenzverfahrens bräuchte sich der Vertragspartner auf eine solche Abwicklung freilich nicht einzulassen. Denn dort könnte er die Einrede des nichterfüllten Vertrages gem. **§ 320 BGB** erheben und auf vollem Leistungsaustausch bestehen. Ob er sich hierauf aber auch im Insolvenzfalle berufen kann, ist von jeher streitig.

- Auch die InsO bringt dazu keine Klärung; § 51 InsO, der verschiedene Zurückbehaltungsrechte bevorzugt regelt (vgl. §§ 50, 51 Nr. 2, 3 InsO), nennt jedenfalls das des § 320 BGB nicht. Es stehen sich zwei Meinungen gegenüber: Nach der einen ist § 320 BGB nicht insolvenzfest[8] und erhält lediglich § 103 InsO dem anderen Teil die bei gegenseitigen Verträgen typische Position, die Leistung nur erbringen zu müssen, wenn ihm die Gegenleistung ungeschmälert und nicht nur in Höhe der Insolvenzquote zufließt. Nach der Gegenauffassung[9] hat die Einrede des nichterfüllten Vertrages gemäß § 320 BGB auch in der Insolvenz des Vertragspartners Bestand, kann folglich dem Insolvenzverwalter entgegengehalten werden, wovon jetzt auch der BGH ausgeht (→ Rn. 44).
- Letzteres trifft beispielsweise auch zu, wenn der Insolvenzverwalter den in der Masse befindlichen Gegenstand (im Fall: Erbaurechtsgrundstück) frei gibt und der Gläubiger deshalb die Herausgabeklage wegen Rücktritts von Vertrag zulässigerweise gegen den Schuldner fortführt (vgl. § 86 Abs. 1 Nr. 1 InsO). Denn der Schuldner hat die Befugnis zur Ausübung seines Leistungsverweigerungsrechts nach § 320 BGB (wegen seiner Aufwendung hinsichtlich des auf dem Grundstück schon begonnenen Baus) nicht dadurch verloren, dass die Verwaltungs- und Verfügungsbefugnis nach § 80 Abs. 1 InsO durch Insolvenzeröffnung auf den Verwalter übergegangen war.[10]
- Umgekehrt steht die Einrede nach ihrer Funktion (die geschuldete Gegenleistung zu erzwingen) der Partei nicht zu, die deutlich gemacht hat, dass sie am Vertrag nicht festhalten will;[11] im entschiedenen Fall hatte der Insolvenzverwalter im Rahmen eines Lieferungsvertrags weitere Lieferungen erbracht, dann aber die weitere Vertragserfüllung abgelehnt; gegen seine Kaufpreisforderung rechnete der Beklagte mit Schadensersatzansprüchen aus Deckungskäufen auf, wogegen sich der klagende Insolvenzverwalter auf § 320 BGB berief, freilich aus dem genannten Grund ohne Erfolg.

10 Der Standort zur Streitfrage hängt zwangsläufig mit dem konstruktiven Verständnis des § 103 InsO zusammen, auf das noch später einzugehen sein wird (→ Rn. 30 ff.), das aber hier zunächst dahinstehen kann. Die Frage, ob § 320 BGB insolvenzfest ist oder nicht, betrifft nämlich lediglich einen Teilausschnitt aus der vorliegend erörterten Ab-

---

[7] BAG ZInsO 2012, 450 Rn. 34.
[8] Vgl. zB BGHZ 89, 189, 194f. = NJW 1984, 1557; KPB/*Tintelnot,* § 103 Rn. 5 ff.; unentschieden Nerlich/Römermann/*Balthasar,* § 103 Rn. 3. Krit zur Argumentation mit § 320 BGB auch *Henckel,* FS Kirchhof, S. 191, 199 f.
[9] Vgl. zB *Musielak* AcP 179 (1979), 189, 199 f.; MüKoInsO/*Kreft,* § 103 Rn. 13, 18, 25, 32, 38; HK/*Marotzke,* § 103 Rn. 2, 52 ff., 59 f.; *Wegener* Rn. 91.
[10] BGH NZI 2013, 692 = ZIP 2013, 890 = ZInsO 2013, 823.
[11] BGH NZI 2013, 891 = ZIP 2013, 1729 = ZInsO 2013, 1838.

wicklungslage. Denn mit dieser Einrede lässt sich zwar die Durchführung des Vertrages verhindern, nicht aber der vereinbarte Leistungsaustausch sicherstellen. Für diesen Fall bedarf es deshalb ohnehin insolvenzrechtlicher Sondervorschriften, die den Verwalter in die Lage versetzen, dem anderen Teil entgegen der Regel des § 38 InsO die volle Gegenleistung zukommen zu lassen (dazu sogleich). Für die Praxis ist es deshalb weitgehend ohne Bedeutung, ob man die Fortwirkung des Leistungsverweigerungsrechts unmittelbar aus § 320 BGB oder nur über § 103 InsO herleitet.

b) Die maßgeblichen *insolvenzrechtlichen Sondervorschriften im Überblick:* Die Grund- und Auffangnorm für alle gegenseitigen Verträge ist der schon erwähnte § 103 InsO, der stets im Zusammenhang mit § 55 I Nr. 2 InsO zu sehen ist.[12] Danach kann ein vor Insolvenzeröffnung von noch keiner Seite voll erfüllter gegenseitiger Vertrag entweder erfüllt oder nicht erfüllt werden, worüber der Insolvenzverwalter zu entscheiden hat. Bei der Erfüllung muss der andere Teil das, was er bei Eröffnung des Verfahrens noch schuldet, in die Masse leisten; sein Anspruch auf die Gegenleistung wird dafür aber zur Masseschuld aufgewertet (§ 55 I Nr. 2 InsO), ist also vorzugsweise zu befriedigen. Im anderen Falle entfällt jegliche Leistungspflicht; dem Vertragspartner steht dann zwar eine Forderung wegen Nichterfüllung zu, jedoch nur als Insolvenzgläubiger nach §§ 103 II 1, 38 InsO, die Rückgabe einer schon erbrachten Teilleistung kann nicht verlangt werden, § 105 S. 2 InsO. Darüber hinaus sind bestimmte Sachverhalte in §§ 104 ff. InsO (→ Rn. 17, 18) besonders geregelt, die den Anwendungsbereich des § 103 InsO beschränken, zT aber auch erweitern; abweichende Vereinbarungen zu den in §§ 103 bis 118 InsO getroffenen Regelungen sind nach § 119 InsO unwirksam. Der Beachtung bedürfen außerdem bei gesellschaftsinternen Nutzungsverhältnissen § 135 III InsO (→ Rn. 18) und diejenigen Bestimmungen des bürgerlichen Rechts, die sich mit den Wirkungen der Eröffnung des Insolvenzverfahrens befassen (→ § 38 Rn. 22 ff.).

c) *Rechtslage nach KO bzw. GesO.* Die angeführten Grundsätze (→ Rn. 1–10) decken sich mit denen in KO und GesO. Das Wahlrecht des Verwalters wurde nämlich inhaltlich unverändert aus § 17 KO übernommen,[13] dem wiederum § 9 I 1, 2 GesO entspricht; die zuletzt genannte Bestimmung ist ebenso auszulegen, wie § 17 KO.[14] (Wegen der Einzelheiten wird auf die Vorauflagen verwiesen).

d) *Übergangsrecht.* Nach Art. 103 EGInsO ist auf Konkurs-, Vergleichs- und Gesamtvollstreckungsverfahren, die vor dem 1. Januar 1999 beantragt worden sind, und deren Wirkungen das *bisherige Recht* anzuwenden. (Einzelheiten s Vorauflagen).

III. Anwendungsbereich des § 103 InsO

1. Gegenseitige Verträge. Dieser Begriff stimmt überein mit dem der vollkommen zweiseitig verpflichtenden, also gegenseitigen Verträge im Sinn der §§ 320 ff. BGB. Die Vorschrift hat hauptsächlich folgenden *Anwendungsbereich:*[15]
– Kauf (zum Kauf unter Eigentumsvorbehalt → § 36 Rn. 13 ff.) und Tausch (§§ 433, 480 BGB); Handelskauf (§§ 373 ff. HGB);
– Verträge über die Lieferung herzustellender oder zu erzeugender beweglichen Sachen, auf die gem. § 651 BGB Kaufvertragsrecht Anwendung findet;

---

[12] Zur Systematik (Grundnorm/Sondervorschriften) vgl. auch BGHZ 155, 371, 374 ff. = NJW 2003, 3060.
[13] Begründung RegE § 103 InsO, abgedruckt zB bei *Kübler/Prütting,* Das neue Insolvenzrecht Bd I, S. 291; MüKoInsO/*Kreft,* § 103 Rn. 12; *Huber* NZI 1998, 97, 98.
[14] BGHZ 135, 25 = NJW 1997, 2184 (Ls) = DtZ 1997, 196 = ZIP 1997, 690 = EWiR § 9 GesO 1/97, 517 *(Huber)* = LM H 6/1997 GesO Nr. 24 m. Anm. *Marotzke.*
[15] Weitere Beispiele MüKoInsO/*Huber,* § 103 Rn. 67 ff.

– Bauvertrag nach BGB oder VOB/B (→ § 35 Rn. 13, → § 36 Rn. 1 ff.); Werkverträge (§ 631 BGB), so weit sie nicht Geschäftsbesorgungscharakter haben (vgl. § 675 BGB) und damit unter § 116 InsO fallen (→ § 36 Rn. 36 ff.);
– entgeltliche (nicht also die unentgeltliche) Verwahrung (§§ 688, 689 BGB) einschließlich der Sonderform des Lagergeschäfts (§§ 467 ff. HGB);
– Frachtverträge (§§ 407 ff. HGB) in der Insolvenz des Frachtführers, in der des Geschäftsherrn gilt § 116 (iVm § 675 BGB);
– verzinsliches Gelddarlehen (§§ 488 ff. BGB), wobei man zwischen der Insolvenz des Darlehensnehmers[16] und der des Darlehensgebers[17] unterscheiden muss;[18] ist es in der Insolvenz des Darlehensgebers voll ausbezahlt, besteht der Vertrag aber nach § 108 II InsO fort (→ § 37 Rn. 6 ff.);
– Sicherungsverträge, in denen sich der Kreditnehmer zur Bestellung von Sicherheiten für das Darlehen verpflichtet;
– Energielieferungsverträge (→ § 36 Rn. 8 ff.);
– Lizenzverträge;[19] zur immer noch offenen Reform (beabsichtigter § 108a) → § 37 Rn. 49 ff.
– Vergleich (§ 779 BGB), wobei aber bei Durchführung des Vergleichs vor Insolvenzeröffnung (zB durch Zahlung der Vergleichssumme) ein beiderseits vollständig erfüllter Vertrag (→ Rn. 4) vorliegt;[20]
– Vertragsübernahme durch einen Dritten (zB Ankauf von Wartungsverträgen über Aufzugsanlagen der späteren Insolvenzschuldnerin mit deren Kunden);[21]
– *Kreditgeschäft, Bankvertrag und Zahlungsverkehr* in der Insolvenz sind im Kapitel über die Stellung der Banken behandelt (§§ 97 ff.).

15 Hierher gehören auch *Wettbewerbsabreden,* die Handlungsgehilfen oder Handelsvertreter für die Zeit nach Beendigung des Dienst- bzw. Vertragsverhältnisses in ihrer gewerblichen Tätigkeit beschränken.[22] Denn solche Vereinbarungen sind u a nur dann verbindlich, wenn der andere Teil eine bestimmte Entschädigung zahlt (§§ 74, 90a HGB), begründen also gegenseitige Rechte und Pflichten. Die Kündigung eines Anstellungsvertrages nach § 113 InsO schließt die Erfüllungswahl des Insolvenzverwalters für die dadurch ausgelöste Wettbewerbsabrede nicht aus.[23]

Entsprechendes gilt für *Wettbewerbsverbote* gegenüber Arbeitnehmern, die nicht kaufmännische Angestellte sind, und für Mandantenschutzklauseln zwischen den einen freien Beruf Ausübenden und ihren Mitarbeitern.

16 § 103 InsO ist entsprechend anwendbar auf *vertragliche Rückabwicklungsschuldverhältnisse* insb aus Rücktritt (§§ 323 ff., 326 V; 437 Nr. 2, 440, 634 Nr. 2, 636 BGB) oder nach Widerruf verbundener Verträge (§ 358 BGB), weil sie Nachwirkungen des vorausgegangenen gegenseitigen Vertrages darstellen und idR ebenfalls nur Zug um Zug zu erfüllen sind; entsprechendes gilt bei *nichtigen Verträgen* (→ Rn. 19) für Ansprüche aus ungerechtfertigter Bereicherung, wenn die Leistung selbst noch zurückgegeben werden kann.[24] Weitgehend offen erscheint die Frage, ob eine *analoge* Anwendung auf *gesetzliche Schuldverhältnisse* wie

---

[16] Vgl. dazu ausführlich *v. Wilmowsky* WM 2008, 1189 ff., 1237 ff.
[17] Ausführlich *Gehrlein* ZInsO 2012, 101.
[18] Dazu MüKoInsO/*Huber,* § 103 Rn. 69.
[19] Näher MüKoInsO/*Huber,* § 103 Rn. 76.
[20] BGH NZI 2007, 101 (Rn. 13) = ZInsO 2006, 1322 = ZIP 2006, 2391.
[21] BGH NZI 2002, 95 = NJW-RR 2002, 191 = ZIP 2001, 2142.
[22] BGH ZIP 2009, 2204 (Rn. 1) = ZInsO 2009, 2150. Ausführl zum Handelsvertretervertrag in der Insolvenz *Emde/Klem,* ZInsO 2005, 58.
[23] BGH NZI 2009, 893 Rn. 1 = ZIP 2009, 2204 = ZInsO 2009, 2150.
[24] HM im Schrifttum, vgl. nur: KPB/*Tintelnot* § 103 Rn. 14; Uhlenbruck/Hirte/Vallender/*Wegener,* § 103 Rn. 95; HK/*Marotzke,* § 103 Rn. 13 ff. Offen gelassen in BGH NJW 2009, 1414 (Rn. 9) = ZIP 2009, 428; BGHZ 150, 138, 148 = NJW 2002, 2313; BGH ZIP 2003, 2379, 2381.

Grundlagen der Abwicklung schwebender Rechtsgeschäfte 17–19 § 34

beispielsweise den Anspruch des Gesellschafters auf Ausgleich wegen Nutzungsüberlassung nach § 135 Abs. 3 InsO möglich ist.[25] Gemeint sind nicht die Fälle, in denen § 103 InsO unmittelbar einschlägig ist, wenn es also um das Wahlrecht des Insolvenzverwalters geht, ob er den Vertrag anstelle des Schuldners (Gesellschaft) erfüllen und Erfüllung vom anderen Teil verlangen oder ob er es bei der Nichterfüllung belassen will, und auch nicht die Fälle, in denen §§ 108 ff. InsO eingreifen (→ § 50 Rn. 51 ff.). Vielmehr geht es um die Frage, ob der Insolvenzverwalter durch Rückgabe des Nutzungsgegenstandes die gesetzliche Ausgleichspflicht der Masse nach § 135 Abs. 3 S. 2 InsO abwenden kann; wird das bejaht, liegt darin die Ausübung des Wahlrechts nach §§ 103 Abs. 2 S. 2, 3 InsO analog.

2. Beschränkungen im Anwendungsbereich, §§ 104–128 InsO. Sondervorschriften – gegenüber der Grundnorm des § 103 InsO (→ Rn. 11) – enthalten: 17
- § 104 InsO für Fixgeschäfte und Finanzleistungen (→ § 38 Rn. 1–10);
- § 105 InsO für teilbare Leistungen (→ § 36 Rn. 1–12);
- § 106 InsO für vorgemerkte Ansprüche (→ § 38 Rn. 11–21);
- § 107 InsO für den Kauf unter Eigentumsvorbehalt (→ § 36 Rn. 13 ff.);
- §§ 108–112 InsO für Miete und Pacht und ähnliche Schuldverhältnisse (zu gesellschaftsinternen Nutzungsverhältnissen → Rn. 18) sowie für ganz oder teilweise ausbezahlte Darlehen in der Insolvenz des Darlehensgebers (§ 37);
- § 115 InsO für einen Auftrag, obgleich dieser kein gegenseitiger, sondern nur ein unvollkommen zweiseitig verpflichtender (vgl. § 662 BGB) Vertrag ist (→ § 36 Rn. 42 ff.);
- § 116 InsO für Geschäftsbesorgungsverträge nach § 675 BGB (→ § 36 Rn. 42 ff.);
- § 117 InsO für Vollmachten (→ § 36 Rn. 54 ff.);
- Die Rechtslage bei Gesellschaften (§ 118 InsO) sowie Dienst- und Arbeitsverträgen (§§ 113, 114, 120–128 InsO) ist in den entsprechenden Abschnitten des Handbuchs (§§ 91 ff., 103 ff.) erörtert.

Abweichende Vereinbarungen, die dazu im Voraus getroffen wurden, sind gem. § 119 InsO unwirksam; Vertragsparteien können zB nicht die Verlängerung der Überlegungsfrist nach § 107 II 1 InsO (→ § 36 Rn. 20) im Voraus ausschließen. Die Vorschrift des § 119 erfasst nach der hier vertretenen Auffassung grundsätzlich aber nicht Auflösungsklauseln für den Insolvenzfall, außer bei einem Vertrag auf fortlaufende Lieferung von Waren oder Energie (→ § 35 Rn. 12–14). Sondervorschriften gelten schließlich bei *Eigenverwaltung* und *vereinfachtem Insolvenzverfahren* (→ § 35 Rn. 19).

Bei *gesellschaftsinternen Nutzungsverhältnissen* ergeben sich aus § 135 III InsO weiter 18 Abwicklungsmöglichkeiten über §§ 103, 108 ff. InsO hinaus für den Insolvenzverwalter (→ § 92 Rn. 463 ff.). Zu berücksichtigen sind außerdem für einzelne, von §§ 104 ff. InsO nicht betroffene Rechtsverhältnisse die *Bestimmungen des bürgerlichen Rechts,* die sich mit den Wirkungen der Eröffnung eines Insolvenzverfahrens befassen; daran hat sich nichts geändert, obgleich eine § 25 KO entsprechende Vorschrift (dazu s 1. Auflage § 35 Rn. 18, § 39 Rn. 20 ff.) in der InsO fehlt. Es geht hauptsächlich um Vorschriften im BGB für Vereine, Stiftungen, familien-/erbrechtliche Verhältnisse und Verjährung sowie um das Versicherungs- und Verlagsvertragsrecht (→ § 38 Rn. 23 ff.).

3. Unanwendbarkeit des § 103 InsO. Nicht anwendbar ist § 103 InsO auf 19
- *nichtige gegenseitige Verträge,* weil es dann schon begrifflich keine Erfüllungswahl gibt;[26] (für die Rückabwicklung → Rn. 16);
- *einseitig voll erfüllte gegenseitige Verträge* (→ Rn. 6, 7);

---

[25] Bejahend HK/*Marotzke* § 103 Rn. 32.
[26] BGHZ 161, 241, 250 ff. = NZI 2005, 157 = ZIP 2005, 126 = ZInsO 2005, 90 (auch § 320 BGB gilt in solchen Fällen nicht, vgl. BGHZ 150, 138, 144 = NJW 2002, 2313 = NZI 2002, 380); BGHZ 149, 326, 334 = NJW 2002, 1050 = NZI 2002, 150 = ZIP 2002, 309 = ZInsO 2002, 150.

- von noch keiner Seite vollständig erfüllte *gegenseitige Verträge,* falls eine Auflösungsklausel für den Insolvenzfall vereinbart wurde und der andere Teil davon Gebrauch gemacht hat (→ § 35 Rn. 12–14);
- *einseitig verpflichtende Verträge,* die nur für eine Partei eine Leistungspflicht begründen, wie Schenkungsversprechen (§ 518 BGB), und idR Bürgschaft (§ 765 BGB; ausf → § 101) oder *einseitige Rechtsgeschäfte* wie Auslobung (§ 657 BGB);
- *unvollkommen zweiseitige Verträge,* bei denen nur eine Partei die vertragstypische Leistung erbringen muss, zu der die den anderen Teil treffende Pflicht in keinem Gegenseitigkeitsverhältnis steht, wie unverzinsliche (nicht also verzinsliche) Darlehen (→ Rn. 14), Leihe (§ 598 BGB), unentgeltliche (nicht also entgeltliche) Verwahrung (§§ 688, 689 BGB) mit Ausnahme jedoch des Auftrags, vgl. § 115 InsO (→ § 36 Rn. 36);
- *unvollkommene Verbindlichkeiten* (Naturalobligationen) wie Spiel und Wette (§ 762 BGB);
- *insolvenzfreie Schuldverhältnisse,* die nicht unter §§ 35, 80 InsO fallen, zB ein privater Krankenversicherungsvertrag (→ § 38 Rn. 28) oder der Erwerb unpfändbarer Gegenstände (§ 36 II Nr. 2 InsO) oder insb höchstpersönliche Verpflichtungen des Schuldners,[27] zB die Leistung von persönlichen Diensten oder die nur von ihm selbst durchführbare Herstellung eines Werkes;
- *Schiedsvertrag* (näher → § 36 Rn. 46);
- *Grundstückserwerb in der Zwangsversteigerung,*[28] weil er sich nicht auf Grund eines gegenseitigen Vertrages, sondern eines konstitutiv wirkenden Staatshoheitsaktes, mithin originär vollzieht.

20 Fehlt dem Insolvenzverwalter die *Forderungszuständigkeit,* weil der Schuldner den Anspruch aus einem gegenseitigen Vertrag schon vor Insolvenzeröffnung (unanfechtbar) an einen Dritten abgetreten hat, so hindert das nach hM grundsätzlich die Anwendbarkeit des § 103 InsO nicht (→ § 35 Rn. 16).

21 **4. Begriff der vollständigen Erfüllung. a)** *Grundsätze.* § 103 InsO verlangt weiter, dass der Vertrag vor Insolvenzeröffnung von noch keiner Seite voll erfüllt worden ist (→ Rn. 8 ff.); aus welchem Grunde das unterblieben ist, hat keine Bedeutung.[29] Vollständige Erfüllung auch nur von Seiten einer Vertragspartei (→ Rn. 6, 7) schließt mithin die Anwendbarkeit der Vorschrift aus; maßgeblicher Zeitpunkt zur Beurteilung der Vollständigkeit ist derjenige der Insolvenzeröffnung. Für die Frage, wann im *Lastschriftverkehr* Erfüllung eintritt, muss man unterscheiden:[30] Beim (in der Praxis eher seltenen) Abbuchungsverfahren kommt es auf die Einlösung bei der Zahlstelle an, im Einzugsverfahren dagegen auf die Genehmigung, außer beim SEPA-Lastschriftverfahren wegen der dort vorab erfolgten Autorisierung. Die Rechtslage bei *Teilleistungen* wird später behandelt (→ § 35 Rn. 23 ff.; → § 35 Rn. 37 ff.).

22 Eine vollständige Erfüllung setzt voraus, dass die geschuldete Leistung so, wie sie nach dem Inhalt des Vertrages zu erbringen ist, bewirkt wird, vgl. §§ 362 I, 267, 269 ff. BGB. Dabei genügt nicht die Vornahme der Leistungshandlung, vielmehr kommt es auf den Eintritt des Leistungserfolges an.[31] Selbst das Ausbleiben einer bloßen *Nebenleistung,* sofern sie nicht völlig unbedeutend ist, hindert die Annahme einer vollständigen Erfüllung.[32] Das

---

[27] Str., näher MüKoInsO/*Huber,* § 103 Rn. 88.
[28] Vgl. auch BGH LM § 3 Nr. 1 AnfG Nr. 26.
[29] BGH NJW 1983, 1619. Ausführl MüKoInsO/*Kreft,* § 103 Rn. 57 ff.
[30] KPB/*Tintelnot* § 103 Rn. 159 ff.
[31] BAG ZInsO 2012, 450 Rn. 37; BGHZ 87, 156, 162 = NJW 1983, 1605 (zu § 17 KO). AllgM zur InsO: vgl. nur OLG Naumburg ZInsO 2002, 677; Nerlich/Römermann/*Balthasar,* § 103 Rn. 28.
[32] BGHZ 58, 246, 251 = NJW 1972, 875; näher, auch zur neuerdings erwogenen Unterscheidung zwischen unselbständiger und selbständiger Nebenpflicht vgl. MüKoInsO/*Huber,* § 103 Rn. 123.

gilt selbst dann, wenn der Käufer eines Grundstücks dieses bereits in Besitz genommen und voll bezahlt hat, seine Mitwirkung an der Auflassung aber noch aussteht.[33] Für den Kaufvertrag über bewegliche Sachen folgt daraus, dass auch bei voller Kaufpreiszahlung solange keine vollständige Erfüllung vorliegt, als nicht übergeben ist. Von diesem Standpunkt aus ist es mithin unerheblich, ob man in der Abnahme (§ 433 II BGB) bzw. der Entgegennahme der Auflassung (§ 925 BGB) eine Hauptleistungspflicht des Käufers erblickt oder nicht.

Erfüllung tritt auch ein durch die Annahme einer anderen als der geschuldeten Leistung an Erfüllungs Statt gem. § 364 BGB und bei *Erfüllungssurrogaten*[34] insb der vorbehaltslosen Hinterlegung nach § 378 BGB und der Aufrechnung gem. § 389 BGB, nicht jedoch bei einer Leistung erfüllungshalber, wie im Zweifel bei einer Wechselhergabe.[35] Die geschuldete Leistung ist schließlich bewirkt, wenn sie auf Grund einer vorläufig vollstreckbaren Entscheidung (§ 704 I ZPO) oder eines Vorbehaltsurteils (§§ 302, 599 ZPO) erbracht wird;[36] bei Verurteilungen zur Abgabe einer Willenserklärung gilt § 894 ZPO.

b) *Einzelheiten für Kaufverträge* (ohne Kauf unter Eigentumsvorbehalt, → § 36 Rn. 13 ff.): Von Seiten des Verkäufers ist jedenfalls solange nicht erfüllt, wie er die (mangelfreie, dazu sogleich) Sache dem Käufer nicht übergeben und übereignet hat (§ 433 I 1 BGB). Eine vollständige Erfüllung tritt auch ein, wenn der Verkäufer die veräußerte bewegliche Sache dem Käufer nach § 929 S. 2 BGB übereignet hat und der Käufer sie ihm, auch in demselben Vertrage, zur Sicherung (zurück-)übereignet. Da der Verkäufer die Sache frei von Sach- und Rechtsmängeln zu verschaffen hat (§ 433 I 2 BGB), liegt der Insolvenzeröffnung ein von ihm vollständig erfüllter Vertrag – trotz Übergabe und Übereignung – nicht vor, wenn der Käufer noch Rechte wegen Mängel geltend machen kann (→ Rn. 28 ff.).

Ein *Versendungskauf* (vgl. § 447 BGB) ist von Seiten des Verkäufers erst erfüllt, wenn der Käufer Eigentümer wird, nicht also etwa schon mit Übergabe der Sache an die Transportperson und Absendung der Übereignungsofferte.[37] Bei einem *Verbrauchsgüterkauf* (§ 474 BGB) gilt die genannte Gefahrtragungsregel ohnehin nicht (§ 474 II BGB). Ein *Rechtskauf* (§ 453 BGB) ist vom Verkäufer vollständig erfüllt, wenn er dem Käufer das Recht verschafft, es ihm also übertragen hat (§§ 413, 398 BGB).[38]

Bei einer *Grundstücksveräußerung* tritt der Leistungserfolg erst mit der Verschaffung des Eigentums ein;[39] erforderlich sind also Auflassung und Eintragung der Rechtsänderung im Grundbuch, §§ 873, 925 BGB. Steht die Auflassung noch aus, so ist auch durch denjenigen Käufer nicht vollständig erfüllt, der den Kaufpreis bezahlt und das Grundstück in Besitz genommen hat (→ Rn. 22). Haben die Vertragsparteien jedoch schon vor der Eröffnung des Insolvenzverfahrens über das Vermögen des Verkäufers die Auflassung erklärt und beide einen Eintragungsantrag gestellt, so hat der Käufer ein unentziehbares Anwartschaftsrecht erlangt.[40] § 103 InsO ist nicht mehr anwendbar, weil er voraussetzt, dass der Insolvenzverwalter über die vom Schuldner zu erbringende Leistung noch verfügen kann. Der Rechtserwerb des Käufers vollendet sich jedoch trotz der Insolvenzeröffnung mit der Grundbucheintragung, § 91 II InsO iVm § 878 BGB. Dem

---

[33] BGHZ aaO; BGH NJW 1983, 1619; OLG Naumburg EWiR 1997, 553 *(Smid)*.
[34] OLG Naumburg ZInsO 2002, 677; *Runkel/Dahl,* § 7 Rn. 21.
[35] BGH WM 1975, 1255.
[36] Nerlich/Römermann/*Balthasar,* § 103 Rn. 28; KPB/*Tintelnot,* § 103 Rn. 32.
[37] AllgM, vgl. nur FK/*Wegener,* § 103 Rn. 39; *Runkel/Dahl,* § 7 Rn. 23.
[38] Näher dazu – auch zum Erbbaurechtsvertrag – MüKoInsO/*Huber* § 103 Rn. 133.
[39] So schon RGZ 113, 403, 405. AllgM im Schrifttum. Davon geht auch BGHZ 155, 87, 90 = NZI 2003, 491 (m. Anm. *Huber*) zutreffend aus.
[40] BGHZ 49, 197, 200 f. = NJW 1968, 493.

Verwalter bleibt mithin nur noch die Möglichkeit einer Insolvenzanfechtung (vgl. § 147 InsO), falls ein anfechtbares Rechtsgeschäft vorliegt (→ § 46 Rn. 27 ff.). Ist der Anspruch des Käufers auf Übertragung des Eigentums durch eine Vormerkung gesichert, so ist § 106 InsO zu beachten (→ § 38 Rn. 11 ff.). Für den Erwerb eines Grundstücks im Wege der Zwangsversteigerung gilt § 103 InsO nicht (→ Rn. 19).

27   c) Auch bei einem *Werk-/Bauvertrag* hat der Unternehmer das Werk mangelfrei herzustellen (§ 633 I BGB, § 13 Abs. 1 VOB/B), den Vertrag also so lange nicht vollständig erfüllt, wie der Besteller Rechte wegen Mängel (→ Rn. 28 f., → Rn. 34) geltend machen kann. Die Abnahme des (vermeintlich) mangelfreien Werks (§ 640 BGB, § 12 VOB/B) hat für den insolvenzrechtlichen Erfüllungsbegriff keine Bedeutung; der Leistungserfolg tritt erst mit Ablauf der Verjährungsfrist (wegen der Mängelansprüche) ein (→ Rn. 22). Bis zu diesem Zeitpunkt wird jedenfalls im Baurecht auch der Besteller (wegen eines Einbehalts) nicht vollständig erfüllt haben.[41]

28   d) Bei einem mit einem *Rechtsmangel* behafteten Kauf- oder Werkvertrag fehlt es an einer vollständigen Erfüllung (→ Rn. 24, 27). Hat auch der andere Teil seine Leistung noch nicht vollständig erbracht, ist an sich § 103 InsO einschlägig (→ Rn. 8 ff.). In der Insolvenz des *Käufers/Bestellers* wird es darauf aber nicht ankommen, der Insolvenzverwalter vielmehr die Rechte nach materiellem Recht geltend machen. In der *Insolvenz des Verkäufers/Unternehmers* muss man unterscheiden:

29   Bei einem *behebbaren Rechtsmangel* findet die Vorschrift uneingeschränkt Anwendung. Verlangt der Insolvenzverwalter Erfüllung, muss er den Rechtsmangel beseitigen, bis dahin hat der Käufer oder Besteller die Einrede nach § 320 BGB. Lehnt der Verwalter die Erfüllung ab, steht dem anderen Teil eine Forderung wegen der Nichterfüllung gemäß § 103 II 1 InsO zu.

30   Bei einem *nicht behebbaren Rechtsmangel* gibt es keinen Nacherfüllungsanspruch von Käufer bzw. Besteller; der Anspruch auf die Leistung ist wegen § 275 I BGB ausgeschlossen, andererseits besteht aber wegen § 326 I 1 BGB auch kein Anspruch auf die Gegenleistung. Ist der Käufer oder Besteller schon vor *Insolvenzeröffnung* zurückgetreten (§§ 437 Nr. 2, 634 Nr. 3, 323, 326 V BGB), gilt für das Rückabwicklungsschuldverhältnis (§§ 346 ff. BGB), grundsätzlich § 103 InsO (→ Rn. 16); hat er vor Insolvenzeröffnung Schadensersatz statt der ganzen Leistung gefordert (§§ 437 Nr. 3, 634 Nr. 4, 283 BGB), besteht nur eine Insolvenzforderung und kann der Insolvenzverwalter (anstelle des Schuldners, § 80 InsO) Rückforderung des Geleisteten verlangen (§§ 283 S. 2, 281 V BGB). *Ab Insolvenzeröffnung* besteht hingegen die Ausübungssperre für die Rechte wegen der mangelhaften Leistung (→ Rn. 32).

31   e) Im neuen Kaufvertragsrecht ist bei der mit einem *Sachmangel* behafteten Leistung und bei noch nicht vollständiger Erfüllung durch den anderen Teil ist grundsätzlich § 103 InsO einschlägig (→ Rn. 24, → Rn. 28).[42] In der *Insolvenz des Verkäufers* muss man sich zunächst mit folgenden, sozusagen vorgeschalteten Problemlagen befassen:[43]
– Fordert der Insolvenzverwalter für die vor Verfahrenseröffnung trotz der vom Käufer behaupteten, von ihm aber bestrittenen Mängel Zahlung, so liegt darin keine Wahlrechtsausübung nach § 103 InsO; der Streit über die Mangelhaftigkeit wird dann gegebenenfalls gerichtlich im gewöhnlichen Kaufpreisprozess ausgetragen (→ § 35 Rn. 4).

---

[41] Näher MüKoInsO/*Huber* § 103 Rn. 134.
[42] Ausf *Wegener,* Das Wahlrecht des Insolvenzverwalters unter dem Einfluss des Schuldrechtsmodernisierungsgesetzes, 2007; *Burkhard,* Der Einfluss der Schuldrechtsreform auf von § 103 InsO erfasste Kaufverträge, 2010. Vgl. auch *Kreft* FS Kirchhof S. 275, 281 f.; *Lorenz* ZInsO 2009, 66; *Marotzke* KTS 2002, 1; *Scherer* NZI 2002, 356; *Schmidt* ZInsO 2002, 103; *Wittig* ZInsO 2003, 629.
[43] Näher *Wegener* Rn. 519 ff.; MüKoInsO/*Huber* § 103 Rn. 140 ff.

- Auf § 103 kommt es folglich erst an, wenn der Insolvenzverwalter die Mängel am Kaufgegenstand einräumt. Dann muss er sich aber zuerst über das Wahlrecht nach § 439 I BGB (Beseitigung des Mangels oder Lieferung einer mangelfreien Sache) klar werden. Denn die Insolvenzeröffnung ändert nichts am Recht des Verkäufers (jetzt Insolvenzverwalters, § 80 InsO) zur zweiten Andienung.
- Erst wenn der Insolvenzverwalter diese an sich rein kaufrechtlich ausgerichtete Entscheidung getroffen hat, kann er das Wahlrecht nach § 103 sachgerecht ausüben (→ § 35 Rn. 20 ff., 26 ff.); beides lässt sich oft freilich nicht trennen, insbesondere wenn die Herstellung oder Lieferung einer neuen Sache aus insolvenzrechtlichen Gründen scheitert.
- Verweigert der Insolvenzverwalter die Nacherfüllung nach § 439 III BGB, so verbleibt es endgültig bei der durch die Insolvenzeröffnung eingetretenen Nichterfüllung, auf § 103 InsO kommt es dann nicht mehr an. Andere Kaufrechtliche Ansprüche kann der Käufer nicht mehr geltend machen (→ Rn. 32 aE).[44]

Ist der Käufer schon *vor* Insolvenzeröffnung wirksam zurückgetreten, gilt § 103 für das Rückabwicklungsschuldverhältnis (→ Rn. 16); hatte er zu diesem Zeitpunkt (vgl. § 437 Nr. 2, 3 BGB) Schadensersatz statt der ganzen Leistung (§ 281 BGB), einfachen Schadensersatz (§ 280 BGB), Minderung (§ 441 BGB) oder Ersatz vergeblicher Aufwendungen (§ 284 BGB) gefordert, ist er Insolvenzgläubiger und scheidet § 103 InsO von vornherein aus. *Ab* Insolvenzeröffnung besteht eine Rechtsausübungssperre; wegen der Nichtdurchsetzbarkeit von Erfüllungsansprüchen (ohne Erfüllungswahl durch den Insolvenzverwalter) sind die Käuferrechte suspendiert (→ Rn. 42 ff.; → § 35 Rn. 11; → § 36 Rn. 19 f.).

In der *Insolvenz des Käufers* kommt es darauf an:
- Hat dieser den Kaufpreis vor Insolvenzeröffnung schon gänzlich bezahlt, liegt ein einseitig voll erfüllter gegenseitiger Vertrag vor, auf den § 103 InsO keine Anwendung findet (→ Rn. 6, 7); der Insolvenzverwalter übt wegen des Sachmangels die Rechte des Käufers nach BGB aus.
- Hatte der Käufer nichts oder nur teilweise gezahlt und handelt es sich – wie regelmäßig – um einen Kauf unter Eigentumsvorbehalt (→ § 36 Rn. 19), gilt § 103 InsO. Der Verwalter kann also – unbeschadet der Mängel oder gerade wegen der Mängel – die Erfüllung ablehnen. Wählt er Erfüllung, hat er wegen der Mängel die Rechte des Käufers nach BGB, muss dann aber den Kaufpreis als Masseschuld begleichen. Die Rückgabe der mangelhaften Sache bei Neulieferung kann nur der Vorbehaltsverkäufer fordern (§ 47 InsO), sonst ist sie nach § 105 S. 2 ausgeschlossen.[45]

Für das *Werkvertragsrecht* gelten diese Regeln entsprechend.[46] Solange nacherfüllt/nachgebessert werden kann, findet § 103 InsO Anwendung, ebenso nach Rücktritt vor Insolvenzeröffnung; für die übrigen vor Insolvenzeröffnung ausgeübten Rechte – auch für den Anspruch nach Selbstvornahme (§ 637 BGB) – scheidet § 103 InsO aus und besteht nur eine Insolvenzforderung. Im *Bauvertragsrecht* liegt der Problemschwerpunkt in der Praxis bei der Behandlung mangelhafter Leistungen an den vor Insolvenzeröffnung hergestellten Bauwerksteilen (→ § 35 Rn. 23 ff., 37 ff.).

IV. Konstruktives Verständnis des § 103 InsO

1. Problemstellung. Nach § 103 InsO kann der Insolvenzverwalter einen bei Eröffnung des Verfahrens von noch keiner Seite vollständig erfüllten gegenseitigen Vertrag (zu den anderen Abwicklungslagen → Rn. 4, 5–7) an Stelle des Schuldners erfüllen und die

---

[44] Näher MüKoInsO/*Huber* § 103 Rn. 142; aA *Wegener* Rn. 682.
[45] MüKoInsO/*Huber* aaO Rn. 143; aA (stets ausgeschlossen) *Wegener* Rn. 752.
[46] Näher MüKoInsO/*Huber* § 103 Rn. 144 ff.

Erfüllung von dem anderen Teile verlangen. Die Vorschrift[47] regelt – wie § 17 KO,[48] dem sie nachgebildet ist, und wie § 9 I 1, 2 GesO (→ Rn. 12) – ihrem Wortlaut nach nur die Vertragserfüllung und lässt die Nichterfüllung des Vertrages unerwähnt, setzt den zuletzt genannten Fall aber ersichtlich als die umgekehrte Abwicklungsalternative mindestens voraus.

Im Übrigen befugt § 103 I InsO den Verwalter nur zur Erfüllung und zum Verlangen nach Erfüllung anstelle des Schuldners, was indessen schon Konsequenz aus dem bei Insolvenzeröffnung noch unerfüllten gegenseitigen Vertrag und aus dem Übergang der Verwalters- und Verfügungsbefugnis auf den Insolvenzverwalter (§ 80 InsO) ist; erst die Ergänzungsnorm des § 55 I Nr. 2 Alt. 1 InsO enthält die entscheidende Rechtsfolge, nämlich die Verpflichtung zur vollen Vorwegbefriedigung der Verbindlichkeiten aus dem gegenseitigen Vertrag, dessen Erfüllung zur Masse verlangt wird, als Masseschuld. Und § 103 II InsO besagt andererseits nur, dass der Vertragspartner eines gegenseitigen Vertrages, dessen Erfüllung der Insolvenzverwalter nicht verlangt, eine Forderung wegen Nichterfüllung nur als Insolvenzgläubiger geltend machen kann; die Anspruchsgrundlage hierfür lässt/ließe sich freilich auch aus allgemeinem Schuldrecht ableiten (→ § 35 Rn. 32) und die Rechtsnatur des Nichterfüllungsanspruchs als Insolvenzforderung folgt schon aus § 38 iVm §§ 87, 174 ff. InsO, die nur Aussicht auf quotenmäßige Befriedigung begründen.

Die entscheidenden Fragen sind deshalb, ob entsprechend der Überschrift der Norm der Insolvenzverwalter ein echtes Wahlrecht hat, was die Rechtsfolge einer Erfüllungsablehnung ist oder ob sich Wirkungen auf die Erfüllungsansprüche schon aus der Insolvenzeröffnung selbst ergeben. Dazu herrscht seit jeher Streit, dessen Kenntnis für die Bestimmung des zutreffenden dogmatischen Standpunkts – auch historisch gesehen – unerlässlich ist, wie sich aus den folgenden Erörterungen ergibt.

36 2. Streitpunkte zu den Rechtsfolgen der Insolvenzeröffnung. a) *Auffassungen in der Literatur* (bis zur Wende in der Rechtsprechung, → Rn. 39, 41). Nach einer im Schrifttum[49] verbreiteten Meinung lasse die Eröffnung des Insolvenzverfahrens die Erfüllungsansprüche zunächst unberührt; es trete sozusagen eine Art Schwebezustand ein. Bei einem *Erfüllungsverlangen* habe der Konkursverwalter sodann die Ansprüche des Vertragspartners aus der Masse zu berichten, seine Erklärung gestaltet also die Rechtslage um. Denn die Konkursforderung werde zur Masseschuld aufgewertet und auch der Vertragspartner kann nunmehr Erfüllung verlangen. Ebenso beinhalte auch die *Erfüllungsablehnung* ein echtes Gestaltungsrecht. Denn erst die Ablehnungserklärung des Konkursverwalters bringe die gegenseitigen Erfüllungsansprüche zum Erlöschen und wandle den Vertrag in der Weise um, dass an Stelle des gegenseitigen Schuldverhältnisses der einseitige Anspruch des Vertragsgegners auf Schadensersatz wegen Nichterfüllung trete. Auf der Grundlage dieser Auffassung hatte der Verwalter mithin ein echtes Wahlrecht mit gestaltender Wirkung sowohl in die eine wie die andere Richtung.[50]

37 Demgegenüber leugnete und leugnet eine andere Meinung[51] mit teilweise unterschiedlichen Begründungen und Folgerungen die gestaltende Wirkung dieser Wahl-

---

[47] Zu ihrer Entstehungsgeschichte MüKoInsO/*Kreft*, § 103 Rn. 5 ff.
[48] Zur Entstehungsgeschichte der Norm vgl. zB *Jaeger/Henckel* KO § 17 Rn. 151; *Musielak* AcP 179 (1979), 189, 193 ff.
[49] Zu § 17 KO: *Jauernig* (20. Aufl.) § 48 II; *Häsemeyer* (1. Aufl.) S. 403; *Gerhardt*, FS Merz S. 117 ff.; *Bork* FS *Zeuner* S. 297 ff.; *Smid*, § 11 Rn. 5; *Wagner*, S. 122; wohl auch *Baur/Stürner* Rn. 9.3; ausführlich zum Streitstand *Schlosser* Rn. 341 ff.; vgl. auch *Kilger/K. Schmidt*, § 17 KO Anm. 1b, c.
[50] Jegliche gestaltende Wirkung verneint HK/*Marotzke*, § 103 Rn. 44 ff., 48, 49 (Vertragsverhältnis wird nicht umgestaltet).
[51] Zu § 103 InsO: *Tintelnot* ZIP 1995, 616, 618; wohl auch *Haarmeyer/Wutzke/Förster*, Hdb Kap 5 Rn. 171. Zu § 17 KO: *Jaeger/Henckel*, § 17 Rn. 115, 149; *Kuhn/Uhlenbruck*, § 17 Rn. 36; *Henckel* ZZP 99, 419, 425; *ders.* JZ 1986, 695 u JZ 1987, 360; *Heilmann* KTS 1985, 639; *Musielak* AcP 179 (1979), 189; *Stürner* ZZP 94, 263, 299.

rechtsausübung. Sie nimmt an, der Insolvenzverwalter habe nur die Möglichkeit, entweder Erfüllung zu verlangen oder es bei den allgemeinen insolvenzrechtlichen Folgen zu belassen. Seine Erfüllungsablehnung habe demzufolge bloß deklaratorische Bedeutung, bestätige also lediglich die schon mit der Verfahrenseröffnung eingetretene Änderung des Vertragsinhalts; denn schon in diesem Zeitpunkt sei der Anspruch des Vertragspartners Insolvenzforderung nach § 38 InsO geworden.

b) *Rechtsprechung des BGH (zu § 17 KO) bis zur sog. Wende.* In Übereinstimmung mit der zuerst genannten Richtung in der Literatur (→ Rn. 36) ging der *BGH* zunächst[52] davon aus, dass § 17 KO dem Konkursverwalter auch bei einer Erfüllungsablehnung die Befugnis verleihe, umgestaltend auf den Vertrag einzuwirken; zuletzt wurde diese Linie vom VIII. Zivilsenat bestätigt.[53]

Einigkeit bestand demgegenüber über die rechtsgestaltende Wirkung des Erfüllungsverlangens (Aufwertung der Konkursforderung zur Masseschuld), die schon das Gesetz anordnet (§ 59 I Nr. 2 Alt. 1 KO; § 13 I Nr. 1 GesO). Hatte der Vertragspartner vor Verfahrenseröffnung Teilleistungen erbracht, so war nach herrschender Meinung und der Rechtsprechung des *BGH* das Erfüllungsverlangen des Verwalters jedoch nicht teilbar, sondern erfasste den Vertrag insgesamt mit der Folge, dass die Masse auch denjenigen Gegenleistungs-(Erfüllungs-)anspruch des Vertragspartners voll zu berichtigen hatte, der auf die vor Konkurseröffnung erbrachten Teilleistungen entfiel; außerdem sollte eine Verfügung des späteren Insolvenzschuldners über seinen Erfüllungsanspruch, insbesondere dessen Sicherungsabtretung, grundsätzlich insgesamt der Masse gegenüber wirksam sein, also auch den auf das Erfüllungsverlangen des Verwalters entfallenden Teil erfassen.

Die praktischen Folgen hieraus hat *Kreft* in seiner grundlegenden Kommentierung zu § 103 InsO im Münchener Kommentar zur InsO zu Recht als „katastrophal" bezeichnet.[54]

3. Grundsatzurteil des BGH v. 11.2.1988: Erlöschenstheorie.[55] Im Gegensatz zu den zuletzt genannten Urteilen entschied der IX. Zivilsenat des BGH mit Grundsatzurteil vom 11. 2. 1988, dass die gegenseitigen Erfüllungsansprüche schon mit Verfahrenseröffnung erlöschen, sich also der Anspruch des Vertragspartners bereits zu diesem Zeitpunkt in eine Konkursforderung in Form einer Schadensersatzforderung wegen Nichterfüllung verwandle; lehne es der Verwalter ab, den Vertrag zu erfüllen, oder schweige er auf die Anfrage des anderen Teils, so verbleibe es bei diesen Rechtsfolgen, für eine Gestaltungswirkung sei mithin kein Raum. Diese trete vielmehr nur beim Erfüllungsverlangen ein, weil dann der ursprüngliche Anspruch aus dem Schuldverhältnis mit dem bisherigen Inhalt neu begründet und zur Masseschuld aufgewertet werde.

Diese Wende in der Rechtsprechung[56] führte alsbald zu massegünstigen Ergebnissen bei den Hauptproblemstellen in der Praxis, nämlich bei Abtretung[57] und Aufrechnung,[58] weil in diesen Fällen der durch das Erfüllungsverlangen neu begründete Erfüllungsanspruch der Masse nicht mehr geschmälert werden konnte. Die vom späteren Insolvenzschuldner vereinbarte (Voraus-/Global-)Abtretung seines Erfüllungsanspruches geht da-

---

[52] Vgl. BGHZ 68, 379, 380 = NJW 1977, 1345.
[53] BGHZ 98, 160, 169 = NJW 1986, 2948.
[54] MüKoInsO/*Kreft*, § 103 Rn. 10.
[55] BGHZ 103, 250 = NJW 1988, 1790 = EWiR § 17 KO 2/88, 286 *(Marotzke)* = WuB VI B § 17 KO 2.88 *(Grunsky)*; bestätigt in BGHZ 106, 236, 241 = NJW 1989, 1282. *Kilger/K. Schmidt*, (§ 17 KO Anm. 1c) bezeichnet diese neue Rspr als „Rechtsfortbildungswagnis".
[56] Ausf dazu *Kreft*, FS Fuchs, S. 115 ff. = ZIP 1997, 865 ff. (Nachdruck des FS-Beitrags).
[57] BGHZ 106, 236 = NJW 1989, 1282 = LM § 15 KO Nr. 7.
[58] BGHZ 116, 156 = NJW 1992, 507 = LM H. 3/1992 § 17 KO Nr. 29.

nach nämlich ins Leere, wenn der Verwalter Erfüllung verlangt, weil der abgetretene Anspruch mit Verfahrenseröffnung (beim Neugläubiger) erlischt und der neu begründete Anspruch in die Masse fällt, folglich von dem Dritten nicht mehr erworben werden kann (§ 15 S. 1 KO, jetzt: § 91 I InsO). Und zur Aufrechnung wurde der Grundsatz aufgestellt, dass der Vertragspartner des Insolvenzschuldners nicht mit einer Insolvenzforderung gegen die aufgrund des Erfüllungsverlangens neu (für die Masse) begründeten Ansprüche aufrechnen konnte; nur gegen den noch offenen Anspruch des späteren Gemeinschuldners für vor Verfahrenseröffnung erbrachte Teilleistungen war eine Aufrechnung des Vertragspartners mit vorkonkurslichen Gegenansprüchen möglich.[59] Komplettiert wurde diese Rechtsprechung durch die sogenannte „Sachsenmilch-Entscheidung",[60] wonach bei vor Konkurseröffnung erbrachten Teilleistungen das Erfüllungsverlangen des Konkursverwalters immer nur diejenigen Erfüllungsansprüche erfasste, die nicht Gegenleistungen für schon vor Konkurseröffnung erbrachte Teilleistungen betreffen. Folge ist also: Der Vertragspartner bleibt mit seinem Erfüllungsanspruch für die vor Konkurseröffnung erbrachten Leistungen trotz des Erfüllungsverlangens des Verwalters Konkursgläubiger. Damit hatte der *IX. Zivilsenat* für den Bereich von KO und GesO die Regelung des § 105 S. 1 InsO vorweggenommen.

41 Diese neue Rechtsprechung fand im Schrifttum überwiegend Zustimmung (so auch hier 2. Auflage Rn. 35 ff.), vor allem wegen der Folgen für Abtretung und Aufrechnung, teils aber auch erhebliche Kritik.[61] Sie wurde alsbald unter dem Stichwort „*Erlöschenstheorie*" zusammengefasst, ein Begriff, der nach *Kreft* ziemliche „Verwirrung gestiftet hat".[62] Das verwundert freilich nicht weiter, denn schließlich wurde die Wende der Rechtsprechung gerade auf der dogmatischen Grundlage des Erlöschens der gegenseitigen Erfüllungsansprüche durch die Verfahrenseröffnung begründet. Gemeint war mit der Erlöschenstheorie indessen offenbar etwas anderes: Sie wollte nur besagen, dass es ohne Erfüllungsverlangen des Insolvenzverwalters keine Erfüllungsansprüche des Vertragspartners gegen die Masse und keine Erfüllungsansprüche des Insolvenzverwalters (der Masse) gegen den Vertragspartner gibt, sondern dass solche Ansprüche erst durch das Erfüllungsverlangen des Verwalters (neu) begründet werden. Das kam in späteren Entscheidungen[63] auch mehr oder weniger deutlich zum Ausdruck, mit denen sich der *IX. Zivilsenat* von der Erlöschenstheorie „auf leisen Sohlen" verabschiedete.[64]

42 **4. Grundsatzurteil des BGH vom 25.4.2002 und Suspensivtheorie als neue dogmatische Grundlage.**[65] In dieser Entscheidung hat der *IX. Zivilsenat* – nach umfassender literarischer Vorbereitung durch seinen damaligen Vorsitzenden *Kreft*[66] – die

---

[59] BGHZ 129, 336 = NJW 1995, 1966 = LM H. 9/1995 § 17 KO Nr. 31.

[60] BGHZ 135, 25, 29 = DtZ 1997, 196 = LM H. 6/1997 GesO Nr. 24; dazu *Huber*, EWiR 1997, 517.

[61] Vor allem *Jauernig* (21. Aufl.) § 49 II; *Bork* FS Zeuner S. 297, 300 ff., krit. auch *Gerhardt*, FS Merz, S. 117 ff.; *ders.*, GS Knobbe-Keuk, S. 169, 174; *Marotzke*, Rn. 3.42 ff., 4.35, 4.77; *ders.* JR 1990, 331; *Tintelnot* ZIP 1995, 616, 618. Vgl. auch *H. Roth* FS Rolland, 1998, 305 ff.

[62] MüKoInsO/*Kreft* § 103 Rn. 3.

[63] Vor allem BGHZ 129, 336, 340 = NJW 1995, 1966 = LM H. 9/1995 § 17 KO Nr. 31 m. Anm. *Marotzke*; BGHZ 135, 25, 27 f. = DtZ 1997, 196 = LM H. 6/1997 GesO Nr. 24 m. Anm. *Marotzke*.

[64] *Fischer*, NZI 2002, 281, 284.

[65] BGHZ 150, 353 = NJW 2002, 2783 = NZI 2002, 375 = ZIP 2002, 1093 = ZInsO 2002, 577. Zum Urteil *Graf/Wunsch* ZIP 2002, 2117; *Huber* NZI 2002, 467 ff.; *H. und P. Mohrbutter*, DZWiR 2003, 1; *Wieser* JZ 2003, 231. Teils zustimmend, teils ablehnend *Marotzke*, ZZP 111 (2002), 501. Ablehnend zur Konstruktion, teilweise zustimmend im Ergebnis *Henckel*, FS Kirchhof, S. 191, 199 ff. Der IX. Zivilsenat hat seine Rechtsprechung bekräftigt in BGHZ 155, 87, 90 = NJW 2003, 2744 = ZInsO 2003, 607 ff. = ZIP 2003, 1208 = NZI 2003, 491 m. Anm. *Huber* (und seitdem ständig, vgl. zB BGH ZInsO 2010, 284 (Rn. 11) = ZIP 2010, 238).

[66] In: FS *Uhlenbruck* S. 182 ff. – „Teilbare Leistungen nach § 105 InsO (unter besonderer Berücksichtigung des Bauvertragsrechts)" – und der Kommentierung von § 103 im MüKoInsO.

"Erlöschenstheorie" (→ Rn. 39 ff.) aufgegeben und die dogmatischen Grundlagen für die Abwicklung der bei Verfahrenseröffnung von noch keiner Seite vollständig erfüllten gegenseitigen Verträge hinsichtlich der Rechtsfolgen der Insolvenzeröffnung (→ Rn. 43, 44) und der Erfüllungswahl (→ Rn. 45) neu geordnet. Die dort aufgestellten Regeln wurden vom IX. Zivilsenat zwischenzeitlich mehrfach bestätigt und von *Kreft* in seiner umfassenden Kommentierung zur Dogmatik bei § 103 InsO[67] überzeugend gegen aus dem Schrifttum geführte Angriffe[68] verteidigt.

a) Für die *Rechtsfolgen der Insolvenzeröffnung* gilt: Die Eröffnung des Insolvenzverfahrens bewirkt kein Erlöschen der Erfüllungsansprüche aus gegenseitigen Verträgen. Vielmehr verlieren die noch offen Ansprüche im Insolvenzverfahren „nur" ihre Durchsetzbarkeit, soweit sie nicht auf die anteilige Gegenleistung für vor Verfahrenseröffnung erbrachte Leistungen gerichtet sind. **43**

Dieser neue dogmatische Ausgangspunkt kann auch als „Theorie vom Verlust der Durchsetzbarkeit der Erfüllungsansprüche"[69] oder als „Suspensivtheorie" bezeichnet werden. Darin liegt der wesentliche Unterschied zur Erlöschenstheorie: Die Insolvenzeröffnung bewirkt keine materiell-rechtliche Umgestaltung, sondern suspendiert die Erfüllungsansprüche; denn für den Vertragspartner entsteht mit Insolvenzeröffnung die Einrede gemäß § 320 BGB, weil er zunächst als Insolvenzgläubiger nur Aussicht auf quotenmäßige Befriedigung hat, was er wegen des funktionellen Synallagmas aber gerade nicht hinzunehmen braucht (→ Rn. 3, 9, 10). Der BGH kehrt in diesem Umfang zur alten Rechtsprechung vor 1988 zurück, nach der die Verfahrenseröffnung die Erfüllungsansprüche aus gegenseitigen Verträgen unberührt ließ (→ Rn. 36 ff.). Beteiligt sich der andere Teil nicht mit einer Nichterfüllungsforderung gemäß § 103 II 1 InsO am Insolvenzverfahren (→ Rn. 46; → § 35 Rn. 32 ff.), können die Erfüllungsansprüche das Insolvenzverfahren überdauern und folglich nach dessen Aufhebung grundsätzlich dem Schuldner gegenüber wieder geltend gemacht werden, sofern dieser nicht Restschuldbefreiung erlangt hat (§§ 227, 286 ff., 301 InsO). **44**

b) Für die *Erfüllungswahl des Insolvenzverwalters* gilt: Wählt der Verwalter Erfüllung, so erhalten die zunächst nicht durchsetzbaren Ansprüche die Rechtsqualität von originären Forderungen der und gegen die Masse. Insoweit gibt es also keine Unterschiede zur Erlöschenstheorie. Das Erfüllungsverlangen bewirkt die Neubegründung von originären Masseansprüchen/-verbindlichkeiten und erfasst nicht die Erfüllungsansprüche des anderen Teils für die vor Insolvenzeröffnung erbrachten Teilleistungen (dazu näher → § 35 Rn. 23 ff.). An den Konsequenzen für Abtretung und Aufrechnung (→ Rn. 40) ändert sich folglich nichts. **45**

c) Das Grundsatzurteil vom 25.4.2002 betrifft zwar einen Fall, in dem der Verwalter Erfüllung verlangte. Am neuen dogmatischen Ausgangspunkt zu den Auswirkungen der Insolvenzeröffnung ändert sich aber nichts, wenn *keine Erfüllungswahl* erfolgt. Auch dann bleiben die Erfüllungsansprüche von der Verfahrenseröffnung unberührt, sind also (lediglich) nicht durchsetzbar. Im Übrigen gilt:[70] Der Vertragspartner kann, muss aber nicht mit einer Forderung wegen Nichterfüllung (§ 103 II 1 InsO) am Insolvenzverfahren teilnehmen. Die Erfüllungsablehnung durch den Verwalter hat folglich keine rechtsgestaltende Wirkung, die Umgestaltung vollzieht sich vielmehr erst, wenn der **46**

---

[67] In MünchKommInsO § 103 Rn. 14 ff. (Erfüllungswahl) und Rn. 39 ff. (Nichterfüllungswahl).
[68] Vgl. insbes *Stamm* KTS 2011, 421, 446 ff. (Irrweg der Suspensiv- und Qualitätssprungtheorie); *v. Wilmowsky* ZIP 2012, 401.
[69] *Huber* NZI 2002, 467 ff.; wenig hilfreich ist der manchmal (vgl. zB *Keller*, Insolvenzrecht Rn. 1223) auch verwendete Begriff der „modifizierten Erlöschenstheorie".
[70] Ausführl dazu MüKoInsO/*Kreft*, § 103 Rn. 14 ff., 22. Vgl. auch *Prahl* ZInsO 2005, 568, 569 f.

Vertragspartner eine Forderung wegen Nichterfüllung geltend macht.[71] Darin liegt ein wesentlicher Unterschied zur Erlöschenstheorie, woraus sich Folgeprobleme für eine Aufrechnung des Vertragspartners mit seinem Nichterfüllungsanspruch ergeben (→ § 35 Rn. 36).

47 **5. Zusammenfassung der Grundsätze zur Abwicklung nach neuer Rechtslage (ohne Teilleistungen vor Insolvenzeröffnung).** Im Folgenden geht es zunächst nur um die Grundlagen, also um denjenigen gegenseitigen Vertrag, bei dem noch *keine Teilleistungen vor Insolvenzeröffnung* erbracht wurden. Wie also wird abgewickelt, wenn der Insolvenzverwalter nicht die Erfüllung des Vertrages wählt (→ Rn. 48), wie, wenn er Erfüllung wählt (→ Rn. 49)? Abweichende Vereinbarungen dazu zwischen Insolvenzverwalter und dem anderen Teil werden grundsätzlich wegen Insolvenzzweckwidrigkeit unwirksam sein (→ Rn. 50). Die Rechtslage bei Teilleistungen des Schuldners oder des Vertragspartners vor Insolvenzeröffnung wird später behandelt (Erfüllungswahl → § 35 Rn. 23 ff.; keine Erfüllungswahl → § 35 Rn. 37 ff.).

48 **a)** *Keine Erfüllungswahl.* Wählt der Verwalter nicht die Erfüllung des Vertrages, lehnt er diese also ausdrücklich ab oder erklärt er sich trotz Aufforderung des anderen Teils nicht, so gilt:
– Die beiderseitigen Erfüllungsansprüche sind durch die Insolvenzeröffnung (nicht etwa erloschen, sondern nur) nicht durchsetzbar geworden. Sie bleiben in ihrem Bestand ebenso unberührt, wie der Vertrag selbst.[72]
– Der Vertragspartner kann sich aber mit seiner Forderung wegen Nichterfüllung als Insolvenzgläubiger (§ 103 II 1 InsO) am Insolvenzverfahren beteiligen, muss das aber nicht. Macht er eine solche Forderung nicht geltend, so können seine Erfüllungsansprüche – weil die Insolvenzeröffnung den Vertrag materiell-rechtlich nicht umgestaltet – das Insolvenzverfahren überdauern, sofern ein Insolvenzplan keine andere Regelung enthält oder Restschuldbefreiung nicht erteilt wird (→ Rn. 44).
– Die Erfüllungsablehnung hat keine rechtsgestaltende Wirkung. Die Umgestaltung vollzieht sich vielmehr erst, wenn sich der Vertragspartner mit einer Forderung wegen der Nichterfüllung am Insolvenzverfahren beteiligt (→ Rn. 46).
– Sicherheiten für den Erfüllungsanspruch sichern auch die Forderung wegen Nichterfüllung. Das Schicksal der akzessorischen Sicherungsrechte war früher unter der Herrschaft der Erlöschenstheorie – wegen des (angeblichen) Erlöschens der Erfüllungsansprüche mit Insolvenzeröffnung (→ Rn. 39 ff.) – zweifelhaft (dazu s Vorauflage § 34 Rn. 38); jetzt ist dieses Problem obsolet.

49 **b)** Bei *Erfüllungswahl* durch den Insolvenzverwalter gilt:
– Durch das Erfüllungsverlangen des Insolvenzverwalters werden die – seit Insolvenzeröffnung nicht durchsetzbaren – wechselseitigen Erfüllungsansprüche zu Ansprüchen der und gegen die Masse (§ 55 I Nr. 2 Alt. 1 InsO) aufgewertet, erlangen als Masseforderung eine andere Qualität und entstehen insoweit originär und neu. Man kann das treffend einen „Qualitätssprung" nennen.
– Da die Erfüllungsansprüche durch die Insolvenzeröffnung nicht etwa erloschen, sondern nur nicht durchsetzbar geworden sind, wurden durch die Insolvenzeröffnung auch Sicherheiten (ob akzessorisch oder nichtakzessorisch) nicht berührt. Für sie gilt folglich nichts Besonderes, sie „sichern weiter" (→ Rn. 48 aE).

50 **c)** Diese Grundsätze werden – wie bereits bemerkt – ergänzt durch die daraus folgenden Regeln zur Abwicklung eines Vertrages mit vor Insolvenzeröffnung erbrachten

---

[71] Dem stimmt auch zu BFH ZIP 2007, 976 f. (Umgestaltung im Gewerbesteuerrecht, nicht mit Erfüllungsabhebung, sondern erst mit Anmeldung zur Tabelle).
[72] Letzteres war auch nach der Erlöschenstheorie unzweifelhaft, was nicht selten übersehen wurde.

Teilleistungen (→ Rn. 47 aE). Abweichende Vereinbarungen dazu darf der Insolvenzverwalter schon zwecks Vermeidung der eigenen Haftung (§ 61 InsO) nicht treffen. Außerdem kommt eine *Unwirksamkeit wegen Insolvenzzweckwidrigkeit* in Betracht. Zu beurteilen ist das grundsätzlich in Anlehnung an die Regeln über den Missbrauch der Vertretungsmacht; Voraussetzung ist danach außer einer Evidenz der Insolvenzzweckwidrigkeit, dass sich dem Geschäftspartner aufgrund der Umstände des Einzelfalls ohne weiteres begründete Zweifel an der Vereinbarkeit der Handlung mit den Zwecken des Insolvenzverfahrens aufdrängen mussten.[73]

In vom BGH entschiedenen Fall hatte die Insolvenzschuldnerin (Auftragnehmerin) ihren Werklohnanspruch (gegen den Auftraggeber) an ihren Subunternehmer zur Sicherung von dessen Ansprüchen ihr gegenüber abgetreten; nach Eröffnung wählte der Verwalter Erfüllung, stellte das Bauwerk her und traf zugleich mit dem Subunternehmer eine Vereinbarung, aufgrund der diesem der durch das Erfüllungsverlangen entstandene Werklohnanspruch wie bei der ursprünglichen Sicherungsabtretung vorgesehen zufloss. Diese Abwicklungsvereinbarung hielt der *IX. Zivilsenat* für unwirksam.[74] Das leuchtet unmittelbar ein: Da die Abtretung den aufgrund des Erfüllungsverlangens neu entstandenen Werklohnanspruch der Insolvenzschuldnerin nicht erfassen konnte (→ Rn. 40, 45), folglich der Masse ungeschmälert zustand, durfte der Insolvenzverwalter auch keine davon abweichende Abwicklungsvereinbarung treffen (zum Maßstab für die Wahlrechtsausübung → § 35 Rn. 17). **51**

§ 35. Erfüllung durch den Insolvenzverwalter und Nichterfüllung nach § 103 InsO

Übersicht

	Rn.
I. Ausübung des Wahlrechts	1
1. Grundsätze	1
a) Begriff des Wahlrechts	1
b) Ausübungsrecht des Insolvenzverwalters und Möglichkeiten des vorläufigen Insolvenzverwalters	2
2. Erklärung des Insolvenzverwalters	3
a) Grundsätze	3
b) Erklärung unter Vorbehalten	5
3. Schweigen des Insolvenzverwalters	8
4. Ausschluss und Beschränkung des Wahlrechts	11
a) Rücktritt/Schadensersatz statt der Leistung vor Insolvenzeröffnung	11
b) Lösungsklauseln	12
aa) Begriff und Arten	12
bb) Insolvenzabhängige Lösungsklausel und Grundsatzurteil des BGH v. 15.11.2012	13
cc) Inhaltskontrolle und Insolvenzanfechtung	14
c) Unzulässige Rechtsausübung	15
d) Rechte Dritter	16
5. Maßstab für die Wahlrechtsausübung	17
6. Anfechtung der Wahlrechtsausübung	18
7. Sondervorschriften in Eigenverwaltung und vereinfachtem Insolvenzverfahren	19
II. Erfüllungsverlangen des Insolvenzverwalters	20
1. Rechtsfolgen	20

---

[73] BGHZ 150, 353, 360 ff.; bestätigt in BGH NZI 2008, 365 = NJW-RR 2008, 1074 = ZIP 208, 884 (Insolvenzzweckwidrigkeit einer Zahlung für die Löschung einer offensichtlich wertlosen Grundschuld).

[74] Näher dazu *Huber* NZI 2002, 468, 470 f.

	Rn.
2. Art und Weise der Erfüllung	22
3. Teilleistungen vor Insolvenzeröffnung	23
a) Grundsätze	23
b) Teilleistung des Vertragspartners	24
c) Teilleistung des Insolvenzschuldners	25
III. Ablehnung der Erfüllung und unterlassene Wahlrechtsausübung durch den Insolvenzverwalter	26
1. Grundsätze	26
2. Ausschluss der Rückgabepflicht des Insolvenzverwalters nach § 105 II InsO	29
3. Der Nichterfüllungsanspruch des Vertragspartners, § 103 II 1 InsO	32
a) Rechtsgrundlage	32
b) Anspruchsinhalt	33
c) Verjährung	35
d) Aufrechnung	36
4. Teilleistungen	37
a) Teilleistung des Vertragspartners	37
b) Teilleistung des Insolvenzschuldners	38
c) Teilleistung beider Teile	41

I. Ausübung des Wahlrechts

1. Grundsätze. a) Das soeben dargelegte konstruktive Verständnis des § 103 InsO (→ § 34 Rn. 42 ff.) erfordert einige Bemerkungen zum Sprachgebrauch. Der *Begriff des Wahlrechts* besagt nämlich auf dieser Grundlage nur, dass der Insolvenzverwalter wählen kann, ob er den Vertrag anstelle des Schuldners erfüllen und Erfüllung von dem anderen Teil verlangen will, oder ob er es bei der durch die Insolvenzeröffnung eingetretenen (teilweisen) Nichterfüllung belassen will. Soweit im Folgenden daher von der „Ausübung des Wahlrechts" oder dem „Wahlrecht" schlechthin gesprochen wird, ist das in dem dargelegten Sinne zu verstehen. Ein echtes Wahlrecht im begrifflichen Sinn des Wortes gibt es nicht, also kein Wahlrecht zwischen zwei Gestaltungsmöglichkeiten (zur Gegenansicht → § 34 Rn. 36). Denn weder die ausdrückliche Erklärung des Insolvenzverwalters, er lehne die (weitere) Erfüllung des Vertrages ab, noch sein Schweigen – auch nicht nach Aufforderung durch den Vertragspartner (§ 103 Abs. 2 S. 2 InsO) – haben rechtsgestaltende Wirkung (→ Rn. 26); etwas anderes gilt nur, wenn der Insolvenzverwalter Erfüllung verlangt wegen der daraus (rechtsgestaltend) folgenden Aufwertung der Rechte und Pflichten aus dem Vertrag insgesamt zu Masseforderungen und Masseverbindlichkeiten (→ Rn. 26).

b) *Ausübungsrecht des Insolvenzverwalters und Möglichkeiten des vorläufigen Insolvenzverwalters.* Das Wahlrecht nach § 103 InsO kann nur vom Insolvenzverwalter, nicht etwa auch schon vom vorläufigen Insolvenzverwalter (§ 21 II Nr. 1 InsO) ausgeübt werden.[1] Insoweit gibt es keine Unterschiede zum früheren Sequester nach KO.[2] Denn nach wie vor bestimmt die Sicherungsfunktion Aufgabe und Stellung auch des vorläufigen Insolvenzverwalters (vgl. § 22 InsO). Außerdem knüpft § 103 InsO in seinen Rechtsfolgen an die Eröffnung des Insolvenzverfahrens selbst an, woraus folgt:

- Unerheblich ist, ob ein sog. *starker* (§§ 21 II Nr. 2 Alt. 1, 22 I 1 InsO) oder *schwacher* (nur Zustimmungsvorbehalt, § 21 II Nr. 2 Alt. 2 InsO) vorläufiger Insolvenzverwalter – oder ein schwacher mit konkreter gerichtlicher Ermächtigung zur Begründung von Masseverbindlichkeiten[3] – bestellt wurde und ob der vorläufige mit dem endgültigen

---

[1] BGH NZI 2008, 36 (Rn. 9, 11) = NJW-RR 2008, 560 = ZIP 2007, 2322 = ZInsO 2007, 1275; NZI 2008, 551 (Rn. 30) = ZIP 2008, 1437 = ZInsO 2008, 803.
[2] Dazu BGHZ 97, 87, 90 = NJW 1986, 1496 = JZ 1986, 691 m. Anm. *Henckel;* BGHZ 130, 38, 42 = NJW 1995, 2783, 2785. HM im Schrifttum zu KO und GesO (vgl. Hdb-Nachtrag Kap III 5 B Rn. 4); ebenso zum vorläufigen Verwalter in der GesO OLG Jena ZIP 1996, 34.
[3] BGHZ 151, 353 = NJW 2002, 3326 = ZInsO 2002, 819.

Erfüllung durch Insolvenzverwalter 3 § 35

Insolvenzverwalter personenidentisch sind (vgl. im zuletzt genannten Fall aE).⁴ Der „schwache" vorläufige Insolvenzverwalter heißt beim IX. Zivilsenat des BGH inzwischen übrigens „mitbestimmender".⁵

- Ein Wahlrecht für die vom *Schuldner geschlossenen Verträge* gibt es erst nach Insolvenzeröffnung ausschließlich für den Insolvenzverwalter; das gilt grundsätzlich auch für die vom Schuldner im Eröffnungsverfahren mit Zustimmung des schwachen vorläufigen Insolvenzverwalter eingegangenen Verträge,⁶ weshalb die Verbindlichkeiten daraus erst durch ein Erfüllungsverlangen (des endgültigen Insolvenzverwalters) Masseverbindlichkeiten werden.⁷
- Hat *im Eröffnungsverfahren* den gegenseitigen Vertrag allerdings ein starker (oder ein konkret ermächtigter schwacher) vorläufiger Insolvenzverwalter geschlossen, wurde eine Masseschuld gem. §§ 22 I 1, 55 II 1 InsO begründet, kommt also eine Erfüllungsablehnung nach Insolvenzeröffnung nicht mehr in Betracht; § 103 InsO betrifft diesen Fall nicht.⁸
- In der Praxis kommt es allerdings häufig vor, dass der Vertragspartner, sobald er vom Insolvenzantrag und der Bestellung eines vorläufigen Insolvenzverwalters erfahren hat, bei diesem anfragt, ob der Vertrag vom Schuldner durchgeführt wird oder nicht. Erklärt der vorläufige Insolvenzverwalter seine Zustimmung zu einer Fortsetzung des Schuldverhältnisses, so liegt darin aber kein rechtlich verbindliches Erfüllungsverlangen iS des § 103 InsO. Der Insolvenzverwalter ist demzufolge selbst dann, wenn er mit dem früheren vorläufigen Verwalter personengleich ist, nicht gehindert, die Erfüllung des Vertrages abzulehnen. Der vorläufige Insolvenzverwalter sollte allerdings, um dem Einwand eines treuwidrigen Verhaltens (§ 242 BGB) vorzubeugen, darauf hinweisen, dass er Erklärungen zur Weiterführung des Vertrages unbeschadet der Rechte nach §§ 103 ff. InsO abgibt. Das ist vor allem auch für eine spätere Anfechtung nach §§ 129 ff. InsO wichtig (→ § 46 Rn. 25; → § 47 Rn. 18). Der andere Teil ist damit hinreichend gewarnt. Er hat dann entsprechend den vertraglichen Vereinbarungen oder nach allgemeinen Regeln die Möglichkeit, das Schuldverhältnis zu kündigen oder zurückzutreten. Lässt er sich gleichwohl auf dessen Fortsetzung ein, handelt er auf eigenes Risiko.⁹
- Hat der starke vorläufige Insolvenzverwalter die weitere Vertragsdurchführung verlangt, gilt insoweit wiederum § 55 II 1 InsO, unbeschadet des Wahlrechts des Insolvenzverwalters nach Insolvenzeröffnung; wickelt dieser den Vertrag weiter ab, wird darin eine konkludente Erfüllungswahl liegen (→ Rn. 4).

2. Erklärung des Insolvenzverwalters. a) *Grundsätze.* Anders als die Erfüllungs- 3 ablehnung (→ § 34 Rn. 46, 48), beinhaltet das Erfüllungsverlangen ein echtes Gestaltungsrecht (→ § 34 Rn. 35, 45, 49). Es wird demzufolge durch eine einseitige empfangsbedürftige Willenserklärung ausgeübt, auf die §§ 130–132 BGB Anwendung finden¹⁰ und die, wie jede Gestaltungserklärung, bedingungsfeindlich und unwiderruflich ist.¹¹ Auch für die Auslegung der Erklärung (vgl. die folgenden Beispiele) gelten die allgemeinen Bestimmungen (§§ 133, 157 BGB). Es kommt deshalb darauf an, wie der Vertragspartner die Willensäußerung nach ihrem objektiven Erklärungswert gemäß sei-

---

⁴ BGH NZI 2008, 36 (Rn. 11).
⁵ BGH NJW 2011 Rn. 49 = ZIP 2011, 1410 = ZInsO 2011, 1463.
⁶ Näher MüKoInsO/*Huber,* § 103 Rn. 150; *Kirchhof* ZInsO 2000, 297.
⁷ OLG Hamm NZI 2003, 150.
⁸ Insoweit im Ergebnis richtig *Hoenig/Meyer-Löwy* ZIP 2002, 2162. Ausf zum Problem MüKoInsO/*Huber* aaO.
⁹ Vgl. BGHZ 97, 87, 92 = NJW 1986, 1496 (zur Sequestration nach KO).
¹⁰ BGH NJW 2007, 1594 (Rn. 13) = NZI 2007, 335 = ZIP 2007, 778.
¹¹ BGH WM 1958, 430, 432; BGHZ 103, 250 = NJW 1988, 1790; OLG Naumburg ZInsO 2004, 1145. Für das Erfüllungsverlangen ist dies auch im Schrifttum unbestritten, vgl. zB Nerlich/Römermann/*Balthasar,* § 103 Rn. 40; KPB/*Tintelnot* § 103 Rn. 53.

§ 35 4, 5   Kapitel III. 5. Abschnitt. Gegenseitige Verträge

nem Horizont und seiner Verständnismöglichkeit auffassen musste; ob sich der Insolvenzverwalter darüber im klaren war, dass er vom Wahlrecht nach § 103 InsO Gebrauch gemacht hat, ist demzufolge unerheblich.[12]

4   Die Einhaltung einer bestimmten Form schreibt das Gesetz nicht vor, weshalb sich auch aus Schweigen oder Untätigkeit nichts ableiten lässt (→ Rn. 8). Das Wahlrecht kann aber *konkludent* (schlüssig), zB durch Fristsetzung für die Erbringung der geschuldeten Leistung, oder stillschweigend ausgeübt werden.[13] Bei Auslegung (→ Rn. 3) liegt beispielsweise *kein Erfüllungsverlangen* vor:

– Der Verwalter bringt gleichzeitig mit der Aufforderung an den anderen Teil zur Leistung zum Ausdruck, dass nach seiner Auffassung der Schuldner den Vertrag bereits voll erfüllt hat.[14]

– Veräußert der Insolvenzverwalter im Rahmen einer einheitlichen Verwertung des gesamten Warenbestandes des Schuldners bewusst auch Vorbehaltsware, so wählt er damit grundsätzlich nicht die Erfüllung des Kaufvertrages mit dem Vorbehaltseigentümer;[15] denn dieses Rechtsgeschäft mit einem Dritten hat keinen – auch keinen schlüssigen – Erklärungswert gegenüber dem Vorbehaltsverkäufer, außer dafür sprechen im Einzelfall besondere Tatsachen.[16]

– Die Erfüllung eines Konsignationslagervertrags kann allerdings dadurch gewählt werden, dass der Verwalter dem Lager im Eigentum des Vertragspartners stehendes Material entnehmen und im Betrieb des Schuldners(!) verarbeiten lässt.[17]

– Verfolgt der Insolvenzverwalter einen Anspruch, zB eine Kaufpreis- oder Werklohnforderung, weiter, gegen den der Vertragspartner bereits die Mängeleinrede oder ein sonstiges Zurückbehaltungsrecht eingewendet hat, so liegt allein darin kein konkludentes Erfüllungsverlangen[18] (→ § 34 Rn. 31).

– Mit der Ausübung des Rücktrittsrechts wählt der Insolvenzverwalter nicht schon die Erfüllung des Rückgewährschuldverhältnisses (→ § 34 Rn. 16), vielmehr muss hinzutreten, dass er als Folge der Umgestaltung des Vertragsverhältnisses eine an den Vertragspartner bewirkte Leistung zurückverlangt, wie umgekehrt bei Rücktritt des Vertragsgegners eine Erfüllungswahl nur anzunehmen ist, wenn er Rückgewähr der an diesen erbrachten Leistung beansprucht (→ § 38 Rn. 15 aE).[19] Erklärt *umgekehrt der Vertragspartner* den Rücktritt, kann eine Erfüllungswahl durch den Vertragspartner ebenfalls nur angenommen werden, wenn er die Rückgewähr der an den Vertragsgegner erbrachten Leistung beansprucht.[20]

5   **b)** Eine *Erklärung unter Vorbehalten oder Einschränkungen* ist grundsätzlich als Erfüllungsablehnung zu behandeln.[21] Die Auslegung kann aber ergeben, dass sich der Insol-

---

[12] BGHZ 47, 75, 78 = NJW 1967, 673; OLG Naumburg aaO; Nerlich/Römermann/*Balthasar* § 103 Rn. 41.
[13] BGHZ 81, 90, 92 = NJW 1981, 2195. Näher MüKoInsO/*Huber*, § 103 Rn. 154–158.
[14] BGH NJW 1962, 2296; OLG Dresden ZIP 2002, 815.
[15] BGH NJW 1998, 992 = ZIP 1998, 298 = JuS 1998, 562 Nr. 10 (*K. Schmidt);* ebenso OLG Düsseldorf NZI 2003, 379 = ZIP 2003, 1306 (dazu *Mitlehner* EWiR 2003, 645). AA OLG Celle NJW-RR 1988, 1145 (konkludentes Erfüllungsverlangen).
[16] Zu den Ansprüchen des Vorbehaltseigentümers wegen Verletzung seines dinglichen Rechts gegen die Masse (vgl. zB: § 48 InsO; §§ 989, 990 I 2 BGB iVm § 55 I Nr. 1 InsO; § 816 I 1 BGB iVm § 55 I Nr. 3 InsO) oder gegen den Verwalter persönlich (vgl. §§ 60, 61 InsO) ausf *Huber* JuS 2000, 482 ff.
[17] BGH ZIP 2014, 736 = ZInsO 2014, 710.
[18] Näher MüKoInsO/*Huber*, § 103 Rn. 156; ebenso *C. Schmitz* EWiR 2000, 641 (zu Recht gegen OLG Celle aaO); OLG Stuttgart ZIP 2005, 588 (angeblich noch ausstehende Sanierungsarbeiten); *Wegener* Rn. 671.
[19] BGH NJW 2009, 1414 (Rn. 10) = ZIP 2009, 428.
[20] BGH NJW 2009, 1414 (Rn. 10).
[21] BGHZ 169, 43 (Rn. 14) = NZI 2006, 575 = ZIP 2006, 136 = ZInsO 2006, 933 = NJW 2006, 2919 m. Anm. *Huber*.

venzverwalter die Entscheidung über die Wahlrechtsausübung bloß noch offen halten möchte, insbesondere bis zum Berichtstermin.[22]

Hieran ändert sich nichts, wenn der andere Teil den vom Insolvenzverwalter vorgebrachten Vorbehalten oder Einschränkungen zustimmt, wie vom IX. Zivilsenat des BGH[23] klargestellt. In dem entschiedenen Fall hatte sich die Schuldnerin zur Herstellung eines Werkes verpflichtet. Der Verwalter machte die Erfüllung des Vertrages von einem Verzicht des anderen Teils (Bestellers) auf die bei Sachmängeln bestehenden gesetzlichen Rechte gegen Einräumung eines Nachlasses abhängig; der Vertragspartner gab diese Erklärung daraufhin ab. Der BGH sieht in der Erklärung des Verwalters eine Erfüllungsablehnung sowie das Angebot zum Neuabschluss des Vertrages unter veränderten Bedingungen, das der andere angenommen hat, §§ 145, 147 II BGB.

Diese Entscheidung hat für die Praxis der Insolvenzverwaltung große Bedeutung. Sie ist konsequent und nach wie vor, auch für den Bereich der InsO (→ § 34 Rn. 13), gültig. Denn nach dem Verständnis zur Dogmatik des Wahlrechts (→ § 34 Rn. 42 ff.) wurde (wird) der Erfüllungsanspruch auf Herstellung des Werkes durch die Insolvenzeröffnung nicht durchsetzbar. Der Insolvenzverwalter kann einen solchen Anspruch durch eine Erfüllungswahl nur so wieder durchsetzbar werden lassen, wie er vorher bestand, ihm also keinen anderen Inhalt geben. Ein Verlangen nach Erfüllung hat nämlich zur Folge, dass „die" Ansprüche aus dem Vertrage als Masseschulden zu berichtigen sind, §§ 103 I, 55 I Nr. 2 InsO; eine Beschränkung auf nur bestimmte „einzelne" Ansprüche gibt es nicht.

3. Schweigen des Insolvenzverwalters. § 103 InsO setzt dem Verwalter für die Erklärung, ob er erfüllen und Erfüllung verlangen will, keine Frist. Die Ungewissheit darüber kann der andere Teil freilich beenden. Der Insolvenzverwalter muss sich nämlich auf entsprechende Aufforderung unverzüglich erklären, § 103 II 2 InsO; unterlässt er dies, so kann er auf Erfüllung nicht bestehen, § 103 II 3 InsO. Die Entscheidung des Verwalters kann auch schon gefordert werden, wenn „die Erfüllungszeit noch nicht eingetreten ist", wie § 17 II 1 KO es formuliert; der Gesetzgeber der InsO hielt eine solche Aussage für überflüssig, eine sachliche Änderung verbirgt sich dahinter jedoch nicht.[24]

Mit der Wendung „*unverzüglich*" meint das Gesetz allerdings nicht etwa „sofort", sondern „ohne schuldhaftes Zögern" iS des § 121 I BGB. Dem Insolvenzverwalter steht also für seine Entscheidung eine den Bedürfnissen des Einzelfalles angemessene Überlegungszeit zur Verfügung (→ Rn. 17).[25] Als *Sondervorschrift* bestimmt § 107 II 1 InsO in der Insolvenz des Vorbehaltskäufers, dass der zur Ausübung des Wahlrechts aufgeforderte Verwalter die Erklärung „erst unverzüglich nach dem Berichtstermin" (§ 156 InsO) abzugeben hat (Ausnahme: § 107 II 2 InsO; näher → § 36 Rn. 20). Je nach Bedeutung des Einzelfalles kann aber auch sonst die Überlegungsfrist als angemessen bis zum Berichtstermin anzusehen sein.[26]

Bleiben *beide Seiten untätig,* so ist der Zustand der Ungewissheit, ob es noch zur Erfüllung kommt, grundsätzlich zeitlich nicht begrenzt.[27] Der Vertragspartner kann, muss sich aber nicht mit einer Forderung wegen Nichterfüllung am Insolvenzverfahren beteiligen (→ § 34 Rn. 46, 48). Meldet der Vertragspartner seine Forderung nicht gem. §§ 174 ff. InsO zur Tabelle an, so behält er den ursprünglichen Anspruch, außer im Falle der Restschuldbefreiung (§§ 227; 286, 301 I InsO).

---

[22] BGH NJW 2007, 1594 (Rn. 13) = NZI 2007, 335 = ZIP 2007, 778.
[23] BGHZ 103, 250 = NJW 1988, 1790.
[24] Begründung RegE § 103 InsO, abgedruckt zB in *Kübler/Prütting,* Das neue Insolvenzrecht Bd I, S. 291.
[25] Ausf dazu *Wortberg* ZInsO 2006, 1256.
[26] OLG Köln NZI 2003, 149; näher MüKoInsO/*Huber,* § 103 Rn. 173, 174.
[27] So schon BGHZ 81, 90, 93 = NJW 1981, 2195.

11 4. Ausschluss und Beschränkung des Wahlrechts. a) Nach einem gem. §§ 323, 324 BGB wirksamen *Rücktritt vor Insolvenzeröffnung* bestehen keine Erfüllungsansprüche mehr, auf die sich das Wahlrecht des Insolvenzverwalters beziehen könnte; ist der spätere Insolvenzschuldner zurückgetreten, kommt allenfalls eine Insolvenzanfechtung in Betracht. Jedoch findet § 103 I InsO auf das Rückabwicklungsschuldverhältnis nach §§ 346 ff. BGB Anwendung (→ § 34 Rn. 16); lehnt der Insolvenzverwalter dessen Erfüllung (vgl. § 346 I BGB) ab, so steht dem Vertragspartner ein Nichterfüllungsanspruch als Insolvenzforderung zu (§ 103 II 1 InsO). Hat der Vertragspartner erst die bei Insolvenzeröffnung noch nicht abgelaufene Nachfrist (§ 323 I BGB) gesetzt, ist der Rücktritt zunächst wegen der Nichtdurchsetzbarkeit der Erfüllungsansprüche gesperrt (→ § 34 Rn. 32 aE; ausführl dazu → § 36 Rn. 19f.). Keine Anwendung findet § 103 InsO, wenn schon vor Insolvenzeröffnung Minderung, Ersatz vergeblicher Aufwendungen oder von Selbstvornahmekosten oder *Schadensersatz statt der Leistung* gefordert wurde, insbesondere wegen mangelhafter Leistung (→ § 34 Rn. 28 ff.).

12 b) *Lösungsklauseln.* aa) Unter einer Lösungsklausel versteht man *begrifflich* eine Vereinbarung der Vertragspartner zur Auflösung des Vertrages, wobei in aller Regel ein einseitiges Gestaltungsrecht, nämlich ein Kündigungs- oder Rücktrittsrecht, eingeräumt oder – seltener – schon das Rechtsgeschäft selbst auflösend bedingt (§ 158 II BGB) abgeschlossen wird. *Zweck und Funktion* einer solchen Lösungsklausel bestehen darin, die ab Insolvenzantrag bis zur Wahlrechtsausübung des Insolvenzverwalters andauernde Zeit der Ungewissheit erst gar nicht eintreten zu lassen, sondern sofortige Rechtsklarheit herzustellen. Für die insolvenzrechtliche Wirksamkeit ist – von der Sonderregelung des § 112 InsO für Miete und Pacht in der Insolvenz des Mieters (→ § 37 Rn. 18, 31, 32) abgesehen – § 119 InsO maßgeblich, wobei man nach dem Anknüpfungszeitpunkt folgende *Arten* unterscheiden muss:
- Eine für den Fall des Verzuges, einer sonstigen Vertragsverletzung oder der Vermögensverschlechterung vereinbarte, also eine *insolvenzunabhängige* Lösungsklausel ist grundsätzlich wirksam, § 119 InsO von vornherein schon nicht berührt.[28] Eine solche Lösungsklausel widerspricht auch nicht den Wertungen des BGB, wie aus dem Rücktrittsrecht nach § 323 I und vor allem aus dem (neuen) nach § 323 IV BGB sowie aus §§ 313, 314 BGB folgt; die Sondervorschrift des § 112 InsO betrifft nur Miete und Pacht. Insoweit ist die Rechtslage trotz des neuen, sogleich zu erörternden BGH-Urteils unverändert.
- Bei einer Lösungsklausel für den Fall der Zahlungseinstellung oder des Insolvenzantrags handelt sich um eine *insolvenzabhängige Vereinbarung,* weil sie an einen materiellen (Zahlungseinstellung, § 17 InsO) bzw. formellen (Insolvenzantrag, §§ 13 ff. InsO) Eröffnungsgrund abstellt. Ob auch eine solche Vereinbarung – außerhalb des Anwendungsbereiches des § 112 InsO – grundsätzlich wirksam ist,[29] war bis zur im Folgenden näher vorgestellten Entscheidung des *BGH* sehr streitig; auch danach erscheint die Rechtslage weiterhin klärungsbedürftig, wie sich zeigen wird.
- Obsolet ist das Problem freilich zum dort konkret entschiedenen Vertrag über die fortlaufende Lieferung von Waren oder Energie; denn dazu golt „roma locuta, causa finita" (→ § 38 Rn. 8 ff.).

13 bb) Eine (insolvenzabhängige) *Lösungsklausel für den Fall des Insolvenzantrags/der Insolvenzeröffnung* war Gegenstand des *Grundsatzurteils des IX. Zivilsenats des BGH zu*

---
[28] HM; näher MüKoInsO/*Huber,* § 119 Rn. 19–21.
[29] So bislang uneingeschränkt – entsprechend der früher herrschenden, wenn auch bestrittenen Meinung – hier 4. Auflage (2010) an derselben Stelle (Rn. 13) und MüKoInsO/*Huber* (2. Aufl. 2007 = Vorauflage) § 119 Rn. 22 ff. Kurzzusammenfassung zum bisherigen Streitstand im Schrifttum MüKoInsO/*Huber,* 3. Aufl. 2013 (Neuauflage), § 119 Rn. 27.

einem Vertrag über die fortlaufende Lieferung von Waren oder Energie.[30] Dort hatte die Klägerin mit der Schuldnerin einen Vertrag über die Lieferung von elektrischer Energie geschlossen, der bestimmte: „Der Vertrag endet auch ohne Kündigung automatisch, wenn der Kunde einen Insolvenzantrag stellt oder aufgrund eines Gläubigerantrags das vorläufige Insolvenzverfahren eingeleitet oder eröffnet wird." Nach Bestellung des Beklagten zum vorläufigen Insolvenzverwalter korrespondierten die Parteien über den Fortbestand des Rechtsverhältnisses. Der Beklagte unterzeichnete schließlich einen neuen Vertrag zu höheren Preisen, teilte aber im Begleitschreiben mit, ihn nur unter dem Vorbehalt der Prüfung der Rechtslage anzunehmen.

Im Prozess begehrte nun die Klägerin Begleichung der Stromlieferungen über die nach den alten Vertragsbedingungen schon geleisteten Zahlungen hinaus, worauf sich der Beklagte auf die Unwirksamkeit der Lösungsklausel berief. Das Verlangen war in den Tatsacheninstanzen erfolgreich; auf Revision hob der *BGH* diese Urteile aber auf, entschied durch und wies die Klage ab.

Der *amtliche Leitsatz* lautet: „Lösungsklauseln in Verträgen über die fortlaufende Lieferung von Waren oder Energie, die an den Insolvenzantrag oder die Insolvenzeröffnung anknüpfen, sind unwirksam."

In den *Entscheidungsgründen* (darauf beziehen sich alle im Folgenden in Klammern und kursiv gesetzten Rn.-Fundstellen) qualifiziert der *IX*. Zivilsenat die wiedergegebene Klausel als insolvenzabhängig und rekapituliert dann den Streitstand unter Wiedergabe der wesentlichen – freilich nicht aller – Argumente der gegensätzlichen Meinung (→ Rn. 13d). Die zentralen Gründe für seine Argumentation finden sich

- gleich einleitend, wo es heißt, die vereinbarte Lösungsklausel für den Insolvenzfall erweise sich als unwirksam, „weil sie im voraus das Wahlrecht des Insolvenzverwalters nach § 103 InsO ausschließt" *(Rn. 8)*,
- in der Aussage, Zweck des Erfüllungswahlrechts sei der Schutz der Masse, der aber vereitelt werde, wenn sich der Vertragspartner „von einem für die Masse günstigen Vertrag lösen und damit das Wahlrecht des Insolvenzverwalters nach § 103 InsO unterlaufen kann" *(Rn. 13)*,
- bei den Erörterungen zur mietvertraglichen Kündigungssperre nach § 112 InsO, deren Existenz nicht dafür spreche, „dass der Vorschrift des § 119 InsO ein Ausnahmecharakter zukommt" *(Rn. 15)*, und schließlich
- in der Feststellung, dass § 119 InsO „eine Vorwirkung jedenfalls ab dem Zeitpunkt zuerkannt werden muss, in dem wegen eines zulässigen Insolvenzantrags mit der Eröffnung eines Insolvenzverfahrens ernsthaft zu rechnen ist" *(Rn. 19)*.

Zur *Bewertung:* Das Urteil ist im Ergebnis zweifellos richtig. Des vom Senat gewählten Lösungswegs über § 119 InsO hätte es aber nicht bedurft, weil die ursprüngliche Vereinbarung zur Lösungsklausel und der spätere Neuabschluss des Versorgungsvertrags schon wegen *Insolvenzzweckwidrigkeit* nichtig waren. Denn der Klägerin ging es mit ihrer Lösungsklausel gerade nicht darum, „im Fall des Falles" die Zeit der Ungewissheit über das weitere Schicksal des Vertrages abwenden und sofortige Rechtsklarheit über dessen Beendigung herbeiführen zu können; vielmehr kam es ihr zweckwidrig ersichtlich nur darauf an, sich unter Ausnutzung der (möglichen) Insolvenz des Vertragspartners einen Anspruch auf höhere als die vereinbarten Energiepreise und damit einen Sondervorteil gegenüber anderen (möglichen) Insolvenzgläubigern zu verschaffen. Wegen der schon daraus folgenden Nichtigkeit hätte dem verklagten Insolvenzverwalter ohnehin die Be-

---

[30] BGHZ 195, 348 = NZI 2013 (m krit. bis abl Anmerkung *Eckhof*) = NJW 2013, 1159 (m zust Anm. *Römermann*) = ZIP 2013, 274 = ZInsO 2013, 292. Ausf zum Urteil *Huber* ZIP 2013, 493ff.; MüKoInsO/*Huber, (ab sofort zitiert nur mehr nach 3. Aufl. 2013)*, § 119 Rn. 28ff.; vgl. auch *Jacoby* ZIP 2014, 649.

reicherungseinrede nach § 821 BGB zugestanden, weshalb die Klage (ebenfalls) abzuweisen gewesen wäre.[31]

Bei dieser Lösung hätte die Frage der Zulässigkeit/Unzulässigkeit insolvenzbedingter Lösungsklauseln nach § 119 InsO weiter offen gehalten werden können, was aber unterblieb. Das kann nur als misslich bezeichnet werden, weil sich die Entscheidung nicht mit dem unsere Rechtsordnung beherrschenden *Prinzip der Vertragsfreiheit* befasst hat bzw. bei dem dort eingenommenen Standpunkt nicht befassen musste (→ Rn. 13d, e).

13b Gerade wegen dieses Dilemmas ist die *Reichweite des Urteils* auf andere gegenseitige Verträge zweifelhaft.[32] Die drei wichtigsten Problembereiche betreffen zum einen das fristlose Kündigungsrecht nach AGB-Banken bei Insolvenzantrag des Kunden bzw. seiner Zahlungseinstellung oder Erklärung, die Zahlungen einstellen zu wollen (vgl. Nr. 26 AGB-SpK),[33] zum anderen die notarielle Praxis insbesondere wegen der in Übergabeverträgen alltäglichen Lösungsklausel für den Fall der Insolvenz des Erwerbers[34] oder eben schließlich das bauvertragliche Kündigungsrechts nach § 8 Abs. 2 Nr. 1 VOB/B. Dabei kommt erschwerend hinzu, dass mit diesen Fragen beim *BGH* auch andere Senate befasst werden können, nämlich (bei Variante 1) der Banken-, (bei Variante 2) der Grundstücks-/Erbrechts- und (bei Variante 3) der Baurechtssenat, deren bisherige Rechtsprechung zum Problem eher in eine andere Richtung deuten.[35]

Sehr streitig ist im Schrifttum bereits das Schicksal des zuletzt angesprochenen *bauvertraglichen Kündigungsrechts nach § 8 Abs. 2 Nr. 1 VOB/B* als insolvenzbedingte Lösungsklausel geworden, die – über alle Fassungen in den Jahren 2006–2012 hinweg, soweit hier von Interesse – lautet: „Der Auftraggeber kann den Vertrag kündigen, wenn der Auftragnehmer seine Zahlungen einstellt oder das Insolvenzverfahren ... beantragt oder ein solches Verfahren eröffnet wird ...". Das verstößt nach der hier vertretenen und an anderer Stelle ausführlich begründeten Meinung nicht gegen § 119 InsO;[36] außerdem wird auf die zusammenfassende Rechtfertigung (→ Rn. 13d) verwiesen.

13c Unabhängig von der beschriebenen Problemlage gilt folgende, schon früher anerkannte *Ausnahme zur Wirksamkeit einer insolvenzbedingten vertraglichen Lösungsklausel* fort, wie die zitierte Entscheidung ausdrücklich bestätigt;[37] Voraussetzung ist nur, dass sie sich an eine entsprechende gesetzliche Vorschrift (beispielsweise § 736 BGB) eng anlehnt.[38] Davon erfasst werden die im soeben behandelten Baubereich sehr praxisrelevanten *ARGE-Verträge,* in denen typischerweise das Ausscheiden eines Mitglieds bei Eröffnung des Insolvenzverfahrens über sein Vermögen und die Fortsetzung der Gesellschaft unter den Übrigen vereinbart wird.

Eine solche Gestaltung lag auch in Sachen „Philipp-Holzmann-AG" zugrunde. Dieses Unternehmen (spätere Insolvenzschuldnerin) hatte als Mitglied einer ARGE im Eröffnungsverfahren auf Abruf anderer Mitglieder Leistungen an die ARGE (insbesondere Geräte- und Personalbeistellungen) erbracht, deren Bezahlung dann der Insolvenzverwalter verlangte; die anderen beriefen sich demgegenüber auf die gesellschaftsvertraglich vereinbarte Abrechnung (erst) in der Auseinandersetzungsbilanz nach

---

[31] Näher MüKoInsO/*Huber,* § 119, Rn. 31–31b. Abl. zur Lösung über § 119 InsO auch *Jacoby* ZIP 2014, 649 ff.; der Autor will den Fall über § 133 Abs. 1 InsO lösen, woraus sich ebenfalls eine Unwirksamkeit der Klausel ergeben soll (aaO S. 656 f.). Dem ist entgegen zu treten, weil das keine Rechtsfolge einer Insolvenzanfechtung sein kann (näher → § 52 Rn. 1 ff., 8 ff.).
[32] So schon *Huber* ZIP 2013, 493, 496 ff.
[33] Näher zu Lösungsklauseln im Bankgeschäft *Obermüller* ZInsO 2013, 476 ff.
[34] Näher dazu *Reul/Heckschen/Wienberg* Insolvenzrecht in der Gestaltungspraxis, 2012, S. 78 ff.
[35] Vgl. die Entscheidungsanalyse bei MüKoInsO/*Huber,* § 119 Rn. 37 ff.
[36] *Huber,* NZI 2014, 49; ebenso LG Wiesbaden ZIP 2014, 386, OLG Celle ZInsO 2014, 1853, 1858.
[37] BGHZ 195, 348 Rn. 13.
[38] Näher zu dieser schon bisher gefestigten, nach wie vor gültigen Rechtslage MüKoInsO/*Huber,* § 119, Rn. 19, 20, 38.

Beendigung der ARGE, aus der die Schuldnerin wegen ihrer Insolvenz – wie im Gesellschaftsvertrag festgelegt – aber schon ausgeschieden war. Der *BGH* hielt die entsprechende Auflösungsklausel trotz § 119 InsO für wirksam und billigte auch die Verrechnungsvereinbarung unbeschadet der Regelungen in §§ 95 Abs. 1 S. 3, 96 Abs. 1 Nr. 3 InsO.[39] Diese Entscheidung hat folglich auch künftig sicher Bestand.

Anerkannt ist auch schon die Insolvenzfestigkeit des *aufschiebend bedingten Erwerbs eines Nutzungsrechts* im Zusammenhang mit der Erfüllungsablehnung des Insolvenzverwalters in der Insolvenz des Lizenzgebers (→ § 37 Rn. 49 ff.).[40]

Um **keine** insolvenzbedingte Lösungsklausel handelt es sich bei einer *Halteprämie,* also der Zusage eines Arbeitgebers an Arbeitnehmer als Belohnung für Betriebstreue, wenn diese bis zu einem bestimmten Stichtag keine Eigenkündigung erklären, wobei es sich unabhängig davon, dass der Anspruch auf die Prämie auflösend bedingt ist, um eine Masseverbindlichkeit iSv § 55 Abs. 1 Nr. 2 Alt. 2 InsO handelt, wenn der Stichtag nach Insolvenzeröffnung liegt → § 37 Rn. 5);[41] eine solche Vereinbarung ist nicht nach § 119 InsO unwirksam, weil sie in die Gestaltungsrechte des Insolvenzverwalters nach § 103 InsO nicht eingreift.[42]

Zur *Privatautonomie* als dem wesentlichen Argument für den hier vertretenen Standpunkt: Dass sich der *IX. ZS* mit dem Prinzip der Vertragsfreiheit nicht befasst hat, wurde schon angedeutet (→ Rn. 13), ist aber letztlich nachvollziehbar, weil der konkrete Fall dazu keine Veranlassung gab. Denn selbstverständlich erlaubt dieses Prinzip keiner Vertragspartei, sich unter Ausnutzung der Insolvenz des anderen Teils Sondervorteile entgegen dem Zweck einer Lösungsklausel (→ Rn. 12) zu verschaffen! Erstaunlicherweise findet sich zur Vertragsfreiheit aber auch bei denjenigen Autoren nichts, die das Urteil auch auf andere Vertragstypen für nahtlos übertragbar halten.[43] Eine solche generelle Interpretation ist aber nicht gerechtfertigt, wie schon der Klarstellung des Vorsitzenden des IX.ZS entnehmen, die das Urteil der Sache nach auf eine Einzelfallentscheidung herabstuft,[44] und auch nicht haltbar, solange keine Auseinandersetzung mit dem unser bürgerliches Recht beherrschenden Grundsatz der Privatautonomie[45] erfolgt. Schließlich muss es den Beteiligten – worüber doch ernstlich kein Zweifel bestehen kann! – im Rahmen der Vertragsfreiheit grundsätzlich erlaubt sein, eine Vereinbarung über Dauer und Beendigungstatbestände ihres Rechtsgeschäfts zu treffen. Schon deshalb leuchtet nicht ein, was bei Begründung der vertraglichen Beziehungen – jedenfalls in unbedenklicher Zeit – der Abrede entgegenstehen sollte, die Geschäftsbeziehung im Falle der drohenden oder eingetretenen Insolvenz eines Partners aufkündigen zu können oder enden zu lassen. Erforderlich ist vielmehr stets eine *Gesamtabwägung der unterschiedlichen Interessen* der Vertragspartner, also beispielsweise von Bauherr mit seinem vertraglich vereinbarten Lösungsrecht einerseits und dem (möglicherweise) insolventen Bauunternehmen andererseits.

Aus alledem ergibt sich folgender *eigener Standpunkt zur Wirksamkeit/Unwirksamkeit vertraglicher Lösungsklauseln:*
- Seinem Normzweck nach will § 103 InsO dem Insolvenzverwalter ermöglichen, einen von noch keiner Seite vollständig erfüllten gegenseitigen Vertrag programmge-

---

[39] BGHZ 170, 206 = NZI 2007, 222 m. Anm. *Huber.*
[40] BGH NJW 2006, 915 = NZI 2006, 229 = ZIP 2006, 87. Ausf dazu *Huber/Riewe* ZInsO 2006, 290; *Berger* NZI 2006, 380.
[41] BAG ZIP 2014, 37 Rn. 31 ff., 37 = ZInsO 2014, 91.
[42] BAG aaO Rn. 21.
[43] Speziell für die Problemlage beim bauvertraglichen Kündigungsrecht vgl. die Nachweise bei *Huber,* NZI 2014, 49, 52.
[44] *Kayser,* ZIP 2013, 1353, 1361 f.
[45] Diese Formulierung ist entnommen BGH NJW 2013, 1519 Rn. 27; die Entscheidung stammt vom XI. ZS = Bankensenat ausgerechnet zum Kündigungsrecht AGB-Banken 2002 Nr. 19 Abs. 1!

mäß abzuwickeln oder es bei der mit Insolvenzeröffnung grundsätzlich eingetretenen (teilweisen) Nichterfüllung zu belassen. Mit einer Vertragauflösungsklausel bezweckt demgegenüber der andere Teil, die Zeit der Ungewissheit über das weitere Schicksal des Vertrages (ab Insolvenzantrag bis zur Wahlrechtsausübung) von vornherein ausschließen und sofortige Rechtsklarheit herstellen zu können. Die Kernfrage lautet bei Kollision beider folglich: Wem gebührt der Vorrang?

- Das Grundsatzurteil zur Unwirksamkeit einer insolvenzbedingten Lösungsklausel in Verträgen über die fortlaufende Lieferung von Waren oder Energie ist im Ergebnis zweifellos richtig, hätte aber einer Lösung über § 119 InsO nicht bedurft. Denn im konkreten Einzelfall ging es dem klagenden Energielieferanten nur darum, sich „für den Fall des Falles" unter Ausnutzung der (möglichen) Insolvenz des Vertragspartners einen Sondervorteil zu verschaffen, was aber dem Zweck einer Lösungsklausel widersprach; wegen der sich daraus ergebenden Nichtigkeit auch der Folgevereinbarung wäre die Zahlungsklage gemäß § 821 BGB ohnehin abzuweisen gewesen.
- Im Übrigen handelt es sich um eine Einzelfallentscheidung, aus der sich gerade keine generelle Unwirksamkeit insolvenzbedingter Lösungsklauseln bei anderen gegenseitigen Verträge herleiten lässt. Vielmehr kommt es auf eine Gesamtabwägung der unterschiedlichen Interessen beider Beteiligten an; das sind auf der einen Seite der Vertragspartner mit seinem vertraglich vereinbarten Lösungsrecht einerseits und dem (möglicherweise) insolventen Vertragspartners andererseits.[46]
- Wer dem nicht zustimmt, muss den sichersten Weg gehen, also von einer insolvenz*un*abhängigen Lösungsklausel oder sonstigen Kündigungsrechten nach anderen Vorschriften, beispielsweise nach §§ 281 Abs. 1 S. 1, 323 Abs. 4 BGB oder 8 Abs. 3 iV mit 5 Abs. 3, 4 VOB/B Gebrauch machen.
- Der hier vertretene Standpunkt ist unabhängig davon, wie man zu den in der BGH-Entscheidung aufgelisteten sonstigen Argumenten für die Unwirksamkeit insolvenzbedingter Lösungsklauseln steht (→ Rn. 13: Aushöhlung des Wahlrechts usw). Eine weitere Diskussion dazu (zu den wichtigsten Argumenten vgl. die Darstellung hier in der 4. Auflage am selben Ort) erscheint aus praktischer Sicht wenig sinnvoll.[47]
- Vielmehr empfiehlt es sich, davon auch bei anderen gegenseitigen Verträgen auszugehen; in solchen Fällen ist es aber unverzichtbar, das in der seinerzeitigen Begründungskette – dort nachvollziehbar (!) – fehlende, zentrale Merkmal der Privatautonomie bei der gebotenen Gesamtabwägung wie beschrieben einzubeziehen. Nur so lässt sich für jeden Einzelfall beurteilen, ob die vereinbarte Lösungsklausel insolvenzrechtlich Bestand haben muss oder nicht.
- Bei der Abwicklung nach dem hier vertretenen Standpunkt ist allerdings zu beachten:[48] Von einer Lösungsklausel muss unverzüglich Gebrauch gemacht werden, um dem Insolvenzverwalter den Einwand des Rechtsmissbrauches abzuschneiden; wird dieser zur Erklärung nach § 103 II 2 InsO aufgefordert, so liegt darin ein konkludenter Verzicht auf das Lösungsrecht.

14 cc) Eine ganz andere Frage ist die AGB-rechtliche Wirksamkeit und die insolvenzrechtliche Anfechtbarkeit einer solchen Lösungsklausel für den Fall der Insolvenzeröffnung. Beide Problembereiche stellen sich allerdings *nicht*, soweit eine Lösungsklausel nach der neuen Rechtsprechung des *IX. Zivilsenats des BGH* (→ Rn. 13ff.) ohnehin wegen Verstoßes gegen § 119 InsO unwirksam oder nach dem hier vertretenen Stand-

---

[46] Allgemein zu weiteren Aspekten der Interessenabwägung MüKoInsO/*Huber*, § 119 Rn. 39ff. Zur konkreten Interessenabwägung zwischen Bauherr und (möglicherweise) insolventem Bauunternehmer ausf. *Huber*, NZI 2014, 49, 52f.; zust. LG Wiesbaden ZIP 2014, 386, 388ff.

[47] So schon unmissverständlich *Huber* ZIP 2013, 493, 495.

[48] Näher schon *Huber* in: Messerschmidt/Voit, Privates Baurecht, 2. Aufl. (2012), Syst. Teil R Rn. 36, 37.

punkt wegen Insolvenzzweckwidrigkeit nichtig ist. Entsprechendes gilt, falls man – freilich zu Unrecht – über den entschiedenen Einzelfall (Vertrag über die fortlaufende Lieferung von Waren oder Energie) hinaus eine generelle Unwirksamkeit annehmen wollte. Sie sind aber *entscheidungserheblich* zum einen bei einer nach jeder Auffassung wirksamen insolvenz*ab*hängigen, weil an entsprechende gesetzliche Regelungen „eng angelehnten" vertraglichen Lösungsklausel (→ Rn. 13c) und andererseits, soweit man mit dem hier vertretenen Standpunkt von der Wirksamkeit des insolvenzbedingten Lösungsrechts aufgrund Gesamtabwägung wegen des Vorrangs der Privatautonomie ausgeht (s o Rn. 13d, e). Je nachdem gilt:

– Für die *Inhaltskontrolle* einer durch Einbeziehung von AGB in den Vertrag vereinbarten insolvenzabhängigen Lösungsklausel muss man unterscheiden: Gegenüber einem Verbraucher (im Sinn des § 13 BGB) gilt der Maßstab des § 308 Nr. 3 BGB, Voraussetzung für die Unwirksamkeit ist, dass das Lösungsrecht „ohne sachlich gerechtfertigten Grund" ausbedungen wurde; dabei unterliegt die VOB/B einer Inhaltskontrolle auch dann, wenn sie als Ganzes vereinbart ist.[49] Bei einer formularmäßigen Lösungsklausel zwischen Unternehmern im Sinn des § 14 BGB bestehen keine Bedenken.[50]
– Für eine *Insolvenzanfechtung* setzt § 129 InsO voraus, dass die anzufechtende, einheitliche Rechtshandlung *als Ganzes,* also in ihrer Gesamtheit die Insolvenzgläubiger benachteiligt. Eine Anfechtung richtet sich folglich nicht gegen die insolvenzabhängige Lösungsklausel selbst, sondern gegen den Vertrag, was freilich wie eine Teilanfechtung wirkt. Hierfür gelten die vom Bundesgerichtshof im Breitbandverteilanlage-Fall[51] entwickelten Grundsätze. Kommt danach eine Insolvenzanfechtung in Betracht, setzt § 129 InsO voraus, dass die anzufechtende, einheitliche Rechtshandlung als Ganzes, also in ihrer Gesamtheit die Insolvenzgläubiger benachteiligt. Als Anfechtungstatbestand wird nur *Vorsatzanfechtung* nach § 133 InsO einschlägig sein können, weil der Vertragsschluss (mit Vereinbarung einer Lösungsklausel) regelmäßig außerhalb der Krise liegen wird, §§ 130 ff. InsO also schon deshalb ausscheiden.[52] Bei der Beurteilung der objektiven Gläubigerbenachteiligung ist allerdings zu fragen, ob der Auftraggeber die Rechtsfolgen der Lösungsklausel nicht auch nach BGB hätte herbeiführen können.
– Ein *nachträglich* – also nicht bei und mit Begründung des Schuldverhältnisses – vereinbartes Lösungsrecht bevorzugt den Vertragspartner einseitig, weil er eine Verbesserung seiner Rechtsstellung erhält, auf die er keinen Anspruch hatte. Das ist begrifflich inkongruent (§ 131 InsO) und damit unter den erleichterten Voraussetzungen (Beweisanzeichenregel) nach § 133 Abs. 1 InsO anfechtbar.

c) Sachverhalte, in denen die Erfüllungsablehnung eine *unzulässige Rechtsausübung* **15** (§ 242 BGB) beinhalten könnte,[53] sind nur für ganz besonders gelagerte Ausnahmefälle[54] vorstellbar; die frühere Problemlage in der Insolvenz des Vorbehaltsverkäufers ist durch § 107 I InsO erledigt (→ § 36 Rn. 24 ff.). Denn der Verwalter handelt mit Rücksicht auf die Belange aller Insolvenzgläubiger, nimmt also grundsätzlich schutzwürdige Interessen wahr. Eher wird sich umgekehrt die Frage stellen, ob ein passives Verhalten des Insolvenzverwalters nach § 242 BGB als Erfüllungsverlangen aufgefasst werden kann, wenn wegen besonderer Umstände eine alsbaldige Wahlrechtsausübung geboten war (→ Rn. 4).

---

[49] BGHZ 178, 1 (Rn. 28 ff., 38 ff.) = NZBau 2008, 640 = ZIP 2008, 1729.
[50] Näher MüKoInsO/*Huber,* § 119 Rn. 47 ff.
[51] BGHZ 124, 76 = NJW 1994, 449 = ZIP 1994, 40; ausf. MüKoInsO/*Huber,* § 119 Rn. 24.
[52] Näher MüKoInsO/*Huber,* § 119 Rn. 55, 56.
[53] Offen gelassen in BGH ZIP 2003, 2379, 2381.
[54] So angedeutet in BGH NZI 2004, 214.

16 d) *Rechte Dritter.* Ist der Anspruch aus einem gegenseitigen Vertrag noch vor Insolvenzeröffnung – unanfechtbar – vom Schuldner abgetreten oder von einem Dritten gepfändet worden, so fehlt dem Insolvenzverwalter an sich die Forderungszuständigkeit. Das steht nach hM der Ausübung des Wahlrechts aber nicht entgegen.[55] Jedoch wurde früher angenommen, dass sich Abtretung und Pfändung in vollem Umfang zum Nachteil der Masse durchsetzten, die Gegenleistung also nicht dieser, sondern dem Dritten zusteht (→ § 34 Rn. 38). Anders ist das nach der neuen Rechtsprechung (→ § 34 Rn. 42 ff.), weil danach der Erlös aus den vom Verwalter erfüllten Verträgen der Masse und nicht dem Zessionar gebührt; der ursprüngliche Erfüllungsanspruch ist nämlich mit Insolvenzeröffnung zunächst nicht durchsetzbar geworden und durch die Willenserklärung des Verwalters mit neuer Qualität als Recht der (und gegen die) Masse entstanden, weshalb diese neue Forderung auch der Masse zufließen muss;[56] das gilt auch bei einer Globalabtretung, die den neu begründeten Erfüllungsanspruch wegen § 91 I InsO nicht mehr erfassen kann. Diese Rechtsprechung hat wegen ihrer Massefreundlichkeit für die Praxis große Bedeutung. Diese Grundsätze gelten für den Fall der Pfändung durch den Dritten entsprechend, sofern die so erlangte Sicherung nicht ohnehin wegen § 88 InsO unwirksam ist. Rechte Dritter können sich also – vorbehaltlich einer Anfechtung – nur für denjenigen Erfüllungsanspruch des Schuldners durchsetzen, der auf die von ihm vor Verfahrenseröffnung erbrachten Teilleistungen entfällt.

17 **5. Maßstab für die Wahlrechtsausübung.** Der Verwalter trifft seine Wahl – nach angemessener Überlegungszeit (→ Rn. 8) – allein danach, was für die Masse günstiger ist.[57] Bringt die Erfüllung des Vertrages, also der Zufluss der Gegenleistung, mehr ein als die anderweitige Verwertung der zur Erfüllung benötigten Gegenstände, so wird er den Vertrag durchführen, andernfalls aber dessen Erfüllung ablehnen; § 103 InsO enthält – wie vorher § 17 KO – so betrachtet eine Regelung für die Massemehrung. Allerdings ist diese Entscheidung oft nicht einfach. Sie hängt häufig von nur schwer abwägbaren Umständen ab, zB davon, ob der Betrieb des Schuldners zunächst weitergeführt, alsbald stillgelegt oder veräußert wird und wie sich Marktlage sowie Absatzverhältnisse voraussichtlich entwickeln werden. Gegebenenfalls muss der Verwalter die Zustimmung der Gläubigerversammlung einholen, was aber keine Wirksamkeitsvoraussetzung ist (§§ 160, 164 InsO).

Eine besondere Problemlage ergibt sich in der für größere Bauvorhaben typischen Dreiecksbeziehung zwischen Bauherrn, Generalunternehmer und Subunternehmer, weil in der Insolvenz des Generalunternehmers dem Insolvenzverwalter ein *doppeltes Wahlrecht* (einmal gegenüber dem Bauherrn, zum anderen gegenüber dem Subunternehmer) zusteht. Soll das Bauvorhaben fertig gestellt werden, bietet sich ein Erfüllungsverlangen zu beiden Bauverträgen an. Allerdings kann der Insolvenzverwalter bei Erfüllungsablehnung gegenüber dem Bauherrn einem nachbesserungsbereiten Subunternehmer (der sein Gewerk mangelhaft erstellt hat) dessen Recht zur zweiten Andienung abschneiden und (nach § 13 VI VOB/B) Minderung zum Vorteil der Masse verlangen kann.[58]

18 **6. Anfechtung der Wahlrechtsausübung.** Ist die Erklärung des Insolvenzverwalters von Willensmängeln beeinflusst, so kann er sie nach §§ 119 ff. BGB anfechten;[59] sie

---

[55] KPB/*Tintelnot* § 103 Rn. 49, 50; aA *Marotzke* ZIP 1987, 1293 ff., der in diesen Fällen § 17 KO für nicht anwendbar hält; ebenso zur InsO *Marotzke* in: HK/*Kreft,* § 103 Rn. 19.
[56] BGHZ 150, 353, 359; ausführl dazu MüKoInsO/*Kreft,* § 103 Rn. 39 ff., 47, 51, 54. So auch schon unter der sog. „Erlöschenstheorie" (→ § 34 Rn. 34 ff.) BGHZ 106, 236 = NJW 1989, 1282; ausf dazu *Kreft* ZIP 1997, 865, 869 f.
[57] Ausf dazu *Wortberg* ZInsO 2006, 1256.
[58] BGHZ 169, 43 = NZI 2006, 575 = ZIP 2006, 136 = ZInsO 2006, 933 = NJW 2006, 2919 m. Anm. *Huber.*
[59] Näher mit einzelnen Fallgruppen MüKoInsO/*Huber,* § 103 Rn. 206 ff. HM, vgl. nur KPB/*Tintelnot* § 103 Rn. 59; aA (schon kein Erfüllungsverlangen) Uhlenbruck/Hirte/Vallender/*D. Wegener* Rn. 125 aE.

ist dann als von Anfang an nichtig anzusehen, § 142 I BGB. Nach allgemeinen Regeln unbeachtlich ist aber ein Irrtum über diejenigen Rechtsfolgen, die das Gesetz unabhängig vom Willen des Erklärenden an das Rechtsgeschäft knüpft. Ein Erfüllungsverlangen ist also nicht schon deshalb anfechtbar, weil sich der Insolvenzverwalter darüber im unklaren war, dass er dann nach § 55 I Nr. 2 InsO die Ansprüche aus dem Vertrag als Masseschulden berichtigen muss. Eine Anfechtung kommt aber grundsätzlich in Betracht, wenn der Verwalter beim Eintritt in den Vertrag einem Irrtum über den Umfang der vom Schuldner schon erbrachten Leistungen erlegen ist. Speziell zur Anfechtungsproblematik bei Ausschluss der Rückforderung im Fall des § 105 II → Rn. 31.

7. Sondervorschriften in Eigenverwaltung und vereinfachtem Insolvenzverfahren. Bei *Eigenverwaltung* nach §§ 270 ff. InsO gibt es keinen Insolvenzverwalter; der Schuldner behält vielmehr das Verwaltungs- und Verfügungsrecht, freilich unter Aufsicht eines Sachwalters, § 270 I 1 InsO. Folgerichtig sind nach § 279 S. 1 InsO die Vorschriften über die Erfüllung der Rechtsgeschäfte (§§ 103 ff. InsO) mit der Maßgabe anzuwenden, dass an die Stelle des Insolvenzverwalters der Schuldner tritt. Letzterer übt also bei gegenseitigen Verträgen das Wahlrecht gemäß § 103 InsO aus. Davon soll zwar nur im Einvernehmen mit dem Sachwalter Gebrauch gemacht werden (§ 279 S. 2 InsO). Verstößt der Schuldner dagegen, so beeinträchtigt das aber die Wirksamkeit seiner Entscheidung nicht (Umkehrschluss aus § 279 S. 3 InsO); entsprechendes gilt, falls eine nach § 276 S. 1 InsO gebotene Zustimmung des Gläubigerausschusses fehlt (§§ 276 S. 2, 164 InsO). Anders ist das nur, wenn das Insolvenzgericht auf Antrag der Gläubigerversammlung die Zustimmung des Sachwalters auch für solche Rechtsgeschäfte angeordnet hatte, § 277 I 1 InsO. Im *vereinfachten Insolvenzverfahren* gibt es nach Aufhebung der §§ 312 ff. InsO keine Sondervorschrift mehr.[60]

II. Erfüllungsverlangen des Insolvenzverwalters

1. Rechtsfolgen. Mit dem Erfüllungsverlangen werden den noch ausstehenden Erfüllungsansprüchen, die mit Insolvenzeröffnung zunächst ihre Durchsetzbarkeit verloren haben, die Rechtsqualität von originären Masseforderungen und -verbindlichkeiten beigelegt (ausf → § 34 Rn. 42 ff., 49). Dann gilt:[61]

- Nun tritt der *Insolvenzverwalter* in den Vertrag anstelle des Schuldners ein, der mithin Rechte aus dem Schuldverhältnis nicht mehr geltend machen kann. Der Vertrag wird jetzt vielmehr zwischen dem Verwalter und dem anderen Teil fortgesetzt, falls sich Letzterer nicht wirksam vom Vertrag lösen konnte (→ Rn. 12–14). Dabei ist für den Inhalt des Schuldverhältnisses die Rechtslage bei Insolvenzeröffnung maßgeblich (→ § 34 Rn. 1). Hatte also der Schuldner noch vor diesem Zeitpunkt Stundungen bewilligt, Lieferungsfristen verlängert oder Nachlässe gewährt, so muss das der Verwalter hinnehmen,[62] falls er die Rechtshandlung nicht nach §§ 129 ff. InsO anfechten kann, auch ein Teil-Erfüllungsverlangen ist nicht möglich;[63] denn der Insolvenzverwalter kann für die Masse grundsätzlich nicht mehr und keine anderen Rechte beanspruchen, als sie dem Schuldner zustehen.[64] Umgekehrt hindert ihn aber eine Anfechtbarkeit des Vertrages nicht, von der Verfolgung des Rückgewähranspruchs (§ 143 InsO) abzusehen und Erfüllung zu verlangen.[65]

---

[60] Gesetz zur Verkürzung des Restschuldbefreiungsverfahrens und zur Stärkung der Gläubigerautonomie v. 15.7.2013 (BGBl. I S. 2379 ff.), in Kraft getreten am 1.7.2014.
[61] Ausf MüKoInsO/*Kreft,* § 103 Rn. 39–54.
[62] BGH NZI 2013, 891 Rn. 36 ff. = ZIP 2013, 1729 = ZInsO 2013, 1838.
[63] BGH aaO Rn. 20.
[64] BGHZ 169, 43 (Rn. 12) = NZI 2006, 575 = ZIP 2006, 136 = ZInsO 2006, 933 = NJW 2006, 2919 m. Anm. *Huber.*
[65] So schon BGH NJW 1962, 1209.

- Da der Erfüllungsanspruch der Masse erst mit dem Erfüllungsverlangen des Verwalters (originär neu) entsteht, kann der Vertragspartner nicht mit einer Insolvenzforderung, also nicht mit einem Anspruch aus der Zeit vor Insolvenzeröffnung aufrechnen (§ 96 I Nr. 1 InsO; ausf → § 34 Rn. 40, 44, 45); anders ist die Rechtslage bei einem vom späteren Insolvenzschuldner vor Verfahrenseröffnung schon teilweise erfüllten gegenseitigen Vertrag (→ Rn. 23). Bezieht sich das Erfüllungsverlangen auf ein Rückabwicklungsschuldverhältnis (→ § 34 Rn. 16), so lässt es die beiderseitigen Rückabwicklungsansprüche neu entstehen.
- Wie sich die *Gegenrechte des Vertragspartner nach BGB* bei nicht vertragsgemäßer Leistung des späteren Insolvenzschuldners und das Wahlrecht des Insolvenzverwalters nach § 103 zueinander verhalten, ist bislang systematisch umfassend nur vereinzelt behandelt worden,[66] in vielen Teilbereichen aber noch weitgehend ungeklärt (zur mangelhaften Teilleistung → Rn. 23 ff. und schon → § 34 Rn. 27 ff.; zu den Rechten des Vorbehaltsverkäufers in der Insolvenz des Vorbehaltskäufers → § 36 Rn. 24 ff.).

21 Auch der *Vertragspartner* hat nunmehr einen Anspruch auf Erfüllung. Er kann dieses Recht ggf. einklagen und einen hierüber erwirkten Titel in die Masse vollstrecken, ohne den Beschränkungen der §§ 87, 89 InsO ausgesetzt zu sein. Denn diese Vorschriften gelten nur für Insolvenzgläubiger. Seine Ansprüche sind aber, soweit sie im Gegenseitigkeitsverhältnis stehen, durch die Erfüllungswahl des Verwalters zu Masseschulden nach § 55 I Nr. 2 Alt. 1 InsO aufgewertet worden und deshalb gem. § 53 InsO vorweg zu befriedigen (→ § 34 Rn. 11). Masseschuld ist auch der bei Vertragsabwicklung durch Verschulden des Insolvenzverwalters ausgelöste Ersatz-(Sekundär-)Anspruch, insb eine Forderung wegen Nichterfüllung oder Pflichtverletzung gem. §§ 280 ff. BGB. Hat der Verwalter allerdings nur den vor Insolvenzeröffnung ohne Zustimmung des Schuldners, zB von einem Vertreter ohne Vertretungsmacht (§ 177 I BGB), geschlossenen Vertrag genehmigt, so liegt darin keine Erfüllungswahl. Denn die Genehmigung wirkt nach § 184 I BGB auf den Zeitpunkt der Vornahme des Rechtsgeschäftes zurück, führt also lediglich zur Wirksamkeit des Vertrages schon vor Insolvenzeröffnung. Ebenso bleiben Provisionsansprüche eines Handelsvertreters (§ 87 HGB) aus vor Insolvenzeröffnung abgeschlossenen Verträgen Insolvenzforderungen, auch wenn der Verwalter die Erfüllung verlangt, weil diese Ansprüche aufschiebend bedingt bereits mit Abschluss der Verträge entstanden waren.[67] Die Rechtsfolgen der §§ 103 I, 55 I Nr. 2 InsO werden vielmehr nur dann ausgelöst, wenn dieser Vertrag beiderseits noch unerfüllt ist und der Verwalter dessen Erfüllung verlangt.

22 **2. Art und Weise der Erfüllung.** Für die Abwicklung des Vertrages gelten nach allgemeiner Auffassung[68] die §§ 320 ff. BGB in dem Umfange, in dem sie außerhalb des Insolvenzverfahrens Anwendung gefunden hätten. Wer vorleistungspflichtig ist, hat also die ihm obliegende Leistung zu erbringen. Er darf sie nicht wegen der Verschlechterung der Vermögensverhältnisse infolge der Insolvenzeröffnung verweigern; auf § 321 BGB kann er sich nur berufen, wenn die Befriedigung seines Anspruchs aus der Masse gefährdet ist, also Masseunzulänglichkeit (§§ 208, 209 InsO) droht. Hatten die Parteien keine Vorleistung vereinbart, so gilt § 322 BGB und finden in der Zwangsvollstreckung (→ Rn. 21) die §§ 726, 756, 765 ZPO Anwendung.

23 **3. Teilleistungen vor Insolvenzeröffnung. a)** *Grundsätze.* In den *Anwendungsbereich des § 103 InsO* fällt auch, wenn die geschuldeten Leistungen noch vor Insolvenzer-

---

[66] Treffend die Befundbeschreibung „... steckt noch in den Anfängen" bei HK/*Marotzke*, § 103 InsO Rn. 101.
[67] BGH NJW 1990, 1665 = ZIP 1990, 318.
[68] Nerlich/Römermann/*Balthasar*, § 103 Rn. 53; Uhlenbruck/Hirte/Vallender/*Wegener*, § 103 Rn. 135f.

öffnung von einer Seite oder beiden Seiten teilweise erbracht worden sind und der Rest jetzt noch aussteht, wie § 105 InsO zeigt. Dabei ist es unerheblich, ob die Teilleistungen nach dem Vertragsinhalt vorgesehen (→ § 36 Rn. 1 ff.) oder sonst in Abänderung des § 266 BGB gestattet waren. Die Erfüllungswahl bewirkt in solchen Fällen stets eine *Vertragsspaltung* in die vor und in die nach Insolvenzeröffnung erbrachten bzw. zu erbringenden (Teil-)Leistungen einschließlich des darauf entfallenden Anspruchs auf die Gegenleistung; die Auswirkungen sind im Folgenden näher erörtert.

b) *Teilleistung des Vertragspartners.* Hat vor Insolvenzeröffnung der Vertragspartner teilweise geleistet, der Schuldner aber nicht, so gilt:[69] Das Erfüllungsverlangen des Insolvenzverwalters bewirkt eine Vertragsspaltung (→ Rn. 23), was für den Bereich von KO und GesO (→ § 34 Rn. 13) schon seit der sogenannten „Sachsenmilch-Entscheidung"[70] Standard war, und was sich jetzt aus § 105 S. 1 InsO ergibt (→ § 36 Rn. 1 ff.). Der Vertragspartner bleibt danach – trotz der Erfüllungswahl des Verwalters – mit dem auf seine Teilleistung entfallenden Erfüllungsanspruch Insolvenzgläubiger. Die Erfüllungswahl des Verwalters erfasst nur den bei Insolvenzeröffnung noch ausstehenden Rest und nur insoweit werden die gegenseitigen Erfüllungsansprüche zu originären Forderungen der und gegen die Masse aufgewertet. Die Rechtfertigung für diese beiden tragenden Prinzipien besteht darin, dass die Masse nur für das soll bezahlen müssen, was ihr zufließt, und dass sie umgekehrt die Gegenleistung für die von ihr erbrachten Leistungen ungeschmälert erhalten soll. Für *Sicherheiten* muss man unterscheiden: Der Vertragspartner kann sie in Höhe der seiner Vorleistung entsprechenden Gegenleistung in Anspruch nehmen. Ein darüber hinaus etwa theoretisch denkbarer Anspruch wegen Nichterfüllung wird praktisch kaum relevant werden, weil wegen der Erfüllungswahl der Sicherungsfall nicht eintreten kann, nachdem der Insolvenzverwalter zur vollen Befriedigung des Vertragspartners für die nach Insolvenzeröffnung zu erbringenden Leistungen verpflichtet ist.

c) *Teilleistung des Insolvenzschuldners.* Hat vor Insolvenzeröffnung der Schuldner teilweise geleistet, der Vertragspartner aber nicht, so gilt:[71] Auch hier kommt es zu einer Vertragsspaltung (→ Rn. 23). Im Wesentlichen muss man wie folgt unterscheiden:
– Der Erfüllungsanspruch des Insolvenzverwalters wegen der vor Insolvenzeröffnung erbrachten Leistungen des Schuldners besteht unabhängig von dem Erfüllungsverlangen; der Insolvenzverwalter zieht den Anspruch des Schuldners gemäß § 80 I InsO zur Masse. Ist dieser Anspruch vor Insolvenzeröffnung – unanfechtbar – abgetreten worden, so setzt sich diese Abtretung der Masse gegenüber durch. Der Vertragspartner kann gegen diesen Teil des Erfüllungsanspruches mit einer Insolvenzforderung, also einer Forderung aus der Zeit vor Verfahrenseröffnung, aufrechnen (§ 94 InsO).[72]
– Der Erfüllungsanspruch wegen der bei Insolvenzeröffnung noch nicht erbrachten, und dann aufgrund des Erfüllungsverlangens des Verwalters durchgeführten Leistungen steht der Masse ungeschmälert zu. Denn dieser Anspruch ist (originär) mit Qualitätssprung erst aufgrund der Erfüllungswahl, also nach Insolvenzeröffnung, begründet worden. Er wird folglich weder von einer vor Insolvenzeröffnung – unanfechtbar – vorgenommenen Abtretung erfasst noch kann gegen ihn mit einer Forderung aus der Zeit vor Verfahrenseröffnung (also einer Insolvenzforderung, § 35 InsO) aufgerechnet werden. (§ 96 I Nr. 1 InsO; → § 34 Rn. 40, 43 ff., 49.)

---

[69] Näher MüKoInsO/*Kreft*, § 103 Rn. 47 ff.; KPB/*Tintelnot,* § 103 Rn. 227 ff.
[70] BGHZ 135, 25 = NJW 1997, 2184 (Ls) = DtZ 1997, 196 = ZIP 1997, 690 = EWiR § 9 GesO 1/97, 517 *(Huber)* = LM H 6/1997 GesO Nr. 24 m. Anm. *Marotzke.*
[71] Näher MüKoInsO/*Kreft,* § 103 Rn. 51 ff. Speziell zur Bauinsolvenz *Huber* in: Messerschmidt/Voit, Privates Baurecht, 2. Aufl. 2012 , Syst Teil R, Rn. 62 ff., 74 ff.; *ders.* schon NZBau 2005, 256, 261 f.
[72] BGHZ 129, 336 = NJW 1995, 1966 = ZIP 1995, 926; ausf *Kreft* ZIP 1997, 865, 868 f. Diese unter der Herrschaft der Erlöschenstheorie ergangene Entscheidung hat weiterhin Gültigkeit.

– Mängel der vom Schuldner vor Insolvenzeröffnung erbrachten Teilleistung muss der Insolvenzverwalter nach noch herrschender Meinung mit Massemitteln beseitigen, weil er die vertragsgemäße, also mangelfreie Lieferung/Herstellung schulde (→ § 34 Rn. 28 ff.). Das soll selbst dann gelten, wenn bei Ausübung des Wahlrechts ein Mangel unbekannt war oder erst später dieser oder ein weiterer auftritt; eine andere Auffassung will dem Insolvenzverwalter (hinsichtlich des Nachbesserungsanspruchs des Vertragspartners) ein neues Wahlrecht zubilligen.[73] Richtigerweise muss man in solchen Fällen die Vertragsspaltung auch auf die mangelhafte Teilleistung vor Verfahrenseröffnung erstrecken, was in der Praxis hauptsächlich für teilbare Leistungen im Bauvertragsrecht (→ § 36 Rn. 1 ff.) von Bedeutung ist. Funktion des Wahlrechts (→ Rn. 17) und Prinzip der Vertragsspaltung (→ Rn. 23) gebieten es, den Gläubiger mit dem darauf bezogenen Erfüllungsanspruch, also dem Anspruch auf Mängelbeseitigung an der vor Insolvenzeröffnung erbrachten Teilleistung (zB der mangelhaft errichteten Tiefgarage) als Insolvenzgläubiger anzusehen.[74] Solange zu diesen Streitfragen noch keine höchstrichterliche Entscheidung vorliegt, empfiehlt es sich für einen Insolvenzverwalter, die hier gefundenen Ergebnisse durch eine entsprechende Vereinbarung mit dem Auftraggeber herzustellen, woran dieser bei sachgerechter Risikoabwägung durchaus ein Interesse haben wird.[75] Zu einem Spezialfall in der Dreiecksbeziehung Bauherr/General-/Subunternehmer → Rn. 17 aE.

III. Ablehnung der Erfüllung und unterlassene Wahlrechtsausübung durch den Insolvenzverwalter

26 **1. Grundsätze.** Die Ablehnung der Erfüllung – eine einseitige, formfreie, empfangsbedürftige Willenserklärung – hat keine Gestaltungswirkung, sondern bestätigt nur, dass es bei der schon mit Insolvenzeröffnung eingetretenen Rechtslage, also der Nichtdurchsetzbarkeit der Erfüllungsansprüche verbleibt (→ Rn. 1); entsprechendes gilt bei Schweigen des Insolvenzverwalters auf die Aufforderung des anderen Teils zur Wahlrechtsausübung (→ Rn. 8 ff.). Die materiell-rechtliche Umwandlung des Schuldverhältnisses in einen einseitigen Anspruch des Vertragsgegners wegen Nichterfüllung vollzieht sich erst, wenn sich dieser mit seiner Nichterfüllungsforderung nach § 103 II 1 InsO (→ Rn. 32 ff.) am Insolvenzverfahren durch Anmeldung zur Tabelle (§ 87 InsO) beteiligt (→ § 34 Rn. 46, 49). Diese Umgestaltung erfasst alle Ansprüche im Rahmen eines *Abrechungsverhältnisses*, mithin auch etwaige Rechte des anderen Teils wegen Mängel, und macht sie zu bloßen Rechnungsposten der (Schadensersatz-)Nichterfüllungsforderung.[76] Näher zu § 103 II 1 InsO → Rn. 32 ff.; zur Rückabwicklung eines Grundstückskaufvertrags nach Erfüllungsablehnung → Rn. 28 aE, 33.

27 An dieser Rechtslage ändert sich nichts, wenn der Schuldner noch vor Insolvenzeröffnung über seinen teilweisen oder ganzen Erfüllungsanspruch – ohne dass diesem eine entsprechende Vorleistung zugrunde liegt – ein rechtskräftiges Urteil oder eine vollstreckbare Urkunde (§ 794 I Nr. 5 ZPO) erlangt hat, zB über die erste Rate eines Eigenkapitaleinsatzes für einen Betreuungsvertrag bei einem Bauherrenmodell. Denn

---

[73] *Gottwald* NZI 2005, 588; *Kesseler* ZIP 2005, 327, 333 f.; *C. Schmitz* ZIP 2001, 765, 768; KPB/*Tintelnot*, § 103 Rn. 66a (die jedenfalls mit einer Anfechtung der Wahlrechtsausübung nach § 119 BGB helfen wollen).

[74] Ausf speziell zur Bauinsolvenz *Huber*, FS Kreft, S. 327, 333 ff. = (Nachdruck) ZInsO 2005, 449, 451 ff.; *ders.* in: *Messerschmidt/Voit*, Privates Baurecht, 2. Aufl. 2012, Syst Teil F, Rn. 66–68; *ders.*, NZBau 2005, 256, 261 f. In diese Richtung jetzt auch MüKoInsO/*Kreft* § 105 Rn. 18 (wenn auch mit anderer Begründung); aA zB Uhlenbruck/Hirte/Vallender/*Wegener* § 103 Rn. 90 und zT auch KPB/*Tintelnot* § 103 Rn. 245 ff.

[75] *Huber* in: Messerschmidt/Voit aaO; im Ergebnis wie hier *Schmitz*, Bauinsolvenz, 5. Aufl. 2011, Rn. 274 ff.

[76] BGHZ 96, 392, 395 = NJW 1986, 1176; BGH NJW 2001, 1136; *Fischer* NZI 2003, 281, 283.

auch dieser Erfüllungsanspruch ist durch die Insolvenzeröffnung nicht durchsetzbar geworden, weshalb jetzt die Einrede nach § 320 BGB besteht. Vollstreckt der Insolvenzverwalter gleichwohl aus den *Titeln,* so ist das nur dann nicht zu beanstanden, wenn er erklärt, den Vertrag durchführen zu wollen, falls sein Verhalten nicht ohnehin als schlüssige Erfüllungswahl verstanden werden kann (→ Rn. 4). Lehnt er aber eine Erfüllung ab oder schweigt er auf eine Anfrage gem. § 103 II 2 InsO, so ist die Zwangsvollstreckung unzulässig, was der Vertragsgegner im Wege der Vollstreckungsabwehrklage (§§ 767, 795 ZPO) geltend machen kann.[77]

Schließlich entfällt ein ursprünglich nach dem Vertrag begründetes *Besitzrecht* an der übergebenen – jedoch noch nicht übereigneten (dazu → Rn. 29) – Sache, und zwar jedenfalls mit Erfüllungsablehnung bzw. zu dem Zeitpunkt, ab dem der Insolvenzverwalter aufgrund seines Schweigens Erfüllung nicht mehr verlangen kann (→ Rn. 9).[78] Für einen Kaufvertrag unter Eigentumsvorbehalt gilt in der Insolvenz des Käufers aber wegen § 107 II 1 InsO etwas anderes; denn nach dem Normzweck dieser Vorschrift soll der Masse der Besitz an der Vorbehaltsware nicht vor dem dort genannten Zeitpunkt entzogen werden (näher → § 36 Rn. 20, 21). Lehnt der Verwalter im Insolvenzverfahren über das Vermögen eines Grundstückskäufers die Erfüllung des Kaufvertrages ab, kann der Verkäufer als Eigentümer aussondern;[79] näher zur Rückabwicklung → Rn. 33, beim Kaufvertrag unter Eigentumsvorbehalt über bewegliche Sachen (§ 36). 28

2. Ausschluss der Rückgabepflicht des Insolvenzverwalters nach § 105 II InsO. Anders (als in → Rn. 28) ist die Rechtslage jedoch, wenn die Leistung des Vertragspartners bereits in das Vermögen des Schuldners übergegangen war; ein Anspruch auf Rückgabe besteht dann nach § 105 S. 2 InsO nicht. Die – wegen § 119 InsO zwingende (→ § 34 Rn. 17) – Vorschrift bezieht sich nicht etwa nur auf teilbare Leistungen (iS ihres S. 1), sondern auf jede vor Verfahrenseröffnung in das Vermögen des Schuldners übergegangene, auch unteilbare Leistung.[80] Sie erfasst nicht nur Sachen, sondern meint auch Forderungen oder sonstige Rechte. Voraussetzung ist allerdings, dass es sich um einen Vollerwerb handelt (zur Anfechtung → Rn. 31); die bloß aufschiebend bedingte (§ 158 I BGB) Übertragung oder Übereignung (zum Eigentumsvorbehalt → § 36 Rn. 16) gehört deshalb nicht hierher.[81] 29

Ist die Verfügung unter einer *auflösenden Bedingung* vorgenommen worden, so endigt zwar ihre Wirkung mit dem Bedingungseintritt (§ 158 II BGB). Gleichwohl ist § 105 S. 2 InsO aber dann anwendbar, wenn die auflösende Bedingung an die Eröffnung des Insolvenzverfahrens selbst geknüpft ist oder an die Nichtzahlung und diese auf §§ 104, 115, 116 InsO beruht bzw. durch eine Handlung des Insolvenzverwalters nach §§ 109 I, 113 I InsO herbeigeführt ist.[82] Der Schuldner war nämlich zuerst Eigentümer bzw. Vollrechtsinhaber geworden. Den nach allgemeinen Vorschriften eintretenden Rückfall dieser Rechte will aber § 105 S. 2 InsO im Interesse der Insolvenzgläubiger gerade verhindern. Entsprechendes gilt, soweit dem Vertragspartner für den Fall der Nichterfüllung durch den Schuldner ein Rücktrittsrecht zusteht; trotz dessen Ausübung nach Ver- 30

---

[77] BGH NJW 2001, 1136, 1137 f.; 1987, 1702 = EWiR § 17 KO 1/87, 267 *(v. Gerkan).*

[78] Weitergehend MüKoInsO/*Kreft,* § 103 Rn. 25, 33: Ab Insolvenzeröffnung, weil Erfüllungsansprüche nicht mehr durchsetzbar sind. Im Ergebnis wie hier KPB/*Tintelnot,* § 103 Rn. 28; Uhlenbruck/Hirte/Vallender/*Wegener* § 103 Rn. 183. Abzulehnen ist die aA, bei Dauerschuldverhältnissen überdauere das Besitzrecht eine Erfüllungsablehnung, *v. Wilmowsky* ZIP 2011, 1473, 1476 ff.

[79] BGHZ 196, 160 Rn. 10 = NZI 2013, 296 = ZIP 2013, 526 = ZInsO 2013, 494; Urteilsanmerkung *Dahl/Schmitz* NZI 2013, 631.

[80] AllgM, vgl. nur MüKoInsO/*Kreft,* § 105 Rn. 38; *Marotzke,* Rn. 7.26 ff.; Nerlich/Römermann/*Balthasar,* § 105 Rn. 11; KPB/*Tintelnot,* § 105 Rn. 18.

[81] Nerlich/Römermann/*Balthasar,* § 105 Rn. 12.

[82] Uhlenbruck/Hirte/Vallender/*Wegener,* § 105 Rn. 31; KPB/*Tintelnot,* § 105 Rn. 20. Krit. *Marotzke* in: HK/*Kreft* § 105 Rn. 24.

fahrenseröffnung verbleibt die in das Vermögen des Schuldners übergegangene (Teil-) Leistung in der Masse.

31 Für die *Anfechtung* nach §§ 119 ff. BGB durch den Vertragspartner des Schuldners gilt:[83] Ist sie wirksam, so wird das Rechtsgeschäft nach § 142 I BGB als von Anfang an nichtig angesehen (→ Rn. 18). Das berührt jedoch wegen des Abstraktionsprinzips idR die Gültigkeit des vollzogenen Erfüllungsgeschäftes nicht; der Anfechtende hat mithin lediglich einen Bereicherungsanspruch (Leistungskondiktion, § 812 I BGB) als Insolvenzforderung (§ 38 InsO). Der Grund, der das Verpflichtungsgeschäft anfechtbar macht, kann aber auch das dingliche Geschäft miterfassen, wie idR bei einer Anfechtung nach § 123 BGB, oder, wenn Grund- und Erfüllungsgeschäft nach dem Willen der Parteien eine Einheit bilden (vgl. § 139 BGB). In einem solchen Fall besteht dann der Eigentumsherausgabeanspruch aus § 985 BGB, im Insolvenzverfahren also ein Aussonderungsrecht nach §§ 47, 48 InsO.

32 **3. Der Nichterfüllungsanspruch des Vertragspartners, § 103 II 1 InsO.**
a) Ob sich die *Rechtsgrundlage* hierfür aus dem Bürgerlichen Recht (§§ 280, 281 BGB; früher: §§ 325, 326, 346 ff. BGB; pVV) oder dem Insolvenzrecht ergibt, ist seit jeher streitig,[84] jedoch ohne praktische Bedeutung.[85] Jedenfalls besteht Einigkeit darüber, dass die für Schadensersatzforderungen wegen Nichterfüllung nach dem BGB geltenden Regeln grundsätzlich auch auf die dem Vertragspartner zustehende „Forderung wegen der Nichterfüllung" (vgl. Wortlaut § 103 II 1 InsO) Anwendung finden.

33 **b)** Für den *Anspruchsinhalt* ist demzufolge das Erfüllungsinteresse maßgeblich, der andere Teil also so zu stellen, wie er gestanden hätte, wenn der Vertrag ordnungsgemäß erfüllt worden wäre. Der Schaden geht auf Ersatz in Geld und besteht in der Differenz zwischen der Vermögenslage, die bei ordnungsgemäßer Erfüllung eingetreten wäre, und der, die durch die Nichterfüllung tatsächlich entstanden ist; dazu ist im Wege eines Gesamtvermögensvergleiches vorzutragen, das Herausgreifen einzelner Positionen ergibt keine schlüssige Darstellung.[86] Von diesem *Abrechnungsverhältnis* (→ Rn. 26) werden alle Ansprüche des Vertragspartners als Rechnungsposten[87] erfasst, also auch Forderungen wegen Folgeschäden auf Grund Teilleistungen des Schuldners (→ Rn. 39) oder Ansprüche wegen Mängel.[88] Einer Aufrechnung der gegenseitigen Ansprüche bedarf es folglich nicht;[89] deshalb kann bei Rückabwicklung eines Grundstückskaufvertrags nach Erfüllungsablehnung im Insolvenzverfahren über das Vermögen des Grundstückskäufers (zu dessen Aussonderungsanspruch → Rn. 28 aE) der Insolvenzverwalter Rückzahlung der vom Schuldner vor Eröffnung geleisteten Anzahlung nur abzüglich des Nichterfüllungsschadens des Verkäufers beanspruchen.[90] Berechnet wird nach der strengen Differenztheorie. Die Austauschtheorie findet keine Anwendung.[91]

34 Der Schaden kann konkret, also nach den Aufwendungen für ein Deckungsgeschäft, oder abstrakt, insb wegen eines entgangenen Gewinns (§ 252 S. 2 BGB), berechnet werden, wobei §§ 249 ff. (einschließlich § 254) BGB gelten. Dabei kommt es im ersten Fall zunächst auf den Zeitpunkt der Vornahme des Deckungsgeschäftes und wegen der

---

[83] MüKoInsO/*Kreft*, § 105 Rn. 39; KPB/*Tintelnot*, aaO.
[84] Ausführl Problemdarstellung *Marotzke*, 5.14 ff.
[85] BGHZ 68, 379, 380 = NJW 1977, 1345. In der neueren Rspr des BGH wird die Frage der Rechtsnatur überhaupt nicht mehr erwähnt, vgl. BGH NJW 1987, 1702; ähnlich wie hier Nerlich/Römermann/*Balthasar*, § 103 Rn. 61.
[86] BGH NJW 2001, 1136, 1138 = ZIP 2001, 31 = NZI 2001, 85.
[87] So auch Sprachgebrauch bei *Kayser* ZIP 2013, 1353, 1359 f.
[88] Zu § 635 aF BGB: BGHZ 96, 392, 395 = NJW 1986, 1176; BGH ZIP 1997, 1072, 1076.
[89] BGHZ 196, 160 = NZI 2013, 296 = ZIP 2013, 526 = ZInsO 2013, 494.
[90] BGHZ aaO Rn. 12; zust Urteilsanmerkung *Dahl/Schmitz* NZI 2013, 631, 632.
[91] Näher MüKoInsO/*Huber* § 103 Rn. 186, 191.

weiteren Schadensentwicklung außerdem auf alle Umstände an, die bis zur letzten mündlichen Verhandlung in der letzten Tatsacheninstanz eintreten. Für die abstrakte Schadensberechnung ist demgegenüber der Zeitpunkt der Insolvenzeröffnung maßgeblich. Das war nach der Erlöschenstheorie unzweifelhaft (s Vorauf Rn. 34), kann aber auf der Grundlage der neuen Rechtsprechung (→ § 34 Rn. 42 ff.) nicht anders beurteilt werden. Denn hier kommt es nur darauf an, wann der Rechtsgrund für die Nichterfüllungsforderung gelegt ist, ab wann also der Vertragspartner den ursprünglichen Erfüllungsanspruch nicht mehr geltend machen kann. Das ist (in Folge des Verlustes der Durchsetzbarkeit) der Zeitpunkt der Insolvenzeröffnung, mag auch eine Forderung wegen der Nichterfüllung erst unbedingt und fällig werden, wenn sich der Vertragspartner damit am Insolvenzverfahren beteiligt (→ Rn. 26).[92]

c) Die Nichterfüllungsforderung (Differenzforderung) unterliegt einer eigenen *Verjährung*, die sich nach der Verjährungsfrist des ursprünglichen Erfüllungsanspruches richtet. Sie beginnt mit Insolvenzeröffnung, weil damit der Rechtsgrund für die Nichterfüllungsforderung entsteht (→ Rn. 34 aE), nicht also etwa erst mit Zugang der Erfüllungsablehnung; das gilt auch für in das Abrechnungsverhältnis eingestellte Ansprüche wegen Mängel, die deshalb nicht etwa nach den hierfür einschlägigen Bestimmungen, zB § 634a BGB, verjähren, sondern unabhängig davon zu berücksichtigen sind, wie der BGH entschieden hat.[93] Dieses Urteil ist für die Praxis vor allem im Bereich des Baurechts von großer Bedeutung. Bisher war nämlich zweifelhaft, wann die Verjährungsfrist nach § 634a BGB bzw. § 13 IV Nr. 3 Nr. VOB/B beginnt, wenn es an einer (Teil-)Abnahme fehlt und es dazu infolge der Insolvenzeröffnung auch nicht mehr kommt; die Vorinstanz[94] hatte gemeint, dann sei der Zugang der Erfüllungsablehnung maßgeblich. Jetzt ist klargestellt, dass die sonst für die Ansprüche wegen Mängel geltenden Verjährungsvorschriften ohne Bedeutung sind. Das gilt allerdings nur im Rahmen eines Abrechnungsverhältnisses nach §§ 103 I, II 1 InsO. Für andere Fälle verbleibt es bei der allgemeinen Regel; hat also die Verjährungsfrist für einen Mangelanspruch infolge Abnahme vor Insolvenzeröffnung zB gem. § 634a I Nr. 2, II BGB bereits begonnen, so läuft diese Frist unbeschadet der Geltendmachung der Nichterfüllungsforderung weiter.[95]

d) Vom Abrechnungsverhältnis bezüglich bloßer Rechnungsposten innerhalb desselben Vertrages (→ Rn. 33) ist zu unterscheiden das Problem einer *Aufrechnung* des Vertragspartners mit seinem Nichterfüllungsanspruch gegen eine **andere** Forderung, die der Schuldner vor Insolvenzeröffnung ihm gegenüber erworben hat, die aber **nicht** auf dessen Teilleistung beruht (zur Abgrenzung → Rn. 37, 40), wozu gilt: Nach § 95 I InsO müssen die Forderungen zurzeit der Eröffnung des Insolvenzverfahrens fällig sein. Gleichwohl wurde auf der Grundlage der Erlöschenstheorie (→ § 34 Rn. 39 ff.) eine Aufrechnung zugelassen; da mit Insolvenzeröffnung der Erfüllungsanspruch erlösche, entfalle zugleich die aufschiebende Bedingung des Schadensersatzanspruches, werde folglich gleichzeitig damit die Aufrechnungslage hergestellt.[96] Das lässt sich nach der neuen Rechtsprechung zum Wahlrecht (→ § 34 Rn. 46, 49) nicht mehr halten. Da die Forderung wegen Nichterfüllung (§ 103 II 1 InsO) erst mit Geltendmachung durch den anderen Teil, mithin erst nach Insolvenzeröffnung fällig wird (→ Rn. 26, 34), die Fälligkeit der Forderung des Schuldners aber vor diesem Zeitpunkt eingetreten ist, steht der Aufrechnung § 95 I 3 InsO entgegen.[97]

---

[92] Näher MüKoInsO/*Huber*, § 103 Rn. 187 ff.; MüKoInsO/*Kreft*, § 103 Rn. 21–23.
[93] BGHZ 96, 392 = NJW 1986, 1176; aA (Zugang Erfüllungsablehnung) Uhlenbruck/Hirte/Vallender/*Wegener* § 103 Rn. 176; KPB/*Tintelnot*, § 103 Rn. 100.
[94] OLG Düsseldorf BauR 1985, 693; abl *Heidland* FS Uhlenbruck, S. 423, 442 f.
[95] BGHZ 95, 375, 382 = NJW 1986, 310; näher MüKoInsO/*Huber*, § 103 Rn. 195.
[96] Für Aufrechenbarkeit im Ergebnis auch KPB/*Tintelnot*, § 103 Rn. 102.
[97] MüKoInsO/*Kreft*, § 103 Rn. 23.

37 **4. Teilleistungen.** Sind vor Insolvenzeröffnung Teilleistungen erbracht worden (→ Rn. 23) und lehnt der Insolvenzverwalter die Erfüllung des Vertrages ab, so muss man unterscheiden: **a)** Bei *Teilleistungen des Vertragspartners* gilt:[98] Er hat durch sein Verhalten selbst auf den Schutz des Synallagmas verzichtet (→ § 34 Rn. 7), kann mithin Rückgabe der einseitig erbrachten Teilleistungen nicht verlangen (§ 105 S. 2 InsO) und nur eine Nichterfüllungsforderung als Insolvenzgläubiger anmelden (§ 103 II 1 InsO), soweit ihm nicht ein Anspruch auf abgesonderte Befriedigung zusteht (§§ 50–52, 170, 171 InsO). An einer für die Masse wertlosen, für den anderen Teil jedoch wieder nutzbaren Leistung wird dem Insolvenzverwalter allerdings ohnehin nicht gelegen sein; gibt er sie heraus, so mindert das den Schaden des Vertragspartners. Nur mit seinem der Teilleistung entsprechenden Zahlungsanspruch (Anspruch auf die Gegenleistung; zur Abgrenzung → Rn. 36) kann der Vertragspartner gegen eine Forderung des Schuldners aus der Zeit vor Insolvenzeröffnung – soweit nicht ohnehin in das Abrechnungsverhältnis einzustellen (→ Rn. 33) – aufrechnen, §§ 94, 95 I 1 InsO.

38 **b)** Ob *Teilleistungen des späteren Insolvenzschuldners* vom Insolvenzverwalter zurückverlangt werden können, hat mit § 105 InsO nichts zu tun, weil diese Bestimmung nur Vorleistungen des Vertragspartners betrifft. Man muss unterscheiden: Wenn der Schuldner eine vom Vertragspartner in Geld zu bezahlende Sachleistung teilweise erbracht hat, die dort nicht mehr vorhanden oder – wie insb im Baurecht – infolge Eigentumsübergangs nach §§ 946ff. BGB nicht mehr herauszugeben ist, kann der Insolvenzverwalter den vertraglichen Anspruch auf die Gegenleistung (falls nicht – unanfechtbar – abgetreten) geltend machen;[99] nach älterer Rechtsprechung ergibt sich das aus § 812 I 2 BGB, weil der Rechtsgrund für die Leistung nachträglich weggefallen ist.[100] Dieser Anspruch besteht aber nur insoweit, als der Wert der vom Schuldner vor Insolvenzeröffnung erbrachten Teilleistungen (zB für die Fertigstellung eines bestimmten Bauabschnitts), die ebenfalls nur noch Rechnungsposten sind (→ Rn. 26, 33ff.), den dem anderen Vertragspartner durch die Erfüllungsverweigerung entstandenen Schaden übersteigt.[101]

39 Ist die Teilleistung des Schuldners noch nicht in das Eigentum des Vertragspartners übergegangen und dort auch noch vorhanden (zum Kauf unter Eigentumsvorbehalt → § 36 Rn. 24ff.), besteht an sich der Herausgabeanspruch nach § 985 BGB. Bietet allerdings der Vertragspartner seine der Vorleistung wertmäßig entsprechende Gegenleistung an, so besteht in aller Regel für den Insolvenzverwalter kein vernünftiger Grund, sich dem zu verschließen. Der andere Teil darf dann die Vorleistung behalten und kann eine Forderung nur wegen der Nichterfüllung des restlichen Vertrages geltend machen.

40 Ob dem Vertragspartner mit seiner Forderung wegen der Nichterfüllung *generell* eine *Aufrechnung* gegen den auf die Teilleistung des Schuldners vor Insolvenzeröffnung entfallenden (nicht abgetretenen) und jetzt der Masse zustehenden Erfüllungsanspruch gestattet ist, oder ob dem – wie bei der Variante (→ Rn. 36) – § 95 I 3 InsO entgegensteht, wird im Schrifttum streitig erörtert und erscheint noch nicht vollständig geklärt.
- Entschieden wurde allerdings schon, dass bei Mängel der Teilleistung der Vertragspartner – der Nacherfüllung wegen der Nichtdurchsetzbarkeit der Erfüllungsansprüche und der Erfüllungsablehnung nicht verlangen kann – mit den Kosten der

---

[98] Näher MüKoInsO/*Kreft* § 103 Rn. 25 ff. Speziell zu Bauinsolvenz *Huber* in: Messerschmidt/Voit, Privates Baurecht, 2008, Syst Teil F Rn. 61, 73; *ders.*, NZBau 2005, 256, 260.
[99] MüKoInsO/*Kreft*, § 103 Rn. 32.
[100] BGHZ 68, 379, 381 = NJW 1977, 1345; *Kilger*/*K. Schmidt*, § 17 KO Anm. 4c, § 26 KO Anm. 8; so jetzt auch wieder *Prahl* ZInsO 2005, 658. Der bereicherungsrechtliche Ansatz wird im Schrifttum mit unterschiedlichen Begründungen und Folgerungen aber überwiegend abgelehnt, *Jaeger*/*Henckel* KO § 17 Rn. 71; *Häsemeyer* KTS 1973, 2, 7 (Fn. 17); *Musielak* AcP 179 (1979), 189, 205 ff.
[101] BGH ZIP 1997, 1072, 1076; NJW 1987, 1702.

Mängelbeseitigung aufrechnen darf.[102] Was jedoch bei mangelfreier Teilleistung gilt, ist noch offen. Richtigerweise wird man aber anzunehmen haben, dass § 95 I 3 InsO nur synallagmatisch nicht verknüpfte Forderungen und Gegenforderungen betrifft (wie oben bei Variante → Rn. 36).[103]
- Eine andere (zutreffende) Begründungsmöglichkeit besteht darin, beide Forderungen nur als Rechnungsposten zu behandeln und sie in das Abrechnungsverhältnis einzustellen (→ Rn. 26, 33), so dass nur derjenigen Seite ein Restanspruch zusteht, zu deren Gunsten ein Überschuss verbleibt.

c) Die oben dargelegten Grundsätze gelten entsprechend für *Teilleistungen beider* **41** *Teile*. Danach kann der Insolvenzverwalter die Vorleistung des späteren Insolvenzschuldners nicht schon deshalb zurückfordern, weil sie der Vertragspartner noch vor Insolvenzeröffnung bezahlt hatte, die Masse also nichts mehr erhält; insoweit kann nämlich nichts anderes gelten als im umgekehrten Fall des § 105 S. 2 InsO (→ § 35 Rn. 29): Die Erfüllungsablehnung eines vor Eröffnung des Insolvenzverfahrens beiderseits teilweise abgewickelten Vertrages darf nicht dazu führen, dass die Teilleistung des Schuldners an die Masse zurückfließt, der andere Teil sich aber wegen seiner ebenfalls schon teilweise erbrachten Gegenleistung mit der Quote begnügen muss.

§ 36. Besonderheiten einzelner Vertragstypen

Übersicht

	Rn.
I. Verträge über teilbare Leistungen (§ 105 InsO)	1
1. Abgrenzungen: Teilbarkeit/vollständige Erfüllung	1
2. Anwendungsbereich	2
a) Begriff der Teilbarkeit am Beispiel Werk-/Bauvertrag	2
b) Begriff der Unteilbarkeit von Leistungen	4
c) Sukzessivlieferungsvertrag und Wiederkehrschuldverhältnis	5
d) Energielieferungsverträge	8
3. Rechtsfolgen	12
II. Der Kauf unter Eigentumsvorbehalt	13
1. Ausgangslage	13
a) Allgemeines	13
b) Insolvenzrechtliche Folgewirkungen	15
c) Überblick zum Anwendungsbereich vom §§ 103, 107 InsO	17
2. Insolvenz des Vorbehaltskäufers	19
a) Erfüllungsverlangen des Insolvenzverwalters	19
b) Erfüllungsablehnung des Insolvenzverwalters	21
c) Rücktritt des Verkäufers wegen Zahlungsverzugs des Käufers	24
3. Insolvenz des Vorbehaltsverkäufers	31
a) Ausgangslage	31
b) Überblick zur alten Rechtslage und nach § 107 InsO	32
c) Verständnis des § 107 I 1 InsO und Verhältnis zu § 103 InsO	33
d) Abwicklung bei Vertragstreue des Käufers	34
e) Abwicklung bei Zahlungsverzug des Käufers	35
4. Sonderformen des Eigentumsvorbehalts	36
a) Verlängerter Eigentumsvorbehalt	36
b) Nachgeschalteter und weitergeleiteter Eigentumsvorbehalt	37
c) Erweiterter Eigentumsvorbehalt	38
d) Kontokorrentvorbehalt	41
III. Auftrag und Geschäftsbesorgung, §§ 115, 116 InsO	42
1. Anwendungsbereich	42
a) Grundsätze	42

---

[102] BGHZ 164, 159 = NJW 2005, 3574 = NZI 2005, 672 = ZIP 2005, 1972 = ZInsO 2005, 1164.
[103] Ausf zum Problem MüKoInsO/*Kreft*, § 103 Rn. 35; *ders*. FS Uhlenbruck, S. 387, 398.

§ 36 1–3 Kapitel III. 5. Abschnitt. Gegenseitige Verträge

Rn.
b) Verhältnis zu §§ 103, 113 InsO 44
c) Beispiele für Geschäftsbesorgungsverträge 45
2. Rechtsfolgen 47
3. Notgeschäftsführung und Insolvenzunkenntnis, §§ 115 II, III, 116 InsO 50
4. Sanierungstreuhand 53
IV. Vollmachten, § 117 InsO 54
1. Anwendungsbereich und Rechtsfolge 54
2. Notgeschäftsführung und Insolvenzunkenntnis 56

I. Verträge über teilbare Leistungen (§ 105 InsO)

1 **1. Abgrenzungen.** Die Vorschrift setzt voraus, dass „die geschuldeten Leistungen teilbar sind", besagt aber zur Teilbarkeit selbst nichts. Wie der *Begriff der Teilbarkeit* der Leistung im Sinn des § 105 InsO – der den Gedanken des § 36 II 1 VglO übernimmt[1] – bestimmt werden kann, ist im Schrifttum umstritten; eine Meinung hält eine weite Auslegung für richtig,[2] die andere eine enge.[3] Nicht zu verwechseln ist das mit dem *Begriff der vollständigen Erfüllung,* der über die Anwendbarkeit des § 103 entscheidet (→ § 34 Rn. 21 ff.). So schuldet zwar der Unternehmer (Auftragnehmer) die Herstellung des Werks und es ist der Vertrag erst erfüllt, wenn er dem Besteller (Auftraggeber) das hergestellte Werk frei von Sach- und Rechtsmängeln verschafft hat (→ § 34 Rn. 27). Eine ganz andere Frage ist es aber, ob eine teilbare Leistung im Sinn des Insolvenzrechts vorliegt, wenn das Werk vor Insolvenzeröffnung teilweise hergestellt ist, also *beispielsweise* bei einem zu errichtenden Geschäftshaus Keller und Erdgeschoss fertig gestellt, Obergeschoss und Dach aber noch nicht ausgeführt sind.

2 **2. Anwendungsbereich. a)** *Begriff der Teilbarkeit am Beispiel Werk-/Bauvertrag.* Der BGH hat sich bereits früher für einen weiten Begriff der „Teilbarkeit" ausgesprochen. Das betrifft nicht nur Bauverträge, bei denen sogar das Gesetz von der Teilbarkeit der Leistung ausgeht (vgl. §§ 632a, 641 I 2 BGB), sondern auch Fälle, in denen der Besteller schon begrifflich keine Teilleistung erhalten kann. So war es im so genannten „Schiffsbauwerk-Fall",[4] in dem es um die Herstellung eines bei Insolvenzeröffnung noch unvollendeten Schiffes, also einer nicht vertretbaren Sache ging und in dem der Unternehmer nur durch Übergabe und Übereignung des fertigen Werks erfüllen konnte (§ 651 I 1 und 2 Alt. 2 BGB aF – Werklieferungsvertrag; jetzt: § 651 S. 1 u 3 BGB). Obgleich hier – anders als im obigen Beispiel des Baus eines Geschäftshauses – der Besteller noch nichts erhalten hatte, bejahte der *BGH* die Teilbarkeit der Leistung in die vor und in die – auf Grund der Erfüllung des Vertrags durch den Insolvenzverwalter – nach Insolvenzeröffnung erbrachten Arbeiten.

3 Diese Rechtsprechung wurde im Grundsatzurteil vom 25. 4. 2002 (→ § 34 Rn. 42 ff.) bekräftigt, und zwar mit der für die Praxis sehr wichtigen und gut handhabbaren Formel, derzufolge die auf Grund gegenseitiger Verträge geschuldeten Leistungen regelmäßig teilbar sind, wenn sich die vor und nach Eröffnung des Insolvenzverfahrens erbrachten Leistungen „feststellen und bewerten lassen", was bei einem *Werkvertrag über Bauleistungen*[5]

---

[1] Begr RegE zu § 105, abgedruckt zB bei *Kübler/Prütting,* Das neue Insolvenzrecht Bd I, S. 296.
[2] MüKoInsO/*Kreft,* § 105 Rn. 12 ff.; *ders.* FS Uhlenbruck, S. 387, 396; Uhlenbruck/Hirte/Vallender/ *Wegener* § 105 Rn. 7; KPB/*Tintelnot,* § 105 Rn. 4; Nerlich/Römermann/*Balthasar,* § 105 Rn. 7; *Scheffler* ZIP 2001, 1182 f.; *Thode* ZfIR 2000, 165, 185 ff.; *Scherer* NZI 2004, 113, 117; *Runkel/Dahl* § 7 Rn. 95.
[3] *Marotzke* in: HK/*Kreft* § 105 Rn. 8; *Meyer* NZI 2001, 294, 298; *Kesseler* RNotZ 2004, 176, 204 (anders aber *ders.* in ZIP 2005, 2046, 2047 – und dennoch im wesentlichen für Unteilbarkeit von Bauleistungen).
[4] BGHZ 147, 28 = NJW 2001, 3704 = NZI 2001, 537 = ZIP 2001, 1380 = ZInsO 2001, 578.
[5] Ausführl zur Abwicklung von Bauverträgen in der Insolvenz *Huber* in: Messerschmidt/Voit, Privates Baurecht Syst Teil R; *ders.,* NZBau 2005, 177 ff., 256 ff.

nach den gleichen Regeln wie bei einer Kündigung aus wichtigem Grund erfolgt. Es kommt also nicht darauf an, ob und wie die Vertragspartner Teilleistungen bewertet haben, sondern nur darauf, wie sie sich im Zeitpunkt der Insolvenzeröffnung objektiv feststellen und bewerten lassen. Damit hat sich der *BGH* der denkbar weitesten Auslegung des § 105 InsO angeschlossen.

Weitere Beispiele – außer dem Bauvertrag – sind hauptsächlich Verträge über fortlaufende Lieferung von Waren oder Energie (→ Rn. 5 ff.) und Werkverträge; die Rechtslage zum Werklieferungsvertrag neuen Rechts (§ 651 BGB) ist noch ungeklärt.[6] Von § 105 InsO erfasst werden darüber hinaus Miet-, Pacht- und ähnliche Schuldverhältnisse, über bewegliche Gegenstände, weil diese bezüglich der vertraglich vorgesehenen Zeit sinnvoll aufteilbar sind;[7] Beispiel: Nutzung von Baucontainern.[8] Für Immobilien und Leasing gilt außerdem § 108 II InsO.

b) *Begriff der Unteilbarkeit von Leistungen.* Nach den vorstehenden Ausführungen und dem hier vertretenen Standpunkt ist grundsätzlich jede Leistung teilbar. *Unteilbar* sind deshalb praktisch nur noch höchstpersönliche Leistungen und Ansprüche auf Lieferung mehrteiliger Unikate.[9] 4

c) *Sukzessivlieferungsvertrag und Wiederkehrschuldverhältnis.* Als *Sukzessivlieferungsvertrag* bezeichnet man denjenigen Kauf- oder Werklieferungsvertrag, bei dem die Leistung in Teilen nach Bedarf und auf Abruf erbracht und bezahlt wird. Er kommt in zwei Arten vor: Beim *Ratenlieferungsvertrag* ist die Gesamtleistungsmenge, zB von Frostschutzkies zum Straßenbau, von vorneherein vereinbart und wird dann nach Abruf in Teilen, entsprechend dem Baufortschritt, angeliefert und bezahlt. Demgegenüber steht beim *Dauerlieferungs-* oder *Bezugsvertrag* die genaue Leistungsmenge bei Vertragsschluss nicht fest, sondern richtet sich nach dem Bedarf des Abnehmers, zB beim Bierlieferungsvertrag nach dem in der Gaststätte; ein solcher Bezugsvertrag setzt eine ständige Leistungsbereitschaft voraus, ist mithin ein echtes Dauerschuldverhältnis. Der Sukzessivlieferungsvertrag hat also mit den genannten Vertragstypen des BGB (§§ 433, 651) den einheitlichen Begründungsvorgang gemeinsam, unterscheidet sich von ihnen aber durch die Aufspaltung des Leistungsaustausches in mehrere Teilakte. 5

Im Gegensatz dazu entsteht das *Wiederkehrschuldverhältnis* auf Grund einer, auch stillschweigenden, Wiederholung des Vertragsschlusses bei jedem Leistungsbezug oder für einzelne Abrechnungszeiträume von Fall zu Fall neu.[10] Es beruht also nicht auf einem Einheitsvertrag, sondern setzt sich aus einer Reihe von aufeinander folgenden, jeweils selbstständigen Schuldverhältnissen zusammen, die lediglich durch die zwischen den Parteien idR für längere Zeit verabredete Geschäftsbeziehung miteinander verknüpft sind. 6

Die *Unterscheidung* zwischen Sukzessivlieferungsvertrag und Wiederkehrschuldverhältnis war im Konkursrecht sehr wichtig (ausf dazu 3. Auflage § 36 Rn. 4, 5). Darauf kommt es wegen der neuen Rechtsprechung des BGH zu den Rechtsfolgen von Insolvenzeröffnung und Erfüllungswahl und wegen § 105 S. 1 (→ Rn. 12) nicht mehr an; die genaue dogmatische Einordnung eines solchen Vertrages kann deshalb – jedenfalls aus insolvenzrechtlicher Sicht – offen bleiben. 7

d) *Energielieferungsverträge.* In aller Regel ist ein insolvent gewordenes unternehmen bis zu seiner Stilllegung oder Veräußerung auf die Versorgung mit Strom, Wasser, Gas 8

---

[6] Dazu *Kreft* FS Kirchhof, S. 275, 278 f.; *Voit* BauR 2009, 369.
[7] *Tintelnot* ZIP 1995, 616, 620; *Eckert* ZIP 1997, 2077, 2079; aA offenbar *Obermüller/Livonius* DB 1995, 27 f.
[8] BGH NJW 2001, 367, 369 = NZI 2001, 23, 25; dazu *Fischer* NZI 2001, 281, 283.
[9] MüKoInsO/*Kreft*, § 105 Rn. 21 ff.
[10] Grundlegend RGZ 148, 326, 330 (Wasserlieferungsvertrag); *Jaeger/Henckel,* § 17 Rn. 85.

oder sonstiger Energie angewiesen. Die Schwierigkeit für den Insolvenzverwalter (zum vorläufigen → Rn. 11) liegt dann darin, auch künftig Energie erhalten zu können, ohne solche Rückstände vorweg befriedigen zu müssen; eine weitere sehr wichtige Frage ist, zu welchen Bedingungen die Weiterbelieferung erfolgen soll, wenn der jetzige Insolvenzschuldner bei Vertragsschluss vor Insolvenzeröffnung Sonderkonditionen, also einen besonders günstigen Tarif ausgehandelt hatte.

9   Die Antwort darauf war im Konkursrecht bis zur sog. „Sachsenmilch-Entscheidung"[11] – in der die Regelung des § 105 S. 1 vom BGH schon vorweggenommen wurde – sehr kompliziert. Seit dem gilt, dass auch bei einer Erfüllungswahl des Verwalters Rückstände aus der Zeit vor Verfahrenseröffnung Insolvenzforderungen bleiben und nur der Neu-Bezug als Masseschuld zu bezahlen ist (→ Rn. 12), und zwar nicht etwa zum Normaltarif, sondern zu den ursprünglich von Insolvenzschuldner ausgehandelten Sonderkonditionen.

10   Der *Fortbestand von Sonderkonditionen* ist eine vom Gesetzgeber ausdrücklich gewünschte Folge,[12] die die Masse entlastet, den Vertragspartner freilich benachteiligt. Denn die Gewährung des Sondertarifes beruht auf einer Kalkulation für die gesamte Laufzeit des Vertrages,[13] die sich später wegen der Insolvenzeröffnung und des noch ungewissen Schicksals des Schuldners (Sanierung oder Liquidation) als unzutreffend herausstellt. Die Versorgungsunternehmen haben freilich den vom Gesetz erhofften Effekt in der Praxis regelmäßig dadurch unterlaufen, dass sie von der branchenüblichen Auflösungsklausel bei Insolvenzantrag gegen ihren Kunden bzw. bei Insolvenzeröffnung über sein Vermögen Gebrauch gemacht haben. Diesen Weg ist seit dem Grundsatzurteil des *IX. Zivilsenats des BGH* zur *Unwirksamkeit insolvenzbedingter Lösungsklauseln bei einem Vertrag über die fortlaufende Lieferung von Waren oder Energie* verschlossen (ausf → § 35 Rn. 13 ff.; zum früheren Recht s 4. Aufl. am selben Ort). Praktische Konsequenzen[14] sind:

- Von einer solchen Lösungsklausel darf kein Gebrauch (mehr) gemacht werden mit der Folge einer Weiterbelieferungspflicht zu den bisherigen Bedingungen im Eröffnungsverfahren und nach Insolvenzeröffnung bis zur Wahlrechtsausübung des Insolvenzverwalters, der vermutlich die Erfüllung des massegünstigen Vertrages verlangen wird. Benötigt er bei der anschließenden Vertragsabwicklung dann keine weiteren Lieferungen mehr, muss er nach den im Vertrag vereinbarten Regeln kündigen.
- Gibt es – was gerade im Energiesektor vorkommen kann – günstigere Bezugsmöglichkeiten, kommt eine Kündigung schon im Eröffnungsverfahren durch einen starken vorläufigen Verwalter oder sonst durch den Schuldner mit Zustimmung des schwachen (mitbestimmenden) vorläufigen Verwalters in Betracht. Ergibt sich eine solche Lieferquelle erst nach Verfahrenseröffnung aber vor einem Erfüllungsverlangen, bedarf es keiner Kündigung, vielmehr lehnt der Insolvenzverwalter die Erfüllung ab.

11   Beim *Energiebezug durch den vorläufigen Insolvenzverwalter*, also in der Zeit ab Anordnung der Sicherungsmaßnahme bis zur Insolvenzeröffnung, ist zu beachten: Da ihm das Wahlrecht nach § 103 InsO nicht zusteht (→ § 35 Rn. 1, 2), ist § 55 I Nr. 2 InsO nicht einschlägig. Der Energiebezug durch den „starken" (vom BGH neuerdings auch „alleinbestimmenden" genannten) vorläufigen Insolvenzverwalter ist aber ohnehin als Masseschuld zu begleichen, entweder nach § 55 II 1 InsO (weil die Verfügungsbefugnis über das Vermögen des Schuldners auf ihn übergegangen war, § 22 I 1 InsO) oder nach § 55 II 2 InsO (Inanspruchnahme der Gegenleistung). Entsprechendes gilt für einen

---

[11] BGHZ 135, 25 = DtZ 1997, 196 = ZIP 1997, 690 = EWiR § 9 GesO 1/97, 517 *(Huber)*.
[12] Begründung RegE § 105 InsO, abgedruckt zB bei *Kübler/Prütting*, Das neue Insolvenzrecht Bd I, S. 296.
[13] *Tintelnot* ZIP 1995, 616, 619. Krit zu dieser Regelung *Marotzke* in: HK/*Kreft* § 105 Rn. 10.
[14] Dazu schon *Huber* ZIP 2013, 493, 498 ff.

"schwachen" (vom BGH neuerdings auch „mitbestimmenden" genannten) vorläufigen Insolvenzverwalter (§§ 21 I, 22 II InsO) mit einer vom Insolvenzgericht erteilten Einzelermächtigungsbefugnis zur Begründung einer Masseverbindlichkeit; selbst wenn es daran fehlt, sind dessen Zahlungen aber als Bargeschäft (§ 142 InsO) grundsätzlich unanfechtbar, in der Praxis also problemlos.

3. Rechtsfolgen. Die Vorschrift enthält zwingendes Recht (→ § 34 Rn. 17). Man muss unterscheiden:
– Nach *§ 105 S. 1 InsO* kann der Vertragspartner, der die ihm obliegende Leistung bei Insolvenzeröffnung bereits teilweise erbracht hat, den hierauf entfallenden Teil seines Erfüllungsanspruches nur als Insolvenzgläubiger geltend machen, selbst wenn der Insolvenzverwalter wegen der noch ausstehenden Leistung Erfüllung verlangt. Es kommt also zur *Vertragsspaltung*. Der noch offene Anspruch auf die Gegenleistung ist daher im Insolvenzverfahren gem. §§ 38, 87, 174 ff. InsO zu verfolgen und wird dort mit der Insolvenzquote bedient. Der Verwalter hat nur den mit seinem Erfüllungsverlangen abgerufenen Rest der Teilleistung als Masseschuld nach § 55 I Nr. 2 InsO voll und vorab zu begleichen. Wegen der Einzelheiten zur Behandlung der Teilleistungen bei Erfüllungsverlangen wird auf § 35 Rn. 23 ff., wegen der bei Erfüllungsablehnung auf § 35 Rn. 37 ff. verwiesen.
– Die *Rechtsfolgen nach § 105 S. 2 InsO* sind schon erörtert (→ § 35 Rn. 29).

II. Der Kauf unter Eigentumsvorbehalt

1. Ausgangslage. a) *Allgemeines.* Behält sich der Verkäufer einer beweglichen Sache das Eigentum bis zur Zahlung des Kaufpreises vor, so bedeutet das: Der Kaufvertrag selbst ist unbedingt geschlossen, der Verkäufer also schuldrechtlich zur Übergabe der Sache und zu ihrer allerdings nur bedingten Übereignung sowie zur Stundung des Kaufpreises verpflichtet; weitere Verpflichtung ist nach neuem Schuldrecht (§ 433 I 2 BGB) die Verschaffung der Sache frei von Mängeln (→ Rn. 16). Das dingliche Rechtsgeschäft steht demgegenüber unter einer Bedingung, und zwar im Zweifel (vgl. § 449 I BGB) unter der aufschiebenden Bedingung vollständiger Kaufpreiszahlung (§§ 929, 158 I BGB); der Verkäufer bleibt mithin (Vorbehalts-)Eigentümer, während der Käufer zunächst nur ein Anwartschaftsrecht erlangt, das erst mit Bedingungseintritt zum Vollrecht erstarkt. Das alles gilt auch bei Lieferung herzustellender oder zu erzeugender beweglicher Sachen, worauf Kaufrecht Anwendung findet (§ 651 S. 1 BGB).

Dieser sog. *einfache Eigentumsvorbehalt* (zu Sonderformen → Rn. 36 ff.) hat im Warenverkehr große wirtschaftliche Bedeutung. Seine Vereinbarung (näher dazu → § 43 Rn. 1 ff.) erlaubt dem Käufer den Erwerb und die Nutzung einer Sache schon zu einer Zeit, zu welcher er den Kaufpreis noch nicht oder nur zum Teil aufbringen kann, und öffnet umgekehrt dem Verkäufer einen Absatzmarkt, der ihm bei einer Zug-um-Zug-Abwicklung nach §§ 433, 320, 322 BGB („Ware gegen Geld") verschlossen bliebe. Darüber hinaus sichert das vorbehaltene Eigentum die Kaufpreis-(rest)-forderung, ermöglicht also den Vertragspartnern zugleich die Durchführung eines Warenkreditgeschäftes ohne Einschaltung eines Dritten, des sog. Geldkreditgebers.

b) *Insolvenzrechtliche Folgewirkungen.* Der zur Abwicklung eines solchen Rechtsgeschäftes benötigte, von der Anzahl der Raten abhängige, möglicherweise also recht lange Zeitraum bringt aber auch Nachteile für beide Seiten mit sich, insb die Gefahr, dass eine Partei insolvent wird, bevor der Kaufpreis endgültig bezahlt ist. Tritt dieser Fall ein, so stellt sich vorrangig die Frage, ob der gegenseitige Vertrag beiderseits noch unerfüllt oder schon von einem Teil voll erfüllt ist. Denn nur der zuerst genannte Sachverhalt gehört in den Bereich des § 103 InsO (→ § 34 Rn. 6–11).

16 Eine vollständige Erfüllung durch den Käufer liegt jedenfalls angesichts der noch offenen Raten nicht vor. Zweifelhaft kann aber sein, ob der Verkäufer seine Verpflichtungen bereits ganz erbracht hat, wenn die Sache frei von Sach- oder Rechtsmängel ist (Rechtslage bei Mängel → § 34 Rn. 28 ff.). Denn er schuldete nach dem Kaufvertrag nur die tatsächlich auch bewirkte bedingte Übereignung der Sache. Das genügt aber nicht. Für den Erfüllungsbegriff des § 103 InsO kommt es nämlich nicht auf den Abschluss der Leistungshandlung, sondern auf den Eintritt des Leistungserfolges an (→ § 34 Rn. 22). Deshalb hat nach hM[15] auch beim Vorbehaltskauf der Verkäufer erst dann voll erfüllt, wenn das Eigentum auf den Käufer übergeht.

17 c) *Überblick zum Anwendungsbereich von §§ 103, 107 InsO.* War im Zeitpunkt der Insolvenzeröffnung die letzte Rate nicht bezahlt und das Eigentum deshalb noch nicht übergegangen, so ist der Kaufvertrag beiderseits unerfüllt (→ Rn. 16), folglich § 103 InsO anwendbar. Für bestimmte Fälle geht jedoch § 107 InsO als Sonderregel vor (→ § 34 Rn. 17). Dessen Abs. 1 S. 1 sichert in der *Insolvenz des Vorbehaltsverkäufers* zugunsten des vertragstreuen Käufers die Abwicklung des Vertrages; S. 2 erweitert den Schutz auf Sachverhalte, in denen der Schuldner weitere noch nicht erfüllte Verpflichtungen übernommen hat (→ Rn. 25). Die *Insolvenz des Vorbehaltskäufers* betrifft § 107 II InsO, der in seinem S. 1 die dem Insolvenzverwalter zustehende Überlegungsfrist für die Ausübung des Wahlrechts verlängert, falls nicht die Ausnahme des S. 2 eingreift (→ Rn. 20).

18 Im Übrigen gilt zu den im Gesetz für die Anwendung der Sondervorschrift aufgezählten *Voraussetzungen:* Seinem Wortlaut nach verlangt § 107 I 1 InsO nur den Abschluss des Kaufvertrages unter Eigentumsvorbehalt und die Besitzübertragung der Sache auf den Käufer jeweils vor Eröffnung des Insolvenzverfahrens über das Vermögen des Vorbehaltskäufers. Das bedarf in zweifacher Hinsicht einer Klarstellung: Nicht erwähnt, weil ersichtlich als Selbstverständlichkeit angesehen, ist die – aufschiebend bedingte – Übereignung, also das dingliche Rechtsgeschäft, das mithin ebenfalls vor Verfahrenseröffnung liegen muss.[16] Zum anderen braucht der Besitz nicht vom Verkäufer „übertragen" zu sein; damit wird nur an den Regelfall des § 433 I 1 BGB angeknüpft, eine Übereignung nach § 929 S. 2 BGB jedoch nicht ausgeschlossen.[17] Entsprechend ist § 107 II 1 InsO zu verstehen.

19 2. **Insolvenz des Vorbehaltskäufers. a)** *Erfüllungsverlangen des Insolvenzverwalters.* In diesem Falle muss der Verwalter den vollen Kaufpreisrest als Masseschuld nach § 55 I Nr. 2 InsO begleichen, freilich nicht auf einmal, sondern entsprechend den vertraglichen Vereinbarungen. Die Sache bleibt dann in der Masse, weil das Recht zum Besitz fortbesteht, §§ 986 I 1, 433 BGB. Mit der Zahlung der letzten Rate tritt die von der aufschiebenden Bedingung abhängig gemachte Wirkung (§ 158 I BGB) ein, fällt also das Eigentum endgültig in die Masse.

20 Ist der Insolvenzverwalter vom Vorbehaltsverkäufer zur Ausübung des Wahlrechts aufgefordert worden, so braucht er die Erklärung, ob Erfüllung verlangt wird, wegen der Sondervorschrift des § 107 II 1 InsO erst „unverzüglich nach dem Berichtstermin" (§ 156 InsO) abzugeben (→ § 35 Rn. 9). Die *verlängerte Überlegungsfrist* soll nach dem Willen des Gesetzgebers verhindern,[18] dass der Verkäufer seine unter Eigentumsvorbe-

---

[15] BGH NJW 1962, 2296; NJW 1980, 226, 227; BGHZ 98, 160, 168 = NJW 1986, 2948; Palandt/*Putzo*, § 449 Rn. 8. Zur InsO vgl. nur MüKoInsO/*Ott/Vuia* § 107 Rn. 3.

[16] *Jauernig/Berger,* § 49 III Rn. 11; *Marotzke* (JZ 1995, 803, 805 ff.) vermisst demgegenüber einen entsprechenden Hinweis im Gesetz.

[17] *Jauernig/Berger* (aaO) mit folgendem Beispiel: Der Mieter kauft die ihm auf Weisung des Vermieters vom Hersteller übersandte Mietsache vom Vermieter unter Eigentumsvorbehalt.

[18] Begründung RegE zu § 107, abgedruckt zB bei *Kübler/Prütting,* Das neue Insolvenzrecht Bd I, S. 298.

halt gelieferte bewegliche Sache gem. § 985 BGB iVm § 47 InsO aus dem Unternehmen des Schuldners herausziehen kann, bevor im Berichtstermin über das weitere Vorgehen (vorübergehende Fortführung/Sanierung/Liquidation) entschieden ist. Die – zwingende (→ § 34 Rn. 17) – Vorschrift des § 107 II 1 InsO begründet folglich ein sonstiges Recht zum Besitz im Sinn des § 986 I BGB. Zum *Rücktritt des Verkäufers* bei Zahlungsverzug des Käufers → Rn. 24. Bei der *ordentlichen Überlegungsfrist* des § 103 II 1 InsO verbleibt es jedoch für leicht verderbliche Ware und Saisonartikel, wenn der Gläubiger den Verwalter darauf hingewiesen hat; § 107 II InsO gilt außerdem nicht im vereinfachten Insolvenzverfahren (→ § 35 Rn. 19).

b) *Erfüllungsablehnung des Insolvenzverwalters.* Gibt der Verwalter diese Erklärung ausdrücklich ab oder schweigt er trotz Aufforderung, so verbleibt es bei den allgemeinen Regeln nach § 103 InsO. Erfüllungsanspruch, Anwartschaftsrecht und Recht zum Besitz entfallen,[19] weshalb der Verkäufer den Kaufgegenstand aussondern kann (§ 47 InsO; → § 43 Rn. 7), ohne daran durch § 105 S. 2 InsO gehindert zu sein (→ § 35 Rn. 28, 29); einer Fristsetzung für die – nach neuem Schuldrecht gleichwohl erforderliche – Rücktrittserklärung des Verkäufers bedarf es nicht (→ Rn. 29). Der Eigentumsvorbehalt erfüllt also jetzt seinen Zweck, der in der Sicherung gerade auch für den Fall der Insolvenz des Käufers besteht. Die schon geleisteten Raten muss der Verkäufer allerdings nach §§ 346 ff. BGB zurückerstatten, darf davon aber seine eigene Nichterfüllungsforderung (§ 103 II 1 InsO) abziehen (→ § 35 Rn. 33, 36 ff.); diese Rechtslage wurde auch schon oben bei der Rückabwicklung eines Grundstückskaufvertrags nach Erfüllungsablehnung des Verwalters beschrieben (→ Rn. 33), die dort zitierte Entscheidung gilt entsprechend.[20] Hatte der Vorbehaltsverkäufer das Eigentum an der Kaufsache auf eine Bank, die für den Käufer den Erwerb finanziert hat, übertragen, kann diese das vorbehaltene Eigentum allerdings nicht aussondern, ist vielmehr wie ein Sicherungseigentümer lediglich zur abgesonderten Befriedigung berechtigt.[21]

Umgekehrt kann es freilich dazu kommen, dass selbst eine bereits zum größten Teil bezahlte Ware dem Verkäufer wieder aufgedrängt und er im dargelegten Umfang zur Rückzahlung der Raten gezwungen wird. Auch dieses Ergebnis ist jedoch nicht zu beanstanden. Insoweit hat sich nämlich nur dasjenige Risiko verwirklicht, mit dem der Verkäufer schon bei Vertragsschluss gerechnet und gegen das er sich durch den Eigentumsvorbehalt zu schützen gesucht hatte. Den Kaufgegenstand, sein Eigentum, erhält er auch wieder zurück. Für eine darüber hinausgehende Sonderbehandlung besteht kein Anlass. Der Verkäufer muss es hinnehmen, dass der Insolvenzverwalter die Vertragserfüllung letztlich nur deshalb ablehnt, weil das für die Masse am vorteilhaftesten ist; denn darin liegen Sinn und Zweck des § 103 InsO (→ § 35 Rn. 17).

Hatte vor der Insolvenzeröffnung eine *Übertragung des Anwartschaftsrechtes* durch den Schuldner (Käufer) auf einen Dritten stattgefunden, so ist dieser Inhaber des nunmehr gefährdeten Anwartschaftsrechts und deshalb entsprechend § 268 BGB zur Ablösung berechtigt.[22] Leistet er die noch offenen Raten an den Verkäufer, so geht das Eigentum an der Sache im Wege des Direkterwerbs auf ihn über.

c) *Rücktritt des Verkäufers wegen Zahlungsverzugs des insolvent gewordenen Käufers.* Dafür gelten folgende Grundsätze:[23]

Der Rücktritt des Verkäufers *vor Eröffnung des Insolvenzverfahrens* über das Vermögen des Käufers richtet sich ausschließlich nach § 323 I BGB. Voraussetzung ist danach ne-

---

[19] BGH NJW 2007, 1594 (Rn. 12) = NZI 2007, 335 = ZIP 2007, 778.
[20] BGHZ 196, 160 = NZI 2013, 296 = ZIP 2013, 526 = ZInsO 2013, 494.
[21] BGHZ 176, 86 = NZI 2008, 357 = ZIP 2008, 842.
[22] MüKoInsO/*Ott*, § 107 Rn. 32.
[23] Ausführl dazu jeweils mit näheren Begründungen und Nachw zum Streitstand im Schrifttum *Huber* FS Musielak, S. 267 ff.; Nachdruck dieses Beitrags in NZI 2004, 57 ff.

ben der Fälligkeit einer Kaufpreisrate (in aller Regel kalendermäßig genau bestimmt), die Setzung einer angemessenen Frist zur Leistung, sofern das nicht bei Vertragsschluss wirksam abbedungen wurde. Die Fristsetzung ist nicht gemäß § 323 II BGB entbehrlich; der Rücktritt kann auch nicht nach § 323 IV BGB schon vor Fälligkeit der Leistung erfolgen.

26 An der Wirksamkeit des Rücktritts *im Eröffnungsverfahren* bei abbedungener Fristsetzung oder bei Ablauf der vor Insolvenzantrag wirksam gesetzten Frist besteht kein Zweifel. Eine Rücktrittssperre gemäß § 112 Nr. 1 InsO analog gibt es nicht. Die vom Verkäufer *nach Insolvenzantrag gesetzte Frist* ist nur dann angemessen im Sinn des § 323 I BGB, wenn sie nicht vor Ablauf der dem Insolvenzverwalter in § 107 II InsO eingeräumten Überlegungszeit endet. Entspricht die Fristsetzung dem nicht, wird gleichwohl die beschriebene Frist in Gang gesetzt. Ein vor Ablauf des genannten Zeitpunkts erklärter Rücktritt ist unwirksam.

27 Endet das Eröffnungsverfahren mit *Abweisung des Insolvenzantrages* mangels Masse oder Zurückweisung des Eigenantrags des Schuldners, kann der Rücktritt ohne Fristsetzung erfolgen. Letzteres gilt nicht generell bei Zurückweisung des Insolvenzantrages eines Gläubigers; für den Verkäufer empfiehlt sich deshalb vor einem Rücktritt vorsichtshalber die Setzung einer kurzen Frist zur Leistung.

28 *Nach Eröffnung des Insolvenzverfahrens* über das Vermögen des Käufers ist ein Rücktritt gemäß § 323 I BGB wegen der neuen Rechtsprechung des BGH zum Verlust der Durchsetzbarkeit der Erfüllungsansprüche ab Insolvenzeröffnung (→ § 34 Rn. 42 ff.) „gesperrt". Der Verkäufer kann die Ungewissheit hinsichtlich Erfüllung/Nichterfüllung des Vertrages durch Aufforderung an den Insolvenzverwalter zur Wahlrechtsausübung begrenzen. Erklärt sich daraufhin der Verwalter nach dem Berichtstermin nicht unverzüglich, kann er auf Erfüllung nicht bestehen, §§ 107 II, 103 II S. 3 InsO.

29 *Wählt der Insolvenzverwalter nicht* die Erfüllung des Vertrages, ist der Verkäufer zum sofortigen Rücktritt berechtigt, der mit dem Verlangen nach Herausgabe (Aussonderung) des Kaufgegenstandes verbunden werden kann; Besitzrecht und Anwartschaftsrecht entfallen. Hatte der Verkäufer vorher keine Frist nach § 323 I BGB gesetzt, bedarf es dessen nicht mehr.

30 *Wählt der Insolvenzverwalter Erfüllung,* wird der Vertrag nach allgemeinen Regeln abgewickelt; der offene Kaufpreis ist als Masseschuld voll und vorweg entsprechend den vertraglich festgelegten Fälligkeiten zu entrichten, mit Bedingungseintritt fällt das Eigentum am Kaufgegenstand in die Masse. Erfüllt der Insolvenzverwalter die ihm obliegenden Zahlungspflichten nicht, kann der Verkäufer gemäß § 323 I BGB nach Fristsetzung zurücktreten und Herausgabe nach §§ 985, 346 I BGB im Wege der Aussonderung (§ 47 InsO) fordern.

31 **3. Insolvenz des Vorbehaltsverkäufers. a)** Insoweit unterscheidet sich die *Ausgangslage* erheblich von jener in der Insolvenz des Käufers. Denn dort war der Schuldner Inhaber des Anwartschaftsrechts, gehörte dieses also zur Masse und konnte mithin vom Insolvenzverwalter „aufgegeben" werden. Bei dem jetzt zu beurteilenden Sachverhalt steht das Anwartschaftsrecht aber dem Vertragsgegner zu, würde also durch die Erfüllungsablehnung mit der Folge „zerstört", dass der Verwalter die Sache nach § 985 BGB herausverlangen und den Käufer auf eine Forderung wegen Nichterfüllung (§ 103 II 1 InsO) verweisen könnte. Außerhalb des Insolvenzverfahrens dürfte sich der Verkäufer freilich nicht wegen seines eigenen wirtschaftlichen Zusammenbruchs vom Vertrag lösen, sondern nur bei einem Zahlungsverzug des anderen Teils zurücktreten (§ 323 BGB), von dem hier aber keine Rede sein kann.

32 **b)** *Überblick zur alten Rechtslage und § 107 InsO.* Ob wegen der beschriebenen Problemlage dem Verwalter gleichwohl ein Wahlrecht zustehen, er also auch die Erfüllung

des Vertrages ablehnen kann, war für den *Bereich von KO und GesO* (→ § 34 Rn. 13) umstritten, wird jetzt aber durch § 107 I InsO beantwortet. Nach S. 1 dieser Bestimmung kann der Käufer – eines in → Rn. 18 bezeichneten Kaufvertrages unter Eigentumsvorbehalt – „die Erfüllung des Kaufvertrages" verlangen; dies gilt nach S. 2 auch, wenn der Schuldner ihm gegenüber weitere Verpflichtungen (zB Aufstellen oder Einbau der Ware beim Käufer oder dessen Anleitung/Instruktion) übernommen hat und diese noch nicht vollständig erfüllt sind.

c) *Verständnis des § 107 I 1 InsO und Verhältnis zu § 103 InsO.* Für die Insolvenz des Vorbehaltsverkäufers enthält § 107 I 1 InsO eine echte Sondervorschrift gegenüber der Grundnorm des § 103 InsO zur Abwicklung gegenseitiger Verträge. Das Ergebnis erscheint vergleichbar demjenigen bei vorgemerkten Ansprüchen (§ 106 InsO). Hier wie dort kann der Gläubiger vom Insolvenzverwalter Erfüllung in derselben Art und Weise verlangen, wie er sie außerhalb des Insolvenzverfahrens vom Schuldner hätte beanspruchen können (→ § 38 Rn. 17). Aus § 107 I 1 InsO folgt damit der Sache nach nichts anderes als der Fortbestand des Vertrages mit Wirkung gegen die Insolvenzmasse; zur Begründung des Erfüllungsanspruchs des Vorbehaltskäufers genügt es, wenn dieser mittelbaren Besitz erlangt.[24] . Das Anwartschaftsrecht des Vorbehaltskäufers ist folglich insolvenzfest; er behält außerdem sein Recht zum Besitz. Das wird häufig auch mit der Aussage[25] umschrieben, § 107 I InsO schließe das Wahlrecht bzw. eine Erfüllungsablehnung des Insolvenzverwalters aus. Missverständlich spricht das Gesetz im Übrigen davon, der Käufer könne „Erfüllung des Kaufvertrages" verlangen; denn der Verkäufer, der spätere Insolvenzschuldner, hat seine Verpflichtungen ohnehin schon vor Verfahrenseröffnung erbracht, lediglich der Leistungserfolg steht noch aus (→ Rn. 16). Letzterer muss aber umgekehrt nicht etwa erst über § 107 I 1 InsO sichergestellt werden,[26] sondern tritt nach allgemeinen Regeln ein (→ Rn. 34). 33

d) *Abwicklung bei Vertragstreue des Käufers.* Der Insolvenzverwalter zieht die noch ausstehenden Kaufpreisraten gemäß ihrer Fälligkeit ein, bei Bedingungseintritt erwirbt der Käufer Eigentum (→ Rn. 13). Letzterem steht § 91 I InsO nicht entgegen. Zwar können nach dieser Vorschrift Rechte an den zur Masse gehörenden Gegenständen nach Verfahrenseröffnung mit Wirkung gegenüber den Insolvenzgläubigern nicht erworben werden; das gilt aber nicht für ein schon vor Insolvenzeröffnung bedingt entstandenes Recht, wie der Rechtsgedanke des § 161 I 2 BGB zeigt (→ § 31 Rn. 23). 34

e) *Abwicklung bei Zahlungsverzug des Käufers.* In diesem Fall ist der Insolvenzverwalter nach § 323 BGB zum Rücktritt vom Vertrag berechtigt und kann anschließend Herausgabe des Kaufgegenstandes gem. § 985 BGB fordern (§ 449 II BGB). War der Käufer mit den Ratenzahlungen schon vor Insolvenzeröffnung in Rückstand geraten, ihm aber damals vom Verkäufer (dem späteren Insolvenzschuldner) Zahlungsaufschub bewilligt worden, so muss der Verwalter das – vorbehaltlich einer Insolvenzanfechtung – hinnehmen (→ § 35 Rn. 20). 35

4. Sonderformen des Eigentumsvorbehalts. a) Beim *verlängerten Eigentumsvorbehalt* ermächtigt der Verkäufer den Käufer zur Weiterveräußerung der Vorbehaltsware im ordentlichen Geschäftsverkehr und lässt sich dafür die aus einem solchen Geschäft entstehende Forderung abtreten (→ § 43 Rn. 28 ff.). Der Dritte erwirbt dann Eigentum nach §§ 929, 185 I BGB; das Eigentum des Verkäufers und das Anwartschaftsrecht des Käufers gehen unter. Die anschließende Eröffnung des Insolvenzverfahrens 36

---

[24] OLG Düsseldorf NZI 2013, 303 = ZIP 2013, 327 (Vereinbarung eines verwahrähnlichen Verhältnisses zwischen den Kaufvertragsparteien zwecks Herrichtung des vertragsgegenständlichen Fahrzeugs zur bereits terminierten Zulassung.
[25] Vgl. Nerlich/Römermann/*Balthasar*, § 107 Rn. 9; FK/*Wegener*, § 107 Rn. 14.
[26] So aber *Marotzke* JZ 1995, 803, 814.

über das Vermögen eines dieser Vertragspartner des ursprungsgeschäftes ändert daran nichts mehr. Da der Masse kein Recht mehr zusteht, ist auch § 103 InsO unanwendbar.

37 **b)** Von einem *nachgeschalteten Eigentumsvorbehalt* spricht man, wenn der Käufer die Sache an den Dritten unter eigenem Eigentumsvorbehalt weiterverkauft, ohne den seines Verkäufers offen zu legen (→ § 43 Rn. 18). Das führt zu zwei jeweils aufschiebend bedingten Übereignungen, die erst beim Eintritt wenigstens einer Bedingung das Eigentum des Verkäufers erlöschen lassen.[27] In der Insolvenz des Verkäufers gilt bei Vertragstreue des Käufers § 107 InsO (→ Rn. 34); bei Zahlungsverzug des Käufers (→ Rn. 35) hilft dem Insolvenzverwalter ein Rücktritt nach § 323 BGB aber nicht, wenn der Dritte schon vor Verfahrenseröffnung bezahlt und folglich (gutgläubig) Eigentum erworben hatte.

38 **c)** Der *erweiterte Eigentumsvorbehalt* sichert nicht nur den Anspruch aus dem zugrunde liegenden Rechtsgeschäft, sondern darüber hinaus alle anderen Forderungen gegenüber dem Käufer aus der Geschäftsverbindung, erledigt sich also erst, wenn der Verkäufer auch insoweit vollständig befriedigt ist (→ § 43 Rn. 19). Durch einen solchen Eigentumsvorbehalt werden freilich nicht etwa alle Rechtsgeschäfte zu einem einheitlichen Schuldverhältnis zusammengefasst, das dann iS des § 103 InsO noch nicht vollständig erfüllt wäre, solange es noch am Ausgleich aller Forderungen und dem davon abhängigen Eigentumsübergang bezüglich der Vorbehaltsware fehlte. Die schuldrechtliche Selbstständigkeit der einzelnen Kaufverträge bleibt vielmehr unberührt. Ein erweiterter Eigentumsvorbehalt in Form eines Konzernvorbehalts ist nach § 449 II BGB nichtig; wirksam bleiben jedoch die einfachen Eigentumsvorbehalte zugunsten der Lieferantin.[28]

39 Wegen dieser Nähe zur Sicherungsübereignung steht dem Verkäufer an der schon bezahlten Ware in der *Insolvenz des Käufers* kein Aus-, sondern nur ein Absonderungsrecht zu.[29] Für die *Insolvenz des Verkäufers* muss man unterscheiden: Bei noch unbefriedigter Kaufpreisforderung gilt § 107 I InsO. Ist sie aber schon vollständig beglichen, dient die Vorbehaltsware also der Sicherung anderer Ansprüche aus der Geschäftsbeziehung, so wirkt auch hier der erweiterte Eigentumsvorbehalt lediglich wie eine Sicherungsübereignung.

40 Hieraus folgt zugleich, dass der Verwalter, der in der *Insolvenz des Käufers Erfüllung* des Vorbehaltskaufes verlangt, nur den diesem Rechtsgeschäft zugrunde liegenden noch offenen Anspruch (§ 433 II BGB) und nicht etwa alle vom erweiterten Eigentumsvorbehalt erfassten Forderungen als Masseschuld nach § 55 I Nr. 2 InsO begleichen muss. Denn die einzelnen Verträge sind, wie dargelegt, rechtlich selbstständig, bilden also kein einheitliches Schuldverhältnis iS des § 103 InsO. Durch die Zahlung des Kaufpreisrestes für die Vorbehaltsware fällt diese mithin in die Masse und hätte der erweiterte Eigentumsvorbehalt jetzt nur mehr die Funktion einer Sicherungsübereignung. Gleichwohl entsteht in diesem Falle wegen § 91 I InsO kein Absonderungsrecht für den Verkäufer, der demzufolge mit seinen übrigen Forderungen aus der Geschäftsverbindung lediglich Insolvenzgläubiger ist.

41 **d)** Anders als zuletzt dargestellt ist die Rechtslage aber beim sog. *Kontokorrentvorbehalt*. Er hat mit dem erweiterten Eigentumsvorbehalt den Sicherungsumfang gemeinsam, unterscheidet sich von ihm jedoch durch die Kontokorrentabrede, also durch die Vereinbarung, dass der Eigentumsvorbehalt auch den Schlusssaldo (vgl. § 355 HGB) sichert (→ § 43 Rn. 20). Zwar endet der Kontokorrentvertrag mit der Eröffnung des Insolvenzverfahrens (→ Rn. 45). Der sich dabei ergebende sog. kausale Schlusssaldo

---

[27] BGHZ 56, 34 = NJW 1971, 1038.
[28] BGHZ 176, 86 (Rn. 8) = NZI 2008, 357 = ZIP 2008, 842.
[29] So schon BGH NJW 1971, 799.

bestand aber dem Grunde nach schon vorher, entsteht also nicht, wie es § 91 I InsO voraussetzt, erst nach Insolvenzeröffnung.

III. Auftrag und Geschäftsbesorgung, §§ 115, 116 InsO

1. Anwendungsbereich. a) *Grundsätze.* Die Bestimmungen erfassen ausweislich ihres Wortlauts nur diejenigen Aufträge und Geschäftsbesorgungsverträge, die der *Schuldner als Auftraggeber oder Geschäftsherr* geschlossen hat und die sich auf sein *in die Insolvenzmasse gehöriges Vermögen* beziehen. Aus Letzterem folgt: Der Bezug des Auftrages/Geschäftsbesorgungsvertrages zur Insolvenzmasse – zu der auch der Neuerwerb gehört (§ 35 InsO) – ist positive Tatbestandsvoraussetzung, die der Insolvenzverwalter zu beweisen hat, wie der Vergleich mit § 23 I 1 KO („..., es sei denn, dass ...) ergibt; unberührt bleiben deshalb solche Verträge dann, wenn sie die persönlichen oder familienrechtlichen Verhältnisse des Schuldners betreffen,[30] wie zB der Geschäftsbesorgungsvertrag mit demjenigen Rechtsanwalt, der ihn bei seiner Ehescheidung oder in einer Erbrechtsangelegenheit vertritt. Die Vorschriften gelten außerdem nicht in der Insolvenz des Beauftragten oder Geschäftsbesorgers; diese Fälle werden sich in der Praxis freilich meist dadurch lösen, dass der Auftraggeber von seinem jederzeitigen Widerrufsrecht (§ 671 I BGB) und der Geschäftsherr von seinem Kündigungsrecht (§§ 675, 649, 626 BGB) Gebrauch machen. 42

Für die *Einordnung* des Rechtsgeschäftes als Auftrag oder Geschäftsbesorgungsvertrag sind die bei §§ 662, 675 BGB anerkannten Grundsätze maßgebend. Der Begriff der Geschäftsbesorgung setzt demzufolge auch im Bereich der §§ 115, 116 InsO eine auf Grund Dienst- oder Werkvertrag in fremdem Interesse ausgeübte, selbstständige, entgeltliche Tätigkeit wirtschaftlicher Art voraus; auf eine genaue Abgrenzung zwischen Dienst- und Werkvertrag kommt es dabei nicht an, nachdem ohnehin beide unter diese Bestimmung fallen. Besorgung eines Geschäftes iS des § 662 BGB meint demgegenüber eine unentgeltliche Tätigkeit jedweder Art in fremdem Interesse, sei sie rechtlicher oder tatsächlicher, selbstständiger oder unselbstständiger, wirtschaftlicher oder nichtwirtschaftlicher Art. 43

Ausgenommen vom Anwendungsbereich der §§ 115, 116 InsO sind jedoch Überweisungsverträge (§§ 676a–676c BGB) sowie Zahlungs- und Übertragungsverträge (§§ 676, 676d BGB); sie bestehen gem. § 116 S. 3 InsO mit Wirkung für die Masse fort (→ Rn. 47). Demgemäß hat die Bank die im Zeitpunkt der Eröffnung des Verfahrens vertraglich vereinbarten Überweisungen zum Nachteil der Masse durchzuführen, ein erst nach Insolvenzeröffnung zustande gekommener Überweisungsvertrag (§ 676a BGB) ist jedoch unwirksam; führt ihn die Bank trotz Kenntnis von der Insolvenzeröffnung aus, erwirbt sie keinen Aufwendungsersatzanspruch gegen die Masse.[31]

Zum Girovertrag (der nicht unter § 116 S. 3 InsO fällt) → Rn. 45.

b) *Verhältnis zu §§ 103, 113 InsO.* Die §§ 115, 116 InsO stellen in mehrfacher Hinsicht *Sondervorschriften* (→ § 34 Rn. 17) dar: Denn sie regeln innerhalb des Abschnitts über gegenseitige Verträge (§§ 103 ff. InsO) den Auftrag, also einen nur unvollkommen zweiseitig verpflichtenden Vertrag, aber andererseits mit der Geschäftsbesorgung einen gegenseitigen Vertrag, auf den sonst der nun ausgeschlossene § 103 InsO anwendbar wäre. Außerdem gehen sie dem § 113 InsO vor, der sich mit der Kündigung von Dienstverhältnissen beschäftigt, gelten mithin ausschließlich auch für diese Verträge, falls sie Geschäftsbesorgungscharakter haben. 44

c) *Beispiele für Geschäftsbesorgungsverträge,* denen im Vergleich zum Auftrag wegen dessen Unentgeltlichkeit naturgemäß die größere Bedeutung zukommt: 45

---

[30] Nerlich/Römermann/*Kießner*, § 115 Rn. 5; FK/*Wegener*, § 115 Rn. 6; HK/*Marotzke*, § 115 Rn. 11; MüKoInsO/*Ott/Vuia* § 115 Rn. 9.
[31] BGH NZI 2009, 307 (Rn. 18) = ZIP 2009, 673 = ZInsO 2009, 659.

– Anwalts-, Wirtschaftsprüfer-, Steuerberater-, Kommissions- (§§ 383 ff. HGB) und Speditionsvertrag (§§ 407 ff. HGB); beim einem Handelsvertretervertrag gilt § 116 S. 1 InsO aber nur in der Insolvenz des Unternehmens, nicht aber nach hM in der des Handelsvertreters, wozu die Rechtslage im Einzelnen streitig ist.[32]
– Inkassotätigkeit; Verrechnungstätigkeit einer Clearingstelle;[33]
– Maklervertrag;
– Auftrag zur Prozessführung in gewillkürter Prozessstandschaft;[34]
– Baubetreuungsvertrag, es sei denn, der Bauträger bebaut das eigene Grundstück auf eigene Rechnung;
– Treuhandverträge (→ Rn. 53) sowie Vollmachten (→ Rn. 54 ff.);
– grundsätzlich auch Factoring;[35]
– Kautionsversicherungsvertrag;[36]
– Kontokorrentvertrag,[37] wobei der kausale Schuldsaldo aus dem mit Insolvenzeröffnung beendeten Kontokorrent (wegen § 91 InsO) nicht insolvenzfest ist;[38] Girovertrag[39] und Lastschriftverfahren fallen grundsätzlich unter §§ 115, 116 (ausf §§ 98, 99), jedoch mit Ausnahme der Überweisungs-, Zahlungs- und Übertragungsverträge (→ Rn. 43).

46 *Nicht* hierher gehören:
– Lagergeschäfte (§§ 416 ff. HGB), die nur eine besondere Art des Verwahrungsvertrages (§ 688 BGB) darstellen (→ § 34 Rn. 14);
– Anweisung (§§ 783 ff. BGB, 363 ff. HGB) und anweisungsähnliche Geschäfte auf Kredit;
– Schiedsabrede, die weder ein gegenseitiger Vertrag gem. § 103 InsO ist (also keine Erfüllungsablehnung) noch unter § 115 InsO fällt (also kein Erlöschen, → Rn. 47), weshalb der Insolvenzverwalter an eine vom Schuldner getroffene Schiedsabrede (außer bei Anfechtbarkeit nach §§ 129 ff. InsO) gebunden ist.[40]

47 **2. Rechtsfolgen.** Nach §§ 115 I, 116 S. 1 InsO – die gem. § 119 zwingend sind – erlöschen die von dieser Vorschrift erfassten Aufträge und Geschäftsbesorgungsverträge (→ Rn. 42–46) durch die Eröffnung des Insolvenzverfahrens,[41] und zwar schlechthin, also nicht etwa nur im Verhältnis zur Masse, sondern auch gegenüber dem Schuldner persönlich und für die Zeit nach dem Insolvenzverfahren; irgendeiner Erklärung des Insolvenzverwalters bedarf es mithin nicht. Die Bestimmungen wollen in Ergänzung von § 80 InsO sicherstellen, dass die Verwaltung und Verwertung der Masse ausschließlich durch den Insolvenzverwalter erfolgt und nicht durch die Tätigkeit Dritter beeinträchtigt wird, die noch vom Schuldner mit der Besorgung von Geschäften betraut worden sind. Als *Ausnahme* dazu ordnet § 116 S. 3

---

[32] Näher MüKoInsO/*Huber*, § 103 Rn. 105.
[33] BGH WM 1985, 617 f.
[34] BGH NJW 2000, 738.
[35] *Brink* ZIP 1987, 817; näher MüKoInsO/*Ott/Vuia*, § 116 Rn. 13 ff.
[36] BGH ZIP 2011, 282 Rn. 7; NZI 2010, 895 Rn. 10 = ZIP 2010, 1453; BGHZ 168, 276 (Rn. 7) = NZI 2007, 234 = ZIP 2007, 543.
[37] BGHZ 170, 206 (Rn. 19) = ZInsO 2007, 213 = NZI 2007, 222 m. Anm. *Huber*.
[38] BGH NZI 2009, 599 = ZInsO 2009, 1492 = NJW 2009, 2677; ausf zur Entscheidung *Obermüller* ZInsO 2009, 1527.
[39] BGH NZI 2008, 551 (Rn. 11) = ZIP 2008, 1437 = ZInsO 2008, 803.
[40] BGH ZIP 2013, 1583 Rn. 8 = ZInsO 2013, 1583; ZInsO 2004, 88; KPB/*Tintelnot*, § 103 Rn. 136. Näher *Kück* ZInsO 2006, 11.
[41] Zum Girovertrag: BGH NZI 2008, 551 (Rn. 11); zum Kontokorrent: BGHZ 170, 206 (Rn. 19) = NZI 2007, 222 m. Anm. *Huber*. AllgM, auch im Schrifttum, vgl. nur MüKoInsO/*Ott/Vuia* § 115 Rn. 11. Einschränkend HK/*Marotzke*, § 115 Rn. 4 (Erlöschen nur der „Geschäftsführungsbefugnis"); ausf *ders.*, Der Einfluss des Insolvenzverfahrens auf Auftrags- und Geschäftsbesorgungsverhältnisse, FS Henckel, 1995, S. 579 ff.

den Fortbestand von Überweisungs-, Zahlungs- und Übertragungsverträgen an (→ Rn. 43).[42]

Der Anspruch des anderen Teils auf die ausdrücklich oder stillschweigend (vgl. **48** §§ 675 I, 612, 632 BGB) vereinbarte Vergütung bzw. auf Verwendungsersatz (§§ 670, 675 I BGB) ist Insolvenzforderung nach § 38 InsO. Daran ändert sich auch nichts, wenn der Insolvenzverwalter den Vertrag „fortsetzt", weil die Tätigkeit des Dritten, zB eines Wirtschaftsprüfers oder Steuerberaters, der Masse auch weiterhin von Nutzen ist. Da § 103 InsO keine Anwendung findet (→ Rn. 44), liegt hierin nicht etwa ein Erfüllungsverlangen.[43] Vielmehr handelt es sich um den Neuabschluss des Rechtsgeschäftes, weshalb nur die daraus entstehenden Forderungen als Masseschulden nach § 55 I Nr. 1 InsO zu begleichen sind.

Die übrigen Rechtsfolgen richten sich nach den allgemeinen Vorschriften. Beauftrag- **49** ter und Geschäftsbesorger haben demzufolge alles aus der Geschäftsführung Erlangte herauszugeben sowie Auskunft zu erteilen und Rechenschaft abzulegen (§§ 667, 666, 675 I BGB). *Pfand- oder Zurückbehaltungsrechte* können sie nur geltend machen, so weit diese insolvenzfest sind, wie beispielsweise das kaufmännische Zurückbehaltungsrecht (§ 51 Nr. 3 InsO, § 369 HGB), nicht aber das des § 273 BGB (→ § 34 Rn. 9).[44] Ein Anspruch wegen Nichterfüllung des Vertrages in Folge der Insolvenzeröffnung besteht nicht, was aus der unterschiedlichen Fassung von § 113 S. 3 InsO gegenüber § 115 InsO folgt.[45]

3. Notgeschäftsführung und Insolvenzunkenntnis, §§ 115 II, III, 116 InsO. **50**
Der Beauftragte bzw. Geschäftsbesorger ist allerdings trotz der Beendigung des Vertrages durch die Insolvenzeröffnung verpflichtet, seine Tätigkeit fortzusetzen, wenn mit dem Aufschub Gefahr (für die Masse) verbunden ist, bis der Verwalter anderweit Fürsorge treffen kann; Auftrag und Geschäftsbesorgungsvertrag gelten insoweit als fortbestehend, §§ 115 II 1, 2, 116 S. 1 InsO. Nach §§ 115 II 3, 116 S. 1 InsO wird dann der daraus, also nur der nach Insolvenzeröffnung entstehende Ersatzanspruch zur Masseschuld aufgewertet; ein vor Eröffnung des Insolvenzverfahrens begründeter Anspruch bleibt demgegenüber einfache Insolvenzforderung. Das Gleiche gilt für den Vergütungsanspruch bei einer entgeltlichen Geschäftsbesorgung, § 116 S. 2 InsO. Der Eintritt dieser Rechtsfolgen hängt im Übrigen nur von der objektiven Sachlage ab, zB dass leicht verderbliche Ware abgesetzt werden muss; unerheblich ist, ob dem anderen Teil die Insolvenzeröffnung bekannt war, oder ob sich das Rechtsgeschäft letztlich als für die Masse vorteilhaft erweist.[46]

Zugunsten des Beauftragten bzw. Geschäftsbesorgers wird der Fortbestand des Ver- **51** trages außerdem gem. §§ 115 III 1, 116 S. 1 InsO fingiert, solange er die Insolvenzeröffnung, mithin den Erlöschenstatbestand (→ Rn. 47), ohne Verschulden nicht kennt; einfache Fahrlässigkeit schadet also, weshalb sich zB derjenige, der Kenntnis von einem Eröffnungsantrag hat, über dessen Verbescheidung erkundigen muss. Seine Ansprüche auf Vergütungs- und Verwendungsersatz sind nach §§ 115 III 2, 116 S. 1 InsO aber stets nur Insolvenzforderungen. Die unterschiedliche Regelung zur Notgeschäftsführung erklärt sich daraus, dass diese dem vorläufigen Schutz der Masse dient, während § 115 III 1 InsO nur Rücksicht auf den anderen Teil nimmt.

---

[42] Diese Vorschrift wurde eingefügt durch Art. 2 III ÜG v. 21.7.1999 (BGBl. I S. 1642); näher zum Übergangsrecht MüKoInsO/*Ott/Vuia*, § 116 Rn. 51.
[43] AllgM. Eine andere Auffassung will § 103 I analog jedenfalls auf Geschäftsbesorgungsverträge anwenden, *Marotzke* in: HK/*Kreft*, § 115 Rn. 6 ff. mw Nachw.
[44] *Runkel/Dahl* § 7 Rn. 278, 282; LG Cottbus ZInsO 2002, 635 (kein ZBR nach § 66 IV StBerG).
[45] Ebenso Nerlich/Römermann/*Kießner*, § 115 Rn. 13; KPB/*Tintelnot*, §§ 115, 116 Rn. 11; FK/ *Wegener*, § 115 Rn. 12.
[46] Nerlich/Römermann/*Kießner*, § 115 Rn. 10.

52 Liegen die Voraussetzungen der §§ 115 III 1, 116 S. 1 InsO nicht vor, wird die Tätigkeit aber gleichwohl nach Insolvenzeröffnung fortgesetzt, so finden §§ 677 ff. BGB über die Geschäftsführung ohne Auftrag Anwendung.

53 **4. Sanierungstreuhand.** Der Treuhandvertrag zum Zwecke der Sanierung des späteren Insolvenzschuldners, die sog. *Sanierungstreuhand,* ist ein fremdnütziges Treuhandsverhältnis, weil im Interesse des Treugebers (späterer Insolvenzschuldner) begründet. Deshalb liegt idR ein (entgeltlicher) Geschäftsbesorgungsvertrag vor, der durch die Insolvenzeröffnung erlischt.[47] Der Treuhänder hat dann das ihm übergebene, wirtschaftlich aber nicht zu seinem Vermögen gehörende Treugut an den Insolvenzverwalter herauszugeben, kann mithin Aus- oder Absonderung nicht beanspruchen. Sind also zB dem Treuhänder Außenstände mit dem Auftrag der Herbeiführung eines außergerichtlichen Vergleiches abgetreten worden, so ist er zur Rückübertragung an die Insolvenzmasse verpflichtet; stand die Abtretung unter der auflösenden Bedingung (§ 158 II BGB) des Misslingens der Sanierungsbemühungen, so fallen diese Rechte mit der Insolvenzeröffnung freilich wieder von selbst an die Masse zurück.

IV. Vollmachten, § 117 InsO

54 **1. Anwendungsbereich und Rechtsfolge.** Die – gem. § 119 InsO zwingende – Vorschrift ergänzt § 115, 116 InsO und bestimmt das Erlöschen einer vom Schuldner erteilten Vollmacht, die sich auf das zur Insolvenzmasse gehörende Vermögen bezieht (→ Rn. 42), auch einer Prokura oder Handlungsvollmacht; sie will den Insolvenzverwalter vor Einflussnahme Dritter schützen (→ Rn. 47). Die Vorschrift ist letztlich Folge des Verlustes der Verwaltungs- und Verfügungsbefugnis (§ 80 I InsO) und insoweit an sich überflüssig, weshalb auch im Geltungsbereich der GesO (→ § 34 Rn. 13) Vollmachten mit Verfahrenseröffnung (trotz Fehlens einer § 117 InsO, § 23 KO entsprechenden Bestimmung) erlöschen.[48] Soweit die Vollmacht auf einem Auftrag oder einem Geschäftsbesorgungsvertrag beruht, erlischt sie mit Insolvenzeröffnung ohnehin schon wegen § 168 S. 1 BGB iVm §§ 115 I, 116 S. 1 InsO. Hauptsächliche Bedeutung hat § 117 I InsO deshalb bei Vollmachten, die auf der Grundlage eines Dienstverhältnisses erteilt worden sind, weil dieses über den Zeitpunkt der Verfahrenseröffnung hinaus fortbesteht (vgl. § 108 I 1 InsO), und für sogenannte isolierte Vollmachten, bei denen das zugrunde liegende Rechtsverhältnis unwirksam ist oder ganz fehlt. In diesen Fällen kann der Insolvenzverwalter eine neue Vollmacht erteilen, soweit dies zur Fortsetzung der Geschäfte erforderlich ist. Durch den Eröffnungsbeschluss erlischt aber *nicht* eine im Eröffnungsverfahren erteilte Vollmacht zur Vertretung des Schuldners im Insolvenzverfahren.[49]

55 Eine *Prozessvollmacht* erlischt demgegenüber, soweit sie sich auf Rechtsstreitigkeiten bezieht, die nach § 240 ZPO unterbrochen werden oder unterbrochen würden, falls sie schon rechtshängig (§§ 261 I, 253 I ZPO) wären.[50] Der frühere Prozessbevollmächtigte des jetzigen Insolvenzschuldners ist deshalb nicht Zustellungsbevollmächtigter des Insolvenzverwalters bei der Aufnahme des Rechtsstreits.[51] Der Anwalt hat dem Insolvenzverwalter Rechnung zu legen gem. § 259 BGB; gegen dessen Auskunftsverlangen kann er ein Geheimhaltungsinteresse des Insolvenzschuldners nicht einwenden, so weit Belange der Insolvenzmasse betroffen sind.[52] Auch eine *gewillkürte Prozessstandschaft*

---

[47] Ausführlich zu verschiedenen Treuhandverträgen: MüKoInsO/*Ott/Vuia,* § 116 Rn. 21 ff.; KPB/*Tintelnot,* §§ 115, 116 Rn. 30 ff.
[48] BGHZ 155, 87, 91 = NJW 2003, 2744 = ZIP 2003, 1208 = NZI 2003, 491 m. Anm. *Huber.*
[49] BGH ZIP 2011, 1014 Rn. 4.
[50] BGH NJW 1964, 47; NJW-RR 1989, 183; OLG Brandenburg NZI 2001, 255.
[51] BGH WM 1988, 1838 f.
[52] BGHZ 109, 260 = NJW 1990, 510 = ZIP 1990, 48.

Miet- und Pachtverhältnisse § 37

erlischt mit Eröffnung des Insolvenzverfahrens über das Vermögen des Ermächtigenden.[53]

2. Notgeschäftsführung und Insolvenzunkenntnis. Soweit ein Auftrag oder ein 56 Geschäftsbesorgungsvertrag nach § 115 II InsO fortbesteht (→ Rn. 54), muss zwangsläufig auch die Vollmacht Bestand haben; § 117 II InsO ordnet das ausdrücklich an. Handelt der Bevollmächtigte noch nach Erlöschen der Vollmacht, so wird er als Vertreter ohne Vertretungsmacht tätig, gelten also §§ 177, 178 BGB. Er haftet aber nicht nach § 179 BGB, solange er die Eröffnung des Verfahrens ohne Verschulden (→ Rn. 51) nicht kennt, § 117 III InsO. Zugunsten des Dritten gelten nicht §§ 170–173 BGB, wenn der Schuldner eine Vollmacht auf die dort bezeichnete Weise erteilt hatte, denn diese Vorschriften begründen nur eine Rechtscheinshaftung, die auf dem Gedanken des Vertrauensschutzes beruht; hierfür trifft die InsO aber in §§ 81 I 2, 82 besondere Regelungen, die demzufolge vorgehen.

§ 37. Miete und Pacht, Dienst- und Arbeitsverhältnisse sowie Darlehensverträge in der Insolvenz des Darlehensgebers, §§ 108–112 InsO

Übersicht

	Rn.
I. Anwendungsbereich des § 108 I InsO	1
1. Übersicht zu Miete und Pacht	1
2. Abgrenzungen	2
3. Ähnliche Schuldverhältnisse wie Miete und Pacht	4
4. Massezugehörigkeit	5
5. Dienst- und Arbeitsverhältnisse	5a
II. Darlehensverträge in der Insolvenz des Darlehensgebers, § 108 II InsO	6
1. Anwendungsbereich und Normzweck	6
2. Einzelerläuterungen	7
a) Begriff des Darlehensverhältnisses	7
b) Weitere Voraussetzungen und Rechtsfolge	8
III. Bewegliche Sachen und Rechte, § 103 InsO	9
1. Grundsätze (§ 103 InsO)	9
2. Insolvenz des Vermieters	11
a) Wahlrecht des Verwalters	11
b) Erfüllungsverlangen	12
c) Erfüllungsablehnung	14
3. Insolvenz des Mieters	15
a) Kündigungssperre (§ 112 InsO)	15
b) Lösungsklausel für den Insolvenzfall	18
c) Wahlrecht des Insolvenzverwalters	19
d) Erfüllungsverlangen	20
e) Erfüllungsablehnung	21
f) Nutzung der Mietsache im Eröffnungsverfahren	22
4. Leasingvertrag über bewegliche Sachen (einschließlich § 108 I 1, 2 InsO)	23
IV. Unbewegliche Gegenstände und Räume, § 108 I, III, §§ 109 ff. InsO	24
1. Grundsätze (§ 108 I, III InsO)	24
a) Fortbestehen des Vertrages	24
b) Rechtsfolgen	25
c) Abweichende Vereinbarungen	26
2. Insolvenz des Mieters vor Gebrauchsüberlassung (§ 109 II InsO)	27
a) Beiderseitiges Rücktrittsrecht	27
b) Rechtsfolgen	30

---

[53] BGH NJW 2000, 738.

	Rn.
3. Insolvenz des Mieters nach Gebrauchsüberlassung (§ 109 I InsO)	31
a) Grundsatz und Normzweck	31
b) Kündigungssperre und Lösungsklausel	32
c) Überlassung der Sache	33
d) Kündigungsrecht des Verwalters (§ 109 I 1 InsO)	34
e) Erklärungsrecht des Verwalters bei Mietwohnung des Schuldners (§ 109 I 2 InsO)	36
f) Rechtsfolgen	37
g) Vermieterpfandrecht	39
h) Freigabe	40
i) Leasingvertrag	41
4. Insolvenz des Vermieters	42
a) Ausgangspunkte	42
b) Ausnahme bei freiwilliger Veräußerung (§ 111 InsO)	43
c) Vorausverfügungen und Aufrechnung (§ 110 InsO)	45
d) Leasingvertrag	47
V. Sonstige Beendigung des Vertrages während des Insolvenzverfahrens	48
VI. Reformvorhaben: Insolvenzfestigkeit von Lizenzen	49
1. Geltende Rechtslage	49
2. Reformvorhaben: Insolvenzfestigkeit von Lizenzen	52

I. Anwendungsbereich des § 108 I InsO

1. Übersicht zu Miete und Pacht. Neu ist für den Bereich der InsO (→ § 34 Rn. 13; zur Rechtslage nach KO und GesO siehe den Überblick in der Vorauflage Rn. 6, 7) die *grundsätzliche* Unterscheidung zwischen Mobilien und Immobilien als Vertragsgegenstand (→ Rn. 3). Miet-, Pacht- und ähnliche Schuldverhältnisse über *beweglichen Sachen* fallen unter die Grundregel des § 103 InsO (→ Rn. 9 ff.) mit einer Ausnahme bei Leasingverträgen (→ Rn. 23), während diejenigen über *unbewegliche Gegenstände und Räume* nach den Sondervorschriften §§ 108 ff. InsO abzuwickeln sind (→ Rn. 24 ff.).[1] Für letztere wurde vom geltenden Recht der Grundsatz des Fortbestandes des Vertrages übernommen, also das Wahlrecht des Insolvenzverwalters ausgeschlossen. Im Einzelnen ist zu unterscheiden: In der Insolvenz des Mieters vor Gebrauchsüberlassung gibt es ein beiderseitiges Rücktrittsrecht (§ 109 II InsO), in der nach Gebrauchsüberlassung ein Kündigungsrecht des Verwalters (§ 109 I InsO). Für die Insolvenz des Vermieters enthalten §§ 110, 111 InsO Sonderbestimmungen zur Vorausverfügung und Veräußerung. Vereinbarungen, durch die im Voraus die Anwendung der §§ 108–112 ausgeschlossen oder beschränkt wird, sind unwirksam, § 119 InsO. Nach BGB bzw. den vertraglichen Vereinbarungen regelt sich schließlich die Beendigung eines zunächst fortbestehenden Vertrages (→ Rn. 48).

Bei einem so genannten *gesellschaftsinternen Nutzungsverhältnis,* also bei (schon erfolgter) Überlassung eines beweglichen oder unbeweglichen Gegenstandes (körperlicher oder nichtkörperlicher Art, Lizenzen, Leasing usw) zum Gebrauch oder zur Ausübung an den späteren Insolvenzschuldner durch den Gesellschafter einer Kapitalgesellschaft muss man zwischen Sachverhalten vor und nach Inkrafttreten des MoMiG (1.11.2008) unterscheiden:
- In zuerst genanntem Falle ergeben sich Besonderheiten aus dem früheren Eigenkapitalersatzrecht und aus dem Anfechtungstatbestand (§ 135 aF InsO (→ § 50 Rn. 5 ff.);
- für Sachverhalte nach dem 1.11.2008 ist die Sondervorschrift des § 135 III InsO zu beachten (→ § 50 Rn. 17 ff.).

---

[1] Für die Abschaffung des Sonderrechts der §§ 108, 110, 111 InsO plädiert *v. Wilmowsky* ZInsO 2011, 1473 ff.

2. Abgrenzungen. Die Vorschriften der §§ 103, 108 InsO über die Erfüllung der Rechtsgeschäfte erfassen nur die zurzeit der Insolvenzeröffnung *bestehenden Miet- und Pachtverträge,* einschließlich Untermiete und Unterpacht; dass noch einzelne Ansprüche daraus offen sind, zB wegen verspäteter Rückgabe nach §§ 546a, 571 BGB, genügt nicht. Ist das Schuldverhältnis *schon vor Eröffnung des Insolvenzverfahrens beendet* worden, ohne dass insb die Kündigungssperre des § 112 InsO entgegenstand → Rn. 15 ff., 32), so gelten die allgemeinen Regeln. Der Vermieter kann dann also in der Insolvenz des Mieters Rückgabe seiner Sache fordern (zur Aussonderungssperre nach § 135 III InsO → § 50 Rn. 42 ff.). Ein Aussonderungsrecht nach § 47 InsO besteht aber nur in demselben Umfang, wie § 985 BGB einen Herausgabeanspruch begründet (Verschaffung des unmittelbaren Besitzes, Gewährung des Zugangs, Duldung der Wegnahme); allerdings kann der Vermieter, gleich ob ein mit dem Schuldner begründetes Wohnraummietverhältnis vor oder nach Eröffnung des Insolvenzverfahrens beendet wurde, den Insolvenzverwalter nur dann auf Herausgabe in Anspruch nehmen, wenn dieser sie in Besitz genommen hat oder daran für die Masse ein Recht beansprucht.[2] Wegen weitergehender vertraglicher Ansprüche, die Inhalt der Rückgabepflicht nach § 546 I BGB sind (Rückgabe in vertragsgemäßem Zustand, entsprechender Herstellungsanspruch), ist der Vermieter nur Insolvenzgläubiger gem. § 38 InsO (→ § 34 Rn. 2).[3] Letzteres gilt auch für alle anderen Ansprüche aus dem Mietverhältnis und ebenso für den Mieter in der Insolvenz des anderen Teils; deshalb kann der Mieter die von ihm geleistete Mietkaution in der Insolvenz des Vermieters nur dann aussondern, wenn sie der Vermieter von seinem Vermögen getrennt angelegt hat, andernfalls ist der Rückforderungsanspruch lediglich Insolvenzforderung.[4] Ein Anspruch auf Nutzungsentschädigung wegen verspäteter Rückgabe begründet eine Masseverbindlichkeit nach § 55 I Nr. 1 InsO nur, so weit der Insolvenzverwalter Besitz an der „Mietsache" für die Masse ergreift, diese nutzt und den Vermieter gegen dessen Willen gezielt ausschließt;[5] entsprechendes gilt wegen § 55 II 2 InsO für solche Handlungen eines starken vorläufigen Insolvenzverwalters (→ Rn. 22).

Auf eine genaue Unterscheidung zwischen Miete und Pacht kommt es meist nicht an. Sie hat idR nur Bedeutung, wenn die im Einzelfall einschlägigen und für beide unterschiedlichen gesetzlichen Kündigungsfristen (§ 109 I 1 InsO) ermittelt werden müssten. Dann ist zu beachten: Während die Miete nur den Gebrauch einer Sache (§ 90 BGB) gewährt, umfasst die Pacht Gegenstände, also Sachen und Rechte, und auch den Bezug der Früchte (§ 99 BGB). Wichtig ist jedoch die Abgrenzung zu anderen gegenseitigen Verträgen, insb Kaufvertrag (§§ 433, 651 BGB) sowie entgeltlicher Verwahrung, auf die § 103 InsO Anwendung findet (→ § 34 Rn. 14), ebenso wie für Miet- oder Pachtverhältnisse über *bewegliche* Sachen (→ Rn. 9). Denn die §§ 108–110 InsO gehen nur als *Sonderbestimmungen* für Miet- oder Pachtverhältnisse über *unbewegliche Gegenstände und Räume* (→ Rn. 24) vor. Dabei genügt für die Einordnung des Vertrages als Miete oder Pacht nicht schon die übereinstimmende Bezeichnung der Parteien; erforderlich ist vielmehr, dass der Vertrag nach dem objektiven Inhalt seiner gesamten Bestimmungen einem dieser Typen entspricht, wobei freilich die §§ 535 ff. bzw. §§ 581 ff. BGB nicht in allen Einzelheiten erfüllt sein müssen.[6]

---

[2] BGH NJW 2008, 2580 = ZIP 2008, 1736 = ZInsO 2008, 808.
[3] BGH NJW 2007, 1594 (Rn. 21) = NZI 2007, 335 = ZIP 2007, 778; BGHZ 148, 252 = NJW 2001, 2966 = ZIP 2001, 1469 (Abweichung von BGHZ 127, 156, 160 = NJW 1994, 3232 = ZIP 1994, 1700).
[4] BGH NJW 2008, 1152 (m abl Anm. *Derleder*) = NZI 2008, 335 = ZIP 2008, 469; zust H.-G. *Eckert* EWiR 2008, 209.
[5] BGH NJW 2007, 1594 (Rn. 21 ff.) = NZI 2007, 335 = ZIP 2007, 778; BGHZ 130, 38, 42 = NJW 1995, 2783 = ZIP 1995, 1204.
[6] BGHZ 71, 189, 191 = NJW 1978, 1383.

4 **3. Ähnliche Schuldverhältnisse wie Miete und Pacht.** Erfasst werden neben Miete und Pacht auch ähnliche Dauerschuldverhältnisse, insb auch Verträge eigener Art und Typenverschmelzungen, wenn das Schwergewicht im miet- oder pachtrechtlichen Bereich liegt;[7] gleichwohl ist im Folgenden stets der Einfachheit halber nur von *Miete, Vermieter usw* die Rede. Ähnliche Schuldverhältnisse sind zB:[8]

– Lizenzverträge (näher zur Einordnung und zum Reformvorhaben → Rn. 49 ff.) insbesondere für Patente,[9] Filme[10] oder Software;[11]
– Film-„Verleih"-Vertrag, dh die entgeltliche Überlassung eines Films zur Vorführung;
– Vertrag eines Kunden mit einer Bank über die Benutzung eines Stahlkammerfaches (Schrankfach, Safe);
– (entgeltliche) Überlassung von Räumen in einem Krankenhaus an Ärzte zur Behandlung eigener Patienten;
– Beherbergungsvertrag;
– Vertrag über die Benutzung von Reklameflächen oder Sport- und Vergnügungseinrichtungen;
– Fernsprechteilnahmevertrag;[12]
– Leasingvertrag (→ Rn. 23, 40, 46);
– *Nicht* hierher gehören Erbbaurechtsverträge, die einen Rechtskauf darstellen und kein Dauerschuldverhältnis begründen.[13]

5 **4. Massezugehörigkeit.** Gemeinsame Voraussetzung ist die *Massezugehörigkeit* des Gegenstandes. Insolvenzfreies Vermögen wird nicht erfasst. Allerdings sind kaum Fälle vorstellbar, in denen der vom späteren Insolvenzschuldner gemietete Gegenstand (→ Rn. 4) nicht in die Masse fallen könnte; möglich wäre das beispielsweise, wenn die Mietsache zur Leistung einer höchstpersönlichen Handlung beschafft wurde, weil dieses Schuldverhältnis vom Insolvenzverfahren unberührt bleibt (→ § 34 Rn. 19). Anders ist es in der Insolvenz des Vermieters. Ein wirksamer Mietvertrag setzt zwar nicht Eigentum des Vermieters an der Mietsache voraus; hat dieser aber kein Allein-, sondern nur Miteigentum, so muss der Verwalter die Auseinandersetzung der Gemeinschaft nach § 84 InsO betreiben oder zusammen mit dem anderen Miteigentümer nach BGB oder Vertragsrecht kündigen. Insolvenzfreies Vermögen liegt vor, wenn der Verwalter die in fremdem Eigentum stehende oder zur Sicherheit übereignete oder wertausschöpfend belastete Mietsache frei gegeben hat (zur Veräußerung durch den Insolvenzverwalter vgl. § 111 InsO, → Rn. 43, 44). Ist die vermietete Sache Gesamtgut bei einer Gütergemeinschaft (§§ 1415, 1416 BGB), so gelten die insolvenzrechtlichen Regeln nur, wenn die Verwaltung von einem Ehegatten alleine erfolgt (vgl. §§ 1421, 1422 BGB) und über dessen Vermögen das Insolvenzverfahren eröffnet wird, § 37 I 1 InsO; denn durch das Insolvenzverfahren über das Vermögen des anderen oder bei gemeinschaftlicher Verwaltung wird das Gesamtgut nicht berührt, § 37 I 3, II InsO (→ § 38 Rn. 24).

5a **5. Dienst- und Arbeitsverhältnisse.** Nach § 108 I InsO bestehen auch Dienstverhältnisse (also auch Arbeitsverhältnisse) mit Wirkung für die Insolvenzmasse fort, unabhängig davon, ob der Schuldner Dienstberechtigter oder -verpflichteter ist. Es gibt aber ausnahmsweise *keinen Fortbestand eines Dienstverhältnisses* mit Wirkung für die Masse,

---

[7] BGHZ 173, 116 (Rn. 11) = NJW 2007, 3715 = ZIP 2007, 2087 = ZInsO 2007, 1111.
[8] Weitere Beispiele bei: MüKoInsO/*Eckert*, § 108 Rn. 19.
[9] Dazu *Bausch* NZI 2005, 289.
[10] Ausführl zur Insolvenz im Filmlizenzgeschäft *Adolphsen* DZWiR 2003, 228.
[11] Dazu *Wallner* NZI 2002, 70; *Brandt* NZI 2001, 337; *C. Paulus* ZIP 1996, 2, 6. Vgl. auch LG Mannheim ZIP 2004, 576; dazu *Beyerlein* EWiR 2004, 767.
[12] BGHZ 39, 35 = NJW 1963, 859 = LM § 19 KO Nr. 5 Anm. *Kreft*.
[13] BGH NJW 2007, 2325 (Rn. 10) = ZIP 2007, 1120 = ZInsO 2007, 600; näher zu der Entscheidung: *Reul* DNotZ 2007, 649; *Meyer* NZI 2007, 487.

wenn die Dienstleistung nur durch die Begründung erheblicher Masseschulden aufgebracht werden kann;[14] erfüllt der Insolvenzverwalter den Vertrag des schuldnerischen Unternehmens (im Fall: Privatschule) weiter, so kann gegen die Entgeltforderung der Masse (im Fall: Schulgeld) nicht mit einer Insolvenzforderung aufgerechnet werden.[15] Im Übrigen wird auf das spätere Kapitel „Arbeitsrecht und Insolvenz" verwiesen (§§ 104–110).

Die Fortgeltung der Verträge hat freilich zur Folge, dass die daraus herrührenden **5b** Verpflichtungen dann Masseschulden darstellen, wenn sie in der Zeit nach Insolvenzeröffnung entstehen, andernfalls sie Insolvenzforderungen sind.[16] Für die Abgrenzung zwischen Masseverbindlichkeit nach §§ 108 I 1, 55 I Nr. 2 Alt. 2 InsO und Insolvenzforderung nach §§ 38, 108 III InsO (zu letzterer Vorschrift bei unbeweglichen Gegenständen und Räumen → Rn. 24 ff.) gelten nach der Rechtsprechung des 6. Senats des BAG zur *Halteprämie* („*Quimonda*")[17] folgende Grundsätze:

- Ausgangspunkt ist die Unterscheidung, ob der Anspruch aus der vom Arbeitgeber zugesagten Prämie für Betriebstreue (also keine Eigenkündigung bis zu einem bestimmten Stichtag) allein aus einem vor Verfahrenseröffnung begründeten „Stammrecht" resultiert oder ob es sich um eine nach Eröffnung des Verfahrens neu entstehende (Einzel-)Forderung handelt;[18]
- war die Forderung vor Insolvenzeröffnung *aufschiebend* bedingt begründet worden, bleibt sie bei Bedingungseintritt (= Stichtag nach Verfahrenseröffnung) bloße Insolvenzforderung;[19]
- war die Forderung vor Insolvenzeröffnung demgegenüber *auflösend* bedingt begründet worden, handelt es sich bei Bedingungseintritt (= Stichtag nach Verfahrenseröffnung) um eine Masseverbindlichkeit;[20] der Leitsatz der zitierten Entscheidung formuliert das zwar plakativ, aber gleichwohl vom Verständnis jedenfalls nicht einfacher wie folgt: „Sagt der Arbeitgeber dem Arbeitnehmer eine Prämie zu, wenn er bis zu einem bestimmten Stichtag keine Eigenkündigung erklärt (Halteprämie), und liegt der Stichtag nach Insolvenzeröffnung, handelt es sich unabhängig davon, dass der Anspruch auf die Prämie auflösend bedingt ist, um eine Masseverbindlichkeit i. S. v. § 55 I Nr. 2 Alt. 2 InsO."

Ein ganz anderes Problem ist das der Anfechtbarkeit der Zusage; es handelt sich um eine vor Insolvenzeröffnung vorgenommene und deshalb nach §§ 129 ff. InsO grundsätzlich anfechtbare Rechtshandlung.

II. Darlehensverträge in der Insolvenz des Darlehensgebers, § 108 II InsO

1. Anwendungsbereich und Normzweck. Die durch das Gesetz zur Vereinfachung des Insolvenzverfahrens[21] eingefügte Vorschrift betrifft die von Schuldner eingegangenen Darlehensverpflichtungen, also die *Insolvenz des Darlehensgebers*. Sie ordnet unter bestimmten Voraussetzungen den Fortbestand des Rechtsgeschäfts an, macht es also insolvenzfest und enthält ihrem Normzweck nach eine Sonderregel zu § 103 InsO. Die Neuregelung gilt gemäß Art. 103c EGInsO für die seit 1.7.2007 eröffneten Insolvenzverfahren.[22] **6**

---

[14] BGH NZI 2011, 936 Rn. 6 = ZIP 20011, 2262 = ZInsO 2011, 2229.
[15] BGH aaO Rn. 7.
[16] Vgl. nur statt aller *Karsten Schmidt/Ringstmeier* § 108 Rn. 25.
[17] BAG ZIP 2014, 37 = ZInsO 2014, 91. Parallelentscheidungen des 6. Senats des BAG: ZIP 2013, 24, 13; ZIP 2014, 139 = ZInsO 2014, 136.
[18] BAG ZIP 2014, 37 Rn. 37.
[19] BAG aaO Rn. 35.
[20] BAG aaO Rn. 41–44.
[21] V 13.4.2007, BGBl. I S. 509; Materialien: BT-Drucks. 16/3227 und 16/4194 (Bericht und Beschlussempfehlung Rechtsausschuss).
[22] Ausf zu den sog. Altfällen (Insolvenzeröffnung bis zum 30.6.2007) vgl. *Gehrlein* ZInsO 2012, 101.

Nicht erfasst wird die *Insolvenz des Darlehensnehmers*,[23] in der sich die Frage eines Verwalterwahlrechts nach § 103 InsO aber ohnehin kaum stellt, weil in solchen Fällen der Darlehensgeber von seinem gesetzlichen Kündigungsrecht nach § 490 I BGB Gebrauch machen wird; dem steht § 119 InsO nicht entgegen, weil diese Vorschrift nur „Vereinbarungen" der Parteien erfasst. Ist das Darlehen bereits voll valutiert, scheidet § 103 InsO aus, weil der Darlehensgeber den Vertrag einseitig voll erfüllt hat.

Ob die Vorschrift auch für *Sachdarlehen* (§ 607 BGB) gilt, ist streitig,[24] jedoch wegen der geringen praktischen Bedeutung dieses Vertragstyps auch insolvenzrechtlich ohne größeres Interesse.

7   **2. Einzelerläuterungen. a)** *Begriff des Darlehensverhältnisses.* Gemeint ist dem Normweck nach nur das entgeltliche, also verzinsliche Darlehen, das an sich als gegenseitiger Vertrag unter das Wahlrecht des Verwalters nach § 103 InsO fiele; denn für unverzinsliche Darlehen stellt sich dieses Problem sowieso nicht, weil es als unvollkommen zweiseitiger Vertrag nicht von § 103 InsO erfasst wird (→ § 34 Rn. 19). Keinen Unterschied macht es demgegenüber, ob es sich um ein Privatdarlehen – beispielsweise des Arbeitgebers an den Arbeitnehmer oder eines Betriebs (zB einer Brauerei) an ein Kundenunternehmen (zB Gaststätte) – oder um einen Bankkredit handelt.[25] Der Kontokorrentkredit gehört aber nicht hierher,[26] vielmehr gilt dafür in der Insolvenz der Bank § 103 InsO und in der des Kunden § 116 InsO (→ § 36 Rn. 45).[27]

8   **b)** *Weitere Voraussetzungen und Rechtsfolge.* Vorausgesetzt wird weiter die Auszahlung *(Valutierung)* des Darlehens vor Insolvenzeröffnung, *Rechtsfolge* ist dann der Fortbestand des Vertrages – vorbehaltlich einer Insolvenzanfechtung; für die weitere Abwicklung gelten die Vertragsbedingungen (→ Rn. 25). Das Darlehen muss aber nicht in vollem Umfang ausbezahlt sein, vielmehr genügt eine *teilweise Valutierung*. Denn die angesprochene Rechtsfolge tritt nach dem Gesetzeswortlaut ein, „soweit" dem Darlehensnehmer der geschuldete Gegenstand zur Verfügung gestellt wurde; in einem solchen Fall bleibt hinsichtlich des nicht valutierten Rests § 103 InsO unberührt,[28] weshalb der Insolvenzverwalter insoweit die (weitere) Erfüllung ablehnen kann. Mit § 105 InsO hat diese Problemlage freilich nichts zu tun,[29] weil diese Vorschrift den umgekehrten Fall (Teilleistung des anderen Teils; das wäre hier der Darlehensnehmer) betrifft.

III. Bewegliche Sachen und Rechte, § 103 InsO

9   **1. Grundsätze (§ 103 InsO).** Für das Schicksal der bei Insolvenzeröffnung bestehenden Miet-, Pacht- und ähnlichen Schuldverhältnisse (→ Rn. 1–5) gilt: Nur die über unbewegliche Gegenstände und Räume bestehen gem. § 108 I 1 InsO fort, ebenso nach § 108 I 2 InsO bestimmte Leasingverträge über bewegliche Sachen (→ Rn. 23). Folglich verbleibt es für diejenigen über bewegliche Sachen (einschließlich Leasing – außer → Rn. 23) und Rechte bei der Grundnorm des § 103 InsO. Der Insolvenzverwalter hat daher ein *Wahlrecht* und zwar sowohl in der Insolvenz des Vermieters wie in der des Mieters. Auf die Frage einer *Gebrauchsüberlassung* kommt es nicht an; unerheblich ist also, ob die Mietsache im Zeitpunkt der Verfahrenseröffnung bereits überlassen war oder nicht. Besonderheiten gelten für *gesellschaftsinterne Nutzungsverhältnisse* (→ Rn. 1 aE, → Rn. 21).

---

[23] Ausf dazu *v. Wilmowsky* WM 2008, 1189 ff., 1237 ff.
[24] MüKoInsO/*Eckert* § 108 Rn. 210. Nur Gelddarlehen: Uhlenbruck/Hirte/Vallender/*Wegener* § 108 Rn. 61; *Marotzke* in: HK/*Kreft* § 108 Rn. 74; KPB/*Tintelnot*, § 108 Rn. 26b.
[25] MüKoInsO/*Eckert* § 108 Rn. 204.
[26] BT-Drucks. 16/3227 S. 19; aA MüKoInsO/*Eckert* § 108 Rn. 205.
[27] So zutreffend *Marotzke* in: HK/*Kreft* § 108 Rn. 59; *Graf-Schlicker/Breitenbücher* § 108 Rn. 11.
[28] MüKoInsO/*Eckert* § 108 Rn. 209; KPB/*Tintelnot*, § 108 InsO Rn. 26e.
[29] So aber *Marotzke* in: HK/*Kreft* § 108 Rn. 75 .

Miet- und Pachtverhältnisse   10–14   § 37

Zweck dieser Abweichung vom Grundsatz des Fortbestandes eines Dauerschuldver- **10**
hältnisses und der dadurch bedingten Rückkehr zum Wahlrecht bei Miete und Pacht
beweglicher Sachen und Rechte ist es, dem Insolvenzverwalter ein schnelles und masse-
günstiges Handeln zu ermöglichen:[30] Benötigt er in der Insolvenz des Mieters die Gegenstände nicht, so kann das Vertragsverhältnis durch eine Erfüllungsablehnung sofort
abgewickelt werden, ohne Kündigungsfristen einhalten zu müssen. Ist umgekehrt die
Mietsache zur Unternehmensfortführung oder -sanierung erforderlich, so sichert das
Erfüllungsverlangen die Vertragsfortsetzung auch gegen den Willen des Partners und
dessen Rechte nach BGB, insbesondere bei einem Zahlungsverzug des Schuldners; unterstützt wird das durch eine Kündigungssperre nach § 112 InsO schon ab Stellung eines Insolvenzantrages (→ Rn. 15 ff.). Entsprechend gilt für die Insolvenz des Vermieters: Bedarf der Verwalter der Sache zunächst nicht, so kann er den Vertrag erfüllen,
vorbehaltlich einer späteren Kündigung; andernfalls verbleibt es bei der Nicht-
Durchsetzbarkeit der Erfüllungsansprüche für den Mieter infolge der Insolvenzeröffnung, was eine schnelle Rücknahme der Sache und deren Verwertung ermöglicht.

2. Insolvenz des Vermieters. a) *Wahlrecht des Verwalters.* Es gelten die Grundsätze **11**
des § 103 InsO (→ § 34 Rn. 14 ff., § 35): Durch die Insolvenzeröffnung haben die beiderseitigen Erfüllungsansprüche aus dem Mietverhältnis (→ Rn. 1–5) zunächst ihre
Durchsetzbarkeit verloren (→ § 34 Rn. 42 ff.); ob die Sache zum Gebrauch bereits
überlassen war oder nicht, ist unerheblich. Verlangt der Verwalter Erfüllung, so erhalten
die zunächst nicht durchsetzbaren Ansprüche die Rechtsqualität von originären Forderungen der und gegen die Masse. Er entscheidet entsprechend dem Zweck des Wahlrechts (→ Rn. 10; → § 35 Rn. 17) danach, was für die Masse günstiger ist. Für die
Zulässigkeit einer *Lösungsklausel* für den Insolvenzfall gelten die früheren Erörterungen
(→ § 35 Rn. 12–14).

b) *Erfüllungsverlangen.* Wählt der Insolvenzverwalter Erfüllung (→ § 35 Rn. 20–25), **12**
so muss er alle einem Vermieter obliegenden Verpflichtungen aus der Masse erbringen
(§ 55 I Nr. 2 InsO), dem anderen also nicht nur den Gebrauch der Sache gewähren
(§ 535 I 1 BGB), sondern diese auch in der Folgezeit in vertragsgemäßem Zustand erhalten (§ 535 I 2 BGB) und zwar unabhängig davon, ob der mangelhafte Zustand vor
oder nach Insolvenzeröffnung eingetreten ist (näher → Rn. 25; die Rechtslage dort
betrifft zwar die Immobilienmiete, es gibt aber keinen Grund, bei der Miete beweglicher Sachen anders zu entscheiden).[31] Als Gegenleistung dafür vereinnahmt der Insolvenzverwalter die Miete zur Masse. Für andere Ansprüche aus der Zeit vor Verfahrenseröffnung bleibt der Mieter aber gleichwohl gem. § 105 S. 1 InsO (§ 108 III gilt nur für
die Immobilienmiete) Insolvenzgläubiger, denn es handelt sich um eine teilbare Leistung (→ § 36 Rn. 4).

Wird das Schuldverhältnis zunächst durchgeführt und erfolgt anschließend eine *Kün-* **13**
digung, so gelten dafür keinerlei insolvenzrechtliche Sondervorschriften, vielmehr die für
den jeweiligen Vertragstyp einschlägigen Bestimmungen des BGB oder vertragliche
Vereinbarungen. Auch für einen vom Insolvenzverwalter später vorgenommenen *frei-*
händigen Verkauf der Sache sind die allgemeinen Vorschriften maßgeblich. Ein außerordentliches Kündigungsrecht – wie nach § 111 InsO bei unbeweglichen Gegenständen
oder Räumen – gibt es nicht.

c) *Erfüllungsablehnung.* Lehnt der Insolvenzverwalter die Erfüllung des Vertrages ab **14**
oder schweigt er trotz Aufforderung nach § 103 II 2 InsO, so bleibt es bei den durch
die Insolvenzeröffnung eingetretenen Rechtsfolgen, nämlich der Nicht-Durchsetzbar-

---

[30] Das entspricht der hM im Schrifttum; aA *v. Wilmowsky* ZInsO 2011, 1473, 1476 ff.: Keine Rechtsmacht des Insolvenzverwalters, die bereits eingeräumte Nutzungsberechtigung vorzeitig zu beenden.
[31] MüKoInsO/*Eckert* § 108 Rn. 157.

keit der Erfüllungsansprüche (→ § 35 Rn. 26 ff.). Der andere Teil kann dann (muss aber nicht) eine Forderung wegen Nichterfüllung, aber nur als Insolvenzgläubiger geltend machen. „Unverzüglich" im Sinne der genannten Vorschrift heißt hier längstens bis zur Fälligkeit der nächsten Mietzinsrate. Vereinnahmt sie der Verwalter nämlich, so liegt darin ein konkludentes Erfüllungsverlangen (→ § 35 Rn. 3, 4). Etwas anderes kann nur bei einem ausdrücklichen Vorbehalt gelten, sofern besondere Umstände eine längere Überlegungszeit erfordern (→ § 35 Rn. 9); Beispiel: Leasingvertrag über einen beweglichen Gegenstand (→ Rn. 9), der nur bei Sanierung benötigt wird, weshalb der Verwalter bis zum Berichtstermin warten darf, ohne dass es auf die streitige Frage zur entsprechenden Anwendbarkeit des § 107 II InsO ankäme (→ Rn. 19).[32] Der Herausgabeanspruch richtet sich nach BGB (§ 546 I und/oder § 985); zu seiner Rechtsqualität im Insolvenzverfahren → Rn. 2. Bei den durch die Insolvenzeröffnung eingetretenen Rechtsfolgen kann es der Verwalter auch belassen, wenn der Abschluss des Mietvertrages, zB wegen eines unangemessen niedrigen Mietzinses (vgl. § 132 I Nr. 1 InsO), anfechtbar ist; mit einer Insolvenzanfechtung kann dem anderen Teil allerdings dessen Nichterfüllungsanspruch (§ 103 II 1 InsO) abgeschnitten werden.

15 **3. Insolvenz des Mieters.**[33] **a)** *Kündigungssperre.* Nach § 112 InsO kann der Vermieter das Mietverhältnis nach dem Antrag auf Eröffnung des Insolvenzverfahrens über das Vermögen des Mieters unter bestimmten Voraussetzungen nicht kündigen. *Normzweck* dieser Bestimmung ist es, das Unternehmen des insolvent gewordenen Schuldners als wirtschaftliche Einheit zu erhalten, damit der Verwalter den Betrieb zunächst fortführen und die Möglichkeiten für eine Sanierung oder Gesamtveräußerung prüfen kann[34] (→ Rn. 10); Voraussetzung für die Anwendung ist folglich, dass das Miet-/Pachtobjekt bereits überlassen ist.[35] Die Vorschrift gilt in gleicher Weise für bewegliche Sachen (insbesondere gemietete Maschinen oder sonstige Betriebsmittel) und unbewegliche Grundstücke und Räume (insbesondere Betriebsgrundstücke, Lagerhallen, Büroräume), jeweils einschließlich entsprechender Leasingverträge. Mit einer *Lösungsklausel* für den Insolvenzfall kann dieser Normzweck nicht unterlaufen werden (→ Rn. 18).

16 Die *Sperre des § 112 Nr. 1 InsO* verbietet eine Kündigung *nach* Beantragung des Insolvenzverfahrens wegen eines *vor* diesem Zeitpunkt eingetretenen *Zahlungsverzugs* des Mieters. Wer den Eröffnungsantrag gestellt hat (vgl. §§ 13 I 2, 15 InsO), ist unerheblich, ebenso, ob ihn der Vermieter kennt. Erfasst wird jede auf Mietrückstand gestützte fristlose Kündigung gem. § 543 II BGB oder entsprechender Vertragsklausel,[36] die folglich nichtig ist (§ 134 BGB). Von § 112 Nr. 1 InsO **nicht** berührt wird aber die Wirksamkeit einer *vor* dem Eröffnungsantrag zugegangenen (§ 130 BGB) fristlosen Kündigung. Der Vermieter darf außerdem wegen eines *nach* Beantragung des Insolvenzverfahrens bis zu dessen Eröffnung eingetretenen Zahlungsverzuges kündigen;[37] das wird aber dann kaum vorkommen, wenn der starke vorläufige Insolvenzverwalter die Mietsache nutzt, weil in diesem Falle der Mietzinsanspruch als Masseschuld unter den Voraussetzungen des § 55 II 2 InsO zu begleichen ist (→ Rn. 22).

17 Die *Sperre des § 112 Nr. 2 InsO* verbietet eine Kündigung *nach* Beantragung des Insolvenzverfahrens wegen einer Verschlechterung der Vermögensverhältnisse des Schuld-

---

[32] Ebenso im Ergebnis OLG Köln ZIP 2003, 543 = ZInsO 2003, 336; dazu *Runkel* EWiR 2003, 715.
[33] Ausf dazu *v. Wilmowsky* ZInsO 2007, 731.
[34] Begründung RegE § 112 InsO, abgedruckt zB bei *Kübler/Prütting,* Das neue Insolvenzrecht, Bd I, S. 303. Weitergehend *Wilmowsky* ZInsO 2004, 882, 883.
[35] *Marotzke* in: HK/*Kreft,* § 112 Rn. 5. Sehr str., aA MüKoInsO/*Eckert,* § 112 Rn. 11 ff.; *Wilmowsky* ZInsO 2004, 882, 884.
[36] MüKoInsO/*Eckert,* § 112 Rn. 25; *ders.* ZIP 1996, 897, 898. Ebenso jetzt ausdrücklich zur freilich nicht anderen Rechtslage bei der Wohnraummiete BGH ZIP 2011, 1063 Rn. 15 = ZInsO 2011, 918.
[37] *V. Wilmosky* ZInsO 2007, 731, 734; OLG Celle ZInsO 2004, 207; ZIP 2002, 993; LG Karlsruhe ZIP 2003, 667; dazu *Eckert* EWiR 2003, 337.

ners. Gemeint sind hauptsächlich die Fälle des § 321 BGB; nichtig ist weiter die auf eine entsprechende Vertragsklausel ("Kreditwürdigkeitsklausel") gestützte Kündigung.[38] Auch hier ist unerheblich, wer den Eröffnungsantrag gestellt hat, und bleibt die Wirksamkeit einer vor dem Eröffnungsantrag zugegangenen Kündigungserklärung unberührt (→ Rn. 16).

b) *Lösungsklausel für den Insolvenzfall.* Seinem Wortlaut nach betrifft § 112 InsO nur **18** Kündigungen kraft Gesetzes oder vertraglicher Vereinbarung. Die Vorschrift gilt jedoch entsprechend für eine Auflösungsklausel, die dem Vermieter – wie die Kündigung – ein einseitiges Gestaltungsrecht gewährt, selbst wenn es das als "Rücktritt" oder "Lösungsrecht" usw bezeichnet;[39] denn es kommt nicht auf den Wortlaut, sondern auf den Inhalt des Rechtes an. Aber auch sonst ist eine insolvenzabhängige Lösungsklausel für ein bei Beantragung des Insolvenzverfahrens bestehendes Miet- oder Pachtverhältnis (→ Rn. 1–5) unwirksam;[40] denn sie wäre eine Umgehung des § 112 InsO, wie aus dessen Normzweck folgt (→ Rn. 15). Insoweit kommt es also auf die oben (→ § 35 Rn. 13 ff.) problematisierte Reichweite des Grundsatzurteils des BGH zur Unwirksamkeit insolvenzbedingter Lösungsklauseln bei einem Vertrag über die fortlaufende Lieferung von Waren oder Energie nicht an (zur im Ergebnis nicht anderen Rechtslage vor Erlass dieser Entscheidung s 4. Auflage an derselben Stelle). Im Ergebnis wirken sich die unterschiedlichen Meinungen an dieser Stelle also nicht aus; Lösungsklauseln sind in jedem Falle nichtig, entweder – nach der hier vertretenen Auffassung – als Umgehungsgeschäft gem. § 134 BGB oder, weil man sie wegen der genannten Entscheidung ohnehin gem. § 119 InsO generell für unzulässig hält.

c) *Wahlrecht des Insolvenzverwalters.* Es gelten die schon oben (→ Rn. 11) zusammenge- **19** fassten Grundsätze entsprechend; die Besonderheiten zu Kündigungssperre und Lösungsklausel sind bereits erörtert (→ Rn. 15–18). Die Überlegungsfrist für den zur Erklärung aufgeforderten Insolvenzverwalter (§ 103 II 2 InsO) hat der Gesetzgeber nicht verlängert, anders als durch § 107 II 2 InsO für die Insolvenz des Vorbehaltskäufers. Die Interessenlage erscheint jedoch auf den ersten Blick vergleichbar; dem Verwalter soll der schuldnerfremde Gegenstand (Vorbehaltssache bzw. gemieteter beweglicher Gegenstand) nicht entzogen werden können, bevor nicht die Möglichkeiten für eine Fortführung oder Sanierung des Unternehmens geprüft sind (→ Rn. 10, 15; → § 36 Rn. 20). Im Schrifttum wird deshalb auch zum Teil eine analoge Anwendung des § 107 II 2 InsO vorgeschlagen.[41] Einer solchen Argumentationshilfe bedarf es in aller Regel aber nicht. Befinden sich in der Masse neben gemieteten auch unter Eigentumsvorbehalt gekaufte Sachen, so zögert der Verwalter nicht schuldhaft, wenn er die Entscheidung über ein Erfüllungsverlangen gemeinsam zu treffen beabsichtigt; darauf sollte er den Vermieter freilich alsbald nach dessen Aufforderung zur Erklärung hinweisen. Im Übrigen lässt der Begriff "unverzüglich" sachgerechte Lösungen zu (siehe das Beispiel in → Rn. 14; → § 35 Rn. 9, 17). Umgekehrt sprechen gegen eine Analogie die oft unterschiedlichen wirtschaftlichen Folgen für die Insolvenzmasse (offener Kaufpreisanspruch gegenüber Mietzinsraten) und die Endgültigkeit der Erfüllungswahl beim Kauf unter Eigentumsvorbehalt im Vergleich zur späteren Kündigungsmöglichkeit bei Miete oder Pacht (→ Rn. 48).

d) *Erfüllungsverlangen.* Entscheidet sich der Insolvenzverwalter dafür, so muss er die **20** Miete als Masseschuld tilgen, § 55 I Nr. 2 Alt. 1 InsO (zu Besonderheiten bei gesell-

---

[38] Näher MüKoInsO/*Eckert*, § 112 Rn. 28; *ders.* ZIP 1996, 897, 899.
[39] Ebenso *Marotzke* in: HK/*Kreft*, § 112 Rn. 17, 18; MüKoInsO/*Eckert* § 112 Rn. 46 (insoweit allerdings mit Rückgriff auf § 119); *Eckert* ZIP 1996, 897, 902 f.
[40] Ebenso zur freilich nicht anderen Rechtslage bei der Wohnraummiete BGH ZIP 2014, 23 Rn. 12 = ZInsO 2013, 2356.
[41] Sehr str., vgl. die Nachweise bei MüKoInsO/*Eckert* § 108 Rn. 193; offen gelassen von BGH NJW 2007, 1594 (Rn. 13) = ZIP 2007, 778.

schaftsinternen Nutzungsverhältnissen → § 50 Rn. 51). Rückstände aus der Zeit vor Verfahrenseröffnung kann der Vermieter gemäß § 105 S. 1 InsO nur als Insolvenzgläubiger geltend machen[42] (→ § 36 Rn. 1), also lediglich zur Tabelle anmelden (§§ 38, 87, 174 ff. InsO); eine Ausnahme gilt für Nutzungen der Mietsache im Eröffnungsverfahren (→ Rn. 22). Ein gesetzliches Vermieterpfandrecht gibt es bei beweglichen Sachen nicht.

21   e) *Erfüllungsablehnung.* Lehnt der Insolvenzverwalter die Erfüllung des Vertrages ab oder schweigt er trotz Aufforderung (→ Rn. 19), so bleibt es bei den durch die Insolvenzeröffnung eingetretenen Rechtsfolgen. Der andere Teil kann Herausgabe der Mietsache, also deren Aussonderung (zum Umfang → Rn. 2) fordern, sofern nicht wegen eines gesellschaftsinternen Nutzungsverhältnisses (→ Rn. 1 aE) die Aussonderungssperre des § 135 III InsO besteht (→ § 50 Rn. 45 ff.); außerdem kann er Schadensersatz wegen Nichterfüllung, diesen allerdings nur als Insolvenzgläubiger verlangen (§ 103 II 1 InsO), zB wegen verspäteter Rückgabe (→ Rn. 2). Eine Ausnahme gilt in bestimmten Fällen für Nutzungen der Mietsache im Eröffnungsverfahren (→ Rn. 22). Ein gesetzliches Vermieterpfandrecht gibt es bei beweglichen Sachen nicht. Da das Besitzrecht des Mieters mit Eröffnung des Insolvenzverfahrens über sein Vermögen endet (wenn nicht der Insolvenzverwalter Erfüllung verlangt),[43] besteht ab diesem Zeitpunkt ein Anspruch auf entgangene Nutzungen/Nutzungsentschädigung, als Masseanspruch gem. § 55 I Nr. 1 InsO aber nur bei Nutzung durch den Insolvenzverwalter, andernfalls als Nichterfüllungsforderung gem. § 103 II 1 InsO.

22   f) *Nutzungen der Mietsache im Eröffnungsverfahren* durch den vorläufigen Insolvenzverwalter – der selbst kein Wahlrecht hat (→ § 35 Rn. 2) – sind stets als Masseverbindlichkeit unter den Voraussetzungen des § 55 II 2 InsO auszugleichen, unabhängig davon, ob der Vertrag nach Insolvenzeröffnung durchgeführt wird oder nicht. Die Vorschrift gilt allerdings nur für den sog. starken vorläufigen Insolvenzverwalter (§ 21 II Nr. 2 Alt. 1, § 22 I 1 InsO), für einen sog. schwachen nur, wenn er vom Insolvenzgericht zur Begründung von Masseverbindlichkeiten hinsichtlich des konkreten Miet-/Pachtvertrages ermächtigt wurde.[44] Wird die Sache nicht genutzt, die gemietete Maschine also zB stillgelegt, so kann der Anspruch wegen verspäteter Rückgabe nur als Insolvenzforderung verfolgt werden (→ Rn. 2).

23   **4. Leasingvertrag über bewegliche Sachen (einschließlich § 108 I 2 InsO).** Er ist nach hM in aller Regel Miete (→ Rn. 41). Nach der ursprünglichen (1994 verabschiedeten) Insolvenzrechtsreform wäre deshalb jeder Leasingvertrag über *bewegliche Sachen* dem Wahlrecht des Insolvenzverwalters (→ Rn. 9) unterfallen; der Fortbestand eines Mietvertrages war damals nämlich nur für unbewegliche Gegenstände und Räume vorgesehen. Das hätte Leasinggesellschaften in große Schwierigkeiten gebracht, die im Zuge der Refinanzierung die zu Grunde liegenden Forderungen meist an Banken zur Erfüllung von Forderungskaufverträgen oder sicherungshalber für einen Kredit abtreten. Denn der durch das Erfüllungsverlangen des Insolvenzverwalters neu begründete Erfüllungsanspruch wäre von der Vorausabtretung zugunsten der Bank nicht erfasst worden (→ § 34 Rn. 40, 45). Das hat der Gesetzgeber nachträglich korrigiert[45] und durch die

---

[42] MüKoInsO/*Eckert* § 108 Rn. 161; *Tintelnot* ZIP 1995, 616, 620. Andere leiten dasselbe Ergebnis aus § 108 III InsO her, der allerdings die Immobilienmiete betrifft.
[43] BGH NJW 2007, 1594 (Rn. 12) = ZIP 2007, 778.
[44] BGHZ 151, 353 = NJW 2002, 3326 = NZI 2002, 543 = ZIP 2002, 1625 = ZInsO 2002, 819; vgl. dazu *Prütting/Stickelbrock* ZIP 2002, 1608. Weitergehend *Wilmowsky* ZInsO 2004, 882, 887 (Masseverbindlichkeit von Mieten, die auf die Dauer der Kündigungssperre entfallen).
[45] Gesetz zur Änderung des AGB-Gesetzes und der Insolvenzordnung, BT-Drucks. 13/4699 = BR-Drucks. 401/96 (Art. 2 Änderung der Insolvenzordnung); vgl. dazu auch *Zahn* DB 1996, 1393; *Bien* ZIP 1998, 1017; *Livonius* ZInsO 1998, 111; Bestandsaufnahme zur Vorschrift: *Klinck* KTS 2007, 37 ff.; rechtspolitische Kritik an der Gesetzesänderung insbes von *Marotzke* in: HK/*Kreft*, § 108 Rn. 17.

Ergänzung des § 108 I InsO um einen zweiten Satz bestimmte Leasingverträge über bewegliche Sachen Immobilien gleichgestellt. Voraussetzung ist, dass der Leasinggegenstand dem Dritten zur Sicherung übertragen wurde, der seine Anschaffung oder Herstellung finanziert hat (näher → § 100 Rn. 18 ff.); dann besteht der Vertrag – wie einer über unbewegliche Gegenstände oder Räume – fort (→ Rn. 24, 41, 47). Im Übrigen gelten für Leasing beweglicher Sachen die oben (→ Rn. 9 ff.) erörterten Regeln entsprechend.[46]

IV. Unbewegliche Gegenstände und Räume, § 108 I, III, §§ 109 ff. InsO

1. Grundsätze (§ 108 I, III InsO). a) *Fortbestehen des Vertrages.* Ein bei Insolvenzeröffnung eingegangenes Miet-, Pacht- oder ähnliches Schuldverhältnis (→ Rn. 2–5) über unbewegliche Gegenstände (vgl. § 49 InsO) oder Räume besteht mit Wirkung für die Masse fort, § 108 I 1 InsO; das gilt auch für Immobilienleasing und nach *§ 108 I 2 InsO* für bestimmte Leasingverträge über bewegliche Sachen (→ Rn. 23). Das Wahlrecht des Verwalters (→ § 35 Rn. 1) ist – im Gegensatz zur Miete beweglicher Sachen und Rechte (→ Rn. 9 ff.) – ausgeschlossen. In der Insolvenz des Vermieters besteht das Mietverhältnis aber nur dann mit Wirkung für die Masse fort, wenn die Mietsache im Zeitpunkt der Insolvenzeröffnung dem Mieter bereits überlassen war, wie der BGH in teleologischer Reduktion des § 108 I 1 InsO entschieden hat;[47] war das nicht der Fall, gilt § 103.[48] In der Insolvenz des Mieters kommt es auf die Frage der Gebrauchsüberlassung wegen der Beendigung des Vertrages an (→ Rn. 27, 31).

b) *Rechtsfolgen.* Das Mietverhältnis wird zu den vereinbarten Bedingungen fortgesetzt (zu Besonderheiten bei gesellschaftsinternen Nutzungsverhältnissen → § 50 Rn. 52); der Verwalter kann den Vertragsschluss aber möglicherweise nach §§ 129 ff. InsO anfechten, wenn sich der Schuldner auf ungünstige Bedingungen, insb eine unangemessen niedrige bzw. hohe Miete, eingelassen hatte. Im Übrigen gilt:
- Ansprüche des anderen Teils aus der Zeit vor Verfahrenseröffnung sind bloße Insolvenzforderungen, *§ 108 III* InsO, so beispielsweise auch der Anspruch des Mieters auf vertragsgemäße Anlage einer Sicherheit (vgl. § 551 III BGB bzw. entsprechende, verkehrsübliche Vereinbarung bei Gewerberaummietvertrag). Deshalb besteht in der Insolvenz des Vermieters an den vor Insolvenzeröffnung über dessen Vermögen fällig gewordenen Mieten kein Zurückbehaltungsrecht (§ 273 BGB) des Mieters wegen der unterbliebenen insolvenzfesten Anlage der Barkaution.[49]
- Keine bloße Insolvenzforderung ist der Anspruch auf Herstellung eines zum vertragsgemäßen Gebrauch geeigneten Zustands der Mietsache, unabhängig davon, ob der mangelhafte Zustand vor oder nach Eröffnung des Verfahrens entstanden ist;[50] denn dieser Anspruch ist nicht auf eine Leistung „für die Zeit vor Eröffnung des Insolvenzverfahrens" gerichtet, anders als zB ein Minderungsverlangen oder ein Schadensersatzanspruch wegen des bereits vor Eröffnung eingetretenen mangelhaften Zustands der Mietsache.[51]
- Nutzungen der Mietsache im Eröffnungsverfahren durch den starken vorläufigen Insolvenzverwalter sind jedoch als Masseschuld unter den Voraussetzungen des § 55 II 2 InsO auszugleichen (→ Rn. 22).

---
[46] Ausf zur Behandlung des Leasingvertrages im Insolvenzverfahren *Klinck* in: *Martinek/Stoffels/Wimmer-Leonhardt,* Leasinghandbuch, 2008, §§ 49, 50; *Krämer,* Leasingverträge in der Insolvenz, 2005.
[47] BGHZ 173, 116 = NJW 2007, 3715 = NZI 2007, 713 = ZIP 2007, 2087 = ZInsO 2007, 1111.
[48] BGHZ 173, 116 Rn. 24.
[49] BGH ZIP 2013, 179 Rn. 10 ff. = ZInsO 2013, 136.
[50] BGH ZIP 2003, 854 = ZInsO 2003, 412 = NZI 2003, 373 m. Anm. *Gundlach/Frenzel.*
[51] BGH ZIP 2003, 854, 855.

- Nach Eröffnung des Insolvenzverfahrens entstehen Masseverbindlichkeiten gem. § 55 I Nr. 2 Alt. 2 InsO.
- Soweit der Insolvenzverwalter die Mietsache noch nach Anzeige der Masseunzulänglichkeit nutzt, ist der Vermieter mit seiner Mietzinsforderung Neumassegläubiger (§ 209 II Nr. 3 InsO).[52]

26   c) *Abweichende Vereinbarungen.* Die Anwendbarkeit der §§ 108–112 InsO kann nicht im Voraus ausgeschlossen oder beschränkt werden (§ 119 InsO). *Kündigungssperre und Lösungsklausel* werden praktische Bedeutung grundsätzlich nur für die Insolvenz des Mieters nach Gebrauchsüberlassung erlangen (→ Rn. 31, 32); denn bei Verfahrenseröffnung vor Gebrauchsüberlassung besteht ohnehin ein beiderseitiges Kündigungsrecht (→ Rn. 27). Für die Wirksamkeit einer vereinbarten Lösungsklausel in der Insolvenz des Vermieters gelten die früheren Erörterungen (→ § 35 Rn. 12–14).

27   **2. Insolvenz des Mieters vor Gebrauchsüberlassung (§ 109 II InsO). a)** *Beiderseitiges Rücktrittsrecht.* War dem Schuldner die Sache zurzeit der Verfahrenseröffnung noch nicht überlassen (zu diesem Begriff → Rn. 33), so kann gem. § 109 II 1 InsO sowohl der Verwalter als auch der Vermieter vom Vertrag zurücktreten. Es besteht also ein *beiderseitiges Rücktrittsrecht.*

28   Jeder Teil kann den anderen zur Erklärung darüber binnen einer *Ausschlussfrist* von zwei Wochen auffordern; schweigt dieser, so verliert er das Rücktrittsrecht, § 109 II 3 InsO. Zweck dieser Regelung ist es, mögliche Streitigkeiten über die Rechtzeitigkeit der Erklärung zu vermeiden.[53] In der Regel wird der Vermieter zurücktreten, weil ihm an einem insolventen Mieter nichts liegen wird, und umgekehrt der Verwalter den Rücktritt begrüßen, weil es sinnlos ist, dem Schuldner eine neue Wohnung oder neue Geschäftsräume beziehen zu lassen, nachdem sich dessen wirtschaftlichen Verhältnisse völlig geändert haben. Der *Verlust des Rücktrittsrechts* infolge Fristablaufs bewirkt die Invollzugsetzung und damit den Fortbestand des Vertrages nach der Grundregel des § 108 I; folglich besteht kein Grund, dem Insolvenzverwalter in einem solchen Falle das Sonderkündigungsrecht des § 109 I abzuschneiden.[54]

29   Die *Ausübung des Rücktrittsrechts* erfolgt durch einseitige, empfangsbedürftige sowie infolge der rechtsgestaltenden Wirkung unwiderrufliche und bedingungsfeindliche Willenserklärung; der Vermieter hat sie dem Verwalter – nicht etwa dem Schuldner (vgl. § 80 I InsO) – gegenüber abzugeben. Sind bei dem Vertrag auf der einen oder anderen Seite mehrere beteiligt, so kann das Rücktrittsrecht nur von allen und gegen alle ausgeübt werden, § 351 BGB. Dazu ist zwar schon entschieden, dass es genügt, wenn der den Rücktritt auslösende Umstand von nur einem Beteiligten geschaffen worden ist.[55] Ob das allerdings auch gilt, wenn nur einer von mehreren Mietern insolvent wird, erscheint noch offen;[56] entschieden ist das Problem bei § 109 I InsO, also bei Kündigung des Insolvenzverwalters für einen Mieter (von mehreren), die auch für die übrigen Mitmieter wirkt (→ Rn. 34).

30   b) *Rechtsfolgen.* Bei einem *Rücktritt des Verwalters* kann der andere Teil wegen der vorzeitigen Beendigung des Vertragsverhältnisses als Insolvenzgläubiger Schadensersatz ver-

---

[52] BGH NJW-RR 2004, 772 = NZI 2004, 209.

[53] Begründung Rechtsausschuss zu § 123 II RegE, der – statt der Frist – die Verpflichtung zur „unverzüglichen" Erklärung enthielt; abgedruckt zB bei *Kübler/Prütting,* Das neue Insolvenzrecht Bd I, S. 201.

[54] Mit etwas anderer Begründung, im Ergebnis aber ebenso *Eckert* ZIP 1996, 898, 901; Nerlich/Römermann/*Balthasar,* § 109 Rn. 3; KPB/*Tintelnot,* § 109 Rn. 66 ff.; aA *Marotzke* in: HK/*Kreft,* § 109 Rn. 22.

[55] BGH NJW 1976, 1931 (zu § 356 aF BGB); Palandt/*Grüneberg,* § 351 Rn. 2.

[56] Bejahend zB MüKoInsO/*Eckert,* § 109 Rn. 67 u Nerlich/Römermann/*Balthasar,* § 109 Rn. 16; unentschieden KPB/*Tintelnot,* § 109 Rn. 24.

langen, § 109 II 2 InsO. Anders ist es beim *Rücktritt des Vermieters,* der keinen Schadensersatzanspruch zugunsten der Masse auslöst, wie im Umkehrschluss aus der genannten Vorschrift folgt. Aber auch der Vermieter selbst kann sich für diesen Fall wegen § 119 InsO keinen Ersatzanspruch ausbedingen; die Rechtsfolgen bestimmen sich ausschließlich nach den gesetzlichen Rücktrittsregeln der §§ 323 ff. BGB.[57] Auch die Schutzvorschriften des sozialen Mietrechts (§§ 574, 574a, 547b BGB) sind unanwendbar. Nach § 572 BGB hat der Kündigungsschutz nur gegenüber einem vereinbarten, nicht aber gegenüber dem gesetzlichen Rücktrittsrecht Bestand und außerdem nur, wenn der Wohnraum dem Mieter überlassen ist.

3. Insolvenz des Mieters nach Gebrauchsüberlassung (§ 109 I InsO). **31**
a) *Grundsatz und Normzweck.* War dem Schuldner die Sache zurzeit der Verfahrenseröffnung bereits überlassen (zu diesem Begriff → Rn. 33), so hat nur der Verwalter ein Kündigungsrecht nach § 109 I 1 InsO (→ Rn. 34); macht er davon keinen Gebrauch, besteht das Rechtsverhältnis fort (→ Rn. 24). Für das Mietverhältnis über die Wohnung des Schuldners gilt § 109 I 2 InsO (→ Rn. 36). Der Vermieter muss das hinnehmen, kann sich also nicht seinerseits vom Vertrag lösen. Das Gesetz will damit verhindern, dass dem Insolvenzverwalter die dem Schuldner schon überlassene Sache entzogen werden kann, obgleich sie zur Betriebsfortführung oder -sanierung benötigt wird. Das Kündigungsrecht nach § 109 I gilt entsprechend, wenn der Verwalter das Rücktrittsrecht gem. § 109 II verloren hat und deshalb der Vertrag in Vollzug gesetzt wurde (→ Rn. 28 aE).

b) *Kündigungssperre und Lösungsklausel.* Die Rechtslage dazu stimmt wegen des be- **32**
schriebenen Normzwecks (→ Rn. 30) mit der in der Insolvenz des Mieters einer beweglichen Sache überein. Die Erörterungen dort (→ Rn. 15–18) gelten folglich entsprechend. Aus dem System der Kündigungssperre folgt zugleich, dass ein Vermieter, der dem Mieter vor Insolvenzreife Räume überlassen hat, regelmäßig Altgläubiger ist und keinen Neugläubigerschaden infolge der Insolvenzverschleppung erleidet, weil er sich bei Insolvenzreife (ohnehin) nicht vom Mietvertrag hätte lösen können.[58] Die Kündigungssperre des § 112 InsO hindert aber **nicht** das Erlöschen einer Dienstbarkeit, welche das aus dem Mietvertrag folgende Nutzungsrecht an dem belasteten Grundstück sichert und unter der auflösenden Bedingung steht dass über das Vermögen des Berechtigten ein Insolvenzverfahren eröffnet wird, wenn diese Bedingung vor dem Sicherungsfall eintritt;[59] das erklärt sich schon aus der schuldrechtlichen Natur von Miete und Pacht gegenüber der beschränkt persönlichen Dienstbarkeit als dingliches Nutzungsrecht.

c) *Überlassung der Sache.* Darunter versteht man dem Grundsatz nach die Verschaffung **33**
der tatsächlichen Gebrauchsmöglichkeit, während die Einzelheiten dieses Vorgangs vom Inhalt des jeweiligen Schuldverhältnisses abhängen. So setzt im Mietrecht der Gebrauch der vermieteten Sache in aller Regel die Besitzverschaffung voraus, genügt also die bloße Bereitstellung noch nicht. Bei einer Wohn- oder Geschäftsraummiete ist es aber nicht erforderlich, dass der Mieter bereits eingezogen ist; Schlüsselübergabe reicht aus.[60] Bei eigenmächtiger Inbesitznahme liegt Überlassung vor, wenn der Vermieter den tatsächlichen Zustand vor Insolvenzeröffnung genehmigt hat.

d) *Kündigungsrecht des Verwalters (§ 109 I 1 InsO).* Danach kann der Verwalter das **34**
Mietverhältnis (→ Rn. 31) ohne Rücksicht auf die vereinbarte Vertragsdauer oder den

---

[57] Nerlich/Römermann/*Balthasar,* § 109 Rn. 17; KPB/*Tintelnot,* § 109 Rn. 65.
[58] BGH ZIP 2014, 23 = ZInsO 2013, 2256.
[59] BGH ZIP 2011, 1063 = ZInsO 2011, 918; krit. dazu *v. Wilmowsky* EWiR 2011, 273.
[60] MüKoInsO/*Eckert,* § 109 Rn. 13.

vereinbarten Ausschluss des Rechts zur ordentlichen Kündigung durch einseitige empfangsbedürftige Willenserklärung (vgl. § 130 BGB) kündigen, und zwar während der gesamten Dauer des Insolvenzverfahrens; denn es fehlt eine § 111 S. 2 InsO entsprechende Einschränkung. Haben mehrere gemeinschaftlich die Sache gemietet, wird aber nur einer von ihnen insolvent, so darf der Verwalter das Mietverhältnis ohne Mitwirkung der, aber mit Wirkung für die Mitmieter gleichwohl kündigen;[61] die Mietvertragsparteien können den Gesamtwirkungsfolgen einer insolvenzbedingten Kündigung für Mitmieter durch eine Regelung vorbeugen, wonach der Mietvertrag mit den weiteren Mietern unbeschadet der Insolvenzkündigung gegenüber einem Mitmieter fortgesetzt wird oder einen neuen Mietvertrag ohne die insolventen Partei abschließen.[62]

35   Einzuhalten ist nach dem mit Wirkung seit 1.7.2007 (→ Rn. 6) neu gefassten § 109 I 1 eine *Kündigungsfrist* von drei Monaten zum Monatsende; zum Übergangsrecht s. 4. Auflage am selben Ort. Unberührt bleiben die Vorschriften zur fristlosen Kündigung, im Mietrecht also beispielsweise die §§ 543, 569 BGB. Eine wirksam vereinbarte *kürzere vertragliche Kündigungsfrist* bleibt nach wie vor maßgeblich, wie der neue Halbsatz 2 klarstellt.

36   e) *Erklärungsrecht des Verwalters bei Mietwohnung des Schuldners (§ 109 I 2 InsO)*. Nach dieser Vorschrift entfällt bei einem Mietvertrag über die vom Schuldner selbst (und seiner Familie) genutzte Wohnung das Sonderkündigungsrecht nach § 109 I 1 InsO (→ Rn. 34). Statt dessen kann der Verwalter die Erklärung nach S. 2 mit der Folge abgeben, dass nach Ablauf der Kündigungsfrist (→ Rn. 35) die Miete nicht mehr als Masseverbindlichkeit bezahlt werden muss; mit dem Wirksamwerden der Enthaftungserklärung erlangt der Mieter die Verwaltungs- und Verfügungsbefugnis über das Mietvertragsverhältnis zurück.[63] Eine solche Erklärung des Insolvenzverwalters/Treuhänders wirkt auch gegenüber dem Erwerber, auf den das Mietverhältnis infolge Veräußerung des Grundstücks übergegangen ist, wenn sie in Unkenntnis des Eigentumsübergangs dem alten Vermieter gegenüber abgegeben worden ist.[64]

Normzweck dieser Regelung ist der Schutz des Schuldners, der keinen Unterhalt aus der Masse erhält (§ 100 InsO). Dem Verwalter wird dadurch zugleich die Möglichkeit abgeschnitten, auf die bei Beendigung des Mietverhältnisses aufgrund Ausübung seines Sonderkündigungsrechts frei werdende Mietkaution zuzugreifen und diese zur Masse zu ziehen. Das Kündigungsverbot des § 109 I 2 InsO ist aber für die *Mitgliedschaft des Schuldners in einer Wohnungsgenossenschaft* nicht entsprechend anwendbar, steht also einer Kündigung des Insolvenzverwalters nicht entgegen.[65]

37   f) *Rechtsfolgen*. Mit Beendigung des Mietverhältnisses (nach Kündigung gem. Rn. 34, 35) kann der Vermieter *Rückgabe* der Sache gem. § 556 I BGB oder nach § 985 BGB fordern, sie also aussondern, gemäß § 47 InsO (zum Umfang des Aussonderungsrechts → Rn. 2), sofern nicht wegen eines gesellschaftsinternen Nutzungsverhältnis (→ Rn. 1 aE) die Aussonderungssperre des § 135 III 1 InsO besteht (→ § 92 Rn. 464 ff.). Zum Anspruch auf Mietzins wird auf die früheren Erörterungen (→ Rn. 25) verwiesen. Für die *übrigen Abwicklungsansprüche* des Vermieters gilt:[66]
• Zweck des § 55 I Nr. 2 InsO ist es zu gewährleisten, dass derjenige, der gem. § 108 I InsO seine vollwertige Leistung weiterhin der Masse zugute kommen lassen muss, die

---

[61] BGH NJW 2013, 3232 = ZIP 2013, 835. Schon vorher hM im Schrifttum, vgl. MüKoInsO/ *Eckert*, § 109 Rn. 36 ff. Ausführl zur Wirkung einer Kündigung durch den Verwalter bei Mietermehrheit *Steinicke* ZMR 2001, 160.
[62] BGH NJW 2013, 3232 Rn. 20.
[63] BGH ZIP 2014, 1341 = ZInsO 2014, 1274; NZI 2014, 1954 = ZIP 2014, 1053.
[64] BGH NZI 2012, 406 = ZIP 2012, 874 = ZInsO 2012, 733.
[65] BGH NJW 2009, 1820 = NZI 2009, 374 = ZIP 2009, 875 = ZInsO 2009, 826.
[66] Ausführlich *Eckert* ZIP 1996, 897, 905 ff.

dafür zu entrichtende volle Gegenleistung erhält und nicht auf eine Insolvenzforderung beschränkt wird.[67]
- Demzufolge sind Ansprüche aus Anlass der Abwicklung eines Mietvertrages, die zwar dem Wortlaut des Gesetzes nach unter § 55 I Nr. 2 InsO eingeordnet werden könnten, vom Sinn und Zweck der Norm her grundsätzlich nur einfache Insolvenzforderungen; das gilt auch für die einen Abrechnungszeitraum vor Insolvenzeröffnung betreffende Betriebskostennachforderung des Vermieters, wenn dieser erst nach Insolvenzeröffnung oder nach dem Wirksamwerden der Enthaftungserklärung des Insolvenzverwalters gem. § 109 I 2 InsO abgerechnet hat.[68] Zu den einfachen Insolvenzforderungen gehören auch der Anspruch auf Durchführung von Schönheitsreparaturen aus der Zeit vor Verfahrenseröffnung, die Kosten für Abholung und Abbau des Mietgegenstandes, zB von Fernsprechnebenstellenanlagen, oder ein Schadensersatzanspruch wegen einer entweder schon vor Insolvenzeröffnung oder erst nach Vertragsbeendigung eingetretenen Zerstörung, Veränderung oder Verschlechterung der Sache (§§ 280 I, 823 BGB).
- Dieser Schadensersatzanspruch ist jedoch Masseschuld, wenn die genannten Umstände in die Zeit zwischen Insolvenzeröffnung und Beendigung des Mietvertrages fallen, weil er dann auf einer Pflichtverletzung des Insolvenzverwalters beruht, § 55 I Nr. 1 InsO; entsprechendes gilt, wenn das Mietverhältnis zwar schon vor Insolvenzeröffnung beendet war, der Insolvenzverwalter den vertragswidrigen Zustand durch eine ihm selbst zuzurechnende Handlung verursacht hat.[69]
- Masseschuld ist schließlich auch der Entschädigungsanspruch nach §§ 546a, 571 BGB, wenn der Insolvenzverwalter die Sache nach Mietende nicht zurückgibt; oblag diese Verpflichtung schon dem Schuldner vor Verfahrenseröffnung, so ist sie nur Insolvenzforderung[70] (→ Rn. 2).

Der Vermieter kann außerdem *Schadensersatz* nach § 109 I 3 InsO wegen der vorzeitigen Beendigung des Vertragsverhältnisses verlangen, allerdings nur als Insolvenzgläubiger (zur Aufrechnung → § 35 Rn. 36).[71] Die Bestimmung setzt entsprechend den allgemeinen Vorschriften des BGB grundsätzlich einen konkreten Schaden voraus;[72] für den Vermieter gilt die Schadensminderungspflicht nach § 254 BGB. Da zum ersetzenden Schaden auch sein Mietausfall gehört, ist er verpflichtet, sich intensiv um eine Weitervermietung zu bemühen.[73] **38**

g) *Vermieterpfandrecht.* Zu beachten ist, dass dem Vermieter wegen seiner Ansprüche ein gesetzliches Pfandrecht im Rahmen des § 50 I InsO zusteht (Einzelheiten → § 42 Rn. 42, 43). Davon werden insb die Mietforderungen nach § 55 I Nr. 2 Alt. 2 InsO sowie Rückstände für das letzte Jahr vor Insolvenzeröffnung und schon entstandene Entschädigungsansprüche (vgl. § 50 II InsO; § 562 II BGB), nicht aber Schadensersatzansprüche nach § 109 I 2 InsO erfasst. Der Vermieter kann also in diesem Umfang ein Absonderungsrecht an den eingebrachten Sachen des Schuldners sowohl für Insolvenzforderungen wie für Masseschuldansprüche geltend machen; er wird sich dann freilich erst wegen seiner Insolvenzforderungen befriedigen wollen. Verwertet der Insolvenzverwalter des Mieters die dem Pfandrecht unterliegende Sache gemäß § 166 I InsO, so **39**

---

[67] So schon (zur KO) BGHZ 72, 263, 266 = NJW 1979, 310 = LM § 19 KO Nr. 7 m. Anm. *Merz.*
[68] BGH NZI 2011, 404 = ZIP 2011, 924.
[69] BGHZ 148, 252 = NJW 2001, 2966 = ZIP 2001, 1469.
[70] BGHZ 130, 38, 41 f. = NJW 1995, 2783.
[71] Dazu *Marotzke* FS Fischer (2008), S. 379 ff.
[72] Ausnahme: Pauschalierter Maßstab bei Kündigung eines Telephonanschlusses; BGH WM 1988, 1093 = EWiR § 19 KO 2.88, 907 *(Grub).*
[73] Näher MüKoInsO/*Eckert* § 109 Rn. 29 ff.

kann der Vermieter einer Entfernung nicht widersprechen, sein Pfandrecht setzt sich aber am Erlös fort;[74] für die Verteilung gelten §§ 170, 171 InsO. Verlangt der Vermieter des insolventen Mieters Auskunft über die seinem Vermieterpfandrecht unterliegenden Sachen, kann der Insolvenzverwalter dazu auch dann verpflichtet sein, wenn die Sachen unter der Verantwortung seines Amtsvorgängers von dem vermieteten Grundstück entfernt wurden.[75]

40 h) *Freigabe.* Von der Kündigung des Insolvenzverwalters nach § 109 I InsO ist die Freigabe der Sache zu unterscheiden. Solange das Mietverhältnis noch fortbesteht, wäre sie indessen nur mit Zustimmung des Vermieters möglich.[76] Nach Vertragsbeendigung bewirkt die Freigabe demgegenüber, dass der Entschädigungsanspruch wegen verspäteter Rückgabe (§ 546a BGB) nicht als Masseschuld (→ Rn. 36) entstehen kann.

41 i) *Leasingvertrag.* Er ist nach hM[77] Miete und zwar sowohl als sog. Operating-Leasing, ein Vertrag auf unbestimmte Zeit mit jederzeitigem Kündigungsrecht des Leasingnehmers, wie auch als sog. Finanzierungs-Leasing, ein Vertrag auf bestimmte Zeit, bei dem der Leasingnehmer die Möglichkeit hat, die fremdfinanzierte Sache aus den Erträgen zu bezahlen, die ihm deren Nutzung bringt. In allen diesen Fällen steht die für das Mietrecht wesensbestimmende Gebrauchsmöglichkeit im Vordergrund. So liegt es auch, wenn dem Leasingnehmer bei einem Finanzierungsleasing eine Kaufoption eingeräumt ist. Denn die bloße Befugnis, in Zukunft ein Kaufrecht ausüben zu können, ändert nichts daran, dass das Schwergewicht des Rechtsgeschäftes im mietrechtlichen Bereich liegt. In der Insolvenz *des Leasingnehmers* (→ § 100 Rn. 2–15) ist demzufolge § 109 I InsO anzuwenden, wenn ihm die Sache noch vor Eröffnung des Verfahrens überlassen war (andernfalls: § 109 II InsO, → Rn. 24, 27–30). Der Insolvenzverwalter muss mithin den Vertrag kündigen, falls er ihn nicht weiter erfüllen will.

42 **4. Insolvenz des Vermieters. a)** *Ausgangspunkte.* Es gibt – anders als in der Insolvenz des Mieters – kein Rücktritts- oder Kündigungsrecht. Allerdings besteht das Mietverhältnis nach § 108 I 1 InsO nur fort, wenn die Mietsache im Zeitpunkt der Eröffnung des Insolvenzverfahrens dem Mieter bereits überlassen war (→ Rn. 24), andernfalls steht dem Insolvenzverwalter das Wahlrecht nach § 103 InsO zu. Im Fall des § 108 I InsO hat er die einem Vermieter obliegenden Verpflichtungen zu erfüllen. Dabei begründet der Anspruch des Mieters auf Herstellung eines zum vertragsgemäßen Gebrauch geeigneten Zustandes der Mietsache eine Masseschuld, und zwar unabhängig davon, ob der mangelhafte Zustand vor oder nach Insolvenzeröffnung entstanden ist (→ Rn. 25). Für eine spätere Kündigung gelten die allgemeinen Regeln oder vertraglichen Vereinbarungen (→ Rn. 48).

43 **b)** *Ausnahme bei freiwilliger Veräußerung (§ 111 InsO).* Vom Grundsatz des Fortbestands des Vertrags (§ 108 I InsO) und der Verpflichtung des Insolvenzverwalters macht § 111 InsO eine Ausnahme für die Veräußerung der Sache durch den Verwalter, falls der Erwerber anstelle des Schuldners in das Rechtsverhältnis eintritt. Unter welchen Voraussetzungen letzteres geschieht, ergibt sich nicht aus § 111 InsO, sondern aus §§ 566, 578 (Wohnräume, Grundstücke und andere Räume), 578a (eingetragene Schiffe), 593b (Landpacht) BGB und § 98 II LuftfzRG. Diese Vorschriften setzen eine Überlassung des Gegenstandes an den Mieter im Zeitpunkt der Veräußerung voraus (→ Rn. 42); ein

---

[74] BGHZ 130, 38 = NJW 1995, 2783.
[75] BGH NJW-RR 2004, 772 = NZI 2004, 209.
[76] Ebenso *Hess,* § 109 Rn. 20; hM auch zur KO, vgl. *Kilger/K. Schmidt,* § 19 KO Anm. 10 u *Heilmann* NJW 1985, 2505, 2508.
[77] BGHZ 71, 189 = NJW 1978, 1383 = LM § 19 KO Nr. 6 Anm. *Brunotte;* BGHZ 109, 368 = NJW 1990, 1113 = ZIP 1990, 180. Ausführlich zu Leasing: Uhlenbruck/Hirte/Vallender/*Sinz,* § 108 Rn. 65 ff.; *Krämer,* Leasingverträge in der Insolvenz, 2005, S. 22 ff.

Schiff muss im Schiffsregister eingetragen sein, ein veräußertes Luftfahrzeug in der Luftfahrzeugrolle oder, wenn die Eintragung dort wieder gelöscht ist, im Register für Pfandrechte an Luftfahrzeugen.

Bei einer solchen rechtsgeschäftlichen Veräußerung – der Begriff stimmt mit dem in § 566 I BGB überein – muss der Erwerber an sich die vereinbarte, möglicherweise noch recht lange Laufzeit des Vertrages hinnehmen. Dass das einen wirtschaftlich in aller Regel günstigeren freihändigen Verkauf erschwert, liegt auf der Hand. Im Interesse der Gesamtheit der Insolvenzgläubiger gewährt deshalb § 111 S. 1 InsO dem Erwerber ein *Kündigungsrecht* unter Einhaltung der gesetzlichen Frist, das allerdings nach S. 2 der Vorschrift nur für den ersten zulässigen Termin ausgeübt werden kann. *Keine Anwendung* findet § 111 InsO, wenn der Schuldner nur Miteigentümer war (→ Rn. 5). Der *Schadensersatzanspruch des anderen Teils* wegen der Auflösung des Vertrages (§ 109 I 2 InsO entspr) ist bloße Insolvenzforderung (zur Aufrechnung → § 35 Rn. 36).

c) *Vorausverfügungen und Aufrechnungen (§ 110 InsO).*

- Nach § 110 I InsO sind Vorausverfügungen des späteren Schuldners über künftige Miete oder Pacht der Masse gegenüber nur insoweit wirksam, als sie sich auf den bei Insolvenzeröffnung laufenden Monat und, wenn die Insolvenzeröffnung nach dem 15. des Monats erfolgt, auch auf den folgenden Monat beziehen; das gilt allerdings nur, wenn die Sache dem Mieter bei Verfahrenseröffnung schon überlassen war, weil nur dann § 108 I InsO eingreift (→ Rn. 42, 24). Nach Ablauf der in § 110 I InsO genannten Frist kann sich die Unwirksamkeit einer Vorausverfügung allein aus allgemeinen Vorschriften ergeben.[78]
- In diesem Umfang erklärt umgekehrt § 110 III 1 InsO eine Aufrechnung des anderen Teils für wirksam, die sonst an § 96 Nr. 1 InsO scheitern würde; er kann also mit einem ihm gegen den Insolvenzschuldner zustehenden Anspruch gegen Miete oder Pacht bis zu dem Höchstbetrag aufrechnen, in dem eine Vorausverfügung über die durch Aufrechnung zu tilgende Forderung zulässig wäre. Im Übrigen müssen aber die Voraussetzungen für eine wirksame Aufrechnung vorliegen, wie § 110 III 2 InsO klarstellt. Die Aufrechnungsmöglichkeiten nach § 95 I InsO werden durch § 100 III InsO aber nicht beschränkt, weshalb der Mieter mit seinem Anspruch auf Rückzahlung des Nebenkostenguthabens aus der Zeit vor Insolvenzeröffnung über das Vermögen des Vermieters gegen den Anspruch der Masse auf Miete für die danach liegenden Zeiträume aufrechnen kann.[79]

Vorausverfügungen sind gem. § 110 II InsO grundsätzlich alle Vorauszahlungen, auch wenn sie der Mieter schon bei Vertragsabschluss versprochen hatte, sowie insb Einziehung, Abtretung, Erlass, Stundung und Maßnahmen der Zwangsvollstreckung, hauptsächlich eine Pfändung.

d) *Leasingvertrag.* Da er Miete ist (→ Rn. 40), gelten in der Insolvenz des Leasinggebers die vorstehenden Erörterungen grundsätzlich entsprechend (→ § 100 Rn. 15 ff.). Der Vertrag besteht demzufolge grundsätzlich fort. Hat der Leasingnehmer das Recht nach Ablauf der Grundmietzeit die Verlängerung des Schuldverhältnisses zu fordern oder die Sache zu erwerben (sog. Verlängerungs- bzw. Kaufoption), so ist fraglich, ob der Insolvenzverwalter einem entsprechenden Begehren nachgeben muss. Richtigerweise sind diese schuldrechtlichen Ansprüche als Insolvenzforderungen zur Tabelle anzumelden und dabei nach § 45 InsO in Geld umzurechnen. Solche Optionen hindern also eine anderweitige Verwertung der Sache nicht. Die Vorausverfügung über den Er-

---

[78] BGH ZIP 2013, 1082. Zur Anwendbarkeit des § 110 InsO auf sale-and-lease-back-Verträge näher und krit. In der Urteilsanmerkung *Marotzke* EWiR 2013, 417.
[79] BGH NZI 2007, 164 = ZIP 2007, 239.

lös der Leasingsache wegen einer zugunsten des Leasingnehmers vereinbarten Kaufoption hat in der Insolvenz des Leasinggebers keinen Bestand.[80]

V. Sonstige Beendigung des Vertrages während des Insolvenzverfahrens

48 Endet ein zunächst fortgesetzter Vertrag während des Insolvenzverfahrens, insb durch Kündigung oder Ablauf der vereinbarten Zeit, so gelten für die Abwicklung die einschlägigen Vorschriften des BGB oder vertragliche Abreden. Demgegenüber bestimmt sich nach Insolvenzrecht, welche Ansprüche als Masseschulden vorweg und welche nur als Insolvenzforderungen zu befriedigen sind. Das wurde hinsichtlich der Rechte des Vermieters in der Insolvenz des Mieters und für das Schicksal von Mietvorauszahlungen in der Vermieterinsolvenz schon erörtert (→ Rn. 36, 44). Im Übrigen ist zu bemerken: Wird der Vertrag durch eine vom Mieter erklärte fristlose Kündigung aufgelöst, die auf einem vom Insolvenzverwalter zu vertretenden Grund beruht, so ist eine sich daraus ergebende Schadensersatzforderung Masseschuld; das Gleiche gilt für eine Entschädigung nach § 552 BGB. Der Anspruch auf Rückzahlung einer Kaution ist in der Insolvenz des Vermieters jedoch nur Insolvenzforderung, der Mieter kann die Kaution nur aussondern, wenn der Vermieter sie von seinem Vermögen getrennt angelegt hat.[81]

VI. Reformvorhaben: Insolvenzfestigkeit von Lizenzen

49 **1. Geltende Rechtslage.** Ein Lizenzvertrag[82] wird entsprechend der Rechtspacht als Dauerschuldverhältnis iS der §§ 108, 112 InsO eingeordnet, unterliegt aber dem Wahlrecht des Insolvenzverwalters, weil kein unbewegliches Vermögen betroffen ist (→ Rn. 4, 9, 10).[83] Deshalb gelten die schon ausführlich erörterten allgemeinen Regeln (→ § 34 Rn. 14 ff.; § 25).

50 Daraus folgt für die *Insolvenz des Lizenzgebers:* Wählt der Insolvenzverwalter Erfüllung, wird der Vertrag fortgesetzt und hat der andere Teil dann einen Erfüllungsanspruch gegen die Masse. Hat er Erfüllung abgelehnt oder sich nicht erklärt, sind die gegenseitigen Erfüllungsansprüche seit Insolvenzeröffnung suspendiert, der Lizenznehmer kann sich am Insolvenzverfahren aber mit einer Forderung wegen Nichterfüllung, freilich nur als Insolvenzgläubiger beteiligen; ist die Hauptlizenz danach nicht mehr durchsetzbar, gilt das auch für eine Unterlizenz.[84] *Insolvenzfest* ist demgegenüber seine Position als Lizenznehmer im wesentlichen nur in drei Fällen:
- Der eine betrifft den Lizenzkauf, weil dann § 103 InsO wegen der vollständigen Erfüllung durch den Lizenzgeber (Verkäufer) vor Insolvenzeröffnung von vornherein ausscheidet (→ § 34 Rn. 6).
- Der andere ergibt sich aus einem vertraglich vereinbarten und ausgeübten außerordentlichen Kündigungsrecht ua für den Fall der Erfüllungsablehnung mit der Rechtsfolge eines aufschiebend bedingt eingeräumten ausschließlichen Nutzungsrecht gegen angemessene Gegenleistung, wie bereits höchstrichterlich anerkannt (→ § 35 Rn. 13);[85] der

---

[80] BGHZ 109, 368 = NJW 1990, 1113 = JR 1990, 331 m. Anm. *Marotzke* = ZIP 1990, 180 m. Anm. *Eckert;* vgl. auch *Henssler* ZBB 1991, 33.
[81] BGH NJW 2008, 1152 = NZI 2008, 235 = ZIP 2008, 469.
[82] Monographien dazu vgl. zB *Pieger,* Die nicht-exklusive Patentlizenz in der Insolvenz des Lizenzgebers, (Diss Passau) 2012. *Riewe,* Der urheberrechtliche Lizenzvertrag in der Insolvenz einer Vertragspartei, (Diss Passau) 2008; *Wiedemann,* Lizenzen und Lizenzverträge in der Insolvenz, 2006, *Klauze,* Urheberrechtliche Nutzungsrechte in der Insolvenz, 2006. Vgl. im Übrigen zur Patentlizenz in der Insolvenz des Lizenzgebers *Ganter* NZI 2011, 833.
[83] BGH NJW 2006, 915 (Rn. 21); weitere Fundstellen s übernächste Fußnote.
[84] *Ganter* NZI 2012, 833, 843.
[85] BGH NJW 2006, 915 = NZI 2006, 229 = ZIP 2006, 87 = ZInsO 2006, 35; ausf zu dieser Entscheidung *Huber/Riewe* ZInsO 2006, 290; *Berger* NZI 2006, 380.

Sache nach ist das nichts anderes als die insolvenzrechtlich wirksame Vereinbarung eines Auflösungsrechts für den Insolvenzfall.[86] Deshalb wird dieser Fallgruppe auch das Grundsatzurteil zur Unwirksamkeit einer insolvenzbedingten Lösungsklausel bei einem Vertrag über fortlaufende Lieferung von Waren oder Energie (→ § 35 Rn. 13 ff.) nicht entgegenstehen (können).
- Und schließlich gehört hierher die exklusive, also mit dinglicher Wirkung (Aussonderungsrecht gem. § 47 InsO) ausgestattete Insolvenz.[87]

In der *Insolvenz des Lizenznehmers* ist für das Eröffnungsverfahren zunächst § 112 InsO zu beachten, der auch – außerhalb der Immobilienmiete – für bewegliche Sachen und Rechte bei Dauerschuldverhältnissen gilt (→ Rn. 9 ff., 15 ff.) und der den Lizenzgeber an der Beendigung des Vertrages hindert. Wählt der Insolvenzverwalter Erfüllung, kann er das Nutzungsrecht zugunsten der Masse verwerten. Andernfalls entfällt es und gelten für eine Nutzung im Eröffnungsverfahren und bis zur Rückgabe die schon erörterten Regeln (→ Rn. 1, 22). **51**

2. Reformvorhaben: Insolvenzfestigkeit von Lizenzen. Seit langem diskutiert wird allerdings eine Reform für die Insolvenz des Lizenzgebers (die des Lizenznehmers ist davon nicht betroffen!). Dazu nahm zunächst der RegE v. 22.8.2007 die vom Schuldner als Lizenzgeber abgeschlossenen Lizenzverträge aus dem Insolvenzverwalterwahlrecht heraus und ordnete deren Fortbestand (wie bei § 108 I 1 InsO) an; wegen der Einzelheiten wird auf die Darstellung in der 4. Auflage (an derselben Stelle) verwiesen, wo auch die entsprechende Vorschrift wiedergegeben ist. Wegen des Widerstandes dagegen (Argumente: Masseschutz, Gläubigergleichbehandlung, Bedürfnisse der Insolvenzverwaltung) scheiterte aber eine Verabschiedung. Vielmehr wurde das Reformvorhaben erst im Jahre 2011 neu aufgegriffen, wobei der RegE v. 18.1.2012[88] – in Abkehr zum Entwurf 2007 – den Lizenzvertrag wieder § 103 InsO unterstellt.[89] Er will im Fall der Erfüllungsablehnung durch den Insolvenzverwalter soll stattdessen der Lizenznehmer durch einen Anspruch auf Neuabschluss des Lizenzvertrages nach § 108a I 1-E geschützt werden, wofür S. 2 der Vorschrift nähere Vorgaben enthält. Das gleiche Recht (auf Neuabschluss) gewährt § 108a II-E auch zugunsten eines Unterlizenznehmers, während § 108a III-E die Zeit zwischen Wahl der Nichterfüllung und Neuabschluss des Lizenzvertrags regelt. **52**

Der vorgesehene § 108a-E InsO (Überschrift: Schuldner als Lizenzgeber) wird in einer kaum noch überschaubaren Vielzahl von Veröffentlichungen heftig und kontrovers diskutiert;[90] auch ganz neue Ansätze werden vertreten.[91] Derzeit erscheint das weitere Schicksal des Reformvorhabens jedenfalls sehr ungewiss. Schon der RegE vom 18. 7. 2012 für ein Gesetz zur Verkürzung des Restschuldbefreiungsverfahrens und zur Stärkung der Gläubigerrechte[92] enthielt die Neuregelung des § 108a nicht mehr; dass sie **53**

---

[86] Nähere Begründung *Huber/Riewe* aaO, S. 294 f.; dort auch zur Frage der Anfechtbarkeit.
[87] Ausführlich dazu *Pieger*, Die nicht-exklusive Patentlizenz in der Insolvenz des Lizenzgebers, 2012, S. 14 ff., die aber auch für die nicht-exklusive Patentlizenz „im Zweifel" einen quasi-dinglichen Charakter annehmen will, wofür sogar eine Vermutung sprechen soll (S. 168, 170). Nicht nur ausschließliche, sondern auch einfache Lizenzen an Schutzrechten halten für insolvenzfest *v. Frentz/Masch* ZIP 2011, 1245; ebenso OLG München NZI 2012, 899 = ZIP 2012, 1734 (nicht rechtskräftig, Revisionsverfahren beim BGH unter Az. X 49/13) m krit. Besprechungsaufsatz *Dahl/Schmitz* NZI 2013, 878. Anders demgegenüber (§ 103 InsO bei nicht ausschließlicher Lizenz) zB KG NZI 2012, 759.
[88] Abdruck InsO 2012, 69.
[89] Dazu und zum Folgenden vgl. *Pieger* aaO S. 135–138.
[90] Vgl. nur: *Dahl/Schmitz* BB 2013, 1032; *Wimmer* ZIP 2012, 545; *Bullinger/Hermes* NZI 2012, 492; *Schmittmann* InsBüro 2012, 131; *Junclaus* ZInsO 2012, 724; *Frind* ZInsO 2012, 668.
[91] Vgl. beispielsweise den recht überzeugenden Vorschlag (Beschränkung der vorgesehenen Bestimmung nur auf schuldrechtliche Lizenzen) von *Pieger*, Die nicht-exklusive Patentlizenz in der Insolvenz des Lizenzgebers, 2012, S. 152 ff.
[92] Abdruck ZInsO 2012, 1461; dazu *Frind* ZInsO 2012, 1455.

§ 38 1 Kapitel III. 5. Abschnitt. Gegenseitige Verträge

deshalb (auch) im Gesetz vom 15.7.2013[93] fehlen wurde, war zu erwarten. Unverändert groß ist freilich die praktisch-wirtschaftliche Relevanz zum Problem der Insolvenzfestigkeit von Lizenzen, zumal der für das Insolvenzrecht zuständige IX. Zivilsenat des BGH mit den maßgeblichen Fragen noch kaum befasst war.[94]

§ 38. Einfluss der Insolvenzeröffnung auf sonstige Rechtsverhältnisse

Übersicht

	Rn.
I. Fixgeschäfte und Finanzleistungen, § 104 InsO	1
1. Allgemeines	1
2. Fixgeschäfte	3
3. Finanzleistungen	5
a) Anwendungsbereich	5
b) Übergangsrecht	7
4. Rechtsfolgen der Insolvenzeröffnung	8
a) Ausschluss des Wahlrechts	8
b) Forderung wegen Nichterfüllung	10
II. Vorgemerkte Ansprüche, § 106 InsO	11
1. Ausgangslage	11
2. Die Verwirklichung des vorgemerkten Anspruchs im Insolvenzverfahren, § 106 I 1 InsO	13
a) Anwendungsbereich	13
b) Rechtsfolgen	17
3. Erweiterung der Insolvenzfestigkeit einer Vormerkung, § 106 I 2 InsO	19
a) Fragestellung	19
b) Bauträgerinsolvenz	20
III. Sondervorschriften des Bürgerlichen Rechts	23
1. Allgemeines	23
2. Vereine und Stiftungen	24
3. Familienrecht	25
4. Verjährung	27
5. Versicherungsrecht	28
a) Insolvenz des Versicherers	28
b) Insolvenz des Versicherungsnehmers	29
6. Verlagsvertrag	32

I. Fixgeschäfte und Finanzleistungen, § 104 InsO

1 **1. Allgemeines.** Soll bei einem gegenseitigen Vertrag die Leistung des einen Teils zu einer bestimmten Zeit oder Frist bewirkt werden, tritt der Termin aber erst nach Insolvenzeröffnung ein und hat auch der andere Geschäftspartner noch nicht vollständig erfüllt, so gilt an sich ebenfalls § 103 InsO. Dessen uneingeschränkte Anwendung würde freilich stets zu einer Ungewissheit über das Schicksal des Vertrages und zu einer Verzögerung bei der Abwicklung führen. Denn der Insolvenzverwalter könnte entscheiden, ob er es bei der Nichtdurchsetzbarkeit der Erfüllungsansprüche belässt oder Erfüllung verlangt (→ § 34 Rn. 43, 44, 46, 48, → § 35 Rn. 1), und dafür eine angemessene Überlegungsfrist (→ § 35 Rn. 9) in Anspruch nehmen. Im Gegensatz dazu steht allerdings die Verknüpfung der Leistungspflicht mit bestimmten Terminen als wesentlicher Inhalt des Schuldverhältnisses.

---

[93] BGBl. I S. 2329.
[94] So trefflich bemerkt von *Dahl/Schmitz* NZI 2013, 878, 881.

Diese Probleme löst die *Sondervorschrift* des § 104 InsO für bestimmte Fixgeschäfte 2
und Finanzleistungen (die § 103 InsO ausschließt, → § 34 Rn. 17); entgegenstehende
Absprachen sind unwirksam (§ 119 InsO).[1] Sie ordnet an, dass Erfüllung nicht verlangt
werden kann, entscheidet sich also grundsätzlich für die Nichterfüllung; *Normzweck* ist
die schnelle Klärung der Rechtslage, damit sich gegebenenfalls jede Partei – jetzt also
auch der Verwalter – sofort anderweitig eindecken kann. Es handelt sich mithin um
eine *kraft Gesetzes zulässige insolvenzabhängige Auflösungsbestimmung*, weshalb sich die früher schon erörterte Problemlage zur insolvenzrechtlichen Wirksamkeit/Unwirksamkeit
von Lösungsklauseln nicht stellt (→ § 35 Rn. 13 ff.). Soweit die Voraussetzungen des
§ 104 InsO nicht vorliegen, verbleibt es demgegenüber bei den in § 103 InsO getroffenen
Regelungen; dann kann diese Problemlage doch relevant werden (→ Rn. 20 aE).[2]

2. Fixgeschäfte. Auch § 104 InsO setzt einen noch *unerfüllten gegenseitigen Vertrag* 3
voraus (→ § 34 Rn. 13 bis 16, 19 ff.).[3] Andernfalls gelten die allgemeinen Grundsätze
(→ § 34 Rn. 2, 6, 7): Hatte der Schuldner als Verkäufer noch vor Insolvenzeröffnung
geliefert, so steht die Gegenleistung der Masse zu; hatte umgekehrt der Käufer schon
vorausbezahlt, der Schuldner aber noch nicht geliefert, so ist erster mit seinem Lieferungsanspruch, der in eine Geldforderung umzurechnen ist (§ 45 InsO), Insolvenzgläubiger. Hatte der Schuldner als Käufer schon bezahlt, so kann der Verwalter Erfüllung
fordern (vgl. aber § 376 I 2 HGB) bzw., falls die Lieferung nicht rechtzeitig erfolgt,
nach §§ 323 II Nr. 2 BGB, 376 I 1 HGB vorgehen; hatte umgekehrt der andere Teil
schon vorgeleistet, dh ohne Bezahlung geliefert, so ist dieser mit dem Kaufpreisanspruch Insolvenzgläubiger.

Erforderlich ist weiter ein *Fixgeschäft* iS der §§ 323 II Nr. 2 BGB, 376 HGB, bei dem 4
die Lieferung „genau" zu einer „fest"-bestimmten Zeit oder innerhalb einer „fest"-bestimmten Frist vereinbart wurde; gemeint ist damit an sich das einfache (relative) Fixgeschäft, also ein Vertrag, der mit der Einhaltung oder Versäumung der verabredeten
Leistungszeit bzw. -frist steht oder fällt.[4] Beide Termine müssen außerdem die Lieferungs-, also die Leistungspflicht des Verkäufers betreffen, gleichviel, wer von den Vertragsparteien insolvent geworden ist; eine Fristbestimmung für die Kaufpreiszahlung
genügt nicht. Erfasst wird darüber hinaus aber auch ein absolutes Fixgeschäft, bei dem
die Nichteinhaltung der Leistungszeit dauernde Unmöglichkeit begründet (arg. a minore ad maius); dieses auszuschließen wäre geradezu sinnwidrig.[5] Schließlich muss es
sich um die Lieferung von Waren mit einem *Markt- oder Börsenpreis*, mithin um vertretbare Sachen iS des § 91 BGB handeln. Andernfalls, dh für unvertretbare Sachen, gilt
§ 103 InsO.

3. Finanzleistungen. a) *Anwendungsbereich*. Früher war streitig, ob solche Verträge 5
unter den nur Fixgeschäfte betreffenden § 18 KO eingeordnet werden können. Der
Gesetzgeber hat diese Frage mit dem neuen § 104 II InsO (Übergangsrecht → Rn. 7)
beantwortet, der zwei für den Anwendungsbereich bedeutsame *Besonderheiten* enthält:
Zum einen müssen Finanzleistungen (früher: Finanztermingeschäfte, → Rn. 7) nicht
den besonders strengen Fixcharakter des § 104 I InsO (→ Rn. 4) aufweisen; denn abweichend dazu verlangt § 104 II 1 InsO nicht, dass die Leistung „genau" zu einer
„fest"-bestimmten Zeit oder innerhalb einer „fest"-bestimmten Frist zu erbringen ist,

---

[1] Näher MüKoInsO/*Huber*, § 119 Rn. 59 f.; KPB/*Köndgen*, § 104 Rn. 37 ff.
[2] Näher zu Lösungsklauseln im Bankgeschäft *Obermüller* ZInsO 2013, 476 ff.
[3] HM, vgl. MüKoInsO/*Jahn*, § 104 Rn. 34; Nerlich/Römermann/*Balthasar*, § 104 Rn. 13; aA KPB/*Köndgen*, § 104 Rn. 13 (Anwendbarkeit auch, wenn der Preis für die Terminlieferung vollständig vorausbezahlt wurde).
[4] RGZ 51, 347; BGHZ 110, 88, 96 = NJW 1990, 2065; Graf-Schlicker/*Breitenbücher* § 104 Rn. 2; Nerlich/Römermann/*Balthasar*, § 104 Rn. 16.
[5] KPB/*Köndgen*, § 104 Rn. 10.

sondern begnügt sich mit der Beschränkung auf „bestimmte" Zeit bzw. Frist. Zum anderen muss zwar grundsätzlich auch hier der gegenseitige Vertrage beiderseits noch unerfüllt sein (→ Rn. 3). Wurden aber mehrere (selbstständige) Geschäfte über Finanzleistungen in einem Rahmenvertrag so zusammenfasst, dass dieser bei Vorliegen eines Insolvenzgrundes nur einheitlich beendet werden kann,[6] dann gilt die Gesamtheit dieser Geschäfte als ein (einziger) gegenseitiger Vertrag (§ 104 II 3 InsO). Auf diese Weise ist sichergestellt, dass im Insolvenzfall alle noch nicht erfüllten Ansprüche aus zwischen zwei Parteien bestehenden Finanzgeschäften saldiert werden können (sog. „Netting"), selbst wenn eines dieser Geschäfte von einer Partei schon voll erfüllt ist. Der Gesetzgeber nimmt damit auch Rücksicht auf die Bedürfnisse des internationalen Geschäftsverkehrs.[7] Im Übrigen (hinsichtlich Leistungszeit und Markt- oder Börsenpreis) gelten die früheren Erörterungen (→ Rn. 4) entsprechend.

6   Die von § 104 II InsO erfassten *Finanzleistungen* sind dort in S. 2 beispielhaft („insbesondere") genannt; wegen der Einzelheiten wird auf die ausführliche Erörterung dazu im späteren Abschnitt verwiesen (§ 102). *Normzweck* ist nicht nur die schnelle Herstellung von Rechtsklarheit (→ Rn. 2); dem Gesetzgeber schien es vor allem auch sachgerecht, Kursspekulationen durch den Insolvenzverwalter auszuschließen. Soweit hautsächlich bei Termingeschäfte auf Märkten für Rohstoffe oder Energielieferungen – die keine „Finanzleistungen" im genannten Sinn sind – dem § 104 II InsO ähnliche Lösungsklauseln vereinbart wurden, stellt sich das schon angesprochene Problem ihrer insolvenzrechtlichen Wirksamkeit bzw. Unwirksamkeit (→ Rn. 2); ob und wie die Besonderheiten bei Kurs- oder Preissicherungsgeschäften berücksichtigt werden müssen, wofür nach dem hier vertretenen Standpunkt (erforderliche Gesamtabwägung unter Berücksichtigung des Grundsatzes der Privatautonomie, → § 35 Rn. 13d, e) viel spricht, bleibt abzuwarten.[8]

7   **b)** *Übergangsrecht.* Die Regelungen des § 104 II, III InsO über Finanzleistungen entsprechen inhaltlich sowohl denen in Art. 15 FMFG,[9] der am 1. August 1994 in Kraft getreten ist (Art. 15, 20 FMFG), wie denen des Art. 105 EGInsO, der am 19. Oktober 1994 – dem Tage nach der Verkündung der InsO – in Kraft getreten ist (Art. 110 III EGInsO).[10] Sie gelten seit dem zuerst genannten Zeitpunkt nicht nur für alle Konkurs-, sondern auch für Gesamtvollstreckungs- und Vergleichsverfahren. Die *Rechtsänderungen* der Vorschrift (Begriff Finanzleistungen statt Finanztermingeschäfte; Einfügung von Nr. 6 in § 104 II 2 InsO; Änderungen von § 104 III InsO) gehen zurück auf das Gesetz v. 5.4.2004 (BGBl. I S. 502), das die Richtlinie 2002/47/EG des Europäischen Parlaments und des Rates v. 6.6.2004 über Finanzsicherheiten (ABl EG Nr. L 168 S. 43) umsetzt. Weitere Reformvorschläge wurden vom Gesetz zur weiteren Erleichterung der Sanierung von Unternehmen (ESUG) zunächst nicht übernommen, werden im Gesetzgebungsverfahren aber nach wie vor diskutiert.[11]

8   **4. Rechtsfolgen der Insolvenzeröffnung. a)** *Ausschluss des Wahlrechts.* Bei Fixgeschäften und Finanzleistungen der bezeichneten Art. (→ Rn. 3–6) kann nicht Erfüllung verlangt, sondern nur eine Forderung wegen Nichterfüllung geltend gemacht werden, § 104 I, II 1 InsO. Die Vorschrift schließt mit anderen Worten das Recht des Verwalters aus, die Erfüllung des Vertrages zu wählen (§ 103 InsO; → § 35 Rn. 1) und wandelt

---

[6] Näher dazu MüKoInsO/*Jahn*, § 104 Rn. 138 ff.
[7] Begründung Rechtsausschuss, abgedruckt zB bei *Kübler/Prütting*, Das neue Insolvenzrecht Bd I, S. 294. Näher zum Netting MüKoInsO/*Jahn* § 104 Rn. 149 ff.
[8] Die Wirksamkeit solcher Lösungsklauseln eher bezweifelnd aber *Obermüller* ZInsO 2013, 476, 480 f.
[9] Zweites Finanzmarktförderungsgesetz v. 30.7.1994, BGBl. I S. 1749.
[10] Näher zur Entstehungsgeschichte dieser etwas verwirrenden Übergangsregelungen *Nerlich/Römermann/Balthasar*, § 104 Rn. 3.
[11] Vgl. *Obermüller* ZInsO 2012, 1982 („Wiedergeburt des § 104a InsO-E").

zugleich das ursprüngliche Fixgeschäft in ein sog. *Differenzgeschäft* um, so dass jetzt nur noch Zahlung des Preisunterschiedes gefordert werden kann. Dieser Anspruch steht beiden Seiten zu. Auch der Insolvenzverwalter kann also Schadensersatz wegen Nichterfüllung verlangen, falls die Masse einen Nachteil durch den Eintritt dieser Rechtsfolgen hat. Insoweit liegt es anders als bei § 103 InsO, in dessen Anwendungsbereich ein Schadensersatzanspruch stets nur dem anderen Teil zusteht (→ § 35 Rn. 32 ff.). Wie dort, so ist aber auch hier ein solcher Anspruch nur Insolvenzforderung, § 104 III 3 InsO.

Die einmal eingetretenen Wirkungen des § 104 InsO sind endgültig, auch gegenüber dem Schuldner persönlich und selbst dann, wenn der Eröffnungsbeschluss wieder aufgehoben wird.[12] Die Bestimmung bezweckt nämlich, Klarheit zwischen den Beteiligten zu schaffen, insb es dem anderen Teil zu ermöglichen, unverzüglich einen Deckungskauf abzuschließen. Das verbietet es, später die frühere Sachlage wieder herzustellen.

b) *Forderung wegen Nichterfüllung.* Maßgeblich ist der Unterschiedsbetrag zwischen dem vereinbarten Preis und demjenigen Markt- oder Börsenpreis, der zu einem von den Parteien vereinbarten Zeitpunkt, spätestens jedoch am fünften Werktag nach Insolvenzeröffnung am Erfüllungsort für einen Vertrag mit der vereinbarten Erfüllungszeit maßgeblich ist, § 104 III 1 InsO; treffen die Parteien keine Vereinbarung, wird auf den zweiten Werktag abgestellt, § 104 III 2 InsO. Die Berechnung erfolgt also stets abstrakt, ohne Rücksicht auf einen tatsächlich eingetretenen Schaden oder darauf, ob und wann ein Deckungskauf vorgenommen worden ist; ergibt sich dabei zugunsten des anderen Teils ein positiver Saldo, so kann dieser nur als Insolvenzforderung geltend gemacht werden (→ Rn. 8 aE).

II. Vorgemerkte Ansprüche, § 106 InsO

1. Ausgangslage. Zur Einräumung oder Aufhebung eines Grundstücksrechts ist die Einigung des Berechtigten und des anderen Teils über den Eintritt der Rechtsänderung und die Eintragung der Änderung im Grundbuch erforderlich, § 873 I BGB. Erst wenn diese Merkmale erfüllt sind, wird das dingliche Rechtsgeschäft wirksam. Bis zu diesem Zeitpunkt kann mithin die Verwirklichung des zugrunde liegenden schuldrechtlichen Anspruchs noch vereitelt oder beeinträchtigt werden. So ist zB der Verkäufer eines Grundstücks nach dem Vertrag zwar verpflichtet, dem Käufer das Eigentum zu verschaffen (§ 433 I 1 BGB), gleichwohl aber nicht gehindert, noch vorher anderweit wirksam über die Sache zu verfügen. Anders liegt es nur, wenn das Grundbuch zugunsten des Käufers eine Vormerkung (§ 883 I BGB) enthält. Denn dann ist die spätere Verfügung insoweit unwirksam, als sie den schuldrechtlichen Anspruch auf Vornahme der dinglichen Rechtsänderung völlig oder teilweise unmöglich machen würde (§ 883 II 1 BGB); im Beispiel könnte dann der Verkäufer den Erwerb seines Vertragspartners nicht mehr dadurch verhindern, dass er das Grundstück auf einen Dritten überträgt.

In Ergänzung dieser Regeln des BGB sorgt § 106 InsO unter gewissen Voraussetzungen dafür, dass sich die Sicherungsfunktion einer *Vormerkung auch im Insolvenzfall* durchsetzt, ohne dass es auf ihre genaue rechtliche Einordnung als dingliches Recht oder als lediglich mit dinglichen Wirkungen ausgestaltetes Sicherungsmittel eigener Art ankäme. Die Bestimmung gewährt jedenfalls dem Gläubiger das Recht, die Erfüllung des Vertrages zu verlangen, stellt ihn mithin so, als sei das künftige Recht noch vor Insolvenzeröffnung entstanden. Sie wurde früher – wie die entsprechende Regelung in § 24 KO – als Ausnahmebestimmung angesehen, enthält aber genau genommen nur eine *Ergänzung* gegenüber § 103 InsO,[13] weil nach dem neuen dogmatischen Verständnis die Er-

---

[12] Allg M: KPB/*Köndgen*, § 104 Rn. 16; *Marotzke* in: HK/*Kreft*, § 104 Rn. 2 aE; Nerlich/Römermann/*Balthasar*, § 104 Rn. 18.
[13] Treffend MüKoInsO/*Ott* § 106 Rn. 20, 21.

§ 38 13–15 Kapitel III. 5. Abschnitt. Gegenseitige Verträge

füllungsansprüche durch die Insolvenzeröffnung nicht erlöschen, sondern nur suspendiert werden (→ § 34 Rn. 42ff.), also hier der durch die Vormerkung gesicherte Anspruch fortbesteht. Eine echte *Ausnahme* enthält die Vorschrift aber gegenüber § 45 InsO, nach dem sonst die auf eine Sachleistung gerichteten Erfüllungsansprüche in Geldforderungen umzurechnen sind (→ § 34 Rn. 2).

13 **2. Die Verwirklichung des vorgemerkten Anspruchs im Insolvenzverfahren, § 106 I 1 InsO. a)** Die Vorschrift erfasst *Vormerkungen* zur Sicherung eines Anspruchs auf Einräumung oder Aufhebung eines Rechts an einem Grundstück des Schuldners (Hauptbeispiel: Auflassungsvormerkung) oder an einem für den Schuldner eingetragenen Recht sowie Vormerkungen zur Sicherung eines Anspruchs auf Änderung des Inhalts oder des Ranges eines solchen Rechts; entsprechendes gilt nach § 106 II InsO für eingetragene Schiffe oder Schiffsbauwerke (§§ 16 I, 77, 81a SchiffsRG) sowie für Pfandrechte an Luftfahrzeugen (§ 10 LuftfzRG). *Nicht* hierher gehören jedoch Amtsvormerkungen, insb nach § 18 II GBO, die nur der formalen Rangwahrung und nicht der Anspruchssicherung dienen, sowie grundsätzlich nicht dingliche, obligatorische und gesetzliche Vorkaufsrechte.

14 Erforderlich ist außerdem die *Eintragung der Vormerkung* vor Insolvenzeröffnung; eine Eintragung nach diesem Zeitpunkt reicht nur aus, wenn sie vorher vom Schuldner bindend bewilligt und vom Berechtigten beim Grundbuchamt beantragt worden war,[14] §§ 91 II InsO, 873 II, 878 BGB. Im Übrigen hat es jedoch keine Bedeutung, ob die Eintragung auf einer Bewilligung oder einer einstweiligen Verfügung (vgl. § 885 BGB) bzw. einer entsprechenden Verurteilung (vgl. § 894 ZPO) beruht. War der Verfahrenseröffnung ein allgemeines Veräußerungsverbot (§ 21 II Nr. 2 InsO) vorausgegangen, so muss die Eintragung vor dieser Anordnung erfolgt sein, andernfalls die Vormerkung nach §§ 136, 135 I BGB unwirksam ist, außer, es kommt ein gutgläubiger Erwerb in Betracht, § 135 II BGB.

15 *Weitere Voraussetzung* ist wegen der akzessorischen Natur der Vormerkung das Bestehen des zugrunde liegenden Anspruchs, mindestens als künftiger oder bedingter (vgl. § 883 I 2 BGB), falls sich dann insoweit der Erwerb trotz der Insolvenzeröffnung noch vollenden kann, § 91 InsO;[15] ein künftiger Anspruch genießt den Schutz jedenfalls dann, wenn durch ein verbindliches Angebot der „Rechtsboden" für die Entstehung schon so weit vorbereitet ist, dass diese nur noch vom Willen des Berechtigten abhängt.[16] Die vor Insolvenzeröffnung eingetragene Vormerkung zur Sicherung eines künftigen bei Verfahrenseröffnung noch nicht entstandenen Anspruchs ist insolvenzfest;[17] denn der aus einem notariellen Kaufangebot folgende künftige Auflassungsanspruch ist vormerkungsfähig und dieses Vertragsangebot kann vom Vertragspartner auch noch nach Insolvenzeröffnung angenommen werden. Damit verdrängt § 106 InsO die Grundnorm des § 103 InsO nur, wenn ein noch bestehender und unbefriedigter Anspruch durch die Herbeiführung der vorgemerkten Rechtsänderung erfüllt wird.[18] Er gilt jedoch – im Gegensatz zu § 103 InsO, der einen beiderseits unerfüllten Vertrag voraussetzt (→ § 34 Rn. 21 ff.) – auch dann, wenn der Vormerkungsberechtigte die ihm obliegende Verpflichtung schon vor Insolvenzeröffnung vollständig erbracht, insb den Kaufpreis vorausbezahlt hatte. Das Wahlrecht (→ § 35 Rn. 1) besteht auch nicht,

---

[14] BGH NZI 2005, 331 = ZIP 2005, 627 = ZInsO 2005, 370; BGHZ 138, 179, 187 = NJW 1998, 2134 = ZIP 1998, 836.
[15] KPB/*Tintelnot*, § 106 Rn. 16; FK/*Wegener*, § 106 Rn. 5. Ausführl zur übereinstimmenden Rechtslage nach KO: *Jaeger/Henckel* KO § 24 Rn. 18, § 15 Rn. 60.
[16] BGHZ 134, 182, 184 = NJW 1997, 861; BGH NJW 1981, 446. Krit. zu diesem Merkmal MüKo-InsO/*Ott/Vuia*, § 106 Rn. 8.
[17] BGHZ 149, 1 = NJW 2002, 213, 215 = NZI 2002, 31 (zu § 9 I 3 GesO).
[18] BGH NJW 1977, 146f.

Sonstige Rechtsverhältnisse 16 § 38

wenn die vorgemerkte Übereignung schon erfolgt ist, die Übergabe jedoch noch aussteht.

Gegenüber dem Anspruch des Insolvenzverwalters auf Löschung einer Auflassungsvormerkung nach Rücktritt des Grundstückskäufers vom Vertrag (und anschließender Insolvenzeröffnung über das Vermögen des Verkäufers) steht dem Grundstückskäufer *kein Zurückbehaltungsrecht* zu;[19] denn mit dem Rücktritt erlischt die Vormerkung, weil die gesicherte Forderung nicht mehr existiert,[20] weshalb der Insolvenzverwalter den bezahlten Kaufpreis nicht (gem. §§ 55 I Nr. 2 Alt. 2, 103) aus der Masse erstatten muss. Davon zu unterscheiden ist die umgekehrte Problemlage bei Insolvenz des Käufers und Erfüllungsablehnung durch dessen Insolvenzverwalter: Dann kann der Verkäufer als Eigentümer aussondern und dem Anspruch des Insolvenzverwalters auf Rückzahlung der geleisteten Kaufpreisanteile seine Nichterfüllungsforderung nach § 103 II 1 InsO entgegen halten, was im Ergebnis zur Verrechnung führt (→ § 35 Rn. 28, 33).

Keine Anwendung findet § 106 InsO bei Nichtigkeit des notariellen Kaufvertrages, 16 weil dann die Vormerkung – mangels Bestehens des zu sichernden Auflassungsanspruchs – zu Unrecht eingetragen ist;[21] hat der Käufer in einem solchen Fall schon Zahlungen erbracht, so begründet das in der Insolvenz kein Leistungsverweigerungs- oder Zurückbehaltungsrecht. Die Vorschrift gilt auch dann nicht, wenn das Recht aus von der Insolvenzeröffnung unabhängigen Gründen erloschen ist oder sonst nicht mehr geltend gemacht werden kann.[22] Grundsätzlich geändert hat sich die Rechtsprechung des BGH zum *gesetzlichen Löschungsanspruch aus § 1179a I 1 BGB* (mit den Wirkungen des S. 3 der Norm):

- Der *IX. Zivilsenat* hielt ihn zunächst für nicht insolvenzfest, wenn die vorrangige Sicherungsgrundschuld zwar zum Zeitpunkt der Eröffnung des Insolvenzverfahrens nicht mehr valutiert ist, das Eigentum an dem Grundstück und die Grundschuld jedoch zu diesem Zeitpunkt noch nicht zusammengefallen sind.[23] Umgekehrt folgte daraus auch nach diesem Standpunkt (so auch 4. Auflage an derselben Stelle), dass der Löschungsanspruch insolvenzfest ist, wenn die Vereinigung schon vor Eröffnung des Insolvenzverfahrens erfolgt ist.[24]
- Vom *V. Zivilsenat* wurde die Insolvenzfestigkeit des gesetzlichen Löschungsanspruchs nunmehr aber bejaht[25] – im Gegensatz und unter ausdrücklicher Aufgabe der zitierten Entscheidung des *IX. Zivilsenat,* dessen er sich versichert hat,[26] eine doch erstaunliche Rechtsprechungsänderung nach relativ kurzer Zeit; zugleich hat der *V. Zivilsenat* ausgesprochen, dass das auch gilt, wenn der vorrangige (oder gleichrangige) Grundpfandrechtsgläubiger auf sein Recht erst nach erfolgter Versteigerung des Grundstücks im Verteilungsverfahren verzichtet.
- Ob diese Grundsätze auch für einen abgetretenen Rückgewähranspruch gelten sollen, hat der Senat offen gelassen.[27] Nicht erörtert wurde das Problem der Anfechtbarkeit, insbesondere wenn der Schuldner die vorrangig gesicherte Forderung in kritischer Zeit getilgt und damit den bis dahin aufschiebend bedingten Löschungsanspruch in

---

[19] BGH NJW 2009, 1414 = ZIP 2009, 428.
[20] BGH aaO, Rn. 12.
[21] BGHZ 150, 138, 148 = NJW 2002, 2313 = NZI 2002, 380 = ZIP 2002, 858; dazu *Fischer* NZI 2003, 281, 286.
[22] BGHZ 79, 103, 108 = NJW 1981, 1991.
[23] BGHZ 166, 319 = NJW 2006, 2408 = ZIP 2006, 1141 = ZInsO 2006, 599; ausf dazu *Rein* NJW 2006, 3470.
[24] So wohl OLG Hamburg NZI 2009, 556 m insoweit zust Anm. *Rein*.
[25] BGH NJW 2012, 2274 = NZI 2012, 756 = ZIP 2012, 1140 = ZInsO 2012, 1070. Ausf dazu und zum Teil sehr krit: *Kesseler* NJW 2012, 2240; *Reul* DNotZ 2012, 883; *Obermüller* ZIP 2013, 299.
[26] BGH NJW 2012, 2274 Rn. 21.
[27] BGH NJW 2012, 2274 Rn. 20.

einen unbedingten verwandelt hat;²⁸ die Möglichkeit, den Rechtserwerb des nachrangigen Gläubigers anzufechten eröffnet § 147 InsO.

17 **b)** Als *Rechtsfolge* bestimmt § 106 I 1 InsO, dass der Vormerkungsberechtigte vom Verwalter Erfüllung in derselben Art und Weise verlangen kann, wie er sie außerhalb des Insolvenzverfahrens vom Schuldner hätte beanspruchen können. Der gesicherte Anspruch bleibt also trotz Insolvenzeröffnung weiter durchsetzbar; er muss weder insolvenzmäßig (nach §§ 87, 45, 174 ff. InsO) verfolgt werden, noch kann der Verwalter eine Erfüllung ablehnen und demzufolge den Gläubiger auch nicht auf eine Nichterfüllungsforderung gem. § 103 II 1 InsO verweisen. Der Insolvenzverwalter hat vielmehr alle Handlungen vorzunehmen, die zum Eintritt der geschuldeten Rechtsänderung erforderlich sind, zB eine Eintragung zu bewilligen. Hatte er trotz der Vormerkung über den von ihr betroffenen Gegenstand verfügt, zB das Grundstück veräußert, so ist das dem Vormerkungsberechtigten gegenüber unwirksam, § 883 II BGB. Der Verwalter ist deshalb weiterhin zur Auflassung an diesen verpflichtet und kann dazu gegebenenfalls im Klagewege angehalten werden; für den Dritten gilt § 888 BGB. Die Wirkung des § 106 InsO erfasst aber nicht den Anspruch auf lastenfreie Übertragung des Eigentums;²⁹ vorrangig eingetragene Grundpfandrechte bleiben also bestehen.

18 Aus diesen Grundsätzen folgt zugleich, dass dem Insolvenzverwalter alle *Einwendungen und Einreden* zustehen, die der Schuldner außerhalb des Insolvenzverfahrens geltend machen könnte, insb mithin auch die Recht aus § 886 BGB;³⁰ denn er hat den vorgemerkten Anspruch nur wie dieser zu erfüllen. Außerdem kann der Verwalter die Vormerkung oder den gesicherten Anspruch möglicherweise nach §§ 129 ff. InsO *anfechten*³¹ (→ § 46 Rn. 39 ff., → § 49 Rn. 16); denn § 106 InsO betrifft nur die Abwicklung des Rechtsgeschäfts trotz Insolvenzeröffnung, die Insolvenzanfechtung aber die Frage, ob der Rechtserwerb der Gesamtheit der Insolvenzgläubiger gegenüber auch Bestand hat (→ § 46 Rn. 1–3).

19 **3. Erweiterung der Insolvenzfestigkeit einer Vormerkung durch § 106 I 2 InsO. a)** Aufgrund einer früheren Entscheidung des V. Zivilsenats des BGH³² war streitig geworden, ob eine Vormerkung auch dann insolvenzfest ist, wenn der Anspruchsgegner selbst bei Verwirklichung des vorgemerkten Rechts noch nicht vollständig erfüllt hat, sich also zB der Vertrag auf den *Kauf eines Grundstücks und* die *Herstellung eines Hauses* oder Eigentumswohnung darauf richtet; denn die Vormerkung sichert in einem solchen Fall nur den Übereignungs-, nicht aber zugleich den Herstellungsanspruch. Der BGH hatte hierzu gemeint, der einheitliche Vertrag sei auch bei einer Eigentumsumschreibung wegen der noch ausstehenden übrigen Verpflichtungen noch nicht vollständig erfüllt, und daraus gefolgert, der Verwalter könne die Erfüllung des Vertrages insgesamt nach § 17 KO (jetzt: § 103 InsO) ablehnen. Der Gesetzgeber hat daraufhin in § 24 S. 2 KO klargestellt, dass der Schutz einer Vormerkung auch dann eingreift, wenn der Gemeinschuldner dem Gläubiger gegenüber weitere Verpflichtungen übernommen hat und diese nicht oder nicht vollständig erfüllt sind; der V. Zivilsenat hat im Anschluss daran seine Rspr ausdrücklich aufgegeben.³³ Der genannten Vorschrift der KO entspricht nunmehr § 106 I 2 InsO.

---

²⁸ Näher und eine Anfechtbarkeit überzeugend bejahend *Obermüller* ZIP 2013, 299, 300 ff.
²⁹ BGH NJW 1994, 3231.
³⁰ MüKoInsO/*Ott/Vuia*, § 106 Rn. 19; FK/*Wegener*, § 106 Rn. 15.
³¹ Nerlich/Römermann/*Balthasar* § 106 Rn. 11, 12; *Marotzke* in: HK/*Kreft*, § 106 Rn. 4.
³² BGH NJW 1977, 146; vgl. insb: *Götte* NJW 1977, 524; *Häsemeyer* NJW 1977, 737; *Lichtenberger* NJW 1977, 1755; *Bassenge* JR 1977, 203; *Schmidt* JZ 1977, 164; *Fehl* JZ 1977, 524; *Jakobs* DB 1977, 757; *Ertl* Rpfleger 1977, 81, 345; *Weitnauer* DNotZ 1977, 225; s auch *Marotzke* JZ 1977, 552.
³³ BGH NJW 1978, 1437, zugleich zum Erlass des Änderungsgesetzes v. 22.6.1977 und dessen Rückwirkung auf Altfälle, so weit nicht eine rechtskräftige gerichtliche Entscheidung entgegensteht.

b) *Bauträgerinsolvenz.*[34] Der Vertrag mit einem Bauträger stellt ein einheitliches Schuld- 20
verhältnis dar, das neben bauvertraglichen (§§ 631 ff. BGB; VOB/B) auch (hauptsächlich
für Grundstückserwerb) kaufvertragliche Elemente sowie — je nach den Umständen des
Einzelfalles — Bestandteile aus dem Auftrags- und Geschäftsbesorgungsrecht enthält.[35]
Der Bauträger hat demzufolge eine Gesamtleistung zu erbringen, wobei Grundstücksveräußerung und Bauwerkserrichtung für ihn in der Regel eine Einheit darstellen, wie
auch dem anderen Vertragspartner bekannt. Der Vertrag wäre deshalb grundsätzlich
einheitlich abzuwickeln.

Nach alledem kann § 103 InsO in der Insolvenz des Bauträgers nicht von vornherein 21
ausgeschlossen sein. Die Ablehnung der Erfüllung durch den Verwalter erfasst aber, wie
§ 106 I 2 InsO klargestellt, nur den die Bauleistungen betreffenden Teil des Vertrages,
während der durch die Vormerkung gesicherte Anspruch auf Übereignung des Grundstücks unberührt bleibt;[36] die Vorschrift begründet daher die *Teilbarkeit des Bauträgerver-
trages* und enthält zugleich eine *Teilsicherung* für den Erwerber. Dieser kann nämlich vom
Insolvenzverwalter trotz dessen Erfüllungsablehnung die Übereignung des Grundstücks
verlangen. Im Schrifttum streitig[37] und nicht entschieden ist aber, was gilt, wenn zwar
der Auflassungsanspruch des Käufers durch eine Vormerkung gesichert, die Erstellung
des Baues aber im Rechtssinn zur Bedingung der Grundstücksübereignung gemacht
worden ist. Die Trennung zwischen dem vorgemerkten Anspruch auf Grundstücksübereignung, der sich auch im Insolvenzverfahren durchsetzt, und sonstigen Ansprüchen, deren Erfüllung der Insolvenzverwalter wählen oder ablehnen kann, hängt im
Übrigen nicht davon ab, ob für den Grundstückskauf ein gesondertes Entgelt ausgewiesen ist. Fehlt es daran, so ist der hierauf entfallende Kaufpreis vielmehr im Wege der
ergänzenden Vertragsauslegung oder, falls das scheitert, nach §§ 316, 315 BGB zu
bestimmen.[38] Der durch Vormerkung gesicherte Anspruch gegen den Bauträger auf
Auflassung des Grundstücks bleibt deshalb auch dann bestehen, wenn der Erwerber
wegen Sachmängel am Bauwerk die Gesamt-Gegenleistung nicht vollständig erbracht
hat.[39]

Die *Absicherung des Fertigstellungsrisikos*[40] bei Ablehnung der Erfüllung des bauvertrag- 22
lichen Teils durch den Insolvenzverwalter erfolgt in der Praxis — abgesehen von einer
gewöhnlichen Vertragserfüllungsbürgschaft — auf zwei Arten: Zum einen sichert die
Freistellungsverpflichtung nach § 3 MaBV den Erwerber auch für den Fall der Insolvenz des Bauträgers davor, dass ihm Vermögenswerte, die er gemäß Baufortschritt aufgewendet hat, verloren gehen, weil der Grundpfandgläubiger (in der Regel die Hausbank des Bauträgers, die auf diese Weise den Betriebsmittelkredit gesichert hat) ihn aus
der Grundschuld in Anspruch nehmen kann;[41] denn der Erwerber, der den geschuldeten Kaufpreis iS des § 3 MaBV gezahlt hat, besitzt aufgrund der Freigabeverpflichtung
einen Löschungsanspruch gegen die Bank und behält ihn in der Insolvenz des Bauträgers. Zum andern sichert eine Bürgschaft nach § 7 MaBV[42] die Ansprüche des Erwer-

---

[34] S ausführlich *Kesseler*, Die Insolvenz des Bauträgers, RNotZ 2004, 176, 188 ff. Vgl. auch *Schmitz*, Die Bauinsolvenz, 5. Aufl. (2011), Rn. 978 ff.
[35] BGHZ 96, 275, 277 f. = NJW 1986, 925.
[36] BGHZ 96, 275, 281; BGHZ 79, 103, 108 f. = NJW 1981, 991; OLG Koblenz NJW-RR 2007, 964.
[37] Vgl. die ausführl Darstellung bei MüKoInsO/*Ott/Vuia* § 106 Rn. 28 ff.
[38] BGHZ 79, 103, 109 f.
[39] OLG Stuttgart ZInsO 2004, 1087.
[40] Vgl. dazu *Baldringer/Jordans* ZInsO 2004, 119.
[41] Näher *Habscheid* NZI 2001, 176, 177. Zum Wahlrecht der finanzierenden Bank im Rahmen einer Freistellungsverpflichtung nach § 3 MaBV vgl. die Kontroverse zwischen *Grziwotz* ZIP 2002, 825 und *Weiss/Rösler* ZIP 2002, 1520.
[42] Dazu vgl. *Basty* DNotZ 2002, 567 und *Kanzleiter* DNotZ 2002, 819.

§ 38 23–27   Kapitel III. 5. Abschnitt. Gegenseitige Verträge

bers wegen des insolvenzbedingten Fertigstellungsmehraufwands einschließlich Mängelbeseitigungskosten,[43] außerdem den Rückgewährsanspruch des Erwerbers nach einem mit dem Bauträger geschlossenen Aufhebungsvertrags auch dann, wenn die Gründe für die Nichtdurchführung des Bauvorhabens in der Sphäre des Erwerbers liegen[44] und schließlich dem Anspruch auf Verschaffung des Eigentums am verkauften Grundstück;[45] Letzteres hat in der Praxis vor allem Bedeutung bei Zahlungen zu einem Zeitpunkt, zu dem noch keine Auflassungsvormerkung eingetragen ist.

III. Sondervorschriften des Bürgerlichen Rechts

23   **1. Allgemeines.** Die zivilrechtlichen Auswirkungen einer Insolvenzeröffnung sind in der InsO nicht abschließend geregelt. Zwar finden auf Rechtsverhältnisse, die unter die §§ 104 ff. InsO fallen, ausschließlich die dort getroffenen Regelungen Anwendung. Für andere Rechtsbeziehungen sind aber Vorschriften des bürgerlichen Rechts maßgeblich, die besondere Bestimmungen über die Wirkung der Eröffnung des Insolvenzverfahrens enthalten. Dazu gehören hauptsächlich die Sondertatbestände des BGB zum Vereins-, Familien- und Erbrecht sowie zur Verjährung und die besonderen Vorschriften im Versicherungsrecht sowie zum Verlagsvertrag. Das Gesellschaftsrecht ist im Rahmen der *Gesellschaftsinsolvenz* (§§ 91 ff.), das Erbrecht beim *Nachlassinsolvenzverfahren* (§ 110) behandelt.

24   **2. Vereine und Stiftungen.** *Rechtsfähige* Vereine und Stiftungen werden durch die Eröffnung des Insolvenzverfahrens aufgelöst, §§ 42 I 1, 86 BGB. Infolgedessen kommt es in der Regel zur Liquidation; zum Zwecke der Abwicklung durch den Insolvenzverwalter bestehen Verein und Stiftung zunächst aber fort.[46] Ein *nichtrechtsfähiger* Verein wird durch die Insolvenz eines Mitglieds allerdings nicht aufgelöst; § 728 BGB (vgl. § 54 BGB) passt nämlich hierfür nicht und wird im Übrigen ohnehin schon meist bei der Vereinsgründung abbedungen.[47]

25   **3. Familienrecht. a)** Während im gesetzlichen *Güterstand* (§§ 1363 ff. BGB) oder bei Gütertrennung (§§ 1408, 1414 BGB) die Eröffnung des Insolvenzverfahrens über das Vermögen eines Ehegatten keine Auswirkungen auf die Stellung des anderen hat, ist bei der Gütergemeinschaft (§§ 1408, 1415 ff. BGB) zu beachten: Wird derjenige Ehegatte insolvent, der das Gesamtgut alleine verwaltet (vgl. § 1421 BGB), so fällt es in dessen Masse (§ 37 I 1 InsO); ist der andere insolvent oder verwalten beide gemeinsam, so wird das Gesamtgut nicht berührt (§ 37 I 3, II InsO); sind beide Ehegatten zahlungsunfähig, so ist ein selbstständiges Insolvenzverfahren über das Gesamtgut zulässig (§ 333 InsO).

26   **b)** Auf die *elterliche Vermögenssorge* (vgl. § 1626 I BGB) hat die Eröffnung des Insolvenzverfahrens keinen Einfluss mehr. Das Vormundschaftsgericht hat aber gem. § 1667 BGB stets sorgfältig zu prüfen, ob eine Gefährdung des Kindesvermögens droht; dann wird dem insolvent gewordenen Elternteil das Vermögenssorgerecht zu entziehen sein.

27   **4. Verjährung.** Insoweit ist zu unterscheiden: Die Verjährung von *Insolvenzforderungen* wird durch ihre Anmeldung (§ 174 InsO) gehemmt (§ 204 I Nr. 10 BGB), wobei die Hemmung sechs Monate nach Beendigung des Insolvenzverfahrens endet (§ 204 II 1 BGB). Für *Absonderungs-, Aussonderungs- und Masseansprüche,* die nicht zur Schuldenmasse iS der §§ 174 ff. InsO gehören (vgl. §§ 47, 49 ff., 53 ff. InsO), gelten keine Besonder-

---

[43] BGHZ 151, 147 = NJW 2002, 2563; bestätigt in BGH ZIP 2010, 264 (Rn. 18).
[44] BGH ZIP 2005, 939.
[45] BGH NJW 2009, 673.
[46] Ausf zur Stiftung in Krise und Insolvenz Roth/Knof KTS 2009, 163 ff.
[47] HK/*Marotzke,* § 118 Rn. 4.

heiten; hier erfolgt die Hemmung also insbesondere durch gerichtliche Geltendmachung des Rechts gegenüber dem Insolvenzverwalter (§ 204 I BGB).

5. Versicherungsrecht. a) *Insolvenz des Versicherers.* In diesem Fall endigt das Versicherungsverhältnis mit dem Ablauf eines Monats seit der Eröffnung des Insolvenzverfahrens und bleibt bis zu diesem Zeitpunkt der Masse gegenüber wirksam, § 16 I VVG; tritt während dieser Zeit der Versicherungsfall ein, so ist der Anspruch auf die Versicherungsleistung Masseschuld gem. § 55 I Nr. 2 Alt. 2 InsO, ebenso der auf Erstattung der über die Monatsfrist hinaus gezahlten Prämien (§ 39 II VVG). *Pflichtversicherungen,* also Haftpflichtversicherungen, zu deren Abschluss eine Verpflichtung durch Rechtsvorschrift besteht (vgl. § 113 I VVG), enden (abweichend von § 16 I VVG) erst mit Ablauf eines Monats, nachdem der Insolvenzverwalter diesen Umstand (die Verfahrenseröffnung) der zuständigen Stelle angezeigt hat (§ 117 VI VVG). Allerdings bleiben nach § 16 II VVG die Vorschriften des Versicherungsaufsichtsgesetzes (VAG) über die Wirkungen der Insolvenzeröffnung unberührt; die von § 77b AVG erfassten *Lebens- Kranken- und Pflegepflichtversicherungen sowie Haftpflicht- und Unfallrenten-Versicherungsverhältnisse* erlöschen deshalb bereits mit Eröffnung des Insolvenzverfahrens über das Vermögen des Versicherers;[48] ein privater Krankenversicherungsvertrag gehört allerdings zum insolvenzfreien Vermögen (→ § 34 Rn. 19), wird folglich von § 103 nicht erfasst.[49]

b) *Insolvenz des Versicherungsnehmers.* In diesem Fall findet demgegenüber § 103 InsO Anwendung, kann der Verwalter also den Vertrag anstelle des Schuldners erfüllen und Erfüllung von dem anderen Teil verlangen, oder die Erfüllung ablehnen; ein Kündigungsrecht wie nach § 114 aF VVG (dazu 4. Auflage an derselben Stelle) gibt es nicht mehr. Erfolgt keine Erfüllungswahl, so bleibt es bei den durch die Insolvenzeröffnung eingetretenen Folgen. Die gegenseitigen Erfüllungsansprüche sind aber nicht etwa erloschen, sondern nur nicht durchsetzbar geworden (→ § 34 Rn. 42 ff.), woraus sich in diesem Zusammenhang ein doch wichtiger Unterschied gegenüber der Rechtslage nach der aufgegebenen Erlöschenstheorie (→ § 34 Rn. 39 ff.) ergibt, wie im Folgenden ersichtlich.

Es gilt beispielsweise für die in der Praxis bedeutsamen *Lebensversicherung:*
– Will der Insolvenzverwalter den Rückkaufswert (§ 176 I aF; jetzt § 169 VVG) zur Masse ziehen, muss er das Versicherungsverhältnis nach § 165 I aF; jetzt § 168 VVG kündigen;[50] die frühere gegenteilige Rechtsprechung, die eine Kündigung nicht für erforderlich hielt,[51] ist wegen des neuen Grundsatzurteils des BGH v. 25.4.2002 (→ § 34 Rn. 42) überholt,[52] weil der Versicherungsvertrag gerade nicht durch die Insolvenzeröffnung erlischt; dieser Meinung hat sich nunmehr auch der BGH angeschlossen.[53] Eine Erfüllungsablehnung durch den Verwalter wird man allerdings als Kündigungserklärung auszulegen haben. Der Rückkaufswert fließt der Masse aber nur zu, wenn der Versicherungsnehmer (Insolvenzschuldner) selbst der Begünstigte ist oder er dem Dritten ein nur widerrufliches Bezugsrecht eingeräumt hatte; denn dann hatte dieser nur eine Erwerbsaussicht, aber kein Recht auf Leistung des Versicherers (§ 159 II VVG). Anders ist es beim unwiderruflichen Bezugsrecht; dann steht die Summe nicht

---

[48] Näher KPB/*Tintelnot* Rn. 103.
[49] BGH NZI 2014, 369 Rn. 17 = ZIP 2014, 688.
[50] Ebenso *Günther/Kohly* ZIP 2006, 1229, 1234; *Elfring* NJW 2005, 2192, 2193 f.; *ders.* BB 2004, 617, 619; *Janca* ZInsO 2004, 449. AA *Hasse* VersR 2005, 1176, 1187 (Fn 117: Ablehnung der Erfüllung genügt).
[51] BGH NJW 1993, 1994 = ZIP 1993, 600.
[52] Offen gelassen in BGH NJW 2005, 2231, 2232 (dort hatte der Insolvenzverwalter die Bezugsberechtigung vor Eintritt des Versicherungsfalls widerrufen).
[53] BGH NJW 2012, 678 Rn. 14 ff., 22 = NZI 2012, 76 = ZIP 2012, 34 (ebenfalls noch zu den früheren Vorschriften bei einer Kapitallebensversicherung).

der Masse, sondern – vorbehaltlich einer Insolvenzanfechtung (§§ 129 ff. InsO) – dem Dritten zu.
– Der Insolvenzverwalter kann aber auch Erfüllung wählen und das (widerrufliche) Bezugsrecht an Stelle des Schuldners (§ 80 I InsO) widerrufen; die Prämien sind dann Masseverbindlichkeit nach § 55 I Nr. 2 Alt. 1 InsO, die Versicherungssumme fließt sodann bei Eintritt des Versicherungsfalles in die Masse.
– Wurde die Lebensversicherung vor Insolvenzeröffnung wirksam prämienfrei gestellt (§ 165 VVG), ist zwar die Pflicht zur Prämienzahlung entfallen, die Versicherung selbst in ihrem Bestand aber unberührt geblieben. Es handelt sich dann um einen einseitig vollständig erfüllten Vertrag,[54] der von § 103 InsO nicht erfasst wird (→ § 34 Rn. 5 ff.).

31 Wurde bei einer Lebensversicherung auf den Todesfall die Versicherungssumme nach dem Versicherungsfall (Tod des Versicherungsnehmers) dem begünstigten Dritten oder die Erben (§ § 160 II VVG) ausbezahlt und wird dann das Insolvenzverfahren über den Nachlass des Versicherungsnehmers eröffnet, so kommt eine Anfechtung der Zahlung als mittelbare und unentgeltliche Leistung gemäß § 134 InsO in Betracht. Auch dann muss man wieder zwischen widerruflichem und unwiderruflichem Bezugsrecht unterscheiden (→ § 49 Rn. 12).

32 **6. Verlagsvertrag.** Er gehört als gegenseitiger Vertrag zwar in den Anwendungsbereich des § 103 InsO, jedoch ergeben sich aus seiner Eigenart gewisse Besonderheiten. So gilt die genannte Vorschrift in der *Insolvenz des Verfassers* nur, wenn das urheberrecht am Werk zur Masse gehört; nur dann kann nämlich der Verwalter den Vertrag anstelle des Schuldners erfüllen. In der *Insolvenz des Verlegers* ist § 36 VerlG als Sonderbestimmung zu beachten.[55] Sie stellt in ihrem Abs. 1 zunächst klar, dass § 103 InsO auch dann gilt, wenn das Werk bereits vor der Eröffnung des Verfahrens abgeliefert worden war. Hat der Verleger bei Insolvenzeröffnung noch nicht mit der Vervielfältigung begonnen, so kann der Verfasser vom Vertrag zurücktreten, §§ 36 III, 37 VerlG. Macht dieser davon keinen Gebrauch und entscheidet sich der Insolvenzverwalter für die Erfüllung, so wird es häufig zu einer Übertragung der Verlegerrechte kommen (vgl. § 28 I 1 VerlG). Der Erwerber tritt dann in den Verlagsvertrag anstelle der Insolvenzmasse ein, die jedoch wie ein selbstschuldnerischer Bürge haftet, falls jener die sich aus dem Vertragsverhältnis ergebenden Verpflichtungen nicht erfüllt, § 36 II VerlG.[56]

---

[54] *Kayser* FS Kreft (2004) S. 341, 345.
[55] Zur Funktion der Vorschrift vgl. *Riewe,* Insolvenz im urheberrechtlichen Lizenzvertrag, 2009, S. 163.
[56] Näher – auch zur Abwicklung bei Erfüllungsablehnung – MüKoInsO/*Huber* § 103 Rn. 120.

6. Abschnitt. Aussonderung, Absonderung, Aufrechnung

Übersicht

	Rn.
§ 39. Massebereinigung von „fremden" Vermögenswerten	
I. Gemeinsamer Regelungszweck	1
II. Vollrechte und Sicherungsrechte	5
§ 40. Aussonderung	
I. Begriff	1
II. Aussonderungsfähige Rechte	5
III. Aussonderungssperre der Gesellschafter bei Nutzungsüberlassungen	99
IV. Rechtsstellung des Ehegatten	101
V. Durchsetzung der Aussonderung	106
§ 41. Ersatzaussonderung	
I. Zweck	1
II. Anwendungsbereich	3
III. Aussonderungsvoraussetzungen	9
IV. Inhalt des Anspruchs	25
§ 42. Absonderung	
I. Allgemeines	1
II. Allgemeine Absonderungsrechte	5
III. Gegenständlich beschränkte Vorrechte	73
IV. Der Rang der Absonderungsrechte	76
V. Die Ausfallhaftung	77
VI. Die Verwertung unbeweglicher Gegenstände	92
VII. Die Verwertung beweglicher Gegenstände und sonstiger Rechte	128
VIII. Eingriffe in Absonderungsrechte	203
IX. Ersatzabsonderung	213
X. Steuerliche Probleme	220
§ 43. Mobiliarsicherheiten in der Insolvenz	
I. Bedeutung von Mobiliarsicherheiten	1
II. Eigentumsvorbehalt und Anwartschaftsrecht	2
III. Sicherungseigentum	75
IV. Sicherungszessionen	88
V. Verwertung der Mobiliarsicherheiten	106
VI. Mobiliarsicherheiten im internationalen Warenverkehr	107
§ 44. Der Sicherheiten-Pool	
I. Begriff und Rechtsnatur	1
II. Bestimmtheitserfordernis als Grenze gemeinsamer Rechtsverfolgung	19
III. Rechtsverfolgung im Außenverhältnis	21
IV. Unzulässige Verwertungsmaßnahmen des Pool	28
V. Innenverhältnis der Poolmitglieder	34
VI. Verhältnis Pool – Insolvenzmasse	37
§ 45. Die Aufrechnung in der Insolvenz	
I. Allgemeines	1
II. Aufrechnungslage bei Eröffnung des Insolvenzverfahrens	4
III. Nachträglicher Eintritt der Aufrechnungslage	43
IV. Gesetzlicher Ausschluss der Aufrechnung	79
V. Aufrechnung durch den Insolvenzverwalter	106
VI. Aufrechnung durch Massegläubiger	110
VII. Steuerliche Probleme	114

§ 39. Massebereinigung von „fremden" Vermögenswerten

Übersicht

	Rn.
I. Gemeinsamer Regelungszweck	1
1. „Istmasse" und „Sollmasse"	1
2. Aussonderung	2
3. Absonderung	3
4. Aufrechnung im Insolvenzverfahren	4
II. Vollrechte und Sicherungsrechte	5

I. Gemeinsamer Regelungszweck

1. „Istmasse" und „Sollmasse". Bei der Eröffnung des Insolvenzverfahrens wird zunächst einmal das im Besitz des Insolvenzschuldners tatsächlich vorhandene Vermögen (die „Istmasse") vom Insolvenzbeschlag erfasst und gem. §§ 80 I, 148 I InsO der Verwaltung des Insolvenzverwalters unterstellt. Aufgrund der Vielfalt der wirtschaftlichen und privaten Beziehungen des Insolvenzschuldners stimmt diese „Istmasse" idR nicht genau mit den Vermögenswerten überein, die nach § 35 InsO die Insolvenzmasse bilden und den Gläubigern des Insolvenzschuldners für ihre Forderungen haften („Sollmasse").[1]

2. Aussonderung. Die faktisch vom Insolvenzbeschlag betroffenen Dritten haben auch im Insolvenzverfahren die Möglichkeit, ihren Vermögensgegenstand aus der Istmasse herauszuverlangen. Dies gebietet der Eigentumsschutz nach Art. 14 GG.[2] Gem § 47 S. 1 InsO machen sie geltend, dass der betreffende Vermögensgegenstand „nicht zur Insolvenzmasse gehört", also nicht Teil der „Sollmasse"[3] ist. Insofern dispensiert das Aussonderungs- anders als das Absonderungsrecht[4] nicht vom Grundsatz der Gläubigergleichbehandlung. Seine Parallele in der Einzelvollstreckung ist die Drittwiderspruchsklage nach § 771 ZPO, die allerdings gegen den Vollstreckungsgläubiger zu richten ist, während die Aussonderung vom Insolvenzverwalter zu verlangen ist.[5] Der Dritte hat einen *Anspruch auf Aussonderung*, § 47 S. 2 InsO. Der Begriff des Anspruchs hat sich seit der KO eingebürgert, obwohl es sich unstreitig nicht um einen eigenen insolvenzrechtlichen Anspruch handelt. Mit der Aussonderung macht ein Dritter geltend, dass ein Gegenstand nichthaftendes Drittvermögen ist und nur infolge der Formalisierung der Zwangsvollstreckung (materiell ungerechtfertigt) vom Vollstreckungszugriff erfasst worden ist.[6]

3. Absonderung. Die Absonderung unterscheidet sich – auch wenn ebenfalls dingliche Rechte betroffen sind – wesentlich von der Aussonderung. Denn bei der Absonderung gehört ein Gegenstand haftungsrechtlich zum Vermögen des Insolvenzschuldners. Es geht anders als bei der Aussonderung darum, unter welchen Voraussetzungen Gläubiger unter Durchbrechung des Gleichbehandlungsgebotes eine Vorzugsbefriedigung aus einer Sicherheit im eröffneten Insolvenzverfahren beanspruchen können.[7] Besitzt ein Dritter nach materiellem oder Prozessrecht ein *Recht auf Verwertung* und Be-

---

[1] *Häsemeyer*, Rn. 9.06.
[2] MüKoInsO/*Ganter*, § 47 Rn. 3.
[3] Wohl aber zunächst Teil der „Istmasse"; *Häsemeyer*, Rn. 11.01; aA *Niesert* InVo 1998, 85, 86.
[4] *Häsemeyer*, Rn. 11.02; *Smid* WM 2008, 2089, 2090.
[5] Zu weiteren Unterschieden MüKoInsO/*Ganter*, § 47 Rn. 10.
[6] Vgl. *Baur/Stürner* Rn. 1071; *Gerhardt*, Grundbegriffe Rn. 304; *Jauernig*, § 45 I; *Rosenberg/Gaul/Schilken* § 41 I, II.
[7] *Häsemeyer*, Rn. 11.02; MüKoInsO/*Ganter*, § 47 Rn. 12, Vor §§ 49 bis 52 Rn. 3.

friedigung aus einem Gegenstand, zB ein rechtsgeschäftlich bestelltes (Grund-)Pfandrecht oder ein kaufmännisches Zurückbehaltungs- und Befriedigungsrecht (§§ 369 ff. HGB) zur Befriedigung einer anderweitigen Forderung gegen den Insolvenzschuldner, so hat ein derartiges Sicherungsrecht grundsätzlich auch im Insolvenzverfahren Bestand. Dem Gläubiger gebührt nicht der Gegenstand selbst; dieser dient nur zur Befriedigung wegen seiner gesicherten Forderungen. Wirtschaftlich bedeutet dies, dass die belasteten Gegenstände zur Befriedigung der Insolvenzgläubiger, dh für die Teilungsmasse, nur insoweit zur Verfügung stehen, als sich bei ihrer Verwertung ein Überschuss über die gesicherten Forderungen ergibt. Dieser Überschuss ist haftungsrechtlich Bestandteil der Insolvenzmasse.[8] In der Einzelvollstreckung entspricht dieser *Absonderung* die Klage auf vorzugsweise Befriedigung nach § 805 ZPO.[9]

4. Aufrechnung im Insolvenzverfahren. Als Befriedigungsvorrecht ist auch die *Aufrechnung in der Insolvenz* zu verstehen. Besteht eine Aufrechnungslage bereits vor Eröffnung des Insolvenzverfahrens, so ist die Forderung des Insolvenzschuldners gegenüber dem Schuldner/Gläubiger gleichsam durch dessen Befugnis „belastet", sich durch Aufrechnung wegen seiner Forderung aus der gegen ihn selbst gerichteten Gegenforderung zu befriedigen. Die Aufrechnung verschafft dem Gläubiger damit eine besondere abgesonderte Befriedigung.[10]

Aussonderung, Absonderung und Aufrechnung in der Insolvenz sind insoweit unterschiedliche Mittel der Gläubiger, um geltend zu machen, dass ein äußerlich der Insolvenzmasse zugehöriger Vermögenswert tatsächlich überhaupt nicht Bestandteil der Haftungsmasse ist („Aussonderung"), oder dass ein Gegenstand zwar Teil der Insolvenzmasse ist, aber mit einem Recht auf Vorzugsbefriedigung durch Absonderung oder Aufrechnung zugunsten einzelner Gläubiger „belastet" ist und daher allenfalls in Höhe eines etwaigen Überschusses zur Befriedigung der Insolvenzgläubiger zur Verfügung steht.

II. Vollrechte und Sicherungsrechte

Inhaber von *Vollrechten* (Sacheigentum, Forderungen) können diese im Insolvenzverfahren des Insolvenzschuldners in gleicher Weise geltend machen wie außerhalb des Insolvenzverfahrens. Meist gibt der wirtschaftliche Zusammenbruch des Insolvenzschuldners auch die Befugnis, ein Recht des Insolvenzschuldners zum Besitz (§ 986 BGB) oder zur Einziehung einer Forderung (§ 185 BGB) aufgrund der vertraglichen Beziehungen zu beenden. Weder die Rückforderbarkeit selbst noch ihr Umfang hängen dann davon ab, ob und in welcher Höhe der Gläubiger eine offene Forderung gegen den Insolvenzschuldner hat. Über die weitere Verwendung oder Verwertung des Gegenstandes entscheidet der Eigentümer in freier Weise.

Anders verhält es sich, wenn der Insolvenzschuldner einem Gläubiger Vermögenswerte übereignet oder abgetreten hat, um ihm eine *Sicherung* für die Erfüllung einer anderen (fälligen oder nicht fälligen) Forderung zu stellen. Obgleich diese Vermögenswerte durch Übereignung oder Abtretung aus dem Vermögen des Insolvenzschuldners ausgeschieden sind, darf im Insolvenzfall nicht einfach die „dingliche Rechtslage" geltend gemacht werden, vielmehr ist das Kreditverhältnis der Parteien abzuwickeln; der Gläubiger ist daher lediglich vorrangig aus der ihm zustehenden Sicherheit im Wege der Absonderung zu befriedigen.

---

[8] *Gerhardt*, Grundbegriffe Rn. 303; MüKoInsO/*Ganter*, § 47 Rn. 12.
[9] MüKoInsO/*Ganter*, Vor §§ 49 bis 52 Rn. 2; *Baumann*, § 10 II 1; *Baur/Stürner*, Rn. 1084; *Gerhardt*, Grundbegriffe Rn. 305; *Grunsky*, § 4 III 2.
[10] *Baumann*, § 11 II; *Baur/Stürner*, II Rn. 16.1.

7 Nach der Insolvenzordnung haben Inhaber vertraglich begründeter *besitzloser Mobiliarsicherheiten* kein Recht zur Aussonderung oder Absonderung mit Selbstverwertungsrecht mehr, sondern können nach §§ 51 Nr. 1, 166 ff. InsO grundsätzlich vom Insolvenzverwalter lediglich Abführung des Verwertungserlöses abzüglich pauschaler Kostenbeiträge (§§ 170, 171 InsO) verlangen (Einzelheiten → § 42 Rn. 94 ff.).

§ 40. Aussonderung

Übersicht

	Rn.
I. Begriff	1
1. Ansprüche auf Aussonderung	1
2. „Unechte" Freigabe	3
3. Insolvenzfreies Vermögen des Schuldners	4
II. Aussonderungsfähige Rechte	5
1. Eigentum	5
2. Besitz	15
3. Erbschaftsanspruch	16
4. Beschränkte dingliche Rechte	17
5. Gewerbliche Schutzrechte, Urheberrecht, Persönlichkeitsrechte	20
6. Forderungen	23
7. Obligatorische Herausgabeansprüche	27
8. Anfechtungsrechtlicher Rückgewähranspruch	30
9. Treuhandeigentum	31
10. Verträge für fremde Rechnung	81
11. Anhalterecht beim internationalen Warenkauf	94
III. Aussonderungssperre der Gesellschafter bei Nutzungsüberlassungen	99
IV. Rechtsstellung des Ehegatten	101
1. Keine Haftung	101
2. Besondere Eigentumsvermutung für bewegliche Sachen	102
3. Gütergemeinschaft	105
V. Durchsetzung der Aussonderung	106
1. Der Aussonderungsrechtsstreit	106
2. Sicherung des Aussonderungsgutes, Aufwendungsersatz und Ausgleichspflicht	120
3. Auskunft	123
4. Aussonderungsstop des Vorbehaltslieferanten	125
5. Aussonderung im Eröffnungsverfahren	126

Schrifttum: *Achsnick/Krüger,* Factoring in Krise und Insolvenz, 2008; *Armbrüster,* Zur Wirkung von Treuhandabreden in der Insolvenz des Treuhänders, DZWIR 2003, 485; *Berger,* Zur Aussonderung aufgrund obligatorischer Herausgabeansprüche, FS Kreft, 2004, S. 191; *Bitter,* Rechtsträgerschaft für fremde Rechnung, 2006; *Bork,* Gläubigersicherung im vorläufigen Insolvenzverfahren, ZIP 2003, 1421; *Bülow,* Der Eigentumsvorbehalt als Treuhandgeschäft, WM 2007, 429; *Eckhardt,* Anfechtung und Aussonderung, KTS 2005, 15; *Frind,* Treuhandkontenmodell: Zur Betriebsfortführung unnötig!, ZInsO 2003, 778; *Frindgen,* Zum Aussonderungsrecht bei der fremdnützigen Verwaltungstreuhand, ZInsO 2004, 530; *Ganter,* Die Rechtsprechung des BGH zu Treuhandkonten in der Insolvenz des Treuhänders, FS Kreft, 2004, S. 251; *Gerhardt,* Neue Erfahrungen mit der Aussonderung, Absonderung und Aufrechnung, in: Aktuelle Probleme des neuen Insolvenzrechts, 2000, S. 127; *Gundlach,* Die haftungsrechtliche Bedeutung der Versicherung für fremde Rechnung in der Insolvenz des Versicherungsnehmers, DZWIR 2000, 309; *Gundlach/Frenzel/Schmidt,* Die Anwendbarkeit des § 392 II HGB auf das aus dem Ausführungsgeschäft Erlangte in der Insolvenz des Kommissionärs, DZWIR 2000, 449; *dies.,* Die Rechtsstellung des obligatorisch Aussonderungsberechtigten, DZWIR 2001, 95; *dies.,* Die Vereinbarung eines Kostenbeitrags zugunsten der Masse zwischen Vorbehaltsverkäufer und Insolvenzverwalter, DZWIR

2001, 277; *Haas/Müller*, Der Insolvenzanfechtungsanspruch in der Insolvenz des Anfechtungsgegners, ZIP 2003, 49; *Harder*, Insolvenzrechtliche Surrogation, 2002; *Henckel*, Die letzten Vorrechte im Insolvenzverfahren, FS Uhlenbruck, 2000, S. 19; *Heublein*, Die Ausgleichsansprüche des Aussonderungsberechtigten nach § 21 II S. 1 Nr. 5 InsO, ZIP 2009, 11; *Holzer*, Die insolvenzrechtliche Behandlung von Treugut bei abredewidrigem Verhalten des Treuhänders, ZIP 2009, 2324; *Kayser*, Die Lebensversicherung im Spannungsfeld der Interessen von Insolvenzmasse, Bezugsberechtigten und Sicherungsnehmer, FS Kreft, 2004, S. 341; *Kirchhof*, Die mehrseitige Treuhand in der Insolvenz, FS Kreft, 2004, S. 359; *Kovács/Koch*, Insolvenzsicherung nach dem Altersteilzeitgesetz ab dem 1.7.2004, NZI 2004, 415; *Marotzke*, Die dinglichen Sicherheiten im neuen Insolvenzrecht, ZZP 109 (1996), 429; *ders.*, Das neue Insolvenzrecht – dargestellt am Beispiel der Mobiliarsicherheiten, 1999; *Niesert*, Das Recht der Aus- und Absonderung nach der neuen Insolvenzordnung, InVo 1998, 85; *ders.*, Aus- und Absonderungsrechte in der Insolvenz, 1999; *Niesert/Kairies*, Aus- und Absonderung von Internet-Domains in der Insolvenz, ZInsO 2002, 510; *Prahl*, Aussonderung des widerruflichen Bezugsrechts aus einer arbeitnehmerfinanzierten Direktversicherung in der Insolvenz des Arbeitgebers, ZInsO 2003, 822; *Primozic*, Cash-Pooling versus Forderungsverkauf?, NZI 2005, 358; *Riggert*, Die Rechtsverfolgung der Gläubiger dinglicher Kreditsicherheiten in der Unternehmensinsolvenz des Schuldners, 2006; *Serick*, Aussonderung, Absonderung und Sicherungstreuhand in einer – abgebrochenen – Bilanz, 50 Jahre BGH, Festgabe aus der Wissenschaft, Bd III, 2000, S. 743; *Spickerhoff*, Aus- und Absonderung in der Insolvenz, 2005; *Spliedt*, MoMiG in der Insolvenz – ein Sanierungsversuch, ZIP 2009, 149; *Westhelle/Miksch*, Die insolvenzrechtliche Abwicklung der Direktversicherung, ZIP 2003, 2054; *Windel*, Modelle der Unternehmensfortführung im Insolvenzeröffnungsverfahren, ZIP 2009, 101.

I. Begriff

1. Ansprüche auf Aussonderung. Mit dem Begehren auf Aussonderung macht ein Dritter geltend, dass ihm ein dingliches oder persönliches Recht an dem Gegenstand zusteht und dieser deshalb nicht Bestandteil der Insolvenzmasse gem. § 35 InsO ist.[1] § 47 InsO ist damit direkte Konsequenz des § 35 InsO. Der Aussonderung entspricht in der Einzelvollstreckung im Ansatz die Drittwiderspruchsklage nach § 771 ZPO. Mit der Wendung „**Anspruch auf Aussonderung**" verweist das Gesetz lediglich darauf, dass die Nichtzugehörigkeit des Gegenstandes zum Schuldnervermögen gegenüber dem Insolvenzverwalter geltend zu machen ist.[2] Insoweit ist es nicht sinnvoll, zwischen Aussonderungsrecht und Aussonderungsanspruch zu differenzieren.[3]

Da der Insolvenzverwalter die „Istmasse" als Privater verwaltet (§ 80 I InsO), bedarf es zur Aussonderung keiner rechtsgestaltenden Aufhebung einer Pfandverstrickung;[4] die Aussonderung erfolgt vielmehr nach § 47 InsO „nach den außerhalb des Insolvenzverfahrens geltenden Gesetzen". Der *Inhalt des Begehrens* ist also nicht stets auf Herausgabe gerichtet. Die Nichtzugehörigkeit zur Insolvenzmasse ist vielmehr so geltend zu machen, wie das materielle Recht sonst zu verfolgen ist (→ Rn. 106), durch Klage auf Herausgabe (§§ 985, 1007 BGB etc), auf Unterlassung (§ 1004 BGB),[5] Grundbuchberichtigung (§ 894 BGB), auf Bewilligung der Auszahlung einer hinterlegten Geldsumme (§ 13 II Nr. 1 HinterlO), durch Feststellungsklage (§ 256 ZPO) oder durch Einrede gegenüber einer Herausgabeklage des Insolvenzverwalters.[6]

2. „Unechte" Freigabe. Drittvermögen unterliegt grds. nicht der Verwaltungsbefugnis des Insolvenzverwalters. Der Insolvenzverwalter darf daher eindeutig fremdes

---

[1] FK/*Imberger*, § 47 Rn. 3; *Hess*, InsO, § 47 Rn. 3; HK/*Eickmann*, § 47 Rn. 1; Uhlenbruck/Hirte/Vallender/*Brinkmann*, § 47 Rn. 2; *Smid*, § 47 Rn. 1.
[2] Uhlenbruck/Hirte/Vallender/*Brinkmann*, § 47 Rn. 3; MüKoInsO/*Ganter*, § 47 Rn. 5.
[3] MüKoInsO/*Ganter*, § 475; *Ganter* NZI 2005, 1, 3; Uhlenbruck/Hirte/Vallender/*Brinkmann*, § 47 Rn. 2; aA Jaeger/*Henckel*, § 47 Rn. 11.
[4] MüKoInsO/*Ganter*, § 47 Rn. 6.
[5] Vgl. *Niesert/Kairies* ZInsO 2002, 510, 512.
[6] MüKoInsO/*Ganter*, § 47 Rn. 5; Uhlenbruck/Hirte/Vallender/*Brinkmann*, InsO, § 47 Rn. 3.

§ 40 4, 5   Kap. III. 6. Abschnitt. Aussonderung, Absonderung, Aufrechnung

Vermögen nicht gem. § 148 I InsO zur Masse ziehen.[7] Bei (üblichen) Zweifeln, ob ein Gegenstand massezugehörig ist, darf der Verwalter diesen in Besitz nehmen. Erkennt der Insolvenzverwalter, dass ein Gegenstand offenkundig nicht Bestandteil der Masse ist, darf er ihn dem Berechtigten herausgeben oder sonst überlassen.[8] Im Fall einer solchen Anerkennung des Rechts wollen viele nicht von einer Aussonderung,[9] sondern einer unechten Freigabe sprechen. Unecht sei die Freigabe, weil der Gegenstand als Vermögen des Dritten nie zur Insolvenzmasse gehörte.[10] Auch nach Ansicht des BGH ist eine formelle Aussonderung nur erforderlich, wenn der auszusondernde Gegenstand massebefangen ist, weil ihn der Insolvenzverwalter als Bestandteil der Insolvenzmasse beansprucht, ihn nutzt und Besitz daran ergriffen hat oder ergreifen will.[11] Ob diese Differenzierung zwischen sog. unechter Freigabe und Aussonderung für die Praxis sinnvoll ist, ist schon deshalb zweifelhaft, weil die Herausgabe des offenkundig fremden Vermögens Dritter eigentlich Sache des Schuldners und nicht des Insolvenzverwalters wäre.[12] Wegen der Komplexität der rechtlichen Beziehungen wird der Verwalter jedoch in aller Regel großzügig zunächst Gegenstände in Besitz nehmen (Istmasse) und nach Klärung der Rechtslage an den Berechtigten herausgeben.[13] Eine Herausgabe durch den Schuldner selbst wird er zu diesem frühen Zeitpunkt schon deshalb nicht dulden, um eine Haftung zu vermeiden.

4   **3. Insolvenzfreies Vermögen des Schuldners.** Der Insolvenzschuldner selbst ist kein Aussonderungsberechtigter, auch wenn er mit dem Insolvenzverwalter über Insolvenzfreiheit oder Massezugehörigkeit eines Gegenstandes gem. § 36 InsO streiten kann.[14] Dieser Streit beurteilt sich nicht gem. §§ 47 f. InsO.[15]

II. Aussonderungsfähige Rechte

5   **1. Eigentum. a)** In der Insolvenz des Besitzers kann der (gewöhnliche) Eigentümer einer Sache deren *Herausgabe nach § 985 BGB* auch vom Insolvenzverwalter verlangen.[16] Die Verfolgung dieses Vindikationsanspruchs ist der Grundfall der Aussonderung.[17] Ist der Insolvenzschuldner nur mittelbarer Besitzer, kann der Eigentümer, wenn der Schuldner nicht in der Lage ist, selbst die Sache zu beschaffen, Abtretung des Herausgabeanspruchs gegen den Dritten oder auch direkte Herausgabe von diesem verlangen.[18] Gegenüber dem Anspruch auf Aussonderung kann sich auch der Insolvenzverwalter auf die Vermutungen der §§ 891, 1006 BGB berufen.[19] Solange dem Insolvenzschuldner

---

[7] BGHZ 127, 156 = NJW 1994, 3232 = NJW-RR 1995, 292 = DB 1994, 2391 = JR 1995, 501 = MDR 1995, 687 = WiB 1995, 29 = WM 1994, 2130 = ZIP 1994, 1700; einschränkend aber Uhlenbruck/Hirte/Vallender/*Brinkmann*, InsO, § 47 Rn. 2.
[8] *Häsemeyer*, Rn. 11.27; *Becker*, Insolvenzrecht, Rn. 968.
[9] MüKoInsO/*Ganter*, § 47 Rn. 7; 3. Aufl. § 40 Rn. 3.
[10] MüKoInsO/*Ganter*, § 47 Rn. 7.
[11] BGHZ 127, 156= NJW 1994, 3232 = NJW-RR 1995, 292 = DB 1994, 2391 = JR 1995, 501 = MDR 1995, 687 = WiB 1995, 29 = WM 1994, 2130 = ZIP 1994, 1700.
[12] Zutreffend *Becker*, Insolvenzrecht, Rn. 968.
[13] Uhlenbruck/Hirte/Vallender/*Brinkmann*, InsO, § 47 Rn. 1; *Häsemeyer*, Rn. 13.02.
[14] *Jauernig*, § 73 I; MüKoInsO/*Ganter*, § 47 Rn. 9; aA Jaeger/Henckel, § 47 Rn. 8; *Hess*, InsO, § 47 Rn. 13.
[15] Uhlenbruck/Hirte/Vallender/*Brinkmann*, InsO, § 47 Rn. 2; *Becker*, Insolvenzrecht, Rn. 968; MüKoInsO/*Ganter*, § 47 Rn. 9; *Kübler/Prütting/Bork*, InsO, § 47 Rn. 2; aA *Hess*, InsO, § 47 Rn. 13; Begründung RegE, BT-Drucks. 12/2443, S. 124.
[16] *Hess*, InsO, § 47 Rn. 14; MüKoInsO/*Ganter*, § 47 Rn. 37; *Häsemeyer*, Rn. 11.08.
[17] MüKoInsO/*Ganter*, § 47 Rn. 37; s aber *Jaeger/Henckel*, § 47 Rn. 5 („maßgebend ... haftungsrechtliche Zuordnung").
[18] MüKoInsO/*Ganter*, § 47 Rn. 37; FK/*Imberger*, § 47 Rn. 9; *Hess*, InsO, § 47 Rn. 17; Uhlenbruck/*Brinkmann*, § 47 Rn. 9.
[19] MüKoInsO/*Ganter*, § 47 Rn. 43.

ein Recht zum Besitz (§ 986 BGB) zusteht, kann der Eigentümer Feststellungsklage nach § 256 ZPO erheben, sofern der Insolvenzverwalter das Eigentum bestreitet.[20] Ist der Insolvenzschuldner zu Unrecht als Grundstückseigentümer eingetragen, kann der Berechtigte Eintragung eines Widerspruchs (§ 899 BGB), Grundbuchberichtigung (§ 894 BGB) und Löschung des Insolvenzvermerks (§ 32 InsO) verlangen.[21]

Ausgesondert werden kann das Eigentum, solange es besteht. Der Eigentümer kann auch dann aussondern, wenn sich der Insolvenzschuldner bereits schuldrechtlich zu einer Verfügung über das Eigentum verpflichtet hat. In der Insolvenz des Verkaufskommissionärs kann der Kommittent daher Aussonderung des (diesem nicht übereigneten) Kommissionsguts selbst dann verlangen, wenn der Kommissionär die Ware weiterverkauft, dem Abkäufer aber noch nicht übereignet hat.[22] Ist zwar das ursprüngliche Eigentum untergegangen, an seine Stelle aber kraft gesetzlicher Surrogation ein Ersatzstück getreten, so unterliegt dies weiterhin der einfachen Aussonderung (→ § 41 Rn. 8).

Der auf dem Eigentum aufbauende *dingliche Unterlassungsanspruch* des § 1004 BGB hat ebenfalls Aussonderungskraft; massefremdes Eigentum kann also auch in der Insolvenz gegen Störungen durch die Masse unbeschränkt verteidigt werden.[23] Auch der gleichfalls dingliche *Anspruch auf Beseitigung* bereits *eingetretener Störungen* muss sich noch in der Insolvenz durchsetzen, weil er auch gegen jeden sonstigen Rechtsnachfolger ohne Beschränkung bestünde. Dies gilt nicht für die Beseitigung der Folgen einer bereits vor Eröffnung des Insolvenzverfahrens eingetretenen Störung, die bei Eröffnung nicht mehr fortbesteht. Insoweit handelt es sich wie bei Schadensersatzansprüchen um eine bloße Insolvenzforderung.[24] Auch der bloße vertragliche Unterlassungsanspruch (zB Eigentum nicht zu veräußern oder zu belasten) ist nicht insolvenzfest.[25]

Zur Aussonderung von *Vorbehaltseigentum* → § 43 Rn. 2 ff., von *Sicherungseigentum* → § 43 Rn. 75 ff., von *Leasinggut* → § 43 Rn. 58 ff.

b) *Miteigentum.* Steht eine Sache in Miteigentum (§ 747 BGB), so kann jeder Miteigentümer Herausgabe der Sache an alle verlangen, §§ 1011, 432 BGB.[26] Entsteht Miteigentum durch Verbindung oder Vermischung nach den §§ 947, 948 BGB, ohne dass der Insolvenzschuldner Miteigentümer wird, so kann die Sache in gleicher Weise ausgesondert werden.[27] Der Miteigentümer muss aber seinen Anteil wertmäßig beweisen.[28] Kann er dies nicht, so wird seine Klage abgewiesen. Zur Aussonderung durch einen Gläubigerpool → § 44 Rn. 5 ff.

Ist der *Insolvenzschuldner* selbst *Miteigentümer,* so können die anderen Miteigentümer als Aussonderung Einräumung eines (widerrechtlich vorenthaltenen) Mitbesitzes sowie die Auseinandersetzung gem. § 749 BGB nach § 84 I InsO außerhalb des Insolvenzverfahrens verlangen.[29] Ausschluss oder Beschränkung des Teilungsanspruchs haben keine Wirkung im Insolvenzverfahren, § 84 II 1 InsO. Kann die Sache entsprechend den An-

---

[20] MüKoInsO/*Ganter,* § 47 Rn. 44; Häsemeyer, Rn. 11.01; Hess, InsO, § 47 Rn. 16; Kübler/Prütting/Bork, InsO, § 47 Rn. 16; Niesert InVo 1998, 85, 87.
[21] Häsemeyer, Rn. 11.08; MüKoInsO/*Ganter,* § 47 Rn. 40.
[22] Schlegelberger/Hefermehl, § 382 Rn. 77; Staub/Koller, § 383 Rn. 93; MüKoInsO/*Ganter,* § 47 Rn. 39.
[23] Uhlenbruck/Hirte/Vallender/*Brinkmann,* § 47 Rn. 73; K. Schmidt ZZP 90 (1977), 38, 46 ff.; MüKoInsO/*Ganter,* § 47 Rn. 41, 352.
[24] MüKoInsO/*Ganter,* § 47 Rn. 41, 353a (dort auch zum Fall einer Störung, die vor Eröffnung abgeschlossen war, deren Folgen aber noch andauern); Gursky JZ 1996, 683, 685 f.
[25] MüKoInsO/*Ganter,* § 47 Rn. 352.
[26] MüKoInsO/*Ganter,* § 47 Rn. 45; FK/*Imberger,* § 47 Rn. 13; Hess, InsO, § 47 Rn. 18; Uhlenbruck/Hirte/Vallender/*Brinkmann,* § 47 Rn. 11; KPB/*Prütting,* § 47 Rn. 20.
[27] Uhlenbruck/Hirte/Vallender/*Brinkmann,* § 47 Rn. 11.
[28] MüKoInsO/*Ganter,* § 47 Rn. 45; Uhlenbruck/Hirte/Vallender/*Brinkmann,* § 47 Rn. 11.
[29] MüKoInsO/*Ganter,* § 47 Rn. 45; Uhlenbruck/Hirte/Vallender/*Brinkmann,* § 47 Rn. 11.

teilen der Miteigentümer real geteilt werden (§ 752 BGB), so kann jeder Miteigentümer seinen Anteil aussondern.[30] Im Übrigen kann jeder Miteigentümer wegen seiner sich auf die Gemeinschaft gründenden Forderungen abgesonderte Befriedigung am Anteil des Insolvenzschuldners nach § 84 I InsO verlangen (→ § 42 Rn. 70 f.).

11 c) Bei der Verwahrung, insb der Wertpapierverwahrung, kommt es für die Aussonderungsbefugnis auf die Art der Verwahrung an. Bei einer *Sonderverwahrung* („Streifbanddepot") (§ 2 S. 1 DepotG) kann der Hinterleger sein Einzeleigentum aussondern.[31] Bei einer *Tauschverwahrung* (§§ 10, 11 DepotG) kann der Hinterleger die tatsächlich verwahrten Wertpapiere und deren Ersatzstücke aussondern; der Insolvenzverwalter kann stattdessen Papiere derselben Art zurückgewähren, § 10 I 1 DepotG.[32] Bei einer *Drittverwahrung* (§ 3 DepotG) gilt das gleiche in der Insolvenz des Drittverwahrers.[33] In der Insolvenz des Zwischenverwahrers geht der Anspruch auf Aussonderung auf Abtretung des Herausgabeanspruchs gegen den Drittverwahrer.[34] Bei einer *Sammelverwahrung* von Wertpapieren (§ 5 DepotG) verliert der Hinterleger das Sondereigentum an den Papieren und wird Miteigentümer am Sammelbestand (§ 6 DepotG). In der Insolvenz des Sammelverwahrers kann der Hinterleger seinen Miteigentumsanteil aussondern, indem er Auslieferung von der Hinterlegung entsprechenden Wertpapieren verlangt (§ 7 DepotG).[35] Bei einer „stückelosen" Sammelverwahrung mit Sammelurkunde (§ 9a DepotG) kann der Hinterleger Herausgabe von Einzelstücken verlangen (→ Rn. 90).

12 Bei einer *unregelmäßigen Verwahrung* (§§ 700 BGB; 15 DepotG) hat der Hinterleger dagegen nur einen schuldrechtlichen Verschaffungsanspruch auf Rückgewährung von Sachen bzw. Wertpapieren gleicher Art, Güte und Menge; dieser Anspruch ist bloße Insolvenzforderung und berechtigt nicht zur Aussonderung.[36]

13 Beim *Lagergeschäft* wird der Einlagerer bei berechtigter *Sammellagerung* Miteigentümer des Lagerbestands ab Einlagerung (§ 469 II HGB). In der Insolvenz des Lagerhalters kann der Einlagerer seinen Anteil ohne Zustimmung der anderen Miteigentümer aussondern und vom Insolvenzverwalter Auslieferung verlangen.[37]

14 d) Der Aussonderung unterliegen nur *Einzelsachen* (§ 90 BGB), aber auch Wertpapiere, soweit sie als Inhaber- oder Orderpapiere wie Sachen behandelt werden. Andere Wertpapiere und Schuldurkunden kann der Forderungsinhaber (§ 952 BGB) aussondern. Der Auftraggeber eines Bauvertrags ist verpflichtet, nach fehlgeschlagenem Sicherheitentausch (weil eine Auszahlung des als Gewährleistungssicherheit einbehaltenen Betrages nicht erfolgte) eine als Austauschsicherheit gestellte Gewährleistungsbürgschaft an den Auftragnehmer zurückzugewähren. Anspruchsgrundlage ist entweder § 17 Nr. 8 VOB/B oder § 371 BGB.[38] Nach Eröffnung des Insolvenzverfahrens über das Vermögen des Auftraggebers kann der Auftragnehmer die Bürgschaftsurkunde aussondern.[39] Nicht ausgesondert werden können wesentliche Bestandteile anderer Sachen (§§ 93, 94 BGB), weil diese nicht Gegenstand besonderer Rechte sein können. Dagegen können

---

[30] MüKoInsO/*Ganter*, § 47 Rn. 45.
[31] MüKoInsO/*Ganter*, § 47 Rn. 413; *Canaris*, Rn. 2139, 2209; Uhlenbruck/Hirte/Vallender/*Brinkmann*, § 47 Rn. 52.
[32] MüKoInsO/*Ganter*, § 47 Rn. 414.
[33] MüKoInsO/*Ganter*, § 47 Rn. 418.
[34] MüKoInsO/*Ganter*, § 47 Rn. 419.
[35] MüKoInsO/*Ganter*, § 47 Rn. 420; Uhlenbruck/Hirte/Vallender/*Brinkmann*, § 47 Rn. 51.
[36] MüKoInsO/*Ganter*, § 47 Rn. 415; Uhlenbruck/Hirte/Vallender/*Brinkmann*, § 47 Rn. 52; *Hess*, InsO, § 47 Rn. 279.
[37] Uhlenbruck/Hirte/Vallender/*Brinkmann*, § 47 Rn. 11; *Baumbach/Hopt*, HGB, § 469 Rn. 5.
[38] Es muss unterschieden werden zwischen der Erledigung der Bürgschaftsverpflichtung und der Rückgabe der Bürgschaftsurkunde, s. *Banzhaf/Buchinger*, Offene Fragen bei der „Freigabe" von Gewährleistungsbürgschaften, NZBau 2010, 539.
[39] BGH NJW 2011, 1282.

Scheinbestandteile (§ 95 BGB) ausgesondert werden, weil sie als selbstständige bewegliche Sachen gelten.[40] Gleiches gilt für Zubehör (§§ 97, 98 BGB) und Sachfrüchte (§§ 953 ff. BGB), wenn sie im Eigentum eines Dritten stehen.[41] *Computersoftware* ist jedenfalls in Verbindung mit ihrem Trägermaterial als bewegliche Sache anzusehen.[42] Hinzu kommt, dass Computerprogramme urheberrechtlichen Schutz genießen und das Urheberrecht zur Aussonderung berechtigt, wenn sich der Verwalter gegen die Erfüllung entscheidet (→ Rn. 21).[43] *Tiere* sind wie Sachen zu behandeln (§ 90a S. 3 BGB). *Schuldscheine* können nicht selbstständig ausgesondert werden, da sie nicht Gegenstand besonderer Rechte sind (§ 952 BGB).[44]

Ebenso wie das BGB *keine Geldwertvindikation* kennt,[45] kann auch eine Geldsumme oder ein Wertbetrag als solcher nicht ausgesondert werden.[46] Ausgesondert werden können nur konkrete Geldstücke oder Banknoten, idR aber nicht das übliche Zahlungsmittel Geld. Wird fremdes Geld gewechselt oder auf ein Konto einbezahlt, so besteht kein Aussonderungsrecht.[47] § 48 InsO macht hiervon begrenzte Ausnahmen (→ § 41 Rn. 28 ff.). Auch Schadensersatzansprüche für entzogenes Eigentum (§§ 987 ff. BGB) berechtigen als bloße Wertersatzansprüche nicht zur Aussonderung.[48]

2. Besitz. Das Recht zum Besitz wird wie ein dingliches Recht behandelt.[49] Der frühere Besitzer kann daher auch in der Insolvenz Wiedereinräumung des Besitzes (§ 861 BGB) bzw. Herausgabe (§ 1007 BGB) sowie Unterlassung und Beseitigung einer Besitzstörung (§ 862 BGB) verlangen.[50]

3. Erbschaftsanspruch. In der Insolvenz des Erbschaftsbesitzers kann der *Erbe* die Erbschaft nicht nur als Eigentümer (§§ 985, 1922 BGB), sondern auch gem. den §§ 2018, 2019 BGB aussondern.[51] Ebenso kann der Nacherbe nach Eintritt des Nacherbfalls die Erbschaft gem. §§ 2130, 2111 BGB in der Insolvenz des Vorerben aussondern.[52] Herausgabe- und Ersatzansprüche des Erben nach den §§ 812 ff., 823 ff., 2021 f., 2023 ff. BGB sind dagegen rein schuldrechtlicher Art und nur Insolvenzforderungen.[53]

4. Beschränkte dingliche Rechte. a) Beschränkte dingliche Rechte können selbst Gegenstand der Aussonderung sein, wenn sie von einem Dritten für die Insolvenzmasse in Anspruch genommen werden.[54] Ausgesondert werden kann jedoch nur das dingliche

---

[40] Uhlenbruck/Hirte/Vallender/*Brinkmann*, § 47 Rn. 10; KPB/*Prütting*, § 47 Rn. 17; *Hess*, InsO, § 47 Rn. 21; MüKoInsO/*Ganter*, § 47 Rn. 26.
[41] MüKoInsO/*Ganter*, § 47 Rn. 28; KPB/*Prütting*, § 47 Rn. 18; Uhlenbruck/Hirte/Vallender/*Brinkmann*, § 47 Rn. 10.
[42] MüKoInsO/*Ganter*, § 47 Rn. 17.
[43] MüKoInsO/*Ganter*, § 47 Rn. 339.
[44] MüKoInsO/*Ganter*, § 47 Rn. 18.
[45] *Häde* KTS 1991, 365, 370 ff.; MüKoBGB/*Baldus*, § 985 Rn. 40 ff.; Palandt/*Bassenge*, § 985 Rn. 8; aA *Westermann/Pinger*, Sachenrecht § 30 V 3.
[46] BGH Urteil vom 8.3.1972 – VII ZR 40/71 = BGHZ 58, 257 = NJW 1972, 872; MüKoInsO/*Ganter*, § 47 Rn. 19; *Hess*, InsO, § 47 Rn. 25; KPB/*Prütting*, § 47 Rn. 10; Uhlenbruck/*Brinkmann*, § 47 Rn. 6; *Smid*, § 47 Rn. 8.
[47] KPB/*Prütting* § 47 Rn. 10; *Hess*, InsO, § 47 Rn. 26; MüKoInsO/*Ganter*, § 47 Rn. 19.
[48] *Hess*, InsO, § 47 Rn. 30.
[49] Uhlenbruck/Hirte/Vallender/*Brinkmann*, § 47 Rn. 65; krit. Rosenberg/Gaul/Schilken, § 41 VI 6.
[50] MüKoInsO/*Ganter*, § 47 Rn. 326; KPB/*Prütting*, § 47 Rn. 43; FK/*Imberger*, § 47 Rn. 66; *Hess*, InsO, § 47 Rn. 23; Uhlenbruck/Hirte/Vallender/*Brinkmann*, § 47 Rn. 65; *Niesert* InVo 1998, 85, 89.
[51] FK/*Imberger*, § 47 Rn. 64; KPB/*Prütting*, § 47 Rn. 68; *Hess*, InsO, § 47 Rn. 27; MüKoInsO/*Ganter*, § 47 Rn. 335.
[52] Uhlenbruck/Hirte/Vallender/*Brinkmann*, § 47 Rn. 74; *Smid*, § 47 Rn. 12; KPB/*Prütting*, § 47 Rn. 68; MüKoInsO/*Ganter*, § 47 Rn. 338.
[53] *Hess*, InsO, § 47 Rn. 28; Uhlenbruck/Hirte/Vallender/*Brinkmann*, § 47 Rn. 74; KPB/*Prütting*, § 47 Rn. 68; MüKoInsO/*Ganter*, § 47 Rn. 335.
[54] KPB/*Prütting*, § 47 Rn. 42; FK/*Imberger*, § 47 Rn. 58; *Häsemeyer*, Rn. 11.12.

Recht selbst, nicht die belastete Sache oder das belastete Recht.[55] Ausgesondert werden können in diesem Sinne der *Nießbrauch* (§§ 1030 ff. BGB),[56] ein *Erbbaurecht*,[57] eine *Grunddienstbarkeit* (§§ 1018 ff. BGB), beschränkte persönliche *Dienstbarkeiten* (§§ 1090 ff. BGB) und ein *Wohnungsrecht* (§ 1093 BGB). Dies bedeutet, dass das Nutzungsrecht an einer massezugehörigen Sache geltend gemacht wird und der Insolvenzverwalter dieses Recht während seiner Laufzeit anerkennen muss.[58] Gleiches gilt auch für dingliche *Aneignungsrechte* (aus Abbau-, Jagd- und Fischereirechten). Diese sind hinzunehmen; der Aneignungsberechtigte erwirbt auch in der Insolvenz des Insolvenzschuldners aussonderungsfähiges Eigentum.[59]

18 **b)** Ein *dingliches Vorkaufsrecht* (§ 1094 BGB) begründet auch nach seiner Ausübung in der Insolvenz des Dritterwerbers aufgrund der Vormerkungswirkung gem. den §§ 1098 II, 888 BGB einen Aussonderungsanspruch auf Zustimmung zur Eintragung des Berechtigten als neuen Eigentümer.[60] Nach Übereignung des Grundstücks an einen Dritten, richtet sich der Anspruch auf die Bewilligung der Umschreibung. In der Insolvenz des Vorkaufsverpflichteten besteht dagegen kein Recht auf Herausgabe des Grundstücks, nachdem der Insolvenzverwalter das Grundstück verkauft und der Berechtigte das Vorkaufsrecht geltend gemacht hat. Denn dingliche Wirkung hat das Vorkaufsrecht nur gegenüber dem Dritterwerber.

19 **c)** *Pfandrechte* berechtigen grds. nur zur Absonderung an dem belasteten Gegenstand (→ § 42 Rn. 32 ff.). Bestreitet der Insolvenzverwalter jedoch das Bestehen des Pfandrechts oder nimmt er es, etwa als Eigentümergrundschuld, für den Insolvenzschuldner in Anspruch, so kann sein Bestehen bzw. seine Nichtzugehörigkeit zur Insolvenzmasse als Aussonderungsanspruch geltend gemacht werden.[61] In diesem Fall wird nicht das Recht an einem Gegenstand (der zur Masse gehört), sondern das Recht selbst (das nicht massezugehörig ist) geltend gemacht.[62] Ist durch Tilgung einer Fremdhypothek eine *verdeckte Eigentümergrundschuld* entstanden (§§ 1163 I 2, 1177 I BGB), so kann der Eigentümer in der Insolvenz des Hypothekengläubigers wie auch sonst nach § 1145 BGB keine Herausgabe des Briefes,[63] sondern nur Quittierung auf dem Brief sowie Vorlage beim Grundbuchamt zur Grundbuchberichtigung bzw. Bildung eines Teilbriefes verlangen.[64]

20 **5. Gewerbliche Schutzrechte, Urheberrecht, Persönlichkeitsrechte. a)** Der Erfinder kann bis zur Erteilung des Patents den Anspruch auf Erteilung des Patents, nach Erteilung des Patents den Anspruch auf Übertragung des Patents von einem nichtberechtigten Anmelder vindizieren (erfinderrechtliche Vindikation, §§ 8, 9, PatG idF von 1980). In der Insolvenz des unberechtigten Anmelders bzw. Inhabers kann er daher den Anspruch auf Abtretung des Rechts auf Erteilung des Patents, auf Übertragung des erteilten Patents sowie auf Übertragung bereits erteilter Lizenzen aussondern.[65] Gleiches gilt bei Insolvenz des unberechtigten Anmelders eines europäischen

---

[55] FK/*Imberger*, § 47 Rn. 58; *Hess*, InsO, § 47 Rn. 29; MüKoInsO/*Ganter*, § 47 Rn. 328; Uhlenbruck/Hirte/Vallender/*Brinkmann*, § 47 Rn. 66.
[56] Soergel/*Stürner*, Vor § 1030 Rn. 22.
[57] BGH NZI 2006, 97.
[58] *Häsemeyer*, Rn. 11.12.
[59] MüKoInsO/*Ganter*, § 47 Rn. 324.
[60] Uhlenbruck/Hirte/Vallender/*Brinkmann*, § 47 Rn. 66; MüKoInsO/*Ganter*, § 47 Rn. 330; Jaeger/Henckel, § 47 Rn. 113.
[61] *Hess*, InsO, § 47 Rn. 30; Uhlenbruck/Hirte/Vallender/*Brinkmann*, § 47 Rn. 66; vgl. aber MüKoInsO/*Ganter*, § 47 Rn. 13.
[62] MüKoInsO/*Ganter*, § 47 Rn. 329; *Häsemeyer*, Rn. 11.12.
[63] Auch nicht zu Mitbesitz; *Hess*, InsO, § 47 Rn. 14.
[64] MüKoInsO/*Ganter*, § 47 Rn. 329.
[65] Vgl. MüKoInsO/*Ganter*, § 47 Rn. 339; KPB/*Prütting*, § 47 Rn. 72; Uhlenbruck/Hirte/Vallender/*Brinkmann*, § 47 Rn. 67.

Patents. Der nach Art. 60 I EPÜ Berechtigte kann gem. Art. II § 5 IntPatÜG[66] (§ 8 PatG findet keine Anwendung) vom nichtberechtigten Anmelder verlangen, dass ihm der Anspruch auf Erteilung abgetreten wird, nach Erteilung kann er die Übertragung des Patents verlangen. Diese Ansprüche berechtigen den Erfinder in der Insolvenz des Anmelders zur Aussonderung. Gleiches dürfte aufgrund der engen Verzahnung der EU-PatentVO[67] und dem EPÜ für Berechtigte aus einem Patent mit einheitlicher Wirkung (EU-Patent) gelten, weil das Prüfungs- und Erteilungsverfahren vor dem EOPA durch die EU-PatentVO unberührt bleibt.[68] Auch der Unterlassungsanspruch gem. § 139 I PatG dient der Aussonderung des geschützten Rechts.[69] Aussonderung kann jedoch nur begehrt werden, wenn der Insolvenzverwalter das Recht selbst für die Insolvenzmasse in Anspruch nimmt.[70] Schadensersatzansprüche wegen konkreter Verletzungen sind dagegen – je nach dem Zeitpunkt des Schadenseintritts – entweder einfache Insolvenzforderungen (§ 38 InsO) oder Masseschulden (§ 55 I Nr. 1 InsO). Die ausschließliche Patentlizenz, die eine dingliche Rechtsposition begründet,[71] berechtigt den Lizenznehmer in der Insolvenz des Lizenzgebers zur Aussonderung, unabhängig davon, ob der Insolvenzverwalter des Lizenzgebers gem. § 103 InsO die Nichterfüllung des schuldrechtlichen Lizenzvertrages wählt, da dies ohne Einfluss auf die erlangte dingliche Rechtsposition des Lizenznehmers ist.[72] Die Aussonderung des Rechts zur Nutzung führt dazu, dass der Insolvenzverwalter dieses Recht während seiner Laufzeit zu respektieren hat. Nicht ausschließliche Patentlizenzen begründen dagegen keine dingliche insolvenzfeste Rechtsposition[73] und gehen derzeit unter, wenn der Insolvenzverwalter die Nichterfüllung des Vertrages wählt.[74] Insofern wäre hier einer Regelung wie dem § 108a[75] InsO-E erhebliche Bedeutung zugekommen, da das Wahlrecht entfallen wäre.

Ausgesondert werden können auch ein Gebrauchsmuster (vgl. § 11 GebrMG idF von 1986), Geschmacksmuster (§ 1 GeschMG), Warenzeichen (§ 15 WZG) und Marken (vgl. § 14 MarkenG) einschl Internet-Domains.[76] Der Unterlassungsanspruch berechtigt jeweils zur Aussonderung.[77] Schadensersatzansprüche berechtigen dagegen nicht zur Aussonderung,[78] sondern sind in Abhängigkeit vom Entstehungszeitpunkt Insolvenzforderungen (§ 38 InsO) oder Masseschulden (§ 55 I Nr. 1 InsO).

b) Das Urheberpersönlichkeitsrecht (§§ 12–14 UrhG) und die Urheberverwertungsrechte (§§ 15–27 UrhG) berechtigen zur Aussonderung.[79] Bedeutung hat diese Frage, da die Rechte nicht übertragbar sind (§ 29 UrhG), vor allem im Rahmen einer Feststellungsklage bei Inanspruchnahme durch einen Insolvenzverwalter. Sind die Nutzungs-

---

[66] Vom 21.6.1976, BGBl. II S. 649.
[67] Verordnung (EU) Nr. 1257/2012 des Europäischen Parlaments und des Europäischen Rates vom 17. Dezember 2012 über die Umsetzung der Verstärkten Zusammenarbeit im Bereich der Schaffung eines einheitlichen Patentschutzes, ABl. EU vom 31.12.2012, L 361/1.
[68] *Luginbühl*, GRUR Int 2013, 305, 307.
[69] Vgl. *K. Schmidt*, Unterlassungsanspruch, Unterlassungsklage und deliktischer Ersatzanspruch im Konkurs, ZZP 90 (1977), 38, 46 ff.; MüKoInsO/*Ganter*, § 47 Rn. 339.
[70] *Jaeger/Lent*, § 43 Anm. 35.
[71] BGHZ 83, 251, 258 = NJW 1983, 1790, 1791.
[72] *Koehler/Ludwig* NZI 2007, 79, 84; *Bausch* NZI 2005, 289, 293; Zum bestehenden Wahlrecht vgl. BGH NJW 2006, 915 = NZI 2006, 229. Zur Neuregelung in der Insolvenz des Lizenzgebers durch § 108a InsO RegE s *Mitlehner*, ZIP 2008, 450.
[73] BGHZ 83, 251, 258 = NJW 1983, 1790, 1791.
[74] MüKoInsO/*Ganter*, § 47 Rn. 339; *Bausch* NZI 2005, 289, 295.
[75] Entwurf eines Gesetzes zur Entschuldung mittelloser Personen, zur Stärkung der Gläubigerrechte sowie zur Regelung der Insolvenzfestigkeit von Lizenzen, BT-Drucks. 16/7416.
[76] MüKoInsO/*Ganter*, § 47 Rn. 339; KPB/*Prütting*, § 47 Rn. 72; zu Internet domains s *Niesert/Kairies* ZInsO 2002, 510, 512.
[77] KPB/*Prütting*, § 47 Rn. 73.
[78] KPB/*Prütting*, § 47 Rn. 73.
[79] MüKoInsO/*Ganter*, § 47 Rn. 339; KPB/*Prütting*, § 47 Rn. 72.

rechte (§§ 31 ff. UrhG) durch Lizenz übertragen worden (§ 34 UrhG), so hat ein ausschließliches Nutzungsrecht dingliche Wirkung.[80] Da aber zumindest im Verlagsrecht (§ 9 VerlagsG) das Kausalitätsprinzip gilt,[81] wird ein automatischer Rückfall des Nutzungsrechts diskutiert, wenn der Insolvenzverwalter die Nichterfüllung des Vertrages wählt. Ein Rechterückfall ist jedoch nach Aufgabe der Erlöschenstheorie nicht begründbar, weil weder die Verfahrenseröffnung noch die Ablehnung der Erfüllung den Bestand des Lizenzvertrages beeinflussen.[82] Die ausschließliche Lizenz an einem Urheberrecht, die eine dingliche Rechtsposition begründet, berechtigt den Lizenznehmer in der Insolvenz des Lizenzgebers zur Aussonderung, unabhängig davon, ob der Insolvenzverwalter des Lizenzgebers gem. § 103 InsO die Nichterfüllung des schuldrechtlichen Lizenzvertrages wählt. Die Aussonderung des Rechts führt auch im Urheberrecht dazu, dass der Insolvenzverwalter das Nutzungsrecht während seiner Laufzeit zu respektieren hat.

22 c) Aussonderungskraft hat ferner das Recht am eigenen Bild, § 22 KunstUrhG 1907.[83]

23 **6. Forderungen. a)** Aussonderungsberechtigt ist auch der Inhaber einer Forderung, die der Insolvenzverwalter als Vermögen des Insolvenzschuldners ansieht.[84] In der Einzelzwangsvollstreckung berechtigt die Inhaberschaft an der Forderung zur Drittwiderspruchsklage.[85] „Ausgesondert" werden kann danach auch der Anspruch auf Unterlassung einer Eigentumsverletzung.[86] Bei einem Vertrag zugunsten Dritter (§ 328 BGB) ist der Dritte in diesem Sinne Forderungsinhaber;[87] bei der Versicherung für fremde Rechnung ist der Versicherte Inhaber der Rechte aus dem Versicherungsvertrag (→ Rn. 68 ff., 92). Hat der spätere Insolvenzschuldner Forderungen abgetreten (§ 398 BGB) oder ist die Forderung durch Pfändung an Zahlungs statt überwiesen worden (§ 835 I, II ZPO), so kann der Erwerber die Forderung aussondern.[88] Bei beiderseitigen Handelsgeschäften scheitert die Aussonderung nicht mehr an einem vertraglichen Abtretungsverbot, § 354a HGB.[89] Das Aussonderungsrecht besteht aber nur bei einer sog. *„Vollzession"*. Eine Sicherungszession berechtigt den Sicherungsnehmer nach § 51 Nr. 1 InsO nur zur Absonderung (Einzelheiten → § 43 Rn. 88 ff.).

24 **b)** Ist eine Forderung mehrfach abgetreten worden, so steht sie an dem *Prioritätsgrundsatz* idR dem ersten Zessionar zu.[90] Dies gilt auch bei einer antizipierten Abtretung vor dem Entstehen der Forderung.[91] Für Sicherungszessionen und Factoringgeschäfte hat die Rspr aber Durchbrechungen des Prioritätsgrundsatzes entwickelt. Einzelheiten hierzu → § 43 Rn. 89 ff., 98 ff.

25 **c)** Eine *Vorausabtretung* ist aber nicht stets insolvenzfest. Ist der Rechtsgrund der Forderung bereits im Zeitpunkt der Abtretung gelegt, so entsteht die Forderung unmit-

---

[80] *Koehler/Ludwig* NZI 2007, 79, 82; *Stickelbrock* WM 2004, 549, 555.
[81] *Schricker,* Urheberrecht, 3. Aufl. 2006, Vorb §§ 28 ff. Rn. 60 f.
[82] *Bärenz* NZI 2006, 72, 76; *Koehler/Ludwig* NZI 2007, 79, 84; *Stickelbrock* WM 2004, 549, 560.
[83] MüKoInsO/*Ganter,* § 47 Rn. 339; Uhlenbruck/Hirte/Vallender/*Brinkmann,* § 47 Rn. 68; KPB/*Prütting,* § 47 Rn. 73.
[84] Vgl. BGH NJW 1998, 2213; *Häsemeyer,* Rn. 11.13; *Jauernig,* § 73 II 3; MüKoInsO/*Ganter,* § 47 Rn. 204, 215; KPB/*Prütting,* § 47 Rn. 54.
[85] *Brox/Walker,* Zwangsvollstreckungsrecht, Rn. 1413.
[86] Vgl. MüKoBGB/*Baldus,* § 1004 Rn. 318.
[87] MüKoInsO/*Ganter,* § 47 Rn. 216.
[88] MüKoInsO/*Ganter,* § 47 Rn. 216.
[89] *Wagner* WM 1996, Sonderbeil. S. 1, 23.
[90] BGHZ 32, 361, 363 = NJW 1960, 1716; BGHZ 30, 149, 151 = NJW 1959, 1533; MüKoInsO/*Ganter,* § 47 Rn. 210; MüKoBGB/*Roth,* § 398 Rn. 27.
[91] MüKoBGB/*Roth,* § 398 Rn. 79; MüKoInsO/*Ganter,* § 47 Rn. 210; Palandt/*Heinrichs,* § 398 Rn. 13.

telbar in der Person des Zessionars und bleibt von einer Insolvenz des Zedenten unberührt. Entsteht die Forderung nach Abtretung, aber vor Eröffnung des Insolvenzverfahrens, so entsteht sie ebenfalls unmittelbar in der Person des Zessionars. Wird der Rechtsgrund für die Forderung dagegen erst nach Eröffnung des Insolvenzverfahrens, insb durch Handeln des Insolvenzverwalters geschaffen, so fällt die Forderung in die Insolvenzmasse.[92]

d) Ist eine (künftige) Forderung von einem Factoring-Institut unter Übernahme der **26** Delkredere-Haftung (dh ohne Rückbelastungsmöglichkeit) angekauft und dem Factor abgetreten worden *(echtes Factoring)*,[93] so hat es diese unentziehbar erworben, auch wenn die abgetretene Forderung erst nach Eröffnung des Insolvenzverfahrens entsteht. Dem Insolvenzverwalter steht hinsichtlich des Forderungskaufs kein Wahlrecht nach § 103 InsO zu, da der Factor bereits vollständig erfüllt hat. Versucht er dennoch, die Forderung für die Masse einzuziehen, so kann das Factoring-Institut Aussonderung verlangen.[94] Der Factor kann auch Schecks aussondern, die vor Eröffnung des Insolvenzverfahrens auf die ihm abgetretene Forderung beim Insolvenzschuldner eingegangen sind, sofern ihm das Eigentum hieran antizipiert übertragen wurde.[95] Einfache Zahlungen an den einziehungsbefugten Anschlusskunden kann der Factor dagegen nicht aussondern (→ Rn. 62). Zum Verhältnis von Factoring und anderen Sicherungszessionen → § 43 Rn. 95 ff.; zum unechten Factoring → § 43 Rn. 100.

7. Obligatorische Herausgabeansprüche. a) Bloße *Verschaffungsansprüche* aus **27** Schuldverträgen, zB der Lieferungsanspruch aus einem Kaufvertrag, berechtigen in der Einzelzwangsvollstreckung nicht zur Drittwiderspruchsklage gem. § 771 ZPO,[96] dementsprechend im Insolvenzverfahren auch nicht zur Aussonderung des geschuldeten Gegenstandes.[97] Der Anspruch ist auf Leistung aus der Masse gerichtet, zu der der zu leistende Gegenstand gehört. Der nicht belieferte Käufer hat wegen seines Schadensersatzanspruchs nur eine einfache Insolvenzforderung, § 103 II 1 InsO. Bereicherungsansprüche aufgrund unberechtigter Veräußerung von aussonderungsfähigen Gegenständen haben dagegen im Rahmen des § 48 InsO Aussonderungskraft (→ § 41).

b) Wer einen persönlichen *Anspruch auf Herausgabe* eines bestimmten, nicht zur Soll- **28** masse gehörenden Gegenstandes hat, kann in der Einzelzwangsvollstreckung Drittwiderspruchsklage erheben[98] und in der Insolvenz aussondern.[99] Solche Herausgabeansprüche haben Vermieter (§ 546 I BGB), Verpächter (§§ 581 II, 596 BGB), Verleiher (§ 604 BGB), Hinterleger (§ 695 BGB) oder Auftraggeber (§ 667 BGB) beim Werkvertrag, auch wenn sie nicht Eigentümer der auszusondernden Sachen sind.[100] Der Vermieter eines PKW kann in der Insolvenz des Mieters daher auch dann Aussonderung

---

[92] BGH NJW 1955, 544 = KTS 1955, 80; *Jauernig/Stürner*, § 398 Rn. 9; MüKoBGB/*Roth*, § 398 Rn. 85; krit. *Marotzke*, KTS 1979, 40, 50 f.
[93] Für Einzelheiten zum Vertragstyp vgl. *Martinek*, Moderne Vertragstypen Bd I, 1991; *Canaris*, Rn. 591 ff.; *Achsnick/Krüger*, Rn. 326; KPB/*Prütting*, § 47 Rn. 56; *Larenz/Canaris*, Schuldrecht II/2, 13. Aufl. 1994, § 65 III; *Serick* IV, § 52 II; krit. MüKoBGB/*Roth*, § 398 Rn. 164 ff.
[94] MüKoInsO/*Ganter*, § 47 Rn. 265; KPB/*Prütting*, § 47 Rn. 57; *Brink* ZIP 1987, 817, 820; *Canaris*, Rn. 1676, 1678; *Sinz*, Rn. 563; *Hess*, InsO, § 47 Rn. 137; *Jaeger/Henckel*, § 47 Rn. 127; *Primozic* NZI 2005, 358; aA *Häsemeyer*, Rn. 18.50.
[95] *Brink* ZIP 1987, 817, 822.
[96] *Brox/Walker*, Zwangsvollstreckungsrecht, Rn. 1422; *Baur/Stürner*, Rn. 779; *Rosenberg/Gaul/Schilken*, § 41 VI 7; *Zöller/Herget*, § 771 Rn. 14 Obligatorische Rechte.
[97] FK/*Imberger*, § 47 Rn. 69; *Hess*, InsO, § 47 Rn. 273; MüKoInsO/*Ganter*, § 47 Rn. 347; KPB/*Prütting*, § 47 Rn. 49; *Uhlenbruck/Hirte/Vallender/Brinkmann*, § 47 Rn. 72.
[98] *Brox/Walker*, Zwangsvollstreckungsrecht, Rn. 1421.
[99] MüKoInsO/*Ganter*, § 47 Rn. 341; KPB/*Prütting*, § 47 Rn. 46.
[100] FK/*Imberger*, § 47 Rn. 67; *Jaeger/Henckel*, § 47 Rn. 122 ff.; *Uhlenbruck/Hirte/Vallender/Brinkmann*, § 47 Rn. 75; *Häsemeyer*, Rn. 11.14; *Gundlach/Frenzel/Schmidt* DZWIR 2001, 95, 97; *Berger*, FS Kreft, S. 191, 194 ff.

verlangen, wenn er den PKW einer Bank zur Sicherheit übereignet hatte, ohne deren Ermächtigung einholen zu müssen.[101] Ist der Auftraggeber eines Bauwerkes verpflichtet, eine vom Auftragnehmer als Austauschsicherheit gestellte Gewährleistungsbürgschaft zurückzugewähren, kann dieser nach der Eröffnung des Insolvenzverfahrens über das Vermögen des Auftraggebers die Bürgschaftsurkunde aussondern.[102] Grundlage des Anspruchs ist wegen § 952 BGB regelmäßig nicht § 985 BGB, sondern § 371 BGB oder § 17 Nr. 8 VOB/B (→ Rn. 14).

29 c) Der Kreis der *aussonderungsberechtigten Rechte* ist *gesetzlich festgelegt*. Auf einen bloßen Vertrag, dass ein Gegenstand im Insolvenzverfahren ausgesondert werden könne, lässt sich ein Aussonderungsrecht daher nicht stützen.[103] Gleiches gilt für eine negative Verpflichtung, einen Gegenstand nicht zu veräußern oder nicht zu belasten.[104]

30 **8. Anfechtungsrechtlicher Rückgewähranspruch.** Ein *der Einzelanfechtung* nach § 11 AnfG oder der Insolvenzanfechtung nach §§ 129 ff., 143 InsO *unterliegender* zurückzugewährender *Vermögensgegenstand* kann in der Insolvenz des Anfechtungsgegners – trotz schuldrechtlicher Ausgestaltung der Anfechtung – ausgesondert werden.[105] Der anfechtbare Erwerb soll letztlich den Gläubigern des Weggebenden zugute kommen. Die Insolvenz auch des Anfechtungsgegners rechtfertigt es nicht, diesen Anfechtungszweck zugunsten der Gläubiger des Anfechtungsgegners zu unterlaufen. Ist dagegen auch der Wert des zurückzugewährenden Gegenstandes nicht mehr gegenständlich vorhanden, so ist der Rückgewähranspruch bloße Insolvenzforderung.[106]

9. Treuhandeigentum

Schrifttum: *Assfalg,* Die Behandlung von Treugut im Konkurse des Treuhänders, 1960; *Bitter,* Rechtsträgerschaft für fremde Rechnung, 2006; *Bode/Bergt/Obenberger,* Doppelseitige Treuhand als Instrument der privatrechtlichen Insolvenzsicherung im Bereich der betrieblichen Altersversorgung, DB 2000, 1864; *Bork,* Die Doppeltreuhand in der Insolvenz, NZI 1999, 337; *Canaris,* Aktuelle insolvenzrechtliche Probleme des Zahlungsverkehrs und des Effektenwesens, FS KonkursO 1977, S. 73; *Coing,* Die Treuhand kraft privaten Rechtsgeschäfts, 1973; *Fischer/Thoms-Meyer,* Privatrechtlicher Insolvenzschutz für Arbeitnehmeransprüche aus deferred compensation, DB 2000, 1861; *Frindgen,* Zum Aussonderungsrecht bei der fremdnützigen Verwaltungstreuhand, ZInsO 2004, 530; *Gaul,* Neuere „Verdinglichungs"-Tendenzen zur Rechtsstellung des Sicherungsgebers bei der Sicherungsübereignung, FS Serick, 1992, S. 105; *Gernhuber,* Die fiduziarische Treuhand, JuS 1988, 355; *Grundmann,* Der Treuhandvertrag, 1997, S. 309 ff.; *Heinsius,* Der Sicherheitentreuhänder im Konkurs, FS Henckel, 1995, S. 387; *Henssler,* Treuhandgeschäft – Dogmatik und Wirklichkeit, AcP 196 (1996), 37; *Holzer,* Die insolvenzrechtliche Behandlung von Treugut bei abredewidrigem Verhalten des Treuhänders, ZIP 2009, 2324; *Kirchhof,* Die mehrseitige Treuhand in der Insolvenz, FS Kreft, 2004, S. 359; *Liebich/Mathews,* Treuhand und Treuhänder in Recht und Wirtschaft, 2. Aufl. 1983; *Serick,* Insolvenzrechtliche Fragen bei der Sicherungstreuhand, KTS 1970, 89; *Walter,* Die Treuhand im Exekutions- und Insolvenzverfahren, Wien 1999; *Windel,* Modelle der Unternehmensfortführung im Insolvenzeröffnungsverfahren, ZIP 2009, 101; *Zeiss,* Wirksamkeitsvoraussetzungen für Forderungsabtretungen, insb zu Sicherungszwecken, in: Hadding/Schneider, Die Forderungsabtretung, insb zur Kreditsicherung, 1986, S. 49.

---

[101] Zustimmend KPB/*Prütting*, § 47 Rn. 45.
[102] BGH NJW 2011, 1282, 1283 f.
[103] BGH NJW 1953, 217.
[104] MüKoInsO/*Ganter*, § 47 Rn. 353.
[105] BGHZ 156, 350, 358 ff. = ZIP 2003, 2307, 2310 = NJW 2004, 214, 216 = EWiR § 134 InsO 2/04 *(Neußner); Haas/Müller* ZIP 2003, 49; MüKoInsO/*Ganter*, § 47 Rn. 346; Uhlenbruck/Hirte/Vallender/*Brinkmann*, § 47 Rn. 75b, *Eckhardt* KTS 2005, 15, 20 ff.; *Jaeger/Henckel*, § 47 Rn. 116; *Smid*, Kreditsicherheiten, § 3 Rn. 13.
[106] BGHZ 155, 199 = NJW 2003, 3345, 3346 f.; MüKoInsO/*Ganter*, § 47 Rn. 346; *Jaeger/Henckel*, § 47 Rn. 116; s aber *Eckhardt* KTS 2005, 15, 46 (Masseverbindlichkeit).

§ 40

a) *Treuhandbegriff.* Einen typischen Fall des Treuhandvertrages kennt das deutsche Recht nicht.[107] Der Systembegriff erfasst daher stark unterschiedliche tatsächliche Gestaltungen, die Rechtsprechung und Wissenschaft nur mühsam zu ordnen versuchen. Die Treuhand bewegt sich an der Schnittstelle des Schuld- und Sachenrechts, was die Einordnung vor allem in Insolvenz und Einzelzwangsvollstreckung erschwert.[108] Die Vermögenszuordnung ist im Rahmen von Treuhandverhältnissen aufgrund überlagernder schuldrechtlicher Abreden mitunter schwer zu bestimmen, Haftungsgegenstand soll aber immer nur Vermögen des Schuldners sein. Unabhängig von der konkreten dogmatischen Erfassung der Treuhand als Vollrechtsübertragung mit schuldrechtlicher Einschränkung oder schon Übertragung inhaltlich begrenzter Rechtsmacht soll die Treuhand doch in erster Linie die Fälle der rein schuldrechtlichen (Verschaffungs-)Fälle ausscheiden.

Als Unterscheidungskriterien haben sich vor allen die echte und unechte, sowie die eigen- und fremdnützige Treuhand herausgebildet. Unstreitig liegt in Fällen der echten Treuhand eine dingliche Vollrechtsinhaberschaft des Treuhänders vor, in den Fällen der unechten Treuhand bleibt es dagegen bei der bestehenden dinglichen Zuordnung. Die Differenzierung nach eigen- und uneigennütziger Treuhand berücksichtigt die zugrunde liegenden (Sicherungs-)Interessen. Zum Teil werden die echte und die uneigennützige Treuhand einerseits und die unechte und eigennützige Treuhand andererseits gleichgesetzt.[109] Das mag in der Praxis in den meisten Fällen zutreffen. So ist die Sicherungstreuhand als echte Treuhand immer eine eigennützige. Allerdings ist die eigennützige Treuhand sowohl als echte als auch als unechte Treuhand denkbar.[110]

Um eine Kontur des Treuhandbegriffs zu wahren, hat es das Reichsgericht[111] zunächst als erforderlich angesehen, nur die Vermögensgegenstände als Treugut anzusehen, die unmittelbar aus dem Vermögen des Treugebers in das des Treuhänders übertragen wurden.[112] Der BGH, der ebenfalls die Konturen des Treuhandbegriffs aus Gründen der Rechtssicherheit bewahren will,[113] hat den *Unmittelbarkeitsgrundsatz* bislang nicht aufgegeben. Er hat jedoch in solchen Fällen eine Ausnahme zugelassen, in denen von dritter Seite Zahlungen auf ein Konto geleistet wurden, das seiner Art nach als Treuhandkonto ausgewiesen war, und die Zahlung auf eine Forderung erfolgte, die nicht dem Kontoinhaber, sondern dem Treugeber zustand.[114] Die Frage, ob das Unmittelbarkeitsprinzip ein grundsätzlich zur Kennzeichnung und Abgrenzung des Treuhandbegriffs geeignetes Merkmal darstellt, hat der BGH 2005 offen gelassen.[115] Für die Abgrenzung des aussonderungsfähigen Treugutes ist das Unmittelbarkeitsprinzip ein zu grobes Kriterium.[116] In welcher Weise das Treugut auf den Treuhänder übereignet worden ist, sollte daher gleichgültig sein.[117] Es ist nicht entscheidend, ob die Gegenstände des Treugutes unmittelbar aus dem Vermögen des Treugebers in das des Treuhänders

---

[107] Allgemein anerkannt, vgl. jüngst *Windel* ZIP 2009, 101.
[108] Nicht nur das Außen- sondern auch das Innenverhältnis der Treuhand wirft Fragen auf, vgl. *Bitter* S. 7f., wenn auch die Behandlung in Einzelzwangsvollstreckung und Insolvenz im Vordergrund stehen.
[109] Uhlenbruck/Hirte/Vallender/*Brinkmann*, § 47 Rn. 31.
[110] MüKoInsO/*Ganter*, § 47 Rn. 354.
[111] RGZ 84, 214, 216; RGZ 91, 12, 14.
[112] S auch *Behr*, Wertverfolgung, 1986, S. 319; *Grundmann*, S. 312ff.; *Heinsius*, FS Henckel S. 387, 389ff.
[113] BGH NJW 2002, 3253, 3254.
[114] BGH, NJW 1959, 1223, 1224; NJW-RR 1993, 301 = ZIP 1993, 213, 214; NJW 1996, 1543 = WM 1996, 662, 663; BGH NJW 2002, 3253, 3254.
[115] BGH NJW 2005, 3414, 3415.
[116] Für Kombination von Unmittelbarkeit und Offenkundigkeit MüKoInsO/*Ganter*, § 47 Rn. 358.
[117] *Coing*, S. 177ff.; *Walter*, Das Unmittelbarkeitsprinzip bei der fiduziarischen Treuhand, 1974, S. 127ff.; *Kötz*, Trust und Treuhand, 1963, S. 132ff.; *Assfalg*, S. 167ff.; *Behr*, S. 547ff.; *Gernhuber* JuS 1988, 355, 360ff.; *Henssler* AcP 196, 37, 54f.

übergegangen sind. Treugut sind daher auch Zahlungen Dritter auf ein als Treuhandkonto ausgewiesenes Konto,[118] entgegen der wohl noch hM auch Ersatzgegenstände, die der Treuhänder bei der Verwaltung des Treugutes erwirbt.[119] Auch die Annahme, der Treugutcharakter müsse ausreichend erkennbar,[120] nicht aber offenkundig sein, hilft in den Fällen der Treuhandkonten nicht weiter.[121] Die Offenlegung der treuhänderischen Bindung wirkt bei der Führung eines Treuhandkontos nur dahin, dass sie darüber entscheidet, ob der kontoführenden Bank ein vertragliches Pfandrecht an dem Kontoguthaben sowie ein Aufrechnungs- und Zurückbehaltungsrecht für eigene Ansprüche gegen den Kontoinhaber zusteht. Bei einem offenen Treuhandkonto ist beides stillschweigend abbedungen.[122]

In der Literatur sind in der Vergangenheit eine Reihe alternativer Abgrenzungskriterien entwickelt worden, um das Unmittelbarkeitsprinzip abzulösen. Diese reichen von der *Offenkundigkeit*[123] über die *Bestimmtheit*,[124] die schon generell Voraussetzung jeder Aussonderung ist und eine Vermögenstrennung erfordert, bis zur *Gefahrtragungsthese* analog § 392 II HGB.[125]

34 **b)** *Unechte (Verwaltungs-)Treuhand.* Die Verwaltungstreuhand ist uneigennützige Treuhand. Wer einem Treuhänder Gegenstände ohne Eigentumsübertragung lediglich zur Verwaltung übergeben hat, dabei aber Vollrechtsinhaber bleibt, kann sein Eigentum in der Insolvenz des Treuhänders nach § 985 BGB aussondern, sofern kein Besitzrecht mehr besteht.[126] Fälle sind das Inkassomandat und die Einziehungsermächtigung gem. § 185 BGB. Hat der Treuhänder mit Vollmacht zugunsten eines Dritten verfügt, so besteht in dessen Insolvenzverfahren kein Aussonderungsrecht, auch wenn die Verfügung im Innenverhältnis pflichtwidrig war.[127]

35 Ein im Rahmen einer uneigennützigen (Verwaltungs-)Treuhand eingerichtetes Sonderkonto berechtigt den Treugeber in der Insolvenz des Treuhänders zur Aussonderung gem. § 47 InsO, in der Einzelzwangsvollstreckung zum Widerspruch nach § 771 ZPO.[128] Publizität des Treuhandkontos ist nicht erforderlich. Notwendig ist lediglich, dass das Konto offen ausgewiesen oder sonst nachweisbar ausschließlich zur Aufnahme von treuhänderisch gebundenen Fremdgeldern bestimmt ist. In diesem Fall erstreckt sich das Treuhandverhältnis auch auf von dritter Seite eingegangene Zahlungen, sofern die ihnen zu Grunde liegenden Forderungen nicht in der Person des Treuhänders, sondern unmittelbar in der Person des Treugebers entstanden sind.[129] Das Ende des Treuhandvertrags bedeutet – vorbehaltlich abweichender vertraglicher Vereinbarungen – keine Beendigung der treuhänderischen Bindung.[130] Das Treuhandkonto ist abzurech-

---

[118] BGH MDR 2003, 1254, 1255 = NJW 2003, 3414.
[119] *Assfalg*, S. 124, 180; *Behr*, S. 603 f.; *Canaris*, FS Flume 1978, S. 371, 411 ff.; *U. Huber* in Rechtsvergleichung und Rechtsvereinheitlichung, Heidelberger Instituts-FS 1967, S. 399, 417 f.; *Kötz*, S. 136 ff.
[120] *Lwowski* BuB 2/160, 163.
[121] BGH ZIP 1993, 1185 = NJW 1993, 2622; MüKoInsO/*Ganter*, § 47 Rn. 392a; vgl. *Henssler* AcP 196, 37, 56.
[122] BGH ZIP 1993, 1185 = NJW 1993, 2622; BGHZ 61, 72 (77) = NJW 1973, 1754.
[123] *Canaris* NJW 1973, 825, 832; *ders.*, FS Flume, 1978, Bd. I, S. 371, 405 ff.; *ders.*, Bankvertragsrecht, Rn. 280; *Holzer* ZIP 2009, 2324, 2326; kritisch *Henssler* AcP 196, 37, 55 ff.; MüKoInsO/*Ganter*, § 47 Rn. 357b; *Bitter*, S. 141 ff.
[124] Eingehende Darstellung bei *Bitter*, S. 159 ff.; s auch MüKoInsO/*Ganter*, § 47 Rn. 358a; *Henssler* AcP 196, 37, 58.
[125] *Bitter*, S. 189 ff.; kritisch MüKoInsO/*Ganter*, § 47 Rn. 356a.
[126] BGH NZI 2005, 625, 626; MüKoInsO/*Ganter*, § 47 Rn. 359, 401; *Hess*, InsO, § 47 Rn. 255; KPB/*Prütting*, § 47 Rn. 26; HK/*Eickmann*, § 47 Rn. 14; Uhlenbruck/Hirte/Vallender/*Brinkmann*, § 47 Rn. 33.
[127] *Kuhn* WM 1964, 998, 1006; MüKoInsO/*Ganter*, § 47 Rn. 359.
[128] BGH NZI 2005, 625, 626; *Smid*, Kreditsicherheiten, § 3 Rn. 9.
[129] *Smid*, Kreditsicherheiten, § 3 Rn. 9; Zu gegenteiligen Ansichten MüKoInsO/*Ganter*, § 47 Rn. 401.
[130] MüKoInsO/*Ganter*, § 47 Rn. 355.

nen und der dem Treugeber gebührende Saldo herauszugeben (§ 667 BGB). Auf diese Weise können auch irrtümlich nach Kündigung des Treuhandverhältnisses auf ein Treuhandkonto geleistete Beträge ausgesondert werden.[131]

Keine Schwierigkeiten dürften idR entstehen, wenn ein *Wertpapierdienstleistungsunternehmen* Kundengelder entsprechend § 34a WpHG offen für fremde Rechnung anlegt. Wird ein Ermächtigungstreuhandkonto eröffnet, so ist der Kunde selbst Vertragspartner des Kreditinstituts;[132] von einem Insolvenzverfahren über das Wertpapierdienstleistungsunternehmen wird das Konto daher nicht berührt und kann notfalls ausgesondert werden; mit Verfahrenseröffnung erlischt lediglich die Verfügungsmacht über das Konto gem. § 115 InsO.

c) *Echte (Verwaltungs-)Treuhand.* Wer als Treugeber Vermögenswerte auf einen Dritten, den Treuhänder, zur Verwaltung nach seinen Weisungen übertragen hat,[133] bleibt bei wirtschaftlicher Betrachtungsweise deren Inhaber, auch wenn das Treugut formal dem Treuhänder übereignet worden ist. Haftungsrechtlich ist es dennoch weiterhin dem Treugeber zugeordnet.[134] Eine Treuhand in diesem Sinne liegt etwa bei der *Inkassozession*[135] oder bei der Übertragung von Sicherungseigentum vom Sicherungsnehmer auf einen Treuhänder *(Treuhandgesellschaft)* vor.[136] **36**

Zu einer echten Treuhand gehört neben einer schuldrechtlichen (pactum fiduciae) auch eine dingliche Komponente.[137] Durch eine bloße schuldrechtliche Vereinbarung, das eigene Eigentum nunmehr im Interesse eines anderen (des „Treugebers") zu verwalten (Vereinbarungstreuhand), erwirbt dieser daher kein Aussonderungsrecht in der Insolvenz des Eigentümers („Treuhänders").[138] Dies führte zu einem Wertungswiderspruch zur Notwendigkeit eines dinglichen Übertragungsakts bei Sicherungsübereignung und -zession. Wenn die Parteien einen Kredit in der Insolvenz sichern wollen, stehen ihnen die dinglichen Rechte zur Verfügung. Eine sichernde Wirkung einer rein schuldrechtlichen Treuhandabrede verstieße gegen den Grundsatz der Gläubigergleichbehandlung und zudem gegen den der Rechtssicherheit, da kaum mehr erkennbar wäre, wie der Umfang von Vermögensmassen zu bestimmen wäre. **37**

Das *Finanzmarktstabilisierungsgesetz*[139] hat jedoch im Abschnitt „Erwerb von Risikopositionen" mit § 16 III FMStGB angeordnet, dass durch Vereinbarungstreuhand auf den Finanzmarktstabilisierungsfonds (Durch § 1 FMStFG wird ein Fonds des Bundes unter der Bezeichnung „Finanzmarktstabilisierungsfonds – FMS" errichtet. Dieser dient der Stabilisierung des Finanzmarktes durch Überwindung von Liquiditätsengpässen und durch Schaffung der Rahmenbedingungen für eine Stärkung der Eigenkapitalbasis von **38**

---

[131] BGH NZI 2005, 625; MüKoInsO/*Ganter,* § 47 Rn. 392.
[132] Vgl. *Koller* in Assmann/Schneider, Wertpapierhandelsgesetz, 4. Aufl. 2006, § 34a Rn. 6.
[133] Zu den Anwendungsfällen vgl. *Liebich/Mathews,* S. 185 ff.
[134] *Gerhardt,* Gläubigeranfechtung S. 268 ff.; *Henckel,* FS Coing II, 1982, S. 137; vgl. *Grundmann,* S. 318 ff.; *Gernhuber* JuS 1988, 355, 358 f.; *Smid,* Kreditsicherheiten, § 3 Rn. 2; aA *von Tuhr,* Allgemeiner Teil des Deutschen Bürgerlichen Rechts, Bd II/2, 1918, S. 201. Zum Aussonderungsrecht der beneficiaries im Konkurs des legal representative hinsichtlich des in Deutschland belegenen Nachlasses vgl. *Gottheiner* RabelsZ 21 (1956), 36, 50 ff.
[135] *Zeiss,* S. 67; MüKoInsO/*Ganter,* § 47 Rn. 361.
[136] *Eberding* BuB 4/334 ff.
[137] BGHZ 155, 227, 233 f. = NJW 2003, 3414, 3415 = NZI 2003, 594 = MDR 2003, 1254 = EWiR § 48 InsO 1/03, 981 *(Eckert);* MüKoInsO/*Ganter,* § 47 Rn. 356c; *Graf-Schlicker/Fuchs,* InsO § 47 Rn. 17.
[138] BGHZ 155, 227, 233 f. = NJW 2003, 3414, 3415 dazu *Armbrüster* DZWIR 2003, 485; MüKoInsO/*Ganter,* § 47 Rn. 390b; *K. Schmidt,* MünchKommHGB, Mittelbare Teilhabe an Unternehmen, Rn. 54 will dagegen einen Publizitätsakt genügen lassen.
[139] Gesetz zur Beschleunigung und Vereinfachung des Erwerbs von Anteilen an sowie Risikopositionen von Unternehmen des Finanzsektors durch den Fonds „Finanzmarktstabilisierungsfonds – FMS" (Finanzmarktstabilisierungsbeschleunigungsgesetz – FMStBG) vom 17. Oktober 2008, BGBl. I S. 1982, zuletzt geändert durch Art. 2 FinanzmarktstabilisierungsergänzungsG vom 7.4.2009 (BGBl. I S. 725).

im Einzelnen genannten Unternehmen. Er ist ein Sondervermögen im Sinne von Art. 110 I und Art. 115 II GG.) übertragene Vermögensgegenstände nicht in die Insolvenzmasse des Treuhänders fallen. Damit soll also der Vereinbarungstreuhand zugunsten des Fonds Aussonderungswirkung zukommen. Die Gesetzesbegründung sieht die in ihren Wirkungen umstrittene Vereinbarungstreuhand als im Interesse der Schnelligkeit und Einfachheit der vom Fonds vorzunehmenden Stabilisierungsmaßnahmen als geeignetes Mittel an.[140] Mit dieser Entscheidung sollen jedoch nicht grundsätzlich Aussagen zur Zulässigkeit der Vereinbarungstreuhand getroffen werden. Werden Zahlungsvorgänge in Bezug auf Fremdmittel (eingezogene Mieten) und Eigenmittel über dasselbe Konto abgewickelt, so steht dem Treugeber (Vermieter) in der Insolvenz des Verwalters kein Aussonderungsrecht zu (zur Mietkaution → Rn. 55).[141] Geldbeträge, die der Schuldner als Treuhänder verwaltet, bilden als solche kein aussonderungsfähiges Treugut.[142]

39 (1) Im *Insolvenzverfahren des Treuhänders* kann der Treugeber das Treuhandvermögen kraft Gewohnheitsrechts gem. § 47 InsO aussondern.[143] Bei Sachen kann er dazu Herausgabe und Rückübereignung, bei Forderungen Rückabtretung verlangen. Diese Befugnis steht zB zu: dem Zedenten einer Forderung im Insolvenzverfahren des Inkassozessionars;[144] den Treugebern im Insolvenzverfahren der Treuhandgesellschaft, auf die mehrere Sicherungsnehmer ihr Sicherungseigentum zur gemeinsamen Verwaltung übertragen haben;[145] dem Treugeber im Insolvenzverfahren des Treuhänders zur Abwicklung eines außergerichtlichen Vergleichs[146] und dem Verein hinsichtlich eines offenen Vereinssonderkontos im Insolvenzverfahren des Schatzmeisters.

40 Das Aussonderungsrecht erlischt jedoch, wenn das Treuhandvermögen durch den Treuhänder vertragswidrig zu eigenen Zwecken verwandt oder mit dessen eigenem Vermögen vermischt wird.[147] Damit kommt künftig der Auswahl des Treuhänderns in der Praxis erhebliche Bedeutung zu.[148] Ob jegliches Fehlverhalten des Treuhänders die zur Aussonderung berechtigende Zuordnung des Treuguts zum Vermögen des Treugebers zerstört, bzw. welche Anforderungen im Einzelfall zu stellen sind, hat der BGH offen gelassen. Die Treuhandbindung besteht jedenfalls dann nicht mehr fort, wenn dem Treuhänder in Wirklichkeit der Wille fehlt, das Treugut für den Treugeber zu verwalten und er es stattdessen als eigenes Vermögen behandelt.[149]

Ein *verdecktes Treuhandkonto* (das gegenüber der kontoführenden Stelle nicht als solches ausgewiesen ist) ist dagegen idR als Eigenkonto des Insolvenzschuldners zu behandeln,[150] wenn nicht der Treuhandcharakter anders hergeleitet werden kann. Die Rspr. hat allerdings Ausnahmen zugelassen, wenn der Treuhandcharakter des Kontos anderweitig eindeutig nachgewiesen werden kann.[151]

41 Echte Treuhandkonten sind *Anderkonten*. Diese stehen nur bestimmten Berufsgruppen, ua Rechts- und Patentanwälten, Notaren und Angehörigen der öffentlich bestell-

---

[140] BT-Drucks. 16/10600 S. 21.
[141] BGHZ 155, 227, 233 f. = NJW 2003, 3414, 3415.
[142] LG Berlin EWiR § 47 InsO 3/04, 979 *(Pannen)*.
[143] *Häsemeyer,* Rn. 11.15b; *Hess,* InsO, § 47 Rn. 219; HK/*Eickmann,* § 47 Rn. 15; MüKoInsO/*Ganter,* § 47 Rn. 369; Uhlenbruck/Hirte/Vallender/*Brinkmann,* § 47 Rn. 33; *Serick,* Festgabe BGH S. 743, 748; zu § 43 KO: BGHZ 11, 37, 41 = NJW 1954, 190, 192; BGH NJW 1959, 1223; BGH ZIP 1993, 213, 214; *Canaris,* Rn. 279 f.; krit. *Frindgen* ZInsO 2004, 530.
[144] Staudinger/*Busche,* Einl zu §§ 398 ff. Rn. 116.
[145] *Eberding* BuB 4/334, 336, 337; MüKoInsO/*Ganter,* § 47 Rn. 363; zum Bassinvertrag → § 44 Rn. 4.
[146] *Baur/Stürner,* Rn. 1075.
[147] BGH NJW-RR 2011, 779, 780.
[148] *Wolf* FD-InsR 2011, 318543; *Jansen* GWR 2011, 221.
[149] BGH NJW-RR 2011, 779, 781.
[150] BGH ZIP 1993, 213; *Obermüller* BuB 15/96; *Smid,* Kreditsicherheiten, § 3 Rn. 9.
[151] Vgl. BGH NJW 1993, 2622 (zu § 771 ZPO); OLG Naumburg WM 2003, 1668, 1669 f.; MüKoInsO/*Ganter,* § 47 Rn. 392a.

ten wirtschaftsprüfenden und -beratenden Berufe offen. Insolvenzverwalter als solche gehören nicht dazu.[152] Der Treugeber kann das Guthaben in der Insolvenz des Kontoinhabers aussondern.[153] Ob das Geld vom Treugeber oder von Dritten zu dessen Gunsten einbezahlt wurde, ist gleichgültig. Im Insolvenzverfahren der Bank hat der Inhaber des Anderkontos freilich nur eine einfache Insolvenzforderung.[154] Eine Sonderform des Treuhandkontos ist ein sog. *Tankstellenkonto*, das ein Tankstellenbetreiber zugunsten seiner Mineralölgesellschaft errichtet.[155] Gleiches gilt für andere offene *Agenturkonten*.[156]

Ein *Sperrkonto*, bei dem die Verfügungsmacht des Kontoinhabers zugunsten eines **42** Dritten eingeschränkt ist, gibt dem Dritten als solches weder ein Recht zur Aussonderung noch zur Absonderung, sofern dem durch den Sperrvermerk Begünstigten nicht ein Anspruch auf Auszahlung (§ 328 BGB) zusteht oder ihm das Guthaben verpfändet oder zur Sicherung abgetreten ist.[157]

Bei einem *Konto zugunsten Dritter* kommt es darauf an, ob der Dritte im Insolvenzfall **43** bereits den Anspruch auf das Guthaben erworben hat (§§ 328, 331 BGB) oder dies erst zu einem späteren Zeitpunkt erfolgen soll. Ist Ersteres nicht der Fall, kann der Dritte wegen § 91 I InsO den Anspruch nicht mehr erwerben. Die Drittbegünstigung wird gegenstandslos und der Insolvenzverwalter kann uneingeschränkt auf das Guthaben zugreifen.[158] Hat der Dritte bei Insolvenzeröffnung dagegen bereits den Anspruch auf das Guthaben erworben, gehört das Guthaben nicht in die Masse. Will es der Verwalter doch zur Masse ziehen, kann es der Dritte aussondern.[159] Der Erwerb des Dritten kann aber ggf. der Insolvenzanfechtung unterliegen.

Hält ein *Treuhänder* einen Anteil an einer *Personengesellschaft*, so ist das Auseinandersetzungsguthaben des Treuhandgesellschafters und nicht die Gesellschafterstellung selbst **44** Gegenstand der Aussonderung.[160] Besteht eine Abrede, dass die Gesellschaft unter den übrigen Gesellschaftern fortgesetzt werden soll, so scheidet der Treuhänder mit Eröffnung des Insolvenzverfahrens über sein Vermögen aus der Gesellschaft aus. Der Treugeber kann dann nur das Abfindungsguthaben (§§ 738 I 2 BGB; 105 III, 161 II HGB) aus der Insolvenzmasse aussondern.[161]

(2) Kein Treugut bilden dagegen *Leistungen an einen* einfachen *mittelbaren Stellvertreter*, **45** der im eigenen Namen, aber für fremde Rechnung handelt. Anders als ein Treuhänder soll der mittelbare Stellvertreter die erlangten Gegenstände nicht für längere Zeit für den Treugeber verwalten.[162] Ist der Beauftragte kein Kommissionär (→ Rn. 81 ff.), so hat der Auftraggeber in seinem Insolvenzverfahren kein Aussonderungsrecht.[163] § 392 II HGB ist nicht analog anwendbar.[164] In der Insolvenz des Rechtsanwalts kann daher ein

---

[152] MüKoInsO/*Ganter*, § 47 Rn. 395; Uhlenbruck/Hirte/Vallender/*Brinkmann*, § 47 Rn. 42.
[153] *Hess*, InsO, § 47 Rn. 266; KPB/*Prütting*, § 47 Rn. 28; MüKoInsO/*Ganter*, § 47 Rn. 392 f., 395 ff.; *Smid*, § 47 Rn. 30; Uhlenbruck/Hirte/Vallender/*Brinkmann*, § 47 Rn. 42; *Obermüller*, Rn. 2.89; *Findgen* ZInsO 2004, 530, 536; → § 90 Rn. 15 ff.; *Graf-Schlicker/Fuchs*, InsO, § 47 Rn. 18.
[154] *Hess*, InsO, § 47 Rn. 271; MüKoInsO/*Ganter*, § 47 Rn. 398.
[155] Vgl. *Pleyer/Holschbach* Bank-Betrieb 1973, 48; MüKoInsO/*Ganter*, § 47 Rn. 400; Uhlenbruck/Hirte/Vallender/*Brinkmann*, § 47 Rn. 45; *Hess*, InsO, § 47 Rn. 275.
[156] MüKoInsO/*Ganter*, § 47 Rn. 400; *Obermüller*, Rn. 2.93 f.
[157] Vgl. MüKoInsO/*Ganter*, § 47 Rn. 403; *Hess*, InsO, § 47 Rn. 276; unentschieden *Obermüller*, Rn. 2.97.
[158] MüKoInsO/*Ganter*, § 47 Rn. 404; Uhlenbruck/Hirte/Vallender/*Brinkmann*, § 47 Rn. 49.
[159] MüKoInsO/*Ganter*, § 47 Rn. 404; Uhlenbruck/Hirte/Vallender/*Brinkmann*, § 47 Rn. 42.
[160] MüKoInsO/*Ganter*, § 47 Rn. 365.
[161] *Beuthien* ZGR 1974, 26, 66 ff.
[162] *Kötz*, Trust und Treuhand, 1963, S. 135.
[163] *Hess*, InsO, § 47 Rn. 311; *Kuhn* WM 1964, 998, 1005; Uhlenbruck/Hirte/Vallender/*Brinkmann*, § 47 Rn. 77 f.
[164] *Hess*, InsO, § 47 Rn. 311; *Jaeger/Henckel*, § 47 Rn. 156; Uhlenbruck/Hirte/Vallender/*Brinkmann*, § 47 Rn. 77.

Mandant nicht den Betrag aussondern, der zu seinen Gunsten auf ein gewöhnliches Geschäftskonto oder ein Privatkonto des Anwalts überwiesen wurde.[165] Der Herausgabeanspruch nach den §§ 675, 667 BGB ist nur einfache Insolvenzforderung.

46 (3) Der Bankkunde kann im Insolvenzverfahren der Bank die von ihr selbst oder bei einer anderen Bank *verwahrten Wertpapiere*[166] zusammen mit den noch nicht eingezogenen Zins- oder Dividendenansprüchen aussondern. Hat die Bank dem Kunden eingezogene Zinsen und Dividenden bereits gutgeschrieben, so hat dieser nur eine einfache Insolvenzforderung gegen die Bank. Der Kunde kann daher nicht besser stehen, wenn die Bank zwar selbst bereits Deckung erhalten hat, bei Eröffnung des Insolvenzverfahrens dem Kunden aber noch keine Gutschrift erteilt hat.[167]

47 (4) Im Insolvenzverfahren einer *Kapitalanlagegesellschaft* (§ 6 I InvG) gehört das Sondervermögen der Anleger (§ 2 II, III InvG) auch dann nicht zur Insolvenzmasse, wenn es der Gesellschaft – was in der Praxis gegenüber der Miteigentumslösung seltener vorkommt[168] – als Treuhänder übertragen ist (§§ 31 II, 38 III 2 InvG). Zur Aussonderung ist aber nur die Depotbank, die das Sondervermögen verwahrt, unter Ausschluss der Anteilsinhaber zuständig (§ 39 II InvG).[169] Kraft Gesetzes wird sie Eigentümerin bzw. Verfügungsbefugte und hat das Sondervermögen regelmäßig auf die Anteilsinhaber zu verteilen.[170]

48 Im Insolvenzverfahren eines *Anleihetreuhänders* können die Anleihegläubiger Aussonderung der Ausleihesicherung verlangen.[171] Gleiches gilt für die Sicherheiten für ein Schuldscheindarlehen in der Insolvenz des ersten Darlehensgebers oder für die Sicherheiten beim *Konsortialkredit* in der Insolvenz der das Konsortium führenden Bank.[172] In der Insolvenz eines Refinanzierungsunternehmens können Übertragungsberechtigte die im Refinanzierungsregister eingetragenen Gegenstände aussondern (§ 22j I KWG).

49 (5) Im Insolvenzverfahren des *Strohmanns,* der ein Unternehmen im eigenen Namen, aber für Rechnung (und auf Weisung) des Hintermannes führt, hat dieser kein Aussonderungsrecht hinsichtlich der zur Verfügung gestellten Vermögenswerte. Denn mit ihnen sollte der Strohmann unternehmerisches Risiko eingehen. Deshalb müssen die Werte auch zur Befriedigung der Gläubiger voll verfügbar bleiben.[173]

50 (6) Im *Insolvenzverfahren des Treugebers* gehört das Treugut dagegen zur Insolvenzmasse;[174] der Insolvenzverwalter kann vom Treuhänder Herausgabe verlangen. Praktisch wird dies etwa beim Scheitern eines außergerichtlichen Treuhandvergleichs.[175] Der Treuhänder hat aber ein Absonderungsrecht gem. § 51 Nr. 2 oder 3 InsO wegen seiner Gegenansprüche aus dem Treuhandvertrag.[176]

---

[165] BGH NJW 1971, 559; *Hess,* InsO, § 47 Rn. 235; MüKoInsO/*Ganter,* § 47 Rn. 355; vgl. BGH MDR 2003, 1316.
[166] *Heinsius,* FS Henckel S. 387, 393; zu den verschiedenen Formen der Verwahrung s MüKoInsO/ *Ganter,* § 47 Rn. 409 ff.
[167] AA *Canaris,* FS KonkursO S. 73, 105 f.
[168] MüKoInsO/*Lwowski/Peters,* § 35 Rn. 271.
[169] MüKoInsO/*Lwowski/Peters,* § 35 Rn. 276.
[170] *Canaris,* Rn. 2414, 2456, 2476 ff.; *Henckel,* FS Uhlenbruck S. 19, 26; MüKoInsO/*Lwowski/ Peters,* § 35 Rn. 277.
[171] *Heinsius,* FS Henckel S. 387, 394 f.
[172] *Heinsius,* FS Henckel S. 387, 395 ff.
[173] BGH WM 1964, 179; *Hess,* InsO, § 47 Rn. 265; MüKoInsO/*Ganter,* § 47 Rn. 370; Uhlenbruck/ Hirte/Vallender/*Brinkmann,* § 47 Rn. 38.
[174] MüKoInsO/*Ganter,* § 47 Rn. 371; Uhlenbruck/Hirte/Vallender/*Brinkmann,* § 47 Rn. 34.
[175] BGH NJW 1962, 1200; Uhlenbruck/Hirte/Vallender/*Brinkmann,* § 47 Rn. 34; MüKoInsO/*Ganter,* § 47 Rn. 371.
[176] *Liebich/Mathews,* S. 157; *Lwowski* BuB 2/162; *Serick,* Festgabe BGH S. 743, 749 ff.; MüKoInsO/ *Ganter,* § 47 Rn. 371.

(7) Bei einer *Treuhand zugunsten eines Dritten* gehört das Treugut ebenfalls in die Insolvenzmasse des Treugebers. Eine Aussonderung des Treuhänders zugunsten des Drittbegünstigten findet nicht statt. Den Drittbegünstigten steht aber ein Absonderungsrecht zu.[177]

d) *Eigennützige Treuhand oder Sicherungstreuhand.* Das Treuhandverhältnis ist ein echtes und im Interesse des Treunehmers (des Gläubigers) zur Sicherung des dem Treugeber gewährten Kredits gewährt worden. Sicherungsübereignung und Sicherungsabtretung bezeichnet man daher als eigennützige Treuhand.[178]

(1) Unstreitig hat der Treugeber im *Insolvenzverfahren des Treuhänders* ein Aussonderungsrecht.[179] Bei beweglichen Sachen hat dieses Recht aber nur praktische Bedeutung, wenn ein Sicherungseigentümer ausnahmsweise unmittelbarer Besitzer der Sache ist, zB bei einer Reparatur des Sicherungsgutes.[180] Im Übrigen kann sich der Treugeber einer Verwertung der übereigneten Sache bzw. einer Einziehung der abgetretenen Forderung widersetzen, sofern noch keine Verwertungsreife besteht. Ist die gesicherte Forderung bereits fällig, so kann der Sicherungsgeber nur aussondern, wenn er sie tilgt[181] oder der Sicherungszweck und damit das Besitzrecht des Treunehmers aus anderem Grunde erloschen ist.[182] Andernfalls besteht kein Aussonderungsrecht.[183] Besteht bei der Sicherungszession noch keine Verwertungsreife, so ist eine *einstweilige Aussonderung nicht* möglich. Entsprechend den §§ 1281, 1287 BGB können Sicherungszedent und Insolvenzverwalter bei Fälligkeit der Forderung nur Leistung an beide gemeinschaftlich oder Hinterlegung für beide verlangen.[184]

Die Aussonderungsbefugnis besteht zum einen, wenn der Sicherungsgeber einen obligatorischen Rückübereignungs- oder Rückabtretungsanspruch hat. Sie besteht aber auch, wenn die Sicherungsübertragung auflösend bedingt ist (§ 158 II BGB) und der Gläubiger wieder in die Eigentümerstellung einrückt. In diesem Fall fällt das Eigentum mit Tilgung der gesicherten Forderung auch im Insolvenzverfahren des Sicherungsnehmers (§ 161 I 2 BGB) weg, ohne dass § 91 I InsO dem Rückerwerb entgegenstünde. Eine zurückgefallene Forderung unterliegt danach nicht dem Insolvenzbeschlag. Um einen entsprechenden Rechtsschein zu zerstören, kann der Sicherungsgeber jedoch dennoch Aussonderung verlangen.[185]

(2) Hat der Sicherungsgeber die Sache zufällig beim Sicherungsnehmer reparieren oder verwahren lassen, so kann er sie aussondern, wenn er den Werklohn oder den Verwahrlohn bezahlt. Er muss das Sicherungsgut dann aber bis zur Tilgung der gesicherten Forderung entsprechend dem Sicherungsvertrag erhalten.[186] Dagegen kann der Insolvenzverwalter des Sicherungsnehmers vor Fälligkeit der gesicherten Forderung keine Zahlung verlangen; nach hM darf auch der Sicherungsgeber nicht ohne Zustim-

---

[177] Vgl. *Liebich/Mathews,* S. 157 f.
[178] MüKoInsO/*Ganter,* § 47 Rn. 373.
[179] BGHZ 11, 37 = NJW 1954, 190; MüKoInsO/*Ganter,* § 47 Rn. 375; MüKoBGB/*Roth,* § 398 Rn. 115; Uhlenbruck/Hirte/Vallender/*Brinkmann,* § 47 Rn. 55; FK/*Imberger,* § 47 Rn. 51; *Hess,* InsO, § 47 Rn. 196; *Liebich/Mathews,* S. 159; *Henckel,* FS Zeuner, 1994, S. 193, 200; *Gaul,* FS Serick S. 105 ff., 130 ff.; *Smid,* § 47 Rn. 33.
[180] Uhlenbruck/Hirte/Vallender/*Brinkmann,* § 47 Rn. 55.
[181] BGH WM 1962, 181; 165, 85; MüKoBGB/*Roth,* § 398 Rn. 115; *Obermüller* BuB 4/6; Uhlenbruck/Hirte/Vallender/*Brinkmann,* § 47 Rn. 55.
[182] MüKoInsO/*Ganter,* § 47 Rn. 375; Uhlenbruck/Hirte/Vallender/*Brinkmann,* § 47 Rn. 55.
[183] BGHZ 72, 141 = NJW 1978, 1859; MüKoInsO/*Ganter,* § 47 Rn. 375.
[184] *Zeiss,* S. 68; aA MüKoBGB/*Roth,* § 398 Rn. 115 (für Aussonderung); MüKoInsO/*Ganter,* § 47 Rn. 377.
[185] *Zeiss,* S. 67; MüKoInsO/*Ganter,* § 47 Rn. 375.
[186] Uhlenbruck/Hirte/Vallender/*Brinkmann,* § 47 Rn. 55; *Serick* III, § 35 II 2c; *ders.* KTS 1970, 89, 93.

mung des Insolvenzverwalters die Forderung vorzeitig tilgen.[187] Eine *betagte Forderung* wird durch die Insolvenz des Sicherungsnehmers nicht fällig. § 41 InsO ist unanwendbar. Ein vorzeitiges Leistungsrecht ist zur Sicherung des Sicherungsgebers auch nicht erforderlich. Denn trotz des Zinsverlustes wird der Insolvenzverwalter in der Praxis meist mit der sofortigen Zahlung einverstanden sein, um der Insolvenzmasse Liquidität zuzuführen.[188]

55 (3) *Mietkaution.* Eine Sicherheitsleistung des Wohnraum-Mieters, die der Vermieter gem. § 551 III BGB getrennt von seinem Vermögen angelegt hat, kann in der Insolvenz des Vermieters ausgesondert werden.[189] Der Mieter kann die Mietkaution nur dann aussondern, wenn der Vermieter sie auf einem entsprechend gekennzeichneten Sonderkonto angelegt hat. Hat dieser die Kaution unter Verletzung von § 551 III 3 BGB nicht vom Eigenvermögen des Schuldners getrennt angelegt, besteht keine Aussonderungsbefugnis für den Mieter. Dieser hat lediglich eine Insolvenzforderung.[190] Die Verletzung der schuldvertraglichen Verpflichtung des Vermieters begründet daher keine Aussonderungsbefugnis des Mieters. Diesen sieht der BGH durch die Möglichkeit, die Mietzahlung in Höhe des Kautionsbetrages zu verweigern bis der Vermieter seiner Anlageverpflichtung nachkommt und vom Vermieter den Nachweis der gesetzeskonformen Anlagemöglichkeit zu verlangen, als ausreichend geschützt an. Nach der Eröffnung des Insolvenzverfahrens kommt jedoch auch ein solches Zurückbehaltungsrecht des Mieters nicht mehr in Betracht. Die nicht aussonderungsfähige Kaution kann dann lediglich als Insolvenzforderung geltend gemacht werden.[191]

56 Hat der Mieter die Kaution zunächst in bar bezahlt oder auf ein Eigenkonto des Vermieters überwiesen und errichtet dieser erst später das Treuhandkonto zugunsten des Mieters, so kann der Mieter ab diesem Zeitpunkt aussondern.[192] Vorher besteht keine insolvenzfeste Sicherung des Mieters.

Da die Zinsen dem Mieter zustehen (§ 551 III 3 BGB) und auch steuerlich sein Einkommen sind,[193] wird das Sparbuch in der Bankpraxis vielfach auf den Mieter ausgestellt und dem Vermieter zur Sicherheit verpfändet und übergeben. Eine solche Einzelanlage ist aber nicht erforderlich. Aussondern kann der Mieter auch bei einer Sammelanlage der Kautionen mehrerer Mieter auf einem Anderkonto des Vermieters.[194]

57 (4) Eine ähnliche Situation besteht bei einer nicht oder nicht voll valutierten *Grundschuld* hinsichtlich des Rückgewähranspruchs, wenn kein Fall der auflösend bedingten Grundschuldbestellung vorliegt. Wird der Grundschuldgläubiger insolvent, so steht dem Schuldner bzw. einem anderen Gläubiger (zB einem nachrangigen Kreditgeber), an den der Rückgewähranspruch abgetreten wurde, ein Aussonderungsrecht zu.[195] Gleiches gilt bei einer als Austauschsicherheit gestellten Gewährleistungsbürgschaft (→ Rn. 14).

---

[187] Uhlenbruck/Hirte/Vallender/*Brinkmann,* § 47 Rn. 55; *Serick* KTS 1970, 89, 92; aA *Baur/Stürner,* Rn. 1076.
[188] MüKoInsO/*Ganter,* § 47 Rn. 376; Uhlenbruck/Hirte/Vallender/*Brinkmann,* § 47 Rn. 55.
[189] OLG Düsseldorf NJW-RR 1988, 782; MüKoInsO/*Ganter,* § 47 Rn. 380; KPB/*Prütting,* § 47 Rn. 29; FK/*Imberger,* § 47 Rn. 52; Palandt/*Weidenhaff,* § 551 Rn. 12; *Smid,* § 47 Rn. 36.
[190] BGH Urteil vom 20.12.2007 – IX ZR 132/06 = NJW 2008, 1152 (Anm. *Derleder* 1153) = NZI 2008, 235 = WM 2008, 367; MüKoInsO/*Ganter,* § 47 Rn. 380.
[191] BGH Urteil vom 13.12.2012 – IX ZR 9/12 = ZInsO 2013, 136.
[192] BayObLG ZIP 1988, 789; Staudinger/*Emmerich,* § 551 Rn. 20; MüKoInsO/*Ganter,* § 47 Rn. 380; *Derleder* NJW 1988, 2988.
[193] Staudinger/*Emmerich,* § 551 Rn. 25, 27; zur steuerlichen Behandlung s Schreiben des BMin der Finanzen, NJW 1994, 2600.
[194] Vgl. MüKoInsO/*Ganter,* § 47 Rn. 380; Staudinger/*Emmerich,* § 551 Rn. 18; *Derleder* NJW 1988, 2988.
[195] *Jestaedt,* GS Schultz 1987, S. 149, 160.

(5) In der *Insolvenz des Treugebers* hat der Treuhänder kein Aussonderungsrecht, er 58 kann sich nicht darauf berufen, dass er Eigentümer ist.[196] Der Grund für diese rechtliche Einordnung liegt darin, dass die Sicherungsübertragung bei wirtschaftlicher Betrachtungsweise dem Pfandrecht näher steht als dem Eigentum.[197] Dies folgt aus der Sicherungsabrede, die die dingliche Zuordnung faktisch so stark überlagert, dass die Sicherungsübereignung als pfandrechtsähnlich einzuordnen ist. Der Sicherungsgegenstand soll nicht den Gläubigern des Sicherungsnehmers als Haftungsobjekt dienen.[198] Haftungsrechtlich ist der Treuhänder wie der Inhaber eines rechtsgeschäftlichen Pfandrechts zu behandeln und hat daher entsprechend § 51 Nr. 1 InsO nur ein Absonderungsrecht wegen seiner Ansprüche aus dem Sicherungsvertrag.

e) *Treugut beim Factoring-Geschäft.* (1) Das Factoringgeschäft eröffnet dem Gläubiger 59 (Anschlusskunden) primär die Möglichkeit, Forderungen gegen eigene Kunden (Debitoren) durch ein Finanzierungsinstitut (Factor) vorfinanzieren zu lassen. Wirtschaftlich erfolgt die Umwandlung von (noch nicht fälligen) Forderungen in Geld bzw. Kontoguthaben.[199] Beim Factoring liegt ein gemischter Vertrag vor, der Elemente des Kauf-, Geschäftsbesorgungs- und auch Darlehensvertrages beinhaltet.[200] Gegenstand des Vertrages beim echten Factoring ist der Kauf und die Geltendmachung von Forderungen des (Anschluss-)Kunden gegen dessen Schuldner durch den Factor. Der Anschlusskunde wird zur Andienung seiner Außenstände, der Factor (im Rahmen der Vertragsbestimmungen) zum Erwerb der Forderungen verpflichtet. Der Factor übernimmt für den Kunden eine Finanzierungs-, Delkredere- und (wie bei der Inkassozession) eine Dienstleistungsfunktion. Beim echten Factoring liegen alle Funktionen vor, beim unechten entfällt die Delkrederefunktion, weil es sich der Factor vorbehält, die vorfinanzierte Forderung dem Anschlusskunden zurückzubelasten.[201] Hier haftet der Kunde für die Bonität der vorfinanzierten Forderung. Daher wird hier auch der Fall eines atypischen Darlehens angenommen. Das echte Factoring wird überwiegend als Forderungskauf eingeordnet,[202] das unechte dagegen wegen der Rückbelastungsmöglichkeit des Kunden als atypischer Darlehensvertrag.[203] Beim unechten Factoring ist eine Nähe zur Sicherungszession nicht zu leugnen, auch wenn es sich nicht um eine stille Zession handelt und die Abtretung der Forderung Hauptzweck des Vertrages und nicht bloße Sicherung eines Vertrages ist.[204]

(2) In der *Insolvenz des Factors* erlischt der Factoringvertrag nicht gem. §§ 115, 116 60 InsO, weil diese die Insolvenz des *Auftraggebers* (dies wäre der Anschlusskunde) voraussetzen.[205] Bereits komplett abgewickelte Geschäfte (Abtretung, Bezahlung und Einziehung) werden durch die Verfahrenseröffnung nicht berührt. Das der Abtretung zugrun-

---

[196] *Adolphsen*, Kölner Schrift, S. 1326, 1336 (Rn. 34); MüKoInsO/*Ganter*, § 47 Rn. 381, § 51 Rn. 4.
[197] *Adolphsen*, Kölner Schrift, S. 1326, 1337 (Rn. 37); MüKoInsO/*Ganter*, § 51 Rn. 9 (dort auch Darstellung anderer Erklärungsversuche).
[198] *Adolphsen*, Kölner Schrift, S. 1326, 1337 (Rn. 36); MüKoInsO/*Ganter*, § 51 Rn. 9.
[199] BGHZ 72, 15 = NJW 1078, 1972, 1974; *Achsnick/Krüger* Rn. 13; MüKoBGB/*Roth*, § 398 Rn. 164; *Sinz*, Kölner Schrift, S. 403, 435 (Rn. 98).
[200] MüKoBGB/*Roth*, § 398 Rn. 164.
[201] *Häsemeyer*, Rn. 18.48; Uhlenbruck/Hirte/Vallender/*Sinz*, §§ 115, 116 Rn. 37; *Sinz*, Kölner Schrift, S. 593, 621 (Rn. 69); *Achsnick/Krüger*, Rn. 16; MüKoInsO/*Ganter*, § 47 Rn. 259.
[202] BGHZ 69, 254 = NJW 1977, 2207, 2208; MüKoBGB/*Roth*, § 398 Rn. 164; *Bitter*, S. 349.
[203] BGHZ 58, 364, 366 = NJW 1972, 1715; BGHZ 69, 254 = NJW 1977, 2207, 2208; BGHZ 82, 61; 100, 353, 358; MüKoBGB/*Roth*, § 398 Rn. 164; Staudinger/*Busche* (2005) Vor §§ 398 ff. Rn. 145 ff.; *Serick*, Eigentumsvorbehalt und Sicherungsübereignung IV, 1976, S. 546 ff., 575, 579 ff.; Uhlenbruck/*Sinz*, §§ 115, 116 Rn. 41; Uhlenbruck/Hirte/Vallender/*Sinz*, §§ 115, 116 Rn. 41; *Sinz*, Kölner Schrift, S. 593, 623 (Rn. 75); *Hess*, InsO, § 47 Rn. 165; *Bitter*, S. 349; kritisch *Häsemeyer*, Rn. 18.48.
[204] MüKoBGB/*Roth*, § 398 Rn. 164.
[205] Uhlenbruck/Hirte/Vallender/*Sinz*, §§ 115, 116 Rn. 97; *Sinz*, Kölner Schrift, S. 403, 454 (Rn. 165); MüKoInsO/*Ganter*, § 47 Rn. 274.

de liegende Kausalgeschäft fällt nicht unter § 103 InsO, wenn die Forderung abgetreten und bezahlt, aber noch nicht eingezogen ist.[206] Die Werthaltigkeit der Forderung spielt insoweit keine Rolle.[207] Der Anschlusskunde ist beim echten Factoring nicht aussonderungsberechtigt, da er die Inhaberschaft an der Forderung vollständig verloren hat und ihm diese auch haftungsrechtlich nicht mehr zugewiesen ist.

61 Der Anschlusskunde kann jedoch nach hM bei dem heute seltenen *unechten Factoring-Geschäft* seine dem Factor zur Einziehung treuhänderisch übertragenen (nicht endgültig abgekauften) Forderungen aussondern. Er kann also, sofern der Insolvenzverwalter des Factors Nichterfüllung wählt (§ 103 II InsO) gem. § 47 InsO Rückübertragung der betroffenen Forderungen verlangen.[208] Ausgesondert werden können auch die auf ein vom Factor geführtes Treuhandkonto eingegangenen Zahlungen auf diese Forderungen (→ Rn. 35). *Sperrguthaben* des Kunden beim Factor, über die er erst nach endgültigem Eingang der abgetretenen Forderungen beim Factor verfügen darf, bilden kein Treugut. Der Kunde kann diesen Teil seiner Kaufpreisforderung nicht aussondern, sondern hat nur eine einfache Insolvenzforderung.[209] Auch die abgetretene, noch nicht eingezogene Forderung kann er nicht aussondern, sondern seine Gegenforderung aus dem Forderungskauf nur als Insolvenzforderung geltend machen.[210]

62 (3) In der *Insolvenz des Factor-Kunden* (Anschlusskunden) erlischt der Factoringvertrag – unabhängig von vertraglichen Kündigungsmöglichkeiten – gem. §§ 115, 116 InsO.[211] Davon zu trennen ist das Schicksal der einzelnen Factoringgeschäfte.[212] Bereits komplett abgewickelte Geschäfte (Abtretung, Bezahlung und Einziehung) werden durch die Verfahrenseröffnung nicht berührt.[213] Ist die Forderungen bereits an den Factor abgetreten und von diesem bezahlt, jedoch noch nicht eingezogen, so ist sowohl beim echten als auch beim unechten Factoring § 103 InsO nicht anwendbar, weil das Geschäft im ersten Fall von beiden, im zweiten zumindest vom Factor voll erfüllt ist.[214] Der Factor kann die Forderungen aussondern.[215] Zahlungen Dritter an den Kunden (befreiende Wirkung gem. § 407 I BGB oder aufgrund einer Einziehungsermächtigung) vor Insolvenzeröffnung auf die an den Factor abgetretenen Forderungen, bilden ein „insolvenzfestes" Treugut; der Factor kann diese Zahlungen aussondern,[216] auch wenn die Dritten an den Factor-Kunden mit befreiender Wirkung leisten konnten.

63 Hat der Dritte erst nach Verfahrenseröffnung an den Verwalter bezahlt, so kann der Factor ersatzaussondern (§ 48 InsO), wenn der Betrag noch unterscheidbar vorhanden ist. Ansonsten besteht ein Masseanspruch wegen ungerechtfertigter Bereicherung (§ 55 I Nr. 3 InsO).[217]

---

[206] MüKoInsO/*Ganter*, § 47 Rn. 276; Uhlenbruck/Hirte/Vallender/*Sinz*, §§ 115, 116 Rn. 99.
[207] MüKoInsO/*Ganter*, § 47 Rn. 276; Uhlenbruck/Hirte/Vallender/*Sinz*, §§ 115, 116 Rn. 100.
[208] *Heidland* KTS 1970, 165, 171; MüKoInsO/*Ganter*, § 47 Rn. 277; *Bitter*, S. 350 unter Hinweis auf seine Gefahrtragungsthese.
[209] *Heidland* KTS 1970, 165, 171; *Sinz*, Kölner Schrift, S. 403, 457 (Rn. 174); MüKoInsO/*Ganter*, § 47 Rn. 282.
[210] *Heidland* KTS 1970, 165, 172.
[211] Uhlenbruck/Hirte/Vallender/*Sinz*, §§ 115, 116 Rn. 39; *Sinz*, Kölner Schrift, S. 403, 436 (Rn. 102); MüKoInsO/*Ganter*, § 47 Rn. 262; Uhlenbruck/Hirte/Vallender/*Brinkmann*, § 47 Rn. 94.
[212] Dazu Uhlenbruck/Hirte/Vallender/*Sinz*, §§ 115, 116 Rn. 41 ff.; *Sinz*, Kölner Schrift, S. 403, 437 (Rn. 104); MüKoInsO/*Ganter*, § 47 Rn. 263 ff.
[213] MüKoInsO/*Ganter*, § 47 Rn. 263.
[214] MüKoInsO/*Ganter*, § 47 Rn. 264; Uhlenbruck/Hirte/Vallender/*Sinz*, §§ 115, 116 Rn. 42, 99.
[215] MüKoInsO/*Ganter*, § 47 Rn. 265; aA *Häsemeyer*, Rn. 18.50 (nur Absonderungsrecht auf der Grundlage der Annahme einer Sicherungszession).
[216] *Sinz*, Kölner Schrift, S. 403, 437 (Rn. 107); MüKoInsO/*Ganter*, § 47 Rn. 271; Uhlenbruck/Hirte/Vallender/*Brinkmann*, § 47 Rn. 94 (kritisch für unechtes Factoring); aA *Jaeger/Henckel*, § 47 Rn. 66; *Hess*, InsO, § 47 Rn. 164.
[217] MüKoInsO/*Ganter*, § 47 Rn. 272.

Nach Verfahrenseröffnung hat der Insolvenzverwalter die Einziehung der Forderungen zu unterlassen, da diese nicht massezugehörig sind. Sie sind vollumfänglich in das Vermögen des Factors übergegangen und auch haftungsrechtlich diesem zugewiesen.[218]

64

Beim unechten Factoring soll allerdings dem Factor nach überwiegender Ansicht nur ein Absonderungsrecht gewährt werden. Dieses wird mit einem Sicherungscharakter der Forderungsabtretung begründet. Letztlich gehöre die Forderung wegen der mit dem Fehlen der Delkrederefunktion verbundenen Rückbelastungsmöglichkeit nicht endgültig zum Vermögen des Factors.[219] Dagegen wird eingewandt, es bestehe keine Pfandrechtsähnlichkeit, weil das Risiko, dass der Kunde das Einbringungsrisiko trage, die Abtretung nicht zu einem pfandrechtsähnlichen Sicherungsrecht mache.[220] Hieran ist zutreffend, dass die Rückübertragung der Forderung beim unechten Factoring auf dem Scheitern des mit der Abtretung verfolgten Erfüllungszwecks beruht und nicht auf dem Wegfall des Sicherungszwecks, wie im Falle der Sicherungszession. Allerdings ist im Fall des unechten Factoring die Forderung haftungsrechtlich nicht dem Factor, sondern dem Kunden zugewiesen. Der Factor ähnelt zumindest einem Treuhänder.[221]

65

f) *Pensions- und Unterstützungsfonds (Reservefonds).* (1) Hat ein Arbeitgeber seinen Arbeitnehmern Unterstützungen oder Pensionen zugesagt und zu deren Erfüllung Bilanzrückstellungen (§ 249 I 1 HGB) gemacht oder insoweit einen unselbstständigen Betriebs„fonds" gegründet, so können die Empfänger der Zusage in der Insolvenz des Arbeitnehmers weder den zurückgestellten Betrag noch den sog. Fonds aussondern. Diese Geldwerte sind vielmehr Teil der Insolvenzmasse.[222]

66

(2) Anders verhält es sich, wenn die Leistungen von einer rechtlich selbstständigen Pensions- oder Unterstützungskasse erbracht werden sollen. Als eigener Rechtsträger wird sie durch das Insolvenzverfahren gegen den Betriebsinhaber nicht berührt; der Insolvenzverwalter des Unternehmens kann das Vermögen der Kasse nicht zur Insolvenzmasse ziehen.[223] Aussonderung im weiteren Sinne können die Leistungsberechtigten auch verlangen, wenn das Pensions-Sondervermögen einem nichtrechtsfähigen Verein mit den Arbeitnehmern bzw. Pensionären als Mitgliedern zur gesamten Hand gehört, da dieses Sondervermögen nicht der Verwaltung des Insolvenzverwalters untersteht.[224] Ob einklagbare Leistungsansprüche bestehen (Pensionskasse) oder nicht (Unterstützungskasse), ist insoweit irrelevant.

67

(3) Hat der Unternehmer zur Erfüllung einer Versorgungszusage einen Versicherungsvertrag zugunsten eines Arbeitnehmers oder eines Geschäftsführers oder Vorstands abgeschlossen (heute häufig Lebensversicherungsverträge), so liegt ein echter Vertrag zugunsten Dritter bzw. zu Rechten Dritter (§ 328 BGB) vor.[225] Ob der Leistungsanspruch des Arbeitnehmers bei Insolvenz des Arbeitgebers ausgesondert werden kann, weil die Bezugsberechtigung widerruflich oder unwiderruflich ist, richtet sich nach der

68

---

[218] AA *Häsemeyer*, Rn. 18.50.
[219] MüKoInsO/*Ganter*, § 47 Rn. 266; Uhlenbruck/Hirte/Vallender/*Brinkmann*, § 47 Rn. 94; *Hess*, InsO, § 47 Rn. 166; *Graf-Schlicker/Fuchs*, § 47 Rn. 36.
[220] Uhlenbruck/Hirte/Vallender/*Sinz*, §§ 115, 116 Rn. 44; *Sinz*, Kölner Schrift, S. 403, 438 (Rn. 108).
[221] MüKoInsO/*Ganter*, § 47 Rn. 266.
[222] FK/*Imberger*, § 47 Rn. 38; *Hess*, InsO, § 47 Rn. 308; MüKoInsO/*Ganter*, § 47 Rn. 426; Uhlenbruck/Hirte/Vallender/*Brinkmann*, § 47 Rn. 85; *Smid*, § 47 Rn. 35.
[223] *Hess*, InsO, § 47 Rn. 284; MüKoInsO/*Ganter*, § 47 Rn. 427; Uhlenbruck/Hirte/Vallender/*Brinkmann*, § 47 Rn. 86.
[224] MüKoInsO/*Ganter*, § 47 Rn. 428; Uhlenbruck/Hirte/Vallender/*Brinkmann*, § 47 Rn. 86.
[225] MüKoBGB/*Gottwald*, § 328 Rn. 39, 330 Rn. 18; *Hess*, InsO, § 47 Rn. 285; Staudinger/*Jagmann*, § 328 Rn. 128; Uhlenbruck/Hirte/Vallender/*Brinkmann*, § 47 Rn. 87.

Ausgestaltung des Versicherungsvertragsverhältnisses,[226] nicht nach dem Beschäftigungsverhältnis zwischen Arbeitgeber und Arbeitnehmer. Dies gilt selbst dann, wenn der Arbeitgeber schuldvertraglich gem. § 1b II 1 BetrAVG verpflichtet ist, das Bezugsrecht nicht zu widerrufen.[227] Bei einer *unwiderruflichen Bezugsberechtigung* erwirbt der Bezugsberechtigte nach § 159 III VVG das Recht auf die Leistung des Versicherers bereits mit seiner Bezeichnung als Bezugsberechtigter. Daher gehören die Rechte aus dem Versicherungsvertrag nicht mehr zum Vermögen des Arbeitgebers, die Versicherung fällt nicht in die Insolvenzmasse und kann ausgesondert werden.[228]

69 Gleiches gilt bei einer nur *eingeschränkt unwiderruflichen Bezugsberechtigung,* wenn die Voraussetzungen des Vorbehalts nicht (mehr) erfüllt sind.[229] Wann die Voraussetzungen üblicher Vorbehalte erfüllt sind, ist durch Auslegung zu ermitteln. Schwierigkeiten ergeben sich bei dem üblichen Vorbehalt, dass das Arbeitsverhältnis nicht vor dem Versicherungsfall endet. Ob dieser Vorbehalt in jedem Fall der Beendigung gilt oder ob die Klausel einer ergänzenden Auslegung insbesondere nach dem Grund der Beendigung (insolvenzbedingte Beendigung) zugänglich ist, war zwischen BGH und BAG streitig. Das BAG hatte insofern den Gemeinsamen Senat der obersten Gerichtshöfe des Bundes (gem §§ 11, 2 RsprEinhG) angerufen.[230] Nach Ansicht des BGH ist der Vorbehalt aufgrund einer Abwägung der Interessen von Arbeitnehmer und Arbeitgeber zum Zeitpunkt des Abschlusses des Versicherungsvertrages nur auf solche Fälle zu beziehen, in denen der Arbeitnehmer freiwillig ausscheidet oder aus sonstigen auf seine Person oder das betriebliche Verhalten bezogenen Gründen.[231] Der Vorbehalt der Beendigung gelte nicht bei insolvenzbedingten Betriebseinstellungen und bei insolvenzbedingter Veräußerung von Betriebsteilen. Im Ergebnis wäre in Fällen insolvenzbedingter Beendigung daher Unwiderruflichkeit gegeben, die Aussonderungsmöglichkeiten der Arbeitnehmer würden deutlich erweitert. Dabei soll nach vorzugswürdiger Auffassung keine Unterscheidung erfolgen, ob es sich um einen „normalen" Arbeitnehmer oder einen zugleich als Geschäftsführer und Mehrheitsgesellschafter agierenden Arbeitnehmer handelt.[232] Das BAG wollte dagegen an seiner Rechtsprechung festhalten und unter Hinweis auf § 1b I 1 BetrAVG, der hinsichtlich der gesetzlichen Unverfallbarkeit keine Unterschiede bzgl des Beendigungsgrundes für ein Arbeitsverhältnis macht, alle Fälle der Beendigung erfassen, ohne nach insolvenzbedingten und sonstigen Gründen zu differenzieren.[233] Daran sollte auch ein Übergang des Arbeitsverhältnisses gem. § 613a I BGB auf einen anderen Betriebsinhaber nichts ändern. Das Arbeitsverhältnis zum früheren Arbeitgeber endet trotzdem im Sinne des Vorbehalts und § 613a I 1 BGB lässt nur Rechte und Pflichten aus dem Arbeitsverhältnis, nicht jedoch Rechtsposition des Arbeitgebers mit Dritten – wie dem Versicherungsunternehmen – übergehen.[234] Das Verfahren vor dem Gemeinsamen Senat der obersten Gerichtshöfe des Bundes endete letztlich durch eine

---

[226] BGH Urteil vom 3.5.2006 – IV ZR 134/05; BAGE 122, 351 = NZI 2007, 674; MüKoBGB/*Gottwald,* § 330 Rn. 19; MüKoInsO/*Ganter,* § 47 Rn. 317; *Kayser* ZInsO 2004, 1321, 1323.
[227] *Kayser* ZInsO 2004, 1321, 1323.
[228] BAGE 92, 1; BAGE 122, 351 = NZI 2007, 674; BGH DB 2002, 2104; BVerwGE 96, 160; MüKoInsO/*Ganter,* § 47 Rn. 320; MüKoBGB/*Gottwald,* § 330 Rn. 26; *Westhelle/Miksch* ZIP 2003, 2054, 2057; *Blomeyer/Otto,* BetrAVG, Vor § 7 Rn. 38.
[229] BGH Urteil vom 3.5.2006 – IX ZR 134/05; BAGE 122, 351 = NZI 2007, 674; MüKoInsO/*Ganter,* § 47 Rn. 321; *Hess,* InsO, § 47 Rn. 295, 299; *Kayser* ZInsO 2004, 1321, 1324; *Westhelle/Miksch* ZIP 2003, 2054, 2055; *Blomeyer/Otto,* BetrAVG, Vor § 7 Rn. 38.
[230] BAGE 122, 351 = NZI 2007, 674.
[231] BGH NJW-RR 2005, 1412 (IV. Senat); BGH ZIP 2005, 1836 (IX. Senat); BGH DB 2006, 1488 (IV. Senat).
[232] OLG Koblenz VersR 2007, 1068; aA OLG München ZIP 2008, 1738 (nicht rechtskräftig).
[233] BAGE 122, 351 = NZI 2007, 674; zustimmend *Rößler* NZI 2007, 631.
[234] BAG, NZA 2007, 1169, 1171 f.

geschickte Umformulierung der Vorlagefrage, die das Problem aber nicht effektiv gelöst hat.[235]

Ist das *Bezugsrecht* noch *widerruflich,* so erwirbt der Bezugsberechtigte das Recht auf die Leistung des Versicherers nach § 159 II VVG erst mit dem Eintritt des Versicherungsfalles. Der Bezugsberechtigte kann daher, wenn zuvor das Insolvenzverfahren über das Vermögen des Arbeitgebers eröffnet wurde, die Rechte aus dem Versicherungsvertrag nicht aussondern.[236] Der Anspruch auf Auszahlung des Rückkaufswertes steht von vornherein der Masse zu, der Bezugsberechtigte besitzt lediglich eine mehr oder weniger starke tatsächliche Aussicht auf den Erwerb eines zukünftigen Anspruchs. Da der Versicherungsnehmer sich allein durch die widerrufliche Benennung des Dritten keiner Rechte aus dem Vertrag begeben hat, also jederzeit die Bezugsberechtigung durch einseitige Erklärung auf sich selbst oder eine andere Person umleiten kann, verbleiben vor dem Eintritt des Versicherungsfalles alle vertraglichen Rechte bei ihm.[237] Der Insolvenzverwalter kann vielmehr das Bezugsrecht gegenüber dem Versicherer widerrufen, die Versicherung kündigen bzw. nach § 103 InsO Nichterfüllung des Vertrages wählen und den Rückkaufswert zur Insolvenzmasse ziehen.[238] **70**

Ist die Bezugsberechtigung (versicherungsrechtlich) nur widerruflich, die *Versorgungsanwartschaft* aber nach § 1b I 1 BetrAVG v. 10.12.2007 (BGBl. I S. 2838) (arbeitsrechtlich) *unverfallbar* geworden, so soll nach einer Ansicht (zum alten Recht) der versicherungsrechtlich zulässige Widerruf unzulässig sein. Der Arbeitgeber sei ab Unverfallbarkeit Treuhänder und müsse dem versorgungsberechtigten Anwärter die Rechte aus der Versicherung herausgeben; als Treugeber könne dieser „die Versicherung" aussondern.[239] Hiergegen spricht aber schon der Wortlaut des § 1b II 1 BetrAVG (§ 1 II 1 BetrAVG aF), der sich nur auf das Versorgungsverhältnis bezieht. Wäre die Versorgungsanwartschaft aussonderungsfähig, bedürfte es keiner Insolvenzsicherung nach § 7 II 1 Nr. 2 BetrAVG.[240] Auch die Rechtsprechung bekennt sich zu der ausschließlichen Beurteilung einzelner Sachverhalte anhand der versicherungsrechtlichen Lage.[241] **71**

Soweit der Arbeitgeber die Prämien zusätzlich zum Lohn finanziert hat, besteht auch kein Treuhandverhältnis zwischen Arbeitgeber und Arbeitnehmer.[242] Der Insolvenzverwalter kann das Bezugsrecht also widerrufen und den Rückkaufswert zur Masse ziehen; ein Ersatzanspruch des Arbeitnehmers ist nur Insolvenzforderung.[243] **72**

---

[235] Das Verfahren vor dem Gemeinsamen Senat wurde durch Beschluss vom 8.3.2010 eingestellt, weil der Senat auf der Grundlage der Äußerung der beteiligten Senate keine Notwendigkeit einer Entscheidung sah. Darstellung des Verfahrensablaufs vor dem Gemeinsamen Senat in BAG NZI 2011, 30 (Rn. 41 ff.).
[236] BGH NJW 2002, 3253, 3254 = NZI 2002, 604; BAGE 92, 1 = NZI 2000, 341; *Hess,* InsO, § 47 Rn. 286; *Fischer* NZI 2003, 281, 283; *Kayser* ZInsO 2004, 1321, 1322; *Blomeyer/Otto,* BetrAVG, Vor § 7 Rn. 34.
[237] BGH NJW 2005, 2231, 2232; BGHZ 156, 350 [356] = NJW 2004, 214 = NZI 2004, 78; *Kayser* ZInsO 2004, 1321, 1324.
[238] LAG München ZIP 1988, 1070, 1071; LG Köln ZInsO 2003, 383; MüKoInsO/*Ganter,* § 47 Rn. 316; Uhlenbruck/Hirte/Vallender/*Brinkmann,* § 47 Rn. 88; *Blomeyer/Otto,* BetrAVG, Vor § 7 Rn. 34; *Kayser* ZinsO 2004, 1321, 1322.
[239] *Paulsdorff* KTS 1977, 212, 216 u. *Heubeck/Paulsdorff/Rau/Weinert,* BetrAVG, Bd 1, 2. Aufl. 1982, § 7 Rn. 37, 66; aA *Thürmann* BB 1985, 1269, 1273.
[240] Zustimmend Uhlenbruck/Hirte/Vallender/*Brinkmann,* § 47 Rn. 88. MüKoInsO/*Ganter,* § 47 Rn. 318 will danach differenzieren, ob eine Insolvenzsicherung durch den Pensionssicherungsverein besteht. Zum Verhältnis der Ansprüche des Versorgungsberechtigten gegen das Versicherungsunternehmen und einer Sicherung durch den PSV s *Schnitker* in *Willemsen/Hohenstatt/Schnitker/Schweibert/Seibt,* Umstrukturierung und Übertragung von Unternehmen, 3. Aufl. 2008, Kap J Rn. 329 ff.
[241] St. Rspr., zuletzt BAG ZInsO 2013, 33, 34 mwN.
[242] *Blomeyer/Kanz* KTS 1985, 169, 181; *W. Blomeyer* DB 1988, 962, 965; *Thürmann* BB 1985, 1269, 1274; vgl. auch *Heilmann* KTS 1986, 251.
[243] *Westhelle/Miksch* ZIP 2003, 2054, 2056; *Hess,* InsO, § 47 Rn. 307.

73 Ein Treuhandverhältnis kommt jedoch bei sog. Gehaltsumwandlungsverträgen in Betracht, bei denen die Prämien vom Barlohn des Arbeitnehmers bezahlt werden.[244] Hier muss aber zwischen den Gehaltsanteilen vor und nach der Verwendung für die Versicherungsprämien unterschieden werden.[245] Zunächst besteht eine uneigennützige (Verwaltungs-)Treuhand, die geeignet ist, ein Aussonderungsrecht des Arbeitnehmers in der Insolvenz des Arbeitgebers zu begründen.

74 Der BGH hat eine mit dem Arbeitgeber getroffene Vereinbarung in dem Sinne ausgelegt, dass der Arbeitnehmer nicht auf einen Lohnanteil verzichtet, sondern vielmehr ihn der Gesellschaft zu treuen Händen für den Abschluss einer Direktversicherung zu seinen Gunsten überlassen hat. Allerdings endet dieses Treuhandverhältnis nach Ansicht des BGH jeweils mit der Verwendung der Gehaltsteile für die Versicherungsprämien. Es setze sich nicht im Wege der Surrogation an den Rechten aus dem Versicherungsvertrag fort. Daher bestimme sich die Rechtsstellung des Arbeitnehmers ausschließlich nach dem Inhalt der von dem Arbeitgeber mit dem Versicherungsunternehmen getroffenen Vereinbarung, obwohl die Prämien im Wege der Umwandlung seines Gehalts aufgebracht worden sind.[246] Die Entscheidung entspricht der überwiegenden Rspr.[247] Was dogmatisch richtig ist, dürfte in der Praxis zu unbefriedigenden Ergebnissen führen. Der BGH sieht zwar den Arbeitnehmer nicht als besonders schutzbedürftig an, da er sich vor dem Ausfall seiner Rechte in der Insolvenz schützen könne, indem er rechtzeitig von seinem Arbeitgeber verlange, dass der abgeschlossene Versicherungsvertrag ein unwiderrufliches Bezugsrecht für ihn vorsieht, oder sich ein Pfandrecht bestellen lasse. Gem § 1b V 2 BetrAVG ist der Arbeitgeber auch dazu verpflichtet, im Falle der Gehaltsumwandlung ein unwiderrufliches Bezugsrecht einzuräumen. Diese Vorschrift gilt jedoch wiederum nur im Versorgungs- nicht aber im Versicherungsverhältnis.[248] Daneben findet § 1b V BetrAVG keine Anwendung auf Versorgungszusagen, die vor dem 1.1.2001 erteilt wurden (§ 30f. I 1, 2 BetrAVG). Faktisch wird der Arbeitnehmer darauf vertrauen, dass er im Insolvenzfall gesichert ist und letztlich eine böse Überraschung erleben. Im Ergebnis ist er nicht ausreichend gesichert,[249] soweit der persönliche Geltungsbereich des BetrAVG nicht greift. Ansonsten tritt im Falle der Entgeltumwandlung gem. § 1b V 1 BetrAVG sofort die Unverfallbarkeit der Anwartschaft ein, so dass der gesetzliche Insolvenzschutz nach § 7 II BetrAVG eintritt.

75 Eine Aussonderung scheidet aus, soweit der Arbeitgeber zur Erfüllung seiner Versorgungszusagen eine *Rückdeckungsversicherung* auf eigene Rechnung abgeschlossen hat. Diese ist keine Versicherung zugunsten der Arbeitnehmer. Die bloße Zweckbindung der Versicherung begründet ebenfalls kein Treuhandverhältnis zugunsten der Versorgungsberechtigten. Diese haben daher im Insolvenzverfahren des Arbeitgebers kein Aussonderungsrecht.[250] Wird der Anspruch auf die Versicherungsleistung aus der Rückdeckungsversicherung freilich den Arbeitnehmern verpfändet[251] oder zur Sicherung abgetreten, so steht diesen insoweit ein Recht zur Absonderung nach § 50 I InsO zu[252] (→ § 42 Rn. 34).

---

[244] Auf der ersten Stufe offen gelassen von *Hess,* InsO, § 47 Rn. 288; s auch MüKoInsO/*Ganter,* § 47 Rn. 319; aA *Westhelle/Miksch* ZIP 2003, 2054, 2056/57.
[245] *Hess,* InsO, § 47 Rn. 289.
[246] BGH NJW 2002, 3253, 3254.
[247] Vgl. OLG Karlsruhe ZIP 2007, 286, 289; BAG ZIP 1996, 966; LAG München ZIP 1988, 1070; dazu *Gottwald* EWiR § 43 KO 2/88, 1011.
[248] *Blomeyer/Rolfs/Otto,* BetrAVG, § 1b Rn. 356.
[249] Deutlich MüKoInsO/*Ganter,* § 47 Rn. 319a.
[250] BAGE 20, 11, 16 = NJW 1967, 2425; LAG Saarbrücken DB 1970, 2447; FK/*Imberger,* § 47 Rn. 43; *Hess,* InsO, § 47 Rn. 309; Uhlenbruck/Hirte/Vallender/*Brinkmann,* § 47 Rn. 89; MüKoInsO/ *Ganter,* § 47 Rn. 322; *Blomeyer/Otto,* BetrAVG, Vor § 7 Rn. 32.
[251] Vgl. *Bode/Bergt/Obenberger* DB 2000, 1864.
[252] MüKoInsO/*Ganter,* § 47 Rn. 322.

g) *Wertguthaben aus Arbeitszeitflexibilisierungsmodellen*. Grundlage der Insolvenzsicherung ist nach dem Inkrafttreten des Gesetzes zur Verbesserung der Rahmenbedingungen für die Absicherung flexibler Arbeitszeitregelungen und zur Änderung anderer Gesetze[253] gem. das Vorliegen eines Wertguthabens iS § 7b SGB IV.[254] Solche Wertguthaben der Arbeitnehmer für geleistete Arbeit einschließlich des Arbeitgeberanteils am Gesamtsozialversicherungsbeitrag waren bis 1.1.2009 durch § 7d SGB IV aF und sind ab diesem Zeitpunkt nach § 7e SGB IV für den Insolvenzfall des Arbeitgebers zu schützen.[255] Mittel des Insolvenzschutzes führt das neue Recht in § 7e II SGB IV auf. Wertguthaben sind danach unter Ausschluss der Rückführung durch einen Dritten zu führen, der im Fall der Insolvenz des Arbeitgebers für die Erfüllung der Ansprüche aus dem Wertguthaben für den Arbeitgeber einsteht, insbesondere in einem Treuhandverhältnis, das die unmittelbare Übertragung des Wertguthabens in das Vermögen des Dritten und die Anlage des Wertguthabens auf einem offenen Treuhandkonto oder in anderer geeigneter Weise sicherstellt. Keine geeigneten Vorkehrungen sind bilanzielle Rückstellungen sowie zwischen Konzernunternehmen (§ 18 AktG) begründete Einstandspflichten, insbesondere Bürgschaften, Patronatserklärungen oder Schuldbeitritte (§ 7e III SGB IV). Dies entspricht § 8a I 2 ATG. Bei der Führung der Wertguthaben durch Dritte kann der Arbeitnehmer die Beträge in der Insolvenz des Arbeitgebers aussondern.[256] Im Gegensatz zum alten Recht regelt das Gesetz nunmehr die Folgen eines Verstoßes gegen die Insolvenzsicherungspflicht: Im Ergebnis ist die Wertguthabenvereinbarung (§ 7b SGB IV) als von Anfang an nichtig anzusehen,[257] das Wertguthaben ist aufzulösen (§ 7e VI S. 3 SGB IV). Es lebt der ursprüngliche Anspruch auf Arbeitsentgelt wieder auf[258] und es entsteht wegen einer Verringerung oder einem Verlust des Wertguthabens aufgrund eines nicht geeigneten oder nicht ausreichenden Insolvenzschutzes ein Schadensersatzanspruch gegen den Arbeitgeber (§ 7e VII SGB IV). Ein paralleler Anspruch gem. § 823 II BGB iVm § 7e SGB ist nach Ansicht des BAG nicht gegeben, da bereits § 7d SGB IV aF kein Schutzgesetz sei.[259] Ist der Arbeitgeber eine juristische Person oder eine Gesellschaft ohne Rechtspersönlichkeit haften auch die organschaftlichen Vertreter gesamtschuldnerisch für den Schaden. Der Arbeitgeber oder ein organschaftlicher Vertreter haften nicht, wenn sie den Schaden nicht zu vertreten haben (§ 7e VII SGB VII).

Auch *Wertguthaben bei Altersteilzeit* sind nach § 8a ATG (idF v. 2.4.2009) insolvenzsicher anzulegen.[260] Hier sind die Rechtsfolgen der Verletzung der Insolvenzsicherungspflicht allerdings nur fragmentarisch geregelt. Der Arbeitnehmer kann nur verlangen, dass Sicherheit in Höhe des bestehenden Wertguthabens geleistet wird (§ 8a IV ATG). Der Schadensersatzanspruch wegen Verletzung des Anspruchs auf Sicherheitsleistung ist in der Insolvenz des Arbeitgebers ebenso wie der Arbeitsentgeltanspruch einfache Insolvenzforderung.[261]

h) *Doppelseitige Treuhand*. Neuerdings wird vielfach auch versucht, eine Insolvenzsicherung betrieblicher Versorgungszusagen durch eine sog. doppelseitige Treuhand zu

---

[253] BGBl. I 2008, 2940; siehe dazu: *Cisch/Ulbrich* BB 2009, 550; *Hanau/Veit* NJW 2009, 182; *Haßlöcher* BB 2009, 440.
[254] *Hanau/Veit* NJW 2009, 182; *Langohr-Plato/Sopora* NZA 2008, 1377.
[255] *Hanau/Veit* NJW 2009, 182; *Frank* NZA 2008, 152, 155; *Schietinger*, Die Insolvenzsicherung von Arbeitszeitkonten, 2008; *Ulbrich*, Die gesetzliche Pflicht zur Insolvenzsicherung von Wertguthaben (Zeitwertkonten), 2008.
[256] *Hanau/Veit* NJW 2009, 182, 185.
[257] Kritisch *Langohr-Plato/Sopora* NZA 2008, 1377, 1381.
[258] *Langohr-Plato/Sopora* NZA 2008, 1377, 1381.
[259] BAG NZA 2006, 729; NZA 2007, 693; NZA 2008, 121.
[260] *Kovács/Koch* NZI 2004, 415; diese werden nicht von § 7e SGB IV erfasst; krit. *Rittweger* DStR 2009, 278, 279.
[261] *Hanau/Rolfs*, Insolvenzschutz von Wertguthaben, 2003, S. 36 f.; *Rolfs* NZS 2004, 561, 566.

erreichen. Der Arbeitgeber überträgt als Treugeber die für die Pensionsrückstellung erforderlichen Mittel auf einen Treuhänder, der diese in seinem Interesse selbst oder durch einen weiteren Vermögensverwalter zu verwalten hat *(ein- oder zweistufige Verwaltungstreuhand)*. Gleichzeitig wird den versorgungsberechtigten Mitarbeitern ab Eintritt des Sicherungsfalles ein eigenes Leistungsrecht gegen den Treuhänder *(Sicherungstreuhand)* (§ 328 BGB) zur Sicherung des Anspruchs auf die Betriebsrente eingeräumt.[262] Wird der Arbeitgeber als *Treugeber insolvent,* so erlischt der Treuhandvertrag (§§ 115, 116 InsO). Der Treuhänder hat das verwaltete Vermögen dem Insolvenzverwalter des Arbeitgebers herauszugeben, damit dieser aus dem Treugut die Gläubiger aus der Sicherungstreuhand als Absonderungsberechtigte befriedigt.[263]

79 Die doppelte Treuhand gibt es aber auch in anderen Fällen, etwa wenn vereinbart wird, dass die Kunden eines (später insolventen) Generalunternehmers auf ein Anderkonto bezahlen sollen, aus dem die Subunternehmer befriedigt werden sollen.[264] Auch in diesen Fällen liegt aber eine Sicherungstreuhand vor, so dass nur ein Absonderungsrecht in Betracht kommt.[265]

80 Wird der *Treuhänder insolvent,* so darf das Treugut nicht zugunsten seiner Gläubiger verwertet werden. Doch kann der Treugeber anders als sonst (→ Rn. 39, 53) nicht aussondern, weil dies der gleichzeitig zugunsten der Arbeitnehmer vereinbarten Sicherungstreuhand widerspräche. Es ist daher ein neuer Treuhänder zu bestellen; an diesen hat der Insolvenzverwalter des Treuhänders das Treugut zur weiteren Verwaltung herauszugeben.[266]

81 **10. Verträge für fremde Rechnung. a)** *Kommissionsgeschäfte.* Kommissionär ist, wer es gewerbsmäßig übernimmt, Waren oder Wertpapiere für Rechnung eines anderen (des Kommittenten) in eigenem Namen zu kaufen oder zu verkaufen (§ 383 I HGB). Der Kommissionär ist gem. § 384 II HGB verpflichtet, dem Kommittenten das aus der Geschäftsbesorgung Erlangte herauszugeben. Eine Forderung aus dem Ausführungsgeschäft ist dem Kommittenten abzutreten.[267] Waren, die der Kommittent dem Kommissionär vor Ausführung des Kommissionsgeschäfts übergibt, bleiben Eigentum des Kommittenten.[268] Für die dingliche Zuordnung enthalten die §§ 383 ff. HGB weder für die Verkaufs- noch die Einkaufskommission eine Regelung der Eigentumsverhältnisse an Sachen (§ 90 BGB) und Wertpapieren, die Kommissionsgut sind. Für Erwerb und Veräußerung von Kommissionsgut gelten zwischen Kommittent und Kommissionär die §§ 929 ff. BGB. Regelmäßig wird dem Kommissionär Besitz eingeräumt und er wird im Kommissionsvertrag ermächtigt, über das Kommissionsgut im eigenen Namen zu verfügen (§§ 185 I, 929 ff. BGB). Veräußert der Kommissionär aufgrund der Ermächtigung Ware, so gelten zum Schutze des Kommittenten Forderungen des Kommissionärs aus dem Ausführungsgeschäft nach § 392 II HGB auch im Verhältnis zu seinen Gläubigern als Forderungen des Kommittenten. Damit verdinglicht § 392 II HGB den schuldrechtlichen Anspruch des Kommittenten auf Abtretung der Forderung aus dem Kommissionsgeschäft aus § 384 II HGB.[269]

82 In der *Insolvenz des Kommissionärs* kann der Kommittent bei der *Verkaufskommission* (oder einer Vermietungs-Kommission) die dem Kommissionär überlassenen Gegenstände aussondern, solange sie sein Eigentum sind oder dem Kommissionär ausnahmsweise zur

---

[262] *Bode/Bergt/Obenberger* DB 2000, 1864, 1865.
[263] MüKoInsO/*Ganter,* § 47 Rn. 386, 389; *Fischer/Thoms-Meyer* DB 2000, 1861, 1863.
[264] Vgl. BGHZ 109, 47 = NJW 1990, 45, 46; *Kreft,* FS Merz, 1992, S. 313, 326 ff.; *Kirchhof,* FS Kreft, S. 359.
[265] *Bork* ZIP 2003, 1421, 1424.
[266] MüKoInsO/*Ganter,* § 47 Rn. 390.
[267] MüKoHGB/*Häuser,* § 384 Rn. 75; *Baumbach/Hopt,* § 384 Rn. 9.
[268] MüKoHGB/*Häuser,* § 383 Rn. 65.
[269] MüKoInsO/*Ganter,* § 47 Rn. 288; Uhlenbruck/Hirte/Vallender/*Brinkmann,* § 47 Rn. 77; MüKoHGB/*Häuser,* § 392 Rn. 2, 14.

Weiterveräußerung als Treugut übereignet worden sind.[270] Das Aussonderungsrecht geht bei Übereignung der Waren durch den Kommissionär verloren. Der Kommittent kann aber die noch nicht vom Kommissionär eingezogenen Forderungen aus dem Ausführungsgeschäft, deren Abtretung er gem. § 384 II HGB verlangen kann, gem. § 47 InsO aussondern.[271] Dadurch wird eine Abtretung der Forderung auf den Kommittenten nicht entbehrlich, weil § 392 II HGB die Abtretung im Verhältnis zu den Gläubigern nur fingiert, aber nicht vornimmt.[272] Erst nach der Abtretung kann der Kommittent gegen den Dritten vorgehen, § 392 I HGB. Der Schuldner des Kommissionärs kann gegenüber dem Kommittenten keinesfalls einwenden, der Kommissionär habe dieselbe Forderung zuvor bereits anderweitig abgetreten.[273] Eine solche Abtretung muss der Kommittent nicht gegen sich gelten lassen.

Im Insolvenzverfahren gegen den Einkaufskommissionär kann der Kommittent den Lieferungsanspruch aussondern.[274] Inhaltlich ist die Aussonderung auf Abtretung der Forderung gerichtet.[275]

Nach § 406 I 2 HGB gilt der Schutz auch in der *Insolvenz des kaufmännischen Gelegenheitskommissionärs*[276] sowie nach § 457 S. 2 HGB zugunsten des Versenders in der Insolvenz des Spediteurs.[277] Der Versender hat danach ein Aussonderungsrecht an den Ansprüchen des Spediteurs gegen den Frachtführer oder Zwischenspediteur.[278] Dagegen greift diese „Verdinglichung" nicht im Insolvenzverfahren anderer mittelbarer Stellvertreter, insb eines gewöhnlichen Beauftragten (→ Rn. 45). **83**

Nach hM schützt § 392 II HGB nur die Forderungen aus dem Ausführungsgeschäft (Vergütungsanspruch bei Verkaufskommission; Lieferungsanspruch bei Einkaufskommission) sowie Ansprüche aus dem Kommissionär erfüllungshalber begebenen Schecks und Wechseln.[279] Der Schutz erfasst auch Forderungen, die kraft Vereinbarung (§ 399 BGB) nicht abtretbar sind, aber von Gläubigern des Kommissionärs gepfändet werden können, § 851 II ZPO.[280] **84**

Das vor Eröffnung des Insolvenzverfahrens auf die Forderung Geleistete (Surrogat) kann nach hM dagegen im Insolvenzverfahren des Kommissionärs nicht ausgesondert werden, der Kommittent habe nur eine einfache Insolvenzforderung.[281] Das soll jedoch nicht gelten, wenn Eigentum des Kommittenten aufgrund eines antizipierten Besitz- **85**

---

[270] OLG Köln DZWiR 2005, 160, 161; *Behr*, S. 133 Fn 98; Uhlenbruck/Hirte/Vallender/*Brinkmann*, § 47 Rn. 78; FK/*Imberger*, § 47 Rn. 62; *Häsemeyer*, Rn. 11.08; *Smid*, § 47 Rn. 37; s. o. Rn. 25.
[271] BGHZ 104, 123, 127 = NJW 1998, 3203, 3204; MüKoInsO/*Ganter*, § 47 Rn. 288; Uhlenbruck/*Brinkmann*, § 47 Rn. 77; *Hess*, InsO, § 47 Rn. 312; MüKoHGB/*Häuser*, § 383 Rn. 101; KPB/*Prütting*, InsO, § 47 Rn. 66; *Baumbach/Hopt*, § 392 Rn. 9; HK/*Eickmann*, § 47 Rn. 17; *Staub/Koller*, § 392 Rn. 19; *Gundlach/Frenzel/Schmidt* DZWIR 2000, 449, 450; krit. *Frindgen* ZInsO 2004, 530, 532 f.
[272] *K. Schmidt*, Handelsrecht, § 31 V 4b (S. 899); *Baumbach/Hopt*, § 392 Rn. 6; MüKoInsO/*Ganter*, § 47 Rn. 288; Uhlenbruck/Hirte/Vallender/*Brinkmann*, § 47 Rn. 78.
[273] BGHZ 104, 123, 127 = NJW 1988, 3203; BGH NJW 1988, 1774; MüKoInsO/*Ganter*, § 47 Rn. 288.
[274] FK/*Imberger*, § 47 Rn. 61; KPB/*Prütting*, InsO, § 47 Rn. 67; *Smid*, § 47 Rn. 37; MüKoInsO/*Ganter*, § 47 Rn. 289.
[275] Nerlich/Römermann/*Andres*, § 47 Rn. 53; MüKoHGB/*Häuser*, § 392 Rn. 36.
[276] *K. Schmidt*, Handelsrecht, § 31 V 4a (S. 898); MüKoHGB/*Häuser*, § 406 Rn. 9; aA *Staub/Koller*, § 392 Rn. 2, 19 (nur bei Offenkundigkeit des Handelns für fremde Rechnung).
[277] *Baumbach/Hopt/Merkt*, § 457 Rn. 2.
[278] *Staub/Helm*, §§ 407–409 Rn. 85.
[279] Vgl. Uhlenbruck/Hirte/Vallender/*Brinkmann*, § 47 Rn. 78.
[280] *Staub/Koller*, § 392 Rn. 10, 19.
[281] BGHZ 79, 89 = NJW 1981, 918, 919; BGH NJW 1974, 456, 457; MüKoHGB/*Häuser*, § 392 Rn. 37; FK/*Imberger*, § 47 Rn. 61; *Hess*, InsO, § 47 Rn. 312; KPB/*Prütting*, InsO, § 47 Rn. 67; *Schlegelberger/Hefermehl*, § 392 Rn. 20; krit. Uhlenbruck/Hirte/Vallender/*Brinkmann*, § 47 Rn. 78; vgl. OLG Hamm ZIP 2003, 2262 (keine Aussonderung bei Einzahlung auf debitorisches Konto des Kommissionärs) (dazu *Gundlach/Schmidt* EWiR § 47 InsO 1/04); OLG Köln DZWiR 2005, 160, 161; unentschieden Nerlich/Römermann/*Andres*, § 47 Rn. 54.

konstituts begründet wird.[282] Zum Teil wird in Fällen der Verkaufskommission jedoch ein Ersatzaussonderungsrecht gem. § 48 InsO angenommen.[283] Dies setzt aber eine unberechtigte Veräußerung voraus, die bei einem Kommissionär, jedenfalls außerhalb einer Krise[284] und vor Insolvenzeröffnung regelmäßig nicht gegeben ist, da dieser gerade zur Abwicklung des Geschäfts eingesetzt ist.[285]

86   Die Ansicht der hM, bei Einziehung der Forderung durch den Verkaufskommissionär bzw. die Entgegennahme der Ware durch den Einkaufskommissionär vor Eröffnung greife der Schutz des § 392 II HGB nicht, setzt voraus, dass sich der Schutz nur auf die Forderung aus dem Ausführungsgeschäft, nicht aber auf die Gegenleistung, das Surrogat der Forderung, bezieht. Dies entspricht zwar dem Wortlaut und der Historie[286] der Vorschrift, ist aber gleichwohl umstritten und es sprechen gute Gründe dafür, diesen Schutz auch auf das Surrogat zu erstrecken. Der Kommittent bedarf entgegen der hM des Schutzes durch analoge Anwendung des § 392 II HGB.[287] Hinsichtlich des Erwerbs kann sich der Kommittent nicht stets durch die zurückgehaltene Provisionszahlung bzw. durch ein antizipiertes Besitzkonstitut, wodurch er unmittelbar Eigentümer wird, sichern.[288] Die geleisteten Gegenstände sind daher als Treugut zu behandeln und sollten daher analog § 392 II HGB beim Kommissionär ausgesondert werden können,[289] solange sie unterscheidbar im Vermögen des Kommissionärs vorhanden sind.[290] In gleicher Weise sollte § 392 HGB zum Schutze des Kommittenten nicht nur auf akzessorische Nebenrechte der Forderung (vgl. § 401 II BGB), sondern auch auf nichtakzessorische Sicherheiten angewandt werden.[291]

87   Wenn die *Gegenleistung* bei der Verkaufskommission vom Insolvenzverwalter nach Eröffnung des Insolvenzverfahrens eingezogen wird, kann der Kommittent ersatzaussondern, § 48 S. 2 InsO,[292] da eine unberechtigte Veräußerung vorliegt. Das Ersatzaussonderungsrecht setzt voraus, dass die Gegenleistung noch unterscheidbar in der Masse vorhanden ist.[293]

88   Nicht geschützt ist der Kommittent gegenüber (uU pflichtwidrigen, § 384 I HGB) *Aufrechnungen* des Kommissionärs; sie bleiben in seinem Insolvenzverfahren wirksam;[294] ebenso kann der Dritte stets gegenüber dem Kommissionär aufrechnen.[295] Entgegen einer verbreiteten Lehre[296] verbietet § 392 II HGB die Aufrechnung auch für inkonnexe Forderungen nicht. Dem Kommittenten stehen in diesen Fällen daher nur Insolvenzforderungen gegen den Kommissionär zu.

---

[282] KPB/*Prütting*, § 47 Rn. 67; Nerlich/Römermann/*Andres*, § 47 Rn. 53.
[283] Darstellung bei Nerlich/Römermann/*Andres*, § 47 Rn. 54.
[284] MüKoHGB/*Häuser*, § 392 Rn. 37.
[285] Ebenso MüKoInsO/*Ganter*, § 47 Rn. 289; MüKoHGB/*Häuser*, § 392 Rn. 37; Nerlich/Römermann/*Andres*, § 47 Rn. 54.
[286] Dazu *Bitter*, S. 213.
[287] Gegen eine planwidrige Lücke *Hess*, InsO, § 47 Rn. 317; dazu differenzierend *Bitter*, S. 249 f.
[288] *K. Schmidt*, Handelsrecht, 5. Aufl., § 31 V 4c (S. 905); aA MüKoHGB/*Häuser*, § 392 Rn. 43.
[289] So MüKoInsO/*Ganter*, § 47 Rn. 289; *Bork*, Rn. 242 (Fn 78); *Canaris*, FS Flume 1978, S. 371, 410, 424; *Häsemeyer*, Rn. 11.08; *K. Schmidt*, Handelsrecht, 5. Aufl., § 31 V 4c (S. 903 ff.); *Bitter*, S. 263; Staub/*Koller*, § 392 Rn. 2; aA BGH NJW 1974, 455, 457; Jaeger/Henckel, § 47 Rn. 149; MüKoHGB/*Häuser*, § 392 Rn. 43; FK/*Imberger*, § 47 Rn. 60; *Behr*, S. 365 ff., 599 ff.; *Gundlach/Frenzel/Schmidt* DZWIR 2000, 449, 453 f. (für Anwendung von § 48 InsO).
[290] MüKoInsO/*Ganter*, § 47 Rn. 289; offener *K. Schmidt*, Handelsrecht, 5. Aufl., § 31 V 4c (S. 904).
[291] So Staub/*Koller*, § 392 Rn. 8.
[292] Uhlenbruck/Hirte/Vallender/*Brinkmann*, § 47 Rn. 78; MüKoInsO/*Ganter*, § 47 Rn. 289; MüKoHGB/*Häuser*, § 392 Rn. 38; Jaeger/Henckel, § 47 Rn. 147; Schlegelberger/Hefermehl, § 392 Rn. 20; → § 41 Rn. 15 f.
[293] MüKoHGB/*Häuser*, § 392 Rn. 38.
[294] Vgl. Staub/*Koller*, § 392 Rn. 20; Baumbach/Hopt, § 392 Rn. 4.
[295] BGH NJW 1969, 276; Baumbach/Hopt, § 392 Rn. 4.
[296] Schlegelberger/Hefermehl, § 392 Rn. 24; *Schmidt*, Handelsrecht, § 31 V 4b (S. 900 ff.); → § 47 Rn. 7.

Nicht geschützt soll der Kommittent auch beim *Selbsteintritt* des Kommissionärs gem. 89
§ 400 I HGB sein.[297] Hier kann sich der Kommissionär die Ware gem. § 929 S. 2 BGB aufgrund der ihm nach § 185 I BGB erteilten Verfügungsermächtigung selbst übereignen. Ist dies geschehen, so soll das Aussonderungsrecht am Kommissionsgut erlöschen.[298] Da der Kommissionär aber nicht selbst eintreten darf, wenn dies dem Interesse des Kommittenten zuwiderläuft (§ 384 I HGB),[299] ist davon auszugehen, dass die Veräußerungsermächtigung für den Fall des Selbsteintritts nur aufschiebend bedingt durch die Zahlung des Kaufpreises erteilt ist.[300] Wird der Kaufpreis bezahlt, so scheidet eine Aussonderung aus; wird er nicht bezahlt, so kann der Kommittent danach sein Eigentum trotz erklärten Selbsteintritts aussondern.[301]

b) *Wertpapierkommission.* (1) § 392 II HGB hat hier nur geringe Bedeutung. Hat die 90
Bank als *Einkaufskommissionär* einen Auftrag ausgeführt, aber vor Eröffnung des Insolvenzverfahrens über ihr Vermögen keine Lieferung erhalten, so kann der Kommittent den Lieferungsanspruch aussondern (§§ 392 II HGB, 47 InsO).[302] Dies gilt jedoch nicht beim regelmäßigen Selbsteintritt oder Eigengeschäft der Bank.[303] Bei der Einkaufskommission kann der Kunde sein Eigentum oder bei Sammelverwahrung sein Miteigentum, § 6 DepotG, aussondern, § 47 InsO. Eigentum erwirbt er nach den §§ 929 ff. BGB insb durch antizipiertes Besitzkonstitut oder dem Kommissionär gestattetes Insichgeschäft.[304] Nach der Sonderregelung des § 18 III DepotG geht das Eigentum an in Kommission eingekauften Wertpapieren spätestens mit der Absendung eines Stückeverzeichnisses auf den Kommittenten über, sofern die Stücke nicht vorher ausgeliefert oder bereits wiederveräußert sind (§ 23 DepotG). Bei dem „stückelosen" Effektenverkehr erwirbt der Kunde Miteigentum nach § 24 II DepotG spätestens mit der Eintragung des Übertragungsvermerks im Verwahrungsbuch der Bank,[305] kann also sowohl in der Insolvenz des Kommissionärs als auch des Sammelverwahrers aussondern.[306] Wurde der Kommittent nicht Eigentümer, besteht aber auch kein aussonderungsfähiger Lieferungsanspruch, so kann er nach § 32 DepotG *bevorrechtigte Befriedigung* aus der Sondermasse vorhandener Wertpapiere verlangen, sofern er selbst wenigstens 90% seiner Leistung erbracht hat.[307] Ansonsten ist er einfacher Insolvenzgläubiger nach § 38 InsO.

(2) Bei der *Verkaufskommission* kann der Kommittent aussondern, solange er noch Eigentümer ist.[308] Da die Veräußerungsermächtigung durch die Gutschrift des Erlöses aufschiebend bedingt ist (→ Rn. 89), kann der Kunde beim üblichen Selbsteintritt des Kreditinstituts (Kommissionärs) auch dann aussondern, wenn dieses die Papiere auf sich selbst überträgt, ohne die Gegenleistung zu erbringen.[309] Tätigt die Bank ausnahmsweise kein Eigengeschäft, so kann der Kunde den Kaufpreisanspruch gegen den Dritterwerber 91

---

[297] Nerlich/Römermann/*Andres*, § 47 Rn. 54; MüKoHGB/*Häuser*, § 400 Rn. 67.
[298] MüKoInsO/*Ganter*, § 47 Rn. 297.
[299] Baumbach/Hopt, § 400 Rn. 4.
[300] Canaris, Rn. 2072; Staub/Koller, § 400 Rn. 40.
[301] Zustimmend Uhlenbruck/Hirte/Vallender/*Brinkmann*, § 47 Rn. 81; *Jaeger/Henckel*, § 47 Rn. 152; auch MüKoInsO/*Ganter*, § 47 Rn. 297.
[302] Hess, InsO, § 47 Rn. 318.
[303] Canaris, Rn. 2073 aE.
[304] Vgl. Canaris, Rn. 1977 ff.
[305] Canaris, Rn. 1993 ff.; *Hess*, InsO, § 47 Rn. 322; Nerlich/Römermann/*Andres*, § 47 Rn. 55.
[306] MüKoInsO/*Ganter*, § 47 Rn. 302; Nerlich/Römermann/*Andres*, § 47 Rn. 55.
[307] Vgl. Canaris, Rn. 2074 ff.; *Heinsius/Horn/Than*, § 32 Rn. 9 ff., 48 ff.; *Henckel*, FS Uhlenbruck S. 19, 24; MüKoInsO/*Ganter*, § 47 Rn. 304; *Hess*, InsO, § 47 Rn. 322; Nerlich/Römermann/*Andres*, § 47 Rn. 55.
[308] Hess, InsO, § 47 Rn. 321.
[309] Uhlenbruck/Hirte/Vallender/*Brinkmann*, § 47 Rn. 77, 78; MüKoInsO/*Ganter*, § 47 Rn. 309; *Hess*, InsO, § 47 Rn. 321; aA *Heinsius/Horn/Than*, § 32 Rn. 7.

gem. § 392 II HGB aussondern.[310] Darüber hinaus ist der Kunde beim Wertpapierverkauf jedoch nicht geschützt; § 32 DepotG ist hier unanwendbar.[311]

92 **c) *Versicherung für fremde Rechnung*.** Gem § 43 I VVG kann der Versicherungsnehmer den Versicherungsvertrag im eigenen Namen für einen anderen, mit oder ohne Benennung der Person des Versicherten, schließen. Bei einer Versicherung für fremde Rechnung stehen die Ansprüche aus dem Versicherungsvertrag dem Versicherten zu, § 44 I 1 VVG. Versicherungen für fremde Rechnung sind in der Praxis die Speditionsversicherung (§ 1 SVS/RVS), die Schadensversicherung sicherungsübereigneter Sachen,[312] die Versicherung von Angestellten gegen Haftpflicht (§ 102 I VVG) oder Unfall (§ 179 I 1 VVG) sowie die Direktversicherung einer betrieblichen Altersversorgung (→ Rn. 68 ff.).

93 In der Insolvenz des Versicherungsnehmers kann der Versicherte daher (bei Einräumung eines unwiderruflichen Bezugsrechts) Aussonderung der Forderung gegen die Versicherung verlangen, da der Versicherungsanspruch zu seinem Vermögen gehört.[313] Das gilt dann nicht, wenn der Versicherte seine Stellung in anfechtbarer Weise (unentgeltliche Leistung der Insolvenzschuldnerin bei Vertrauensschadensversicherung) erlangt hat.[314] Bei der *Versicherung von Sicherungseigentum* ist zu bedenken, dass der Versicherte hinsichtlich der Sache nur ein Absonderungsrecht hat. Daher kann er genauso wie hinsichtlich des Sicherungseigentums auch aus dem Versicherungsanspruch nur abgesonderte Befriedigung verlangen.[315] Die Verfügungsbefugnis des Versicherungsnehmers über die Rechte des Versicherten (gem. § 45 VVG) bleibt aber auch im Insolvenzverfahren bestehen und geht auf den Insolvenzverwalter über.[316] Der Insolvenzverwalter des Versicherungsnehmers hat wegen der Gegenansprüche aus dem Innenverhältnis zum Versicherten ein Zurückbehaltungsrecht am Versicherungsschein, § 46 S. 1 VVG, und kann sich deswegen aus der Versicherungssumme vorab befriedigen, § 46 S. 2 VVG.[317] Zieht der Insolvenzverwalter die Versicherungsforderung ein, so kann der Versicherte analog § 48 S. 2 InsO Ersatzaussonderung verlangen, solange die Entschädigung in der Masse unterscheidbar vorhanden ist.[318] Der Verwalter handelt „unberechtigt", weil er durch die Einziehung das Aussonderungsrecht des Versicherten vereitelt.[319] Freilich besteht auch insoweit das Zurückbehaltungs- und Vorwegbefriedigungsrecht des Insolvenzverwalters gem. § 46 VVG. Ansonsten ist der Versicherte Massegläubiger gem. § 55 I Nr. 1 oder 3 InsO, bei einer Sicherungsübereignung aber nur in Höhe der gesicherten Forderung.[320] Hat der Versicherungsnehmer die Entschädigung vor Eröffnung des Insolvenzverfahrens eingezogen und ist die Summe nicht mehr unterscheidbar vorhanden, so ist der Versicherte nur einfacher Insolvenzgläubiger, § 38 InsO. Ein Recht auf Ersatzaussonderung besteht in diesem Fall nach § 48 S. 2 InsO nicht.[321] Das Geleistete ist kein aussonderungsfähiges Treugut.[322]

---

[310] MüKoInsO/*Ganter*, § 47 Rn. 307; für Ersatzaussonderung: *Canaris*, Rn. 2072.
[311] *Heinsius/Horn/Than*, § 32 Rn. 7; MüKoInsO/*Ganter*, § 47 Rn. 307; aA *Canaris*, Rn. 2072.
[312] Vgl. *Eberding* BuB 4/367.
[313] FK/*Imberger*, § 47 Rn. 63; MüKoInsO/*Ganter*, § 47 Rn. 312; Uhlenbruck/Hirte/Vallender/*Brinkmann*, § 47 Rn. 83; *Raiser* VersR 1954, 201, 202; *Gundlach* DZWIR 2000, 309, 310.
[314] LG München ZIP 2008, 1085 = WM 2008, 548; FK/*Imberger*, § 47 Rn. 63.
[315] MüKoInsO/*Ganter*, § 47 Rn. 312; Uhlenbruck/Hirte/Vallender/*Brinkmann*, § 47 Rn. 83.
[316] MüKoInsO/*Ganter*, § 47 Rn. 314; *Gundlach* DZWIR 2000, 309, 311 (jeweils noch zum gleichlautenden § 76 VVG aF).
[317] MüKoInsO/*Ganter*, § 47 Rn. 313; Uhlenbruck/Hirte/Vallender/*Brinkmann*, § 47 Rn. 83.
[318] BGHZ 10, 376, 384 = NJW 1953, 1825, 1826; MüKoInsO/*Ganter*, § 47 Rn. 314; Uhlenbruck/Hirte/Vallender/*Brinkmann*, § 47 Rn. 83; *Raiser* VersR 1954, 201, 203; *Gundlach* DZWIR 2000, 309, 310, 313.
[319] MüKoInsO/*Ganter*, § 47 Rn. 314.
[320] Uhlenbruck/Hirte/Vallender/*Brinkmann*, § 47 Rn. 83.
[321] MüKoInsO/*Ganter*, § 47 Rn. 314; krit. *Raiser* VersR 1954, 201, 204.
[322] Ersatzabsonderungsrecht bei Sicherungsübereignung, s dazu MüKoInsO/*Ganter*, § 47 Rn. 314; aA Uhlenbruck/Hirte/Vallender/*Brinkmann*, § 47 Rn. 83.

11. Anhalterecht beim internationalen Warenkauf. a) *Rechtsgrundlage.* Aussonderungskraft hat schließlich das Stoppungsrecht nach Art. 71 II CISG (Wiener UN-Kaufrechts-Übereinkommen 1980).[323] Der Verkäufer hat das Recht, die Ware auch noch während des Transports anzuhalten und ihre Aushändigung an den Käufer zu verhindern (right of stoppage in transit).[324] Das frühere nationale Verfolgungsrecht des § 44 KO[325] hat der Gesetzgeber wegen der damit verbundenen Bevorzugung des Verkäufers und seiner geringen praktischen Bedeutung beseitigt.[326] Das Anhalterecht beim internationalen Warenkauf besteht aber fort. Das CISG ist für Deutschland am 1.1.1991 in Kraft getreten. Gleichzeitig wurde das bisherige Einheitliche Gesetz über den internationalen Kauf beweglicher Sachen (EKG) aufgehoben. Für Verträge, die Gegenstand des EKG sind und vor dem Tag des Inkrafttretens des UN-Übereinkommens geschlossen wurden, bleibt es bei dem bisherigen, im Wesentlichen gleichen[327] Anhalterecht nach Art. 73 EKG.[328] 94

b) *Inhalt und Bedeutung.* Stoppungs- und Anhalterecht gehen beide davon aus, dass dem Verkäufer die endgültige Auslieferung der Ware an den Käufer nicht zumutbar ist, wenn sich die wirtschaftliche Lage des Käufers aus beliebigen Gründen nach Absendung der Ware verschlechtert, so dass zu befürchten ist, er werde den Kaufpreis im Wesentlichen nicht bezahlen können.[329] In diesem Fall kann sich der Verkäufer, der die Ware zuvor abgesendet hat, ihrer Aushändigung an den Käufer widersetzen. Anders als nach § 321 BGB genügt, dass die Verschlechterung der Lage dem Verkäufer nachträglich bekannt wurde.[330] Anders als das frühere Verfolgungsrecht nach § 44 KO setzt das Anhalterecht nicht voraus, dass vor Auslieferung der Ware das Insolvenzverfahren über das Vermögen des Käufers eröffnet wird oder seine Zahlungsschwierigkeiten sonst förmlich festgestellt wurde.[331] Das Anhalterecht besteht, bis die Ware dem Käufer oder auf seine Weisung einem Drittempfänger ausgehändigt wurde.[332] Eine Übergabe an einen Empfangsspediteur des Käufers schließt das Anhalterecht nicht aus. Es besteht nach Art. 71 II 1 CISG auch, wenn der Käufer bereits Traditions- oder Auslieferungspapiere in Händen hat.[333] 95

c) *Verhältnis zum Frachtrecht.* Das Anhalterecht richtet sich nur gegen den Käufer, nicht gegen den Beförderer.[334] Es hat rein kaufrechtliche Bedeutung. Die dingliche Rechtslage beeinflusst es unmittelbar nicht. Lässt sich der Käufer die Ware unter Vorlage der Papiere vom Beförderer aushändigen, obwohl der Verkäufer ihm gegenüber das 96

---

[323] BGBl. 1989 II S. 588; vgl. MüKoInsO/*Ganter,* § 47 Rn. 349; Uhlenbruck/Hirte/Vallender/*Brinkmann,* § 47 Rn. 84; aA *Jaeger/Henckel,* § 47 Rn. 170.
[324] *Pejovic,* Stoppage in Transit and Right of Control: „Conflict of Rules"? 20 Pace International Law Review (2008) 129.
[325] Zur Erläuterung s 1. Aufl. § 42; ferner *Marotzke,* Gegenseitige Verträge im neuen Insolvenzrecht, 2. Aufl. 1998, Rn. 7.68 ff., 9.58 ff.
[326] Vgl. *Häsemeyer,* Rn. 11.17.
[327] Vgl. *Bennet* in Bianca/Bonell, Commentary on the International Sales Law, 1987, Art. 71 Para 1.11, 2.7 et seq; *Schlechtriem/Schwenzer,* Kommentar zum Einheitlichen UN-Kaufrecht, 8. Aufl. 2008. Zu den Unterschieden *Schlechtriem/Schwenzer/Hornung/Fountoulakis,* Art. 71 Rn. 1.
[328] Art. 5 des Zustimmungsgesetzes; Uhlenbruck/Hirte/Vallender/*Brinkmann,* § 47 Rn. 84.
[329] MüKoHGB/*Mankowski,* Art. 71 CISG Rn. 35; *Djakhongir Saidov* in Kröll/Mistelis/Viscasillas, UN-Convention on the International Sales of Goods (CISG) 2011, Art. 71 Rn. 1.
[330] Staudinger/*Magnus,* Wiener UN-Kaufrecht, Neubearb 2005, Art. 71 Rn. 28, 53; *Dölle/Huber,* Kommentar zum Einheitlichen Kaufrecht, 1976, Art. 73 EKG Rn. 9, 33.
[331] *Behr,* S. 58; *Huber,* FS Weber S. 253, 260 f.
[332] MüKoHGB/*Mankowski,* Art. 71 CISG Rn. 40.
[333] MüKoHGB/*Mankowski,* Art. 71 CISG Rn. 38; *Djakhongir Saidov* in Kröll/Mistelis/Viscasillas, UN-Convention on the International Sales of Goods (CISG) 2011, Art. 71 Rn. 45.
[334] Art. 71 II 2 CISG; *Schlechtriem/Schwenzer/Hornung/Fountoulakis,* Art. 71 Rn. 38; *Honsell/Schnyder/Straub,* Art. 71 Rn. 72; Staudinger/*Magnus,* Art. 71 Rn. 54.

Anhalterecht geltend gemacht hat, so verletzt er seinerseits den Kaufvertrag und macht sich schadensersatzpflichtig.[335]

97 Besitzt der Verkäufer noch *das frachtrechtliche Weisungsrecht,* zB nach § 418 HGB,[336] so kann er den Beförderer anweisen, die Ware nicht auszuliefern, zurückzutransportieren oder nur gegen Barzahlung auszuhändigen. Mit dieser Weisung übt der Verkäufer zugleich sein Stoppungs- bzw. Anhalterecht gegenüber dem Käufer aus. Ist der Verkäufer nicht (mehr) weisungsbefugt, so darf der Beförderer gleichwohl die Bitte des Verkäufers beachten. Damit ihn der Käufer nicht schadensersatzpflichtig machen kann, wird er sich vom Verkäufer aufgrund seines Freistellungsanspruchs nach §§ 675, 670 BGB dessen Schadensersatzanspruch gegen den Käufer wegen der unberechtigten Auslieferung abtreten lassen. Damit kann er den Arglisteinwand erheben.[337] Das Anhalten der Ware ist auch gegenüber anderen Insolvenzgläubigern gerechtfertigt und unterliegt nicht der Insolvenzanfechtung nach § 130 InsO.[338]

98 **d)** *Erlöschen.* Das Anhalterecht ist kein Rückforderungsrecht. Es endet daher, wenn der Käufer tatsächlichen Gewahrsam an der Sache erlangt oder diese mit seinem Willen einem Dritten, der nicht Beförderer ist, ausgehändigt wird.[339] Nach Art. 73 III EKG endete das Anhalterecht schon vorher, wenn ein Dritter in den Besitz negotiabler Papiere über die Ware gelangt, sofern diese Urkunden keine Vorbehalte enthalten, die ihre Verkehrsfähigkeit ausschließen,[340] oder der Dritte beim Erwerb der Papiere bewusst zum Nachteil des Verkäufers gehandelt hat.[341] Art. 71 II CISG enthält keine entsprechende direkte Regelung. Da das Stoppungsrecht aber nur im Verhältnis Verkäufer-Käufer besteht,[342] endet es notwendig, sobald Dritte Rechte an der Ware erwerben.

Das Anhalterecht erlischt nach Art. 71 III 2. Hs CISG, wenn die Gegenseite für die Erfüllung ihrer Pflichten ausreichende Gewähr gibt, also ausreichende Sicherheit durch Bankgarantie, Bürgschaft etc leistet.[343]

III. Aussonderungssperre der Gesellschafter bei Nutzungsüberlassungen

99 Das am 1.11.2008 in Kraft getretene Gesetz zur Modernisierung des GmbH-Rechts und zur Bekämpfung von Missbräuchen (MoMiG)[344] hat mit § 135 III InsO eine die Regeln der eigenkapitalersetzenden Nutzungsverhältnisse ablösende insolvenzrechtliche Lösung im Anfechtungsrecht gebracht.[345] Wurde dem Schuldner von einem Gesellschafter ein Gegenstand zum Gebrauch oder zur Ausübung überlassen, so kann der Aussonderungsanspruch während der Dauer des Insolvenzverfahrens, höchstens aber für eine Zeit von einem Jahr ab der Eröffnung des Insolvenzverfahrens nicht geltend gemacht werden, wenn der Gegenstand für die Fortführung des Unternehmens des Schuldners von erheblicher Bedeutung ist. Für den Gebrauch oder die Ausübung des

---

[335] Staudinger/*Magnus,* Art. 71 Rn. 54.
[336] Zum Verhältnis zum Stoppungsrecht s *Meyer-Rehfueß,* Das frachtrechtliche Weisungsrecht, 1995, S. 12 ff.
[337] *Staub/Koller,* Vor § 373 Rn. 533; im Erg auch *Dölle/Huber,* Art. 73 Rn. 46; aA MüKoInsO/ *Ganter,* § 47 Rn. 350 (Abtretung des Verschaffungsanspruchs).
[338] Vgl. *Dölle/Huber,* Art. 73 Rn. 47; *Huber,* FS Weber S. 253, 270 ff.
[339] *Schlechtriem/Schwenzer/Hornung/Fountoulakis,* Art. 71 Rn. 35, 40; *Honsell/Schnyder/Straub,* Kommentar zum UN-Kaufrecht, 1996, Art. 71 Rn. 55; Staudinger/*Magnus,* Art. 71 Rn. 55.
[340] *Staub/Koller,* Vor § 373 Rn. 533.
[341] Vgl. *Dölle/Huber,* Art. 73 Rn. 63 ff.
[342] *Schlechtriem/Schwenzer/Hornung/Fountoulakis,* Art. 71 Rn. 38.
[343] *Honsell/Schnyder/Straub,* Art. 71 Rn. 46 ff.
[344] BGBl. I, S. 2026.
[345] *Spliedt* ZIP 2009, 149, 156 f.; *K. Schmidt* DB 2008, 1727; *Marotzke* ZInsO 2008, 1108 und 1281; *Hirte* ZInsO 2008, 689, 692 f.; *Göcke/Henkel* ZInsO 2008, 170; *Römermann* NZI 2008, 641, 644 f.; *Altmeppen* NJW 2008, 3601, 3607 ff.; *Gundlach/Frenzel/Strandmann* NZI 2008, 647, 651 f.; *Burg/Blasche* GmbHR 2008, 1250; *Wälzholz* GmbHR 2008, 841, 847 f.

Gegenstandes gebührt dem Gesellschafter ein Ausgleich; bei der Berechnung ist der Durchschnitt der im letzten Jahr vor Verfahrenseröffnung geleisteten Vergütung in Ansatz zu bringen, bei kürzerer Dauer der Überlassung ist der Durchschnitt während dieses Zeitraums maßgebend.

Der systematische Standort der Vorschrift ist falsch gewählt, weil es sich nicht um eine Anfechtungsregelung, sondern um eine die Bestimmungen des § 47 bzw. der §§ 103 ff. InsO modifizierende Regelung handelt.[346] § 135 III InsO ist unabhängig von einer Anfechtung. Das Recht der gesellschaftsrechtlichen Nutzungsüberlassung wurde erst durch den Rechtsausschuss auf eine gesetzliche insolvenzrechtliche Grundlage gestellt,[347] nachdem in den Entwürfen eine Regelung fehlte.

Der Gesetzgeber hat die Vorschrift damit begründet, dass nach dem Wegfall des Rechts der eigenkapitalersetzenden Nutzungsüberlassungen im eröffneten Verfahren ein sofortiger Abzug von zur Fortführung des Betriebes notwendigen Gegenständen drohe. Dabei hat der Gesetzgeber offensichtlich die sowohl für Gesellschafter als auch für Dritte ein solches Recht ausschließenden Grenzen der §§ 103, 108, 112, 119 InsO verkannt, so dass es durchaus richtig erscheint, wenn insofern von der Bekämpfung eines Phantoms gesprochen wurde.[348]

Vor diesem Hintergrund ist heute vor allem unklar, wie das Verhältnis des § 135 III InsO zu § 108 InsO für unbewegliche und § 103 InsO für bewegliche Sachen zu bestimmen ist.[349] Fraglich ist auch, ob die Besserstellung des Gesellschafters durch § 135 III 2 InsO in den Fällen zu rechtfertigen ist, in denen das Rechtsverhältnis aufgrund der §§ 103, 108 InsO fortbesteht, es also eines Aussonderungsstopps nicht bedurft hätte. Zudem ist bei der Berechnung der Ausgleichszahlung unklar, ob auch anfechtbare Zahlungen zu berücksichtigen sind.

IV. Rechtsstellung des Ehegatten

1. Keine Haftung. Niemand haftet ohne besonderen Rechtsgrund für Schulden des Ehegatten. Deshalb stehen sämtliche Aussonderungsmöglichkeiten auch dem Ehegatten des Insolvenzschuldners zu.[350] Nach allgemeinen Beweislastregeln muss der Ehegatte jedoch die Voraussetzungen seines Aussonderungsanspruchs beweisen.[351]

2. Besondere Eigentumsvermutung für bewegliche Sachen. Bei beweglichen Sachen kann sich der aussondernde Ehegatte zum Beweis seines Eigentums nicht auf die Vermutung des § 1006 BGB stützen.[352] Denn danach würde ein bei gemeinsamem Haushalt meist gegebener Mitbesitz häufig zu Unrecht auf Miteigentum hindeuten. Da zudem zur Übereignung unter mitbesitzenden Ehegatten die schlichte Einigung gem. den §§ 930, 868 BGB genügt,[353] da sich die Eheleute des gesetzlichen Besitzmittlungsverhältnisses der Ehe bedienen, ist die Eigentumslage für Dritte kaum durchschaubar. Um Gläubigern eines Ehegatten die Zwangsvollstreckung zu erleichtern, wird deshalb nach § 1362 I 1 BGB zu ihren Gunsten widerleglich vermutet, dass bewegliche Sachen,

---

[346] Die Regelung ist wohl an dieser Stelle erfolgt, weil das Belassenmüssen des Wirtschaftsgutes in der Krise früher als Problem des § 30 GmbHG galt, so *K. Schmidt* DB 2008, 1727, 1732.
[347] Begr Beschlussempfehlung und Bericht des Rechtsausschusses, BT-Drucks. 16/9737, S. 106 f.
[348] *Marotzke* ZInsO 2008, 1281, 1283.
[349] Dazu *K. Schmidt* DB 2008, 1727, 1732; *Marotzke* ZInsO 2008, 1281, 1281, 288.
[350] MüKoInsO/*Ganter*, § 47 Rn. 437; Uhlenbruck/Hirte/Vallender/*Brinkmann*, § 47 Rn. 7; *Hess*, InsO, § 47 Rn. 27; Nerlich/Römermann/*Andres*, § 47 Rn. 56.
[351] Nerlich/Römermann/*Andres*, § 47 Rn. 56.
[352] *Gernhuber/Coester-Waltjen*, Familienrecht, 5. Aufl. 2006, § 22 II 1; MüKoInsO/*Ganter*, § 47 Rn. 440; Uhlenbruck/Hirte/Vallender/*Brinkmann*, § 47 Rn. 7; *Hess*, InsO, § 47 Rn. 27; Nerlich/Römermann/*Andres*, § 47 Rn. 56.
[353] So BGHZ 73, 253 = NJW 1979, 976; BGH NJW 1992, 1162, 1163; MüKoInsO/*Ganter*, § 47 Rn. 440.

§ 40 103, 104   Kap. III. 6. Abschnitt. Aussonderung, Absonderung, Aufrechnung

Inhaberpapiere oder blanko indossierte Orderpapiere, § 1362 I 3 BGB, im Besitz eines oder beider Ehegatten dem Schuldner gehören. Nach hM ist diese Vermutung mit Art. 6 I GG vereinbar.[354] Eine parallele Vorschrift enthält § 8 LPartG. Ob darüber hinaus eine analoge Anwendung auf Partner nichtehelicher Lebensgemeinschaften erfolgen sollte, ist stark umstritten. Hier geht es um die Frage, ob es verfassungsmäßig zulässig ist, einerseits die Gläubiger von Ehegatten und sonstigen Partnern nichtehelicher Lebensgemeinschaften unterschiedlich zu behandeln (Maßstab Art. 3 I GG) und ob es zulässig ist, die Ehepartner schlechter zu behandeln als die Partner einer nichtehelichen Lebensgemeinschaft (Maßstab Art. 6 I GG). Eine analoge Anwendung des § 1362 I BGB auf zusammenlebende erwachsene Verwandte oder Partner nichtehelicher Lebensgemeinschaften wird vielfach vertreten,[355] wird jedoch von der hM vor allem aufgrund des Fehlens einer planwidrigen Regelungslücke[356] abgelehnt. Dies dürfte heute schwer zu halten sein: Dass der Gesetzgeber bei Inkrafttreten des § 1362 BGB 1957 die umfassende Verbreitung und soziale Anerkennung eheähnlicher Lebensgemeinschaften voraussehen konnte (mit der Folge einer bewussten Regelungslücke), ist schwer vorstellbar. Wenn etwas gegen eine analoge Anwendung spricht, dann wohl praktische Fragen der Abgrenzung bestimmter Lebensgemeinschaften, in denen eine solche Vermutung Sinn macht und Fragen der Formalisierung des Zwangsvollstreckungsrechts bei Anwendung des § 739 ZPO durch den Gerichtsvollzieher.[357]

103   Die Vermutung gilt auch im Insolvenzverfahren eines Ehegatten *zugunsten* seines *Insolvenzverwalters*.[358] Sie hat zur Folge, dass der Insolvenzverwalter, der eine Sache zur Insolvenzmasse ziehen will, nur den Besitz eines der Ehegatten nachweisen muss. Dagegen hat der Ehegatte, der Aussonderung begehrt, die Vermutung zu widerlegen und sein Eigentum voll nachzuweisen,[359] ohne sich auf die Vermutung des § 1006 BGB stützen zu können.[360] Verlangt der Insolvenzverwalter vom anderen Ehegatten Rückgewähr wegen Anfechtung einer unentgeltlichen Leistung, §§ 134, 143 InsO, so kann er sich auf die Vermutung des § 1362 I 1 BGB berufen, um zu beweisen, dass der Gegenstand zuvor Eigentum des Insolvenzschuldners war. Die Eigentumsvermutung führt somit indirekt zu einer Vermutung für die Unentgeltlichkeit der Verfügung des Insolvenzschuldners.[361] Nach dem früheren § 45 KO musste der aussondernde Ehegatte zusätzlich beweisen, dass er den Gegenstand nicht mit Mitteln des Insolvenzschuldners erworben hatte. Diese Bestimmung wurde vom Bundesverfassungsgericht wegen Verstoßes gegen Art. 6 I GG für nichtig erklärt.[362]

104   Die Vermutung des § 1362 BGB gilt *bei allen Güterständen,* auch bei Gütertrennung.[363] Bei Gütergemeinschaft kommt sie aber nur für Sachen zur Anwendung, die nicht zum Gesamtgut gehören. Für das Gesamtgut haben die §§ 1416 BGB, 37 InsO Vorrang.[364] Die Vermutung des § 1362 BGB ist widerlegt, wenn der Ehegatte vorehe-

---

[354] Palandt/*Brudermüller*, § 1362 Rn. 1; *Gernhuber/Coester-Waltjen*, Familienrecht, § 22 II 1; MüKoInsO/*Ganter*, § 47 Rn. 438; differenzierend MüKoBGB/*Weber-Monecke*, § 1362 Rn. 10; aA *Brox* FamRZ 1981, 1125; zweifelnd *Bruns/Heese* LMK 2007, 226, 293.
[355] Palandt/*Brudermüller*, Einl v. § 1297 Rn. 28; *Thran* NJW 1995, 1458.
[356] BGH NJW 2007, 992 (*Metz* 995); MüKoBGB/*Weber-Monecke*, § 1362 Rn. 10 (mit umfangreichen Nachweisen zum Streitstand in Fn. 17); *Jauernig/Berger*, § 1362 Rn. 2; MüKoInsO/*Ganter*, § 47 Rn. 438.
[357] Brox/*Walker*, Zwangsvollstreckungsrecht, Rn. 241.
[358] *Gernhuber/Coester-Waltjen*, Familienrecht, § 22 II 2; MüKoBGB/*Weber-Monecke*, § 1362 Rn. 20; MüKoInsO/*Ganter*, § 47 Rn. 440; Palandt/*Brudermüller*, § 1362 Rn. 6.
[359] *H. Müller*, Zwangsvollstreckung gegen Ehegatten, 1970, S. 65; *Baumann*, S. 115.
[360] MüKoInsO/*Ganter*, § 47 Rn. 440.
[361] *H. Müller*, Zwangsvollstreckung gegen Ehegatten, S. 70.
[362] BVerfGE 24, 104 = NJW 1968, 1771; krit. *H. Müller* KTS 1969, 157.
[363] MüKoBGB/*Weber-Monecke*, § 1362 Rn. 14.
[364] MüKoBGB/*Weber-Monecke*, § 1362 Rn. 14; Palandt/*Brudermüller*, § 1362 Rn. 1.

chen Besitz der Sache nachweisen kann.[365] Nach § 1006 BGB begründet dieser dann die Vermutung für Erwerb und Fortdauer des Eigentums.[366] Die Vermutung gilt nicht für ausschließlich zum persönlichen Gebrauch eines Ehegatten bestimmte Sachen, § 1362 II BGB. Sie gilt ferner nicht mehr, sobald die Eheleute getrennt leben, für Sachen im Besitz eines Ehegatten, § 1362 I 2 BGB.

In der *Insolvenz beider Eheleute* heben sich die widersprechenden Vermutungen auf. Eine Vermutung zugunsten des zuerst eröffneten Insolvenzverfahrens lässt sich nicht rechtfertigen; vielmehr gilt wieder § 1006 BGB.[367]

3. Gütergemeinschaft. Leben die Eheleute in Gütergemeinschaft, so kommt es darauf an, wer das Gesamtgut verwaltet.   105

(1) Fällt der Ehegatte in Insolvenz, der das Gesamtgut allein verwaltet, so gehört es nach § 37 I 1 InsO zur Insolvenzmasse; der andere Ehegatte kann keine Aussonderung verlangen. Er kann nur sein Sondergut und Vorbehaltsgut aussondern.[368]

(2) Fällt der nichtverwaltende Ehegatte in Insolvenz, so gehört das Gesamtgut nicht zur Insolvenzmasse, § 37 I 3 InsO.[369]

(3) Verwalten die Eheleute das Gesamtgut gemeinschaftlich, so kann darüber ein Sonderinsolvenzverfahren gem. §§ 11 II Nr. 2, 333 InsO eröffnet werden.[370] Das Einzelinsolvenzverfahren eines Ehegatten berührt das Gesamtgut dagegen nicht, § 37 II InsO.

IV. Durchsetzung der Aussonderung

1. Der Aussonderungsrechtsstreit. a) Nach § 47 InsO ist das Aussonderungsrecht   106
außerhalb des Insolvenzverfahrens geltend zu machen. Der Aussonderungsrechtsstreit ist daher vor den ordentlichen Gerichten und nicht vor dem Insolvenzgericht zu führen. Auch der Versuch der Praxis, dies durch Beschwerden an das Insolvenzgericht über den Insolvenzverwalter zu umgehen, ist nicht zulässig.[371] Der jeweilige *Klageantrag* richtet sich nach dem auszusondernden Recht (Auskunft, Herausgabe, Grundbuchberichtigung, Rückabtretung, Feststellung, Zustimmung zur Herausgabe, Unzulässigerklärung einer Zwangsverwertung usw). Die Befugnis zur Aussonderung kann aktiv oder auch einredeweise gegenüber einem Herausgabebegehren oder mittels Drittwiderspruchsklage nach § 771 ZPO gegenüber einer Zwangsverwertung durch den Insolvenzverwalter geltend gemacht werden.[372] Auch Unterlassung (§ 1004 BGB) kommt in Betracht, wenn der Insolvenzverwalter ein angeblich der Masse zustehendes Eingriffsrecht (zB eine Dienstbarkeit) beansprucht.[373] Da ein individueller Gegenstand betroffen ist, kann nur im ordentlichen Verfahren, nicht im Urkundenprozess geklagt werden.[374]

In jedem Fall muss der Aussonderungsberechtigte zur Verwirklichung seines Anspruchs die Gerichte bemühen, wenn der Anspruch nicht freiwillig erfüllt wird. Ein Eigentümer muss seinen Herausgabeanspruch (§ 985 BGB) außerhalb des Insolvenzver-   107

---

[365] BGH NJW 1976, 238; MüKoBGB/*Weber-Monecke*, § 1362 Rn. 23.
[366] *Gernhuber/Coester-Waltjen*, § 22 II 2; MüKoBGB/*Weber-Monecke*, § 1362 Rn. 23.
[367] *Brox* FamRZ 1968, 408; MüKoInsO/*Ganter*, § 47 Rn. 444; Uhlenbruck/Hirte/Vallender/*Brinkmann*, § 47 Rn. 7; Nerlich/Römermann/*Andres*, § 47 Rn. 57; *Jaeger/Henckel*, InsO, § 47 Rn. 93.
[368] MüKoInsO/*Ganter*, § 47 Rn. 445; Nerlich/Römermann/*Andres*, § 47 Rn. 58.
[369] MüKoInsO/*Ganter*, § 47 Rn. 445; Uhlenbruck/Hirte/Vallender/*Brinkmann*, § 47 Rn. 7; Nerlich/Römermann/*Andres*, § 47 Rn. 58.
[370] Vgl. *Schuler* NJW 1958, 1609; MüKoInsO/*Ganter*, § 47 Rn. 445.
[371] FK/*Imberger*, § 47 Rn. 88.
[372] *Hess*, InsO, § 47 Rn. 379; HK/*Eickmann*, § 47 Rn. 18; Uhlenbruck/Hirte/Vallender/*Brinkmann*, § 47 Rn. 110.
[373] Uhlenbruck/Hirte/Vallender/*Brinkmann*, § 47 Rn. 73, 110; Nerlich/Römermann/*Andres*, § 47 Rn. 51; *K. Schmidt* ZZP 90 (1977), 38, 46.
[374] OLG Düsseldorf ZIP 2003, 542; MüKoInsO/*Ganter*, § 47 Rn. 480.

fahrens einklagen und notfalls mittels Herausgabevollstreckung (§ 883 ZPO) realisieren. Die Eröffnung des Insolvenzverfahrens ändert hieran nichts. Ein Recht auf *Selbsthilfe* in Form eines Rechts auf eigenmächtige Wegnahme besteht weder vor der Eröffnung[375] noch nach Eröffnung des Insolvenzverfahrens.[376] Die Befugnis, einen Insolvenzantrag zu stellen (§ 13 InsO), steht dem Aussonderungsberechtigten nicht zu.[377] Eine frühere Gestattung der Wegnahme durch den Insolvenzschuldner bindet den Insolvenzverwalter nicht und ist überdies stets widerruflich.

108 **b)** *Gegner des Aussonderungsbegehrens* ist der Insolvenzverwalter.[378] Denn seiner Verwaltung unterliegt zunächst einmal die „Istmasse", § 148 I InsO.[379] Das Gesetz geht daher davon aus, dass die Massebereinigung um Aus- und Absonderungsrechte durch und gegenüber dem Insolvenzverwalter erfolgt (vgl. §§ 165 ff. InsO). Ist freilich offensichtlich, dass ein Gegenstand nicht zur Insolvenzmasse gehört, so darf ihn auch der Insolvenzverwalter nicht als deren Teil behandeln (→ Rn. 3). In den typischen Aussonderungsfällen ist die Zugehörigkeit zur Sollmasse aber häufig zweifelhaft und nicht auf Anhieb entscheidbar. Betrachtet der Insolvenzverwalter den Gegenstand daher als Teil der Insolvenzmasse, so ist ein Rechtsstreit um das Aussonderungsrecht auch mit ihm zu führen. Entsprechend ist ein bei Eröffnung des Insolvenzverfahrens bereits gegen den Insolvenzschuldner anhängiger Prozess nach § 86 I InsO mit oder durch den Insolvenzverwalter fortzusetzen (→ § 32 Rn. 36).

109 Sieht der Insolvenzverwalter den Gegenstand nicht als Teil der Insolvenzmasse an und gibt ihn frei, behauptet aber der Insolvenzschuldner, der Gegenstand gehöre zu seinem insolvenzfreien Vermögen, so muss der Gläubiger sein Herausgabebegehren gegen den Insolvenzschuldner verfolgen.[380] Es handelt sich dann aber im technischen Sinne nicht um Aussonderung; ein anhängiger Prozess kann vom Insolvenzschuldner wie vom Gläubiger aufgenommen werden, vgl. § 85 II InsO (→ § 32 Rn. 29).

110 **c)** Der Insolvenzverwalter hat die geltend gemachten Aussonderungsrechte bereits außerprozessual auf ihre Begründetheit zu prüfen. Vor der *Anerkennung* eines Aussonderungsanspruchs hat er nur noch in besonders bedeutsamen Fällen die Genehmigung des Gläubigerausschusses, hilfsweise der Gläubigerversammlung, einzuholen[381] (§ 160 I 1 InsO) und dem Insolvenzschuldner vor der Beschlussfassung des Ausschusses bzw. der Befriedigung des Anspruchs rechtzeitig Mitteilung zu machen und Gelegenheit zur Stellungnahme zu geben (§ 161 S. 1 InsO). Verstöße gegen diese Pflichten wirken nur im Innenverhältnis, nicht jedoch gegenüber dem Dritten (§ 164 InsO). Erkennt der Insolvenzverwalter einen Aussonderungsanspruch außerprozessual irrtümlich an, so liegt in der Herausgabe des Gegenstandes keine Veräußerung; der Insolvenzverwalter kann den Gegenstand daher zurückfordern.[382] Im Aussonderungsprozess kann der Insolvenzverwalter stets einen Prozessvergleich abschließen und darin das Aussonderungsrecht anerkennen, auch wenn er rechtsgeschäftlich ein nicht bestehendes Aussonderungsrecht nicht begründen kann.[383] Im Außenverhältnis beendet der Vergleich den Prozess und ist

---

[375] *Baur/Stürner*, Sachenrecht, § 11 I 2.
[376] FK/*Imberger*, § 47 Rn. 71; *Schlosser*, Rn. 301.
[377] *Gerhardt* in Aktuelle Probleme, S. 127, 129 f.
[378] MüKoInsO/*Ganter*, § 47 Rn. 478; Uhlenbruck/Hirte/Vallender/*Brinkmann*, § 47 Rn. 110; Nerlich/Römermann/*Andres*, § 47 Rn. 61; *Smid*, § 47 Rn. 4.
[379] Uhlenbruck/Hirte/Vallender/*Brinkmann*, § 47 Rn. 99; *Häsemeyer*, Rn. 11.27. Gegen den Begriff freilich *Niesert* InVo 1998, 85, 86.
[380] MüKoInsO/*Ganter*, § 47 Rn. 478.
[381] MüKoInsO/*Ganter*, § 47 Rn. 456; Uhlenbruck/Hirte/Vallender/*Brinkmann*, § 47 Rn. 100; Nerlich/Römermann/*Andres*, § 47 Rn. 59.
[382] *Hess*, InsO, § 47 Rn. 362; MüKoInsO/*Ganter*, § 47 Rn. 457; Uhlenbruck/Hirte/Vallender/*Brinkmann*, § 47 Rn. 100; Nerlich/Römermann/*Andres*, § 47 Rn. 59.
[383] Vgl. MüKoInsO/*Ganter*, § 47 Rn. 14; *Jaeger/Henckel*, § 47 Rn. 29.

d) Der *Gerichtsstand* für eine Aussonderungsklage richtet sich nach den allgemeinen Regeln, §§ 12 ff. ZPO. Gem § 19a ZPO bestimmt sich der *allgemeine Gerichtsstand des Insolvenzverwalters* für Passivklagen, die sich auf die Insolvenzmasse beziehen, nach dem Sitz des Insolvenzgerichts, wobei sich dessen örtliche Zuständigkeit ihrerseits nach dem allgemeinen Gerichtsstand des Insolvenzschuldners bzw. dem Ort von dessen selbstständiger wirtschaftlicher Betätigung bestimmt, § 3 I InsO.[385] Der Gesetzgeber hat damit eine Fehlentscheidung des BGH[386] korrigiert, wonach als Folge der Amtstheorie auf den Wohnsitz des Insolvenzverwalters abzustellen sei. Da in der Praxis gerade bei größeren Insolvenzverfahren Verwalter aus allen Landesteilen bestellt werden, führte die Anknüpfung an den privaten Wohnsitz des Insolvenzverwalters zu einer willkürlichen Gerichtsstandsverlagerung. Bei Handelsgesellschaften widersprach die Anknüpfung an den Wohnsitz des Insolvenzverwalters der Handelsregisterpublizität, wonach eine Gesellschaft ihren Sitz zum Handelsregister anzumelden und an dem angemeldeten Sitz verklagt werden kann (vgl. §§ 17 ZPO, 29 HGB). Auch bei natürlichen Personen als Insolvenzschuldner darf ein Gläubiger darauf vertrauen, dass er an dem Ort klagen kann, an dem in der Person des Insolvenzschuldners bisher ein Gerichtsstand begründet war. Der Einzelkaufmann hat seine Firma am Ort seiner Handelsniederlassung zum Handelsregister anzumelden und kann unter seiner Firma verklagt werden (§ 17 II HGB). Die Bestellung eines auswärts wohnenden Insolvenzverwalters ist mit einer Sitzverlegung eines Handelsgeschäfts nicht zu vergleichen. Dieser Interessenlage trägt § 19a ZPO jetzt Rechnung.

Da § 19a ZPO kein ausschließlicher Gerichtsstand ist, kommen als *besondere Gerichtsstände* für Aussonderungsklagen auch der dingliche Gerichtsstand (§ 24 ZPO), der Gerichtsstand der Erbschaft (§ 27 ZPO) und der Gerichtsstand des Erfüllungsortes (§ 29 ZPO) in Betracht.[387]

Bei der Entscheidung, ob *Gerichtsstandsvereinbarungen* zwischen Gläubiger und Insolvenzverwalter zulässig und bindend sind, ist zu differenzieren. Hat der Schuldner vor der Insolvenz eine Gerichtsstandsvereinbarung gem. § 38 ZPO abgeschlossen, ist der Insolvenzverwalter nach überwiegender Ansicht an diese grundsätzlich gebunden, obwohl er selbst nicht zum prorogationsbefugten Personenkreis gehört.[388] Der Abschluss einer Gerichtsstandsvereinbarung soll dem Insolvenzverwalter jedoch verwehrt sein, weil er nicht in den engen persönlichen Anwendungsbereich der Vorschrift falle, da er nicht Vollkaufmann sei.[389] Nach hier vertretener Ansicht ist der Insolvenzverwalter sowohl selbst prorogationsbefugt als auch an eine geschlossene Gerichtsstandsvereinbarung gebunden. Der Wortlaut des § 38 ZPO ist insoweit teleologisch zu reduzieren.[390] Gründe der Rechtsklarheit, die gegen eine Erweiterung sprächen,[391] haben dahinter zurückzutreten. Sinn der Prorogationsbeschränkung ist es, nur hinreichend geschäftserfahrene

---

[384] *Lent* KTS 1957, 27.
[385] Vgl. Stein/Jonas/*Roth,* § 19a ZPO Rn. 3; *Jaeger/Henckel,* § 47 Rn. 162.
[386] BGHZ 88, 331 = NJW 1984, 739; ebenso OLG Celle KTS 1974, 238.
[387] Uhlenbruck/Hirte/Vallender/*Brinkmann,* § 47 Rn. 108; *Jaeger/Henckel,* § 47 Rn. 162.
[388] Musielak/*Heinrich,* ZPO, § 38 Rn. 11; Baumbach/Lauterbach/Albers/*Hartmann,* ZPO, § 38 Rn. 15; Stein/Jonas/*Bork,* ZPO, § 38 Rn. 50; aA MüKoZPO/*Patzina,* § 38 Rn. 20 (jedoch nicht konkret zum Insolvenzverwalter).
[389] OLG Bamberg OLGR 1998, 302; Musielak/*Heinrich,* ZPO, § 38 Rn. 10; MüKoZPO/*Patzina,* § 38 Rn. 15.
[390] Ebenso G. *Wagner,* Prozessverträge 1998, S. 560 f.; *Krügermeyer-Kalthoff/Reutershan* MDR 2001, 1216, 1219; Zöller/*Vollkommer,* ZPO, § 38 Rn. 18.
[391] So Stein/Jonas/*Bork,* ZPO, § 38 Rn. 11.

Personen zu erfassen, denen auch an einem entfernten Gerichtsort eine sachgerechte Verfolgung ihres Rechts möglich und zumutbar ist. Bei Insolvenzverwaltern ist dies ohne Weiteres der Fall.[392]

114 Die Bindung an geschlossene und der Abschluss von *Schiedsvereinbarungen* stellt sich anders dar, weil das Schiedsverfahrensrecht keine dem § 38 ZPO vergleichbare subjektive Prorogationsbeschränkung kennt. Sinnigerweise ist in Deutschland die Abwahl staatlicher Gerichtszuständigkeit weitergehend zulässig als die Disposition innerhalb staatlicher Gerichtszuständigkeit! Hatte der Schuldner eine Schiedsvereinbarung abgeschlossen, so ist der Insolvenzverwalter an diese grds. gebunden, da er die Rechtslage so zu übernehmen hat, wie er sie vorfindet.[393] Der Insolvenzverwalter hat nach der Eröffnung weder ein Wahlrecht nach § 103 InsO, da die Schiedsvereinbarung kein gegenseitiger Vertrag ist, noch erlischt die Schiedsvereinbarung nach § 115 InsO, da es sich nicht um einen Auftrag handelt.[394] Schließt aber der spätere Gemeinschuldner eine Schiedsvereinbarung zu einem Zeitpunkt, in dem er die Verfügungsbefugnis bereits verloren hat (§§ 22 I; 80 I InsO), so ist der Insolvenzverwalter hieran nicht gebunden.

115 Der Verwalter kann die Schiedsvereinbarung selbst nicht anfechten, weil es in aller Regel an einer objektiven Gläubigerbenachteiligung fehlt.[395] Von dieser Frage der Anfechtung einer Schiedsvereinbarung ist die der Bindung des Insolvenzverwalters an eine Schiedsvereinbarung für einen Anfechtungsrechtsstreit zu unterscheiden.[396]

Trifft der Insolvenzverwalter eine *Schiedsvereinbarung,* so entfällt insgesamt die Zuständigkeit staatlicher Gerichte. Es handelt sich um einen schiedsfähigen Streitgegenstand, da ein vermögensrechtlicher Anspruch iS § 1030 I ZPO gegeben ist.[397] Auf die Vergleichsfähigkeit, die nach altem Recht bedeutsam war, kommt es nur in den in § 1030 I 2 ZPO genannten Fällen an.[398] Selbst wenn der Insolvenzverwalter hierfür die Zustimmung des Gläubigerausschusses gem. § 160 II Nr. 3 InsO (erheblicher Streitwert) einholen müsste, änderte dies nichts an der Wirksamkeit der Schiedsvereinbarung im Außenverhältnis (§ 164 InsO).[399]

116 e) Der Aussonderungsanspruch kann *Handelssache* nach § 95 I Nr. 1 GVG sein.[400]

117 f) Ein bei Verfahrenseröffnung bereits anhängiger Herausgabeprozess wird zunächst unterbrochen, § 240 ZPO, kann aber nach § 86 I Nr. 1 InsO sowohl vom Insolvenzverwalter als auch vom Gegner aufgenommen werden. Erkennt der Verwalter den Anspruch sofort an, so ist der Kostenerstattungsanspruch des Gegners bloße Insolvenzforderung, § 86 II InsO.[401]

---

[392] *Adolphsen* in Bork (Hrsg.), Handbuch des Insolvenzanfechtungsrechts, 2006, Kap 19 Rn. 39 S. 635.
[393] So schon RGZ 137, 111; in der Folge BGHZ 24, 18; BGH Urteil vom 3.5.2000, Az: XII ZR 42/98 = NJW 2000, 2346 (Mietvertrag); *Schwab/Walter,* Schiedsgerichtsbarkeit, 7. Aufl. 2005, Kap 7 Rn. 33 (s 63 f.); MüKoZPO/*Münch,* § 1029 Rn. 50; zur genauen Begründung *Flöther* DZWIR 2001, 89, 93; aA *Häsemeyer,* Insolvenzrecht, Rn. 13.28; im Anschluss auch *Schulte-Frohlinde/Wilts* ZInsO 2006, 196.
[394] BGH ZInsO 2004, 88 = DZWIR 2004, 161 (*Flöther* 162).
[395] *Flöther,* Auswirkungen des inländischen Insolvenzverfahrens auf Schiedsverfahren und Schiedsabrede, 2001, S. 73 ff.; *ders.* DZWiR 2001, 89, 94; *ders.* DZWIR 2004, 162; *Kück* ZInsO 2006, 11, 14; KG Berlin, Beschluss vom 31.3.2003, Az: 23 Sch 5/03; wohl auch BGH ZInsO 2004, 88.
[396] *Adolphsen* in Bork (Hrsg.), Handbuch des Insolvenzanfechtungsrechts, Kap 19 Rn. 40 f.
[397] *Flöther,* Auswirkungen des inländischen Schiedsverfahrens auf Schiedsverfahren und Schiedsabrede, 2001, S. 60 ff.; *ders.* DZWiR 2001, 89, 93; *ders.* DZWIR 2004, 162; *Kück* ZInsO 2006, 11, 12.
[398] Daher ist BGH NJW 1956, 1920 nicht mehr einschlägig.
[399] MüKoZPO/*Münch,* 2. Aufl. 2000, § 1030 Rn. 19; Musielak/*Voit,* ZPO, 4. Aufl. 2005, § 1029 Rn. 5.
[400] MüKoInsO/*Ganter,* § 47 Rn. 477; *Hess,* InsO, § 47 Rn. 376; *Jaeger/Henckel,* § 47 Rn. 163; Uhlenbruck/Hirte/Vallender/*Brinkmann,* § 47 Rn. 108; 61, 62.
[401] Uhlenbruck/Hirte/Vallender/*Brinkmann,* § 47 Rn. 109.

g) *Kosten bei sofortigem Anerkenntnis.* Der Insolvenzverwalter gibt erst dann Anlass zur **118** Klage, wenn er den auszusondernden Gegenstand nach Aufforderung, ausreichender Glaubhaftmachung und Ablauf einer Prüfungsfrist nicht herausgibt. Erkennt er daher bei einer vorzeitigen Klage das Aussonderungsbegehren an, so sind dem Kläger die Kosten nach § 93 ZPO aufzuerlegen.[402]

h) *Sicherung des Aussonderungsanspruchs.* Der Aussonderungsberechtigte kann sein **119** Recht notfalls durch einstweilige Verfügung nach § 935 ZPO sichern. Dadurch kann dem Insolvenzverwalter verboten werden, über den Gegenstand zu verfügen.[403] Verwertet der Insolvenzverwalter den Gegenstand im Wege der Zwangsvollstreckung, so kann der Aussonderungsberechtigte gem. § 771 ZPO Drittwiderspruchsklage erheben und nach den §§ 771 III, 769 ZPO mittels einstweiliger Anordnung eine Einstellung der Zwangsvollstreckung erreichen.[404]

2. Sicherung des Aussonderungsgutes, Aufwendungsersatz und Ausgleichs- **120** **pflicht. a)** Wie der Insolvenzschuldner hat der Insolvenzverwalter Vorbehaltseigentum und andere aussonderungsfähige Gegenstände sorgfältig aufzubewahren, Eingriffe Dritter abzuwehren und die Gegenstände herauszugeben. Für eine derart gewöhnliche Verwaltung besteht kein Anspruch auf Aufwendungsersatz gem. §§ 677, 683, 670 BGB.[405] Dagegen tritt eine Gegenansicht in Rspr und Literatur dafür ein, dass der Berechtigte der Insolvenzmasse die notwendigen Aufwendungen für die Aussonderung, dh für die tatsächliche Feststellung des Gegenstandes zu erstatten hat.[406] Diese Ansicht wollte ursprünglich die Regelung der §§ 170, 171 InsO vorwegnehmen und verallgemeinern, wonach den absonderungsberechtigten Inhabern von Mobiliarsicherheiten nur noch ein Anspruch auf den Verwertungserlös verbleiben und sie für die Verwertung einen Verfahrensbeitrag leisten sollen.[407] Die InsO hat solche Kostenbeiträge aber nur für Absonderungsberechtigte vorgesehen. Vom Aussonderungsberechtigten, insb vom Vorbehaltslieferanten beim einfachen Eigentumsvorbehalt, kann daher kein Beitrag verlangt werden.[408]

Nach der Konzeption der Insolvenzordnung sind sämtliche Kosten, die der Bereinigung **121** der Istmasse zur Sollmasse dienen, Massekosten.[409] Alle Aufwendungen, die daher aus der Inventarisierung, Prüfung, Sicherung und Herausgabe von Aussonderungsgut entstehen, fallen de lege lata in Erfüllung eigener gesetzlicher Verpflichtungen des Insolvenzverwalters gem. §§ 148 I, 153, 159 InsO an, so dass für eine Geschäftsführung zugunsten der Aussonderungsberechtigten regelmäßig kein Raum mehr ist. Auch der zur Herausgabe verpflichtete Besitzer hat die allgemeinen Kosten der Herausgabe, ausgenommen die Kosten des Abtransports, zu tragen.[410] Aufwendungsersatz gem. §§ 670, 683 BGB als Beauftragter oder als Geschäftsführer ohne Auftrag kann der Insolvenzver-

---

[402] *Hess*, InsO, § 47 Rn. 381; Uhlenbruck/Hirte/Vallender/*Brinkmann*, § 47 Rn. 112; vgl. auch Stein/Jonas/*Bork*, § 93 Rn. 17.
[403] Uhlenbruck/Hirte/Vallender/*Brinkmann*, § 47 Rn. 114; MüKoInsO/*Ganter*, § 47 Rn. 491; FK/*Imberger*, § 47 Rn. 88.
[404] *Hess*, InsO, § 47 Rn. 379.
[405] BGH ZIP 1983, 839; BGHZ 104, 304 = NJW 1988, 3264 = ZIP 1988, 853 = KTS 1988, 529; OLG Köln ZIP 1987, 653, 654 = WM 1987, 908, 909 = WuB VI B. § 43 KO 1.87 *(Uhlenbruck)*; FK/*Imberger*, § 47 Rn. 84; MüKoInsO/*Ganter*, § 47 Rn. 467; Nerlich/Römermann/*Andres*, § 47 Rn. 60.
[406] LG Stuttgart KTS 1980, 421; AG Gütersloh ZIP 1981, 756; *Hess*, InsO, § 47 Rn. 365; *Häsemeyer*, Rn. 11.27.
[407] OLG Köln ZIP 1987, 653, 655 mwN; Erster Bericht Leitsätze 3.3 ff. (S. 311 ff.); EInsO §§ 184 I, 185.
[408] Schmidt-Räntsch, § 170 Rn. 3; *Klasmeyer/Elsner/Ringstmeier*, Kölner Schrift, S. 1083, 1097 (Rn. 58); krit. *Marotzke* ZZP 109 (1996), 429, 457; *Grub*, Insolvenzrecht 1998, S. 131, 138 f.
[409] BGH ZIP 1988, 853; Uhlenbruck/Hirte/Vallender/*Brinkmann*, § 47 Rn. 106; *Smid*, § 47 Rn. 44.
[410] BGH ZIP 1988, 853; OLG Köln ZIP 1987, 653, 655; MüKoBGB/*Baldus*, § 985 Rn. 54; MüKoInsO/*Ganter*, § 47 Rn. 470.

walter daher nur verlangen, wenn er im Einzelfall Tätigkeiten ausübt, die über die typischen Verwalterpflichten hinsichtlich des Aussonderungsgutes hinausgehen.[411] Auch dann erhält der Insolvenzverwalter aber kraft Gesetzes keine zusätzliche Vergütung für seine Tätigkeit, da die Arbeitskraft bei einer Geschäftsführung grds. unentgeltlich zur Verfügung gestellt wird, auch wenn die Tätigkeit zum Beruf oder Gewerbe des Beauftragten gehört.[412] Der Insolvenzverwalter kann mit dem Geschäftsherrn eine besondere Vergütung vereinbaren, soweit die Aufwendungen über die nach dem Gesetz geschuldeten hinausgehen und dabei nicht andere Aussonderungsberechtigte pflichtwidrig schlechter gestellt, insb zeitlich benachteiligt werden.[413] Eine vorbehaltlos bezahlte *„Aufwandsentschädigung"* oder ein *„Kostenbeitrag"* soll nicht zurückverlangt werden können.[414]

122 **b)** Nutzt der Verwalter das Vorbehaltsgut und tritt dadurch ein Wertverlust ein, so ist er nicht analog § 172 I InsO verpflichtet, diesen durch laufende Zahlungen auszugleichen.[415] Eine planwidrige Regelungslücke besteht nicht.

123 **3. Auskunft.** Der Auskunftsanspruch Aussonderungsberechtigter ist im Unterschied zu dem der Absonderungsberechtigten (§ 167 I InsO) nicht kodifiziert.

a) Ein Aussonderungsberechtigter ist nicht befugt, die Räume des Insolvenzschuldners zu betreten, um sein Eigentum zu besichtigen, herauszusuchen und zu inventarisieren.[416]

124 **b)** Der Insolvenzverwalter ist aber allen Aussonderungs- und Absonderungsberechtigten gegenüber verpflichtet, nach § 260 BGB Auskunft über Gegenstände aus Lieferungen der Lieferanten zu erteilen, für die bei einem Aussonderungsbegehren ein Herausgabeanspruch nach § 985 BGB in Betracht kommt, wobei ihm der Insolvenzschuldner zu helfen hat, § 97 InsO.[417] Als weitere Anspruchsgrundlagen kommen §§ 242, 402 BGB in Betracht.[418] Statt einer aktiven Auskunft kann der Insolvenzverwalter aber auch die Einsicht in die Geschäftsunterlagen des Insolvenzschuldners gestatten.[419] Der Umfang der *Auskunftspflicht* bemisst sich nach der *Zumutbarkeit* (§ 242 BGB), dh nach einer sinnvollen Relation zwischen Arbeits- und Zeitaufwand auf Seiten des Insolvenzverwalters und dem schutzwürdigen Sicherungsinteresse des Gläubigers.[420] Der Gläubiger hat die auszusondernden Gegenstände seinerseits im Rahmen des Zumutbaren näher zu bezeichnen.[421] Gegenüber dem Vorbehaltslieferanten entsteht der

---

[411] Uhlenbruck/Hirte/Vallender/*Brinkmann*, § 47 Rn. 106; MüKoInsO/*Ganter*, § 47 Rn. 468, 470; Nerlich/Römermann/*Andres*, § 47 Rn. 60.
[412] *Jauernig/Mansel*, § 670 Rn. 2; *Köhler* JZ 1985, 359; Palandt/*Sprau*, § 670 Rn. 3.
[413] MüKoInsO/*Ganter*, § 47 Rn. 468; zurückhaltend auch Uhlenbruck/Hirte/Vallender/*Brinkmann*, § 47 Rn. 106.
[414] LG Köln ZIP 1988, 1272; FK/*Joneleit/Imberger*, § 47 Rn. 66; *Gundlach/Frenzel/Schmidt* DZWIR 2001, 277; aA LG Braunschweig DZWIR 2001, 303; zu Recht zweifelnd Uhlenbruck/Hirte/Vallender/*Brinkmann*, § 47 Rn. 105.
[415] *Kirchof* ZInsO 2007, 227; Uhlenbruck/Hirte/Vallender/*Brinkmann*, § 47 Rn. 105; MüKoInsO/*Lwowski/Tetzlaff*, § 172 Rn. 31; FK/*Wegener*, § 172 Rn. 2a; aA BerlK-*Breutigam*, § 172 Rn. 7.
[416] Vgl. OLG Köln ZIP 1987, 653, 654 = WM 1987, 908, 910; LG Düsseldorf KTS 1964, 264; FK/*Imberger*, § 47 Rn. 71; *Hess*, InsO, § 47 Rn. 360; Uhlenbruck/Hirte/Vallender/*Brinkmann*, § 47 Rn. 103; Nerlich/Römermann/*Andres*, § 47 Rn. 66.
[417] BGHZ 98, 160, 164 = NJW 1986, 2948, 2949; BGHZ 70, 86 = NJW 1978, 538; BGHZ 49, 11 = NJW 1968, 300; *Gerhardt* ZIP 1980, 941; *Häsemeyer* ZZP 80 (1967), 263; *Hess*, InsO, § 47 Rn. 349 ff.; FK/*Imberger*, § 47 Rn. 73; Uhlenbruck/Hirte/Vallender/*Brinkmann*, § 47 Rn. 103; *Häsemeyer*, Rn. 11.27.
[418] MüKoInsO/*Ganter*, § 47 Rn. 461; Uhlenbruck/Hirte/Vallender/*Brinkmann*, § 47 Rn. 103; Nerlich/Römermann/*Andres*, § 47 Rn. 67; *Hess*, InsO, § 47 Rn. 350 ff.
[419] LG Baden-Baden ZIP 1989, 1003; MüKoInsO/*Ganter*, § 47 Rn. 462; *Hess*, InsO, § 47 Rn. 355; *Mohrbutter* KTS 1968, 100.
[420] BGHZ 70, 86 = NJW 1978, 538, 539; MüKoInsO/*Ganter*, § 47 Rn. 461; Uhlenbruck/Hirte/Vallender/*Brinkmann*, § 47 Rn. 103; Nerlich/Römermann/*Andres*, § 47 Rn. 67; *Hess*, InsO, § 47 Rn. 354.
[421] OLG Köln ZIP 1982, 1107; Uhlenbruck/Hirte/Vallender/*Brinkmann*, § 47 Rn. 104; Nerlich/Römermann/*Andres*, § 47 Rn. 67.

Auskunftsanspruch erst, wenn der Verwalter Nichterfüllung gewählt hat. Wählt der Verwalter Erfüllung, so entfällt der Auskunftsanspruch.[422]

4. Aussonderungsstop des Vorbehaltslieferanten. Der Vorbehaltslieferant ist auch nach der Insolvenzordnung berechtigt, im Rahmen des einfachen Eigentumsvorbehalts sein Eigentum auszusondern (→ § 43 Rn. 11 ff.). Diese Aussonderung setzt freilich voraus, dass der Insolvenzverwalter nicht Erfüllung des Kaufvertrages wählt. Bis zur Erklärung des Insolvenzverwalters besteht ein Schwebezustand, währenddessen Herausgabe des vorbehaltenen Eigentums nicht verlangt werden kann. Da die Insolvenzordnung die Fortführung des Unternehmens durch den Insolvenzverwalter und seine etwaige Sanierung erleichtern will, muss der Insolvenzverwalter seine Erklärung über die Ausübung des Wahlrechts nach § 107 II 2 InsO erst unverzüglich nach dem Berichtstermin abgeben. Auch Vorbehaltssachen können daher in den ersten Wochen nach Verfahrenseröffnung vom Verwalter genutzt werden; der Eigentümer kann sie nicht sofort aussondern.[423] Etwas anderes gilt nur, wenn bis zum Berichtstermin mit einer erheblichen Wertminderung der Vorbehaltsware zu rechnen ist und der Gläubiger den Verwalter besonders darauf hinweist, § 107 II 2 InsO.

5. Aussonderung im Eröffnungsverfahren. Soweit die Herausgabevoraussetzungen bereits während des Eröffnungsverfahrens vorliegen, war es umstritten, ob der Aussonderungsberechtigte Herausgabe vom Schuldner oder vom „starken" vorläufigen Verwalter verlangen konnte bzw. ob das Insolvenzgericht untersagen konnte, der Aussonderung unterliegende, insbesondere unter Eigentumsvorbehalt gelieferte Gegenstände herauszugeben.[424] Durch derartige Herausgaben würde das Ziel des Zusammenhalts des Schuldnervermögens und der Wahrung des Wahlrechts des Insolvenzverwalters gem. §§ 103 II, 107 II InsO vereitelt. Nach der Neuregelung der Sicherungsmaßnahmen im Eröffnungsverfahren kann das Gericht gem. § 21 II 1 Nr. 5 InsO[425] anordnen, dass Gegenstände, die im Falle der Eröffnung des Verfahrens von § 166 InsO erfasst würden oder deren Aussonderung verlangt werden könnte, vom Gläubiger nicht verwertet oder eingezogen werden dürfen und dass solche Gegenstände zur Fortführung des Unternehmens des Schuldners eingesetzt werden können, soweit sie hierfür von erheblicher Bedeutung sind.[426] Dem Aussonderungsberechtigten steht dann ein Ersatzanspruch für jeden durch Nutzung oder Beschädigung eingetretenen Wertverlust zu. Dieser besteht nach der Eröffnung des Insolvenzverfahrens als Masseverbindlichkeit fort.[427] Das Insolvenzgericht muss eine individualisierende Anordnung treffen. Unzulässig und unwirksam sind formularmäßige Pauschalanordnungen, die auf die erforderliche Prüfung der gesetzlichen Voraussetzungen verzichten, zB die bloße Wiedergabe des Gesetzeswortlauts. Das setzt die Feststellung voraus, welche Aus- oder Absonderungsrechte welcher Gläubiger betroffen sind, welches Aus- oder Absonderungsgut für eine Betriebsfortführung eingesetzt werden soll und welches für die Betriebsfortführung von erheblicher Bedeutung ist.[428] Ordnet das Insolvenzgericht gem. § 21 II 1 Nr. 5 InsO an, dass ein Vermieter die im Besitz des Schuldners befindliche Mietsache nicht einziehen darf und diese zur Fortführung des Unternehmens des Schuldners eingesetzt werden

---

[422] AG Düsseldorf DZWIR 2000, 347 (m. Anm. *Smid*); zweifelnd MüKoInsO/*Ganter*, § 47 Rn. 461.
[423] *Adolphsen*, Kölner Schrift, S. 1326, 1331 (Rn. 19).
[424] Vgl. MüKoInsO/*Ganter*, § 47 Rn. 454; MüKoInsO/*Haarmeyer*, § 21 Rn. 98; *Uhlenbruck* in Gottwald, InsolvenzR-Hdb., 3. Aufl. (2006), § 14 Rn. 102.
[425] § 21 II 1 Nr. 5 angef mWv 1.7.2007 durch Gesetz v. 13.4.2007 (BGBl. I S. 509).
[426] *Braun/Kind*, InsO, § 21 Rn. 54; MüKoInsO/*Haarmeyer*, § 21 Rn. 96 ff.; *Pape* NZI 2007, 425, 429; krit. zur unterschiedslosen Einbeziehung aller Aussonderungsrechte *Ganter* NZI 2007, 549, 552; s auch *Kuder* ZIP 2007, 1690.
[427] BGH NZI 2012, 369.
[428] BGH NZI 2010, 95, MüKoInsO/*Haarmeyer*, § 21 Rn. 99; *Kirchhof* ZinsO 2007, 227, 229.

kann, so kann der Vermieter in den ersten drei Monaten nach der Anordnung kein Nutzungsentgelt im Sinne von § 169 S. 2 InsO verlangen. Für eine analoge Anwendung des § 55 II 2 InsO ist wegen des abschließenden Charakters der §§ 21 II 1 Nr. 5, 169 S. 2 InsO kein Raum.[429]

§ 41. Ersatzaussonderung

Übersicht

	Rn.
I. Zweck	1
II. Anwendungsbereich	3
1. Keine Wertvindikation	3
2. Leistung an den Insolvenzschuldner	4
3. Verfügungen des vorläufigen Insolvenzverwalters	6
4. Verfügungen des Insolvenzverwalters	7
5. Dingliche Surrogation	8
III. Aussonderungsvoraussetzungen	9
1. Vereitelung eines Aussonderungsrechts	9
2. Unberechtigte Veräußerung	10
IV. Inhalt des Anspruchs	25
1. Abtretung des Gegenleistungsanspruchs	25
2. Herausgabe der erbrachten Gegenleistung	28
3. Höhe des Anspruchs	35
4. Herausgabe in der „Surrogationskette"? Zweite Ersatzaussonderung	37

Schrifttum: *Behr,* Wertverfolgung, 1986; *Dieckmann,* Zur Reform des Ersatzaussonderungsrechts, FS Henckel, 1995, S. 95; *Eismann,* Der Bereicherungsanspruch im Insolvenzverfahren, 2005; *Franke,* Eigentumsvorbehalt und Ersatzaussonderung, KTS 1957, 139; *Gerhardt,* Der Surrogationsgedanke im Konkursrecht – dargestellt an der Ersatzaussonderung, KTS 1990, 1; *ders.,* Neue Erfahrungen mit der Aussonderung, Absonderung und Aufrechnung, in: Aktuelle Probleme des neuen Insolvenzrechts, 2000, S. 127; *Ganter,* Zweifelsfragen bei der Ersatzaussonderung und der Ersatzabsonderung, NZI 2005, 1; *Gundlach,* Der Ersatzaussonderungsberechtigte, 1994; *ders.,* Zur „Gegenleistung" im Sinne des § 46 KO, ZIP 1995, 1789; *ders.,* Die „Veräußerung" im Sinne des § 46 KO, KTS 1996, 505; *ders.,* Der maßgebliche Zeitpunkt für die Aussonderungsfähigkeit des veräußerten Gegenstandes bei der Ersatzaussonderung, KTS 1997, 55; *ders.,* Notwendigkeit einer wirksamen Veräußerung für die Ersatzaussonderung, KTS 1997, 211; *ders.,* Die sog. „Zweite Ersatzaussonderung", KTS 1997, 453; *ders.,* Die Ersatzabsonderung, KTS 1997, 553; *ders.,* Die „Unterscheidbarkeit" im Aussonderungsrecht, DZWir 1998, 12; *Häde,* Die Behandlung von Geldzeichen in Zwangsvollstreckung und Konkurs, KTS 1991, 365; *Harder,* Insolvenzrechtliche Surrogation, 2002; *Hochmuth,* Die Ersatzaussonderung, 1931; *Krull,* Ersatzaussonderung und Kontokorrent, ZInsO 2000, 304; *Marotzke,* Die dinglichen Sicherheiten im neuen Insolvenzrecht, ZZP 109 (1996), 429; *Scherer,* Zulässigkeit einer „zweiten" Ersatzaussonderung?, KTS 2002, 197; *D. Weber,* Vermögensrechtlich und haftungsrechtlich veranlasste Surrogation im Insolvenzverfahren, 2003.

I. Zweck

1   Die Aussonderungsbefugnis im Insolvenzverfahren besteht an einem konkreten Gegenstand und geht deshalb unter, sobald sich dieser nicht mehr in der Insolvenzmasse befindet. Ein Recht auf eine Gegenleistung oder diese selbst gehören nach Schuld- oder Sachenrecht dem Insolvenzschuldner und können nach § 47 InsO nicht ausgesondert werden. Der bisherige Berechtigte wäre bei Verfügungen des Insolvenzschuldners

---

[429] BGH NZI 2009, 114; BGH NZI 2010, 95, 98.

auf die Insolvenzquote eines Bereicherungsanspruchs (ggf. auch eines Anspruchs aus §§ 687 II, 678 und §§ 989, 990 BGB), bei Verfügungen des Insolvenzverwalters auf einen Masseanspruch nach § 55 I Nr. 1 bzw. 3 InsO verwiesen. Die Insolvenzgläubiger würden daher aus unberechtigten Verfügungen Nutzen ziehen, obgleich ihnen nur ein Recht auf Befriedigung aus der legal vorhandenen Sollmasse zusteht.

§ 48 InsO verleiht daher entsprechenden schuldrechtlichen Erstattungsansprüchen haftungsrechtlich konsequent – aber konstruktiv regelwidrig – Aussonderungskraft,[1] um den bisher Aussonderungsberechtigten einen möglichst vollwertigen Ersatz für ihre vereitelten Rechte zu verschaffen.[2] Allerdings greift die Ersatzaussonderung nur, soweit der Gegenwert für den aussonderungsfähigen Gegenstand noch konkret fassbar ist. In diesem Rahmen beruht die Ersatzaussonderung auf dem Surrogations- oder Wertverfolgungsgedanken.[3]

II. Anwendungsbereich

1. Keine Wertvindikation. Als echte Aussonderung ist auch die Ersatzaussonderung nach § 48 InsO nur an individuellen Sachen und Rechten zulässig; sie kann zwar auf ein konkretes Bargeld gerichtet sein, nicht aber auf eine Geldsumme oder auf Wertersatz.[4] Deshalb kann auch ein Ersatzanspruch nach §§ 280 I, III, 281 I 1 Fall 1 BGB nicht mittels § 48 InsO geltend gemacht werden.[5]

2. Leistung an den Insolvenzschuldner. Bereicherungs- oder sonstige Erstattungsansprüche hatten nach dem Wortlaut des § 46 KO und der hM keine Aussonderungskraft, wenn die Gegenleistung bereits vor Eröffnung des Insolvenzverfahrens in das Vermögen des späteren Insolvenzschuldners gelangt war,[6] dh an ihn oder den vorläufigen Insolvenzverwalter geleistet wurde. Diese Rechtslage ist durch § 48 InsO geändert worden.[7] Auch wenn der Schuldner die Gegenleistung schon vor Verfahrenseröffnung eingezogen hatte und damit bereits die Entstehung des Aussonderungsrechts verhindert, billigt das Gesetz dem Berechtigten nunmehr die Ersatzaussonderung zu, solange die Gegenleistung in der Masse noch unterscheidbar vorhanden ist.[8] Diese Lösung wird vielfach kritisiert: Wer sich den (künftigen) Insolvenzschuldner als Vertragspartner aussuche, müsse auch das Risiko tragen, dass dieser eine Aussonderung vereitle.[9] Da der Anspruch auf die Gegenleistung oder diese selbst bis zur Eröffnung des Verfahrens im Vermögen des Insolvenzschuldners stehe und (abgesehen von § 88 InsO) von beliebigen Gläubigern wirksam gepfändet werden könne, müsse in der Insolvenz die allgemeine Haftungsordnung gelten; der Gläubiger müsse also einfacher Insolvenzgläubiger sein; es sei nicht gerechtfertigt, ihn nach Verfahrenseröffnung willkürlich zu bevorzugen.[10] Rechtspolitisch wie systematisch erscheint die Erweiterung der Ersatzaussonderung daher als verfehlt; sie ist aber geltendes Recht.[11]

---

[1] BGH NJW 1995, 2783, 2787; MüKoInsO/*Ganter*, § 48 Rn. 7; FK/*Imberger*, § 48 Rn. 2; *Hess*, InsO, § 48 Rn. 3; Henckel JuS 1985, 836, 840; *Gundlach*, S. 37 ff.; *Berger*, FS Kreft, S. 199, 204.
[2] *Baur/Stürner* II, Rn. 14.33; Uhlenbruck/Hirte/Vallender/*Brinkmann*, § 48 Rn. 1; *Smid/Gundlach*, § 48 Rn. 1.
[3] Vgl. *Gerhardt* KTS 1990, 1 ff.
[4] *Hess*, InsO, § 48 Rn. 12; *Gerhardt* KTS 1990, 1 f.; krit. *Eismann*, S. 25 ff., 95 ff., 153 ff.
[5] Uhlenbruck/Hirte/Vallender/*Brinkmann*, § 48 Rn. 2; MüKoInsO/*Ganter*, § 48 Rn. 5.
[6] Vgl. BGH ZIP 1989, 785; BGHZ 58, 257, 260 = NJW 1972, 872 f.; BGHZ 27, 306 = NJW 1958, 1281.
[7] Zur Entstehung s BGH NJW 1998, 2213, 2214; MüKoInsO/*Ganter*, § 48 Rn. 1 f.
[8] FK/*Imberger*, § 48 Rn. 15; KPB/*Prütting*, § 48 Rn. 1; *Schmidt-Räntsch*, § 48 Rn. 2; *Gerhardt* KTS 1990, 1, 10 ff.; ders. in Aktuelle Probleme, S. 127, 133 f.; vgl. *Eismann*, S. 80 ff., 101 ff.
[9] *Niesert* InVo 1998, 141, 142; *Marotzke*, Reformbedarf im neuen Insolvenzrecht, 2003, S. 35, 36.
[10] *Häsemeyer*, Rn. 11.19; *Dieckmann*, FS Henckel, S. 95, 101 ff., 112 ff.
[11] *Dieckmann*, FS Henckel, S. 95, 114; *D. Weber*, S. 78 ff.; krit. auch MüKoInsO/*Ganter*, § 48 Rn. 2.

5 Sinngemäß ist § 48 InsO bei Verfügungen des Schuldners über einen aussonderungsfähigen Gegenstand nach Verfahrenseröffnung analog anzuwenden.[12] Da der Neuerwerb heute in die Masse fällt, würden ansonsten andere Insolvenzgläubiger davon profitieren, dass der Schuldner das Aussonderungsrecht vereitelt. Gleiches soll auch gelten, wenn der Schuldner im Rahmen der Eigenverwaltung unter Aufsicht des Sachwalters eine Verfügung nach Verfahrenseröffnung vornimmt.

6 **3. Verfügungen des vorläufigen Insolvenzverwalters.** Der Wortlaut des § 48 InsO schweigt zu den Folgen der Aussonderungsvereitelung durch den vorläufigen Insolvenzverwalter. Da das Gesetz die Ersatzaussonderung aber selbst bei Leistungen an den Insolvenzschuldner zubilligt, muss sie auch gegenüber unberechtigten Verfügungen des starken vorläufigen Verwalters und Leistungen an ihn bestehen. Da der starke vorläufige Verwalter gem. § 22 I 1 InsO dieselbe Verfügungsbefugnis hat wie der (endgültige) Insolvenzverwalter (§ 80 InsO), ist eine Anwendung des § 48 InsO gerechtfertigt.[13] Bei Verfügungen des schwachen vorläufigen Insolvenzverwalters (§ 22 II InsO) ist die Verfügung dagegen unwirksam, der gute Glaube an die Verfügungsbefugnis wird nicht geschützt, so dass es auf die Frage ankommt, ob die Ersatzaussonderung einen wirksame Verfügung voraussetzt (→ Rn. 16 f.).[14]

7 **4. Verfügungen des Insolvenzverwalters.** Gegenüber unberechtigten Verfügungen des Insolvenzverwalters wird der Aussonderungsberechtigte zu Recht geschützt. Da der Verwalter die Interessen aller Beteiligten wahrzunehmen hat, ist es billig, dem Aussonderungsberechtigten den Zugriff auf eine durch unberechtigte Verfügung erlangte Gegenleistung gem. § 48 InsO zu gestatten, solange diese unterscheidbar vorhanden ist.[15]

8 **5. Dingliche Surrogation.** Keine Anwendung findet § 48 InsO als Regelung haftungsrechtlicher Surrogation, wenn ein Ersatzgegenstand an die Stelle des ursprünglichen Aussonderungsgegenstandes infolge dinglicher Surrogation tritt, zB nach den §§ 1048 I 2, 1247, 1287, 1370, 1473, 1646, 2019, 2041, 2111 BGB, § 92 I ZVG. Da der Ersatzgegenstand in diesen Fällen dem ursprünglich Berechtigten zusteht und nicht Eigentum des Insolvenzschuldners wird, findet hier eine einfache Aussonderung nach § 47 InsO statt.[16] Auch die Aussonderung nach § 392 II HGB ist echte Aussonderung, nicht Ersatzaussonderung.[17]

III. Aussonderungsvoraussetzungen

9 **1. Vereitelung eines Aussonderungsrechts.** Ersatzaussonderung findet statt, wenn der ursprüngliche Gegenstand im Zeitpunkt der Veräußerung[18] nach § 47 InsO hätte ausgesondert werden können. Bei Veräußerungen vor Verfahrenseröffnung muss daher ein Insolvenzverfahren fingiert werden. Entscheidend ist dann, ob bei einem im Zeitpunkt der Veräußerung bereits eröffneten Insolvenzverfahren der Gegenstand hätte ausgesondert werden können.[19] Soweit schuldrechtliche Herausgabeansprüche oder be-

---

[12] MüKoInsO/*Ganter*, § 48 Rn. 13.
[13] FK/*Imberger*, § 48 Rn. 21; MüKoInsO/*Ganter*, § 48 Rn. 14; *Ganter* NZI 2005, 1, 7; KPB/*Prütting*, § 48 Rn. 28; *Häsemeyer*, Rn. 11.25 (Fn 79); Uhlenbruck/Hirte/Vallender/*Brinkmann*, § 48 Rn. 5; *Gerhardt* in Aktuelle Probleme, S. 127, 135 f.
[14] *Jaeger/Henckel*, § 48 Rn. 23.
[15] *Häsemeyer*, Rn. 11.25; *Jaeger/Henckel*, § 48 Rn. 23.
[16] *Gerhardt* KTS 1990, 1, 4; MüKoInsO/*Ganter*, § 48 Rn. 10; *Ganter* NZI 2005, 1, 2; Uhlenbruck/Hirte/Vallender/*Brinkmann*, § 48 Rn. 21; KPB/*Prütting*, § 48 Rn. 5; *Hess*, InsO, § 48 Rn. 11.
[17] MüKoInsO/*Ganter*, § 47 Rn. 11; Uhlenbruck/Hirte/Vallender/*Brinkmann*, § 48 Rn. 21.
[18] MüKoInsO/*Ganter*, § 48 Rn. 16; KPB/*Prütting*, § 48 Rn. 9; Uhlenbruck/Hirte/Vallender/*Brinkmann*, § 48 Rn. 12; *Jaeger/Henckel*, § 48 Rn. 21.
[19] Uhlenbruck/Hirte/Vallender/*Brinkmann*, § 48 Rn. 12.

schränkt dingliche Rechte zur Aussonderung berechtigen (→ § 40 Rn. 17 ff., 28), rechtfertigt ihre Vereitelung ebenfalls die Ersatzaussonderung.[20]

2. Unberechtigte Veräußerung. a) Der Begriff der Veräußerung ist in weitem Sinne zu verstehen. Die Ersatzaussonderung findet statt bei unberechtigter entgeltlicher Veräußerung durch den Insolvenzschuldner, den vorläufigen Insolenzverwalter oder nach Eröffnung des Insolvenzverfahrens durch den Insolvenzverwalter: bei rechtsgeschäftlicher Eigentumsübertragung, Forderungsabtretung, Zwangsversteigerung, Enteignung. Eine rechtsgeschäftliche Beziehung zum Erwerber muss dann nicht bestehen.[21] Einer Veräußerung gleichzustellen ist die unberechtigte Einziehung einer fremden Forderung.[22] Zahlt ein Abkäufer (Debitor) des Kunden eines Factoring-Instituts die diesem abgetretene Forderung an den Insolvenzverwalter, so kann der Factor folglich den Gegenwert aussondern.[23] Die zahlungshalber erfolgte Entgegennahme eines Schecks genügt.[24] Eine unberechtigte Verfügung über das Eigentum liegt nicht vor, soweit nur über ein bestehendes Anwartschaftsrecht verfügt wird.[25]

Eine *Zwangsveräußerung* auf Betreiben des Erwerbers, etwa durch Zwangsvollstreckung oder durch Enteignung, steht der rechtsgeschäftlichen Veräußerung gleich.[26]

b) Eine Veräußerung setzt eine *rechtsgeschäftliche Einigung* zwischen dem Insolvenzschuldner oder dem Insolvenzverwalter und dem Erwerber des an sich aussonderungsfähigen Gegenstandes voraus. Eine Verpfändung oder eine Sicherungsübereignung genügen.[27]

Geht vorbehaltenes Eigentum kraft Gesetzes durch *Verbindung oder Vermischung* unter, so kommt es entscheidend darauf an, ob der Verbindung oder Vermischung ein rechtsgeschäftlicher Vorgang zugrunde liegt: So besteht ein Ersatzaussonderungsrecht, wenn die Verbindung oder Vermischung in Ausführung eines gegenseitigen Vertrages geschieht, wie zB beim Einbau von Baumaterial in ein im Bau befindliches Gebäude.[28] Denn von dem mehr oder weniger zufälligen Umstand, ob vor dem Einbau bereits eine rechtsgeschäftliche Übereignung an den Bauherrn stattgefunden hat, kann die Anwendbarkeit des § 48 InsO nicht abhängen. Es handelt sich nicht nur um ein tatsächliches Verhalten, sondern um eine Leistung aufgrund des zugrunde liegenden Rechtsgeschäfts zwischen dem Insolvenzschuldner, dem vorläufigen Insolvenzverwalter oder nach Eröffnung des Insolvenzverfahrens durch den Insolvenzverwalter einerseits und dem Erwerber andererseits.

Originärer Eigentumserwerb aufgrund bloßer *tatsächlicher Vorgänge* ohne zugrunde liegende vertragliche Vereinbarung wie bei der *Verarbeitung* ist dagegen keine Veräußerung.[29] Verarbeitet der Insolvenzverwalter unberechtigt unter verlängertem Eigentums-

---

[20] Ausführlich *Ganter* NZI 2005, 1, 3 f.; FK/*Imberger*, § 48 Rn. 4; *Hess*, InsO, § 48 Rn. 14, 16.
[21] MüKoInsO/*Ganter*, § 48 Rn. 17 ff.; *Hess*, InsO, § 48 Rn. 26; Uhlenbruck/Hirte/Vallender/*Brinkmann*, § 48 Rn. 9 ff.; KPB/*Prütting*, § 48 Rn. 8.
[22] BGH NJW 1991, 427, 428; BGHZ 23, 307, 317 = NJW 1957, 750, 752; BGH KTS 1989, 384, 385; MüKoInsO/*Ganter*, § 48 Rn. 20; FK/*Imberger*, § 48 Rn. 7; *Hess*, InsO, § 48 Rn. 15; Uhlenbruck/Hirte/Vallender/*Brinkmann*, § 48 Rn. 9, 18; *Gerhardt* KTS 1990, 1, 4; *Smid/Gundlach*, § 38 Rn. 31.
[23] *Brink* ZIP 1987, 817, 822; Uhlenbruck/Hirte/Vallender/*Brinkmann*, § 48 Rn. 11.
[24] BGH NJW 1991, 427, 428; MüKoInsO/*Ganter*, § 48 Rn. 21.
[25] OLG Düsseldorf NZI 2003, 379, 381 = ZIP 2003, 1306 (dazu *Mitlehner* EWiR 2003, 645).
[26] MüKoInsO/*Ganter*, § 48 Rn. 23.
[27] MüKoInsO/*Ganter*, § 48 Rn. 18, 38 ff.; Uhlenbruck/Hirte/Vallender/*Brinkmann*, § 48 Rn. 10; *Hess*, InsO, § 48 Rn. 42; *Jaeger/Henckel*, § 48 Rn. 24.
[28] BGHZ 30, 176, 180 f. = NJW 1959, 1681; FK/*Imberger*, § 48 Rn. 8; *Hess*, InsO, § 48 Rn. 44, 46; MüKoInsO/*Ganter*, § 48 Rn. 24; Uhlenbruck/Hirte/Vallender/*Brinkmann*, § 48 Rn. 10; *Gerhardt* KTS 1990, 1, 4; *Gundlach* KTS 1996, 505, 510 ff.; *Jaeger/Henckel*, § 48 Rn. 31.
[29] BGH (Fn 28); OLG Düsseldorf NZI 2003, 379, 382; *Hess*, InsO, § 48 Rn. 43; Uhlenbruck/Hirte/Vallender/*Brinkmann*, § 48 Rn. 11, 13; MüKoInsO/*Ganter*, § 48 Rn. 25; Nerlich/Römermann/*Andres*, § 48 Rn. 5; *Jaeger/Henckel*, § 48 Rn. 31.

vorbehalt mit Verarbeitungsklausel geliefertes Material, so kann das neu entstandene Eigentum daher nicht ersatzausgesondert werden,[30] auch wenn die Verarbeitungsbefugnis schon mit Eröffnung des Insolvenzverfahrens erloschen ist.[31] In der Verarbeitung liegt jedoch häufig, aber nicht notwendig die Wahl der Erfüllung iS von § 103 I InsO, so dass der Kaufpreis als Masseschuld gem. § 55 I Nr. 2 InsO bezahlt werden muss;[32] andernfalls entsteht ein Anspruch wegen Bereicherung der Masse (§ 55 I Nr. 3 InsO) und der Insolvenzverwalter macht sich wegen der Vereitelung des Aussonderungsrechts persönlich schadensersatzpflichtig, § 60 I InsO.[33]

14 Eine bloße Gebrauchsüberlassung durch Vermietung oder Verpachtung ist keine Veräußerung.[34]

15 c) Notwendig ist eine *entgeltliche Veräußerung*.[35] Bei unentgeltlicher Veräußerung kann der Berechtigte vom Empfänger nach den §§ 816 I 2, 818 BGB den Gegenstand selbst zurück- oder Wertersatz erhalten. Andernfalls kann er bei Veräußerungen des Insolvenzschuldners seinen Schadensersatzanspruch als Insolvenzforderung geltend machen.[36] Hat der Insolvenzverwalter einen Gegenstand unentgeltlich veräußert, so haftet er nach § 60 I InsO persönlich.[37] Bei einer gemischten Schenkung greift § 48 InsO hinsichtlich des tatsächlichen Entgelts ein.[38]

16 d) Nach hM ist die Wirksamkeit der Veräußerung nicht erforderlich.[39] Der Wortlaut der Vorschrift lässt sicherlich auch die gegenteilige Auffassung ohne Weiteres zu.[40] Die Gegenmeinung stellt vor allem darauf ab, dass bei einer unwirksamen Veräußerung das Aussonderungsrecht gar nicht vereitelt werde.[41] In diesem Fall sei der Berechtigte an den Dritten zu verweisen. § 48 InsO will jedoch verhindern, dass die Masse durch rechtswidrige Veräußerung bereichert wird und Aussonderungsrechte dadurch vernichtet werden.[42] Dieses Ergebnis träte aber faktisch auch ein, wenn der Insolvenzverwalter die Gegenleistung bei unwirksamen Veräußerungen behalten und den Aussonderungsberechtigten an den Erwerber verweisen könnte.[43]

17 Die Schärfe des Streits entfällt jedoch deshalb, weil es dem Berechtigten nach hM freisteht, bei unwirksamer Veräußerung diese nachträglich zu genehmigen[44] und vom

---

[30] BGH NJW 1989, 3213 = ZIP 1989, 933; FK/*Imberger*, § 48 Rn. 8; *Gerhardt* KTS 1990, 1, 5; → § 45 Rn. 20.
[31] *Serick* V, § 63 III 7; MüKoInsO/*Ganter*, § 51 Rn. 113.
[32] OLG Celle WM 1987, 1569, 1570; MüKoInsO/*Ganter*, § 48 Rn. 25; Uhlenbruck/Hirte/Vallender/*Brinkmann*, § 48 Rn. 11; *Serick* ZIP 1982, 505, 515; vgl. dagegen OLG Frankfurt NJW-RR 1986, 721, 724.
[33] OLG Frankfurt NJW-RR 1986, 721, 724; MüKoInsO/*Ganter*, § 48 Rn. 25.
[34] MüKoInsO/*Ganter*, § 48 Rn. 19; *Hess*, InsO, § 48 Rn. 40; KPB/*Prütting*, § 48 Rn. 7; FK/*Imberger*, § 48 Rn. 7.
[35] Vgl. MüKoInsO/*Ganter*, § 48 Rn. 9; FK/*Imberger*, § 48 Rn. 9; Nerlich/Römermann/*Andres*, § 48 Rn. 6; *Jaeger*/*Henckel*, § 48 Rn. 28; *D. Weber*, S. 93 ff.
[36] Uhlenbruck/Hirte/Vallender/*Brinkmann*, § 48 Rn. 13; MüKoInsO/*Ganter*, § 48 Rn. 31.
[37] MüKoInsO/*Ganter*, § 48 Rn. 31.
[38] MüKoInsO/*Ganter*, § 48 Rn. 31; *Hess*, InsO, § 48 Rn. 49, Nerlich/Römermann/*Andres*, § 48 Rn. 6; *Jaeger*/*Henckel*, § 48 Rn. 29.
[39] BGH NJW 1977, 901 = JR 1978, 23 (*Schubert*) (in BGHZ 68, 199, 201 insoweit nicht abgedruckt); KPB/*Prütting*, § 48 Rn. 12; *Bork*, Rn. 244; FK/*Imberger*, § 48 Rn. 10; Uhlenbruck/Hirte/Vallender/*Brinkmann*, § 48 Rn. 14; HK/*Eickmann*, § 48 Rn. 6; *Jauernig*, § 45 I 2; aA MüKoInsO/*Ganter*, § 48 Rn. 43; *Hess*, InsO, § 48 Rn. 53; *Jaeger*/*Henckel*, § 48 Rn. 40; *Smid*/*Gundlach*, § 48 Rn. 33; *Gundlach* KTS 1997, 211.
[40] Uhlenbruck/Hirte/Vallender/*Brinkmann*, § 48 Rn. 14; KPB/*Prütting*, § 48 Rn. 12.
[41] *Hess*, InsO, § 48 Rn. 53; *Ganter* NZI 2005, 1, 6.
[42] *Jaeger*/*Henckel*, § 48 Rn. 4.
[43] Uhlenbruck/Hirte/Vallender/*Brinkmann*, § 48 Rn. 14; *Jaeger*/*Henckel*, § 48 Rn. 40 ff.
[44] MüKoInsO/*Ganter*, § 48 Rn. 43; Uhlenbruck/Hirte/Vallender/*Brinkmann*, § 48 Rn. 14; KPB/*Prütting*, § 48 Rn. 13; *Hess*, InsO, § 48 Rn. 53; *Henckel* JuS 1985, 836, 840; *Jaeger*/*Henckel*, § 48 Rn. 42 ff.; aA *Häsemeyer*, Rn. 11.22; *ders.* KTS 1982, 1, 18 ff.

Insolvenzverwalter Herausgabe der Gegenleistung nach den §§ 816 I 1 BGB, 48 InsO oder vom Erwerber Herausgabe der Sache (§ 985 BGB) zu verlangen. Bei unwirksamer Einziehung einer Forderung zur Masse kann der Berechtigte aber statt der Ersatzaussonderung nochmals Zahlung vom Schuldner verlangen.[45] Erhält er sie, so ist eine gleichzeitige Ersatzaussonderung ausgeschlossen.

e) Bei *berechtigter Veräußerung* besteht kein Recht zur Ersatzaussonderung, und zwar **18** sowohl bei deren anfänglicher Gestattung wie bei nachträglicher Genehmigung, § 185 BGB.[46] IdR wird sich der Verkäufer bei Erteilung einer Veräußerungsermächtigung durch Vorausabtretungsklausel sichern; die erworbene „Ersatzforderung" kann der Verkäufer nur absondern, nicht ersatzaussondern (→ § 43 Rn. 50). Die Ermächtigung zur Veräußerung im „ordnungsgemäßen Wirtschaftsverkehr" oder im „normalen Geschäftsgang", die bei verlängertem Eigentumsvorbehalt erteilt wird, entfällt noch nicht bei schlechter Wirtschaftslage des Vorbehaltskäufers und Weiterverkäufers.[47] Ob das Geschäft regulär abgewickelt wird, entscheidet sich vielmehr nach dessen objektiven Merkmalen.[48] Die Weiterveräußerungsermächtigung soll deshalb nicht mehr in der Zeit zwischen Zahlungseinstellung und Eröffnung des Insolvenzverfahrens[49] und nach Insolvenzeröffnung für den Insolvenzverwalter[50] gelten. In dieser Frage hat sich in den letzten Jahren im Anschluss an *Henckel*[51] eine differenzierende Sichtweise durchgesetzt, um (zeitweilige) Betriebsfortführungen zu erleichtern. Danach entfällt die Weiterveräußerungsermächtigung nach Zahlungseinstellung bzw. Verfahrenseröffnung heute nur noch, wenn der Betrieb eingestellt und liquidiert wird, weil eine Veräußerung im Rahmen der Abwicklung nicht mehr im ordnungsgemäßen Geschäftsgang erfolgt. Solange der (vorläufige) Insolvenzverwalter den Betrieb jedoch fortführt, sollte anders entschieden werden.[52] Die Weiterveräußerungsermächtigung bleibt bestehen und es ist zu entscheiden, ob die Veräußerung im ordnungsgemäßen Geschäftsgang erfolgt.[53]

Eine Veräußerung durch den vorläufigen Insolvenzverwalter ist unberechtigt, auch **19** wenn er als starker verfügungsbefugt ist. Die Kaufpreisschuld ist Insolvenzforderung, ein Qualitätssprung zu einer Masseschuld ist mangels Erfüllungswahl vor der Eröffnung nicht möglich und es droht ein gutgläubiger Erwerb (§§ 932 BGB, 366 HGB) durch einen Erwerber.[54]

Wählt der Verwalter gem. § 103 InsO Erfüllung, mit der Folge, dass ein Anspruch **20** gegen die Masse entsteht (§ 55 I Nr. 2 InsO), ist die Veräußerung solange berechtigt, als er davon ausgeht, dass der Kaufpreis als Masseschuld getilgt werden kann.[55] Wählt der

---

[45] BGH WM 1977, 483, 484.
[46] BGHZ 68, 201 = NJW 1977, 901; BGH NZI 2003, 549, 551; OLG Köln DZWiR 2005, 160, 161; *Hess*, InsO, § 48 Rn. 56; MüKoInsO/*Ganter*, § 48 Rn. 27; *Gerhardt* KTS 1990, 1, 2 f.; *Jaeger/Henckel*, § 48 Rn. 44; Nerlich/Römermann/*Andres*, § 48 Rn. 9; *Smid/Gundlach*, § 48 Rn. 39.
[47] BGHZ 68, 199, 203; Nerlich/Römermann/*Andres*, § 48 Rn. 9.
[48] BGHZ 68, 199, 202 = NJW 1977, 901, 902; Nerlich/Römermann/*Andres*, § 48 Rn. 9; Uhlenbruck/*Brinkmann*, § 48 Rn. 16a; *Jaeger/Henckel*, § 48 Rn. 45; *Mohrbutter/Vortmann*, Rn. VI.209; *Serick* V, § 62 II 3b.
[49] *Franke* KTS 1957, 139, 141; *Hess*, InsO, § 48 Rn. 59; Nerlich/Römermann/*Andres*, § 48 Rn. 9; Uhlenbruck/Hirte/Vallender/*Brinkmann*, § 48 Rn. 16a.
[50] MüKoInsO/*Ganter*, § 47 Rn. 145; OLG Celle EWiR § 60 InsO 1/04, 117 *(Pape)*.
[51] *Henckel*, Aktuelle Probleme des Warenlieferanten beim Kundenkonkurs, 1983, S. 43 f.; *Jaeger/Henckel*, § 48 Rn. 45 ff.
[52] *Jaeger/Henckel*, § 48 Rn. 46; Uhlenbruck/Hirte/Vallender/*Brinkmann*, § 48 Rn. 16a; Nerlich/Römermann/*Andres*, § 48 Rn. 9.
[53] Ansonsten müsste man annehmen, dass die Weiterveräußerungsermächtigung bei Erfüllungswahl wiederauflebt (MüKoInsO/*Ganter*, § 47 Rn. 145), was jedoch mit der Rechtsprechung zu § 103 InsO kaum vereinbar ist.
[54] *Jaeger/Henckel*, § 48 Rn. 48.
[55] *Jaeger/Henckel*, § 48 Rn. 46; Uhlenbruck/Hirte/Vallender/*Brinkmann*, § 48 Rn. 17; Nerlich/Römermann/*Andres*, § 48 Rn. 9.

Verwalter jedoch Nichterfüllung, so ist eine trotzdem vorgenommene Veräußerung von Vorbehaltsgut unberechtigt.[56]

21 Nicht vom „ordnungsgemäßen Geschäftsgang" umfasst ist eine Weiterveräußerung an ein verbundenes Unternehmen, dessen Lage erkennbar äußerst angespannt ist.[57] Eine dem Insolvenzschuldner regelmäßig erteilte Einziehungsermächtigung entfällt nicht ohne Weiteres mit Bestellung eines vorläufigen Insolvenzverwalters gem. § 21 II 1 Nr. 1 InsO.[58] Der Vorbehaltslieferant kann daher nicht im Insolvenzverfahren Forderungen ersatzaussondern, die nach diesem Zeitpunkt auf ein Konto des Insolvenzschuldners überwiesen wurden.[59]

22 Übergibt ein Drittschuldner in Unkenntnis einer Abtretung dem späteren Insolvenzschuldner einen Scheck zur Tilgung der Forderung, so muss der neue Gläubiger bereits dies nach § 407 I BGB gegen sich gelten lassen. Die Einziehung des Schecks durch den Insolvenzverwalter vereitelt daher nicht mehr ein Aussonderungsrecht des Zessionars; dieser hat folglich kein Recht auf Ersatzaussonderung der Schecksumme.[60]

23 Keine Verfügungsbefugnis besteht bei der Veräußerung gestohlener oder sonst abhanden gekommener Sachen.[61] Wird ein einfacher Eigentumsvorbehalt trotz einer Abwehrklausel des späteren Insolvenzschuldners „vertragswidrig" wirksam, so besteht grundsätzlich keine Weiterveräußerungsermächtigung. Da der Insolvenzverwalter ohnehin zur Veräußerung von Vorbehaltseigentum generell nicht befugt ist, kann der Vorbehaltseigentümer die Kaufpreisforderung aus einem dennoch erfolgten Weiterverkauf ersatzaussondern,[62] und zwar unabhängig von der Wirksamkeit einer Abtretung der Weiterverkaufsforderung an den Lieferanten.[63]

24 Ordnungsgemäßer Geschäftsgang kann aber auch vorliegen, obwohl die vom Lieferanten ausbedungene Vorausabtretung nicht eintritt. Rechnet etwa ein Großhändler im Massengeschäft Lieferungen über ein *Kontokorrent* ab, so bleibt die Veräußerungsermächtigung bestehen; in der Insolvenz des Käufers besteht keine Befugnis des Lieferanten zur Ersatzaussonderung.[64] Der Lieferant kann sich in solchen Fällen aber durch ausdrückliche Abtretung des Saldoanspruchs sichern (→ § 43 Rn. 51).

IV. Inhalt des Anspruchs

25 **1. Abtretung des Gegenleistungsanspruchs.** Der Berechtigte kann kraft Gesetzes die vertragliche Gegenleistung aussondern. Solange sie aussteht, kann er nach § 48 S. 1 InsO Abtretung des Gegenleistungsanspruchs (mit etwa bestehenden Nebenrechten, § 401 BGB) vom Insolvenzverwalter verlangen. Was Gegenleistung ist, richtet sich nach dem Vertrag; in Sonderfällen ist aber darauf abzustellen, ob durch sie die Insolvenzmasse vermehrt wird;[65] eine bloße Schuldenminderung genügt nicht.[66] Verkauft der Schuldner sei-

---

[56] *Jaeger/Henckel,* § 48 Rn. 46; Uhlenbruck/Hirte/Vallender/*Brinkmann,* § 48 Rn. 17; Nerlich/Römermann/*Andres,* § 48 Rn. 9; MüKoInsO/*Ganter,* § 47 Rn. 146.
[57] OLG Hamburg ZIP 1982, 599; *Mohrbutter/Vortmann,* Rn. VI.210; Nerlich/Römermann/*Andres,* § 48 Rn. 9.
[58] MüKoInsO/*Ganter,* § 47 Rn. 162.
[59] BGHZ 23, 307, 317 = NJW 1957, 750, 752; *Henckel,* Aktuelle Probleme der Warenlieferanten beim Kundenkonkurs, 2. Aufl. 1984, S. 88 ff.; *Hess,* InsO, § 48 Rn. 65, 66.
[60] BGH NJW 1991, 427; Uhlenbruck/Hirte/Vallender/*Brinkmann,* § 48 Rn. 18.
[61] *Behr,* S. 345; Uhlenbruck/Hirte/Vallender/*Brinkmann,* § 48 Rn. 20.
[62] BGH NJW 1982, 1749, 1751; BGH ZIP 1986, 1052 = KTS 1986, 678, 681; *Landwehr/Thonfeld* NZI 2004, 7, 13; *Graf Lambsdorff* ZIP 1987, 1370.
[63] MüKoBGB/*Roth,* § 398 Rn. 137.
[64] BGHZ 73, 259 = NJW 1979, 1206 (Barsortimenter); *Serick* V, § 67 III.
[65] MüKoInsO/*Ganter,* § 48 Rn. 32; Uhlenbruck/Hirte/Vallender/*Brinkmann,* § 48 Rn. 22; *Gundlach* ZIP 1995, 1789; *Smid/Gundlach,* § 48 Rn. 51.
[66] MüKoInsO/*Ganter,* § 48 Rn. 32; *Jaeger/Henckel,* § 48 Rn. 68; aA Uhlenbruck/Hirte/Vallender/*Brinkmann,* § 48 Rn. 22.

nen Kaufpreisanspruch an einen Factor, so ist dessen Leistung nicht mit der „ausstehenden Gegenleistung" iS des § 48 S. 1 InsO identisch.[67] Bei unberechtigtem Verkauf kann der Berechtigte Abtretung des Kaufpreisanspruchs gem. § 433 II BGB verlangen. Dieser Anspruch erfasst den Brutto-Kaufpreis einschließlich etwaiger anfallender Umsatzsteuer.[68]

Ist der Anspruch auf die Gegenleistung nicht abtretbar (wegen Vereinbarung eines Abtretungsverbots außerhalb des Anwendungsbereichs des § 354a HGB), so scheidet eine Abtretung und damit eine Ersatzaussonderung nach § 48 S. 1 InsO aus.[69] Da die Gegenleistung aber den Insolvenzgläubigern nicht gebührt, hat der Insolvenzverwalter die Leistung unterscheidbar zu verwahren und nach § 48 S. 2 InsO herauszugeben.[70] 26

Gibt der Insolvenzverwalter die Abtretungserklärung nicht ab, so ist er notfalls auf deren Abgabe (vgl. § 894 I ZPO) zu verklagen.[71] 27

2. Herausgabe der erbrachten Gegenleistung. Ist die Abtretung zB wegen eines vereinbarten (nach § 354a HGB nur noch außerhalb des Handelsverkehrs wirksamen) Abtretungsverbots, § 399 BGB, nicht möglich[72] oder ist die Gegenleistung bereits erbracht worden, so kann sie selbst ersatzausgesondert werden, solange sie sich noch *unterscheidbar* in der Insolvenzmasse befindet, § 48 S. 2 InsO. Aufgrund der Erweiterung des § 48 InsO gegenüber dem bisherigen Recht[73] kommt es nicht mehr darauf an, ob die Gegenleistung vor oder nach Eröffnung des Verfahrens erbracht wurde.[74] Der Bereicherungsanspruch nach § 816 I BGB hat Aussonderungskraft aber nur, solange Unterscheidbarkeit gegeben ist.[75] Wird er mit anderem Bargeld in der Kasse vermischt, so soll eine Ersatzaussonderung wegen des Erwerbs von Miteigentum nach § 947 I BGB möglich sein, solange die Kasse einen „Bodensatz" aufweist.[76] Dabei wird aber § 947 II BGB übersehen. Jedenfalls bei gewöhnlichen Barkassezahlungen hat der Eigentümer der Kasse danach Alleineigentum am jeweiligen Kassenbestand. Zudem werden die Tageseinnahmen regelmäßig aus der Kasse entnommen und auf ein Konto einbezahlt. Eine Ersatzaussonderung eines Miteigentumsanteils am Kassenbestand kommt deshalb praktisch nur ausnahmsweise in Betracht. Dem Aussonderungsberechtigten steht nur noch ein Masseanspruch nach § 55 I Nr. 1 InsO iVm § 989 BGB bzw. nach § 55 I Nr. 3 InsO iVm §§ 812 ff. BGB zu.[77] Auch ein Ersatzanspruch gegen den Verwalter persönlich kann uU bestehen, § 60 I InsO. 28

Gelangen Erlöse aus der Veräußerung massefremder Gegenstände auf vom Insolvenzschuldner oder Insolvenzverwalter geführte Konten, ist für die Frage eines Ersatzaussonderungsrechts auf die Art des Kontos abzustellen. Streitpunkt ist jeweils die Frage der Unterscheidbarkeit iS des § 48 S. 2 InsO. Ist ein Konto im Zeitpunkt einer Gutschrift im Soll und wird es durch die Gutschrift in ein Guthaben geführt, so beschränkt sich der Ersatzaussonderungsanspruch auf das Guthaben. Die zur Schuldentilgung verbrauchten Mittel sind keine gegenständlich fassbare Gegenleistung.[78] 29

---

[67] MüKoInsO/*Ganter*, § 48 Rn. 33.
[68] BGH NZI 2008, 426, 427 (*de Weerth*, 427); *Naumann* FD-InsR, 261, 416.
[69] BGHZ 228, 233 = NJW 1971, 1750; MüKoInsO/*Ganter*, § 48 Rn. 50; Uhlenbruck/Hirte/Vallender/*Brinkmann*, § 48 Rn. 25; Nerlich/Römermann/*Andres*, § 48 Rn. 10.
[70] MüKoInsO/*Ganter*, § 48 Rn. 52; Nerlich/Römermann/*Andres*, § 48 Rn. 10.
[71] MüKoInsO/*Ganter*, § 48 Rn. 53.
[72] Vgl. BGHZ 56, 228, 233 = NJW 1971, 1750; BGH ZIP 1988, 175, 181; *Gerhardt* KTS 1990, 1, 7.
[73] Vgl. BGHZ 144, 192 = NJW 2000, 1950.
[74] MüKoInsO/*Ganter*, § 48 Rn. 2.
[75] MüKoInsO/*Ganter*, § 48 Rn. 8a; *Henckel* JuS 1985, 836, 840; *D. Weber*, S. 90 ff.
[76] MüKoInsO/*Ganter*, § 48 Rn. 57.
[77] BGH NJW 1982, 1749, 1750 und 1751; Uhlenbruck/Hirte/Vallender/*Brinkmann*, § 48 Rn. 27; *Hess*, InsO, § 48 Rn. 81, 88.
[78] BGH NZI 2006, 700, 702 im Anschluss an MüKoInsO/*Ganter*, § 48 Rn. 34; OLG Köln ZIP 2002, 947; FK/*Imberger*, § 48 Rn. 15.

30 Wird eine Forderung auf ein *Anderkonto* des Insolvenzverwalters oder ein seiner Verwaltung unterliegendes *Sonderkonto* überwiesen, so besteht dagegen nach hM Unterscheidbarkeit, da der Wert durch den Buchungsbeleg identifizierbar ist.[79] Dies gilt freilich nur, solange der Wert auf dem Konto noch vorhanden ist. Die Unterscheidbarkeit fehlt danach, sobald der Betrag durch anderweitige Buchungen wieder vom Konto abgeflossen ist.[80]

31 Heute ist die Ersatzaussonderung aber nicht auf Einzahlungen auf ein Sonderkonto[81] beschränkt. Bei Einzahlung auf ein *allgemeines Girokonto* des späteren Insolvenzschuldners hatte der BGH wegen der bestehenden Kontokorrentabrede jedoch die Ersatzaussonderung abgelehnt, weil der Rückzahlungsanspruch bereits mit Einstellung in das Kontokorrent, spätestens mit der Erstellung eines Rechnungsabschlusses gem. § 355 II HGB seine rechtliche Selbstständigkeit und damit seine Abtretbarkeit verloren habe.[82] Diese Rechtsprechung hat der nunmehr allein zuständige IX. Senat ausdrücklich aufgegeben:[83] Für eine Einzahlung auf das allgemeine Insolvenz-(Konkurs-Bank-)Konto *des Verwalters* hat er die Unterscheidbarkeit bejaht und eine Ersatzaussonderung zugelassen, auch wenn nach der Gutschrift noch Zahlungsausgänge erfolgt seien und der Rechnungsabschluss des Kontokorrentkontos erfolgt sei mit der Folge, dass nach hM die in die laufende Rechnung eingestellten Einzelforderungen untergegangen seien und nur die durch das Schuldanerkenntnis begründete Saldoforderung übrig geblieben sei.[84] Dies gelte solange ein ausreichend hohes Guthaben auf dem Konto vorhanden sei. Die Soll- und Haben-Posten auf einem im Kontokorrent geführten Konto sind nach Ansicht des BGH keine realen Gegenstände, bei denen eine Vermischung etc. in Betracht komme. Entscheidend sei das auf dem Konto verfügbare Guthaben.[85] Das Ersatzaussonderungsrecht dürfe auch nicht davon abhängig gemacht werden, nach welchen Regeln sich im Verhältnis zwischen der Bank und dem Kunden Ansprüche aus dem Bankvertrag richteten. Nur zur Lösung solcher Probleme seien die Denkmodelle der verhältnismäßigen Gesamtaufrechnung und der Novation entwickelt worden. Für die Frage der Ersatzaussonderung sei kein wirtschaftlich vernünftiger Grund erkennbar, warum das auf das Konto gelangte Geld nicht dem Ersatzaussonderungsberechtigten überlassen werden sollte.[86]

32 Diese Rechtsprechung ist auch auf Zahlungseingänge vor Insolvenzeröffnung auf ein Girokonto des vom späteren *Gesamtschuldner* geführten Kontos übertragbar, soweit dieses nicht im Soll geführt wird. Dies entspricht der Erweiterung des Aussonderungsrechts, die die InsO entgegen § 46 S. 2 KO (wonach die Gegenleistung aus der Masse nur beansprucht werden konnte, soweit sie nach Eröffnung des Verfahrens eingezogen worden war) vorgenommen hat, indem das Ersatzaussonderungsrecht nunmehr ohne zeitliche Differenzierung besteht.[87] Auch hier hat der BGH entgegen Stimmen in der Literatur[88] die Unterscheidbarkeit trotz Rechnungsabschluss bejaht.[89]

---

[79] BGH NZI 2006, 700; BGH NJW 1999, 1709; BGH ZIP 1998, 1805 (dazu *Marotzke* EWiR 1999, 27); BGH ZIP 1989, 118 (krit. *Gerhardt* EWiR 1989, 285); OLG Hamburg ZIP 1982, 599, 602; Uhlenbruck/Hirte/Vallender/*Brinkmann*, § 48 Rn. 28; FK/*Imberger*, § 48 Rn. 14; *Hess*, InsO, § 48 Rn. 78; HK/*Eickmann*, § 48 Rn. 9; MüKoInsO/*Ganter*, § 48 Rn. 59.

[80] OLG Köln ZIP 1980, 855; *Gerhardt* KTS 1990, 1, 8 f.

[81] Hierfür *Meyer-Giesow* KTS 1969, 29, 30.

[82] BGHZ 58, 257, 260 = NJW 1972, 872, 873; *Hess*, InsO, § 48 Rn. 18.

[83] BGHZ 141, 116 = BGH NJW 1999, 1709; bestätigt BGH NZI 2008, 426.

[84] BGHZ 26, 142, 150 = NJW 1958, 217; BGHZ 50, 277, 279 = NJW 1968, 2100; BGHZ 58, 257, 260 = NJW 1972, 872, 873; Uhlenbruck/Hirte/Vallender/*Brinkmann*, § 48 Rn. 28; Nerlich/Römermann/*Andres*, § 48 Rn. 12.

[85] BGH NZI 2008, 426.

[86] BGHZ 141, 116, 117 = BGH NJW 1999, 1709, 1710.

[87] MüKoInsO/*Ganter*, § 48 Rn. 2.

[88] Uhlenbruck/Hirte/Vallender/*Brinkmann*, § 48 Rn. 28; KPB/*Prütting*, § 48 Rn. 22.

[89] BGH NZI 2006, 700; so schon OLG Köln ZIP 2002, 947.

Die volle Ersatzaussonderung ist also zulässig, solange ein sie deckender „Bodensatz" **33** auf dem Konto vorhanden ist.[90] Sinkt der Kontostand, so vermindert sich die Höhe des Ersatzaussonderungsanspruchs, bis nachträgliche Abbuchungen die auszusondernde Einzahlung ganz aufgezehrt haben. Spätere Gutschriften lassen den Anspruch nicht mehr aufleben.[91] Reicht das Guthaben nicht zur Begleichung mehrerer Ersatzaussonderungsforderungen, führt dies nicht zum Wegfall aller Ersatzaussonderungsansprüche, sondern zur anteiligen Kürzung.[92]

Unterliegt die Veräußerung einer fremden Sache der Umsatzsteuer und hat der Insol- **34** venzverwalter diese bereits an das Finanzamt abgeführt, so kann der Berechtigte nur den Nettokaufpreis aussondern, weil der auf die Umsatzsteuer entfallende Teil der Gegenleistung nicht mehr unterscheidbar in der Masse ist. Insoweit unterscheiden sich die Rechtsfolgen des § 48 S. 1 und S. 2 InsO, weil der Anspruch auf Abtretung auf den Brutto-Kaufpreis gerichtet ist (→ Rn. 25). Einem Anspruch aus § 816 I 1 BGB, § 55 I Nr. 3 InsO stehe der Wegfall der Bereicherung wegen der Abführung der Umsatzsteuer an das Finanzamt entgegen.[93]

3. Höhe des Anspruchs. Der Anspruch auf Ersatzaussonderung erfasst dem Wort- **35** laut des § 48 InsO nach die gesamte Gegenleistung.[94] Da aber lediglich die vereitelte Aussonderung ersetzt werden soll, kann nach der Gegenmeinung nur der Wert der weiterveräußerten oder verarbeiteten Ware ohne den Weiterverkaufsgewinn herausverlangt werden.[95] Diese Ansicht überzeugt jedoch nicht, da ein Nichtberechtigter auch nach § 816 I BGB nach hM seinen Gewinn herausgeben muss.[96] Wird der Ersatzaussonderung unterliegende Ware mit anderer zu einem Gesamtpreis veräußert, so kann ein dem Wert der entzogenen Ware entsprechender Forderungsteil ausgesondert werden.[97] Wurde Fremdmaterial eingebaut (§ 946 BGB), so ist ein Gesamtwerklohn auf Arbeitsleistung und Materialwert aufzuteilen.[98]

Der Berechtigte muss sich auf seinen Ersatzanspruch nach § 287 II ZPO zu schät- **36** zende ersparte Transport-, Verkaufs- und Wartungskosten (§§ 683, 684, 812 BGB) anrechnen lassen.[99]

4. Herausgabe in der „Surrogationskette"? Zweite Ersatzaussonderung. Er- **37** wirbt der Insolvenzverwalter die Gegenleistung, so wird der Schuldner berechtigter Eigentümer des Gegenstandes. *Veräußert der Insolvenzverwalter* anschließend die (nicht auf Geld gerichtete) Gegenleistung, so liegt dinglich die Verfügung eines Berechtigten

---

[90] BGHZ 141, 116 = NJW 1999, 1709 = NZI 1999, 265 = DZWIR 1999, 932 *(Gundlach);* BGH NZI 2008, 426; OLG Köln ZIP 2002, 947; FK/*Imberger,* § 48 Rn. 14 ff.; *Primozic* NZI 2005, 358, 359; Uhlenbruck/Hirte/Vallender/*Brinkmann,* § 48 Rn. 28 (nur für vom Verwalter geführtes Konto); krit. *Gerhardt* in Aktuelle Probleme, S. 127, 134 f.; *Krull* ZInsO 2000, 304, 306 ff.
[91] MüKoInsO/*Ganter,* § 48 Rn. 62, 71.
[92] OLG Köln ZIP 2002, 947; offen gelassen noch von BGH NZI 2006, 700; FK/*Imberger,* § 48 Rn. 16.
[93] BGH NZI 2008, 426, 427; FK/*Imberger,* § 48 Rn. 18.
[94] MüKoInsO/*Ganter* § 48 Rn. 67; Uhlenbruck/Hirte/Vallender/*Brinkmann,* § 48 Rn. 23; FK/*Imberger,* § 48 Rn. 18; Nerlich/Römermann/*Andres,* § 48 Rn. 15; Jaeger/Henckel, § 48 Rn. 75; *Hess,* InsO, § 48 Rn. 76.
[95] AK-BGB/*Reich,* § 929 Rn. 52.
[96] BGHZ 29, 157, 159 = NJW 1959, 668; BGH WM 1975, 1179; MüKoBGB/*Schwab,* § 816 Rn. 37 f.; Palandt/*Sprau,* BGB, § 816 Rn. 20.
[97] BGHZ 141, 116, 118 = NJW 1999, 1709; BGHZ 30, 176, 185 = NJW 1959, 1681; *Hess,* InsO, § 48 Rn. 82; Nerlich/Römermann/*Andres,* § 48 Rn. 16; Uhlenbruck/Hirte/Vallender/*Brinkmann,* § 48 Rn. 26.
[98] BGH KTS 1971, 194, 197; BGH ZIP 1988, 175, 181; *Hess,* InsO, § 48 Rn. 85; MüKoInsO/*Ganter,* § 48 Rn. 70; Uhlenbruck/Hirte/Vallender/*Brinkmann,* § 48 Rn. 26; Nerlich/Römermann/*Andres,* § 48 Rn. 16.
[99] MüKoInsO/*Ganter,* § 48 Rn. 72; *Hess,* InsO, § 48 Rn. 86; FK/*Imberger,* § 48 Rn. 20; Nerlich/Römermann/*Andres,* § 48 Rn. 15.

vor.[100] Dennoch ist aufgrund der haftungsrechtlichen Zuordnung des Leistungsgegenstandes anders zu entscheiden und dem Gläubiger eine Ersatzaussonderung auch des weiteren Surrogats zuzubilligen, weil auch dieses Surrogat nicht für Verbindlichkeiten des Schuldners haften soll.[101] *Veräußert der Insolvenzschuldner* die erhaltene (nicht auf Geld gerichtete) Gegenleistung, so verfügt er, da eine dingliche Surrogation nicht vorgesehen ist, an sich als Berechtigter, so dass eine Ersatzaussonderung des neuen Surrogats ausscheiden müsste.[102] Da § 48 InsO jetzt aber auch bei Verfügungen des Schuldners vor Insolvenzeröffnung eingreift, kann es auf die dingliche Zuordnung zur Zeit der Veräußerung nicht mehr ankommen, sondern allein darauf, ob der veräußerte Gegenstand der Ersatzaussonderung unterlag. Ist dies der Fall, kommt auch bei Verfügungen des Schuldners eine Zweitersatzaussonderung in Betracht.[103]

§ 42. Absonderung

Übersicht

	Rn.
I. Allgemeines	1
1. Das Pfandrecht als Prototyp	1
2. Keine vertragliche Erweiterung	2
3. Zeitpunkt des Bestehens	3
II. Allgemeine Absonderungsrechte	5
1. Rechte am Immobiliarvermögen	6
2. Rechtsgeschäftliche Pfandrechte	32
3. Gesetzliche und Pfändungspfandrechte	48
4. Zurückbehaltungsrecht	60
5. Versicherung für fremde Rechnung und Haftpflichtansprüche	65
6. Gemeinschaftsforderungen	70
7. Zölle und Steuern	72
III. Gegenständlich beschränkte Vorrechte	73
IV. Der Rang der Absonderungsrechte	76
V. Die Ausfallhaftung	77
1. Verhältnis dinglicher und persönlicher Haftung	77
2. Ausfallhaftung	80
3. Verzicht auf das Absonderungsrecht	84
4. Nachweis des Ausfalls	87
5. Haftung von Gesamtschuldnern	91
VI. Die Verwertung unbeweglicher Gegenstände	92
1. Antrag des Gläubigers	92
2. Antrag des Insolvenzverwalters	112
VII. Die Verwertung beweglicher Gegenstände und sonstiger Rechte	128
1. Allgemeines	128
2. Verwertung durch den Insolvenzverwalter	131
3. Verwertung durch den Gläubiger	187
VIII. Eingriffe in Absonderungsrechte	203
1. Durch Insolvenzplan	203

---

[100] Einschränkend *Ganter* NZI 2005, 1, 7.
[101] MüKoInsO/*Ganter*, § 48 Rn. 75; *Ganter* NZI 2005, 1, 6 f.; Uhlenbruck/Hirte/Vallender/*Brinkmann*, § 48 Rn. 29; Nerlich/Römermann/*Andres*, § 48 Rn. 14; HK/*Eickmann*, § 48 Rn. 13; *Jaeger/Henckel*, § 48 Rn. 10; *Gundlach* KTS 1997, 453, 457 ff.; auch *Dieckmann*, FS Henckel S. 95, 117; aA *Scherer* KTS 2002, 197, 203 f.
[102] *Dieckmann*, FS Henckel S. 95, 116 f.
[103] *Gerhardt* KTS 1990, 1, 3; MüKoInsO/*Ganter*, § 48 Rn. 77; Uhlenbruck/Hirte/Vallender/*Brinkmann*, § 48 Rn. 6; aA *Scherer* KTS 2000, 197, 202 f.; *D. Weber*, S. 87; auch *Jaeger/Henckel*, § 48 Rn. 10.

                                                                    Rn.
    2. Bei Restschuldbefreiung 207
    3. Im Verbraucherinsolvenzverfahren 208
 IX. Ersatzabsonderung 213
    1. Unberechtigte Veräußerung belasteter Vermögensgegenstände 213
    2. Unterschied zur Ersatzaussonderung 218
    3. Grenzen der Ersatzabsonderung 219
  X. Steuerliche Probleme 220
    1. Einkommensteuerliche Fragen 220
    2. Umsatzsteuerliche Fragen 224
    3. Sonstige Steuerarten 237

Schrifttum: *Adolphsen,* Die Rechtsstellung dinglich gesicherter Gläubiger in der Insolvenzordnung, in: Kölner Schrift, 3. Aufl. 2009, S. 1326; *Bähr/Smid,* Das Absonderungsrecht gemäß § 76 AO im neuen Insolvenzverfahren, InVo 2000, 401; *S. Baum,* Der Eigentumsvorbehalt als Aus- oder Absonderungsrecht im Insolvenzverfahren, 2003; *Bechtloff,* Gesetzliche Verwertungsrechte, 2003; *Benckendorff,* Freigabe von Kreditsicherheiten in der Insolvenz, in: Kölner Schrift, 3. Aufl. 2009, S. 1389; *Ch. Berger,* Die Verwertung von Absonderungsgut, KTS 2007, 433; *ders.,* die Verwertung verpfändeter Aktien in der Insolvenz des Sicherungsgebers, ZIP 2007, 1533; *ders.,* Absonderungsrecht an urheberrechtlichen Nutzungsrechten in der Insolvenz des Leasingnehmers, FS H.-P. Kirchhof, 2003, S. 1; *Bilgary,* Die Stellung der Banken als Sicherungsgläubiger im neuen Insolvenzrecht, FS H.-W. Bayer, 1998, S. 9; *Blaum,* Zurückbehaltungsrechte in der Insolvenz, 2008; *Bork,* Die Veräußerung von Sicherungsgut durch den Insolvenzverwalter, FS Leipold, 2009, S. 361; *ders.,* Die Verbindung, Vermischung und Verarbeitung von Sicherungsgut durch den Insolvenzverwalter, FS Gaul, 1997, S. 71; *ders.,* Gläubigersicherung im vorläufigen Insolvenzverfahren, ZIP 2003, 1421; *ders.,* Doppelbesicherung eines Gesellschafterdarlehens durch Gesellschaft und Gesellschafter, FS Ganter, 2010, S. 135; *A. Bruns,* Grundpfandrechte im Insolvenzplanverfahren, KTS 2004, 1; *Bülow,* Recht der Kreditsicherheiten, 7. Aufl. 2006; *Burger/Schellberg,* Kreditsicherheiten im neuen Insolvenzrecht, AG 1995, 57; *P. Chrocziel,* Insolvenz des Lizenzgebers – Dinglichkeit der Lizenz?, GS W. Blomeyer, 2004, S. 303; *Clemente,* Recht der Sicherungsgrundschuld, 4. Aufl. 2008; *C. Clemente/L. Lenk,* Planmäßige Übersicherung durch Grundschuldzinsen, ZfIR 2002, 337; *M. Dahl,* Die Behandlung der Kostenbeiträge nach §§ 170, 171 InsO bei Übersicherung des Sicherungsgläubigers, NZI 2004, 615; *d'Avoine,* Verkauf von Immobilien in der Insolvenz an einen Grundpfandrechtsgläubiger, NZI 2008, 17; *Didier,* Pfand-, Sicherungs- und Zurückbehaltungsrechte des Frachtführers bei drohender Zahlungsunfähigkeit und Insolvenz des Absenders, NZI 2003, 513; *Duursma-Kepplinger,* Eigentumsvorbehalt und Mobilienleasing in der Insolvenz, 2002; *Eckardt,* Die Ausübung von Mobiliarsicherheiten in der Unternehmenskrise, ZIP 1999, 1734; *Ehlenz,* Zum Umfang der Verwertungskosten iSv § 171 InsO, ZInsO 2003, 165; *Ehricke,* Zum Entstehen eines Vermieterpfandrechts in der Insolvenz des Mieters, FS Gerhardt, 2004, S. 191; *Eickmann,* Immobiliarvollstreckung und Insolvenz, 3. Aufl. 1998; *ders.,* Problematische Wechselbeziehungen zwischen Immobiliarvollstreckung und Insolvenz, ZfIR 1999, 81; *Eidenmüller,* Obstruktionsverbot, Vorrangregel und Absonderungsrechte, FS Drukarczyk, 2003, S. 188; *Elfring,* Die Verwertung verpfändeter und abgetretener Lebensversicherungsansprüche in der Insolvenz des Versicherungsnehmers, NJW 2005, 2192; *T. Empting,* Immaterialgüterrechte in der Insolvenz, 2003; *Evers,* Sind durch Immobiliarsicherheiten gesicherte Darlehen in der Verbraucherinsolvenz „restschuldbefreiungsfest"?, ZInsO 1999, 340; *Fischer/Dissen,* Pfandrecht der Bank am Kontoguthaben in der Krise des Kontoinhabers, DZWiR 2004, 368; *Frege/Keller,* „Schornsteinhypothek" und Lästigkeitsprämie bei Verwertung von Immobiliarvermögen in der Insolvenz, NZI 2009, 11, 13; *F. Frind,* Treuhandkontenmodell: Zur Betriebsfortführung unnötig!, ZInsO 2003, 778; *A. Funk,* Die Sicherungsübereignung in Einzelzwangsvollstreckung und Insolvenz, 1998; *Ganter,* Die Verwertung von Gegenständen mit Absonderungsrechten im Lichte der Rechtsprechung des IX. Zivilsenats, ZInsO 2007, 841; *Ganter/Bitter,* Rechtsfolgen berechtigter und unberechtigter Verwertung von Gegenständen mit Absonderungsrechten durch den Insolvenzverwalter, ZIP 2005, 93; *B. Gaul,* Verwertungsbefugnis des Insolvenzverwalters bei Mobilien trotz Sicherungsübereignung und Eigentumsvorbehalt, ZInsO 2000, 256; *Gerhardt,* Neue Erfahrungen mit Aussonderung, Absonderung und Aufrechnung, in: Aktuelle Probleme des neuen Insolvenzrechts, 2000, S. 127; *Gessner,* Zahlungsvergleiche über globalzedierte Forderungen in der Insolvenz, ZIP 2012, 455; *Giesen,* Das Vermieterpfandrecht in der Insolvenz des Mieters, KTS 1995, 579; *Gottwald,* Der verlängerte Eigentumsvorbehalt in der Käuferinsolvenz, FS Fischer, 208, S. 183; *ders.,* Die Rechtsstellung dinglich gesicherter Gläubiger, in Leipold (Hrsg.), Insolvenzrecht im Umbruch, 1990, S. 197; *Grub,* Probleme der Verwertung von Mobilien nach neuem Recht, in: Henckel/Kreft, Insolvenzrecht 1998, S. 131; *ders.,* Die Macht der Banken in der Insolvenz, DZWIR 1999, 133; *ders.,* Die Zinspflicht nach § 169 InsO, DZWIR 2002, 441; *Gundlach,* Die Ersatzabsonderung, KTS 1997, 553; *Gundlach/Frenzel/Schmidt,* Die Rechtsstellung des Absonderungsberechtigten im Falle der Verwertung eines Gegenstands gemäß §§ 166 ff. InsO, ZInsO 2001, 537; *dies.,* Die Haftung des Insolvenzverwalters gegenüber Aus- und Absonderungsberechtigten, NZI 2001, 350; *dies.,* Die Mitteilungspflicht des § 168 InsO, DZWIR 2001, 18; *dies.,* Die Anwendbarkeit der §§ 170, 171 InsO bei der Verwertung von Lebensversicherungen durch den Sicherungsnehmer, ZInsO 2002, 352; *Gundlach/Frenzel/Schirrmeister,* Die Bedeutung des Besitzmitlungswillens im Rahmen des § 166 I InsO, NZI 2007, 327; *Haas/Scholl,* Hinweispflicht und Hinweisrecht auf alternative Verwertungsmöglichkeiten gem. § 168 InsO, NZI 2002, 642; *Häcker,* Abgesonderte Befriedigung aus Rechten, 2001; *ders.,* Die Empfangszuständigkeit des Sicherungszessionars für sicherungshalber abgetretene Geldforderungen im eröffneten Insolvenzverfahren, NZI 2002, 409; *Harder,* Insolvenzrechtliche Surrogation, 2002; *Haunschild,* Verwertungsrecht des Insolvenzverwalters und Kostenbeiträge der Gläubiger nach §§ 165 ff. InsO, DZWIR 1999, 60; *Heidbrink,* Zum Wiederaufleben von Sicherheiten nach Insolvenzanfechtung, NZI 2005, 363; *Henckel,* Die letzten Vorrechte im Insolvenzverfahren, FS Uhlenbruck, 2000, S. 19; *Hess,* Kreditsicherheiten in der Insolvenz, in: Die neue Insolvenzordnung (Bankrechtstag 1999), 2000, S. 101; *Hilgers,* Besitzlose Mobiliarsicherheiten im Absonderungsverfahren, 1994; *Hinkel/Flitsch,* Absonderungsrecht des Versicherten an dem Leistungsanspruch aus einer Lebensversicherung im Rahmen der Insolvenz des Arbeitgebers, InVo 2005, 1; *Hintzen,* Insolvenz und Immobiliarzwangsvollstreckung, Rpfleger 1999, 256; *ders.,* Grundstücksverwertung durch den Treuhänder in der Verbraucherinsolvenz, ZInsO 2004, 713; *Hintzen/Alff,* Bevorzugung des Hausgeldes der Wohnungseigentümergemeinschaft, ZInsO 2012, 480; *Hirte,* Die Verwertung „besitzloser" Gegenstände in der Insolvenz des Sicherungsgebers: Zur Notwendigeit einer teleologisch-funktionalen Sicht von § 166 InsO, FS Fischer, 2008, S. 239; *Hirte/Knof,* Das Pfandrecht an globalverbrieften Aktien in der Insolvenz, WM 2008, 7 und 49 ff.; *Humbeck,* Kosten der Verwertung des Vorratsvermögens bei Unternehmensfortführung, DZWiR 2003, 283; *Huth,* Kreditsicherungsrecht im Lichte der neuen Insolvenzordnung, 2000; *Janssen,* Betriebsfortführung des Insolvenzverwalters mit Mobiliarsicherungsgut trotz Sicherungsübereignung und Eigentumsvorbehalt, 2005; *Jungmann,* Grundpfandgläubiger und Unternehmensinsolvenz, 2004; *Keller,* Grundstücke in Vollstreckung und Insolvenz, 1998; *ders.,* Grundstücksverwertung im Insolvenzverfahren, ZflR 2002, 861; *H.P. Kirchhof,* Rechtsstellung der beweglichen Kreditsicherheiten im Regelverfahren nach der Insolvenzordnung, FS Kümpel, 2003, S. 289; *M. Kirchhof,* Die Haftung des Insolvenzverwalters nach § 60 InsO gegenüber den Absonderungsberechtigten, 2004; *Klasmeyer/Elsner,* Zur Behandlung von Ausfallforderungen im Konkurs, FS Merz, 1992, S. 303; *Kohte,* Altlasten in der Insolvenz, ZflR 2004, 1; *Loy,* Verwertungsvoraussetzungen und Verwertungsverfahren bei Sicherungsübereignung und Sicherungsabhebung, 1997; *Lwowski,* Das Recht der Kreditsicherung, 8. Aufl. 2000; *Lwowski/Heyn,* Die Rechtsstellung des absonderungsberechtigten Gläubigers nach der Insolvenzordnung, WM 1998, 473; *Lwowski/Hoes,* Markenrechte in der Kreditpraxis, WM 1999, 771; *Lwowski/Tetzlaff,* Verwertung von Absonderungsgut im Besitz des Insolvenzverwalters, FS Fischer, 2008, S. 365; *dies.,* Verwertung unbeweglicher Gegenstände im Insolvenzverfahren, WM 1999, 2336; *Marotzke,* Die dinglichen Sicherheiten im neuen Insolvenzrecht, ZZP 109 (1996), 429; *ders.,* Das neue Insolvenzrecht – dargestellt am Beispiel der Mobiliarsicherheiten, 1999; *Mitlehner,* Verwertung sicherungszedierter Forderungen durch den Insolvenzverwalter, ZIP 2001, 677; *ders.,* Mobiliarsicherheiten im Insolvenzverfahren, 2. Aufl. 2009; *Mönning,* Verwertung und Nutzung von Gegenständen mit Absonderungsrechten, FS Uhlenbruck, 2000, S. 239; *Mönning/Zimmermann,* Die Einstellungsanträge des Insolvenzverwalters gem. §§ 30d I, 153b I ZVG im eröffneten Insolvenzverfahren, NZI 2008, 134; *Muth,* Die Zwangsversteigerung auf Antrag des Insolvenzverwalters, ZIP 1999, 945; *Niering,* Non Performing Loans – Herausforderung für den Insolvenzverwalter, NZI 2008, 146; *Niesert,* Das Recht der Aus- und Absonderung nach der neuen Insolvenzordnung, InVo 1998, 85u 141; *ders.,* Aus- und Absonderungsrechte in der Insolvenz, 1999; *Niesert/Kairies,* Aus- und Absonderung von Internet-Domains in der Insolvenz, ZInsO

2002, 510; *Obermüller,* Eingriffe in die Kreditsicherheiten durch Insolvenzplan und Verbraucherinsolvenzverfahren, WM 1998, 483; *ders.,* Umsatzsteuer bei der Verwertung sicherungsübereigneter Gegenstände, ZInsO 1999, 249; *ders.,* Verwertung von Mobiliarsicherheiten im Insolvenzantragsverfahren, DZWIR 2000, 10; *ders.,* Kostenbeiträge und Ausgleichsansprüche bei Verwertung von Mobiliarsicherheiten, NZI 2003, 416; *Oerther,* Verwertung des mit Absondeurngsrechten belasteten Schuldnervermögens in der Insolvenz nach §§ 165 ff. InsO, 2010; *Pallas,* Die Rechtsstellung des Sicherungsgebers bei der Verwertung des Sicherungseigentums, 2003; *Pape,* Die Immobilie in der Krise, ZInsO 2008, 465; *Pfeifer,* Die Verwertung von Kreditsicherheiten, Restschuldbefreiung und Verbraucherinsolvenz nach der neuen Insolvenzordnung, DZWIR 1997, 303; *Primozic/Voll,* Zur Frage eines Verwertungsrechts des Insolvenzverwalters bei verpfändeten Unternehmensbeteiligungen, NZI 2004, 363; *Schlegel, Sigrun* Eigentumsvorbehalt und Sicherungsübereignung – unüberwindbare Hindernisse einer Betriebsfortführung durch den vorläufigen Insolvenzverwalter?, DZWIR 2000, 94; *Schlegel, Stephan* Der Verwalter als Zahlstelle nach § 166 InsO, NZI 2003, 17; *Schlichting/Graser,* Die Befugnisse des Insolvenzverwalters gegenüber den besitzenden Pfandrechtsgläubigern, NZI 2000, 206; *B. Schmidt,* Das (neue) Spannungsverhältnis zwischen Insolvenzverwalter und Grundpfandgläubiger, InVo 1999, 73; *K. Schmidt/Bitter,* Doppelberücksichtigung, Ausfallprinzip und Gesellschafterhaftung in der Insolvenz, ZIP 2000, 1077; *Schneider,* Der dingliche Charakter von Hausgeldansprüchen gem. § 10 I Nr. 2 ZVG, ZMR 2009, 165; *Sessig/Fischer,* Das Verwertungsrecht des Insolvenzverwalters bei beweglichem Sicherungsgut, ZIP 2011, 618; *Shen,* Das Absonderungsrecht in der Insolvenz, 2009; *Sinz/Hiebert,* § 10 Abs. 1 Nr. 2 ZVG – Absonderungsrecht der Wohnungseigentümergemeinschaft ohne Beschlagnahme?, ZInsO 2012, 205; *Smid,* Rechtsstellung der finanzierenden Bank im Eigentumsvorbehaltskauf, WM 2008, 2089; *ders.,* Grundpfandrechte im neuen Insolvenzverfahren, NotBZ 1998, 81; *ders.,* Probleme der Verwertungsbefugnis des Insolvenzverwalters am Absonderungsgut, WM 1999, 1141; *ders.,* Kreditsicherheiten in der Insolvenz des Sicherungsgebers, 2003 (zit Kreditsicherheiten); *ders.,* Stellung der Grundpfandgläubiger, Zwangsversteigerung und Schuldenreorganisation durch Insolvenzplan, FS Gerhardt, 2004, S. 931; *ders.,* Voraussetzungen der Berücksichtigung von Absonderungsrechten in dem über das Vermögen des Sicherungsgebers eröffneten Insolvenzverfahren, NZI 2009, 669; *Sonnekus,* Haben Rechtsansprüche ohne dingliche Sicherung einen Vorzug bei Insolvenz?, FS Großfeld, 1999, S. 1113; *Spickerhoff,* Die Aus- und Absonderung in der Insolvenz nach deutschem und französischem Recht, 2005; *Städtler,* Grundpfandrechte in der Insolvenz, 1998; *Stöber,* Insolvenzverfahren und Vollstreckungs-Zwangsversteigerung, NZI 1998, 105; *ders.,* Aufhebung der auf Antrag des Insolvenzverwalters angeordneten Einstellung der Zwangsversteigerung, NZI 1999, 439; *Stürner,* Die Rechtsnatur des „Vorzugsrechts" der Pfandbriefgläubiger im Konkurs der Hypothekenbank, FS Gaul, 1997, S. 739; *Tetzlaff,* Probleme bei der Verwertung von Grundpfandrechten und Grundstücken im Insolvenzverfahren, ZInsO 2004, 521; *Vallender,* Zwangsvollsteigerung und Zwangsverwaltung im Lichte des neuen Insolvenzrechts, Rpfleger 1997, 353; *ders.,* Verwertungsrecht des Treuhänders an mit Absonderungsrechten belasteten Immobilien?, NZI 2000, 148; *Wallner,* Sonstige Rechte in der Verwertung nach den §§ 166 ff. InsO, ZInsO 1999, 453; *de Weerth,* Die Verwertung sicherungsübereigneter Gegenstände im Blickwinkel des Umsatzsteuerrechts, BB 1999, 821; *Weis/Ristelhuber,* Die Verwertung von Grundbesitz im Insolvenzverfahren und die Kostenpauschalen für die Insolvenzmasse, ZInsO 2002, 859; *Wenzel,* Die Rechtsstellung des Grundpfandrechtsgläubigers im Insolvenzverfahren, NZI 1999, 101; *Zahn,* Das Sicherungseigentum der Bank in der Insolvenz der Leasinggesellschaft, ZIP 2007, 365, *Zimmermann,* Rechtsposition, Handlungsalternativen und Kostenbeiträge der absonderungsberechtigten Bank, NZI 1998, 57.

I. Allgemeines

1. Das Pfandrecht als Prototyp. Ein Absonderungsberechtigter kann im Insolvenzverfahren aufgrund seines Verwertungsrechts Vorzugsbefriedigung aus einem bestimmten Massegegenstand verlangen. Prototyp des Absonderungsberechtigten ist der Pfandgläubiger (§ 1204 I BGB). Als Inhaber einer persönlichen Forderung ist er Insolvenzgläubiger (§ 38 InsO) und muss seine ganze Forderung zur Tabelle anmelden und feststellen lassen. Ein rechtliches Interesse an einem eigenen Insolvenzantrag (§ 14 I

InsO) hat er aber nur bei unvollständiger Sicherung wegen seiner Ausfallforderung.[1] Daneben kann er Befriedigung aus dem Pfandgegenstand aufgrund seines dinglichen Verwertungsrechts verlangen. Ein Recht zur Selbstverwertung (unabhängig vom Insolvenzverfahren) hat der Gläubiger aber nur, wenn er im Besitz der Pfandsache ist, §§ 166, 173 InsO. Sicherungseigentum im Besitz des Insolvenzschuldners und zur Sicherheit abgetretene Forderungen darf seit der Insolvenzrechtsreform nur der Insolvenzverwalter verwerten, § 166 InsO. Soweit noch ein Selbstverwertungsrecht besteht, kann der Gläubiger die Pfandsache nach den Regeln über den Pfandverkauf, §§ 1234 ff. BGB, veräußern und sich aus dem Erlös befriedigen, § 1247 BGB. Konkreter Umfang und Vollzug der Absonderung richten sich nach der jeweiligen Regelung im materiellen und Prozessrecht. Ein etwaiger Überschuss gebührt der Masse, er ist dem Insolvenzverwalter abzuliefern, da der Insolvenzschuldner aufgrund der nach § 1247 S. 2 BGB eintretenden *dinglichen Surrogation* dessen Eigentümer ist. Der Absonderung entspricht in der Einzelvollstreckung die Vorzugsklage nach § 805 ZPO, die allerdings gegenüber dem Vollstreckungsgläubiger geltend zu machen ist, während ein Streit über ein Absonderungsrecht mit dem Insolvenverwalter auszutragen ist.

2. Keine vertragliche Erweiterung. Der Kreis der Absonderungsrechte ist in den §§ 49–51 InsO gesetzlich abschließend festgelegt. Er kann daher nur durch Gesetz, nicht aber durch vertragliche Vereinbarung erweitert werden.[2] Eine *vertragliche Kontensperre* zugunsten eines Gläubigers ist daher nicht insolvenzfest, wenn sie den Insolvenzschuldner nur schuldrechtlich in der Verfügung über die Einlageforderung beschränkt.[3] Auch der Insolvenzverwalter kann nicht einem in Wirklichkeit nicht bestehenden Absonderungsrecht durch sein *„Anerkenntnis"* Wirkung gegenüber der Masse verschaffen. Auch eine erteilte Zustimmung des Gläubigerausschusses kann hieran nichts ändern.[4] Freilich gilt dies nur für Rechte, die ihrer Art nach nicht bestehen. Dagegen kann der Insolvenzverwalter im Streitfall durchaus wirksam gerichtliche oder außergerichtliche Vergleiche über Absonderungsrechte schließen (ggf. nach § 160 II Nr. 3 InsO mit Zustimmung des Gläubigerausschusses), unabhängig davon, ob diese der wahren Rechtslage entsprechen.[5]

3. Zeitpunkt des Bestehens. Das Absonderungsrecht muss nach § 91 I InsO grundsätzlich bereits *bei Eröffnung des Insolvenzverfahrens* voll entstanden sein.[6] Ausnahmen ergeben sich jedoch aus den §§ 91 II, 106 InsO.

Der Umfang bestehender Absonderungsrechte kann sich auch noch dadurch verändern, dass der Insolvenzverwalter Gegenstände verarbeitet oder Verfügungen vornimmt, zB Zubehör einem Grundstück zuordnet, oder dass ein Eigentumsvorbehalt an Zubehör erlischt.[7] Ferner kann der Insolvenzverwalter selbst Pfandrechte an Massegegenständen bestellen, oder können Massegläubiger durch Zwangsvollstreckung oder Arrestvollziehung neu Pfandrechte erwerben.[8]

Besteht für die Hauptforderung ein Absonderungsrecht, so kann aus dem belasteten Gegenstand Befriedigung auch für die *nach Eröffnung des Insolvenzverfahrens entstehenden*

---

[1] BGH Urteil vom 11.7.2002, IX ZB 28/02 = BeckRS 2002, 30271783; MüKoInsO/*Schmahl*, § 14 Rn. 50; Uhlenbruck/Hirte/Vallender/*Brinkmann*, § 50 Rn. 8; aA *Gerhardt* in Aktuelle Probleme, S. 127, 136 f.
[2] HK/*Eickmann*, § 49 Rn. 3; MüKoInsO/*Ganter*, Vor §§ 49–52 Rn. 14; *Hess*, InsO, § 49 Rn. 11.
[3] BGH KTS 1986, 477 = NJW-RR 1986, 848 = LM Nr. 5 zu § 48 KO; vgl. MüKoInsO/*Ganter*, § 50 Rn. 51.
[4] BGH KTS 1968, 91, 99 f.; MüKoInsO/*Ganter*, Vor §§ 49–52 Rn. 14; *Hess*, InsO, § 49 Rn. 13.
[5] *Lent* KTS 1957, 27.
[6] MüKoInsO/*Ganter*, Vor §§ 49 bis 52 Rn. 17 ff.; *Hess*, InsO, § 49 Rn. 13; Uhlenbruck/Hirte/Vallender/*Brinkmann*, § 50 Rn. 2.
[7] RGZ 140, 231; MüKoInsO/*Ganter*, Vor §§ 49 bis 52 Rn. 42.
[8] Uhlenbruck/Hirte/Vallender/*Brinkmann*, § 50 Rn. 2; MüKoInsO/*Ganter*, Vor §§ 49–52 Rn. 41.

Zinsen gesucht werden,[9] obwohl diese Zinsen gem. § 39 I Nr. 1 InsO nur nachrangige Insolvenzforderungen sind. Der belastete Gegenstand haftet voll für diese Zinsen; aus § 169 S. 1 InsO folgt kein Zinsstop für die gesicherte Forderung für die Zeit bis zum Berichtstermin.[10]

II. Allgemeine Absonderungsrechte

Der Kreis der Absonderungsrechte ist gesetzlich abschließend festgelegt, §§ 49–51 InsO. Danach berechtigen zur Absonderung:

1. Rechte am Immobiliarvermögen. Absonderungsberechtigt ist nach § 49 InsO, wer ein Befriedigungsrecht aus unbeweglichen Gegenständen nach Sachenrecht und Immobiliarzwangsvollstreckungsrecht hat. Welche Gegenstände der Immobiliarzwangsvollstreckung unterliegen, bestimmen die §§ 864, 865 ZPO iVm §§ 93 ff., 1120 ff., 1265 BGB (→ Rn. 6 ff.). Die §§ 10–14 ZVG regeln dagegen, wer absonderungsberechtigt ist (→ Rn. 15 ff.), welchen Inhalt das Absonderungsrecht hat und in welcher Rangfolge mehrere Berechtigte zu befriedigen sind.[11]

a) Der abgesonderten Befriedigung unterliegen danach Rechte an *Grundstücken* (§ 864 I ZPO) und grundstücksgleichen Rechten (§ 870 ZPO). Hierzu zählen das Erbbaurecht, Wohnungseigentum, Teileigentum und Bergwerkseigentum.[12] Weiter unterliegen ihr Rechte an im Schiffsregister eingetragenen *Schiffen* und an Schiffsbauwerken, die eingetragen sind oder eingetragen werden können, §§ 864 I, 870a ZPO. *Luftfahrzeuge* unterliegen der Zwangsversteigerung, wenn sie in die Luftfahrzeugrolle eingetragen sind, oder wenn für sie ein Pfandrecht im Register für Pfandrechte an Luftfahrzeugen eingetragen ist, §§ 171a, 171c ZVG.[13] Betroffen sind weiter *Miteigentumsanteile* an Grundstücken, grundstücksgleichen Rechten, Schiffen und Schiffsbauwerken sowie Luftfahrzeugen zugunsten von Gläubigern, denen nur ein Recht an einem einzelnen Miteigentumsanteil zusteht, § 864 II ZPO. Das früher mögliche Pfandrecht an Hochseekabeln gibt es nicht mehr; das Kabelpfandgesetz ist am 1.1.1995 außer Kraft getreten.[14]

b) Grundpfandrechte an Grundstücken werden in ihrer Absonderungskraft nicht dadurch eingeschränkt, dass sie Gesellschafterdarlehen oder gleichgestellte Leistungen absichern, sofern der Grundpfandgläubiger nicht Gesellschafter-Gläubiger ist.[15]

c) *Umfang.* Das Absonderungsrecht umfasst alle Gegenstände, auf die sich bei den genannten Grundstücken, grundstücksgleichen Rechten usf ein eingetragenes Pfandrecht mit erstreckt, § 865 I ZPO. Nach § 1120 BGB erstreckt sich ein Grundpfandrecht auch auf die vom Grundstück getrennten Erzeugnisse und einfachen Bestandteile sowie auf das *Zubehör*, sofern es Eigentum des Grundstückseigentümers ist,[16] ferner auf Versicherungsforderungen (§§ 1127 ff. BGB). Unternehmenszubehör ist aber nur dann Grund-

---

[9] BGHZ 134, 195 = ZIP 1997, 120 = NJW 1997, 522; MüKoInsO/*Ganter*, Vor §§ 49 bis 52 Rn. 60; Uhlenbruck/Hirte/Vallender/*Brinkmann*, § 50 Rn. 2.
[10] *Funk*, S. 90 f.
[11] Uhlenbruck/Hirte/Vallender/*Brinkmann*, § 50 Rn. 9; FK/*Imberger*, § 49 Rn. 1.
[12] MüKoInsO/*Ganter*, § 49 Rn. 5 f.; FK/*Imberger*, § 49 Rn. 4; Uhlenbruck/Hirte/Vallender/*Brinkmann*, § 49 Rn. 12.
[13] S *Dobberahn*, Rechte an Schiffen und Luftfahrzeugen, MittRhNotK 1998, 145; MüKoInsO/*Ganter*, § 49 Rn. 9; FK/*Imberger*, § 49 Rn. 6; *M. Krohn*, Die Pfandrechte an registrierten Schiffen, 2004; *St. Haag*, Sicherungsrechte an Flugzeugen in der Einzelzwangsvollstreckung und Insolvenz, Diss Freiburg 2004.
[14] BGBl. I S. 2325, 2396; vgl. *Stöber*, Einl 15.2.
[15] Vgl. *Uhlenbruck*, FS Heinsius, 1991, S. 841; *Lauer* WM 1990, 1693 (zum Recht vor MoMiG).
[16] MüKoInsO/*Ganter*, § 49 Rn. 14; FK/*Imberger*, § 49 Rn. 13; Uhlenbruck/Hirte/Vallender/*Brinkmann*, § 49 Rn. 13; *Bülow*, Rn. 126 ff.; *Kalter*, Die Hypothekenverbandshaftung im Konkurs, KTS 1962, 142; *Kollhosser*, Der Kampf ums Zubehör, JA 1984, 196; *Plander*, Die Erstreckung der Hypothekenhaftung auf bewegliche Sachen, JuS 1975, 345.

stückszubehör, wenn das Betriebsgrundstück die Hauptsache im Verhältnis zum Betriebsinventar bildet.[17]

10 Wird Grundstückszubehör unter Eigentumsvorbehalt gekauft, so erstreckt sich ein Grundpfandrecht auch auf das *Anwartschaftsrecht* des Vorbehaltskäufers, und es erfasst das Zubehör selbst, sobald sich das Anwartschaftsrecht zum Vollrecht entwickelt.[18] Nach Ansicht des BGH wird ein Gegenstand aber enthaftet, wenn das Anwartschaftsrecht des Vorbehaltskäufers einverständlich aufgehoben wird und der Lieferant stattdessen der finanzierenden Bank gleichzeitig Sicherungseigentum überträgt.[19] Diese Lösung ist indes zweifelhaft. Naheliegender ist es wohl eher, eine Enthaftung nur bei Zustimmung des Grundpfandgläubigers analog § 1276 BGB anzunehmen.[20] Wird das Zubehör nach dem Eigentumserwerb einem Dritten zur Sicherheit übereignet, so haftet es gleichwohl weiter für bestehende Grundpfandrechte.

11 Die Haftung erlischt nach den §§ 1121 I, 1122 BGB erst mit der Entfernung vom Grundstück nach der Veräußerung, aber vor der Beschlagnahme des Grundstücks.[21]

12 Nach § 1122 II BGB endet die Haftung von Grundstückszubehör auch ohne Veräußerung, wenn die *Zubehöreigenschaft* vor der Beschlagnahme des Grundstücks *endet*. Die Änderung der Zweckbestimmung des Grundstücks muss aber im Rahmen einer ordnungsgemäßen aktiven Bewirtschaftung erfolgen. Eine bloße Betriebsstilllegung führt daher nicht zur *Enthaftung* des Zubehörs.[22] Nach Ansicht des BGH darf der Insolvenzverwalter Zubehör nach Betriebsstilllegung, aber vor Beschlagnahme des Grundstücks zwar frei veräußern. Da § 1121 I BGB aber voraussetze, dass die Veräußerung in den Grenzen einer aktiven ordnungsgemäßen Wirtschaft erfolge, mache sich der Insolvenzverwalter nach den §§ 823 I u II iVm 1134, 1135 BGB gegenüber dem Grundpfandgläubiger ersatzpflichtig und müsse diesen Anspruch als Masseschuld (§ 55 I Nr. 1 u 3 InsO) begleichen.[23]

13 Wird ein Vorbehaltseigentum, das Grundstückszubehör ist, verwertet, nachdem zuerst das Grundstück beschlagnahmt wurde und dann das Insolvenzverfahren über das Vermögen des Grundstückseigentümers eröffnet worden ist, so steht der Erlös aus der Veräußerung der Vorbehaltssache aufgrund des vorbehaltenen Eigentums dem Verkäufer zur Tilgung des Restkaufpreises zu. Der restliche Erlös, der Gegenwert des Anwartschaftsrechts, gebührt jedoch den Grundpfandgläubigern, nicht den allgemeinen Insolvenzgläubigern. Denn das Grundpfandrecht setzt sich nach der Veräußerung des Anwartschaftsrechts an dessen Surrogat fort. Damit ist der Mehrerlös zwar Bestandteil der Insolvenzmasse, aber belastet mit dem Absonderungsrecht der Grundpfandgläubiger. Wird Zubehör unter Eigentumsvorbehalt mitversteigert, so gehört es bei gleichzeitigem Zwangsversteigerungs- und Insolvenzverfahren zum Versteigerungserlös und nicht zur Insolvenzmasse.[24]

---

[17] BGHZ 85, 234 = NJW 1983, 746 (verneint für Fuhrpark einer Spedition); Uhlenbruck/Hirte/Vallender/*Brinkmann*, § 49 Rn. 13.
[18] BGHZ 35, 85 = NJW 1961, 1349; BGH NJW 1965, 1745; MüKoInsO/*Ganter*, § 49 Rn. 14; Uhlenbruck/Hirte/Vallender/*Brinkmann*, § 49 Rn. 13; MüKoBGB/*Eickmann*, § 1120 Rn. 38; *Jauernig*, BGB, § 929 Rn. 14.
[19] BGHZ 92, 280 = NJW 1985, 376 = ZIP 1984, 1456; vgl. MüKoInsO/*Ganter*, § 49 Rn. 14.
[20] *Bülow*, Rn. 130 f.; *Jauernig*, BGB, § 929 Rn. 63; *Kollhosser* JZ 1985, 375; *Marotzke* AcP 1986, 491; MüKoBGB/*Eickmann*, § 1120 Rn. 39; Palandt/*Bassenge*, § 1276 Rn. 5; *Reinicke* JuS 1986, 957; *Tiedtke* NJW 1985, 1305.
[21] BGH NJW 1979, 2514.
[22] BGH NJW 1996, 835, 836; BGHZ 56, 298 = NJW 1971, 1701; Uhlenbruck/Hirte/Vallender/*Brinkmann*, § 49 Rn. 16; MüKoInsO/*Ganter*, § 49 Rn. 24; FK/*Imberger*, § 49 Rn. 16; MüKoBGB/*Eickmann*, § 1122 Rn. 16, 19.
[23] BGHZ 60, 267, 270 = NJW 1973, 997 m abl Anm. *J. Schmidt* NJW 1973, 1166; zust. Baur/Stürner II, Rn. 15.3; *Jauernig*, BGB, § 1122 Rn. 15; Uhlenbruck/Hirte/Vallender/*Brinkmann*, § 49 Rn. 16; *Mohrbutter/Vortmann*, Rn. VI.229; MüKoBGB/*Eickmann*, § 1121 Rn. 16.
[24] *Stöber*, § 55 Anm. 3.11; *Mohrbutter* KTS 1965, 185, 190.

Wurden Zubehörstücke veräußert und vom Grundstück entfernt, bevor das Grundstück beschlagnahmt wurde, so werden sie von der Haftung für ein Grundpfandrecht frei, § 1121 I BGB. Bis zur Beschlagnahme kann daher auch der Insolvenzverwalter Zubehörstücke in den Grenzen ordnungsgemäßer Wirtschaft veräußern; der Erlös fällt in die Masse.

d) *Rangfolge.* Die Befriedigung der Absonderungsberechtigten aus dem Grundstück erfolgt nach der Rangfolge, die in den §§ 10 ff. ZVG festgelegt ist. Vorab haftet das Grundstück für die *Kosten* des Vollstreckungsverfahrens, §§ 44 I, 109 I ZVG. Die Kosten gehen allen Ansprüchen im Rang vor.[25]

(1) In *Rangklasse 1* zu befriedigen sind *Zwangsverwaltungsvorschüsse,* die der ein Zwangsverwaltungsverfahren betreibende Gläubiger verauslagt hat. Ob die Auslagen freiwillig oder auf Veranlassung des Gerichts gem. § 161 III ZVG erbracht wurden, ist gleichgültig. Die Ausgaben müssen zur Erhaltung und Verbesserung des Grundstücks bestimmt gewesen und tatsächlich dazu verwendet worden sein. Nach Ansicht des BGH können nur diejenigen Ausgaben der Zwangsverwaltung in der Zwangsversteigerung Vorrang vor den bestellten Grundpfandrechten genießen, von denen eine im Einzelfall festzustellende objekterhaltende oder -verbessernde Wirkung ausgeht.[26] Bei einer Zwangsversteigerung haben diese Ansprüche Rang 1 aber nur, wenn die Zwangsverwaltung bis zum Zuschlag fortgedauert hat und die Ausgaben nicht aus den Nutzungen des Grundstücks erstattet werden können, § 101 Nr. 1 ZVG.[27] Die Zwangsverwaltung endet jedoch nicht von selbst mit dem Zuschlag, sondern muss durch Beschluss des Vollstreckungsgerichts besonders aufgehoben werden. Der Aufhebungsbeschluss wirkt dabei auf den Zeitpunkt der Wirksamkeit des Zuschlags zurück.[28] Inwieweit die Ausgaben durch Nutzungen des Grundstücks gedeckt sind, lässt sich dann aus dem aufgestellten Teilungsplan, § 155 ZVG, ersehen.

Rang 1 haben auch Ansprüche aus Lieferungen von *Düngemitteln, Saatgut oder Futtermitteln bzw. von Krediten, die zur Bezahlung dieser Lieferungen in üblicher Weise aufgenommen wurden, unter den in § 155 IV ZVG genannten Voraussetzungen.*[29] Bei Düngemitteln, anerkanntem Saatgut und zugelassenem Handelssaatgut (ohne Zuckerrübensamen) besteht neben dem Vorrecht nach § 155 IV ZVG ein erstrangiges Pfandrecht nach dem Gesetz zur Sicherung der Düngemittel- und Saatgutversorgung vom 19.1.1949 (BGBl. III 401-11).[30] Beide Pfandrechte haben gleichen Rang und bestehen ggf. nebeneinander.

Mehrere gleichrangige *Rechte* sind verhältnismäßig zu befriedigen, § 10 I ZVG. Die Ansprüche sind bei der Zwangsversteigerung spätestens im Versteigerungstermin vor der Aufforderung zur Abgabe von Geboten anzumelden, §§ 37 Nr. 4, 45 I, 110, 114 ZVG. In der Zwangsverwaltung sind die Ansprüche zum Teilungsplan anzumelden und darin festzustellen, §§ 156 II, 114 ZVG.

(2) In *Rangklasse 1a*[31] sind bei einer Zwangsversteigerung nach Eröffnung des Insolvenzverfahrens über das Vermögen des Schuldners die Ansprüche der Insolvenzmasse

---

[25] *Rellermeyer* in Dassler/Schiffhauer/Hintzen/Engels/Rellermeyer, ZVG, § 10 Rn. 3.
[26] BGHZ 154, 387 = NJW 2003, 2162, 2163; *Rellermeyer* in Dassler/Schiffhauer/Hintzen/Engels/Rellermeyer, ZVG, § 10 Rn. 6; *Stöber,* § 10 Anm. 2.2; MüKoInsO/*Ganter,* § 49 Rn. 47; Uhlenbruck/Hirte/Vallender/*Brinkmann,* § 49 Rn. 42.
[27] *Rellermeyer* in Dassler/Schiffhauer/Hintzen/Engels/Rellermeyer, ZVG, § 10 Rn. 10; *Stöber,* § 10 Anm. 2.5.
[28] *Stöber,* § 161 Anm. 2.3c.
[29] MüKoInsO/*Ganter,* § 49 Rn. 48; vgl. im Einzelnen *Rellermeyer* in Dassler/Schiffhauer/Hintzen/Engels/Rellermeyer, ZVG, § 10 Rn. 8; *Steiner/Hagemann,* § 155 Rn. 5, 12, 14; *Stöber,* § 155 Anm. 9.2.
[30] *Schimansky/Bunte/Lwowski,* Bankrechts-Handbuch, 4. Aufl. 2011, § 93 Rn. 180; Für Einordnung zwischen Rangklasse 3 und 4 dagegen MüKoInsO/*Ganter,* § 49 Rn. 54.
[31] Nr. 1a eingef durch G v. 15.10.1994 (BGBl. I S. 2911).

auf Ersatz der Kosten für die Feststellung beweglicher Gegenstände, auf die sich die Versteigerung erstreckt (aber anderen gehören oder verpfändet sind) zu berücksichtigen. Diese Kosten sind mit 4% des Wertes anzusetzen, der für diese beweglichen Gegenstände gem. § 74a V 2 ZVG festgesetzt worden ist. Voraussetzung ist aber nach dem Gesetzeswortlaut, dass ein Insolvenzverwalter bestellt wurde. Bei Eigenverwaltung scheidet demnach der Kostenbeitrag aus.[32] Grundstückszubehör ist insoweit gegenüber anderen beweglichen Sachen privilegiert, bei denen auch Verwertungskosten (grundsätzlich 5%) anfallen.[33]

20 (3) In *Rangklasse 2*[34] fallen bei Vollstreckung in ein Wohnungseigentum die laufenden Hausgeldforderungen, einschließlich der Vorschüsse und Rückstellungen sowie der Rückgriffsansprüche einzelner Wohnungseigentümer. Diese rangmäßige Privilegierung der Hausgeldforderungen insbesondere gegenüber den Grundpfandrechten in Rangklasse 4 wurde mit der WEG-Novelle 2007 für Wohngeldverpflichtungen eingeführt. Das Vorrecht erfasst die laufenden und die rückständigen Beträge aus dem Jahr der Beschlagnahme und den letzten zwei Jahren.[35] Das Absonderungsrecht besteht dabei jedoch unabhängig von der vorherigen Beschlagnahme.[36] Das Vorrecht ist wertmäßig auf Beträge von 5% des gem. § 74a V ZVG festgesetzten Verkehrswertes begrenzt[37] und entsteht mit der Eröffnung des Insolvenzverfahrens über das Vermögen des säumigen Wohnungseigentümers.[38] Die Anmeldung erfolgt durch die Gemeinschaft der Wohnungseigentümer. Rückgriffsansprüche einzelner Wohnungseigentümer werden von diesen angemeldet.[39] Nach Ansicht des BGH besteht eine Pflicht des Gläubigers, die in § 10 III 1 ZVG genannte Wertgrenze von mehr als 3% des Einheitswerts darzulegen und nachzuweisen.[40] Gelingt das nicht, werden die Ansprüche in Rangklasse 5 eingeordnet (→ Rn. 27). Sofern die Berechtigten gegen den säumigen Wohnungseigentümer vor der Insolvenzeröffnung keinen Zahlungstitel erlangt haben, können sie den das Absonderungsrecht bestreitenden Insolvenzverwalter mit der Pfandklage auf Duldung der Zwangsversteigerung in die Wohnung in Anspruch nehmen.[41]

21 (4) *Rangklasse 3* nehmen die *öffentlichen Grundstückslasten* ein.[42] Sie sind grundsätzlich nicht im Grundbuch eingetragen, § 54 GBO. Bevorrechtigt sind die Rückstände aus den letzten vier Jahren, bei wiederkehrenden Leistungen dagegen nur die laufenden Beträge und die Rückstände aus den letzten zwei Jahren. Alle öffentlichen Grundstückslasten haben gleichen Rang. Nachrang hat lediglich die heute weitgehend gegenstandslose Hypothekengewinnabgabe.[43]

---

[32] MüKoInsO/*Ganter*, § 49 Rn. 49; Uhlenbruck/Hirte/Vallender/*Brinkmann*, § 49 Rn. 43; *Hess*, InsO, § 49 Rn. 47; *Rellermeyer* in Dassler/Schiffhauer/Hintzen/Engels/Rellermeyer, ZVG, § 10 Rn. 16.
[33] MüKoInsO/*Ganter*, § 49 Rn. 49; *Hess*, InsO, § 49 Rn. 43.
[34] § 10 I Nr. 2 und III neu gef. durch G v. 26.3.2007 (BGBl. I S. 370).
[35] Zur Berechnung *Rellermeyer* in Dassler/Schiffhauer/Hintzen/Engels/Rellermeyer, ZVG, § 10 Rn. 25.
[36] BGH NJW 2011, 3098.
[37] *Rellermeyer* in Dassler/Schiffhauer/Hintzen/Engels/Rellermeyer, ZVG, § 10 Rn. 26; *Hintzen/Alff*, ZInsO 2008, 480, 483.
[38] BGH NJW 2011, 3098.
[39] *Rellermeyer* in Dassler/Schiffhauer/Hintzen/Engels/Rellermeyer, ZVG, § 10 Rn. 27.
[40] BGH NJW 2008, 1956 = NZM 2008, 450; *Hintzen/Alff*, ZInsO 2008, 480; *Kesseler*, Die Vollstreckung von Wohngeldforderungen aus der – privilegierten – Rangklasse des § 10 I Nr. 2 ZVG, NZM 2008, 274; FK/*Imberger*, § 49 Rn. 30.
[41] BGH NJW 2011, 3098.
[42] Zum gesetzlich nicht definierten Begriff *Böttcher*, ZVG, 4. Aufl. 2005, § 10 Rn. 23; *Rellermeyer* in Dassler/Schiffhauer/Hintzen/Engels/Rellermeyer, ZVG, § 10 Rn. 30.
[43] Vgl. *Rellermeyer* in Dassler/Schiffhauer/Hintzen/Engels/Rellermeyer, ZVG, § 10 Rn. 48; Uhlenbruck/Hirte/Vallender/*Brinkmann*, § 49 Rn. 45; MüKoInsO/*Ganter*, § 49 Rn. 53; FK/*Imberger*, § 49 Rn. 31.

Zu den öffentlichen Grundstückslasten zählen insb Erschließungskosten (Straßenkosten, Anliegerbeiträge) gem. §§ 127 ff. BauGB,[44] die Beitrags- und Vorschusspflicht der Teilnehmer am Flurbereinigungsverfahren an den im Flurbereinigungsgebiet liegenden Grundstücken sowie Beiträge Nichtbeteiligter zu den Ausführungskosten, die von der Flurbereinigung wesentliche Vorteile haben, §§ 20, 106 FlurbG,[45] die Grundsteuer nach dem Grundsteuergesetz (§ 12),[46] Kommunalabgaben (Gebühren für Müllabfuhr, Straßenreinigung, Bezugskosten für Gas, Strom, Wasser und Fernwärme),[47] der Ausgleichsbetrag nach § 25 VI 1 BBodSchG bei der Sanierung eines (durch Altlasten) verseuchten Grundstücks,[48] landesrechtliche Grundstückslasten (zB Schullasten, Feuerversicherungsbeiträge öffentlich-rechtlicher Versicherungen), Kehrgebühren nach § 25 IV Schornsteinfegergesetz,[49] nicht aber persönliche Steuern des Grundstückseigentümers (Einkommen-, Umsatz-, Körperschaftsteuer, Gewerbesteuer, Grunderwerbsteuer).[50] Forderungen gemeindlicher Versorgungsunternehmen sind dagegen privatrechtlich einzuordnen und unterfallen nicht dem Begriff der Grundstückslasten.[51] Der Gläubiger der öffentlichen Last kann die Zwangsversteigerung auch selbstständig im Wege der Verwaltungsvollstreckung betreiben.[52] 22

(5) In *Rangklasse 4* gehören alle *dinglichen Rechte* an dem Grundstück entsprechend ihrer materiellen Rangordnung, §§ 11 I ZVG, 879 BGB. Dazu zählen alle Grundpfandrechte, §§ 1113, 1191, 1199 BGB,[53] Reallasten (§ 1105 BGB), die Überbaurente (§§ 912 ff. BGB), die Notwegrente (§ 917 BGB) und der Anspruch auf Unterhalt einer Anlage zur Ausübung einer Grunddienstbarkeit (§§ 1021, 1022 BGB), Nießbrauch (§ 1030 BGB), dingliches Vorkaufsrecht (§ 1094 BGB) und das Erbbaurecht (§ 1 ErbbauVO).[54] Auch Eigentümergrundschulden gehören in diese Ranggruppe. Sie werden grundsätzlich wie Fremdrechte behandelt. 23

Ein Grundpfandrecht muss allerdings *wirksam* bestellt, ein Sicherungsvertrag gültig sein.[55] Nach hM verstößt es idR nicht gegen die §§ 305c I, 307, 309 Nr. 12 BGB, wenn sich eine Bank ein Darlehen durch abstraktes Schuldversprechen und dieses durch eine mit einer Vollstreckungsklausel versehene (Sicherungs-)Grundschuld sichern lässt.[56] 24

---

[44] *Rellermeyer* in Dassler/Schiffhauer/Hintzen/Engels/Rellermeyer, ZVG, § 10 Rn. 34; *Böttcher*, ZVG, § 10 Rn. 28.
[45] Uhlenbruck/Hirte/Vallender/*Brinkmann*, § 49 Rn. 45; *Böttcher*, ZVG, § 10 Rn. 29; *Rellermeyer* in Dassler/Schiffhauer/Hintzen/Engels/Rellermeyer, ZVG, § 10 Rn. 35; *Dassler/Schiffhauer/Gerhardt*, § 10 Anm. IV 5c; *Stöber*, § 10 Anm. 6.5.
[46] *Rellermeyer* in Dassler/Schiffhauer/Hintzen/Engels/Rellermeyer, ZVG, § 10 Rn. 36; *Böttcher*, ZVG, § 10 Rn. 30; *Stöber*, § 10 Anm. 6.6.
[47] Vgl. *Rellermeyer* in Dassler/Schiffhauer/Hintzen/Engels/Rellermeyer, ZVG, § 10 Rn. 37; *Böttcher*, ZVG, § 10 Rn. 25 ff.; *Stöber*, § 10 Anm. 6.9.
[48] Vgl. Auflistung bei *Rellermeyer* in Dassler/Schiffhauer/Hintzen/Engels/Rellermeyer, ZVG, § 10 Rn. 37; *Böttcher*, ZVG, § 10 Rn. 26; *Mayer* RpflStud 1999, 108; *Kohte* ZfIR 2004, 1, 6.
[49] *Rellermeyer* in Dassler/Schiffhauer/Hintzen/Engels/Rellermeyer, ZVG, § 10 Rn. 37 (mit Auflistung landesrechtlicher Abgaben) 40; *Böttcher*, ZVG, § 10 Rn. 35; *Stöber*, § 10 Anm. 6.13.
[50] *Rellermeyer* in Dassler/Schiffhauer/Hintzen/Engels/Rellermeyer, ZVG, § 10 Rn. 30; *Dassler/Schiffhauer/Gerhardt*, § 10 Anm. IV 7; *Steiner/Hagemann*, § 10 Rn. 68 ff.
[51] *Böttcher*, ZVG, § 10 Rn. 44; Uhlenbruck/Hirte/Vallender/*Brinkmann*, § 49 Rn. 45.
[52] *Keller* ZfIR 2002, 861, 867; vgl. *Glotzbach/Mayer*, Immobiliarvollstreckung aus der Sicht kommunaler Vollstreckungsbehörden, 1997.
[53] Vgl. *Rellermeyer* in Dassler/Schiffhauer/Hintzen/Engels/Rellermeyer, ZVG, § 10 Rn. 49; *Böttcher*, ZVG, § 10 Rn. 49; MüKoInsO/*Ganter*, § 49 Rn. 55; FK/*Imberger*, § 49 Rn. 32; Uhlenbruck/Hirte/Vallender/*Brinkmann*, § 49 Rn. 46.
[54] Zur Befriedigung des Grundstückseigentümer wegen seiner Erbbauzinsansprüche BGH NZI 2006, 97.
[55] MüKoInsO/*Ganter*, § 49 Rn. 56; Uhlenbruck/Hirte/Vallender/*Brinkmann*, § 49 Rn. 46.
[56] BGHZ 99, 274 = ZIP 1987, 439, 442 f. (zu § 11 Nr. 15 AGBG); Uhlenbruck/Hirte/Vallender/*Brinkmann*, § 49 Rn. 46; aA *Baur/Stürner*, Rn. 233.

25 Der Berechtigte eines Grundpfandrechts hat das Absonderungsrecht unabhäbig von seiner Rangstelle im Grundbuch. Innerhalb der Ranggruppe werden die Hauptansprüche ohne Beschränkung berücksichtigt. Wiederkehrende Leistungen werden dagegen nur mit den laufenden Beträgen und mit Rückständen bis zu zwei Jahren beachtet. Bei Tilgungshypotheken sind dementsprechend die geschuldeten Leistungen in Tilgungsraten und Zinsanteile zu zerlegen.[57] Nicht in Rangklasse 4 gehören schließlich die Rechte, die infolge der Beschlagnahme dem Gläubiger gegenüber unwirksam sind.[58]

26 Bei Grundpfandrechten, insb Sicherungsgrundschulden wird idR durch *Anrechnungsvereinbarung* festgelegt, dass Zahlungen auf die Forderung, nicht auf die Grundschuld erfolgen. An diese Tilgungsvereinbarung ist der Insolvenzverwalter nicht gebunden. Leistungen an den dinglich gesicherten Gläubiger in der Insolvenz werden vielmehr stets auf das Grundpfandrecht erbracht, so dass der Insolvenzschuldner insoweit eine Eigentümergrundschuld erwirbt.[59]

27 (6) In *Rangklasse 5* gehören die Ansprüche der *betreibenden Gläubiger*, soweit sie nicht bereits nach einer vorrangigen Klasse zu befriedigen sind. Ein Grundpfandgläubiger kann danach das Verfahren als persönlicher Gläubiger nach Rang 5 oder als dinglicher Gläubiger nach Rang 4 betreiben. Eine Wohnungseigentümergemeinschaft kann die Zwangsversteigerung des Wohnungseigentums ihres säumigen Mitglieds in der Rangklasse 2 regelmäßig nur erreichen, wenn sie das Überschreiten der Wertgrenze durch Vorlage des Einheitswertbescheids nachweist. Das Fehlen des Einheitswertbescheids führt nach Ansicht des BGH nicht zur Zurückweisung des Versteigerungsantrags, sondern nur dazu, dass die Versteigerung der Hausgeldrückstände nicht in der Rangklasse 2, sondern in der Rangklasse 5 angeordnet wird. Die Wohnungseigentümergemeinschaft kann dem zunächst in der Rangklasse 5 angeordneten Zwangsversteigerungsverfahren später in der Rangklasse 2 beitreten, wenn die Finanzbehörde dem Vollstreckungsgericht auf sein zu stellendes Ersuchen nach § 54 I 4 GKG den Einheitswertbescheid vorgelegt und sie die übrigen Voraussetzungen nach § 10 III 3 ZVG glaubhaft gemacht hat.[60] Unter mehreren Ansprüchen der 5. Klasse entscheidet die zeitliche Reihenfolge der Beschlagnahme über den Rang, § 11 II ZVG. Ein persönlicher Gläubiger kann ein Absonderungsrecht freilich nur erwerben, wenn das Grundstück spätestens einen Monat vor Stellung des Eröffnungsantrags beschlagnahmt wurde (§ 88 InsO).

28 (7) In *Rangklasse 6* fallen die Ansprüche der Rangklasse 4 (nicht der Klassen 1, 2, 3), soweit sie dem betreibenden Gl des § 10 I Nr. 5 ZVG gegenüber unwirksam sind.[61]

(8) In *Rangklasse 7* fallen ältere Rückstände der Rangklasse 3.[62]

(9) In *Rangklasse 8* fallen ältere Rückstände der Rangklasse 4.[63]

(10) Rechte, die bei der Eintragung des Vollstreckungsvermerks nicht aus dem Grundbuch ersichtlich waren und auch nicht rechtzeitig vor der Aufforderung zur Abgabe von Geboten im Versteigerungstermin angemeldet wurden, werden bei der Verteilung des Versteigerungserlöses allen übrigen Rechten nachgesetzt, §§ 37 Nr. 4, 110 ZVG.[64]

---

[57] Vgl. *Stöber*, § 10 Anm. 8.7; MüKoInsO/*Ganter*, § 49 Rn. 73; Uhlenbruck/Hirte/Vallender/*Brinkmann*, § 49 Rn. 46.

[58] *Rellermeyer* in Dassler/Schiffhauer/Hintzen/Engels/Rellermeyer, ZVG, § 10 Rn. 53.

[59] *Gerhardt* ZIP 1980, 165, 168; *Hess*, InsO, § 49 Rn. 23; Uhlenbruck/Hirte/Vallender/*Brinkmann*, § 49 Rn. 46; MüKoBGB/*Eickmann*, § 1191 Rn. 111.

[60] BGH NJW 2008, 1956.

[61] Vgl. *Rellermeyer* in Dassler/Schiffhauer/Hintzen/Engels/Rellermeyer, ZVG, § 10 Rn. 61; *Böttcher*, ZVG, § 10 Rn. 60; Uhlenbruck/Hirte/Vallender/*Brinkmann*, § 49 Rn. 49.

[62] *Rellermeyer* in Dassler/Schiffhauer/Hintzen/Engels/Rellermeyer, ZVG, § 10 Rn. 64; *Böttcher*, ZVG, § 10 Rn. 68; MüKoInsO/*Ganter*, § 49 Rn. 79.

[63] *Rellermeyer* in Dassler/Schiffhauer/Hintzen/Engels/Rellermeyer, ZVG, § 10 Rn. 67; *Böttcher*, ZVG, § 10 Rn. 69; MüKoInsO/*Ganter*, § 49 Rn. 80.

[64] *Rellermeyer* in Dassler/Schiffhauer/Hintzen/Engels/Rellermeyer, ZVG, § 10 Rn. 70.

Absonderung 29–33 § 42

29 Bei der Befriedigung aus einem eingetragenen *Schiff*, Schiffsbauwerk oder einem eingetragenen *Luftfahrzeug* gilt die Rangfolge des § 10 ZVG grundsätzlich ebenfalls (§ 162 ZVG). Das Schiffsrechtegesetz, die §§ 754 ff. HGB für Seeschiffe und die §§ 102 ff. BinnenSchG für Binnenschiffe enthalten jedoch Besonderheiten.[65] Bei Schiffen, Schiffsbauwerken und Luftfahrzeugen gibt es nur die Zwangsversteigerung, jedoch keine Zwangsverwaltung. An deren Stelle tritt die Bewachung und Verwahrung des Schiffes usf. Gleichzeitig kann das Vollstreckungsgericht im Einvernehmen mit dem betreibenden Gläubiger die treuhänderische Nutzung für Rechnung und im Namen des Schuldners anordnen, §§ 165 II, 170a II, 171 V, 171c III ZVG.[66]

30 Ein *Insolvenzplan* (§§ 217 ff. InsO) berührt gem. § 223 InsO bestehende Absonderungsrechte nur, wenn dies ausdrücklich bestimmt wird.

31 e) „*Eurohypothek*". Bisher sind Grundpfandrechte national unterschiedlich ausgestaltet und territorial begrenzt. Ein supranationales einheitliches Grundpfandrecht im Europäischen Binnenmarkt wird freilich zur weiteren Vervollständigung der Freiheit des Dienstleistungs- und Kapitalvertreters diskutiert.[67] Allerdings können deutsche Grundpfandrechte inzwischen zur Sicherung von Forderungen in ausländischer Währung bestellt werden, und zwar nach der VO vom 30.10.1997 (BGBl. I, 2683).

32 **2. Rechtsgeschäftliche Pfandrechte.** Gläubiger rechtsgeschäftlicher Pfandrechte sind absonderungsberechtigt wegen der Pfandforderung (in der geänderten(!) Reihenfolge Kapital, Zinsen, Kosten), § 50 I InsO, wenn das Pfandrecht an einem Massegegenstand bestellt wurde. Besteht das Pfandrecht an einem massefremden Gegenstand, so kann der Gläubiger insolvenzmäßige Befriedigung seiner persönlichen Forderung ohne Beschränkung auf den Ausfall (§ 52 InsO) verlangen.[68]

33 a) Ein *Pfandrecht* kann *an Sachen,* übertragbaren Rechten (zB an urheberrechtlichen Nutzungsrechten, Aktien oder Gesellschaftsanteilen) und Forderungen bestellt werden, §§ 1204 ff., 1273 ff., 1279 ff. BGB. An wesentlichen Sachbestandteilen (§§ 93, 94 BGB) und nicht übertragbaren Rechten (vgl. § 857 III ZPO) kann kein Pfandrecht bestellt werden. Unpfändbare Sachen (§ 811 ZPO) sind dagegen grundsätzlich verpfändbar.[69] Zubehör beweglicher und unbeweglicher Sachen ist nach § 314 BGB im Zweifel mit der Hauptsache verpfändet. Zubehör kann aber als selbstständige Sache (§ 97 BGB) auch unabhängig von der Hauptsache verpfändet werden. Erzeugnisse sind nach der Trennung von der Hauptsache verpfändbar. Nach den §§ 1120, 1121 BGB unterliegen sie aber weiter der vorrangigen Haftung für Grundpfandrechte, solange sie nicht vor der Beschlagnahme vom Grundstück entfernt werden (→ Rn. 9 ff.).

---

[65] Vgl. *Rellermeyer* in Dassler/Schiffhauer/Hintzen/Engels/Rellermeyer, ZVG, § 10 Rn. 16 ff.; *Stöber*, § 162 Anm. 7; *Dobberahn* MittRhNotK 1998, 145 ff.; MüKoInsO/*Ganter*, § 49 Rn. 82; FK/*Imberger*, § 49 Rn. 35; Uhlenbruck/Hirte/Vallender/*Brinkmann*, § 49 Rn. 54.

[66] Vgl. *Mohrbutter* KTS 1963, 21 ff.; MüKoInsO/*Ganter*, § 49 Rn. 82; Uhlenbruck/Hirte/Vallender/*Brinkmann*, § 49 Rn. 51; Zu den Besonderheiten bei Luftfahrzeugen s *Dobberahn* MittRhNotK 1998, 145, 162 ff.

[67] Grünbuch über Hypothekarkredite in der EU KOM (2005) 327 endg; Weißbuch KOM (2007) 708 endg. Dazu *Rott* in Dauses (Hrsg.), Handbuch des EU-Wirtschaftsrechts, 23. Ergänzungslieferung 2008, Rn. 411; vgl. *Bülow*, Rn. 112; *Wachter*, Die Eurohypothek, WM 1999, 49; *Stöcker*, Die grundpfandrechtliche Sicherung grenzüberschreitender Immobilienfinanzierungen – Die Eurohypothek – ein Sicherungsinstrument mit Realisierungschancen, WM 2006, 1941; *ders.*, Die „Eurohypothek", 1992; *Köndgen/Stöcker*, Die Eurohypothek, ZBB 2005, 112; *Wolfsteiner/Stöcker*, Diskussionspapier: Nicht akzessorisches Grundpfandrecht für Mitteleuropa, ZBB 1998, 264; *Habersack*, Die Akzessorietät – Strukturprinzip der europäischen Zivilrechte und eines europäischen Grundpfandrechts, JZ 1997, 857; *Kircher*, Grundpfandrechte in Europa, 2004; *N. Scherber*, Europäische Grundpfandrechte in der nationalen und internationalen Insolvenz, 2004.

[68] *Hess*, InsO, § 50 Rn. 3; Uhlenbruck/Hirte/Vallender/*Brinkmann*, § 52 Rn. 3.

[69] Staudinger/*Wiegand*, (2009) § 1204 Rn. 47; MüKoBGB/*Damrau*, § 1204 Rn. 3; Soergel/*Habersack*, § 1204 Rn. 5.

Adolphsen

34 **b)** Das *Pfandrecht an einer Forderung* entsteht mit der Einigung von Pfandnehmer und Pfandgeber (Inhaber der Forderung) und der zusätzlichen Pfandanzeige des Pfandgebers an den Drittschuldner (§ 1280 BGB). Verbreitet ist etwa die Verpfändung des Anspruchs aus einer Rückdeckungsversicherung des Arbeitgebers an die faktisch begünstigten Arbeitnehmer (→ § 40 Rn. 75). Ist über die Forderung eine Urkunde ausgestellt, so genügt die Übergabe der Urkunde ohne Pfandanzeige nicht zur Verpfändung.[70] Anders verhält es sich bei der Verpfändung von Traditionspapieren, da deren Übergabe die Wirkung einer Sachübergabe hat.[71] Das Pfandrecht an einer Forderung erstreckt sich auf die Zinsen, § 1289 BGB. Ist eine Forderung mehrfach verpfändet, so ist die Rangfolge der Pfandrechte zu beachten, § 1290 BGB. Das Pfandrecht an einer Forderung kann nicht durch eine im Insolvenzverfahren erklärte Aufrechnung unterlaufen werden.[72] Das Pfandrecht an Wertpapieren erstreckt sich nur dann auf Zins-, Renten-, und Gewinnanteilscheine, wenn sie dem Pfandgläubiger mitübergeben sind, § 1296 BGB.

35 **c)** *Sonderregelungen* bestehen für die Verpfändung von eingetragenen *Schiffen*[73] und Schiffsbauwerken (für die Schiffshypothek gem. dem SchiffsregisterG 1940), für das Registerpfandrecht an *Luftfahrzeugen* (LuftfahrzeugrechtG 1959) und das Inventarpfandrecht nach dem PachtkreditG.[74]

36 **d)** Größere wirtschaftliche Bedeutung hat die Verpfändung von Forderungen und Wertpapieren, zB aufgrund von *AGB-Banken* (idF 1993) *Nr. 14 I bzw.* von *AGB-Sparkassen* (idF 1993) Nr. *21 I* zur Sicherung von Forderungen aller Art der Banken gegen ihre Kunden[75] (→ Rn. 43, dort auch zum Verwertungsrecht bei globalverbrieften Aktien), die Verpfändung von Wechseln, Schatzanweisungen und Schuldverschreibungen beim Lombardkredit gem. § 19 I Nr. 3 BBankG sowie die Verpfändung an Werkunternehmer und Spediteure mittels Allgemeiner Geschäftsbedingungen.[76] Im Übrigen gewinnt das Absonderungsrecht für Pfandrechte seine Bedeutung daraus, dass der größere Teil der Mobiliarsicherheiten, der in der Übertragung von dinglichen oder Forderungsrechten zur Sicherung von Forderungen besteht, wirtschaftlich einer Pfandbestellung entspricht, und daher in der Insolvenz des Bestellers gem. § 51 Nr. 1 InsO wie ein rechtsgeschäftliches Pfandrecht behandelt wird (→ § 43 Rn. 83ff., 93, 109ff.).

37 **e)** Absonderungskraft hat ein Pfandrecht nur, wenn es wirksam bestellt ist (§§ 1205ff. BGB). Zunächst muss das Pfandrecht daher als akzessorisches Recht eine *gegenwärtige oder künftige Forderung sichern*. Als abstraktes Recht auf Befriedigung aus einem Gegenstand (wie eine Grundschuld) kann das Pfandrecht nicht bestellt werden.[77] § 1204 II BGB sieht vor, dass ein Pfandrecht auch für eine künftige oder eine bedingte Forderung bestellt werden kann. Da das Gesetz eine § 1163 I 1 BGB entsprechende Regelung nicht enthält, wird angenommen, das Pfandrecht stehe auch in diesem Fall sofort dem Pfandgläubiger zu.[78] Hiervon ist der Fall zu unterscheiden, dass eine *künftige Forderung verpfändet* wird. Das Pfandrecht kann dann noch nicht sogleich, sondern erst entstehen, wenn die verpfändete Forderung entsteht.[79] Entsteht die Forderung erst,

---

[70] MüKoBGB/*Damrau*, § 1280 Rn. 2.
[71] MüKoBGB/*Damrau*, § 1274 Rn. 8.
[72] BGH KTS 1975, 40.
[73] Vgl. *Krohn*, Die Pfandrechte an registrierten Schiffen, 2004.
[74] Vgl. MüKoBGB/*Damrau*, Vor § 1204 Rn. 7f.
[75] Vgl. *Bunte*, AGB Banken und Sonderbedingungen, 3. Aufl. 2011; MüKoBGB/*Damrau*, Vor § 1204 Rn. 4f., § 1292 Rn. 21f.; *Sosnitza*, BeckOK BGB § 1292, Rn. 7; LG Konstanz NJW-RR 1988, 1393; *Baumbach/Hopt*, AGB-Banken § 14 Rn. 8.
[76] Vgl. MüKoBGB/*Damrau*, Vor § 1204 Rn. 4.
[77] BGHZ 23, 293, 299 = NJW 1957, 672.
[78] BGHZ 86, 340 = NJW 1983, 1123; BGH NJW 1983, 1619; *Jaeger/Henckel*, § 50 Rn. 12.
[79] OLG Köln ZIP 1987, 907, 908; MüKoInsO/*Ganter*, Vor §§ 49–52 Rn. 23; Uhlenbruck/Hirte/Vallender/*Brinkmann*, § 50 Rn. 4.

nachdem der Verpfänder in Insolvenz gefallen ist, so ist die Verpfändung nach § 91 I InsO unwirksam. Nur wenn der Pfandrechtsgläubiger bereits vor der Eröffnung des Insolvenzverfahrens eine gesicherte Rechtsposition hinsichtlich der gepfändeten Forderung erlangt hat, ist die Verpfändung insolvenzfest.[80] Gesichert ist eine Rechtsposition dann, wenn der Pfändungsschuldner sie nicht mehr ohne die Zustimmung des Pfändungsgläubigers zerstören kann.[81] Eine solche gesicherte Rechtsposition wird beispielsweise bei der sicherungshalben Abtretung eines Herausgabeanspruchs einer Grundschuld angenommen, wenn eine Revalutierung der Grundschuld nicht mehr ohne Zustimmung des Abtretungsempfängers möglich ist,[82] bzw. bei der Zweitabtretung einer bereits zur Sicherheit abgetretenen Forderung, wenn der Sicherungszweck der Erstabtretung bereits endgültig weggefallen, der Eintritt des Sicherungsfalles also nicht mehr möglich ist.[83]

Die Verpfändung anderer künftiger Rechte ist nur dann insolvenzfest, wenn vor Insolvenzeröffnung bereits die wirksame Verpfändung eines Anwartschaftsrechts vorliegt.[84] Damit das Pfandrecht wirksam ist, muss schließlich der Pfandgegenstand selbst ausreichend bestimmt sein; bloße Bestimmbarkeit genügt nicht.[85]

38 f) Rechtsgeschäftliche Pfandrechte können nach den §§ 1207 BGB, 366 I HGB auch *gutgläubig* bei einer Verpfändung durch einen Nichtberechtigten *erworben* werden.[86] Ein gutgläubiger Erwerb gesetzlicher Besitzpfandrechte aufgrund einer Ermächtigung des Eigentümers (§ 185 BGB) wird von der hM nicht zugelassen.[87]

39 Dagegen kann nach hM ein Vertragspfandrecht mit der Folge gutgläubigen Erwerbs auch dann in Allgemeinen Geschäftsbedingungen vereinbart werden, wenn an schuldnereigenen Sachen ein gesetzliches Pfandrecht, insb ein Werkunternehmerpfandrecht nach § 647 BGB entstehen würde.[88] Guter Glaube des Unternehmers wird dabei unterstellt, solange keine konkreten Anhaltspunkte für eine Nichtberechtigung des Bestellers bestehen.

40 g) Nach § 1205 I 1 BGB muss die Pfandsache dem Pfandgläubiger *tatsächlich übergeben* werden. Ist dieser, zB als Verwahrer von Wertpapieren oder als Lagerhalter, bereits im unmittelbaren Besitz der Pfandsache, so genügt die bloße Einigung über die Verpfändung, § 1205 I 2 BGB. Bei der Verwahrung durch Dritte ist die Übertragung des mittelbaren Besitzes und die Pfandanzeige an den unmittelbaren Besitzer erforderlich, § 1205 II BGB. Die Pfandanzeige muss vom Verpfänder ausgehen; ausreichend ist aber eine Anzeige des Pfandgläubigers im Namen und in Vollmacht des Verpfänders.[89]

41 In gleicher Weise erfolgt die *Verpfändung von Wertpapieren* an die Bank des Kunden, wenn die Papiere bei einer Wertpapiersammelstelle verwahrt werden. Denn nach § 6 DepotG ist der Kunde Miteigentümer des Sammelbestandes und hat nach den §§ 7, 8 DepotG einen Rückgabeanspruch. Besitzrechtlich ist er mittelbarer Besitzer zweiter

---

[80] BGH NJW 2006, 2485.
[81] Uhlenbruck/Hirte/Vallender/*Uhlenbruck*, § 91 Rn. 22.
[82] BGH NZG 2012, 431.
[83] BGH NZI 2012, 883.
[84] MüKoBGB/*Damrau*, § 1273 Rn. 6.
[85] Staudinger/*Wiegand*, (2009) Vorbem §§ 1204 ff. Rn. 22, § 1204 Rn. 35 ff.; MüKoInsO/*Ganter*, § 50 Rn. 29.
[86] *Reinicke/Tiedtke*, Der gutgläubige Erwerb eines Pfandrechts an beweglichen Sachen, JA 1984, 202; MüKoInsO/*Ganter*, § 50 Rn. 34.
[87] BGHZ 34, 122, 125 f. = NJW 1961, 499; *Baur/Stürner*, Sachenrecht § 55 C II 2a bb; *Sosnitza*, BeckOK BGB § 1257, Rn. 5; aA *Canaris*, Handelsrecht, 22. Aufl., S. 404; *Medicus* Bürgerliches Recht, 20. Aufl. 2004, Rn. 594.
[88] BGHZ 68, 323 = NJW 1977, 1240; BGH NJW 1981, 226; BGH DB 1983, 2081; MüKoBGB/*Damrau*, Vor § 1204 Rn. 4; aA *Picker* NJW 1978, 1417.
[89] Palandt/*Bassenge*, § 1205 Rn. 9; Uhlenbruck/Hirte/Vallender/*Brinkmann*, § 50 Rn. 5; MüKoBGB/*Damrau*, § 1205 Rn. 21.

§ 42 42, 43   Kap. III. 6. Abschnitt. Aussonderung, Absonderung, Aufrechnung

Stufe, die Bank mittelbarer Besitzer erster Stufe.[90] Bei der Verbriefung durch Globalurkunden ist die Besitzerstellung streitig.[91] Zur Verpfändung der Wertpapiere bedarf es daher der pfandweisen Abtretung des Herausgabeanspruchs des Kunden und Miteigentümers an die Bank, § 1205 II BGB, und der gleichzeitigen Anzeige der Verpfändung an die Sammelverwahrungsstelle.

Eine Verpfändung unter bloßer Vereinbarung eines Besitzkonstituts nach § 868 BGB ist dagegen nicht möglich.[92] Die Praxis ist deshalb auf die Sicherungsübereignung gem. §§ 929, 930, 868 BGB ausgewichen (→ § 43 Rn. 75 ff.).

42   h) Eine *Verpfändung* ohne Publizitätsakt ist nur möglich *zugunsten des unmittelbaren Besitzers* (zB von Wertpapieren zugunsten der verwahrenden Bank) oder von Ware, über die ein *Traditionspapier* (zB Konnossement eines Verfrachters, ein Ladeschein eines Frachtführers, Lagerscheine, Transportversicherungspolicen, § 363 II HGB, oder ein Seekonnossement, §§ 642, 650 HGB) ausgestellt ist. Im letzteren Falle erfolgt die Verpfändung der Ware durch Einigung und Übergabe des indossierten Traditionspapiers.[93]

43   i) Von besonderer Bedeutung ist das *Vertragspfand der Banken gem.* Nr. 14 I AGB-Banken bzw. Nr. 21 I 1 AGB-Sparkassen (jeweils idF 1993). Danach sind der Bank alle in ihrem mittelbaren oder unmittelbaren Besitz befindlichen Sachen und Rechte des Kunden für alle Ansprüche der Bank gegen ihren Kunden verpfändet. Nr. 14 AGB-Banken enthält bereits die Vereinbarung eines Pfandrechts und damit die dingliche Einigung zwischen Bank und Kunde über die Entstehung eines Pfandrechts im Sinne der §§ 1204 ff. BGB. Zur Entstehung sind keine weiteren Willenserklärungen mehr erforderlich.[94] Die Bank hat das Pfandrecht auch an Kontoguthaben des Kunden (AGB-Banken Nr. 14 II 1, 2. Hs bzw. AGB-Sparkassen Nr. 21 I 3). Insoweit ist die Bank gleichzeitig Pfandgläubiger und Schuldner (Pfandrecht an eigener Schuld).[95] Erfasst sind auch Wertpapiere, die in einer Sammelstelle verwahrt werden, weil dann die Bank deren mittelbare Besitzerin ist.[96] (zur Verwertungsbefugnis → Rn. 141) Auch wenn das Kontoguthaben vom Pfandrecht erfasst wird, hindert das den Kunden nicht daran, über das Konto zu verfügen. Insoweit erfolgt eine Freigabe des Pfandrechts an den Forderungen des Kunden gegen die Bank in entsprechender Höhe der Verfügung.[97] Will die Bank Verfügungen schon vor Pfandreife hindern, kann sie eine **Kontensperre** erlassen. Dabei wird das Konto gesperrt und dem Kunden untersagt, Kontenverfügungen vorzunehmen, wenn dadurch der Stand des Kontoguthabens unter einen bestimmten Betrag absinkt.[98] Nach Ansicht des BGH ist eine solche Kontensperre bereits vor Pfandreife zulässig.[99] Zwar dürfe der Pfandgläubiger das Pfand erst nach Eintritt der Pfandreife, also nach Fälligkeit der gesicherten Forderung, verwerten. Die Kontosperre sei jedoch keine Verwertungsmaßnahme, sondern diene nur der Sicherstellung der späteren Verwertung. Die Sicherstellung durch eine Kontosperre fällt nach Ansicht des BGH unter § 1281

---

[90] *Hirte/Knof*, WM 2008, 7, 10.
[91] *Hirte/Knof*, WM 2008, 7, 11 mwN.
[92] Palandt/*Bassenge*, § 1205 Rn. 10; MüKoInsO/*Ganter*, § 50 Rn. 30; Uhlenbruck/Hirte/Vallender/*Brinkmann*, § 50 Rn. 5; FK/*Imberger*, § 50 Rn. 6.
[93] MüKoBGB/*Damrau*, § 1292 Rn. 3; vgl. *Brüning-Wildhagen*, Pfandrechte und Zurückbehaltungsrechte im Transportrecht, 2000.
[94] *Bunte*, AGB-Banken und Sonderbedingungen, Nr. 14 Rn. 320; MüKoInsO/*Ganter*, § 50 Rn. 44; Uhlenbruck/Hirte/Vallender/*Brinkmann*, § 50 Rn. 7.
[95] MüKoInsO/*Ganter*, § 50 Rn. 45a; Zu weiteren Ansprüchen des Kunden gegen die Bank s *Bunte*, AGB-Banken und Sonderbedingungen, Nr. 14 Rn. 334; Uhlenbruck/Hirte/Vallender/*Brinkmann*, § 50 Rn. 7.
[96] *Hirte/Knof*, WM 2008, 7, 10; Palandt/*Bassenge*, § 1205 Rn. 7; MüKoInsO/*Ganter*, § 50 Rn. 45.
[97] *Bunte*, AGB-Banken und Sonderbedingungen, Nr. 14 Rn. 338; MüKoInsO/*Ganter*, § 50 Rn. 45a.
[98] *Fischer/Dissen*, Pfandrecht der Bank am Kontoguthaben in der Krise des Kontoinhabers – Insolvenzrechtliche Wirkungen einer Kontensperre, DZWIR 2004, 368;
[99] BGH NJW 2004, 1660 = DZWIR 2004, 378.

S. 2 Hs 1 BGB. Nach § 1281 S. 2 Hs 1 BGB kann der Pfandgläubiger vor Pfandreife verlangen, dass der Schuldner an ihn und den Gläubiger gemeinschaftlich leistet. Die Kontensperre ist aber nur soweit zulässig, wie das Pfandrecht der Bank wirksam entsteht. Das AGB-Pfandrecht der Banken entsteht nicht bereits im Zeitpunkt der dinglichen Einigung, sondern im Wege antizipierter Einigung und Abtretung. Daraus folgt, dass das Pfandrecht am jeweiligen Kontoguthaben mit der Entstehung des Anspruchs aus der Gutschrift entsteht.[100] Ist dies erst im letzten Monat vor Eröffnung des Insolvenzverfahrens der Fall, ist das Pfandrecht inkongruent iS von § 131 I InsO.[101] Ist das Pfandrecht inkongruent ist dies auch die Kontensperre. Daher kommt es entscheidend auf den Kontostand zu Beginn des letzten Monats vor Eröffnung an. Erfolgt die Gutschrift im Monatszeitraum ist, sind Pfandrecht und Kontensperre gem. § 131 I Nr. 1 InsO anfechtbar, eine Aufrechnung ist ausgeschlossen (§ 96 I Nr. 1 InsO).[102]

Voraussetzung für das Bestehen des Vertragspfands ist zudem, dass die Bank dem Insolvenzschuldner bereits vor Eröffnung des Insolvenzverfahrens etwas schuldet. Nur dann kann sie an dem gegen sich selbst gerichteten Anspruch ein Pfandrecht erwerben. Andernfalls schließt § 91 InsO den Pfandrechtserwerb aus. Erlangt eine Bank beim *Dokumenteninkasso* erst nach Eröffnung des Insolvenzverfahrens Deckung, so entsteht erst ab diesem Zeitpunkt der Anspruch des Insolvenzschuldners auf Herausgabe des aus der Geschäftsbesorgung Erlangten; ein Pfandrecht der Bank scheidet insoweit daher aus.[103] Zur Sicherungszession beim Dokumenteninkasso → § 43 Rn. 103.

In der Insolvenz eines *Akkreditivauftraggebers* (und *Käufers*) nach Akkreditiveröffnung kann die Bank gem. Nr. 14 AGB-Banken iVm § 50 I InsO abgesonderte Befriedigung aus für das Akkreditiv erhaltenen Sicherheiten verlangen.[104]

Fällt der Kunde beim *Wertpapiergeschäft* nach Ausführung einer Ein- oder Verkaufskommission in Insolvenz, so kann die Bank an den aus der Durchführung des Geschäfts erlangten Vermögenswerten ein Absonderungsrecht gem. Nr. 14 AGB-Banken bzw. Nr. 21 I, V AGB-Sparkassen iVm § 50 I InsO, aufgrund des gesetzlichen Pfandrechts gem. §§ 397ff. HGB iVm § 50 I InsO sowie aufgrund des kaufmännischen Zurückbehaltungsrechts gem. § 369 HGB iVm § 51 Nr. 3 InsO geltend machen.[105] Ein Eigengeschäft der Bank ist dagegen nur nach Kaufrecht zu beurteilen.[106]

Beim *Depotgeschäft* erwirbt der Drittverwahrer ein Pfandrecht jedenfalls trotz der gesetzlichen Fremdvermutung für seine Depotgebühren und ähnliche Forderungen sowie für seine Forderungen aus der Anschaffung anvertrauter Papiere gem. §§ 30 II, 31, 4 I 2 DepotG, gleichgültig in welcher Weise das Geschäft ausgeführt worden ist.[107]

k) Der *Umfang der Absonderungsbefugnis* richtet sich nach dem Umfang des Pfandrechts.

3. Gesetzliche und Pfändungspfandrechte. Absonderungskraft haben auch gesetzliche und Pfändungspfandrechte, § 50 I InsO.

a) Hierzu zählen im BGB (1) das Vermieterpfandrecht (→ Rn. 52f.), (2) das Pfandrecht des Pächters wegen seiner Forderung hinsichtlich mitverpachteten Inventars nach § 583 BGB,[108] (3) bei der Landpacht das Verpächterpfandrecht nach § 592 BGB,[109]

---

[100] BGHZ 135, 140, 148 = NJW 1997, 1857 = ZIP 1997, 737; MüKoInsO/*Ganter*, § 50 Rn. 45b; *Fischer/Dissen*, DZWIR 2004, 368.
[101] *Schoppmeyer* in Bork (Hrsg.), Handbuch des Insolvenzanfechtungsrechts, Kap 8 Rn. 93.
[102] BGH NJW 2004, 1660 = DZWIR 2004, 378.
[103] BGHZ 95, 149 = NJW 1985, 2649 = LM Nr. 6 zu § 15 KO.
[104] *Canaris*, Rn. 1079; *Nielsen*, BuB 5/408.
[105] *Canaris*, Rn. 2068f.; *Klein*, BuB 7/183.
[106] *Canaris*, Rn. 2070; *Klein*, BuB 7/186.
[107] *Canaris*, Rn. 2170f.; *Kümpel*, BuB 8/22f.
[108] Vgl. *Bechtloff*, S. 100ff.; MüKoInsO/*Ganter*, § 50 Rn. 103; Uhlenbruck/Hirte/Vallender/*Brinkmann*, § 50 Rn. 32.
[109] Vgl. *Bechtloff*, S. 256ff.

(4) das Pfandrecht des Gastwirts bei Beherbergungsverträgen gem. § 704 BGB,[110] (5) das Werkunternehmerpfandrecht, § 647 BGB,[111] und (6) das Pfandrecht des Begünstigten bei der Hinterlegung von Geld oder Wertpapieren zur Sicherheitsleistung gem. § 233 BGB.[112] Nach HGB besitzen Absonderungskraft (7) das Pfandrecht des Kommissionärs am Kommissionsgut, §§ 397 ff. HGB,[113] (8) des Spediteurs am Speditionsgut, §§ 464 f. HGB, in der Insolvenz des Eigentümers (Versenders oder eines Dritten),[114] (9) des Lagerhalters am Lagergut gem. § 475b HGB in der Insolvenz des Einlagerers,[115] (10) des Frachtführers, §§ 441 ff. HGB,[116] § 26 BinnSchG, des Verfrachters, § 623 HGB, am Frachtgut, des Beförderers auf See (§ 674 HGB) sowie auf Binnengewässern am Gepäck, § 77 II BinnSchG,[117] (11) das Pfandrecht für die Beitragsansprüche aus der großen Haverei an der Ladung (§ 726 HGB, § 89 BinnSchG),[118] (12) das Rettungskostenpfandrecht gem. § 752 HGB und § 97 BinnSchG[119] und (13) die Schiffsgläubigerrechte nach §§ 754 ff. HGB.[120] Das Pfandrecht des Spediteurs, Lagerhalters und Frachtführers umfasst auch inkonnexe Forderungen aus früheren Verträgen und ein vertraglich mit einem Dritten vereinbartes Surrogat.[121] Voraussetzung für das Entstehen eines Absonderungsrechts ist freilich, dass der Pfandrechtsinhaber bereits vor Eröffnung des Insolvenzverfahrens in den Besitz der belasteten Gegenstände gelangt ist.[122]

50 Gesetzliche Pfandrechte bestehen ferner an der nächsten Ernte für Ansprüche aus der Lieferung von Saatgut und Düngemitteln (§§ 1 ff. FPG),[123] des Opfers an Ansprüchen, die der Täter oder ein Dritter durch „Vermarktung der Straftat" erlangt (§§ 1 ff. OASG).[124]

51 Die gesetzlichen Pfandrechte zu (7) bis (10) können auch *gutgläubig* an Dritteigentum *erworben* werden, § 366 III HGB. Nach § 366 III 2 HGB kann das gesetzliche Pfandrecht des Frachtführers, Spediteurs und des Lagerhalters an Gut, das nicht Gegenstand des Vertrages ist, aus dem die zu sichernde Forderung herrührt, aber nur gutgläubig erworben werden, soweit der gute Glaube des Erwerbers das Eigentum des Vertragspartners betrifft. Der gutgläubige Erwerb des Werkunternehmerpfandrechts bei der Reparatur nicht dem Auftraggeber gehörender Sachen wird dagegen vom BGH in ständiger Rspr abgelehnt.[125] Doch kommt in diesen Fällen ggf. der gutgläubige Erwerb eines vertraglichen Pfandrechts in Betracht (→ Rn. 38).

---

[110] Vgl. *Bechtloff*, S. 267 ff.; MüKoInsO/*Ganter*, § 50 Rn. 104; Uhlenbruck/Hirte/Vallender/*Brinkmann*, § 50 Rn. 33.
[111] Vgl. *Bechtloff*, S. 76 ff.; MüKoInsO/*Ganter*, § 50 Rn. 105 f.; Uhlenbruck/Hirte/Vallender/*Brinkmann*, § 50 Rn. 34.
[112] Vgl. MüKoInsO/*Ganter*, § 50 Rn. 107; Uhlenbruck/Hirte/Vallender/*Brinkmann*, § 50 Rn. 35.
[113] Vgl. *Bechtloff* S. 122 ff.; Uhlenbruck/Hirte/Vallender/*Brinkmann*, § 50 Rn. 36.
[114] *Bechtloff*, S. 159 ff.; Uhlenbruck/Hirte/Vallender/*Brinkmann*, § 50 Rn. 37.
[115] *Bechtloff*, S. 171 ff.; Uhlenbruck/Hirte/Vallender/*Brinkmann*, § 50 Rn. 38.
[116] Vgl. *Bechtloff*, S. 141 ff.; Uhlenbruck/Hirte/Vallender/*Brinkmann*, § 50 Rn. 39; *Didier* NZI 2003, 513, 518 f.
[117] Vgl. *Bechtloff*, S. 283 ff.; MüKoInsO/*Ganter*, § 50 Rn. 113; Uhlenbruck/Hirte/Vallender/*Brinkmann*, § 50 Rn. 41; *Jaeger/Henckel*, § 50 Rn. 73, 74.
[118] Vgl. *Bechtloff*, S. 321 ff.; MüKoInsO/*Ganter*, § 50 Rn. 113.
[119] Vgl. *Bechtloff*, S. 341 ff.
[120] Vgl. *B. Schmidt-Vollmer*, Schiffsgläubigerrechte und ihre Geltendmachung, 2003, S. 35 ff.; *M. Krohn*, Die Pfandrechte an registrierten Schiffen, 2004.
[121] Vgl. BGH WM 2005, 1033, 1034; BGHZ 150, 326, 329 = NZI 2002, 485; *Didier* NZI 2003, 512, 521.
[122] *Schmidt*, Handelsrecht, § 31 IV 3c (S. 884).
[123] Vom 19.1.1949 (BGBl. III 403-11); vgl. *Bechtloff*, S. 289 ff., MüKoInsO/*Ganter*, § 50 Rn. 114; *Jaeger/Henckel*, § 50 Rn. 75.
[124] BGBl. 1998 I 905; vgl. *Bechtloff*, S. 309 ff.
[125] BGHZ 34, 153, 158 = NJW 1961, 502; BGH DB 1987, 1140, 1141; OLG Köln NJW 1968, 304; *Flume* AcP 161 (1962), 385, 395; *Henke* AcP 161 (1962), 1; *Münzel* NJW 1961, 1233; MüKoBGB/*Busche*, § 647 Rn. 11; Bamberger/Roth/*Voit*, BGB, § 647 Rn. 11; Palandt/*Sprau*, § 647 Rn. 3; aA *Hess*, InsO, § 50 Rn. 37.

b) *Vermieterpfandrecht.*[126] Das Pfandrecht der Vermieter und Verpächter nach den §§ 562, 578, 578a, 581 II, 592 BGB entsteht an Eigentum, aber auch an Anwartschaftsrechten des Mieters oder Pächters,[127] sofern die Gegenstände vor Verfahrenseröffnung eingebracht worden sind. Erstarkt das Anwartschaft zum Vollrecht erstreckt sich das Pfandrecht auf die Sache selbst.[128] 52

Das Verhältnis des Vermieterpfandrechts zu einer Sicherungsübereignung, ist grundsätzlich nach der Reihenfolge des Entstehens der Sicherung zu bestimmen: Wird eine bereits sicherungsübereignete Sache eingebracht, entsteht kein Vermieterpfandrecht.[129] Wird eine bereits eingebrachte Sache anschließend sicherungsübereignet, berührt dies das Vermieterpfandrecht nicht. Das Eigentum ist mit dem Pfandrecht belastet.[130] Schwierig zu beurteilen ist das Verhältnis von Vermieterpfandrecht und Sicherungsübereignung vor allem bei Raumsicherungsverträgen mit wechselndem Bestand. Werden Waren nach der Raumsicherungsübereignung eingebracht, so entstehen Vermieterpfandrecht und Sicherungseigentum, wenn sich das Warenlager in gemieteten Räumen befindet, gleichzeitig.[131] Nach Ansicht des BGH hat das Vermieterpfandrecht in diesem Fall Vorrang, um es vor wirtschaftlicher Aushöhlung zu schützen.[132] Andere halten die Lösung des BGH deshalb für richtig, weil die Grundlage der Sicherungen zu berücksichtigen sei und der Mietvertrag regelmäßig vor dem Raumsicherungsvertrag abgeschlossen werde.[133] Zum Teil wird auch ein Vermieterpfandrecht im Rang nach dem Sicherungseigentum angenommen.[134] 53

Das Absonderungsrecht besteht auch für den im Zeitraum zwischen Antragstellung und Verfahrenseröffnung fällig gewordenen Mietzins,[135] ist aber durch § 50 II 1 InsO auf Rückstände für das letzte Jahr vor Eröffnung des Verfahrens beschränkt und umfasst nicht den Entschädigungsanspruch wegen Kündigung durch den Insolvenzverwalter nach § 109 I 3 InsO.[136] Ausgenommen von dieser Beschränkung ist das Pfandrecht des Verpächters eines landwirtschaftlichen Grundstücks, § 50 II 2 InsO. Die zeitliche Beschränkung der Absonderungskraft führt aber nicht zum Erlöschen des Pfandrechts für ältere Rückstände.[137] Macht der Vermieter daher gegenüber einem Pfändungspfandgläubiger sein gesetzliches Pfandrecht im Rahmen des § 562d BGB geltend, so beschränkt ein späteres Insolvenzverfahren des Mieters nicht die Rechte des Vermieters, wenn dessen Befriedigung die Insolvenzmasse nicht beeinträchtigt.[138] Kein Vermieterpfandrecht besteht an Sachen, die vor dem Einbringen zur Sicherheit übereignet wurden.[139] 54

Das Vermieterpfandrecht erlischt vor Insolvenzeröffnung gem. §§ 562a, 562b BGB. Es geht daher auch bei einer nur zeitweiligen betriebsbedingten Entfernung 55

---

[126] Vgl. *Bechtloff*, S. 224 ff.; *Ehricke*, FS Gerhardt, S. 191 ff.; *Jaeger/Henckel*, § 50 Rn. 34–66.
[127] MüKoInsO/*Ganter*, § 50 Rn. 89; HK/*Lohmann*, § 50 Rn. 23; *Jaeger/Henckel*, § 50 Rn. 40.
[128] MüKoBGB/*Artz*, § 562 Rn. 16; MüKoInsO/*Ganter*, § 50 Rn. 89.
[129] MüKoInsO/*Ganter*, § 50 Rn. 89.
[130] MüKoBGB/*Artz*, § 562 Rn. 19; *Jaeger/Henckel*, § 50 Rn. 58.
[131] MüKoBGB/*Artz*, § 562 Rn. 18; MüKoInsO/*Ganter*, § 50 Rn. 89.
[132] BGH NJW-RR 2004, 772; BGHZ 117, 200, 207 = NJW 1992, 1156; MüKoBGB/*Artz*, § 562 Rn. 18; MüKoInsO/*Ganter*, § 50 Rn. 89; HK/*Lohmann*, § 50 Rn. 28; Uhlenbruck/Hirte/Vallender/*Brinkmann*, § 50 Rn. 24; *Vortmann* ZIP 1988, 626; *Weber/Rauscher* NJW 1988, 1571.
[133] MüKoBGB/*Artz*, § 562 Rn. 18.
[134] *Jaeger/Henckel*, § 51 Rn. 69.
[135] LG Mönchengladbach ZIP 2003, 1311.
[136] Vgl. *Eckert* ZIP 1984, 663 und 1123; HK/*Lohmann*, § 50 Rn. 25; FK/*Imberger*, § 50 Rn. 69; *Mohrbutter/Vortmann*, Rn. VI.270; Uhlenbruck/Hirte/Vallender/*Brinkmann*, § 50 Rn. 13.
[137] MüKoInsO/*Ganter*, § 50 Rn. 90; *Kuhn* MDR 1960, 221, 222; *Smid*, Kreditsicherheiten § 2 Rn. 34.
[138] BGH NJW 1959, 2251 = KTS 1959, 192; MüKoInsO/*Ganter*, § 50 Rn. 90; Uhlenbruck/Hirte/Vallender/*Brinkmann*, § 50 Rn. 13.
[139] MüKoInsO/*Ganter*, § 50 Rn. 89.

§ 42 56–58   Kap. III. 6. Abschnitt. Aussonderung, Absonderung, Aufrechnung

vom Mietgrundstück unter, die insbesondere bei Fahrten mit Kfz bedeutsam sein kann.[140]

Im Eröffnungsverfahren sind ebenfalls die §§ 562a, 562b BGB anwendbar. Hier ist der Begriff der gewöhnlichen Lebensverhältnisse unter Zugrundelegung insolvenzrechtlicher Bestimmungen zu fixieren. Bei gewerblichen Mietverhältnissen ist nach dem Willen des Gesetzgebers das Kriterium der Entfernung im regelmäßigen Geschäftsbetrieb, das früher in § 560 S. 2 BGB aF enthalten war, weiter zu berücksichtigen.[141] Ist ein allgemeines Veräußerungsverbot erlassen worden, entsprechen Veräußerungen nicht den gewöhnlichen Lebensverhältnissen.[142] Etwas anderes wird angenommen, wenn ein starker vorläufiger Insolvenzverwalter Sachen im gewöhnlichen Geschäftsgang veräußert.[143]

56   Entfernt der Insolvenzverwalter im eröffneten Insolvenzverfahren dem Pfandrecht unterliegende Sachen und verwertet sie gem. §§ 148 I, 159, 166 I InsO, so muss der Vermieter nicht nach § 562b II BGB vorgehen, um sein Recht zu erhalten.[144] Sein Recht setzt sich am Verwertungserlös fort.[145] IdR hat der Vermieter keinen unmittelbaren Besitz an den belasteten Gegenständen und auch kein Recht dazu. Dann besteht kein Selbstverwertungsrecht.[146] Anders verhält es sich nur, wenn der Vermieter die eingebrachten Sachen ausnahmsweise bereits berechtigt im Besitz hat.[147]

57   **c)** *Pfändungspfandrecht.* Zur Absonderung berechtigt gem. § 50 I InsO auch ein wirksames Pfändungspfandrecht (§§ 804 ZPO, 6 I Nr. 1 JBeitrO, 459 StPO), und ein Arrestpfandrecht, § 930 ZPO.[148] Da ab Verfahrenseröffnung ein Verbot der Einzelvollstreckung besteht, § 89 I InsO, muss die Pfändung vorher stattgefunden haben.[149] Zusätzlich ordnet § 88 InsO eine sog. *Rückschlagsperre* an: Eine Sicherung, die im letzten Monat vor Stellung des Eröffnungsantrags oder nach Antragstellung erlangt wurde, wird rückwirkend mit Eröffnung des Verfahrens unwirksam. Bei Pfändung künftiger Forderungen ist das Pfandrecht erst mit deren Entstehung erlangt.[150] Eine Lohnpfändung ist nach § 114 III InsO nur wirksam für den Monat, in dem das Insolvenzverfahren eröffnet wird, bei Eröffnung nach dem fünfzehnten des Monats auch für den nachfolgenden Monat. Ferner darf das Pfändungspfandrecht nicht nach Eintritt des Erbfalls durch Pfändung gegenüber dem Nachlass entstanden sein, § 321 InsO. Eine Vorpfändung, § 845 ZPO, allein hat keine Absonderungskraft, vielmehr muss die Pfändung noch vor Beginn der Monatsfrist des § 88 InsO nachgefolgt sein.[151]

58   Ein Pfändungspfandrecht kann nicht gutgläubig erworben werden.[152] Wird eine schuldnerfremde Sache gepfändet, so entsteht ein materielles Pfandrecht nur, wenn der

---

[140] OLG Hamm ZIP 1981, 165; anders OLG Frankfurt NJW-RR 2007, 230; s zum Problem MüKo-InsO/*Ganter*, § 50 Rn. 95a; MüKoBGB/*Artz*, § 562a Rn. 5; Palandt/*Weidenkaff*, § 562a Rn. 4; *Jaeger/Henckel*, § 50 Rn. 46.
[141] BT-Drucks. 14/4553 S. 60. S. dazu MüKoBGB/*Artz*, § 562a Rn. 11.
[142] OLG Köln ZIP 1984, 89, 90; OLG Düsseldorf NZI 2000, 82, 83; MüKoInsO/*Ganter*, § 50 Rn. 96a.
[143] MüKoInsO/*Ganter*, § 50 Rn. 96a; zur Veräußerung im Rahmen von Räumungsverkäufen *Ehricke* KTS 2004, 321, 327.
[144] BGH NJW 1995, 2783, 2787; MüKoInsO/*Ganter*, § 50 Rn. 100.
[145] *Jaeger/Henckel*, § 50 Rn. 50; Uhlenbruck/Hirte/Vallender/*Brinkmann*, § 50 Rn. 22.
[146] Uhlenbruck/Hirte/Vallender/*Brinkmann*, § 166 Rn. 6.
[147] MüKoInsO/*Ganter*, § 50 Rn. 102.
[148] Vgl. OLG Köln ZIP 2004, 2013 = EWiR § 50 InsO 1/05 *(Schmerbach)*; MüKoInsO/*Ganter*, § 50 Rn. 66a; Uhlenbruck/Hirte/Vallender/*Brinkmann*, § 50 Rn. 42; FK/*Imberger*, § 50 Rn. 35.
[149] Zur Bedeutung der Pfandrechtstheorien MüKoZPO/*Gruber*, § 804 Rn. 30.
[150] BFH ZIP 2005, 1182, 1183.
[151] BGHZ 167, 11 = NJW 2006, 1870; Uhlenbruck/Hirte/Vallender/*Brinkmann*, § 50 Rn. 42; MüKoInsO/*Ganter*, § 50 Rn. 66a; FK/*Imberger*, § 50 Rn. 35.
[152] BGHZ 119, 75, 87 = NJW 1992, 2570.

Schuldner nachträglich Eigentümer wird.[153] Das Absonderungsrecht kann dann nur geltend gemacht werden, wenn dieser Erwerb noch vor Verfahrenseröffnung stattfand. Später hindern die §§ 81, 91 InsO den Rechtserwerb zu Lasten der Insolvenzmasse.[154] Insoweit wirken sich an dieser Stelle die verschiedenen zur Rechtsnatur des Pfändungspfandrechts vertetenen Theorien aus: Nach der öffentlich-rechtlichen Theorie entsteht das Pfändungspfandrechts schon bei wirksamer Verstrickung, nach der gemischten Theorie hingegen nur bei Einhaltung wesentlicher Verfahrensvorschriften und dem Vorliegen weiterer materieller Voraussetzungen. Der rein öffentlich-rechtlichen Theorie ist nicht zu folgen, weil sonst ein Erwerb entgegen den §§ 81, 91 InsO einträte.[155] Lediglich beim Arrestpfandrecht kann die Zustellung des Arrestbefehls gem. § 929 III ZPO auch nach Verfahrenseröffnung nachgeholt werden.[156] Die Pfändung einer dem Schuldner nicht oder nicht mehr zustehenden Forderung ist ohne jede Wirkung, selbst wenn sie ihm nach der Pfändung zurück abgetreten wird.[157]

59 Das Pfändungspfandrecht erlischt, wenn Gläubiger oder Gerichtsvollzieher den Gegenstand freigeben[158] oder die Pfändung auf Erinnerung (§ 766 ZPO) für unzulässig erklärt oder aufgehoben wird.[159] Das Entfernen des Pfandsiegels allein beeinträchtigt das Pfändungspfandrecht nicht. Doch erlischt es analog § 936 BGB, wenn ein Dritter das Eigentum an der Sache im guten Glauben an die Pfandfreiheit erwirbt.[160]

60 **4. Zurückbehaltungsrecht.**[161] a) Inhaber von Zurückbehaltungsrechten haben *wegen nützlicher Verwendungen auf* zurückbehaltene *bewegliche Sachen* ein Absonderungsrecht nach § 51 Nr. 2 InsO. Dieses soll dem Zurückbehaltungsberechtigten die Werterhöhung, die er mit eigenen Mitteln vorgenommen hat, sichern, damit hiervon nicht die Insolvenzgläubiger profitieren.[162] Absonderungsberechtigt ist der Inhaber des Zurückbehaltungsrechts nach § 1000 BGB (§§ 994f. BGB).[163] Weitere Anwendungsfälle enthalten die §§ 102, 292 II, 304, 347, 450, 500, 538 II, 547, 592, 601, 670, 675, 683, 693, 850, 972, 994 ff., 1049, 1057, 1216, 2022 BGB. Der Besitz an der Sache muss jeweils vor Verfahrenseröffnung erlangt sein und noch bestehen.[164] Kein Vorzugsrecht besteht dagegen gegenüber dem Ersteher eines Grundstücks in der Zwangsversteigerung (§ 93 II ZVG),[165] denn das Absonderungsrecht an Grundstücken ist in § 49 InsO abschließend geregelt, so dass § 51 Nr. 2 InsO nicht anwendbar ist.[166]

---

[153] Vgl. *Rosenberg/Gaul/Schilken*, § 50 III 3b cc; MüKoInsO/*Ganter*, § 50 Rn. 78.
[154] *Häsemeyer* KTS 1982, 309; Uhlenbruck/Hirte/Vallender/*Brinkmann*, § 50 Rn. 44; MüKoZPO/*Gruber*, § 804 Rn. 30.
[155] Vgl. MüKoZPO/*Gruber*, § 804 Rn. 9, 30; *Brox/Walker*, Zwangsvollstreckungsrecht, 7. Aufl. 2003, Rn. 389 ff.; *Jaeger/Henckel*, § 50 Rn. 76.
[156] MüKoInsO/*Ganter*, § 50 Rn. 66a; Uhlenbruck/Hirte/Vallender/*Brinkmann*, § 50 Rn. 42; *Hess*, InsO, § 50 Rn. 49; Nerlich/Römermann/*Andres*, § 50 Rn. 14.
[157] BGHZ 56, 339, 350 f. = NJW 1971, 1938, 1941; MüKoInsO/*Ganter*, § 50 Rn. 78; FK/*Joneleit/Imberger*, § 50 Rn. 11.
[158] BGH WM 1959, 906; Uhlenbruck/Hirte/Vallender/*Brinkmann*, § 50 Rn. 45; MüKoInsO/*Ganter*, § 50 Rn. 82.
[159] MüKoInsO/*Ganter*, § 50 Rn. 82; Nerlich/Römermann/*Andres*, § 50 Rn. 15; *Hess*, InsO, § 50 Rn. 51.
[160] BGH WM 1962, 1177; *Baur/Stürner*, Rn. 435; *Rosenberg/Gaul/Schilken*, § 50 III 3c cc; MüKoInsO/*Ganter*, § 50 Rn. 82.
[161] S. *Blaum*, Zurückbehaltungsrechte in der Insolvenz, 2008.
[162] MüKoInsO/*Ganter*, § 51 Rn. 10; *Blaum*, Zurückbehaltungsrechte in der Insolvenz, S. 286.
[163] Vgl. *Bechtloff*, S. 199 ff.
[164] MüKoInsO/*Ganter*, § 51 Rn. 217; FK/*Imberger*, § 51 Rn. 52; HK/*Lohmann*, § 51 Rn. 47; Uhlenbruck/Hirte/Vallender/*Brinkmann*, § 51 Rn. 33; Nerlich/Römermann/*Andres*, § 51 Rn. 13; *Blaum*, Zurückbehaltungsrechte in der Insolvenz, S. 26.
[165] *Canaris*, FS Flume I S. 371, 404; FK/*Imberger*, § 51 Rn. 49; *Jaeger/Henckel*, § 51 Rn. 56.
[166] Uhlenbruck/Hirte/Vallender/*Brinkmann*, § 51 Rn. 33; MüKoInsO/*Ganter*, § 51 Rn. 221; vgl. BGH NZI 2003, 605.

61 **b)** Die Inhaber von Zurückbehaltungsrechten haben ein *Selbstverwertungsrecht* nur, wenn ihnen außerhalb der InsO ein solches zugestanden wird. Dies ist damit zu begründen, dass § 173 InsO ein Verwertungsrecht des Zurückbehaltungsberechtigten voraussetzt, aber nicht begründet.[167] Der Insolvenzverwalter hat das Verwertungsrecht nach dem eindeutgen Wortlaut des § 166 I InsO nur, wenn er die Sache in Besitz hat, was bei der Ausübung von Zurückbehaltungsrechten gerade nicht der Fall ist.

Die Zurückbehaltungsrechte unterscheiden sich materiellrechtlich danach, ob sie mit einem Selbstverwertungsrecht verbunden sind oder nicht. Ein Selbstverwertungsrecht besteht gem. § 1003 BGB bei dem Zurückbehaltungsrecht gem. § 1000 BGB. Gleiches gilt bei den Zurückbehaltungsrechten, die auf §§ 1000, 1003 I BGB verweisen. Dies sind §§ 292 II, 2022, 2023 BGB. Bei den anderen Zurückbehaltungsrechten besteht von vornherein zwar das Absonderungsrecht als Recht auf vorzugsweise Befriedigung, aber kein Selbstverwertungsrecht des Zurückbehaltungsberechtigten. Beim Zurückbehaltungsrecht gem. § 1000 BGB entfällt das Verwertungsrecht des Zurückbehaltungsberechtigten zudem gem. § 1003 II BGB dann, wenn der Besitzer die Verwendungen genehmigt.

62 In allen Fällen, in denen materiellrechtlich kein Verwertungsrecht des Zurückbehaltungsberechtigten besteht, ist die Frage zu klären, wer in diesen Fällen zur Verwertung berechtigt sein soll. Die InsO schweigt hierzu, da § 166 InsO für ein Verwertungsrecht des Insolvenzverwalters dessen Besitz voraussetzt. Der Gesetzgeber hat es offenbar versäumt, eine dem § 127 KO entsprechende Regel aufzunehmen, dass in Fällen, in denen der Absonderungsberechtigte selbst kein Verwertungsrecht hat, dies der Verwalter hat. Diese ungewollte Regelungslücke lässt sich auf zwei Arten schließen. Entweder man nimmt in diesen Fällen immer ein Verwertungsercht des Insolvenzverwalters an. Dies geschieht, indem man § 127 KO fortdenkt[168] oder § 173 II S. 2 InsO analog anwendet.[169] Man kann aber auch genau umgekehrt agieren und dem Zurückbehaltnungsberechtigten in allen Fällen, in denen der Insolvenzverwalter kein Verwertungsrecht hat, ein solches zubilligen.[170] Die letzte Ansicht lässt sich aber wohl kaum mit dem Wortlaut des § 173 I insO und dem Verhältnis von §§ 166 I, 173 I InsO vereinbaren, so dass in Fällen, in denen der Gläubiger zwar ein Zurückbehaltungsrecht aber kein Verwertungsrecht hat, der Insolvenzverwalter zur Verwertung berechtigt ist. Ob die Lösung über eine methodisch fragwürdige Fortschreibung des § 127 KO oder eine mangels Vergleichbarkeit ebenso fragwürdige analoge Anwendung des § 173 II S. 2 InsO begründet wird, ist letztlich unerheblich: In Fällen, in denen der Zurückbehaltungsberechtigte kein Verwertungsrecht hat, ist der Insolvenzverwalter zur Verwertung berechtigt. Der Absonderungsberechtigte hat die Sache an den Verwalter zur Verwertung herauszugeben. Überwiegend wird angenommen, dass in diesem Fall keine Verwertungspauschalen gem. §§ 170, 171 InsO anfallen, weil der Insolvenzverwalter die Sache nur zur Verwertung in Besitz nimmt.[171]

63 **c)** *Ohne Absonderungskraft* ist das Zurückbehaltungsrecht des *§ 273 BGB*. Als rein persönliches Recht an Massegegenständen wirkt es nicht im Insolvenzverfahren.[172]

---

[167] *Jaeger/Henckel,* Vor §§ 49–52 Rn. 45; MüKoInsO/*Ganter,* § 51 Rn. 220; FK/*Imberger,* § 51 Rn. 56.

[168] So namentlich *Jaeger/Henckel,* § 51 Rn. 47; ihm folgend nunmehr MüKoInsO/*Ganter,* § 51 Rn. 220.

[169] So *Mitlehner,* Mobiliarsicherheiten im Insolvenzverfahren, 2007, Rn. 828.

[170] So namentlich *Marotzke,* Gegenseitige Verträge im neuen Insolvenzrecht, Rn. 2.48; *Blaum,* Zurückbehaltungsrechte in der Insolvenz, S. 34.

[171] *Jaeger/Henckel,* Vor §§ 49–52 Rn. 47; MüKoInsO/*Ganter,* § 51 Rn. 220; FK/*Imberger,* § 51 Rn. 58.

[172] HK/*Lohmann,* § 51 Rn. 46; MüKoInsO/*Ganter,* § 51 Rn. 242; Uhlenbruck/Hirte/Vallender/*Brinkmann,* § 51 Rn. 34; *Jaeger/Henckel,* § 51 Rn. 52, 53; Nerlich/Römermann/*Andres,* § 51 Rn. 13; aA *Blaum,* Zurückbehaltungsrechte in der Insolvenz, S. 290.

Auch ein *vertraglich vereinbartes Zurückbehaltungsrecht* (zB nach § 21 V AGB-Sparkassen) gewährt kein Absonderungsrecht.[173] Der Insolvenzverwalter hat daher alle Gegenstände zur Masse zu ziehen, an denen ein Zurückbehaltungsrecht bestand, das mit Verfahrenseröffnung hinfällig geworden ist.[174] Dementsprechend hat ein Rechtsanwalt kein Zurückbehaltungsrecht an den Handakten in der Insolvenz des Klienten,[175] ein Steuerberater kein Zurückbehaltungsrecht wegen seines Honorars an Buchhaltungsunterlagen oder Computerlisten, die er mittels EDV erstellt hat.[176] Auch die gespeicherten Daten selbst muss er herausgeben bzw. in ihre Übertragung an den Insolvenzverwalter einwilligen.[177] Absonderungskraft soll dagegen das *bereicherungsrechtliche Zurückbehaltungsrecht* nach § 821 BGB haben.[178]

d) *Kaufmännische Zurückbehaltungsrechte gem.* §§ 369–372 HGB[179] werden durch § 51 Nr. 3 InsO Pfandrechten gleichgestellt, weil sie dem Kaufmann uU ein Selbstbefriedigungsrecht gewähren.[180] Das Zurückbehaltungsrecht besteht an beweglichen Sachen und Wertpapieren wegen fälliger und nicht fälliger Forderungen aus beiderseitigen Handelsgeschäften, §§ 369 I, 370 I Nr. 1 HGB; es berechtigt zur Selbstverwertung nach § 173 InsO. Nach Verfahrenseröffnung kann das Zurückbehaltungsrecht jedoch nicht mehr mit Wirkung gegenüber den Insolvenzgläubigern erworben werden (§ 91 InsO). Bei nicht fälligen Forderungen ist insoweit auch § 41 I InsO nicht anzuwenden, weil sonst § 91 InsO unterlaufen würde.[181] Es genügt aber, wenn die tatsächlichen Vorgänge soweit abgeschlossen sind, dass das Zurückbehaltungsrecht im Zeitpunkt der Insolvenzeröffnung entsteht.[182] Das Zurückbehaltungsrecht bleibt bestehen, auch wenn das Handelsgeschäft wegen arglistiger Täuschung angefochten worden ist.[183] Der nach § 371 III HGB notwendige Titel kann dagegen noch nach Eröffnung des Insolvenzverfahrens erlangt werden. Weder § 89 InsO noch § 91 InsO stehen dem entgegen.[184] Die Klage ist gegen den Insolvenzverwalter zu richten.

5. Versicherung für fremde Rechnung und Haftpflichtansprüche. a) Bei der *Schadensversicherung für fremde Rechnung* (§§ 43 ff. VVG) hat der Versicherungsnehmer gegen den Versicherten bzw. dessen Insolvenzverwalter ein Zurückbehaltungsrecht wegen seiner Ansprüche gegen den Versicherten in Bezug auf die versicherte Sache (zB Prämien, Auslagen, Provision), § 46 S. 1 VVG. Wegen dieser Ansprüche darf er sich aus der Entschädigungsforderung bzw. der bereits eingezogenen Entschädigungssumme vor dem Versicherten und dessen Gläubigem befriedigen, § 46 S. 2 VVG.[185]

b) Die gleiche Befugnis hatte der Versicherungsnehmer bei einer *Seeversicherung gem.* § 888 HGB aF. Das Seeversicherungsrecht des HGB, also die §§ 778–900 und 905, sind ersatzlos gestrichen worden.[186]

c) Bei der *Haftpflichtversicherung* sind die Ansprüche geschädigter Dritter in der Insolvenz des Versicherungsnehmers einem gesetzlichen Pfandrecht an der Entschädigungs-

---

[173] FK/*Imberger*, § 51 Rn. 50; *Hess*, InsO, § 51 Rn. 36; MüKoInsO/*Ganter*, § 51 Rn. 242.
[174] BGH WM 1965, 408, 410 f. = KTS 1965, 155.
[175] *Jaeger/Henckel*, § 51 Rn. 52.
[176] OLG Düsseldorf ZIP 1982, 471; OLG Stuttgart ZIP 1982, 80.
[177] LG Duisburg ZIP 1982, 603; Uhlenbruck/Hirte/Vallender/*Brinkmann*, § 51 Rn. 34.
[178] BGH NJW 1995, 1484, 1485; MüKoInsO/*Ganter*, § 51 Rn. 241.
[179] Vgl. *Bechtlof*, S. 179 ff.; *Blaum*, Zurückbehaltungsrechte in der Insolvenz, S. 39 ff.
[180] MüKoInsO/*Ganter*, § 51 Rn. 223; *Jaeger/Henckel*, § 51 Rn. 58.
[181] *Blaum*, Zurückbehaltungsrechte in der Insolvenz, S. 41.
[182] MüKoInsO/*Ganter*, § 51 Rn. 223; Uhlenbruck/Hirte/Vallender/*Brinkmann*, § 51 Rn. 37; *Smid*, § 51 Rn. 28.
[183] Uhlenbruck/Hirte/Vallender/*Brinkmann*, § 51 Rn. 37; *Hess*, InsO, § 51 Rn. 49; *Smid*, § 51 Rn. 28.
[184] HK/*Lohmann*, § 51 Rn. 50; *Jaeger/Henckel*, § 51 Rn. 57.
[185] HK/*Lohmann*, § 51 Rn. 51.
[186] Mit Wirkung vom 1.1.2008 durch Gesetz vom 23.11.2007 (BGBl. I S. 2631).

forderung gleichgestellt. Wie ein Pfandrechtsinhaber können sie daher abgesonderte Befriedigung aus dem Freistellungsanspruch des Versicherungsnehmers[187] verlangen (§ 110 VVG).[188] Nach Feststellung des Haftpflichtanspruchs gegenüber dem Insolvenzverwalter bedarf es keiner Pfändung der Forderung aus dem Haftpflichtverhältnis. Vielmehr kann der Haftpflichtgläubiger den Entschädigungsanspruch des Versicherungsnehmers analog § 1282 BGB direkt gegen den Versicherer geltend machen.[189] Dieses Einziehungsrecht ändert nichts daran, dass der Geschädigte seine Schadensersatzforderung in der Insolvenz des Versicherungsnehmers anmelden und bei Widerspruch des Insolvenzverwalters gegen diesen feststellen lassen muss.[190] Beschränkt auf Leistung aus der Entschädigungsforderung kann der Geschädigte unabhängig davon Klage auf Zahlung gegen den Insolvenzverwalter erheben.[191] Zahlung aus der Masse kann er aber nach § 52 InsO nur wegen seines Ausfalls gegenüber dem Versicherer verlangen.

68 Das Absonderungsrecht besteht auch, wenn der Versicherungsfall erst nach Verfahrenseröffnung eintritt. § 91 InsO steht nicht entgegen. Denn der Versicherungsanspruch fällt der Masse nur mit dem Absonderungsrecht des Haftpflichtgläubigers belastet zu.[192] Der Versicherungsnehmer kann das Absonderungsrecht nicht durch Abtretung des Versicherungsanspruchs an einen Dritten vereiteln, weil der Anspruch als Befreiungsanspruch nur an den Haftpflichtgläubiger abtretbar ist. Wird der Versicherungsanspruch gepfändet, so geht das Absonderungsrecht dem Pfandrecht vor.[193] Ein Insolvenzplan betrifft zwar die Haftpflichtforderung, analog § 254 II InsO aber nicht das Absonderungsrecht nach § 110 VVG.[194]

69 **d)** In der Insolvenz des Erstversicherers besteht kein Absonderungsrecht am *Anspruch gegen den Rückversicherer*, denn das VVG ist auf die Rückversicherung nicht anwendbar, § 209 VVG. Außerdem ist die Rückversicherung keine Haftpflichtversicherung.[195]

70 **6. Gemeinschaftsforderungen.** Wer sich mit dem Insolvenzschuldner in einem Miteigentum, einer Gesellschaft bürgerlichen Rechts, einer Personengesellschaft (OHG, KG) oder einer Erbengemeinschaft (§§ 2032 ff. BGB) befindet, kann nach § 84 I 1 InsO Teilung oder Auseinandersetzung außerhalb des Insolvenzverfahrens verlangen, dh seinen eigenen Anteil aussondern. Wegen der Ansprüche aus dem Gemeinschafts- oder Gesellschaftsverhältnis gegen den Insolvenzschuldner kann jeder Mitberechtigte nach den §§ 731 S. 2, 756 BGB; 105 II, 161 II HGB; 2042 II BGB Berichtigung aus dem bei der Teilung oder Auseinandersetzung sich ergebenden Anteil des Schuldners an der Gemeinschaft verlangen. § 84 I 2 InsO billigt diesen Ansprüchen ein Absonderungs-

---

[187] § 157 VVG aF hatte noch von abgesonderter Befriedigung „aus der Entschädigungsforderung" gesprochen. § 110 VVG spricht von „Freistellungsanspruch". Inhaltlich ist dies nur eine Angleichung an die im Gesetz zur Umschreibung der Leistungspflicht des Versicherers in § 100 VVG verwendeten Termini. S *Rüffer/Halbach/Schimikowski*, VVG, 1. Aufl. 2008, § 110 Rn. 4.
[188] *Rüffer/Halbach/Schimikowski*, VVG, § 110 Rn. 2.
[189] BGH r + s 1987, 219; OLG Brandenburg ZInsO 2003, 183 *(Stiller)* (die stRspr bleibt verwertbar, da § 110 VVG gegenüber § 157 VVG aF keine inhaltliche Änderung erfahren hat); *Rüffer/Halbach/ Schimikowski*, VVG, § 110 Rn. 2; MüKoInsO/*Ganter*, § 51 Rn. 238; Uhlenbruck/Hirte/Vallender/ *Brinkmann*, § 51 Rn. 42.
[190] Vorausgesetzt in BGH r + s 1993, 370; MüKoInsO/*Ganter*, § 51 Rn. 238; unklar die Formulierung bei *Rüffer/Halbach/Schimikowski*, VVG, § 110 Rn. 3.
[191] BGH ZIP 1989, 857 = KTS 1989, 660; MüKoInsO/*Ganter*, § 51 Rn. 238.
[192] BGH VersR 1991, 414, 415; Uhlenbruck/Hirte/Vallender/*Brinkmann*, § 51 Rn. 42; MüKoInsO/ *Ganter*, § 51 Rn. 237.
[193] Uhlenbruck/Hirte/Vallender/*Brinkmann*, § 51 Rn. 41; MüKoInsO/*Ganter*, § 51 Rn. 240.
[194] Uhlenbruck/Hirte/Vallender/*Brinkmann*, § 51 Rn. 41 mit dem Hinweis, dass im gestaltenden Teil auch weitergehende Einschränkungen für absonderungsberechtigte Gläubiger vorgesehen werden können.
[195] *Jaeger/Henckel*, Vor §§ 49–52 Rn. 23; MüKoInsO/*Ganter*, § 51 Rn. 234; Uhlenbruck/Hirte/ Vallender/*Brinkmann*, § 51 Rn. 42.

recht zu. § 84 InsO greift nur ein, wenn ein Gemeinschaftsvermögen besteht. Dem stillen Gesellschafter steht das Absonderungsrecht nicht zu, da § 236 HGB eine Sonderregelung gegenüber § 84 InsO enthält.[196]

Auf das Gemeinschaftsverhältnis gründet eine Forderung, wenn sie bei der Auseinandersetzung zu berücksichtigen ist; zB eine Darlehensgewährung an die Gemeinschaft oder ein Ersatzanspruch wegen eines erlittenen Schadens, ein Anspruch auf Ausgleichung, Verwendungsersatz, Ersatz von Teilungskosten etc.[197] Nicht auf das Gemeinschaftsverhältnis gründen sonstige persönliche Ansprüche gegen den Insolvenzschuldner, die ohne unmittelbare Verknüpfung zur Gemeinschaft entstanden sind. Dass sie mittelbar der Gemeinschaft nützen sollten, genügt nicht. Das Recht zur Absonderung besteht nicht am (Brutto-)Anteil des Insolvenzschuldners an der Gemeinschaft, sondern erst an seinem bei der Auseinandersetzung (nach Tilgung der Gemeinschaftsschulden) ermittelten Nettoanteil.[198]

7. Zölle und Steuern. Bund, Länder, Gemeinden und Gemeindeverbände haben wegen der auf Massegegenständen ruhenden Zölle und Steuern ein Absonderungsrecht nach § 51 Nr. 4 InsO, soweit sich diese Gegenstände in der Gewalt der Steuerbehörde befinden oder von ihr beschlagnahmt sind. Streitig ist, ob das Absonderungsrecht voraussetzt, dass die Gegenstände vor Verfahrenseröffnung beschlagnahmt worden sind.[199] Nach den §§ 76 II, 327 AO 1977 haften verbrauchsteuerpflichtige Waren bereits ab Herstellung, einfuhr- und ausfuhrabgaben- oder verbrauchsteuerpflichtige Waren ab Überschreitung der Zollgrenze und können im Insolvenzverfahren auch ohne Beschlagnahme vor der Verfahrenseröffnung verwertet werden. Das Absonderungsrecht besteht daher unabhängig von einer Beschlagnahme. Sind die betroffenen Gegenstände aber bei Verfahrenseröffnung noch im Besitz des Schuldners, so hat der Verwalter das Verwertungsrecht nach § 166 I InsO und den Absonderungsberechtigten aus dem Erlös zu befriedigen (§ 170 InsO), ohne dass es noch einer Beschlagnahme bedürfte.[200]

III. Gegenständlich beschränkte Vorrechte

Kommittenten, Hinterleger und Verpfänder von Wertpapieren genießen in der Insolvenz von Verwahrer, Pfandgläubiger, Kommissionär und Eigenhändler ein gegenständlich beschränktes Vorrecht gem. §§ 32, 33 DepotG.[201] Gleiches gilt für Pfandbrief- und Schuldverschreibungsgläubiger in der Insolvenz der Hypothekenbank, gem. § 30 I PfandBG (vom 22.5.2005, BGBl. I 1373)[202] sowie für Versicherungsnehmer bei Lebens-, Kranken- und Unfallversicherungen sowie für Rentenleistungsberechtigte bei Versicherungen gem. § 11e VAG in der Insolvenz der Versicherung gem. §§ 77 IV, V, 79 VAG.

Diese Vorrechtsgläubiger werden aus der jeweiligen (nicht zur Insolvenzmasse gehörenden) Deckungsmasse bzw. dem „Treugut" vor allen anderen Forderungen befriedigt. Diese Vorrechte sind weder ein Aussonderungsrecht (§ 47 InsO) noch ein Absonderungsrecht (§§ 49 ff. InsO). Im Fall des § 32 DepotG sind die Vorrechtsgläubiger soweit möglich durch Lieferung der vorhandenen Wertpapiere zu befriedigen.[203]

---

[196] Baumbach/Hopt/*Roth* § 236 Rn. 1; MüKoInsO/*Stodolkowitz/Bergmann*, § 84 Rn. 24; Uhlenbruck/Hirte/Vallender/*Hirte*, § 84 Rn. 19.
[197] Uhlenbruck/Hirte/Vallender/*Hirte*, § 84 Rn. 22 ff.
[198] Uhlenbruck/Hirte/Vallender/*Hirte*, § 84 Rn. 25; *Zimmermann*, S. 54.
[199] Ja: *Hess*, InsO, § 51 Rn. 47; *Klein/Orlopp*, AO § 76 Anm. 3; *Smid*, § 51 Rn. 29; nein: MüKoInsO/*Ganter*, § 51 Rn. 255; Uhlenbruck/Hirte/Vallender/*Brinkmann*, § 51 Rn. 38.
[200] MüKoInsO/*Ganter*, § 51 Rn. 255; *Smid*, Kreditsicherheiten § 7 Rn. 24 ff., 29 (zu den Folgen der Beschlagnahme Rn. 36 ff.); *Jaeger/Henckel*, § 51 Rn. 62.
[201] Vgl. *Hopt* BB 1975, 397 u DB 1975, 1061; *Henckel*, FS Uhlenbruck S. 19, 24; Uhlenbruck/Hirte/Vallender/*Brinkmann*, § 51 Rn. 43.
[202] Vgl. *Stürner*, FS Gaul, 1997, S. 739 (zum insoweit inhaltsgleichen aufgehobenen HypBG).
[203] *Kümpel*, BuB 8/197; Einzelheiten bei *Canaris*, Rn. 2211–2220.

75 Nach § 30 VI 2 PfandBG kann über die Deckungsmasse ein *gesondertes Insolvenzverfahren* stattfinden, wenn sie zahlungsunfähig oder überschuldet ist. Aus dem übrigen Vermögen des Insolvenzschuldners können diese bevorrechtigten Gläubiger Befriedigung jedoch wegen ihres Ausfalls bei der Verwertung der Deckungsmasse verlangen (vgl. § 30 VI 4 PfandBG, § 32 IV 2 DepotG).[204]

IV. Der Rang der Absonderungsrechte

76 Das Rangverhältnis konkurrierender Absonderungsrechte bestimmt sich nach materiellem und Prozessrecht. Unter mehreren Rechten geht idR das ältere Recht nach dem *Prioritätsgrundsatz* vor (vgl. §§ 879, 1209 BGB; 804 III ZPO; 10 ZVG). Jedoch haben Absonderungsrechte des Fiskus gem. § 51 Nr. 4 InsO Vorrang vor sonstigen Absonderungsrechten. Denn nach § 76 I AO besteht die Sachhaftung verbrauchsteuerpflichtiger und einfuhr- und ausfuhrabgabenpflichtiger Waren „ohne Rücksicht auf die Rechte Dritter". Wie bisher hat der Fiskus aber keinen Vorrang vor Schiffsgläubigerrechten, § 761 S. 2 HGB.[205]

V. Die Ausfallhaftung

77 **1. Verhältnis dinglicher und persönlicher Haftung. a)** Das Absonderungsrecht besteht unabhängig davon, ob der Insolvenzschuldner auch persönlicher Schuldner ist. Sichert das Pfandrecht an einem Gegenstand der Insolvenzmasse eine *fremde Schuld*, so kann es im Insolvenzverfahren weiterhin geltend gemacht werden. Ein etwaiger Ausfall kann jedoch nicht zur Befriedigung aus der Insolvenzmasse angemeldet, sondern nur gegenüber dem persönlichen Schuldner geltend gemacht werden.[206] Das sonstige Vermögen des Insovenzschuldners haftet hierfür nicht. Gehört der Absonderungsgegenstand nicht zur Insolvenzmasse, so besteht im Insolvenzverfahren für die ganze Forderung nur eine Insolvenzforderung.[207] Dies gilt jedoch nicht bei Sicherungsgut. Da dieses nach § 51 Nr. 1 InsO nur ein Absonderungsrecht gewährt, ist es auch iS des § 52 S. 2 InsO als Teil der Insolvenzmasse anzusehen;[208] umgekehrt gehört Treugut zur Insolvenzmasse des Treugebers.[209] Hat der Gläubiger einer Gesellschaft ein durch Sicherheit eines Gesellschafters gesichertes Darlehen gewährt, das eigenkapitalersetzenden Charakter hat, so kann er nach § 44a InsO nur anteilige Befriedigung für den Ausfall bei der Inanspruchnahme des Gesellschafters verlangen. Nur in Höhe des Ausfalls ist seine Forderung gleichberechtigte Insolvenzforderung.[210]

78 **b)** *Haftet der Insolvenzschuldner,* wie meist, dagegen *auch persönlich,* so ist das Verhältnis von persönlicher Forderung und Sicherungsrecht zu beachten. Der Gläubiger hat danach die Wahl, welche Rechtsstellung er geltend macht.[211] Sieht er von der parallelen Geltendmachung persönlicher und dinglicher Haftung ab, gibt es kein Kollisionsproblem. Macht er nur die Forderung geltend, so kann er sie in voller Höhe zur Tabelle anmelden und erhält darauf die volle Verteilungsquote. Die Forderung wird vorbehaltlos festgestellt, auch wenn dem Insolvenzverwalter ein (evtl) Absonderungsrecht bekannt ist.[212]

---

[204] Vgl. *Henckel,* FS Uhlenbruck S. 19, 27 ff.
[205] Vgl. *Schmidt-Räntsch,* Anm. zu § 51 InsO. Zu weiteren Durchbrechungen des Prioritätsprinzips s MüKoInsO/*Ganter,* Vor §§ 49 bis 52 Rn. 76, § 51 Rn. 266 ff.
[206] Uhlenbruck/Hirte/Vallender/*Brinkmann,* § 52 Rn. 2.
[207] Uhlenbruck/Hirte/Vallender/*Brinkmann,* § 52 Rn. 3.
[208] Uhlenbruck/Hirte/Vallender/*Brinkmann,* § 52 Rn. 3.
[209] MüKoInsO/*Ganter,* § 52 Rn. 8; *Jaeger/Henckel,* § 52 Rn. 16; Uhlenbruck/Hirte/Vallender/*Brinkmann,* § 52 Rn. 3.
[210] Vgl. Braun/*Bäuerle,* § 52 Rn. 1; Uhlenbruck/Hirte/Vallender/*Brinkmann,* § 52 Rn. 12 ff. mwN; → § 82 Rn. 20 ff.
[211] *Jaeger/Henckel,* § 52 Rn. 2; KPB/*Prütting,* § 52 Rn. 4.
[212] Uhlenbruck/Hirte/Vallender/*Brinkmann,* § 52 Rn. 7; *Mandlik,* Rpfleger 1980, 143.

Macht der Gläubiger zugleich das Absonderungsrecht geltend, so kann er die Forderung als persönliche Forderung in voller Höhe für den Ausfall zur Tabelle anmelden.[213] Ein etwaiger Ausfall wird erst bei der Verteilung berücksichtigt. Es wird dann die ganze Forderung geprüft und (nach Beseitigung eines Widerspruchs) wie in der Praxis nach wie vor üblich[214] „als Insolvenzforderung für den Ausfall" zur Tabelle festgestellt. Aus der Anmeldung als *Ausfallforderung* folgt aber keine Beschränkung der Feststellung. Die Rechtskraftwirkung des § 178 III InsO gilt vielmehr für die gesamte Forderung.[215] Ergibt sich später, dass das Absonderungsrecht nicht besteht, so bedarf es daher keiner neuen Anmeldung der Forderung.[216] 79

2. Ausfallhaftung. a) § 52 InsO regelt den Fall, dass ein Gläubiger sowohl persönlicher als auch dinglicher Gläubiger des Insolvenzschuldners ist. Erfolgt kein Verzicht und auch kein Ausfall nehmen Gläubiger am Insolvenzverfahren nicht teil. Gläubiger, denen ein Recht auf Befriedigung aus unbeweglichen Gegenständen zusteht, können sich auch so verhalten, als wäre das Verfahren nicht eröffnet worden. Sie sind weiterhin nach Maßgabe des Gesetzes über die Zwangsversteigerung und die Zwangsverwaltung zur abgesonderten Befriedigung berechtigt (§ 49 InsO).[217] 80

Damit der Absonderungsberechtigte nicht doppelt befriedigt wird, erhält er auf die persönliche Forderung nur eine *anteilige Befriedigung begrenzt auf die Höhe seines Ausfalls* bei der Absonderung oder eines Verzichts auf das Absonderungsrecht, § 52 InsO. Diese Regelung ist zwingend.[218] Sie gilt auch, soweit der Gläubiger formell Eigentümer bzw. Inhaber des Rechts ist, als Sicherungsgläubiger aber nur Absonderung verlangen kann. Eine Vereinbarung, wonach Sicherungsgut nur für den Ausfall nach Verteilung der Masse haften soll, ist daher unwirksam.[219] Die Regeln über die Ausfallhaftung gelten für die Inhaber gegenständlich beschränkter Vorrechte (→ Rn. 73 ff.) entsprechend.[220] 81

Tendenziell *volle Befriedigung* erhält der Absonderungsberechtigte nur *aus den Sicherheiten* (abzüglich der Kostenbeiträge gem. §§ 170, 171 InsO). Dagegen kann er nicht die Verteilungsquote auf die volle Forderung erhalten und sich für den verbleibenden Ausfall aus dem Sicherungsgut befriedigen. Dies gilt auch, wenn der Insolvenzverwalter das Sicherungsgut freigibt. Denn die Freigabe erfolgt, weil eine Verwertung wahrscheinlich ausscheidet oder daraus kein Überschuss für die Insolvenzmasse zu erwarten ist. Die Stellung des Absonderungsberechtigten kann dadurch aber nicht verbessert werden.[221] Soweit nach Verwertung des Sicherungsgutes ein Ausfall besteht, ist der Gläubiger nur noch einfacher Insolvenzgläubiger und erhält die Verteilungsquote auf die verbleibende Ausfallforderung, nicht auf den ursprünglichen Forderungsbetrag berechnet.[222] Erweist sich die dingliche Sicherheit als unzureichend, so erhält der Gläubiger auf diese Weise keine volle Befriedigung, solange die Verteilungsquote nicht 100 % erreicht. 82

b) Streitig ist, wie der *Ausfall im Einzelnen zu berechnen* ist. Nach § 50 I InsO sind aus dem Erlös die Hauptforderung, Zinsen und Kosten zu befriedigen. Hieraus wird viel- 83

---

[213] Uhlenbruck/Hirte/Vallender/*Brinkmann*, § 52 Rn. 2; *Jaeger/Henckel*, § 52 Rn. 21; MüKoInsO/*Ganter*, § 52 Rn. 19; Muster einer Anmeldung in *Locher/Mes*, Beck'sches Prozessformularbuch, 9. Aufl. 2003, III F 25.
[214] Kritisch Uhlenbruck/Hirte/Vallender/*Brinkmann*, § 52 Rn. 7.
[215] Uhlenbruck/Hirte/Vallender/*Brinkmann*, § 52 Rn. 7; MüKoInsO/*Ganter*, § 52 Rn. 19; HK/*Lohmann*, § 52 Rn. 4.
[216] Vgl. Uhlenbruck/Hirte/Vallender/*Brinkmann*, § 52 Rn. 7.
[217] S den Fall BGH NZI 2008, 182 = NJW 2008, 1380 = ZIP 2008, 281.
[218] Uhlenbruck/Hirte/Vallender/*Brinkmann*, § 52 Rn. 5; MüKoInsO/*Ganter*, § 52 Rn. 3.
[219] Uhlenbruck/Hirte/Vallender/*Brinkmann*, § 52 Rn. 5.
[220] Uhlenbruck/Hirte/Vallender/*Brinkmann*, § 52 Rn. 5.
[221] Uhlenbruck/Hirte/Vallender/*Brinkmann*, § 52 Rn. 4; MüKoInsO/*Ganter*, § 52 Rn. 10.
[222] *Gerhardt*, Grundbegriffe Rn. 322.

fach gefolgert, dass die Befriedigung auch in dieser Reihenfolge erfolgen muss.[223] Solange der Erlös nicht für die Nebenansprüche (Kosten, Zinsen) ausreicht, ist der Ausfall hiernach allein an der Hauptforderung zu bemessen. Die Zinsen für die Zeit ab Eröffnung des Insolvenzverfahrens sind allerdings bei der Verteilung des Absonderungserlöses zu berücksichtigen, da sie noch unter den Schutz des Absonderungsrechts fallen.[224] Der Gläubiger hat also ein Vorrecht auch für an sich nachrangige Forderungen iS des § 39 InsO, der in diesem Umfang eingeschränkt wird. Andere halten § 50 I InsO nicht für die Anordnung einer Rangfolge und wollen die Tilgungsreihenfolge dem § 367 I BGB (Kosten, Zinsen, Hauptleistung) entnehmen. Auch die Gesetzesmaterialien sprechen für die Geltung der Reihenfolge des § 367 I BGB.[225] Dem ist nun auch der BGH beigetreten.[226] Danach gilt die Anrechnungsvorschrift des § 367 I BGB auch für die seit der Eröffnung des Insolvenzverfahrens laufenden Kosten und Zinsen. Der Ausfall berechnet sich danach also zunächst an den Nebenansprüchen und anschließend an der Hauptforderung. Diese Rechtslage gilt jedoch nur für die dingliche Haftung. Für die entsprechende persönliche Forderung ist der Gläubiger dagegen nach § 39 I Nr. 1 InsO nachrangiger Gläubiger.[227] Er wird erst berücksichtigt, wenn die normalen Insolvenzgläubiger voll befriedigt worden sind.

84 **3. Verzicht auf das Absonderungsrecht.** Der Berechtigte kann auf das Absonderungsrecht verzichten und im Insolvenzverfahren nur seine Forderung unbeschränkt geltend machen. IdR ist ein Verzicht wirtschaftlich aber nicht sinnvoll, weil der Gläubiger damit auf eine volle Befriedigung aus dem Wert des belasteten Gegenstandes verzichtet und dadurch einen höheren Ausfall hinzunehmen hat. Nur wenn die Verwertung aussichtslos oder schwierig ist, kann ein Verzicht ratsam sein, damit der Gläubiger innerhalb der Ausschlussfrist der §§ 190 I 1, 189 I InsO seinen „Ausfall" nachweisen und an der Schlussverteilung teilnehmen kann.[228]

85 Der Verzicht kann ganz oder nur zum Teil erfolgen. Er muss gegenüber dem Insolvenzverwalter entsprechend dem materiellen Recht erklärt werden, bindend sein und dazu führen, dass der Sicherungsgegenstand endgültig für die Masse frei wird.[229] Der Verzicht bleibt auch nach Abschluss des Insolvenzverfahrens bindend.[230]

86 Als Verzicht auf das Absonderungsrecht für eine Insolvenzforderung genügt jede Erklärung, die verhindert, dass das Absonderungsrecht verwertet und die gesicherte Insolvenzforderung trotzdem in voller Höhe bei der Verteilung berücksichtigt wird. Zu diesem Zweck muss nicht notwendig über das zur abgesonderten Befriedigung berechtigende Grundpfandrecht verfügt werden.[231]

Zum Verzicht auf ein Recht an einem Grundstück ist nach § 875 BGB die Erklärung gegenüber dem Begünstigten oder dem Grundbuchamt und die Eintragung im Grundbuch erforderlich. Entsprechendes gilt für andere Grundbuchrechte (vgl. §§ 1168, 1175, 1178 II, 1183 BGB). Formell bedarf die Erklärung der Form des § 29 GBO.

---

[223] *Häsemeyer*, Rn. 18.82; MüKoInsO/*Ganter*, vor §§ 49–52 Rn. 59a f.; Uhlenbruck/Hirte/Vallender/*Brinkmann*, § 52 Rn. 8; Gottwald/*Adolphsen*, Insolvenzrechtshandbuch, 4. Auflage, § 42 Rn. 83.

[224] Vgl. BGH NZI 2008, 542 = ZInsO 2008, 915; EWiR § 50 Ins = 1/09, 89 *(Gundlach/Frenzel)*; so schon BGHZ 134, 195 = NJW 1997, 522.

[225] BT-Drucks. 12/7302, S. 160; HK/*Lohmann*, § 52 Rn. 7.

[226] BGH NZI 2011, 247 = ZIP 2011, 579; kritisch mit guten Argumenten *Ganter* WuB 2011, 561.

[227] Vgl. *Jaeger/Henckel*, § 52 Rn. 5; Uhlenbruck/Hirte/Vallender/*Brinkmann*, § 52 Rn. 10.

[228] MüKoInsO/*Ganter*, § 52 Rn. 15; Uhlenbruck/Hirte/Vallender/*Brinkmann*, § 52 Rn. 16; HK/*Lohmann*, § 52 Rn. 9.

[229] MüKoInsO/*Ganter*, § 52 Rn. 41; Uhlenbruck/Hirte/Vallender/*Brinkmann*, § 52 Rn. 16; HK/*Lohmann*, § 52 Rn. 9.

[230] FK/*Joneleit/Imberger*, § 52 Rn. 4; *Jaeger/Henckel*, § 52 Rn. 31.

[231] BGH ZIP 2011, 180.

Beim Pfandrecht an beweglichen Sachen und an Wertpapieren genügt zum Verzicht eine Rückgabe der Sache an den Insolvenzverwalter verbunden mit einer formfreien Aufgabeerklärung (§§ 1255, 1257, 1258, 1293 BGB).[232] Außerhalb von Grundbuchrechten kommt damit auch ein Verzicht durch schlüssiges Verhalten in Betracht.[233] Das Geltendmachen der gesamten Forderung ist jedoch nicht als Verzicht zu werten;[234] die vorbehaltlose Annahme einer Vergleichsquote kann dagegen ein Verzicht sein. Auf einen Eigentumsvorbehalt kann der Berechtigte durch einseitige Erklärung verzichten.[235] Der Verzicht führt zum Wegfall bzw. Eintritt der Bedingung und damit zum Rechtserwerb des Insolvenzschuldners. Entsprechendes gilt, wenn Sicherungsübereignung oder -zession auflösend bedingt sind. Im Normalfall genügt aber eine einseitige Aufgabe analog den §§ 959, 1255 BGB nicht, weil dann zur Rückübertragung von Sicherungseigentum und Sicherungsforderungen auf den Sicherungsgeber dessen Mitwirkung erforderlich ist. Allerdings kann der Insolvenzverwalter eine Rückübereignungserklärung (§ 930 BGB) und eine Rückabtretung (§ 398 BGB) konkludent annehmen.[236]

4. Nachweis des Ausfalls. Der Absonderungsberechtigte erhält auf seine Forderung bei einer Verteilung nur dann eine Zahlung, wenn er bis zum Ablauf der Ausschlussfrist seinen Verzicht oder seinen Ausfall nachweist (§§ 190 I, 189 I InsO). Bei einer *Abschlagsverteilung* kommt es darauf an, wer das Verwertungsrecht besitzt. Ist der Insolvenzverwalter zur Verwertung berechtigt, § 166 InsO, ist ein Nachweis nicht erforderlich (§ 190 III 1 InsO),[237] er hat den etwaigen Ausfall des Gläubigers zu schätzen und den auf die Forderung entfallenden Anteil zurückzubehalten, § 190 III 2 InsO, soweit die Verwertung bis zur Schlussverteilung nicht abgeschlossen ist. Ist der Gläubiger verwertungsbefugt, § 173 InsO, wird der Absonderungsberechtigte berücksichtigt, wenn er dem Verwalter nachweist, dass er die Verwertung des Gegenstandes betreibt und den mutmaßlichen Nachweis glaubhaft macht, §§ 190 II 1 InsO, 294 ZPO. Da die Höhe des Ausfalls aber noch unsicher ist, erhält der Absonderungsberechtigte den Abschlag ebenfalls nicht ausbezahlt; nach § 190 II 2 InsO behält der Insolvenzverwalter den Anteil zurück. Kann der Absonderungsberechtigte seinen Ausfall erst verspätet glaubhaft machen, so ist er aber aus der Restmasse nachträglich soweit vorab so zu befriedigen, dass er mit den übrigen Gläubigern gleichgestellt ist, § 192 InsO.

Zur *Schlussverteilung* (§ 196 I InsO) ist dann der wirkliche Ausfall rechtzeitig bis zum Ablauf der Ausschlussfrist mit den Beweismitteln des Prozessrechts, vor allem des Urkundenbeweises, nachzuweisen; Glaubhaftmachung ist nicht ausreichend (§§ 189 I, 190 I InsO).[238] Wird der Nachweis gegenüber dem Insolvenzverwalter nicht rechtzeitig geführt, so werden die zurückbehaltenen Beträge für die Schlussverteilung unter den anderen Insolvenzgläubigern frei, §§ 189 III, 190 I 2 InsO.

Der Nachweis des Ausfalls kann nur durch die *reale Verwertung bzw.* deren erfolglosen Versuch geführt werden;[239] der bloße Nachweis des (Verkehrs-)Werts des mit dem Ab-

---

[232] Einzelheiten bei *Jaeger/Henckel*, § 52 Rn. 28; Uhlenbruck/Hirte/Vallender/*Brinkmann*, § 52 Rn. 16; MüKoInsO/*Ganter*, Vor §§ 49–52 Rn. 125.
[233] MüKoInsO/*Ganter*, Vor §§ 49–52 Rn. 123, § 52 Rn. 39; HK/*Lohmann*, § 52 Rn. 9. Zu Indizien vgl. Uhlenbruck/Hirte/Vallender/*Brinkmann*, § 52 Rn. 16.
[234] MüKoInsO/*Ganter*, § 52 Rn. 39; Uhlenbruck/Hirte/Vallender/*Brinkmann*, § 52 Rn. 16; HK/*Lohmann*, § 52 Rn. 9.
[235] BGH NJW 1958, 1231; *Bülow*, Rn. 761; *Hj. Weber*, S. 100.
[236] Uhlenbruck/Hirte/Vallender/*Brinkmann*, § 52 Rn. 16.
[237] MüKoInsO/*Ganter*, § 52 Rn. 36; Uhlenbruck/Hirte/Vallender/*Brinkmann*, § 52 Rn. 18; HK/*Lohmann*, § 52 Rn. 5.
[238] Uhlenbruck/Hirte/Vallender/*Brinkmann*, § 52 Rn. 18; MüKoInsO/*Ganter*, § 52 Rn. 37; HK/*Lohmann*, § 52 Rn. 6; vgl. (zu § 153 KO) *Klasmeyer/Elsner*, FS Merz, 1992, S. 303, 306f.
[239] MüKoInsO/*Ganter*, § 52 Rn. 35; Uhlenbruck/Hirte/Vallender/*Brinkmann*, § 52 Rn. 18.

sonderungsrecht belasteten Gegenstandes genügt nicht. Der Untergang des belasteten Gegenstandes ist einem Ausfall gleichzustellen.

90 Ersteht der Absonderungsberechtigte selbst den Absonderungsgegenstand bei der Verwertung unter dem Verkehrswert, so braucht er sich diesen Vorteil bei der Berechnung seines Ausfalls nicht anrechnen zu lassen.[240] Etwas anderes gilt jedoch, soweit der Absonderungsberechtigte ein Grundstück zu einem Gebot ersteht, das hinter $^7/_{10}$ des Grundstückswertes zurückbleibt, für die bis zu diesem Wert bestehende Differenz, § 114a ZVG.[241]

91 **5. Haftung von Gesamtschuldnern.** Gehört der verpfändete Gegenstand nicht dem Gemeinschuldner, sondern einem Dritten, so gilt die Beschränkung des § 52 S. 2 InsO nicht. Es liegt insoweit kein Fall abgesonderter Befriedigung vor. Nach § 43 InsO kann der Gläubiger vielmehr von persönlichem wie dinglichem Schuldner jeweils volle Befriedigung verlangen, und zwar unabhängig davon, ob einer oder beide in Insolvenz gefallen sind *(Grundsatz der Doppelberücksichtigung)*.[242] Gleichgültig ist dabei auch, ob ein Gesamtschuldner nur dinglich oder gleichzeitig auch persönlich haftet. Bei bloß dinglicher Dritthaftung gilt § 43 InsO analog.[243] Der Gläubiger erhält also eine Dividende auf seine volle persönliche Forderung und kann durch zusätzliche Pfandverwertung ggf. zur vollen Befriedigung gelangen.[244] Ebenso verhält es sich bei einer *Bürgschaft eines Dritten*. Der Gläubiger kann Befriedigung aus der Masse ohne Rücksicht auf die Bürgschaft verlangen.[245]

Ist eine Forderung sowohl am Vermögen der Schuldnergesellschaft als auch am Vermögen des Gesellschafters besichert *(„Doppelsicherheit")*, hat der Gläubiger ein Wahlrecht bezüglich der zu verwertenden Sicherheit, das nicht durch § 44a InsO beschränkt wird. Ein Vorrang der Gesellschaftersicherheit vor der Gesellschaftssicherheit besteht nicht.[246] Im Falle der Verwertung der Gesellschaftssicherheit steht der Insolvenzmasse ein Ausgleichsanspruch gegen den Gesellschafter nach §§ 135 II, 143 III 1 InsO, bei Verwertung nach Eröffnung des Insolvenzverfahrens in analoger Anwendung, zu.[247] Ein Auskunftsanspruch hinsichtlich bereits verwerteter Gesellschaftersicherheiten stehen dem Schuldner nach den vertraglichen Vereinbarungen sowie nach Treu und Glauben gem § 242 BGB zu.[248] Ein solcher Anspruch ergibt sich jedenfalls nicht aus §§ 167 ff. InsO.[249] Ein bestehender Auskunftsanspruch kann nach dem Übergang des Verwaltungs- und Verfügungsrechts auf den Insolvenzverwalter von diesem geltend gemacht werden.[250]

VI. Die Verwertung unbeweglicher Gegenstände

92 **1. Antrag des Gläubigers.** Die abgesonderte Befriedigung aus unbeweglichem Vermögen erfolgt auch nach Eröffnung eines Insolvenzverfahrens nach dem ZVG, § 49

---

[240] *Jaeger/Henckel*, § 52 Rn. 17; KPB/*Prütting* § 52 Rn. 9; Uhlenbruck/Hirte/Vallender/*Brinkmann*, § 52 Rn. 18.

[241] Uhlenbruck/Hirte/Vallender/*Brinkmann*, § 52 Rn. 18; KPB/*Prütting*, § 52 Rn. 9; Einzelheiten bei *Dassler/Schiffhauer/Gerhardt, Steiner/Eickmann* und *Stöber*, jeweils zu § 114a ZVG sowie *Storz* Praxis des Zwangsversteigerungsverfahrens E 6.1.3.

[242] Uhlenbruck/Hirte/Vallender/*Brinkmann*, § 52 Rn. 3; MüKoInsO/*Ganter*, § 52 Rn. 11; HK/*Lohmann*, § 52 Rn. 3.

[243] MüKoInsO/*Ganter*, § 52 Rn. 12; MüKoInsO/*Bitter*, § 43 Rn. 19; Uhlenbruck/Hirte/Vallender/ *Brinkmann*, § 52 Rn. 3; HK/*Lohmann*, § 52 Rn. 3.

[244] Uhlenbruck/Hirte/Vallender/*Brinkmann*, § 52 Rn. 3; MüKoInsO/*Bitter*, § 43 Rn. 20.

[245] MüKoInsO/*Bitter*, § 43 Rn. 8.

[246] BGH NJW 2012, 156; OLG Stuttgart ZInsO 2012, 2051, 2054; aA *K. Schmidt*, BB 2008, 1966, 1968; *Gundlach/Frenzel/Strandmann*, DZWiR 2010, 232, 235; Nerlich/Römermann/*Andres*, § 44a Rn. 16; Nerlich/Römermann/*Nerlich*, § 143 Rn. 64d; § 135 Rn. 51.

[247] BGH NJW 2012, 156; aA *Bork* FS Ganter, S. 135, 147; *Altmeppen* ZIP 2011, 741, 746.

[248] OLG Stuttgart ZInsO 2012, 2051, 2056.

[249] OLG Stuttgart ZInsO 2012, 2051, 2056.

[250] OLG Saarbrücken ZInsO 2010, 621; OLG Stuttgart ZInsO 2012, 2051, 2056.

InsO. Die Absonderungsberechtigten an unbeweglichen Gegenständen können ihr Recht daher durch Zwangsversteigerung (§§ 15, 16, 27 ZVG)[251] oder Zwangsverwaltung (§§ 146 ff. ZVG), bei Schiffen etc und Luftfahrzeugen nur durch Zwangsversteigerung (§§ 162 ff., 170a, 171a ff. ZVG) geltend machen. Dies geschieht als sei kein Insolvenzverfahren eröffnet worden.[252] Dieses Nebeneinander von Insolvenz und Zwangsvollstreckung ist im Zuge der weltweiten Immobilienkrise in die Kritik geraten. InsO und ZVG seien gegenüber rücksichtslosen Sicherheitenverwertungen von Finanzinvestoren, die sog. *non performing loans* angekauft und häufig kein Interesse an der Beteiligung an einem Insolvenzverfahren haben, nicht ausreichend aufeinander abgestimmt. Dies führe dazu, dass Finanzinvestoren die Verwertung ihrer Sicherheiten in der Zwangsvollstreckung gegen die Interessen der Insolvenzgläubiger und ohne Rücksicht auf eine mögliche Betriebsfortführung betreiben können.[253] Zur freihändigen Veräußerung sind die Absonderungsberechtigten dagegen selbst nicht befugt.[254]

a) Ein *bei Eröffnung* des Insolvenzverfahrens bereits *laufendes Vollstreckungsverfahren* **93** bleibt wirksam (vgl. § 80 II 2 InsO) und wird nicht gem. § 240 ZPO unterbrochen. Die Folgen des Insolvenzverfahrens für die Zwangsvollstreckung gegen den Schuldner sind durch §§ 88 ff. InsO speziell geregelt. Daneben ist – so der BGH – für die Anwendung von § 240 ZPO kein Raum.[255] Einer Umschreibung des Titels gegen den Insolvenzverwalter bedarf es nicht.[256] Nach § 21 II 1 Nr. 3 InsO darf das Insolvenzgericht die Zwangsvollstreckung in unbewegliche Gegenstände nicht als Sicherungsmaßnahme einstweilen einstellen.

Nach Eröffnung des Insolvenzverfahrens kann ein Verfahren zur Zwangsverwertung nur **94** noch von *Absonderungsberechtigten* und *Massegläubigern* beantragt werden.[257] Ein persönlicher Gläubiger kann die Zwangsversteigerung nach Insolvenzeröffnung nur weiter betreiben, wenn das Grundstück zu seinen Gunsten schon einen Monat vor Verfahrenseröffnung beschlagnahmt worden war (vgl. § 88 InsO); nur dann hat er ein insolvenzfestes Recht auf Befriedigung aus dem Grundstück.[258] Der Antragsberechtigte bedarf dazu eines dinglichen gegen den Insolvenzverwalter gerichteten Titels.[259] Ein Titel gegen den Insolvenzschuldner kann nach Anhörung umgeschrieben (§§ 727, 730 ZPO), muss dem Insolvenzverwalter jedoch besonders zugestellt werden (§ 750 II ZPO).

b) Die Zwangsversteigerung erstreckt sich gem. § 20 II ZVG auch auf Grundstücks- **95** zubehör und andere Gegenstände, die zum Haftungsverband eines Grundpfandrechts gehören (§ 1120 BGB). Auch deren Feststellung verursacht Kosten. Nach § 10 I Nr. 1a ZVG ist (parallel zum Kostenbeitrag gem. §§ 170, 171 InsO bei der Verwertung beweglicher Sachen) ein pauschaler Anspruch auf Ersatz der *Kosten der Feststellung der* von der Versteigerung *betroffenen beweglichen Gegenstände* zu berücksichtigen, und zwar mit

---

[251] Zur tatsächlichen Lage s „Immobilien-Zwangsversteigerungen in Deutschland", Antwort der Bundesregierung vom 3.6.1998 auf die Kleine Anfrage der SPD, BT-Drucks. 13/10905; aktueller vor dem Hintergrund der Weltfinanzkrise *Niering* NZI 2008, 146; *Pape* ZInsO 2008, 465.
[252] BGH NZI 2008, 182 = NJW 2008, 1380 = ZIP 2008, 281.
[253] *Niering* NZI 2008, 146; *Pape* ZInsO 2008, 465; *Mönning/Zimmermann* NZI 2008, 134.
[254] MüKoInsO/*Ganter*, § 49 Rn. 85.
[255] BGH NZI 2008, 198; BGHZ 172, 16 = NJW 2007, 3132 = NZI 2007, 543; Uhlenbruck/Hirte/Vallender/*Brinkmann*, § 165 Rn. 43; HK/*Lohmann*, § 49 Rn. 24; *Stöber* NZI 1998, 105, 106; MüKoInsO/*Lwowski/Tetzlaff*, § 165 Rn. 46; *Obermüller*, Rn. 6.364b.
[256] MüKoInsO/*Lwowski/Tetzlaff*, § 165 Rn. 46, 49; Uhlenbruck/Hirte/Vallender/*Brinkmann*, § 165 Rn. 3; KPB/*Flöther*, § 165 Rn. 22; *Stöber*, § 15 Rn. 23.4; aA *Steiner/Eickmann*, § 172 Rn. 3; *Obermüller*, Rn. 6.364c; so § 34 Rn. 2.
[257] FK/*Wegener*, § 165 Rn. 6; MüKoInsO/*Lwowski/Tetzlaff*, § 165 Rn. 48, 50; Uhlenbruck/Hirte/Vallender/*Brinkmann*, § 165 Rn. 6, 7.
[258] MüKoInsO/*Lwowski/Tetzlaff*, § 165 Rn. 54; *Vallender* Rpfleger 1997, 353, 354.
[259] Uhlenbruck/Hirte/Vallender/*Brinkmann*, § 165 Rn. 6; MüKoInsO/*Ganter*, § 49 Rn. 84; *Stöber* NZI 1998, 105, 107; *Frege/Keller* NZI 2009, 11, 13.

4% des amtlich festgesetzten Wertes der betroffenen beweglichen Gegenstände (§ 74a V 2 ZVG).[260] Eine entsprechende Anordnung für die Zwangsverwaltung fehlt.[261] Dieser *Kostenbeitrag* wird nur erhoben, wenn ein Insolvenzverwalter bestellt ist.[262] Er soll verhindern, dass die Masse zu Lasten ungesicherter Gläubiger mit den Feststellungskosten belastet wird.[263] Die Ausgaben zur Erhaltung und etwaigen Verbesserung des Grundstücks sind dagegen nicht zu ersetzen.[264]

96 Zu diesem Kostenbeitrag wird es nur selten kommen. Denn zumeist steht das Zubehör im Fremdeigentum und wird daher nicht mit versteigert bzw. vorher freigegeben (vgl. § 37 Nr. 5 ZVG). Die *Verwertungskosten* sind gem. §§ 109, 155 I ZVG aus dem erzielten Erlös zu entnehmen.

97 c) Nach wohl hM kann der Insolvenzverwalter dem von einem Gläubiger betriebenen Verfahren *beitreten*.[265]

98 d) Außerdem kann der Insolvenzverwalter gem. §§ 30d ff. ZVG eine *einstweilige Einstellung des Versteigerungsverfahrens* beantragen. Das Recht hat auch der vorläufige Insolvenzverwalter, wenn diese zur Verhütung nachteiliger Veränderungen in der Vermögenslage des Schuldners erforderlich ist, § 30d IV ZVG, was glaubhaft zu machen ist.[266] Da er das Unternehmen idR fortführen soll, wird er den Antrag zumeist stellen.[267]

Zusätzlich kann der Insolvenzverwalter einen Einstellungsantrag nach § 765a ZPO stellen.[268] Bei einer Eigenverwaltung steht die Antragsbefugnis dem Sachwalter zu, § 270 I 2 InsO.

99 Nach § 30d ZVG kann der *Insolvenzverwalter* die einstweilige Einstellung der Zwangsversteigerung verlangen, wenn

(1) der Berichtstermin noch bevorsteht,[269]
(2) das Grundstück nach dem Berichtstermin zur Betriebsfortführung oder zur Vorbereitung einer Betriebsveräußerung (übertragende Sanierung) benötigt wird,
(3) die Versteigerung die Durchführung eines Insolvenzplans gefährden würde[270] oder
(4) die Versteigerung die Verwertung der Masse sonst wesentlich erschweren würde.

Durch Nr. 4 soll eine Versteigerung zur Unzeit, bei der ein erheblich geringerer Erlös zu erwarten ist, vermieden werden.[271]

100 Der Antrag ist abzulehnen, wenn die einstweilige Einstellung dem betroffenen Gläubiger wirtschaftlich nicht zumutbar ist, § 30d I 2 ZVG. Dabei ist der Nachteil für den

---

[260] Vgl. *Marotzke* ZZP 109 (1996), 429, 458 ff.; *Zimmermann* NZI 1998, 57, 59; *Wenzel* NZI 1999, 101, 103; HK/*Landfermann*, § 165 Rn. 10; MüKoInsO/*Lwowski/Tetzlaff*, § 165 Rn. 220 ff.; *Obermüller*, Rn. 6.380.
[261] MüKoInsO/*Lwowski/Tetzlaff*, § 165 Rn. 221.
[262] Uhlenbruck/Hirte/Vallender/*Brinkmann*, § 165 Rn. 15.
[263] *Vallender* Rpfleger 1997, 353, 356.
[264] *Bilgery*, FS Bayer S. 9, 25.
[265] Uhlenbruck/Hirte/Vallender/*Brinkmann*, § 165 Rn. 8; KPB/*Flöther*, § 165 Rn. 24; MüKoInsO/*Lwowski/Tetzlaff*, § 165 Rn. 64, 135 ff., 142; aA FK/*Wegener*, § 165 Rn. 8; *Stöber*, § 172 ZVG Rn. 7.1.
[266] *Keller* ZfIR 2002, 861, 868; *Tetzlaff* ZInsO 2004, 521; MüKoInsO/*Lwowski/Tetzlaff*, § 165 Rn. 88; Uhlenbruck/Hirte/Vallender/*Brinkmann*, § 165 Rn. 18.
[267] *Bork*, Rn. 252 (Fn 16); FK/*Schmerbach*, § 21 Rn. 209; *Städtler*, S. 235; *Wenzel* NZI 1999, 101, 102; *Hintzen* Rpfleger 1999, 256, 261.
[268] HK/*Landfermann*, § 165 Rn. 8; Uhlenbruck/Hirte/Vallender/*Brinkmann*, § 165 Rn. 19; *Städtler*, S. 235; einschränkend MüKoInsO/*Lwowski/Tetzlaff*, § 165 Rn. 69; MüKoZPO/*Heßler*, § 765a Rn. 19 ff.
[269] Bis zu diesem Zeitpunkt sollen andere Möglichkeiten für die Durchführung des Insolvenzverfahrens offen gehalten werden, vgl. *Mönning/Zimmermann* NZI 2008, 134, 135.
[270] Vgl. KPB/*Flöther*, § 165 Rn. 28; *Mönning/Zimmermann* NZI 2008, 134, 135; *Hintzen* Rpfleger 1999, 256, 259.
[271] *Keller* ZfIR 2002, 861, 868; vgl. auch MüKoInsO/*Lwowski/Tetzlaff*, § 165 Rn. 98.

betreibenden Gläubiger mit den Interessen der Gläubigergesamtheit abzuwägen.²⁷² Im Zuge rücksichtsloser Verwertungen von Immobilien durch Finanzinvestoren versuchen diese häufig, Einstellungsanträge des Insolvenzverwalters zu torpedieren.²⁷³ Andererseits bietet § 30d ZVG gerade die Möglichkeit, rücksichtslose Verwertungen zu Lasten der Gläubigergesamtheit einstweilig zu verhindern. Der Antrag kann auch mehrfach gestellt werden. Außerdem scheidet die Einstellung sinngemäß aus, wenn im Versteigerungsverfahren bereits ein Zuschlag erteilt wurde.²⁷⁴ Nach § 30d III ZVG ist die Notfrist des § 30b I ZVG nicht zu beachten. Ein zu langes Warten kann sich aber auf die Interessenabwägung auswirken. Die einstweilige Einstellung dauert an, bis sie auf Antrag des Gläubigers aufgehoben wird.²⁷⁵

Auf *Antrag des Schuldners* ist einzustellen, wenn dieser einen Insolvenzplan vorgelegt hat, der nicht (gem. § 231 InsO) von Amts wegen zurückgewiesen wurde, § 30d II ZVG. Nach § 218 I 3 InsO kann der Schuldner einen Insolvenzplan bis zum Schlusstermin bei Gericht einreichen, also die Zwangsversteigerung lange hinauszögern.²⁷⁶ Doch kann das Gericht unrealistische Pläne von Amts wegen zurückweisen, § 231 I Nr. 2, 3 InsO.

Stellt der vorläufige Insolvenzverwalter den Antrag, ist dieser analog § 30d I 2 ZVG abzulehnen, wenn die Einstellung dem Gläubiger nicht zuzumuten ist.²⁷⁷

Wird über den Berichtstermin hinaus eingestellt, so sind dem Gläubiger die laufend geschuldeten *Zinsen* binnen zwei Wochen nach Eintritt der Fälligkeit zu bezahlen, § 30e I ZVG.²⁷⁸ Das Vollstreckungsgericht ordnet die Zinszahlung von Amts wegen in Form der *Auflage* an²⁷⁹ und entscheidet dabei, welcher Teil des Grundpfandrechts durch den Verkehrswert des Grundstückes gedeckt ist.²⁸⁰ Wurde die einstweilige Einstellung gem. § 30d IV schon vor Eröffnung des Insolvenzverfahrens bewilligt, so sind die Zinsen drei Monate nach der ersten Einstellung zu bezahlen. Die *Höhe der Zinsen* richtet sich nach dem Vertrag zwischen Gläubiger und Schuldner. Nicht maßgeblich ist der dingliche Maximalzinssatz, sondern der niedrigere Zinssatz der gesicherten persönlichen Forderung.²⁸¹ Nur hilfsweise gilt der gesetzliche Verzugszins. Zu bezahlen sind nur Zinsen, keine Tilgung.²⁸² Unabhängig davon kann der Grundpfandgläubiger die Befriedigung seiner Zinsforderung für die gesamte Laufzeit aus dem späteren Verwertungserlös verlangen.²⁸³ Wegen dieser Zinspflicht machen Insolvenzverwalter von § 30d ZVG nur wenig Gebrauch.²⁸⁴

---

²⁷² MüKoInsO/*Lwowski/Tetzlaff*, § 165 Rn. 100; KPB/*Flöther*, § 165 Rn. 31; *Stöber* NZI 1998, 105, 108; *Mönning/Zimmermann* NZI 2008, 134, 136; *Wenzel* NZI 1999, 101, 102; *Lwowski/Tetzlaff* WM 1999, 2336, 2340.
²⁷³ *Niering* NZI 2008, 146, 147.
²⁷⁴ *Städtler*, S. 236; *Stöber* NZI 1998, 105, 108.
²⁷⁵ *Stöber* NZI 1998, 105, 110.
²⁷⁶ *Bilgery*, FS Bayer S. 9, 23.
²⁷⁷ *Stöber* NZI 1998, 105, 108: aA *Keller* ZfIR 2002, 861, 868.
²⁷⁸ MüKoInsO/*Lwowski/Tetzlaff*, § 165 Rn. 104; Uhlenbruck/Hirte/Vallender/*Brinkmann*, § 165 Rn. 19; *Mönning/Zimmermann* NZI 2008, 134, 136; *Marotzke* ZZP 109 (1996), 429, 453; *Wenzel* NZI 1999, 101, 102; *Hintzen*, Rpfleger 1999, 256, 260.
²⁷⁹ KPB/*Flöther*, § 165 Rn. 37.
²⁸⁰ *Hess*, Bankrechtstag 1999, S. 101, 110.
²⁸¹ LG Göttingen ZInsO 2000, 163; LG Stade Rpfleger 2002, 472; *Mönning/Zimmermann* NZI 2008, 134, 136f.; *Tetzlaff* ZInsO 2004, 521, 522; MüKoInsO/*Lwowski/Tetzlaff*, § 165 Rn. 104ff.; Uhlenbruck/Hirte/Vallender/*Brinkmann*, § 165 Rn. 19; *Obermüller*, Rn. 6.371; *Hess*, Bankrechtstag 1999, S. 101, 109; HK/*Landfermann*, § 165 Rn. 11; KPB/*Flöther*, § 165 Rn. 38; aA *Keller* ZfIR 2002, 861, 869; *Hintzen* ZInsO 2000, 205.
²⁸² *Vallender* Rpfleger 1997, 353, 355; *Städtler*, S. 239; KPB/*Flöther*, § 165 Rn. 38; Uhlenbruck/Hirte/Vallender/*Brinkmann*, § 165 Rn. 19.
²⁸³ *Bilgery*, FS Bayer S. 9, 24; *Städtler*, S. 238; KPB/*Flöther*, § 165 Rn. 41.
²⁸⁴ *Keller* ZfIR 2002, 861, 868.

104 Wird das Grundstück für die Masse genutzt und kommt es dadurch zu einer Substanzbeeinträchtigung (zB durch Kiesabbau), so ist zusätzlich auf Antrag des Gläubigers von der Einstellung an ein *Ausgleich für Wertverluste* (am Grundstück oder den mitzuversteigernden Mobilien) durch laufende Zahlungen zu leisten,[285] § 30e II ZVG. Auch dieser Ausgleich wird durch Auflage des Vollstreckungsgerichts angeordnet. Bei Änderung der tatsächlichen Verhältnisse kann der Gläubiger eine Anpassung mittels eines neuen Antrags verlangen.[286] Wertverluste wegen evtl sinkender Grundstückspreise sind nicht auszugleichen.[287]

105 Zinsen und Wertverlust müssen nicht bezahlt werden, wenn (bei sog. *Schornsteinhypotheken*) mit einer Befriedigung des Gläubigers aus dem Versteigerungserlös nicht zu rechnen ist, § 30e III ZVG. Als Anhaltspunkt für die Höhe des Erlöses soll auf den nach § 74a V ZVG festgesetzten Verkehrswert abzustellen sein.[288] Die Zahlungspflicht entfällt nur, wenn mit einem völligen Ausfall zu rechnen ist. Bei einer zu erwartenden Teilbefriedigung ist die Zinspflicht daran auszurichten.[289] Zins- und Ausgleichsansprüche sind Masseverbindlichkeiten, § 55 I Nr. 1 InsO; sie sind endgültig aus der Masse zu bezahlen. Stellt sich nach Verwertung des Grundstücks heraus, dass der Gläubiger zuviel Zinsen auf seine getilgte Forderung erhalten hat, findet kein Ausgleich zugunsten der Masse statt.[290]

106 e) Die *einstweilige Einstellung* erfolgt unbefristet. Sie ist aber auf Antrag des Gläubigers *aufzuheben,* wenn die Einstellungsvoraussetzungen wegfallen, die Auflagen (Zinszahlung, Wertausgleich) nicht erfüllt werden, Verwalter bzw. Schuldner zustimmen oder das Insolvenzverfahren beendet wird, § 30f I ZVG. Das Insolvenzverfahren endet auch mit Bestätigung eines Insolvenzplans, § 258 I InsO. Soll eine Stundung der dinglich gesicherten Forderung daher über diesen Zeitpunkt zur Einstellung der Vollstreckung führen, so muss dies im Plan vorgesehen werden.[291] Die Einstellung auf Antrag des vorläufigen Insolvenzverwalters ist aufzuheben, wenn der Eröffnungsantrag zurückgenommen oder abgewiesen wird, § 30f II ZVG.

107 f) Das von einem Absonderungsberechtigten betriebene *Zwangsverwaltungsverfahren* kann nach § 153b ZVG *auf Antrag des Insolvenzverwalters* ganz oder teilweise *eingestellt* werden, wenn eine wirtschaftlich sinnvolle Nutzung der Masse durch die weitere Zwangsverwaltung wesentlich erschwert würde.[292] Für den vorläufigen Insolvenzverwalter ist dieses Recht umstritten, obwohl § 153b ZVG nach dem klaren Wortlaut ein eröffnetes Insolvenzverfahren voraussetzt.[293] Grundsätzlich soll also dem Insolvenzverwalter vor dem Zwangsverwalter Vorrang eingeräumt und die Fortführung des Betriebes des Schuldners ermöglicht werden.[294] Die Einstellung ist mit der Auflage zu verbinden, dass dem betreibenden Gläubiger Nachteile aus der Einstellung durch laufende

---

[285] Vgl. *Hintzen* Rpfleger 1999, 256, 260; *Lwowski/Tetzlaff,* WM 1999, 2336, 2341; KPB/*Flöther*, § 165 Rn. 45; FK/*Wegener,* § 165 Rn. 15; *Obermüller,* Rn. 6.372.

[286] KPB/*Flöther*, § 166 Rn. 46.

[287] *Städtler,* S. 239; aA wohl MüKoInsO/*Lwowski/Tetzlaff,* § 165 Rn. 113.

[288] *Mönning/Zimmermann* NZI 2008, 134, 136; *Vallender* Rpfleger 1997, 353, 355; MüKoInsO/*Lwowski/Tetzlaff,* § 165 Rn. 109.

[289] KPB/*Flöther*, § 165 Rn. 40; MüKoInsO/*Lwowski/Tetzlaff,* § 165 Rn. 107; *Wenzel* NZI 1999, 101, 103.

[290] KPB/*Flöther*, § 165 Rn. 42; *Obermüller,* Rn. 6.374.

[291] *Städtler,* S. 237.

[292] KPB/*Flöther*, § 165 Rn. 57 f.; MüKoInsO/*Lwowski/Tetzlaff,* § 165 Rn. 240 f.; *Mönning/Zimmermann* NZI 2008, 134, 137 f.; *Oerther,* S. 87.

[293] Für dieses Recht unter Hinweis auf ein gesetzgeberisches Versehen MüKoInsO/*Haarmeyer,* § 21 Rn. 79; HK/*Kirchhof* § 21 Rn. 29; *Klein* ZInsO 2002, 1065; *Jaeger/Gerhardt* § 21 Rn. 43; *Jungmann* NZI 1999, 352; *Oerther,* S. 88; dagegen FK/*Wegener,* § 165 Rn. 19; *Stengel* ZfIR 2001, 347; FK/*Schmerbach* § 21 Rn. 210; *Niering* NZI 2008, 146, 147.

[294] *Städtler,* S. 238; *Wenzel* NZI 1999, 101, 103.

Zahlungen aus der Masse ausgeglichen werden, § 153b II ZVG. Deren Höhe richtet sich nach den durch Vermietung oder Verpachtung des Grundstücks an Dritte erzielbaren Entgelten.[295]

Auf Antrag des betreibenden Gläubigers kann die Einstellung aufgehoben werden, **108** wenn ihre Voraussetzungen entfallen sind, der Verwalter den Nachteilsausgleich nicht bezahlt oder der Aufhebung zustimmt, § 153c I ZVG.

Wird die Einstellung ausgesprochen, kann der Gläubiger bei Zurückweisung des An- **109** trags auf Einstellung der Insolvenzverwalter sofortige Beschwerde nach § 11 I RPflG, § 793 I ZPO einlegen.[296] Der Zwangsverwalter hat keine Anfechtungsberechtigung. Die sofortige Beschwerde ist auch statthaft, wenn Einwendungen gegen die Anordnung der Zahlungsauflage oder ihre Höhe geltend gemacht werden. Zuständig für die Entscheidung über die Beschwerde ist das Landgericht (§ 72 GVG).

Bei der Zwangsverwaltung ist keine Kostenbeteiligung der Grundpfandgläubiger **110** vorgesehen. Sie ist auch entbehrlich, da die Kosten des Zwangsverwalters den Erlösen (Nutzungen) ohnehin vorab entnommen werden (§ 155 I ZVG).

g) Die Zwangsverwaltung kann dadurch ersetzt werden, dass Grundpfandgläubiger **111** und Verwalter vereinbaren, dass dieser den Grundbesitz für die Grundpfandgläubiger bewirtschaftet und Miet- und Pachtzinsforderung einzieht und an jene unter Anrechnung auf deren Forderungen (bei Gewährung einer prozentualen Vergütung) abführt („*kalte Zwangsverwaltung*").[297]

2. Antrag des Insolvenzverwalters. a) Unabhängig von einem Gläubigerantrag **112** kann der Insolvenzverwalter die Zwangsversteigerung oder Zwangsverwaltung zur Verwertung nach den §§ 165 InsO, 172 ff. ZVG betreiben. Einen Titel benötigt er dazu nicht, da er kraft seiner Verfügungsbefugnis nach § 80 I InsO handelt.[298] Der Insolvenzverwalter entscheidet nach *pflichtgemäßem Ermessen,* ob er die Zwangsverwertung betreiben oder das Grundstück durch freihändigen Verkauf verwerten will.[299] Absonderungsberechtigte können einen Antrag des Insolvenzverwalters gem. § 165 InsO weder erzwingen noch verhindern,[300] aber stets einen eigenen Versteigerungsantrag stellen. Vorteile der Versteigerung sind der gesetzliche Ausschluss der Gewährleistung (§ 56 ZVG), der Wegfall einzelner öffentlich-rechtlicher Genehmigungen, die Nichtausübbarkeit des dinglichen Vorkaufsrechts (§ 1098 I 2 BGB) sowie das Erlöschen nachrangiger Grundpfandrechte (§ 52 I 2 ZVG). Da bei einer Versteigerung häufig der Verkehrswert nicht erreicht wird, wird der Insolvenzverwalter idR eine freihändige Veräußerung (mit Zustimmung des Gläubigerausschlusses, § 160 II Nr. 1 InsO) versuchen. Betreibt der Insolvenzverwalter freilich die Versteigerung aus einem Eigentümerrecht des Insolvenzschuldners, so handelt es sich um ein gewöhnliches Versteigerungsverfahren.[301]

b) In der Praxis sind *Verwertungsvereinbarungen* zwischen Insolvenzverwalter und ab- **113** sonderungsberechtigten Gläubigern weit verbreitet. Der Verwalter verpflichtet sich den

---

[295] Vgl. *Hess,* Bankrechtstag 1999, S. 101, 111.
[296] *Böttcher,* ZVG, § 153b Rn. 6; *Mönning/Zimmermann* NZI 2008, 134, 139.
[297] Derartige Verwertungsvereinbarungen hat BGH NZI 2007, 98, 99 nicht beanstandet; s auch MüKoInsO/*Lwowski/Tetzlaff,* § 165 Rn. 181 f.; HK/*Landfermann,* § 165 Rn. 5; *Niering* NZI 2008, 146, 147; *Keller* ZfIR 2002, 861, 867; *Oerther,* S. 86.
[298] KPB/*Flöther,* § 165 Rn. 10; Uhlenbruck/Hirte/Vallender/*Brinkmann,* § 165 Rn. 8; MüKoInsO/ *Lwowski/Tetzlaff,* § 165 Rn. 122; *Keller* ZfIR 2002, 861, 869.
[299] MüKoInsO/*Lwowski/Tetzlaff,* § 165 Rn. 119; Uhlenbruck/Hirte/Vallender/*Brinkmann,* § 165 Rn. 8; KPB/*Flöther,* § 165 Rn. 9; *Marotzke* ZZP 109 (1996), 429, 451; *Smid/Depré,* § 165 Rn. 8; *Lwowski/Tetzlaff* WM 1999, 2336; *Oerther,* S. 21.
[300] Uhlenbruck/Hirte/Vallender/*Brinkmann,* § 165 Rn. 8; KPB/*Flöther,* § 165 Rn. 2, 9; *Oerther,* S. 21.
[301] *Steiner/Eickmann,* § 172 Rn. 19.

Gläubigern gegenüber, sich um eine Veräußerung des Grundbesitzes unter Befriedigung der Gläubiger aus dem Erlös zu bemühen; die Gläubiger verzichten dagegen auf die eigene Zwangsversteigerung und verpflichten sich zur Zahlung eines Kostenbeitrages.[302] Bei diesem Vorgehen wird idR ein höherer Erlös erzielt und es entfallen die Kosten des Zwangsversteigerungsverfahrens.[303]

114 Lässt sich der Gläubiger eines nachrangigen Grundpfandrechts, der wegen seines Nachrangs keine Aussicht auf Befriedigung hätte („Schornsteinhypothek") vom Insolvenzverwalter, der ein wertausschöpfend belastetes Grundstück freihändig verwerten will, für die Erteilung einer (notwendigen)[304] Löschungsbewilligung eine Geldzahlung (sog. „Lästigkeitsprämie") versprechen, kann diese wegen ihrer offensichtlichen Insolvenzzweckwidrigkeit zurückgefordert werden.[305] Zahlt der Insolvenzverwalter die Lästigkeitsprämie zur Beschleunigung der freihändigen Verwertung unter Vorbehalt, kann diese nach Bereicherungsrecht (§ 812 I 1 Alt. 1 BGB) von dem Leistungsempfänger zurückgefordert werden.

115 Da das Absonderungsrecht bei einer Schornsteinhypothek nicht werthaltig ist, diene – so der BGH – die Verweigerung der Löschungsbewilligung ausschließlich der Durchsetzung der angemeldeten schuldrechtlichen Forderung ohne die Beschränkungen der InsO (vgl. §§ 87 ff. InsO).[306] Die Frage, ob derartige Vereinbarungen schlechthin als insolvenzzweckwidrig zu qualifizieren und deshalb unwirksam sind oder ob es auf das Verhältnis zwischen der Höhe der Zahlung und dem durch die freihändige Veräußerung erzielten Massezuwachs ankommt, ließ der BGH ausdrücklich offen. Bei der Entscheidung muss man berücksichtigen, dass auch die Zahlung einer Lästigkeitsprämie zur Abgeltung eines zwar wertlosen, aber bestehenden Rechts von der Verfügungsbefugnis des Insolvenzverwalters gedeckt sein kann, wenn dies der Gesamtheit der Gläubiger zugute kommt, weil die Verwertung zügiger und ohne Obstruktion durch nachrangige Gläubiger erfolgen kann. Zudem ist im Einzelfall der Nachweis der Wertlosigkeit des Grundpfandrechts erforderlich. Daher sind Zahlungen von Lästigkeitsprämien nicht per se insolvenzzweckwidrig.[307]

116 **c)** Eine zwischen dem Schuldner und einem Grundpfandgläubiger getroffene *vollstreckungsbeschränkende Vereinbarung* bindet den Insolvenzverwalter nicht. Dies gilt auch, wenn das Grundstück zugunsten des Grundpfandgläubigers wertausschöpfend belastet ist.[308] Eine solche schuldrechtliche Vereinbarung bindet grundsätzlich nur die Vertragsparteien, zu welchen der Insolvenzverwalter nicht gehört. Zudem greift im Falle der Verwertung mit nachfolgender abgesonderter Befriedigung nicht der Grundpfandgläubiger, sondern vielmehr der Insolvenzverwalter für die Gesamtheit der Gläubiger auf das Grundstück zu.[309] Vollstreckungsschutz ist über die Schutzvorschriften der ZPO (§ 765a ZPO) zu gewähren.

d) Der Insolvenzverwalter kann den Antrag nach § 165 InsO stellen, auch wenn ein gewöhnliches Versteigerungsverfahren anhängig ist. *Vollstreckungsversteigerung* und *Insolvenzverwalterversteigerung* sind grds. *unabhängige Verfahren*. Zum Teil wurde für die KO aber ein Vorrang des Vollstreckungsverfahrens angenommen.[310] Für die Insolvenzordnung gilt dies nicht mehr, doch ist es zumindest zweckmäßig, die Vollstreckungsverstei-

---

[302] Vgl. *Pape* ZInso 2008, 465, 469; *Keller* ZfIR 2002, 861, 867; *Weis/Ristelhuber* ZInsO 2002, 859, 860.
[303] Vgl. *Tetzlaff* ZInsO 2004, 521, 528.
[304] MüKoInsO/*Lwowski/Tetzlaff*, § 165 Rn. 178.
[305] BGH NZI 2008, 365 = ZIP 2008, 884.
[306] Zustimmend *Rein* NZI 2008, 365; *Smid* DZWiR 2008, 501.
[307] KPB/*Flöther*, § 165 Rn. 7a; *Frege/Keller* NZI 2009, 11, 15; *Schulz* EWiR 2008, 471.
[308] BGH NZI 2011, 138.
[309] BGH NZI 2011, 138.
[310] So *Dassler/Schiffhauer/Gerhardt*, § 172 Anm. 6c; *Kuhn/Uhlenbruck*, § 126 Rn. 2a.

Absonderung 117–122 § 42

gerung zuerst durchzuführen.³¹¹ Nach hM kann ein Vollstreckungsgläubiger einem Verfahren nach § 172 ZVG, der Insolvenzverwalter einer Vollstreckungsversteigerung nach § 27 ZVG beitreten.³¹² Die Unterschiede zwischen beiden Verfahrensarten dürften einen Beitritt wohl nicht ausschließen.

Zur Stellung eines Versteigerungsantrags benötigt der Insolvenzverwalter keinen Vollstreckungstitel; er muss lediglich seine Bestellung (§ 56 II 1 InsO) und die Massezugehörigkeit des Grundstücks nachweisen.³¹³ **117**

Unzulässig ist der Antrag, nachdem der Insolvenzverwalter das Grundstück dem Insolvenzschuldner freigegeben hat. Das Grundstück ist dann insolvenzfreies Vermögen des Insolvenzschuldners; ein Verfahren nach § 172 ZVG ist nicht mehr möglich.³¹⁴ In einem bereits anhängigen Verfahren wird die *Freigabe* nicht von Amts wegen beachtet. Der Insolvenzschuldner kann gegen die Fortsetzung des Verfahrens aber notfalls nach den §§ 766, 771 ZPO (§ 37 Nr. 5 ZVG) vorgehen.³¹⁵ **118**

e) In dem Verfahren nimmt der *Insolvenzverwalter* gleichzeitig die *Stellung* des betreibenden Gläubigers und des Vollstreckungsschuldners ein.³¹⁶ Da der Insolvenzverwalter die Versteigerung zur Verwertung für die Insolvenzgläubiger betreibt, das Grundstück zu deren Gunsten aber bereits durch den Eröffnungsbeschluss beschlagnahmt ist, hat die Anordnung des Versteigerungsverfahrens – abgesehen von den §§ 13, 55 ZVG – keine Beschlagnahmewirkung, § 173 S. 1 ZVG. Der Anordnungsbeschluss ist dem Insolvenzverwalter jedoch zuzustellen.³¹⁷ **119**

Der Beschluss hat auch nicht die Wirkungen eines Veräußerungsverbots gem. §§ 23, 24 ZVG, so dass der Insolvenzverwalter noch bis zum Beginn der Versteigerung rechtsgeschäftlich über das Grundstück verfügen kann.³¹⁸ Die *Verfügungsbefugnis* entfällt dagegen, wenn ein Gläubiger die Versteigerung gleichzeitig betreibt oder dem Verfahren des Insolvenzverwalters nach § 27 ZVG beitritt. Dieser Beitritt hat dann die Wirkung einer Beschlagnahme.³¹⁹ **120**

f) Der *Insolvenzschuldner* ist kein Beteiligter (§ 9 ZVG) im Verfahren nach § 172 ZVG, da seine Rechte nach § 80 InsO vom Insolvenzverwalter wahrgenommen werden.³²⁰ Eine Zustellung an ihn (ausdrücklich) zur Information ist aber zulässig und zweckmäßig. **121**

g) Betreibt der Insolvenzverwalter selbst das Verfahren, so kann er eine *einstweilige Einstellung* nicht nach § 30c ZVG beantragen, sondern nur als „betreibender Gläubiger" **122**

---

³¹¹ So *Steiner/Eickmann*, § 172 Rn. 33; *Stöber*, § 172 Rn. 7.4; Uhlenbruck/Hirte/Vallender/*Brinkmann*, § 165 Rn. 8.
³¹² *Baur/Stürner* II, Rn. 15.11; *Dassler/Schiffhauer/Gerhardt*, § 172 Anm. 6c; *Gerhardt*, Grundpfandrechte Rn. 226, 258; MüKoInsO/*Lwowski/Tetzlaff*, § 165 Rn. 142; *Muth* ZIP 1999, 945, 950; Uhlenbruck/Hirte/Vallender/*Brinkmann*, § 165 Rn. 13; KPB/*Flöther*, § 165 Rn. 24; aA *Steiner/Eickmann*, § 172 Rn. 31; *Storz*, Praxis des Zwangsversteigerungsverfahrens, A 3.1; *Stöber*, § 172 Rn. 7.1.
³¹³ FK/*Wegener*, § 165 Rn. 3; *Hess*, InsO, § 165 Rn. 20; Uhlenbruck/Hirte/Vallender/*Brinkmann*, § 165 Rn. 8; Muster eines Antrags bei *Frege/Keller/Riedel*, Insolvenzrecht, 7. Aufl. 2008, Rn. 1513.
³¹⁴ Vgl. Uhlenbruck/Hirte/Vallender/*Brinkmann*, § 165 Rn. 8; *Stöber*, § 172 Rn. 3.4; FK/*Wegener*, § 165 Rn. 3.
³¹⁵ Uhlenbruck/Hirte/Vallender/*Brinkmann*, § 165 Rn. 8; FK/*Wegener*, § 165 Rn. 3; *Stöber*, § 172 Rn. 3.4.
³¹⁶ MüKoInsO/*Lwowski/Tetzlaff*, § 165 Rn. 119; *Smid/Depré*, § 165 Rn. 9; Uhlenbruck/Vallender/*Brinkmann*, § 165 Rn. 9; *Stöber* § 172 Rn. 3.2.
³¹⁷ Einzelheiten bei *Dassler/Schiffhauer/Gerhardt*, *Steiner/Eickmann*, *Stöber* jeweils zu § 173 ZVG.
³¹⁸ FK/*Wegener*, § 165 Rn. 4; *Hess*, InsO, § 165 Rn. 25; MüKoInsO/*Lwowski/Tetzlaff*, § 165 Rn. 131; Uhlenbruck/Hirte/Vallender/*Brinkmann*, § 165 Rn. 8; *Smid/Depré*, § 165 Rn. 14; *Gerhardt*, Grundpfandrechte Rn. 213, 224.
³¹⁹ FK/*Wegener*, § 165 Rn. 5; *Gerhardt*, Grundpfandrechte Rn. 225; Uhlenbruck/Hirte/Vallender/*Brinkmann*, § 165 Rn. 13; vgl. *Muth* ZIP 1999, 945, 949 f.
³²⁰ FK/*Wegener*, § 165 Rn. 3; Uhlenbruck/Hirte/Vallender/*Brinkmann*, § 165 Rn. 9; *Stöber*, § 172 Rn. 3.3; *Muth* ZIP 1999, 945, 947.

gem. § 30 ZVG bewilligen.[321] Anders verhält es sich, wenn ein Gläubiger dem Verfahren beigetreten ist, da jeder Betreibende nur für sich einstellen kann.[322]

123   h) Bei einer Verwalterversteigerung umfasst das *geringste Gebot* neben den Kosten alle Rechte gem. § 10 I Nr. 1–4 ZVG, da der Verwalter die Versteigerung für alle Insolvenzgläubiger im Rang nach § 10 I Nr. 5 ZVG betreibt.[323] Da ein derartiges Gebot meist nicht erzielt und damit der Nachweis eines Ausfalls gem. §§ 52, 190 I InsO nicht geführt werden kann, kann jeder Gläubiger gem. *§ 174 ZVG* beantragen, dass im geringsten Gebot nur die seinem Anspruch vorgehenden Rechte berücksichtigt und das Grundstück auch auf diese Weise ausgeboten wird.[324] Es erfolgt dann ein *Doppelausgebot*.[325] Stellen mehrere Gläubiger diesen Antrag, so ist der des Bestberechtigten maßgebend. Der Zuschlag ist dann auf die Ausbietung gem. § 174 ZVG zu erteilen.[326]

124   i) Um die Verwertung hochbelasteter Grundstücke zu erleichtern, kann auch der Insolvenzverwalter bis zum Schluss des Versteigerungstermins verlangen, dass im *geringsten Gebot* nach *§ 44 ZVG nur die den Ansprüchen nach § 10 I Nr. 1a ZVG vorgehenden Rechte* berücksichtigt werden, § 174a ZVG. Das Grundstück wird dann auch in dieser Weise ausgeboten *(Doppelausgebot zugunsten des Insolvenzverwalters).*[327] Erhält ein Bieter den Zuschlag auf ein Gebot auf dieser Grundlage, so erwirbt er das Grundstück frei von Grundpfandrechten und frei von Belastungen nach § 10 I Nr. 2–8 ZVG. Auch der Verwalter selbst kann das Grundstück für die Insolvenzmasse ersteigern.[328] Die Absonderungsberechtigten werden nur aus dem Erlös befriedigt (§§ 52 I, 91 I ZVG). Einen Ausfall kann der Gläubiger eventuell vermeiden, wenn er den Anspruch auf Ersatz der Kosten mitversteigerter beweglicher Gegenstände (gem. § 10 I Nr. 1a ZVG) ablöst,[329] § 268 BGB. Er kann dann Einstellung des Versteigerungsverfahrens beantragen. Dieses Vorgehen hindert den Insolvenzverwalter nicht an einer freihändigen Veräußerung des Grundstücks und hat keine Wirkung nach Beendigung des Insolvenzverfahrens.[330] Darüber hinaus ist wenig verständlich, warum die Möglichkeit der lastenfreien Versteigerung davon abhängt, dass dem Grundstückseigentümer gehörendes Zubehör mitversteigert wird.[331]

125   j) Der Insolvenzverwalter kann anstelle des Insolvenzschuldners Beschwerde gegen den Zuschlagsbeschluss einlegen, jedoch keine Versagung des Zuschlags nach § 74a ZVG beantragen. Diesen Antrag kann nur ein betroffener Gläubiger stellen.[332] Nur wenn ein Eigentümerrecht innerhalb der $^7/_{10}$-Grenze liegt, ist auch der Insolvenzverwalter antragsbe-

---

[321] MüKoInsO/*Lwowski/Tetzlaff*, § 165 Rn. 133; *Stöber*, § 30 Rn. 1.2.
[322] Vgl. *Stöber*, § 30 Rn. 2.14.
[323] FK/*Wegener*, § 165 Rn. 2; MüKoInsO/*Lwowski/Tetzlaff*, § 165 Rn. 145 ff.; Uhlenbruck/Hirte/Vallender/*Brinkmann*, § 165 Rn. 14.
[324] *Vallender* Rpfleger 1997, 353, 354; HK/*Landfermann*, § 165 Rn. 6; MüKoInsO/*Lwowski/Tetzlaff*, § 165 Rn. 149 ff.
[325] FK/*Wegener*, § 165 Rn. 2; MüKoInsO/*Lwowski/Tetzlaff*, § 165 Rn. 154; KPB/*Flöther*, § 165 Rn. 19 ff.; *Smid/Depré*, § 165 Rn. 21; *Obermüller*, Rn. 6.364d; vgl. das Beispiel bei *Muth* ZIP 1999, 945, 948.
[326] Einzelheiten s *Muth* ZIP 1999, 945, 950 ff.; Uhlenbruck/Hirte/Vallender/*Brinkmann*, § 165 Rn. 14; MüKoInsO/*Lwowski/Tetzlaff*, § 165 Rn. 154; *Mohrbutter/Vortmann*, Rn. VI.233; Steiner/*Eickmann* und *Stöber* jeweils zu § 174 ZVG.
[327] MüKoInsO/*Lwowski/Tetzlaff*, § 165 Rn. 165; MüKoInsO/*Ganter*, § 49 Rn. 50; HK/*Lohmann*, § 49 Rn. 20; FK/*Wegener*, § 165 Rn. 5; krit. dazu und zum Verhältnis von § 174 zu § 174a ZVG s *Muth* ZIP 1999, 945, 951 ff.
[328] *Keller* ZflR 2002, 861, 869.
[329] *Wenzel* NZI 1999, 101, 104; *Muth* ZIP 1999, 945, 952; Uhlenbruck/Hirte/Vallender/*Brinkmann*, § 165 Rn. 14; vgl. *Tetzlaff* ZInsO 2004, 521, 522 f.
[330] *Vallender* Rpfleger 1997, 353, 354; vgl. KPB/*Kemper*, § 165 Rn. 21.
[331] Krit *Marotzke* ZZP 109 (1996), 429, 461.
[332] *Böttcher*, ZVG, § 74a Rn. 6.

rechtigt.³³³ In einem selbst betriebenen Verfahren kann der Insolvenzverwalter die Erteilung des Zuschlags aber durch Rücknahme seines Antrags, Antrag auf einstweilige Einstellung oder Aufhebung des Termins (§§ 29, 30, 33 ZVG) verhindern.³³⁴

k) Im *vereinfachten Insolvenzverfahren* durfte der Treuhänder ein belastetes Grundstück **126** dagegen bisher weder freihändig veräußern noch versteigern lassen, da § 313 III InsO aF das Verwertungsrecht noch generell den absonderungsberechtigten Gläubigern zuwies.³³⁵ In Zukunft wird der bei Durchführung eines Verfahrens zu bestellende Insolvenzverwalter ein eigenes Verwertungsrecht haben. § 313 II InsO wurde gestrichen. Der Gesetzgeber ist der Ansicht, dass sich die Aufgabenverlagerung auf die Gläubiger nicht bewährt hat.³³⁶

l) Im Falle der freihändigen Verwertung stellt sich die Frage nach dem Fortbestand **127** der Vorrechte gem § 10 I ZVG und somit der *Haftung des Erwerbers*. Dabei ist unstreitig, dass eine persönliche Haftung des Erwerbers nicht in Betracht kommt, hingegen wird vielfach eine dingliche Haftung mit dem Wohnungseigentum in Betracht gezogen.³³⁷ So soll dies jedenfalls für Vorrechte der zweiten Rangklasse gelten.³³⁸ Auch hinsichtlich der Vorrechte der dritten Rangklasse nimmt die überwiegende Literaturmeinung eine Haftung des Erwerbers an.³³⁹ Dem ist nunmehr das LG Landau entgegen getreten, das eine dingliche Haftung des Erwerbers verneint und die Sicherung der WEG vielmehr mit einem Recht auf abgesonderte Befriedigung am Veräußerungserlös aus der Insolvenzmasse als ausreichend erfüllt erachtet.³⁴⁰ Aufgrund der überwiegend gegenteilig geäußerten Ansicht in der Literatur hat das LG die Revision zugelassen, um eine obergerichtliche Klärung dieser Frage zu ermöglichen.

m) *Nicht verwertbaren Grundbesitz* darf der Verwalter *freigeben* (vgl. § 32 III 1 InsO), dh dem Schuldner wieder die freie Verfügungsbefugnis darüber einräumen.³⁴¹ Dies ist auch zulässig, wenn der Schuldner juristische Person oder Handelsgesellschaft ist.³⁴² Gläubigerausschuss bzw. Gläubigerversammlung müssen der Freigabe aber im Innenverhältnis nach § 160 II Nr. 1 InsO zustimmen.

VII. Die Verwertung beweglicher Gegenstände und sonstiger Rechte

1. Allgemeines. a) Der Insolvenzverwalter hat die Interessen Absonderungsberech- **128** tigter nicht wahrzunehmen, ihm *bekannte Absonderungsrechte* aber bei der Verwertung

---

³³³ *Böttcher*, ZVG, § 74a Rn. 15; Uhlenbruck/Hirte/Vallender/*Brinkmann*, § 165 Rn. 16; *Smid/Depré*, § 165 Rn. 33.
³³⁴ Weitere Einzelheiten bei *Böttcher*, ZVG, § 74a Rn. 6; *Mohrbutter* KTS 1958, 81; *Wolff* ZIP 1980, 417 und *Worm* KTS 1961, 119.
³³⁵ Krit *Marotzke* ZZP 109 (1996), 429, 469 f.; zur Verwertung eines unbelasteten Grundstücks s *Hintzen* ZInsO 2004, 713.
³³⁶ Gesetzentwurf der Bundesregierung vom 31.10.2012, Entwurf eines Gesetzes zur Verkürzung des Restschuldbefreiungsverfahrens und zur Stärkung der Gläubigerrechte, BT-Drucks. 17/11268. Dazu *Buchholz* NZI 2012, 655, 656; *Harder* NZI 2012, 113, 118. So schon der der Diskontinuität zum Opfer gefallene Gesetzentwurf der Bundesregierung vom 22.8.2007, Entwurf eines Gesetzes zur Entschuldung mittelloser Personen, zur Stärkung der Gläubigerrechte sowie zur Regelung der Insolvenzfestigkeit von Lizenzen, BT-Drucks. 16/7416, S. 88; s MüKoInsO/*Ott/Vuia*, § 312 Rn. 15; HK/*Landfermann*, §§ 313 Rn. 3, 311 Rn. 2, vor §§ 304 ff. Rn. 7; *Pape* ZInsO 2006, 897, 912.
³³⁷ *Hintzen/Alff* ZInO 2008, 480, 485 f.; *Schneider* ZMR 2009, 165, 171; *Sinz/Hiebert* ZInsO 2012, 205, 207.
³³⁸ BGH NZI 2010, 482.
³³⁹ *Hintzen/Alff* ZInO 2008, 480, 486; *Schneider* ZMR 2009, 165, 171; *Sinz/Hiebert* ZInsO 2012, 205, 207.
³⁴⁰ LG Landau NZI 2013, 156,
³⁴¹ *Keller* ZfIR 2002, 861, 870; MüKoInsO/*Lwowski/Tetzlaff*, § 165 Rn. 183 ff.
³⁴² BGH ZInsO 2006, 326; BGH ZInsO 2006, 269; BGH ZInsO 2006, 94; *Pape* ZInsO 2008, 465, 471; MüKoInsO/*Lwowski/Tetzlaff*, § 165 Rn. 183.

der Masse *zu beachten*.[343] Aufgrund seiner Verfügungsbefugnis (§ 80 InsO) kann der Insolvenzverwalter Absonderungsrechte anerkennen und dem Berechtigten die Verwertung überlassen, soweit ein Verwertungsrecht des Gläubigers besteht. Der (internen) Zustimmung des Gläubigerausschusses bedarf der Verwalter nur noch in Fällen von besonderer Bedeutung, § 160 I 1 InsO.

129 **b)** Die Verwertung der Pfandgegenstände muss nicht zwangsweise erfolgen. Zulässig ist auch eine *rechtsgeschäftliche Veräußerung* nach freiwilliger Vereinbarung.[344] Auch für sie gelten die Regeln über die insolvenzmäßige Befriedigung, insb die Ausfallhaftung (→ Rn. 77 ff.). Ist ein Mehrerlös für die Masse nicht zu erwarten, so darf der Insolvenzverwalter den Gegenstand, auch bei juristischen Personen, *„freigeben"*. Er unterliegt dann nicht mehr seiner Verwaltung, so dass der Gläubiger die Verwertung notfalls gegen den Insolvenzschuldner persönlich betreiben muss.[345]

130 **c)** Besteht Streit über das Bestehen eines Absonderungsrechts, so richtet sich die *Rechtsverfolgung* nach den allgemeinen Regeln des bürgerlichen Rechts und des Prozessrechts. Es gibt kein allgemeines Verfahren für die Anmeldung und Feststellung von Absonderungsrechten. Der Absonderungsberechtigte hat den Streit mit dem Insolvenzverwalter zu führen, mit dem Schuldner nur nach Freigabe des belasteten Gegenstandes.[346] Die Rechtsverfolgung richtet sich danach, wer im Besitz des Gegenstandes ist und wem die Verwertungsbefugnis nach den §§ 166 ff. InsO zusteht. Ist der Verwalter im Besitz der Sache, so kann der Absonderungsberechtigte auf Feststellung seines Rechts, der Insolvenzverwalter auf Nichtbestehen des Absonderungsrechts klagen.[347] Befindet sich der Gegenstand beim Gläubiger, so kann der Verwalter auf Herausgabe klagen, wenn er das Bestehen des Absonderungsrechts bestreitet. Eine Schiedsvereinbarung zwischen Schuldner und Gläubiger bindet auch den Insolvenzverwalter (→ § 40 Rn. 114).[348] Das gilt entgegen der hM auch, wenn der Verwalter im Wege der Insolvenzanfechtung Rückgewähr des Rechts begehrt, das zur abgesonderten Befriedigung berechtigen würde.[349] Gleiches gilt für eine Gerichtsstandsvereinbarung.[350]

131 **2. Verwertung durch den Insolvenzverwalter. a)** Als Kernstück der Reform[351] hat die InsO das Verwertungsrecht des Insolvenzverwalters eingeführt, und zwar
(1) für *bewegliche Sachen,* die er in seinem Besitz hat, § 166 I InsO, und
(2) für *Forderungen,* die der Schuldner zur Sicherheit abgetreten hat, § 166 II InsO. Die Vewertungsbefugnis hat erheblichen Einfluss auf die Werthaltigkeit von Sicherungen, weil der Verwertungsberechtigte über Zeitpunkt, Art der Verwertung und den Erwerber bestimmen kann und der Masse zudem die Kostenpauschalen zufallen.[352]

132 Der Begriff der beweglichen Sache ist gem. § 90 BGB zu bestimmen. Es muss sich also um körperliche Gegenstände handeln. Urkunden sind in jedem Fall bewegliche

---

[343] BGH ZIP 1987, 1586 = NJW 1988, 201, 210; OLG Köln ZIP 1989, 523, 525; *Hess,* InsO, § 50 Rn. 13; *Rutenfranz* KTS 1966, 165.
[344] BGHZ 47, 183 = NJW 1967, 1370 = KTS 1967, 50; FK/*Wegener,* § 166 Rn. 1; HK/*Landfermann,* § 166 Rn. 12; *Smid,* § 166 Rn. 10.
[345] MüKoInsO/*Lwowski/Tetzlaff,* § 166 Rn. 40; *Uhlenbruck,* § 166 Rn. 16; Braun/*Kroth,* § 80 Rn. 27.
[346] *Häsemeyer,* Rn. 18.73; MüKoInsO/*Ganter,* Vor §§ 49 bis 52 Rn. 138.
[347] MüKoInsO/*Ganter,* Vor §§ 49 bis 52 Rn. 142; *Hess,* InsO, § 50 Rn. 16.
[348] BGHZ 24, 15 = NJW 1957, 791; MüKoInsO/*Ganter,* Vor §§ 49 bis 52 Rn. 148.
[349] KPB/*Adolphsen,* § 147 Anh II A Rn. 40; *Adolphsen* in Bork (Hrsg.), Handbuch des Insolvenzanfechtungsrechts, Kap 19 Rn. 40; aA *Hess,* InsO, § 50 Rn. 17; MüKoInsO/*Ganter,* Vor §§ 49 bis 52 Rn. 148.
[350] Str wie hier MüKoInsO/*Ganter,* Vor §§ 49 bis 52 Rn. 140; aA LG Kleve MDR 2001, 291; *Jaeger/Henckel,* Vor §§ 49–52 Rn. 24.
[351] Vgl. *Gottwald* in Leipold S. 197, 199; MüKoInsO/*Lwowski/Tetzlaff,* § 166 Rn. 1; HK/*Landfermann,* § 166 Rn. 4.
[352] *Berger* ZIP 2007, 1533.

Sachen, auch wenn die Urkunde ein Mitgliedschaftsrecht verkörpert.[353] Die Gleichstellung der in der Urkunde verbrieften subjektiven Rechte mit Sachen (s § 1293 BGB) beansprucht im Rahmen der §§ 50 I, 166 I InsO Geltung.[354] Auch bei der Girosammelverwahrung liegt in Form der (Dauer-)Globalurkunde eine bewegliche Sache vor.[355] Vor dem Hintergrund der Immaterialisierung des Wertpapierrechts – im Effektengiroverkehr wird die Übertragung ohne Bewegung von körperlichen Urkunden vollzogen – ergeben sich hier allerdings neue Fragestellungen.[356] (zur Verwertungsbefugnis des Insolvenzverwalters bei der Verpfändung → Rn. 141).

Diskutiert wurde schon die Einordnung von Windkraftanlagen, weil ein Bedürfnis zur Sicherungsübereignung bestand, wenn diese auf fremdem Grund errichtet wurden.[357] Die Verwertung von Mobiliarsicherheiten ist überwiegend Sache des Verwalters. In Verfahren mit Eigenverwaltung hat der Schuldner selbst nach § 282 I 1 InsO die sonst dem Verwalter zustehende Verwertungsbefugnis. Gleichzeitig wird die Masse von den dabei anfallenden Kosten sowie der Umsatzsteuer entlastet (→ Rn. 179 ff.).[358] Ziel dieser Neuregelung ist es, einstweilige Betriebsfortführungen durch den Verwalter mit dem Ziel der Sanierung oder doch der Betriebsveräußerung zu erleichtern. Das Verwertungsrecht kann nicht durch vertragliche Vereinbarung zwischen Gläubiger und Schuldner ausgeschlossen oder eingeschränkt werden (→ Rn. 200). Da die Nutzung aber streitanfälligen Regelungen unterworfen und die Masse aber gleichzeitig mit Zins- und Ausgleichszahlungen belastet wird, ist zweifelhaft, ob die Neuregelung beide Ziele wirklich wesentlich fördert.[359]

Dem Verwertungsrecht des Verwalters entspricht ein Verwertungsverbot des absonderungsberechtigten Gläubigers. In dieser Beschränkung der Rechte des Gläubigers liegt eine zulässige Inhalts- und Schrankenbestimmung nach Art. 14 I 2 GG.[360] Trotz dieses Verbotes ist eine Mitwirkung des Gläubigers teils unerlässlich. Deshalb unterliegt dieser stets dann einem Mitwirkungsanspruch des Insolvenzverwalters, welcher aus §§ 166 ff. InsO, 241 II BGB resultiert, soweit eine Handlung des Gläubigers zur ordnungsgemäßen Verwertung notwendig ist.[361] Relevant wird dies beispielsweise bei der Herausgabe der Zulassungsbescheinigung Teil II durch den Gläubiger, dem ein Kfz zur Sicherheit übereignet wurde.[362] Eine abschließende Entscheidung durch den BGH steht diesbezüglich jedoch noch aus.[363]

Für bewegliche *Sachen im Haftungsverband eines Grundstücks* gilt § 166 I InsO nicht. Diese kann der Schuldner bzw. der Insolvenzverwalter bereits nach § 1121 I BGB veräußern und vom Grundstück entfernen, solange die Gegenstände nicht zugunsten eines Gläubigers beschlagnahmt sind (§§ 1121, 1122 BGB).[364]

b) Der *vorläufige Insolvenzverwalter* hat kein Verwertungsrecht; im *Eröffnungsverfahren* steht das Verwertungsrecht daher wie außerhalb der Insolvenz dem Gläubiger zu.[365] Vor

---

[353] *Berger* ZIP 2007, 1533, 1534; *Hirte/Knof* WM 2008, 7, 9 und 49, 50; *Uhlenbruck* ZInsO 2008, 114.
[354] *Hirte/Knof* WM 2008, 49, 50; KPB/*Flöther* § 166 Rn. 15.
[355] *Hirte/Knof* WM 2008, 7, 9.
[356] *Berger* ZIP 2007, 1533; *Hirte/Knof* WM 2008, 7.
[357] *Sessig/Fischer* ZIP 2011, 618, 620; *Ganter* WM 2006, 1081; MüKoInsO/*Lwowski/Tetzlaff*, § 166 Rn. 8.
[358] Vgl. *Gottwald* in Leipold S. 197, 198 ff.; *Häsemeyer*, Rn. 13.44.
[359] Krit auch *Häsemeyer*, Rn. 13.54; *Niesert* InVo 1998, 141, 144.
[360] *Lepa*, Insolvenzordnung und Verfassungsrecht, 2002, S. 236; aA *Stern*, FS Helmrich, 1994, S. 737.
[361] OLG Stuttgart NZI 2012, 845 (nicht rechtskräftig).
[362] OLG Stuttgart NZI 2012, 845 (nicht rechtskräftig).
[363] Revision beim BGH anhängig unter Az. IX ZR 161/12.
[364] *Marotzke* ZZP 109 (1996), 429, 446; *Bork*, FS Gaul S. 71, 87 f.; HK/*Landfermann*, § 166 Rn. 11; KPB/*Flöther*, § 166 Rn. 7; s aber *Uhlenbruck*, § 166 Rn. 2; zur Frage der Kostenbeteiligung s *Lwowski/Tetzlaff* WM 1999, 2336, 2346 ff.
[365] BGH NZI 2007, 338, 339; BGHZ 144, 192, 199 = NJW 2000, 1950 = NZI 2000, 306; BGHZ 146, 165, 172 = NJW 2001, 1496 = NZI 2001, 191; BGHZ 154, 72, 79 = NJW 2003, 2240 = NZI

der Eröffnung des Insolvenzverfahrens richtet sich die Verwertung nach bürgerlichem Recht (zB §§ 1228 ff. BGB) bzw. nach den zugrundeliegenden Vereinbarungen.[366] Soweit Besitz und Verwertung zur Sicherung des Vermögens bei Betriebsfortführung erforderlich sind, werden sie aber von § 22 I 2 Nr. 1 u 2 InsO legitimiert.[367] Außerdem kann das Insolvenzgericht Maßnahmen der Vollstreckung gegen den Schuldner gem. § 21 II 1 Nr. 3 InsO untersagen oder einstweilen einstellen, falls der Sicherungsgläubiger Herausgabevollstreckung betreiben sollte[368] sowie dem Gläubiger die Verwertung des Sicherungsgutes nach § 21 I InsO verbieten[369] und zusätzlich die Nutzung, etwa von Immaterialgüterrechten gestatten.[370] In diesem Fall darf der vorläufige Verwalter die belasteten Sachen für die künftige Insolvenzmasse benutzen, muss aber dann analog § 172 I InsO Ausgleichszahlungen (→ Rn. 150) leisten.[371]

137 Im Rahmen der ordnungsgemäßen Betriebsfortführung ist auch eine Verarbeitung sicherungsübereigneter Gegenstände legitimiert.[372] Da der Umfang der Befugnisse des vorläufigen Verwalters aber in der Literatur streitig war, sieht § 21 II 1 Nr. 5 InsO ausdrücklich vor, dass das Gericht anordnen kann, dass alle von § 166 InsO erfassten Gegenstände (also auch Forderungen und sonstige Rechte) vom Gläubiger nicht verwertet oder eingezogen werden dürfen und für die Fortführung des Unternehmens benutzt werden können, soweit sie dafür von erheblicher Bedeutung sind und nicht durch die Benutzung wesentlich entwertet werden.[373] Schließlich kann der vorläufige Verwalter mit den gesicherten Gläubigern wie bisher eine Vereinbarung über die Verwertung der Sicherheiten gegen Kostenbeteiligung treffen. Da § 171 II 3 InsO nicht gilt, bedarf es insb einer Vereinbarung über die Tragung der Umsatzsteuerlast.[374]

138 Zur Sicherheit *abgetretene Forderungen* darf der vorläufige Verwalter solange einziehen, als der Schuldner eine nicht widerrufene Einziehungsermächtigung besitzt.[375] Bei einer trotz fehlender oder entzogener Einziehungsbefugnis vorgenommenen Einziehung durch den vorläufigen Insolvenzverwalter handelt dieser als Nichtberechtigter. Dem Sicherungsgläubiger steht dann ein Herausgabeanspruch nach § 816 II BGB zu.[376] Bei der späteren Eröffnung des Insolvenzverfahrens setzt sich dieser als Ersatzaussonderungsanspruch (→ Rn. 213 ff.) gem § 48 InsO analog fort.[377]

139 c) Bei beweglichen Sachen hängt das Verwertungsrecht des Insolvenzverwalters zunächst davon ab, ob er *unmittelbaren Besitz* an der Sache hat, § 166 I InsO. Maßgeblicher Zeitpunkt soll der Zeitpunkt der Verfahrenseröffnung sein.[378] Da der Verwalter die Masse aber, sofern er nicht bereits als vorläufiger Verwalter tätig war, nach

---

2003, 259; BGH NJW 2002, 3475 = NZI 2002, 599; NJW-RR 2003, 1490 = NZI 2003, 496 = WM 2003, 1367; MüKoInsO/*Haarmeyer*, § 22 Rn. 53; *Ganter* ZInsO 2007, 841, 842; KPB/*Flöther*, § 166 Rn. 26; *Marotzke*, Das neue Insolvenzrecht, S. 29 ff.; *Smid* WM 1999, 1141, 1147; FK/*Wegener*, § 166 Rn. 17; *Obermüller*, Rn. 6412 ff.; *ders.* DZWIR 2000, 10, 11.

[366] *Ch. Berger* ZIP 2007, 1533.
[367] KPB/*Kemper*, § 166 Rn. 13; *Obermüller* DZWIR 2000, 10, 12; *Mönning*, FS Uhlenbruck S. 239, 247; *Schlegel* DZWIR 2000, 94, 95; aA *Häcker*, Rn. 919 ff.
[368] *Lohkemper* ZIP 1995, 1641, 1650; *Schlegel* DZWIR 2000, 94, 96; aA *Häcker*, Rn. 928 ff. (Wirkungslosigkeit).
[369] *Häcker*, Rn. 935 ff., 953; *Obermüller* DZWIR 2000, 10, 13.
[370] *Häcker*, Rn. 955 ff.
[371] *Marotzke*, Das neue Insolvenzrecht, S. 31; *Schlegel* DZWIR 2000, 94, 96 f. (für Sicherungseigentum; aA S. 103 für Vorbehaltsgut).
[372] *Schlegel* DZWIR 2000, 94, 97.
[373] MüKoInsO/*Haarmeyer*, § 22 Rn. 49, 107; *Vallender*/*Fuchs* NZI 2003, 292 f.
[374] *Marotzke*, Das neue Insolvenzrecht, S. 34; *Obermüller* DZWIR 2000, 10, 13.
[375] FK/*Wegener*, § 166 Rn. 18; *Obermüller*, Rn. 6.418a.
[376] BGH NZI 2007, 338.
[377] BGH NZI 2007, 338.
[378] So *Klasmeyer*/*Elsner*/*Ringstmeier* in Kölner Schrift, S. 1083, 1086 (Rn. 15); aA *B. Gaul* ZInsO 2000, 256, 260 (Zeitpunkt der Verwertung).

seiner Bestellung (selbst oder durch Besitzdiener, § 855 BGB) erst in Besitz nehmen muss (§ 148 InsO), ist das Gesetz zumindest ungenau. Abzustellen ist daher (entgegen dem Gesetzeswortlaut) auf den *Besitz des Insolvenzschuldners*[379] oder *des vorläufigen Insolvenzverwalters*[380] *bei Verfahrenseröffnung.* Typischerweise ist dies bei Sicherungsübereignungen mittels Besitzkonstitut, beim verlängerten oder erweiterten Eigentumsvorbehalt nach Eintritt des Verlängerungs- oder Erweiterungsfalls sowie bei Gegenständen der Fall, die von *besitzlosen gesetzlichen Pfandrechten,* zB vom Vermieterpfandrecht[381] erfasst werden.

Befindet sich die Sache bei Verfahrenseröffnung (vorübergehend) im *Besitz eines Dritten,* der sein Besitzrecht vom Schuldner ableitet, zB bei einem vom Schuldner bezahlten Lagerhalter, zur Reparatur bei einem Werkunternehmer oder bei einem Mieter oder Leasingnehmer des Schuldners, so genügt auch der *mittelbare Besitz des Schuldners,* um das Verwertungsrecht des Verwalters zu begründen.[382] Dies wird in der Literatur teilweise mit dem „besseren Besitz" des Insolvenzverwalters begründet,[383] vom BGH in seiner Leasing-Entscheidung aus dem Jahr 2006 dagegen damit, dass diese Gegenstände für eine Unternehmensfortführung bzw. für eine geordnete Abwicklung benötigt werden.[384] Nach Ansicht des BGH muss der Besitzmittlungswille des unmittelbaren Besitzers aber fortbestehen, um das Verwertungsrecht des Verwalters begründen zu können. Gibt der unmittelbare Besitzer den Besitzmittlungswillen auf, so erlischt daher das Verwertungsrecht des Insolvenzverwalters.[385] Dies gelte jedoch nicht, wenn die Willensänderung des unmittelbaren Besitzers auf einer Einwirkung durch den absonderungsberechtigten Gläubiger beruht; denn dieser könne durch einen rechtswidrigen Eingriff in die Befugnisse des Insolvenzverwalters nicht eine Übertragung des Verwertungsrechts auf sich selbst bewirken.[386] **140**

Fraglich ist, inwieweit der Insolvenzverwalter an Wertpapieren des Insolvenzschuldners, die bei einer Bank hinterlegt und regelmäßig gem. § 14 I AGB-Banken, § 21 AGB-Sparkassen verpfändet sind, Besitz hat, der ihn zur Verwertung gem. § 166 I InsO berechtigt. Bei einer derartigen Hinterlegung ist ein unmittelbarer Besitz des Insolvenzschuldners bzw. des -verwalters nicht gegeben, da die Wertpapiersammelbank (Clearstream Banking AG, Frankfurt) unmittelbaren Besitz begründet. Ob mittelbarer Besitz besteht, der als Grundlage des Verwertungsrechts des Verwalters ausreichen könnte, ist umstritten. Das Problem tritt insbesondere bei Aktien auf, die in einer Sammel-(Global-)urkunde gem. § 9a DepotG verbrieft und bei einer Wertpapiersammelbank (Clear- **141**

---

[379] *Häsemeyer,* Rn. 13.47; MüKoInsO/*Lwowski/Tetzlaff,* § 166 Rn. 14; HK/*Landfermann,* § 166 Rn. 9; Uhlenbruck/Hirte/Vallender/*Brinkmann,* § 166 Rn. 6; ausführlich: *Bork,* FS Gaul S. 71, 72 ff.

[380] MüKoInsO/*Lwowski/Tetzlaff,* § 166 Rn. 14; *Funk,* S. 76.

[381] *Bülow,* Rn. 623; *Obermüller,* Rn. 6.353.

[382] BGHZ 166, 215 = NJW 2006, 1873 = NZI 2006, 342 = ZIP 2006, 814, 816; *Sessig/Fischer* ZIP 2011, 618, 622; *Cartano,* WuB VI A § 169 InsO 1.06; *Gundlach/Frenzel,* BGH-Report 2006, 818, 819; *Schmidt/Schirrmeister,* EWiR 2006, 471, 472; *Bork,* FS Gaul S. 71, 75; *Marotzke,* Das neue Insolvenzrecht, S. 11 f.; *Grub* in Insolvenzrecht 1998, S. 131, 133 f.; MüKoInsO/*Lwowski/Tetzlaff,* § 166 Rn. 15; HK/*Landfermann,* § 166 Rn. 14; KPB/*Flöther,* § 166 Rn. 8; FK/*Wegener,* § 166 Rn. 5; Uhlenbruck/Hirte/Vallender/*Brinkmann,* § 166 Rn. 4; *Oerther,* S. 205; aA *Haunschild* DZWIR 1999, 60, 61; im Ansatz auch *B. Gaul* ZInsO 2000, 256, 261 ff.

[383] HK/*Landfermann,* § 166 Rn. 14; Uhlenbruck/Hirte/Vallender/*Brinkmann,* § 166 Rn. 4; *ders.* ZInsO 2008, 114, 115.

[384] BGHZ 166, 215 = NJW 2006, 1873 = NZI 2006, 342 = ZIP 2006, 814, 816; bestätigt durch BGH NZI 2007, 95; dazu *Ganter* ZInsO 2007, 841, 846; ähnlich FK/*Wegener* § 166 Rn. 5 („technisch organisatorischer Verbund"); kritisch MüKoInsO/*Lwowski/Tetzlaff,* § 166 Rn. 15a; *Zahn* ZIP 2007, 365, 368.

[385] BGHZ 166, 215 = NJW 2006, 1873 = NZI 2006, 342 = ZIP 2006, 814, 817; *Ganter* ZInsO 2007, 841, 846.

[386] BGH NZI 2007, 95; *Ganter* ZInsO 2007, 841, 847; s auch MüKoInsO/*Lwowski/Tetzlaff,* § 166 Rn. 15b; kritisch HK/*Landfermann,* § 166 Rn. 17; *Gundlach/Frenzel/Schirrmeister* NZI 2007, 327, 329.

stream Banking AG, Frankfurt) hinterlegt sind. Mittelbarer Besitz ist hier außerordentlich fraglich, da ein Teil der Literatur den erforderlichen Herausgabeanspruch gegen die Wertpapiersammelbank auf der Grundlage des § 9a I, III S. 2 DepotG verneint.[387] Im Fall der Sammelverwahrung gem. § 5 DepotG wird ein Herausgabeanspruch jedoch meist aus den depotrechtlichen Herausgabeansprüchen (§§ 7 I, 8 DepotG) bejaht,[388] so dass in diesem Fall mittelbarer Besitz des Insolvenzverwalters besteht. Ob dieser für § 166 I InsO als Grundlage des Verwertungsrechts ausreicht, ist wiederum streitig.[389]

142 Das Verwertungsrecht besteht auch bei *gepfändeten Sachen,* solange sie der Gerichtsvollzieher bei der Eröffnung des Insolvenzverfahrens im Besitz des Insolvenzschuldners gelassen hat (vgl. § 808 II 1 ZPO).[390] Teilweise wird verlangt, dass der Gerichtsvollzieher vor einer Veräußerung die Pfandverstrickung auf Verlangen des Insolvenzverwalters aufhebt.[391] Denkbar ist aber auch, in § 166 I InsO eine gesetzlich zugelassene „andere Verwertungsart" (§ 825 ZPO) zu sehen; die Verstrickung erlischt dann mit der freihändigen Veräußerung, ohne dass diese vom Vollstreckungsgericht besonders gestattet werden müsste.[392] Für diese Lösung spricht, dass sonst das Pfändungspfandrecht mit der Entstrickung erlöschen würde.[393]

143 Hat ein Gläubiger dem Schuldner den *Besitz* vor oder nach Eröffnung des Verfahrens *durch verbotene Eigenmacht entzogen* oder den Schuldner durch Irreführung zur Herausgabe veranlasst, so sollte der Insolvenzverwalter nach § 199 des RegE zur InsO beim Insolvenzgericht eine Herausgabe- bzw. Rückgabeanordnung beantragen können. Diese Regelung ist nicht in die InsO übernommen worden. Daher wird die Ansicht vertreten, eine teleologische Reduktion des § 166 I InsO scheide aus; dem Insolvenzverwalter verblieben nur etwaige Rückgabeansprüche aus Insolvenzanfechtung, §§ 129 ff., 143 InsO oder Ansprüche aus den §§ 812 ff., 823 ff. BGB, womit eine rasche Rückgabe aber nicht gesichert sei.[394] Der Rechtsausschuss hat die Regelung freilich nur gestrichen, weil er das Insolvenzgericht entlasten wollte und sie auch für entbehrlich hielt.[395] Deshalb ist dem Verwalter durchaus zuzubilligen, dass er einen dem Insolvenzschuldner zustehenden (possessorischen) *Besitzanspruch* nach § 861 I BGB geltend macht, um mit dem Besitz die Verwertungsbefugnis (wieder) zu erlangen.[396]

144 § 166 InsO gibt dem Verwalter ein Recht zur Verwertung, verpflichtet ihn jedoch nicht dazu.[397] Denn nach § 170 II InsO kann er die Verwertung dem Gläubiger überlassen.[398] Ohne gesetzliche Regelung kann er die Sache oder Forderung auch *freigeben,* dh dem Schuldner in dessen insolvenzfreies Vermögen übergeben.[399]

---

[387] *Habersack/Mayer* WM 2000, 1678, 1679; *Mentz/Fröhling* NZG 2002, 201, 208; KPB/*Flöther,* § 166 Rn. 15; aA *Hirte/Knof* WM 2008, 7, 11 (dort auch Nachweise zum Streitstand).
[388] *Habersack/Mayer* WM 2000, 1678, 1679; *Hirte/Knof* WM 2008, 7, 10.
[389] *Berger* ZIP 2007, 1533, 1535; *Hirte/Knof* WM 2008, 49, 54 ff.; *Sessig/Fischer* ZIP 2011, 618, 622 ff.
[390] KPB/*Kemper,* § 166 Rn. 6; Uhlenbruck/Hirte/Vallender/*Brinkmann,* § 166 Rn. 6; *Obermüller,* Rn. 6.319; krit. *Gottwald* in Leipold, S. 197, 199; *Ch. Berger* KTS 2007, 433, 438.
[391] FK/*Wegener,* § 166 Rn. 4; HK/*Landfermann,* § 166 Rn. 21.
[392] Uhlenbruck/Hirte/Vallender/*Brinkmann,* § 166 Rn. 10; *Ch. Berger* KTS 2007, 433, 439 (Fn. 22); aA *Bork,* FS Gaul S. 71, 80.
[393] *Jauernig,* § 74 IV 2b; zust *Häsemeyer,* Rn. 13.48; KPB/*Kemper,* § 166 Rn. 11; *Ch. Berger* KTS 2007, 433, 439; *Bork,* FS Gaul S. 71, 79 f.; für Ablösung der Verstrickung durch den Insolvenzbeschlag *Smid,* Kreditsicherheiten, § 12 Rn. 19.
[394] Vgl. *Niesert* InVo 1998, 141, 144; *Kirchhof,* Leitfaden, Rn. 330.
[395] Vgl. *Schmidt-Räntsch,* InsO, Anh I 7 Nr. 112 (S. 911).
[396] *Häsemeyer,* Rn. 13.47; MüKoInsO/*Lwowski/Tetzlaff,* § 166 Rn. 16, 19; Uhlenbruck/Hirte/Vallender/*Brinkmann,* § 166 Rn. 7; HK/*Landfermann,* § 166 Rn. 10; FK/*Wegener,* § 166 Rn. 7; *Mönning,* FS Uhlenbruck S. 239, 242.
[397] MüKoInsO/*Lwowski/Tetzlaff,* § 166 Rn. 11; KPB/*Flöther,* § 166 Rn. 25.
[398] *Funk,* S. 78.
[399] KPB/*Flöther,* § 166 Rn. 12.

d) Der Verwalter entscheidet über den *Zeitpunkt der Verwertung*. Bis zum Berichtstermin (§ 156 InsO) darf der Verwalter Sicherungsgut uneingeschränkt nutzen. Sofern die Gläubiger nicht die Ausarbeitung eines Insolvenzplans beschließen, muss der Verwalter danach grundsätzlich umgehend verwerten, § 159 InsO. In jedem Fall muss er danach abwägen, ob die weitere Nutzung wegen der *Pflicht zur Zahlung der geschuldeten Zinsen* ab dem Berichtstermin nach § 169 I 1 InsO für die Masse vorteilhaft ist. War die Verwertung des Sicherungsgutes bereits durch eine Sicherungsanordnung nach § 21 InsO untersagt worden, so sind die Zinsen (als Masseschuld gem. § 55 I Nr. 1 InsO) spätestens drei Monate ab dem Erlass dieser Anordnung zu zahlen, § 169 I 2 InsO. Das Insolvenzgericht kann keinen früheren,[400] aber auch keinen späteren Zeitpunkt festlegen. Für die Zeit bis zum Berichtstermin bzw. zum Ablauf der Dreimonatsfrist anfallenden Zinsen haftet zwar die Sicherheit, besteht aber kein Zahlungsanspruch.[401] Geschuldet sind Zinsen ab diesem Zeitpunkt, unabhängig davon, ob der Verwalter den Gegenstand nutzen kann oder nicht. Die Zinspflicht besteht nach dem Wortlaut des Gesetzes, unabhängig davon, ob der Verwalter die Verwertung nach dem Berichtstermin verzögert. Jedoch ist es nicht sinnvoll, dem Verwalter eine Zinspflicht aufzuerlegen, solange er gar nicht verwerten kann. In restriktiver Auslegung beginnt die Zinspflicht daher erst, wenn der Verwalter eine sich bietende Verwertungsmöglichkeit nicht nutzt.[402] Durch diese Zinspflicht soll der absonderungsberechtigte Gläubiger vor Verzögerungen der Verwertung durch den Verwalter geschützt werden.[403] Der Verwalter ist daher grundsätzlich an einer möglichst raschen Verwertung oder Überlassung der Verwertung an den Gläubiger interessiert, sofern er durch die Nutzung keinen Ertrag erwirtschaften kann.[404] Hinsichtlich der laufenden Zinsen ist § 169 InsO lex specialis gegenüber § 39 I Nr. 1 InsO.[405] Der Zinsanspruch erfasst keine rückständigen Zinsen aus der Zeit vor der Verfahrenseröffnung; diese sind nur aus dem Verwertungserlös zu tilgen.[406]

Vorschläge, einen Zinsstop für das gesamte Insolvenzverfahren vorzusehen oder die zinsfreie Frist auf sechs Monate festzulegen,[407] hat der Gesetzgeber nicht aufgegriffen. Die Frist kann auch nicht vom Insolvenzgericht verlängert werden. Lediglich in einem Insolvenzplan kann für die Verzinsung eine abweichende Regelung getroffen werden, §§ 223 II, 254 I InsO. Allerdings entfällt die Zinspflicht nach § 169 S. 3 InsO, wenn nach der Höhe der Forderung und der Art der Belastung *("Schornsteinhypothek")* mit einer Befriedigung des Gläubigers aus dem Erlös nicht zu rechnen ist. Im Ergebnis beschränkt sich die Zinspflicht daher auf den voraussichtlich zu erwartenden Erlös.[408]

Die *Höhe der Zinsen* richtet sich nach der vertraglichen Vereinbarung für die gesicherte Forderung[409] oder nach den gesetzlichen Fälligkeits- oder Verzugszinsen.[410] Der BGH hat

---

[400] Uhlenbruck/Hirte/Vallender/*Brinkmann*, § 169 Rn. 7; HK/*Landfermann*, § 169 Rn. 17; *Schlegel* DZWIR 2000, 94, 96; aA KPB/*Flöther*, § 169 Rn. 12.
[401] *Pallas*, Rn. 387.
[402] *Grub*, Insolvenzrecht 1998, 131, 141; BerlK-*Breutigam*, § 169 Rn. 6; wohl auch *Lwowski/Heyn* WM 1998, 473, 479 f.; aA *Obermüller* NZI 2003, 416, 418.
[403] MüKoInsO/*Lwowski/Tetzlaff*, § 166 Rn. 1; *Lwowski/Heyn* WM 1998, 473, 479.
[404] *Niesert* InVo 1998, 141, 145.
[405] BGH NZI 2008, 542; *Lwowski/Heyn* WM 1998, 473, 480.
[406] MüKoInsO/*Lwowski/Tetzlaff*, § 166 Rn. 28; *Kirchhof*, Leitfaden, Rn. 334; aA *Zimmermann* NZI 1998, 17, 63.
[407] *Baur/Stürner* Bd II, 12. Aufl. 1990, Rn. 4.48; *Gottwald* in Leipold, S. 197, 202.
[408] HK/*Landfermann*, § 166 Rn. 11; MüKoInsO/*Lwowski/Tetzlaff*, § 166 Rn. 40; Uhlenbruck/Hirte/Vallender/*Brinkmann*, § 166 Rn. 11; FK/*Wegener*, § 169 Rn. 5.
[409] BGHZ 166, 215 = NJW 2006, 1873 = WM 2006, 818, 822; HK/*Landfermann*, § 169 Rn. 13; FK/*Wegener*, § 169 Rn. 4; MüKoInsO/*Lwowski/Tetzlaff*, § 169 Rn. 33.
[410] *Bilgery*, FS Bayer, 1998, S. 9, 27; FK/*Wegener*, § 169 Rn. 4; Uhlenbruck/Hirte/Vallender/*Brinkmann*, § 169 Rn. 5; *Funk*, S. 90; *Marotzke* ZZP 109 (1996), 429, 445; *Grub* DZWIR 2002, 441, 443.

bei Fehlen einer vertraglichen Vereinbarung die Anwendung dieser erhöhten Verzugszinssätze als dem Sinn und Zweck der Regelungen der §§ 166 ff. InsO nicht gerecht werdend angesehen. Er hat die Anwendung auf ein Maximum, aber auch auf ein Minimum (in Fällen, in denen der vereinbarte Zinssatz unter 4% lag) von 4% begrenzt.[411] Zweifelhaft ist, ob ein Zins in der Höhe von 4% wirklich geeignet ist, eine Zwischenfinanzierung der Gläubiger zu ermöglichen.[412] Zu finden ist auch eine Lösung für die Fälle, in denen der Schuldner schon vor Insolvenzeröffnung in Verzug geraten war und auf dieser Grundlage zunächst zur Zahlung höherer gesetzlicher Verzugszinsen verpflichtet war.

Da der Zinsanspruch als *Masseschuld* zu befriedigen ist (§ 55 I Nr. 1 InsO), wird der Spielraum des Verwalters bei der Wahl des günstigsten Verwertungszeitpunktes ganz erheblich eingeschränkt.[413]

148   Die Zinspflicht besteht, solange der Gegenstand „nicht verwertet wird". Schon der Gesetzeswortlaut stellt daher nicht auf den Abschluss der Verwertung, dh die Auszahlung des Erlöses an den Sicherungsgläubiger,[414] sondern darauf ab, ob der Verwalter handelt, um einen Gegenstand zu veräußern oder einzuziehen[415] (→ Rn. 160 f.).

149   e) Bis zur Verwertung darf der Insolvenzverwalter die bewegliche Sache *für die Masse nutzen;* der Absonderungsberechtigte hat die Nutzung zu dulden.[416]

150   Er muss allerdings einen etwaigen dadurch eintretenden *Wertverlust* ab Eröffnung des Verfahrens (zusätzlich zu den Zinsen)[417] *durch laufende Zahlungen* an den Gläubiger *ausgleichen,* sofern der Wertverlust die Sicherung des Gläubigers beeinträchtigt, § 172 I InsO, also eine Deckungslücke entsteht. Die Ausgleichszahlung ist mithin eine vorweggenommene Erlösausschüttung, so dass die künftigen Kostenbeiträge bei der Berechnung zu berücksichtigen sind.[418] Da die Ausgleichszahlungen auf den Erlös anzurechnen sind, reduzieren sie auch die Bemessungsgrundlage für die geschuldeten Zahlungen.[419] Diese Ausgleichspflicht ist Masseschuld gem. § 55 I Nr. 1 InsO; sie birgt für den Verwalter bei Betriebsfortführung ein erhebliches Risiko in sich.[420] Ist eine Sicherheit nicht voll werthaltig, so ist die Wertminderung nur anteilig zu erstatten.[421] Diese Regelung ist zwingend und nicht vertraglich abdingbar.[422] Vorschlägen, den Wertausgleich erst ab dem Berichtstermin oder erst nach sechs Monaten zu gewähren,[423] ist der Gesetzgeber nicht gefolgt. Die Ausgleichszahlung ist als Ausgleich für einen nutzungsbedingten Wertverlust vorgesehen. Sie kann daher entgegen dem Wortlaut der Regelung erst ab Beginn einer beeinträchtigenden Nutzung geschuldet sein.[424] Denkbar ist allerdings, dass ein Wertverlust durch das Unterlassen jeglicher Nutzung eintritt.[425] Außerdem entfällt die Pflicht zu Ausgleichszahlungen sinngemäß, wenn der Verwalter eine Ersatzsicherheit stellen und sich darüber mit dem Gläubiger einigen kann.[426]

---

[411] BGHZ 166, 215 = NJW 2006, 1873 = WM 2006, 818, 822.
[412] HK/*Landfermann,* § 166 Rn. 15; MüKoInsO/*Lwowski/Tetzlaff,* § 166 Rn. 32.
[413] Krit auch *Häsemeyer,* Rn. 13.54; Niesert InVo 1998, 141, 144.
[414] So aber HK/*Landfermann,* § 169 Rn. 11b; MüKoInsO/*Lwowski,* § 169 Rn. 49.
[415] So zu Recht *Grub* DZWIR 2002, 441, 442 f.
[416] Vgl. Uhlenbruck/Hirte/Vallender/*Brinkmann,* § 172 Rn. 2 ff.; *Mönning,* FS Uhlenbruck S. 239, 259; MüKoInsO/*Lwowski/Tetzlaff,* § 172 Rn. 6.
[417] *Grub* DZWIR 2002, 441; MüKoInsO/*Lwowski/Tetzlaff,* § 172 Rn. 37.
[418] *Mönning,* FS Uhlenbruck S. 239, 263.
[419] *Mönning,* FS Uhlenbruck S. 239, 267; MüKoInsO/*Lwowski/Tetzlaff,* § 172 Rn. 18.
[420] *Grub,* Insolvenzrecht 1998, S. 131, 140.
[421] *Zimmermann* NZI 1998, 57, 60.
[422] MüKoInsO/*Lwowski/Tetzlaff,* § 172 Rn. 1, 7; *Lwowski/Heyn* WM 1998, 473, 482.
[423] Vgl. *Gottwald* in Leipold, S. 197, 203.
[424] *Jauernig,* § 74 IV 2e; Uhlenbruck/Hirte/Vallender/*Brinkmann,* § 172 Rn. 8.
[425] MüKoInsO/*Lwowski/Tetzlaff,* § 172 Rn. 13.
[426] *Funk,* S. 88; KPB/*Flöther,* § 172 Rn. 8; Uhlenbruck/Hirte/Vallender/*Brinkmann,* § 172 Rn. 5; *Pallas,* Rn. 394.

Zinsen und zusätzlicher Wertverlustausgleich sind allerdings dann nicht geschuldet, **151** wenn mit einer Befriedigung des Gläubigers aus dem Verwertungserlös nicht zu rechnen ist, § 169 S. 3 InsO. Da auf die konkreten Wertverhältnisse abzustellen ist, kommt auch eine teilweise Zinspflicht in Betracht, wenn ein Teilausfall wahrscheinlich ist.[427] Ist nicht mit voller Befriedigung aus dem Sicherungsgut zu rechnen, so richtet sich die Bemessung der Zinsen nach dem *voraussichtlich niedrigeren Verwertungserlös*.[428] Solange das Sicherungsgut nicht verwertet ist, kann das Urteil darüber nur auf vorläufigen Schätzungen aufbauen.

f) Der Insolvenzverwalter darf das *Sicherungsgut* auch verbinden, vermischen oder *ver-* **152** *arbeiten*, soweit dies die Sicherung des berechtigten Gläubigers nicht beeinträchtigt, § 172 II 1 InsO.[429] Eine Beeinträchtigung liegt stets vor, wenn der Absonderungsberechtigte sein Recht nach den §§ 946 ff. BGB verliert. Da eine Verarbeitung stets zum Erlöschen des bisherigen Eigentums führe, meinen manche, ihre Erwähnung in § 172 II 1 InsO beruhe nur auf einem Redaktionsversehen; ohne vertragliche Gestattung sei sie unzulässig.[430] Dem ist nicht zu folgen. Der Gesetzgeber wollte dem Insolvenzverwalter eine Betriebsfortführung auch unter Nutzung der „heimlichen" Mobiliarsicherheiten gestatten. Eine Verarbeitung ist deshalb zulässig, wenn sich das Recht des Gläubigers aufgrund einer (grundsätzlich von der Verfahrenseröffnung unabhängigen und nicht widerrufenen) Verarbeitungsermächtigung an den *neu entstehenden Sachen* fortsetzt.[431] Ansonsten liefe § 172 II 2 InsO leer, wonach der Gläubiger eine *Übersicherung* an den neuen Sachen *freigeben* muss, um eine Bereicherung zu Lasten der Masse zu verhindern.[432] Diese Regelung wäre weitgehend gegenstandslos, wenn der Verwalter Sicherungsgut nicht (wertsteigernd) verarbeiten dürfte. Dadurch soll eine Bereicherung zu Lasten der Masse vermieden werden.[433]

Der Insolvenzverwalter darf Sicherungsgut aber (ohne Gestattung durch den Gläubi- **153** ger) *nicht verbrauchen*.[434] Der im RegE vorgesehene Verbrauch gegen Stellung einer *Ersatzsicherung* (RegE § 186 II) ist nicht in die Insolvenzordnung übernommen worden.[435] Ein Verbrauch ist daher nur gegen Bezahlung der gesicherten Forderung oder Vereinbarung einer Ersatzsicherheit im Einzelfall[436] zulässig.

Der Verwalter darf Sicherungsgut auch *nicht zum Zwecke der Betriebsfortführung veräußern*, **154** da er den Erlös unverzüglich an den Sicherungsgläubiger auszukehren hat (→ Rn. 175). Benötigt er den Erlös zur Betriebsfortführung, so muss er mit den betroffenen Gläubigern eine Vereinbarung treffen.[437]

g) *Zur Sicherheit abgetretene Forderungen* darf der Insolvenzverwalter gem. § 166 II **155** InsO ebenfalls verwerten. Dazu hat der Verwalter kraft Gesetzes ein *Einziehungsrecht*. Ob durch den Übergang der Verwertungsbefugnis auf den Insolvenzverwalter die Empfangszuständigkeit des Zessionars entfällt, ist zunehmend streitig. Die Frage ist relevant,

---

[427] FK/*Wegener*, § 169 Rn. 5; *Niesert* InVo 1998, 141, 145.
[428] *Bilgery*, FS Bayer S. 9, 27.
[429] Vgl. *Bork*, FS Gaul S. 71, 81 ff.; *Mönning*, FS Uhlenbruck S. 239, 260; HK/*Landfermann*, § 166 Rn. 13; Uhlenbruck/Hirte/Vallender/*Brinkmann*, § 172 Rn. 13; MüKoInsO/*Lwowski/Tetzlaff*, § 172 Rn. 38 ff.; KPB/*Flöther*, § 172 Rn. 11.
[430] *Bork*, FS Gaul S. 71, 87; wohl auch MüKoInsO/*Lwowski/Tetzlaff*, § 172 Rn. 38.
[431] *Bork*, FS Gaul S. 71, 89.
[432] *Zimmermann* NZI 1998, 57, 61.
[433] *Zimmermann* NZI 1998, 57, 61.
[434] KPB/*Flöther*, § 172 Rn. 3; FK/*Wegener*, § 172 Rn. 13; missverständlich *Hess*, Bankrechtstag 1999, S. 101, 122.
[435] FK/*Wegener*, § 172 Rn. 13; *Lwowski/Heyn* WM 1998, 473, 482.
[436] *Funk*, S. 88; FK/*Wegener*, § 172 Rn. 13; Uhlenbruck/Hirte/Vallender/*Brinkmann*, § 172 Rn. 12; krit. zum daraus folgenden Einfluss der Banken *Grub*, Insolvenzrecht 1998, S. 131, 139 f.
[437] *Grub* DZWIR 1999, 133, 136f; Uhlenbruck/Hirte/Vallender/*Brinkmann*, § 172 Rn. 12.

wenn der Sicherungszessionar bereits vor Insolvenzeröffnung Zahlung an sich verlangt, und der Drittschuldner an ihn leistet. Die Frage ist, ob dies mit befreiender Wirkung erfolgt oder der Drittschuldner vom Insolvenzverwalter erneut in Anspruch genommen werden kann. Nach einer Auffassung soll der materiell berechtigte Sicherungszessionar auch nach Insolvenzeröffnung empfangszuständig bleiben mit der Folge, dass der Drittschuldner mit Erfüllungswirkung an ihn zahlen kann.[438] Richtig dürfte es jedoch sein, zumindest in den Fällen, in denen die Zession offengelegt wurde und der Drittschuldner Kenntnis von der Insolvenzeröffnung hat, eine Befreiung des Drittschuldners zu verneinen.[439]

Bei Zahlung nach Insolvenzeröffnung fallen Feststellungskosten (nicht aber Verwertungskosten) nach §§ 170, 171 I InsO an, die an die Masse abzuführen sind.[440] Dies gilt auch, wenn nach Verfahrenseröffnung auf die gesicherte Forderung erfüllungshalber durch Begebung eines Wechsels geleistet wird.[441] Bei einer Einziehung noch vor Verfahrenseröffnung besteht zwar kein Anspruch auf die Feststellungspauschale nach § 170 InsO, doch kommt in gleicher Höhe ein Anspruch auf Rückgewähr wegen Insolvenzanfechtung in Betracht.[442]

156 Auf eine irgendwie geartete „Inbesitznahme" der Forderungsunterlagen kommt es nicht an.[443] Das Verwertungsrecht des Verwalters entsteht mit Insolvenzeröffnung auch, wenn die Sicherungszession bereits vor Eröffnung offen gelegt wurde.[444] Bei Eröffnung bereits eingezogene Teilbeträge darf der Sicherungsgläubiger behalten; die weitere Verwertung steht dagegen dem Verwalter zu.[445] § 166 II InsO ist auch von der Hinterlegungsstelle zu beachten, wenn der Betrag der zur Sicherheit abgetretenen Forderung hinterlegt wurde.[446]

157 Nicht der Verwertungsbefugnis des Verwalters unterliegen dagegen Gegenstände, an denen eine Sicherheit zugunsten eines Teilnehmers an einem Sicherungssystem gem. § 1 Abs. 16 KWG, zugunsten einer Zentralbank eines EU-Staates, eines EWR-Staates oder der Europäischen Zentralbank, oder an denen eine Finanzsicherheit iS von § 1 Abs. 17 KWG besteht (§ 166 III InsO idF vom 5.4.2004).[447]

158 Zahlt der Drittschuldner nicht, so muss der Verwalter die Forderung notfalls einklagen. Aufrechnungen des Drittschuldners hat er auf ihre Berechtigung zu überprüfen.[448] Schließt der Verwalter zur Vermeidung des Prozessrisikos einen *Zahlungsvergleich mit dem Drittschuldner* ab, so stellt sich die Frage, ob eine hierauf erfolgte Zahlung noch der ursprünglichen Abtretung unterfällt.[449] Entscheidend dürfte sein, ob der Vergleich eine Modifikation des ursprünglichen Rechtsverhältnisses oder eine Novation darstellt.[450] Im ersten Fall würde eine Zahlung noch der ursprünglichen Abtretung unterfallen, ledig-

---

[438] *Wegmann* ZInsO 2008, 1014; *Häcker*, Rn. 1006 ff.; ders. NZI 2002, 409; *Obermüller* NZI 2003, 416, 417; Vorauflage.

[439] OLG Celle NZI 2008, 434 = ZIP 2008, 749; KPB/*Flöther*, § 166 Rn. 17; *Pape* NZI 2000, 301, 302; Uhlenbruck/Hirte/Vallender/*Brinkmann*, § 166 Rn. 15; weitergehend HK/*Landfermann*, § 166 Rn. 33; MüKoInsO/*Lwowski/Tetzlaff*, § 166 Rn. 47; *Gundlach/Frenzel/Jahn*, DStR 2008, 1930; *Köster* EWiR 2008, 631 (generell keine befreiende Leistung nach Insolvenzeröffnung an Zessionar nach Insolvenzeröffnung).

[440] BGH NZI 2003, 259, 260; *Häcker*, Rn. 1025 ff.; *Schlegel* NZI 2004, 17, 19.

[441] OLG Düsseldorf NZI 2003, 203.

[442] Vgl. OLG Frankfurt DZWIR 2002, 213 *(Gundlach/Schmidt)*.

[443] *Hess*, Bankrechtstag 1999, S. 101, 126.

[444] KPB/*Flöther*, § 166 Rn. 14.

[445] BGH ZInsO 2002, 826; MüKoInsO/*Lwowski/Tetzlaff*, § 166 Rn. 47; *Obermüller* NZI 2003, 416, 417.

[446] LG Neubrandenburg NZI 2004, 434.

[447] Vgl. MüKoInsO/*Lwowski/Tetzlaff*, § 166 Rn. 455; HK/*Landfermann*, § 166 Rn. 36; KPB/*Flöther*, § 166 Rn. 31; *Obermüller* ZInsO 2004, 187, 189.

[448] MüKoInsO/*Lwowski/Tetzlaff*, § 166 Rn. 48; *Obermüller*, Rn. 6.333c.

[449] *Gessner* ZIP 2012, 455.

[450] Hierzu MüKoBGB/*Habersack*, § 779 Rn. 33 f.

lich bei einer Novation nicht.[451] Eine Leistung des Drittschuldners diente dann auch nur der Erfüllung dieser neuen Pflichten.[452] Die regelmäßig verwendeten Globalzessionsformulare umfassen solche später geschlossenen Vergleiche weder ausdrücklich, noch sind diese im Wege der Auslegung als erfasst zu betrachten.[453] Somit unterfallen Leistungen des Drittschuldners aufgrund eines eine Novation des Rechtsverhältnisses bewirkenden Zahlungsvergleichs mit dem Insolvenzverwalter nicht der Abtretung, ein Absonderungsrecht des Gläubigers besteht entsprechend nicht mehr fort.[454] Zum Schutz der Gläubiger ist dann jedoch eine Missbrauchskontrolle geboten, um den Abschluss von Zahlungsvergleichen auf die tatsächlich streitigen Forderungen zu beschränken.

Der Insolvenzverwalter darf die Forderung aber auch *in anderer Weise verwerten* und zwar durch Verkauf und Abtretung, etwa an ein Factoring-Institut[455] oder ein Inkasso-Unternehmen,[456] oder durch Erteilung einer Einziehungsermächtigung an einen Dritten.[457] Auch die Erteilung einer Einzugsermächtigung an einen Dritten ist von der gesetzlichen Verwertungsbefugnis des Insolvenzverwalters (§ 166 II InsO) gedeckt. Aufgrund seines Verwertungsrechts kann der Verwalter über die dem Gläubiger zustehende Forderung verfügen. **159**

Der Verwalter kann die Einziehung der Forderungen nach § 170 II InsO auch dem Sicherungsgläubiger überlassen.[458]

Die Zinspflicht nach § 169 InsO (→ Rn. 116) obliegt dem Verwalter bei jeder verzögerten Verwertung eines Gegenstandes, zu dem er nach § 166 InsO berechtigt ist, also dem Wortlaut nach auch bei der Nichteinziehung von Forderungen. Verwalter und Sicherungsgläubiger können § 169 InsO für die Einziehung von Forderungen nicht abbedingen.[459] Allerdings soll die Insolvenzmasse über die Zinspflicht nicht für die Werthaltigkeit der abgetretenen Forderungen einstehen. Kann der Drittschuldner nicht bezahlen oder zahlt er verspätet, so ist die Sicherheit nicht oder entsprechend weniger wert. Generell entfällt die Zinspflicht, wenn sich die Verwertung aus nicht insolvenzspezifischen Gründen verzögert.[460] Die Darlegungs- und Beweislast für derartige nicht insolvenzspezifische Risiken, die eine Verzögerung der Verwertung des Sicherungsgutes oder dessen gänzliche Nichtverwertbarkeit zur Folge haben, trägt der Insolvenzverwalter. Dies folgt aus dem Rechtsgedanken des § 169 S. 3 InsO, der nach Inhalt und Systematik der Vorschrift als Ausnahmetatbestand ausgestaltet ist.[461] Es besteht daher keine Zinspflicht für die Zeit des Rechtsstreits des Verwalters mit dem Drittschuldner. Der Verwalter schuldet Zinsen erst ab der Zahlung des Drittschuldners oder wenn er nach dem Berichtstermin die Eintreibung der Forderungen aufschiebt.[462] **160**

Die Zinspflicht beginnt nach § 169 S. 2 InsO nur dann früher, wenn der Gläubiger durch gerichtliche Anordnung nach § 21 InsO an der Einziehung der Forderung gehindert wurde. Bei einem Verbot der Zwangsvollstreckung (§ 21 II 1 Nr. 3 InsO) ge- **161**

---

[451] Ohne diese Differenzierung *Gessner* ZIP 2012, 455.
[452] *Gessner* ZIP 2012, 455, 456.
[453] *Gessner* ZIP 2012, 455, 457.
[454] *Gessner* ZIP 2012, 455, 459.
[455] BGH NZI 2003, 259, 260; FK/*Wegener*, § 166 Rn. 10; *Bork*, Rn. 258; HK/*Landfermann*, § 166 Rn. 31; Uhlenbruck/Hirte/Vallender/*Brinkmann*, § 166 Rn. 13.
[456] *Obermüller*, Rn. 6.333 d.
[457] BGH ZInsO 2012, 2341; dazu *Dahl* NJW-Spezial 2013, 86.
[458] *Bilgery*, FS Bayer S. 9, 30; MüKoInsO/*Lwowski/Tetzlaff*, Vor §§ 166–173 Rn. 59; KPB/*Flöther*, § 166 Rn. 25; Uhlenbruck/Hirte/Vallender/*Brinkmann*, § 166 Rn. 13 aE.
[459] *Bilgery*, FS Bayer S. 9, 31.
[460] BGHZ 166, 215 = ZInsO 2006, 433 = WM 2006, 818; kritisch HK/*Landfermann*, § 169 Rn. 8.
[461] BGHZ 166, 215 = ZInsO 2006, 433 = WM 2006, 818; ablehnend HK/*Landfermann*, § 169 Rn. 8.
[462] BGH NZI 2003, 259, 262; *Grub* DZWIR 2002, 441, 442 f.

gen den Schuldner ist dies nicht der Fall. Ein etwaiges Missverständnis über die Tragweite der gerichtlichen Anordnung rechtfertigt keinen früheren Zinsbeginn.[463] Ordnet das Gericht einen Verwertungsstopp und eine Nutzungsbefugnis gem. § 21 II 1 Nr. 5 InsO an, so hat der vorläufige Insolvenzverwalter einen Ausgleich an den betroffenen Gläubiger zu leisten. Der Gläubiger kann gem. § 169 S. 2 und 3 InsO die Zahlung der geschuldeten Zinsen verlangen. Die Zinszahlungspflicht beginnt jedoch erst drei Monate nach gerichtlicher Anordnung der Nutzungsbefugnis.[464]

162 h) Das Verwertungsrecht bei der *Sicherungsabtretung sonstiger Rechte,* insb von Gesellschaftsanteilen, Erbteilen und gewerblichen Schutzrechten (Marken, Patenten, Urheberrechten, Computerprogrammen) ist in § 166 II InsO nicht ausdrücklich geregelt. Da die Sicherungsübertragung solcher Rechte praktisch immer die Übergabe von Datenträgern, Dokumenten, Werkoriginalstücken, Codes usw voraussetzt, also einen gewissen „Besitz" erfordert, sollte sie wegen der Ähnlichkeit zu den Mobilien (und übereinstimmend mit dem bisherigen Recht) analog § 166 II InsO dem Insolvenzverwalter zustehen.[465] Andernfalls wäre bei Sicherungsübertragung von bei Insolvenzeröffnung bereits genutzten Patenten, Urhebernutzungsrechten, Erfinderrechten, Geschmacks- und Gebrauchsmustern sowie Marken[466] eine einstweilige Fortführung des Unternehmens des Schuldners praktisch ausgeschlossen. Der Miteigentumsanteil an beweglichen Sachen ist dagegen wie eine bewegliche Sache nach § 166 I InsO zu verwerten.[467]

163 i) Der Verwalter entscheidet auch über die *Art der Verwertung* (freihändiger Verkauf, Pfandverkauf, öffentliche Versteigerung,[468] Zwangsversteigerung).[469] Allerdings muss er dem Sicherungsgläubiger die *beabsichtigte Veräußerung* (von Gegenständen jeder Art) an einen Dritten *rechtzeitig mitteilen.* Der Gläubiger kann dann innerhalb einer Woche auf eine (wirtschaftlich) günstigere Verwertungsmöglichkeiten hinweisen, § 168 I InsO. Dies gilt auch bei Forderungen, wenn sie durch Verkauf, aber auch durch kostenpflichtige Einziehung realisiert werden sollen.[470] Die Frist beginnt ab Zugang der Mitteilung an den Gläubiger. Damit der Gläubiger einen möglichen Hinweis geben kann, muss die Mitteilung konkrete Angaben über die Verwertungsart und ihre Bedingungen (Zeitpunkt; Höhe des Erlöses; Zahlungsbedingungen) enthalten.[471] Bei einer Gesamtveräußerung sind auch Hinweise zur beabsichtigten Erlösaufteilung auf die einzelnen Gläubiger zu geben.[472] Der Verwalter muss den Ablauf der Wochenfrist abwarten, darf sich also vorher nicht binden und kann deshalb uU günstige, sich kurzfristig bietende Verwertungsmöglichkeiten nicht wahrnehmen.[473] Bei Verstoß gegen die Mitteilungspflicht gem. § 168 I InsO kann der Gläubiger Schadensersatzansprüche persönlich gegen den

---

[463] BGH NZI 2003, 259, 262.
[464] BGH NZI 2009, 114, 115; MüKoInsO/*Haarmeyer,* § 21 Rn. 101; FK/*Schmerbach,* § 21 Rn. 254.
[465] *Marotzke* ZZP 109 (1996), 429, 449f.; *ders.,* Das neue Insolvenzrecht, S. 23 ff.; *Berger,* FS Kirchhof S. 1, 11f.; Nerlich/Römermann/*Becker,* § 166 Rn. 35; BerlK-*Breutigam,* § 166 Rn. 47 ff.; im Erg auch *Häcker,* Rn. 397 ff., 478 ff., 1055 (§ 166 I analog); zweifelnd HK/*Landfermann,* § 166 Rn. 30; aA KPB/*Flöther,* § 173 Rn. 5; MüKoInsO/*Lwowski/Tetzlaff,* § 166 Rn. 66; *Obermüller,* Rn. 6.347; *Wallner* ZInsO 1999, 453 ff.; unentschieden Uhlenbruck/Hirte/Vallender/*Brinkmann,* § 166 Rn. 14.
[466] Für Verwertungsrecht des Gläubigers: *Lwowski/Hoes* WM 1999, 771, 776; vgl. *Brämer,* Die Sicherungsabtretung von Markenrechten, 2005.
[467] *Marotzke,* Das neue Insolvenzrecht, S. 26; KPB/*Flöther,* § 166 Rn. 9.
[468] Vgl. OLG Celle NZI 2004, 265; MüKoInsO/*Lwowski/Tetzlaff,* § 168 Rn. 6.
[469] Zu den Möglichkeiten s *Grub,* Insolvenzrecht 1998, S. 131, 135.
[470] *Gundlach/Frenzel/Schmidt* DZWIR 2001, 18, 19f; MüKoInsO/*Lwowski/Tetzlaff,* § 168 Rn. 8; FK/*Wegener,* § 168 Rn. 5.
[471] *Bork,* Die Veräußerung von Sicherungsgut durch den Insolvenzverwalter in FS Leipold, 2009, S. 361, 363; FK/*Wegener,* § 168 Rn. 4; KPB/*Flöther,* § 168 Rn. 4; Uhlenbruck/Hirte/Vallender/*Brinkmann,* § 168 Rn. 6; *Lwowski/Heyn* WM 1998, 473, 478; *Pallas,* Rn. 380; *Ehlenz* ZInsO 2003, 165, 166.
[472] KPB/*Flöther,* § 168 Rn. 4; Uhlenbruck/Hirte/Vallender/*Brinkmann,* § 168 Rn. 6.
[473] Krit. *Kirchhof,* Leitfaden, Rn. 353.

Insolvenzverwalter gem. § 60 InsO geltend machen.[474] Ob daneben der Verlust der Kostenbeiträge (§§ 170, 171 InsO) erfolgt, weil die Veräußerung unberechtigt ist, ist streitig.[475] Dieser Schadensersatzanspruch ist von dem Anspruch auf Ausgleich gem. § 168 II InsO zu unterscheiden.

Die Wochenfrist ist *keine Ausschlussfrist*. Der Verwalter hat daher auch verspätete **164** Hinweise zu beachten, solange er den Gegenstand noch nicht verwertet hat oder eine Änderung der begonnenen Verwertung ohne zusätzliche Kosten möglich ist.[476]

Erhält der Verwalter innerhalb der Wochenfrist ein neues verbessertes Angebot, so **165** muss er dies dem Gläubiger unter Einräumung einer weiteren Wochenfrist nur mitteilen, wenn dieser auf die erste Mitteilung reagiert und auf ein günstigeres Angebot hingewiesen hat.[477]

Der *Hinweis* des Gläubigers muss *inhaltlich bestimmt* sein, so dass der Insolvenzverwal- **166** ter Verwertungskosten und Erlös genau abschätzen kann.[478] Ist danach die vom Gläubiger vorgeschlagene Möglichkeit bei einer Gesamtbetrachtung wirtschaftlich günstiger, führt also zu einem höheren Nettoerlös für Gläubiger und Masse,[479] so ist der Verwalter zwar nicht verpflichtet[480] sie wahrzunehmen, muss aber den Gläubiger doch wirtschaftlich gleichstellen, § 168 II InsO.[481] Letzteres kommt vor allem in Betracht, wenn der Gläubiger nur eine günstigere Verwertung seines eigenen Sicherungsgutes anbieten kann, der Verwalter aber den ganzen Betrieb oder Betriebsteil mit Einschluss des Sicherungsgutes en bloc verwerten kann.[482] Ein Hinweis auf die günstigere Verwertungsmöglichkeit von Sicherungsgut anderer Gläubiger löst die Pflichten des § 168 II, III InsO nicht aus.[483] Günstiger ist die Verwertungsmöglichkeit bereits, wenn dabei Kosten gespart werden, § 168 III 2 InsO. Zwischen verschiedenen gleichwertigen Verwertungsmöglichkeiten wählt der Verwalter.[484] Verletzt der Insolvenzverwalter die Pflichten aus § 168 II InsO, macht er sich der Masse gegenüber nach § 60 InsO persönlich schadensersatzpflichtig.[485] Die Beweislast, dass eine bessere Verwertungsmöglichkeit tatsächlich bestand, trägt der Gläubiger, der sich darauf beruft.[486] Hat der Gläubiger trotz Aufforderung keine günstigere Verwertungsmöglichkeit aufgezeigt, kann er nicht nachträglich geltend machen, der Verwalter habe unter Wert veräußert.[487] In keinem Fall kann der Sicherungsgläubiger Informationen durch den Verwalter durch das Verlangen auf

---

[474] Uhlenbruck/Hirte/Vallender/*Brinkmann*, § 168 Rn. 15; MüKoInsO/*Lwowski/Tetzlaff*, § 168 Rn. 21.
[475] Dafür MüKoInsO/*Lwowski/Tetzlaff*, § 168 Rn. 23; Uhlenbruck/Hirte/Vallender/*Brinkmann*, § 168 Rn. 15; dagegen Ganter NZI 2005, 1, 8; *Ganter/Bitter* ZIP 2005, 101; HK/*Landfermann*, § 168 Rn. 6; FK/*Wegener*, § 168 Rn. 12.
[476] FK/*Wegener*, § 168 Rn. 6; Uhlenbruck/Hirte/Vallender/*Brinkmann*, § 168 Rn. 12; *Lwowski/Heyn* WM 1998, 473, 478; Nerlich/Römermann/*Becker*, § 168 Rn. 13; HK/*Landfermann*, § 168 Rn. 8; KPB/*Flöther*, § 168 Rn. 5; *Funk*, S. 87; Zimmermann NZI 1998, 57, 61.
[477] *Haas/Scholl* NZI 2002, 642, 643; BerlK-*Breutigam*, § 168 Rn. 6 ff.; HK/*Landfermann*, § 168 Rn. 465; Nerlich/Römermann/*Becker*, § 168 Rn. 46; wohl auch FK/*Wegener*, § 168 Rn. 10; aA FK/*Wegener* § 168 Rn. 11; *Gundlach/Frenzel/Schmidt* DZWIR 2001, 18.
[478] *Bork*, Die Veräußerung von Sicherungsgut durch den Insolvenzverwalter in FS Leipold, 2009, S. 361, 363; *Mönning*, FS Uhlenbruck S. 239, 244; MüKoInsO/*Lwowski/Tetzlaff*, § 168 Rn. 16 ff.; KPB/*Flöther*, § 168 Rn. 4.
[479] Vgl. MüKoInsO/*Lwowski/Tetzlaff*, § 168 Rn. 24.
[480] HK/*Landfermann*, § 168 Rn. 11; KPB/*Flöther*, § 168 Rn. 12; MüKoInsO/*Lwowski/Tetzlaff*, § 168 Rn. 33.
[481] Vgl. OLG Celle DZWIR 2004, 243 (*Gundlach/Schmidt*).
[482] *Niesert* InVo 1998, 141, 144; *Lwowski/Heyn* WM 1998, 473, 478; Uhlenbruck/Hirte/Vallender/*Brinkmann*, § 168 Rn. 14; krit. zur gesetzlichen Lösung *Mönning*, FS Uhlenbruck S. 239, 245 f.
[483] *Lwowski/Heyn* WM 1998, 473, 477.
[484] *Häcker*, Rn. 976; aA BerlK-*Breutigam*, § 168 Rn. 27.
[485] *Lwowski/Heyn* WM 1998, 473, 479; Zimmermann NZI 1998, 57, 61; *Pallas*, Rn. 382, 386.
[486] *Schmidt-Räntsch*, § 168 Rn. 2; BerlK-*Breutigam*, § 168 Rn. 21.
[487] MüKoInsO/*Lwowski/Tetzlaff*, § 168 Rn. 21; Uhlenbruck/Hirte/Vallender/*Brinkmann*, § 168 Rn. 15.

§ 42 167–170   Kap. III. 6. Abschnitt. Aussonderung, Absonderung, Aufrechnung

Herausgabe des Sicherungsgutes an einen Sequester oder gar an sich selbst erzwingen.[488]

167 Die Mitteilungspflicht entfällt nur im Ausnahmefall, wenn ein Notverkauf wegen Verderblichkeit der Ware oder drohendem Preisverfall zu tätigen ist.[489]

168 j) *Eintrittsmöglichkeit des Gläubigers.* Der Gläubiger darf als günstigere Verwertung auch die eigene Übernahme des Gegenstandes anbieten, § 168 III InsO. Dabei handelt es sich nicht um ein Recht des Gläubigers,[490] das allerdings im RegE noch als solches vorgesehen war (§ 193 I RegE[491]). Der Gläubiger kann den Selbsteintritt vorschlagen, der Insolvenzverwalter muss jedoch darauf nicht eingehen (§ 168 II InsO). Mit der Übernahme hat der Gläubiger den angebotenen Preis an den Verwalter zu bezahlen. Gleichzeitig hat er einen Anspruch auf Auskehrung des Erlöses aus der damit bewirkten Verwertung. Beide Ansprüche können miteinander verrechnet werden.[492] Da es sich rechtlich um eine Verwertung des Verwalters handelt, sind aus dem Erlös die Kostenbeiträge gem. § 170 I InsO abzuziehen.[493] Der Gläubiger ist nicht berechtigt, die ihm entstandenen Kosten (für Feststellung des Gegenstandes, Erhaltung und Durchführung der Verwertung) von der dem Verwalter gebotenen Vergütung abzusetzen, da auch ein sonstiger Erwerber seine Unkosten nicht vom vereinbarten Kaufpreis abziehen kann.[494] Der Selbsteintritt ist für den Gläubiger dann von Interesse, wenn er den Gegenstand selbst nutzen will oder mit Gewinn weiterveräußern kann. Der Gewinn ist nicht an die Insolvenzmasse herauszugeben, sondern gebührt ohne Anrechnung auf die Ausfallforderung dem Gläubiger.[495] Haftet allerdings für die Forderung des absonderungsberechtigten Gläubigers ein Bürge, so kann der Gläubiger diesen in Höhe des durch die Weiterveräußerung nach Abzug der Kosten erlangten Mehrerlöses nach Ansicht des BGH nicht in Anspruch nehmen.[496]

169 k) Vor der Verwertung hat der Verwalter dem Sicherungsgläubiger auf Verlangen *Auskunft* über den Zustand der *Sache* zu erteilen; stattdessen kann er auch *eine Besichtigung der Sache* gestatten, § 167 I InsO, und dazu Ort und Zeitpunkt nach seinem Ermessen festlegen. Es handelt sich um eine Ersetzungsbefugnis des Verwalters. Ist die Auskunft zumutbar, kann der Gläubiger die Besichtigung nicht von sich aus verlangen.[497]

170 Bei beweglichen Sachen richtet sich die Auskunft auf deren Zustand, erfasst also Qualität, Menge, Ort, Eignung für bestimmte Zwecke, etwaige Beschädigungen, Verarbeitungen oder Vermischungen.[498] Da die Auskunft dem Gläubiger dazu dienen soll, seine Rechte nach §§ 168, 169 InsO wahrzunehmen, muss der Verwalter sich auch dazu erklären, ob die Sache überhaupt in der Masse vorhanden ist. Bei Sicherungsei-

---

[488] OLG Celle EWiR § 168 InsO 1/04, 301 *(Gundlach/N. Schmidt).*

[489] MüKoInsO/*Lwowski/Tetzlaff,* § 168 Rn. 11; Uhlenbruck/Hirte/Vallender/*Brinkmann,* § 168 Rn. 6; *Gundlach/Frenzel/Schmidt* DZWIR 2001, 18.

[490] So zutreffend *Bork* in FS Leipold, 2009, S. 361, 362; MüKoInsO/*Lwowski/Tetzlaff,* § 168 Rn. 42; 38; Anders noch Vorauflage § 42 Rn. 135.

[491] BT-Drucks. 12/2443, S. 40.

[492] FK/*Wegener,* § 168 Rn. 8; MüKoInsO/*Lwowski/Tetzlaff,* § 168 Rn. 40; Uhlenbruck/Hirte/Vallender/*Brinkmann,* § 168 Rn. 10; *Lwowski/Heyn* WM 1998, 473, 477.

[493] BGHZ 165, 28, 32; KPB/*Flöther,* § 168 Rn. 15; MüKoInsO/*Lwowski/Tetzlaff,* § 168 Rn. 38; *Obermüller,* Rn. 6.336a, 6.344 f.; BerlK-*Breutigam,* § 168 Rn. 13 (Absenkung der Verwertungspauschale).

[494] So noch *Lwowski/Heyn* WM 1998, 473, 477; ausdrücklich aufgegeben MüKoInsO/*Lwowski/Tetzlaff,* § 168 Rn. 41.

[495] BGHZ 165, 28 = BGH WM 2005, 2400; MüKoInsO/*Lwowski/Tetzlaff,* § 168 Rn. 42; HK/*Landfermann,* § 168 Rn. 15; *Smid,* § 168 Rn. 14; aA: Nerlich/Römermann/*Becker,* § 168 Rn. 28 ff.

[496] BGHZ 165, 28, 32; MüKoInsO/*Lwowski/Tetzlaff,* § 168 Rn. 42; kritisch *Foerste* NZI 2006, 275, 276.

[497] MüKoInsO/*Lwowski/Tetzlaff,* § 167 Rn. 26; Uhlenbruck/Hirte/Vallender/*Brinkmann,* § 167 Rn. 6; aA *Pallas,* Rn. 377, 446.

[498] Uhlenbruck/Hirte/Vallender/*Brinkmann,* § 167 Rn. 5.

gentum an Lagerbeständen etc ist eine Bestandsliste aufzustellen und vorzulegen.[499] Über die eventuellen Veräußerungsbedingungen hat der Verwalter den Gläubiger nach § 168 I 1 InsO zu unterrichten. Die Auskunft kann nach Ermessen des Verwalters schriftlich oder mündlich erteilt werden.[500]

Über zur Sicherheit abgetretene *Forderungen* hat der einziehungsberechtigte Verwalter **171** ebenfalls Auskunft zu erteilen; stattdessen kann er Einsicht in Bücher und Geschäftspapiere des Schuldners gestatten, § 167 II InsO.[501] Das Einverständnis des Verwalters ist daher für die Einsicht erforderlich. Die Auskunft erstreckt sich auf Höhe und Fälligkeit der Forderung sowie Person und Bonität des Schuldners.[502]

Weitergehende Auskunftspflichten können sich im Einzelfall aus dem Auftragsrecht **172** (§§ 666, 665 BGB), allgemeinen Regeln (§§ 260, 402, 242 BGB), der Pflicht zur Erstellung einer Vermögensübersicht (§§ 153, 154 InsO) oder aus der Pflicht, die Zustimmung der Gläubigerversammlung einzuholen (§ 160 InsO) ergeben.[503] Begrenzt ist die Auskunftspflicht generell durch die Zumutbarkeit (§ 242 BGB) im konkreten Einzelfall.[504]

Für die Auskunft erhält der Verwalter *keinen Aufwendungsersatz* vom Sicherungsgläu- **173** biger; die Aufwendungen sind vielmehr mit der Feststellungspauschale (→ Rn. 176) mit abgegolten.[505]

l) Hat die Verwertung besondere Bedeutung für das Insolvenzverfahren, hat der Ver- **174** walter zuvor die *Zustimmung des Gläubigerausschusses* bzw., wenn keiner bestellt wurde, der Gläubigerversammlung einzuholen, § 160 I InsO. Dies gilt insbesondere, wenn das Unternehmen oder ein Betrieb oder ein Warenlager im Ganzen veräußert werden sollen, § 160 II Nr. 1 InsO. Die Zustimmung des Gläubigerausschusses wird auch benötigt, wenn der Verwalter das Sicherungsgut im Zuge einer Stilllegung des Unternehmens noch vor dem Berichtstermin veräußert, § 158 I InsO.

m) Aus dem Verwertungserlös hat der Verwalter bei der Verwertung beweglicher Sa- **175** chen, von Forderungen, aber auch von sonstigen Rechten[506] vorab *Kostenbeiträge zugunsten der Masse* zu entnehmen; aus dem Restbetrag ist der absonderungsberechtigte Gläubiger unverzüglich zu befriedigen, § 170 I 2 InsO.[507] Die Kostenbeiträge sind auch dann geschuldet, wenn der Verwalter einzelne, ihm nach §§ 166 ff. InsO obliegende Pflichten verletzt hat.[508] Da der Gläubiger nur die Kosten trägt, die durch die Verwertung seiner Sicherheit verursacht werden, liegt in dieser Kostenbelastung nach dem Verursacherprinzip eine zulässige Inhalts- und Schrankenbestimmung nach Art. 14 I 2 GG.[509] Werden aus dem Erlös mehrere Absonderungsberechtigte befriedigt, so sind die Kostenbeiträge entsprechend den auszukehrenden Erlösanteilen zu tragen.

Zu entnehmen sind folgende Beträge:

(1) *Feststellungskosten.* Die Kosten der tatsächlichen Feststellung der Gegenstände des **176** Sicherungsgutes und der daran bestehenden (wirksamen) Rechte sind mit einer festen

---

[499] Uhlenbruck/Hirte/Vallender/*Brinkmann*, § 167 Rn. 5.
[500] KPB/*Flöther*, § 167 Rn. 6.
[501] *Lwowski*/*Heyn* WM 1998, 473, 474 ff.
[502] Uhlenbruck/Hirte/Vallender/*Brinkmann*, § 167 Rn. 7.
[503] MüKoInsO/*Lwowski*/*Tetzlaff*, § 167 Rn. 6 ff.; Uhlenbruck/Hirte/Vallender/*Brinkmann*, § 167 Rn. 3a.
[504] *Lwowski*/*Heyn* WM 1998, 473, 475 f.; MüKoInsO/*Lwowski*/*Tetzlaff*, § 167 Rn. 17 ff.
[505] Uhlenbruck/Hirte/Vallender/*Brinkmann*, § 167 Rn. 9; MüKoInsO/*Lwowski*/*Tetzlaff*, § 167 Rn. 23.
[506] *Marotzke* ZZP 109 (1996), 429, 455; zur Kostenbeteiligung bei Verwertung von Grundstückszubehör s *Lwowski*/*Tetzlaff* WM 1999, 2336, 2346 ff.
[507] *Ganter*/*Bitter* ZIP 2005, 93, 98 sehen in dem Anspruch auf den Erlös einen Fall der Ersatzabsonderung.
[508] AA *Gundlach*/*Frenzel*/*Schmidt* DZWIR 2001, 18, 19.
[509] *Lepa*, Insolvenzordnung und Verfassungsrecht, 2002, S. 240 ff.

Pauschale von 4% des Verwertungserlöses, § 171 I InsO, anzusetzen.[510] Die Feststellungspauschale fällt bei jeder Verwertung nach § 166 I oder II InsO an, auch wenn keine Verwertungskosten entstehen. Etwaiger Mehraufwand ist von den Absonderungsberechtigten nicht zu tragen.[511]

177 (2) *Verwertungskosten.* Die Kosten der Verwertung sind zusätzlich grundsätzlich mit einer *Pauschale* von 5% des Verwertungserlöses anzusetzen. Bei erheblichen Abweichungen nach oben oder unten sind jedoch die *tatsächlichen Verwertungskosten* zu berechnen, § 171 II 1, 2 InsO. Erheblich ist eine Abweichung, wenn die tatsächlichen Kosten nur 2,5% oder weniger bzw. 10% oder mehr betragen.[512] Zu den Verwertungskosten gehört der gesamte Aufwand zur Veräußerung des belasteten Gegenstandes, dh Kosten für Lagerung, Sicherung, Transport und Versicherung, Provisionen für Makler oder Auktionshäuser, Reisekosten, ggf. notwendige Reparaturkosten.[513] Übersteigen die Verwertungskosten die Pauschale erheblich, so sieht das Gesetz (ohne Vereinbarung) nur die Abrechnung der konkreten Kosten im Einzelfall vor. Lässt der Verwalter Mobilien durch ein Auktionshaus versteigern, so kann er zwar dessen Aufgeld von häufig 15% als Verwertungskosten ansetzen, nicht aber zusätzlich die Verwertungspauschale vom Erlös abziehen,[514] denn das Auktionshaus verwertet im Auftrag des Verwalters. Macht der Verwalter zusätzlich eigene Verwertungskosten geltend, sind diese konkret abzurechnen. Eine Kombination *(Mischkalkulation)* von Pauschale und konkreten Verwertungskosten kennt das Gesetz nicht. Der Insolvenzverwalter darf die Verwertungspauschale nicht neben gesondert geltend gemachten und bezifferten Verwertungskosten in Abzug bringen. Nach der Gesetzessystematik muss sich entscheiden, ob er die Pauschale geltend macht oder nach tatsächlich entstandenen Kosten abrechnet.[515] Behauptet der Gläubiger, etwa einer zur Sicherheit abgetretenen Lebensversicherung, es seien erheblich geringere Verwertungskosten entstanden, so muss der Verwalter insoweit Rechnung legen bzw. die zum Nachweis erforderlichen Unterlagen vorlegen. Erhöhte Feststellungskosten sind den niedrigeren tatsächlichen Verwertungskosten nicht hinzuzurechnen.[516]

178 Die Pauschalen zu (1) und (2) sind nach hM aus dem *Bruttoverwertungserlös* (einschließlich der Umsatzsteuer) zu berechnen.[517] Bei Roh-, Hilfs- und Betriebsstoffen, die weiterverarbeitet werden, müsste deren Anteil am Erlös des Fertigprodukts ermittelt werden. Da dieses Verfahren aufwendig ist, kann ersatzweise auf die Buchwerte abgestellt werden.[518]

179 (3) *Umsatzsteuer.* Bei einer umsatzsteuerpflichtigen Verwertung[519] ist schließlich der tatsächliche Umsatzsteuerbetrag (2007: 19% bzw. 7%)[520] vorab zu entnehmen. Nach § 10 I 2 UStG ist die Umsatzsteuer aus dem Nettoerlös zu berechnen. Wird die Sache

---

[510] Uhlenbruck/Hirte/Vallender/*Brinkmann*, § 171 Rn. 2; MüKoInsO/*Lwowski/Tetzlaff*, § 171 Rn. 18; KPB/*Flöther*, § 171 Rn. 4; HK/*Landfermann*, § 171 Rn. 3.

[511] MüKoInsO/*Lwowski/Tetzlaff*, § 171 Rn. 19.

[512] So *Bilgery*, FS Bayer 1998, S. 9, 28; *Grub*, Insolvenzrecht 1998, S. 131, 136; Uhlenbruck/Hirte/Vallender/*Brinkmann*, § 171 Rn. 4; MüKoInsO/*Lwowski/Tetzlaff*, § 171 Rn. 34; HK/*Landfermann*, § 171 Rn. 6.

[513] *Mönning*, FS Uhlenbruck S. 239, 251; MüKoInsO/*Lwowski/Tetzlaff*, § 171 Rn. 23.

[514] BGH ZIP 2005, 1974; HK/*Landfermann*, § 166 Rn. 4; *Ehlenz* ZInsO 2003, 165, 167; *Obermüller*, Rn. 6.336a; aA MüKoInsO/*Lwowski/Tetzlaff*, §§ 171 Rn. 25, 170 Rn. 31.

[515] BGH NZI 2007, 523 = ZInsO 2007, 374 = ZIP 2007, 686; MüKoInsO/*Lwowski/Tetzlaff*, § 171 Rn. 21; FK/*Wegener* §§ 170, 171 Rn. 8.

[516] LG Meiningen EWiR § 171 InsO 3/03, 1199 *(Tetzlaff)*; bestätigt durch OLG Jena ZIP 2004, 2107.

[517] *Haunschild* DZWIR 1999, 60, 61; *Grub*, Insolvenzrecht 1998, S. 131, 137; MüKoInsO/*Lwowski/Tetzlaff*, § 171 Rn. 18; HK/*Landfermann*, § 171 Rn. 3, 6; Uhlenbruck/Hirte/Vallender/*Brinkmann*, § 171 Rn. 2, 3; *Mönning*, FS Uhlenbruck S. 239, 254; aA *de Weerth* NZI 2001, 74, 76 f.; *Obermüller*, Rn. 6.344t, v mwN.

[518] *Grub*, Insolvenzrecht 1998, S. 131, 138; Uhlenbruck/Hirte/Vallender/*Brinkmann*, § 171 Rn. 4 aE.

[519] Im Einzelnen Nerlich/Römermann/*Becker*, § 171 Rn. 24 ff.; HK/*Landfermann*, § 166 Rn. 9 ff.; Uhlenbruck/*Maus*, § 171 Rn. 5 ff.

[520] Umsatzsteuersatz geänd. mWv 1.1.2007 durch G v. 29.6.2006 (BGBl. I S. 1402).

durch den Gläubiger nach Übergabe durch den Verwalter verwertet, so fällt die Umsatzsteuer zweimal an.[521] Der Gesetzgeber korrigiert damit einen Fehler des bisherigen Rechts, wonach die anfallende Umsatzsteuer als Masseforderung zu bezahlen war und nicht auf den absonderungsberechtigten Gläubiger abgewälzt werden durfte.[522]

Die Kostenbeiträge zu (1) und (2) kommen freilich den ungesicherten Gläubigern 180 nicht voll zugute, da die Verwertung durch den Verwalter nach § 1 II Nr. 1 InsVV vom 19.8.1998[523] zu einer erhöhten Vergütung des Insolvenzverwalters in Höhe von maximal 2% des Verwertungserlöses führt.[524]

Der damit auf die Masse entfallende Anteil des Nettoerlöses sei, so wird gesagt, nicht 181 ausreichend, um die tatsächlichen Kosten zu decken. Um eine aufwändige Einzelabrechnung zu vermeiden, müsste auch künftig eine *höhere Kostenbeteiligung vertraglich* vereinbart werden.[525] Solche Vereinbarungen sind zulässig und binden den gesicherten Gläubiger, wirken aber nicht zu Lasten eines Bürgen. In Höhe des die Pauschalen übersteigenden Ausfalls kann er bei einer Inanspruchnahme wegen der teilweisen Aufgabe der Sicherheit gegenüber dem Gläubiger die Einrede nach § 776 BGB geltend machen.[526]

Kostenbeiträge durften bisher (ohne besondere Vereinbarung) *nicht* bei einer *Verwer-* 182 *tung im Eröffnungsverfahren* abgezogen werden.[527] Heute ist allerdings § 21 II Nr. 5 InsO zu beachten: Zieht der vorläufige Verwalter sicherungsabgetretene Forderungen aufgrund einer Anordnung nach § 21 II Nr. 5 InsO ein, fallen die Kostenbeiträge nach §§ 170, 171 InsO an. Die Norm sucht durch Vorziehen der Wirkung der für das eröffnete Verfahren geltenden Regelungen der §§ 169 S. 2 und 3, 170, 171 InsO einen Ausgleich zwischen den Interessen der Sicherungsgeber einerseits und dem Ziel einer bestmöglichen Realisierung der Vermögenswerte des Schuldners im Rahmen einer Fortführung des Geschäftsbetriebs unter Aufsicht eines vorläufigen Verwalters andererseits herbeizuführen.[528] Die Anwendung der §§ 169 S. 2 und 3, 170, 171 InsO erfolgt unabhängig davon, ob ein starker oder schwacher Verwalter eingesetzt wurde.

Hat ein zur abgesonderten Befriedigung berechtigter Sicherungsgläubiger das Siche- 183 rungsgut vor Eröffnung des Insolvenzverfahrens in Besitz genommen, aber erst nach der Eröffnung verwertet, hat er nach einer Entscheidung des BGH aus dem Jahr 2007 in Höhe der wegen der Lieferung des Sicherungsguts an ihn angefallenen Umsatzsteuerschuld aus dem Verwertungserlös einen Betrag in dieser Höhe in analoger Anwendung von § 13b I Nr. 2 UStG, §§ 170 II, 171 II 3 InsO an die Masse abzuführen.[529]

n) *Erhaltungskosten* sind von den §§ 170, 171 InsO nicht erfasst.[530] Die in § 195 184 RegE vorgesehene Ersatzpflicht ist vom Rechtsausschuss des Bundestages gestrichen

---

[521] Vgl. *Funk,* S. 103 ff.; HK/*Landfermann,* § 171 Rn. 9; *Obermüller* ZInsO 1999, 249, 252; *de Weerth* BB 1999, 821; aA *Häsemeyer* Rn. 23.60.
[522] Vgl. MüKoInsO/*Lwowski/Tetzlaff,* § 171 Rn. 39.
[523] BGBl. I, S. 2205. Zuletzt geändert durch Art. 1 Zweite ÄndVO vom 21.12.2006 (BGBl. I S. 3389).
[524] Uhlenbruck/Hirte/Vallender/*Brinkmann,* § 170 Rn. 12. Zum Streit um die Berechnung der Vergütung des vorläufigen Insolvenzverwalters bei Vermögenswerten, die mit Aus- und Absonderungsrechten belasstt sind, vgl. BGH NZI 2013, 29 und NZI 2013, 183; *Keller* NZI 2013, 240.
[525] So *Bilgery,* FS Bayer S. 9, 29. Für Freigabe an den Schuldner, wenn kostendeckende Vereinbarungen scheitern, *Smid* WM 1999, 1141, 1148.
[526] OLG Dresden WM 2003, 2137 (dazu *Tetzlaff* EWiR § 171 InsO 4/03, 1259).
[527] BGH NZI 2003, 259, 260; Uhlenbruck/Hirte/Vallender/*Brinkmann,* § 170 Rn. 6, § 171 Rn. 23; aA (für analoge Anwendung von § 171) *Mönning,* FS Uhlenbruck S. 239, 257.
[528] MüKoInsO/*Haarmeyer,* § 21 Rn. 96; Braun/*Kind,* § 21 Rn. 54.
[529] BGH NZI 2007, 394; zustimmen HK/*Landfermann,* § 171 Rn. 14; *Ganter/Brünink* NZI 2006, 257, 260. Gegen eine Analogie des § 170 II InsO: *Ganter/Brünink* NZI 2006, 257, 260; Uhlenbruck/Hirte/Vallender/*Maus,* § 171 Rn. 8; *de Weerth* NZI 2007, 396; *Lwowski/Tetzlaff* in FS Fischer, 2008, S. 365.
[530] *Funk,* S. 93; Uhlenbruck/Hirte/Vallender/*Brinkmann,* § 170 Rn. 11, § 171 Rn. 22; MüKoInsO/ *Lwowski/Tetzlaff,* §§ 170 Rn. 33 ff.; 171 Rn. 38.

worden. Die Kosten für notwendige Reparaturen, Bewachung und Versicherung, bei lebendem Sicherungsgut auch für Fütterung etc wurden nicht pauschaliert, da sie nicht bei jeder Art von Sicherungsgut anfallen.[531] Da diese Aufwendungen dem Gläubiger zugute kommen, hat er sie nach §§ 675, 670 (683 S. 1) BGB konkret zu ersetzen.[532] Das Gesetz schließt auch nicht aus, dass der Gläubiger die Kosten durch Vereinbarung mit dem Verwalter *freiwillig* übernimmt.[533] Da der Verwalter die Mittel zur Erhaltung idR benötigt, sind Abreden mit den gesicherten Gläubigern notwendig. Wer den Anspruch auf Ersatz konkreten Erhaltungsaufwands leugnet, kann dasselbe Ergebnis nicht dadurch erreichen, indem er den Erhaltungsaufwand als erhöhte Verwertungskosten qualifiziert.[534]

185   o) Gesetzlich vorgesehen ist nur eine Kostenbeteiligung für die Feststellung und Verwertung des Sicherungsgutes, *nicht* aber die ursprünglich geplante echte *Beteiligung der Masse am Verwertungserlös*. Folgt man der Begründung zum RegE, ist außerdem trotz der Kostenbeteiligung weiterhin eine *volle Kreditsicherung an Mobilien* zulässig, sofern der Wert des Sicherungsgutes dafür ausreicht. Denn in die Bemessung der Sicherheit dürften die Kostenbeiträge einbezogen werden, so dass sich dann der gesicherte Kredit um die geschätzten Kostenbeiträge erhöht.[535] Da nach der Rechtsprechung eine generelle Übersicherung von 10% zulässig ist, diese aber bereits Feststellungs- und Verwertungskosten auffangen soll,[536] liegt die zulässige Deckungsgrenze derzeit also bei 129%.[537] In diesen Fällen tragen im Ergebnis die ungesicherten Gläubiger auch künftig die Kosten der Verwertung der Sicherheiten,[538] solange nicht ein (teilweiser) Ausfall bei der Verwertung der Sicherheit eintritt. Das mit der Reform verfolgte Ziel, dass die gesicherten Gläubiger für die Kosten ihrer Befriedigung haften, ist damit letztlich verfehlt worden.

186   p) Über das Gesamtergebnis seiner Verwertung hat der Verwalter dem Sicherungsgläubiger *Rechnung* zu *legen* (§ 259 BGB).[539]

187   **3. Verwertung durch den Gläubiger. a)** (1) *Bewegliche Sachen* darf der Gläubiger verwerten, wenn er sie in seinem (fehlerfrei erworbenen) unmittelbaren Besitz hat, §§ 166 I, 173 I InsO. Vorausgesetzt ist dabei, dass der Gläubiger nach materiellem Recht verwerten darf. Für *Vertrags-Pfandrechte* folgt dieses Recht aus § 1228 BGB, bei einer Sicherungsübereignung (nach Eintritt des Sicherungsfalles) aus dem Sicherungsvertrag.[540] Das Selbstverwertungsrecht entfällt, wenn der Gläubiger den Besitz in nach § 130 I Nr. 1 InsO anfechtbarer Weise erlangt hat, weil der Verwalter dann Rückgabe an die Masse (§ 143 I 1 InsO) verlangen kann.[541]

---

[531] Vgl. *Lwowski/Heyn* WM 1998, 473, 481.
[532] MüKoInsO/*Lwowski/Tetzlaff*, § 170 Rn. 34 (anders § 171 Rn. 61); HK/*Landfermann*, § 170 Rn. 21; FK/*Wegener*, §§ 170, 171 Rn. 4a; aA *Obermüller*, Rn. 6.343 (Bank ist berechtigt, das Sicherungsgut instandzuhalten und den Kunden mit den Kosten zu belasten); ebenso Uhlenbruck/Hirte/Vallender/*Brinkmann*, § 170 Rn. 11.
[533] *Bork*, Rn. 256; HK/*Landfermann*, § 170 Rn. 19.
[534] So zu Recht Uhlenbruck/Hirte/Vallender/*Maus*, § 171 Rn. 22.
[535] *Bork*, Rn. 257; *Bilgery*, FS Bayer S. 9, 29; FK/*Wegener*, §§ 170, 171 Rn. 2; *Adolphsen*, Kölner Schrift, S. 1327, 1366 (Rn. 137 ff.); *Obermüller*, Rn. 6.390; *Rauch/Zimmermann*, Grundschuld und Hypothek, 1996, Rn. 367; *Treffer* MDR 1998, 1394, 1395; *Uhlenbruck*, FS Vieregge, 1996, 883; *Zimmermann* NZI 1998, 57, 62; MüKoInsO/*Lwowski/Tetzlaff*, § 170 Rn. 36; HK/*Landfermann*, § 171 Rn. 18f.; KPB/*Flöther*, § 171 Rn. 13.
[536] BGHZ 137, 212 = NJW 1998, 671, 675.
[537] KPB/*Flöther*, § 171 Rn. 13; *Zimmermann* NZI 1998, 57, 64; für 110%.
[538] *Jauernig*, § 74 IV 1; *Funk*, S. 125 ff.; krit. *Grub*, Insolvenzrecht 1998, S. 131, 138.
[539] *Soergel/Hensßler*, § 930 Anh Rn. 138; *Ehlenz* ZInsO 2003, 165, 168; Muster einer Abrechnung bei *Obermüller* Rn. 6.344 d.
[540] *Bork*, Rn. 255; MüKoInsO/*Lwowski/Tetzlaff*, § 170 Rn. 8; HK/*Landfermann*, § 173 Rn. 1.
[541] *Pallas*, Rn. 404.

(2) Die Verwertung *gepfändeter oder verpfändeter Forderungen* ist (anders als bei der Sicherungszession) ebenfalls Sache des Gläubigers, §§ 166 II, 173 I InsO,[542] sofern Pfandreife besteht.[543] Da dem Drittschuldner Pfändung (§ 829 ZPO) bzw. Verpfändung (§ 1280 BGB) angezeigt werden, ist diese Lösung an sich systemkonform,[544] auch wenn der Unterschied zur offen gelegten Sicherungszession letztlich nicht überzeugt. **188**

(3) *Sonstige verpfändete Rechte*, die typischerweise zum Unternehmensbetrieb gehören, wie Anwartschaftsrechte und Miteigentumsanteile an beweglichen Sachen, GmbH-Anteile, Aktien sowie Immaterialgüterrechte sollten analog § 166 I InsO vom Insolvenzverwalter verwertet werden.[545] **189**

Sonstige gepfändete Rechte, die typischerweise betriebsnotwendig und ähnlich wie bewegliche Sachen im Besitz des Verwalters sind, darf dieser ebenfalls analog § 166 I InsO verwerten.[546] **190**

(4) *Bei gesetzlichen Pfandrechten an Rechten*[547] fehlt zwar die organisatorische Verbindung zum Unternehmen, doch besteht zumeist eine leichtere Verwertbarkeit durch den Verwalter, so dass in Analogie zu § 166 II InsO von einer Verwertungsbefugnis des Verwalters auszugehen ist. Dies trifft etwa auf das Pfandrecht nach § 232 BGB zu,[548] nicht aber auf das Pfandrecht des Kommissionärs nach § 397 HGB.[549] Leichter durch den Verwalter zu verwerten sind auch Gegenstände, an denen ein kaufmännisches Zurückbehaltungsrecht (→ Rn. 64)[550] oder ein Absonderungsrecht im Versicherungsrecht besteht.[551] **191**

(5) Obgleich § 166 II InsO schweigt, sollte die *Sicherungsabtretung sonstiger Rechte* wie die von beweglichen Sachen behandelt und dem Gläubiger kein Verwertungsrecht zuerkannt werden (→ Rn. 162).[552] **192**

(6) Generell kann der Insolvenzverwalter die Verwertung eines Gegenstandes, zu der er selbst befugt ist, *im Einzelfall* dem Gläubiger *überlassen*, § 170 II InsO. Hierin liegt grundsätzlich nur eine Besitzverschaffung zur Verwertung, dagegen keine (echte) Freigabe des Gegenstandes aus der Insolvenzmasse.[553] **193**

(7) Kommt es nach dem Scheitern eines Schuldenbereinigungsplans gegen einen Verbraucher zu einem *vereinfachten Insolvenzverfahren*, so stand dem Sicherungsgläubiger generell das Recht zur Verwertung zu, § 313 III 2 InsO aF, Feststellungs- und Verwertungspauschalen waren nicht anzusetzen, die §§ 169–171 InsO waren nicht anwendbar.[554] Die anfallende Umsatzsteuer führte der Verwertende an das Finanzamt ab, § 51 UStDVO. Künftig soll der bei Durchführung eines Verfahrens zu bestellende Insolvenzverwalter ein **194**

---

[542] MüKoInsO/*Lwowski/Tetzlaff*, §§ 166, 170 Rn. 6; HK/*Landfermann*, § 166 Rn. 26; *Obermüller*, Rn. 6.356 u 6.358; *Häcker*, Rn. 483 ff., 619 ff. (nur für Geldforderungen); aA OLG München NZI 2004, 629 = DZWiR 2004, 429 (abl *Flitsch*) (verpfändeter Anspruch aus Lebensversicherung).
[543] Vgl. BGH NZI 2005, 384 *(Ampferl)*. Zur Kündigung verpfändeter Lebensversicherungen s *Elfring* NJW 2005, 2192, 2193 f.
[544] AA *Marotzke* ZZP 109 (1996), 429, 447; *ders.*, Mobiliarsicherheiten, S. 21 (§ 166 II InsO gelte auch bei angezeigten Sicherungszessionen); *Breuer*, Insolvenzrecht, S. 199.
[545] *Häcker*, Rn. 627 ff., 694 f.; *Primozic/Voll* NZI 2004, 363, 364 ff.
[546] *Häcker*, Rn. 697 ff., 745 f, 756 ff.
[547] Vgl. *Häcker*, Rn. 759 ff., 798 ff.
[548] *Häcker*, Rn. 808 ff.
[549] *Häcker*, Rn. 829 ff., 871 ff.; MüKoInsO/*Lwowski/Tetzlaff*, § 173 Rn. 6.
[550] *Häcker*, Rn. 760, 802, 821; MüKoInsO/*Lwowski/Tetzlaff*, § 173 Rn. 6.
[551] *Häcker*, Rn. 803 ff., 822 ff.
[552] *Marotzke* ZZP 109 (1996), 429, 449 f.; MüKoInsO/*Lwowski/Tetzlaff*, § 173 Rn. 65 iVm § 166 Rn. 64 ff.
[553] *Funk*, S. 80 ff.; MüKoInsO/*Lwowski/Tetzlaff*, § 170 Rn. 21; HK/*Landfermann*, § 170 Rn. 14; KPB/*Flöther*, § 170 Rn. 10; Uhlenbruck/Hirte/Vallender/*Brinkmann*, § 170 Rn. 13 aE; vgl. aber *Obermüller*, Rn. 6332a.
[554] *Obermüller* WM 1998, 491; vgl. *Zimmermann* NZI 1998, 57, 62.

eigenes Verwertungsrecht haben. § 313 II InsO wurde gestrichen. Der Gesetzgeber ist der Ansicht, dass sich die Aufgabenverlagerung auf die Gläubiger nicht bewährt hat.[555]

195 b) Ist die Verwertung Sache des Gläubigers, bestimmt dieser den *Zeitpunkt* und *Verwertungsart*. Um Verzögerungen zu verhindern, kann das Insolvenzgericht dem Gläubiger aber auf Antrag des Insolvenzverwalters für Gegenstände jeder Art[556] eine *Verwertungsfrist* bestimmen. Nach deren fruchtlosem Ablauf geht das Recht zur Verwertung auf den Verwalter über, § 173 II InsO[557] (→ Rn. 198).

196 Ein Rückgabeanspruch des Verwalters gegen den Gläubiger zu diesem Zweck ist zwar im Gesetz nicht ausdrücklich vorgesehen, sollte aber sinngemäß zugebilligt werden. Lehnt man dies ab, so kann der Verwalter den Gegenstand zwar nach den §§ 929, 931, 185 BGB, §§ 173, 166 InsO veräußern, so dass der Erwerber als neuer Eigentümer Herausgabe (§§ 985, 986 BGB) vom bisherigen Sicherungsgläubiger verlangen kann; doch wird sich der Erwerber hierauf nur einlassen, wenn der Sicherungsgläubiger die Veräußerungsbefugnis des Verwalters nicht bestreitet.

c) Verweigert der Insolvenzverwalter auf ein Verlangen des Gläubigers nach § 1246 I BGB die erforderliche Zustimmung zu einer abweichenden Verwertungsart, obwohl dies aus Billigkeitsgründen geboten wäre, so begeht er dadurch eine Pflichtwidrigkeit iSv § 60 I InsO. Dies gilt auch für den vorläufigen Insolvenzverwalter (§ 21 II 1 Nr. 1 iVm 60 ff. InsO), unabhängig davon, welche Rechte diesem nach § 22 InsO zukommen. Ein vorläufiger Insolvenzverwalter mit Zustimmungsvorbehalt hat mitunter sogar auf eine ergänzende Zustimmung des Insolvenzschuldners hinzuwirken.[558]

197 d) Bei berechtigter eigener Verwertung braucht der Gläubiger *keine Kostenbeiträge* zu leisten. § 170 I 1 InsO gestattet auch den Abzug der Feststellungskosten nur bei einer Verwertung durch den Verwalter.[559] Die vereinnahmte *Umsatzsteuer* braucht der Gläubiger nicht an die Masse abzuführen, da § 171 II 3 InsO nur für die Verwertung durch den Insolvenzverwalter gilt.[560] Die eigenen Verwertungskosten darf der Gläubiger der Masse nicht in Rechnung stellen.[561]

198 Geht das Verwertungsrecht nach § 173 II InsO auf den Verwalter über, so sind auch die §§ 167 ff. InsO zugunsten des Gläubigers anzuwenden.[562] Fraglich ist, ob die §§ 170, 171 InsO anwendbar sind. Würden diese nur bei einem ursprünglichen Verwertungsrecht gem. § 166 InsO gelten, würde ein untätiger Gläubiger unzulässig privilegiert. Dies ist nicht einsehbar. Vielmehr erfasst der Wortlaut des § 170 I InsO jegliche Verwertung durch den Insolvenzverwalter, der Gläubiger schuldet also auch im Fall des § 173 II InsO die Kostenbeiträge.[563] Eine Befreiung von Feststellungskos-

---

[555] Gesetzentwurf der Bundesregierung vom 31.10.2012, Entwurf eines Gesetzes zur Verkürzung des Restschuldbefreiungsverfahrens und zur Stärkung der Gläubigerrechte, BT-Drucks. 17/11268. Dazu *Buchholz* NZI 2012, 655, 656; *Harder* NZI 2012, 113, 118. So schon der der Diskontinuität zum Opfer gefallene Gesetzentwurf der Bundesregierung vom 22.8.2007, Entwurf eines Gesetzes zur Entschuldung mittelloser Personen, zur Stärkung der Gläubigerrechte sowie zur Regelung der Insolvenzfestigkeit von Lizenzen, BT-Drucks. 16/7416, S. 88.
[556] Vgl. *Häcker*, Rn. 882.
[557] Vgl. KPB/*Flöther*, § 173 Rn. 14; MüKoInsO/*Lwowski/Tetzlaff*, § 173 Rn. 22; *Schlichting/Graser* NZI 2000, 206, 207.
[558] BGH NZI 2011, 602; *Nachmann/Fuhst* GWR 2011, 390; *Saegon* LMK 2012, 327757.
[559] MüKoInsO/*Lwowski/Tetzlaff*, § 173 Rn. 12; KPB/*Flöther*, § 173 Rn. 9; aA anscheinend *Grub*, Insolvenzrecht 1998, S. 131, 136.
[560] LG Stuttgart ZIP 2004, 1117 = EWiR § 173 InsO 1/04 (*Maus*); MüKoInsO/*Lwowski/Tetzlaff*, § 173 Rn. 12; KPB/*Flöther*, § 171 Rn. 10; *Obermüller*, Rn. 6.355; krit. *Häsemeyer*, Rn. 13.51.
[561] *Mönning*, FS Uhlenbruck S. 239, 255.
[562] KPB/*Flöther*, § 173 Rn. 16; MüKoInsO/*Lwowski/Tetzlaff*, § 173 Rn. 2 ff.; aA HK/*Landfermann*, § 173 Rn. 5; Nerlich/Römermann/*Becker*, § 173 Rn. 34.
[563] KPB/*Flöther*, § 173 Rn. 16; HK/*Landfermann*, § 173 Rn. 5; Nerlich/Römermann/*Becker*, § 173 Rn. 33; *Häcker*, Rn. 986 ff.; *Pallas*, Rn. 407.

ten[564] lässt sich weder aus dem Gesetz begründen noch ist sie berechtigt, da der Verwalter ja Aufwand hatte, um das Sicherungsgut zu ermitteln.

Überlässt der Verwalter dem Gläubiger einen Gegenstand zur Verwertung, so hat der Gläubiger die Feststellungskosten (in Höhe der gesetzlichen Pauschale) und die Umsatzsteuer vorab an die Masse abzuführen, § 170 II InsO.[565] Da die effektiven Verwertungskosten häufig über der Pauschale von 5% liegen, dürfte kaum ein Anreiz für die Gläubiger bestehen, den Kostenbeitrag zu vermeiden und die Verwertung selbst zu betreiben.[566] Tritt der Gläubiger nach § 168 III 1 InsO in einen vom Verwalter abgeschlossenen Kaufvertrag ein, so handelt es sich um eine Verwertung des Verwalters.[567] 199

§ 166 InsO ist zwingendes Recht. Eine Vereinbarung des Insolvenzschuldners mit dem Gläubiger, wonach diesem die Verwertung zustehen und er dazu Herausgabe verlangen kann, ist unwirksam[568] und bindet den Insolvenzverwalter nicht. Jedoch kann dieser nach eigener Entscheidung im Einzelfall die Verwertung des Sicherungsgutes dem Gläubiger überlassen (vgl. § 170 II InsO). 200

e) Umgekehrt kann der Gläubiger den Verwalter in frei ausgehandelter Vereinbarung gegen angemessene Vergütung (5% bis 10% des Erlöses) ermächtigen (§ 185 BGB) das Sicherungsgut zu verwerten.[569] 201

f) Verwertet ein Sicherungsgläubiger unberechtigt, zieht etwa eine zur Sicherung abgetretene Forderung selbst ein, so schuldet er dem Verwalter zwar die Feststellungspauschale, nicht aber die Verwertungspauschale.[570] Die unberechtigte Verwertung des Gläubigers ist unwirksam,[571] kann aber vom Verwalter genehmigt werden. 202

VIII. Eingriffe in Absonderungsrechte

1. Durch Insolvenzplan. Ein Insolvenzplan kann rechtsgestaltend in die Rechte der Absonderungsberechtigten eingreifen.[572] Diese bilden eine eigene Abstimmungsgruppe, § 222 I 2 Nr. 1 InsO. Soll in ihre Rechte eingegriffen werden, so muss der gestaltende Teil des Insolvenzplans genau angeben, inwieweit die Sicherungsrechte gekürzt, gestundet oder sonst modifiziert werden sollen, § 223 II InsO. Zur Abstimmung über den Plan sind alle Absonderungsberechtigten besonders zu laden, § 235 III 1 InsO. Stimmrecht gewähren unstreitige Absonderungsrechte; streitigen Rechten kann bei Einigung der Beteiligten oder vom Gericht ein Stimmrecht zuerkannt werden, §§ 238 I 3, 77 II, III Nr. 1 InsO. 203

Nach Vorlage eines Insolvenzplans kann das Gericht die Aussetzung der Verwertung der Masse und daher auch von Sicherungsgut nach § 233 InsO anordnen, wenn durch die Verwertung die Durchführung des Plans gefährdet würde.[573] 204

In die Absonderungsrechte kann nur eingegriffen werden, wenn die Berechtigten mit Kopf- und Summenmehrheit zustimmen, § 244 I InsO, oder der Plan die Gläubiger nicht schlechter stellt, als sie ohne einen Plan stünden, § 245 II Nr. 1 InsO, und kein 205

---

[564] Hierfür MüKoInsO/*Lwowski*/*Tetzlaff,* § 173 Rn. 28.
[565] Vgl. KPB/*Kemper,* § 170 Rn. 10 ff.; *Obermüller,* Rn. 6.337 u 6.344; Uhlenbruck/Hirte/Vallender/*Brinkmann,* § 170 Rn. 14, 15; aA Nerlich/Römermann/*Becker,* § 173 Rn. 13.
[566] *Grub,* Insolvenzrecht 1998, S. 131, 137.
[567] Schmidt-Räntsch, § 170 Rn. 5; *Obermüller,* Rn. 6.336a; HK/*Landfermann,* § 173 Rn. 14; KPB/*Flöther,* § 173 Rn. 15.
[568] OLG Rostock ZIP 2008, 1128, 1130 = NZI 2008, 431; FK/*Wegener,* § 166 Rn. 22.
[569] *Obermüller,* Rn. 6.395 ff.; *Ganter*/*Bitter* ZIP 2005, 93, 94.
[570] BGH ZIP 2004, 42 = NZI 2003, 259, 260.
[571] BerlK-*Breutigam,* § 166 Rn. 15.
[572] *Funk,* S. 73; Uhlenbruck/Hirte/Vallender/*Lüer,* § 222 Rn. 17 ff.; MüKoInsO/*Ganter,* Vor §§ 49 bis 52 Rn. 152 ff.; krit. A. Bruns, Grundpfandrechte im Insolvenzplanverfahren, KTS 2004, 1.
[573] Vgl. *Obermüller,* Rn. 6.436 ff.

§ 42   206–213   Kap. III. 6. Abschnitt. Aussonderung, Absonderung, Aufrechnung

Gläubiger einer nachrangigen Gruppe einen wirtschaftlichen Wert erhält (§ 245 II Nr. 2 InsO).[574] Außerdem sind sie angemessen am Fortführungswert zu beteiligen, § 245 I Nr. 2 InsO.[575]

206 Ferner kann jeder einzelne Gläubiger (als Minderheitenschutz) gem. § 251 I InsO eine Versagung der gerichtlichen Bestätigung verlangen, wenn er durch den Plan schlechter gestellt wird als ohne Plan; dem einzelnen ist also der Liquidationswert garantiert.[576] Höhere als die gesetzlichen Kostenbeiträge sind gegen den Willen des einzelnen Sicherungsgläubigers nicht durchsetzbar.[577]

207 **2. Bei Restschuldbefreiung.** Die Restschuldbefreiung wirkt zwar gegen alle persönlichen Insolvenzgläubiger; sie greift nach der ausdrücklichen Regelung des § 301 II 1 InsO aber nicht in Rechte zur abgesonderten Befriedigung ein.[578] Soweit die dingliche Sicherheit von Dritten gestellt wird, ist diesen jedoch der Rückgriff gegen den Schuldner versagt, § 301 II 2 InsO.

208 **3. Im Verbraucherinsolvenzverfahren.** Gegenstück zum Insolvenzplan bei Unternehmern war der *Schuldenbereinigungsplan;* nach § 305 I Nr. 4 InsO aF. Mit der Abschaffung des Schuldenbereinigungsplanverfahrens durch die Neuregelung des Verbraucherinsolvenzverfahrens 2013 entfällt auch die in § 305 1 Nr. 4 InsO enthaltene Verpflichtung, mit dem Antrag auf Eröffnung einen Schuldenbereinigungsplan vorzulegen.[579]

209–211 *einstweilen frei*

212 Ist die Forderung gegen den Schuldner durch ein Grundpfandrecht am Grundstück eines Dritten gesichert, so beschneidet der Plan nicht (entsprechend § 1163 I 2 oder § 1157 BGB) die dingliche Sicherung; analog § 254 II 1 InsO bleibt diese vielmehr voll bestehen.[580]

IX. Ersatzabsonderung

213 **1. Unberechtigte Veräußerung belasteter Vermögensgegenstände. a)** Veräußert der Insolvenzverwalter oder der Insolvenzschuldner unberechtigt *Gegenstände, die Absonderungsrechten unterliegen* (Grundstückszubehör, Sicherungseigentum, verlängerter Eigentumsvorbehalt), so gelten die Regeln der Ersatzaussonderung nach § 48 InsO analog.[581] Der Gläubiger hat dann für seinen Anspruch nach § 816 I BGB ein Absonderungsrecht an der noch ausstehenden Gegenleistung oder an dem Erlös, solange er sich noch unterscheidbar in der Masse befindet.[582]

---

[574] Vgl. *Eidenmüller*, FS Drukarczyk S. 188, 194 ff.
[575] Vgl. *Obermüller*, Rn. 6.466 f.
[576] Vgl. *Marotzke* ZZP 109 (1996), 429, 437 f.; *Obermüller*, Rn. 6.468 ff.; für Grundpfandrechte eingehend *Städtler*, S. 318 ff.
[577] Krit *Henckel*, FS Merz 1992, S. 197, 212.
[578] Vgl. *Marotzke* ZZP 109 (1996), 429, 439.
[579] Gesetzentwurf der Bundesregierung vom 31.10.2012, Entwurf eines Gesetzes zur Verkürzung des Restschuldbefreiungsverfahrens und zur Stärkung der Gläubigerrechte, BT-Drucks. 17/11268. Dazu *Buchholz* NZI 2012, 655, 656; *Harder* NZI 2012, 113, 118. So schon der der Diskontinuität zum Opfer gefallene Gesetzentwurf der Bundesregierung vom 22.8.2007, Entwurf eines Gesetzes zur Entschuldung mittelloser Personen, zur Stärkung der Gläubigerrechte sowie zur Regelung der Insolvenzfestigkeit von Lizenzen, BT-Drucks. 16/7416.
[580] *Städtler*, S. 349 f.; *Evers* ZInsO 1999, 340.
[581] Vgl. BGH NZI 2006, 700, 702; ZIP 1998, 793, 797; OLG Stuttgart ZIP 2001, 2183; FK/*Imberger*, § 48 Rn. 22; MüKoInsO/*Ganter*, Vor §§ 49 bis 52 Rn. 169ff.; HK/*Eickmann*, § 48 Rn. 17; Uhlenbruck/Hirte/Vallender/*Brinkmann*, § 48 Rn. 30; Braun/*Bäuerle*, § 48 Rn. 38; *Gundlach* KTS 1997, 553, 565.
[582] Vgl. BGH NZI 2006, 700, 701; BGHZ 47, 181 = NJW 1967, 1370; Uhlenbruck/Hirte/Vallender/*Brinkmann*, § 48 Rn. 30, § 50 Rn. 50; MüKoInsO/*Ganter*, Vor §§ 49 bis 52 Rn. 175; HK/*Eickmann*, § 48 Rn. 18; Braun/*Bäuerle*, § 48 Rn. 38.

Absonderung 214–217 § 42

An dieser Rechtslage hat die Insolvenzordnung nichts geändert. Entgegen dem RegE **214** (§ 60 E) regelt sie die Ersatzabsonderung zwar ebenso wie die Konkursordnung nicht besonders, der Rechtsausschuss des Bundestages wollte aber lediglich den Text der Insolvenzordnung straffen, eine analoge Anwendung des § 48 InsO aber nicht ausschließen. Da kein Grund ersichtlich ist, warum beschränkt dingliche Rechte schlechter als Volleigentum vor unberechtigten Eingriffen geschützt werden sollen, ist die Ersatzabsonderung auch im neuen Recht unentbehrlich und ist an der Analogie festzuhalten.[583] Freilich wäre es besser gewesen, die Ersatzabsonderung explizit zu regeln und nicht bewusst eine Gesetzeslücke zu schaffen, die Rechtsprechung und Lehre auszufüllen haben.[584]

Vielfach wurde bisher auch bei Vereitelung eines Absonderungsrechts einfach nur **215** von „Ersatzaussonderung" gesprochen. Ob Ersatzaussonderung oder -absonderung in Betracht kommen, hängt davon ab, ob das ursprünglich vorbehaltene Eigentum des Lieferanten unberechtigt weiter veräußert wird, oder ob beim Käufer bereits eine erweiterte Sicherungsform vorlag, die den Verkäufer in der Käuferinsolvenz nur noch zur Absonderung berechtigt (→ § 43 Rn. 32).[585]

Nach bisherigem Recht schied eine Ersatzabsonderung aus, wenn die Gegenleistung **216** noch vor Eröffnung des Verfahrens zur Masse eingezogen wurde. Der BGH hat deshalb ein Ersatzabsonderungsrecht des Vermieters verneint, wenn die Gegenleistung an den Sequester im Eröffnungsverfahren bewirkt wurde.[586] Da der Gesetzgeber die Befugnis zur Ersatzaussonderung aber erweitert hat und diese jetzt auch Leistungen an den Insolvenzschuldner erfasst, sofern sie in der Masse noch unterscheidbar vorhanden sind, kann daran nicht festgehalten werden. Auch wenn diese Erweiterung rechtspolitisch fragwürdig ist (→ § 41 Rn. 4), lässt sich eine Begrenzung der Ersatzabsonderung[587] kaum rechtfertigen.

b) Eine Ersatzabsonderung findet statt, wenn Insolvenzschuldner oder Insolvenz- **217** verwalter einen mit einem Absonderungsrecht belasteten Gegenstand *unberechtigt veräußern*.[588] Sie greift deshalb, wenn der Insolvenzverwalter etwa Grundstückszubehör unberechtigt veräußert, das nach den §§ 865 ZPO, 1120 ff. BGB der Haftung für Grundpfandrechte unterliegt.[589] Eine Veräußerung durch den späteren Insolvenzschuldner oder den Insolvenzverwalter[590] im Rahmen des gewöhnlichen Geschäftsbetriebs vor Beschlagnahme des Grundstücks führt freilich stets dazu, dass das Grundstück dinglich von der Haftung für das Grundpfandrecht frei wird (§ 1121 I BGB). Veräußert der Verwalter jedoch zur Verwertung des Betriebs (nach oder zu dessen Stilllegung), so entsteht für den Grundpfandgläubiger ein Masseanspruch nach § 55 I Nr. 1 u 3 InsO.[591] Unberechtigt ist auch die Weiterveräußerung von Vorbehaltsware oder Sicherungseigentum, wenn die Ermächtigung zur Weiterveräußerung von einer Sicherung des Verkäufers oder Sicherungseigentümers abhängig gemacht wurde, diese die vereinbarte

---

[583] Vgl. Braun/*Bäuerle*, § 48 Rn. 38; HK/*Eickmann*, § 48 Rn. 17; MüKoInsO/*Ganter*, Vor §§ 49–52 Rn. 169; *D. Weber*, S. 113 ff.
[584] Krit *Dieckmann*, FS Henckel S. 95, 120 f.; *Marotzke* ZZP 109 (1996), 429, 434 ff.
[585] Uhlenbruck/Hirte/Vallender/*Brinkmann*, § 48 Rn. 31; MüKoInsO/*Ganter*, Vor §§ 49 bis 52 Rn. 170.
[586] BGH NJW 1995, 2783, 2787 = ZIP 1995, 1204, 1210 (insoweit nicht abgedruckt in BGHZ 130, 38).
[587] *Dieckmann*, FS Henckel S. 95, 121 und *Marotzke* ZZP 109 (1996), 429, 436 halten sie dagegen für geboten.
[588] Vgl. MüKoInsO/*Ganter*, Vor §§ 49 bis 52 Rn. 173a; Uhlenbruck/Hirte/Vallender/*Brinkmann*, § 48 Rn. 32; HK/*Eickmann*, § 48 Rn. 18; *Ganter/Bitter* ZIP 2005, 93, 95 ff.
[589] *Gerhardt*, Grundbegriffe Rn. 327; MüKoInsO/*Ganter*, Vor §§ 49 bis 52 Rn. 172; *Dieckmann*, FS Henckel S. 95, 120; Uhlenbruck/Hirte/Vallender/*Brinkmann*, § 48 Rn. 31.
[590] BGHZ 60, 267, 270 f. = NJW 1973, 997, 998 f.
[591] BGHZ 60, 267, 274 = NJW 1973, 997, 994.

Adolphsen

Sicherung aber nicht erhalten.[592] Schließlich findet die Ersatzabsonderung auch statt, wenn Forderungen zur Masse eingezogen werden, an denen aufgrund einer Sicherungszession ein Absonderungsrecht besteht.[593] Die Ersatzabsonderung scheidet dagegen aus, wenn der Insolvenzverwalter das Absonderungsrecht nicht vereitelt, sondern der Gläubiger es nach Vereinbarung mit ihm aufgibt.[594]

2. Unterschied zur Ersatzaussonderung. Die Ersatzabsonderung unterscheidet sich von einer Ersatzaussonderung dadurch, dass nach einer Verwertung der Sicherheit die Regeln über die *Ausfallhaftung,* §§ 52, 190 InsO, Anwendung finden.[595]

3. Grenzen der Ersatzabsonderung. Voraussetzung für die Ersatzabsonderung ist allerdings wie bei der Ersatzaussonderung, dass die Gegenleistung der eingezogenen Forderungen noch *unterscheidbar* auf einem Konto des Insolvenzschuldners oder des Insolvenzverwalters oder in bar oder gegenständlich vorhanden ist. Ist dies nicht mehr der Fall, so besteht nur ein *Masseanspruch* nach § 55 I Nr. 3 InsO.[596] Vereitelt der Insolvenzverwalter die Ersatzabsonderung, indem er den Erlös an einen Nichtberechtigten auszahlt, so entsteht ein Masseanspruch nach § 55 I Nr. 1 InsO,[597] ggf. auch ein Schadensersatzanspruch nach § 60 InsO gegen den Insolvenzverwalter persönlich. Besteht das Absonderungsrecht trotz der unberechtigten Veräußerung fort oder kann ein Aussonderungsberechtigter den Pfandgegenstand der Insolvenzmasse aufgrund einer wirksamen Vormerkung (§ 106 InsO) entziehen, so scheidet ein Ersatzabsonderungsrecht aus.[598]

X. Steuerliche Probleme

1. Einkommensteuerliche Fragen. Steht einem Gläubiger ein Recht auf abgesonderte Befriedigung zu (Pfandrecht, Grundpfandrecht, Sicherungseigentum, vgl. §§ 49 ff. InsO; die gleichen Fragen entstehen für die Besteuerung der Mieteinkünfte bei der Zwangsverwaltung), und macht er von diesem Recht Gebrauch, so können bei der Veräußerung einkommensteuerlich Gewinne erzielt werden, die grundsätzlich steuerpflichtig sind. Die insolvenzrechtliche Einordnung dieser Einkommensteuerforderung ist nicht geklärt; § 171 II InsO enthält eine Regelung nur für die Umsatzsteuer, nicht für die Einkommensteuer.

Nach der Ansicht des BFH[599] kann eine Insolvenzforderung nicht vorliegen, da maßgeblich für den Zeitpunkt des Begründetseins nach § 38 InsO der Zeitpunkt der Aufdeckung der stillen Reserven durch den Veräußerungsakt sei. Da der mit dem Absonderungsrecht belastete Gegenstand zur Masse gehöre, handle es sich um eine Masseforderung, und zwar unabhängig davon, ob der Erlös ganz oder teilweise zu der Masse geflossen sei. Die Einordnung als Masseforderung soll also unabhängig davon sein, ob der Erlös für die Befriedigung des Absonderungsberechtigten nicht benötigt wird. Der BFH[600] hat daher die früher vertretene Ansicht aufgegeben, es lägen sonstige Masseverbindlichkeiten nach § 55 I Nr. 1 InsO nur insoweit vor, als der Erlös zur Masse geflossen ist, im Übrigen handle es sich um eine insolvenzfreie Forderung.

---

[592] BGHZ 68, 199, 203 = NJW 1977, 901, 902.
[593] BGH ZIP 1998, 793, 797; BGH JZ 1971, 505; Uhlenbruck/Hirte/Vallender/*Brinkmann,* § 48 Rn. 32; *Mohrbutter/Vortmann,* Rn. VI.214; vgl. aber BGHZ 144, 192, 193 f. = NJW 2000, 1950.
[594] Vgl. OLG Köln ZIP 1989, 523.
[595] *Serick* ZIP 1982, 507, 508.
[596] Vgl. BGH ZIP 1982, 447; MüKoInsO/*Ganter,* Vor §§ 49 bis 52 Rn. 176; Uhlenbruck/Hirte/Vallender/*Brinkmann,* § 48 Rn. 32; *Mohrbutter/Vortmann,* Rn. VI.214.
[597] OLG Hamburg ZIP 1982, 599, 603.
[598] Vgl. BGHZ 47, 181 = NJW 1967, 1370.
[599] BFH BStBl II 2013, 759.
[600] BStBl II 1978, 356; BStBl II 1984, 602.

Diesem Ergebnis ist mE nicht in vollem Umfang zuzustimmen. Der mit dem Absonderungsrecht belastete Vermögensgegenstand gehört zu der Insolvenzmasse, wenn er nicht von dem Insolvenzverwalter freigegeben wird. Insoweit ist der Ansicht des BFH aaO zuzustimmen, die Folgen der Verwertung eines Massegegenstandes könnten nicht das insolvenzfreie Vermögen des Schuldners treffen. Im Übrigen ist aber zu differenzieren. Ist die Forderung, für die das dingliche Absonderungsrecht besteht, gleichzeitig eine persönliche Verpflichtung des Schuldners, ist der Absonderungsberechtigte gleichzeitig Insolvenzgläubiger; seine Insolvenzforderung ist eine bedingte Ausfallforderung, die im Insolvenzverfahren zum Tragen kommt, wenn und soweit der Absonderungsberechtigte sich aus dem Absonderungsrecht nicht befriedigen kann (§ 52 InsO). Soweit der Absonderungsberechtigte aus dem mit dem Absonderungsrecht belasteten Vermögensgegenstand befriedigt wird, vermindert sich diese bedingte Ausfallforderung; die Insolvenzmasse ist durch den Wegfall der bedingten Ausfallforderung bereichert. Demgemäß bezieht sich die an diese Befriedigung des Absonderungsberechtigten anknüpfende Einkommensteuerforderung auf die Insolvenzmasse. Diese Einkommensteuerforderung ist daher Insolvenzforderung nach § 38 InsO.[601] Im Ergebnis entfällt dann durch die Befriedigung des Absonderungsberechtigten eine Insolvenzforderung (die bedingte Ausfallforderung) und wird teilweise durch die an diesen Vorgang anknüpfende Einkommensteuerforderung als Insolvenzforderung ersetzt. Entsprechendes gilt für Einkünfte bei Zwangsverwaltung.

Verwaltet der Insolvenzverwalter das mit dem Absonderungsrecht belastete Vermögen („kalte Zwangsverwaltung") und erhält er hierfür einen Kostenbeitrag zur Masse, ist die auf diesem Kostenbeitrag ruhende Einkommensteuer Masseverbindlichkeit, da sie durch die Tätigkeit des Insolvenzverwalters begründet ist.

Ist der Schuldner nicht gleichzeitig persönlicher Schuldner des Absonderungsberechtigten, ist die Masse durch die Befriedigung des Absonderungsberechtigten nicht bereichert. Die Einkommensteuerforderung ist dann weder Masseverbindlichkeit noch Insolvenzforderung. Sie richtet sich, soweit die Masse nicht durch Zufluss des nicht zur Befriedigung des Absonderungsberechtigten benötigten Erlöses bereichert ist, gegen das insolvenzfreie Vermögen des Schuldners. Soweit diese Belastung des insolvenzfreien Vermögens des Schuldners im Einzelfall unbillig ist,[602] ist diese Unbilligkeit durch abweichende Steuerfestsetzung (§ 163 AO) oder durch Erlass der Steuerforderung (§ 227 AO) zu beseitigen.

2. Umsatzsteuerliche Fragen. Ist vor Eröffnung des Insolvenzverfahrens von dem Schuldner ein Vermögensgegenstand zur Sicherung übereignet worden, liegt hierin noch kein umsatzsteuerbarer Vorgang, weil durch die Sicherungsübereignung dem Sicherungsnehmer (noch) nicht die Verfügungsmacht über den Gegenstand iSd § 3 I UStG verschafft wird.[603]

Verwertet der *Sicherungsnehmer* nach § 170 II InsO nach Eröffnung des Insolvenzverfahrens den Gegenstand, liegt hierin ein doppelter Umsatz.[604] Durch die Ausnutzung des Verwertungsrechts aus der Sicherungsabrede erhält der Sicherungsnehmer das Recht, über den Vermögensgegenstand zu verfügen. Es liegt also eine Lieferung der Insolvenzmasse an ihn vor. Die Verwertung durch den Sicherungsnehmer stellt eine weitere steuerbare Lieferung von diesem an den Erwerber dar. Sind beide Umsätze umsatzsteuerpflichtig, werden sich Umsatzsteuer und Vorsteuer bei dem Sicherungsnehmer ausgleichen; es verbleibt die Umsatzsteuerpflicht der Insolvenzmasse.

---

[601] Ebenso *Waza/Uhländer/Schmittmann,* Rn. 1742 ff.
[602] Hierzu vgl. BFH BStBl II 2013, 759.
[603] BFH BStBl II 1980, 931; BFH BStBl II 2008, 163; BFH, BStBl II 2010, 859.
[604] BFH BStBl II 1987, 741; BStBl II 1994, 483.

226 Verwertet der *Insolvenzverwalter* den mit dem Sicherungseigentum belasteten Gegenstand nach § 166 InsO selbst, liegt nur ein Umsatz der Insolvenzmasse an den Abnehmer vor. Der Sicherungsnehmer ist in die Umsatzkette nicht eingeschaltet.[605] Besteht ein *Pfandrecht* des Sicherungsnehmers an dem Sicherungsgut, hat der Sicherungsnehmer nicht das Recht, den Gegenstand in eigenem Namen zu verwerten. Veräußert er den Sicherungsgegenstand, handelt er im Namen des Sicherungsgebers, der Sicherungsnehmer ist in die Umsatzkette daher nicht eingeschaltet; es liegt nur ein Umsatz der Insolvenzmasse an den Abnehmer vor.[606] Gleiches gilt, wenn der Insolvenzverwalter veräußert oder wenn die Finanzbehörde einen mit der Sachhaftung nach § 76 AO belegenen Gegenstand nach § 173 InsO selbst verwertet (→ Rn. 237).

227 Das Gleiche gilt bei Versteuerung nach vereinnahmten Entgelten (§ 13 I Nr. 1b UStG); hier entsteht die Umsatzsteuerschuld mit der Vereinnahmung der Entgelte. Sind vor Eröffnung des Insolvenzverfahrens die Forderungen zur *Sicherung abgetreten,* führt die Einziehung durch den Abtretungsempfänger zum Entstehen der Umsatzsteuerforderung.

228 Entsprechendes gilt für die Verwertung des Grundstückszubehörs eines mit einem Grundpfandrecht belasteten Grundstücks.

229 Da der mit dem Absonderungsrecht belastete Vermögensgegenstand zu der Insolvenzmasse gehört, trifft in allen genannten Fällen die Umsatzsteuerbelastung die Insolvenzmasse. Diese Umsatzsteuerforderung ist als sonstige Masseverbindlichkeit nach § 55 I 1 InsO einzuordnen.[607]

230 Um zu vermeiden, dass der Absonderungsberechtigte befriedigt wird, die Insolvenzmasse aber die Umsatzsteuerbelastung hieraus zu tragen hat, ohne dass ihr ein Vorteil in Gestalt des Veräußerungserlöses zufließt, bestimmt § 171 II 3 InsO, dass die Umsatzsteuer aus der Verwertung des Gegenstandes, soweit sie die Masse belastet, vorweg aus dem Veräußerungserlös zu begleichen ist; die Umsatzsteuer wird damit ebenso wie die Kosten der Verwertung behandelt. Verwertet der Insolvenzverwalter den Gegenstand, hat er die Umsatzsteuer, zusammen mit den Verwertungskosten, nach § 170 I InsO vorweg aus dem Erlös zu entnehmen; an den Sicherungsnehmer wird nur der danach verbleibende Restbetrag ausgekehrt. Erfolgt die Verwertung durch den Sicherungsnehmer, hat dieser den Umsatzsteuerbetrag zusammen mit den Kosten nach § 170 II InsO vorweg aus dem Erlös an die Insolvenzmasse abzuführen. Dadurch wird die Masse durch die Umsatzsteuer aus der Verwertung des Sicherungsgutes nicht belastet.[608]

231 Die Abführung des Kostenbeitrags ist kein Leistungsaustausch zwischen dem verwertenden Gläubiger und der Insolvenzmasse, und zwar auch dann nicht, wenn die Verwertung im Interesse des Sicherungsnehmers liegt. Der Kostenbeitrag ist also keine Gegenleistung für eine Leistung des Insolvenzverwalters; er unterliegt also nicht der Umsatzsteuer.[609]

232 Für Verwertung des Sicherungsgutes vor Eröffnung des Insolvenzverfahrens bei Bestellung eines vorläufigen Insolvenzverwalters gelten §§ 166 ff. InsO nicht. Der vorläufige Insolvenzverwalter hat kein Verwertungsrecht. Verwertet er trotzdem (zB mit Zustimmung des Sicherungsnehmers), gilt § 170 I InsO nicht; die Erhebung der Umsatzsteuer wird aber dadurch sichergestellt, dass der vorläufige Insolvenzverwalter die

---

[605] BFH BStBl II 1978, 684; BGH BB 1980, 1013.
[606] AA BFH BStBl II 1997, 585.
[607] BFH BStBl II 1972, 809; BStBl II 1978, 684; BStBl II 1987, 741; *Hübschmann/Hepp/Spitaler* AO, zu § 251 Rn. 260; *Tipke/Kruse* AO, zu § 251 Rn. 81.
[608] BFH BStBl II 2007, 183. Durch diese Lösung werden Hilfskonstruktionen zur Vermeidung einer Belastung der Masse, wie die unbedingte Freigabe des Gegenstandes aus der Masse, überflüssig. Die Rechtsprechung hatte dieser Hilfskonstruktion bisher die steuerlichen Wirkungen versagt. Vgl. BFH BStBl II 1987, 873; BFH/NV 1994, 274.
[609] BFH BStBl II 2007, 183.

Umsatzsteuer aus dem Veräußerungserlös entrichten kann. Verwertet der Sicherungsnehmer, liegt ein „Doppelumsatz" (Sicherungsgeber – Sicherungsnehmer – Käufer) vor. Der Sicherungsnehmer hat zwar den Umsatzsteuerbetrag nicht nach § 170 II InsO der (späteren) Masse zur Verfügung zu stellen. Die Zahlung der Umsatzsteuer wird aber dadurch sichergestellt, dass der Sicherungsnehmer (der regelmäßig Unternehmer sein wird) nach § 13b I Nr. 2, II UStG Schuldner der Umsatzsteuer für den Umsatz des Sicherungsgebers an ihn ist.

Ist der Sicherungsnehmer im Besitz des Sicherungsgutes, hat er diesen Besitz aber nicht von dem Insolvenzverwalter erhalten, trifft ihn nach § 170 II, § 171 II InsO nicht die Verpflichtung zur Herausgabe eines Teils des Veräußerungserlöses zur Zahlung der Umsatzsteuer. Dies ist auch unnötig, da dann bereits bei Besitzerlangung ein umsatzsteuerpflichtiger Vorgang vorgelegen haben wird; die Umsatzsteuerforderung ist Insolvenzforderung. Ist dies jedoch nicht der Fall, liegt bei der Veräußerung durch den Sicherungsnehmer wiederum ein „Doppelumsatz" vor, aber ohne die Verpflichtung des Sicherungsnehmers, die Umsatzsteuer an die Insolvenzmasse abzuführen. Der Sicherungsnehmer kann dann die in Rechnung gestellte Umsatzsteuer zur Befriedigung seiner Forderung verwenden, während die Insolvenzmasse mit der Umsatzsteuer als Masseverbindlichkeit belastet bleibt.[610]

Ebenfalls nicht anwendbar ist § 171 II InsO, wenn Grundstücke (nach Option nach § 9 UStG) und Grundstückszubehör im Wege der Zwangsversteigerung veräußert werden. § 10 I Nr. 1a ZVG enthält keine dem § 171 II InsO entsprechende Regelung. Statt dessen bestimmt § 13b I Nr. 3, II UStG, dass der Leistungsempfänger (Ersteigerer) die Umsatzsteuer schuldet, wenn er Unternehmer ist. Er darf also nur den Netto-Ersteigerungspreis entrichten und muss die Umsatzsteuer an das Finanzamt abführen.

Vereinbart der Insolvenzverwalter mit dem Grundpfandgläubiger, dass er das Grundstück gegen einen Kostenbeitrag freihändig veräußert, erbringt er eine über seine gesetzlichen Pflichten als Insolvenzverwalter hinausgehende Geschäftsbesorgungsleistung, die umsatzsteuerbar ist. Dabei stellt der Kostenbeitrag ein Entgelt für die Leistung des Insolvenzverwalters dar und ist daher umsatzsteuerpflichtig.[611] Gleiches gilt, wenn der Insolvenzverwalter für die Verwaltung von Gegenständen, die mit einem Absonderungsrecht belastet sind, einen Kostenbeitrag erhält.

Verwertet der Schuldner vor Eröffnung des Insolvenzverfahrens die zur Sicherung übereigneten Gegenstände in eigenem Namen, aber auf Rechnung des Sicherungsnehmers, sind die Regeln über das Kommissionsgeschäft, § 3 III UStG, anwendbar. Es liegt dann ein Dreifachumsatz vor (Sicherungsgeber – Sicherungsnehmer – Sicherungsgeber als Kommissionärkäufer – Käufer).[612]

3. Sonstige Steuerarten. Absonderungsrechte bestehen für Steuerforderungen nur in wenigen Fällen; idR besteht keine „dingliche" Beziehung zwischen einer Steuerforderung und einem Vermögensgegenstand.

Nach § 12 GrStG ruht die Grundsteuer auf dem Grundstück als Steuergegenstand als öffentliche Last. Nach § 77 II AO kann wegen einer auf dem Grundstück ruhenden öffentlichen Last die Zwangsversteigerung nach dem Zwangsversteigerungsgesetz in das Grundstück betrieben werden.[613] Dem Steuergläubiger steht damit in der Insolvenz des Grundstückseigentümers ein Absonderungsrecht nach § 49 InsO zu. Das gilt jedoch nicht bei einem freihändigen Verkauf, da dann die Grundsteuer weiterhin als öffentliche

---

[610] Vgl. *Onusseit* ZInsO 2000, 586.
[611] BFH BFHE 235, 22 = DStR 2011, 1853.
[612] BFH BStBl II 2006, 931; BFH BStBl II 2006, 933; BFH BStBl II 2010, 859 = DStR 2009, 2193.
[613] Vgl. BFH NJW 1989, 107.

238 Für die Grunderwerbsteuer gilt das nicht; hierfür besteht kein Absonderungsrecht an dem Grundstück.

239 Kraftfahrzeugsteuer für ein Kraftfahrzeug, das Zubehör eines Grundstücks ist, für das vor Eröffnung des Insolvenzverfahrens Zwangsversteigerung oder Zwangsverwaltung angeordnet worden ist, gehört nicht zu den Massekosten im Insolvenzverfahren.[615]

240 Nach § 76 AO haften zoll- und verbrauchsteuerpflichtige Waren und Erzeugnisse dinglich für die auf ihnen ruhenden Zölle und Verbrauchsteuern. Diese Haftung entsteht bei verbrauchsteuerpflichtigen Waren mit Beginn der Herstellung, bei zollpflichtigen Waren mit Überschreiten der Zollgrenze. In der Insolvenz besteht insoweit ein Absonderungsrecht nach § 51 Nr. 4 InsO. Eine vor Eröffnung des Insolvenzverfahrens erfolgte Beschlagnahme ist nicht Voraussetzung für das Absonderungsrecht. Die Verwertung erfolgt nach § 166 InsO durch den Insolvenzverwalter. Dabei sind auch §§ 170, 171 InsO anzuwenden.

241 Die Haftung der verbrauchsteuerpflichtigen Waren wird auch nicht durch die „Rückschlagsperre", § 88 InsO, beseitigt, und zwar auch dann nicht, wenn die Haftung innerhalb der Monatsfrist erstmals entstanden ist. Die Haftung entsteht kraft Gestzes nach § 76 AO, nicht durch eine Zwangsvollstreckungsmaßnahme, wie es § 88 InsO voraussetzt. Es liegt auch keine „Rechtshandlung" vor, so dass das Entstehen der Haftung nach § 76 AO nicht nach §§ 129 ff. InsO anfechtbar ist.

Das Absonderungsrecht des § 76 AO geht nach dem eindeutigen Wortlaut anderen (zB vertraglichen) Absonderungsrechten an derselben Sache vor.

§ 43. Mobiliarsicherheiten in der Insolvenz

Übersicht

	Rn.
I. Bedeutung von Mobiliarsicherheiten	1
II. Eigentumsvorbehalt und Anwartschaftsrecht	2
1. Einfacher Eigentumsvorbehalt	2
2. Weitergeleiteter und nachgeschalteter Eigentumsvorbehalt	20
3. Abgeleiteter Eigentumsvorbehalt	24
4. Erweiterter Eigentumsvorbehalt	25
5. Verlängerter Eigentumsvorbehalt	34
6. Leasing-Verträge über bewegliche Sachen	58
III. Sicherungseigentum	75
1. Einfache Sicherungsübereignung	75
2. Sicherungsübereignung von Vorbehaltsware	86
3. Verlängerte Sicherungsübereignung	87
IV. Sicherungszessionen	88
1. Grundlage	88
2. Globalzession	89
3. Factoring	95
4. Andere Sicherungszessionen	101
5. Zession bedingter und künftiger Forderungen	105
6. Zession und Dauerschuldverhältnisse	105a
7. Kollision mehrfacher Zessionen	105b
V. Verwertung der Mobiliarsicherheiten	106

---

[614] BGH BFH/NV 2010, 1599.
[615] BFH BStBl II 2013, 131 = DStR 2012, 11.

	Rn.
VI. Mobiliarsicherheiten im internationalen Warenverkehr	107
1. Geltung des jeweiligen Lagerechts	107
2. Eigentumsvorbehalt	109
3. Sicherungseigentum	110
4. Sicherungszessionen	114
5. Behandlung ausländischer Sicherungsrechte im Inland	118

Schrifttum: *Adolphsen,* Die Rechtsstellung dinglich gesicherter Gläubiger in der Insolvenzordnung, Kölner Schrift zur Insolvenzordnung, 3. Aufl. 2009, S. 1326; *Bähr/Smid,* Die Rechtsprechung des BGH zur neuen Insolvenzordnung 1999–2006; *Baum,* Von der Freiheit des Gesetzgebers – Verfassungskonforme Behandlung der publizitätslosen Mobiliarsicherheiten im Diskussionsentwurf einer Insolvenzordnung, KTS 1989, 553; *S. Baum,* Der Eigentumsvorbehalt als Aus- oder Absonderungsrecht im Insolvenzverfahren, 2003; *Benckendorff,* Freigabe von Kreditsicherheiten in der Insolvenz, Kölner Schrift zur Insolvenzordnung, 3. Aufl. 2009, S. 1389; *Berger,* Erweiterter Eigentumsvorbehalt und Freigabe von Sicherheiten, ZIP 2004, 1073; *Bien,* Die Insolvenzfestigkeit von Leasingverträgen nach § 108 I S. 2 InsO, ZIP 1998, 1017; *W. Bilgery,* Die Stellung der Banken als Sicherungsgläubiger im neuen Insolvenzrecht, FS Bayer, 1998, S. 9; *Bork,* Verbindung, Vermischung und Verarbeitung des Sicherungsgutes durch den Insolvenzverwalter, FS Gaul, 1997, S. 71; *ders.,* Gläubigersicherung im vorläufigen Insolvenzverfahren, ZIP 2003, 1421; *Brämer,* Die Sicherungsabtretung von Markenrechten, 2005; *Bruns,* Die Dogmatik rechtsgeschäftlicher Abtretungsverbote im Lichte des § 354a HGB, WM 2000, 505; *Bülow,* Treuhänderischer erweiterter Eigentumsvorbehalt, ZIP 2004, 2420; *Burger/Schellberg,* Kreditsicherheiten im neuen Insolvenzrecht, AG 1995, 57; *Derleder/Knops/Bamberger,* Handbuch zum deutschen und europäischen Bankrecht (§§ 16 ff. Kreditsicherheiten), 2004; *Diekamp,* Sicherungsübereignung von Offshore-Windenergieanlagen, ZBB 2004, 10; *Dinger/Goldner,* Sicherungsübergang von Windenergieanlagen in der Ausschließlichen Wirtschaftszone, ZBB 2009, 204; *Duursma-Kepplinger,* Eigentumsvorbehalt und Mobilienleasing in der Insolvenz, 2002; *Eckert,* Miete, Pacht und Leasing im neuen Insolvenzrecht, ZIP 1996, 897; *Elz,* Verarbeitungsklauseln in der Insolvenz des Vorbehaltskäufers – Aussonderung oder Absonderung?, ZInsO 2000, 478; *Engel,* Leasingrelevante Regelungen der neuen Insolvenzordnung, Leasing-Berater, RIW 1999, Beil zu Heft 5, S. 23; *Funk,* Die Sicherungsübereignung in Einzelzwangsvollstreckung und Insolvenz, 1998; *Ganter,* Rechtsprechung des BGH zum Kreditsicherungsrecht, WM 1998, 2045 u 2081; *Gaul,* Verwertungsbefugnis des Insolvenzverwalters bei Mobilien trotz Sicherungsübereignung und Eigentumsvorbehalt, ZInsO 2000, 256; *Glöckner,* Verlängerungsklauseln beim Eigentumsvorbehalt und die Rechtsprechung zur nachträglichen Übersicherung durch revolvierende Globalsicherungen, DZWIR 1999, 492; *Gottwald,* Die Rechtsstellung dinglich gesicherter Gläubiger, in: Leipold (Hrsg.), Insolvenzrecht im Umbruch, 1991, S. 197; *Grimm,* Besitzlose Sicherungsrechte an beweglichen Sachen im europäischen, deutschen und spanischen Insolvenzverfahren, 2004; *Gundlach,* Die Grenzen der Weiterveräußerungs- und der Einziehungsermächtigung, KTS 60 (2000), 307; *Habersack/Schürnbrand,* Der Eigentumsvorbehalt nach der Schuldrechtsreform, JuS 2002, 833; *Henckel,* Zur Dogmatik der besitzlosen Mobiliarsicherheiten, FS Zeuner, 1994, S. 193; *Hess,* Kreditsicherheiten in der Insolvenz, in: Die neue Insolvenzordnung (Bankrechtstag 1999), 2000, S. 101; *Hilgers,* Besitzlose Mobiliarsicherheiten im Absonderungsverfahren, 1994; *Huber,* Rücktrittsrecht des Vorbehaltsverkäufers in der Insolvenz des Vorbehaltskäufers, NZI 2004, 57; *Huth,* Kreditsicherungsrecht im Lichte der neuen Insolvenzordnung, 2000; *Janssen,* Betriebsfortführung des Insolvenzverwalters mit Mobiliarsicherungsgut, Diss. Marburg 2004; *Jerger,* Der Schutz des Vorbehaltskäufers vor Zwischenverfügungen des Vorbehaltskäufers, NZI 2012, 695; *Klinck,* Refinanziertes Mobilienleasing in der Insolvenz des Leasinggebers – § 108 I S. 2 InsO auf dem Prüfstand-, KTS 2007, 37; *Kupka,* Die Behandlung von Vorbehaltskäufen nach der Insolvenzrechtsreform, InVo 2003, 213; *Krämer,* Leasingverträge in der Insolvenz, 2005; *Landfermann,* Die Rechtsstellung der dinglich gesicherten Gläubiger im künftigen Insolvenzverfahren, KTS 1987, 381; *Landwehr/Thonfeld,* Die Sicherung des Lieferantenkredits durch Allgemeine Geschäftsbedingungen, NZI 2004, 7; *Lieb,* Das Leitbild des Finanzierungs-Leasing im Spannungsfeld von Vertragsfreiheit und Inhaltskontrolle, DB 1988, 946; *ders.,* Gewährleistung beim reinen Finanzierungsleasing, DB 1988, 2495; *Lwowski,* Das Recht der Kreditsicherung, 8. Aufl. 2000; *ders.,* Die anfängliche Übersicherung als Grund für die Unwirksamkeit von Sicherheitenbestellungen, FS Schimansky, 1999, S. 389; *Marotzke,* Der Eigentumsvorbehalt im neuen Insolvenzrecht, JZ 1995, 803; *ders.,* Die dinglichen Sicherheiten im neuen Insolvenzrecht, ZZP 109 (1996), 429; *ders.,* Das neue Insolvenzrecht – dargestellt am Beispiel der Mobiliarsicherheiten, 1999; *Mitlehner,* Mobiliarsicherheiten in der Insolvenz, 2004; *Mordhorst,* Die Behandlung vertraglicher Mobiliarsicherheiten im US-amerikanischen und deutschen Insolvenzrecht, 2003; *Müller-Chen,* Abtretungsverbote im internationalen Rechts- und Handelsverkehr, FS Schlechtriem, 2003, S. 903; *Munz,* Der verlängerte Eigentumsvorbehalt – ein geeignetes Instrument in der Insolvenz des Bauunternehmers?, BauR 2003, 621; *Niesert,* Das Recht der Aus- und Absonderung nach der neuen Insolvenzordnung, InVo 1998, 85; *Obermüller,* Auswirkungen der Insolvenzrechtsreform auf Kreditgeschäft und Kreditsicherheiten, WM 1994, 1829 u 1869; *ders.,* Der umgekehrte Konzernvorbehalt, FS Schimansky, 1999, S. 457; *v. Olshausen,* Konkursrechtliche Probleme um den neuen § 354a HGB, ZIP 1995, 1950; *K. Peters,* Verarbeitungsklauseln als Kreditsicherungsmittel der Banken, FS Immenga, 2004, S. 657; *Peters/Lwowski,* Das Kreditinstitut als Zahlstelle und Sicherungsnehmer, WM 1999, 258; *Pfeifer,* Die Verwertung von Kreditsicherheiten, Restschuldbefreiung und Verbraucherinsolvenz nach der neuen Insolvenzordnung, DZWIR 1997, 303; *Prütting,* Bedeutungswandel in der Insolvenz durch Rechtsübertragung, FS Leipold, 2009, S. 427; *Riggert,* Die Rechtsverfolgung der Gläubiger dinglicher Kreditsicherheiten in der Unternehmensinsolvenz des Schuldners, 2006; *ders.,* Die Raumsicherungsübereignung, NZI 2000, 241; *ders.,* Neue Anforderungen an Raumsicherungsübereignungen?, NZI 2009, 137; *Röthel,* Herstellungsverträge und Eigentumsordnung – §§ 651, 950 BGB nach der Schuldrechtsreform, NJW 2005, 625; *Rümker,* Die kreditwirtschaftlichen Aspekte der neuen Insolvenzordnung, in Kübler, Neuordnung des Insolvenzrechts, 1989, S. 135; *Runkel,* Praktische und rechtliche Probleme der Eigentumsvorbehaltslieferanten in der Insolvenz, FS H.-P. Kirchhof, 2003, S. 455; *Schirmer,* Zur Zulässigkeit des umgekehrten Konzerneigentumsvorbehalts, ZInsO 1999, 379; *Schlegel,* Eigentumsvorbehalt und Sicherungsübereignung – unüberwindbare Hindernisse einer Betriebsfortführung durch den vorläufigen Insolvenzverwalter, DZWIR 2000, 94; *Schmid-Burgk/Ditz,* Die Refinanzierung beim Leasing nach der Insolvenzrechtsreform, ZIP 1996, 1123; *D. Schulz,* Das Konsignationslager in der Insolvenz – eine Alternative zum Eigentumsvorbehalt?, ZInsO 2003, 979; *Sinz,* Factoring in der Insolvenz, 1997; *ders.,* Leasing und Factoring im Insolvenzverfahren, Kölner Schrift, 3. Aufl. 2009, S. 403; *Smid,* Kreditsicherheiten in der Insolvenz, 2. Aufl. 2008; *Stieber,* Der gesicherte Geld- und Warenkredit in der Insolvenz, 2010.

Zum Schrifttum vor Erlass der Insolvenzordnung s 3. Auflage.

Schrifttum zu Mobiliarsicherheiten im internationalen Warenverkehr:
(1) Allgemein: Lehr, Eigentumsvorbehalt als Sicherungsmittel im Exportgeschäft, RIW 2000, 747; v. *Wilmowsky,* Europäisches Kreditsicherungsrecht, in: Derleder/Knops/Bamberger, Handbuch zum deutschen und europäischen Bankrecht (§ 62), 2004.
(2) Internationale Übereinkommen:
– Übereinkommen über internationale Sicherungsrechte an beweglicher Ausrüstung (Kapstadt-Übereinkommen von UNIDROIT) vom 16. November 2001: *Bollweg/Kreuzer,* Entwürfe einer UNIDROIT-ICAO-Konvention über internationale Sicherungsrechte an beweglicher Ausrüstung und eines Protokolls über Luftfahrtausrüstung, ZIP 2000, 1361; *Davies,* The new *Lex Mercatoria:* International Interests in Mobile Equipment, ICLQ 52 (2003), 151; *Goode,* Official Commentary on the Convention on International Interests in Mobile Equipment, 2002; *Graham-Siegenthaler,* Neuere Entwicklungen im internationalen Kreditsicherungsrecht, AJP/PJA 2004, 291 ff.; *Henrichs,* Das Übereinkommen über internationale Sicherungsrechte an beweglicher Ausrüstung, IPRax 2003, 210; *Honnebier/Milo,* The Convention of Cape Town: The Creation of International Interests in Mobile Equipment, EuRevPrivL 12 (2004), 3; *Johner,* Das Recht der Übertragung von internationalen Sicherungsrechten an Luftfahrzeugausrüstung, 2005; *Kreuzer,* Internationale Mobiliarsicherungsrechte an Luftfahrzeugausrüstung, FS Schlechtriem, 2003, S. 869; *Kronke,* Liber amicorum Kegel, 2002, S. 33; *Mooney, Jr.,* Insolvency Law as Credit Enhancement: Insolvency-related Provisions of the Cape Town Convention and the Aircraft Equipment Protocol, IntInsolvRev 13 (2004), 27; *Otte,* Weltweite Mobiliarsicherheiten bei der Verkehrsmittel- und Ausrüstungsfinanzierung, FS Jayme, 2004, Bd 1, S. 643; *Schmalenbach/Sester,* Internationale Sicherungsrechte an Flugzeugen auf Basis der Kapstadt-Konvention, WM 2005, 301.
– UNIDROIT-Übereinkommen von Ottawa über das internationale Factoring vom 28.5.1988 (BGBl. 1998 II 172): vgl. *Müller-Chen,* Abtretungsverbote im internationalen Rechts- und Handelsverkehr, FS Schlechtriem, 2003, S. 903.

– Übereinkommen der Vereinten Nationen über die Abtretung von Forderungen im internationalen Handel vom 12.12.2001 (UN-Convention on the Assignment of Receivables in International Trade): *Bazinas,* Key Policy Issues of the United Nations Convention on the Assignment of Receivables in International Trade, Tulane J. Intern. & Comp. L. 11 (2003), 275; *E.-M. Kieninger,* Vereinheitlichung des Rechts der Forderungsabtretung – Zur UN Convention on the Assignment of Receivables in International Trade, in: Dreier (Hrsg.), Raum und Recht, FS 600 Jahre Würzburger Juristenfakultät, 2002, S. 297; *Kieninger/Schütze,* Neue Chancen für internationale Finanzierungsgeschäfte: Die UN-Abtretungskonvention, ZIP 2003, 2181.
– Haager Übereinkommen über die auf bestimmte Rechte in Bezug auf intermediär-verwahrte Wertpapiere anzuwendende Rechtsordnung vom 13.12.2002; (Text in RabelsZ 68 (2004), 757): *Bloch/de Vauplane,* Loi applicable et critères de localisation des titres multiintermédiés dans la Convention de la Haye du 13 décembre 2002, J.D.I. 132 (2005), 3; *Merkt/Rossbach,* Das „Übereinkommen über das auf bestimmte Rechte in Bezug auf bei einem Zwischenverwahrer sammelverwahrte Effekten anzuwendende Recht", ZVglRWiss 102 (2003), 33; *Reuschle,* Haager Übereinkommen, IPRax 2003, 495; *ders.,* Grenzüberschreitender Effektengiroverkehr, RabelsZ 68 (2004), 687; *Schefold,* Kollisionsrechtliche Lösungsansätze im Recht des grenzüberschreitenden Effektengiroverkehrs, FS Jayme, 2004, Bd. 1, S. 805; *Schmidt,* Das Übereinkommen der Vereinten Nationen über die Absetzung von Forderungen im internationalen Handel, IPRax 2005, 93.

(3) Europäisches Recht: Dageförde, Das besitzlose Mobiliarpfandrecht nach dem Modellgesetz für Sicherungsgeschäfte der Europäischen Bank für Wiederaufbau und Entwicklung, ZEuP 1998, 686; *Drobnig,* Die gemeinschaftsrechtliche „Regelung" des Eigentumsvorbehalts, FS Heldrich, 2005, S. 563; *Hadding/Schneider,* Transaction financières transfrontières dans le Marché unique européen, 1997; *Kieninger,* Mobiliarsicherheiten im europäischen Binnenmarkt, 1996; *dies.,* Security Rights in Movable Property in European Private Law, 2004; v. *Wilmowsky,* Europäisches Kreditsicherungsrecht, 1996.

(4) Rechtsvergleichendes: Dageförde, Das besitzlose Mobiliarpfandrecht nach dem Modellgesetz für Sicherungsgeschäfte der Europäischen Bank für Wiederaufbau und Entwicklung, ZEuP 1998, 686; *Dalhuisen,* Security in Movable and Intangible Property, in: Hartkamp, Towards a European Civil Code, 1994, S. 361; *Diedrich,* Warenverkaufsfreiheit, Rechtspraxis und Rechtsvereinheitlichung bei internationalen Mobiliarsicherungsrechten, ZVglRWiss 104 (2005), 116; *Drobnig,* Mobiliarsicherheiten im internationalen Wirtschaftsverkehr, RabelsZ 38 (1974), 468; *ders.,* Vorrechte, Sicherheiten und Eigentumsvorbehalt im EG-Konkursübereinkommen, in: Kegel/Thieme, Vorschläge und Gutachten zum Entwurf eines EG-Konkursübereinkommens, 1988, S. 357; *ders.,* Regionale Vereinheitlichungen des Rechts der Mobiliarsicherheiten außerhalb Europas, FS Schlechtriem, 2003, S. 855; *Hanisch,* Besitzlose Mobiliarsicherheiten im internationalen Rechtsverkehr, FS Moser, 1987, S. 25; *Henrichs,* Das Übereinkommen über internationale Sicherungsrechte an beweglicher Ausrüstung, IPRax 2003, 210; *Kreuzer,* Europäisches Mobiliarsicherungsrecht, Mélanges von Overbeck, 1990, S. 613; *Reuschle,* Haager Übereinkommen über die auf bestimmte Rechte in Bezug auf intermediär-verwahrte Wertpapiere anzuwendende Rechtsordnung, IPRax 2003, 495; *ders.,* Das neue IPR für intermediär-verwahrte Wertpapiere, BKR 2003, 562; *Rott,* Vereinheitlichung des Rechts der Mobiliarsicherheiten, 2000; *Schwimann,* Grenzüberschreitende Sicherungszessionen im gegenwärtigen und künftigen IPR, öWBl 1998, 385; *Tetley,* Maritime liens in the conflict of laws, in Essays in honour of A. T. v. Mehren, 2002, S. 439; *Westphal,* Eigentumsvorbehalt im internationalen Vergleich, FS Sandrock, 1995, S. 55; v. *Wilmowsky,* Europäisches Kreditsicherungsrecht, 1996.

(5) Ausländisches Recht: Banzhat, Insolvenz und Konkurs des kanadischen Geschäftspartners, RIW 1986, 872; v. *Bar,* Sachenrecht in Europa, 2000; *von Böhmer,* Der Eigentumsvorbehalt und sonstige Warenkreditsicherungsmittel bei Lieferungen nach Frankreich, Diss Bonn 1970; *Brinkhaus,* Deutsche Sicherungsrechte vor englischen Gerichten, 1998; *Brockhuis,* Das polnische Kreditsicherungsrecht, 2000; *Callewaert,* Zum Recht der besitzlosen Mobiliarsicherheiten in Belgien, RIW 1989, 683; *Cha,* Mobiliarsicherungsrechte (Deutsches und koreanisches System), 2002; *Derleder/Knops/Bamberger,* Handbuch zum deutschen und europäischen Bankrecht (§ 64 Länderteil), 2004; *Dielmann,* Kreditsicherung in den USA (Deutsch-amerikan. Handelskammer, New York); *Drobnig,* Eigentumsvorbehalte bei Importlieferungen nach Deutschland, RabelsZ 32 (1968), 450; *ders.,* Die Verwertung von Mobiliarsicherheiten in einigen Ländern der Europäischen

§ 43　　　　　Kap. III. 6. Abschnitt. Aussonderung, Absonderung, Aufrechnung

Union, RabelsZ 1996, 40; *Drobnig/Kronke,* Die Anerkennung ausländischer Mobiliarsicherungsrechte, in: Deutsche Landesberichte z X. Intern Kongreß für Rechtsvergleichung, 1978, S. 91; *Ernst,* Mobiliarsicherheiten in Deutschland und Polen, Diss. Mainz 2005; *Floropoulou,* Die besitzlosen Mobiliarsicherheiten im griechischen Recht und ihre Stellung in der Insolvenz des Schuldners, ZInsO 2002, 710 u 756; *Fritzemeyer,* Internationalprivatrechtliche Anerkennungs- und Substitutionsprobleme bei Mobiliarsicherheiten, Diss. Konstanz 1983 (England, Frankreich); *Gravenhorst,* Mobiliarsicherheiten für Darlehens- und Warenkredite in den sechs Ländern der EG, 1972; *Grimm,* Besitzlose Sicherungsrechte an beweglichen Sachen im europäischen, deutschen und spanischen Insolvenzverfahren, 2004; *Hadding/Schneider,* Recht der Kreditsicherheiten in europäischen Ländern, Teil II (Frankreich) 1978; Teil V (Schweiz) 1983; Teil VI (Österreich) 1986; Teil VII/1 (Spanien) 1988; Teil X (Die Forderungsabtretung, insb zur Kreditsicherung), 1999; *dies.,* Recht der Kreditsicherheiten in den Vereinigten Staaten von Amerika, Teil I 1983, Teil II und III 1985; *Hamouzopoulos,* Kreditsicherheiten nach griechischem Recht, 1999; *Hartwieg,* Die Klassifikation von Mobiliarsicherheiten im grenzüberschreitenden Handel, RabelsZ 57 (1993), 607; *ders.,* Die Publizität von Mobiliarsicherheiten im deutschen, US-amerikanischen und japanischen Recht, ZIP 1994, 96; *Heyne,* Deutscher Eigentumsvorbehalt vor schottischen Gerichten, IPRax 1988, 318; *F. Hoffmann-Klein,* Die Anerkennung ausländischer, insb US-amerikanischer Sicherungsrechte an Forderungen in Deutschland, 2000; *Horn/Pleyer,* Handelsrecht und Recht der Kreditsicherheiten in Osteuropa, 1997; *Jayme,* Transposition und Parteiwille bei grenzüberschreitenden Mobiliarsicherheiten, FS Serick, 1992, S. 241; *Juterzenka,* Das Kreditsicherheitsrecht in der russischen Föderation, Diss Frankfurt/O. 1999; *Kaiser,* Verlängerter Eigentumsvorbehalt und Globalzession im IPR, 1986 (Österreich, Schweiz, Frankreich, England, USA); *Kaufhold,* Internationales und europäisches Mobiliarsicherungsrecht, 1999; *Kieninger,* Das Statut der Forderungsabtretung im Verhältnis zu Dritten, RabelsZ 62 (1998), 678; *Kieninger/Storme,* Das neue belgische Recht des Eigentumsvorbehalts, RIW 1999, 94; *Koziol,* Probleme der Sicherungszession im grenzüberschreitenden Verkehr Deutschland-Österreich, DZWIR 1993, 353; *Kurkowski,* Die Sicherungsübereignung im polnischen Recht, WiRO 1994, 247; *Lehr,* Eigentumsvorbehalt als Sicherungsmittel im Exportgeschäft, RIW 2000, 747; *Litaudon,* Der Eigentumsvorbehalt und die neuen Zielsetzungen des Insolvenzrechts in Frankreich, RIW 1987, 348; *Lutz,* Die französischen Mobiliarsicherheiten, in: Witz/Bopp, Französisches Vertragsrecht für deutsche Exporteure, 1989; *Menne,* Die Sicherung des Warenlieferanten durch den Eigentumsvorbehalt im französischen Recht, 1998; *H. Mordhost,* Die Behandlung vertraglicher Mobiliarsicherheiten im US-amerikanischen und deutschen Insolvenzrecht, 2003; MünchKommBGB-*Kreuzer,* EGBGB, 3. Aufl. 1998, Nach Art. 38 Anh I Rn. 82 ff., 117 ff., 126 ff.; *Neumann,* Der Eigentumsvorbehalt im deutsch-italienischen Rechtsverkehr, 2001; *Paul,* Die Sicherungsabtretung im deutschen u amerikanischen Recht, 1988; *von Plehwe,* Besitzlose Warenkreditsicherheiten im internationalen Privatrecht, Diss Bonn 1987; *Rakob,* Ausländische Mobiliarsicherungsrechte im Inland, 2001; *Reithmann/Martiny,* Internationales Vertragsrecht, 7. Aufl. 2010, Rn. 5757 ff.; *Röthel,* Internationales Sachenrecht im Binnenmarkt, JZ 2003, 1027; *Roßmeier,* Besitzlose Mobiliarsicherheiten in grenzüberschreitenden Insolvenzverfahren, 2003; *Sasse,* Dingliche Sicherungsgeschäfte nach mexikanischem Recht, RIW 2004, 852; *Schilling,* Besitzlose Mobiliarsicherheiten im nationalen und internationalen Privatrecht, 1985 (französischer Rechtskreis, Common Law); *T. Schorling,* Das Recht der Kreditsicherheiten in der Tschechischen Republik, 2000; *Schulz,* Der Eigentumsvorbehalt in europäischen Rechtsordnungen, 1998; *Schwind,* „Hinkendes Eigentum" im deutschösterreichischen Rechtsverkehr, FS Kegel 1987, S. 599; *Seeliger,* Konkursfestigkeit dinglicher Mobiliarsicherheiten im deutsch-französischen Warenverkehr, 1985; *Seif,* Der Bestandsschutz besitzloser Mobiliarsicherheiten im deutschen und englischen Recht, 1997; *Shook-Wiercimok,* Eigentumsvorbehalt nebst Verlängerungs- und Erweiterungsformen im deutsch/amerikanischen Rechtsverkehr, RIW 1986, 954; Staudinger/*Stoll,* Internationales Sachenrecht, 13. Bearb 1996; *Stumpf,* Eigentumsvorbehalt und Sicherungsübertragung im Ausland, 5. Aufl. 1989; *Sugishita,* Der Eigentumsvorbehalt im japanischen Recht, 1988; *Tichý,* Secured Transactions Involving Movables in Czech Law, FS Drobnig, 1998, S. 683; *Wattenberg,* Der Eigentumsvorbehalt und seine Erweiterungsformen im schottischen Recht, RIW 1988, 98; *Welter,* Kreditsicherung bei Grenzüberschreitung, in: Schimansky/Bunte/Lwowski, Bankrechts-Handbuch, Bd II (§ 99), 2001; *Werth,* Warenkreditsicherung im deutsch-spanischen Wirtschaftsverkehr, 1981; *Wiegand* (Hrsg.), Mobiliarsicherheiten (Berner Bankrechtstag), 1998; *Witz,* Der neue französische Eigentumsvorbehalt im deutsch/französischen Handel, NJW 1982, 1897; *ders.*, GS Schultz, 1987, S. 399; *Woeste*, Immaterialgüterrechte als Kreditsicherheit im deutschen und US-amerikanischen Recht, 2002; *Yang*, Rechtsvergleichende Untersuchungen über den Eigentumsvorbehalt im deutschen und koreanischen Recht, 1999.

I. Bedeutung von Mobiliarsicherheiten

Ein Kredit (vom lateinischen *credere* „glauben" und *creditum* „das auf Treu und Glauben Anvertraute") ist die Überlassung von Geld (§ 488 BGB) oder vertretbaren Sachen (Sachkredit, § 607 BGB) auf Zeit. Darlehensverträge, Abzahlungskäufe, Stundungen, Wechsel sind Beispiele für Kredite. Unternehmen wie Privatpersonen wirtschaften in hohem Maße mit Fremdkapital, das ihnen von dritter Seite zur Verfügung gestellt wird. Ohne diese Bereitstellung wäre wirtschaftliches Agieren nur nach Ansparung von Eigenkapital möglich, was wirtschaftliches Wachstum zumindest verlangsamte. Kreditsicherung und Kreditgewährung stehen wirtschaftlich in engstem Zusammenhang und werden auch rechtlich eng durch einen Sicherungsvertrag miteinander verknüpft. Unter den Begriff der Kreditsicherung lassen sich alle Rechtsgeschäfte fassen, deren Zweck die Realisierung einer Forderung des Gläubigers ist, so dass der Schuldner seiner Leistungspflicht nachkommt. Dies kann durch akzessorische oder abstrakte Sicherheiten geschehen. Kreditsicherung ist damit zwar Hilfsgeschäft der Kreditgewährung, allerdings notwendige Voraussetzung nationaler aber auch globaler Wirtschaftstätigkeit. Die weltweite Finanzkrise hat die Bedeutung ausreichender Sicherheiten für die Kreditgewährung deutlich gemacht, aber auch die fatalen Folgen der weltweiten Risikostreuung durch Verbriefung von unzureichend gesicherten Forderungen belegt.[1]

II. Eigentumsvorbehalt und Anwartschaftsrecht

1. Einfacher Eigentumsvorbehalt. a) Der einfache Eigentumsvorbehalt ist im Warenverkehr das weitaus häufigste und bedeutendste, meist aber auch das einzige Sicherungsmittel. Er beruht idR auf der *vertraglichen Vereinbarung* im Kaufvertrag vor der Lieferung. Diese ist grundsätzlich in jedem Einzelfall erforderlich; kraft Gesetzes oder aufgrund „stillschweigender Vereinbarung" besteht kein Eigentumsvorbehalt.[2] Diese Rechtslage hätte sich geändert, wenn Art. 4 des EG-Richtlinien-Entwurfs zur Bekämpfung des Zahlungsverzugs im Handelsverkehr[3] Geltung erlangt hätte. Denn danach hätte es genügt, dass der Verkäufer den Vorbehalt einseitig auf der Rechnung erklärt.[4] Der Vorschlag wurde aber letztlich aus dem Richtlinienentwurf gestrichen.[5]

Das Eigentum kann aber auch (vertragswidrig) einseitig vorbehalten werden.[6] Der *einseitige Eigentumsvorbehalt* setzt aber voraus, dass dem Käufer eine nur bedingte Übereignungserklärung vor oder gleichzeitig mit der Lieferung der Ware tatsächlich zugeht. Dies ist nicht der Fall bei einem Vorbehalt auf einem Lieferschein, der mit der Ware übergeben wird, wenn diese von Angestellten entgegengenommen wird, die nicht zur Geschäftsleitung gehören.[7] Der Vorbehalt ist dann bis zu der Übereignung nicht zugegangen, so dass die Waren entsprechend dem Kaufvertrag unbedingt übereignet wurden.

---

[1] Hierzu *Prütting*, FS Leipold, 2009, S. 427.
[2] Palandt/*Weidenkaff*, § 449 Rn. 10; MüKoBGB/*Westermann*, § 449 Rn. 13; *Baur/Stürner*, Sachenrecht, 17. Aufl., § 59 Rn. 10.
[3] ABl EG C 163/13.
[4] Vgl. *Schmidt-Kessel* JZ 1998, 1135, 1140.
[5] Vgl. *Soergel/Henssler*, Anh § 929 Rn. 29.
[6] BGH ZIP 1986, 1059 = EWiR § 17 KO 4/86, 915 *(Marotzke)*; BGH NJW 1982, 1749 = LM § 455 BGB Nr. 38; BGH NJW 1982, 1751 = LM § 455 BGB Nr. 39; MüKoBGB/*Westermann*, § 449 Rn. 13; *de Lousanoff* NJW 1982, 1727; *Soergel/Henssler*, Anh § 929 Rn. 45.
[7] BGH NJW 1979, 213 und 2199.

4 Das vorbehaltene Eigentum kann wiederum übertragen werden (sog. *abgeleiteter Eigentumsvorbehalt*[8] (zur Frage der Aussonderung → Rn. 11 ff.). Allein die Abtretung der Kaufpreisforderung bewirkt den Rechtsübergang nicht, da der Eigentumsvorbehalt kein Sicherungsrecht iS des § 401 BGB ist.[9] Erforderlich ist die dingliche Einigung und Abtretung des Herausgebeanspruchs, der gem. § 346 BGB auf der Grundlage des gem. § 449 I BGB ausgeübten Rücktrittsrechts entsteht.[10]

5 Wird der Vorbehalt nachträglich dem Käufer gegenüber erklärt und nimmt dieser die Ware und das bedingte Übereignungsangebot des Verkäufers widerspruchslos entgegen, so kann hierin im Einzelfall zugleich eine stillschweigende *Abänderung des Kaufvertrages* liegen.[11] Erfolgt bei einander widersprechenden AGB keine Einigung über eine vorbehaltslose Übereignung, so ist die Lieferung der Ware jedoch nur iS eines bedingten Übereignungsangebots zu verstehen.[12]

6 Dem vertragswidrigen Eigentumsvorbehalt stellt der BGH den unwirksam vereinbarten gleich, weil der Verkäufer auch dann keine unbedingte Übereignungserklärung abgegeben hat.[13]

7 Der (einfache) Eigentumsvorbehalt *erlischt* mit vollständiger Zahlung des Kaufpreises (§§ 929, 158 I BGB), Eigentumsübergang auf einen Dritten, Eigentumsuntergang aus tatsächlichen oder rechtlichen Gründen (zB Verarbeitung oder Weiterveräußerung) sowie bei einem Verzicht[14] des Eigentümers. Bei einem abgeleiteten Eigentumsvorbehalt kommt es für das Erlöschen darauf an, ob der Erwerber auf die Forderung leistet, so dass es zur Tilgungswirkung des § 267 I BGB kommt.[15] Wird ein derartiger Tatbestand, zB eine Verbindung gem. § 946 BGB, rückgängig gemacht, so lebt ein vorher bestandener Eigentumsvorbehalt nicht wieder auf.[16]

8 Ob ein Eigentumsvorbehalt an bereits gelieferten Waren *nachträglich* durch bloße Einigung der Kaufvertragsparteien *begründet* werden kann, ist streitig.[17] Eine derartige Einigung lässt sich zwanglos als unbedingte Rückübereignung unter gleichzeitiger neuer aufschiebend bedingter Einigung verstehen. Daraus ergibt sich, dass zwischenzeitlich entstandene dingliche Rechte Dritter an den betreffenden Sachen wirksam bleiben; durch den „nachträglichen" Eigentumsvorbehalt kann ihnen nicht die Grundlage entzogen werden.

9 Zulässig ist es auch, einen streitigen Eigentumsvorbehalt durch nachträglichen Feststellungs- oder Bestätigungsvertrag *(„Anerkenntnis")* mit Wirkung unter den Parteien bindend festzulegen.[18] Dieses Anerkenntnis hat streitausschließende Wirkung aber nur zwischen den Parteien; ein (gutgläubiger) Eigentumserwerb zu Lasten eines Dritten kann dadurch nicht eintreten.

---

[8] MüKoInsO/*Ganter*, § 47 Rn. 96a.
[9] BGH NJW 1964, 1788, 1790; Palandt/*Grüneberg*, § 401 Rn. 5.
[10] BGH NJW 1964, 1788, 1790; BGH DB 2008, 1034 = BB 2008, 1080 = WM 2008, 821.
[11] *Reinicke/Tietke*, Kreditsicherung (Neuauflage für 4. Quartal 2013 angekündigt) Rn. 1108; Soergel/*Henssler*, Anh § 929 Rn. 47; *Walter*, § 10 II 3b.
[12] BGH NJW 1982, 1749, 1750 = ZIP 1982, 447; BGH NJW 1982, 1751 = ZIP 1982, 845; BGH ZIP 1986, 1052, 1054 = WM 1986, 1081, 1082; *Graf Lambsdorff* ZIP 1987, 1370; *Mohrbutter/Vortmann*, Rn. VI.188; *Reinicke/Tietke*, Kreditsicherung Rn. 1115; vgl. *Bülow*, Rn. 732 ff.; aA *Graf von Westphalen* ZIP 1987, 1361.
[13] BGH ZIP 1988, 781, 783 f. m abl Anm. *Tiedtke*.
[14] *Uhlenbruch/Brinkmann*, § 47 Rn. 15; MüKoInsO/*Ganter* § 47 Rn. 82; *Hess*, InsO, § 47 Rn. 59; Soergel/*Henssler*, § 929 Anh Rn. 93, 93a.
[15] Das ist nach Ansicht von BGH DB 2008, 1034 = BB 2008, 1080 = WM 2008, 821 nicht der Fall bei einem abgeleiteten Eigentumsvorbehalt im Kfz Handel. Hier fehle der Drittleistungswille. S auch MüKoInsO/*Ganter*, § 47 Rn. 96b.
[16] OLG Stuttgart ZIP 1987, 1129.
[17] Vgl. dazu MüKoBGB/*Westermann*, § 449 Rn. 18 ff.; *Serick* I, § 5 II 5.
[18] BGHZ 98, 160, 166 = NJW 1986, 2948, 2949; zust. *Johlke* Anm. WuB VI B § 17 KO 4/86; Soergel/*Henssler*, Anh § 929 Rn. 46.

b) In der *Insolvenz des Verkäufers* ist das Anwartschaftsrecht des Käufers abweichend vom bisherigen Recht nach § 107 I InsO „insolvenzfest". Das Gesetz löst damit eine Streitfrage des bisherigen Rechts entsprechend der schon bisher in der Literatur vorherrschenden Meinung[19] zugunsten des Käufers. Ist dem Käufer die bewegliche Sache vor Eröffnung des Insolvenzverfahrens über das Vermögen des Schuldners von diesem verkauft und übergeben worden, so kann der Käufer Erfüllung des Kaufvertrages verlangen, § 107 I 1 InsO, und zwar auch, wenn der Schuldner weitere Pflichten aus dem Vertrag nicht oder nicht vollständig erfüllt, § 107 I 2 InsO. Sinngemäß hat der Insolvenzverwalter daher kein Wahlrecht nach § 103 I InsO; der Verwalter muss den Rest-Kaufpreis annehmen, der Käufer hat ein unentziehbares Recht zum Besitz[20] solange er sich vertragstreu verhält.[21] Der Verwalter kann daher nur nach allgemeinen Regeln, dh nach §§ 449, 323 I BGB erst nach erfolgloser Nachfristsetzung für die Kaufpreiszahlung zurücktreten. Der Käufer selbst hat ebenfalls kein „Wahlrecht",[22] denn er handelt vertragswidrig, wenn er den Kaufpreis nicht wie vereinbart bezahlt. 10

c) In der *Insolvenz des Käufers* kann der Verkäufer sein vorbehaltenes Eigentum (wie nach bisherigem Recht) aussondern, §§ 47 InsO, 985 BGB.[23] Freilich gilt dies erst, sobald die Bedingung für den Eigentumserwerb des Käufers nicht mehr eintreten kann und das Recht des Käufers zum Besitz aufgrund des Kaufvertrages (§ 986 BGB) erloschen ist. Der Verkäufer kann also erst aussondern, nachdem der Insolvenzverwalter des Käufers keine Erfüllung des Kaufvertrages verlangt[24] (§§ 103, 107 II InsO) oder der Verkäufer gem. §§ 449 II, 323 I BGB wirksam vom Kaufvertrag zurückgetreten und dadurch das Besitzrecht des Käufers endgültig erloschen ist. 11

Ob es zur Aussonderung noch einer Rücktrittserklärung nach vorheriger Fristsetzung bedarf, ist streitig angesichts der Neufassung des § 449 II BGB, nach dem der Verkäufer auf Grund des Eigentumsvorbehalts die Sache nur herausverlangen kann, wenn er vom Vertrag zurückgetreten ist (Grundsatz „Keine Rücknahme ohne Rücktritt"). Nach einer Ansicht soll auch in der Insolvenz die Aussonderung nur erfolgen dürfen, wenn die Frist gem. § 323 I BGB abgelaufen und der Rücktritt erklärt wurde. Die Fristsetzung sei nicht entbehrlich.[25] Nach der Gegenmeinung ist kein Rücktritt erforderlich.[26] Die vermittelnde Ansicht will im Herausgabeverlangen zugleich die Rücktrittserklärung sehen, muss dann aber auch die Frage beantworten, ob eine Fristsetzung vor Rücktritt erforderlich ist.[27] Nach hier vertretener Ansicht ist kein Rücktritt gem. §§ 449 II, 323 I BGB erforderlich, da die Vorschrift des § 449 II BGB ersichtlich eine Regelung für 12

---

[19] HK/*Marotzke*, § 107 Rn. 8; *Smid*, InsO, § 107 Rn. 2; FK/InsO/*Wegener*, § 107 Rn. 2; KPB/*Tintelnot*, InsO, § 107 Rn. 5; *Huber* NZI 1998, 97, 100; *Zimmermann* NZI 1998, 57, 60; *Henckel*, FS Zeuner 1994, S. 193, 194 f.; aA noch BGHZ 98, 160, 168 = NJW 1986, 2948 = JZ 1987, 355 (*Henckel*).
[20] MüKoInsO/*Ott/Vuia*, § 107 Rn. 12; MüKoInsO/*Ganter*, § 47 Rn. 77; HK/*Marotzke*, § 107 Rn. 8; *Stieber*, S. 127.
[21] MüKoInsO/*Ganter*, § 47 Rn. 76; FK/*Wegener*, § 107 Rn. 21; zu den Folgen eines Rücktritts des Verwalters wegen eines bestehenden Zahlungsrückstands des Käufers s MüKoInsO/*Ganter*, § 47 Rn. 78 und *Rugullis* KTS 2005, 459.
[22] Irreführend MüKoInsO/*Ganter*, § 47 Rn. 77–79.
[23] *Hess*, InsO, § 47 Rn. 42; Braun/*Bäuerle*, § 47 Rn. 29; *Bork*, Einführung in das neue Insolvenzrecht, Rn. 238; *ders.* in FS *Gaul*, S. 71, 77; MüKoInsO/*Ganter*, § 47 Rn. 72; HK/*Marotzke*, § 107 Rn. 20; FK/*Wegener*, § 107 Rn. 30; aA *Häsemeyer* in FS *Serick*, 153, 156; *ders.*, Insolvenzrecht, Rn. 11.10.
[24] Zur Auswirkung auf den Vertrag bzw. die einzelnen Erfüllungsansprüche BGHZ 155, 87, 90 = ZIP 2003, 1208; MüKoInsO/*Huber*, § 103 Rn. 20, 176; HK/*Marotzke*, § 103 Rn. 41 ff.; FK/InsO-*Wegener*, § 103 Rn. 76a; Uhlenbruck/Hirte/Vallender/*Berscheid*, InsO, § 103 Rn. 157 ff.
[25] *Huber* NZI 2004, 57, 59; *Stieber*, S. 132.
[26] MüKoInsO/*Ott/Vuia*, § 107 Rn. 23; *Jaeger/Henckel*, InsO, § 47 Rn. 43, 46; HK/*Marotzke*, § 107 Rn. 20; so wohl auch BGH NW 2007, 1595 (Rn. 12): „Der Insolvenzverwalter hat die Mietsache folglich an den Vermieter herauszugeben, wenn er nicht die Erfüllung des Mietvertrags wählt (§ 103 I InsO). Einer Kündigung bedarf es nicht."
[27] MüKoInsO/*Ganter*, § 47 Rn. 62a, dort fehlt Diskussion der Fristsetzung.

Fälle außerhalb des Insolvenzrechts schafft.[28] Ist daher bereits das Insolvenzverfahren über das Vermögen des Vorbehaltskäufers eröffnet und lehnt der Verwalter die Erfüllung des Kaufvertrages ab, entfällt das Besitzrecht und der Vorbehaltseigentümer kann auch ohne Rücktrittserklärung und Fristsetzung aussondern.

War der Verkäufer schon vor Insolvenzeröffnung zurückgetreten, steht dem Verwalter demgemäß kein Wahlrecht mehr zu.[29]

13   Wirtschaftlich sinnvoll ist die Wahl der Nichterfüllung für den Insolvenzverwalter nur, wenn der Wert der Sache höher ist als der zu zahlende Kaufpreis, bei Äquivalenz von Wert und Preis, wenn die schon an den Verkäufer gezahlten Kaufpreisraten,[30] die zurückzuzahlen sind, den Schadensersatzanspruch des Verkäufers wegen Nichterfüllung übersteigen. Denn beide Ansprüche sind miteinander zu verrechnen. Der Masse gebührt nur ein Überschuss. Erfüllung darf der Verwalter freilich nur wählen, wenn er den Kaufvertrag erfüllen kann.

14   Da der Verkäufer nach ganz hM bis zur vollständigen Zahlung des eigentlichen Kaufpreises Eigentümer der Sache bleibt, kann er sein *Eigentum* beim Scheitern des Kaufvertrages *aussondern*. Sieht man in dem Eigentumsvorbehalt eine Sicherung des Herausgabeanspruchs des Verkäufers (§§ 985, 986 BGB) nach Wegfall des Besitzrechts des Käufers,[31] so ist diese Lösung konsequent. Wirtschaftlich geht es aber kaum um die bloße Rückgabe der Sache.

15   Da die Kaufpreisforderung mit dem Rücktritt des Verkäufers vom Kaufvertrag untergeht, kann der Eigentumsvorbehalt zwar nicht als besitzloses Pfandrecht oder Sicherungseigentum zur Sicherung der (Rest-)Kaufpreisforderung,[32] wohl aber zur Sicherung der Ansprüche aus der Nichterfüllung des Kaufvertrages angesehen werden. Insoweit ist der Eigentumsvorbehalt funktionell ein besitzloses „Pfandrecht" an der eigenen Sache. Nichts anderes gilt, wenn der Verkäufer nicht vom Kaufvertrag zurücktritt, sondern seine eigene Sache wegen des noch ausstehenden Restkaufpreises nach § 808 ZPO pfänden lässt. Es hätte daher nahegelegen, den Vorbehaltsverkäufer lediglich als Inhaber eines zur Absonderung berechtigenden Pfandrechts anzusehen[33] und alle Mobiliarsicherheiten einheitlich zu behandeln.[34] Für ein bloßes Absonderungsrecht spricht auch, dass der Käufer durch seine Teilzahlung bereits ein Anwartschaftsrecht erworben hatte, das bei der Abrechnung zu berücksichtigen ist.[35] Nach den Vorschlägen der Kommission für Insolvenzrecht sowie nach dem Diskussionsentwurf einer Insolvenzordnung 1988 sollte das Aussonderungsrecht de lege ferenda entfallen und durch ein Absonderungsrecht mit Verwertungsbefugnis des Insolvenzverwalters ersetzt werden.[36] Diese Lösung

---

[28] Ebenso HK/*Marotzke,* § 107 Rn. 20.

[29] MüKoInsO/*Ganter,* § 47 Rn. 66.

[30] Rechtsgrundlage für die Rückzahlung ist § 346 BGB, nicht § 812 BGB; aA MüKoInsO/*Ganter* § 47 Rn. 72.

[31] BGHZ 54, 214, 219 = NJW 1970, 1733; MüKoInsO/*Ganter,* § 47 Rn. 55; *Jaeger/Henckel,* InsO, § 47 Rn. 43; *Gaul* ZInsO 2000, 256, 258; *Gravenhorst,* aaO (oben Fn 37); aA *Bülow* WM 2007, 429, 432; *Smid,* aaO (→ Fn 25), § 47 Rn. 16.

[32] So zu Recht *Reinicke/Tietke,* Kreditsicherung, Rn. 1105; vgl. dagegen *Häsemeyer,* FS Serick S. 153, 156 f.; ferner *Hilgers,* S. 62 ff.

[33] So *Bülow* WM 2007, 429; *Gravenhorst* JZ 1971, 494, 496; *U. Hübner* NJW 1980, 734; *Gottwald* in Leipold, S. 197, 198; krit. auch *Häsemeyer,* FS Jur Fakultät Heidelberg 1986, S. 163, 179; *Smid,* § 47 Rn. 17, 21 f.; *Hess,* Bankrechtstag 1999, S. 121, 138.

[34] Krit gegen die Ungleichbehandlung auch *Smid,* Kreditsicherheiten in der Insolvenz, § 2 Rn. 46; *Schlosser,* Rn. 307 (ohne innere Berechtigung) und *Grunsky* JuS 1984, 498, 503; *Hartwieg* ZIP 1994, 96, 113.

[35] *Häsemeyer,* FS Serick S. 153, 158 f.

[36] Erster Bericht. Leitsätze 1.1.4 (1) (c, d); 2.4.4.1; 3.3.1 (1); EInsO §§ 55 I Nr. 1, 181 ff.; zusammenfassend jüngst BGH Urteil vom 27.3.2008 – IX ZR 220/05 = DB 2008, 1034 = BB 2008, 1080 = WM 2008, 821. S. auch *Mellwig,* S. 55 ff.; *Häsemeyer,* FS Jur Fakultät Heidelberg, 1986, S. 163, 179; *Landfermann* KTS 1987, 381, 396, 399.

ist aber auf den massiven Widerstand der betroffenen Wirtschaft gestoßen. Ihr wurde sogar vorgeworfen, sie würde gegen Art. 14 GG verstoßen. Mit dem Argument, das Insolvenzrecht müsse möglichst marktkonform sein, dürfe keine Vermögensumverteilungen anordnen und daher auch Kreditsicherheiten nicht beeinträchtigen, hat der RegE dann doch für den einfachen Eigentumsvorbehalt ansatzweise am bisherigen Recht festgehalten. Wie sich aus einem Gegenschluss zu § 51 Nr. 1 InsO ergibt, berechtigt das vorbehaltene Eigentum weiterhin zur Aussonderung.[37]

Allerdings braucht der Verwalter seine Erklärung nach § 103 II InsO erst unverzüglich nach dem Berichtstermin abgeben (§ 107 II InsO). Für das Aussonderungsrecht des Verkäufers besteht insoweit eine faktische Ausübungssperre.[38] Das gilt nicht, wenn bis zum Berichtstermin mit einer erheblichen Wertminderung der Vorbehaltsware zu rechnen ist und der Gläubiger den Verwalter besonders darauf hinweist, § 107 II 2 InsO. Die Aufforderung zur Ausübung des Wahlrechts kann jedoch bereits vor dem Berichtstermin erfolgen.[39] Damit diese vom Gesetz bewusst eingeräumte Überlegungs- und Schonfrist nicht leer läuft, muss man (nach dem Sinn des § 119 InsO) annehmen, dass analog § 112 Nr. 1 InsO ab Stellung des Insolvenzantrags eine Rücktrittssperre eintritt, bis der Verwalter von seinem Wahlrecht Gebrauch gemacht hat.[40] Zum gleichen Ergebnis gelangt, wer annimmt, vor Ablauf der Frist des § 107 II 1 InsO könne kein Verzug eintreten.[41] Bis zur Wahl der Erfüllung darf der Verwalter das Vorbehaltseigentum nicht verarbeiten oder verbrauchen.[42] Aus dem Sinn des § 107 II 1 InsO eine Betriebsfortführung bis zum Berichtstermin zu sichern, ergibt sich aber, dass er das *Vorbehaltsgut* (ohne besondere Entschädigung) *nutzen* kann.[43] Wählt der Verwalter Erfüllung, so tritt mit seiner Leistung die Bedingung ein, das Anwartschaftsrecht erstarkt zum Vollrecht, und das für den Schuldner erworbene Eigentum unterliegt der Verwaltung des Insolvenzverwalters. Der Verkäufer erhält den Kaufpreis als Masseschuld (§ 55 I Nr. 2 InsO).[44]

Das Aussonderungsrecht kann ausgeübt werden, solange das vorbehaltene Eigentum besteht und geltend gemacht werden kann. Dies ist nach § 216 II 2 BGB auch zulässig, nachdem die Kaufpreisforderung verjährt ist.[45]

Diese Beschränkungen kann der Lieferant nur begrenzt dadurch umgehen, dass er am Ort seines (oder seiner) Abnehmer ein sog. *Konsignationslager* unterhält.[46] Der Lieferant bleibt bis zur Auslieferung Herr über die eingelagerte Ware, kann dem Abnehmer aber bereits Prüfungsbefugnisse einräumen. Sofern aber nicht jegliche Auslieferung nur unter Barzahlung erfolgt, behält die Vereinbarung des Eigentumsvorbehalts (mit ihren Verlängerungen) weiterhin ihre Bedeutung.

---

[37] MüKoInsO/*Ganter*, § 47 Rn. 62; nach Ansicht von *Hess*, InsO, § 47 Rn. 57 spreche der Wortlaut des § 51 InsO nicht gegen eine Einordnung als Absonderungsrecht, da die Aufzählung nicht abschließend sei.

[38] *Kirchhof*, Leitfaden, Rn. 320; *Haarmeyer/Wutzke/Förster*, Handbuch zur Insolvenzordnung, S. 444.

[39] HK/*Marotzke*, § 107 Rn. 22; aA KPB/*Tintelnot*, InsO, § 107 Rn. 21.

[40] MüKoInsO/*Ott/Vuia*, § 107 Rn. 17a; HambKomm/*Ahrendt*, § 107 Rn. 12; HK/*Marotzke*, § 107 Rn. 29; *Marotzke*, Das neue Insolvenzrecht, S. 17, 32f.; MüKoInsO/*Ganter*, § 47 Rn. 66; *Hess*, InsO, § 47 Rn. 53; *Kupka* InVo 2003, 213, 221; *Schlegel* DZWIR 2000, 94, 101; dagegen *Huber* NZI 2004, 57, 60.

[41] So *Runkel*, FS Kirchhof S. 455, 459.

[42] *Runkel*, FS Kirchhof S. 455, 462f.; *Kupka* InVo 2003, 213, 219.

[43] *Adolphsen*, Kölner Schrift, S. 1326, 1359 (Rn. 109ff.); *Uhlenbruch/Brinkmann*, § 47 Rn. 20; *Gaul* ZInsO 2000, 258; *Kupka* InVo 2003, 213, 219; *Niesert* InVo 1998, 90; HambKomm/*Ahrendt*, § 107 Rn. 18; aA MüKoInsO/*Ganter*, § 47 Rn. 65.

[44] KPB/*Tintelnot*, InsO, § 107 Rn. 75; FK/InsO-*Wegener*, § 103 Rn. 68; *Uhlenbruck/Berscheid*, InsO, § 103 Rn. 133.

[45] Zur früheren Rechtslage (analoge Anwendung von § 223 II BGB aF) s BGHZ 70, 96 = NJW 1978, 417.

[46] Vgl. *D. Schulz* ZInsO 2003, 979.

19 Aussondern kann der Vorbehaltsverkäufer auch noch, wenn der Käufer sein *Anwartschaftsrecht* auf einen Dritten *übertragen* hat. Hatte der Käufer die Sache vor Eröffnung des Insolvenzverfahrens weiterübereignet, so ist das Eigentum des Verkäufers erloschen, wenn der Käufer mit Einwilligung des Verkäufers verfügt hat (§§ 183, 185 BGB) oder der Zweiterwerber gutgläubig war (§§ 932ff. BGB; 366 HGB). Zum Verkauf mit nachgeschaltetem Eigentumsvorbehalt → Rn. 23.

20 **2. Weitergeleiteter und nachgeschalteter Eigentumsvorbehalt. a)** Regelmäßig ist dem Vorbehaltskäufer die freie Verfügungsbefugnis über Handelsware im ordnungsgemäßen Geschäftsverkehr (§ 185 BGB) eingeräumt. Verfügt der Käufer daraufhin, so verliert der Verkäufer sein Eigentum. Eine Sicherung des Verkäufers wird hier idR dadurch erreicht, dass ihm Rechte an dem Surrogat verschafft werden (verlängerter Eigentumsvorbehalt, → Rn. 34ff., → Rn. 48ff.). Von einem *weitergeleiteten Eigentumsvorbehalt* spricht man nur, wenn der Käufer beim Weiterverkauf offen legt, dass er unter Eigentumsvorbehalt erworben hat und bisher nur Anwartschaftsberechtigter ist, und nur über sein Anwartschaftsrecht verfügt.[47] Der Zweiterwerber soll erst dann Eigentümer werden, wenn die Kaufpreisforderung aus dem Erstverkauf getilgt ist.[48] Eine AGB-Bestimmung, wonach der Käufer erst bei Befriedigung des Vorlieferanten Eigentümer wird, müsste wohl an § 307 BGB scheitern.[49] In jedem Fall steht der weitergeleitete Eigentumsvorbehalt im Insolvenzverfahren des Erst- wie des Zweitkäufers einem einfachen Eigentumsvorbehalt gleich. Eine Offenlegung eines bestehenden Eigentumsvorbehalts erfolgt in der Praxis aber nur selten, weil sie den Erstkäufer zwingt, sein Kreditverhältnis zum Verkäufer offen zu legen.

21 Wird gegen den *Erstkäufer ein Insolvenzverfahren* eröffnet, so kann der Verkäufer die Ware als sein Eigentum beim Zweitkäufer aussondern, sobald das Besitzrecht des Erstkäufers entfallen ist (vgl. § 986 I 2 BGB). Analog § 268 BGB ist dem Zweitkäufer aber ein Recht auf Befriedigung des Verkäufers zuzusprechen.[50] Zahlt er den Restkaufpreis an den Eigentümer, so wird er ohne Durchgangserwerb des Gemeinschuldners neuer Eigentümer[51] und kann sein Eigentum aussondern.[52]

22 Wird gegen den *Zweitkäufer ein Insolvenzverfahren* eröffnet, so kann der Verkäufer allerdings nur aussondern, wenn das Besitzrecht des Erstkäufers durch Rücktritt nach den §§ 449 II, 323 I BGB erloschen ist.

23 **b)** Anders verhält es sich bei einem sog. *nachgeschalteten Eigentumsvorbehalt*:[53] Der Eigentumsvorbehaltskäufer (darf und) hat seinerseits nur unter Eigentumsvorbehalt verfügt. In diesem Fall erwirbt der Zweitkäufer ein selbstständiges Anwartschaftsrecht. Zahlt er den Kaufpreis an den Erstkäufer, so geht das Eigentum des Verkäufers unter. In der *Insolvenz des Erstkäufers* hat der Verkäufer daher in keinem Fall ein Recht zur Aussonderung.[54]

24 **3. Abgeleiteter Eigentumsvorbehalt.** Dieser ist ua im KfZ Handel bekannt. Der Hersteller beliefert Händler unter Eigentumsvorbehalt. Die Finanzierung erfolgt durch eine dem Konzern des Herstellers zugehörige Bank, die den Kaufpreis an den Hersteller zahlt und das bei ihr geführte Konto des Händlers belastet. Der Bank werden alle Rechte des Herstellers, insbesondere das vorbehaltene Eigentum, übertragen. In der

---

[47] MüKoInsO/*Ganter*, § 47 Rn. 97.
[48] Vgl. Staudinger/*Beckmann*, (2004) § 449 Rn. 134, 135; *Soergel/Henssler*, § 929 Anh Rn. 104.
[49] Vgl. *Reinicke/Tietke*, Kreditsicherung, Rn. 1181 (zu § 9 AGBG); MüKoInsO/*Ganter*, § 47 Rn. 97.
[50] Palandt/*Bassenge*, § 929 Rn. 58.
[51] BGHZ 20, 88 = NJW 1956, 665; *Kupisch* JZ 1976, 417.
[52] *Henckel*, Probleme S. 94; MüKoInsO/*Ganter*, § 47 Rn. 98.
[53] Vgl. Palandt/*Bassenge*, § 929 Rn. 59; *Soergel/Henssler*, § 929 Anh Rn. 105; Staudinger/*Beckmann*, § 449 Rn. 135; MüKoInsO/*Ganter*, § 47 Rn. 101.
[54] MüKoInsO/*Ganter* § 47 Rn. 102.

Insolvenz des Händlers hat die Bank, obwohl sie das vorbehaltene Eigentum erworben hat, auch wenn dieser Vorbehalt nicht aufgrund der Zahlung des Kaufpreises an den Hersteller erloschen ist, kein Aussonderungsrecht, sondern kann lediglich wie ein Sicherungseigentümer abgesonderte Befriedigung verlangen. Nach Ansicht des BGH erfährt der Eigentumsvorbehalt durch diese Art der Übertragung einen Bedeutungswandel. Er stehe nunmehr einem Sicherungseigentum gleich und berechtige daher nur noch zur abgesonderten Befriedigung. Solange das vorbehaltene Eigentum noch dem Hersteller gehörte, sicherte es dessen durch den Rücktritt vom (Kfz-Kauf-)Vertrag aufschiebend bedingten Herausgabeanspruch, mithin den Warenkredit. Dieser die Aussonderung rechtfertigende Sicherungszweck ändere sich, wenn das vorbehaltene Eigentum im Laufe der Abwicklung des finanzierten Kaufvertrages auf die finanzierende Bank übertragen wird. Der Eigentumsvorbehalt sichere danach ausschließlich den Darlehensrückzahlungsanspruch der Bank gegen den Händler, also einen Geldkredit.[55] Die These vom Bedeutungswandel wird kritisiert: Nach Auswechslung der zu sichernden Forderung wandele sich vielmehr das Vorbehaltseigentum in Sicherungseigentum um.[56] Damit wird vermieden, dass es fortan verschiedene Arten des Vorbehaltseigentums gibt, die in der Insolvenz unterschiedlich behandelt werden.[57] Allerdings ist fraglich, wie der dem Sicherungseigentum zugrunde liegende Sicherungsvertrag derart modifiziert wird.

4. Erweiterter Eigentumsvorbehalt. Hiervon spricht man, wenn das Eigentum 25 auf den Erwerber noch nicht mit Tilgung des Kaufpreises, sondern aufgrund ausdrücklicher Vereinbarung erst nach Erfüllung zusätzlicher Bedingungen, meist der Tilgung weiterer Verbindlichkeiten des Käufers, übergehen soll.[58]

a) Häufig ist ein sog. *Kontokorrentvorbehalt, Geschäftsverbindungs-* oder *Saldovorbehalt.* Er 26 bedeutet, dass das Eigentum nicht mit Zahlung des Kaufpreises, sondern erst mit Tilgung der Saldoforderung aus der Geschäftsverbindung mit dem Verkäufer (im Zeitpunkt der Saldierung) auf den Käufer übergeht.[59] Das Bestehen eines echten Kontokorrentverhältnisses gem. § 355 HGB, dh einer gegenseitigen Rechnung, wird nicht verlangt.[60] Das vorbehaltene Eigentum haftet für die Saldoforderung in ihrer jeweiligen Höhe; der Grundsatz der niedrigsten Saldohaftung gilt nicht.[61] Der Vorbehalt erlischt aber mit jedem Saldoausgleich und lebt durch das spätere Entstehen neuer Forderungen nicht wieder auf.[62] Gegen eine (in der Praxis seltene) Individualvereinbarung eines derartigen Vorbehalts bestehen nach hM trotz der Gefahr der Einschränkung der wirtschaftlichen Betätigungsfreiheit des Käufers und der Täuschung anderer Gläubiger keine Bedenken.[63] Eine Vereinbarung in AGBs ist nach hM nicht überraschend iS von § 305c I BGB. Sie ist zwar an § 307 BGB zu messen, aber im kaufmännischen Verkehr grds. unbedenklich.[64] Im nichtkaufmännischen Verkehr verstößt eine entsprechende AGB-Klausel dagegen gegen § 307 II Nr. 2 BGB.[65]

---

[55] BGH NZI 2008, 357; *Jerger* NZI 2012, 695.
[56] *Prütting,* FS Leipold, 2009, S. 427.
[57] Ähnlich *Smid* WM 2008, 2089, 2091.
[58] *Gottwald,* FS Fischer, 2008, S. 183; *Bülow* WM 2007, 429; *Serick* V, § 56 I 2; MüKoInsO/*Ganter,* § 47 Rn. 87; FK/*Imberger,* § 47 Rn. 27; *Jaeger/Henckel,* InsO, § 51 Rn. 28.
[59] MüKoInsO/*Ganter,* § 47 Rn. 88; Braun/*Bäuerle,* InsO, § 47 Rn. 35; *Hess,* InsO, § 47 Rn. 65.
[60] MüKoInsO/*Ganter,* § 47 Rn. 90; *Hess,* InsO, § 47 Rn. 6; *Hess,* Bankrechtstag 1999, S. 101, 133.
[61] BGH NJW 1971, 799; HK/*Eickmann,* § 47 Rn. 39.
[62] BGHZ 42, 59 = NJW 1964, 1788; BGH NJW 1978, 632; *Soergel/Henssler,* § 929 Anh Rn. 151.
[63] MüKoInsO/*Ganter,* § 47 Rn. 91; MüKoBGB/*Westermann,* § 449 Rn. 81; *Hess,* InsO, § 47 Rn. 68; aA *Reinicke/Tietke,* Kreditsicherung, Rn. 1173.
[64] BGHZ 98, 303, 307 = NJW 1987, 487, 488; BGHZ 94, 105, 112 = NJW 1985, 1836; BGH NJW 1991, 2285; MüKoInsO/*Ganter,* § 47 Rn. 91; aA *Löwe/Graf von Westphalen/Trinkner,* Eigentumsvorbehaltssicherung Rn. 49.
[65] *Löwe/Graf von Westphalen/Trinkner,* Eigentumsvorbehaltssicherung Rn. 48; *Reinicke/Tietke,* Kreditsicherung, Kaufrecht Rn. 1173; MüKoInsO/*Ganter,* § 47 Rn. 91 (allerdings für Ausnahmen); aA *Hess,* InsO, § 47 Rn. 68.

27 Unabhängig davon kann der Kontokorrentvorbehalt zu einer unverhältnismäßigen *Übersicherung* führen; deshalb ist der Käufer davor durch eine Freigabeverpflichtung des Verkäufers zu schützen.[66] Soweit eine Übersicherung durch den Kontokorrentvorbehalt nachträglich eintritt, muss der Käufer auch hier einen vertraglichen (ermessensunabhängigen) *Anspruch auf Freigabe* nicht benötigter Sicherheiten haben.[67] Allerdings steht der Umfang der benötigten Sicherheit beim Kontokorrentvorbehalt eigentlich erst am Ende der Geschäftsverbindung fest. Es ist deshalb zweifelhaft, ob der Käufer auf diese Weise sachgerecht geschützt werden kann.[68]

28 **b)** In der Praxis wurden lange Zeit auch *Konzernvorbehaltsklauseln* verwendet. Danach sollte das Eigentum auf den Käufer erst übergehen, wenn dieser seine Verbindlichkeiten gegenüber einem oder allen mit dem Verkäufer verbundenen Unternehmen getilgt hat.[69] Da Kooperationsformen und Zahl der Konzernunternehmen höchst unterschiedlich sind, bei laufender Geschäftsverbindung das Eigentum dadurch praktisch auf Dauer vorbehalten, damit die wirtschaftliche Dispositionsfreiheit des Käufers erheblich eingeschränkt und seinem Insolvenzverwalter die Wahl der Erfüllung (§ 103 InsO) praktisch unmöglich gemacht wird, hatte schon bisher die hM den Konzernvorbehalt wegen Knebelung des Käufers nach § 138 BGB als sittenwidrig und nichtig[70] bzw. in AGBs nach § 307 II Nr. 2 BGB unwirksam[71] angesehen. Nunmehr hat der Gesetzgeber Konzernvorbehaltsklauseln auf der Verkäuferseite in § 449 III BGB generell für unzulässig erklärt. Wird eine solche Klausel dennoch unzulässig vereinbart, so bleiben der Vertrag und der zugleich vereinbarte einfache Eigentumsvorbehalt wirksam.[72] Nach Eintritt des unzulässigen Erweiterungsfalles soll lediglich ein schuldrechtlicher Übereignungsanspruch bestehen, das Eigentum ohne Erklärung des Verkäufers aber nicht übergehen.[73]

29 Streitig war dagegen, ob ein *eingeschränkter Konzernvorbehalt* wirksam vereinbart werden kann. *Serick*[74] hielt einen Konzernvorbehalt für zulässig, wenn ein Sachzusammenhang zwischen den gesicherten Forderungen besteht, der Vorbehalt also sachlich begrenzt wird, ein Kontenausgleich vorgesehen und eine Weiterveräußerungsermächtigung erteilt wird. Eine Freigabeklausel soll dagegen nicht genügen. Ähnlich meinte *Soergel/Mühl*,[75] ein Konzernvorbehalt innerhalb einer Geschäftsverbindung zugunsten namentlich bezeichneter Unternehmen sei zulässig. Nach § 449 III BGB ist eine Vereinbarung eines Eigentumsvorbehalts aber bereits nichtig, soweit der Eigentumsübergang davon abhängig gemacht wird, dass „Forderungen eines Dritten, insbesondere eines mit dem Verkäufer verbundenen Unternehmens" erfüllt werden. Das Gesetz missbilligt danach eindeutig auch einen eingeschränkten Konzernvorbehalt.[76]

30 Nicht gesetzlich geregelt ist der sog. *umgekehrte Konzerneigentumsvorbehalt,* bei dem das Eigentum erst dann auf den Käufer übergehen soll, wenn nicht nur dieser, sondern auch die zum *Konzern des Käufers* gehörenden Unternehmen ihre Schulden gegenüber

---

[66] Vgl. BGHZ 125, 83 = NJW 1994, 1154, 1155 = JZ 1994, 732.
[67] Vgl. BGHZ 137, 212 = ZIP 1998, 235 = NJW 1998, 671; *Bülow* ZIP 2004, 2420; Staudinger/*Beckmann*, § 449 Rn. 131; aA *Berger* ZIP 2003, 1073, 1081 (Missbrauchsverbot).
[68] *Reinicke/Tietke*, Kreditsicherung, Rn. 1180.
[69] *Bülow*, Rn. 1519 ff.; *Hess*, InsO, § 47 Rn. 72; *Uhlenbruch/Brinkmann*, § 47 Rn. 24.
[70] *Hess*, InsO, § 47 Rn. 73; *Reinicke/Tietke*, Kreditsicherung, Rn. 1176; *Serick* V, § 59 VIII; bereits *Jaeger/Lent*, § 43 Anm. 37c aE.
[71] *Kilger/K. Schmidt*, § 17 Anm. 3d; *Reinicke/Tietke*, Kreditsicherung, Rn. 1176; *Löwe/Graf von Westphalen/Trinkner*, Eigentumsvorbehaltssicherung Rn. 59 f.
[72] MüKoBGB/*Westermann*, § 449 Rn. 85; *Hess*, InsO, § 47 Rn. 76; *Habersack/Schürnbrand* JuS 2002, 833, 838.
[73] MüKoInsO/*Ganter*, § 47 Rn. 95; *Uhlenbruch/Brinkmann*, § 47 Rn. 24.
[74] *Serick* V, § 59 VII–IX.
[75] *Soergel/Mühl*, § 455 Rn. 50.
[76] *Uhlenbruch/Brinkmann*, § 47 Rn. 24.

dem Verkäufer getilgt haben.[77] ME sprechen die gleichen Argumente, die gegen den „normalen" Konzernvorbehalt sprechen und vor Einführung des § 449 III BGB zur Anwendung von § 138 BGB geführt haben, auch gegen den umgekehrten Konzernvorbehalt.[78]

c) Solange die ursprüngliche Kaufpreisforderung (teilweise) offen ist, ist der Verkäufer in der *Insolvenz des Käufers* wie beim einfachen Eigentumsvorbehalt befugt, nach §§ 449 II, 323 I BGB zurückzutreten und sein Eigentum auszusondern, §§ 985 BGB, 47 InsO.[79] Der Insolvenzverwalter kann allerdings zuvor nach §§ 103, 107 II InsO die Erfüllung des Kaufvertrages wählen. Bezahlt er daraufhin die eigentliche Kaufpreisforderung, so erlischt die Befugnis zur Aussonderung. Die Erfüllung evtl weiterer gesicherter Forderungen kann der Insolvenzverwalter nicht wählen, weil § 103 InsO insoweit nicht eingreift. 31

Nach Eintritt des „*Erweiterungsfalles*" hat der Lieferant nur ein Recht auf abgesonderte Befriedigung. Meist wird die Erweiterungsklausel wirtschaftlich einer Sicherungsübereignung gleichgestellt. Sicherungseigentum berechtigt aber stets nur zur Absonderung nach § 51 Nr. 1 InsO.[80] Hat der Käufer die Kaufpreisforderung getilgt, so kann der Verkäufer wegen Nichterfüllung der weiteren gesicherten Forderungen nicht nach § 449 II BGB vom Kaufvertrag zurücktreten. Es geht nach Eintritt des Erweiterungsfalles nicht mehr darum, die dem Eigentumsvorbehalt vom Gesetz zugedachte Funktion zu erfüllen, die Rückabwicklung des vom Vorbehaltsverkäufer schon erfüllten Kaufvertrages zu sichern, sondern nur noch darum, die Durchsetzung sonstiger Forderungen zu sichern. Damit hat der erweiterte Eigentumsvorbehalt auch wirtschaftlich nur noch die Funktion eines Pfandrechts.[81] Außerdem verbietet § 52 InsO eine Doppelbefriedigung einer gesicherten Forderung. Deshalb kommt insgesamt im Erweiterungsfall nur eine Absonderung in Betracht. Unzutreffend ist die Ansicht, § 91 I InsO stehe dem Erwerb dieses Absonderungsrechts nach Verfahrenseröffnung entgegen.[82] Denn die Kaufsache wird mit der Bezahlung des Kaufpreises zwar Massebestandteil, aber nur belastet mit dem weiterbestehenden Absonderungsrecht.[83] 32

d) *Insolvenz des Verkäufers.* Nach § 107 I InsO ist das Anwartschaftsrecht des Käufers nunmehr „insolvenzfest" (→ Rn. 10). Dies muss auch bei Vereinbarung einer Erweiterung des Eigentumsvorbehalts gelten. Allerdings ist dem Insolvenzverwalter damit nur verwehrt, Rückgabe der Sache wegen Ablehnung der Erfüllung des Kaufvertrages zu verlangen. Zahlt der Käufer den Kaufpreis nicht, kann der Verwalter bei Verzug und erfolgloser Nachfristsetzung vom Kaufvertrag zurücktreten, §§ 449 II, 323 I BGB. Ist der Erweiterungsfall bereits eingetreten, so kann der Insolvenzverwalter Herausgabe verlangen, wenn die gesicherte Forderung notleidend wird und der Sicherungsfall eintritt.[84] Das Verwertungs- 33

---

[77] Vgl. *Schirmer* ZInsO 1999, 379.
[78] MüKoInsO/*Ganter*, § 47 Rn. 96; *Habersack/Schürnbrand* JuS 2002, 833, 839; *Leible/Sosnitza* JuS 2001, 556, 58; aA *Schirmer* ZInsO 1999, 379, 382 f.; *Obermüller*, Rn. 6.362c ff.; *ders.*, FS Schimansky, 1999, S. 457 ff.; *Kupka* InVo 2003, 213, 217; wohl auch *Soergel/Henssler*, § 929 Anh Rn. 21.
[79] MüKoInsO/*Ganter*, § 47 Rn. 92; *Hess*, InsO, § 47 Rn. 70; HK/*Eickmann*, § 47 Rn. 12; § 51 Rn. 40; MüKoInsO/*Ganter*, § 47 Rn. 92.
[80] MüKoInsO/*Ganter*, § 47 Rn. 93; HK/*Eickmann*, § 51 Rn. 40.
[81] *Braun*, S. 187; *Jauernig*, § 74 II 3a; MüKoInsO/*Ganter*, § 47 Rn. 93; *B. Gaul* ZInsO 2000, 256, 259. Nach Ansicht von *Gravenhorst* JZ 1971, 494, 495, wandelt sich mit Zahlung des Kaufpreises das vorbehaltene Eigentum in Sicherungseigentum um. Der BGH verlangt jedoch eine ausdrückliche zusätzliche Sicherungsübereignung. Nach *Bülow* WM 2007, 429 bestehe das Sicherungseigentum von Anfang an.
[82] Ebenso MüKoInsO/*Ganter*, § 47 Rn. 93; aA *Jaeger/Henckel*, § 51 Rn. 29; *Serick* BB 1978, 1477, 1483.
[83] MüKoInsO/*Ganter*, § 47 Rn. 93; OLG Hamm EWiR § 17 KO 2/87; *Marotzke*, Gegenseitige Verträge im neuen Insolvenzrecht, 2. Aufl. Rn. 4166, 4170.
[84] BGHZ 98, 160 = NJW 1986, 2948, 2950; MüKoInsO/*Ganter*, § 47 Rn. 94.

recht des Sicherungsgläubigers entfällt dagegen nach § 166 I InsO, wenn gegen den Käufer nach Zahlung des Kaufpreises ebenfalls ein Insolvenzverfahren eröffnet wird.

34 **5. Verlängerter Eigentumsvorbehalt.** Bei einem verlängerten Eigentumsvorbehalt will sich der Verkäufer für seine offene Kaufpreisforderung an Vermögenswerten sichern, die an die Stelle der unter Eigentumsvorbehalt verkauften Sache treten (wirtschaftliches Surrogat).[85] Hierfür besteht die Möglichkeit von Verarbeitungsklauseln und der Vorausabtretung von Forderungen, die auch kombiniert angewendet werden. Das Sicherungsbedürfnis besteht bei verarbeitenden Betrieben, wenn eine Verarbeitung vor Zahlung des Kaufpreises erfolgen soll. Nach hM kann der Warenlieferant für diesen Fall mit dem Käufer eine Verarbeitungsklausel dergestalt vereinbaren, dass er iS des § 950 BGB Hersteller und damit Eigentümer der neu hergestellten Ware sein soll (→ Rn. 36 ff.).

35 Händlern wird bei Lieferung unter Eigentumsvorbehalt idR die Befugnis zur Weiterveräußerung im ordnungsgemäßen Geschäftsverkehr (ohne oder nach Verarbeitung) unter Vorausabtretung der Weiterverkaufsforderung erteilt (→ Rn. 43 ff.).

36 **a)** *Verarbeitungsklausel.* (1) Wird eine unter Eigentumsvorbehalt gelieferte Kaufsache verarbeitet, so erwirbt der verarbeitende Käufer an dem neuen Produkt gem. § 950 BGB originäres Eigentum.[86] Der Verkäufer sichert sich für diesen Fall häufig durch eine sog. *Herstellerklausel,* wonach die Verarbeitung für ihn erfolgen, also der Vorbehaltsverkäufer rechtlich Hersteller sein soll. Gegen diese Art der Vereinbarung wird zunehmend zu Recht vorgebracht, § 950 BGB sei zum Schutze des Unternehmers wie seiner Kreditgeber zwingendes Recht. Hersteller sei daher nur, wer auf eigenes wirtschaftliches Risiko herstelle. Nur wenn die Herstellerfunktion in diesem Sinne objektiv auf den Vorbehaltslieferanten verlagert werde, könne dieser nach § 950 BGB Eigentum erwerben. Andernfalls, dh im Regelfall sei die Klausel als antizipierte Sicherungsübereignung mit Durchgangserwerb des Verarbeiters als sog. *Ersatzklausel* auszulegen.[87]

37 Die (noch) hM will dagegen über die Herstellereigenschaft zwar auch nach der Verkehrsanschauung entscheiden, nimmt jedoch gleichwohl an, dass eine Herstellerklausel zur Folge habe, dass der Vorbehaltsverkäufer nach § 950 BGB unmittelbar Eigentümer der neu hergestellten Ware wird.[88] Solange die Verarbeitungsklausel gilt, wird der Lieferant in jedem Falle aufgrund der Verarbeitung Eigentümer der neu hergestellten Waren, ohne Rücksicht auf einen etwa entgegenstehenden Willen des verarbeitenden Unternehmens.[89] Das neue Eigentum entsteht jedoch erst mit Abschluss des einheitlichen Herstellungsvorgangs; während der Herstellung ist der alte „einfache" Eigentumsvorbehalt noch wirksam.[90] Wird der Verarbeitungsvorgang durch die Eröffnung des Insolvenzverfahrens unterbrochen, so kann der Lieferant noch aussondern.

38 (2) In der kritischen Phase vor Insolvenzeröffnung kann die Gestattung der Verarbeitung widerrufen werden. Automatisch erlischt sie nicht mit Beginn des Drei-Monats-Zeitraums gem. § 130 I Nr. 1 InsO.[91] Bis zum Zeitpunkt der Verarbeitung kann der Verkäufer sein Eigentum aussondern.[92]

---

[85] MüKoBGB/*Westermann*, § 449 Rn. 87; MüKoInsO/*Ganter*, § 47 Rn. 105; HK/*Lohman*, § 51 Rn. 34.
[86] MüKoBGB/*Füller*, § 950 Rn. 25; Palandt/*Bassenge*, BGB § 950 Rn. 4.
[87] So zu Recht *Erman*/*Ebbing*, § 950 Rn. 7 ff., 10; *Jauernig*, BGB, § 950 Rn. 8; *Röthel* NJW 2005, 625; Palandt/*Bassenge*, § 950 Rn. 11; Staudinger/*Wiegand*, § 950 Rn. 27 ff., 32 ff., 41, 45 ff.; MüKoInsO/*Ganter*, § 47 Rn. 108; vgl. Staudinger/*Beckmann*, § 449 Rn. 124.
[88] BGHZ 20, 159, 163 = NJW 1956 788; BGHZ 46, 117 = NJW 1967, 34 f; *Serick* IV, § 44 III 6b; MüKoBGB/*Füller*, § 950 Rn. 19, 25; vgl. *Henckel*, FS Zeuner, 1994, S. 193, 204 ff.; *Uhlenbruch*/*Brinkmann*, § 47 Rn. 26.
[89] BGH NJW 1956, 788; *Hess*, InsO, § 47 Rn. 92.
[90] BGH JZ 1972, 165; Palandt/*Bassenge*, § 950 Rn. 5.
[91] MüKoInsO/*Ganter*, § 47 Rn. 111; HambKomm/*Büchler*, § 51 Rn. 21; *Bork*, FS Gaul, S. 71, 89; *Elz* ZInsO 200, 478, 481.
[92] MüKoBGB/*Füller*, § 950 Rn. 31; HambKomm/*Büchler*, § 51 Rn. 18.

Durch die Eröffnung des Insolvenzverfahrens erlischt die Befugnis zur Verarbeitung.[93] **39**
Zu einer Verarbeitung ist der Insolvenzverwalter nur nach besonderer Erlaubnis des Lieferanten, im Rahmen des § 172 II InsO oder nach Bezahlung des offenen Kaufpreises (§§ 103 I, 55 I Nr. 2 InsO) befugt. Verarbeitet er ohne Bezahlung des Kaufpreises, so erwirbt der Lieferant wie bei einer Verarbeitung vor Eröffnung des Insolvenzverfahrens nur Sicherungseigentum, ist also ebenfalls nur zur Absonderung befugt. Bei einer unbefugten Verarbeitung wird der Insolvenzschuldner und nicht der Lieferant neuer Eigentümer. Da in der Verarbeitung keine Veräußerung liegt, steht dem Lieferanten ein Recht auf Ersatzabsonderung (→ § 41 Rn. 11 ff.) nicht zu.[94] In der Verarbeitung liegt ohne zusätzliche Umstände auch keine konkludente Wahl der Erfüllung durch den Insolvenzverwalter, so dass der Kaufpreisanspruch nicht als Masseverbindlichkeit gem. § 55 I Nr. 2 InsO zu erfüllen ist.[95] Kann der Anspruch aus der Masse nicht erfüllt werden, so macht sich der Insolvenzverwalter idR nach § 60 InsO persönlich ersatzpflichtig.[96]

(3) Da dem Vorbehaltslieferant jedoch der Mehrwert der Verarbeitung bzw. der zulässige Wert verbundener Sachen (§§ 947, 948 BGB) nicht zusteht, besteht auch bei Verarbeitungsklauseln die Gefahr sittenwidriger *Übersicherung* (§§ 138, 307 BGB).[97] Um ihr zu entgehen, kann vereinbart werden, dass der Lieferant nur *Miteigentum* an dem Anteil erwerben soll, der sich (1) aus dem Verhältnis des Werts der gelieferten Ware zum Wert des Fertigprodukts oder (2) aus dem Verhältnis des Werts des gelieferten Rohstoffs und des Verarbeitungswerts zum Wert des Fertigfabrikats ergibt.[98] Lohnaufwand und allgemeine Betriebskosten allein sind nicht ausreichend bestimmbar und daher keine geeignete Bemessungsgrundlage für den Miteigentumsanteil.[99] **40**

Wird eine neue Ware aus Stoffen *mehrerer Lieferanten* hergestellt, so können diese aufgrund von Verarbeitungsklauseln je nach den Wertverhältnissen Mit- oder Alleineigentum erwerben.[100] Die Schwierigkeiten zur Bestimmung dieser Anteile sind ein Grund für eine Poolbildung der Warenlieferanten und Banken (→ § 44 Rn. 5 ff.). **41**

(4) In der *Insolvenz des Vorbehaltskäufers* wird der Eigentümer der neu hergestellten Ware jedoch nach fast allgemeiner Ansicht – gleichgültig, ob man Herstellerklauseln unmittelbare Wirkung beimisst oder sie nur als Ersatzklauseln auslegt (→ Rn. 36 f.) – wirtschaftlich und rechtlich einem Sicherungseigentümer gleichgestellt.[101] Er kann daher „sein" neues Eigentum nicht aussondern, sondern lediglich wegen der noch offenen Kaufpreisforderung bzw. der weiteren gesicherten Forderungen Absonderung (§ 51 Nr. 1 InsO) nach Verwertung durch den Verwalter (§§ 166 ff. InsO) verlangen. **42**

---

[93] MüKoInsO/*Ganter*, § 47 Rn. 111; HambKomm/*Büchler*, § 51 Rn. 18; *Elz* ZInsO 2000, 478, 481; MüKoBGB/*Füller*, § 950 Rn. 31; aA *Jaeger/Henckel*, § 47 Rn. 49.
[94] *Serick* ZIP 1982, 507, 516.
[95] MüKoInsO/*Ganter*, § 47 Rn. 112; MüKoBGB/*Füller*, § 950 Rn. 31; HambKomm/*Büchler*, § 51 Rn. 19; Braun/*Bäuerle*, § 48 Rn. 7; aA *Elz* ZInsO 2000, 478, 481; OLG Celle WM 1987, 1569, 1570.
[96] MüKoInsO/*Ganter*, § 47 Rn. 112; MüKoBGB/*Füller*, § 950 Rn. 31; HambKomm/*Büchler*, § 51 Rn. 19.
[97] MüKoInsO/*Ganter*, § 47 Rn. 110; MüKoBGB/*Füller*, § 950 Rn. 27; *Hess*, InsO, § 47 Rn. 92; HK/*Lohman*, § 51 Rn. 37; HambKomm/*Büchler*, § 51 Rn. 17.
[98] BGHZ 46, 117, 119 ff. = NJW 1967, 34; BGHZ 79, 16 = ZIP 1981, 153, 155; zu den Berechnungsarten MüKoBGB/*Füller*, § 950 Rn. 29.
[99] BGHZ 46, 117 = NJW 1967, 34.
[100] Vgl. *Serick* BB 1972, 283; Soergel/*Henssler*, § 959 Rn. 21 ff.; krit. wegen der Unbestimmtheit der Anteile AK-BGB/*Reich*, § 929 Rn. 69–73.
[101] Vgl. MüKoInsO/*Ganter*, § 47 Rn. 114; MüKoBGB/*Füller*, § 950 Rn. 29; FK/*Imberger*, § 51 Rn. 22; HambKomm/*Büchler*, § 51 Rn. 17; *Henckel*, FS Zeuner S. 193, 197; *Smid*, § 47 Rn. 24; *Hess*, InsO, § 47 Rn. 94; *Hess*, Bankrechtstag 1999, S. 101, 137; *Elz* ZInsO 2000, 478, 480; MüKoBGB/*Füller*, § 950 Rn. 29; Staudinger/*Beckmann*, § 449 Rn. 137.

Verarbeitet der Insolvenzverwalter bei Geltung einer Verarbeitungsklausel aufgrund neuer Ermächtigung des Lieferanten, so erwirbt dieser dennoch ebenfalls nur Sicherungseigentum wie bei einer Verarbeitung vor Eröffnung des Insolvenzverfahrens.[102]

43 **b)** *Vorausabtretungsklausel mit Weiterveräußerungsermächtigung.* (1) Wird Handelsware an Händler veräußert, so ist die Sicherung durch einfachen Eigentumsvorbehalt unzureichend, weil das vorbehaltene Eigentum gem. §§ 929 ff., 185 I BGB untergeht, wenn sich die Weiterveräußerung im Rahmen der erteilten Weiterveräußerungsermächtigung hält. Die Weiterveräußerungsermächtigung im ordentlichen Geschäftsbetrieb deckt keine Geschäfte des Vorbehaltskäufers, bei denen er die Ware als neue Kreditunterlage verwendet, etwa durch Verpfändung oder Sicherungsübereignung.[103] Unzulässig ist auch die Weiterveräußerung im Sale-and-Lease-Back-Verfahren[104] oder regelmäßig eine Veräußerung unter dem Einstandspreis, jedenfalls aber eine Kombination von Verkauf und Rückkauf unter Eigentumsvorbehalt des Rückverkäufers *(„Nullgeschäft")* zu Lasten des Erstverkäufers.[105]

44 Der Verkäufer wird versuchen, seinen offenen Kaufpreisanspruch durch Vorausabtretung der künftigen Weiterverkaufsforderungen zu sichern. Wird Vorbehaltsware im Rahmen eines Werkvertrages in ein Grundstück eingebaut (also nicht unmittelbar veräußert), so kommt auch eine Vorausabtretung der künftigen Werklohnforderung in Betracht.[106] Sie muss aber besonders vereinbart werden.[107] Der verlängerte Eigentumsvorbehalt in dieser Form besteht also in einer *Sicherungsabtretung künftiger Forderungen* zugunsten der Warenlieferanten.[108] Diese Abtretung ist bereits vor dem Entstehen der Forderungen zulässig und bedarf nach § 398 BGB keiner Anzeige oder Mitwirkung des Schuldners.

45 (2) Um wirksam zu sein, müssen die Vorausabtretungen ausreichend *bestimmt,* zumindest muss die abzutretende Forderung bei ihrer Entstehung nach Person von Gläubiger und Schuldner sowie hinsichtlich des Umfangs der Abtretung *bestimmbar* sein.[109] Bei einer Vollabtretung ist dies ohne weiteres der Fall. Wegen der Gefahr der Übersicherung wird diese freilich vielfach nicht gewollt sein. Bei einer Teilabtretung muss der abgetretene Teil eindeutig bestimmbar sein. Hierzu besteht eine reiche Kasuistik mit unscharfen Grenzen.[110] Zulässig ist eine Teilabtretung entsprechend dem Rechnungswert des Erstgeschäfts.[111] Bei einer Kombination von Verarbeitungs- und Vorausabtretungsklausel hat der BGH angenommen, dass die Vorausabtretung des Anteils an der Weiterverkaufsforderung, der dem Miteigentumsanteil des Vorbehaltslieferanten entspreche, ausreichend bestimmt sei.[112] Eine Begrenzung auf die Höhe der jeweils offenen Forderungen aus der Geschäftsverbindung wird dagegen als unbestimmt angesehen.[113]

---

[102] *Serick* V, 63 III 5.
[103] BGH WM 1966, 1327, 1328; *Gundlach* KTS 2000, 307, 312.
[104] BGHZ 104, 129 = NJW 1988, 1774 = ZIP 1988, 781 *(Tiedtke)* = JZ 1988, 928 *(Weber);* MüKoInsO/*Ganter,* § 47 Rn. 124.
[105] BGH WM 1988, 1784, 1786.
[106] Staudinger/*Beckmann,* § 449 Rn. 107.
[107] BGHZ 98, 303 = NJW 1987, 487 = DB 1987, 373, 374 (Abtretung auch der aus „einem sonstigen Rechtsgrund entstehenden Forderungen"); vgl. dagegen BGH NJW 1958, 417.
[108] MüKoBGB/*Westermann,* § 449 Rn. 88.
[109] BGHZ 7, 365 = NJW 1953, 21; BGHZ 53, 60, 63 = NJW 1970, 322; BGH NJW 1974, 1130; BGHZ 70, 86 = NJW 1978, 538, 539; MüKoBGB/*Roth,* § 398 Rn. 81; MüKoInsO/*Ganter,* § 47 Rn. 131, § 51 Rn. 152; *Hess,* InsO, § 47 Rn. 82.
[110] Vgl. *Hess,* InsO, § 47 Rn. 86 f.; MüKoInsO/*Ganter,* § 47 Rn. 132; *Serick* II, § 24 II 3; IV § 47 III 2; ganz abl AK-BGB-*Reich,* § 929 Rn. 79 ff.
[111] LG Düsseldorf KTS 1959, 29, 30; MüKoInsO/*Ganter,* § 47 Rn. 132; *Löwe/Graf von Westphalen/ Trinkner* Eigentumsvorbehaltssicherung Rn. 20.
[112] BGHZ 79, 16, 19 = NJW 1981, 816; MüKoInsO/*Ganter,* § 47 Rn. 133.
[113] BGHZ 98, 303, 313 = NJW 1987, 487, 490; MüKoInsO/*Ganter,* § 51 Rn. 155; gegen eine Auslegung iS einer geltungserhaltenden Reduktion *Meyer/Cording* EWiR § 9 AGBG 1/87, 5.

(3) Ist ein verlängerter Eigentumsvorbehalt in *AGBs* enthalten, so ist er an § *307* **46** BGB zu messen. Im kaufmännischen Rechtsverkehr ist er danach grds. unbedenklich.[114] Scheidet eine Auslegung iS einer bestimmten Teilabtretung aus, so kann eine Vorausabtretung der gesamten Forderungen gegen Kunden des Bestellers § 307 BGB widersprechen, wenn dadurch eine unverhältnismäßige *Übersicherung* des Lieferanten eintritt und die wirtschaftliche Bewegungsfreiheit gegenüber anderen Lieferanten und sonstigen Kreditgebern unangemessen eingeschränkt wird.[115] Ob eine unangemessene Benachteiligung besteht, ist nicht konkret zu beurteilen. Der Inhalt der Vorausabtretungsklausel ist vielmehr generalisierend unter Berücksichtigung der hypothetischen Interessen der Beteiligten auszulegen.[116] Macht der Wert der Lieferung des Lieferanten üblicherweise nur einen Bruchteil der abgetretenen Weiterverkaufsforderung aus, so wird dem Kunden die Möglichkeit genommen, den durch seine Leistung geschaffenen „Mehrwert" für die Sicherung weiterer Kredite zu nutzen. Gleichzeitig wird aber auch anderen Lieferanten die Sicherung durch die Weiterverkaufsforderung entzogen.

(4) Die Vorausabtretung scheitert bei einem *Abtretungsverbot,* wenn der Abnehmer des **47** Vorbehaltskäufers die Abtretbarkeit der gegen sich gerichteten Forderung vertraglich ausschließt (§ 399, 2. Fall BGB sog. *Abwehrklausel*). Infolge dieses Ausschlusses ist jede Abtretung unzulässig und absolut unwirksam.[117] Nach hM ist das Interesse des Abnehmers an der Nichtabtretbarkeit anerkennenswert. Das Abtretungsverbot *(Abwehrklausel)* ist deshalb weder als sittenwidrige Knebelung nach § 138 I BGB nichtig, noch verstößt es in Allgemeinen Geschäftsbedingungen gegen § 307 BGB.[118] „Genehmigt" der Abnehmer die Vorausabtretung, so wirkt dies nicht auf den Zeitpunkt der Abtretung zurück.[119] Eine zwischenzeitliche Forderungspfändung bleibt wirksam.[120]

Für den Abnehmer kann eine Abwehrklausel fatale Folgen haben: Hat der Abnehmer **48** die Abtretbarkeit der gegen sich gerichteten Kaufpreisforderung ausgeschlossen, erfolgt die Weiterveräußerung außerhalb der dem Vorbehaltskäufer erteilten Ermächtigung; zugleich ist der Abkäufer aufgrund seiner Abwehrklausel als bösgläubig anzusehen, erwirbt also kein Eigentum. Dies gilt auch, wenn der Abnehmer die öffentliche Hand ist.[121] Das ursprüngliche Eigentum des Vorbehaltsverkäufers besteht danach zunächst fort und kann von ihm im Insolvenzverfahren seines Käufers wie dem des Abnehmers ausgesondert werden.[122] Soweit die Aussonderung aus tatsächlichen oder rechtlichen Gründen (gutgläubiger Erwerb Dritter) ausscheidet, kommt jedoch eine *Ersatzaussonderung* nach § 48 InsO in Betracht. Denn mit der unberechtigten Weiterveräußerung hat der Verfügende eine Aussonderung vereitelt.[123]

---

[114] BGHZ 98, 303, 307 = NJW 1987, 487, 488; BGHZ 94, 105, 112 = NJW 1985, 1836; MüKo-InsO/*Ganter* § 47 Rn. 122; MüKoBGB/*Westermann*, § 449 Rn. 87; *Ulmer/Brandner/Hensen/Schmidt* Anh § 310 Rn. 738.

[115] BGHZ 98, 303, 308 = NJW 1987, 487, 489 = ZIP 1987, 85, 87f; MüKoBGB/*Westermann*, § 449 Rn. 87; *J. Göbel*, Übersicherung und Freigabeklauseln in vorformulierten Kreditsicherungsverträgen, 1993; *Wiegand/Brunner* NJW 1995, 2513.

[116] BGHZ 98, 303, 308 = NJW 1987, 487, 489; BGHZ 79, 16 = NJW 1981, 816, 817.

[117] BGHZ 40, 156, 159 = NJW 1964, 243; BGHZ 56, 173 = NJW 1971, 1311; BGHZ 56, 228, 230 = NJW 1971, 1750; MüKoBGB/*Roth*, § 399 Rn. 36; MüKoInsO/*Ganter*, § 47 Rn. 205.

[118] BGH NJW 2006, 3486; BGHZ 51, 113, 117 = NJW 1969, 415; BGHZ 56, 173, 175 = NJW 1971, 1311; MüKoBGB/*Roth*, § 399 Rn. 34; MüKoInsO/*Ganter*, § 47 Rn. 205; teilw aA *Hadding/van Look*, WM Sonderbeil 7/1988, S. 8 ff.; für Vorrang eines branchenüblichen verlängerten Eigentumsvorbehalts dagegen *Eckert/Nebel* WM 1988, 1545, 1549 ff.

[119] MüKoInsO/*Ganter*, § 47 Rn. 206; Zum Streitstand MüKoBGB/*Roth*, § 399 Rn. 37.

[120] BGHZ 108, 172, 176 = NJW 1990, 109; MüKoInsO/*Ganter*, § 47 Rn. 211.

[121] BGHZ 102, 293 = JZ 1988, 720 (dazu *Wagner* JZ 1988, 698).

[122] Vgl. eingehend: *Hadding/van Look*, Vertraglicher Abtretungsausschluss, WM 1988, Sonderbeilage 7; MüKoInsO/*Ganter*, § 47 Rn. 166.

[123] BGH ZIP 1986, 1052 m Anm. *Henckel* EWiR § 455 BGB 1/86; *Reinicke/Tietke*, Kreditsicherung, Rn. 1210; MüKoInsO/*Ganter*, § 47 Rn. 166.

§ 43 49–52 Kap. III. 6. Abschnitt. Aussonderung, Absonderung, Aufrechnung

49 Gem § 354a HGB und der Erweiterung des Kaufmannsbegriffs in § 1 HGB (zum 1.5.1998) hat die Vereinbarung eines Abtretungsverbots bei einer Geldforderung im *Handelsverkehr* aber *keine Wirkung* und Bedeutung mehr. Derartige Forderungen bleiben also verkehrsfähig. Nach § 354a S. 1, 3 HGB ist eine Abtretung einer Geldforderung zwingend wirksam, selbst wenn sie durch Vereinbarung zwischen Kaufleuten (oder gleichgestellten Personen des öffentlichen Rechts) ausgeschlossen worden ist.[124] Die Vorschrift ist nach Ansicht des BGH auf Rechtsgeschäfte, die nicht beiderseitige Handelsgeschäfte sind, mangels einer planwidrigen Regelungslücke nicht analog anwendbar.[125] Die Vorschrift soll der erleichterten Finanzierung kleinerer und mittlerer Unternehmen dienen. Dem Interesse des Schuldners an dem Abtretungsverbot wird dadurch Rechnung getragen, dass der Schuldner ungeachtet der Abtretung (zwingend) mit befreiender Wirkung an den bisherigen Gläubiger leisten *kann,* § 354a S. 2, 3 HGB. Als Leistung sind dabei auch Leistungssurrogate, wie Aufrechnung anzusehen,[126] aber auch sonstige Geschäfte, die sonst unter den Schutz des § 407 BGB fallen, wie Leistungen an Erfüllungs Statt oder erfüllungshalber (Hingabe von Wechsel oder Scheck),[127] Vergleich und Erlass.[128] Selbst eine Aufrechnung kann der Verwender des Abtretungsverbots gegenüber dem Zedenten erklären.[129] Der Schuldner hat infolgedessen ein Wahlrecht, ob er an den Zessionar oder den ursprünglichen Gläubiger leistet, und zwar auch, wenn er Kenntnis von der Abtretung hat.[130] Dieses Wahlrecht besteht selbst dann, wenn der Zessionar insolvent geworden ist.[131]

50 Leistet der Abnehmer an den Schuldner und Zedenten, so hat der Lieferant und Zessionar nur einen Anspruch aus § 816 II BGB gegen den Zedenten. Dieser Anspruch berechtigt aber zur *Ersatzabsonderung* analog § 48 InsO, solange Unterscheidbarkeit gegeben ist.[132]

51 Grundsätzlich unabtretbar sind auch die in ein *Kontokorrent eingestellten Forderungen*.[133] Jedoch kann nach Ansicht des BGH der Anspruch auf einen etwaigen Überschuss bei Beendigung des Kontokorrentverhältnisses *("kausaler Saldo")* bereits im Voraus abgetreten werden. Allerdings muss die Vorausabtretungsklausel eindeutig festlegen, dass sich die Abtretung auf diesen Saldoanspruch erstreckt.[134] Auf das Abtretungsverbot im Kontokorrent findet § 354a HGB keine Anwendung.[135]

52 (5) Bei wechselnden Globalsicherheiten bedarf es nach der Entscheidung des Großen Senats für Zivilsachen des BGH vom 27.11.1997 keiner ausdrücklichen vertraglichen Vereinbarung eines *Freigabeanspruchs*. Dieser ergebe sich vielmehr zwingend aus der Treuhandnatur des Sicherungsvertrages, auch wenn der Sicherungsvertrag keine oder nur eine unzureichende Regelung enthält.[136] Eine angemessene Deckungsgrenze muss

---

[124] MüKoBGB/*Roth*, § 399 Rn. 41; MüKoInsO/*Ganter*, § 47 Rn. 208; *Bruns* WM 2000, 505, 508 f.
[125] BGH NJW 2006, 3486; MüKoInsO/*Ganter*, § 47 Rn. 208; aA MüKoHGB/*K. Schmidt*, § 354a Rn. 8; *Baumbach/Hopt*, HGB, § 354a Rn. 1.
[126] MüKoBGB/*Roth*, § 399 Rn. 42; vgl. BGH NJW-RR 2005, 625.
[127] *Wagner* WM 1996, Sonderbeil 1, S. 1, 13.
[128] *Canaris*, Handelsrecht § 28 Rn. 15; *Wagner* WM 1996, Sonderbeil 1, S. 1, 14 f.
[129] *Wagner* WM 1996, Sonderbeil 1, S. 1, 23 f.; vgl. BGH NJW-RR 2005, 625; MüKoHGB/*K. Schmidt*, § 354a Rn. 20.
[130] *Canaris*, Handelsrecht § 28 Rn. 17; MüKoBGB/*Roth*, § 399 Rn. 42; *Wagner* WM 1996, Sonderbeil 1, S. 1, 10 f.
[131] *Wagner* WM 1996, Sonderbeil 1, S. 1, 25.
[132] MüKoHGB/*K. Schmidt*, § 354a Rn. 27; MüKoInsO/*Ganter*, § 47 Rn. 208; *Uhlenbruck*, Neues Insolvenzrecht, 1998, Rn. 4.2.5.
[133] MüKoInsO/*Ganter*, § 47 Rn. 137; MüKoBGB/*Roth*, § 399 Rn. 31.
[134] BGHZ 70, 86 = NJW 1978, 538, 539.
[135] *Canaris*, Handelsrecht, § 28 Rn. 18.
[136] BGHZ 137, 212 = NJW 1998, 671 = ZIP 1998, 235; dazu *Roth* JZ 1998, 462; *Saenger* ZBB 1998, 174; *M. Schwab* JuS 1999, 740; MüKoInsO/*Ganter*, Vor §§ 49 bis 52 Rn. 86 ff.; *Hess*, InsO, § 47 Rn. 109 ff.

danach nicht ausdrücklich vereinbart sein; sie ergibt sich wiederum aus einer Auslegung des Sicherungsvertrags und beträgt 110% der gesicherten Forderungen im Verhältnis zum realisierbaren Wert der Sicherheiten. Eine unzureichende (insb ermessensabhängige) Freigabeklausel verstößt gegen § 307 BGB und ist nichtig, ohne dass dadurch die ganze Sicherungsabrede und die Sicherungsabtretung unwirksam wären.[137] Nach § 306 II BGB tritt vielmehr der gesetzliche, wenngleich aus einer Vertragsauslegung gewonnene Freigabeanspruch an die Stelle der unzureichenden Vereinbarung. Dabei ist das Sicherungsgut zum Marktpreis im Zeitpunkt des Freigabeverlangens zu bewerten; lässt sich kein aktueller Preis feststellen, ist auf den Einkaufs- oder Herstellungspreis abzustellen. Allerdings ist bei der Freigabe die Höhe des möglichen Verwertungserlöses zu berücksichtigen. Aus den §§ 232 ff. BGB, insbesondere einer analogen Anwendung des § 237 S. 1 BGB leitet der BGH die widerlegliche Vermutung ab, dass vom objektiven Wert der Sicherheit ein Abschlag von einem Drittel zu machen ist, der zugleich die Verwertungskosten abdeckt. Ein Freigabeanspruch besteht daher grundsätzlich erst, wenn der objektive Wert der Sicherheiten 150% der gesicherten Forderungen übersteigt. Ab diesem Moment wird widerleglich eine Übersicherung, darunter widerleglich deren Fehlen vermutet.[138]

(6) In der *Insolvenz des Vorbehaltskäufers* kann der Verkäufer, wenn eine Weiterveräußerung noch nicht erfolgt ist, sein vorbehaltenes Eigentum aussondern, wenn der Insolvenzverwalter nicht Erfüllung wählt. Ist die Weiterveräußerung erfolgt, berechtigt die im Voraus abgetretene Forderung aus der Weiterveräußerung der Vorbehaltsware den Lieferanten wie bei jeder Sicherungszession zur Absonderung.[139] Ein Absonderungsrecht entsteht dagegen nicht, wenn die im Voraus abgetretene Forderung erst nach Eröffnung des Insolvenzverfahrens (§ 91 InsO) oder nach Anordnung eines allgemeinen Verfügungsverbots (§§ 21 II Nr. 2 InsO; 135, 136 BGB) entsteht.[140]

Das Absonderungsrecht bezieht sich freilich auf eine abgetretene Forderung. Deren Schuldner stehen die allgemeinen vertraglichen Einwendungen und Einreden zu, insb kann er sich auf die Einrede der Verjährung (§ 214 I BGB) berufen.

Die Verjährung der gesicherten Forderung hat auf das Recht, sich aus der abgetretenen Forderung zu befriedigen, dagegen nach dem Sinn des § 216 I, II BGB keinen Einfluss.

Bei nur schuldrechtlichen Freigabeklauseln ist die Stellung des Vorbehaltskäufers im Insolvenzverfahren des Lieferanten dagegen schwächer. Denn der nur schuldrechtliche Anspruch gegen den vorrangig berechtigten Lieferanten verschafft ihm in dessen Insolvenz keinerlei Vorzugsrechte.[141]

(7) In der *Insolvenz des Warenlieferanten* gehören die im Voraus abgetretenen Forderungen als Treugut nicht zur Insolvenzmasse.[142] Der Insolvenzverwalter muss die Forderungen aber nur Zug um Zug gegen Tilgung der gesicherten Forderung zurückübertragen.[143] Andernfalls darf er sie bei Fälligkeit entsprechend dem Sicherungsvertrag einziehen; einen etwaigen Mehrerlös (bei zulässiger Übersicherung) hat er dem Käufer als Geschäftsführer (§ 667 BGB) zu erstatten.

---

[137] AA *Reinicke/Tietke*, Kreditsicherung, Rn. 1221; *J. Göbel*, S. 88 ff., 132 f.
[138] BGHZ 137, 212 = NJW 1998, 676 = ZIP 1998, 235; *Roth* JZ 1998, 462, 464; krit. zur Gegenbeweismöglichkeit *Weber*, Kreditsicherheiten, S. 234 ff.
[139] BGHZ 72, 308 = NJW 1979, 365; BGH LM § 157 (Ga) BGB Nr. 18 = LM § 48 KO Nr. 2; *Jaeger/Henckel*, InsO, § 47 Rn. 49; HK/*Lohmann*, § 47 Rn. 80; *Hess*, InsO, § 47 Rn. 80; FK/*Imberger*, § 51 Rn. 21; MüKoInsO/*Ganter*, § 47 Rn. 49, § 51 Rn. 168; *Smid*, § 51 Rn. 15; krit. MüKoBGB/ *Westermann*, § 449 Rn. 94 („Verlust des Aussonderungsrechts nicht leicht erklärlich").
[140] *Henckel*, Probleme S. 87 f.; MüKoInsO/*Ganter*, § 51 Rn. 169.
[141] BGHZ 72, 308 = NJW 1979, 365.
[142] BGH WM 1962, 180, 181; MüKoInsO/*Ganter*, § 47 Rn. 158.
[143] *Herget* BuB 4/652.

58 **6. Leasing-Verträge über bewegliche Sachen. a)** Bei wirtschaftlicher Betrachtung handelt es sich beim Leasing um eine Dienstleistungs- bzw. Finanzierungsform,[144] die durch eine zeitweilige Überlassung von Investitions- und Konsumgütern gegen Entgelt gekennzeichnet ist. Aus steuer- und bilanzrechtlichen Gründen ist den Parteien des Leasingvertrages daran gelegen, dass der Leasinggegenstand im Anlagevermögen des Leasinggebers aktiviert wird, was wiederum seine wirtschaftliche Eigentümerstellung voraussetzt.[145]

59 Bei einem kurzfristigen *Operating-Leasing* von Investitionsgütern handelt es sich um einen normalen Miet- bzw. Pachtvertrag über bewegliche Sachen.[146] Der Leasingvertrag als gegenseitiger Vertrag unterliegt, sofern er noch nicht vollständig erfüllt ist, allerdings dem Wahlrecht des Insolvenzverwalters nach § 103 InsO.[147] Der Leasinggeber schuldet die sich über die Vertragslaufzeit erstreckende dauerhafte Überlassung des Gutes und nicht nur die einmalige Hingabe, so dass nach Überlassung des Leasinggutes der Leasinggeber noch nicht erfüllt hat.[148] Wählt der Insolvenzverwalter in der Insolvenz des Leasingnehmers Nichterfüllung, ist der Leasinggeber wegen seines Anspruchs auf Schadensersatz auf eine Insolvenzforderung verwiesen (§ 103 II InsO).[149] Kommt der Insolvenzverwalter der Herausgabepflicht nicht nach, so kann der Leasinggeber für die Dauer der Vorenthaltung, auch wenn er Nichterfüllung wählt oder gewählt hat, als Entschädigung die vereinbarten Leasingraten, nach Ansicht des BGH entsprechend § 546a BGB als Masseverbindlichkeit (§ 55 I Nr. 1 InsO) verlangen.[150]

60 Lehnt er die Erfüllung ab, erlischt das Besitzrecht des Leasingnehmers; der Leasinggeber kann sein Eigentum gem. § 47 InsO aussondern.[151] Dieses Recht folgt zum einen aus seinem Eigentum und nach Vertragsbeendigung auch aus seinem schuldrechtlichen Rückgewähranspruch (§ 546 BGB).[152] Infolgedessen hat der Verwalter kein Verwertungsrecht und kann keine Kostenbeiträge (§§ 170 ff. InsO) beanspruchen[153] (→ § 40 Rn. 5). Der Leasinggeber kann den Vertrag ab Stellung des Insolvenzantrags nicht mehr wegen Zahlungsverzugs oder der verschlechterten Vermögenslage des Leasingnehmers kündigen, § 112 InsO.[154] § 112 InsO findet aufgrund der mietrechtlichen Einordnung des Operatingleasingvertrages Anwendung. Wählt der Verwalter Erfüllung, kann er die Sache weiter für die Masse nutzen, muss aber die Leasingraten als Masseverbindlichkeit (§ 55 I Nr. 2 InsO) bezahlen.[155]

61 In der *Insolvenz des Leasinggebers* besteht beim gewöhnlichen Leasingvertrag gleichfalls ein Wahlrecht des Insolvenzverwalters nach § 103 InsO, auch wenn der Gegenstand dem Mieter bereits bei Eröffnung des Insolvenzverfahrens überlassen war.[156]

62 **b)** Bei einem *Finanzierungs-Leasing* ist die rechtliche Einordnung dagegen zweifelhafter.[157] Man versteht darunter einen Vertrag über die „mietweise" Überlassung eines

---

[144] MüKoBGB/*Koch*, Finanzierungsleasing, Rn. 1.
[145] MüKoBGB/*Koch*, Finanzierungsleasing, Rn. 1, 15; zum Einfluss internationaler Rechnungslegungsstandards *Graf v. Westphalen*, Der Leasingvertrag, Kap. A Rn. 3, 70 ff. (IFRS), 191 ff. (US-GAAP).
[146] MüKoBGB/*Koch*, Finanzierungsleasing, Rn. 5; *Emmerich* JuS 1990, 3; *Flume* DB 1972, 2; *Krämer*, S. 4, 25; *Graf v. Westphalen*, Der Leasingvertrag, Kap A Rn. 9; Kap B Rn. 76.
[147] MüKoInsO/*Ganter*, § 47 Rn. 228; MüKoInsO/*Huber*, § 103 Rn. 75.
[148] Vorausgesetzt BGH NZI 2007, 335; MüKoBGB/*Koch*, Finanzierungsleasing, Rn. 139.
[149] MüKoInsO/*Ganter*, § 47 Rn. 231, 233.
[150] BGH NZI 2007, 335, 336; nach Ansicht von MüKoInsO/*Ganter*, § 47 Rn. 233 aus ungerechtfertigter Bereicherung der Masse gem. § 55 I Nr. 3 InsO.
[151] MüKoInsO/*Ganter*, § 47 Rn. 219.
[152] BGH NZI 2007, 335; MüKoInsO/*Ganter*, § 47 Rn. 223, 230.
[153] *Obermüller/Livonius* DB 1995, 27, 28; MüKoBGB/*Koch*, Finanzierungsleasing, Rn. 140.
[154] MüKoBGB/*Koch*, Finanzierungsleasing, Rn. 138.
[155] MüKoBGB/*Koch*, Finanzierungsleasing, Rn. 139.
[156] MüKoBGB/*Koch*, Finanzierungsleasing, Rn. 142.
[157] Umfassende Darstellung des Streitstands bei *Krämer*, S. 30 f.

langfristigen Investitionsgutes für eine „feste" Grundmietzeit, die etwas kürzer als die gewöhnliche Nutzungsdauer des Leasinggutes ist. Die Mietraten während dieser Zeit decken Anschaffungspreis zuzüglich Verzinsung und Gewinn der Leasing-Gesellschaft (sog. *Vollamortisationsleasing*) oder jedenfalls zuzüglich einer Restzahlung bei Vertragsende (sog. *Teilamortisationsleasing*). Diese Finanzierungsform bereitet deshalb größere Schwierigkeiten bei der insolvenzrechtlichen Einordnung, weil die Leasingraten gerade nicht allein Entgelt für die Nutzungsüberlassung sind, sondern gleichzeitig auch den (teilweisen) Substanzwert der Sache vergüten. IdR bestellt der Leasingnehmer das Leasinggut nach Abstimmung mit dem Leasinggeber direkt beim Lieferanten. Wirtschaftlich ersetzt das Finanzierungs-Leasing damit den Kauf des genutzten Gutes. Die hM ordnet den Finanzierungsleasingvertrag als (atypischer) Mietvertrag ein, auf den grundsätzlich die Regeln des Mietrechts anzuwenden sind.[158] Vertreten werden daneben ein gemischt typischer Vertrag,[159] ein Vertrag sui generis,[160] ein Geschäftsbesorgungsvertrag[161] und ein Kaufvertrag.[162] Es kann allerdings in Ausnahmefällen erforderlich sein, den Vertrag wegen seiner besonderen Ausgestaltung nicht als Miet-, sondern als Kaufvertrag zu qualifizieren.[163] Diese Einordnung hat auch Auswirkung auf die Behandlung des Leasinggutes in der Insolvenz.

(1) *Insolvenz des Leasingnehmers.* Nach hM ist auch der Finanzierungsleasing-Vertrag 63 als Mietvertrag anzusehen und auf ihn § 103 InsO anzuwenden.[164] Dies gilt unabhängig davon, ob der Vertrag schon durch Überlassung des Leasinggutes in Vollzug gesetzt war.[165] Danach ist der Leasinggeber „echter" Eigentümer; wählt der Insolvenzverwalter des Leasingnehmers Nichterfüllung, kann der Leasinggeber das Leasinggut aussondern.[166] Wer den Leasingnehmer dagegen wirtschaftlich als Käufer ansieht, erkennt nur ein Sicherungsinteresse des Leasinggebers für die noch ausstehenden Raten an; nach dieser Sicht wäre das Leasinggut bloßes Sicherungseigentum und würde nur zur Absonderung berechtigen.[167] Die hM führt bei der Insolvenzabwicklung zur praktikableren Lösung; ihr ist daher zuzustimmen.

§ 112 InsO schließt eine *Kündigungsmöglichkeit* durch den Leasinggeber aus, sobald 64 der Antrag auf Eröffnung des Insolvenzverfahrens gestellt worden ist.[168] § 112 InsO betrifft aber nur zwei Kündigungsgründe, nämlich (1) Verzug mit der Entrichtung des Miet- oder Pachtzinses, der in der Zeit vor dem Eröffnungsantrag eingetreten ist, und (2) Verschlechterung der Vermögensverhältnisse des Schuldners.[169] Die Kündigung ist

---

[158] BGH NJW 1977, 195, 196; BGHZ 68, 118, 123 = NJW 1977, 848; BGHZ 111, 84, 95 = NJW 1990, 1785; BGH NJW 1989, 460, 461; BGHZ 128, 255, 261 f. = NJW 1995, 1019; BGH NJW 1996, 2860; BGH NJW 2002, 133, 135; Palandt/*Weidenkaff*, BGB, Einf v. § 535 Rn. 37 ff.; *Emmerich* JuS 1990, 1, 4; *Flume* DB 1972, 1, 2 ff.; *ders.*, 1991, 265 ff.; *Hager* AcP 190 (1990), 324, 335 ff.

[159] *Klaes* NJW 1968, 1502, 1507; *Larenz/Canaris*, Schuldrecht II/2, § 66 II 2; *Canaris*, Bankvertragsrecht, Rn. 1719; *ders.* AcP 190 (1990), 446; *ders.* ZIP 1993, 402.

[160] *Lieb* DB 1988, 946 und 2495.

[161] *Koch/Haag* BB 1968, 93, 95; *Canaris* NJW 1982, 305, 307, 312; *ders.* AcP 190 (1990), 446; ausdrücklich ablehnend BGHZ 96, 103, 106 f. = NJW 1986, 179.

[162] *Ebenroth* JuS 1978, 588, 593.

[163] BGH WM 1978, 510; MüKoBGB/*Koch*, Finanzierungsleasing, Rn. 28 ff.

[164] LG Düsseldorf ZInsO 2005, 820 m Anm. *Moseschus* EWiR 2005, 769 f.; MüKoBGB/*Koch*, Finanzierungsleasing, Rn. 139; MüKoInsO/*Ganter*, § 47 Rn. 228; Uhlenbruck/Hirte/Vallender/*Berscheid*, § 103 Rn. 96.

[165] MüKoInsO/*Ganter*, § 47 Rn. 228; MüKoBGB/*Koch*, Finanzierungsleasing, Rn. 139; *Obermüller/Livonius* DB 1995, 27, 28; Uhlenbruck/Hirte/Vallender/*Sinz*, § 108 Rn. 80.

[166] MüKoInsO/*Ganter*, § 47 Rn. 230; *Klinck* KTS 2007, 37, 38; MüKoBGB/*Koch*, Finanzierungsleasing, Rn. 140.

[167] Vgl. *Seeger* KTS 1974, 6, 13; *Häsemeyer*, Rn. 11.11; *ders.*, FS Jur Fakultät Heidelberg, 1986, S. 163, 180.

[168] MüKoBGB/*Koch*, Finanzierungsleasing, Rn. 138.

[169] MüKoBGB/*Koch*, Finanzierungsleasing, Rn. 138; MüKoInsO/*Ganter*, § 47 Rn. 224.

damit ausgeschlossen, wenn sich der Leasingnehmer vor der Antragstellung in Verzug befand, der Leasinggeber aber noch nicht gekündigt hatte.[170] War die Kündigung schon vor Antragstellung erfolgt, bleibt diese wirksam und der Leasinggeber kann ohne Weiteres aussondern.[171] Dies gilt auch, wenn ein starker vorläufiger Verwalter bestellt war und ein allgemeines Verfügungsverbot erlassen wurde.[172] Tritt der Verzug erst nach der Antragstellung ein, so ist der Leasinggeber uneingeschränkt zur Kündigung berechtigt.[173] Verzug nach Antragstellung kann auch dadurch eintreten, dass der Leasinggeber ihm angebotene Zahlungen zurückweist, da diese dem Risiko einer Anfechtung nach § 130 InsO ausgesetzt sind.[174] Auch die Kündigungsmöglichkeit wegen sonstiger Vertragsverletzungen wird durch § 112 InsO nicht berührt.[175] Wegen ihres Ausnahmecharakters ist diese Regelung auf weitere Gründe nicht anwendbar.

65 Entscheidet sich der Insolvenzverwalter für die Erfüllung des Leasingvertrages, so begründet er dadurch für die Zeit nach der Eröffnung Masseverbindlichkeiten (§ 55 I Nr. 2 InsO).[176] Die nicht erfüllten Forderungen aus der Zeit vor Eröffnung sind Insolvenzforderungen (§ 105 InsO), es sei denn, ein starker vorläufiger Insolvenzverwalter hätte das Leasinggut genutzt (§ 55 II 2 InsO).[177] Die Annahme einer zeitabhängigen Teilbarkeit setzt aber voraus, dass wie bei einem Mietverhältnis Nutzungsdauer und Nutzungsentgelt äquivalent sind. Dies wird jedoch teilweise wegen der überragenden Bedeutung des Beschaffungsvorgangs geleugnet.[178] Nach dieser Ansicht entfällt aber nicht die Aufteilung in Insolvenzforderung und Masseverbindlichkeit an sich, sondern es kommt nur zu einer anderen Berechnung (Teilungsschlüssel).[179] Richtigerweise dürfte auf die Bedeutung der Nutzungsüberlassung für den Leasingnehmer abzustellen sein,[180] so dass dem Anschaffungsvorgang keine gesonderte Bedeutung zukommt und Nutzungsdauer und Nutzungsentgelt wie bei einem Mietvertrag korrespondieren.[181] Eine vom Leasingnehmer geschuldete Schlusszahlung ist ebenfalls teilbar und begründet eine Masseverbindlichkeit nur für den Teil, der der noch offen Laufzeit entspricht.[182]

66 (2) *Insolvenz des Leasinggebers ohne gesicherte Refinanzierung.* Auch hier bleibt es beim Wahlrecht des Insolvenzverwalters nach § 103 InsO.

67 (3) *Insolvenz des Leasinggebers mit gesicherter Refinanzierung.* Abweichend vom Recht unter der KO wollte der Gesetzgeber dem Insolvenzverwalter bei Leasingverträgen generell zunächst die Möglichkeit geben, sich vom Vertrag zu lösen und den Gegenstand für die Masse zu verwerten.[183] Dabei wurde jedoch übersehen, dass in jedem Fall – unabhängig von der in der Rechtsprechung wechselnden Einordnung der Verfahrenseröffnung (Erlöschen oder Nichtdurchsetzbarkeit der Ansprüche) –[184] die Entscheidung des

---

[170] MüKoInsO/*Ganter*, § 47 Rn. 224; *Eckert* ZIP 1996, 897.
[171] MüKoInsO/*Ganter*, § 47 Rn. 223.
[172] MüKoInsO/*Ganter*, § 47 Rn. 223.
[173] BGHZ 151, 353, 371f. = NJW 2002, 3326; OLG Köln ZIP 2003, 543, 544; MüKoInsO/*Ganter*, § 47 Rn. 225; MüKoInsO/*Eckert*, § 112 Rn. 35.
[174] MüKoInsO/*Ganter*, § 47 Rn. 226; MüKoBGB/*Koch*, Finanzierungsleasing, Rn. 138.
[175] MüKoInsO/*Ganter*, § 47 Rn. 224.
[176] MüKoBGB/*Koch*, Finanzierungsleasing, Rn. 139.
[177] MüKoBGB/*Koch*, Finanzierungsleasing, Rn. 139; FK/*Wegener*, § 108 Rn. 40.
[178] *Eckert* ZIP 1997, 2077, 2079; MüKoInsO/*Eckert*, § 108 Rn. 31, 95.
[179] MüKoInsO/*Eckert*, § 108 Rn. 34; HK/*Marotzke*, § 105 Rn. 12, der dem Ansatz *Eckerts* selbst nicht folgt.
[180] Ebenso MüKoBGB/*Koch*, Finanzierungsleasing, Rn. 139; Uhlenbruck/Hirte/Vallender/*Sinz*, § 108 Rn. 101.
[181] MüKoBGB/*Koch*, Finanzierungsleasing, Rn. 139; HK/*Marotzke*, § 105 Rn. 12; Uhlenbruck/*Sinz*, InsO, § 108 Rn. 101; FK/*Wegener*, § 108 Rn. 39.
[182] MüKoBGB/*Koch*, Finanzierungsleasing, Rn. 139.
[183] *Klinck* KTS 2007, 37; *Livonius* ZInsO 1998, 111, 113.
[184] Deutlich *Klinck* KTS 2007, 37, 38f.

Insolvenzverwalters bewirkt hätte, dass die Sicherung der Miet- oder Leasingforderung jedenfalls durch Vorausabtretung der Ansprüche aus dem Leasingvertrag mit der Eröffnung des Insolvenzverfahrens weggefallen wäre.[185]

Um diese Probleme, die mit der Ausübung des Wahlrechts bei Mietverhältnissen über bewegliche Gegenstände entstanden, zu lösen, hat der Gesetzgeber nachträglich den § 108 I 2 InsO eingefügt.[186] Danach bestehen Miet- und Pachtverhältnisse, die der Schuldner als Vermieter oder Verpächter eingegangen war und die sonstige Gegenstände betreffen, die einem Dritten, der ihre Anschaffung oder Herstellung finanziert, zur Sicherheit übertragen wurden, mit Wirkung für die Insolvenzmasse fort.

Die Möglichkeit der Refinanzierungsbank, sich durch *Sicherungsübereignung* des Leasinggutes zu befriedigen, blieb allerdings in jedem Fall bestehen.[187] Der Dritte hat ein insolvenzfestes Absonderungsrecht, dazu bedarf es keines § 108 I 2 InsO. Da das Sicherungseigentum schon vor der Eröffnung des Insolvenzverfahrens erworben wird, greift § 91 InsO, der den Erwerb von Rechten an Gegenständen ausschließt, nachdem das Insolvenzverfahren eröffnet worden ist, nicht ein.[188]

Die *Abtretung der Leasing-Forderungen* ist dagegen erst aufgrund des § 108 I 2 InsO insolvenzfest, da §§ 81, 91 InsO nicht einreifen.[189] Bei den Raten, die vor der Eröffnung des Insolvenzverfahrens an die Bank gezahlt werden, handelt es sich um im Voraus abgetretene Forderungen. Die Wirksamkeit der Vorausabtretung ist grundsätzlich zu bejahen.[190] Schwieriger angesichts der §§ 81, 91 InsO einzuordnen sind Leasingforderungen aus (Mobilien-)Leasingverträgen, die für die Zeit nach Eröffnung des Insolvenzverfahrens abgetreten werden können. Nach der Rechtsprechung des BGH entstehen die Ansprüche aus einem Leasingvertrag bereits mit Abschluss des Leasingvertrages bzw. Nutzungsüberlassung und werden jeweils zum festgelegten Termin fällig.[191] Es handelt sich somit um *betagte* und *nicht* um *befristete* Forderungen.[192] Im Gegensatz dazu sind Forderungen aus einem gewöhnlichen Mietvertrag als befristete Forderungen anzusehen, da der Anspruch erst mit Beginn des jeweiligen Nutzungszeitraums entsteht.[193] Dieser Einordnung als betagter Forderung ist zu folgen, soweit die Leasingraten für die feste Grundmietzeit, in der ein Kündigungsrecht nicht besteht, betroffen sind. Die Leasingraten für einen Verlängerungszeitraum sind dann betagt, wenn die Verlängerung aufgrund einer Klausel erfolgt, dass die Verlängerung eintritt, wenn nicht der Leasingnehmer kündigt und diese Klausel schon im Leasingvertrag vorgesehen ist. Das Gleiche muss gelten, wenn eine Verlängerungsoption im Vertrag vorgesehen ist und die Vertragsverlängerung allein vom Willen des Leasingnehmers abhängt.[194]

§ 108 I 2 InsO gilt für Verträge über die Vermietung oder Verpachtung „sonstiger Gegenstände" jeder Art, die zur Sicherheit übertragen wurden. Sie greift also bei einer Sicherungsübereignung beweglicher Sachen, aber auch nach Sicherungsabtretung etwa

---

[185] MüKoInsO/*Eckert*, § 108 Rn. 7.
[186] MüKoInsO/*Eckert*, § 108 Rn. 7; *Klinck* KTS 2007, 37.
[187] *Klinck* KTS 2007, 37, 39.
[188] MüKoBGB/*Koch*, Finanzierungsleasing, Rn. 143; *Klinck* KTS 2007, 37, 39.
[189] MüKoInsO/*Ganter*, § 47 Rn. 248; MüKoBGB/*Koch*, Finanzierungsleasing, Rn. 143. Zur Problematik der Masseverkürzung bei fortbestehenden Nebenleistungsverpflichtungen des Leasinggebers MüKoInsO/*Ganter*, § 47 Rn. 249; Uhlenbruck/Hirte/Vallender/*Sinz*, § 108 Rn. 139; *Klinck* KTS 2007, 37, 56.
[190] Palandt/*Heinrichs*, BGB, § 398 Rn. 11.
[191] BGH DB 1989, 521 = WM 1989, 229; BB 1990, 307; *Obermüller/Livonius* DB 1995, 27.
[192] MüKoBGB/*Koch*, Finanzierungsleasing, Rn. 46, 143; HambKomm/*Ahrendt*, § 108 Rn. 6.
[193] BGHZ 111, 84, 93 = NJW 1990, 1785; BGHZ 109, 368; MüKoInsO/*Ganter*, Vor §§ 49–52 Rn. 24. Nach Ansicht des BGH entsteht das gesetzliche Vermieterpfandrecht an eingebrachten pfändbaren Sachen des Mieters mit der Einbringung, auch soweit es erst künftig entstehende Forderungen aus dem Mietverhältnis sichert, BGHZ 170, 196 = NJW 2007, 1588.
[194] MüKoBGB/*Koch*, Finanzierungsleasing, Rn. 143; *Klinck* KTS 2007, 37, 59 f.

eines finanzierten Software-Leasingvertrages.[195] Bei einer Auslandsfinanzierung ist ein ausländisches Pfandrecht einer Sicherungsübereignung gleichzustellen.[196] Diese Regelung will primär den dritten Kreditgeber schützen und nicht den Leasingnehmer (sonst käme es nicht auf die Sicherungsübereignung an); mittelbar ist der vertragstreue Leasingnehmer in diesem Fall aber auch von der Insolvenz seines Leasinggebers nicht betroffen.

72 Die Refinanzierungsbank ist in diesen Fällen zur abgesonderten Befriedigung aus dem Leasinggut berechtigt.[197]

73 Zwischen Sicherungsübereignung und Finanzierung muss ein sachlicher und zeitlicher Zusammenhang bestehen. § 108 I 2 InsO gilt nur bei einer Sicherungsübereignung oder -abtretung *zur* Refinanzierung des Leasingutes, nicht bei einer Sicherungsübertragung zur Absicherung eines anderen Kredits, insb eines allgemeinen Betriebsmittelkredits.[198] In diesen Fällen bleibt es beim Wahlrecht des Verwalters, § 103 InsO. Strittig ist, ob die Refinanzierung nachträglich vereinbart werden kann.[199] Da § 108 I 2 InsO als Ausnahmevorschrift konzipiert wurde und bei einer anderen Betrachtung eine Masseverkürzung droht, dürfte eine nachträgliche Refinanzierung auch wenn man sie betriebswirtschaftlich als Finanzierung ansehen mag,[200] nicht ausreichen. § 108 I 2 InsO gilt auch beim Wechsel des Financiers (anlässlich einer Umschuldung).[201]

74 Soweit der Verwalter ein Wahlrecht hat, Nichterfüllung wählt und der Finanzierende Befriedigung aus seinem Sicherungsgut verlangt, stellt sich die Frage, wem das *Verwertungsrecht* zusteht: dem Finanzierenden (Factor) oder dem Insolvenzverwalter des Leasinggebers gem. § 166 InsO. Unmittelbaren Besitz am Leasinggut hat der Leasingnehmer, der Leasinggeber hat nur mittelbaren Besitz.[202] Die Verwertungsbefugnis hat erheblichen Einfluss auf die Werthaltigkeit von Sicherungen, weil der Verwertungsberechtigte über Zeitpunkt, Art der Verwertung und den Erwerber bestimmen kann und der Masse zudem die Kostenpauschalen zufallen.[203] Gem § 166 I InsO ist der Insolvenzverwalter berechtigt, alle mit Absonderungsrechten belasteten beweglichen Sachen, die er nach der Übernahme der Insolvenzmasse (§ 148 I InsO) sowie gegebenenfalls nach erzwungener Herausgabe des Gegenstandes (§ 148 II InsO) in *Besitz* hat, freihändig zu verwerten.[204] Zunehmend geht die hM mit zT unterschiedlicher Begründung in Einzelfällen davon aus, dass auch der mittelbare Besitz ausreichen kann, um ein Verwertungsrecht des Insolvenzverwalters anzunehmen. Insbesondere die Rechtsprechung des BGH der jüngsten Vergangenheit hat diese Entwicklung forciert (→ § 42 Rn. 140 ff.). Befindet sich die Sache bei Verfahrenseröffnung im *Besitz eines Dritten,* der sein Besitzrecht vom Schuldner ableitet, zB bei einem vom Schuldner bezahlten Lagerhalter, zur Reparatur bei einem Werkunternehmer, bei einem Mieter oder eben einem Leasingnehmer des Schuldners, so genügt auch der *mittelbare Besitz des Schuldners,* um das Verwertungsrecht des Verwalters zu begründen.[205] Dies wird in der Literatur teilweise mit

---

[195] FK/*Wegener,* § 108 Rn. 15; Uhlenbruck/Hirte/Vallender/*Sinz,* § 108 Rn. 134; *Sinz,* Leasing und Factoring im Insolvenzverfahren, in Kölner Schrift, 3. Aufl., S. 403, 428 (Rn. 73).
[196] *Engel,* Leasing-Berater, S. 23, 26.
[197] MüKoInsO/*Ganter,* § 47 Rn. 250.
[198] MüKoInsO/*Eckert,* § 108 Rn. 45; Uhlenbruck/Hirte/Vallender/*Sinz,* § 108 Rn. 136.
[199] Dafür Uhlenbruck/Hirte/Vallender/*Sinz,* § 108 Rn. 136; *Sinz,* Factoring in der Insolvenz, 1997, Rn. 568; Vorauflage § 43 Rn. 42; Dagegen MüKoInsO/*Eckert,* § 108 Rn. 46; FK/*Wegener,* § 108 Rn. 15a.
[200] Darauf gründet Uhlenbruck/Hirte/Vallender/*Sinz,* § 108 Rn. 136 seine Argumentation.
[201] *Engel,* Leasing-Berater, S. 23, 26 f.
[202] MüKoBGB/*Koch,* Finanzierungsleasing, Rn. 143.
[203] *Berger* ZIP 2007, 1533.
[204] *Lwowski/Tetzlaff* in FS Fischer, 2008, S. 365; *Ganter* ZInsO 2007, 841.
[205] BGHZ 166, 215 = NJW 2006, 1873 = NZI 2006, 342 = ZIP 2006, 814, 816; *Cartano,* WuB VI A § 169 InsO 1.06; *Gundlach/Frenzel* BGH-Report 2006, 818, 819; *Schmidt/Schirrmeister* EWiR 2006, 471, 472; *Bork* in FS Gaul S. 71, 75; *Marotzke,* Das neue Insolvenzrecht, S. 11 f.; *Grub* in Insolvenzrecht

dem „besseren Besitz" des Insolvenzverwalters begründet,[206] vom BGH in seiner Leasing-Entscheidung aus dem Jahr 2006 dagegen damit, dass diese Gegenstände für eine Unternehmensfortführung bzw. für eine geordnete Abwicklung benötigt werden.[207] Nach §§ 173 I, 166 I InsO steht die Verwertung daher dem Verwalter zu.

III. Sicherungseigentum

1. Einfache Sicherungsübereignung. a) *Anforderungen an den Sicherungsvertrag.* Sicherungseigentum entsteht wirksam idR durch Übereignung mittels Besitzkonstituts nach den §§ 929, 930, 868 BGB[208] oder durch Abtretung des Herausgabeanspruchs gegen einen Dritten (§ 931 BGB). Soweit Traditionspapiere die Ware repräsentieren, genügt ein Besitzkonstitut hinsichtlich der Dokumente.[209] Zulässig ist auch die Vereinbarung eines antizipierten Besitzkonstituts über Ware, die der Sicherungsgeber künftig erwerben wird. Dadurch wird die Übereignung revolvierender Warenlager ermöglicht. Bei der Sicherungsübereignung muss das Besitzkonstitut nicht einem gesetzlichen Vertragstyp (Miete, Leihe etc) zugeordnet werden; der Sicherungsvertrag kennzeichnet die Rechtsbeziehungen der Parteien vielmehr ausreichend.[210] Schriftform ist nicht erforderlich, aus Beweisgründen aber anzuraten.

(1) Nach dem sachenrechtlichen *Spezialitätsgrundsatz* können zwar Sachgesamtheiten unter einheitlicher Bezeichnung übereignet werden; zur Eigentumsübertragung muss aber jeder Gegenstand nach den dafür geltenden Regeln einzeln übertragen werden. Bei der Sicherungsübereignung eines Unternehmens müssen also Grundstücke, bewegliche Sachen, Forderungen, sonstige Rechte, ein „know how" jeweils gesondert auf den Sicherungsnehmer übereignet werden.[211] Sicherungsübereignungen sind außerdem nur gültig, wenn sie dem sachenrechtlichen *Bestimmtheitsgrundsatz* genügen. Probleme macht insoweit vor allem die Sicherungsübereignung eines *Warenlagers mit wechselndem Bestand.* Zulässig ist die Vereinbarung eines antizipierten Besitzkonstituts, wenn aus der Vereinbarung selbst ausreichend bestimmbar hervorgeht, welche Waren erfasst sind.[212] Im Einzelnen ist jedoch streitig, wie streng die Anforderungen zu stellen sind. Teilweise wird angenommen, dass außervertragliche Umstände, wie Lagerlisten etc, nicht herangezogen werden dürften.[213] Überwiegend wird dagegen die Übereignung von Waren in bestimmten Räumen *(Raumsicherung),*[214] von besonders gekennzeichneter Ware *(Markierungsvertrag)*[215] oder beschränkt auf konkrete Inventarlisten *(Mantelsicherung)*[216] als ausrei-

---

1998, S. 131, 133 f.; MüKoInsO/*Lwowski/Tetzlaff,* § 166 Rn. 15; HK/*Landfermann,* § 166 Rn. 14; KPB/*Flöther,* § 166 Rn. 8; FK/*Wegener,* § 166 Rn. 5; *Uhlenbruck,* InsO, § 166 Rn. 4; aA *Haunschild* DZWIR 1999, 60, 61; im Ansatz auch *B. Gaul* ZInsO 2000, 256, 261 ff.

[206] HK/*Landfermann,* § 166 Rn. 14; *Uhlenbruck/Brinkmann,* § 166 Rn. 4; *ders.,* ZInsO 2008, 114, 115.

[207] BGHZ 166, 215 = NJW 2006, 1873 = NZI 2006, 342 = ZIP 2006, 814, 816; bestätigt durch BGH NZI 2007, 95; dazu *Ganter* ZInsO 2007, 841, 846; ähnlich FK/*Wegener* § 166 Rn. 5 („technisch organisatorischer Verbund"); kritisch MüKoInsO/*Lwowski/Tetzlaff,* § 166 Rn. 15a; *Zahn* ZIP 2007, 365, 368.

[208] MüKoBGB/*Oechsler,* Anh zu §§ 929–936 Rn. 15.

[209] Vgl. *Nielsen,* Dokumentäre Sicherungsübereignung bei Im- und Exportfinanzierung, WM Sonderbeilage 9/1986.

[210] MüKoBGB/*Oechsler,* Anh zu §§ 929–936 Rn. 25 ff.; vgl. *Bülow,* Rn. 1316 f.

[211] Vgl. *Baumbach/Hopt,* Einl Vor § 1 Rn. 34; *Hess,* InsO, § 47 Rn. 188 ff.; *Mohrbutter/Vortmann,* Rn. VI.300.

[212] BGHZ 21, 52 = NJW 1956, 1315; BGH NJW 1984, 803 = JZ 1984, 199; MüKoBGB/*Oechsler,* Anh zu §§ 929–936 Rn. 5; MüKoInsO/*Ganter,* § 51 Rn. 94 ff.

[213] BGH DB 1975, 146.

[214] Vgl. BGHZ 28, 16, 20 = NJW 1958, 1133, 1134 f.; *Bülow,* Rn. 1297 f.; MüKoBGB/*Oechsler,* Anh §§ 929–936 Rn. 7; *Riggert* NZI 2009, 137; *Serick* II, § 21 III 2a; *Soergel/Henssler,* § 930 Anh Rn. 30; zum Verhältnis zum Vermieterpfandrecht s *Vortmann* ZIP 1988, 625.

[215] *Bülow,* Rn. 1299 ff.; *Soergel/Henssler,* § 930 Anh Rn. 31.

[216] MüKoBGB/*Oechsler,* Anh zu §§ 929–936 Rn. 7; *Bülow,* Rn. 1302; *Serick* II, § 21 III 2d; MüKoInsO/*Ganter* § 51 Rn. 126.

chend bestimmt angesehen, wenn die Abgrenzung im Sicherungsvertrag selbst vorgesehen ist.[217] Die Übereignung eines nur mengen- oder wertmäßig bezeichneten Teils einer Sachgesamtheit ist dagegen unwirksam.

77 (2) Sollen sämtliche Bestände an Rohmaterial, Halberzeugnissen und Fertigfabrikaten, die innerhalb eines bestimmten Firmengeländes lagern, übereignet sein, so sind nicht nur Waren im Eigentum des Sicherungsgebers, sondern auch die *Anwartschaftsrechte* an unter Eigentumsvorbehalt gelieferten Sachen auf den Sicherungsnehmer übertragen.[218] Eine getrennte Lagerung von vorbehaltsfreiem und Sachen unter Eigentumsvorbehalt ist rechtlich nicht erforderlich. Erfüllt der Sicherungsgeber bei der Einlagerung neuer Ware nicht die im antizipierten Besitzkonstitut vereinbarten Anforderungen, so sind die neuen Waren nicht wirksam übereignet, da die Voraussetzungen der dinglichen Einigung nicht erfüllt sind.[219]

78 (3) Die vorweg vereinbarte Sicherungsübereignung wird außerdem nur wirksam, wenn der *Übereignungswille* des Sicherungsgebers beim eigenen Besitzerwerb der Ware noch vorhanden ist. Denn nach hM ist die Einigung über den Eigentumsübergang beweglicher Sachen bis zur Verwirklichung des vollen Übertragungstatbestandes frei widerruflich.[220] Allerdings genügt zum Widerruf nicht die bloße Aufgabe des inneren Übereignungswillens; der Fortbestand einer erklärten Einigung wird vielmehr vermutet, bis der Widerruf dem Erwerber ausdrücklich oder konkludent (durch Übersendung eingeschränkter Inventarlisten) mitgeteilt worden ist.[221]

79 (4) Eine Sicherungsübereignung kann schließlich nach § 138 BGB wegen Knebelung des Sicherungsgebers oder Gefährdung von Drittgläubigern sittenwidrig und *nichtig* sein.[222] Eine Knebelung kann in der übermäßigen Einschränkung der Geschäftsführungsbefugnisse oder in einer *anfänglichen Übersicherung* liegen.[223] Eine Gefährdung Dritter kann sich insb aus einer bewussten Insolvenzverschleppung ergeben.[224] Ist die Sicherungsübereignung in AGBs vorgesehen, so kann sie auch gegen § 307 II Nr. 1 BGB verstoßen. Kein Verstoß liegt entgegen manchen Stimmen in der Literatur vor, wenn dem Sicherungsgeber (wie in aller Regel) nur ein *schuldrechtlicher Rückgewähranspruch* nach Tilgung der Forderung eingeräumt und das Sicherungseigentum nicht auflösend bedingt vereinbart wird.[225] Ob bei Schweigen des Vertrages nach der Interessenlage eine Bedingung analog § 449 I BGB anzunehmen ist, ist streitig.[226] Im Verhältnis zu einer Bank hat der BGH diese Auslegung jedoch abgelehnt.[227]

80 b) *Insolvenz des Sicherungsnehmers.* Der Sicherungseigentümer ist eigennütziger Treuhänder.[228] Wird gegen ihn ein Insolvenzverfahren eröffnet, so kann der Sicherungsgeber „seine" Gegenstände aussondern (§ 47 InsO), obgleich er idR nur einen obligatori-

---

[217] Vgl. *Rimmelspacher*, Rn. 324 ff.
[218] BGHZ 28, 16, 22 = NJW 1958, 1133; MüKoBGB/*Oechsler*, Anh §§ 929–936 Rn. 20.
[219] Vgl. MüKoBGB/*Oechsler*, Anh §§ 929–936 Rn. 16, 38.
[220] MüKoBGB/*Quack*, § 929 Rn. 41; Palandt/*Bassenge*, BGB, § 929 Rn. 6.
[221] BGH ZIP 1982, 447 *(Bunte)*; MüKoBGB/*Quack*, § 929 Rn. 42; aA noch RGZ 83, 223; 109, 203.
[222] Vgl. MüKoBGB/*Oechsler*, Anh zu §§ 929–936 Rn. 14; MüKoInsO/*Ganter*, Vor §§ 49 bis 52 Rn. 80; *Hess*, InsO, § 47 Rn. 235; *Schulze/Dörner/Ebert/Eckert*, BGB, § 930 Rn. 13; *Serick* III, § 30.
[223] MüKoInsO/*Ganter*, Vor §§ 49 bis 52 Rn. 84; vgl. BGH ZIP 1998, 684; *Hess*, InsO, § 47 Rn. 239; *Becker*, S. 235 ff.; *Lwowski*, FS Schimansky S. 389; *Ganter* WM 2001, 1; *Tetzlaff* ZIP 2003, 1826.
[224] MüKoInsO/*Ganter*, Vor §§ 49 bis 52 Rn. 84; *Hess*, InsO, § 47 Rn. 241.
[225] BGH NJW 1998, 2047; *Baur/Stürner*, Sachenrecht § 57 III 1b; MüKoInsO/*Ganter*, Vor §§ 49 bis 52 Rn. 116; *Gaul*, FS Serick S. 105; MüKoBGB/*Oechsler*, Anh §§ 929–936 Rn. 9.
[226] Vgl. *K. Schmidt*, FS Serick, 1992, S. 329.
[227] BGH NJW 1984, 1184.
[228] MüKoInsO/*Ganter*, § 47 Rn. 53, 375; *Serick* III, § 35 II 1; *Bülow* WM 2007, 429, 430.

schen Rückübereignungsanspruch hat.[229] Die Ansicht, der Sicherungsgeber könne „seine" Sache aussondern, lässt sich nur mit der treuhänderischen Bindung des Sicherungsgutes und den Bedürfnissen der Praxis begründen. Denn der Inhalt des Sicherungseigentums wird durch die schuldrechtliche Sicherungsabrede so stark überlagert, dass der Sicherungsabrede quasidingliche Wirkung[230] zukommt. Diese zutreffende Durchbrechung des Abstraktionsprinzips ist erforderlich, weil dem Sicherungsnehmer zur Sicherung seiner Forderung mehr eingeräumt wird, als ihm nach der Sicherungsabrede zustehen soll. Nach dem Sinn der Vereinbarung soll das Sicherungseigentum dem Sicherungsnehmer nicht endgültig gehören. Vor allem ist es nicht dazu bestimmt, den Gläubigern des Sicherungsnehmers als Haftungsobjekt zu dienen, weil es nur die Forderung des Sicherungsnehmers gegen den Sicherungsgeber sichern soll.[231]

Da die Sicherungsübereignung meist nach § 930 BGB vorgenommen wird, der Sicherungsgeber also unmittelbarer Besitzer des Sicherungsgutes bleibt, besteht die Möglichkeit der Aussonderung allerdings nur in den Fällen, in denen der Sicherungsgeber entweder ausnahmsweise nicht unmittelbarer Besitzer ist oder die Sache dem Sicherungsnehmer zeitweilig (zB zur Reparatur) übergeben hat. Allerdings soll der Sicherungsgeber die Möglichkeit haben, Klage auf Feststellung zu erheben, dass das Sicherungsgut nicht zur Insolvenzmasse gehört.[232]

Voraussetzung für eine Aussonderung ist aber stets, dass der Sicherungszweck entfallen ist oder der Sicherungsgeber die gesicherten Forderungen tilgt.[233] Ist er dazu tatsächlich oder rechtlich nicht in der Lage, so besteht die Sicherungsübereignung unverändert fort. Die Insolvenz des Sicherungsnehmers gibt dem Sicherungsgeber nach hM kein Recht auf vorzeitige Tilgung.[234] Ohne Einwilligung des Insolvenzverwalters ist die gesicherte (meist verzinsliche) Forderung daher nicht vorzeitig erfüllbar. Mangels anderweitiger Einigung hat der Insolvenzverwalter mit einer Verwertung des Sicherungsguts bis zum Eintritt des Sicherungsfalles zu warten; der Sicherungsgeber kann eine vorzeitige Verwertung abwehren. Nach Eintritt des Sicherungsfalles kann er die Verwertung nur durch Tilgung der gesicherten Forderung verhindern. Einzelheiten → § 40 Rn. 52 ff.

c) *Insolvenz des Sicherungsgebers.* Wird gegen den Sicherungsgeber ein Insolvenzverfahren eröffnet, so tritt der vertragliche Sicherungsfall ein. Der Vertrag über ein verzinsliches Darlehen ist zwar ein gegenseitiger Vertrag. Ist das Darlehen aber im Insolvenzfall bereits voll ausbezahlt, kann und darf der Insolvenzverwalter nicht nach § 103 I InsO Erfüllung des Vertrages wählen. In der Insolvenz des Sicherungsgebers erweist sich das Sicherungseigentum als das, was es wirtschaftlich ist: ein besitzloses Pfandrecht.[235] Der Gesetzgeber hat das in § 51 Nr. 1 InsO nunmehr ausdrücklich anerkannt. Danach berechtigt Sicherungseigentum (entgegen der dinglichen Zuordnung) nicht zur Aussonderung, sondern nur zur Absonderung wegen der gesicherten Forderung. Der Grund für die unterschiedliche Behandlung gegenüber der Einzelzwangsvollstreckung[236] liegt darin, dass der Sicherungsvertrag im Insolvenzverfahren sogleich endgültig abzuwickeln ist und daher berücksichtigt werden muss, dass das Sicherungseigentum nur die Erfüllung einer tatsächlich bestehenden Forderung sichern soll, ein Verwertungsüberschuss aber

---

[229] BGHZ 11, 37 = NJW 1954, 190, 192; FK/*Imberger*, § 47 Rn. 30 f.; *Hess*, InsO, § 47 Rn. 196; MüKoInsO/*Ganter*, § 47 Rn. 53; *Uhlenbruch/Brinkmann*, § 47 Rn. 33; *Smid*, § 47 Rn. 14; MüKoBGB/ *Oechsler*, Anh zu §§ 929–936 Rn. 57.
[230] *Serick* III, § 35 II 1; FK/*Imberger*, § 47 Rn. 30.
[231] *Uhlenbruch/Brinkmann*, InsO, § 47 Rn. 33; MüKoInsO/*Ganter*, § 47 Rn. 53.
[232] *Smid*, § 47 Rn. 14.
[233] *Bork*, Rn. 240; *Hess*, InsO, § 47 Rn. 196; *Uhlenbruch/Brinkmann*, § 47 Rn. 36; *Serick* III, § 35 II 2a, III 2 und KTS 1970, 89, 91.
[234] FK/*Imberger*, InsO, § 47 Rn. 31.
[235] *Henckel*, FS Zeuner 1994, S. 193, 196; MüKoInsO/*Ganter*, § 51 Rn. 9, 50.
[236] Vgl. BGHZ 80, 296, 299 = NJW 1981, 1835; *Rosenberg/Gaul/Schilken*, § 41 VI 4b.

der Masse zugute kommen muss.[237] Dagegen gilt es bei der Einzelzwangsvollstreckung nur die Vollstreckung eines Dritten in das Sicherungsgut abzuwehren, dieses aber bis zu einer späteren Abwicklung des Sicherungsverhältnisses zu erhalten.[238]

84 Die Verwertung steht im Regelfall dem Verwalter zu, wenn dieser das Sicherungsgut im Besitz hat (§ 166 I InsO; → § 42 Rn. 131 ff.). Hatte der Gläubiger seinen Herausgabeanspruch schon vor Insolvenzeröffnung geltend gemacht, so kann er die Verwertung fortsetzen. Er braucht das Sicherungsgut nicht an den Verwalter zurückzugeben und schuldet auch keine Kostenbeiträge.[239]

85 **d) *Insolvenz eines Dritten*.** Gelangt das Sicherungseigentum in den Besitz eines Dritten, zB ein zur Sicherheit übereignetes Kraftfahrzeug in den Besitz eines Reparaturunternehmers, und wird gegen diesen ein Insolvenzverfahren eröffnet, so kann es vom Sicherungseigentümer wie gewöhnliches Dritteigentum ausgesondert werden. Aufgrund seines obligatorischen Herausgabeanspruchs kann aber auch der Sicherungsgeber Aussonderung verlangen (→ § 40 Rn. 28).

86 **2. Sicherungsübereignung von Vorbehaltsware.** Übereignet ein Vorbehaltskäufer die unter Eigentumsvorbehalt bezogene Ware zur Sicherheit an einen Kreditgeber, so verfügt er als Nichtberechtigter. Ein gutgläubiger Erwerb des Kreditgebers findet nicht statt, solange der Vorbehaltsverkäufer im unmittelbaren Besitz der Waren bleibt (§§ 930, 933 BGB). Aufgrund dieser gesetzlichen Regelung kann ein Eigentumsvorbehalt idR nicht durch Sicherungsübereignung zum Erlöschen gebracht werden. In der Insolvenz des Vorbehaltskäufers kann also grds. der Vorbehaltsverkäufer aussondern (→ Rn. 11 ff.). Im Zweifel ist aber davon auszugehen, dass der Käufer dem Kreditgeber das ihm tatsächlich zustehende *Anwartschaftsrecht gem.* §§ 929, 930, 868 BGB zur Sicherheit übertragen hat.[240] In der Insolvenz des Vorbehaltskäufers hat der Kreditgeber daher wie beim Sicherungseigentum ein Absonderungsrecht an dem Anwartschaftsrecht. Zahlt er (analog § 268 BGB) den Restkaufpreis an den Eigentümer, so erstarkt das zur Sicherheit übertragene Anwartschaftsrecht zum Eigentum. Aufgrund des Sicherungsvertrages mit dem Insolvenzschuldner kann dieses Eigentum aber nur den Charakter von Sicherungseigentum haben. Es gehört daher zur Insolvenzmasse; der Kreditgeber hat aber ein Absonderungsrecht daran erworben. Obwohl dieses Recht erst nach Eröffnung des Insolvenzverfahrens mit der Zahlung an den Eigentümer entsteht, hindert § 91 InsO seinen Erwerb nicht. Denn der Sicherungsnehmer war schon vorher Inhaber des Absonderungsrechts am Anwartschaftsrecht.[241] Der Höhe nach umfasst das Absonderungsrecht nicht nur die gesicherte Kreditforderung, sondern auch die Aufwendungen zur Ablösung des vorbehaltenen Eigentums.

87 **3. Verlängerte Sicherungsübereignung.** Zulässig ist auch eine Vereinbarung, wonach der Sicherungsgeber befugt ist, über das Sicherungseigentum im ordnungsgemäßen Geschäftsverkehr gegen Vorausabtretung der Weiterverkaufsforderung zu verfügen[242] oder das Sicherungseigentum für den Sicherungsnehmer zu verarbeiten. Insoweit gelten die gleichen Regeln wie beim verlängerten Eigentumsvorbehalt (→ Rn. 40 ff.). Wie dort hat der Sicherungsnehmer im Insolvenzverfahren des Sicherungsgebers nur ein Absonderungsrecht.[243]

---

[237] *Uhlenbruch/Brinkmann*, § 47 Rn. 37; *Ganter* in Bankrechts-Handbuch, § 90 Rn. 413.
[238] MüKoInsO/*Ganter*, § 47 Rn. 9; MüKoBGB/*Oechsler*, Anh §§ 929–936 Rn. 54; *Jaeger/Henckel*, § 51 Rn. 18.
[239] *Hess*, Bankrechtstag 1999, S. 101, 120.
[240] BGHZ 20, 88, 94 ff. = NJW 1956, 665 = JZ 1956, 413 *(A. Blomeyer)*; MüKoBGB/*Oechsler*, Anh zu §§ 929–936 Rn. 19; MüKoInsO/*Ganter*, § 51 Rn. 79, 81.
[241] BGH WM 1959, 52; *Uhlenbruck*, § 91 Rn. 26.
[242] MüKoBGB/*Oechsler*, Anh zu §§ 929–936 Rn. 21.
[243] MüKoInsO/*Ganter*, § 51 Rn. 122.

IV. Sicherungszessionen

1. Grundlage. Die Sicherungszession ist ein Fall der eigennützigen Treuhand.[244] Sie dient der Absicherung von Geld- und Warenkrediten.[245] Gegenüber Unternehmen erfolgt meist eine Globalzession an Banken, jedoch bedienen sich auch Lieferanten der Möglichkeit der globalen Zession.[246] Gegenüber Einzelpersonen bzw. Verbrauchern ist die Abtretung von Lohn- bzw. Gehaltsansprüchen von Bedeutung. Die Verlängerungsform des Eigentumsvorbehalts (Weiterveräußerungsermächtigung) ist eine Form der Sicherungsabtretung (→ Rn. 43 ff.).

2. Globalzession. a) Eine Globalzession von Kundenforderungen zur Sicherung eines Kredits ist im kaufmännischen Verkehr grds. wirksam, solange die wirtschaftliche Bewegungsfreiheit des Zedenten nicht übermäßig beeinträchtigt wird und Interessen künftiger Gläubiger nicht gefährdet werden.[247] Globalzessionsverträge sind auch hinsichtlich zukünftig entstehender Forderungen nur als kongruente Deckung anfechtbar.[248] Nach der sog. *Vertragsbruchtheorie* darf sich eine Bank aber dem Interesse ihres Kunden an einer ordnungsgemäßen Belieferung mit Ware nicht verschließen. Erhält dieser daher in branchenüblicher Weise Ware nur unter verlängertem Eigentumsvorbehalt geliefert, so zwingt die Bank ihren Kunden durch eine uneingeschränkte Globalzession zum Vertragsbruch gegenüber seinen Lieferanten.[249] Ob diese sittenwidrig geschädigt werden, ist in Würdigung aller Umstände des Einzelfalles zu entscheiden. Auf die subjektiven Vorstellungen der mit dem Vorgang befassten Bankangestellten kommt es jedoch nicht an.[250] Der Vorwurf der Sittenwidrigkeit entfällt nicht durch die vertragliche Verpflichtung des Kreditnehmers zur Befriedigung seiner Lieferanten aus dem gewährten Bankkredit.[251] Ausreichend ist aber, wenn späteren Zessionen aufgrund *branchenüblichen verlängerten Eigentumsvorbehalts* von Lieferanten *Vorrang* eingeräumt wird.[252] Der Lieferant muss folglich die Branchenüblichkeit des verlängerten Eigentumsvorbehalts beweisen, wenn er den Vorrang vor einer Globalzession beansprucht. Im Ergebnis wird heute die Berechtigung eines praktischen Vorrangs der Warenlieferanten nicht mehr angezweifelt, auch wenn die Begründung der Vertragsbruchtheorie nicht allseits überzeugt.[253]

Eine Globalzession zugunsten einer Bank oder eines anderen Warenlieferanten ist nur dann nicht nach § 138 BGB zu beanstanden, wenn der verlängerte Eigentumsvorbehalt nach dem Willen der Vertragspartner ausnahmslos und mit *dinglicher Wirkung Vorrang* haben soll.[254] Klauseln, die dem Schuldner nur die Verpflichtung zur Befriedigung des Vorbehaltsverkäufers auferlegen oder dem Vorbehaltsverkäufer nur den schuldrechtlichen Anspruch auf teilweise Freigabe des Erlöses einräumen, genügen nicht, um den Vorwurf der Sittenwidrigkeit auszuräumen.[255] Ein nur schuldrechtlicher „Teilverzicht"

---

[244] MüKoBGB/*Roth*, § 398 Rn. 107 ff.
[245] MüKoBGB/*Roth*, § 398 Rn. 100; MüKoInsO/*Ganter*, § 47 Rn. 139.
[246] MüKoBGB/*Roth*, § 398 Rn. 145.
[247] BGHZ 98, 303, 314 = NJW 1987, 487, 490 = ZIP 1987, 90 = LM § 9 AGBG (Ba) Nr. 12.
[248] BGH NZI 2008, 89.
[249] BGHZ 27, 306, 309 = NJW 1958, 1281; BGHZ 32, 361 = NJW 1960, 1716; BGHZ 55, 34, 36 = NJW 1971, 372; MüKoBGB/*Roth*, § 398 Rn. 149; *Hess*, InsO, § 47 Rn. 103; MüKoInsO/*Ganter*, Vor §§ 49 bis 52 Rn. 91; *Serick* IV, §§ 49, 50.
[250] BGHZ 56, 173 = NJW 1971, 1311.
[251] BGH NJW 1968, 1516; MüKoBGB/*Roth*, § 398 Rn. 150.
[252] BGHZ 98, 303, 314 = NJW 1987, 487, 490.
[253] Vgl. *Picker* JuS 1988, 375, 377–381 (dort auch zu anderen Theorien zum Verhältnis von Warenlieferanten und Globalzession); *Häsemeyer*, Rn. 18.53, 18.56.
[254] BGHZ 72, 308 = NJW 1979, 365; BGHZ 98, 303, 314 = NJW 1987, 487; BGH NJW 1991, 2144, 2147; BGH ZIP 1999, 101, 102 = JZ 1999, 404 *(Kieninger)*; MüKoInsO/*Ganter*, Vor §§ 49 bis 52 Rn. 91, § 47 Rn. 183, § 51 Rn. 173; MüKoBGB/*Roth*, § 398 Rn. 151; *Hess*, InsO, § 47 Rn. 105.
[255] BGH NJW 1999, 940; NJW 1999, 2588, 2589; NJW 1995, 1668, 1669; MüKoInsO/*Ganter*, § 47 Rn. 183; MüKoBGB/*Roth*, § 398 Rn. 150.

würde dem Vorbehaltsverkäufer in der Insolvenz des Zessionars kein Absonderungsrecht verschaffen[256] und damit die Durchsetzung der Rechte des Vorbehaltsverkäufers unangemessen erschweren. Etwas anderes gilt nur, wenn der verlängerte Eigentumsvorbehalt in der betreffenden Branche unüblich ist und der Zessionar nach den Umständen des Einzelfalls eine Kollision für ausgeschlossen halten darf.[257]

91 Um dem Vorbehaltsverkäufer den Vorrang einzuräumen, ist es nicht notwendig, die Vorausabtretung durch sog. *Teilverzicht* auf den nicht vom verlängerten Eigentumsvorbehalt erfassten Teil zu beschränken. Denn dann würde der Zessionar bei (vollständiger oder teilweiser) nachträglicher Tilgung des Kaufpreises diese Teile der Forderung nicht erwerben; der Schuldner könnte über sie verfügen; andere Gläubiger könnten darauf zugreifen.

92 Zulässig ist deshalb auch eine sog. *Nachrangklausel,* in der dem Vorbehaltsverkäufer „dinglich" der Vorrang vor dem Zessionar eingeräumt wird. Durch diese Klausel wird die Forderung, soweit vom verlängerten Eigentumsvorbehalt erfasst, nur aufschiebend bedingt durch dessen Wegfall an den Globalzessionar abgetreten.[258]

93 **b)** Auch die im Voraus vereinbarte Globalzession von Kundenforderungen berechtigt den Zessionar in der *Insolvenz des Zedenten* nur zur Absonderung. Dieses Absonderungsrecht besteht nicht, soweit die Globalzession wegen der Konkurrenz mit einem verlängerten Eigentumsvorbehalt (→ Rn. 70f.) sittenwidrig und nichtig ist.[259] Allerdings ist sie auch dann nicht vollständig unwirksam. Denn im Wege der Auslegung reicht sie wenigstens soweit, wie es die guten Sitten zulassen.[260] Allerdings stellt sich damit das Problem der Unzulässigkeit einer geltungserhaltenden Reduktion nach den AGB Regeln. Absondern kann der Zessionar in jedem Fall nur in Höhe seiner tatsächlichen Forderung gegen den Insolvenzschuldner zZ der Eröffnung des Insolvenzverfahrens. Durch die spätere Abtretung einer ungesicherten Forderung kann gem. § 91 InsO kein Absonderungsrecht erworben werden.[261]

94 Im *Insolvenzverfahren gegen den Zessionar* kann der Zedent seine Forderung als Treugut gegen Tilgung der gesicherten Forderungen aussondern (→ § 40 Rn. 53; → § 43 Rn. 80ff.).

95 **3. Factoring. a)** *Echtes Factoring.* (→ § 40 Rn. 59) Tritt der Käufer die Forderungen gegen seine Abnehmer sowohl an ein Factoring-Institut als auch an seine Warenlieferanten ab, so ist das Factoring-Institut Inhaber der Forderung.[262] Die Vertragsbruchtheorie findet keine Anwendung, wenn die echte *Factoring-Globalzession zeitlichen Vorrang* vor Sicherungszessionen zugunsten von Warenlieferanten hat.[263] Denn beim echten Factoring-Geschäft erhält der Anschlusskunde vom Factoring-Institut endgültig den Gegenwert für die angekaufte Forderung. Dadurch wird der Warenlieferant nicht geschädigt, sondern hat die gleiche Stellung, die ihm zukäme, wenn der Abnehmer die abgetretene Forderung vor Aufdeckung der regelmäßig „stillen" Vorausabtretung an den Käufer bezahlt hätte *(„Barkauftheorie").* In beiden Fällen trägt der Lieferant das (un-

---

[256] BGH KTS 1971, 194.
[257] BGH NJW 1995, 1668, 1669; BGH ZIP 1999, 101, 102 = JZ 1999, 404 *(Kieninger).*
[258] Vgl. *Ernst,* FS Serick S. 87, 90ff.
[259] BGHZ 100, 353 = NJW 1987, 1878, 1879; BGHZ 72, 308 = NJW 1979, 365; BGHZ 55, 34 = NJW 1971, 372; BGHZ 30, 149 = NJW 1959, 1533.
[260] BGHZ 72, 38 = NJW 1979, 365, 366; BGH NJW 1974, 942; MüKoBGB/*Roth,* § 398 Rn. 152.
[261] BGH NJW 1975, 122 = LM § 15 KO Nr. 4.
[262] BGHZ 100, 353, 358 = NJW 1987, 1878, 1879 = ZIP 1987, 855, 856f.; BGHZ 69, 254 = NJW 1977, 2207; *Hess,* InsO, § 47 Rn. 167; MüKoBGB/*Roth,* § 398 Rn. 170ff.; krit. *Peters/Wiechmann* ZIP 1982, 1406; ablehnend auch *Picker* JuS 1988, 375, 382; vgl. *G. Bähr,* Die Kollision der Factoring-Globalzession mit dem verlängerten Eigentumsvorbehalt, 1989.
[263] MüKoBGB/*Roth,* § 398 Rn. 170; aA *Bülow,* Rn. 1716ff. (der freilich bei Zahlung des „Barvorschusses" eine zweite Abtretung unterstellt).

gesicherte) Risiko, dass der Käufer den erhaltenen Betrag zur Tilgung seiner Schulden verwendet. Die angekaufte (und vergütete) Forderung gegen den Abnehmer steht daher dem Factoring-Institut zu und kann im Insolvenzverfahren des Käufers (Anschlusskunden) ausgesondert werden[264] (→ § 40 Rn. 26). Anders verhält es sich aber, wenn das Factoring-Institut durch eigenes Verhalten oder durch Unterlassen im Einzelfall gebotener Schutzmaßnahmen verhindert, dass der Anschlusskunde seine Vorbehaltslieferanten aus den Factoring-Erlösen befriedigen kann.[265] Hat der Abnehmer aufgrund der bestehenden Einziehungsermächtigung vor Verfahrenseröffnung an den (insolventen) Käufer bezahlt, so kann der Factor in der Insolvenz Abführung dieser Zahlung nur als Insolvenzgläubiger verlangen.[266] Bei Zahlung an den Verwalter nach Verfahrenseröffnung kann der unterscheidbare Betrag ersatzausgesondert (§ 48 InsO) werden; ansonsten besteht ggf. ein Bereicherungsanspruch gegen die Masse (§ 55 I Nr. 3 InsO).

In der *Insolvenz des Anschlusskunden* bleiben danach vollständig abgewickelte Geschäfte unberührt; auf noch nicht vollständig erfüllte Factoring-Verträge ist dagegen § 103 InsO anzuwenden.[267] **96**

In der *Insolvenz des Factor* ist die Zession der Forderung insolvenzfest, wenn der Factor den Kaufpreis bereits bezahlt hat. **97**

b) Auch bei einem *zeitlichen Nachrang einer Factoring-Globalzession* kann die Forderung im Insolvenzverfahren des Anschlusskunden vom Factoring-Institut ausgesondert werden. Denn nach hM deckt die dem Käufer von seinem Warenlieferanten bei der Vorausabtretung erteilte Einziehungsermächtigung (§ 185 I BGB) eine weitere Abtretung der Forderung an ein Factoring-Institut im Rahmen eines echten Factoring-Geschäfts.[268] Hierbei bleibt es auch, wenn das Factoring-Institut den Gegenwert für den Forderungsankauf auf ein debitorisches Bankkonto des Anschlusskunden überweist.[269] Besteht jedoch zugunsten dieser Bank eine Globalzession, so handelt der Factor treuwidrig, wenn er sich gegenüber dem Warenlieferanten auf den Vorrang der Factoring-Zession beruft, obwohl er gemeinsam mit der Bank des Kunden eine Lage schafft, in der dieser die Factoring-Erlöse generell nicht zur Befriedigung seiner Warenlieferanten verwenden kann.[270] **98**

c) Diese Durchbrechung des Prioritätsgrundsatzes zugunsten des Factoring-Instituts gilt auch beim *zeitlichen Vorrang einer Bank-Globalzession,* solange dem Kunden von der Bank eine Einziehungsermächtigung eingeräumt ist und dieser im Wesentlichen den ungeschmälerten Gegenwert der Forderungen erhält.[271] **99**

d) *Unechtes Factoring.* Werden Forderungen an ein Factoring-Institut gegen Vorfinanzierung abgetreten, behält sich die Factoring-Bank aber die Möglichkeit der Rückbelastung des Anschlusskunden vor, wenn sich die abgetretene Forderung als nicht einbringlich erweist (zB wegen Zahlungsunfähigkeit oder -unwilligkeit des Schuldners), so liegt kein Forderungskauf mit Vollzession vor. Es handelt sich vielmehr um eine atypische Darlehensgewährung verbunden mit einer Sicherungsabtretung, die zur Absonderung **100**

---

[264] FK/*Imberger,* § 47 Rn. 35; MüKoInsO/*Ganter* § 47 Rn. 265; *Hess,* InsO, § 47 Rn. 162; *Sinz,* Kölner Schrift, S. 403, 437 (Rn. 107).
[265] BGHZ 100, 353, 360 ff. = NJW 1987, 1878; MüKoBGB/*Roth,* § 398 Rn. 170.
[266] MüKoInsO/*Ganter,* § 47 Rn. 271.
[267] MüKoInsO/*Ganter,* § 47 Rn. 276; Uhlenbruck/Hirte/Vallender/*Sinz,* §§ 115, 116 Rn. 99.
[268] BGHZ 72, 15 = NJW 1978, 1972 *(Blaurock);* BGHZ 82, 283 = NJW 1982, 571; MüKoBGB/*Roth,* § 398 Rn. 171; *Baur/Stürner,* Sachenrecht, 17. Aufl., § 59 Rn. 61 f.; *Bülow,* Rn. 1694 ff., 1700 ff.; MüKoInsO/*Ganter,* § 47 Rn. 187.
[269] *Brink* ZIP 1987, 817, 824.
[270] BGHZ 100, 353 = NJW 1987, 1878, 1880 = ZIP 1987, 855, 857.
[271] BGHZ 82, 283 = NJW 1982, 571 = ZIP 1982, 40; *Brink* ZIP 1987, 817, 825; strenger BGHZ 75, 391, 397 = NJW 1980, 772.

berechtigt.[272] In diesem Fall gelten für die Kollision zwischen der Factoring-Globalzession und dem verlängerten Eigentumsvorbehalt sowie zwischen Bank-Globalzession und Factoring-Zession die allgemeinen Grundsätze der *Vertragsbruchtheorie*. Denn in diesem Fall entsteht durch den Forderungseinzug durch das Factoring-Institut keine wirtschaftlich gleichwertige Lage, wie bei einer Barzahlung, sondern ein von der Einziehungsermächtigung der anderen Kreditgeber nicht mehr gedecktes, zusätzliches Kreditgeschäft. Die Forderung steht deshalb dem Warenlieferanten bzw. der anderen Bank zu.[273] Andernfalls würde sich eine Schlechterstellung vor allem im Insolvenzverfahren des Käufers ergeben, wenn die abgetretene Forderung zugleich uneinbringlich wird. Denn dann könnte sich die Factoring-Bank mit ihrem auf die abgetretene Forderung bezahlten Betrag ebenfalls am Insolvenzverfahren des Käufers beteiligen.

101 **4. Andere Sicherungszessionen. a)** Hat der Insolvenzschuldner in anderen Fällen Forderungen zur Sicherheit abgetreten, so ist ein *eigennütziger Treuhänder* im Insolvenzverfahren wie ein Pfandgläubiger nur zur Absonderung, §§ 51 Nr. 1, 52 InsO, befugt.[274] Nach § 166 II InsO steht das Recht zur Einziehung der sicherungshalber abgetretenen Forderung oder zur sonstigen Verwertung zwingend dem Insolvenzverwalter zu. Der Verwalter kann die Verwertung aber im Einzelfall gem. § 170 II InsO dem Gläubiger überlassen. Forderungen, die der Gläubiger nach Eröffnung des Insolvenzverfahrens erwirbt, berechtigen gem. § 91 InsO nicht zur Absonderung.[275]

102 **b)** Eine Sicherungszession liegt auch vor, wenn Forderungen auf einen Treuhänder übertragen werden, damit daraus bestimmte gesicherte Gläubiger befriedigt werden sollen (→ § 40 Rn. 51).

103 **c)** Sicherungszession ist auch die Abtretung von Forderungen an eine Bank beim *Dokumenteninkasso gem*. Nr. 15 II AGB-Banken (idF von 1993). Denn diese Abtretung soll die Bank gem. Nr. 15 IV der AGB-Banken für alle bestehenden und künftigen Forderungen, die gegen den Auftraggeber aus seinen Kontokorrentkonten oder infolge der Rückbelastung nicht eingelöster Papiere entstehen, sichern. Die Bank hat daher im Insolvenzverfahren gegen den Auftraggeber ein Recht auf abgesonderte Befriedigung aus der abgetretenen Forderung. Zieht sie die Forderung nach Eröffnung des Insolvenzverfahrens ein, so erlischt die gesicherte Forderung gegen den Insolvenzschuldner gem. § 1282 BGB, ohne dass es einer Verrechnung oder Aufrechnung bedürfte. Die entsprechende Gutschrift auf dem Konto des Insolvenzschuldners hat nur klarstellende, buchungstechnische Bedeutung, aber keine selbstständige Rechtswirkung.[276]

104 **d)** Nimmt eine Bank *Wechsel oder Schecks zur Einziehung* entgegen, so erwirbt die Bank daran gem. Nr. 15 I AGB-Banken (idF von 1993) bzw. Nr. 25 I AGB-Sparkassen (idF von 1993) Sicherungseigentum. Die Bank ist daher im Insolvenzverfahren des Einreichers zur abgesonderten Befriedigung berechtigt.[277] Da die Bank im Besitz der Papiere ist, steht ihr (und nicht dem Verwalter) gem §§ 166 I, 173 I InsO das Recht zur Verwertung zu.

---

[272] MüKoInsO/*Ganter*, § 47 Rn. 266; *Uhlenbruch/Brinkmann*, § 51 Rn. 26; *Jaeger/Henckel*, § 47 Rn. 127.
[273] BGHZ 82, 50 = NJW 1982, 164; ebenso *Hess*, InsO, § 47 Rn. 168; *Serick* NJW 1981, 794; krit. *Bülow*, Rn. 1691; *Canaris* NJW 1981, 249; *Häsemeyer*, Rn. 18.48; MüKoBGB/*Roth* § 398 Rn. 175 ff.; *Obermüller*, Rn. 7.103; vgl. aber *Sinz*, Factoring in der Insolvenz, 1997, Rn. 339 ff.; aA insb *Weber*, Kreditsicherheiten, S. 244. Der Factoring-Kunde kann sich dagegen uU selbst nicht auf die Nichtigkeit des Factoring-Geschäfts berufen, vgl. OLG Frankfurt DB 1988, 2357.
[274] BGH NJW 1979, 365; BGH KTS 1982, 467, 470; FK/*Imberger*, § 47 Rn. 50; *Serick* III, § 35 III 1; MüKoBGB/*Roth*, § 398 Rn. 116.
[275] BGH BB 1975, 583.
[276] BGHZ 95, 149 = NJW 1985, 2649 = LM § 15 KO Nr. 6; dazu *Marotzke* EWiR § 48 KO 1/85, 701.
[277] BGHZ 95, 149 = NJW 1985, 2649, 2650 = LM § 15 KO Nr. 6; BGHZ 5, 293 = NJW 1952, 819 = LM Art. 22 ScheckG Nr. 1.

5. Zession bedingter und künftiger Forderungen. Auch bedingt begründete 105 Rechte können Gegenstand einer Sicherungszession sein. Solche werden im Insolvenzfall anders als künftige Rechte als bereits bestehend behandelt.[278] Dies gilt selbst dann, wenn die Bedingung erst nach der Eröffnung des Insolvenzverfahrens eintritt.[279] Um jedoch den Anforderungen des § 91 InsO zu genügen und somit insolvenzfest zu sein, muss das Recht im Zeitpunkt der Eröffnung des Verfahrens bereits aus dem Vermögen des Insolvenzschuldners ausgeschieden sein, es darf also keine Möglichkeit bestehen, dieses durch alleinige Entscheidung zurückzuerlangen.[280] Grundsätzlich möglich ist darüber hinaus die bedingte Übertragung eines unbedingten Rechts.[281]

Im Falle der Abtretung einer künftigen Forderung ist die Verfügung selbst bereits mit Abschluss des Abtretungsvertrags beendet, der Rechtsübergang erfolgt jedoch erst mit dem Entstehen der Forderung.[282] Entsteht die im Voraus abgetretene Forderung nach Eröffnung des Insolvenzverfahrens, kann der Gläubiger gem § 91 I InsO kein Forderungsrecht zu Lasten der Masse erwerben.[283]

6. Zessionen und Dauerschuldverhältnisse. Werden Ansprüche aus Dauer- 105a schuldverhältnissen abgetreten, kommt es für die Wirksamkeit der Abtretung darauf an, ob sie bereits mit Abschluss des zu Grunde liegenden Vertrags „betagt", also nur in ihrer Durchsetzbarkeit vom Beginn oder vom Ablauf einer bestimmten Frist abhängig sind, oder ob sie gem. §§ 163, 158 I BGB erst mit der Inanspruchnahme der jeweiligen Gegenleistung entstehen.[284] In letzterem Fall ist ein Rechtserwerb gem § 91 I InsO nicht möglich.[285]

7. Kollision mehrfacher Zessionen. Wird eine Forderung mehrfach abgetreten, 105b so entscheidet grds. der *Prioritätsgrundsatz,* und zwar gleichgültig, ob es sich um Abtretungen vor oder nach Entstehung der Forderung handelt.[286] Die Rspr hat aber mehrere Durchbrechungen dieses Prioritätsgrundsatzes entwickelt, und zwar (a) im Verhältnis Warenlieferanten-Banken im Rahmen der sog. Vertragsbruchtheorie (→ Rn. 89 ff.) und (b) zugunsten des Factoring-Geschäfts (→ Rn. 95 ff.).

V. Verwertung der Mobiliarsicherheiten

→ § 42 Rn. 128 ff. 106

VI. Mobiliarsicherheiten im internationalen Warenverkehr

1. Geltung des jeweiligen Lagerechts. Bei Kaufverträgen mit ausländischen Part- 107 nern entscheidet über *Entstehung und Wirkung* von Mobiliarsicherheiten das Recht des Ortes, an dem sich die Sache befindet (Art. 43 I EGBGB).[287] Bei einer Lieferung ins Ausland bleibt ein im Inland begründetes Recht zwar mit Inlandswirkung bestehen, über seine Anerkennung und Wirkung im Ausland entscheidet aber die neue *lex rei sitae* (Art. 43 II EGBGB).[288]

---

[278] BGH NJW 2003, 2744, 2746 = NZI 2003, 491, 492.
[279] BGH NJW 1955, 544.
[280] BGH NJW 1997, 1857, 1858; BGH NJW 2003, 2744, 2746 = NZI 2003, 491, 492; BGH NJW 2006, 915 = NZI 2006, 229, 230.
[281] BGH NJW 2003, 2744, 2746 = NZI 2003, 491, 492.
[282] BGH NJW 1984, 492; BGH NJW, 2485.
[283] BGH NJW, 2485.
[284] BGH NJW 2006, 2485, 2486.
[285] BGH ZIP 1997, 513, 514.
[286] MüKoInsO/*Ganter,* § 51 Rn. 210 ff.; *Hess,* InsO, § 47 Rn. 96.
[287] MüKoBGB/*Wendehorst,* Art. 43 Rn. 1.
[288] MüKoBGB/*Wendehorst,* Art. 43 Rn. 2.

108 Einheitliche Sicherungsrechte, zumindest in der Europäischen Union, werden zwar diskutiert,[289] sind aber noch nicht verwirklicht.

109 **2. Eigentumsvorbehalt.** Vereinbart ein deutscher Exporteur mit einem ausländischen Abnehmer einen einfachen Eigentumsvorbehalt, so richtet sich dessen Wirksamkeit unabhängig vom Statut des Kaufvertrages nach der *lex rei sitae* am Übergabeort. Die Wirksamkeit des Eigentumsvorbehalts hängt also zumeist davon ab, ob das Recht des Bestimmungslandes den einfachen Eigentumsvorbehalt anerkennt bzw. ob die dort vorgesehene Form für seine Vereinbarung gewahrt ist.[290] Anders verhält es sich nur, wenn die Übergabe an den Käufer bereits im Inland erfolgt ist oder wenn man mit der bisherigen Mindermeinung eine Rechtswahl bei internationalen Verkehrsgeschäften auch im Sachenrecht anerkennen würde.[291] Auch ein danach zunächst wirksamer Eigentumsvorbehalt erlischt aber, wenn die Ware in ein Land weiter veräußert wird, das keinen Eigentumsvorbehalt anerkennt.[292]

110 **3. Sicherungseigentum. a)** Da viele Rechtsordnungen besitzlose Sicherungsrechte nicht anerkennen, werden aus Deutschland *„exportierte"* Mobiliarsicherheiten vielfach wirkungslos. Art. 43 II EGBGB erkennt dies an. Denn danach können dingliche Rechte an einer Sache in einem anderen Staat nicht im Widerspruch zu der Rechtsordnung dieses Staates ausgeübt werden. Dies gilt vor allem für die Verlängerungsformen des Eigentumsvorbehalts und für (besitzlose) Sicherungsübereignungen, etwa im Verhältnis zu Frankreich[293] oder zu Österreich.[294] Wird die Sache freilich wieder nach Deutschland zurückgebracht, so lebt das Sicherungseigentum wieder auf.[295] Polen erkennt die Sicherungsübereignung dagegen an.[296]

111 **b)** *„Importiertes"* Sicherungseigentum oder ein (gleichwertiges) ausländisches Registerpfandrecht wird in der Bundesrepublik Deutschland dagegen anerkannt.[297] Ein im Ausland begonnener Erwerbsvorgang kann im Inland vollendet werden (vgl. Art. 43 III EGBGB).

112 **c)** Werden Waren beim internationalen Warenverkehr durch *Drittländer* transportiert, so hat deren Rechtsordnung auf Sicherungsrechte grds. keinen Einfluss. Etwas anderes gilt nur für gesetzliche Pfandrechte oder Befriedigungsrechte der am Transport Beteiligten, wenn die Ware in einem Drittland festgehalten wird. Diese Rechte bestimmen sich dann nach der lex rei sitae dieses Drittlandes.

113 **d)** Die Verwertung von Mobiliarsicherheiten richtet sich nach dem Recht des jeweiligen Verwertungslandes. Auch innerhalb der Europäischen Union divergiert die Rechtslage insoweit beträchtlich.[298]

114 **4. Sicherungszessionen.** Sicherungsabrede und Abtretung sind getrennt anzuknüpfen. Die kausale Grundlage der Zession untersteht dem Vertragsstatut zwischen Zedent und Zessionar (Art. 14 I Rom I-Verordnung[299]), dieses Recht gilt auch für die einer

---

[289] Vgl. *Seif*, S. 290 ff.; *Kreuzer*, FS v. Overbeck, 1990, S. 613; zur Eurohypothek → § 42 Rn. 31.
[290] Vgl. Schweiz.BG IPRax 1982, 199 (Registrierung); Staudinger/*Stoll*, Int. Sachenrecht, 13. Bearb 1996, Rn. 336; MüKoBGB/*Wendehorst*, Art. 43 Rn. 59; *Lehr* RIW 200, 747, 748; *Fischler* RIW 1978, 819; *Siehr* RIW 1971, 10.
[291] Hierfür Staudinger/*Stoll*, Int. Sachenrecht, Rn. 337.
[292] *Lehr* RIW 2000, 747, 748.
[293] Vgl. *Patzel* DB 1970, 577; *Padis* AWD/RIW 1970, 227.
[294] Vgl. österr OGH ZIP 1984, 1330 = IPRax 1985, 165 (Anm. *Martiny* S. 168); *Hübner* ZIP 1980, 825; *Mohrbutter/Vortmann*, Rn. VI.284; *Rauscher* RIW 1985, 265; *Schwimann* RIW 1984, 854; vgl. *Röthel* JZ 2003, 1027, 1032.
[295] Vgl. *Schwind*, FS Kegel 1987, S. 599, 601.
[296] *Kurkowski* WiRO 1994, 247.
[297] BGHZ 39, 173 = NJW 1963, 1200.
[298] Vgl. *Drobnig* RabelsZ 60 (1996), 40.
[299] Verordnung (EG) Nr. 593/2008 des Europäischen Parlaments und des Rats vom 17.6.2008 über das auf vertragliche Schuldverhältnisse anwendbare Recht, ABl EG L 177/6.

Sicherungszession zugrunde liegende Sicherungsabrede.[300] Die Wirksamkeit der Abtretung selbst (die Abtretbarkeit der Forderung, Art und Weise der Abtretung und das Verhältnis zwischen Neugläubiger und Schuldner) ist nach dem Recht zu beurteilen, dem die abgetretene Forderung unterliegt (Art. 14 II Rom I-Verordnung).

Unterschiede zwischen den Rechtsordnungen bestehen vor allem in der Frage, ob Sicherungsabrede und Abtretung dem (Dritt-)Schuldner mitgeteilt werden müssen und ob sie der Schriftform bedürfen. 115

In Österreich werden etwa die für die Verpfändung geltenden Publizitätsvorschriften auf die Sicherungszession analog angewendet.[301] Jedoch wird eine formlose Sicherungszession einer österreichischem Recht unterliegenden Forderung eines deutschen Gläubigers an eine deutsche Bank als wirksam angesehen, da die Form der Abtretung Art. 11 EGBGB (aF, heute Art. 11 Rom I-Verordnung) unterstehe und danach die Ortsform des Vornahmestaates genüge.[302] Wird die Forderung dagegen durch einen österreichischen Gläubiger zur Sicherheit abgetreten, so müssen die Publizitätsvorschriften des österreichischen Rechts beachtet werden.[303] 116

Das UN-Übereinkommen über die Abtretung von Forderungen im internationalen Handel vom 12.12.2001 will die internationale Verkehrsfähigkeit von Forderungen und ihre Verwendung als Kreditunterlage verbessern.[304] 117

5. Behandlung ausländischer Sicherungsrechte im Inland. Gelangt eine bewegliche Sache, an der im Ausland wirksam ein in dieser Form im Inland unbekanntes Sicherungsrecht bestellt ist, ins Inland, so ist diese Sicherheit im Inland anzuerkennen, bzw. in das funktionsadäquate Sicherungsrecht des deutschen Rechts überzuleiten,[305] es sei denn, das Recht widerspreche der deutschen Rechtsordnung (arg Art. 43 II EGBGB). 118

Ein französisches Registerpfandrecht hat dieselbe Funktion wie eine deutsche Sicherungsübereignung und wird daher im Inland mit deren Wirkungen anerkannt.[306] 119

Eine italienische Autohypothek,[307] aber auch ein US-amerikanisches mortgage an einem registrierten Privatflugzeug[308] wurden deshalb im Inland anerkannt.

§ 44. Der Sicherheiten-Pool

Übersicht

	Rn.
I. Begriff und Rechtsnatur	1
1. Banken-Sicherheiten-Poolvertrag	2
2. Bassinvertrag	4
3. Miteigentümergemeinschaft	5
4. Verwertungsgemeinschaft der Sicherungsgläubiger	8
5. Sicherheiten-Abgrenzungsvertrag	15
6. Vollmacht für einen Sicherheitenverwalter	16
7. Miteigentümergemeinschaft mit dem Insolvenzschuldner	17
8. Verwertungsvereinbarungen mit dem Insolvenzverwalter	18
II. Bestimmtheitserfordernis als Grenze gemeinsamer Rechtsverfolgung	19

---

[300] Palandt/*Thorn*, Art. 14 Rom I, Rn. 3.
[301] *Koziol* DZWIR 1993, 353, 354.
[302] *Koziol* DZWIR 1993, 353, 356.
[303] *Koziol* DZWIR 1993, 353, 358.
[304] Vgl. *Kieninger/Schütze* ZIP 2003, 2181.
[305] Im Einzelnen MüKoBGB/*Wendehorst*, Art. 43 Rn. 102 ff.
[306] BGHZ 39, 173 = NJW 1963, 1200; *Soergel/Henssler*, § 930 Anh Rn. 125.
[307] BGH NJW 1991, 1415 („Ferrari").
[308] BGH NJW 1992, 362.

Kap. III. 6. Abschnitt. Aussonderung, Absonderung, Aufrechnung

Rn.
III. Rechtsverfolgung im Außenverhältnis 21
    1. Beweiserleichterung für Miteigentümer 21
    2. Einziehung abgetretener Forderungen 23
    3. Umfang des Poolanteils 24
    4. Schadensersatz 26
    5. Geltung allgemeiner Regeln 27
IV. Unzulässige Verwertungsmaßnahmen des Pool 28
V. Innenverhältnis der Poolmitglieder 34
    1. Freie Vereinbarung 34
    2. Auslegungsregeln für die Verteilung im Innenverhältnis 35
VI. Verhältnis Pool – Insolvenzmasse 37
    1. Auskunftspflicht 37
    2. Wahl der Erfüllung, § 103 InsO 38
    3. Verwertungsvereinbarungen mit dem Pool 39
    4. Verwertungsgemeinschaft mit den Sicherungsgläubigern 40
    5. Sicherheitenpool im Insolvenzplan 41

Schrifttum: *Berner,* Sicherheitenpools der Lieferanten und Banken im Insolvenzverfahren, 2006; *Beuck,* Poolvereinbarungen bei Unternehmensinsolvenz, Diss. Kiel 1985; *Bohlen,* Der Sicherheiten-Pool, 1984; *Bornheimer,* in: Nerlich/Kreplin, Müchener Anwaltshandbuch Sanierung und Insolvenz, 2. Aufl. 2012, § 29 Rn. 229 ff.; *Buksch,* Der Poolvertrag, 1998; *Burgermeister,* Der Sicherheitenpool im Insolvenzrecht, 2. Aufl. 1996; *Eberding,* Elemente eines Pool-Vertrages, BB 1974, 1004; *Fischer,* Klärende Ausagen des BGH zur Finanzierung aus einer Hand und zum Sicherheitenpoolvertrag, ZInsO 2008, 477; *Ganter,* Aktuelle Probleme des Kreditsicherungsrechts, WM 2006, 1081, 1087; *Graf von Westphalen,* Notwendiges Umdenken bei Poolverträgen?, BB 1987, 1186; *Gundlach/Frenzel/Schmidt,* Die Zulässigkeit des Sicherheiten-Poolvertrages im Insolvenzverfahren, NZI 2003, 142; *Heckel,* Zivil-, konkurs- und verfahrensrechtliche Probleme des Sicherheitenpoolvertrages, 1983; *Heß,* Miteigentum der Vorbehaltslieferanten und Poolbildung, 1985; *Hilger,* Miteigentum der Vorbehaltslieferanten gleichartiger Ware, 1983; *Jauernig,* Zwangspool von Sicherungsgläubigern im Konkurs, ZIP 1980, 318; *Kilger,* Der Konkurs des Konkurses, KTS 1975, 142; *Lösler,* Konsortialkredit, Sicherheitenpool und Kapitalersatzrecht, ZInsO 2003, 773; *Martinek/Oechsler,* Pool-Verträge, in: Schimansky/Bunte/Lwowski, Bankrechts-Handbuch, Bd II (§ 97), 3. Aufl. 2007; *Marx,* Die gemeinsame Wahrnehmung von Sicherungsrechten im Konkurs (Pool-Vereinbarungen), NJW 1978, 246; *May,* Der Bankenpool, 1989; *Obermüller,* Insolvenzrecht in der Bankpraxis, 7. Aufl. 2007, S. 912 ff.; *ders.,* Sicherheiten-Poolverträge in der Krise?, FS Luer 2008, 415; *Peters,* Pool-Verträge in der Unternehmenskrise, ZIP 2000, 2238; *Primozic,* Cash-Pooling versus Forderungsverkauf?, NZI 2005, 358; *Reinecke/Tiedtke,* Die Bedeutung von Poolvereinbarungen im Konkursverfahren, WM 1979, 186; *Riggert,* Der Lieferantenpool im neuen Insolvenzrecht, NZI 2000, 525; *Schröter/Graf von Westphalen,* Sicherheiten-Poolverträge der Banken und Warenlieferanten (WM-Skript 107), 1986; *Serick,* Verarbeitungsklauseln im Wirkungskreis des Konkursverfahrens, ZIP 1982, 507; *Smid,* Lieferantenpools im neuen Insolvenzrecht, NZI 2000, 505; *ders.,* Struktur und systematischer Gehalt des deutschen Insolvenzrechts in der Judikatur des IX. Zivilsenats des Bundesgerichtshofs (IV), DZWir 2006, 1, 4; *ders.,* Kreditsicherheiten in der Insolvenz, 2. Aufl. 2008 (§ 24); *Steinwachs,* Die Insolvenzfestigkeit des Sicherheitenpoolvertrags, NJW 2008, 2231; *Stürner,* Aktuelle Probleme des Konkursrechts, ZZP 94 (1981), 263, 274 ff.; *Vallender,* Lieferantenpool und Erlaubnispflicht nach Art. 1 § 1 I 1 RBerG, NZI 2005, 194; *Weitnauer,* Einige Bemerkungen zu den Verwertungsgemeinschaften („Pool") der Sicherungsgläubiger im Unternehmenskonkurs, FS Baur 1981, 709; *Wenzel,* Der Sanierungs-Pool-Vertrag, WM 1996, 561.

I. Begriff und Rechtsnatur

1   Von einem Sicherheiten-Pool oder Sicherungspool spricht man, wenn mehrere Gläubiger die Aussonderung und Absonderung ihrer Mobiliarsicherheiten gemeinsam wahrnehmen. Hinter diesem Sprachgebrauch können sich recht unterschiedliche Rechtsgemeinschaften verbergen.

Der Sicherheiten-Pool 2–5 § 44

1. Banken-Sicherheiten-Poolvertrag. Banken können sich von vornherein zur 2 Gewährung eines Großkredits (Konsortialkredit) an einen Kunden zusammenschließen und damit ihr Risiko vermindern[1] oder in der Krise die einzeln bestellten Sicherheiten in den „Pool" zur gemeinsamen Verwaltung, insb Kontrolle, Durchsetzung und Verwertung einbringen.[2] Sie wollen damit die Effizienz ihrer Sicherheiten steigern. Der Bankenpool soll einen Konten- oder Saldenausgleich und damit die volle Ausnutzung der bestellten Sicherheiten ermöglichen,[3] was freilich nur mit Zustimmung des Schuldners möglich ist (→ Rn. 8f.).[4] Die Beschränkung des Poolvertrages auf Banken ist indes nicht zwingend. An einem Pool zur einheitlichen Verwaltung und Verwertung von Sicherheiten können sich vielmehr auch Warenlieferanten beteiligen.[5] Diese Gemeinschaften sind idR BGB-Gesellschaften.[6]

Da der Pool als BGB-Gesellschaft selbst keinen Geschäftsbetrieb unterhält, der zu ei- 3 ner laufenden Verwaltung erforderlich ist, ist es vielfach üblich, die Sicherheiten nicht nur in die BGB-Gesellschaft einzubringen, sondern zugleich von dieser auf eine beteiligte Bank, den „Poolführer", als *Treuhänder* zur Verwaltung und Verwertung zu übertragen oder von vornherein für ihn zu bestellen.[7]

2. Bassinvertrag. Bestellt ein Unternehmen Geld- (und Warenkredit-)gebern keine 4 Einzelsicherheiten, sondern überträgt mit deren Einverständnis die verfügbaren Sicherheiten durch Sicherungsübereignung bzw. Sicherungszession von vornherein auf *einen* Treuhänder, so spricht man von einem Bassinvertrag.[8] Freilich wird der Begriff teilweise auch mit abweichender Bedeutung verwendet, etwa bei jeder Einschaltung eines Treuhänders, bei einer gemeinsamen Sicherung mehrerer Gläubiger durch ein Sicherungsgut oder für bloße Raumsicherungsverträge. In dem hier definierten Sinn ist der Bassinvertrag ein dreiseitiger Sicherungsvertrag zwischen Gläubigern, Treuhänder und Schuldner. Bei ihm entfallen die meisten Probleme hinsichtlich der Wirksamkeit, insb der ausreichenden Bestimmbarkeit der bestellten Sicherheiten. Eine Bestellung von Sicherheiten erst durch den Insolvenzschuldner ist freilich unwirksam (§§ 81, 91 InsO), eine Sicherung vor Eröffnung des Insolvenzverfahrens kann anfechtbar sein (§§ 129ff. InsO).[9]

3. Miteigentümergemeinschaft („Pool" der Eigentumsvorbehaltsgläubiger). Ent- 5 steht durch Verbindung oder Vermischung (§§ 947, 948 BGB) oder bei Verarbeitung (§ 950 BGB) nach Vereinbarung ausreichend bestimmter Teil-Verarbeitungsklauseln Miteigentum von Vorbehaltslieferanten, so handelt es sich zunächst kraft Gesetzes um eine schlichte Bruchteilsgemeinschaft (§§ 741 ff. BGB), die über die Art und Weise der Auseinandersetzung durch Teilung (§§ 749 ff. BGB) Vereinbarungen schließen kann.[10] Kraft

---

[1] *Obermüller*, Rn. 6.123; *ders.,* FS Luer 2008, 415, 416; HambKommInsO/*Büchler*, § 51 Rn. 56; MüKoInsO/*Ganter*, § 47 Rn. 190; MüKoInsO/*Lwowski/Tetzlaff*, Vor §§ 166 bis 173 Rn. 45.
[2] *Obermüller*, FS Luer 2008, 415, 416. Muster eines Banken-Poolvertrages mit Erläuterungen bei *W. Obermüller* BuB 4/70 ff.; *Obermüller*, Rn. 6.128 sowie *Wenzel* WM 1996, 561, 566.
[3] *Häsemeyer*, Rn. 18.64; *Burgermeister*, S. 135 ff.; *Obermüller*, Rn. 6.142 ff.; *ders.,* FS Luer 2008, 415, 417.
[4] *Häsemeyer*, Rn. 18.67; *Obermüller*, FS Luer 2008, 415, 419.
[5] MüKoInsO/*Lwowski/Tetzlaff*, Vor §§ 166 bis 173 Rn. 45; *Obermüller*, FS Luer 2008, 415, 419; Muster eines Poolvertrages zwischen Banken und Warenkredtigebern bei *Ehlers*, Zeitschrift für das gesamte Kreditwesen 1977, 912.
[6] Vgl. *Burgermeister*, S. 13 ff.; *Häsemeyer*, Rn. 18.65; *Obermüller*, Rn. 6.127; *Schröter/Graf von Westphalen*, S. 5 ff.; *Smid*, § 51 Rn. 22; MüKoInsO/*Lwowski/Tetzlaff*, Vor §§ 166 bis 173 Rn. 46; Uhlenbruck/Hirte/Vallender/*Brinkmann*, § 51 Rn. 48; MüKoInsO/*Ganter*, § 47 Rn. 191.
[7] *Obermüller*, Rn. 6.130; MüKoInsO/*Ganter*, § 47 Rn. 191, 362.
[8] Vgl. *Eberding* BuB 4/338; *Serick* II, § 21 IV 3; *Stürner* ZZP 94 (1981), 263, 279; *Burgermeister*, S. 20; Uhlenbruck/Hirte/Vallender/*Brinkmann*, § 51 Rn. 63.
[9] Vgl. *Obermüller*, FS Luer 2008, 415, 421 ff.; Uhlenbruck/Hirte/Vallender/*Brinkmann*, § 47 Rn. 61; *Stürner* ZZP 94 (1981), 263, 279.
[10] Uhlenbruck/Hirte/Vallender/*Brinkmann*, § 51 Rn. 48, 49; HambKommInsO/*Büchler*, § 51 Rn. 56; *Stürner* ZZP 94 (1981), 263, 275.

Gesetzes kann diese Gemeinschaft ihre Rechte an den gemeinschaftlichen Gegenständen gegenüber dem Gemeinschuldner nur gemeinschaftlich wahrnehmen (§§ 744, 747 S. 2 BGB).

6 Jeder einzelne Miteigentümer kann aber – ebenfalls bereits kraft Gesetzes – gem. §§ 1011, 432 BGB *Herausgabe an alle* (an einen von allen Bevollmächtigten, oder nach § 432 I 2 BGB Hinterlegung für alle oder Ablieferung an einen gerichtlich bestellten Verwahrer) verlangen. Zu dieser Rechtsverfolgung für alle muss der eigene Miteigentumsanteil wirksam bestehen und der Beweis des Miteigentums aller Miteigentümer geführt werden;[11] eines Nachweises der exakten Einzelquoten bedarf es dagegen nicht.[12] Die Einzelquoten sind erst für die Auseinandersetzung unter den Poolmitgliedern relevant.

7 In den §§ 744 ff. BGB wird vorausgesetzt, dass die Miteigentümer Vereinbarungen über die Nutzung, Auseinandersetzung und Verwertung ihres Eigentums treffen können. Bloße Auseinandersetzungsvereinbarungen von Miteigentümern führen somit noch nicht zum Entstehen einer BGB-Gesellschaft.[13]

8 **4. Verwertungsgemeinschaft der Sicherungsgläubiger** (Sicherheiten-Pool). **a)** Rechte aus Sicherungszessionen, zB beim verlängerten Eigentumsvorbehalt, kann und muss jeder Zessionar ohne besondere Vereinbarung grds. selbstständig geltend machen. Denn durch Teilzessionen entstehen selbstständige Teilforderungen.[14] Für ihre Einziehung gelten die §§ 1011, 432 BGB nicht.

Für die Beteiligten ist es aber vielfach sinnvoll, ihre Rechte dennoch gemeinsam wahrzunehmen. Bringen sie diese in einen „Pool" zur gemeinsamen Rechtsverfolgung (§ 705 BGB) ein, so entsteht wiederum eine BGB-Gesellschaft.[15] Auch hierzu gibt es bewährte Vertragsmuster.[16] Das gemeinsame Vorgehen (auch durch einen Beauftragten oder Treuhänder) erleichtert die tatsächliche Verwertung der Sicherheiten, hilft Beweisschwierigkeiten zu überwinden (→ Rn. 21 ff.) und ggf. bessere Erlöse zu erzielen. Zweckmäßigerweise übertragen die Poolmitglieder ihre sämtlichen Sicherheiten aus verlängerten Eigentumsvorbehalten auf den Pool. Der Pool ist dann häufig und typischerweise ein *Lieferantenpool*.[17] Die gesicherten Forderungen selbst werden dagegen grds. nicht in den Pool eingebracht; sie bilden die Grundlage für die spätere Verteilung des Verwertungserlöses.[18]

9 Da häufig eine „Konkurrenz" zwischen Banken und Warenlieferanten hinsichtlich der Weiterverkaufsforderungen sowie zwischen „Herstellerklauseln" und antizipierten (Teil-)Sicherungsübereignungen besteht, kann es aber zweckmäßig sein, dass sich *Banken und Lieferanten* zu einem „gemischten" Pool zusammenschließen und alle Rechte aus (verlängerter) Sicherungsübereignung und verlängertem Eigentumsvorbehalt in den Pool einbringen.[19]

10 Rechte aus *einfachem Eigentumsvorbehalt* werden meist nicht „gepoolt",[20] weil dieses Eigentum überwiegend unschwer individuell feststellbar ist und auch nach neuem Insolvenzrecht weiterhin ausgesondert werden kann (→ § 43 Rn. 2 ff.). Es ist aber nicht

---

[11] MüKoBGB/*Schmidt*, § 1011 Rn. 6; Palandt/*Bassenge*, § 1011 Rn. 2.
[12] BGH NJW 1958, 1534 *(Hoche)* = JZ 1959, 24 *(Leiss)*; *Obermüller*, FS Luer 2008, 415, 420; *Hilger*, S. 17; Uhlenbruck/Hirte/Vallender/*Brinkmann*, § 51 Rn. 61.
[13] Vgl. MüKoBGB/*Schmidt*, § 741 Rn. 60; *Stürner* ZZP 94 (1981), 263, 275.
[14] MüKoBGB/*Roth*, § 398 Rn. 63; *Erman/Westermann*, § 398 Rn. 10.
[15] BGH WM 1988, 1784, 1785; *Jaeger/Henckel*, § 47 Rn. 90; MüKoBGB/*Ulmer*, Vor § 705 Rn. 71; MüKoInsO/*Ganter*, § 47 Rn. 191; HambKommInsO/*Büchler*, § 51 Rn. 57.
[16] Abgedruckt bei *Obermüller*, Rn. 6.128; *Weitnauer*, FS Baur 1981 S. 709, 711.
[17] Vgl. *Schröter/Graf von Westphalen*, S. 49 ff., 105; Uhlenbruck/Hirte/Vallender/*Brinkmann*, § 51 Rn. 60; *Bülow*, Rn. 1265; HambKommInsO/*Büchler*, § 51 Rn. 57; *Burgmeister*, S. 81 ff.
[18] *Häsemeyer*, Rn. 18.65; *Burgmeister*, S. 136 ff.
[19] Uhlenbruck/Hirte/Vallender/*Brinkmann*, § 51 Rn. 64; MüKoInsO/*Ganter*, § 47 Rn. 190; HambKommInsO/*Büchler*, § 51 Rn. 56.
[20] *Bohlen*, S. 46 ff.; *Schröter/Graf von Westphalen*, S. 107; *Peters* ZIP 2000, 2238, 2242; MüKoInsO/*Ganter*, § 47 Rn. 195 f.; vgl. dagegen *Heß*, S. 84 ff.

unzulässig, dies zu tun. Werden Waren mehrerer Lieferanten beim Insolvenzschuldner praktisch ungetrennt gelagert, vermischt oder vermengt (§§ 947, 948 BGB) oder erscheint eine gemeinsame Verwertung sinnvoll, um Transport- und sonstige Verwertungskosten zu senken, so kann es durchaus im Interesse der Beteiligten liegen, auch „einfaches" Vorbehaltseigentum auf den Pool zu übertragen.

b) Der Zusammenschluss zu einer Pool-Gesellschaft erfolgt *freiwillig;* eine Beitrittspflicht besteht nicht.[21] Ein Aufnahmeanspruch besteht nicht, selbst wenn der Pool vertragsgemäß allen Gläubigern offen steht.[22] Die Verwaltungskosten des Pools haben dessen Mitglieder selbst zu tragen.[23]

Die Verwertungsgemeinschaft kann nur die Rechte wahrnehmen, die den einzelnen Mitgliedern zustanden; ihre Einbringung in den Pool verändert die materielle Rechtslage nicht.[24] Dies ist unproblematisch bei Poolvereinbarungen, bei denen die Finanzierung, die Besicherung und die Auszahlung des Kredits gleichzeitig vor der Krise erfolgen. Hier sind Forderungen und Sicherheiten klar zugeordnet und es ergibt sich keine Änderung durch die Poolung. Werden jedoch in der Krise Sicherungszwecke ausgedehnt und Sicherheiten übertragen (Unter-Deckung-Nehmen von Forderungen) oder erfolgt ein externer Saldenausgleich, so kann die Poolung unwirksam sein.[25] Da der Pool idR keine juristische Person ist, tritt lediglich eine *Bündelung der* erworbenen *Rechte der Poolmitglieder* ein; es entsteht jedoch kein Alleineigentum des Pools.

Dritten kann der Pool keine Rechte entziehen[26] und diese nicht daran hindern, ihre Rechte gegenüber dem Insolvenzverwalter selbstständig geltend zu machen.[27] Der Poolvertrag kann deshalb schon vor der Krise, nach deren Eintritt oder erst nach Eröffnung des Insolvenzverfahrens abgeschlossen werden.[28] Als solcher ist der Poolvertrag weder sittenwidrig (§ 138 BGB) noch nichtig;[29] er scheitert nicht an § 91 InsO, da die Poolmitglieder lediglich ihre bereits bestehenden Rechte auf den Pool übertragen;[30] ein Abschluss vor Verfahrenseröffnung ist nicht nach § 131 InsO anfechtbar;[31] → Rn. 32. Durch den Poolvertrag können keine „neuen" Sicherheiten dadurch begründet werden, dass vereinbart wird, eingebrachte Sicherheiten seien für alle am Pool beteiligten Gläubiger zu halten.[32] Allerdings hat der BGH 2008 ein unwirksames Unter-Deckung-Nehmen verneint, wenn eine Sicherungsgrundschuld nach der Sicherungsvereinbarung auch das Darlehen eines Dritten sichert und die Grundschuld nach Verfahrenseröffnung an diesen abgetreten wird.[33]

---

[21] *Jauernig* ZIP 1980, 318; Uhlenbruck/Hirte/Vallender/*Brinkmann,* § 47 Rn. 59, § 51 Rn. 52; *Häsemeyer,* Rn. 18.65; *Burgermeister,* S. 19; FK/*Imberger,* § 47 Rn. 17; MüKoBGB/*K. Schmidt,* § 741 Rn. 69.
[22] *Burgermeister,* S. 16 ff.; Uhlenbruck/Hirte/Vallender/*Brinkmann,* § 51 Rn. 57.
[23] *Hess,* InsO, § 47 Rn. 183.
[24] BGHZ 138, 291, 304 = NJW 1998, 2592 = ZIP 1998, 793, 799; *Obermüller,* FS Luer 2008, 415, 419; Uhlenbruck/Hirte/Vallender/*Brinkmann,* § 47 Rn. 59, 60; *Häsemeyer,* Rn. 18.66; MüKoInsO/*Ganter,* § 47 Rn. 189; *Smid,* § 51 Rn. 21; HambKommInsO/*Büchler,* § 51 Rn. 57.
[25] BGH NZI 2005, 622; *Obermüller,* FS Luer 2008, 415, 418.
[26] *Hess,* InsO, § 47 Rn. 177.
[27] MüKoBGB/*Westermann,* § 449 Rn. 93.
[28] *Burgermeister,* S. 172 ff., 229 ff.; Uhlenbruck/Hirte/Vallender/*Brinkmann,* § 51 Rn. 58.
[29] *Hess,* InsO, § 47 Rn. 172 ff.; Uhlenbruck/Hirte/Vallender/*Brinkmann,* § 51 Rn. 51. So aber tendenziell *Marx* NJW 1978, 246, 250; vgl. *Burgermeister* S. 118 ff.
[30] MüKoInsO/*Lwowski/Tetzlaff,* Vor §§ 166 bis 173 Rn. 48; MüKoInsO/*Ganter,* § 47 Rn. 189; Uhlenbruck/Hirte/Vallender/*Brinkmann,* § 51 Rn. 51; *Hess,* InsO, § 47 Rn. 175; *Obermüller,* FS Luer 2008, 415, 421; *Gundlach/Frenzel/Schmidt* NZI 2003, 142, 144; aA *Smid,* Kreditsicherheiten, § 24 Rn. 21; *ders.,* NZI 2000, 505, 511.
[31] *Hess,* InsO, § 47 Rn. 175; *Obermüller,* FS Luer 2008, 415, 421; *ders.,* Rn. 6.136; BGH WM 1988, 1784, 1785 = JZ 1989, 198 (dazu *Tiedtke,* S. 179); BGH ZIP 1993, 271, 272 ff. (zu § 30 Nr. 2 KO); aA *Burgermeister,* S. 175 ff. (Verbesserung der Beweislage als Anfechtungsgrund).
[32] BGH NZI 2005, 622.
[33] BGH NZI 2008, 304; dazu *Steinwachs* NJW 2008, 2231, 2232; *Fischer* ZInsO 2008, 477.

14 Lediglich die bloße Bruchteilsgemeinschaft (§§ 741 ff., 1008 ff. BGB) entsteht kraft Gesetzes; an ihr sind daher ggf. auch Mitberechtigte beteiligt, die sich der Pool-Gesellschaft nicht anschließen, etwa der Insolvenzschuldner selbst (→ Rn. 17).[34]

15 **5. Sicherheiten-Abgrenzungsvertrag.** Anstelle einer Poolbildung können die Sicherungsgläubiger ihre Sicherheiten in Zweifelsfällen auch durch Vertrag untereinander voneinander abgrenzen und einzeln gegenüber dem Insolvenzverwalter geltend machen. Ein solcher Abgrenzungsvertrag hat aber nur Wirkung zwischen den Beteiligten; er vermag nicht die notwendige anfängliche Bestimmtheit von Sicherheiten (→ Rn. 19 f.) zu ersetzen und bindet den Insolvenzverwalter nicht.[35]

16 **6. Vollmacht für einen Sicherheitenverwalter.** Statt einer Einbringung der Sicherheiten in eine Gesellschaft können sich die Beteiligten damit begnügen, einem beauftragten Verwalter gemeinsam Vollmacht zur Verfolgung ihrer Rechte gegenüber dem Insolvenzverwalter und den sonstigen Beteiligten zu erteilen.[36]

17 **7. Miteigentümergemeinschaft mit dem Insolvenzschuldner.** Ist der Insolvenzschuldner durch Erfüllung einzelner Verträge oder freie Verarbeitung (vor oder nach Eröffnung des Insolvenzverfahrens) Miteigentümer von Sicherungsgut geworden, so kann der Pool Einräumung von Mitbesitz (→ § 40 Rn. 10) und eine Auseinandersetzung nach § 84 InsO außerhalb des Insolvenzverfahrens gem. §§ 749 ff. BGB[37] und wegen der Auseinandersetzungsansprüche Absonderung nach § 84 InsO (→ § 42 Rn. 70 f.) verlangen. Während eine reine Gläubigergemeinschaft Herausgabe ohne Nachweis der konkreten Einzelanteile verlangen kann (→ Rn. 5), sind jetzt die Anteile der Gläubiger bzw. der Anteil des Insolvenzschuldners ausreichend sicher nachzuweisen.[38] Ob sich die Gläubiger zu einer Verwertungsgesellschaft verbunden haben, ist für die Auseinandersetzung mit dem Insolvenzschuldner insoweit rechtlich irrelevant; das gemeinsame Vorgehen kann aber die Beweisführung erleichtern. Die Beweisschwierigkeiten steigern sich dementsprechend, wenn sich nicht alle Sicherungsgläubiger an dem Pool beteiligen.[39]

18 **8. Verwertungsvereinbarungen mit dem Insolvenzverwalter.** → Rn. 39.

II. Bestimmtheitserfordernis als Grenze gemeinsamer Rechtsverfolgung

19 Die entscheidende Grenze für „verlängerte" Mobiliarsicherheiten und damit für den Betätigungsbereich von Pools als Verwertungsgemeinschaften liegt jedoch in den materiellen Anforderungen an die *Bestimmtheit von Sicherungsrechten,* insb bei konkurrierenden Teil-Sicherungszessionen und Teil-Verarbeitungsklauseln mit ihren Verlängerungen und Erweiterungen.[40] In welchem Rahmen kollidierende Klauseln gültig sind und ob und wie sie auf einen zulässigen Inhalt reduziert werden können,[41] kann in diesem Rahmen nicht im Einzelnen dargelegt werden. Jedenfalls werden Sicherungsrechte, die materiell mangels Bestimmtheit nicht bestehen, auch durch die Einbringung in einen

---

[34] Vgl. *Burgermeister,* S. 15.
[35] Vgl. *Schröter/Graf von Westphalen,* S. 110 f.; *Obermüller,* Rn. 6.149 ff.
[36] *Riggert* NZI 2000, 525, 526; MüKoInsO/*Ganter,* § 47 Rn. 193.
[37] Vgl. *Obermüller,* FS Luer 2008, 415, 420; Uhlenbruck/Hirte/Vallender/*Brinkmann,* § 47 Rn. 61; FK/*Imberger,* § 47 Rn. 18.
[38] Vgl. *Heß,* S. 117 ff.; *Stürner* ZZP 94 (1981), 263, 278; MüKoInsO/*Ganter,* § 47 Rn. 198; MüKoInsO/*Lwowski,* § 166 Rn. 214.
[39] Vgl. *Stürner* ZZP 94 (1981), 263, 278.
[40] *Serick* IV, §§ 44 ff.; *Graf von Westphalen* BB 1987, 1186 sowie *Hilger,* Miteigentum der Vorbehaltslieferanten gleichartiger Ware, 1983; *Burgermeister,* S. 46 ff.
[41] Vgl. *Serick* IV, §§ 44–48; auch Uhlenbruck/Hirte/Vallender/*Brinkmann,* § 47 Rn. 61.

Pool nicht durchsetzbar.⁴² Freilich wird dies vielfach versucht. Dem kann durch Anwendung des § 91 InsO und der Anfechtungsvorschriften begegnet werden, zudem kann das Vorgehen im Einzelfall rechtsmissbräuchlich sein.⁴³

Die *Art der Rechtsverfolgung* richtet sich folglich nach der materiellen Rechtsstellung **20** der Poolmitglieder. Sind diese insgesamt Eigentümer, so kann Aussonderung begehrt werden, gleichgültig ob wirklich alle Poolmitglieder einen Miteigentumsanteil erworben hatten.⁴⁴ Sind die Poolmitglieder Sicherungseigentümer oder Sicherungszessionare, so kann Absonderung, dh idR nur Vorabbefriedigung nach Verwertung des Sicherungsgutes durch den Insolvenzverwalter (→ § 42 Rn. 131 ff.) verlangt werden. Sind die Poolmitglieder nur Miteigentümer, so kann der Pool nur die Auseinandersetzung der Miteigentümergemeinschaft (→ Rn. 5 ff.) betreiben.

III. Rechtsverfolgung im Außenverhältnis

1. Beweiserleichterung für Miteigentümer. Dennoch kann der Pool im Einzel- **21** fall auch Rechte durchsetzen, die als einzelne nicht ausreichend bestimmt nachweisbar wären.⁴⁵ Steht nämlich fest, dass der Insolvenzschuldner an den in den Pool eingebrachten Gegenständen keine eigenen Rechte besitzt und dritte am Pool nicht beteiligte Miteigentümer sicher nicht vorhanden sind, so können die Miteigentümer Herausgabe des Gesamterlöses gem. § 170 InsO (nach den §§ 1011, 432, 1247 BGB) vom Insolvenzverwalter verlangen, ohne dass dazu die konkreten Anteile der Poolmitglieder nachgewiesen werden müssten.⁴⁶ Voraussetzung für eine Aussonderung bzw. Absonderung ist freilich zusätzlich, dass ein Besitzrecht des Insolvenzschuldners nach Rücktritt von allen Verträgen erloschen ist (→ § 43 Rn. 11 ff.). Der Poolvertrag hilft in diesem Fall, Beweisschwierigkeiten hinsichtlich der Größe der Einzelanteile der Gläubiger am Sicherungsgut zu überwinden.⁴⁷ Die Mitwirkung von Beteiligten, deren Rechte am Sicherungsgut zweifelhaft ist, schadet nicht, sondern verstärkt die beweisrechtliche Stellung des Pools. § 91 InsO steht dieser Wirkung nicht entgegen, wenn der Poolvertrag erst nach Eröffnung des Insolvenzverfahrens geschlossen wird.⁴⁸ Die §§ 51 Nr. 1, 166 InsO geben dem Verwalter das Recht zur Verwertung, verändern aber nicht die dingliche Rechtslage, so dass ein Pool weiterhin ohne Mitwirkung des Verwalters gebildet werden kann.

Der Pool umfasst idR nur *Sicherungsrechte, die zur Absonderung berechtigen,* so dass de- **22** ren Verwertung nunmehr Sache des Insolvenzverwalters ist (§ 166 InsO), was den Poolverträgen einiges an praktischer Bedeutung nehmen dürfte.⁴⁹ Bleiben daher einzelne Sicherungsgläubiger unbekannt oder beteiligen sie sich nicht am Pool, so kann der Pool nicht Auskehr des ganzen Verwertungserlöses (abzügl. der Verfahrensbeiträge) an die Poolmitglieder verlangen.⁵⁰ Nicht der Verwalter hat nach neuem Recht Anteile des

---

⁴² BGH NJW 1982, 1455; BGH BB 1981, 2024; OLG Karlsruhe NJW 1979, 2317; OLG Frankfurt NJW-RR 1986, 721 = WM 1986, 27; vgl. *Hess,* InsO, § 47 Rn. 173; *Burgermeister,* S. 88; s aber FK/ *Imberger,* § 47 Rn. 16.
⁴³ *Obermüller,* FS Luer 2008, 415, 422.
⁴⁴ *Henckel,* Probleme S. 78.
⁴⁵ MüKoInsO/*Ganter,* § 47 Rn. 197; *Bülow,* Rn. 1264; aA *Hess,* InsO, § 47 Rn. 173; *Schröter/Graf von Westphalen,* S. 99; *Häsemeyer* Rn. 18.66.
⁴⁶ BGH NJW 1958, 1534; OLG Frankfurt NJW-RR 1986, 721, 722; *Bülow,* Rn. 1264 f.; Braun/ *Bäuerle,* § 47 Rn. 13; *Jaeger/Henckel,* § 48 Rn. 19; *Heß,* S. 102 ff.; Uhlenbruck/Hirte/Vallender/*Brinkmann,* § 47 Rn. 60; *Obermüller,* Rn. 6.139; *Obermüller,* FS Luer 2008, 415, 420; *Burgermeister,* S. 77 f., 90 ff., 128 ff.
⁴⁷ *Bülow,* Rn. 1264; MüKoInsO/*Ganter,* § 47 Rn. 197.
⁴⁸ *Obermüller,* FS Luer 2008, 415, 421; aA *Burgermeister,* S. 238 ff., 247 ff. (zu § 15 KO), S. 316 (zu § 91 InsO); *Smid* WM 1999, 1141, 1149.
⁴⁹ Vgl. *Kirchhof,* Leitfaden, Rn. 347 („weitgehend gegenstandslos").
⁵⁰ Vgl. *Jaeger/Henckel,* § 48 Rn. 19.

Schuldners oder dritter Gläubiger nachzuweisen, vielmehr müssen die Poolmitglieder ihren Gesamtanteil an den Sicherheiten und damit am Erlös dartun. Vor allem unaufklärbare Zu- und Abgänge vereiteln vielfach den Nachweis und die Durchsetzung von Sicherungsrechten, selbst wenn man Bestimmbarkeit der Anteile an der Gesamtmenge genügen lässt.

23 **2. Einziehung abgetretener Forderungen.** Diese Beweiserleichterung gilt aber nur für Miteigentum. Hat der spätere Insolvenzschuldner gleichartige Waren mehrerer Lieferanten unter verlängertem Eigentumsvorbehalt bezogen und an verschiedene Abnehmer veräußert, so hilft den Lieferanten-Zessionaren eine Poolbildung nicht unbedingt, da die §§ 1011, 432 BGB nicht zugunsten von Forderungsinhabern gelten. Die Poolmitglieder können also aufgrund ihres verlängerten Eigentumsvorbehalts nicht beliebige Kundenforderungen des Insolvenzschuldners in Anspruch nehmen.[51] Indes müssen die Weiterverkaufsforderungen in solchen Fällen nicht stets der Masse verbleiben. Denn wenn sämtliche Warenlieferanten (und Banken) dem Pool angehören und der Insolvenzschuldner im konkreten Fall keine einzige Forderung erworben haben kann, so erscheint es nicht gerechtfertigt, eine Absonderung auszuschließen.[52]

24 **3. Umfang des Poolanteils.** Weder für Sicherungszession noch für Sicherungseigentum mehrerer ist dagegen im Außenverhältnis gegenüber Dritten § 742 BGB anwendbar; es werden also Dritten gegenüber nicht gleiche Forderungs- oder Miteigentumsanteile für alle Beteiligten vermutet.[53] Jedoch wird der dann notwendige Nachweis der Einzelanteile im Prozess durch § 287 II ZPO erleichtert.[54] Vor einer Klagabweisung sind den Poolmitgliedern jedenfalls nachgewiesene (sichere) Mindestanteile zuzusprechen.[55]

25 Können die Poolmitglieder ihre Rechte auch nach einer Auskunft des Insolvenzverwalters (→ Rn. 37) nicht zur Überzeugung des Gerichts beweisen, etwa weil der Insolvenzschuldner keine ausreichenden Aufzeichnungen geführt oder diese vernichtet hat, so helfen ihnen die Regeln über die *Beweisvereitelung* nicht. Zu ihren Gunsten werden in diesem Fall also nicht nach Billigkeit (behauptete) dingliche Rechte unterstellt.[56] Ist im Streitfall auch nach § 287 II ZPO keine Abschätzung der Anteile möglich, so verbleiben die Forderungen der Insolvenzmasse bzw. ist der Schuldner gem. § 1006 BGB als Eigentümer anzusehen.[57]

26 **4. Schadensersatz.** Ein evtl Schadensersatzanspruch gegenüber dem Insolvenzschuldner wegen der Vereitelung von Sicherheiten ist bloße einfache Insolvenzforderung.

27 **5. Geltung allgemeiner Regeln.** Im Übrigen gelten für die Befriedigung der Ansprüche der Poolmitglieder die allgemeinen Regeln über Aussonderung und Absonderung. Da es sich zumeist nur um Sicherungsrechte (verlängerter Eigentumsvorbehalt und Sicherungseigentum) handelt, die zur Absonderung berechtigen, ist nach neuem Recht idR der Insolvenzverwalter zur Verwertung berechtigt (§ 166 InsO) und hat nur den Erlös (abzüglich der Kostenbeiträge) an die Poolmitglieder abzuführen.

---

[51] *Hess*, InsO, § 47 Rn. 181; *Jaeger/Henckel*, § 47 Rn. 90.
[52] So *Stürner* ZZP 94 (1981), 263, 274; ebenso MüKoInsO/*Ganter*, § 47 Rn. 202.
[53] BGH NJW 1958, 1534; *Hilger*, S. 13; RGRK-BGB/*Pikart*, § 948 Rn. 13; *Schröter/Graf von Westphalen*, S. 134; aA Staudinger/*Langhein*, § 742 Rn. 24; Staudinger/*Wiegand*, § 948 Rn. 7; *Reinicke/Tiedtke*, Kaufrecht Rn. 1248 (für Anwendung von § 948 BGB).
[54] *Obermüller*, FS Luer 2008, 415, 421; Palandt/*Bassenge*, § 948 Rn. 3; *Schröter/Graf von Westphalen*, S. 134 f.
[55] *Heß*, S. 94 f.
[56] BGH NJW 1978, 1632; *Bohlen*, S. 29 f.; *Serick* V, § 71 IV 2a; *Schröter/Graf von Westphalen*, S. 103 f., 133.
[57] Krit *Soergel/Henssler*, § 948 Rn. 5 (für analoge Anwendung des § 742).

IV. Unzulässige Verwertungsmaßnahmen des Pool

Greifen die Poolmitglieder faktisch durch Veräußerung oder Einziehung in die *Rechte* **28** *dritter Gläubiger* ein, so machen sie sich ihnen gegenüber schadensersatzpflichtig.[58]

Unzulässig und nach § 91 InsO bzw. § 138 BGB nichtig ist die Vereinbarung gesi- **29** cherter mit ungesicherten Gläubigern, durch die freie dingliche Sicherheiten nachträglich entgegen dem Zweck des § 91 InsO mit ungesicherten Forderungen aufgefüllt werden sollen.[59]

Nachdem der Gesetzgeber Konzernvorbehaltsklauseln für unzulässig und nichtig an- **30** sieht (§ 449 III BGB), sind auch Poolvereinbarungen des Schuldners mit seinen Gläubigern, wonach die in den Pool eingebrachten Sicherheiten die Forderungen sämtlicher Poolmitglieder sichern, unwirksam. Denn solche Vereinbarungen haben dieselbe Knebelungswirkung wie ein Konzernvorbehalt.[60]

Lieferanten-Poolverträge, die vor Eröffnung des Insolvenzverfahrens mit dem Insol- **31** venzschuldner zur *Verarbeitung von Rohmaterial* oder zur Fertigstellung von Halbfabrikaten zugunsten der Poolmitglieder geschlossen werden, sind ebenfalls nach § 138 I BGB wegen Schädigung der Insolvenzgläubiger nichtig, wenn der Produktionsgewinn an die Poolmitglieder abgeführt werden soll.[61] Der tatsächlich erlangte Mehrwert unterliegt der Insolvenzanfechtung.[62]

Neu- oder Umvalutierungen von Sicherheiten kann der Schuldner ab Eröffnung des **32** Insolvenzverfahrens nicht mehr zustimmen (§§ 80, 91 InsO). Sicherheiten, die der Schuldner einzelnen Gläubigern oder dem Pool in den letzten drei Monaten vor Eröffnung des Insolvenzverfahrens verschafft, sind als inkongruente Deckung anfechtbar, § 131 InsO.[63] Entsprechend ist auch ein externer Saldenausgleich zwischen am Pool beteiligten Banken nach § 131 InsO anfechtbar.[64]

Anfechtbar nach § 131 InsO sind auch Verträge, die den Insolvenzschuldner verpflichten, seine Eigentums- oder Anwartschaftsrechte in den Pool der Sicherungsgläubiger einzubringen.[65]

Bisher war es vielfach üblich, das Sicherungsgut zugunsten der Poolmitglieder gegen **33** Finanzierung der Arbeitslöhne und der Abtretung des Lohnanspruchs zu verarbeiten, um später *Insolvenzgeld* zu beantragen. Nach der Neuregelung des § 188 IV SGB III können die Poolmitglieder nur dann Insolvenzgeld erhalten, wenn die Bundesagentur für Arbeit zuvor der Vorfinanzierung zugestimmt hatte, weil durch die Fortsetzung der Produktion mit dem Erhalt eines erheblichen Teils der Arbeitsplätze zu rechnen ist.

V. Innenverhältnis der Poolmitglieder

1. Freie Vereinbarung. Die Pool-Mitglieder können in dem Gesellschaftsvertrag des **34** Pools alle für die Abwicklung der Gesellschaft relevanten Umstände (Geschäftsführung, Vertretung, sonstige Organe, Kostenbeiträge, Verteilung des Vermögens, Schiedsvereinbarung bei Streitigkeiten etc) regeln. Auch die interne Aufteilung der dem Pool übertragenen Vermögenswerte bzw. des Verwertungserlöses ist ausschließlich Sache der Poolmitglieder; es unterliegt ihrer freien Vereinbarung, nach welchen Maßstäben sie hier vorgehen wollen. Eine Teilung unter Nachweis der Einzelanteile ist nicht notwendig.[66]

---

[58] BGH NJW 1982, 1455 = ZIP 1982, 543 = KTS 1982, 467, 470 = WM 1982, 482.
[59] *Obermüller*, FS Luer 2008, 415, 423; *Hess*, InsO, § 47 Rn. 150; *Smid*, § 51 Rn. 23.
[60] *Häsemeyer*, Rn. 18.67.
[61] *Uhlenbruck*, Beratung S. 131, 134.
[62] *Hess*, InsO, § 47 Rn. 158.
[63] *Häsemeyer*, Rn. 18.67.
[64] Vgl. *Obermüller*, FS Luer 2008, 415, 424; *Burgermeister*, S. 184 ff.
[65] *Bohlen*, S. 72 ff.; *Burgermeister*, S. 199 ff.
[66] Uhlenbruck/Hirte/Vallender/*Brinkmann*, § 47 Rn. 60; aA *Burgermeister*, S. 232, 235 ff.

35 **2. Auslegungsregeln für die Verteilung im Innenverhältnis.** IdR werden sich die Poolmitglieder freilich soweit möglich nach den tatsächlichen Anteilen orientieren. Nach § 947 I, 2. Hs BGB werden die Poolmitglieder bei Verbindung und Vermischung Miteigentümer nach dem Verhältnis des Wertes, den die einzelnen Sachen zZ der Verbindung haben. Diese Regel bestimmt zunächst die sachenrechtlichen Miteigentumsquoten. Sie und nicht § 742 BGB wird aber im Zweifel auch als vertraglicher Verteilungsschlüssel gewählt werden.[67]

36 Im Zweifel ist also von den Anteilen der einzelnen Poolmitglieder an den eingebrachten Sicherheiten auszugehen. Lassen sich diese Anteile aber nicht genau bestimmen, so ist ihre Größe nach § 287 II ZPO abzuschätzen.[68] Nur wenn keine anderen Anhaltspunkte bestehen, ist *innerhalb der Poolmitglieder* als Mitgesellschafter gem. § 742 BGB von gleichen Anteilen auszugehen.[69]

VI. Verhältnis Pool – Insolvenzmasse

37 **1. Auskunftspflicht.** Der Insolvenzverwalter hat den Poolmitgliedern wie anderen aussonderungs- und absonderungsberechtigten Sicherungsgläubigern nach § 167 InsO bzw. § 242 BGB Auskunft über den Bestand ihrer Rechte zu erteilen.[70]

38 **2. Wahl der Erfüllung, § 103 InsO.** Dem Insolvenzverwalter ist es nicht verwehrt, gegenüber einzelnen Gläubigern von § 103 InsO Gebrauch zu machen, den Vertrag zu erfüllen und dadurch eine Teilforderung oder – auch durch Verarbeitung – Miteigentum für den Insolvenzschuldner zu erwerben. Die Interessen der Sicherungsgläubiger an möglichst ungestörter Aussonderung oder Absonderung schränken dieses gesetzliche Wahlrecht in keinem Fall ein.[71] Der entstandene Anteil des Insolvenzschuldners erschwert den Sicherungsgläubigern nunmehr die Verfolgung und den Nachweis ihrer Rechte (→ Rn. 5 ff. und → Rn. 17). Ob der Insolvenzverwalter durch Erfüllung einzelner Verträge aber den Pool „sprengen", dh die eingebrachten Sicherheiten mangels Beweisbarkeit ganz oder teilweise undurchsetzbar machen kann,[72] hängt von den Umständen des Einzelfalles ab. Der Erwerb eines Miteigentumsanteils oder einer Teilforderung durch den Insolvenzschuldner hat jedenfalls nicht notwendig zur Folge, dass Feststellungen zu den Anteilen der Poolmitglieder unmöglich werden.[73] Zumindest müssen wiederum nach § 287 II ZPO Mindestanteile der Poolmitglieder abgeschätzt werden.[74] Auch ein „vorsätzliches" Bezahlen einer Teilrechnung durch den Insolvenzverwalter rechtfertigt – ohne sonstige Beweismittelvernichtung – keine Beweislastumkehr zu Lasten der Insolvenzmasse. Die Auseinandersetzung der Miteigentümergemeinschaft erfolgt nach § 84 InsO freilich außerhalb des Insolvenzverfahrens; → Rn. 17.

39 **3. Verwertungsvereinbarungen mit dem Pool.** Der Insolvenzverwalter kann Sicherungsgut nach § 166 InsO selbst verwerten; er kann aber auch die Verwertung nach § 170 II InsO den Gläubigern überlassen. Für diesen Fall kann er zur Verwertung des Sicherungsgutes Vereinbarungen mit dem Pool treffen.[75] „Kauft" der Insolvenzverwalter den Poolmitgliedern ihre Sicherheiten zur Abgeltung der gesicherten Forderungen zu

---

[67] *Schröter/Graf von Westphalen*, S. 108 f.
[68] Vgl. *Schröter/Graf von Westphalen*, S. 134 f.
[69] So auch *Reinicke/Tiedtke*, Kaufrecht Rn. 1249.
[70] BGHZ 49, 11 = NJW 1968, 300; OLG Frankfurt NJW-RR 1986, 721 = WM 1986, 27 = ZIP 1986, 104.
[71] AA *Uhlenbruck*, Beratung S. 343.
[72] Vgl. *Bülow*, Rn. 1267; *Hess*, InsO, § 47 Rn. 155; MüKoInsO/*Lwowski/Tetzlaff*, § 166 Rn. 214 ff.; *Reinicke/Tiedtke*, Kaufrecht Rn. 1258; *Schröter/Graf von Westphalen*, S. 133.
[73] Vgl. OLG Frankfurt NJW-RR 1986, 721, 723.
[74] Für subsidiäre Verteilung nach § 742 BGB *Heß*, S. 140.
[75] Vgl. *Obermüller*, Rn. 6.344h.

einer bestimmten Quote ab, so steht ein etwaiger Mehrerlös aus der Verwertung nur der Insolvenzmasse zu. Der einzelne Poolgläubiger hat hierauf keinen Anspruch.[76]

Obwohl hiervon die Höhe des Ausfalls (§ 190 InsO) des einzelnen Sicherungsgläubigers abhängt, hat der Insolvenzverwalter dagegen keine Befugnis, an der internen Verteilung des Erlöses auf die Poolmitglieder mitzuwirken.

4. Verwertungsgemeinschaft mit den Sicherungsgläubigern. Schließlich kann **40** bereits der spätere Insolvenzschuldner[77] oder nach Verfahrenseröffnung der Insolvenzverwalter mit den Sicherungsgläubigern zusammen eine Verwertungsgemeinschaft, also einen Pool, bilden.[78] Da der Insolvenzverwalter von den Gläubigern unabhängig sein muss (§ 56 I InsO), darf er aber wohl nicht die Stellung eines Poolverwalters übernehmen.[79] Bei einer Mitberechtigung des Insolvenzschuldners am Sicherungsgut, aber auch bei einem faktischen Nebeneinander von freiem Eigentum des Insolvenzschuldners und Sicherungsgut kann es sinnvoll sein, eine zeitraubende und kostspielige reale Trennung zu vermeiden und sämtliche Waren gemeinsam zu veräußern.[80] Auch dieser Pool ist eine BGB-Gesellschaft.[81] Bedenken gegen seinen Abschluss bestehen grds. nicht, da diese Art der Verwertung (§§ 159, 166 InsO) für die Insolvenzmasse von wirtschaftlichem Vorteil sein kann (zB Offenhalten von Kreditlinien)[82] und daher innerhalb des Verwertungsermessens des Insolvenzverwalters liegt. Nichtig nach § 138 BGB ist allerdings eine Vereinbarung, die den Schuldner knebelt oder durch die der Insolvenzverwalter den Gläubigern bewusst eine zu hohe Quote am Gesamterlös zugesteht.[83] In diesem Fall haftet der Insolvenzverwalter auch nach § 60 InsO persönlich.

5. Sicherheitenpool im Insolvenzplan. In einem Insolvenzplan kann auch in **41** Rechte von Sicherungsgläubigern eingegriffen werden, § 223 II InsO. Der Plan kann dabei im gestaltenden Teil die erforderlichen Erklärungen zur dinglichen Rechtsänderung enthalten, § 228 S. 1 InsO. Eine Möglichkeit ist dabei, die bisherigen Sicherheiten in einen Pool einzubringen und die Sicherungsgläubiger anteilig daran zu beteiligen.[84] Der Poolvertrag ist insoweit nicht nach § 226 III InsO nichtig, weil diese Norm nur die unlautere Übertragung von Forderungen zur Beeinflussung des Abstimmungsverhaltens verhindern soll.[85] Die Verwaltung dieses Pools kann im Insolvenzplan geregelt und im Rahmen der Planüberwachung (§ 261 InsO) auch dem bisherigen Insolvenzverwalter übertragen werden.

§ 45. Die Aufrechnung in der Insolvenz

Übersicht

	Rn.
I. Allgemeines	1
1. Fortgeltung der Selbstexekutionsbefugnis	1
2. Parallele zur Absonderung	3

---

[76] LG Darmstadt ZIP 1983, 98; *Mohrbutter/Vortmann,* Rn. VI.334.
[77] Vgl. *Burgermeister,* S. 141 ff.
[78] Vgl. *Obermüller,* FS Luer 2008, 415, 420; *Burgermeister,* S. 250 ff.
[79] Vgl. *Burgermeister,* S. 267 ff.
[80] *Heß,* S. 152; MüKoInsO/*Ganter,* § 47 Rn. 203.
[81] *Stürner* ZZP 94 (1981), 263, 280.
[82] *Peters* ZIP 2000, 2238, 2242.
[83] *Burgermeister,* S. 254.
[84] Vgl. Begründung zum RegE zu § 266 InsO (abgedruckt in *Kübler/Prütting,* Das neue Insolvenzrecht, Bd I, 1994, S. 456); *Schiessler,* Der Insolvenzplan, 1997, S. 110 f.
[85] *Obermüller,* FS Luer 2008, 415, 421.

§ 45 Kap. III. 6. Abschnitt. Aussonderung, Absonderung, Aufrechnung

Rn.
- II. Aufrechnungslage bei Eröffnung des Insolvenzverfahrens 4
  1. Wirksamkeit der Forderungen 6
  2. Gegenseitigkeit der Forderungen 7
  3. Gleichartigkeit der Forderungen 15
  4. Fälligkeit 17
  5. Aufrechnungsverbote 19
  6. Aufrechnung kraft Vereinbarung 26
  7. Die Aufrechnungserklärung und ihre Wirkung 34
- III. Nachträglicher Eintritt der Aufrechnungslage 43
  1. Keine Erweiterung der Aufrechnungsbefugnis durch Eröffnung des Insolvenzverfahrens 43
  2. Erhalt der Aufrechnungs„anwartschaft" 44
  3. Fälligkeit der Forderungen 46
  4. Bedingtheit der Forderungen 49
  5. Gleichartigkeit der Forderungen 72
  6. Sonderregeln für Dauerschuldverhältnisse 77
- IV. Gesetzlicher Ausschluss der Aufrechnung 79
  1. Grundgedanken 79
  2. Wirkung 80
  3. Erwerb der Schuldnerstellung nach Verfahrenseröffnung 82
  4. Erwerb der Gläubigerstellung nach Verfahrenseröffnung 86
  5. Anfechtbarer Erwerb der Aufrechnungslage 99
  6. Aufrechnung mit einer gegen das insolvenzfreie Vermögen des Schuldners gerichteten Forderung 103a
  7. Verrechnung in Zahlungssystemen 105
- V. Aufrechnung durch den Insolvenzverwalter 106
  1. Anlass 106
  2. Partielle Geltung der Insolvenzregeln 107
- VI. Aufrechnung durch Massegläubiger 110
- VII. Steuerliche Probleme 114

Schrifttum: *Adam,* Die Aufrechnung im Rahmen der Insolvenzordnung, WM 1998, 801; *Althammer,* (Keine) Insolvenzfestigkeit von Konzernverrechnungsklauseln, Der Konzern 6/2005, 1; *Altmann,* Die sozialrechtliche Auf- und Verrechnung der Sozialleistungsträger im Insolvenzverfahren, 2008; *App,* Zur Aufrechnung im Insolvenzeröffnungsverfahren, KKZ 2004, 241; *Becker,* Begünstigen und Zurückdrängen der Aufrechnung unter laufendem Insolvenzverfahren, DZWiR 2005, 221; *Bork,* Aufrechnung und Insolvenzanfechtung, FS Ishikawa, 2001, S. 31; *ders.,* Aufrechnung mit Vorsteuervergünstigungsansprüchen in der Insolvenz, ZInsO 2003, 686; *Braun,* Aufrechnung mit im Insolvenzplan erlassenen Forderungen, NZI 2009, 409; *Busch/Brey/Hilpertz,* Aufrechnung von Kfz-Steuer im eröffneten Insolvenzverfahren, ZInsO 2005, 195; *Canaris,* Die Auswirkungen von Verfügungsverboten vor Konkurs- und Vergleichseröffnung im Girovertragsrecht, ZIP 1986, 1225; *Dahl,* Aufrechnungsbefugnis trotz rechtskräftigem Insolvenzplan?, NJW-Spezial 2009, 309; *Dieckmann,* Zur Aufrechnung, in: *Leipold* (Hrsg.), Insolvenzrecht im Umbruch, 1991, S. 211; *Diepenbrock,* Die Verrechnung nach § 52 SGB I in der Insolvenz, ZInsO 2004, 950; *Ebert,* Aufrechnungsvereinbarungen nach bisherigem und neuem Insolvenzrecht, Diss. Heidelberg 2000/01; *Ekkenga,* Angewandte Rechtsmethodik am Beispiel der insolvenzrechtlichen Rangrückstufung von „Gesellschafter"-Darlehen, FS Schapp 2010, S. 125, 128; *Fischer,* Aufrechnung und Verrechnung in der Insolvenz, WM 2008, 1; *Flöther/Wehner,* Insolvenzplanbedingter Forderungserlass und Aufrechnungsbefugnis, ZInsO 2009, 503; *Frotscher,* Besteuerung bei Insolvenz, 7. Aufl. 2010; *Ganter,* Aufrechnungsverbote nach § 96 I Nr. 2 und 3 InsO bei Sicherungsabtretungen, FS H.-P. Kirchhof, 2003, S. 105; *Gerhardt,* Neue Erfahrungen mit der Aussonderung, Absonderung und Aufrechnung, in: Aktuelle Probleme des neuen Insolvenzrechts, 2000, S. 127; *Grote,* Aufrechnung des Finanzamtes mit Einkommenssteuererstattungsansprüchen des Schuldners im Insolvenz- und Restschuldbefreiungsverfahren, ZInsO 2001, 452; *Häsemeyer,* Die Aufrechnung nach der Insolvenzordnung, Kölner Schrift, 3. Aufl. 2009, S. 461; *Henckel,* Aufrechnung in der Insolvenz, FS G. Lüke, 1997, S. 237; *ders.,* Konstruktion, Funktion, Interessen – zur modifizierten Erlöschenstheorie durch den Bundesgerichtshof, FS H.-P. Kirchhof, 2003, S. 191; *Hilbertz,* Aufrechnung von Kraftfahrzeugsteuer im eröffneten Insolvenzverfahren, DZWiR 2005, 195; *Holzer,*

Die Aufrechnung im neuen Insolvenzrecht, DStR 1998, 1268; *Huber,* Die insolvenzrechtlich unzulässige Aufrechnung nach § 96 Abs. 1 Nr. 3 InsO, ZInsO 2009, 566; *Jacobi,* Sanierung durch Insolvenzplan versus unbegrenzte Aufrechnung, NZI 2009, 351; *ders.,* Die Aufrechnungsbefugnis des Rechtsanwalts in der Insolvenz des Mandanten, NZI 2007, 495; *Joachim/Schwarz,* Beschränkung der Aufrechnung des Insolvenzgläubigers nach einem bestätigten Insolvenzplan auf die Quote?, ZInsO 2009, 408; *Kahlert/Rühland,* Sanierungs- und Insolvenzsteuerrecht, 2. Aufl. 2011; *Kayser,* Wirksame und unwirksame Aufrechnungen und Verrechnungen in der Insolvenz (§§ 94 bis 96 InsO) I, WM 2008, 1477; II WM 2008, 1525; *Kesseler,* Sicherungszessionen und das Aufrechnungsverbot nach § 96 I Nr. 2 InsO, ZInsO 2001, 148; *Lieder,* Zur (Un-)Wirksamkeit von Konzernverrechnungsklauseln in der Insolvenz, DZWIR 2007, 13; *Luscher/Renken-Röhrs,* Die Insolvenzfestigkeit der Konzernverrechnungsklausel, ZInsO 2002, 611; *Mylich,* Probleme beim Verständnis von § 135 Abs. 1 Alt. 2 Nr. 2 InsO nF, ZGR 2009, 474; *v. Olshausen,* Die Aufrechnung mit dem Regressanspruch eines Bürgen oder Wechseleinlösers in der Insolvenz des Hauptschuldners oder des Akzeptanten nach der InsO, KTS 2000, 1; *Paulus,* Zum Verhältnis von Aufrechnung und Insolvenzanfechtung, ZIP 1997, 569; *ders.,* Zur Insolvenzfestigkeit von Aufrechnungsvereinbarungen, 50 Jahre BGH, Festgabe Wissenschaft, Bd III, 2000, S. 765; *Pawlowski,* Die Aufrechnung bei verhaltenen Ansprüchen, DZWir 1998, 431; *Peters/Lwowski,* Das Kreditinstitut als Zahlstelle und Sicherungsnehmer, WM 1999, 258; *Reher,* Insolvenzfestigkeit von Konzernverrechnungsklauseln, ZInsO 2004, 900; *Ries,* § 96 I Nr. 3 InsO – ein Trojanisches Pferd?, ZInsO 2004, 1231; *Rendels,* Ist die Aufrechnungsbefugnis kraft einer Konzern-Netting-Abrede insolvenzfest?, ZIP 2003, 1583; *Schießer,* Bedingte und betagte Ansprüche nach altem und neuem Insolvenzrecht, 1998; *K. Schmidt,* Keine Insolvenzfestigkeit von Konzernverrechnungsklauseln, NZI 2005, 138; *Th. Schmidt,* Pflicht zur Bezahlung einer mangelhaften Werkleistung wegen Insolvenz des Bauunternehmers wegen § 95 I 3 InsO?, NZI 2003, 186; *Schwahn,* Konzernverrechnungsklauseln in der Insolvenz, NJW 2005, 473; *Schwarz/Lehre,* Aufrechnung mit einer Forderung trotz Insolvenzplan - Stärkung des Fiskusprivilegs, ZInsO 2011, 1540; *Tinnefeld,* Die Auf- und Verrechnungsmöglichkeiten von Kreditinstituten, 2006; *Tintelnot,* Zur Aufrechnung mit einer Nichterfüllungsforderung nach § 103 II 1 InsO, KTS 2004, 339; *Viertelhausen,* Aufrechnungen und Abtretungen im Insolvenzverfahren, InVo 2000, 77; *Wazlawik,* Aufrechnungsbefugnis und Wirksamkeit der Zession nach Erfüllungswahl des Insolvenzverwalters, DB 2002, 2587; *Weitekamp,* Die analoge Anwendung des § 55 KO nach Verhängung eines allgemeinen Veräußerungsverbots – zugleich zur Rechtslage nach § 96 InsO, NZI 1998, 112; *Wieser,* Erfüllungsverlangen des Insolvenzverwalters und Aufrechnung mit einer Insolvenzforderung, JZ 2003, 231; *v. Wilmowsky,* Aufrechnung in der Insolvenz, NZG 1998, 481; *ders.,* Insolvenzvertragsrecht: Rechte am Vertragsanspruch des Insolvenzschuldners, ZIP 2012, 401; *Windel,* Die Unbeachtlichkeit von Konzernverrechnungsbefugnissen und wirkungsgleichen Drittaufrechnungsmöglichkeiten im Insolvenzverfahren, KTS 65 (2004), 305; *Wissmann,* Persönliche Mithaft in der Insolvenz, 2. Aufl. 1998.

I. Allgemeines

1. Fortgeltung der Selbstexekutionsbefugnis. Die Aufrechnungsbefugnis des *Insolvenzgläubigers* gem. §§ 387 ff. BGB bleibt grds. zulässig, auch wenn gegen den Schuldner ein Insolvenzverfahren eröffnet wurde, § 94 InsO. Die Aufrechnung ermöglicht es dem Insolvenzgläubiger, sich wegen seiner Forderung gegen den Insolvenzschuldner (bis zur Höhe der Gegenforderung) in voller Höhe zu befriedigen, während er sonst voll an die Masse leisten müsste, auf seine Forderung dagegen nur die Quote erhalten würde. Dadurch schützt das Gesetz das Vertrauen in die einmal eingetretene Aufrechnungslage,[1] zumal nach manchen Rechtsordnungen die Aufrechnungswirkungen mit Eintritt der Aufrechnungslage bereits kraft Gesetzes eintreten. Man hat daher die Aufrechnungsbefugnis mit einem „Pfandrecht an der eigenen Schuld"[2] verglichen oder von

---

[1] *Kayser* WM 2008, 1477; *Hess,* InsO, § 94 Rn. 3; *HK/Kayser,* § 94 Rn. 1; *Smid,* § 94 Rn. 4; krit. *Paulus,* Festgabe BGH S. 765, 767 ff. (Privileg).

[2] *Weigelin,* Das Recht zur Aufrechnung als Pfandrecht an der eigenen Schuld, 1904.

§ 45 2–6 Kap. III. 6. Abschnitt. Aussonderung, Absonderung, Aufrechnung

einer Art „Selbstexekution" gesprochen.[3] Diese Selbstexekutionsbefugnis gilt auch während des Insolvenzverfahrens fort. Kritik an der Bevorzugung des aufrechnungsbefugten Gläubigers bleibt selten.[4] Unzulässig ist entsprechend der Neuerwerb dieses Aufrechnungsschutzes nach Verfahrenseröffnung oder in anfechtbarer Weise, da dies dem Grundsatz der Gläubigergleichbehandlung widersprechen würde.[5]

2   Nicht von den §§ 94 ff. InsO erfasst und stets zulässig ist die *Verrechnung* oder *Anrechnung* von gegenseitigen Ansprüchen oder unselbständigen Rechnungsposten im Rahmen der Ermittlung des zu ersetzenden Schadens (Differenzschaden, Vorteilsausgleichung).[6] Dagegen bietet die Saldotheorie keine Grundlage dafür, dass Forderungen, die ohne Saldierungsmöglichkeit Insolvenzforderungen wären, zu „verdinglichen", zu Masseforderungen zu erheben oder voll zu verrechnen.[7]

3   **2. Parallele zur Absonderung.** Indem das Gesetz die Aufrechnung auch im Insolvenzverfahren zulässt, wird diese wirtschaftlich einem Absonderungsrecht gleichgestellt.[8] Denn der aufrechnende Insolvenzgläubiger befriedigt sich dadurch praktisch aus der gegen ihn gerichteten Gegenforderung in Höhe seiner eigenen Forderung.[9] Die Aufrechnung unterscheidet sich aber dadurch von der Absonderung, als Forderungen aufrechnungsbefugter Gläubiger grundsätzlich nicht um Kostenbeiträge gekürzt werden.[10]

II. Aufrechnungslage bei Eröffnung des Insolvenzverfahrens

4   Aufrechnen kann der Gläubiger, wenn die gesetzlichen Aufrechnungsvoraussetzungen bei Eröffnung des Insolvenzverfahrens erfüllt sind oder diese Befugnis kraft Vereinbarung begründet ist, § 94 InsO. Ob diese Regel konstitutive oder lediglich deklaratorische[11] Bedeutung hat, kann dahinstehen.

5   Da das Gesetz darauf abstellt, ob die Aufrechnungslage bei Eröffnung des Verfahrens besteht, kann sie grds. auch nach Stellung des Insolvenzantrags, *während des Eröffnungsverfahrens* begründet werden. Weder der Erlass eines Vollstreckungsverbots noch eines allgemeinen Verfügungsverbots (§ 21 II Nr. 2 InsO) führen über § 394 BGB zu einem Aufrechnungsverbot.[12] Jedoch dürfte der Erwerb der Aufrechnungslage *häufig anfechtbar* sein, so dass die Aufrechnung dann an § 96 I Nr. 3 InsO scheitert (→ Rn. 99).[13]

6   **1. Wirksamkeit der Forderungen.** Die Forderung des Insolvenzgläubigers muss *wirksam* entstanden und *voll durchsetzbar* sein; Einreden dürfen ihr nach § 390 BGB

---

[3] BGHZ 129, 336 = NJW 1995, 1966, 1967; BGH NJW 1994, 1659, 1660; *Bötticher*, FS Schima, 1969, S. 95; *Dieckmann*, S. 211; HK/*Kayser*, § 94 Rn. 2; *Becker* DZWIR 2005, 221, 225.
[4] S. aber KPB/*Lüke*, InsO, § 94 Rn. 8.
[5] *Häsemeyer*, Kölner Schrift, S. 461, 472; *Bork*, FS Ishikawa S. 31, 32 ff.
[6] Vgl. *Gernhuber*, § 12 I 2.
[7] BGH NJW 2005, 884, 887 = NZI 2005, 157.
[8] BGH NJW 1994, 1659, 1660; BGHZ 129, 336 = NJW 1995, 1966, 1967; MüKoInsO/*Brandes*, § 94 Rn. 3; Uhlenbruck/Hirte/Vallender/*Sinz*, § 94 Rn. 1; *Smid*, § 94 Rn. 1; *Becker* DZWIR 2005, 221, 225.
[9] MüKoInsO/*Brandes*, § 94 Rn. 3; *Henckel* ZZP 99 (1986), 419, 422; *Weigelin*, Das Recht zur Aufrechnung als Pfandrecht an eigener Schuld, 1904; vgl. MüKoBGB/*Schlüter*, § 387 Rn. 1; krit. KPB/*Lüke*, InsO, § 94 Rn. 4 (Parallele zur Aussonderung, da außerhalb des Insolvenzverfahrens).
[10] MüKoInsO/*Brandes*, § 94 Rn. 3; *Hess*, InsO, § 94 Rn. 2; *Häsemeyer*, Kölner Schrift, S. 461, 466 (anders bei Aufrechnung kraft Vereinbarung); *Becker* DZWIR 2005, 221, 226; aA *Häsemeyer*, Rn. 19.31.
[11] So *v. Wilmowsky* NZG 1998, 481, 484; vgl. *Gerhardt*, Aktuelle Probleme, S. 127, 144 („redaktionelle Fehlleistung").
[12] OLG Rostock ZIP 2003, 1805 = EWiR § 69 InsO 1/04, 447 (*Runkel*); MüKoInsO/*Brandes*, § 94 Rn. 44; HambKomm/*Jacoby*, § 94 Rn. 11; KPB/*Lüke*, InsO, § 94 Rn. 90; *Kayser* WM 2008, 1; aA *Canaris* ZIP 1986, 1225, 1226.
[13] Vgl. MüKoInsO/*Brandes*, § 94 Rn. 44; HambKomm/*Jacoby*, § 94 Rn. 11; KPB/*Lüke*, InsO, § 94 Rn. 90; *Kayser*, WM 2008, 1; *Henckel*, FS Lüke S. 237, 239.

nicht entgegenstehen.[14] Die *Verjährung* schließt eine Aufrechnung nicht aus, wenn die Aufrechnungslage bereits vor dem Eintritt der Verjährung gegeben war, § 215 BGB. Die *Anfechtbarkeit* (§§ 119 ff. BGB) hindert eine Aufrechnung nicht, solange die Anfechtung nicht erklärt ist. Die *Gegenforderung* muss bestehen und erfüllbar sein; fällig und selbstständig durchsetzbar muss sie nicht sein.[15]

2. Gegenseitigkeit der Forderungen. Fehlt es an der Gegenseitigkeit der Forderungen, scheidet eine Aufrechnung gem. § 387 BGB aus.[16] Eine Aufrechnung mit der Forderung eines Dritten scheidet auch mit dessen Ermächtigung aus;[17] zusätzlich erforderlich ist ein Einverständnis des Gegners.[18] Wird die Gegenforderung allerdings nach Eintritt der Aufrechnungslage abgetreten, so kann der Schuldner auch dem neuen Gläubiger gegenüber aufrechnen (§ 406 BGB).

Ein *Dritter* darf zwar leisten (§ 267 BGB), aber nicht aufrechnen, sofern das Gesetz nichts anderes, insb zugunsten Ablösungsberechtigter vorsieht (§§ 268 II, 1142 II, 1150, 1224, 1249 S. 2 BGB; 35 VVG[19]). Eine Forderung, die einem Gesamtschuldner zusteht, kann nicht von den anderen aufgerechnet werden, § 422 II BGB. Gegenseitigkeit fehlt bei einer Aufrechnung einer Eigenkontoforderung mit einer Anderkontoforderung im Insolvenzverfahren des Anderkonto-Inhabers.[20]

Eine *Drittaufrechnung* lässt auch § 52 SGB I zu. Danach kann ein Sozialleistungsträger einen anderen ermächtigen, die Forderung des ermächtigenden Leistungsträgers mit Ansprüchen des Schuldners zu verrechnen. In den Fällen des § 52 SGB I ist die Vorschrift des § 114 II InsO unmittelbar anwendbar, weil die sozialrechtliche Verrechnung vom Aufrechnungsbegriff der InsO erfasst wird. Dem steht nicht entgegen, dass die InsO in § 94 InsO nur von Aufrechnung spricht, in § 96 II 1 InsO jedoch den Begriff der „Verrechnung" verwendet. § 94 InsO ist auf die sozialrechtliche Verrechnung analog anzuwenden.[21]

Gegenseitigkeit fehlt auch, wenn sich die Forderung des Gläubigers gegen eine Gesellschaft, eine Miterbengemeinschaft oder eine sonstige *Gesamthand* richtet, deren Mitglied der Insolvenzschuldner ist (§§ 719 II, 2040 II BGB).[22] Jedoch kann ein *Kommanditist* im Insolvenzverfahren der Kommanditgesellschaft mit einer abgetretenen Drittgläubigerforderung[23] gegen den Haftungseinlageanspruch des Insolvenzverwalters nach § 171 II HGB aufrechnen, obgleich Gläubiger dieses Anspruchs die Gläubiger der KG sind. Der Kommanditist kann sich aber nach § 171 I 2. Hs HGB durch jede Leistung an die Kommanditgesellschaft befreien (arg § 406 BGB). Diese Aufrechnungsmöglichkeit besteht für den aktiven wie für den ausgeschiedenen Kommanditisten.[24] Dagegen kann der Gläubiger im Insolvenzverfahren der Gesellschaft nicht gegen eine persönliche Forderung eines Kommanditisten aufrechnen.[25]

---

[14] Braun/*Kroth*, § 94 Rn. 10; Uhlenbruck/Hirte/Vallender/*Sinz*, § 94 Rn. 32; HK/*Kayser*, § 94 Rn. 35; HambKomm/*Jacoby*, § 94 Rn. 8; *Smid*, § 94 Rn. 6.
[15] MüKoBGB/*Schlüter*, § 387 Rn. 38.
[16] BGHZ 93, 159 = NJW 1985, 1468, 1469; MüKoBGB/*Schlüter*, § 387 Rn. 6; MüKoInsO/*Brandes*, § 94 Rn. 4; HambKomm/*Jacoby*, § 94 Rn. 3.
[17] MüKoBGB/*Schlüter*, § 387 Rn. 7; Uhlenbruck/Hirte/Vallender/*Sinz*, § 94 Rn. 13; MüKoInsO/*Brandes*, § 94 Rn. 4.
[18] Zur Konzernverrechnungsklausel → Rn. 32.
[19] MüKoBGB/*Schlüter*, § 387 Rn. 23.
[20] MüKoBGB/*Schlüter*, § 387 Rn. 16; Uhlenbruck/Hirte/Vallender/*Sinz*, § 94 Rn. 14.
[21] BGHZ 177, 1 = NJW 2008, 2705 = NZI 2008, 479; so im Wesentlichen schon BSG ZInsO 2004, 741, 742 ff.; *Diepenbrock* ZInsO 2004, 950; HambKomm/*Jacoby*, § 94 Rn. 7; kritisch *Lof* EWiR 2008, 537; HK/*Kayser*, § 94 Rn. 21.
[22] MüKoBGB/*Schlüter*, § 387 Rn. 17; MüKoInsO/*Brandes*, § 94 Rn. 6.
[23] Uhlenbruck/Hirte/Vallender/*Sinz*, § 94 Rn. 18.
[24] BGHZ 58, 72 = NJW 1972, 480; BGH NJW 1981, 232; Baumbach/*Hopt*, § 171 Rn. 13.
[25] *Häsemeyer* ZHR 149 (1985), 42, 58 f.

11 Nach § 93 InsO kann auch die persönliche Haftung der voll haftenden Gesellschafter in OHG und KG während des Insolvenzverfahrens von OHG und KG nur vom Insolvenzverwalter geltend gemacht werden. Da damit aber keine Haftungsbeschränkung verbunden ist, sollte dem Gesellschaftsgläubiger dadurch keine sonst bestehende Aufrechnungsmöglichkeit entzogen werden.[26] Kommt es gleichzeitig zu einem Insolvenzverfahren über das Eigenvermögen des persönlich haftenden Gesellschafters, so kann dieser eine bestehende Aufrechnungsbefugnis (§§ 94, 95 InsO) auch gegenüber dem Insolvenzverwalter der Gesellschaft einwenden.[27]

12 Der Schuldner einer *abgetretenen Gegenforderung* kann nach § 406 BGB auch dem neuen Gläubiger gegenüber aufrechnen, sofern die Aufrechnungslage schon vor der Abtretung bestand oder er beim Erwerb seiner Forderung keine Kenntnis von der Abtretung hatte.[28] In den von § 354a HGB erfasster Fällen kann der Schuldner auch aufrechnen, wenn er die gegen den Zedenten gerichtete Forderung nach Kenntnis der Abtretung erworben hat oder wenn seine Forderung erst nach der abgetretenen Gegenforderung fällig geworden ist.[29]

13 Trotz § 392 II HGB besteht Gegenseitigkeit im Verhältnis von Kommissionär und Schuldner auch hinsichtlich inkonnexer Forderungen;[30] die Abtretung an den Kommittenten beseitigt die Aufrechenbarkeit im Rahmen des § 406 BGB nicht.

14 Gegenseitigkeit besteht auch in *Regressfällen,* wenn eine Drittforderung kraft Gesetzes auf den Aufrechnungsberechtigten übergegangen ist. Dementsprechend kann ein Bürge gegenüber dem Insolvenzschuldner mit seinem Rückgriffsanspruch gem. § 774 I 1 BGB, aber auch mit einem Aufwendungsersatzanspruch gem. § 670 BGB aufrechnen. Ist der Insolvenzschuldner Gläubiger der durch Bürgschaft gesicherten Forderung, so kann der Bürge außerdem von sich aus mit einer eigenen Gegenforderung gegen den Bürgschaftsanspruch aufrechnen und dem Insolvenzverwalter dadurch die (aufrechnungsfreie) Inanspruchnahme des Hauptschuldners abschneiden.[31] Allerdings wird die Ansicht vertreten,[32] die masseverkürzende cessio legis der Hauptforderung auf den Bürgen scheitere an § 91 InsO; der Verwalter könne daher trotz der Aufrechnung die Hauptforderung einziehen und müsse dem Bürgen nach Wiederherstellung seiner Insolvenzforderung, § 55 I Nr. 3 InsO, hierauf nur die Quote bezahlen.[33]

15 **3. Gleichartigkeit der Forderungen** ist nach der Verkehrsanschauung zu beurteilen und daher auch zwischen schuldrechtlichen und dinglichen Ansprüchen, die auf Zahlung einer Geldsumme gerichtet sind, gegeben.[34] Sie fehlt zwischen einem Freistellungsanspruch und einem Zahlungsanspruch.[35]

16 Nach § 95 II 1 InsO besteht bei Geldforderungen auch dann Gleichartigkeit, wenn sie auf *unterschiedliche Währungen* oder Rechnungseinheiten lauten. Vorausgesetzt wird jedoch,

---

[26] Vgl. *Häsemeyer,* Kölner Schrift, S. 461, 463 (Rn. 9), 484 (Rn. 94 ff.).
[27] *Häsemeyer,* Kölner Schrift, S. 461, 485 (Rn. 97).
[28] BGHZ 56, 111 = NJW 1971, 1270; MüKoInsO/*Brandes,* § 94 Rn. 7; MüKoBGB/*Schlüter,* § 387 Rn. 26; *v. Olshausen* ZIP 1995, 1950, 1955.
[29] BGH NJW-RR 2005, 625; *v. Olshausen* ZIP 1995, 1954.
[30] BGH NJW 1969, 276; OLG Düsseldorf NJW 1998, 690, 691; *Baumbach/Hopt,* § 392 Rn. 5; MüKoBGB/*Schlüter,* § 387 Rn. 18; Uhlenbruck/Hirte/Vallender/*Sinz,* § 94 Rn. 14; MüKoBGB/*Schlüter,* § 387 Rn. 18; aA MüKoInsO/*Brandes,* § 94 Rn. 8 (nur mit konnexen Gegenforderungen).
[31] *Jaeger/Lent,* § 53 Anm. 10; MüKoBGB/*Schlüter,* § 387 Rn. 16; MüKoInsO/*Brandes,* § 94 Rn. 4; aA *Müller,* S. 74 ff. (§ 15 S. 1 KO verhindere dabei den Forderungserwerb durch den Bürgen).
[32] Vgl. *Honsdorf,* S. 124 ff. (zu § 15 KO).
[33] Hierfür Uhlenbruck/Hirte/Vallender/*Sinz,* § 94 Rn. 26.
[34] MüKoBGB/*Schlüter,* § 387 Rn. 30; MüKoInsO/*Brandes,* § 94 Rn. 13; HK/*Kayser,* § 94 Rn. 31; Uhlenbruck/Hirte/Vallender/*Sinz,* § 94 Rn. 29; weitere Einzelfälle bei MüKoBGB/*Schlüter,* § 387 Rn. 30; *Smid,* § 94 Rn. 6.
[35] BGH ZIP 2005, 1559, 1560; HK/*Kayser,* § 94 Rn. 32; MüKoInsO/*Brandes,* § 94 Rn. 16; HambKomm/*Jacoby,* § 94 Rn. 2.

Die Aufrechnung in der Insolvenz   17–20 § 45

dass diese am Zahlungsort der Gegenforderung frei konvertierbar sind. Die Umrechnung erfolgt dann zum Kurswert an diesem Ort zur Zeit des Zugangs der Aufrechnungserklärung, § 95 II 2 InsO. § 95 II InsO erfasst nach seiner Stellung unmittelbar nur die Fälle, in denen die Aufrechnungslage nachträglich eintritt. Sinngemäß kann damit aber nur eine allgemeine Regel gewollt sein, die auch auf § 94 InsO direkt anzuwenden ist.[36]

4. Fälligkeit. Nach § 387 BGB kann der Insolvenzgläubiger aufrechnen, wenn seine 17
eigene Forderung bei Verfahrenseröffnung fällig ist und die zur Masse gehörende Forderung nach § 271 II BGB erfüllbar ist. Dieser Fall wird freilich unnötig und wohl unbeabsichtigt von § 95 I 1 InsO erfasst. Soweit eine Aufrechnung nach § 94 InsO und § 387 BGB kraft Gesetzes zulässig ist, kommt es auf die Fälligkeit der Gegenforderung nicht an.[37] Die Fälligkeit muss nach allgemeinen Regeln bestehen; § 41 I InsO gilt insoweit nicht, § 95 I 2 InsO.

Der *Gläubiger einer fälligen Forderung* kann danach gegen eine betagte Forderung des In- 18
solvenzschuldners ohne Abzug von Zwischenzinsen aufrechnen, soweit eine Aufrechnungsbefugnis nach den §§ 387, 271 II BGB besteht. Allerdings darf die Masse durch die vorzeitige Aufrechnung keinen Schaden erleiden. Rechnet der Gläubiger gegen eine noch nicht fällige verzinsliche Forderung auf, so hat er Zinsen bis zum Fälligkeitstermin zu entrichten und bei der Aufrechnung ggf. zu berücksichtigen.[38] Eigene Zinsen darf der Gläubiger nur bis zur Eröffnung des Insolvenzverfahrens mit aufrechnen, da ab diesem Zeitpunkt die Aufrechnungslage bestand, vgl. § 389 BGB.[39] Die einmal bestehende Aufrechnungsbefugnis bleibt selbstverständlich bestehen, wenn auch die Forderung des Insolvenzschuldners im Laufe des Insolvenzverfahrens nachträglich fällig wird. Stellt der Insolvenzverwalter ein vor Eröffnung des Insolvenzverfahrens bestelltes Werk fertig, so kann der Besteller daher mit einer vorinsolvenzlichen Gegenforderung aufrechnen.[40] Das Finanzamt kann mit seiner Forderung auf Steuerzahlung gegen einen Steuererstattungsanspruch des Schuldners für einen vor Verfahrenseröffnung abgeschlossenen Veranlagungszeitraum aufrechnen.[41]

5. Aufrechnungsverbote. a) *Gesetzliche Aufrechnungsverbote* bestehen im Insolvenz- 19
verfahren fort.[42] Diese Aufrechnungsverbote gelten grundsätzlich auch für *vertragliche Ausschlüsse.*[43] Unzulässig ist die Aufrechnung mit einer einredebehafteten Forderung (§ 390 BGB), gegen eine Forderung aus vorsätzlicher unerlaubter Handlung (§ 393 BGB),[44] gegen eine unpfändbare Forderung (§ 394 BGB) und gegen öffentlich-rechtliche Forderungen anderer Kassen (§ 395 BGB).

b) Im *Gesellschaftsrecht* besteht ein Aufrechnungsverbot gegen *Einlageforderungen* von 20
Gesellschaften (§ 19 II GmbHG; §§ 66 I 2, 278 III AktG; § 22 V GenG; §§ 26, 53, 85 II VAG).[45] Dieses Aufrechnungsverbot gilt dagegen nicht bei Personengesellschaften.[46] Es gilt

---

[36] HambKomm/*Jacoby*, § 95 Rn. 39; MüKoInsO/*Brandes*, § 95 Rn. 35; *Adam* WM 1998, 801, 803; *Häsemeyer*, Kölner Schrift, S. 461, 464 (Rn. 10), 471 (Rn. 39).
[37] *Schießer*, S. 57; MüKoInsO/*Brandes*, § 94 Rn. 19; vgl. auch *Häsemeyer*, Kölner Schrift, S. 461, 464 (Rn. 10); *Gerhardt*, Aktuelle Probleme, S. 127, 146.
[38] *Canaris*, Rn. 2552; krit. *Aden*, S. 76.
[39] *Jaeger/Lent*, § 54 Rn. 2.
[40] LG Hannover NJW 1977, 2079.
[41] *Grote* ZInsO 2001, 452, 453.
[42] Uhlenbruck/Hirte/Vallender/*Sinz*, § 94 Rn. 35; MüKoInsO/*Brandes*, § 94 Rn. 22; HambKomm/*Jacoby*, § 94 Rn. 10.
[43] OLG Naumburg ZIP 1999, 118, 119; HambKomm/*Jacoby*, § 94 Rn. 10; HK/*Kayser*, § 94 Rn. 43; MüKoBGB/*Schlüter*, § 387 Rn. 58; Uhlenbruck/Hirte/Vallender/*Sinz*, § 94 Rn. 35; MüKoInsO/*Brandes*, § 94 Rn. 27 ff.
[44] Vgl. OLG Karlsruhe ZIP 2003, 2082 (existenzgefährdende Ausschüttungen); MüKoBGB/*Schlüter*, § 387 Rn. 56.
[45] Vgl. MüKoBGB/*Schlüter*, § 387 Rn. 56; Uhlenbruck/Hirte/Vallender/*Sinz*, § 94 Rn. 39 ff.; *Berger*, Aufrechnungsvertrag, S. 314 ff.; HK/*Kayser*, § 94 Rn. 42; MüKoInsO/*Brandes*, § 94 Rn. 23.
[46] MüKoInsO/*Brandes*, § 94 Rn. 25; Uhlenbruck/Hirte/Vallender/*Sinz*, § 94 Rn. 39.

auch nicht für Kommanditisten einer gewöhnlichen Kommanditgesellschaft, jedoch wird der Kommanditist hier nur in Höhe des objektiven Werts seiner Forderung befreit.[47]

21 Ein GmbH-Gesellschafter kann auch nicht mit einem *Anspruch auf Rückzahlung seiner Einlage* aufrechnen, die durch § 30 GmbHG verboten ist. Denn sein Anspruch ist nach § 390 BGB einredebehaftet.[48] Nach dem Sinn und Zweck der gesetzlichen Regelung folgt aus § 30 I GmbHG auch ein Aufrechnungsverbot für die Gesellschaft selbst.[49] Ferner kann ein Gesellschafter nicht mit einem *Anspruch auf Rückzahlung eines Gesellschafterdarlehens* aufrechnen. Obwohl in der InsO eine dem § 32a I GmbHG (aF) entsprechende Anordnung, dass derartige Forderungen im Konkurs nicht geltend gemacht werden können, fehlt, entsprach es bisher herrschender Meinung, dass die Aufrechnung mit den in § 39 I Nr. 5 InsO genannten Forderungen unzulässig ist.[50] Obwohl ansonsten nachrangige Gläubiger zur Aufrechnung generell berechtigt sind, da sich die Aufrechnung außerhalb des Insolvenzverfahrens vollzieht, gelte dies nicht für Gesellschafter, die eigenkapitalersetzende Darlehen gewährt haben.[51] Nach dem Gesetz zur Modernisierung des GmbH-Rechts und zur Bekämpfung von Missbräuchen (MoMiG[52]) sind alle Forderungen auf Rückgewähr von Gesellschafterdarlehen bzw. Forderungen aus Rechtshandlungen, die einem solchen Darlehen wirtschaftlich gleichstehen, unabhängig von Krise oder Eigenkapitalersatz, als Fremdkapital eingeordnet, die (wie bisher auch schon) nur als nachrangige Forderungen behandelt werden (§ 39 I Nr. 5 InsO).[53] Eine Regelung der Aufrechnungsbefugnis fehlt wiederum. Im Ergebnis ist man sich einig, dass nach wie vor die Aufrechnung in der Insolvenz ausgeschlossen sein soll. Die Begründung variiert jedoch. Einige meinen noch, dass die Forderung des Gesellschafters einredebehaftet und daher gem. § 390 BGB ein Aufrechnungsverbot besteht.[54] Nach der Streichung des § 32a GmbHG und der Neufassung des § 30 Abs. 1 S. 3 GmbHG ergibt sich daraus jedoch keine Einrede. Außerhalb einer Insolvenz darf ein Gesellschafterdarlehen zurückgezahlt werden. Auch aus § 39 I Nr. 5 InsO folgt nur die Letztrangigkeit aber kein Aufrechnungsverbot, weil nachrangige Gläubiger aufrechnen dürfen, da sich die Aufrechnung außerhalb des Verfahrens vollzieht. Andere wollen § 96 I Nr. 3 iVm § 135 I Nr. 2 InsO anwenden.[55] § 96 I Nr. 3 InsO stellt jedoch nur auf die Möglichkeit der Aufrechnung, also die Aufrechnungslage ab, nicht auf die Aufrechnungserklärung, die zur Befriedigung iSd § 135 I Nr. 2 InsO führt.[56] Es müsste daher das Darlehensgeschäft selbst anfechtbar sein.[57] Wenn man dem folgt, bleibt vor einer möglichen analogen Anwendung des § 96 I Nr. 3 InsO die Einrede des § 242 BGB i. V. m. § 390 BGB *(Dolo agit, qui petit, quod statim redditurus est)* zu nutzen, um die Aufrechnungsmöglichkeit zu verneinen.[58]

22 Dagegen ist ein *stiller Gesellschafter* mit seinem Anspruch auf Rückzahlung seiner Einlage gem. § 236 I HGB Insolvenzgläubiger und kann daher damit aufrechnen, sofern

---

[47] BGHZ 95, 188 = NJW 1986, 2947; *K. Schmidt* ZGR 1986, 152; Uhlenbruck/Hirte/Vallender/ *Sinz,* § 94 Rn. 39.
[48] *Joost* ZHR 148 (1984), 27, 46 f.; Uhlenbruck/Hirte/Vallender/*Sinz,* § 94 Rn. 41.
[49] *Joost* aaO, S. 47 ff.; Uhlenbruck/Hirte/Vallender/*Sinz,* § 94 Rn. 41. Zur Erweiterung auf Konzerngesellschaften s *Rendels* ZIP 2003, 1583, 1590 f.
[50] Uhlenbruck/Hirte/Vallender/*Sinz,* § 94 Rn. 41 mit Nachweisen.
[51] MüKoInsO/*Brandes,* § 94 Rn. 24; Nerlich/Römermann/*Wittkowski,* § 94 Rn. 28; KPB/*Lüke,* § 94 Rn. 63.
[52] BGBl. I, S. 2026.
[53] *Spliedt* ZIP 2009, 149, 153; *Gundlach/Frenzel/Strandmann* NZI 2008, 647, 650; *Hirte* ZInsO 2008, 689, 692.
[54] FK-*Dauernheim,* § 135 Rn. 69; KPB/*Lüke,* § 94 Rn. 63 (allerdings unter Rückgriff auf das Krisenargument); Vorauflage: krit. *Ekkenga,* FS Schapp S. 125, 128.
[55] HambKomm/*Jacoby,* Vorb § 94 Rn. 6
[56] Kübler/Prütting/Bork/*Lüke,* § 94 Rn. 63.
[57] *K. Schmidt/Thole,* InsO, § 94 Rn. 22.
[58] So *K. Schmidt/Thole,* InsO, § 94 Rn. 22.

dem der Gesellschaftsvertrag nicht entgegensteht oder die Einlage wegen besonderer Umstände als Teil der Haftungsmasse zu behandeln ist.[59]

c) Bei Kapitalanlagegesellschaften können Forderungen gegen die Gesellschaft und Forderungen, die zu einem Sondervermögen der Anleger gehören, nicht gegeneinander aufgerechnet werden, § 31 VI 1 InvG (mit den Ausnahmen gem. VI 2). 23

d) Auch der *Grundsatz unzulässiger Rechtsausübung* (§ 242 BGB) kann einer Aufrechnung entgegenstehen.[60] Das ist nach Ansicht des BGH dann der Fall, wenn die Natur der Rechtsbeziehung oder der Zweck der geschuldeten Leistung eine Erfüllung im Wege der Aufrechnung als mit Treu und Glauben unvereinbar erscheinen lassen. In einer Publikumspersonengesellschaft, an der sich die Anleger formal nicht als unmittelbare Gesellschafter, sondern im Rahmen eines Treuhandverhältnisses beteiligen, das so ausgestaltet ist, dass die Treugeber im Innenverhältnis wie – unmittelbare – Gesellschafter gestellt werden, können sie gegen den in einen Zahlungsanspruch übergegangenen Anspruch des Treuhandgesellschafters auf Freistellung von der Inanspruchnahme durch Gesellschaftsgläubiger nicht mit Schadensersatzansprüchen aus Prospekthaftung aufrechnen, die ihnen gegen den Treuhandgesellschafter zustehen.[61] Erwirbt eine Bank den Anspruch eines Dritten gegen ihren Bankkunden in nicht banküblicher Weise zu dem Zweck, durch Aufrechnung gegen eine Guthabenforderung ihres Kunden dem Dritten den Zugriff auf dessen Vermögen zu verschaffen, so ist die Aufrechnung missbräuchlich und deshalb unwirksam.[62] Nicht missbräuchlich ist hingegen nach Ansicht des BGH die Aufrechnung eines vormaligen Insolvenzgläubigers mit einer durch den gestaltenden Teil eines Insolvenzplanes erlassenen Forderung (→ Rn. 37) trotz der im Abstimmungstermin erklärten Zustimmung zum Insolvenzplan.[63] 24

Umgekehrt kann auch die Berufung auf ein gesetzliches Aufrechnungsverbot nach § 242 BGB unzulässig sein.[64] Schließlich ist die Aufrechnung ausgeschlossen, wenn der Geschäftszweck eine effektive Erfüllung des Anspruchs gebietet.[65]

e) Ein *vertragliches Aufrechnungsverbot* in Allgemeinen Geschäftsbedingungen ist an den §§ 307, 309 Nr. 3 BGB zu messen. Die Aufrechnung mit bestrittenen Forderungen kann danach wirksam eingeschränkt werden, zB durch Ziff 19 ADSp.[66] Ein in AGBs oder in Individualvereinbarungen enthaltenes Aufrechnungsverbot gilt jedoch idR nicht, wenn über das Vermögen des durch das Verbot Begünstigten ein Insolvenzverfahren eröffnet worden ist.[67] Dies gilt auch dann, wenn die Gegenforderung wegen nachträglichem Vermögensverfalls des Begünstigten ohne Aufrechnung nicht einbringlich ist.[68] Eine vor Eröffnung des Insolvenzverfahrens unwirksam abgegebene Aufrechnungserklärung muss aber in diesen Fällen nach Eröffnung wiederholt werden.[69] 25

---

[59] BGH NJW 1983, 1729; Uhlenbruck/Hirte/Vallender/*Sinz*, § 94 Anm. 34.
[60] OLG Hamm ZIP 1988, 253, 254; Uhlenbruck/Hirte/Vallender/*Sinz*, § 94 Rn. 51; MüKoInsO/*Brandes*, § 94 Rn. 30.
[61] BGH NJW 2013, 452 (Publikumsgesellschaft in Form einer OHG); BGH NJ 2013, 72 (Publikumsgesellschaft in Form einer OHG); im Anschluss an BGHZ 189, 45 = NJW 2011, 2351 (Publikumsgesellschaft in Form KG).
[62] BGH NJW 1987, 2997.
[63] BGH ZIP 2011, 1271, 1273.
[64] Einzelheiten bei *Gernhuber*, § 12 VI 4f–h; Uhlenbruck/Hirte/Vallender/*Sinz*, § 94 Rn. 51; MüKoBGB/*Schlüter*, § 394 Rn. 8 ff.; Soergel/*Zeiss*, § 394 Rn. 5.
[65] Vgl. *Gernhuber*, § 12 VI 9.
[66] Zu § 32a ADSp aF s. BGH WM 1987, 732.
[67] BGH NJW 1975, 442; WM 1978, 1042; BGHZ 89, 189 = NJW 1984, 357 = JZ 1984, 420 (*Baur*); NJW 1986, 3206, 3209; WM 1987, 732, 734; *Häsemeyer*, Rn. 19.09; HK/*Eickmann*, § 94 Rn. 11; MüKoInsO/*Brandes*, § 94 Rn. 28; MüKoBGB/*Basedow*, § 309 Nr. 3 Rn. 5; aA OLG Hamm ZIP 1988, 253, 254.
[68] BGH WM 1987, 732.
[69] BGH NJW 1984, 357.

26 6. Aufrechnung kraft Vereinbarung. § 94 (2. Alt.) InsO schützt auch eine Berechtigung zur Aufrechnung aufgrund einer Vereinbarung. Diese Alternative ist vom Rechtsausschuss des Bundestages „zur Klarstellung" eingefügt worden.[70] Sie erweitert aber die Aufrechnungsmöglichkeit ganz erheblich, ist wenig systemverträglich und in ihrer Reichweite unklar. Denn es leuchtet wenig ein, dass der Gesetzgeber den Konzernvorbehalt in § 449 III BGB für unzulässig erklärt und die bisher durch § 54 KO kraft Gesetzes im Insolvenzfall erweiterte Aufrechnungsbefugnis beseitigt, gleichzeitig aber Gläubiger und Schuldner gestattet, diese Erweiterungen vertraglich wieder zu vereinbaren und sich über die gesetzlichen Aufrechnungsgrenzen hinwegzusetzen.[71]

27 a) Mindestvoraussetzung der vertraglichen Aufrechnung ist, dass die beiderseitigen *Forderungen wirksam* bestehen (→ Rn. 6) und dass *kein* gesetzliches *Aufrechnungsverbot* besteht, das Dritte schützen soll (→ Rn. 19 ff.).[72] Darüber hinaus können die Parteien vereinbaren, dass aufgerechnet werden darf, obwohl die gesetzlichen Voraussetzungen nicht vorliegen.

28 Der Inhalt der Aufrechnungsvereinbarung kann darin bestehen, dass (1) die Aufrechnung kraft Vereinbarung sofort vollzogen wird, obgleich die gesetzlichen Voraussetzungen (noch) nicht vorliegen, (2) durch vorgreifliche Rahmenvereinbarungen die Verrechnung oder Saldierung künftiger Ansprüche möglich ist, und (3) dass die Aufrechnungsvoraussetzungen gegenüber dem Gesetz erweitert werden.[73]

29 *Verrechnungs- oder Clearingabreden* sind in der Praxis weit verbreitet.[74] Sie sind grundsätzlich zulässig. Die Verrechnungsabrede erlischt mit Eröffnung des Insolvenzverfahrens oder bereits vorher, wenn gegen den Schuldner ein allgemeines Verfügungsverbot (§ 21 II Nr. 2 InsO) erlassen wird.[75] Eine unabhängig davon bestehende gesetzliche Aufrechnungslage bleibt unberührt.

30 Eine Erweiterung der Aufrechnungsbefugnis kann mit dem Schuldner nur bis zur Eröffnung des Insolvenzverfahrens (§§ 80, 91 InsO) vereinbart werden. Als kongruente (§ 130 InsO) oder inkongruente Deckung (§ 131 InsO), unmittelbar nachteilige Rechtshandlung (§ 132 InsO) oder vorsätzliche Benachteiligung der Insolvenzgläubiger (§ 133 InsO) können sie zudem anfechtbar sein.[76] In all diesen Fällen ist die Aufrechnung nach § 96 I Nr. 3 InsO unzulässig.

31 Ist die vereinbarte Aufrechnungslage bei Verfahrenseröffnung noch nicht vollendet, so scheidet ein Schutz der „Anwartschaft" nach § 95 InsO aus. § 95 InsO greift sinngemäß nur bei einer unvollendeten gesetzlichen Aufrechnungslage, keinesfalls aber bei fehlender Gegenseitigkeit. Entsteht sie nachträglich, scheitert die Aufrechnung an § 96 I Nr. 1, 2 oder 4 InsO.[77]

32 b) Bedeutung haben Aufrechnungsvereinbarungen vor allem, soweit in sog. *Konzernverrechnungsklauseln* auf das Erfordernis der Gegenseitigkeit verzichtet wird. Vor der Reform wurden diese in der Unternehmensinsolvenz überwiegend für unzulässig angesehen.[78] Nach der Reform hielt sie die Literatur überwiegend für zulässig,[79] zumal sie im

---

[70] Vgl. *Kübler/Prütting*, Das neue Insolvenzrecht, Bd I, 1994, S. 275.
[71] So zu Recht *Häsemeyer*, Kölner Schrift, S. 461, 465 (Rn. 16); auch *Paulus*, Festgabe BGH S. 765, 770; *Rendels* ZIP 2003, 1583, 1585.
[72] *Bork*, Rn. 264.
[73] *Häsemeyer*, Kölner Schrift, S. 461, 477 (Rn. 62 ff.); *Berger*, Aufrechnungsvertrag, S. 141 ff.
[74] Vgl. *Rendels* ZIP 2003, 1583.
[75] *Häsemeyer*, Kölner Schrift, S. 461, 478 (Rn. 67); *Nobbe*, S. 99, 120 ff.
[76] *Häsemeyer*, Rn. 19.31; *ders.*, Kölner Schrift, S. 461, 481 (Rn. 83); zum relevanten Zeitpunkt s *Paulus*, Festgabe BGH S. 765, 779 ff.; vgl. BGHZ 150, 122 = NZI 2002, 311.
[77] *Häsemeyer*, Kölner Schrift, S. 461, 479 (Rn. 71); *Rendels* ZIP 2003, 1583, 1588.
[78] Vgl. BGHZ 81, 15, 18 ff. = NJW 1981, 2257; OLG Köln ZIP 1995, 850; *Berger*, Aufrechnungsvertrag, S. 305 ff.; krit. *Janssen* ZIP 1982, 279; *Westermann* WM 1986, Sonderbeil 2, S. 13 ff.
[79] OLG Frankfurt ZInsO 2003, 423 = ZIP 2003, 1408; *Häsemeyer*, Rn. 19.30; *Smid*, § 94 Rn. 8; *Luscher/Renken-Röhrs* ZInsO 2002, 611; MüKoInsO/*Brandes*, § 94 Rn. 39 f.; Staudinger/*Gursky*, (2011)

kaufmännischen Verkehr weder überraschend (§ 305c I BGB) sein konnten noch unbedingt als unangemessene Benachteiligung (§ 307 BGB) einzuordnen waren.[80] Der BGH hat jedoch 2004 Konzernverrechnungsklauseln als nicht insolvenzfest eingestuft. Die Bedenken gegen solche Klauseln nach der KO hätten auch für die Insolvenzordnung Gültigkeit, solange die Aufrechnung nicht vor der Eröffnung des Insolvenzverfahrens erklärt worden sei.[81]

Zulässig ist in jedem Fall nur der Verzicht auf die Gegenseitigkeit. Dagegen sind vertragliche Abreden, die § 95 I 3 oder § 96 InsO abbedingen, unzulässig.[82]

7. Die Aufrechnungserklärung und ihre Wirkung. a) Die Aufrechnung ist nach Eröffnung des Verfahrens gegenüber dem Insolvenzverwalter *zu erklären*.[83] Eine besondere Form ist nicht erforderlich, auch keine Annahme. Wird eine Geldforderung gegenüber einer Geldforderung „zurückgehalten", so liegt darin sinngemäß die Erklärung der Aufrechnung.

b) Die Aufrechnung *bewirkt,* dass die Forderungen, soweit sie sich decken, rückwirkend auf den Zeitpunkt des Entstehens der Aufrechnungslage als erloschen gelten, § 389 BGB. An eine *Frist* ist die Aufrechnung auch im Insolvenzverfahren grds. nicht gebunden.[84] Der Gläubiger kann also warten, bis der Insolvenzverwalter Leistung auf die Gegenforderung verlangt.

Klagt der Insolvenzverwalter jedoch eine Forderung für die Masse ein, so ist die Aufrechnung im Prozess für den Beklagten Verteidigungsmittel. Wird sie nach den §§ 273 II Nr. 1, 275 ff., 282, 296, 530, 531, 533 ZPO nicht rechtzeitig vorgebracht, so ist sie ausgeschlossen bzw. kann zurückgewiesen werden. Ist dies der Fall, so kann die Aufrechnung auch nicht mehr mittels Vollstreckungsgegenklage geltend gemacht werden, sondern ist nach § 767 II ZPO präkludiert.[85] Darüber hinaus ist die Aufrechnung nach hM bereits präkludiert, wenn sie im Vorprozess wegen Bestehens der Aufrechnungslage hätte objektiv geltend gemacht werden können; auf Kenntnis und Ausübung des Gestaltungsrechts soll es nicht ankommen.[86] Ist die Aufrechnung danach verspätet, so kann die Aufrechnungsforderung nur noch als selbstständige (Insolvenz-)Forderung geltend gemacht werden.[87]

c) Wie ein Absonderungsberechtigter braucht ein zur Aufrechnung berechtigter Gläubiger seine Forderung *nicht zur Tabelle anzumelden* (§ 94 InsO), sondern kann sich durch die Aufrechnungserklärung außerhalb des Verfahrens befriedigen.[88] Er ist auch nicht gezwungen, an einem Insolvenzplanverfahren teilzunehmen.[89] Er kann auch mit

---

§ 387 BGB Rn. 197; aA *Adam* WM 1998, 801, 804; *Rendels* ZIP 2003, 1583, 1586; Braun/*Kroth,* § 94 Rn. 24 u *Smid,* Kreditsicherheiten § 3 Rn. 8 (beide Parallele zu § 449 III BGB); zweifelnd auch *Gerhardt* in Aktuelle Probleme, S. 127, 143 f.

[80] OLG Frankfurt ZInsO 2003, 423 = ZIP 2003, 1408.

[81] BGHZ 160, 107 = NZI 2004, 585 *(Höpfner)* = NJW 2004, 3185 = DZWIR 2005, 119 *(Smid)* = EWiR § 96 InsO 1/04, 1041 *(Rendels),* ebenso *Windel* KTS 2004, 305, 310 ff.; *Schwahn* NJW 2005, 473; *K. Schmidt* NZI 2005, 138; vgl. *v. Olshausen* ZInsO 2004, 1229; krit. *Althammer,* Der Konzern 6/2005, 1; *Becker* DZWIR 2005, 221, 229 (mit Gesetzesfassung kaum vereinbar).

[82] *Rendels* ZIP 2003, 1583, 1588.

[83] BGH NJW 1984, 357, 358; FK/*Bernsau,* § 94 Rn. 25; HK/*Eickmann,* § 94 Rn. 17; Braun/*Kroth,* § 94 Rn. 25; Uhlenbruck/Hirte/Vallender/*Sinz,* § 94 Rn. 58 f.; *Smid,* § 94 Rn. 9; MüKoInsO/*Brandes,* § 94 Rn. 32.

[84] *Smid,* § 94 Rn. 9.

[85] Stein/Jonas/*Münzberg,* § 767 Rn. 38 f; *Rosenberg/Gaul/Schilken,* § 40 V 2b (soweit nach § 530 II aF ZPO zurückgewiesen); Uhlenbruck/Hirte/Vallender/*Sinz,* § 94 Rn. 62 ff.

[86] BGH NJW-RR 2010, 1598; BGH NJW 2009, 1671; BGHZ 100, 222 = NJW 1987, 1691; *Thomas/Putzo,* § 767 Rn. 22a; aA Brox/*Walker,* Rn. 1346 mwN.

[87] Uhlenbruck/Hirte/Vallender/*Sinz,* § 94 Rn. 62 ff.

[88] Braun/*Kroth,* § 94 Rn. 25; Uhlenbruck/Hirte/Vallender/*Sinz,* § 94 Rn. 58 f.

[89] *Jacobi* NZI 2009, 351, 354; *Braun* NZI 2009, 409, 411.

Forderungen aufrechnen, die er nach § 39 InsO im Insolvenzverfahren nur nachrangig geltend machen kann. Das gilt jedoch nicht für Forderungen auf Rückgewähr von Gesellschafterdarlehen (→ Rn. 21). Dies gilt auch zugunsten des Finanzamtes; auch dieses kann mit einer fälligen Steuerforderung aufrechnen, ohne dass es deren vorheriger Festsetzung, Feststellung oder Anmeldung bedarf.[90]

37 d) Stimmt ein Insolvenzgläubiger einem Insolvenzplan zu, kann der vormalige Insolvenzgläubiger die Forderungen, soweit sie nicht befriedigt wurden, nach wie vor zur Aufrechnung nutzen, wenn der vormalige Insolvenzschuldner eine Forderung gegen ihn geltend macht und die Aufrechnungslage bereits zur Zeit der Eröffnung des Insolvenzverfahrens bestand.[91] Die Aufrechnung ist zulässig, obwohl die Regelungen im Insolvenzplan und der darin enthaltene Erlass der Forderungen[92] diese zu natürlichen, unvollkommenen Verbindlichkeiten werden lässt, deren Erfüllung zwar möglich ist, aber nicht erzwungen werden kann.[93] Damit tritt der BGH dem Urteil des OLG Celle aus dem Jahr 2008[94] und der wohl überwiegenden Ansicht[95] entgegen und schließt sich der Entscheidung eines anderen Senats des OLG Celle[96] an. Etwas anderes soll nur gelten, wenn der Aufrechnungsberechtigte im Insolvenzplan ausdrücklich auf die Aufrechnung verzichtet. Dem ist nicht zuzustimmen. Zwar ist es zutreffend, dass ein Insolvenzplan eine Aufrechnungsbefugnis nicht gegen den Willen des Aufrechnungsberechtigten verhindern kann,[97] die Zustimmung im Insolvenzplanverfahren hindert aber die Aufrechterhaltung der Aufrechnungslage. Der Wortlaut des § 94 InsO („Verfahren") steht dem nicht entgegen. § 94 InsO schützt nicht vor einer erteilten Zustimmung im Planverfahren. Auch der Gesetzgeber lässt keine eindeutige Willensäußerung zum Erhalt der Aufrechnungslage bei Abschluss eines Insolvenzplanverfahrens erkennen.[98] Zudem wäre es mit dem Sinn des Insolvenzplanverfahrens kaum vereinbar, könnte eine im Planverfahren erlassene Forderung zur Aufrechnung genutzt werden. Ein Insolvenzgläubiger hat ausreichend Möglichkeiten, sich entweder gar nicht am Planverfahren zu beteiligen und außerhalb aufzurechnen oder von den Rechtsbehelfen im Planverfahren Gebrauch zu machen.

38 e) Das Verbot der Einzelvollstreckung (§ 89 InsO) findet keine Anwendung auf das Recht zur Aufrechnung; diese ist in den §§ 94 ff. InsO abschließend geregelt.[99] Auch das Verwertungsrecht des Insolvenzverwalters (§ 166 II InsO) gilt nicht für Forderungen, die der Aufrechnung unterliegen.[100]

39 f) Nach der Aufrechnung kann der Gläubiger nur noch seine noch nicht getilgte Restforderung zur Tabelle anmelden. Der Gläubiger ist aber nicht gehindert, zunächst

---

[90] BFH ZIP 2004, 1423 = BB 2004, 1546 = EWiR § 220 AO 1/04 *(App); Jacobi* NZI 2009, 351, 354; *Braun* NZI 2009, 409, 411.

[91] BGH, Urteil vom 19.5.2011 – IX ZR 222/08 = NJW-RR 2011, 1142 = NZI 2011, 538 = ZIP 2011, 1271.

[92] Durch den Erlass im Planverfahren wird die Forderung zu einer undurchsetzbaren Naturalobligation (vgl. § 254 Abs. 3 InsO), *Braun* NZI 2009, 409, 412; MüKoInsO/*Huber,* § 254 Rn. 33.

[93] BT-Drucks. 12/2443, S. 213; *Häsemeyer,* Rn. 28.80; *Uhlenbruck/Lüer,* § 227 Rn. 4 und § 254 Rn. 8; MüKoInsO/*Huber,* § 254 Rn. 33.

[94] OLG Celle NZI 2009, 59; zustimmend *Jacobi* NZI 2009, 351, 354; *Braun* NZI 2009, 409, 411; *Schur* EWiR 2009, 119, 120; *Joachim/Schwarz* ZInsO 2009, 408, 410; *Flöther/Wehner* ZInsO 2009, 503, 505; HambKomm/*Jacoby,* § 94 Rn. 11a.

[95] *Pöllmann* EWiR 2009, 121; *Braun* NZI 2009, 409; *Joachim/Schwarz* ZInsO 2009, 408; *Flöther/Wehner* ZInsO 2009, 503 ff.; *Dahl* NJW-Spezial 2009, 309, 310; KPB/*Lüke,* InsO, § 94 Rn. 94; Braun/ *Kroth,* InsO, § 94 Rn. 3; Uhlenbruck/Hirte/Vallender/*Sinz,* Rn. 84, 85; *Frotscher/Braun* in Vorauflage, § 69 Rn. 20; MüKoInsO/*Kling/Schüppen/Ruh,* Insolvenzsteuerrecht, Rn. 243.

[96] OLG Celle NZI 2009, 183.

[97] Begr RegE BT-Drucks. 12/2443, S. 140; MüKoInsO/*Brandes,* § 94 Rn. 1.

[98] *Schwarz/Lehre* ZInsO 2011, 1540.

[99] *v. Wilmowsky* NZG 1998, 481, 488.

[100] MüKoInsO/*Brandes,* § 94 Rn. 3; *v. Wilmowsky* NZG 1998, 481, 488.

seine volle Forderung im Insolvenzverfahren zur Tabelle *anzumelden,* die Quote darauf zu beziehen und erst *danach aufzurechnen.*[101] In der Anmeldung liegt kein Verzicht auf die Aufrechnungsbefugnis.[102] Diese Möglichkeit ist nicht durch die Rückwirkung der Aufrechnung gem. § 389 BGB ausgeschlossen.[103] Denn als Gestaltungsrecht erfasst die Aufrechnung nur die bei ihrer Erklärung noch bestehenden Forderungen. Durch diese Befugnis ist der Aufrechnungsberechtigte gegenüber dem Absonderungsberechtigten bevorzugt; die §§ 52, 190, 192 InsO sind nicht zu seinen Lasten anwendbar.[104]

g) Die Aufrechnung ist zwar mit einer Absonderung vergleichbar (Absonderungsrecht an eigener Schuld[105]), ist aber ihr gegenüber auch dadurch privilegiert, dass die Forderungen des aufrechnungsbefugten Gläubigers nicht um *Kostenbeiträge gem.* §§ 170, 171 InsO gekürzt werden.[106]

In der Literatur wird dagegen teilweise die Ansicht vertreten, dies sei bei einer Aufrechnung kraft Vereinbarung unberechtigt; solche Aufrechnungen müssten voll den Absonderungsregeln unterstellt werden, so dass der aufrechnende Gläubiger Kostenbeiträge zu leisten habe.[107]

h) *Zahlt der Gläubiger* irrtümlich trotz seiner Aufrechnungsmöglichkeit, so tilgt er die gegen ihn gerichtete Forderung (§ 362 BGB). Nach hM ist die Aufrechnungsbefugnis keine dauernde Einrede iSv § 813 BGB, sondern ein Gestaltungsrecht.[108] Der Gläubiger kann daher das Geleistete nicht als Massebereicherung (§ 55 I Nr. 3 InsO) zurückfordern und nachträglich doch noch aufrechnen.[109]

III. Nachträglicher Eintritt der Aufrechnungslage

1. Keine Erweiterung der Aufrechnungsbefugnis durch Eröffnung des Insolvenzverfahrens. Die Konkursordnung hatte die Aufrechnungsbefugnis im Konkurs aus Gründen der Billigkeit auf alle Fälle erweitert, in denen die vollen Aufrechnungsvoraussetzungen bei Verfahrenseröffnung noch nicht vorlagen, aber doch eine Art „Aufrechnungsanwartschaft" bestand. Dies führte zu einer erheblichen Erweiterung der Aufrechnungsbefugnis gegenüber der allgemeinen Rechtslage und zugleich zu einer Aushöhlung der Insolvenzmasse zu Lasten der normalen Insolvenzgläubiger. Die Insolvenzordnung hat daher § 54 KO nicht übernommen, um derartige systemwidrige Vorzugsstellungen abzubauen.[110] Eine vorhandene Aufrechnungsbefugnis hat weiterhin Gültigkeit; mit der Eröffnung des Insolvenzverfahrens entsteht aber kein sonst nicht bestehendes Recht zur Aufrechnung.

2. Erhalt der Aufrechnungs„anwartschaft". Fehlt es an der Aufrechnungslage, weil zwar beide Forderungen bereits bestehen, wenigstens eine davon aber noch aufschiebend bedingt (→ Rn. 47), nicht fällig oder nicht auf eine gleichartige Leistung gerichtet ist, so kann erst und nur dann aufgerechnet werden, wenn das Hindernis wäh-

---

[101] AA *Häsemeyer,* Kölner Schrift, S. 461, 480 (Rn. 76).
[102] Uhlenbruck/Hirte/Vallender/*Sinz,* § 94 Rn. 59; *Smid,* § 94 Rn. 14.
[103] AA *Häsemeyer,* Kölner Schrift, S. 461, 481 (Rn. 79 ff.).
[104] BGH NJW 1960, 1295; *Honsdorf,* S. 16 ff.; aA *Häsemeyer* KTS 1982, 507, 566; *Adam* WM 1998, 801, 806.
[105] MüKoInsO/*Brandes,* § 94 Rn. 3.
[106] Ebenso *Gerhardt* in Aktuelle Probleme, S. 127, 143; MüKoInsO/*Brandes,* § 94 Rn. 3.
[107] *Häsemeyer,* Kölner Schrift, S. 461, 466 (Rn. 17), 478 (Rn. 69); KPB/*Lüke,* § 94 Rn. 107 f.; *Paulus,* Festgabe BGH S. 765, 782 (Feststellungspauschale).
[108] MüKoBGB/*Schwab,* § 813 Rn. 10; Palandt/*Sprau,* § 813 Rn. 4.
[109] *Gernhuber,* § 12 VII 2; *Häsemeyer,* Kölner Schrift, S. 461, 479 (Rn. 73); Uhlenbruck/Hirte/Vallender/*Sinz,* § 94 Rn. 62 ff.; MüKoBGB/*Schlüter,* § 389 Rn. 1; Palandt/*Heinrichs,* § 389 Rn. 4; aA *Jaeger/Lent,* § 53 Anm. 4.
[110] Vgl. BGHZ 137, 267, 291 = ZIP 1998, 257, 265; BT-Drucks. 12/2443, S. 140.

rend des Insolvenzverfahrens behoben wird, § 95 I 1 InsO. Das Gesetz schützt daher das Vertrauen auf eine entstehende Aufrechnungslage.[111] Es zieht diesen Schutz enger als der bisherige § 54 KO, aber weiter als § 7 V GesO.[112] Den Schritt, die Aufrechnung nur noch bei voll wirksamer Aufrechnungslage bei Verfahrenseröffnung zuzulassen,[113] hat der Gesetzgeber nicht getan. Lediglich die fingierte Fälligkeit aller Insolvenzforderungen, § 41 InsO, und die Umrechnung nicht auf Geld gerichteter Forderungen, § 45 InsO, kommen dem Gläubiger nicht mehr zu gute, § 95 I 2 InsO.[114]

45 Ist die Forderung des Insolvenzschuldners aber vor der des Insolvenzgläubigers unbedingt und fällig geworden, so scheidet eine Aufrechnung aus, § 95 I 3 InsO.[115] Systematisch gehört diese Regel zu den generellen Ausschlussgründen des § 96 InsO. Sie gilt nicht für die Verrechnung in Zahlungssystemen (→ Rn. 105).

46 **3. Fälligkeit der Forderungen.** Nach § 95 I 1–3 InsO kann der Insolvenzgläubiger aufrechnen, wenn seine Insolvenzforderung während des Insolvenzverfahrens vor der Gegenforderung des Insolvenzschuldners fällig wird. Hierin liegt eine Parallele zu § 392 BGB (letzter Fall).[116] Wird die Forderung des Insolvenzschuldners vorher fällig, so konnte der Insolvenzverwalter Zahlung verlangen, nach Titulierung vollstrecken und dadurch dem Gläubiger die Aufrechnungs„anwartschaft" zerstören.[117] Daran soll sich nichts ändern, wenn es dem Gläubiger gelingt, die Zahlung seiner fälligen Schuld solange hinauszuzögern, bis seine Gegenforderung fällig wird.[118]

47 § 95 I InsO verlangt, dass auch die Gegenforderung des Insolvenzschuldners fällig ist. Dies ist aber ungenau. Denn nach § 387 BGB besteht die Aufrechnungslage bereits, sobald der Gläubiger die ihm obliegende Leistung (vor Fälligkeit) bewirken darf. § 95 I 1 InsO ist deshalb mit dieser Erweiterung zu lesen. Der Insolvenzgläubiger kann also aufrechnen, nachdem seine Insolvenzforderung während des Verfahrens vor der zur Masse gehörenden Forderung fällig wurde, sofern die zur Masse gehörige Forderung (entsprechend § 271 BGB) vor Fälligkeit erfüllt werden kann.[119] Wird die Forderung des Insolvenzschuldners dagegen vor der Insolvenzforderung fällig, so ist eine Aufrechnung ausgeschlossen; der Insolvenzgläubiger muss seine Forderung zur Tabelle anmelden. Die Stellung des Insolvenzgläubigers verbessert sich (trotz § 354a S. 2 HGB) nicht, wenn der Insolvenzschuldner seine Forderung noch vor Verfahrenseröffnung an einen Dritten abgetreten hat.[120]

48 An dieser Rechtslage ändert sich nichts, wenn die beteiligten Forderungen zusätzlich bedingt sind.

49 **4. Bedingtheit der Forderungen. a)** *Auflösend bedingte Forderungen* sind vor Bedingungseintritt wirksam und nach § 42 InsO wie unbedingte geltend zu machen. Mit ihnen kann daher schon nach allgemeinem Recht von beiden Seiten aufgerechnet werden.[121] Tritt die auflösende Bedingung ein, so wird die Aufrechnung hinfällig.[122] Die wirksam

---

[111] MüKoInsO/*Brandes*, § 95 Rn. 1; Braun/*Kroth*, § 95 Rn. 1.
[112] *Häsemeyer*, Kölner Schrift, S. 461, 462 (Rn. 3), 467 (Rn. 24); *Smid*, § 95 Rn. 1; krit. *Dieckmann* in Leipold, S. 211, 224 ff.; *Adam* WM 1998, 801, 802 f.; vgl. aber BFH ZIP 2004, 2060 (der § 7 GesO iSv § 95 InsO auslegt).
[113] Hierfür de lege ferenda *Schießer*, S. 84.
[114] HambKomm/*Jacoby*, § 95 Rn. 6.
[115] Vgl. LG Potsdam ZIP 2002, 1734; *v. Wilmowsky* NZG 1998, 481, 486; *Smid*, § 95 Rn. 9; MüKoInsO/*Brandes*, § 95 Rn. 2.
[116] *Schießer*, S. 28, 57; *Smid*, § 95 Rn. 9; vgl. OLG Zweibrücken ZInsO 2003, 36.
[117] *Häsemeyer*, Kölner Schrift, S. 461, 467 (Rn. 25); *Adam* WM 1998, 801, 802.
[118] So Begr RegE zu § 107 InsO.
[119] MüKoInsO/*Brandes*, § 95 Rn. 1; *Uhlenbruck*, § 95 Rn. 2; *Gerhardt*, Aktuelle Probleme, S. 127, 146; *Häsemeyer*, Kölner Schrift, S. 461, 464 (Rn. 10).
[120] BGH NZI 2004, 23, 24.
[121] BGH WM 1978, 883; OLG Frankfurt MDR 1984, 148; *Gernhuber*, § 12 IV 1b; MüKoBGB/*Schlüter*, § 387 Rn. 36; *Uhlenbruck*, § 95 Rn. 9; MüKoInsO/*Ganter*, § 95 Rn. 29.
[122] *Gernhuber*, § 12 IV 1b; MüKoBGB/*Schlüter*, § 387 Rn. 36.

aufgerechnete Forderung kann neu geltend gemacht werden. Hatte der Gläubiger eine unbedingte Forderung, so ist diese als Insolvenzforderung geltend zu machen. Zum gleichen Ergebnis gelangt, wer annimmt, die Aufrechnungswirkung entfalle nicht mit Bedingungseintritt; der Schuldner der Gegenforderung erwerbe vielmehr einen Bereicherungsanspruch auf Wiederherstellung seiner Forderung gem. § 812 I 2, 1. Alt. BGB.[123] Denn auch dieser Anspruch ist als Insolvenzforderung geltend zu machen, da er bei Eröffnung des Insolvenzverfahrens bereits bedingt entstanden war.[124]

b) *Aufschiebend bedingte Forderungen* sind wie noch nicht fällige zu behandeln (→ Rn. 46ff.), obgleich der Eintritt der Bedingung unsicher ist und deshalb ein Vertrauen auf eine künftige Aufrechnungslage nicht im gleichen Maße gerechtfertigt ist.[125] Der Insolvenzgläubiger kann danach aufrechnen, wenn seine Forderung vor der zur Masse gehörenden Forderung unbedingt und fällig wird, sobald die zur Masse gehörige Forderung erfüllt werden kann, § 95 I 1, 3 InsO; § 387 BGB.[126] § 95 I InsO ermöglicht die Aufrechnung zwar, auch wenn die Forderung bei Eröffnung des Insolvenzverfahrens noch nicht vollwertig war, gestattet aber nicht die Aufrechnung unter einer Bedingung und mit einer Forderung, deren Erfüllung noch nicht verlangt werden kann (vgl. §§ 387, 388 S. 2 BGB). 50

Ist die Forderung der Masse unbedingt und fällig geworden, bevor die aufschiebende Bedingung zugunsten des Insolvenzgläubigers eingetreten ist, so schließt § 95 I 3 InsO eine Aufrechnung des Gläubigers aus; er muss seine Schuld endgültig an die Masse bezahlen.[127] Gegen einen Werklohnanspruch des Schuldners kann der Auftraggeber dennoch mit einem Schadensersatzanspruch wegen vom Insolvenzverwalter verweigerter Nachbesserung aufrechnen, da der Anspruch auf Mängelbeseitigung bereits vor Verfahrenseröffnung eine Einrede gegen den Werklohnanspruch gab und daher die Voraussetzungen des § 95 I 3 InsO nicht vorliegen.[128] 51

Die Befugnis zur Aufrechnung mit bedingten Forderungen hat große praktische Bedeutung, weil sie sowohl für rechtsgeschäftlich, wie für gesetzlich bedingte Forderungen gilt[129] und die Rspr zugunsten des Insolvenzgläubigers einen bedingten Forderungserwerb bisher großzügig auch dann angenommen hat, wenn für das Entstehen einer Forderung der Grund gelegt, aber weitere Erklärungen der Beteiligten erforderlich waren.[130] Bei allen nachfolgend dargestellten Fallgruppen besteht eine Aufrechnungsbefugnis aber nur noch, wenn die Forderung des Insolvenzgläubigers vor der des Insolvenzschuldners unbedingt und fällig wird, § 95 I 3 InsO. 52

(1) *Wählt der Insolvenzverwalter* in der Insolvenz des Verkäufers bzw. Werkunternehmers Erfüllung des Vertrages, so kann die Gegenseite nicht mit der schon vor Eröffnung des Insolvenzverfahrens entstandenen Gegenforderung aufrechnen.[131] Nach der bisher hier vertretenen Ansicht bestand zwar der Anspruch auf Zahlung des Kaufpreises bzw. des Werklohns bereits vor Eröffnung des Verfahrens, lediglich gesetzlich bedingt durch die spätere Entscheidung des Insolvenzverwalters, Erfüllung des Vertrages zu 53

---

[123] *Jauernig/Stürner*, § 387 Rn. 7; *Reinicke/Tiedtke* DB 1983, 1639.
[124] *Uhlenbruck*, § 95 Rn. 9.
[125] *Adam* WM 1998, 801, 803; MüKoInsO/*Brandes*, § 95 Rn. 9.
[126] *Uhlenbruck*, § 95 Rn. 10ff.; *Häsemeyer*, Kölner Schrift, S. 461, 468 (Rn. 28).
[127] Vgl. OLG Zweibrücken ZInsO 2003, 36; MüKoInsO/*Brandes*, § 95 Rn. 8; *Uhlenbruck*, § 95 Rn. 10ff.
[128] *Th. Schmidt* NZI 2003, 186f.; aA LG Potsdam ZIP 2002, 1734 = NZI 2003, 209.
[129] Vgl. MüKoInsO/*Brandes*, § 95 Rn. 10; *Uhlenbruck*, § 95 Rn. 10ff.; HambKomm/*Jacoby*, § 95 Rn. 8; *Smid*, § 95 Rn. 3.
[130] BGHZ 160, 1 = NZI 2004, 583 = ZIP 2004, 1608 = EWiR § 95 InsO 2/05 (*Fliegner*); vgl. *Becker* DZWIR 2005, 221, 227f.
[131] BGHZ 116, 156 = NJW 1992, 507 = JZ 1992, 424 (*Uhlenbruck*); *Henckel*, FS Kirchhof S. 191, 207; vgl. *Kreft* ZIP 1997, 865; *Huber* NZI 1998, 97, 98; *Wieser* JZ 2003, 231; MüKoInsO/*Brandes*, § 96 Rn. 11ff.

wählen.¹³² Der Verwalter würde danach Erfüllung eines bereits mit der Aufrechnungsmöglichkeit belasteten Vertrages wählen, so dass sich an der einmal zulässigen Aufrechnungsbefugnis auch nichts ändern könnte.¹³³

54 Gegen diese Ansicht sprach die mehrere Jahre vom BGH vertretene *Erlöschenstheorie*. Danach sollten Ansprüche aus dem beiderseits nicht erfüllten gegenseitigen Vertrag mit Insolvenzeröffnung erlöschen. Übrig wäre nur ein Schadensersatz wegen Nichterfüllung geblieben,¹³⁴ der Insolvenzforderung war (§ 103 II 1 InsO). Erst mit der Wahl der Erfüllung durch den Verwalter wurde danach der untergegangene Erfüllungsanspruch neu begründet. Konsequenterweise musste die Masse diesen Anspruch dann unbelastet durch die Möglichkeit erwerben, sich für die Insolvenzgegenforderung durch Aufrechnung zu befriedigen.¹³⁵ Die Aufrechnung scheiterte nach dieser Ansicht auch an § 96 I Nr. 1 InsO.¹³⁶

55 Die Erlöschenstheorie stand freilich mit der gesetzlichen Regelung nicht im Einklang. Denn mit dieser war es schwer zu vereinbaren, dass das Gesetz etwa in § 104 InsO ausdrücklich anordnete, dass keine Erfüllung verlangt werden kann, und in den §§ 115, 116 InsO, dass Aufträge und Geschäftsbesorgungsverpflichtungen für den Schuldner erlöschen. Hieraus ergibt sich, dass in den Fällen des § 103 InsO der Erfüllungsanspruch fortbesteht und bis zur Entscheidung des Verwalters lediglich suspendiert ist. Auch § 201 I InsO setzt voraus, dass Ansprüche nicht allein durch Eröffnung des Insolvenzverfahrens erlöschen.¹³⁷ Der BGH hat die Erlöschenstheorie daher zu Recht wieder aufgegeben.¹³⁸ Hieraus folgt aber nicht, dass der Vertragsgegner gegen die Gegenforderung des Insolvenzverwalters aufrechnen kann. Hätte der Vertragsgegner nämlich bereits vor Insolvenzeröffnung aufgerechnet, so wäre der Vertrag einseitig erfüllt gewesen und das Wahlrecht des § 103 InsO entfallen. Der Vertragsgegner hätte daher seinen (verbleibenden) Leistungsanspruch nur zur Tabelle anmelden und darauf die Quote erhalten können. Er kann nicht wirtschaftlich besser stehen, wenn er die Aufrechnungserklärung erst nach Verfahrenseröffnung gegenüber dem Insolvenzverwalter abgibt. Muss der Vertragsgegner den Kaufpreis bzw. Werklohn voll bezahlen, so erhält er auch die vertragliche Gegenleistung, kann seine nicht erfüllte Gegenforderung zur Tabelle anmelden und erhält hierauf in gleicher Höhe die Quote wie bei einer Aufrechnung vor Insolvenzeröffnung.¹³⁹

56 Auch aus dem neuen § 105 InsO folgt, dass in Höhe des Wertes der Leistung des Verwalters nach Insolvenzeröffnung eine Aufrechnung ausgeschlossen sein muss.¹⁴⁰ Hat nämlich der spätere Insolvenzschuldner den Vertrag vor Erfüllung des Insolvenzverfahrens bereits *teilweise erfüllt*, so wird der Anspruch auf die dieser Teilleistung entsprechende Gegenleistung durch die Verfahrenseröffnung nicht berührt; gegen diesen Teilanspruch kann der Vertragsgegner daher mit Insolvenzforderungen aufrechnen,¹⁴¹ gegen den Teilanspruch, der der Leistung des Verwalters entspricht, dagegen nicht.

---

¹³² So auch *Häsemeyer*, Kölner Schrift, S. 461, 486 (Rn. 99); *Schießer*, S. 92 ff. Vgl. LG Hannover NJW 1977, 2079; *Müller*, S. 12 f.; *Henckel*, FS Lüke S. 237, 251 ff.
¹³³ *Schießer*, S. 94, 99 ff., 109; *Gerhardt*, FS Merz, 1992, S. 117, 129.
¹³⁴ *Kreft*, FS Fuchs, 1996, S. 115 = ZIP 1997, 865; *Smid*, § 103 Rn. 5.
¹³⁵ BGHZ 116, 156, 158 f. = NJW 1992, 507 = JZ 1992, 424 (*Uhlenbruck*) = ZIP 1992, 48; dazu *Marotzke* EWiR § 55 KO 1/92, 71; *Stürner* LM § 17 KO Nr. 29.
¹³⁶ So zu § 55 S. 1 Nr. 1 KO: BGHZ 103, 250, 254 = ZIP 1988, 322, 324. Gegen diese Begründung *Marotzke*, Gegenseitige Verträge, Rn. 4.70 ff.; *Adam* WM 1998, 801, 804 f. (§ 103 InsO als Aufrechnungsverbot).
¹³⁷ MüKoInsO/*Kreft*, § 103 Rn. 13; Braun/*Kroth*, § 103 Rn. 5; *Schießer*, S. 93, 99 ff.; *H. Roth*, FS Rolland, 1999, S. 305, 306 ff.
¹³⁸ BGHZ 150, 353 = NJW 2002, 2783, 2785 = NZI 2002, 375 = ZIP 2002, 1093.
¹³⁹ *V. Wilmowsky*, ZIP 2012, 401, 402, 409; *Wieser* JZ 2003, 231, 232.
¹⁴⁰ *Henckel*, FS Kirchhof S. 191, 207; vgl. bereits BGHZ 147, 28, 32 f. = NJW 2001, 3704.
¹⁴¹ BGHZ 129, 336, 340 f. = JZ 1996, 49 (*Bork*) = ZIP 1995, 926 = NJW 1995, 1966; BGHZ 135, 25, 27 = DtZ 1997, 196; ablehn *Adam* WM 1998, 801, 805; *Krull* InVO 1998, 180; *Marotzke*, Gegenseitige Verträge, Rn. 4, 74; *Bork* JZ 1996, 51, 52.

Kündigt ein Auftraggeber in der Insolvenz eines Bauunternehmers gem. *§ 8 Nr. 2 (1)* **57** *VOB/B* den Bauvertrag, so stehen sich der Vergütungsanspruch des Unternehmens für die erbrachte Teilleistung und der Anspruch des Auftraggebers wegen der teilweisen Nichterfüllung, insb auf Ersatz der Fertigstellungsmehrkosten (§ 637 I BGB) aufrechenbar gegenüber.[142]

Wählt der Insolvenzverwalter in der *Käuferinsolvenz* Erfüllung und verweigert der **58** Verkäufer die Erfüllung, so kann er gegen den Schadensersatzanspruch wegen Nichterfüllung nicht mit einer Insolvenzforderung aufrechnen. Denn der Verkäufer kann nicht durch eigene Pflichtverletzung eine Aufrechnungsbefugnis im Insolvenzverfahren erwerben, die er zuvor nicht hatte.[143] Deshalb steht § 96 I Nr. 1 InsO der Aufrechnung entgegen.

Wählt der Insolvenzverwalter in der Käuferinsolvenz Nichterfüllung und verlangt **59** *Rückzahlung einer* vom Insolvenzschuldner geleisteten *Anzahlung,* so ist diese Forderung nur durchsetzbar, soweit ihr kein Schadensersatzanspruch des Verkäufers nach § 103 II 1 InsO gegenübersteht. Andernfalls ist sie als schadensmindernder Posten bei der Berechnung des Schadens zu berücksichtigen;[144] insoweit bedarf es keiner Aufrechnung (→ Rn. 2). Übersteigt die Vorleistung des Insolvenzschuldners den Schaden des Verkäufers, so ist streitig, ob eine Aufrechnung des Verkäufers mit einer anderen (ungesicherten) Insolvenzforderung zulässig ist. Die hM hatte zur KO eine Aufrechnung zugelassen, weil der Rückzahlungsanspruch des Verwalters seinen Grund in dem Vertragsschluss habe, also bereits vor Eröffnung des Insolvenzverfahrens aufschiebend bedingt entstanden war.[145] Nach der hM zur InsO entsteht der Anspruch mit Insolvenzeröffnung, so dass auch § 96 I Nr. 1 InsO einer Aufrechnung nicht entgegensteht.[146] Freilich erscheinen beide Argumentationen zweifelhaft, da der Rückzahlungsanspruch in der Person des Insolvenzschuldners nicht hätte entstehen können und es daher nicht gerechtfertigt ist, dem Verkäufer nachträglich eine „Sicherung" für eine zuvor ungesicherte Forderung zuzuerkennen.[147]

(2) Ansprüche auf *Herausgabe des aus Auftrag* oder Geschäftsbesorgungsvertrag *Erlang-* **60** *ten gem.* §§ 667, 675 BGB sind nach hM ebenfalls bereits mit Übernahme von Auftrag oder Geschäftsbesorgung aufschiebend bedingt entstanden. § 96 I Nr. 1 InsO soll daher einer Aufrechnung mit einer Vergütungsforderung des Geschäftsbesorgers nicht entgegenstehen, sofern der Auftrag nach §§ 116 S. 1, 115 II InsO bei Eingang des Erlangten noch bestand.[148] Andernfalls beruhe die Herausgabepflicht auf Bereicherungsrecht und eine Aufrechnung scheide aus (→ Rn. 84 f.).[149] Entsprechendes gilt für Ansprüche auf *Aufwendungsersatz gem.* den §§ 662, 675, 670 BGB[150] sowie für den vertraglichen *Erstattungsanspruch* des Handelsvertreters.[151]

(3) Bedingt entstanden ist auch der *Regressanspruch des Bürgen* aus dem Innenverhältnis **61** zum Hauptschuldner und nach § 774 BGB, wenn das Innenverhältnis, das die Erstat-

---

[142] BGH ZIP 2005, 1561, 1563; *Heidland* BauR 1998, 643, 650 f.; *Rosenberger* BauR 1975, 233; aA wohl *Häsemeyer,* Kölner Schrift, S. 461, 470 (Rn. 34).
[143] *Müller,* S. 15 f.; ähnlich *Honsdorf,* S. 154 ff.; aA RGZ 79, 129.
[144] *Müller,* S. 8; gegen eine Rückforderung erbrachter Teilleistungen überhaupt *Jaeger/Henckel,* § 17 Rn. 78 ff.
[145] So BGHZ 15, 333 = JZ 1955, 285, 286; *Henckel,* FS Lüke S. 237, 258.
[146] MüKoInsO/*Brandes,* § 95 Rn. 17; *Braun/Kroth,* § 96 Rn. 8; vgl. *Tintelnot* KTS 2004, 339.
[147] *Häsemeyer,* Kölner Schrift, S. 461, 468 (Rn. 31); gegen eine Aufrechnung auch *Dieckmann* in Leipold, S. 211, 227.
[148] MüKoInsO/*Brandes,* § 95 Rn. 12.
[149] BGHZ 71, 380 = NJW 1978, 1807; BGHZ 107, 88 = NJW 1989, 1353, 1354; *Schlosser,* Rn. 316; krit. *Müller,* S. 31 ff.
[150] Vgl. *Müller,* S. 64.
[151] BGH WM 1987, 21.

tungspflicht des insolventen Hauptschuldners begründet, bereits vor Eröffnung des Insolvenzverfahrens entstanden ist. Ein solches Innenverhältnis dürfte in aller Regel bestehen.[152]

Erfüllt ein Bürge, der zugleich Schuldner des Insolvenzschuldners ist, seine Bürgschaft für den Insolvenzschuldner *vor Eröffnung des Insolvenzverfahrens*, so kann er mit seiner Regressforderung aus dem Innenverhältnis zum Schuldner und dem gem. § 774 I 1 BGB übergegangenen Anspruch auch nach Eröffnung des Insolvenzverfahrens uneingeschränkt aufrechnen.[153]

62 *Erfüllt* er die Bürgschaft erst *nach Verfahrenseröffnung*, so könnte er mit seiner Regressforderung nach § 95 InsO zwar im Prinzip aufrechnen, da der Regressanspruch sowohl aus dem Innenverhältnis (auf Aufwendungsersatz) als nach der gem. § 774 BGB übergegangenen Forderung bedingt durch die Befriedigung des Hauptgläubigers bereits mit Abschluss des Bürgschaftsvertrages entstanden war.[154] Die Aufrechnung wird aber in den meisten Fällen durch § 95 I 3 InsO ausgeschlossen, wenn die Gegenforderung des Insolvenzschuldners bereits vor der Zahlung des Bürgen fällig war.[155] Nach Ansicht des BGH kann der Bürge mit seinem Freistellungsanspruch gegen den Zahlungsanspruch des Hauptschuldners mangels Gleichartigkeit nicht aufrechnen.[156] Darüber hinaus sei der Regressanspruch einredebehaftet und berechtige daher nicht zur Aufrechnung. Da eine Bürgschaft aber idR im Auftrag des Schuldners übernommen wird, ergibt sich aus dieser Ansicht kaum ein praktischer Unterschied.

63 Die Aufrechnungsbefugnis besteht unabhängig davon, ob der Bürge seine Schuld ganz oder nur teilweise erfüllt hat und ob seine Verpflichtung die volle Hauptforderung erfasst oder nicht. Die Aufrechnungsbefugnis besteht auch dann, wenn der Hauptschuldner gem. § 43 InsO trotz seiner Teilbefriedigungen den vollen Schuldbetrag geltend macht und insoweit eine Anmeldung der Regressforderung des Bürgen im Insolvenzverfahren ausschließt.[157] Der Höhe nach wird der Regress aber durch Teilleistungen beeinflusst, die der Hauptschuldner aus der Insolvenzmasse erhält. Ist die Bürgschaft noch nicht fällig, so kann sich der Bürge und Schuldner die spätere Aufrechnung nicht durch das Verlangen auf Sicherstellung offen halten.

64 Wird der Gläubiger insolvent und steht dem Bürgen eine Gegenforderung gegen ihn zu, so kann der Bürge aufrechnen. Allerdings sollte der Bürge analog § 91 InsO dem Verwalter nicht das Recht entziehen können, (unter Verzicht auf die Bürgschaft) vom solventen Hauptschuldner Leistung zu verlangen.[158] Der Arbeitnehmer-Entleiher, der in der Insolvenz des Verleihers auf Zahlung rückständiger Sozialversicherungsbeiträge in Anspruch genommen wird, kann mit seinem Regressanspruch nicht gegen den Anspruch des Schuldners und Verleihers aus dem *Arbeitnehmerüberlassungsvertrag* aufrechnen.[159]

65 (4) Aufrechenbar sind auch die *Regressansprüche* des Grundstückseigentümers *nach § 1143 I BGB* und des Verpfänders *nach § 1225 BGB* im Insolvenzverfahren des persönlichen Schuldners.[160] Hat der Eigentümer das Grundpfandrecht im Auftrag des

---

[152] Vgl. MüKoInsO/*Brandes*, § 95 Rn. 19; *Schießer*, S. 113; *Wissmann*, Rn. 89 ff.
[153] *Henckel*, FS Lüke S. 237, 258; *Schießer*, S. 110; *Wissmann*, Rn. 166 ff., 179; *Uhlenbruck*, § 95 Rn. 45 ff.; MüKoInsO/*Brandes*, § 95 Rn. 18.
[154] *Dieckmann* in Leipold, S. 211, 230; *Adam* WM 1998, 801, 807; vgl. BGH NJW 1974, 2000, 2001; OLG München WM 1988, 1896 = WuB VI B. § 54 KO 1.89 (*Bülow*); *Uhlenbruck*, § 95 Rn. 45 ff.; aA (für den nach § 774 BGB übergegangenen Anspruch) *Schießer*, S. 115 ff., 129; *Smid*, § 95 Rn. 5; *v. Olshausen* KTS 2000, 1, 4 f., 12.
[155] *Wissmann*, Rn. 161; *Uhlenbruck*, § 95 Rn. 45 ff.; MüKoInsO/*Brandes*, § 95 Rn. 21.
[156] BGH ZIP 2005, 1559, 1560; BGHZ 140, 270 = ZIP 1999, 289, 291; aA wohl *Müller*, S. 42 ff.
[157] BGH NJW 1960, 1295; *Jaeger/Lent*, § 54 Anm. 10; krit. *Honsdorf*, S. 134 ff.
[158] *Schießer*, S. 130 ff.
[159] BGH ZIP 2005, 1559, 1560.
[160] *Uhlenbruck*, § 95 Rn. 49 f.; MüKoInsO/*Brandes*, § 95 Rn. 18.

Schuldners bestellt, so steht ihm vor der Ablösung bereits ein Befreiungsanspruch gem. §§ 670, 257 S. 1 BGB zu. Mit seinem Regressanspruch kann er daher gegen eine Gegenforderung des persönlichen Schuldners und späteren Insolvenzschuldners aufrechnen,[161] auch wenn er erst nach Eröffnung des Insolvenzverfahrens an den dinglichen Gläubiger zahlt. § 1143 I BGB ist dagegen überhaupt nicht anwendbar, wenn sich der Eigentümer gegenüber dem Schuldner verpflichtet hatte, das Grundpfandrecht zu tilgen.[162] Eine Aufrechnung scheitert dann entweder an der fehlenden Gegenforderung des Eigentümers oder daran, dass dem Schuldner gegen den Regressanspruch eine Befreiungseinrede zusteht, §§ 390, 1143 I 2, 774 I 3 BGB.[163]

(5) Der *Regressanspruch* des Ablösungsberechtigten gem. *§ 268 III BGB* berechtigt zur Aufrechnung, wenn die Ablösung vor Eröffnung des Insolvenzverfahrens erfolgt. Eine spätere Ablösung gestattet nur dann eine Aufrechnung, wenn der Ablösungsberechtigte gegen den Insolvenzschuldner einen Befreiungsanspruch hatte. Andernfalls stand ihm vor Eröffnung des Insolvenzverfahrens keine bedingte Aufrechnungslage zu, so dass § 96 I Nr. 2 InsO die Aufrechnung untersagt.[164] Wegen des Vollstreckungsverbots des § 89 InsO kann ein Ablösungsrecht nach Eröffnung des Insolvenzverfahrens nicht neu entstehen.

(6) Aufrechnen kann der *Gesamtschuldner* mit dem Regressanspruch nach § 426 II BGB im Insolvenzverfahren des Mitschuldners, denn auch dieser Anspruch ist mit Begründung der Gesamtschuld bedingt entstanden.[165] Diese Befugnis ist allerdings durch § 44 InsO beschränkt.[166]

(7) Ein Gesellschafter kann mit einem später fällig werdenden Anspruch auf Zahlung des Auseinandersetzungsguthabens aufrechnen.[167] Der *Kommanditist* kann mit einem Regressanspruch gem. § 426 BGB oder einem Aufwendungsersatzanspruch nach § 110 HGB gegen den vom Verwalter nach § 171 II HGB geltend gemachten Haftungseinlageanspruch aufrechnen.[168] Nicht aufrechnen kann dagegen ein *Kommanditist* mit einem auf eine zusätzliche Bürgschaft oder Schuldmitübernahme gestützten Befreiungsanspruch gegen den vom Insolvenzverwalter der Kommanditgesellschaft nach § 171 II HGB geltend gemachten Haftungseinlageanspruch aller Gesellschaftsgläubiger,[169] weil sonst der Schutzzweck des § 171 II HGB vereitelt würde.

Nachdem § 93 InsO die Einziehungsbefugnis des Verwalters auch auf persönlich haftende Gesellschafter ausdehnt, sollte auch für diese ein Aufrechnungsverbot gelten, wenn sie sich durch Bürgschaft oder Schuldbeitritt gegenüber einem Gesellschaftsgläubiger verpflichtet haben.[170]

(8) Zulässig ist die Aufrechnung schließlich nach hM mit der *Regressforderung des einlösenden Indossanten gem.* Art. 47 I, 49 WG im Insolvenzverfahren des Vormannes gegen dessen Gegenforderung, wenn die Begebung des Wechsels an den Indossanten vor Eröffnung des Insolvenzverfahrens erfolgte.[171] Dies gilt jedoch nicht, wenn der Indos-

---

[161] *Müller*, S. 45 f.
[162] *Baur/Stürner*, Sachenrecht § 40 IV 1a; *Uhlenbruck*, § 95 Rn. 49 f.
[163] *Müller*, S. 46; MüKoBGB/*Eickmann*, § 1143 Rn. 8; Palandt/*Bassenge*, § 1143 Rn. 4; *Uhlenbruck*, § 95 Rn. 49 f.
[164] Vgl. *Uhlenbruck*, § 95 Rn. 51 f.; *Müller*, S. 46.
[165] MüKoInsO/*Brandes*, § 95 Rn. 18; *Müller*, S. 49; *Schießer*, S. 134 f.
[166] MüKoInsO/*Bitter*, § 44 Rn. 6; *Häsemeyer*, Kölner Schrift, S. 461, 469 (Rn. 33).
[167] BGH ZIP 2004, 1608 = NZI 2004, 583 = EWiR § 95 InsO 2/05 *(Fliegner)*.
[168] *Schießer*, S. 136 f.
[169] BGHZ 58, 72, 75 = NJW 1972, 480; BGH NJW 1974, 2000, 2001; *Müller*, S. 50 f.; *Schießer*, S. 138; aA *Honsdorf*, S. 144 ff.
[170] *Schießer*, S. 139.
[171] *Uhlenbruck*, § 95 Rn. 45; MüKoInsO/*Brandes*, § 95 Rn. 18; krit. *Müller*, S. 52 ff.; aA *Schießer*, S. 140 ff.; *v. Olshausen* KTS 2000, 1, 2.

sant eine Haftung durch Vermerk („Angstklausel") gem. Art. 15 I WG ausgeschlossen hatte, den Wechsel aber gleichwohl freiwillig einlöst. Denn dann besteht kein Regressanspruch nach Art. 49 WG.[172]

71 **c)** Ist die *Forderung des Insolvenzschuldners aufschiebend bedingt*, so kann der Insolvenzverwalter vor Bedingungseintritt keine Zahlung verlangen. Auch der Gläubiger kann seinerseits gegen die bedingte Gegenforderung nicht aufrechnen. Entsprechend kann ein Insolvenzgläubiger gegen einen *Kostenerstattungsanspruch* des späteren Insolvenzschuldners aus einem bei Eröffnung des Insolvenzverfahrens anhängigen Verfahren aufrechnen, da der Erstattungsanspruch bereits mit Klageerhebung aufschiebend bedingt entsteht.[173]

72 **5. Gleichartigkeit der Forderungen. a)** *Nachträglicher Eintritt.* § 95 I 1 InsO lässt die Aufrechnung schließlich zu, wenn die Forderungen im Laufe des Verfahrens gleichartig werden. Die fiktive Umrechnung einer Individualforderung in eine Geldforderung gem. § 45 InsO rechtfertigt nach § 95 I 2 InsO keine Aufrechnung. Die Aufrechnung ist nur zulässig, wenn die Gleichartigkeit eintritt, bevor die massezugehörige Forderung voll durchsetzbar ist, § 95 I 3 InsO.[174]

73 Diese relativ beschränkte Aufrechnungsbefugnis ist zu Recht kritisiert worden. Denn der Individualanspruch verwandelt sich idR nur bei Vertragsverletzungen in einen Geldanspruch und hierauf kann man kaum vertrauen.[175]

74 Ist bei einem beiderseits nicht erfüllten Kaufvertrag der Verkäufer insolvent geworden und lehnt sein Insolvenzverwalter die Vertragserfüllung ab (§ 103 I InsO), so verwandelt sich der Individualanspruch des Käufers in einen Schadenersatzanspruch nach § 103 II 1 InsO. Eine Aufrechnung gegen einen Geldanspruch des Insolvenzschuldners ist aber nach § 95 I 3 InsO nur zulässig, wenn dieser erst nach der Wahl der Nichterfüllung unbedingt und fällig wird.

75 Ist der Insolvenzgläubiger Verkäufer oder Werkunternehmer und verweigert die Leistung, so dass der Insolvenzverwalter wegen der Erfüllungsweigerung Schadensersatz wegen Nichterfüllung verlangt, so tritt ebenfalls nachträglich Gleichartigkeit mit einer auf Geldzahlung gerichteten Insolvenzforderung (etwa aus einem früheren Vertrag) ein. Die Aufrechnung scheitert hier weder an § 95 I 3 InsO noch an § 96 I Nr. 1 InsO. Gleichwohl sollte niemand durch eigene Vertragsverletzung einen Vorteil in Form der Aufrechnungsbefugnis erlangen können.[176] Der Gesetzgeber darf treuwidriges Verhalten (§ 242 BGB) nicht noch belohnen.

76 **b)** *Verschiedene Währungen.* Gleichartigkeit besteht nach § 95 II InsO auch, wenn die Forderungen auf unterschiedliche Währungen oder Rechnungseinheiten lauten, sofern die Währungen oder Rechnungseinheiten am Zahlungsort der Forderung, gegen die aufgerechnet wird, frei getauscht werden können. Die Aufrechnung erfolgt dann zum Kurswert an diesem Zahlungsort zur Zeit des Anfangs der Aufrechnungserklärung.

77 **6. Sonderregeln für Dauerschuldverhältnisse. a)** Hat der Insolvenzschuldner als Verwalter oder Verpächter unbeweglicher Gegenstände oder Räume seine *Miet- oder Pachtzinsforderung* für die Zeit nach Eröffnung des Verfahrens abgetreten, so kann der Mieter oder Pächter auch für den Zeitraum, in dem diese Abtretung wirksam ist, gegen den Miet- oder Pachtzins mit einer Forderung gegen den Insolvenzschuldner aufrechnen, § 110 III 1 InsO. Freilich dürfen keine Aufrechnungshindernisse nach §§ 95, 96 I Nr. 2–4 InsO bestehen, § 110 III 2 InsO.

---

[172] *Baumbach/Hefermehl* WG Art. 49 Rn. 2.
[173] BGH NJW 1975, 304; *Müller*, S. 40; vgl. *Ganter*, FS Merz, 1992, S. 105.
[174] Vgl. MüKoInsO/*Brandes*, § 95 Rn. 30 ff.
[175] Krit. deshalb *Dieckmann* in Leipold, S. 211, 228 ff.; MüKoInsO/*Brandes*, § 95 Rn. 31; KPB/*Lüke*, § 95 Rn. 36.
[176] *Dieckmann* in Leipold, S. 211, 228; *Häsemeyer*, Rn. 19.25; MüKoInsO/*Brandes*, § 95 Rn. 32.

b) Gleiches gilt, wenn der *Schuldner als Dienstverpflichteter* seine Bezüge oder Lohnersatzleistungen einschließlich der Sozialversicherungsleistungen[177] abgetreten hat. Diese Abtretung ist für drei Jahre wirksam. Gleichwohl kann der Dienstberechtigte mit Gegenansprüchen gegen den Schuldner aufrechnen, § 114 II 1 InsO. Auch hier dürfen keine Aufrechnungshindernisse nach §§ 95, 96 I Nr. 2–4 InsO bestehen, § 114 II 2 InsO. Die Lohnschuldner müssen also schon zur Zeit der Verfahrenseröffnung Lohnschuldner gewesen sein.[178] Die Aufrechnungsbefugnis steht in Zusammenhang mit der Restschuldbefreiung und der Pflicht, laufende Bezüge für die Zeit von sechs Jahren an einen Treuhänder der Insolvenzgläubiger abzutreten, § 287 II InsO. § 114 InsO begrenzt insoweit die Zulässigkeit von Vorausverfügungen über Bezüge. Der in § 114 II InsO vorgesehene Schutz der Aufrechnungslage umfasst auch den Schutz einer Verrechnungslage nach § 52 SGB I.[179]

IV. Gesetzlicher Ausschluss der Aufrechnung

1. Grundgedanken. Eine Aufrechnungslage darf nur dann insolvenzfest sein, wenn sie dem Grunde nach bereits bei Eröffnung des Verfahrens bestand und nicht nachträglich „künstlich" herbeigeführt worden ist. Nur wenn im gewöhnlichen Geschäftsverkehr mit dem Insolvenzschuldner vor Ausbruch der Krise gegenseitige Forderungen entstanden sind, erscheint es gerechtfertigt, den Aufrechnungsbefugten vor anderen Insolvenzgläubigern zu bevorzugen. § 96 I InsO verlegt daher den Zeitpunkt, in dem die Gegenseitigkeit bestehen muss, vor. Entgegen § 387 BGB genügt es nicht, dass sie zZ der Aufrechnungserklärung besteht; sie muss vielmehr zumindest schon bei Eröffnung des Insolvenzverfahrens bestehen; zusätzlich darf die Aufrechnungsmöglichkeit nicht anfechtbar erworben worden sein.

2. Wirkung. Ist die Aufrechnungslage erst unter Verstoß gegen § 96 I InsO herbeigeführt worden, so ist die Aufrechnung unzulässig, dh ohne Wirkung gegenüber der Insolvenzmasse.[180] Die Schranken des § 96 I InsO sind zwingendes Recht. Unwirksam ist danach nicht nur eine während des Insolvenzverfahrens unzulässig abgegebene Aufrechnungserklärung, sondern auch das Geltendmachen von Aufrechnungswirkungen, wenn eine Aufrechnung im Fall des § 96 I Nr. 3 InsO noch vor Eröffnung des Insolvenzverfahrens erklärt wurde.[181] Unwirksam sind auch von § 96 I InsO abweichende Vereinbarungen vor oder nach Eröffnung des Insolvenzverfahrens, insb zwischen dem Insolvenzverwalter und dem Gläubiger.[182] Die Geltendmachung der Unzulässigkeitsgründe des § 96 InsO kommt dabei stets nur nach der Eröffnung des Insolvenzverfahrens, nicht jedoch bereits im vorläufigen Verfahren in Betracht.[183]

Mit der Beendigung des Insolvenzverfahrens endet die Wirkung des § 96 I InsO; der (nicht befriedigte) Insolvenzgläubiger kann jetzt aufrechnen. Hat der Insolvenzverwalter während des Insolvenzverfahrens eine Forderung des Insolvenzschuldners durch Abtretung verwertet (§ 159 InsO), so wirkt § 96 I InsO aber – entgegen § 406 BGB – zugunsten des Zessionars weiter, weil eine Verwertung durch Forderungsverkauf sonst ausgeschlossen wäre.[184] Eine Ausnahme davon gilt, wenn der Insolvenzschuldner die Forderung durch einen Strohmann erworben hatte.[185]

---

[177] BSG ZInsO 2004, 741, 742; MüKoInsO/*Löwisch/Caspers*, § 114 Rn. 11 ff.
[178] Vgl. *Dieckmann* in Leipold, S. 211, 232.
[179] BGH NZI 2008, 479.
[180] Vgl. *Hess*, InsO, § 96 Rn. 19; *Smid*, § 96 Rn. 1.
[181] BGHZ 81, 15, 18 = NJW 1981, 2257.
[182] BGH NJW 1975, 304; MüKoInsO/*Brandes*, § 96 Rn. 4; *Zimmermann*, S. 56.
[183] BGH NZI 2012, 365, 367.
[184] MüKoInsO/*Brandes*, § 96 Rn. 3.
[185] RGZ 140, 147 f.; MüKoInsO/*Brandes*, § 96 Rn. 3.

§ 45 82–84 Kap. III. 6. Abschnitt. Aussonderung, Absonderung, Aufrechnung

82 **3. Erwerb der Schuldnerstellung nach Verfahrenseröffnung. a)** Nach § 96 I Nr. 1 InsO ist die Aufrechnung unzulässig, wenn die Schuld des Insolvenzgläubigers erst nach Eröffnung des Insolvenzverfahrens entstanden ist, gleichgültig ob die Forderung erst danach begründet oder vom Gläubiger durch Schuldübernahme übernommen wurde.[186] In dieser Fallgruppe ist der Gläubiger bei Verfahrenseröffnung gewöhnlicher Insolvenzgläubiger. An seiner Befriedigungsmöglichkeit soll sich nichts ändern, wenn er Geschäfte mit dem Insolvenzverwalter abschließt[187] oder der Masse aus sonstigem Grunde, etwa infolge ungerechtfertigter Bereicherung[188] oder eigener unerlaubter Handlung,[189] verpflichtet wird. Denn andernfalls könnte ein Gläubiger durch eigenes Verhalten nach Verfahrenseröffnung ein Recht auf volle Befriedigung erwerben. Die Regel gilt nicht bei einem Erwerb der Schuldnerstellung im Eröffnungsverfahren.[190] Die Beweislast für das Entstehen der Aufrechnungslage bereits vor der Eröffnung des Insolvenzverfahrens obliegt dem aufrechnenden Schuldner, während der Insolvenzverwalter lediglich den Zeitpunkt der Verfahrenseröffnung darzutun hat.[191]

83 **b)** Die *Bedeutung* dieses Verbots wird jedoch dadurch gemindert, dass in vielen praktisch relevanten Fällen angenommen wird, der Gläubiger sei bei Verfahrenseröffnung bereits *aufschiebend bedingter Schuldner* des Insolvenzschuldners gewesen. § 95 InsO lässt dann die Aufrechnung zu und geht § 96 I Nr. 1 InsO vor.[192] Entscheidend für die Zulässigkeit der Aufrechnung ist also, ob bei Verfahrenseröffnung wenigstens eine bedingte Aufrechnungslage bestand oder nicht.

84 **c)** *Einzelfälle unzulässiger Aufrechnung:*
(1) gegen Forderungen aus *Geschäften mit dem Insolvenzverwalter*.[193]
(2) gegen Forderungen aufgrund eines Erfüllungsverlangens des Insolvenzverwalters mit *vorinsolvenzlichen* außervertraglichen Ansprüchen (→ Rn. 53).
(3) gegen Forderungen aus *eigener Vertragsverletzung*, nachdem der Insolvenzverwalter Erfüllung verlangt hat (→ Rn. 58).
(4) gegen Forderungen aus *Geschäftsführung ohne Auftrag* für die Masse, wenn kein Auftrag vor Eröffnung des Insolvenzverfahrens erteilt wurde.[194] War ein Auftrag vor Verfahrenseröffnung erteilt worden, so kommt es darauf an, ob der Auftrag nach §§ 115, 116 InsO fortbestand oder erloschen war, als der Gläubiger etwas für die Masse erlangte.[195] War der Auftrag erloschen, so scheidet eine Aufrechnung gegen den Bereicherungsanspruch aus (→ Rn. 60).

Hat der Insolvenzschuldner ein *debitorisches Konto* bei einer Bank, so erlischt die Kontokorrentabrede mit Verfahrenseröffnung, §§ 115 I, 116 S. 1 InsO. Gehen auf das Konto noch Überweisungen Dritter ein, so darf die Bank diese nicht mehr mit dem Schuldsaldo verrechnen; sie kann aber auch nicht mit ihrer Darlehensforderung gegen den Masseanspruch auf Gutschrift aufrechnen, da sie insoweit erst nach Eröffnung des Verfahrens Schuldner (trotz „die Bank") wurde (§ 96 I Nr. 1 InsO).[196] Dies gilt freilich nur vorbehaltlich des § 96 II InsO.

---

[186] BGH KTS 1957, 116; FK/*Bernsau*, § 96 Rn. 5; MüKoInsO/*Brandes*, § 96 Rn. 6; *Smid*, § 96 Rn. 5; *Uhlenbruck*, § 96 Rn. 4.
[187] *v. Wilmowsky* NZG 1998, 481, 484.
[188] *Uhlenbruck*, § 96 Rn. 31.
[189] Uhlenbruck/Hirte/Vallender/*Sinz*, § 94 Rn. 36; MüKoInsO/*Brandes*, § 96 Rn. 7.
[190] BGHZ 159, 388 = NZI 2004, 580; NGH NZI 2012, 365, 367.
[191] BGH NZI 2012, 711.
[192] BGHZ 160, 1 = ZIP 2004, 1608; BGH ZIP 2005, 181; *Uhlenbruck*, § 96 Rn. 4.
[193] MüKoInsO/*Brandes*, § 96 Rn. 7; *Uhlenbruck*, § 96 Rn. 6; FK/*Bernsau*, § 96 Rn. 6; *Smid*, § 96 Rn. 6.
[194] *Smid*, § 96 Rn. 6.
[195] Vgl. BGHZ 107, 88 = NJW 1989, 1353.
[196] *Häsemeyer*, Kölner Schrift, S. 461, 472 (Rn. 43); MüKoInsO/*Brandes*, § 96 Rn. 15; vgl. BGHZ 107, 88, 89 = NJW 1989, 1353, 1354; *Gerhardt*, FS Zeuner, 1994, S. 353, 355.

(5) gegen Forderungen aus u*ngerechtfertigter Bereicherung* gegenüber der Masse.[197] Hat der Gläubiger vor Eröffnung des Insolvenzverfahrens eine Sache des Insolvenzschuldners unwirksam gepfändet und nach Verfahrenseröffnung versteigern lassen, so kann er gegen den Anspruch auf Herausgabe des Versteigerungserlöses nicht aufrechnen.
(6) gegen Forderungen aus *unerlaubter Handlung* oder Gefährdungshaftung gegenüber der Masse.[198]
(7) gegen den Rückgewähranspruch des Insolvenzverwalters aus *Insolvenzanfechtung* nach § 143 InsO.[199]
(8) mit vorinsolvenzlichen Umsatzsteuerforderungen gegen Erstattungsansprüche, die aus der Berichtigung der Bemessungsgrundlage (§ 17 II UStG) wegen Uneinbringlichkeit von Forderungen nach der Eröffnung des Insolvenzverfahrens beruhen.[200] Damit ändert der VII. Senat des BFH seine bisherige Rechtsauffassung, dass solche Erstattungsansprüche bereits vor der Eröffnung (mit Begründung der zu berichtigenden Forderung) aufschiebend bedingt begründete Forderungen darstellen und somit als vor dem Insolvenzverfahren entstanden zu betrachten sind.[201] Gleichzeitig schließt er sich der Rechtsprechung des für das Umsatzsteuerrecht zuständigen V.[202] und XI. Senats[203] und auch des I. Senats an.[204]
(9) gegen nach Verfahrenseröffnung fällig werdenden Bezügen aus einem Dienstverhältnis.[205] Diese entstehen nicht bereits mit Abschluss des Vertrages sondern vielmehr erst mit Beginn des jeweiligen Leistungszeitraumes.
(10) Für nach Verfahrenseröffnung fällig werdende Miet- oder Pachtzinsforderungen enthalten die §§ 110 III und 114 II InsO Sonderregelungen gegenüber § 96 I Nr. 1 InsO (→ Rn. 77, 78).

d) *Einzelfälle zulässiger Aufrechnung:*

(1) gegen eine bereits *entstandene,* aber noch *nicht fällige Gegenforderung,* § 95 InsO. Eine Werklohnforderung (§§ 631 I, 632 BGB) entsteht mit Abschluss des Werkvertrages, wird aber erst mit Abnahme fällig, § 641 BGB. Hat der spätere Insolvenzschuldner ein Werk bei Eröffnung des Verfahrens nur teilweise fertiggestellt, so zerfällt der Werkvertrag in einen erfüllten und in einen nicht erfüllten Teil. Wählt der Insolvenzverwalter Erfüllung des nicht erfüllten Teils, so hindert § 96 I Nr. 1 InsO den Gläubiger an der Aufrechnung gegen den entsprechenden Werklohnteil. Dagegen ist die Aufrechnung gegen den vor Verfahrenseröffnung entstandenen Teilvergütungsanspruch zulässig, auch wenn dessen Fälligkeit erst mit Abnahme durch den Besteller nach Eröffnung des Insolvenzverfahrens eintritt.[206]
(2) mit dem durch Wahl der Nichterfüllung entstehenden *Schadensersatzanspruch nach § 103 II 1 InsO* (→ Rn. 58 f.), nach hM auch gegen den Anspruch auf *Rückzahlung einer* vom Insolvenzschuldner geleisteten *Anzahlung* (→ Rn. 59) oder Vorauszahlung.[207]

---

[197] *Uhlenbruck,* § 96 Rn. 31; *Smid,* § 96 Rn. 6.
[198] *Hess,* InsO, § 96 Rn. 24; FK/*Bernsau,* § 96 Rn. 6.
[199] MüKoInsO/*Brandes,* § 96 Rn. 10; *Uhlenbruck,* § 96 Rn. 24; *Smid,* § 96 Rn. 6; vgl. BGHZ 15, 333, 337 = NJW 1955, 259.
[200] BFH NZI 2012, 1022 (m. Anm. *Uhländer*).
[201] BFH, Beschluss v. 12.8.2008 - VII B 213/07, BeckRS 2008, 25013927 = BFH/NV 2008, 1819.
[202] BFHE 224, 24 = NZI 2009, 447.
[203] BFH v. 9.2. 2011, XI R 35/09, BeckRS 2011, 95517.
[204] BFHE 233, 114 = DStR 2011, 1029.
[205] BGH NZI 2011, 936.
[206] Vgl. BGHZ 129, 336, 342 = NJW 1995, 1966 = JZ 1996, 49; BGH NJW 2001, 3704, 3705; ablehn: *Krull* InVO 1998, 180; *Gottwald* NZI 2005, 588, 589; ferner: BGHZ 89, 189 = NJW 1984, 1557 f. = JZ 1984, 420.
[207] BGH ZIP 2004, 181.

(3) gegen den Anspruch auf Herausgabe des durch *Auftrag* oder *Geschäftsbesorgung* Erlangten, sofern der Auftrag bei Eingang noch fortbestand (→ Rn. 60).
(4) gegen den Anspruch des Insolvenzschuldners auf Abfindung oder Zahlung des Auseinandersetzungsguthabens (§ 738 BGB).[208]
(5) gegen den Anspruch auf Erstattung der *Kosten eines* bei Eröffnung des Insolvenzverfahrens anhängigen *Prozesses* (→ Rn. 71).
(6) Hat der Insolvenzschuldner seine Forderung nach Eintritt der Aufrechnungslage *abgetreten,* so kann der Schuldner nach § 406 BGB auch gegenüber dem neuen Gläubiger aufrechnen. Diese Möglichkeit muss ihm daher erhalten bleiben, wenn der Insolvenzverwalter die abgetretene Forderung zurückerwirbt.[209] Ebenso ist die Aufrechnung zulässig, wenn sie erst nach Aufhebung oder Einstellung des Insolvenzverfahrens erfolgt. Wird ein Einstellungsbeschluss jedoch mit Beschwerde angefochten, so hat seine Aufhebung Wirkung ex tunc, so dass eine zunächst mögliche Aufrechnung zur Verhinderung zwischenzeitlicher Massebeeinträchtigungen nach § 96 I Nr. 1 InsO rückwirkend unzulässig wird.[210]
(7) Hat der Insolvenzschuldner seine *Forderung* nur *zur Sicherheit abgetreten,* sei es an eine Bank oder im Rahmen des verlängerten Eigentumsvorbehaltes an einen Lieferanten, so erwirbt er die Forderung nach Ansicht von *Serick* mit Verfahrenseröffnung kraft Gesetzes mit einem Absonderungsrecht belastet zurück. Der Schuldner muss dann ebenfalls nach den §§ 412, 406 BGB die Aufrechnungsmöglichkeit behalten.[211] § 96 I Nr. 1 InsO steht der Aufrechnung daher nicht entgegen.[212] Erwirbt der Schuldner seine Forderung in Kenntnis der Vorausabtretung, so soll sich hieran nichts ändern; erst die Kenntnis der Abtretung der bereits entstandenen Forderung soll ihm nach § 96 I Nr. 1 InsO schaden.[213]
(8) Wird ein Insolvenzgläubiger dadurch Schuldner der Masse, dass der Verwalter die Forderung eines Dritten nach Verfahrenseröffnung erwirbt, so bleibt dem Insolvenzgläubiger eine ursprünglich gegenüber dem Dritten bestehende Aufrechnungslage nach § 406 BGB erhalten.[214]
(9) Hat der Insolvenzverwalter dem Insolvenzschuldner eine gewerbliche Tätigkeit durch Freigabe aus dem Insolvenzbeschlag ermöglicht, fällt ein durch diese Tätigkeit erworbener Umsatzsteuererstattungsanspruch nicht in die Insolvenzmasse und kann vom Finanzamt mit vorinsolvenzlichen Steuerschulden verrechnet werden.[215] Bei diesen Ansprüchen handelt es sich von Anfang an um solche des Schuldners, die somit auch nicht im Wege des Durchgangserwerbs dem Aufrechnungsverbot des § 96 I Nr. 1 InsO unterfallen.[216]

86 **4. Erwerb der Gläubigerstellung nach Verfahrenseröffnung** von einem anderen Gläubiger. **a)** Nach § 96 I Nr. 2 InsO ist die Aufrechnung unzulässig, wenn der Gläubiger seine Forderung erst nach Verfahrenseröffnung durch Einzel- oder Gesamtrechtsnachfolge erworben hat.[217] Der Gläubiger ist bei Verfahrenseröffnung „ungesi-

---

[208] BGH WM 1988, 1800 = NJW 1989, 453 = WuB VI. B § 54 KO 2.89 *(Deuchler); Uhlenbruck,* § 96 Rn. 31.
[209] BGHZ 56, 111 = NJW 1971, 1270; Hess, InsO, § 96 Rn. 36; MüKoInsO/*Brandes,* § 96 Rn. 16; *Uhlenbruck,* § 96 Rn. 29.
[210] Vgl. LG Konstanz KTS 1983, 644, 647.
[211] *Serick* V, § 69 V 2.
[212] *Uhlenbruck,* § 96 Rn. 30.
[213] *Serick* V, 69 V 3.
[214] *Häsemeyer,* Kölner Schrift, S. 461, 472 (Rn. 45).
[215] BFHE 230, 490 = StBl II 2011, 336 = ZIP 2010, 2359.
[216] BFH ZIP 2011, 2067.
[217] *Hess,* InsO, § 96 Rn. 54; *Uhlenbruck,* § 96 Rn. 32 ff.; FK/*Bernsau,* § 96 Rn. 10; *Smid,* § 96 Rn. 12.

Die Aufrechnung in der Insolvenz   87–91   § 45

chert" und darf daher nachträglich seine Rechtsstellung nicht mehr verbessern.[218] Das Verbot soll insb ein „Forderungsclearing" zwischen Gläubigern und Schuldnern des Insolvenzschuldners bzw. einen Aufkauf von Insolvenzforderungen zur Aufrechnung gegen Masseforderungen,[219] beides zu Lasten anderer Insolvenzgläubiger, verhindern.[220] Tritt der Erbfall nach Verfahrenseröffnung ein, so kann der Erbe auch nicht mit einer Erblasserforderung aufrechnen.

§ 96 I Nr. 2 InsO greift nicht, wenn der Gläubiger seine Forderung während des Er- 87 öffnungsverfahrens erwirbt. Doch dürfte dann meistens ein Fall des anfechtbaren Erwerbs nach § 96 I Nr. 3 InsO vorliegen.[221] Das Verbot greift auch nicht, wenn die Gegenforderung von einem aufrechnungsberechtigten Gesamtschuldner auf einen anderen Mitschuldner übergeht.[222]

b) Die Aufrechnungsbefugnis entfällt dagegen *nicht* nach § 96 I Nr. 2 InsO, *wenn* der 88 Aufrechnende schon vor Verfahrenseröffnung *bedingt Gläubiger* der Forderung war und die Bedingung nach Eröffnung des Insolvenzverfahrens eintritt. § 95 InsO verdrängt insoweit § 96 I Nr. 2 InsO.[223] Wer vor Verfahrenseröffnung einen Erfüllungsanspruch aus einem Werkvertrag hat, kann nach Eröffnung daher mit dem Anspruch auf Schadensersatz wegen Nichterfüllung aufrechnen.[224]

Zulässig ist danach prinzipiell die Aufrechnung des *Bürgen* mit dem Regressanspruch 89 im Insolvenzverfahren des Hauptschuldners, wenn er die Bürgschaft erst nach Insolvenzeröffnung bezahlt (aber → Rn. 61 f.), die Aufrechnung mit Regressansprüchen nach den §§ 1143, 1225 BGB (→ Rn. 65), die Aufrechnung des *Ablösungsberechtigten* mit dem auf ihn nach § 268 III BGB übergegangenen Anspruch des Gläubigers (→ Rn. 66) sowie eine Aufrechnung mit dem Rückgriffsanspruch des Wechselindossanten in der Insolvenz eines Vormannes (→ Rn. 70).

c) Unzulässig ist die Aufrechnung, wenn die *Forderung* des Gläubigers erst *nach Eröffnung* 90 *des Insolvenzverfahrens* entsteht. Für Geschäfte mit dem Insolvenzschuldner haftet die Masse nicht (vgl. § 38 InsO). Ein Arbeitnehmer kann aber auch nicht mit einem Urlaubsabgeltungsanspruch für das Jahr aufrechnen, in dem der Arbeitgeber insolvent wird.[225]

d) Unzulässig ist die Aufrechnung, wenn die *Forderung* zwar vor Eröffnung des Insol- 91 venzverfahrens bestand, aber vom Gläubiger erst *danach erworben* wurde. Wer einen Insolvenzgläubiger nach *§ 267 BGB* befriedigt, kann nicht mit dem dadurch erlangten Ausgleichsanspruch gegen die Masse aufrechnen.[226] Die Aufrechnungsbefugnis entfällt aber nicht, wenn die Gegenforderung von einem aufrechnungsbefugten Gesamtschuldner auf einen Mitschuldner übergeht, da dadurch keine Masseverkürzung eintritt.[227] Der Käufer einer Eigentumswohnung kann im Insolvenzverfahren des Verkäufers die Kaufpreisforderung durch Aufrechnung mit einem Gegenanspruch wegen eines Mangels des Gemeinschaftseigentums in dieser Höhe erfüllen, wenn der Mangel den Wert seiner eigenen Wohnung mindert; durch Abtretung von Forderungen weiterer Käufer von Eigentumswohnungen kann nach Verfahrenseröffnung keine weitergehende Aufrechnungsmöglichkeit entstehen.[228]

---

[218] *v. Wilmowsky* NZG 1998, 481, 486.
[219] *Schlosser,* Rn. 314.
[220] *Uhlenbruck,* § 96 Rn. 32 ff.
[221] *v. Wilmowsky* NZG 1998, 481, 487; *Adam* WM 1998, 801, 804; *Rendels* ZIP 2003, 1583, 1590.
[222] BGHZ 136, 254, 260 = NJW 1997, 2754, 2756.
[223] MüKoInsO/*Brandes,* § 96 Rn. 24.
[224] BGHZ 136, 254, 260 = NJW 1997, 2754, 2755.
[225] Vgl. LAG Düsseldorf KTS 1986, 712, 714.
[226] BGH NJW 1962, 1200.
[227] *Hess,* InsO, § 96 Rn. 64.
[228] BGH NJW 1996, 1056 = ZIP 1996, 426.

92 e) Wird eine Insolvenzforderung vor Verfahrenseröffnung abgetreten und nach Eröffnung des Verfahrens zurückerworben, so steht § 96 I Nr. 2 InsO der Aufrechnung entgegen.[229] Dies gilt auch bei einer sicher seltenen Rückabtretung nach Forderungsankauf im Rahmen eines echten Factoring-Geschäfts.[230]

93 Bei einer *Sicherungszession* ist nach hM zu unterscheiden. Erfolgen eine *eigennützige Sicherungszession* und die Rückabtretung kurz vor Verfahrenseröffnung, so kann § 96 I Nr. 3 InsO der Aufrechnung entgegenstehen, wenn die Wiederherstellung der Aufrechnungslage nach § 130 I 1 Nr. 1 o 2 InsO anfechtbar ist.[231] Diese Anfechtbarkeit besteht auch, wenn der Insolvenzgläubiger die gegen sich gerichtete Forderung des Dritten planmäßig getilgt hat.[232]

94 Erfolgte die Sicherungszession vor, der Rückerwerb dagegen nach Verfahrenseröffnung, so wird eine durch eigenes Handeln erloschene Aufrechnungslage erst nach Eröffnung des Verfahrens wiederhergestellt. § 96 I Nr. 2 InsO schließt daher die Aufrechnung aus.[233]

95 Dass der Rückerwerb beabsichtigt oder der Anspruch auf Rückgewähr schon vor Verfahrenseröffnung entstanden war, ändert hieran nichts. Für die Aufrechenbarkeit entscheidet nicht die „wirtschaftliche Zuordnung", sondern die „dingliche" Inhaberschaft der Forderung.[234] Dies gilt auch bei einer Rückübertragung im Rahmen eines unechten Factoring-Geschäfts.[235]

96 Besteht die Aufrechnungslage dagegen bei Eröffnung des Insolvenzverfahrens, so soll dem Gläubiger eine Sicherungsabtretung nach Verfahrenseröffnung mit anschließender Rückabtretung nicht schaden,[236] weil dadurch nur die Lage wiederhergestellt werde, die schon bei Verfahrenseröffnung bestand.

97 f) Bei einer *Inkassozession*, also einer uneigennützigen Treuhand (→ § 40 Rn. 34), gehört die abgetretene Forderung weiter voll dem Zedenten. Eine „Aussonderung" aus dessen Vermögen ist nicht gewollt. Deshalb kann der Schuldner trotz der Inkassozession mit Gegenforderungen gegen den Zedenten aufrechnen, während eine Aufrechnung gegen eine Forderung des Zessionars ausgeschlossen ist.[237] Konsequenterweise muss der Zedent (nach Rückübertragung) im Insolvenzverfahren des Schuldners aufrechnen können, wenn er diesem nach Abtretung, aber vor Verfahrenseröffnung etwas schuldig geworden ist.[238]

98 g) Das Aufrechnungsverbot des § 96 I Nr. 2 InsO hat Vorrang gegenüber der generellen Befugnis des Sozialleistungsträgers, gem. § 52 SGB I eigene Leistungspflichten mit Erstattungsansprüchen anderer Leistungsträger zu verrechnen.[239]

99 **5. Anfechtbarer Erwerb der Aufrechnungslage. a)** Die Aufrechnung ist ex lege unzulässig, wenn die Aufrechnungslage durch eine anfechtbare Rechtshandlung erwor-

---

[229] *Hess*, InsO, § 96 Rn. 66; *Uhlenbruck*, § 96 Rn. 37 ff.; *Müller*, S. 57; FK/*Bernsau*, § 96 Rn. 13; MüKoInsO/*Brandes*, § 96 Rn. 21.
[230] *Uhlenbruck*, § 96 Rn. 41; *Müller*, S. 62.
[231] *Ganter*, FS Kirchhof, S. 105, 109.
[232] *Ganter*, FS Kirchhof, S. 105, 109.
[233] MüKoInsO/*Brandes*, § 96 Rn. 21; Braun/*Kroth*, § 96 Rn. 12; aA FK/*Bernsau*, § 96 Rn. 13; *Kessler* ZInsO 2001, 148, 151.
[234] *Uhlenbruck*, § 96 Rn. 37 ff.; *Müller*, S. 58; *Ganter*, FS Kirchhof S. 105, 110 ff.; aA *Fricke* NJW 1974, 2118; *Hess*, InsO, § 96 Rn. 58.
[235] MüKoInsO/*Brandes*, § 96 Rn. 21; *Uhlenbruck*, § 96 Rn. 41 ff.; *Müller*, S. 60 ff.; *Serick* V, § 70 IX.
[236] MüKoInsO/*Brandes*, § 96 Rn. 21; KPB/*Lüke*, § 96 Rn. 33; *Uhlenbruck*, § 96 Rn. 37 ff.; *Ganter*, FS Kirchhof, S. 105, 118; aA *Honsdorf*, S. 182 ff.; *Lang*, S. 262 ff.
[237] MüKoInsO/*Brandes*, § 96 Rn. 23; MüKoBGB/*Schlüter*, § 387 Rn. 15; *Soergel*/*Zeiss*, § 387 Rn. 2 (aA aber § 398 Rn. 15).
[238] *Uhlenbruck*, § 96 Rn. 37 ff.; *Müller*, S. 60.
[239] *Häsemeyer*, Kölner Schrift, S. 461, 473 (Rn. 48); aA MüKoInsO/*Brandes*, § 96 Rn. 25 (für Gleichstellung des Sozialrechts mit vertraglicher Erweiterung).

ben wurde (§ 96 I Nr. 3 InsO).[240] Ist die Aufrechnung schon vor Verfahrenseröffnung (in dem anfechtbaren Zeitraum) erklärt worden, so wird sie mit Verfahrenseröffnung unwirksam.[241]

b) Anfechtbar ist die Begründung der Gegenforderung, wenn sie die Aufrechnungsmöglichkeit in den letzten drei Monaten vor Stellung des Insolvenzantrags oder später auslöste. Je nachdem, ob ein Anspruch auf Begründung der Gegenforderung bestand oder nicht, kommt eine Anfechtung bei kongruenter (§ 130 InsO) oder inkongruenter Deckung (§ 131 InsO) in Betracht.[242] Eine Gläubigerbenachteiligung tritt etwa ein, wenn der Schuldner kurz vor Stellung des Eröffnungsantrags Gegenstände an einen Insolvenzgläubiger veräußert, die zuvor zur Sicherheit einem anderen Gläubiger übereignet waren und die dieser zur Veräußerung nur an diesen Gläubiger „freigibt".[243] Bei bedingten oder befristeten Forderungen kommt es auf den Zeitpunkt der Begründung der Gegenseitigkeit, nicht der Zulässigkeit der Aufrechnung an.[244] Eine zeitlich weiter zurückliegende Begründung der Forderung kann als vorsätzliche Benachteiligung (§ 153 InsO) oder als unentgeltliche Leistung (§ 134 InsO) anfechtbar sein.[245] An einer Gläubigerbenachteiligung durch eine Veräußerung kann es aber fehlen, wenn der Erwerber bereits ein insolvenzbeständiges, zur Absonderung berechtigendes Sicherungseigentum an den Kaufgegenständen hatte.[246] 100

c) Anfechtbar kann aber auch der *Erwerb der Schuldnerposition* sein, sofern sich daraus die Aufrechnungslage ergeben würde. Entgegen dem Wortlaut des § 96 I Nr. 3 InsO muss die Aufrechnung in diesem Fall ebenfalls ausscheiden.[247] Erfasst ist insoweit jede Verpflichtung gegenüber dem späteren Insolvenzschuldner oder gegenüber einem Dritten zu seinen Gunsten, der Empfang von Leistungen Dritter für Rechnung des Schuldners oder der Erwerb der Forderung eines anderen Insolvenzgläubigers.[248] Geht bei einer Bank nun vor Eröffnung des Insolvenzverfahrens eine Überweisung auf ein debitorisches Konto des Schuldners ein, so kann die Bank (bei Vorliegen der Anfechtungsvoraussetzungen im Detail) gegen den Anspruch auf Gutschrift nicht mit ihrem Darlehensanspruch aufrechnen.[249] Da die Frist des § 130 I 1 Nr. 1 InsO von der Stellung des Insolvenzantrags an gerechnet wird, ist auch eine Aufrechnung gegen Zahlungseingänge nach Anordnung einer vorläufigen Insolvenzverwaltung ausgeschlossen. 101

d) Wird die *Aufrechnungslage* erst *im Eröffnungsverfahren* herbeigeführt, so dürfte sie vielfach als kongruente (§ 130 InsO) oder inkongruente (§ 131 InsO) Deckung anfechtbar sein.[250] Die Anordnung eines Vollstreckungsverbots (§ 21 II 1 Nr. 3 InsO) hindert den Erwerb einer Aufrechnungslage als solche nicht.[251] Soweit die Bank allerdings Überweisungen des Schuldners im Rahmen eines debitorischen Kontos ausführt, han- 102

---

[240] MüKoInsO/*Brandes,* § 96 Rn. 27; *Uhlenbruck,* § 96 Rn. 46; *Bork,* FS Ishikawa S. 31, 33. Krit zu dieser Lösung *Dieckmann* in Leipold, S. 211, 219 ff.; *Ries* ZInsO 2004, 1231.
[241] BGHZ 159, 388 = NZI 2004, 580, 582; *Bork,* FS Ishikawa S. 31, 34 ff.
[242] KG ZInsO 2004, 744, 745; OLG Karlsruhe ZInsO 2004, 1036; *Bork,* FS Ishikawa S. 31, 42; MüKoInsO-*Brandes,* § 96 Rn. 32 ff.; krit. *Becker* DZWIR 2005, 221, 223.
[243] BGH MDR 2004, 353 = NZI 2004, 82 *(Gundlach/Schmidt).*
[244] BGHZ 159, 388, 395 ff. = NZI 2004, 580.
[245] *Häsemeyer,* Kölner Schrift, S. 461, 475 (Rn. 56).
[246] BGH MDR 2005, 171.
[247] *Häsemeyer,* Kölner Schrift, S. 461, 464 (Rn. 10); *Adam* WM 1998, 801, 803; *Bork,* FS Ishikawa S. 31, 44.
[248] BGH NZI 2004, 82; *Bork,* Rn. 266.
[249] *Häsemeyer,* Rn. 19.16; *ders.,* Kölner Schrift, S. 461, 474 (Rn. 52); *Gerhardt,* FS Zeuner S. 353, 366; *Nobbe,* S. 99, 121 f.; vgl. BGHZ 58, 108, 113 = NJW 1972, 633.
[250] *Bork,* FS Ishikawa S. 31, 44; ausführlich MüKoInsO/*Brandes,* § 96 Rn. 34, vgl. BGHZ 159, 388 = NZI 2004, 580.
[251] BGHZ 159, 388 = NZI 2004, 580; *Häsemeyer,* Kölner Schrift, S. 461, 483 (Rn. 83–88); *Gerhardt,* Aktuelle Probleme, S. 127, 149.

delt es sich bei der Verrechnung mit Gutschriften um ein nicht anfechtbares Bargeschäft (§ 142 InsO).[252] Liegen die Anfechtungsvoraussetzungen vor, so ist die Aufrechnung kraft Gesetzes unzulässig und unwirksam. Dies gilt nicht nur, wenn sie erst nach Eröffnung des Insolvenzverfahrens erklärt wird. Auch die vor Eröffnung erklärte Aufrechnung wird nachträglich unwirksam.[253] Der Verwalter kann also unmittelbar die nicht durch Aufrechnung erloschene Forderung des Schuldners geltend machen.

103 e) Ist die *Aufrechnung* kraft Gesetzes vorgesehen, so beispielsweise die Saldierung nach § 16 II 1 UStG, steht dies der Unzulässigkeit der Aufrechnung nach § 96 I Nr. 3 InsO grundsätzlich nicht entgegen.[254] Nach einer Änderung seiner Rechtsprechung bejaht der BFH[255] nunmehr die Unzulässigkeit der Aufrechnung von vorinsolvenzlichen Forderungen des Finanzamtes mit Vorsteuervergütungsansprüchen des Insolvenzschuldners aus dem vorläufigen Insolvenzverfahren. Der BFH und ihm folgend die Finanzverwaltungen und -gerichte hatte zuvor angenommen, die Aufrechnung sei nicht nach § 96 I Nr. 3 InsO unzulässig, weil eine anfechtbare Rechtshandlung (§ 129 InsO), nicht vorliege. Dem war der BGH 2009 entgegen getreten mit der Argumentation, auch eine Handlung eines Dritten (die Tätigkeit des vorläufigen Insolvenzverwalters), die zum Entstehen einer Steuerschuld führe, sei eine Rechtshandlung iSv § 129 InsO.[256] Der BFH betont nunmehr ausdrücklich, dass die Umsatzsteuer zwar von Gesetzes wegen entstehe, das Entstehen von Umsatzsteuer bzw. Vorsteuer jedoch voraussetze, dass eine Leistung erbracht werde.

103a **6. Aufrechnung mit einer gegen das insolvenzfreie Vermögen des Schuldners gerichteten Forderung.** Eine Aufrechnung scheidet nach § 96 I Nr. 4 InsO schließlich aus, wenn die Gegenforderung nicht aus der Masse, sondern aus dem insolvenzfreien Vermögen des Schuldners zu erfüllen ist. Dieses Verbot folgt aber bereits daraus, dass in diesem Fall mit Verfahrenseröffnung und Spaltung des Schuldnervermögens die Gegenseitigkeit entfällt.[257] Insoweit hat die Norm nur klarstellende Wirkung. Bestand die Aufrechnungslage bereits zur Zeit der Verfahrenseröffnung, so sollte ein Aufrechnungsschutz gem. § 406 BGB gewährt werden.[258] Da Neuerwerb nach § 35 InsO in die Insolvenzmasse fällt, verbleibt dem Schuldner nur unpfändbares Vermögen (bei Verfahrenseröffnung) und Hausrat insolvenzfrei. Die Regelung hat daher nur geringe praktische Bedeutung. Aber auch gegenüber dem Schuldner persönlich kann der Gläubiger kaum aufrechnen, da § 394 BGB die Aufrechnung gegen unpfändbare Forderungen ausschließt.

104 Zweifelhaft ist, ob der Geschäftspartner des Insolvenzschuldners dessen Leistungen als Neuerwerb nach § 35 InsO in die Masse fallen, aus Gründen der Billigkeit, etwa mit einem konnexen Ersatzanspruch wegen Pflichtverletzung, nicht doch gegen massezugehörige Forderungen aufrechnen kann.[259]

105 **7. Verrechnung in Zahlungssystemen.** Eine Ausnahme vom Aufrechnungsverbot des § 96 I InsO oder §§ 96 I, 95 I 3 InsO enthält der im Dezember 1999 neu eingefügte und im April 2004 erweiterte § 96 II InsO. Danach stehen beide Regeln einer Verfü-

---

[252] Vgl. MüKoInsO/*Brandes,* § 96 Rn. 36; auch BGH NZI 2003, 319.
[253] BGH NZI 2004, 82 u 620; Uhlenbruck/Hirte/Vallender/*Sinz,* § 96 Rn. 46; Uhlenbruck/Hirte/Vallender/*Hirte,* § 130 Rn. 11; aA Ries ZInsO 2004, 1231.
[254] S. aber *Abenheimer* FD-InsR 2011, 314160.
[255] BFH NJW 2011, 957.
[256] BGH NZI 2010, 17 (*Abenheimer* FD-InsR 2009, 295092).
[257] *Dieckmann* in Leipold, S. 211, 223; Uhlenbruck/Hirte/Vallender/*Sinz,* § 96 Rn. 65; *Gerhardt,* Aktuelle Probleme, S. 127, 147.
[258] *Dieckmann* in Leipold, S. 211, 223; MüKoInsO/*Brandes,* § 96 Rn. 40.
[259] Vgl. *Häsemeyer,* Kölner Schrift, S. 461, 463 (Rn. 9), 483 (Rn. 91); Uhlenbruck/Hirte/Vallender/*Sinz,* § 96 Rn. 66.

gung über Finanzsicherheiten iS von § 1 Abs. 17 KWG nicht entgegen; Ansprüche und Leistungen aus Überweisungs-, Zahlungs- oder Übertragungsverträgen können auch noch nach Eröffnung des Insolvenzverfahrens verrechnet werden. Die Verrechnung muss der Ausführung des Verrechnungssystems dienen und spätestens am Tag der Eröffnung des Insolvenzverfahrens erfolgen. Diese Privilegierung gilt für Abrechnungssysteme in Zahlungs- sowie Wertpapierliefer- und -aufrechnungssystemen iS der Richtlinie 98/26/EG vom 19.5.1998 (ABl EG Nr. L 166/45). Systeme aus Drittstaaten sind gleichgestellt, wenn sie im Wesentlichen die Voraussetzungen von Art. 2 lit. a dieser Richtlinie erfüllen.[260]

V. Aufrechnung durch den Insolvenzverwalter

1. Anlass. Eine Aufrechnung des Insolvenzverwalters kommt vor allem in Betracht, wenn die Gegenforderung wie bei Masseschulden nach den §§ 54, 55 InsO voll aus der Insolvenzmasse zu erfüllen ist. Soweit der Insolvenzgläubiger gem. §§ 94 ff. InsO aufrechnen kann, kann die Aufrechnung auch vom Verwalter gegen die Gläubigerforderung in voller Höhe erklärt werden.[261] Die Aufrechnung ist aber auch dann von Interesse, wenn der Verwalter Aktivforderungen der Masse dadurch einziehen will, dass er gegen einen Anspruch eines Insolvenzgläubigers auf die Verteilungsquote aufrechnet. So kann der Verwalter etwa eine Bereicherungsforderung der Masse durch Aufrechnung gegen eine Forderung eines Insolvenzgläubigers *in Höhe der* fälligen *Quote* einbringen.[262] **106**

2. Partielle Geltung der Insolvenzregeln. a) Die Befugnis des Insolvenzverwalters zur Aufrechnung richtet sich grds. nach *allgemeinem Recht,* insb den §§ 387 ff. BGB; die §§ 94 ff. InsO sind nicht einschlägig.[263] Soweit in der Aufrechnung aber sinngemäß die *Anerkennung eines Masseanspruchs* liegt, bedarf der Insolvenzverwalter hierzu in besonders bedeutsamen Fällen im Innenverhältnis der Genehmigung des Gläubigerausschusses, hilfsweise der Gläubigerversammlung, §§ 160 I, 164 InsO. **107**

Der Insolvenzverwalter darf nur aufrechnen, wenn nach pflichtgemäßer Sachaufklärung eine Aufrechnungslage besteht. Von einer förmlichen Feststellung zur Tabelle ist die Aufrechnung gegen die Forderung des Insolvenzgläubigers nicht abhängig; dass ggf. der Widerspruch eines Drittgläubigers vereitelt wird, ist irrelevant.[264] Verschafft der Verwalter dem Insolvenzgläubiger freilich durch die Aufrechnung schuldhaft einen ungerechtfertigten Vorteil, so haftet er den Gläubigern nach § 80 InsO. Eine gegen den Zweck des Insolvenzverfahrens verstoßende Aufrechnung dürfte zudem unwirksam sein.[265] **108**

b) Eine *Abtretung,* die der Insolvenzverwalter vornimmt, um einem Insolvenzgläubiger eine Aufrechnung zu ermöglichen, verstößt gegen den Insolvenzzweck gleichmäßiger Gläubigerbefriedigung und ist nichtig.[266] Der Verstoß muss für den Zessionar freilich erkennbar gewesen sein; im Zweifel trifft den Schuldner hierfür die Beweislast. Das gleiche gilt, wenn der Insolvenzverwalter einem Gläubiger trotz fehlender Gegenseitigkeit oder sonstiger Voraussetzungen vertraglich ein Aufrechnungsrecht einräumt.[267] **109**

---

[260] Vgl. Uhlenbruck/Hirte/Vallender/*Sinz,* § 96 Rn. 72; MüKoInsO/*Brandes,* § 96 Rn. 43.
[261] Uhlenbruck/Hirte/Vallender/*Sinz,* § 94 Rn. 1.
[262] *Häsemeyer,* Kölner Schrift, S. 461, 488 (Rn. 108); *Smid,* § 94 Rn. 20.
[263] Uhlenbruck/Hirte/Vallender/*Sinz,* § 94 Rn. 1; *Häsemeyer,* Kölner Schrift, S. 645, 647 (Rn. 5); FK/*Bernsau,* § 94 Rn. 4.
[264] AA MüKoInsO/*Brandes,* § 94 Rn. 48.
[265] *Häsemeyer,* Kölner Schrift, S. 461, 490 (Rn. 115).
[266] Vgl. BGH NJW 1983, 2018, 2019.
[267] OLG München KTS 1957, 47.

VI. Aufrechnung durch Massegläubiger

110 1. Die Aufrechnungsbefugnis von Massegläubigern wird durch das Insolvenzverfahren grds. *nicht beschränkt*. Massegläubiger sind solche, deren Forderung erst nach Verfahrenseröffnung entsteht (vgl. §§ 54, 55, 324 InsO). Sie sind nach § 53 InsO vorab und generell voll zu befriedigen. Die §§ 95, 96 InsO finden deshalb nur auf Insolvenzgläubiger und nicht für und gegen Massegläubiger Anwendung.[268]

111 Anders als nach bisherigem Recht, sind *Verbindlichkeiten, die der vorläufige Insolvenzverwalter* begründet, nach Verfahrenseröffnung gem. § 55 II InsO ebenfalls Masseverbindlichkeiten. Auch diese Massegläubiger können grundsätzlich unbeschränkt aufrechnen.

112 Dies gilt jedoch nicht im Fall der *Masseunzulänglichkeit* iS von § 208 InsO.[269] Diese führt für Altmassegläubiger zu einem Vollstreckungsverbot (§ 210 InsO), so dass sinngemäß ein Aufrechnungsverbot gem. § 96 I Nr. 1, 2 und 4 InsO zu ihren Lasten besteht.[270] Umgekehrt muss dann zu ihren Gunsten § 95 InsO angewandt werden, da sie aufgrund ihrer bevorrechtigten Stellung nicht schlechter als Insolvenzgläubiger behandelt werden dürfen.[271] Die sog. Neumassegläubiger des § 209 I Nr. 2 InsO sind von dem Aufrechnungsverbot dagegen grds. nicht betroffen.[272]

113 2. Gegen *insolvenzfreie Forderungen des Insolvenzschuldners* kann ein Massegläubiger während des Insolvenzverfahrens nur aufrechnen, wenn er vom Insolvenzschuldner persönlich Leistung verlangen könnte. Bei Masseschulden, die vom Insolvenzverwalter zu Lasten der Masse begründet werden, ist dies jedoch nicht der Fall.[273]

VII. Steuerliche Probleme

114 Für die Aufrechnung von Steuerforderungen gelten nach § 226 AO grundsätzlich die zivilrechtlichen Vorschriften. Bei einer Aufrechnung von Steuerforderungen im Insolvenzverfahren sind die §§ 94 ff. InsO, insbesondere die Aufrechnungsverbote in § 96 InsO, zu beachten.

115 Aufrechnungsbefugt ist sowohl die Körperschaft, der der Ertrag gem. Art. 106 GG zusteht, als auch die Körperschaft, die die Steuer verwaltet (§ 226 IV AO).[274]

Die Aufrechnungserklärung stellt keinen VA dar, sondern die rechtsgeschäftliche Ausübung eines Gestaltungsrechts.[275]

116 Nach § 226 I AO iVm § 387 BGB setzt die Aufrechnung voraus, dass die aufrechnende Forderung fällig ist. Ist der Steueranspruch festzusetzen, was bei den Veranlagungs- und den Anmeldungssteuern der Fall ist, hängt die Fälligkeit nach § 220 II 2 AO von der Festsetzung der Steuer und der Bekanntgabe des Steuerbescheids ab. Wird das Insolvenzverfahren eröffnet, kann kein Steuerbescheid mehr ergehen; die Fälligkeit kann nach diesen Vorschriften also nicht mehr eintreten. Stattdessen richtet sich der Eintritt der Fälligkeit nach der entsprechend anzuwendenden Regelung des § 220 II 1 AO, dh der Steueranspruch gilt für den Zweck der Aufrechnung mit Eröffnung des Insolvenzverfahrens als fällig.[276] War die Steuerforderung bei Eröffnung des Insolvenz-

---

[268] BGHZ 30, 248, 250 = NJW 1959, 1874; BGH NJW 1986, 3206, 3209; OLG Rostock ZInsO 2004, 748, 750; OLG Köln ZIP 1987, 928; LG Konstanz KTS 1983, 644, 647; Uhlenbruck/Hirte/Vallender/*Sinz*, § 94 Rn. 1; *Dieckmann* in Leipold, S. 211, 214; *v. Wilmowsky* NZG 1998, 481, 485; *Smid*, § 96 Rn. 19.
[269] BGHZ 130, 38, 45 f. = ZIP 1995, 1204, 1208; MüKoInsO/*Brandes*, § 94 Rn. 46; *Müller*, S. 97 ff.
[270] MüKoInsO/*Brandes*, § 94 Rn. 46; krit. *Dieckmann* in Leipold, S. 211, 215.
[271] OLG Köln ZIP 1987, 928, 929; vgl. *Henckel*, FS Lüke S. 237, 260 ff.
[272] *Dieckmann* in Leipold, S. 211, 216.
[273] Vgl. *Müller*, S. 93 ff.
[274] BGH NZI 2007, 655.
[275] BFH BStBl II 1987, 536.
[276] BFH BStBl II 2004, 815; BFH DStR 2005, 865.

verfahrens zwar begründet, aber noch nicht entstanden bzw. fällig, kann die Aufrechnung nach § 95 InsO erfolgen, wenn diese Voraussetzungen eingetreten sind.[277]

Ein Vorsteuerrückzahlungsanspruch wird durch eine Vorsteuerberichtigung (§ 17 II Nr. 1 iVm § 17 I UStG) ausgelöst. Mit der Uneinbringlichkeit[278] von (Lieferanten) Forderungen ist ein Vorsteuerabzug zu berichtigen. Der Vorsteuerrückforderungsanspruch nach § 17 II Nr. 1 UStG ist in dem Zeitpunkt begründet, in dem sich die Bemessungsgrundlage geändert hat. Diese ändert sich in dem Zeitpunkt der Uneinbringlichkeit der Entgelte für die an den späteren Insolvenzschuldner erbrachten Leistungen (→ § 124 Rn. 21). In diesem Zeitpunkt sind die Grundlagen für den Vorsteuerrückforderungsanspruch gelegt. Ohne Bedeutung ist es für die Begründung des Vorsteuerrückforderungsanspruchs, in welchem Zeitpunkt der zugrunde liegende Umsatz ausgeführt und die Vorsteuer abgezogen wurde.[279] **117**

Entsprechendes gilt, wenn vertreten wird, dass Forderungen des Schuldners mit Insolvenzeröffnung uneinbringlich werden (→ § 124 Rn. 4). Dann ist die Rückforderung der Umsatzsteuer vor Eröffnung des Insolvenzverfahrens begründet. Werden die Forderungen später an die Insolvenzmasse gezahlt, hat wieder eine Berichtigung der Umsatzsteuer nach § 17 UStG zu erfolgen. Die dadurch entstehende Umsatzsteuerschuld ist Masseverbindlichkeit. Die Aufrechnung der gegenseitigen Forderungen ist nicht durch § 96 InsO ausgeschlossen.

§ 96 I Nr. 1 InsO verbietet eine Aufrechnung, durch die sich ein Insolvenzgläubiger auf Kosten der Massegläubiger befriedigt. Die Aufrechnung ist danach ausgeschlossen, wenn die Forderung des Steuergläubigers Insolvenzforderung ist, die Gegenforderung aber erst nach Eröffnung des Insolvenzverfahrens für die Insolvenzmasse begründet ist. Das gilt auch für Steuererstattungs- und Vorsteuervergütungsansprüche, die aus dem insolvenzfreien Vermögen des Schuldners stammen, als Neuerwerb aber zur Masse gehören.[280] Im Zeitpunkt der Eröffnung des Insolvenzverfahrens bestand noch keine Aufrechnungslage. Für den Begriff des „Begründetseins" ist auf den insolvenzrechtlichen Begriff, nicht auf das steuerrechtliche Entstehen, abzustellen.[281] Der Anspruch auf Erstattungszinsen für Zeiträume nach Eröffnung des Insolvenzverfahrens ist nach diesem Zeitpunkt begründet; die Finanzbehörde kann daher nicht mit Insolvenzforderungen aufrechnen.[282] **118**

Nach § 96 I Nr. 3 InsO ist eine Aufrechnung auch unzulässig, wenn der Insolvenzgläubiger die Möglichkeit der Aufrechnung durch eine anfechtbare Rechtshandlung erlangt hat. Rechtshandlungen des Insolvenzschuldners, die eine Umsatzsteuerschuld hervorrufen, sind allein deswegen nicht anfechtbar. Das Entstehen der Umsatzsteuerschuld ist wegen der Möglichkeit der Überwälzung auf den Abnehmer nach Ansicht des BFH nicht gläubigerbenachteiligend iSd § 129 InsO.[283] Anfechtbarkeit kann aber vorliegen, wenn die Aufrechnungslage auf anfechtbare Weise erlangt wurde, etwa indem der Insolvenzgläubiger in anfechtbarer Weise etwas schuldig wurde und dadurch die Möglichkeit der Aufrechnung mit einer Insolvenzforderung entstanden ist (allgemein hierzu → Rn. 99 ff.). Im Steuerrecht kann diese Gestaltung vorliegen, wenn innerhalb der Fristen der §§ 130–132 InsO der Schuldner Vorsteuererstattungsansprüche erwirbt[284] oder auf Grund der Tätigkeit des vorläufigen Insolvenzverwalters ein Vorsteuer- **119**

---

[277] Vgl. BGH DB 2007, 1860.
[278] Zum Zeitpunkt vgl. BGH NZI 2007, 655, 656.
[279] BFH BStBl II 2013, 36 = DStR 2012, 2278.
[280] BFH BStBl II 2010, 758 = DStR 2010, 11.
[281] BFH BStBl II 2005, 195; BFH BB 2005, 1321.
[282] BFH BStBl II 2009, 624.
[283] BFH BStBl II 2012, 298 = DStRE 2012, 233.
[284] BGH BB 2003, 2707; BGH BGHZ 147, 233; BFH, 2.11.2010, BStBl II 2011, 375 = DStRE 2011, 521; BFH, 2.11.2010, BStBl II 2011, 439 = DStR 2011, 10.

erstattungsanspruch entsteht und die Finanzbehörde dadurch die Möglichkeit einer Aufrechnung mit einer Insolvenzforderung erlangt.

120 § 96 I Nr. 3 InsO setzt eine „Rechtshandlung" voraus: Eine solche Rechtshandlung ist nicht die Zustimmung der Finanzbehörde nach § 168 S. 2 AO zu der Steueranmeldung, die den Vorsteuervergütungsanspruch ausweist, da die Aufrechnungsmöglichkeit nur von der Begründung, nicht der Festsetzung des Vorsteuervergütungsanspruch abhängt (→ Rn. 116). Es ist aber nicht Voraussetzung, dass die „Rechtshandlung" von dem aufrechnenden Insolvenzgläubiger vorgenommen wird. „Rechtshandlung" in diesem Sinne kann daher auch die Lieferungs- und Leistungsbeziehung zwischen Schuldner und Vertragspartner sein, aus der der Vorsteuervergütungsanspruch resultiert.[285] Da kein Anspruch des Steuergläubigers bestand, dass der Schuldner durch Entgegennahme von vertraglichen Lieferungen und Leistungen Vorsteuervergütungsansprüche und damit die Aufrechnungsmöglichkeit begründet, liegt inkongruente Deckung nach § 131 InsO vor. Insoweit greift das Aufrechnungsverbot des § 96 I Nr. 3 InsO ein.

121 Hinsichtlich der Vorsteuer aus der Leistung des vorläufigen Insolvenzverwalters geht die Rechtsprechung davon aus, dass die umsatzsteuerpflichtige Tätigkeit des vorläufigen Insolvenzverwalters eine Rechtshandlung ist,[286] auch wenn der vorläufige Insolvenzverwalter nicht auf vertraglicher Grundlage tätig wird. Das hat zur Folge, dass der Erwerb der Aufrechnungslage durch die Finanzbehörde gegen den Vorsteuervergütungsanspruch als Gegenforderung anfechtbar sein kann und daher das Aufrechnungsverbot des § 96 I Nr. 3 InsO eingreift. Die Finanzbehörde konnte den Erwerb der Aufrechnungslage und damit die Befriedigungsmöglichkeit nicht beanspruchen. Die Tätigkeit des vorläufigen Insolvenzverwalters, und damit die Rechtshandlung, ist auch nach Stellung des Insolvenzantrags erfolgt. Damit liegt eine inkongruente Deckung nach § 131 I Nr. 3 InsO vor, die ohne weitere Voraussetzungen zur Anfechtung und damit zum Aufrechnungsverbot des § 96 I Nr. 3 InsO führt.

122 Außerdem verhindert § 96 I Nr. 4 InsO Vermögensverschiebungen zwischen der Insolvenzmasse und dem insolvenzfreien Vermögen des Schuldners. Eine Aufrechnung ist danach nicht möglich, wenn sich die Forderung des Steuergläubigers gegen das insolvenzfreie Vermögen des Schuldners richtet, die Gegenforderung aber zur Masse gehört, weil sie entweder vor Eröffnung des Insolvenzverfahrens begründet war oder nach Eröffnung des Insolvenzverfahrens zur Masse gehörende Ansprüche begründet worden sind.

123 Im umgekehrten Fall, in dem der Anspruch des Schuldners wegen einer Freigabe durch den Insolvenzverwalter zum insolvenzfreien Vermögen gehört, der Anspruch der aufrechnenden Finanzbehörde aber Insolvenzforderung ist, verhindert § 96 I Nr. 4 InsO die Aufrechnung nicht. Da auch im Übrigen kein Aufrechnungsverbot besteht, ist in diesem Fall die Aufrechnung durch die Finanzbehörde zulässig.[287]

124 Für die Aufrechnung bei der Umsatzsteuer ist zu berücksichtigen, dass nach der neueren Rechtsprechung des BFH (→ § 124 Rn. 39) die Verrechnung der Umsatzsteuerschuld mit dem Vorsteueranspruch innerhalb desselben Unternehmensteils innerhalb desselben Jahresbesteuerungszeitraums nach § 16 II UStG kraft Gesetzes und nicht durch Aufrechnung erfolgt; diese Verrechnung verwirklicht auch keinen Anfechtungstatbestand. Nach dieser Rechtsprechung kann das Aufrechnungsverbot des § 96 I Nr. 3 InsO daher nur eingreifen, wenn Vorsteuererstattungsanspruch und Umsatzsteuerforderung verschiedenen Jahresbesteuerungszeiträumen angehören.

125 Bedeutung haben diese Grundsätze für Steuerforderungen auch bei der *Verrechnung von Vorauszahlungen* auf die Einkommen- und Gewerbesteuer mit der Jahressteuer-

---

[285] BFH BB 2005, 1321; BGH NZI 2010, 17.
[286] BFH BStBl II 2011, 374 = DStRE 2011, 521; BFH BStBl II 2011, 439 = DStR 2011, 10, jeweils mit Hinweis auf die zivilrechtliche Rechtsprechung.
[287] BFH BStBl II 2011, 336 = DStRE 2011, 53.

schuld.²⁸⁸ Vorauszahlungen dürfen mit dem Teil der Jahressteuerschuld verrechnet werden, der sich auf die gleiche Vermögensmasse bezieht, aus dem die Vorauszahlungen geleistet wurden. Zusätzlich kann die Vorauszahlung, die vor Eröffnung des Insolvenzverfahrens geleistet wurde, mit einer Jahressteuerschuld, die zu den sonstigen Masseverbindlichkeiten gehört, verrechnet werden. Eine Aufrechnung kann ebenfalls erfolgen, wenn die Vorauszahlung aus dem insolvenzfreien Vermögen des Schuldners entrichtet wurde, die Jahressteuerschuld sich aber als Insolvenzforderung oder sonstige Masseverbindlichkeit gegen die Masse richtet.

126 Fällt der Schuldner (dh die Masse) nach Eröffnung des Insolvenzverfahrens über sein Vermögen mit einer Forderung aus einer Lieferung oder sonstigen Leistung gegen einen Schuldner aus, entsteht ein Anspruch auf Erstattung der gezahlten Umsatzsteuer gegen die Finanzbehörde. Dieser Anspruch ist zwar erst nach Eröffnung des Insolvenzverfahrens entstanden, insolvenzrechtlich aber bereits mit Erbringung der Leistung, und damit vor Eröffnung des Insolvenzverfahrens, begründet. Die Finanzbehörde als Insolvenzgläubiger ist daher nicht „nach Eröffnung des Insolvenzverfahrens" etwas (den Anspruch auf Erstattung der gezahlten Umsatzsteuer) zur Masse schuldig geworden; das Aufrechnungsverbot des § 96 I Nr. 1 InsO greift daher nicht ein. Die Finanzbehörde kann daher mit einer Insolvenzforderung gegen diesen Erstattungsanspruch aufrechnen.²⁸⁹

127 Wird an die (spätere) Insolvenzmasse eine Lieferung oder sonstige Leistung vor Eröffnung des Insolvenzverfahrens erbracht, die Rechnung mit Vorsteuerausweis aber erst nach Eröffnung des Insolvenzverfahrens erteilt, steht der Masse mit Erteilung der Rechnung der Vorsteueranspruch gegen die Finanzbehörde zu. Gegen diesen Anspruch kann die Finanzbehörde mit einer Insolvenzforderung aufrechnen. Der Vorsteueranspruch entsteht zwar steuerlich erst mit Erteilung der Rechnung, und damit nach Eröffnung des Insolvenzverfahrens; von dieser formellen Voraussetzung abgesehen liegen aber zum Zeitpunkt der Eröffnung des Insolvenzverfahrens bereits alle materiellen Tatbestandsmerkmale für den Anspruch gegen die Finanzbehörde vor. Der Anspruch ist also bereits bei Eröffnung des Insolvenzverfahrens begründet. Die Finanzbehörde war damit vor Eröffnung des Insolvenzverfahrens etwas schuldig iS des § 96 I Nr. 1 InsO und hatte bis zu diesem Zeitpunkt eine Forderung erworben (Insolvenzforderung). Das Aufrechnungsverbot des § 96 I Nr. 1 InsO greift also nicht ein.²⁹⁰ Setzt sich der Vorsteuervergütungsanspruch aus vor und nach Insolvenzeröffnung begründeten Ansprüchen zusammen, muss die Finanzverwaltung für Zwecke der Aufrechnung entsprechend aufteilen.

128 Der Vorsteuererstattungsanspruch aus der Vergütung des „starken" vorläufigen Insolvenzverwalters nach § 21 II 1 Nr. 1 InsO ist jedoch als „nach Eröffnung des Insolvenzverfahrens begründet" einzuordnen und daher durch das Aufrechnungsverbot nach § 96 I Nr. 1 InsO geschützt. Dies folgt mE aus der insolvenzrechtlichen Gleichstellung der vorläufigen mit der endgültigen Insolvenzverwaltung.²⁹¹

129 Für den „schwachen" Insolvenzverwalter gilt diese Gleichstellung nicht, der Vorsteuererstattungsanspruch ist also in diesem Fall nicht durch das Aufrechnungsverbot geschützt.

---

²⁸⁸ Zu Umsatzsteuer-Vorauszahlungen → Rn. 124.
²⁸⁹ BFH BFH/NV 1987, 707; vgl. auch BFH BStBl II 1994, 207; BFH BFH/NV 1994, 287.
²⁹⁰ Vgl. BFH BB 1994, 415; BFH BStBl II 2005, 195; BFH BStBl II 2006, 193; BFH BStBl II 2002, 323 steht dem nicht entgegen, da es im Streitfall nicht darum ging, ob eine Rechnung vorlag oder nicht, sondern darum, dass die Tätigkeit des Insolvenzverwalters zum Zeitpunkt der Aufrechnung noch nicht abgeschlossen war und Teilleistungen der Insovenzverwaltertätigkeit nicht vereinbart waren.
²⁹¹ Ebenso Uhlenbruck/Hirte/Vallender/*Sinz* § 96 Rn. 19; aA jedoch in st Rspr BFH BStBl II 2006, 193; BFH BStBl II 2007, 747; BFH BStBl II 2007, 745; BFH BFH/NV 2009, 892. Der BFH aaO unterscheidet insoweit nicht zwischen „starken" und „schwachen" vorläufigen Insolvenzverwaltern.

130 Das Aufrechnungsverbot des § 96 I Nr. 1 InsO gilt nur, wenn die Forderung des aufrechnenden Gläubigers Insolvenzforderung ist. Es greift aber auch ein, wenn die aufrechnende Steuerforderung zwar vor Eröffnung des Insolvenzverfahrens begründet war, aber trotzdem Masseverbindlichkeit ist, weil sie durch den „starken" vorläufigen Insolvenzverwalter begründet wurde.[292]

131 Das Aufrechnungsverbot des § 96 InsO gilt entsprechend, wenn die Masseunzulänglichkeit nach § 209 InsO angezeigt worden ist. Die Finanzbehörde kann daher mit einer Masseverbindlichkeit, die vor Anzeige der Masseunzulänglichkeit begründet ist, nicht mit einem Anspruch der Masse, der nach diesem Zeitpunkt begründet wurde, aufrechnen.

132 Der Vorsteueranspruch aus der Rechnung des Insolvenzverwalters ist regelmäßig nach Anzeige der Masseunzulänglichkeit begründet, weil es sich um eine einheitliche Leistung handelt, die erst mit der Beendigung der Tätigkeit abrechenbar ist; es handelt sich nicht um getrennt abrechenbare Teilleistungen vor und nach der Anzeige der Masseunzulänglichkeit. Der Vorsteueranspruch aus der Abrechnung des Insolvenzverwalters ist daher erst mit der Erbringung der vollständigen Leistung, dh mit Beendigung der Tätigkeit, begründet, und daher nach Anzeige der Masseunzulänglichkeit.[293]

---

[292] Bestr; vgl. *Frotscher*, S. 104.
[293] Im Ergebnis so auch BFH BStBl 2002, 323.

7. Abschnitt. Insolvenzanfechtung

Übersicht

§ 46. Grundlagen der Anfechtung nach der Insolvenzordnung
Rn.
- I. Allgemeines 1
- II. Geltungsbereich von KO/GesO/InsO 16
- III. Anfechtbarkeit von Rechtshandlungen 19
- IV. Gläubigerbenachteiligung 51
- V. Bargeschäfte 75
- VI. Prüfungsschema für Anfechtungsanspruch 90

§ 47. Die „besondere Insolvenzanfechtung" (§§ 130–132 InsO)
- I. Allgemeines 1
- II. Kongruente Deckungsanfechtung (§ 130 InsO) 14
- III. Inkongruente Deckungsanfechtung (§ 131 InsO) 39
- IV. Unmittelbar nachteilige Rechtsgeschäfte und Rechtshandlungen des Schuldners (§ 132 InsO) 65

§ 48. Die Vorsatzanfechtung (§ 133 InsO)
- I. Allgemeines 1
- II. Der Grundtatbestand des § 133 I InsO 3
- III. Entgeltliche Verträge mit nahestehenden Personen (§ 133 II InsO) 26
- IV. Verhältnis zu anderen Tatbeständen 36

§ 49. Die Anfechtung unentgeltlicher Leistungen („Schenkungsanfechtung", § 134 InsO)
- I. Allgemeines 1
- II. Tatbestand 3
- III. Unentgeltliche Leistung 9

§ 50. nicht besetzt
bis zur 4. Auflage: **Eigenkapitalersetzende Darlehen (§ 135 InsO aF), Gesellschafterdarlehen (§ 135 InsO), Einlage eines stillen Gesellschafters (§ 136 InsO)**

§ 51. Die Geltendmachung der Anfechtung
- I. Ausübung des Anfechtungsrechts 1
- II. Geltendmachung der Anfechtung 22
- III. Systematik zur zeitlichen Begrenzung des Anfechtungsanspruchs 38
- IV. Verjährung des Anfechtungsanspruchs 42
- V. Anfechtungsgegner 57

§ 52. Rechtsfolgen der Anfechtung
- I. Wesen und Wirkung der Anfechtung 1
- II. Der Anspruch auf Rückgewähr (§ 143 I InsO) 8
- III. Haftungsprivileg des § 143 II InsO 20
- IV. Rückgewähr bei Gesellschaftersicherheit (§ 143 III InsO) 22
- V. Ansprüche des Anfechtungsgegners (§ 144 InsO) 27

Das Schrifttumsverzeichnis zu §§ 46–52 ist zweigeteilt: Die **Übersicht A** enthält die ab Frühjahr 2010 veröffentlichte Literatur, die **Übersicht B** die zuvor erschienene (identisch mit dem Verzeichnis in der 4. Auflage 2010).

Übersicht (ohne Schrifttum zum früheren § 50) **A:** *Altmeppen,* Ist das besicherte Gesellschafterdarlehen im Insolvenzverfahren der Gesellschaft subordiniert oder privilegiert?, ZIP 2013, 1745; *Altmeppen,* Überflüssigkeit der Anfechtung von Sicherheiten für Gesellschafterdarlehen, NZG 2013, 441; *Altmeppen,* Zur Insolvenzanfechtung einer Gesellschaftssicherheit bei Doppelsicherung, ZIP 2011, 741; *Berger,* Insolvenzanfechtung der Nachbesicherung von Krediten, ZIP 2010, 2078; *Bitter,* Zahlungsmittler im Insolvenzanfechtungsrecht, in: Bankrechtstag 2013, S. 37;

Bitter, Sicherheiten für Gesellschafterdarlehen: ein spät entdeckter Zankapfel der Gesellschafts- und Insolvenzrechtler, ZIP 2013, 1498; *Bitter/Heim,* Zur Abgrenzung der entgeltlichen von einer unentgeltlichen Verfügung, ZInsO 2011, 483; *Bitter/Heim,* Schenkungsanfechtung bei Auszahlungen im verdeckten Schneeballsystem – Der Fall Phoenix, ZIP 2010, 1569; *Fischer,* Zur Feststellung der Zahlungsunfähigkeit, in: Festschrift für Hans Gerhard Ganter, 2010, S. 153; *Bork,* Doppelbesicherung eines Gesellschafterdarlehens durch Gesellschaft und Gesellschafter, in: FS Ganter, 2010, 136; *Bork,* Anfechtung als Kernstück der Gläubigergleichbehandlung, ZIP 2014, 797; *Brenner,* Beweisanzeichen, Erfahrungssätze und tatsächliche Vermutungen – Die neue Rechtsprechung des BGH zu § 133 InsO, ZVI 2010, 215; *Fischer,* Die Berechnung des für eine Gebrauchsüberlassung nach § 135 Abs. 3 InsO zu zahlenden Ausgleichs, in: FS Wellensiek, 2011, 443; *Foerste,* Teleologische und „pragmatische" Auslegung im Insolvenzrecht, ZInsO 2013, 1661 (ergänzte Fassung des Beitrags in FS Haarmeyer, 2013, S. 27); *Foerste,* Die Vorsatzanfechtung – zum Potential der Begriffsjurisprudenz, in: Festschrift für Eduard Picker, 2010, S. 227; *Ganter,* Die Bedeutung der „Bugwelle" für die Feststellung der Zahlungsunfähigkeit, ZInsO 2012, 2297; *Ganter,* Bargeschäfte (§ 142 InsO) von Dienstleistern, ZIP 2012, 2037; *Gartz,* Anfechtungsrisiko bei Direktzahlungen des Auftraggebers nach § 6 Abs. 6 VOB/B, BauR 2011, 511; *Gehrlein,* Neue Rechtsprechung des BGH zur Vorsatzanfechtung, DB 2013, 2843; *Gehrlein,* Subjektive Merkmale der Insolvenzanfechtung, in: Festschrift für Hans Gerhard Ganter, 2010, S. 169; *Gehrlein,* Der Zeitpunkt der Vorname der Rechtshandlung bei Anfechtung einer Forderungsabtretung, ZInsO 2013, 1169 (ergänzter Beitrag aus FS Haarmeyer, 2013, S. 65); *Graeber/Graeber,* Möglichkeiten und Grenzen der Beauftragung von Dienstleistern durch Insolvenzverwalter, ZInsO 2013, 1056; *Hagemann,* Ausschluss des § 133 InsO bei Sanierungsmaßnahmen, NZI 2014, 210; *Heitsch,* Gläubigerbenachteiligung durch Zahlung Dritter, ZInsO 2012, 2088; *Henkel,* Zahlungen Dritter sind stets gläubigerbenachteiligend, ZInsO 2012, 774; *Henkel,* Die Insolvenzanfechtung fristgerecht gezahlter Nutzungsentgelte nach § 135 Abs. 1 Nr. 2 InsO, ZInsO 2010, 2209; *Hölzle,* Zur Durchsetzung von Sicherheiten für Gesellschafterdarlehen in der Insolvenz, ZIP 2013, 1992; *Huber,* Keine Zuständigkeit des Familiengerichts für Insolvenzanfechtungsklagen, NZI 2013, 680; *Huber,* Das anfechtungsrechtlich privilegierte, aber janusköpfige Bargeschäft nach § 142 InsO, ZInsO 2013, 1049 (ergänzte Fassung aus FS Haarmeyer, 2013, S. 111); *Huber,* Es gibt nicht, es gibt sie doch, es gibt sie nicht – die Gläubigerbenachteiligung bei Drittleistungen, ZInsO 2012, 1412; *Huber,* Indiztatsachen und ihre Beweiskraft im insolvenzrechtlichen Anfechtungsprozess, ZInsO 2012, 53; *Huber,* Insolvenzanfechtungsrisiko bei Zwangsvollstreckung oder Druckzahlung, in: Gedächtnisschrift für Manfred Wolf, 2011, S. 44; *Huber,* Der anfechtungsrechtlich Indizienprozess – am Beispiel der Kongruenzanfechtung rückständiger Lohnzahlungen an Arbeitnehmer, in: Festschrift für Hans Gerhard Ganter, 2010, S. 203; *Humberg,* Die Anwendbarkeit tarifvertraglicher Verfallfristen auf den insolvenzrechtlichen Rückgewähranspruch gem. § 146 InsO nach erfolgter Anfechtung von Lohn- und Gehaltszahlungen, NZI 2013, 733; *Hutschenreuther/Neugebauer,* Das „ungewollte" Lenkungsinstrument mit ungewollter Reichweite, ZInsO 2013, 1221; *Jacobi/Böhme,* Mittelbare Gläubigerbenachteiligung durch Drittzahlung bei Anweisung auf Schuld, NZI 2012, 865; *Jakoby/Mikolajczak,* Gläubigerbenachteiligung bei Zahlung mittels Bank und sonstiger Dritter, ZIP 2010, 301; *Jensen,* „Stufenverhältnis" zwischen §§ 130, 131 InsO und § 133 InsO?, NZI 2013, 456; *Jungclaus,* Zur Koordination von Einzelgläubiger- und Insolvenzanfechtung gemäß §§ 16 bis 18 AnfG, KTS 2013, 23; *Jungclaus,* Die Abtretung des Anspruchs auf Rückzahlung eines Gesellschafterdarlehens unter Geltung des MoMiG, 2012; *Kayser,* Vorsatzanfechtung im Spannungsverhältnis zwischen Gläubigergleichbehandlung und Sanierung, NJW 2014, 422; *Kayser,* Die Entkräftung der die Insolvenzanfechtung begründenden Vermutungen und Indizien, WM 2013, 293; *Kayser,* Von mittelbaren Zuwendungen, Leistungsketten und Empfangsberechtigten, in: Festschrift für Hans Gerhard Ganter, 2010, S. 221; *Kirchhof,* Zu Gemeinsamkeiten von sowie Unterschiede zwischen Insolvenz- und Einzelgläubigeranfechtung, ZInsO 2013, 1813 (ergänzte Fassung des Beitrags in FS Haarmeyer 2013 S. 129); *Knospe,* Insolvenzanfechtung versus Arbeitnehmerinteressen: Bringt der Koalitionsvertrag Änderungen beim Bargeschäft?, ZInsO 2014, 748; *Knospe,* Scharfes Schwert oder harmlose Gerechtigkeitsregel? – Die insolvenzrechtliche Monstranz der Gläubigergleichbehandlung, ZInsO 2014, 861; *Kreft,* Die Gläubigerbenachteiligung – Eine unterschätzte Anfechtungsvoraussetzung?, KTS 2012, 405; *Lüneborg.* Das neue Recht der Gesellschafterdarlehen, Diss. Passau, 2010; *Nau/Ebbinghaus,* Die Feststellung der Zahlungsunfähigkeit und die Prognoseproblematik, ZInsO 2012, 2229; *Marotzke,* Vertrauensschutz kontra Gläubigerinteresse – Gedanken zur Auslegung und Reform des Insolvenzanfechtungsrechts, ZInsO 2014, 471; *Marotzke,* Gläubigerbenachteiligung und Bargeschäftsprivileg bei Gesellschafterdarlehen und vergleichbaren Transaktionen, ZInsO 2013, 641; *Nobbe,* Lastschriften in der Insolvenz des Schuldners – Vorhang zu. alle Fragen offen?, ZIP 2012, 1937; *v. Ohlshausen,* Die verfehlte und überflüssige Anwendung des § 140 Abs. 3 InsO auf aufschiebend bedingte oder befristete Forderungen in der Rechtsprechung des Bundesgerichtshofs, ZIP 2010, 2073; *Prager/Jungclaus,* Der Begriff der Zahlungsunfähigkeit und die sog. „Bugwellentheorie", in: FS Wellensiek, 2011, S. 101; *R. Paulus,* Beurteilung von Scheingewinnen im Insolvenzrecht, ZInsO 2010, 315; *Priebe,* Risiko Ratenzahlung – ein Gespenst geht um in Deutschland: die Vorsatzanfechtung, § 133 InsO, ZInsO 2013, 2479; *Priebe,* Risiko Sanierung. Der misslungene Sanierungsversuch im Spiegel des Insolvenzanfechtungsrechts, ZInsO 2012, 1589; *Ries,* Warum vergisst der Gemeinsame Senat der obersten Gerichtshöfe seine gesetzlichen Grundlagen(?), ZInsO 2010, 2382; *Schmittmann,* Auskunftsansprüche des Insolvenzverwalters gegen die Finanzverwaltung anhand aktueller Rechtsprechung, ZInsO 2010, 1469; *Schmittmann/ Böing,* Die Auskunft, der Rechtsweg und das Geheimnis – neue Erkenntnisse zu Auskunftsansprüchen gegenüber Sozialversicherungsträgern und Finanzverwaltung, InsBüro 2010, 15; *Schmittmann/Kupka,* Auskunftsansprüche gegen Sozialversicherungsträger nach dem Informationsfreiheitsgesetz und unzutreffende Rechtsmittelbelehrung, NZI 2009, 367; *Thole,* Grundfragen und aktuelle Problemstellungen der Anfechtung unentgeltlicher Leistungen, KTS 2011, 219; *Wazlawik,* Dreiecksverhältnis und Doppelinsolvenz – Jeder gegen jeden?, NZI 2010, 881; *v. Wilmowsky,* Schneeballsysteme der Kapitalanlage. Auszahlungen an Kunden und deren Beurteilung im Insolvenzfall, 2010.

Übersicht B: *Ahrendt/Struck,* Kein Anfechtungsrecht des Verwalters bei Masseunzulänglichkeit?, ZInsO 2000, 264; *Ahrens,* Insolvenzanfechtung einer erfüllten Bewährungsauflage, NZI 2001, 456; *Allgayer,* Rechtsfolgen und Wirkungen der Gläubigeranfechtung, 2000; *Altmeppen,* Das neue Recht der Gesellschafterdarlehen in der Praxis, NJW 2008, 3601; *ders.,* Kapitalersatz und Rangrücktritt unter der Geltung der InsO, ZHR 164 (2000), 349; *ders.,* „Dritte" als Adressaten der Kapitalenthaltungs- und Kapitalersatzregeln in der GmbH, FS Kropff (1997), 642; *Amann,* Voraussetzungen und Wirkungen der Anfechtung von Grundstückskaufverträgen durch Gläubiger des Verkäufers, DNotZ 2010, 246; *App,* „Nahestehende Personen" im Sinne des neuen Insolvenzrecht und ihre Stellung im neuen Insolvenzrecht und Gläubigeranfechtungsrecht, FamRZ 1996, 1523; *Armbrüster,* Anfechtbarkeit oder Nichtigkeit von Rechtshandlungen mit Gläubigerbenachteiligungsvorsatz, FS Canaris, 2007, S. 23; *Biehl,* Wesen und Wirkung der Insolvenzanfechtung nach neuem Recht, KTS 1999, 313; *Bischoff,* Die insolvenzrechtliche Anfechtung von Zahlungen aus Drittvermögen, ZInsO 2004, 1296; *Bitter,* Insolvenzanfechtung bei Weggabe unpfändbarer Gegenstände, FS K. Schmidt, 2009, S. 123; *ders.,* Der Kontokorrentkredit: Pfändbarkeit und Insolvenzanfechtungsrecht, FS Fischer, 2008, S. 15; *Blöse,* Darlegungs- und Beweislast bei Ansprüchen aus Eigenkapitalersatz, ZIP 2003, 1687; *Blum,* Anfechtung kongruenter Deckungsgeschäfte, ZInsO 2006, 807; *Bork,* Die Zurechnung subjektiver Tatbestandsmerkmale in der Insolvenz, FS K. Schmidt, 2009, S. 143; *ders.,* Grundtendenzen des Insolvenzanfechtungsrechts, ZIP 2008, 1041; *ders.,* Die anfechtbare Kontokorrentverrechnung, FS Fischer, 2008, S. 37; *ders.,* Kann der (vorläufige) Insolvenzverwalter auf das Anfechtungsrecht verzichten? ZIP 2006, 559; *ders.,* Wiederaufleben von Sicherheiten nach Anfechtung der Erfüllungsleistung, FS Kreft, 2004, S. 229 ff.; *ders.,* Kontokorrentverrechnung und Bargeschäft, FS Kirchhof, 2003, S. 57 ff.; *ders.,* Insolvenzanfechtung des „Stehenlassens", FS Uhlenbruck, 2000, S. 279 ff.; *ders.,* Die Renaissance des § 133 InsO, ZIP 2004, 1684; *ders.,* Gläubigersicherung im vorläufigen Insolvenzverfahren, ZIP 2003, 1421; *Böcker,* „Insolvenzanfechtung des Stehenlassens" – Zielführender Weg oder theoretische Sackgasse?, ZInsO 2005, 347; *Breutigam/Tanz,* Einzelprobleme des neuen Insolvenzanfechtungsrechts, ZIP 1998, 717; *Brömmekamp,* Insolvenzrechtliche Anfechtbarkeit einer vom Gemeinschuldner geleisteten Bewährungsauflage, ZIP 2001, 951; *Bruhn,* Zur Frage der Insolvenzfestigkeit des Arbeitnehmeranteils in der Insolvenz des Arbeitgebers, NZI 2009, 628; *Bucher,* Insolvenzanfechtung bei Sicherung und Befriedigung durch Zwangsvollstreckung oder bei Druckzahlung, 2008; Burchardt, Die Insolvenzanfechtung im Dreieck, 2009; *Burmeister/Nohlen,* Insolvenzanfechtung des „Stehenlassens" einer Gesellschaftersicherheit in der Doppelinsolvenz – Fortgeltung der BGH-Rechtsprechung auch nach MoMiG?, NZI 2010, 41; *v. Campe,* Insolvenzanfechtung in Deutschland und Frankreich (Das neue Sach- und Kollisionsrecht), 1996; *Christiansen,* Bedingungen und Befristungen im Recht der Insolvenzanfechtung; *Dauernheim,* Das Anfechtungsrecht in der Insolvenz, 1999; *Eckardt,* Haftungsrechtliche Restitution des Erlangten oder Ersatz des Interesses? – Zum Umfang der Anfechtungsansprüche unter Berücksichtigung von § 143 I S. 2 InsO, FS Gerhardt, 2004, S. 145 ff.; *ders.,* Aspekte einer „Vorteilsanrechnung" im Anfechtungsrecht, ZInsO 2004, 888; *ders.,* Kreditsicherung versus Insolvenzanfechtung, ZIP 1999, 1417; *Ehricke,* Insolvenzrechtliche Anfechtung gegen Insider, KTS 1996, 209; *Feuerborn,* Insolvenzanfechtung bei AGB-Pfandrecht und Sicherungszession, ZIP 2002, 290; *Fischer,* Bewirken Leistungen, die zur Erledigung des Insolvenzantrags führen, eine kongruente Deckung?, FS Kirchhof, 2003, S. 73 ff.; *ders.,* Der maßgebliche Zeitpunkt der anfechtbaren Rechtshandlung, ZIP 2004, 1679; *Fischer/Knees,* Zum Umgang des Grundpfandgläubigers mit § 135 III InsO, ZInsO 2009, 745; *Flöther/Bräuer,* Die Kondiktion der inkongruenten Deckung – Sprengung der subjektiven zeitlichen Grenzen des § 131 InsO? ZInsO 2005, 1244; *dies.,* Zur Anfechtbarkeit von Handlungen des vorläufigen Insolvenzverwalters insbesondere gegenüber Sozialversicherungsträgern, DZWiR 2005, 441; *Foerste,* Grenzen der Vorsatzanfechtung bei kongruenter Deckung, NZI 2006, 6; *ders.,* Zwangsvollstreckung und Insolvenzanfechtung, FS Musielak, 2004, S. 141; *Fridgen,* Die Rechtsfolgen der Insolvenzanfechtung, 2009; *Fuchs,* Die Anfechtungsbefugnis des Treuhänders im Verbraucherinsolvenzverfahren ..., ZInsO 2002, 358; *Ganter,* Die Ausübung unzulässigen Drucks auf den vorläufigen Insolvenzverwalter beim Abschluss zur Fortführung des Schuldnerunternehmens notwendiger Geschäfte, FS Gerhardt, 2004, S. 237 ff.; *Gaul,* Rangfolge und Rangsicherung unter Befriedigung suchenden konkurrierenden Anfechtungsgläubigern, FS K. Schmidt, 2009, S. 457; *ders.,* Sicherung der Gläubiger- und Insolvenzanfechtung durch Maßnahmen des einstweiligen Rechtsschutzes, KTS 2007, 133; *Gebel,* Mittelbare Schenkung einer Versicherungssumme durch unentgeltliche Einräumung eines Bezugsrechts aus einer Kapitallebensversicherung, ZEV 2005, 236; *Gerhardt,* Besondere prozessuale Zulässigkeitsprobleme für eine Anfechtungsklage wegen Gläubigerbenachteiligung, FS K. Schmidt, 2009, S. 457; *ders.,* Inkongruenz von Leistungen zur Abwendung eines angedrohten Insolvenzantrages – Ein langer abwechslungsreicher Weg zu einem problematischen Ergebnis?, FS Kreft, 2004, S. 267 ff.; *ders.,* Zur Insolvenzanfechtung eines Vergleichs iS des § 779 BGB, KTS 2004, 195; *ders.,* Die Anfechtung gegen den Rechtsnachfolger – zum Normenverständnis und zu drei Detailfragen ..., FS Kirchhof, 2003, S. 121 ff.; *ders.,* Der IX. Senat des BGH auf dem Weg zur haftungsrechtlichen Anfechtungstheorie oder: „Wertungsfrage" statt Dogmatik?, ZIP 2004, 1675; *ders.,* Gereimtes und Ungereimtes im Anfechtungsrecht der neuen Insolvenzordnung, FS Brandner 1996, S. 605 ff.; *Gerhardt/Kreft,* Aktuelle Probleme der Insolvenzanfechtung, 10. Aufl. (2006); *Gundlach/Frenzel/Schmidt,* Die Insolvenzanfechtung nach Anzeige einer nicht kostendeckenden Masse durch den Insolvenzverwalter, NZI 2004, 184; *dies.,* Die Anfechtung der Besitzentziehung durch den Absonderungsberechtigten vor Insolvenzeröffnung, NZI 2002, 20; *dies.,* Die Anfechtungsbefugnis des Treuhänders, ZVI 2002, 5; *Haas,* Der Normzweck des Eigenkapitalersatzrechts, NZI 2001, 1; *ders.,* Aktuelle Rechtsprechung zum Kapitalersatzrecht, NZI 2002, 457; *Haas/Müller,* Der Insolvenzanfechtungsanspruch in der Insolvenz des Anfechtungsgegners, ZIP 2003, 49; *Habersack,* Gesellschafterdarlehen nach MoMiG: Anwendungsbereich, Tatbestand und Rechtsfolge der Neuregelung, ZIP 2007, 2145; *Hasse,* Zwangsvollstreckung in Kapitallebensversicherungen, VersR 2005, 15; *Heidbrink,* Zum Wiederaufleben von Sicherheiten nach Insolvenzanfechtung, NZI 2005, 363; *Henckel,* Zur Auslegung anfechtungsrechtlicher Normen, FS Gerhardt, 2004, S. 361 ff.; *ders.,* Anfechtung der Tilgung fremder Schuld, ZIP 2004, 1671; *ders.,* Der gläubigerbenachteiligende Charakter der Zahlung des Schuldners von einem außerhalb der vereinbarten Kreditlinie geführten Kontos, § 129 I InsO, ZInsO 2005, 468; *ders.,* Die Insolvenzanfechtung, in: Leipold (Hrsg.), Insolvenzrecht im Umbruch, 1991, 239; *ders.,* Insolvenzanfechtung, in: Kölner Schrift zur Insolvenzordnung, 2. Aufl. (2000) S. 813; *Heublein,* Gutschriften in der Krise – insolvenzfester Glücksfall oder anfechtbare Scheindeckung, ZIP 2000, 161; *Hess,* Die Rechtsnatur der Anfechtung nach der InsO und der EGInsO, FS Fuchs, 1996, S. 79 ff.; *ders.,* Das neue Insolvenzanfechtungsrecht, InVO 1996, 141; *Hirte,* Die Nutzungüberlassung in der Insolvenz nach MoMiG (§ 135 III InsO), ZIP 2010, 1 ff.; *ders.,* Neuregelungen mit Bezug zum gesellschaftsrechtlichen Gläubigerschutz und im Insolvenzrecht durch das MoMiG, ZInsO 2008, 689; *ders.,* Nahestehende Personen (§ 138 InsO) – Klarheit oder Rückschritt, ZInsO 1999, 429; *ders.,* Insolvenzanfechtung im Konzern: upstream guarantees als anfechtbare Rechtshandlungen, FS Kreft, 2004, S. 307 ff.; *Hölzle,* Zahlungsunfähigkeit – Nachweis und Kenntnis, ZIP 2006, 101; *ders.,* Existenzvernichtungshaftung, „Klimapflege" und Insolvenzanfechtung, ZIP 2003, 1376; *Holzer,* Insolvenzrechtliche Überleitungsvorschriften des MoMiG in der Praxis, ZIP

2009, 206; *ders.*, Nutzungsüberlassung im Insolvenzverfahren, ZVI 2008, 372; *Huber,* Insolvenzanfechtung im Dreiecksverhältnis, ZInsO, 2010, 977; *ders.,* Insolvenzanfechtung rückständiger Lohnzahlungen, NJW 2009, 1928; *ders.,* Die insolvenzrechtlich unzulässige Aufrechnung, ZInsO 2009, 655; *ders.,* Vorsatzanfechtung einer Direktzahlung auch gegenüber dem Bauherrn in der Insolvenz des Generalunternehmers, NZBau 2008, 737; *ders.,* Keine „Unschuldsvermutung" im Anfechtungsrecht. Zur Anfechtung eines Prozessvergleichs über Werklohnanspruch und Mängelbeseitigungskosten in der späteren Insolvenz des Bauunternehmers, ZInsO 2008, 929; *ders.,* Gläubigeranfechtung bei unentgeltlicher Übertragung eines (angeblich) wertausschöpfend belasteten Grundstücks, ZflR 2008, 213; *ders.,* Insolvenz bei Bauverträgen, in: Messerschmidt/Voit, Privates Baurecht, 2008, S. 562; *ders.,* Insolvenzanfechtung bei Direktzahlung im Bauvertragsrecht, FS Fischer, 2008, S. 255; *ders.,* Konkurrierende Anfechtungsansprüche zugunsten verschiedener Insolvenzmassen, oder: „Krieg der Insolvenzverwalter", NZI 2008, 149; *ders.,* Neues zur Inkongruenzanfechtung, in: Heinrich (Hrsg.), Restrukturierung und Personalabbau als Wege aus der Globalisierungsfalle, 2007, S. 1; *ders.,* Schon fehlgeschlagener Versuch eines Gesetzes zur Anpassung des Rechts der Insolvenzanfechtung? Oder: Wie höchstrichterliche Rechtsprechung Makulatur werden soll(te), ZIP 2007, 501; *ders.,* Befriedigung von Geldforderungen durch Zwangsvollstreckung oder Druckzahlung und Anfechtungsrisiko in der Insolvenz des Schuldners, JuS 2006, 1078; *ders.,* Referentenentwurf: „Anpassung des Rechts der Insolvenzanfechtung" – oder: Das Feigenblatt zur Anpassung des IX. Zivilsenats an die Wünsche der Sozialversicherungsträger, ZInsO 2005, 786; *ders.,* Anfechtungsrisiko und Gläubigertaktik in der Forderungsvollstreckung, ZInsO 2005, 628; *ders.,* Neues Verjährungsrecht für Insolvenzanfechtungsanspruch, ZInsO 2005, 190; *ders.,* Behauptung nur vermuteter Tatsachen im Anfechtungsprozess, FS Gerhardt, 2004, S. 379 ff.; *ders.,* Inkongruente Deckung und Vorsatzanfechtung, FS Kirchhof, 2003, S. 247 ff.; *ders.,* Vorsatzanfechtung bei inkongruenter Deckung und Leistung zur Abwendung drohender Vollstreckung, ZInsO 2003, 1025; *ders.,* Die Insolvenzanfechtung, JuS 1998, 830 ff., 924 ff.; *ders.,* Die Insolvenzanfechtung, in: Beck'sches Richterhandbuch, 2. Aufl. (1999), S. 403; *Huhn/Bayer,* Bedingungen auf den Insolvenzfall – Möglichkeiten der Kreditsicherung oder Anfechtungsgefahr?, ZIP 2003, 1965; *Jacoby/Mikelajczak,* Gläubigerbenachteiligung bei Zahlung mittels Bank oder Dritter, ZIP 2010, 301; *Jacoby,* Zur Bedeutung des § 133 InsO im System der Insolvenzanfechtungsgründe, KTS 2009, 3; *Janca,* Der Auskunftsanspruch des Insolvenzverwalters gegen den Gerichtsvollzieher im Rahmen der Insolvenzanfechtung, NZI 2003, 188; *Kamm/Köchling,* Zur Abgrenzung von Zahlungsstockung und Zahlungsunfähigkeit, ZInsO 2006, 732; *Kayser,* Der Rechtsgedanke des Bargeschäfts, – Ein Beitrag zu den Grenzen des Anwendungsbereichs des § 142 InsO, in: FS Fischer, 2008, S. 267; *ders.,* Die Lebensversicherung im Spannungsfeld der Interessen von Insolvenzmasse, Bezugsberechtigten und Sicherungsnehmer – eine Zwischenbilanz, FS Kreft, 2004, S. 341 ff.; *Kirchhof,* Fraudulös, betrügerisch, unlauter – Versuche zur Einschränkung des Vorsatzbegriffs im Sinne von § 133 InsO, FS Fischer, 2008, S. 285; *ders.,* Zuständigkeit der Arbeitsgerichte für Anfechtungsklagen, ZInsO 2008, 1293; *ders.,* Anfechtbarkeit der Vergütung vorinstanzlicher Berater und Vertreter des Schuldners im folgenden Insolvenzverfahren, ZInsO 2005, 340; *ders.,* Die Ziele des Insolvenzverfahrens in der Rechtsprechung des Bundesgerichtshofs, FS Gerhardt, 2004, S. 443 ff.; *ders.,* Die mehrseitige Treuhand in der Insolvenz, FS Kreft, 2004, S. 359 ff.; *ders.,* Die Anfechtung von Leistungen unter Vollstreckungsdruck, ZInsO 2004, 1168; *ders.,* Aktuelle Rechtsprechung des BGH zur Abwicklung von Bankkrediten in der Kundeninsolvenz, ZInsO 2003, 149; *ders.,* Die neue Rechtsprechung des BGH in Insolvenzsachen – insbesondere zu Anfechtungsfragen gegenüber Gesellschaftern und nahen Angehörigen iSd § 138 InsO, ZInsO 2001, 825; *ders.,* Die Anfechtung „ermöglichender" Deckungshandlungen nach §§ 130, 131 InsO, FS Uhlenbruck, 2000, S. 269 ff.; *ders.,* Verschärfungen und Milderungen im neuen Anfechtungsrecht, in: Henckel/Kreft, Insolvenzrecht 1998, S. 143; *ders.,* Anfechtungsrecht und Gläubigerinteressen, ZInsO 1998, 3; *ders.,* Anfechtbarkeit von Rechtshandlungen vorläufiger Insolvenzverwalter, ZInsO 2000, 297; *Kirstein/Sitz,* Die Anfechtbarkeit der Banküberweisung nach § 133 InsO, ZInsO 2007, 761; *Klinck/Gärtner,* Versetzt das MoMiG dem cash-Pooling den Todesstoß?, NZI 2008, 457; *Kluth,* Die freiberufliche Praxis „als solche" in der Insolvenz – „viel Lärm um nichts"?, NJW 2002, 186; *König,* Die Anfechtung nach der (österreichischen) Konkursordnung, 4. Aufl., 2009; *ders.,* Die (objektive) Nachteiligkeit als allgemeine Anfechtungsvoraussetzung, RdW 1999, 317; *ders.,* Bemerkungen zu den anfechtungsrechtlichen Normen aus österreichischer Sicht, in: Leipold (Hrsg.), Insolvenzrecht im Umbruch, 1991, 255; *Kreft,* Zur Untergrabung der Insolvenzrechtsreform auf leisen Sohlen – Gedanken zu § 28e I S. 2 SGB IV und zum Stil der Gesetzgebung in Deutschland, FS Samwer, 2008, S. 261; *ders.,* Vergleich über Anfechtungsansprüche, FS K. Schmidt. 2009, S. 965; *ders.,* Zum Rechtsweg für insolvenzrechtlich Anfechtungsklagen, ZInsO 2009, 578; *ders.,* Neue Entscheidungen im Anfechtungsrecht, DStR 2005, 1192 (Teil 1) u DStR 2005, 1232 (Teil 2); *ders.,* Zum Verhältnis von Judikative und Legislative am Beispiel des Insolvenzrechts, KTS 2004, 205; *ders.,* Ausgesuchte Probleme des Anfechtungsrechts, ZInsO 1999, 370; *Kühnemund,* Die Insolvenzanfechtung von Prozesshandlungen in Präklusionslagen, ZInsO 1999, 62; *Kunzler/Müller,* Neuere Entwicklungen der Rechtsprechung zum Begriff der Gläubigerbenachteiligung, ZInsO 2002, 313; *Lüke,* Anfechtungsrechtliche Probleme bei Dreiecksverhältnissen am Beispiel der Erfüllung durch Dritte, ZIP 2001, 1; *Löser,* Die Ankaufsverpflichtung des Kreditgebers als Gesellschaftssicherheit, ZIP 2010, 28; *Lwowski,* Die Anfechtung von Kreditrückzahlungen in Zahlungseingängen auf debitorischen Konten im Insolvenzverfahren, FS Uhlenbruck, 2000, S. 299 ff.; *Lwowski/Wunderlich,* Insolvenzanfechtung von Kapitalerhöhungsmaßnahmen, NZI 2008, 129; *dies.,* Neues zum Bargeschäft, FS Kirchhof, 2003, S. 301 ff.; *Malitz,* Der Grundsatz von Treu und Glauben in der Insolvenzanfechtung, FS Greiner, 2005, S. 215; *Marotzke,* Im Überblick: Gesellschaftsinterne Nutzungsverhältnisse im Spiegel der §§ 39 I Nr. 5, 103, 108 ff., § 135 I und III InsO, ZInsO 2009, 2073; *ders.,* Gesellschaftsinterne Nutzungsverhältnisse nach Abschaffung des Eigenkapitalersatzrechts, ZInsO 2008, 1281; *Mauer,* Der Anfechtungsprozess: Gläubigeranfechtung und Konkursanfechtung nach altem und neuem Insolvenzrecht, 2000; *Mitlehner,* Der Anfechtungsanspruch bei Absonderungsrechten nach §§ 110, 114 InsO, NZI 2008, 74; *Molitor,* Anfechtbarkeit von Banksicherheiten in der Insolvenz des Kreditnehmers, ZInsO 2006, 23; *Müller-Feldhammer,* Die Lebensversicherung in der Insolvenz des Versprechensempfängers, NZI 2001, 343; *Münch,* Die Überleitung des Anfechtungsrechts, FS Gerhardt, 2004, 621; *Nowack,* „Rückschlagsperre und Anfechtbarkeit von Vollstreckungsakten", KTS 1992, 161; *Obermüller,* Insolvenzrechtsreform und Kreditgeschäft, ZBB 1992, 202; *ders.,* Verrechnung von Zahlungseingängen bei offener Kreditlinie – Besonderheiten bei Mehrzahl von Kreditnehmern oder Kreditgebern, FS Kirchhof, 2003, S. 355 ff.; *v. Olshausen,* Die erstaunliche Karriere des § 140 III InsO in der Rechtsprechung des Bundesgerichtshofs, KTS 2009, 481; *ders.,* Die Insolvenzanfechtung einer Aufrechnungserklärung nach InsO, KTS 2001, 45; *Pape,* Zulässigkeit der Insolvenzanfechtung nach Anzeige der Masseinsuffizienz, ZIP 2001, 901; *C. Paulus,* Zur Auslegung anfechtungsrechtlicher Vorschriften, FS Fischer, 2008, S. 445; *ders.,* Der subjektive Tatbestand in der Insolvenzanfechtung, WM 2000, 2225; *ders.,* Ein Spannungsfeld in der Praxis: Sanierung und Insolvenzanfechtung, BB 2001, 425; *ders.,* Zum Verhältnis von Aufrechnung und Insolvenzanfechtung, ZIP 1997, 569; *ders.,* Der Anfechtungsprozess, ZInsO 1999, 242; *R. Paulus,* Beurteilung von Scheingewinnen im Insolvenzrecht, ZInsO 2010, 315; *Peters,* Pool-Verträge in der Unternehmenskrise, ZIP 2000, 2238; *Piepenbrock,* Zur Anfechtung von Freistellungsansprüchen, NZI 2007, 384; *Prütting,* Insolvenzanfechtung wegen Unentgeltlichkeit bei Erfüllungshandlungen, KTS 2005, 253; *Raebel,* Antragsrücknahme statt Insolvenzanfechtung – ein Schlußpunkt?, ZInsO 2002, 954; *Raschke,* Das Bargeschäft, 1999; *Rendels,* Wann ist eine Vollstreckungshandlung als Rechtshandlung des Schuldners nach § 133 I InsO anfechtbar?, ZIP 2004, 1289; *Ries/Doebert,* Insolvenzrechtliche Anfechtung der verspäteten Zahlung rückständigen Arbeitslohns – ab wann schadet zuviel Wissen?, ZInsO 2009, 2367; *Rühle,* Die Nutzungsüberlassung durch Gesellschafter in Zeiten des MoMiG, ZIP 2009, 1358; *Schäfer,* Insolvenzanfechtung, 2. Aufl., 2008; *Scherer,* Insolvenzanfechtung bei eintragungspflichtigen Rechtsgeschäften, ZIP 2002, 341; *Schilling,* Gläubigeranfechtung gegen Einzelrechtsnachfolger, MittBayNot 2002, 347; *K. Schmidt,* Nutzungsüberlassung nach der GmbH-Reform, DB 2008, 1727; *Schoppmeyer,* § 133 I InsO versus §§ 130, 131 InsO: Ist die Deckungsanfechtung nur ein Unterfall der Vorsatzanfechtung? ZIP 2009, 600; *ders.,* Besondere und allgemeine Insolvenzanfechtung am Beispiel der Anfechtung von Zwangsvollstreckungen, NZI 2005, 185; *Schwarz,* Insolvenzverwalterklagen bei eigenkapitalersetzenden Gesellschafterleistungen nach der Verordnung (EG) Nr. 44/2001 (EuGVVO), NZI 2002, 290; *Sieber,* Die Rechtsnatur der Gläubigeranfechtung innerhalb und außerhalb des Insolvenzverfahrens, 2008; *Spliedt,* MoMiG in der Insolvenz – ein Sanierungsversuch, ZIP 2009, 151; *ders.,* Anfechtung einer Gläubigerbefriedigung trotz zweckgebundener Mittelverwendung, NZI 2001, 524; *ders.,* Art. 106 EGInsO – Vertrauensschutz oder Haftungsfalle für Verwalter, NZI 2002, 127; *ders.,* Aufrechnung und Anfechtung während des Eröffnungsverfahrens erwirtschafteter Ansprüche, DZWiR 2000, 148; *Stiller,* Gläubigerbenachteiligung bei Zahlungen unter Ausnutzung einer geduldeten Kontoüberziehung,

ZInsO 2005, 72; *ders.,* Anfechtbarkeit der nach Vollstreckungsmaßnahmen vorgenommenen Schuldnerzahlungen, ZInsO 2003, 595; *ders.,* Die Insolvenzanfechtung gegenüber Sozialversicherungsträgern wegen nach Durchführung von Zwangsvollstreckungsmaßnahmen gezahlter Gesamtsozialversicherungsbeiträge gem. § 133 I S. 1 InsO, ZInsO 2002, 793; *Thole,* Gläubigerschutz durch Insolvenzrecht, 2010; *Trunk,* Avoidance of Transactions under the New German Insolvency Code, Intern Insol Rev 9 (2000), 37; *Uhlenbruck,* Wiedereinführung der Vorrechte durch die Hintertür, ZInsO 2005, 505; *Wagner,* Die Anfechtung im Verbraucherinsolvenzverfahren, ZIP 1999, 689; *Werner/Schuster,* Insolvenzanfechtung im Konzern, ZIP 2008, 1512; *Zeuner,* Die Anfechtung in der Insolvenz, 2. Aufl. 2007.

Spezielles Schrifttum zur Gläubigeranfechtung außerhalb des Insolvenzverfahrens: Grundlegend aus der neuen Literatur MüKoAnfG/Kirchof, 2012. Vgl. im Übrigen:
Amann, Voraussetzungen und Wirkungen der Anfechtung von Grundstückskaufverträgen durch Gläubiger des Verkäufers, NotZ 2010, 245; *Gaul,* Rangfolge und Rangsicherung unter Befriedigung suchenden konkurrierenden Anfechtungsgläubigern, FS K. Schmidt, 2009, S. 425; *ders.,* Sicherung der Gläubiger- und Insolvenzanfechtung durch Maßnahmen des einstweiligen Rechtsschutzes-zugleich ein Beitrag zur vollstreckungsrechtlichen Durchsetzung des Anfechtungsrechts, KTS 2007, 133; *Gerhardt,* Die systematische Einordnung der Gläubigeranfechtung, 1969; *Eckardt,* Die Anfechtungsklage wegen Gläubigerbenachteiligung, 1994; *Huber,* Anfechtungsgesetz, 10. Aufl. 2006; *ders.,* Vollstreckung gegen Dritte bei Vermögensverschiebung, in: Dierk/Morvilius/Vollkommer, Handbuch des Zwangsvollstreckungsrechts, 2009, 2. Kapitel, Rn. 130 ff.; *ders.,* Gläubigeranfechtung bei unentgeltlicher Übertragung eines (angeblich) wertausschöpfend belasteten Grundstücks, ZfIR 2008, 313; *ders.,* Das neue Recht der Gläubigeranfechtung außerhalb des Insolvenzverfahrens, ZIP 1998, 897; *Huber/Armbruster,* Risiko von Einzelgläubiger- bzw. Insolvenzanfechtung und notarielle Belehrungspflichten, NotZB 2011, 206, 233, 309; *Jaeger,* Die Gläubigeranfechtung, 2. Aufl. (1938); *Kirchhof,* Gemeinsamkeiten von sowie Unterschiede zwischen Insolvenz- und Einzelgläubigeranfechtung, ZInsO 2013, 1883 (ergänzter Beitrag aus FS Haarmeyer, 2013, S. 129); *Kirchhof,* Vorsatzanfechtung nach § 3 Anfechtungsgesetz im Vergleich mit § 133 der Insolvenzordnung, in: FS Ganter. 2010, S. 237; *Kreft,* Zur Wahrung der Anfechtungsfristen des Anfechtungsgesetzes, FS Gerhardt, 2004, S. 515; *Mauer,* Der Anfechtungsprozess, 2000; *Nerlich/Niehus,* Anfechtungsgesetz, 2000; *Sieber,* Die Rechtsnatur der Gläubigeranfechtung innerhalb und außerhalb des Insolvenzverfahrens, 2008; *Vallender,* Konkurrenz von Gläubigeranfechtung und Insolvenzanfechtung, in: FS Maier-Reimer, 2010, S. 777; *Wacke,* Zur Geschichte und Dogmatik der Gläubigeranfechtung, ZZP 83 (1970), 418; *Paulus,* Sinn und Formen der Gläubigeranfechtung, AcP 155 (1956), 277; *Zeuner,* Die Anfechtung in der Insolvenz (mit Anfechtung nach AnfG), 2. Aufl. 2007.

Schrifttum zu KO und GesO: Vgl. die Nachw in der 4. Auflage.

§ 46. Grundlagen der Anfechtung nach der Insolvenzordnung

Übersicht

	Rn.
I. Allgemeines	1
1. Zweck der insolvenzrechtlichen Anfechtung	1
2. Die Anfechtungsvorschriften der Insolvenzordnung im Überblick und ihr Verhältnis zueinander	5
3. Abgrenzungen der Insolvenzanfechtung zu rechtsähnlichen Tatbeständen	7
a) Gläubigeranfechtung außerhalb des Insolvenzverfahrens nach dem AnfG	7
b) Anfechtung nach dem BGB	8
c) Nichtigkeit, Sittenwidrigkeit und unerlaubte Handlung	9
d) Ungerechtfertigte Bereicherung	11
4. Verhältnis zwischen Insolvenzanfechtung und Aufrechnung	12
a) Altes Recht nach KO u GesO	12
b) Rechtslage nach § 96 I Nr. 3 InsO	13
c) Anfechtungsgegenstand bei Aufrechnung/Verrechnung	14
5. Systematik der Insolvenzanfechtung	15

§ 46   Kapitel III. 7. Abschnitt. Insolvenzanfechtung

Rn.

II. Geltungsbereich von KO/GesO/InsO, Übergangsrecht und Insolvenz-
   anfechtung bei Auslandsbezug 16
   1. Anfechtung nach KO bzw. GesO und InsO 16
   2. Bestandsschutz für vor dem 1. Januar 1999 vorgenommene Rechts-
      handlungen 17
   3. Insolvenzanfechtung bei Auslandsbezug 18
III. Anfechtbarkeit von Rechtshandlungen 19
   1. Begriff und Vornahme 19
      a) Aktives Tun und Unterlassen 19
      b) Vornahme (§ 140 I InO) 20
      c) Bedingungen und Befristungen (§ 140 III InsO) 21
   2. Wirksamkeit/Nichtigkeit/Scheingeschäft und Anfechtbarkeit der
      Rechtshandlung 24
   3. Mittelbare Zuwendungen 26
      a) Begriff, Grundmodell und Abgrenzung zur Leistungskette 26
      b) Weitere Rechtsprechungsfälle 27
   4. Rechtshandlungen – Handelnde 28
      a) Schuldner/Dritte 28
      b) Insolvenzverwalter, Insolvenzzweckwidrigkeit 30
      c) Gesetzliche Vertreter, Bevollmächtigte, Wissenszurechung bei Behörden 31
   5. Rechtshandlungen des vorläufigen Insolvenzverwalters
      (§§ 21 II Nr. 2, 22 InsO) 32
      a) Grundsätze: Starker/schwacher vorläufiger Insolvenzverwalter 32
      b) Schutzwürdes Vertrauen 33
      c) Insolvenzzweckwichtigkeit 34
   6. Mehraktige Rechtshandlungen 35
      a) Grundsätze 35
      b) Rechtsgeschäfte mit Registereintragung (§ 140 II InsO) 36
   7. Rechtshandlungen nach Insolvenzeröffnung 39
      a) Grundsatz des § 147 I InsO 39
      b) Grundstücksgeschäfte 40
   8. Teilanfechtung 41
   9. Grund- und Erfüllungsgeschäft 42
   10. Anfechtungsfristen 43
      a) System und Graphik 43
      b) Fristberechnung (§ 139 I InsO) 44
      c) Mehrere Eröffnungsanträge (§ 139 II InsO) 45
   11. Unanfechtbare Rechtshandlungen 46
      a) Veräußerung Handelsgeschäft/Praxis 46
      b) Höchstpersönliche Rechtsgeschäfte 47
      c) Erwerb in der Zwangsversteigerung 48
      d) Verwertungskostenpauschale 50
IV. Gläubigerbenachteiligung 51
   1. Grundsätze 51
      a) Begriff 51
      b) Beweislast 52
      c) Gläubigerbenachteiligung bei Drittleistung? 53
   2. Bestehen einer Gläubigerbenachteiligung 54
      a) Erfüllung mit darlehensweise in Anspruch genommenen Mitteln 54
      b) Rechtshandlung in Zusammenhang mit Abtretung sicherungshalber . 55
      c) Sonstige Beispiele 56
      d) Sozialversicherungsbeiträge/Lohnsteuer 57
   3. Fehlen einer objektiven Gläubigerbenachteiligung 58
      a) Befriedigung gegen Verzicht auf oder gegen Austausch von gleich-
         wertigen Rechten 58
      b) Verwertung der Arbeitskraft 59
      c) Wertausschöpfende Belastung/Belastung mit Absonderungsrecht 60
      d) Weitere Fallgruppen 64
      e) Aufwand für Abwendung der Insolvenzeröffnung 65
   4. Bezugspunkt: Gesamtheit der Insolvenzgläubiger 66
   5. Unmittelbare und mittelbare Gläubigerbenachteiligung 67
      a) Grundsätze 67

Grundlagen der Anfechtung 1–4 § 46

Rn.
    b) Unmittelbare Gläubigerbenachteiligung 68
    c) Mittelbare Gläubigerbenachteiligung 69
    d) Nachträgliche Beseitigung 70
  6. Vorteilsausgleichung 71
  7. Hypothetische Kausalität 73
V. Bargeschäfte 75
  1. Entwicklung des Begriffs und Rechtslage nach KO und GesO 75
  2. Voraussetzungen und Rechtsfolgen eines Bargeschäfts nach § 142 InsO ... 78
    a) Grundlagen zum Umfang der Anfechtbarkeit 78
    b) Merkmal der Unmittelbarkeit nach BGH 81
    c) Merkmal der Unmittelbarkeit nach BAG 83
    d) Merkmal der Gleichwertigkeit 85
    e) Beweislast 86
    f) Kontokorrentverrechnungen der Bank als Bargeschäft 87
VI. Prüfungsschema für Anfechtungsanspruch 90

I. Allgemeines

1. Zweck der insolvenzrechtlichen Anfechtung. Das Insolvenzverfahren sichert 1
den Bestand der Masse, von vorläufigen Maßnahmen im Eröffnungsverfahren (§ 21 InsO) abgesehen, für die Zeit nach der Eröffnung des Verfahrens. Es verbietet nunmehr Verfügungen des Schuldners (§§ 81, 82 InsO) sowie Maßnahmen der Insolvenzgläubiger (§§ 87, 89, 91 InsO) und lässt Masseschmälerungen nur noch in bestimmten Fällen zu, insb bei Aus- und Absonderung (§§ 47 ff. InsO), Aufrechnung (§§ 94 ff. InsO) sowie Tilgung von Masseverbindlichkeiten (§§ 53 ff. InsO). Rechtshandlungen vor Insolvenzeröffnung sind jedoch grundsätzlich (vgl. aber insb § 21 II Nr. 2 InsO, §§ 135, 136 BGB) auch dann wirksam, wenn sie zu einer Verminderung des Schuldnervermögens geführt haben. Sie begründen demzufolge beim Geschäftspartner Vertrauen in die Rechtsbeständigkeit seines Erwerbs. Umgekehrt muss also der Insolvenzverwalter grundsätzlich die Rechtslage übernehmen, die bei Eröffnung des Verfahrens besteht.[1]

Anders liegt es jedoch, wenn der spätere Schuldner angesichts der drohenden Insol- 2
venz Vermögen auf Dritte überträgt, es verschleudert oder ihm „nahestehende" (§ 138 InsO) oder ihn besonders bedrängende Gläubiger befriedigt. Das kann im Interesse der Gesamtheit der Insolvenzgläubiger nicht hingenommen werden. Die Insolvenzordnung eröffnet deshalb die Möglichkeit, solche Vorgänge unter bestimmten Voraussetzungen anzufechten (§§ 129–147 InsO). So betrachtet begrenzt das Anfechtungsrecht nach InsO (und AnfG, → Rn. 7) die Privatautonomie zum Schutz der Gläubiger.[2]

Zweck der insolvenzrechtlichen Anfechtung ist es also, sachlich ungerechtfertigte Vermö- 3
gensverschiebungen, welche die spätere Masse verkürzt haben, rückgängig zu machen. Anfechtung ist mithin Mittel zur Anreicherung der Masse und Gegenmittel für die Massearmut von Insolvenzen. Entsprechend dieser Zielsetzung müssen bei der Entscheidung der Frage, ob eine Anfechtung durchgreift und welchen Inhalt der auf ihr beruhende Rückgewähranspruch hat, die zugrunde liegenden Vorgänge mehr unter wirtschaftlichen als formalrechtlichen Gesichtspunkten betrachtet werden.[3]

Für den Bereich der *KO* (→ Rn. 14) belegten allerdings rechtstatsächlich Untersu- 4
chungen,[4] dass das Anfechtungsrecht diese Aufgabe nur unvollkommen erfüllte. Ein vordringliches Anliegen der *Insolvenzrechtsreform* war deshalb die Verschärfung der Insol-

---

[1] BGH ZInsO 2004, 88 (Schiedsabrede, die aber gleichwohl Ansprüche aus Insolvenzanfechtung nicht erfasst).
[2] *Paulus/Zenker* JuS 2001, 1, 8 f.
[3] So schon: BGHZ 72, 39, 41 = NJW 1978, 1921 = LM § 37 KO Nr. 9 mit Anm. *Merz*.
[4] *Gessner/Rohde/Strate/Ziegert,* Die Praxis der Insolvenzabwicklung in der Bundesrepublik Deutschland, 1978, S. 38, 194 f., 215 f.

venzanfechtung, wozu schon die Kommission für Insolvenzrecht[5] detaillierte Vorschläge erarbeitet hatte, die später im Entwurf eines Insolvenzrechtsreformgesetzes[6] aufgegriffen wurden. Die InsO hat diese Reformbestrebungen im Wesentlichen umgesetzt, ist in einzelnen Punkten aber auch hinter den Erwartungen zurückgeblieben.[7] Auch wird im Übrigen zu Recht beklagt, dass auch 10 Jahre nach Inkrafttreten der InsO die maßgebliche Ordnungsfunktion des Insolvenzrechts nur unzureichend verwirklicht und die zentrale Bedeutung des Eintritts der materiellen Insolvenz für das Insolvenzverfahren noch immer nicht richtig erfasst werden.[8] Aus anfechtungsrechtlicher Sicht ist dazu in der Tat dringend die Technik zum Aufspüren anfechtbarer Rechtshandlungen zu verbessern (→ § 51 Rn. 27).

5 **2. Die Anfechtungsvorschriften der Insolvenzordnung im Überblick und ihr Verhältnis zueinander.** (Zum Anwendungsbereich der Anfechtungsvorschriften von KO und GesO → Rn. 16). Vier Haupttatbestände sind zu unterscheiden:
– Die unter dem Oberbegriff *besondere Insolvenzanfechtung* zusammengefassten Tatbestände (§§ 130–132 InsO), deren Kennzeichen es ist, dass im Zeitpunkt der Vornahme der nun anzufechtenden Rechtshandlung schon „Vorboten der Insolvenz" aufgetreten waren (Zahlungsunfähigkeit oder Eröffnungsantrag);
– die *Vorsatzanfechtung* (§ 133 InsO), wenn der Schuldner mit dem Vorsatz handelte, seine Gläubiger zu benachteiligen;
– die *Anfechtung unentgeltlicher Leistungen* („*Schenkungsanfechtung"*) nach § 134 InsO mit dem Merkmal der Unentgeltlichkeit der Zuwendung;
– die *Anfechtbarkeit bei Gesellschafterdarlehen* (§ 135 InsO; früher sog. *kapitalerhaltende Anfechtung*, § 135 aF InsO), wenn ein Gesellschafter wegen seiner Forderung auf Rückgewähr eines Darlehens oder einer gleichgestellten Forderung Sicherung oder Befriedigung erlangt hat;
– die *Anfechtbarkeit bei stiller Gesellschaft* (§ 136 InsO), wenn die Rückgewähr der Einlage eines stillen Gesellschafters angegriffen wird.

6 Diese Anfechtungsvorschriften stehen grundsätzlich *selbstständig* nebeneinander, schließen sich also nicht gegenseitig aus und können auch gleichzeitig erfüllt sein;[9] das gilt grundsätzlich auch im Verhältnis zu §§ 135, 136 InsO.[10] Lässt sich jedoch ein Gläubiger in der Krise seines Schuldners eine Sicherheit geben, ohne dem Schuldner einen von diesem als gleichwertig angesehenen Vorteil – insb durch Zahlungsaufschub – einzuräumen, so kommt nur eine Anfechtung nach §§ 130, 131 InsO, nicht auch zugleich eine nach § 134 InsO in Betracht[11] (→ § 47 Rn. 64); wollte man nämlich eine solche Deckung als unentgeltlich behandeln, würde das zu schwer lösbaren Abgrenzungsschwierigkeiten führen. Der Übergang von einem Anfechtungstatbestand auf einen anderen kann freilich Probleme im Bereich der Klageänderung aufwerfen (→ § 51 Rn. 52, 53).

7 **3. Abgrenzung der Insolvenzanfechtung zu rechtsähnlichen Tatbeständen.**
a) Zweck der *Gläubigeranfechtung außerhalb des Insolvenzverfahrens* nach dem Anfechtungsgesetz ist es, dem einzelnen anfechtungsberechtigten Gläubiger wegen eines bestimmten

---

[5] Leitsätze 5.1–5.19 u Erl S. 399–443. Vgl. auch *Gerhardt* ZIP 1985, 582.
[6] §§ 134–136 EInsO u Erl A 41, B 113 ff.; vgl. auch *Uhlenbruck* ZRP 1988, 471, 474; *Marotzke* ZfG 1989, 138.
[7] *Gerhardt,* FS Brandner S. 605, 615 ff.; vgl. auch den Überblick zu den Verschärfungen und Milderungen im neuen Anfechtungsrecht von *Kirchhof*, in: Henckel/Kreft, Insolvenzrecht 1998, S. 143 ff.
[8] *Haarmeyer* ZInsO 2009, 1273 (zur Bedeutung des Zeitpunkts der materiellen Insolvenz); *ders.,* ZInsO 2009, 1335 (zur Praxis der Gutachtenserstattung im Insolvenzeröffnungsverfahren).
[9] BGHZ 58, 240, 241 = NJW 1972, 870.
[10] Begründung RegE zu § 136, abgedruckt zB in *Kübler/Prütting,* Das neue Insolvenzrecht Bd I, S. 350; vgl. auch *Nerlich*, in: Nerlich/Römermann, § 135 Rn. 64, § 136 Rn. 16, 17.
[11] BGHZ 58, 240, 245 = NJW 1972, 870.

titulierten Anspruchs – also inhaltlich begrenzt – die Vollstreckungsmöglichkeit in Vermögen, das sein Schuldner an einen Dritten (Anfechtungsgegner) weggegeben hat, wieder zu erschließen, mithin die Zugriffslage herzustellen, die ohne die anfechtbare Rechtshandlung bestünde.[12] Demgegenüber dient die Insolvenzanfechtung, die nicht ein Gläubiger selbst, sondern der Insolvenzverwalter ausübt (zu Ausnahmen → § 51 Rn. 11 ff.), der gleichmäßigen Befriedigung aller Insolvenzgläubiger, zu deren Zweck der anfechtbar weggegebene Gegenstand – also insgesamt – wieder zur Insolvenzmasse gezogen wird (§ 143 InsO). Daraus folgen wichtige Unterschiede bei der Geltendmachung des Anfechtungsrechts und dessen Rechtsfolgen (vgl. §§ 1, 2, 7, 9, 11, 13 AnfG). Weitgehende Übereinstimmung besteht im „Allgemeinen Teil des Anfechtungsrechtes" (→ Rn. 15), die Tatbestände der Vorsatzanfechtung, der Anfechtung unentgeltlicher Leistungen und der Anfechtung von Gesellschafterdarlehen decken sich; insoweit gelten Rechtsprechung und Schrifttum zum AnfG entsprechend. Zum Einfluss der Insolvenzeröffnung auf einen anhängigen oder abgeschlossenen Gläubigeranfechtungsprozess → § 51 Rn. 14 ff. Ist der Anfechtungsschuldner vor der Eröffnung des Insolvenzverfahrens aufgrund von Vorschriften des AnfG in Anspruch genommen worden, scheidet ein Rückgewähranspruch zur Insolvenzmasse im Umfang der Erfüllung des Anfechtungsanspruchs aus.[13]

b) Mit der *Anfechtung nach §§ 119 ff. BGB* hat die insolvenzrechtliche Anfechtung, außer dem Namen, nichts gemein. Dort wird eine nicht ordnungsgemäß zustande gekommene Willenserklärung alleine schon durch die einseitige rechtsgeschäftliche Erklärung der Anfechtung (§ 143 BGB) beseitigt und dann das Rechtsgeschäft als von Anfang an nichtig angesehen (§ 142 BGB). Hier entsteht der Anfechtungsanspruch unmittelbar mit Insolvenzeröffnung, fällt also mit dem Anfechtungsrecht zusammen, wird stets gerichtlich geltend gemacht (→ § 51 Rn. 22, 29 ff., → § 52 Rn. 2) und lässt das zugrunde liegende Rechtsgeschäft in seinem Bestand unberührt;[14] § 142 Abs. 1 BGB ist im Rahmen der Insolvenzanfechtung nicht anzuwenden.[15] Daraus ergibt sich: War ein vor Insolvenzeröffnung abgeschlossenes Rechtsgeschäft von Willensmängel beeinflusst, erfolgt die Anfechtung nach §§ 119 ff. BGB (so weit noch möglich, vgl. §§ 121, 124 BGB) durch den Insolvenzverwalter (vgl. § 80 InsO) bzw. gegenüber ihm.[16] Der Insolvenzverwalter ist aber zu einer solchen Anfechtung nicht verpflichtet; er kann das Rechtsgeschäft auch als wirksam hinnehmen und statt dessen mit der insolvenzrechtlichen Anfechtung vorgehen (näher → Rn. 9).

c) Die Verwirklichung eines Anfechtungstatbestandes der InsO genügt für sich alleine nicht zur Annahme einer *Nichtigkeit/Sittenwidrigkeit* (§§ 134, 138 BGB)[17] oder einer *unerlaubten Handlung* (§§ 823 ff., insb § 826 BGB), sondern erst beim Hinzutreten weiterer Umstände;[18] das ist zB gegeben, wenn der spätere Insolvenzschuldner und sein eingeweihter Ehegatte planmäßig zusammenwirken, um das pfändbare Schuldnervermögen dem Gläubigerzugriff zu entziehen,[19] oder bei Zusammenwirken des unterhalts-

---

[12] Ausf *Huber* AnfG, Einf (vor § 1) Rn. 9 ff.; ders. ZIP 1998, 897 f.; *Gaul/Schilken/Becker-Eberhard,* § 35 I.
[13] BGH NZI 2013, 292 Rn. 11, 13 = ZIP 2013, 131 = ZInsO 2013, 131. Näher zur Konkurrenz auch HHS/*Huber* Teil VII Rn. 68 ff.
[14] BGHZ 15, 333, 337 = NJW 1955, 259; BGHZ 22, 128, 134 = NJW 1957, 137; BGHZ 98, 6, 9 = NJW 1986, 2252 (zum AnfG); BGH LM § 138 BGB Nr. 32 = ZIP 1987, 1062.
[15] BGH ZIP 2010, 2460 Rn. 7 = ZInsO 2010, 2399.
[16] MüKoInsO/*Kirchhof,* vor § 129 Rn. 41.
[17] Zu § 134 BGB vgl. zB: BGH NZI 2007, 42 (R. 13) = ZInsO 2006, 1217 = ZIP 2006, 2176. Zu § 138 BGB vgl. zB: BGH NZI 2007, 462 (Rn. 11) = ZInsO 2007, 600 = ZIP 2007, 1120.
[18] BGHZ 56, 339, 355 = NJW 1971, 1938; BGH ZIP 1987, 1062; BGH NJW 1993, 1640 = ZIP 1993, 521 = EWiR § 31 KO 2/93, 389 *(Paulus);* ZIP 1998, 830, 834 (Übersicherung). Ausf m w Beispielen *Armbrüster,* FS Canaris S. 23, 27 ff.
[19] BGH ZIP 2008, 125 (Rn. 16); ZIP 2000, 238, 243 = NZI 2000, 116.

pflichtigen mit Drittem zu dessen Gunsten, um den Unterhaltsanspruch des Berechtigten zu vereiteln,[20] sofern das im Anfechtungsprozess vom Verwalter beweisbar ist. Im Verhältnis zu den Gläubigern gehen also die Anfechtungsbestimmungen vor, sofern nicht darüber hinausgehende erschwerende Umstände gegeben sind.[21] Diese Grundsätze gelten auch im Verhältnis zur Vorsatzanfechtung nach § 133 InsO[22] (→ § 48 Rn. 1). Ist danach eine Rechtshandlung nichtig, so fehlt es idR an einer Gläubigerbenachteiligung,[23] weshalb sich die Frage einer Anfechtung meist schon deshalb nicht stellen wird. Anders liegt es, wenn bei der Durchführung des nichtigen Rechtsgeschäftes eine tatsächliche Besitzveränderung an Gegenständen eingetreten ist, die an sich dem Zugriff der Gläubiger unterliegen würden, der deshalb erschwert wird;[24] näher zur Geltendmachung von Anfechtbarkeit und Nichtigkeit, insb bei einem Scheingeschäft → Rn. 24, 25. Zur Nichtigkeit tritt dann die Anfechtbarkeit nach §§ 129 ff. InsO hinzu; dabei handelt es sich aber nicht um verschiedene Tatbestände, so dass der Übergang von dem einen zum anderen keine Klageänderung darstellt (→ § 51 Rn. 52, 53).

10 Zur *Geltendmachung von Schadensersatzansprüchen* muss man unterscheiden: Eine Forderung aus unerlaubter Handlung, insb aus § 826 BGB, kann der Insolvenzverwalter kraft seines Amtes aus eigenem Recht nur verfolgen, wenn die Schädigung den Schuldner oder die Gesamtheit der Insolvenzgläubiger durch Verkürzung der Insolvenzmasse getroffen hat; denn dann handelt es sich um einen Gesamtschaden, für den der Verwalter gem. § 92 InsO einziehungsbefugt ist.[25] Sind nur einzelne Gläubiger geschädigt worden, können nur diese Ersatz fordern.[26] Der Schadensersatzanspruch gegen den Verwalter wegen pflichtwidrig unterlassener Insolvenzanfechtung führt zu einem Quotenverringerungsschaden, den vor Abschluss des Insolvenzverfahrens nur ein Sonderverwalter geltend machen kann (näher → § 51 Rn. 6 ff.).

11 d) Der aus der Anfechtung erwachsende Anspruch ergibt sich auch nicht aus *Bereicherungsrecht* (→ § 52 Rn. 1–5); für das neue Insolvenzrecht[27] folgt das nun schon im Umkehrschluss aus § 143 I 2 InsO, der Bereicherungsregeln in bestimmten Fällen für „entsprechend" anwendbar erklärt (→ § 52 Rn. 8, 20). Zum Sonderfall des § 143 II InsO → § 52 Rn. 20, 21.

12 **4. Verhältnis zwischen Insolvenzanfechtung und Aufrechnung. a)** Für die Rechtslage im *Bereich von KO und GesO* (→ Rn. 16) wird auf die Darstellung in der Vorauflage (→ Rn. 12) verwiesen.

13 **b)** Im *Bereich der InsO* (→ Rn. 16) gilt § 96 I Nr. 3 InsO. Danach ist eine Aufrechnung unzulässig, „wenn ein Insolvenzgläubiger die Möglichkeit der Aufrechnung durch eine anfechtbare Rechtshandlung erlangt hat", wenn also die Begründung der Aufrechnungslage die in §§ 129 ff. InsO enthaltenen Merkmale eines Anfechtungstatbestandes erfüllt.[28] In der Vorschrift kommt die Wertung zum Ausdruck, dass das Vertrauen des Gläubigers auf den Bestand einer durch eine anfechtbare Rechtshandlung geschaffene Aufrechnungslage nicht schutzwürdig ist.[29] Insoweit kommt seltener § 130 InsO (kongruente Deckung; näher → § 47 Rn. 24), hauptsächlich § 131 InsO (inkongruente

---

[20] BGH NJW 2000, 3138 = ZIP 2000, 1539; dazu *Eckardt* EWiR 2001, 1.
[21] BGH aaO (zu § 826 BGB); NZI 2002, 430 = ZIP 2002, 1155 (zu § 138 BGB); ZIP 1996, 1475 (zum AnfG).
[22] *Kreft* in: HK-InsO, § 129 Rn. 77. HM auch zur KO: BGH NJW 1990, 1356.
[23] Ausf *Henckel* in: Jaeger, InsO, § 129 Rn. 267 ff.; *Huber* AnfG, § 1 Rn. 66.
[24] BGH NJW 1996, 3147 f.; dazu *Huber* EWiR 1996, 771.
[25] MüKoInsO/*Kirchhof*, vor § 129 Rn. 92.
[26] BGH NJW 1986, 1174.
[27] Das war hM aber auch in der KO, vgl. nur *Kilger/K. Schmidt*, § 29 KO Anm. 4; BGHZ 41, 98, 103 f. = NJW 1964, 1319.
[28] BGHZ 159, 388 = NJW 2004, 3118 = NZI 2004, 580 = ZIP 2004, 1558.
[29] BGH NZI 2010, 17 = ZInsO 2009, 2334.

Deckung) in Betracht[30] (näher → § 47 Rn. 51), dann aber auch § 133 InsO (näher → § 48 Rn. 15), möglicherweise sogar § 134.[31] In den Fällen des § 96 I Nr. 3 InsO bedarf es freilich keiner Insolvenzanfechtung im eigentlichen Sinn; die Anfechtbarkeit wird vielmehr einredeweise mit der Wirkung geltend gemacht, dass sich der andere Teil auf das Erlöschen seiner Schuld infolge Aufrechnung nicht berufen darf.[32] Diese Grundsätze gelten auch für Verrechnungen, zB im Kontokorrent;[33] zum Bargeschäft → Rn. 87. Anders ist die Rechtslage bei der Gläubigeranfechtung außerhalb des Insolvenzverfahrens nach dem AnfG, wo es keine isolierte Anfechtbarkeit einer Verrechnungsabrede gibt.[34]

c) *Anfechtungsgegenstand* bei Aufrechnung/Verrechnung ist also nicht das zugrunde **14** liegende Rechtsgeschäft, sondern nur die dadurch bewirkte *Herstellung der Aufrechnungslage*, die den Vertragspartner (späteren Insolvenzgläubiger) nach materiellem Recht zur Aufrechnung mit seiner Gegenforderung berechtigte. Hatte zB der spätere Insolvenzschuldner etwas verkauft und sodann der Käufer (späterer Insolvenzgläubiger) mit einer Gegenforderung gegen den Kaufpreisanspruch aufgerechnet, so wird diese Aufrechnung nach § 96 I Nr. 3 InsO mit Insolvenzeröffnung automatisch und rückwirkend unwirksam. Als Rechtsfolge davon besteht die Hauptforderung des Schuldners (und natürlich auch die Gegen-/Aufrechnungsforderung) für die Insolvenzzwecke fort. Der Insolvenzverwalter klagt deshalb die Hauptforderung ein und macht die Anfechtbarkeit „nur" einredeweise geltend, der andere Teil kann seine Gegenforderung zur Tabelle anmelden;[35] in Letzterem liegt gerade die Gläubigerbenachteiligung, weil der andere ohne Aufrechnung nur die Quote erhalten hätte.[36] Einer ausdrücklichen Insolvenzanfechtung bedarf es nur, wenn die Nachteile für die Masse über die Aufrechnungswirkung hinausgehen, beispielsweise also der Kaufpreis unter dem Wert des Kaufgegenstandes lag; dann ficht der Insolvenzverwalter den Kaufvertrag an (§§ 132, 133 InsO) und verlangt Rückgewähr des Kaufgegenstandes (§ 142 I InsO).[37] Besteht der anfechtungsrechtlich rückabzuwickelnde Vorgang nicht lediglich in einer durch den Abschluss des Vertrages hergestellten Aufrechnungslage, sondern in der Begründung der schuldrechtlichen Verpflichtung selbst, ist Gegenstand der Anfechtung die Willenserklärung, die auf Eingehung der vertraglichen Verpflichtung (im Fall: Vertragsübernahme) gerichtet ist.[38] Der Insolvenzgläubiger, der gegen eine Forderung der Masse aufgerechnet hat, muss darlegen und beweisen, dass die Aufrechnungslage schon im Zeitpunkt der Insolvenzeröffnung bestand.[39]

5. Systematik der Insolvenzanfechtung. Die Insolvenzanfechtung hat den Inte- **15** ressenkonflikt zwischen den Insolvenzgläubigern, denen an der Mehrung der Masse liegt, und dem Anfechtungsgegner, der den erlangten Vermögensvorteil behalten möchte, aufzulösen (→ Rn. 1–3). Das Gesetz sucht den gerechten Ausgleich dadurch herbeizuführen, dass es zwar den Begriff der Vermögensweggabe weit fasst, die einzelnen Tatbestände aber eng umschreibt. Die folgenden Erörterungen beschäftigen sich, sozusagen in einem „Allgemeinen Teil", mit den Voraussetzungen jeder Insolvenzanfechtung, nämlich mit der anfechtbaren Rechtshandlung iS des § 129 InsO und der dadurch be-

---

[30] *Paulus* ZIP 1997, 569, 576 f. Vgl. auch *Gerhardt*, FS Brandner, S. 605, 612 f.
[31] BGH NZI 2012, 711 Rn. 16 = ZIP 2012, 1254.
[32] BGHZ 169, 158 (Rn. 16) = ZIP 2006, 2178 = ZInsO 2006, 1215 = NZI 2007, 31 m. Anm. *Huber*.
[33] BGH NZI 2008, 547 (Rn. 9) = ZInsO 2008, 913 = ZIP 2008, 1593.
[34] BGH NZI 2009, 67 m. Anm. *Huber*.
[35] Ausführlich dazu und zu den praxisrelevanten Problemlagen (gläubigerbenachteiligende Wirkung der Aufrechnung und typische Einwendungen des Anfechtungsgegners) *Huber* ZInsO 2009, 566.
[36] BGH NZI 2010, 17 (Rn. 25) = ZInsO 2009, 2334.
[37] *Huber*, aaO, S. 568.
[38] BGH ZInsO 2012, 2328 Rn. 24.
[39] BGH NZI 2012, 771 Rn. 12 = ZIP 2012, 1254.

wirkten Gläubigerbenachteiligung. Sie schließen mit einem Prüfungsschema („Check-Liste") für Anfechtungsfälle (→ Rn. 89). Sodann folgt die Darstellung zu den einzelnen Anfechtungsgründen (§§ 47–50).

II. Geltungsbereich von KO/GesO/InsO, Übergangsrecht und Insolvenzanfechtung bei Auslandsbezug

16   **1. Anfechtung nach KO bzw. GesO und InsO.** Auf **vor** dem 1. Januar 1999 beantragte Konkurs- bzw. Gesamtvollstreckungsverfahren sind gemäß Art. 103 S. 1 EGInsO weiter die früheren gesetzlichen Vorschriften anzuwenden, also in den alten Bundesländern §§ 29–42 KO und in den neuen Bundesländern einschließlich Ost-Berlins (also in den Teilen Berlins, in denen bis zum 3. Oktober 1990 das GG nicht galt) § 10 GesO.[40] Dabei ist stets diejenige Rechtsordnung maßgeblich, in dessen Gebiet die Insolvenzeröffnung erfolgte, auch wenn die Rechtshandlung im Geltungsbereich der anderen Ordnung vorgenommen wurde.[41] Für die **nach** dem 31. Dezember 1998 beantragten Insolvenzverfahren sind gemäß Art. 104 EGInsO die Vorschriften der InsO maßgeblich, und zwar auch für die zu diesem Zeitpunkt bereits begründeten Rechtsverhältnisse und Rechte.

17   **2. Bestandsschutz für vor dem 1. Januar 1999 vorgenommene Rechtshandlungen.** Nach Art. 106 EGInsO können solche Rechtshandlungen nur insoweit angefochten werden, als sie nicht nach dem bisherigen Recht der Anfechtung entzogen oder ihr in geringerem Umfang unterworfen sind.[42] Allerdings ist in der Praxis das Übergangsrecht (näher dazu Vorauflage ebenfalls Rn. 17) inzwischen – zwangsläufig – durch Zeitablauf weitgehend bedeutungslos geworden; wegen der Unterschiede zwischen altem und neuem Recht wird deshalb auch später meist nur kurz auf die Vorauflage verwiesen.

18   **3. Insolvenzanfechtung bei Auslandsbezug.** Für grenzüberschreitende Anfechtungsfälle gelten im Bereich der Mitgliedstaaten der EU Art. 4 II Buchst. m iV mit Art. 13 EuInsVO und im Verhältnis zu anderen Drittstaaten § 339 InsO. Die Vorschriften stimmen in ihrer Systematik überein: Maßgeblich ist grundsätzlich das Recht des Staates der Verfahrenseröffnung (lex fori concursus), sofern nicht der Anfechtungsgegner die Voraussetzungen für die Ausnahme (Recht eines anderen Staates und Unanfechtbarkeit nach diesem Recht) beweist.[43] Wegen der Einzelheiten wird auf die Erläuterungen zum Insolvenzkollisionsrecht verwiesen (Kap. XIII § 130). Zur internationalen Zuständigkeit bei Insolvenzanfechtungsklagen → § 51 Rn. 30 aE.

III. Anfechtbarkeit von Rechtshandlungen

19   **1. Begriff und Vornahme. a)** Eine Insolvenzanfechtung kann sich gem. § 129 I InsO grundsätzlich nur gegen *vor* Verfahrenseröffnung vorgenommene Rechtshandlungen richten (Ausnahme → Rn. 39, 40). Der *anfechtungsrechtliche Begriff der Rechtshandlung* ist im weitesten Sinne zu verstehen und erfasst jedes Handeln, das rechtliche Wirkungen auslöst und Vermögen des Schuldners zum Nachteil der Insolvenzgläubiger verändern kann.[44]

– Gemeint ist *aktives Tun,* also alle Handlungen mit rechtlicher Wirkung, gleich ob diese gewollt oder nicht gewollt ist, insb also Willenserklärungen als Bestandteile dinglicher

---

[40] Zu dieser Rechtsspaltung bei der Insolvenzanfechtung, nicht aber bei der Gläubigeranfechtung vgl. *Huber* AnfG, Einf vor § 1 Rn. 5, 6.
[41] BGH (Nichtannahmebeschluss) BGHR DDR-GesO § 22 IV – Anfechtungsstatut 1; *Kreft* in Prütting, Insolvenzrecht, S. 21, 36. Vgl. auch Hdb-Nachtrag GesO, S. 205 ff.
[42] Ausführl zu dieser Regelung *Münch,* FS Gerhardt S. 621 ff.
[43] Ausf zum für die anfechtbare Rechtshandlung maßgebenden Recht *U. Huber,* FS Heldrich, S. 695.
[44] BGH ZIP 2004, 917 = ZInsO 2004, 499 = NZI 2004, 374 m. Anm. *Huber.*

Grundlagen der Anfechtung § 46

oder obligatorischer Rechtsgeschäfte sowie Rechtshandlungen im engeren Sinne als Äußerung eines auf die Herbeiführung eines tatsächlichen Erfolges gerichteten Willens und zwar sowohl materiellrechtlicher Art. (zB Mahnung, § 286 BGB; Verjährungsverzicht;[45] Umfang und Inhalt einer Mängelrüge, §§ 434, 437 Nr. 1, 439 BGB, Kündigung, zB eines Vertragshändlervertrages,[46] vom Schuldner veranlasste Banküberweisung, auch wenn vorher zugunsten des Zahlungsempfängers eine Pfändung des Bankguthabens ausgebracht war[47] wie prozessualer Art. (zB Verzicht und Anerkenntnis, §§ 306, 307 ZPO; Klagerücknahme, § 269 ZPO; Geständnis, § 288 ZPO); erfasst werden auch ein Vergleich (§ 779 BGB) oder Prozessvergleich (→ § 49 Rn. 14 aE). Maßnahmen der Zwangsvollstreckung gehören ebenfalls hierher[48] (§ 141 InsO; näher zu Rechtshandlungen Dritter → Rn. 28 ff.). Rechtshandlung ist auch die Zusage einer Prämie für Betriebstreue, sog. Halteprämie („Quimonda";[49] zum Anfechtungstatbestand → § 47 Rn. 33 aE.

– Zahlung von Geldstrafe oder Bewährungsauflage oder Geldauflage zum Zwecke der Verfahrenseinstellung[50] (näher zur Inkongruenz → § 47 Rn. 46; zur Entgeltlichkeit/Unentgeltlichkeit → § 49 Rn. 14).

– Zu Rechtshandlungen im anfechtungsrechtlichen Sinn gehören außerdem *Realakte,* denen das Gesetz Rechtswirkungen beimisst, zB dem Einbringen einer Sache, das zu einem Vermieterpfandrecht führt,[51] oder die Herbeiführung der Fälligkeit einer Vergütung, das so genannte Werthaltigmachen[52] (näher → § 130 Rn. 22) oder das Brauen von Bier, weil es mit Beginn des Herstellungsvorgangs die Sachhaftung für die Biersteuer (nach § 76 II AO) zum Entstehen bringt.[53]

– Einer aktiven Handlung steht *Unterlassen* gleich, § 129 II InsO.[54] Anfechtbar sind insoweit aber nur die Wirkungen einer wissentlich und willentlich unterlassenen Handlung; nötig ist das Bewusstsein, dass die die Nichthandlung zu irgendwelchen Rechtsfolgen führt,[55] und zwar sowohl im materiellen Recht (zB Verstreichenlassen einer Verjährungs- oder Ausschlussfrist; Unterlassen der rechtzeitigen Mängelrüge nach § 377 HGB oder der Protesterhebung bei Nichteinlösung eines Wechsels; unterlassene Irrtumsanfechtung nach §§ 119 ff. BGB; unterlassene Berufung auf den Wegfall der Geschäftsgrundlage[56]) wie auch im Prozessrecht (insb bei Nichtbestreiten oder bei unterlassener Einlegung von Rechtsmitteln gegen Arreste, Vollstreckungsbescheide oder Versäumnisurteile). Einer Rechtshandlung steht aber **nicht** gleich, wenn es der Schuldner, dessen Konten durch seine Gläubiger gepfändet sind, unterlässt, ein weiteres Konto zu eröffnen und Zahlungen seiner Schuldner auf dieses freie Konto zu leiten.[57]

– *Mehrere Rechtshandlungen* (zur mehraktigen Rechtshandlung → Rn. 35 ff.) sind anfechtungsrechtlich stets selbständig zu behandeln, selbst dann wenn sie gleichzeitig vorgenommen werden oder sich wirtschaftlich ergänzen.[58] Deshalb steht auch der

---

[45] OLG Dresden NZI 2010, 102 = ZIP 2010, 767 = ZInsO 2010, 598.
[46] BGH ZIP 2013, 1180 Rn. 5 = ZInsO 2013, 1143.
[47] BGH ZIP 2014, 35 = ZInsO 2014, 31.
[48] BGH NJW-RR 2000, 1215 = ZIP 2000, 898; dazu *Huber* EWiR 2000, 687.
[49] BAG ZIP 2014, 37 Rn. 47 = ZInsO 1014, 91.
[50] BGH ZIP 2014, 1947 = ZInsO 2014, 1887; ZIP 2010, 2358. Ausführlich zu Geldstrafen und Geldbußen in der Insolvenz *Janca/Heßlau* ZInsO 2012, 2118.
[51] BGHZ 170, 196 (Rn. 15) = NZI 2007, 158 = ZInsO 2007, 91 = ZIP 2007, 191.
[52] BGHZ 174, 297 (Rn. 15) = NZI 2008, 236 = ZInsO 2008, 209 = ZIP 2008, 183.
[53] BGH NZI 2009, 644 = ZInsO 2009, 1585 = ZIP 2009, 1574.
[54] Ausf zum Unterlassen *Paulus,* FS Uhlenbruck, S. 33, 42 ff.
[55] BGHZ 165, 434 (Rn. 19) = NZI 2006, 155 = ZInsO 2006, 140 = ZIP 2006, 243.
[56] BGH ZIP 1995, 1021, 1027 f.
[57] BGH NZI 2014, 218 = ZInsO 2014, 293 = ZIP 2014, 275.
[58] BGHZ 174, 228 (Rn. 18) = NZI 2008, 163 = ZInsO 2008, 106 = ZIP 2008, 118.

Anfechtung einer Sicherung nicht entgegen, dass auch die Erfüllungshandlung ihrerseits anfechtbar ist.[59]
– Zu *Grund-/Erfüllungsgeschäft* → Rn. 42; vgl. auch den Fall → Rn. 54; → § 52 Rn. 2 aE. *Zu unanfechtbaren Rechtshandlungen* → Rn. 46 ff.

20 **b)** Den Zeitpunkt der *Vornahme einer Rechtshandlung,* an den die einzelnen Anfechtungstatbestände anknüpfen, legt § 140 InsO fest.[60] Nach Abs. *1* dieser Bestimmung kommt es darauf an, wann die rechtlichen Wirkungen der Handlung eintreten. Der Gesetzgeber stellt auf diese Weise klar, was er zuvor in § 129 I InsO missverständlich ausgedrückt hat; denn Anfechtungsgegenstand ist nicht die Rechtshandlung selbst, sondern deren gläubigerbenachteiligende Wirkung.[61] *Beispiele:* Anfechtungsrechtlich gilt als vorgenommen

– eine *Forderungspfändung* in dem Zeitpunkt, in dem der Pfändungsbeschluss dem Drittschuldner zugestellt wird (§ 829 III ZPO), ebenso bei einer Pfändungs- und Einziehungsverfügung eines Finanzamts (§ 309 II 1 AO);[62]
– die Vorausabtretung oder Verpfändung oder Pfändung einer *künftigen Forderung* (nicht schon mit Abtretung, weil das regelmäßig noch zu keiner gesicherten Rechtsposition führt,[63] sondern erst) in dem Zeitpunkt, in dem die Forderung entsteht;[64] pfändet ein Gläubiger eine künftige Mietforderung des Schuldners gegen einen Dritten, richtet sich der für die Anfechtung des Pfändungspfandrechts maßgebliche Zeitpunkt nach dem Beginn des Nutzungszeitraums, für den die Mietrate geschuldet war;[65]
– die die Pfändung einer globalverpfändeten *Kontokorrentforderung* mit Erstellung des Abschlusssaldos, weshalb für die Anfechtbarkeit der Globalverpfändung auf diesen abzustellen ist, nicht auf die in das Kontokorrent eingestellten Einzelforderungen;[66] denn die eingestellten Einzelforderungen sind nicht selbständig anfechtbar, solange die Kontokorrentbindung besteht,
– die Pfändung in eine sog. *„offene Kreditlinie",* sobald und soweit der Schuldner den ihm zur Verfügung stehenden Kreditbetrag abgerufen hat;[67]
– ein *Unterlassen* dann, wenn die durch es bewirkte Rechtsfolge noch hätte abgewendet werden können;[68]
– die Zuwendung bei einer *Lebensversicherung mit widerruflichem Bezugsrecht* (zur Konstruktion als mittelbare Zuwendung → Rn. 27) erst mit dem Eintritt des Versicherungsfalls;[69] da der Schuldner den Abruf in aller Regel unterlassen kann, kommt bei Zahlung durch Überweisung zwecks Abwendung der Zwangsvollstreckung kein Ausschluss der Anfechtbarkeit wegen Fehlens selbstbestimmten Schuldnerhandelns (→ § 48 Rn. 5) in Betracht,[70]
– eine den Gläubiger benachteiligende *Treuhandvereinbarung* in dem Zeitpunkt, in dem das Treugut entsteht.[71]

---

[59] BGH ZInsO 2008, 1275 (Rn. 25) = ZIP 2008, 2224.
[60] Ausf dazu *Gehrlein* ZInsO 2013, 1169; *Fischer* ZIP 2004, 1679; *Gerhardt,* FS Greiner, S. 31.
[61] BGH NZI 2007, 457 (Rn. 18) = ZInsO 2007, 658 = ZIP 2007, 1274; BGHZ 147, 233 = NJW 2001, 1940 = ZIP 2001, 885 = ZInsO 2001, 464.
[62] BGH NZI 2008, 563 (Rn. 9) = ZInsO 2008, 806 = ZIP 2008, 1488.
[63] *Gehrlein* ZInsO 2013, 1169, 1170, 1173.
[64] BGH ZIP 2010, 335 (Rn. 31) = NZI 2010, 220 = ZInsO 2010, 327; BGHZ 170, 196 (Rn. 14) = ZIP 2007, 191. Ebenso BFH NZI 2005, 569.
[65] BGHZ 182, 264 = NJW 2010, 444 (Rn. 8) = NZI 2010, 58 = ZIP 2010, 38 = ZInsO 2010, 43.
[66] BGH NZI 2010, 443 Rn. 4 f. = ZIP 2010, 1137.
[67] BGHZ 157, 350 = NZI 2004, 206 = ZInsO 2004, 270 = ZIP 2004, 513.
[68] *Kreft* in: HK-InsO, § 140 Rn. 5; *Gerhardt* ZZP 99 (1986), 407, 409.
[69] BGH NZI 2008, 180 (Rn. 14) = ZIP 2008, 131; BGHZ 156, 350, 355 ff. = ZIP 2003, 2307 = NZI 2004, 78 m. Anm. *Huber.*
[70] BGH ZIP 2011, 1324 Rn. 16 f.
[71] BGH NZI 2007, 452 = ZIP 2007, 1274.

Von der richtigen Festlegung des Zeitpunkts der Vornahme hängt sehr oft ab, ob die Rechtshandlung noch in die jeweilige Anfechtungsfrist fällt (→ Rn. 43). In der Praxis konzentrieren sich die Probleme vor allem auf die *mehraktigen Rechtshandlungen* (→ Rn. 35 m zahlreichen Beispielen) samt deren Abgrenzung zu mehreren selbstständigen Rechtshandlungen. Für *Registergeschäfte,* nämlich für Rechtsgeschäfte, bei denen für das Wirksamwerden eine Eintragung im Grundbuch, im Schiffsregister, im Schiffsbauregister oder im Register für Pfandrechte an Luftfahrzeugen erforderlich ist, gilt § 140 II (→ Rn. 36, 37).

c) Ist die *Rechtshandlung bedingt oder befristet,*[72] bleibt nach § 140 III InsO der Eintritt der Bedingung oder des Termins außer Betracht; gemeint sind nur Rechtsgeschäfte, weil andere Rechtshandlungen nicht bedingt oder befristet sein können[73] Der anfechtungsrechtlich maßgebliche Zeitpunkt wird dann also – in Abweichung von der Grundregel des § 140 I InsO – vorverlagert; für die Anfechtbarkeit kommt es nicht auf den Zeitpunkt des Eintritts der Bedingung oder Befristung, sondern auf den der zugrunde liegenden Vereinbarung an. Voraussetzung für § 140 III InsO ist aber, dass diese Rechtshandlung dem Gläubiger eine gesicherte Rechtsposition – nicht bloß eine tatsächliche Erwerbsaussicht (wie bei einem widerruflichen Bezugsrecht, → Rn. 27) – verschafft.[74]

In der Praxis bedeutsam sind *aufschiebende Bedingungen (§ 158 I BGB).*[75] *Beispiele:*
– Erhält ein Handelsvertreter im Rahmen eines Vermarktungsvertrages mit einem Hotel Provision für die Vermittlung von Reisegesellschaften, so entsteht ein Provisionsanspruch zwar jeweils mit Abschluss eines Vertrags zwischen Hotel und Reiseunternehmen (Buchung), fällig ist er gemäß § 87a I HGB aber erst bei Ausführung des Geschäfts (Belegung der Zimmer), für diesen Fall also aufschiebend bedingt; wegen der Anfechtbarkeit kommt es deshalb gemäß § 140 III InsO auf den zuerst genannten Zeitpunkt (Buchung) an.[76]
– Maßgebliche Rechtshandlung für die Möglichkeit der Aufrechnung von Miete gegen den Anspruch auf Auszahlung von Guthaben aus Nebenkostenvorauszahlungen ist der Abschluss des Mietvertrages;[77] denn der Guthabensanspruch war bedingt durch den Ablauf des Abrechnungszeitraums und einer tatsächlich eingetretenen Überzahlung.
– Auch zum Problem der Anfechtbarkeit des Erwerbs einer Aufrechnungslage (§ 96 I Nr. 3 InsO) soll die Vorschrift nach höchstrichterlicher Rechtsprechung Bedeutung haben:[78] Bei Bedingung oder Befristung von zumindest einer der gegenseitigen, durch Rechtsgeschäft entstandenen Forderungen, komme es für den Erwerb der Aufrechnungslage auf den Zeitpunkt an, zu dem die spätere Forderung entstanden und damit das Gegenseitigkeitsverhältnis begründet worden sei; die mit Abschluss des Vertrages (Beispiel Werkvertrag) entstandene Forderung sei aber erst ab dem Zeitpunkt und nur insoweit zu berücksichtigen, als sie – etwa durch Erbringen der versprochenen Leis-

---

[72] Ausf dazu *v. Ohlshausen* KTS 2009, 481; *Fischer* ZIP 2004, 1679; *Huhn/Bayer* ZIP 2003, 1965.
[73] BGHZ 170, 196 (Rn. 18) = NZI 2007, 158 = ZInsO 2007, 91 = ZIP 2007, 191; BGHZ 167, 11 (Rn. 14) = NZI 2006, 397 = ZInsO 2006, 553 = ZIP 2006, 916.
[74] BGH NZI 2008, 563 (Rn. 14) = ZInsO 2008, 806 = ZIP 2008, 1488; BGHZ 156, 350, 357 = NZI 2004, 78 m. Anm. *Huber; Fischer* ZIP 2004, 1679, 1680.
[75] Näher MüKoInsO/*Kirchhof,* § 140 Rn. 51a.
[76] BGHZ 159, 388 = NJW 2004, 3118 = ZIP 2004, 1558 = ZInsO 2004, 852; dazu *Fischer* ZIP 2004, 1679, 1682 f. Sehr krit. *v. Ohlshausen* KTS 2009, 481, 494 ff., 508 ff.
[77] BGH ZIP 2005, 181 = ZInsO 2005, 94 (Insolvenz des Mieters) und BGH ZIP 2007, 239 (Insolvenz des Vermieters); näher zu beiden Varianten *v. Ohlshausen* KTS 2009, 481, 496, 500.
[78] BGH ZIP 2010, 682 = ZVI 2010, 302; nur im Ergebnis zust, in der Begründung aber sehr überzeugend abl *v. Ohlshausen* ZIP 2010, 2073: Die Anwendung von § 140 III sei in diesen – wie in anderen – Aufrechnungsfällen falsch, die Vorschrift gelte für Verfügungen, nicht für Forderungen (S. 2075 ff.).

tung – werthaltig geworden sei und dem Gläubiger durch die Aufrechnung eine tatsächliche Befriedigung seiner Forderung ermöglicht habe,[79] während der Zeitpunkt der Rechnungsstellung nicht maßgeblich sei.[80]
– *Kein* bedingter Anspruch ist der Herausgabeanspruch des Geschäftsherrn nach § 667 BGB, weshalb die Aufrechnungslage zwischen dem Vergütungsanspruch des Rechtsanwalts und dem Herausgabeanspruch des Mandanten (späterer Insolvenzschuldner) auf Auszahlung eingezogener Gelder nicht schon bedingt mit Abschluss des Anwaltsvertrags, sondern frühestens dann entsteht, wenn der Rechtsanwalt das Geld in Empfang genommen hat.[81]

Eine *Bedingung für den Insolvenzfall* (Beispiel: für den Fall der Insolvenzeröffnung aufschiebend bedingte Übereignung) fällt nicht unter § 140 III InsO.[82] Ob ein solches Rechtsgeschäft nichtig oder bloß anfechtbar ist → Rn. 9, 24, 25), wird meist offen bleiben können. Jedenfalls aber wäre eine solche Abrede nach § 133 I InsO innerhalb der 10-Jahres-Frist anfechtbar (→ § 48 Rn. 19 aE); denn damit wird (in wenigstens bedingt) vorsätzlichem Zusammenwirken zwischen dem späteren Insolvenzschuldner und dem Begünstigten die Benachteiligung der übrigen Insolvenzgläubiger erstrebt, denen die Möglichkeit zur anteiligen Befriedigung insoweit entzogen werden soll (zur Inkongruenz → § 47 Rn. 51).

23   *Befristete Rechtshandlung* ist eine mit Zeitbestimmung im Sinn des § 163 BGB, zum Beispiel die Kündigung zu einem künftigen Zeitpunkt.[83] Für die Anfechtbarkeit kommt es folglich nicht auf diesen Zeitpunkt (Eintritt der Gestaltungswirkung), sondern auf den des Zugangs der Kündigungserklärung an. Bei Mietansprüchen, die befristet zum Anfangstermin des jeweiligen Zeitraums der Nutzungsüberlassung entstehen, ist das also der Abschluss des Mietvertrags.[84] Die Vorausabtretung, Verpfändung oder Pfändung künftiger Miete gehört nicht hierher.[85] Zwar ist der Anspruch auf künftige Miete befristet, gleichwohl beurteilt sich die Insolvenzbeständigkeit der Abtretungswirkung nach § 140 I InsO (→ Rn. 20); im Übrigen fehlt es bei künftigen Mietforderungen ohnehin schon an einer gesicherten Rechtsposition (→ Rn. 11 aE), weil ein Zessionar oder Pfandgläubiger eben nicht sicher sein kann, dass am Fälligkeitstag tatsächlich Miete geschuldet wird.[86] Nur für den unter einer Bedingung oder Befristung stehenden Abtretungsvertrag selbst gilt Absatz 3.

24   **2. Wirksamkeit/Nichtigkeit/Scheingeschäft und Anfechtbarkeit der Rechtshandlung.** Die anzufechtende Rechtshandlung muss zwar grundsätzlich wirksam sein, jedoch können auch nichtige Rechtsgeschäfte unter bestimmten Voraussetzungen angefochten werden (→ Rn. 9). Besonders bedeutsam ist das für *Scheingeschäfte* (§ 117 BGB), die zur Irreführung anderer, insb der Gläubiger, abgeschlossen worden sind. Trotz ihrer Nichtigkeit begründen sie nämlich häufig Rechtsschein, beispielsweise durch Besitzwechsel (§ 1006 BGB) oder Eintragung (§§ 892, 893 BGB), und in dessen Folge die Gefahr gutgläubigen Erwerbs Dritter. Die Anfechtung hat daher einen Sinn, weil sie die Beseitigung dieses Rechtsscheins anstrebt.

25   Zum *Verhältnis zwischen Anfechtbarkeit und Nichtigkeit* gilt: Die Anfechtung ist nicht alleine deshalb ausgeschlossen, weil sie an sich begrifflich ein wirksames Rechtsgeschäft

---

[79] BGH NJW 2011, 2791 Rn. 9 ff. = ZIP 2011, 1454 = ZInsO 2011, 1553.
[80] BGH NZI 2013, 344 Rn. 13 = ZIP 2013, 588 = ZInsO 2013, 492.
[81] BGH NZI 2007, 515 (Rn. 16) = ZIP 2007, 1507; zust *Huber* LMK 2007, 56; abl *Jacobs* NZI 2007, 495, 498. Bestätigung der Rechtsprechung: BGH ZInsO 2010, 682 (Rn. 22).
[82] MüKoInsO/*Kirchhof*, § 140 Rn. 52; aA *Huhn/Bayer* ZIP 2003, 1965, 1971.
[83] MüKoInsO/*Kirchhof*, § 140 Rn. 53.
[84] BGHZ 170, 196 (Rn. 12, 18) = NZI 2007, 158 = ZInsO 2007, 91 = ZIP 2007, 191.
[85] BGHZ 182, 264 = NJW 2010, 444 (Rn. 13) = NZI 2010, 58 = ZIP 2010, 38 = ZInsO 2010, 43; OLG Brandenburg ZIP 2008, 211.
[86] BGH NJW 2010, 444 (Rn. 14) = NZI 2010, 58 = ZIP 2010, 38 = ZInsO 2010, 43.

oder eine Handlung mit rechtlichen Wirkungen (→ Rn. 19) voraussetzt;[87] ob eine nichtige Rechtshandlung auch ohne Eintritt einer Gläubigerbenachteiligung angefochten werden kann, wurde vom BGH bislang offen gelassen, ist aber zu verneinen, weil es sich bei diesem Merkmal um eine allgemeine und ganz grundsätzliche Anspruchsvoraussetzung jedes Anfechtungstatbestandes handelt. Für die *Abgrenzung zum Scheingeschäft* kommt es darauf an, ob die Parteien einverständlich nur den äußeren Schein des Abschlusses eines Rechtsgeschäfts hervorrufen und die mit ihm verbundenen Rechtswirkungen nicht eintreten lassen wollen, oder ob sie ein ernstlich gemeintes Rechtsgeschäft doch für notwendig erachten, wobei die Beweislast trägt, wer sich auf die Unwirksamkeit des Rechtsgeschäfts beruft.[88]

Kommen sowohl Nichtigkeit wie Insolvenzanfechtung in Betracht, so kann sich der Verwalter auf beides gleichzeitig berufen. Der Richter darf dann bei der Behandlung der Anfechtung die Wirksamkeit der Rechtshandlung unterstellen, falls dies auf das Ergebnis des Klageanspruchs keinen Einfluss hat und falls feststeht, dass entweder die Anfechtung oder die Berufung auf die Sittenwidrigkeit zum Erfolg führt.[89] Der Insolvenzverwalter kann aber beide Klagegründe auch im Wege von Haupt- und Hilfsantrag geltend machen.[90]

3. Mittelbare Zuwendungen. a) *Begriff, Grundmodell und Abgrenzung zur Leistungskette.* Rechtshandlungen des späteren Insolvenzschuldners sind nicht nur diejenigen, die er mit dem Begünstigten selbst vornimmt. Hierher gehören vielmehr weiter die sog. mittelbaren Zuwendungen. Mit diesem *Begriff* erfasst man eine Zuwendung, bei welcher der Wille des Schuldners darauf gerichtet ist, den Leistungsgegenstand auf dem Umweg über eine Mittelsperson dem Begünstigten (Zuwendungsempfänger) zukommen zu lassen, zu dem er dabei nicht unmittelbar in Rechtsbeziehungen tritt, für den aber erkennbar ist, dass es sich um eine Leistung des Schuldners handelt.[91] *Grundmodell:* Vereinbart der Verkäufer V mit dem Käufer, dass dieser an D zahlt, so liegt eine mittelbare Zuwendung des V an D vor;[92] kauft A von B ein Grundstück und übereignet B auf Weisung des A das Grundstück unmittelbar an C, so handelt es sich um eine mittelbare Zuwendung des A an C. Zur Frage, wer dann *Anfechtungsgegner* ist → § 51 Rn. 59; zur *Rückgewähr* → § 52 Rn. 17.

Abzugrenzen ist die mittelbare Zuwendung von der *Leistungskette,* bei der lediglich der erste Gläubiger Insolvenzgläubiger und möglicher Anfechtungsgegner ist;[93] *Beispiel:* Für den von einer Sparkasse gewährten Betriebsmittelkredit hatte sich eine andere Bank verbürgt, an die Avalprovision zu zahlen war, zu deren Erstattung sich die Schuldnerin (Kreditnehmerin) verpflichtete; die Sparkasse zog deshalb dort vereinbarungsgemäß die fällige Avalprovision per Lastschrift ein und leitete sie an die bürgende Bank (spätere Anfechtungsgegnerin) weiter. In diesem Fall erfolgte der Zahlungsfluss zwischen der Schuldnerin und der Bürgin nicht durch ein und dieselbe Rechtshandlung, sondern in einer Leistungskette, deren erstes Glied die Sparkasse war, aus deren Vermögen sodann erst in einer weiteren Rechtshandlung die Bürgin bedient wurde. Folge: Mit der Deckungsanfechtung hätte nur an die Sparkasse in Anspruch genommen werden können, die gegen die Bürgin erhobene Anfechtungsklage war erfolglos. Ob eine Leistungskette

---

[87] BGHZ 117, 374 = NJW 1992, 1626; BGH NJW 1994, 449, 451 (zu einer Sicherungsübereignung; insoweit in BGHZ 124, 76 nicht abgedruckt). Krit zu dieser Rechtsprechung Häsemeyer ZIP 1994, 418, 422 f.
[88] LAG Rheinland-Pfalz ZInsO 2013, 1263 Rn. 42.
[89] BGHZ 118, 374 = NJW 1992, 2483; BGH NJW 1993, 1640 (zu einer Sicherungsabtretung).
[90] BGH NJW 1996, 3147 (zum AnfG); dazu *Huber* EWiR 1996, 771.
[91] BGH NZI 2008, 733 (Rn. 21) = ZInsO 2008, 1200 = ZIP 2008, 2183.
[92] BGHZ 142, 284 = NJW 1999, 3636 = NZI 1999, 448 = ZIP 1999, 1764.
[93] BGH NZI 2009, 381 = ZInsO 2009, 768 = ZIP 2009, 769.

auch dann anzunehmen wäre, wenn die Bürgin von der auch ihr erteilten Lastschriftermächtigung Gebrauch gemacht hätte, ließ der BGH offen.[94]

27 **b)** Mittelbare Zuwendungen haben in der Praxis große Bedeutung. Sie sind oft schwierig als solche zu erkennen, was nicht weiter verwundert, denn sie dienen in aller Regel der Verschleierung. Die folgenden *Rechtsprechungs-Fälle* belegen das eindrucksvoll:

– *Unentgeltliche Übertragung eines mit einer Grundschuld belasteten Grundstücks* – außerhalb der Anfechtungsfrist des § 134 InsO – mit Übernahme der Haftung für den Grundschuldbetrag durch den Zuwendungsempfänger, aber Vereinbarung im Innenverhältnis, dass der Schuldner bei Inanspruchnahme durch den Grundschuldgläubiger alleine bezahlen soll, was sodann geschieht: Bei diesem (vereinfachten) Sachverhalt stellt die Zahlung des Schuldners an den Grundschuldgläubiger eine mittelbare unentgeltliche Zuwendung an den Übernehmer des Grundstücks dar, obgleich der Schuldner hierdurch selbst von einer eigenen Verpflichtung befreit wurde; wegen der Zuwendung kommt es nicht auf den Zeitpunkt des Notarvertrages (Grundstücksübertragung), sondern auf den Vollzug der Zuwendung (Zahlung) an.[95]

– *Kapitallebensversicherung* des Schuldners (Versicherungsnehmers) mit *widerruflichem* Bezugsrecht zugunsten eines Dritten, an den der Versicherer die Versicherungssumme nach Eintritt der Versicherungsfalles auszahlt: Zurückzugewähren ist in diesem Fall (aus der Nachlassinsolvenz) – entgegen der früheren herrschenden Meinung – nicht etwa nur die Summe der innerhalb der Anfechtungsfrist des § 134 InsO geleisteten Versicherungsprämien, sondern die gezahlte Versicherungssumme selbst.[96] Denn in der Zahlung der Versicherungssumme an den Dritten liegt eine mittelbare Zuwendung des Schuldners über die Versicherung (Versprechende) als Mittelsperson; da der Dritte mit dem nur widerruflichen Bezugsrecht lediglich eine Erwerbsaussicht, eine gesicherte Rechtsposition aber erst mit dem Eintritt des Versicherungsfalls (Tod des Schuldners) erlangt hat, gilt die Rechtshandlung (Zuwendung der Versicherungssumme) erst damit gemäß § 140 I InsO als vorgenommen (→ Rn. 20), muss also nur dieses Ereignis in die Anfechtungsfrist des § 134 InsO fallen. Diese Regeln gelten auch bei nachträglicher Änderung eines unwiderruflichen in ein widerrufliches Bezugsrecht;[97] denn dann steht ab diesem Zeitpunkt der Vermögenswert wieder (wie bei einer widerruflichen Bezugsberechtigung von Anfang an, dem Gläubigerzugriff offen (s. Schlussmerkung beim nächsten Spiegelstrich).

– Der Abschluss einer Lebensversicherung mit *unwiderruflichem* Bezugsrecht führt freilich zu einem sofortigen Rechtserwerb des Dritten.[98] Folglich ist anfechtungsrechtlich dieser Zeitpunkt, nicht der des Versicherungsfalls maßgeblich. Die Auszahlung der Versicherungssumme an den Dritten beinhaltet zwar auch dann begrifflich eine mittelbare Zuwendung des Schuldners. Eine Anfechtung kommt aber nur in Betracht, wenn die Einräumung der gesicherten Rechtsposition bei Vertragsschluss (oder später) bei Begründung des unwiderruflichen Bezugsrechts (zum Beispiel im Austausch zu einem widerruflichen) in die 4-Jahres-Frist des § 134 InsO fällt.[99] Entsprechendes gilt für die Prämienzahlung nach unanfechtbarer Abtretung der Ansprüche aus einer

---

[94] BGH aaO, Rn. 9.
[95] BGHZ 141, 96 = NJW 1999, 1549 = ZIP 1999, 628 = LM H 8/1999 KO § 32 Nr. 14 *(Huber)*.
[96] BGHZ 156, 350 = NJW 2004, 214 = ZIP 2003, 2307 = ZInsO 2003, 1096 = NZI 2004, 78 m. Anm. *Huber;* Urteilsbesprechung vgl. auch *Gerhardt* LMK 2004, 34; *Elfring* NJW 2004, 483. Ausführl *Kayser,* FS Kreft S. 341 = (Nachdruck) ZInsO 2004, 1321; *Gebel* ZEV 2005, 236. Umfassend zur Zwangsvollstreckung in Kapitallebensversicherungen *Hasse* VersR 2005, 15.
[97] BGH NZI 2012, 651 = ZIP 2012, 636, dazu EWiR 2012, 229 *(Huber)*.
[98] BGH NJW 2003, 2679.
[99] Ausführl zu diesen Unterschieden und deren praktischen Konsequenzen *Huber* NZI 2004, 81 f.

solchen Lebensversicherung sicherungshalber:[100] keine unentgeltliche Leistung liegt aber vor, wenn der Sicherungsnehmer Zug um Zug oder später vereinbarungsgemäß einem Dritten ein Darlehen ausreicht.[101]
– Bei Sachverhalten zu „*Lebensversicherung/Bezugsrecht*" kommt es deshalb darauf an, die einzelnen Fallgruppen stets genau analysieren und unterscheiden:[102] Einräumung einer unwiderruflichen Bezugsberechtigung schon bei Vertragsschluss; Abschluss der Lebensversicherung für den Schuldner selbst und erst nachträglich unwiderrufliche Bezeichnung eines Dritten als Begünstigten; widerrufliche Bezugsberechtigung von Anfang an oder nachträglich; Umwandlung von widerruflicher in unwiderrufliche Bezugsberechtigung und umgekehrt.
– *Anweisung des Schuldners an einen Drittschuldner,* die von diesem geschuldete Leistung nicht ihm, sondern einem Gläubiger des Schuldners zu erbringen, wobei weder erforderlich ist, dass der Leistende (Schuldner) einen Anspruch gegen die Mittelsperson auf den (über diese dem Gläubiger zugewandten) Gegenstand gehabt haben muss, noch, dass sich der Gegenstand vorher im Vermögen des Leistenden befunden hat.[103]
– Um eine mittelbare Zuwendung handelt es sich auch, wenn der Schuldner *neue Gelder aus einer lediglich geduldeten Kontoüberziehung* schöpft und diese infolge seiner Rechtshandlung einem Gläubiger direkt zufließen.[104]
– Zuwendung des Schuldners im *Dreiecksverhältnis* zwischen Schuldner, Angewiesenem (Mittelsperson/Leistungsmittler) und Zuwendungsempfänger (→ § 49 Rn. 13; → § 51 Rn. 2, 3, 59).

4. Rechtshandlungen – Handelnde. a) Für den Begriff der Rechtshandlung iS des § 129 InsO ist es nicht erforderlich, dass diese vom *Schuldner* stammt, nicht einmal, dass sie von ihm veranlasst worden ist.[105] Grundsätzlich sind also auch die gegen den späteren Insolvenzschuldner gerichteten Rechtshandlungen *Dritter* (zu Rechtshandlungen von Vertreter/Bevollmächtigter/vorläufiger Insolvenzverwalter → Rn. 31 ff.) anfechtbar, wenn auch nicht nach allen Anfechtungstatbeständen (näher sogleich). Nach § 141 InsO ist für diese Fälle die Anfechtung nicht dadurch ausgeschlossen, dass für die anzufechtende Rechtshandlung ein vollstreckbarer Schuldtitel erlangt, oder dass dieselbe durch Zwangsvollstreckung oder durch Vollziehung eines Arrestes[106] erwirkt worden ist; vollstreckbare Schuldtitel sind insb rechtskräftige oder für vorläufig vollstreckbar erklärte Urteile (§ 704 ZPO) und die Titel des § 794 I ZPO. Die Anfechtung richtet sich dabei gegen den Vollstreckungsakt als solchen, also zB gegen die ausgebrachte Pfändung. Rechtsgrundlage ist im Allgemeinen § 131 I Nr. 2, 3 InsO (nicht § 131 I Nr. 1 InsO, → Rn. 29); §§ 133, 134 InsO fordern nämlich ausweislich ihres Wortlauts eine Rechtshandlung des Insolvenzschuldners, also mindestens dessen Mitwirkung (→ § 48 Rn. 4, 5). Hat der Gläubiger allerdings schon den titulierten Anspruch selbst anfechtbar erworben, so kann auch dieses Rechtsgeschäft angefochten werden, dann insbesondere nach § 130 oder § 133 InsO.

Einer Insolvenzanfechtung bedarf es wegen der so genannten *Rückschlagsperre* des § 88 InsO allerdings nicht, wenn der Insolvenzgläubiger die Sicherung im letzten Monat vor dem Antrag auf Verfahrenseröffnung oder nach diesem Zeitpunkt erlangt hat; im ver-

---

[100] BGH NZI 2013, 258 Rn. 13, 14 = ZIP 2013, 223 = ZInsO 2913, 240.
[101] BGH NZI 2013. 258 Rn. 20 ff.
[102] Näher *Huber* EWiR 2012, 231 (Urteilsanmerkung zu BGH NZI 2012, 661).
[103] BGHZ 174, 228 (Rn. 25) = NZI 2008, 163 = ZInsO 2008, 106 = ZIP 2008, 125.
[104] BGH ZInsO 2010, 1598 Rn. 12.
[105] BGHZ 58, 108 = NJW 1972, 633; HK/InsO-*Kreft*, § 129 Rn. 25; *Ehricke* in: Kübler/Prütting/Bork, § 129 Rn. 17.
[106] Die Vorschrift erwähnt den Arrestvollzug bloß irrtümlich nicht, vgl. *Jauernig/Berger* §§ 47 Rn. 4. Vgl. auch *Kreft* in: HK-InsO, § 141 Rn. 4; KG ZInsO 2005, 1047.

einfachten Insolvenzverfahren beträgt die Frist drei Monate, § 312 I 2 InsO. Nur bei einer früheren Pfändung ist das Pfändungspfandrecht insolvenzrechtlich betrachtet wirksam entstanden und würde folglich ein Recht auf abgesonderte Befriedigung begründen (§ 50 I InsO), sofern es der Insolvenzverwalter nicht anfechten kann.[107] Diese Regelung wird ergänzt durch die Vorschriften über die Unwirksamkeit von Verfügungen bzw. Pfändungen bei Miet- und Pachtzinsforderungen nach § 110 I, II InsO sowie Bezügen aus Dienstverhältnissen gemäß § 114 InsO. Zur Rechtslage bei Aufrechnung → Rn. 13, 14.

30 **b)** Rechtshandlungen des *Insolvenzverwalters* (zum vorläufigen → Rn. 32 ff.) fallen nicht unter § 129 InsO, ein Anfechtungsproblem stellt sich schon denkgesetzlich nicht. Allerdings können kommt eine Nichtigkeit wegen *Insolvenzzweckwidrigkeit* in Betracht (zu den begrifflichen Voraussetzungen → Rn. 34), hauptsächlich in Zusammenhang mit einer Abtretung des Anfechtungsanspruchs (näher → § 51 Rn. 4); wirksam sind aber Verfügungen des Insolvenzverwalters, die nur unzweckmäßig oder sogar unrichtig sind.[108]

31 **c)** Rechtshandlungen *gesetzlicher Vertreter oder Bevollmächtigter* stehen auf beiden Seiten eigenen Handlungen, also denen des Insolvenzschuldners und denen des Dritten gleich (zu Rechtshandlungen Dritter → Rn. 28). Für die Kenntnis der die Anfechtung begründenden Umstände kommt es dann auf die Person des Vertreters an, § 166 I BGB.[109] Bei gesetzlicher Vertretung eines *minderjährigen oder geschäftsunfähigen Kindes* gilt das aber nur, wenn dieses als Anfechtungsgegner Rückgewähr in Natur (→ § 52 Rn. 9 ff.) schuldet, weil in diesem Fall die Gläubigerinteressen Vorrang haben;[110] geht der Anspruch auf Wertersatz (→ § 52 Rn. 12 ff.), ist umgekehrt der Minderjährigenschutz vorrangig, weshalb die Haftung entsprechend § 143 II InsO auf die vorhandene Bereicherung beschränkt ist.[111] Im Übrigen:
- Beim Handeln auf *Anweisung* gilt § 166 II BGB; *Beispiel:* Ist die Insolvenzschuldnerin eine GmbH, so hat sie eine Rechtshandlung in Gläubigerbenachteiligungsvorsatz (§ 133 I InsO) vorgenommen, wenn der Alleingesellschafter der GmbH deren Geschäftsführer (oder Liquidator) zu der Rechtshandlung angewiesen und dabei mit Gläubigerbenachteiligungsvorsatz gehandelt hat.[112]
- Das Wissen eines Organmitglieds ist das Wissen der juristischen Person selbst.[113] Die Rechtspflicht des Vorstands einer AG, den Aufsichtsrat periodisch über die Geschäftslage der Gesellschaft zu informieren, genügt aber nicht zur Annahme der Kenntnis eines im Wege der Insolvenzanfechtung in Anspruch genommenen Aufsichtsratsmitglieds (→ § 48 Rn. 23).
- Das Wissen des Prozessbevollmächtigten bei Abgabe einer Willenserklärung, die zu einer (inkongruenten) Deckung des Vollmachtgebers führte, ist diesem im Anfechtungsprozess zuzurechnen, sofern der Anwalt im Rahmen seines Auftrags gehandelt hatte.[114] Auch Rechtshandlungen eines Verwalters fremden Vermögens werden dem Rechtsträger zugerechnet, beispielsweise die des Testamentsvollstreckers.[115]

---

[107] BGH ZIP 2000, 898 = EWiR § 30 KO 3/2000, 687 *(Huber)*; praktische Beispiele bei *Huber* JuS 1998, 545, 924.
[108] BGH NZI 2013, 621 Rn. 9 = ZIP 2013, 531 = ZInsO 2013, 441.
[109] BGH NJW 1984, 1953, 1954; *Tintelnot* JZ 1987, 795. Zu einem Ausnahmefall → § 48 Rn. 24.
[110] BGHZ 38, 65.
[111] BFH NJW 2004, 3510.
[112] BGH NZI 2004, 376 = ZIP 2004, 957 = ZInsO 2004, 548; dazu *Huber* EWiR 2004, 933.
[113] BGHZ 33, 389, 395, 397 = NJW 1961, 408.
[114] BGH NJW 1991, 980.
[115] BGHZ 13, 203, 205 = NJW 1954, 1036.

Zur *Wissenszurechnung bei Behörden* gilt: Holt eine Behörde von einer anderen desselben Landes Informationen ein und unterbleibt die vollständige Mitteilung aller bekannten, rechtserheblichen Umstände, hat das zur Folge, dass sich erstere auf die Unkenntnis solcher Umstände nicht berufen darf;[116] im Fall ging es um die Tilgung der Schuld eines Landes im Wege der später als insolvenzrechtlich unzulässig angesehenen Aufrechnung nach § 96 I Nr. 3 InsO (→ Rn. 12 ff.). Nicht anders ist es, wenn eine Behörde oder ein Sozialversicherungsträger eine andere zuständige Behörde mit der Vollstreckung fälliger Forderungen beauftragt mit der Folge, dass sich die ersuchende Behörde das Wissen des Sachbearbeiters der ersuchten zurechnen lassen muss.[117]

5. Rechtshandlungen des vorläufigen Insolvenzverwalters (§§ 21 II Nr. 1, 22 InsO). a) Hierzu muss man nach dessen Stellung unterscheiden: 32
- Handelt es sich um einen *starken vorläufigen Insolvenzverwalter*, auf den die Verwaltungs- und Verfügungsbefugnis übergegangen ist (§ 22 I InsO) und der neuerdings auch alleinhandelnder genannt wird,[118] so scheidet eine Anfechtbarkeit nach hM schon wegen § 55 II InsO aus;[119] seine Aufgaben und Befugnisse sind denen des Insolvenzverwalters so stark angenähert (vgl. §§ 23, 24 iVm §§ 81, 82, 85 I 1, 86 InsO), dass eine Zurechnung an den Schuldner nicht in Betracht kommt. Eine Ausnahme (also Anfechtbarkeit) gilt aber auch dann in Fällen der Besicherung oder Tilgung einer *Altverbindlichkeit*, die bloße Insolvenzforderung wäre (→ Rn. 33).[120] Denkbar ist sowohl in einem solchen Fall wie in anderen allerdings (auch) eine Nichtigkeit wegen Insolvenzzweckwidrigkeit (→ Rn. 34).
- Entsprechendes gilt bei einem *schwachen vorläufigen Insolvenzverwalter mit Einzelermächtigung*, den also das Insolvenzgericht für einen konkreten Einzelfall zur Begründung einer Masseverbindlichkeit befugt hat.[121]
- Rechtshandlungen eines *schwachen vorläufigen Insolvenzverwalters* – nur Zustimmungsvorbehalt, also Bestellung ohne gleichzeitiges Verfügungsverbot an Schuldner (§ 22 II InsO), der deshalb neuerdings auch mitbestimmender genannt wird[122] – sind demgegenüber grundsätzlich anfechtbar (Ausnahmen → Rn. 33) falls auf sie die Merkmale von Anfechtungstatbeständen zutreffen (näher → § 47 Rn. 67), und zwar selbst dann, wenn der vorläufige mit dem späteren nach Verfahrenseröffnung bestellten Verwalter personengleich ist;[123] das entspricht der Rechtslage zur Sequestration nach KO (dazu vgl. 1. Auflage § 48 Rn. 21).[124] Streitig ist, ob davon eine Ausnahme für ein mit Zustimmung des vorläufigen schwachen Insolvenzverwalters vorgenommenes dingliches Rechtsgeschäft gemacht oder ob dieses sogar als wegen Insolvenzzweckwidrigkeit nichtig angesehen werden muss (→ Rn. 34). In der

---

[116] BGH ZIP 2011, 1523; ZIP 2014, 1497 (Zurechnung auch bei Information erst während Rechtsstreit).
[117] BGH NZI 2013, 398 = ZIP 2013, 685 = ZInsO 2013, 608.
[118] BGHZ 194, 1 = NZI 2012, 841 = ZIP 2012, 1566.
[119] BGH ZIP 2014, 584 Rn. 11 = InsO 2014, 598; OLG Celle NZI 2003, 95 = ZIP 2003, 412.
[120] BGH, aaO, Rn. 12; näher zum Grund für diese Ausnahme schon MüKoInsO/*Kayser*, § 129 Rn. 44. So jetzt ausdrückl. BGH ZIP 2014, 584 = ZInsO 2014, 598 Rn. 12.
[121] Das hat zugelassen BGHZ 151, 153 = NJW 2002, 3326 = NZI 2002, 543 = ZIP 2002, 1625 = ZInsO 2002, 819. Dazu *Haarmeyer/Pape* ZInsO 2002, 845; *Prütting/Stickelbrock* ZIP 2002, 1608.
[122] Vgl. zB BGH ZIP 2011, 1419 Rn. 49 = ZInsO 2011, 1463.
[123] BGHZ 154, 190 = NJW 2003, 1865 = ZIP 2003, 810 = ZInsO 2003, 417; dazu *Ganter*, FS Gerhard, S. 237 sowie *Huber* EWiR 2003, 719. Ebenso BAG NJW 2005, 1389 = NZI 2005, 641 = ZIP 2005, 86 (Lohnzahlung des Schuldners mit Zustimmung des vorläufigen Insolvenzverwalters); dazu *Stiller* ZInsO 2005, 529. Vgl. auch OLG Stuttgart ZIP 2002, 1900 = ZInsO 2002, 986; OLG Celle NZI 2003, 266. HM auch im Schrifttum, vgl. nur: *Gerhardt* in Jaeger, InsO, § 22 Rn. 230 f.; *Ehricke* in Kübler/Prütting/Bork, § 129 Rn. 23; *Zeuner*, Rn. 21; ausf *Kirchhof* ZInsO 2000, 297.
[124] *Kirchhof*, aaO, S. 299 f. Zur KO: BGHZ 97, 87, 91 = NJW 1986, 1496.

§ 46 33   Kapitel III. 7. Abschnitt. Insolvenzanfechtung

höchstrichterlichen Rechtsprechung wurde das bisher offen vielfach gelassen und die Anfechtbarkeit jedenfalls der (der Erfüllungshandlung) zugrunde liegenden schuldrechtlichen Abrede bejaht. *Beispiele:* Mit Zustimmung erfolgte Abrede zur Tilgung einer Altverbindlichkeit auf Druck des Gläubigers, sonst eine zur Unternehmensfortführung notwendige Leistung nicht zu erbringen (→ § 47 Rn. 67); Zustimmung zur Lohnzahlung, die der Arbeitnehmer nur als Insolvenzgläubiger hätte geltend machen können.[125]

33   **b)** Etwas anders gilt, wenn der *schwache vorläufige Insolvenzverwalter* einen *schutzwürdigen Vertrauenstatbestand* geschaffen hat, der andere Teil also damit rechnen durfte, ein nicht mehr entziehbares Recht errungen zu haben.[126] Typisches Beispiel: Der vorläufige Verwalter stimmt Verträgen vorbehaltlos zu, die der Schuldner mit dem Gläubiger nach Anordnung von Sicherungsmaßnahmen geschlossen und in denen er in Zusammenhang mit an das Schuldnerunternehmen zu erbringenden Leistungen des Gläubigers Erfüllungszusagen für *Altverbindlichkeiten* (also Verbindlichkeiten, die bloße Insolvenzforderungen wären) gegeben hat;[127] das gilt unabhängig von der Frage einer Personenidentität zwischen dem vorläufigen und dem endgültigen Verwalter. Der Einwand aus § 242 BGB[128] greift jedoch nicht durch, wenn der schwache vorläufige Insolvenzverwalter seine Rechtshandlung „unter den Vorbehalt der Rückforderung und/oder der Anfechtung" gestellt hatte;[129] ein solcher Vorbehalt empfiehlt sich folglich stets, insbesondere dann, wenn der vorläufige Insolvenzverwalter bei der Fortführung des schuldnerischen Unternehmens Druck durch einen Vertragspartner ausgesetzt ist (näher dazu → § 47 Rn. 67, 73). Der Vertragspartner kann sich auf Erfüllungszusagen für Altverbindlichkeiten im Zusammenhang mit noch zu erbringenden Leistungen aber dann berufen, wenn der schwache vorläufige Insolvenzverwalter den nach Anordnung der Sicherungsmaßnahmen abgeschlossenen Vertrag vorbehaltlos zustimmt, unabhängig von der Frage der Personenidentität zwischen vorläufigem und endgültigem Verwalter. Keine Schutzwürdigkeit besteht auch bei Zustimmung zu einer Befriedigungshandlung des Schuldners, die nicht in Zusammenhang mit einem neuen Vertragsschluss steht.[130] Hat der vorläufige Insolvenzverwalter den gegen die Zustimmung zunächst erklärten Widerstand aufgegeben, weil er aufgrund der Marktmacht des Unternehmens keine andere Möglichkeit hatte, ist er nach Verfahrenseröffnung nicht gehindert, die Tilgung der Altverbindlichkeit anzufechten.[131] Eine Anfechtung von im Eröffnungsverfahren mit Zustimmung des schwachen vorläufigen Insolvenzverwalters durch den Schuldner geleisteten Zahlung kommt im Übrigen regelmäßig nicht in Betracht, wenn sie im Rahmen eines Bargeschäftes (→ Rn. 75 ff.) getätigt wird, um das Unternehmen des Schuldners aufrechtzuerhalten;[132] entsprechendes ist für solche Rechtshandlungen dieses Insolvenzverwalters selbst anzunehmen. Alle diese Regeln gelten auch, wenn ein voll verfügungsbefugter, also ein *starker vorläufiger Insolvenzverwalter,* ausnahmsweise (!) anfechtbar eine *Altverbindlichkeit* besichert oder getilgt hat.[133]

---

[125] BAG NJW 2005, 1389 = NZI 2005, 641 = ZIP 2008. 2005.
[126] BGH NZI 2008, 236 (Rn. 30) = ZInsO 2008, 209 = ZIP 2008, 372.
[127] BGH NZI 2013, 289 Rn. 18 = ZIP 2013, 528 = ZInsO 2013, 551.
[128] Ausf dazu *Malitz,* FS Greiner, S. 215, 222 ff.
[129] So im Fall BGHZ 154, 190 = NJW 2003, 1865 = ZInsO 3003, 417 = ZIP 2003, 810; bestätigt in BGH ZInsO 2009, 1585 (Rn. 42) = ZIP 2009, 1674 = NZI 2009, 644. Zu diesem Vorgehen *Ganter,* FS Gerhardt, S. 237 und *Huber* EWiR 2003, 719.
[130] BGH NZI 2008, 236 (Rn. 31) = ZInsO 2008, 209 = ZIP 2008, 372. Insges gegen eine Erschwerung der Anfechtung durch Vertrauensschutz *Spliedt* ZInsO 2007, 405 ff.
[131] BGHZ 165, 283 = NZI 2006, 277 = ZInsO 2006, 208 = ZIP 2006, 431; dazu Urteilsanm *Kesseler* ZInsO 2006, 530.
[132] *Kirchhof* ZInsO 2000, 299 f.; zur KO: BGH JW 1997, 3028.
[133] BGH ZIP 2014, 584 Rn. 12 aE = ZInsO 2014, 598.

c) Unabhängig von der Anfechtbarkeit kommt aber (auch; → Rn. 24, 25) eine *Nichtigkeit bei evidenter Insolvenzzweckwidrigkeit* in Betracht, und zwar sowohl für die von einem starken wie für die mit Zustimmung eines schwachem vorläufigen Insolvenzverwalter vorgenommenen Rechtshandlungen;[134] Voraussetzung ist ein objektiver Verstoß gegen den Insolvenzzweck der gleichmäßigen Gläubigerbefriedigung (§ 1 S. 1), der für einen verständigen Betrachter ohne weiteres ersichtlich ist;[135] *Beispiel:* Dem durch eine offensichtlich wertlose Grundschuld gesicherten Gläubiger wird gegen Erteilung der Löschungsbewilligung zusätzlich zu den übernommenen Löschungskosten eine Geldleistung („Lästigkeitsprämie") versprochen;[136] *keine* Insolvenzzweckwidrigkeit liegt vor bei einer Zahlung für die Löschung einer wertlosen Grundschuld bei ausschließlicher Belastung eines Grundpfandgläubigers.[137] Zur *Insolvenzzweckwidrigkeit von Rechtshandlungen des Insolvenzverwalters* → Rn. 30.

6. Mehraktige Rechtshandlungen. a) *Grundsätze.* Besteht ein Rechtsgeschäft aus mehreren Akten, so ist der die Rechthandlung vollendende Akt maßgebend. Dieser schon bisher im gesamten Anfechtungsrecht anerkannte Grundsatz[138] folgt nun unmittelbar aus § 140 I InsO (→ Rn. 20), weil erst der die Rechtshandlung vollendende Akt deren Wirkungen herbeiführt.[139] Dieser Zeitpunkt gilt mithin auch, soweit es auf die Zahlungsunfähigkeit bzw. den Eröffnungsantrag einschließlich der Kenntnis davon (vgl. §§ 130–132 InsO), oder, soweit es auf die Kenntnis des Benachteiligungsvorsatzes (vgl. § 133 InsO) ankommt. Anders ist die Rechtslage für mehrere selbständige Rechtshandlungen, weil diese anfechtungsrechtlich stets getrennt zu beurteilen sind (→ Rn. 19 aE).

Wie viele Rechtsakte ein Erwerb voraussetzt und welcher von ihnen den ihn vollendenden Akt darstellt, beurteilt sich nach materiellem Recht. *Beispiele:*

– Weist der spätere Insolvenzschuldner seine Bank an, einen bestimmten Betrag auf das Konto eines seiner Gläubiger zwecks Tilgung eines fälligen Anspruchs zu überweisen, und stellt er erst nach Erteilung des *Überweisungsauftrages* aber noch vor dessen Ausführung durch die Bank die Zahlungen ein, so kann die Rechtshandlung angefochten werden, wenn dem Gläubiger die Zahlungseinstellung in dem zuletzt genannten Zeitpunkt bekannt war (§ 130 I, II iVm § 17 II 2 InsO); denn der Überweisungsauftrag ist erst vollendet, wenn er durch die Bank vollzogen, dh ausgeführt worden ist.[140]

– Ein zusammengesetztes Rechtsgeschäft stellt die durch Einigung und Übergabe vorzunehmende *Pfandrechtsbestellung* dar (§ 1205 BGB); fallen beide auseinander, kommt es auf den letzten Rechtsakt an. Das *Mobiliarpfandrecht* für eine künftige Forderung (§ 1204 II BGB) entsteht allerdings schon mit Einigung und Übergabe der Pfandsache, nicht erst mit dem Entstehen der gesicherten Forderung; eine insolvenzrechtliche Anfechtung ist damit nur möglich, wenn schon entweder die Einigung oder die Übergabe der Sache oder beides in die in §§ 130–132 InsO genannte kritische Zeit fällt.[141] Anders ist die Rechtslage bei einer *Vorausverpfändung* einer künftigen Forde-

---

[134] BGH NJW 2008, 1074 = ZIP 2008, 884 = NZI 2008, 365 m. Anm. *Rein.*
[135] BGH NZI 2012, 562 Rn. 2 = ZIP 2012, 1183 = ZInsO 2012, 1127; BGH NZI 2008, 365 Rn. 4 = ZIP 2008, 884.
[136] BGH NZI 2008, 365.
[137] BGH ZIP 2014, 978 = ZInsO 2014, 1009 (Abgrenzung zur zuletzt zitierten Entscheidung).
[138] BGHZ 99, 274 = NJW 1987, 904, 907; BGHZ 55, 105, 111 = NJW 1971, 505.
[139] Vgl. BGH NZI 2004, 623 = ZIP 2004, 1819 = ZInsO 2004, 967.
[140] BGH LM § 48 KO Nr. 5.
[141] So die ältere Rechtsprechung zur KO, vgl. BGHZ 86, 340, 347 f. = NJW 1983, 1123 = LM § 30 KO Nr. 41 m. Anm. *Merz;* näher *Huber* JuS 1998, 830, 831. Krit zu diese Rspr MüKoInsO/*Kirchhof,* § 140 Rn. 15. Ob daran festzuhalten ist, erscheint zweifelhaft, offen gelassen von BGHZ 170, 196 (Rn. 14) = NZI 2007, 158 = ZInsO 2007, 91 = ZIP 2007, 191. Für die Aufgabe dieser Rechtsprechung *Berger* NZI 2007, 566.

rung (§ 1279 BGB), bei der das Pfandrecht erst mit Entstehen der künftigen Forderung begründet wird, weshalb das AGB-Pfandrecht der Banken am Guthaben des Kunden erst mit dessen Anspruch auf Gutschrift entsteht.[142]
– Ähnlich liegt es bei der Bestellung einer *Hypothek für eine künftige Forderung* (§ 1113 II BGB). Auch nach der Eintragung im Grundbuch ist diese Rechtshandlung solange nicht vollendet, als die zu sichernde Forderung nicht entstanden ist. Bis dahin steht nämlich die (nicht valutierte) Hypothek dem Eigentümer als Eigentümergrundschuld zu (§ 1163 BGB), verbleibt also in dessen Vermögen. Für die Insolvenzanfechtung kommt es mithin auf das Entstehen der Forderung, nicht auf die Bestellung der Hypothek an. Als weiteres Beispiel sei die Bestellung einer *Grundschuld* genannt, über die kein Brief ausgestellt ist; sie entsteht gem. §§ 873 I, 1115 I, 1192 BGB erst mit Eintragung.[143]
– Die Abtretung einer Forderung auf *künftigen Mietzins* ist erst mit Beginn des jeweiligen Nutzungszeitraums beendet.[144]
– Hängt die Wirksamkeit eines Rechtsgeschäfts von der *Genehmigung eines Dritten* ab, so kommt es darauf an, auch wenn diese nach § 184 I BGB zurückwirkt.[145]
– Bei einer *Forderungsabtretung* ist nicht der Zeitpunkt der Abtretungserklärung, sondern derjenige der Annahme maßgeblich (§ 398 BGB); bei einem *rechtsgeschäftlichen Anerkenntnis* einer nicht bestehenden Schuld gem. § 781 BGB kommt es demgegenüber schon auf die Abgabe der Anerkenntniserklärung an.[146]
– Bei *Vorausabtretung* einer Forderung kommt es auf das Entstehen der Forderung an,[147] ebenso bei *Pfändung einer künftigen Forderung*;[148] bei *Pfändung eines Bankkontos* einschließlich künftig entstehender Aktivsalden kommt es auf das Entstehen der Forderung auf Gutschrift an.[149]
– Bei *Sicherungsgeschäften* treten die rechtlichen Wirkungen nicht erst ein, wenn sich der Gläubiger aus der Sicherheit befriedigt hat, sondern bereits bei deren Übernahme, bei einer *Bürgschaft* idR wegen §§ 766, 151 BGB folglich schon mit Zugang der Bürgschaftserklärung.[150]
– *Kein einheitlicher – mehraktiger – Erwerbstatbestand* liegt vor bei Pfändung und Überweisung einer Forderung (§§ 829, 835 ZPO; §§ 309, 314 AO) einerseits und Zahlung durch den Drittschuldner andererseits; beides sind vielmehr selbstständige, anfechtungsrechtlich also getrennt zu beurteilende Rechtshandlungen.[151]

Eine weitere ganz typische Problemlage gibt es im *Lastschriftverfahren* bei der Frage, wann dort die Rechtshandlung des Schuldners vorgenommen ist.[152] Da bei einer Abbuchung im (praxistypischen) Einzugsermächtigungsverfahren[153] die Bank des Schuldners (Zahlungspflichtiger) nicht schon mit Einlösung der Lastschrift, sondern erst mit deren Genehmigung[154] den Aufwendungsersatzanspruch erlangt, liegt die – die Gläubiger benachteiligen-

---

[142] BGH NZI 2007, 337 (Rn. 16) = ZIP 2007, 924; BGH NJW 1998, 2592, 2597 (insoweit in BGHZ 138, 291 nicht abgedruckt) = LM H 9/1998 GesO Nr. 36–38 *(Huber)*.
[143] BGH ZIP 1998, 513 = LM H 6/1998 GesO Nr. 33.
[144] BGH DtZ 1997, 156 = ZIP 1997, 513.
[145] BGH NJW 1979, 103; *Kreft* in HK-InsO, § 140 Rn. 4 aE.
[146] *Henckel*, in: Kölner Schrift S. 813, 848 (Rn. 77).
[147] BGH NJW-RR 2000, 1154 = ZIP 2000, 932; dazu *Huber* EWiR 2001, 117.
[148] BGH NJW-RR 2004, 1047 = ZIP 2004, 766 = ZInsO 2004, 387.
[149] OLG Jena NZI 2002, 550; OLG Hamm NZI 2002, 553.
[150] BGH NJW 1999, 3046 = ZIP 1999, 973 = NZI 1999, 268; dazu *Huber* EWiR 1999, 957.
[151] BGH ZIP 2000, 898; *Huber* EWiR 2000, 687; OLG Hamm NZI 2002, 551 = ZInsO 2002, 132.
[152] Ausführlich zu den Lastschriften in der Insolvenz des Schuldners *Nobbe* ZIP 2012, 1937.
[153] Andere Variante: Abbuchungsverfahren, bei dem der Schuldner sein Kreditinstitut ermächtigt, Forderungen eines konkret bestimmten Gläubigers schuldbefreiend einzulösen; maßgeblich ist dort der Zeitpunkt der Einlösung, BGH NZI 2013, 182 Rn. 8 = ZIP 2013, 322 = ZInsO 2013, 335.
[154] Zur Fortgeltung der Genehmigungstheorie grundlegend: BGHZ 186, 242 = NZI 2010, 731 = ZIP 2010, 1552. Anders ist es beim (in der Kreditwirtschaft zum Teil noch nicht umgesetzten, aber ab

de – Rechtshandlung in der (ausdrücklichen, der Bank gegenüber zu erklärenden[155]) Genehmigung, die einen mehraktigen Zahlungsvorgang abschließt[156] bzw. bei konkludenter Genehmigung[157] mit dem Eintritt der Genehmigungsfiktion.[158] Die gesamte Problemlage ist wegen der SEPA-VO der EU (v. 14.3.2012) grundsätzlich **obsolet seit** 1.2.2014,[159] weil ab diesem Zeitpunkt nationale Lastschriftverfahren nicht mehr angeboten werden dürfen; allerdings dürfen Banken und Sparkassen nach Absprache mit den Kunden Zahlungsaufträge in nationaler Altform innerhalb bestimmter Übergangsfristen (bis 1.8.2014 bzw. bei Verbrauchern bis 1.2.2016) akzeptieren.

b) Mehraktig sind auch so genannte *Registergeschäfte,* also alle Rechtshandlungen, bei denen für das Wirksamwerden eine *Eintragung im Grundbuch, im Schiffsregister, im Schiffsbauregister oder im Register für Pfandrechte an Luftfahrzeugen* erforderlich ist. So bewirken zB bei einem Grundstücksgeschäft erst Einigung und Eintragung zusammen die Rechtsänderung (vgl. §§ 873 bis 877, 879 II BGB). Folgt die Eintragung der Einigung nach, so beinhaltet erstere den die Rechtshandlung vollendenden Akt und wäre sie deshalb nach den erörterten Grundsätzen (→ Rn. 36) maßgeblich. In Ausnahme davon fingiert („gilt") § 140 II 1 InsO ein solches Rechtsgeschäft schon dann als vorgenommen, wenn die übrigen Voraussetzungen für das Wirksamwerden erfüllt sind, die Einigungserklärung des Schuldners für ihn bindend geworden ist (vgl. § 873 II BGB, § 3 II SchiffsG, § 5 II LuftfzRG) und der andere Teil den Eintragungsantrag gestellt hat (näher folgende Rn.). Nach § 140 II 2 InsO reicht sogar schon der Antrag auf Eintragung einer Vormerkung.[160] Steht nicht fest, wer den Antrag gestellt hat, so erlangt der Gläubiger die von der Vorschrift vorausgesetzte gesicherte Rechtsposition jedenfalls mit Eintragung der Vormerkung.[161]

Das Gesetz schützt auf diese Weise das Vertrauen des Erwerbers („anderer Teil"), der auf Grund seines Eintragungsantrages eine *gesicherte Rechtsposition* erlangt hat, weil dann die Fortsetzung des Eintragungsverfahrens nach Antragseingang aus allein von ihm abhängt und diese Rechtsposition auch durch die Eröffnung des Insolvenzverfahrens nicht mehr beeinträchtigt werden kann (vgl. § 878 BGB, § 3 III SchiffsG, § 5 III LuftfzRG). Nicht genügt aber, dass der Notar den Eintragungsantrag für die Beteiligten nach § 15 GBO stellt, weil ihm dann eine Rücknahmebefugnis zusteht (§ 24 III BNotO), der andere Teil also gerade keine geschützte Rechtsposition erlangt.[162] Falls der Notar – wie regelmäßig – in der Urkunde ermächtigt wurde, den Eintragungsantrag als Stellvertreter für die Beteiligten zu stellen, gilt gleiches, wenn er zugleich ermächtigt worden ist, den Antrag wieder zurückzuziehen.[163] Dem ist schon aus Gründen der Rechtsklarheit zuzustimmen und außerdem lässt sich nur so die aus § 140 II InsO folgende Beschränkung der Anfechtbarkeit rechtfertigen; umgekehrt liegt darin kein unbilliges Erfordernis, weil

---

1.2.2014 allein gültigen) SEPA-Lastschriftverfahren, wo es wegen der vorab erfolgten Autorisierung auf eine Genehmigung nicht ankommt, die Zahlung also insolvenzfest ist, grundlegend: BGHZ 186, 269 = NZI 2010, 723 = ZIP 2010, 1556.

[155] BGH NJW 2012, 146 Rn. 10 = ZIP 2011, 2206 = ZInsO 2011, 2129.
[156] BGH NZI 2011, 17 Rn. 7 = ZInsO 2010, 2293; ZIP 2010, 2307 Rn. 18.
[157] Zu den Voraussetzungen für eine solche Annahme: BGH ZIP 2011, 2398 Rn. 11 ff. = ZInsO 2011, 2328; BGH ZIP 2011, 2400 Rn. 15 ff. = ZInsO 2011, 2330 – fortlaufender Lastschrifteinzug von Forderungen in unterschiedlicher Höhe iR laufender Geschäftsbeziehung.
[158] BGH ZInsO 2012, 138 Rn. 10; ZIP 2010, 2105 Rn. 15; Eintritt der konkludenten Genehmigung der Einziehung eines wiederkehrenden Sozialversicherungsbeitrags nach 14 Tagen, BGH = NZI 2012, 190 = ZIP 2012, 167 = ZInsO 2012, 135.
[159] Näher *Nobbe* ZIP 2012, 1937, 1946.
[160] BGH NZI 2010, 190 (Rn. 7) = ZInsO 2010, 225 = ZPI 2010, 339.
[161] BGH ZIP 2006, 578 Rn. 23 = NZI 2006, 287, m. Anm. *Huber.*
[162] HM, vgl. nur MüKoInsO/*Kirchhof,* § 140 Rn. 41.
[163] BGH NZI 2009, 512 (Rn. 22) = ZIP 2009, 1285 = MittBayNot 2010, 228, 231 m zust Anm. *Huber.*

es der andere Teil (potentieller Anfechtungsgegner) selbst in der Hand hat, durch eine andere Vorgehensweise seine Privilegierung herbeizuführen. Es kommt also nicht darauf an, ob der Schuldner (Verkäufer) den Eintragungsantrag nach materiellem Recht selbst hätte zurücknehmen oder das vom Notar hätte verlangen können.[164]

38 Für die *Insolvenzanfechtung* folgt daraus: Die objektiven und subjektiven Anfechtungsvoraussetzungen (insbesondere Zahlungsunfähigkeit/Eröffnungsantrag sowie Kenntnis des Anfechtungsgegners; → Rn. 36) müssen zu dem in § 140 II InsO bestimmten Zeitpunk vorliegen, auf den die Eintragung selbst kommt es nicht an; der Zeitablauf zwischen Eingang des Eintragungsantrages bei der Registerbehörde und deren Eintragungsakt kann sich anfechtungsrechtlich betrachtet nicht nachteilig auswirken. Es ist folglich zB unerheblich, wenn der Erwerber nunmehr bei Eintragung Kenntnis vom Eröffnungsantrag erlangt hat (weiter zur Insolvenzanfechtung → Rn. 39 ff.). Selbstverständlich ändert aber § 140 II InsO nichts daran, dass in den genannten Fällen nach materiellem Recht die Wirkung der mehraktigen Rechtshandlung erst mit dem sie vollendenden Akt (hier: Eintragung) eintritt. Wer also im Falle einer Anfechtung Vorteile daraus ableiten will, dass die angefochtene Rechthandlung nicht erst zu diesem Zeitpunkt, sondern – wegen § 140 II InsO – bereits früher vorgenommen sei, hat die Voraussetzungen hierfür darzutun und erforderlichenfalls zu beweisen.[165]

39 **7. Rechtshandlungen nach Insolvenzeröffnung. a)** *Grundsatz des § 147 I InsO.* Rechtshandlungen nach Insolvenzeröffnung sind gemäß §§ 80, 81, 89, 91 I InsO grundsätzlich unwirksam, weshalb für eine Insolvenzanfechtung schon deshalb kein Raum ist. Allerdings gestattet § 91 II InsO in bestimmten Fällen den Erwerb von zur Masse gehörenden Grundstücken und Grundstücksrechten sowie Schiffen, Schiffsbauwerken und Luftfahrzeugen. Dieses Ergebnis kann jedoch unter gewissen Umständen durch eine Insolvenzanfechtung wieder rückgängig gemacht werden. Das ist kein Widerspruch. Zwei Gesichtspunkte sind auseinander zu halten: Der eine betrifft die Frage, ob ein Gläubiger nach Insolvenzeröffnung noch Rechte an Massegegenständen erwerben kann; das beantwortet § 91 II InsO. Bei dem anderen geht es darum, ob ein solcher Rechtserwerb im Interesse der Gesamtheit aller Insolvenzgläubiger rückgängig gemacht werden soll; das lassen §§ 147, 140 II InsO unter bestimmten Voraussetzungen zu, falls ein Anfechtungstatbestand verwirklicht wurde.

Eine Sonderregel für bestimmte Zahlungssysteme enthält *§ 147 S. 2 InsO,* der im Zusammenhang mit der Umsetzung der EU-Richtlinie über Finanzsicherheiten (Nachweise und Fundstellen → § 47 Rn. 19) eingefügt wurde; zum Katalog der nach Verfahrenseröffnung wirksam vorgenommen Rechtshandlungen gehört nun auch § 81 III 2 InsO.

40 **b)** Die Wirkungsweise der §§ 147, 140 II InsO erschließt sich, wenn man die möglichen Entscheidungslagen bei den in der Praxis bedeutsamen *Grundstücksgeschäften* betrachtet. Hat der spätere Insolvenzschuldner vor Verfahrenseröffnung sein Grundstück formgerecht verkauft und aufgelassen, ist die Eintragung des Erwerbers (später Anfechtungsgegner) aber erst nach Insolvenzeröffnung erfolgt, so sind für die Anfechtbarkeit dieses Rechtsgeschäftes drei Varianten zu unterscheiden:

(1) Stellung des Eintragungsantrages durch den Erwerber vor Insolvenzeröffnung: Der Erwerb vollzieht sich nach Verfahrenseröffnung und ist wirksam wegen § 91 II InsO iVm § 878 BGB. Obgleich es sich um ein mehraktiges Rechtsgeschäft handelt und der es vollendende Akt (Eintragung) erst nach Insolvenzeröffnung liegt, gilt das Rechtsgeschäft wegen der Sonderregel des § 140 II InsO als mit Stellung des Eintragungsantrages vorgenommen (→ Rn. 36). Die Vorschrift fingiert, dass alle Rechtshand-

---

[164] So aber abl Urteilsanm *Wazlawik* NZI 2009, 515; gegen BGH auch *Amann* DNotZ 2010, 246, 255 f.
[165] BGH NJW 2001, 2477, 2479.

Grundlagen der Anfechtung   41 § 46

lungen vor Insolvenzeröffnung liegen, also einen Erwerb vor diesem Zeitpunkt, weshalb §§ 129 ff. InsO unmittelbar gelten. Das Rechtsgeschäft ist anfechtbar, wenn zu dem nach § 140 II InsO maßgeblichen Zeitpunkt ein Anfechtungstatbestand verwirklicht wurde (→ Rn. 37).

(2) Stellung des Eintragungsantrages durch den Erwerber nach Insolvenzeröffnung: Der Erwerb vollzieht sich nach Verfahrenseröffnung wirksam unter den Voraussetzungen des § 91 II InsO iVm § 892 BGB. Jetzt liegt aber endgültig ein Rechtserwerb nach Insolvenzeröffnung vor, der jedoch gleichwohl nach §§ 129 ff. InsO anfechtbar ist, weil diese Vorschriften wegen § 147 InsO entsprechend gelten. Allerdings kommt – im Gegensatz zur Rechtslage im Bereich der KO (→ Rn. 38) – nur eine Anfechtung bezogen auf das Verhalten von Schuldner und Erwerber *vor* Verfahrenseröffnung in Betracht;[166] das Gesetz stellt auf diese Weise sicher, dass einer vor Insolvenzeröffnung unanfechtbar erworbenen Anwartschaft ein nach Verfahrenseröffnung eintretender Rechtserwerb insolvenzfest nachfolgt. Für die *Berechnung der Verjährungsfrist* gilt: Da nach neuem Verjährungsrecht (→ § 51 Rn. 44 ff.) die Frist niemals vor Wirksamwerden der Rechtshandlung – hier: Eintragung der Rechtsänderung im Grundbuch – beginnt, konnte die frühere Sonderregel (§ 147 II aF InsO) entfallen.

(3) Eintragungsantrag des späteren Insolvenzschuldners vor Verfahrenseröffnung: Die Lösung dazu ist unklar. Denn § 140 II InsO regelt nur den Fall, dass der „andere Teil" (der Erwerber) die Eintragung beantragt hat; daher gilt § 147 S. 1 InsO (mehraktiges Rechtsgeschäft mit einem sich nach Verfahrenseröffnung vollendenden Akt = Eintragung), der jedoch § 878 BGB als Wirksamkeitsgrund nicht erwähnt. Als Folge daraus wäre die Rechtshandlung überhaupt nicht anfechtbar. Dieses ziemlich ungereimte Ergebnis kann nicht gewollt sein. Es handelt sich um einen offensichtlichen Mangel im Gesetzgebungsverfahren, der entweder durch eine berichtigende Auslegung von § 147 S. 1 InsO („Hineinlesen" von § 878 BGB in diese Vorschrift) oder von § 140 II InsO (die Rechtshandlungen werden als vor Insolvenzeröffnung vorgenommen fingiert) zu korrigieren ist;[167] vorzuziehen ist die zuletzt genannte Lösung, weil die Vorverlegung des maßgebenden Zeitpunkts entsprechend § 878 BGB der Verbesserung der Rechtsstellung des Erwerbers dienen und diesem aus dem Zeitablauf zwischen Eingang des Eintragungsantrages beim Grundbuchamt und dem Eintragungsakt selbst kein Nachteil erwachsen soll (→ Rn. 28).[168]

8. Teilanfechtung. Grundsätzlich kann ein Rechtsgeschäft nur als Ganzes, nicht   41
etwa eine einzelne Vertragsbestimmung daraus angefochten werden;[169] die Zusammenfassung mehrerer Rechtsgeschäfte in einer Urkunde hindert die Anfechtung eines dieser Geschäfte, zB eines von mehreren Kaufverträgen, freilich nicht, wenn sie nach dem Willen der Vertragspartner eine bloß äußerliche und keine sachliche Einheit bilden. Die Teilanfechtung eines einzigen Rechtsgeschäftes ist aber jedenfalls dann zulässig, wenn sich dieses in voneinander unabhängige selbständige Teile zerlegen lässt.[170] Sie muss

---

[166] *Gerhardt*, FS Brandner S. 605, 610 f.; Begründung RegE, abgedruckt zB bei *Kübler/Prütting*, Bd I S. 364.
[167] Ausf zur Problemlage: MüKoInsO/*Kirchhof*, § 147 Rn. 7; *Kreft* in HK-InsO, § 147 Rn. 5; *Scherer* ZIP 2002, 341; *Häsemeyer* Rn. 21.32; *Jauernig/Berger*, § 51 Rn. 3; *Jauernig*, FS Uhlenbruck S. 3, 14 f.; *Breutigam/Tanz* ZIP 1998, 717, 721 ff. Kein Bedürfnis für eine Korrektur sieht *Raebel* ZInsO 2002, 954 (arg: Insolvenzverwalter könne bei noch nicht erledigtem Schuldnerantrag diesen zurücknehmen).
[168] Ebenso *Jauernig/Berger*, aaO; *Scherer*, aaO S. 346; wohl auch *Kreft* in HK-InsO, § 147 Rn. 5. Krit. *Zeuner*, Rn. 37. Für die andere Lösungsvariante *Breutigam/Tanz* ZIP 1998, 717, 723.
[169] So schon RGZ 114, 206; BGH NZI 2008, 428 (Rn. 16) = ZInsO 2008, 558 = ZIP 2008, 1028. Ausf zum Problem mit Differenzierung hinsichtlich einzelner Anfechtungstatbestände *Henckel* in: Jäger, InsO § 129 Rn. 234 ff.
[170] So schon RGZ 114, 206, 210; noch offen gelassen von BGH NJW 1975, 1226, 1228 (insoweit nicht abgedruckt in BGHZ 64, 312).

darüber hinaus auch in den Fällen möglich sein, in denen einer Anfechtung teilweise deshalb stattgegeben werden könnte, weil die in Erfüllung des zugrunde liegenden Rechtsgeschäftes erbrachte Leistung teilbar ist.[171] Der Insolvenzverwalter kann dann verlangen, dass die Masse so gestellt wird, als wäre das Rechtsgeschäft ohne die beanstandete Vereinbarung geschlossen worden.[172] *Beispiele:*

– Teilweise unangemessenes Anwaltshonorar (vgl. § 4 I, IV RVG), weshalb die Gläubiger lediglich insoweit benachteiligt worden sind und die Anfechtung mithin nur in diesem Umfang Erfolg haben kann;[173] dann ist nicht einzusehen, warum die Honorarvereinbarung nicht von Anfang an nur teilweise anfechtbar sein sollte.
– Entschädigungsloser Eigentumsübergang nach insolvenzbedingter Kündigung; im sog. Breitbandverteilanlage-Fall[174] hat der BGH bei einem an sich ausgewogenen gegenseitigen Vertrag die Anfechtung nur insoweit, also gegenüber einer einzigen – die spätere Insolvenzschuldnerin unangemessen benachteiligenden – Klausel (entschädigungslose Überlassung der Anlage) durchgreifen lassen (→ § 35 Rn. 13).
– Entschädigungsloser Heimfall in der Insolvenz des Erbbauberchtigten.[175]

Aus alledem folgt: Hat die Rechtshandlung nur eine einheitliche Wirkung, ist nur eine einheitliche Anfechtung möglich; lassen sich die Wirkungen in selbstständige Teile zerlegen, kommt eine Teilanfechtung in Betracht.[176]

42 **9. Grund- und Erfüllungsgeschäft.** Die Frage, ob sowohl das *Grund-* als auch das *Erfüllungsgeschäft,* oder, ob nur eines von beiden anzufechten ist, hat mit einer Teilanfechtung im eigentlichen Sinne (→ Rn. 42) nichts zu tun. Wegen des Abstraktionsprinzips liegen mehrere, anfechtungsrechtlich selbstständige Rechtshandlungen (→ Rn. 19 aE) nämlich zwei selbstständige Verträge vor, mögen sie auch in einem sachlichen Zusammenhang stehen (Beispiele: Verkauf einer Sache und Übereignung, §§ 433 I 1, 929 BGB; Verkauf einer Forderung und Abtretung, §§ 453, 398 BGB). Die Rechtsgeschäfte sind deshalb anfechtungsrechtlich getrennt zu beurteilen. Wird allein das Grundgeschäft erfolgreich angefochten, so verliert es seine Wirkung als rechtlicher Grund, weshalb die erbrachte Leistung gem. §§ 812 ff. BGB zurückzugeben ist.[177] Allerdings folgt bei der Vorsatzanfechtung (zum Problem bei Schenkungsversprechen und -vollzug → § 49 Rn. 16) aus der Anfechtbarkeit des Grundgeschäftes in aller Regel die des Erfüllungsgeschäftes, weil der bei Begründung des Verpflichtungsgeschäftes gegebene Benachteiligungsvorsatz zwangsläufig auch das Erfüllungsgeschäft erfasst; gleichwohl empfiehlt es sich in der Praxis, beides ausdrücklich miteinander zu verbinden. Die alleinige Anfechtung des Erfüllungsgeschäftes kommt insb dann in Betracht, wenn nur noch dieses anfechtbar ist, beispielsweise deshalb, weil nur die Übereignung in die Fristen der §§ 130–132 InsO fällt, während der Kaufvertrag bereits vorher abgeschlossen wurde; für die Gegenforderung des Anfechtungsgegners gilt dann § 144 I InsO (→ § 52 Rn. 28).

43 **10. Anfechtungsfristen. a)** Die in den einzelnen Anfechtungstatbeständen (§§ 130 bis 136 InsO) enthaltenen Anfechtungsfristen begrenzen ihrer *Systematik* nach die Anfechtung nach rückwärts; sie legen den Zeitraum fest, in dem eine Rechtshandlung vorgenommen sein muss, um überhaupt anfechtbar zu sein (→ Rn. 15); davon zu unterscheiden ist die Verjährungsfrist des § 146 InsO, welche die Ausübung des Anfech-

---

[171] BGHZ 124, 76 = NJW 1994, 449.
[172] BGH NZI 2007, 462 = ZInsO 2007, 600 = ZIP 2007, 1120.
[173] BGHZ 77, 250, 255 f. = NJW 1980, 1962 = LM § 3 BRAGO Nr. 9 m. Anm. *Treier.*
[174] BGHZ 124, 76, 79 = NJW 1994, 449 = ZIP 1994, 40.
[175] BGH NZI 2007, 462 = ZInsO 2007, 600 = ZIP 2007, 1120 („gläubigerbenachteiligender Heimfallanspruch"); zu den Auswirkungen dieser Entscheidung auf notarielle Übergabeverträge *Reul* DNotZ 2007, 649.
[176] Ähnlich MüKoInsO/*Kirchhof,* § 143 Rn. 17 f.; *Gerhardt/Kreft,* Rn. 171.
[177] *Kreft* in HK-InsO, § 129 Rn. 12; MüKoInsO/*Kirchhof,* § 129 Rn. 57 ff.

tungsanspruches zeitlich nach vorne begrenzt (→ § 51 Rn. 40). Alle Anfechtungsfristen knüpfen dabei einheitlich beim Eröffnungsantrag an. Maßgeblich ist hierfür grundsätzlich (Ausnahmen → Rn. 45) nur derjenige Insolvenzantrag, der zur Eröffnung geführt hat; auf ihn kommt es also für die Einordnung einer Rechtshandlung als „vor" bzw. „nach dem Eröffnungsantrag" vorgenommen an. Bei mehreren Eröffnungsanträgen, von denen jeder zur Eröffnung hätte führen können, ist für die Berechnung der Anfechtungsfrist bei Rechtshandlungen vor Eröffnungsantrag die Sonderregel des § 139 II InsO zu beachten (→ Rn. 45). *Beispiel zur Systematik:* Im Falle des § 133 II InsO kann ein entgeltlicher Vertrag zwischen dem Schuldner und seinem Ehegatten (§ 138 I Nr 1 InsO) nur angefochten werden, wenn dieses Rechtsgeschäft nicht früher als zwei Jahre vor dem Antrag auf Insolvenzeröffnung abgeschlossen wurde (zur Beweislast → § 49 Rn. 35), andernfalls es (nach dieser Bestimmung) unanfechtbar ist. Geltendmachen muss der Insolvenzverwalter dann den Anfechtungsanspruch innerhalb der Ausübungsfrist des § 146 I InsO, um dem Anfechtungsgegner den Einwand der Verjährung (§ 214 I BGB) abzuschneiden.

Diese System zeigt die folgende *Grafik:*

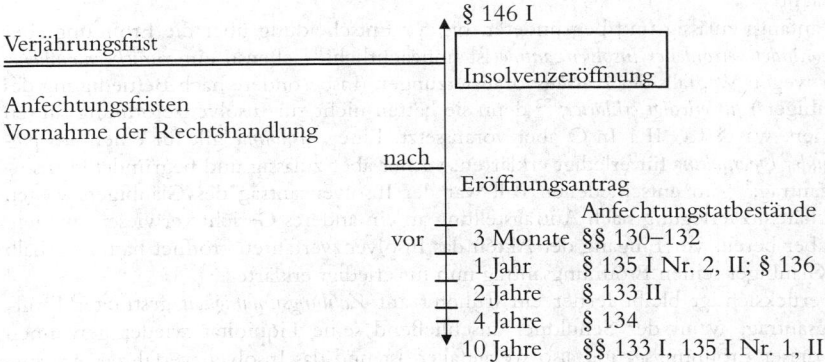

b) Die *Berechnung der Anfechtungsfristen* regelt § 139 I InsO; die Vorschrift gilt auch im Falle des § 88 InsO (→ Rn. 29). Die Fristberechnung erfolgt nach S. 1 rückwärts beginnend mit dem Anfang des Tages, der durch seine Zahl dem Tag entspricht, an dem der Eröffnungsantrag beim Insolvenzgericht eingegangen ist; *Beispiel:* Eingang Insolvenzantrag am 14.4., Beginn der Drei-Monatsfrist des § 130 InsO am 14.1. Fehlt der maßgebliche Tag für den Fristbeginn im konkreten Monat, gilt S. 2; *Beispiel:* Eingang Insolvenzantrag am 31.5., Beginn der Monatsfrist, weil es keinen 31.4. gibt, am 1.5. (Wegen des Übergangsrecht bei vor dem 1.1.1999 vorgenommenen Rechtshandlungen s Vor 3. Auflage selbe Rn.). **44**

c) Sind *mehrere Eröffnungsanträge* gestellt worden, gilt § 139 II InsO. Hierzu muss man wie folgt unterscheiden: **45**
– Nach der *Grundregel des S. 1* ist der erste zulässige und begründete Antrag maßgeblich, auch wenn das Verfahren auf Grund eines späteren Antrags eröffnet wurde. Bei Doppelinsolvenz von Gesellschaft und persönlich haftenden Gesellschafter (→ § 51 Rn. 3) wird nach dem früher gestellten Eröffnungsantrag (in der Praxis ist das regelmäßig der für bzw. gegen die Gesellschaft) berechnet.[178] Die Regelung in § 139 II 1 InsO ist notwendig, weil der Insolvenzrichter im Eröffnungsverfahren an die Reihen-

---

[178] BGHZ 178, 171 = NJW 2009, 225 = NZI 2009, 45 = ZInsO 2008, 1275 = ZIP 2008, 2224.

folge der Anträge nicht gebunden ist, sondern auf Grund desjenigen Antrages eröffnet, den er am einfachsten für zulässig und begründet erachten kann. Insoweit kommt es also nicht darauf an, ob ein früherer Antrag Erfolg gehabt hätte. Anders ist das bei der Anfechtbarkeit. Wäre nämlich das Verfahren bereits auf Grund des ersten zulässigen und begründeten Antrags eröffnet worden, so wäre der für die Anfechtung maßgebende Zeitraum von diesem Zeitpunkt an zurückzurechnen, die Anfechtbarkeit mithin zeitlich vorverlegt. Genau dieses Ergebnis herzustellen, ist *Normzweck* der Vorschrift. Ob der frühere Antrag zulässig und begründet gewesen wäre, muss dann im Anfechtungsprozess geklärt werden; die Beweislast hierfür trägt nach allgemeinen Regeln der Insolvenzverwalter.[179]

– Nach *S. 2* wird für die Fristberechnung bei mehreren Eröffnungsanträgen auch ein *mangels Masse* rechtskräftig abgewiesener Eröffnungsantrag (§§ 26 I, 34 I InsO) berücksichtigt. Bei einheitlicher Insolvenz (dh. bei mehreren Anträgen innerhalb desselben Insolvenzverfahrens) ist der erste mangels Masse abgewiesene Antrag auch dann maßgebend, wenn zwischen ihm und dem Antrag, der zur Verfahrenseröffnung geführt hat, ein beträchtlicher Zeitraum liegt.[180] Sonst rechtskräftig abgewiesene Insolvenzanträge – aus welchen Gründen auch immer und ob zu Recht – bleiben aber außer Betracht.

– Ein anfangs zulässig und begründeter, bis zur Entscheidung über die Eröffnung aber *unbegründet gewordener Insolvenzantrag* ist unbeachtlich,[181] ebenso ein *zurückgenommener* oder wegen Wegfalls der Antragsvoraussetzungen (insbesondere nach Befriedigung des Gläubigers) *für erledigt erklärter;*[182] denn sie hätten nicht zur Insolvenzeröffnung führen können, was § 139 II 1 InsO aber voraussetzt. Eine *Ausnahme* gilt für einen aus *prozessualer Überholung* für erledigt erklärten, vorher aber zulässig und begründeten Insolvenzantrag;[183] im entschiedenen Fall war der Insolvenzantrag des Gläubigers wegen Geschäftssitzverlegung nach Antragstellung an ein anderes Gericht verwiesen worden, das aber bereits vor Eingang der Akten das Insolvenzverfahren eröffnet hatte, weshalb der Gläubiger seinen Eröffnungsantrag nun für erledigt erklärte.

– Unberücksichtigt bleibt ferner ein früherer auf *Zahlungsunfähigkeit* gestützter Eröffnungsantrag, wenn der Schuldner anschließend seine Liquidität wieder gewonnen hat, dieser Eröffnungsgrund also weggefallen ist und das Insolvenzverfahren erst aufgrund eines späteren Insolvenzantrags eröffnet wurde.[184]

– *Keine Bedeutung* hat § 139 II InsO, wenn es um die Anfechtung einer *nach* dem Eröffnungsantrag vorgenommenen Rechtshandlung geht; denn insoweit kommt es – auch bei mehreren Eröffnungsanträgen – stets auf denjenigen Eröffnungsantrag an, der tatsächlich zur Verfahrenseröffnung geführt hat (→ Rn. 43).

46   **11. Unanfechtbare Rechtshandlungen. a)** In bestimmten Fällen kommt eine Anfechtung aus der Natur der Sache heraus nicht in Betracht, unabhängig davon, ob eine Gläubigerbenachteiligung eingetreten ist oder nicht (zum Fehlen einer Gläubigerbenachteiligung in bestimmten Fallgruppen → Rn. 58 ff.), und unabhängig von einem Bargeschäft (dazu → Rn. 75 ff.). Dazu gehört die *Veräußerung eines Handelsunternehmens* als solches *oder einer Praxis* (beispielsweise eines Rechtsanwalts oder eines Arztes) als

---

[179] Das noch in § 157 RegE vorgesehene Feststellungsverfahren, durch das der Verwalter vor dem *Insolvenzgericht* den Eintritt der Zahlungsunfähigkeit hätte verbindlich (für das Prozessgericht) feststellen lassen können, ist nicht Gesetz geworden; zu den Gründen s *Gerhardt,* FS Brandner S. 605, 618 f.
[180] BGH NZI 2008, 184 (Rn. 13) = ZInsO 2008, 159 = ZIP 2008, 235 (im Fall: drei Jahre!); bestätigt durch BGH NJW-RR 2008, 1075 (Rn. 16) = ZIP 2008, 786.
[181] BGH NZI 2008, 184 (Rn. 9) = ZInsO 2008, 159 = ZIP 2008, 235.
[182] BGHZ 149, 178 = NJW 2002, 515 = ZIP 2002, 87 = ZInsO 2002, 125 = LM H 6/2002 § 130 InsO Nr. 1/2 *(Huber);* BGH NJW 2000, 211 = ZIP 1999, 1977 = LM H 4/2000 GesO Nr. 54 *(Huber).*
[183] BGH NZI 2009, 377 (Rn. 11) = ZInsO 2009, 870 = ZIP 2009, 921.
[184] BGH NJW 2000, 211 = ZIP 1999, 1977 = LM H 6/2002 § 130 InsO Nr. 1, 2 *(Huber).*

solche, die zwar veräußerlich sind und deshalb vom Insolvenzbeschlag (§ 35 InsO) erfasst werden,[185] die aber anfechtungsrechtlich dennoch kein zugriffsfähiges Vermögen bilden und als Ganzes nicht gepfändet werden können.[186] Der Anfechtung unterliegen nur die Veräußerung der dazu gehörenden, einzelnen pfändbaren Gegenstände.

b) Unanfechtbar sind hauptsächlich *höchstpersönliche Rechtsgeschäfte*: 47
– Personenstandsänderungen wie Eheschließungen und Annahme an Kindes Statt samt ihren vermögensrechtlichen Folgen (zB Unterhaltspflichten);
– Ablehnung eines erst angetragenen Erwerbs, zB Ablehnung eines Vertrags- oder eines Schenkungsangebotes,[187] weil nach § 143 I InsO zurückzugewähren ist, was „aus" dem Vermögen des Schuldners weggegeben ist, während es hier um den Erwerb „in" dessen Vermögen ginge;
– aus den gleichen Gründen und wegen § 83 I InsO Ausschlagung einer Erbschaft, die sich trotz § 1922 BGB nicht als Aufgabe, sondern wegen §§ 1942 I, 1953 I BGB als Nichtannahme darstellt,[188] Ausschlagung eines Vermächtnisses (§§ 2176, 2180 BGB), die (bloß) unterlassene Geltendmachung des Pflichtteils-/Pflichtteilsergänzungsanspruchs,[189] sowie der Verzicht auf das gesetzliche Erbrecht (§ 2346 BGB) oder auf die Fortsetzung der Gütergemeinschaft (§ 1484 BGB);[190] der Schuldner durch einen Erbfall während des Insolvenzverfahrens erworbene Pflichtteilsanspruch, gehört allerdings schon vor Anerkennung oder Rechtshängigkeit zu seinem pfändbaren Vermögen, also zur Insolvenzmasse,[191] ein Anfechtungsproblem stellt sich in einem solchen Fall deshalb nicht.
– Verzicht eines Elternteiles auf das Verwaltungs- und Nutznießungsrecht am Kindesvermögen;[192]
– unterlassene Verwertung der Arbeitskraft durch Nichtaufnahme oder Aufgabe einer beruflichen Tätigkeit, weil die Gläubiger keinen Rechtsanspruch darauf haben, dass der Schuldner seine Arbeitskraft zu ihren Gunsten verwertet (näher zu Lohnverschiebung-/verzicht-/verschleierung → Rn. 59).[193]

c) Unanfechtbar ist auch der *Erwerb in der Zwangsversteigerung* auf Grund rechtskräftigen Zuschlagsbeschlusses, weil er nicht auf einer Rechtshandlung, sondern auf einem staatlichen Hoheitsakt beruht.[194] Etwas anderes gilt jedoch bei einem sozusagen *doppelten Erwerb,* wenn der Ersteher das Eigentum schon vorher – also vor dem Erwerb in der Zwangsversteigerung – rechtsgeschäftlich, aber anfechtbar vom Schuldner erlangt hatte, wie in folgendem Sachverhalt aus der Gläubigeranfechtung nach dem AnfG: Die Anfechtungsgegnerin war zunächst Eigentümerin des betroffenen Hausgrundstückes auf Grund des notariellen Rechtsgeschäftes mit dem Schuldner (und der Eintragung im Grundbuch) geworden und erlangte später (erneut) Eigentum durch Zuschlag im Zwangsversteigerungsverfahren. Der IX. Zivilsenat sah aber keinen Grund dafür, den Anfechtungsanspruch nur deshalb zu versagen, weil sich das der Beklagten zunächst 48

---

[185] Näher *Kluth* NJW 2002, 186.
[186] RGZ 70, 226; 134, 91, 98; BGH WM 1964, 114. Die hM im Schrifttum bejaht allerdings die Anfechtbarkeit einer Unternehmensveräußerung, ausf zum Problem *Henckel* in: Jaeger, § 129 Rn. 71 ff., und 140 (Praxis eines Freiberuflers).
[187] *Nerlich* in: Nerlich/Römermann, § 129 Rn. 103.
[188] BGH NZI 2013, 137 Rn. 12, 13 = ZIP 2013, 372 = ZInsO 2013, 243.
[189] BGH NJW 1997, 2384. Näher dazu und zur Anfechtbarkeit der Abtretung eines Pflichtteils-/Pflichtteilsergänzungsanspruchs *Huber* AnfG § 1 Rn. 27.
[190] Ausf *Henckel* in: Jaeger, § 129 Rn. 32, 58 ff., 75.
[191] BGH ZIP 2011, 135.
[192] BGH WM 1964, 505, 507; *Gerhardt/Kreft,* Rn. 28.
[193] RGZ 70, 226, 230; BGH WM 1964, 114, 116.
[194] BGH NJW-RR 1986, 1115 = ZIP 1986, 926, 927. Zum Parallelproblem in der Gläubigeranfechtung vgl. *Huber* AnfG § 1 Rn. 17 f.

§ 46   49, 50   Kapitel III. 7. Abschnitt. Insolvenzanfechtung

vertraglich, aber anfechtbar eingeräumte Eigentum nunmehr auf einen öffentlich-rechtlichen Erwerbsakt gründete.[195] Dieser Entscheidung ist zuzustimmen; sie gilt im Insolvenzrecht entsprechend.

49   Beide Fallgruppen sind sorgfältig auseinander zu halten. Für die Prüfung der Anfechtbarkeit bei Eigentumsübertragung zunächst durch Rechtsgeschäft zwischen Schuldner und Drittem – in dem ein Anfechtungstatbestand (zB § 133 oder § 134 InsO) verwirklicht wurde – sowie späterem Eigentumserwerb auf Grund Zuschlagsbeschluss in der Zwangsversteigerung muss man nunmehr wie folgt unterscheiden:

(1) Dritter (Vertragspartner des Schuldners) und Ersteher sind nicht identisch, Ersteher ist also „Vierter":
– Der Eigentumserwerb durch Zuschlag kann als hoheitlicher Akt grundsätzlich nicht angefochten werden, außer bei – in der Praxis kaum nachweisbarem – kollusiven Zusammenwirken.[196]
– Der Ersteher ist auch nicht Sonderrechtsnachfolger des Dritten iS des § 145 II InsO, weshalb eine Anfechtbarkeit über diesen Weg ebenfalls ausscheidet (→ § 51 Rn. 64).
– Die Erfüllung des durch Abschluss des notariellen Rechtsgeschäftes begründeten Rückgewähranspruchs nach § 143 I 1 InsO (Rückübertragung des Grundstücks) ist dem Dritten nun freilich wegen des Eigentumserwerbs des Erstehers unmöglich geworden. An Stelle dieses Primäranspruchs tritt der Sekundäranspruch auf Zahlung von Wertersatz (§ 143 I 2 InsO).

(2) Dritter (Vertragspartner des Schuldners) und Ersteher sind identisch, Ersteher ist also der Dritte:
– Jetzt kann der Dritte den ursprünglich wegen des notariellen Rechtsgeschäfts begründeten primären Anfechtungsanspruch nach wie vor erfüllen. Denn er ist weiterhin – wenn auch auf anderer Rechtsgrundlage – Eigentümer des streitbefangenen Grundstücks, vermag dieses also in Natur zurückzugewähren. Der Eigentumserwerb auf Grund Zuschlags bleibt anfechtungsrechtlich sozusagen außer Betracht.
– Die Insolvenzanfechtung bezweckt aber nicht eine Begünstigung der Masse. Dem Dritten gebührt deshalb Ersatz insoweit, als er vorrangige Grundpfandgläubiger befriedigt hat.

50   **d)** Weitgehend erledigt hat sich das Problem, ob nach Verwertung zur Sicherung übereigneter Gegenständen/abgetretenen Forderungen durch den absonderungsberechtigten Gläubiger vor Insolvenzeröffnung eine Insolvenzanfechtung wegen *entgangener Verwertungskostenpauschale* (§§ 166, 170, 17 InsO) möglich ist. Das wurde früher mit der Begründung verneint, es gebe keine insolvenz- und keine anfechtungsrechtliche Norm, die den Sicherungsnehmer bis zur Eröffnung des Insolvenzverfahrens an der Ausübung seiner Rechte hindere;[197] deshalb habe die Masse auch keinen Anspruch auf die Verwertungskostenpauschale[198] und außerdem fehle es an einer Gläubigerbenachteiligung, wie sich aus dem Zweck des Kostenerstattungsprinzips ergebe.[199] Hierzu hat sich die Rechtslage seit Geltung (ab 1.7.2007) des neuen § 21 II Nr. 5 InsO nämlich grundlegend geändert, sofern das Insolvenzgericht im Eröffnungsverfahren ein Verwertungs- und Einziehungsverbot für absonderungsberechtigte Gläubiger erlässt. Denn dann kann der vorläufige Insolvenzverwalter ohnehin eine Verwertung verhindern; misslingt das aus welchen Gründen auch immer, muss im Insolvenzverfahren eine Anfechtung statthaft

---

[195] BGHZ 159, 397 = NJW 2004, 2900 = ZIP 2004, 1619; zu den Spezialitäten in der Gläubigeranfechtung vgl. die Urteilsanmerkung von *Huber* MittBayNot 2005, 161.
[196] Näher *Huber* AnfG § 1 Rn. 17; § 3 Rn. 7.
[197] BGH ZIP 2005, 40; Fortführung von BGH ZIP 2004, 42.
[198] BGHZ 154, 72 = ZIP 2003, 632; dazu *Schumacher* EWiR 2003, 425.
[199] BGH ZIP 2003, 2370 = ZVI 2004, 25; dazu *Beutler/Vogel* EWiR 2004, 241.

sein, weil dem vorläufigen Insolvenzverwalter wegen der Verweisung in der genannten Vorschrift eine Verwertungskostenpauschale zustand. Wurde eine solche Sicherungsmaßnahme vom Gericht nicht getroffen, verbleibt es bei der eingangs dargestellten Rechtslage.

IV. Gläubigerbenachteiligung

1. Grundsätze. a) *Begriff.* Jede insolvenzrechtliche Anfechtung setzt voraus, dass die 51 anzufechtende Rechtshandlung objektiv eine Benachteiligung der Gläubiger, also eine Verkürzung der Insolvenzmasse herbeigeführt hat (→ Rn. 67 ff.); das war im Anfechtungsrecht von jeher unstreitig[200] und ist jetzt in § 129 I InsO als Grundvoraussetzung – neben einer Rechtshandlung vor Insolvenzeröffnung (→ Rn. 15) – ausdrücklich festgeschrieben. Der Begriff der Gläubigerbenachteiligung meint entweder Vermehrung der Schuldenmasse oder Verkürzung der (späteren) Insolvenzmasse, was den Zugriff auf das Schuldnervermögen vereitelt oder (bloß) erschwert oder verzögert hat;[201] es kommt mithin darauf an, ob sich die Befriedigungsmöglichkeit der Insolvenzgläubiger (→ Rn. 66) ohne jene Rechtshandlung günstiger gestaltet hätte.[202] Deshalb scheidet eine Benachteiligung aus, wenn trotz Rechtshandlung alle Gläubiger aus der Masse befriedigt werden können[203] und zwar auch die nachrangigen, obgleich sie idR am Verfahren nicht einmal teilnehmen (§§ 39, 174 III InsO); zur nachträglichen Beseitigung der Gläubigerbenachteiligung → Rn. 70. Ob im Einzelfall eine Verkürzung vorliegt, ist nach wirtschaftlichen Gesichtspunkten zu entscheiden; eine mehrteilige Rechtsübertragung kann deshalb unter Umständen als einheitliches Ganzes betrachtet werden.[204] *Zahlungen Dritter* betreffen das Vermögen des Schuldners zunächst nicht, können jedoch zu einer objektiven Benachteiligung der Gläubiger führen, wenn der Dritte mit der Zahlung eine eigene Verbindlichkeit gegenüber dem Schuldner tilgt oder einen Aufwendungs- oder Schadensersatzanspruch gegen ihn erwirbt.[205] Nicht Aufgabe der Anfechtung ist es allerdings, der Insolvenzmasse Vermögensvorteile zu verschaffen, die sie ohne die anfechtbare Rechtshandlung nicht erlangt hätte.[206] Zu *unanfechtbaren Rechtshandlungen* aus der Natur der Sache heraus → Rn. 46, zu *Problemfällen* einer Gläubigerbenachteiligung → Rn. 53, zum *Fehlen* einer Gläubigerbenachteiligung → Rn. 58 ff., zum *Bargeschäft* → Rn. 75 ff.

b) Die *Beweislast* für den Eintritt einer objektiven Gläubigerbenachteiligung trägt der 52 *Insolvenzverwalter*;[207] speziell zur *Beweislast bei Drittzahlungen* → Rn. 53 und zu der bei *wertausschöpfenden Belastungen* → Rn. 61. Im Einzelnen gilt:
– Der Insolvenzverwalter muss aber nicht nachweisen, dass er sich durch andere Anfechtungsprozesse keine ausreichende Masse zur Befriedigung aller Insolvenzgläubiger verschaffen kann.[208] Gegen die Annahme, die Insolvenzmasse reiche aus, um alle Gläubiger zu befriedigen, spricht bei Insolvenzeröffnung wegen Zahlungsunfähigkeit oder Überschuldung eine tatsächliche Vermutung/Anscheinsbeweis.[209]

---

[200] Zur KO vgl. nur BGHZ 86, 349, 354 = NJW 1983, 1120, 1122 = LM § 30 KO Nr. 42 m. Anm. *Merz*. Für das AnfG s schon *Jaeger*, Gläubigeranfechtung, § 3 Anm. 10, 25.
[201] BGH NZI 2007, 452 (Rn. 18) = ZInsO 2007, 658 = ZIP 2007, 1274.
[202] BGH NZI 2008, 213 (Rn. 12) = ZInsO 2008, 271 = ZIP 2008, 467; *Kreft* in HK-InsO, § 129 Rn. 36. Sog „Differenzhypothese", *Häsemeyer* Rn. 21.19.
[203] RGZ 162, 293; BGH NJW-RR 1993, 235.
[204] BGHZ 128, 184 = NJW 1995, 659.
[205] BGH NZI 2007, 452 (Rn. 18) = ZInsO 2007, 658 = ZIP 2007, 1274.
[206] BGHZ 86, 349, 354; 97, 87, 96 = NJW 1986, 1496; *Kreft* in HK-InsO, § 129 Rn. 37.
[207] BGH ZIP 2001, 1641, 1644; NJW 1992, 624, 626; BGHZ 129, 236 = ZIP 1995, 1021.
[208] BGH WM 1992, 1334, 1336.
[209] BGH ZIP 2001, 893; NJW-RR 1993, 235; vom „Anscheinsbeweis" spricht BGH ZIP 2014, 584 Rn. 20 = ZInsO 2014, 584.

– Steht fest, dass der Anfechtungsgegner ein Entgelt für Leistungen erhalten hat, die er unentgeltlich erbringen musste, liegt die Beweislast für über die Verpflichtung hinausgehende zusätzliche Leistungen allerdings beim Anfechtungsgegner.[210] Bei einem entgeltlichen Vertrag genügt der Insolvenzverwalter seiner Darlegungs- und Beweislast, wenn er vorträgt und im Bestreitensfalle beweist, dass der Anfechtungsgegner einen Gegenstand aus dem Vermögen des Schuldners ohne angemessene Gegenleistung erlangt hat; der Anfechtungsgegner muss dann im einzelnen Tatsachen vortragen und nachweisen, aus denen sich anfechtungsrechtlich beachtliche Einwände ergeben,[211] zB Umstände, die ihm zum Erwerb der streitigen Sache schon mit einem früheren Vertrag oder zu einem vorrangigen Sicherungsrecht verholfen haben sollen.[212]

– Bei *Zahlung aus einem Bankkonto* durch den Schuldner musste der Insolvenzverwalter nach dem zwischenzeitlich aber aufgegebenen Standpunkt des BGH beweisen, dass die Leistung aus einem Guthaben oder einer eingeräumten Kreditlinie erfolgte (und nicht aus einer lediglich geduldeten Kontoüberziehung), was zum schlüssigen Klagevorbringen gehörte;[213] dafür sollte aber eine Kontoaufstellung genügen, wonach der Kontostand die eingeräumte Kreditlinie nie überschritten hatte, weshalb nicht zu jeder einzelnen Gutschrift dargelegt werden musste, dass diese nicht nur vorläufiger Natur war.[214] Nach Änderung der höchstrichterlichen Rechtsprechung (näher → Rn. 54 – 1. Spiegelstrich) kommt es darauf aber nicht mehr an. Damit ist dem Anfechtungsgegner der (in der Praxis meist sehr erfolgreich gewesene) Einwand abgeschnitten, er sei davon ausgegangen, der Schuldner habe aus einer lediglich geduldeten Kontoüberziehung heraus gezahlt. Für die Frage der Gläubigerbenachteiligung ist das nämlich nicht (mehr) entscheidungserheblich.

Den *Anfechtungsgegner* trifft für die von ihm geltend gemachten *Gegenrechte* (zB ein AGB-Pfandrecht) eine sekundäre Darlegungslast, weshalb der Insolvenzverwalter erst nach entsprechenden Ausführungen beweisen muss, dass diese Rechte nicht bestehen oder anfechtbar sind.[215]

53   c) *Gläubigerbenachteiligung bei Drittleistung?* Bei *Zahlungen Dritter an den Gläubiger des Schuldners* fehlt eine Gläubigerbenachteiligung, wenn es sich im Innenverhältnis um eine unentgeltliche Zuwendung des Dritten an den Schuldner handelt. Auch sonst betreffen Drittzahlungen das Vermögen des Schuldners zunächst nicht, können aber gleichwohl zu einer objektiven Gläubigerbenachteiligung führen,[216] wofür bislang folgende *Unterscheidung* maßgeblich war: Zahlt ein vom Schuldner angewiesener Dritter „auf Schuld", so tilgt er damit eine eigene, dem Anweisenden (Schuldner) gegenüber bestehende Verbindlichkeit, die erlischt, weshalb eine Gläubigerbenachteiligung eintritt; bei Zahlung „auf Kredit" besteht demgegenüber keine Verpflichtung gegenüber dem Schuldner, scheidet eine Gläubigerbenachteiligung grundsätzlich aus, weil es lediglich zu einem Gläubigerwechsel (Angewiesener gegenüber bedientem Gläubiger) kommt. Ob daran festzuhalten oder eine gläubigerbenachteiligende Wirkung *generell* anzunehmen ist, wurde bislang sehr streitig beantwortet.[217] Der IX. ZS des BGH hat dazu inzwischen aber seine frühere (angeblich unklare) Rechtsprechung bekräftigt und – entsprechend dem hier aaO bereits vertretenen Standpunkt – entschieden, dass bei einer freiwilligen Leistung des Geschäftsführers aus eigenen Mitteln auf eine Verbindlichkeit seiner später insolventen GmbH deren

---

[210] BGH NJW 1995, 1093.
[211] BGH NJW 1999, 1395 = ZIP 1999, 196, 198 = NZI 1999, 114.
[212] BGH NJW 1992, 624, 626.
[213] BGH NZI 2007, 283 = ZInsO 2007, 323 = ZIP 2007, 601; aA *Marotzke* ZInsO 2007, 897, 904 ff.
[214] BGH NZI 2008, 293 = ZInsO 2008, 449 = ZIP 2008, 742.
[215] BGH NZI 2008, 547 (Rn. 23, 24) = ZInsO 2008, 913 = ZIP 2008, 1593.
[216] BGH ZIP 2007, 1274 Rn. 18 = ZInsO 2007, 658.
[217] Vgl. die Übersicht bei *Huber* ZInsO 2012, 1412 f.

Grundlagen der Anfechtung

(spätere) Insolvenzschuldner nicht benachteiligt werden.[218] Daraus folgt aus praktischer Sicht wegen der jedenfalls jetzt klaren höchstrichterlichen Rechtsprechung ziemlich unmissverständlich:[219]
- Es gibt sie nicht – die Gläubigerbenachteiligung bei ohne rechtliche Verpflichtung erbrachter Zahlung des Dritten auf Verbindlichkeiten des Schuldners, wenn sie der Dritte aus eigenen Mitteln bewirkt, ohne dass diese zuvor haftendes Vermögen des Schuldners geworden sind.
- Es gibt sie doch – die Gläubigerbenachteiligung, wenn der angewiesene Dritte auf Schuld zahlt.
- Es gibt sie nicht – die Gläubigerbenachteiligung bei Zahlung auf Kredit wegen des dann bloß eintretenden Gläubigerwechsels.

Da die *Beweislast* für den Eintritt der Gläubigerbenachteiligung der Insolvenzverwalter trägt (→ Rn. 52), muss er darlegen und beweisen, dass die Zahlung des Dritten aus Mitteln erfolgte, die zuvor haftendes Vermögen des Schuldners geworden sind (Variante 1) oder dass auf Schuld gezahlt wurde (Variante 2).

2. Bestehen einer Gläubigerbenachteiligung (zum Fehlen einer Gläubigerbenachteiligung → Rn. 58 ff.).

a) *Erfüllung mit darlehensweise in Anspruch genommenen Mitteln:*
- *Erfüllung mit darlehensweise in Anspruch genommenen Mitteln,*[220] selbst bei Darlehensvertrag mit Zweckbestimmung zugunsten des Empfängers (s sogleich näher). Allerdings hat der BGH eine Gläubigerbenachteiligung zunächst nur bei Zahlung aus einer ausdrücklich oder konkludent[221] eingeräumten Kreditlinie bejaht, bei Zahlung aus Bankkonto mit lediglich geduldeter Überziehung heraus jedoch verneint,[222] diese Differenzierung aber inzwischen ausdrücklich aufgegeben.[223] In zuletzt genanntem Fall (geduldete Kontoüberziehung) kommt es jetzt – nach Änderung der höchstrichterlichen Grundsatzentscheidung (BGHZ-Urteil!) innerhalb nicht einmal drei Jahren! – also nicht mehr darauf an, ob aus der Einräumung des Überziehungskredits für die Masse ein pfändbarer Anspruch entsteht oder ob durch die Valutierung von Sicherheiten ein entsprechender Rückübertragungsanspruch verloren geht. Die weit reichenden beweisrechtlichen Konsequenzen wurden schon oben (→ Rn. 52) erörtert.
- Auch der Anspruch des Insolvenzschuldners aus einem *Darlehensvertrag mit der Zweckbestimmung, den Kreditbetrag einer bestimmten Person zu gewähren,* gehört grundsätzlich zur Insolvenzmasse; durch die Leistung des Kredits an den Begünstigten können daher die Gläubiger benachteiligt werden.[224] Analyse: Problem war, ob die Darlehensmittel wegen der Zweckbestimmung gemäß § 851 I ZPO unpfändbar und deshalb wegen § 36 I InsO nicht als Vermögen des Insolvenzschuldners anzusehen waren. Der BGH hat sich nicht endgültig festgelegt, aber entschieden, dass ein solcher Anspruch

---

[218] BGH NZI 2012, 805 Rn. 12 = ZIP 2012, 1425 = ZInsO 2012, 1425.
[219] Näher *Huber* ZInsO 2012, 1412, 1313 ff. Gleichwohl (wenig einleuchtend) weiterhin aA *Heitsch* ZInsO 2012, 2088.
[220] BGH NZI 2009, 56 = ZInsO 2008, 1200 = ZIP 2008, 2182.
[221] Zum Problem der konkludenten Einigung über die Erhöhung der Kreditlinie vgl. *Mock,* ZInsO 2007, 561; Replik von *Glaser* ZInsO 2007, 908; Duplik von *Mock* ZInsO 2007, 909.
[222] BGHZ 170, 276 = ZIP 2007, 435 = ZInsO 2007, 269 =NZI 2007, 225 m abl Anm. *Spliedt.* Gegen BGH insbesondere mit einem normativen Gläubigerbenachteiligungsbegriff (Beziehung zwischen Schuldner und Bank bleibt für Überweisungsadressaten – Geldempfänger – außer Betracht) insbesondere: *Marotzke* ZInsO 2007, 897; *Bitter* FS Fischer, S. 15, 19 ff., 24 ff.
[223] BGHZ 182, 317 ff. = NJW 2009, 3362 = NZI 2009, 764 = ZIP 2009, 2009; dazu *Bork* EWiR 2009, 651 u *Thole* NZI 2009, 800. Ausf *Jacoby/Mikelajczak* ZIP 2010, 301. Sehr kritisch zu diesen beiden BGHZ-Entscheidungen (hier und vorige Fn.) *Kreft,* FS Ganter S. 247 ff.
[224] BGH NZI 2001, 539 = ZIP 2001, 1248; dazu *Spliedt* NZI 2001, 524. Vgl. auch OLG Hamburg ZInsO 2010, 379 (Direktauszahlung).

§ 46   55   Kapitel III. 7. Abschnitt. Insolvenzanfechtung

nur dann massefrei bleibe, wenn die Unpfändbarkeit dem Schutz des Insolvenzschuldners diene. Daran fehlte es hier, weil die vereinbarte Zweckbindung letztlich den Interessen der darlehensgebenden Bank diente; denn dort hatte der begünstigte Dritte sein (negatives) Konto, das durch die Auszahlung zurückgeführt wurde.

– Erfüllt der Schuldner mit *darlehensweise in Anspruch genommenen Mitteln* die Forderung eines späteren Insolvenzgläubigers, bewirkt dies regelmäßig eine Gläubigerbenachteiligung.[225] Analyse: Der wiedergegebene Leitsatz lässt die Besonderheiten des Falles nicht erkennen. Der Insolvenzschuldner hatte Anspruch auf Auszahlung eines Darlehens gegenüber seiner Bank, die spätere Beklagte (Anfechtungsgegnerin) das Guthaben auf dem Konto bei dieser Bank gepfändet. Als der Insolvenzschuldner den Kredit abrief, wurde die Pfändung wirksam und die Bank zahlte an die Beklagte.[226] Die Frage war: Worin bestand die Gläubigerbenachteiligung? Nach BGH darin, dass der Insolvenzschuldner über das abgerufene Darlehen nicht mehr verfügen konnte.

55   **b)** *Rechtshandlung in Zusammenhang mit Abtretung sicherungshalber:*
– *Weiterleitung eines sicherungshalber abgetretenen, zunächst aber vom Schuldner vereinnahmten Betrags* an die Bank (Zessionarin), es sei denn, sie hatte ein Absonderungsrecht erworben[227] oder die dem Schuldner erteilte Einzugsermächtigung widerrufen.[228]
– **kein** neutraler Sicherheitentausch besteht (Gegenstück → Rn. 28 zweiter Spiegelstrich); wenn das eine Recht erloschen ist, bevor das andere begründet wird,[229] oder bei Zahlung an den Grundpfandgläubiger vor der Beschlagnahme des Grundstücks, weil die in anfechtbarer Zeit getilgte Mietforderung dem Gläubigerzugriff unterlag (vgl. § 865 Abs. 2 ZPO) und den Insolvenzgläubigern die Möglichkeit endgültig abgeschnitten worden ist, die Forderung aus dem Haftungsverband des Grundpfandgläubigers zu lösen;[230]
– Veräußerung des gesamten Geschäftsbetriebs des Schuldners mit der *Weisung*, den Kaufpreis an den Sicherungseigentümer einzelner Betriebsgegenstände zu zahlen, wenn der Zahlung den Wert des dem Darlehensgeber insolvenzfest übereigneten Sicherungsguts übersteigt;[231] nur falls das nicht der Fall ist, fehlt eine Gläubigerbenachteiligung.
  – Erfüllung einer vom Schuldner sicherungshalber abgetretenen Forderung durch den Drittschuldner trotz vorangegangener Abtretung an einen anderen Gläubiger, insbesondere die Hausbank des Schuldners im Wege einer Globalzession.[232] Hat der Insolvenzschuldner eine *Forderung sicherungshalber abgetreten*, kann die Aufrechnung seines Schuldners mit einem Gegenanspruch dennoch die Insolvenzgläubiger benachteiligen.[233] Analyse: Dem Vertragspartner stand ein Zahlungsanspruch aus Lieferung zu, später lieferte der Insolvenzschuldner an ihn, so dass ein Gegenanspruch ebenfalls auf Kaufpreiszahlung entstand; diese Forderung hatte der Insolvenzschuldner an seine Bank sicherungshalber abgetreten. Die Frage war nun, ob die Aufrechnung des Vertragspartners (zur anfechtbaren Herstellung der Aufrechnungslage und zum Umfang der Anfechtung[234] → Rn. 14; zur Inkongruenz → § 47 Rn. 47) gleichwohl zu einer Gläubigerbenachteiligung geführt hat. Der BGH bejaht das,

---

[225] BGH NZI 2002, 255 = ZIP 2002, 489 = ZInsO 2002, 276.
[226] Zur Pfändbarkeit des Anspruchs vgl. BGHZ 147, 193 = ZIP 2001, 825.
[227] BGH NZI 2006, 700 = ZIP 2006, 959.
[228] BGH NZI 2006, 403 = ZInsO 2006, 544 = ZIP 2006, 1009.
[229] BGH ZIP 2007, 1274 Rn. 21 = ZInsO 2007, 658.
[230] BGHZ 182, 264 Rn. 17 = ZIP 2010, 38.
[231] BGH NZI 2009, 379 = ZInsO 2009, 828 = ZIP 2009, 817.
[232] BGH ZInsO 2011, 1979 Rn. 8.
[233] BGHZ 147, 233 = NJW 2001, 1940 = ZIP 2001, 885 = ZInsO 2001, 464.
[234] Ausf zur insolvenzrechtlich nach § 96 I Nr. 3 InsO unzulässigen Aufrechnung bei dieser Variante vgl. *Huber*, ZInsO 2009, 566, 567 f.

Grundlagen der Anfechtung 56, 57 § 46

weil die Sicherungsabtretung nur ein Absonderungsrecht begründet, die Masse also wirtschaftlich nicht die Inhaberschaft der Forderung verloren habe (Ergänzung siehe nächster Fall; zum Unterschied siehe den Fall → Rn. 64).
– Verkauft der spätere Insolvenzschuldner *Gegenstände, die er an seine Bank zur Sicherheit übereignet hatte* und die diese zur Veräußerung nur an den bestimmten Käufer „freigibt", so werden die Insolvenzgläubiger benachteiligt.[235] Analyse: Im Unterschied zum vorherigen Fall war hier der sicherungsübereignete Gegenstand von der Bank zusätzlich für die konkrete Veräußerung „freigegeben"; durch dieses Rechtsgeschäft erlangte der spätere Anfechtungsgegner die Aufrechnungslage, im Prozess berief er sich dann darauf, die Aufrechnung sei „wirtschaftlich neutral".[236] Der BGH verneinte Letzteres; mehrere Rechtshandlungen seien selbst dann anfechtungsrechtlich selbstständig zu erfassen, wenn sie gleichzeitig vorgenommen würden oder sich wirtschaftlich ergänzten (→ Rn. 19 aE). Trotz des Absonderungsrechtes der Bank und deren Freigabe hätten die sicherungsübereigneten Gegenstände einen selbstständigen, im Kern geschützten Vermögenswert dargestellt (zum Unterschied → Rn. 64). Eine Gläubigerbenachteiligung tritt auch ein bei einem *Verkaufsgeschäft trotz Übernahme umfangreicher Nebenpflichten* durch den Käufer,[237] durch das zu dessen Gunsten eine Aufrechnungslage hergestellt wurde (→ Rn. 14), weil die Nebenpflichten außer Betracht bleiben.

c) *Weitere Beispiele:* 56
– Verfrühte Zahlung durch Banküberweisung oder Freistellung aus Gesamtschuldnerhaftung (→ § 47 Rn. 42);
– Begleichung einer gepfändeten Forderung auf Veranlassung der Bank, die für den Schuldner ein überzogenes Konto führte, durch Überweisung an den Pfändungsgläubiger, weil dann in Höhe des überwiesenen Betrags ein Darlehensvertrag zustande kam.[238]
– Verfügung des Schuldners über das gepfändete Konto nach Aussetzung einer Pfändungs- und Einziehungsverfügung (im Fall des Finanzamts);[239] denn dadurch hatte der Pfandgläubiger das Konto „freigegeben", und zwar – wovon im Fall auszugehen war – für alle Verfügungen (also nicht etwa nur für eine Überweisung zu seinen Gunsten!).

d) Beitragszahlungen des späteren Insolvenzschuldners an einen *Sozialversicherungsträger* benachteiligen die anderen Insolvenzgläubiger ohne Einschränkung hinsichtlich 57 des Arbeit*geber*anteils, weil dieser unzweifelhaft aus dem Vermögen des Insolvenzschuldners stammt. Das Problem liegt beim Arbeit*nehmer*anteil, den der Insolvenzschuldner (als Arbeitgeber) an den Sozialversicherungsträger abzuführen hat; aus wessen Vermögen wird insoweit geleistet? Der IX. Zivilsenat des BGH lehnte bisher alle (insbesondere alle Treuhand-)Konstruktionen ab, mit denen eine Zahlung aus dem Vermögen des Arbeitnehmers (mit der Folge des Fehlens einer Gläubigerbenachteiligung in der Insolvenz des Arbeitgebers) begründet werden sollen. Der Senat bejaht vielmehr in ständiger, zunehmend aber bekämpfter Rechtsprechung auch insoweit eine Anfechtbarkeit[240]

---

[235] BGH NZI 2004, 82 = ZIP 2003, 2370 = ZInsO 2003, 1101.
[236] Auch zu dieser Variante vgl. *Huber* aaO.
[237] BGH NZI 2005, 553 = ZInsO 2005, 884 = ZIP 2005, 1521.
[238] BGH NZI 2008, 297 = ZInsO 2008, 374 = ZIP 2008, 701.
[239] BGH NZI 2009, 105 = ZInsO 2009, 31 = ZIP 2009, 83.
[240] Zusammenfassung der Rechtsprechung samt Auseinandersetzung mit allen Gegenpositionen, auch anderer oberster Gerichtshöfe: BGH ZIP 2006, 290 = NZI 2006, 159 m. Anm. *Huber*. Bestätigung von NZI 2003, 542 = ZIP 2003, 1666; ZIP 2002, 228; BGHZ 149, 100 = NZI 2002, 378 = ZIP 2001, 2535. Zum Dilemma der Sozialversicherungsträger bei Zahlungsschwierigkeiten von Arbeitgebern ausf *Brückl/Kersten* NZI 2004, 422. Zur Anfechtbarkeit der Abführung von Arbeitnehmeranteilen durch den starken vorl. Insolvenzverwalter ausf *Röpke/Rothe* NZI 2004, 430. Vgl. auch *Stiller* ZInsO 2002, 793.

und hält daran trotz der Neufassung des § 28e I 2 SGB IV[241] mit folgender Argumentation fest: Die neue Vorschrift sei unanwendbar in vor dem 1.1.2008 (= Inkrafttreten der Rechtsänderung) eröffneten Insolvenzverfahren mangels Rückwirkung der Gesetzesänderung.[242] Für nach dem 1.1.2008 eröffnete Verfahren schließe sie trotz ihrer Fiktion[243] (Wortlaut s vorletzte Fn) eine Gläubigerbenachteiligung nicht aus, weil die Zahlung der Arbeitnehmeranteile zu den Gesamtsozialversicherungsbeiträgen als Rechtshandlung des Arbeitgebers im Insolvenzverfahren über dessen Vermögen in Form der mittelbaren Zuwendung an die Einzugsstelle angefochten werden können.[244] Ob das Problem damit geklärt ist, erscheint zweifelhaft (→ Rn. 64); allerdings hatte die Bundesregierung beabsichtigt, die in § 28e I 2 SGB IV enthaltene „Privilegierung der Sozialkassen" wieder zu beseitigen, was aber bislang nicht umgesetzt wurde, insbesondere entgegen ursprünglichen Plänen nicht im ESUG.[245]

Ebenso wirkt nach der Rechtsprechung des IX. Zivilsenats die Abführung von *Lohnsteuer an das Finanzamt* in der Insolvenz des Arbeitgebers regelmäßig gläubigerbenachteiligend.[246] Ein Problem wie beim neuen § 28e I 2 SGB IV gibt es hier nicht, weil eine entsprechende Gesetzesänderung im Einkommensteuerrecht fehlt. Sie war zwar im „Entwurf eines Gesetzes zur Anpassung des Rechts der Insolvenzanfechtung" als Ergänzung des § 38 III EStG vorgesehen,[247] das Reformvorhaben scheiterte jedoch (vorerst?) Ende 2006[248] und wurde von der Finanzverwaltung – anders als von den Sozialkassen – nicht weiter verfolgt.

58 **3. Fehlen einer objektiven Gläubigerbenachteiligung** (zum Bargeschäft → Rn. 75 ff.). **a)** Bei *Befriedigung gegen Verzicht auf oder bei Austausch von gleichwertigen Rechten* tritt keine Benachteiligung der Insolvenzgläubiger ein, so genannter masseneutraler Tausch; *Beispiele:*
- Der spätere Insolvenzschuldner befriedigt seinen Lieferanten, der dafür auf gleichwertige Vorbehaltsrechte verzichtet.[249]
- Weggabe völlig wertloser oder unpfändbarer[250] oder wertausschöpfend belasteter (→ Rn. 60) Gegenstände;
- Tausch völlig gleichwertiger Gegenstände oder Ablösung eines vollwertigen Pfandrechts, solange der Pfandgegenstand beim Schuldner verbleibt, oder Zahlung auf ein insolvenzfestes Pfändungspfandrecht.[251]
- Vorausabtretung künftiger Forderungen im verlängerten Eigentumsvorbehalt (→ Rn. 64), wenn und so weit die Vorausabtretung sich auf die mit der Vorbehalts-

---

[241] Die Vorschrift lautet: „Die Zahlung des vom Beschäftigten zu tragenden Anteils am Gesamtsozialversicherungsbeitrag gilt aus dem Vermögen des Beschäftigten erbracht."
[242] BGH NZI 2008, 1535 = ZInsO 2008, 449 = ZIP 2008, 747.
[243] Ausführlich zur fiktiven Vorverlagerung von Vermögensgegenständen *Kayser,* FS Ganter, S. 221, 223.
[244] BGHZ 183, 86 = NZI 2009, 886 = ZInsO 2009, 2293 = ZIP 2009, 2301. Zust *Bork* EWiR 2009, 651; *Bräuer* ZInsO 2009, 2286. Ausf zur Problemlage schon vor der Entscheidung *Kreft,* FS Samwer, S. 261, 272 ff., aber nur teilweise übereinstimmend: Insolvenzanfechtung nur von Zahlungen auf Rückstände, sonst unanfechtbares Bargeschäft.
[245] Die Streichung von § 28e Abs. 1 S. 2 SGB IV war noch in Art. 4 DiskE, abgedr. in Beilage 1 zu ZIP 28/2010, S. 19, vorgesehen, fehlte aber schon im RefE, abgedr. in Beilage 1 zu ZIP 6/2011.
[246] Zusammenfassende Rechtsprechung: BGH NZI 2006, 159 m. Anm. *Huber.* Bestätigung von BGHZ 157, 350, 358 f. = NZI 2004, 206 = ZIP 2004, 513 = ZInsO 2004, 270; OLG Schleswig-Holstein ZInsO 2003, 129; ZInsO 2003, 187. AA BFH NZI 2006, 53 m. Anm. *Huber.*
[247] Der Vorschrift sollte folgender Satz angefügt werden: „*Die Zahlung der Lohnsteuer gilt aus dem Vermögen des Arbeitnehmers erbracht.*"
[248] Ausf dazu *Huber* ZIP 2007, 501 ff.
[249] BGH NJW 1960, 1011.
[250] AA *Bitter* in FS K. Schmidt, S. 123, aus Sicht eines normativen Begriffs der Gläubigerbenachteiligung.
[251] BGH NJW 2010, 444 (Rn. 16) = NZI 2010, 58 = ZIP 2010, 38 = ZInsO 2010, 43.

ware erlangte Forderung beschränkt,[252] auch, falls die Forderung erst in der kritischen Phase (zB nach Zahlungseinstellung) entsteht.[253]
- Wirksame Sicherungsabtretung von Forderungen an eine Bank, die darunter fallende Zahlungen der Kunden des Schuldners auf dessen Verbindlichkeiten verrechnet;[254] denn die Einzahlung erfolgt in das Vermögen der Bank, deren als Sicherheit dienende Anspruch gegen den Einzahlenden dadurch erlischt, wobei aber gleichzeitig an dem neu entstehenden Anspruch des Schuldners gegen die Bank auf Herausgabe des Erlangten (§ 667 BGB) deren Pfandrecht (Nr. 14 I 2 ABG-Banken) entsteht; bestätigt wurde das bei Verrechnung der Gutschriften aus den Kaufpreisen für ein der Bank zur Sicherheit übereignetes Warenlager mit dem Schuldsaldo des Kontokorrentkonto des Schuldners dort, soweit die Gutschriften den Wert des aufgegebenen Sicherungseigentums nicht übersteigen;[255]
- Schenkungsvertrag (in der Insolvenz des Begünstigten) über ein Grundstück, in dem zugleich ein durch Vormerkung gesicherter Rückübertragungsanspruch für den Fall des Vermögensverfalls oder der Insolvenz des Begünstigten vereinbart wird, weil das Grundstück vorher niemals den Gläubigern des (späteren) Insolvenzschuldners zum Zugriff zur Verfügung stand;[256]

Kein *anfechtungsneutraler Sicherheitentausch* liegt vor, wenn das eine Recht erloschen ist, bevor das andere begründet wird.[257] Die erforderliche Masseneutralität ist auch nicht gegeben, wenn der Schuldner als Eigentümer eines mit einem Grundpfandrecht belasteten Grundstückes über die Miet- und Pachtzinsen zugunsten des Grundpfandgläubigers verfügt oder darauf durch eine vom Grundpfandgläubiger veranlasste Zwangsvollstreckung zugegriffen wird.[258] Gläubigerbenachteiligung tritt auch ein bei Zahlung der Miete an den Grundpfandgläubiger vor der Beschlagnahme des Grundstücks, weil die in anfechtbarer Zeit getilgte Mietforderung dem Gläubigerzugriff unterlag (vgl. § 865 II 2 ZPO) und den Insolvenzgläubigern die Möglichkeit endgültig abgeschnitten worden ist, die Forderung aus dem Haftungsverband des Grundpfandrechts zu lösen.[259]

b) Unterlässt der Schuldner die *Verwertung der Arbeitskraft,* so ist dieses Verhalten schon aus der Natur der Sache heraus grundsätzlich unanfechtbar (→ Rn. 47 aE). Es kann aber auch vorkommen, dass der Schuldner zwar eine Arbeit aufnimmt, er aber den pfändbaren Teil seines jeweiligen Arbeitseinkommens schon vorher an einen Dritten abgetreten hatte. Dann ist zu unterscheiden: Zwar ist die im Abtretungsvertrag enthaltene rechtsgeschäftliche Verfügung mit dem Vertragsschluss beendet. Weil der Arbeitsvertrag durch den Schuldner aber erst später geschlossen und die berufliche Tätigkeit erst später aufgenommen wird, vollendet sich der Erwerb des Abtretungsempfängers erst in diesem Zeitpunkt. Ist nun der Abschluss des Abtretungsvertrages nicht anfechtbar, so begründet der Umstand, dass der Abtretungsempfänger die Forderung erst auf Grund der nachfolgenden Vereinbarung eines Arbeitsverhältnisses durch den Schuldner erworben hat, nach BGH kein Anfechtungsrecht; die übrigen Gläubiger würden dadurch nämlich nicht mehr benachteiligt, weil sie dann, wenn der Schuldner keiner beruflichen Tätigkeit nachginge, nicht besser stehen würden.[260] Das erscheint

---

[252] BGH ZIP 2011, 733 Rn. 32 = ZInsO 2011, 778.
[253] BGHZ 64, 312 = NJW 1975, 1226 = LM § 30 KO Nr. 30 m. Anm. *Hoffmann; Nerlich* in Nerlich/Römermann, § 129 Rn. 67.
[254] BGH NJW 2003, 360 = ZIP 2002, 2182 = ZInsO 2002, 1136; dazu *Huber* EWiR 2003, 29.
[255] BGH NZI 2012, 667 = ZIP 2012, 1307 = ZInsO 2012, 1429.
[256] BGH ZIP 2008, 1028 = ZVI 2008, 257.
[257] BGH NZI 2007, 452 (Rn. 21) = ZInsO 2007, 628 = ZIP 2007, 1274.
[258] BGHZ 182, 264 = NJW 2010, 444 (Rn. 17) = NZI 2010, 58 = ZIP 2010, 38 = ZInsO 2010, 43.
[259] BGHZ aaO Rn. 17 aE mit zutreffender Unterscheidung zwischen potentieller Haftung vor und vollwirksamer Haftung nach der Beschlagnahme, vgl. §§ 146 I, 20 I, II, 148 I 1 ZVG.
[260] BGH NJW 1987, 1268; krit. dazu *Balz* EWiR 1987, 209.

§ 46 60 Kapitel III. 7. Abschnitt. Insolvenzanfechtung

sehr bedenklich, weil im Ergebnis auf hypothetischen Kausalitätsabwägungen beruhend (→ Rn. 73).[261] Zweifelhaft sind weiterhin die Fälle des sog. *verschleierten Arbeitseinkommens,* in denen sich der Empfänger der vom Schuldner geleisteten Arbeiten oder Dienste verpflichtet, diese ganz oder zum Teil an Dritte zu vergüten (vgl. § 850h I ZPO), oder, in denen der Schuldner Tätigkeiten, die üblicherweise vergütet werden, unentgeltlich oder gegen eine unverhältnismäßig geringe Vergütung erbringt (vgl. § 850h II ZPO). In solchen Fällen kann der Insolvenzverwalter den fiktiven Lohn zur Masse ziehen, weil der Eröffnungsbeschluss wie ein Pfändungs- und Überweisungsbeschluss wirkt, der freilich die vor seiner Zustellung fiktiv aufgelaufenen Rückstände nicht erfasst;[262] insoweit wird man aber hier eine Anfechtbarkeit nach den Grundsätzen der Schenkungsanfechtung bejahen müssen.[263] Nach allgemeinen Regel anfechtbar sind aber *Lohnverschiebung und Lohnverzicht.*[264]

60   c) Bei der *Übertragung eines dinglich belasteten Rechtes oder einer dinglich belasteten Sache,* insb eines Grundstücks, oder eines mit *Absonderungsrechten belasteten Gegenstandes* (→ Rn. 63) ist zu berücksichtigen: Eine Gläubigerbenachteiligung scheidet bei einer selbst unanfechtbar bestellten und *wertausschöpfenden Belastung*[265] aus, weil dann bei einer Rückgewähr und Verwertung des Gegenstandes nichts für die Insolvenzgläubiger übrig bliebe.[266]
– So liegt es beispielsweise, wenn der spätere Insolvenzschuldner seiner Ehefrau unentgeltlich ein Grundstück überträgt, auf dem Grundpfandrechte in Höhe des Verkehrswertes lasten. Maßgeblich ist aber nicht der nominale Buchwert der Grundpfandrechte, sondern, in welcher Höhe sie noch Forderungen sicherten. Valutierten sie nämlich nicht mehr voll, so hatte der Schuldner Rückgewähransprüche gegen die Grundpfandgläubiger, die zur Befriedigung der Insolvenzgläubiger herangezogen hätten werden können; sind diese Rückgewährrechte mit weggegeben worden, dann kann die Grundstücksübertragung insgesamt angefochten werden.[267]
– Eine schon einmal eingetretene unmittelbare Gläubigerbenachteiligung kann aber nicht dadurch beseitigt werden, dass der Schuldner(!) die Sache vor Vollendung der Vermögensverschiebung wertausschöpfend belastet (→ Rn. 70); vom (späteren) Anfechtungsgegner vorgenommene Belastungen bleiben ohnehin außer Betracht (→ Rn. 62 aE). Umgekehrt ist die Übertragung eines wertausschöpfend belasteten Grundstücks durch den Schuldner objektiv gläubigerbenachteiligend, wenn die bei Übertragung noch bestehenden Belastungen im Nachhinein vertragsgemäß von ihm beseitigt werden;[268] war nur mittelbare Gläubigerbenachteiligung erforderlich (wie bei §§ 133 I, 134 InsO), ergibt sich das aber schon aus der Erwägung, dass sie dann der Beklagte im maßgeblichen Zeitpunkt (→ Rn. 62 aE) nicht beseitigt hat, sich also auf die früher wertausschöpfende Belastung ohnehin nicht berufen kann.[269]

---

[261] Ähnlich MüKoInsO/*Kayser* § 129 Rn. 92; abl zur Entscheidung *Heckel* in: Jaeger, InsO, § 129 Rn. 47.
[262] BAG NZA 2008, 779 = ZInsO 2008, 869 = ZIP 2008, 979.
[263] Näher *Henckel* aaO.
[264] Näher zum Parallelproblem in der Gläubigeranfechtung *Huber* AnfG § 1 Rn. 29 ff.
[265] Ausf, auch unter prozesstaktischen Gesichtspunkten (freilich aus Sicht eines anfechtungsberechtigten Einzelgläubigers) *Huber* ZfIR 2008, 213.
[266] BGH NZI 2009, 512 (Rn. 19) = ZIP 2009, 1285; ZIP 2006, 387 (Rn. 6, 7); BGHZ 90, 207, 212 (zu § 3 AnfG) = NJW 1984, 1968 = LM § 2 AnfG Nr. 8 m. Anm. *Fuchs;* BGHZ 104, 355 = NJW 1988, 3265; BGH NJW 1996, 3341; BFH ZEV 1999, 115; *Huber* AnfG § 1 Rn. 39. Zu einem Ausnahmefall OLG Hamburg NZI 2001, 424 = ZIP 2001, 1332: Einräumung einer Grundschuld auf sachwertausschöpfend belasteten Grundstück (sog. Lästigkeitswert einer „Schornstein-Hypothek").
[267] BGH LM § 3 AnfG Nr. 24 = NJW 1985, 2031 (Leitsatz); vgl. dazu *Gerhardt,* EWiR 1985, 245; BGH NZI 1999, 114 = ZIP 1999, 196.
[268] BGH ZIP 2009, 1285 = NZI 2009, 512 = MittBayNot 2010, 231 m. Anm. *Huber.*
[269] Genauer zu den Unterschieden bei unmittelbarer und mittelbarer Gläubigerbenachteiligung *Huber* MittBayNot 2010, 231.

Grundlagen der Anfechtung 61–63 § 46

– Die besonderen anfechtungsrechtlichen Schwierigkeiten, die sich bei der Übertragung eines belasteten Miteigentumsanteils auf den anderen Miteigentümer deshalb einstellen, weil das weggegebene Bruchteilseigentum nach der Umschreibung nicht mehr besteht, treten allerdings nur bei der Gläubigeranfechtung nach dem AnfG auf.[270] Das hängt mit der unterschiedlichen Art. der Rückgewähr bei der Anfechtung außerhalb und innerhalb des Insolvenzverfahrens zusammen; denn dort ist sie Duldung der Zwangsvollstreckung in den anfechtbar weggegebenen Gegenstand, der aber nicht mehr besteht, während hier bei der Insolvenzanfechtung der Gegenstand wieder zur Masse gezogen, also Wiedereinräumung des Miteigentumsanteils verlangt wird.[271]

Die *Darlegungs- und Beweislast* für eine wertausschöpfende Belastung trifft nicht den Anfechtungsgegner, vielmehr muss der Insolvenzverwalter (→ Rn. 52) nachweisen, dass die Belastung nicht wertausschöpfend ist;[272] der Anfechtungsgegner trägt aber eine sekundäre Darlegungslast dazu, in welcher Höhe im Zeitpunkt seines Erwerbs Belastungen bestanden und valutierten.[273] Ob der bei einer Verwertung des Grundstückes zu erwartende Erlös[274] durch die Belastungen aufgezehrt würde, diese also „wertausschöpfend" sind, kann grundsätzlich nur durch Sachverständigengutachten geklärt werden; Zeugenbeweis ist hierzu ungeeignet.[275] 61

Wegen des *Zeitpunkts zur Beurteilung der Wertausschöpfung* muss man wie folgt unterscheiden: Erfordert der Anfechtungstatbestand unmittelbare Gläubigerbenachteiligung (§§ 132, 133 II InsO, → Rn. 68), scheidet eine objektive Gläubigerbenachteiligung aus, wenn der Gegenstand bei Weggabe (Vornahme der anfechtbaren Rechtshandlung) wertausschöpfend belastet war.[276] In allen anderen Fällen, bei denen mittelbare Gläubigerbenachteiligung genügt (→ Rn. 69), kommt es für die objektive Gläubigerbenachteiligung auf die Verhältnisse bei letzter mündlicher Verhandlung in der Tatsacheninstanz an. Liegt zu diesem Zeitpunkt die bei Veräußerung gegebene wertausschöpfende Belastung nicht mehr vor, so gilt: Der Anfechtungsgegner kann sich auf die frühere wertausschöpfende Belastung nur berufen, wenn er sie mit eigenen Mitteln beseitigt hat oder eine zwischenzeitlich eingetretene Wertsteigerung auf eigenen werterhöhenden Maßnahmen beruht,[277] nicht aber dann, wenn die Wertsteigerung auch beim Schuldner – insbesondere wegen der Entwicklung der allgemeinen Marktlage – eingetreten wäre. Hat der Anfechtungsgegner den anfechtbar erworbenen Gegenstand selbst weiter belastet, bleibt das zur Beurteilung der Wertausschöpfung außer Betracht. Denn diese Belastungen muss er ohnehin beseitigen, folglich kommt es auf den Zeitpunkt der Vornahme der anfechtbaren Rechtshandlung an.[278] 62

Diese Grundsätze gelten auch für einen *mit Absonderungsrechten belasteten Gegenstand*, zB für die Verpfändung eines Termineinlagenkontos, das aufgrund eines AGB-Pfandrechts schon wertausschöpfend belastet ist.[279] Übereignet der spätere Insolvenzschuldner eine bewegliche Sache, die *wertausschöpfend mit einem Vermieterpfandrecht (§ 562 BGB) belastet* ist, als Sicherheit für ein Darlehen in dieser Höhe an eine Bank, die gutgläubig 63

---

[270] Dazu BGHZ 90, 207, 214 ff.; *Gerhardt* ZIP 1984, 397, 400 ff.
[271] Ausführlich *Gerhardt*, Gläubigeranfechtung S. 32, 33, 333; *Jaeger*, Gläubigeranfechtung § 9 Rn. 9; *Huber* AnfG Einf (vor § 1) Rn. 19 ff., § 11 Rn. 23, § 13 Rn. 17, 18.
[272] BGH NJW-RR 1988, 827.
[273] BGH ZIP 2009, 1285 (Rn. 34); NZI 2007, 457 = ZInsO 2007, 778 = ZIP 2007, 1326. Ausf *Huber* ZflR 2008, 313, 315 f.
[274] Der bei einer fiktiven Zwangsversteigerung (vgl. § 49 InsO) zu erwartende Erlös ist auch im Insolvenzverfahren maßgeblich, nicht der bloße Verkehrswert, so aber OLG Brandenburg ZIP 2009, 240.
[275] BGH NJW 1993, 1796 = ZIP 1993, 869.
[276] MüKoInsO/*Kirchhof*, § 129 Rn. 109, 152; *Huber* EWiR 2004, 361, 362.
[277] BGH NJW 1996, 3341 f.
[278] Insoweit richtig OLG München ZIV 2003, 650; dazu *Huber* EWiR 2004, 361.
[279] BGH ZIP 2004, 1509.

lastenfreies Eigentum erwirbt,[280] so kommt es zunächst darauf an, wie sich das rechtliche Schicksal des Pfandrechts nach Rückgewähr der Sache in Folge Insolvenzanfechtung gestalten würde. Insoweit kann nichts anderes als in den Fällen gelten, in denen der Erwerber nachträglich vom Pfandrecht erfährt oder die Sache an den Veräußerer zurücküberträgt: Das Recht des Dritten lebt, weil einmal erloschen, nicht wieder auf.[281] Dann ist eine Gläubigerbenachteiligung zu bejahen, weil der Insolvenzverwalter nunmehr eine vom Vermieterpfandrecht „befreite" Sache zur Masse ziehen kann. Die Gegenauffassung (Wiederaufleben des Pfandrechts) muss eine Verkürzung der Masse jedenfalls dann verneinen, wenn die Eigentumsübertragung der Besicherung einer Insolvenzforderung diente.[282] Dann bleibt für die Masse ohnehin nichts übrig, mag sich daher der Vermieter aus Bereicherungsgrundsätzen selbst an die Bank halten.

64   **d)** *Weitere Fallgruppen:*
- Ob bei Abführung des *Arbeitnehmeranteils durch den (später) insolventen Arbeitgeber an den Sozialversicherungsträger* eine Insolvenzanfechtung wegen der Neufassung des § 28e I 2 SGB IV in nach dem 1.1.2008 eröffneten Insolvenzverfahren (anders als bei Insolvenzeröffnung vor diesem Zeitpunkt, → Rn. 57) ausscheidet[283] oder nicht,[284] erscheint trotz der die Anfechtbarkeit weiter bejahenden Rechtsprechung des IX. ZS des BGH (→ Rn. 57 aE) noch nicht restlos geklärt. Es bleibt abzuwarten, wie sich die anderen Obersten Bundesgerichte[285] stellen werden[286] und ob überhaupt bzw. wann die Gesetzesänderung wieder zurückgenommen wird (→ Rn. 57 aE).
- Die *Weggabe völlig wertloser oder unpfändbarer*[287] *Sachen* kann eine benachteiligende Rechtshandlung schon deshalb nicht darstellen, weil es an einer Verwertungs- oder Beschlagsfähigkeit (vgl. § 36 InsO) fehlt.[288] Ob wirklich Unpfändbarkeit gegeben ist, bedarf aber sorgfältiger Überprüfung, wie das früher erörterte Rechtsprechungsbeispiel zeigt (→ Rn. 53). Bei einer Arbeitnehmerüberlassung fehlt eine Gläubigerbenachteiligung aber nicht schon deshalb, weil die Dienste der Arbeitnehmer gem. § 613 S. 2 BGB nicht übertragbar sind (→ § 49 Rn. 6).
- Eine Verkürzung der Masse scheidet aus, wenn die Rechtshandlung *fremdes Vermögen* betrifft, das ohnehin auszusondern gewesen wären (§ 47 InsO),[289] der Schuldner also zB die Vorbehaltsware seines Lieferanten oder sonst im Eigentum anderer stehende Gegenstände veräußert; entsprechendes gilt bei Verfügung des Schuldners über einen Gegenstand, dessen er sich schon vorher auf Grund eines *verlängerten Eigentumsvorbe-*

---

[280] Das setzt aber voraus, dass die Bank den Besitz der Sache erlangt und zu dieser Zeit gutgläubig ist, §§ 930, 936 I 1, 3, II BGB; letzteres scheidet aus, wenn sie sich nicht nach einem Vermieterpfandrecht erkundigt, obgleich dazu Anlass bestand, BGH NJW 1972, 43, 44.
[281] Umstritten, vgl. Palandt/*Bassenge*, § 936 Rn. 1, § 932 Rn. 16, 17.
[282] Ähnlich wie hier *Baur/Stürner* Rn. 18.41 Fn 140. AA *Steines* KTS 1986, 24.
[283] So schon *Huber*, ZIP 2007, 501, 504; *ders.,* in: Berger (Hrsg. ua), 9. Leipziger Insolvenzrechtstag 2008, S. 40, 44 ff.; *Bruhn* NZI 2009, 628; *Plagemann/Radtke/Schwenzer*, ZIP 2009, 899; *Blank,* ZInsO 2008, 1, 4; *Meier,* NZI 2008, 140, 141. Aus der tatrichterlichen Rechtsprechung: LG Offenburg ZIP 2009, 1293 = ZInsO 2009, 670; LG Stendal NZI 2009, 437 = ZIP 2009, 1291; LG Berlin ZInsO 2009, 1398.
[284] So zB: LG Schwerin ZIP 2009, 43; LG Kiel NZI 2009, 320 = ZIP 2009, 632 = ZInsO 2009,187. So auch überwiegend das (kaum mehr überschaubare) Schrifttum, vgl. zB *Stapper/Jacobi* WM 2009, 1493; *Brinkmann/Luttmann* ZIP 2008, 901. Im Ergebnis, aber mit ganz anderer Begründung auch *Bork* ZIP 2008, 1041, 1043 f. (Arbeitnehmer als Leistungsmittler des Arbeitgebers).
[285] Zum gegenteiligen Standpunkt von BAG und BSG siehe die Nachweise in BGH (IX. ZS) ZIP 2006, 290 = NZI 2006, 159 m. Anm. *Huber.*
[286] Dem IX. ZS die Gefolgschaft verweitert hat übrigens schon LG Köln ZIP 2010, 41 (nicht rechtskräftig; Revision ist zugelassen).
[287] Insoweit aA *Bitter* FS K. Schmidt, 2009, S. 123 (aus Sicht eines normativen Begriffs der Gläubigerbenachteiligung).
[288] BGH NZI 2004, 253 = ZIP 2004, 671 = ZInsO 2004, 149; LM § 3 AnfG Nr. 18.
[289] BGH NJW 1992, 624, 626. Vgl. auch BGH WM 1986, 296, 298.

Grundlagen der Anfechtung § 46

halts wirksam entäußert hat.[290] An einer Gläubigerbenachteiligung fehlt es – im Unterschied zu den → Rn. 53 erörterten Fällen – bei Herstellung der Aufrechnungslage durch die Veräußerung eines Gegenstandes an den Käufer, der daran zuvor bereits – unanfechtbar begründetes – *Sicherungseigentum* hatte.[291]
- Keine Benachteiligung tritt ein bei den vom späteren Insolvenzschuldner vorgenommenen *Befriedigungen oder Deckungen, die auch der Insolvenzverwalter hätte gewähren müssen. Beispiele:* Erfüllung von Ansprüchen, die sich gem. §§ 49ff. (insbes §§ 50, 51 Nr. 1) InsO als Absonderungsrecht durchgesetzt haben würden,[292] allerdings nur im Umfang ihres Vorrechts[293] und abzüglich der der Masse bei einer Verwertung durch den Verwalter zustehenden Beträge (§§ 170, 171 InsO); Befriedigung eines Gläubigers, die diesem auch der Insolvenzverwalter, zB als Masseverbindlichkeit nach § 55 I Nr. 2, 3 InsO, hätte zukommen lassen müssen;[294] Verrechnung von Forderungen des Grundschuldgläubigers mit vom Schuldner abgetretenen Mieten, wenn ersterer das Absonderungsrecht mit der mithaftenden Miete/Pacht (§§ 1123 I, 1192 BGB) zuvor unanfechtbar erworben hat[295] (zur Anfechtbarkeit einer Sicherheitenbestellung → § 47 Rn. 15, 20, 35ff.).
- Eine Gläubigerbenachteiligung liegt nicht vor, soweit Erwerber – die gegenüber dem Insolvenzschuldner (= Bauträger) als Veräußerer die Zahlung des Entgelts bis zur Fertigstellung eines Gebäudes verweigern dürfen – ihre Gegenrechte durch eine Vereinbarung ablösen lassen, derzufolge sie die zurückzubehaltenden Teile des Entgelts an einen *Treuhänder* abführen, der daraus offen stehende Forderungen von Handwerkern bezahlen soll, damit diese die Gebäude anstelle des Insolvenzschuldners ohne Preisaufschlag fertig stellen.[296]
- Mitwirkung des Schuldners *an Änderung eines wirtschaftlich ungünstigen Vertrags* zur Verhinderung eines Rücktritts des Vertragspartners;[297]
- Schenkungsvertrag über ein Grundstück, in dem zugleich ein durch *Vormerkung gesicherter Rückübertragungsanspruch* bei Vermögensverfall oder Insolvenz des Begünstigten vereinbart wird, weil das Grundstück vorher niemals den Gläubigern des (späteren) Insolvenzschuldners (Begünstigten, Beschenkten) zum Zugriff offen stand;[298]
- Begleichung einer Gesellschaftsverbindlichkeit auf Anweisung der Gesellschaft durch nicht persönlich haftende Gesellschafter, wenn auf Kredit gezahlt wurde, weil dann wegen der Rückgriffsforderung des Gesellschafters ein bloßer (nicht benachteiligender) Gläubigertausch vorliegt (anders bei Zahlung auf Schuld, weil dann die Gesellschaft ihre Forderung gegen den Gesellschafter verliert);[299] ob sich diese Unterscheidung weiter aufrechterhalten lässt, wurde zwar im Schrifttum als „nicht unzweifelhaft" bezeichnet,[300] das Problem hat sich aber nach dem hier vertretenen Standpunkt zur Gläubigerbenachteiligung bei Drittleistung erledigt (→ Rn. 53).

e) Der Aufwand angemessener Kosten zwecks *Abwendung der Insolvenzeröffnung* benachteiligt die Insolvenzgläubiger grundsätzlich nicht. Das war schon bisher anerkannt

---

[290] BGH ZIP 2000, 932 = NZI 2000, 364; dazu *Huber* EWiR 2001, 117.
[291] BGH NZI 2004, 620 = ZIP 2004, 1912 = ZInsO 2004, 1028. Näher dazu und zur Abgrenzung nur angeblich vergleichbarer Fälle *Huber* ZInsO 2009, 566, 567f.
[292] BGH ZInsO 2009, 1585 (Rn. 12) = ZIP 2009, 1674.
[293] BGH aaO; vgl. schon NJW 1992, 624, 626; 1995, 1668, 1670.
[294] BGH WM 1960, 379.
[295] BGH NZI 2007, 404 = ZInsO 2007, 628 = ZInsO 2007, 1164.
[296] BGH NZI 2002, 257 = ZIP 2002, 535 = ZInsO 2002, 278; dazu *Kirchhof*, FS Kreft S. 359, 361ff.
[297] BGH NZI 2007, 98 = ZInsO 2007, 1320 = ZIP 2007, 35.
[298] BGH NZI 2008, 428 = ZInsO 2008, 558 = ZIP 2008, 1078.
[299] BGH ZIP 2008, 2182 = ZInsO 2008, 1200.
[300] So *Gehrlein*, ZInsO 2010, 1857, 1865.

§ 46   Kapitel III. 7. Abschnitt. Insolvenzanfechtung

für den Antrag auf Eröffnung des gerichtlichen *Vergleichsverfahrens,* außer dieser hätte von voneherein als aussichtslos erkannt werden müssen.[301] Der Schuldner darf insbesondere die Hilfe eines Rechtsanwalts oder Wirtschaftsprüfers gegen angemessene Vergütung in Anspruch nehmen;[302] ist ein vereinbartes Honorar aber unangemessen hoch, so kommt insoweit eine Teilanfechtung in Betracht (→ Rn. 41). Voraussetzung für die Insolvenzfestigkeit einer Vergütung ist außerdem eine zeitnahe Bezahlung (zur Problematik des Bargeschäfts → Rn. 82) – sei es auch als Vorschuss – oder andernfalls eine vertraglich zu vereinbarende Besicherung.[303] Entsprechendes muss für den angemessenen Aufwand des Schuldners für Erstellung eines *Insolvenzplans* (§ 218 I 2 InsO) oder *außergerichtliche Schuldenbereinigungsversuche* (§ 305 I Nr. 1 InsO) gelten. Zur Problematik *gescheiterer Sanierungsversuche* → § 48 Rn. 18.

66   **4. Bezugspunkt:** Ob eine Gläubigerbenachteiligung gegeben ist oder nicht, ist vom Standpunkt der **Gesamtheit der Insolvenzgläubiger** zu beurteilen.[304] Dazu gehören die nicht nachrangigen Insolvenzgläubiger (§ 38 InsO), die nachrangigen (§ 39 InsO) und die Absonderungsberechtigten, denen der Schuldner persönlich haftet (§ 52 InsO). Es genügt folglich, wenn nur die Befriedigungsmöglichkeiten der nachrangigen Insolvenzgläubiger (§ 39 InsO) beeinträchtigt wurden, was kaum zweifelhaft sein wird, weil diese am Verfahren ohnehin idR nicht teilnehmen dürfen (§ 174 III InsO). Die Benachteiligung der Insolvenzgläubiger entfällt *nicht* durch die *Anzeige der Masseunzulänglichkeit;*[305] denn Gläubigerbenachteiligung meint nur Verkürzung der Befriedigungsmöglichkeiten der Insolvenzgläubiger im Allgemeinen, dass auch Massegläubiger von einer Anfechtung „profitieren", schadet daher nicht.

Allein zugunsten von *Massegläubigern* ist die Insolvenzanfechtung nicht statthaft,[306] vor allem wäre deren Sinn nicht einzusehen; steht die Masseunzulänglichkeit fest, hat der Insolvenzverwalter gem. § 209 InsO zu verteilen, Gläubiger können sodann Anfechtungsansprüche nach Abschluss des Insolvenzverfahrens im Wege der Einzelgläubigeranfechtung gem. § 18 AnfG geltend machen. Statthaft ist eine Insolvenzanfechtung aber, wenn sie dazu dient, Masseunzulänglichkeit (§§ 208 ff. InsO) abzuwenden;[307] das ist nicht der Fall, wenn die Rückgewähr aufgrund erfolgreicher Anfechtungsklage nichts an der eingetretenen Massekostenarmut ändern würde.[308]

Unerheblich ist, ob die Rechtshandlung für den Insolvenzschuldner oder für einzelne Gläubiger vorteilhaft war (näher → Rn. 71 ff.). Deshalb kann eine Forderungsabtretung unter Gläubigern des Insolvenzschuldners anfechtbar sein, bei der an die Stelle eines ungesicherten ein gesicherter Gläubiger tritt. So ist es insb, wenn sich eine Bank von einem anderen Gläubiger, idR einem ihrer Kunden, die diesem gegen den Insolvenzschuldner zustehende ungesicherte Forderung abtreten lässt, die nunmehr entsprechend der zwischen ihr und dem Insolvenzschuldner, ihren Kreditnehmer, bestehenden Sicherungsabrede in den Deckungsbereich der Sicherheit fällt (sog. *Auffüllen einer Sicherheit);*[309] → § 47 Rn. 55.

---

[301] BGHZ 28, 344 = NJW 1959, 147, bestätigt durch BGHZ 77, 250 = NJW 1980, 1962u BGH NJW-RR 1988, 571; LG Saarbrücken NJW-RR 1996, 1274.
[302] Ausführl zur Anfechtbarkeit der Vergütung vorinsolvenzlicher Berater und Vertreter des Schuldners *Kirchhof* ZInsO 2005, 340.
[303] *Kirchhof,* aaO S. 347.
[304] BGH NZI 2007, 462 (Rn. 22) = ZInsO 2007, 600 = ZIP 2007, 1120.
[305] BGH ZIP 2001, 1641, 1643; HKInsO/*Kreft,* § 129 Rn. 37.
[306] *Henckel* in: Jaeger, InsO § 129 Rn. 142, *Häsemeyer,* Rn. 21.25; *ders.* KTS 1982, 507, 541 ff. AA OLG Brandenburg ZIP 2002, 1968; ebenso *Pape* ZIP 2001, 901; *Gundlach/Frenzel/Schmidt* NZI 2004, 184.
[307] Insoweit richtig *Ahrendt/Struck* ZInsO 2000, 264. Wie hier *Schmidt* NZI 1999, 443; *Dinstühler* ZIP 1998, 1697, 1705 f.
[308] BGH NJW-RR 2009, 1346 = ZInsO 2009, 1556.
[309] BGHZ 59, 230 = NJW 1972, 2084 = LM § 30 KO Nr. 28 m. Anm. *Mormann.*

5. Unmittelbare und mittelbare Gläubigerbenachteiligung. a) *Grundsätze.* **67**
Zwischen der angefochtenen Rechtshandlung und der Verkürzung des Gläubigerzugriffs muss ein ursächlicher Zusammenhang bestehen (→ Rn. 38); das war schon bisher unzweifelhaft[310] und kommt jetzt in § 129 I selbst zum Ausdruck („und"). Darüber hinaus sind zwei Fragen zu unterscheiden: Einmal, ob eine unmittelbare Gläubigerbenachteiligung erforderlich ist, oder, ob auch eine nur mittelbare genügt, und zum anderen, auf welche Zeitpunkte es hierbei ankommt. Zu *Problemfällen* bei einer Gläubigerbenachteiligung → Rn. 53 ff.; zum *Fehlen einer Gläubigerbenachteiligung* → Rn. 58 ff.; zum *Bargeschäft* → Rn. 75 ff. Maßgeblich für die Beurteilung des Zurechnungszusammenhangs ist das *reale Geschehen,*[311] Vorteile oder hypothetische Kausalverkäufe bleiben grundsätzlich außer Betracht (→ Rn. 70 ff.).

b) *Unmittelbare Gläubigerbenachteiligung* setzt voraus, dass durch die Rechtshandlung **68**
selbst ohne Hinzutreten weiterer Umstände das Vermögen des späteren Insolvenzschuldners gemindert (→ Rn. 51) worden ist, sofern dieser nicht für das, was er aufgegeben hat, eine gleichwertige Gegenleistung erhält[312] (zu Letzterem, dem sog. *Bargeschäft* → Rn. 75 ff.). Das Gesetz fordert das aber nur in zwei Fällen, nämlich in § 132 I InsO (nicht in § 132 II InsO, → § 47 Rn. 70) und in § 133 II InsO. Nur dort kommt es für die Beurteilung der Gläubigerbenachteiligung auf den Zeitpunkt der Vornahme des Rechtsgeschäftes („unmittelbar") an. Das wirft in der Rechtsanwendung keine besonderen Schwierigkeiten auf, wenn die Benachteiligung durch den Abschluss des Vertrages selbst herbeigeführt wird, wie beispielsweise beim sog. „krisenbedingten Schlussverkauf". Handelt es sich aber um ein mehraktiges Rechtsgeschäft (→ Rn. 35), so kommt es auf die Vollendung des rechtsgeschäftlichen Tatbestandes an, sofern es sich nicht um ein Registergeschäft handelt, für das die Sondervorschrift des § 140 II gilt (→ Rn. 36, 37). Jedoch darf nicht ausschließlich auf den letzten, den das Rechtsgeschäft vollendenden Akt gesehen werden. Wird also dem späteren Insolvenzschuldner ein Darlehen in der Erwartung ausbezahlt, dieser werde unverzüglich eine Sicherungshypothek bestellen, so kann aus dem Umstand, dass die Eintragung der Hypothek im Grundbuch erst einige Zeit nach der Eintragungsbewilligung erfolgt, der Insolvenzschuldner in diesem Zeitpunkt die Darlehensvaluta aber schon verbraucht hat, nicht geschlossen werden, die Benachteiligung sei eine unmittelbare. Vielmehr ist der gesamte Vorgang als Einheit zu betrachten, also danach zu fragen, ob sich die Benachteiligung innerhalb aller zum Gesamttatbestand gehörenden Umstände verwirklicht hat. Das ist hier zu verneinen.[313] Denn nicht der Inhalt des Rechtsgeschäftes hat zur Benachteiligung geführt, sondern erst ein weiterer, davon getrennter Vorgang. *Weiteres Beispiel:* Die durch die vorzeitige Rückzahlung eines Kredits bewirkte unmittelbare Gläubigerbenachteiligung bildet keine Grundlage für die anfechtungsrechtliche Rückforderung der Hauptschuld selbst, wenn der Schuldner die Forderung bei Eintritt der Fälligkeit ebenfalls rechtlich wirksam hätte erfüllen können.[314] Ob dies auch für Anfechtungstatbestände gilt, bei denen mittelbare Gläubigerbenachteiligung genügt, ist sehr zweifelhaft (→ § 47 Rn. 42 aE).[315] Maßgeblich ist – wie schon bemerkt (→ Rn. 67 aE) – nur das *reale Geschehen;* tritt also der Schuldner zur Tilgung einer Verbindlichkeit dem Gläubiger eine Forderung ab, die dieser nicht zu beanspruchen hatte, liegt auch dann eine

---

[310] BGHZ 86, 349, 354 ff.; BGH NJW 1980, 1580 und st Rspr; hM im Schrifttum.
[311] BGH ZIP 2007, 2084 (Rn. 15) = NZI 2007, 718 m. Anm. *Huber.*
[312] BGHZ 128, 184, 187 = NJW 1995, 659; 129, 236, 240 = DtZ 1995, 285 = ZIP 1995, 1021; BGH ZIP 1997, 853 f. = DtZ 1997, 228.
[313] BGH LM § 30 KO Nr. 2 = NJW 1955, 709 (Leitsatz); *Baur/Stürner,* Rn. 18.51.
[314] BGH ZIP 1997, 853 = DtZ 1997, 228 (zu § 10 I Nr. 2 GesO); anfechtungsrechtliche Ansprüche wären freilich denkbar wegen entgangener Nutzungsvorteile, die jedoch nicht geltend gemacht waren.
[315] Offen gelassen für § 131 InsO in BGH ZIP 2005, 1243, 1244.

unmittelbare Gläubigerbenachteiligung vor, wenn der Empfänger sich stattdessen durch Aufrechnung gegenüber dieser Verbindlichkeit hätte befreien können.[316]

69 c) Alle anderen Anfechtungsvorschriften (§§ 130, 131, 132 II, 133 I, 134–136 InsO) verlangen nur *mittelbare Benachteiligung,* die im Zeitpunkt der letzten mündlichen Verhandlung in der letzten Tatsacheninstanz des Anfechtungsprozesses vorliegen muss;[317] die Berufungsverhandlung ist – wegen der Umgestaltung des Rechtsmittels in ein Instrument der Fehlerkontrolle bei grundsätzlicher Bindung an die Feststellungen erster Instanz (vgl. §§ 513, 529 I ZPO) – jedenfalls insofern maßgeblich, als Vorgänge zu bewerten sind, die sich erst nach Schluss der mündlichen Verhandlung erster Instanz zugetragen haben.[318] Für die Ursächlichkeit genügt es, dass die Rechtshandlung im natürlichen Sinne eine Gläubigerbenachteiligung darstellt; da es sich nicht um einen Schadensersatzanspruch handelt (→ Rn. 9), der sich unter Umständen auch auf entfernte Folgen einer Handlung erstrecken kann, bedarf es für die Anfechtbarkeit nicht der Einschränkung durch die Adäquanztheorie.[319] Dabei genügt schon ein „irgendwie-Zusammenhang", also auch, dass die Verkürzung letztlich durch Diebstahl, Unterschlagung oder Zufall eingetreten ist,[320] oder etwa dadurch, dass der gezahlte Kaufpreis im Zeitpunkt der letzten mündlichen Verhandlung in der Tatsacheninstanz nicht mehr zur Verfügung steht.[321] Wird eine Forderung, die bei Eröffnung des Insolvenzverfahrens nur Insolvenzforderung (§ 38 InsO) geworden wäre, durch eine Rechtshandlung vor Verfahrenseröffnung (im Fall: Vertragsübernahme) so verändert, dass sie im Fall der Eröffnung des Insolvenzverfahrens als Masseverbindlichkeit zu begleichen ist (im Fall: §§ 108 Abs. 1, 55 Abs. 1 Nr. 2 InsO), wird die Gesamtheit der Insolvenzgläubiger dadurch (mittelbar) benachteiligt, dass diese Forderung vor ihren Forderungen berichtigt wird.[322]

70 d) Eine Anfechtung kommt nicht mehr in Betracht, wenn die *Gläubigerbenachteiligung nachträglich* wieder *beseitigt* wird, insb der Erwerber (Beschenkte) den anfechtbar weggegebenen Gegenstand oder nach dessen Weiterveräußerung den entsprechenden Wert in die Masse zurückgebracht oder Wertersatz geleistet hat.[323] Eine durch Erlangung eines Anwartschaftsrechtes (hier: Auflassung und Stellung des Eintragungsantrages) schon eingetretene unmittelbare Gläubigerbenachteiligung wird nicht dadurch beseitigt, dass der Schuldner das Grundstück wertausschöpfend belastet (→ Rn. 60), bevor der Eigentumswechsel im Grundbuch eingetragen wird.[324]

71 **6. Vorteilsausgleichung.** Der **Zurechnungszusammenhang** nach realem Geschehen entfällt entfällt bei nachträglicher Beseitigung der Gläubigerbenachteiligung, wie soeben beschrieben, **nicht** aber etwa deshalb, weil die anzufechtende Rechtshandlung *in Zusammenhang mit anderen Ereignissen* der Insolvenzmasse *auch Vorteile* gebracht hat, zB die anfechtbare Bezahlung rückständiger Stromrechnungen die Einstellung der Stromversorgung für den Betrieb des Insolvenzschuldners verhindert und diesen so in

---

[316] BGH ZIP 2007, 2084 = NZI 2007, 718 m. Anm. *Huber.*
[317] BGHZ 128, 184 = NJW 1995, 659; BGH NJW-RR 1993, 235.
[318] BGH NZI 2007, 457 (Rn. 17) = ZInsO 2007, 778 = ZIP 2007, 1326; BGH NZI 2009, 512 (Rn. 29) = ZIP 2009, 1285 = MittBayNot 2010, 231 m. Anm. *Huber.*
[319] BGHZ 143, 246, 253 = NJW 2000, 1259 = ZIP 2000, 238, 241 = NZI 2000, 116.
[320] Vgl. auch *Gerhardt* ZZP 99 (1986), 410: „in irgendeiner Weise bedeutsam". Ausf zum Kausalzusammenhang *Henckel* in: Jaeger, InsO § 139 Rn. 126 ff.
[321] BGH NJW-RR 1988, 827.
[322] BGH ZInsO 2012, 2338 Rn. 18 ff.
[323] BGH NZI 2007, 575 (Rn. 57) = ZIP 2007, 1717 (Fall aus dem AnfG, weshalb es dort genügte, dass der Gegenstand dem Zugriff der Gläubiger wieder offen stand). Ausf zur InsO: MüKoInsO/*Kirchhof,* § 129 Rn. 177 ff. Vgl. auch schon RGZ 37, 97.
[324] BGHZ 128, 124 = NJW 1995, 659 = LM H 6/1995 AnfG § 3 I Nr. 2 *(Eckardt).*

die Lage versetzt hat, die Produktion fortzuführen.[325] Eine Anwendung der für Schadensersatzansprüche entwickelten Grundsätze zur Ausgleichung wegen (aus der unerlaubten Handlung erwachsenen) Vorteile auf die insolvenzrechtliche Anfechtung bzw. auf den Rückgewähranspruch ist von jeher in Rspr und Lehre einhellig abgelehnt worden.[326] Vielmehr ist der Eintritt einer Gläubigerbenachteiligung isoliert mit Bezug auf die konkret angefochtene Minderung des Aktivvermögens oder Vermehrung der Passiva des Schuldners zu beurteilen, eine *Vorteilsausgleichung findet nicht statt*.[327] *Beispiel:* Unerheblich ist, dass durch das Brauen von Bier (anfechtbare Rechtshandlung, → Rn. 19 – 2. Spiegelstrich) das Schuldnervermögen nicht nur wegen der dabei entstandenen Biersteuer belastet, sondern durch dieselbe Handlung zugleich vermehrt wurde.[328] Vorteile vermögen also weder die Entstehung des Anfechtungsrechtes zu verhindern noch den Inhalt und Umfang des Rückgewähranspruches zu beeinflussen.[329] Es gibt folglich keine Saldierung der Vor- und Nachteile im Insolvenzverfahren.[330]

Etwas anderes gilt in der Gläubigeranfechtung, nach dem AnfG, wenn der Anfechtungs*gläubiger*(!) durch die anfochtene Rechtshandlung des Schuldners zugleich einen Vorteil erhalten hat.[331]

Nicht verwechseln mit dem soeben erörterten Problem der Vorteilsausgleichung darf man die Frage der **Vorteilsanrechnung:**[332] Gemeint sind Fälle, in denen der Schuldner für den aus seinem Vermögen weggegebenen Gegenstand etwas erhält, was zwar keine unmittelbare und vollwertige Gegenleistung darstellt (dann fehlt eine Gläubigerbenachteiligung; zum Bargeschäft → Rn. 75 ff.), was sich aber in anderer Weise als – zumindest gleichwertiger – Vorteil erweist. Dann kommt es darauf an, ob dieser Vorteil unmittelbar mit dem Vermögensopfer zusammenhängt, sich also in einer – den anderweitigen Nachteil zumindest ausgleichenden – Mehrung des Schuldnervermögens niederschlägt.[333] *Beispiel:* Zustimmung eines Lieferanten zur Verwertung des schuldnerischen Betriebes gegen Tilgung der Rückstände, wenn der Betrieb ohne die „erkaufte" Einwilligung weniger wert gewesen wäre als den tatsächlich erzielten Kaufpreis abzüglich der Tilgungsleistung. *Gegenbeispiel* für nicht gleichwertigen Vorteil: Abtretung eines Anspruchs gegen Stundung einer Forderung.[334]

7. Hypothetische Kausalität. Der BGH[335] hatte früher einen ursächlichen Zusammenhang verneint, wenn mit an Sicherheit grenzender Wahrscheinlichkeit festgestellt werden konnte, dass der Schuldner über den weggegebenen Gegenstand ohne die anfechtbare Rechtshandlung bei gewöhnlichem Verlauf der Dinge in anderer, dann aber

---

[325] BGHZ 97, 87, 95 („Stromlieferungsvertrag III") = NJW 1986, 1496 = JZ 1986, 691 m. Anm. *Henckel.*
[326] Zur KO: RGZ 100, 88, 90; BGH LM § 30 KO Nr. 1; BGHZ aaO: zur InsO: BGH NZI 2009, 644 (Rn. 26) = ZInsO 2009, 1585 = ZIP 2009, 1674; aus dem Schrifttum vgl. nur MüKoInsO/ *Kirchhof,* § 129 Rn. 175 m Rspr-Nachw.
[327] BGH ZIP 2013, 1180 Rn. 7 = ZInsO 2013, 1143. BGHZ 174, 228 (Rn. 18) = NZI 2008, 163 = ZInsO 2008, 106 = ZIP 2008, 125.
[328] BGH NZI 2009, 644 (Rn. 26) = ZInsO 2009, 1585 = ZIP 2009, 1674.
[329] BGH NJW 1995, 1093, 1095.
[330] BGH NZI 2013, 494 Rn. 7 = ZIP 2013, 1180 Rn. 7 = ZInsO 2013, 1143.
[331] BGH ZIP 2004, 1370, 1374.
[332] Ausf zu Aspekten der „Vorteilsanrechnung" *Eckardt* ZInsO 2004, 888.
[333] BGHZ 154, 190 = NJW 2003, 1865 = NZI 2003, 315 = ZIP 2003, 810 = ZInsO 2003, 417; dazu *Huber* EWiR 2003, 719.
[334] BGH ZIP 2007, 2084 (Rn. 12, 13) = NZI 2007, 718 m. Anm. *Huber.*
[335] BGHZ 90, 207, 212 = NJW 1984, 1968 (zum AnfG) im Anschluss an RGZ 150, 42; 57, 27, 28, 29; 27, 21, 23. Den Ausgangspunkt hat literarisch gesetzt *Jaeger,* Gläubigeranfechtung § 1 Rn. 64: „Wenn also der reiche A dem B 1000 schenkt und späterhin sein ganzes Vermögen an der Börse verspielt, so kann B der Anfechtung nach § 3 Nr. 3 AnfG entgegenhalten, dass A auch jene 1000 verspielt haben würde".

in unanfechtbarer Weise verfügt hätte. Nach überzeugender Kritik[336] an dieser Rechtsprechung ist der u a für das Anfechtungsrecht innerhalb und außerhalb des Insolvenzverfahrens zuständige IX. Zivilsenat des BGH davon in einem Fall abgerückt, in dem der Beklagte eingewendet hatte, das Grundstück stände, wenn er es nicht anfechtbar erworben hätte, ebenfalls nicht mehr als Haftungsobjekt zur Verfügung, weil es dann von dinglichen Gläubigern versteigert worden wäre.[337] Zur Begründung heißt es mit Recht, die durch ein reales Geschehen hergestellte Ursächlichkeit der angefochtenen Rechtshandlung werde grundsätzlich nicht durch gedachte Geschehensabläufe ausgeschlossen; bei der sog. hypothetischen Kausalität handle es sich nämlich nicht um ein Problem der Ursächlichkeit, sondern um eines der Zuordnung, also um eine Wertungsfrage, die hier schon deshalb zu Lasten des Anfechtungsgegners zu entscheiden sei, weil sich der Gegenstand noch in seinem Vermögen befinde. Der Senat hat aber zugleich darauf hingewiesen, dass die Bewertung anders ausfallen kann, wenn es an dem zuletzt genannten Umstand fehlt. Damit sind diejenigen Sachverhalte gemeint, in denen der Verlust des Haftungsobjekts beim Anfechtungsgegner auf realen Ereignissen beruht, die diesen Verlust in gleicher Weise herbeigeführt hätten, wenn der betreffende Gegenstand noch im Vermögen des späteren Insolvenzschuldners gewesen wäre. Nach diesem vom BGH später mehrfach bekräftigten Standpunkt zur alleinigen Maßgeblichkeit des realen Geschehens (→ Rn. 67 aE)[338] ist es also unerheblich, ob der Schuldner ohne die angefochtene Handlung über den Anfechtunggegenstand anderweit verfügt hätte oder ob ein anderer Gläubiger unanfechtbar auf den Gegenstand hätte zugreifen können, wäre er nicht dem Anfechtungsgegner übertragen worden; solche gedachte Geschehensabläufe schließen einen Anfechtungstatbestand jedenfalls solange nicht aus, als sich der Anfechtungsgegenstand im Vermögen des Anfechtungsgegners befindet. Das entspricht auch der hM im Schrifttum.[339] Die Frage des ursächlichen Zusammenhangs zwischen der Rechtshandlung des Schuldners und der Gläubigerbenachteiligung ist also aufgrund des *realen Geschehens* zu beurteilen, dessen Wirkungen durch einen nur gedachten (hypothetischen) Kausalverlauf nicht beseitigt werden können.[340]

74 Diese Grundsätze gelten auch bei einem *von allen Beteiligten beabsichtigten Durchgangserwerb*. Hat deshalb der Schuldner eine Sache in der dem Verkäufer bekannten Absicht erworben, diese sofort an einen Dritten weiterzuveräußern, kann eine durch die Weiterveräußerung bewirkte Gläubigerbenachteiligung in der Regel nicht mit der Erwägung verneint werden, es habe von Anfang an dem Willen aller Beteiligten entsprochen, dass letztlich der Dritte die Sache erhalten solle.[341] Auch bei einer solchen Sachverhaltsgestaltung kommt es also lediglich auf das reale Geschehen, also auf den von den Beteiligten tatsächlich gewählten Weg an. Eine Gläubigerbenachteiligung könnte demzufolge unter bestimmten Voraussetzungen nur dann zu verneinen sein, wenn der Schuldner die Rechtsstellung eines uneigennützigen Treuhänders gehabt hätte,[342] was aber bei dem vom BGH entschiedenen Sachverhalt nicht gegeben war.

---

[336] *Gerhardt* ZIP 1984, 397, 398 ff. Vgl. auch *Gerhardt/Kreft*, Rn. 148 ff.

[337] BGHZ 104, 355 = NJW 1988, 3265.

[338] Aus der jüngeren Rechtsprechung zB: BGH NZI 2007, 404 (Rn. 23) = ZInsO 2007, 596 = ZIP 2007, 1164; aus der älteren zB: BGHZ 121, 179, 187 = NJW 1993, 208; 123, 183, 191 = NJW 1993, 2876; 123, 320, 325 f. = NJW 1993, 3267; 128, 184, 192 = NJW 1995, 659 = ZIP 1995, 134.

[339] Vgl. zB MüKoInsO/*Kirchhof*, § 129 Rn. 180 ff.; *Zeuner* Rn. 48. HM auch zur KO, *Rosenberg/Gaul/Schilken*, § 35 III 2 (unter Aufgabe der früheren gegenteiligen Auffassung). HM auch für die Gläubigeranfechtung nach dem AnfG s *Huber* AnfG § 1 Rn. 53, 54; *ders.* JuS 1996, 831.

[340] BGH ZIP 2005, 1243, 1244 = ZInsO 2005, 766.

[341] BGH NZI 2000, 468 = ZIP 2000, 1550 (Fall aus der Gläubigeranfechtung nach dem AnfG); dazu *Paulus* EWiR 2000, 947.

[342] Vgl. dazu BGHZ 124, 298, 301 ff. = NJW 1994, 726; dazu *Canaris* EWiR 1994, 319. Ausf zur Treuhand in der Insolvenz *Kirchhof*, FS Kreft, 359 ff.

V. Bargeschäfte

1. Entwicklung des Begriffs und Rechtslage nach KO und GesO. Aus dem 75 allgemeinen Grundsatz, wonach die anzufechtende Rechtshandlung objektiv zu einer Gläubigerbenachteiligung, also zu einer Verkürzung der Insolvenzmasse geführt haben muss (→ Rn. 51), sind im Konkursrecht die Begriffe „Bargeschäft" oder „Bardeckung" entwickelt worden. Ihnen liegt der Gedanke zugrunde, dass die Gläubiger letztlich nicht durch Geschäfte benachteiligt werden, bei denen dem Vermögen des späteren Insolvenzschuldners ein entsprechender Gegenwert zufließt. Man kann in diesen Fällen auch von „Vermögensumschichtung" sprechen,[343] weil das Vermögen des Schuldners per saldo nicht geschmälert wird.

Daraus folgerte *der BGH für den Geltungsbereich der KO*,[344] wo eine Vorschrift dazu fehlte: 76 Ein Bargeschäft schließe eine unmittelbare Benachteiligung und damit eine Anfechtung nach § 30 Nr. 1 Alt. 1 KO (unmittelbar benachteiligende Rechtsgeschäfte; jetzt: § 132 InsO) aus; da ein solches Rechtsgeschäft auch erfüllbar bleiben müsse, sei darüber hinaus eine Anfechtung nach § 30 Nr. 1 Alt. 2 KO (kongruente Deckung; jetzt: § 130 InsO) verboten. Der Rechtsgrund für diese anfechtungsrechtliche Begünstigung von Bargeschäften liege darin, dass wegen des ausgleichenden Gegenwerts keine Vermögensverschiebung zu Lasten des Insolvenzschuldners, sondern eine bloße Vermögensumschichtung eintrete (→ Rn. 75). Ohne diese Begünstigung würde ein Schuldner in der wirtschaftlichen Krise praktisch von allen – auch verkehrsüblichen – Umsatzgeschäften ausgeschlossen. *Nicht untersagt sei aber eine Anfechtung nach § 31 KO* (Vorsatzanfechtung; jetzt: § 133 I InsO) und auch nicht eine gemäß § 30 Nr. 2 KO (inkongruente Deckung; jetzt: § 131 InsO). Das Bargeschäft sei damit grundsätzlich auf die Erbringung kongruenter Leistungen beschränkt. Entsprechendes gelte für die Rechtslage im Bereich der GesO (→ Rn. 16).

Voraussetzung eines Bargeschäftes war danach, dass für die Leistung des Schuldners un- 77 mittelbar eine gleichwertige Gegenleistung in sein Vermögen gelangte. Scheidet damit eine unmittelbare Gläubigerbenachteiligung schon begrifflich aus, würde das aber eine Anfechtung nach Tatbeständen nicht hindern, die bloß mittelbare Gläubigerbenachteiligung erfordern (→ Rn. 51). Die anfechtungsrechtliche Privilegierung solcher Rechtsgeschäfte ist *Zweck* des Bargeschäfts. Die nach der Rechtsprechung des BGH die für den Bereich von KO und GesO entwickelten Kriterien stimmen mit den Voraussetzungen nach § 142 InsO überein, wie im Folgenden näher dargelegt.

2. Voraussetzungen und Rechtsfolgen eines Bargeschäfts nach § 142 InsO. 78 **a)** *Grundlagen zum Umfang der Anfechtbarkeit.* Zum Bargeschäft[345] bestimmt das Gesetz jetzt ausdrücklich in § 142 InsO, dass eine Leistung des Schuldners, für die unmittelbar eine gleichwertige Gegenleistung in sein Vermögen gelangt (zu diesen Voraussetzungen näher → Rn. 81ff.), nur anfechtbar ist, wenn die Voraussetzungen des § 133 I InsO gegeben sind. Die Vorschrift entspricht damit den oben (→ Rn. 76, 77) erörterten Grundsätzen; sie bleibt aber hinter dem Stand höchstrichterlicher Rechtsprechung zur KO insoweit zurück, als danach bei einem Bargeschäft außerdem eine inkongruente Deckungsanfechtung (§ 131 InsO) statthaft ist.[346] Inzwischen ist aber gefestigte Rechtsprechung auch zur InsO, dass der Begriff des Bargeschäfts Kongruenz der Deckung

---

[343] BGH ZIP 2005, 1243, 1245; BGHZ 123, 320, 323 = ZIP 1993, 1653.
[344] Grundlegend BGHZ 123, 320 = NJW 1993, 3267 u seitdem ständig, vgl. zB BGHZ 128, 184, 189 = NJW 1995, 659; zur früheren Rechtsprechung s die Nachw bei *Gerhardt/Kreft* Rn. 366ff. Ausführl zur Entwicklung vgl. auch *Raschke*, Das Bargeschäft (Diss Hamburg), 1999.
[345] Vgl. zum Rechtsgedanken des Bargeschäfts aus dem neueren Schrifttum zB: *Kayser*, FS Fischer, 2008, S. 267; *ders.*, ZIP 2007, 49; *C. Paulus*, FS Fischer, S. 445, 451f.; aus der älteren Literatur: *Eckardt* ZInsO 2004, 888, 892ff.; *Lwowski/Wunderlich*, FS Kirchhof S. 301 ff.; *Raschke*, aaO.
[346] BGHZ 123, 320, 323f., 328f.; dazu *Henckel* EWiR 1994, 373; krit. *Eckardt* ZIP 1999, 1417, 1421 ff.

§ 46 78   Kapitel III. 7. Abschnitt. Insolvenzanfechtung

voraussetzt, wie aus dem Zweck der anfechtungsrechtlichen Privilegierung (→ Rn. 77) und der Formulierung „für die" in § 142 InsO folgt; denn „Leistung" iS des § 142 InsO kann nur die geschuldete sein, also nur eine kongruente Deckung.[347] Das entspricht auch der herrschenden Meinung im Schrifttum,[348] das zum Teil dasselbe Ergebnis argumentativ auch aus einer teleologischen Extension des § 142 InsO herleitet, wonach die Vorschrift dahin auszulegen sei, dass die dort genannten Leistungen nicht nur nach § 133 I InsO, sondern *auch nach § 131 InsO anfechtbar sind*.[349]

Insgesamt ergeben sich folgende Grundsätze, wozu übrigens Einigkeit herrscht zwischen *BGH* und *BAG* (anders als zum Begriff der Unmittelbarkeit, → Rn. 81, 83):

– Erforderlich ist eine rechtsgeschäftliche *Verknüpfung von Leistung und Gegenleistung,* ein bloß wirtschaftlicher Zusammenhang genügt nicht.[350]
– Nur Leistungen des Schuldners, für die dieser *aufgrund einer Parteivereinbarung* mit dem anderen Teil, also dem Anfechtungsgegner, unmittelbar eine gleichwertige Gegenleistung in sein Vermögen erhalten hat, gelten als Bargeschäfte;[351] deshalb scheidet auch bei Abführung von Lohnsteuer durch den Arbeitgeber ein Bargeschäft aus.[352] An einer Parteivereinbarung mit dem Schuldner fehlt es an sich auch für die Vergütung an einen vorläufigen Insolvenzverwalter wegen dessen Bestellung durch das Insolvenzgericht (§ 21 Abs. 2 Nr. 1), die deshalb im eröffneten Verfahren als kongruente Deckung anfechtbar sein kann; ob darauf das Bargeschäftsprivileg anwendbar ist – so wie sonst für Dienstleister (Rechtsanwälte, Steuerberater usw) typischerweise[353] – hat der BGH offen gelassen, aber als „erwägenswert" bezeichnet.[354]
– Der Begriff des Bargeschäfts setzt nach inzwischen gefestigter Rechtsprechung (nicht nur des IX. ZS des BGH, sondern auch der Arbeitsgerichte[355]) außerdem – wie schon dargelegt - *Kongruenz der Deckung* voraus.
– Der Begriff der Vermögensumschichtung verlangt schließlich, dass die Gegenleistung *Bestandteil des schuldnerischen Aktivvermögens* wird, weshalb eine vom Anfechtungsgegner an einen Dritten erbrachte Zuwendung nicht als eine, ein Bargeschäft rechtfertigende Gegenleistung anerkannt werden kann.[356] Im entschiedenen Fall waren die vom Mineralölunternehmen gelieferten Kraftstoffe mangels Übereignung nicht in das Vermögen des Tankstellenbetreibers (späterer Insolvenzschuldner) übergegangen, vielmehr hatte sie dieser zwar namens und für Rechnung der Lieferantin an die Endabnehmer veräußert, die vereinnahmten Barerlöse aber erst nach Einzahlung auf seinem allgemeinen Geschäftskonto an das Unternehmen überwiesen; damit lag keine bloße Vermögensumschichtung vor, weil es mangels Übereignung der Kraftstoffe an einem die Überweisungen ausgleichenden Vermögenswert fehlte.[357]
– Bei der Subsumtion eine Falles unter die Merkmale des § 142 InsO gilt ein strenger Maßstab; deshalb gibt es auch *keine bargeschäftsähnlichen Handlungen*.[358]

---

[347] BGB NZI 2007, 456 (Rn. 10) = ZInsO 2007, 662 = ZIP 2007, 1162; dazu EWiR 2007, 471 *(Huber)*. Vgl. zB auch die ausdrücklichen Aussage in: BGH NZI 2007, 337 (Rn. 22) = ZIP 2007, 924 (bei inkongruenter Sicherung oder Befriedigung finden die Vorschriften über das Bargeschäft keine Anwendung).
[348] Vgl. nur MüKoInsO/*Kirchhof,* § 142 Rn. 7, 21.
[349] So vor allem *Kreft* in: HK-InsO, § 142 Rn. 9; *ders.* in: *Henckel/Kreft,* Insolvenzrecht, 1998, S. 305, 326 f.
[350] BGH ZIP 2010, 682 Rn. 30 = ZInsO 2010, 673.
[351] BGHZ 157, 350, 360 = ZIP 2004, 513, 517.
[352] Ausführl. dazu *Kayser,* ZIP 2007, 49 ff.
[353] Näher *Ganter* ZIP 2012, 2037, 2040.
[354] BGH ZIP 2012, 333 Rn. 22 = NZI 2012, 135 mit Besprechung *Graeber/Graeber,* S. 129 ff.
[355] Vgl. nur LAG Nürnberg ZInsO 2013, 94; LAG Berlin-Brandenburg ZInsO 2013, 91.
[356] BGH ZIP 2010, 2009 Rn. 23 ff. = ZInsO 2010, 1929.
[357] BGH ZIP 2010, 2009 Rn. 30 = ZInsO 2010, 1929.
[358] Ausf und überzeugend *Kayser,* FS Fischer, S. 267 ff. AA offenbar BAG NZI 2014, 372 Rn. 84 = ZIP 2014, 628 = ZInsO 2014, 659; vgl. dazu *Huber* EWiR 2014, 291 f.

Rechtsfolgen daraus sind: Auch im Bereich der InsO (→ Rn. 16) kann ein Bargeschäft (→ Rn. 77) weder nach § 132 InsO (unmittelbar nachteilige Rechtshandlungen) noch nach § 130 InsO (kongruente Deckung) angefochten werden. Das ist schon deshalb konsequent, weil § 142 InsO an die „gleichwertige Gegenleistung" anknüpft, folglich eine unmittelbar benachteiligende (→ Rn. 68) Rechtshandlung zwangsläufig nicht in Betracht kommt; ist die Gegenleistung aber weniger wert, so liegt begrifflich kein Bargeschäft vor, abzulehnen deshalb die Meinung, die in einem solchen Falle eine Anfechtung nach § 132 InsO zulassen möchte.[359] Nicht möglich ist außerdem eine Kongruenzanfechtung nach § 130 InsO. Eine Ausnahme gilt bei einer Globalzession (näher dazu → § 47 Rn. 21); dort ist die Deckung zwar kongruent, ein Bargeschäft scheidet aber aus, so dass eine Anfechtung unter den Voraussetzungen des § 130 InsO in Betracht kommt.[360] Davon abgesehen ist ein Bargeschäft folglich nur nach § 131 InsO oder nach § 133 I InsO anfechtbar. **79**

Eine Anfechtung nach *§ 133 II InsO* scheidet nach dem klaren Wortlaut von § 142 InsO aus.[361] Nicht zu folgen ist der im Schrifttum vertretenen gegenteiligen Meinung,[362] die in der eingeschränkten Verweisung ein Missverständnis des Gesetzgeber erblickt und sich darauf beruft, § 133 II InsO enthalte keinen selbstständigen Anfechtungstatbestand, sondern nur eine Beweislastregel. Für die zuerst genannten Annahme spricht nichts und die angeführte Begründung trifft nicht zu. Die objektiven Merkmale in beiden Bestimmungen unterscheiden sich ganz wesentlich. So erfasst § 133 I InsO ganz allgemein Rechtshandlungen des Schuldners und lässt mittelbare Gläubigerbenachteiligung genügen, während Abs. 2 der Vorschrift nur für Rechtsgeschäfte mit nahe stehenden Personen gilt und unmittelbare Gläubigerbenachteiligung verlangt. Wäre § 133 II InsO auf Bargeschäfte anwendbar, so wäre wegen der für den Anfechtungsgegner nachteiligen Beweisregel (Vermutung des subjektiven Tatbestandes) praktisch jedes solcher in der Anfechtungsfrist vorgenommenen Rechtsgeschäfte anfechtbar, weil dem anderen Teil der Beweis der fehlenden Kenntnis vom Gläubigerbenachteiligungsvorsatz des Schuldners kaum gelingen wird. Unabhängig davon scheitert eine Anwendung des § 132 II InsO auf Bargeschäfte jedenfalls am Merkmal der unmittelbaren Gläubigerbenachteiligung; an letzterem fehlt es, weil ein Bargeschäft begrifflich gerade voraussetzt, dass dem Vermögen des Schuldners durch das Rechtsgeschäft „unmittelbar" eine „gleichwertige Gegenleistung" zufließt. **80**

b) *Merkmal der Unmittelbarkeit nach BGH* (zum Standpunkt des BAG → Rn. 83). Leistung und Gegenleistung müssen durch Parteivereinbarung miteinander verknüpft sein, was die Worte „für die" zum Ausdruck bringen (zum Merkmal der Gleichwertigkeit → Rn. 83). Die Formulierung „unmittelbar" besagt, dass zwischen Leistung und Gegenleistung ein *enger zeitlicher Zusammenhang* bestehen muss. Das ist nicht nur gegeben, wenn die gleichwertigen Leistungen Zug um Zug ausgetauscht werden, sondern auch dann, wenn zwischen Vertragsschluss und Leistung bzw. Leistung und Gegenleistung eine kurze Zeitspanne liegt; wie lange der Charakter des Bargeschäftes erhalten bleibt, entscheidet (nach Art der ausgetauschten Leistungen und den Gepflogenheiten des Geschäftsverkehrs) die Verkehrsauffassung.[363] Die Zeitspanne zwischen Leistung und **81**

---

[359] So aber *Gerhardt,* FS Brandner, S. 605, 611; zust *Häsemeyer,* Rn. 21.40; wie hier zB *Zeuner,* Rn. 52.
[360] BGHZ 174, 297 (Rn. 40 ff.) = NJW 2008, 430 = NZI 2008, 89 = ZInsO 2008, 91 = ZIP 2008, 183.
[361] So auch MüKoInsO/*Kirchhof,* § 142 Rn. 22, 24.
[362] So vor allem *Nerlich* in *Nerlich/Römermann,* § 142 Rn. 14; *Lwowski/Wunderlich,* FS Kirchhof, S. 301, 317.
[363] BGH ZInsO 2010, 673 (Rn. 31) = ZIP 2010, 682. So schon RGZ 100, 62, 64; RGZ 136, 152, 158 f.; BGH LM § 30 KO Nr. 2 = NJW 1955, 709 (Leitsatz).

Gegenleistung darf jedenfalls *nicht* so lange sein, dass das Rechtsgeschäft den *Charakter eines Kreditgeschäfts* annimmt;[364] eine Kreditgewährung kann auch in einer Stundung liegen.[365] Am Begriff des Zusammenhangs fehlt es schon bei der Darlehensrückzahlung, weil nicht sie sondern die Verzinsung im Gegenseitigkeitsverhältnis steht.[366]

82 *Beispiele für unbedenkliche Zeitspanne* (→ Rn. 87, 88):
– Unschädlich ist der auch längere Zeitraum zwischen Darlehensgewährung und Eintragung des als Sicherheit bestellten Grundpfandrechtes, falls der Eintragungsantrag unverzüglich gestellt worden war (→ Rn. 68), wie auch § 140 II InsO zeigt.
– Im Übrigen gilt die sog. 30-Tage-Regel (Frist in Anlehnung an § 286 Abs. 3 S. 1 BGB), insbesondere wie gleich ersichtlich.
– Bei Kaufverträgen über bewegliche Sachen kann die Zeit, innerhalb deren die Abwicklung des Vertrages als Bargeschäft angesehen werden kann, allgemein gültig nicht bestimmt werden; 30 Tage zwischen Lieferung und Zahlung sind aber keinesfalls zu beanstanden.[367] Bei Beurteilung des Bargeschäftscharakters vom Falle einer Einzugsermächtigung kommt es auf den Zeitpunkt des Lastschrifteinzugs und nicht auf den der späteren Genehmigung an,[368] was auch für Leasingverträge gilt.[369]
– Zahlung des Honorars an einen Rechtsanwalt (oder sonstigen Berater) binnen 30 Tagen nach Leistungserbringung (im konkreten Fall zwischen der Stellung eines Insolvenzantrags und der Entwicklung eines Insolvenzplans) sowie umgekehrt Leistungserbringung eines Rechtsanwalts innerhalb der nächsten 30 Tage nach Erhalt des Vergütungsvorschusses (in dieser Sache).[370]

Kein Bargeschäft liegt beispielsweise vor:
– Bei Stundung der Gegenleistung auch nur um eine Woche, wenn sie darauf beruht, dass der Schuldner im Zeitpunkt der Fälligkeit nicht zahlen kann;[371]
– bei Vorleistungen eines Rechtsanwalts, die der inzwischen in der Krise befindliche Mandant 30 Tage später vergütet;[372]
– bei einer Zeitspanne von zwei Monaten zwischen der Fälligkeit des Anwalthonorars für Sanierungsbemühungen und der tatsächlichen Zahlung[373] (vgl. auch → Rn. 83); zur Frage der Gläubigerbenachteiligung → Rn. 65; zur Vorsatzanfechtung in solchen Fällen → § 48 Rn. 18.

83 **c)** *Merkmal der Unmittelbarkeit nach BAG* (zum Standpunkt des BGH siehe soeben u. → Rn. 84 aE). Bei *Zahlung rückständigen Arbeitslohns*[374] (zu Kongruenz und Beweisrecht → § 47 Rn. 32) bestimmt demgegenüber das jetzt für die Insolvenzanfechtung in solchen Fällen rechtswegzuständige Bundesarbeitsgericht (→ § 51 Rn. 30) die zeitliche Grenze

---

[364] MüKoInsO/*Kirchhof*, § 142 Rn. 15.
[365] BGH NZI 2003, 253 = ZIP 2003, 488 = ZInsO 2003, 324.
[366] OLG Celle NZI 2012, 890 = ZIP 2012, 2114 = ZInsO 2012, 2050.
[367] BGH NZI 2007, 517 (Rn. 15) = ZInsO 2008, 816 = ZIP 2007, 1469.
[368] BGH NZI 2008, 482 = ZInsO 2008, 749 = ZIP 2008, 1241 (dort ist bloß missverständlich von einer Woche die Rede, die für ein Bargeschäft nicht zu lang sei (so zutreffend in ihrer Urteilsanmerkung *Achsnick/Krüger* NZI 2008, 482).
[369] BGH NZI 2009, 378 (Rn. 10) = ZInsO 2009, 869 = ZIP 2009, 1334.
[370] BGH NZI 2008, 173 = ZInsO 2008, 101 = ZIP 2008, 232.
[371] BGH NZI 2003, 253 = ZIP 2003, 488 = InsO 2003, 324.
[372] BGHZ 167, 190 (Rn. 35) = NZI 2006, 401 = ZInsO 2006, 712 = ZIP 2006, 1261.
[373] BGH NJW 2002, 3252 = ZIP 2002, 1540 = ZInsO 2002, 876; dazu *Lwowski/Wunderlich*, FS Kirchhof, S. 301, 311 ff.; *Meyer* DZWiR 2003, 6.
[374] Ausführlich sowohl zur (früher allein) maßgeblichen Rechtsprechung des BGH wie zu der des BAG, von den grundsätzlichen Ausgangspunkten bis zu den Detailfragen hinsichtlich des Bargeschäftsbegriffs siehe *Huber* ZInsO 2013, 1049 (ergänzter Beitrag aus FS Haarmeyer, S. 111) und HHS/*Huber* Teil IV Rn. 572 ff.

Grundlagen der Anfechtung 84 § 46

des § 142 InsO ganz anders.[375] Im zugrunde liegenden Grundsatzurteil[376] ging es um einen Betriebsleiter, der von seinem (später insolventen) Arbeitgeber im 2/3 Monat vor Insolvenzantrag Zahlungen auf Lohnrückstände erhalten hatte, wozu der 6. Senat entschied: „Zahlt der Arbeitgeber in der Krise Arbeitsentgelt für vom Arbeitnehmer in den vorhergehenden drei Monaten erbrachte Arbeitsleistungen, ligt grundsätzlich ein Bargeschäft i. S. v. § 142 InsO vor." Sachverhalt und Problemlage lassen sich der folgenden, auf eine Zahlungsvariante verkürzten Skizze entnehmen:[377]

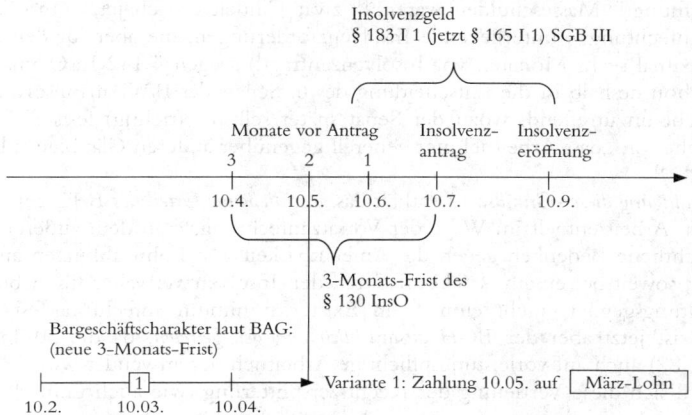

Bei dieser Variante wurde durch die Zahlung (am 10.5.) der Märzlohn getilgt, worin 84 das BAG ein Bargeschäft erblickt:
— Es meint, die bislang als Voraussetzung für ein Bargeschäft genannten Fristen (drei Wochen/ein Monat) passten nicht für Arbeitsverhältnisse. In nicht wenigen Branchen sei die verzögerte Zahlung der Vergütung schon fast die Regel, die Zahlungsmoral der Geschäftspartner von Arbeitgebern schlecht. Dem Schuldner solle aber die weitere Teilnahme am Geschäftsverkehr ermöglicht werden; die Arbeitnehmer seinen trotz Zahlungsverzugs bereit, weitere Arbeitsleistungen zu erbringen, sofern sie ihre Entgeltansprüche als durch das Insolvenzgeld (§ 183 Abs. 1 S. 1 = jetzt § 165 Abs. 1 S. 1 SGB III) gesichert ansähen. Begleiche der Arbeitgeber in der Krise rückständige Vergütung für die in den vorhergehenden drei Monaten erbrachten Arbeitsleistungen, liege ein Bargeschäft vor.
— Das ist abzulehnen. Das Bundesarbeitsgericht postuliert damit eine zweite, anfechtungsrechtlich bislang unbekannte „Drei-Monats-Frist", die aus dem Rechtsgedanken des § 183 Abs. 1 S. 1 (jetzt § 165 Abs. 1 S. 1) SGB III hergeleitet wird. Diese Argumentation trägt schon deshalb nicht, weil sich ein Arbeitnehmer bei der Erbringung weiterer Arbeitsleistungen trotz Zahlungsverzugs nicht von der Aussicht auf Insolvenzgeld leiten lassen kann; denn dort geht es um drei Monate vor Insolvenz*eröffnung,* jetzt aber — wenn überhaupt — um ein angebliches Sicherungsmittel drei Monate vor Insolvenz*antrag.* Im Übrigen billigt das Bundesarbeitsgericht die Annahme

---

[375] Deshalb spricht man vom „janusjöpfigen Bargeschäft", vgl. die Titelüberschriften bei *Huber,* aaO.
[376] BAGE 139, 235 = NZI 2011, 981 = ZIP 2011, 2366, dazu EWiR 2011, 817 *(Huber).* Ausführlich zum Urteil und den aus insolvenzrechtlicher Sicht abzulehnenden Konsequenzen *Huber* ZInsO 2013, 1049, 1051 ff.; abl, zB auch *Ganter* ZIP 2012, 2037, 2043; aA (dem BAG zustimmend und sogar noch darüber hinaus gehend *Wroblewski* NJW 2012, 894. Bestätigung der Rechtsprechung in BAG NZI 2014, 372 Rn. 50 = ZIP 2014, 628 = ZInsO 2014, 659; dazu vgl. *Huber* EWiR 2014, 291.
[377] Alle Varianten enthält die Skizze bei *Huber* ZInsO 2013, 1049, 1052.

einer fehlenden Kenntnis des Arbeitnehmers von eingetretener oder drohender Zahlungsunfähigkeit. Wie sollte dieser dann die Zahlung rückständigen Entgelts in der Krise(!) „als abgesichert anzusehen pflegen".[378]
- Außerdem widerspricht die Entscheidung dem Prinzip der par condicio creditorum;[379] denkt man das Problem zu Ende, enthält eine zu Beginn der drei-monatigen Anfechtungsfrist erfolgte Zahlung ein Bargeschäft, sofern das Entgelt nur drei Monate vorher fällig war. Damit geht das Bundesarbeitsgericht faktisch über die Rechtslage nach KO hinaus, wonach Lohnansprüche aus den letzten sechs Monaten vor Verfahrenseröffnung(!) Masseschulden waren;[380] zwar handelt es sich jetzt um – der Kongruenzanfechtung – unterliegende Insolvenzforderungen, die aber für den Zeitraum von maximal sechs Monaten vor Insolvenzantrag(!) wegen § 142 InsO unanfechtbar sind. Schon deshalb ist die Entscheidung des 6. Senats des BAG aus insolvenzrechtlicher Sicht unzutreffend, wozu der Senat später selbst(!) (richtig) feststellt, die InsO sehe nicht vor, „dass Arbeitnehmer generell gegenüber anderen Gläubigern bevorzugt werden".[381]
- Die *Bestätigung dieser Grundsätze* enthält das *anschließende Urteil des BAG* zur Rückzahlung von Arbeitsentgelt im Wege der Vorsatzanfechtung,[382] in dem außerdem verfassungsrechtliche Bedenken gegen die Anfechtbarkeit von Lohnzahlungen angemeldet wurden, soweit bei einem Rückgriff durch den Insolvenzverwalter für Arbeitnehmer (Anfechtungsgegner) nicht einmal ein Existenzminimum anfechtungsfest verbleibt. Beidem ist jetzt aber der *BGH ausdrücklich entgegen getreten,* da die 30-Tage-Regel (→ Rn. 82) auch auf vorleistungspflichtige Arbeitnehmer anwendet wird.[383] Hoffentlich wird sich diese Vertiefung der Rechtszersplitterung (wie auch immer!) anlässlich der nach dem Koalitionsvertrag nunmehr ernsthaft in Angriff genommenen Reform des Anfechtungsrechts (→ § 47 Rn. 33, → § 48 Rn. 2) erledigen.[384]

85 **d)** *Merkmal der Gleichwertigkeit.* Für die Beurteilung gilt ein rein objektiver Maßstäben, weil die Benachteiligung ein objektives Erfordernis darstellt. Leistung und Gegenleistung müssen also objektiv gleichwertig sein und außerdem der Parteivereinbarung entsprechen; fehlt es an Letzterem, scheidet schon begrifflich ein Bargeschäft aus und kommt eine Inkongruenzanfechtung in Betracht (→ Rn. 79). *Beispiele:*
- Bei Sanierungsbemühungen (vgl. auch schon → Rn. 82 aE) fehlt es an der Gleichwertigkeit zwischen Leistungen und Honorar, wenn diese wegen der finanziellen Lage des Schuldners von vornherein aussichtslos waren;[385]
- ebenso in der Regel bei Einbringung eines Grundstücks als Sacheinlage in die GmbH gegen Übertragung eines Geschäftsanteils an dieser GmbH.[386]

86 **e)** Die *Beweislast* für die Voraussetzungen des § 142 InsO (→ Rn. 81 ff.) trägt nach allgemeinen Regeln der Anfechtungsgegner; denn er beruft sich auf diese für ihn günstige Norm, die eine Anfechtbarkeit ausschließt. Das gilt auch für die Frage, ob

---

[378] So aber BAGE 139, 235 = NZI 2011, 981 Rn. 17.
[379] Dezidiert aA *Knospe,* ZInsO 2014, 748 ff., 760 und ZInsO 2014, 861 ff., insbes. 872 ff.: Prinzip führt zur Ungleichbehandlung und gesetzgeberische Korrekturen zum Bargeschäft sind „dringend erforderlich".
[380] Näher *Huber,* NJW 2009, 1928, 1929; das erkennt auch BAG ZIP 2011, 2366 Rn. 11.
[381] BAG ZIP 2013, 1033 Rn. 43.
[382] BAG NZI 2014, 372; dazu *Huber* EWiR 2014, 29; *Lütcke* NZI 2014, 350; *Niesert* NZI 2014, 252.
[383] BGH NJW 2014, 2579 = ZIP 2014, 1491 = ZInsO 2014, 2570; im Ergebnis war die Differenz folgenlos, weil die monatlichen Lohnzahlungen innerhalb von 30 Tagen nach Fälligkeit erfolgten!
[384] Korrekturen zum Bargeschäft fordern – neben dem schon zitierten *Knospe,* ZInsO 2014, 748 – vor allem auch: *Marotzke* ZInsO 2014, 745, 747 f.; *Bork,* ZIP 2014, 797, 810 (Streichung zur Ausnahme der Vorsatzanfechtung in § 142 InsO).
[385] BGH NZI 2001, 81 = ZIP 2001, 33, ZInsO 2001, 71.
[386] BGHZ 128, 184 = NJW 1995, 659.

Leistung und Gegenleistung den Parteivereinbarungen entsprechen, also kongruent sind (→ Rn. 76 aE, 77). Bei Nicht-Aufklärbarkeit (non liquet) ist ein Bargeschäft zu verneinen. Im Übrigen muss man unterscheiden:
- Steht *ein Bargeschäft* fest und kommt eine Vorsatzanfechtung nach § 133 I InsO in Betracht, trägt die Beweislast der Insolvenzverwalter nach allgemeinen Regeln; bei kongruenten Deckungsgeschäften wird der Nachweis des Gläubigerbenachteiligungsvorsatzes und der Kenntnis des anderen Teils davon in der Praxis kaum gelingen (→ § 48 Rn. 14 ff., 19 ff.).
- Liegt *kein Bargeschäft* vor, wie insbesondere bei Inkongruenz der Leistungen (→ Rn. 78), ist die Anfechtbarkeit nicht eingeschränkt, findet also grundsätzlich jeder Tatbestand Anwendung; zur Beweislastverteilung wird auf die entsprechenden Erörterungen dort verwiesen (zu § 131 InsO → § 47 Rn. 63).

f) *Kontokorrentverrechnungen der Bank als Bargeschäft.*[387] Verrechnungen einer Bank in der Krise ihres Kunden auf dessen Kontokorrentkonto (genauer: Verrechnung einer zugunsten des Kunden eingegangenen Gutschrift mit der Forderung der Bank aus vom Kunden in Anspruch genommener Kreditlinie) fallen als Deckungsgeschäfte grundsätzlich unter §§ 130, 131 InsO, was dann gegebenenfalls die Verrechnung gemäß § 96 I Nr. 3 InsO unzulässig macht (→ Rn. 13, 14). Die Deckung ist kongruent, wenn die Bank einen der Gutschrift entsprechenden Zahlungsanspruch hatte, insbesondere weil eine Kontoüberziehung nicht – auch nicht stillschweigend – gestattet (dann: Anspruch auf sofortige Rückführung der Überziehung) oder ein eingeräumter Kontokorrentkredit gekündigt war; Voraussetzung ist kurz gesagt, dass der Kontokorrentverkehr vereinbarungsgemäß abgewickelt wird,[388] während es sich andernfalls um eine inkongruente Deckung handelt (näher → § 47 Rn. 24, 54).

Der Deckungsanfechtung entzogen sind aber (auch hier) *Bargeschäfte* gemäß § 142 InsO (→ Rn. 78 ff.); als Grundlage für ein Bargeschäft genügt der Kontokorrentvertrag. Stellt eine Bank Zahlungseingänge ins Kontokorrent ein, kann in dem Umfang ein unanfechtbares Bargeschäft vorliegen, in dem sie ihren Kunden (Schuldner) wieder über den Gegenwert verfügen lässt, wobei grundsätzlich unerheblich ist, ob der Schuldner den vereinbarten Kreditrahmen voll ausnutzt.[389] Das gilt auch, wenn das Kreditinstitut zwar nicht alle, aber einzelne Verfügungen des Kunden über sein im Soll geführtes Konto im Ausgleich gegen verrechnete Empfänge ausführt;[390] Voraussetzung ist aber die Wahrung des eigenen Bestimmungsrechts des Kunden.[391] Die Zeitspanne, die zwischen den Ein- und Auszahlungen liegen darf, um den Vorgängen nicht den Charakter des Bargeschäftes zu nehmen (→ Rn. 81, 82) darf zwei bis höchstens vier Wochen betragen;[392] auf die Reihenfolge zwischen Ein- und Auszahlungen kommt es demgegenüber nicht an.[393] Die Verrechnung der Gutschrift darf nur nicht der letzte Akt sein, bevor die Bank das Konto des Schuldners schließt. Ein unanfechtbares Bargeschäft kann auch insoweit vorliegen, als das Kreditinstitut zwar nicht alle, aber einzelne Verfügungen des (späteren) Insolvenzschuldners über sein im Soll geführtes Konto im Ausgleich gegen verrechnete Eingänge ausführt.[394] Die Bank erfüllt aber eine gleichwertige Pflicht aus dem Kontokorrentverhältnis nur, wenn die Verfügung des Schuldners fremdnützig

---

[387] Ausf dazu *Kayser*, FS Fischer, S. 265 ff.; *Kirchhof* ZInsO 2003, 149; *Bork*, FS Kirchhof, S. 57 ff.
[388] BGH ZIP 2004, 1509, 1510 = NZI 2004, 930 = ZInsO 2004, 856.
[389] BGHZ 150, 122 = NJW 2002, 1722 = NZI 2002, 311 = ZIP 2002, 812.
[390] BGH ZIP 2002, 2182, 2184 = ZInsO 2002, 1136, dazu EWiR 2003, 29 *(Huber)*.
[391] BGH ZInsO 2012, 1429 Rn. 13, 16.
[392] Im vorgenannten BGH-Fall: Wochen; MüKoInsO/*Kirchhof*, § 142 Rn. 18: Bis ein Monat.
[393] BGH NJW 2001, 1650 = ZIP 2001, 524.
[394] BGH NJW 2003, 360 = NZI 2003, 34 = ZIP 2002, 2182 = ZInsO 2002, 1136; dazu *Huber* EWiR 2003, 29.

wirkt, weshalb bei Verrechnungen im Kontokorrent zur Erfüllung ihrer eigenen Ansprüche *kein Bargeschäft* angenommen werden kann.[395] Auch bei *Inkongruenz der Deckung* scheidet ein Bargeschäft aus (→ Rn. 86); in einem solchen Fall hilft auch das Offenhalten der Kreditlinie nicht (→ § 47 Rn. 54 aE).

89 Verrechnungen der Bank im Kontokorrent unterliegen dieser gegenüber **nicht** der Vorsatzanfechtung (§ 133).[396] Zwar ist die Erteilung eines Überweisungsauftrages eine Rechtshandlung des Schuldners, es fehlt aber – auch bei der Ausführung – gerade unter dem Gedanken des Bargeschäfts an einer Gläubigerbenachteiligung; für die Allgemeinheit der Gläubiger ist erst die Belastungsbuchung nachteilig, in der aber keine Rechtshandlung des Schuldners liegt, sondern eine der Bank, die so ihren Aufwendungsersatzanspruch realisiert.

VI. Prüfungsschema für Anfechtungsanspruch

90 Ob ein Anfechtungsanspruch gegeben ist, lässt sich anhand folgender „Checkliste" überprüfen: Ein Anfechtungsanspruch setzt voraus (Einzelheiten → Rn. 19–88) als

„Allgemeinen Teil" jeder Insolvenzanfechtung

(1) eine **Rechtshandlung,**
– also ein aktives Tun oder Unterlassen (§ 129 InsO), das **vor** Insolvenzeröffnung vorgenommen wurde (§ 140 I, III InsO) bzw. dessen Vornahme für diesen Zeitpunkt fingiert wird (§ 140 II InsO), sofern nicht ausnahmsweise auch eine **nach** Insolvenzeröffnung vorgenommene Rechtshandlung anfechtbar ist (§ 147 InsO),
– wobei nicht nur Rechtshandlungen des Schuldners, sondern auch solche Dritter und von Vertretern oder des schwachen vorläufigen Insolvenzverwalters, in Betracht kommen,

(2) und eine dadurch herbeigeführte **objektive Gläubigerbenachteiligung,**
also eine objektive Verkürzung der (späteren) Masse,
– wobei grundsätzlich mittelbare Gläubigerbenachteiligung genügt, also ein irgendwie – Zusammenhang im Zeitpunkt der letzten mündlichen Verhandlung im Anfechtungsprozess in der Tatsacheninstanz, während (nur) § 132 InsO und § 133 II InsO unmittelbare Gläubigerbenachteiligung verlangen,
– wobei die objektive Gläubigerbenachteiligung aber in bestimmten Fällen ausgeschlossen sein kann
insbesondere bei
– Befriedigung gegen Verzicht oder Austausch von gleichwertigen Rechten oder
– wertausschöpfender Belastung,
– wobei aber (durch die anfechtbare Handlung möglicherweise herbeigeführte) Vorteile und hypothetische Kausalverläufe außer Betracht bleiben,

(3) sofern nicht ein grundsätzlich unanfechtbares **Bargeschäft** gemäß § 142 InsO vorliegt, bei dem nur
– eine Anfechtung nur im Wege der Vorsatzanfechtung nach § 133 I InsO in Betracht kommt oder
– auch eine inkongruente Deckungsanfechtung gemäß § 131 InsO, weil der Begriff des Bargeschäfts Kongruenz der ausgetauschten Leistungen voraussetzt.

Ein Anfechtungsanspruch setzt weiter voraus (Einzelheiten in §§ 47–50) als

---

[395] BGH NZI 2008, 175 (Rn. 6) = ZInsO 2008, 163 = ZIP 2008, 237.
[396] *Ganter*, NZI 2010, 835, 837.

Besondere Insolvenzanfechtung § 47

„Besonderen Teil" einer Insolvenzanfechtung

(1) das Eingreifen eines **Anfechtungstatbestandes,** wobei man unterscheidet
 – die sogenannte „besondere Insolvenzanfechtung", nämlich
  – die kongruente Deckungsanfechtung (§ 130 InsO),
  – die inkongruente Deckungsanfechtung (§ 131 InsO),
  – die Anfechtung unmittelbar nachteiliger Rechtshandlungen (§ 132 InsO),
 – die Vorsatzanfechtung nach § 133 InsO,
 – die Anfechtung unentgeltlicher Leistungen nach § 134 InsO („Schenkungsanfechtung")
 – die Anfechtung von Gesellschafterdarlehen (§ 135 I, II InsO), oder der Einlage eines stillen Gesellschafters (§ 136 InsO),
(2) wobei das **Konkurrenzverhältnis** grundsätzlich offen ist, also kein Ausschließlichkeitsverhältnis zwischen den einzelnen Anfechtungstatbeständen besteht, mit Ausnahme zwischen Deckungsanfechtung (§§ 130, 131) und Anfechtung unmittelbar nachteiliger Rechtshandlungen (§ 132), weil Deckungsgeschäfte nur nach den zuerst genannten Bestimmungen anfechtbar sind,
(3) die Verwirklichung der jeweiligen **Tatbestandsmerkmale**
 – in objektiver Hinsicht, also die Vornahme einer Rechtshandlung („Allgemeiner Teil") innerhalb des jeweiligen Anfechtungszeitraums, wobei für die Berechnung § 139 I InsO gilt und unter Umständen die Erstreckung der Anfechtungsfristen gemäß § 139 II InsO zu beachten ist,
 – mit der Folge einer Gläubigerbenachteiligung („Allgemeiner Teil") und
 – in subjektiver Hinsicht gemäß den jeweiligen, ganz unterschiedlichen Anforderungen,
(4) wobei einzelne Tatbestände für die Anfechtung gegenüber **nahestehenden Personen** (§ 138 InsO) Erleichterungen vorsehen, nämlich §§ 130 III, 131 II 2, 132 III, 133 II 1 InsO.

§ 47. Die „besondere Insolvenzanfechtung" (§§ 130–132 InsO)

Übersicht

	Rn.
I. Allgemeines	1
1. Zweck der „besonderen Insolvenzanfechtung"	1
2. Die Anfechtungsvorschriften im Überblick (samt Rückblick auf KO/GesO)	2
3. Begriff des Insolvenzgläubigers	4
4. Die Krise	6
a) Begriff	6
b) Zahlungsunfähigkeit/Zahlungseinstellung/Zahlungsstockung	8
c) Beweisfragen zum objektiven Merkmal der Zahlungseinstellung	12
d) Zeitliche Grenze	13
II. Kongruente Deckungsanfechtung (§ 130 InsO)	14
1. Überblick	14
2. Anfechtbare Rechtshandlungen (§ 130 I 1 InsO)	15
3. Unanfechtbare Rechtshandlungen (§ 130 I 2 InsO)	19
4. Kongruente Deckung	20
a) Grundsätze	20
b) Globalzession	21
c) Lohnzahlungen	23
d) Weitere Beispiele	24
5. Krise – Fallgruppen	25
a) § 130 I Nr. 1 InsO	25
b) § 130 I Nr. 2 InsO	26

Huber

§ 47   1   Kapitel III. 7. Abschnitt. Insolvenzanfechtung

	Rn.
6. Mittelbare Gläubigerbenachteiligung	27
7. Subjektiver Tatbestand	28
a) Kenntnis	28
b) Der Kenntnis gleichgestellte Kenntnis von Umständen (§ 130 II InsO)	30
c) Spezialität: Insolvenzanfechtung rückständiger Lohnzahlungen	32
d) Zeitpunkt	34
8. Beweislast	35
a) Grundsätze	35
b) Vermutung bei nahestehenden Personen (§§ 130 III, 138 InsO)	36
9. Wechsel- und Scheckzahlungen (§ 137 InsO)	38
III. Inkongruente Deckungsanfechtung (§ 131 InsO)	39
1. Überblick	39
2. Anfechtbare Rechtshandlungen	40
3. Inkongruente Deckung	41
a) Grundsätze	41
b) Begriffe	42
c) Spezialproblem: Globalzession und Werthaltigmachen	43
d) Deckung durch Zwangsvollstreckung und Druckzahlung – gescheiterte/verwirklichte Reformvorhaben	44
e) Deckung durch Zwangsvollstreckung und Druckzahlung – Stand der höchstrichterlichen Rechtsprechung	45
f) weitere Problembereiche zur Abgrenzung inkongruent/kongruent	49
4. Krise – Fallgruppen	56
a) Grundsätze	56
b) Fallgruppe § 131 I Nr. 1 InsO	57
c) Fallgruppe § 131 I Nr. 2 InsO	58
d) Fallgruppe § 131 I Nr. 3 InsO	59
5. Mittelbare Gläubigerbenachteiligung	60
6. Subjektiver Tatbestand	61
a) Rechtslage nach InsO	61
b) Rechtslage nach KO und GesO	62
7. Beweislast	63
8. Verhältnis zu anderen Anfechtungstatbeständen	64
IV. Unmittelbar nachteilige Rechtsgeschäfte und Rechtshandlungen des Schuldners (§ 132 InsO)	65
1. Überblick	65
2. Anfechtbare Rechtshandlungen	66
a) Grundsätze	66
b) Rechtsgeschäfte des Schuldners	67
c) Sonstige Rechtshandlungen des Schuldners	70
3. Krise	72
4. Gläubigerbenachteiligung	73
a) Unmittelbare bei § 132 I InsO	73
b) Mittelbare bei § 132 II InsO	74
5. Subjektiver Tatbestand	75
6. Beweislast	76

I. Allgemeines

1. Zweck der „besonderen Insolvenzanfechtung". Die §§ 130–132 InsO beinhalten eine dem Insolvenzrecht eigentümliche Anfechtbarkeit, die bei der Gläubigeranfechtung außerhalb des Insolvenzverfahrens nach dem AnfG nicht vorgesehen ist; man nennt sie daher „besondere Insolvenzanfechtung".[1] Sie beruht auf dem Gedanken, dass vom Offenbarwerden der Krise an (→ Rn. 3) das Vermögen des Schuldners der Allgemeinheit seiner persönlichen Gläubiger verfangen ist.[2] Deshalb sucht sie dem Prinzip der gleichmäßigen Befriedigung aller Insolvenzgläubiger schon ab diesem Zeitpunkt,

---

[1] Dieser Sprachgebrauch stimmt mit dem in KO u GesO überein (→ Rn. 4).
[2] BGHZ 58, 240, 242 f. = NJW 1972, 870.

Besondere Insolvenzanfechtung 2–4 § 47

nicht erst ab dem der formellen Insolvenzeröffnung Geltung zu verschaffen.[3] Ihr Zweck ist es mithin, Vorteile, die jemand in der Krise (→ Rn. 6 ff.) des Schuldners gezogen hat, im Interesse der *par condicio creditorum* wieder auszugleichen.[4]

2. Die Anfechtungsvorschriften im Überblick. Drei Tatbestände sind zu unter- 2 scheiden:
- Die ersten beiden (§§ 130, 131 InsO) erfassen Deckungshandlungen, bei denen die früher begründeten Insolvenzforderungen besichert oder befriedigt werden, ohne dass es auf das Zutun des späteren Insolvenzschuldners ankäme; dabei behandelt § 130 InsO *kongruente Deckungen*, also Sicherungen oder Befriedigungen eines Insolvenzgläubigers, die diesem bei Vornahme der Rechtshandlung zustanden.
- Demgegenüber meint § 131 InsO *inkongruente Deckungen*, also diejenigen, die ein Insolvenzgläubiger zu diesem Zeitpunkt nicht oder nicht in der Art oder nicht zu der Zeit ihrer Gewährung zu beanspruchen hatte.
- Schließlich betrifft § 132 InsO *unmittelbar nachteilige Rechtshandlungen* des Schuldners.

In jedem dieser Fälle ist eine bestimmte zeitliche Nähe des anzufechtenden Rechts- 3 geschäftes bzw. der anzufechtenden Rechtshandlung zum Eröffnungsantrag erforderlich, also Vornahme in der *Krise* des Schuldners. Im folgenden wird deshalb zunächst der Begriff der Krise als gemeinsame Voraussetzung aller drei Anfechtungstatbestände erläutert (→ Rn. 6 ff.).

Wegen des **Rückblicks auf KO/GesO** wird auf die 4. Auflage (dort Rn. 4, 5) verwiesen; diese frühere Rechtslage hat infolge Zeitablaufs kaum mehr praktische Bedeutung (zum Übergangsrecht → § 46 Rn. 17).

3. Begriff des Insolvenzgläubigers. Die folgende Übersicht enthält die *Grundlagen* 4 für alle Tatbestände vorweg, zu weiteren Einzelheiten → Rn. 17. Erfasst werden sowohl nicht nachrangige (§ 38) wie nachrangige (§ 39) Insolvenzgläubiger, die im Insolvenzverfahren einen Anspruch gehabt hätten, weil dessen Erfüllung geeignet ist, die Befriedigungschancen der Gläubigergesamtheit zu schmälern;[5] ob sie am Verfahren teilnehmen oder teilnehmen würden, ist unerheblich.
- Der Begriff des Insolvenzgläubigers setzt allerdings nicht voraus, dass diesem eine beständige Forderung zusteht, erbringt der Schuldner eine Zahlung auf eine vermeintliche Forderung, ist der Empfänger ebenfalls als Insolvenzgläubiger zu betrachten.[6]
- Umgekehrt fallen unter §§ 130 ff. keine Rechtshandlungen, mit denen sich ein Dritter erst zum Insolvenzgläubiger gemacht hat oder – bei Unterlassen – gemacht haben würde.[7]
- In der Insolvenz eines selbstschuldnerischen Bürgen kann die von ihm erbrachte Zahlung gegenüber dem Bürgschaftsgläubiger angefochten werden, weil dieser Insolvenzgläubiger unabhängig davon ist, ob auf die Hauptschuld oder auf die Bürgschaft gezahlt wurde.[8]
- Insolvenzgläubiger ist auch der andere Teil eines bei Insolvenzeröffnung noch beiderseits nicht vollständig erfüllten Vertrages (→ Rn. 17).

---

[3] BGHZ 59, 230, 232 = NJW 1972, 2084.
[4] Grundlegend zu diesem Prinzip und zugleich zur Anfechtung des Kernstücks einer Gläubigergleichbehandlung *Bork*, ZIP 2014, 797 ff. (insbes. 802 ff., 805); aA (Grundsatz führt bei institutionellen Gläubigern (insbes. Sozialversicherungsträgern) zur Ungleichbehandlung) *Knospe*, ZInsO 2014, 861, 865, 872 ff. Im Gegensatz zum Standpunkt der hM soll § 132 keinen funktionellen Bezug zur Gläubigergleichbehandlung haben, *Klinck*, S. 160 ff. (welchen sonst bleibt freilich dunkel).
[5] BGH ZIP 2008, 2183 Rn. 15 = ZInsO 2008, 1202.
[6] BGH ZIP 2012, 833 Rn. 9 = ZInsO 2012, 692.
[7] BGH ZIP 2012, 833 Rn. 12.
[8] BGH ZIP 2008, 2183 Rn. 14 = ZInsO 2008, 1202.

– Umstritten ist die Rechtslage – auch zwischen BGH und BFH – in Fällen einer umsatzsteuerlichen Organschaft; zieht das Finanzamt in solchen Fällen der Steuerschuld des Organträgers entsprechende Beträge aufgrund einer Lastschriftermächtigung vom Konto der Organgesellschaft ein, so soll es letzterer gegenüber den steuerlichen Haftungsanspruch aus § 73 AO geltend machen und die Zahlung folglich als Insolvenzgläubiger erlangen.[9]

5 **Keine** Insolvenzgläubiger sind die vom Schuldner eingeschalteten Zwischenpersonen, die für ihn im Wege einer einheitlichen Handlung eine Zuwendung an einen Dritten bewirkt und damit zugleich unmittelbar das den Insolvenzgläubigern haftende Vermögen vermindert haben, vielmehr richtet sich in solchen Fällen die Deckungsanfechtung allein gegen den Dritten als Empfänger, wenn es sich für diesen erkennbar um eine Leistung des Schuldners handelt (→ Rn. 18).[10] In Betracht kommt Mittelpersonen/Leistungsmittlern gegenüber freilich eine Vorsatzanfechtung (→ § 51 Rn. 59).

Nicht erfasst werden Massegläubiger, Aussonderungsberechtigte und nicht ausgefallene Absonderungsberechtigte; eine Deckungsanfechtung findet aber gegenüber solchen absonderungsberechtigten Gläubigern statt, die zugleich persönliche Gläubiger des Insolvenzschuldners sind, wie sich aus § 52 InsO ergibt (→ Rn. 17).

6 **4. Die Krise. a)** Dieser *Begriff* ist zwar dem Gesetz fremd, in Praxis und Schrifttum aber allgemein gebräuchlich. Man versteht darunter den in §§ 130–132 InsO bestimmten Anfechtungszeitraum (Übersicht über die Anfechtungsfrist → § 46 Rn. 43), also die Zeit ab (längstens) 3 Monate vor dem Eröffnungsantrag (→ Rn. 13) oder dem Antrag auf Insolvenzeröffnung und der Eröffnung des Insolvenzverfahrens selbst (→ § 46 Rn. 43–45). Die Formulierung „dieses Rechtsgeschäft bzw. diese Rechtshandlung ist in der Krise vorgenommen worden" besagt mithin: Vornahme in dieser Zeitspanne, wobei es zusätzlich – außer bei § 131 I Nr. 1 und Nr. 3 InsO – objektiv auf den Eintritt der Zahlungsunfähigkeit des Schuldners bzw. subjektiv auf die Kenntnis des Gläubigers davon ankommt (Einzelheiten s später bei den jeweiligen Anfechtungstatbeständen).

7 Die InsO knüpft nicht mehr – wie § 30 KO und § 10 I Nr. 4 GesO – bei der Zahlungseinstellung, sondern bei der Zahlungsunfähigkeit nach § 17 InsO (nicht: drohende Zahlungsunfähigkeit nach § 18 InsO; näher → Rn. 13) an. Nach den Vorstellungen des Gesetzgebers soll auf diese Weise die Anfechtbarkeit ausgedehnt werden, weil es genügend Fälle gebe, in denen Zahlungsunfähigkeit vorliege, obwohl der Schuldner noch einzelne Gläubiger befriedige.[11] Letzteres hindert aber nach hM die Annahme einer Zahlungseinstellung grundsätzlich nicht (→ Rn. 8). Außerdem verlangen §§ 130, 132 InsO bei einer Anfechtung unter dem Gesichtspunkt der Zahlungsunfähigkeit die Kenntnis des Anfechtungsgegners davon oder von Umständen, die zwingend auf dieses Merkmal schließen lassen (§ 130 II, § 132 III InsO). Folglich muss die Zahlungsunfähigkeit irgendwie nach außen sichtbar geworden sein; das bewirkt hauptsächlich die für Außenstehende erkennbare Zahlungseinstellung (→ Rn. 8). Allerdings kann es auch vorkommen, dass dem späteren Anfechtungsgegner die Zahlungseinstellung des Schuldners noch verborgen geblieben war, er aber bereits von dessen Zahlungsunfähigkeit wusste; das ist vor allem dann möglich, wenn er Einblick in die Geschäftsbücher des Schuldners hatte. Der Zeitpunkt der Zahlungsunfähigkeit markiert den *Eintritt der materiellen Insolvenz,* deren zentrale Bedeutung für das gesamte Insolvenzverfahren – nicht etwa nur für das Anfechtungsrecht – immer noch nicht hinlänglich erkannt ist (→ § 46 Rn. 4).[12]

---

[9] BGH ZIP 2012, 280 = ZInsO 2012, 264 = NZI 2012, 177 m abl Anm. *Kruth;* zust aber *Bork* EWiR 2012, 149. Ausführlich zum ganzen HHS-*Schmittmann* Teil IV Rn. 291 ff.
[10] BGHZ 193, 129 Rn. 8 = ZIP 2012, 1038 = ZInsO 2012, 924 = NZI 2012, 453.
[11] Begründung RegE, abgedruckt zB bei *Kübler/Prütting,* Bd I S. 338.
[12] Auf *Haarmeyer,* ZInsO 2009, 1273.

b) Den Begriff der *Zahlungsunfähigkeit* legt § 17 II 2 InsO fest, für das Anfechtungsrecht jedoch nur unvollständig.[13] Von den durch die Rechtsprechung noch unter Geltung der KO entwickelten Kriterien fehlen das Merkmal der Dauer, das Zahlungsstockungen ausschließt (→ Rn. 9), und die Einschränkung, dass der Schuldner einen wesentlichen Teil seiner Verpflichtungen nicht mehr erfüllen kann (→ Rn. 10) sowie die Voraussetzung eines ernstlichen Zahlungsverlangens durch den Gläubiger (→ Rn. 11). Die *Zahlungseinstellung* macht den Insolvenzgrund der Zahlungsunfähigkeit nach außen sichtbar (→ Rn. 7), setzt diese also voraus § 17 II 2 InsO; die in dieser Vorschrift formulierte Vermutung gilt auch bei den Anfechtungstatbeständen.[14] Zahlungseinstellung setzt voraus, dass der Schuldner einen maßgeblichen Teil der fälligen Verbindlichkeiten nicht bezahlt, wobei diese Feststellung nicht nur durch eine Gegenüberstellung der beglichenen und der offenen Verbindlichkeiten, sondern auch mit Hilfe von Indiztatsachen getroffen werden kann (näher → Rn. 12).[15] Dann ist die Erstellung einer Liquiditätsbilanz nicht erforderlich.[16] Aus strafrechtlicher Sicht unterscheidet man zwischen der betriebswirtschaftlichen und der wirtschaftskriminalistischen Methode; Letzteres meint wirtschaftskriminalistische Warnzeichen,[17] die aus zivil-/insolvenzrechtlicher Sicht nur anders, nämlich Beweisanzeichen/Indizien heißen. Es gelten folgende *Grundsätze* (zu Beweisanzeichen für eine Zahlungseinstellung → Rn. 12):

– Zahlungseinstellung liegt vor, wenn – mindestens – für die beteiligten Verkehrskreise nach außen hin erkennbar geworden ist, dass der spätere Insolvenzschuldner wegen eines voraussichtlich dauernden (→ Rn. 9, 10) Mangels an Zahlungsmitteln, also nicht bloß vorübergehend, einen nicht unwesentlichen Teil seiner fälligen und vom jeweiligen Gläubiger ernsthaft eingeforderten Verbindlichkeiten im Allgemeinen nicht mehr erfüllen kann (Beispiele → Rn. 12).[18]

– Folglich steht nicht entgegen, dass der Schuldner überhaupt noch Zahlungen leistet; es genügt vielmehr, wenn sich aus seinem Verhalten das dauernde Unvermögen ergibt, einen wesentlichen Teil der fälligen und ernsthaft eingeforderten Schulden zu begleichen.[19] Dieser Zustand muss nach außen in Erscheinung treten, wobei es ausreicht, wenn er gerade demjenigen Gläubiger erkennbar geworden ist, der nunmehr Anfechtungsgegner ist.[20]

– Die Zahlungen hat deshalb eingestellt, wer zwar noch vereinzelt Zahlungen leistet,[21] auch bei Zahlungen selbst in beträchtlicher Höhe,[22] gleichwohl aber außer Stande ist, den wesentlichen Teil der Verbindlichkeiten zu berichtigen, zB also einem Großgläubiger, der die wirtschaftlichen Verhältnisse kennt, erklärt, dass er dessen ernsthaft angeforderte, einen wesentlichen Teil (→ Rn. 10) seiner fälligen Verpflichtungen bildende Forderung auch nicht teilweise mehr erfüllen könne.[23] Eine solche Erklärung

---

[13] Zu den Anforderungen an entsprechende Feststellungen durch den Tatrichter speziell für die Insolvenzanfechtung BGH NZI 2007, 36 = ZInsO 2007, 1210 = ZIP 2006, 2322.
[14] BGH NZI 2007, 517 (Rn. 27) = ZInsO 2007, 816 = ZIP 2007, 1469.
[15] BGH NZI 2013, 932 = ZIP 2013, 2015 = ZInsO 2013, 2109; ZIP 2011, 1416 = ZInsO 2011, 1410.
[16] BGH ZInsO 2013, 1419.
[17] BGH (Beschl. des 1. Strafsenats!) NJW 2014, 194 = ZIP 2013, 2469.
[18] BGHZ 176, 286 = NZI 2007, 579 = ZInsO 2007, 939 = ZIP 2007, 1666; BGH NJW 2002, 2568 = ZIP 2002, 1159 und ständig, vgl. nur BGH NJW 1998, 607; 1997, 1063, 1065; 1995, 2103; 1992, 624. Zur Zahlungseinstellung ausf *Lutter* ZIP 1999, 641; *Harz* ZInsO 2001, 193.
[19] BGH NZI 2007, 517 (Rn. 29) = ZInsO 2007, 816 = ZIP 2007, 1469; ZIP 2000, 1016 = NZI 2000, 363; NJW 1984, 1953 mwN.
[20] BGH ZIP 2010, 682 Rn. 22 = ZInsO 2010, 673; ZInsO 2010, 673 (Rn. 39) = ZIP 2010, 682.
[21] BGH NJW-RR 2000, 1297.
[22] BGH ZIP 2001, 1155 (Zahlung von mehr als 200 000 DM); 2001, 2097, 2098.
[23] BGH NJW 1985, 1785; dazu *Merz* EWiR § 30 KO 1/85, 195 sowie *Uhlenbruck* WuB VI B § 30 KO 2.85. BGH NJW 1992, 624 = EWiR § 30 KO 4/91, 1107 *(Flessner)*.

eines Schuldners muss aber der Wahrheit entsprechen, also auf objektivem Nicht-Zahlen-Können, nicht bloß auf subjektivem Nicht-Zahlen-Wollen beruhen.[24] Bei einem weltweit tätigen Unternehmen kommt es grundsätzlich nur auf das Zahlungsverhalten der Niederlassung in Deutschland und zusätzlich der (ausländischen) Hauptniederlassung an, allenfalls noch auf Niederlassungen in sonstigen europäischen Ländern, nicht aber in anderen Kontinenten.[25]

- Bei der Prüfung, ob der Schuldner zahlungsunfähig ist, darf eine Forderung, die früher ernsthaft eingefordert (näher zu diesem Merkmal → Rn. 11) worden war, allerdings nicht mehr berücksichtigt werden, wenn inzwischen ein Stillhalteabkommen – das keine Stundung im Rechtsinne enthalten muss – mit dem Gläubiger geschlossen wurde;[26] erzwungene „Stundungen", die dadurch zustande kommen, dass der Gläubiger nicht sofort klagt oder vollstreckt, stehen der Berücksichtigung jedoch nicht entgegen.[27]
- Fällige Forderungen bleiben nur außer Betracht, sofern sie mindestens rein tatsächlich – also auch ohne rechtlichen Bindungswillen – gestundet sind, während umgekehrt eine Forderung stets zu berücksichtigen ist, wenn der Schuldner sie durch eine Kündigung fällig stellt und von sich aus gegenüber dem Gläubiger die alsbaldige Erfüllung zusagt.[28]
- Eine einmal eingetretene Zahlungseinstellung wird grundsätzlich erst beseitigt, wenn die geschuldeten Zahlungen an die Gesamtheit der Gläubiger im Allgemeinen wieder aufgenommen werden;[29] daran ändert auch die Stundung einer konkreten Forderung nichts.[30] Die *Beweislast* trägt, wer sich auf einen nachträglichen Wegfall der Zahlungseinstellung beruft, und wobei ein Gläubiger, der nach einem eigenen Eröffnungsantrag von dem betroffenen Schuldner Zahlungen erhält, deswegen grundsätzlich nicht davon ausgehen darf, dass auch die anderen, nicht antragstellenden Gläubiger in gleicher Weise Zahlungen erhalten.[31]
- Auch aufgrund von Presseberichten, die keine amtliche Verlautbarung enthalten, kann der Gläubiger (ausgenommen Arbeitnehmer → Rn. 32) den Umständen nach gehalten sein, sich nach der Zahlungsfälligkeit des Schuldners zu erkundigen.[32]
- Begründen Tatsachen den Verdacht der Zahlungsunfähigkeit, so sind (ausgenommen Arbeitnehmer → Rn. 32) Nachforschungen anzustellen,[33] zB für ein Finanzamt wegen ständig offener Steuern, weiterer Erkenntnisse durch eigene Pfändungen oder des Zugriffs anderer Gläubiger beim Finanzamt auf vermeintliche Erstattungsansprüche (→ Rn. 12).

9 Abgrenzung zur *Zahlungsstockung:* Während bei der Zahlungsunfähigkeit der Mangel an Zahlungsmitteln voraussichtlich ein dauernder sein muss, liegt eine bloße Zahlungsstockung vor, wenn der Schuldner erwarten kann, innerhalb eines bestimmten, nach der Verkehrsanschauung als vorübergehend zu beurteilenden Zeitraums die Forderungen seiner Gläubiger erfüllen zu können.[34] Dafür bleibt dem Schuldner *höchstens drei*

---

[24] Insoweit weiterhin einschlägig BGH NJW 1998, 607 f.
[25] BGH NJW 1992, 624.
[26] BGH NZI 2008, 231 (Rn. 25) = ZInsO 2008, 273 = ZIP 2008, 420.
[27] BGH NZI 2008, 366 (Rn. 20 ff.) = ZIP 2008, 706.
[28] BGHZ 181, 132 (Rn. 22 ff.) = ZIP 2009, 1235 = ZInsO 2009, 1254 = NZI 2009, 471 m. Anm. *Huber*.
[29] BGH NZI 2007, 517 (Rn. 32) = ZInsO 2007, 816 = ZIP 2007, 1469.
[30] BGH aaO (Rn. 34 f.).
[31] BGH ZInsO 2010, 673 (Rn. 44) = ZIP 2010, 682; BGHZ 149, 178 = NJW 2002, 515 = LM H 6/2002 § 130 InsO Nr. 1/2 *(Huber)*.
[32] BGH ZIP 2001, 1641.
[33] BGH ZIP 2001, 2097 = ZInsO 2001, 1049.
[34] So schon RGZ 50, 39, 41; BGH NJW 1995, 2103 f.; *Uhlenbruck,* Gläubigerberatung S. 229; ders. KTS 1986, 30.

Wochen Zeit, um sich die benötigten Mittel durch Kredite zu beschaffen, wobei folgende für die Praxis sehr griffige Formel gilt:[35]
– Beträgt eine innerhalb von drei Wochen nicht zu beseitigende Liquiditätslücke des Schuldners *weniger als 10%* seiner fälligen Gesamtverbindlichkeiten, ist regelmäßig von Zahlungsfähigkeit auszugehen, es sei denn, es ist bereits absehbar, dass die Lücke demnächst mehr als 10% erreichen wird. Beträgt die Liquiditätslücke des Schuldners *10% oder mehr,* ist regelmäßig von Zahlungsunfähigkeit auszugehen, sofern nicht ausnahmsweise mit an Sicherheit grenzender Wahrscheinlichkeit zu erwarten ist, dass die Liquiditätslücke demnächst vollständig oder fast vollständig beseitigt werden wird und den Gläubigern ein Zuwarten nach den besonderen Umständen des Einzelfalls zuzumuten ist.
– Diese Regeln gelten seit Inkrafttreten der InsO (1.1.1999). auch wenn die zitierte Grundsatzentscheidung erst später (2005) ergangen ist, weil dort nur die Gesetzeslage konkretisiert wurde.[36]
– Gleichwohl bereitet die Abgrenzung der Zahlungsunfähigkeit von der bloßen Zahlungsstockung weiter Schwierigkeiten; streitig ist insbesondere ob innerhalb der Dreiwochenfrist nach dem Stichtag nur neu hinzukommende Aktiva („Aktiva II") zu berücksichtigen sind, nicht aber neue Verbindlichkeiten („Passiva II"), so dass der Schuldner eine *„Bugwelle" von neuen Forderungen* vor sich herschieben kann.[37] Sehr überzeugend erscheint die Auffassung,[38] ein Schuldner sei zahlungsunfähig, wenn er mehr als 90% seiner Verbindlichkeiten nicht auszugleichen und die Liquiditätslücke auch innerhalb der nächsten drei Wochen nicht zu entschärfen vermag, wobei im Rahmen dieser Prognose sowohl die in der genannten Frist zuwachsenden Aktiva als auch die fällig werdenden Passiva berücksichtigt werden.

Hauptbeispiel für eine Zahlungsstockung ist es, wenn der Schuldner deshalb nicht leisten kann, weil er unerwartet größere Zahlungen zu erbringen hatte oder fällige Außenstände nicht eingehen, in Kürze aber mit dem Zufluss neuer Mittel zu rechnen ist, insb auf Grund von Kreditzusagen; die ungewisse Hoffnung des Schuldners, er werde infolge irgendwelcher künftiger Umstände, zB wegen einer „positiven Auftragslage oder betrieblichen Besserungstendenzen"[39] die Zahlungen wieder aufnehmen können, genügt freilich nicht. Auch Anlagevermögen und Außenstände des Schuldners können nämlich seine Zahlungsunfähigkeit nur ausschließen, soweit sie innerhalb (längstens) drei Wochen (s.o.) ab Eintritt der Zahlungsstockung in Zahlungsmittel umzuwandeln sind.[40]

Von der Übernahme der durch die Rechtsprechung entwickelten Merkmale „voraussichtlich *dauernder Mangel* an Zahlungsmitteln" (Abgrenzung: Zahlungsstockung, → Rn. 9) und *„wesentlicher Teil* der fälligen Verbindlichkeiten" in die Definition des § 17 II InsO hat der Gesetzgeber allerdings abgesehen; das zuerst genannte Merkmal verstehe sich von selbst, das andere könne sich als Hindernis für die erwünschte frühere Einleitung eines Insolvenzverfahrens erweisen. Letztere Befürchtung betrifft aber das Eröffnungsverfahren, während es hier um die Auslegung der Anfechtungstatbestände geht. Insoweit kann darauf im Hinblick auf einen ausgewogenen Interessenausgleich zwischen den Interessen der Masse nach Mehrung und dem des Anfechtungsgegners

---

[35] BGHZ 163, 134 = ZIP 2005, 1426 = NZI 2005, 547 = NJW 2005, 3062 = ZInsO 2005, 807.
[36] BGHZ 181, 132 (Rn. 17, 36) = ZInsO 2009, 1254 = ZIP 2009, 1235 = NZI 2009, 471 m. Anm. *Huber.*
[37] Ausführlich zum Problem *Ganter,* ZInsO 2011, 2297; *Prager/Jungclaus* in FS Wellensiek, S. 101. Einen anderen Ansatz (Aufstellung zweier Liquiditätsbilanzen) verfolgen *Nau/Ebbinghausn* ZInsO 2012, 2229, 2234 ff.
[38] So *Ganter,* ZInsO 2011, 2297, 2299 ff.
[39] BGH NJW 1997, 3175; dazu *Huber* EWiR 1997, 897.
[40] BGH NJW 1999, 645 = ZIP 1999, 76 = LM H 5/1999 GesO Nr. 45/46 *(Huber).*

§ 47 11, 12   Kapitel III. 7. Abschnitt. Insolvenzanfechtung

nach Schutz (→ § 46 Rn. 15) nicht verzichtet werden;[41] zu Recht hält daran auch der IX. Zivilsenat bei seiner die InsO betreffenden Rechtsprechung fest. Was „der *wesentliche Teil*" der fälligen Verpflichtungen eines Schuldners ist, kann nicht durch eine Gegenüberstellung der Schulden und des für einen bestimmten Zeitabschnitt zur Verfügung stehenden Kredits bestimmt werden. Die Höhe der Verbindlichkeiten besagt nämlich nichts über die Liquidität des Schuldners, sondern im Vergleich mit den Aktiva nur etwas zu dessen Überschuldung; ein überschuldeter Schuldner muss aber nicht zahlungsunfähig sein und umgekehrt.[42] Deshalb kommt es auf das Verhältnis der bezahlten zu den unbezahlten Verbindlichkeiten und darauf an, dass die Nichtzahlung die Regel, die Zahlung die Ausnahme ist.[43]

11   Zu Recht verlangt der IX. Zivilsenat außerdem ein *ernsthaftes Einfordern* der Verbindlichkeiten der Gläubiger, weil von der Nichtzahlung einer iS des § 271 I BGB fälligen Forderung nicht schematisch auf die Zahlungsunfähigkeit iS des § 17 InsO geschlossen werden darf.[44] Die Anforderungen an dieses Merkmal sind allerdings gering. Eine Forderung ist nämlich in der Regel schon dann fällig iS des § 17 II InsO, wenn eine Gläubigerhandlung feststeht, aus der sich der Wille, vom Schuldner Erfüllung zu verlangen, im Allgemeinen ergibt, wozu die Übersendung einer Rechnung genügt, ohne dass das erforderlich wäre;[45] es genügt schon eine einzige ernsthafte Zahlungsaufforderung, zB auch durch mündliche Mahnung, ein weitergehendes Bedrängen oder gar zusätzliche Maßnahmen – insbes im Wege der Klage oder Zwangsvollstreckung – sind nicht nötig.[46] Wird ein befristetes Darlehen durch Zeitablauf fällig, ist das bei Prüfung der Zahlungsunfähigkeit regelmäßig zu berücksichtigen, auch wenn der Darlehensgeber zur Rückzahlung nicht konkret aufgefordert hat.[47] Zweck dieses Merkmals ist alleine, auch bloß tatsächlich – also ohne Bindungswillen – gestundete Forderungen von der Prüfung der Zahlungsunfähigkeit auszunehmen.[48] Der Insolvenzverwalter trägt für ein ernsthaftes Einfordern des Gläubigeranspruchs ausreichend vor, wenn er eine Handlung darlegt, aus der sich im Allgemeinen der Wille ergibt, vom Schuldner Erfüllung zu verlangen; bestreitet der Anfechtungsgegner die Ernsthaftigkeit des Verlangens, so muss er (Anfechtungsgegner) Tatsachen vortragen und beweisen, die ein solches atypisches Verhalten konkret möglich erscheinen lassen.[49]

12   c) *Beweisfragen zum objektiven(!) Tatbestandsmerkmal* der Zahlungsunfähigkeit bzw. der Zahlungseinstellung. An dieser Stelle geht es mithin nur um die Frage, ob der Schuldner bei Vornahme der Rechtshandlung objektiv zahlungsunfähig war; denn auch dieses objektive Merkmal kann durch Indizienbeweis festgestellt werden[50] (zum subjektiven Merkmal der Kenntnis des Anfechtungsgegners davon → Rn. 28 ff.). Da die Zahlungseinstellung ein tatsächlicher Vorgang ist, liegt die Feststellung ihrer Voraussetzungen im Wesentlichen auf tatrichterlichem Gebiet.[51]

Besondere Bedeutung kommt insoweit bestimmten *Beweisanzeichen* zu, beispielsweise:[52]

---

[41] Wie hier HKInsO/*Kreft*, § 130 Rn. 13.
[42] *Jauernig/Berger*, § 54 Rn. 19.
[43] BGH NJW 1998, 607 = ZIP 1997, 1926.
[44] BGHZ 181, 132 (Rn. 22) = NZI 2009, 471 m. Anm. *Huber*.
[45] BGHZ 173, 286 (Rn. 18, 19) = NZI 2007, 579.
[46] BGH NJW 1998, 607.
[47] BGH NZI 2013, 126 = ZIP 2013, 79 = ZInsO 2013, 76.
[48] BGHZ 173, 286 (Rn. 15) = NZI 2007, 579; BGH ZIP 2014, 1326 (Vollziehungsaussetzung).
[49] BGH NJW 1999, 118 = ZIP 1998, 2008.
[50] BGH ZInsO 2011, 1410; näher zum Indizienbeweis im Anfechtungsprozess *Huber* ZInsO 2012, 53, 55 (speziell zu Indizien für das objektiv Merkmal der Zahlungsunfähigkeit).
[51] So schon BGH NJW 1984, 1953 mwN.
[52] MüKoInsO/*Kayser*, § 130 Rn. 28. Vgl. auch *App* KKZ 1998, 113, 116 ff.; *Uhlenbruck*, Gläubigerberatung, S. 232, 233. Zur Sicht aus dem Blickwinkel von Insolvenzdelikten *Weyand* ZInsO 2002, 851, 857.

Besondere Insolvenzanfechtung 13 § 47

– Nichtzahlung oder schleppende Zahlung von Löhnen und Gehältern;
– Nichtbegleichung von größeren Geldverbindlichkeiten (Sozialversicherungs- und Krankenkassenbeiträge, Rechnungen für Energie- und Rohstofflieferungen), insbesondere wenn Stundungen abgelehnt sind;
– Rückstand mit fälligen Sozialversicherungsbeiträgen jedenfalls von mehr als sechs Monaten;[53]
– erneutes Anwachsen von Rückständen nach Tilgungen, insbes bei regelmäßig fälligen Forderungen (zB Sozialversicherungsbeiträge);
– Zahlungen erst nach Titulierung durch Vollstreckungsbescheid oder Versäumnisurteil;
– vorzeitige Schließung des Geschäftslokals mit unkontrollierter und überstürzter Ablieferung des ungezählten Bestandes der Tageskassen sowie Einräumung der Zahlungseinstellung etwa mit der Äußerung „wir haben zu, wir machen Konkurs";[54]
– Häufung von Wechselprotesten, sowie Klagen oder Zwangsvollstreckungen in größerem Umfang;
– Erlass eines Haftbefehls gegen den Schuldner wegen Nichterscheinens im Termin zur Abgabe der eidesstattlichen Versicherung (§ 901 ZPO);
– (stillschweigende) Einstellung der vom Schuldner selbst vorgeschlagenen Raten im Rahmen einer ausgehandelten Zahlungsvereinbarung; dabei wird die sich in der Nichtzahlung (schon) der ersten Rate manifestierende Zahlungseinstellung des Schuldners jedenfalls dann durch Erneuerung der Ratenzahlungsvereinbarung dann nicht beseitigt, wenn die weiteren Raten verspätet geleistet werden;[55]
– Zurückholung von unter Eigentumsvorbehalt gelieferter Waren durch Lieferanten beim Schuldner.[56]
– Führt ein solcher Indizienbeweis zur Annahme, dass der Schuldner seine Zahlungen eingestellt hat, so bergründet dies auch für die Insolvenzanfechtung gem. § 17 Abs. 2 S. 2 InsO die gesetzliche Vermutung der Zahlungsunfähigkeit.[57]

Die *Beurteilung des Beweiswerts* obliegt dem Richter des Anfechtungsprozesses; er hat für den konkreten Einzelfall zu entscheiden, ob ein solches Indiz für sich alleine oder nur zusammen mit einem oder mehreren weiteren die Annahme einer Zahlungseinstellung rechtfertigt; so sind zB Rückstände mit Sozialversicherungsbeiträgen für sich alleine schon sehr beweiskräftig, weil deren Entstehen ein liquider Schuldner wegen der drohenden strafrechtlichen Folgen (§ 266a StGB) tunlichst vermeiden würde. Umgekehrt muss das Fehlen eines Beweisanzeichen nicht gegen die Annahme einer Zahlungseinstellung sprechen; so können Zwangsvollstreckungsmaßnahmen von Gläubigern auch schon deshalb unterblieben sein, weil diese die Lage ihres Schuldners ohnehin für hoffnungslos hielten.[58] Zum Problem beim subjektiven Tatbestand – dort auch zu den sog. doppelrelevanten Indiztatsachen – → Rn. 29 ff.

d) Die *zeitliche Begrenzung* der Anfechtbarkeit der *vor* dem Eröffnungsantrag vorgenommenen Rechtshandlungen bzw. Rechtsgeschäfte regeln §§ 130–132 selbst; die Frist beträgt längstens drei Monate (→ Rn. 6; → § 46 Rn. 43, 44), bei mehreren Eröffnungsanträgen ist aber § 139 II InsO zu beachten (→ § 46 Rn. 45). Die Zeit zwischen dem Eröffnungsantrag und der Insolvenzeröffnung ist unmaßgeblich; für die Frage, ob eine Rechtshandlung „nach" dem Eröffnungsantrag vorgenommen wurde, kommt es immer nur auf denjenigen Antrag an, der tatsächlich zur Eröffnung geführt hat (→ § 46 13

---

[53] BGH NZI 2006, 591 = ZInsO 2006, 827 = ZIP 2006, 1457.
[54] Vgl. den Fall BGH NJW 1984, 1953.
[55] BGH ZInsO 2012, 2048.
[56] OLG Stuttgart ZIP 1997, 652.
[57] BGH NZI 2012, 664 Rn. 9.
[58] BGH WM 1972, 994.

Rn. 45 aE). Ein *Eigenantrag des Schuldners wegen drohender Zahlungsunfähigkeit* (§ 18 InsO) genügt jedenfalls bei § 131 I Nr. 1u Nr. 3 InsO, weil es dort auf die tatsächlich eingetretene Zahlungsunfähigkeit nicht ankommt. Problematisch ist das bei §§ 130 I Nr. 1, 131 I Nr. 2 u 132 I Nr. 1 InsO (näher → Rn. 22, 23; → Rn. 53 ff.).

II. Kongruente Deckungsanfechtung (§ 130 InsO)

14   1. Überblick. Die folgende Grafik zeigt übersichtsmäßig die Voraussetzungen der Kongruenzanfechtung (zu Gemeinsamkeiten und Unterschiede der einschlägigen Anfechtungstatbestände von InsO, KO und GesO siehe die entsprechende Grafik in der 3. Auflage an gleicher Stelle, dort auch zum Übergangsrecht).

Tatbestand	Kongruente Deckungsanfechtung § 130 InsO	
1. Art der Rechtshandlung	Rechtshandlung des Schuldners oder eines Dritten (außer § 130 I 2 InsO), die einem Insolvenzgläubiger genau die von ihm zu beanspruchende Sicherung oder Befriedigung – sog. kongruente Deckung – gewährt o ermöglicht hat	
2. Weitere Voraussetzungen a) objektiv mit	Nr. 1 längstens drei Monate vor Eröffnungsantrag **und** Zahlungsunfähigkeit	Nr. 2 nach Eröffnungsantrag
Gläubigerbenachteiligung	mittelbar	
b) subjektiv	Kenntnis von der Zahlungsunfähigkeit bzw. Kenntnis von Umständen i. S. des § 130 II	Kenntnis von Zahlungsunfähigkeit oder Eröffnungsantrag bzw. Kenntnis von Umständen iS des § 130 II
3. Beweislast	– Verwalter für objektive und subjektive Voraussetzungen; – bei § 130 II gilt aber für „zwingende" Umstände eine unwiderlegliche Rechtsvermutung; Bei nahestehenden Personen (§ 138 InsO) greift gem. § 130 III (nicht nur eine widerlegliche Vermutung, sondern) eine Beweislastumkehr ein.	

15   2. Anfechtbare Rechtshandlungen (§ 130 I 1 InsO). Es genügt jede in einem *aktiven Tun oder einem Unterlassen* bestehende Rechtshandlung (zum Begriff ausführlich → § 46 Rn. 19 ff.). Es kommt also nicht darauf an, ob sie der spätere Insolvenzschuldner selbst vorgenommen hat (wie zB eine Zahlung), ob sie mit oder gegen seinen Willen erfolgt ist (wie zB eine Sicherheitenbestellung oder eine Aufrechnung), oder, ob sie gegen ihn gerichtet worden ist (wie insb eine Zwangsvollstreckungsmaßnahme, § 141 InsO, sofern nicht ohnehin nach § 88 InsO unwirksam, → § 46 Rn. 29). Erforderlich ist nur, dass sie einem Insolvenzgläubiger Deckung in der Krise (→ Rn. 6–12; → Rn. 25, 26) wegen einer Forderung verschafft hat, die zu diesem Zeitpunkt bereits entstanden war (zur Entstehung bei mehraktigen Rechtshandlungen → § 46 Rn. 35 ff.). Auch Rechtshandlungen eines *schwachen vorläufigen Insolvenzverwalters* sind grundsätzlich anfechtbar, und zwar selbst dann, wenn dieser – wie üblich – mit dem späteren Insolvenzverwalter personengleich ist (→ § 46 Rn. 32ff.). Liegt begrifflich ein *Bargeschäft* (→ § 46 Rn. 75ff.) vor, so scheidet gem. § 142 InsO eine kongruente Deckungsanfechtung aus (→ § 46 Rn. 85).

Anfechtbar ist nicht nur eine Rechtshandlung, die eine Deckung *gewährt,* son- **16** dern auch diejenige, die sie *ermöglicht* hat;[59] diese Erweiterung ist neu gegenüber der Rechtslage nach KO und GesO (dazu s Vorauflage); *Beispiele ermöglichender Rechtshandlungen:*
– Anerkenntnis, das selbst keine Deckung gewährt, sondern diese nur aufgrund des daraufhin ergangenen Anerkenntnisurteils ermöglicht;
– Unterwerfung unter die Zwangsvollstreckung (§ 794 I Nr. 5 ZPO);
– Anweisung des Schuldners, auf ein bestimmtes Konto zu zahlen, auf das nur der spätere Anfechtungsgegner Zugriff hat;
– Kreditkündigung des Schuldners(!), welche die Fälligkeit herbeiführt und so die Befriedigung der Bank ermöglicht.[60]

Insolvenzgläubiger (zu den grundsätzlichen Bemerkungen dazu → Rn. 4, 5) ist, wer **17** seinen Anspruch ohne die schon vor Insolvenzeröffnung erfolgte Deckung nur als Insolvenzforderung gem. §§ 38, 87, 174ff. InsO verfolgen könnte, wobei unerheblich ist, ob er am Verfahren teilgenommen hätte;[61] in der Insolvenz eines selbstschuldnerischen Bürgen kann deshalb die von ihm erbrachte Zahlung gegenüber dem Bürgschaftsgläubiger angefochten werden, weil dieser Insolvenzgläubiger ist unabhängig davon, ob auf die Hauptschuld oder die Bürgschaft gezahlt wurde. Selbst nachrangige Insolvenzgläubiger (§ 39 InsO) fallen unter § 130 InsO → § 46 Rn. 51, 66).[62] Insolvenzgläubiger ist auch der andere Teil eines bei Insolvenzeröffnung noch nicht vollständig erfüllten gegenseitigen Vertrages, der sich mit seiner Nichterfüllungsforderung (§ 103 II 1 InsO) am Insolvenzverfahren beteiligt oder der trotz einer Erfüllungswahl des Verwalters wegen vor Verfahrenseröffnung erbrachter Teilleistungen (§ 105 S. 1 InsO) Insolvenzgläubiger bleibt (→ § 34 Rn. 48; → § 35 Rn. 24). Eine Deckungsanfechtung findet auch gegenüber solchen *absonderungsberechtigten Gläubigern* statt, die zugleich persönliche Gläubigers des Insolvenzschuldners sind, wie auch aus § 52 InsO folgt.[63] *Nicht* erfasst werden Massegläubiger, Aussonderungsberechtigte und nicht ausgefallene Absonderungsberechtigte.

Anfechtbar sind auch *mittelbare Zuwendungen* (→ § 46 Rn. 26, 27), insb solche durch **18** Zahlungsauftrag, Anweisung und Vertrag zugunsten Dritter. Dabei leistet der spätere Insolvenzschuldner an seinen Gläubiger über eine Mittelsperson, zB indem er seinen Schuldner anweist, nicht an ihn selbst, sondern an seinen Gläubiger zu zahlen. Die Mittelsperson ist aber nicht Insolvenzgläubiger, dieser gegenüber kommt vielmehr nur eine Vorsatzanfechtung in Betracht kommt (→ Rn. 5).

3. Unanfechtbare Rechtshandlungen (§ 130 I 2 InsO). Diese – auf die Umset- **19** zung der EU-Richtlinie über Finanzsicherheiten[64] durch das Gesetz vom 5.4.2004[65] zurückgehende – neue Vorschrift enthält für die dort beschriebenen Rechtshandlungen

---

[59] Ausführl dazu *Kirchhof,* FS Uhlenbruck S. 269ff.
[60] BGHZ 183, 132 (Rn. 5, 14) = ZIP 2009, 1235 = NZI 2009, 471 m. Anm. *Huber.*
[61] BGH NZI 2008, 733 (Rn. 15) = ZInsO 2008, 1202 = ZIP 2008, 2183.
[62] Im Falle des § 39 I Nr. 5 geht jedoch § 135 InsO vor, *Henckel,* in: Kölner Schrift S. 813, 821 (Rn. 22).
[63] BGH NZI 2007, 394 (Rn. 21ff.) = ZInsO 2007, 605 = ZIP 2007, 1126.
[64] Richtlinie 2002/47/EG vom 6. 6. 2002 – ABl EG vom 27.6.2002, Nr. L 168 S. 43. Art. 8 dieser Richtlinie betrifft das Insolvenzanfechtungsrecht.
[65] BGBl. I S. 502; Art. 1 Nr. 5 dieses Gesetzes betrifft die Kongruenzanfechtung. Dokumentation und Erläuterung s *Wimmer* ZIP 2003, 1563. Nachweise zu den Materialien des Gesetzgebungsverfahrens bei *Obermüller* ZInsO 2004, 187 (Fn. 4ff.).

einen *Ausschluss der kongruenten Deckungsanfechtung*. Normzweck ist: Die Bestellung, der Austausch oder die Erweiterung von Finanzsicherheiten (zu diesem Begriff s § 1 XVII KWG) soll nicht allein deshalb anfechtbar sein, weil die besicherte Verbindlichkeit vor der Bestellung oder der Erweiterung der Finanzsicherheit entstanden ist. Geschützt werden dabei insbesondere die im Bankenverkehr üblichen Vereinbarungen, wonach der Sicherungsgeber bei Wertschwankungen der geleisteten (Wertpapier-)Sicherheiten oder bei Wertschwankungen der besicherten Verbindlichkeit verpflichtet ist, weitere Sicherheiten (Nachbesicherung) zu leisten, um die unbesicherte „Marge" abzudecken *(Margensicherheit)*.[66] Diese Privilegierung ist notwendig geworden, weil wegen des zeitlichen Auseinanderfallens von Leistung und Gegenleistung kein Bargeschäft im Sinn des § 142 InsO vorliegt (→ § 46 Rn. 81). *Nicht* ausgeschlossen ist eine Anfechtbarkeit wegen inkongruenter Deckung (§ 131 InsO), als unmittelbar nachteilige Rechtshandlung (§ 132 InsO), wegen unentgeltlicher Leistung (§ 134 InsO) sowie eine Vorsatzanfechtung (§ 133 InsO), falls die Voraussetzungen dieser Anfechtungstatbestände vorliegen.[67] Nicht privilegiert ist die Basissicherheit, die folglich nach § 130 InsO angefochten werden kann, was dann der Nachbesicherung (Finanzsicherheit) die Grundlage entzieht.[68]

20   **4. Kongruente Deckung. a)** *Grundsätze.* Sie liegt vor, wenn der Gläubiger *genau diejenige* Sicherung (insbes Sicherungseigentum, sicherungshalber abgetretene Forderung, Pfandrecht) oder *diejenige* Befriedigung (insbes Zahlung der Schuld) erhalten hat, die ihm zusteht; ist das nicht der Fall, so handelt es sich um eine inkongruente Deckung im Sinn des § 131 InsO (→ Rn. 41 ff.). Man kann es auch umgekehrt ausdrücken: Ist die Sicherung oder Befriedigung nicht inkongruent iSd § 131 InsO, so liegt eine kongruente Deckung vor.[69] Zur Abgrenzung näher → Rn. 42 ff. Diese Unterscheidung ist für die Praxis vor allem deshalb wichtig, weil der Gesetzgeber für beide Tatbestände unterschiedliche Regeln zum subjektiven Tatbestand und zur Beweislast getroffen hat (→ Rn. 28 ff., 61 ff.). Anzulegen ist beim Vergleich zwischen dem Anspruch des Gläubigers und der ihm gewährten Deckung im Interesse der Gläubigergleichbehandlung ein *strenger Maßstab*. Lediglich geringfügige Abweichungen von der nach dem Anspruch typischen und gesetzmäßigen Erfüllung, die der Verkehrssitte (§§ 157, 242 BGB) oder Handelsbräuchen (§ 346 HGB) entsprechen, schaden nicht.[70] Teilleistungen iS des § 266 BGH stellen allerdings keine inkongruente Deckung dar.[71]

21   **b)** Bei der *Globalzession* tritt der spätere Insolvenzschuldner zur Sicherung seines Kredits „sämtliche bestehenden und künftigen Forderungen aus Warenlieferungen und Leistungen von Anfangsbuchstaben A bis Z" in aller Regel an seine Hausbank) ab. Insoweit muss man zu Entstehen der Forderung und deren Übergang sowie zur Anfechtbarkeit wie folgt unterscheiden:
– Für bereits *bestehende Forderungen* ist die Sicherungsabtretung mit wirksamem Abschluss der Sicherungsvereinbarung iSd § 140 I InsO vorgenommen; entsprechendes gilt nach § 140 III InsO bei einer aufschiebend bedingten Abtretung oder einer unbedingten Abtretung aufschiebend bedingter Forderungen.

---

[66] Amtliche Begründung, abgedruckt ZIP 2003, 1563, 1569.
[67] *Obermüller* ZInsO 2004, 187, 190.
[68] HKInsO/*Kreft*, § 130 Rn. 39.
[69] *Henckel* (in: Kölner Schrift S. 813, 821, Rn. 21), hält deshalb eine Definition der kongruenten Deckung für überflüssig.
[70] BGH ZIP 2005, 1243, 1244; 2003, 356, 358. Ebenso an sich LAG Hannover ZIP 2014, 743; die konkrete Subsumtion ist aber wenig überzeugend: Zahlung von Lohn für die Arbeitnehmer auf das Konto der Ehefrau des Arbeitgebers, von wo aus weiter an die Arbeitnehmer – darunter auch die angestellte Ehefrau – weiter überwiesen wurde (näher Rn. 42 → bei Fn. 156).
[71] OLG Saarbrücken ZIP 2008, 2430.

Besondere Insolvenzanfechtung 22 § 47

– Wird von Dritten (Schuldnern der abgetretenen Forderungen) auf ein Konto des Schuldners (Zedenten) bei der Bank gezahlt, erlischt zwar deren Sicherungsrecht, jedoch entsteht zugleich am Anspruch des Schuldners auf Herausgabe des eingegangenen Geldes (§ 667 BGB) nach Nr. 14 AGB-Banken ein Pfandrecht; ein solcher *gleichwertiger Sicherheitenaustausch* wirkt nicht gläubigerbenachteiligend (→ § 46 Rn. 58).[72] Etwas anderes gilt bei einem *Sicherheitenpoolvertrag,* nach dem die einbezogenen Sicherheiten jeweils auch für die anderen am Pool beteiligten Gläubiger zu halten sind; diese haben in der Insolvenz des Sicherungsgebers trotz dessen Zustimmung zum Poolvertrag kein Recht auf abgesonderte Befriedigung.[73]

– Für künftige Forderungen wird die Abtretung erst wirksam mit deren Entstehen (→ § 46 Rn. 20). Erfolgt das in der Krise, war sehr streitig, ob die erlangte Deckung kongruent[74] oder inkongruent[75] ist. Diese Frage ist zwischenzeitlich höchstrichtetlich dahin geklärt, dass die *Globalzession nur als kongruente Deckung* anfechtbar ist, jedoch *kein privilegiertes Bargeschäft* enthält.[76] Voraussetzung sind ein ordnungsgemäßes dingliches Rechtsgeschäft, im schuldrechtlichen Bereich das „vertragsrechtlich mögliche Maß an Konkretisierung" – in der Praxis herzustellen durch mindestens vierteljährlich zu aktualisierende offene-Posten-Listen – und durch die „programmgemäße" Abwicklung der Geschäftsbeziehung zwischen Schuldner und Bank gemäß den Erwartungen im Globalzessionsvertrag. Ergebnis ist dann die Unanfechtbarkeit vor Kenntnis der Bank von der Zahlungsunfähigkeit. Zur Inkongruenz → Rn. 43, zur anderen Rechtslage beim AGB-Pfandrecht → Rn. 55.

Entsprechendes gilt für das *Werthaltigmachen künftiger Forderungen aus der Globalzession,* 22 das als selbständige Rechtshandlung anfechtbar ist, wenn es dem Vertragsschluss zeitlich nachfolgt.[77] In der Praxis hat das große Bedeutung im Bauvertragsrecht für das Werthaltigmachen einer sicherungshalber abgetretenen Werklohnforderung durch den Auftragnehmer als späteren Insolvenzschuldner oder dessen schwachen vorläufigen Insolvenzverwalter, wenn also in kritischer Zeit das Bauwerk (weiter) ausgeführt und dadurch Werklohn verdient wird, der von der Vorausabtretung erfasst ist; .auch insoweit kommt also eine kongruente Deckungsanfechtung in Betracht,[78] Andere Varianten des Werthaltigmachens sind: Auslieferung der hergestellten Sache, Erbringung von Dienstleistungen. Macht in solchen Fällen der Schuldner durch eine Leistung an seinen Kunden eine der Bank zur Sicherheit abgetretene Forderung werthaltig, kommt ein Anfechtungsanspruch sowohl gegenüber der Bank wie gegenüber dem Kunden in Betracht, beide haften gegebenenfalls als Gesamtschuldner.[79]

---

[72] BGH ZIP 2002, 2182, 2183f, dazu EWiR 2003, 29 *(Huber).*
[73] BGH ZIP 2005, 1651, 1652.
[74] ZB: *Piepenbrock* NZI 2006, 685, 687; *Piepenbrock* WM 2007, 141; *Blum* ZInsO 2007, 528; *Kuder* ZInsO 2006, 1065 (Anwendung der Grundsätze für die anfechtungsfreie Verrechnung von Gut- und Lastschriften in einer offen gehaltenen Kontokorrentkreditlinie). Für Kongruenz auch die in der folgenden Fn. genannten Autoren mit ihren abl Anmerkungen zu den dort angegebenen OLG-Urteilen. Für Kongruenz mehrere nicht rechtskräftige landgerichtliche Urteile, zB LG Berlin ZIP 2007, 346; LG Chemnitz ZIP 2007, 1332; LG Bielefeld ZIP 2007, 1764. Abl zu diesen Entscheidungen *Mitlehner* ZIP 2007, 1925.
[75] ZB HKInsO/*Kreft,* § 131 Rn. 13; *Bork,* Handbuch, Kap. 15 Rn. 31; *Jacobi* ZIP 2006, 2351, 2358; OLG Karlsruhe ZIP 2005, 1248 = NZI 2006, 103 mit abl Anm. *Himmelsbach/Achsnik;* OLG München ZIP 2006, 2277 = NZI 2006, 530 mit abl Anm. *Leithaus/Riewe*. Kongruenz/Inkongruenz offen gelassen und Vorsatzanfechtung bejaht von OLG Dresden ZIP 2007, 1278.
[76] BGHZ 174, 297 = NJW 2008, 430 = NZI 2008, 89 = ZInsO 2008, 91 = ZIP 2008, 183 (m abl Anm. *Mitlehner).* Zur Entscheidung ausführlich und zustimmend zB: *Kuder* ZIP 2008, 289; *Jacoby* ZIP 2008, 385 (gegen *Mitlehner*); *Kammel/Staps* NZI 2008, 143.
[77] BGHZ 174, 297 (Rn. 1, 35 ff.).
[78] BGH NZI 2008, 539 = ZInsO 2008, 801 = ZIP 2008, 1435 (Erbringung von Bauleistungen durch die Schuldnerin = Auftragnehmerin). Vgl. auch den Fall von OLG München NZI 2009, 773 = ZInsO 2009, 2151m Anm. *Laskos.*
[79] BGH NZI 2008, 236 = ZInsO 2008, 209 = ZIP 2008, 372.

23 c) Für *Lohnzahlungen* an Arbeitnehmer gilt zur Kongruenz:[80] Da ein Arbeitnehmer mit der Lohnzahlung erhält, worauf er Anspruch hat, ist die von ihm erlangte Befriedigung grundsätzlich kongruent, inkongruent aber beispielsweise bei Zahlung Dritter (→ Rn. 42). Wird gemäß den arbeitsvertraglichen Vereinbarungen bei Fälligkeit gezahlt, handelt es sich um ein Bargeschäft, das wegen des unmittelbaren und gleichwertigen Leistungsaustauschs („Arbeit gegen Geld") nach § 142 InsO grundsätzlich unanfechtbar ist.[81] An der Kongruenz der Deckung ändert sich auch nichts, wenn die Lohnzahlung verspätet erfolgt. Bei Zahlung von *Lohnrückständen* entfällt allerdings ab einer bestimmten zeitlichen Grenze (→ § 46 Rn. 81, 82) der Bargeschäftscharakter, was die Anfechtbarkeit nach § 130 InsO eröffnet; diese zeitliche Grenze – das Merkmal der Unmittelbarkeit bei § 142 InsO – wird allerdings vom 6. Senat des BAG anders also vom IX. ZS des BGH bestimmt (→ § 46 Rn. 83, 84, 86 aE), was als Folge der Rechtswegespaltung (→ § 51 Rn. 30) nunmehr auch zur Rechtsspaltung beim Bargeschäftsbegriff geführt hat. Die Probleme liegen davon abgesehen dann beim subjektiven Tatbestand, der positive Kenntnis verlangt (→ Rn. 28, 29) und bei § 130 II InsO (→ Rn. 32).

24 d) *Weitere Beispiele:*
- Kongruent ist eine bestellte *Sicherheit* nur, wenn der Sicherungsnehmer einen Anspruch gerade auf die bestellte Sicherheit hatte, inkongruent aber die Bestellung einer anderen (zB Grundschuld statt (Global-)Abtretung); besteht nur ein allgemeiner Anspruch auf Bestellung oder Verstärkung einer Sicherheit wie beispielsweise nach Nr. 14 AGB-Banken, so ist die Sicherung inkongruent (→ Rn. 55).[82]
- *Vorausabtretung:* Insoweit ist zu beachten, dass sich bei der Sicherungsabtretung einer künftigen Forderung der Rechtserwerb des Abtretungsempfängers erst vollendet, wenn diese entsteht (sog. mehraktiges Rechtsgeschäft, → § 46 Rn. 35), und dass die Vorausabtretung im Rahmen eines verlängerten Eigentumsvorbehalts nicht anfechtbar ist (→ § 46 Rn. 58); zu Letzterem sogleich noch näher.
- Für den Forderungserwerb iR eines *erweiterten verlängerten Eigentumsvorbehalts*, der im kaufmännischen Verkehr auch durch AGB wirksam vereinbart werden kann,[83] muss man unterscheiden:[84] Hinsichtlich des bei Weiterveräußerung an Stelle des Eigentumsvorbehalts entstehenden und im Voraus abgetretenen Zahlungsanspruchs, liegt ein unanfechtbarer Sicherheitentausch vor (→ § 46 Rn. 58). Etwas anderes gilt wegen der von der Schuldnerin bei Weiterveräußerung aufgeschlagenen Marge, für die bei Vereinbarung des Eigentumsvorbehalts noch keine Sicherung vorlag, die vielmehr erst mit Entstehen der abgetretenen Forderung und damit objektiv gläubigerbenachteiligend begründet wurde;[85] insoweit kommt eine kongruente Deckungsanfechtung (wie bei einer Globalzession (→ Rn. 21) in Betracht.
- Vereinnahmung der *Vergütung durch vorläufigen Insolvenzverwalter* in einem **nicht** zu Eröffnung gelangten Verfahren, dessen Anspruch bloße Insolvenzforderung, kein Masseanspruch nach §§ 53, 54 Nr. 2 InsO ist, weil diese Vorschriften nur Kosten des eröffneten Verfahrens betreffen, und wobei eine Anfechtung auch nicht § 142 InsO ausschließt, weil es schon an einer Vereinbarung zur Vergütung mit dem Schuldner fehlt.[86]

---

[80] Ausführl dazu *Huber* NJW 2009, 1928; verfassungsrechtliche Bedenken gegen die Kongruenzanfechtung hat BAG ZIP 2014, 628 Rn. 17 ff.; dazu *Huber* EWiR 2014, 291.
[81] Näher *Bork* ZIP 2007, 2337 ff.
[82] BGHZ 150, 122 = NJW 2002, 1722 = ZIP 2002, 812 = ZInsO 2002, 426.
[83] BGH ZIP 2013, 528 Rn. 14 (Voraussetzung: Wahrung des Bestimmtheitsgebots).
[84] BGHZ 189, 1 = ZIP 2011, 773.
[85] BGHZ 189, 1 = ZIP 2011, 773 Rn. 33.
[86] BGH ZIP 2012, 333 Rz. 9, 10, 22 ff. = NZI 2012, 135; dazu *Graber/Graeber* NZI 2012, 129 ff.

- *Tilgung eigener Schuld* durch bargeldlose *Überweisung* und *eigene Schecks* (auch, wenn eine andere Zahlungsart vereinbart war[87]), auch Abbuchungen im *Lastschriftverfahren* aufgrund einer Einziehungsermächtigung,[88] im zuletzt genannten Fall selbst dann, wenn der Schuldner vertraglich nicht zur Ermächtigung des Gläubigers verpflichtet war.[89] Anders – inkongruente Deckung – ist das, wenn der Gläubiger zu dem Zeitpunkt, in dem sein Anspruch gegen das Kreditinstitut auf Gutschrift des Geldeingangs entsteht, keine durchsetzbare Forderung gegen den Insolvenzschuldner hat.[90]
- *Verrechnung/Aufrechnung* (zum Verhältnis zwischen Aufrechnungsverbot nach § 96 I Nr. 3 InsO und Insolvenzanfechtung → § 46 Rn. 13; zur Inkongruenz bei der Herstellung einer Aufrechnungslage → Rn. 51): Ein Gläubiger verrechnet einen Vorschuss, den er seinerzeit zur Sicherung einer bereits entstandenen, aber noch nicht fälligen (→ Rn. 15 aE) Forderung erhalten hatte;[91] Verrechnung von Gutschriften durch eine Bank[92] (ausf zum Zahlungsverkehr in der Insolvenz zu § 99), wenn diese einen der Gutschrift entsprechenden fälligen Zahlungsanspruch hatte,[93] insbesondere weil eine Kontoüberziehung nicht – auch nicht stillschweigend – gestattet (dann: Anspruch auf sofortige Rückführung der Überziehung) oder ein eingeräumter Kontokorrentkredit gekündigt war;[94] Kongruenz besteht auch bei Verrechnung mit einem noch nicht fälligen Anspruch auf Darlehensrückzahlung bei mit dem Kunden vereinbarter Reduzierung der Kreditlinie auf Null gegen Freigabe der bestellten Sicherheit;[95] eine Bank zieht den vom Kunden zur Verrechnung auf seinem debitorischen Konto eingereichten Kundenscheck ein, wobei es für die Anfechtbarkeit der Verrechnung auf die Entstehung der Verrechnungslage (buchungsmäßige Deckung) ankommt.[96] Zur *Verrechnung im Kontokorrent als Bargeschäft* → § 46 Rn. 87, 88; zur *Inkongruenz bei Verrechnungen* von Zahlungseingängen → Rn. 54.
- Erwerb eines *gesetzlichen Pfandrechts* (Vermieter, Verpächter, Unternehmer, § 562 I, § 581 II, §§ 592, 647 BGB), allerdings nur für aus dem aktuellen (nicht früheren) Vertrag entstandene (so genannte konnexe) Forderungen.
- Der Erwerb eines *Frachtführerpfandrechts* (§ 441 HGB) ist, weil Kraft Gesetzes entstehend, stets kongruent; erteilt der Schuldner unter Überlassung des Transportgutes einen neuen Frachtauftrag, so gilt darüber hinaus der Erwerb dieses Pfandrechts auch für offene unbestrittene Altforderungen aus früheren Transportaufträgen als kongruent.[97] Kongruenz besteht auch[98] bei einer zwischen den Beteiligten (Schuldner, Gläubiger, Empfänger) vereinbarten Zahlung an den Gläubiger des Frachtführerpfandrechts durch den Empfänger des Frachtguts, wobei die Vereinbarung selbst (samt Abtretung/Verpfändung der Forderung des Schuldners) gegen den Empfänger ein

---

[87] BGHZ 166, 125 (Rn. 46, 47) = ZIP 2006, 322 = ZInsO 2006, 322 = NZI 2006, 287 m. Anm. *Huber*; BGH NZI 2007, 517 (Rn. 15) = ZInsO 2007, 816 = ZIP 2007, 1469.
[88] MüKoInsO/*Kayser*, § 130 Rn. 10, § 131 Rn. 9, 17.
[89] BGH NZI 2013, 301 Rn. 11, 12 = ZIP 2013, 324 = ZInsO 2013, 245.
[90] BGH NJW-RR 2002, 721 = ZIP 2002, 1408 = ZInsO 2002, 721 (Ergänzung zu BGHZ 118, 171, 176f = ZIP 1992, 778, 789 f.).
[91] BGHZ 86, 190 = NJW 1983, 887 (Telephongebührenvorschuss); *Mohrbutter* KTS 1984, 401.
[92] Vgl. dazu *Steinhoff* ZIP 2000, 1141, 1143; *Heublein* ZIP 2000, 14; *de Bra* NZI 1999, 249; *Obermüller* ZInsO 1999, 324.
[93] BGHZ 138, 40, 47 = NJW 1998, 1318.
[94] BGH NJW 1999, 3780; 1978, 758.
[95] BGH ZIP 2010, 588 = ZInsO 2010, 519.
[96] BGHZ 118, 171 = NJW 1992, 1960 = LM H 2/93 § 30 KO Nr. 54 *(Marly)*; vgl. auch *Canaris* EWiR 1992, 683u *Uhlenbruck* WuB VI. B. § 30 Nr. 1 KO 1.92.
[97] BGHZ 150, 326 = NZI 2002, 485 = ZIP 2002, 1204 = ZInsO 2002, 1204; OLG Rostock ZIP 2004, 864 = ZInsO 2004, 454: Zu Pfand-, Sicherungs- und Zurückbehaltungsrechten des Frachtführers bei *drohender* Zahlungsunfähigkeit des Absenders vgl. *Didier* NZI 2003, 513.
[98] BGH NZI 2005, 389 = ZIP 2005, 992 = ZInsO 2005, 648; dazu *Gerhardt* EWiR 2005, 545.

unanfechtbares Bargeschäft beinhaltet, falls der Wert des Frachtführerpfandrechts dem der abgetretenen Forderung entspricht; das Frachtführerpfand für Altforderungen ist nicht deshalb inkongruent, weil der Frachtführer den neuen Transportauftrag (auch) wegen der Gefahr der Zahlungsunfähigkeit des Absenders hat erwerben wollen.

– Stellung einer *Bauhandwerkersicherung* auf Verlangen nach § 648a I BGB, seit in Kraft Treten des Forderungssicherungsgesetzes zum 1.1.2009, durch das diese Vorschrift zur Anspruchsgrundlage umgestaltet wurde (zur Inkongruenz nach früherer Rechtslage → Rn. 53 aE).[99]

25 **5. Krise – Fallgruppen.** Für den als Krise bezeichneten Anfechtungszeitraum (→ Rn. 6) muss man unterscheiden: **a)** Die Anfechtbarkeit einer *vor dem Eröffnungsantrag* vorgenommenen Rechtshandlung begrenzt § 130 I Nr. 1 InsO auf die letzten drei Monate vor diesem Zeitpunkt (zur Berechnung dieser Frist → Rn. 13; → § 46 Rn. 43–45); weitere Voraussetzungen sind objektiv die Zahlungsunfähigkeit (nicht: drohende Zahlungsunfähigkeit) des Schuldners (→ Rn. 7 ff.) zurzeit der Handlung (→ § 46 Rn. 20, 35 ff) – wobei aber auch hier die Vermutung des § 17 II 2 InsO gilt[100] – und subjektiv die Kenntnis des Gläubigers davon (→ Rn. 25 ff.). In Betracht kommt wegen dieser beiden zuletzt genannten Merkmale praktisch nur ein auf Zahlungsunfähigkeit (§ 17 InsO) gestützter Insolvenzantrag eines Gläubiges oder des Schuldners (§ 13 I 2 InsO). Die Anknüpfung an einen Eigenantrag des Schuldners wegen drohender Zahlungsunfähigkeit (§ 18 InsO) ist zwar nicht gänzlich ausgeschlossen; in einem solchen Fall müsste aber im Anfechtungsprozess trotz der mit dem Eröffnungsantrag behaupteten bloß drohenden Zahlungsunfähigkeit der Beweis der schon davor im Zeitpunkt der Vornahme der Rechtshandlung tatsächlich eingetretenen Zahlungsunfähigkeit gelingen.[101] Eine durch Zwangsvollstreckung im letzten Monat vor dem Eröffnungsantrag erlangte Sicherheit braucht wegen § 88 InsO nicht angefochten zu werden (→ § 46 Rn. 29); im vereinfachten Insolvenzverfahren betrug die Frist drei Monate, § 312 I 2 aF InsO, die Vorschrift wurde aber mit Wirkung ab 1.7.2014 aufgehoben.[102]

26 **b)** Bei der Anfechtung einer *nach dem Eröffnungsantrag* (→ Rn. 13) vorgenommenen Rechtshandlung kann sich gemäß § 130 I Nr. 2 InsO die Kenntnis des Gläubigers entweder auf die Zahlungsunfähigkeit (nicht: drohende Zahlungsunfähigkeit) oder auf den Eröffnungsantrag beziehen (→ Rn. 28 ff.); allein aus der öffentlichen Bekanntmachung der Bestellung eines vorläufigen Insolvenzverwalters ergibt sich aber keine Kenntnis des Anfechtungsgegners vom Eröffnungsantrag gegen den Schuldner.[103] Im zuletzt genannten Falle (Kenntnis vom Eröffnungsantrag) genügt ein Eigenantrag des Schuldners wegen drohender Zahlungsunfähigkeit (§ 18 InsO),[104] weil es auf eine im Zeitpunkt der Vornahme der Rechtshandlung tatsächlich schon eingetretene Zahlungsunfähigkeit nicht ankommt (anders bei § 130 I Nr. 1 InsO, → Rn. 25). Diese Vorverlagerung der Anfechtbarkeit ist gerechtfertigt, weil der Gläubiger wegen seiner Kenntnis des – wenn

---

[99] Näher dazu *Huber*, JuS 2009, 23, 25 f.
[100] BGHZ 149, 178 = NJW 2002, 515 = ZIP 2002, 87 = ZInsO 2002, 29 = LM H 6/2002 § 130 InsO Nr. 1 (*Huber*).
[101] Wegen dieser Einschränkung kann man nicht von einer „Umstimmigkeit" des Gesetzes im Vergleich zu den Vorstellungen der Reformkommission sprechen; so aber *Gerhardt*, FS Brandner S. 605, 616 f.
[102] Gesetz zur Verkürzung des Restschuldbefreiungsverfahrens und zur Stärkung der Gläubigerrechte v. 15. 7. 2013, BGBl. I S. 2379.
[103] BGH ZIP 2010, 2307 Rz. 20 ff. = NZI 2011, 18.
[104] Im Ergebnis ebenso *Schoppmeyer* in Kübler/Prütting/Bork, § 130 Rn. 100; *Zeuner*, Rn. 103; *Breutigam/Tanz* ZIP 1998, 717, 719 f.; aA HKInsO/*Kreft*, § 130 Rn. 15, der aber nicht zwischen § 130 I Nr. 1 u Nr. 2 InsO unterscheidet.

auch vom Schuldner nur auf drohende Zahlungsunfähigkeit – Insolvenzantrages nicht auf die Beständigkeit seines Erwerbes vertrauen kann (→ Rn. 28).

6. Mittelbare Gläubigerbenachteiligung. Erforderlich ist eine objektive Gläubi- 27 gerbenachteiligung (→ § 46 Rn. 51, 52; zu ihrem Fehlen in bestimmten Fallgruppen → § 46 Rn. 58 ff.). Für den Ursachenzusammenhang genügt eine mittelbare Benachteiligung (→ § 46 Rn. 67–69) der Insolvenzgläubiger (→ Rn. 17). Trotz einer mittelbaren Gläubigerbenachteiligung scheidet eine Anfechtbarkeit aber aus bei *Bardeckungen* (→ § 46 Rn. 75 ff.) und demzufolge auch bei *Sanierungsgeschäften*,[105] falls Sanierungskredit und die dafür bestellte Sicherheit gleichwertig sind (→ § 46 Rn. 65; → § 48 Rn. 18). Entsprechendes gilt für den angemessenen Aufwand des Schuldners zur Erstellung eines Insolvenzplans (§ 218 I 2 InsO) oder eines außergerichtlichen Schuldenbereinigungsversuchs (§ 305 I Nr. 1 InsO; zur Problematik gescheiterter Sanierungsversuche → § 48 Rn. 18).

7. Subjektiver Tatbestand. a) Erforderlich ist positive *Kenntnis des Anfechtungsgeg-* 28 *ners* (oder seines Vertreters, → § 46 Rn. 31) von der Zahlungsunfähigkeit des Schuldners bei Vornahme der angefochtenen Rechtshandlung (→ Rn. 34) oder im Fall des § 130 I Nr. 2 InsO Kenntnis vom Eröffnungsantrag (→ Rn. 26). Bei mehreren Eröffnungsanträgen gilt § 139 II InsO (→ § 46 Rn. 45) entsprechend, genügt also die Kenntnis von einem der Anträge, sofern dieser begründet gewesen wäre, ohne dass er der „erste begründete" hätte sein müssen.[106] Im subjektiven Erfordernis der positiven Kenntnis liegt die sachliche Rechtfertigung für die Anfechtbarkeit;[107] wer um die Krise des späteren Insolvenzschuldners weiß, kann eben nicht auf die Beständigkeit seines Erwerbes vertrauen und ist demzufolge nicht schutzwürdig (→ § 46 Rn. 1 ff.). Die (für den objektiven Tatbestand) schon ausführlich erörterten *Beweisanzeichen* für die Zahlungsunfähigkeit des Schuldners (→ Rn. 12) hier von Bedeutung, sofern die Kenntnis des Anfechtungsgegners davon feststeht. Man spricht dann von **doppelrelevanten Indiztatsachen;**[108] wie diese Problemlage zu bewältigen ist, zeigt das folgende Arbeitsschema.

Für die **Feststellung der positiven Kenntnis nach § 130 I InsO** gelten folgende 29 **Grundsätze:**
– Welche Indizien sprechen für das *objektive* Merkmal der Zahlungseinstellung zum anfechtungsrelevanten Zeitpunkt? *Beispiele* (→ Rn. 12): Aufkündigung von Geschäftsbeziehungen durch Großkunden; häufiger Wechsel der Lieferanten; Zurückholung von unter Eigentumsvorbehalt gelieferter Waren; Nichtzahlung oder nur schleppende Zahlung von Mieten, Energie-, Rohstofflieferungen, Steuern, Sozialversicherungsbeiträgen, Löhnen; Ausbleiben fälliger Teilzahlungen bei einer vom Schuldner selbst vorgeschlagenen Ratenzahlungsvereinbarung; Häufung von Vollstreckungsbescheiden, Versäumnisurteilen, Zwangsvollstreckungsmaßnahmen von Gläubigern.
– Welche dieser – für das objektive Merkmal der Zahlungseinstellung sprechenden – Indizien waren dem Anfechtungsgegner positiv bekannt?
– Wie ist die Beweisrichtung der einzelnen Indiztatsachen? Dabei genügt eine Bewertung nach den üblichen Wahrscheinlichkeitsgraden (wahrscheinlich/überwiegend wahrscheinlich/hoch/sehr wahrscheinlich/mit an Sicherheit grenzend wahrscheinlich).[109] Erhöht sie die Wahrscheinlichkeit der Existenz der Haupttatsache (Zahlungseinstellung)? Beispiel: Bei Kenntnis von rückständigen Sozialversicherungs-

---

[105] Ausf *Kirchhof* ZInsO 2005, 340; *Fölsing* ZIP 2007, 1449.
[106] HKInsO/*Kreft*, § 130 Rn. 32.
[107] *Gerhardt*, Gläubigeranfechtung, S. 202 ff., 217; *ders.*, FS KonkursO S. 111, 130.
[108] Ausführlich dazu *Huber* ZInsO 2012, 53, 55 ff.
[109] Zu einer sehr naheliegenden und (hoffentlich!) überzeugenden Begründung näher vgl. *Huber* ZInsO 2012, 53, 56.

beiträgen handelt es sich wegen der Strafbewehrtheit regelmäßig um ein sehr starkes Indiz handelt, weshalb nur ausnahmsweise ein anderer Schluss möglich sein wird.[110]
– Herrscht Streit zur Kenntnis des Anfechtungsgegners vom Indiz, ist darüber Beweis zu erheben. Scheitert dieser oder kommt es zum non liquet, bleibt das Indiz unberücksichtigt. Denn die Beweislast trägt nach allgemeinen Regeln der Insolvenzverwalter (→ Rn. 35).
– Wie ist der Gesamtbeweiswert aller Indizien zusammengefasst betrachtet? Dafür gilt als Regel, dass mehrere Indizien, die für sich alleine einen Nachweis nicht erlauben, in ihrer Gesamtheit doch den Beweis der gesuchten Haupttatsache erbringen können.
– Erst im Anschluss daran, kann sich der *Richter* durch Würdigung aller maßgeblichen Umstände des Einzelfalls auf der Grundlage des Gesamtergebnisses der Verhandlung und einer etwaigen Beweisaufnahme eine *Überzeugung* bilden (§ 286 Abs. 1 S. 1 ZPO)[111] und dazu auch eine rationalen Anforderungen (und damit § 286 Abs. 1 S. 2 ZPO) entsprechende *Urteilsbegründung* liefern, insbesondere auch für eine gegebenenfalls massenachteiliges Ergebnis, das Beweisanzeichen als entkräftet oder unzureichend ansieht.[112]
– Entsprechendes gilt für den Insolvenzverwalter für die *Abfassung der Klagebegründung.*

Zusätzlich ist noch zu bemerken:

– Die Kenntnis der Zahlungseinstellung (und damit der Zahlungsunfähigkeit, → Rn. 7ff.) ist nach Rechtsprechung des BGH[113] für denjenigen *(freilich widerleglich) zu vermuten,* der die zugrundeliegenden Tatsachen kennt, an die jedermann mit seiner Verkehrsauffassung verständigerweise die Erwartung knüpft, dass der Schuldner wesentliche Teile seiner ernsthaft eingeforderten Verbindlichkeiten im Zeitraum der nächsten drei Wochen nicht wird tilgen können[114] denn das ist die Frist, die einem Schuldner zur Beseitigung einer Zahlungsstockung, also einer Liquiditätslücke bleibt (→ Rn. 9).[115] Ob diese Rechtsprechung weiter gilt, nachdem der BGH die (entsprechende) zur „Hilfsvermutungsregel" bei § 133 I 1 InsO aufgegeben und diese dort zur Beweisanzeichenregel herabgestuft hat (näher → § 48 Rn. 23), ist noch nicht entschieden, konsequenterweise aber zu verneinen. Folglich empfiehlt es sich auch hier, von mehr oder weniger wichtigen Beweisanzeichen (mit dem entsprechenden beweisrechtlichen Folgen, → § 48 Rn. 23) auszugehen.
– An einer erlangten Kenntnis ändert auch die Stundung des Gläubigers nichts, solange nicht die Zahlungen im Allgemeinen wieder aufgenommen wurden (→ Rn. 8). Eine bereits vor der angefochtenen Rechtshandlung gegebene Kenntnis von der Zahlungsunfähigkeit entfällt, wenn der Anfechtungsgegner aufgrund neuer, objektiv geeigneter Tatsachen zu der Ansicht gelangte, nun sei der Schuldner wieder zahlungsfähig.[116] Von einer Wiederstellung der Zahlungsfähigkeit kann nicht ausgegangen

---

[110] Zur möglichen, gegenteiligen Annahme vgl. den Fall BGH NZI 2013, 23 Rn. 13, 14 = ZIP 2013, 2318 = ZInsO 2013, 2434 (kein Schluss auf Zahlungseinstellung, weil Beweisanzeigen im Fall nur schwach).

[111] Trefflich – über den Wortlaut der zitierten Vorschrift hinaus – formuliert von BAG ZIP 2011, 2366 (LS 2) = ZInsO 2012, 37, dazu EWiR 2011, 817 *(Huber).*

[112] Ausührl. dazu *Kayser* WM 2013, 293ff.

[113] BGH NJW 2000, 211 = ZIP 1999, 1977 = LM H 4/2000 GesO Nr. 54 *(Huber);* BGHZ 149, 100 = NJW 2002, 512 = ZIP 2001, 2235 = ZInsO 2001, 1150; vgl. außerdem BGH NJW 1995, 2103; dazu *Gerhardt* EWiR 1995, 689.

[114] MüKoInsO/*Kayser,* § 130 Rn. 33; HKInsO/*Kreft,* § 130 Rn. 22; ausführlich zu Nachweis und Kenntnis *Hölzle,* ZIP 2006, 101; *ders.,* ZIP 2007, 613.

[115] BGH NZI 2007, 517 (Rn. 37) = ZIP 2007, 1469 = ZInsO 2007, 816; BGHZ 163, 134; vgl. zur Entscheidung auch *Kamm/Köchling,* ZInsO 2006, 732.

[116] BGH NZI 2008 (Rn. 13ff.) = ZIP 2008, 930.

werden, wenn sich der Schuldner durch die Befriedigung seiner gegenwärtigen Gläubiger der Mittel entäußert, die er zur Begleichung seiner künftigen, alsbald fällig werdenden Verbindlichkeiten benötigt.[117]

– Besonderheiten gelten für die Anfechtung **rückständiger Lohnzahlungen an Arbeitnehmer** sowohl für § 130 I wie § 130 II InsO, die zusammenfassend später (→ Rn. 32, 33) dargestellt sind. Dazu ist bei § 130 II InsO schon entschieden, dass die für die übrigen Gläubiger geltenden Rechtsprechungsgrundsätze nicht ohne weiteres auf „einfache Arbeitnehmer" übertragbar sind (→ Rn. 32, 33); im Rahmen des § 130 I InsO wird das bei Bewertung der Beweisanzeichen ebenso zu beurteilen sein. Etwas anderes gilt, wenn der Arbeitnehmer „in der Informationshierarchie nicht auf unterster Ebene" steht,[118] wie beispielsweise im entschiedenen Fall ein Bauleiter aufgrund dessen Kenntnisse von den ökonomischen Hintergründen des Unternehmens und vom zeitlichen und betragsmäßigen Umfang der eigenen Lohnaußenstände wie denen seiner Arbeitskollegen. Darin erblicken die Tatgerichte – mit Billigung des BGH – die entscheidungserheblichen Unterschiede zum Fall des – übrigens interessanterweise im selben Unternehmen beschäftigten – Elektroinstallateurs, demgegenüber die Anfechtung scheiterte (→ Rn. 32). Dem hier vorgestellten Urteil ist zuzustimmen, weil es das Prinzip der par condicio creditorum zutreffend verwirklicht.[119]

b) Der Kenntnis stellt *§ 130 II InsO* gleich die *Kenntnis von Umständen,* die zwingend auf die Zahlungsunfähigkeit oder den Eröffnungsantrag schließen lassen. Was die Vorschrift meint, ist nicht einfach zu ermitteln. Nicht genügt jedenfalls grobe Fahrlässigkeit, weil dieses ursprünglich im Regierungsentwurf vorgesehene Merkmal im Gesetzgebungsverfahren gestrichen wurde.[120] Festgestellt werden muss deshalb im Anfechtungsprozess die positive Kenntnis der tatsächlichen Umstände; ob diese auf eine Zahlungsunfähigkeit oder einen Eröffnungsantrag schließen lassen, ist Rechtsfrage (Beispiele s.u.). Ist der Anfechtungsgegner zu diesem Ergebnis nicht gekommen, so wird ihm das vorgeworfen, wenn der Schluss „zwingend" war, mag er ihn auch selbst nicht gezogen haben;[121] es kommt also darauf an, ob sich ein redlich und vernünftig denkender Dritter angesichts der festgestellten Umstände nicht hätte der Einsicht verschließen können, dass der Schuldner tatsächlich zahlungsunfähig oder ein Eröffnungsantrag gestellt war. Der Rechtsanwendungsvorteil bei § 130 II InsO besteht darin, dass es sich um eine *unwiderlegliche Rechtsvermutung* handelt.[122] Die bereits erörterten *Beweisanzeichen* (→ Rn. 12) sind auch hier von Bedeutung, müssen aber daraufhin überprüft werden, ob daraus ein zwingender Schluss folgt. wie insbesondere bei laufend steigenden Steuerschulden oder anwachsenden Rückständen bei Sozialversicherungsbeiträgen trotz Teilleistungen,[123] Nichtzahlung oder schleppender Zahlung von Löhnen und Gehältern. Ein Gläubiger kann sogar aufgrund von Presseberichten insbesondere über gesperrte Kreditlinien oder Schwierigkeiten bei Abwicklungen von Verträgen – selbst wenn die Berichte keine amtliche Verlautbarung enthalten – den Umständen nach gehalten sein,

---

[117] BGH NZI 2012, 963 = ZIP 2012, 2355 Rn. 19 = ZInsO 2012, 2244; dazu EWiR 2012, 797 (*Huber*).
[118] BGH NZI 2009, 892 = ZInsO 2009, 2244 = ZIP 2009, 2306; dazu *Ries/Doebert* ZInsO 2009, 2367. Bestätigung: BGH ZInsO 2010, 714.
[119] Die Anfechtung ist systemimmanent weil der Gesetzgeber der InsO Arbeitnehmer eben ungesicherten Gläubigern gleichgestellt hat, näher *Huber* NJW 2009, 1928, 1929f.
[120] Vgl. Begründung RegE u Begründung Rechtsausschuss, abgedruckt zB bei *Kübler/Prütting,* Bd I S. 338, 340.
[121] BGHZ 149, 178 = NJW 2002, 515 = ZIP 2002, 87 = ZInsO 2002, 29 = LM H 6/2002 § 130 Nr. 1 (*Huber*).
[122] HKInsO/*Kreft* § 130 Rn. 29; *Gerhardt,* FS Brandner S. 605, 616. Zust *Häsemeyer* Rn. 21.50; *Breutigam/Tanz* ZIP 1998, 717, 720.
[123] BGH ZIP 2003, 410, 412.

Erkundigungen oder andere Nachforschungen zur Zahlungsfähigkeit des Schuldners anzustellen (→ Rn. 8).

31 *Beispiele:*
- Fordert zB eine Bank unter Fristsetzung und Androhung von Zwangsmitteln die Rückzahlung eines gekündigten Kredits von erheblicher Höhe, weil sie den Schuldner nicht mehr für kreditfähig hält, so steht die lediglich theoretische Möglichkeit, dass der Schuldner noch irgendwoher Kredit erhält, der Kenntnis seiner Zahlungseinstellung nicht entgegen.[124]
- Leistet der Schuldner, der mit seinen laufenden steuerlichen Verbindlichkeiten seit mehreren Monaten zunehmend in Rückstand geraten ist, lediglich eine Teilzahlung und bestehen keine konkreten Anhaltspunkte dafür, dass er in Zukunft die fälligen Forderungen alsbald erfüllt, so kennt die Finanzverwaltung in der Regel Umstände, die zwingend auf die Zahlungsunfähigkeit des Schuldners schließen lassen.[125]
- Kenntnis von Umständen, die zwingend auf einen Eröffnungsantrag schließen lassen, ergeben sich insbes aus der Kenntnis von Sicherungsmaßnahmen des Insolvenzgerichts gem. § 21 InsO.[126] Allein aus der öffentlichen Bekanntmachung der Bestellung eines vorläufigen Insolvenzverwalters ergibt sich aber keine Kenntnis des Anfechtungsgegners vom Eröffnungsantrag gegen den Schuldner.[127]
- Selbst eine harte Patronatserklärung der Muttergesellschaft (rechtsgeschäftlich verbindlich abgegebene Einstandserklärung) beseitigt weder die objektive Zahlungsunfähigkeit der Tochtergesellschaft noch die darauf (über § 130 Abs. 2 InsO) bezogene Kenntnis des Gläubigers.[128]

32 c) *Spezialität.* Bei einer Insolvenzanfechtung von **rückständigen Lohnzahlungen an Arbeitnehmer** (zur Kongruenz → Rn. 23) gelten Besonderheiten sowohl zum Grund als auch zum Vermutungstatbestand gerade auch wegen der geänderten Rechtswegzuständigkeit (Arbeitsgerichte statt ordentliche Gerichte, → § 51 Rn. 30). Die Rechtslage ist kompliziert, nachdem inzwischen drei höchstrichterliche, nicht einfach zu durchschauende Urteile vorliegen, deren erste beiden vom Bundesgerichtshof noch vor dem Beschluss des Gemeinsamen Senats der obersten Gerichtshöfe zur Rechtswegfrage getroffen wurden,[129] während das des Bundesarbeitsgerichts schon aus der Zeit danach stammt (zum Problem der Verjährung nach § 146 Abs. 1 InsO bzw. zur „Konkurrenz" wegen tariflicher Ausschlussfristen → § 51 Rn. 42 ff.). Vorfrage ist natürlich, ob eine Kongruenzanfechtung wegen des Bargeschäftsprivileg nach § 142 InsO ausgeschlossen ist, wozu nun die Rechtsprechung des BAG – die in Widerspruch zu der des BGH und umgekehrt (BGH jetzt ausdrückl. gegen BAG!) steht – maßgeblich ist (→ § 46 Rn. 82, 83, 84 aE).

33 Kommt eine Insolvenzanfechtung (nach § 130 bzw. § 133 InsO) in Betracht,[130] muss man wie folgt unterscheiden:
- Die soeben zu § 130 II beschriebenen Regeln sind grundsätzlich unanwendbar; denn sie gelten nur für „institutionelle Gläubiger" (insbesondere Finanzämter, Sozialversicherungsträger und Banken) oder „Gläubiger mit Insiderkenntnissen", wozu Berater (Rechtsanwälte, Steuerberater, Wirtschaftsprüfer) des schuldnerischen Unternehmens gehören, dessen Arbeitnehmer aber nur, wenn sie in der Finanzbuchhaltung tätig sind

---

[124] BGH NJW 1995, 2103.
[125] BGH NZI 2003, 322 = ZIP 2003, 410 = ZInsO 2003, 180. Vgl. auch als negatives Beispiel, gleichwohl aber sehr lehrreich OLG Frankfurt ZIP 2003, 1055; dazu *Huber* EWiR 2003, 937.
[126] MüKoInsO/*Kirchhof,* § 130 Rn. 56.
[127] BGH NZI 2011, 18 Rn. 20 ff. = ZIP 2010, 2307.
[128] BGH ZIP 2011, 1111 = ZInsO 2011, 1115.
[129] Ausführl. zu diesen beiden Entscheidungen *Huber* in: FS Ganter, S. 203, 209 ff.
[130] Ausführlich HHS/*Huber,* Teil VII Rn. 587 ff.

oder Leitungsaufgaben im kaufmännischen Bereich wahrnehmen.[131] Letzteres bezweifelt neuerdings das Bundesarbeitsgericht und meint, Stellung und Funktion des Arbeitnehmers im Unternehmen sei „nicht per se maßgebend".[132]
- Für „einfache" Arbeitnehmer (zur Abgrenzung sogleich) ist bereits entschieden, dass allein die Kenntnis von Lohnrückständen des Arbeitgebers auch anderen Arbeitnehmern gegenüber nicht den Schluss auf dessen Zahlungsunfähigkeit oder Zahlungseinstellung rechtfertigt; erforderlich wäre vielmehr zusätzlich ein Gesamtüberblick über die Liquiditätslage des schuldnerischen Unternehmens.[133]
- Eine Ausnahme soll nur gelten, wenn der spätere Insolvenzschuldner selbst bspw. auf einer Betriebsversammlung den anwesenden Beschäftigten den sicheren Eindruck vermittelt, er sei nicht mehr zahlungsfähig.[134] Ob sich dem das Bundesarbeitsgericht anschließen wird, erscheint offen; im schon zitierten Fall wurde nämlich trotz einer solchen Betriebsversammlung[135] die Meinung der Vorinstanz geteilt, die Arbeitnehmer hätten „daraus noch keinen Gesamtüberblick über die Liquiditäts- oder Zahlungslage des Unternehmens" ableiten können.
- Genau anders (als das erste) fiel das zweite Urteil des Bundesgerichtshofes bei einem anderen Arbeitnehmer – desselben Unternehmens(!) – aus, und zwar wegen dessen (über die allgemein bekannten Lohnrückstände hinausgehenden) Kenntnis „von den ökonomischen und wirtschaftlichen Hintergründen des Unternehmens aufgrund seiner langjährigen Stellung als „Bauleiter", der „in der Informationshierarchie nicht auf unterster Ebene gestanden" habe.[136]
- Doch das Bundesarbeitsgericht meinte jetzt bei einem „handwerklich-technischen Betriebsleiter" wieder genau umgekehrt, Stellung und Funktion seien „nicht per se maßgebend";[137] im Anschluss daran billigte das Gericht wenig überraschend die Verneinung von Anfechtungsansprüchen mangels Verwirklichung der subjektiven Voraussetzungen sowohl bei den Grund- als auch den Vermutungstatbeständen (§§ 130 Abs. 1, 133 Abs. 1 S. 1 sowie §§ 130 Abs. 2, 133 Abs. 1 S. 2).
- Grundsätzlich unanwendbar ist die Rechtsprechung zu Erkundigungs- und Nachforschungspflichten aufgrund von Presseberichten; sie soll laut Bundesgerichtshof nur für Großgläubiger (Finanzämter, Sozialversicherungskassen, Hauptgeschäftspartner des Schuldners), nicht aber für Arbeitnehmer ohne Einblick in die Liquiditäts- oder Zahlungslage des schuldnerischen Unternehmens.[138]
- **Ergebnis:** Die Erfolgsaussichten einer Kongruenzanfechtung rückständiger Lohnzahlungen gegenüber Arbeitnehmer sind insgesamt als sehr gering einzuschätzen. Erforderlich wäre jedenfalls die Feststellung von (über die schon erörterten Umstände hinausgehenden) Indiztatsachen mit entsprechend hoher Beweiskraft.[139] Nach dem Koalitionsvertrag (v. 16. 12. 2013) für die 18. Legislaturperiode wird die Bundesregierung „das Insolvenzanfechtungsrecht im Interesse der Planungssicherheit des Geschäftsverkehrs sowie des Vertrauens der Arbeitnehmerinnen und Arbeitnehmer in ausgezahlte Löhne auf den Prüfstand stellen" (→ § 48 Rn. 2).

---

[131] BGHZ 180, 63 = NJW 2009, 1202 = NHI 2009, 228 = ZIP 2009, 526 = ZInsO 2009, 526; ausführl. dazu *Huber*, NJW 2009, 1928. Der Rspr zust zB auch *Vollrath*, ZInsO 2011, 1665.
[132] BAG ZIP 2011, 2366 Rn. 31, 32 = ZInsO 2012, 37.
[133] BGH ZIP 2009, 526 Rn. 17 ff.
[134] BGH ZIP 2009, 526 Rn. 20.
[135] Und zwar schon am 7.4.2007, aus der sich ergab, dass – so im Urteil wörtlich – „offene Lohn- und Gehaltsansprüche frühestens Ende Mai 2007 und damit nicht innerhalb von drei Wochen erfüllt" würden, BAG ZIP 2011, 2366 Rn. 26 = ZInsO 2012, 37.
[136] BGH ZIP 2009, 2306 = ZInsO 2009, 2244; dazu *Ries/Doebert*, ZInsO 2009, 2367.
[137] BAG ZIP 2011, 2366 Rn. 31, 32 = ZInsO 2012, 37.
[138] BGH ZIP 2009, 526 Rn. 22 = ZVI 2009, 152.
[139] Beispiele mit Bewertungskriterien aber bei *Huber*, ZInsO 2012, 53, 57.

– **Ausblick auf Vorsatzanfechtung:** Der 6. Senat des BAG hat seine bisherigen Leitlinien, die sich im wesentlichen – mit Ausnahme eben zum Bargeschäft und zur Stellung des Arbeitnehmers „per se" (wie dargelegt) – mit denen des IX ZS des BGH in Übereinstimmung bringen lassen, in der früher schon zitierten Entscheidung zur „Halteprämie" (→ § 46 Rn. 19) bekräftigt. Dessen späteres Urteil[140] zur Rückzahlung von Arbeitentgelt im Wege der Vorsatzanfechtung – dem des IX. ZS des BGH nunmehr ausdrücklich entgegen getreten ist – verschärft das Problem der Rechtsprechung zusätzlich (→ § 46 Rn. 84, 86 aE; → § 48 Rn. 2, 23).

34 **d)** Erforderlich ist *Kenntnis bei Vornahme* der Rechtshandlung. Setzt sich diese aus mehreren Akten zusammen, so kommt es auf den das Rechtsgeschäft vollendenden Akt an (→ § 46 Rn. 20, 35). Zum maßgeblichen Zeitpunkt bei Grundstücksgeschäften und anderen eine Registereintragung erfordernden Rechtsgeschäften (→ § 46 Rn. 36 ff.).

35 **8. Beweislast. a)** *Grundsätze.* Der *Insolvenzverwalter* hat die objektiven und subjektiven Voraussetzungen des Anfechtungstatbestandes zu beweisen, wobei ihm aber Beweiserleichterungen bei bestimmten Beweisanzeichen (→ Rn. 12, 28, 29) zugute kommen; hat der Schuldner seine Zahlungseinstellung nicht durch Aufnahme weiterer Kredite abgewendet, so braucht der Verwalter im Rahmen einer Anfechtungsklage aber grundsätzlich nicht die Möglichkeit einer weiteren Kreditaufnahme auszuräumen.[141] Beruft er sich auf solche Beweiserleichterungen oder auf § 130 II InsO (→ Rn. 26), so trifft ihn die Beweislast für das Vorliegen der Umstände, an die angeknüpft wird, und die Kenntnis des Anfechtungsgegners davon; ob ein Schluss daraus möglich bzw. zwingend ist, ist Rechtsfrage. Zur Beweislast für die Gläubigerbenachteiligung → § 46 Rn. 52.

Bei Kenntnis der Zahlungseinstellung oder Nachweis davon trifft freilich *die Beweislast den Anfechtungsgegner* für einen von ihm behaupteten *nachträglichen Wegfall*;[142] dem genügt er nur, wenn feststeht, dass er infolge neuer Tatsachen ernsthafte Zweifel am Fortbestand der Zahlungsunfähigkeit hatte.[143] Ein Gläubiger, der nach seinem Eröffnungsantrag von dem betroffenen Schuldner Zahlungen erhält, darf deswegen grundsätzlich nicht davon ausgehen, dass auch die anderen, nicht antragstellenden Gläubiger, in gleicher Weise bedient werden.[144]

36 **b)** *Vermutung des § 130 III InsO bei nahestehenden Personen nach § 138 InsO.* Gegenüber einer Person, die dem Schuldner zur Zeit der Handlung nahe stand, wird gem. § 130 III InsO vermutet, dass sie die Zahlungsunfähigkeit oder den Eröffnungsantrag kannte; allerdings muss der Vermutungstatbestand positiv festgestellt werden.[145] Die *Beweislast* für das Näheverhältnis iSd § 138 InsO trägt der Verwalter, zum subjektiven Tatbestand wird sie demgegenüber umgekehrt; die nahe stehende Person muss beweisen, dass sie die genannten Umstände nicht kannte. Die Vorschrift erleichtert deshalb die Anfechtbarkeit in der Praxis erheblich gegenüber der früheren Rechtslage nach KO und GesO.

37 Die *Definition* der nahestehenden Personen[146] in § 138 InsO gilt einheitlich und abschließend für alle Anfechtungsvorschriften, die eine entsprechende Beweislastregel ent-

---

[140] BAG NZI 2014, 372 = ZIP 2014, 628 = ZInsO 2014, 659; dazu *Huber* EWiR 2014, 291 und *Lütcke* NZI 2014, 350.
[141] BGH NJW 1998, 607.
[142] BGH NZI 2008, 231 (Rn. 24) = ZInsO 2008, 273 = ZIP 2008, 420; BGH NZI 2007, 36 (Rn. 23) = ZIP 2006, 2222.
[143] BGH, Urt v. 27.3.2008 – IX ZR 98/07, Rn. 23, ZIP 2008, 930.
[144] BGHZ 149, 178, 188, 190 = ZIP 2002, 87, 90 f. = LM H 6/2002 InsO § 130 Nr. 1/2 *(Huber)*, dazu EWiR 2002, 219 *(Wagner)*.
[145] *Kayser* WM 2013, 293, 298.
[146] Ausf *Kirchhof* ZInsO 2001, 825; *Hirte* ZInsO 1999, 429; *Henckel* in Kölner Schrift S. 813, 843 (Rn. 64 ff.).

Besondere Insolvenzanfechtung

halten (§§ 130 III, 131 II 2, 132 III, 133 II, 137 II 2 InsO; für die Gläubigeranfechtung außerhalb des Insolvenzverfahrens: § 3 II AnfG). Wegen der Einzelheiten zu den nahestehenden Personen wird auf die Darstellung in § 133 II InsO verwiesen (→ § 48 Rn. 29 ff.). Allen diesen Fällen ist gemeinsam, dass diese Personen wegen ihrer Nähe zum Schuldner zum einen besondere Informationsmöglichkeiten über dessen wirtschaftliche Verhältnisse haben, sie zum anderen die Absichten des Schuldners leichter durchschauen und zum dritten eher bereit sind, mit ihm zum Nachteil der Gläubiger zusammenzuarbeiten. Das rechtfertigt die Verschärfung des Anfechtungsrechtes ihnen gegenüber.

9. Wechsel- und Scheckzahlungen (§ 137 InsO). Die Vorschrift betrifft in Absatz 1 die bare Einlösung eines Wechsels *bei Fälligkeit,* wobei der Barzahlung nach der Verkehrsauffassung eine Überweisung gleich steht; eine Zahlung vor Fälligkeit wäre inkongruent[147] und nach § 131 anfechtbar. Gem § 137 InsO sind solche Fälle der Kongruenzanfechtung (§ 130 InsO) entzogen, insoweit handelt es sich eine Sondervorschrift;[148] § 137 InsO betrifft aber nicht die Eingehung einer Wechselschuld (→ Rn. 68) oder Scheckausstellung, wofür die allgemeinen Vorschriften gelten, auch §§ 133, 134 InsO. Missbräuchen begegnet § 137 II. Im Einzelnen gilt:
– Von *§ 137 I InsO* werden nur diejenigen Wechselgläubiger bevorzugt, die die Zahlung des späteren Insolvenzschuldners annehmen mussten, um ihre wechselmäßigen Regressansprüche zu wahren (Art. 43 ff. WG); das sind nur solche, denen außer dem Insolvenzschuldner auch noch andere Wechselverpflichtete (vgl. Art. 43 I WG) gegenüberstanden. *Nicht* unter die Vorschrift fällt der Zahlende (späterer Insolvenzschuldner), wenn er der einzige Wechselverpflichtete ist; denn dann gibt es schon begrifflich keinen Rückgriffsverlust.[149] Die Bestimmung erfasst auch nicht die Eingehung der Wechselverbindlichkeit, die ohne Beschränkung des § 137 InsO nach allgemeinen Vorschriften angefochten werden kann. Als *Rechtsfolge* ist eine kongruente Deckungsanfechtung ausgeschlossen, möglich aber (Umkehrschluss) eine Inkongruenzanfechtung (beispielsweise bei Leistung an Erfüllung statt oder Zahlung vor Fälligkeit); uneingeschränkt möglich ist auch die Anfechtung insbesondere nach §§ 133–136 InsO.
– Die Anfechtung nach *§ 137 II 1 InsO* soll Missbräuche verhindern. Wer in Kenntnis der Krise einen Wechsel begibt oder begeben lässt, um sich so über § 137 InsO unanfechtbar zu verschaffen, was sonst nach § 130 InsO anfechtbar wäre, muss die gezahlte Wechselsumme zur Masse zurückerstatten. Subjektive Voraussetzung ist, dass der Anfechtungsgegner – nicht also der erste Zahlungsempfänger – Kenntnis von der Zahlungsunfähigkeit des Schuldners oder dem Eröffnungsantrag hatte (→ Rn. 28 ff.); maßgeblicher Zeitpunkt ist derjenige, zu dem der Anfechtungsgegner seinerseits den Wechsel begab oder begeben ließ.
– Die *Beweislast* trägt bei Absatz 1, wer sich auf den Ausschluss der Anfechtbarkeit beruft, also der Anfechtungsgegner. Die Voraussetzungen des Absatzes 2 S. 1 hat der Insolvenzverwalter zu beweisen, sofern ihm nicht die beweisrechtlichen Vergünstigungen aufgrund der Verweisung in S. 2 (auf § 130 II, III InsO) zugute kommen.
– Die erörterten Grundsätze treffen auch auf Scheckzahlungen zu, § 137 III InsO. Das kommt aber nur in Betracht, wenn der Insolvenzverwalter als Bezogener den Scheck eingelöst hat.[150]

---

[147] *Karsten Schmidt/Ganter,* InsO, § 137 Rn. 8.
[148] Näher *Karsten Schmidt/Ganter,* InsO, § 137 Rn. 2.
[149] BGH NZI 2007, 517 (Rn. 2) = ZIP 2007, 1469.
[150] Str, vgl. *Karsten Schmidt/Ganter,* InsO, § 137 Rn. 16.

III. Inkongruente Deckungsanfechtung (§ 131 InsO)

39 **1. Überblick.** Die folgende Grafik zeigt übersichtsmäßig die Voraussetzungen der Inkongruenzanfechtung (zu Gemeinsamkeiten und Unterschiede der einschlägigen Anfechtungstatbestände von InsO, KO und GesO siehe die entsprechende Grafik in der Vorauflage Rn. 32, dort auch zum Übergangsrecht).

Tatbestand	Inkongruente Deckungsanfechtung § 131 InsO		
1. Art der Rechtshandlung	Rechtshandlung des Schuldners oder eines Dritten die einem Insolvenzgläubiger die von ihm nicht, oder nicht in der Art oder nicht zu der Zeit zu beanspruchende Sicherung oder Befriedigung – sog. inkongruente Deckung – gewährt oder ermöglicht hat		
2. Weitere Voraussetzungen a) objektiv	Nr. 1 längstens 1 Monat vor Eröffnungsantrag oder nach Eröffnungsantrag	Nr. 2 längstens 2 oder 3 Monate vor dem Eröffnungsantrag und bei Nr. 2 oder bei ……. Zahlungsunfähigkeit	Nr. 3
mit Gläubigerbenachteiligung b) subjektiv	mittelbar		……. Nr. 3 Kenntnis des Gläubigers von Benachteiligung bzw Kenntnis von Umständen iSd § 131 II 1
3. Beweislast	Verwalter		Die Rechtslage entspricht auch wegen § 131 II 1 und § 1331 II 2 der wie bei § 130, s. o. Rn. 14

40 **2. Anfechtbare Rechtshandlungen.** Hierzu gelten die Erörterungen → Rn. 15 bis 18 entsprechend.

41 **3. Inkongruente Deckung. a)** *Grundsätze*. Sie liegt vor, wenn der Gläubiger eine Sicherung oder Befriedigung erhält, die er nach dem ursprünglichen Schuldverhältnis nicht oder nicht in der Art oder nicht zu der Zeit zu beanspruchen hatte; hat er bekommen, was ihm zusteht, so handelt es sich um eine kongruente Deckung (→ Rn. 20). Anzulegen ist dabei ein strenger Maßstab, so dass nur geringfügige Abweichungen zwischen geschuldeter und tatsächlich erhaltener Deckung nicht schaden (näher → Rn. 20 aE). Begibt ein Schuldner eine Sicherung zugleich sowohl für künftige Forderungen als

Besondere Insolvenzanfechtung 42 **§ 47**

auch für bereits bestehende Verbindlichkeiten und hat der Gläubiger jedenfalls auf letztere keinen Anspruch, handelt es sich um ein insgesamt inkongruentes, in vollem Umfang nach § 131 anfechtbares Deckungsgeschäft, wenn nicht festgestellt werden kann, ob und in welchem Umfang sich die Sicherung auf bestimmte Ansprüche bezieht.[151] Bei Inkongruenz der Deckung gibt es schon begrifflich **kein** *Bargeschäft,* weshalb – über den Wortlaut des § 142 InsO hinaus – auch eine Anfechtung nach § 131 InsO möglich ist (→ § 46 Rn. 78, 79, 85).

b) *Begriffe.* 42
Nicht zu beanspruchen hat ein Gläubiger zB:
– Befriedigung einer verjährten Forderung (§ 214 I BGB) oder einer unvollkommenen Verbindlichkeit (Spiel, Wette, §§ 762 f. BGB);
– heilende Erfüllung formnichtiger Verträge (§ 313 b I 2 BGB);
– Verzicht auf Ansprüche, möglicherweise sogar bei Vergleich[152] (Beispiel → Rn. 52 aE);
– Befriedigung trotz Anfechtbarkeit des Grundgeschäftes nach §§ 119 ff. BGB;
– Einräumung einer Sicherheit, wenn sich aus dem ursprünglichen Schuldverhältnis kein besonderer auf Sicherstellung gerichteter Anspruch ergibt (→ Rn. 55).

Nicht in der Art zu beanspruchen hat ein Gläubiger zB:
– Befriedigung bei Hingabe an Erfüllung statt oder erfüllungshalber (§ 364 BGB),[153] insbes statt Zahlung Lieferung von Waren oder Hergabe von Kundenschecks,[154] wenn dem Zessionar die den Schecks zugrunde liegenden Kausalforderungen nicht abgetreten waren;[155]
– Forderungsabtretung statt der vereinbarten Barzahlung;
– Zahlung durch einen Dritten auf Anweisung des Schuldners, beispielsweise an den Käufer, den Kaufpreis an einen Sozialversicherungsträger auf die dortigen Beitragsrückstände des Schuldners/Verkäufers zu zahlen (näher zur mittelbaren Zuwendung → § 46 Rn. 26 ff.);
– auch bei Zahlung vom (Privat-)Konto eines Beauftragten der Schuldnerin, dem zuvor ein Kundenscheck gutgeschrieben wurde und der sodann den eingegangenen Betrag auf Anweisung des Schuldnerin an ausgewählte Gläubiger weiter verteilte;[156]
– diese Regeln gelten auch bei Zahlung von Arbeitsentgelt durch einen Dritten auf Weisung des späteren Insolvenzschuldners (Arbeitgebers), selbst wenn Schuldner und Dritter Schwesterunternehmen sind oder einen Gemeinschaftsbetrieb unterhalten;[157]
– Direktzahlung des Auftraggebers bei Bauvertrag (→ Rn. 53);
– Rückgabe von gelieferten Waren, an denen kein Eigentumsvorbehalt bestand;
– Verrechnung einer zweckbestimmten Bareinzahlung mit dem Schuldsaldo eines Kontos (→ Rn. 24);
– Bestellung einer anderen als der ursprünglich vereinbarten Sicherheit, etwa eines Grundpfandrechts statt der geschuldeten Forderungsabtretung (→ Rn. 55).

---

[151] BGH NZI 2012, 81.
[152] Ausf dazu *Gerhardt* KTS 2004, 195.
[153] BGH NZI 2014, 266 = ZIP 2014, 231 = ZInsO 2014, 195.
[154] BGHZ 123, 230 = NJW 1993, 3267; OLG Stuttgart ZIP 1996, 1621 (Kundenscheck an Finanzamt zwecks Begleichung von Steuerschulden).
[155] BGHZ 181, 132 (Rn. 11) = NJW 2009, 2600 (m krit. Anm. *C. Paulus*) = ZInsO 2009, 1254 = ZIP 2008, 1235 = NZI 2009, 471 m. Anm. *Huber;* BGH NZI 2014, 266 = ZIP 2014, 231.
[156] LAG Frankfurt/M. ZIP 2013, 1829.
[157] BAG NZI 2014, 276 = ZIP 2014, 233 = ZInsO 2014, 233 (anders = kongruent nur, falls zugunsten des Insolvenzgläubigers unanfechtbar ein eigenes Forderungsrecht begründet worden war, vgl. Urteil Rn. 14); und im Ansatz ebenso LAG Hannover ZIP 2014, 743 (zur Falllösung näher → Rn. 20 bei Fn. 70).

Nicht zu der Zeit zu beanspruchen hat ein Gläubiger zB:
- Befriedigung einer nicht fälligen oder noch aufschiebend bedingten Forderung, insb nicht Lieferung von Waren vor dem vereinbarten Termin, mag auch der Schuldner nach § 271 II BGB berechtigt sein, die Leistung sofort zu bewirken; Kongruenz besteht aber bei Zahlung vor Fälligkeit unter Ausnutzung einer befristet eingeräumten Möglichkeit zum Skontoabzug;[158]
- vorzeitige Darlehensrückzahlung nach Vertragsänderung innerhalb der Dreimonatsfrist;[159]
- Erfüllung des noch nicht fälligen Freistellungsanspruchs eines neben dem Schuldner haftenden Gesamtschuldners;[160]
- Zahlung von Vorschuss ohne Verpflichtung;
- vorzeitige Kredittilgung;
- Herstellung der Fälligkeit einer Darlehensforderung durch eigene Kreditkündigung des Schuldners(!) und anschließende Tilgung,[161] wenn dessen Kündigung (= ermöglichende Rechtshandlung, → Rn. 16) wirksam angefochten ist;
- verfrühte Zahlung durch Banküberweisung, die beim Gläubiger früher als fünf Bankgeschäftstage vor Fälligkeit eingeht, wobei die Gläubiger in voller Höhe jedenfalls dann benachteiligt werden, wenn noch vor Eintritt der Fälligkeit ein vorläufiger Insolvenzverwalter mit Zustimmungsvorbehalt bestellt worden ist[162] (Abgrenzung → § 46 Rn. 68 aE).

43 c) *Spezialproblem: Globalzession und Werthaltigmachen.* Dazu ist nun höchstrichterlich die früher sehr streitige Frage entschieden, dass bei global abgetretenen künftigen Forderungen, die erst in der Krise entstehen, der Zessionar (in der Regel Hausbank des Schuldners) eine kongruente Deckung erlangt (ausf → Rn. 21; im Gegensatz zur Rechtslage beim AGB-Pfandrecht, → Rn. 55). Erforderlich ist aber ein ordnungsgemäßes dingliches Rechtsgeschäft und im schuldrechtlichen Bereich das „vertragsrechtlich mögliche Maß an Konkretisierung" (periodische Bestandslisten) samt programmgemäßer Abwicklung der Geschäftsbeziehung zwischen Bank und Schuldner gemäß den Erwartungen im Globalzessionsvertrag. Inkongruenz liegt deshalb beispielsweise vor, wenn der Schuldner Anlagevermögen veräußert und der Erlös vom Zessionar aufgrund der Globalzession vereinnahmt wird.

44 d) *Deckung durch Zwangsvollstreckung und Druckzahlung – gescheiterte/verwirklichte Reformvorhaben.*
- In dem *Entwurf eines „Gesetzes zum Pfändungsschutz der Altersvorsorge und zur Anpassung des Rechts der Insolvenzanfechtung"* (v. 8.3.2006) war ein *Ausschluss der Inkongruenz* bei Sicherung oder Befriedigung durch Zwangsvollstreckung beabsichtigt.[163] Inhalt der dort vorgesehenen Änderung bei der inkongruenten Deckungsanfechtung (zu derjenigen bei der Vorsatzanfechtung → § 48 Rn. 7, 10) wäre eine Ergänzung des § 131 I InsO um folgenden S. 2 gewesen: *„Eine Rechtsbehandlung wird nicht dadurch zu einer solchen nach S. 1, dass der Gläubiger die Sicherung oder Befriedigung durch Zwangsvollstreckung erlangt."* Der Normzweck hätte darin bestanden, eine solche innerhalb der Krise (→ Rn. 6 ff.) gewährte oder erlangte Deckung, die nach ständiger Rechtsprechung des BGH und ganz überwiegender Meinung in der Literatur als inkongruent

---

[158] BGH ZIP 2010, 1188 = ZInsO 2010, 1090.
[159] BGH ZIP 2013, 2323.
[160] BGH NZI 2006, 581 (Rn. 8 ff.) = ZIP 2006, 1991; krit. zur Entscheidung *Piepenbrock* NZI 2007, 384.
[161] BGHZ 181, 132 (Rn. 14) = ZIP 2009, 1235 = NZI 2009, 471 m. Anm. *Huber*.
[162] BGH ZIP 2005, 1243 = NJW-RR 2005, 1575.
[163] BT-Drucks. 16/886. Vgl. auch Abdruck vorangegangener RefE: ZIP 2005, 1201 und Abdruck RegE: ZVI 2005, 516.

Besondere Insolvenzanfechtung 45 § 47

anzusehen ist (→ Rn. 45), aus dem Tatbestand des § 131 InsO herauszunehmen; Entsprechendes sollte nach der Entwurfsbegründung für sog. Druckzahlungen („freiwillige" Leistungen zur Anwendung einer angedrohten Zwangsvollstreckung, → Rn. 46) gelten. Beabsichtig gewesen wäre so eine anfechtungsrechtliche Privilegierung vornehmlich der Finanzämter, Sozialversicherungsträger und sonstigen öffentlich-rechtlichen Kassen, die sich selbst gern als Zwangsgläubiger bezeichnen und die als Folge der genannten Rechtsprechung (angeblich) erhebliche Steuer- und Beitragsausfälle erleiden. Dieses Reformvorhaben ist Ende 2006 gescheitert,[164] weshalb die im Folgenden geschilderte höchstrichterliche Rechtsprechung (→ Rn. 45 ff.) noch wie vor gültig ist. Das Scheitern des Reformvorhabens wertet das BAG übrigens als gesetzgeberische Bestätigung der Rechtsprechung des IX. ZS des BGH, der sich das BAG angeschlossen hat (→ Rn. 45).

– Verwirklicht wurde inzwischen jedoch (mit Wirkung seit 1.1.2008) die im genannten Reformvorhaben ebenfalls vorgesehen, damals aber gescheiterte Rechtsänderung zur *Abführung der Arbeitnehmeranteile an Sozialversicherungsträger gemäß § 28e I 2 SGB IV*;[165] danach „gilt die Zahlung des vom Beschäftigten zu tragenden Anteils am Gesamtsozialversicherungsbeitrag aus dem Vermögen des Beschäftigten erbracht". Auf die Insolvenzanfechtung hat diese Gesetzänderung nach Rechtssprechung des IX. ZS des BGH aber keine Auswirkungen (→ § 46 Rn. 57; dort auch zur beabsichtigten Rücknahme der Gesetzesänderung).

e) *Deckung durch Zwangsvollstreckung und Druckzahlung – Stand der höchstrichterlichen* 45 *Rechtsprechung*.[166] Drei Fallgruppen sind zu unterscheiden, wofür freilich im Ergebnis ein einheitliches Anfechtungsmodell gilt:
– *Deckung durch Zwangsvollstreckung.*
Die im letzten Monat vor dem Eröffnungsantrag oder danach durch Zwangsvollstreckung erlangte *Sicherheit* (insb Pfändungspfandrecht) braucht nicht angefochten zu werden, weil sie nach § 88 InsO unwirksam ist (→ § 46 Rn. 29). Im Übrigen sowie stets bei *Befriedigungen* kommt innerhalb des Anfechtungszeitraums bis zu 3 Monaten vor dem Eröffnungsantrag oder danach (→ Rn. 56 ff.) eine inkongruente Deckungsanfechtung in Betracht; außerhalb dieser Anfechtungsfrist scheidet grundsätzlich eine Vorsatzanfechtung aus, außer bei zielgerichteter Förderung des Entstehens eines Pfändungspfandrechts durch den Schuldner[167] (ausführlich zu den Ausnahmen bei der Vorsatzanfechtung von Zwangsvollstreckungshandlungen → § 48 Rn. 4 ff.). Die Inkongruenz einer Deckung durch Zwangsvollstreckung wurde lange Zeit damit begründet, dass trotz des Titels materiell-rechtlich kein Anspruch auf eine solche Sicherung bestehe,[168] während der BGH jetzt die Inkongruenz aus der zeitlichen Vorziehung des Gleichheitsgrundsatzes (par condicio creditorum) gegenüber dem Prioritätsprinzip (§ 804 III ZPO) herleitet.[169] Der Rechtsprechung des BGH angeschlossen hat sich inzwischen auch mehrfach das BAG.[170] Eine inkongruente Deckungsanfech-

---

[164] Ausf *Huber* ZIP 2007, 501.
[165] Dazu *Huber* ZIP 2007, 501, 504.
[166] Ausführlich zum Anfechtungsrisiko bzw. dessen möglichst großen Minimierung aus Gläubigersicht *Huber*, GS Wolf, S. 443.
[167] BGH NZI 2014, 72 Rn. 12 ff. = ZIP 2014, 35 = ZInsO 2014, 31.
[168] BGHZ 34, 254, 258 = NJW 1961, 456; ausführl dazu und zur weiteren Entwicklung: *Henckel*, FS Gerhardt S. 362, 375 ff.; *Gerhardt*, FS Kreft S. 267, 273, 277 f.
[169] Grundsatzentscheidung: BGHZ 136, 309, 311 f. = NJW 1997, 3445 in Anschluss an *Jaeger/Henckel* KO, § 30 Rn. 232 ff.; vgl. auch *Kreft* DStR 2005, 1192, 1194. Seitdem ständig, vgl. nur: BGH NZI 2008, 563 (Rn. 8) = ZInsO 2008, 806 = ZIP 2008, 1488; NZI 2007, 452 (Rn. 8) = ZInsO 2007, 658 = ZIP 2007, 1274; ZIP 2007, 135 (Rn. 6) = NZI 2007, 161 m. Anm. *Huber*.
[170] BAG ZIP 2011, 1628 Rn. 12 ff. Seitdem mehrfach bestätigt und hM auch in der Rechtsprechung der Landesarbeitsgerichte, vgl. nur LAG Nürnberg ZInsO 2013, 64; LAG Berlin Brandenburg ZInsO 2013, 91.

tung scheidet aber aus, wenn außerhalb der Anfechtungsfrist ein deshalb *insolvenzfestes Pfändungspfandrecht,* also ein Absonderungsrecht begründet wurde (§ 50 I InsO), weil es dann an einer objektiven Gläubigerbenachteiligung fehlt;[171] Entsprechendes gilt auch für eine Arrestvollziehung.[172] Ein anfechtungsfestes Pfändungspfandrecht entsteht, auch dann, wenn der vor der kritischen Zeit wirksam gewordene Pfändungs- und Überweisungsbeschluss auf der Grundlage einer notariellen Zwangsvollstreckungsunterwerfung erlassen wurde und der mitbeurkundete Vertrag an Wirksamkeitsmängel leidet.[173] Anders liegt es jedoch, wenn ein Gläubiger, dessen obligatorischer Anspruch etwa durch eine Hypothek gesichert ist, aus dem dinglichen Titel (§ 794 I Nr. 5 ZPO) die seinem Schuldner infolge der Vermietung des belasteten Grundstücks zustehende Forderung (§ 535 S. 2 BGB) pfändet; denn diese Forderung unterlag ohnehin der Hypothekenhaftung (§ 1123 BGB), weshalb das Pfändungspfandrecht dem Gläubiger als Absonderungsberechtigtem „gewährt" wurde, eine Insolvenzanfechtung im Umfang des Vorrechts mithin ausscheidet (→ § 46 Rn. 64). Bei *Pfändung von Geld* ist eine Anfechtung nach § 131 InsO auch dann noch möglich, nachdem der Gerichtsvollzieher das in Besitz genommene Geld beim Vollstreckungsgläubiger abgeliefert hat.[174]

46 — *„Freiwillige" Leistung (Druckzahlung) zur Abwendung einer angedrohten Zwangsvollstreckung:* Inkongruent ist nicht nur eine Sicherung oder Befriedigung durch Zwangsvollstreckung (→ Rn. 45), sondern auch eine Leistung zur Abwendung einer unmittelbar bevorstehenden Zwangsvollstreckung;[175] was aber heißt „unmittelbar"? *Vollstreckungsdruck* entsteht zwar nicht durch die bloße Zustellung eines Vollstreckungsbescheids von Amts wegen (§ 699 Abs. 4 ZPO), weshalb eine Zahlung des Schuldners allein(!) daraufhin stets kongruent ist,[176] auch nicht durch die bloße Übersendung einer Rückstandsanzeige,[177] wohl aber schon durch eine Aufforderung „zur sofortigen oder umgehenden" Zahlung unter Ankündigung der Zwangsvollstreckung, auch wenn „keine letzte (konkrete) Frist" gesetzt wird.[178] Auf hoheitlichen Zwang beruht es auch, wenn der Schuldner einem Vollstreckungsbeamten zur Abwendung der Zwangsvollstreckung einen Scheck übergibt[179] (→ § 48 Rn. 9, 10). Für die Annahme von Inkongruenz genügt sogar, dass eine Bank nicht auf die gepfändete Forderung des Schuldners zahlt, sondern diesen veranlasst, die Forderung zu erfüllen, deretwegen der spätere Anfechtungsgegner vollstreckt hat.[180] Zahlt nun der Schuldner unter einem solchen Druck (deshalb: „Druckzahlungen") und kommt es deshalb nicht mehr zur Zwangsvollstreckung, dann kann diese „freiwillige" Leistung zur Abwendung der angedrohten Zwangsvollstreckung nach § 131 InsO angefochten werden, wenn sie *innerhalb* der Krise (→ Rn. 56 ff.) erfolgte; bei Zahlungen *außerhalb* der Krise kommt eine Vorsatzanfechtung nach § 133 I InsO in Betracht (→ § 48 Rn. 9).

---

[171] BGH NZI 2013, 247 = ZIP 2012, 2513; ZIP 2000, 898; dazu *Huber,* EWiR 2000, 687.
[172] BGH NJW 1992, 624; OLG München NJW-RR 1996, 1017.
[173] BGH NZI 2008, 363 (Rn. 9) = ZInsO 2008, 541 = ZIP 2008, 796.
[174] BGHZ 136, 309 = NJW 1997, 3445; anders – wegen des § 815 III ZPO – die früher hM.
[175] BGHZ 170, 276 (Rn. 7) = NZI 2007, 225 = ZInsO 2007, 269 = ZIP 2007, 435; BGH ZInsO 2007, 99 (Rn. 8) = NZI 2007, 136 m. Anm. *Huber.* HM auch im Schrifttum, vgl. nur *Kirchhof* ZInsO 2004, 1168; aA aber zB *Paulus/Allgayer* ZInsO 2001, 241 ff.
[176] BGH ZIP 2007, 136 Rn. 11 ff. = NZI 2007, 161, m. Anm. *Huber.*
[177] BGH ZInsO 2010, 1324 Rn. 8.
[178] BGH ZIP 2011, 385 Rn. 9 ff. = ZInsO 2011, 423. Das dortige Ankündigungsschreiben lautete: „Falls Sie dieser Aufforderung nicht nachkommen, müssen Sie mit der Durchführung kostenpflichtiger Vollstreckungsmaßnahmen rechnen, zB der Pfändung von Sachen, ihres Arbeitseinkommens, ihren Forderungen gegenüber Kreditinstituten und anderen Schuldnern oder ggf. der Vollstreckung in ihr unbewegliches Vermögen (Grundstücke usw.)."
[179] BGH ZIP 2009, 83 Rn. 13.
[180] BGH ZIP 2008, 701 Rn. 20 f. = ZInsO 2008, 374.

– Diese Grundsätze gelten auch für die *Zahlung einer Geldstrafe unter dem Druck einer unmittelbar bevorstehenden Vollstreckung einer Ersatzfreiheitsstrafe* gemäß § 43 StGB[181] (zur Gläubigerbenachteiligung → § 46 Rn. 19; zur Zahlung von Geldbuße oder Bewährungsauflage → § 49 Rn. 19); die frühere gegenteilige Rechtsprechung (s 4. Auflage am selben Ort) ist überholt. Inkongruenz liegt außerdem zusätzlich vor bei Zahlung durch einen Dritten, dem zuvor die erforderlichen Mittel vom Schuldner zur Verfügung gestellt worden waren[182] (anders bei echter Drittzahlung (→ § 46 Rn. 28)).

– Begrifflich handelt es sich aber um *keine* Druckzahlung bei einer freiwilligen Leistung aufgrund anderer Drohungen (als mit der Zwangsvollstreckung oder mit einem Insolvenzantrag; zu Letzterem sogleich), insbesondere also nicht bei einer angekündigten Strafanzeige[183] oder Zahlung zur Abwendung einer Versorgungssperre,[184] außer bei krasser Verkennung der Rechtslage (jedoch gilt § 132 InsO).

– *"Freiwillige" Leistung (Druckzahlung) zur Abwendung eines angedrohten Insolvenzantrags:* **47**
Solche Leistungen sind stets begrifflich inkongruent, unabhängig davon, ob die Leistung innerhalb oder außerhalb der Krise erfolgt;[185] im zuerst genannten Fall unterliegt sie der inkongruenten Deckungsanfechtung, im anderen der Vorsatzanfechtung (→ § 48 Rn. 11). Zwar ist die Ankündigung eines Eröffnungsantrags an sich nicht zu beanstanden, entspricht doch ein frühzeitig gestellter Insolvenzantrag gerade dem Ziel der Gläubigergleichbehandlung (vgl. § 1 S. 1 InsO); daraus folgt aber nicht die Kongruenz. Vielmehr handelt ein solcher Gläubiger missbräuchlich, weil er erhalten will, was er im eröffneten Insolvenzverfahren – das ihn auf die Quote beschränkt – nicht erlangen kann. Zu Recht hat daher der BGH die Leistung des Schuldners zur Abwendung eines angekündigten Insolvenzantrages als inkongruente Deckung angesehen, dem sich das BAG angeschlossen hat, das insoweit – anders als bei Kongruenz der Deckung (→ § 36 Rn. 84 aE) – auch keine verfassungsrechtlichen Bedenken hat.[186] Zugleich wurde weiter entschieden, dass der für eine Inkongruenz notwendige zeitliche Zusammenhang zwischen der Drohung mit einem Insolvenzantrag und der Leistung des Schuldners je nach Lage des Einzelfalles nicht mit Ablauf der vom Gläubiger mit der Androhung gesetzten Zahlungsfrist endet, vielmehr der Leistungsdruck über mehrere Monate fortbestehen kann, wenn der Gläubiger von der Drohung mit dem Insolvenzantrag nicht abrückt und fortlaufend Zahlung verlangt. Umgekehrt kann eine die Inkongruenz begründende Drohung mit einem Insolvenzantrag auch dann schon vorliegen, wenn die Möglichkeit eines solchen Vorgehens im Mahnschreiben nur „zwischen den Zeilen" deutlich gemacht, aber dem Schuldner das damit verbundene Risiko klar vor Augen geführt wird, wobei der erforderliche Zurechnungszusammenhang zwischen Drohung und Deckung gegeben ist, wenn die deren Wirkungen aus objektiver Sicht im Zeitpunkt der Zahlung noch angedauert haben.[187]

Für beide Fallgruppen von Druckzahlungen (→ Rn. 46, 47) gilt folgendes *Anfech-* **48**
tungsmodell:

– Eine Zahlung im letzten Monat vor dem Insolvenzantrag wird nach § 131 I Nr. 1 InsO angefochten. Dann kommt es auf den Nachweis des Zurechnungszusammen-

---

[181] BGH ZIP 2010, 2358.
[182] BGH ZIP 2010, 2358 Rn. 8.
[183] BGHZ 161, 315, 323 = ZIP 2005, 314, dazu EWiR 2005, 511 *(Marotzke).*
[184] BGH GWR 2009, 156; OLG Köln ZIP 2007, 137. AA OLG Rostock ZIP 2004, 1515; *Zeuner* NZI 2007, 369, 372.
[185] BGHZ 157, 242 = ZIP 2004, 319 = NZI 2004, 201 mit Anm. *Huber;* ausf *Fischer,* FS Kirchhof, S. 73, 79 ff.; *Bischoff* ZInsO 2002, 1071, 1073 f. AA (kongruent) *Gerhardt,* FS Kreft, S. 267, 274 ff.; *Foerste* NZI 2006, 6, 9.
[186] BAG ZInsO 2014, 1386 (insbes. Rn. 20, 31); BAG ZInsO 2014, 2039.
[187] BGH NZI 2013, 492 Rn. 12, 13, 17 = ZInsO 2013, 778.

hangs zwischen angedrohter Zwangsvollstreckung/angedrohtem Insolvenzantrag und Leistung an. Bei nahem zeitlichen Zusammenhang beider Ereignisse wird daran nicht zu zweifeln sein. Bei größerem zeitlichen Abstand bedarf das aber einer sorgfältigen Prüfung. Der Leistungsdruck endet aber nicht zwangsläufig mit Ablauf der gesetzten Zahlungsfrist.
– Wird eine in den letzten drei Monaten vor dem Insolvenzantrag vorgenommene Zahlung nach § 131 I Nr. 3 InsO angefochten, muss der Insolvenzverwalter beweisen, dass dem Gläubiger zurzeit der Handlung die (wenigstens mittelbare) Gläubigerbenachteiligung bekannt war. Dafür genügt die Inkongruenz alleine nicht, wenn sich daraus auch eine erhebliche Beweiserleichterung ergibt (→ § 48 Rn. 23).

49 f) *Weitere Problembereiche* zur *Abgrenzung kongruent/inkongruent: aa) Zahlungen des Schuldners an seinen Gläubiger nach dessen Insolvenzantrag mit der Folge der Antragsrücknahme/Erledigungserklärung:* Bei neuem Insolvenzantrag nach Antragsrücknahme oder Erledigungserklärung des früheren (als Folge der schuldnerischen Zahlung) gilt: Für das Merkmal der Leistung „nach Insolvenzantrag" bleibt der zurückgenommene oder für erledigt erklärte Insolvenzantrag außer Betracht, insoweit kommt es nur auf denjenigen Insolvenzantrag an, der zur Eröffnung geführt hat (→ 46 Rn. 43, 45 aE). Allerdings war früher streitig, ob eine Zahlung *innerhalb* der Krise – Drei-Monats-Frist vor demjenigen Insolvenzantrag, auf den hin tatsächlich eröffnet wurde – zur kongruenten oder inkongruenten Befriedigung geführt hat (zum Problem s 4. Auflage an derselben Stelle). Diese Frage ist jetzt (wie schon seinerzeit vertreten) entschieden, und zwar sogar den Zeitraum *außerhalb* der Krise;[188] danach kommt nämlich (sogar) die Vorsatzanfechtung – wie es im Urteil heißt – „unter dem Gesichtspunkt einer inkongruenten Deckung" (gemeint ist also die begriffliche Inkongruenz) in Betracht, wenn ein Gläubiger mehrere Monate nach einem von ihm gegen den Schuldner gestellten Insolvenzantrag durch diesen Befriedigung seiner Forderung erlangt und anschließend den Antrag zurück nimmt. Für die andere Variante kann nichts anderes gelten.

50 *bb) Tilgung und Besicherung fremder Schuld:* Tilgt der (spätere) Insolvenzschuldner die Schuld eines Dritten gegenüber dessen Gläubiger, so unterliegt diese Befriedigung nicht der Deckungsanfechtung – unabhängig von der Einordnung als kongruent (§ 130 InsO) oder inkongruent (§ 131 InsO). Denn Anfechtungsgegner kann bei diesen Vorschriften nur ein Insolvenzgläubiger – also ein Gläubiger des späteren Insolvenzschuldners – sein,[189] während hier der Gläubiger eines Dritten befriedigt wird. In Betracht kommt eine Anfechtung nach § 134 InsO (zum richtigen Anfechtungsgegner → § 49 Rn. 13) und möglicherweise gegenüber dem Gläubiger eine Vorsatzanfechtung.[190] Entsprechendes gilt für die Besicherung fremder Schuld.

51 *cc) Herstellung einer Aufrechnungslage:* Hatte der Gläubiger gegen den späteren Insolvenzschuldner keinen Anspruch auf die Begründung gegenseitiger Forderungen, ist die Aufrechnungslage in inkongruenter Weise entstanden.[191] Zum Verhältnis zwischen Insolvenzanfechtung und Aufrechnung → § 46 Rn. 14, zur Gläubigerbenachteiligung → § 46 Rn. 53, 54 aE, 64, zur Kongruenz → Rn. 24. Typisches Beispiel ist der Verkauf von Waren durch den späteren Insolvenzschuldner an den Käufer (Insolvenzgläubi-

---

[188] BGH ZIP 2012, 2355; dazu *Huber* EWiR 2012, 979.
[189] BGH ZIP 2004, 917 = ZInsO 2004, 499 = NZI 2004, 374m Anm. *Huber;* näher zu dieser Entscheidung *Henckel* ZIP 2004, 1671.
[190] Von BGH aaO im konkreten Fall wenig überzeugend verneint, *Huber* NZI 2004, 376.
[191] BGH ZInsO 2010, 673 (Rn. 27) = ZIP 2010, 682. Ausf zu praxistypischen Problemlagen *Huber,* ZInsO 2009, 566. Grundlageentscheidung zum Anfechtungsgegenstand: BGHZ 159, 388 = NJW 2004, 3118 = NZI 2004, 580 = ZIP 2004, 1588 = ZInsO 2004, 852.

Besondere Insolvenzanfechtung   52 § 47

ger), der so zum Schuldner wird und nun mit seinem eigenen Anspruch gegen frühere Verbindlichkeit aufrechnen kann.[192]

Vorschusszahlung an einen Anwalt in einer abgeschlossenen Angelegenheit (für die der Verfügungsanspruch bereits fällig geworden, aber nicht geltend gemacht ist), gewährt inkongruente Deckung;[193] inkongruent ist auch die *Aufrechnung* des Rechtsanwalts mit Honorarforderungen gegen den Anspruch des Mandanten (späterer Insolvenzschuldner) auf Herausgabe eingezogener Gelder, weil die Geldempfangsvollmacht im Anwaltsvertrag keinen Anspruch auf diese Art der Erfüllung von Vergütungsforderungen gewährt;[194]

dd) *Bauinsolvenz – Insolvenz des Auftragnehmers:*[195]   52
– Die *Direktzahlung des Auftraggebers* (Bauherr) auf Verlangen des Auftragnehmers (seines Vertragspartners im Bauvertrag) an dessen Subunternehmer befreit nach materiellem Recht nur, wenn beim BGB-Bauvertrag der Subunternehmer vom Auftragnehmer zur Empfangnahme der Zahlungen ermächtigt worden ist (§ 362 BGB) bzw. wenn beim VOB-Bauvertrag die Voraussetzungen des § 16 Nr. 6 VOB/B vorliegen; fehlt es daran, muss der Auftraggeber nochmals zahlen. Ist aber schuldbefreiende Wirkung eingetreten, stellt die Direktzahlung eine mittelbare Zuwendung (→ § 46 Rn. 26 ff.) des Auftragnehmers (Schuldners) – über den Auftraggeber als Mittelsperson – an den Nachunternehmer dar, dem sie eine inkongruente Deckung gewährt hat, und zwar unabhängig von einem Leistungsverweigerungsrecht;[196] gegenüber dem Auftraggeber kommt nur (→ Tilgung fremder Schuld) eine Vorsatzanfechtung in Betracht (→ § 51 Rn. 59). Die Kongruenz kann aber durch entsprechende vorherige „dreiseitige Vereinbarung" (zwischen Bauherr, dessen Vertragspartner = Generalunternehmer und dem Subunternehmer) hergestellt werden, sofern zuvor noch keine Leistungen ausgetauscht waren,[197] zB also der Subunternehmer die schon hergestellte bewegliche Sache erst unmittelbar nach der Direktzahlung liefert und einbaut (Werklieferungsvertrag nach § 651 BGB).
– Ein *Abfindungsvergleich* (→ Rn. 42) zwischen dem (später insolventen) Auftragnehmer, der ein nachbesserungsbedürftiges Werk abgeliefert hat, und dem Auftraggeber über die Höhe des geschuldeten Werklohns – nämlich: Ermäßigung der Restforderung gegen Verzicht auf Nachbesserung – kann als inkongruentes Deckungsgeschäft anfechtbar sein;[198] der Umfang der Inkongruenz ergibt sich aus dem objektiv erforderlichen Nachbesserungsaufwand im Vergleich zu demjenigen Werklohn, auf den der Auftragnehmer verzichtet hat (zur Vorsatzanfechtung in diesem Fall → § 48 Rn. 20 aE).
– Die Regeln zur Direktzahlung sind grundsätzlicher Natur und gelten entsprechend auch für andere Fallgestaltungen, beispielsweise für die *Direktzahlung des Endmieters* auf Anweisung des zahlungsunfähigen Zwischenmieters an den Vermieter.[199]

---

[192] BGH ZIP 2005, 1521; BGHZ 147, 233 = NJW 2001, 1940 = ZIP 2001, 885 = ZInsO 2001, 464.
[193] BGH NZI 2006, 401(Rn. 26) = ZIP 2006, 1261; zur Insolvenzanfechtung bei Beraterhonoraren *Kirchhof*, ZInsO 2005, 340; *Fölsing*, ZIP 2007, 1449.
[194] BGH NZI 2007, 515 (Rn. 21) = ZIP 2007, 1507.
[195] Ausführl zur Insolvenzanfechtung in diesem Fall Messerschmidt/Voit/*Huber*, Privates Baurecht, 2. Aufl. 2012, Syst. Teil R Rn. 77 ff., 103, 104; *Huber* NZBau 2005, 256, 265 ff.
[196] Ständige Rspr, vgl. nur BGH NZI 2009, 55 = ZInsO 2008, 1322 = ZIP 2008, 2324, dazu *Huber*, EWiR 2009, 151. Ausf *Huber* NZBau 2008, 737. Vgl. auch *Gartz* BauR 2011, 571. Auf die genannte Entscheidung, auch bei anderen Fällen von Direktzahlung außerhalb des Bauvertragsrechts, wird immer wieder Bezug genommen, vgl. zB BGH ZInsO 2011, 1979 Rn. 11.
[197] BGH NZI 2007, 456 = ZInsO 2007, 662 = ZIP 2007, 1162, dazu *Huber*, EWiR 2007, 471. Ausf zur Konstruktion *Huber*, FS Fischer, S. 255, 263 ff. Bestätigt in BGH NJW 2014, 2956.
[198] BGH ZIP 2004, 1370, ausf dazu – insbes zum Aufspüren einer solchen anfechtbaren Rechtshandlung und zum taktischen Vorgehen eines Insolvenzverwalters – *Huber* ZInsO 2008, 929.
[199] BGH ZInsO 2011, 421.

§ 47 53, 54

53 ee) *Bauinsolvenz – Insolvenz des Auftraggebers:*[200]
- Die Zahlung von *Abschlagsrechnungen* ist grundsätzlich kongruent beim BGB-Bauvertrag wegen § 632a BGB und beim VOB-Bauvertrag wegen § 16 VOB/B, gleichwohl aber inkongruent, falls keine prüfbare Abschlagsrechnung zugrunde liegt.[201]
- Zum Werthaltigmachen → Rn. 43.
- Hat die *Direktzahlung* (→ Rn. 52) den Auftraggeber (Insolvenzschuldner) nicht befreit, fordert der Insolvenzverwalter die Zahlung vom Nachunternehmer nach Bereicherungsrecht zurück; der Nachunternehmer muss sich an den Auftragnehmer (als seinen Vertragspartner) halten und kann dort seine Forderung zur Tabelle anzumelden. Bei schuldbefreiender Wirkung war die Zahlung gleichwohl begrifflich inkongruent; denn der Nachunternehmer hatte darauf keinen Anspruch (vgl. § 16 Nr. 6 VOB/B: „... ist berechtigt"), weshalb ihm gegenüber eine Vorsatzanfechtung (Tilgung fremder Schuld) stattfindet.
- Bei der *Bauhandwerkersicherungshypothek* nach § 648 BGB muss man unterscheiden: Hat sie der Auftraggeber bewilligt, liegt eine kongruente Sicherung vor, richtet sich die Anfechtung folglich nach § 130 InsO; hat sie der Auftragnehmer durch einstweilige Verfügung (Regelfall in der Praxis) erlangt, so handelt es sich um eine Sicherung im Wege der Zwangsvollstreckung, die der inkongruenten Deckungsanfechtung nach § 131 InsO unterliegt, wobei für die Zeit von einem Monat vor bzw. nach dem Insolvenzantrag § 88 InsO einschlägig ist (→ Rn. 45).
- Die Stellung einer *Bauhandwerkersicherung* aufgrund Verlangens gemäß § 648a I 1 BGB war bis in Kraft Treten des Forderungssicherungsgesetzes zum 1.1.2009 inkongruent (s 4. Aufl. Rn. 49), weil die alte Fassung dieser Vorschrift keinen Anspruch, sondern nur ein Leistungsverweigerungsrecht gewährte,[202] jetzt ist sie aber nach der Gesetzesänderung kongruent (→ Rn. 24 aE).

54 ff) *Verrechnung von Zahlungseingängen im Bankgeschäft:*
- Sie sind *kongruent,* wenn die Bank einen der Gutschrift entsprechenden Zahlungsanspruch wegen nicht geduldeter Kontoüberziehung oder wirksamer, dh auf berechtigtem Grund beruhender Kreditkündigung hatte (→ Rn. 24) und dann in aller Regel als Bargeschäft unanfechtbar (näher → § 46 Rn. 87, 88); das soll auch für eine Kündigung in kritischer Zeit gelten.[203] Bei Verrechnung mit noch nicht fälligem Anspruch auf Darlehensrückzahlung ist die Befriedigung *nicht* inkongruent, wenn die Reduzierung der Kreditlinie auf Null gegen (!) Freigabe der zur Sicherheit bestellten Grundschuld vereinbart war.[204]
- Andernfalls handelt es sich um eine *inkongruente Deckung;* die Rückführung eines von der Bank bewilligten ungekündigten Kredits in der Zeit der wirtschaftlichen Krise des Schuldners (Kunden) ist auch dann inkongruent, wenn sie durch Saldierung im Kontokorrent erfolgt.[205] Inkongruenz besteht, wenn es an einer wirksamen Kreditkündigung fehlt; dabei steht der Anfechtbarkeit auch nicht entgegen, dass die Anfechtungsgegnerin gleichzeitig Auftraggeberin, kontoführende Bank und Kreditgeberin des

---

[200] Ausführl zur Insolvenzanfechtung in diesem Fall *Huber* NZBau 2005, 256, 263 ff.
[201] BGH ZIP 2002, 1408, 1410.
[202] BGH ZInsO 2011, 1979 Rn. 12; NZI 2007, 456 (Rn. 8) = ZInsO 2007, 662 = ZIP 2007, 1162, dazu EWiR 2007, 471 *(Huber).* Für eine Vorsatzanfechtung wurde aber die Indizwirkung als zu schwach angesehen, → § 48 Rn. 20.
[203] HM im Schrifttum, vgl. nur MüKoInsO/*Kirchhof,* § 131 Rn. 41a; *Schoppmeyer* in Kübler/Prütting/Bork, § 131 Rn. 69, 70. Offen gelassen von BGHZ 181, 132 (Rn. 13) = ZIP 2009, 1235 = ZInsO 2009, 1254 = NZI 2009, 471 m. Anm. *Huber.*
[204] BGH NZI 2010, 344 = ZInsO 2010, 519 = ZIP 2010, 588.
[205] BGHZ 175, 38 (Rn. 10) = NZI 2007, 130 = ZInsO 2007, 261 = ZIP 2007, 488; BGHZ 150, 122 = NJW 2002, 1722 = NZI 2002, 311. Ausf zur anfechtbaren Konotorrentverrechnung *Bork,* FS Fischer, S. 37 ff.; vgl. auch *Stiller* ZInsO 2002, 651.

Schuldners war.²⁰⁶ Setzt ein Kreditinstitut eine Frist zur Rückführung eines ausgereichten Kontokorrentkredits, so stellt die Rückführung des Kredits vor Fristablauf auch dann eine inkongruente Befriedigung dar, wenn das Kreditinstitut gleichzeitig ankündigt, weitere Belastungen schon sofort nicht mehr zuzulassen.²⁰⁷ Die Kündigung muss vielmehr aus Gründen der Rechtsklarheit unmissverständlich ausgesprochen werden. Hierfür genügt die genannte Formulierung oder die Mitteilung, der Rückführung des Kredites werde bis zu einem bestimmten Zeitpunkt entgegen gesehen nicht; auch die Vereinbarung, der Kredit sei täglich fällig, ändert an der Inkongruenz nichts, wenn die Bank den Kredit mit jeder weiteren Verfügung prolongiert hat.²⁰⁸

– Für die *Anfechtung der Rückführung eines Kontokorrentkredits* kommt es auf den Betrag an, um den die verrechneten Einzahlungen die berücksichtigungsfähigen Auszahlungen im Anfechtungszeitraum übersteigen, der höchste erreichte Sollstand ist grundsätzlich unerheblich.²⁰⁹

– Hat der Schuldner einen ungekündigten Kontokorrentkredit nicht ausgeschöpft, führen in kritischer Zeit eingehende, dem Konto gut geschriebene Zahlungen, denen keine Abbuchungen gegenüberstehen, infolge der damit verbundenen Kredittilgung *(Tilgung der eigenen Forderungen der Bank gegen den Schuldner)* zu einer inkongruenten Deckung des Kreditinstituts, dann hilft auch das Offenhalten der Kreditlinie nichts.²¹⁰

– Im Übrigen sind innerhalb § 131 I InsO folgende zwei Fallgruppen zu unterscheiden: Bei Nummer 1 kommt es für die Anfechtung der Rückführung eines Kontokorrentkredits auf den Betrag an, um den die verrechneten Einzahlungen die berücksichtigungsfähigen Auszahlungen im Anfechtungszeitraum übersteigen, der höchste erreichte Sollstand ist grundsätzlich unerheblich;²¹¹ übersteigt also das Volumen der Zahlungseingänge das der Zahlungsausgänge, so verbleibt ein „anfechtungsrechtlicher Mindestbetrag", der sich aus der Differenz aus den Salden am Anfang und am Ende des Anfechtungszeitraums errechnet.²¹² Demgegenüber kann bei Nummer 2 (Verrechnung innerhalb des zweiten oder dritten Monats vor Insolvenzantrag) die Frage der Inkongruenz von Verrechnungen nur einheitlich beantwortet werden;²¹³

gg) Sicherheitenbestellung/AGB-Banken: 55

– Ein Anspruch auf Sicherheit besteht nicht (→ Rn. 42), wenn die *Sicherungsabrede* so unbestimmt ist, dass ein klagbares Recht daraus nicht hergeleitet werden kann,²¹⁴ zB aus AGB der Banken, wonach zwar ein jederzeitiger, aber nur ein (unbestimmter) Anspruch auf Bestellung oder Verstärkung „bankmäßiger" Sicherheiten besteht;²¹⁵ anders ist die Rechtslage bei der Globalzession (→ Rn. 21). Entsprechendes gilt für den allgemeinen Anspruch einer Bank (Nr. 13 AGB-Banken/Nr 22 AGB-Sparkassen) auf Bestellung oder Verstärkung von Sicherheiten,²¹⁶ und zwar selbst dann, wenn

---

²⁰⁶ BGH ZIP 2010, 2460 Rn. 9 ff. = ZInsO 2010, 2399.
²⁰⁷ BGH NJW 2003, 360 = NZI 2003, 34 = ZIP 2002, 2182; dazu *Huber* EWiR 2003, 29.
²⁰⁸ OLG Düsseldorf ZIP 2004, 1008; dazu *Huber* EWiR 2004, 501. Die Nichtzulassungsbeschwerde gegen diese Entscheidung war erfolglos, vgl. ZIP 2005, 2171.
²⁰⁹ BGH NZI 2008, 184 (Rn. 16, 17) = ZInsO 2008, 159 = ZIP 2008, 235.
²¹⁰ BGH NJW 2009, 2307 = NZI 2009, 436 = ZInsO 2009, 1054 = ZIP 2009, 1124.
²¹¹ BGH ZIP 2008, 235 Rn. 16, 17.
²¹² BGH ZIP 2008, 235 Rn. 16, 17; näher *Gehrlein,* ZInsO 2010, 1857, 1862.
²¹³ BGH ZIP 2011, 1576 = ZInsO 2011, 1500.
²¹⁴ BGH LM § 3 AnfG Nr. 14; NJW 1995, 2348, 2350.
²¹⁵ BGHZ 174, 297 (Rn. 17 ff.) = NJW 2008, 430 = NZI 2008, 89 = ZInsO 2008, 91 = ZIP 2008, 183. Bestätigung der ständigen Rechtsprechung, vgl. nur: BGHZ 33, 389, 393 ff. = NJW 1961, 408; BGH NJW 1969, 1718 (damals Nr. 19 AGB-Banken).
²¹⁶ BGHZ 150, 122 = NJW 2002, 1722 = NZI 2002, 311 = ZIP 2002, 812 = ZInsO 2002, 426 = JuS 2002, 818 *(K. Schmidt);* dazu *Rigol/Homann* ZIP 2003, 15. Ausf *Kirchhof* ZInsO 2004, 465; aA *Eckardt* ZIP 1999, 1417 (stets kongruente Deckung).

§ 47 55

der Schuldner zuletzt nur noch über ein einziges werthaltiges Sicherungsgut verfügt.[217]

– Da das Pfandrecht aus Nr. 21 III 3 AGB-Sparkassen bestimmte Ansprüche erst ab deren Fälligkeit sichert, ist eine frühere Ausübung des Pfandrechts durch *Kontosperre* (internes oder auch externes Verbot an den Schuldner, über sein Guthaben zu verfügen) inkongruent; folglich ist auch die Zahlung auf eine fällige Forderung dieser Bank inkongruent, soweit sie mitursächlich auf der unberechtigten Maßnahme beruht.[218] Von einem Pfandrecht aus Nr. 14 II 1 AGB-Banken kann hingegen bei entsprechendem Sicherungsbedürfnis auch schon vor Pfandreife durch Kontosperre Gebrauch gemacht werden; besteht das Pfandrecht, ist auch die Kontosperre kongruent. Lässt es die Bank aber zu, dass der Kunde über sein Kontoguthaben wieder verfügt, gibt sie das Pfandrecht frei, weshalb das später neu entstehende Pfandrecht an neuen Gutschriften der inkongruenten Deckungsanfechtung unterliegt, also bei Entstehen im Monat vor dem Eröffnungsantrag ohne weiteres nach § 131 I Nr. 1 InsO (→ Rn. 57) anfechtbar ist.[219]

– Nur das *vor oder bei Kreditgewährung konkret vereinbarte Sicherungsmittel* ist als kongruente Deckung anzusehen[220] und gegebenenfalls als *Bargeschäft* (→ § 46 Rn. 75 ff.) unanfechtbar, jede nicht bloß geringfügige Abweichung bei späterer Bestellung begründet aber die Inkongruenz (→ Rn. 41).

– Trotz der Vertragspflicht zur Sicherheitenbestellung (→ Rn. 20) liegt keine kongruente, sondern eine inkongruente Deckung vor, wenn die *Sicherungsabtretung* unter der aufschiebenden Bedingung (wofür nicht § 140 III InsO gilt, → § 46 Rn. 22) der Zahlungseinstellung/Zahlungsunfähigkeit/Insolvenzeröffnung vereinbart wurde.[221]

– Eine inkongruente Sicherung bleibt auch bei Gläubigerwechsel inkongruent: Zieht der Gläubiger eine seinem Schuldner von einem Dritten gewährte inkongruente Sicherheit an sich (zB durch Abtretung des Anspruchs samt Sicherheit), liegt auch in der Person des Gläubigers eine inkongruente Sicherheit vor.[222]

– Die (nicht geschuldete) *nachträgliche Besicherung eigener Schuld* ist nicht als unentgeltliche Zuwendung (§ 134 InsO), sondern „nur" als inkongruente Deckung anfechtbar;[223] genauer zur Abgrenzung entgeltlich/unentgeltlich bei Sicherung eigener/fremder Schuld → § 49 Rn. 13, 14.

– Ein *Sicherheitenpoolvertrag* ist wegen Fehlens einer Gläubigerbenachteiligung grundsätzlich unanfechtbar, soweit die beteiligten Gläubiger nicht mehr Rechte erhalten, als ihnen einzeln ohnehin zuvor unanfechtbar eingeräumt worden waren; die mit dem Poolvertrag verbundene Beweiserleichterung bei der Durchsetzung der Rechte genügt für eine Gläubigerbenachteiligung iS des § 129 InsO nicht.[224] Eine Anfechtung nach § 131 InsO kommt aber in Betracht, wenn die im Poolvertrag vereinbarte Neubesicherung nicht nur den neuen Kredit, sondern auch offene Altforderungen abdecken soll.[225] Eine solche Anfechtung (oder eine Vorsatzanfechtung, § 133 InsO) lässt der BGH[226] selbst dann zu, wenn bei Ausweitung des Sicherungsgegenstandes

---

[217] BGH NJW 1999, 645 = ZIP 1999, 76 = LM H 5/1999 GesO Nr. 45, 46 *(Huber)*.
[218] BGH NZI 2004, 248 = ZIP 2004, 324 = ZInsO 2004, 201.
[219] BGH NZI 2004, 314 = ZIP 2004, 620 = ZInsO 2004, 342 (Anschluss an BGHZ 150, 122, 125 f. = ZIP 2002, 812).
[220] OLG Dresden ZIP 2004, 746.
[221] BGH NJW 1993, 1640.
[222] BGH NZI 2004, 372 = ZIP 2004, 1061 = ZInsO 2004, 616.
[223] BGH NZI 2004, 623 = ZIP 2004, 1819 = ZInsO 2004, 967 (Bestätigung von BGHZ 112, 136 = NJW 1990, 2626); krit. MüKoInsO/*Kirchhof*, § 134 Rn. 28, 29.
[224] MüKoInsO/*Kirchhof*, § 129 Rn. 162. Ausf zum Poolen von Sicherheiten *Wittig* in: *K. Schmidt/Uhlenbruck*, Die GmbH in Krise, Sanierung und Insolvenz, Rn. 2.298 ff.
[225] BGH NJW-RR 1992, 235; 1992, 238; OLG Köln ZIP 1994, 1461. Ausf zu Pool-Verträgen in der Unternehmenskrise *Peters* ZIP 2000, 2238.
[226] BGHZ 138, 291 = NJW 1998, 2592.

der durch eine Konzernklausel festgelegte Sicherungszweck nicht verändert wird. In dieser Entscheidung wird andererseits aber zu Unrecht der Beitritt einer Konzerntochter (spätere Insolvenzschuldnerin) in einen Poolvertrag selbst dann als Bargeschäft qualifiziert, wenn schon zuvor einem anderen Poolmitglied der neue Kredit ausgereicht war, falls die spätere Insolvenzschuldnerin wegen der Beherrschung durch die Muttergesellschaft „faktisch" keine andere Wahl hatte.[227]
- Eine inkongruente Deckung beinhaltet das sog. *Auffüllen einer Sicherheit* (→ § 46 Rn. 66 aE), bei dem ein Gläubiger – meist eine Bank – kurz vor oder während der Krise eine fremde Forderung an sich zieht und sie einer freien, also nicht (voll) valutierenden Sicherheit unterstellt.[228]

4. Krise – Fallgruppen. a) *Grundsätze:* Der als Krise bezeichnete Anfechtungszeitraum (→ Rn. 6) reicht bis zu drei Monate vor dem Eröffnungsantrag zurück (zur Berechnung der Frist → § 46 Rn. 43–45). Das Gesetz unterscheidet drei Fallgruppen mit zwei Zeitstufen, für die unterschiedliche Anfechtungsvoraussetzungen gelten, je nachdem, wann die inkongruente Deckungshandlung vorgenommen (dazu → § 46 Rn. 20, 35) wurde. **56**

b) Die *Fallgruppe § 131 I Nr. 1 InsO* erfasst die im letzten Monat vor dem Eröffnungsantrag oder nach diesem Antrag vorgenommenen inkongruenten Sicherungen oder Befriedigungen; weitere objektive oder subjektive Voraussetzungen gibt es nicht.[229] Es genügt ein auf drohende Zahlungsunfähigkeit (§ 18 InsO) gestützter Eigenantrag des Schuldners (→ Rn. 13). Eine durch Zwangsvollstreckung erlangte Sicherung braucht nicht angefochten zu werden, weil sie nach § 88 InsO (vgl. auch § 312 I 2 InsO) unwirksam ist (→ § 46 Rn. 29). **57**

c) Unter die *Fallgruppe § 131 I Nr. 2 InsO* fallen inkongruente Deckungen innerhalb des zweiten oder dritten Monats vor dem Eröffnungsantrag, wenn der Schuldner zum Zeitpunkt der Handlung objektiv zahlungsunfähig (§ 17 InsO) war. Ein subjektives Erfordernis gibt es daneben nicht, anders als bei § 131 I Nr. 3 InsO, der umgekehrt auf das objektive Merkmal der Zahlungsunfähigkeit verzichtet; beide Tatbestände müssen folglich stets zusammen geprüft werden. Zur Problematik des auf drohende Zahlungsunfähigkeit gestützten Eigenantrags des Schuldners → Rn. 25. **58**

d) Die Fallgruppe *§ 131 I Nr. 3 InsO* betrifft inkongruente Sicherung oder Befriedigung im selben Anfechtungszeitraum wie nach Nr. 2 der Vorschrift, verzichtet aber auf das objektive Erfordernis der Zahlungsunfähigkeit und verlangt statt dessen als subjektive Voraussetzung Kenntnis des Anfechtungsgegners von der objektiven Benachteiligung der Insolvenzgläubiger (→ Rn. 61); beide Fallgruppen müssen folglich stets zusammen geprüft werden (→ Rn. 58). Es genügt ein auf drohende Zahlungsunfähigkeit (§ 18 InsO) gestützter Eigenantrag des Schuldners (→ Rn. 13). **59**

5. Mittelbare Gläubigerbenachteiligung. Es gelten die Erörterungen wie bei § 130 InsO (→ Rn. 27). **60**

6. Subjektiver Tatbestand. a) *Rechtslage nach InsO.* Ein subjektives Erfordernis gibt es nur bei § 131 I Nr. 3 InsO (→ Rn. 59). Dort muss dem Anfechtungsgegner oder seinem Vertreter (→ § 46 Rn. 31) zurzeit der Vornahme der Handlung (→ Rn. 56) positiv bekannt sein, dass sie die Insolvenzgläubiger (→ Rn. 17) benachteiligte (→ Rn. 60). Der Kenntnis steht nach § 131 II 1 InsO gleich die Kenntnis von Umständen, die zwingend auf die Benachteiligung schließen lassen; hierfür gelten die Erörterungen **61**

---

[227] Näher *Huber* LM H 9/1998 GesO Nr. 36–38; krit. auch *Eckardt* EWiR 1998, 699.
[228] BGHZ 59, 230, 234 ff. = NJW 1972, 2084; ausführl *Gerhardt/Kreft*, Rn. 343.
[229] Obgleich sich das an sich unmittelbar aus dem Gesetz ergibt, wird es ausdrücklich (durch LS!) betont von LAG Frankfurt/M. ZIP 2013, 1829.

→ Rn. 30 entsprechend. Zum Beweisanzeichen der Inkongruenz für den subjektiven Tatbestand → Rn. 63; dort auch zur Vermutung des § 131 II 2 InsO.

62 **b)** *Rechtslage nach KO und GesO.* Entfallen sind die subjektiven Voraussetzungen in § 30 Nr. 2 KO und § 10 I Nr. 4 GesO, was die Anfechtbarkeit wesentlich erleichtert. Wegen der Einzelheiten wird auf die Erörterungen in der 3. Auflage (Rn. 58) verwiesen.

63 **7. Beweislast.** Den Insolvenzverwalter trifft die Beweislast für den objektiven Anfechtungstatbestand, also insbesondere für die begriffliche Inkongruenz und die Vornahme der Rechtshandlung innerhalb der Krise (zur Beweislast für die objektive Gläubigerbenachteiligung schon → § 46 Rn. 52). Auch für das objektive Merkmal der Inkongruenz können Beweisanzeichen sprechen (→ § 130 Rn. 21 f.); so stellt die doppelte Verwendung einer Rechnungsnummer ohne nachvollziehbare Erklärung dafür ein starkes Indiz für ein manipulatives Vorgehen des Rechnungsausstellers dar.[230]

Eine subjektive Anfechtungsvoraussetzung gibt es nur bei § 131 I Nr. 3 InsO. Dort hat der Verwalter die Kenntnis des Anfechtungsgegners von der objektiven Benachteiligung zu beweisen. Allein aus der Inkongruenz der Deckung darf die Kenntnis des Anfechtungsgegners von der objektiven Benachteiligung nicht gefolgert werden, wie der Umkehrschluss aus § 131 II 1 InsO zeigt; die Rechtsprechung des BGH in der KO zur Indizwirkung einer inkongruenten Deckung für die Begünstigungsabsicht des Gemeinschuldners (näher Vorauflage Rn. 58) kann folglich nicht entsprechend herangezogen werden.[231] Ist dem Gläubiger jedoch die finanziell beengte Lage des Schuldners bekannt, kann die Inkongruenz einer Deckung auch im Rahmen von § 131 I Nr. 3 InsO ein nach § 286 ZPO zu berücksichtigendes Beweisanzeichen für die Kenntnis von einer (objektiven) Gläubigerbenachteiligung sein.[232]

Beruft sich der Insolvenzverwalter auf § 131 II 1 InsO, so trägt er die Beweislast auch für die Umstände, an welche die Vorschrift anknüpft. Ist in einem solchen Fall der Anfechtungsgegner eine dem Schuldner nahe stehende Person im Sinn des § 138 InsO (→ Rn. 36, 37), so wird gem. § 131 II 2 InsO vermutet, dass diese die Benachteiligung der Insolvenzgläubiger kannte. Zur Beweislast für die Gläubigerbenachteiligung → § 46 Rn. 52.

64 **8. Verhältnis zu anderen Anfechtungstatbeständen.** Kongruente und inkongruente Deckungen sind nur gemäß §§ 130, 131 InsO anfechtbar, bei Unentgeltlichkeit der Deckung kommt aber auch § 134 InsO in Betracht. Vermag der Insolvenzverwalter die Inkongruenz einer Sicherung oder Befriedigung nicht zu beweisen, so kommt – auch hilfsweise – eine kongruente Deckunganfechtung (§ 130 InsO) in Betracht. Innerhalb der besonderen Insolvenzanfechtung (→ Rn. 1, 2) gehen die §§ 130, 131 InsO für Deckungshandlungen dem § 132 InsO als Spezialvorschriften vor.[233]

Das **Verhältnis zwischen Deckungs- und Vorsatzanfechtung** wird im Schrifttum zunehmend kritisch hinterfragt.[234] Das ist berechtigt, soweit nach der Rechtsprechung des BGH die Kongruenz der Rechnung grundsätzlich einer Vorsatzanfechtung nicht entgegensteht (näher → § 48 Rn. 4, 16); insoweit waren auch die früheren Reformbestrebungen zur Begrenzung des Vorsatztatbestandes nicht völlig abwegig.[235] Unzweifelhaft eröffnet demgegenüber auch nach der hier vertretenen Auffassung die Inkongruenz der Deckung stets auch § 133 InsO (→ § 48 Rn. 4, 15, 17, 20, 21), dessen Prüfung deshalb nicht übersehen werden darf.

---

[230] BGH NZI 2010, 682 Rn. 8 = ZInsO 2010, 1093.
[231] HKInsO/*Kreft*, § 131 Rn. 26.
[232] BGH NZI 2006, 581 (Rn. 19) = ZIP 2006, 1591; BGHZ 157, 242 = NJW 2004, 1385 = ZIP 2004, 319 = ZInsO 2004, 145 = NZI 2004, 201 m. Anm. *Huber*. Näher zur Bewertung der Indizstärke und zur richterlichen Überzeugungsbildung *Huber*, FS Kirchhof S. 247, 255 ff.
[233] BGH ZIP 2012, 1018 Rn. 40 = ZInsO 2012, 932.
[234] Vgl. zB: *Jacoby* KTS 2009, 3; *Schoppmeyer* ZIP 2009, 600.
[235] So schon *Huber* ZIP 2007, 501, 503, 509.

IV. Unmittelbar nachteilige Rechtsgeschäfte und Rechtshandlungen des Schuldners, § 132 InsO

1. Überblick. Die folgende Grafik zeigt übersichtsmäßig die Voraussetzungen des Anfechtungstatbestands (zu Gemeinsamkeiten und Unterschiede der einschlägigen Anfechtungstatbestände von InsO, KO und GesO siehe die entsprechende Grafik in der Vorauflage Rn. 61, dort auch zum Übergangsrecht). **65**

	Unmittelbar nachteilige Rechtsgeschäfte und Rechtshandlungen
Tatbestand	§ 132 InsO
1. Art der Rechtshandlung	Rechtsgeschäft des Schuldners oder Rechtshandlung iSd § 132 II außer kongruente oder inkongruente Deckungshandlungen, für die §§ 130, 131 InsO vorgehen
2. Weitere Voraussetzungen a) objektiv	wie § 130 (→ Rn. 14)
mit Gläubigerbenachteiligung	unmittelbar bei § 132 I mittelbar bei § 132 II
b) subjektiv	Kenntnis wie § 130 bzw. §§ 132 III, 130 II
3. Beweislast	Sie entspricht wegen der Verweisungen in § 132 III auf § 130 II, III der bei der Kongruenzanfechtung (→ Rn. 14)

2. Anfechtbare Rechtshandlungen. a) Erfasst werden Rechtsgeschäfte (→ Rn. 67– **66** 69) und sonstige Rechtshandlungen (→ Rn. 70, 71) des Schuldners in der Krise (→ Rn. 72). Soweit sie einem Insolvenzgläubiger eine Sicherung oder Befriedigung gewährt oder ermöglicht haben, gehen aber § 130 InsO (kongruente Deckungsanfechtung) und § 131 InsO (inkongruente Deckungsanfechtung) vor (→ Rn. 64). Nicht hierher gehören auch Bargeschäfte (→ § 46 Rn. 75 ff.).

b) Unter § 132 I InsO fallen *Rechtsgeschäfte des Schuldners,* und zwar sowohl zweiseitige wie einseitige; das Gesetz bringt das zum Ausdruck, indem es von „vorgenommenen" Rechtsgeschäften spricht. Es genügt eine Willensübereinstimmung, aus der man die Merkmale einer vertraglichen Abrede entnehmen kann, wie zB aus dem vom Sicherungsgeber dem Sicherungsnehmer gegenüber vorweg erklärten Einverständnis der von diesem vorgeschlagenen Art der Verwertung des Sicherungsgutes.[236] **67**

„Rechtsgeschäft des Schuldners" ist auch die Abrede des schwachen vorläufigen Insolvenzverwalters zur Bezahlung einer Altforderung (also einer Forderung, die im eröffneten Verfahren nur Insolvenzforderung wäre), weil sich deren Gläubiger ansonsten geweigert hätte, eine zur Unternehmensfortführung notwendige Leistung zu erbringen, also die *Verknüpfung der zur Unternehmensfortführung notwendigen Leistung mit Befriedigung einer lediglich als Insolvenzforderung durchsetzbaren Altforderung*[237] (zur Anfechtbarkeit trotz

---

[236] BGH NJW 1997, 1063; dazu EWiR 1997, 899 *(Henckel).*
[237] BGHZ 154, 190 = NJW 2003, 1865 = ZIP 2003, 810 = ZInsO 2003, 417; dazu *Huber* EWiR 2003, 719; *Ganter,* FS Gerhardt S. 237. Ob an dieser Entscheidung überhaupt festgehalten wird, ist offengeblieben in BGHZ 165, 283 Rn. 21 = ZIP 2006, 431; dass daran festgehalten wird, heißt es aber wieder in BGH NZI 2013, 298 Rn. 17 = ZIP 2013, 528 = ZInsO 2013, 551.

der Zustimmung des vorläufigen Verwalters → § 46 Rn. 32 ff.; zur Gläubigerbenachteiligung → Rn. 73; zum Inhalt des Rückgewähranspruchs → § 52 Rn. 10; zum Anspruch des Anfechtungsgegners → § 52 Rn. 24). Unerheblich ist, ob nur durch eine solche Leistung die Betriebsfortführung wirklich ermöglicht wurde bzw. der leistende Gläubiger nicht dazu verpflichtet war, den Auftrag zu übernehmen;[238] denn solche Vorteile werden im Anfechtungsrecht nicht ausgeglichen (→ § 46 Rn. 71, 72). Fehlt es an einem Kausalgeschäft (Abrede zwischen vorläufigem Insolvenzverwalter und Gläubiger, wie im vorigen Fall), wird die Altforderung also „nur" mit Zustimmung des schwachen vorläufigen Insolvenzverwalters getilgt, so kann das im eröffneten Verfahren – zwar nicht nach § 132 InsO, aber als Deckungsgeschäft nach §§ 130, 131 InsO – jedenfalls dann angefochten werden, wenn der vorläufige Verwalter die Anfechtung bereits angekündigt hatte.[239] Eine Anfechtbarkeit scheidet allerdings aus bei *schutzwürdigem Vertrauen des Geschäftspartners* (dazu → § 46 Rn. 33). Umgekehrt bedarf es keiner Anfechtung bei Nichtigkeit wegen *Insolvenzzweckwidrigkeit* (→ § 46 Rn. 34).

Eine vergleichbare Situation erzeugt eine Behörde, die die Zustimmung zu einem privatrechtlichen Rechtsgeschäft des Schuldners mit einem Dritten von der Begleichung rückständiger Abgaben abhängig macht, weshalb auch in diesem Fall eine Anfechtung nach § 132 I InsO in Betracht kommt;[240] für die Annahme von Inkongruenz der so bewirkten Leistung des Schuldner nach den Regeln einer Druckzahlung genügt das aber nicht (→ Rn. 46 aE).

68 *Beispiele für zweiseitige Rechtsgeschäfte:*
– Übernahme einer Bürgschaft;
– Leihe auf längere Zeit;
– Erlass einer Schuld (§ 397 I BGB) oder Anerkennung, dass das Schuldverhältnis nicht bestehe (§ 397 II BGB);
– Eingehung einer Wechselverbindlichkeit (→ Rn. 38);
– Gewährung eines Darlehens zu günstigen[241] oder Aufnahme eines solchen zu ungünstigen Bedingungen; Verpfändung;
– Ankauf zu überhöhtem Preis oder Verkauf unter Wert (sog. „krisenbedingter Schlussverkauf");
– Vermietung oder Verpachtung gegen unzureichenden Zins; Zahlung fremder Schuld.

69 *Beispiele für einseitige Rechtsgeschäfte:*
– Ausübung von Gestaltungsrechten mit ungünstigen Folgen, insbesondere Kündigung, Widerruf;
– Einverständnis zu ungünstiger Art der Sicherheitenverwertung;[242]
– Umwandlung eines Versicherungsvertrags zu einem nach dem Gesetz zum Pfändungsschutz der Altersvorsorge pfändungsgeschützen Vertrag (§ 167 VVG, § 851 c ZPO);[243]
– Anerkenntnis nach § 307 ZPO.

70 c) Als *Auffangtatbestand* erfasst § 132 II InsO *Rechtshandlungen des Schuldners,* die weder unter die Deckungsanfechtung (§§ 130, 131 InsO; → Rn. 66) noch unter § 132 I InsO

---

[238] BGH ZIP 2003, 855 = ZInsO 2003, 420.
[239] BGH NZI 2009, 644 (Rn. 42) = ZInsO 2009, 1585 = ZIP 2009, 1674; BGHZ 161, 135 = NJW 2005, 1118 = ZIP 2005, 314 = ZInsO 2005, 88 = NZI 2005, 218.
[240] Im konkreten Fall vom Gericht freilich zu Unrecht gelöst über § 131 InsO als inkongruente Deckung, OLG Rostock, ZIP 2004, 1515 = ZInsO 2004, 933.
[241] BGH NJW 1989, 1037.
[242] BGH NJW 1997, 1063 = ZIP 1997, 367.
[243] BGH NZI 2011, 937 Rn. 3; AG Köln ZIP 2012, 1976; *Wimmer,* ZInsO 2007, 281, 285; zum „Hinterbliebenenbegriff" (§ 851c II Nr. 3 ZPO) *Holzer,* ZVI 2007, 113. Ausführlich *Wollmann* ZInsO 2012, 2061 (zur Anfechtbarkeit bei Umwandlung nach § 167 VVG nicht nur über § 132, sondern in weiterem Umfang analog § 134).

Besondere Insolvenzanfechtung

fallen. Die Vorschrift verhindert, dass solche Rechtshandlungen sonst nur unter den strengeren Voraussetzungen der Vorsatzanfechtung (§ 133 InsO) rückgängig gemacht werden könnten.[244] Gemeint sind rechtsgeschäftsähnliche Handlungen wie zB Mahnung und hauptsächlich Unterlassungen nach materiellem Recht und nach Prozessrecht.

Kennzeichen solcher Rechtshandlung ist es, dass 71
- der Schuldner *ein Recht verliert* (Beispiele: Er unterlässt einen Protest nach Wechselrecht und verliert deshalb Rechte, die den Protest voraussetzen; er unterlässt Unterbrechung der Ersitzung nach § 941 BGB und verliert dadurch sein Eigentum) oder
- *ein Recht nicht mehr geltend machen kann* (Beispiele: Er unterlässt es, Rechtsmittel oder Rechtsbehelfe, zB Einspruch gegen Versäumnisurteil nach § 338 ZPO, einzulegen oder er unterlässt die Hemmung der Verjährung),
- oder dass *ein vermögensrechtlicher Anspruch gegen ihn erhalten* (Beispiel: Er unterlässt eine rechtzeitige Irrtumsanfechtung nach §§ 119 ff. BGB) oder *durchsetzbar wird* (Beispiel: Er unterlässt im Passivprozess die Einrede der Verjährung).

3. Krise. Der in § 132 I Nr. 1 und Nr. 2 InsO beschriebene Anfechtungszeitraum, 72 der sowohl für Rechtsgeschäft wie für sonstige Rechtshandlungen gilt, deckt sich mit demjenigen bei § 130 I InsO; auf die Erörterungen oben → Rn. 25, 26 wird deshalb verwiesen.

4. Gläubigerbenachteiligung. Erforderlich ist eine objektive Gläubigerbenach- 73 teiligung (→ § 46 Rn. 51, 52; zu ihrem Fehlen in bestimmten Fallgruppen → § 46 Rn. 58). Für den Ursachenzusammenhang kommt es darauf an: **a)** Die Insolvenzgläubiger müssen ausweislich des Wortlauts von *§ 132 I InsO* durch die Vornahme des Rechtsgeschäftes *„unmittelbar"* benachteiligt werden (→ § 46 Rn. 51 ff., 68); zum Bargeschäft → Rn. 62); die Benachteiligung muss also ohne Hinzutreten weiterer Umstände die Befriedigungsmöglichkeiten aus dem Schuldnervermögen bereits durch die angefochtene Rechtshandlung beeinträchtigt haben.[245] *Beispiele:*
- In dem in → Rn. 67 behandelten Fall trat die unmittelbare Gläubigerbenachteiligung zugleich mit Abschluss der getroffenen Abrede zur vollständigen Zahlung der Altforderung ein, die der Gläubiger sonst mit der bloßen Aussicht auf die Quote im eröffneten Verfahren hätte anmelden können.
- Bei Vermietung zu ortsunüblicher Miete tritt die Gläubigerbenachteiligung mit Vertragsschluss ein, weil der Mieter den Anspruch auf Überlassung der Mietsache zu den für ihn günstigen Bedingungen erwirbt;
- Ist das nachteilige Rechtsgeschäft ein gegenseitiger und bei Insolvenzeröffnung von noch keiner Seite vollständig erfüllter Vertrag, so kann der Insolvenzverwalter statt der Anfechtung auch zu dem einfacheren Mittel der Erfüllungsablehnung nach § 103 InsO greifen; Ansprüchen des Vertragspartners wegen der Nichterfüllung (§ 103 II 1 InsO; ausf → § 35 Rn. 32 ff.) kann er dann immer noch mit dem Einwand der Anfechtbarkeit begegnen.

b) *Mittelbare* Gläubigerbenachteiligung (→ § 46 Rn. 69) genügt demgegenüber nach 74 hM bei *§ 132 II InsO* trotz der insoweit irreführenden Gesetzesüberschrift,[246] wie aus dem Normzweck als Auffangtatbestand (→ Rn. 70) und der Tatsache folgt, dass § 132 II InsO ein Erfordernis der Unmittelbarkeit einer Gläubigerbenachteiligung nicht zum Ausdruck bringt. Die Gegenauffassung[247] fordert unmittelbare Gläubigerbenachteili-

---
[244] Begründung RegE, abgedruckt zB bei *Kübler/Prütting*, Bd I S. 345.
[245] BGH ZInsO 2012, 2338 Rn. 20.
[246] HM, vgl. nur *Henckel* in Jaeger, InsO, § 132 Rn. 37; MüKoInsO/*Kirchhof*, § 132 Rn. 27; HKInsO/*Kreft*, § 132 Rn. 9; *Nerlich* in Nerlich/Römermann, § 132 Rn. 37; *Zeuner*, Rn. 163; *Schoppmeyer* in Kübler/Prütting/Bork, § 132 Rn. 16.
[247] Braun/*de Bra*, § 132 Rn. 21; *Hess*, § 132 Rn. 28; *Häsemeyer*, Rn. 21.72.

gung, während eine weitere Auffassung meint, diese werde bei § 132 II InsO von Gesetzes wegen „unterstellt."[248]

75 **5. Subjektiver Tatbestand.** Er entspricht dem bei der kongruenten Deckungsanfechtung (§ 130 InsO); auf Grund der Verweisung in § 132 III InsO steht der Kenntnis der Zahlungsunfähigkeit oder des Eröffnungsantrages gleich die Kenntnis von Umständen, die zwingend auf diese Merkmale schließen lassen. Auf die Erörterungen → Rn. 28 ff. wird verwiesen.

76 **6. Beweislast.** Auch insoweit deckt sich die Rechtslage mit der bei § 130 InsO; auf Grund der Verweisung in § 132 III InsO gilt auch hier die Beweislastumkehr zum Nachteil von nahestehenden Personen. Auf die Erörterungen → Rn. 35 ff. wird Bezug genommen.

§ 48. Die Vorsatzanfechtung (§ 133 InsO)

Übersicht

	Rn.
I. Allgemeines	1
1. Übersicht zum Gegenstand	1
2. Ausdehnung der Vorsatzanfechtung?	2
II. Der Grundtatbestand des § 133 I InsO	3
1. Überblick	3
2. Rechtshandlungen des Schuldners	4
a) Grundsätze	4
b) Abgrenzung zu Gläubiger-, insbesondere Zwangsvollstreckungshandlungen	5
c) Kongruente Deckung	6
aa) Standpunkt des BGH	6
bb) Gescheitertes Reformvorhaben zur Einschränkung der Vorsatzanfechtung	7
cc) Bewertung	8
d) „Freiwillige" Leistungen des Schuldners zur Abwendung einer drohenden Zwangsvollstreckung	9
aa) Rechtsprechung des BGH und praktische Konsequenzen	9
bb) Gescheitertes Reformvorhaben und Bewertung	10
e) „Freiwillige" Leistungen des Schuldners zur Abwendung eines angedrohten Insolvenzantrags	11
f) Anfechtungsfrist	12
3. Mittelbare Gläubigerbenachteiligung	13
4. Gläubigerbenachteiligungsvorsatz des Schuldners	14
a) Grundsätze	14
b) Inkongruente Deckung	15
c) Kongruente Deckung	16
d) „Druckzahlungen"	17
e) Gescheiterte Sanierungsversuche/vorinsolvenzliche Beratung	18
5. Kenntnis des anderen Teils	19
a) Grundsätze	19
b) Zusammenfassung zur Indizwirkung der Inkongruenz sowohl für Gläubigerbenachteiligungsvorsatz des Schuldners wie Kenntnis des anderen Teils	20
c) Vermutungsregel des § 133 I 2 InsO	21
d) Rechtsprechungs-Vermutungsregel	23
e) Handlung eines Vertreters	24
6. Beweiswürdigung (Arbeitsschritte) und Beweislast	25

---

[248] Uhlenbruck/Hirte/Vallender/*Hirte*, § 132 Rn. 1, 14; so auch Begründung RegE, abgedruckt zB bei *Kübler/Prütting*, Bd I S. 345.

Die Vorsatzanfechtung 1, 2 § 48

Rn.
III. Entgeltliche Verträge mit nahestehenden Personen (§ 133 II InsO) 26
   1. Überblick 26
   2. Entgeltliche Verträge 27
   3. Nahestehende Personen 29
   4. Unmittelbare Gläubigerbenachteiligung 33
   5. Subjektiver Tatbestand 34
   6. Beweislast 35
IV. Verhältnis zu anderen Tatbeständen 36

I. Allgemeines

1. Übersicht zum Gegenstand. § 133 InsO erfasst die Fälle, in denen der spätere 1
Insolvenzschuldner mit dem Vorsatz handelte, seine Gläubiger zu benachteiligen, wobei
zwischen dem Grundtatbestand in Abs. 1 und der Anfechtung entgeltlicher Verträge
mit nahestehenden Personen in Abs. 2 zu unterscheiden ist. Diese beiden Vorschriften
decken sich mit der in § 3 I und II AnfG für die Gläubigeranfechtung außerhalb des
Insolvenzverfahrens getroffenen Regelung; Schrifttum und Rechtsprechung zum AnfG
können deshalb entsprechend herangezogen werden.[1] Allein aus dem Vorsatz des
Schuldners, seine Gläubiger zu benachteiligen, lässt sich eine sittenwidrige, sonst nichtige
oder unerlaubte Handlung (§§ 138, 134, 823, 826 BGB) nicht ableiten, sofern keine
erschwerenden Umstände hinzu kommen (→ § 46 Rn. 9); letzteres wäre zB anzunehmen, wenn der Schuldner mit eingeweihten Helfern zusammenarbeitet, um sein wesentliches pfändbares Vermögen vor dem Zugriff von Gläubigern zu retten.[2]

Altes Recht: Die Vorsatzanfechtung gemäß § 133 InsO entspricht im Wesentlichen
der Absichtsanfechtung nach § 31 KO bzw. § 10 I Nr. 1 und Nr. 2 GesO (→ Rn. 3).
Sie ersetzt die irreführende Bezeichnung „Absicht" durch den Begriff der „vorsätzlichen Benachteiligung"; eine sachliche Änderung ist damit nicht verbunden, weil
schon vorher für die genannten Anfechtungstatbestände nach KO und GesO ebenfalls
wenigstens bedingter Vorsatz des Schuldners genügte (1. Auflage § 50 Rn. 4; Nachtrag
S. 76 Rn. 3). Neu geregelt wurde die Anfechtungsfrist, die des § 133 I InsO einengt,
die des § 133 II InsO ausdehnt.

2. Ausdehnung der Vorsatzanfechtung. Die Ausdehnung der Vorsatzanfechtung 2
durch Ausweitung des Tatbestandes und unter (angeblicher) Verletzung eines sog. „Ab-
standsgebots" insbesondere zur Deckungsanfechtung wird zunehmend aus wissenschaftlicher,[3] aber auch aus rechtspolitischer[4] Sicht und inzwischen auch vom Bundesarbeitsgericht unter dem Stichwort „Stufenverhältnis"[5] problematisiert. So neu ist das freilich
nicht, vielmehr wurde schon früher wiederholt aus ganz unterschiedlichen Richtungen
versucht, den Gesetzgeber zu Einschränkungen des Insolvenzanfechtungsrechts zu veranlassen, insbesondere 2005/2006 durch den letztlich gescheiterten Entwurf „zur Anpassung des Rechts der Insolvenzanfechtung" (→ Rn. 7, 8); auch die schon damals in
der Literatur vorgeschlagene Ersetzung der §§ 130–133 (samt § 88) InsO durch eine
anfechtungsrechtliche Grundnorm – mit der Folge einer Neuformulierung des § 142

---

[1] *Huber,* AnfG, § 3 Rn. 4.
[2] BGHZ 130, 314 = NJW 1995, 2846 = LM H 11/1995 § 7 AnfG Nr. 18, 19 *(Eckardt).*
[3] Aus der neuen Literatur vgl. zB. *Foerste* ZInsO 2013, 897 ff. sowie 1661 ff. und noch weitergehend *Jensen* NZI 2013, 345. Andere verteidigen die Rechtsprechung gegen solche grundsätzliche Kritik – von einzelnen „Feinjustierungen" abgesehen – wie *Thole* ZIP 2013, 2081 ff. oder sogar gänzlich – als gezieltes Lenkungsinstrument – wie *Hutschreuther/Neugebauer* ZInsO 2013, 1221 ff. Bei allen zitierten Autoren finden sich zum Problem weitere Nachweise zum kaum noch überschaubaren Schrifttum.
[4] Vgl. zB das Positionspapier des Bundesverbands der Deutschen Industrie (BDI) und des Zentralverbandes des Deutschen Handwerks (ZDH) v. 14.10.2013, abgedruckt ZInsO 2013, 2312 sowie Vorschläge des Gravenbrucher Kreises ZInsO 2014, 1704.
[5] BAG NZI 2014, 372; dazu *Huber* EWiR 2014, 291; *Lütcke* NZI 2014, 350.

§ 48 3, 4   Kapitel III. 7. Abschnitt. Insolvenzanfechtung

InsO – wird nunmehr wieder offensiv vertreten.[6] Darauf kann diese für die praktische Alltagsarbeit bestimmte Kommentierung zwangsläufig nur vereinzelt eingehen (insbesondere → Rn. 19, 20). Auf die Absicht der Bundesregierung,[7] das Insolvenzanfechtungsrecht im Interesse der Planungssicherheit des Geschäftsverkehrs sowie des Vertrauens auf die Rechtsbeständigkeit gezahlten Arbeitslohns auf den Prüfstand zu stellen, wurde bereits früher hingewiesen (→ § 46 Rn. 84a; → § 47 Rn. 33). Der Vorsitzende des IX. Zivilsenats des BGH hat die Rechtsprechung freilich – wenig überraschend – „in ihrer heutigen Form als effektives Instrument der Massegenerierung" bezeichnet.[8]

II. Der Grundtatbestand des § 133 I InsO

3 **1. Überblick.** Die folgende Grafik zeigt übersichtsmäßig die Voraussetzungen der Vorsatzanfechtung im Regelfall des Absatz 1 (zu Gemeinsamkeiten und Unterschiede der einschlägigen Anfechtungstatbestände von InsO, KO und GesO siehe die entsprechende Grafik in der 4. Auflage an gleicher Stelle, dort auch zum Übergangsrecht).

Tatbestand	Vorsatzanfechtung
	§ 133 I InsO
1. Art der Rechtshandlung	Rechtshandlung des Schuldners
2. Weitere Voraussetzungen a) objektiv	10 Jahre vor Eröffnungsantrag oder nach Eröffnungsantrag
mit Gläubigerbenachteiligung	mittelbar
b) subjektiv	Vorsatz der Benachteiligung und Kenntnis des Gegners davon
Beweislast	Verwalter, außer bei Vermutung nach § 133 I 2

4 **2. Rechtshandlungen des Schuldners. a)** *Grundsätze.*
– Anfechtbar sind die innerhalb der Anfechtungsfrist (→ Rn. 12) vorgenommenen (§ 140 InsO) Rechtshandlungen des späteren Insolvenzschuldners selbst (ausführlich → § 46 Rn. 19); unanfechtbar sind aber grundsätzlich Rechtshandlungen Dritter wie insbesondere Zwangsvollstreckungshandlungen, außer bei Zurechenbarkeit, die sie zu Rechtshandlung „auch" des Schuldners macht (→ Rn. 5). Eine vom Schuldner veranlasste Banküberweisung ist eine Rechtshandlung auch dann, wenn zuvor zu Gunsten des Zahlungsempfängers der Anspruch auf Auszahlung gepfändet und diesem zur Einziehung überwiesen war.[9]
– Ob die Zuwendung unmittelbar oder über einen *Mittelsmann* erfolgt (→ § 46 Rn. 20), ist auch hier unerheblich.[10] Allerdings kann sich die Vorsatzanfechtung nicht nur gegen den Zuwendungsempfänger, sondern auch gegen die Mittelsperson/den Leistungsmittler – insbesondere Treuhänder, Banken - richten kann (näher → § 51

---

[6] *Marotzke* ZInsO 2014, 417 ff. (samt Formulierungsvorschläge de lege ferenda auf S. 446 f.); dagegen zu Recht *Bork* ZIP 2014, 797, 809 f. (keine Notwendigkeit für Generalrevision).
[7] Vgl. dazu *Maas* ZInsO 2014, 819 (Abdruck der Rede des Bundesministers auf dem Insolvenzrechtstag am 3.4.2014 in Berlin).
[8] *Kayser* NJW 2014, 422 u. ZIP 2014, 1966. Die Insolvenzanfechtung verteidigt als „Kernstück der Gläubigergleichbehandlung" auch *Bork* ZIP 2014, 797; grundsätzlich aA *Knospe* ZInsO 2014, 748, 760, 761 (führt zur Ungleichbehandlung).
[9] BGH NZI 2013, 72 = ZIP 2014, 35 = ZInsO 2013, 31.
[10] BGH NJW 1985, 1560.

Rn. 59 ff.).[11] In der Insolvenz des Leistungsmittlers kann die Tilgung einer fremden Schuld (einer gegen den Schuldner gerichteten Forderung) nach § 133 InsO angefochten werden, wenn dem Forderungsgläubiger der Gläubigerbenachteiligungsvorsatz des Leistungsmittlers bekannt war;[12] im Fall hatte die Schuldnerin (Arbeitgeberin) die gesetzlichen Krankenversicherungsbeiträge ihrer Arbeitnehmer – also deren Eigenbeiträge(!) – an die beklagte Krankenkasse (außerhalb der Krise) gezahlt.

– Sieht man eine *Lösungsklausel für den Insolvenzfall* (trotz § 119 InsO) als wirksam an,[13] so kommt (im praktischen Ergebnis nur) eine Vorsatzanfechtung in Betracht,[14] hauptsächlich wenn dem späteren Insolvenzschuldner für den Fall seiner Insolvenz Vermögensnachteile auferlegt werden, die über die gesetzlichen Folgen hinausgehen und nicht zur Erreichung des Vertragszweckes geboten sind (→ § 35 Rn. 14).

– Ein **Bargeschäft** (→ § 46 Rn. 75 ff.) unterliegt gemäß § 142 InsO der Vorsatzanfechtung, aber nur nach § 133 I InsO, nicht nach Absatz 2 der Vorschrift (→ § 46 Rn. 80).

– Erfasst werden auch *Deckungshandlungen,* die wegen der Vornahme außerhalb der Krise (→ § 47 Rn. 6 ff.) nicht mehr nach §§ 130, 131 InsO angefochten werden können. Die außerhalb der Krise erlangten *inkongruenten* Deckungen sind der Hauptanwendungsbereich für die Vorsatzanfechtung in der Praxis; die *Inkongruenz* einer Deckung hat vor allem als Beweisanzeichen für *den subjektiven Tatbestand der Vorsatz*anfechtung Bedeutung (→ Rn. 15, 19, 20). Auch bei *kongruenten Deckungen* kommt nach dem, freilich zunehmend bekämpften Standpunkt des BGH eine Vorsatzanfechtung in Betracht (→ Rn. 6–8). Zu *Sanierungsgeschäften* → Rn. 18.

– Aber auch *alle sonstigen,* außerhalb der jeweiligen Anfechtungsfristen der *übrigen Anfechtungstatbestände* vorgenommenen Rechtshandlungen; insbesondere *unentgeltliche Leistungen,* können unter den Voraussetzungen des § 133 InsO angefochten werden (→ Rn. 36).

b) *Abgrenzung zu Gläubiger-, insbesondere Zwangsvollstreckungshandlungen.*[15] Voraussetzung ist nach dem Wortlaut des § 133 InsO eine „Rechtshandlung des Schuldners", *woran es bei Zwangs*vollstreckung gegen ihn grundsätzlich fehlt. Soweit im Schrifttum vorgeschlagen wurde, bei reinen Gläubigerhandlungen insbesondere im Bereich der Zwangsvollstreckung einen Gläubigerbenachteiligungsvorsatz (iS des § 133 I InsO) des Gläubigers (späterer Anfechtungsgegner) ausreichen zu lassen,[16] ist dem der IX. Zivilsenat zu Recht nicht gefolgt.[17] Vielmehr sind Zwangsvollstreckungshandlungen des Gläubigers ohne eine vorsätzliche Rechtshandlung oder eine ihr gleichstehende Unterlassung des Schuldners nach § 133 I InsO grundsätzlich *unanfechtbar* (zur Ausnahme sogleich nächster Absatz). Im Ergebnis bleibt es damit bei der schon vorher hM,[18] wo-

---

[11] Der Rechtsprechung des IX. ZS des BGH zustimmend, gleichwohl einzelne Feinjustierungen anmahnend *Thole* ZIP 2013, 2081, 2087 f.
[12] BGH NZI 2013, 145 Rn. 8 = ZIP 2013, 81 = ZInsO 2013, 73.
[13] Ausführl. zum Problem unter Auseinandersetzung mit der neuen Rechtsprechung zur Unwirksamkeit einer insolvenzbedingten Lösungsklausel (entschieden für einen Vertrag über die fortlaufende Lieferung von Waren oder Energie) MüKoInsO/*Huber,* § 119 Rn. 25 ff.; speziell zu dieser Problemlage bezüglich des bauvertraglichen Kündigungsrechts im Insolvenzfall (§ 8 Abs. 2 Nr. 1 VOB/B) vgl. *Huber* NZI 2014, 49 ff.
[14] Näher MüKoInsO/*Huber,* § 119 Rz. 53 ff.
[15] Ausführl. dazu mit einer graphischen Gesamtübersicht zu Deckungs- und Vorsatzanfechtung *Huber,* GS Wolf, S. 443, 448 ff., insb S. 450.
[16] *Kreft* KTS 2004, 205, 216 ff.; im Anschluss daran auch *Rendels* ZIP 2004, 1289 ff. Dagegen zutreffend *Bork* ZIP 2004, 1684, 1685 f. Für eine Anfechtbarkeit von Zwangsvollstreckungshandlungen „analog § 133" aber wieder *Brinkmann/Luttmann* ZInsO 2007, 765.
[17] BGHZ 162, 143 = NJW 2005, 1121 = NZI 2005, 215 = ZInsO 2005, 260 = ZIP 2005, 494, dazu *Schoppmeyer* NZI 2005, 185.
[18] Vgl. nur MüKoInsO/*Kirchhof,* § 133 Rn. 8 ff. mwN; s. o. (zur Zwangsvollstreckung) auch schon BGH NZI 2004, 87 = ZIP 2003, 1900.

nach Zwangsvollstreckungshandlungen nur anfechtbar sind bei bewusstem Zusammenwirken von Schuldner und Vollstreckungsgläubiger; *Beispiele:*
– Verabredete Pfändung;[19]
– zielgerichtete Förderung des Entstehens eines Pfändungspfandrechts;[20]
– Abruf eines Darlehens durch den Schuldner (darin liegt seine Rechtshandlung) auf sein gepfändetes (aber kein Guthaben ausweisendes) Konto, außer der Anspruch auf Auszahlung bestand bereits vor Erlass der Pfändungs- und Einziehungsverfügung und wurde von dieser erfasst, vom Schuldner aber nicht in Vorgriff auf die zu erwartende Vollstreckungsmaßnahme begründet;[21]
– Hinweis auf – vor anderen Gläubigern verheimlichte – pfändbare Habe; unterlassene Einlegung nicht von vorneherein aussichtsloser Rechtsbehelfen zB der Hinnahme der Zwangsvollstreckung durch Gerichtsvollzieher oder Vollziehungsorgan, ohne auf einer richterlichen Durchsuchungsanordnung zu bestehen.[22]

Unberührt bleibt allerdings § 88 InsO, wonach eine durch Zwangsvollstreckung innerhalb des letzten Monats vor dem Insolvenzantrag oder danach bis zur Eröffnung erlangte *Sicherung* automatisch unwirksam wird (→ § 46 Rn. 29); im vereinfachten Insolvenzverfahren war diese Frist auf drei Monate ausgedehnt (§ 312 I 2 aF InsO), wobei diese Vorschrift allerdings mit Wirkung ab 1.7.2014 aufgehoben wurde.[23]

Voraussetzung für die Unanfechtbarkeit von Zwangsvollstreckungshandlungen ist allerdings, dass der Schuldner nur noch die Wahl hat, die geforderte Zahlung sofort zu leisten oder die Vollstreckung zu dulden, also jede Möglichkeit eines *selbstbestimmten Handelns* ausgeschaltet ist.[24] Darin liegt folglich das maßgebliche Kriterium zur Abgrenzung zwischen einer anfechtbaren „freiwilligen" Leistungen des Schuldners zur Abwendung einer drohenden Zwangsvollstreckung und einer unanfechtbaren Zwangsvollstreckungshandlung des Gläubigers[25] (zu den praktischen Konsequenzen daraus → Rn. 9). Es kommt also gerade nicht – wie verschiedene OLG meinen[26] – auf eine bloß formale Anknüpfung an den Beginn der Zwangsvollstreckung, sondern darauf an, ob der Schuldner auch trotz des formalen Beginns einer Zwangsvollstreckung noch in der Lage ist, über den angeforderten Betrag nach Belieben (selbstbestimmt) zu verfügen.[27]

– *Beispiele zur Anfechtbarkeit* (selbstbestimmtes Schuldnerhandeln noch möglich): Gerichtsvollzieher unterrichtet Schuldner vom Pfändungsauftrag, der daraufhin an ihn eine Bar (Teil-)Zahlung leistet;[28] der Schuldner übergibt dem anwesenden Vollziehungsbeamten zur Vermeidung eines – mangels pfändbarer Gegenstände voraussichtlich erfolglosen – Pfändungsversuchs einen Scheck über den geforderten Betrag;[29] gleiches gilt aber auch umgekehrt, wenn also der Gerichtsvollzieher ohne die Ausstellung des

---

[19] BGH aaO; BGHZ 143, 332, 333 f. = ZIP 2000, 364; BGH LM § 31 KO Nr. 3; LM § 3 AnfG Nr. 12; BGH WM 1959, 891, 893.
[20] BGH ZIP 2014, 35 Rn. 12 ff.; NZI 2014, 72 = ZInsO 2014, 31.
[21] BGH NZI 2012, 658 Rn. 22 ff. = ZIP 2012, 1422 = ZInsO 2012, 1318; dazu EWiR 2012, 567 *(Huber).*
[22] BGH ZIP 2011, 531 Rn. 8 = ZInsO 2011, 474; dazu EWiR 2011, 289 *(Huber).*
[23] Gesetz zur Verkürzung des Restschuldbefreiungsverfahrens und zur Stärkung der Gläubigerrechte (v. 15.7.2013), BGBl. Teil I, S. 2379, 2383.
[24] BGHZ 162, 143 = NJW 2005, 1121 = NZI 2005, 215 = ZInsO 2005, 260 = ZIP 2005, 494, dazu *Schoppmeyer* NZI 2005, 185.
[25] Ausf dazu *Huber* ZInsO 2005, 628 ff.
[26] So beispielsweise, jedoch falsch: OLG Karlsruhe ZIP 2008, 1687 = NZI 2008, 739 m abl Anm. *Dahl;* OLG Düsseldorf ZInsO 2009, 1534. Abl zu Recht auch *Zeuner* NZI 2009, 412, 413.
[27] BGH NZI 2010, 184 = ZInsO 2010, 226 = ZIP 2010, 191; dazu *Huber* EWiR 2010, 189. Es handelt sich um das Revisionsurteil zu OLG Karlsruhe aaO.
[28] Fall von BGHZ 155, 75 = ZIP 2003, 1506 = NZI 2003, 533 m Anm. *Huber.* Ebenso zB OLG Frankfurt/M, ZInsO 2006, 943; OLG München, EWiR 2007, 407 *(Koza).*
[29] BGH NZI 2009, 312 = ZInsO 2009, 717 = ZIP 2009, 728.

Die Vorsatzanfechtung 6–9 § 48

Schecks erfolgreich in das sonstige Vermögen des Schuldners vollstreckt hätte;[30] Gerichtsvollzieher trifft nach erfolglosen Pfändungsversuchen mit dem Schuldner eine Ratenzahlungsvereinbarung (§ 802a ZPO – Folge: Zwangsvollstreckung wird aufgeschoben, § 802b II 2 ZPO),[31] der daraufhin an den Gerichtsvollzieher zahlt;[32] (weitere Beispiele → Rn. 9); *nachdem* der Pfändungsgläubiger die Verfügungsmacht des Schuldners über sein Geschäftskonto durch Erklärung gegenüber dem Drittschuldner wieder hergestellt hatte, überweist der Schuldner aus der offenen Kreditlinie (beachte den Unterschied zum Gegenbeispiel).[33]

– *Gegenbeispiel zur Unanfechtbarkeit* (kein selbstbestimmtes Schuldnerhandeln mehr möglich): Gläubiger hat die Kontoguthaben des Schuldners unanfechtbar gepfändet, worauf Schuldner an den Gerichtsvollzieher zahlte, um *sodann* die Aussetzung des Vollzugs der Pfändung zu erreichen (beachte den Unterschied zum vorigen Beispiel).[34]

c) *Kongruente Deckung:* aa) Nach dem Standpunkt des BGH wird eine durch Rechts- **6** handlung des Schuldners gewährte oder ermöglichte kongruente Deckung vom objektiven Tatbestand des § 133 I InsO erfasst und steht die Kongruenz der Deckung auch nicht grundsätzlich der Annahme des subjektiven Tatbestands (Gläubigerbenachteiligungsvorsatz und Kenntnis des anderen Teils davon) entgegen (→ Rn. 9, 19), was allerdings sehr streitig ist und nach der hier vertretenen Auffassung einer Neuausrichtung bedarf (→ Rn. 8, 16).

bb) In dem *Entwurf eines „Gesetzes zum Pfändungsschutz der Altersvorsorge und zur An-* **7** *passung des Rechts der Insolvenzanfechtung"* (v. 8. 3. 2006) war demgegenüber eine *Einschränkung der Vorsatzanfechtung bei kongruenten Deckungen* beabsichtigt.[35] Erreicht werden sollte das (näher s 4. Auflage Rn. 6–8), durch Verschärfung des subjektiven Tatbestands (unlauteres Verhalten, Ausschluss der Vermutung).

cc) Dieses Reformvorhaben mit dem Zweck einer Privilegierung der so genannten **8** Zwangsgläubiger ist zwar Ende 2006 gescheitert (→ § 47 Rn. 44),[36] nicht behoben aber das grundsätzliche Problem, ob – entgegen der zunehmend bekämpften höchstrichterlichen Rechtsprechung – trotz Kongruenz der Deckung eine Vorsatzanfechtung möglich sein kann. Die Auswirkungen des BGH-Standpunkts sind für die Praxis vor allem deshalb so bedeutsam, weil der IX. Zivilsenat „freiwillige" Leistungen des Schuldners zur Abwendung drohender Zwangsvollstreckung (→ Rn. 9) außerhalb der Krise als kongruent, aber gleichwohl gemäß § 133 I InsO anfechtbar ansieht. Die Vorsatzanfechtung bei Kongruenz der Deckung bedarf nicht nur deshalb, sondern insgesamt dringend einer Neuorientierung → Rn. 16; vgl. auch schon → § 47 Rn. 64; zu neuen Reformbestrebungen → § 46 Rn. 84a, → § 47 Rn. 33, → § 48 Rn. 2.

d) *„Freiwillige" Leistungen des Schuldners zur Abwendung einer drohenden Zwangsvollstre-* **9** *ckung („Druckzahlungen").*[37]

---

[30] BGH NZI 2012, 658 Rn. 8 ff. = ZIP 2012, 1422 = ZInsO 2012, 1318; dazu EWiR 2012, 567 (*Huber*).
[31] Der frühere § 806 b ZPO wurde ersetzt durch § 802b II ZPO in der Fassung des Gesetzes zur Reform der Sachaufklärung (BGBl. I 2009, 2258 ff.), der am 1.1.2013 in Kraft getreten ist; dort heißt es statt dem Ruhen, dass die Vollstreckung „aufgeschoben" ist, wohinter sich keine sachliche Änderung verbirgt.
[32] Fall von BGH NZI 2010, 184 = ZInsO 2010, 226 = ZIP 2010, 191; dazu *Huber* EWiR 2010, 189.
[33] BGH NZI 2008, 180 = ZInsO 2008, 161 = ZIP 2008, 131.
[34] Fall von BGHZ 162, 143 = NJW 2005, 1121 = NZI 2005, 215 = ZInsO 2005, 260 = ZIP 2005, 494.
[35] BT-Drucks. 16/886. Vgl. auch Abdruck vorangegangener RefE: ZIP 2005, 1201 und Abdruck RegE: ZVI 2005, 516.
[36] Ausf dazu *Huber* ZIP 2007, 501.
[37] Ausführl. dazu mit einer graphischen Gesamtübersicht zu Deckungs- und Vorsatzanfechtung *Huber*, GS Wolf, S. 443, 448 ff., insb. S. 450; kritisch, ob die Differenzierungen zwischen Drohung mit Insolvenzantrag und Zwangsvollstreckung wirklich tragen *Thole* ZIP 2013, 2081, 2087.

aa) Erfolgt eine solche Druckzahlung *innerhalb* der Krise, unterliegt sie der inkongruenten Deckungsanfechtung nach § 131 InsO (→ § 47 Rn. 46, 48). Bei einer Leistung *außerhalb* der Krise kommt zwangsläufig nur eine Vorsatzanfechtung nach § 133 I InsO in Betracht. Sie kann im Übrigen nicht darauf gestützt werden, dass der Schuldner den Insolvenzantrag vorsätzlich verspätetet gestellt und dadurch bewirkt hat, dass die Rechtshandlung des Gläubigers nicht in den von der Deckungsanfechtung geschützten zeitlichen Bereich fällt;[38] beruht das auf einer Veranlassung des Gläubigers, haftet dieser der Masse gegenüber nach §§ 826, 823 II BGB.[39] Ob der Schuldner aufgrund Vollstreckungsdrucks geleistet hat, beurteilt sich aus objektiver Sicht.[40] Zur Beurteilung der Vorsatzanfechtung kommt es in Konsequenz der gefestigten und ständigen Rechtsprechung des IX. Zivilsenats des BGH[41] ganz entscheidend auf folgende Frage – und Weichenstellungen an:

– Erlangt der Gläubiger durch die Druckzahlung (außerhalb der Krise) eine kongruente oder eine inkongruente Deckung? Der BGH hat sich für Kongruenz entschieden,[42] erstaunlicherweise, wird doch eine solche Deckung innerhalb der Krise als inkongruent eingestuft Diese „Umqualifizierung" überzeugt nicht,[43] weil der Begriff der Inkongruenz nicht etwa nur für den Tatbestand der inkongruenten Deckungsanfechtung reserviert, vielmehr davon unabhängig ist; eine an sich inkongruente Leistung wird folglich nicht etwa alleine deshalb kongruent, weil sie außerhalb der Krise erfolgt. *Beispiel:* Der zur Kaufpreiszahlung verpflichtete Schuldner tritt – statt zu zahlen – seine Forderung gegen einen Dritten ab, der den Gläubiger befriedigt, der dadurch – unabhängig vom zeitlichen Abstand zum Eröffnungsantrag – begrifflich eine inkongruente Deckung erhält. Die wesentlichen Unterschiede zwischen beiden Standpunkten wirken sich freilich nicht beim objektiven, sondern erst beim subjektiven Tatbestand aus (→ Rn. 17, 19 ff.).

– Legt man die Rechtsprechung des BGH – grundsätzliche Unanfechtbarkeit von Zwangsvollstreckungshandlungen eines Gläubigers nach § 133 I InsO (→ Rn. 5) und Vorsatzanfechtung einer (kongruenten) Druckzahlung des Schuldners – zu Grunde, so lautet für jeden Einzelfall die zentrale Frage: Liegt (noch) eine „freiwillige" und deshalb nach § 133 I InsO anfechtbare Zahlung (Druckzahlung) des Schuldners oder, (schon) eine jegliches selbstbestimmt Handeln des Schuldners ausschließende und deshalb nach § 133 I InsO unanfechtbare Zwangsvollstreckungshandlung des Gläubiges vor?[44] Am Kriterium des „selbstbestimmten Handelns" (→ Rn. 5) hat folglich ein Gläubiger sein taktisches Vorgehen auszurichten hat, um wenigstens das Risiko einer Vorsatzanfechtung auszuschließen (denn dem einer inkongruenten Deckungsanfechtung bei Befriedigung innerhalb der Krise kann er ohnehin nicht entgehen, → § 47 Rn. 46).[45]

Für Teilzahlungen des Schuldners, die dieser mit dem Vollziehungsbeamten/Gerichtsvollzieher nach fruchtloser Zwangsvollstreckung iR einer getroffenen **Ratenzahlungsvereinbarung** (vgl. dazu §§ 802a, 802b II 2 ZPO) leistet, hat der Bundesgerichtshof in Umsetzung dieses Kriteriums entschieden:

---

[38] BGHZ 162, 143, 155 f. = NJW 2005, 1121 = NZI 2005, 215 = ZInsO 2005, 260 = ZIP 2005, 494.
[39] BGHZ aaO.
[40] BGH NZI 2012, 561.
[41] Ausführl und krit. zur Entwicklung der Rechtsprechung bis zum Jahr 2004 vgl. *Gerhardt,* FS Kreft, S. 267 ff.
[42] BGHZ 155, 75 = NJW 2003, 3347 = ZIP 2003, 1506 = ZInsO 2003, 764 = NZI 2003, 533 m. Anm. *Huber.* Ausf zur Anfechtung von Leistungen unter Vollstreckungsdruck *Henckel,* FS Gerhardt, S. 361, 367 ff.; *Kübler,* FS Greiner, S. 159; *Kirchhof* ZInsO 2004, 1168; *Huber* ZInsO 2003, 1025.
[43] Näher *Huber* NZI 2003, 536; *ders.* ZInsO 2003, 1025, 1030 f. Für Inkongruenz auch *Stiller* ZInsO 2003, 595, 599; *Winter* EWiR 2003, 171; *Flöther/Bräuer* ZInsO 2005, 1244, 1245 f.
[44] Näher dazu *Huber* ZInsO 2005, 628.
[45] *Huber* aaO, S. 629 ff.

Die Vorsatzanfechtung 10 § 48

– Solche Leistungen des Schuldners sind grundsätzlich anfechtbar;[46] dabei macht es keinen Unterschied, in welcher Form sie erbracht werden, ob bargeldlos (Überweisung, Lastschrift, Scheckbegebung), oder als Bareinzahlung bei einer Bank mit dem Auftrag, den Betrag auf das Dienstkonto des Gerichtsvollziehers weiterzuleiten, oder als Zahlungen Dritter aus deren Vermögen, insbesondere durch Gewährung eines Überziehungskredits, solange sie sich für den Gläubiger als Leistung des Schuldners darstellen;
– **nicht** darunter fällt aber (Folge: Unanfechtbarkeit) Bargeld, das dem vollstreckungsbereit in Wohnung oder Geschäftslokal des Schuldners anwesenden Gerichtsvollzieher übergeben wird, auf das dieser andernfalls sogleich hätte zugreifen können, außer es stammt aus einer „schwarzen Kasse" oder einem Versteck;[47]
– demgegenüber liegt eine Rechtshandlung des Schuldners (Folge: Anfechtbarkeit) bei Förderung der Vollstreckungsmaßnahme vor (siehe schon Fallgruppe → Rn. 5); im konkreten Fall pfändete ein Gläubiger den Kassenbestand des Schuldners bzw. wandte der Schuldner die sonst unvermeidbare Kassenpfändung durch Zahlung an den anwesenden Vollziehungsbeamten ab, nachdem er zuvor die Kasse in Erwartung des Vollstreckungsversuchs gezielt aufgefüllt hatte.[48]
– Die Vorsatzanfechtung greift auch durch, wenn ein Schuldner dem anwesenden und Vollziehungsbereiten einen Scheck ausstellt und übergibt, weil dann die Einlösung des Schecks auf einer Rechtshandlung des Schuldners beruht, und zwar selbst dann, wenn der Vollziehungsbeamte ohne die Ausstellung des Schecks erfolgreich in des sonstige Vermögen des Schuldners vollstreckt hätte.[49]
– Konsequenz daraus ist: Während das Risiko einer Inkongruenzanfechtung nach § 131 InsO – bei der es auf die Unterscheidung zwischen Zwangsvollstreckungshandlung des Gläubigers und Rechtshandlung des Schuldners nicht ankommt – grundsätzlich unabwendbar erscheint (→ § 131 Rn. 8 ff.), ist das für den Bereich der Vorsatzanfechtung (Deckung außerhalb der Krise) anders. Ein Gläubiger kann dort nämlich das Anfechtungsrisiko durch einen sog. „*anfechtungsresistenten*" Vollstreckungssauftrag (Ausschluss von Teilleistung mit Aufschub der Zwangsvollstreckung, § 806 b S. 2 aF, § 802 b II 2 ZPO[50]) weitgehend minimieren, wenn nicht sogar ausschließen.[51]

bb) Als *praktische Konsequenzen kommt es für* den Gläubiger deshalb darauf an, „freiwillige" Leistungen bei der Zwangsvollstreckung auch gegenüber Gerichtsvollzieher/Vollziehungsperson zu verhindern. Mittel dazu ist ein sozusagen „anfechtungsresistenten Vollstreckungsauftrag", der eine Ratenzahlungsvereinbarung und damit ein Ruhen der Zwangsvollstreckung (§ 806 b S. 2 ZPO) ausschließt und den Antrag zur Sachpfändung mit dem zur Abgabe der eidesstattlichen Versicherung verbindet (sog. „Kombi"-Auftrag);[52] denn dann ist es ausgeschlossen, das der Gerichtsvollzieher eine Ratenzahlungsvereinbarung herbeiführen kann und bleibt dem Schuldner nichts anderes mehr übrig, als zu leisten oder die Vollstreckung zu dulden (→ Rn. 5).

Bietet der Schuldner dem in seiner Wohnung oder seinem Geschäftslokal vollstreckungsbereit anwesenden Gerichtsvollzieher *Bargeld* an, so darf dieser die Teilzahlung

---

[46] BGH ZIP 2010, 191 = ZInsO 2010, 226, dazu EWiR 2010, 189 *(Huber)*. Das Urteil ergänzt die schon oben zitierten Urteile BGH NZI 2003, 533 = ZIP 2003, 1506 und BGHZ 162, 143, 147 ff. = ZIP 2005, 494.
[47] BGH ZIP 2010, 191 Rn. 28 = ZInsO 2010, 226, dazu EWiR 2010, 189, 190 *(Huber)*.
[48] BGH ZIP 2011, 531 = ZInsO 2011, 574.
[49] BGH ZIP 2012, 1422; dazu EWiR 2012, 567 *(Huber)*.
[50] Der frühere § 806 b ZPO wurde ersetzt durch § 802 b II ZPO in der Fassung des Gesetzes zur Reform der Sachaufklärung (BGBl. I 2009, 2258 ff.), der am 1.1.2013 in Kraft getreten ist; dort heißt es statt dem Ruhen, dass die Vollstreckung „aufgeschoben" ist, wohinter sich keine sachliche Änderung verbirgt.
[51] Ausführl. zu den dafür geltenden taktischen Regeln Huber in: GS Wolf, S. 443, 455 ff.
[52] Näher *Huber* aaO, S. 631 f.

entgegennehmen, weil der Schuldner sonst die Pfändung nicht verhindern könnte, weshalb dann eine (unanfechtbare) Zwangsvollstreckungshandlung gegeben ist;[53] der Gläubiger braucht für diesen Fall im Vollstreckungsauftrag die Entgegennahme von Teilbeträgen nicht auszuschließen,[54] um den Gerichtsvollzieher förmlich zu einer Pfändung und Ablieferung zu zwingen (§ 815 III ZPO). Das gilt aber nicht, wenn das Bargeld aus einer „schwarzen Kasse" oder aus einem Versteck stammt, worauf der Gerichtsvollzieher wegen der daraus folgenden tatsächlichen Hinweise nicht zugreifen könnte.[55]

11   e) *„Freiwillige" Leistungen des Schuldners zur Abwendung eines angedrohten Insolvenzantrages („Druckzahlungen"):* Solche vom Schuldner *innerhalb* der Krise erbrachten Leistungen werden als inkongruente Deckung nach § 131 InsO angefochten (→ § 47 Rn. 47, 48). Im Unterschied zur vorherigen Fallgruppe (→ Rn. 9) hält der BGH eine solche Leistung *außerhalb* der Krise aber ebenfalls für inkongruent;[56] Letzteres entspricht auch dem hier vertretenen Standpunkt. Für den subjektiven Tatbestand des § 133 I InsO gelten deshalb grundsätzlich dieselben Regeln wie bei einer sonstigen inkongruenten Deckung (→ Rn. 17, 19). Voraussetzung für die Annahme von Inkongruenz ist aber, dass die vom angekündigten Insolvenzantrag ausgehende Drucksituation nicht durch Pfändungsdruck überlagert wurde;[57] in diesem Fall – also bei zugleich drohender Zwangsvollstreckung (Gläubiger mit tituliertem Anspruch) – läge für den Bereich der Vorsatzanfechtung Kongruenz (wie bei „freiwilliger" Leistung zur Abwendung der Zwangsvollstreckung) vor, wofür dann die Indizregel nicht einschlägig wäre. Entsprechendes gilt für eine Zahlung, die den Gläubiger zur Rücknahme seines schon gestellten Insolvenzantrags veranlassen soll und diesen nach Zahlung auch veranlasst hat.[58]

12   f) Die *Anfechtungsfrist* wurde in § 133 I InsO auf 10 Jahre vor dem Eröffnungsantrag verkürzt (zur Fristberechnung → § 46 Rn. 43–45); ein auf drohende Zahlungsunfähigkeit gestützter Eigenantrag des Schuldners (§ 18 InsO) genügt. Die Frist vor dem Eröffnungsantrag wird nach § 139 berechnet; das Problem zur Einordnung „vor/nach" (→ § 47 Rn. 13) stellt sich in dieser Form nicht, weil der Tatbestand insoweit keine unterschiedlichen Voraussetzungen beinhaltet.

13   **3. Mittelbare Gläubigerbenachteiligung.** Erforderlich ist eine objektive Gläubigerbenachteiligung (→ § 46 Rn. 51; zu ihrem Fehlen in bestimmten Fallgruppen → § 46 Rn. 58 ff.). Für den Ursachenzusammenhang genügt eine mittelbare Benachteiligung der Insolvenzgläubiger (→ § 46 Rn. 69); zu Sanierungsgeschäften/vorinsolvenzliche Beratung → Rn. 18.

14   **4. Gläubigerbenachteiligungsvorsatz des Schuldners. a)** Es gelten folgende *Grundsätze:*[59]
– Der *Vorsatz der Benachteiligung* auf Seiten des Schuldners, der bei Vornahme der Rechtshandlung bestehen muss (→ Rn. 25), braucht nicht der alleinige Zweck des Handelns zu sein (zur Wissenszurechung von Vertreter/Behörde → § 46 Rn. 31). Denn sonst würde für § 133 InsO kaum ein Fall übrig bleiben; dem späteren Insolvenzschuldner wird es nämlich nur selten alleine darum gehen, seine Gläubiger zu

---

[53] BGH ZInsO 2010, 191 (Rn. 28) = NZI 2010, 184 = ZIP 2010, 226; dazu *Huber* EWiR 2010, 189.
[54] So noch *Huber* ZInsO 2005, 628, 631.
[55] BGH aaO (Rn. 29).
[56] BGHZ 157, 242 = NJW 2004, 1385 = ZIP 2004, 313 = ZInsO 2004, 142 = NZI 2004, 201 m. Anm. *Huber; Kayser* NJW 2014, 422, 426; *Fischer* FS Kirchhof, S. 73 ff. AA (kongruent) *Gerhardt* FS Kreft S. 267, 274 ff.; dagegen *Kreft* DStR 2005, 1232, 1234.
[57] BGH ZInsO 2009, 1394 (Rn. 6) = ZIP 2009, 1434.
[58] BGH NZI 2012, 963 = ZIP 2012, 2355 = ZInsO 2012, 2244; dazu EWiR 2012, 797 *(Huber)*.
[59] Zusammenfassung zum Stand höchstrichterlicher Rechtsprechung in: BGHZ 180, 98 (Rn. 10) = ZInsO 2009, 873 = ZIP 2009, 922 = NZI 2009, 372 m. Anm. *Huber*.

benachteiligen, sondern vielmehr darum, einzelne von ihnen zu begünstigen und sich selbst „über Wasser" zu halten. Die Vorschrift verlangt deshalb lediglich einen auf den Erfolg der Gläubigerbenachteiligung gerichteten bestimmten Willen, was der schon bisher früheren Rechtslage nach KO bzw. GesO entspricht (→ Rn. 2).[60]

- Es genügt mithin *bedingter Vorsatz* (zur Problematik bei kongruenter Deckung → Rn. 16), also dass der Schuldner das Bewusstsein hat, seine Handlungsweise könne sich zum Nachteil aller oder einzelner Gläubiger auswirken und dass er diese Folge mit in Kauf nimmt (sich mit ihr abfindet), sich durch die Vorstellung dieser Möglichkeit also nicht von seinem Handeln abhalten lässt.[61] Dabei ist die Vorsatzanfechtung nicht etwa deshalb ausgeschlossen, weil der Schuldner zum Zeitpunkt der angefochtenen Rechtshandlung noch gar keine Gläubiger hatte.[62]
- Vorsatz *der Bevorzugung* gerade des späteren Anfechtungsgegners ist nicht erforderlich,[63] genauso wenig wird umgekehrt vorausgesetzt, dass auch der Anfechtungsgegner die übrigen Gläubiger des Schuldners benachteiligen wollte;[64] er muss allerdings den Benachteiligungsvorsatz des Schuldners kennen (→ Rn. 10 ff.).
- Der Benachteiligungsvorsatz des Schuldners muss sich auch nicht auf den Umstand beziehen, aus dem die Gläubigerbenachteiligung folgt, also nicht auf diejenige Benachteiligung, die später tatsächlich eingetreten ist.[65]
- Bei *Kenntnis des Schuldners von seiner Zahlungsunfähigkeit* handelt er in aller Regel mit Gläubigerbenachteiligungsvorsatz,[66] was eben wegen des ihm bekannten Eintritts der materiellen Insolvenz nach wie vor unzweifelhaft erscheint; eher ließe sich darüber streiten, ob in solchen Fällen ein (aus Rechtsgründen freilich nicht erforderlicher) Gläubiger*begünstigungs*vorsatz besteht.
- Der Gläubigerbenachteiligungsvorsatz ist nach bisheriger höchstrichterlicher Rechtsprechung außerdem schon bei *Kenntnis des Schuldners von seiner drohender Zahlungsunfähigkeit* zu vermuten;[67] etwas anderes gilt, wenn er aufgrund konkreter Umstände – etwa der sicheren Aussicht, demnächst Kredit zu erhalten oder Forderungen realisieren zu können – mit einer baldigen Überwindung der Krise rechnen kann.[68] Die beschriebene Vermutung soll sich aus einem mittelbaren Schluss aus § 133 I 2 InsO ergeben.[69] Das lässt sich aber mit neueren Urteilen, in denen richterrechtliche Vermutungsregeln zu bloßen Beweisanzeichen herabgestuft worden sind (→ Rn. 23), kaum noch vereinbaren;[70] gleichwohl hält der Bundesgerichtshof an dem (aus der Vorschrift hergeleiteten) Obersatz fest, spricht aber zugleich nur von „Beweisanzeichen".[71] Das Problem löst sich, wenn man auf solche Konstruktionen von vornherein verzichtet und auch insoweit die sonst einschlägigen Regeln zur Feststellung und Bewertung

---

[60] BGH WM 1961, 387, 388; NJW 1993, 1640.
[61] BGH ZIP 2007, 1511 (Rn. 8) = NZI 2007, 512 mit Anm. *Huber;* OLG Hamburg ZInsO 2010, 379.
[62] BGH ZInsO 2009, 1909 (Rn. 5) = ZIP 2009, 1966 = NZI 2009, 768 m. Anm. *Huber.*
[63] BGH LM § 3 AnfG Nr. 26; ZIP 1993, 276, 280 = NJW-RR 1993, 238; *Huber* AnfG § 3 Rn. 21.
[64] BGHZ 130, 314 = NJW 1995, 2846; BGH ZIP 1985, 1008.
[65] BGH NZI 2008, 233 (Rn. 19) = ZInsO 2008, 271 = ZIP 2008, 467.
[66] BGH NZI 2013, 133 Rn. 14 = ZIP 2013, 174 = ZInsO 2013, 179 („Göttinger Gruppe"); ZIP 2012, 137 Rn. 18.
[67] BGH NZI 2008, 231 (Rn. 19, 34) = ZInsO 2008, 273 = ZIP 2008, 420; BGHZ 174, 314 Rn. 32 = NZI 2008, 167 = ZInsO 2008, 814 = ZIP 2008, 190. Ebenso zB OLG Rostock ZInsO 2014, 1446; Brandenburg ZInsO 2009, 1591; Hamburg ZInsO 2010, 379.
[68] BGH NZI 2007, 512 Rn. 8 = ZInsO 2007, 819 = ZIP 2007, 1511; zum Gläubigerbenachteiligungsvorsatz bei gesetzlicher Vertretung und Handeln auf Anweisung → § 46 Rn. 31.
[69] BGH ZIP 2010, 841 Rn. 19 = ZInsO 2010, 807; ZIP 2008, 190 Rn. 32; grundlegend schon BGHZ 174, 314 (aaO); vgl. auch NZI 2005, 692, 693 = ZIP 2004, 1512; HKInsO/*Kreft,* § 133 Rn. 10; MüKoInsO/*Kayser,* § 133 Rn. 26.
[70] Zum Problem vgl. auch *Ganter* WM 2009, 1441, 1443.
[71] BGH ZIP 2010, 841 Rn. 19 = ZInsO 2010, 807.

von Indiztatsachen anwendet; wegen dieses hier vertretenen Standpunkts kann deshalb auch der neuen Rechtsprechung des Bundesarbeitsgerichts zu den Beweisanforderungen für den subjektiven Tatbestand der Vorsatzanfechtung zugestimmt werden.[72] Stets kommt es darauf an, ob eine Gesamtwürdigung der Umstände des Einzelfalles ergibt, dass die angefochtene Rechtshandlung von einem anderen, anfechtungsrechtlich unbedenklichen Willen geleitet war und deshalb das Bewusstsein der Benachteiligung anderer Gläubiger in den Hintergrund getreten ist.[73]

– Soll eine Gesellschaft ohne ordnungsgemäße Liquidation beseitigt werden, um so alle Verbindlichkeiten zu „erledigen" *(Firmenbestattung),* liegt dem der Vorsatz der Gläubigerbenachteiligung zugrunde.[74]

– Überträgt ein *Unternehmensgründer zur Sicherung der Anschubfinanzierung* der kreditgewährenden Bank sein nahezu ganzes Vermögen, so handelt er aber auch dann *nicht* mit bedingtem Vorsatz, wenn seine Hoffnung, die Gründung werde erfolgreich sein, objektiv unberechtigt ist, die Rechtsprechungsgrundsätze für Sanierungskredite (→ Rn. 18) gelten für die Anschubfinanzierung eines neu gegründeten Unternehmens nicht.[75]

– Bei der Vorsatzanfechtung in *Dreiecksverhältnissen* kann der Gläubigernachteiligungsvorsatz des Schuldner nur einheitlich bestimmt werden, also sowohl im Verhältnis gegenüber dem Angewiesenen/Mittelsperson wie gegenüber dem Zuwendungsempfänger (→ § 51 Rn. 59).

15 **b)** Hat der Schuldner einem Gläubiger eine *inkongruente Deckung* (→ § 47 Rn. 39 ff.) – gemeint ist die begriffliche Inkongruenz unabhängig vom Zeitraum der Krise[76] – gewährt, so gibt dies nach der vom BGH (in Anschluss an das RG) schon zur KO entwickelten und stetig präzisierten Rechtsprechung ein starkes Beweisanzeichen sowohl dafür ab, dass der Schuldner das Bewusstsein hatte, seine übrigen Gläubiger infolge der Bevorzugung des einzelnen zu benachteiligen, als auch dafür, dass sein Wille auf die Benachteiligung gerichtet ist.[77] Das beruht auf dem Gedanken, dass Schuldner regelmäßig nicht bereit sind, anderes oder mehr zu leisten, als sie schulden; tun sie es gleichwohl, dann nach der Lebenserfahrung eben mit der beschriebenen Zielrichtung.[78] Hieran hat das Inkrafttreten der InsO nichts geändert. Die genannten Rechtsprechungsgrundsätze lassen sich deshalb unverändert auf die Anfechtung nach § 133 I InsO bezüglich des Gläubigerbenachteiligungsvorsatzes des Schuldners übertragen[79] (zur Problemlage für die Kenntnis des Anfechtungsgegners → Rn. 19 ff.); sie werden auch durch die Vermutungsregel des § 133 I 2 InsO nicht verdrängt (→ Rn. 21). Allerdings bedarf es einer

---

[72] BAG NZI 2014, 372 = ZIP 2014, 628 = ZInsO 2014, 659; dazu *Huber* EWiR 2014, 291.

[73] BGH NZI 2013, 133 Rn. 24 = ZIP 2013, 174 Rz. 24 = ZInsO 2013, 179 („Göttinger Gruppe"); NZI 2013, 129 Rn. 7 = ZIP 2013, 79 = ZInsO 2013, 76 = NZI 2013, 129; NJW 2012, 2099 Rn. 41 = ZIP 2012, 984 = ZInsO 2012, 830.

[74] BGHZ 165, 343 = NJW 2006, 908 = NZI 2006, 155 = ZInsO 2006, 140 = ZIP 2006, 243.

[75] BGHZ 180, 98 = ZInsO 2009, 873 = ZIP 2009, 922 = NZI 2009, 372 m. Anm. *Huber.* Die gegenteilige Auffassung der Vorinstanz ist damit obsolet (OLG Dresden NZI 2007, 661 = ZIP 2007, 1278).

[76] HM, vgl. nur BGH ZIP 2013, 2113 Rn. 16.

[77] BGH NZI 2002, 486 = ZIP 2002, 1408 = ZInsO 2002, 721; ZIP 1998, 830, 835; DtZ 1997, 156 = ZIP 1997, 513; NJW 1995, 1093. Diese Grundsätze werden zu Recht verteidigt von *Kayser* NJW 2014, 422, 425.

[78] St Rspr des IX. Zivilsenats des BGH, vgl. nur ZIP 2014, 231 Rn. 17 = ZInsO 2014, 195; ebenso BAG ZIP 2014, 37 Rz. 56 = ZInsO 2014, 91 („Quimonda").

[79] BGH NJW 2003, 3560 = ZIP 2003, 1799 = ZInsO 2003, 850 = NZI 2003, 597 m Anm. *Huber.* Auch im Schrifttum hM: MüKoInsO/*Kirchhof,* § 133 Rn. 30, 31; *Kreft* in HK-InsO, § 133 Rn. 19, 24; *ders.* in Henckel/Kreft, Insolvenzrecht, 1998, S. 305, 327 ff.; *Nerlich* in Nerlich/Römermann, § 133 Rn. 25; FK-*Dauernheim,* § 133 Rn. 12, 13; *Hess,* § 133 Rn. 30; *Zeuner,* Rn. 199, 200; *Fischer,* FS Kirchhof, S. 73, 83 f.; *Huber,* FS Kirchhof, S. 247, 251 ff. AA insbes *Henckel* in Kölner Schrift, S. 813, 836 (Rn. 50) und FS BGH, Bd III, S. 790; *C. Pulus* ZInsO 1999, 242, 249.

Die Vorsatzanfechtung 16 § 48

Vorsatzanfechtung bei einer innerhalb von drei Monaten vor Eröffnungsantrag vorgenommenen Rechtshandlung wegen § 131 I InsO, der keinen Gläubigerbenachteiligungsvorsatz verlangt, nicht. Gleichwohl darf man allein wegen der Inkongruenz nicht unbesehen von einem Benachteiligungsvorsatz ausgehen; er kann insb. bei nur geringer Inkongruenz oder dann fehlen, wenn der Schuldner mit Sicherheit davon ausging, sämtliche Gläubiger befriedigen zu können,[80] oder wenn die Wirkung der Handlung zu einer Zeit eintreten, in welcher noch keine ernsthaften Zweifel an der Liquidität des Schuldners bestehen.[81] Zusammenfassend zum *Prüfungsgrundsätzen* beim subjektiven Tatbestand – sowohl hinsichtlich Schuldner wie anderen Teil – bei einer inkongruenten Deckung → Rn. 20.

c) Ob ein Schuldner mit Gläubigerbenachteiligungsvorsatz handelt bzw. überhaupt handeln kann, der seinem Gläubiger nur das gewährt, worauf dieser Anspruch hat, also eine *kongruente Deckung* (→ § 47 Rn. 20), ist seit langem eine der zentralen Streitfragen in der Diskussion um die Grenzen/Ausdehnung der Vorsatzanfechtung (→ Rn. 2). Dazu hält der BGH nach wie vor an seiner Auffassung fest, dass die Kongruenz der Deckung einer solchen Annahme jedenfalls bei Kenntnis des Schuldners von seiner Zahlungsunfähigkeit (→ Rn. 14) nicht entgegen steht[82] und auch dann kein unlauteres Verhalten erfordert (sehr str., dazu sogleich). Allerdings soll ein Schuldner in der Regel nicht mit bedingtem Gläubigerbenachteiligungsvorsatz handeln, wenn er eine kongruente Gegenleistung erhält, die zur Fortführung seines Unternehmens nötig ist;[83] das gilt auch, wenn Schuldner und Anfechtungsgegner Vorkasse für die von diesem erbrachten Leistungen vereinbart haben.[84] Im Übrigen gelten (angeblich) erhöhte Anforderungen,[85] weshalb ein Benachteiligungsvorsatz nur dann vorliegen soll, wenn es dem Schuldner weniger auf die Erfüllung seiner Verpflichtungen als auf die Schädigung der anderen Gläubiger ankommt. Die praktischen Konsequenzen daraus sind freilich ziemlich dunkel. Gleichwohl lässt nämlich der IX. ZS des Bundesgerichtshofs bedingten Vorsatz ausreichen,[86] unlauteres Verhalten sei nicht erforderlich.[87]

Diese Rechtsprechungsgrundsätze werden zu Recht zunehmend bekämpft. In der Tat ist wenig überzeugend, bei Kongruenz der Deckung einen bedingten Vorsatz ausreichen zu lassen, der sozusagen einem Schuldner „schon mit in die Wiege gelegt ist", weshalb eine *Neuorientierung* dringend geboten ist (→ Rn. 8; zu neuen Reformbestrebungen → Rn. 2). Denn die angeblich schärfen Anforderungen wirken sich in der Praxis meist nur wenig erschwerend für einen Insolvenzverwalter aus, was insbesondere für eine Vorsatzanfechtung gegenüber den so genannten Zwangsgläubigern, nämlich Finanzamt, Sozialversicherungsträger und anderen öffentliche Kassen, gilt. Nach dem freilich Ende 2006 gescheiterten Gesetzentwurfs „zur Anpassung des Rechts der Insolvenzanfechtung" sollte ja gerade deshalb die Anfechtung einer kongruenten Deckung

---

[80] BGH NJW 1990, 2626 f. (insoweit in BGHZ 112, 134 nicht abgedruckt); NJW-RR 1993, 238; 1995, 766; NJW 1998, 1561.
[81] BGH NZI 2008, 556 (Rn. 19) = ZInsO 2008, 811 = ZIP 2008, 1385; BGH ZIP 1999, 406 = NZI 1999, 152.
[82] BGH ZInsO 2014, 496; NZI 2013, 133 Rn. 14 = ZIP 2013, 174 = ZInsO 2013, 179 („Göttinger Gruppe"); diesem Standpunkt offenbar zustimmend BAG ZIP 2014, 37 Rn. 55 = ZInsO 2014, 91 („Quimonda"). Aus der früheren Rechtsprechung vgl. zB: BGH ZIP 2003, 1799, 1800 = NZI 2003, 597, m. Anm. *Huber*, dazu EWiR 2004, 25 *(Gerhardt)*; ebenso zB OLG Hamburg ZInsO 2007, 1350.
[83] BGH NZI 2009, 723 = ZInsO 2010, 87.
[84] BGH aaO (Rn. 2).
[85] BGH ZInsO 2007, 819 (Rn. 19) = ZIP 2007, 1511 = NZI 2007, 512 mit Anm. *Huber*.
[86] BGH ZIP 2003, 1799, 1800 = NZI 2003, 597 mit Anm. *Huber*; dazu EWiR 2004, 25 *(Gerhardt)*. Ebenso zB OLG Hamburg ZIP 2007, 1350.
[87] So ausdrücklich zB BGH NZI 2008, 231 (Rn. 18) = ZInsO 2008, 273 = ZIP 2008, 420; BGH NZI 2008, 488 (Rn. 20) = ZInsO 2008, 738 = ZIP 2008, 1291. Dem stimmen insbesondere zu: *Kirchhof*, FS Fischer, S. 285, 293 f.; *Fischer* NZI 2008, 588 ff.; auch *Henckel* in Jaeger, InsO, § 133 Rn. 25.

nach § 133 I InsO nur noch möglich sein, „wenn ein unlauteres Verhalten des Schuldners vorliegt" (→ Rn. 7 aE). Das wäre eine durchaus sachgerechte Einschränkung;[88] aber auch auf andere Weise wird im Schrifttum eine Einschränkung der Vorsatzanfechtung für kongruente Deckungen vorgeschlagen.[89]

Ein für den Fall der Zahlungsunfähigkeit/Überschuldung/Insolvenzeröffnung *aufschiebend bedingtes Sicherungsgeschäft* (→ § 46 Rn. 22) begründet aber unabhängig davon selbst bei Kongruenz ein starkes Beweisanzeichen für den subjektiven Tatbestand wie bei einer inkongruenten Deckung.[90] Anders ist es bei sofort wirksamer Sicherung (→ Rn. 19 aE).

17 **d)** Bei den so genannten *„Druckzahlungen"* muss man unterscheiden:
- Da *Leistungen zur Abwendung eines angedrohten Insolvenzantrages* stets inkongruent sind (→ Rn. 11), gelten die Rechtsprechungsregeln zum Beweisanzeichen einer inkongruenten Deckung für den Gläubigerbenachteiligungsvorsatz des Schuldners uneingeschränkt (→ Rn. 8; zur zusammenfassenden Bewertung innerhalb des subjektiven Tatbestandes → Rn. 20), wenn die vom angekündigten Insolvenzantrag ausgehende Drucksituation nicht durch Pfändungsdruck überlagert wurde.[91] Im zuletzt genannten Fall (Bestehen eines Pfändungspfandrechts) läge für den Bereich der Vorsatzanfechtung Kongruenz (wie bei Befriedigung durch „freiwillige" Leistung zur Abwendung drohender Zwangsvollstreckung außerhalb der Krise) vor, weshalb dann die Indizregel nicht anwendbar wäre.
- Die Indizregel darf – folgt man der Rechtsprechung des BGH – bei *Leistungen zur Abwendung einer angedrohten Zwangsvollstreckung* wegen deren – nach Auffassung des BGH – Kongruenz (→ Rn. 9) nicht angewendet werden; allerdings soll danach gerade wegen der Drohung des Gläubigers die Beweisstärke des Indizes zunehmen, demzufolge es einem Schuldner nicht so sehr um die Erfüllung seiner Schuld, sondern um die Bevorzugung gerade des ihn besonders bedrängenden Gläubigers gehe, weshalb er die Benachteiligung der anderen mindestens in Kauf nehme (→ Rn. 16 erster Spiegelstrich). Nach der hier vertretenen Auffassung, die auch bei dieser Variante Inkongruenz bejaht (→ Rn. 9 zweiter Spiegelstrich), gibt es keine Unterschiede, wird also auch hier die Indizregel angewendet.

18 **e)** Schwierigkeiten können sich bei der Beurteilung *ernsthafter, letztlich aber gescheiterter Sanierungsversuche*[92] vor allem deshalb einstellen, weil eine bloß mittelbare Gläubigerbenachteiligung genügt[93] (→ Rn. 13), eine Anfechtung – anders als bei § 132 InsO (→ § 47 Rn. 73, 74) – also auch dann in Betracht kommt, wenn der Kredit und die dafür bestellte Sicherheit wirtschaftlich gleichwertig waren, zumal auch Bargeschäfte der

---

[88] Mit offener Sympathie dafür schon *Huber* ZIP 2007, 501, 509. Für unlauteres Verhalten auch *Foerste* NZI 2006, 6.

[89] Vgl. zB *Schoppmeyer* ZIP 2009, 600, 607 ff.; krit. zum Standpunkt des BGH, freilich für den Problemzusammenhang wenig ergiebig („unlauteres Zusammenwirken als mögliches, aber nicht zwingendes Indiz für Glaubigerbenachteiligungsvorsatz") *Bork* in Kübler/Prütting/Bork, InsO, § 133 Rn. 43. Krit auch *C. Paulus*, FS Fischer, S. 445, 458. Ausführlich zum Problem (teleologische Reduktion?) *Jacoby* KTS 2009, 3, 14 ff.; in diese Richtung auch *Bork* ZIP 2014, 797, 808 ff.

[90] BGH, ZIP 1998, 830, 835.

[91] BGH ZInsO 2009, 1394 = ZIP 2009, 1434.

[92] Vgl. dazu MüKoInsO/*Kirchhof*, § 133 Rn. 37, 37a; HKInsO/*Kreft*, § 133 Rn. 18; *Ganter* WM 2009, 1441, 1447 ff. Zum Spannungsverhältnis zwischen Sanierung und Insolvenzanfechtung *C. Paulus* BB 2001, 425. Auf zum Sanierungskredit in der Insolvenz *Kiehte* KTS 2005, 179.

[93] Gerade deshalb sieht einen Korrekturbedarf der Rechtsprechung *Thole* ZIP 2013, 2081, 2087. Kritisch zum Verhältnis zwischen Sanierungs- und Insolvenzkultur, weil dem Gläubiger nach der derzeitigen Lage der pauschale Sanierungseinwand gegen einen Gläubigerbenachteiligungsvorsatz genommen werde vgl. *Priebe* ZInsO 2012, 1589, 1591 ff. Sehr differenzierte Betrachtung bei *Mock* ZIP 2014, 445, 452 ff: Gefahr der Auszehrung der Insolvenzmasse durch zunehmend übermäßigen und sachlich nicht gerechtfertigten Einsatz von Sanierungsberatern einerseits und fehlende Berücksichtigung der positiven Effekte der Sanierungsberatung als Steuerungsinstrument im Rahmen der Vorsatzanfechtung andererseits.

Anfechtung nach § 133 I InsO unterliegen (→ § 46 Rn. 75). Ein Benachteiligungsvorsatz wird aber zu verneinen sein, wenn bei Vornahme des Sanierungsgeschäftes konkrete Tatsachen vorlagen, die den späteren Insolvenzschuldner zu der Erwartung berechtigten, es werde zu Erfolg versprechenden Bemühungen um die Rettung des Unternehmens und damit in absehbarer Zeit zu einer Befriedigung aller Gläubiger kommen, wie grundlegend schon der II. Zivilsenats des BGH[94] und anschließend auch der IX. Zivilsenat[95] entschieden haben; denn dann war die Rechtshandlung von einem anderen, anfechtungsrechtlich unbedenklichen Willen geleitet und das Bewusstsein der Benachteiligung anderer Gläubiger in den Hintergrund getreten.[96] In solchen Fällen verlieren die Beweisanzeichen sowohl der drohenden Zahlungsunfähigkeit wie einer Inkongruenz an Bedeutung[97] und ist der Weg leichter zur Annahme, die Rechtshandlung sei von einem anderen, anfechtungsrechtlich unbedenklichen Willen geleitet gewesen und das Bewusstsein der Benachteiligung anderer Gläubiger in den Hintergrund getreten.[98] Diese positive Prognose muss aber aufgrund eines entsprechend ausführlichen *Sanierungsstatus*[99] nachvollziehbar und vertretbar sein; die bloße Hoffnung des Schuldners, sein Unternehmen retten zu können, reicht nicht aus.[100] Entsprechendes gilt für einen *Überbrückungskredit,* der nicht die Qualität eines Sanierungsversuches erreicht. Diese Rechtsprechungsgrundsätze gelten jedoch für eine *Anschubfinanzierung bei Existenzgründung nicht* (→ Rn. 14 vorletzter Spiegelstrich).

Eine Vorsatzanfechtung kommt auch bei einer *vorinsolvenzlichen Beratung* in Betracht[101] (zur objektiven Gläubigerbenachteiligung → § 46 Rn. 65), insbes. dann, wenn ein mit der Stellung eines Insolvenzantrags (Eigenantrags des Schuldners) beauftragter Rechtsanwalt vereinbarte, sofort fällig Vorschüsse auf sein Honorar gleichwohl stundet und eine Sicherungsabtretung vereinbart (→ Rn. 19);[102] Entsprechendes gilt bei Inkongruenz der Vergütung (→ § 47 Rn. 51).

5. Kenntnis des anderen Teils. a) Der subjektive Tatbestand setzt gem. § 133 I 1 InsO weiter die Kenntnis des anderen Teils – der nicht Insolvenzgläubiger sein muss – vom Benachteiligungsvorsatz des Schuldners voraus, nicht etwa aber, dass er auch selbst einen solchen Vorsatz hatte (→ Rn. 14 aE). Erforderlich ist positive Kenntnis im Zeitpunkt der Vornahme der Rechtshandlung (→ § 47 Rn. 34), worauf in der Praxis hauptsächlich aufgrund von Indiztatsachen zu schließen ist, insbesondere bei sog. Doppelrelevanten, also solchen, die sowohl für den Gläubigerbenachteiligungsvorsatz des Schuldners (→ Rn. 14 ff.) wie für die Kenntnis des andere Teils einschlägig sind (näher → § 47 Rn. 29).

---

[94] BGHZ 90, 381 = NJW 1984, 1893, 1899.
[95] BGH ZIP 1993, 276, 279 = NJW-RR 1993, 238. Vgl. auch zusammenfassend BGH ZIP 2014, 1032 = ZInsO 2014, 1004. Beispiel für anfechtbaren Sanierungskredit OLG Brandenburg ZIP 2002, 1902 = ZInsO 2002, 929.
[96] BGH NZI 2004, 376 = ZIP 2004, 957, 959, dazu EWiR 2004, 933 *(Huber)*. Näher *Kayser* NJW 2014, 422, 427.
[97] BGH ZIP 2013, 894 Rz. 11. Näher *Kayser* NJW 2014, 422, 427.
[98] Maßgebliches Kriterium laut BGH ZIP 2012, 137 Rn. 18; vgl. auch BGH ZIP 2004, 957, 959 = ZInsO 2004, 548, dazu EWiR 2004, 933 *(Huber)*.
[99] Zu den Voraussetzungen (nach IDW 56) und dem dann gegebenenfalls daraus herleitbaren Ausschluss einer Vorsatzanfechtung *Hagemann* NZI 2014, 2010, 2012 ff.
[100] BGH ZIP 1999, 406, 408, dazu EWiR 1999, 465 *(Kranemann);* vgl. auch BGH NZI 2007, 517 (Rn. 18) = ZInsO 2007, 816 = ZIP 2007, 1469; OLG Hamburg ZInsO 2005, 891 (schlüssiges Sanierungskonzept).
[101] Mit der Vergütung des vorinsolvenzrechtlichen Sanierungsberaters befasst sich ausf *Mock* ZIP 2014, 445; dabei geht es dem *Verf.* um die Wirkungen des insolvenzrechtlichen Vergütungssystems auf die Vergütung von Sanierungsberatern wie umgekehrt.
[102] So OLG München ZInsO 2005, 496. Zu einem solchen erhöhten Risiko, selbst bei bloßer Ungeschicklichkeit *Kayser* NJW 2014, 422, 426.

Praxistypische Beispiele:
- Auf positive Kenntnis lassen zB folgende *Indizien* schließen: Hilfe bei Vermögensverschleuderung/-verschiebung/-verschleierung, Mitwirkung bei Verschleppung der Verfahrenseröffnung, Kauf bzw. Verkauf zu stark überhöhtem Preis bzw. weit unter Wert, Zahlung des Schuldners zwecks Abwendung des vom Gläubiger (Anfechtungsgegner) angedrohten oder zwecks Rücknahme des von diesem schon gestellten Insolvenzantrages[103] (weitere Beispiele → § 47 Rn. 28); Kenntnis von der Zahlungsunfähigkeit oder der drohenden Zahlungsunfähigkeit bzw. von Umständen, die zwingend auf eine drohende oder schon eingetretene Zahlungsunfähigkeit hinweisen.[104] Zur *Vermutungsregel* des § 133 I 2 InsO und deren Erweiterung → Rn. 21 ff.
- *Mittelbare Zuwendungen* Begriff (→ § 46 Rn. 26 ff.), wenn sie wie meist den Vermögenszufluss an den Zuwendungsempfänger (im Regelfall Anfechtungsgegner) und für diesen erkennbar an anderen Gläubigern vorbei sicherstellen sollen, und zwar zusätzlich zu dem weiteren, aus einer Inkongruenz folgenden Beweisanzeichen; bewirkt also beispielsweise der Schuldner eine Überweisung, indem er eigene Mittel über das Konto seines Vaters einem Gläubiger zuwendet, so kann sich dieser als Anfechtungsgegner weder der Annahme einer die anderen Gläubiger benachteiligenden Rechtshandlung des Schuldners verschließen,[105] noch wird er bei lebensnaher Betrachtung seine Kenntnis von dessen Gläubigerbenachteiligungsvorsatz leugnen können;
- Entsprechendes gilt für die Anfechtung gegenüber Mittelpersonen/Leistungsmittler (näher → § 51 Rn. 59 ff.);
- sehr streitig ist die Rechtslage bei Stundungs-/Ratenzahlungsvereinbarungen im Geschäftsverkehr (zu solchen mit dem Gerichtsvollzieher siehe schon Rn. 19), ein aus praktischer Sicht besonders wichtiges Beispiel für die bei Indiztatsachen stets erforderliche Gesamtabwägung in der Beweiswürdigung im Anfechtungsprozess (→ Rn. 25);
- Für die Annahme der Kenntnis des anderen Teils vom Gläubigerbenachteiligungsvorsatz des Schuldners bei einer ihm gewährten *kongruenten Deckung* bestehen (angeblich) erhöhte Anforderungen;[106] die Problemlage dazu entspricht der beim Gläubigerbenachteiligungsvorsatz des Schuldners (→ Rn. 16). Die Kenntnis lässt sich aber beispielsweise begründen, wenn der andere Teil wusste, dass ihn der Schuldner begünstigen wollte oder schon zahlungsunfähig war.
- Kennt der Geschäftspartner die *Inkongruenz der Deckung,* so ist dies ein starkes Indiz dafür, dass ihm der Benachteiligungsvorsatz des Schuldners bekannt ist;[107] auch insoweit gilt nach der hier vertretenen Auffassung (zur Rechtfertigung und zur Gegenmeinung → Rn. 21 die Rechtsprechung des BGH zu KO/GesO fort (→ Rn. 15).[108] Für die Kenntnis von der Inkongruenz genügt es, wenn der Anfechtungsgegner die Umstände kennt, bei deren Vorliegen der Rechtsbegriff der Inkongruenz erfüllt ist;[109] so liegt es zB bei einem Steuerberater, dem sein Mandant erklärt, er könne zwar das Honorar nicht bezahlen, biete aber das Sicherungseigentum an Gegenständen an (→ Rn. 18 aE).

---

[103] So schon: BGH NJW 2000, 211 = ZIP 1999, 1977 = LM H 4/2000 GesO Nr. 54 *(Huber).*
[104] BGH NZI 2012, 137 Rn. 15 = ZInsO 2012, 138; NZI 2010, 439 (Rn. 19) = ZInsO 2010, 807 = ZIP 2010, 841; NZI 2009, 847 = ZInsO 2009, 2148 = ZIP 2009, 2253.
[105] So ausdrücklich BGH NJW 2014, 465 Rn. 15 ff.; auch der hier im anschließenden Halbsatz weiter gezogene Schluss ergibt sich aus der Entscheidung hinreichend sicher.
[106] BGH ZIP 2004, 1512, 1513 = ZVI 2004, 392, dazu EWiR 2005, 85 *(Pape).*
[107] BGHZ 123, 320, 326 = NJW 1993, 3267; BGH NJW 1995, 2348, 2350; ZIP 1997, 513.
[108] BGHZ 157, 242 = NZI 2004, 201 m Anm. *Huber;* ausf *Huber,* FS Kirchhof, S. 247, 255; *Uhlenbruck/Hirte,* § 133 Rn. 16; HKInsO/*Kreft,* § 133 Rn. 23; FK-*Dauernheim,* § 133 Rn. 17.
[109] BGH NJW 2000, 957 = ZIP 2000, 82 = EWiR § 10 GesO 3/2000, 291 *(Eckardt).*

Die Vorsatzanfechtung 20 § 48

– Das aus einer Inkongruenz folgende Beweisanzeichen kann aber entkräftet sein, wenn die Wirkungen der Handlung zu einer Zeit eintreten, zu der aus Sicht des Empfängers keine ernstlichen Zweifel an der Liquidität des Schuldners zu bestehen brauchen.[110]
– Umgekehrt erhöht sich die Beweisstärke, wenn der Anfechtungsgegner die Liquiditätskrise des Schuldners positiv kennt, wie es beispielsweise bei einer Direktzahlung des Bauherrn an den Subunternehmer seines Generalunternehmers regelmäßig der Fall sein wird (→ § 51 Rn. 52), weil ersterem gerade wegen des Verlangens des Generalunternehmers dessen Liquiditätskrise nicht verborgen geblieben sein kann.[111]

Aus den beiden, zuletzt erörterten Regeln ergibt sich zugleich, dass diese Grundsätze schon seit langem gelten, was bei der Subsumtion solcher Sachverhalte unter die (vermeintlich) neue Rechtsprechung zur Indizwirkung der Inkongruenz mit Bezug auf die **Liquiditätslage**[112] sowohl für Feststellung zum Gläubigerbenachteiligungsvorsatz des Schuldners wie für die zur Kenntnis des anderen Teils wie folgt zu beachten ist:

– Der IX. Zivilsenat hat zunächst seinen Standpunkt zur Inkongruenz samt dem daraus folgenden Beweisanzeichen bei nachträglicher, nicht geschuldeter Sicherheitenbestellung (für eine eigene, entgeltlich begründete Verbindlichkeit (→ § 47 Rn. 50) bekräftigt, dann aber ausgesprochen, verdächtig werde die Inkongruenz – „in Abkehr früherer Rechtsprechung"[113] – allerdings erst, sobald ernsthafte Zweifel an der Zahlungsunfähigkeit des Schuldners aufträten;
– diese Bemerkung war nicht zwingend veranlasst, obgleich es im als Nachweis zitierten Urteil tatsächlich heißt, von einer Liquiditätskrise hänge diese Beweiserleichterung nicht ab. Davon hatte sich der Senat der Sache nach aber längst – wie soeben dargelegt – verabschiedet;[114]
– außerdem war das Ergebnis ohnehin offensichtlich, denn der Schuldner hatte das Unternehmen laut Berufungsgericht „nach Überwindung einer Jahre zurückliegenden Krise ... schuldenfrei" (!) übertragen;
– die Praxis kann deshalb weiterhin auf die bisherigen Begründungselemente abstellen, sollte sich aber verstärkt der Bestimmung des Beweiswert des Indizes widmen (näher → Rn. 20; → § 47 Rn. 29);
– sehr wichtig ist die Aussage, ein Benachteiligungsvorsatz des Schuldners und die Kenntnis des anderen Teils davon könne nicht allein aus dem Umstand hergeleitet werden, dass der Schuldner seinem Gläubiger eine sofort bei Bestellung und nicht erst im Insolvenzfall wirksame Sicherung gewährt hat (→ Rn. 16 aE).

b) *Zusammenfassung zur Indizwirkung der Inkongruenz sowohl für den Gläubigerbenachteiligungsvorsatz des Schuldners wie die Kenntnis des anderen Teils durch:* Für die in der Praxis sehr wichtige *Vorsatzanfechtung bei inkongruenter Deckung* kommt es darauf an, die Indizwirkung der Inkongruenz sowohl für den Gläubigerbenachteiligungsvorsatz des Schuldners (→ Rn. 15) wie die Kenntnis des anderen Teils davon (→ Rn. 19) unter Würdigung aller maßgeblichen Umstände (§ 286 I ZPO) genau zu bestimmen.[115] Die wichtigsten *Bewertungskriterien für beide Teile des subjektiven Tatbestandes* sind zusammengefasst (im Übrigen vgl. die Arbeitsschritte nach → Rn. 25): 20

---

[110] BGH ZIP 1999, 406 = NZI 1999, 152.
[111] Ausf *Huber* NZBau 2008, 737, 739.
[112] BGH NZI 2014, 68 = ZIP 2013, 2368 = ZInsO 2013, 2376; dazu EWiR 2013, 781 *(Huber)*.
[113] Dazu wird ausdrücklich zitiert: „BGH ... ZIP 1997, 513, 515".
[114] Vgl. auch MüKoInsO/*Kayser,* § 133 Rn. 28.
[115] BGH NZI 2010, 439 (Rn. 18) = ZInsO 2010, 807 = ZIP 2010, 841. Ausf *Huber,* FS Kirchhof, S. 247, 255 ff. und ZInsO 2003, 1025, 1028 ff. Wegen des vom *Verf.* schon aaO dargelegten Standpunkts ist auch der Forderung nach einer (stets) einzelfallbezogenen Beweiskraftbestimmung uneingeschränkt zuzustimmen, wie erhoben von BAG NZI 2014, 372 = ZIP 2014, 628 = ZInsO 2014, 659 (vgl. Aussage 2 im LS!); näher *Huber* EWiR 2014, 291.

– Art der Inkongruenz (Vergleich: Welche Befriedigung oder Sicherung war geschuldet, welche wurde gewährt oder ermöglicht?) und ihr Ausmaß (geringe oder große Abweichung?).
– Subjektive Erkennbarkeit dieser beiden objektiven Merkmale für Schuldner und Anfechtungsgegner; davon wird in der Regel auszugehen sein, weil die Beteiligten ihre Leistungspflichten kennen (müssen), vorbehaltlich substantiierter Ausführungen des Anfechtungsgegners.
– Zeitlicher Abstand der inkongruenten Deckung von der Krise, wobei als Regel gilt: Die Indizwirkung nimmt ab, je größer der zeitliche Abstand zur Krise wird.[116] Dann kommt es darauf an, ob im Zeitpunkt der Vornahme der Deckungshandlung Tatsachen für einen anfechtungsrechtlich unbedenklichen Willen des Schuldners sprechen oder ob noch keine ernsthaften Zweifel an dessen Liquidität bestanden oder aus Sicht des Empfängers bestehen konnten.
– Umgekehrt erhöht sich die Beweisstärke zwangsläufig, wenn der Anfechtungsgegner die Liquiditätskrise des Schuldners positiv kennt, wie sich aus dem Umkehrschluss ergibt, dass das Beweisanzeichen der Inkongruenz sonst ernsthafte Zweifel an der Liquiditätslage des Schuldners nicht (mehr) voraussetzt, wie soeben (→ Rn. 19 aE) dargelegt.
– Welche substantiierten Einwendungen bringt der Anfechtungsgegner zur Entkräftung einer Indizwirkung vor, die nur durch besondere Umstände ausgeräumt werden können?[117] So kann beispielsweise die indizielle Wirkung der Inkongruenz bei einem Abfindungsvergleich zwischen Bauunternehmer und Auftraggeber (s den Fall → § 47 Rn. 52 aE) abnehmen oder ganz ausgeschlossen sein, je gravierender Letzterer die mit dem erlassenen Werklohn abgegoltenen Mängel eingeschätzt hat;[118] umgekehrt steigt die Beweiskraft, je größer die Differenz zwischen den tatsächlichen und den bei den (außergerichtlich oder gerichtlichen) Vergleichsverhandlungen behaupteten Mängeln ist.[119] Hatte – nach früherem Recht – ein Bauunternehmer Teile seines Werklohns gegen den Bauherrn an seinen Subunternehmer aufgrund dessen Sicherungsverlangens nach § 648a I aF BGB abgetreten, so begründete die darin liegende Inkongruenz (→ § 47 Rn. 52 aE) in der Regel kein ausreichend starkes Beweisanzeichen für den Gläubigerbenachteiligungsvorsatz des Schuldners (Bauunternehmers) und die Kenntnis des anderen Teils (Subunternehmers) davon;[120] jetzt ist eine solche Bauhandwerkersicherung wegen der Umgestaltung des § 648a I BGB zu einer Anspruchsgrundlage ohnehin kongruent (→ § 47 Rn. 52 aE).

21 c) Eine *Vermutung der Kenntnis* begründet § 133 I 2 InsO, wenn der andere Teil wusste, dass die Zahlungsunfähigkeit des Schuldners drohte und dass die Handlung die Gläubiger benachteiligte. Der Nachweis dieser Umstände ist freilich oft nicht leichter zu führen, als der Beweis der Kenntnis selbst (→ Rn. 25). Nach wie vor bedeutsam sind deshalb diejenigen *Beweisanzeichen,* die schon bisher den Schluss auf die Kenntnis des Anfechtungsgegners vom Benachteiligungsvorsatz des Schuldners erlauben (→ Rn. 9). Daran ändert § 133 I 2 InsO nichts,[121] der als widerlicher Vermutungstatbestand auf anderer dogmatischer Grundlage beruht wie die beschriebenen Rechtsprechungsregeln,

---

[116] So schon *Huber,* FS Kirchhof, S. 247, 255 ff.; ebenso *Kayser* NJW 2014, 422, 428.

[117] Dazu vgl. zB: BGH NZI 2004, 372 = ZInsO 2004, 616 = ZIP 2004, 1061; ZIP 2004, 1160 = ZInsO 2004, 739.

[118] Im konkreten Fall betrug freilich der Preisnachlass das 8-fache des Nachbesserungsaufwandes; zum Fall vgl. insbesondere *Bork* EWiR 2004, 1205.

[119] Ausf zur Anfechtbarkeit eines solchen Prozessvergleichs *Huber* ZInsO 2008, 929.

[120] BGH ZIP 2005, 769, 771 = NZI 2005, 329 = ZInsO 2005, 439.

[121] Ausf *Huber,* FS Kirchhof, S. 247, 252 f. u ZInsO 2003, 1025, 1027 f. So jetzt auch BGHZ 157, 242 = ZIP 2004, 319 = ZInsO 2004, 142 = NZI 2004, 201 m. Anm. *Huber.* Für die Streichung der Vermutungsregel bei kongruenten(!) Bedeutungen neuerdings de lege ferenda *Bork* ZIP 2014, 797, 810.

Die Vorsatzanfechtung 22, 23 § 48

die lediglich den Beweiswert von Indiztatsachen für die richterliche Überzeugungsbildung betreffen. Außerdem soll die Bestimmung nach der Vorstellung des Gesetzgebers die Beweislage zugunsten des Verwalters verbessern,[122] nicht etwa beschneiden. Letzteres wäre jedoch der Fall, wollte man künftig den Schluss von einer inkongruenten Deckung auf die Kenntnis des Anfechtungsgegners nur noch zulassen, falls bei Gewährung oder Ermöglichung der Deckung die Zahlungsunfähigkeit des Schuldners drohte (§ 18 II InsO) und der andere Teil dies wusste.[123] Denn dann entstünde – bei Nichteingreifen der Vermutung nach § 133 I 2 InsO – eine Lücke und bliebe das neue hinter dem alten Recht zurück; in solchen Fällen wäre also eine Anfechtbarkeit nach § 133 I 1 InsO schwerer zu beweisen als nach § 31 Nr. 1 KO, obgleich die Verschärfung des Anfechtungsrechtes wesentliches Ziel war.

Die *Voraussetzungen des § 133 I 2 InsO* können schon gegeben sein 22
– wenn die Verbindlichkeiten des Schuldners bei einem späteren Anfechtungsgegner über einen längeren Zeitraum hinweg ständig in beträchtlichem Umfang nicht ausgeglichen wurden und jenem den Umständen nach bewusst ist, dass es noch weitere Gläubiger mit ungedeckten Ansprüchen gibt;[124]
– für *„einfache „Arbeitnehmer"* des schuldnerischen Unternehmens gilt das – entsprechend der Rechtslage bei § 130 II InsO – jedoch nicht (→ § 47 Rn. 32).[125]
– Weiß der Gläubiger, dass der Schuldner nicht in der Lage ist oder voraussichtlich nicht sein wird, die bestehenden Zahlungspflichten im Zeitpunkt der Fälligkeit im Wesentlichen zu erfüllen, so weiß er in der Regel auch, dass dessen Rechtshandlung die Gläubiger benachteiligt.[126]
– Die Rechtspflicht des Vorstands einer AG zur periodischen Information über die Geschäftslage des Unternehmens führt nach der Lebenserfahrung, aber **nicht** typischerweise, mit einem solch hohen Wahrscheinlichkeitsgrad zu einer tatsächlichen Kenntnis des einzelnen Aufsichtsratsmitglieds von den berichtspflichtigen Tatsachen im Zeitpunkt der Berichtspflicht, dass die Anwendung des Vermutungstatbestandes gerechtfertigt wäre;[127]
– der Kenntnis von der drohenden Zahlungsunfähigkeit steht auch iRd § 133 I InsO die Kenntnis von Umständen gleich, die zwingend auf eine drohende oder bereits eingetretene Zahlungsunfähigkeit hinweisen,[128] was freilich eine Gesamtwürdigung aller Beweisanzeichen nicht entbehrlich macht;[129]
– Zur *Widerlegung der Vermutung* (Gegenbeweis) muss der Anfechtungsgegner konkrete Umstände darlegen und beweisen, die es nahe liegend erscheinen lassen, dass ihm der Gläubigerbenachteiligungsvorsatz des Schuldners nicht bekannt war.[130]

d) In Ergänzung des § 133 I 2 InsO hatte der BGH zunächst eine *Hilfs-Vermutungs-* 23 *regel* aufgestellt (zur Unanwendbarkeit bei Insolvenzanfechtung rückständiger Lohnzahlungen → Rn. 22). Danach sollte von einem Gläubiger, der Umstände kennt, die zwingend auf eine mindestens drohende Zahlungsunfähigkeit schließen lassen, zu vermuten sein, dass er auch die drohende Zahlungsunfähigkeit selbst kennt.[131] Darin lag

---

[122] Begründung RegE, abgedruckt zB bei *Kübler/Prütting,* Bd I S. 347.
[123] So aber *Henckel* in Kölner Schrift, S. 813, 839 (Rn. 53).
[124] BGH ZIP 2007, 1511 (Rn. 24) = NZI 2007, 512 m. Anm. *Huber;* BGH NZI 2005, 690, 692.
[125] *Huber* NJW 2009, 1928, 1931.
[126] BGH NZI 2009, 168 = ZInsO 2009, 145 = ZIP 2009, 189. Ebenso OLG Karlsruhe ZInsO 2014, 2042.
[127] BGH ZIP 2011, 1418, 1419 Rn. 2.
[128] BGH ZIP 2009, 2253 Rn. 10 = ZInsO 2009, 2148; *Ganter* WM 2009, 1441, 1444 f.
[129] BGH ZInsO 2010, 1598 Rn. 9 = WM 2010, 1756.
[130] BGH, aaO, Rn. 9 ff.
[131] BGH ZIP 2007, 1511 (Rn. 25) = NZI 2007, 512 m. Anm. *Huber;* BGH ZIP 2003, 1799 = ZInsO 2003, 850 = NZI 2003, 597 m. Anm. *Huber.*

zwar keine Rechtsvermutung wie bei §§ 130 II, 132 II, 131 II 1 InsO, der Tatrichter hatte aber – wie der IX. Zivilsenat in seiner Entscheidung ausdrücklich anmahnte – diese widerlegliche Vermutung im Rahmen seiner Beweiswürdigung nach § 286 ZPO zu berücksichtigen.

Beispiele: Ständige, erhebliche, immer wieder anwachsende Rückstände beim späteren Anfechtungsgegner, wenn diesem den Umständen nach bewusst ist, das es noch weitere Gläubiger mit ungedeckten Ansprüchen gibt, insbesondere bei Steuer-, Lohn- und Sozialversicherungsbeiträgen; nur teilweiser Zugriff bei Pfändungs- und Einziehungsverfügung; Rücklastschrift von Überweisungen; nur unter Druck erzwungene mehrfache Teilzahlungen;[132] Einblicke in das schuldnerische Unternehmen durch umfangreiche Betriebsprüfungen, mithin Kenntnis von Tatsachen, die in ihrer Gesamtheit zumindest die Schlussfolgerung gebieten, dem Schuldner drohe die Zahlungsunfähigkeit, wobei das beklagte Land Umstände, die geeignet gewesen sein könnten, das zu widerlegen, nicht vorgetragen hatte.[133]

Die Qualifizierung solcher Umstände als Vermutungstatsachen hat der IX. ZS des BGH aber zwischenzeitlich – ohne nähere Begründung – aufgegeben und ausgesprochen, dass es sich nur um *„mehr oder weniger gewichtige Beweisanzeichen"* handelt.[134] Die Konsequenzen für die Praxis des Anfechtungsprozesses sind erheblich: Der Anfechtungsgegner muss nicht (mehr) die Vermutungswirkung widerlegen, sondern nur noch die (vom Insolvenzverwalter nachgewiesenen) Indiztatsachen erschüttern; die Anfechtungsklage hat dann nur (noch) Erfolg, wenn der Richter gleichwohl die Indizien samt einer ausreichenden Beweisstärke feststellen kann.

24   e) Bei der Handlung eines *Vertreters* kommt es grundsätzlich auf dessen Kenntnis an (→ § 46 Rn. 31). Das gilt selbst dann, wenn der spätere Insolvenzschuldner mit dem Vorsatz, seine Gläubiger zu benachteiligen, ein Vermögensstück an sein Kind veräußert, dessen allgemeiner gesetzlicher Vertreter er ist, aber der auf sein Betreiben bestellte Ergänzungspfleger, der das Kind beim Erwerb vertritt, nichts von dem Benachteiligungsvorsatz weiß (§ 166 II BGB entsprechend).[135] Die Kenntnis des gesetzlichen Vertreters ist aber dann nicht maßgeblich, wenn das minderjährige Kind die Willenserklärung selbst abgeben kann, weil sie ihm lediglich rechtlich vorteilhaft ist (§ 107 BGB). Nimmt es also das mit Gläubigerbenachteiligungvorsatz gemachte Schenkungsangebot seines alleine sorgeberechtigten Elternteils an, so ist dieses Rechtsgeschäft nur anfechtbar, wenn ihm dessen Vorsatz bekannt war; dass der Elternteil die allein treibende Kraft für die Vermögensverschiebung war, genügt nicht.[136]

25   **6. Beweiswürdigung (Arbeitsschritte) und Beweislast.** Für den Indizienbeweis zum subjektiven Tatbestand (Zusammenfassung für das Beweisanzeichen der Inkongruenz → Rn. 20) gelten folgende *Arbeitsschritte der Beweiswürdigung:* Außerhalb der gesetzlichen Vermutungsregeln (§§ 130 II, 133 I 2 InsO) kommt es für die gesuchten Haupttatsachen (Gläubigerbenachteiligungsvorsatz des Schuldners und Kenntnis des anderen Teils davon) praktisch ausschließlich zunächst auf die Feststellung von Indiztatsachen samt Bestimmung des jeweiligen Beweiswerts an,[137] wie bei den jeweils ein-

---

[132] BGHZ 155, 75 = NZI 2003, 533 m. Anm. *Huber.*
[133] BGH ZIP 2004, 669, 671.
[134] BGH ZInsO 2009, 1909 (Rn. 10) = ZIP 2009, 1966 = NZI 2009, 768 m. Anm. *Huber.*
[135] BGHZ 38, 65 = NJW 1962, 2251 = LM § 3 AnfG Nr. 7 m. Anm. *Mormann;* ausführlich *Tintelnot* JZ 1987, 795.
[136] BGHZ 94, 232 = NJW 1985, 2407; zust *Kilger/K. Schmidt,* KO, § 31 Anm. 5. Eine Schenkungsanfechtung nach § 3 Nr. 3 AnfG aF (= § 32 Nr. 1 KO) kam wegen Zeitablaufs nicht in Betracht. Die Richtigkeit dieser Entscheidung bezweifeln *Gerhardt/Kreft,* Rn. 423.
[137] Ausführl dazu *Huber,* ZInsO 2012, 53 ff.; zur Widerlegung dieser gesetzlichen Vermutungen *Kayser* WM 2013, 393 ff. und NJW 2014, 422, 427 f.

Die Vorsatzanfechtung 25 § 48

schlägigen Merkmalen bereits erörtert (→ Rn. 14 ff. für Schuldner, → Rn. 18 ff. für Gläubiger; zur Beweiswürdigung bei Deckungsanfechtung → § 47 Rn. 28 ff., 61 ff.). Erforderlich ist anschließend stets eine Würdigung aller maßgeblichen Umstände des Einzelfalls auf der Grundlage des Ergebnisses der Verhandlung und einer etwaigen Beweisaufnahme.[138] Das bezieht sich sowohl auf die Festlegung des Beweiswert der einzelnen Indiztatsachen wie auf den Gesamtbeweiswert aller zusammen betrachtet; erlauben nämlich die einzelnen Indizien für sich genommen nicht den Schluss auf die gesuchte Haupttatsache, kann das doch eine Gesamtbetrachtung ermöglichen. Damit sind die *zentralen Arbeitsschritte* des beweisrechtlichen Denkprozesses sowohl für den Insolvenzverwalter (hinsichtlich der Klagebegründung) wie für den Anfechtungsgegner (hinsichtlich seiner Verteidigung) wie natürlich letztlich für den Richter beschrieben; denn nur so kann sich Letztere eine *Überzeugung* bilden (§ 286 I 1 ZPO)[139] und dazu auch eine rationalen Anforderungen entsprechende (und damit § 286 I 2 ZPO) genügende *Urteilsbegründung* liefern.

– *Beispiel* zur doppelrelevanten (zum Begriff → § 130 Rn. 21) Indiztatsache der Inkongruenz bei *nachträglicher Besicherung einer Verbindlichkeit* des Schuldners aus unerlaubter Handlung:[140] Nur bei einer Gesamtwürdigung aller Umstände lässt sich entscheiden, ob das daraus folgende Beweisanzeichen ausreichend stark sowohl für den Gläubigerbenachteiligungsvorsatz des Schuldners als auch für die Kenntnis des anderen Teils davon spricht, oder, ob die für eine Überzeugungsbildung erforderliche Beweisstärke erst durch Hinzutreten weiterer Indizien erreicht wird, bspw. der Kenntnis der Beteiligten von einer schon eingetretenen oder drohenden Zahlungsunfähigkeit.[141]

– *Beispiel* zu den aus einer *Ratenzahlungsvereinbarung im Geschäftsverkehr*[142] (zu solchen zwischen Schuldner und Gerichtsvollzieher → Rn. 10): Welcher Schluss sich daraus und vor allem auch aus deren gänzlichen oder teilweisen Scheitern ziehen lässt, ist bei den Tatgerichten sehr streitig. So wurde bei Gesprächen über eine Tilgungsneuregelung mit einer Bank zwar deren Kenntnis im Ansatz bejaht, letztlich aber wegen Verzugs mit nur zwei Raten verneint;[143] in einem anderen Fall musste ein Gläubiger trotz Ratenzahlungsvergleichs mit einem größeren Unternehmen nicht auf deren drohende Zahlungsunfähigkeit schließen, obgleich die Erfüllung mit Verzögerung und nur nach Androhung der Zwangsvollstreckung erfolgte;[144] schließlich soll der Abschluss einer Ratenzahlungsvereinbarung mit einer Berufsgenossenschaft nicht auf deren Kenntnis vom Benachteiligungsvorsatz hinweisen.[145] Diese Ergebnisse überzeugen schwerlich, sollten diese Vereinbarungen – wie zu vermuten – unter Vollstreckungsdruck (→ Rn. 5) zustande gekommen sein. Immerhin wurde aber bereits höchstrichterlich entschieden, dass die Kenntnis des Gläubigers von einer bestehenden Zahlungsunfähigkeit nicht durch den Abschluss einer vom gewerblich tätigen Schuldner vereinbarungsgemäß bedienten Ratenzahlungsvereinbarung entfällt, wenn mit weiteren Gläubigern zu rechnen ist, die keinen vergleichbaren Eintreibungsdruck ausüben.[146] Allerdings soll nach dem Koalitionsvertrag das Insolvenzanfechtungsrecht auf den Prüfstand gestellt werden, und zwar auch wegen eines Vertrauens des Geschäfts-

---

[138] BGH NZI 2013, 133 Rn. 24 = ZIP 2013, 174 = ZInsO 2013, 179 („Göttinger Gruppe").
[139] Trefflich – über den Wortlaut der zitierten Vorschrift hinaus – formuliert von BAG ZIP 2011, 2366 (LS 2) = ZInsO 2012, 37, dazu EWiR 2011, 817 *(Huber)*.
[140] BGH ZIP 2010, 841 = ZInsO 2010, 807.
[141] BGH ZIP 2010, 841 Rn. 19 ff. = ZInsO 2010, 807.
[142] Ausführlich dazu *Priebe* ZInsO 2013, 2479.
[143] KG ZIP 2013, 1486.
[144] OLG Karlsruhe ZInsO 2014, 152.
[145] LG Mannheim NZI 2012, 848 m abl Anm. *Cymutta* S. 831 (zutreffender Hinweis auf die Strafandrohung des § 266a StGB).
[146] BGH NZI 2013, 940 = ZIP 2013, 228 = ZInsO 2013, 190.

verkehrs in gewährtem Zahlungsaufschub, der möglicherweise für die nächsten fünf Jahre insolvenzfest gemacht werden könnte (→ Rn. 2 – dort Nachweis zur Rede des Justizministers).

Zur *Beweislast bei § 133 I InsO* gilt: Der Insolvenzverwalter hat den objektiven und subjektiven Tatbestand des § 133 I 1 InsO zu beweisen. Hatte der Schuldner bei Eingehung einer Verbindlichkeit mit Benachteiligungsvorsatz gehandelt, so stellt dies regelmäßig ein wesentliches Beweisanzeichen dafür dar, das der Vorsatz auch im Zeitpunkt der Erfüllung noch bestand.[147] Der Vermutungstatbestand des § 133 I 2 InsO bewirkt eine Umkehr der Beweislast;[148] der Insolvenzverwalter hat also nur zu beweisen, dass die Zahlungsunfähigkeit des Schuldners drohte (§ 18 II InsO) und die Handlung die Gläubiger mittelbar benachteiligte und dass der Anfechtungsgegner beide Umstände positiv kannte; dazu und zu den Anforderungen an den Gegenbeweis des Anfechtungsgegners (→ Rn. 22). Die Vermutung kann nicht durch den Nachweis der Zahlungsunwilligkeit widerlegt werden, erforderlich ist vielmehr der Nachweis der Zahlungsfähigkeit.[149] Zur Beweislast für die Gläubigerbenachteiligung → § 46 Rn. 52.

III. Entgeltliche Verträge mit nahestehenden Personen (§ 133 II InsO)

26 **1. Überblick.** Die folgende Grafik zeigt übersichtsmäßig die Voraussetzungen dieses Sondertatbestandes der Vorsatzanfechtung (zu Gemeinsamkeiten und Unterschiede der einschlägigen Anfechtungstatbestände von InsO, KO und GesO siehe die entsprechende Grafik in der 4. Auflage an gleicher Stelle, dort auch zum Übergangsrecht).

Tatbestand	Vorsatzanfechtung
	§ 133 II InsO
1. Art der Rechtshandlung	Entgeltlicher Vertrag des Schuldners mit nahestehender Person (§ 138 InsO)
2. Weitere Voraussetzungen a) objektiv	nicht früher als 2 Jahre vor Eröffnungsantrag (was vermutet wird)
mit Gläubigerbenachteiligung	unmittelbar
b) subjektiv	Benachteiligungsvorsatz und Kenntnis davon werden vermutet
Beweislast	Verwalter: Art der Rechtshandlung (1) und die unmittelbare Gläubigerbenachteiligung Gegner: länger als 2 Jahre oder Unkenntnis

27 **2. Entgeltliche Verträge.** Anfechtbar ist ein entgeltlicher Vertrag des Schuldners mit einer nahestehenden Person (→ Rn. 29 ff.), sofern er innerhalb von 2 Jahren vor dem Eröffnungsantrag geschlossen wurde (zur Berechnung der Frist → § 46 Rn. 43 ff.), was jedoch vermutet wird (→ Rn. 35). Die Vorschrift erfasst aber **nicht** die Leistung des Schuldners mittels einer nahestehenden Person an Dritte;[150] im entschieden Fall hatte die Schuldnerin (Arbeitgeberin) einen Dritten (ihr Schwesterunternehmen) angewiesen, an ihrer Gläubiger (ausgewählte Arbeitnehmer der Schuldnerin) zu zahlen (begrifflich inkongruent). Wegen der Vermutung trägt der Anfechtungsgegner die Beweis-

---

[147] BGH NZI 2008, 233 = ZInsO 2008, 271 = ZIP 2008, 467.
[148] BGH ZIP 2007, 1511 (Rn. 25) = NZI 2007, 512 mit Anm. *Huber*.
[149] BGH NZI 2012, 416 Rn. 17 = ZIP 2012 = ZInsO 2012, 696.
[150] BAG ZIP 2014, 233 Rn. 23.

last für einen früheren Vertragsschluss. Gelingt dieser Nachweis, so scheidet eine Anfechtung unter den erleichterten Voraussetzungen des § 133 II InsO aus, weshalb dann § 133 I InsO zu prüfen ist. Betrifft ein *unmittelbar nachteiliges Rechtsgeschäft iSd § 132 InsO* einen entgeltlichen Vertrag mit einer nahe stehenden Person, wird unter den erleichterten Voraussetzungen des § 133 II InsO angefochten.

In Betracht kommen sowohl obligatorische wie auch dingliche, aber nur entgeltliche **28** Verträge, nicht also einseitige Rechtsgeschäfte und unentgeltliche Leistungen (zur Abgrenzung entgeltlich/unentgeltlich → § 49 Rn. 9 ff.). Bei reinen Erfüllungsgeschäften des Schuldners liegt die Entgeltlichkeit in der Schuldbefreiung. Weitere Beispiele: Kauf-, Miet-, Pacht-, Leibrentenverträge; Eingehung von Wechselverbindlichkeiten; Schuldanerkenntnisse; Übereignungen; Abtretungen; Grundstücksgeschäfte; Bestellung von Sicherheiten. *Bargeschäfte* können nach der hier vertretenen Auffassung nicht nach § 133 II InsO angefochten werden (→ § 46 Rn. 80). Bei *güterrechtlichen Verträgen* mit Wechsel des Güterstandes muss man unterscheiden:
- Obwohl mit der Aufhebung der Gütertrennung (§§ 1408, 1410 BGB) zugleich der Zugewinnausgleichsanspruch entsteht (§ 1378 Abs. 3 S. 1 BGB), scheidet insoweit eine Anfechtbarkeit aus, und zwar nicht nur nach § 134 InsO,[151] sondern insgesamt schon deshalb, weil ein solches höchstpersönliches Rechtsgeschäft von den Gläubigern hinzunehmen ist (→ § 46 Rn. 47).[152]
- Anfechtungsgegenstand ist bei richtiger Sichtweise auch nicht der Güterstandswechsel an sich, sondern dessen dinglicher Vollzug gemäß der Ausführungsvereinbarung, die typischerweise nicht bloß in einer Geldzahlung, sondern meist (auch) in der Übertragung von Vermögensgegenständen besteht; darin liegt ein „gewöhnlicher" entgeltlicher Vertrag iSd § 133 InsO[153] (zur beweisrechtlichen Konsequenz → Rn. 35).

3. Nahestehende Personen.[154] Weitere objektive Voraussetzung der Anfechtbarkeit **29** ist der Vertragsschluss mit einer nahestehenden Person im Sinn des § 138 InsO. Diese Vorschrift enthält die *Definition* für „nahestehende Personen", denen gegenüber nicht nur § 133 II 1 InsO, sondern auch verschiedene andere Tatbestände (§ 130 III, § 131 III 2, § 132 III, § 145 II Nr. 2) eine *Beweiserleichterung* zur Anfechtbarkeit vorsehen, und zwar zu ihrem Nachteil bei Leistungen an sie; den umgekehrten Fall der Leistung des späteren Insolvenzschuldners mittels einer nahestehender Person an Dritte hat der Gesetzgeber nicht geregelt, weshalb es insoweit bei den allgemeinen Anfechtungsregeln bleibt.[155] Die Vorschrift enthält zwei Varianten: Bei § 138 I InsO ist der Schuldner eine natürliche Person, bei Absatz 2 eine juristische Person oder eine Gesellschaft ohne Rechtspersönlichkeit. Im Einzelnen:

Schuldner als natürliche Person, § 138 I InsO. **30**
- *Ehegatte (Nr. 1) oder Lebenspartner (Nr. 1a):* Für eine im Zeitpunkt der letzten mündlichen Verhandlung in der Tatsacheninstanz *bestehende, gültige*[156] Ehe bzw. (eingetragene, gleichgeschlechtliche) Lebenspartnerschaft genügt eine erst nach Vornahme der Rechtshandlung (§ 140 InsO) geschlossene Ehe (§§ 1310, 1311 BGB) bzw. eingegangene Lebenspartnerschaft (§ 1 LPartG). *Frühere* Ehegatten bzw. *frühere* Lebens-

---

[151] So schon BGHZ 57, 123, 125 = NJW 1972, 48.
[152] Im Ergebnis ebenso, abweichend in der Begr. *Kühls,* NotBZ 2010, 286, 288: „Güterwechsel führt für sich genommen zu keiner Gläubigerbenachteiligung."
[153] BGH NZI 2010, 738 Rn. 9 = ZIP 2010, 1702 = ZInsO 2010, 1489; zum Urteil vgl. auch *Huber/Armbruster* NotBZ 2011, 233, 236.
[154] Dazu ausf *Kirchhof* ZInsO 2001, 825.
[155] BAG ZIP 2014, 233 Rn. 23; im Fall hatte Schuldner ein Schwesterunternehmen zur Zahlung an seinen Gläubiger angewiesen.
[156] Wohl hM, so dass schwerwiegende formelle oder materielle Mängel (deshalb Nichtehe) entgegenstehen, vgl. nur *Karsten Schmidt/Ganter,* InsO, § 138 Rn. 9; aA zB *Ehrike* in: Kübler/Prütting/Bork, § 138 Rn. 9.

partner bleiben bei Auflösung von Ehe (§ 1313 S. 2, § 1564 S. 2 BGB) bzw. Lebenspartnerschaft (§ 15 I LPartG) im letzten Jahr vor Vornahme der Rechtshandlung anfechtungsrechtlich eine nahestehende Person; die Jahresfrist wird entsprechend § 139 I berechnet.[157]

– *Verwandte (Nr. 2)* sind die in der Vorschrift genau bezeichneten Personen (§ 1589 BGB) sowie voll- und halbbürtige Geschwister. Soweit auf Nummer 1, 1a verwiesen wird, genügt es, wenn Ehe/Lebenspartnerschaft im Zeitpunkt der letzten mündlichen Verhandlung in der Tatsacheninstanz besteht oder nicht länger als ein Jahr vor Vornahme der Rechtshandlung aufgelöst wurde; im Übrigen (Ehegatte/Lebensgefährte der in Nr. 2 genannten Personen) muss diese Beziehung im Zeitpunkt der Vornahme der Rechtshandlung bestehen.[158]

– *Häusliche Gemeinschaft, dienstvertragliche Verbindung (Nr. 3): Alternative 1* meint insbesondere in häuslicher Gemeinschaft lebende Partner einer nichtehelichen, auch gleichgeschlechtlichen[159] Lebensgemeinschaft; erfasst werden folglich nach Art eines Auffangtatbestands[160] auch alle anderen Formen von häuslicher Gemeinschaft, nicht aber eine bloße Wohngemeinschaft. Die Begründung der häuslichen Gemeinschaft nach Vornahme der Rechtshandlung genügt nicht (arg: Umkehrschluss aus Nr. 1, 1a); Berechnung des Jahresfrist wie oben. *Alternative 2* der Vorschrift ist neu[161] und betrifft Personen, die sich aufgrund einer dienstvertraglichen Verbindung mit dem Schuldner über dessen wirtschaftliche Verhältnisse unterrichten können; nicht erforderlich ist, dass sie sich tatsächlich informiert haben oder unterrichtet sind.[162] Gemeint sind insbesondere Vermögensverwalter und -berater, auch selbständig Tätige; die Einschränkung des Absatz 2 Nr. 2 (→ Rn. 32) gilt nicht. Die dienstvertragliche Verbindung mit den Vorschrift vorausgesetzten besonderen Informationsmöglichkeiten muss bei Vornahme der Rechtshandlung bestehen.

31 – *Juristische Person, Gesellschaft ohne Rechtspersönlichkeit (Nr. 4):* Da nach § 138 I aF InsO natürliche Personen als Schuldner nur natürlichen Personen nahe standen, fehlte zunächst eine Regelung für den Fall, dass eine natürliche Person als Schuldner Vermögen an eine juristische Person oder Gesellschaft ohne Rechtspersönlichkeit überträgt, an der sie – oder eine ihr nahestehende Person – beteiligt ist.[163] Diese Lücke wird durch Nr. 4 geschlossen,[164] ob in der Praxis wirkungsvoll, bleibt abzuwarten.[165] Die anschließenden Erörterung zu § 138 II Nr. 1, 2 InsO gelten entsprechend.

32 *Schuldner als juristischen Person oder einer Gesellschaft ohne Rechtspersönlichkeit, § 138 II InsO.*[166]

– **Nr. 1** erfasst insbesondere Vorstandsmitglieder, Geschäftsführer einer GmbH, organschaftliche Vertreter von OHG und KG sowie persönlich haftende Gesellschafter und unabhängig von der Gesellschaftsform jede Person mit einer Kapitalbeteiligung beim Schuldner von mehr als einem Viertel.[167]

---

[157] HKInsO/*Kreft*, § 138 Rn. 8.
[158] Näher: MüKoInsO/*Gehrlein* § 138 Rn. 6; HKInsO/*Kreft*, § 138 Rn. 9.
[159] *Henckel* in: Jaeger, InsO, § 138 Rn. 13.
[160] *Ehricke*, in: Kübler/Prütting/Bork, InsO, § 138 Rn. 11.
[161] Art. 1 Nr. 19a Gesetz zur Vereinfachung des Insolvenzverfahrens v. 13.4.2007 (BGBl. I S. 509), in Kraft getreten am 1.7.2007; Materialien: RegE Vereinfachung, BR-Drucks. 549/06, abgedruckt samt Begründung in: ZVI 2006, 90.
[162] *Henckel* in Jaeger, InsO, § 138 Rn. 13.
[163] Ausf. zu dieser (unbeabsichtigten) Gesetzeslücke MüKoInsO/*Stodolkowitz/Bergmann*, § 138 Rn. 9.
[164] Art. 1 Nr. 19b des VereinfachungsG, BGBl. I S. 509.
[165] Kritisch *C. Paulus*, FS Fischer, S. 445, 454 ff.; von „schwierigen Abgrenzungsproblemen" spricht *Henckel* in Jaeger, InsO, § 138 Rn. 16 ff.
[166] Ausf dazu *Rophol* NZI 2007, 425.
[167] Kritisch dazu aus praktischer Sicht *Kirchhof* ZInsO 2001, 825, 826 f.

Die Vorsatzanfechtung   33–35 § 48

– *Nr. 2* bezieht sich in einer Art Generalklausel auf jede weitere „Person oder Gesellschaft", also jede natürliche und juristische Person und nicht rechtsfähige Personenvereinigung,[168] mit besonderen Informationsmöglichkeiten ähnlich der von Nr. 1 erfassten Personen, wie etwa Prokuristen, leitende Angestellte oder ein Unternehmen, das vom Schuldner oder von dem des Schuldners abhängig ist. *Nicht* unter Nr. 2 fallen grundsätzlich selbständig Tätige, weil sie gerade deshalb nicht dem schuldnerischen Unternehmen angehören, es also an der Vergleichbarkeit der Unterrichtungsmöglichkeiten (wie bei Nr. 1) fehlt; entsprechendes gilt für Geschäftspartner, Banken,[169] Lieferanten oder Kunden.[170]
  Für *selbständige, externe Dienstleister/andere Vertragspartner* muss man unterscheiden:
– Sie fallen grundsätzlich nicht unter Nummer 2, wie bereits bemerkt.
– Etwas anderes gilt beispielsweise für eine Steuerberatersozietät, die aufgrund einer den Organen oder qualifizierten Gesellschaftern der Schuldnerin vergleichbaren gesellschaftsrechtlichen oder dienstvertraglichen Verbindung die Möglichkeit haben, sich über deren wirtschaftlichen Verhältnisse aufgrund besonderer Informationsmöglichkeiten zu unterrichten, so dass sie über den gleichen Wissensvorsprung verfügen, den sonst ein mit der Aufgabe befasster leitender Angestellter des schuldnerischen Unternehmens hätte (ausgelagerte Buchhaltung).[171]
– Ein solcher externer Helfer des Insolvenzschuldners kann aber dann nicht als nahestehende Person angesehen werden, wenn zum Zeitpunkt der Vornahme der angefochtenen Rechtshandlung der Zufluss von Buchungsunterlagen aus dem betreuten Unternehmen länger als ein Vierteljahr stockte.[172]
– *Nr 3* verbindet familien- und gesellschaftliche Beziehungen miteinander, zB Ehegatten oder Kinder (Abs. 1 Nr. 1, 3) des Vorstandsmitglieds bzw. des persönlich haftenden Gesellschafters derjenigen juristischen Person bzw. Gesellschaft ohne Rechtspersönlichkeit, über die das Insolvenzverfahren eröffnet wurde. Eine Ausnahme gilt (Halbs 2) bei Pflicht zur Verschwiegenheit kraft Gesetzes (nicht bloß vertraglich) in Angelegenheiten des Schuldners, etwa für Vorstands- und Aufsichtsratsmitglieder einer AG (§ 93 I S. 2, §§ 116, 404 AktG) oder für Geschäftsführer einer GmbH (§ 85 GmbHG).

4. Unmittelbare Gläubigerbenachteiligung. Erforderlich ist eine objektive Gläubigerbenachteiligung (→ § 46 Rn. 51, 52; zu ihrem Fehlen in bestimmten Fallgruppen → § 46 Rn. 58). Im Unterschied zu § 133 I InsO genügt für den Ursachenzusammenhang mittelbare Gläubigerbenachteiligung nicht. Die Gläubiger müssen vielmehr durch den Abschluss des Vertrages „unmittelbar" benachteiligt werden; ausführlich → § 46 Rn. 67, 68 ff. 33

5. Subjektiver Tatbestand. Der Benachteiligungsvorsatz des Schuldners und die Kenntnis des Gegners davon werden vermutet.[173] 34

6. Beweislast. Wegen der besonderen Verdächtigkeit des Erwerbes hat das Gesetz eine für den *Insolvenzverwalter* günstige Beweislastverteilung getroffen. Er hat lediglich die Entgeltlichkeit des Vertrages und die Eigenschaft des Anfechtungsgegners als nahestehende Person sowie die Gläubigerbenachteiligung (→ § 46 Rn. 52) zu beweisen. Der Abschluss des Rechtsgeschäftes innerhalb der Anfechtungsfrist (→ Rn. 27) wird – 35

---

[168] HKInsO/*Kreft*, § 138 Rn. 14; *Rophol*, NZI 2006, 425, 428.
[169] OLG Naumburg ZInsO 2006, 718, 719.
[170] Diese hM bestätigt das für die folgende Gruppe einschlägige, in der nächsten Fn zitierte Urteil ausdrücklich (dort Rn. 10 aE).
[171] BGHZ 195, 358 Rn. 10 ff. = NJW 2013, 694 = ZIP 2012, 2449 = ZInsO 2012, 2335.
[172] BGHZ aaO Rn. 13.
[173] BGH NJW-RR 2006, 552 (Rn. 15) = ZIP 2006, 387.

§ 49 Kapitel III. 7. Abschnitt. Insolvenzanfechtung

um betrügerischen Rückdatierungen vorzubeugen – *widerleglich* vermutet,[174] ebenso der Vorsatz des Schuldners, seine Gläubiger zu benachteiligen, und die Kenntnis des anderen Teils davon. Das gilt auch im Zusammenhang mit Güterrechtsverträgen (→ Rn. 28), eine Ausnahme aus familienrechtlichen Gründen wäre eine spezifisch insolvenzrechtlichen Ordnungsvorschriften widersprechende Privilegierung;[175] entsprechende Vertragsgestaltungen, die den Schutz des Vermögens des Schuldners zum Gegenstand haben, sind in der notariellen Praxis damit kaum mehr möglich.

Der *Anfechtungsgegner* muss nachweisen, dass der Vertrag früher als 2 Jahre vor dem Eröffnungsantrag geschlossen worden ist, oder, dass ihm der Benachteiligungsvorsatz des Schuldners nicht bekannt war; letzteres wird kaum gelingen, weil der Beweis einer inneren und zudem negativen Tatsache nur sehr schwer zu führen ist.

IV. Verhältnis zu anderen Tatbeständen

36 Da sich die Anfechtungsvorschriften grundsätzlich nicht gegenseitig ausschließen (→ § 46 Rn. 6), kommt eine Vorsatzanfechtung neben jedem anderen Anfechtungstatbestand in Betracht:
– Bei einer *inkongruenten Deckung* muss stets geprüft werden, ob anstelle von § 131 InsO die Vorsatzanfechtung durchgreift, insbesondere, wenn sich die Vornahme der Rechtshandlung innerhalb der Krise nicht nachweisen lässt.
– Betrifft ein *unmittelbar nachteiliges Rechtsgeschäft* i. S. d. § 132 InsO einen entgeltlichen Vertrag mit einer nahestehenden Person, wird unter den erleichterten Voraussetzungen des § 133 II angefochten.
– Bei *Anspruchkonkurrenzen* – § 131 zu § 133 oder § 131 zu § 134 oder § 134 zu § 133 – tritt keine Begrenzung der Anfechtungsfristen ein, vielmehr gilt in den bezeichneten Gruppen immer die des zuletzt genannten Tatbestandes.[176]

§ 49. Die Anfechtung unentgeltlicher Leistungen („Schenkungsanfechtung"), § 134 InsO

Übersicht

	Rn.
I. Allgemeines	1
II. Tatbestand	3
1. Überblick	3
2. Anwendungsbereich des § 134 I InsO	4
3. Gebräuchliches Gelegenheitsgeschenk	5
4. Mittelbare Gläubigerbenachteiligung	6
5. Subjektiver Tatbestand	7
6. Beweislast	8
III. Unentgeltliche Leistung	9
1. Sprachgebrauch und Begriff der Leistung	9
2. Begriff der Unentgeltlichkeit	11
a) Grundsätze	11
b) Zwei- und Drei-Personenverhältnis	12
3. Tilgung und Besicherung fremder Schuld	13

---

[174] BGH ZIP 2013, 374 Rn. 30 = ZInsO 2013, 337.
[175] BGH NZI 2010, 738 Rn. 13 = ZIP 2010, 1702 = ZInsO 2010, 1489; zust *Huber/Armbruster* NotBZ 2011, 233, 236; abl *Kühls* NZI 2010, 521.
[176] Bei der letzten Variante also die des § 133, so BGH ZInsO 2013, 190 Rn. 47.

	Rn.
4. Abgrenzung unentgeltlich/entgeltlich	14
a) Beispiele für Unentgeltlichkeit	14
b) Beispiele für Entgeltlichkeit	14
5. Teilweise Unentgeltlichkeit („gemischte/verschleierte Schenkung")	15
6. Schenkungen in Vollziehung eines Schenkungsversprechens	16
7. Auszahlung von Scheingewinnen	17

I. Allgemeines

Der Tatbestand des § 134 InsO ist durch das Merkmal der Unentgeltlichkeit gekennzeichnet. Eine solche Anfechtungsvorschrift wurde seit jeher im Konkursrecht (vgl. § 32 KO) – auch in der Gläubigeranfechtung außerhalb des Konkurses (§ 3 I Nr. 3 und Nr. 4 AnfG aF) – als „Schenkungsanfechtung" bezeichnet, obgleich dieser Begriff an sich zu eng ist (→ Rn. 9). Der Gesetzgeber der InsO hat aus diesem Grunde auf eine solche Bezeichnung ausdrücklich verzichtet; freilich beschreibt auch die Gesetzesüberschrift „unentgeltliche Leistungen" den Anwendungsbereich des Tatbestandes nur unzureichend (→ Rn. 10). Schon deshalb ist gegen die weitere Verwendung des in der Praxis allgemein üblichen Begriffs der „*Schenkungsanfechtung*" nichts einzuwenden,[1] so lange Klarheit darüber herrscht, was gemeint ist (→ Rn. 9). 1

Zweck der Anfechtung unentgeltlicher Leistungen ist es nicht wie bei der besonderen Insolvenzanfechtung (§§ 130–132 InsO), das Prinzip der par condicio creditorum, der gleichmäßigen Befriedigung aller Gläubiger durchzusetzen (→ § 47 Rn. 1). Vielmehr soll dem Insolvenzverwalter aus Billigkeitsgründen die Möglichkeit gegeben werden, freigiebige Zuwendungen des Schuldners, die dieser innerhalb einer bestimmten Zeit vor Eröffnungsantrag vorgenommen hat, rückgängig zu machen.[2] Auch sonst gewährt unsere Rechtsordnung dem Empfänger einer unentgeltlichen Leistung eine nur schwächere Rechtsstellung (vgl. §§ 528, 529, 816 I 2, 2287, 2325 BGB). Erweitert wird der Anfechtungstatbestand in der *Nachlassinsolvenz* durch § 322 InsO, der bestimmte Rechtshandlungen des Erben entsprechend den Grundsätzen für eine unentgeltliche Leistung für anfechtbar erklärt. In der *Einzelgläubigeranfechtung* entsprechen diesen Vorschriften §§ 4, 5 AnfG; Schrifttum und Rechtsprechung hierzu, insbesondere zur Abgrenzung von entgeltlichen und unentgeltlichen Leistungen gelten deshalb für beide Rechtsbereiche jeweils entsprechend.[3] 2

II. Tatbestand

1. Überblick. Die folgende Grafik zeigt übersichtsmäßig die Voraussetzungen der der Anfechtung unentgeltlicher Leistungen (zu Gemeinsamkeiten und Unterschiede der einschlägigen Anfechtungstatbestände von InsO, KO und GesO siehe die entsprechende Grafik in der 3. Auflage an gleicher Stelle, dort auch zum Übergangsrecht). 3

Kongruente Deckungsanfechtung

Tatbestand	„Schenkungsanfechtung"
	§ 134 InsO
1. Art der Rechtshandlung	Unentgeltliche Leistung (außer: gebräuchliches Gelegenheitsgeschenk geringen Werts, § 134 II) des Schuldners

---

[1] Mehrfach verwendet auch in der höchstrichterlichen Rechtsprechung, zB: BGHZ 174, 228 (Rn. 7) = NJW 2008, 653 = NZI 2008, 163 = ZInsO 2008, 106 = ZIP 2008, 125.
[2] BGHZ 58, 240, 243 = NJW 1972, 870.
[3] *Huber* AnfG § 4 Rn. 4.

Tatbestand	„Schenkungsanfechtung"
	§ 134 InsO
2. Weitere Voraussetzungen 　a) objektiv	nicht früher als 4 Jahre vor Eröffnungsantrag (was vermutet wird)
mit Gläubigerbenachteiligung	mittelbar
b) subjektiv	keine
Beweislast	Verwalter: Unentgeltlichkeit und Gläubigerbenachteiligung; Gegner: länger als 4 Jahre

4   **2. Anwendungsbereich des § 134 I InsO.**
- *Grundsätzliches:* Erfasst werden unentgeltliche Leistungen (→ Rn. 9 ff.), außer Gelegenheitsgeschenke (→ Rn. 5) des Schuldners (oder seines Vertreters, → § 46 Rn. 31), und zwar auch in Form einer mittelbaren Zuwendung, was in der Praxis große Bedeutung hat; es ist also unerheblich, ob die Leistungen unmittelbar oder über einen Mittelsmann erfolgen[4] (→ § 46 Rn. 26). Gemeint sind freiwillige Leistungen ohne kompensierende Gegenleistung, wobei man aber Zwei – und Drei-Personenverhältnissen unterscheiden muss (→ Rn. 12).
- Die *Anfechtungsfrist* reicht einheitlich 4 Jahre vor den Eröffnungsantrag zurück (zur Berechnung dieser Frist → § 46 Rn. 43–45), eine Vornahme vor diesem Zeitpunkt hat der Anfechtungsgegner zu beweisen (→ Rn. 6); ein auf drohende Zahlungsunfähigkeit gestützter Eigenantrag des Schuldners (§ 18 InsO) genügt.
- Für den *Zeitpunkt der Vornahme* gilt § 140 InsO (→ § 46 Rn. 20, 21). Es kommt also darauf an, wann die Zuwendung abgeschlossen, dh die Erfüllung vollzogen ist;[5] wird ein schuldrechtliches Geschäft durch mehrere Teilleistungen, also durch mehrere abstrakte Verfügungsgeschäfte erfüllt, so ist die Anfechtungsfrist für jede Teilleistung gesondert zu bestimmen.[6]
- Zur Anfechtbarkeit bei Schenkungsversprechen/Schenkungsvollzug → Rn. 16, zu mehraktigen Rechtshandlungen insbes bei der Schenkung eines Grundstücks → § 46 Rn. 36 ff.
- *Verhältnis zu anderen Anfechtungstatbeständen:* Kongruente oder inkongruente Deckungshandlungen sind nur nach §§ 130, 131 InsO anfechtbar, lediglich bei (teilweiser) Unentgeltlichkeit möglicherweise auch nach § 134 InsO (→ § 47 Rn. 64). Unentgeltliche Leistungen, die der Insolvenzschuldner außerhalb der Anfechtungsfrist des § 134 I InsO vorgenommen hat, können nach § 133 I InsO, freilich aber nur unter den dort genannten Voraussetzungen (→ § 48 Rn. 3 ff.), angefochten werden, wobei dann alleine dessen Anfechtungsfrist gilt (→ § 48 Rn. 38); denn die Anfechtungstatbetände der InsO stehen grundsätzlich selbständig nebeneinander (→ § 46 Rn. 6); eine Konkurrenz zu § 133 II InsO stellt sich nicht, weil dieser einen entgeltlichen Vertrag voraussetzt.

5   **3. Gebräuchliches Gelegenheitsgeschenk.** Von der Anfechtbarkeit ausgenommen sind gemäß § 134 II InsO gebräuchliche Gelegenheitsgeschenke. Dieser Begriff knüpft an ein bestimmtes Ereignis an, zB Weihnachten, Geburtstag, Verlobung, Heirat, Taufe, Abschluss von Schul-/Berufsausbildung oder Studium; gemeint ist daher ein „Geschenk iS des § 516 BGB", im Gegensatz zum sonstigen Begriff der „unentgeltlichen Leistung"

---

[4] BGH NJW 1985, 1560.
[5] BGH WM 1972, 363, 364; BGH ZIP 1998, 830, 836; 1993, 1170. Näher MüKoInsO/*Kayser,* § 134 Rn. 44, 20.
[6] OLG Karlsruhe NZI 2004, 31 = ZInsO 2003, 999.

(→ Rn. 9, 10). Erfasst werden allerdings nur Gelegenheitsgeschenke „geringen Werts", damit wurde der zum Teil recht großzügigen Rechtsprechung zu den Gelegenheitsgeschenken bei § 32 KO Einhalt gebieten, wo eine entsprechende Einschränkung fehlte.[7] Es gilt ein objektiver Maßstab, weshalb es auf die Besonderheiten des Einzelfalles nicht ankommt, insbesondere nicht mehr auf das Verhältnis zwischen dem Wert der Zuwendung und dem Vermögen des Schuldners im Zeitpunkt der unentgeltlichen Leistung.[8] Schon deshalb ist der Streit erledigt, ob Spenden an Parteien[9] oder sonstige unentgeltliche Zuwendungen auf Grund sittlicher Pflicht von der Anfechtbarkeit ausgenommen werden können.

4. Mittelbare Gläubigerbenachteiligung. Erforderlich ist eine objektive Gläubigerbenachteiligung (→ § 46 Rn. 50, 51; zu ihrem Fehlen in bestimmten Fallgruppen → § 46 Rn. 58). Für den Ursachenzusammenhang genügt eine mittelbare Benachteiligung der Insolvenzgläubiger (→ § 46 Rn. 67, 69). Bei einer *unentgeltlichen Arbeitnehmerüberlassung* durch den späteren Insolvenzschuldner an einen Dritten (späterer Anfechtungsgegner) lässt sich eine Gläubigerbenachteiligung nicht etwa deshalb verneinen, weil der Anspruch auf die Dienste der Arbeitnehmer im Zweifel nicht übertragbar (§ 613 S. 2 BGB) und deshalb unabtretbar und unpfändbar (§§ 399, 400 BGB, § 851 ZPO) ist (→ § 46 Rn. 64);[10] denn § 613 S. 2 BGB dient nur den Interessen der Arbeitnehmer. **6**

5. Subjektiver Tatbestand. Es gibt keine subjektiven Anfechtungsvoraussetzungen; das mag überraschen, erklärt sich aber aus der Schwäche des unentgeltlichen Erwerbs (→ Rn. 2). **7**

6. Beweislast. Der *Insolvenzverwalter* hat lediglich darzulegen und zu beweisen, dass die Zuwendung unentgeltlich erfolgte und zu einer wenigstens mittelbaren Gläubigerbenachteiligung führte (→ § 46 Rn. 52). Praxistypische Problembereiche: **8**
– Zu seinen Gunsten wirkt die *Vermutung des § 1362 I BGB* auch zu seinen Gunsten, wenn der Ehegatte des späteren Insolvenzschuldners eine entgeltliche Verfügung behauptet, weil er als Gegenleistung bewegliche Sachen hingegeben habe, die in seinem alleinigen Besitz oder im Besitz beider Ehegatten stehen.[11] Gegenüber dieser Vermutung kann sich der Ehegatte freilich seinerseits auf die des § 1006 II BGB für diejenigen Sachen berufen, die er – was er zu beweisen hat – schon vor der Ehe besessen hat.[12]
– Weist eine *notarielle Urkunde* keine Gegenleistung aus, so spricht die Vermutung der Vollständigkeit und Richtigkeit der Urkunde für die Unentgeltlichkeit.[13] Ist nach der Urkunde umgekehrt der Kaufpreis schon gezahlt, will der Insolvenzverwalter aber das Gegenteil behaupten, muss er die unentgeltliche Übertragung des Gegenstandes beweisen; legt der Nachweis von Tatsachen den Schluss nahe, dass der Kaufpreis nicht gezahlt wurde, trifft den Vertragspartner (Anfechtungsgegner) eine gesteigerte Darlegungslast (→ § 51 Rn. 34).[14]
– Macht ein Insolvenzverwalter die Unentgeltlichkeit eines vom Schuldner abgegebenen notariellen Anerkenntnisses (Rechtshandlung: → § 46 Rn. 2) betreffend die vom Schuldner eingezogenen, an die spätere Beklagte aber (angeblich) noch nicht weiterge-

---

[7] Begründung RegE, abgedruckt zB bei *Kübler/Prütting*, Bd I S. 349. Entsprechendes gilt für die Gläubigeranfechtung außerhalb des Insolvenzverfahrens nach § 4 AnfG, dazu *Huber* AnfG § 4 Rn. 7, 8; *ders.* ZIP 1998, 897, 900.
[8] Ähnlich HKInsO/*Kreft*, § 134 Rn. 17, 18.
[9] Für Anfechtbarkeit daher im Ergebnis richtig OLG Celle ZIP 2009, 1531.
[10] BGH NZI 2004, 253 = ZIP 2004, 671 = ZInsO 2004, 149.
[11] BGH NJW 1955, 20; MüKoInsO/*Kayser*, § 134 Rn. 49.
[12] BGH NJW 1992, 1162.
[13] OLG Hamm ZIP 1992, 1755, 1756.
[14] OLG Bamberg ZInsO 2003, 1048.

leiteten Inkassobeträge geltend, genügte die Behauptung, die Beklagte sei mit dem Inkasso gar nicht beauftragt gewesen jedenfalls dann, wenn sie jegliche Darstellung zu (angeblichen) Abrechnungen unterlassen hatte.[15]
– Ist streitig, ob ein „Zwei-oder-Drei-Personen-Verhältnis" vorliegt (→ Rn. 12) und beruft sich der Insolvenzverwalter auf Ersteres, weil für ihn günstigeres, so trifft ihn die Beweislast.[16]
– Die Vornahme innerhalb der Anfechtungsfrist (→ Rn. 4) wird vermutet, um betrügerischen Rückdatierungen vorzubeugen. Der *Anfechtungsgegner* muss also beweisen, dass die Zuwendung früher als 4 Jahre vor dem Eröffnungsantrag erfolgte. Die Frist vor dem Eröffnungsantrag wird nach § 139 InsO berechnet; das Problem der Einordnung („vor/nach" Insolvenzantrag, → § 47 Rn. 22) stellt sich in dieser Form nicht, weil der Tatbestand insoweit keine unterschiedlichen Voraussetzungen beinhaltet.
– Zur Beweislast wegen des *Haftungsumfangs* nach § 143 II InsO → § 52 Rn. 20 ff.

III. Unentgeltliche Leistung

9 **1. Sprachgebrauch und Begriff der Leistung.** Der *Sprachgebrauch in § 32 KO* ging in mehrfacher Hinsicht fehl. So war dort von unentgeltlichen „Verfügungen" die Rede; gemeint waren jedoch damit, anders als im Bürgerlichen Recht, nicht nur Rechtsgeschäfte, die unmittelbar einen Rechtsverlust oder eine Rechtsänderung herbeiführen, sondern auch verpflichtende Rechtsgeschäfte und Rechtshandlungen.[17] Andererseits passte die Gesetzesüberschrift „Schenkungsanfechtung" (der aber nach wie vor gebraucht wird, → Rn. 1) nicht, weil, anders als bei der „Schenkung" iS des § 516 BGB, weder eine vertragliche Einigung über die Unentgeltlichkeit noch eine Bereicherung des Empfängers vorausgesetzt wird.[18] Diese Mängel beseitigt der *Sprachgebrauch der InsO*.

10 Der *Begriff der Leistung* ist weit zu verstehen; es genügt, wenn der Begünstigte – unabhängig von der Wirksamkeit einer Verfügung – in die Lage versetzt wird, das zugewendete Vermögensgut tatsächlich zu nutzen und weiter zu übertragen.[19] Gemeint sind nicht nur Verfügungen im engeren materiell-rechtlichen Sinn, sondern auch verpflichtenden Rechtsgeschäfte[20] – folglich kann auch eine Vertragsübernahme unentgeltlich sein[21] – und andere, verfügungsähnliche Einwirkungen auf ein subjektives Recht zu Lasten des haftenden Vermögens des Schuldners, etwa eine Handlung, die einem anderen kraft Gesetzes das Eigentum verschafft, zB nach §§ 946 ff. BGB.[22] Erfasst werden auch Verpflichtungsgeschäfte, also schon die Begründung des Anspruchs auf eine (unentgeltliche) Leistung anfechtbar ist, also schon das Schenkungsversprechen (neben dem Schenkungsvollzug), → Rn. 16.

11 **2. Begriff der Unentgeltlichkeit. a)** *Grundsätze.* Maßgeblich für die Beurteilung ist der Zeitpunkt der Vornahme (→ Rn. 4). Nicht entscheidend sind subjektive Vorstellungen und Absichten des Schuldners und/oder des anderen Teils, auch so weit sie erklärt worden sind, sondern die objektiven Wertrelationen zwischen der Leistung des Schuldners und der Gegenleistung des Empfängers. Im Einzelnen:

---

[15] BGH ZIP 2012, 1254 Rn. 17.
[16] Vermutlich ebenso OLG Dresden ZInsO 2009, 331 (Revision zugelassen).
[17] BGHZ 41, 298, 299 = NJW 1964, 1960.
[18] RGZ 92, 227, 228; BGHZ 71, 61 = NJW 1978, 1326 = LM § 32 KO Nr. 5 m Anm. *Merz;* näher *Huber* AnfG § 4 Rn. 16, 17.
[19] BGH NZI 2001, 360 = ZIP 2001, 889 („Basketball-Gemeinschaft Bramsche"). Vgl. auch MüKo-InsO/*Kayser,* § 134 Rn. 5 ff.
[20] BGH ZInsO 2012, 2388 Rn. 30.
[21] BGH NZI 2012, 546 Rn. 38 = ZIP 2012, 1127 = ZInsO 2012, 1183.
[22] *Henckel,* in: Kölner Schrift S. 813, 840 (Rn. 55).

Unentgeltliche Leistung 12 § 49

– Erst wenn feststeht, dass – objektiv betrachtet – der Schuldner überhaupt einen Gegenwert für seine Zuwendung erhalten hat oder ihm eine werthaltige Gegenleistung versprochen worden ist, besteht Anlass zu prüfen, ob die Beteiligten die erbrachte oder versprochene Gegenleistung als Entgelt angesehen haben oder mit der Verfügung des Schuldners Freigiebigkeit, wenn auch nur zum Teil, bezweckt war, oder, ob sie etwa irrtümlich vom Bestehen einer entgeltlich begründeten Verbindlichkeit ausgingen.[23]
– Bei der Prüfung, ob die Beteiligten eine Gegenleistung als Entgelt angesehen haben oder ob gleichwohl der Hauptzweck des Geschäftes die Freigiebigkeit gewesen ist, muss berücksichtigt werden, dass der anfechtungsrechtliche Begriff der unentgeltlichen Leistung zum Schutz der Gläubiger eine weitgehende Ausdeutung verlangt und keine Einigung über die Unentgeltlichkeit voraussetzt (→ Rn. 9, 10). Einseitige Vorstellungen des Schuldners über mögliche wirtschaftliche Vorteile, die nicht in rechtlicher Abhängigkeit zu seiner Zuwendung stehen, können deren Entgeltlichkeit nicht begründen.[24]
– Es darf also nach diesen Grundsätzen *keine Gegenleistung* in das Schuldnervermögen gelangt sein; bestand ein Anspruch auf angemessene Gegenleistung, so kann die Zuwendung aber nicht schon deshalb als unentgeltlich angefochten werden, weil dieser Zufluss ausgeblieben ist.[25] Bestehen die Leistungsbeziehungen zwischen mehreren Personen, so kommt es darauf an, wem der Schuldner etwas zugewendet und ob der in Anspruch genommene Empfänger eine den Wertzuwachs ausgleichende Verfügung vorgenommen hat.[26]
– Zu im *Schneeballsystem* erzielten *Scheingewinnen* → Rn. 17.

b) *Zwei- und Drei-Personenverhältnis:* 12
– Bei der Abgrenzung entgeltlich/unentgeltlich wird es im Regelfall um die Leistungsbeziehung zwischen Schuldner und Empfänger, also um ein *Zwei-Personenverhältnis* gehen; bei solchen Austauschverträge (zu Besonderheiten bei einem Vergleich → Rn. 14 aE) besteht die Unentgeltlichkeit in der Aufgabe eines Vermögenswertes des Verfügenden zugunsten der anderen Partei ohne kompensierende (den empfangenen Vermögenswert ausgleichende) Gegenleistung.[27]
– Im *Drei-Personenverhältnis,* also bei Einschaltung eines Dritten in den Zuwendungsvorgang (Beispiele → Rn. 13, → Rn. 12 ff.) kommt es gerade nicht darauf an, ob der Schuldner selbst einen Ausgleich für seine Leistung erhalten hat, maßgeblich ist vielmehr , ob der Empfänger seinerseits eine Gegenleistung (an den Dritten) zu erbringen hat;[28] im Fall hatte die Schuldnerin an die später beklagte Versicherung für dort versicherte Fahrzeuge eines Dritten Prämien bezahlt, an den der Versicherungsschutz auch erbracht wurde, weshalb Unentgeltlichkeit ausschied. Die Tilgung einer fremden Schuld kann aber unentgeltlich sein, auch wenn der Empfänger an den Zahlenden Leistungen erbracht hat, sofern sich der Zahlungsempfänger hierzu nur gegenüber seinem Schuldner verpflichtet hatte;[29] im Fall hatte sich der (spätere) Beklagte in seinem Vertrag (auch) mit der Verwendung bei der Schwestergesellschaft seines Vertragspartners einverstanden erklärt, die dann nach Beschäftigung bei ihr an den Beklagten zahlte, weshalb es für die Frage entgeltlich/unentgeltlich auf die Werthaltig-

---

[23] BGH NZI 2001, 539 = ZIP 2001, 1248 = ZInsO 2001, 661; BGHZ 113, 98 = NJW 1991, 560; 113, 393 = NJW 1991, 1610. Vgl. a *Henckel* ZIP 1990, 137; *Gerhardt* ZIP 1991, 273; *Häsemeyer* ZIP 1994, 418, 422.
[24] BGH ZIP 1993, 1170, 1173 = NJW-RR 1993, 1379.
[25] BGH NJW 1999, 1033 = ZIP 1999, 316.
[26] BGHZ 41, 208, 301 = NJW 1964, 1960; 121, 179 = NJW 1993, 663, 664; OLG Karlsruhe NZI 2004, 31 = ZInsO 2003, 999.
[27] BGH ZIP 2013, 2208 Rn. 6 = ZInsO 2013, 2265; NZI 2007, 403 (Rn. 16) = ZInsO 2007, 598 = ZIP 2007, 118.
[28] BGH NZI 2014, 940 Rn. 14; ZIP 2008, 1385 Rn. 11.
[29] BGH ZIP 2013, 2208 Rn. 7, 8 = ZInsO 2013, 2265.

Huber

keit seines Vertragsanspruchs ankam (näher sogleich). Unentgeltlichkeit liegt deshalb vor, wenn der spätere Insolvenzschuldner seine für die Forderung eines Dritten mithaftende Tochter von ihrer Ausgleichspflicht im Innenverhältnis schenkungshalber freistellt, und das, obwohl er durch die Zahlung an den Dritten zugleich von seiner eigenen Verbindlichkeit frei wird.[30] Entgeltlichkeit ist aber gegeben, wenn der Empfänger für die Zuwendung des Schuldners mit dessen Einverständnis eine ausgleichende Gegenleistung an den Dritten bewirkt, zB gegen Sicherheitenbestellung diesem ein Darlehen gewährt.[31] Hauptanwendungsfall für ein Drei-Personen-Verhältnis ist die im folgenden erörterte Tilgung oder Besicherung fremder Schuld.

13   **3. Tilgung und Besicherung fremder Schuld.**[32] Die Tilgung oder Besicherung fremder Schuld kann dem Gläubiger (Zuwendungsempfänger) gegenüber nach § 134 InsO und § 133 Abs. 1 InsO anfechtbar sein, nach Ablauf der vierjährigen Anfechtungsfrist kommt freilich nur eine Vorsatzanfechtung in Betracht, wobei dann alleine dessen Anfechtungsfrist maßgeblich ist (→ § 48 Rn. 36). Die frühere Problemlage zum richtigen Anfechtungsgegner ist zwischenzeitlich erledigt (→ § 51 Rn. 59), weshalb in der Insolvenz des Leistungsmittlers eine Vorsatzanfechtung seines Insolvenzverwalters gegen den Gläubiger möglich ist, ohne dass die Gesetzessystematik oder eine Interessenlage entgegensteht.[33] Gegenstand der folgenden Erörterungen ist die ohne rechtliche Verpflichtung des (späteren) Insolvenzschuldners vorgenommene Tilgung fremder Schuld nach § 134, wobei man – wegen des Drei-Personen-Verhältnisses (→ Rn. 12) – für Anfechtungstatbestände und Anfechtungsgegner unterscheiden muss:[34]

– Eine unentgeltliche Zuwendung liegt vor, wenn die Forderung des Gläubigers (gegenüber dem Schuldner der Verbindlichkeit) *nicht werthaltig* war; das gilt auch dann, wenn dieser von der Wertlosigkeit seiner Forderung keine Kenntnis hatte bzw. wird die Leistung des (späteren) Insolvenzschuldners nicht deshalb zu einer entgeltlichen, weil der Gläubiger (Leistungsempfänger) seinerseits Leistungen an den Dritten (seinen Schuldner) erbracht hat.[35]
– Zur Konkurrenz von Anfechtungsansprüchen kommt es bei *Doppelinsolvenz,* wenn also auch der Schuldner der Verbindlichkeit insolvent geworden ist, weil dann (auch) dem Insolvenzverwalter über dessen Vermögen ein Anfechtungsanspruch aus Deckungsanfechtung[36] in Form einer mittelbaren Leistung gegen den Zuwendungsempfänger zusteht (→ § 51 Rn. 2 mit Auflösung zur Konkurrenz).
– Bei *Werthaltigkeit* der Forderung richtet sich die Anfechtung gemäß § 134 I InsO gegen den Schuldner der Forderung, nicht gegen dessen Gläubiger, weil dieser durch die Inempfangnahme der Zahlung eine Gegenleistung (Erlöschen seiner Schuld) er-

---

[30] BGHZ 141, 96, 100 = NJW 1999, 1549 = NZI 1999, 188 = ZIP 1999, 628 = LM H 8/1999 § 32 KO Nr. 14 *(Huber).*
[31] BGH NJW 1992, 2421 = ZIP 1992, 1089 = EWiR § 3 AnfG 2/92, 841 *(Marotzke/Assmann).*
[32] Ausführl. dazu *Thole* KTS 2011, 219, 224 ff.; näheres zur Anwendung der §§ 133, 134 InsO im Mehrpersonenverhältnis, wozu eine Grundsatzkorrektur für erforderlich hält *Bittner,* Bankrechtstag 2013, S. 37, 81 ff.: Anfechtungsrechtliche Zuordnungen sollten dem Leistungsbegriff im bereicherungsrechtlichen Sinn entsprechen (S. 90). Ausf. zu Insolvenzanfechtung im Dreiecksverhältnis *Huber* ZInsO 2010, 977; aus wissenschaftlicher Sicht vgl. zB *Burchard* (Diss), 2009.
[33] BGH NZI 2013, 145 Rn. 8 = ZIP 2013, 81 = ZInsO 2013, 73; *Burchard,* S. 282; *Huber* ZInsO 2010, 977, 978. Wohl anders *Jaeger/Henckel,* InsO, § 133 Rz. 11 aE.
[34] BGH ZIP 2004, 917 = NZI 2004, 374 mit Anm. *Huber,* dazu EWiR 2004, 771 *(Höpfner);* ausführlich zur Entscheidung *Henckel* ZIP 2004, 1671. Seitdem ständige Rspr., vgl. nur die ausdrückliche Bestätigung in BGH NZI 2008, 556 (Rn. 13, 14) = ZInsO 2008, 811 = ZIP 2008, 1325.
[35] BGHZ 162, 276, 280 ff. („Cash-Pool-System") = ZIP 2005, 767, 768; näheres zum Urteil *Biller,* Bankrechtstag 2013, S. 37, 74 f. Anschlussentscheidung („Cash-Pool-System II"): BGH NZI 2006, 339 = ZIP 2006, 957, dazu EWiR 2006, 469 *(Henkel);* näher zum Cash Pooling *Altmeppen,* ZIP 2006, 1025.
[36] Genauer: Inkogruenzanfechtung, vom BGH in der einschlägigen Entscheidung (→ § 51 Rn. 2) unzutreffend bei § 130 eingeordnet, vgl. *Huber* NZI 2008, 149, 150.

bracht hat; eine inkongruente Deckungsanfechtung scheidet aus, weil der Gläubiger kein Insolvenzgläubiger (kein Gläubiger des Insolvenzschuldners), sondern „nur" der Gläubiger des Dritten ist. Zu prüfen wäre in einem solchen Fall aber auch eine Vorsatzanfechtung gemäß § 133 I InsO.[37] Bei Doppelinsolvenz stellt sich dasselbe Problem.

- Für die *Abgrenzung (werthaltig/nicht werthaltig)* kommt es auf eine *objektive* Gesamtbetrachtung der wirtschaftlichen Situation des Schuldners der Verbindlichkeit an, also insbesondere darauf, ob dieser schon zahlungsunfähig war oder der Eintritt dieses Ereignisses drohte, was nach allgemeinen Regeln der Insolvenzverwalter zu beweisen hat; denn die fehlende Kenntnis des bedienten Gläubigers von der Wertlosigkeit der Forderung hat keine Bedeutung.[38]
- Eine *Drittzahlung des späteren Insolvenzschuldners* ist folglich unentgeltlich, wenn der Schuldner des Leistungsempfängers (Gläubiger) im Zeitpunkt der Bewirkung mindestens insolvenzreif war, wobei auch in diesem Fall die vierjährige Anfechtungsfrist gilt;[39] denn mit der Entgegennahme hat der Empfänger nur eine wertlose Forderung gegen seinen Vertragspartner verloren.[40] Das gilt umso mehr nach Insolvenzantrag, erst recht nach Insolvenzeröffnung. In solchen Fällen soll eine Forderung aber gleichwohl als werthaltig zu beurteilen sein, wenn sich der Zahlungsempfänger gegenüber seinem Schuldner durch Aufrechnung hätte Befriedigung verschaffen können[41] (bedenklich, weil es im Anfechtungsrecht hypothetische Erwägungen nicht gibt, → § 46 Rn. 73).
- *Keine* unentgeltliche Leistung liegt demgegenüber bei Drittzahlung durch den späteren Insolvenzschuldner vor, wenn der ihm zustehende Regressanspruch (§ 812 Abs. 1 S. 1 BGB) werthaltig war, der Zuwendungsempfänger (Anfechtungsgegner) deshalb darauf erfolgreich hätte zugreifen können;[42] beruft er sich darauf, trifft ihn hierfür die Darlegungs- und Beweislast.[43] Begleitet der Schuldner eine gegen einen Dritten gerichtete wertlose Forderung, scheidet eine Schenkungsanfechtung aus, wenn eine weitere Person für die Forderung eine werthaltige Sicherheit gestellt hatte, die der durch die Zahlung befriedigte Gläubiger verliert.[44]
- Die geschilderten Abgrenzungskriterien gelten auch, wenn in einer *umsatzsteuerlichen Organschaft* die Organgesellschaft kurz vor Eröffnung des Insolvenzverfahrens über ihr Vermögen die sonst gegenüber dem Organträger uneinbringliche (und damit wertlose) Steuerschuld begleicht.[45]
- Alle diese Grundsätze gelten auch für die *schuldbefreiende Übernahme* fremder Schuld und die nicht geschuldete *Besicherung* fremder Schuld, die nicht deshalb entgeltlich ist, weil der Sicherungsgeber mit der Gewährung der Sicherheit ein eigenes wirtschaftliches Interesse verfolgt, Letzteres kann vielmehr nur ein Indiz für Entgeltlichkeit sein.[46] Eine die Unentgeltlichkeit ausschließende Gegenleistung ist bei derer nachträglicher Besicherung einer Drittschuld aber gegeben, wenn der Sicherungsgeber zur Bestellung der Sicherheit auf Grund einer entgeltlich begründeten Verbindlich-

---

[37] In BGH ZIP 2004, 917, aber aus tatsächlichen Gründen, freilich wenig überzeugend verneint; *Huber* NZI 2004, 375, 276 (Urteilsanm).
[38] Mindestens schief deshalb OLG Koblenz ZInsO 2008, 1210.
[39] BGH ZIP 2009, 2241 = ZInsO 2009, 2303.
[40] BGH ZInsO 2010, 109; ZIP 2014, 977 Rn. 5 = ZInsO 2014, 1057.
[41] BGH NZI 2013, 592 Rn. 8 = ZIP 2013, 1131 = ZInsO 2013, 1085.
[42] BGH ZIP 2010, 36 = ZInsO 2010, 36.
[43] BGH ZIP 2010, 1402 = ZInsO 2010, 1379.
[44] BGH ZIP 2014, 977 = InsO 2014, 1057 (insbes. Rn. 6 aE).
[45] BGH ZIP 2009, 2455 = ZInsO 2010, 141.
[46] BGH NZI 2006, 524 (Rn. 14, 17) = ZInsO 2006, 771 = ZIP 2006, 1362; EWiR 2006, 663 *(Stiller)*.

keit gehalten war; im Fall war dem Sicherungsgeber für seine Leistung die Kreditgewährung an den Dritten versprochen worden.[47]
– *Kein* Vermögensopfer, also keine ausgleichende Gegenleistung erbringt ein Gläubiger durch das *Stehenlassen seiner Darlehensforderung* gegen einen Dritten für den Fall der nachträglichen Besicherung (durch den späteren Insolvenzschuldner), und zwar unabhängig von der Werthaltigkeit bzw. Wertlosigkeit der Forderung gegen den Dritten zum Zeitpunkt ihrer Besicherung und auch unabhängig von einer vorherigen Kündigung;[48] denn auch das bloße Unterlassen der Rückforderung eines gekündigten Darlehens bedeutet keine Zuführung eines neuen Vermögenswerts.[49] Entsprechendes gilt für das Stehenlassen einer Gesellschafterleistung, das (vor Geltung des MoMiG, → § 50 Rn. 2) zur Umqualifizierung in Eigenkapital führt, weshalb diese Gesellschafterleistung in der Doppelinsolvenz von Gesellschaft und Gesellschafter gegenüber der Gesellschaft als unentgeltlich anfechtbar ist.[50]

14   **4. Abgrenzung unentgeltlich/entgeltlich. a)** *Beispiele für Unentgeltlichkeit:*
– *Zuwendungen an Ehegatten* (insb Leistungen beim Hausbau, die auch dessen Eigentumsanteil zugute kommen) lediglich als Ausgleich dafür, dass die Erwerbsmöglichkeiten des Partners durch die Ehe auf den Haushalt beschränkt sind.[51] Denn solche *unbenannten (ehebedingten) Zuwendungen* sind gerade dadurch gekennzeichnet, dass eine rechtliche Verpflichtung dafür fehlt.[52] Unentgeltlich ist auch die Zahlung des Schuldners an den Ehegatten seines Vertragspartners zur Ausnutzung des *Schenkungssteuerfreibetrags,* selbst wenn der beabsichtigte steuerliche Erfolg aus Rechtsgründen nicht eingetreten ist.[53] Die bei der *Übertragung bebauter Grundstücke* an Ehegatten, Kinder oder andere nahe Angehörige typische Vereinbarung „gegen Einräumung (Vorbehalt) von Nießbrauch" stellt keine Gegenleistung dar, ändert folglich nichts an der Unentgeltlichkeit, weil der Nießbrauch nur den Vorteil des Beschenkten mindert, nicht jedoch ausgleicht.[54] Entgeltlichkeit kann jedoch die Übernahme der persönlichen Haftung (also anders als im Beispiel → Rn. 12) für die Forderungen, die durch auf dem Grundstück lastenden Grundpfandrechte gesichert sind, begründen, weil dann der Übernehmer nicht nur mit dem Grundstück, sondern auch mit seinem übrigen Vermögen haftet, sofern Letzteres nicht praktisch wertlos ist.[55] Diese Problemlage darf nicht verwechselt werden mit der Frage einer wertausschöpfenden Belastung (→ § 46 Rn. 60).[56] Unentgeltlich sind auch Zuwendungen von Schwiegereltern an *(künftige) Schwiegerkinder,* die um der Ehe ihres Kindes willen erfolgen, nachdem solche Leistungen inzwischen sogar familienrechtlich als Schenkung qualifiziert werden.[57]
– Der Annahme einer Unentgeltlichkeit steht auch nicht entgegen, dass der spätere Insolvenzschuldner für seine Zuwendungen (zB für seine unentgeltlichen Leistungen

---

[47] BGH NZI 2013, 82.
[48] BGH NZI 2009, 435 = ZInsO 2009, 1056 = ZIP 2009, 1122. Abl *Grell/Schormeier* NZI 2009, 625 wegen des Verzichts auf das Merkmal der Wertlosigkeit, worauf noch BGH NZI 2006, 524 (Rn. 12) = ZInsO 2006, 771 = ZIP 2006, 1362 (s vorige Fn) dargestellt hat.
[49] BGH NZI 2009, 435 (Rn. 12).
[50] BGH NJW 2009, 2065 = NZI 2009, 429 = ZInsO 2009, 1060 = ZIP 2009, 1080. Ob diese Rechtsprechung fortgilt, ist streitig, verneinend *Burmeister/Nohlen* NZI 2010, 41.
[51] BGHZ 71, 61 = NJW 1978, 1326.
[52] BGH NZI 2008, 633 (Rn. 9) = ZInsO 2008, 910 = ZIP 2008, 2126; so auch schon BGH NJW 1999, 1033. Näher MüKoInsO/*Kayser,* § 134 Rn. 36; zum Parallelproblem in der Einzelgläubigeranfechtung *Huber* AnfG § 4 Rn. 34 f.
[53] BGH NZI 2006, 583 = ZIP 2006, 1639.
[54] BGHZ 141, 96, 100 = NJW 1999, 1549 = NZI 1999, 188 = ZIP 1999, 628 = LM H 8/1999 § 32 KO Nr. 14 *(Huber);* zur Entscheidung vgl. auch *Gerhardt* EWiR 1999, 509.
[55] BGH ZIP 2006, 387.
[56] Näher dazu *Huber,* ZfIR 2008, 313 ff.
[57] BGHZ 184, 190 = NJW 2010, 2202, m. Anm. *B. Schmitz.*

als Bauunternehmer für einen gemeindlichen Freizeitpark) eine *Spendenquittung* erhält, also die „Gegenleistung" in der bloßen Aussicht auf steuerliche Vorteile oder auf die Verbesserung von Absatzchancen liegt.[58]
- Der *Verzicht auf einen Pflichtteil* ist in aller Regel keine Gegenleistung, die die Verfügung des Schuldners (im Sachverhalt: Übereignung wertvollen Grundbesitzes) zu einer entgeltlichen macht;[59] das bloße Interesse des Schuldners, die volle Testierfreiheit auch hinsichtlich des wegen des Pflichtteilanspruchs (§ 2303 BGB) faktisch gebundenen Vermögens zu erlangen, genügte nicht.
- Eine Leistung, die der spätere Schuldner in Kenntnis aller Umstände ohne Gegenleistung erbracht hat, ist auch dann unentgeltlich im Sinne des Anfechtungsrechtes, wenn der Leistungsempfänger sie auf Grund eines vom Schuldner hervorgerufenen *Irrtums* für entgeltlich hielt.[60] Zur Anfechtung von im *Schneeballsystem erzielten Scheingewinnen* → Rn. 11 aE.
- Bei einer *Risikolebensversicherung des Schuldners zugunsten eines Dritten* (ausf → § 46 Rn. 27) erhält letzterer bei widerruflichem Bezugsrecht die Versicherungssumme als unentgeltliche mittelbare Zuwendung, die bei Auszahlung der Versicherungssumme (Vornahme der Zuwendung, → Rn. 4) innerhalb der Anfechtungsfrist vollständig zurückzugewähren ist;[61] bei außerhalb der Anfechtungsfrist begründetem unwiderruflichem Bezugsrecht sind demgegenüber nur die innerhalb der Vier-Jahresfrist gezahlten Versicherungsprämien als unentgeltliche Leistung anfechtbar.
- Bei solchen Sachverhalten zu *„Lebensversicherung/Bezugsrecht"* kommt es deshalb darauf an, die einzelnen Fallgruppen stets genau zu analysieren und zu unterscheiden:[62] Einräumung einer unwiderruflichen Bezugsberechtigung schon bei Vertragsschluss; Abschluss der Lebensversicherung für den Schuldner selbst und erst nachträglich unwiderrufliche Bezeichnung eines Dritten als Begünstigten; widerrufliche Bezugsberechtigung von Anfang an oder nachträglich; Umwandlung von widerruflicher in unwiderrufliche Bezugsberechtigung und umgekehrt.
- Entsprechendes gilt für eine Kapitallebensversicherung.[63]
- Eine unentgeltliche Zuwendung enthalten auch gesellschaftsrechtliche *Abfindungsklauseln*.[64]

b) *Beispiele für Entgeltlichkeit:*
- *Veräußerung von Waren* unter Wert (→ § 47 Rn. 68), weil sie rechtlich von einer Gegenleistung abhängig ist, es sei denn, es handelt sich um eine so genannte gemischte Schenkung (→ Rn. 15).
- Weihnachts- oder sonstige *Gratifikationen*, aber nur, wenn der Schuldner selbst der Dienstherr/Arbeitgeber war; gewährt er als Alleingesellschafter einer AG dessen Angestellten eine Weihnachtsgratifikation, so liegt – entgegen der Auffassung des BGH – eine unentgeltliche Leistung vor.[65]
- Zusage einer *Halteprämie* durch den Arbeitgeber an den Arbeitnehmer (Prämie, wenn dieser bis zu einem bestimmten Stichtag keine Eigenkündigung erklärt), weil die Betriebstreue eine objektiv werthaltige Gegenleistung für die zugesagte Prämie ist;[66]

---

[58] BGH WM 1978, 671, 674 (insoweit in BGHZ 71, 296 und NJW 1978, 1525 nicht abgedruckt).
[59] BGHZ 113, 393 = NJW 1991, 1610 = EWiR § 3 AnfG 2/91, 331 *(Gerhardt);* ausf zum Problem vgl. *Brandner,* FS Merz, S. 3.
[60] BGHZ 113, 98 = NJW 1991, 560; vgl. *Gerhardt* ZIP 1991, 273.
[61] BGHZ 156, 250, 355 ff. = ZIP 2003, 2307 = NZI 2004, 78 m Anm. *Huber;* ausf. zum Urteil *Kayser,* FS Kreft, S. 341.
[62] Näher *Huber* EWiR 2012, 231 (Urteilsanmerkung zu BGH NZI 2012, 661).
[63] OLG Düsseldorf NZI 2008, 501 = ZIP 2008, 2031.
[64] Näher MüKoInsO/*Kayser,* § 134 Rn. 39.
[65] Näher *Huber* EWiR 1997, 267 gegen BGH NJW 1997, 866 („Schneider-Konkurs").
[66] BAG ZIP 1014, 139 Rn. 49 ff., 54 ff. = ZInsO 2014, 146 („Quimonda").

– *Erfüllung und Sicherung eigener Schulden* (→ § 47 Rn. 55), und zwar auch die *nachträgliche, nicht geschuldete Bestellung* einer Sicherheit für eine eigene, durch entgeltliche Gegenleistung begründete Verbindlichkeit, weil die bloße Sicherung einer bestehenden Forderung nicht in weitergehendem Umfang anfechtbar ist, als die Erfüllung selbst, folglich eine Anfechtbarkeit allenfalls zusammen mit dem Hauptgeschäft, das seinerseits den Rechtsgrund für die Übertragung von Vermögensgütern bildet, in Betracht kommt.[67] Das gilt auch für die nachträgliche Besicherung einer Verbindlichkeit des Schuldners aus *unerlaubter Handlung* oder deren Verstärkung durch Schuldanerkenntnis.[68] Die nachträgliche nicht geschuldete Besicherung eigener Schuld ist aber unter dem Gesichtspunkt der Inkongruenz nach § 131 bzw. § 133 I InsO anfechtbar; diese Grundsätze gelten auch für die Verstärkung des Anspruchs durch Schuldanerkenntnis.[69]

– Die *Besicherung fremder Schuld* beinhaltet zwar grundsätzlich eine unentgeltliche Leistung (→ Rn. 13), ist aber dann entgeltlich, wenn der Empfänger für die Zuwendung des Schuldners mit dessen Einverständnis eine ausgleichende Gegenleistung an einen Dritten bewirkt, insbesondere die Kreditgewährung gegen Sicherung des Rückzahlungsanspruches zusagt,[70] wie es vor allem im Verhältnis zwischen Mutter- und Tochtergesellschaft häufig der Fall ist.[71] Keine ausgleichende Gegenleistung ist aber das bloße Stehenlassen einer Darlehensforderung gegen den Dritten (→ Rn. 13 aE).

– Die Zahlung einer *Geldauflage zur Einstellung eines Strafverfahrens* durch den Beschuldigten/Angeklagten (§ 153a StPO) enthält keine unentgeltliche Leistung, wenn die erteilte Auflage in einem ausgewogenen Verhältnis zu dem Verurteilungsrisiko und dem öffentlichen Interesse an der Durchsetzung des staatlichen Strafanspruchs steht.[72] Allerdings kommt in solchen Fällen eine Vorsatzanfechtung in Betracht, wenn der Schuldner die hierdurch bewirkte Benachteiligung seiner Gläubiger billigend in Kauf genommen hat, um durch die Erfüllung der Auflage die Einstellung des gegen ihn laufenden Strafverfahrens zu erreichen, und die Staatsanwaltschaft wusste, dass die Zahlungsunfähigkeit des Schuldners mindestens drohte und die geleistete Zahlung seine Gläubiger benachteiligte;[73] Anfechtungsgegner ist durch die Zahlung begünstigte Staatskasse; bei Leistung an einen Dritten ändert das nicht am entgeltlichen Charakter, eine Vorsatzanfechtung scheitert dann regelmäßig an der fehlenden Kenntnis, zumal einem Dritten von Staatsanwaltschaft/Gericht nur der Name des Zahlungspflichtigen mitgeteilt wird. Diese Grundsätze gelten entsprechend für die Zahlung des Verurteilten im Rahmen einer *Bewährungsauflage*.[74]

– Bei einem *Vergleich* (§ 779 BGB) passt die auf Austauschverträge zugeschnittene Abgrenzungsformel (→ Rn. 12) – die beim zugrunde liegenden Rechtsverhältnis anknüpft – nicht, vielmehr muss man wie folgt unterscheiden:[75] Wird der Vergleich ge-

---

[67] BGHZ 112, 136 = NJW 1990, 2626 = EWiR 1990, 919 *(Gerhardt)*; bestätigt durch BGH NZI 2004, 623 = ZIP 2004, 1819 = ZInsO 2004, 967; dazu *Gerhardt* LMK 2005, 14; aA MüKoInsO/*Kaser*, § 134 Rn. 25ff.; *Ganter*, in: Schimansky/Bunte/Lwowski, Bankrechts-Handbuch § 90 Rn. 180.

[68] BGH NZI 2010, 439 (Rn. 10, 11) = ZInsO 2010, 807 = ZIP 2010, 841.

[69] BGH ZIP 2010, 841 Rn. 11 = ZInsO 2010, 807.

[70] BGH NJW 1992, 2421; vgl. *Häsemeyer* ZIP 1994, 418, 420.

[71] BGHZ 138, 291 = NJW 1998, 2592 = LM H 9/1998 GesO Nr. 36–38 *(Huber)*. Ausf zur Besicherung und Insolvenzanfechtung im Konzern („upstream guarantees") *Hirte*, FS Kreft S. 307ff.

[72] BGH NZI 2008, 488 (Rn. 11ff.) = ZInsO 2008, 738 = ZIP 2008, 1291; näher zum Problem *Rinjes*, wistra 2008, 336.

[73] BGH aaO (Rn. 16ff.).

[74] Ausf zum Problem – allerdings vor der zitierten BGH-Entscheidung – *Ahrens* NZI 2001, 456; vgl. auch *Brömmekamp* ZIP 2001, 951ff.

[75] Zu den folgenden Grundsätzen BGH NZI 2006, 101 (Rn. 15ff.) = ZInsO 2006, 1322 = ZIP 2006, 2311.

schlossen, um die bei verständiger Würdigung des Sachverhaltes oder der Rechtslage bestehende Ungewissheit durch gegenseitiges Nachgeben zu beseitigen, so lässt dies vermuten, dass die vereinbarte Regelung die gegenseitigen Interessen ausgewogen berücksichtigt hat. Für das Nachgeben steht den Parteien ein Ermessens- und Beurteilungsspielraum zu;[76] erst wenn der Vergleich objektiv nicht ernstlich zweifelhaft diesen Bereich verlässt, kommt Unentgeltlichkeit in Betracht. Findet sich außerdem ein Gläubiger ohne Ungewissheit der Sach- und Rechtslage infolge eines Liquiditätsengpasses oder aus sonstigen Gründen bereit, vergleichsweise einen Teil seiner Forderung aufzugeben, ist das in der Regel gemäß § 134 InsO anfechtbar. Darüber hinaus werden in solchen Fällen oft die Voraussetzungen einer Vorsatzanfechtung gegeben sein, wie beispielsweise bei einem Vergleich über die Abgeltung von Werklohnansprüchen wegen nur angeblicher oder stark überhöht angesetzter Mängelbeseitigungskosten bei einem Bauvorhaben und der daraus folgenden Inkongruenz.[77] Diese Grundsätze gelten auch für einen Prozessvergleich.

5. Teilweise Unentgeltlichkeit („gemischte/verschleierte Schenkung").

– Eine *gemischte Schenkung* liegt vor, wenn die Gegenleistung wesentlich unter dem Wert der Leistung des späteren Insolvenzschuldners bleibt. Stehen wirtschaftlicher Zweck und Interessen der Vertragspartner der Annahme eines zusammengesetzten Rechtsgeschäfts nicht entgegen, lässt es sich also in einen unentgeltlichen und in einen entgeltlichen Teil zerlegen, so fällt erster unter § 134 InsO, Letzterer unter §§ 130–132, 133 InsO; ist dies nicht möglich, so kommt es darauf an, worin der Hauptzweck des Rechtsgeschäftes zu sehen ist (zur Teilanfechtung → § 46 Rn. 41, 42). Entspricht zB der Wert des Sicherungsgutes nur teilweise der Gegenleistung und haben die Vertragspartner den ihnen zustehenden Bewertungsspielraum überschritten, so ist die Verfügung (Sicherungsübereignung) nach § 134 InsO insoweit anfechtbar, als sie die Gegenleistung übersteigt.[78]

– Von der gemischten Zuwendung ist die sog. *verschleierte Schenkung* zu unterscheiden, beispielsweise der Verkauf einer Sache oder eines Rechts zu einem symbolischen Preis; hier ist das entgeltliche Rechtsgeschäft als Scheingeschäft nichtig (§ 117 I BGB) und die wirksame unentgeltliche Verfügung (§ 117 II BGB) nach § 134 InsO anfechtbar.

6. Schenkungen in Vollziehung eines Schenkungsversprechens.

Sie sind als solche keine unentgeltlichen Leistungen; doch bildet solcher Schenkungsvollzug mit dem vorangegangenen Schenkungsversprechen eine Einheit, so dass der Gesamtvorgang unter § 134 InsO fällt. Es reicht folglich aus, wenn der Vollzug der Schenkung innerhalb der Anfechtungsfrist liegt.[79] Abzustellen ist dabei auf den Zeitpunkt, zu dem der mit dem Schenkungsvertrag bezweckte Rechtserfolg eintritt (→ Rn. 4; → § 46 Rn. 20). *Beispiele:* Hat sich der spätere Insolvenzschuldner bei der schenkungsweisen Übertragung eines Grundstücks verpflichtet, seine Tochter (Erwerber) von den im Grundbuch eingetragenen Belastungen zu befreien (→ Rn. 12), wird die Schenkung erst mit Befriedigung der dinglichen Gläubiger vollzogen;[80] bei Verpflichtung zur unentgeltlichen lastenfreien Übertragung ist die innerhalb der Anfechtungsfrist erfolgte Ablösung eines bei Übertragung bestehen gebliebenen Grundpfandrechts selbständig die unentgeltliche

---

[76] BGH NJW 2012, 2099 Rn. 35 = ZIP 2012, 984 = ZInsO 2012, 830. Näher *Gerhardt,* KTS 2004, 195, 198 ff.
[77] Ausführlich dazu für die Insolvenzanfechtung *Huber,* ZInsO 2008, 926 und zum Parallelproblem in der Einzelgläubigeranfechtung *Huber,* AnfG, § 1 Rn. 52, § 3 Rn. 35.
[78] BGH ZIP 1998, 830, 836.
[79] BGHZ 141, 96, 103 = NJW 1999, 1549 = LM H 8/1999 § 32 KO Nr. 14 *(Huber).*
[80] BGHZ aaO.

Leistung anfechtbar.[81] Die Sicherung des Schenkungsversprechens durch Eintragung einer Vormerkung (vgl. § 140 II 2 InsO) hindert die Anfechtung nach § 134 InsO nicht (→ § 38 Rn. 8).[82]

17 **7. Auszahlung von Scheingewinnen.** Bei im *Schneeballsystem* erzielten Scheingewinnen[83] handelt es sich nach der schon zum Konkursrecht ergangenen[84] und im Bereich der Insolvenzordnung übernommenen[85] höchstrichterlichen Rechtsprechung um eine unentgeltliche Zuwendung, die seit der bekannten *Phoenix*-Entscheidung[86] wie folgt fortgeführt wird:
- Der Anfechtbarkeit nach § 134[87] steht nicht entgegen, wenn der daneben bestehende Bereicherungsanspruch der Masse nur an der Kenntnis des Schuldners von der Nichtschuld der Leistung scheitert (§ 814 BGB) und dem Anfechtungsgegner „vorinsolvenzliche" Schadensersatzansprüche gegen den Schuldner (§ 823 Abs. 2 BGB iVm § 163 StGB) zustehen.[88]
- Auszahlungen, mit denen – etwa nach Kündigung der Mitgliedschaft in der Anlegergemeinschaft – vom Anleger erbrachte Einlagen zurückgewährt worden sind, sind dagegen als entgeltliche Leistungen nicht (nach § 134) anfechtbar.[89]
- Der Anspruch auf Rückzahlung erzielter Scheingewinne erfasst alle Ausschüttungen, die der Schuldner auf die getätigte „Einlage" erbracht hat.[90]
- Der Rückgewähranspruch ist nicht mit den als Einlage des Anlegers erbrachten Zahlungen zu saldieren, hat er aber aufgrund der Auszahlung von Scheingewinnen bleibende steuerliche Belastungen zu tragen, so kann er sich insoweit auf den Einwand der Entreicherung berufen.[91]
- Wird dem Anleger (neben Scheingewinnen) auch die Einlage ausgezahlt, kann sich der Insolvenzverwalter nicht darauf berufen, sie sei durch Verluste und Verwaltungsgebühren teilweise aufgebraucht.[92]

---

[81] BGH NZI 2014, 397 Rn. 17 = ZIP 2014, 528 = ZInsO 2014, 493.
[82] HKInsO-*Kreft*, § 134 Rn. 13; MüKoInsO/*Kirchhof*, § 134 Rn. 24; Uhlenbruck/Hirte/Vallender/ *Hirte*, § 134 Rn. 42; aA *Tintelnot* in: Kübler/Prütting/Bork, § 106 Rn. 18, 19.
[83] Umfassend *v. Wilmowsky*, Schneeballsysteme der Kapitalanlage, 2010 (RWS-Skript 366). Vgl. auch: *Bitter/Heim* ZIP 2010, 1569; *Thole*, KTS 2011, 219, 233 ff.; *R. Paulus* ZInsO 2010, 315.
[84] BGH ZIP 1991, 35 = WM 1991, 112.
[85] BGH ZIP 2008, 975 (Gewinnzusage).
[86] BGHZ 179, 137 = ZIP 2009, 186; dazu EWiR 2009, 419 *(Runkel/Schmidt);* vgl. zu Urteil und Verfahren auch *Baumert/Schmitt* NZI 2012, 394.
[87] Die Rspr. befasst sich ausschließlich damit, andere möglicherweise auch in Betracht kommende Anfechtungstatbestände werden nicht erwähnt, dazu vgl. *v. Wilmowsky*, Schneeballsysteme der Kapitalanlage, Rn. 184 ff.: Anfechtbarkeit wegen Gläubigerfehlverhaltens nach §§ 130, 131 InsP.
[88] BGHZ 179, 137 Rn. 11 ff. = ZIP 2009, 186.
[89] BGH ZIP 2010, 1455 = ZInsO 2010, 1454; ebenso OLG München ZIP 2011, 234 = ZInsO 2011, 132. Zur genannten BGH-Entscheidung (und den beiden folgenden) *Bitter/Heim* ZIP 2010, 1569.
[90] BGH ZIP 2010, 1457 = ZInsO 2010, 998; dazu *Bitter/Heim* ZIP 2010, 1569.
[91] BGH ZIP 2010, 1245 Rn. 14 = ZInsO 2010, 1185; *Bitter/Heim* ZIP 2010, 1569.
[92] BGH ZIP 2011, 390 = ZInsO 2011, 428; *Bitter/Heim* ZInsO 2011, 483.

Kapitalerhaltende Anfechtung **§ 50**

§ 50 (derzeit unbesetzt)

Noch in der 4. Auflage wurde unter diesem Abschnitt gemäß der Überschrift behandelt: **1**

§ 50. Eigenkapitalersetzendes Darlehen (§ 135 InsO aF), Gesellschafterdarlehen (§ 135 InsO), Einlage eines stillen Gesellschafters (§ 136 InsO)

Übersicht

	Rn.
I. Altes und neues Recht bei § 135 InsO und Übergangsrecht	1
1. Altes Recht: Nebeneinander von Novellen- und Rechtsprechungsregeln	1
2. Neuregelung durch das MoMiG	2
3. Übergangsrecht	3
4. Systematik der folgenden Bearbeitung: Nebeneinander von altem und neuem Recht	4
II. Altes Recht: Eigenkapitalersetzende Darlehen (§ 135 InsO aF) – sog. Altfälle	5
1. Anwendungsbereich	5
a) Gesellschaften	5
b) Gesellschafter	6
c) Eigenkapitalersetzendes Darlehen	7
d) Gleichgestellte Forderung	8
e) Zeitpunkt	9
2. Die Anfechtung von Sicherungen, § 135 Nr. 1 InsO aF	10
a) Grundsätze	10
b) Praktische Bedeutung der Anfechtbarkeit	11
3. Die Anfechtung von Befriedigungen, § 135 Nr. 2 InsO aF	12
4. Weitere Anfechtungsvoraussetzungen	14
5. Beweislast	15
III. Neues Recht: Gesellschafterdarlehen (§ 135 InsO)	17
1. Anwendungsbereich der Neuregelung	17
a) Zeitlicher Anwendungsbereich	17
b) Persönlicher Anwendungsbereich	18
c) Übersicht zur Systematik des § 135 InsO	20
2. Anfechtbarkeit der Rückgewähr oder Besicherung eines Gesellschafterdarlehens (§ 135 I InsO)	21
a) Gesellschafterdarlehen und gleichgestellte Forderung	21
b) Anfechtung von Sicherungen (§ 135 I Nr. 1 InsO)	25
c) Anfechtung von Befriedigungen (§ 135 I Nr. 2 InsO)	26
d) Weitere Anfechtungsvoraussetzungen	27
e) Beweislast	28
f) Verhältnis zu anderen Vorschriften	29
3. Anfechtbarkeit der Befriedigung gesellschafterbesicherter Drittdarlehen (§ 135 II InsO)	30
a) Anwendungsbereich und Normzweck	30
b) Gesellschaftersicherheit	32
c) Anfechtbare Rechtshandlung und Anfechtungsfrist	33
d) Anfechtungsgegner und Rechtsfolgen	35
4. Gebrauchs- oder Nutzungsüberlassung durch Gesellschafter (§ 135 III InsO)	36
a) Normzweck, systematische Stellung, zeitlicher Anwendungsbereich	36
b) Voraussetzungen	38
c) Rechtsfolge Aussonderungssperre (§ 135 III 1 InsO)	42
d) Rechtsfolge Ausgleichsanspruch (§ 135 III 2 InsO)	45
e) Verhältnis zur Insolvenzanfechtung	48
f) Verhältnis zu §§ 103, 108 ff. InsO	50
IV. Einlage eines stillen Gesellschafters (§ 136 InsO)	54
1. Anwendungsbereich	54
2. Anfechtungstatbestand	57
3. Weitere Anfechtungsvoraussetzungen	59
4. Beweislast	60
5. Verhältnis zu anderen Anfechtungstatbeständen	61

Huber

§ 51

2 Für die früheren Abschnitte I–III wird nunmehr wegen der Einzelheiten verwiesen auf **§ 92** *(Haas/Kolmann/Pauer)*. **Die GmbH in der Krise,** insbesondere dort, zu
- „eigenkapitalersetzende Gesellschaftsleistungen" auf → § 92 Rn. 385 ff.,
- Rechtsfolgen des Eigenkapitalersatzes auf → Rn. 471 ff.,
- Anfechtung (§ 35 I, II InsO) auf → § 94 Rn. 445 ff.,
- Nutzungsüberlassung und § 135 III InsO auf → § 94 Rn. 502 ff.

3 Für den früheren Abschnitt IV wird wegen der Einzelheiten verwiesen auf **§ 94** *(Haas/Mock)*. **Insolvenz der Personengesellschaften,** insbesondere dort zur stillen Gesellschaft auf → § 94 Rn. 180 ff.

§ 51. Die Geltendmachung der Anfechtung

Übersicht

	Rn.
I. Ausübung des Anfechtungsrechts	1
1. Anfechtungsberechtigung des Insolvenzverwalters im Regelinsolvenzverfahren	1
a) Grundsätze	1
b) Anfechtungsberechtigung bei Doppelinsolvenzen	2
c) Abtretung, Vergleich, Verzicht	4
d) Prozessstandschaft	5
e) Unterlassene Insolvenzanfechtung	6
f) Erlöschen des Anfechtungsrechts	10
2. Anfechtungsberechtigung in anderen Verfahrensarten	11
a) Eigenverwaltung (§ 280 InsO)	11
b) Vereinfachtes Insolvenzverfahren (§ 313 II InsO)	12
c) Insolvenzplanverfahren	13
3. Einfluss des Insolvenzverfahrens auf die Gläubigeranfechtung nach dem AnfG	14
a) Grundsätze	14
b) Regelinsolvenzverfahren und Eigenverwaltung	16
c) Besonderheiten in anderen Verfahren	19
II. Geltendmachung der Anfechtung	22
1. Gerichtliche Geltendmachung	22
a) Allgemeines	22
b) Maßnahmen zur gerichtlichen Geltendmachung (Überblick)	23
2. Vorbereitung der Anfechtungsklage und Auskunftsanspruch	25
a) Auskunftsanspruch	25
b) Aufspüren anfechtbarer Rechtshandlungen	27
c) Exkurs: Auskunftsanspruch gegen Insolvenzverwalter	28
3. Anfechtungsklage	29
a) Rechtsweg für Insolvenzanfechtungsklagen	29
b) Klageart	30
c) Zuständigkeiten ordentlicher Gerichte	31
d) Anforderungen an Klageantrag	32
e) Anforderungen an Klagebegründung (Grundsätze einschließlich Indizienbeweis)	33
f) Behauptung nur vermuteter Tatsachen	34
g) Urkundenvorlage durch Dritte	36
4. Prozesskostenhilfe	37
III. Systematik zur zeitlichen Begrenzung des Anfechtungsanspruchs	38
1. Ausschlussfrist nach KO und GesO	38
2. Verjährungsfrist nach InsO und Übergangsrecht KO/GesO auf InsO	39
3. Abgrenzung zu den Anfechtungsfristen	41
IV. Verjährung des Anfechtungsanspruchs	42
1. Verjährungsfrist (Dauer, Berechnung)	42
a) Verjährungsfrist des § 146 I aF InsO	42

	Rn.
b) Verjährungsfrist des § 146 I nF InsO (samt Übergangsrecht)	43
c) Hemmung/Neubeginn	45
2. Reichweite der Verjährungsfrist des § 146 I InsO	46
a) unmittelbare Geltung	46
b) analoge Geltung (§ 96 I Nr. 3 InsO)	47
3. Wahrung der Verjährungsfrist	49
a) Klage und Widerklage	49
b) Andere Maßnahmen, insbes Mahnbescheid	51
c) Klageänderung/Klageerweiterung/nachträglicher Hilfsantrag	52
4. Leistungsverweigerungsrecht nach Fristablauf (§ 146 II InsO)	55
V. Anfechtungsgegner	57
1. Regelfall	57
2. Mittelbare Zuwendung	59
a) Frühere Rechtslage	59
b) Neue Rechtslage	60
3. Anfechtung gegen Gesamtrechtsnachfolger (§ 145 I InsO)	61
4. Anfechtung gegen sonstige Rechtsnachfolger (§ 145 II InsO)	62
a) Normzweck	62
b) Begriff „sonstiger Rechtsnachfolger"	63
c) Verhältnis Rechtsnachfolger/-vorgänger	65
d) Abgrenzung zur mittelbaren Zuwendung	66
e) Weitere gemeinsame Voraussetzungen	67
f) Einzelheiten zum entgeltlichen Erwerb (§ 145 II Nr. 1, 2)	68
g) Einzelheiten zum unentgeltlichen Erwerb (§ 145 II Nr. 3)	70
5. Anfechtung gegenüber der Bundesagentur für Arbeit	71

I. Ausübung des Anfechtungsrechts

1. Anfechtungsberechtigung des Insolvenzverwalters im Regelinsolvenzverfahren. a) *Grundsätze.* Ob der Anfechtungsanspruch der Gläubigergemeinschaft, dem Verwalter, einem „Sondervermögen Insolvenzmasse" oder dem Insolvenzschuldner zusteht, ist seit jeher streitig,[1] für die Praxis meist aber ohne große Bedeutung. Jedenfalls ist *Anfechtungsberechtigter* im *Regelinsolvenzverfahren* (§§ 1–216 InsO) gemäß § 129 I InsO nur der Insolvenzverwalter; zur Konkurrenz bei Doppelinsolvenzen sogleich. Das Anfechtungsrecht ist nämlich eigens für die Insolvenzzwecke geschaffen und deshalb – nach früherer Auffassung des BGH (zum Problem der Abtretbarkeit → Rn. 4) – untrennbar mit dem Amt des Verwalters verbunden.[2] Besonderheit gelten allerdings für andere Verfahrensarten (→ Rn. 11 ff.); zu Wesen und Wirkung der Anfechtung und zur Rechtsnatur des Anfechtungsanspruchs wird auf die Erörterungen u → § 52 Rn. 1 ff. verwiesen. Der Insolvenzschuldner ist mithin weder außerhalb noch innerhalb des Regelinsolvenzverfahrens berechtigt, eigene oder gegen ihn gerichtete Rechtshandlungen nach §§ 129 ff. InsO anzufechten, auch nicht nach Aufhebung des Verfahrens[3] (→ Rn. 10). Den Insolvenzgläubigern steht ein Anfechtungsrecht gleichfalls nicht zu, selbst dann nicht, wenn der Insolvenzverwalter dessen Ausübung abgelehnt hatte;[4] war dies pflichtwidrig, so kommt eine Haftung in Betracht (→ Rn. 6 ff.). Zum Verhältnis zur Gläubigeranfechtung nach dem AnfG → Rn. 14.

b) Bei *Doppelinsolvenz im Dreiecksverhältnis*[5] kommt es zur Konkurrenz verschiedener Insolvenzmassen, folglich zur *Konkurrenz der Anfechtungsberechtigung* verschiedener Insolvenzverwalter. Zwei Fallgruppen sind sehr praxisrelevant, nämlich:

---

[1] Vgl. dazu MüKoInsO/*Kayser*, § 129 Rn. 187 ff.; zum Streitstand in der KO *Kilger/K. Schmidt*, § 36 KO Anm. 1.
[2] BGHZ 86, 191, 196 = NJW 1983, 887; 118, 374, 381 = NJW 1992, 2483.
[3] BGHZ 83, 102 = NJW 1982, 1765.
[4] MüKoInsO/*Kayser*, § 129 Rn. 198; FK-*Dauernheim*, § 129 Rn. 39.
[5] Ausf dazu *Burchard*, Die Insolvenzanfechtung im Dreieck, Diss, 2009. Aus praktischer Sicht *Huber* InsO 2010, 977, 979 ff.

§ 51 3   Kapitel III. 7. Abschnitt. Insolvenzanfechtung

aa) *1. Fallgruppe Tilgung fremder Schuld:*[6] Veranlasst zB eine (später insolvente) Konzerngesellschaft A die (später ebenfalls insolvente) Konzerngesellschaft B zur Erfüllung ihrer Verbindlichkeiten bei ihrem Gläubiger (Zuwendungsempfänger), so konkurrieren zwei Anfechtungsansprüche:

– Dem Insolvenzverwalter der A steht ein Anfechtungsanspruch aus Deckungsanfechtung infolge mittelbarer Zuwendung über B – Mittelsperson – an den Zuwendungsempfänger zu;[7] in Betracht kommt aber (hauptsächlich bei Inkongruenz) auch eine Vorsatzanfechtung. Der Insolvenzverwalters der B hat einen Anspruch aus unentgeltlicher Leistung gemäß § 134 InsO, wenn – wie im Fall – die Forderung des Zuwendungsempfängers gegen A im Zeitpunkt der Erfüllung schon wertlos war (→ § 49 Rn. 13).

– Dann muss der Zuwendungsempfänger bei Berechtigung beider Anfechtungsansprüche nicht etwa doppelt oder anteilig zurückgewähren, vielmehr schließt die auf mittelbare Zuwendung gestützte Anfechtung (zugunsten der Insolvenzmasse der A) die „Schenkungsanfechtung"[8] (zugunsten der Masse B) aus; der Vorrang der Gläubiger der A ergibt sich aus deren größeren Schutzbedürftigkeit, weil der Zuwendungsgegenstand letztlich aus dieser Gesellschaft stammt.[9] Allerdings gilt das nur bei rechtzeitiger (vgl. § 146 I InsO) Geltendmachung, andernfalls setzt sich der andere Anfechtungsanspruch zugunsten der B durch.

– Bestreitet ein Anfechtungsbeklagter unter Hinweis auf die Anspruchskonkurrenz die Sachbefugnis des klagenden Insolvenzverwalters, so hat er die Voraussetzungen des konkurrierenden Anfechtungsanspruchs darzulegen und zu beweisen.[10]

– Alle diese Grundsätze gelten aber nur, wenn sich der Anfechtungsgegner auf den Vorrang der Deckungsanfechtung beruft, und wenn – wie im vorher beschriebenen Fall – die zweite Insolvenzschuldnerin (im Fall fiktiv: B) aufgrund einer Weisung der ersten (im Fall fiktiv: A) die Zuwendung aus den von Letzterer zur Verfügung gestellten Mitteln vorgenommen hat.[11] Fehlt es an einem von beidem, scheidet ein Vorrang der Deckungsanfechtung aus.

3 bb) *2. Fallgruppe Tilgung einer Gesellschaftsverbindlichkeit durch den persönlich haftenden Gesellschafter:*[12] Hat der persönlich haftende Gesellschafter Leistungen an einen Gesellschaftsgläubiger (aufgrund von dessen Inanspruchnahme, vgl. § 128 HGB[13]) erbracht, kommt es darauf an:

– In der Insolvenz nur der Gesellschaft ist deren Insolvenzverwalter entsprechend § 93 InsO anfechtungsberechtigt.

– Bei Doppelinsolvenz von Gesellschafter und Gesellschaft steht im Gegensatz dazu das Anfechtungsrecht dem Insolvenzverwalter über das Vermögen des Gesellschafters zu (zur Berechnung der Anfechtungsfrist → § 46 Rn. 45); insoweit gibt es also keine Sperrwirkung analog § 93 InsO (Argument: Normzweck – Ausschluss des schnelle-

---

[6] BGHZ 174, 228 = NJW 2008, 653 = NZI 2008, 163 = ZInsO 2008, 106 (m krit. Anm. *v. Mettenheim*) = ZIP 2008, 125; ausführlich zum Urteil („Krieg der Insolvenzverwalter") *Huber*, NZI 2008, 149; *Bitter* in Bankrechtstag 2013, S. 37, 75 ff. Wie BGHZ auch OLG Dresden ZIP 2009, 1173.
[7] Es handelt sich um einen Fall der Inkongruenz (§ 131 InsO), nicht um einen von Kongruenz, wie in BGHZ aaO (Rn. 23–45) irrtümlich angenommen, näher vgl. *Huber* NZI 2008, 149, 150.
[8] So Sprachgebrauch des BGH, → § 49 Rn. 1.
[9] Sehr krit. dazu *Bork*, ZIP 2008, 1041, 1048. Für insgesamt falsch hält die Entscheidung *Wazlawik*, NZI 2010, 881, insb. 885, 887 f.
[10] BGHZ 174, 228 (Rn. 49).
[11] BGH NZI 2009, 891 (Rn. 13) = ZInsO 2009, 2241 = ZIP 2009, 2303. Näher *Huber*, ZInsO 2010, 977, 980 ff.
[12] BGHZ 178, 171 = NJW 2009, 225 = NZI 2009, 45 = ZInsO 2008, 1275 = ZIP 2008, 2224.
[13] Das bringt den Gesellschafter in eine schwierige Lage, vgl. dazu: *Huber*, Zwischen den Stühlen – die persönliche Haftung des Gesellschafters in der Insolvenz des oHG, JuS 2009, 129.

Die Geltendmachung der Anfechtung 4 § 51

ren Zugriffs – tritt zurück). Als Rechtsfolge davon muss der begünstigte Gläubiger in die Masse des Gesellschafters zurückgewähren und kann seinen Anspruch nur im Insolvenzverfahren über das Vermögen der Gesellschaft anmelden. Deren Insolvenzverwalter macht nun die persönliche Haftung des Gesellschafters geltend und erhält in dessen Insolvenzverfahren eine – durch die erfolgreiche Anfechtung des anderen Insolvenzverwalters – erhöhte Quote.

c) Ob eine *Abtretung des Anfechtungsanspruchs* statthaft ist, war früher sehr streitig (zur **4** Rechtslage nach KO und zum Meinungsstreit ausf vgl. 3. Auflage Rn. 2, 3), wird inzwischen aber vom BGH – mit der wohl herrschende Meinung im Schrifttum[14] – bejaht;[15] die Rückgewähr an einen Dritten widerspreche nicht dem Zweck des Anfechtungsrechts, weil dieser auch erreicht werden könne, wenn der Insolvenzverwalter nicht den anfechtbar weggegebenen Gegenstand selbst zurückerhalte, sondern den Rückgewähranspruch verwerte. Dem ist aus dogmatischer Sicht zuzustimmen, obgleich zu diesem Standpunkt die Rechtsprechung des Bundesgerichtshofs bezüglich der Qualität des Anfechtungsanspruches (grundsätzlich) als Aussonderungsrecht in der Insolvenz des Anfechtungsgegners (→ § 52 Rn. 3) nicht gänzlich passt.

Das Urteil sollte aber bei einem echten Forderungsverkauf wegen der Haftungsgefahr für Insolvenzverwalter – erzielt werden muss nämlich eine „gleichwertige" Gegenleistung[16] – nur zurückhaltend umgesetzt werden, anders als bei Konkurrenz von Anfechtungsansprüchen zugunsten verschiedener Massen (→ Rn. 2).[17] Die Abtretung des Anfechtungsanspruchs kommt unter diesen Voraussetzungen auch als Alternative zu Prozesskostenhilfe bzw. Prozessfinanzierung in Betracht (→ Rn. 37). Eine Abtretung kann allerdings wegen *Insolvenzzweckwidrigkeit* nichtig sein (zum Begriff → § 46 Rn. 30), was zu verneinen sein soll, wenn die Masse als Gegenleistung einen Anspruch auf Auskehrung des hälftigen Erlöses des vom Abtretungsempfänger zu führenden Rechtsstreits erhält;[18] das erscheint bedenklich, weil dieser Maßstab nichts über die Gleichwertigkeit aussagt. Deshalb ist aus Sicht der Praxis vor einer Abtretung des Anfechtungsanspruches wegen des erheblichen Haftungsrisikos des Insolvenzverwalters eher abzuraten. An einer objektiven (evidenten) Insolvenzzweckwidrigkeit würde natürlich auch eine Zustimmung des Gläubigerausschusses oder der Gläubigerversammlung (§§ 67 ff., 74 ff. InsO) nichts ändern. Vor allem aber besteht die ernsthafte Gefahr einer persönlichen Inanspruchnahme des Insolvenzverwalters durch einen Insolvenzgläubiger, der einen Quotenverringerungsschaden (→ Rn. 6–9) mit der Behauptung geltend machen kann, der Masse sei mit der Gegenleistung des Zessionars weniger zugeflossen als sie bei Durchsetzung des Anfechtungsanspruches durch den Insolvenzverwalter erhalten hätte. Dieser Nachweis dürfte oft nicht schwer zu führen sein, weil der Zessionar – entsprechend seinen Erwartungen – in der Tat regelmäßig an einem solchen Geschäft verdienen, also bei Realisierung des Anfechtungsanspruches mehr als den aufgewendeten Kaufpreis erwirtschaften wird.

Der Insolvenzverwalter kann auch eine andere als die (nach § 143 Abs. 1 S. 1) geschuldete Leistung an *Erfüllungs statt* oder *erfüllungshalber* entgegennehmen.[19] Möglich ist

---

[14] *Henckel* in Jaeger, InsO, § 143 Rn. 102; *Jacoby* in Kübler/Prütting/Bork, InsO, § 143 Rn. 8; *Gerhardt*, FS K. Schmidt, S. 457, 466 ff. Zurückhaltender HKInsO/*Kreft*, § 129 Rn. 90, 91 (Zustimmung von Gläubigerversammlung oder Gläubigerausschuss erholen!).
[15] BGH ZIP 2011, 1114 = ZInsO 2011, 1154, dazu EWiR 2011, 433 *(Huber)*.
[16] BGH ZIP 2011, 1114 Rn. 9 (in Rn. 10 ist demgegenüber von einer „hinreichenden" Gegenleistung die Rede) = ZInsO 2011, 1154, vgl. *Huber* EWiR 2011, 433, 434 aE.
[17] Ausführl. zum Problem HHS/*Huber* Teil I Rn. 47.
[18] BGH ZIP 2013, 531 Rn. 8, 9 = ZInsO 2013, 441 = NZI 2013, 437 m. zust. Anm. *Hölzle*; krit. aber HHS/*Huber* Teil 1 Rn. 53.
[19] BGH ZIP 2011, 1114 Rn. 7 = ZInsO 2011, 1154.

§ 51 5–7

ein *Vergleich* der Insolvenzverwalter über den Anfechtungsanspruch,[20] aber – jedenfalls nach der hier vertretenen Auffassung - *kein Verzicht/Erlass;* soweit das gleichwohl erlaubt sein soll, wenn der Masse dadurch andere wirtschaftliche Vorteile zufließen,[21] ist das schon deshalb nicht haltbar, weil es im Anfechtungsrecht keinen Vorteilsausgleich gibt (→ § 46 Rn. 71). Freilich dürfte es sich mehr um ein terminologisches Problem handeln, weil ein Verzicht/Erlass in Reinform kaum vorkommen, es sich vielmehr um einen Teil-Verzicht/-Erlass im Rahmen eines umfassenderen Vergleichs handeln dürfte. In allen Fällen stellt sich dann natürlich ebenfalls die Frage einer Insolvenzzweckwidrigkeit. Der *vorläufige Verwalter* hat *keinerlei* Verfügungsmacht über den Anfechtungsanspruch.[22]

5 d) Von der Rückgewähr in Folge Insolvenzanfechtung ist der Fall zu unterscheiden, in dem der Schuldner ein zur Masse gehörendes Recht, zB einen Schadensersatzanspruch, in *Prozessstandschaft* für den Insolvenzverwalter, also in eigenem Namen gerichtlich geltend macht. Das ist nach allgemeinen Grundsätzen zulässig, wenn eine entsprechende Ermächtigung des Insolvenzverwalters und ein schutzwürdiges Eigeninteresse vorliegen; letzteres folgt regelmäßig schon aus der Tatsache, dass der Schuldner durch die Insolvenzeröffnung nur das Verwaltungs- und Verfügungsrecht verloren hat, jedoch Rechtsinhaber des eingeklagten Anspruchs geblieben ist.[23] Ein schutzwürdiges Interesse an der Prozessführung ist aber zu verneinen, wenn der Schuldner zur Klageerhebung nur deshalb ermächtigt wird, um das Prozesskostenrisiko zu Lasten der beklagten Partei zu verringern oder auszuschließen; das ist aber insb dann nicht anzunehmen, wenn die Masse nahezu verwertet ist, dem Insolvenzverwalter also liquide Mittel zur Durchführung eines Rechtsstreits nicht mehr zur Verfügung stehen.[24]

6 e) Wegen einer *pflichtwidrig unterlassenen Insolvenzanfechtung* kann die Entlassung des Insolvenzverwalters und die Bestellung eines neuen oder die Bestellung eines Sonderverwalters beantragt werden (§ 59 I InsO). Zuständig ist in einem solchen Fall nach § 18 I Nr. 1 RPflG nicht der Richter, sondern der Rechtspfleger, eine – jedenfalls für die hier erörterte Fallgruppe – wenig überzeugende Regelung; solche Maßnahmen sind nämlich wegen ihrer haftungsrechtlichen Auswirkung von mindestens eben so großer Bedeutung wie die Bestellung eines Insolvenzverwalters im Eröffnungsbeschluss (vgl. §§ 27 II Nr. 2, 56 InsO). Schon deshalb dürfte sich ein Richtervorbehalt nach § 18 II 1 RPflG empfehlen. Dies gilt umso mehr, als die Prüfung des materiellen Anfechtungsrechts und die Beurteilung der Erfolgsaussichten eines Anfechtungsprozesses mit seinem voraussichtlichen Risiko sowie Ertrag für die Masse tatsächlich und rechtlich schwierige Probleme aufwerfen werden. Sie wären als Vorfragen für eine aufsichtsrechtliche Maßnahme zu beantworten.

7 Führt der oben beschriebene Weg zum Erfolg, also zur Durchsetzung des Anfechtungsanspruches, scheidet die Entstehung eines Quotenschadens der Insolvenzgläubiger von vornherein aus; unter einem Quotenschaden versteht man denjenigen Einzelschaden, den der einzelne Gläubiger wegen der Schädigung der Masse erleidet, weil seine Befriedigung als Folge der – wegen der unterlassenen Insolvenzanfechtung – verkürzten Teilungsmasse geringer ausfällt.

---

[20] Ausführlich dazu *Kreft,* FS K. Schmidt, S. 965 und S. 977 zu möglichen Schadensersatzansprüchen wegen eines pflichtwidrigen Vergleichs. Vgl. auch *Ganter* NZI 2010, 361, 378 (mit Hinweis auf unveröffentlichte BGH-Entscheidung).
[21] So OLG Karlsruhe, Beschl. v. 12.8.2013 – 9 U 55/13, ZInsO 2014, 155 = NZI 2014, 121 m zust Anm. *Ganter* (der also einen Verzicht für möglich hält).
[22] *Bork* ZIP 2006, 589.
[23] BGHZ 100, 217 = NJW 1987, 2018; dazu *Marotzke* EWiR 1987, 725; BGHZ 102, 93 = NJW 1988, 1210.
[24] BGHZ aaO; vgl. auch BGHZ 96, 151 = NJW 1986, 850.

Bei endgültig unterbliebener Insolvenzanfechtung ist für die Geltendmachung und **8**
Verjährung eines Schadensersatzanspruches gegen den Insolvenzverwalter (§ 60 InsO)
zu unterscheiden:[25] *Während des Insolvenzverfahrens* kann dieser Anspruch als Gesamtschaden gemäß § 92 InsO nur von einem Insolvenzverwalter geltend gemacht werden, nicht auch klageweise von einem einzelnen Insolvenzgläubiger, auch nicht im Wege einer Feststellungsklage. Die Verjährung beginnt für einen Sonderverwalter oder einen anstelle des ersatzpflichtigen Verwalters neu bestellten Verwalter grundsätzlich nicht bereits mit dessen Bestellung, sondern nachdem der neue Verwalter von dem Schaden und der Person des Ersatzpflichtigen Kenntnis erhalten hat (§ 199 I, III BGB).

Ein Insolvenzgläubiger kann seinen (angeblichen) Quotenverringerungsschaden folg- **9**
lich erst *nach rechtskräftigem Abschluss des Insolvenzverfahrens* gegen den Insolvenzverwalter einklagen, dessen Haftungsrisiko sich also erheblich verschärft; denn mancher Gläubiger könnte versuchen, seine spärliche Quote durch Inanspruchnahme des (solventen) Insolvenzverwalters nachträglich aufzubessern. Die Verjährung dieses Anspruches beginnt für den Insolvenzgläubiger grundsätzlich nicht früher als mit der Rechtskraft des Beschlusses, mit dem das Insolvenzverfahren aufgehoben oder eingestellt wird.

f) *Erlöschen des Anfechtungsrechts.* Das Anfechtungsrecht (zum Entstehen → § 52 **10**
Rn. 2) erlischt als Bestandteil des Verwaltungs- und Verfügungsrechts des Insolvenzverwalters (§ 80 InsO) mit Beendigung des Insolvenzverfahrens,[26] nicht etwa schon durch Ablauf der Anfechtungsfrist, weil diese – anders nach KO: materiell-rechtliche Ausschlussfrist – als Verjährungsfrist ausgestaltet ist (→ Rn. 38, 39); zum Verhältnis zur Gläubigeranfechtung nach dem AnfG → Rn. 16ff. Ist bei Beendigung des Regelinsolvenzverfahrens (§§ 200, 207, 209, 212, 213 InsO) ein Anfechtungsprozess anhängig, so ist zu beachten:[27] Dauert der Insolvenzbeschlag fort, weil der Vermögensgegenstand für eine Nachtragsverteilung nach §§ 203, 205 InsO in Betracht kommt, so kann der Insolvenzverwalter den Rechtsstreit weiterführen; denn der Rückgewähranspruch (§ 143 InsO) stellt ein Masseaktivum dar, das einer Nachtragsverteilung zugänglich ist. In den übrigen Fällen erledigt sich der Prozess in der Hauptsache und kann nur noch wegen der Kosten vom oder gegen den Insolvenzschuldner aufgenommen werden;[28] eine Unterbrechung analog §§ 239, 246 ZPO tritt nicht ein, weil weder der Insolvenzschuldner noch die Insolvenzgläubiger Rechtsnachfolger des Verwalters sind.

2. Anfechtungsberechtigung in anderen Verfahrensarten. a) Bei *Eigenverwal-* **11**
tung (§§ 270ff.) wird anstelle eines Insolvenzverwalters ein Sachwalter bestellt (§ 270 Abs. 3 aF; jetzt § 270c InsO). Ihm steht gem. § 280 InsO die Anfechtungsberechtigung zu; daran hat das zum 1. 3. 2012 in Kraft getretene ESUG nichts geändert.

b) Im *vereinfachten Insolvenzverfahren* nach früherem Recht (§§ 311ff. InsO), also in **12**
der Verbraucherinsolvenz (dazu § 84), werden zwar die Aufgaben des Insolvenzverwalters von einem Treuhänder wahrgenommen, § 313 I InsO. Gleichwohl ist nicht er, sondern jeder Insolvenzgläubiger zur Anfechtung berechtigt, § 313 II 1 InsO (näher 4. Auflage an derselben Stelle). *Die neue Rechtslage*[29] (ab 1.7.2014) hält zwar das gerichtliche Schuldenbereinigungsplanverfahren (§§ 307–310 InsO) – entgegen dem Vorhaben

---

[25] BGHZ 159, 25 = ZIP 2004, 1218 = ZInsO 2004, 676 = NZI 2004, 496 m. Anm. *Huber.*
[26] HKInsO/*Kreft,* § 129 Rn. 85; *Nerlich* in Nerlich/Römermann, § 129 Rn. 28. HM auch zur KO; *Kuhn/Uhlenbruck,* § 36 KO Rn. 8, 9; *Kilger/K. Schmidt,* § 36 KO Anm. 46.
[27] Vgl. dazu BGHZ 83, 102 = NJW 1982, 1765; BGH NJW 1992, 2895 = ZIP 1992, 1152; HK/ *Kreft,* § 129 Rn. 82; *Huber* AnfG § 18 Rn. 10ff.
[28] *Huber* AnfG § 18 Rn. 12.
[29] Gesetz zur Verkürzung des Restschuldbefreiungsverfahrens und zur Stärkung er Gläubigerrechte in der Fassung nach Beschluss und Bericht des Rechtsausschusses, BT-Drucks. 17/13525 v. 16.5.2013, abgedruckt als Dokumentation in ZInsO 2013, 122.

im Gesetzentwurf – aufrecht, weshalb auch § 311 InsO unberührt bleibt.[30] Sie hat aber die §§ 312–314 aF InsO und damit auch die in § 313 aF InsO normierte Verlagerung des Anfechtungsrecht auf die Insolvenzgläubiger beseitigt. Folglich steht nach Aufnahme des Verfahrens über den Eröffnungsantrag in einem Verbraucherinsolvenzverfahren die Anfechtungsberechtigung (wieder) allein dem Insolvenzverwalter zu.[31]

13 c) Besonderheiten gelten schließlich im *Insolvenzplanverfahren* (§§ 217 ff. InsO). Nach dessen Aufhebung erlischt nicht nur das Amt des Insolvenzverwalters (§ 259 I InsO), sondern zwangsläufig auch der Anfechtungsanspruch (→ Rn. 10). Gleichwohl kann der Verwalter einen schon „anhängigen" (gemeint ist aber „rechtshängiger")[32] Anfechtungsprozess fortführen, wenn das im gestaltenden Teil des Plans vorgesehen ist, § 259 III S. 1 InsO.[33] Nach S. 2 dieser Vorschrift fällt der erstrittene Erlös grundsätzlich dem Schuldner zu. Jedoch leuchtet vor allem bei der Anfechtung von unentgeltlichen Leistungen (§ 134 InsO) und von mit Gläubigerbenachteiligungsvorsatz vorgenommene Rechtshandlungen (§ 133 InsO) wenig ein, warum solche Vermögensverschiebungen zugunsten des Schuldners rückgängig gemacht werden sollen.[34] Mindestens in solchen Fällen sollte daher der Plan bestimmen, das die Erträge aus der Anfechtung nachträglich auf die Gläubiger zu verteilen sind.[35]

14 **3. Einfluss des Insolvenzverfahrens auf die Gläubigeranfechtung nach dem AnfG. a)** Zweck der Gläubigeranfechtung nach dem AnfG ist es, dem einzelnen anfechtenden Gläubiger außerhalb des Insolvenzverfahrens wegen eines bestimmten titulierten Anspruchs die Vollstreckungsmöglichkeit in Vermögen, das sein Schuldner an einen Dritten (Anfechtungsgegner) weggegeben hat, wieder zu erschließen (→ § 46 Rn. 7).[36] Wird nun das Insolvenzverfahren über das Vermögen des Schuldners eröffnet, so stellt sich die Frage nach dem Verhältnis beider Verfahren zueinander. Sie beantworten die Kollisionsnormen der §§ 16–18 AnfG (zur alten Rechtslage vor Inkrafttreten von InsO und AnfG nF (1.1.1999) s 3. Auflage jeweils selbe Rn.).

Die folgenden Erörterungen gehen von einem anfechtungsberechtigten Einzelgläubiger aus, der den Anfechtungsanspruch vor den ordentlichen Gerichten zu verfolgen hätte bzw. verfolgt; sie gelten entsprechend, soweit die Einzelgläubigeranfechtung durch Duldungsbescheide – insbesondere der Finanzämter nach § 191 I 2 AO – geltend gemacht werden kann.[37]

15 Von § 16 I 1 AnfG werden nur „die von Insolvenzgläubigern (vgl. § 38 InsO) erhobenen Anfechtungsansprüche" erfasst. *Keine* Auswirkungen hat deshalb die Eröffnung des Insolvenzverfahrens über das Vermögen des Schuldners auf die Einzelgläubigeranfechtung durch Massegläubiger (§§ 53 ff. InsO) und absonderungsberechtigte Gläubiger (§§ 49 ff. InsO); für Letztere gilt das auch dann, wenn die dem Absonderungsrecht zugrunde liegende Forderung gegen den Insolvenzschuldner gerichtet und der Gläubiger insoweit Insolvenzgläubiger wäre. Ein Vorrang der Insolvenzanfechtung besteht allerdings, soweit die Verwertungsbefugnis dem Insolvenzverwalter zusteht (§ 166 InsO).[38]

16 b) Im *Regelinsolvenzverfahren* (→ Rn. 1) und bei *Eigenverwaltung* (→ Rn. 11) gelten folgende Grundsätze:

---

[30] Vgl. Dokumentation ZInsO 2013, 1122, 1132; beseitigt wurde nur die (immer schon missverständliche) Überschrift „Vereinfachtes Insolvenzverfahren".
[31] So schon der zugrunde liegende GesetzE 17/11268 v. 31.10.2012, S. 35.
[32] BGH NZI 2013, 489 Rn. 11 = ZIP 2013, 998 = ZInsO 2013, 985; näher zur Problemlage mit Übersicht zum früheren Streitstand vor der zitierten Entscheidung MüKoInsO/*Huber*, § 259 Rn. 21.
[33] Näher MüKoInsO/*Huber*, § 259 Rn. 20 ff.
[34] Ebenso *Henckel*, in: Kölner Schrift S. 813, 815 f. (Rn. 4, 6).
[35] MüKoInsO/*Huber*, § 259 Rn. 24.
[36] Ausf. dazu *Huber* AnfG, Einf (vor § 1) Rn. 9–12, 19 ff.
[37] Dazu ausf. *Huber* AnfG § 7 Rn. 22 ff.; § 16 Rn. 7; § 17 Rn. 4.
[38] MüKoInsO/*Kirchhof*, § 129 Rn. 209; *Huber* AnfG, § 1 Rn. 60, 61.

Die Geltendmachung der Anfechtung 17 § 51

– Ein *bei Insolvenzeröffnung noch nicht erhobener Einzelgläubigeranfechtungsanspruch* kann nach Insolvenzeröffnung und während des Verfahrens von einem Gläubiger nicht anhängig gemacht werden; ein entsprechendes Verbot folgt aus § 16 I 1 AnfG.[39] Ein gleichwohl erhobene Klage wäre unzulässig.
– Erfolgt die *Insolvenzeröffnung bei anhängigem Gläubigeranfechtungsprozess,* so steht die Verfolgung der von den Insolvenzgläubigern erhobenen Anfechtungsansprüche nunmehr dem Insolvenzverwalter zu (§ 16 I 1 AnfG), der Gläubigeranfechtungsprozess wird unterbrochen (§ 17 I 1 AnfG).
– Nimmt der Insolvenzverwalter den Rechtsstreit auf, so ist die Klage des Einzelgläubigers – zB auf Duldung der Zwangsvollstreckung in den anfechtbar weggegebenen Gegenstand (§ 11 I 1 AnfG)[40] – gem. § 17 II AnfG umzustellen und zu erweitern auf Rückgewähr in die Masse (§ 143 I 1 InsO; → § 52 Rn. 8 ff.) – im Beispielsfall also auf Rückübereignung und Heraugabe des Gegenstandes. Dabei übt der Insolvenzverwalter das Anfechtungsrecht nach ständiger Rechtsprechung (schon des RG und) des BGH und absolut (hM in der Literatur) zugunsten der Gesamtheit aller Insolvenzgläubiger, nicht etwa bloß zugunsten der nach Maßgabe des AnfG an sich anfechtungsberechtigten (Einzel-)Gläubigers aus.[41]
– In einem solchen Vorgehen liegt eine kraft Gesetzes zulässige Partei- und Klageänderung; an die Stelle des ehemals anfechtungsberechtigten (§ 2 AnfG) Gläubigers tritt der Insolvenzverwalter als Kläger unter Umstellung des Antrags. Obsiegt er dann, sind aus dem Erstrittenen dem Gläubiger nur die Prozesskosten vorweg zu erstatten, § 16 I 2 AnfG.
– Soweit dieser daraus eine Sicherung oder Befriedigung erlangt hatte, findet die Anfechtung entsprechend § 130 InsO statt, § 16 II AnfG. Normzweck der zuletzt genannten Bestimmung ist eine Privilegierung des Einzelgläubigers, der die Mühe der Gläubigeranfechtung auf sich genommen hatte, nunmehr aber gleichwohl bei erfolgreicher Anfechtung durch den Insolvenzverwalter dasjenige in die Masse zurückgewähren muss, was er erlangt hat; daraus folgt zugleich, dass sein auf das AnfG gestützter Erwerb außerhalb der Anfechtungsfrist des § 130 InsO Bestand hat, er ihn also behalten kann.[42] Die Beschränkung auf den Fall der Kongruenzanfechtung ist zwar hM,[43] im Schrifttum wird aber bei Zwangsvollstreckungsmaßnahmen auch eine Anfechtbarkeit nach § 131 InsO bejaht.[44]
– Lehnt der Insolvenzverwalter die Aufnahme des Rechtsstreits ab, so kann dieser von jeder Partei, allerdings nur hinsichtlich der Prozesskosten aufgenommen werden, § 17 III 1 AnfG; die Befugnis des Insolvenzverwalters, nach den Vorschriften der InsO anzufechten, bleibt davon unberührt, § 17 III 2 AnfG.

Erfolgt die *Insolvenzanfechtung nach rechtskräftig abgeschlossenem Gläubigeranfechtungsprozess,* so muss man unterscheiden: 17

– Hatte die Klage Erfolg und hat der Gläubiger noch keine Vollstreckung aus dem Titel durchgeführt, so steht die Verwirklichung des Rückgewähranspruchs dem Insolvenzverwalter zu, § 16 I 1 AnfG; die Klausel kann nach allgemeiner Meinung[45] gem. § 727 ZPO umgeschrieben werden und ist dabei den Erfordernissen des § 143 InsO

---

[39] *Huber* AnfG § 16 Rn. 11.
[40] Näher *Huber* AnfG § 11 Rn. 17.
[41] So aber *Jungclaus* KTS 2013, 23, 26, 44 ff.: Übergeleitetes Anfechtungsrecht dient ausschließlich der bis zum Eröffnungszeitpunkt zur Einzelgläubigeranfechtung berechtigten Anfechtungsgläubiger.
[42] BGH NZI 2013, 292 Rn. 18, 19 = ZIP 2013, 131 = ZInsO 2013, 78.
[43] *Huber* AnfG § 16 Rn. 16; zust *Vallender,* FS Meier-Reimer, S. 777, 789.
[44] So *Jaeger/Henkel,* § 131 InsO Rn. 73, 74; dagegen mit Recht MüKoAnfG/*Kirchhof,* § 16 Rn. 25.
[45] MüKoInsO/*Kayser,* § 129 Rn. 202; *Huber,* AnfG § 16 Rn. 13; aA aber nur zur Rechtsgrundlage *Vallender,* FS Meir-Reimer, S. 788 (Klauselumschreibung entsprechend §§ 749, 748 II ZPO). Ausführlich zum Problem der Rechtskraft und der Titelumschreibung *K. Schmidt* KTS 1984, 345, 385 f.; 399 f.

anzupassen (→ Rn. 16). Wegen der dem Gläubiger entstandenen Kosten wird nach § 16 I 2 AnfG verfahren.

– Hat der Gläubiger aber bereits vollstreckt oder der Anfechtungsgegner sonst freiwillig (zB durch Vergleich im Anfechtungsprozess) erfüllt, scheidet ein Anspruch auf Rückgewähr zur Insolvenzmasse im Umfang der Erfüllung des Anfechtungsanspruchs aus.[46] Soweit das zugunsten des Anfechtungsgläubigers erlassene Urteil – insbesondere wegen der Beschränkung nach § 2 AnfG – den sich aus § 143 InsO sich ergebenden Umfang der Insolvenzanfechtung nicht ausschöpft, ist eine erneute Klage durch den Insolvenzverwalter nötig und zulässig.[47]

– Ist die Klage als unbegründet abgewiesen worden, so hindert die Rechtskraft dieses Urteils die Erhebung einer Anfechtungsklage des Insolvenzverwalters selbst dann nicht, wenn er sie auf denselben Tatbestand stützt, auf den sich auch der Einzelgläubiger berufen hatte[48] (einerseits §§ 133, 134 InsO und andererseits §§ 3, 4 AnfG).

18 *Nach Beendigung des Insolvenzverfahrens* können die Anfechtungsrechte, die dem Insolvenzverwalter zustanden, von den einzelnen Gläubigern nach Maßgabe des AnfG verfolgt werden (§ 18 I AnfG), wenn nicht der Verwalter den Anfechtungsprozess ausnahmsweise weiter betreiben kann (→ Rn. 10). Allerdings stehen dem Anfechtungsgegner Einreden, die er gegen den Insolvenzverwalter erlangt hat, auch gegenüber dem Einzelgläubiger zu, § 18 I aE AnfG. Darunter fallen nicht nur Verzicht, Erlass, Stundung, Vergleich oder Tilgung usw. Die Vorschrift beinhaltet vielmehr auch eine Rechtskrafterstreckung;[49] der Anfechtungsgegner, der schon vom Insolvenzverwalter verklagt worden war, kann also einwenden, dass der nunmehr geltend gemachte Rückgewähranspruch bereits rechtskräftig aberkannt wurde, so weit sich die Anfechtungstatbestände decken (→ Rn. 17 aE).

19 c) An Besonderheiten sind in *anderen Verfahren* zu beachten: Bei einem *Insolvenzplanverfahren* (§§ 217 ff. InsO) muss man unterscheiden, ob der gestaltende Teil des Plans (§ 221 InsO) gemäß § 259 III InsO die Fortsetzung eines Insolvenzanfechtungsprozesses durch den Verwalter auch nach Aufhebung des Insolvenzverfahrens (§ 258 InsO) vorsieht oder nicht (→ Rn. 13). Falls nicht, treten mit Verfahrensbeendigung die Wirkungen des § 18 AnfG ein. Kann aber der Insolvenzverwalter den Anfechtungsprozess fortführen, so scheidet eine Einzelgläubigeranfechtung auch weiterhin aus, falls nach dem Insolvenzplan bei Obsiegen der Erlös auf die Insolvenzgläubiger verteilt werden soll; nur diese Rechtsfolge entspricht dem Normzweck des § 16 I 1 AnfG.[50]

20 Wird die Insolvenzanfechtung gemäß § 259 III 2 Halbs 1 InsO für Rechnung des Schuldners durchgeführt, fällt der Erlös also diesem zu, so ist trotz Beendigung des Insolvenzverfahrens § 18 AnfG nicht einschlägig. Denn der Anfechtungsanspruch wurde – wenn auch im Wege der Insolvenzanfechtung – durchgesetzt und außerdem kann der Titelgläubiger, der sonst gemäß § 2 AnfG anfechtungsberechtigt wäre, ohnehin den Erlös bei seinem Schuldner pfänden lassen.

21 Im *vereinfachten Insolvenzverfahren* (§§ 311 ff. InsO) konnte es nach früherer Rechtslage gem. § 313 II aF InsO zur Anfechtung durch einen Insolvenzgläubiger kommen (→ Rn. 12). Gemeint war damit die Befugnis zur Ausübung der Insolvenzanfechtung nach §§ 129 ff. InsO. Insoweit (→ Rn. 12) verblieb es also beim Ausschluss der Einzelgläubigeranfechtung während des Insolvenzverfahrens. Ein bei Eröffnung des vereinfachten Insolvenzverfahrens anhängiger Gläubigeranfechtungsprozess wurde gem. § 17 I 1 AnfG unterbrochen (→ Rn. 16), konnte aber vom Gläubiger analog § 313 II 1

---

[46] BGH NZI 2013, 292 = ZIP 2013, 131 = ZInsO 2013, 78.
[47] MüKoAnfG/*Kirchhof*, § 16 Rn. 14.
[48] MüKoInsO/*Kirchhof*, § 129 Rn. 207; *Jaeger*, Gläubigeranfechtung, § 13 AnfG Anm. 20.
[49] *Huber*, AnfG § 16 Rn. 13.
[50] MüKoInsO/*Huber*, § 259 Rn. 26.

Die Geltendmachung der Anfechtung 22–24 § 51

InsO zugunsten der Insolvenzmasse fortgesetzt werden.[51] Nach der seit 1.7.2014 geltenden Rechtslage (→ Rn. 12) gibt es keine Verlagerung des Anfechtungsrechts auf die Insolvenzgläubiger, folglich gelten die allgemeinen Regeln.

II. Geltendmachung der Anfechtung

1. Gerichtliche Geltendmachung. a) Die Insolvenzanfechtung wird, anders als 22 die Anfechtung nach dem BGB (vgl. § 143 I BGB → § 46 Rn. 8), stets gerichtlich geltend gemacht. Selbstverständlich wird der Insolvenzverwalter zunächst versuchen, den Anfechtungsgegner zu einer freiwilligen Leistung zu veranlassen, möglicherweise auch im Rahmen einer vergleichsweisen Vereinbarung (→ Rn. 4 aE).[52] Seine in der Praxis häufig anzutreffende vorprozessuale Erklärung, er fechte eine bestimmte Rechtshandlung an, hat aber keine Gestaltungswirkung (anders § 142 I BGB); mit ihr beruft er sich in Wirklichkeit nur auf den schon entstandenen Anfechtungsanspruch, nämlich den Anspruch auf Rückgewähr des anfechtbar Erlangten (→ § 52 Rn. 1, 2). Weigert sich der Anfechtungsgegner, so bedarf es vielmehr der Erhebung einer Klage innerhalb einer bestimmten Frist, um dem Anfechtungsgegner den Verjährungseinwand abzuschneiden (→ Rn. 39, 42 ff.). Ob und wann außergerichtlich eine „Anfechtungserklärung" abgegeben wurde, ist insoweit also – anders als bei §§ 121, 124 BGB – ohne Bedeutung. Diese Erwägungen gelten entsprechend, wenn die Anfechtungsberechtigung ausnahmsweise einer anderen Person zusteht (→ Rn. 11–13). Zur Haftung des Insolvenzverwalters bei pflichtwidrig unterlassener Anfechtung → Rn. 6 ff.

b) Die gerichtliche Geltendmachung erfolgt idR durch *Klage, Widerklage bzw. gleich-* 23 *gestellte Maßnahmen* oder durch *Einrede,* wenn der Kläger den gegen den Verwalter eingeklagten Anspruch anfechtbar erworben hat, oder durch *Replik;* zur Anfechtungsklage → Rn. 29 ff. und zur Verjährungshemmung → Rn. 39, 42 ff.; zum Anfechtungsgegner → Rn. 57 ff. und zur Haftung von dessen Rechtsnachfolgern → Rn. 60 ff.

Eine vor Insolvenzeröffnung zwischen Schuldner und jetzigem Anfechtungsgegner vereinbarte *Schiedsklausel,* Streitigkeiten durch ein Schiedsgericht entscheiden zu lassen, steht der Erhebung einer Anfechtungsklage nicht entgegen.[53] In einem – aufgrund einer mit dem Schuldner getroffenen Schiedsabrede – vor Insolvenzeröffnung *schon eingeleiteten Schiedsverfahren* kann der Insolvenzverwalter das Anfechtungsrecht weder durch Einrede noch durch Schieds(wider)klage, sondern nur durch Einrede gemäß § 146 II InsO im anschließenden Verfahren zur Erklärung der Vollstreckbarkeit oder Aufhebung des Schiedsspruchs geltend machen.[54] Eine ganz andere und zu bejahende[55] Frage ist, ob der Insolvenzverwalter selbst in Hinblick auf einen drohenden Anfechtungsstreit eine Schiedsabrede treffen darf.

Nicht ausüben kann der Insolvenzverwalter das Anfechtungsrecht im Rahmen einer 24 *Nebenintervention;*[56] Beispiel: Ein Zessionar klagt die ihm vom späteren Insolvenzschuldner anfechtbar abgetretene Forderung ein, die der Beklagte (Schuldner der Forderung) allerdings in Kenntnis der Abtretung bereits an den Verwalter gezahlt hatte und dem dieser deshalb den Streit verkündet. Hier hilft der Beitritt als Nebenintervenient auf Seiten des Beklagten nicht, weil nach der Rechtsprechung des BGH aus dieser Position heraus die Anfechtungseinrede nicht wirksam erhoben werden kann. Der Verwalter

---

[51] BGH NZI 2010, 196 (Rn. 10 ff., 15) = ZInsO 2010, 230.
[52] BGHZ 130, 38 = NJW 1995, 2783.
[53] BGH NZI 2008, 768 (Rn. 17) = ZInsO 2008, 381 = ZIP 2008, 478; so auch schon BGH ZInsO 2004, 84.
[54] BGH aaO (NZI 2008, 768); vgl. dazu ausführlich *Gerhardt* FS K. Schmidt, S. 457, 464 ff.
[55] *Gerhardt* aaO, S. 457, 465.
[56] BGHZ 106, 127 = NJW 1989, 985 = ZIP 1989, 48; aA *Gerhardt* KTS 1984, 177 ff., insb 183, 184; näher zum Meinungsstreit *Gerhardt/Kreft* Rn. 261 ff.

muss folglich den Zessionar mit einer Anfechtungsklage auf Rückübertragung der Forderung in Anspruch nehmen (→ Rn. 31, § 52 Rn. 9).

2. Vorbereitung der Anfechtungsklage und Auskunftsanspruch. a) *Auskunftsanspruch.* Der Insolvenzverwalter, der eine Anfechtungsklage vorbereitet, weiß oft nur, dass beim Schuldner Vermögen abgeflossen ist, ohne allerdings Einzelheiten zu kennen. Er steht dann vor der Schwierigkeit, wie die zur Führung des Rechtsstreits erforderlichen Informationen beschafft werden sollen; zum Folgeproblem der Ergänzung und Berichtigung des Tatsachenvortrags in der Anfechtungsklage → Rn. 52. Zwar ist der Schuldner nach §§ 20, 97, 98 InsO verpflichtet, über alle das Insolvenzverfahren betreffenden Verhältnisse Auskunft zu geben; auch kann das Insolvenzgericht nach § 5 I 2 InsO die Vernehmung von Zeugen anordnen, die freilich idR ein persönliches (§ 383 ZPO) oder sachliches (§ 384 Nr. 1 ZPO) Zeugnisverweigerungsrecht haben werden. Wirklichen Erfolg bringen solche Maßnamen in der Praxis aber eher seltener.

Das wirft die praktisch wichtige Frage auf, ob der Insolvenzverwalter auch *Auskunft vom einem Dritten als potenziellen Anfechtungsgegner* verlangen kann. Man muss unterscheiden:

– Ein *Auskunftsanspruch besteht,* wenn ein Anfechtungsanspruch dem Grunde nach bereits feststeht und nur noch dessen Rechtsfolgen zu bestimmen sind (Art: Rückgewähr in Natur oder Wertersatz? Umfang des Wertersatzanspruchs?); die Auskunftspflicht ergibt sich dann unmittelbar aus dem Rückgewährschuldverhältnis.[57]

– Davon abgesehen gibt es aber *keine allgemeine Auskunftspflicht* nach bürgerlichem Recht (zum öffentlichen Recht s sogleich) eines möglichen Anfechtungsschuldners – auch nicht gegenüber dem Insolvenzgericht –[58] nur bei Verdacht eines anfechtbaren Erwerbs.[59] Der Insolvenzverwalter hat also keinen Auskunftsanspruch, wenn lediglich die begründete Vermutung besteht, der Dritte habe vom Schuldner etwas in anfechtbarer Weise erlangt. Auch § 242 BGB hilft hier nicht, weil sich darauf ein Auskunftsverlangen (als Hilfsanspruch) nur stützen lässt, wenn und soweit vom Bestehen des (Haupt-)Anspruchs (Anfechtungsanspruch) ausgegangen werden kann, zu dessen Durchsetzung die Auskunft dienen soll.[60] Deshalb kommt auch kein Auskunftsanspruch gegenüber dem Arbeitgeber des Schuldners in Betracht[61] oder der Finanzverwaltung;[62] Entsprechendes gilt für ein allgemeines Akteneinsichtsrecht (zu einem öffentlich-rechtlichen s sogleich), außer bei schon dem Grunde nach feststehendem Anfechtungsanspruch.[63] Selbst wenn bestimmte anfechtbare Rechtshandlungen des Schuldners beispielsweise zugunsten einer nahestehenden Person festgestellt sind, ergibt sich aus dem Verdacht weiterer selbständiger Vermögensverschiebungen kein allgemeiner Auskunftsanspruch über einen etwaigen weiteren anfechtbaren Erwerb.[64] Denn jede anfechtbare Rechtshandlung begründet ein eigenes Rückgewährschuldverhältnis (→ § 52 Rn. 2), aus dem dann die Auskunftspflicht über Art und Umfang des betroffenen Erwerbs folgt; die außerhalb dieses Schuldverhältnisses liegenden Vorgänge werden davon aber nicht erfasst.

---

[57] BGH NJW 1999, 1033 = ZIP 1999, 316; ZIP 1998, 1539, 1540; NJW 1978, 1002; BGHZ 74, 379 = NJW 1979, 1832 = LM § 75 KO Nr. 1 m. Anm. *Merz;* BGH NJW 1987, 1812. Ausführl zum Auskunftsanspruch vgl. *Gerhardt/Kreft,* Rn. 209 ff.
[58] BGH NZI 2008, 240 = ZInsO 2008, 320 = ZIP 2008, 565.
[59] BGH NZI 2009, 722 = ZInsO 2009, 1810 = ZIP 2009, 1823.
[60] *Huber,* FS Gerhardt, S. 379, 381.
[61] BAG NJW 1990, 3293.
[62] BGH ZIP 2009, 1823 = ZInsO 2009, 1810; FG Düsseldorf ZIP 2009, 732.
[63] BFH ZIP 2011, 883 Rn. 8, dazu EWiR 2011, 461 *(M.J.W. Blank/M. Blank).* HM auch bei den Finanzgerichten, vgl. FG Saarbrücken ZInsO 2010, 484; FG Neustadt ZIP 2010, 892; FG Münster ZIP 2009, 2400; FG Düsseldorf, ZIP 2009, 732: Kein Auskunftsanspruch des Insolvenzverwalters gegen das Finanzamt allein wegen des Verdachts einer anfechtbaren Zahlung des Schuldners.
[64] BGH NJW 1987, 1812 (kein Auskunftsanspruch gegenüber Ehegatten des Insolvenzschuldners); NJW 2000, 3777 = ZIP 2000, 1061.

Die Geltendmachung der Anfechtung 27 § 51

– Möglicherweise besteht aber (auch zwecks Informationserlangung für eine Anfechtungsklage) ein *öffentlich-rechtlicher Auskunftsanspruch* nach dem Informationsfreiheitsgesetz (IFG) des Bundes oder der Länder;[65] die dort spezialgesetzlich geregelten Informationsrechte werden durch die beschriebene Rechtslage nach BGB nicht verdrängt[66] und der Ausschluss des Anspruchs auf Informationszugang (§ 3 Nr. 1 Buchst g IFG) betrifft nur ein laufendes, nicht aber ein bevorstehendes Gerichtsverfahren;[67] auch auf § 3 Nr. 6, § 9 Abs. 3 IFG können sich Sozialversicherungsträger nicht mit Aussicht auf Erfolg berufen,[68] einer Auskunft des Finanzamtes steht auch das Steuergeheimnisses (§ 20 AO) nicht entgegen, folglich gibt es keine Sperrwirkung für den vom Insolvenzverwalter zum Zwecke der Durchsetzung eines Anfechtungsanspruchs (!) gegen ein Finanzamt geltend gemachten Informationsanspruch.[69] Voraussetzung für einen Auskunftsanspruch ist aber die Einhaltung des im jeweiligen Bundes- oder Landesgesetz vorgeschriebenen Verwaltungsverfahrens.[70] Die frühere Auffassung, wonach sich ein Insolvenzverwalter nicht auf ein (Bundes- oder Landes-)IFG berufen könne, ist inzwischen endgültig überholt;[71] bei Rechtsstreitigkeiten darüber ist der Verwaltungsrechtsweg eröffnet.[72] Praxistypische Fallgestaltungen betreffen vor allem Sozialversicherungsträger[73] bzw. ihre Vollstreckungsorgane[74] oder fiskalisches Handeln einer Behörde.[75]
– Vom Problem des Auskunftsanspruchs zu unterscheiden ist die Frage, ob und inwieweit die *Behauptung nur vermuteter Tatsachen* im Anfechtungsprozess durch den Insolvenzverwalter zulässig ist (→ Rn. 34). Zur *Auskunftspflicht des Insolvenzverwalters* → Rn. 28.

b) *Aufspüren anfechtbarer Rechtshandlungen.* Da das ist mittels eines Auskunftsverlangens 27 meist nicht zu bewerkstelligen ist (→ Rn. 25, 26), muss der Insolvenzverwalter andere Erkenntnisquellen erschließen. Er darf sich dabei nicht mit der Verfolgung derjenigen Anfechtungsansprüche begnügen, die bei Durchsicht der (erfahrungsgemäß meist ohnehin nicht vollständigen) Geschäftsunterlagen mehr oder weniger auffallen oder die wegen eines (seit Insolvenzeröffnung unterbrochenen) Anfechtungsprozesses eines einzelnen Gläubigers bekannt sind (→ Rn. 14, 16 ff.). Vielmehr ist gezielt – möglicherweise auch mit Hilfe externer Dienstleister (näher s in dieser Rn. aE) – nach anfechtbaren Rechtshandlungen zu forschen; denn im Anfechtungsrecht gibt es keine „Unschuldsvermutung", keine anfechtungsrechtlich an sich unverdächtigen Sachverhalte.[76] Dabei muss der

---

[65] Ausführlich dazu HHS/*Schmittmann,* IV Rn. 92 ff.
[66] BVerwG ZInsO 2011, 49.
[67] BVerwG ZIP 2011, 41 = NVwZ 2011, 235, dazu EWiR 2011, 83 *(M. J. W. Blank).* Ausführl. aus praktischer Sicht *Schmittmann/Kupka* NZI 2009, 367; *Schmittmann/Böing* InsBüro 2010, 15.
[68] *Schmittmann* NZI 2011, 827 mwN (Urteilsanm.).
[69] BVerwG ZIP 2012, 1258 = ZInsO 2012, 1268 m. Anm. *Baatz.* So offenbar auch BFH ZIP 2011, 883 – Einsicht in die Vollstreckungsakten des FA.
[70] BGH ZIP 2009, 1823 Rn. 8, dazu EWiR 2010, 27 *(M. J. W. Blank);* ausführl. zum Problem *Schmittmann* ZInsO 2010, 1469.
[71] Näher *Gundlach/Flöther* NZI 2009, 719, 720 f; vgl. auch *Beck/Theile* ZInsO 2010, 1708, 1711 (Urteilsanm.).
[72] BFH ZInsO 2013, 500 (Klage gegen Finanzamt auf Einsicht in die Steuerakten des Schuldners); BVerwG ZInsO 2012, 2140 (Einsicht in Vollstreckungsakten); BSG NZI 2013, 197 = ZIP 2012, 2321 (Auskunft über abgeführte Sozialversicherungsbeiträge).
[73] Dazu neben den schon zitierten Entscheidungen der OVG zB VG Freiburg, Urt v. 21.9.2011 – 1 K 734/10, ZInsO 2011, 1156 = NZI 2011, 824, m. Anm. *Schmittmann;* VG Hamburg, Urt v. 7.5.2010 – 19 K 288/10, ZInsO 2010, 1098; VG Minden, Urt v. 12.8.2010 – 7 K 23/10, ZInsO 2010, 1839; VG Stuttgart, Urt v. 18.8.2009 – 8 K 1011/09, ZVI 2009, 463 = ZInsO 2009, 1858.
[74] Hauptzollamt im Fall von BVerwG ZIP 2011, 41 = NVwZ 2011, 235.
[75] Beispiel: Einzelheiten zur Direktzahlung einer Landesbehörde als öffentlicher Auftraggeber an den Subunternehmen des späteren Insolvenzschuldners (Bauunternehmers); vgl. dazu *M. J. W. Blank/M. Blank* ZInsO 2009, 1881.
[76] Ausf *Huber* ZInsO 2008, 929 (am Beispiel der Anfechtung eines Prozessvergleichs).

§ 51 27 Kapitel III. 7. Abschnitt. Insolvenzanfechtung

Zeitpunkt des Eintritts der materiellen Insolvenz[77] möglichst genau bestimmt und dann sowohl im Blick nach vorne wie zurück geprüft werden: Wie war damals die Vermögenslage, wie ist sie jetzt bei Insolvenzantrag bzw. Insolvenzeröffnung? Wie hat sie sich rückwärts betrachtet entwickelt, wobei die Untersuchung sozusagen nach „Jahresringen" innerhalb des längsten Anfechtungszeitraums (10 Jahre gemäß § 133 I InsO) zu erfolgen hat. Der Vergleich der Vermögenslagen offenbart dann das theoretische Ausmaß der Anfangswahrscheinlichkeit einer Anfechtbarkeit (so genannte a prior Wahrscheinlichkeit), die anschließend für jede aufgespürte Rechtshandlung konkret zu bewerten ist.

Der folgende Überblick gibt *Hinweise zum taktischen Vorgehen* zwecks Aufspürung anfechtbarer Rechtshandlungen:

– *Grundbuch/Wohnungsgrundbuch* auf Eigentum des Schuldners hin einsehen (die Befugnis dazu folgt aus § 80 I InsO) und zwar an seinem jetzigen und am früheren Wohn-/Geschäftsort sowie am Wohnort möglicher Erblasser, insbesondere der Eltern und sonstiger naher Angehöriger des Schuldners, die ihm unter Umständen Eigentum übertragen haben. Besteht dieses Eigentum noch oder wurde es „verschoben"? Ebenso Grundbuch/Wohnungsgrundbuch von Ehegatten, Lebensgefährten und Kindern auf deren möglichen Erwerb vom Schuldner hin kontrollieren (das berechtigte Interesse – § 12 I 1 GBO – zur Einsicht folgt gerade aus der Pflicht des Insolvenzverwalters, Erwerbsvorgänge auf deren Anfechtbarkeit hin zu überprüfen). Dort befindliche notarielle Urkunden genau überprüfen (Entgeltlichkeit, Unentgeltlichkeit, angebliche Gegenleistungen überhaupt erbracht?)
– *Analysierung des Lebensstils des Schuldners* insbesondere seiner bevorzugten Urlaubsziele zwecks Überprüfung, ob dorthin Vermögen „ausgelagert" oder auf Dritte verschoben wurde (Ferienwohnung? Schiffsanlegestellen?); zum Einsatz privater Ermittlungsdienste s. u. (letzter Spiegelstrich).
– Konten des Schuldners durchforsten nach auffälligen Abflüssen, insbesondere an Ehegatten, Lebensgefährten, Kinder oder sonstige nahe Angehörige, an mögliche Strohmänner/-frauen oder ins Ausland.
– *Befriedigungen in der Krise.* Alle Befriedigungen genau überprüfen auf Kongruenz/Inkongruenz, fehlen Unterlagen oder sind sie unvollständig, ist das besonders verdächtig im Hinblick auf eine Inkongruenz und einen Gläubigerbenachteiligungsvorsatz. Genaue Prüfung des Anspruchs des Geschäftspartners (Deckung vor Fälligkeit? Deckung auf andere als die geschuldete Art? Einredebehafteter Anspruch?). Alle Rechtsgeschäfte auf Ausgewogenheit von Leistung und Gegenleistung untersuchen (unmittelbar nachteilige Rechtshandlungen, Unausgewogenheit als Indiz für Gläubigerbenachteiligungsvorsatz, gemischte Schenkung). Erst im Anschluss daran den Blick auf den subjektiven Tatbestand bei §§ 130–132 InsO richten. Bei Rechtshandlungen/Rechtsgeschäften *außerhalb der Krise* wegen der Anfechtungsfrist nach früheren Insolvenzanträgen forschen (§ 139 II InsO), gegebenenfalls auf Prüfung der Vorsatzanfechtung umschalten.
– *Sicherheitenbestellung innerhalb/außerhalb der Krise und/oder schon erfolgte Sicherheitenverwertung.* Schuldrechtliche Pflicht zur Bestellung einer Sicherheit genau überprüfen (eine nicht hinreichend konkrete Pflicht führt zur Inkongruenz). Das dingliche Rechtsgeschäft auch bei anfechtbarer Sicherheitenbestellung immer sorgfältig untersuchen, denn Nichtigkeit und Anfechtbarkeit können im Anfechtungsprozess durch Haupt- und Hilfsantrag verfolgt werden. Besondere Verdächtigkeit von nachträglicher Bestellung oder Auswechslung/Erhöhung von Sicherheiten. Sicherungsabrede und Verwertungsreife genau untersuchen (durfte von der Sicherheit Gebrauch gemacht wer-

---

[77] Zur zentralen Bedeutung dieses Zeitpunkts nicht nur für Anfechtungsansprüche, sondern für das gesamte Insolvenzverfahren ausf *Haarmeyer* ZInsO 2009, 1273.

Die Geltendmachung der Anfechtung 27 § 51

den?), gerade auch bei schon erfolgter Realisierung der Sicherheit; lassen sich Vorausdatierungen ausschließen oder liegt deren Annahme nahe? Gegebenenfalls auf Vorsatzanfechtung umschalten.

– *„Druckzahlungen"*. Alle „freiwilligen" Leistungen des Schuldners auf Vollstreckungsdruck (Drohung mit Zwangsvollstreckung/Drohung mit Insolvenzantrag) hin überprüfen, und zwar nicht nur im Zeitraum innerhalb der Krise (dann inkongruente Deckungsanfechtung), sondern auch außerhalb der Krise (dann Vorsatzanfechtung). Sich dabei über die gesetzlichen und von der Rechtsprechung begründeten Beweiserleichterungen zuverlässig informieren, weil das den Umfang der Aufklärungspflicht für den Insolvenzverwalter beeinflusst.

– *Weitere Erkenntnismöglichkeiten aus früheren Zwangsvollstreckungen*. Beim Gerichtsvollzieher nach Vollstreckungsmaßnahmen forschen; dessen Auskunftspflicht dem Insolvenzverwalter gegenüber ergibt sich aus § 80 I InsO und weil der Insolvenzverwalter Beteiligter nach § 60 GVO ist.[78] Vermögensverzeichnisse des Schuldners nach § 807 ZPO sowie Drittschuldnererklärungen und Pfändungsprotokolle des Gerichtsvollziehers genau durchforsten.

– *Frühere Insolvenzanträge*. Interessant sind alle Insolvenzanträge, die nicht zur Eröffnung geführt haben, nicht nur wegen § 139 II InsO, sondern wegen des Grundes für zurückgenommene oder für erledigt erklärte Insolvenzanträge. Bestand Vollstreckungsdruck, gelten die vorstehenden Erwägungen entsprechend. Auch hier den weiten Anfechtungszeitraum der Vorsatzanfechtung überprüfen.

– *Haus-Bank des Schuldners*. Verrechnungen im Kontokorrent genau überprüfen, liegt objektiv unmissverständliche Kreditkündigung vor oder meint das die Bank nur? Wurden weitere Verfügungen zugelassen oder etwa eigene Forderungen der Bank getilgt? Sicherheiten der Bank genau überprüfen, vor allem nachträgliche Bestellung oder Erhöhung oder nachträgliches Auffüllen von Sicherheiten.

– *Aufrechnungen im übrigen Geschäftsverkehr*. Solche Vorgänge sind schon von vorneherein sehr verdächtig (erhöhte „a-priori-Wahrscheinlichkeit" der Anfechtbarkeit). Wie ist es zur Gläubigerstellung gekommen, hat sie sich der Gläubiger verschafft? Freilich werden sich klassische Aufrechnungserklärungen (§ 389 S. 1 BGB) eher selten finden lassen, also nach Hinweisen auf „Verrechnung" oder „Restzahlung" suchen. Achtung: Zeitlicher Druck besteht dabei nur im Rahmen des § 146 I InsO, der für die Unzulässigkeit der Verrechnung (§ 96 I Nr. 3 InsO) entsprechend gilt[79] (näher zur Verjährung → Rn. 42 ff.).

– *Bargeschäfte*. Wert der Leistung und Wert der Gegenleistung genau überprüfen. Zeitlichen Zusammenhang zwischen Leistung und Gegenleistung feststellen, lassen sich Vor-/Nachdatierungen ausschließen? Merkmal „unmittelbar" genau untersuchen, handelt es sich etwa doch um ein Kreditgeschäft? Anfechtbarkeit als inkongruente Deckung überprüfen, weil das schon begrifflich ein Bargeschäft ausschließt.

– *Prozesshandlungen des Schuldners*. Titel auf unterlassenen Einspruch gegen Vollstreckungsbescheid oder Versäumnisurteil oder unterlassene Berufung hin untersuchen; Rechtsfolge der Rückgewähr wäre, dass der Gläubiger vom rechtskräftigen Titel keinen Gebrauch machen darf; Anerkenntnisse des Schuldners auf Berechtigung hin überprüfen.

– *Außergerichtliche Vergleiche und Prozessvergleiche*.[80] Die vergleichsweisen Vereinbarungen in die einzelnen Regelungen zerlegen und jede einzelne gesondert auf den Verdacht der Anfechtbarkeit hin überprüfen, dann erst zusammenfassend die Gesamtwahr-

---

[78] Genauer zum Auskunftsanspruch gegen den Gerichtsvollzieher *Janca* NZI 2003, 188.
[79] BGHZ 169, 158 = NZI 2007, 31 m. Anm. *Huber*.
[80] Praktisches Beispiel zu Anfechtung eines Prozessvergleichs über Werklohnanspruch und Mängelbeseitigungskosten in der späteren Insolvenz des Bauunternehmers: *Huber* ZInsO 2008, 929.

scheinlichkeit aller Indizien festlegen; Anhaltspunkte für Inkongruenz aufsuchen, dazu die Tatsachengrundlagen im Zeitpunkt des Vergleichs genau aufklären; Stadium des gerichtlichen Verfahrens (Vergleich in Gütetermin oder frühen ersten Termin oder Haupttermin oder schon nach Teilbeweisaufnahme?) und Kenntnisstand dort prüfen; wirtschaftliche Verhältnisse des späteren Insolvenzschuldners damals (Anzeichen von Liquiditätskrise, auch für anderen Teil erkennbar?).

- *Rechtsgeschäfte mit nahestehenden Personen.* Solche Rechtsgeschäfte sind ebenfalls grundsätzlich besonders verdächtig (erhöhte „a-priori-Wahrscheinlichkeit" der Anfechtbarkeit). Ausgewogenheit von Leistung und Gegenleistung genau überprüfen, auf Inkongruenz achten, Klarheit über den Begriff der nahestehenden Person herstellen. Vorrangig § 133 II InsO wegen der erleichterten Anfechtbarkeit gegenüber § 132 InsO anwenden. An „gemischte" oder „verschleierte" Schenkung denken.
- *Rechtshandlungen des schwachen vorläufigen Insolvenzverwalters.* Intensive Überprüfung stets erforderlich, wenn keine Personenidentität zwischen diesem und Insolvenzverwalter besteht. War der vorläufige Insolvenzverwalter Druck ausgesetzt? Auch bei Personenidentität grundsätzlich kein Ausschluss der Anfechtbarkeit, also ebenfalls Kontrollprüfung, Vertrauenstatbestand des Anfechtungsgegners ausschließen, also zum zu erwartenden Einwand der Treuwidrigkeit vorbeugend aufklären.
- *Einsatz privater Ermittlungsdienste,* externer Dienstleister.[81] Möglichkeiten der Zusammenarbeit von Insolvenzverwalter und privatem Ermittlungsdienst überprüfen.[82] Diese Methode kommt aber regelmäßig nur in Betracht, wenn der Insolvenzverwalter – wie es seine Aufgabe ist – eine Rechtshandlung bereits als mit einer gewissen Wahrscheinlichkeit anfechtbar aufgespürt hat, eine (insbesondere gerichtliche) Geltendmachung aber ohne weitere Aufklärung mit externer Hilfe[83] nicht aussichtsreich erscheint. Dazu muss freilich die kostenrechtliche Problematik beachtet werden (Verhältnis zwischen Ermittlungskosten und möglichem Ertrag bei Insolvenzanfechtung?). Einsatz eines privaten Ermittlungsdienstes oder eines Privatsachverständigen wird sich grundsätzlich nur bei „Freigabe" durch Insolvenzgericht und Gläubigerausschuss/Gläubigerversammlung empfehlen, dabei die Kostentragungspflicht klären. Solchen externen Diensten aber genaue Vorgaben für den tatsächlichen Bereich geben, denn die Zielrichtung der Ermittlungen lässt sich nur nach genauer rechtliche Vorprüfung bestimmen. Nur bei Vermögensverschiebungen ins Ausland wird darüber hinaus auch schon zur Aufklärung ein privater Ermittlungsdienst eingesetzt werden dürfen, was aber wie beschieben vorher abzuklären ist.

28 **c) *Exkurs: Auskunftsanspruch gegen den Insolvenzverwalter.*** Auch der Insolvenzverwalter muss damit rechnen, selbst auf Auskunft in Anspruch genommen zu werden. So kann beispielsweise ein Lieferant, der dem späteren Insolvenzschuldner Baumaterial unter verlängertem Eigentumsvorbehalt geliefert hat, Auskunft über den Verbleib der Ware und die Forderungen aus Weiterveräußerung/Einbau verlangen. Das wird den Insolvenzverwalter oft vor große Schwierigkeiten stellen, wenn er – wie regelmäßig – an diesen Vorgängen im Schuldnerbetrieb selbst nicht beteiligt war. Für solche Fälle ist entschie-

---

[81] Näher zu diesen Möglichkeiten und Grenzen *Graeber* ZInsO 2013, 1056; ausführlich zur Ermittlung von Insolvenzanfechtungsansprüchen vor allem nach betriebswissenschaftlichen Methoden HHS/*Kirstein*, Teil 2 Rn. 1–153. Zur Ermittlung von Immobilienvermögen im Ausland (insbes. durch Einsicht in türkische, spanische, französische und italienische Grundbücher) ausführlich *Hartwig/Ullmann* ZInsbüro 2014, 113.

[82] Ausf dazu auch *Ullrich/Seidenstücker* ZInsO 2004, 126; *Kistein* ZInsO 2008, 131.

[83] Beispiel zur Fallgestaltung der vorletzten Fn: Beauftragung eines Bausachverständigen zur Klärung, welche Mängel vorlagen, ob und mit welchem Aufwand sie überhaupt beseitigt wurden; vgl. *Huber* ZInsO 2008, 929, 930. Ähnlich *Bork* ZIP 2009, 1747, 1752: Einschaltung von Spezialisten, wenn der Insolvenzverwalter die Abklärung mit „Bordmitteln" nicht erledigen kann; zu diesen Möglichkeiten und Grenzen vgl. auch *Graeber* ZInsO 2013, 1056.

Die Geltendmachung der Anfechtung   29 § 51

den,[84] dass der Insolvenzverwalter den Auskunftsberechtigten ausnahmsweise darauf verweisen darf, sich die verlangten Informationen durch Einsichtnahme in die Geschäftsunterlagen – auch durch einen zur Verschwiegenheit verpflichteten Sachverständigen – selbst zu beschaffen, wenn die Auskunftserteilung mit einem für den Verwalter unzumutbaren Zeit- und Arbeitsaufwand verbunden wäre; gegenüber dem Rückgewähranspruch steht dem Anfechtungsgegner wegen seines Anspruchs auf Auskunft über den Verbleib von Gegenständen, an denen ihm ein Aus- oder Absonderungsrecht zusteht, jedoch kein Zurückbehaltungsrecht zu.

3. Anfechtungsklage. a) *Rechtsweg für Insolvenzanfechtungsklagen.*[85] Der insolvenzrechtliche Anfechtungsanspruch entsteht kraft Gesetzes (InsO) mit Insolvenzeröffnung (→ § 52 Rn. 2) und ist *bürgerlich-rechtlicher Natur* (§ 13 GVG) unabhängig davon, ob die angefochtene Rechtshandlung zum bürgerlichen Recht oder einem anderen Rechtsgebiet – zB dem Steuer- oder Sozialversicherungsrecht – gehört, muss also vor den *ordentlichen Gerichten* geltend gemacht werden.[86] Das war früher auch für das *Arbeitsrecht* hM, wurde inzwischen aber durch den Gemeinsamen Senat der obersten Gerichtshöfe des Bundes – in Klärung des Streits zwischen dem 5. Senat des Bundesarbeitsgerichtes und dem IX. Zivilsenat des Bundesgerichtshofes zur Rechtswegefrage – anders entschieden.[87] Das hat zu einer für das gesamte Insolvenzanfechtungsrecht zu einer sehr kritischen Problemlage geführt, wozu insbesondere wie folgt zu unterscheiden ist:

– Seit der Entscheidung des GemS-OGB besteht für die Klage des Insolvenzverwalters gegen einen Arbeitnehmer auf Rückgewähr vom Schuldner geleisteter Vergütung der *Rechtsweg zu den Arbeitsgerichten* (vgl. → § 46 Rn. 83, 84 zur Rechtszersplitterung beim Bargeschäft; → § 47 Rn. 23 zum Beweisrecht bei Lohnzahlungen), und zwar auch bei im Wege der Zwangsvollstreckung durch Pfändung beigetriebenen Leistungen.[88] Doch vollständig erledigt ist das Rechtswegeproblem nicht – von der im Schrifttum geltend gemachten *Verfassungswidrigkeit* der Entscheidung des Gemeinsamen Senats wegen Verstoßes sowohl gegen Art. 101 Abs. 1 S. 2 GG (gesetzlicher Richter) wie gegen Art. 20 Abs. 3 GG (Rechtsstaatsprinzip) einmal ganz abgesehen.[89] Denn der IX. Zivilsenat des Bundesgerichtshofs hat den *ordentlichen Rechtsweg* bei Anfechtung von *Lohnzahlungen Dritter* für gegeben erachtet und ausgesprochen, dass dem die genannte Entscheidung des GemS-OGB nicht entgegen steht.[90] Zum Problem der Verjährung bzw. der „Konnkurenz" mit tariflichen Ausschlussfristen → Rn. 46.

– Der Beschluss des Gemeinsamen Senats gilt außerdem **nicht** entsprechend für Insolvenzanfechtungsklagen gegen *Sozialversicherungsträger* oder *Finanzämter*, weshalb sich daraus grundsätzlich **kein** Rechtsweg zu den Sozial- bzw. Finanzgerichten herleiten

---

[84] BGH NJW 2000, 3777 = ZIP 2000, 1061.

[85] Ausführlich dazu – vor allem auch aus verfassungsrechtlicher Sicht wegen der Entscheidung des Gemeinsamen Senats der Obersten Gerichtshöfe des Bundes (zu dieser Entscheidung vgl. noch später näher) – *Kreft* ZIP 2013, 241.

[86] BGHZ 114, 315, 320 = ZIP 1991, 737, 739, m. Anm. *Kreft,* dazu EWiR 1991, 697 *(App),* anfechtbare Rechtshandlung bei öffentlich-rechtlichen Abgabeansprüchen; LAG Mainz NZI 2005, 644 = MDR 2004, 1247 – Anfechtung gezahlter Vergütung aus arbeitsgerichtlichem Vergleich; KG („Schneider"-Konkurs), ZIP 1996, 1097 – Abfindung für Arbeitnehmer; OLG Hamm NJW-RR 2003, 1692 = NZI 2004, 34 – Anfechtung von Steuerzahlung.

[87] BGHZ 187, 105 (GmS-OGB) = NJW 2011, 1211 = NZI 2011, 15 = ZIP 2009, 2418 = ZInsO 2010, 2400. Kurzfassung zu den tragenden Säulen der Entscheidung und ihre mangelnde Überzeugungskraft *Huber* ZInsO 2011, 519 f. Sehr krit. insgesamt auch *Bork* EWiR 2010, 765, 766: „... Begründung ist – nicht nur dem Umfang nach – dünn" und „... nicht gerade dogmatisches Hochreck"; abl. auch *Ries* ZInsO 2010, 2382. Dem GmS-OGB aber zust zB *Windel,* AP § 2 ArbGG 1979 Nr. 14.

[88] BGH ZInsO 2011, 1368 Rn. 5.

[89] *Kreft* ZIP 2013, 241, 245, 249; *Gerhart Kreft* war über viele Jahre hinweg Vorsitzender des IX. ZS des BGH.

[90] BGH ZIP 2012, 1681 = ZInsO 2012, 1538 = NZI 2013, 33 m. Anm. *Huber.*

lässt;[91] für Klagen gegen Sozialversicherungsträger hat der Bundesgerichtshof bereits bekräftigt, dass der ordentliche Rechtsweg gegeben ist.[92] Auch für die Anfechtung von Beitragszahlungen eines Arbeitgebers an eine Sozialeinrichtung des privaten Rechts sind die ordentlichen Gerichte zuständig;[93] für Anfechtungsklagen gegen Zusatzversorgungskassen (zB ZVK-Bau) kann nichts anderes gelten.[94] Auch hat der Bundesfinanzhof bereits entschieden, dass der Anspruch auf Rückgewähr in anfechtbarer Weise geleisteter Steuern kein Anspruch aus dem Steuerschuldverhältnis, sondern davon wesensverschieden und bürgerlich-rechtlicher Natur ist,[95] weshalb auch die Rückforderung einer auf einer (vermeintlich) unberechtigten Insolvenzanfechtung beruhenden Leistung des Finanzamts nicht durch Verwaltungsakt erfolgen kann.[96] Schließlich lässt sich mit der Entscheidung des GemS-OGB auch **keine** *familiengerichtliche Zuständigkeit* (§ 23b GVG, § 266 Abs. 1 FamFG) begründen, bei der es sich wegen § 17a Abs. 6 GVG um ein Rechtswegeproblem handelt; erhebt also beispielsweise ein Insolvenzverwalter Klage auf Rückgewähr der von Ehemann (Insolvenzschuldner) an seine Ehefrau (möglicherweise) anfechtbar erbrachter Unterhaltsleistungen, bleibt es bei der Zuständigkeit der allgemeinen Zivilgerichte, darf also nicht an das „Große Familiengericht" verwiesen werden,[97] eben weil es im Verhältnis dazu keine „entsprechende Anwendung" der Grundsätze des GemS-OGB gibt, selbst wenn diese sonst (im Verhältnis zur Arbeitsgerichtsbarkeit) zutreffen sollten.[98]

Der Einwand der *Anfechtbarkeit bei einer Aufrechnung* (§ 96 Abs. 1 Nr. 3) ist allerdings **nicht** rechtswegbestimmend.[99] Klagt der Insolvenzverwalter eine Forderung ein und beruft er sich darauf, dass diese wegen der insolvenzrechtlich unzulässigen Aufrechnung des Gegners nicht erloschen sei, so wird nicht allein deshalb der Rechtsweg zu den ordentlichen Gerichten begründet; denn im Fall des § 96 Abs. 1 Nr. 3 bedarf es gerade keiner Insolvenzanfechtung, folglich keiner klageweisen Geltendmachung eines Anfechtungsanspruchs (→ Vor §§ 129–147 Rn. 14). Beispiele:
– Hat der Insolvenzverwalter über das Vermögen eines Pflegedienstes Bezahlung von Leistungen für Versicherte der beklagten Krankenkasse gefordert, die mit rückständigen Sozialversicherungsbeiträgen aufrechnete, gilt:[100] da für die Klage ein Sozialgericht zuständig und die Aufrechnungsforderung nicht rechtswegfremd[101] ist und es im Fall des § 96 Abs. 1 Nr. 3 keiner Insolvenzanfechtung bedarf, verbleibt es beim Rechtsweg für sozialrechtliche Ansprüche (Angelegenheit der Pflegeversicherung: § 51 Abs. 1 Nr. 2, Abs. 2 S. 1 SGG).

---

[91] Ausf. *Huber*, ZInsO 2011, 519 ff. – auch zu den Ausnahmen aufgrund gesetzlicher Zuweisung in bestimmten Fällen für Anfechtungsklagen gegen Sozialversicherungsträger und gegen Finanzämter; zum Spezialfall des Duldungsbescheids nach § 191 Abs. 2 S. 2 AO in der Einzelgläubigeranfechtung *Huber*, AnfG, § 2 Rn. 15 ff., insb Rn. 17.

[92] BGH ZIP 2011, 683 = ZInsO 2011, 723. A. A. – also Rechtsweg zu den Sozialgerichten – *Geiger/Fiedler/Cernetzki* ZInsO 2011, 854.

[93] BGH ZIP 2013, 30 = NZI 2013, 147 = ZInsO 2012, 2524.

[94] Richtig *Neugebauer* ZInsO 2012, 1449; aA LAG Frankfurt/M. ZIP 2012, 1621 (Rechtsweg zu den Arbeitsgerichten).

[95] BFH ZIP 2012, 2451; ZIP 2012, 2073 = ZInsO 2012, 2048.

[96] BFH ZIP 2014, 690 = ZInsO 2014, 669.

[97] So aber LG Kleve NZI 2013, 700.

[98] *Huber* NZI 2013, 680, insbesondere auch zu anderen möglichen Varianten einer Vermögensverschiebung zwischen Ehegatten insbesondere Güterrechtsvereinbarungen, ehebedingte Zuwendungen usw; vgl. auch dessen Satire (zur zitierten Entscheidung des LG Kleve) in ZInsO 2013, 1683: „IUSTITIA, oh IUSTITIA, Du manchmal unergründlich Ordentliche!".

[99] BGH ZIP 2005, 1334.

[100] Fall nach BGH ZIP 2005, 1334.

[101] Zur Reichweite des § 17 II 1 GVG bei Aufrechnung mit einer rechtswegfremden Forderung vgl. Musielak-*Stadler*, ZPO, § 145 Rn. 30 ff.

Die Geltendmachung der Anfechtung 30, 31 § 51

– Da Zivilgerichte an einen wirksamen Bescheid gebunden sind, mit dem das Finanzamt eine Insolvenzsteuerforderung mit einem Vorsteuervergütungsanspruch der Masse verrechnet hat, sind Einwendungen des Insolvenzverwalters gegen die Zulässigkeit der Aufrechnung im Wege der Klage zu den Finanzgerichten zu erledigen.[102]
– Genauso ist es auch, wenn ein vorläufiger Insolvenzverwalter den auf seine Honorarzahlung aus gerichtlicher Vergütungsfestsetzung entfallenden Umsatzsteuerbetrag als Vorsteuer in der Voranmeldung des schuldnerischen Unternehmens in Ansatz bringt. In einem solchen Fall hatte das Finanzamt den Vorsteuerbetrag mit vorinsolvenzlichen Steuerforderungen verrechnet, weshalb über die auf Unwirksamkeit der Aufrechnung gestützte Klage des Insolvenzverwalters das Finanzgericht zu entscheiden hatte.[103]

b) *Klageart.* Sie ist grundsätzlich *Leistungsklage* mit dem Verlangen nach Rückgewähr **30** (→ Rn. 31); wird eine bestimmte Geldsumme – wie insbesondere beim Wertersatz – gefordert, so kann über den Grund des Anspruchs vorab gemäß § 304 ZPO entschieden werden.[104] Unter den Voraussetzungen des § 256 ZPO kommt jedoch auch eine *Feststellungs-/Feststellungswiderklage* in Betracht, wenn ein entsprechendes urteil zur endgültigen Streitbeilegung führt und erwartet werden kann, dass der Beklagte auf den Feststellungsanspruch hin leisten wird,[105] beispielsweise in Fällen der Weiterveräußerung.[106]

Wegen der neuen Rechtsprechung zur Qualität des Anfechtungsanspruchs in der Insolvenz des Anfechtungsgegners (→ § 52 Rn. 3, 4) wird man – auch auf dem Boden der schuldrechtlichen Theorie (→ § 52 Rn. 1) – eine *Drittwiderspruchsklage* zulassen müssen.[107] Der Insolvenzverwalter kann also nach § 771 I ZPO vorgehen, wenn der Gläubiger des Anfechtungsgegners bei diesem den vom Schuldner anfechtbar erworbenen Gegenstand gepfändet hat. Dieser Rechtsbehelf findet analoge Anwendung, wenn der Gläubiger des Schuldners dort dessen Gegenstand gepfändet hat; der Insolvenzverwalter ist also nicht auf eine Anfechtungsklage (Anfechtung der Zwangsvollstreckung) beschränkt und wird sich für eine Drittwiderspruchsklage insbesondere dann entscheiden, wenn dort einstweiliger Rechtsschutz (§§ 771 III, 769 ZPO) effektiver zu erreichen ist.

c) *Zuständigkeite der ordentlichen Gerichte.* Es gibt keinen besonderen Anfechtungsge- **31** richtsstand; entsprechenden Forderungen aus der Praxis (Gerichtsstand am Sitz des Insolvenzverwalters) hat sich der Gesetzgeber der InsO mit Recht verschlossen.[108] Zur Zuständigkeit gilt deshalb:
– Die *sachliche* Zuständigkeit richtet sich nach allgemeinen Grundsätzen, jedoch ist der Anfechtungsprozess keine Handelssache, letzteres selbst dann nicht, wenn die angefochtene Rechtshandlung ein Handelsgeschäft beinhaltet.[109] Es gibt auch keine Zuständigkeit des „Großen Familiengerichts" für Insolvenzanfechtungsklagen, was aber wegen § 17a Abs. 6 GVG eine Frage des Rechtswegs ist (näher → Rn. 29). Für die Abgrenzung zwischen Amts- und Landgericht (§ 23 Nr. 1, § 71 Abs. 1 GVG) kommt

---

[102] BGH ZIP 2006, 2234 Rn. 10.
[103] BFH ZIP 2011, 181 = ZInsO 2011, 283, m. Anm. *Kahlert,* ZIP 2011, 185; der Abrechnungsbescheid des FA hatte keinen Bestand, weil der BFH (in Änderung seiner Rspr) die dort vorgenommene Verrechnung für unwirksam hielt.
[104] BGH NJW 1995, 1093.
[105] BGH NZI 2007, 452 (Rn. 11) = ZInsO 2007, 658 = ZIP 2007, 1274.
[106] BGH ZIP 1996, 184 (Nichtannahme der Revision gegen OLG Düsseldorf ZIP 1996, 185).
[107] Ausführlich zum Problem: MüKoInsO/*Kirchhof,* § 146 Rn. 34; *Henckel* in Jaeger, InsO § 143 Rn. 16, 66, 88.
[108] *Gerhardt,* FS Brandner, S. 605, 614.
[109] BGH ZInsO 2002, 1136, 1138, dazu EWiR 2003, 29 (*Huber*). Ebenso schon BGH NJW 1987, 2821, 2823. AA (aber falsch) LG Düsseldorf ZInsO 2014, 1963.

es folglich auf den Streitwert (Wert des zurückzugewährenden Gegenstandes; Höhe des Wertersatzanspruchs) an. *Funktionell* zuständig ist beim Landgericht als Gericht 1. Instanz grundsätzlich der sog. originäre Einzelrichter gemäß § 348 Abs. 1 S. 1 (Ausnahme: S. 2 Nr. 1) ZPO, sofern keine Vorlage an die Kammer bzw. Übernahme durch diese nach § 348 Abs. 3 PZO erfolgt, worauf in der tatrichterlichen Praxis bedauerlich nicht immer geachtet wird.[110]

– Die *örtliche* Zuständigkeit richtet sich nach dem allgemeinen (§§ 13–19 ZPO), möglicherweise auch nach dem besonderen Gerichtsstand (§§ 20, 23 ZPO)[111] des Anfechtungsgegners; bei Anfechtungsklagen wegen Gesellschafterdarlehen nach neuer Rechtslage (Fassung des § 135 nach MoMiG) greift § 22 ZPO ein, kann also der Insolvenzverwalter gegen die Gesellschafter am Sitz der Gesellschaft (Gerichtsstand der Mitgliedschaft) klagen.[112] Nach inzwischen wohl hM gilt auch der dingliche Gerichtsstand (§ 24 ZPO).[113] *Nicht* einschlägig sind § 19a ZPO (betrifft Klage gegen den Insolvenzverwalter)[114] und §§ 29, 32 ZPO, weil der Anfechtungsanspruch nicht auf einem vertraglichen, sondern gesetzlichen Schuldverhältnis und auch nicht auf unerlaubter Handlung beruht (→ § 46 Rn. 9ff.). Zu § 32 ZPO gibt es allerdings eine Ausnahme, wenn (was in der Praxis nur selten vorkommt) die Klage sowohl auf Insolvenzanfechtung als auch auf unerlaubte Handlung gestützt ist,[115] wie sich aus einem „Erst-recht-Schluss" aus § 17 Abs. 2 S. 1 GVG ergibt.[116] *Nicht* anwendbar ist außerdem § 29a ZPO auf Insolvenzanfechtungsklagen geleisteter Miete.[117]

– Die *internationale* Zuständigkeit ergibt sich für EU-Mitgliedstaaten aus Art. 3 Abs. 1 EuInsVO;[118] diese Vorschrift ist dahin auszulegen, dass die Gerichte des Mitgliedstaates, in dessen Gebiet das Insolvenzverfahren eröffnet worden ist, für eine Insolvenzanfechtungsklage sowohl gegen einen Anfechtungsgegner zuständig sind, der seinen allgemeinen Gerichtsstand (Wohnsitz oder satzungsmäßigen Sitz) in einem anderen Mitgliedstaat hat,[119] wie auch für denjenigen, der ihn nicht in einem Mitgliedstaat sondern in einem EU-Drittstaat hat.[120] Daraus folgt: Bei Eröffnung des Insolvenzverfahrens in einem anderen Mitgliedstaat und Sitz des Anfechtungsgegners in Deutschland ist ein deutsches Gericht international unzuständig und eine rügelose Einlassung nicht möglich, weil Art. 3 EuInsVO einen ausschließlichen Gerichtsstand enthält (Art. 24 Abs. 2 EuInsVO analog).[121] Sind (umgekehrt) die deutschen Gerichte für eine Insolvenzanfechtungsklage europarechtlich zuständig, ohne dass nach den allgemeinen deutschen Gerichtsstandsbestimmungen eine örtliche Zuständigkeit begründet wäre, ist das sachlich zuständige Streitgericht für den Sitz des eröffnenden Insolvenzgerichts ausschließ-

---

[110] Ausführl HHS/*Huber*, Teil VII Rn. 139ff.; zur Abgrenzung zwischen Einzelrichter und Kammer vgl. auch *Huber* JuS 2011, 114.

[111] BGH ZIP 2013, 374 Rn. 13 = ZInsO 2013, 337: Anfechtungsgegnerin (Beklagte) ist wohnhaft in Italien, Zugriffsgegenstand sind ihr abgetretene Ruhegeldansprüche eines Notars in München gegen die Landesnotarkammer Bayern.

[112] Änderung aufgrund Beschlussempfehlung/Bericht RA, BT-Drucks. 16/9737, S. 103, abgedr. in: *Seibert*, S. 241.

[113] Zum Streitstand MüKoInsO/*Kirchhof*, § 146 Rn. 33.

[114] BGH NZI 2003, 545 = ZIP 2003, 1419, 1420 = ZInsO 2003, 707.

[115] LG Detmold ZInsO 2005, 445; *Gerhardt*, FS K. Schmidt, S. 457, 462f.

[116] Zur Änderung dieser Vorschrift und zu den Konsequenzen BGHZ 153, 173, 176ff. = ZIP 2003, 1860.

[117] OLG Frankfurt/M. NJW-RR 2013, 834.

[118] Ausführlich zu grenzüberschreitenden Anfechtungsklagen *Cranshaw* ZInsO 2012, 1237.

[119] EuGH (Deko Marty Belgium), ZIP 2009, 427 = NZI 2009, 199; ergangen auf Vorlageentscheidung BGH ZIP 2007, 1415. In der Einzelgläubigeranfechtung richtet sich die Zuständigkeit nach EuGVVO, *Huber*, AnfG, § 13 Rn. 36.

[120] EuGH NZW 2014, 610 = NZI 2014, 134 = ZIP 2014, 181 = ZInsO 2014, 192 (auf Vorlage von BGH ZIP 2012, 1467 = ZInsO 2012, 1439). Zum EuGH-Urteil vgl. *C. Paulus* EWiR 2014, 85; *Baumert* NZI 2014, 106. Dem folgt nun auch BGH ZIP 2014, 1132.

[121] Näher, auch zu weiteren Problemlagen, *Mock* ZInsO 2009, 470.

Die Geltendmachung der Anfechtung 32, 33 **§ 51**

lich örtlich zuständig (analog § 19a ZPO iVm § 3 InsO, Art. 102 § 1 EGInsO).[122] Nach dem zitierten Urteil des EuGH kann also ein deutscher Insolvenzverwalter jedwede Anfechtungsklage vor einem deutschen Gericht erheben, weil die die EuInsVO auch für Anfechtungsklagen beispielsweise in die Schweiz, USA, Japan oder Nigeria hinein anwendbar sei.[123] Wegen der weiteren Einzelheiten wird auf die Kommentierung hinten zur EuInsVO verwiesen.

d) Für den *Klageantrag* ist zu beachten: **32**
– Wegen § 143 I 1 InsO muss an sich grundsätzlich *Rückgewähr in die Insolvenzmasse* (zum Inhalt des Anspruchs → § 52 Rn. 8 ff.) verlangt werden; es ist aber unbedenklich, wenn ein Insolvenzverwalter – was in der Praxis häufig vorkommt – Leistung an sich fordert, so lange er den Anspruch erkennbar für die Masse erhebt.[124] Wird aber beispielsweise eine Grundstücksübereignung angefochten, so muss der Klageantrag auf Rückauflassung an den Insolvenzschuldner und Bewilligung von dessen Eintragung als Eigentümer im Grundbuch lauten; denn die Insolvenzmasse erlangt keine eigene Rechtspersönlichkeit, bleibt vielmehr Vermögen des Schuldners.[125] Entsprechendes gilt für die Anfechtungsklage des Sachwalters bei Eigenverwaltung (→ Rn. 11); ein Gläubiger im vereinfachten Insolvenzverfahren (→ Rn. 12) darf bei der von ihm verfolgten Insolvenzanfechtung aber in keinem Falle Leistung an sich, sondern muss Leistung an den Insolvenzschuldner verlangen.
– Erforderlich ist außerdem die *bestimmte Bezeichnung* dessen, was aus dem Vermögen des Schuldners veräußert, weggegeben oder aufgegeben wurde und auf welche Weise die Rückgewähr erfolgen soll. Ein Antrag mit dem Ziel, den Anfechtungsgegner allgemein zum Verzicht auf Rechte aus der angefochtenen Rechtshandlung oder aus einem erwirkten Titel zu verurteilen, genügt nicht;[126] das Recht oder der Titel sind genau zu bezeichnen. Wird Wertersatz gefordert, so lautet der Antrag stets auf Zahlung einer bestimmten Summe; dieses Verlangen kann auch hilfsweise erhoben werden (zu Folgeproblemen wegen der Verjährung → Rn. 54).

e) Für die *Klagebegründung* gelten nach der Rechtsprechung des BGH[127] folgende **33** Anforderungen:
– Es muss ein Sachverhalt vorgetragen werden, der die Voraussetzungen eines Anfechtungstatbestandes erfüllt. Nicht nötig ist es dagegen, dass der Kläger (Insolvenzverwalter) den rechtlichen Gesichtspunkt bezeichnet, unter dem sein Sachvortrag den Klageantrag stützt. Die Subsumtion des vorgetragenen Lebenssachverhalts unter die in Betracht kommenden gesetzlichen Tatbestände ist vielmehr Sache des Gerichts („iura novit curia").
– Ist eine Anfechtungsvorschrift erfüllt und danach das Klagebegehren begründet, muss der Klage stattgegeben werden, auch wenn der Insolvenzverwalter die Anfechtung nicht ausdrücklich – oder wenigstens stillschweigend – „erklärt" oder als solche besonders „geltend gemacht" hat;[128] es genügt, wenn er erkennen lässt, eine Gläubigerbenachteiligung in der Insolvenz auf Kosten des Anfechtungsgegners wieder ausgleichen zu wollen.[129]

---

[122] BGH ZIP 2009, 1287 Rn. 11 ff.
[123] So trefflich *C. Paulus* EWiR 2014, 85.
[124] BGH WM 1961, 387, 389; allgM.
[125] BGHZ 100, 222 = NJW 1987, 1691.
[126] BGH NJW 1992, 624; vgl. BGHZ 117, 374 = NJW 1992, 1026; 123, 320, 322 = NJW 1993, 3267.
[127] Grundlegend: BGHZ 135, 140 = NJW 1997, 1857 = EWiR § 37 KO 1/97, 943 *(Henckel);* dazu auch *Eckardt* ZIP 1997, 957, 965; BGH NJW 1999, 645 = LM H 5/1999 GesO Nr. 45, 46 *(Huber);* ZIP 2003, 488 f; 2000, 898 f.
[128] So ausdrücklich BGHZ aaO in Abweichung von BGHZ 109, 47, 54 = NJW 1990, 45.
[129] BGH NZI 2008, 488 (Rn. 17) = ZInsO 2008, 738 = ZIP 2008, 1291.

§ 51   34–36   Kapitel III. 7. Abschnitt. Insolvenzanfechtung

– Erstrebt der Insolvenzverwalter im wirtschaftlichen Ergebnis eine Anfechtung und stützt er sein Begehren auf einen Sachverhalt, der geeignet sein kann, die Voraussetzungen einer Anfechtungsnorm zu erfüllen, so hat der Richter ohne weiteres zu prüfen, ob der geltend gemachte Anspruch unter diesem Gesichtspunkt gerechtfertigt ist.[130]
– Das Begehren des Insolvenzverwalters ist auszulegen, wenn er zwar eine ganz bestimmte Rechtshandlung anficht, aber zusätzlich die Tatsachengrundlage für die Anfechtbarkeit einer weiteren Rechtshandlung vorträgt, gegebenenfalls ist gemäß § 139 I S. 2 ZPO auf eine Klarstellung hinzuwirken[131] (zu Folgeproblemen bei Klageänderung/-erweiterung wegen der Verjährung → Rn. 52, 53).
– Immer größere Bedeutung erlangt im Anfechtungsprozess der *Indizienbeweis,* also die Beherrschung der Regeln zur Feststellung von Indiztatsachen sowohl zum objektiven, vor allem aber zum subjektiven Tatbestand als auch die Bewertung ihrer jeweiligen Beweiskraft im konkreten Einzelfall[132] (näher → § 47 Rn. 8ff., 23, 28, 62; → § 48 Rn. 14ff., 19ff.).

34   **f)** *Behauptung nur vermuteter Tatsachen.*[133] Das ist auch im Anfechtungsprozess durch den Insolvenzverwalter zulässig, wenn greifbare Anhaltspunkte für das Vorliegen eines bestimmten Sachverhalts bestehen, die sich auch aus unstreitigen oder unter Beweis gestellten Indizien ergeben können.[134] Im konkreten Fall hatte der Anfechtungsgegner als Subunternehmer des Schuldners im Rahmen eines Bauvertrages Arbeiten erbracht und dafür Abschlagszahlungen erhalten. Der Insolvenzverwalter vermutete auf Grund möglicherweise vergleichbarer Verhandlungsprotokolle zu anderen Subunternehmerverträgen (das zum streitgegenständlichen war unauffindbar), dass die Voraussetzungen für eine Abschlagsrechnung nicht vorlagen (dann: inkongruente Deckung, § 131 InsO), oder, sollte das doch der Fall gewesen sein (dann: kongruente Deckung, § 130 InsO), dass dem Anfechtungsgegner bei Zahlung auf Grund einer vorangegangenen „Krisensitzung" die schon erfolgte Zahlungseinstellung des Schuldners bekannt war. Diese Behauptungen samt angetretenem Urkundenbeweis und beantragter Parteivernehmung hielt das OLG für unzulässig, was der BGH beanstandete.

35   Für die Praxis der Insolvenzverwaltung folgt daraus eine wesentliche Erleichterung zur Abfassung der Klagebegründung: Der Insolvenzverwalter darf – wenn er an den maßgeblichen Rechtshandlungen nicht mitgewirkt hat – Tatsachen behaupten, über die er keine genauen Kenntnisse hat, die er aber nach Lage der Dinge für wahrscheinlich hält, freilich nicht „ins Blaue hinein", also nicht willkürlich; solche vermuteten Tatsachen können Grundlage von Beweisanträgen sein und dürfen nicht als unbeachtlich und nicht als „Ausforschungsbeweis" zurückgewiesen werden. Der Verwalter muss aber darlegen, dass er sich die fehlende Kenntnis auch nicht anderweit verschaffen konnte und worin die greifbaren Anhaltspunkte für die nach Lage der Dinge als wahrscheinlich angesehenen Tatsachen bestehen. Ist danach der Vortrag statthaft, muss der Gegner darauf gemäß § 138 II ZPO substantiiert erwidern. Ihn trifft dann die so genannten sekundäre Behauptungs-/Darlegungslast,[135] worauf der Richter gemäß § 139 II ZPO hinweisen muss.

36   **g)** *Urkundenvorlage durch Dritte.* Ein weiteres wichtiges taktisches Mittel zugunsten des Insolvenzverwalters ergibt sich aus dem allgemeinen Beweisrecht: Befindet sich eine Urkunde im Besitz eines Dritten, konnte früher Beweis nur durch Antrag auf Fristset-

---

[130] BGH NZI 2004, 253 = ZIP 2004, 671 = ZInsO 2004, 149 (der Klageanspruch war dort nur auf ungerechtfertigte Bereicherung gestützt).
[131] BGH NZI 2008, 372 (Rn. 13) = ZInsO 2008, 506 = ZIP 2008, 888.
[132] Näher dazu *Huber* ZInsO 2012, 53.
[133] Ausf dazu *Huber,* FS Gerhardt, S. 379ff.
[134] BGH NJW-RR 2002, 1419 = NZI 2002, 484 = ZIP 2002, 1408 = ZInsO 2002, 721.
[135] Ebenso LAG Hessen ZInsO 2013, 1032.

Die Geltendmachung der Anfechtung   37 **§ 51**

zung zur Herbeischaffung angetreten werden, was freilich nur möglich war, wenn die beweisführende Partei einen materiell-rechtlichen Herausgabeanspruch gegen den Dritten hatte. Jetzt gibt es den Beweisantritt gemäß §§ 428, 142 ZPO, also den Antrag, das Gericht möge dem Dritten die Vorlage der Urkunde aufgeben, was von einem materiellen Anspruch unabhängig ist.[136] Praktische Bedeutung kann das vor allem für den Nachweis des subjektiven Tatbestandes (Kenntnis des anderen Teils von Zahlungseinstellung/ Eröffnungsantrag) erlangen, wenn der Insolvenzverwalter Indizienbeweis führen und sich auf Urkunden (zB Verhandlungsprotokolle, s den Fall → Rn. 35) im Besitz eines Dritten (zB des Vertragspartners des Anfechtungsgegners) berufen will, oder wenn es um Urkunden im Besitz der Mittelsperson bei mittelbaren Zuwendungen (→ § 46 Rn. 26 ff.) geht.

4. Prozesskostenhilfe.[137] Sie erhält der Insolvenzverwalter – auch für eine Teilklage,[138] die nicht etwa schon als solche mutwillig ist (näher aE) – nach § 116 S. 1 Nr. 1 ZPO, wenn die Kosten nicht aus der Masse aufgebracht werden können und deren Vorschuss den am Rechtsstreit wirtschaftlich Beteiligten nicht zuzumuten ist; diese Vorschrift (nicht deren Nr. 2) gilt auch bei einer juristischen Person als Insolvenzschuldner, unabhängig davon, ob der Insolvenzverwalter den Betrieb liquidiert oder – vorerst – fortführt.[139] Dann hat auch derjenige Insolvenzverwalter, der selbst Volljurist ist, Anspruch auf Beiordnung eines Rechtsanwalts.[140] An *Alternativen* für ein Prozesskostenhilfeverfahren stehen dem Insolvenzverwalter die Abtretung des Anfechtungsanspruchs (→ Rn. 4, einschließlich entsprechender Gefahren) oder eine Prozessfinanzierung[141] offen.   37

Im Einzelnen gilt zur Prozesskostenhilfe:
– Ob *Unzumutbarkeit* besteht, ist anhand einer wertenden Abwägung aller Gesamtumstände des Einzelfalls (zu erwartende Quote; Prozess-/Vollstreckungsrisiko; Koordinationsaufwand für Verwalter gegenüber Gläubiger) zu ermitteln.[142] Unzumutbarkeit besteht für Insolvenzgläubiger mit kleinen Forderungen,[143] insbesondere auch von Arbeitnehmern,[144] nicht aber für Großgläubiger, insbesondere den in erheblichem Umfang beteiligten Fiskus;[145] entsprechendes gilt für die Träger der Sozialverwaltung.[146] Bei mehreren Gläubigern erfolgt die Heranziehung nur jeweils im Verhältnis zur zu erwartenden Quotenverbesserung.[147] Ist danach die Kostenaufbringung einem oder mehreren wirtschaftlich Beteiligten an sich zuzumuten, erscheint noch unklar,

---

[136] *Musielak/Huber*, ZPO, § 428 Rn. 5.
[137] Spezialliteratur: *Gelpcke/Hellstab/Wache/Weigelt*, Der Prozesskostenhilfeanspruch des Insolvenzverwalters, 2007; weiteres Schrifttum vgl. zB: *Hörmann* NZI 2008, 291; *Sterzinger* NZI 2008, 525.
[138] OLG Celle ZIP 2008, 433 (dort aber unter den Senaten sehr str., vgl. die Hinweise in den Gründen); OLG Hamm ZIP 2003, 42; dazu EWiR 2003, 139 *(Pape)*.
[139] BGH ZIP 2005, 1519 = NZI 2005, 560 = ZInsO 2005, 877.
[140] BGH NZI 2006, 341 = ZInsO 2006, 427 = ZIP 2006, 825.
[141] Ausführl. zu einer Zusammenarbeit zwischen Insolvenzverwalter und Prozessfinanzierern *Tetzlaff* ZInsO 2011, 331.
[142] BGH NZI 2006, 348 = ZInsO 2006, 369 = ZIP 2006, 682, dazu EWiR 2006, 415 *(Beutler/ Voss)*. Ebenso OLG Karlsruhe ZIP 2012, 494.
[143] Weniger als 5% der festgestellten Insolvenzforderungen nach OLG Hamm ZIP 2005, 1711; bestätigt (trotz der Kritik daran) von OLG Hamm ZInsO 2007, 1049. Ob das in der Praxis „gut handhabbar" ist, erschien dem BGH aaO (NZI 2006, 348 Rn. 11) „in hohem Maße zweifelhaft"; krit. auch *Gelpcke*, ZIP 2006, 1722.
[144] *Sterzinger* NZI 2008, 525 ff.
[145] BGH ZInsO 2004, 501; BVerwG ZIP 2006, 1542; dazu EWiR 2006, 671 *(Undritz/Meyer-Sommer)*. So auch OLG Hamm ZInsO 2007, 1049 (Zumutbarkeit für Fiskus bei zu erwartendem Mehrerlös, der den Prozesskostenvorschuss um ein Vielfaches, jedenfalls 6-faches, übersteigt).
[146] Str., aA OLG München ZIP 2013, 1299 (nicht überzeugend, weil von S. 1300 einerseits vom Finanzamt die Rede ist, andererseits das Problem wegen des Wegfalls der Privilegierung in der InsO gerade offen bleibt).
[147] KG ZInsO 2003, 127 = ZIP 2003, 270.

ob zusätzlich vorausgesetzt wird, dass sämtlichen Insolvenzgläubigern, die im Falle eines Prozesserfolges in nur wirtschaftlicher Weise profitieren würden, eine Aufbringung ebenfalls zumutbar wäre oder ob das gänzlich oder teilweise anders zu beurteilen sein kann[148] Auf die Bereitschaft eines Gläubigers, Kosten vorzuschießen kommt es aber *nicht* an.[149]

- *Wirtschaftlich Beteiligte* sind die Insolvenzgläubiger, *nicht* aber der Insolvenzverwalter, weil er den Anfechtungsprozess im Interesse der Insolvenzmasse führt;[150] das gilt selbst dann, wenn durch den Anfechtungsprozess nur die Verfahrenskosten und die Verwaltervergütung eingebracht werden sollen.[151] Massegläubiger werden für einen Anfechtungsprozess als wirtschaftlich Beteiligte jedenfalls dann zu behandeln sein, wenn die Anfechtung der Abwendung der Masseunzulänglichkeit dient (→ § 46 Rn. 66), weil insoweit nicht einzusehen ist, warum ihnen dann die Aufbringung von Prozesskosten unzumutbar sein sollte;[152] das Problem hat sich bislang nur für andere Rechtsstreitigkeiten (als über eine Insolvenzanfechtung) gestellt und wurde dann positiv beantwortet.[153]
- Vorliegen müssen außerdem natürlich die *allgemeinen Voraussetzungen* des § 114 ZPO, dass also die Rechtsverfolgung hinreichend Aussicht auf Erfolg bietet und nicht mutwillig erscheint. *Mutwilligkeit* ist nach Eintritt der *Massekostenarmut* anzunehmen.[154] Denn dann ist ein Insolvenzverwalter zur Durchsetzung von Anfechtungsansprüchen weder berechtigt, noch verpflichtet (→ § 129 Rn. 17 aE); etwas anderes gilt, wenn die Massekostenarmut im Falle der Beitreibung des Klagebetrages abgewendet werden kann.[155] Eine *Teilklage* ist nur dann mutwillig, wenn der Insolvenzverwalter keine nachvollziehbaren Sachgründe dafür vorträgt, warum er auf die Geltendmachung der Gesamtforderung verzichtet,[156] bspw. wegen zusätzlichen erheblichen Substantiierungsaufwands.[157]

III. Systematik zur zeitlichen Begrenzung des Anfechtungsanspruchs

38 **1. Ausschlussfrist nach KO und GesO.** Im Bereich von KO und GesO (→ § 46 Rn. 16) war die Ausübung des Anfechtungsrechtes zeitlich begrenzt auf ein Jahr (§ 41 I 1 KO) bzw. zwei Jahre (§ 10 II GesO) seit Eröffnung des Verfahrens. In beiden Fällen handelte es sich um eine materiell-rechtliche Ausschlussfrist, deren Ablauf das Erlöschen des Anfechtungsanspruchs bewirkte;[158] das war vom Richter von Amts wegen zu beachten, ohne dass sich der Anfechtungsgegner darauf ausdrücklich berufen musste (näher 1. Auflage § 53 Rn. 14–31, Nachtrag S. 85 Rn. 5–14). Entsprechend ist nach wie vor die Rechtslage in der Einzelgläubigeranfechtung nach dem AnfG, bei der die Rechtsnatur der Anfechtungsfristen als materiell-rechtliche Ausschlussfristen beibehalten wurde.[159]

39 **2. Verjährungsfrist nach InsO und Übergansrecht KO/GesO auf InsO.** Auch im Bereich der InsO ist die Ausübung des Anfechtungsrechtes zeitlich begrenzt; § 146 I InsO bestimmt hierfür allerdings keine materiell-rechtliche Ausschluss-, sondern eine

---

[148] OLG Hamburg ZIP 2011, 99 = ZInsO 2011, 1701.
[149] BGH (IX. ZS) ZInsO 2014, 79; ebenso BGH (II. ZS) NZI 2013, 82.
[150] BGH ZIP 2005, 1519; ZIP 1998, 297.
[151] BGH NZI 2004, 26 = ZIP 2003, 2036 = ZInsO 2003, 941.
[152] So aber offenbar generell BFH ZInsO 2005, 1216.
[153] BGH ZIP 2005, 1519 (Klageentwurf des Verwalters zu Warenlieferungen an Antragsgegner).
[154] BGH ZInsO 2012, 736; ebenso OLG München ZInsO 2012, 1994; OLG Frankfurt/M NZI 2012, 713.
[155] BGH NZI 2013, 246 Rn. 6 = ZIP 2012, 2526 = ZInsO 2013, 79.
[156] BGH ZIP 2011, 246 = ZInsO 2011, 282.
[157] Richtig *Rendels/Körner* EWiR 2011, 135.
[158] BGHZ 90, 249, 251 = NJW 1984, 1559.
[159] Ausf *Huber,* AnfG, § 7 Rn. 4 ff.

Die Geltendmachung der Anfechtung 40–42 § 51

Verjährungsfrist (→ Rn. 42 ff.). Letztere wird im Anfechtungsprozess nur beachtet, wenn sich der Anfechtungsgegner auf ihren Ablauf, also auf sein daraus folgendes Leistungsverweigerungsrecht (§ 214 I BGB) beruft. Allerdings kann die Verjährungseinrede entsprechend den für das BGB geltenden Grundsätzen unbeachtlich sein, wenn sie gegen das Verbot unzulässiger Rechtsausübung (§ 242 BGB) verstößt. Auch die übrigen Vorschriften (§§ 214 II, 215 ff. BGB) gelten (zu § 215 BGB → Rn. 56). Zum Lauf der Verjährungsfrist und zu deren Hemmung → Rn. 42 ff.

Streitig war, welches *Übergangsrecht von KO/GesO auf InsO* gilt, also ob es wegen **40** der Ausübungsfrist für die vor dem 1. Januar 1999 vorgenommenen Rechtshandlungen (→ § 46 Rn. 17) auf die Systematik der InsO – also auf deren Verjährungsfrist – oder auf die nach KO bzw. GesO – also deren materiell-rechtliche Ausschlussfrist – ankommt (Übersicht zum Streitstand s 3. Auflage selbe Rn.). Der BGH hat sich für ersteres entschieden; danach gilt die Verjährungsfrist des § 146 InsO auch in Insolvenzverfahren, die nach dem 31.12.1999 beantragt worden sind, wenn die rechtlichen Wirkungen der anfechtbaren Rechtshandlungen vor dem 1.1.1999 (Inkrafttreten der InsO) eingetreten sind.[160]

3. Abgrenzung zu den Anfechtungsfristen. Von der Ausübungsfrist (Verjährungs- **41** frist) zu unterscheiden sind die in den einzelnen Anfechtungstatbeständen enthaltenen Anfechtungsfristen (→ § 46 Rn. 43–45). Letztere legen den Zeitraum fest, in dem die Rechtshandlung vorgenommen sein muss, um überhaupt angefochten werden zu können. Ist danach und wegen der Verwirklichung der übrigen Anfechtungsvoraussetzungen ein Rückgewähranspruch (→ § 52 Rn. 1, 2) entstanden, bestimmt sich die zeitliche Grenze für seine Ausübung nach der jeweils Ausübungsfrist. Soll also beispielsweise eine unmittelbar nachteilige Rechtshandlung des Schuldners nach § 132 InsO angefochten werden, so muss diese innerhalb der Anfechtungsfrist vorgenommen sein und die Anfechtbarkeit innerhalb der Ausübungsfrist geltend gemacht werden.

IV. Verjährung des Anfechtungsanspruchs

1. Verjährungsfrist (Dauer, Berechnung). a) *Verjährungsfrist des § 146 I aF InsO.* **42** Sie beträgt zwei Jahre und beginnt mit Eröffnung das Insolvenzverfahren (→ § 52 Rn. 2),[161] sofern nicht neues Recht gilt (→ Rn. 44). Es muss ein wirksamer Eröffnungsbeschluss vorliegen; die Verjährungsfrist wird deshalb durch einen nicht richterlich unterschriebenen oder verkündeten Beschluss über die Verfahrenseröffnung auch dann nicht in Gang gesetzt, wenn dieser Beschluss zugestellt und öffentlich bekannt gemacht ist.[162] Da das Anfechtungsrecht auf einem gesetzlichen Schuldverhältnis beruht und demzufolge unabhängig ist von demjenigen Rechtsverhältnis, in dem die anfechtbare Rechtshandlung vorgenommen wurde, kann eine dort geregelte Verjährungsfrist diejenige des § 146 InsO nicht verdrängen, sie also weder verkürzen noch verlängern.[163]

Bei der Verjährungsfrist nach § 146 I aF InsO handelt es sich um eine Sondervorschrift im Sinn des § 200 BGB gegenüber den allgemeinen Verjährungsbestimmungen in zweifacher Hinsicht: Zum einen ist sie um ein Jahr kürzer als die Regelverjährungsfrist des § 195 BGB und zum anderen knüpft sie entgegen der Grundregel des § 199 I BGB nicht beim Jahresschluss, sondern taggenau bei der Insolvenzeröffnung an. Für die Berechnung der Zwei-Jahresfrist gelten §§ 187 I, 188 II Alt. 1, 193 BGB; das

---

[160] BGH NZI 2007, 96 = ZInsO 2007, 31 = ZIP 2007, 33.
[161] Ausf dazu *Kirchhof* WM 2002, 2037.
[162] BGHZ 137, 49 = NJW 1998, 609 = LM H 3/1998 GesO Nr. 29 m. Anm. *Huber.*
[163] *Huber* EWiR 2000, 177; ebenso – aber nur im Ergebnis richtig – OLG Brandenburg ZIP 1999, 1012 (zur Verjährungsfrist des § 64 ADSp).

§ 51 43–45 Kapitel III. 7. Abschnitt. Insolvenzanfechtung

gilt auch, wenn das Insolvenzverfahren für 0.00 Uhr eines bestimmten Tages eröffnet worden ist. *Beispiel:* Beschluss v. 17.12.1999 mit Insolvenzeröffnung zum 18.12.1999 0.00 Uhr; Ende der Verjährungsfrist mit Ablauf des 18.12.2001 (nicht: 17.12.2001).[164]

43   **b)** *Verjährungsfrist des § 146 I nF InsO.* Die soeben beschriebenen Unterschiede hat das Gesetz zur Anpassung von Verjährungsvorschriften an das Gesetz zur Modernisierung des Schuldrechts[165] mit Wirkung seit 15.12.2004 beseitigt. Nach dem neu gefassten § 146 I InsO gilt jetzt nämlich die *Regelverjährungsfrist von 3 Jahren* gemäß § 195 BGB. Sie beginnt gemäß § 199 I BGB mit dem Schluss des Jahres, in dem – sog. objektive Anknüpfung (§ 199 I Nr. 1 BGB) – der Anfechtungsanspruch entstanden ist, also das Insolvenzverfahren eröffnet wurde (insoweit gelten die Erörterungen → Rn. 42 entsprechend) *und* – sog. subjektive Anknüpfung (§ 199 I Nr. 2 BGB) – der Insolvenzverwalter von den den Anspruch begründenden Umständen und der Person des Anfechtungsgegners Kenntnis erlangt oder ohne grobe Fahrlässigkeit erlangen müsste. Diese Systematik verbessert die Lage zugunsten des Verwalters erheblich. Denn für die Insolvenzanfechtung ist es geradezu typisch, dass die erforderliche Kenntnis bei Anspruchsentstehung noch fehlt und sie sich der Verwalter oft erst nach recht umfangreichen Ermittlungen beschaffen kann, zB bei böswilliger Vermögensverschiebung, mittelbarer Zuwendung, verschleierter Schenkung oder wegen der erforderlichen Aufklärung zu den Voraussetzungen eines Bargeschäftes (Wert von Leistung und Gegenleistung?) oder von Kongruenz/Inkongruenz einer Leistung. Etwas anderes mag für die Fälle gelten, in denen der Insolvenzverwalter die erforderliche Kenntnis schon während seiner Tätigkeit als vorläufiger Insolvenzverwalter im Eröffnungsverfahren erlangt hatte. *Beispiel:* Insolvenzeröffnung am 14.10.2005, 14.00 Uhr; Kenntnis des Insolvenzverwalters von der Vermögensverschiebung 23.1.2006; Beginn der Verjährungsfrist folglich mit Jahresschluss 2006; Ende der Verjährungsfrist: Ablauf des 31.12.2009.

44   Ergänzt wird diese Regelverjährungsfrist durch die *kenntnisunabhängige* Höchstfrist des § 199 IV BGB; dieser Absatz – nicht etwa Absatz 3 – gilt, denn der Anfechtungsanspruch ist kein Schadensersatzanspruch (→ § 46 Rn. 9). Die Höchstfrist wird für die Praxis der Insolvenzverwaltung in aller Regel aber nur theoretische Bedeutung erlangen, weil ein – vom Verwalter nicht geltend gemachter – Insolvenzanfechtungsanspruch mit Beendigung des Insolvenzverfahrens erlischt (→ Rn. 10) und dann von den anfechtungsberechtigten Einzelgläubigern nach dem Anfechtungsgesetz verfolgt werden kann (→ Rn. 18). Anders wäre es nur bei einem länger als 10 Jahre andauernden Insolvenzverfahren.

Zum *Übergangsrecht* gilt Art 229 § 6 EGBGB entsprechend (Art. 229 Nr. 12 I EGBGB, eingefügt durch das Gesetz zur Anpassung der Verjährungsvorschriften, → Rn. 44); Stichtag ist der des Inkrafttretens des Gesetzes, also der 15. 12. 2004. Wegen der Einzelheiten wird auf die 4. Auflage (dort Rn. 46) verwiesen.

45   **c)** Auf *Hemmung* (§§ 203 ff. BGB) und *Neubeginn* (§ 212 BGB) sind die genannten Vorschriften – und zwar hinsichtlich beider Verjährungsfristen nach § 146 I aF bzw. nF InsO (→ Rn. 42 ff.) – unmittelbar anwendbar. Damit sind die Folgeprobleme aus der beschränkten Verweisung in § 41 I 2 KO auf nur einzelne Regeln des BGB obsolet geworden (s 1. Aufl. § 53 Rn. 19; zum Schuldrecht vor Inkrafttreten des Schuldrechtsmodernisierungsgesetzes (am 1.1.2002) s 2. Aufl. Rn. 32). Bedeutung für die Praxis der Insolvenzverwaltung haben insbesondere:

---

[164] BGH ZIP 2005, 310 = NZI 2005, 225 = ZInsO 2005, 204. Vorher war das sehr streitig, siehe die Kontroverse zwischen *Onusseit* ZInsO 2003, 404 und *Munz* ZInsO 2003, 602; vgl. auch *Uhlenbruck* ZInsO 2001, 977, 979.

[165] Vom 14.12.2004, BGBl. I, S. 3214 (Art. 5. Änderung der Insolvenzordnung, dort Nr. 3). Materialien: BT-Drucks. 15/3653; 15/4060. Ausf dazu *Huber* ZInsO 2005, 190.

Die Geltendmachung der Anfechtung

- § 203 BGB bei Verhandlungen mit dem Anfechtungsgegner;
- § 204 I Nr. 1 BGB bei Erhebung von Klage/Widerklage (näher → Rn. 49 ff.; zum Mahnverfahren → Rn. 51);
- § 204 I Nr. 4 BGB für Antrag bei einer Gütestelle, weshalb sich der frühere Streit hierzu erledigt hat;[166]
- § 204 I Nr. 9 BGB bei Sicherung des Anfechtungsanspruchs (→ § 52 Rn. 18);
- § 204 I Nr. 14 BGB im Prozesskostenhilfeverfahren;
- § 204 II 1 BGB bei Rücknahme der Insolvenzanfechtungsklage und S. 2 dieser Bestimmung für den Neubeginn der Hemmung bei erneuter Klageerhebung;
- § 209 BGB für die Wirkung der Hemmung auf den Lauf der Verjährungsfrist;
- § 210 BGB für die Ablaufhemmung bei Verwalterwechsel;
- § 212 I Nr. 1 BGB für den Neubeginn der Verjährungsfrist bei Anerkenntnis des Anfechtungsgegners.

2. Reichweite der Verjährungsfrist des § 146 I InsO. a) Die Bestimmung betrifft Bestimmung meint im *unmittelbaren Anwendungsbereich* Verfahren, in denen ein Anfechtungsanspruch geltend gemacht wird. **46**

- Ist das Anfechtungsrecht in einem ersten Konkurs-, Gesamtvollstreckungs- oder Insolvenzverfahren verfristet oder verjährt, wird dadurch der Anspruch auf anfechtungsrechtliche Rückgewähr zur Masse eines Zweitverfahrens nicht mitbetroffen.[167] Praktische Konsequenz ist für die Fälle, in denen die Anfechtbarkeit im Erstverfahren, aus welchen gründen auch immer nicht fristgerecht geltend gemacht wurde: Der Insolvenzverwalter des Zeitverfahrens kann den Anfechtungsprozess nachholen, sofern die Rechtshandlung innerhalb der Anfechtungsfrist des jetzt geltend gemachten Anfechtungstatbestandes liegt und die Verjährungsfrist des § 146 I InsO – die erst mit dem neuen Verfahren beginnt – noch nicht verstrichen ist.
- Die Bestimmung gilt auch für Rückgewähransprüche nach Insolvenzanfechtung von Lohn- und Gehaltszahlungen, obgleich sie die nach der arbeitsgerichtlichen Rechtsprechung als „Ansprüche aus dem Arbeitsverhältnis" qualifiziert werden (→ Rn. 29), *nicht also eine tarifvertraglich vereinbarte Ausschlussfrist*;[168] der gegenteilige Standpunkt mehrerer Landesarbeitsgerichte[169] ist damit obsolet.

Im Übrigen gilt § 146 I InsO *analog für die Verjährung der Hauptforderung bei insolvenzrechtlich unzulässiger Aufrechnung* mit einer Gegenforderung. In einem solchen Fall folgt aus § 96 I Nr. 3 InsO für die Insolvenzzwecke zwar der Fortbestand von Haupt- und Gegenforderung (→ § 46 Rn. 14, 15), nicht aber der Fortbestand der für sie nach dem zugrunde liegenden Schuldverhältnis geltenden Verjährungsvorschrift;[170] es kommt also nicht darauf an, ob im Zeitpunkt der Geltendmachung der Hauptforderung durch den Insolvenzverwalter die nach dem zugrunde liegenden Schuldverhältnis geltende Verjährungsfrist noch läuft. *Beispiel:* Hat der spätere Insolvenzschuldner Transportleistungen erbracht (Hauptforderung) und der Vertragspartner dagegen insolvenzrechtlich unzulässig aufgerechnet, so richtet sich die Verjährung der Hauptforderung nicht etwa nach § 439 HGB (Verjährungsfrist ein Jahr mit andersartigem Beginn – beides in Ausnahme zur Regelverjährung nach BGB), sondern nach § 146 I InsO analog, weshalb der Insol- **47**

---

[166] Vgl. dazu *Gerhardt/Kreft*, Rn. 255 ff.
[167] BGH ZIP 2013, 1088 = ZInsO 2013, 1090; dazu EWiR 2013, 455 (*Huber*).
[168] BAG NZI 2014, 129 = ZIP 2014, 91 = ZInsO 2014, 141; so ausführlich und richtig schon *Humberg* NZI 2013, 733 ff.
[169] Vgl. zB: LAG Nürnberg ZIP 2012, 2263; LAG Hannover NZI 2013, 862 = ZIP 2013, 150 = ZInsO 2012, 1977. So wie jetzt BAG aber schon LAG Berlin-Brandenburg NZI 2013, 100 = ZIP 2012, 2261 = ZInsO 2013, 89.
[170] BGHZ 169, 158 (Rn. 23) = ZInsO 2006, 1215 = ZIP 2006, 2178 = NZI 2007, 31 mit Anm. *Huber*.

venzverwalter nur diese Frist wahren muss. Versäumt er sie allerdings und beruft sich der Anfechtungsgegner darauf, kann die insolvenzrechtliche Unzulässigkeit der Aufrechnung nicht mehr durchgesetzt werden, es verbleibt dann bei der zivilrechtlichen Wirkung der Aufrechnung (Erlöschen der Hauptforderung nach § 389 BGB).[171]

48 Diese Grundsätze gelten *nicht* für die *Gegeneinrede der Anfechtbarkeit* von möglicherweise entgegenstehenden Rechten des Insolvenzgläubigers; insoweit muss der Insolvenzverwalter die Anfechtbarkeit des Gegenrechts nicht innerhalb der Verjährungsfrist analog § 146 I InsO für den Hauptanspruch geltend machen, wie aus der Wertung des § 146 II InsO folgt (→ Rn. 55).

– *Beispiel 1:*[172] Der Insolvenzverwalter hatte die Unzulässigkeit der Verrechung (§ 96 I Nr. 3 InsO) der beklagten Bank in der Krise des Schuldners (Bankkunde, Kreditnehmer) rechtzeitig mit Erhebung seiner Zahlungsklage (→ § 46 Rn. 15) geltend gemacht; erst im Berufungsrechtszug berief sich die Bank auf ihr AGB-Pfandrecht und wendete ein, deshalb fehle die Gläubigerbenachteiligung. Dagegen konnte jedoch der Insolvenzverwalter die Gegeneinrede der Anfechtbarkeit des AGB-Pfandrechts erheben, auf die Wahrung der Verjährungsfrist kam es nicht an, wie aus § 146 II InsO folgt (→ Rn. 55 ff.).[173]

– *Beispiel 2:*[174] Der Insolvenzverwalter über das Vermögen eines Gesellschafters hatte in einem Fall von Doppelinsolvenz von Gesellschafter und Gesellschaft (→ Rn. 3 aE) eine Forderung aus Vermietung zur Tabelle im Insolvenzverfahren über die Gesellschaft angemeldet, die mit dem Einwand des Eigenkapitalersatzes nach altem Recht bestritten wurde; die Gegeneinrede der Anfechtbarkeit – des eigenkapitalersetzenden Stehenlassens der angemeldeten Gesellschafterleistung (→ § 49 Rn. 13; → § 50 Rn. 7) – musste nicht innerhalb der Verjährungsfrist des § 146 I InsO geltend gemacht werden, vielmehr konnte sich der Insolvenzverwalter darauf gemäß Absatz 2 der Vorschrift auch noch nach Fristablauf berufen.[175]

49 **3. Wahrung der Verjährungsfrist a)** Rechtzeitige Erhebung einer *Klage oder Widerklage* hemmt die Verjährung gemäß § 204 I Nr. 1 BGB. Die Klageschrift muss inhaltlich den Anforderungen des § 253 ZPO entsprechen (→ Rn. 31–33); ist das der Fall, so wird die Verjährungsfrist auch durch einen nicht ordnungsgemäß von einem Anwalt unterschriebenen Klageentwurf gewahrt, wenn darüber mündlich verhandelt wird und der Beklagte nicht rügt, dass eine ordnungsgemäße Klageschrift fehle und nicht zugestellt sei.[176] Die Verjährung wird auch durch einen erfolglosen Antrag des Insolvenzverwalters auf Zuständigkeitsbestimmung gegenüber dem in der Antragsschrift bezeichneten Anfechtungsgegner bei nachfolgender fristgerechter Klage gehemmt.[177] Eine Klageerhebung vor einem örtlich unzuständigen Gericht wahrt die Verjährungsfrist, wenn dieses Gericht die Klage zugestellt und erst anschließend verwiesen hat.[178]

50 Die Verjährungsfrist wird bereits durch die Einreichung der Klageschrift gehemmt, wenn die Zustellung *„demnächst"* iSd § 167 ZPO erfolgt[179] (zu Besonderheiten beim Mahnbescheid → Rn. 51); andernfalls hilft eine Klagerücknahme und Neuerhebung

---

[171] BGH NZI 2007, 582 (Rn. 12) = ZInsO 2007, 813 = ZIP 2007, 1467.
[172] BGH NZI 2008, 547 = ZInsO 2008, 913 = ZIP 2008, 1593; der Leitsatz dort ist missverständlich, weil an dessen Ende von „Anfechtungsfrist" die Rede ist, es aber richtig „Verjährungsfrist" (oder Ausübungsfrist) heißen muss. Ausführlich zur Entscheidung Huber ZInsO 2009, 566, 569 f.
[173] BGH aaO (Rn. 25–30).
[174] BGH NJW 2009, 2065 = NZI 2009, 428 = ZInsO 2009, 1060 = ZIP 2009, 1080.
[175] BGH aaO (Rn. 28 ff., 34 ff.).
[176] BGH NJW 1996, 1351; vgl. *Musielak/Huber,* ZPO, § 295 Rn. 5, 7.
[177] BGHZ 160, 259 = NJW 2004, 3772 = ZIP 2004, 2194 = ZInsO 2004, 1201.
[178] BGH NZI 2008, 633 (Rn. 19) = ZInsO 2008, 910 = ZIP 2008, 2136.
[179] BGH ZIP 2005, 1243, 1245 = NJW-RR 2005, 1575; BGHZ 123, 23, 30 = ZIP 1993, 605, 607; 90, 249, 251 = NJW 1984, 1559.

Die Geltendmachung der Anfechtung 51, 52 § 51

gemäß § 204 II BGB (→ Rn. 47), woraus für die Sorgfaltspflicht des Insolvenzverwalters (Klägers) folgt, dass er den Zeitpunkt der Zustellung kontrollieren muss. Auch eine (noch) unsubstantiierte Klage wahrt die Verjährungsfrist. Die Hemmung tritt ein für den geltend gemachten Anspruch; zu Besonderheiten wegen Klageänderung sowie Haupt- und Hilfsantrag → Rn. 52 ff. Die Vereinbarung zwischen dem späteren Insolvenzschuldner und dem jetzigen Anfechtungsgegner, Streitigkeiten durch ein *Schiedsgericht* entscheiden zu lassen, steht der Erhebung der Anfechtungsklage nicht entgegen (→ Rn. 23). Denn der Anfechtungsanspruch entsteht erst mit Insolvenzeröffnung (→ § 52 Rn. 2) und beruht auf einem gesetzlichen Schuldverhältnis, ist also von dem der anfechtbaren Handlung zugrundeliegenden Rechtsverhältnis zu unterscheiden (zur vergleichbaren Problemlage bei der Verjährungsfrist → Rn. 42); eine in dem zuletzt genannten Schuldverhältnis getroffene Schiedsvereinbarung kann deshalb keine Auswirkungen auf die Geltendmachung des Anfechtungsanspruchs durch den Insolvenzverwalter haben (→ Rn. 23).

b) Wegen *anderer Maßnahmen* mit Hemmungswirkung gem. § 204 I BGB wird auf die Übersicht → Rn. 47 verwiesen. Bei einem *Mahnbescheid* – der nur für einen Zahlungsanspruch (§ 688 I ZPO), in der Insolvenzanfechtung also in aller Regel nur beim Wertersatzanspruch (→ § 52 Rn. 12 ff.) in Betracht kommt – hängt die Hemmung von der Zustellung ab (§ 204 I Nr. 3 BGB). Erfolgt sie „demnächst", wirkt sie auf den Zeitpunkt der Einreichung des Antrags zurück (§ 167 ZPO); Voraussetzung ist, dass die durch den Antragsteller verursachte Verzögerung den Zeitraum von 14 Tagen nicht überschreitet, wobei zur Bestimmung von dem Zeitraum zwischen Ablauf der Verjährungsfrist und der Zustellung des Mahnbescheides auszugehen ist, während der Zeitraum zwischen Antragseingang und Fristablauf unberücksichtigt bleibt.[180] Voraussetzung ist außerdem die Bezeichnung des geltend gemachten Anspruch so genau, dass er Grundlage eines Vollstreckungstitels sein und der Anfechtungsgegner erkennen kann, welcher Anspruch gegen ihn erhoben wird. 51

c) Die Hemmung erfasst stets nur den *Streitgegenstand,* also den geltend gemachten Anspruch; eine *Teilklage* wahrt die Verjährungsfrist nur für den eingeklagten Teilanspruch. Bei einer *Klageänderung* nach Ablauf der Verjährungsfrist greift folglich die Verjährungseinrede durch, wenn dabei der Anfechtungsgegenstand und/oder der Sachverhalt, der den Klagegrund bildet (§§ 263, 264 ZPO), ausgewechselt werden.[181] Jedoch schaden bloße Klarstellung, Ergänzung oder Berichtigung innerhalb des Streitgegenstandes nicht. Die Grenze dafür ist nicht eng zu ziehen, sie ist erst überschritten, wenn ein neuer oder in wesentlichen Teilen geänderter Sachverhalt als Klagegrund nachgeschoben wird.[182] *Unbedenklich* sind: 52
– Bei gleichbleibendem Lebenssachverhalt die Auswechslung des Anfechtungstatbestandes, was begrifflich kein Angriffsmittel (§ 282 I ZPO) beinhaltet, weshalb ein solches Vorgehen auch noch in der Berufungsinstanz möglich ist, also nicht dem Novenverbot (§ 531 II ZPO) unterliegt,[183] weil die Subsumtion Sache des Gerichts ist (→ Rn. 33); Voraussetzung ist nur, dass der innerhalb der Verjährungsfrist vorgetragene Sachverhalt auch diesen Tatbestand deckt.[184]
– Erhöhung eines Wertersatzanspruchs (→ § 52 Rn. 12 ff.) bei bloßer Änderung der Bemessungsgrundlagen; entscheidend ist nur, dass von Anfang an der gesamte und

---
[180] BGH NJW-RR aaO.
[181] BGH ZIP 2003, 488 f.; NJW 1985, 1560, 1561. Zum Streitgegenstand vgl. *Henckel,* FS Schwab S. 213; *ders.,* ZIP 1990, 137; *Eckardt,* Anfechtungsklage S. 202 ff.
[182] BGH NZI 2008, 372 (Rn. 13) = ZInsO 2008, 508 = ZIP 2008, 888.
[183] OLG Düsseldorf ZIP 2004, 1008, 1009 (Nichtzulassungsbeschwerde erfolglos, vgl. ZIP 2005, 2171), dazu EWiR 2004, 501 *(Huber).*
[184] OLG Köln NZI 2004, 217 = ZInsO 2004, 501.

nicht bloß ein Teil des Anspruchs geltend gemacht wurde,[185] denn eine Teilklage wahrt die Verjährungsfrist nur hinsichtlich des eingeklagten Teilanspruchs.
– Übergang vom Rückgewähranspruch in Natur (Primäranspruch, → § 52 Rn. 9 ff.) auf den Wertersatzanspruch, aber auch umgekehrt.[186]

Sehr streitig ist, ob eine Klageänderung vorliegt, wenn der Insolvenzverwalter den Anfechtungsgegner zunächst als ursprünglichen Erwerber und erst später als Einzelrechtsnachfolger nach § 145 II InsO in Anspruch nimmt (→ Rn. 62 ff.); nach der hier vertretenen Auffassung ist das zu bejahen, weil es sich dabei jeweils um zwei verschiedene Tatbestände handelt.[187]

53 *Keine Klageänderung* ist es auch, wenn sich der Insolvenzverwalter zunächst auf die Nichtigkeit einer Rechtshandlung, beispielsweise einer Sicherungsübereignung, und erst später auf deren Anfechtbarkeit beruft (→ § 46 Rn. 9); denn der Richter hat den Sachverhalt ohnehin auch unter anfechtungsrechtlichen Gesichtspunkten zu beurteilen (→ Rn. 33). Allerdings empfiehlt sich in solchen Fällen, von Anfang an beide Klagegründe durch *Haupt- und Hilfsantrag* geltend zu machen (→ § 46 Rn. 25); denn dann wird ohnehin für jeden von ihnen die Verjährungsfrist gehemmt. Ist die Sicherungsübereignung angefochten, stellt sich dann aber heraus dass sie unwirksam war und die anfechtbare Rechtshandlung in der Weiterleitung des Erlöses lag, so hat die Anfechtungsklage die Verjährungsfrist gewahrt.[188]

54 Diese Grundsätze gelten entsprechend, wenn die Anfechtbarkeit oder ein anderer Anfechtungsgegenstand durch *nachträglichen Hilfsantrag* geltend gemacht werden. Besonders wichtig ist das in der Praxis, wenn nachträglich hilfsweise Wertersatz für den Fall gefordert wird, dass eine Rückgewähr in Natur nicht möglich sein sollte. Dieser Fall war früher sehr streitig, in Übereinstimmung mit der inzwischen ergangenen höchstrichterlichen Rechtsprechung ist der Übergang aber unbedenklich (→ Rn. 52; so schon auch Voraufl Rn. 54).

55 **4. Leistungsverweigerungsrecht nach Fristablauf (§ 146 II InsO).** Ist der Anfechtungsanspruch verjährt und beruft sich der Anfechtungsgegner darauf (→ Rn. 39), so kann der Insolvenzverwalter nur noch ein Leistungsverweigerungsrecht geltend machen, wenn die eingeforderte Leistungspflicht auf einer anfechtbaren Handlung beruht, § 146 II InsO. Es genügt ein mittelbarer Zusammenhang zwischen der anfechtbaren Handlung und der Leistungspflicht, die nicht schon vor Insolvenzeröffnung gegen den Schuldner bestanden haben muss.[189] Der *Begriff* „Leistungspflicht" ist vielmehr umfassend zu verstehen, meint also nicht etwa nur schuldrechtliche, vielmehr kann auch die Erfüllung sachenrechtlicher Leistungspflichten verweigert werden, also zB alle Aus- und Absonderungsbegehren anfechtbar gesicherter Gläubiger.[190] *Beispiele:* Gegeneinrede der Anfechtbarkeit des Pfandrechts nach AGB-Banken bei insolvenzrechtlich unzulässiger Aufrechnung im Kontokorrent und der Anfechtbarkeit des eigenkapitalersetzenden Stehenlassens (nach altem Recht) einer Gesellschafterleistung in Doppelinsolvent von Gesellschafter und Gesellschaft (→ Rn. 48).

56 Das Leistungsverweigerungsrecht *besteht* solange, als der Insolvenzverwalter die Rechtsstellung der Insolvenzmasse bloß *verteidigungsweise* wahren, also einen noch zur Masse gehörenden Gegenstand erhalten will. Dann hat er nämlich keinen Anlass zur Erhebung

---

[185] BGH NJW 1982, 1809.
[186] BGH NZI 2008, 633 (Rn. 14) = ZInsO 2008, 910 = ZIP 2008, 2136. Das Urteil ist zwar zur Gläubigeranfechtung nach AnfG ergangen, entspricht aber der hM auch für die Insolvenzanfechtung, vgl. nur HKInsO/*Kreft*, § 146 Rn. 8 aE.
[187] So schon RGZ 120, 191; aA insb *Henckel* in: Jaeger, InsO § 146 Rn. 57.
[188] BGHZ 117, 374 = NJW 1992, 1626.
[189] Begründung RegE, abgedruckt zB bei *Kübler/Prütting*, Bd I S. 363.
[190] BGH NZI 2008, 547 (Rn. 30) = ZInsO 2008, 913 = ZIP 2008, 1593.

einer Anfechtungsklage, wohl aber der Dritte Grund, seinen Anspruch zu verfolgen; käme es gleichwohl auf die Wahrung der Verjährungsfrist an, so hätte es dieser in der Hand, dem Insolvenzverwalter durch bloßes Abwarten den Anfechtungseinwand abzuschneiden. Deshalb kann der Insolvenzverwalter auch noch nach Fristablauf die Unwirksamkeit eines Pfändungspfandrechts infolge Insolvenzanfechtung gerichtlich geltend machen, falls der Gerichtsvollzieher die gepfändete Sache beim Insolvenzschuldner belassen hatte; müsste nämlich die Verwertung zugunsten des Gläubigers geduldet werden, so läge darin „die Erfüllung einer Leistungspflicht" iS des § 146 II InsO.[191] Eine erweiternde Auslegung der Vorschrift *scheidet aus,* wenn der Insolvenzverwalter *angriffsweise* vorgehen muss, um eine auf Grund einer anfechtbaren Rechtshandlung erfolgte Leistung wieder der Insolvenzmasse zuzuführen. So läge es zB, wollte ein Insolvenzverwalter, nach Ablauf der Verjährungsfrist auf Einwilligung in die Auszahlung des hinterlegten streitigen Betrages klagen.[192] Der Insolvenzverwalter kann aber unter den Voraussetzungen des § 215 BGB (zur Anwendbarkeit → Rn. 39) mit einem verjährten Anfechtungsanspruch gegen eine Forderung aufrechnen, die ihrerseits unanfechtbar begründet wurde.[193]

V. Anfechtungsgegner

1. Regelfall. Anfechtungsgegner ist grundsätzlich, wer durch die anfechtbare Rechtshandlung etwas aus dem Vermögen des Insolvenzschuldners erlangt hat;[194] das zeigen auch die Formulierungen in §§ 143, 144, 145 InsO. Anfechtungsgegner ist also der Inhaber des nach § 143 InsO zurückzugewährenden Vermögenswerts, ohne dass es sich dabei um einen Vertragspartner oder Insolvenzgläubiger des Schuldners handeln muss,[195] sofern das nicht der Anfechtungstatbestand voraussetzt (was bei § 133 InsO nicht der Fall ist); die Anfechtung gegen einen *Rechtsnachfolger* regelt § 145 InsO (→ Rn. 61 ff.). Davon ist die Frage zu unterscheiden, nach welchem Tatbestand die einzelne Vermögensverschiebung anfechtbar ist, also zB ob eine mit Gläubigerbenachteiligungsvorsatz vorgenommene Rechtshandlung von § 133 I InsO oder von § 133 II InsO („nahestehende Person") erfasst wird. Anfechtungsgegner kann auch eine tarifvertraglich zur Einziehung von Sozialkassenbeiträgen der Arbeitgeber ermächtigte Stelle auch insoweit sein, als sie fremdnützig eingezogene Beiträge an die hierzu berechtigten Sozialkassen ausgekehrt hat.[196]

Ist ein anfechtbares Rechtsgeschäft mit *mehreren Personen* abgeschlossen worden, so haften sie nicht etwa schon wegen des gemeinsamen Erwerbsvorgangs als Gesamtschuldner, sondern nur, wenn eine unteilbare Leistung zurückzugewähren ist (§ 431 BGB); ist die Rückgewährpflicht teilbar, insbesondere weil Wertersatz geschuldet wird (→ § 52 Rn. 12 ff.), so haftet jeder einzelne nur im Verhältnis seiner Beteiligung am Anfechtungstatbestand.[197] Zu Besonderheiten bei mehreren Erben → Rn. 60 und beim Fortbestehen der Haftung des Rechtsvorgängers → Rn. 61, 65.

2. Mittelbare Zuwendung. Bei einer mittelbaren Zuwendung (→ § 46 Rn. 26 ff.) – zur Abgrenzung zwischen Rechtsnachfolge/Leistungskette und mittelbarer Zuwendung

---

[191] BGHZ 83, 158 = NJW 1982, 2074; 106, 127, 131 = NJW 1989, 985.
[192] BGHZ 59, 353 = NJW 1973, 100 = LM § 41 KO Nr. 5 m. Anm. *Hoffmann.* Krit dazu HKInsO/*Kreft,* § 146 Rn. 14.
[193] Verneint von BGH (ZIP 2001, 1250) zu § 41 KO (→ Rn. 38), offen gelassen zu § 390 S. 2 aF (jetzt § 215) BGB (aaO S. 1253).
[194] BGHZ 142, 284, 288 = NJW 1999, 3636f. = ZIP 1999, 1764.
[195] BGH NZI 2012, 713 Rn. 2.
[196] BGH NJW 2004, 2163 = ZIP 2004, 862 = ZInsO 2004, 441.
[197] MüKoInsO/*Kirchhof,* § 143 Rn. 6; *Jaeger,* Gläubigeranfechtung, § 7 AnfG Anm. 47; *Huber,* AnfG, § 11 Rn. 58.

→ Rn. 66 – hat sich die Rechtslage grundlegend gewandelt: **a)** Nach *früherer Rechtsprechung*[198] war Anfechtungsgegner regelmäßig nur der Zuwendungsempfänger, *nicht* also die Mittelsperson, beispielsweise also nicht der Dritte (Zuwendungsempfänger), an den der Käufer (Mittelsperson) auf Anweisung des Verkäufers (späterer Insolvenzschuldner) den Kaufpreis gezahlt hat. Gegen die *Mittelsperson* konnte sich die Anfechtung ausnahmsweise nur richten, wenn diese einen eigenen – über eine bloße Leistungsbefreiung (im Beispiel: Nur Befreiung von der Pflicht zur Kaufpreiszahlung) hinausgehenden – Vorteil erlangt hatte.[199] Bei einer Direktzahlung des Auftraggebers (Mittelsperson) auf Bitte seines Auftragnehmers (Generalunternehmers, späterer Insolvenzschuldner) an dessen Subunternehmer (Leistungsempfänger; für diesen eine inkongruente Deckung, → § 47 Rn. 48, 49) hat der Auftraggeber beispielsweise einen eigenen Vorteil, weil die Zahlung der Fortsetzung der Arbeiten an seinem eigenen Bauwerk dient (§ 16 Nr. 6 VOB/B), weshalb sich eine Anfechtung immer schon auch gegen ihn richten konnte.[200] Anderes Beispiel: Hat zB die Tochtergesellschaft (spätere Insolvenzschuldnerin) Geld auf das debitorisch geführte Konto ihrer Muttergesellschaft (unmittelbarer Zuwendungsempfänger) bei einer Bank überwiesen, damit „Zinsen gespart" werden, so wurde – wegen der Verringerung der Kreditverbindlichkeit – auch etwas dieser Bank (mittelbarer Zuwendungsempfänger) zugewendet, richtet sich der Anfechtungsanspruch also auch gegen diese.[201] *Gegenbeispiele* nach alter Rechtslage (Anfechtbarkeit nur gegenüber Empfänger): Hat der spätere Insolvenzschuldner zur Absicherung der Forderungen mehrerer Lieferanten an einen Treuhänder eine Grundschuld in Höhe aller Forderungen gestellt, der sie im Sicherungsfall verwerten und den Erlös auf die einzelnen Gläubiger verteilen soll, so ist die Anfechtung nur gegen die Lieferanten, nicht etwa gegen den Treuhänder zu richten.[202] Hat der spätere Insolvenzschuldner als Verkäufer nachträglich mit seinem Vertragspartner vereinbart, dass dieser den Kaufpreis an einen Dritten zahlt, und hat der Käufer diese Verpflichtung erfüllt, so richtet sich der Anfechtungsanspruch ausschließlich gegen den Dritten, sofern für diesen die Zuwendung als Leistung des Insolvenzschuldners erkennbar war.[203]

60 **b)** Die *neue Rechtslage* unterscheidet sich davon ganz wesentlich, weil das zusätzlich erforderliche Merkmal des „eigenen über die bloße Leistungsbefreiung hinausgehenden Vorteils" nunmehr in der höchstrichterlichen Rechtsprechung zur *Vorsatzanfechtung im Dreiecksverhältnis* ausdrücklich aufgegeben wurde. Dazu wurde im sog. *Bewachungsunternehmer-Fall* entschieden: Weist der spätere Insolvenzschuldner mit Gläubigerbenachteiligungsvorsatz seinen Schuldner an, unmittelbar an seinen Gläubiger zu zahlen, kommt eine Vorsatzanfechtung auch gegen den Angewiesenen in Betracht und stehen die Anfechtungsansprüche gegen den Angewiesenen und den Zuweisungsempfänger im Verhältnis der Gesamtschuld zueinander.[204] Im Einzelnen gilt dazu und zur weiteren Entwicklung der Rechtsprechung:

– Im zitierten Bewachungsunternehmer-Fall hatte die Gläubigerin (spätere Insolvenzschuldnerin), ein Bewachungsunternehmen, ihren Auftraggeber (Mittelperson) angewiesen, die für die Bewachungsleistungen fällige Zahlung nicht an sie, sondern an ihren Subunternehmer (Zuwendungsempfänger) zu leisten. Dass dieser aufgrund

---

[198] Bis BGHZ 174, 314 (vgl. dazu spätere Fn.).
[199] BGHZ 142, 284 = NJW 1999, 3636 = ZIP 1999, 1764; näher zu diesem Fall *Bitter*, Bankrechtstag 2013, S. 37, 45 ff.
[200] Ausführl dazu nach alter Rechtslage *Huber* FS Fischer, S. 255 ff.
[201] BGH NJW 1198, 2592 = ZIP 1998, 793, 801 (insoweit in BGHZ 138, 291 nicht abgedruckt) = LM H 9/1998 GesO § 10 I Nr. 36–38 *(Huber),* dazu EWiR 1998, 699 *(Eckardt).*
[202] *Gerhardt/Kreft,* Rn. 36 ff.
[203] BGHZ 142, 284, 288 = NJW 1999, 3636 = ZIP 1999, 1764.
[204] BGHZ 174, 314 = NZI 2008, 167 = ZInsO 2008, 214 = ZIP 2008, 190. Ausführl dazu *Huber,* ZInsO 2010, 977, 982 ff.; *Bitter,* Bankrechtstag 2013, S. 37, 48 ff.

Inkongruenzanfechtung Rückgewähr schuldete, war nicht zweifelhaft; Anfechtungsgegner ist aber auch – ohne eigenen über die Schuldbefreiung hinausgehenden Vorteil – die Mittelperson (Angewiesener). Allerdings kann der Gläubigerbenachteiligungsvorsatz des Schuldners im Valuta- und im Deckungsverhältnis nur einheitlich bestimmt werden[205] und begründet die Kenntnis der Inkongruenz der Deckung im Valutaverhältnis kein gegen die Mittelperson wirkendes Beweisanzeichen für den Gläubigerbenachteiligungsvorsatz des Schuldners.[206]

– Diese Fallgestaltung entspricht genau der bei einer Direktzahlung im Bauvertragsrecht (§ 16 VI VOB/B). Die oben wiedergegebene Einschränkung zur Kenntnis des Gläubigerbenachteiligungsvorsatzes des Schuldners auf Seiten der Mittelperson (jetzt: Bauherr) greift allerdings nicht ein; denn dieser kennt nicht nur die Inkongruenz der Leistung, die der Subunternehmer erhält, sondern wesentlich mehr Umstände, hat insbesondere auch positive (!) Kenntnis von der Liquiditätskrise des Generalunternehmers, weshalb es auf die Frage nicht ankommt, ob davon sonst die Indizwirkung der Inkongruenz abhängt (→ § 49 Rn. 19 aE).[207] Für andere Fälle gilt Entsprechendes, bspw. für die *Direktzahlung des Endmieters auf Anweisung des Zwischenmieters an den Endmieter*.

– Im *Treuhand-Fall*[208] hatte die Schuldnerin, ein Logistikunternehmen, 33 000,00 EUR an die Beklagte, ihre Steuerberaterkanzlei, gezahlt, die damit weisungsgemäß offene Beitragsrückstände der Schuldnerin bei verschiedenen Krankenkassen sowie Lohnforderungen von Arbeitnehmern der Schuldnerin tilgte. Der klagende Insolvenzverwalter verlangt nun im Wege der Anfechtung Erstattung, in den Tatsacheninstanzen ohne Erfolg. Der BGH erkannte demgegenüber eine kollusive Verhaltensweise, hob auf, verwies zurück und meint über den Fall hinaus: Es gebe vielfältige Gestaltungen eines kollusiven Zusammenwirkens zwischen Schuldner und Zahlungsmittler, insbesondere bei einem auf die wirtschaftliche Zwangslage des Schuldners abgestimmtes, einzelne Gläubiger begünstigendes Zahlungsverhalten; in solchen Fällen habe ein Leistungsmittler – egal ob Treuhänder oder eine Bank(!) – auch Kenntnis vom Gläubigerbenachteiligungsvorsatz des Schuldners.

– Im *Banken-Fall*[209] ging es (vereinfacht dargestellt) um Überweisungen des Schuldners von seinem Konto bei der seiner Bank an Dritte als Leistungsempfänger. Im Urteil heißt es dazu: Dass die Zahlungen auch gegenüber den Zahlungsempfängern anfechtbar sein können, hindere eine Anfechtung gegenüber der Bank nicht, gegen die sie dann aber möglicherweise (!) einen Regressanspruch aus gesamtschuldnerischer Haftung habe; umgekehrt schließe der Umstand, dass die Leistung gegenüber dem Zahlungsempfänger nicht anfechtbar sei, eine Anfechtung gegenüber dem Leistungsmittler nicht aus, dann gebe es freilich keinen Regress. Allerdings dürfe die Bank selbst bei Kenntnis von der Zahlungsunfähigkeit die Ausführung von Überweisungen nicht ablehnen, solange noch ein Guthaben bestehe oder eine Kreditlinie noch offen sei. Folglich gebe es keine Anfechtbarkeit der Bank (Leistungsmittler) gegenüber, wenn sie die Schuldneraufträge nur zahlungstechnisch erledige, wohl aber, wenn sie die Funktion als bloße Zahlstelle verlasse, sich also an der selektiven Begünstigung einzelner Gläubiger beteilige.

– Im *Versicherungsmakler-Fall*[210] hatte sich die Schuldnerin von einem Versicherungsmakler (späterer Anfechtungsgegner, Beklagter) Versicherungsverträge für ihre Fahrzeuge

---

[205] BGHZ 174, 314 aaO (Rn. 33).
[206] BGHZ 174, 314 aaO (Rn. 35).
[207] Ausführl dazu *Huber* NZBau 2008, 737, 739 f.
[208] BGHZ 193, 129 = NZI 2012, 1950 = ZIP 2012, 1038 = ZInsO 2012, 924; näher *Bitter*, Bankrechtstag 2013, S. 37, 50 ff.
[209] BGH NZI 2013, 249 = ZIP 2013, 371 = ZInsO 2013, 384; näher *Bitter*, aaO, S. 37, 52 ff.
[210] BGH NZI 2013, 583 = ZIP 2013, 1127 = ZInsO 2013, 1077; näher *Bitter*, aaO, S. 37, 54 f.

vermitteln lassen, nach denen die Versicherungsprämien vierteljährliche an den Versicherer zu zahlen waren. Die Schuldnerin vereinbarte mit dem Versicherungsmakler jedoch, dass dieser die Prämien monatlich von ihrem Konto einziehen und anschließend, dann freilich erst vierteljährlich an den Versicherer weiterleiten sollte, was geschah. Auch in diesem Fall hatte die Anfechtungsklage gegen den Versicherungsmakler als Leistungsmittler Erfolg, weil dieser eben nicht als bloße Zahlstelle fungierte.[211]

– *Konsequenz* aus dieser zutreffenden[212] Rechtsprechung ist: Gegen einen Leistungsmittler kommt mangels Eigenschaft als Insolvenzgläubiger keine Deckungs-, sondern nur eine Vorsatzanfechtung in Betracht. Sie verspricht Erfolg, wenn dieser erkennt, dass der Schuldner mangels hinreichender Deckung in Absprache mit ihm nur bestimmte Gläubiger befriedigt; ebenso ist es bei Banken, wenn diese – ohne Absprache mit dem Schuldner – lediglich einzelne Zahlungsaufträge an von ihr bevorzugte Empfänger (zur selektiven Befriedigung) ausführt. Für andere Leistungsmittler – als Treuhänder, Banken, Versicherungsmakler – gilt grundsätzlich Entsprechendes. Eine Anfechtung scheidet demgegenüber aus, wenn sich der Schuldner ihnen gegenüber gerade nicht als Leistungsmittler bedient hat, wie beispielsweise bei Umbuchungen und Verrechnungen der kontoführenden Bank im Cash-Pool[213] oder bei Zahlungen im LKW-Maut-Gebührenabrechnungsverfahren.[214]

61   **3. Anfechtung gegen Gesamtrechtsnachfolger (§ 145 I InsO).** Man muss unterscheiden:

– *Alternative 1* bestimmt, dass die gegen den *Erblasser* begründete Anfechtung gegen den *Erben* stattfindet. Die Vorschrift ist an sich überflüssig, weil die Rückgewährpflicht des Erben zu den Nachlassverbindlichkeiten gehört (§§ 1922, 1967 BGB). Unerheblich ist, ob die Anfechtung schon gegen den Erblasser geltend gemacht war, ob der Erbe die Anfechtbarkeit des Erwerbs kennt oder ob er beschränkt oder unbeschränkt haftet (vgl. §§ 780, 785 ZPO). Voraussetzung ist aber stets, dass der Rechtsnachfolger den anfechtbar weggegebenen Gegenstand selbst erlangt hat, weshalb eine Rechtsnachfolge iS des § 145 InsO (also auch bei Einzelrechtsnachfolge, → Rn. 67) ausscheidet, wenn schon dem Ersterwerber die Rückgewähr in Natur vor Eintritt der Rechtsnachfolge unmöglich war;[215] die Haftung für einen Wertersatzanspruch (Geldsummenschuld) richtet sich nach allgemeinen Bestimmungen (→ Rn. 67). Mehrere Erben sind Gesamtschuldner, §§ 2058ff. BGB. Ein Vorerbe haftet bis zum Eintritt der Nacherbschaft, dann der Nacherbe. Zum Einwand der Verjährung → Rn. 67.

– *Alternative 2* erfasst *andere Fälle der Gesamtrechtsnachfolge;* Beispiele:[216] Gütergemeinschaft (§§ 1415ff., 1483ff. BGB), Erbschaftskauf (§§ 2371ff. BGB), Firmenfortführung nach § 25 HGB sowie für Verschmelzung und Spaltung von Unternehmen (§ 20 I Nr. 1, §§ 36, 131 I Nr. 1 UmwG). Die Rückgewährpflicht des Rechtsnachfolgers tritt dabei nicht an die Stelle, sondern neben die des Rechtsvorgängers (→ Rn. 65). Wird über das Vermögen des Anfechtungsgegners das Insolvenzverfahren eröffnet, ist dessen Insolvenzmasse wie ein Gesamtrechtsnachfolger zu behandeln.[217]

---

[211] BGH NZI 2013, 583 Rn. 31 ff.

[212] AA, nämlich für Trennung zwischen Insolvenzanfechtung und Deliktsrecht (Rückgewähr von Vorteilen nach der 1. Alternative, Ersatz von Verlusten beim Schuldner nach der 2.) *Bitter*, aaO, S. 37, 62ff.

[213] BGH NZI 2013, 896 = ZIP 2013, 1826 = ZInsO 2013, 189.

[214] BGH ZIP 2013, 2271 = ZInsO 2013, 2271 = NZI 2013, 1068 m. Anm. *Lange*.

[215] BGHZ 155, 199 = NJW 2003, 3345 = ZIP 2003, 1554 = ZInsO 2003, 537; dazu *Häsemeyer* LMK 2003, 214.

[216] Ausf MüKoInsO/*Kirchhof*, § 145 Rn. 11ff.; Uhlenbruck/Hirte/Vallender/*Hirte*, § 145 Rn. 7ff.

[217] MüKoInsO/*Kirchhof*, § 145 Rn. 15; Uhlenbruck/Hirte/Vallender/*Hirte*, § 145 Rn. 10.

– *Gemeinsame Voraussetzung* (für die Alternativen 1 und 2) ist aber, dass der Nachfolger den anfechtbar weggegebenen Gegenstand selbst erlangt hat, weshalb eine Rechtsnachfolge im Sinne des Absatzes 1 ausscheidet, wenn schon dem Ersterwerber die Rückgabe in Natur vor Eintritt der „Rechtsnachfolge" unmöglich geworden war.[218] Die Haftung für einen Wertersatzanspruch (→ § 52 Rn. 12 ff.), eine reine Geldsummenschuld, richtet sich nach allgemeinen Regeln (→ Rn. 67).

4. Anfechtung gegen sonstige Rechtsnachfolger (§ 145 II InsO).[219] **a)** Dass gegenüber einem Gesamtrechtsnachfolger die gegen seinen Rechtsvorgänger begründete Anfechtung möglich sein muss, leuchtet ohne weiteres ein. Bei einer Einzelrechtsnachfolge ist dies aber nicht selbstverständlich. Gleichwohl dehnt § 145 II InsO seinem *Normzweck* nach das Anfechtungsrecht aus Zweckmäßigkeitsgründen innerhalb bestimmter Grenzen auch auf diese Fälle aus.[220]

b) Voraussetzung ist zunächst einmal, dass der Anfechtungsgegner ein „sonstiger Rechtsnachfolger" des Erstempfängers ist. Eine solche *Einzelrechtsnachfolge* liegt vor, wenn das anfechtbar erworbene Recht in derselben Gestalt und mit demselben Inhalt weiter übertragen wird (Vollübertragung) oder wenn ein beschränktes Recht an dem anfechtbar erworbenen Gegenstand bestellt oder sonst besondere, aus dem Recht erwachsende Befugnisse davon abgezweigt werden (Teilübertragung). Der Zweiterwerber muss also den anfechtbar veräußerten Gegenstand selbst erlangt haben (→ Rn. 67), den er aufgrund der Anfechtung ihm gegenüber herauszugeben soll; geht es um die Zahlung einer Geldsumme, muss der Rechtsnachfolger die einzelnen Geldscheine oder Münzen erhalten haben, die aufgrund der Anfechtung herauszugeben sind.[221] Unerheblich ist, ob die Übertragung auf rechtsgeschäftlicher Verfügung (Übereignung oder Abtretung), obrigkeitlicher Anordnung (zB Überweisung an Zahlungs statt) oder unmittelbar auf dem Gesetz (zB §§ 268 III, 426 II, 774, 1143, 1164, 1225 BGB) beruht. Rechtsnachfolger ist also zB auch der Bürge, der den Gläubiger befriedigt und deshalb gem. §§ 774, 412, 401 BGB mit der Hauptforderung ein dafür anfechtbar bestelltes Pfandrecht erwirbt.[222] Weiteres Beispiel → Rn. 70.

Einzelrechtsnachfolge liegt nicht vor, wenn der Gegenstand beim Ersterwerber untergeht, ohne dass ein Rechtsübergang auf einen anderen stattgefunden hat (wegen des Wertersatzanspruchs → Rn. 67). Tritt also der spätere Insolvenzschuldner eine Forderung ab, die der Schuldner sodann dem Zessionar gegenüber zum Erlöschen bringt, sei es durch Aufrechnung mit Gegenansprüchen, sei es, dass sie ihm dieser erlässt, so ist der Schuldner nicht Rechtsnachfolger des Zessionars.[223] Für eine Nachfolgerhaftung im Sinn des § 145 II InsO ist auch kein Raum bei originärem Erwerb,[224] zB durch Fund, Ersitzung, Aneignung, Verbindung, Vermischung, Verarbeitung oder Zuschlag im Zwangsversteigerungsverfahren (→ § 46 Rn. 48, 49).[225]

c) Für das *Verhältnis zwischen Rechtsnachfolger und Rechtsvorgänger* gilt: Die Rückgewährpflicht des Rechtsnachfolgers tritt nicht an die Stelle, sondern neben die des Rechtsvorgängers. Allerdings haftet der Rechtsnachfolger immer nur soweit, als sein Erwerb

---

[218] BGHZ 155, 199, 204 = NJW 2003, 3345 = NZI 2003, 537 = ZIP 2003, 1554, 1556.
[219] Ausf dazu *Schilling* MittBayNot 2002, 347.
[220] Näher zum Normverständnis *Gerhardt,* FS Kirchhof S. 121 ff.
[221] BGH NZI 2009, 381 (Rn. 12) = ZInsO 2009, 768 = ZIP 2009, 769; BGH NZI 2008, 733 (Rn. 11) = ZInsO 2008, 1202 = ZIP 2008, 2183.
[222] Anders ist es aber, wenn die Bürgschaft durch nicht anfechtbare Leistung des späteren Insolvenzschuldners an den Gläubiger erloschen ist, vgl. BGH NJW 1974, 57.
[223] BGHZ 100, 36, 39 ff. = NJW 1987, 1703 m Anm. *Gerhardt* JR 1987, 415.
[224] MüKoInsO/*Kirchhof,* § 145 Rn. 18; FK-*Dauernheim* § 145 Rn. 8; *Rosenberg/Gaul/Schilken,* § 35 V 2.
[225] BGH LM § 3 AnfG Nr. 28.

reicht, also das aus dem Vermögen des späteren Insolvenzschuldners Herausgekommene Gegenstand der Rechtsnachfolge war; so weit sich die Rückgewährverbindlichkeiten decken, sind beide Gesamtschuldner (§ 421 BGB). Schuldet der Rechtsvorgänger – gerade wegen der anfechtbaren Weggabe – Wertersatz (→ § 52 Rn. 12 ff.), so schließt das die Haftung des Rechtsnachfolgers auf Rückgewähr in Natur (→ § 52 Rn. 9) nicht aus.[226] Für das *Verfahrensrecht* gilt: Jeder Anfechtungsschuldner (Rechtsvorgänger und -nachfolger) kann selbstständig verklagt werden; werden sie gemeinsam belangt, so sind sie einfache Streitgenossen gem. § 61 ZPO. Das Urteil gegen den Ersterwerber wirkt nicht nach § 325 ZPO gegen den Rechtsnachfolger und kann nicht nach § 727 ZPO gegen diesen vollstreckt werden.[227] Der Übergang auf eine Anfechtung nach § 145 II ZPO ist eine Klageänderung (→ Rn. 53).

66   d) Von der Rechtsnachfolge ist die *mittelbare Zuwendung* zu unterscheiden. Wird ein Vermögensgegenstand vom späteren Insolvenzschuldner über eine Mittelsperson an den Empfänger weggeben (→ Rn. 59), so ist letzterer Ersterwerber; gegen ihn findet die Anfechtung mithin nach allgemeinen Regeln (§§ 129 ff. InsO) statt, also nicht etwa bloß unter den engeren Voraussetzungen des § 145 II InsO.

67   e) *Weitere gemeinsame Anfechtungsvoraussetzung* ist, neben dem allgemeinen Merkmal einer wenigstens mittelbaren Gläubigerbenachteiligung (→ § 46 Rn. 51 ff., 67, 69) durch die Rechtsnachfolge, dass dem Ersterwerber vor Eintritt der Rechtsnachfolge eine Rückgewähr in Natur noch möglich war (→ Rn. 60); schuldete er nur mehr Wertersatz, richtet sich die Haftung des Rechtsnachfolgers nach den entsprechenden bürgerlich- oder handelsrechtlichen Vorschriften, damit die Möglichkeit einer Haftungsbegrenzung (insbes §§ 1975 ff. BGB; §§ 25 II, 28 II HGB) nicht unterlaufen werden.[228] Außerdem müssen die Anfechtungsvoraussetzungen gegenüber dem Ersterwerber und, im Falle wiederholter Rechtsnachfolge, gegenüber jedem Zwischenerwerber gegeben sein. Daraus folgt für die Verjährungsfrist: Der Rückgewähranspruch muss gegenüber dem Rechtsnachfolger gerichtlich geltend gemacht werden, bevor die Frist des § 146 I InsO (→ Rn. 39, 42 ff.) gegenüber dem Ersterwerber verstrichen ist, sofern nicht schon fristwahrend gegenüber dem Ersterwerber angefochten oder diesem gegenüber eine Hemmung herbeigeführt wurde;[229] denn warum sollte sich der Rechtsnachfolger nicht auf das dem Vorgänger zustehende Leistungsverweigerungsrecht berufen dürfen? War der Anfechtungsanspruch bei Eintritt der Rechtsnachfolge noch nicht verjährt, so beginnt im Geltungsbereich des § 146 I nF InsO (→ Rn. 44) wegen der subjektiven Anknüpfung in § 199 I Nr. 2 BGB eine neue Verjährungsfrist. Schließlich ist weiter erforderlich, dass der Ersterwerb innerhalb desjenigen Zeitraums stattgefunden hat, den die für ihn einschlägige Anfechtungsvorschrift bestimmt (→ Rn. 40).

68   f) *Einzelheiten zu § 145 II Nr. 1, 2 InsO.* Ein *entgeltlicher Erwerb* des Rechtsnachfolgers ist anfechtbar, wenn ihm zurzeit seines Erwerbs die Umstände bekannt waren, welche die Anfechtbarkeit des Erwerbs seines Rechtsvorgängers begründen, § 145 II Nr. 1 InsO; erforderlich ist positive Kenntnis, allerdings nur von Tatsachen, nicht auch von den sich daraus ergebenden Rechtsfolgen. Für das Vorliegen dieser Merkmale trägt nach allgemeinen Regeln der Insolvenzverwalter die *Beweislast*. Gehört der Rechtsnachfolger zu den nahestehenden Personen (§ 138 InsO) des Insolvenzschuldners – also nicht etwa

---

[226] BGH ZIP 1996, 184 f.
[227] HKInsO/*Kreft*, § 145 Rn. 13; *Gerhardt*, FS Kirchhof S. 121, 132 f. *Huber* AnfG § 15 Rn. 23.
[228] BGHZ 155, 199, 204 = NJW 2003, 3345 = ZIP 2003, 1154.
[229] BGH ZIP 1996, 184 (Nichtannahme-Beschluss) zu; OLG Düsseldorf ZIP 1996, 185 (Vorinstanz). Ebenso *Gerhardt*, FS Kirchhof S. 121, 128 ff. AA MüKoInsO/*Kirchhof*, § 145 Rn. 36 f., § 146 Rn. 7; Uhlenbruck/Hirte/Vallender/*Hirte*, § 145 Rn. 23 f.

des Ersterwerbers oder seines unmittelbaren Rechtsvorgängers –, wird die Beweislast umgekehrt, muss also er seine Unkenntnis nachweisen, § 145 II Nr. 2 InsO.

Streitig ist, wie entschieden werden soll, wenn der Anfechtungsgegner von seinem **69** Rechtsvorgänger entgeltlich erwirbt, also zB ein wertvolles Bild kauft, von dem er aber weiß, dass es der andere vom späteren Insolvenzschuldner unentgeltlich erhalten hatte. Nach dem Wortlaut des § 145 II Nr. 1 InsO wäre eine Anfechtbarkeit zu bejahen, weil er nur darauf abhebt, ob der Anfechtungsgegner um die Schenkung im Zeitpunkt seines Erwerbs gewusst hat.[230] Dagegen verlangt eine andere Meinung zusätzlich dessen Kenntnis davon, dass die Schenkung anfechtbar (vgl. § 134 InsO) war und eine dritte, dass der Rechtsnachfolger Kenntnis von der konkreten Gläubigerbenachteiligung durch den Erwerb seines Vorgängers hatte.[231] Dem ist jedenfalls im Ergebnis zuzustimmen. Denn die Schwäche des unentgeltlichen Erwerbs kann nur bis zum Empfänger der unentgeltlichen Leistung, hier dem Rechtsvorgänger reichen. Der Anfechtungsgegner ist ganz besonders schutzwürdig, wenn es sich bei dem Kauf um ein Bargeschäft gehandelt hat, das sonst einer Anfechtbarkeit entzogen ist (→ § 46 Rn. 75 ff.); jedenfalls in einem solchen Falle ist es daher gerechtfertigt, den Insolvenzverwalter ausschließlich auf eine Anfechtung gegenüber dem Rechtsvorgänger (Verkäufer) zu verweisen.[232]

g) *Einzelheiten zu § 145 II Nr. 3 InsO.* Ein *unentgeltlicher Erwerb* des Rechtsnachfol- **70** gers ist nach § 145 II Nr. 3 InsO ohne weiteres anfechtbar, mit Ausnahme von gebräuchlichen Gelegenheitsgeschenken geringen Wert (→ § 49 Rn. 5); die Vorschrift enthält eine abschließende spezialgesetzliche Regelung, neben der § 822 BGB nicht in Betracht kommt.[233] Eine Einzelrechtsnachfolge liegt beispielsweise vor, wenn der Empfänger eines anfechtbar abgegebenen Schecks diesen über das Konto einer anderen Person zu deren Gunsten einziehen lässt;[234] im konkreten Fall hatte ein Ehemann von der Insolvenzschuldnerin für freilich nicht mehr durchsetzbare Tantiemenansprüche einen Scheck erhalten, was folglich die Anfechtbarkeit begründete, und diesen seiner Ehefrau (Einzelrechtsnachfolgerin) weitergegeben, was eine unentgeltliche Leistung beinhaltete. Auch § 145 II Nr. 3 InsO beruht auf dem allgemeinen Rechtsgedanken, dass unentgeltlicher weniger schutzwürdig als sonstiger Rechtserwerb ist (→ § 49 Rn. 1). Der Anfechtungsgegner hat die unentgeltliche Leistung allerdings nur insoweit zurückzugewähren, als er durch sie bereichert ist, § 143 II 1 InsO (→ § 52 Rn. 20, 21).

5. Anfechtung gegenüber der Bundesagentur für Arbeit. Fordert der Insol- **71** venzverwalter aufgrund Insolvenzanfechtung Entgelt zurück, das für den Insolvenzgeldzeitraum (§ 165 I SGB III) gezahlt wurde, ist der Anfechtungsgegner grundsätzlich der Arbeitnehmer.[235] Beantragt er Insolvenzgeld, so geht sein Lohnanspruch allerdings mit Antragstellung kraft Gesetzes auf die Bundesagentur für Arbeit über, § 169 III SGB III. Sie ist deshalb ab diesem Zeitpunkt Gegnerin einer dem Arbeitnehmer gegenüber begründeten Anfechtung.[236] Mit den auf sie übergegangenen Ansprüchen auf Arbeitsentgelt ist sie nur einfache Insolvenzgläubigerin und kann folglich wegen § 96 I Nr. 3 InsO nicht gegen Ansprüche des Arbeitgebers (Insolvenzschuldners) aufrechnen.[237]

---

[230] So auch MüKoInsO/*Kirchhof,* § 145 Rn. 26; HKInsO/*Kreft,* § 145 Rn. 10.
[231] Ausf. zur Problemlage und zum Meinungsstreit *Gerhardt,* FS Kirchhof S. 121, 123 ff. (127).
[232] AA MüKoInsO/*Kirchhof* aaO mit dem Argument, eine Bargeschäft scheide schon deshalb aus, weil der Masse nichts zugeflossen sei; aber es geht nicht darum, sondern um die grundsätzlich Wertentscheidung zur Schutzbedürftigkeit.
[233] BGH NZI 2012, 845 = ZIP 2012, 1617 Rn. 2 = ZInsO 2012, 1522.
[234] BGH NJW 2002, 1342 = ZIP 2002, 404 = ZInsO 2002, 233.
[235] BAG NZI (2014, 372 Rn. 11 = ZIP 2014, 628 = ZInsO 2014, 659; dazu EWiR 2014, 291 (*Huber*).
[236] BAG, aaO, Rn. 12, 13; ebenso hier schon 4. Aufl. am gleichen Ort m. w. Schrifttumsnachw.
[237] OLG Brandenburg ZIP 2009, 1478.

§ 52. Rechtsfolgen der Anfechtung

Übersicht

	Rn.
I. Wesen und Wirkung der Anfechtung	1
1. Die schuldrechtliche Theorie	1
a) Grundlagen	1
b) Entstehen des Anfechtungsanspruchs	2
c) Anfechtungsanspruch in der Insolvenz des Anfechtungsgegners	3
2. Abweichende Auffassungen	5
a) Haftungsrechtliche Theorie	5
b) Dingliche und gemischte Theorie	6
3. Bewertung	7
II. Der Anspruch auf Rückgewähr (§ 143 I InsO)	8
1. Ausgangspunkt	8
2. Rückgewähr in Natur (Primäranspruch, § 143 I 1 InsO)	9
a) Grundsatz	9
b) Weitere Beispiele	10
c) Anspruchsinhalt	11
3. Wertersatz (Sekundäranspruch, § 143 I 2 InsO)	12
a) Grundsätze	12
b) Zeitpunkt für Wertberechnung	14
4. Umfang der Rückgewähr/Rechtsfolgenverweisung auf die Regeln der verschärften Bereicherungshaftung (§ 143 I 2 InsO)	15
a) Nutzungen/Verwendungen/Surrogate	15
b) Werterhöhungen/-minderungen	16
5. Beweislast	17
6. Sicherung des Anspruchs	18
7. Haftungserweiterung durch unerlaubte Handlung und Verzug	19
III. Haftungsprivileg des § 143 II InsO	20
1. Voraussetzungen (§ 143 II 1 InsO)	20
2. Wegfall der Privilegierung (§ 143 II 2 InsO)	21
IV. Rückgewähr bei Gesellschaftersicherheit (§ 143 III InsO)	22
1. Anwendungsbereich	22
2. Normzweck und Anfechtungsgegner	23
3. Inhalt der Rückgewährpflicht, Erstattungsanspruch	24
a) Umfang gemäß § 143 III 1, 2 InsO	24
b) Ersetzungsbefugnis gemäß § 143 III 3 InsO	25
c) Doppelinsolvenz	26
V. Ansprüche des Anfechtungsgegners (§ 144 InsO)	27
1. Schicksal der Gegenleistung (§ 144 II InsO)	27
2. Wiederaufleben einer Forderung (§ 144 I InsO)	28
a) Inhalt der Vorschrift	28
b) Neben- und Sicherungsrechte	29

I. Wesen und Wirkung der Anfechtung

1. Die schuldrechtliche Theorie. a) *Grundlagen.* Zur Rechtsnatur der Insolvenzanfechtung werden seit jeher unterschiedliche Auffassungen vertreten (→ Rn. 5 ff.).[1] Für die Praxis maßgeblich ist die *schuldrechtliche Theorie* der Rechtsprechung,[2] der auch

---

[1] Ausf zum Streitstand nach InsO zB bei MüKoInsO/*Kirchhof*, vor § 129 Rn. 12 ff. sowie bei *Henckel* in: Jaeger, InsO, § 143 Rn. 3 ff. Zur Gläubigeranfechtung außerhalb des Insolvenzverfahrens vgl. *Huber* AnfG, Einf (vor § 1) Rn. 23 ff.

[2] BGHZ 128, 194 = NJW 1995, 659; 106, 127 = NJW 1989, 985; 72, 39, 41 = NJW 1978, 1921. Vgl. auch die Rechtsprechungshinweise in Fn 7, 8.

die hM im Schrifttum folgt.³ Danach folgt aus dem Anfechtungsrecht der Insolvenzordnung ein schuldrechtlicher Anspruch auf Rückgewähr der weggegebenen Leistung; denn jeder Gegenstand, der ohne die anfechtbare Handlung zur Insolvenzmasse gehören würde, muss zum Zwecke der Verwertung durch den Insolvenzverwalter dieser wieder zugeführt werden.⁴ Es handelt sich mithin *nicht* um ein Gestaltungsrecht mit dinglicher Wirkung, wie die heute allgemein abgelehnte sog. Dinglichkeitslehre⁵ angenommen hatte. Wird also zB eine Übereignung oder eine Forderungsabtretung angefochten, so führt das nicht zum (automatischen) Rückfall dieser Rechte, sondern nur zur schuldrechtlichen Pflicht des Anfechtungsgegners, das Eigentum bzw. die Forderung zurück zu übertragen (näher → Rn. 9).

b) *Entstehen des Anfechtungsanspruchs.* Der Anspruch auf Rückgewähr entsteht nach einer im Schrifttum vertretenen Auffassung bereits aufschiebend bedingt mit Verwirklichung des Anfechtungstatbestandes,⁶ nach ständiger Rechtsprechung aber erst *unmittelbar mit der Insolvenzeröffnung als ein gesetzliches auf Rückgewähr gerichtetes Schuldverhältnis*⁷ *und wird zugleich fällig.*⁸ Voraussetzung ist, dass sich einer der Anfechtungstatbestände verwirklicht hat; einer einseitigen rechtsgeschäftlichen Anfechtungserklärung bedarf es hierzu nicht.⁹ Der Insolvenzverwalter beruft sich deshalb, wenn er den Rückgewähranspruch gerichtlich im Wege der Klage oder Einrede (→ § 51 Rn. 22–24, 29 ff.) geltend macht, nur auf ein schon kraft Gesetzes entstandenes Recht; seine Klage ist in aller Regel Leistungsklage (näher → § 51 Rn. 29). Der Anspruch nach § 143 I InsO ist dabei auf Rückgewähr des durch eine bestimmte anfechtbare Handlung Erlangten gerichtet, so dass jede selbstständig anfechtbare Rechtshandlung ein eigenes selbstständiges Rückgewährschuldverhältnis begründet (→ § 46 Rn. 19 aE).¹⁰ Eine Anfechtung ist nicht etwa deshalb ausgeschlossen, weil der Schuldner im Zeitpunkt der (später angefochtenen) Rechtshandlung noch keine Gläubiger hatte.¹¹

c) In der *Insolvenz des Anfechtungsgegners* (dazu, wer Anfechtungsgegner ist → § 51 Rn. 59) ergäbe sich aber wegen des bloß obligatorischen Charakters dieses Rechtsverhältnisses an sich nur eine Insolvenzforderung. Demgegenüber hat *Kreft*¹² überzeugend nachgewiesen, dass die schuldrechtliche Einordnung des Anfechtungsanspruchs der Annahme eines Aussonderungsrechts in der Insolvenz des Anfechtungsgegners nicht entgegensteht, weil dieses gem. § 47 InsO auch auf schuldrechtlicher Grundlage beruhen kann. Dogmatisch hergestellt wird dieses Ergebnis mit einem Rückgriff auf den Gedanken der Rechtsnachfolge gem. § 145 I InsO; zwar erlangt die Insolvenzmasse keine

---

³ Vgl. nur HKInsO/*Kreft*, § 129 Rn. 69; ausf Verteidigung der hM neuerdings wieder von *Sieber* 2008, (Diss Passau). Ebenso die hM zur Gläubigeranfechtung außerhalb des Insolvenzverfahrens, vgl. *Huber*, aaO.
⁴ BGHZ 135, 140 = NJW 1997, 1857, 1859.
⁵ Begründet von *Hellwig* ZZP 26, 474. Zu dieser Theorie vgl. zB *Gerhardt*, Gläubigeranfechtung S. 2 ff.; *Marotzke* KTS 1987, 1 ff.
⁶ MüKoInsO/*Kirchhof*, § 129 Rn. 186 mwN.
⁷ BGH NZI 2008, 238 (Rn. 8) = ZInsO 2008, 276 = ZIP 2008, 455; BGH NZI 2007, 452 (Rn. 10) = ZInsO 2007, 658 = ZIP 2007, 1274; BGH NZI 2007, 42 (Rn. 14) = ZInsO 2007, 1217, Rn. 14, ZIP 2006, 2176; BGHZ 130, 38 = ZIP 1995, 1204, dazu EWiR 1995, 795 *(Gerhardt)*; BGH ZIP 2004, 1653, 1654; BGHZ 130, 38 = NJW 1995, 2783 = ZIP 1995, 1204; BGH ZIP 2004, 1653, 1654 m. Anm. *Keller.* Anders ist die Rechtslage in der Gläubigeranfechtung: Unbedingtes Entstehen des Anfechtungsanspruchs mit Verwirklichung eines Anfechtungstatbestandes, *Huber* AnfG Einf (vor § 1) Rn. 12.
⁸ BGHZ 171, 38 (Rn. 20) = NZI 2007, 230 = ZInsO 2007, 261 = ZIP 2007, 488.
⁹ BGHZ 15, 333, 337 = NJW 1955, 259; BGHZ 98, 6, 9 = NJW 1986, 2252 (zum AnfG); BGHZ 101, 286, 288 = NJW 1987, 2821.
¹⁰ BGH ZIP 2002, 489, 490; NJW 1987, 1812; dazu *Balz* EWiR § 37 KO 1/87, 273.
¹¹ BGH NZI 2009, 768 Rn. 5 m. Anm. *Huber.*
¹² *Kreft* ZInsO 1999, 370, 372.; ebenso *ders.* in HKInsO, § 129 Rn. 72. Seitdem hM, vgl. *Thole* S. 549 ff.

eigene Rechtspersönlichkeit, gleichwohl lässt sie sich in der Insolvenz des Anfechtungsgegners als eine Art Rechtsnachfolger von ihm begreifen.

4   Im Anschluss daran hat der IX. Zivilsenat des BGH entschieden, dass der Anfechtungsanspruch in der Insolvenz des Anfechtungsgegners im Allgemeinen *ein Aussonderungsrecht* gewährt, nämlich dann, wenn der weggegebene Gegenstand dort noch bestimmbar vorhanden ist;[13] *Beispiele:* anfechtbar weggegebene Sache; hinterlegtes Geld.[14] Geht der Anfechtungsanspruch aber auf Zahlung, so stellt er in der Insolvenz des Anfechtungsgegners jedenfalls dann nur eine *Insolvenzforderung* dar, wenn dieser im Zeitpunkt der Insolvenzeröffnung über sein Vermögen lediglich Wertersatz schuldete und eine Gegenleistung für den anfechtbar erlangten Gegenstand selbst nicht unterscheidbar in seinem Vermögen vorhanden ist;[15] im Fall hatte eine zuerst insolvent gewordene Firma (spätere Anfechtungsgläubigerin) eine Forderung an ihre Lieferantin (spätere Insolvenzschuldnerin/Anfechtungsgegnerin) anfechtbar abgetreten, die aber wegen der Einziehung bei Insolvenzeröffnung über das Vermögen der Lieferantin schon erloschen war, weshalb nur Wertersatz geschuldet wurde. Bei Unterscheidbarkeit kommt aber auch für einen Zahlungsanspruch ein Aussonderungs- (§ 47 InsO), gegebenenfalls ein Ersatzaussonderungsrecht (§ 48 S. 2 InsO) in Betracht. Zur Bewertung dieser Rechtsprechung → Rn. 7.

5   **2. Abweichende Auffassungen. a)** Im Unterschied dazu nimmt die – von *G. Paulus*[16] und *Gerhardt*[17] begründete, in differenzierter Form von verschiedenen Autoren[18] vertretene – *haftungsrechtliche Theorie* an, die angefochtene Rechtshandlung sei den Insolvenzgläubigern gegenüber zwar nicht dinglich und auch nicht schuldrechtlich, wohl aber haftungsrechtlich unwirksam; es wird also nicht die rechtliche Zuordnung des weggegebenen Vermögensgegenstandes, sondern nur sein Ausscheiden aus der Haftung durch Wiederherstellung der Verwertungsbefugnis des Insolvenzverwalters rückgängig gemacht. Daran ist richtig, dass die Rechtsnatur der Gläubigeranfechtung mit dem Begriffspaar schuldrechtliche Wirkung/dingliche Wirkung nicht hinreichend erklärt werden kann.[19] Für die Praxis sind diese dogmatischen Konstruktionsfragen aber weitgehend ohne große Bedeutung,[20] auch nicht mehr in der Insolvenz des Anfechtungsgegners (→ Rn. 4). Etwas anderes gilt für die Folgerungen, die *Gerhardt* aus diesem Leitbild einer „haftungsrechtlichen Unwirksamkeit des anfechtbaren Erwerbs" zieht. Seiner Ansicht nach soll der Anfechtungsanspruch nämlich nur eine besondere Form der Eingriffskondiktion darstellen,[21] was jedenfalls des InsO widerspricht (→ § 46 Rn. 11; → Rn. 8, 20).

6   **b)** Die „reine" *dingliche* Theorie hat heute keine Anhänger mehr (→ Rn. 1 aE). Eine relative Unwirksamkeit, also sozusagen eine *„haftungsrechtlich-dingliche"* Theorie vertritt *Marotzke*.[22] Er meint, die anfechtbare Rechtshandlung sei gegenüber jedermann, in

---

[13] BGHZ 156, 350, 358 ff. = NJW 2004, 214 = ZIP 2003, 2307 = ZInsO 2003, 1096 = NZI 2004, 78 m. Anm. *Huber;* zur Entscheidung vgl. auch *Gerhardt* LMK 2004, 34. Für Aussonderungsrecht – zT mit anderer Begründung – auch die hM im Schrifttum, vgl. nur: MüKoInsO/*Ganter* § 47 Rn. 346; *Uhlenbruck* § 47 Rn. 76; *Haas/Müller* ZIP 2003, 49.

[14] So war es im Fall BGHZ aaO, vgl. näher *Huber* NZI 2004, 82.

[15] BGHZ 155, 199 = NJW 2003, 3345 = ZInsO 2003, 761 = ZIP 2003, 1554; dazu *Häsemeyer* LMK 2003, 214.

[16] Sinn und Formen der Gläubigeranfechtung, AcP 155 (1956), 277–374.

[17] (Die systematische Einordnung der) Gläubigeranfechtung, 1969.

[18] *Henckel* JuS 1985, 836, 81 f.; *Jaeger/Henckel,* § 37 Rn. 19 ff.; *Häsemeyer,* Rn. 21.14 ff.; *Kilger/K. Schmidt,* § 29 KO Anm. 2a, 3; *Costede/Kaehler* ZZP 84, 395, 397, 410 ff.; *Biehl* KTS 1999, 313. Dieser Theorie folgt in der Kommentarliteratur insbes *Nerlich,* in: Nerlich/Römermann, § 129 Rn. 10.

[19] S dazu *K. Schmidt* JuS 1970, 545, 548; *Henckel* JuS 1985, 836, 842; *Rosenberg/Gaul/Schilken,* § 35 II.

[20] Gegen eine *„Überbewertung"* auch *Eckardt,* Anfechtungsklage S. 41; *Jauerig/Berger,* § 51 Rn. 6.

[21] *Gerhardt,* Gläubigeranfechtung S. 15 ff., 219 ff.

[22] KTS 1987, 1, insb 4, 5, 22 ff.; KTS 1987, 569, 585, 595 f.

sachlicher Hinsicht aber nur insoweit unwirksam, wie dies durch das Befriedigungsinteresse der Insolvenzgläubiger geboten sei; wegen der „dinglichen" Massezugehörigkeit des anfechtbar weggegebenen Gegenstandes könne der Insolvenzverwalter diesen ohne Rücksicht auf die derzeitigen Eigentumsverhältnisse veräußern. Dieser Sicht hat sich inzwischen *Henckel*[23] weitgehend angenähert; seiner Auffassung nach gehört ein veräußerter Gegenstand zwar *„haftungsrechtlichdinglich"* (ein Wort, ausdrücklich zusammengeschrieben!) zur Insolvenzmasse, hinsichtlich der übrigen Funktionen des subjektiven Rechts aber dem Anfechtungsgegner, weshalb der Insolvenzverwalter den *schuldrechtlichen Verschaffungsanspruch* auf Rückübereignung braucht, wenn ohne diesem der anfechtbar erworbene Gegenstand (wegen der Verfügungsbefugnis des Anfechtungsgegners = Eigentümer der anfechtbar erworbenen Sache) nicht verwertet werden kann.

3. Bewertung. Der *Gesetzgeber der InsO* hat den Meinungsstreit zwischen schuldrechtlicher und haftungsrechtlicher Theorie nicht entschieden, aber bemerkenswerte Akzente für die hM gesetzt.[24] Denn in § 146 I InsO heißt es ausdrücklich „Anfechtungs*anspruch*" und § 129 I InsO spricht nur noch von der Anfechtung; der Zusatz „als den Konkursgläubigern gegenüber unwirksam" (vgl. § 29 KO) ist entfallen. Mit letzterem wurde den Auffassungen eine Absage erteilt, die an eine auch nur relative Unwirksamkeit anknüpfen. Die Unterschiede zwischen der schuldrechtlichen und der haftungsrechtlichen Theorie sind nach der zutreffenden Rechtsprechung des BGH zur Qualität des Anfechtungsanspruchs in der Insolvenz des Anfechtungsgegners (→ Rn. 4) weitgehend eingeebnet; ob sich der IX. Zivilsenat damit „auf dem Weg zur haftungsrechtlichen Anfechtungstheorie" befindet,[25] kann aus praktischer Sicht dahinstehen. Auch vom Boden der schuldrechtlichen Theorie aus[26] – wie sie hier vertreten wird – lassen sich jedenfalls das beschriebene Problem und in dessen Folge auch zur Statthaftigkeit der Drittwiderspruchsklage (→ § 51 Rn. 29) lösen. Im Übrigen hat sich in den letzten Jahren mehr und mehr die Einsicht durchgesetzt, dass der Anfechtungsanspruch doch mehr ist als ein bloßer „schuldrechtlicher Verschaffungsanspruch",[27] vielmehr im Einklang mit § 47 InsO (Aussonderung „aufgrund eines dinglichen oder persönlichen Rechts") und §§ 771, 805 ZPO über die besondere Qualität verfügt, sich in der Konkurrenz mit den Gläubigern des Erwerbers als Aussonderungsrecht oder Recht auf vorzugsweise Befriedigung durchzusetzen.[28]

II. Der Anspruch auf Rückgewähr (§ 143 I InsO)

1. Ausgangspunkt. Zweck der Insolvenzanfechtung (→ § 46 Rn. 1 ff.) ist es, sachlich ungerechtfertigte Vermögensverschiebungen, durch die die spätere Masse verkürzt worden ist, rückgängig zu machen, mithin denjenigen Zustand herzustellen, der ohne die angefochtene Handlung bestünde. Demzufolge bestimmt § 143 I InsO, dass zur Insolvenzmasse zurückgewährt werden muss, was durch die anfechtbare Handlung aus dem Vermögen des Schuldners veräußert, weggegeben oder aufgegeben ist. Diese Regelung stimmt mit § 37 I KO[29] überein (der im Bereich der GesO entsprechend galt, Nach-

---

[23] In Jaeger, InsO, § 129 Rdn 23 ff., insbes 32. Vgl. auch *Bork* in: Kübler/Prütting/Bork § 129 Rn. 45 ff.; *Häsemeyer* Rn. 21.14 ff.
[24] Ebenso ist die Rechtslage in der Gläubigeranfechtung, vgl. *Huber* AnfG, Einf (vor § 1) Rn. 25; *ders.* ZIP 1998, 897, 901. Ähnlich in der Bewertung *Rosenberg/Gaul/Schülken*, § 35 II. Weiter gehend *Baur/Stürner*, Zwangsvollstreckungsrecht 12. Aufl. (1995), § 26 IV: „Festschreibung der schuldrechtlichen Theorie"; HKInsO/*Kreft*, § 129 Rn. 66 (schuldrechtliche Theorie ... „liegt der InsO zugrunde").
[25] So *Gerhardt* ZIP 2004, 1675. Vgl. auch *Eckardt*, FS Gerhardt S. 145 f.
[26] Das hat der IX. Zivilsenat ausdrücklich betont, BGHZ 156, 350, 358 ff.; vgl. *Huber* NZI 2004, 82.
[27] *Fridgen*, KTS, 2007, 133, 136 ff. will den Anspruch – freilich nur de lege ferenda – als Unterfall der Naturalrestitution bei §§ 249 ff. BGB einordnen.
[28] So trefflich *Gaul* in: Gaul/Schilken/Becker-Eberhart, § 35 Rn. 27.
[29] HKInsO/*Kreft*, § 143 Rn. 1; die Rechtsprechung zu § 37 I KO ist damit nach wie vor gültig.

trag S. 88 Rn. 1[30]), Unterschiede ergeben sich jedoch aus § 143 I 2 InsO, der die Vorschriften zur verschärften Bereicherungshaftung für „entsprechend"[31] anwendbar erklärt.

9   **2. Rückgewähr in Natur (Primäranspruch, § 143 I 1 InsO). a)** *Grundsätzlich* hat gem. § 143 I 1 InsO die Rückgewähr in Natur zu erfolgen. Es ist deshalb zurückzugewähren, was weggegeben worden ist, also ein Grundstück oder eine bewegliche Sache zurückzuübereignen (Rückauflassung) und herauszugeben, eine Forderung zurückzuübertragen, auf ein bestelltes Pfandrecht zu verzichten, eine erlassene Forderung zu erfüllen (ohne dass es einer Neubegründung bedürfte); nur wenn eine Rückgewähr nicht mehr möglich ist, wird Wertersatz geschuldet (→ Rn. 12 ff.). Allerdings kann der Verwalter auch vorprozessual wirksam mit dem Anfechtungsgegner vereinbaren, dass dieser – statt Rückgewähr des Erlangten – Wertersatz leisten soll.[32] In der *Insolvenz des Anfechtungsgegners* begründet der Anspruch auf Rückgewähr in Natur ein Aussonderungsrecht (→ Rn. 4). Der *Klageantrag* (→ § 51 Rn. 31, 32) muss deshalb bestimmt bezeichnen, was aus dem Vermögen des Schuldners veräußert, weggegeben oder aufgegeben wurde *und* auf welche Weise die Rückgewähr erfolgen soll.

10   **b)** *Weitere Beispiele:*
– Nach anfechtbarer Übertragung eines Miteigentumsanteils an den anderen Miteigentümer richtet sich der Anfechtungsanspruch auf Wiederherstellung dieses Anteils, jedoch kann sich der Insolvenzverwalter – entsprechend der Rechtslage im AnfG – auch auf das Verlangen nach Duldung der Zwangsvollstreckung beschränken;[33]
– wurde eine Grundschuld anfechtbar bestellt, geht der Rückgewähranspruch nur dann auf Löschung, falls keine weiteren nachrangigen Belastungen im Grundbuch eingetragen sind, in letzterem Falle auf Abtretung (§§ 1192, 1154 III BGB) oder rangwahrenden Verzicht (§§ 1192, 1168, 1169, 1192 I BGB);[34]
– Zustimmung zur Auszahlung hinterlegten Geldes, zB bei anfechtbarer Treuhandvereinbarung;[35]
– Rückabtretung einer Forderung, weshalb auch der Zessionar einer angefochtenen Abtretung so lange aktivlegitimiert bleibt, bis der Anspruch zurückabgetreten ist oder infolge Verurteilung des Zessionars (gemäß § 894 ZPO) als zurückgetreten gilt;[36]
– Verzicht auf ein Pfandrecht; der Anfechtungsanspruch wandelt sich aber in einen Wertersatzanspruch, also eine Geldforderung um (→ Rn. 18 ff.), wenn der Zessionar die anfechtbar erworbene Forderung eingezogen hat;[37]
– Verzicht auf einen Titel (zB bei anfechtbar unterlassenem Einspruch gegen ein Versäumnisurteil);
– Erfüllung der erlassenen Forderung (ohne dass es einer Neubegründung bedürfte), als Zahlungsspruch;

---

[30] BGH WM 1993, 397; OLG Dresden EWiR § 10 GesO 2/97, 113 *(Tappmeier)*. Vgl. auch BGHZ 131, 189 = NJW 1996, 461, wo das als selbstverständlich vorausgesetzt wird.
[31] Daraus folgt umgekehrt, dass nach InsO der Rückgewähranspruch nicht auf Bereicherungsrecht beruht, das nur „entsprechend" gilt, → § 46 Rn. 11.
[32] BGH NJW 1995, 2783 = ZIP 1995, 1204, 1205 (insoweit in BGHZ 130, 38 nicht abgedruckt), dazu EWiR 1995, 795 *(Gerhardt)*.
[33] HKInsO/*Kreft,* § 143 Rn. 11; zum AnfG s ausf *Huber* AnfG § 11 Rn. 23, § 13 Rn. 17.
[34] BGH NJW 1999, 645, 646 (aE) = LM H 5/1999 GesO Nr. 45, 46 *(Huber)* = ZIP 1999, 76.
[35] BGH NZI 2007, 452 (Rn. 29) = ZInsO 2007, 658 = ZIP 2007, 1274.
[36] BGH NZI 2007, 42 (Rn. 18) = ZInsO 2006, 1217 = ZIP 2006, 2176.
[37] BGH ZIP 2012, 931 Rn. 16 = ZInsO 2012, 875.

Rechtsfolgen der Anfechtung 11–13 § 52

– bei einem Unterlassen (→ § 46 Rn. 19) muss der Erfolg hergestellt werden, der bei Vornahme der unterlassenen Handlung eingetreten wäre;
– ist der Anfechtungsgegner nicht mehr unmittelbarer, aber mittelbarer Besitzer des anfechtbar erworbenen Gegenstandes, so erfolgt die Rückgewähr durch Abtretung des Herausgabeanspruchs nach § 931 BGB;[38]
– hat keine Vermögensverschiebung stattgefunden, sondern wurden nur schuldrechtliche Ansprüche gegen den (späteren) Insolvenzschuldner begründet, ist Inhalt des Rückgewähranspruchs, dass diese Rechtshandlung vernachlässigt wird, sich der Anfechtungsgegner darauf also nicht berufen darf, zB also nicht auf eine Aufrechnung (→ § 46 Rn. 14); hat der schwache vorläufige Insolvenzverwalter mit dem (späteren) Anfechtungsgegner vereinbart, dass eine ua. Altforderung voll bezahlt wird, so hat die Anfechtung dieses Kausalgeschäfts zu Folge, dass sich Letzterer so behandeln lassen muss, als habe der Insolvenzschuldner ihm auf eine bloße Insolvenzforderung eine volle Befriedigung gewährt[39] (ausf zum Fall → § 47 Rn. 64).

c) *Anspruchsinhalt.* Da beim Rückgewähranspruch in Natur der betreffende Gegenstand selbst zurückgegeben wird, kommt es wegen zwischenzeitlich eingetretener Werterhöhungen, Wertminderungen und ähnlicher Umstände (→ Rn. 15, 16) auf den Zeitpunkt der tatsächlichen Rückgewähr bzw. im Anfechtungsprozess auf den der letzten mündlichen Verhandlung in der letzten Tatsacheninstanz an; die Verhandlung im Berufungsrechtszug ist jedenfalls dann maßgeblich, wenn sich die entsprechenden Vorgänge erst nach Schluss der mündlichen Verhandlung erster Instanz zugetragen haben.[40] Zur Berücksichtigung von Vorteilen oder hypothetischer Kausalität → § 46 Rn. 71 ff.; zur Erstattung der Gegenleistung (§ 144 II InsO) → Rn. 23. **11**

3. Wertersatzanspruch (Sekundäranspruch, § 143 I 2 InsO). a) *Grundsätze.*[41] **12**
Nur dann, wenn der Gegenstand selbst nicht mehr vorhanden ist, wird *Wertersatz* geschuldet. Dogmatisch handelt es sich um einen schuldrechtlichen (allerdings nicht deliktsrechtlichen) Schadensersatzanspruch.[42] Die *Anspruchsgrundlage* ergibt sich aus S. 2 in Verbindung mit der Rechtsfolgenverweisung in das Bereicherungsrecht gemäß § 819 I, § 818 IV, § 292 I, §§ 989, 990 BGB.[43] Danach haftet der Anfechtungsgegner nur für verschuldeten, nicht zufälligen Untergang; im Rahmen dieser Haftung kann er sich nicht auf Entreicherung (§ 818 III BGB) berufen[44] (anders → Rn. 20). Nach Insolvenzeröffnung besteht allerdings eine verschuldensunabhängige Haftung gemäß § 819 I, § 817 IV, § 292 I, § 287 S. 2 BGB; bei dieser verschärften Haftung gibt es schon deshalb keinen Entreicherungseinwand.[45] Die fingierte Kenntnis iSd § 143 I 2 InsO steht der Rechtshängigkeit gleich, diese der Mahnung (§ 284 I 2 BGB), weshalb sich der Anfechtungsgegner in Verzug befindet.

Da Wertersatz nur bei *Unmöglichkeit des Rückgewähranspruchs in Natur* geschuldet wird, **13**
besteht der Anspruch daneben nicht wahlweise, sondern nur *ersatzweise (Sekundäranspruch);* der Insolvenzverwalter kann sich aber mit dem Wertersatz aus Gründen der Vereinfachung begnügen (→ Rn. 11). Die Unmöglichkeit kann auf rechtlichen (zB infolge Veräußerung an einen Dritten, der nicht Einzelrechtsnachfolger iSd § 145 II InsO ist) oder tatsächlichen (zB auf Untergang oder Verschlechterung) Gründen beruhen. Beruft sich

---

[38] *Gerhardt* EWiR 2001, 775 (Urteilsanmerkung zu OLG Köln).
[39] BGHZ 154, 90 = NJW 2003, 1865 = ZIP 2003, 810 = ZInsO 2003, 417; dazu *Huber* EWiR 2003, 719 u *Ganter*, FS Gerhardt S. 237 ff.
[40] BGH NZI 2007, 457 (Rn. 17) = ZInsO 2007, 778 = ZIP 2007, 1326.
[41] Ausf dazu *Eckardt*, FS Gerhardt S. 145 ff.
[42] HKInsO/*Kreft*, § 143 Rn. 20; insoweit richtig *Fridgen* S. 137 ff.
[43] BGHZ 171, 38 (Rn. 14) = NZI 2007, 230 = ZInsO 2007, 261 = ZIP 2007, 488.
[44] BAG NZI 2011, 644 Rn. 19 = ZIP 2011, 1626.
[45] BAG NZI 2011, 644 Rn. 21 = ZIP 2011, 1626.

§ 52   14, 15   Kapitel III. 7. Abschnitt. Insolvenzanfechtung

der Anfechtungsgegner gegenüber dem Rückgewährverlangen in Natur auf Unmöglichkeit, so hat er diese zu beweisen.[46]

14 b) Für die *Wertberechnung* kommt es auf den Zeitpunkt der letzten mündlichen Verhandlung in der Tatsacheninstanz an.[47] Abweichend davon hatte der BGH im Konkursrecht auf den Zeitpunkt der Insolvenzeröffnung für den Fall abgestellt, dass eine Rückgewähr in Natur schon vor Verfahrenseröffnung unmöglich geworden war.[48] Das lässt sich nun wegen der Verweisung in das Bereicherungsrecht nicht länger aufrecht erhalten.[49] Zur Berücksichtigung von Vorteilen/hypothetische Kausalität → § 46 Rn. 71 ff. Zur Erstattung der Gegenleistung → Rn. 23.

15 **4. Umfang der Rückgewähr/Rechtsfolgenverweisung auf die Regeln der verschärften Bereicherungshaftung (§ 143 I 2 InsO). a)** Zu *Nutzungen/Verwendungen/Surrogate:*

– Der Anfechtungsgegner muss tatsächlich gezogene und schuldhaft nicht gezogene *Nutzungen* gemäß §§ 819 I, 1, 818 IV, 292 II, 987 BGB herausgeben, und zwar selbst dann, wenn sie der Schuldner selbst nicht gezogen hätte.[50]

– Bei anfechtbarem Erwerb von Geld sind *Prozesszinsen* (§§ 291, 288 I BGB) ab Eröffnung des Verfahrens – Zeitpunkt des Entstehens und der Fälligkeit des Anfechtungsanspruchs (→ Rn. 2) – zu entrichten also iHv 5 Prozentpunkten über dem jeweiligen Basiszinssatz.[51] Vor Insolvenzeröffnung tatsächlich gezogene *Zinsen* sind nach § 818 I BGB, schuldhaft nicht gezogene als Nutzungen ab dem Zeitpunkt der Vornahme der anfechtbaren Rechtshandlung herauszugeben, und zwar zum allgemeinen Zinssatz (§ 246 BGB), außer es sind höhere gezogen worden (§ 987 I BGB).[52]

– Der Fiskus ist von der Rechtshandlung an dem Insolvenzverwalter zur Herausgabe gezogener Nutzungen aus wirksam angefochtenen Steuerzahlungen verpflichtet, also Zinserträge von Einnahmeüberschüssen, die im Haushaltsvollzug ausnahmsweise zeitweilig nicht benötigt werden, und ersparte Zinsen für Kassenverstärkungskredite oder andere staatliche Refinanzierungsinstrumente, die infolge des Eingangs wirksam angefochtener Steuerzahlungen zurückgeführt oder vermieden worden sind;[53] ob damit der an sich gegensätzliche Standpunkt des XI. ZS des BGH (kein Anspruch auf Nutzungsherausgabe ersparter Kreditzinsen,, weil der Staat Steuereinnahmen in der Regel nicht gewinnbringend anlege)[54] wirklich erledigt ist,[55] erscheint noch nicht gänzlich geklärt.

– Werden einer Gesellschaft unter dem Gesichtspunkt des existenzvernichtenden Eingriffs Geldbeträge entzogen, so hat der rechtswidrig handelnde Gesellschafter Verzugszinsen ab der Entziehung zu entrichten.[56]

– *Notwendige Verwendungen* sind ersatzfähig (§§ 819 I, 818 IV, 292 II, 994 II BGB) und schon im Anfechtungsprozess zu berücksichtigen.[57]

---

[46] Vgl. § 282 aF BGB; jetzt folgt dieses Prinzip aus der negativen Formulierung in § 280 I 2 BGB. Vgl. zur Beweislast Palandt/*Grünberg* BGB, § 275 Rn. 34.
[47] AllgM, näher *Huber* EWiR 2000, 303 mwNachw (gegen OLG Celle ZIP 1999, 848, das fälschlich auf die Klageerhebung abgestellt hatte).
[48] BGHZ 101, 286 = NJW 1987, 2821. Dagegen zB *Gerhardt* ZIP 1987, 1429, 1432.
[49] Ebenso *Zeuner*, Rn. 319; MüKoInsO/*Kirchhof*, § 143 Rn. 85.
[50] BGH NZI 2005, 679 = ZIP 2005, 1888 (Zinsen für anfechtbar weggegebene Geldsumme; anders als nach § 37 KO).
[51] BGH NZI 2011, 324 Rn. 16 = ZIP 2011, 674. Vgl. schon BGHZ 171, 38 Rn. 14, 18, 20 = ZIP 2007, 488 = ZInsO 2007, 261; dazu *Bork*, ZIP 2008, 1041, 1047.
[52] BGHZ 171, 38 (Rn. 19, 21).
[53] BGH NZI 2012, 665 = ZIP 2012, 1299.
[54] BGHZ 158, 1. 9 = ZIP 2004, 659; getroffen hat diese Entscheidung des XI. ZS!
[55] So offenbar aber der IX. ZS(!) im vorher zitierten Urteil NZI 2012, 665 Rn. 15 = ZIP 2012, 1299.
[56] BGH NZI 2008, 238 = ZInsO 2008, 276 = ZIP 2008, 445.
[57] BGHZ 131, 189, 199 = NJW 1996, 461 = ZIP 1996, 83, 87 f., dazu EWiR 1996, 119 *(Gerhardt)*.

Rechtsfolgen der Anfechtung 16–18 § 52

– Mit einem bei einer Weiterveräußerung erzielten Erlös *(Surrogat)* braucht sich der Insolvenzverwalter nicht zu begnügen, wenn er unter dem wirklichen Wert liegt, umgekehrt kann er sogar Herausgabe des vom Anfechtungsgegner erzielten Gewinns fordern (§§ 819 I, 818 IV, 281 BGB).

b) Andere – als auf notwendigen Verwendungen (→ Rn. 15) beruhende – *Werterhöhungen* verbleiben dem Anfechtungsgegner jedenfalls dann nicht und sind ihm auch dann nicht nach Bereicherungsrecht zu ersetzen (vgl. § 55 I Nr. 3 InsO), wenn und so weit sie auch beim Insolvenzschuldner eingetreten wären; Wertsteigerungen durch Tilgung vorrangiger Sicherungsrechte durch den Anfechtungsgegner sind folglich auszugleichen.[58] Außer Betracht bleiben auch Wertsteigerungen des vom späteren Insolvenzschuldner anfechtbar weggegebenen und vom Anfechtungsgegner an einen Dritten veräußerten Grundstücks, die erst bei Letzterem entstehen; bei einer Veräußerung nach Insolvenzeröffnung kann der Anfechtungsgegner außerdem einer erweiterten Haftung unterliegen (→ Rn. 19). Für *Wertminderungen* (Verschlechterungen) gelten die Erörterungen zum Untergang der Sache (→ Rn. 12) entsprechend. 16

5. Beweislast. Der *Insolvenzverwalter* hat zu beweisen, was aus dem Vermögen des Schuldners veräußert, weggegeben oder aufgegeben wurde, und dass das mit dem übereinstimmt, was jetzt zurückgewährt werden soll. Außerdem obliegt ihm beim Wertersatzanspruch der Nachweis zum Wert des untergegangenen/verschlechterten Gegenstandes und beim Verlangen nach Erstattung von Nutzungen, dass diese gezogen wurden oder zu ziehen gewesen wären. Steht die Unmöglichkeit der Rückgewähr in Natur fest, hat der *Anfechtungsgegner* fehlendes Verschulden zu beweisen (§ 280 I S. 2 BGB); Entsprechendes gilt bei Verschlechterung. Ihn trifft auch die Beweislast für erstattungsfähige Verwendungen. 17

6. Sicherung des Anspruchs. Durch *Arrest* (§§ 916 ff. ZPO) wird (unstreitig) ein Wertersatzanspruch (→ Rn. 12 ff.) oder ein sonstiger auf Zahlung gerichteter Rückgewähranspruch (Primäranspruch, Beispiel → Rn. 9: Erfüllung einer erlassenen Forderung) gesichert. Im Übrigen kommt für den Primäranspruch nach § 143 I 1 InsO nach hM[59] eine *einstweilige Verfügung* (§§ 935 ff. ZPO) in Betracht, wobei die Sicherung des Rückübertragungsanspruchs eines Grundstücks durch Vormerkung erfolgt[60] – ohne dass ein Verfügungsgrund glaubhaft gemacht werden müsste (§§ 885 I S. 2, 899 II S. 2 BGB) – und im übrigen der Gefahr von Weiterveräußerung oder Belastung durch ein Veräußerungs- und Verfügungsverbot (§ 938 II ZPO) begegnet wird. Allerdings werden diese Grundsätze nicht nur im zivilprozessrechtlichen,[61] sondern zunehmend auch im insolvenzrechtlichen Schrifttum bekämpft;[62] danach wäre stets der Arrest das richtige Sicherungsmittel. Ob sich diese an sich sehr überzeugend begründete Auffassung wird durchsetzen können, bleibt abzuwarten. Auswirkungen hat der Meinungsstreit im Insolvenzanfechtungsrecht vor allem, wenn sich der Insolvenzverwalter statt des Rückgewähranspruchs in Natur – was rechtlich möglich wäre[63] – mit dem Anspruch auf Duldung der Zwangsvollstreckung begnügen würde; freilich wird dem in der Praxis kaum Bedeutung zukommen, weil dieser schon wegen des Verwertungsinteresses in aller Regel auf der Rückgewähr in Natur 18

---

[58] Insoweit nach wie vor gültig: BGH NJW-RR 1993, 235.
[59] BGHZ 173, 263 (Rn. 10) = NZI 2007, 540 = ZInsO 2007, 943 = ZIP 2007, 1577 (Sicherung des Individualanspruchs durch einstweilige Verfügung, allerdings zum Duldungsanspruch nach § 11 I AnfG); HKInsO/*Kreft*, § 129 Rn. 107; MüKoInsO/*Kirchhof*, § 146 Rn. 44; Uhlenbruck/Hirte/Vallender/*Hirte*, InsO, § 143 Rn. 77. Ebenso zum AnfG *Huber*, ZfIR 2008, 313, 316.
[60] BGHZ aaO.
[61] Vgl. die Nachweise bei *Musielak/Huber*, ZPO, § 916 Rn. 13.
[62] Vor allem *Gaul* FS K. Schmidt, S. 425 ff.; zuvor schon *ders.,* KTS 2007, 133 ff. Hinsichtlich der Sicherung eines Duldungsanspruchs zust. *Henckel* in: Jaeger, InsO, § 143 Rn. 191.
[63] *Henckel* in: Jaeger, InsO, § 143 Rn. 16, 56, 175.

bestehen wird. Jedenfalls für die Insolvenzverwaltung ist zu empfehlen, sich wegen der anderslautenden höchstrichterlichen Rechtsprechung nach der hM zu richten.

19   7. Haftungserweiterung durch unerlaubte Handlung und Verzug. Stellt die anfechtbare Rechtshandlung infolge des Hinzutretens weiterer, über den Anfechtungstatbestand hinausgehender Umstände zugleich eine unerlaubte Handlung dar (→ § 46 Rn. 9), so kann Rückgewähr des anfechtbar Erlangten auch nach §§ 823 ff. (insb § 826) iVm §§ 249 ff. BGB gefordert werden;[64] das kann zu einer weitergehenden Haftung führen. Ist der Anfechtungsgegner mit seiner Rückgewährpflicht in Verzug geraten, so kommt außerdem unter Umständen ein Anspruch auf Ersatz eines Verzögerungsschadens in Betracht (§ 143 I 2 InsO iVm §§ 818 IV, 292, 990 II, 286 I BGB), zB wenn der Insolvenzverwalter die anfechtbar weggegebene Maschine zwischenzeitlich hätte vermieten können. Beide Anspruchsgrundlagen setzen aber ein Verschulden des Anfechtungsgegners voraus.

III. Haftungsprivileg des § 143 II InsO

20   1. Voraussetzungen (§ 143 II 1 InsO). Nach dieser Bestimmung hat der *gutgläubige Empfänger einer unentgeltlichen Leistung* dieselbe nur insoweit zurückzugewähren, als er durch sie noch bereichert ist; dem Anfechtungsgegner steht mithin der Entreicherungseinwand gem. § 818 III BGB offen, er haftet also nicht für schuldhafte Unmöglichkeit/Verschlechterung (→ Rn. 12, 16) und auch nicht für schuldhaft nicht gezogene Nutzungen (→ Rn. 15). Die Vorschrift bezieht sich nur auf die Anfechtung unentgeltlicher Leistungen (§ 134 InsO) und ist demzufolge unanwendbar, wenn zugleich §§ 130–132 InsO oder § 133 InsO erfüllt worden sind; sie ist aber bei gesetzlicher Vertretung eines minderjährigen geschäftsunfähigen Kindes wegen der vorrangigen Minderjährigenschutzes anwendbar (→ § 46 Rn. 31). Der Anfechtungsgegner trägt die *Beweislast* dafür, dass er nicht mehr bereichert ist.[65]

Hat ein Anleger aufgrund der Auszahlung von *Scheingewinnen* (→ § 49 Rn. 17) bleibende steuerliche Belastungen zu tragen, so kann er sich insoweit auf Entreicherung berufen.[66] Ein *uneigennütziger Treuhänder,* der anfechtbar erlangte Gelder des Schuldners weisungsgemäß an dessen Gläubiger auszahlt und gegen den sich deshalb eine Vorsatzanfechtung richtet (→ § 51 Rn. 59), kann sich demgegenüber auf einen Wegfall der Bereicherung **nicht** berufen (→ Rn. 27).[67]

Der Grund für das gesetzliche Haftungsprivileg liegt darin, dass § 134 InsO zeitlich relativ weit zurückliegende unentgeltliche Leistungen erfasst und es deshalb unbillig wäre, auch denjenigen Beschenkten auf vollen Wertersatz haften zu lassen, der bei der Annahme der Zuwendung die objektive Gläubigerbenachteiligung nicht kannte und auch nicht kennen musste. Allerdings muss der gute Glaube auch noch dann vorliegen, wenn der Empfänger den Erwerb verbraucht, veräußert oder vernichtet. Ist das nicht der Fall, bewendet es bei der Haftung nach § 143 I InsO; gleiches gilt vom Eintritt der Rechtshängigkeit (§ 818 IV BGB) an. § 143 II InsO berührt die Rechtsnatur des Rückgewähranspruches als schuldrechtlichen Anspruch (→ Rn. 1, 2) nicht, sondern begrenzt ihn durch die Verweisung in das Bereicherungsrecht (insb auf § 818 III BGB) nur dem Umfang nach (→ Rn. 8).

21   2. Wegfall der Privilegierung (§ 143 II 2 InsO). Das Haftungsprivileg gilt nicht, sobald der Zuwendungsempfänger weiß oder den Umständen nach wissen muss, dass die unentgeltliche Leistung die Gläubiger benachteiligt, § 146 II 2 InsO. Im Einzelnen:

---

[64] BGH LM § 393 BGB Nr. 1.
[65] BGH NZI 2010, 295 = ZInsO 2010, 251 = ZIP 2010, 531.
[66] BGH ZIP 2010, 1245 Rz. 10, 14 = ZInsO 2010, 1185, dazu EWiR 2010, 619 *(M. Hofmann);* ausführl. *Bitter/Heim* ZIP 2010, 1569.
[67] BGHZ 193, 129 Rz. 31 ff. = ZIP 2012, 1038 = ZInsO 2012, 924 = NZI 2012, 453.

Rechtsfolgen der Anfechtung 22, 23 § 52

– Die *Bösgläubigkeit* muss sich auf die Unentgeltlichkeit und die Gläubigerbenachteiligung beziehen. Der Anfechtungsgegner *ist* bösgläubig, wenn er schon im Zeitpunkt des Leistungsempfanges wusste oder nach den Umständen wissen musste, dass durch die Leistung die Befriedigung der Gläubiger beeinträchtigt wird. Er *wird* bösgläubig, wenn er dies später erfährt oder wenn ihm später die Umstände bekannt werden, aus denen er die Gläubigerbenachteiligung entnehmen muss oder ab dem Eintritt der Rechtshängigkeit (§ 818 IV BGB); in diesen Fällen haftet er von dem späteren Zeitpunkt an nach § 143 I InsO. Ob *„den Umständen nach wissen muss"* einfache Fahrlässigkeit (§ 122 II BGB)[68] oder grobe Fahrlässigkeit[69] meint, ist streitig. Die besseren Argumente sprechen jedoch für die zuerst genannte Auffassung. Auch bei der Auslegung zum Merkmal „den Umständen nach bekannt sein musste" (§ 10 I Nr. 4 GesO) hat die Rechtsprechung leichte Fahrlässigkeit genügen lassen.[70] Im Übrigen ist der Anfechtungsgegner ohnehin durch die Beweislastverteilung hinreichend begünstigt; wollte man gleichwohl am Merkmal der groben Fahrlässigkeit – entgegen dem Wortlaut des § 143 II 2 InsO – festhalten, so läge im Ergebnis eine doppelte Begünstigung vor, für die sich kein ausreichender Grund finden lässt.
– Die *Beweislast* trägt nicht der Anfechtungsgegner, sondern der Insolvenzverwalter; die umgekehrte Beweislastverteilung würde nach Meinung des Gesetzgebers den Zuwendungsempfänger „zu hart" treffen.[71] Deshalb wird vorher beschriebenen Streitfrage in der Praxis wohl keine große Bedeutung zukommen. Wegen der Beweislast zu Lasten des Verwalters wird diesem der Nachweis der Bösgläubigkeit ohnehin nur in denjenigen Fällen gelingen, in denen der Anfechtungsgegner grob fahrlässig gehandelt, also diejenige Sorgfalt in ungewöhnlich großem Maße verletzt und unbeachtet gelassen hat, was im gegebenen Fall jedem hätte einleuchten müssen.

IV. Rückgewähr bei Gesellschaftersicherheit (§ 143 III InsO)

1. Anwendungsbereich. Die *Sondervorschrift* betrifft nur den – mit Wirkung seit 1.11.2008 durch das MoMiG neu eingeführten – *Anfechtungstatbestand des § 135 II InsO* (→ § 92 Rn. 445ff., 454), also die *anfechtbare Befriedigung einer von einem Gesellschafter besicherten Drittforderung.* Es geht um den Fall, in dem die (später insolvente) Gesellschaft einem Dritten für dessen Forderung auf Rückgewähr eines Darlehens Befriedigung gewährt hat, für die ihr Gesellschafter eine Sicherheit (Realsicherheit) gestellt oder sich verbürgt (Personalsicherheit) hatte; auch wer für ein der Gesellschaft gewährtes Darlehen eine Sicherung übernimmt und später Gesellschafter wird, unterliegt der Insolvenzanfechtung nach § 35 II InsO.[72] Entsprechendes gilt für Leistungen, die einem Darlehen wirtschaftlich entsprechen. Von § 143 III InsO wird damit die Regelung in § 32b GmbHG aF übernommen, die weiter für Altfälle (vor dem 1.11.2008 eröffnete Insolvenzverfahren) gilt.[73]

2. Normzweck und Anfechtungsgegner. Hat die Gesellschaft die gesellschafterbesicherte Drittforderung erfüllt, ist der Gesellschafter im Umfang der übernommenen

22

23

---

[68] So zB: *Jacoby,* in: Kübler/Prütting/Bork, InsO, § 143 Rn. 72; *Gerhardt,* FS Brandner S. 605, 608; MüKoInsO/*Kirchhof,* § 143 Rn. 107.
[69] So zB: HKInsO/*Kreft,* § 143 Rn. 28ff.; *Henckel,* in: Kölner Schrift S. 813, 850 (Rn. 84: „wissen muss" ist nur ein „ungewöhnlicher Ausdruck für grobe Fahrlässigkeit"). So für § 37 II KO BGH ZIP 2001, 889, 892.
[70] BGH NJW 2000, 211 f. = ZIP 1999, 1977 = LM H 4/2000 GesO Nr. 54 *(Huber);* dazu EWiR 2000, 83 *(Eckardt).*
[71] Begründung RegE, abgedruckt zB bei *Kübler/Prütting,* Bd I S. 359.
[72] BGH ZIP 2014, 584 Rn. 15 = ZInsO 2014, 598. Für gänzlich überflüssig hält die Anfechtung von Sicherheiten für Gesellschafterdarlehen *Altmeppen* NZG 2013, 149; *ders.* ZIP 2013, 1475.
[73] Näher *Roth/Altmeppen,* GmbG, Anh §§ 32a, b Rn. 1ff.

Verpflichtung von seiner Haftung frei geworden. Denn ohne diese Befriedigung hätte der Insolvenzverwalter der Gesellschaft den Gesellschaftsgläubiger (Dritten) gemäß § 44a InsO vorrangig an den sichernden Gesellschafter verweisen können. *Normzweck* von § 135 II iVm § 143 III InsO ist es, diese *Freistellung* rückgängig zu machen; die darin liegende gläubigerbenachteiligende Wirkung ist – als Rechtsfolge der anfechtbaren Befriedigung (Rechtshandlung) – der eigentliche Gegenstand der Anfechtungsklage. *Inhaltlich* bestimmt § 143 III
- in S. 1 (entsprechend Anwendungsbereich und Normzweck), dass *Anfechtungsgegner* nicht der befriedigte Dritte, sondern der Gesellschafter ist; sollte die Befriedigung des Dritten aus anderen Gründen anfechtbar sein, insbes nach § 133 I InsO, haften beide als Gesamtschuldner,
- in S. 2 eine (doppelte) Begrenzung seiner Haftung und
- in S. 3 eine Ersetzungsbefugnis bei Sachsicherheiten.

24   **3. Inhalt der Rückgewährpflicht: Erstattungsanspruch. a)** *Umfang gemäß § 143 III 1, 2 InsO.*
- Da sich die Lage für den Gesellschafter nicht verbessern darf, wenn die Gesellschaft von sich aus den Gläubiger bedient und so ihren Gesellschafter von seiner Real- oder Personalsicherheit befreit, muss dieser der Gesellschaft (Insolvenzschuldnerin) *als Inhalt der Rückgewährpflicht* gemäß S. 1 den sozusagen für ihn verauslagten Betrag erstatten.[74]
- Seine Verpflichtung ist allerdings nach *S. 2 inhaltlich begrenzt* bis zur Höhe des Betrags, mit dem er als Bürge haftete oder der dem Wert der von ihm, bestellten Sicherheit im Zeitpunkt der Darlehensrückgewähr entspricht. Die Haftung ist also doppelt limitiert, zum einen durch den Wert der (gegebenenfalls auf einen Höchstbetrag begrenzten) Personalsicherheit und zum anderen durch das Ausmaß der tatsächlichen Befreiung bei einer Realsicherheit (Zuständigkeit für die Anfechtungsklage → § 51 Rn. 31).
- Wird bei *Doppelbesicherung durch Gesellschaft und Gesellschafter* der Drittgläubiger erst *nach* Insolvenzeröffnung (also erst im Insolvenzverfahren) über das Vermögen der Gesellschaft durch Verwertung der Gesellschaftssicherheit befriedigt, ist der Gesellschafter zur Erstattung des an den dritten Gläubiger ausgekehrten Betrags zur Insolvenzmasse *analog § 143 III InsO* verpflichtet.[75] Im Fall hatten zur Absicherung des Betriebsmittelkredits einer Bank dieser zum einen die spätere Insolvenzschuldnerin (GmbH) Firmenfahrzeuge übereignet und zum anderen der spätere Beklagte (Geschäftsfürer und Gesellschafter der Schuldnerin) an seinem Grundstück eine Grundschuld bestellt; der spätere Kläger (Insolvenzverwalter) verwertete die Fahrzeuge, zahlte an die Bank aus (abzüglich Pauschale nach § 171 InsO) und verlange dann (mit Erfolg) Erstattung vom Beklagten, weil dieser daurch von seiner persönlichen Sicherheit frei geworden war.

25   **b)** Im Fall einer *Realsicherheit* tritt zugunsten des Gesellschafters nach § 143 III 3 InsO *Befreiung von seiner Rückgewährpflicht* ein, wenn er die Gegenstände, die dem Gläubiger als Sicherheit gedient hatten, der Insolvenzmasse zur Verfügung stellt (Ersetzungsbefugnis).

26   **c)** Bei *Doppelinsolvenz* von Gesellschaft und Gesellschafter kann der Insolvenzverwalter der Gesellschaft den Anspruch nach § 143 III 1 InsO nur als einfacher Insolvenzgläubiger zur „gegnerischen" Tabelle anmelden. Zwar befugt ein Anfechtungsspruch

---

[74] BGHZ 179, 249 (Rn. 10) = NJW 2009, 1277 = NZI 2009, 336 = JuS 2009, 870 *(K. Schmidt)* = ZIP 2009, 615 = ZInsO 2009, 674.
[75] BGHZ 192, 9 Rn. 12 = NJW 2012, 156 = ZIP 2012, 2417 = ZInsO 2012, 8. Zu anderen Lösungsangeboten in der Literatur vgl. *Büteröwe* in Karsten Schmidt, § 143 Rn. 35. Ausführl. zur Rechtslage vor dieser Entscheidung *Bork,* FS Ganter, S. 136, 145 ff.

Rechtsfolgen der Anfechtung 27, 28 § 52

in der Insolvenz des Anfechtungsgegners im allgemeinen zur Aussonderung, nicht aber, wenn er bei Insolvenzeröffnung über das Vermögen des Anfechtungsgegners – wie regelmäßig hier – nur noch auf Zahlung gerichtet war (→ Rn. 3, 4). Hatte der Anfechtungsgegner vor diesem Zeitpunkt schon von seiner Befugnis nach § 143 III 3 InsO Gebrauch gemacht, soll Aussonderung des Sicherungsgegenstandes verlangt werden können.[76] Vorstellbar erscheint das kaum: War der Gesellschafter aufgrund aufschiebend bedingter Übereignung nach Befriedigung des Dritten wieder Eigentümer geworden und hat er seine Bereitschaft nur erklärt, aber noch nicht erfüllt, fehlt eine dingliche Wirkung, gehört also der Gegenstand in seine Masse. Ist erfüllt, also der Sicherungsgegenstand schon zur Verfügung gestellt worden, kommt eine Anfechtung dieser Rechtshandlung durch den Insolvenzverwalter der Gesellschaft in Betracht.

V. Ansprüche des Anfechtungsgegners *(§ 144 InsO)*

1. Schicksal der Gegenleistung (§ 144 II InsO). Hatte der Anfechtungsgegner 27 eine Gegenleistung erbracht, also zB vom Insolvenzschuldner eine Maschine durch Tausch oder durch Bezahlung des Kaufpreises erworben, so hätte die Masse einen Vorteil, bekäme sie das anfechtbar Weggegebene (im Beispiel die Maschine) zurück, ohne erstatten zu müssen, was sie selbst erhalten hatte. Das will § 144 II InsO verhindern, der das Schicksal dieser Gegenleistung regelt und der auf dem Rechtsgrund der ungerechtfertigten Bereicherung beruht.[77] Allerdings ist zu unterscheiden:

– Der Anfechtungsgegner kann nur insoweit Herausgabe seiner Gegenleistung begehren, als sie sich noch unterscheidbar in der Insolvenzmasse befindet oder diese noch um ihren Wert bereichert ist *(§ 144 II 1 InsO)*, im Beispielsfall also, soweit der eingetauschte Gegenstand bzw. der Kaufpreis noch in der Masse vorhanden sind. Seine Forderung ist Masseanspruch im Sinn des § 55 I Nr. 3 InsO, die dem Verlangen nach Rückgewähr in Natur im Wege des Zurückbehaltungsrechtes (§ 273 BGB) entgegengehalten werden kann[78] bzw. die der Insolvenzverwalter, falls er Wertsatz fordert, hierauf anzurechnen hat; das gilt aber nicht für Ansprüche, die – wie Aus- oder Absonderungsansprüche wegen anderweitiger Leistungen des Anfechtungsgegners – mit dem Rückgewähranspruch nicht in einem besonders engen Zusammenhang stehen.[79] Fordert der Insolvenzverwalter aufgrund Anfechtung Rückgewähr von im Schneeballsystem erzielten und ausgezahlten Scheingewinnen (→ § 49 Rn. 17), ist eine Saldierung mit dem Anspruch des Anlegers auf Rückzahlung der Einlage ausgeschlossen;[80] letzterer muss seine Forderung vielmehr zur Tabelle gemäß Absatz 2 S. 2 anmelden und kann sich nur eingeschränkt auf Entreicherung berufen (→ Rn. 20).

– Ist die Gegenleistung nicht mehr vorhanden und die Masse auch nicht mehr um ihren Wert bereichert (zB weil der Insolvenzschuldner den Kaufpreis verbraucht hat), so kann der Erstattungsanspruch nur als Insolvenzforderung geltend gemacht *(§ 144 II 2 InsO)* und zur Tabelle angemeldet werden. Möglicherweise kann der Anfechtungsgegner aber bei weiteren Personen, die an der anfechtbaren Rechtshandlung beteiligt waren, beispielsweise als Miterwerber, Ausgleichsansprüche geltend machen.[81]

2. Wiederaufleben einer Forderung (§ 144 I InsO). a) *Inhalt.* Die Vorschrift be- 28 trifft (schuldbefreiende) *Erfüllungsgeschäfte* des Schuldners, bei denen das zugrunde lie-

---

[76] *Jacoby* in: Kübler/Prütting/Bork, § 143 Rn. 83; ebenso *Neußer* in: Graf-Schlicker, § 143 Rn. 35.
[77] BGH NJW-RR 1986, 991 = ZIP 1986, 787.
[78] BGH aaO; dazu *Gerhardt* EWiR 1986, 707 u *Hess* WuB VIB § 31 Nr. 2 KO 2.86.
[79] BGH NJW 2000, 3777 = ZIP 2000, 1061 = ZInsO 2000, 410.
[80] BGH ZIP 2010, 1245 Rn. 7 ff. = ZInsO 2010, 1185, dazu EWiR 2010, 619 *(M. Hofmann)*; dazu *Bitter/Heim*, ZIP 2010, 1569.
[81] Dazu näher *Köhn* NZI 2008, 412.

§ 52 29   Kapitel III. 7. Abschnitt. Insolvenzanfechtung

gende Rechtsgeschäft selbst unanfechtbar ist. Gewährt der Gläubiger (Verkäufer/Unternehmer) die anfechtbar empfangene Leistung zurück, *lebt seine ursprüngliche Forderung wieder auf*, die zur Tabelle angemeldet werden kann (§§ 38, 174ff. InsO). Sie entsteht im ursprünglichen Umfang mit Rückwirkung auf die Zeit vor Insolvenzeröffnung mit allen Beschränkungen (Bedingungen/Befristungen); die Verjährungsfrist ist ab diesem Zeitpunkt gehemmt (§§ 206, 209 BGB). Eine Aufrechnung gegen den Rückgewähranspruch aus Insolvenzanfechtung ist ausgeschlossen (§ 96 I Nr. 1 InsO). Beispiele:

– Bei einem unanfechtbaren Kauf-/Werkvertrag gewährt der Verkäufer/Unternehmer die anfechtbar erlangte Zahlung zurück, wodurch der zunächst erloschene Anspruch (§ 362 BGB) lebt wieder auflebt.
– Die unzulässige, weil anfechtbare Verrechnung (§ 96 I Nr. 3 InsO) auf einem Bankkonto der Schuldnerin führt hinsichtlich einer Gutschrift, die die Bank zur Erfüllung einer eigenen, nicht auf dem Bankvertrag beruhenden Schuld (im Fall: Verbindlichkeit der Bank aus vom Schulden für sie durchgeführten Transporten) erteilt hat, zum Aufleben sowohl der ursprünglichen Forderung des Schuldners als auch der ursprünglichen Schuld der Bank.[82]
– Auch bei erfolgreicher Anfechtung in der Insolvenz des Leistungsmittlers bei Tilgung fremder Schuld (→ § 49 Rn. 13) lebt die Forderung gegen den Leistungsschuldner wieder auf, auch (selbst, obgleich) wenn dieser im Drei-Personen-Verhältnis mit dem Leistungsschuldner nicht identisch ist;[83] im Fall hatte der Insolvenzschuldner (Leistungsmittler) die Beitragsschuld seiner Schwestergesellschaft bei der später beklagten Versicherung getilgt, wodurch deren Anspruch erlosch, dann aber nach § 144 I InsO wieder auflebte.

29 **b)** *Neben- und Sicherungsrechte.* Mit der Forderung leben *Neben- und Vorzugsrechte* iS des § 401 BGB wieder auf, und zwar gleichviel, ob sie vom (späteren) Insolvenzschuldner oder von einem Dritten gestellt wurden. Über diese Rechtsfolge besteht bei einer *akzessorischen Sicherheit* (zB Pfandrecht, §§ 1204, 1252, 1273 II BGB) Einigkeit. Lebt also beispielsweise die Forderung, für die ein Bürge einstehen muss, nach erfolgreicher Insolvenzanfechtung (gemäß § 144 I InsO) wieder auf, so gilt das auch für die Bürgschaftsforderung.[84] Streit herrscht aber hinsichtlich der *nicht akzessorischen* (abstrakten) Sicherheiten (zB Sicherungsübereignung/-abtretung);[85] richtigerweise tritt aber auch hier ein Wiederaufleben ein.[86]

---

[82] OLG München ZInsO 2008, 1020 = ZIP 2008, 1823.
[83] BGH NZI 2013, 145 Rn. 12 = ZIP 2013, 81 = ZInsO 2013, 73.
[84] OLG Schleswig NZI 2008, 106 = ZInsO 2008, 68 = ZIP 2008, 68.
[85] Ausführlich zum Problem *Bork*, FS Kreft, S. 229 ff.; *Heidbrink*, NZI 2005, 363.
[86] OLG Frankfurt/M, NZI 2004, 267 = ZIP 2004, 271 = ZInsO 2004, 211. HM im Schrifttum, vgl. zB: MüKoInsO/*Kirchhof*, § 144 Rn. 10c, 10d; *Henckel* in: Jaeger, InsO, § 144 Rn. 18. AA Verpflichtung zur Neubestellung) *Bork* FS Kreft, S. 229; ihm folgend *Jacoby*, in: Kübler/Prütting/Bork, InsO, § 144 Rn. 16; aA auch OLG Naumburg NZI 2009, 558.

8. Abschnitt. Die Befriedigung der Massegläubiger

Übersicht

Rn.

§ 53. Allgemeines

§ 54. Vorwegbefriedigung

§ 55. Kosten des Insolvenzverfahrens
- I. Allgemeines 1
- II. Gerichtskosten 5
- III. Vergütung und Auslagen des Verwalters und der Mitglieder des Gläubigerausschusses 6

§ 56. Sonstige Massenverbindlichkeiten
- I. Allgemeines 1
- II. Masseverbindlichkeiten nach § 55 I Nr. 1 InsO 2
- III. Masseverbindlichkeiten nach § 55 I Nr. 2 InsO 16
- IV. Masseverbindlichkeiten nach § 55 I Nr. 3 InsO 39

§ 57. Zusätzliche Masseverbindlichkeiten
- I. Bei Absonderung 2
- II. Aus Sozialplan 3
- III. Prozesskosten der Gläubiger 4
- IV. Bei Gesellschaftsauflösung 5
- V. Bei Betriebsveräußerung unter Wert 6
- VI. In der Nachlassinsolvenz 7
- VII. Bei fortgesetzter Gütergemeinschaft 8
- VIII. Schuldnerunterhalt 9

§ 58. Die Befriedigung der Massegläubiger
- I. Prüfung und Anerkennung 1
- II. Geltendmachung und Regulierung 2
- III. Inanspruchnahme des Schuldners 15

§ 59. Die Befriedigung der Massegläubiger bei Massearmut
- I. Allgemeines 1
- II. Die Befriedigung bei weitgehender Masselosigkeit 4
- III. Die Befriedigung nach Anzeige der Masseunzulänglichkeit 5
- IV. Der Einwand der Massearmut im Masseprozess 9

§ 60. Steuerforderungen als sonstige Masseverbindlichkeiten

Schrifttum §§ 53–60: (zu Masseunzulänglichkeit → vor §§ 74, 75): *Adam,* Die gleichmäßige Befriedigung der Massegläubiger, DZWIR 2009, 181; *Andres,* Die Vergütung des vorläufigen Verwalters – eine Zwischenbemerkung, NZI 2006, 567; *Bäcker,* Umsatzsteuer als Masseverbindlichkeit bei Istbesteuerung?, ZInsO 2009, 1634; *Bartels,* Freigabe des Unternehmens und Enthaftung des verbleibenden Alterwerbs (Masse) nach § 35 Abs. 2 Satz 1 InsO, KTS 2012, 381; *Becker,* Der absonderungsberechtige Massegläubiger – Phantom oder Wirklichkeit?, ZIP 2013, 1554; *Berkowsky,* Insolvenz- und Betriebsübergang, NZI 2007, 204 und NZI 2008, 532; *Berscheid,* Arbeitsrechtliche Probleme im Insolvenzeröffnungsverfahren, Kölner Schrift zur InsO, 2. Aufl., S. 1361; *ders.,* Personalanpassung im eröffneten Insolvenzverfahren und im Insolvenzplanverfahren, Kölner Schrift zur InsO, 2. Aufl., 1395; *Breitenbücher,* Masseunzulänglichkeit: Eine Analyse zu Überschuldung und Zahlungsunfähigkeit der Insolvenzmasse, Baden-Baden 2007; *Breuer,* Beschlagnahme- und Ausschüttungskonkurrenzen bei parallellaufenden Straf- und Konkursverfahren, KTS 1995, 1; *Damerius,* Masseverbindlichkeit oder Insolvenzforderung, ZInsO 2007, 569; *Düwell,* Änderungs- und Beendigungskündigung nach dem neuen Insolvenzrecht, Kölner Schrift zur InsO, 2. Aufl., S. 1433; *Eckert,* Leasingraten – Masseschulden oder Konkursforderung?, ZIP 1997, 2077; *ders.,* Miete, Pacht und Leasing im neuen Insolvenzrecht, ZIP 1996, 897; *Eickmann,* Alte und neue Vergütungsprobleme in der Insolvenz, Kölner Schrift, 1. Aufl., 359; *Farr,* Belastung der

Vor §§ 53–60 Kap. III. 8. Abschn. Die Befriedigung der Massegläubiger

Masse mit Kraftfahrzeugsteuer, NZI 2008, 78; *Franz,* Insolvenzrechtliche Probleme der Altlastenhaftung nach dem BBodSchG, NZI 2000, 10; *Frind,* Die Begründung von Masseverbindlichkeiten im Eigenverwaltungseröffnungsverfahren, ZInsO 2012, 1099; *Gehrlein,* Aktuelle Rechtsprechung des BGH zur Unternehmensinsolvenz: Insolvenzmasse, Forderungsanmeldung und Insolvenzanfechtung, NZI 2009, 497; *Haarmeyer,* Die neue Vergütung des vorläufigen Insolvenzverwalters nach der Grundsatzentscheidung des BGH v. 13.7.2006, ZInsO 2007, 786; *Häsemeyer,* Die Regelungen der Masseverbindlichkeiten, der Masseunzulänglichkeit und des Verfahrenskostenvorschusses, in Leipold (Hrsg.), Insolvenzrecht im Umbruch, 1991, S. 101; *ders.,* Die Altlasten – Ein Prüfstand für wechselseitige Abstimmungen zwischen dem Insolvenzrecht und dem Verwaltungsrecht, FS Uhlenbruck, 2000, S. 97 f.; *Hauser/Hawelka,* Neue Masseverbindlichkeiten und Gefährdung der „Kaug"-Vorfinanzierung durch die InsO, ZIP 1998, 1261; *Heinze,* Umsatzsteuer aus schwacher vorläufiger Verwaltung als Masseverbindlichkeiten nach § 55 Abs. 4 InsO, ZInsO 2011, 603; *Henckel,* Zur Einordnung von Forderungen für Teilleistungen für eine Erfüllungswahl durch den Verwalter im Konkurs oder in der Gesamtvollstreckung, JZ 1998, 155; *Hintzen,* Bevorzugung des Hausgelds der Wohnungseigentümergemeinschaft, ZInsO 2008, 488; *Hölzle,* Die Fortführung von Unternehmen im Insolvenzeröffnungsverfahren, ZIP 2011, 941; *Huber,* Die Abwicklung gegenseitiger Verträge nach der Insolvenzordnung, NZI 1998, 97; *Kahlert,* „Wiedereinführung" des Fiskusvorrechts im Insolvenzverfahren? – Die Fiskusvorrechte sind schon lange da!, ZIP 2010, 1274; *ders.,* Fiktive Masseverbindlichkeiten im Insolvenzverfahren: Wie funktioniert § 55 Abs. 4 InsO?, ZIP 2011, 401; *Kaufmann,* Die Unzulässigkeit der Berücksichtigung sonstiger Masseverbindlichkeiten bei der Verfahrenskostendeckungsprüfung, ZInsO 2007, 961; *Kebekus,* Altlasten in der Insolvenz – aus Verwaltersicht, NZI 2001, 63; *Keller,* Der Unterhaltsanspruch als Insolvenzforderung und die Stellung des Unterhaltsgläubigers im Insolvenzverfahren, NZI 2007, 143; *ders.,* Die Gewährung von Unterhalt im Insolvenzverfahren, in Verbraucherinsolvenz und Restschuldbefreiung, NZI 2007, 316; *ders.,* Befriedigung von Masseverbindlichkeiten nach Anzeige der Masseunzulänglichkeit in Insolvenzverfahren, Rpfleger 2008, 1; *Kohlhepp,* Der Vergütungsanspruch des vorläufigen Insolvenzverwalters und dessen Angemessenheit im Einzelfall, ZInsO 2008, 1133; *Kreuznacht,* Massezulänglichkeit als ungeschriebene Zulässigkeitsvoraussetzung des Insolvenzplans oder Redaktionsversehen, NZI 2007, 438; *Küpper/Heinze,* Wie sieht das Pflichtenprogramm des Insolvenzverwalters bei Altlastenverdacht aus?, ZInsO 2005, 409; *Laroche,* Einzelermächtigung zur Begründung von Masseverbindlichkeiten durch den „schwachen" vorläufigen Insolvenzverwalter, NZI 2010, 965; *Looff,* Kraftfahrzeugsteuerschuld nach neuester BFH-Rechtsprechung, ZInsO 2008, 75; *Lüke,* Umweltrecht und Insolvenz, Kölner Schrift, 2. Aufl., S. 859; *Lwowski/Tetzlaff,* Altlasten in der Insolvenz – Einzelne Probleme aus der Sicht der Kreditgeber des insolventen Unternehmens, NZI 2000, 393; *dies.,* Altlasten in der Insolvenz – Die insolvenzrechtliche Qualifikation der Ersatzvornahmekosten für die Beseitigung der Umweltlasten, NZI 2001, 57; *dies.,* Strafbarkeit des Konkursverwalters wegen umweltgefährdender Abfallbeseitigung nach Betriebsstilllegung, NZI 2001, 182; *dies.,* Altlasten in der Insolvenz – Freigabe, Insolvenzplan und parallele Zwangsverwaltungsverfahren, NZI 2004, 225; *Mankowski,* Bestimmung der Insolvenzmasse und Pfändungsschutz unter der EuInsVO, NZI 2009, 785; *Obermüller,* Verwertung von Kreditsicherheiten nach der InsO, InVo 1996, 143; *Obermüller/Livonius,* Auswirkungen der Insolvenzrechtsreform auf das Leasinggeschäft, DB 1995, 27; *Onusseit,* Umsatzsteuerliche Behandlung der Insolvenzverwalterleistung, ZInsO 2008, 1337; *ders.,* Zur Neuregelung des § 55 Abs. 4 InsO, ZInsO 2011, 641; *Pape,* Die Altlastenproblematik im Konkurs, KTS 1993, 551; *ders.,* Absolute Freistellung öffentlich-rechtlicher Ordnungspflichten von insolvenzrechtlichen Zwängen, ZInsO 1998, 154; *ders.,* Folgen der aktuellen Rechtsprechung des BGH für die Behandlung von Altlasten im Insolvenzverfahren, ZInsO 2002, 453; *ders.,* Ablehnung und Erfüllung schwebender Geschäfte durch den Insolvenzverwalter, Kölner Schrift, 2. Aufl., S. 531; *ders.,* Aufhebung der Stundung der Verfahrenskosten im eröffneten Verfahren, ZInsO 2008, 143; *Petersen,* Ordnungsrechtliche Verantwortlichkeit und Insolvenz, NJW 1992, 1202; *Pohlmann,* Die Verfahrenskostendeckung durch Geltendmachung der persönlichen Gesellschafterhaftung über § 93 InsO, ZInsO 2008, 21; *Reck,* Das Ende der Sowiesokosten, ZInsO 2009, 72; *Ries,* Freigabe (auch) von Dauerschuldverhältnissen des § 108 InsO aus dem Insolvenzbeschlag beruflich selbständiger Schuldner, ZInsO 2009, 2030; *Robra,* Umweltstrafrechtliche Unterlassungshaftung des Konkursverwalters im Zusammenhang mit Altlasten, wistra 1996, 243; *Schäder,* Neumasseverbindlichkeiten bei verspäteter Kündigung durch Insolvenzverwalter, ArbRB 2006, 76; *Schmerbach,* Stundungsaufhebung als Rechenaufgabe, NZI

2009, 161; *ders.,* Tod des Schuldners im Verbraucherinsolvenzverfahren, NZI 2008, 353; *B. Schmidt,* Der Massegläubiger im Restschuldbefreiungsverfahren, ZInsO 2003, 9; *K. Schmidt,* Altlasten in der Insolvenz – Unendliche Geschichte oder ausgeschriebenes Drama!, ZIP 2000, 1913; *ders.,* Ordnungsrechtliche Haftung der Insolvenzmasse für die Altlastenbeseitigung, ZIP 1997, 1441; *ders.,* Altlasten, Ordnungspflicht und Beseitigungskosten im Konkurs, NJW 1993, 2833; *Schmittmann,* Umsatzsteuer aus Einzug von Altforderungen nach Insolvenzeröffnung, ZIP 2011, 1125; *Schwartmann,* Zur Befreiung des Insolvenzverwalters aus der ordnungsrechtlichen Verantwortlichkeit durch Freigabe, NZI 2001, 69; *Tetzlaff,* Altlasten in der Insolvenz, ZIP 2001, 10; *ders.,* Probleme bei der Verwertung von Grundpfandrechten und Grundstücken im Insolvenzverfahren, ZInsO 2004, 521; *Timme,* Schadenersatzansprüche gegen den Insolvenzverwalter wegen Nichterfüllung von Masseverbindlichkeiten im Prozess, MDR 2006, 1381; *Tintelnot,* Die gegenseitigen Verträge im Insolvenzverfahren, ZIP 1995, 616; *Undritz,* Betriebsfortführung im Eröffnungsverfahren – Die Quadratur des Kreises?, NZI 2007, 65; *ders.,* Ermächtigung und Kompetenz zur Begründung von Masseverbindlichkeiten beim Antrag des Schuldners auf Eigenverwaltung, BB 2012, 1551; *Vierhaus,* Umweltrechtliche Pflichten des Insolvenzverwalters, ZInsO 2005, 127; *Warrikoff,* Sozialversicherungsbeiträge der Arbeitnehmer in der Insolvenz, ZInsO 2003, 973; *Welte/Friedrich-Vache,* Masseverbindlichkeit bei Entgeltvereinnahmung für vorinsolvenzlich ausgeführte Leistungen: Chancen und Risiken der geänderten Rechtsprechung des BFH, ZIP 2011, 1595; *von Wilmowsky,* Die Verantwortlichkeit für Altlasten im Konkursrecht, ZIP 1997, 1445; *ders.,* Altlasten in der Insolvenz: Verwaltungsakt – Vollstreckung – Freigabe, ZIP 1997, 389. *Wischemeyer,* Neumasseverbindlichkeiten trotz Freigabe der gewerblich genutzten Mietsache?, ZInsO 2008, 197.

§ 53. Allgemeines

Die bisherige Aufteilung der Masseverbindlichkeiten in „Massekosten" und „Masseschulden" (§§ 57, 58, 59 KO) ist von der InsO nicht übernommen worden. Zu unterscheiden sind nunmehr die Masseverbindlichkeiten der „Kosten des Insolvenzverfahrens" und die „sonstigen Masseverbindlichkeiten" (§§ 53, 54, 55 InsO). Diese Unterscheidung führt zu einer Begriffsklarstellung: Auch „Massekosten" sind „Masseschulden" und kein rechtliches aliud gegenüber Masseverbindlichkeiten. Ferner dient die neue Aufgliederung einer in sich stimmigen Anpassung an die Sonderrangfolgen der Befriedigung der Massegläubiger bei Massearmut nach §§ 207 III, 209 InsO. 1

Eine wesentliche Strukturverbesserung gegenüber den Regelungen der KO wird dadurch erzielt, dass Vergütungen und Auslagen des vorläufigen Insolvenzverwalters – des früheren Sequesters – und der Mitglieder des Gläubigerausschusses sowie Verbindlichkeiten aus dem Wirkungsbereich des vorläufigen Insolvenzverwalters in den Katalog der Masseverbindlichkeiten ausdrücklich einbezogen sind (§§ 54 Nr. 2, 63 III, 55 II InsO). 2

Da die InsO die Konkursvorrechte des § 61 KO nicht übernommen hat, entfallen in der Aufzählung des § 55 InsO auch die früheren, systemwidrig als Masseansprüche qualifizierten Vorrechte des § 59 I Nr. 3 KO (rückständige Forderungen auf Arbeitsentgelt und ähnliche Ansprüche). Allerdings können Ansprüche auf Arbeitsentgelt unter den allgemeinen Voraussetzungen des § 55 I Nr. 2 und II 2 InsO Masseverbindlichkeiten sein. Seit dem 1.1.2011 hat aber der Gesetzgeber mit dem neuen § 55 IV InsO dem Fiskus wieder ein Vorrecht eingeräumt.[1] 3

Wie im Geltungsbereich der KO[2] ist auch weiterhin jedes Insolvenzverfahren grundsätzlich selbstständig. Die Wertung einer Forderung als Masseforderung bestimmt sich folglich aus der Situation eines jeden Insolvenzverfahrens.[3] Daher ist eine Forderung, 4

---

[1] § 55 IV InsO eingefügt durch Art. 3 Nr. 2 HBeglG.
[2] BGH NJW 1961, 1022; *Kilger/K. Schmidt,* § 57 KO, Anm. 1; hier 1. Aufl. § 55 Rn. 1; Uhlenbruck/Hirte/Vallender/*Sinz,* § 53 Rn. 2; MüKoInsO/*Hefermehl,* § 53 Rn. 43; KPB/*Pape/Schaltke,* § 53 Rn. 50 f.; zur Reichweite bei europaweiter Konzerninsolvenz vgl. *Leithaus/Riewe* NZI 2008, 598.
[3] BGH zu der Frage der Erstattung vorgeschossener Verfahrenskosten, NZI 2009, 233.

die in der Insolvenz der OHG oder KG Masseforderung ist, dies nicht ohne weiteres auch in der Insolvenz des persönlich haftenden Gesellschafters.

§ 54. Vorwegbefriedigung

1 Im Anschluss an die Regelung in § 57 KO bestimmt § 53 InsO, dass die Masseverbindlichkeiten, die Kosten des Insolvenzverfahrens (§ 54 InsO) und die sonstigen Masseverbindlichkeiten (§ 55 InsO) „vorweg" zu berichtigen sind.

Hieraus folgt, dass Massegläubiger Gläubiger eigener Art sind.[1] Ihre Ansprüche sind aus der Masse vor den Ansprüchen der Insolvenzgläubiger (§§ 38–46 InsO) und grundsätzlich unabhängig vom Verteilungsverfahren (§§ 187–206 InsO) zu befriedigen.

2 Aus der Gläubigerstellung eigener Art folgt jedoch nicht nur ein Vorrang gegenüber Insolvenzgläubigern, sondern auch eine Einschränkung, soweit Aussonderungsrechte (§§ 47, 48 InsO) und Absonderungsrechte (§§ 49–51, 165–173 InsO) sowie Aufrechnungsbefugnisse (§§ 94–96 InsO) anderer Gläubiger betroffen sind.

Massegläubiger haben nur einen Anspruch auf Vorwegbefriedigung aus der nach Vollzug der vorgenannten Rechte verbleibenden Masse.[2]

§ 55. Kosten des Insolvenzverfahrens

Übersicht

	Rn.
I. Allgemeines	1
II. Gerichtskosten	5
III. Vergütung und Auslagen des Verwalters und der Mitglieder des Gläubigerausschusses	6

I. Allgemeines

1 Nach § 54 InsO sind Kosten des Insolvenzverfahrens:

1. die Gerichtskosten für das Insolvenzverfahren,
2. die Vergütungen und die Auslagen des vorläufigen Insolvenzverwalters, des Insolvenzverwalters und der Mitglieder des Gläubigerausschusses.

2 In § 54 Nr. 2 InsO[1*] einbezogen wird auch der Sachwalter bei Eigenverwaltung des Schuldners (§ 274 I InsO). Das gilt auch für den Treuhänder im vereinfachten Insolvenzverfahren,[2*] da § 313 I 3 InsO u. a. auf die Vergütungsbestimmung des § 63 InsO für den Insolvenzverwalter verweist und damit zwangsläufig, ohne dass es einer ausdrücklichen zusätzlichen Verweisung bedurfte, auch auf § 54 Nr. 2 InsO.

3 Der neue Kostenbegriff der InsO enthält gegenüber den „Massekosten" nach § 58 Nr. 2 und 3 KO Einschränkungen:

---

[1] *Kilger/K. Schmidt*, § 57 KO Anm. 1; Uhlenbruck/Hirte/Vallender/*Sinz*, § 53 Rn. 3 ff.; MüKoInsO/*Hefermehl*, § 53 Rn. 46 ff.; Nerlich/Römermann/*Andres*, § 53 Rn. 3; FK/*Bornemann*, § 53 Rn. 11; KPB/*Pape/Schaltke*, § 53 Rn. 6 ff., 16.

[2] *Kilger/K. Schmidt*, § 57 KO Anm. 1; Uhlenbruck/Hirte/Vallender/*Sinz*, § 53 Rn. 3; MüKoInsO/*Hefermehl*, § 53 Rn. 12; FK/*Bornemann*, § 53 Rn. 11; KPB/*Pape/Schaltke*, § 53 Rn. 16.

[1*] Gilt auch für den Sonderinsolvenzverwalter, BGH ZInsO 2008, 733.

[2*] Aufgrund des Gesetzes zur Verkürzung des Restschuldbefreiungsverfahrens und zur Stärkung der Gläubigerrechte (BGBl. I, 2379) v. 15.7.2013 entfällt die Regelung für Verfahren, die ab dem 1.7.2014 beantragt werden. Für Altfälle bleibt die Vorschrift weiterhin gültig.

Nur die Vergütung und Auslagen des Verwalters (und der Gläubigerausschussmitglieder) sind Kosten des Verfahrens. Die weitergehenden Kosten der Verwaltung, Verwertung und Verteilung der Masse sind dagegen den sonstigen Masseverbindlichkeiten des § 55 I Nr. 1 InsO zuzuordnen.³ Diese Unterscheidung ist für die Rangfolge bei Massearmut nach §§ 207 III, 209 InsO bedeutsam (§ 53).

Die dem Schuldner und seiner Familie bewilligte Unterstützung (Unterhalt) gehört nicht mehr zu den Verfahrenskosten. Zur rechtlichen Einordnung der Unterhaltsgewährung (§§ 100, 101 I 3 InsO) wird auf die Ausführungen zu § 57 VIII. Bezug genommen. **4**

II. Gerichtskosten

Gerichtskosten bestehen aus Gebühren und Auslagen (§ 126 I). **5**

Aus der Rechtsnatur als Masseverbindlichkeit folgt, dass der Insolvenzverwalter wegen der Gerichtskostenverpflichtung grundsätzlich nur mit der Masse in Anspruch genommen werden kann. Eine Ausnahme kommt nur im Haftungsfall nach §§ 60, 61 InsO in Betracht.

Gegen die Inanspruchnahme der Masse steht dem Verwalter die Erinnerung nach § 66 GKG zu.⁴

III. Vergütung und Auslagen des Verwalters und der Mitglieder des Gläubigerausschusses

Auf die Ausführungen in § 129 I. u III. wird Bezug genommen. Zur Regelung im Einzelnen enthält § 65 (§ 73 II) InsO eine Verordnungsermächtigung. **6**

Vergütung und Auslagenerstattung werden nach § 64 I InsO durch Beschluss des Insolvenzgerichts festgesetzt (§§ 64 I, 73 II InsO), und zwar jeweils gesondert wegen der unterschiedlichen Rangfolge bei Massearmut. Die Einzelheiten der Bekanntmachung und zusätzlichen Zustellung sind in § 64 II InsO geregelt. Nach § 64 III (§ 73 II) InsO steht dem Verwalter, den Ausschussmitgliedern, dem Schuldner und jedem Insolvenzgläubiger gegen den Festsetzungsbeschluss die sofortige Beschwerde nach § 6 I 1 InsO zu, wenn der Beschwerdewert (§ 567 II ZPO) erreicht wird.

§ 56. Sonstige Masseverbindlichkeiten

Übersicht

	Rn.
I. Allgemeines	1
II. Masseverbindlichkeiten nach § 55 I Nr. 1 InsO	2
1. Masseverbindlichkeiten „durch Handlungen" des Verwalters	3
2. Masseverbindlichkeiten „in anderer Weise"	8
III. Masseverbindlichkeiten nach § 55 I Nr. 2 InsO	16
1. Allgemeines	16
2. Masseverbindlichkeiten auf Grund Erfüllungsverlangens	18
3. Masseverbindlichkeiten auf Grund gesetzlichen Erfüllungszwangs	20
a) Allgemeines	21
b) Miet- und Pachtverträge über unbewegliche Sachen oder Räume	25
c) Dienst-/Arbeitsverträge	33

---

³ BGH ZInsO 2006, 1501, Erstattungsfähigkeit von Kosten für das eigene Büropersonal und von Steuerberatungskosten.
⁴ *Kilger/K. Schmidt*, § 58 KO Anm. 2e; hier: 1. Aufl. § 56 Rn. 1; Uhlenbruck/*Hirte/Vallender/Sinz*, § 54 Rn. 14; MüKoInsO/*Hefermehl*, § 54 Rn. 7; Nerlich/Römermann/*Andres,* § 54 Rn. 11; FK/*Bornemann*, § 54 Rn. 3; KPB/*Pape/Schaltke*, § 54 Rn. 6.

	Rn.
IV. Masseverbindlichkeiten nach § 55 I Nr. 3 InsO	39
1. Voraussetzungen	39
2. Anspruchskonkurrenz	44

I. Allgemeines

1   Die nach § 59 I Nr. 3 KO systemwidrig als Masseansprüche qualifizierten Vorrechte (rückständige Forderungen auf Arbeitsentgelt und ähnliche Ansprüche) sind von der InsO in dieser Form nicht übernommen worden (§ 53).

Nach § 55 I InsO sind sonstige Masseverbindlichkeiten die Verbindlichkeiten:

1. die durch Handlungen des Insolvenzverwalters oder in anderer Weise durch die Verwaltung, Verwertung und Verteilung der Insolvenzmasse begründet werden, ohne zu den Kosten des Insolvenzverfahrens zu gehören;
2. aus gegenseitigen Verträgen, soweit deren Erfüllung zur Insolvenzmasse verlangt wird oder für die Zeit nach der Eröffnung des Insolvenzverfahrens erfolgen muss;
3. aus einer ungerechtfertigten Bereicherung der Masse.

In § 55 II InsO ist eine Erstreckung auf die Tätigkeit des vorläufigen Insolvenzverwalters[1] normiert, mit der Modifizierung einer „Herabstufung" in § 55 III.

Zudem gelten nach § 55 IV InsO Verbindlichkeiten des Schuldners aus dem Steuerschuldverhältnis, die von einem vorläufigen Insolvenzverwalter oder vom Schuldner mit Zustimmung eines vorläufigen Insolvenzverwalters begründet worden sind, nach Insolvenzeröffnung als Masseverbindlichkeiten (§ 60).

II. Masseverbindlichkeiten nach § 55 I Nr. 1 InsO

2   Masseverbindlichkeiten nach § 55 I Nr. 1 InsO werden durch „Handlungen" oder „in anderer Weise" durch Verwaltung, Verwertung und Verteilung der Insolvenzmasse begründet.

3   **1. Masseverbindlichkeiten „durch Handlungen" des Verwalters.** Der Handlungsbegriff ist umfassender Art, er erfasst sowohl rechtsgeschäftliches und allgemeinrechtliches aktives Verhalten des Verwalters als auch sein nichtrechtsgeschäftliches, aber Rechtsfolgen auslösendes aktives Verhalten. Voraussetzung für die Anerkennung von Masseverbindlichkeiten ist, dass der Verwalter sich innerhalb seines amtlichen Wirkungskreises betätigt hat.[2]

Masseverbindlichkeiten werden begründet im Rahmen der (einstweiligen) Fortführung des Schuldnerunternehmens, zB bei An- und Verkäufen, Darlehensaufnahmen, Abschluss von Arbeitsverträgen, Erteilung von Aufträgen, Wechsel- oder Scheckbegebung. Das Gleiche gilt bei Vertragsabschlüssen des Verwalters, die der Verwaltung oder Verwertung dienen, zB Vermietung[3] oder Verkauf von Massegegenständen oder diesbezügliche Werkverträge[4] zur Renovierung. Andererseits stellt der Rückgriffsanspruch

---

[1] Hierunter fällt auch der sog. „schwache" Insolvenzverwalter, der im Wege der Einzelermächtigung ermächtigt wurde, im Voraus genau festgelegte Verbindlichkeiten einzugehen, BGH WM 2002, 1888 ff.; Braun/*Bäuerle*/*Schneider*, § 55 Rn. 58 ff.; HambKommInsO/*Jarchow* § 55 Rn. 23.

[2] *Uhlenbruck*, § 59 KO Rn. 2; *Jaeger*/*Henckel*, § 6 KO Rn. 150 ff.; BGH LM Nr. 3 zu § 6 KO; Uhlenbruck/Hirte/Vallender/*Sinz*, § 55 Rn. 7 ff.; MüKoInsO/*Hefermehl*, § 55 Rn. 21 ff.; KPB/*Pape*/*Schaltke*, § 55 Rn. 84 f.; Nerlich/Römermann/*Andres*, § 55 Rn. 3 ff.; Braun/*Bäuerle*/*Schneider*, § 55 Rn. 1; HK/*Lohmann*, § 55 Rn. 2 ff.; FK/*Bornemann*, § 55 Rn. 4.

[3] BGH NZI 2007, 335, zur Abgrenzung Masseschulden/Insolvenzforderungen bei Ansprüchen auf Nutzungsentschädigung gem. § 546a BGB aus einem schon vor der Eröffnung des Insolvenzverfahrens beendeten Mietverhältnis.

[4] BFH NZI 2009, 662 zur Frage der Umsatzsteuer der Masseverbindlichkeit bei der Wahl der Erfüllung eines Werkvertrages (mit Anmerkung *de Weerth*).

eines Dritten wegen der Tilgung einer Insolvenzforderung selbst dann eine bloße Insolvenzforderung dar, wenn er erst nach Eröffnung des Insolvenzverfahrens begründet worden ist.[5] Dasselbe trifft für einen Schadensersatzanspruch der Finanzbehörde zu, der darauf beruht, dass der Schuldner im Zuge eines strafbaren Umsatzsteuerkarussells ungerechtfertigte Steuererstattungen erlangt hat, selbst wenn aus diesen Vorgängen stammende Gelder sich noch in der Insolvenzmasse befinden.[6]

Auch im Rahmen von Verträgen der vorgenannten Art entstehende vertragliche Schadensersatzansprüche, zB Ansprüche auf Schadensersatz wegen Nichterfüllung, wegen positiver Forderungsverletzung oder Verschuldens bei Vertragsschluss (cic) gehören zu den Masseverbindlichkeiten. Eine Vertragsverletzung des Verwalters oder seiner Erfüllungsgehilfen wird der Masse nach §§ 31, 278 BGB (analog) angelastet.

§ 55 I Nr. 1 InsO betrifft allerdings nur erstmals vom Verwalter begründete Rechtsbeziehungen und nicht dessen Handeln bei der Abwicklung alter, vom Schuldner begründeter Verbindlichkeiten.[7]

Daher entsteht auch durch nachträgliche Anerkennung einer vor Verfahrenseröffnung entstandenen Forderung durch den Verwalter, selbst durch Abgabe eines Schuldversprechens oder Schuldanerkenntnisses, keine Masseverbindlichkeit.[8]

Rechtshandlungen des Verwalters, die Masseverbindlichkeiten auslösen, können auch in Prozesshandlungen begründet sein.[9] Voraussetzung hierfür ist, dass der Streitgegenstand die Masse betrifft, sei es im Aktiv- oder Passivprozess. Daher ist die Kostenverbindlichkeit aus einem Masseprozess auch Masseschuld. Das gilt auch für die gesamten Kosten bei einer Fortführung des durch die Eröffnung des Insolvenzverfahrens unterbrochenen Prozesses durch den Verwalter selbst oder einen vom Verwalter beauftragten Rechtsanwalt, gleichgültig ob dieser schon vor der Fortführung des Prozesses als Prozessbevollmächtigter tätig war oder erst danach tätig wurde.[10]

Die Kosten eines vor der Verfahrenseröffnung bereits in der Hauptsache für erledigt erklärten Rechtsstreits sind dagegen keine Masseverbindlichkeiten, wohl aber die Kostentragungspflicht nach Klagerücknahme durch den Verwalter.[11]

Auch Ansprüche des Prozessgegners aus einem mit dem Verwalter geschlossenen Prozessvergleich lösen Masseansprüche aus, und zwar entsprechend der Doppelnatur des Prozessvergleichs (materiellrechtlich relevantes Rechtsgeschäft und Prozesshandlung).

Der Einsatz von Hilfskräften durch den Verwalter im Zuge der Verwaltung, Verwertung und Verteilung der Masse begründet nur im eingeschränkten Umfang Masseverbindlichkeiten, und zwar dann, wenn die Hilfskräfte vom Verwalter gezielt zum Verfahrenszweck eingestellt und eingesetzt werden und dies wegen des Umfangs des Verfahrens oder im Hinblick auf spezielle Sachkunde (zB Buchprüfung- und Steuerfragen) angemessen ist. Werden dagegen vom Verwalter eigene Mitarbeiter für Verwal-

---

[5] BGH ZIP 2008, 183.
[6] BGH NZI 2007, 721.
[7] BAG GrSen NJW 1979, 774; BAG ZIP 1984, 983; BVerfG ZIP 1984, 78 ff.; BFH ZIP 1986, 316; Kilger/K. Schmidt, § 59 KO Anm. 1; Uhlenbruck/Hirte/Vallender/Sinz, § 55 Rn. 8; MüKoInsO/Hefermehl, § 55 Rn. 24; Braun/Bäuerle/Schneider, § 55 Rn. 4 f.; HK/Lohmann, § 55 Rn. 2; KPB/Pape/Schaltke, § 55 Rn. 92.
[8] Kilger/K. Schmidt, § 59 KO Anm. 1a; Uhlenbruck/Hirte/Vallender/Sinz, § 55 Rn. 10.
[9] Jaeger/Henckel, § 3 KO Rn. 89–93; Kilger/K. Schmidt, § 59 KO Anm. b; Uhlenbruck/Hirte/Vallender/Sinz, § 55 Rn. 14 ff.; MüKoInsO/Hefermehl, § 55 Rn. 43 ff.; Nerlich/Römermann/Andres, § 55 Rn. 14 ff.; Braun/Bäuerle/Schneider, § 55 Rn. 9 ff.; HK/Lohmann, § 55 Rn. 5; FK/Bornemann, § 55 Rn. 8; KPB/Pape/Schaltke, § 55 Rn. 97.
[10] Kilger/K. Schmidt, § 59 KO Anm. 1b; Streitig: Uhlenbruck/Hirte/Vallender/Sinz, § 55 Rn. 15: „Aufteilung der Kosten nach Zeitabschnitten."; MüKoInsO/Hefermehl, § 55 Rn. 45: „Sie können nicht aufgespalten werden."; Braun/Bäuerle/Schneider, § 55 Rn. 9; Nerlich/Römermann/Andres, § 55 Rn. 17 ff.; HK/Lohmann, § 55 Rn. 5; FK/Bornemann, § 55 Rn. 8; KPB/Pape/Schaltke, § 55 Rn. 99.
[11] Hier: 1. Aufl. § 57 Rn. 5, 6.

tungsaufgaben eingesetzt, die seinem eigenen Geschäftsbereich als Rechtsanwalt, Steuerberater oder Wirtschaftsprüfer angehören, so zählen die entsprechenden Kosten grundsätzlich zu den mit der Verwaltervergütung abgegoltenen allgemeinen Geschäftsunkosten des Verwalters.[12]

7 Die nichtrechtsgeschäftlichen Handlungen des Verwalters, die Masseverbindlichkeiten auslösen können, liegen vor allem in der schuldhaften Verhinderung von Aussonderungs-, Ersatzaussonderungs- und Absonderungsrechten.

In Betracht kommen ferner Verletzungen von Urheber- und Patentrechten und die Verletzung allgemeiner Verkehrssicherungspflichten (§ 823 BGB) auf vom Verwalter in Besitz genommenen, zur Masse gehörenden bebauten und unbebauten Grundstücken.[13]

8 **2. Masseverbindlichkeiten „in anderer Weise".** In „anderer Weise" als durch „Handlungen" des Verwalters können durch Verwaltung, Verwertung und Verteilung der Masse ebenfalls Masseverbindlichkeiten begründet werden.

9 Das ist bei Unterlassungen des Verwalters der Fall, wenn für ihn eine Amtspflicht zum Handeln bestand.[14] Dasselbe kann für Beseitigungspflichten gelten mit der Folge, dass insbesondere Ersatzvornahmekosten im allgemeinen Ordnungs- und Umweltrecht als Masseverbindlichkeiten in Betracht kommen.[15] Hiermit ist speziell die streitige Frage der Behandlung von „Altlasten" (Bodenverunreinigungen und andere illegal deponierte Abfälle) angesprochen.[16]

10 Bei einer Geschäftsführung Dritter ohne Auftrag des Verwalters, die sich zugunsten der Masse ausgewirkt hat (zB Löschen eines in Brand geratenen Massegegenstandes), entsteht ein Masseanspruch auf Aufwendungsersatz.[17]

11 In „sonstiger Weise" begründete Masseverbindlichkeiten sind die früher nach § 58 Nr. 2 KO zu den „Massekosten" gehörenden Ausgaben für die Verwaltung, Verwertung und Verteilung der Masse, die nunmehr nach § 54 InsO nicht mehr Kosten des Insolvenzverfahrens sind. Es handelt sich hierbei[18] um Versicherungsprämien für Massegegenstände, bei Grundstücken insbesondere um die Feuerversicherungsprämien der Zwangsversicherungen. Als Verwaltungsausgaben kommen ferner Grundsteuern, Gewerbe- Einkommen- und Umsatzsteuer (§ 60), Kanalisationsbeiträge und Schornsteinfegergebühren in Betracht.[19]

---

[12] *Kilger/K. Schmidt*, § 59 KO Anm. 1a mwZ; MüKoInsO/*Hefermehl*, § 55 Rn. 38 ff.; Nerlich/Römermann/*Andres*, § 55 Rn. 12 u *Delhaes*, § 63 Rn. 29; Braun/*Bäuerle/Schneider*, § 55 Rn. 2; HK/*Lohmann*, § 55 Rn. 3.
[13] LG Dortmund Rpfleger 1963, 312; *Kuhn/Uhlenbruck*, § 59 KO Rn. 4; MüKoInsO/*Hefermehl*, § 55 Rn. 30 ff.; Uhlenbruck/Hirte/Vallender/*Sinz*, § 55 Rn. 23 f.; Nerlich/Römermann/*Andres*, § 55 Rn. 22 ff.; FK/*Bornemann*, § 55 Rn. 15; KPB/*Pape/Schaltke*, § 55 Rn. 114.
[14] *Kilger/K. Schmidt*, § 59 KO Anm. c mwZ; MüKoInsO/*Hefermehl* § 55 Rn. 59 ff.; Uhlenbruck/Hirte/Vallender/*Sinz*, § 55 Rn. 40; Braun/*Bäuerle/Schneider*, § 55 Rn. 15; HK/*Lohmann*, § 55 Rn. 4; KPB/*Pape/Schaltke*, § 55 Rn. 115.
[15] OVG Greifswald ZIP 1997, 1460; von Wilmowski ZIP 1997, 389 ff.; ders., ZIP 1997, 1445 ff.; *K. Schmidt* ZIP 1997, 1441 ff.; ders., NJW 1993, 2833 ff.; *Robra* wistra 1996, 243 ff.; MüKoInsO/*Hefermehl*, § 55 Rn. 88 ff.; KPB/*Pape/Schaltke*, § 55 Rn. 116 ff.; vgl. *Lwowski/Tetzlaff* NZI 2004, 225 mwN.
[16] *Pape* KTS 1993, 551 ff.; MüKoInsO/*Hefermehl*, § 55 Rn. 88 ff.; Uhlenbruck/Hirte/Vallender/*Sinz*, § 55 Rn. 29 ff.; Nerlich/Römermann/*Andres*, § 55 Rn. 65 ff.; Braun/*Bäuerle/Schneider*, § 55 Rn. 16 ff.; HK/*Ries*, § 35 Rn. 54; FK/*Bornemann*, § 55 Rn. 19 f.; KPB/*Pape/Schaltke*, § 55 Rn. 116 ff.
[17] BGH NJW 1971, 1564; MüKoInsO/*Hefermehl*, § 55 Rn. 63 ff.; Uhlenbruck/Hirte/Vallender/*Sinz*, § 55 Rn. 39; Nerlich/Römermann/*Andres*, § 55 Rn. 79; KPB/*Pape/Schaltke*, § 55 Rn. 95.
[18] Hier: 1. Aufl. § 56 Rn. 3–5; MüKoInsO/*Hefermehl*, § 55 Rn. 35; Uhlenbruck/Hirte/Vallender/*Sinz*, § 55 Rn. 25; HK/*Lohmann*, § 55 Rn. 8 ff.
[19] *Kilger/K. Schmidt*, § 58 KO Anm. 3e, 3 f.; *Kuhn/Uhlenbruck*, § 58 KO Rn. 8; *Jaeger/Lent*, § 58 KO Rn. 5; MüKoInsO/*Hefermehl*, § 55 Rn. 68 ff.; Uhlenbruck/Hirte/Vallender/*Sinz*, § 55 Rn. 26 ff.; Nerlich/Römermann/*Andres*, § 55 Rn. 27 ff.; Braun/*Bäuerle/Schneider*, § 55 Rn. 20 ff.; HK/*Lohmann*, § 55 Rn. 8 ff.; FK/*Bornemann*, § 55 Rn. 9 f.; KPB/*Pape/Schaltke*, § 55 Rn. 73.

Nimmt ein Verwalter auf Grund besonderer Qualifikation zusätzliche Aufgaben im Rahmen der Masseverwaltung wahr, zB als Rechtsanwalt die Führung von Masseprozessen oder als Steuerberater die Prüfung von Steuerfragen, so lösen die berufsspezifischen Sondertätigkeiten Honoraransprüche als Masseverbindlichkeiten aus, gleichgültig ob der Verwalter selbst als Sonderfachmann tätig wird oder ein Kollege in einer Sozietät.[20]

Zur Klarstellung ist anzumerken, dass derartige zusätzliche Honoraransprüche nicht zu den bei Massearmut bevorrechtigten Masseforderungen nach §§ 54 Nr. 2, 207 III, 209 I Nr. 1 InsO gehören. Der zu den Kosten des Verfahrens gehörende Anspruch erfasst nur den Vergütungsanspruch des Verwalters im engeren, eigentlichen Sinne.

Ob der zusätzliche Fachhonoraranspruch „in anderer Weise" oder durch „Handlung" des Verwalters einen Masseanspruch nach § 55 I Nr. 1 InsO auslöst, mag als unerheblich dahinstehen.

Bei Wohnungseigentum in der Masse ist das für die Zeit nach Eröffnung des Insolvenzverfahrens anfallende Wohngeld Masseverbindlichkeit.[21]

Anlässlich der Masseverwaltung, insbesondere bei einstweiliger Betriebs-/Geschäftsfortführung durch den Verwalter können Masseverbindlichkeiten „in anderer Weise" bei Gefährdungshaftungstatbeständen entstehen,[22] und zwar u a bei Betrieb einer Anlage nach § 1 UmweltHG, Einsatz von Kraftfahrzeugen nach § 7 StVG, Einsturz/Ablösung von Bauwerken/Bauwerksteilen nach §§ 836, 837 BGB und Tierhaltung nach § 833 BGB.

Die früher zu den „Massekosten" im Sinne des § 58 Nr. 2 KO gehörenden Aufwendungen der Immobiliarvollstreckung auf Betreiben des Verwalters (§ 165 InsO) und die Kosten für die Verwertung beweglicher Gegenstände (§ 166 InsO) lösen ebenfalls Masseverbindlichkeiten nach § 55 I Nr. 1 InsO aus. Dazu gehören weiter alle sonstigen Kosten, die durch die Inbesitznahme und Verwertung der Masse entstehen (§§ 148, 149, 150, 151 II 3, 153 I 2 iVm § 151 II 3, 159 InsO).

III. Masseverbindlichkeiten nach § 55 I Nr. 2 InsO

1. Allgemeines. Die Normierung der Masseverbindlichkeiten in § 55 I Nr. 2 InsO aus gegenseitigen Verträgen knüpft an § 59 I Nr. 2 KO an. Durch Austausch der Formulierung „zweiseitige Verträge" mit „gegenseitige Verträge" tritt eine Begriffsklarstellung ein, da nur solche Verträge einschlägig sind, bei denen die beiderseitigen Verpflichtungen in einem gegenseitigen Abhängigkeitsverhältnis zueinander stehen.[23]

Nach § 55 I Nr. 2 InsO sind zwei Fallalternativen zu unterscheiden:

1. Masseverbindlichkeiten entstehen, wenn und soweit der Verwalter nach Maßgabe seiner Wahlbefugnis aus §§ 103, 105 InsO Vertragserfüllung verlangt.
2. Das gilt auch, wenn und soweit nach der Eröffnung des Insolvenzverfahrens die Erfüllung gegenseitiger Verträge kraft gesetzlicher Regelung erfolgen muss – oktroyierte Masseverbindlichkeiten.[24]

---

[20] Hier: 1. Aufl. § 56 Rn. 2; *Kilger/K. Schmidt*, § 58 KO Anm. 3b; MüKoInsO/*Hefermehl*, § 55 Rn. 38, 57; Nerlich/Römermann/*Delhaes*, § 63 Rn. 21 ff.; Braun/*Bäuerle*, § 54 Rn. 25; HK/*Lohmann*, § 53 Rn. 3 FK/*Schmitt*, § 63 Rn. 6 ff.

[21] *Kilger/K. Schmidt*, § 58 KO Anm. 3l; MüKoInsO/*Hefermehl*, § 55 Rn. 83 ff.; Nerlich/Römermann/*Andres*, § 55 Rn. 78; HK/*Lohmann*, § 55 Rn. 8; KPB/Pape/*Schaltke*, § 55 Rn. 74 f.

[22] *Kilger/K. Schmidt*, § 59 KO Anm. 2; MüKoInsO/*Hefermehl*, § 55 Rn. 62; Uhlenbruck/Hirte/Vallender/*Sinz*, § 55 Rn. 37 f.; Braun/*Bäuerle/Schneider*, § 55 Rn. 34.

[23] RG 147, 342; MüKoInsO/*Hefermehl*, § 55 Rn. 116; Nerlich/Römermann/*Andres*, § 55 Rn. 84 ff.; HK/*Lohmann*, § 55 Rn. 14 ff.; FK/*Bornemann*, § 55 Rn. 24 ff.; KPB/Pape/*Schaltke*, § 55 Rn. 141 ff.

[24] *Uhlenbruck* KTS 1976, 212; Uhlenbruck/Hirte/Vallender/*Sinz*, § 55 Rn. 51 ff.; MüKoInsO/*Hefermehl*, § 55 Rn. 117, 108 ff.; Nerlich/Römermann/*Andres*, § 55 Rn. 85; Braun/*Bäuerle/Schneider*, § 55 Rn. 35 ff.; FK/*Bornemann*, § 55 Rn. 26; KPB/Pape/*Schaltke*, § 55 Rn. 149.

18 **2. Masseverbindlichkeiten auf Grund Erfüllungsverlangens.** Übt der Verwalter sein Wahlrecht nach § 103 InsO aus, so hat er grundsätzlich alle Ansprüche des Vertragspartners des Schuldners als Masseverbindlichkeiten zu erfüllen, zB bei Kauf-, Werk- oder Werklieferungsverträgen. Die Ansprüche der Gegenseite erfassen Hauptanspruch, Surrogatanspruch nach § 281 I BGB, Nebenforderungen, Schadensersatz- und Gewährleistungsansprüche.[25]

19 Eine bedeutsame Neuerung enthält § 105 InsO für den Fall, dass die geschuldeten Leistungen teilbar sind, insbesondere bei Verträgen über die fortlaufende Lieferung von Waren oder Energie (Wasser, Strom, Gas), den sog. Wiederkehrschuldverhältnissen. Die bisherigen Streitfragen in diesem Zusammenhang[26] erübrigen sich. Nunmehr ist in § 105 InsO eindeutig klargestellt, dass der Verwalter bei teilbaren Leistungen Erfüllung ausschließlich für die Zukunft verlangen kann, ohne dadurch auch für die Vergangenheit eine volle Erfüllungsverpflichtung auszulösen. Der Vertragspartner ist nur befugt, etwaige Forderungen aus der Zeit vor dem Erfüllungsverlangen als Insolvenzgläubiger geltend zu machen.

20 **3. Masseverbindlichkeiten auf Grund gesetzlichen Erfüllungszwangs**

21 **a)** *Allgemeines.* Nach der zweiten Alternative des § 55 I Nr. 2 InsO entstehen die oktroyierten Masseverbindlichkeiten bei bestimmten **Dauerschuldverhältnissen**. In § 108 I 1 InsO ist festgelegt, dass Miet- und Pachtverhältnisse über unbewegliche Sachen oder Räume sowie Dienstverhältnisse mit Wirkung für (zugunsten und zulasten) die Insolvenzmasse fortbestehen, also ein Wahlrecht des Insolvenzverwalters nach § 103 InsO ausscheidet. In § 108 III InsO ist entsprechend der Regelung bei teilbaren Leistungen nach § 105 InsO klargestellt (Abweichung nur in der zeitlichen Zäsur), dass Ansprüche für die Zeit vor der Eröffnung des Insolvenzverfahrens dem Vertragspartner nur als Insolvenzgläubiger und nicht als Massegläubiger zustehen.

22 Anders als in der KO sind Miet- und Pachtverhältnisse[27] über „bewegliche" Sachen und Rechte aus der Regelung über das Fortbestehen von Dauerschuldverhältnissen in § 108 I 1 InsO ausgenommen. Diese Vertragsverhältnisse unterliegen also dem Wahlrecht des Verwalters aus § 103 InsO. Wenn dieser nicht die Erfüllung wählt, enden sie mit der Eröffnung des Insolvenzverfahrens. Wählt er dagegen die Erfüllung, ist zu beachten, dass Ansprüche für die Zeit vor dem Erfüllungsverlangen keine Masseforderungen auslösen, sondern nur einfache Insolvenzgläubigeransprüche. Das ergibt sich mangels Anwendbarkeit des § 108 III InsO aus der Regelung in § 105 InsO bezüglich teilbarer Leistungen.

23 Die Sonderregelung der Miet- und Pachtverhältnisse über bewegliche Sachen wirkt sich auch auf **Leasingverträge**[28] aus. Leasingverträge haben in der Regel Mietvertragscharakter und betreffen überwiegend bewegliche Sachen, so dass ein Fortsetzungszwang aus § 108 I 1 InsO ausscheidet mit der Folge eines Wahlrechts des Verwalters nach § 103 I InsO. Wegen der unangemessenen Folgewirkungen[29] ist noch vor Inkrafttreten der InsO am 1.1.1999 durch Gesetz vom 19.7.1996 (BGBl. I 1013) dem § 108 I 1 InsO ein Satz 2 hinzugefügt worden, der auch künftig eine insolvenz-

---

[25] *Kuhn/Uhlbruck*, § 59 KO Rn. 11; *Kilger/K. Schmidt*, § 59 KO Anm. 3; Uhlbruck/*Hirte/Vallender/Sinz*, § 55 Rn. 48; MüKoInsO/*Hefermehl*, § 55 Rn. 121; Nerlich/Römermann/*Andres*, § 55 Rn. 88 ff.; Braun/*Bäuerle/Schneider*, § 55 Rn. 36; HK/*Lohmann*, § 55 Rn. 15; KPB/*Pape/Schaltke*, § 55 Rn. 146 ff.

[26] *Kilger/K. Schmidt*, § 17 KO Anm. 3a; MüKoInsO/*Hefermehl*, § 55 Rn. 127 ff.; Nerlich/Römermann/*Balthasar*, § 105 Rn. 7 ff.; Braun/*Bäuerle/Schneider*, § 55 Rn. 37; HK/*Lohmann*, § 55 Rn. 16; FK/*Wegener*, § 105 Rn. 6 ff.; KPB/*Tintelnot*, § 105 Rn. 4 ff.

[27] BGH ZIP 2007, 778 zum Mietvertrag.

[28] BGH NJW 1984, 1527 zum Leasingvertrag.

[29] *Eckert* ZIP 1996, 897 ff. (908/909).

feste Refinanzierung von Leasingverträgen durch grundsätzlichen Fortsetzungszwang ermöglicht.[30]

Der grundsätzliche Zwang zum Fortbestehen von Dauerschuldverhältnissen wird einschränkend modifiziert durch besondere Kündigungs- und Rücktrittsrechte in §§ 109 I und II, 113 InsO. Das InsOÄndG 2001 ersetzt bei einem Mietverhältnis über die Wohnung des Schuldners durch § 109 I 2 InsO das Kündigungsrecht des Insolvenzverwalters durch eine „Enthaftungserklärung" des Verwalters zu Gunsten der Insolvenzmasse.

b) *Miet- und Pachtverträge über unbewegliche Sachen oder Räume.* Aufgrund der sich aus § 108 III InsO ergebenden Zäsur, wonach Masseansprüche nur Ansprüche aus der Zeit ab Eröffnung des Insolvenzverfahrens sind – Ausnahme: Rückbeziehung nach § 55 II 2 InsO bei Inanspruchnahme der Gegenleistung durch den vorläufigen Insolvenzverwalter – ergibt sich für einige besonders bedeutsame Fragen folgende Wertung:[31]

Der Anspruch auf Wiederherstellung des Miet- oder Pachtgegenstandes sowie der Anspruch auf Schadensersatz wegen Nichterfüllung sind keine Masseansprüche, wenn und soweit ihr Rechtsgrund vor der Eröffnung des Insolvenzverfahrens liegt.[32]

Dagegen ist der Anspruch auf Zahlung von Nutzungsentschädigung (§ 557 BGB) bei Beendigung des Vertragsverhältnisses vor Verfahrenseröffnung und über den Eröffnungszeitpunkt andauernder Besitzvorenthaltung durch den vorläufigen und/oder endgültigen Insolvenzverwalter Masseverbindlichkeit, und zwar (nur) ab dem Zeitpunkt der eine Inbesitznahme voraussetzenden Vorenthaltung durch den Verwalter.[33]

Wird die Miet- oder Pachtsache nach Eröffnung des Insolvenzverfahrens zerstört oder beschädigt, sind Schadensersatzansprüche aus positiver Forderungsverletzung und Delikt (§ 823 BGB) Masseansprüche. Das gilt auch bei einer Vertragsbeendigung vor Verfahrenseröffnung im Fall einer Zerstörung oder Beschädigung der Miet- oder Pachtsache im Stadium einer Besitzvorenthaltung durch den Verwalter (nachwirkende pFV bei der Vertragsabwicklung und § 823 BGB).

Ansprüche aus der Verpflichtung zur Zahlung von Schönheitsreparaturen (zumeist in turnusmäßigen Abständen) sind nur Masseverbindlichkeiten, wenn und soweit ihr Entstehungsgrund in die Zeit nach Eröffnung des Insolvenzverfahrens fällt.[34] Die Durchsetzbarkeit von Schönheitsreparaturen ist durch die zivilrechtliche Rechtsprechung in jüngster Zeit stark eingeschränkt worden. Die in einem Mietvertrag vorformulierten Klauseln sind zumeist unwirksam.[35]

---

[30] *Haarmeyer/Wutzke/Förster*, Kap 5 Rn. 213 ff., 219; Uhlenbruck/Hirte/Vallender/*Sinz*, § 108 Rn. 113 ff.; MüKoInsO/*Eckert*, § 108 Rn. 7 ff. u *Hefermehl*, § 55 Rn. 168; Nerlich/Römermann/*Balthasar*, § 108 Rn. 4, 11 ff.; Braun/*Kroth*, § 108 Rn. 14 ff.; HK/*Marotzke*, § 108 Rn. 8 ff., 20 ff.; FK/*Wegener*, § 108 Rn. 14 ff.; KPB/*Tintelnot*, § 108 Rn. 3 f.

[31] *Kilger/K. Schmidt*, § 59 KO Anm. 4a mwN; MüKoInsO/*Hefermehl*, § 55 Rn. 148 ff.; Nerlich/Römermann/*Andres*, § 55 Rn. 86 ff.; Braun/*Kroth*, § 108 Rn. 5 ff.; HK/*Lohmann*, § 55 Rn. 21; FK/*Bornemann*, § 55 Rn. 28 ff.; KPB/*Pape/Schaltke*, § 55 Rn. 149 ff.; KG, Kein Entgelt bei Nutzung der Mietsache für Unternehmensfortführung auf Grund Sicherungsmaßnahme, NZI 2009, 114.

[32] LG Hamburg KTS 1976, 65; LG Hannover ZIP 1988, 116; Nerlich/Römermann/*Andres*, § 55 Rn. 90 ff.; Braun/*Bäuerle/Schneider*, § 55 Rn. 8; HK/*Lohmann*, § 55 Rn. 21; FK/*Bornemann*, § 55 Rn. 30; KPB/*Pape/Schaltke*, § 55 Rn. 149.

[33] Vgl. BGHZ 130, 38 = NJW 1995, 2783; BGH ZIP 1993, 1874; *Heilmann* NJW 1985, 2505; MüKoInsO/*Hefermehl*, § 55 Rn. 155; Uhlenbruck/Hirte/Vallender/*Sinz*, § 55 Rn. 54; FK/*Wegener*, § 109 Rn. 21.

[34] Vgl. *Kübler*, Anm. zum Urteil KG v. 26.3.1981, ZIP 1981, 755/756; MüKoInsO/*Hefermehl*, § 55 Rn. 157 ff.; Uhlenbruck/Hirte/Vallender/*Sinz*, § 55 Rn. 58; Nerlich/Römermann/*Andres*, § 55 Rn. 92; Braun/*Bäuerle/Schneider*, § 55 Rn. 7 f.; HK/*Lohmann*, § 55 Rn. 21; FK/*Bornemann*, § 55 Rn. 29 aE; KPB/*Pape/Schaltke*, § 55 Rn. 157.

[35] Palandt/*Weidenkaff*, § 535 Rn. 43.

Ist dagegen der Anspruch vor Verfahrenseröffnung, unabhängig von der Fälligkeit, ganz oder teilweise entstanden, ist er lediglich eine einfache Insolvenzforderung.[36]

Dauert das Mietverhältnis über den Zeitpunkt der Verfahrenseröffnung hinaus an und ist die turnusmäßige Entstehung des Anspruchs noch nicht abgelaufen, hat eine anteilige Berechnung zu erfolgen, wenn der Reparaturturnus in der Zeit des fortbestehenden Mietverhältnisses abläuft.

Falls eine (wirksame) Mietvertragsvereinbarung bestimmt, dass der Mieter ohne Rücksicht auf den Turnusablauf bei Rückgabe der Mietsache zu Schönheitsreparaturen verpflichtet ist und die Rückgabeverpflichtung erst nach Verfahrenseröffnung entsteht, so verbleibt es dennoch bei der anteiligen Berechnung zur Bestimmung einer Masseverbindlichkeit.[37]

30 Der Anspruch auf Rückzahlung einer Mietzinsvorauszahlung ist Masseverbindlichkeit, wenn sie auch für die Zeit nach Verfahrenseröffnung geleistet worden ist und ihr Tilgungszweck in der fortwirkenden Vertragsdauer infolge vorzeitiger Vertragsbeendigung ins Leere geht. Allerdings ist ein etwaiger Rückzahlungsanspruch keine Masseverbindlichkeit nach § 55 I Nr. 2 InsO, sondern nach § 55 I Nr. 3 InsO (ungerechtfertigte Bereicherung der Masse).

31 Ob der Anspruch auf Rückzahlung einer Kaution mangels Deckungsbedürfnis für Gegenforderungen aus der Zeit vor und nach Verfahrenseröffnung eine Masseforderung oder nur eine einfache Insolvenzgläubigerforderung auslöst, ist zweifelhaft.[38] Bei einer Wohnungsvermietung ist der Streit weitgehend folgenlos, wenn die Kaution, wie § 551 III 3 BGB ausdrücklich anordnet, vom Vermögen des Schuldners (als Vermieter) getrennt angelegt worden ist (Treuhandkonto) mit der Folge des Entstehens eines Aussonderungsanspruchs. Bei gewerblicher Vermietung gilt dies nur im Falle einer entsprechenden und vollzogenen Vertragsvereinbarung. Im Übrigen ist die Kautionsfrage bei einer Wohnungsvermietung für den Fall einer Enthaftungserklärung des Insolvenzverwalters nach § 109 I 2 InsO umstritten.

32 Das trotz Verfahrenseröffnung grundsätzlich fortbestehende Miet- oder Pachtverhältnis kann vom Verwalter nach Maßgabe des § 109 I 1 InsO gekündigt werden. Etwaige Schadensersatzansprüche des Vermieters sind nur einfache Insolvenzforderungen (§ 109 I 3 InsO). Wenn die Miet- oder Pachtsache dem Schuldner noch nicht überlassen war, besteht ein Rücktrittsrecht für Verwalter und Vermieter; auch hier bewirken etwaige Schadensersatzansprüche keine Masseverbindlichkeiten (§ 109 II InsO).

33 c) *Dienst-/Arbeitsverträge.* Wegen der Einzelheiten wird auf die **Ausführungen zu** §§ 104, 106, 107 Bezug genommen. Entsprechend der Abgrenzung bei Miet- und Pachtverträgen lösen auf Grund der sich aus § 108 III InsO ergebenden Zäsur sowie des Wegfalls der früheren zusätzlichen Masseansprüche aus § 59 I 3 KO Ansprüche aus Dienst-/Arbeitsverträgen nur dann Masseverbindlichkeiten aus, wenn sie in der Zeit nach Eröffnung des Insolvenzverfahrens – Ausnahme nur bei Vorverlagerung nach § 55 II 2 InsO – entstehen.

Zu einigen Einzelheiten ist gesondert zu bemerken:

34 Die Bezüge der Arbeitnehmer (Begriff im weitesten Sinne) sind von Verfahrenseröffnung an bis zur Vertragsbeendigung durch Kündigung seitens des Insolvenzverwalters oder des Arbeitnehmers selbst (§ 113 I InsO) Masseverbindlichkeiten nach § 55 I Nr. 2

---

[36] OLG Celle ZIP 1992, 714; KG ZIP 1981, 753; OLG Hamburg KTS 1978, 258. Im Übrigen s.o. Fußn 34.

[37] KPB/*Pape*/*Schaltke*, § 55 Rn. 157.

[38] Zum Meinungsstand vgl. hier: 1. Aufl. § 57 Rn. 15; *Kilger*/*K. Schmidt*, § 21 KO Anm. 4; MüKo-InsO/*Hefermehl*, § 55 Rn. 164; Uhlenbruck/Hirte/Vallender/*Sinz*, § 55 Rn. 60; Nerlich/Römermann/*Andres*, § 47 Rn. 38; HK/*Marotzke*, § 109 Rn. 7 ff.; FK/*Bornemann*, § 55 Rn. 30 aE; KPB/*Prütting*, § 47 Rn. 29.

InsO.[39] Das gilt auch für Krankengeldforderungen, wenn die Erkrankung nach Verfahrenseröffnung eintritt,[40] und für Urlaubsentgelt, das die während des Erholungsurlaubs fortzuzahlenden Bezüge beinhaltet. War der Arbeitnehmer vor Verfahrenseröffnung zu Unrecht entlassen worden, so sind seine Ansprüche für die Zeit nach Verfahrenseröffnung Masseverbindlichkeiten.[41]

Bei betrieblichen Sonderleistungen wie Beteiligung am Jahresgewinn, 13. Monatsgehalt, Weihnachtsgratifikation, Urlaubsgeld ist der zu errechnende Anteil, der auf die Zeit nach Verfahrenseröffnung entfällt, Masseverbindlichkeit.[42] **35**

Falls Arbeitnehmer vom Verwalter mangels Beschäftigungsmöglichkeit vom Dienstverhältnis freigestellt werden, sind ihre Ansprüche auf Zahlung von Arbeitsentgelt auch weiterhin Masseansprüche. **36**

Erhält der Arbeitnehmer im Rahmen der Gleichwohlgewährung sodann Arbeitslosengeld, gehen seine Entgeltansprüche auf die Bundesanstalt für Arbeit über; die Qualifizierung als Masseverbindlichkeit bleibt grundsätzlich erhalten.[43]

Eine Ausnahmeregelung enthält der durch das InsOÄndG 2001 angefügte Absatz 3 des § 55 InsO: Werden Arbeitnehmer im Insolvenzeröffnungsverfahren vom vorläufigen Insolvenzverwalter mit Verwaltungs- und Verfügungsbefugnis nicht freigestellt, sondern weiterbeschäftigt (§ 55 II 2 InsO), so werden die auf die BfA infolge von Insolvenzgeldzahlungen übergehenden Entgeltansprüche auf einfache Insolvenzforderungen rückgestuft.[44]

Der Differenzanspruch zwischen Arbeitslosengeld oder dem von einem neuen Arbeitgeber gezahlten (niedrigeren) Lohn steht dem Arbeitnehmer weiterhin als Masseforderung zu.[45]

Abfindungen nach §§ 9, 10 KSchG sind Masseverbindlichkeiten, wenn der Verwalter **37** die Kündigung ausgesprochen hat. Auch Ansprüche auf Karenzentschädigung aus einer Wettbewerbsabrede sind Masseverbindlichkeiten, wenn und soweit das Wettbewerbsverbot für die Zeit nach Eröffnung des Insolvenzverfahrens verbindlich ist.

Das trotz Verfahrenseröffnung grundsätzlich fortbestehende Dienst-/Arbeitsverhältnis **38** kann nach § 113 I InsO sowohl vom Insolvenzverwalter als auch vom Dienstverpflichteten ohne Rücksicht auf eine vereinbarte Vertragsdauer oder einen vereinbarten Ausschluss des Rechts zur ordentlichen Kündigung gekündigt werden. Die Kündigungsfrist beträgt drei Monate zum Monatsende, wenn nicht eine kürzere Frist maßgeblich ist, sei es auf Grund gesetzlicher, tarifvertraglicher oder einzelvertraglicher Regelung. Etwaige

---

[39] Vgl. hierzu die Aufsätze *Berkowsky*, Insolvenz und Betriebsübergang – Neue Entwicklungen in der Rechtsprechung sowie Aktuelle arbeitsrechtliche Fragen in Krise und Insolvenz, NZI 2007, 204 und NZI 2008, 532; ferner *Küttner*, Personalbuch 2012, Nr. 226 Rn. 5.

[40] LAG München ZIP 1990, 1227; *Kuhn/Uhlenbruck*, § 59 KO Rn. 4b; Uhlenbruck/Hirte/Vallender/*Sinz*, § 55 Rn. 62; Nerlich/Römermann/*Andres*, § 55 Rn. 103; Braun/*Bäuerle/Schneider*, § 55 Rn. 42.

[41] *Kuhn/Uhlenbruck*, § 59 KO Rn. 12i.

[42] BAG NJW 1981, 77, 79; BAG AP Nr. 3 zu § 59 KO; BAG AP Nr. 4 zu § 59 KO; BAG DB 1966, 788; NJW 1978, 182; BSG AP Nr. 1 zu § 141b AFG, BB 1977, 999; Uhlenbruck/Hirte/Vallender/*Sinz*, § 55 Rn. 63, 67; Nerlich/Römermann/*Andres*, § 55 Rn. 105 ff.; Braun/*Bäuerle/Schneider*, § 55 Rn. 43; HK/*Lohmann*, § 55 Rn. 18; FK/*Mues*, Anhang zu § 113 Rn. 14, 122 ff.; KPB/*Pape/Schaltke*, § 55 Rn. 171, 173, 176.

[43] BSG ZIP 1980, 201; ZIP 1986, 835; Uhlenbruck/Hirte/Vallender/*Sinz*, § 55 Rn. 72; MüKoInsO/*Hefermehl*, § 55 Rn. 177; Nerlich/Römermann/*Andres*, § 55 Rn. 102; Braun/*Bäuerle/Schneider*, § 55 Rn. 47; KPB/*Pape/Schaltke*, § 55 Rn. 167.

[44] Uhlenbruck/Hirte/Vallender/*Sinz*, § 55 Rn. 101 f.; MüKoInsO/*Hefermehl*, § 55 Rn. 173 f.; Braun/ *Bäuerle/Schneider*, § 55 Rn. 65 f.; HK/*Lohmann*, § 55 Rn. 33; FK/*Bornemann*, § 55 Rn. 44; KPB/*Pape/Schaltke*, § 55 Rn. 234 ff.

[45] LAG Frankfurt ZIP 1980, 103; LAG Baden-Württemberg ZIP 1982, 103; *Denck* ZIP 1986, 820; Uhlenbruck/Hirte/Vallender/*Sinz*, § 55 Rn. 72; MüKoInsO/*Hefermehl*, § 55 Rn. 177; KPB/*Pape/Schaltke*, § 55 Rn. 167.

Schadensersatzansprüche des Dienstverpflichteten wegen vorzeitiger Beendigung des Dienstverhältnisses durch Kündigung des Verwalters sind keine Masseansprüche, sondern nur Ansprüche eines Insolvenzgläubigers (§ 113 I 3 InsO).

IV. Masseverbindlichkeiten nach § 55 I Nr. 3 InsO

39 **1. Voraussetzungen.** Der Anspruch aus einer ungerechtfertigten Bereicherung ist nur dann Masseverbindlichkeit, wenn die Bereicherung unmittelbar der Masse, also dem bei Eröffnung des Insolvenzverfahrens vorhandenen Vermögen des Schuldners zugeflossen ist.[46]

Ist die Bereicherung bereits vor der Verfahrenseröffnung in das Schuldnervermögen gelangt, kommt lediglich eine Insolvenzforderung in Betracht.[47]

Zur Begründung einer Massebereicherungsforderung genügt es nicht, dass zum Zeitpunkt des Eintritts der Bereicherung bereits Antrag auf Eröffnung des Insolvenzverfahrens gestellt war.[48]

40 Hat der Verwalter fremde Sachen, die im Besitz des Schuldners waren, wirksam an einen gutgläubigen Dritten veräußert oder Zahlung auf eine vom Schuldner abgetretene Forderung vereinnahmt, entsteht eine Masseverbindlichkeit.[49] Das gilt auch dann, wenn Fremdeigentum bei einer Betriebsfortführung durch den Insolvenzverwalter infolge Verbindung, Vermischung oder Verarbeitung nach §§ 946–951 BGB (ohne verlängerten Eigentumsvorbehalt) untergeht.

Eine Massebereicherung tritt nicht nur durch rechtsgrundlose Leistung an die Masse ein, sie wird auch durch rechtsgrundlose Eingriffshandlungen des Insolvenzverwalters ausgelöst, zB Entzug und Nutzung von Sachen.[50]

41 Dem Gegner einer erfolgreichen Insolvenzanfechtung steht nach § 144 II 1 InsO ein Massebereicherungsanspruch zu, soweit seine Gegenleistung noch unterscheidbar vorhanden oder soweit die Masse um ihren Wert bereichert ist.

42 Aufgrund der Neuerung in § 55 II InsO ist eine bedeutsame Ausnahme vom Grundsatz der Rückwirkungssperre bei Entstehen einer Bereicherung als Masseverbindlichkeit zu beachten: Wenn der vorläufige Insolvenzverwalter mit Verfügungsbefugnis Verbindlichkeiten begründet, gelten sie nach Verfahrenseröffnung als Masseverbindlichkeiten. Das ist nicht nur der Fall bei der Begründung von vertraglichen, sondern auch gesetzlichen Verbindlichkeiten (zB aus §§ 812, 823 ff. BGB).[51]

43 Eine Einschränkung in der Geltendmachung von Massebereicherungsansprüchen im Sinne von § 55 I Nr. 3 InsO ergibt sich für solche Gläubiger, die eine Anfechtung nach dem Anfechtungsgesetz ausüben. § 16 I AnfG bestimmt, dass nach Eröffnung des Insolvenzverfahrens der Verwalter berechtigt ist, die von Insolvenzgläubigern erhobenen Anfechtungsansprüche, deren Rechtsfolgen nach § 11 I 2 AnfG denen einer ungerechtfertigten Bereicherung entsprechen, bei der dem Empfänger der Mangel des rechtlichen Grundes bekannt ist, zu verfolgen.[52]

---

[46] BAG NJW 1995, 1483; *Kilger/K. Schmidt*, § 59 KO Anm. 6a; Uhlenbruck/Hirte/Vallender/*Sinz*, § 55 Rn. 85; MüKoInsO/*Hefermehl*, § 55 Rn. 209 ff.; Nerlich/Römermann/*Andres*, § 55 Rn. 122 ff.; Braun/*Bäuerle/Schneider*, § 55 Rn. 50 ff.; HK/*Lohmann*, § 55 Rn. 24 ff.; FK/*Bornemann*, § 55 Rn. 34; KPB/*Pape/Schaltke*, § 55 Rn. 198; BGH ZInsO 2009, 1102.
[47] BGH, ZInsO 2007, 1228.
[48] BGHZ 23, 307 ff. = NJW 1957, 750; BGH ZIP 1997, 1551 f.; *Kilger/K. Schmidt*, § 59 KO – Anm. 6a; Uhlenbruck/Hirte/Vallender/*Sinz*, § 55 Rn. 85; MüKoInsO/*Hefermehl*, § 55 Rn. 211 ff.; Nerlich/Römermann/*Andres*, § 55 Rn. 122; FK/*Bornemann*, § 55 Rn. 34; KPB/*Pape/Schaltke*, § 55 Rn. 198.
[49] BGH WM 1965, 48; MüKoInsO/*Hefermehl*, § 55 Rn. 214.
[50] OLG Köln ZIP 1995, 1608; *Kilger/K. Schmidt*, § 59 KO Anm. 6a.
[51] Vgl. auch Begr zu § 64 RegE = § 55 InsO (BR-Drucks. 1/92, S 126).
[52] Zur früheren Rechtslage vgl. hier: 1. Aufl. § 57 Rn. 27.

2. Anspruchskonkurrenz. Der Massebereicherungsanspruch nach § 55 I Nr. 3 44
InsO ist ein echter Bereicherungsanspruch nach §§ 812 ff. BGB, so dass insbesondere,
was Anspruchsumfang und verschärfte Haftung angeht, auch die §§ 818, 819 BGB anwendbar sind.[53] Trifft den Insolvenzverwalter (auch den vorläufigen Verwalter mit Verfügungsbefugnis) ein Verschulden im Zusammenhang mit dem Entstehen des Bereicherungstatbestandes, so kann neben der Masseverbindlichkeit aus § 55 I Nr. 3 InsO
konkurrierend eine solche aus § 55 I Nr. 1 InsO gegeben sein.[54]

Zusätzlich konkurrierend kommt ein Schadensersatzanspruch gegen den Verwalter
persönlich in Betracht (§§ 60, 61, 21 II S. 1 Nr. 1 InsO).

Als Beispiel für konkurrierende Ansprüche sei die schuldhafte Vereitelung von Aussonderungs-, Ersatzaussonderungs- und Absonderungsrechten unter Bereicherung der
Masse angeführt.

Wechselt in einem Masseforderungsprozess der Kläger die Anspruchsbegründung 45
(von § 55 I Nr. 3 auf Nr. 1 oder umgekehrt), so liegt keine Klageänderung vor.[55]

§ 57. Zusätzliche Masseverbindlichkeiten

Übersicht

	Rn.
I. Bei Absonderung	2
II. Aus Sozialplan	3
III. Prozesskosten der Gläubiger	4
IV. Bei Gesellschaftsauflösung	5
V. Bei Betriebsveräußerung unter Wert	6
VI. In der Nachlassinsolvenz	7
VII. Bei fortgesetzter Gütergemeinschaft	8
VIII. Schuldnerunterhalt	9

Die §§ 54, 55 InsO enthalten, obwohl die Formulierung „sonstige Masseverbindlichkeiten" in § 55 InsO den Eindruck erwecken könnte, keinen abgeschlossenen Katalog. 1
Es gibt auch zusätzliche Masseverbindlichkeiten:

I. Bei Absonderung

Die Zinszahlungsverpflichtung aus § 169 InsO und die Wertverlustausgleichsver- 2
pflichtung bei Sachnutzung aus § 172 I InsO sind Masseverbindlichkeiten.[1]

Entsprechende Regelungen enthalten § 30e I, II ZVG für den Fall einer einstweiligen Einstellung der Zwangsversteigerung nach § 30d ZVG und § 153b I, II ZVG für
den Fall einer einstweiligen Einstellung der Zwangsverwaltung.

Die Absonderung kann durch das Gericht gemäß § 21 II S. 1 Nr. 5 InsO eingeschränkt werden. In diesem Fall gilt nach § 21 II S. 1 Nr. 5 HS. 2 InsO die Regelung
des § 169 S. 2, 3 InsO entsprechend.

---

[53] *Kilger/K. Schmidt*, § 59 KO Anm. 6b; Uhlenbruck/Hirte/Vallender/*Sinz*, § 55 Rn. 91; Nerlich/Römermann/*Andres*, § 55 Rn. 125.
[54] RGZ 2, 270; BGH NJW 1892, 1750; *Kilger/K. Schmidt*, § 59 KO Anm. 6b.
[55] OLG Colmar LZ 1914, 302; *Zöllner/Greger*, § 263 Rn. 8.
[1] Uhlenbruck/Hirte/Vallender/*Brinkmann*, § 169 Rn. 9, § 172 Rn. 5; MüKoInsO/*Tetzlaff*, § 172 Rn. 23; Nerlich/Römermann/*Becker*, § 169 Rn. 40, § 172 Rn. 27; Braun/*Dithmar*, § 172 Rn. 2, 4; HK/*Landfermann*, § 169 Rn. 2, § 172 Rn. 10; FK/*Wegener*, § 169 Rn. 1 u § 172 Rn. 6; KPB/*Flöther*, § 169 Rn. 14 u § 172 Rn. 6.

II. Aus Sozialplan

3   Verbindlichkeiten aus einem nach der Eröffnung des Insolvenzverfahrens aufgestellten Sozialplan sind Masseverbindlichkeiten nach § 123 II 1 InsO.[2] Diese Bevorzugung entfällt allerdings bei Masseunzulänglichkeit (§ 208 InsO), wie indirekt § 123 II 2 InsO zu entnehmen ist.

III. Prozesskosten der Gläubiger

4   Wenn einzelne Gläubiger im Forderungsfeststellungsverfahren (§§ 174 ff. InsO) einen Rechtsstreit geführt haben, so können sie nach § 183 III InsO Kostenerstattung aus der Insolvenzmasse insoweit verlangen, als der Masse durch die Entscheidung ein Vorteil erwachsen ist.[3]

IV. Bei Gesellschaftsauflösung

5   Nach § 118 1 InsO lösen im Rahmen einer Gesellschaftsauflösung Ansprüche eines geschäftsführenden Gesellschafters, die ihm aus der einstweiligen Fortführung eilbedürftiger Geschäfte zustehen, Masseverbindlichkeiten aus.[4]

V. Bei Betriebsveräußerung unter Wert

6   Hier sind Kosten eines vom Schuldner oder einer bestimmten Mehrzahl von Gläubigern gestellten Antrags (ua Kosten eines Sachverständigengutachtens zur Glaubhaftmachung durch den Antragsteller), der eine Zustimmungsvoraussetzung der Gläubigerversammlung durch Anordnung des Insolvenzgerichts auslösen soll, im Fall der Anordnung nach § 163 II InsO Masseverbindlichkeiten.[5]

VI. In der Nachlassinsolvenz

7   Für das Nachlassinsolvenzverfahren bestimmt § 324 I Nr. 1–6 InsO eine Reihe von Masseverbindlichkeiten. Diese Regelung begünstigt Aufwendungen, die typischerweise nach Eintritt des Erbfalls bei einer ordnungsgemäßen Verwaltung der Erbschaft erfolgt sind (wie zB Beerdigungskosten). Beachtenswert ist, dass die vorgenannte Regelung den für das Entstehen von Masseverbindlichkeiten grundsätzlich maßgebenden Zeitpunkt der Verfahrenseröffnung soweit möglich auf den Zeitpunkt des Erbfalls zurückbezieht.[6]

VII. Bei fortgesetzter Gütergemeinschaft

8   Im Insolvenzverfahren über das Gesamtgut einer nach Maßgabe der §§ 1483–1518 BGB fortgesetzten Gütergemeinschaft gelten nach § 332 I InsO die Bestimmungen des Nachlassinsolvenzverfahrens entsprechend.

---

[2] MüKoInsO/*Löwisch/Caspers*, § 123 Rn. 52 ff.; Uhlenbruck/Hirte/Vallender/*Berscheid/Ries*, §§ 123, 124 Rn. 33; Nerlich/Römermann/*Hamacher*, § 123 Rn. 37; Braun/*Wolf*, § 123 Rn. 12; HK/*Linck*, § 123 Rn. 25 f.; FK/*Eisenbeis*, § 123 Rn. 6 ff.; KPB/*Moll*, §§ 123, 124 Rn. 102.
[3] MüKoInsO/*Schumacher* § 183 Rn. 9 ff.
[4] Uhlenbruck/Hirte/Vallender/*Hirte*, § 118 Rn. 8; MüKoInsO/*Ott/Vuia* § 118 Rn. 16; Nerlich/Römermann/*Kießner*, § 118 Rn. 18; Braun/*Kroth*, § 118 Rn. 7; HK/*Marotzke*, § 118 Rn. 7; FK/*Wegener*, § 118 Rn. 6; KPB/*Tintelnot*, § 118 Rn. 12 f.
[5] Uhlenbruck/Hirte/Vallender/*Uhlenbruck*, § 163 Rn. 10; Nerlich/Römermann/*Balthasar*, § 163 Rn. 19 f.; Braun/*Esser*, § 163 Rn. 6; HK/*Ries*, § 163 Rn. 7; FK/*Wegener*, § 163 Rn. 7; KPB/*Onusseit*, § 163 Rn. 7.
[6] Vgl. Begr zu den §§ 364, 365 RegE (BR-Drucks. 1/92 S 231); Uhlenbruck/Hirte/Vallender/*Lüer*, § 324 Rn. 1 ff.; MüKoInsO/*Siegmann*, § 324 Rn. 1 ff.; Nerlich/Römermann/*Riering*, § 324 Rn. 3 ff.; HK/*Marotzke*, § 324 Rn. 1 ff.; FK/*Schallenberg/Rafiqpoor*, § 324 Rn. 3; KPB/*Holzer*, § 324 Rn. 3, vgl. zum Tod des Schuldners im Verbraucherinsolvenzverfahren, BGH NZI 2008, 382; *Schmerbach*, NZI 2008, 353.

Daraus folgt eine entsprechende Anwendung des § 324 I InsO bezüglich der dort geregelten Masseverbindlichkeiten.

VIII. Schuldnerunterhalt

Dem Schuldner und seinen Angehörigen sowie den vertretungsberechtigten persönlich haftenden Gesellschaftern des Schuldners und ihren Angehörigen erwachsen im Insolvenzverfahren aus den Regelungen der §§ 100, 101 I 3 InsO keine unmittelbaren gesetzlichen Ansprüche, so dass insoweit auch keine unmittelbaren Masseverbindlichkeiten entstehen können.[7] Die Bewilligung von Unterhalt steht im Ermessen der Gläubigerversammlung (vor deren Entscheidung im Ermessen des Verwalters). Förmliche Antragsrechte des Schuldners, Mitentscheidungsbefugnisse des Insolvenzgerichts sowie Rechtsmittelbefugnisse sind nicht vorgesehen.

Wird allerdings Unterhalt bewilligt, entsteht im Umfang der Bewilligung, die auch unter dem Vorbehalt einer künftigen Abänderung steht, eine Masseverbindlichkeit, da der bewilligte Unterhalt nach § 100 I InsO „aus der Insolvenzmasse" zu gewähren ist.[8] Das folgt auch indirekt aus § 209 I Nr. 3 InsO, der den bewilligten Unterhalt bei Masseunzulänglichkeit in die Masseverbindlichkeiten (letztrangig) einbezieht.

§ 58. Die Befriedigung der Massegläubiger

Übersicht

	Rn.
I. Prüfung und Anerkennung	1
II. Geltendmachung und Regulierung	2
1. Geltendmachung	2
2. Regulierung	5
a) Verfahrensfreie Abwicklung	5
b) Vollstreckungsabwicklung	10
III. Inanspruchnahme des Schuldners	15

I. Prüfung und Anerkennung

Der Insolvenzverwalter ist kraft seiner Amtsbefugnis zur Masseverwaltung und Masseverwertung (§§ 80 I, 148 I, 159 InsO) berechtigt und verpflichtet, Masseansprüche zunächst zu prüfen und, wenn sie berechtigt sind, anzuerkennen.

Zur Anerkennung von Masseansprüchen bedarf der Verwalter nach § 160 InsO nur dann der Zustimmung des Gläubigerausschusses bzw. der Gläubigerversammlung, wenn die Anerkennung als „Rechtshandlung" für das Insolvenzverfahren „von besonderer Bedeutung" ist. Infolge dieser gegenüber dem früheren Recht der KO, deren § 133 Nr. 2 ausdrücklich und unterschiedslos die Genehmigung des Gläubigerausschusses zur Anerkennung für Masseansprüche im Wert von „mehr als DM 300,00" erforderte, wesentlich flexibleren Regelung hat der Verwalter einen beträchtlichen Ermessensspielraum. Der Gesetzgeber hat den Gedanken der einfacheren Handhabung durch die Einführung des § 160 I S. 3 InsO Rechnung getragen. Der Verwalter setzt sich allerdings bei Ermessensüberschreitungen, welche die Wirksamkeit der Anerkennung nicht berühren (§ 164 InsO), Schadensersatzansprüchen aus (§ 60 I InsO).

---

[7] *Ahrens*, Barunterhalt als Einkünfte des Unterhaltsberechtigten, NZI 2009, 423.
[8] Uhlenbruck/Hirte/Vallender/*Uhlenbruck*, § 100 Rn. 17; MüKoInsO/*Stephan*, § 100 Rn. 18; Nerlich/Römermann/Wittkowski/*Kruth*, § 100 Rn. 18; Braun/*Kroth*, § 100 Rn. 6; HK/*Kayser*, § 100 Rn. 11; FK/*App*, § 100 Rn. 1, 3; KPB/*Lüke*, § 100 Rn. 8.

§ 58 2-7   Kap. III. 8. Abschn. Die Befriedigung der Massegläubiger

Bestreitet der Verwalter geltend gemachte Masseansprüche, wird er vorsorglich für eine Sicherstellung der etwa doch begründeten Ansprüche bis zur Klärung (ggf. im Prozesswege auch durch den Verwalter mit der negativen Feststellungsklage) Sorge tragen, um Haftungsansprüche zu vermeiden.

II. Geltendmachung und Regulierung

2 **1. Geltendmachung.** Masseforderungen sind vom Insolvenzverwalter ohne weiteres zu beachten, wenn sie sich aus der Verwaltung der Masse selbst ergeben, und darüber hinaus auf Grund formloser Geltendmachung der Massegläubiger gegenüber dem Verwalter.

3 Der Geltendmachung eines Masseanspruchs steht nicht ihre irrtümliche Anmeldung als Insolvenzforderung und ihre Eintragung in die Tabelle (§§ 174 ff. InsO) entgegen. Die Wirkung der Eintragung bezieht sich nur auf wirkliche Insolvenzforderungen.[1] Masseansprüche verwandeln sich daher durch Eintragung nicht in Insolvenzforderungen.

4 Massegläubiger sind befugt, vor allem wenn der Verwalter Masseansprüchen widerspricht, diese Ansprüche gegen den Verwalter im Prozessweg einzuklagen.[2] Hat die Klage Erfolg, trifft auch die Kostenlast grundsätzlich die Insolvenzmasse (Ausnahme zB nach § 93 ZPO).

Ist bei der Eröffnung des Insolvenzverfahrens ein Rechtsstreit gegen den Schuldner bereits anhängig, der eine Forderung betrifft, die durch Verfahrenseröffnung Masseforderung wird, so tritt nach § 240 ZPO Prozessunterbrechung ein.[3] Der Prozess kann nach § 86 I InsO sowohl vom Verwalter als auch vom Prozessgegner aufgenommen werden. Wenn der Verwalter den Anspruch sofort anerkennt, ist der Prozessgegner nur befugt, den Anspruch auf Prozesskostenerstattung als Insolvengläubiger geltend zu machen (§ 86 II InsO).

5 **2. Regulierung. a)** *Verfahrensfreie Abwicklung.* Die Ansprüche der Massegläubiger sind nach § 53 InsO aus der Insolvenzmasse „vorweg" zu berichtigen, dh vor den Ansprüchen der Insolvenzgläubiger (§§ 38–46 InsO) und grundsätzlich unabhängig vom Verteilungsverfahren (§§ 187–206 InsO).[4]

6 Soweit dem Verwalter keine Barmittel zur Verfügung stehen, setzt die Befriedigung der Massegläubiger die Verwertung von Massegegenständen voraus. In diesem Zusammenhang können Verzögerungen eintreten, die sich (auch) zu Lasten der Massegläubiger auswirken.

7 Nach § 159 InsO hat der Verwalter die Verwertung zwar unverzüglich vorzunehmen, jedoch erst nach dem Berichtstermin und unter dem Vorbehalt anderweitiger Beschlussanordnungen der Gläubigerversammlung (§ 156 InsO). Eine Verzögerung oder sogar zusätzliche Beschränkung ist auch dann möglich, wenn das Insolvenzgericht nach § 161 S. 2 InsO auf Antrag die Vornahme einer Rechtshandlung des Verwalters – also

---

[1] BGH NJW 1991, 1615; BAG ZIP 1989, 1205; ZIP 1987, 1266; OLG Düsseldorf NJW 1974, 1517; *Kuhn/Uhlenbruck*, § 57 KO Rn. 4 und § 145 KO Rn. 3c; *Kilger/K. Schmidt*, § 57 KO Anm. 3 und § 145 KO Anm. 4; MüKoInsO/*Hefermehl*, § 53 Rn. 48; Uhlenbruck/Hirte/Vallender/*Sinz*, § 53 Rn. 5; Nerlich/Römermann/*Andres*, § 53 Rn. 2; Braun/*Bäuerle*, § 53 Rn. 6 f.; HK/*Lohmann*, § 53 Rn. 4; FK/*Bornemann*, § 53 Rn. 11 aE; KPB/*Pape/Schaltke*, § 53 Rn. 23.

[2] MüKoInsO/*Hefermehl*, § 53 Rn. 53; Uhlenbruck/Hirte/Vallender/*Sinz*, § 53 Rn. 7; Nerlich/Römermann/*Andres*, § 53 Rn. 13 ff.; Braun/*Bäuerle*, § 53 Rn. 5 ff.; HK/*Lohmann*, § 53 Rn. 6; FK/*Bornemann*, § 53 Rn. 11; KPB/*Pape/Schaltke*, § 53 Rn. 34.

[3] MüKoInsO/*Hefermehl*, § 53 Rn. 54 ff.; Uhlenbruck/Hirte/Vallender/*Sinz*, § 53 Rn. 7; Nerlich/Römermann/*Andres*, § 53 Rn. 13; KPB/*Pape/Schaltke*, § 53 Rn. 34.

[4] MüKoInsO/*Hefermehl*, § 53 Rn. 46; Uhlenbruck/Hirte/Vallender/*Sinz*, § 53 Rn. 3; Nerlich/Römermann/*Andres*, § 53 Rn. 12; HK/*Lohmann*, § 53 Rn. 5; FK/*Bornemann*, § 53 Rn. 10 f.; KPB/*Pape/Schaltke*, § 53 Rn. 20.

auch Verwertungsakte – vorläufig untersagt und der Entscheidung einer einzuberufenden Gläubigerversammlung überantwortet.

Im Insolvenzplanverfahren kann eine besonders gewichtige Einschränkung (auch) zu Lasten der Massegläubiger eintreten, wenn und soweit das Insolvenzgericht nach § 233 S. 1 InsO auf Antrag die Aussetzung der Verwertung und Verteilung anordnet. Zu beachten ist allerdings die Ausnahmebestimmung des § 233 S. 2, erste Alt. InsO bei „Gefahr erheblicher Nachteile für die Masse". Eine solche „Gefahr" ist auch dann gegeben, wenn die Aussetzungsanordnung eine Schmälerung der Masse durch Schadensersatzansprüche der Massegläubiger auf Grund Amtspflichtverletzung des Insolvenzgerichts infolge unangemessener Verzögerung der Befriedigung der Masseansprüche zur Folge hat. 8

Massegläubiger, deren Forderungen dem Verwalter erst verspätet bekannt werden, haben nach § 206 InsO Ausschlussfolgen insoweit hinzunehmen, als ihnen nur ein nach Verteilung in der Masse verbleibender Rest zur Verfügung steht. 9

b) *Vollstreckungsabwicklung*. Da Massegläubiger ihre Ansprüche im Prozessweg einklagen dürfen, sind sie zwangsläufig auch befugt, ein erstrittenes obsiegendes Urteil in die Insolvenzmasse zu vollstrecken, und zwar grundsätzlich unabhängig vom Insolvenzverfahren.[5] 10

Allerdings kommen auch hier Verzögerungen und Einschränkungen (auch) zu Lasten der Massegläubiger in Betracht. Nach § 90 I InsO (mit der Modifizierung in II) ist die Zwangsvollstreckung wegen sog. oktroyierter Masseverbindlichkeiten für die Dauer von sechs Monaten ab Eröffnung des Insolvenzverfahrens unzulässig. § 210 InsO ordnet sogar ein uneingeschränktes Vollstreckungsverbot für drittrangige Masseverbindlichkeiten (§ 209 I Nr. 3 InsO) an, sobald der Insolvenzverwalter die Masseunzulänglichkeit angezeigt hat (§ 208 InsO). 11

Wegen einer Sozialplanforderung ist eine Zwangsvollstreckung generell unzulässig (§ 123 III 2 InsO). 12

Nach § 30d ZVG kann auf Antrag des Insolvenzverwalters unter bestimmten Voraussetzungen die Zwangsversteigerung einstweilen eingestellt werden. Entsprechendes gilt nach § 153b I ZVG für die einstweilige Einstellung der Zwangsverwaltung. 13

In beiden Fällen der Einstellung ist jedoch dem „betreibenden Gläubiger" – dem titelbewehrten Massegläubiger oder dem Absonderungsgläubiger – ein Ausgleich durch Zinszahlung und Wertverlustzahlung (§ 30e ZVG) bzw. durch Zahlung des Nachteilsausgleichs (§ 153b II ZVG) aus der Insolvenzmasse zu gewähren.

Im Rahmen der Vollstreckung eines Masseanspruchtitels kann der Insolvenzverwalter unter den Voraussetzungen des § 807 ZPO zur eidesstattlichen Offenbarungsversicherung veranlasst werden, wobei die Offenbarungsanforderungen der Verwalterstellung sachgerecht anzupassen sind. § 883 II ZPO bezüglich der Sachoffenbarung ist nicht anwendbar, da diese Bestimmung einen Herausgabeanspruch voraussetzt,[6] der Masseanspruch jedoch auf Zahlung gerichtet ist. Soweit Vollstreckungsverbote (§§ 90 I, 210 InsO) reichen, ist (auch) eine Vollstreckungsmaßnahme nach § 807 ZPO unzulässig. 14

III. Inanspruchnahme des Schuldners

Eine Inanspruchnahme des Schuldners durch Massegläubiger nach Eröffnung des Insolvenzverfahrens bis zu seinem Abschluss ist durch die InsO grundsätzlich nicht aus- 15

---

[5] MüKoInsO/*Hefermehl*, § 53 Rn. 58 ff.; Uhlenbruck/Hirte/Vallender/*Sinz*, § 53 Rn. 8; Nerlich/Römermann/*Andres*, § 53 Rn. 28; Braun/*Bäuerle*, § 53 Rn. 5; HK/*Lohmann*, § 53 Rn. 7; FK/*Bornemann*, § 53 Rn. 12; KPB/*Pape/Schaltke*, § 53 Rn. 36 f.

[6] Zöller/*Stöber*, § 883 Rn. 2.

§ 59 Kap. III. 8. Abschn. Die Befriedigung der Massegläubiger

geschlossen. Das gilt für Klageerhebung und Vollstreckung aus erstrittenen Titeln gleichermaßen. Insbesondere ist das allgemeine Vollstreckungsverbot des § 89 I InsO bezüglich Masse und sonstiges Vermögen des Schuldners nur auf Insolvenzgläubiger anwendbar.

16 Allerdings ist als Ausnahme zu beachten, dass nach § 89 II 1 InsO (modifiziert in II 2) während der Verfahrensdauer Zwangsvollstreckungen in künftige Forderungen aus einem Dienstverhältnis des Schuldners auch für Gläubiger unzulässig sind, die keine Insolvenzgläubiger sind. Hierin liegt ohne Vorbild in der KO **erstmals ein generelles Vollstreckungsverbot** für alle Gläubiger, also auch für Massegläubiger.

17 Der zwingende Gegenschluss aus dieser Ausnahmeregelung ist der, dass Vollstreckungen im Übrigen gegen den Schuldner grundsätzlich zulässig sind. Zu beachten ist jedoch, wie auch nach früherem Recht der KO,[7] dass eine Zwangsvollstreckung gegen den Schuldner nur zulässig ist, wenn die Verbindlichkeit – gleichgültig ob bedingt oder betagt – bereits vor Verfahrenseröffnung in der Person des Schuldners entstanden ist bzw. vor der Begründung von Verbindlichkeiten durch den vorläufigen Insolvenzverwalter (§ 55 II InsO).

Die Möglichkeit der Vollstreckung gegen den Schuldner während des Insolvenzverfahrens wird keine nennenswerte praktische Relevanz haben, da im Gegensatz zur früheren Rechtslage nach der KO auch der Neuerwerb während des Insolvenzverfahrens nach § 35 InsO zur Masse gehört, so dass eine Inanspruchnahme des Schuldners weitgehend aussichtslos ist.

18 Nach Beendigung des Insolvenzverfahrens haftet der Schuldner wieder persönlich, sei es nach Aufhebung des Insolvenzeröffnungsbeschlusses im Beschwerdeverfahren, sei es nach Einstellung des Verfahrens oder nach Verfahrensaufhebung (Einzelheiten s. u. §§ 74, 75). Soweit Masseansprüche vor Eröffnung des Insolvenzverfahrens begründet und im Verfahren nicht befriedigt worden sind, bleibt es bei der uneingeschränkten Haftung des Schuldners. Für die erst nach Verfahrenseröffnung begründeten neuen Masseverbindlichkeiten, auch Honoraransprüche des Verwalters, haftet der Schuldner jedoch wie nach der früheren Rechtslage zur KO[8] nur gegenständlich mit den ihm etwa wieder zur Verfügung gestellten bisherigen Massegegenständen. In diesem Zusammenhang ist die Folge der Vorverlagerung der durch den vorläufigen Insolvenzverwalter begründeten Verbindlichkeiten zu beachten (§ 55 II InsO); für diese haftet der Schuldner ebenfalls nur gegenständlich beschränkt.

§ 59. Die Befriedigung der Massegläubiger bei Massearmut

Übersicht

	Rn.
I. Allgemeines	1
II. Die Befriedigung bei weitgehender Masselosigkeit	4
III. Die Befriedigung nach Anzeige der Masseunzulänglichkeit	5
IV. Der Einwand der Massearmut im Masseprozess	9

---

[7] *Kilger/K. Schmidt*, § 57 KO Anm. 2; *Kuhn/Uhlenbruck*, § 57 KO Rn. 9 f.
[8] *Kilger/K. Schmidt*, § 57 KO Anm. 2 mwN; Uhlenbruck/Hirte/Vallender/*Sinz*, § 53 Rn. 10; MüKoInsO/*Hefermehl*, § 53 Rn. 34 f.; Nerlich/Römermann/*Andres*, § 53 Rn. 7; Braun/*Bäuerle*, § 53 Rn. 11; HK/*Lohmann*, § 53 Rn. 9; FK/*Bornemann*, § 53 Rn. 15; KPB/*Pape/Schaltke*, § 53 Rn. 44 ff.

Die Befriedigung der Massegläubiger bei Massearmut

I. Allgemeines

Ist eine ausreichende Insolvenzmasse vorhanden, treten bei der Abwicklung der Masseverbindlichkeiten, abgesehen von einem Streit über die Masseverbindlichkeit als solche, keine besonderen Schwierigkeiten auf. Reicht die Masse jedoch zur Befriedigung der Masseansprüche nicht aus, entsteht das Problem, ob und ggf. welche Sonderrangfolgen bei der nur eingeschränkt möglichen Abwicklung zu beachten sind.

Die bisherige Rangfolgenregelung im „Konkurs des Konkurses" in § 60 KO war unzulänglich. Auch fehlte eine gesonderte Verfahrensregelung für die Abwicklung bei Massearmut. Insbesondere die Frage, wie „Alt"- und „Neu"-Masseverbindlichkeiten, dh Masseverbindlichkeiten vor und nach der Feststellung der Massearmut, zu behandeln waren, stand ungeregelt offen; ihre Beantwortung war der Rechtsprechung überlassen.[1] Ferner wurde dem Verwalter eine uneingeschränkte Masseverwertung selbst dann zugemutet, wenn die vorhandene Masse nicht einmal sein Honorar abdeckte.

Die InsO hat in diesem Bereich erhebliche Verbesserungen gebracht: Die Aufgliederung der Masseverbindlichkeiten in §§ 54, 55 InsO dient einer sachgerechten Anpassung an die Sonderrangfolgen der Befriedigung der Masseansprüche in den zu unterscheidenden beiden Sonderfällen der Massearmut.

II. Die Befriedigung bei weitgehender Masselosigkeit

Falls die Masse derart gering ist, dass sie sogar die Kosten des Verfahrens (§ 54 InsO) nicht abdeckt, ist das Insolvenzverfahren nach § 207 I InsO einzustellen. Den Verwalter trifft nur die Pflicht, vorhandene Barmittel zu verteilen (§ 207 III InsO).

Wegen der Einzelheiten wird auf die Ausführungen zu § 74 II. 1. Bezug genommen.

III. Die Befriedigung nach Anzeige der Masseunzulänglichkeit

Deckt die Masse zwar die Kosten des Insolvenzverfahrens (§ 54 InsO), aber nicht oder voraussichtlich nicht alle sonstigen Masseverbindlichkeiten (§ 55 InsO) und die zusätzlichen Masseverbindlichkeiten (s.o. § 57), so liegt nach § 208 I InsO Masseunzulänglichkeit vor. Der Verwalter hat diese dem Insolvenzgericht anzuzeigen. Er ist zur uneingeschränkten Verwertung verpflichtet (§ 208 III InsO).

Die Befriedigung der Massegläubiger richtet sich nach den drei Sonderrangfolgen des § 209 I Nr. 1, 2, 3 InsO, bezüglich Nr. 2 modifiziert in § 209 II InsO. Den sog. „Neu"-Masseverbindlichkeiten steht die Rangstufe des § 209 I Nr. 2 InsO zu.

Im Gegensatz zu der früheren Abwicklung nach § 60 I KO, die nur „auf einen Geldbetrag gerichtete" Masseansprüche erfasste, enthält § 209 InsO keine derartige sachwidrige Einschränkung (§ 74 II. 2. c). Nicht auf Geld gerichtete Masseansprüche sind daher bei anteiliger Befriedigung in Geldforderungen umzurechnen.

Nach Verteilung der Masse wird das Insolvenzverfahren eingestellt (§ 211 I InsO). Wegen der Einzelheiten wird auf die Ausführungen zu § 74 II verwiesen.

IV. Der Einwand der Massearmut im Masseprozess

Eine Sonderproblematik entsteht in einem etwa anhängigen Prozess, der eine Masseforderung betrifft. Es geht um die Frage der prozessualen Auswirkung der weitgehenden Masselosigkeit bzw. der Masseunzulänglichkeit.

Wegen des Sachzusammenhangs mit der Einstellung des Insolvenzverfahrens mangels Masse oder bei Masseunzulänglichkeit sind die Einzelheiten der prozessualen Auswirkung dort behandelt. Auf die Ausführungen zu § 74 II. 3. wird Bezug genommen.

---

[1] Vgl. zur KO die Übersicht bei *Kilger/K. Schmidt*, § 60 KO Anm. 4.

§ 60. Steuerforderungen als „sonstige Masseverbindlichkeiten"

1   Steuerforderungen, die nach Eröffnung des Insolvenzverfahrens auf Grund von Handlungen des Insolvenzverwalters begründet sind, sind idR *sonstige Masseverbindlichkeiten* nach § 55 I Nr. 1 Alternative 2 InsO. Die Steueransprüche knüpfen regelmäßig an die Verwaltung und Verwertung der Masse an. Sie sind die gesetzlichen Folgen daraus, dass Vermögensgegenstände der Insolvenzmasse Besteuerungsgrundlagen nach dem jeweiligen Steuergesetz bilden.

Dagegen können Steueransprüche nicht „durch die Handlung des Insolvenzverwalters" begründet werden iSd § 55 I Nr. 1 Alternative 1 InsO. Die Steueransprüche entstehen kraft Gesetzes durch Tatbestandsverwirklichung; sie werden daher nicht unmittelbar durch Handeln des Insolvenzverwalters begründet.[1]

2   Von Ausnahmen abgesehen, sind Steueransprüche keine Masseverbindlichkeiten nach § 55 I Nr. 2 InsO.[2] Auch wenn die Steueransprüche an einen vom Insolvenzverwalter zu erfüllenden gegenseitigen Vertrag anknüpfen (zB Umsatzsteuer, Einkommensteuer bei Aufdeckung von stillen Reserven durch die Veräußerung eines Vermögensgegenstandes), handelt es sich nicht um Ansprüche „aus" Vertrag, sondern um gesetzliche Ansprüche, die zwar an den Vertrag anknüpfen, aber nicht zu den vertraglichen Leistungen gehören. Bei Steueransprüchen ist auch nicht das den Tatbeständen der Masseverbindlichkeiten nach § 55 I Nr. 2 InsO innewohnende Vertrauenselement verwirklicht, wonach der Vertragspartner des Insolvenzverwalters auf die Befriedigung seiner vertraglichen Ansprüche vertrauen können soll.

Steuerforderungen können Masseverbindlichkeiten nach § 55 I Nr. 3 InsO sein, wenn nach Eröffnung des Insolvenzverfahrens eine unberechtigte Steuererstattung in die Insolvenzmasse gelangt.[3]

3   Masseverbindlichkeiten nach § 55 I Nr. 1 InsO sind nicht nur die Steuern, die unmittelbar an die Insolvenzmasse anknüpfen (zB Umsatzsteuer, Kfz-Steuer für betrieblich genutzte Kfz's), sondern auch die *persönlichen Steuern* des Schuldners (Einkommensteuer), soweit die für die Entstehung der Steuer maßgeblichen Tatbestandsmerkmale im Verwaltungsbereich des Insolvenzverwalters erfüllt sind bzw. die Besteuerungsgrundlagen (Vermögensgegenstände, Erzielung von Einkünften) zu seinem Verwaltungsbereich gehören. Zu den Masseverbindlichkeiten gehören auch Säumniszuschläge für Steuern, die zu dem Verwaltungsbereich des Insolvenzverwalters gehören,[4] und Verspätungszuschläge für Steuererklärungen, die von dem Insolvenzverwalter abzugeben sind.[5]

4   Nach § 55 II InsO gehören auch diejenigen Verbindlichkeiten zu den Masseverbindlichkeiten, die ein vorläufiger Insolvenzverwalter begründet hat, auf den die Verfügungsbefugnis über das Vermögen des Schuldners übergegangen ist. Bei Bestellung eines vorläufigen Insolvenzverwalters mit Verfügungsbefugnis über das Vermögen des Schuldners gelten also für die Zeit vor Eröffnung des Insolvenzverfahrens die gleichen Regelungen wie für die Zeit nach Eröffnung des Insolvenzverfahrens. Das gilt auch für Steueransprüche. Steuerforderungen, die an die Handlungen des vorläufigen „starken" Insolvenzverwalters anknüpfen, sind daher sonstige Masseverbindlichkeiten nach § 55 Nr. 1 InsO, und zwar in der gleichen Weise und im gleichen Umfang, wie sie Masseverbindlichkeiten wären, wenn sie durch Handlungen eines Insolvenzverwalters nach

---

[1] → § 56 Rn. 8 ff.
[2] *Waza/Uhländer/Schmittmann,* Rn. 489; insoweit aA BFH BStBl. II 1976, 77; BFH BStBl. II 1978, 483.
[3] FG Berlin, EFG 2003, 1520.
[4] BFH, BStBl. II 1996, 561.
[5] *Hübschmann/Hepp/Spitaler,* § 251 Rn. 437.

Steuerforderungen als „sonstige Masseverbindlichkeiten" 5–10 § 60

Eröffnung des Insolvenzverfahrens begründet worden wären. Dagegen waren Steueransprüche aus der Zeit einer „schwachen" vorläufigen Insolvenzverwaltung vor Inkrafttreten des § 55 IV InsO keine Masseverbindlichkeiten, sondern Insolvenzforderungen.[6]

Durch § 270b III InsO kann der Schuldner bei der Eigenverwaltung ermächtigt werden, Masseverbindlichkeiten zu begründen. Hierauf ist § 55 II InsO anzuwenden. Das bedeutet, dass der Schuldner im Rahmen der Ermächtigung auch Steueransprüche als Masseverbindlichkeiten begründen kann. Um dies auszuschließen, muss die Ermächtigung so beschränkt werden, dass Rechtsgeschäfte ausgeschlossen sind, die Steueransprüche begründen könnten. Dagegen nimmt § 270b III InsO die Regelung des § 55 IV InsO nicht in Bezug, so dass bei der Eigenverwaltung Steueransprüche durch diese Norm nicht als Masseansprüche begründet werden können.

Für Steuerverbindlichkeiten ist diese Regelung durch § 55 IV InsO erweitert worden.[7] Danach bilden Verbindlichkeiten des Schuldners aus dem Steuerschuldverhältnis, die durch den vorläufigen Insolvenzverwalter begründet worden sind, nach Eröffnung des Insolvenzverfahrens Masseverbindlichkeiten. Für Erstattungs- und Vergütungsansprüche gilt diese Regelung nicht. Für Steuerverbindlichkeiten kommt es daher nicht darauf an, ob der vorläufige Insolvenzverwalter ein „starker" oder ein „schwacher" Insolvenzverwalter ist. Voraussetzung ist jedoch, dass die Steueransprüche durch den vorläufigen Insolvenzverwalter begründet worden sind. Das setzt voraus, dass die Handlung im Rahmen des Zuständigkeitsbereichs des vorläufigen Insolvenzverwalters erfolgt. Ist dieser eingeschränkt, können Steueransprüche, die außerhalb dieses Zuständigkeitsbereichs entstehen, keine Masseansprüche sein. Es wird daher empfohlen, den Zuständigkeitsbereich des vorläufigen Insolvenzverwalters entsprechend einzuschränken.[8]

Erfasst werden alle Steuerarten und die Nebenleistungen zu den Steuern mit Ausnahme der Verspätungszuschläge. Da der vorläufige Insolvenzverwalter auch nach § 55 IV InsO nicht Vermögensverwalter iSd § 34 III AO ist, hat er die Steuererklärungen nicht abzugeben. Verspätungszuschläge sind daher nicht durch ihn begründet.

Bei der Umsatzsteuer fallen darunter Steueransprüche aus Lieferungen und Leistungen, die der vorläufige Insolvenzverwalter durchgeführt hat. Bei der Istversteuerung gilt dies auch, wenn der vorläufige Insolvenzverwalter die Vergütung für Leistungen einzieht, die der Schuldner vor Anordnung der vorläufigen Insolvenzverwaltung ausgeführt hat. Ändert der vorläufige Insolvenzverwalter die Verwendung eines Wirtschaftsgutes, fällt die Berichtigung des Vorsteuerabzugs nach § 15a UStG unter § 55 IV InsO. Für Vorsteuerrückforderungsansprüche wegen Uneinbringlichkeit von Forderungen gilt dies jedoch nicht, da diese Rückforderungsansprüche ohne Tätigkeit des vorläufigen Insolvenzverwalters entstehen. Bei der Verwertung von Sicherungsgut hat § 13b II 2, V UStG mit dem Übergang der Steuerschuldnerschaft auf den Leistungsempfänger Vorrang vor § 55 IV InsO.

Obwohl § 55 IV InsO für Vergütungsansprüche nicht gilt, sind durch den vorläufigen Insolvenzverwalter begründete Vorsteueransprüche von den Umsatzsteuerverbindlichkeiten abzuziehen. Masseverbindlichkeiten sind daher nur der Saldo.

Bei der Einkommen-, Körperschaft- und Gewerbesteuer gilt § 55 IV InsO für Gewinne, die durch die Tätigkeit des vorläufigen Insolvenzverwalters entstanden sind. Lohnsteuer ist Masseverbindlichkeit, wenn die Löhne durch den vorläufigen Insolvenzverwalter ausgezahlt werden.

§ 55 IV InsO gilt für alle Insolvenzverfahren, deren Eröffnung ab dem 1.1.2011 beantragt worden ist.

---

[6] Vgl. BGH DB 2007, 1405.
[7] Vgl. zu Einzelheiten BMF BStBl. I 2012, 120; *Kahlert*, ZIP 2011, 401; *Beck*, ZIP 2011, 551.
[8] AG Düsseldorf, ZIP 2011, 443.

11 § 55 IV InsO gilt auch für Steueransprüche, die mit Zustimmung des vorläufigen Insolvenzverwalters begründet worden sind. Nach dem Gesetz ist eine Zustimmung des vorläufigen Insolvenzverwalters erforderlich, die ausdrücklich oder konkludent erteilt werden kann. Die Finanzverwaltung scheint eine Zustimmung immer dann annehmen zu wollen, wenn der vorläufige Insolvenzverwalter der Tätigkeit des Schuldners nicht ausdrücklich widersprochen hat.[9] Das wäre unrichtig, da das Gesetz eine ausdrücklich oder konkludente Zustimmung verlangt. Eine konkludente Zustimmung kann allenfalls darin gesehen werden, wenn der vorläufige Insolvenzverwalter einer ihm bekannten Tätigkeit des Schuldners nicht widerspricht, nicht aber bei einer ihm unbekannten Tätigkeit des Schuldners. Die Finanzverwaltung muss, will sie einen Steueranspruch nach § 55 IV InsO als Masseverbindlichkeit geltend machen, die ausdrückliche oder konkludente Zustimmung des vorläufigen Insolvenzverwalters nachweisen, da dies für sie anspruchsbegründend ist. Eine Vermutungsregelung zu Gunsten der Finanzverwaltung kennt das Gesetz nicht.

12 Unklar ist, ob Steueransprüche, die auf Neuerwerb des Insolvenzschuldners nach Eröffnung des Insolvenzverfahrens beruhen, Masseverbindlichkeiten sind. Nach § 35 I InsO gehört der Neuerwerb, und zwar auch, soweit er aus der Nutzung unpfändbarer Gegenstände stammt, zur Insolvenzmasse; dazu gehören auch Vorsteuererstattungsansprüche.[10] Bis zur Einführung des § 35 II InsO[11] war die Ansicht vertreten worden, dass diese Steueransprüche weder auf einem Handeln des Insolvenzverwalters beruhten noch durch die Verwaltung, Verwertung und Verteilung der Insolvenzmasse begründet sind. Danach richteten sich diese Ansprüche gegen den Insolvenzschuldner persönlich.[12]

13 Die Einführung des § 35 II InsO ist jedoch damit begründet worden, dass durch die Möglichkeit der Freigabe des für die Fortführung der selbständigen Tätigkeit erforderlichen Vermögens verhindert werden solle, dass aus dem Neuerwerb Masseverbindlichkeiten entstehen (BT 16/3227, S. 17). Auf Grund der Neuregelung wird man daher wie folgt unterscheiden müssen: Erklärt der Insolvenzverwalter die Freigabe nach § 35 II InsO und erklärt er in diesem Zusammenhang, dass Ansprüche aus der Tätigkeit des Schuldners nicht gegen die Insolvenzmasse geltend gemacht werden können, sind diese Ansprüche einschließlich der aus dem Neuerwerb resultierenden Steueransprüche keine Masseansprüche; sie können nur außerhalb des Insolvenzverfahrens gegen den Neuerwerb geltend gemacht werden. Das gilt auch, wenn der Insolvenzverwalter von dem Recht nach § 295 II InsO Gebrauch macht und dem Schuldner eine Abführungspflicht auferlegt. Abführungspflichtig kann dann nur der Erwerb nach Abzug der Aufwendungen einschließlich der mit dem Erwerb verbundenen Steueransprüche sein.

14 Erklärt der Insolvenzverwalter ausdrücklich, dass der Neuerwerb in vollem Umfang zur Masse gehören soll, hat er insoweit eine Verwaltungshandlung vorgenommen; die mit dem Neuerwerb verbunden Steueransprüche sind dann Masseverbindlichkeiten nach § 55 I Nr. 1 InsO.

15 Problematisch ist die Einordnung der Steueransprüche bei Schweigen des Insolvenzverwalters. Soweit er die Tätigkeit des Schuldners kennt und keine Freigabe erklärt, zieht er den Neuerwerb damit konkludent zur Masse, so dass die gleichen Rechtsfolgen eintreten wie bei ausdrücklicher Erklärung.[13] Kennt er die Tätigkeit des Schuldners

---

[9] BMF BStBl. I 2012, 120, Tz. 4.
[10] BFH BStBl. II 2010, 758 = DStR 2010, 11.
[11] Gesetz v. 13.4.2007, BGBl. I 2007, 509
[12] BFH BStBl. II 2005, 848 = ZInsO 2005, 774; BFH BFHE 229, 394 = DStRE 2010, 938; BFH BStBl. II 2012, 270 = DStR 2012, 33 für den Fall, dass die Umsätze im Wesentlichen auf dem Einsatz der persönlichen Arbeitskraft des Schuldners beruhte; *Maus* ZInsO 2001, 493; *Olbrich*, ZInsO 2005, 860; *Obermair*, DStR 2005, 1561.
[13] Vgl. *Weerth*, DStZ 2009, 760.

Steuerforderungen als „sonstige Masseverbindlichkeiten" 16–18 § 60

nicht, kann ihm keine (konkludente) Erklärung zugerechnet werden, so dass die Steuerverbindlichkeiten keine Messeverbindlichkeiten sind; sie sind gegen den Schuldner persönlich geltend zu machen.

Begründet der Schuldner Steueransprüche auf Grund einer neu aufgenommenen **16** Arbeitnehmertätigkeit (zB Lohnsteuer, steuerliche Haftung auf Grund einer Pflichtverletzung als Geschäftsführer), handelt es sich nicht um Masseverbindlichkeiten, da die Arbeitskraft des Schuldners nicht zur Masse gehört.[14] Im Übrigen ist bei der Berechnung des pfändbaren und daher zur Masse fließenden Arbeitslohnes die steuerliche Belastung nach § 850e Nr. 1 S. 1 ZPO abzuziehen und steht daher für die Entrichtung der Lohnsteuer zur Verfügung.[15] Eine Masseverbindlichkeit liegt auch dann nicht vor, wenn es bei einer Veranlagung der Einkünfte aus nichtselbständiger Arbeit zu einer Steuernachzahlung kommt.[16]

Keine Masseverbindlichkeiten sind sonstige Steueransprüche, die aus Gegenständen **17** entstehen, die der Insolvenzverwalter endgültig freigegeben hat (zur Kfz.-Steuer → § 125 Rn. 13). In diesem Fall gehören auch Steuervergütungsansprüche, die aus der freigegebenen Tätigkeit entspringen, nicht zur Insolvenzmasse, sondern zum insolvenzfreien Vermögen. In diesem Fall kann die Finanzbehörde mit einer Insolvenzforderung gegen den Steuervergütungsanspruch aufrechnen.[17] § 96 I Nr. 4 InsO verbietet die Aufrechnung nicht, da diese Vorschrift nur den umgekehrten Fall erfasst.

Zur verfahrensmäßigen Durchsetzung von Steuerforderungen als Masseverbindlich- **18** keiten → § 126 Rn. 24 f.

---

[14] BFH BFH/NV 2009, 2022; BFH/NV 2010, 15; BFH/NV 2010, 2128.
[15] BFH BStBl. II 2011, 520 = DStR 2011, 804.
[16] BFH BFH/NV 2011, 2111.
[17] BFH BStBl. II 2011, 336, DStRE 2011, 53.

9. Abschnitt. Die Befriedigung der Insolvenzgläubiger

Übersicht

	Rn.
§ 61. Die Rangordnung der Insolvenzgläubiger	
§ 62. Steuerforderungen als Insolvenzforderungen	
I. Einordnung der Steuerforderungen	1
II. Nicht fällige und nicht entstandene Steuerforderungen	4
III. Steuerliche Nebenleistungen, Geldstrafen und -bußen	8
§ 63. Forderungsanmeldung und Verfahren bis zum Prüfungstermin	
I. Anmeldeverfahren	1
II. Das Verfahren bis zum Prüfungstermin	43
§ 64. Der Prüfungstermin und seine Ergebnisse	
I. Forderungsfeststellung	1
II. Widerspruch	3
III. Tabelleneintragungen	18
IV. Feststellungswirkungen	28
V. Verfolgung bestrittener Forderungen	37
VI. Besonderheiten bei der Geltendmachung von Ansprüchen aus vorsätzlicher unerlaubter Handlung	64
§ 65. Die Verteilungen	
I. Die Abschlagsverteilung	1
II. Die Schlussverteilung	11
III. Der Schlusstermin	40
IV. Die Nachtragsverteilung	49

§ 61. Die Rangordnung der Insolvenzgläubiger

1   **I.** Der Begriff des Insolvenzgläubigers (und damit der Insolvenzforderung) ist oben § 19 ausführlich dargestellt. Die für das bisherige Recht charakteristische Rangklasseneinteilung der Insolvenzforderungen (vgl. § 61 KO, § 17 GesO) ist im neuen Recht modifiziert und vereinfacht: Innerhalb der nicht von § 39 InsO erfassten „ordentlichen" Insolvenzforderungen (§ 38 InsO) gibt es keine Rangunterschiede, es gilt Gleichbehandlung. Nach diesen Forderungen werden die in § 39 genannten (oben § 19 Rn. 35 f.) in der sich aus der Norm ergebenden Rangfolge befriedigt. Innerhalb der einzelnen Rangklassen besteht Gleichrang nach dem Verhältnis der Beträge.

2   In der **Nachlassinsolvenz** ergibt sich, wiederum im Range nach den ordentlichen Insolvenzforderungen **und** nach den Forderungen des § 39 InsO eine dritte Gruppe, bestehend aus den Forderungen nach § 327 InsO.

3   In der Insolvenz eines **Versicherungsvereins** auf Gegenseitigkeit folgen im Range nach den Ansprüchen des § 39 InsO die Ansprüche gem. § 51 I 1, 2 VAG idF v. Art. 87 Nr. 6 EG InsO.

4   **II.** Ist in einem **Insolvenzplan** ein Kreditrahmen für Sanierungskredite mit Vorrangwirkung vorgesehen (§ 264 InsO) und kommt es vor Aufhebung der Überwachung zu einem zweiten Insolvenzverfahren, so ergibt sich folgender Rang:
- Kreditrahmen des § 264 InsO,
- Ordentliche Insolvenzgläubiger (§ 38 InsO) und Gläubiger des § 265 InsO,
- Nachrangige Gläubiger (= § 39 InsO), vgl. dazu § 266 II InsO.

III. Die **Anmeldung** nachrangiger Insolvenzforderungen hat nach § 174 III InsO 5
nur zu geschehen, wenn das Gericht ausdrücklich dazu auffordert.

Wird eine nachrangige Forderung angemeldet, obwohl eine dahingehende Aufforde- 6
rung nicht erlassen war, so ist die Anmeldung zurückzuweisen, denn die Anmeldung ist
wegen Fehlens einer zwingenden Anmeldungsvoraussetzung nichtig.

Wird eine solche Forderung versehentlich in die Tabelle aufgenommen und im Prü- 7
fungstermin nicht bestritten, so ist fraglich, ob die Feststellungswirkung des § 178 III InsO
(allgemein dazu unten § 64) eintritt. Da die Eintragung des Prüfungsergebnisses
(§ 178 II InsO) die Feststellungswirkung hervorruft, eine solche Eintragung jedoch nur
bei „angemeldeten Forderungen" überhaupt statthaft ist, folgt aus der Nichtigkeit der
Anmeldung zwingend, dass eine Feststellungswirkung **nicht** eintritt.

IV. Vorrangig privilegierte Gläubiger. In einer Reihe von Spezialgesetzen finden
sich Vorrechte, die vor allen anderen Insolvenzforderungen zu befriedigen sind. Hier
sind insbesondere zu nennen:

1. *§ 35 I 1 HypBG*. Die Norm ist durch Art. 18 PfandBG vom 22.5.2005 (BGBl. I 8
1373) aufgehoben worden. Der Norminhalt ist jedoch erhalten geblieben. Danach gehen in einem Insolvenzverfahren die Forderungen von Schuldverschreibungsgläubigern
den Ansprüchen der Insolvenzgläubiger vor, § 30 I PfandBG.

2. *§ 77 III VAG*. In der Insolvenz eines in Form der AG oder des VVaG organisier- 9
ten Lebensversicherers haben die Versicherten das Recht auf vorzugsweise Befriedigung
wegen ihrer Ansprüche auf die rechnungsmäßige Deckungsrücklage aus den in das Register der Bestände des Deckungsstocks eingetragenen Gegenständen.

3. *§ 32 DepotG*. In der Insolvenz über das Vermögen eines der in den §§ 1, 17, 18 10
DepotG bezeichneten Verwahrers, Pfandgläubigers oder Kommissionärs haben die in
§ 32 DepotG genannten Gläubiger (Kommittenten, Hinterleger, Verpfänder, Wertpa-
pierkäufer) das Recht auf vorzugsweise Befriedigung aus einer Sondermasse, die jeweils
aus gleichartigen Wertpapieren und Lieferungsansprüchen auf solche gebildet wird.

§ 62. Steuerforderungen als Insolvenzforderungen

Übersicht

	Rn.
I. Einordnung der Steuerforderungen	1
II. Nicht fällige und nicht entstandene Steuerforderungen	4
III. Steuerliche Nebenleistungen, Geldstrafen und -bußen	8

I. Einordnung der Steuerforderungen

Nach § 38 InsO sind alle Forderungen, die im Zeitpunkt der Eröffnung des Insolvenz- 1
verfahrens „begründet" sind, Insolvenzforderungen und unterliegen damit den Beschränkungen und Regelungen der Insolvenzordnung (→ § 19 Rn. 8, 14). Das gilt auch
für Steuerforderungen. Mit dem Zeitpunkt der Eröffnung des Insolvenzverfahrens ist die
Steuerforderung nach den Vorschriften der Insolvenzordnung, nicht der Abgabenordnung, geltend zu machen (→ § 126 Rn. 4). Der für die Einordnung der Steuerforderung
als Insolvenzforderung maßgebliche Begriff des „Begründetseins" ist ein insolvenzrechtlicher Begriff. Der Zeitpunkt des Begründetseins ist insbesondere nicht mit dem Zeitpunkt
des steuerlichen Entstehens nach § 38 AO identisch.[1] „Begründet" iS des § 38 InsO ist ein

---

[1] Vgl. BFH BStBl. 1976 II 77; 1979 II 639; BStBl. II 2005, 195; BFH BStBl. 2006, 193; BFH BFH/NV 2008, 925; *Frotscher*, S. 62; BMF BStBl. I 1998, 1501.

§ 62 2–4 Kapitel III. 9. Abschnitt. Befriedigung der Insolvenzgläubiger

Anspruch und daher eine Steuerforderung in dem Zeitpunkt, in dem der (steuer-)schuldrechtliche Grund gegeben ist, aus dem die Steuerforderung entsteht. Nur dieser „Schuldrechtsorganismus", der die Grundlage der Forderung bildet, muss vor Eröffnung des Insolvenzverfahrens entstanden sein, nicht die Forderung selbst.[2] Für die insolvenzrechtliche Einordnung der Steuerforderung bedeutet dies, dass die Steuerforderung immer dann Insolvenzforderung nach § 38 InsO ist, wenn der der Steuerforderung zugrunde liegende (zivilrechtliche) Sachverhalt, der zu der Entstehung des Steueranspruchs führt, von dem Schuldner vor der Eröffnung des Insolvenzverfahrens verwirklicht worden ist. Der Zeitpunkt des Entstehens der Steuerforderung iSd §§ 37 ff. AO ist dabei ohne Bedeutung.[3] Wird der steuerlich relevante Sachverhalt dagegen nach Eröffnung des Insolvenzverfahrens verwirklicht, kann es sich bei den daraus resultierenden Steueransprüchen nicht um Insolvenzforderungen handeln, sondern entweder um Masseverbindlichkeiten (Tatbestandsverwirklichung durch den Insolvenzverwalter) oder um insolvenzfreie Forderungen (Tatbestandsverwirklichung durch den Schuldner im Bereich der insolvenzfreien Tätigkeit; → § 60 Rn. 12 ff.).

Der Steueranspruch ist danach in dem Zeitpunkt „begründet" iSd § 38 InsO, in dem der Steuerpflichtige den steuerbegründenden Tatbestand verwirklicht hat.[4] Ein Haftungsanspruch ist mit Vornahme der haftungsbegründenden Handlung bzw. dem Unterlassen „begründet" in diesem Sinne.

2   Eine Ausnahme von dem Grundsatz, dass vor Eröffnung des Insolvenzverfahrens begründete Forderungen Insolvenzforderungen sind, besteht nach § 55 II, IV InsO für Forderungen, die durch einen vorläufigen Insolvenzverwalter begründet werden, wenn auf diesen die Verfügungsbefugnis über das Vermögen des Schuldners übergegangen ist. Obwohl diese Forderungen vor Eröffnung des Insolvenzverfahrens begründet sind, ordnet § 55 II InsO sie als sonstige Masseverbindlichkeiten ein. Das gilt auch für Steuerforderungen, die an Handlungen des vorläufigen Insolvenzverwalters anknüpfen (→ § 22 Rn. 102).

3   Steuerforderungen als Insolvenzforderungen werden nicht anders behandelt als zivilrechtlich begründete Insolvenzforderungen. Ein Vorzugsrecht steht steuerlichen Insolvenzforderungen grundsätzlich nicht zu (zur Absonderung → § 42 Rn. 220 ff.). Auch Steuerforderungen, die aus einer strafbaren Handlung des Schuldners vor Eröffnung des Insolvenzverfahrens stammen (Steuerhinterziehung, § 370 AO) geben dem Finanzamt kein Recht auf vorrangige Befriedigung, auch wenn sich die durch die Straftat erlangten Gelder (Vorsteuererstattungen) noch in der Insolvenzmasse befinden.[5]

II. Nicht fällige und nicht entstandene Steuerforderungen

4   1. War eine Steuerforderung im Zeitpunkt der Eröffnung des Insolvenzverfahrens zwar bereits nach § 38 AO entstanden, aber nach § 220 AO noch nicht fällig, oder war die Vollziehung nach § 361 AO ausgesetzt,[6] gilt diese Forderung nach § 41 I InsO als fällig; sie ist als fällige Forderung zur Insolvenztabelle anzumelden. Ist über den Antrag auf Aussetzung der Vollziehung noch nicht entschieden, wird dieser unzulässig. Sind die durch Insolvenzeröffnung fällig gewordenen Forderungen unverzinslich, sind sie nach § 41 II InsO mit dem gesetzlichen Zinssatz abzuzinsen. Steueransprüche werden nach

---

[2] Uhlenbruck/Hirte/Vallender/*Sinz,* InsO, zu § 38 Rn. 67.
[3] Vgl. *Knobbe-Keuk* BB 1977, 757; *Uhlenbruck/Sinz* InsO, § 38 Rn. 67.
[4] BFH, BStBl. II 2006, 193; BFH BStBl. II 2009, 682; BFH, BStBl. II 2010, 145; BFH, 16.5.2013, IV R 23/11.
[5] BGH DB 2007, 2532.
[6] Aussetzung der Vollziehung lässt an sich die Fälligkeit bestehen, BFH BStBl. II 1988, 366, 369; sie hat jedoch eine stundungsgleiche Wirkung, so dass es gerechtfertigt ist, die Regelung des § 41 InsO über nicht fällige (gestundete) Forderungen anzuwenden; vgl. *Frotscher* S. 71.

§ 233 AO nur verzinst, wenn dies gesetzlich vorgeschrieben ist. Nach § 233a AO sind Steueransprüche nach einer zinsfreien Zeit von 15 Monaten nach Ablauf des Jahres, in dem sie entstanden sind, bis zur Fälligkeit der Steuerforderung zu verzinsen. Bemessungsgrundlage ist dabei die festgesetzte Steuer abzüglich anzurechnender Beträge wie Steuerabzugsbeträge und Vorauszahlungen (§ 233a III AO). Außerdem sind Steuerforderungen, die gestundet sind, nach § 234 AO, Steuerforderungen, deren Vollziehung ausgesetzt ist, nach § 237 AO, und hinterzogene Steuern nach § 235 AO verzinslich.

Außerhalb dieser Zinsregelungen sind Steuerforderungen unverzinslich und müssen insoweit bei Anmeldung zur Tabelle abgezinst werden. Säumniszuschläge machen die Steuerforderung nicht zu einer verzinslichen Forderung.[7]

5 Die Anwendung der Abzinsungsregelung des § 41 II InsO setzt an sich voraus, dass der Fälligkeitszeitpunkt der Forderung bestimmt oder zumindest bestimmbar ist. Ist dies nicht der Fall, ist die Minderung des Wertes der Forderung durch die Unverzinslichkeit nach § 45 InsO zu schätzen.

Bei Steuerforderungen hängt die Fälligkeit idR von einer Steuerfestsetzung ab; eine Ausnahme machen Vorauszahlungen, bei denen die Fälligkeit gesetzlich bestimmt ist. Ist die Steuer festzusetzen, tritt Fälligkeit regelmäßig einen Monat nach Bekanntgabe der Steuerfestsetzung nach § 122 AO ein.

Der Haftungsanspruch wird nach § 220 II 2 AO mit Bekanntgabe des Haftungsbescheids fällig, wenn nicht in dem Leistungsgebot ein späterer Fälligkeitstag bestimmt ist.

Für die Abzinsung der Steuerforderung im Insolvenzverfahren ist der Zeitpunkt, in dem die Steuer ohne Eröffnung des Insolvenzverfahrens festgesetzt worden wäre, und damit der Fälligkeitszeitpunkt, zu schätzen. Dabei ist zu berücksichtigen, zu welchem Zeitpunkt die Steuerfestsetzung nach dem gewöhnlichen Lauf der Dinge und dem Stand der Veranlagungsarbeiten in dem zuständigen Finanzamt erwartet werden durfte. Soweit in diesem Zeitraum Zeiten enthalten sind, in denen nach der gesetzlichen Regelung die Steuerforderung nicht zu verzinsen ist, hat die Abzinsung zu erfolgen.

6 Bisher nicht geklärt ist die Frage, was unter den „gesetzlichen Zinsen" nach § 41 II InsO zu verstehen ist, also die Frage, mit welchem Zinsfuß die Abzinsung zu erfolgen hat. ME ist der Zinsfuß des § 238 AO von 0,5 % pro Monat nicht anzuwenden, da es sich um einen allgemeinen für das ganze Steuerrecht geltenden Zinsfuß handelt. Stattdessen ist auf den allgemeinen Zinssatz des § 246 BGB bzw. § 352 HGB zurückzugreifen.[8]

7 **2.** War die Steuerforderung im Zeitpunkt der Eröffnung des Insolvenzverfahrens zwar nach § 38 AO noch nicht entstanden, war die steuerrechtliche Beziehung aber bereits begründet iS des § 38 InsO, ist die Steuerforderung befristet iSd § 163 BGB und wie eine aufschiebend bedingte Forderung zu behandeln.[9] Nach § 191 II InsO wird diese Forderung bei der Errechnung von Abschlagszahlungen und Schlussquote zwar einbezogen, aber noch nicht ausgezahlt; der auf die aufschiebend bedingte Forderung entfallende Betrag wird zurückbehalten. Die aufschiebend bedingte Forderung wird erst bedient, wenn die Bedingung eingetreten, sie also entstanden ist.

III. Steuerliche Nebenleistungen, Geldstrafen und -bußen

8 Nach § 39 I Nr. 3 InsO können *Geldstrafen* und *Geldbußen* im Rang nur nach den übrigen Forderungen der Insolvenzgläubiger geltend gemacht werden. Gleiches gilt für

---

[7] BFH BStBl. 1975 II 590.
[8] Ebenso Uhlenbruck/Hirte/Vallender/*Sinz,* InsO, zu § 41 Rn. 70; *Waza/Uhländer/Schmittmann,* Rn. 507.
[9] Vgl. BFH BStBl. II 1976, 77; BStBl. II 1979, 198. Unrichtig daher BMF BStBl. I 1998, 1500, Tz. 4.2, wo angenommen wird, dass die nicht entstandene Steuerforderung als fällig gilt. Das widerspricht § 191 II InsO.

§ 63 Kapitel III. 9. Abschnitt. Befriedigung der Insolvenzgläubiger

die seit Eröffnung des Insolvenzverfahrens laufenden Zinsen auf Steuerforderungen nach §§ 233ff. AO (§ 39 I Nr. 1 InsO) einschließlich der Säumniszuschläge, § 240 AO,[10] Zwangsgelder nach § 329 AO (§ 39 I Nr. 3 InsO) sowie Kosten der Teilnahme der Finanzbehörde am Insolvenzverfahren (§ 39 I Nr. 2 InsO). Säumniszuschläge sind regelmäßig zur Hälfte zu erlassen; die verbleibende Hälfte entspricht dem Zinsanteil, für den § 39 Nr. 1 InsO gilt. Soweit die Säumniszuschläge Druck auf den Steuerpflichtigen ausüben sollen, haben sie im Insolvenzverfahren ihren Sinn verloren.[11] Kosten eines finanzgerichtlichen Verfahrens, das vor Eröffnung des Insolvenzverfahrens abgeschlossen ist, oder das der Insolvenzverwalter nicht aufnimmt, sind Insolvenzforderungen. Masseverbindlichkeiten liegen nach § 55 Nr. 1 InsO nur vor, wenn der Insolvenzverwalter den Rechtsstreit aufgenommen hat.[12]

9   Die sonstigen steuerlichen Nebenleistungen nach § 3 III AO, die keinen Straf- oder Zinscharakter haben, können im Insolvenzverfahren ohne die sich aus § 39 InsO ergebenden Einschränkungen geltend gemacht werden. Sie sind Insolvenzforderungen, die wie alle Insolvenzforderungen zu behandeln sind. Es sind dies Verspätungszuschläge nach § 152 AO[13] sowie vor Eröffnung des Insolvenzverfahrens angefallene Kosten, zB Vollstreckungskosten nach §§ 337ff. AO. Aus § 39 I Nr. 1 InsO ergibt sich außerdem, dass die bis zur Eröffnung des Insolvenzverfahrens entstandenen Zinsen nach §§ 233ff. AO und Säumniszuschläge nach § 240 AO als Insolvenzforderungen geltend gemacht werden können. Zuschläge nach § 162 IV AO sind keine Zwangsgelder, keine Nebenfolgen einer Straftat oder Ordnungswidrigkeit iSd § 39 I Nr. 3 InsO und auch keine Zinsen. Sie sind daher als Insolvenzforderung geltend zu machen.

§ 63. Forderungsanmeldung und Verfahren bis zum Prüfungstermin

Übersicht

	Rn.
I. Anmeldeverfahren	1
1. Anmeldepflicht	1
2. Inhalt der Anmeldung	6
3. Form der Anmeldung	12
4. Adressat	13
5. Behandlung beim Verwalter	14
6. Die Eintragung in die Tabelle	17
7. Einsichtsrecht der Beteiligten	35
8. Rücknahme von Anmeldungen	39
II. Das Verfahren bis zum Prüfungstermin	43
1. Die Vorbereitung des Prüfungstermins	43
2. Nachträgliche Anmeldungen	49

Schrifttum: *Brückl,* Die Forderung aus vorsätzlich begangener unerlaubter Handlung in der Insolvenz des Schuldners, ZInsO 2005, 16; *Eckardt,* Die Feststellung und Befriedigung des Insolvenzgläubigerrechts, in: Kölner Schrift, 2. Aufl. 2009, S. 743; *ders.,* „Unanmeldbare" Forderungen im Konkursfeststellungsverfahren nach §§ 138ff. KO, ZIP 1994, 1765; *Hintemann/Graf Brockdorf,* Der Gläubiger im Insolvenzverfahren, 1999; *Kehe/Meyer/Schmerbach,* Anmeldung und Feststellung einer Forderung aus vorsätzlich begangener unerlaubter Handlung, ZInsO 2002, 615 und 660; *Klasmeyer/Elsner,* Zur Behandlung von Ausfallforderungen im Konkurs, FS Merz, 1992, S. 303;

---

[10] BFH BStBl. II 2003, 901; so jetzt ausdrücklich § 39 I Nr. 1 InsO.
[11] BFH BStBl. II 2003, 201.
[12] → § 126 Rn. 22.
[13] BFH/NV 2005, 1001.

Kübler, Zur Abgrenzung der Zuständigkeit von Gesamtvollstreckungsgericht und Verwalter bei der Feststellung der Schuldenmasse, FS Henckel, 1995, S. 495; *Loritz*, Einbeziehung der nachrangigen Insolvenzgläubiger, in: *Leipold* (Hrsg.), Insolvenzrecht im Umbruch, 1991, S. 91; *K. Schmidt*, Fremdwährungsforderungen im Konkurs, FS Merz, 1992, S. 533; *Uhlenbruck,* Zurückweisung von Anmeldungen zur Konkurstabelle, Rpfleger 1991, 445.

I. Anmeldeverfahren

1. Anmeldepflicht. a) Jeder Insolvenzgläubiger muss gem. § 174 I seine Forderung anmelden, will er am Verfahren teilnehmen. Wegen der Anmeldesperre für nachrangige Gläubiger des § 39 InsO → § 61 Rn. 6–8.

b) Wird ein und dieselbe Forderung von mehreren Personen angemeldet, *(Doppelanmeldung)* so sind beide Anmeldungen wirksam und werden in die Tabelle aufgenommen; in der Bemerkungsspalte ist jedoch auf die doppelte Beanspruchung hinzuweisen. Erkennt der Verwalter die Forderung in Grund und Höhe an, so geschieht dies zweckmäßig „unter dem Vorbehalt, dass sie demjenigen zusteht, der im Streit über die Inhaberschaft obsiegt".[1]

c) Für *prozessunfähige* Personen meldet der gesetzliche Vertreter an. Bei *Gesamtgläubigern* kann jeder der Gläubiger alleine anmelden; ebenso bei einer ungeteilten Erbengemeinschaft. Gesamtgutsforderungen einer Gütergemeinschaft meldet der Verwaltungsberechtigte an.

Gewillkürte Vertreter haben eine Vollmacht vorzulegen. Eine Ausnahme gilt für Rechtsanwälte (§ 88 II ZPO), jedoch kann der Mangel der Vollmacht gerügt werden. Die allgemeine Prozessvollmacht genügt nicht, weil die Insolvenz nicht zur Zwangsvollstreckung iSv § 81 ZPO gehört.

Zuweilen sind sogenannte *„Poolanmeldungen"* zu beobachten, dh Gläubiger übertragen ihre Forderungen an einen Treuhänder, der sie zusammen anmeldet; auch werden *Sammelanmeldungen* (dh die einheitliche, zusammengefasste Anmeldung mehrerer gleichartiger Ansprüche) immer häufiger. Das ist grundsätzlich nicht zu beanstanden. Voraussetzung ist jedoch stets, dass die einzelnen Forderungen individualisiert werden können, damit die Möglichkeit des Verwalters oder anderer Gläubiger zum Bestreiten von einzelnen Forderungen nicht eingeschränkt wird.[2] Auch ein (zugelassenes) Inkassounternehmen kann anmelden.[3]

2. Inhalt der Anmeldung. Die Anmeldung hat nach § 174 II InsO *Betrag und Grund* des geltend gemachten Anspruches anzugeben. Grundsätzlich: BGH ZInsO 2009, 381. Der Forderungsbetrag muss in inländischer Währung bemessen sein; Fremdwährungsschulden müssen vom Anmelder umgerechnet werden, § 45 S. 2 InsO. Maßgebend ist der amtliche Kurs am Eröffnungstage.

Die Ausrechnung von *Zinsen* ist nur erforderlich, wenn diese als Hauptforderung geltend gemacht werden; bei ihrer Geltendmachung als Nebenforderung genügt es, wenn sie in einem Prozentsatz der Hauptforderung ausgedrückt sind und der Beginn des Zinslaufes angegeben wird. Ein Endtermin muss nur dann angegeben werden, wenn er ausnahmsweise vor dem Eröffnungstage liegen sollte.

Arbeitnehmerforderungen sind mit den Bruttobeträgen anzumelden. Beim Kontokorrent ist ein anerkannter Saldo anzumelden, nicht etwa die in die laufende Rechnung eingestellten Einzelposten.

Bei Sammel- und Poolanmeldungen müssen die Einzelansprüche und ihre Inhaber erkennbar sein (→ Rn. 6).

---

[1] BGH NJW 1970, 810.
[2] *Mohrbutter* KTS 1974, 223; *Uhlenbruck,* § 174 Rn. 15; FK/*Schulz,* § 174 Rn. 30.
[3] OLG Dresden ZVJ 2004, 504.

10 Grund des Anspruches ist der Tatbestand, aus dem der Gläubiger den angemeldeten Anspruch ableitet. Anzugeben ist der konkrete *Lebenssachverhalt,* nicht eine rechtliche Würdigung. Wesentlich ist, dass die Angaben des Anmelders die Forderung so individualisieren, dass Verwalter und Dritte den Schuldgrund erkennen und überprüfen können. Will der Gläubiger – im Hinblick auf § 302 Nr. 1 InsO – eine Forderung aus vorsätzlicher unerlaubter Handlung geltend machen, so hat er auch insoweit Tatsachen anzugeben. Es genügt mithin nicht, die bloße Rechtsbehauptung, ein solcher Anspruch sei gegeben, auch genügt die Benennung von Vorschriften („... gem. § 263 StGB ...") ebenso wenig, wie die Verwendung von Schlagworten („... Eingehungsbetrug ..."). Es ist vielmehr ein Lebenssachverhalt zu schildern, aus dem sich schlüssig die Rechtsbehauptung ergibt.

11 Die in § 174 I 2 InsO weiter verlangte *Beifügung von Beweisstücken* gehört nicht zu den Wirksamkeitserfordernissen der Anmeldung. Jedoch setzt sich der Anmelder, der seine Beweisstücke nicht mit einreicht, dem Risiko aus, dass der Verwalter den Anspruch zunächst bestreitet, um ihn dann im Feststellungsprozess bei Vorlage der Beweisstücke sofort anzuerkennen, so dass der Anmelder die Kosten zu tragen hat.[4] Beweisstücke können sein: Wechsel, Schuldscheine, Lieferscheine, Vollstreckungstitel aller Art; aber auch Rechnungen, wenn in ihnen der geltend gemachte Betrag unter Angabe der erbrachten Leistung aufgeschlüsselt und errechnet wird.[5] Soweit es sich um einen Gläubiger aus einem anderen EU-Mitgliedstaat handelt (→ Rn. 12) erweitert Art. 41 EuInsVO die Regelung in § 174 I 2 InsO dahin, dass zwingend (!) eine Kopie vorhandener Belege beizufügen ist und die Anmeldung auch den Entstehungszeitpunkt anzugeben hat. Bestehende Sicherheiten sind anzugeben.

12 **3. Form der Anmeldung.** Die Anmeldung ist wegen § 184 GG grundsätzlich in *deutscher Sprache* abzufassen. Das gilt nach wie vor (trotz Anmeldung beim Verwalter) weil sie für ein gerichtliches Verfahren bestimmt ist.[6] Das wirft angesichts der internationalen wirtschaftlichen Verflechtung zunehmend Probleme auf; fremdsprachige Anmeldungen sind keine Seltenheit. Sie können zwar nicht in dieser Form als wirksam behandelt werden, dürfen aber andererseits auch nicht einfach unberücksichtigt bleiben. Der Verwalter wird dem Anmelder deshalb aufzugeben haben, eine Übersetzung nachzureichen. Ein Gläubiger, der einen gewöhnlichen Aufenthalt, Wohnsitz oder Sitz in einem anderen **EU-Mitgliedstaat** hat, kann seine Anmeldung in der/einer Amtssprache dieses Staates abfassen, Art. 42 II EUInsVO. Die Anmeldung muss jedoch mindestens die Überschrift „Anmeldung einer Forderung" in deutscher Sprache tragen. Vom Anmelder kann eine Übersetzung verlangt werden.

13 **4. Adressat.** Die Anmeldung ist schriftlich beim *Insolvenzverwalter* (im Verfahren nach § 270 InsO beim Sachwalter) anzubringen, § 174 I 1 InsO. Telegraphische Anmeldungen oder Telefax sind – über § 4 InsO – zulässig, weil diese Formen allgemein für Prozesshandlungen anerkannt sind.[7] Eine Unterschrift ist nicht zwingend, sofern das Schreiben eindeutig einer bestimmten Person zugeordnet werden kann.[8] Wegen der Anmeldung durch ein elektronisches Dokument s. MüKoInsO/*Nowak,* § 174 Rn. 9.

14 **5. Behandlung beim Verwalter. a)** Da die Anmeldung die Verjährung hemmt (§ 204 I Nr. 10 BGB), muss der genaue Zeitpunkt ihres Einganges beim Verwalter beweiskräftig festgehalten werden. Anmeldungen dürfen deshalb nicht tagelang angesammelt werden; sie sind vielmehr am Tage des Einganges mit dem Eingangsstempel zu versehen, der die Datumsangabe enthält.

---

[4] BGH NZI 2006, 173; OLG Hamburg KTS 1975, 42, 43; OLG Hamm ZInsO 1999, 352.
[5] OLG Celle ZIP 1985, 823.
[6] Braun/*Specovius,* § 174 Rn. 17; aA *Eckardt,* Kölner Schrift, S. 743, 750 (Rn. 13).
[7] BGH NJW 1983, 1498 u NJW 1990, 188.
[8] Braun/*Specovius,* § 174 Rn. 17.

b) Im Geltungsbereich von KO und GesO war allgemein anerkannt, dass der Eintragung in die Tabelle eine *Vorprüfung* durch den – dort zuständigen – Urkundsbeamten vorausgeht.[9] Im Geltungsbereich der InsO ist streitig, ob auch dem Verwalter dieses Vorprüfungsrecht zukommt.[10] Das ist zu bejahen, weil dieses Recht die zwangsläufige Folge der Pflicht zu einer – ordnungsgemäßen – Tabellenführung ist. Es ist dies auch prozessökonomisch sinnvoll; der Verwalter kann nicht genötigt sein, jede Anmeldung einzutragen, um dann Formalmängel durch Bestreiten anzugreifen, was den Anmelder dann wegen eines Formalienstreits in den Feststellungsprozess zwingt. Gegenstand des Vorprüfungsrechts sind die vorgenannten Formalvoraussetzungen; das Beanstandungsrecht sollte jedoch auch dann bestehen, wenn eine unanmeldbare Forderung vorliegt (§§ 39, 174 III InsO) oder eine erkennbare Masseschuld angemeldet wird. Zu beanstanden sind offentlichliche Mängel, die der Eintragung entgegenstehen. Eine Schlüssigkeitsprüfung findet nicht statt.[11] 15

c) Gegen die Ablehnung der Eintragung durch den Verwalter kann ein Rechtsmittel nicht gegeben sein. Der Anmelder kann jedoch gem. § 58 II 1 InsO das Gericht anrufen.[12] 16

6. Die Eintragung in die Tabelle. a) Nach § 175 S. 1 InsO hat der Verwalter die angemeldeten Forderungen mit den in § 174 II, III genannten Angaben in eine Tabelle einzutragen. Der Verwalter kann die Tabelle auf herkömmliche Art, also als Sammelliste oder als Einzelblattkartei führen. In § 5 III InsO ist jedoch ausdrücklich auch die Führung mittels EDV, also in einer maschinell geführten Datei, zugelassen. 17

b) Die Art der Führung ist dem Verwalter überlassen. Wertvolle Hinweise bei *Frege/Keller/Riedel,* Handbuch d. Rechtspraxis, Rn. 1567 ff. vorgeschrieben ist nur der Mindestinhalt. Die Tabelle muss enthalten 18
- Name und Anschrift des Gläubigers sowie dessen Vertreter,
- den Tag der Anmeldung (das ist der Eingang beim Verwalter),
- den angemeldeten Betrag, ggf. aufgeschlüsselt nach Hauptsache, Zinsen und Kosten,
- den Grund der Forderung.

Die Tabelle muss daneben, bei jedem Sammeleintrag oder auf jedem Einzelblatt, Raum freihalten für die Eintragung des Prüfungsergebnisses. Ein weiterer Freiraum sollte vorgesehen sein für die Eintragung von Anmerkungen und Berichtigungen.

Wird die Tabelle in Form einer Kartei oder vermittels einzelner Gläubigerstammblätter geführt, so werden die einzelnen Tabellenteile alphabetisch geordnet. Wird eine Sammelliste geführt, so ist sie – wegen des Gebots der sofortigen oder doch alsbaldigen Eintragung[13] – naturnotwendig chronologisch aufgebaut, dh sie erfasst die Anmeldungen in der Reihenfolge ihres Einganges. Es empfiehlt sich dann daneben ein alphabetisches Verzeichnis zu führen. 19

Die Übernahme der amtlichen (gerichtlichen) Muster (§ 15 AKtO) erscheint weniger sinnvoll. Sie sind auf die gerichtliche Tabellenführung zugeschnitten, dh auf den Rechtszustand nach KO bzw. GesO. 20

c) Ist ausnahmsweise eine Anordnung nach § 174 III InsO ergangen, so ist die Tabelle in zwei Abteilungen zu führen, in die erste Abteilung werden die Forderungen des § 38 InsO, in die zweite Abteilung die des § 39 InsO eingetragen. Da innerhalb des 21

---

[9] *Jaeger/Weber,* KO § 140 Anm. 2a.
[10] Bejahend: Braun/*Specovius,* § 174 Rn. 17; *Haarmeyer/Wutzke/Förster,* Hdb Kap 7 Rn. 25; HK/ *Depré,* § 175 Rn. 4–6; *Uhlenbruck,* § 175 Rn. 10. Verneinend: *Eckardt,* Kölner Schrift, S. 743, 752 (Rn. 18).
[11] OLG Stuttgart ZVI 2008, 336.
[12] Uhlenbruck/Hirte/Vallender/*Sinz,* § 175 Rn. 14.
[13] Braun/*Specovius,* § 175 Rn. 2, 9.

§ 39 InsO ein Rangverhältnis besteht, ist in der zweiten Abteilung eine Tabellenuntergliederung (Ranggruppen I–IV) vorzusehen.

22 **d)** In den oben → Rn. 9–11 genannten Fällen wird für jede Gläubigergruppe (also bei § 32 DepotG für jede Sondermasse) eine zusätzliche Tabellenabteilung angelegt.

23 **e)** In der Spalte „Berichtigungen" werden eingetragen Zurücknahmen, Ermäßigungen und nachträgliche Feststellungen. In der Bemerkungsspalte sind Vermerke über Absonderungsrechte, aufschiebend bedingte Forderungen, weitere Eintragungen für den gleichen Gläubiger, Löschungen, Stimmrechtsgewährungen bei bestrittenen Forderungen, der Widerspruch des Schuldners und Vermerke über die Erteilung einer vollstreckbaren Ausfertigung einzutragen.

24 **f)** Über die Führung der Tabelle ist im Einzelnen noch zu bemerken:
Meldet ein Gläubiger mehrere selbstständige Forderungen an, die zur gleichen Rangklasse gehören, so sind sie je unter einer besonderen Nummer einzutragen; bei einem Kontokorrentverhältnis genügt die Einstellung des Saldos. Sind mehrere selbstständige Forderungen zu verschiedenen Tabellen bzw. verschiedenen Rangklassen (bei § 39 InsO) angemeldet, so werden sie jeweils an den hierzu bestimmten Stellen eingetragen.

25 Die Nebenforderungen an Zinsen und Kosten werden unter der Nummer der Hauptforderung aufgeführt, aber nicht zu einer Summe zusammengezogen. Die Kennzeichnung der Haupt- und Nebenansprüche erfolgt zweckmäßigerweise durch Buchstaben.

26 Besteht für eine angemeldete Forderung ein Anspruch auf abgesonderte Befriedigung und wird ihre Berücksichtigung nur für den Betrag beansprucht, zu dem der Gläubiger Befriedigung aus dem Gegenstand des Absonderungsrechts nicht erlangen sollte (§ 52 InsO), so ist dies zu vermerken. Dies setzt freilich voraus, dass die Forderung als Ausfallsforderung angemeldet ist. Ist dies nicht geschehen und geht nur aus den Angaben des Gläubigers hervor, dass ein Absonderungsrecht besteht, so erfolgt die Eintragung in die Tabelle nach Maßgabe der Anmeldung und es bleibt dem Verwalter und den Gläubigern überlassen, im Prüfungstermin der Zuvielforderung des Anmeldenden durch Erhebung des Widerspruchs entgegenzutreten.

27 Besteht für die angemeldete Forderung ein mit der Vollstreckungsklausel versehener Schuldtitel, der vor Eröffnung erlassen wurde, so ist dies in der Tabelle zu vermerken. Für die Bezeichnung als titulierte Forderung ist nicht erforderlich, dass die Titel zugestellt sind, es sei denn, die Zustellung ersetzt die Verkündung (§ 310 III ZPO).

28 Während die Urkunden im Prüfungstermin zur Einsicht aller Beteiligten vorliegen müssen, genügt bei öffentlich-rechtlichen Forderungen des Fiskus und bei Sozialversicherungsträgern die bloße Behauptung, dass der Anspruch vollstreckbar ist. Es ist jedoch dann bei den Anmeldungen anzugeben, seit welchem Zeitpunkt und aus welchem Rechtsgrund die Titulierung besteht.

29 **g)** Die Tabelleneintragungen können **berichtigt** werden. Dies kann geschehen von „Amts" wegen bei Schreibversehen oder anderen unter § 319 ZPO fallenden offenkundigen Unrichtigkeiten.

30 Auch Berichtigungen auf Antrag sind möglich,[14] sofern die Unwirksamkeit der Eintragung dargetan wird (zB Eintragung einer Forderung, die unter § 39 InsO fällt oder einer Masseschuld) oder die Eintragung nachweislich unrichtig ist (zB unrichtiges Ergebnis der Prüfungsverhandlungen).

31 Nicht hierher gehören die Fälle der **Anmeldungsänderung** (Änderungen des angemeldeten Betrages, Nachschieben eines anderen Forderungsgrundes); hier handelt es sich um Neuanmeldungen. Ihre Behandlung ist unterschiedlich:

---

[14] BGH ZIP 1984, 980, 981.

Forderungsanmeldung und Verfahren bis zum Prüfungstermin   32–41 § 63

Wird der Forderungsbetrag ermäßigt, so ist das bei beiden Einträgen bei der alten 32
Anmeldung zu vermerken. Wird der Forderungsbetrag erhöht, so ist der Erhöhungsbetrag neu einzutragen, wobei bei beiden Einträgen darauf hingewiesen wird, dass es sich um eine einheitliche Forderung handelt. Natürlich kann auch eine völlig neue Eintragung geschehen.

Eine Neueintragung hat stets zu geschehen bei Änderung des Schuldgrundes. 33

Zuständig ist bis zur Niederlegung (→ Rn. 35) der Verwalter; danach das Gericht. 34

7. Einsichtsrecht der Beteiligten. Nach § 175 S. 2 InsO ist die Tabelle nach Ablauf 35
der Frist des § 28 I InsO innerhalb des ersten Drittels des Zeitraums zwischen Ablauf und Prüfungstermin (§ 29 I Nr. 2 InsO) auf der Geschäftsstelle des Gerichts zur Einsicht auszulegen. Der Verwalter hat sie also rechtzeitig einzureichen.

Alle Beteiligten (Schuldner, Gläubiger, Massegläubiger, Gläubigerausschussmitglieder) 36
haben das Recht, Anmeldungen und Tabelle einzusehen. Anderen Personen (zB Interessenten für eine Betriebsübernahme; Personen, die als Garanten nach § 257 II InsO oder Bürgen angegangen werden uä) kann entsprechend § 299 II ZPO bei Glaubhaftmachung ihres rechtlichen Interesses die Einsicht gestattet werden.

Im Hinblick auf das Einsichtsrecht (→ Rn. 36) sollte bei der EDV-Tabelle ein **Ausdruck** 37
dem Gericht eingereicht werden; die Einreichung lediglich von Disketten[15] erscheint auch mit dem Entlastungszweck nicht vereinbar und sollte unterbleiben.

Fraglich ist, ob das Gericht Teile der Anmeldungen von der Einsicht ausschließen kann, 38
wenn das Bekanntwerden der Verluste von Gläubigern diese wirtschaftlich gefährden könnte oder wenn der Abschluss eines Insolvenzplanes gefährdet erscheint. Hier muss jedoch zu größter Zurückhaltung geraten werden. Das **Einsichtsrecht** ist den Beteiligten **uneingeschränkt** gewährt; seine Versagung oder Beschränkung kann nach allgemeinen Grundsätzen nur dann gebilligt werden, wenn konkrete Anhaltspunkte für einen Missbrauch durch den Einsichtsnehmenden bestehen. Allgemeine, objektiv bestehende Gefährdungen einzelner anderer Beteiligter genügen dazu wohl nicht; jeder Gläubiger hat selbst abzuwägen, ob es ihm tragbar erscheint, durch seine Anmeldung und die daraus erkennbare Möglichkeit eigener Verluste in den beteiligten Geschäftskreisen „ins Gerede zu kommen".

8. Rücknahme von Anmeldungen. Eine Anmeldung kann **bis zur Feststellung** 39
der Forderung zurückgenommen werden. Nach Feststellung ist eine Rücknahme wegen der Rechtskraftwirkung des § 178 III InsO ausgeschlossen.[16]

Die Rücknahme geschieht durch **Erklärung gegenüber dem Verwalter,** nach Nie- 40
derlegung gegenüber dem Gericht, in der für die Anmeldung geltenden Form (→ Rn. 23, 24); auch Rücknahme zu Protokoll des Gerichts im Prüfungstermin muss zulässig sein.

Eine „Rücknahme" kann **verschiedene Bedeutung** haben: 41

(1) Sie kann einen reinen actus contrarius zur Anmeldung darstellen, mit dem lediglich die derzeitige Beteiligung am Verfahren widerrufen wird; Wiederanmeldung ist dann jederzeit möglich, der Gläubiger bleibt allen Beschränkungen unterworfen.

(2) Die Rücknahme kann einen endgültigen Teilnahmeverzicht bedeuten, der eine Wiederanmeldung unzulässig macht.

(3) Die Rücknahme kann schließlich die Mitteilung eines bereits wirksam gewordenen Erlassvertrages (§ 397 BGB) oder das darauf gerichtete Angebot beinhalten oder eine Befriedigung des Gläubigers ohne Übergang auf einen anderen dartun.

Wegen der unterschiedlichen Folgen hat der Verwalter bzw. das Gericht bei Anmelderücknahme aufzuklären, welche Bedeutung der Erklärung des Gläubigers zukommt. Die Rücknahme ist dann mit entsprechendem Hinweis zu vermerken:

---

[15] HK/*Depré*, § 175 Rn. 12. Wie hier: *Uhlenbruck*, § 175 Rn. 11.
[16] RGZ 112, 297, 299; *Uhlenbruck*, § 174 Rn. 23.

„Anmeldung zurückgenommen am ..." (Fall 1)
„Anmeldung zurückgenommen infolge Teilnahmeverzicht ..." (Fall 2)
„Anmeldung zurückgenommen infolge Forderungserlass ..." (Fall 3).

42 Jede Rücknahme nach Niederlegung der Tabelle ist dem Verwalter abschriftlich mitzuteilen. Wird die Rücknahme bereits vor Anlegung der Tabelle erklärt, so unterbleibt der Tabelleneintrag nur bei einer reinen Rücknahme (Fall 1); diese ist dann auf der Anmeldung zu vermerken. In den Fällen 2 und 3 erscheint es zweckmäßig, die Forderung mit einem entsprechenden Rücknahmevermerk in die Tabelle aufzunehmen, damit den anderen Beteiligten die über eine bloße Rücknahme hinausgehenden Wirkungen der Erklärung erkennbar werden.

II. Das Verfahren bis zum Prüfungstermin

43 **1. Die Vorbereitung des Prüfungstermins. a)** Der Prüfungstermin wird bereits **im Eröffnungsbeschluss festgelegt** (§ 29 I 2 InsO); eine Ladung der Beteiligten ist deshalb wegen § 9 III InsO nicht erforderlich. Der Prüfungstermin kann regelmäßig erst durchgeführt werden, wenn der Berichtstermin stattgefunden hat.

44 Der Verwalter hat in **Vorbereitung des Termins** die Anmeldungen zu sichten und sich darüber schlüssig zu werden, ob er sie bestreiten will oder nicht. Der Schuldner ist gem. § 97 I, II InsO verpflichtet, dem Verwalter dazu erforderliche Auskünfte zu erteilen.

45 **b) Teilnahmeberechtigt** am Prüfungstermin sind der Verwalter der Schuldner und alle Insolvenzgläubiger, die eine Forderung angemeldet haben.

46 Streitig ist, ob der **Verwalter** den Termin persönlich wahrnehmen muss,[17] oder ob er sich vertreten lassen kann.[18] Jedenfalls die Vertretung durch einen mit festen Weisungen versehenen Vertreter („gebundener Vertreter") sollte zulässig sein.[19]

47 Die Anwesenheit des **Schuldners** ist nicht zwingend vorgeschrieben. Da jedoch im Prüfungstermin stets damit gerechnet werden muss, dass Erklärungen des Schuldners erforderlich werden, empfiehlt es sich, stets sein Erscheinen anzuordnen, § 97 III InsO.

48 Die Anwesenheit der **anmeldenden Gläubiger** ist nicht vorgeschrieben; das folgt auch mittelbar aus § 179 III InsO.

49 **2. Nachträgliche Anmeldungen. a) Die Anmeldefrist** des § 28 I InsO ist keine Ausschlussfrist. Anmeldungen sind auch noch nach ihrem Ablauf und auch noch, wie sich aus § 177 I 2 InsO ergibt nach dem Prüfungstermin zulässig. Der BGH lässt sie bis zum Schlusstermin zu (BGH Rpfleger 2012, 339, 340). Bei unterbliebener Bekanntmachung der Anmeldefrist verlängert sie sich ohnehin bis zum Prüfungstermin.[20] Die Zulässigkeit einer **späteren Anmeldung** ist jedoch nur dann zu bejahen, wenn die Anmeldung in einem Verfahrensstadium geschieht, das es noch gestattet, den Anmelder an den entscheidenden Verfahrensabschnitten „Forderungsprüfung" und „Verteilung" teilnehmen zu lassen. Deshalb muss eine Anmeldung nach Ablauf der Frist des § 189 I InsO als unzulässig angesehen werden. Die in der Praxis zuweilen anzutreffende Auffassung, die Anmeldung sei noch zulässig bis zur Verfahrensbeendigung, weil sie dem Gläubiger jedenfalls noch einen Vollstreckungstitel verschaffen könne, kann nicht geteilt werden. Das Verfahren darf nicht als billiges und einfaches Titulierungsverfahren missbraucht werden. Wer erst nach Ablauf der Frist des § 189 I anmeldet, erweckt den Ver-

---

[17] AG Hohenschönhausen NZI 2000, 139; *Haarmeyer/Wutzke/Förster*, Hdb Kap 7 Rn. 41; Braun/Specovius, § 176 Rn. 4; HK/*Depré*, § 176 Rn. 2; *Smid*, § 176 Rn. 10; *Uhlenbruck*, § 176 Rn. 22.
[18] *Breutigam/Breutigam*, § 176 Rn. 9; *Wimmer/Schulz*, § 176 Rn. 9.
[19] *Eickmann* KTS 1986, 197, 203.
[20] LG Meiningen ZIP 1999, 1055; dazu *Paulus* EWiR 1/99, S. 791. Sehr großzügig HK/*Depré* § 177 Rn. 1. AA auch MüKoInsO/*Nowak* § 177 Rn. 4.

dacht, dass es ihm um eine (nicht mehr mögliche) Verfahrensteilnahme im eigentlichen Sinne gar nicht geht, sondern nur darum, sich einen Titel in einem Verfahrensstadium verschaffen zu wollen, in dem naturgemäß weder der Verwalter noch die anderen Gläubiger gegen die Feststellung der ohnehin bei der Verteilung nicht mehr berücksichtigungsfähigen Forderung etwas einzuwenden haben. Zwar würde ein Widerspruch des Schuldners die Absichten des Anmelders durchkreuzen (§ 201 II InsO); erfahrungsgemäß erkennt ein nicht rechtskundiger Schuldner die Rechtslage jedoch nicht und bleibt passiv.

b) Ist eine Nachanmeldung zulässig, so stellt sich die Frage, wann sie geprüft wird. **50** Geschah die Anmeldung noch vor dem Prüfungstermin, so kann sie grundsätzlich noch zum Gegenstand dieses Termines gemacht werden. Das Gericht sollte freilich davon absehen, wenn von vornherein erkennbar ist, dass der Verwalter die erforderliche Überprüfung der Forderung nicht mehr durchführen kann. Eine **Forderungsprüfung** im Prüfungstermin ist jedoch unzulässig, wenn der Verwalter oder ein Gläubiger dem widerspricht. Dieser Widerspruch bedarf keiner über die Rüge der Fristversäumung hinausgehenden Begründung. Es ist unbeachtlich, ob die Fristversäumung vom Gläubiger zu vertreten ist oder nicht; es ist auch ohne Belang, wenn das Gericht meint, der Widersprechende habe zur Meinungsbildung über die Forderung hinreichend Zeit gehabt. Der Widerspruch führt zwingend zur Verweisung der Forderungsprüfung in einen besonderen Prüfungstermin bzw. ins schriftliche Verfahren.

Geschah die Anmeldung nach dem allgemeinen Prüfungstermin, so ist grundsätzlich **51** ein **besonderer Prüfungstermin** anzuberaumen, → aber Rn. 60. Dies sollte allerdings aus Rationalisierungsgründen erst nach einer Zeit des Zuwartens auf evtl andere Nachanmeldungen geschehen.

Die in der (bish) Praxis der Konkursgerichte nicht selten gewesene Verbindung des **52** besonderen Prüfungstermins mit dem **Schlusstermin** widerspricht dem Sinn und Zweck des Verfahrens, von ihr ist dringend abzuraten. Sie führt dazu, dass der Gläubiger, auch wenn seine Forderung festgestellt wird, an der Schlussverteilung nicht mehr teilnehmen kann, weil die Ausschlussfristen abgelaufen sind. Es ist nicht angängig, den Gläubiger durch die Verfahrensbehandlung des Gerichts von der Teilnahme am eigentlichen Verfahrensziel, der Verteilung, auszuschließen. Für die angemeldeten Forderungen, die nicht im allgemeinen Prüfungstermin geprüft werden konnten, ist deshalb vor Beginn des Schlussverteilungsverfahrens ein besonderer Prüfungstermin anzusetzen bzw. schriftliches Verfahren anzuordnen. Eine andere Sachbehandlung könnte das Gericht Amtshaftungsansprüchen aussetzen.

c) Der besondere Prüfungstermin ist gem. § 177 III 1 InsO im Internet **öffent- 53 lich bekannt zu machen;** daneben ist nach Maßgabe von § 177 III 2 gesondert zu laden.

Die anfallenden **Veröffentlichungskosten** können vom Anmelder nicht mehr vor- **54** schussweise angefordert werden; eine Vorschussanforderung erscheint nicht angängig, weil in diesem Falle die Veröffentlichungskosten der Masse zur Last fallen, → Rn. 56.

d) Nach § 177 I 2 InsO tragen Gläubiger, die nach dem Ablauf der Anmeldefrist **55** anmelden, die **Kosten des** besonderen **Prüfungstermins.** Im Gegensatz zur Rechtslage im Konkurs trifft eine Kostenpflicht nunmehr auch denjenigen, der zwar nach Ablauf der Anmeldefrist, aber vor dem allgemeinen Prüfungstermin angemeldet hat.

Zu diesen **Kosten** gehören: **56**
- Die **Gerichtsgebühr** nach Anl 1 (KV)-GKG Nr. 2340 iHv 15,– EUR je Gläubiger, sofern die Forderung geprüft wurde. Die Gebühr kann nur im Falle des § 177 I 2 InsO auferlegt werden; die weit verbreitete Praxis, von jedem Nachmelder die Gebühr zu erheben, ist rechtswidrig. Sie verkennt das System des GKG, nach dem das

Kostenverzeichnis nur die Höhe der Kosten regelt, während die Kostenhaftung sich nach den allgemeinen Vorschriften richtet (→ Rn. 52);

- **außergerichtliche Kosten** des Verwalters und anderer Gläubiger für die Terminsteilnahme (aA *Keller*, Vergütung u Kosten im Insolvenzverfahren Rn. 307; *Kübler/Prütting/Pape* § 177 Rn. 7b).

57 Die Kostenfolge des § 177 I 2 InsO ist durch Beschluss auszusprechen, wie dies im Verfahren der ZPO (vgl. § 4 InsO) stets erforderlich ist. Ohne eine solche **Kostenentscheidung** besteht keine Kostenhaftung. Das GKG kennt eine gesetzliche Kostenhaftung nur im Rahmen des § 23 GKG, der den hier infragestehenden Fall nicht regelt; im Übrigen gilt § 29 GKG. Dessen Nummern 2–4 treffen nicht zu, sodass nur gem. § 29 Nr. 1 (= Auferlegung der Kosten durch gerichtliche Entscheidung) eine Kostenhaftung begründet wird. § 177 I 2 InsO schafft keine unmittelbare Kostenhaftung, sondern ist (vergleichbar § 91 ZPO) nur die Rechtsgrundlage für die gerichtliche Kostenentscheidung.

58 Die dem Verwalter oder anderen Gläubigern entstandenen Auslagen werden auf Antrag im **Verfahren nach §§ 103 ff.** ZPO auf Grund des Kostenbeschlusses festgesetzt; zuständig ist der Rechtspfleger des Insolvenzgerichts.

59 e) Neu ist die Möglichkeit der – nachträglichen – Prüfung im **schriftlichen Verfahren.** Nach Auffassung des Rechtsausschusses dient diese Möglichkeit der Entlastung des Insolvenzgerichts. Dies wird jedoch nur in Verfahren mit einer sehr geringen Zahl von Gläubigern der Fall sein. Da die Möglichkeit des Forderungsbestreitens zu den Beteiligtenrechten der Insolvenzgläubiger gehört, müssen die nachgemeldete Forderung, ihr Rechtsgrund und ihr Gläubiger allen anderen Gläubigern unter Fristsetzung zur Ausübung des Bestreitensrechtes mitgeteilt werden. Aus Datenschutzgründen kann das nicht mittels öffentlicher Bekanntmachung, sondern muss durch Einzelzustellung geschehen. Auch wenn deren Durchführung gem. § 8 III InsO dem Verwalter übertragen wurde, hat das Gericht doch vor der Feststellung der Forderung zu überprüfen, ob an alle Widerspruchsberechtigten ordnungsgemäß zugestellt worden ist. Der damit verbundene Zeitaufwand hat zur Folge, dass das schriftliche Verfahren nur in Kleinverfahren sinnvoll erscheint.

§ 64. Der Prüfungstermin und seine Ergebnisse

Übersicht

	Rn.
I. Forderungsfeststellung	1
II. Widerspruch	3
1. Widerspruchsberechtigte	3
2. Form	4
3. Vorläufiges Bestreiten	7
4. Rücknahme des Widerspruchs	9
5. Widerspruch des Schuldners	11
6. Beseitigung der Widersprüche	12
7. Wiedereinsetzung in den vorigen Stand	15
III. Tabelleneintragungen	18
IV. Feststellungswirkungen	28
1. Nicht titulierte Forderungen	28
2. Titulierte Forderungen	30
3. Feststellungswirkung bei Nichtinsolvenzforderungen	31
4. Rechtsbehelfe gegen festgestellte Forderungen	32

	Rn.
V. Verfolgung bestrittener Forderungen	37
1. Nicht titulierte Forderungen	37
2. Titulierte Forderungen	50
3. Tabellenberichtigungen	55
4. Kosten des Feststellungsstreites	59
VI. Besonderheiten bei der Geltendmachung von Ansprüchen aus vorsätzlicher unerlaubter Handlung	64
1. Bedeutung	64
2. Forderungsanmeldung	66
3. Vorlage der Tabelle	70
4. Gerichtliche Belehrung	73
5. Forderungsfeststellung	75

Schrifttum: *Bratvogel,* In welchen Fällen muss der Konkursverwalter die Termine vor dem Konkursgericht persönlich wahrnehmen, in welchen Fällen kann er sich durch einen Bevollmächtigten vertreten lassen, und wann kann und muss ein anderer Konkursverwalter bestellt werden?, KTS 1977, 229; *Braun,* Rechtskraftdurchbrechung bei rechtskräftigen Vollstreckungsbescheiden, ZIP 1987, 687; *Eickmann,* Höchstpersönliches Verwalterhandeln oder Delegationsbefugnis? – Ein Beitrag zu den Problemen des Einsatzes von Dritten bei Durchführung der Konkursverwaltung, KTS 1986, 197; *Godau/Schüttke,* Die Zulässigkeit vorläufigen Bestreitens des Konkursverwalters im Prüfungstermin, ZIP 1985, 1042; *Kehe/Meyer/Schmerbach,* Anmeldung und Feststellung einer Forderung aus vorsätzlich begangener unerlaubter Handlung, ZInsO 2002, 615 u 660; *Pape,* Konkursverwalter mit beschränkter Haftung?, ZIP 1993, 737; *Robrecht,* Vorläufiges Bestreiten des Konkursverwalters im Prüfungstermin, KTS 1969, 67; *Schreiber/Birnbreier,* Berichtigung der Insolvenztabelle bei Rechtsnachfolge, ZInsO 2009, 2377; *Uhlenbruck,* Auskunfts- und Mitwirkungspflichten des Schuldners und seiner organschaftlichen Vertreter nach der Konkursordnung, Vergleichsordnung, Gesamtvollstreckungsordnung sowie Insolvenzordnung, KTS 1997, 371; *Wieser,* Anmeldung kommunaler Forderungen, KKZ 2002, 253; *Vallender,* Auswirkungen des Schuldrechtsmodernisierungsgesetzes, ZInsO 2002, 110. S auch Schrifttum zu § 63.

I. Forderungsfeststellung

Nach § 178 I InsO gilt eine Forderung als festgestellt, wenn gegen sie im Prüfungstermin oder im schriftlichen Verfahren weder vom Verwalter noch von einem Insolvenzgläubiger Widerspruch erhoben wurde (→ Rn. 3) oder wenn ein erhobener Widerspruch beseitigt ist (→ Rn. 10). Auch Zahlungsansprüche auf erstes Anfordern können Gegenstand eines Feststellungsverfahrens sein.[1] **1**

Durch den **Widerspruch des Schuldners** wird die Feststellung des Anspruches nicht gehindert; er hat nur die Wirkung, dass der Gläubiger nach Verfahrensaufhebung nicht aus dem Tabelleneintrag gegen den Schuldner vollstrecken kann, § 201 II InsO. **2**

II. Widerspruch

1. Widerspruchsberechtigt. Widerspruchsberechtigt sind Insolvenzgläubiger, deren Anmeldung bei der Forderungs-Vorprüfung (→ § 63 Rn. 26) nicht zurückgewiesen wurde.[2] Unbeachtlich ist, ob die Forderung des Bestreitenden ihrerseits bestritten wurde. Widerspruchsberechtigt ist daneben stets der Verwalter. Wegen des Widerspruches durch den Schuldner → Rn. 2. **3**

---

[1] BGH ZIP 2008, 1441.
[2] LG Hamburg KTS 1975, 46; *Uhlenbruck,* § 178 Rn. 6.

§ 64   4–8   Kapitel III. 9. Abschnitt. Befriedigung der Insolvenzgläubiger

4   **2. Form.** Der Widerspruch muss im Prüfungstermin mündlich erklärt werden; ein schriftlich erhobener Widerspruch ist nur dann zulässig, wenn das schriftliche Verfahren (§ 177 I InsO) angeordnet wurde. Der Widerspruch ist Prozesshandlung, so dass deren allgemeine Voraussetzungen gelten.

5   Der Widersprechende muss sich genau erklären, **wogegen sein Widerspruch** gerichtet ist. Widersprochen werden kann
- der Anmeldbarkeit (der Rechtsnatur) des Anspruchs als Insolvenzforderung bzw. der Anmeldbarkeit wegen § 174 III InsO,
- dem Anspruch (wozu auch die Rechtszuständigkeit des Anmeldenden gehört),[3]
- der Höhe des Anspruches
- einem angemeldeten Vorrecht im Rahmen des § 39 InsO.

Wegen der Besonderheiten bei einem Anspruch aus vors **unerlaubter Handlung** → Rn. 64 ff.

6   In den ersten beiden Fällen erfasst der Widerspruch die Anmeldung im ganzen; im dritten Falle wird der Anspruch dem Grunde nach festgestellt; im letzten Falle ist die Forderung nach Grund und Höhe festgestellt, streitig dann nur das Vorrecht.

7   **3. Vorläufiges Bestreiten.** Da sich in umfangreichen Verfahren bis zum Prüfungstermin häufig noch kein vollständiger Überblick über die Begründetheit aller angemeldeten Ansprüche gewinnen lässt, geben die Verwalter die Erklärung ab, solche noch nicht endgültig geklärten Ansprüche würden **„vorläufig bestritten"**. Die Zulässigkeit dieses Verfahrens ist streitig; Kernpunkt ist dabei, ob der Anmelder zuwarten muss bis der Verwalter sich endgültig erklärt (was der BGH ablehnt, BGH NZI 2006, 295), oder ob er sofort die Klage des § 179 I InsO erheben kann, wobei er freilich mit einer Entscheidung nach § 93 ZPO rechnen muss.[4] Praktisch kaum brauchbar ist dabei die Auffassung, das Klagerecht bestehe dann, wenn der Verwalter seine endgültige Erklärung „übermäßig lange hinauszögert",[5] weil sich der Zeitpunkt, in dem vorläufiges zu endgültigem Bestreiten wird, nicht fixieren lässt. So kommt man nicht umhin, auch *„vorläufiges" Bestreiten* als ein Bestreiten anzusehen, weil eben gegen die Forderung ein Widerspruch erhoben wurde. Der Zusatz „vorläufig" kann daran schon deshalb nichts ändern, weil letztlich jedes Bestreiten insoweit nicht endgültig ist, als der Widerspruch zurückgenommen werden kann.

8   Dem unbezweifelbar bestehenden praktischen Bedürfnis kann auf andere Weise abgeholfen werden. *Ratschläge für den Verwalter:*
- Fristen ausschöpfen! Die Maximalfrist zwischen Eröffnung und Prüfungstermin beträgt fünf Monate, davon zwei Monate nach Ablauf der Anmeldefrist, § 29 I Nr. 2 InsO. Ist der Verwalter bereits vor Eröffnung als vorläufiger Verwalter tätig und zeichnet sich die Notwendigkeit einer langwierigen Forderungsprüfung ab, so empfiehlt es sich, bei Gericht auf die Fristausschöpfung hinzuwirken.
- Notfalls ist Vertagung zu beantragen. Gegen die Vertagung der Prüfungsverhandlungen bestehen keine Bedenken;[6] zusätzliche Veröffentlichungskosten entstehen wegen § 74 II 2 InsO nicht.
- Bei fehlenden Nachweisen ist die Forderung zu bestreiten und der Gläubiger sofort schriftlich zur Vorlage der erforderlichen Nachweise aufzufordern mit dem Hinweis,

---

[3] *Uhlenbruck*, § 178 Rn. 7.
[4] Gegen sofortiges Klagerecht: OLG Düsseldorf ZIP 1982, 201; OLG Karlsruhe ZIP 1989, 791; OLG Celle ZIP 1994, 1197; *Robrecht* KTS 1969, 67; *Künne* KTS 1980, 197; *Haarmeyer/Wutzke/Förster*, Hdb Kap 7 Rn. 88. Für sofortiges Klagerecht: BGH NJW-RR 2006, 295 u 773; OLG Hamm KTS 1974, 178 u DB 1999, 527; OLG Köln KTS 1979, 119; *Hoffmann* NJW 1961, 1343; *Uhlenbruck*, § 178 Rn. 10; *Hess/Kropshofer*, § 146 Rn. 3. Für eine Überlegungsfrist v. grundsätzl 2 Monaten: OLG Celle ZInsO 2009, 1819.
[5] LAG Düsseldorf DB 1976, 681.
[6] *Senst/Eickmann/Mohn*, Rn. 309; *Uhlenbruck*, § 178 Rn. 10; MüKoInsO/*Schumacher* § 178 Rn. 38.

dass dann der Widerspruch zurückgenommen werde. Der Gläubiger, der in einem solchen Fall sofort klagt, setzt sich uU der Kostenfolge des § 93 ZPO aus.[7]

4. Rücknahme des Widerspruchs. Der **Widerspruch** kann **zurückgenommen** 9 werden. Die Rücknahme ist gegenüber dem Gläubiger (Anmelder) oder gegenüber dem Gericht zu erklären.[8] Wird die Rücknahme gegenüber dem Gericht erklärt, so ist dies von Amts wegen in der Tabelle zu vermerken; eine dem Gläubiger zugegangene Rücknahme berechtigt zur dahingehenden Antragstellung.

Wird der Widerspruch zurückgenommen, nachdem die Feststellungsklage erhoben, 10 ein anhängiger Rechtsstreit aufgenommen oder weiterbetrieben wurde, so ist das Verfahren in der Hauptsache erledigt.[9]

5. Widerspruch des Schuldners. Der **Widerspruch des Schuldners** hindert, 11 wie bereits erwähnt, die Feststellung der Forderung nicht. Er nimmt dem Anspruch lediglich die sonst gem. § 201 II InsO bestehende Vollstreckbarkeit nach Verfahrensbeendigung. Da der Gläubiger jedoch ein Interesse daran hat, alsbald nach Verfahrensbeendigung die Vollstreckung betreiben zu können, ist es nunmehr zugelassen, dass auch dieser Widerspruch durch Feststellungsklage (gegen den Schuldner) bereits während des Verfahrens beseitigt wird, § 184 InsO. Im Verfahren mit **Eigenverwaltung** verhindert ein Bestreiten des Schuldners die Feststellung, weil er hier zugleich Verwalterfunktion hat.

Wegen der Besonderheiten bei einem Anspruch aus **vors unerlaubter Handlung** → Rn. 64 ff.

6. Beseitigung des Widerspruchs. Die **Beseitigung** der erhobenen Widersprü- 12 che ist Voraussetzung der Forderungsfeststellung, § 178 I InsO. Sie kann geschehen
- durch Widerspruchsrücknahme (→ Rn. 9);
- durch Obsiegen des Anmelders im Feststellungsstreit,
- durch Anmeldungsrücknahme bezügl der eigenen Forderung seitens des bestreitenden Gläubigers,
- durch Erlöschen der Forderung des Bestreitenden.

Bei Anmeldungsrücknahme seitens des Bestreiters hat der Gläubiger der bestrittenen 13 Forderung die *Tabellenberichtigung* zu beantragen, freilich setzt dies voraus, dass er von der Rücknahme Kenntnis erlangt, was praktisch nur dann der Fall sein kann, wenn in der Tabelle bei der Eintragung des Bestreitenden auch vermerkt ist, dass er bestimmte Forderungen bestritten hat. Solche korrespondierenden Vermerke sind nur bei wenigen Gerichten üblich, freilich äußerst zweckmäßig.

Das *Erlöschen der eigenen Forderung* nimmt dem Bestreitenden das Widerspruchsrecht. 14 Da es jedoch nicht Aufgabe des Gerichts sein kann, materiellrechtliche Fragen dieser Art im Tabellenberichtigungsverfahren zu entscheiden, kann auch in diesem Falle eine Beseitigung des Widerspruches nur im Feststellungsstreit erreicht werden.

7. Wiedereinsetzung in den vorigen Stand. Wegen der Bedeutung des durch 15 den Schuldner erhobenen Widerspruches für die Zeit nach der Verfahrensbeendigung (→ Rn. 11) lässt § 186 InsO es zu, dass dem Schuldner gegen die Versäumung des Prüfungstermins **Wiedereinsetzung in den vorigen Stand** gewährt wird. Hinsichtlich des Wiedereinsetzungsgrundes gelten die zu § 233 ZPO entwickelten Grundsätze. Der Antrag ist innerhalb der Frist des § 234 ZPO zu stellen; zwischenzeitliche Aufhebung

---

[7] Dazu: BGH NJW-RR 2006, 773; OLG München ZInsO 2005, 778; OLG Dresden ZIP 1997, 327, 328; OLG Göttingen ZIP 1995, 1103; LG Bonn ZInsO 2000, 329; *Uhlenbruck*, § 178 Rn. 10 (Einzelfallentscheidung!).
[8] BGH WM 1957, 1226; OLG Dresden ZIP 1995, 665; *Uhlenbruck*, § 178 Rn. 8; MüKoInsO/ *Schumacher* § 178 Rn. 8.
[9] BGH WM 1957, 1225; *Uhlenbruck*, § 178 Rn. 43.

Eickmann

des Insolvenzverfahrens hindert Antrag und Wiedereinsetzung nicht.[10] Gegen die Versäumung der Frist des § 234 I ZPO ist gleichfalls Wiedereinsetzung möglich.[11] Wiedereinsetzung ist im Wege der lückenausfüllenden Analogie auch zuzulassen gegen die Versäumung der *Bestreitensfrist* im schriftlichen Prüfungsverfahren.[12]

16 Der *Antrag* ist schriftlich oder zu Protokoll der Geschäftsstelle zu stellen. Er muss enthalten
- Darlegung und Glaubhaftmachung des Wiedereinsetzungsgrundes
- Nachholung des Widerspruchs.

17 Über den Antrag entscheidet das Insolvenzgericht; die *Entscheidung* ist dem Schuldner und dem betroffenen Gläubiger zuzustellen. Wird die Wiedereinsetzung gewährt, so ist ohne weiteres nach Rechtskraft der Entscheidung der Widerspruch in der Tabelle zu vermerken. Es ist unzulässig, dafür einen besonderen Prüfungstermin anzuberaumen. Ebenso ist es unzulässig, anstelle der Entscheidung über das Gesuch den Widerspruch in einem ohnehin anberaumten besonderen Prüfungstermin einfach nachholen zu lassen, denn die Prüfung der infragestehenden Forderung ist ja bereits abgeschlossen.

III. Tabelleneintragungen

18 Das *Ergebnis* der Prüfungsverhandlungen ist vom Urkundsbeamten der Geschäftsstelle des Gerichts in der Tabelle zu vermerken (§ 178 InsO); der Vermerk ist vom Rechtspfleger (Richter) und Urkundsbeamten zu unterzeichnen. Möglich erscheint auch das von *Kübler*[13] vorgeschlagene Verfahren, dass der Verwalter in seiner auszulegenden Tabelle bereits das eigene Bestreiten – vorbereitend – vermerkt und das Gericht im Sitzungsprotokoll das Bestreiten förmlich feststellt. Dadurch entfällt die Unterzeichnung der Einzelvermerke. Zu vermerken sind nicht nur die Ergebnisse der Verhandlung über Grund, Betrag (und ggf. Vorrecht) der Forderung, sondern auch bestreitende Erklärungen des Schuldners, Rücknahme oder Änderungen von Anmeldungen sowie sonstige Vorgänge, die für den Inhalt der Tabelle von Erheblichkeit sind. Bei festgestellten Forderungen genügt der Vermerk „Festgestellt". Erst die vom Gericht getroffenen Feststellungen lösen die gesetzlichen Folgen aus.

19 Bei angemeldeten *Ausfallforderungen* gemäß § 52 InsO, die nicht bestritten wurden, lautet der Vermerk „Festgestellt für den Ausfall".[14] Weil die Anerkennung oder Nichtanerkennung von Absonderungsrechten im Prüfungsverfahren auch nicht die im § 178 I InsO vorgesehene Wirkung hat, ist es nicht zweckmäßig, die genaue Bezeichnung des Absonderungsrechts in die Tabelle aufzunehmen.

20 Bei *Wechselforderungen* gilt entsprechendes, der Vermerk lautet hier: „Festgestellt unter der Bedingung des Art. 39 WG".

21 Bei *Scheckforderungen* gilt entsprechendes, der Vermerk lautet hier: „Festgestellt unter der Bedingung des Art. 34 ScheckG".

22 Bei *streitig gebliebenen* Forderungen und Vorrechten ist anzugeben, von welchen Personen Widerspruch erhoben ist und ob er sich gegen den Bestand (Grund), den Betrag, das Vorrecht oder die Insolvenzforderungseigenschaft richtet.[15]

---

[10] MüKoInsO/*Schumacher* § 186 Rn. 8.
[11] MüKoZPO/*Gehrlein* § 233 Rn. 12.
[12] Braun/*Specovius,* § 177 Rn. 16.
[13] *Kübler,* in: FS Henckel, S. 495, 508.
[14] Gegen diese Einschränkung: *Kübler/Prütting/Pape,* § 178 Rn. 12; ähnlich *Mandlik* RPfleger 1980, 143. Abstellend auf die Anmeldung: *Haarmeyer/Wutzke/Förster,* Hdb Kap 5 Rn. 274. Der Vermerk schränkt die Feststellung der vollen Forderung nicht ein; er ist insoweit unschädlich (BGH WM 1961, 427, 429); seine praktische Bedeutung liegt in seiner Wirkung als „Merkposten" für die Verteilung; ebenso: *Uhlenbruck,* § 178 Rn. 18 ebenso MüKoInsO/*Schumacher* § 178 Rn. 64.
[15] *Jaeger/Weber,* § 145 Rn. 1; *Uhlenbruck,* § 178 Rn. 4.

Der Prüfungstermin und seine Ergebnisse

Der Vermerk kann lauten: „Vom Verwalter bestritten nach Grund und Höhe" oder „Vom Gläubiger Nr. 20 bestritten nach Grund und Höhe".

Ist nur das *Vorrecht* (bei § 39 InsO) bestritten: „Festgestellt; Vorrecht vom Verwalter bestritten".

Wird eine Forderung, für die ein Absonderungsrecht besteht, nicht für den Ausfall angemeldet, so kann sie nur im Ganzen bestritten oder uneingeschränkt festgestellt werden, § 181 InsO.

Bei *Wechsel- und Scheckforderungen* haben sich folgende Formulierungen als zweckmäßig erwiesen: Es wird eine Wechselforderung angemeldet, aber der Originalwechsel liegt im Prüfungstermin nicht vor. Der Verwalter bestreitet aus diesem Grund: „Vom Verwalter bestritten mangels Vorlage des Originalwechsels." Wird nicht die Wechselforderung, sondern der Anspruch aus dem Grundverhältnis angemeldet und der Verwalter ist nicht im Besitz des Wechsels, dann sollte bei einem Widerspruch des Verwalters der Tabelleneintrag lauten: „Vom Verwalter bestritten mangels Rückgabe des Originalwechsels." Ebenso ist bei Scheckforderungen zu verfahren, um Doppelfeststellungen zu vermeiden.

Werden **Teilbeträge** anerkannt, so kann der Eintrag lauten: „Festgestellt bzgl des Teilbetrages von EUR ... Rest vom Verwalter nach Grund und Höhe bestritten." Eine genauere Bezeichnung der einzelnen Teilbeträge ist auch erforderlich, wenn ein teilweise titulierter Anspruch nicht in voller Höhe bestritten wird: „Festgestellt bezüglich des titulierten Teilbetrages von EUR 400,–, Rest vom Verwalter nach Grund und Höhe bestritten", oder „Festgestellt bezüglich des titulierten Teilbetrages von EUR 300,– und des nicht titulierten Teilbetrages von EUR 100,– Rest vom Verwalter bestritten." Die genaue Unterscheidung ist von erheblicher Bedeutung für die Berücksichtigung bei der Verteilung und die Aktivlegitimation im Rahmen des Feststellungsprozesses.

IV. Feststellungswirkungen

1. Nicht titulierte Forderungen. Die Feststellung der Forderung wirkt gem. § 178 I 1 InsO gegenüber den Insolvenzgläubigern, aber auch gegenüber dem Verwalter und – wenn er nicht widersprochen hat – auch gegenüber dem Schuldner[16] hinsichtlich Betrag (und ggf. Vorrecht) wie ein rechtskräftiges Urteil. Sie wirkt allerdings nur im Umfang der Feststellung, also bei Teilanmeldung nur für den von der Feststellung erfassten Teil. Sicherungsrechte werden von der Feststellungswirkung nicht erfasst.[17] Wegen der Besonderheiten bei Anmeldung einer Forderung aus **vors unerlaubter Handlung** → Rn. 64 ff.

Nachträgliche Anmeldungsrücknahme ist ebenso ausgeschlossen wie nachträglicher Widerspruch; zulässig ist nach Maßgabe des § 186 InsO jedoch ein *nachträgliches Bestreiten durch den Schuldner*, weil die Rechtskraftwirkung gegen ihn ohnehin erst nach Verfahrensbeendigung Bedeutung erlangt. Nach Eintritt der Rechtskraftwirkung scheidet auch eine Anfechtung nach den §§ 129 ff. InsO aus.[18] Dritten gegenüber wirkt die Rechtskraft nach Maßgabe der dafür allgemein geltenden Regeln.

2. Titulierte Forderungen. Nach § 201 II InsO findet nach Verfahrensbeendigung gegen den Schuldner, der nicht bestritten hat, die Zwangsvollstreckung wegen festgestellter Forderungen aus der Tabelleneintragung statt; die Regelungen über die *Restschuldbefreiung* bleiben unberührt. Da § 201 keine Einschränkung hinsichtlich bereits anderweit titulierter Forderungen enthält, wird – wie schon bisher zu § 164 II KO – anzunehmen sein, dass sie auch für solche Forderungen gilt. Vollstreckungsgrundlage sind also künftighin nicht mehr die bisherigen („aufgezehrten") Titel; an ihre Stelle tritt

---

[16] BGH WM 1961, 427, 429; OLG Köln WM 1995, 597, 599; *Pape* KTS 1992, 185; *Eckardt,* Kölner Schrift, S. 764, Rn. 40.
[17] BGH WM 1974, 1218.
[18] *Berges* KTS 1957, 56.

der vollstreckbare Tabellenauszug.[19] Einer Vollstreckung aus dem verbrauchten „alten" Titel begegnet der Schuldner gem. § 766 ZPO, denn sie wird titellos betrieben; § 767 ZPO ist nicht gegeben, denn der Einwand richtet sich nicht gegen den Anspruch.[20]

31 **3. Feststellungswirkung bei Nichtinsolvenzforderungen.** Werden Masseschulden, Neuforderungen oder wegen § 174 III InsO unanmeldbare Forderungen irrtümlich festgestellt, so hat dies nicht die Wirkung des § 178 I InsO.[21] Der Feststellungsvermerk ist gegenstandslos und kann von Amts wegen berichtigt werden. Da keine Rechtskraftwirkung besteht, darf der Verwalter solche Ansprüche in den Verteilungsverzeichnissen nicht berücksichtigen; geschieht dies trotzdem, so sind Einwendungen gegen das Verzeichnis möglich. Soweit die „Feststellung" eine Masseschuld betrifft, ist der Gläubiger nicht gehindert, seinen Anspruch nach den für die Masseschulden geltenden Regeln geltend zu machen und zu verfolgen.

32 **4. Rechtsbehelfe gegen festgestellte Forderungen.** Gegen feststellende Tabelleneinträge sind die Rechtsbehelfe zulässig, die das Gesetz allgemein gegen rechtskräftige Urteile gewährt,[22] also insbesondere die Restitutionsklage des § 580 ZPO.

33 Ob daneben materiellrechtliche Mittel zur *Beseitigung der Rechtskraft* gegeben sind (so zB ein Schadensersatzanspruch aus § 826 BGB bei arglistiger Erschleichung der Feststellung oder bei sittenwidriger Titelausnutzung) ist kein spezifisch insolvenzrechtliches, sondern ein allgemein verfahrensrechtliches Problem. RG und BGH haben solche Schadensersatzansprüche wiederholt anerkannt, im Schrifttum werden dagegen – mE zu Recht – Bedenken geltend gemacht.

34 Zulässig ist auch die *Vollstreckungsabwehrklage* des § 767 ZPO, sofern die gegen den Anspruch geltend zu machenden Einwendungen erst nach der Forderungsfeststellung entstanden sind,[23] § 767 II ZPO; der gem. § 767 ZPO wesentliche Zeitpunkt ist also

- bei Unterbleiben eines Widerspruches der Tag des Prüfungstermins, in dem die Forderung geprüft wurde;
- bei Obsiegen im Feststellungsprozess der Schluss der mündlichen Verhandlung (§ 296a ZPO) in diesem Prozess oder der gem. § 128 II ZPO festgesetzte Zeitpunkt;
- bei Widerspruchsrücknahme der Zugang der Rücknahmeerklärung bei Gericht oder Anmelder;
- bei Rücknahme der Anmeldung des Bestreitenden der Eingang der Rücknahmeerklärung bei Gericht;
- bei Erlöschen der Forderung des Bestreitenden der Zeitpunkt des Erlöschens.

35 Ist einer Forderung von mehreren widersprochen worden, so gilt sie erst bei Beseitigung aller Widersprüche als festgestellt; entscheidend ist somit der letzte der genannten Zeitpunkte.

36 Das Klagerecht steht während des Verfahrens dem Verwalter und jedem Insolvenzgläubiger, nach Verfahrensbeendigung dem (ehemaligen) Schuldner zu.

V. Verfolgung bestrittener Forderungen

37 **1. Nicht titulierte Forderungen. a)** Soweit eine nicht titulierte Forderung nicht festgestellt werden konnte, obliegt es dem Anmelder, sie gegen den/die Bestreitenden nunmehr gerichtlich durchzusetzen, § 179 I InsO. Je nach dem Umfang des Bestreitens

---

[19] HK/*Depré*, § 201 Rn. 7; *Uhlenbruck*, § 201 Rn. 9; *Breutigam/Breutigam*, § 201 Rn. 9; MüKoInsO/*Hintzen*, § 201 Rn. 37; umfassend: *Pape* KTS 1992, 185.
[20] AA *Pape* KTS 1992, 185 ff. § 767 ZPO ist jedoch anzuwenden bei Einwänden gegen die Tabellenforderung: *Haas* EWiR 1/99, S. 545.
[21] BGH ZIP 1991, 456 u NJW 2006, 3068; OLG Düsseldorf NJW 1974, 1517; OVG NRW KTS 1999, 137; *Hess/Kropshofer*, § 145 Rn. 8, 9; aA *Eckardt* ZIP 1993, 1765.
[22] RGZ 37, 386; 57, 271; *Uhlenbruck*, § 178 Rn. 25.
[23] BGH ZIP 1984, 1509 u 1991, 456; Braun/*Specovius*, § 178 Rn. 24; *Uhlenbruck*, § 178 Rn. 25.

betrifft der Rechtsstreit die Forderung nach Grund und/oder Höhe *(sog. Bestandsstreit)* oder – im Bereich des § 39 InsO – nur in Bezug auf das beanspruchte Vorrecht *(Vorrechtsstreit)*. Wegen der Besonderheiten bei einer **Forderung aus vors unerlaubter Handlung** → Rn. 64 ff.

Anders als bei der Aufnahme eines unterbrochenen Rechtsstreits ist der Anmelder 38 nicht gezwungen, die Feststellung von Anfang an bereits *gegen alle* Bestreiter zu betreiben,[24] er kann zunächst nur einen von ihnen verklagen, wofür die Erwägung maßgebend sein mag, dass bei einem Unterliegen die Forderung ohnehin nicht mehr durchsetzbar, jedoch die Kostenlast geringer ist und dass bei einem Obsiegen die anderen Bestreiter regelmäßig ihre Widersprüche zurücknehmen werden. Ist dies nicht der Fall, müssen sie natürlich auch noch verklagt werden.

b) Die Klage ist eine Feststellungsklage; der *Klageantrag* lautet: 39
„Der Anspruch des Klägers auf Zahlung von … EUR wird zur Insolvenztabelle im Insolvenzverfahren über das Vermögen des … festgestellt", oder
„Es wird festgestellt, dass dem Kläger im Insolvenzverfahren über das Vermögen des … eine Insolvenzforderung in Höhe von … EUR zusteht."[25]

Da auf Feststellung erkannt werden muss, kann der Anspruch nicht im Mahnverfahren 40 oder Kostenfestsetzungsverfahren verfolgt werden. Streitig ist, ob die Klage auch im *Urkunden-, Wechsel- oder Scheckprozess* (§§ 592, 602, 605a ZPO) erhoben werden kann. Im Schrifttum wird dies bejaht,[26] während die Rechtsprechung den gegenteiligen Standpunkt einnimmt.[27] Der bejahenden Auffassung ist zuzustimmen, denn auch die Klage des § 179 InsO führt zur insolvenzmäßigen Befriedigung, ist also insoweit durchaus von einer gewöhnlichen Feststellungsklage zu unterscheiden; sie verträgt sich auch mit dem Zweck des Urkundenprozesses, denn auch hier liegt dem Gläubiger daran, möglichst schnell eine Anerkennung seiner verfahrensrechtlichen Gläubigerstellung herbeizuführen.

Zuständig ist (vorbehaltlich der Regelung in § 185 InsO; → Rn. 42 ff.) *sachlich* das 41 Amts- bzw. Landgericht nach den allgemeinen Vorschriften (§§ 23, 71 GVG). Zu beachten ist dabei § 182 InsO, der den Streitwert des Feststellungsprozesses nach der voraussichtlich auf den Anspruch entfallenden Quote bemisst; ist eine solche nicht zu erwarten, so gilt die niedrigste Wertstufe. Die *örtliche Zuständigkeit* ist in § 180 I InsO besonders geregelt: Ausschließlich (!) zuständig ist das Amtsgericht, bei dem die Insolvenz anhängig ist bzw. das dem Insolvenzgericht übergeordnete Landgericht. Die funktionelle Zuständigkeit nach § 95 GVG (Kammer für Handelssachen) bleibt unberührt. Landesrechtl. Vorschriften über ein obligatorisches Schlichtungsverfahren gelten auch hier.

c) Eine Ausnahme von § 180 InsO enthält § 185 InsO: Soweit für die Feststellung 42 bestimmter Ansprüche ein *besonderes Gericht* oder eine Verwaltungsbehörde zuständig ist, verbleibt es auch für den Feststellungsstreit bei dieser Zuständigkeit. Das gilt sowohl für die sachliche wie auch für die örtliche Zuständigkeit; es gelten also die allgemeinen Vorschriften. Betroffen sind alle Ansprüche, die vor den Arbeits-, Verwaltungs-, Finanz- oder Sozialgerichten geltend zu machen sind. Die Zuständigkeit der Finanzbehörden zur Feststellung von geltend gemachten Steueransprüchen ist in § 251 III AO ausdrücklich geregelt, abzulehnen OVG Thüringen ZInsO 2009, 1067.

Die besondere Zuständigkeit gilt auch für den *reinen Vorrechtsstreit*,[28] wenn er im 43 Rahmen von § 39 InsO für die in § 185 InsO angesprochenen Forderungen Bedeutung

---

[24] RGZ 51, 97; *Uhlenbruck,* § 179 Rn. 7.
[25] Dieser Antrag dürfte den Anforderungen des BGH (ZIP 1994, 1193) entsprechen.
[26] *Rosenberg/Schwab/Gottwald,* § 162 Rn. 7.
[27] OLG Hamm KTS 1967, 169; OLG München ZIP 1985, 197.
[28] BGHZ 55, 224 = NJW 1971, 1271; 60, 64 = NJW 1973, 468; BAG 19, 355, 358; BFH NJW 1973, 295; BSG KTS 1971, 108 und ZIP 1981, 998.

haben sollte. Durch die Neuregelung in § 251 III AO ist dies auch – eine alte Streitfrage beendend – für das Steuerrecht klargestellt worden. Etwas anderes gilt dann, wenn die Forderung auf einen anderen übergegangen ist und in seiner Hand ihren ursprünglichen Charakter verloren hat (so zB bei Übergang einer Abgabenforderung auf einen Bürgen gem. § 774 BGB).

44 Für die *arbeitsgerichtliche Zuständigkeit* knüpft § 2 ArbGG nicht nur an den Zusammenhang des Anspruches mit dem Arbeitsverhältnis an, sondern auch an die Eigenschaft der Prozessparteien als Arbeitgeber, Arbeitnehmer usw. Daraus kann nicht gefolgert werden, dass deshalb bei Bestreiten einer Arbeitnehmerforderung durch einen Insolvenzgläubiger § 180 InsO anzuwenden sei, weil eine Zuständigkeit des Arbeitsgerichts mangels Arbeitgebereigenschaft des Bestreitenden nicht bestehe. Aus § 3 ArbGG ergibt sich eindeutig der gesetzgeberische Wille, die aus dem Arbeitsverhältnis stammenden Forderungen selbst bei Wechsel des Rechtsträgers dem Arbeitsgericht zuzuweisen; ebenso bei Geltendmachung durch einen Prozessstandschafter. Dem entspricht die Stellung des zur Klage gezwungenen Bestreitenden.[29]

Die Zuständigkeit eines vereinbarten *Schiedsgerichts* wird durch § 180 InsO nicht ausgeschlossen.[30]

45 **d)** War im Zeitpunkt der Eröffnung bereits ein Rechtsstreit gegen den Schuldner anhängig, so wurde er gem. § 240 ZPO unterbrochen. Aus prozessökonomischen und verfahrensrechtlichen Gründen ist in einem solchen Falle nicht erneut zu klagen, sondern die Feststellung durch *Aufnahme des unterbrochenen Rechtsstreits* zu verfolgen, § 180 II InsO. Einer neuen Klage stünde die Rechtshängigkeit des Anspruches entgegen. Ein gem. § 15a EGZPO vorgeschriebenes Schlichtungsverfahren ist auch hier verbindlich.

46 Der aufnehmende Gläubiger hat folgende *prozessuale Erklärungen* abzugeben:
- die Aufnahmeerklärung als solche, § 250 ZPO;
- die Umstellung des Klageantrages von Leistung auf Feststellung; war der Klageantrag nicht auf eine Geldforderung gerichtet, so ist der Anspruch gem. § 45 InsO in Geld umzurechnen, darin liegt keine unzulässige Klageänderung;[31]
- die Bezeichnung des (der) Bestreitenden als nunmehrigen Beklagten.

47 Die Aufnahme ist grundsätzlich auch in der *Revisionsinstanz* zulässig;[32] freilich ist § 559 I ZPO zu beachten, der der Beurteilung des Revisionsgerichts nur das Parteivorbringen unterstellt, das sich aus dem Tatbestand des Berufungsurteils oder der Sitzungsniederschrift ergibt. Neue Ansprüche, so zB der Antrag auf Vorrechtsfeststellung, können nicht mehr erhoben werden. Insoweit ist eine neue Klage veranlasst und auch zulässig, weil der Vorrechtsstreit noch nicht rechtshängig ist. Im Falle des § 180 II InsO gilt § 180 I 2 InsO nicht, dh es bleibt bei der Zuständigkeit des Gerichts, bei dem das Verfahren anhängig ist, § 261 III 2 ZPO.

48 Die Anmeldung (gegebenenfalls deren Ergänzung im Prüfungstermin) bestimmt hinsichtlich *Anspruchsgrund und Anspruchshöhe* den Gegenstand des Rechtsstreits, § 181 InsO. Deshalb ist es unzulässig, mehr zu verlangen, als angemeldet, es ist auch unzulässig, einen anderen Anspruchsgrund geltend zu machen als in der Anmeldung angegeben. Einschränkungen des Betrages sind zulässig.

49 Ist der Anspruch insolvenzrechtlich eine *Neuforderung,* so ist die Klage abzuweisen.

50 **2. Titulierte Forderungen. a)** Tituliert ist eine Forderung, wenn im Eröffnungszeitpunkt für sie ein *Schuldtitel* vorlag, aus dem die Zwangsvollstreckung betrieben wer-

---

[29] *Kilger/K. Schmidt,* § 146 KO Anm. 2c; HK/*Depré,* § 185 Rn. 1.
[30] BGHZ 24, 18 = NJW 1957, 791; OLG Hamburg OLGZ 11, 362 und 42, 78; *Uhlenbruck,* § 180 Rn. 5.
[31] RGZ 65, 132; BGH LM § 146 KO Nr. 5.
[32] BGH WM 1965, 626 u ZVI 2004, 530; BAG AP Nr. 7 zu § 91a ZPO; BGH LM § 146 KO Nr. 5.

Der Prüfungstermin und seine Ergebnisse 51–58 § 64

den könnte, stünde nicht § 89 I InsO entgegen. Im Falle des § 249 III ZPO genügt auch ein nach Eröffnung verkündetes Urteil.

Ist der Titel spätestens im Prüfungstermin vorgelegt worden, so gilt für die weitere **51** Behandlung der Anmeldung § 179 II InsO. In diesem Falle obliegt es dem Widersprechenden, seinen *Widerspruch* durchzusetzen. Während im Falle des Abs. 1 aaO der Anmelder aktiv werden muss, um den Widerspruch durch einen Titel auszuräumen, muss in den in Abs. 2 geregelten Fällen der Widersprechende den bereits vorliegenden Titel in Verfolgung seines Widerspruches beseitigen. Dies gilt auch für einen Widerspruch des Schuldners, § 184 II. Er hat binnen einer Frist von einem Monat, beginnend mit Prüfungstermin oder Bestreiten im schriftlichen Verfahren, den Widerspruch zu verfolgen. Tut er dies nicht, so gilt der Widerspruch als nicht erhoben.

b) Die Verfolgung des Widerspruches kann nur mit den *prozessualen Mitteln* geschehen, die im konkreten Fall nach der Verfahrenslage (noch) möglich sind; dh der Widersprechende kann die Rechtsbehelfe ergreifen, die dem Schuldner möglich wären, gäbe es kein Insolvenzverfahren. Wegen der Besonderheiten bei einer Forderung aus **vors unerlaubter Handlung** → Rn. 64 ff. **52**

c) Für die *Zuständigkeit* gelten gleichfalls die Regeln des § 180 InsO, dh es bleibt bei **53** der einmal begründeten Zuständigkeit, solange der Rechtsstreit noch anhängig ist (= noch nicht rechtskräftiges Urteil). Wird Einspruch gegen einen Vollstreckungsbescheid eingelegt, so gibt das Mahngericht das Verfahren gem. § 700 III ZPO an das im Mahnbescheid gem. § 692 I 1 ZPO bezeichnete Gericht ab; von dort ist an das Gericht des § 180 II InsO zu verweisen. An dieses Gericht wird sofort abgegeben, wenn beide Parteien dies verlangen. Wird gegen ein rechtskräftiges Urteil, gegen einen Vergleich oder eine vollstreckbare Urkunde angegangen, so ist das Gericht des § 180 I InsO zuständig.

d) Der *Antrag* des Widersprechenden geht dahin, den Widerspruch gegen die Forderung für begründet zu erklären.³³ **54**

3. Tabellenberichtigungen. Nach § 183 II InsO hat die obsiegende Partei die Berichtigung der Tabelle zu erwirken. Zuständig ist jetzt das InsGericht (§ 178 II 1 InsO). Der Obsiegende hat dem Berichtigungsantrag eine Urteilsausfertigung mit Rechtskraftvermerk beizufügen. **55**

War eine *nichttitulierte Forderung* bestritten worden, so muss der die Berichtigung begehrende Anmelder gegen jeden Bestreiter ein rechtskräftiges Feststellungsurteil vorlegen oder es müssen die entsprechenden Widerspruchsrücknahmen vorliegen. In der Tabelle ist dann zu vermerken: **56**

„Forderung festgestellt durch Urteil des ... vom ... (Az ...)."
oder:
„Forderung gegen den Verwalter festgestellt durch Urteil des ... vom ... (Az ...); im übrigen Widerspruchsrücknahmen vom ... (Bl ...) und ... (Bl ...). Forderung nunmehr festgestellt."

Betreibt ein nach § 179 I verklagter Bestreiter die Berichtigung, so genügt die Vorlage des von ihm erstrittenen klageabweisenden Urteils; der Ausgang eventuell noch gegen andere Bestreiter anhängiger Feststellungsprozesse ist dann ohne Belang, denn wegen § 178 I 1 InsO ist die Feststellung nicht mehr erreichbar. In der Tabelle ist zu vermerken: **57**

„Feststellungsklage abgewiesen durch Urteil des ... vom ... (Az ...). Der Widerspruch ist begründet."

Bei *titulierten Forderungen* ist zu vermerken: **58**

---

³³ BGH KTS 1962, 46 u ZIP 1994, 1193; *Weber*, Anm. zu BAG AP Nr. 2 zu § 146 KO.

Eickmann

"Widerspruch durch Urteil des ... vom ... (Az ...) für begründet erklärt;"
oder:
"Widerspruchsklage abgewiesen durch Urteil des ... vom ... (Az ...) Forderung nunmehr festgestellt."

59 **4. Kosten des Feststellungsstreites. a)** Der *Anmelder obsiegt:* War sein unterlegener Gegner im einzelnen Verfahren nur ein anderer Gläubiger, so treffen diesen nach § 91 ZPO die Kosten. Ein Ersatz- oder Ausgleichsanspruch gegen die Masse oder die anderen Gläubiger steht ihm nicht zu.[34]

60 War Gegner nur der Verwalter, so sind die ihm auferlegten Prozesskosten Masseschuld nach § 55 I Nr. 1 InsO. Werden Gläubiger und Verwalter oder mehrere Gläubiger in einem Rechtsstreit zusammen verurteilt, so haften sie für die Kosten grundsätzlich nach Kopfteilen, § 100 I ZPO.

61 **b)** Der *Anmelder unterliegt:* Wurde der Prozess nur gegen einen oder mehrere Gläubiger geführt, so steht diesem (diesen) gem. § 91 ZPO der Kostenerstattungsanspruch gegen den unterlegenen Anmelder zu. Solange dieser nicht bezahlt hat, steht jedem Gläubiger gem. § 183 III InsO gegen die Masse insoweit ein Erstattungsanspruch zu, als die Masse aus der Prozessführung des Gläubigers einen Vorteil erlangt hat. Der Vorteil besteht in der Dividende, die auf die angemeldete Forderung entfallen wäre, aber nun wegen der erfolgreichen Prozessführung nicht bezahlt werden muss. Der Anspruch ist Masseschuld gem. § 55 I Nr. 3 InsO; mehreren obsiegenden Gläubigern steht der Anspruch nach Kopfteilen zu. Der Anspruch erlischt, wenn der erstattungspflichtige Anmelder die Kosten erstattet. Wenn sofort Zahlung aus der Masse verlangt wird, hat der berechtigte Gläubiger den ihm gegen den Anmelder zustehenden Kostenerstattungsanspruch zugunsten der Masse abzutreten.[35]

62 War der *Verwalter* allein *verklagt,* so steht der Masse gegen den Kläger der Kostenerstattungsanspruch zu.

63 Waren *Verwalter und Gläubiger* zusammen *(als Streitgenossen)* Gegner des Anmelders, so hat dieser grundsätzlich jedem Streitgenossen durch einen gemeinsamen Anwalt vertreten, so ergeben sich Besonderheiten.[36]

VI. Besonderheiten bei der Geltendmachung von Ansprüchen aus vorsätzlicher unerlaubter Handlung

64 **1. Bedeutung.** Nach § 302 S. 1 Nr. 1 InsO werden Verbindlichkeiten aus einer vorsätzlich begangenen unerlaubten Handlung von der Restschuldbefreiung nicht berührt, sofern der Gläubiger sie entsprechend § 174 II InsO angemeldet hat und – was wohl hinzutreten muss[37] – die Forderung mit diesem Rechtsgrund festgestellt worden ist. Es ist nicht denkbar, dass für die den Schuldner außerordentlich belastende Einschränkung der Restschuldbefreiung bereits die bloße Rechtsbehauptung des Gläubigers in der Anmeldung genügen sollte.

65 Die sich insoweit ergebenden Besonderheiten sind nachstehend darzustellen. Diese durch das InsOÄndG vom 26.10.2001 (BGBl. I S. 2710) eingeführten Neuregelungen sind nur anwendbar, wenn das Verfahren, das der Restschuldbefreiung zugrunde liegt, **nach dem 30.11.2001 eröffnet** worden ist, Art. 103a EGInsO.

66 **2. Forderungsanmeldung.** Wegen der inhaltlichen Besonderheiten → § 63 Rn. 10. Das Beanstandungsrecht des Verwalters (→ § 63 Rn. 15) beschränkt sich auf die For-

---

[34] *Uhlenbruck,* § 183 Rn. 6; MüKoInsO/*Schumacher* § 183 Rn. 11.
[35] MüKoInsO/*Schumacher* § 183 Rn. 11.
[36] Vgl. *Lappe,* Justizkostenrecht § 32 VIII 2.
[37] *Schmerbach/Stephan* ZInsO 2000, 541, 545.

malia des § 174 II InsO, also vor allem darauf, ob ein hinreichender Tatsachenvortrag vorliegt.

Da die Norm ausdrücklich auf die „Einschätzung des Gläubigers" abstellt, kann es auf die des Verwalters nicht ankommen; eine Beanstandung der Anmeldung dahingehend, nach der Auffassung des Verwalters scheide eine unerlaubte Handlung aus, ist nicht statthaft.[38] **67**

Der Rechtsgrund „vorsätzliche unerlaubte Handlung" ist in der Tabelle gesondert anzugeben. **68**

Die Anmeldung des besonderen Rechtsgrundes kann auch nach Feststellung der Forderung nachgeholt werden (BGH NJW-RR 2008, 1072). Es handelt sich dann um eine Änderungsanmeldung nach § 177 I 3. Widersprechen kann ihr nur der Schuldner. **69**

3. Vorlage der Tabelle. Das Insolvenzgericht ist bei der Vorlage der Tabelle besonders auf die Anmeldung von Deliktsansprüchen hinzuweisen, damit das Gericht seiner Pflicht nach § 175 II InsO (→ Rn. 72) nachkommen kann.[39] **70**

Die knappen Mindestfristen nach § 28 I, § 29 I Nr. 2 InsO werden in der Regel nicht ausreichen, um die individuelle gerichtliche Belehrung und eine angemessene Informations- und Überlegungsfrist für den Schuldner zu gewährleisten. **71**

Bei Anmeldung nach Ablauf der Anmeldefrist sollte unabhängig von § 175 I 2 InsO grundsätzlich ein besonderer Prüfungstermin bestimmt werden.[40] Das schriftliche Verfahren erscheint bei Vorliegen von Deliktsanmeldungen nicht angezeigt. Der Schuldner soll nicht nur ausreichend Zeit haben, sich auf die Forderungsprüfung vorzubereiten,[41] sie sollte auch in seiner Gegenwart durchgeführt werden. **72**

4. Gerichtliche Belehrung. Nach § 175 II InsO ist der Schuldner durch das Insolvenzgericht (nicht durch den Verwalter!) zu belehren, dass die Feststellung des deliktischen Rechtsgrundes insoweit eine Restschuldbefreiung ausschließt; er ist auf sein Widerspruchsrecht (→ Rn. 75 ff.) hinzuweisen. Die Belehrung ist individuell und auf die einzelnen Anmeldungen bezogen zu erteilen;[42] allgemeine Merkblätter erscheinen dafür ungeeignet.[43] In Ausnahmefällen kann dem Schuldner ein Rechtsanwalt beigeordnet werden (BGH NZI 2004, 39). **73**

Zum Prüfungstermin sollte der Schuldner förmlich geladen werden. Dort kann die Belehrung noch eingehend wiederholt werden. Sie sollte allerdings auch darauf abheben, dass ein unbegründeter Widerspruch nur zusätzliche Kosten verursacht. **74**

5. Forderungsfeststellung. a) Die Forderung ist **insgesamt nicht tituliert.** Hier kann zunächst nach den allgemeinen Regeln durch den Verwalter und jeden anderen Gläubiger der Forderung als solcher widersprochen werden. Der Gläubiger kann dann die allgemeine Feststellungsklage des § 179 InsO (→ § 64 Rn. 37 ff.) erheben. In diesem Verfahren wird er geltend machen, dass der Anspruch (auch) aus dem Rechtsgrund der Ersatzpflicht für vorsätzliche unerlaubte Handlung begründet ist. **75**

Bei einem Widerspruch **allein** des Schuldners ist zu klären, ob er sich gegen die Forderung als solche richtet, oder nur gegen den Rechtsgrund „unerlaubte Handlung". **76**

---

[38] BT-Drucks. 14/5680 S. 27. Ebenso: *Kehe/Meyer/Schmerbach* ZInsO 2002, 615, 616; enger: *Brückl* ZInsO 2005, 16, 17 mwN.
[39] *Kehe/Meyer/Schmerbach* ZInsO 2002, 615, 617.
[40] *Mäusezahl* ZInsO 2002, 464; *Kehe/Meyer/Schmerbach* ZInsO 2002, 615, 618.
[41] BT-Drucks. 14/6468 S. 18; FK/*Kießner* § 175 Rn. 9.
[42] BT-Drucks. 14/6468 S. 18.
[43] *Kehe/Meyer/Schmerbach* ZInsO 2002, 661 teilen ein beim AG Göttingen verwendetes Merkblatt mit.

77 In beiden Fällen ist zwar die Feststellung der Forderung nicht gehindert (§ 178 I 2 InsO), jedoch muss bei einem Bestreiten der gesamten Anmeldung der Gläubiger, um die Ausnahme des § 302 InsO herbeizuführen **und** sich einen Titel für die künftige Vollstreckungsmöglichkeit zu schaffen, die Klage des § 184 InsO erheben.

78 Da die Frage des Rechtsgrundes die Masse nicht berührt, scheidet ein isoliertes Bestreiten durch den **Verwalter** aus.[44]

79 Widerspricht der Schuldner nicht der Forderung als solcher, sondern **nur** dem Rechtsgrund „**unerlaubter Handlung**", so ist ein solcher isolierter Widerspruch wirkungslos.[45] Der Anspruch verjährt nicht mit dem Leistungsanspruch.[46]

80 Der Unterschied zeigt sich zunächst in den verschiedenen Klageanträgen. Im ersteren Falle: „Es wird festgestellt, dass dem Kläger im Insolvenzverfahren über das Vermögen des Beklagten eine Insolvenzforderung in Höhe von ... zusteht". Im zweiten Falle: „Es wird festgestellt, dass die unter Nr. ... der Tabelle im Insolvenzverfahren über das Vermögen des ... festgestellte Forderung auf einer vorsätzlichen unerlaubten Handlung des Schuldners beruht".

81 Eine negative Feststellungsklage des Schuldners bei Untätigkeit des Gläubigers ist unzulässig; für sie fehlt das Rechtsschutzbedürfnis.[47]

82 **b)** Die Forderung ist zwar **tituliert, nicht** jedoch als Forderung **aus unerlaubter Handlung.** Zur Klärung der Frage, wann eine solche Titulierung vorliegt, kann auf die umfangreiche Judikatur und Literatur zu § 850f II ZPO rekurriert werden.[48]

83 Hier gilt zunächst das oben → Rn. 51 ff. Festgestellte: Wer den Anspruch insgesamt bestreitet, hat nach Maßgabe des prozessual noch Möglichen gegen den Titel vorzugehen.

84 Wird nur die Rechtsgrundlage „unerlaubte Handlung" bestritten, so hat der Gläubiger (wie oben → Rn. 77) eine dahingehende Feststellungsklage zu erheben,[49] die Anwendung von § 184 II scheidet aus.

85 **c)** Die Forderung ist (auch) **als Anspruch aus unerlaubter Handlung tituliert.** § 184 II ist entsprechend anwendbar, wenn ein Titel vorliegt, in dem das Gericht nach Sachprüfung eine vorsätzliche unerlaubte Handlung festgestellt hat. Vollstreckungsbescheide sind dazu nicht geeignet, wohl aber Versäumnisurteile, denn die stattgefundene Schlüssigkeitsprüfung (§ 331 II ZPO) muss genügen. Freilich gilt auch hier, dass der Angriff des Schuldners noch prozessual möglich sein muss. Bei noch nicht rechtskräftigem Titel könnte die negative Feststellungsklage der geeignete Weg sein.[50]

86 Ist der Titel bereits rechtskräftig, so stellt sich die Frage, ob die Rechtskraft einer negativen Feststellungsklage entgegensteht. Das ist jedenfalls dann so, wenn die Verurteilung **ausschließlich** auf Delikt gestützt ist (zB Verurteilung z Schadensersatz wegen vorsätzlicher Körperverletzung). Da die rechtliche Qualifikation jedenfalls im Rahmen des Subsumtionsschlusses in Rechtskraft erwächst,[51] steht die Bindungswirkung in solchen Fällen einer Feststellungsklage entgegen.

---

[44] BGH (Rn. 69); *Brückl* (Fußn 37), 18; aA *Heinze* DZWIR 2002, 369, 370 u *Wegener/Koch* InsBürO 2004, 216, 221.
[45] BGH NJW 2008, 3285.
[46] BGH NZI 2011, 111.
[47] OLG Hamm ZVJ 2004, 33. Differenziert: OLG Celle ZInsO 2009, 724.
[48] Dazu ausf *Stöber*, Forderungspfändung, Rn. 1193 ff. Nach jüngster Rspr des BGH genügt ein Vollstreckungsbescheid nicht, ZInsO 2005, 538.
[49] Die Zulässigkeit einer solchen, quasi titelergänzenden Feststellungsklage dürfte auch bei Rechtskraft des Titels nicht zweifelhaft sein, vgl. *Rosenberg/Schwab/Gottwald*, § 152 Rn. 21; MüKoZPO/*Gottwald*, § 322 Rn. 95; *Thomas/Putzo/Reichold*, § 322 Rn. 12.
[50] *Fuchs* NZI 2002, 298, 302.
[51] *Rosenberg/Schwab/Gottwald*, § 152 Rn. 21; Stein/Jonas/*Leipold*, § 322 Rn. 127 ff.; MüKoZPO/ *Gottwald*, § 322 Rn. 95.

§ 65. Die Verteilungen

Übersicht

	Rn.
I. Die Abschlagsverteilung	1
1. Zeitliche Zulässigkeit	1
2. Verfahren	2
II. Die Schlussverteilung	11
1. Voraussetzungen	11
2. Schlussbericht	13
3. Schlussrechnung	23
4. Schlussverzeichnis	24
5. Durchführung der Verteilung	33
6. Übersicht	39
III. Der Schlusstermin	40
1. Anberaumung, Bekanntmachung	40
2. Gegenstände des Schlusstermins	41
IV. Die Nachtragsverteilung	49
1. Begriff	49
2. Die einzelnen Fälle	50
3. Anordnung	55
4. Durchführung	56
5. Insolvenzbeschlag in der Nachtragsverteilung	59

Schrifttum: *Beck,* Verteilungsfragen ... nach der EuInsO, NZI 2007, 1; *Bähner,* Die Prüfung der Schlussrechnung des Konkursverwalters, KTS 1991, 347; *Bähner/Berger/Braun,* Die Schlussrechnung des Konkursverwalters, ZIP 1993, 1283; *Braun,* Handelsbilanz contra Schlussrechnung – Der entmündigte Rechtspfleger?, ZIP 1997, 1013; *Franke/Goth/Firmenich,* Die gerichtliche Schlussrechnungsprüfung, ZInsO 2009, 123; *Heni,* Rechnungswesen in der Insolvenz, 1997; *ders.,* Rechnungslegung im Insolvenzverfahren. Derzeitiger Stand und Entwicklungstendenzen, WPg 1990, 93; *Hess/Weis,* Die Rechnungslegung des Insolvenzverwalters nach der Insolvenzordnung, InVo 1996, 281; *Kammeter-Geißelmeier,* Der Rauraustritt ..., NZI 2007, 214; *Schulte-Kaubrügger,* Nachtragsverteilung trotz Insolvenzplan, ZInsO 2009, 1321; *Uhlenbruck,* Die Prüfung der Rechnungslegung des Konkursverwalters, ZIP 1982, 125; *Veit,* Konkursrechnungen in chronologischer Sicht, WiSt 1982, 370; *ders.,* Die Konkursrechnungslegung, 1982.

I. Die Abschlagsverteilung

1. Zeitliche Zulässigkeit. Auf *festgestellte Forderungen* des § 38 InsO kann nach § 187 I InsO mit Zustimmung des Gläubigerausschusses Zahlung geleistet werden. Da die Forderungen festgestellt sein müssen (vgl. dazu BGH ZInsO 2009, 142), kann eine Zahlung frühestens nach dem Prüfungstermin in Frage kommen. An Gläubiger des § 39 InsO soll eine Abschlagsverteilung nicht geschehen, § 187 II 2 InsO. 1

2. Verfahren. a) Die Zahlungen bedürfen der Zustimmung des Gläubigerausschusses, § 187 III 2 InsO. Dieser muss darauf achten, dass durch die Zahlung die Interessen der Massegläubiger, nicht beeinträchtigt werden. 2

b) Die Abschlagsverteilung setzt voraus, dass unter Berücksichtigung der vorgehenden Ansprüche (Masseverbindlichkeiten) hinreichend bare Masse vorhanden ist, die unter Berücksichtigung der Kosten der Abschlagsverteilung eine solche sinnvoll erscheinen lässt. Die Abschlagsverteilung bedarf keiner Ermächtigung durch das Gericht aber der Zustimmung des Gläubigerausschusses, § 187 III InsO. Verweigert dieser die Zustimmung, so kann die Gläubigerversammlung sie nicht ersetzen.[1] 3

---
[1] *Uhlenbruck,* § 187 Rn. 10; Braun/*Pehl,* § 187 Rn. 11.

§ 65   4–9   Kapitel III. 9. Abschnitt. Befriedigung der Insolvenzgläubiger

4   **c)** Ist eine *Abschlagsverteilung* vom Verwalter beschlossen und vom Gläubigerausschuss *genehmigt*, so hat der Verwalter gem. § 188 InsO
– ein Verzeichnis der zu berücksichtigenden Forderungen zu erstellen (→ Rn. 27 ff.);
– dieses Verzeichnis auf der Geschäftsstelle niederzulegen,
– und sodann (nicht vor der Niederlegung!)[2] die Verteilung öffentlich bekannt zu machen.

5   Die *Bekanntmachung* geschieht nach Maßgabe des § 9 InsO, sie hat zu enthalten
– die Angabe der Sache,
– die Ankündigung, dass eine Abschlagsverteilung erfolgen soll,
– die Mitteilung des verfügbaren Massebestandes,
– die Summe der zu berücksichtigenden Forderungen,
– den Hinweis, dass das Verzeichnis der zu berücksichtigenden Forderungen auf der Geschäftsstelle des Gerichts zur Einsicht niedergelegt ist.

6   Mit dem Ablaufe des zweiten Tages nach der Einstellung (§ 9 I 3 InsO) beginnt die *Ausschlussfrist* nach § 189 I InsO für bisher im Verzeichnis nicht berücksichtigte Gläubiger, um noch ihre Aufnahme in das Verzeichnis zu erreichen (→ Rn. 27).

Aufgrund der innerhalb der Frist eingereichten Nachweise hat der Verwalter das Verzeichnis zu berichtigen bzw. zu ergänzen. Das endgültige Gläubigerverzeichnis ist wiederum auf der Geschäftsstelle niederzulegen.

7   **d)** Ist im endgültigen Verzeichnis eine Forderung zu Unrecht aufgenommen oder nicht aufgenommen worden, so können innerhalb einer Woche nach Ablauf der Frist des § 189 InsO gegen das Verzeichnis *Einwendungen* erhoben werden, § 194 InsO. Rügen die Einwendungen die Nichtaufnahme einer Forderung, so ist einwendungsberechtigt nur der Anmelder der Forderung; wird die Aufnahme einer Forderung gerügt, so ist einwendungsberechtigt jeder Insolvenzgläubiger. Im Einwendungsverfahren ist nur zu prüfen, ob die Vorschriften der §§ 189–191 InsO richtig angewendet wurden. Materiellrechtliche Einwendungen gegen den Bestand einer Forderung sind unzulässig. Unzulässig sind auch Einwendungen, mit denen ein Gläubiger, der die Aufnahmefrist versäumt hat, durch Nachreichung der Nachweise sein Versäumnis ausräumen will.

8   Über die Einwendungen entscheidet das *Gericht* nach Anhörung des Verwalters und des Gläubigers, dessen Berücksichtigung gerügt wird. Die zurückweisende Entscheidung ist dem Einwender, dem Verwalter und dem Gläubiger, dessen Berücksichtigung gerügt wurde, zuzustellen. Anfechtungsberechtigt ist nur der abgewiesene Einwender,[3] ihm steht die sofortige Beschwerde zu, § 194 II 2 InsO.

Die stattgebende Entscheidung ist gem. § 194 III InsO auf der Geschäftsstelle niederzulegen. Da die Frist für die sof Beschwerde mit dem Tag der Niederlegung beginnt (§ 194 III 3 InsO), ist eine Zustellung der Entscheidung entbehrlich. Es empfiehlt sich jedoch, dass die Entscheidung den Beteiligten formlos mitgeteilt wird, damit sie überhaupt von ihr Kenntnis erhalten. Anfechtungsberechtigt sind
– bei der Anordnung, einen bisher nicht berücksichtigten Gläubiger neu ins Verzeichnis aufzunehmen: der Verwalter und alle Insolvenzgläubiger;
– bei der Anordnung, einen aufgenommenen Gläubiger im Verzeichnis zu streichen: der Verwalter und der zu Streichende.

9   **e)** Ist die Einwendungsfrist verstrichen oder sind erhobene Einwendungen rechtskräftig entschieden, wird der zu verteilende *Prozentsatz festgesetzt*, § 195 I InsO. Die Festsetzung obliegt dem Gläubigerausschuss, ist ein solcher nicht bestellt, setzt der Verwalter fest. Der Gläubigerausschuss ist bei seiner Festsetzung an eine Anregung oder den Vorschlag des Verwalters nicht gebunden. Der Prozentsatz bestimmt sich maximal nach

---

[2] *Uhlenbruck*, § 187 Rn. 11.
[3] *Uhlenbruck*, § 194 Rn. 14.

dem bekannt gegebenen Massebestand. Sollte der Gläubigerausschuss einen darüber hinausgehenden Satz festsetzen, so ist der Verwalter nicht verpflichtet, diesen Beschluss zu vollziehen. Nach der Festsetzung erstmals geltend gemachte Masseverbindlichkeiten führen wegen § 206 InsO nicht zu einer Änderung des festgesetzten Prozentsatzes. Die Festsetzung ist den beteiligten Gläubigern mitzuteilen. Dies könnte durch Veröffentlichung oder besondere Mitteilung geschehen; mit Rücksicht auf die dadurch entstehenden Kosten ist in der Praxis die Mitteilung durch Vermerk auf dem Überweisungsauftrag üblich.

g) Wurde ein Gläubiger bei der Abschlagsverteilung nicht berücksichtigt – sei es, weil er gem. §§ 189–191 InsO nicht teilnehmen konnte, sei es, weil er übergangen wurde – so ermöglicht § 192 InsO unter bestimmten Umständen seine *nachträgliche Berücksichtigung*.

Voraussetzungen dafür sind:
– Ein Antrag des nicht Berücksichtigten; ein übergangener Gläubiger muss von Amts wegen berücksichtigt werden;[4]
– es muss entsprechende Masse vorhanden sein, die nicht für Massegläubiger benötigt wird. Auch für das Verfahren nach § 192 InsO gelten die Verfahrensregeln der §§ 187, 188 InsO.[5]

II. Die Schlussverteilung

1. Voraussetzungen. Die Schlussverteilung, also die Ausschüttung der gesamten noch verfügbaren Teilungsmasse, setzt gem. § 196 I InsO die Verwertung der Masse voraus. Dass unverwertbare Massegegenstände vorhanden sind, kann nicht hindern, denn sie können ja gerade wegen ihrer Unverwertbarkeit nicht zu einer Erhöhung der Teilungsmasse führen. Auch ein noch anhängiger Aktivprozess hindert nicht, denn was in ihm erstritten wird, kann einer Nachtragsverteilung zugeführt werden.[6] Die Anhängigkeit von Feststellungsprozessen ist gleichfalls kein Grund, die Schlussverteilung hinauszuschieben, denn die Gläubiger sind unter der Voraussetzung des § 189 InsO durch § 198 InsO geschützt. Weiterhin zufließendes pfändb. Arbeitseinkommen hindert die Schlussverteilung nicht.

Nach § 196 II InsO bedarf die Schlussverteilung der *Zustimmung* des Gerichts. Diese ist vom Verwalter unter Einreichung von Schlussbericht (→ Rn. 13), Schlussrechnung (→ Rn. 23) und Schlussverzeichnis (→ Rn. 24) zu beantragen.

Die nach § 187 III 2 InsO weiter erforderliche Genehmigung des Gläubigerausschusses hat der Verwalter einzuholen und dem Gericht nachzuweisen.

2. Schlussbericht. Er hat einen Überblick über die gesamte Geschäftsführung des Verwalters zu geben, also sich insbesondere zu befassen mit
– Masseherstellung (Freigaben!)
– Masseverwertung
– Abwicklung der laufenden Vertragsverhältnisse
– Prozessführung des Verwalters.

Der Schlussbericht (zusammen mit der Schlussrechnung) ist nach § 66 II InsO vom *Gericht* in formeller (= rechnerischer) und materieller Sicht zu überprüfen. Ansatzpunkt für die *materielle* Prüfung ist § 196 InsO: Wenn das Gericht die Vornahme der Schlussverteilung zu genehmigen hat, so muss es deren Voraussetzung (Verwertung der Masse) überprüfen.

---

[4] *Uhlenbruck*, § 192 Rn. 6.
[5] *Uhlenbruck*, § 192 Rn. 7.
[6] BAG KTS 1973, 269, 270; *Uhlenbruck*, § 196 Rn. 5; *Breutigam/Breutigam*, § 196 Rn. 6.

15 Allgemein anerkannt ist, dass das Gericht die Hilfe eines **Sachverständigen** in Anspruch nehmen kann. Dies ist insbesondere bei Großverfahren angezeigt, in denen der Rechtspfleger sonst langzeitig anderen Amtsgeschäften entzogen würde. Streitig ist, ob der Sachverständige insgesamt die Prüfung zugewiesen erhält, oder nur mit der Kontrolle des rechnerischen Teiles betraut werden kann.[7] Letztere Auffassung ist richtig, denn das Gericht kann die ihm obliegende rechtliche Beurteilung nicht delegieren, ist sie doch Ausfluss der Aufsichtsfunktion nach § 58 InsO.

16 Der Verwalter hat das *Ablehnungsrecht* nach § 4 InsO, § 406 ZPO bei Besorgnis der Befangenheit;[8] zweifelhaft mag sein, ob diese Besorgnis bereits dann besteht, wenn als Sachverständiger ein im selben Gerichtsbezirk „konkurrierender" Insolvenzverwalter bestellt wird.

17 Zum Umfang dieser Prüfungspflicht herrscht in der Praxis der Gerichte weitgehend Unsicherheit.[9]

Als Grundsatz ist festzuhalten: Das Gericht prüft nur die *Rechtmäßigkeit,* nicht die Zweckmäßigkeit des Verwalterhandelns.[10] Das heißt: Zu beanstanden ist nur, dass der Verwalter eine Handlung vorgenommen hat, die er nach den von ihm zu beachtenden gesetzlichen Vorschriften nicht hätte vornehmen dürfen, oder dass er eine Handlung nicht vorgenommen hat, die er hätte vornehmen müssen. In beiden Fällen muss hinzukommen, dass infolge dieses Fehlverhaltens ein Massegegenstand noch nicht verwertet ist, der aber noch verwertet werden kann.

Beispiele:

18 *Absonderungsrecht.* Anerkennt der Verwalter ein in Wahrheit nicht bestehendes Absonderungsrecht, so kann es durch dieses Anerkenntnis nicht entstehen, weil dingliche Rechte nur nach den sachenrechtlichen Vorschriften begründet werden können. Der Gläubiger ist also um die Differenz zwischen Quote und Erlangtem ungerechtfertigt bereichert, der Bereicherungsanspruch ist Massebestandteil. Das Gericht kann beanstanden und den Verwalter anweisen, den Anspruch geltend zu machen.

19 *Anfechtungsrecht.* Hat der Verwalter eine Rechtshandlung nicht angefochten, so ist zunächst von dem im Schlussbericht dargestellten (oder auf Anfrage mitgeteilten) Beweggrund auszugehen: War der Verwalter der Auffassung, ein Vorgang sei aus Rechtsgründen nicht anfechtbar und vertritt das Gericht den gegenteiligen Standpunkt, so ist grundsätzlich eine Beanstandung möglich. Hat der Verwalter von der Anfechtung abgesehen, weil er die Beweislast für zu unsicher und deshalb das Prozessrisiko für zu hoch hielt, so scheidet eine Beanstandung aus, weil die Zweckmäßigkeit dieser Entscheidung nicht kontrollierbar ist.

20 *Entnahmen des Verwalters aus der Masse.* Hier ist zu unterscheiden: Entnahmen, die eindeutig rechtswidrig sind, weil sie nicht in den Kreis der Befugnisse des Verwalters fallen (Unterschlagungen, Schenkungen aus der Masse). In solchen – freilich kaum je praktisch werdenden – Fällen hat der Verwalter nicht als solcher gehandelt, sondern ist wie ein Dritter zu behandeln. Die hier bestehenden Rechte der Masse aus diesen unwirksamen Handlungen werden durch Beanstandung geltend gemacht. Bei anderen Entnahmen kommt es darauf an, ob sie
– begrifflich zu den nach § 64 InsO in Verbindung mit der InsVV festzusetzenden Vergütungen und Auslagen gehören. Dann ist die Entnahme nur nach Maßgabe der ge-

---

[7] Nur rechnerischer Teil: Braun/*Blümle,* § 66 Rn. 18; *Eickmann* EWiR 1986, 399 u HK § 66 Rn. 11; HambKommInsO/*Weitzmann* § 66 Rn. 13; einschränkend auch *Breutigam/Blersch,* § 66 Rn. 11; FK/ *Kind,* § 66 Rn. 18. Allgemein: *Bähner* KTS 1991, 354; *Kilger/K. Schmidt,* § 86 KO Anm. 5d; *Uhlenbruck,* § 66 Rn. 33; MüKoInsO/*Nowak,* § 66 Rn. 20, *Franke/Goth/Firmenich,* ZInsO 2009, 123.
[8] OLG Köln ZIP 1990, 58.
[9] Ausführlich *Uhlenbruck* ZIP 1982, 125; *Bähner* KTS 1991, 347; *Braun* ZIP 1997, 1013 in *Bähner/ Berger/Braun* ZIP 1993, 1283.
[10] *Uhlenbruck,* § 66 Rn. 31; *Breutigam/Blersch,* § 66 Rn. 8; MüKoInsO/*Nowak,* § 66 Rn. 20, 32.

richtlichen Festsetzung zulässig, darüber hinausgehende Entnahmen sind nicht rechtmäßig und deshalb einer Beanstandung stets zugänglich,
- begrifflich Massekosten oder Masseschulden darstellen, die einer Festsetzung durch das Gericht nicht zugänglich sind. Hierher gehören insbesondere die Gebühren, die dem Verwalter nach dem RVG wegen der Führung von Masserechtsstreiten zustehen sofern eine Erstattungspflicht der Masse besteht.[11]

Zusammenfassend lassen sich folgende *Regeln* für die Prüfungstätigkeit des Gerichts formulieren.

1. Das Prüfungsrecht des Gerichts rechtfertigt sich aus §§ 58, 196 II InsO; es kann deshalb nur ausgeübt werden, wenn der Verwalter eine nicht rechtmäßige Handlung vorgenommen oder eine gesetzlich gebotene Handlung nicht vorgenommen hat und deswegen noch massezugehörige Gegenstände (Ansprüche) vorhanden sind, die verwertet werden können. Hierzu gehört auch die noch mögliche Ausübung eines Anfechtungsrechts.
2. Bei Entnahmen des Verwalters ist zu unterscheiden:
   a) Entnahmen zur Abgeltung von Tätigkeiten, Maßnahmen, Ausgaben usw, die nach Maßgabe der InsVV abzufinden sind, dürfen nur in der vom Gericht nach InsVV genehmigten bzw. festgesetzten Höhe getätigt werden. Verstöße rechtfertigen die Beanstandung durch das Gericht.
   b) Entnahmen für Tätigkeiten, Maßnahmen usw, die Massekosten oder Masseschulden auslösen, sind nur dahin überprüfbar
   - ob ein normal geschäftsgewandter Verwalter solche Kosten pflichtgemäß (durch Beauftragung eines Rechtsanwalts, Steuerberaters, Notars usw) auch ausgelöst hätte;
   - ob es sich um die gesetzmäßige Vergütung (nach RVG, KostO usw) handelt.

Da das Gericht letzteren Punkt nur überprüfen kann, wenn ihm in Prozess- und Vollstreckungssachen die Handakten vorgelegt werden, gehört diese *Aktenvorlage* zur Ordnungsmäßigkeit des Schlussberichts.[12]

3. Schlussrechnung. Art und Weise der Schlussrechnung sind im Gesetz nicht geregelt. Eine bloße Einnahmen-/Ausgabenrechnung (Überschussrechnung) genügt in den Fällen, in denen der Schuldner weder nach handelsrechtlichen Vorschriften noch nach § 141 AO verpflichtet ist, Bücher zu führen und Abschlüsse zu erstellen.[13] Dies wird in der Regel bei Handwerkern und Kleingewerbetreibenden der Fall sein.

Ist der Schuldner, wie zumeist, buchführungs- und abschlusspflichtig,[14] so muss eine den allgemeinen Regeln entsprechende Schlussbilanz erstellt werden, die an die bisher erstellten Bilanzen anschließt.

4. Schlussverzeichnis. Das Schlussverzeichnis enthält die bei der Verteilung zu berücksichtigenden Forderungen.

Für die Aufnahme in das Verzeichnis gilt (ebenso wie für das Verzeichnis einer Abschlagsverteilung) folgendes. *Aufzunehmen sind*
- alle festgestellten unbedingten Forderungen; gleichviel ob die Feststellung im Prüfungstermin oder nachträglich geschah; die Aufnahme darf nur unterbleiben bei erfolgreicher Vollstreckungsabwehrklage (BGH ZInsO 2009, 142);
- streitig gebliebene Forderungen, sofern

---

[11] Dazu ausführlich *Eickmann*, Komm z InsVV, vor § 1 Rn. 19 ff.
[12] *Uhlenbruck* ZIP 1982, 125, 135; *Senst/Eickmann/Mohn*, Rn. 392; aA LG Aschaffenburg KTS 1959, 168.
[13] *Klasmeyer/Kübler* BB 1978, 369, 370; *Uhlenbruck* ZIP 1982, 125, 130. Zur Form s *Pelka/Niemann*, Praxis der Buchführung und Bilanzierung in Insolvenzverfahren; *Pink* ZIP 1997, 177.
[14] Vgl. die Hinweise bei *Klasmeyer/Kübler* (Fn. 12).

- der Anmelder bei einer nicht titulierten Forderung innerhalb der Frist des § 189 InsO die Erhebung der Feststellungsklage oder die Prozessaufnahme (§ 180 II InsO) nachgewiesen hat. Wird der Feststellungsprozess nur gegen den Verwalter als einzigem Bestreiter geführt, so ist der Nachweis durch die Zustellung der Klage bzw. des Aufnahmeschriftsatzes hinreichend geführt; der bloßen Formalie einer erneuten Mitteilung bedarf es dann nicht mehr;[15]
- die Forderung tituliert (§ 179 II InsO) ist. Eines Tätigwerdens des Anmelders bedarf es nicht, die Forderung ist auch dann aufzunehmen, wenn der Bestreiter nach Maßgabe des § 179 II gegen den Titel vorgeht.

- Festgestellte auflösend bedingte Forderungen werden gern § 42 InsO wie unbedingte behandelt. Sie müssen deshalb stets aufgenommen werden. Ist die Bedingung bereits eingetreten, so bleibt dem Verwalter nur die Möglichkeit der Vollstreckungsabwehrklage.[16] Vorher wird der Verwalter zweckmäßig an den Gläubiger herantreten, ob dieser auf die Berücksichtigung der Forderung verzichtet; eine förmliche Anmeldungsrücknahme ist nicht mehr möglich.
- Festgestellte aufschiebend bedingte Forderungen sind gem. § 191 InsO grundsätzlich wie unbedingte zu behandeln (wegen der erforderlichen Hinterlegung → Rn. 34). Ist der Eintritt der Bedingung so unwahrscheinlich, dass die Forderung keinen gegenwärtigen Vermögenswert hat, so ist die Forderung nicht aufzunehmen, § 191 II 1 InsO.
- Absonderungsberechtigte und *verwertungsberechtigte* Gläubiger, sofern sie
  - entweder auf das Absonderungsrecht gegenüber dem Verwalter verzichten, oder
  - den bei der bereits durchgeführten Verwertung eingetretenen Ausfall nachweisen.

25 Bei einer Abschlagsverteilung genügt es, wenn die Gläubiger nachweisen, dass die Verwertung des Gegenstandes vom Gläubiger selbst oder einem anderen betrieben wird und der Anmelder dabei einen mutmaßlichen, glaubhaft zu machenden Ausfall erleiden wird.

Die *Feststellung eines Ausfalles* bei noch nicht abgeschlossener Verwertung ist naturgemäß problematisch. Bei beweglichen Sachen, deren Veräußerungswert meist verhältnismäßig genau geschätzt werden kann, wird die Unsicherheitsmarge gering sein. Anders ist dies jedoch bei Grundstücken. Das ZVG sieht zur Ermittlung des Ausfalles in den Vorschriften über die Insolvenzverwalterversteigerung (§§ 172 ff. ZVG) deshalb die Möglichkeit des § 174 ZVG vor.[17] Für die reguläre Vollstreckungsversteigerung können nur Faustregeln aufgestellt werden: Ist das Recht des Gläubigers in das Geringste Gebot aufgenommen worden, so kann es begrifflich keinen Ausfall erleiden, denn es wird hinsichtlich der rückständigen und laufenden wiederkehrenden Leistungen auf jeden Fall gedeckt (§§ 12, 49 ZVG), bleibt im Übrigen bestehen und ist vom Ersteher zu tilgen und zu verzinsen (§§ 52, 56 S. 2 ZVG). Bei Rechten, die außerhalb der $7/_{10}$-Grenze des § 74a ZVG stehen und nicht in das geringste Gebot aufgenommen wurden, muss erfahrungsgemäß mit vollem Ausfall gerechnet werden.

26 Ist der Gläubiger eines Absonderungsrechtes *nicht verwertungsberechtigt* (§§ 166–172 InsO) so sind die Vorschriften in § 190 I, II InsO nicht anzuwenden, § 190 III InsO. Es ist Aufgabe des Verwalters, für die Berücksichtigung des Gläubigers in den Verzeichnissen zu sorgen.[18] Er wird mithin den Ausfall zu schätzen bzw. festzustellen haben. Vor der Schlussverteilung muss die Verwertung durch den Verwalter mithin durchgeführt sein.

27 *Getilgte Forderungen* sind, wurden sie festgestellt, auf jeden Fall in das Verzeichnis aufzunehmen. Der Verwalter muss gegen sie gem. § 767 ZPO vorgehen.

---

[15] *Uhlenbruck,* § 189 Rn. 3; *Senst/Eickmann/Mohn,* Rn. 376.
[16] RGZ 21, 331; *Uhlenbruck,* § 42 Rn. 3.
[17] Vgl. dazu *Steiner/Eickmann,* § 174 Rn. 2, 17, 21 ff.
[18] Nerlich/Römermann/*Westphal,* § 190 Rn. 46; *Uhlenbruck,* § 190 Rn. 10.

Die Verteilungen 28–31 § 65

Besonderheiten ergeben sich nach Maßgabe des sog. *Doppelberücksichtigungsgrundsatzes* 28
in §§ 43, 44 InsO. Zum Schutze des Gläubigers soll vermieden werden, dass bei persönlicher oder dinglicher Mithaftung Dritter deren Leistungen die Quote des Gläubigers schmälern und er dadurch einen Ausfall erleidet.

§ 43 ist (direkt oder entsprechend) anwendbar 29
– bei echtem (*Jaeger/Henckel* § 3 Rn. 54) aber auch unechtem[19] *Gesamtschuldverhältnis*,
– bei Haftung mehrerer *Wechselschuldner* nach Art. 47 WG,
– bei Sachmithaftung massefremder Vermögensgegenstände *(sog. Drittsicherung)*, also zB bei Bestellung einer Sachsicherheit (Grundpfandrecht, Mobiliarpfandrecht) durch einen Dritten;[20] dies gilt auch, wenn der Dritte daneben auch persönlich mithaftet,
– bei Sicherungsübereignung oder -zession Dritter für die Schuld des Schuldners;
– für das Verhältnis Hauptschuldner (= Gemeinschuldner) und selbstschuldnerischer Bürge bzw. Bürge, dem aus anderem Grund (hauptsächlich: § 773 I Nr. 3 BGB) die Einrede der Vorausklage nicht zusteht und für sog. harte Patronatserklärungen;[21]
– für die Haftung ausgeschiedener Kommanditisten (§§ 159, 172 IV, 171 III HGB) in der Gesellschaftsinsolvenz;

Für diese Fälle regeln §§ 43, 44 InsO 30
• wenn das Verfahren sowohl über das Vermögen des Hauptschuldners wie auch über das des Mitverpflichteten eröffnet ist, dass der Gläubiger in jedem der beiden Verfahren den vollen Forderungsbetrag anmelden kann und die auszuschüttenden Dividenden (Quoten) jeweils erst dann einander angerechnet werden, wenn sie zusammen zur vollen Befriedigung führen,
• wenn das Verfahren nur über das Vermögen des Hauptschuldners eröffnet ist, dass der Gläubiger auch hier so lange mit dem im Eröffnungszeitpunkt ihm zustehenden Betrag berücksichtigt wird, bis er volle Befriedigung erlangt hat.

Die dabei entstehenden Einzelfragen sollen nachstehend an Beispielen dargestellt 31
werden.

Im Doppelverfahren:

Beispiel 1: A schuldet B 10 000,– EUR; C hat sich verbürgt. A und C fallen in Insolvenz.

Hier kann B in jedem Verfahren den vollen Forderungsbetrag unbedingt anmelden; auch id Bürgeninsolvenz, weil eine evtl bestehende Einrede der Vorausklage gem. § 773 I Nr. 3 BGB erlischt.

Beispiel 2: In einem der beiden Verfahren werden an B 6000,– EUR Quote ausgeschüttet.

Geschieht dies in der Insolvenz des A (= Hauptschuldner), so kann B trotzdem im Verfahren des Bürgen den vollen Anmeldungsbetrag weiter verfolgen;[22] § 43 InsO ist gegenüber § 767 I BGB lex specialis. Erfolgt die Ausschüttung im Verfahren des Bürgen C, so bleibt auch hier die Stellung des B im anderen Verfahren unberührt.

Der Forderungsübergang, der in Höhe der ausbezahlten Dividende eintritt (§ 774 I 1 BGB) kann nicht im Hauptschuldner-Verfahren neben der ursprünglichen (und unverkürzt bleibenden) Gläubigerforderung angemeldet werden, weil sonst für denselben Forderungsteil zweimal die Quote anfiele.

Der Gläubiger, der in dem einen Verfahren eine Dividende erhalten hat, bleibt also mit seiner gesamten Forderung im anderen Verfahren beteiligt, dh seine Dividende berechnet sich auch dort aus 10 000,– EUR. Dies freilich nur so lange, wie keine höhere

---
[19] Braun/*Bäuerle*, § 43 Rn. 1.
[20] BGH NJW 1960, 1295; BGH WM 1969, 1346, 1347.
[21] BGH ZIP 1992, 338.
[22] RGZ 2, 181; *Uhlenbruck*, § 43 Rn. 4.

Quote als 40% anfällt, denn jede darüber hinausgehende Quote würde ihm im Endergebnis mehr verschaffen, als ihm insgesamt zusteht (→ Rn. 32).

32 Bei alleinigem Verfahren des Hauptschuldners:

Beispiel 3: A schuldet B 10 000,– EUR; C hat sich verbürgt. Als A in Insolvenz fällt, hat C den B bereits voll befriedigt.

Die Forderung ist gem. § 774 I BGB auf G übergegangen; er kann sie anmelden und ist entsprechend im Verfahren zu berücksichtigen.

Beispiel 4: C befriedigt nach Eröffnung den B voll.

Da der Gläubiger voll befriedigt ist, kann er am weiteren Fortgang des Verfahrens kein Interesse mehr haben, der Schutz des § 43 InsO erlischt für ihn, dh er muss aus dem Verfahren ausscheiden.[23] Ist die Forderung bereits festgestellt worden, so kann der Tabelleneintrag gem. § 727 ZPO auf den Bürgen als den neuen Gläubiger (§ 774 I BGB) umgeschrieben werden. Ist die vom Gläubiger angemeldete Forderung noch nicht geprüft, so kann der Bürge seinerseits (daneben) anmelden (BGH aaO Fn. 21).

Nimmt der Gläubiger seine Anmeldung nicht zurück, so ist sie vom Verwalter zu bestreiten.

Beispiel 5: C hat vor Eröffnung 5000,– EUR bezahlt. Es sind weitere Forderungen von insgesamt 30 000,– EUR festgestellt; zur Verteilung stehen 10 000,– EUR zur Verfügung.

Hier kann jeder der beiden Gläubiger (B und C) zunächst seinen Teilanspruch anmelden; insgesamt ist nicht mehr angemeldet als am Verfahren teilnähme, hätte C nicht bezahlt. § 43 InsO gilt zugunsten des B nicht, weil die Norm den Gläubiger ja auf das verweist, was ihm im Zeitpunkt der Eröffnung (noch) zusteht. Jedoch darf gem. § 774 I 2 BGB der Forderungsübergang nicht zum Nachteil des B geltend gemacht werden. Bei einer Schuldenmasse von (einschließlich B und C) 40 000,– EUR ergibt die Teilungsmasse eine Quote von 25%, das sind für B 1250,– EUR. Nähme C am Verfahren nicht teil, stünde eine Schuldenmasse von 35 000,– EUR der Verteilungsmasse gegenüber, das ergäbe eine Quote von ca 28%, mithin für B eine Dividende von 1400,– EUR. Der Unterschied von 150,– EUR ist der „Nachteil" iSv § 774 I 2 BGB, den B durch die Verfahrensteilnahme des C erleidet, den er aber nicht erleiden darf. B muss also so gestellt werden, als habe G am Verfahren nicht teilgenommen. Zur Erreichung dieses Ergebnisses werden zwei Auffassungen vertreten. Die überwiegend vertretene „materiellrechtliche Lösung" gibt dem Gläubiger B gegen C einen Ausgleichsanspruch, der außerhalb der Insolvenz geltend zu machen ist; die Verteilung soll davon unberührt bleiben.[24] Dem steht gegenüber die „verfahrensrechtliche Lösung", bei der der Verwalter die Quote des Bürgen um den Nachteilsbetrag zugunsten des B kürzt, dh also im obigen Beispiel an B 1400,– EUR und an C mit 1100,– EUR auszahlt.[25] Letztere Auff ist wohl zutreffend, denn § 774 I 2 BGB enthält eine Beschränkung bereits bei der Anspruchsdurchsetzung. Sie verstößt auch nicht gegen die Rechtskraftwirkung des Tabelleneintrags, weil diese nur die Forderung im ganzen ergreift.

Beispiel 6: G zahlt nach Eröffnung 9000,– EUR. Weitere festgestellte Forderungen: 10 000,– EUR; Verteilungsmasse: 4000,– EUR.

In diesem Falle nimmt der noch nicht voll befriedigte B gem. § 43 InsO mit seinem vollen Anspruch (= 10 000,– EUR) am Verfahren teil; C kann daneben nichts anmelden, weil sonst der Anspruch gegen die Masse verdoppelt würde, § 44 InsO. Somit er-

---

[23] BGHZ 39, 319, 321, 327 = NJW 1963, 1873.
[24] RGZ 83, 401, 406; *Reinicke/Tiedtke,* DB 1990, 1953; MüKoBGB/*Habersack* § 774 Rn. 13.
[25] *Roth* LZ 1910, 355, 360; *Uhlenbruck,* § 43 Rn. 5.

hielte im vorstehenden Beispiel B eine Dividende von 2000,– EUR, also insgesamt mehr als ihm zusteht. Wird dies erst später vom Verwalter festgestellt, so hat er den Überschuss beim Gläubiger zu kondizieren.[26] Eine solche Auszahlung kann C jedoch verhindern, wenn er die durch seine Zahlung bewirkte Rechtsnachfolge dem Gericht oder dem Verwalter nachweist. Die Rechtsnachfolge wird dann in Sp 10 der Tabelle vermerkt[27] und rechtfertigt die Zurückhaltung des Anteils zugunsten des C. Nach anderer Auffassung[28] bedarf es dessen nicht; der Verwalter soll vielmehr ohne weiteres berechtigt sein, die Dividende des B entsprechend zu mindern. Dem kann nicht zugestimmt werden. Der Verwalter kann den nach der Feststellung in der Tabelle ausgewiesenen Anspruch nicht einseitig kürzen. Er kann nur entweder eine nachgewiesene Rechtsnachfolge berücksichtigen (Beispiel 5) oder gem. § 767 ZPO gegen den Tabelleneintrag vorgehen. Zur Möglichkeit der *Änderung* eines *falschen* Verzeichnisses s BGH ZInsO 2009, 2243.

5. Durchführung der Verteilung. Sie besteht entweder in der Auszahlung der Dividende an die Gläubiger oder in deren Zurückbehaltung (= Hinterlegung).

Zurückzubehalten sind die Gläubigeranteile in folgenden Fällen:
– bei titulierten, bestrittenen Forderungen, wenn bis zum Vollzug der Verteilung die Verfolgung des Widerspruches nachgewiesen wird;[29]
– bei nichttitulierten, bestrittenen Forderungen, wenn der Nachweis gem. § 189 I InsO rechtzeitig geführt wird, § 189 II InsO;
– bei festgestellten Forderungen, wenn der Verwalter gem. § 767 ZPO gegen sie vorgeht;[30]
– bei aufschiebend bedingten Forderungen, wenn die Bedingung noch nicht eingetreten ist, § 191 I 2 InsO;
– bei absonderungsberechtigten Gläubigern mit festgestellter Forderung nur bei Streit über die Erfüllung der Voraussetzungen des § 190 I InsO;[31] bei bestrittener Forderung nach den dafür geltenden Regeln.

Bei diesen Beträgen entscheidet gem. § 198 InsO der Verwalter wo sie zu hinterlegen sind. In der Regel wird die gerichtliche Hinterlegungsstelle zu wählen sein; bei höheren Beträgen kann auch an eine zinsgünstigere Anlegung gedacht werden.

Neben dieser Hinterlegung kann jedoch auch eine Hinterlegung nach allgemeinem Recht (§ 372 BGB) notwendig werden, zB weil der Gläubiger unbekannten Aufenthaltes ist, oder eine Quote von mehreren Forderungsprätendenten in Anspruch genommen wird.

Es ist zu unterscheiden:
Die *insolvenzrechtliche Hinterlegung* (§ 198 InsO) geschieht zugunsten der Masse, ein Rücknahmeverzicht des Verwalters ist unzulässig.

Die *allgemeine Hinterlegung* (§ 372 BGB) erfolgt zugunsten des Gläubigers bzw. der Forderungsprätendenten; sie dient der Schuldbefreiung, deshalb hat der Verwalter hier den Verzicht auf Rücknahme zu erklären.

Mehrere Forderungen eines Gläubigers werden allein nach insolvenzrechtlichen Grundsätzen getilgt; §§ 366, 367 BGB sind unanwendbar.[32]

---

[26] RGZ 157, 271, 279; MüKoInsO/*Lwowski/Bitter*, § 43 Rn. 63; aA *Wissmann*, Persönliche Mithaft im Konkurs, 1988, S. 70 ff. (Kondiktion im Verhältnis Bürge/Gläubiger), wohl auch *Uhlenbruck*, § 43 Rn. 8.
[27] *Senst/Eickmann/Mohn*, Rn. 328.
[28] OLG Karlsruhe ZIP 1981, 1231, 1232; *Lwowski/Bitter* aaO.
[29] *Uhlenbruck*, § 189 Rn. 8; *Breutigam/Breutigam*, § 189 Rn. 8; ausf: *Holzer* NZJ 1999, 44, 45.
[30] RGZ 21, 339; *Uhlenbruck*, § 188 Rn. 13.
[31] *Uhlenbruck*, § 190 Rn. 1.
[32] BGH ZIP 1985, 487.

39 ### 6. Übersicht

Forderung ist festgestellt	Forderung ist bestritten
1. Nicht bedingt, ungesichert, nicht tituliert: Aufnahme: Ja, → Rn. 24 Behandlung: Auszahlung; es sei denn Fall des § 767 ZPO, → Rn. 34	**1. Nicht bedingt, ungesichert, nicht tituliert:** Aufnahme: Ja, bei Nachweis der Verfolgung, → Rn. 24 Behandlung: Zurückbehalten, → Rn. 34
2. Nicht bedingt, ungesichert, tituliert: wie oben 1	**2. Nicht bedingt, ungesichert, tituliert:** Aufnahme: Ja, → Rn. 24 Behandlung: Auszahlung, wenn Bestreiter nicht gegen Titel vorgeht; sonst Zurückbehalten, → Rn. 34
3. Auflösend bedingt: Aufnahme: Ja, → Rn. 24 Behandlung: Grundsätzlich Auszahlung, → Rn. 34	**3. Auflösend bedingt:** Aufnahme: Ja, bei Nachweis der Verfolgung Behandlung: Zurückbehalten
4. Aufschiebend bedingt: Aufnahme: Grundsätzlich ja, so → Rn. 24 Behandlung: Zurückbehalten, → Rn. 34	**4. Aufschiebend bedingt:** Aufnahme: Grundsätzlich ja bei Nachweis der Verfolgung Behandlung: Zurückbehalten
5. Mit Absonderungsrecht Aufnahme: Ja, bei Verzicht od Ausfall (in Abschlagsverteilung auch: mutmaßl Ausfall) → Rn. 24, 25 Behandlung: Auszahlen (bei Abschlagsverteilung uU zurückbehalten)	**5. Mit Absonderungsrecht** Aufnahme: ja bei Verzicht oder Ausfall und Nachweis d Verfolgung Behandlung: Zurückbehalten

III. Der Schlusstermin

40 **1. Anberaumung, Bekanntmachung.** Der Termin wird vom Gericht bestimmt, er ist gem. § 197 II InsO öffentlich bekannt zu machen. Er soll nicht früher als drei Wochen und nicht später als einen Monat nach dem Zeitpunkt des Wirksamwerdens der öffentlichen Bekanntmachung stattfinden. Wesentlich ist, dass die Ausschlussfrist nach §§ 189, 190 InsO so rechtzeitig vor dem Termin abläuft, dass die Berichtigungen nach § 193 InsO noch vorgenommen werden können.

41 **2. Gegenstände des Schlusstermins. a)** Abnahme (Erörterung) der Schlussrechnung. Die Schlussrechnung und der Schlussbericht (→ Rn. 13) werden zunächst vom Gericht auf ihre Richtigkeit geprüft, weil nur auf diese Weise das Vorliegen der Voraussetzungen des § 196 I InsO festgestellt werden kann.

42 Das Gericht kann dazu auch einen *Sachverständigen* beiziehen.[33] Dies kann jedoch nur dort zulässig sein, wo das Gericht der besonderen Sachkunde eines Sachverständigen bedarf; umgekehrt kann die Beiziehung eines Sachverständigen niemals dort zulässig sein, wo die ureigenste Aufgabe des Gerichts liegt, nämlich bei der Prüfung und

---

[33] OLG Hamm EWiR § 86 KO 1/86, 399; Braun/*Blümle,* § 66 Rn. 18.

Beantwortung der aufgeworfenen Rechtsfragen. Das Gericht hat den Gesamtkomplex in zweifacher Hinsicht zu prüfen, nämlich einmal in rein rechnerischer, zum anderen im Hinblick auf seine materielle Richtigkeit. Nur im Rahmen der rechnerischen Überprüfung, bei der buchhalterische oder bilanztechnische Kenntnisse erforderlich werden können, ist die Einschaltung des Sachverständigen zulässig. Die in der Praxis häufig zu beobachtende „Begutachtung" auch der inmitten liegenden Rechtsfragen ist unzulässig. Auch der verbreitete Gerichtsbrauch, als Sachverständige andere Insolvenzverwalter zu bestellen, erscheint nicht bedenkenfrei. Es ist allgemein bekannt, dass gerade in Bezug auf größere Verfahren ein beachtlicher „Konkurrenzkampf" unter den Verwaltern eines Gerichtsbezirkes besteht. Das gegenseitige Kontrollieren aus Anlass der Sachverständigentätigkeit fördert vereinzelt gewiss die Neigung, sich durch kleinliches Herummäkeln an den Berichten anderer Verwalter bei Gericht als besonders gewissenhafter und genauer Verwalter empfehlen zu wollen: eine unwürdige Situation, in die das Gericht die Beteiligten gar nicht erst bringen sollte. In der Rechtsprechung ist anerkannt, dass Konkurrenten einer Partei regelmäßig als befangen iS des § 406 ZPO zu gelten haben; man wird das auf die hier angesprochenen Fälle übertragen können.

Der vom Gericht *geprüfte Schlussbericht* nebst Schlussrechnung – die auch der Gläubigerausschuss geprüft haben muss – ist spätestens eine Woche vor dem Termin auf der Geschäftsstelle niederzulegen, § 66 II InsO. **43**

Einwendungen gegen Schlussrechnung (und Schlussbericht) können erheben der Schuldner und die Insolvenzgläubiger, die noch nicht voll befriedigt sind. Aus- und Absonderungsberechtigte sowie Massegläubiger sind nicht einwendungsberechtigt. **44**

Die *Einwendungen* können nur mündlich im Termin erhoben werden und sind zu substantiieren. Das Gericht hat die Beteiligten zu einer Erklärung darüber aufzufordern und gleichzeitig die Ergebnisse der gerichtlichen Prüfung mitzuteilen. Werden Einwendungen erhoben, so sind sie zu protokollieren, sodann ist eine gütliche Einigung zu versuchen. Kommt sie zustande (zB verpflichtet sich der Verwalter, einen bestimmten Betrag als Schadensersatz zur Masse zu bringen), so ist sie zu Protokoll zu nehmen; im Übrigen ist jeder Streit im Prozesswege auszutragen. **45**

b) *Einwendungen gegen das Schlussverzeichnis* sind gleichfalls im Termin geltend zu machen, § 197 I 2 Nr. 2 InsO. Gem §§ 197 III, 194 II, III ist über sie im Termin zu entscheiden. **46**

Hinsichtlich der Berechtigung zur Erhebung von Einwendungen sowie deren Zulässigkeit → Rn. 7.

Besonders bedeutsam sind die häufigen Fälle, in denen Verwalter nur diejenigen Forderungen in das Schlussverzeichnis aufnehmen, an die auch tatsächlich etwas ausgeschüttet werden kann, während *Forderungen,* die zwar die formellen Aufnahmevoraussetzungen erfüllen, *auf die* aber mangels ausreichender Verteilungsmasse *nichts mehr entfällt,* im Verzeichnis unberücksichtigt bleiben. Gläubiger solcher Forderungen sollten unbedingt die Aufnahme ihrer Forderung durch die Erhebung von Einwendungen erzwingen, denn die Nichtaufnahme von Forderungen schließt deren Gläubiger von jeder künftigen Nachtragsverteilung aus (§ 205 InsO; → Rn. 56). **47**

c) Die Entscheidung über *nicht verwertbare Massegegenstände* ist gleichfalls dem Schlusstermin zugewiesen. Dabei kann entschieden werden, den Gegenstand dem Schuldner freizugeben, es kann ein erneuter Verwertungsversuch nach Ablauf einer bestimmten Wartezeit beschlossen und der Gegenstand gleichzeitig einer Nachtragsverteilung vorbehalten werden oder er kann einem bestimmten Gläubiger zum Kauf angeboten werden. In den häufigen Fällen, in denen im Schlusstermin kein Gläubiger erscheint, muss der Verwalter als zur Freigabe ermächtigt angesehen werden. **48**

IV. Die Nachtragsverteilung

49   **1. Begriff.** In vielen Fällen ist mit der Schlussverteilung die Masse noch nicht endgültig verwertet und verteilt, sei es, weil hinterlegte Beträge frei werden, sei es, weil bisher unbekannte Massegegenstände entdeckt werden. Auch diese Gegenstände müssen noch verwertet und an die Gläubiger verteilt werden; dies geschieht in der Nachtragsverteilung. Zeitlich ist sie, vom Schlusstermin an möglich, dh sie ergreift alle betroffenen Vermögensgegenstände (→ Rn. 50–54), die nach dem Schlusstermin frei oder ermittelt werden.

50   **2. Die einzelnen Fälle,** in denen eine Nachtragsverteilung zulässig ist, sind in § 203 I InsO erschöpfend aufgeführt.

a) *Freiwerdende Beträge.* Hierher gehören alle Beträge, die zu hinterlegen waren (→ Rn. 34) und bei denen nunmehr feststeht, dass sie nicht an den Anmelder auszuschütten sind. Also
– Anteile auf prozessbefangene Forderungen, wenn der Gläubiger unterlegen ist oder seine Anmeldung zurücknimmt;
– Anteile auf aufschiebend bedingte Forderungen, wenn die Bedingung ausfällt oder ihr Eintritt aussichtslos wird;
– Anteile auf auflösend bedingte Forderungen, wenn die Bedingung eintritt;
– hinterlegte Beträge für streitige Masseansprüche, soweit sich der Anspruch als unbegründet erweist;
– Ansprüche, die einer Nachtragsverteilung vorbehalten waren und realisiert werden konnten.

51   **b)** *Zurückfließende Beträge.* Hierher gehören alle Beträge, die aus der Masse ausbezahlt wurden und nach dem Schlusstermin zurückfließen. So zB wenn nach Auszahlung die auflösende Bedingung eingetreten ist, ein Widerspruch gegen eine titulierte Forderung Erfolg hatte oder überhaupt eine ungerechtfertige Auszahlung geschah. Auch die Rückzahlung zu viel entnommener Verwaltervergütung gehört hierher, wenn die Vergütungsfestsetzung im Rechtsmittelweg herabgesetzt wird.

52   **c)** *Nachträglich ermittelte Gegenstände.* Hierher gehören alle Gegenstände, die – obwohl nach § 35 InsO zur Sollmasse gehörig – nicht als solche behandelt worden sind, nicht aufgefunden wurden oder vom Verwalter irrtümlich als nicht massezugehörig angesehen wurden.

53   Nicht hierunter fallen grundsätzlich *freigegebene Gegenstände,* weil sie durch die Freigabe aus der Masse ausgeschieden sind. Ein Widerruf der Freigabe ist nicht möglich.[34] Ebenso scheidet eine Irrtumsanfechtung aus, wenn der Verwalter glaubte, die Sache gehöre nicht zur Masse, sei überbelastet oder unverwertbar, denn in diesen Fällen liegt ein unbeachtlicher Motivirrtum vor.[35] Möglich ist jedoch eine Anfechtung nach § 123 BGB, wenn der Verwalter vom Gemeinschuldner oder einem Dritten getäuscht wurde.

54   Voraussetzung für § 203 I Nr. 3 InsO ist, dass der Gegenstand sich noch im *Vermögen des (früheren) Schuldners* befindet. Hatte der Schuldner während des Verfahrens über den Gegenstand verfügt, so war dies gem. §§ 81, 91 InsO zunächst unwirksam. Sofern nicht ohnehin zugunsten des Dritten bereits seinerzeit §§ 878, 892 BGB eingriffen, wurde die Verfügung jedenfalls mit Verfahrensaufhebung wirksam, weil dann der Beschlag endet und die Verfügungsberechtigung des Schuldners wieder unbeschränkt war. Hat der (frühere) Schuldner nach Aufhebung verfügt, so war dies voll wirksam und der Gegenstand unterliegt nicht der Nachtragsverteilung.

---

[34] RGZ 60, 109; OLG Nürnberg MDR 1957, 683; *Uhlenbruck,* § 35 Rn. 23.
[35] *Uhlenbruck* (Fn 32).

Ist wirksam verfügt, so kann auch das erlangte *Surrogat* (zB der Kaufpreis) nicht Gegenstand einer Nachtragsverteilung sein.[36]

3. Anordnung. Die Nachtragsverteilung bedarf einer ausdrücklichen Anordnung des Gerichts. Sie kann naturgemäß nur ergehen, wenn das Gericht vom Vorliegen einer der Gründe des § 203 I InsO Kenntnis erlangt. Der Verwalter hat deshalb dem Gericht zu berichten, sobald einer der Sachverhalte vorliegt, wobei es beim Freiwerden oder Zurückfließen kleinerer Beträge, die für sich eine Verteilung nicht lohnen, durchaus sinnvoll sein kann, zuzuwarten, ob sich die verfügbare Masse vergrößert. Eine Nachtragsverteilung ist nämlich nur dann anzuordnen, wenn sie im Hinblick auf die einzelnen zu verteilenden Quoten einerseits und die entstehenden Kosten andererseits als sinnvoll angesehen werden kann, § 203 III InsO.

4. Durchführung. In erster Linie ist der bisherige Verwalter zur Vollziehung berufen. Die Verteilung erfolgt nach Maßgabe des Schlussverzeichnisses (vgl. § 205 InsO) dh dass nur solche Gläubiger berücksichtigt werden können, deren Forderungen in das Schlussverzeichnis aufgenommen wurden; die Erstellung eines eigenen Verteilungsverzeichnisses ist ebenso unnötig wie unzulässig. Deshalb muss dringend vor der weit verbreiteten Praxis gewarnt werden, in das Schlussverzeichnis nur diejenigen Gläubiger aufzunehmen, die auch tatsächlich in der Schlussverteilung eine Dividende erhalten. Kommt es zu einer Nachtragsverteilung, so sind die nicht aufgenommenen Gläubiger präkludiert. In das Schlussverzeichnis sind deshalb alle Gläubiger aufzunehmen, die die Voraussetzungen erfüllen, selbst wenn auf sie keine Zuteilung vorgenommen werden kann.

Da Grundlage allein das Schlussverzeichnis bildet, *erübrigt* sich die Anordnung eines Termines; Einwendungen gegen das Verzeichnis sind nicht mehr zulässig. Der Verwalter hat die Nachtragsverteilung öffentlich bekannt zu machen; dabei ist die Höhe der Verteilungsmasse anzugeben.

Nach Vollziehung der Verteilung hat der Verwalter über die Verwaltung des betroffenen Gegenstandes, ggf. seine Verwertung, sowie über die Durchführung der Verteilung *Rechnung zu legen,* § 205 S. 2 InsO. Das Gericht hat diese Rechnung nach den allgemeinen Regeln (→ Rn. 13 ff.) zu prüfen.

5. Insolvenzbeschlag in der Nachtragsverteilung. a) Hinsichtlich der *zurückbehaltenen* (vorbehaltenen) *Gegenstände* dauert der Beschlag ungeachtet der Verfahrensaufhebung an.[37]

b) *Zurückfließende Beträge* werden mit Aufhebung vom Beschlag frei; sie werden erst durch die Anordnung der Nachtragsverteilung neu beschlagnahmt.[38] Zieht der (frühere) Schuldner solche Forderungen vor Anordnung der Nachtragsverteilung ein, so ist der Dritte freigeworden; der Betrag ist in dem freien Vermögen des Sch aufgegangen. Eine Nachtragsverteilung scheidet dann aus.

c) *Nachträglich ermittelte Gegenstände* werden nach richtiger Auffassung ebenfalls mit der Aufhebung frei; sie werden erst mit Anordnung der Nachtragsverteilung wieder beschlagnahmt.[39]

Daraus ergibt sich folgendes:
- Der Schuldner verfügt nach Verfahrensaufhebung; Einigung und Übergabe (bzw. Eintragung) liegen allesamt vor der Anordnung der Nachtragsverteilung: Der Gegenstand ist wirksam aus dem Vermögen des Sch ausgeschieden: Nachtragsverteilung nicht mehr möglich (Aufhebung!);

---

[36] *Uhlenbruck,* § 203 Rn. 9; aA *Häsemeyer,* Rn. 7.68.
[37] *Uhlenbruck,* § 203 Rn. 12; HK/*Depré,* § 203 Rn. 2; *Breutigam/Breutigam,* § 203 Rn. 8.
[38] *Uhlenbruck* (Fn 35).
[39] BGH KTS 1973, 249, 251; *Uhlenbruck* (Fn 35).

63 • Der Schuldner verfügt nach Verfahrensaufhebung; zwar liegt die Einigung vor, jedoch die Übergabe (bzw. Eintragung) nach der Anordnung der Nachtragsverteilung:

Bei einer beweglichen Sache ist die Übereignung unwirksam, weil auch die Übergabe unter § 91 InsO fällt und unwirksam ist – Gegenstand kann beim Dritten herausverlangt und verwertet werden.

Bei einem Grundstück (oder Grundstücksrecht) greift § 91 InsO (analog) ein: Der Dritte erwirbt, wenn §§ 878 bzw. 892 BGB zu seinen Gunsten eingreifen.[40]

64 • Der Schuldner verfügt nach der Anordnung der Nachtragsverteilung. Es greift § 81 InsO (analog) ein: Der Dritte erwirbt eine bewegliche Sache auf keinen Fall; ein Grundstück oder Grundstücksrecht nur unter den Voraussetzungen des § 892 BGB.

65 Wichtig deshalb, dass die Anordnung der Nachtragsverteilung in das *Grundbuch* eingetragen wird. Die Gerichte unterlassen ein darauf gerichtetes Ersuchen häufig; der Verwalter sollte deshalb darauf drängen, oder die Eintragung in analoger Anwendung des § 32 II 2 InsO selbst beantragen.

---

[40] BGH NJW-RR 2008, 428.

10. Abschnitt. Das Insolvenzplanverfahren

Übersicht

Rn.

§ 66. Das Planverfahren und seine Stellung in der Insolvenzordnung
- I. Sinn und Zweck des Insolvenzplans 1
- II. Reform des Insolvenzplanverfahrens durch das Gesetz zur weiteren Erleichterung der Sanierung von Unternehmen (ESUG) 2
- III. Die allgemeinen Grundsätze der Insolvenzordnung und das Insolvenzplanverfahren 6
- IV. Die Rechtsnatur des Insolvenzplans 20
- V. Die verfahrensrechtlichen Grundsätze des Insolvenzplanverfahrens 22

§ 67. Anforderungen an den Insolvenzplan
- I. Gesetzliche Anforderungen 1
- II. Inhaltliche Anforderungen 62

§ 68. Der Ablauf des Insolvenzplanverfahrens
- I. Vor Beginn des Verfahrens: Der „prepackaged plan" 1
- II. Planeinreichung und Vorprüfungsverfahren 6
- III. Zurückweisung des Plans von Amts wegen 11
- IV. Die Aussetzung der Verwertung 20
- V. Die Niederlegung des Plans 25
- VI. Der Erörterungs- und Abstimmungstermin 28
- VII. Obstruktionsverbot 49
- VIII. Die Bestätigung des Plans und die Aufhebung des Insolvenzverfahrens ... 99

§ 69. Die Wirkungen des Plans
- I. Grundkonzept 1
- II. Bürgen und Sicherheiten 2
- III. Naturalobligation 4
- IV. Ausschluss der Differenzhaftung 7
- V. Wiederauflebensklausel 8
- VI. Eingriff in Anteilseignerrechte 14
- VII. Vollstreckung aus dem Plan 23
- VIII. Steuerliche Folgen des Insolvenzplans 27

§ 70. Die Überwachung der Abwicklung des Insolvenzplans
- I. Anwendungsbereich 1
- II. Die Person des Überwachenden 9
- III. Dauer der Überwachung 11

§ 71. Der Kreditrahmen
- I. Funktion und Voraussetzung 1
- II. Wirkung 5
- III. Begrenzung des Umfangs der Kreditrahmenkreditierung 6
- IV. Kreditgläubiger 11
- V. Zeitliche Begrenzung des Nachrangs von Insolvenzgläubiger und Neugläubiger 14

§ 72. Eigenverwaltung im Insolvenzplanverfahren

§ 73. Struktureller Ablauf eines Insolvenzplanverfahrens

Schrifttum §§ 66–73: *Baird,* The Elements of Bankruptcy, 1993; *Balz/Landfermann,* Die neuen Insolvenzgesetze, Texte mit Einführung und den amtlichen Materialien, 2. Aufl. 1999; *Binz,* Konkurrierende Insolvenzpläne, 2001; *Boochs/Dauernheim,* Steuerrecht in der Insolvenz, 3. Aufl. 2007; *Böhle-Stamschräder/Kilger,* Vergleichsordnung, Kommentar, 11. Aufl. 1986 u 8. Aufl. 1973; *Bork,* Der Insolvenzplan, ZZP 109 (1996), 473 ff.; *Braun,* Insolvenzordnung, Kommentar, 6. Aufl. 2014; *ders.,* Das Obstruktionsverbot in der Praxis: Ein überzeugender Start, NZI 1999, 473 ff.; *ders.,* Die Prüfung von Sanierungskonzepten, WPg 1989, 683 ff.; *ders.,* Aufrechnung mit im Insolvenzplan er-

§ 66 Kapitel III. 10. Abschnitt. Das Insolvenzplanverfahren

lassenen Forderungen, NZI 2009, 409 ff.; *ders./Frank,* Der Kreditrahmen gem. § 264 InsO als Finanzierungsinstrument des Sanierungsplans – Papiertiger oder „weiterer" Kostenbeitrag für absonderungsberechtigte Gläubiger?, Kölner Schrift, 3. Aufl. 2009, Kap. 25; Braun/*Riggert/Herzig,* Schwerpunkte des Insolvenzverfahrens, 5. Aufl. 2012; Braun/*Uhlenbruck,* Muster eines Insolvenzplans, Beispiel mit Erläuterungen, Anlagen zum Plan, Arbeitspapieren und Fragebogen zur Erhebung der notwendigen Daten, 1998; *Burger/Schellberg,* Der Insolvenzplan im neuen Insolvenzrecht, DB 1994, 1833 ff.; *Dinstühler,* Der Insolvenzplan gem. den §§ 217–269 InsO, InVo 1998, 333 ff.; *ders.,* Kreditrahmenabrede gem. den §§ 264 ff. InsO – Ein Beitrag des neuen Insolvenzrechts zur Sanierung von Unternehmen?, ZInsO 1998, 243 ff.; *Drukarczyk,* Insolvenzrecht als Versuch marktkonformer Gestaltung von Verwertungsentscheidungen und Verteilungsregeln, ZIP 1989, 342 ff.; *Eckert/Harig,* Zur Bewertung von Sicherheiten beim Debt Equity Swap nach § 225a InsO im Insolvenzplanverfahren, ZInsO 2012, 2318 ff.; *Ehricke,* Die Zusammenfassung von Insolvenzverfahren mehrerer Unternehmen desselben Konzerns, DZWIR 1999, 353 ff.; *Eidenmüller,* Jahrbuch für Neue Politische Ökonomie, 15. Bd, 1996, S. 164 ff.; *ders.,* Unternehmenssanierung zwischen Markt und Gesetz, Mechanismen der Unternehmensreorganisation und Kooperationspflichten im Reorganisationsrecht, 1999; *ders.,* Prognoseentscheidungen im Insolvenzplanverfahren: Verfahrenslähmung durch Minderheitenschutz?, NJW 1999, 1837; *Evers/Möhlmann,* Feststellungen eines Insolvenzplans – Überlegungen aus verfahrensrechtlicher und ökonomischer Sicht, ZInsO 1999, 21 ff.; *Flessner,* Sanierung und Reorganisation, 1982; *Frank/Heinrich,* Ganzheitliches Sanierungsrecht! Ohne Arbeitnehmer?, NZS 2011, 689 ff.; *Frank/Heinrich,* Insolvenzgeldansprüche von Arbeitnehmern nach einem gerichtlich bestätigten Insolvenzplan – Divergenzen zwischen Sozial- und Insolvenzrecht, NZI 2011, 569 ff.; *Fröhlich/Bächstädt,* Erfolgsaussichten eines Insolvenzplans in Eigenverwaltung – Frühzeitige Bewertung der Erfolgschancen aus Sicht der vorläufigen Verwaltung, ZInsO 2011, 985 ff.; *Ganter/Gottwald/Luwowski* (Hrsg.), Haftung und Insolvenz, Festschrift für Gero Fischer zum 65. Geburtstag, 2008; *Georg,* Insolvenzplanverfahren: Erste Erfahrungen, ZInsO 2000, 93 ff.; *Gravenbrucher Kreis,* „Große" oder „kleine" Insolvenzrechtsreform, ZIP 1992, 657 ff.; *ders.,* Die Insolvenzrechtsreform. Ein typischer Fall der Überjustizialisierung, BB 1992, 1734 ff.; *ders.,* Stellungnahme zu den Reformvorschlägen der Kommission für Insolvenzrecht, BB 1986, Beil 1 ff.; *Grub,* Der Regierungsentwurf der Insolvenzordnung ist sanierungsfeindlich! Das Eröffnungsverfahren und die Insolvenzverwalterbestellung als Beispiele, ZIP 1993, 393 ff.; *Gude,* Neu gestärkt durch ESUG? – Neue Erkenntnisse zur Nutzung des Insolvenzplanverfahrens, ZInsO 2012, 320 ff.; *Günther,* Auswirkungen des ESUG auf das Insolvenzplanverfahren – Mehr Entscheidungsfreiheit für die Gläubiger?, ZInsO 2012, 2037 ff.; *Haarmeyer,* Anhörung zum Regierungsentwurf einer Insolvenzordnung, ZIP 1993, 883 ff.; *Haas,* Mehr Gesellschaftsrecht im Insolvenzplanverfahren – Die Einbeziehung der Anteilsrechte in das Insolvenzverfahren, NZG 2012, 961 ff.; *Häsemeyer,* Die Gleichbehandlung der Konkursgläubiger, KTS 1982, 507 ff.; *Heinrich,* Insolvenzplan „reloaded" – Zu den Änderungen im Insolvenzplanverfahren durch das Gesetz zur weiteren Erleichterung der Sanierung von Unternehmen, NZI 2012, 235 ff.; *Henckel,* Deregulierung im Insolvenzverfahren?, KTS 1989, 477 ff.; *Herzig,* Das Insolvenzplanverfahren: Eine schwerpunktmäßige Untersuchung aus praktischer Sicht unter dem Gesichtspunkt der Zeitkomponente mit rechtsvergleichender Betrachtung des Reorganisationsverfahrens nach Chapter 11 des Bankruptcy Code, 2001; *Hess/Obermüller,* Insolvenzplan, Restschuldbefreiung und Verbraucherinsolvenz, 3. Aufl. 2003; *Hess/Weis,* Der Insolvenzplan, WM 1998, 2349 ff.; *Hirte,* Das Kapitalersatzrecht nach Inkrafttreten der Reformgesetzgebung, ZInsO 1998, 147 ff.; *Holzer,* Redaktionsversehen in der Insolvenzordnung?, NZI 1999, 44 ff.; *Horstkotte/Martini,* Die Einbeziehung der Anteilseigner in den Insolvenzplan nach ESUG – Musterarbeitshilfen für Aktiengesellschaften und Gesellschaften mit beschränkter Haftung, ZInsO 2012, 557 ff.; *Kaltmeyer,* Der Insolvenzplan als Sanierungsmittel des Schuldners – Unter Berücksichtigung des EGInsOÄndG vom 19.12.1998, ZInsO 1999, 255 ff. u 316 ff.; *Kanzler/Mader,* Sanierung um jeden Preis? – Schutz der Neugläubiger nach Durchführung eines insolvenzrechtlichen Debt-Equity-Swaps, GmbHR 2012, 992 ff.; *Kind,* Die Bedeutung der Regelungen der InsO und des AFRG vom 24.3.1997 für die Praxis der Vorfinanzierung von Insolvenzgeld, InVo 1998, 57 ff.; *Kühne/Hancke,* Die einvernehmliche Beschränkung der Verfügungsbefugnis des Schuldners nach § 259 Abs. 1 S. 2 InsO im Insolvenzplan, ZInsO 2012, 812 ff.; *Lauscher/Weßling/Bange,* Muster-Insolvenzplan, ZInsO 1999, 5 ff.; *Lissner,* Die gesetzliche Planüberwachung in § 261 InsO – eine zum Teil fragwürdige Bestimmung?, ZInsO 2012, 1452 ff.; *Lissner,* Die Aufsichtspflicht des Insolvenzgerichts, ZInsO 2012, 957 ff.; *Maus,* Der Insolvenzplan, Kölner Schrift, 2. Aufl. 2000, S. 931 ff.;

Möhlmann, Die Berichterstattung im neuen Insolvenzverfahren, 1999; Münchener Handbuch des Gesellschaftsrechts, Bd 1, BGB-Gesellschaft, Offene Handelsgesellschaft, Partnerschaftsgesellschaft, Partenreederei, EWIV, 3. Aufl. 2009, u Bd 4, Aktiengesellschaft, 3. Aufl. 2007; *Mohrbutter/ Ringstmeier,* Handbuch der Insolvenzverwaltung, 8. Aufl. 2007; *Müller,* Gesellschaftsrechtliche Maßnahmen im Insolvenzplan, KTS 2012, 419 ff.; *Obermüller,* Eingriffe in die Kreditsicherheiten durch Insolvenzplan und Verbraucherinsolvenzverfahren, WM 1998, 483 ff.; *Pape,* Die Insolvenzordnung ist in Kraft getreten ..., NJW 1999, 29 ff.; *ders.,* Die Gläubigerautonomie in der Insolvenzordnung, ZInsO 1999, 305 ff.; *Piltz,* Die Unternehmensbewertung in der Rechtsprechung, 3. Aufl. 1994; *Rattunde,* Das neue Insolvenzplanverfahren nach dem ESUG, GmbHR 2012, 455 ff.; *Riggert,* Das Insolvenzplanverfahren – Strategische Probleme aus der Sicht absonderungsberechtigter Banken, WM 1998, 1521 ff.; *Scheel,* Konzerninsolvenzrecht – Eine vergleichende Darstellung des US-amerikanischen und des deutschen Rechts, 1995; *Scheibner,* Zu Besonderheiten beim Insolvenzplan in eingetragenen Genossenschaften, DZWIR 1999, 8 ff.; *Schiessler,* Der Insolvenzplan, 1997; *Seagon/Wiester,* Erste praktische Erfahrungen mit der Insolvenzordnung aus Verwaltersicht, ZInsO 1999, 627 ff.; *Schmidt,* Organverantwortlichkeit und Sanierung im Insolvenzrecht der Unternehmen, ZIP 1980, 328 ff.; *Simon/Merkelbach,* Gesellschaftsrechtliche Strukturmaßnahmen im Insolvenzplanverfahren nach dem ESUG, NZG 2012, 121 ff.; *Smid,* Zum Recht der Planinitiative gem. § 218 InsO, WM 1996, 1249 ff.; *ders.,* Die „cram down power" des deutschen Insolvenzgerichts, InVo 2000, 1 ff.; *ders.* (Hrsg.), Recht und Pluralismus, Festschrift für Hans-Martin Pawlowski zum 65. Geburtstag, 1997, Beitrag: Gerichtliche Bestätigung des Insolvenzplans trotz Versagung seiner Annahme durch Abstimmungsgruppen von Gläubigern, S. 387 ff.; *ders.,* Kontrolle der sachgerechten Abgrenzung von Gläubigergruppen im Insolvenzverfahren, InVo 1997, 169 ff.; *ders.,* Zum „Obstruktionsverbot" – § 245 InsO, InVo 1996, 314 ff.; *ders.,* Salvatorische Klauseln als Instrument zur Abwehr von Widersprüchen gegen den Insolvenzplan, ZInsO 1998, 347 ff.; *Smid/Rattunde/ Martini,* Der Insolvenzplan, 12. Aufl. 2012; *Stürner,* Aufstellung und Bestätigung des Insolvenzplans, Leipold (Hrsg.), Insolvenzrecht im Umbruch, 1991, S. 41 ff.; *Thorwart/Schauer,* § 251 InsO – effektiver Minderheitenschutz oder unüberwindbare Hürde?, NZI 2011, 574 ff.; *Tipke/Kruse,* Abgabenordnung – Finanzgerichtsordnung, Loseblattsammlung, Stand März 2014; *Uhlenbruck,* Konzerninsolvenzrecht über einen Insolvenzplan?, NZI 1999, 41 ff.; *ders.,* Strafbefreiende Wirkung des Insolvenzplans?, ZInsO 1998, 250 ff.; *Vögeli,* Sanierungsgewinn – Gewinn oder Grund erneuter Insolvenz?, ZInsO 2000, 144 ff.; *Warnkoff,* Gestaltungsmöglichkeiten im Insolvenzplan, KTS 1997, 527 ff.; *Waza/Uhländer/Schmittmann,* Insolvenz und Steuern, 9. Aufl. 2012; *Wimmer/Dauernheim/ Wagner/Gietl,* Handbuch des Fachanwalts, Insolvenzrecht, 5. Aufl. 2012; *Wittig,* Obstruktionsverbot und Cram Down – § 245 InsO im Lichte der LaSalle Street Entscheidung des U. S. Supreme Court v. 3. 5. 1999 –, ZInsO 1999, 373 ff.; *Wuschek,* Debt-Equity-Swap – Gestaltung von Anteilsrechten im Insolvenzplanverfahren, ZInsO 2012, 1768 ff.; *Wutzke,* Der fehlgeschlagene Plan – Aspekte der praktischen Undurchführbarkeit von Insolvenzplänen, ZInsO 1999, 1 ff.; *Zimmer,* Insolvenzplan bei Masseunzulänglichkeit nach § 210a InsO, ZInsO 2012, 390 ff.

§ 66. Das Planverfahren und seine Stellung in der Insolvenzordnung[1]

Übersicht

	Rn.
I. Sinn und Zweck des Insolvenzplans	1
II. Reform des Insolvenzplanverfahrens durch das Gesetz zur weiteren Erleichterung der Sanierung von Unternehmen (ESUG)	2

---

[1] Einen Überblick hierzu geben bspw. Nerlich/Römermann/*Braun,* vor § 217 Rn. 1 ff.; Braun/ Uhlenbruck, 7. Teil, Abschnitt A und B, S. 423 ff.; Braun/Riggert/Herzig, S. 157; MüKoInsO/*Eidenmüller,* vor § 217 Rn. 1 ff.; FK/*Jaffé,* vor § 217 Rn. 1 ff.; Balz/Landfermann, Allgemeine Begr RegE, Abschnitt A, S. 136 ff.; insbesondere Abschnitt A. 4. e), S. 162 ff.; Braun/Braun/Frank, vor § 217 Rn. 1 ff.; Bork, Rn. 310 ff.; Schiessler, 1. und 2. Teil, S. 1 ff.; Smid/Rattunde/Martini, Kapitel 1. u 2., S. 13 ff.; Burger/Schellberg, DB 1994, 1833 ff.; Hess/Weiss, WM 1998, 2349 ff.; Dinstühler, InVo 1998, 333 ff.; BerlK, § 217 Rn. 1 ff. Zum Konzerninsolvenzrecht s Uhlenbruck, NZI 1999, 41 ff.; Scheel, S. 37 ff.; Ehricke, DZWIR 1999, 353 ff.

	Rn.
III. Die allgemeinen Grundsätze der Insolvenzordnung und das Insolvenzplanverfahren	6
1. Marktkonformes Insolvenzverfahren	6
2. Vermögensorientierung	8
3. Gleichrang von Liquidation, übertragender Sanierung und Sanierung	9
4. Deregulierung	10
5. Einbindung der dinglichen Gläubiger	11
6. Mehrheitsprinzip und „pareto optimum"	12
7. „Par condicio creditorum" – Gleichbehandlungsgrundsatz und Planverfahren	17
IV. Die Rechtsnatur des Insolvenzplans	20
V. Die verfahrensrechtlichen Grundsätze des Insolvenzplanverfahrens	22

I. Sinn und Zweck des Insolvenzplans

1 Im 6. Teil der Insolvenzordnung befinden sich die Vorschriften über den Insolvenzplan. Wie § 1 InsO deutlich macht, dient das Insolvenzverfahren dazu, die Gläubiger eines Schuldners gemeinschaftlich zu befriedigen, indem das Vermögen des Schuldners verwertet und der Erlös verteilt wird. Dies ist das Regelverfahren, das im 2. bis 5. Abschnitt der Insolvenzordnung normiert ist. Abweichend von der Regelabwicklung eröffnet § 1 InsO auch die Möglichkeit, in einem Insolvenzplan alternativ eine von der Verwertung des Schuldnervermögens und der Erlösverteilung abweichende Gestaltung, insbesondere zum Erhalt des Unternehmens zu treffen. Damit verwirklicht der Insolvenzplan das Ziel der marktkonformen Insolvenzabwicklung.[2] Das Insolvenzplanverfahren bietet eine Alternative für diejenigen Fälle, in denen zum Wohle der Gläubiger andere Formen der Insolvenzabwicklung/Konfliktbewältigung, insbesondere der Erhalt eines Unternehmens, möglich sind.

II. Reform des Insolvenzplanverfahrens durch das Gesetz zur weiteren Erleichterung der Sanierung von Unternehmen (ESUG)[3]

2 Im Jahr 2011 wurde die InsO mit dem Ziel, eine Verbesserung der Möglichkeiten zur frühzeitigen Restrukturierung von angeschlagenen Unternehmen zu erreichen, reformiert. Der Gesetzgeber sieht das Insolvenzplanverfahren als zentrales Instrument zur Erreichung dieses Ziels an und hat daher durch die Reform das Planverfahren gestärkt.

3 Nicht zuletzt aufgrund der Erfahrungen mit dem Insolvenzplanverfahren wurde mit der Reform die strikte Trennung von Insolvenzrecht und Gesellschaftsrecht aufgegeben. Es ist jetzt möglich, durch einen Insolvenzplan in die Gesellschafterechte einzugreifen und beispielsweise Kapitalmaßnahmen im Plan abschließend zu regeln (geregelt im neu eingeführten § 225a InsO).[4] Im Gesetz genannt ist ausdrücklich die Umwandlung von Forderungen in Gesellschaftsanteile im Rahmen eines so genannten Debt-Equity-Swaps. Das Gesetz erlaubt darüber hinaus aber, jede andere Regelung durch den Plan zu treffen, die gesellschaftsrechtlich zulässig ist, es gilt also kein Enumerativprinzip. Die Umwandlung von Forderungen in z. B. Geschäftsanteile eröffnet den Gläubigern unter anderem die Möglichkeit, am künftigen Unternehmenserfolg (Sanierungsmehrwert)

---

[2] Vgl. *Balz/Landfermann,* Allgemeine Begr RegE, Abschnitt A. 3. a), S. 143 ff.
[3] BGBl. I 2011, 2582. Für einen Überblick über die Änderungen siehe auch: *Heinrich* NZI 2012, 235 ff.; *Rattunde* GmbHR 2012, 455 ff.; *Gude* ZInsO 2012, 320 ff.
[4] Es wurde lange verkannt, dass auch die gesellschafts- und verbandsrechtliche Organisation Werte und damit Haftungsmasse darstellen kann (Lizenzen, Konzessionen, Abbaugenehmigungen, Mietverträge, die an den Rechtsträger gebunden sind). Dazu grundlegend unter Darstellung des US-amerikanischen Vorbilds *Braun,* in FS-Fischer, S. 53 ff.

teilzuhaben.⁵ Die Gläubiger haben die Wahl zwischen einer Insolvenzquote oder einer Beteiligung mit der Aussicht auf die Beteiligung an zukünftigen Erträgen. Für den Fall des Eingriffs in ihre Rechte werden seit der Reform folgerichtig die Anteilsinhaber als eigene Gruppe in den Abstimmungsprozess einbezogen. Die Anteilseigner unterliegen dabei grundsätzlich dem Obstruktionsverbot, außerdem genießen überstimmte Anteilsinhaber Minderheitenschutz. Mit Rechtskraft des Insolvenzplans gelten die aufgenommen gesellschaftlichen Regelungen als beschlossen, was den bestehenden Strukturen hinsichtlich der Eingriffe in Insolvenzforderungen oder Absonderungsrechte entspricht.⁶

Ein wichtiges Anliegen der Reform war es, Blockadepotenziale durch Rechtsmittel einzelner Beteiligter zu reduzieren. Die sofortige Beschwerde (§ 253 InsO) setzt nunmehr u a eine materielle Beschwer voraus, wozu der Beschwerdeführer eine wesentliche Schlechterstellung glaubhaft machen muss und diese nicht durch durch den Plan bereitgestellte Ausgleichzahlungen kompensiert werden kann. Ferner kann der Insolvenzverwalter beim Landgericht die Zurückweisung der Beschwerde beantragen, wenn das „alsbaldige Wirksamwerden des Insolvenzplans vorrangig erscheint", weil die Nachteile einer Verzögerung schwerer wiegen als die Nachteile für den Beschwerdeführer (§ 253 IV InsO).

Die Verpflichtung des Verwalters, vor Aufhebung des Verfahrens die unstreitigen Masseansprüche zu erfüllen und für die streitigen Sicherheit zu leisten, wurde auf die fälligen Ansprüche beschränkt. Für die nicht fälligen Ansprüche reicht es mittlerweile aus, dass ein Finanzplan vorliegt, aus dem sich ergibt, dass die Erfüllung gewährleistet ist (§ 258 II InsO).

III. Die allgemeinen Grundsätze der Insolvenzordnung und das Insolvenzplanverfahren

1. Marktkonformes Insolvenzverfahren. Der Gesetzgeber wollte „ein modernes und funktionsfähiges Insolvenzrecht schaffen, das sich ohne Bruch in die vorhandene Rechts- und Wirtschaftsordnung einfügt". Deswegen ist das Insolvenzrecht so anzulegen, dass die Gesetzmäßigkeiten des Marktes auch die gerichtliche Insolvenzabwicklung steuern. Insbesondere das Insolvenzplanverfahren soll eine marktkonforme Insolvenzbewältigung ermöglichen, indem es eine Alternative zur Regelabwicklung bietet.⁷

Der Weg dazu ist im Ausgangspunkt die Regelabwicklung zur Verfügung zu stellen, aber – optional – marktkonforme Rahmenbedingungen zu schaffen, in denen eine Entscheidung über (planalternative) Liquidation oder Sanierung (oder sonstige nicht der Regelabwicklung entsprechende Lösungen) zu finden ist. Der Gesetzgeber hat immer wieder betont,⁸ dass es kein eigenständiges Ziel der Insolvenzordnung sei, notleidende Unternehmen durch Eingriffe in die Rechte der Beteiligten vor der Liquidation zu retten. Zweck des Insolvenzplanverfahrens ist so betrachtet die Gewährleistung eines marktkonformen Insolvenzverfahrens. Dabei präzisiert das Gesetz die Anforderungen an ein marktkonformes Insolvenzverfahren unter Aufzählung einer Reihe weiterer programmatischer Ausrichtungen, die für das Verständnis und die Anwendung des Insolvenzplanverfahrens von Bedeutung sind.

2. Vermögensorientierung. Die Vermögensorientierung wird sehr plastisch in der Weise beschrieben, dass „die einzelwirtschaftliche Rentabilitätsrechnung der Beteiligten (...) im gerichtlichen Verfahren denselben Rationalitätsgesichtspunkten wie bei einer

---

⁵ Vorbild für diese Regelung war das US-Recht (Chapter 11 BC).
⁶ Siehe hierzu auch: *Wuschek* ZInsO 2012, 1768 ff.; *Müller* KTS 2012, 419 ff.; *Kanzler/Mader* GmbHR 2012, 992 ff.; *Simon/Merkelbach* NZG 2012, 121 ff.; *Haas* NZG 2012, 961 ff.; *Eckert/Harig* ZInsO 2012, 2318 ff.; *Horstkotte/Martini* ZInsO 2012, 557 ff. Zur Frage der Vereinbarkeit der Regelung mit der 2. KapRL: *K. Schmidt/Spliedt*, InsO, § 225a Rn. 15.
⁷ *Balz/Landfermann*, Allgemeine Begr RegE, Abschnitt A. 3. a), S. 143.
⁸ Zuletzt im ESUG-Gesetzgebungsverfahren: RegE-ESUG vom 23.2.2011, S. 25.

außergerichtlichen Investitions- oder Desinvestitionsentscheidung" folge.[9] Das gedankliche Zusammenspiel zwischen Regelabwicklung einerseits und Planabwicklung alternativ andererseits findet in dieser Beschreibung vermögensorientiert seinen Ausdruck. Der Regelabwicklung durch Verwertung der Vermögensgegenstände und Auskehr der Quote an die Gläubiger entspricht die Desinvestition. Die alternative, möglicherweise zum Erhalt des Unternehmens beitragende Plan(fortführungs)entscheidung hingegen entspricht der Investitionsentscheidung.

9 **3. Gleichrang von Liquidation, übertragender Sanierung und Sanierung.** Diesem entscheidungsoffenen Ansatz entspricht es, wenn das Gesetz allgemein den Gleichrang von Liquidation, übertragender Sanierung und Sanierung des Schuldners postuliert[10] und das Planverfahren deswegen „zu einem universellen Instrument zur Masseverwertung" durch „privatautonome(n), den gesetzlichen Vorschriften entsprechende(n) Übereinkunft der mitspracheberechtigten Beteiligten über die Verwertung des haftenden Schuldnervermögens" wird.[11]

10 **4. Deregulierung.** In der Erkenntnis, dass „privatautonome Entscheidungen ein höheres Maß an wirtschaftlicher Effizienz verbürgen als die hoheitliche Regulierung wirtschaftlicher Abläufe",[12] will der Gesetzgeber den Beteiligten ein Höchstmaß an Flexibilität „für die einvernehmliche Bewältigung der Insolvenz" geben und bietet mit dem Insolvenzplan den Beteiligten die Möglichkeit „in jeder Hinsicht von der gesetzlichen Zwangsverwertung der Insolvenzmasse abweichen (zu) können".[13]

11 **5. Einbindung der dinglichen Gläubiger.** Diese (vorgenannten) Ziele bleiben realitätsfern, wenn Sicherungsgläubiger im Verfahren die Fortführung des Organisationsverbandes auf Grund ihrer Rechte zur abgesonderten Befriedigung konterkarieren könnten. Der Gesetzgeber hat deswegen in das Planverfahren dinglich gesicherte Gläubiger eingebunden.[14] „Die Masseverwertung wird behindert, wenn einzelne Sicherungsgläubiger das ihnen haftende Sicherungsgut aus dem technisch-organisatorischen Verbund des Schuldnervermögens lösen und damit die Realisierung oder Erhaltung des Verbundes verhindern können. Gesicherte Gläubiger können damit anderen Verfahrensbeteiligten Schaden zufügen, ohne selbst einen entsprechenden Nutzen zu erzielen".[15]

12 **6. Mehrheitsprinzip und „pareto optimum".** Wer ein marktkonformes Insolvenzverfahren will, muss auch regeln (besser entscheiden), welcher Maßstab bei einer Entscheidungsfindung gelten soll. Traditionelle Strukturen ordneten hier nach Mehrheitsprinzipien unterschiedlicher Quoren und der Kombination von Wert-(Summen-) und Kopfmehrheiten, wobei allerdings Sicherungsrechtsinhaber nicht integriert waren.

13 Der Gesetzgeber der Insolvenzordnung kam zunächst zu einem Bekenntnispostulat, welches auf den ersten Blick verblüfft, aber bei Prüfung auf seine Richtigkeit keinen Widerspruch erfährt. „In wirtschaftlichen Angelegenheiten hat die Mehrheit prinzipiell

---

[9] *Balz/Landfermann*, Allgemeine Begr RegE, Abschnitt A. 3. a) aa), S. 143.
[10] *Balz/Landfermann*, Allgemeine Begr RegE, Abschnitt A. 3. a) bb), S. 143 f.
[11] *Balz/Landfermann*, Allgemeine Begr RegE, Abschnitt A. 4. e), S. 162 f.
[12] *Balz/Landfermann*, Allgemeine Begr RegE, Abschnitt A. 3. a) cc), S. 144.
[13] *Balz/Landfermann*, Allgemeine Begr RegE, Abschnitt A. 3. a) cc), S. 144.
[14] Ausgenommen hiervon sind aufgrund der Ergänzung des § 223 I InsO um einen S. 2 durch das Gesetz zur Änderung insolvenzrechtlicher und kreditwirtschaftlicher Vorschriften vom 8.12.1999 (BGBl. I 1999, 2384 ff.) zur Umsetzung der Richtlinie 98/26/EG des Europäischen Parlaments und des Rats (ABl. EG Nr. L 166, 45 ff.) Sicherheiten, die einem – in der Richtlinie näher bezeichneten – Systemteilnehmer oder den Zentralbanken im Zusammenhang mit multilateralen Zahlungs- sowie Wertpapierliefer- und -abrechnungssystemen gestellt sind; vgl. näher Nerlich/Römermann/*Braun*, § 223 Rn. 5a ff.
[15] *Balz/Landfermann*, Allgemeine Begr RegE, Abschnitt A. 3. a) gg), S. 145.

nicht mehr recht als die Minderheit. Mehrheitsentscheidungen garantieren nicht das wirtschaftliche Optimum. Im Insolvenzverfahren ist das Mehrheitsprinzip nicht ein Element politischer oder verbandsrechtlicher Demokratie, sondern ein technischer Behelf zur Erleichterung der Entscheidungsfindung einer unkoordinierten Vielzahl Beteiligter".[16] Damit wird im ersten Schritt das Mehrheitsprinzip von einer inhaltlichen „Legitimationswirkung" auf eine schlicht technische Notwendigkeit – wie anders soll man schlussendlich Entscheidungen fällen – reduziert. Das Gesetz geht aber, um sein Ziel neben einer Regelabwicklung plangemäße Alternativlösungen realisieren lassen zu können, noch einen Schritt weiter. „So wenig eine Minderheit innerhalb einer Gruppe eine bestimmte, für die anderen Beteiligten dieser Gruppe vorteilhafte Art der planmäßigen Masseverwertung sollte verhindern können, so wenig verdienen auch einzelne beteiligte Gruppen ein schrankenloses Vetorecht gegen einen für andere Gruppen vorteilhaften Plan."[17] Der Gesetzgeber erkennt, dass, wer Sperrpositionen oder Vetorechte geltend machen kann gegen Ziele, die andere Verfahrensbeteiligte verfolgen, im Ergebnis sich diese möglicherweise wird abkaufen lassen können. „Es fördert marktkonforme Willensbildungs- und Entscheidungsprozesse, wenn klar obstruktives Verhalten einer Gruppe unbeachtet bleibt."[18]

Während im Regelinsolvenzverfahren Entscheidungen der Gläubigerversammlung vor dem Hintergrund der Überzeugung mangelnder inhaltlicher Legitimität von Mehrheitsentscheidungen nur noch mit der einfachen Summenmehrheit fallen,[19] schafft in den den Regelverfahren antithetisch gegenüberstehenden Planverfahren der Gesetzgeber mit dem Obstruktionsverbot des § 245 InsO ein Konzept alternativer Mehrheitserreichung unter Anwendung des „Pareto-Prinzips", so dass eine Summen- und Kopfmehrheit der jeweils Abstimmenden erreicht werden muss.

Dabei adaptierte der Gesetzgeber zunächst aus der US-amerikanischen Rechtsordnung, dass Gläubiger entsprechend ihrer wirtschaftlichen Betroffenheit in unterschiedliche Gruppen eingeordnet werden und in den Gruppen jeweils abstimmen.[20] Der Plan bedarf dann der Zustimmung entweder aller Gruppen, die ihrerseits in der Gruppe mit (einfacher) Summen- und Kopfmehrheit zustimmen müssen, oder einer Möglichkeit, die fehlende Zustimmung „herbeizuführen/zu fingieren". Das „pareto optimum" versteht sich insoweit als eine Lösung, bei der sich mehrere Gruppen (oder Personen)[21] von einer vorgeschlagenen Alternativlösung eine günstigere Regelung versprechen und ihr zustimmen, während alle anderen Beteiligten diesen Vorteil nicht erkennen können, aber durch diese Lösung nicht schlechter stehen als bei der Regelabwicklung. Paretooptimal bedeutet also, dass ein Vorschlag sich durchsetzen kann, wenn ihm Beteiligte – weil sie besser stehen – zustimmen, unbeschadet dessen, dass andere Beteiligte dem nicht zustimmen aber gebunden werden, wenn und solange sie nicht schlechter stehen als bei der Regelabwicklung.

---

[16] *Balz/Landfermann*, Allgemeine Begr RegE, Abschnitt A. 3. a) ff.), S. 145. Zum Begriff der „Mehrheits-Mehrheit": *K. Schmidt/Spliedt*, InsO, § 222 Rn. 2.

[17] *Balz/Landfermann*, Allgemeine Begr RegE, Abschnitt A. 3. a) hh), S. 146.

[18] *Balz/Landfermann*, Allgemeine Begr RegE, Abschnitt A. 3. a) hh), S. 146; vgl. zum Obstruktionsverbot *Braun*, NZI 1999, 473 ff., und die diesen Ausführungen zugrundeliegenden Entscheidungen des AG Mühldorf NZI 1999, 422 ff. und LG Traunstein NZI 1999, 461 ff.

[19] § 76 II InsO stellt nur noch auf die Summenmehrheit ab und kennt keine Kopfmehrheit mehr, was auf einer Änderung des Rechtsausschusses des Deutschen Bundestages beruht. Der RegE-InsO von 1992 (BT-Drucks. 12/2443) kannte in § 87 RegE-InsO noch eine Kopf- und Summenmehrheit. Vgl. *Balz/Landfermann*, Ausschussbericht, § 76 InsO, S. 292.

[20] Einen Überblick zu den aus dem US-amerikanischen Chapter 11 BC-Verfahren übernommenen Elementen gibt Braun/*Uhlenbruck*, S. 437; Braun/*Braun/Frank*, § 245 Rn. 2. Ausführlich dazu (auch im Vergleich mit anderen Staaten): *K. Schmidt/Spliedt*, InsO, vor § 217 Rn. 7 ff.

[21] Im Ausgangspunkt reicht hier bereits eine Gruppe aus, was im US-amerikanischen Chapter 11 BC-Verfahren so umgesetzt ist. Der deutsche Gesetzgeber hat dagegen das grundlegende Prinzip systemwidrig auf die Mehrheit der abstimmenden Gruppen ausgedehnt; Braun/*Braun/Frank*, § 245 Rn. 23.

16 Das Prinzip bedarf in der Rechtswirklichkeit[22] subtiler Ergänzungen zur Umsetzung, gewährleistet aber im Grundsatz ein individualistisches Wohlfahrtskonzept jenseits „platter" Entscheidungsarithmetik durch Mehrheit nach Summen und Köpfen.

17 **7. „Par condicio creditorum" – Gleichbehandlungsgrundsatz und Planverfahren.** Der Grundsatz der Gleichbehandlung der Gläubiger – „par condicio creditorum" – galt im Konkursrecht, wenn auch nicht ausdrücklich geregelt,[23] als fundamentaler Ausgangspunkt.[24] Wer ihn einschränkungslos vertritt, war im alten Recht schon ein Gegner der Konkursvorrechte und selbst der Sicherungsrechte.[25]

18 Die Insolvenzordnung mit ihrem wirtschaftlich orientierten Ansatz marktkonformer Insolvenzabwicklung steht in voller Übereinstimmung mit dem Gleichbehandlungsgrundsatz, soweit in der Regelabwicklung das (nicht ausreichende) Schuldnervermögen entsprechend den Forderungsquoten proportional gleich an die Gläubiger verteilt wird. Andere Wege geht sie jedoch im Planverfahren. Das freie Instrument der Masseverwertung lässt, um wirtschaftlich unterschiedliche Sachverhalte auch differenziert regeln zu können, die Bildung von wirtschaftlich unterschiedlich betroffenen Gläubigergruppen zu, die zielgerichtet gerade unterschiedlich behandelt werden, eben wegen ihrer unterschiedlichen wirtschaftlichen Interessen. Lediglich innerhalb jeder einzelnen, nach wirtschaftlich nachvollziehbaren Kriterien abzugrenzenden Gruppe[26] ist die Gleichbehandlung der Beteiligten gem. § 226 InsO wieder postuliert. Damit ist das „par condicio-Konzept" im Planverfahren gegenüber dem Regelinsolvenzverfahren eingeschränkt, nicht aber vernachlässigt oder gar aufgegeben. Denn der Gleichbehandlungsgrundsatz ist eben gerade kein allgemeines, generelles, alle anderen Regeln um ihrer Wirkung willen beeinflussendes Prinzip. Aus dem „absolutistischen" Herrschen dieses Prinzips des Insolvenzverfahrens ist ein konstitutioneller, gruppenregierter Grundsatz geworden.

19 Dem Gläubiger wird dabei im Planverfahren gewährleistet, dass er wie sein in die gleiche Gruppe eingeordneter, ihm wirtschaftlich gleichstehender Mitgläubiger behandelt wird, es sei denn, er stimme seiner Schlechterbehandlung zu, § 226 II InsO. Dabei begründet eine – ohne entsprechendes Einvernehmen – (formal) quotale Ungleichbehandlung allein noch keinen Verstoß gegen § 226 II InsO.[27] Entscheidend ist, ob eine wirtschaftliche Ungleichbehandlung vorliegt, sich also zB die unterschiedliche Quoten unter Berücksichtigung abweichender Zahlungszeitpunkte als wirtschaftlich äquivalent darstellen. Nur ein so verstandenes materielles Gleichbehandlungsverständnis wird dem Rechtsgedanken von § 226 InsO im Planverfahren gerecht.

IV. Die Rechtsnatur des Insolvenzplans

20 Der Insolvenzplan stellt eine mehrseitige Verwertungsvereinbarung der Gläubiger, bezogen auf ein Haftungssubstrat, dem Schuldnervermögen, das ihrer Gesamtvollstreckung unterliegt, dar.[28] Der Plan kommt dabei durch einen Organisationsakt/Sozialakt der

---

[22] Nachfolgend unter § 67 I 2a) abgehandelt.
[23] Dagegen geregelt für den Vergleich in § 8 VerglO und für den Zwangsvergleich in § 181 KO.
[24] Vgl. hierzu grundlegend BGHZ 41, 98, 101 ff.
[25] Vgl. *Häsemeyer,* KTS 1982, 507 ff.; *ders,* Rn. 2.17 ff. und Rn. 16, 20 ff. Insgesamt hierzu auch *Kuhn/Uhlenbruck,* 12. Auflage 2002, § 3 Rn. 3 mwN (mittlerweile Hrsg: Uhlenbruck/Hirte/Vallender/*Hirte/Vallender*).
[26] Die Betrachtung ist hier fokussiert allein auf § 222 II InsO und lässt die Pflichtgruppierung in § 222 I InsO und die Soll- und Kanngruppierung in § 222 III InsO insoweit unberücksichtigt.
[27] *Braun/Braun/Frank,* § 226 Rn. 4 ff.
[28] Zustimmend der Qualifikation des Plans als Verwertungsvertrag der Insolvenzgläubiger *Hess/Obermüller,* Rn. 5a; ausführlich hierzu Braun/*Uhlenbruck,* S. 467 ff.; *Braun/Braun/Frank,* vor § 217 Rn. 1; FK/*Jaffé,* § 217 Rn. 45 ff.; MüKoInsO/*Eidenmüller,* § 217 Rn. 12 ff.; Nerlich/Römermann/*Braun,* vor § 217 Rn. 79 ff.; Braun/*Riggert/Herzig,* S. 154 ff.; vgl. hierzu auch *Eidenmüller,* S. 164, 165, insbesondere Fn. 10; ähnlich der BGH, nach dessen Auffassung es sich um ein „spezifisch insolvenzrechtliches In-

Gläubigergemeinschaft in Beschlussform zustande, gerichtet auf die Abgabe gleichgerichteter Willenserklärungen der in der Insolvenz des Schuldners unterschiedlich Beteiligten. Das gemeinsame Ziel ist die optimale Verwertung des Schuldnervermögens. Der Beschluss ist auf Grund gesetzlicher Anordnung Mehrheitsentscheidungen zugänglich, wobei in bestimmten Situationen die Zustimmung vom Gesetz fingiert wird. Die Gläubigergemeinschaft ist letztlich als Zufalls-/Schicksalsgemeinschaft[29] vergleichbar einer Erbengemeinschaft auf Auseinandersetzung gerichtet. Dem entspricht es, wenn der Regierungsentwurf im Insolvenzplan eine „privatautonome, den gesetzlichen Vorschriften entsprechende (Auseinandersetzungs-)[30] Übereinkunft der mitspracheberechtigten (und gemeinschaftlich verbundenen)[31] Beteiligten über die Verwertung des haftenden Schuldnervermögens unter voller Garantie des Werts der Beteiligungsrechte" sieht.[32]

Auf Grund dieser Einordnung sind vorrangig die Vorschriften der §§ 217 ff. InsO anzuwenden, die Regelungen über die Stimmabgabe und über die gerichtliche Bestätigung des Insolvenzplans enthalten. Soweit keine Sondervorschriften in der Insolvenzordnung enthalten sind, können subsidiär die Vorschriften der Zivilprozessordnung, die Regelungen des Gesellschaftsrechts über Beschlüsse von Gesellschafterversammlungen und die Regelungen des Allgemeinen Teils des Bürgerlichen Gesetzbuchs sowie des Allgemeinen Schuldrechts des Bürgerlichen Gesetzbuchs zur Anwendung kommen, soweit sie mit dem Grundverständnis solcher insolvenzrechtlich geprägten Organisationsakte von Zufalls-/Schicksalsgemeinschaften nicht in Widerspruch stehen,[33] wobei hiervon abweichende Regelungen im Insolvenzplan selbstverständlich vorgehen.[34]

V. Die verfahrensrechtlichen Grundsätze des Insolvenzplanverfahrens

Das Insolvenzgericht hat von Amts wegen alle Umstände zu ermitteln, die für das Insolvenzverfahren von Bedeutung sind, § 5 I S. 1 InsO. Auf Grund dieser (anderen) Bestimmung im Sinne von § 4 InsO könnte man zu der Auffassung gelangen, dass der für die Zivilprozessordnung typische Beibringungsgrundsatz auch keine Anwendung im Planverfahren, als Alternative zur Regelabwicklung Teil des (einheitlichen) Insolvenzverfahrens, fände, mithin (allein) der Amtsermittlungsgrundsatz herrsche.

Der Amtsermittlungsgrundsatz findet seine Berechtigung im (Regel-)Insolvenzverfahren, das vom Gleichbehandlungsgrundsatz der Gläubiger (par condicio creditorum), der gleichmäßigen Verteilung des Schuldnervermögens auf die Gläubiger geprägt ist und in geordneten und geregelten Bahnen abläuft, weniger in einer „Streitentscheidung". Das (Regel-)Insolvenzverfahren steht dementsprechend näher zur freiwilligen Gerichtsbarkeit als zur streitigen, erkennenden Gerichtsbarkeit. Folgerichtig steht das

---

strument" handelt, welches nicht als Vertrag im herkömmlichen Sinne zu qualifizieren sei, da der Wille einzelner Gläubiger durch Mehrheitsentscheidung überwunden werden könne (§§ 244 ff. InsO) und der Gläubiger auch in Bezug auf die von ihm nicht gewollte Regelung an den Insolvenzplan gebunden sei, BGHZInsO 2006, 38, 39 = NZI 2006, 100, 101. Für die Auslegung des nichtvollstreckbaren Teils sei dennoch auf das individuelle Verständnis der Gläubiger abzustellen. Eine Auslegung nach dem objektiven Erklärungsbefund sei unzulässig. So im Ergebnis auch: *K. Schmidt/Spliedt,* InsO, vor § 217 Rn. 6.

[29] So auch der BGH ZInsO 2006, 38, 39; Die Gläubigergemeinschaft habe sich nicht aus freiem Willen zusammengefunden, sondern bilde vielmehr eine durch die Eröffnung des Insolvenzverfahrens über das Schuldnervermögen zusammengefügte Schicksalsgemeinschaft.

[30] Ergänzung der Verfasser.

[31] Ergänzung der Verfasser.

[32] *Balz/Landfermann,* Allgemeine Begr RegE, Abschnitt A. 4. e) aa), S. 164.

[33] Keine Anwendung finden somit bspw. die §§ 119 ff. BGB zur Anfechtung. Die Insolvenzordnung hat auf eine Anfechtungs-(Täuschungs-)Regelung entsprechend § 196 KO verzichtet. Ausgeschlossen ist damit auch eine Anfechtung wegen arglistiger Täuschung. Dem Grundsatz der Rechtssicherheit wird somit Vorrang vor der Willensfreiheit des Einzelnen eingeräumt.

[34] Für das alte Recht bspw. *Bley/Mohrbutter,* § 8 Rn. 8; *Kuhn/Uhlenbruck,* § 173 Rn. 4.

(Regel-)Insolvenzverfahren unter dem für administrative Tätigkeiten typischen Grundsatz der Ermittlung aller Umstände von Amts wegen.[35]

24 Wer die Aussage von § 5 I S. 1 InsO, „das Insolvenzgericht hat von Amts wegen alle Umstände zu ermitteln, die für das Insolvenzverfahren (und damit auch für eine von der Verwertung des Schuldnervermögens und Erlösverteilung abweichende Gestaltung, insbesondere zum Erhalt des Unternehmens, in einem Insolvenzplan)[36] von Bedeutung sind", uneingeschränkt stehen lässt und somit propagiert, auch im Planverfahren herrsche (uneingeschränkt) der Amtsermittlungsgrundsatz, konterkariert das auf die Planvorlage/Planinitiative und damit auf die Planbeibringung mit allen formellen und materiellen Anforderungen ausgerichtete Insolvenzplanverfahren in einem wesentlichen Punkt.

25 Ein Vorlageberechtigter, der einen Insolvenzplan vorlegt und den Antrag auf Durchführung eines von der Regelabwicklung abweichenden und im Ausgangspunkt ergebnisoffenen Planverfahrens stellt, nimmt die von Gesetzes wegen gegebene Möglichkeit wahr, eine „von sämtlichen Vorschriften über die konkursmäßige (im Regelinsolvenzverfahren geordnete und geregelte)[37] Zwangsverwertung und Verteilung abweichende Regelung (zu) treffen".[38] Den Beteiligten wird ein „Rechtsrahmen für einvernehmliche Bewältigung der Insolvenz im Wege von Verhandlungen und privatautonomen Austauschprozessen" zur Verfügung gestellt mit dem Ziel, „einen Suchprozess in Gang (zu) setzen und Lösungsmöglichkeiten zutage (zu)fördern".[39] Das Planverfahren ist somit die „streitige" Erörterung einer Sach- und Rechtslage unter den Beteiligten, die von Erfolg gekrönt ist, wenn eine (mehrheitsgetragene) einvernehmliche Regelung gefunden wird, die im bestätigten und rechtskräftigen Insolvenzplan endet.

26 Versteht man weiter den Insolvenzplan als eine vertragliche Vereinbarung über die Verwertung des Schuldnervermögens unter dem Vorbehalt gerichtlicher Genehmigung, um die Rechtswirkungen des Planverfahrens zu erlangen, so kann nicht zweifelhaft sein, dass der Amtsermittlungsgrundsatz nicht uneingeschränkt für das Insolvenzplanverfahren gelten kann. Gegenstand der gerichtlichen Planentscheidung ist der vom Planvorlegenden eingereichte, auf der Geschäftsstelle niedergelegte, im Berichts- und Abstimmungstermin erörterte und von der Gläubigergemeinschaft beschlossene, dem Gericht zur Bestätigung vorliegende Plan.

27 Darüber hinaus war bereits für das (allein die Regelabwicklung betreibende) Konkursverfahren unstreitig, dass der Amtsermittlungsgrundsatz nicht uneingeschränkt gilt, Bereichsausnahmen sind von der Praxis und Rechtsprechung entwickelt worden.[40]

28 Es obliegt deshalb unter Anwendung der allgemeinen Grundsätze der ZPO, insbesondere des Beibringungsgrundsatzes, dem Antragsberechtigten einen schlüssigen Insolvenzplan vorzulegen und die sonstigen Verfahrensvoraussetzungen darzutun. Der Amtsermittlungsgrundsatz gilt für das Planverfahren allerdings insoweit, als es sich um dem Gericht ausdrücklich zugewiesene Aufgaben handelt. § 231 InsO verdeutlicht dies, wenn das Gericht den Plan von Amts wegen zurückweist, wenn formelle oder materielle Mängel des Plans gegeben und diese nicht zu beheben sind.[41] Das Gericht ermittelt nicht von Amts wegen, ob die Voraussetzungen nicht doch gegeben sind und nur unvollständig oder unzutreffend im eingereichten Plan niedergelegt sind; es gibt die Gele-

---

[35] Nerlich/Römermann/*Becker*, § 5 Rn. 1 ff.; Braun/*Baumert*, § 5 Rn. 4 ff.; MüKoInsO/*Eidenmüller*, vor § 217 Rn. 50 f.
[36] Ergänzung der Verfasser.
[37] Ergänzung der Verfasser.
[38] *Balz/Landfermann*, Allgemeine Begr RegE, Abschnitt A. 4. e), S. 162.
[39] *Balz/Landfermann*, Allgemeine Begr RegE, Abschnitt A. 4. e), S. 162 und S. 165.
[40] Vgl. bspw. *Kuhn/Uhlenbruck*, § 75 Rn. 2 ff.
[41] So HK/*Flessner*, § 231 Rn. 11; iE wohl auch *Kaltmeyer*, ZInsO 1999, 255, 263.

genheit zur Beseitigung der Mängel.[42] So kann das Gericht im Rahmen von § 245 InsO auch nicht von sich aus Ermittlungen anstellen, ob es andere Tatsachen gibt, die die Bestätigung des vorgelegten Insolvenzplans erlauben, wenn es dem Planvorlegenden nicht zur Überzeugung des Gerichts gelingt, die Planlösung/-abwicklung mitsamt der Berechnung notwendiger Vergleichsgrößen zu unterbreiten.[43]

§ 67. Anforderungen an den Insolvenzplan

Übersicht

	Rn.
I. Gesetzliche Anforderungen	1
1. Formelle Fragen – Zulässigkeitsprobleme	1
a) Die Vorlage des Insolvenzplans: Planvorlageberechtigung	1
(1) Der Schuldner	8
(2) Der Verwalter/vorläufige Verwalter	12
(3) Mittelbar: Die Gläubigerversammlung als Auftraggeber des Verwalters	14
b) Zeitrahmen der Einreichung	16
c) Insolvenzplan bei Masseunzulänglichkeit	22
d) Gliederung des Plans	23
(1) Darstellender Teil	24
(2) Gestaltender Teil	29
(3) Pflichtanlagen	30
2. Forderung des Gesetzes: Gruppenbildung	33
a) Mehrheitskonzept	37
b) Pflichtgruppen	41
c) Wahlgruppen	47
d) Soll- und Kanngruppen	50
(1) Arbeitnehmer	52
(2) Kleingläubiger	54
(3) Pensions-Sicherungs-Verein	56
(4) Sonstige Gruppen	57
e) Nullgruppen [oder „unbekannte Forderungen"]	58
II. Inhaltliche Anforderungen	62
1. Formale Anforderungen	63
Mustergliederung eines Insolvenzplans	66
2. Materielle Anforderungen	69
a) Betriebswirtschaftliche Anforderungen	69
b) IDW Standard: Anforderungen an Insolvenzpläne (IDW S 2)	75

I. Gesetzliche Anforderungen

1. Formelle Fragen – Zulässigkeitsprobleme. a) *Die Vorlage des Insolvenzplans:* **1** *Planvorlageberechtigung.* § 218 I InsO regelt, dass zur Vorlage eines Insolvenzplans an das Gericht der Insolvenzverwalter und der Schuldner berechtigt sind, § 218 II InsO dass auch die Gläubigerversammlung aktiv werden kann. Durch einen entsprechenden Be-

---

[42] Balz/Landfermann, Begr RegE, § 231 InsO, S. 483; Braun/*Braun/Frank*, § 231 Rn. 4; MüKoInsO/*Eidenmüller*, vor § 217 Rn. 50 f.

[43] Vgl. insgesamt Braun/*Uhlenbruck*, S. 623 f.; Nerlich/Römermann/*Braun*, vor § 217 Rn. 90; MüKoInsO/*Eidenmüller*, vor § 217 Rn. 50 f.; KPB/*Otte*, § 245 Rn. 66; aA wohl *Smid*, FS-Pawlowski, S. 387, 405; auch *Smid/Rattunde/Martini*, Rn. 13.42 ff., 13.47 der allerdings für § 245 InsO im Wege einer korrigierenden Auslegung mit der Begr, das Insolvenzgericht dürfe im Rahmen des Amtsermittlungsprinzips nicht Ermittlungen auf Kosten der Masse betreiben, deren Durchführung allein im Interesse einzelner Verfahrensbeteiligter liegt, zum hier vertretenen Ergebnis gelangt; gleichlautend *Smid*, Grundzüge des neuen Insolvenzrechts, S. 236; in diese Richtung *ders*, soweit der Schuldner den Insolvenzplan vorlegt, InVo 2000, 1, 4 ff.

schluss gem. § 157 S. 2 InsO kann die Gläubigerversammlung den Verwalter beauftragen, einen Insolvenzplan auszuarbeiten und ihm das Ziel des Plans vorgeben. Hierauf nimmt § 218 II InsO Bezug, wenn davon gesprochen wird, dass für den Fall, dass die Gläubigerversammlung insoweit aktiv geworden ist, der Verwalter den Plan auftragsgemäß auszuarbeiten und einzureichen hat. Damit gibt es genau betrachtet (maximal)[1] drei Planvorlageberechtigte,[2] den Schuldner, den Verwalter[3] originär und den Verwalter als Beauftragten der Gläubigerversammlung.

2 Diese Betrachtung ist nicht unumstritten. In der Literatur wird die Auffassung vertreten, dass für den Fall der Beauftragung des Verwalters durch die Gläubigerversammlung deren Auftragsbeschluss das Eigenantrags-/Eigenplanvorlagerecht des Verwalters überlagere. Dies wird als „Oktroy" des Beschlusses der Gläubigerversammlung bezeichnet.[4]

3 Dieser Überlegung ist nicht zu folgen. Die Gesetz gewordene Gestaltung des Planvorschlagsrechts ist als modifizierender Eingriff des Rechtsausschusses des Deutschen Bundestags in den Regierungsentwurf zu verstehen, mit der einerseits das Planinitiativrecht der Gläubiger, wie es der Entwurf kannte, beseitigt wurde. Der Rechtsausschuss wollte dem Verwalter andererseits originär uneingeschränkt ein Initiativrecht geben und zwar in Abänderung gegenüber dem Regierungsentwurf,[5] der in der Tat den Verwalter nur als Adressaten des Auftrags der Gläubigerversammlung ansah.

4 Die eingeschränkte, mittelbar erhaltene Gläubigerbefugnis versteht sich nicht als das Recht des Verwalters verdrängend, sondern ergänzend.[6] Dabei darf nämlich insbesondere nicht übersehen werden, dass unterschiedlich Beteiligte über den Auftragsplan der Gläubigerversammlung einerseits[7] und den (originären) Verwalterplan andererseits[8] entscheiden.

5 Auf Grund der für die Annahme eines Plans notwendigen Kopf- und Summenmehrheiten, aber in pareto optimaler, also gruppengeordneter Weise, kann es deshalb von besonderer Bedeutung sein, dass der Verwalter als Unabhängiger einen Plan erarbeitet und vorlegt, der nach seiner Kenntnis eine hohe Annahmewahrscheinlichkeit hat.

6 Es bedarf einer Entscheidung in den einzelnen Gruppen mit der Gewährleistung des Obstruktionsverbotes und nicht eines Beschlusses der Gläubigerversammlung, um den/einen vorgelegten Plan zu legitimieren.[9] Durch einen Eingriff des Rechtsausschusses des Deutschen Bundestags ist in der Gläubigerversammlung gem. § 76 InsO nur noch die einfache Summenmehrheit (ohne Kopfquorum) für Beschlüsse nötig.[10] Der

---

[1] Ist die Eigenverwaltung angeordnet, kann die Gläubigerversammlung entweder durch Beauftragung des Schuldners (dem daneben das originäre Planvorschlagsrecht zusteht) oder des Sachwalters eigene Planideen einbringen, § 284 I InsO.

[2] Denn jedem Planinitiator steht nur das Recht auf Vorlage einer, nicht mehrerer alternativer Pläne zu, *Herzig*, Das Insolvenzplanverfahren, §§ 203 ff.

[3] Zur Frage, ob auch der vorläufige Insolvenzverwalter ein Planinitiativrecht hat, vgl. die nachfolgenden Ausführungen unter Abschnitt (2).

[4] MüKoInsO/*Eidenmüller*, § 218 Rn. 29 f.; *Smid*, WM 1996, 1249, 1252 f.; so auch HK/*Flessner*, § 218 Rn. 10; in diesem Sinne auch *Eidenmüller*, S. 164, 175, der die Befugnis des Verwalters einen eigenen Plan einzureichen erlöschen sieht, wenn die Gläubigerversammlung den Verwalter beauftragt; so auch FK/*Jaffé*, § 218 Rn. 37 ff.; *Dinstühler*, InVo 1998, 333, 338; nunmehr offensichtlich auch *Maus*, Rn. 32. Zum Teil wird das (originäre) Planinitiativrecht des Verwalters insgesamt bestritten, *Warrikoff*, S. 527, 528; *Schiessler*, S. 87; so wohl auch *Evers/Möhlmann*, ZInsO 1999, 21, 22.

[5] Vgl. Nerlich/Römermann/*Braun*, § 218 Rn. 25.

[6] Vgl. Nerlich/Römermann/*Braun*, § 218 Rn. 39; Braun/*Braun/Frank*, § 218 Rn. 3.

[7] § 157 S. 2 InsO mit der einfachen Summenmehrheit.

[8] §§ 235 ff. InsO mit der gruppenbezogenen Summen- und Kopfmehrheit.

[9] Das Zugeständnis, der Gläubigerversammlung im Rahmen von § 157 S. 2 InsO eine Negativ-Befugnis an die Hand zu geben, dem Verwalter die Vorlage eines eigenen – zur Planidee der Gläubigerversammlung abweichenden oder sogar des einzigen – Plans zu untersagen, übersieht die Notwendigkeit einer gesetzlichen Ermächtigungsgrundlage. Dieses Recht bejahend aber *Smid*, WM 1996, 1249, 1252 f.

[10] Vgl. *Balz/Landfermann*, Ausschussbericht, § 76, S. 157.

Rechtsausschuss meinte, Abstimmungen könnten einfacher gestaltet werden, das Verfahren in der Gläubigerversammlung werde erleichtert. Selbst bei Einbeziehung der absonderungsberechtigten Gläubiger in das Verfahren wird aber zugleich der gesicherte und der ungesicherte Teil der Forderung einheitlich behandelt.[11] Das Stimmrecht des absonderungsberechtigten Gläubigers wird nach der Höhe der Forderung bewertet, unbeschadet seines etwaigen Sicherungsrechts. Dies hat den Effekt, dass gesicherte Finanzkreditgläubiger sich in doppelter Weise stärker als früher in Gläubigerversammlungen Gehör (Mehrheit) verschaffen können. Zum einen wird ihre gesicherte Forderung insgesamt und nicht nur die (oft wesentlich kleinere) Ausfallforderung zugrunde gelegt. Zum anderen wird die geringe Zahl der Finanzkreditgläubiger auch nicht durch das Erfordernis einer etwaig notwendigen Kopfmehrheit limitiert.

7 Daraus versteht sich, dass der Beschluss der Gläubigerversammlung mit dem Auftrag an den Insolvenzverwalter, einen Plan vorzulegen, was ein (legitimes) Planvorschlagsrecht ist, die Befugnis des Insolvenzverwalters jenseits des Beschlusses der Gläubigerversammlung aus eigenem Recht tätig zu werden, nicht einschränken kann.[12]

8 (1) *Der Schuldner.* Gem. § 218 I S. 1 2. Alt. InsO ist der Schuldner zur Vorlage eines Insolvenzplans berechtigt, er hat aber insoweit keinen Anspruch auf Beiordnung eines Rechtsanwalts, denn die Planvorlage ist ein Recht des Schuldners, aber keine Pflichtaufgabe.[13] Dies war im Gesetzgebungsverfahren unbestritten.[14] Der „Schuldnerplan" löst gedanklich den Vergleichsantrag, der nur dem Schuldner offenstand[15] und ein Vehikel zur Abwendung des Konkurses bot, ab. Nicht gefolgt werden kann der Ansicht, wonach der Schuldner nur bei einem Eigenantrag einen Planvorschlag vorlegen könne.[16] Der Gesetzeswortlaut und auch die Gesetzesmaterialien lassen eine derartige Einschränkung nicht zu.[17] Neben der grundsätzlich unbestrittenen Möglichkeit des Schuldners, einen Insolvenzplan vorzulegen, tritt die schwierigere Frage der Ausübungsberechtigung dort auf, wo der Schuldner nicht eine einzelne natürliche Person ist, sondern es sich um eine Personenmehrheit oder eine juristische Person handelt.[18] In der Mehrzahl der Fälle wird der Schuldner eine Personenhandelsgesellschaft oder eine juristische Person sein, bei der wiederum in der Mehrzahl der Fälle mehr als eine Person als Organ vertretungsberechtigt sein wird. Der Antragsberechtigung des § 15 InsO für jedes Mitglied des Vertretungsorgans – unabhängig von der gesetzlichen oder konkret vertraglichen Ausgestaltung – korrespondiert unter Strafandrohung deren Verpflichtung einen Antrag auf Eröffnung des Insolvenzantrags zu stellen, wenn Überschuldung oder Zahlungsunfähigkeit eingetreten sind. Dem strafbedrohten Normbefehl muss eine Berechtigung, den Antrag auch stellen zu können, folgen.

9 Für den Insolvenzplan gilt dies gerade nicht. Er ist optional, setzt aber – will der Schuldner insoweit in einem rechtlich geordneten Verfahren handeln – die ordnungsgemäße, den gesetzlichen und vertraglichen Regeln Rechnung tragende Vertretung

---

[11] Vgl. *Balz/Landfermann*, Ausschussbericht, § 76, S. 157.
[12] Vgl. Nerlich/Römermann/*Braun*, § 218 Rn. 25 ff.; Braun/*Uhlenbruck*, S. 473 f.; *Hess/Obermüller*, Rn. 16; *Hess/Weis*, WM 1998, 2349, 2351; *Bork*, Rn. 330; BerlK, § 218 Rn. 13 f.; wohl auch KPB/*Otte*, § 218 Rn. 15.
[13] *LG Bochum*, ZInsO 2003, S. 89 ff., 91.
[14] *Stürner*, S. 41, 42 ff., hat einschränkend die Begrenzung des Initiativrechts des Schuldners gefordert. Diese Anregung hat *Smid*, WM 1996, 1249, 1250, aufgegriffen.
[15] FK/*Jaffé*, § 218 Rn. 6 ff. Wenn auch nur in den alten Bundesländern; im Beitrittsgebiet wurde die Vergleichsordnung bekanntlich nicht in Kraft gesetzt.
[16] So aber *Smid/Rattunde/Martini*, Rn. 3.12 ff.
[17] Vgl. Nerlich/Römermann/*Braun*, § 218 Rn. 3; *Hess/Weis/Wienberg*, § 218 Rn. 20 ff.; MüKoInsO/*Eidenmüller* § 218 Rn. 69; FK/*Jaffé*, § 218 Rn. 6 ff.; *Dinstühler*, InVo 1998, 333, 337.
[18] Wobei es zu erinnern gilt, dass dies nur eine natürliche Person sein kann, die eine mehr als geringfügige selbstständige wirtschaftliche Tätigkeit (§ 304 I InsO) ausübt. Liegt keine oder nur eine geringe derartige Tätigkeit vor, kann ein Insolvenzplanverfahren nicht durchgeführt werden (§ 312 II InsO).

voraus, was sich im Regelinsolvenzverfahren im nicht strafbewehrten § 18 InsO widerspiegelt.[19]

10 Ist der Schuldnerplan auf den Weg gebracht, was ohne Mitwirkung des Verwalters oder anderer Planbeteiligter erfolgen kann,[20] ist er im Vergleich zum Plan des Verwalters vom Gesetz partiell „diskriminiert", wie § 231 I Nr. 2 und 3 und § 231 II InsO mit (weitergehenden) Zurückweisungssachverhalten und Beanstandungsmöglichkeiten ausschließlich für den Schuldnerplan zeigen.

11 Im Rahmen der Eigenverwaltung nach § 270 I S. 1 InsO hat der Schuldner neben seinem eigenen – originären – Planvorschlagsrecht aus § 218 I S. 1 InsO ein abgeleitetes Vorschlagsrecht nach § 284 I 1 InsO. Die Gläubigerversammlung kann dem Schuldner anstelle des Sachwalters mit der Ausarbeitung eines Insolvenzplans beauftragen und ihm dabei konkrete Vorgaben machen, wie der Insolvenzplan ausgestaltet werden muss. Die Planerstellung des Schuldners erfolgt dann unter der Beratung des Sachwalters, § 284 I S. 2 InsO.[21]

12 (2) *Der Verwalter/vorläufige Verwalter.* In der Literatur ist – gegen den klaren Wortlaut des Gesetzes – streitig, ob dem Verwalter ein Initiativrecht zusteht.[22] Die herrschende Meinung geht richtigerweise von einem originären Initiativrecht des Verwalters aus. Dieses Recht besteht auch dann, wenn der Plan, den der Insolvenzverwalter aus eigener Initiative vorgelegt hat, in Konkurrenz zu einem im Auftrag der Gläubigerversammlung ausgearbeiteten Plan steht.[23] Gemäß § 218 III InsO wirken der Gläubigerausschuss, der Betriebsrat, der Sprecherausschuss der leitenden Angestellten und der Schuldner bei der Aufstellung des Insolvenzplans beratend mit, eine Zustimmung ist allerdings nicht erforderlich. Um die vorgesehene Mitwirkung zu gewähren, hat der Verwalter über die Situation und die Ziele des aufzustellenden Insolvenzplans zu Beginn des Initiativprozesses zu informieren.[24]

13 Erörtert wird daneben, ob dem vorläufigen Insolvenzverwalter ein Planinitiativrecht zusteht. Die Eröffnung des Insolvenzverfahrens als Voraussetzung zur Durchführung eines zur Regelabwicklung alternativen Planverfahrens steht einem Initiativrecht/der Planvorbereitung nicht entgegen.[25] Dies ergibt sich zum einen aus § 218 I S. 2 InsO, der die Vorlage eines Insolvenzplans zusammen mit dem Antrag auf Eröffnung eines Insolvenzverfahrens und dementsprechend die Einreichung eines ausgearbeiteten/vorbereiteten Plans vor Verfahrenseröffnung zulässt, zum anderen aus der Notwendigkeit, zeitsparend und damit frühzeitig die Haftungsverwirklichung des Schuldnervermögens in die Wege zu leiten.[26] Das Vorlagerecht dem Wortlaut des § 218 I S. 1 InsO entspre-

---

[19] Vgl. zu den Einzelheiten Nerlich/Römermann/*Braun*, § 218 Rn. 8 ff.; *Dinstühler*, InVo 1998, 333, 338.

[20] Für den Verwalterplan vgl. das Mitwirkungsrecht in § 218 III InsO und die nachfolgenden Ausführungen unter (2).

[21] Vgl. Nerlich/Römermann/*Riggert*, § 284 Rn. 3 f., Braun/*Riggert*, § 284 Rn. 1.

[22] Ablehnend vgl. bspw. *Schiessler*, S. 87; *Warrikoff*, S. 527, 528, wie hier ausführlich *Herzig*, Das Insolvenzplanverfahren, S. 116 ff. m zahl. wN und *Binz*, Konkurrierende Insolvenzpläne, S. 23 ff., 38 ff.; Uhlenbruck/Hirte/Vallender/*Lüer*, § 218 Rn. 8 f: Das (Eigen-)Initiativrecht steht nur dem endgültigen Verwalter zu; dieser darf bei seiner Entscheidung über die Vorlage eines Insolvenzplans nicht vom vorläufigen Verwalter eingeschränkt oder präjudiziert werden. Der vorläufige Verwalter ist daher nicht befugt, einen Insolvenzplan bei Gericht vorzulegen und die Einleitung eines Insolvenzplanverfahrens zu beantragen. [..] Richtig ist [aber], dass der vorläufige Insolvenzverwalter einen Insolvenzplan [...] vorbereiten kann.

[23] Vgl. Nerlich/Römermann/*Braun*, § 218 Rn. 25 ff.; *Herzig*, Das Insolvenzplanverfahren, S. 123 ff.; Braun/*Uhlenbruck*, S. 473 f.; Hess/Weis/Wienberg, § 218 Rn. 2,16; Braun/*Braun/Frank*, § 218 Rn. 3; *Bork*, Rn. 330; BerlK, § 218 Rn. 12 f.; wohl auch KPB/*Otte*, § 218 Rn. 15.

[24] Braun/*Riggert/Herzig*, S. 176.

[25] So aber Smid/Rattunde/*Martini*, Rn. 3.6, 3.10.

[26] So auch Hess/Obermüller, Rn. 16, der die Erarbeitung durch den vorläufigen Insolvenzverwalter zulässt, dann aber die Einreichung an den Zeitpunkt der Verfahrenseröffnung knüpfen will. In diesem

chend (formal) nur dem Verwalter zuzugestehen, überzeugt indes nicht. Soweit gemäß § 22 I InsO ein vorläufiger Insolvenzverwalter bestellt und gemäß § 21 II Nr. 2 InsO ein allgemeines Verfügungsverbot erlassen ist, werden Wirkungen der Verfahrenseröffnung antizipiert und im Zeitraum vor der Verfahrenseröffnung lösen durch den vorläufigen Insolvenzverwalter begründete Rechtshandlungen die Qualifikationen zur Masseverbindlichkeit aus. Es besteht ein fließender Übergang zwischen Eröffnungsverfahren und Verfahrenseröffnung, so dass es unnötig erscheint abzuwarten, einen durch den vorläufigen Insolvenzverwalter ausgearbeiteten Insolvenzplan zurückzuhalten, bis die (förmliche) Bestätigung der Verfahrenseröffnung die (formelle) Planeinreichung (dem Wortlaut nach nun als Verwalter) zulässt. Sobald der vorläufige Insolvenzverwalter den Plan einreicht, hat das Gericht wie bei der Einreichung des Schuldnerplans zu reagieren.

(3) *Mittelbar: Die Gläubigerversammlung als Auftraggeber des Verwalters.* Unbestritten ist, **14** dass die Gläubigerversammlung gem. § 157 S. 2 InsO den Verwalter mit der Vorlage beauftragen kann.[27]

Da die Gläubigerversammlung dem Verwalter zur Ausarbeitung gem. § 157 S. 2 **15** InsO die Ziele des Plans vorgeben kann, kann sie gleichermaßen über einen von ihr (oder von einem Gläubiger unter Billigung der übrigen Gläubiger) ausgearbeiteten Plan beschließen, dass der Verwalter ihn vorlegt. Die Gläubigerversammlung kann auch Einzelheiten für den Planinhalt vorgeben.[28] Der Plan gem. § 157 S. 2 InsO entspringt ausschließlich der Initiative und der inhaltlichen Vorschlagshoheit der Gläubigerversammlung. Es bedarf keiner Mitwirkung des Verwalters (vergleichbar der Mitwirkungsverpflichtung, die der Verwalter aktiv bei den übrigen Verfahrensbeteiligten gem. § 218 III InsO bezüglich des Betriebsrats, des Sprecherausschusses der leitenden Angestellten, des Schuldners und des Gläubigerausschusses einzufordern verpflichtet ist[29]).

b) *Zeitrahmen der Einreichung.* § 218 I S. 3 InsO zeigt, dass ein Plan bis zum Schluss- **16** termin eingereicht werden kann. Zu einem späteren Zeitpunkt ist die Einreichung unzulässig, das Gericht hat in diesem Fall den eingereichten Plan nach § 231 I Nr. 1 1. Alternative InsO zurückzuweisen. Durch das ESUG wurde die neue Zwei-Wochen-Frist in § 231 I S. 2 InsO für die Entscheidung des Gerichts über die Zurückweisung des Plans eingefügt. Hierdurch sollen die Sanierungschancen erhöht werden bzw. verhindert werden, dass sich ein Zeitverlust nachteilig auf die Sanierung auswirkt. § 218 I S. 2 InsO ermöglicht andererseits, den Plan bereits mit dem Antrag auf Eröffnung des Verfahrens zu verbinden. Der Zeitraum innerhalb dessen es also zu einem Planverfahren kommen kann, erstreckt sich über verschiedene Verfahrensstadien, wobei weniger die vor der Einreichung bereits vorbereiteten und mit dem Antrag auf Eröffnung verbundenen Pläne („prepackaged plans")[30] das Problem darstellen, als vielmehr Pläne, die kurz

---

Sinne auch KPB/*Otte*, § 218 Rn. 42 ff.; HK/*Flessner*, § 218 Rn. 3. Wohl auch BerlK, § 218 Rn. 12, der von einer Vorprüfung des vorläufigen Verwalters spricht. Dem Erfordernis der frühzeitigen Bearbeitung zustimmend *Seagon/Wiester*, ZInsO 1999, 627, 631. Vgl. zu den Einzelheiten Nerlich/Römermann/*Braun*, § 218 Rn. 30 ff.

[27] Zur Frage, ob dies das Planvorlagerecht des Verwalters verdrängte, vgl. die Ausführungen oben a), vor (1).

[28] *Herzig*, Das Insolvenzplanverfahren, S. 128 f.: Der Verwalter muss die Vorstellungen der Gläubigerversammlung auch dann verwirklichen, wenn er sie für falsch hält; aA *Binz*, Konkurrierende Insolvenzpläne, S. 44: Hier zeigt sich die Bedeutung des verwalterlichen Eigeninitiativ-Rechts: Der Verwalter kann versuchen, die Gläubiger mit seinem Plan für die in seinen Augen bessere Lösung zu überzeugen.

[29] Vgl. Nerlich/Römermann/*Braun*, § 218 Rn. 54 ff.; FK/*Jaffé*, § 218 Rn. 27 ff., 49 ff.; KPB/*Otte*, § 218 Rn. 53 ff.; aA Braun/*Braun/Frank*, § 218 Rn. 6 ff.: § 218 III normiert ein Recht auf Mitwirkung, jedoch keine Pflicht. Eine Mitwirkungspflicht kann lediglich für den Schuldner aus § 97 abgeleitet werden.

[30] Dazu die Ausführungen unter § 68 I.

vor oder gar im Schlusstermin eingereicht werden sollten. Zu diesem Zeitpunkt hat die regelkonzeptionelle Abwicklung bereits weite Fortschritte gemacht bzw. ist abgeschlossen. Pläne können (soweit nicht als echter Alternativplan zu einem bereits eingereichten Insolvenzplan eines anderen Planvorlegenden dienen) zu diesem Zeitpunkt allenfalls noch Abwicklungsfolgen regeln, kaum aber eine ernsthafte Alternative zur Regelabwicklung sein.[31] Hier wird das Insolvenzgericht deshalb insbesondere bei von Schuldnern eingereichten Insolvenzplänen zu überprüfen haben, ob der Verfahrensfortgang erschwert oder der Plan taktisch zur Verfahrensverzögerung gestellt ist. Dies hat das Gericht zu erkennen und solche Pläne nach § 231 InsO zurückzuweisen.

17 Hat die Gläubigerversammlung gemäß § 157 S. 2 InsO den Verwalter beauftragt, einen Insolvenzplan vorzulegen, muss dieser den Plan gemäß § 218 II InsO innerhalb angemessener Frist dem Gericht vorlegen. Erfolgt dies nicht, bleibt es den Gläubigern vorbehalten zu prüfen, ob Aufsichtsmaßnahmen zur Erfüllung der Verwalterpflicht beim Insolvenzgericht angeregt werden.

18 Auf Grund der Mehrheit Planvorlageberechtigter kann das Problem der Plankonkurrenz auftreten, sei es weil der Schuldner und der Insolvenzverwalter jeweils einen Plan einreichen oder weil der Insolvenzverwalter aus originärem und qua Auftragsrecht für die Gläubigerversammlung jeweils einen Plan vorlegt. Darüber hinaus ist in der Insolvenzordnung nicht eindeutig geregelt, ob der Schuldner oder der Verwalter (in dieser Konstellation jeweils für sein originäres Recht als auch für die Gläubigerversammlung zu sehen) mehrere, inhaltlich unterschiedliche Insolvenzpläne einreichen darf. In beiden Problembereichen mag durchaus ein berechtigtes Interesse bestehen, den Gläubigern (nacheinander oder zeitgleich) mehrere Alternativen zur Abstimmung anzubieten.

19 Die Regelungen der Insolvenzordnung sehen kein ausdrückliches Verbot des Planeinreichers vor, mehrere Pläne nacheinander[32] oder gleichzeitig einzureichen.[33] Auch § 231 II InsO enthält hierzu keine eindeutige Wertung, wenn dort die Zurückweisungsmöglichkeit für einen neuen Plan des Schuldners geregelt ist, soweit der Schuldner bereits einen Plan vorgelegt hatte, der von den Gläubigern abgelehnt, vom Gericht nicht bestätigt oder vom Schuldner nach der öffentlichen Bekanntmachung des Erörterungstermins zurückgezogen worden ist. Dass ein Planeinreicher nicht berechtigt ist, mehrere Pläne gleichzeitig vorzulegen, kann bereits der Regelung zur Planberechtigung selbst entnommen werden, wenn dort im Singular formuliert ist, dass man „zur Vorlage *eines* Insolvenzplans" berechtigt ist, § 218 I S. 1 InsO.[34] Hat ein vorgelegter Plan das (gesamte) Planverfahren durchlaufen, steht es dem Planvorlegenden selbstverständlich frei, erneut einen Plan einzureichen. Das Gericht wird aber einen „Zweitplan" des Schuldners zurückweisen, wenn ein entsprechender Antrag des Insolvenzverwalters gestellt wird, § 231 II InsO.[35]

20 Ursprünglich hatte der Gesetzentwurf in § 294 RegE-InsO den Sachverhalt von Konkurrenzplänen geregelt. Mit Streichung des Planinitiativrechts für Gläubigergruppen sah man keine Veranlassung mehr, diese Regelung zu übernehmen.[36] Auf Grund dessen muss das Insolvenzgericht jeden Insolvenzplan so behandeln, als sei kein weiterer Insolvenzplan eingereicht worden, jeder Insolvenzplan muss ein eigenständiges Planverfahren durchlaufen. Außerhalb der normierten Entscheidungskompetenz darf das Insol-

---

[31] Um dies nach (frühzeitiger) Einreichung des Plans zu vermeiden, ist unter den Voraussetzungen des § 233 InsO die Aussetzung der Verwertung und Verteilung anzuordnen.
[32] Unstreitig zulässig ist die Einreichung mehrerer nachfolgender Planvorlagen, soweit das Verfahren des zunächst vorgelegten Plans abgeschlossen ist.
[33] Braun/*Braun/Frank,* § 218 Rn. 12; MüKoInsO/*Eidenmüller,* § 218 Rn. 193.
[34] Nerlich/Römermann/*Braun,* § 218 Rn. 46 ff.; *Smid,* WM 1996, 1249, 1252 ff.; im Ergebnis auch *Eidenmüller,* S. 164, 176; aA *Hess/Obermüller,* Rn. 26, der die Vorlage mehrerer Pläne befürwortet.
[35] Vgl. hierzu näher die Ausführungen unter § 68 III 2.
[36] Vgl. *Balz/Landfermann,* Ausschussbericht, § 218 InsO S. 465.

venzgericht keinen Insolvenzplan wegen des Vorliegens eines anderen Insolvenzplans zurückweisen,[37] auch die gleichzeitige Abstimmung ist unzulässig.[38] Die Möglichkeit für das Insolvenzgericht, die Termine gem. § 4 InsO iVm § 147 ZPO zu verbinden, bleibt hiervon unberührt, die Abstimmung muss dann gesondert stattfinden. Das Gericht wird im weiteren Verlauf nach pflichtgemäßem Ermessen entscheiden, in welcher Reihenfolge die Pläne behandelt werden sollen.[39]

Selten, aber denknotwendig nicht ausgeschlossen ist dabei, dass mehrere Insolvenzpläne durch die Gläubiger angenommen werden.[40] In diesem Fall hat das Insolvenzgericht unter Prüfung der §§ 248 ff. InsO und Beachtung des Grundsatzes der Gläubigerautonomie zu entscheiden, welcher Insolvenzplan bestätigt wird.[41] Dabei wird sich das Insolvenzgericht nicht am Inhalt der Pläne/Ergebnis für die Gläubiger, sondern an der größeren Zustimmung der Gläubiger zu orientieren haben. Das Gericht entscheidet auf der Basis der Gruppenmehrheit.[42] Hat dem einen Plan die größere Kopfmehrheit, dem anderen Plan die größere Summenmehrheit zugestimmt, so entscheidet die Mehrheit der Kopf- und Summenzahlen.[43] Mit Rechtskraft des vom Gericht bestätigten Insolvenzplans tritt Erledigung der anderen Insolvenzpläne ein.[44]

c) *Insolvenzplan bei Masseunzulänglichkeit.* Die Insolvenzordnung hatte zunächst offen gelassen, ob bei Masseunzulänglichkeit[45] ein Insolvenzplan vorgelegt werden kann. In Rechtsprechung und Schrifttum war die Frage, ob ein Insolvenzplanverfahren bei Masseunzulänglichkeit zulässig ist, bislang uneinheitlich beantwortet worden. Durch das ESUG wurde nunmehr der § 210a InsO neu eingeführt, der klarstellt, dass auch bei masseunzulänglichen Insolvenzverfahren Insolvenzplangestaltungen möglich sind, die Regelungen hinsichtlich der Altmasseverbindlichkeiten treffen.[46] Auch im Fall der Masseunzulänglichkeit kann die Verwertung und Verteilung der Masse nach einer (abweichenden) Planlösung Sinn machen, da der Fortführungswert des Schuldnerunternehmens größer sein kann als der Liquidationswert mit der Folge, dass eine Sanierung den Gläubigern, in diesem Fall den Altmassegläubigern, Nutzen bringt.[47] Verfahrenskosten und Neumassekosten müssen vollständig bedient werden, hinsichtlich der Altmasseverbindlichkeiten können alle nach einem Insolvenzplan möglichen Regelungen getroffen werden. Die Insolvenzgläubiger haben bei einer Regelabwicklung des Insolvenzverfahrens keine Aussicht auf Befriedigung. Für sie gelten im Fall der Masseunzulänglichkeit die Regelungen für nachrangige Insolvenzgläubiger.

---

[37] Vgl. hierzu auch *Kaltmeyer,* ZInsO 1999, 255, 322; *Hess/Weis,* WM 1998, 2349, 2359.

[38] *Eidenmüller,* S. 164, 176 und Braun/*Uhlbruck,* S. 641, weisen zu Recht darauf hin, dass durch eine gemeinsame Abstimmung das Abstimmungsergebnis verfälscht würde. So auch *Kaltmeyer,* ZInsO 1999, 255, 322 Fn. 149.

[39] Braun/*Braun/Frank,* § 235 Rn. 8; so auch *Schiessler,* S. 143 und S. 154 f. Der Prioritätsgrundsatz mag hier nicht recht weiterhelfen, da die Besonderheiten des Einzelfalles nicht genügend Berücksichtigung finden.

[40] Hierüber enthielt auch der RegE-InsO von 1992 (BT-Drucks. 12/2443) keine Regelung. S zur Problematik: MüKoInsO/*Eidenmüller,* § 218 Rn. 198 ff.

[41] *Herzig,* Das Insolvenzplanverfahren, S. 211 ff.

[42] AA *Herzig,* Das Insolvenzplanverfahren, S. 213 f: Entscheidung nach Summen- oder Kopfmehrheit; eine ausführliche Darstellung des Meinungsspektrums findet sich bei *Binz,* Konkurrierende Insolvenzpläne, S. 184 ff.

[43] Ausführlich und mit zahlreichen Beispielen: *Binz,* Konkurrierende Insolvenzpläne, S. 203 ff.

[44] Vgl. MüKoInsO/*Eidenmüller,* § 218 Rn. 201; Braun/*Riggert/Herzig,* S. 218; aA HK/*Flessner,* § 248 Rn. 4 f.; mit diesem weitestgehend übereinstimmend KPB/*Otte,* § 218 Rn. 37; *Kaltmeyer,* ZInsO 1999, 255, 322.

[45] Zu unterscheiden ist die Masseunzulänglichkeit von der Masselosigkeit nach den §§ 26 I, 207 InsO, die zur Abweisung des Eröffnungsantrags oder zur Einstellung des Verfahrens führen.

[46] Kritisch hierzu: *Zimmer,* ZInsO 2012, 390 ff.

[47] *Balz/Landfermann,* Allgemeine Begr RegE, Abschnitt A. 4. e) gg), S. 144 und S. 168; *Maus,* Rn. 121; Von der Zulässigkeit ausgehend auch *Smid,* WM 1998, 1313, 1322 f.; *Dinstühler,* InVo 1998, 333, 344; *ders,* ZIP 1998, 1697, 1707; BerlK, § 245 Rn. 18 ff.

23 **d) *Gliederung des Plans.*** § 219 InsO schreibt vor, dass der Plan aus einem darstellenden, einem gestaltenden und den gem. §§ 229 und 230 InsO unter gewissen Voraussetzungen dort erwähnten Anlagen besteht.

24 (1) *Darstellender Teil.* Das Gesetz sieht in einer Generalklausel vor, dass alle Maßnahmen, die nach der Eröffnung des Insolvenzverfahrens getroffen worden sind oder noch getroffen werden sollen und die der Schaffung der Grundlagen für die geplante Gestaltung der Rechte der Beteiligten dienen, darzustellen sind. Sinnvollerweise wird hierbei der Plan in seinem darstellenden Teil bereits entsprechend der nach § 222 InsO zu bildenden Gruppen unterschieden. Darüber hinaus sollen alle sonstigen, für das Gericht und die Gläubiger entscheidungserheblichen Angaben zu den Grundlagen und den Auswirkungen des Plans angegeben werden.

25 In der seinerzeitigen Begründung ging der Rechtsausschuss des Deutschen Bundestags davon aus, dass, wer einen Plan aufstelle und die Zustimmung der Gläubiger zu diesem Plan erreichen wolle, schon von sich aus daran interessiert sei, den Gläubigern die notwendigen Informationen zu geben.[48] Diese Überlegung war ersichtlich unzutreffend. Sie verkennt, dass argumentative Information einerseits, vollständige und richtige Information zum Zwecke einer unabhängigen Meinungsbildung anderseits, diametral unterschiedlich sein können. Wer im Parteiprozess[49] argumentiert, wird – bis zur Grenze der Wahrheitspflicht – Eigendarstellung betreiben. Was aber inhaltlich wirklich benötigt wird, was der Regierungsentwurf auch ausdrücklich einforderte,[50] ist eine Darlegung des konzeptionellen Ansatzes und sind einzelne Erläuterungen vor dem Gesamtbild, das vollständig und richtig sein muss, weil sich nur auf einer solchen Basis für die Gläubiger beurteilen lässt, ob die gemachten Vorschläge widerspruchsfrei abgeleitet, inhaltlich nachvollziehbar und von ihren Risiken her akzeptabel sind.

26 Das US-amerikanische Recht kennt in Chapter 11 BC in seiner Neukonzeption nach der Reform von 1978 die Überlegung, dass nicht das Gericht Entscheidungen oder Empfehlungen zum Plan gibt, sondern die Gläubiger sich ein „informed judgement" bilden. Vehikel dazu ist ein „disclosure statement", also die Offenlegung aller relevanten und wesentlichen Unternehmensdaten. Das „disclosure statement" muss vom Gericht geprüft und freigegeben sein, bevor um die Zustimmung zum Plan geworben werden darf. Dahinter steckt die Erkenntnis, dass weitergegebene Informationen und das Agieren für die Zustimmung zum Plan problematisch bleiben, solange die Informationsgrundlage selektiv oder tendenziös ist. Erst wenn nach mündlicher Verhandlung und der Möglichkeit, Ergänzungen und Auskünfte zu erlangen, dieses „disclosure statement" akzeptiert ist, kann auch aktiv um Zustimmung geworben werden. Vor diesem Hintergrund wird letztlich verständlich, warum der „prepackaged plan" ein wichtiges Instrument der Planstrategie ist.

27 Aus dem Sinn und Zweck des darstellenden Teils ist zu folgern, dass der darstellende Teil alle für die Entscheidungsfindung der Gläubiger notwendigen Informationen vollständig und richtig enthalten muss.[51] Zu Recht hat *Bork* deswegen die Vorschrift des § 220 InsO als nur grobe Richtung vorgebend bezeichnet,[52] die tatsächlichen Anforde-

---

[48] *Balz/Landfermann*, Ausschussbericht, § 220 InsO, S. 470.
[49] S hierzu auch die Ausführungen zur Frage, ob der Amtsermittlungs- oder Beibringungsgrundsatz im Planverfahren herrscht, § 66 IV.
[50] Der Wortlaut ist abgedruckt bei *Balz/Landfermann*, § 220 InsO, S. 466 ff.
[51] MüKoInsO/*Eidenmüller*, § 219 Rn. 6; Beispiele, welchen Anforderungen der darstellende Teil gerecht werden muss, die den Besonderheiten des Einzelfalles anzupassen sind, bei Braun/*Uhlenbruck*, S. 502 ff., 522 ff.; Braun/*Uhlenbruck*, Muster eines Insolvenzplans, S. 10 bis S. 86; *Lauscher/Weßling/Bange*, ZInsO 1999, 5 ff.; Braun/*Braun/Frank*, §§ 219–221 Rn. 10 f.; Nerlich/Römermann/*Braun*, § 219 Rn. 1 ff. und Rn. 42 ff.; FK/*Jaffé*, § 220 Rn. 6 ff.; HK/*Flessner*, § 220 Rn. 1 ff.; KPB/*Otte*, § 219 Rn. 10 ff.; *Smid/Rattunde/Martini*, Rn. 5.13 ff.; *Hess/Obermüller*, Rn. 66 ff.; BerlK, § 220 Rn. 1 ff.
[52] *Bork*, ZZP 109 (1996), 473, 476.

rungen werden der konkreten Situation und dem jeweiligen Planziel des Insolvenzplanverfahrens Rechnung tragen. Zwischenzeitlich hat der Bundesgerichtshof entschieden, dass der „Mindestinhalt eines darstellenden Teils nicht in das freie Belieben des Planverfassers gestellt" ist und Grundsätze definiert nach denen eine Bestätigung des Insolvenzplans aufgrund unzureichender Informationen im darstellenden Teil zu versagen ist.[53]

Die Leitlinie für den darstellenden Teil darf dabei auch nicht aus dem Auge verloren werden, nämlich dass die Insolvenzordnung im Planverfahren ein Instrument zur Verfügung stellt, das hinsichtlich der Art und Weise der Verwertung ergebnisoffen ist und eine Alternative zur Regelabwicklung bieten soll. Die Investitionskomponente gegenüber der (zerschlagenden) Desinvestitionslösung[54] bedingt zwingend, dass der darstellende Teil seinen Vorschlag und die wirtschaftlichen Auswirkungen auf die Gläubiger den Ergebnissen der Gläubiger für die Regelabwicklung gegenüberstellt. Dies hat inhaltlich wie auch rechnerisch zu geschehen. **28**

(2) *Gestaltender Teil.* Nachdem die Vorschriften zum Insolvenzplan einen verbal beschreibenden (darstellenden) Teil fordern, der den Gläubiger mit Sinn und Zweck und Auswirkungen der Planregelungen bekannt macht, verlangt das Gesetz andererseits einen gestaltenden Teil, in dem vollzugstechnisch die Regelungen der Rechte der Beteiligten sowohl für das Verfahren des Insolvenzplans wie auch die Ergebnisse eines durchgeführten, angenommenen und bestätigten Insolvenzplans für den einzelnen Gläubiger enthalten sind. Der gestaltende Teil ist neben der Grundlagenbestimmung des § 221 InsO in den Vorschriften der §§ 222 bis 228 InsO näher geregelt. Unter der „Überschriftsnorm" des § 221 InsO finden sich dann detaillierte Regelungen zunächst für die Gestaltung der Rechte im Verfahren selbst (§ 222 InsO, Gruppenbildung). Danach werden die Eingriffsmöglichkeiten in die Rechte der unterschiedlich Berechtigten dargestellt (§§ 223 bis 225a InsO, Absonderungsberechtigte, Insolvenzgläubiger, nachrangige Insolvenzgläubiger, Anteilseigner). Schließlich werden Regelungen zur Beteiligtengleichbehandlung und zur Schuldnerhaftung in § 226 InsO und § 227 InsO aufgeführt. Abschließend folgt in § 228 InsO eine rechtstechnische Anweisung, die den darstellenden Teil des Plans zur notariellen Vollzugsurkunde komplettieren kann.[55] Durch das ESUG neu eingefügt wurde in § 221 S. 2 InsO ein Nachbesserungsrecht für den Insolvenzverwalter. Danach kann der Insolvenzverwalter im Plan bevollmächtigt werden, die zur Umsetzung des Plans notwendigen Regelungen zu ergreifen und offensichtliche Fehler des Plans zu korrigieren. Diese Regelung ermöglicht nach dem Erörterungs- und Abstimmungstermin die Korrektur offensichtlicher Fehler ohne materielle Auswirkungen für den Regelungsinhalt des Plans durch den Verwalter. Entsprechende Änderungen durch den Verwalter bedürfen gemäß § 248a InsO der gesonderten gerichtlichen Bestätigung. **29**

(3) *Pflichtanlagen.* Der Gesetzgeber der Insolvenzordnung hat auch erkannt, dass ein Instrument alternativer Insolvenzbewältigung wie das Planverfahren insbesondere für Unternehmensfortführungen wenig tun kann, wenn solche Vorschläge für Gläubiger nicht transparent und überzeugend sind. Zu Zeiten der Vergleichsordnung war ein Vergleichsstatus geschuldet, der stichtagsbezogen die Möglichkeit des Ausgleichs der dort geschuldeten Mindestquote von 35 v. Hundert in 12 Monaten darstellen sollte.[56] Dies konnte diese Rechnung schlechterdings nicht, da es in aller Regel den nicht durch das freie Vermögen gedeckten Teil der Quote als aus dem künftigen Überschuss zu deckend bezeichnete, was Gläubiger glauben konnten oder auch nicht. **30**

---

[53] BGH NZI 2012, 139; *K. Schmidt/Spliedt,* InsO, § 220 Rn. 5.
[54] Vgl. *Balz/Landfermann,* Allgemeine Begr RegE, Abschnitt A 3. a) aa), S. 143.
[55] Nerlich/Römermann/*Braun,* § 219 Rn. 55; MüKoInsO/*Eidenmüller,* § 221 Rn. 16 ff.; Braun/*Uhlenbruck,* S. 475; *Hess/Obermüller,* Rn. 78 ff.; KPB/*Otte,* § 221 Rn. 8; *Leonhardt/ Smid/Zeuner,* § 221 Rn. 5 ff.
[56] §§ 4–7 VerglO.

31 Konsequenterweise verlangt deswegen § 229 InsO eine Pflichtanlage zum Plan für den Fall, dass Gläubiger aus den Erträgen des vom Schuldner oder einem Dritten fortgeführten Unternehmens befriedigt werden sollen. Dabei wird eine integrierte Ertrags- und Finanzplanung geschuldet und zwar eine Vermögensübersicht, bei der Vermögen und Verbindlichkeiten unter der Annahme der Planprämisse angesetzt und bewertet werden. Ausgehend hiervon wird eine Plan-Gewinn- und Verlustrechnung für den Planabwicklungszeitraum einerseits, eine Liquiditätsplanung andererseits geschuldet. Auf diese Weise sollen sowohl die Rentabilität als auch die Annahmen der leistungswirtschaftlichen und/oder finanzwirtschaftlichen Maßnahmen nachvollziehbar und beurteilbar sein. Daneben gibt aber die Liquiditätsplanung die Möglichkeit einzuschätzen, ob gemachte Tilgungszusagen aus dem freien Cashflow der Gesellschaft überhaupt aggregiert und prognose-/zusagegerecht fließen können.[57] Gemäß dem neu eingefügten § 229 S. 3 InsO sind in den Planrechnungen auch nicht angemeldete, aber dem Planersteller bekannte Forderungen zu berücksichtigen. Unabhängig von dieser Ergänzung hat der Planersteller im Rahmen der Anlagen alle mit überwiegender Wahrscheinlichkeit durch die Schuldnerin zu erfüllenden Verpflichtungen entsprechend der Planregelungen zu berücksichtigen. Hierzu gehören auch nicht angemeldete Forderungen, wenn die spätere Geltendmachung überwiegend wahrscheinlich erscheint.

32 § 230 InsO ergänzt dies durch die Anforderung weiterer Anlagen, soweit Dritte, Gläubiger und der Schuldner zu Mitwirkungshandlungen verpflichtet werden sollen. Um sicherzustellen, dass Beteiligte sich nicht mit Plänen befassen, deren Mitwirkungsprämisse Dritter, (einzelner) Gläubiger oder des Schuldners nicht gesichert ist, verlangt § 230 InsO deren schriftliche Zustimmung/Erklärung mit vorzulegen.[58] Für den Fall der Umwandlung von Gläubigerforderungen in Anteile/Mitgliedschaftsrechte (Debt-Equity-Swap) durch den Plan sieht § 230 II InsO eine Zustimmungserklärung der betroffenen Gläubiger vor, da nach § 225a InsO eine Umwandlung von Forderungen gegen den Willen der betroffenen Gläubiger ausgeschlossen ist.

33 **2. Forderung des Gesetzes: Gruppenbildung.** Ein wesentliches, wenn nicht das wesentlichste Vehikel der Gestaltung des Gedankens des Insolvenzplans als einer alternativen Masseverwertung ist, auf wirtschaftlich differenzierte Art den unterschiedlichen

---

[57] In der Praxis wird dies vereinfacht durch entsprechend geeignete PC-Software. Hier können Einzahlungs- und Auszahlungsverschiebungen berücksichtigt werden (für jeweils einzelne Einnahme-/Ausgabeposten oder individuell Zahlungsströme verändert werden).

[58] Vgl. ausführlich zu den Pflichtanlagen Nerlich/Römermann/*Braun*, § 229 Rn. 1 ff., § 230 Rn. 1 ff.; MüKoInsO/*Eidenmüller*, § 230 Rn. 1 ff.; Braun/*Uhlbrück*, S. 528 ff.; Braun/*Braun/Frank*, § 229 Rn. 1 ff., § 230 Rn. 1 ff.; *Warrikoff*, S. 527, 537 ff.; *Scheibner*, DZWIR 1999, 8, 9 f., kritisiert in diesem Zusammenhang die Fassung des § 117 I GenG (inhaltlich entsprechend anderen Gesetzesstellen, bspw. §§ 131 I Nr. 3, 144 I HGB, §§ 262 I Nr. 3, 274 I S. 2 Nr. 1 AktG, § 60 I Nr. 4 GmbHG), insbesondere den vermeintlich fehlenden Gleichklang von Gesellschaftsrecht und Insolvenzrecht. *Scheibner* kommt zu dem Ergebnis, dass gesellschaftsrechtlich „Vorratsbeschlüsse" zu fassen und als Anlage dem Insolvenzplan beizufügen sind. Dem Vorschlag, eine Ergänzung von § 230 InsO vorzunehmen, ist indes nicht zu folgen. Für Fälle dieser Art ist § 249 InsO vorgesehen (vgl. *Balz/Landfermann*, Begr RegE, § 230 InsO, S. 344), auch von dem Hintergrund, dass der Plan selbst noch geändert werden kann (§ 240 InsO), mithin sich die Gesellschafter insoweit noch gar nicht (per „Vorratsbeschluss") binden können/wollen; der zu fassende Fortsetzungsbeschluss seinerseits wird von der rechtskräftigen Bestätigung des Insolvenzplans abhängig gemacht werden. Unabhängig hiervon besteht selbstredend die Möglichkeit, entsprechende „Vorratsbeschlüsse" oder Bereitschaftserklärungen/Verpflichtungen als Anlage dem Plan beizuschließen, § 230 InsO schreibt insoweit ein Mindestmaß erforderlicher Anlagen fest und ist in seiner Aufzählung nicht abschließend. Dass andererseits bereits frühzeitig vom Planersteller zu klären ist, ob die Gesellschafter bereit sind, einen entsprechenden Beschluss zu fassen, liegt im Interesse einer erfolgreichen Planverfahrensdurchführung, die mit der Bestätigung des vorgelegten (bedingten) Plans durch das Gericht und der Aufhebung des Insolvenzverfahrens endet. Beispiele finden sich bei Braun/*Uhlbrück*, Muster eines Insolvenzplans, S. 87 bis S. 141.

Anforderungen an den Insolvenzplan 34–39 § 67

Interessen der Gläubiger Rechnung zu tragen. Dies kann nur in der Weise erfolgen, dass Gläubiger unterschieden werden, dass sie nicht alle gleich und „über einen Kamm" behandelt werden. Kurz, sie müssen/sollen/können[59] in unterschiedliche Gruppen aufgeteilt werden.[60]

Dieser Überlegung folgt auf dem Fuße dann Gruppen jeweils unter sich entscheiden zu 34 lassen, ob sie dem Planvorschlag folgen wollen oder nicht. Nicht alle Beteiligten zusammen, nicht die Absonderungsberechtigten oder die Insolvenzgläubiger, sondern die jeweiligen Gruppen entscheiden für sich, ob sie dem Plan zustimmen wollen oder nicht, ob sie von der Regel-Masseverwertung Abstand nehmen wollen oder diese doch erreichen möchten.

Dabei zwingt das Gesetz nicht zur Bildung mehrerer Gruppen. Da § 222 I InsO 35 kompulsativ nur die Bildung der Gruppe gem. § 222 I Nr. 2 InsO – der nicht nachrangigen Insolvenzgläubiger – verlangt, kann ein Plan mit einer einzigen Gruppe Realität werden.[61]

Seit der ESUG-Reform sieht das Gesetz in § 222 I Nr. 4 InsO auch die Bildung einer 36 Gruppe für diejenigen am Schuldner beteiligten Personen vor, deren Anteils- und Mitgliedschaftsrechte in den Plan einbezogen wurden.

a) *Mehrheitskonzept.* Werden mehrere Gruppen gebildet, ist ein Plan nur dann angenommen, 37 wenn alle Gruppen mit Mehrheit (Summen- und Kopfmehrheit) dem Plan zugestimmt haben. Abweichend hiervon stellt § 244 Abs. 3 InsO für den Fall, dass nach § 222 I Nr. 4 InsO eine Gruppe für die Anteilseigner zu bilden ist, für deren Mehrheitsfindung – den Wertungen des Gesellschaftsrechts folgend – allein auf die Kapitalmehrheit, nicht auch auf die Kopfmehrheit der Altgesellschafter ab.

Ausgehend von der Überlegung, dass die Mehrheit in wirtschaftlichen Angelegen- 38 heiten prinzipiell keine Gewähr für zutreffendere Entscheidungen bietet als die Minderheit[62] ist ausreichend, dass eine einfache Mehrheit nach Summen und Köpfen der Abstimmenden als positives Votum der Gruppe gewertet wird. Bestätigt wird der Plan, wenn alle Gruppen mit diesem Votum zugestimmt haben.[63]

Ausgehend von der Überzeugung, dass insoweit noch keine angemessene Möglich- 39 keit besteht, sinnvolle Lösungen gegen obstruierende Beteiligte zu finden, realisiert das Mehrheitskonzept den pareto-optimalen Ansatz.[64] Danach ist in § 245 InsO eine Regelung vorgesehen, bei der gruppenbezogen unter der Prämisse, dass
– den Angehörigen dieser Gruppe voraussichtlich zumindest das geboten wird, was ihnen auch im Falle der Regelabwicklung zur Verfügung stünde,
– jeder Gruppe eine angemessene Beteiligung am wirtschaftlichen Wert auf der Grundlage des Plans zusteht,
– die Mehrheit der Gruppen zugestimmt hat,

---

[59] Vgl. den Wortlaut von § 222 I S. 2, II und III InsO.
[60] Braun/*Braun/Frank*, § 222 Rn. 1 ff.; *Balz/Landfermann*, Begr RegE, § 222 InsO, S. 471 ff.
[61] Dies beruht darauf, dass der Rechtsausschuss des Deutschen Bundestags die im RegE-InsO (von 1992, BT-Drucks. 12/2443) enthaltene Pflicht zur Unterscheidung wirtschaftlich unterschiedlicher Gruppen gestrichen hat. Damit ist dies eine Wahloption, der Planvorlegende kann aber wirtschaftlich unterschiedliche Interessen auch in eine Gruppe einordnen. Vgl. *Balz/Landfermann*, Allgemeiner Teil Ausschussbericht, Abschnitt C. 4., S. 199, Vereinfachung der Regelungen über den Insolvenzplan: „Die Vorschriften des RegE über den Insolvenzplan werden unter Beibehaltung ihrer Grundgedanken im Wesentlichen vereinfacht und gestrafft:
(...) – Die Pflicht zur Bildung von Gläubigergruppen im Insolvenzplan wird auf den Fall reduziert, dass Gläubiger mit unterschiedlichen Rechtsstellungen vom Plan betroffen werden. Unterschiedliche wirtschaftliche Interessen der betroffenen Gläubiger verpflichten nicht zur Gruppenbildung". So auch: K. *Schmidt/Spliedt*, § 222 Rn. 25.
[62] *Balz/Landfermann*, Allgemeine Begr RegE, Abschnitt A. 3. a) ff.), S. 145.
[63] § 244 I InsO: „... in jeder Gruppe ...".
[64] Vgl. die Ausführungen unter § 66 III 6.

deren negatives Votum von der Bestätigungsentscheidung des Gerichts überwunden werden kann.[65]

40 Dieses pareto-optimale Mehrheitskonzept in Verbindung mit dem System der Gruppenbildung führt dazu, dass für Gläubiger möglicherweise schwer berechenbar ist, wie die Entscheidung schlussendlich ausfallen wird, was ihre potentielle Verhandlungs- und Konzessionsbereitschaft sicherlich nicht nachteilig beeinflusst.

41 **b)** *Pflichtgruppen.* Das Gesetz kennt in § 222 I InsO uneingeschränkt die Bildung einer Pflichtgruppe, sowie die Bildung von drei weiteren Pflichtgruppen für den Fall eines gewissen Regelungsziels.

42 (1) Immer gebildet werden muss die Gruppe der nicht nachrangigen Insolvenzgläubiger, § 222 I Nr. 2 InsO.

43 (2) Da der Insolvenzplan mit der Einbringung der absonderungsberechtigten Gläubiger[66] in das Planverfahren auch Eingriffe/Regelungen für Absonderungsberechtigte vorsehen kann, ist gem. § 222 I Nr. 1 InsO eine Gruppe von absonderungsberechtigten Gläubigern zu bilden, wenn durch den Plan in deren Rechte eingegriffen wird/werden soll.[67]

44 (3) Unter Berücksichtigung des Umstandes, dass als Gläubigergruppe in der Insolvenzordnung nicht nur die sogenannten „nicht nachrangigen" Insolvenzgläubiger Berücksichtigung gefunden haben, sondern gem. § 39 InsO nachrangige Gläubiger in fünf Kategorien, jeweils wieder hintereinander im Rang gestuft existieren und deren Forderungen gleichfalls in den Regelungsbereich des Plans fallen können, müssten insoweit Gruppen gebildet werden, wenn auf deren Forderungen etwas bezahlt werden soll (§ 222 I Nr. 3 InsO). Damit wird dem Gedanken Rechnung getragen, dass nachrangige Gläubiger erst dann bedient werden können, wenn vorrangige Gläubiger vollständig befriedigt sind. Da dies üblicherweise nicht der Fall ist, kehrt die Insolvenzordnung bei der Gruppenbildung die Verhältnisse in der Weise um, dass eine Gruppe nur zu bilden ist, wenn den Gläubigern Werte zugeteilt werden sollen, ohne Bildung einer Gruppe gilt hingegen die nachrangige Forderung als uneingeschränkt erlassen, § 225 I InsO. Hinzuweisen ist auf die Regelung des § 225 III InsO, nach der die Haftung des Schuldners für Geldstrafen und nach § 39 I Nr. 3 InsO gleichgestellte Verbindlichkeiten trotz ihrer Nachrangigkeit im Verfahren nicht als erlassen gelten und dies auch nicht durch den Plan geregelt werden kann. Relevant kann dies beispielweise im Fall der Haftung für Sozialversicherungsbeiträge einer natürlichen Person sein.

45 (4) Für den Fall, dass der Plan vorsieht, von der durch das ESUG gemäß § 217 InsO eröffneten Möglichkeit, Anteils- und Mitgliedschaftsrechte im Plan zu regeln, Gebrauch macht, sieht § 222 Abs. 1 Nr. 4 InsO die Bildung einer oder mehrerer Gruppen für die am schuldnerischen Unternehmen beteiligten Personen vor. Für die von den Planregelungen betroffenen Inhaber von Anteils- und Mitgliedschaftsrechten am Schuldner können unterschiedliche Gruppen gebildet werden, auch wenn sie (formal) die gleiche Rechtsstellung haben, sofern innerhalb des Personenkreises sachgerechte Abgrenzungskriterien im Hinblick auf die wirtschaftliche Beteiligung bestehen.

---

[65] Zu Einzelheiten vgl. nachstehende Ausführungen unter § 68 VII.

[66] Ausgenommen hiervon sind aufgrund der Ergänzung des § 223 I InsO um einen S. 2 durch das Gesetz zur Änderung insolvenzrechtlicher und kreditwirtschaftlicher Vorschriften vom 8.12.1999 (BGBl. I 1999, 2384 ff.) zur Umsetzung der Richtlinie 98/26/EG des Europäischen Parlaments und des Rats (ABl EG Nr. L 166, 45 ff.) Sicherheiten, die einem – in der Richtlinie näher bezeichneten – Systemteilnehmer oder den Zentralbanken im Zusammenhang mit multilateralen Zahlungs- sowie Wertpapierliefer- und -abrechnungssystemen gestellt sind. Vgl. hierzu näher Nerlich/Römermann/*Braun*, § 223 Rn. 5 ff.

[67] Werthaltige und nicht werthaltige Absonderungsrechte dürfen nach BGH (ZIP 2005, 1648) keine „Mischgruppe" bilden. AA: *K. Schmidt/Spliedt*, InsO, § 222 Rn. 23.

Wichtig ist in diesem Zusammenhang zu erkennen, dass die uneingeschränkt bzw. **46**
unter der Bedingung pflichtgemäß zu bildenden Gruppen des § 222 I InsO allesamt
nach rechtlichen Kriterien unterschieden werden. Liegen die Voraussetzungen vor, so
sind sie zu bilden, hier gibt es keine weiteren Wahlmöglichkeiten.[68]

c) *Wahlgruppen*. § 222 II InsO eröffnet weitergehend eine Wahlmöglichkeit. Danach **47**
kann aus Beteiligten mit gleicher Rechtsstellung eine Gruppe gebildet werden, in der
Beteiligte mit unterschiedlichen wirtschaftlichen Interessen zusammengefasst werden.[69]
Es können aber auch Beteiligte mit gleicher Rechtsstellung, die jedoch unterschiedliche
wirtschaftliche Interessen haben, verschiedenen Gruppen zugeteilt werden. Zwingend
ist dies jedoch auch bei Beteiligten mit sehr unterschiedlichen wirtschaftlichen Interessen nicht.[70] Welche wirtschaftlichen Interessen die (Unter-)Gruppenbildung ermöglichen, kann nicht allgemein, sondern nur unter Berücksichtigung der konkreten Situation des Insolvenzverfahrens und des jeweiligen Planziels entschieden werden.[71] Die
Gruppen müssen sachgerecht voneinander abgegrenzt sein und die Kriterien hierfür
sind im Plan anzugeben.

Gegen die Möglichkeit, auf Grund wirtschaftlicher Interessen zu gruppieren, werden **48**
erhebliche Bedenken geltend gemacht.[72] So wird aus Gründen der Missbrauchsabwehr
eine korrigierende Auslegung des § 222 II InsO dahingehend gefordert, dass bei der
(optionalen) Gruppenbildung eine rechtlich gleichartige Rechtsstellung erforderlich
und eine Aufspaltung der Beteiligten über die Fälle des § 222 I und III InsO hinaus nur
in Ausnahmefällen zulässig sei.[73] Entwickelt wird diese Kritik im Wesentlichen unter
Bezugnahme auf (ausgewählte) amerikanische Quellen über den Umgang mit dem US-
amerikanischen Recht. Im Ergebnis kann dem nicht gefolgt werden.[74] Schwachstellen
des amerikanischen Verfahrens, die Anlass zur Kritik und Ablehnung des amerikanischen Rechts (nicht aber insgesamt) geben, sind unbestritten,[75] in toto lassen sich die
erhobenen Vorwürfe aber nicht bestätigen. Die von den Verfechtern dieser Ansicht
gezogenen Schlussfolgerungen können (in dieser Konsequenz) auch nicht auf das deutsche Recht übertragen werden, das kreative Gruppen durchaus zulässt und deshalb gegenüber dem US-amerikanischen Recht deutlich liberaler und offener ist, andererseits
aber auch die Möglichkeit der Überwindung des negativen Votums dadurch und im
Vergleich zum US-amerikanischen Recht limitiert, dass es dem negativ votierenden

---

[68] Insoweit ist die Auffassung von BerlK, § 222 InsO Rn. 20 f. nicht vertretbar, der sonstige Dritte, nicht in § 217 InsO Bezeichnete bis hin zur Stimmrechtsgewährung in das Planverfahren integrieren will. Sollen auch sonstige Dritte einen Beitrag zur Planlösung leisten, sind entsprechende privatautonome Vereinbarungen außerhalb des Planverfahrens zu treffen, die dann im Wege von § 230 III bzw. § 249 InsO entsprechende Wirkungen auf das Planverfahren erzielen können. Eine am Wortlaut vorbeigehende erweiternde Gruppenbildung ist nicht zulässig.

[69] Bildet man „wirtschaftlich" verschiedene Gruppen, so können folgende Forderungstypen auch unterschieden werden: Finanzkreditforderungen, Lieferantenkreditforderungen, Steuerforderungen, Forderungen der Bundesagentur für Arbeit, Forderungen des Pensions-Sicherungs-Vereins und Ausfallforderungen: Braun/*Braun/Frank*, § 222 Rn. 6.

[70] AA *Binz*, Konkurrierende Insolvenzpläne, S. 11: in besonderen Fällen gebiete der verfassungsrechtliche Gleichheitssatz eine Differenzierung.

[71] Für Beispiele s: *K. Schmidt/Spliedt*, InsO, § 222 Rn. 16 f.

[72] So zum Beispiel MüKoInsO/*Eidenmüller*, § 222 Rn. 48 ff.; *Smid*, InVo 1997, 169, 175 ff.; *Häsemeyer*, Rn. 28.23 ff.; Vgl. hierzu auch Braun/*Uhlenbruck*, S. 592 ff. und S. 601 ff.; ausführlich Nerlich/Römermann/*Braun*, § 222 Rn. 47 ff.

[73] So *Smid*, InVo 1997, 169, 175 ff.; *ders.*, FS-Pawlowski, S. 387, 421 ff.; *ders.*, § 222 Rn. 11 und 25; Auch *Häsemeyer* plädiert für eine „zurückhaltende" Gruppenbildung über die gesetzlichen Mindestgruppen hinaus.

[74] Im Ergebnis so auch Hess/*Obermüller*, Rn. 153 ff.; *Riggert*, WM 1998, 1521, 1522; Hess/*Weis*, WM 1998, 2349, 2356; *Kaltmeyer*, ZInsO 1999, 255, 261 ff.; *Maus*, Rn. 50 ff.; insgesamt vgl. hierzu auch Nerlich/Römermann/*Braun*, § 222 Rn. 47 ff.; HK/*Flessner*, § 222 Rn. 12 ff.

[75] Vgl. hierzu *Flessner*, Sanierung und Reorganisation, S. 94 ff.; *Bork*, ZZP 109 (1996) 473, 480 ff.

Gläubiger immer eine Gleichbehandlung sichert. Der Gesetzgeber hat die Gruppenbildung anhand wirtschaftlicher Interessen (ausdrücklich) zugelassen, da erst darin die Gewährleistung differenzierter, pareto-optimaler und flexibler Plangestaltung gesehen wird.[76] Entsprechend eindeutig formuliert § 222 II InsO, dass „gleichartige wirtschaftliche Interessen" eine Gruppenbildung aus Beteiligten mit gleicher Rechtsstellung ermöglichen, soweit die Differenzierung sachgerecht erfolgt und die Kriterien dafür im Plan – und damit für das Insolvenzgericht mit seiner Prüfungskompetenz und die Beteiligten mit ihrer Entscheidungskompetenz nachvollziehbar und überprüfbar – angibt. Nicht ausgeschlossen bleibt aber die Anknüpfung an rechtliche Unterscheidungsmerkmale, soweit sich hieraus wirtschaftliche Differenzierungskriterien ergeben.

49 In diese Richtung gehend hält sich die Vorstellung, dass durch die Bildung beliebig vieler Gruppen den Manipulationsmöglichkeiten Tür und Tor geöffnet sei.[77] Die Möglichkeit zur Manipulation, die im Übrigen gleichermaßen allen Planinitiatoren gegeben ist, ist im Ergebnis zunächst nicht zu widerlegen. Die Frage sich ergebender Missbrauchsmöglichkeiten, die es zu kontrollieren gibt, ist aber erst in einem zweiten Schritt zu stellen. Die Mißbrauchsmöglichkeit kann nicht dazu führen, ein von Gesetzes wegen zugestandenes Gestaltungsrecht bereits im Ansatz zu unterbinden oder zu eliminieren. Der Gesetzgeber hat dies erkannt und deshalb vorgesehen, dass gemäß § 222 II 2 InsO die Gruppen sachgerecht voneinander abzugrenzen und die Kriterien hierfür im Plan anzugeben sind.[78] Die Einhaltung des § 222 II InsO wird durch das Insolvenzgericht im Rahmen von § 231 InsO geprüft und hat sich in ihrer Angemessenheit letztlich am Abstimmungsverhalten sämtlicher gebildeter Gruppen und dem Obstruktionsverbot messen zu lassen.

50 **d)** *Soll- und Kanngruppen.* § 222 III InsO gibt dem Planersteller den „Soll"-Hinweis, dass für Arbeitnehmer dann eine besondere Gruppe zu bilden sei, wenn die Arbeitnehmer als Insolvenzgläubiger mit nicht unerheblichen Forderungen beteiligt seien.

51 Die Vorschrift stellt weiterhin klar, dass eine eigene Gruppe für Kleingläubiger gebildet werden kann.

52 (1) *Arbeitnehmer.*[79] Die auf den ersten Blick nahe liegende Möglichkeit, Arbeitnehmergruppen zu bilden ist – für das Gruppierungsinteresse gleichartiger wirtschaftlicher Interessen offensichtlich – zu relativieren, da die Position der Arbeitnehmer als Insolvenzgläubiger betroffen ist. Mit Lohnrückständen aus den letzten drei Monaten vor Eröffnung des Insolvenzverfahrens sind Arbeitnehmer aber keine Insolvenzgläubiger, da ihre Forderungen über die Insolvenzgeldversicherung[80] auf die Bundesagentur für Arbeit übergehen,[81] die diesen Anspruch als Insolvenzgläubiger[82] geltend macht. Nur falls noch länger zurückreichende Rückstände vorhanden sind oder wenn zB Forderungen aus der Abgeltung von Zeitkonten, Sozialplänen, Urlaub oder Ähnliches existieren, sind Arbeitnehmer als Insolvenzgläubiger denkbar.[83]

53 Es wird auch deutlich, dass Arbeitnehmer dann keine Gruppe bilden könnten, wenn man die Anforderung, dass sie mit „nicht unerheblichen Forderungen" beteiligt sind,

---

[76] *Balz/Landfermann*, Allgemeine Begr RegE, Abschnitt A. 4. e) cc), S. 165 ff.
[77] *Grub*, ZIP 1993, 393, 398; *Henckel*, KTS 1989, 477, 491. Dies ansprechend auch *Stürner*, S. 41, 45 f.; aA MüKoInsO/*Eidenmüller*, § 222 Rn. 9.
[78] *Balz/Landfermann*, Begr RegE, § 222 InsO, S. 472.
[79] Dies soll für arbeitnehmerähnliche Mitarbeiter, etwa freie Mitarbeiter, nicht gelten, str. vgl. *Uhlenbruck/Lüer*, § 222 Rn. 23. Für diese soll nach § 222 II InsO eine eigene Gruppe gebildet werden.
[80] §§ 385 ff. SGB III.
[81] § 187 SGB III; vgl. hierzu auch *Kind*, InVo 1998, 57, 60 f.
[82] Oder für den Fall der Bestellung eines vorläufigen Insolvenzverwalters mit Verfügungsbefugnis gem. § 21 II Nr. 2, 1. Alt. InsO in Verbindung mit § 55 II InsO als Masseverbindlichkeiten.
[83] Allgemein zum Thema s auch: *Frank/Heinrich*, NZI 2011, 569 ff., und *Frank/Heinrich*, NZS 2011, 689 ff.

absolut begreift und nicht subjektiv relativ. Mit den denkbaren Ansprüchen, mit denen sie beteiligt sein können, werden sie in absoluten Beträgen in aller Regel nicht „erheblich" bezogen auf die Gesamtverbindlichkeiten beteiligt sein. Unter weiterer Berücksichtigung des Umstands, dass die Arbeitnehmer wegen ihrer Arbeitsplatzbetroffenheit einen – zwar nicht als Insolvenzgläubiger sich ausdrückenden – ganz besonderen Bezug zur Insolvenz ihres Arbeitgebers haben, rechtfertigt sich aber, das Merkmal „nicht unerheblich" subjektiv aus der Sicht des Arbeitnehmers zu betrachten und Arbeitnehmergruppen auch dann zuzulassen, wenn die Insolvenzforderungen der Arbeitnehmer insgesamt bezogen auf die Verbindlichkeiten des Insolvenzschuldners nicht substantiell sind.[84]

(2) *Kleingläubiger.* Das Gesetz lässt ausdrücklich die Bildung von Kleingläubigergruppen zu. Damit stellt die Vorschrift klar, dass nicht mit dem Argument, es handle sich bei unter diesem Gesichtspunkt zusammengefassten Gläubiger um solche, die keine gleichartigen wirtschaftlichen Interessen hätten, die Bildung einer Gruppe versagt werden kann. Hintergrund dieser Regelung, die § 1122b Bankruptcy Code gleichfalls kennt, ist – wie die amerikanische Terminologie dieser Vorschrift zeigt[85] – der Gedanke der Vereinfachung des Verfahrens.

Die Überlegung, bis zu welcher Höhe/Grenze eine „Kleingläubigerforderung" vorliegt, hat sich durch Einfügung einer Wertgrenze von 1000 Euro für Kleingläubiger in § 222 III 2 InsO vereinfacht. Unabhängig von der nunmehr normierten Wertgrenze ist immer zu berücksichtigen, dass die Bildung solcher Gruppen dazu führen muss, dass das Verfahren vereinfacht wird. Wenn eine nicht unerhebliche Zahl von Gläubigern dadurch in einer Gruppe zusammengefasst wird, bzw. wenn eine nicht unerhebliche Zahl von Gläubigern vollständig befriedigt wird und diese deswegen am Verfahren nicht teilnehmen, ist nicht zu beanstanden, wenn die Gläubiger zusammen unter dem Gesichtspunkt der Kleingläubiger gruppiert werden, auch wenn inhaltlich betrachtet ihre Forderungen nicht homogen sind.

(3) *Pensions-Sicherungs-Verein.*[86] In diesem Zusammenhang ist auch noch die in den §§ 7 IV, 9 IV 1 BetrAVG erfolgte Regelung der (optionalen) Bildung einer eigenen Gruppe für den Pensions-Sicherungs-Verein (PSV) zu erwähnen. Die Gesetzesbegründung weist auf die unterschiedliche wirtschaftliche Interessenlage des PSV hin und schafft deswegen eine ausdrückliche gesetzliche Möglichkeit zur Gruppierung des PSV in einer eigenen Gruppe.[87]

(4) *Sonstige Gruppen.* Nicht geregelt ist, ob im Anwendungsbereich von § 222 III InsO eine (optionale Unter-)Gruppenbildung nach Maßgabe von Abs. II gestattet ist. Die Systematik spricht eher gegen die Zulässigkeit der Bildung weiterer Arbeitnehmer- und Kleingläubiger-(Unter-)Gruppen. Allerdings greift Abs. III als Sollvorschrift den Gedanken der Gruppenbildung aus wirtschaftlich unterschiedlichen Interessen im Sinne von Abs. II auf, so dass auch für die Arbeitnehmer und Kleingläubiger Untergruppen gebildet werden können.[88]

e) *Nullgruppen* [oder „*unbekannte Forderungen*"]. Nach Aufhebung des Insolvenzverfahrens können Insolvenzforderungen, welche bislang nicht angemeldet wurden bzw.

---

[84] Vgl. Nerlich/Römermann/*Braun*, § 222 Rn. 88 ff.; MüKoInsO/*Eidenmüller*, § 222 Rn. 118 ff.; aA FK/*Jaffé*, § 222 Rn. 34 ff.; dies erkennt auch *Schiessler*, S. 118, der für die mittelbare Berücksichtigung der Belange der Arbeitnehmer über den Vermögenswert die Erheblichkeitsschwelle nicht zu hoch ansetzen will; ausführlich ferner *Herzig*, Das Insolvenzplanverfahren, S. 259 ff.
[85] „Administrative convenience".
[86] S hierzu auch Braun/*Braun/Frank*, § 222 Rn. 8; *K. Schmidt/Spliedt*, InsO, § 222 Rn. 22, 24.
[87] Vgl. *Balz/Landfermann*, Begr RegE, § 222 InsO, S. 472.
[88] Vgl. *Balz/Landfermann*, Begr RegE, § 222 InsO, S. 473; MüKoInsO/*Eidenmüller*, § 222 Rn. 123; Nerlich/Römermann/*Braun*, § 222 Rn. 83 ff.; KPB/*Otte*, § 222 Rn. 7; Allgemein hierzu Rn. 47 ff.

vom Insolvenzverwalter bestritten und nicht gerichtlich geltend gemacht wurden, von Gläubigern (sog. „Nachzüglern",[89] ggf. auch streitig) verfolgt werden und damit, falls sie erfolgreich sein sollten, das Planziel gefährden, da sie bei der Planerstellung nicht berücksichtigt wurden und auch dem Gläubiger, der nicht am Verfahren teilgenommen hat, die im Insolvenzplan für seine Gläubigergruppe festgelegte Quote zusteht.[90] Der durch das ESUG neu eingefügte § 254b InsO entspricht insoweit dem bisherigen Recht.

59 Ob und auf welche Weise Planleistungen darüber hinaus präkludiert werden können, wird im Schrifttum kontrovers diskutiert, denn auch das Quotenrisiko unbekannter Forderungen kann den Erfolg des Plans gefährden. Insoweit begründen auch die ebenfalls mit dem ESUG eingefügten §§ 259a, 259b InsO keinen Schutz, denn sie gewähren nur einen Vollstreckungsschutz bzw. eine verkürzte Verjährungsfrist hinsichtlich derartiger Forderungen. Es sollte im Plan eine Ausschlussfrist für nicht angemeldete als auch bestrittene Forderungen vorgesehen werden.[91]

60 Ferner kann der Planverfasser eine Auffangregelung für eine Plangruppe („Nullgruppe") der unbekannten Forderungen bedenken. Voraussetzung ist, dass ausschließlich Insolvenzforderungen erfasst werden, die im Sinne von § 222 II InsO als Gläubiger gleicher Rechtsstellung auch in unterschiedlichen Gruppen hätten eingeordnet werden können.[92] Da die Möglichkeit besteht, in jeder einzelnen Gruppe zu regeln, dass alle nicht im Verzeichnis der Forderungen als erlassen gelten und damit präkludiert sind, können diese Gläubiger auch in einer Gruppe zusammengefasst werden.[93] Die Nichtteilnahme am Verfahren kennzeichnet die unterschiedliche Rechtsstellung und rechtfertigt eine Zusammenfassung nach § 222 InsO.

61 Um das Planziel nicht zu gefährden, sollte für die Gruppe der unbekannten Gläubiger eine Rückstellung gebildet werden, welche die Bedienung dieser Gläubiger gewährleisten würde.[94] Daneben müssen die betroffenen Gläubiger über die befristete Geltendmachung ihrer Ansprüche in Kenntnis gesetzt werden. Zuzustimmen ist der Vorgehensweise, eine Aufforderung zur Anmeldung der Forderungen analog zur Situation der Liquidation einer Gesellschaft öffentlich bekannt zu machen.[95] Danach ist eine Bekanntmachung jedenfalls im elektronischen Bundesanzeiger ausreichend.[96]

II. Inhaltliche Anforderungen

62 Jenseits der gesetzlichen Anforderungen fragt sich, welche inhaltlichen Anforderungen an Insolvenzpläne allgemein formuliert werden können. Dabei richtet sich der Blick auf die betriebswirtschaftliche Komponente des Insolvenzplans als ein Instrument

---

[89] Vgl. zum Begriff MüKoInsO/*Huber*, § 254 Rn. 23.
[90] Planleistungen richten sich ausschließlich nach den Regelungen im gestaltenden Teil des Plans, § 254 I S. 3 iVm S. 1 und 2. Vgl. *Prahl*, ZInsO 2007, 318, 319; *Otte/Wiester*, NZI 2005, 70, 71; *Schreiber/Flitsch*, BB 2005, 1173, 1777; MüKoInsO/*Huber*, § 254 Rn. 23; Die gesetzliche Ausschlussfrist des für das Regelverfahren geltenden § 189 InsO kann weder analog – in diesem Sinne *Breutigam/Kahlert*, ZInsO 2002, 469 – angewandt werden. Gläubiger, die keiner Gruppe zugeordnet werden können, fallen als Verfahrensunbeteiligte aus dem Anwendungsbereich des § 254 I S. 3 InsO heraus, mit der Folge, dass mit Aufhebung des Verfahrens die mangelnde Durchsetzbarkeit ihrer (ungekürzten) Forderung endet, s hierzu Nerlich/Römermann/*Braun*, § 254 Rn. 5; vgl. auch BGHZ 150, 353, 359.
[91] BGH ZIP 2010, 1499.
[92] So auch Nerlich/Römermann/*Braun*, § 222 Rn. 115.
[93] Nicht präkludiert sind Gläubiger, die keiner Gruppe zuzuordnen wären, also keiner Planregelung unterliegen und folglich auch nicht auf diese Weise ausgeschlossen werden könnten.
[94] In Analogie zu § 249 HGB: *Rose/Tetzlaff/Wollstadt*, ZInsO 2005, 673, 676; *Otte/Wiester*, NZI 2005, 70, 76.
[95] So der Vorschlag von *Rose/Tetzlaff/Wollstadt*, ZInsO 2005, 673, 676.
[96] Vgl. §§ 65 GmbHG, 267 AktG.

intelligenter und kreativer Masseverwertung von Unternehmen, das nahe liegenderweise keine rechtliche Primäraufgabe ist. Vielmehr handelt es sich bei der Insolvenzplangestaltung insoweit um eine betriebswirtschaftliche Kernaufgabe in einem anspruchsvollen, besonderen rechtlichen Umfeld. Somit ist oben unter I. die gesetzliche, die rechtliche Normanforderung beschrieben. Geht es um die inhaltlichen Anforderung von Insolvenzplänen, muss man betriebswirtschaftliche Fragen klären. Dabei kann unterschieden werden in formale Anforderungen, dies sind insbesondere Gliederungs- und Darstellungsfragen und in materiell-betriebswirtschaftliche Anforderungen.

1. Formale Anforderungen. In der Literatur sind eine ganze Reihe von Gliederungsvorschlägen gemacht worden, bei denen – stammen sie von Juristen – die Einhaltung gesetzlicher Normanforderungen im Vordergrund stehen bzw. tendenziell Einzelmaßnahmen und Einzelsachverhalte der Gliederung erörtert werden.

Stellungnahmen von Betriebswirten hingegen ziehen sehr stark die Parallele des Insolvenzplans zum Sanierungskonzept bzw. zur Sanierungsprüfung und kommen deswegen zu gesamtheitlichen Betrachtungen.

Da Gliederung kein Selbstzweck ist, hat sie sich an dem Informationsbedürfnis des Gläubigers, dass dieser insbesondere mit dem darstellenden Teil erfüllt bekommen muss, zu orientieren. Der darstellende Teil des Insolvenzplans muss, unabhängig davon, dass einzelne Verständniselemente rechtstechnisch auch im gestaltenden Teil konstitutiv angesiedelt sind, so aufgebaut und strukturiert sein, dass der außenstehende Gläubiger als Leser dies nachvollziehen und leicht verstehen kann.[97] Wesentlich ist ein „roter Faden", der eben auch die Gruppenbildung als das wesentliche Element der Entscheidungsfindung im darstellenden Teil erörtert, obwohl die konstitutive Gruppenbildung erst im gestaltenden Teil stattfindet.

Mustergliederung eines Insolvenzplans

Unbeschadet des Umstands, dass selbstverständlich Gliederungen den jeweiligen Besonderheiten des Einzelfalls anzupassen sind, kann eine Mustergliederung für einen Insolvenzplan wie folgt aussehen:[98]

Darstellender Teil

A. Grundsätzliche Ziele und Regelstruktur des Plans
  I. Art und Ziel des Plans
  II. Regelungsansatz für
   1. absonderungsberechtigte Gläubiger mit gesicherten Finanzkreditforderungen
   2. absonderungsberechtigte Gläubiger mit gesicherten Forderungen aus Lieferungen und Leistungen
   3. nicht nachrangige Gläubiger
   4. Kleingläubiger
   5. Arbeitnehmer
   6. nachrangige Insolvenzgläubiger
   7. am Schuldner beteiligte Personen

---

[97] Im Hinblick auf § 220 InsO sind alle Angaben aufzunehmen, die dem Gläubiger aus seiner Sicht eine angemessene Entscheidung darüber ermöglichen, ob er einen Insolvenzplan annehmen soll oder nicht: LG Berlin NZI 2008, 312.

[98] Die Mustergliederung ist entwickelt und in ihren wesentlichen Teilen entnommen aus Braun/Uhlenbruck, Muster eines Insolvenzplans. Eine weitere Mustergliederung findet sich in Braun/Braun/Frank, §§ 219–222 Rn. 9.

B. Gruppenbildung
Zahl, Art und Abgrenzung, der im Plan vorgesehenen Gruppen

C. Beschreibung und Offenlegung für die Beurteilung des Plans notwendiger Unternehmensdaten (Informations- und Datenpool)[99]
Erster Abschnitt: Zeitraum bis zur Stellung des Insolvenzantrags
1. Bisherige Unternehmensentwicklung bis …
   1.1 Unternehmensgeschichte
   1.2 Finanzwirtschaftliche Entwicklung
   1.3 Mitarbeiterentwicklung und arbeitsrechtlicher Rahmen
2. Rechtliche Verhältnisse
   2.1 Gesellschaftsrechtliche Ebene
   2.2 Kapitalerhaltung und Kapitalersatz
   2.3 Verbundene Unternehmen und Beteiligungen
   2.4 Steuerrechtliche Verhältnisse
   2.5 Dauerschuldverhältnisse
   2.6 Relevante Rechtsstreite
3. Finanzwirtschaftliche Verhältnisse
   3.1 Finanzierung
   3.2 Kreditsicherheiten und Haftungsverhältnisse
   3.3 Vermögens- und Schuldenlage
   3.4 Erfolgslage
4. Leistungswirtschaftliche Verhältnisse
   4.1 Produkt- und Leistungsprogramm
   4.2 Standort
   4.3 Beschaffung
   4.4 Produktion
   4.5 Absatz
   4.6 Forschung und Entwicklung
5. Organisatorische Grundlagen
   5.1 Aufbauorganisation
   5.2 Informations- und Berichtswesen
   5.3 Controlling
6. Umweltrelevante Sachverhalte
Zweiter Abschnitt: Zeitraum nach Stellung des Insolvenzantrags

D. Analyse des Unternehmens
   I. Insolvenzursachenanalyse
   II. Lagebeurteilung

E. Leitbild für das durch den Insolvenzplan umzugestaltende Unternehmen

F. Zusammenfassung der für die Realisierung des Plans nötigen Maßnahmen[100]
Erster Abschnitt: Seit Antragstellung bereits ergriffene Maßnahmen
Zweiter Abschnitt: Durch den Plan beabsichtigte Maßnahmen
   I. Allgemeines
      1. Gesellschafterebene
      2. Raumfragen

---

[99] Denkbar wäre auch, an dieser Stelle nur eine Zusammenfassung zu präsentieren und alle Details in einer Anlage darzustellen.
[100] Die entsprechenden schuld- und sachenrechtlichen Formulierungen sind Bestandteil des gestaltenen Teils.

II. Gruppenbildung – Behandlung der Gruppenbeteiligten
III. Sonstige Maßnahmen
1. Überwachung der Planerfüllung
2. Kreditrahmen
3. Sonstige Maßnahmen
IV. Hinweise zum Obstruktionsverbot und Minderheitenschutz

G. **Zusammenfassung der Ergebnisse für die Gläubiger bei Annahme des Planvorschlags**
1. Ergebnisse für Inhaber von Absonderungsrechten – Finanzkreditgläubiger
2. Ergebnisse für Inhaber von Absonderungsrechten – Gläubiger mit Lieferungen und Leistungen
3. Ergebnisse für nicht nachrangige Gläubiger
4. Ergebnisse für Kleingläubiger
5. Ergebnisse für Arbeitnehmer
6. nachrangige Insolvenzgläubiger
7. am Schuldner beteiligte Personen

H. **Antrag für den Abstimmungstermin zur Beschlussfassung der Gläubiger über eine abweichende Regelung zum Erhalt des Unternehmens**[101]

I. **Erläuterung und Analyse der Vermögensübersichten und sonstigen Berechnungen – Kommentierung der Plananlagen**

Gestaltender Teil

A. Gruppenbildung[102]
B. Im Plan gemäß § 225a InsO getroffene Regelungen sowie die Umwandlung von Forderungen in Mitgliedschaftsrechte, deren Übertragung und Fortsetzung der Gesellschaft sowie weitere schuldrechtliche und dingliche Willenserklärungen[103]
C. Planregelung für Gläubiger der Gruppe 1: Regelung für absonderungsberechtigte Gläubiger, deren Absonderungsrechte Finanzkreditforderungen sichern
D. Planregelung für Gläubiger der Gruppe 2: Regelung für absonderungsberechtigte Gläubiger, deren Absonderungsrechte Forderungen aus Lieferungen und Leistungen sichern
E. Planregelung für Gläubiger der Gruppe 3: Regelung für nicht nachrangige Gläubiger, soweit sie nicht als Kleingläubiger unter lit. F einzuordnen oder keine Arbeitnehmer sind
F. Planregelung für Gläubiger der Gruppe 4: Regelung für nicht nachrangige Gläubiger mit Forderungen kleiner als oder ermäßigt auf EUR … soweit sie nicht Arbeitnehmer sind (Kleingläubiger)
G. Planregelung für Gläubiger der Gruppe 5: Regelung für nicht nachrangige Gläubiger, die Arbeitnehmer der Schuldnerin sind
H. Planregelung für Gläubiger der Gruppe 6: Regelung für nachrangige Gläubiger,

---

[101] Vgl. §§ 1, S. 1, 2. Hs., 217 ff. InsO.
[102] Die Gruppenbildung der Mustergliederung ist auf ein konkretes Beispiel bezogen und ist dem jeweiligen Sachverhalt anzupassen.
[103] § 228 InsO.

§ 67 68, 69 Kapitel III. 10. Abschnitt. Das Insolvenzplanverfahren

    I. Planregelung für Beteiligte der Gruppe 7: Regelung für am Schuldner beteiligte Personen,
    J. Investitions-/Geschäftsführungsmaßnahmen
    K. Minderheitenschutzregelung
    L. Wirksamkeitszeitpunkt/Allgemeine Regelungen
    M. Überwachung der Planerfüllung
    N. Einräumung eines Kreditrahmens

68   **Plananlagen**

1. Allgemeine
    - Anlage A 1–A 5   Jahresabschlüsse ..... – ....
    - Anlage A 6   Satzung der Gesellschaft
    - Anlage A 7   Interessenausgleich
    - Anlage A 8   Sozialplan
2. Plananlagen gem. § 229 InsO
    a) originäre
    - Anlage A 9   Vermögensübersicht (Planbilanz)
    - Anlage A 10   Plan-Gewinn- und -Verlustrechnung
    - Anlage A 11   Plan-Liquiditätsrechnung
    b) Ergänzende
    - Anlage A 12   Vermögensübersicht auf den Zeitpunkt der Verfahrenseröffnung gem. § 153 InsO mit Regelabwicklungs-(Zerschlagungs-)werten
    c) Zusätzliche
    - Anlage A 13   Gläubigerverzeichnis mit Adressen Gruppe 1
    - Anlage A 14   Gläubigerverzeichnis mit Adressen Gruppe 2
    - Anlage A 15   Gläubigerverzeichnis mit Adressen Gruppe 3
    - Anlage A 16   Gläubigerverzeichnis mit Adressen Gruppe 4
    - Anlage A 17   Gläubigerverzeichnis mit Adressen Gruppe 5

69   **2. Materielle Anforderungen. a)** *Betriebswirtschaftliche Anforderungen.* Da das Insolvenzplanverfahren ein zieloffenes Verfahren, lediglich orientiert an einer alternativen Verwertung bezogen auf die Regelabwicklung ist, gibt es keine betriebswirtschaftliche Anforderung per se an einen Insolvenzplan. Ersichtlich ein wesentlicher, wenn nicht der Hauptanwendungsfall des Plans ist allerdings der Eigensanierungsplan. Bezogen auf den Eigensanierungsplan kann durchaus ein abstraktes betriebswirtschaftliches Sollziel eines Insolvenzplans formuliert werden. Danach ist ein Eigeninsolvenzplan so zu entwickeln und darzustellen, dass die zur Entscheidung berufenen Beteiligten ein Werturteil über die Vorteilhaftigkeit, bezogen auf die ohne Plan ansonsten stattfindende Regelabwicklung und die Auswirkung auf ihre einzelnen Gläubigerrechte fällen können. Diese Ausgangsthese ist nicht spezifisch betriebswirtschaftlicher Art, sondern beschreibt nur ein abstraktes Ziel ökonomischer Bewertung; es bedarf jedoch der inhaltlichen Ausfüllung. Vergleicht der Beteiligte in der Unternehmensinsolvenz die Abwicklungsquotenvariante der Regelabwicklung einerseits mit Eigensanierungs-/Fortführungsüberlegungen andererseits, so kann gedanklich auch noch jenseits spezifisch betriebswirtschaftlicher Überlegungen formuliert werden, dass der Plan für ihn vorteilhafter ist, wenn er bezogen auf Zahlungsmittel mehr erhält, als im Liquidationsfall.[104]

---

[104] Allgemein zu den betriebswirtschaftlichen Anforderungen an Insolvenzpläne *Nerlich/Römermann/Braun*, vor § 217 Rn. 153 ff.; Braun/*Uhlenbruck*, S. 445 ff.

Bereits hier beginnen dann aber die ersten Schwierigkeiten im Detail.[105] 70

(1) Unterstellt, die Liquidationsquote und der proportionale Anteil, der auf den einzelnen Gläubiger entfällt, sei bekannt und gegeben,[106] fragt sich, wie der Beteiligte eine im Plan ihm zugesagte Zahlung zu bewerten hat, die nicht zum gleichen Zeitpunkt oder wenn – was noch schwieriger zu bewerten sein wird – die Planleistung nicht oder nicht ausschließlich in Zahlungsmitteln, sondern in Vermögensgegenständen, ggf. in Unternehmensanteilen, zugesagt wird.

Dass bei Ratenzahlungen ein Barwert zu ermitteln ist, liegt auf der Hand. Welcher 71 Zinssatz hierbei Verwendung finden soll, ist bereits eine offene Frage. Es spricht einiges dafür, sich hierbei nicht am gesetzlichen Verzugszinssatz zu orientieren, sondern am Wiederanlagezinssatz, den ein Beteiligter zum Zeitpunkt der Planentscheidung am Markt erzielen kann, weil er den ansonsten ihm zufließenden Quotenbetrag zu diesem Zinssatz hätte anlegen können und er insoweit einen Verlust erleidet.[107] In diesem Umfeld wird man auch die Grundsätze der Unternehmensbewertung, wie sie vom Institut der Wirtschaftsprüfer in der Stellungnahme des Hauptfachausschusses für die Unternehmensbewertung zum Ausdruck gebracht worden sind,[108] berücksichtigen können. Danach ist neben der Findung des Kapitalisierungs-(Abzinsungs-)-Zinssatzes insbesondere die Überlegung anzustellen, ob das Risikoelement einer verzögerten Zahlung durch die reorganisierte Gesellschaft als qualitatives Problem in Form der Erhöhung des Kapitalisierungszinssatzes rechenbar gemacht werden kann.[109] Wenn der Plan hier nicht bereits nachvollziehbare, sachverständige Erläuterungen enthält, könnte das Gericht gezwungen sein, ansonsten Sachverständigenhilfe für seine Entscheidungen beizuziehen, schon um die Transparenz für die Beteiligten zu gewährleisten.

(2) Die Grundsätze der Unternehmensbewertung als Modell zur Berechnung des 72 Entgelts für Unternehmen sind aber nicht nur auf Vergleichsrechnungen zwischen Regelabwicklungsquote und Planquote anzuwenden, sie sind insbesondere dort von Bedeutung, wo der Plan dem Gläubiger statt einer Geldzahlung partiell eine Beteiligung am Unternehmen andient. Die Bewertung solcher Anteile ist originäre Aufgabe der Unternehmensbewertung. Diese erfolgt auf Ertragswertbasis, soweit Anteile an einem werbenden kaufmännischen Unternehmen betroffen sind.[110]

(3) Ferner ist es eine mit Hilfe der betriebswirtschaftlichen Instrumentarien zu be- 73 antwortende Frage, ob die Fortführung des Unternehmens unter den vom Plan geschilderten Prämissen und Annahmen realistisch ist, weil diese Gelingensprognose – in der Terminologie des US-amerikanischen Rechts die „feasibility", die Machbarkeit des Plans – nur betriebswirtschaftlich untersucht und sachgerecht beurteilt werden kann.[111] Um diesem Anspruch zu genügen, muss der Plan alle Informationen und Rechnungen enthalten, die nach den Grundsätzen ordnungsgemäßer Unternehmensplanung einem sachverständigen Dritten innerhalb angemessener Zeit die Möglichkeit geben, diese Frage prognostisch zu beurteilen.

---

[105] Hierzu auch: Braun/*Braun/Frank*, § 217 Rn. 5 ff.
[106] Was bereits mit erheblichen Unsicherheiten bei der Bestimmung verbunden sein kann, weil es sich um prognostische Rechnungen handelt.
[107] Vgl. Braun/*Uhlenbruck*, S. 614; Nerlich/Römermann/*Braun*, § 245 Rn. 8 ff. Allgemein hierzu auch KPB/*Otte*, § 245 Rn. 10; *Maus*, Rn. 101 ff.; HK/*Flessner*, § 245 Rn. 7 ff.; *Piltz*, S. 168 ff. Das Verhältnis von Kapitalmarktzins zu (geschuldetem) Vertragszins (durch Prolongation) im Lichte des § 245 I Nr. 1 InsO wird unter § 68 VII 2. b) behandelt.
[108] IDW ES 1 2008.
[109] Vgl. hierzu auch *Piltz*, S. 174 ff.; Nerlich/Römermann/*Braun*, § 245 Rn. 12 Fn 2.
[110] Vgl. zur Anwendung der Ertragswertmethode die umfangreichen Nachweise aus der Rechtsprechung, *Piltz*, S. 136 ff.
[111] Zum Begriffsverständnis der Beurteilung, vgl. *Braun*, WPg 1989, S. 683 ff.

74 Diese sehr allgemein gehaltene Formulierung kann mit folgenden Teilkriterien konkretisiert werden:
- Der Plan muss das Unternehmen und seine Produkte/Dienstleistungen vor dem Markt, den es bedient oder zu bedienen beabsichtigt, darstellen, seine Marktstellung, sein Verhältnis zu Konkurrenten am Markt, die Entwicklung des Marktes beschreiben, kurz zur Beurteilbarkeit der Geschäftschancen und damit der Umsatzprognosen beitragen.
- Der Plan muss die Produktionsmittel – Maschinen, gewerbliche Schutzrechte, Standorte, Logistik, Vertrieb – hinreichend erläutern.[112]
- Besondere Bedeutung kommt insbesondere in Unternehmen mit einer größeren Zahl von Arbeitnehmern der Personalstruktur, der Personalqualifikation, der Quote von Umsatz pro Arbeitnehmer, aber auch der Wettbewerbsfähigkeit und der Personalkostenquote zu.
- Nicht zu unterschätzen ist die Beurteilung der Qualifikation des leitenden Managements.
- Schließlich ist ohne Darstellung der vorhandenen und der durch den Plan ggf. umgestalteten Finanzierung des Unternehmens keine Beurteilung des Plans möglich.

75 **b)** *IDW Standard: Anforderungen an Insolvenzpläne (IDW S 2)*[113]
(Stand: 10.2.2000) Der Fachausschuss Recht des Instituts der Wirtschaftsprüfer hat aus der Sicht des Berufsstands der Wirtschaftsprüfer Anforderungen an Insolvenzpläne formuliert, die im Wesentlichen mit der unter Rn. 58 dargestellten Mustergliederung korrespondieren.

§ 68. Der Ablauf des Insolvenzplanverfahrens

Übersicht

	Rn.
I. Vor Beginn des Verfahrens: Der „prepackaged plan"	1
II. Planeinreichung und Vorprüfungsverfahren	6
III. Zurückweisung des Plans von Amts wegen	11
1. Verstoß gegen Vorschriften über Vorlagerecht oder Inhalt	11
2. Schuldnerplan	15
IV. Die Aussetzung der Verwertung	20
V. Die Niederlegung des Plans	25
VI. Der Erörterungs- und Abstimmungstermin	28
1. Ablauf	28
2. Änderung des Plans	31
3. Einzelne Regelungen	33
4. Stimmrechtszuteilung	37
a) Nicht nachrangige Insolvenzgläubiger	37
b) Absonderungsberechtigte	40
c) Nachrangige Insolvenzgläubiger	41
d) Anteilsinhaber	42
5. Stimmliste	43
6. Gesonderte Abstimmung und schriftliche Abstimmung	44
7. Mehrheiten	46

---

[112] Handelt es sich um Dienstleistungs- oder Handelsunternehmen, ist die Fragestellung entsprechend anzupassen.
[113] Als Entwurf vom Hauptfachausschuss verabschiedet am 22.1.1999, IDW ES 2, WPg 1999, 253. Der Entwurf wurde später unverändert als Stellungnahme (IDW-Standard) verabschiedet.

	Rn.
VII. Obstruktionsverbot	49
1. Mehrheitsentscheidung oder Pareto-Prinzip	49
a) Grundsatz	49
b) Voraussichtlich keine Schlechterstellung gegenüber der Regelabwicklung	52
c) Angemessene Teilhabe ohne Prinzipienverstoß	55
2. Das Obstruktionsverbot des § 245 InsO	58
a) Struktur der Norm	58
b) Gewährleistung des voraussichtlichen Regelabwicklungswertes gem. § 245 I Nr. 1 InsO	61
c) Angemessene Beteiligung am Mehrwert des Plans gem. § 245 I Nr. 2, II InsO	71
(1) § 245 II Nr. 1 InsO	72
(2) § 245 II Nr. 2 InsO	73
(3) § 245 II Nr. 3 InsO	85
(4) § 245 III InsO	87
d) Zustimmung der Mehrheit der abstimmenden Gruppen	88
e) Die Machbarkeit des Plans	89
3. Zustimmung nachrangiger Insolvenzgläubiger und des Schuldners	90
a) Grundsatz	90
b) Zustimmung nachrangiger Insolvenzgläubiger	91
c) Zustimmung der Anteilseigner	96
d) Zustimmung des Schuldners	97
VIII. Die Bestätigung des Plans und die Aufhebung des Insolvenzverfahrens	99
1. Bestätigung oder Versagung der Bestätigung von Amts wegen	99
2. Bestätigung der Planberichtigungen	106
3. Bestätigung des bedingten Plans	107
4. Minderheitenschutz	110
5. Aufhebung des Verfahrens	115

I. Vor Beginn des Verfahrens: Der „prepackaged plan"

Obwohl das Planverfahren als gerichtliches Verfahren konzipiert ist, kann im Vorfeld bereits wesentliche Vorarbeit geleistet werden. Aus den USA ist bekannt, dass der Vorbereitung eines später bei Gericht einzureichenden Plans erhebliche Bedeutung zukommt.[1] Das Insolvenzverfahren ist – auch ohne Plan – eine die Verfahrensbeteiligten zeitlich und inhaltlich fordernde Aufgabe. Kommt die Planabwicklung als Abweichung von der Regelabwicklung hinzu, verkompliziert, erschwert und potentiellerweise verzögert dies – wie jede Besonderheit gegenüber dem Routineablauf – das Verfahren.[2] Nimmt man hinzu, dass das Planverfahren auch in Deutschland darauf angelegt ist, einen Dialog zwischen Gläubigern und Schuldner bzw. Verwalter herbeizuführen und möglicherweise eine Basis für Kompromisse der Beteiligten zu bieten, so wird unschwer erkennbar, dass dies zeitkonsumierend sein kann. Unternehmen in Krisen, gar im Insolvenzstadium, haben jedoch keine Zeit. Der Markt, die Konkurrenz, die Notwendigkeit, Finanzierungsräume aufrechtzuerhalten, bedingen rasches und entschlossenes Handeln. Es ist deswegen nahe liegend zu versuchen, einen erheblichen, wenn nicht den entscheidenden Teil der Verhandlungen des Insolvenzplanverfahrens zu antizipieren und vor das eigentliche Insolvenzplanverfahren zu ziehen.[3]

In den USA kommt hinzu, dass nach Antragstellung auf Eröffnung des Chapter 11 BC-Verfahrens um Zustimmung für den Plan erst geworben werden darf, wenn das „disclosure statement"[4] vom Gericht nach Anhörung der Beteiligten genehmigt worden

---

[1] Vgl. Braun/Uhlenbruck, S. 560 ff.
[2] Braun/Braun/Frank, §§ 219–221 Rn. 3.
[3] Zur Rolle des „prepackaged plan" zur Fortführung der Tätigkeit bei kammergebundenen Berufsträgern s: K. Schmidt/Spliedt, InsO, § 217 Rn. 20.
[4] Sinngemäß übersetzt: Offenlegung aller relevanten Tatsachen zum Plan.

ist. Ist noch kein Verfahren rechtshängig, ist es aber zulässig, Planvorstellungen, einen Planentwurf, ein Plankonzept mit (Haupt-)Gläubigern zu erörtern und auch deren Stellungnahme, ja deren verbindliche Zustimmung einzuholen.[5]

3 Für deutsche Verhältnisse war durchaus zu erwarten, dass im Rahmen von außergerichtlichen Sanierungsversuchen zugleich ein „prepackaged plan" entworfen wird, so dass der außergerichtliche Sanierungsversuch die Struktur des (denkbar späteren) Insolvenzplans antizipiert. Entweder es kommt zur außergerichtlichen Lösung oder es kommt zu einer Verständigung mit wesentlichen Gläubigern – die möglicherweise bereits sogar die Mehrheit der denkbaren Gruppen repräsentieren – mit dem Ergebnis, dass damit eine wesentliche Verkürzung des sich dann anschließenden Insolvenzverfahrens erreicht wird.[6,7]

4 Denkbar ist auch, dass bereits verbindliche Vereinbarungen mit Gläubigern über die Zustimmung zum Plan zustande kommen, was sich als Stimmbindungsvereinbarung[8] versteht. Der Planvorlegende muss aber trotz erfolgter Vereinbarung im Vorfeld dafür Sorge tragen, dass der betreffende zustimmungsbereite Gläubiger (zur Abstimmung über den Plan) am Termin teilnimmt oder einer entsprechenden Person Vollmacht erteilt.[9]

5 Nach der Reform durch das ESUG sieht das Gesetz nach § 270b InsO die Möglichkeit des Schutzschirmverfahrens vor. Danach wird dem Schuldner unter anderem unter der Voraussetzung, dass Zahlungsunfähigkeit noch nicht vorliegt und die Sanierung nicht offensichtlich aussichtslos ist, bis zu drei Monate ein „Schutzschirm" gewährt, um einen Insolvenzplan zu erarbeiten. Der Schutzschirm setzt bereits einen Antrag auf Eröffnung des Insolvenzverfahrens voraus, ermöglicht also von daher nicht einen „prepackaged plan" im vorgenannten engeren Sinn vor Antragstellung, bietet aber faktisch die Möglichkeit der Erarbeitung eines Plans durch den Schuldner unter Schutz vor Vollstreckungen durch die Gläubiger für den Zeitraum von bis zu drei Monaten.[10]

II. Planeinreichung und Vorprüfungsverfahren

6 Das Planverfahren selbst beginnt mit der Einreichung des Plans. Zu erinnern ist noch einmal daran, dass das Insolvenzplanverfahren kein eigenständiges Verfahren, sondern lediglich die Modifikation, ein abweichender Vorschlag eines (prinzipiell rechtshängigen) Regelinsolvenzverfahrens ist.

7 Der Plan kann mit dem Antrag auf Eröffnung des Insolvenzverfahrens verbunden und gem. § 218 I S. 2 InsO eingereicht werden. Die Möglichkeit, einen Plan einzureichen, besteht danach bis zum Schlusstermin, wie § 218 I S. 3 InsO deutlich macht. Zu einem späteren Zeitpunkt ist die Einreichung ausgeschlossen, das Insolvenzgericht hat den Plan

---

[5] Braun/*Uhlenbruck*, S. 561.

[6] Dem Insolvenzplanverfahren im Wesentlichen nur als „prepackaged-plan"-Verfahren Bedeutung zumessend: *Pape*, NJW 1999, 29, 31; *Seagon/Wiester*, ZInsO 1999, 627, 631.

[7] Ebenfalls auf diesem Gedanken basierend: Das mit dem ESUG eingeführte Schutzschirmverfahren, das eine sanierungsorientierte Modifizierung des vorläufigen Insolvenzverfahrens darstellt und auf die Erstellung eines Insolvenzplans gerichtet ist.

[8] Diese sind nur insoweit unzulässig, als sie gegen § 226 InsO verstoßen und deshalb insolvenzplanstörend wirken. Die bloße Vorwegnahme ist zulässig, hierzu § 226 III InsO, so auch *Hess/Weis/Wienberg*, § 226 Rn. 28 ff.; Braun/*Uhlenbruck*, S. 568; Nerlich/Römermann/*Braun*, vor § 217 Rn. 203 f.; *Flessner*, S. 130. Das US-amerikanische Recht kennt dabei eine bindende, vor Beginn des Chapter 11 BC-Verfahrens erklärte Zustimmung zum Plan, falls eine entsprechende gesetzliche Offenlegung aller wesentlichen Informationen gewährleistet ist, § 1126b BC. Allgemein zu Stimmbindungsgemeinschaften vgl. bspw. Münchener Handbuch des Gesellschaftsrechts-*Weipert*, Band 1, § 34 Rn. 1 ff.; zu Stimmbindungsvereinbarungen vgl. bspw. Münchener Handbuch des Gesellschaftsrechts-*Baumanns*, Band 1, § 28 Rn. 47 ff.; *K. Schmidt*, Gesellschaftsrecht, § 21 II Ziff 4; *Scholz*, § 47 Rn. 35 ff.; Münchener Handbuch des Gesellschaftsrechts-*Semler*, Band 4, § 38 Rn. 31 ff.

[9] Vgl. die §§ 235 I S. 1, 241, 244 InsO „... abstimmenden Beteiligten ...".

[10] Vgl. hierzu auch: Abschnitt § 72.

in diesem Fall nach § 231 I Nr. 1 1. Alternative InsO zurückzuweisen. Liegt der (zeitgemäß eingereichte) Plan vor, so beginnt ein Vorprüfungsverfahren, das nach § 234 InsO mit der Niederlegung des Plans bzw. spätestens gem. § 235 InsO mit der Anberaumung des Erörterungs- und Abstimmungstermins endet.

Der Plan bedarf schon nicht der Niederlegung, in jedem Fall wird kein Erörterungs- und Abstimmungstermin anberaumt, wenn die vom Gericht nunmehr gem. § 231 InsO durchzuführende Prüfung mit der Beanstandung unter (dann erfolgloser) Abhilfefrist oder sofort mit der Zurückweisung des Plans endet.

Das Gesetz lässt dem Gericht freie Hand, ob es zunächst das Vorprüfungsverfahren gem. § 231 InsO positiv (Nichtbeanstandung, Nichtzurückweisung) abschließt, um danach die Stellungnahme zum Plan gem. § 232 InsO,[11] die Aussetzung der Verwertung und Verteilung gem. § 233 InsO und danach folgend die Niederlegung des Plans zulässt, oder ob das Gericht während der Prüfungsmaßnahmen für die Entscheidung gem. § 231 InsO bereits Stellungnahmen einholt und ggf. auch die Verwertung und Verteilung aussetzt. Letzteres wird das Gericht dann tun, wenn es bei kursorischer Prüfung davon ausgehen kann, dass es – ggf. auch nach Beanstandung – zu einem zulässigen Plan kommt. Für das Vorprüfungsverfahren soll eine Frist von zwei Wochen nicht überschreiten werden, § 231 III S. 2 InsO.[12]

Das Vorprüfungsverfahren ist ein formell-verfahrensrechtlicher Prüfungsabschnitt auf
– unbehebbare Mängel,
– behebbare Mängel,
und im Falle eines Schuldnerplans zusätzlich auf
– Erst- und Zweitplansachverhalte oder
– Zurückweisungsgründe wegen mangelnder Realisierungschancen bzw. mangelnder Erfüllbarkeit.

III. Zurückweisung des Plans von Amts wegen

1. Verstoß gegen Vorschriften über Vorlagerecht oder Inhalt. Das Gericht[13] weist einen Insolvenzplan von Amts wegen zurück, wenn die Vorschriften über das Recht zur Vorlage und den Inhalt des Plans, insbesondere die Vorschriften zur Bildung von Gruppen,[14] nicht beachtet sind und der Mangel vom Planvorlegenden nicht innerhalb einer vom Gericht vorgegebenen angemessenen Frist behoben werden kann oder wird. Hierzu gehört insbesondere ein Verstoß gegen die Vorschrift des § 218 InsO, zB bei originärer Vorlage durch einen Gläubiger[15] oder verspätete Einreichung des Plans. Gleiches gilt für einen Verstoß gegen die Vorschrift des § 223 I S. 2 InsO, soweit ein Insolvenzplan die einem Systemteilnehmer oder den Zentralbanken gestellten Sicherheiten im Zusammenhang mit multilateralen Zahlungs- sowie Wertpapierliefer- und -abrechnungssystemen regelt.[16] Ein solcher Verstoß führt sofort zur (endgültigen) Zurückweisung des Plans, da dieser Mangel nicht mehr heilbar ist.

---

[11] Die Frist zur Stellungnahme soll gem. § 232 III S. 2 InsO zwei Wochen nicht überschreiten.
[12] Die Frist wurde durch die ESUG-Reform (BGBl. I 2011, 2582) eingeführt und soll die Sanierungschancen erhöhen. Das schließt aber nicht aus, dass im Einzelfall auch eine (zeit-)intensivere Vorprüfung erfolgen kann, wenn dies die besonderen Umstände erforderlich machen.
[13] Mit der ESUG-Reform (BGBl. I 2011, 2582) wurde die Zuständigkeit bei Gericht neu geregelt, mit Wirkung zum 1.1.2013 ist der Richter für die Zurückweisung zuständig (§ 18 I Nr. 2 RPflG), bis dahin war der Rechtspfleger zuständig (§§ 3 Nr. 2e, 18 RPflG).
[14] Ausführlich dazu unter § 68 Rn. 13.
[15] Vgl. hierzu Braun/*Riggert/Herzig*, S. 179 ff.; MüKoInsO/*Eidenmüller*, § 217 Rn. 178.
[16] In Umsetzung der Richtlinie 98/26/EG sind Eingriffsmöglichkeiten durch § 223 I S. 2 InsO umfänglich ausgeschlossen, vgl. Gesetz zur Änderung insolvenzrechtlicher und kreditwesenrechtlicher Vorschriften vom 8.12.1999, BGBl. I 1999, 2384; BT-Drucks. 14/1539, S. 3, 12 f.

12 Anders aber beispielsweise bei einem etwaigen Verstoß gegen die Vorschriften über die Gliederung oder Gestaltung des Plans, wenn der Plan also nicht entsprechend den §§ 219 ff. InsO gegliedert und ihm die notwendigen Anlagen gem. der §§ 229, 230 InsO beigefügt sind. Dabei orientiert sich das Gericht nicht rein formal daran, dass in einem Plan die Bezeichnung „darstellender" und „gestaltender" Teil vorkommt, es prüft vielmehr inhaltlich, ob eine Darstellung vorliegt, die den materiellen Anforderungen an einen Plan, gegliedert in einen darstellenden und gestaltenden Teil, nachkommt. Das Gericht prüft insbesondere, ob die beigefügten Anlagen den Anforderungen des § 229 InsO bzw. § 230 InsO entsprechen. Wird gegen diese Vorgaben der Insolvenzordnung verstoßen, handelt es sich um einen heilbaren Mangel, der das Gericht keinesfalls zu einer sofortigen Zurückweisung des Plans berechtigt. Das Gericht wird eine angemessene Frist zu bestimmen haben, in welcher der Planvorlegende den Mangel beheben kann.

13 Eine wesentliche Prüfung im Rahmen von § 231 InsO ist die Prüfung der Gruppenbildung. Das hat der Gesetzgeber mit der ESUG-Reform ausdrücklich ins Gesetz aufgenommen,[17] den Prüfungsumfang somit klargestellt und dadurch die in der Literatur geführte Diskussion beendet. Das Gericht hat die uneingeschränkte Prüfungskompetenz soweit es § 222 I InsO angeht. Es sind Pflichtgruppen zu bilden, in Pflichtgruppen einzuordnende Forderungen und Rechte (der Beteiligten) können nicht gemischt werden. Daneben weist § 222 II InsO ausdrücklich darauf hin, dass die wahlweise gebildeten (Unter-)Gruppen sachgerecht abgegrenzt sein müssen und dass die Gründe hierfür im Plan angegeben werden müssen. Innerhalb des durch § 222 InsO gesetzten Rahmens besitzt der Planverfasser eine weite Bandbreite von Gliederungsmöglichkeiten und daraus resultierenden strategischen Optionen.[18] Das Gericht hat auch diesbezüglich die Prüfungskompetenz, wird sich dort jedoch tunlichst wieder vergegenwärtigen, dass anhand wirtschaftlicher Kriterien eine breite Möglichkeit und Vielfalt der Gruppierung besteht und eine enge Auslegung – anders gewendet ein hoher Prüfungsmaßstab – nicht anzuwenden ist, weil im Rahmen von § 245 II Nr. 3 InsO erst die Rechte widersprechender Gläubiger zu berücksichtigen sind. Immerhin hat das Gericht auch zu bedenken, dass eine Beteiligtengruppe auch zustimmen kann, was nicht durch eine dann nicht mehr verifizierbare, antizipierende Überzeugung des Gerichts behindert werden soll. Es bleibt aber dem Gericht vorbehalten festzustellen, ob der Gleichbehandlungsgrundsatz gemäß § 226 InsO beachtet ist.[19]

14 Durch die gerichtliche Vorprüfung soll insgesamt sichergestellt werden, dass das Verfahren nicht durch unqualifizierte Pläne verzögert wird bzw. unnötig Gläubiger- und Gerichtsressourcen beansprucht werden.

15 **2. Schuldnerplan.** Bei Schuldnerplänen gilt darüber hinaus ein verschärfter Prüfungsmaßstab mit weiteren sachlichen Prüfungen, denen ein Verwalterplan nicht unterzogen werden darf.[20] Damit ergibt sich zugleich, dass ein Plan, der auf Grund einer Beschlussfassung der Gläubigerversammlung vom Verwalter vorgelegt wird, auch nicht dem Prüfungsmaßstab der Schuldnerpläne unterworfen ist. Für den formalen Teil ist insoweit der Verwalter verantwortlich, von dem das Gesetz annimmt, dass er bei einem

---

[17] BGBl. I 2011, 2582.
[18] Näher zum strategischen Einsatz der Gruppenbildung als „Mehrheitsbeschaffer" s. a. *Binz*, Konkurrierende Insolvenzpläne, S. 24 ff. und ausführlich S. 111 ff.
[19] So auch KPB/*Otte*, § 231 Rn. 4; vgl. hierzu auch HK/*Flessner*, § 231 Rn. 1 ff.
[20] *Balz/Landfermann*, Ausschussbericht, § 231 InsO, S. 483: „Die Gründe für eine Zurückweisung des Insolvenzplans in Absatz 1 Nr. 2 und 3 werden auf die Fälle beschränkt, in denen der Schuldner einen Plan vorgelegt hat. Bei einem vom Verwalter vorgelegten Plan kann davon ausgegangen werden, dass er nicht offensichtlich aussichtslos oder unerfüllbar ist; eine Vorprüfung durch das Gericht ist insoweit nicht erforderlich."

Plan auf Grund eigener Initiative oder als Beauftragter der Gläubigerversammlung normentsprechende Pläne einreicht. Bezüglich der inhaltlichen Qualifikation können Gläubiger prinzipiell mit jeder Alternativlösung einverstanden sein, selbst wenn diese, in einem Schuldnerplan enthalten, dem Gericht zur ernsthaften Frage, ob Gläubiger so etwas denn akzeptieren werden, Veranlassung gäbe.

Der Schuldnerplan wird deswegen insbesondere gem. § 231 I Nr. 2 InsO darauf geprüft, ob keine Aussicht auf Annahme durch die Beteiligten oder Bestätigung durch das Gericht gegeben ist. Die Gesetzesbegründung stellt insoweit allerdings auf extreme Sachverhaltsgestaltungen ab, weil offensichtlich ist, dass die Gläubiger darüber entscheiden sollen, ob sie einen Plan annehmen und nicht antizipativ das Gericht seine Meinung einbringen soll.[21] Damit reduziert sich die Zurückweisungsmöglichkeit in diesem Zusammenhang auf unbehebbare Mängel rechtlicher Art, wie beispielsweise bei beabsichtigten Planeingriffen in Rechte Dritter, die selbst mit Zustimmung der beteiligten Gläubiger nicht wirksam sind.[22]

Auch die Möglichkeit der Zurückweisung auf Grund mangelnder Bestätigungsfähigkeit durch das Gericht reduziert sich auf unbehebbare Rechtsmängel, da das Gericht im Voraus nicht absehen kann, ob Gläubigergruppen nicht zustimmen und deswegen eine Bestätigung eines von allen Gruppen akzeptierten Plans ohne sonstigen erkennbaren Rechtsverstoß zwingend vorzunehmen ist.

Eine weitere Zurückweisungsmöglichkeit besteht im Falle der offensichtlichen Nichterfüllbarkeit des Plans, sei es wegen der Vermögenslage des Schuldners oder aus sonstigen Umständen, § 231 I Nr. 3 InsO.[23] Auch hier denkt der Gesetzgeber an Sachverhaltsgestaltungen, die nicht allzu häufig sein werden. Durch die Verwendung des Worts „offensichtlich" wird die Möglichkeit des Gerichts, den Plan zurückzuweisen, entsprechend auf eindeutige Fälle reduziert.[24] Zur Beurteilung wird das Gericht – wo beizuschließen – auf die Anlagen nach §§ 229 und 230 InsO zurückgreifen. Das Spannungsverhältnis zwischen Prognose und Offensichtlichkeit wird dadurch aber nicht entschärft, so dass im Zweifel der Plan nicht zurückzuweisen ist und die Beteiligten hierüber zu entscheiden haben.[25]

Schließlich kann das Gericht, legt der Schuldner einen Plan vor, nachdem er bereits früher einen Plan eingereicht hat, den er entweder nach der öffentlichen Bekanntmachung des Erörterungstermins zurückgezogen hat[26] oder der von den Beteiligten abgelehnt bzw. vom Gericht nicht bestätigt wurde, den Plan nach § 231 II InsO zurückweisen. Voraussetzung ist ein Antrag des Insolvenzverwalters – mit Zustimmung des Gläubigerausschusses, falls ein solcher bestellt ist. In diesem Fall muss[27] das Gericht zwingend zurückweisen, mit der Folge, dass der Schuldner gegen den Verwalter bzw. das durch den Gläubigerausschuss qualifizierte Verwaltervotum nur eine eingeschränkte Chance zur Vorlage eines weiteren Insolvenzplanes hat. Damit soll der Insolvenzplan als Schuldnerinstrument der Verzögerung ausgeschaltet werden. Bedenkt man, dass an das Insolvenzplanverfahren die Einstel-

---

[21] *Balz/Landfermann*, Begr RegE, § 231 InsO, S. 483; hierzu auch: *Braun/Braun/Frank*, § 231 Rn. 5, 6; zu weitgehend deshalb AG Siegen NZI 2000, 236 f.
[22] FK/*Jaffé*, § 231 Rn. 20 ff.; MüKoInsO/*Breuer*, § 231 Rn. 17 f.; vgl. *Nerlich/Römermann/Braun*, § 231 Rn. 23 f.; bspw. ein Eingriff in Tarifvertragsrechte, bei denen die betreffenden Arbeitnehmer nicht Tarifvertragspartei sind, dh sie auch nicht verzichten können.
[23] Vgl. Urteil des OLG Dresden vom 21.2.2000, NZI 2000, 436.
[24] Vgl. BGH, Beschluss vom 6.4.2006 – IX ZB 289/04.
[25] Vgl. hierzu auch Braun/*Uhlenbruck*, S. 519; Braun/*Braun/Frank*, § 231 Rn. 6; zu weitgehend deshalb AG Siegen NZI 2000, 236 f.
[26] Zum einschränkenden Verständnis des Wortlauts im Zusammenhang mit der Rücknahme eines Schuldnerplans vgl. Nerlich/Römermann/*Braun*, § 231 Rn. 30 ff.
[27] Es handelt sich insoweit um eine gebundene Entscheidung ohne Ermessensspielraum, *Herzig*, Das Insolvenzplanverfahren, S. 48; *K. Schmidt/Spliedt*, InsO, § 231 Rn. 14 f.

lung der Verwertungsmaßnahmen gem. § 233 InsO geknüpft ist und dass andererseits der Plan selbst noch bis zum Schlusstermin vorgelegt werden kann, wird deutlich, dass eine solche Vorschrift vorbeugenden Charakters notwendig ist.

IV. Die Aussetzung der Verwertung

20   Die Verwertung der Insolvenzmasse liegt prinzipiell in der Hand des Verwalters. Reicht der Schuldner einen Insolvenzplan ein und findet dieser Vorstoß nicht die Zustimmung des Verwalters, besteht die Gefahr, dass durch (ggf. zügige) Verwertung der Insolvenzmasse Fakten geschaffen sind, die die regelabweichende Durchführung eines Plans unmöglich machen. Das Gleiche mag möglich sein, wenn Gläubiger auf der Verwertung bestehen, der Verwalter eigentlich nicht weiter verwerten möchte, weil er die Entscheidung über den Plan abwarten will, er aber ohne ausdrückliche gerichtliche Anordnung grundsätzlich zur zügigen Verwertung gem. § 159 InsO verpflichtet wäre. Mithin besteht eine Konfliktsituation zwischen der Regelabwicklung und den im Insolvenzplan vorgesehenen Maßnahmen.

21   Hier hilft § 233 InsO, wonach das Gericht, wenn die Fortführung der Verwertung und Verteilung der Insolvenzmasse die Durchführung eines vorgelegten Insolvenzplans gefährden würde, auf Antrag des Schuldners die (teilweise)[28] Aussetzung der Verwertung und Verteilung anordnet.

22   Die Norm enthält spiegelbildlich das Antragsrecht für den Verwalter, was wenig realistisch ist, da der Verwalter es im Wesentlichen in der Hand haben dürfte, keine Fakten zu schaffen, die seinen eigenen (originären oder von der Gläubigerversammlung in Auftrag gegebenen) Planvorschlag konterkarieren.[29] Die generelle Pflicht des Verwalters zur zügigen Abwicklung ist durch das Planvorlagerecht suspendiert bis zur Entscheidung der Gläubiger über den Plan.

23   Auch wenn das Gericht die Aussetzung der Verwertung und Verteilung angeordnet hat, muss es ständig prüfen, ob es nicht wegen etwaiger erheblicher Nachteile für die Masse diesen Stopp der Verwertung und Verteilung wieder aufheben muss. Dies könnte insbesondere dann der Fall sein, wenn sich das Planverfahren unerwartet lange hinzieht und sich andererseits Umstände ergeben, die – zumindestens für Teile der Masse – zu einem einstweiligen Handeln zwingen.

24   Schließlich hebt das Gericht den Beschluss wieder auf, wenn der Verwalter mit Zustimmung des Gläubigerausschusses, wo ein solcher nicht bestellt ist, mit Zustimmung der Gläubigerversammlung, dies beantragt. In diesem Fall muss das Gericht entsprechend verfahren, es steht ihm keine Prüfungskompetenz zu.

V. Die Niederlegung des Plans

25   Der Plan wird mit seinen Anlagen und nebst den eingeholten Stellungnahmen (vgl. § 232 InsO) auf der Geschäftsstelle zur Einsicht der Beteiligten niedergelegt, soweit nicht das Gericht den Insolvenzplan durch Beschluss (endgültig) zurückweist[30] oder dem Planeinreicher eine Frist zur Nachbesserung des Plans setzt.

26   Problematisch ist, wer als Beteiligter iSv § 234 InsO anzusehen ist.[31] Es gilt zu berücksichtigen, dass wegen der hohen Anforderungsintensität der Informationsvermittlung im Insolvenzplan dort teilweise auch sensible und aus der Sicht des Unternehmens vertrau-

---

[28] „... soweit ...".
[29] Vgl. hierzu Nerlich/Römermann/*Braun*, § 233 Rn. 2; Braun/*Braun/Frank*, § 233 Rn. 7; *Balz/Landfermann*, Begr RegE, § 233 InsO, S. 486; aA offenbar *Smid/Rattunde/Martini*, Rn. 10.16 f., der das Antragsrecht aus haftungsrechtlichen Gründen für erforderlich hält; KPB/*Otte*, § 233 Rn. 10, halten das Antragsrecht „eigentlich" wegen § 159 InsO für erforderlich; hierzu auch HK/*Flessner*, § 233 Rn. 2 f.
[30] Hiergegen steht dem Planvorlegenden die sofortige Beschwerde zu, § 231 III InsO.
[31] Zum Beteiligtenbegriff s Braun/*Braun/Frank*, § 234 Rn. 4; FK/*Jaffé*, § 234 Rn. 4; MüKoInsO/*Breuer*, § 234 Rn. 6 f.

lich zu behandelnde Informationen enthalten sein können. Einerseits ist es wichtig, dass die zur Abstimmung berufenen Gläubiger erfahren, welche Ursachen die Insolvenz hatte, wie die Situation sich darstellt und ob der gemachte Vorschlag vor dem Hintergrund einer umfassenden Information nach ihrer Einschätzung Aussicht auf Erfolg hat. Andererseits ist zu berücksichtigen, dass „auf dem offenen Markt" ausgetragene Diskussionen und die Verbreitung aller Informationen an jeden Beliebigen in vielen Fällen zu einer (weiteren) nachhaltigen Schädigung des Unternehmens führen wird. Die Vorschrift hat eine erhebliche Bedeutung. Der Begriff des Beteiligten ist deswegen restriktiv auszulegen.

Beteiligter und Einsichtsberechtigter kann nur sein, wer auch abstimmungsberechtigt **27** ist.[32] Zwar ist gem. § 235 III S. 2 InsO mit der Ladung zum Erörterungs- und Abstimmungstermin ein Abdruck des Plans (nicht mit sämtlichen Stellungnahmen, Erläuterungen und Aufschlüsselungen, wohl aber mit den Anlagen nach § 229 InsO) oder eine Zusammenfassung seines wesentlichen Inhalts zu übersenden.[33] Dh, der abstimmungsberechtigte Gläubiger erhält in jedem Fall eine (im Vergleich zu den niedergelegten Unterlagen nicht aber eine im selben Umfang) schriftliche Unterlage, die ihn informiert. Darüber hinaus wird es häufig auch nicht möglich sein – es sei denn in wirklich überschaubaren und kleinen Fällen –, einen vollständigen Abdruck des Plans zu vervielfältigen und jedem Gläubiger nebst Anlagen zur Verfügung zu stellen. Erst die Möglichkeit, in den niedergelegten Komplettplan mit sämtlichen Anlagen und Stellungnahmen Einsicht zu nehmen, wird dem Gläubiger (oder seinem Berater) ein abschließendes Urteil in sachgerechter Weise ermöglichen, unterstellt, der Plan ist lege artis erstellt und beinhaltet alle Informationen und Auskünfte.

VI. Der Erörterungs- und Abstimmungstermin

1. Ablauf.[34] Ist der Plan niedergelegt mit seinen Anlagen und den einzuholenden **28** Stellungnahmen, gilt es, eine Entscheidung über die Annahme oder Ablehnung des Plans herbeizuführen. Dies geschieht in einem Erörterungs- und Abstimmungstermin.[35] Der Erörterungs- und Abstimmungstermin ist öffentlich bekannt zu machen gemäß § 235 II InsO. Die wesentlichen Beteiligten sind gemäß § 235 III InsO unbeschadet der öffentlichen Bekanntmachung gesondert zu laden, darunter fallen seit der ESUG-Re-

---

[32] So eingehend Nerlich/Römermann/*Braun,* § 234 Rn. 2 ff. und § 235 Rn. 11 ff.; weiter KPB/*Otte,* § 234 Rn. 5, der zwar insgesamt eine im Verhältnis zu § 60 I S. 1 InsO enge Begriffsauslegung fordert, aber auf die „betroffenen Personen", insbesondere auf § 217 InsO verweist; so auch *Hess/Weis/Wienberg,* § 234 Rn. 4. HK/*Flessner* nennt die Insolvenzgläubiger, die Absonderungsberechtigten, den Schuldner und den Insolvenzverwalter, § 234 Rn. 3; FK/*Jaffé,* § 234 Rn. 7 ff., will ein Recht zur partiellen Einsichtsverweigerung unter Berücksichtigung der Rechtsprechung des BVerfG zur Frage der informationellen Selbstbestimmung als allgemeinen Rechtsgedanken hier anwenden und im Einzelfall den Beteiligten das Einsichtsrecht verweigern; vgl. hierzu auch *Möhlmann,* S. 214, der diese Gefahr erkennt, aber zu weitgehend insgesamt die Niederlegung des Insolvenzplans kritisiert. *Möhlmann* hält eine (nur) postalische Versendung (in allen erdenklichen Fällen) des gesamten Plans für angemessen, was mehr die (rasche) Verfahrensdurchführung (be)hindern wird, als der Sache – der Wahrung der Interessen der Beteiligten durch Verhinderung des Zugriffs Unbeteiligter – dienlich ist. Die damit verbundene Problematik hat der Gesetzgeber gesehen, wenn er für § 235 III S. 2 InsO, ohne den § 234 InsO nicht verständlich wird, dagegen die Möglichkeit eröffnet, einen Abdruck des Plans oder eine Zusammenfassung seines wesentlichen Inhalts mit der Ladung zu übersenden.

[33] Sind im Insolvenzplan und in der für die Gläubiger bestimmte Zusammenfassung widersprüchliche Regelungen enthalten, ist der rechtskräftig bestätigte Insolvenzplan maßgeblich, BGH NJW 2014, 1386.

[34] Die Monatsfrist nach § 235 I S. 2 InsO berechnet sich ab der Bewirkung der öffentlichen Bekanntmachung des Termins (vgl. § 9 I S. 3 InsO); s dazu auch: Uhlenbruck/Hirte/Vallender/*Lüer,* § 235 Rn. 4 mwN auch zur Gegenauffassung, wie hier auch MüKoInsO/*Hintzen,* § 235 Rn. 8; *Gietl* in Wimmer/Dauernheim/Wagner/*Gietl,* Handbuch des Fachanwalts Insolvenzrecht (Hdb FA InsR) 2008, S. 883 Rn. 105; *Herzig,* Das Insolvenzplanverfahren, S. 51.

[35] Der Erörterungs- und Abstimmungsteil kann gleichzeitig mit der Einholung der Stellungnahmen nach § 232 anberaumt werden, § 235 I S. 3 InsO. Diese Ergänzung beruht auf der ESUG-Reform (BGBl. I 2011, 2582), normiert aber nur, was bereits vorher gängige Praxis war.

form auch diejenigen Personen, deren Anteils- und Mitgliedschaftsrechte am Schuldner in den Plan einbezogen sind – mit Ausnahme von Aktionären und Kommanditaktionären. Auf börsennotierte Gesellschaften finden gemäß Abs. 3, 4 die Regelungen über die Ladung zur Hauptversammlung (§ 121 IVa AktG) entsprechende Anwendung.

29 Der Erörterungs- und Abstimmungstermin zerfällt in zwei Teile, nämlich in den Erörterungsteil und in den Abstimmungsteil. Der Abstimmungsteil ist ablauftechnisch wiederum in zwei Teile zu untergliedern, nämlich in die Entscheidung über die Gewährung der Stimmrechte und in die eigentliche Abstimmung. Macht das Gericht darüber hinaus noch von der Ermächtigung des § 236 InsO Gebrauch, so kann es den Erörterungs- und Abstimmungstermin mit dem allgemeinen Prüfungstermin verbinden. In einem solchen Fall gliedert sich der Erörterung- und Abstimmungstermin, der mit dem allgemeinen Prüfungstermin verbunden ist, in drei Teile, wobei zunächst der allgemeine Prüfungstermin stattzufinden hat, da der Erörterungs- und Abstimmungstermin nicht vor dem Prüfungstermin stattfinden darf.[36] Danach kommt der Erörterungsteil, wiederum danach der Abstimmungsteil. Die Feststellung der Abstimmungsberechtigung gehört dabei als Vorfrage zur gerichtlichen Entscheidung über die Gewährung von Stimmrechten, über die das Insolvenzgericht abschließend entscheidet.[37]

30 Das Gericht wird gut daran tun, die vorbezeichnet strukturierten Teile strikt einzuhalten,[38] um zu vermeiden, dass die Anwesenden, die häufig mit dem Ablauf des Planverfahrens auch nicht vertraut sind, inhaltlich und möglicherweise kontrovers Fragen zum Plan, zur Stimmrechtszuteilung und zur Abstimmung so vermengen, dass innerhalb kurzer Zeit Konfusion eintritt. Eine klare Gliederung und eine bestimmte Verhandlungsführung können dies verhindern. Wird mehr als ein Plan zugelassen, so findet in einem einheitlichen Termin – falls dies nicht für den zuerst eingereichten Plan zu Verzögerungen führt (für diesen Fall sind mehrere Termine anzuberaumen) –[39] zunächst die Erörterung der einzelnen Pläne statt, bevor anschließend über sie gesondert abgestimmt wird. Die Reihenfolge der Abstimmung bestimmt das Insolvenzgericht nach seinem Ermessen, § 76 I.[40]

31 **2. Änderung des Plans.** Nach der Vorgabe des Gesetzes und wenn die Parteien sich im außergerichtlichen Bereich nicht bereits über den Plan ausgetauscht haben – was in einer Vielzahl der Fälle zumindestens für die wesentlichen Beteiligten wohl unterstellt werden kann – gibt der Erörterungstermin erstmals Gelegenheit, Einwendungen vorzubringen, Fragen zu stellen, kurz aus der Diskussion sich eine Meinung zu bilden. Ausgehend von der ursprünglichen Konzeption des Gesetzgebers einen getrennten Erörterungs- und Abstimmungstermin durchzuführen, versteht sich auch die Vorstellung des Gesetzgebers, auf Grund der inhaltlichen Erörterung und der Vorschläge und Einwendungen der Beteiligten, den Plan nach dem Erörterungstermin ggf. zu ändern und über den dann auf Grund der Erörterung modifizierten Plan in einem späteren Termin abzustimmen. Eine wiederholte gerichtliche Prüfung iSd § 231 InsO findet bezüglich des geänderten Plans jedoch nicht mehr statt.[41]

32 Mit dem Ziel der Verfahrensbeschleunigung hat der Gesetzgeber jedoch einen einheitlichen Erörterungs- und Abstimmungstermin geschaffen, in dem aber gemäß § 240

---

[36] Nerlich/Römermann/*Braun*, § 236 Rn. 2; Braun/*Braun/Frank*, § 236 Rn. 4 f.; *Balz/Landfermann*, Begr RegE, § 235 InsO, S. 489 f.

[37] BGH, Beschluss vom 23. 10. 2008, NZI 2009/106 m. Anm. v. *Herzig*, FD-InsR 2008, 272626.

[38] *Herzig*, Das Insolvenzplanverfahren, S. 56: Der Abstimmungstermin dient, wie der Name sagt, nur der Abstimmung und bietet keinen Raum für erneute Erörterungen.

[39] MüKoInsO/*Hintzen*, § 235 Rn. 30; aA Uhlenbruck/Hirte/Vallender/*Lüer*, § 235 Rn. 7: gesonderte Termine für jeden Plan.

[40] MüKoInsO/*Hintzen*, § 235 Rn. 31. Zum Streitstand der Änderung der Stimmabgabe s: *K. Schmidt/Spliedt*, InsO, § 243 Rn. 4.

[41] *Wimmer/Dauernheim/Wagner/Gietl*, Handbuch des Fachanwalts Insolvenzrecht (Hdb FA InsR) 2008, S. 883 Rn. 121.

InsO der Vorlegende dennoch berechtigt ist, den Plan bezüglich einzelner Regelungen auf Grund der Erörterung[42] inhaltlich zu ändern. Über den so geänderten Plan kann noch im selben Termin abgestimmt werden. Daraus versteht sich zugleich, warum für den (einheitlichen) Erörterungs- und Abstimmungstermin keine schriftlichen Stimmabgaben, wie sie § 73 der Vergleichsordnung kannte, möglich sind.[43] Eine schriftliche Stimmabgabe setzt voraus zu wissen, über was man abstimmt. Wird das, über was schriftlich abgestimmt wird, später geändert, entfällt die Entscheidungsgrundlage. Auf diese Weise wird der Erörterungs- und Abstimmungstermin zur wirklichen mündlichen Verhandlung, bei der die Anwesenheit für die Beteiligten „zwingend" ist. Man kann sich nicht darauf verlassen, dass ein Plan, so wie er vorgeschlagen worden war, und mit dessen Regelungen sich ein Beteiligter einverstanden zeigen konnte, unverändert bleibt. Wer nach dem ursprünglichen Plan nur Stundung seiner Rechte zu besorgen hatte, mag auf einmal mit Teilverzichten konfrontiert sein, was, wenn er nicht anwesend ist, andere Gruppenmitglieder für diesen Beteiligten beschließen. Auf diese Weise erhält der römische Rechtsgrundsatz „ius est vigilantibus"[44] eine aktuelle Bedeutung.

3. Einzelne Regelungen. Dabei stellt sich die Frage, was unter „einzelne[n] Regelungen" zu verstehen ist. Aus Sinn und Zweck der Erörterung über den Plan und der Möglichkeit, sich inhaltlich auszutauschen und den Plan auch den Vorstellungen der Beteiligten anzupassen, versteht sich, dass es nicht darum geht, den Plan ausschließlich „in Kleinigkeiten", sozusagen nur geringfügig zu ändern. Der Plan kann durchaus substantiell geändert werden. Er kann deshalb nur in einzelnen Regelungen verändert werden, weil die Beteiligten in einer mündlichen Verhandlung nachvollziehen können müssen, über was sie schlussendlich abstimmen. Der Plan ist ursprünglich schriftlich vorgelegt worden, die Insolvenzgläubiger,[45] die absonderungsberechtigten Gläubiger, der Insolvenzverwalter/Schuldner,[46] der Betriebsrat und der Sprecherausschuss der leitenden Angestellten sowie ggf. die am Schuldner beteiligten Personen haben einen Abdruck oder eine Zusammenfassung erhalten,[47] die Beteiligten konnten den niedergelegten Plan einsehen,[48] so dass sie den Plan und seinen Inhalt nachvollziehen und verinnerlichen konnten. Wird nun nach einer möglicherweise noch stundenlangen Erörterung der Plan geändert, so muss für die Beteiligten klar und offensichtlich sein, über was sie abstimmen. Dies ist nur dann gewährleistet, wenn es einzelne Regelungen sind, die geändert werden, und nicht, wenn an möglicherweise einer Vielzahl von Stellen in einem Plan jeweils nur eine Kleinigkeit modifiziert würde.[49, 50] Der Absicht des Gesetzgebers, Beschleunigung und Konzentration in einer mündlichen Verhandlung zu ge-

---

[42] Erforderlich ist eine Kausalität zwischen dem Stand der Erörterung/Diskussion und der erfolgten Änderung.

[43] Möglich ist dagegen die schriftliche Stimmabgabe nach § 242 InsO, soweit ein gesonderter Abstimmungstermin anberaumt wird, § 241 InsO.

[44] Dig. 42, 8, 2 aE, dort „ius ante scriptum est vigilantibus"; *Smid*, InVo 2000, 1, 4, dagegen hält wegen des „Überrumpelungseffekts" die erstmalige Einbindung bislang nicht betroffener Gläubiger bzw. erweiternde Eingriffe bereits betroffener Gläubiger für unzulässig; wie hier dagegen *Pape*, ZInsO 1999, 305, 314 f.

[45] Soweit von ihnen Forderungen angemeldet sind, vgl. § 235 III S. 1 InsO.

[46] Alternativ je nach Planvorlage.

[47] Vgl. § 235 III S. 1 InsO.

[48] Vgl. § 234 InsO.

[49] So auch Braun/*Uhlenbruck*, S. 482 und S. 633 f.; Braun/*Braun/Frank*, § 240 Rn. 3; Nerlich/Römermann/*Braun*, § 240 Rn. 4 ff.; wie hier auch KPB/*Otte*, § 240 Rn. 4 f.; HK/*Flessner*, § 240 Rn. 58; vgl. hierzu auch *Hess/Weis/Wienberg*, § 240 Rn. 3 ff., der „kleinere inhaltliche Ergänzungen" zulassen will. Kritisch hierzu *Leonhardt/Smid/Zeuner*, § 240 Rn. 15, der in jedem Fall – Ausnahmen sind zugelassen für bloße Korrekturen von Schreib- und Rechenfehlern iSv § 319 ZPO – die Anberaumung eines weiteren Abstimmungstermins vorschlägt, was das Regel-Ausnahme-Prinzip verkehrt.

[50] Der Plan darf nicht durch eine Vielzahl (auch kleinerer) Änderungen undurchsichtig werden: MüKoInsO/*Hintzen*, § 240 Rn. 8.

währleisten, stehen die Grundsätze des fairen Verfahrens und der Übersichtlichkeit der Planregelungen als Schranken gegenüber.[51]

34 Eine genaue Zahl von Regelungen, die noch im Termin geändert werden dürfen, kann hierbei nicht bestimmt werden. Ist das Insolvenzgericht jedenfalls nicht in der Lage, diese Änderungen selbst nachzuvollziehen, darf dies auch nicht für die Gläubiger unterstellt werden.

35 Der so ggf. modifizierte Plan wird nunmehr in den zweiten Teil des Erörterungs- und Abstimmungstermins übertragen, nämlich zur Abstimmung gebracht. Hier obliegt es dem Gericht erforderlichenfalls einen neuen Abstimmungstermin zu bezeichnen, um den Gläubigern die Möglichkeit zu geben, nach erfolgter Erörterung und Diskussion sich eine abschließende Meinung zu bilden. Der neu anzuberaumende Termin ist Rahmen nur für die Abstimmung, eine erneute Diskussion/Erörterung hat – entgegen der Auffassung des Rechtsausschusses – tunlichst zu unterbleiben.[52]

36 Hat das Gericht nach durchgeführtem Erörterungs- und Abstimmungstermin den Plan bestätigt und ist das Verfahren noch nicht aufgehoben, so sollen Änderungen oder Ergänzungen als Neuverhandlung unter den Voraussetzungen der §§ 244 ff. InsO[53] möglich sein.

37 **4. Stimmrechtszuteilung. a)** *Nicht nachrangige Insolvenzgläubiger.* Durch die Vorschrift des § 236 InsO ist sichergestellt, dass zum Zeitpunkt der Erteilung der Stimmrechte im Erörterungs- und Abstimmungstermin über einen Insolvenzplan der allgemeine Prüfungstermin durchgeführt ist. Damit ist eine wesentliche, orientierende Vorarbeit bereits geleistet. Stimmrechte sind allerdings nicht nur den Insolvenzgläubigern (§ 237 InsO), sondern, anders als im allgemeinen Prüfungstermin, auch den Absonderungsberechtigten zuzuteilen, soweit deren Rechtsstellung geregelt wird (§ 238 InsO) und nach § 238a InsO ggf. auch den Anteilseignern.

38 Dabei folgt das Verfahren einem bis zu dreistufigen Weg. Für eine Forderung ist der Ausgangspunkt die Anmeldung zur Tabelle und das dortige Prüfungsergebnis:
– Eine angemeldete Forderung, die im allgemeinen Prüfungstermin anerkannt worden ist, und die weder vom Verwalter noch einem stimmberechtigten Gläubiger des Erörterungs- und Prüfungstermins bestritten wird, erhält ein Stimmrecht.[54]
– Ist die Forderung im allgemeinen Prüfungstermin bestritten oder wird eine dort nicht bestrittene Forderung jetzt bestritten, ist das Einigungsverfahren/Erörterungsverfahren notwendig. Die Beteiligten haben die Berechtigung, die Forderung in ihrem Umfang zu erörtern. Kommt es zu einer Einigung, so gilt das Stimmrecht durch die Einigung als zugestanden. Einigung bedeutet insoweit, dass keine Gegenstimme von Stimmberechtigten zuzüglich Verwalter geltend gemacht wird und zwar bezogen auf die Höhe, die am Schluss der Erörterung ggf. noch aufrechterhalten bleibt.
– Kommt es im Einigungsverfahren zu keiner Übereinstimmung, entscheidet das Insolvenzgericht.

---

[51] Ist dem Kriterium der Nachvollziehbarkeit Rechnung getragen und ist der Grundsatz eines fairen Verfahrens gewährleistet, können auch Gruppen geändert werden: näher zu möglichen Änderungen auch MüKoInsO/*Hintzen*, § 240 Rn. 8.

[52] Sollte der Erörterungstermin nicht an einem Tag abschließend zu führen sein, verbleibt die Möglichkeit zu vertagen. Die Anberaumung eines neuen Erörterungstermins ist nicht vorgesehen und aufgrund formal einzuhaltender Voraussetzungen gegenüber der Vertagung nachteilig. Insoweit bedarf es keines neuen, zweiten Erörterungstermins; *Balz/Landfermann*, Begr RegE, § 241 InsO, S. 358.

[53] AG Frankfurt/Oder DZWiR 2006, 87. Die von den Gläubigern angenommene Änderung eines rechtskräftigen Insolvenzplans ist nach § 248 I InsO erneut gerichtlich zu bestätigen; kritisch dazu *Smid/Rattunde/Martini*, Rn. 5.11 f.

[54] Vgl. zum Stimmrecht allgemein Braun/*Riggert/Herzig*, S. 190; Nerlich/Römermann/*Braun*, § 237 Rn. 8 ff.; MüKoInsO/*Hintzen*, §§ 237, 238 Rn. 5 ff.; FK/*Jaffé*, § 237 Rn. 1 ff.

Die Stimmrechtsentscheidung des Gerichts ist mit der im Rahmen des ESUG erfolg- 39
ten Änderung der §§ 11 und 18 RPflG – zusammen mit der Zuständigkeit für das
Planverfahren – vom Rechtspfleger auf den Richter übertragen worden. Hatte sich
nach bisheriger Rechtslage die Entscheidung des Rechtspflegers auf das Ergebnis einer
Abstimmung ausgewirkt und hatte ein Gläubiger oder der Insolvenzverwalter, der eine
Stimmrechtszuteilung beanstandete, dies bis zum Schluss des Termins zu Protokoll der
Geschäftsstelle erklärt, konnte der Richter das Stimmrecht neu festsetzen und die Wiederholung der Abstimmung anordnen.[55] Gegen die Stimmrechtsentscheidung des Richters bestand mangels gesetzlicher Regelung (§ 6 I InsO) keine Beschwerdemöglich-
keit.[56] Dies gilt auch für die nunmehr zuständigkeitshalber unmittelbar durch den
Richter erfolgende Stimmrechtsfestsetzung.

b) *Absonderungsberechtigte.* Das identische Verfahren ist dann auch für Absonderungs- 40
berechtigte, falls für sie Stimmrechte deswegen gewährt werden müssen, weil der Plan
in ihre Rechte eingreifen soll, durchzuführen. Für das Gericht ergibt sich hier die Problematik, dass bei gesicherten Forderungen möglicherweise Stimmrechte für das Absonderungsrecht und Stimmrechte für die dann verbleibende Ausfallforderung zu gewähren
sind. Obwohl Stimmrechte für zwei unterschiedliche Kategorien, Forderungen und
Absonderungsrechte gewährt werden, ist dies in sich eine einheitliche gerichtliche Entscheidung. Schwierigkeiten können dadurch entstehen, dass der Wert des Absonderungsrechts, wie beispielsweise bei der Frage des Werts eines Grundstücks, auf dem
Grundpfandrechte lasten, in die eingegriffen werden soll, kontrovers beurteilt werden
kann.

c) *Nachrangige Insolvenzgläubiger.* Nachrangige Insolvenzgläubiger haben ein Stimm- 41
recht, soweit deren Rechte durch den Insolvenzplan gestaltet werden. Auf Grund dessen verweist § 237 I S. 1 InsO nicht auf § 77 I S. 2 InsO, der das Stimmrecht der nachrangigen Insolvenzgläubiger grundsätzlich ausschließt. Regelt der Plan die Rechte, hat
das Gericht die nachrangigen Insolvenzgläubiger entsprechend der Gruppenzuordnung
nach § 222 I Nr. 3 InsO besonders zur Anmeldung ihrer Forderungen aufzufordern,
§ 174 III InsO. Anderenfalls ist für nachrangige Insolvenzgläubiger keine Stimmrechtsfeststellung durchzuführen,[57] weil deren Forderungen (grundsätzlich, dh ohne weitere
Regelung im Insolvenzplan) nach § 225 InsO als erlassen gelten.[58] Das Verfahren folgt
identisch dem Verfahren zur Stimmrechtsfeststellung der nicht nachrangigen Insolvenzgläubiger.

d) *Anteilsinhaber.* Die Anteilsinhaber (Altgesellschafter) haben für den Fall, dass ihre 42
Anteils- oder Mitgliedschaftsrechte in den Plan einbezogen werden, in der für diesen
Fall gemäß § 222 I Nr. 4 InsO zu bildenenen Gruppe über den Plan abzustimmen. Das
Stimmrecht der Anteilsinhaber richtet sich gemäß § 238a I InsO nach der Beteiligung
am Kapital oder Vermögen. Maßgeblich ist bei Kapitalgesellschaften der Anteil am eingetragenen Haftkapital, Stimmrechtsbeschränkungen sowie Sonder- oder Mehrheits-
stimmrechte bleiben bei der Stimmrechtsfestsetzung ohne Berücksichtigung, so dass sich
eine Abweichung zu den Stimmrechten, die den jeweiligen Anteilsinhabern nach dem
Gesellschaftsrecht zustehen, ergeben kann.[59]

---

[55] Braun/*Riggert/Herzig*, S. 190; Braun/*Braun/Frank*, § 237 Rn. 10; Braun/*Uhlenbruck*, S. 632 f.; Hess/*Weis/Wienberg*, § 237 Rn. 6.
[56] BGH NZI 2009, 106 ff.
[57] AA wohl *Schiessler*, S. 146; so auch HK/*Flessner*, § 237 Rn. 10 ff.; wie hier dagegen Hess/*Obermüller*, Rn. 135; so auch *Leonhardt/Smid/Zeuner*, § 237 Rn. 3.
[58] In diesem Fall ist trotz der – als Redaktionsversehen einzustufenden – Regelung des § 237 I S. 1 InsO eine Gruppenbildung nicht erforderlich, vgl. MüKoInsO/*Eidenmüller*, § 222 Rn. 62, 63.
[59] Siehe hierzu bspw. ausführlich: *K. Schmidt/Spliedt*, InsO, § 238a Rn. 1 ff.

43 **5. Stimmliste.** Das Gericht führt eine Stimmliste, die Grundlage für den folgenden Abstimmungsteil ist.[60] Im Abstimmungsteil stimmt jede im Plan gebildete Gruppe gesondert ab. Da der Erörterungs- und Abstimmungstermin eine mündliche Verhandlung ist, wird mündlich abgestimmt.[61]

44 **6. Gesonderte Abstimmung und schriftliche Abstimmung.** Das Insolvenzgericht kann einen gesonderten Termin zur Abstimmung bestimmen. Das Gesetz lässt nicht mehr erkennen, dass § 241 InsO ursprünglich die Regel war und nunmehr die Ausnahmevorschrift geworden ist.[62] Die Anordnung eines gesonderten Abstimmungstermins hat, um dem Beschleunigungsinteresse Rechnung zu tragen, die Ausnahme zu sein.[63] Insbesondere sollten Gerichte darauf achten, um über diese Möglichkeit nicht de facto wieder eine Zweiteilung – mit allen Verzögerungsnachteilen – zu kreieren, dass Gläubiger, die nicht kompetent im Erörterungstermin vertreten sind und bei denen ihre Vertreter eine „Weisung" für die Entscheidung benötigen, nicht erfolgreich versuchen, gesonderte Abstimmungstermine durchzusetzen. Aus diesem Grund sollten gesonderte Termine nur dann anberaumt werden, wenn der Planproponent selbst als Herr des Verfahrens, der eine abweichende Regelung anstrebt, dies für sachdienlich hält oder ein gesonderter Abstimmungstermin aus Gründen der Verfahrensgerechtigkeit erforderlich ist.[64]

45 Weil bei Anordnung eines gesonderten Abstimmungstermins der Erörterungsteil des Erörterungs- und Abstimmungstermins abgeschlossen ist, nunmehr also auch feststeht, welchen Inhalt der Plan definitiv hat, kann auch schriftlich abgestimmt werden. In einem solchen Termin erfolgt nur die Abstimmung, eine Erörterung findet zwingend nicht mehr statt.[65] Die §§ 241 und 242 InsO regeln dies wesentlich deutlicher, als die früheren Vorschriften der Vergleichsordnung.

46 **7. Mehrheiten.** Ist die Abstimmung – gem. § 243 InsO stimmt jede Gruppe für sich ab – vorüber, ist zu prüfen, ob die erforderlichen Mehrheiten erreicht worden sind, § 244 InsO. Zur Annahme des Insolvenzplans durch die Beteiligten ist es grundsätzlich erforderlich, dass in jeder Gruppe die Mehrheit der abstimmenden Beteiligten dem Plan zustimmt (Kopfmehrheit) und die Summe der Ansprüche der zustimmenden Beteiligten mehr als die Hälfte der Summe der Ansprüche der abstimmenden Gläubiger beträgt (Summenmehrheit). Hat ein Beteiligter mehrere Kopfstimmen, weil er in mehreren Gruppen stimmberechtigt ist, dann ist es zulässig, dass er in beiden Gruppen unterschiedlich (einmal positiv und einmal negativ) votiert.[66] Davon abweichend stellt § 244 III S. 3 InsO für die Gruppe der Anteilseigner alleine auf die Kapitalmehrheit, nicht auch auf die

---

[60] FK/*Jaffé*, § 239 Rn. 1 ff. Ist eine Entscheidung des Insolvenzgerichts über die Gewährung des Stimmrechts erforderlich, so müssen neben der Entscheidung selbst auch der Widerspruch und die darin vorgetragenen Gründe protokolliert werden, MüKoInsO/*Hintzen*, § 239 Rn. 1.

[61] Vgl. Nerlich/Römermann/*Braun*, § 243 Rn. 10; zur Ausarbeitung der Stimmliste: Braun/*Braun*/*Frank*, § 239 Rn. 1.

[62] *Balz/Landfermann*, Begr RegE, § 241 InsO, S. 494 ff.

[63] MüKoInsO/*Hintzen*, § 241 Rn. 8: Die Bestimmung eines gesonderten Abstimmungstermins bringt wegen der Ladungspflichten gem. § 241 II S. 1 InsO schon aus gerichtsorganisatorischen Gründen Verzögerungen mit sich, wobei für betroffene Aktionäre und Kommanditaktionäre die öffentliche Bekanntmachung ausreichend ist (§ 241 II S. 2 InsO). Ggf sollte daher das Gericht stattdessen eine Vertagung des Termins gem. § 4 InsO iVm § 227 ZPO in Betracht ziehen.

[64] Näher Nerlich/Rönmermann/*Braun*, § 241 Rn. 1 ff.; *Wimmer/Dauernheim/Wagner/Gietl*, Handbuch des Fachanwalts Insolvenzrecht (Hdb FA InsR) 2008, S. 1257 Rn. 110 ff., etwa wenn infolge einer tiefgreifenden Planänderung im Erörterungstermin eine „Überrumpelung" der Gläubiger droht; *Maus*, Schuldnerstrategie in der UnternehmensInsolvenz (Teil II), DStR 2002, 1104 ff., 1106.

[65] Zu eng MüKoInsO/*Hintzen*, § 242 Rn. 3: Eine Erörterung des Plans oder seine Veränderung soll eine Verletzung des Anspruchs auf rechtliches Gehör (Art. 103 I GG) und ein faires Verfahren (Art. 20 III GG) der nicht anwesenden Stimmberechtigten sein. Es darf wohl erörtert aber nicht mehr abgeändert werden. Abgestimmt wird über das Ergebnis des letzten Termins.

[66] Ausführlich: *Uhlenbruck/Hirte/Vallender*, § 244 Rn. 5; MüKoInsO/*Hintzen*, § 244 Rn. 10.

Kopfmehrheit, ab. Auf das Erfordernis einer zusätzlichen Kopfmehrheit hat der Gesetzgeber unter Verweis auf die Wertungen im Gesellschaftsrecht bewusst verzichtet.

Die Zustimmung in den Gruppen erfolgt jeweils mit der einfachen Mehrheit. Nur **47** wer sich eine Meinung bildet und mit ja oder nein stimmt, wird gezählt. Da jeweils auf die abstimmenden Gläubiger bzw. Anteilsinhaber abgestellt wird, werden Enthaltungsstimmen nicht wirksam und das Problem der Präsenz im Termin ist geregelt.[67]

Gelingt die Mehrheitsfindung nicht in jeder Gruppe, stimmt auch nur eine Gruppe **48** gegen den Plan, so ist die originäre Zustimmungsmehrheit nicht erreicht. In diesem Fall ist festzustellen, ob nicht unter Berücksichtigung des Obstruktionsverbotes, der Realisierung des pareto-optimalen Prinzips, die Zustimmung der negativ votierenden Gruppe als erteilt gilt und so die geforderte Mehrheitsentscheidung gegeben ist.

VII. Obstruktionsverbot

1. Mehrheitsentscheidung oder Pareto-Prinzip. a) *Grundsatz*. Der Gesetzgeber **49** hat erkannt, dass die Anforderung einer Mehrheit über alle Beteiligten hinweg für das Votum der Beteiligten nicht ausreichend differenziert, um unterschiedliche wirtschaftliche Betroffenheit zu berücksichtigen. Er hat deswegen die Bildung von Gruppen, in denen abgestimmt wird, zur Grundlage des Planverfahrens gemacht. In seiner „Anleihe im ausländischen Recht"[68] ist die Gruppenbildung des US-amerikanischen Konkursrechts in seiner Grundstruktur übernommen worden.[69] Das US-amerikanische Recht enthält aber nicht nur diese Gruppenbildung, es enthält darüber hinaus für die Bestätigungsmöglichkeit des Gerichts auch die pareto-optimale Lösungsstruktur.[70]

Lässt man alle Beteiligten mehrheitlich abstimmen nach Summen und Köpfen, so be- **50** nötigt man eine einfache Summen- und Kopfmehrheit. Teilt man die Beteiligten in mehrere Gruppen auf und lässt jede Gruppe für sich abstimmen, so wächst zunächst die Gefahr, dass in einer Gruppe eine einfache Mehrheit nach Summen und/oder Köpfen negativ votiert. Obwohl diese Beteiligten, bezogen auf die Gesamtgläubigerschaft unter Umständen einen verschwindend geringen Teil der Summen- und Kopfmehrheit repräsentieren, könnte der Plan jetzt nicht bestätigt werden, wenn man – was seinerseits konsequent wäre – eine mehrheitliche Zustimmung aller Gruppen zum Plan forderte. Damit bliebe nur noch die Möglichkeit, statt der Zustimmung aller Gruppen die Zustimmung der Mehrheit der Gruppen entscheiden zu lassen. Dieses Modell wäre jedoch willkürlich. Bezogen auf das Mehrheitsmodell nach Summen und Köpfen öffnete eine Entscheidung, allein der Mehrheit der Gruppen, wenn diese beliebig nach wirtschaftlichen Kriterien gebildet worden sind, der Manipulation oder auch dem unbeabsichtigten Zufall Tür und Tor, weil die Mehrheit der Gruppen in keiner Weise sicherstellt, dass damit eine Mehrheit von Summen und Köpfen über alle Beteiligten hinweg repräsentiert wird.

Das Obstruktionsverbot dient insgesamt als Korrektiv[71] für die Regelung in § 244 **51** InsO, die für die Annahme des Plans Einstimmigkeit der abstimmenden Gruppen ver-

---

[67] Anders als in der Vergleichsordnung, wo von Anwesenden die Rede war und man gelegentlich diese bitten musste, während des Abstimmungstermins doch vor der Türe zu warten, damit man sie nicht als negative Stimmen zählen musste. Demgegenüber hat die Insolvenzordnung jetzt eine klare Regelung. So auch MüKoInsO/*Hintzen*, § 244 Rn. 9.
[68] *Balz/Landfermann*, Allgemeine Begr RegE, Abschnitt A. 4. e.) und 6., S. 162 ff. und S. 185 ff.; Begr RegE, § 245 InsO, S. 499; vgl. auch *Schmidt-Räntsch*, Insolvenzordnung, Teil 1, Rn. 188; *Balz/Landfermann*, Einl 4.4 und 5.1, S. XXXVI f.
[69] Vgl. zur Grundstruktur des Obstruktionsverbots in den USA und in Deutschland auch Braun/*Uhlenbruck*, S. 604 ff.; *Drukarcyk*, ZIP 1989, 341, 348 ff.
[70] Vgl. hierzu die Ausführungen unter § 66 III 6.
[71] Braun/*Braun/Frank*, § 245 Rn. 1; FK/*Jaffé*, § 245 Rn. 4 ff.; *Smid*, InVo 2000, 1, 2, dagegen sieht im Obstruktionsverbot des § 245 InsO die Stärkung der Richtermacht gegenüber der Gläubigergemeinschaft. Die Ersetzungsmöglichkeit der (iSd § 244 InsO) verweigerten Annahme des Plans durch § 245 InsO begrenze nach *Smid* die Autonomie der Gläubiger.

langt und somit jeder einzelnen Gruppe die Möglichkeit gibt, den Insolvenzplan, gleichgültig der zugrunde liegenden Motivation, zu blockieren. Erfolgt die Ablehnung aus Willkür, zur Erreichung ungerechtfertigter Zugeständnisse, werden eigennützige Ziele zum Nachteil anderer verfolgt oder liegt sonst ein, gemessen an den Zielen des Planverfahrens, missbräuchlicher Grund vor, kann diese Motivation die ablehnende Haltung ersichtlich nicht legitimieren.[72] Mithin muss auch ein Ausgleich zwischen den unterschiedlichen Interessen der Beteiligten gefunden werden, um letztlich nicht den in § 1 I InsO normierten Grundsatz, den Insolvenzplan als (echte) alternative und gleichberechtigte Form der Insolvenzabwicklung zu gewähren, ad absurdum zu führen.[73] Dies gilt im besonderen Maße für den Fall, dass die Gruppe der Anteilseigner ihre Zustimmung zum Plan verweigert.

52 **b)** *Voraussichtlich keine Schlechterstellung gegenüber der Regelabwicklung.* Ersichtlich wird zur Lösung einer angemessenen Entscheidungslogik ein vollständig anderer Ansatz benötigt. Für das Verständnis von § 245 InsO und sein Wirken ist aber wesentlich, dass im Ausgangspunkt nachvollzogen worden ist, dass es sich nicht um eine general-arithmetische Rechnung nach Summen und Köpfen handelt. Dieses sicherlich im Grundsatz als bewährtes Prinzip zu bezeichnende Verfahren entspricht nicht einem rechtlichen Regelungsrahmen, der nicht einheitliche Lösungen für alle unterschiedlich wirtschaftlich Betroffenen anbieten, sondern der differenziert auf unterschiedliche Interessen der Beteiligten eingehen will.

53 Die Lösung hat der deutsche Gesetzgeber der Grundstruktur des US-amerikanischen Konkursrechts entnommen, der dortigen „cram down"-Entscheidung.[74] Ausreichend für eine Bestätigungsmöglichkeit des Plans ist demnach im US-amerikanischen Recht – nach der theoretischen Konzeption –, dass eine Gruppe dem Plan zustimmt, weil sie die so vorgeschlagene Alternativregelung der Regelabwicklung vorzieht. Allen übrigen, negativ votierenden Gruppen wird angesonnen, dieses Ergebnis zu akzeptieren, hinzunehmen bzw. nicht verhindern zu können (nicht obstruieren zu können), dass dieser Vorteil für die eine Gruppe eintritt, solange gewährleistet ist, dass

– die negativ votierenden Gruppen nicht schlechter stehen als bei der Regelabwicklung;

– die Lösungen des Plans grundsätzlich angemessen sind und Treu und Glauben entsprechen unter Berücksichtigung des prinzipiellen Verhältnisses von Gläubiger und Schuldner in der Insolvenz bzw des Grundsatzes der Gleichbehandlung der Beteiligten.

54 Unmittelbar einleuchtend ist, dass wer durch die Planlösung gleich (zumindest nicht schlechter) steht, wie er stände wenn es den Plan nicht gäbe, kein legitimes Interesse daran haben kann, einen anderen (eine andere Gruppe) daran zu hindern, durch den Plan besser zu stehen.[75] Es wäre eine vom Recht nicht zu unterstützende Schädigung Dritter, wenn derjenige, dem die Planrealisierung gleichgültig ist, der aber nicht schlechter steht als ohne Plandurchführung, sich von demjenigen, dem an der Realisie-

---

[72] Vgl. auch HK/*Flessner,* § 245 Rn. 2.

[73] Vgl. hierzu auch Nerlich/Römermann/*Braun,* § 245 Rn. 1 ff.; vgl. zum Obstruktionsverbot insgesamt auch AG Mühldorf NZI 1999, 422 ff.; LG Traunstein NZI 1999, 461 ff.; *Braun,* NZI 1999, 473 ff.

[74] Was sich weit martialischer liest, als es in der Rechtswirklichkeit ist. „Cram down" steht für den Hammer des amerikanischen Richters, den er zur Verhandlungsleitung verwendet und der niedersaust, wenn er das negative Votum der opponierenden Gruppen bildlich gesprochen „niederschlägt". Tatsächlich ist das amerikanische Chapter 11 BC-Verfahren mit der drohenden „cram down"-Entscheidung aber sehr viel mehr ein „framework of negotiation". Vgl. hierzu ausführlich Braun/*Uhlenbruck,* S. 491 ff., 495; FK/*Jaffé,* § 245 Rn. 8 ff.

[75] Maßgeblicher Leitgedanke der Vorschrift ist somit die Verhinderung missbräuchlichen Abstimmungsverhaltens einer Gruppe. Vgl. hierzu auch *Balz/Landfermann,* Begr RegE, § 245 InsO, S. 499.

rung des Plans liegt, seine Zustimmung „abkaufen" ließe. Diese Erpressungspotentiale, die dadurch bewirkten „Reichtumsverschiebungen" verdienen keine Unterstützung durch das Recht. Auf Grund dessen ist dieser prinzipielle Ausgangspunkt unbestritten.[76]

c) *Angemessene Teilhabe ohne Prinzipienverstoß.* Weiterhin verlangt das Pareto-Prinzip, dass der Plan selbst den opponierenden Beteiligten nicht nur das „Minimum" des Zerschlagungswerts der Regelabwicklung belässt, den Mehrwert des Plans aber an andere, insbesondere an nach der insolvenzrechtlichen Grundbefriedigungsordnung (Reihenfolge) nicht oder nicht in diesem Umfang Berechtigte verteilt.[77] 55

Diese Erkenntnis verdankt das Recht US-amerikanischer Rechtsanwendung. Leading Case hierzu ist die „Boyd"-Entscheidung, die noch aus der Zeit der „Receivership"-Verfahren[78] stammt. Im Falle Boyd hatten sich für eine Lösung „die bevorrechtigten Insolvenzgläubiger" mit den Eigentümern zulasten „normaler Insolvenzgläubiger" zusammengetan. Die normalen Insolvenzgläubiger erhielten zwar, was sie auch erhalten hätten im Falle einer Regelabwicklung. Der Mehrwert, der dem reorganisierten Unternehmen jedoch innewohnte, wurde den bevorrechtigten Gläubigern und den Eigentümern zugeordnet. Der amerikanische Supreme Court[79] entschied, dass nachrangigen Gläubigern oder gar dem Eigentümer erst dann etwas zugewandt werden kann, wenn Gläubiger vollständig befriedigt sind. Diese rechtlichen Grundstrukturen hat ein Plan zu beachten. § 245 I Nr. 2 InsO verlangt deswegen, dass die Angehörigen der negativ votierenden Gruppe angemessen am wirtschaftlichen Wert beteiligt werden, der auf Grundlage des Plans den Beteiligten zufließen soll. 56

§ 245 II InsO setzt dies dann in mehreren Varianten der formulierten Gewährleistung von Gläubigergruppenrechten im Verhältnis zu anderen Gläubigergruppen bzw. den Eigentümern in Prüfbarrieren um, die vorliegen müssen, damit ein Plan gegen das negative Votum der Gruppe bei Gewährleistung des Zerschlagungswerts insoweit bestätigt werden kann. Durch das ESUG wurde § 245 III InsO ergänzt, der die angemessene Beteiligung für die Gruppe der Anteilsinhaber definiert. 57

2. Das Obstruktionsverbot des § 245 InsO. a) *Struktur der Norm.* § 245 I InsO gibt dem Gericht vor, die Zustimmung einer Abstimmungsgruppe als erteilt zu betrachten, also die erforderlichen Mehrheiten im Sinne von § 244 InsO – dass jede Gruppe zugestimmt hat – anzunehmen, wenn die (voraussichtliche) Gleichbehandlung der Beteiligten mit der Regelabwicklung gesichert ist, kein Verstoß gegen die Zuteilungsprinzipien der Insolvenz stattgefunden hat und die Mehrheit der abstimmenden Gruppen dem Plan mit den erforderlichen Mehrheiten zugestimmt hat. 58

Inhaltlich handelt es sich dabei um ein formales und zwei materielle Elemente. Formal muss die Mehrheit der abstimmenden Gruppen als Voraussetzung für die Anwendung des § 245 InsO gewährleistet sein. Dies entspricht zwar nicht in vollem Umfang dem Prinzip des „Pareto Optimums",[80] ist aber im Gesetz eindeutig geregelt. 59

---

[76] Dass die Umsetzung eines unbestrittenen Grundsatzes in der Praxis allerdings nicht unerhebliche Probleme aufwerfen kann, dazu nachfolgend 2.

[77] *Eidenmüller,* Unternehmenssanierung, S. 51, 79 stellt hierzu fest: „Das Obstruktionsverbot lässt sich am besten als Antwort auf das Spannungsverhältnis zwischen Wertschöpfung und Wertbeanspruchung begreifen: Verteilungskämpfe zwischen einzelnen Gläubigergruppen werden von der Insolvenzordnung nur bis zur Grenze der Angemessenheit toleriert (…) Was noch angemessen ist, wird in § 245 II InsO näher definiert…".

[78] Hier handelt es sich um eine Entwicklung der amerikanischen Insolvenzrechtsicht der im letzten Jahrhundert entwickelten übertragenden Sanierungen, die in vielerlei Hinsicht zum Ausgangspunkt des Plansystems, des späteren Chapter 10 Bankruptcy Act bzw. Chapter 11 Bankruptcy Code wurde; vgl. dazu im Einzelnen Braun/*Uhlenbruck,* S. 428 ff.; vgl. auch *Baird,* The Elements of Bankruptcy, S. 60 ff.

[79] Northern Pacific Railway Co. v. Boyd 228 U.S. 428 (1913).

[80] Nach dem Gedanken des „Pareto Prinzip" würde bereits die Zustimmung einer Gruppe ausreichend sein, die durch den Plan eine Besserstellung erfährt.

60 Die darüber hinaus enthaltenen beiden materiellen Elemente bestehen im Rahmen von § 245 I InsO aus der Frage des „best interests of creditors test", also der Frage, ob dem Gläubiger der Zerschlagungswert durch den Plan gesichert sei und zum anderen aus der Forderung, dass kein Verstoß gegen die insolvenzrechtlichen Fundamentalzuteilungsprinzipien vorliegt. Letzteres wird im Rahmen von § 245 II, III InsO im Einzelnen präzisiert.[81]

61 b) *Gewährleistung des voraussichtlichen Regelabwicklungswerts gem. § 245 I Nr. 1 InsO.* Das Gericht hat im Rahmen seiner Prüfung in einem ersten Schritt aus dem zur Abstimmung vorgelegten Insolvenzplan samt den dazugehörigen Anlagen die Vergleichssachverhalte herauszuarbeiten, dh zunächst ist der Sachverhalt zu bestimmen, der bei Verwirklichung des Insolvenzplans eintreten würde. Parallel dazu ist Vergleichssachverhalt die Situation, die eintreten würde, wenn das Regelinsolvenzverfahren durchgeführt würde, der Insolvenzplan also nicht umgesetzt würde. Nach Feststellung der Vergleichssachverhalte ist weiter in einem zweiten Schritt wertend zu beurteilen, ob die ablehnende Abstimmungsgruppe durch den Insolvenzplan voraussichtlich schlechter gestellt würde als bei Durchführung des Regelinsolvenzverfahrens. Die Schlechterstellung der Angehörigen dieser Gruppe durch den Insolvenzplan muss also wahrscheinlicher sein als eine Nichtschlechterstellung.[82] Die Gläubiger stehen ohne Plan sogar schlechter, das Obstruktionsverbot des § 245 InsO greift also ein, wenn der Schuldner ohne Plan beschäftigungslos würde, so dass keinerlei Zahlungen zu erwarten wären.[83] Ebenfalls nicht schlechter, sondern sogar besser gestellt wird ein ungesicherter Gläubiger, der infolge der Belastung des größten Teils des schuldnerischen Vermögens mit Sicherungsrechten im Insolvenzverfahren weniger als die im Insolvenzplan vorgesehene Quote erhielte.[84] Hingegen ist das Argument, ein Gläubiger stünde im Fall der Regelabwicklung besser, weil er dann erfolgreich einen Antrag auf Versagung der Restschuldbefreiung stellen könnte und der Erhalt der Forderung werthaltiger sei als die zugedachte Planquote, bei der vergleichenden Prognoseentscheidung des Gerichts im Rahmen des § 245 InsO unbeachtlich.[85]

62 Was als gedankliches Prinzip, also Ausgangspunkt des Pareto-Prinzips unbestritten ist, stellt sich in der Realität nicht als unschwer zu gewährleisten heraus, insbesondere wenn im Erörterungs- und Abstimmungstermin die Wertbestimmungen nicht unstreitig gestellt werden, das Insolvenzgericht also entscheiden muss.[86] Die Bestimmung des vom Vergleichsmaßstab bestimmten Regelabwicklungswerts ist dabei die eine Sache. insoweit sind Prognosen über Zerschlagungswerte ggf. sachverständig[87] zu ermitteln. Dabei mögen Unsicherheiten verbleiben, diese sind jedoch allesamt tatsächlicher Natur und damit im Ergebnis und in einem Verfahren lösbar.[88]

---

[81] Vgl. zum Obstruktionsverbot *Braun*, NZI 1999, 473 ff., und die diesen Ausführungen zugrunde liegenden Entscheidungen des AG Mühldorf NZI 1999, 422 ff. und LG Traunstein NZI 1999, 461 ff.

[82] *Braun/Braun/Frank*, § 245 Rn. 3: Daher kann es der Natur der Sache nach nur auf das wirtschaftliche Endergebnis ankommen, nicht darauf, ob ein Gläubiger in irgendeinem Punkt schlechter durch den Plan als durch die Regelabwicklung gestellt wird. So Nerlich/Römermann/*Braun*, § 245 Rn. 3; HK/*Flessner*, § 245 Rn. 7.

[83] AG Göttingen ZIP 2002, 953 m. Anm. *Otte*, EWiR 2002, 877 f.

[84] AG Bielefeld ZIP 2002, 951 ff., 953 = InsO 2002, 198 f., 199.

[85] AG Düsseldorf ZInsO 2008, 463: Dieser Einwand sei im Wege des Minderheitenschutzes gem. § 251 InsO geltend zu machen.

[86] So schon *Balz/Landfermann*, Bericht des BT-Rechtsausschusses zu Artikel 1 Ziff 12, 13 und 14 EG-InsOÄndG, § 245 InsO, S. 500.

[87] Vgl. § 4 InsO iVm §§ 402 ff. ZPO.

[88] Kritisch zur Einführung der „voraussichtlichen" Schlechterstellung *Häsemeyer*, Rn. 28.39; in diese Richtung auch *Leonhardt/Smid/Zeuner*, § 245 Rn. 24 f.; wie hier dagegen die gesetzlich normierte Problembegrenzung aufzeigend HK/*Flessner*, § 245 Rn. 10 ff.; so auch *Haarmeyer/Wutzke/Förster*, InsO, Kap 9 Rn. 20 (Nachtrag).

Zum anderen stellt sich allerdings die Frage, wie die Vergleichbarkeit dieser Zerschlagungsabwicklungswerte mit den Planzusagewerten gewährleistet werden soll. Einfach und unschwer ist es nur dann, wenn der Plan jeweils Zahlungsmittel als Zuteilungsmaßstab verwendet und die Zahlung der plangeschuldeten Beträge zum gleichen Zeitpunkt erfolgt, zu dem auch die Quote in der Abwicklung bezahlt würde.[89] Eine Planlösung kann aber auch Zahlungen zeitlich versetzt (pro rata) aus den Überschüssen des fortgesetzten Geschäftsbetriebes zusagen. Dann stellt sich sofort die Frage, wie solche zeitlich ratierlich später erfolgenden Zahlungen zu bewerten sind. Dass sie zu einem Barwert diskontiert werden müssen, liegt auf der Hand. Ansonsten vergleicht man Ungleiches. Die Frage, mit welchem Zinssatz diskontiert wird und ob das Risiko, dass die Geldzahlungen, die aus der Betriebsfortführung zugesagt sind, auch erfolgen, im Zinssatz zu berücksichtigen ist, ist schon wesentlich schwieriger zu beantworten.[90]

Bei wirtschaftlicher Betrachtung müssen spätere Zahlungen Zinselemente enthalten, die der Beteiligte bei Anlage des sofort erhaltenen Betrags aus dem Zerschlagungswert erlösen könnte, um den Beteiligten (voraussichtlich) nicht schlechter als bei einer Zerschlagungslösung zu stellen. Dies wird idR der risikoadjustierte Kapitalmarktzins sein, bei länger laufenden Rückführungen kann eine im Plan vorgesehene variable Verzinsung erforderlich werden. Anders stellt sich die Situation dar, soweit der (idR gesicherte) Gläubiger nach Eintritt der Insolvenz Kredite/Darlehen gekündigt und fällig gestellt hat und die Planlösung nun die vertragsgemäß geschuldete Verzinsung – ggf. unter Aussetzung/Streckung der Forderungstilgung auf einen späteren Zeitpunkt unter Verwehrung der sofortigen Realisierung/Verwertung des Absonderungsrechts –, (wieder) gewährt. Der Beteiligte steht so wirtschaftlich betrachtet nicht schlechter. § 245 I Nr. 1 InsO soll verhindern, dass der Gläubiger nicht schlechter steht als er im Falle der Regelabwicklung, nie aber besser als er vertragsgemäß stünde. Die mögliche Chance der Realisierung von Zusatzgewinnen durch Änderung der Kapitalmarktsituation zugunsten des Beteiligten wird von § 245 I Nr. 1 InsO nicht geschützt.[91]

So betrachtet besteht sogar ein „Anspruch auf Prolongation", solange in die Forderung des (idR gesicherten) Gläubigers, weil die vertragliche Verzinsung gewährt wird, nicht eingegriffen wird und solange die Verzinsung gewährleistet ist. Weiter schafft das Insolvenzplanverfahren durch diese Plangestaltung im Rahmen von § 245 I Nr. 1 InsO die – im US-amerikanischen Recht durchaus übliche – „Wiederbegründung" gekündigter Schuldverhältnisse. Ein auf Zeit ausgelegter Kredit, den der (idR gesicherte) Gläubiger in der Insolvenz gekündigt hat, muss von ihm im gleichen Umfang, auf die gleiche Zeit und mit den gleichen Zinsen dem Schuldner belassen werden. Dieses Ergebnis folgt daraus, dass die Rückzahlungsforderung – entstanden auf Grund der Kündigung des Gläubigers (einschließlich der Möglichkeit der Verwertung des Sicherungsrechts) – durch den Plan umgestaltet wird. Der Plan, der die Rechtsverhältnisse genau so umgestaltet, wie sie bezüglich der Verzinsung ursprünglich waren, bei einer gewissen Streckung/Aussetzung der Tilgung, berücksichtigt § 245 I Nr. 1 InsO in ausreichendem Maße.[92]

Die Gesetzesmaterialien machen im Übrigen deutlich, dass der Maßstab der Quotenzuteilung auf Grund der Regel(zerschlagungs-)abwicklung nicht auf die Einzelvermögensgegenstandsveräußerung beschränkt ist.[93] Die Regelabwicklung kennt bekanntlich

---

[89] Nerlich/Römermann/*Braun*, § 245 Rn. 6.
[90] Vgl. Braun/*Braun/Frank*, § 245 Rn. 3; Braun/*Uhlenbruck*, S. 614; Nerlich/Römermann/*Braun*, § 245 Rn. 8; allgemein hierzu auch KPB/*Otte*, § 245 Rn. 10; *Maus*, Rn. 101 ff.; HK/*Flessner*, § 245 Rn. 7 ff.; *Piltz*, S. 168 ff.; vgl. auch die Ausführungen unter § 67 II 2.
[91] Vgl. hierzu *Braun*, NZI 1999, 473, 475 ff.; Nerlich/Römermann/*Braun*, § 245 Rn. 8 ff.
[92] *Braun*, NZI 1999 473, 475 ff.
[93] Nerlich/Römermann/*Braun*, § 245 Rn. 7.

als Grundform die Veräußerung der einzelnen Vermögensgegenstände. Daneben ist die übertragende Sanierung, dh die Gesamtveräußerung aller (wesentlichen) Einzelgegenstände des Betriebsvermögens an einen neuen Rechtsträger (Fortführungsgesellschaft), der den Geschäftsbetrieb mit allen oder einem Teil der Arbeitnehmer fortsetzt, der Sache nach gleichfalls bezogen auf den alten Rechtsträger eine Zerschlagungsabwicklung, aber eben eine Abwicklung, die den Geschäftsbetrieb ganz oder teilweise erhalten kann.[94] Auf Grund dessen können häufig bei einer solchen Abwicklung höhere „Zerschlagungswerte" realisiert werden, als bei der Einzelveräußerung. Es fragt sich nun, inwieweit solche Gesamtzerschlagungsveräußerungswerte Maßstab für § 245 I Nr. 1 InsO sein können.[95]

67 Dabei wird zu unterscheiden sein:

Gibt es konkrete Anhaltspunkte dafür, dass eine solche übertragende Sanierung möglich ist, beispielsweise das Vorliegen von Angeboten oder der Nachweis, dass erfolgversprechende Verhandlungen für eine Gesamtübernahme geführt werden, und gibt es insbesondere Anknüpfungstatsachen für eine Wertfindung, so sind diese bei einer Prüfung des § 245 I Nr. 1 InsO zugrunde zu legen. Gibt es diese aber nicht, so bleibt es bei den Einzelveräußerungswerten. Unzutreffend wäre eine Handhabung, bei der fiktiv eine übertragende Sanierung mit fiktiven (höheren) Übertragungswerten errechnet würde, obwohl es gar keine Möglichkeit einer übertragenden Sanierung gibt. Die Einzelvermögensgegenstandsveräußerung ist die Ausgangsposition, die Regel der Regelabwicklung. Die übertragende Sanierung ist die Ausnahme, wofür konkrete Anhaltspunkte gegeben sein müssen, damit sie zugrunde gelegt werden kann.

68 Noch schwieriger wird die Frage der Bewertung der zur Regelabwicklung zu vergleichenden, angebotenen Planleistungen, wenn keine gesetzlichen Zahlungsmittel, sondern die Übertragung von Rechten oder Vermögensgegenständen angeboten wird. Ein nicht betriebsnotwendiges Grundstück, das einer Gläubigergruppe übereignet werden soll, wirft die Frage nach dem Wert des Grundstücks auf. Die Beteiligung am Unternehmen der Schuldnerin in Form gesellschaftsrechtlicher Rechtspositionen (Gesellschafterstellung, stille Gesellschafterstellung oder Ähnliches) macht es notwendig, diese gesellschaftsrechtlichen Beteiligungen zu bewerten. Die gesellschaftsrechtliche Beteiligung wird üblicherweise nach den anerkannten Methoden der Unternehmensbewertung, wie dem Ertragswert, bewertet, was bedeutet, dass für das reorganisierte Unternehmen nach dem Ertragswertverfahren zu bewerten wäre, was diese Anteile ausmachen.[96]

69 Damit begibt man sich in die Problematik, die gleiche Tatsache zwei Mal zu beurteilen:

Der Plan offerierte dem Gläubiger gem. § 229 InsO Plananlagen, um ihn von der Realisierbarkeit des Plans zu überzeugen. Dies sind Planrechnungen künftiger Geschäftsentwicklungen. Die „Machbarkeit" ist nur insoweit im Zusammenhang mit § 245 I Nr. 1 InsO zu prüfen, als offensichtlich nicht machbare Pläne zwar auf dem Papier nicht schlechter stellen, in der Realität wegen ihrer Undurchführbarkeit, offensichtlich dann aber doch schlechter stellen.[97] Hat der Gläubiger das Fortführungsunternehmenskonzept nicht überzeugend gefunden, votiert er deswegen negativ, so muss er sich im Rahmen des Obstruktionsverbots mit der Frage auseinandersetzen, ob die ihm angesonnenen Ge-

---

[94] HK/*Flessner*, § 245 Rn. 7.
[95] Aus der Begr des RegE zur Parallelvorschrift des § 251 I Nr. 2 InsO ergibt sich, dass der Gesetzgeber die Gesamtveräußerung/übertragende Sanierung als Maßstab gleichfalls einbezogen sehen wollte, *Balz/Landfermann*, Begr RegE, § 251 InsO, S. 508.
[96] Vgl. zur Anwendung der Ertragswertmethode die umfangreichen Nachweise aus der Rechtsprechung *Piltz*, S. 136 ff.
[97] Uhlenbruck/Hirte/Vallender/*Lüer*, § 245 Rn. 12: Machbarkeitsprüfung nur, wenn konkret Tatsachen gegen die Realisierbarkeit sprechen.

sellschaftsanteile den Wert der Zerschlagungsquote repräsentieren.[98] Zur Berechnung dessen wird auch auf den Ertragswert rekurriert, der wiederum das Unternehmenskonzept – das er gerade verworfen hat – und die daraus abgeleiteten Planrechnungen zum Maßstab der Dinge macht.

Wie schwierig die Vergleichbarkeit solcher Positionen ist, wird auch daraus deutlich, dass die Liquidationsquote in Geld dem Gläubiger zufließt, womit er selbst entscheiden kann, was er zu tun beabsichtigt. Er kann Verbindlichkeiten tilgen, investieren oder konsumieren. Bietet der Plan ihm statisch wertmäßig betrachtet eine vergleichbare Vermögensposition in Form von Grundstücks- oder Gesellschaftsanteilen, so ist die Fungibilität und damit die Möglichkeit, diese – wertmäßig möglicherweise identisch – zu bewertenden Vermögensgegenstände oder Rechte am Markt zu veräußern und sich deswegen Liquidität zu verschaffen und damit wieder seinerseits investieren, Verbindlichkeiten reduzieren oder konsumieren zu können, deutlich eingeschränkt, wenn nicht gar ausgeschlossen.[99]

Ob § 245 I Nr. 1 InsO insoweit eine statisch wertmäßige Betrachtung oder eine dynamisch-verwendungsorientierte des Beteiligten schützt, ist eine der offenen, der Zukunft der Rechtsprechung überlassenen Fragen.

c) *Eine angemessene Beteiligung am Mehrwert des Plans gem. § 245 I Nr. 2* soll sicherstellen, dass die Angehörigen einer negativ votierenden Gruppe, die mit Hilfe des Obstruktionsverbots doch als zustimmende Gruppe behandelt wird, angemessen am wirtschaftlichen Mehrwert des Plans beteiligt werden. Wann dies der Fall ist, beschreibt für die Gruppe von Gläubigern Absatz II. Der mit dem ESUG neu eingefügte § 245 III InsO regelt, wann eine angemessene Beteiligung für eine Gruppe der Anteilsinhaber vorliegt. Die genannten Voraussetzungen müssen jeweils kumulativ[100] vorliegen und sind per Definition die abschließende Festlegung der erforderlichen „angemessenen Beteiligung".[101]

(1) *§ 245 II Nr. 1 InsO.* Es darf kein anderer Gläubiger wirtschaftliche Werte erhalten, die den vollen Betrag seines Anspruchs übersteigen. Fundamentalprinzip des Insolvenzrechts ist, dass Gläubiger maximal ihren Forderungswert erhalten können. Offenbleiben kann, ob diese Bestimmung auch dann einschlägig wäre, wenn der Plan allen Gläubigern gleichermaßen höhere wirtschaftliche Werte, den vollen Betrag der Forderung überstiegen, anböte und der Schuldner damit einverstanden wäre. In keinem Falle ist es mit Hilfe des Obstruktionsverbots möglich, eine Gläubigergruppe mit ihren Ansprüchen zurückzusetzen, einer anderen Gläubigergruppe aber wirtschaftliche Werte über ihren ursprünglichen Anspruch hinaus zuzuordnen.[102]

(2) *§ 245 II Nr. 2 InsO.* Von wesentlicher Bedeutung ist § 245 II Nr. 2 InsO. Danach gilt, was das amerikanische Recht die „absolute priority rule"[103] nennt, auch für das deutsche Recht. Ein Gläubiger braucht nicht hinzunehmen, dass ein ihm im Range nachgehender Gläubiger etwas erhält, solange er nicht vollständig befriedigt ist. Auf den

---

[98] Zu berücksichtigen ist allerdings, dass gemäß § 225a II S. 2 InsO die Umwandlung von Forderungen in Anteilsrechte gegen den Willen der betroffenen Gläubiger ausgeschlossen ist.
[99] In den USA gibt es häufig die Möglichkeit, solche Chapter 11 BC-Positionen zu verkaufen, was zur Fungibilität indirekt führt.
[100] OLG Köln NZI 2001, 660 ff., 661 f. = ZInsO 2002, 330 f., 321; kritisch MüKoInsO/*Drukarczyk*, § 245 Rn. 85 ff.
[101] Vgl. hierzu FK/*Jaffé*, § 245 Rn. 29a; Braun/*Braun/Frank,* § 245 Rn. 7 ff.; Nerlich/Römermann/ *Braun,* § 245 Rn. 18 ff.; Braun/*Uhlenbruck,* S. 610.
[102] Entgegen der individualisierenden Formulierung von § 245 II Nr. 1 InsO („kein anderer Gläubiger") hat das Gericht hier zu prüfen, welche Rechte den jeweiligen Gruppen als solchen zustehen sollen (s hierzu § 245 I Nr. 2 InsO „die Angehörigen dieser Gruppe" und die Eingangsformulierung von § 245 II InsO „eine Gruppe der Gläubiger"). Die Prüfung der gruppeninternen Gläubigergleichbehandlung erfolgt bereits im Rahmen von § 226 InsO. So auch Braun/*Braun/Frank,* § 245 Rn. 17.
[103] Vgl. zum Begriff Braun/*Uhlenbruck,* S. 506; Braun/*Braun/Frank,* § 245 Rn. 11.

ersten Blick leuchtet dies im Verhältnis der nicht nachrangigen Gläubiger nicht unmittelbar ein, da das Recht der Insolvenzordnung die früher in der Konkursordnung und Gesamtvollstreckungsordnung vorhandenen Konkursvorrechte umfänglich abgeschafft hat, so dass es gestufte Insolvenzberechtigungen nicht mehr gibt. Allerdings ist zu berücksichtigen, dass die Insolvenzordnung nachrangige Forderungen und diese wiederum gem. § 39 I InsO in fünf Kategorien hintereinander gestuft kennt.

74 Im Verhältnis zwischen nicht nachrangigen und nachrangigen Insolvenzgläubigern, im letzteren Fall wiederum gestuft in der Reihenfolge des § 39 I InsO gibt es folglich Rangverhältnisse, die bezogen auf § 245 II Nr. 2 InsO zu berücksichtigen sind.

75 Kein Rangverhältnis besteht dagegen zwischen Absonderungsrechten und Insolvenzforderungen. Auf dieses Aliud-Verhältnis ist § 245 II Nr. 2 InsO nicht anzuwenden.[104]

76 Problematisch und nicht eindeutig vom Gesetz gelöst ist dabei das Verhältnis zum bisherigen Eigentümer/Inhaber der Gesellschafterrechte. Prinzipiell besteht kein Zweifel daran, dass ein Rangverhältnis zwischen Gläubiger und Eigentümer besteht des Inhalts, dass der Eigentümer nichts erhalten darf, solange der Gläubiger nicht vollständig befriedigt ist. In Eigensanierungsfällen ist aber gerade Ziel der Planlösung, den Rechtsträger fortführen zu können und dies zumindest im Grundsatz ohne Veränderung der Gesellschafterstruktur, wobei nach dem ESUG nunmehr ein Eingriff in die bestehende Gesellschafterstruktur möglich ist.[105] Gibt es nun hier eine (Teil-)Entschuldung, erhalten Gläubiger nicht alles, worauf sie einen Anspruch haben, dem Eigentümer aber verbleibt seine Gesellschafterposition des (unterstellt reorganisierten) Unternehmens. Nähme man § 245 II Nr. 2 InsO hier uneingeschränkt wörtlich, könnte eine Eigensanierung nie gegen den Widerspruch einer Gruppe durchgesetzt werden, weil diese mit dem Obstruktionsverbot nicht zur Zustimmung „gezwungen" werden könnte, da die Beteiligung des Eigentümers gerade fortdauert.[106]

77 Dieses Problem hat der Gesetzgeber gesehen, wenn auch unzureichend beurteilt. Die Begründung des Regierungsentwurfes meinte, dass nicht in jedem Fall, in dem der Schuldner nach dem Plan das Unternehmen fortführen solle, zwangsläufig als eine Zuwendung eines wirtschaftlichen Werts an ihn gesehen werden könne.[107] Dabei rekurriert die Begründung darauf, dass sich dies schon daraus ergebe, dass ja gerade kein Dritter bereit gewesen sei, das Unternehmen für einen Mehrwert zu übernehmen.[108]

78 Bei der nur beschränkten, für den Eigensanierungsplan regelmäßig gerade nicht intensiv betriebenen Suche am Markt nach einem Erwerber, überzeugt dieses Argument nicht. Tragfähiger ist die weiterhin von der Regierungsbegründung insoweit angestellte Erwägung, ob die Umstände des Einzelfalls, insbesondere, ob die Leistungen, die der Schuldner nach dem Plan zu erbringen habe, den noch vorhandenen Wert des Unternehmens nicht aufwiegen.[109] Daraus kann allerdings zugleich erkannt werden, dass dem

---

[104] Vgl. Nerlich/Römermann/*Braun*, § 245 Rn. 22; *Smid*, WM 2002, 1035 f.; LG Traunstein ZInsO 1999, 577, 581 = NZI 1999, 461, 464 = WM 2000, 680, 685 = DZWIR 1999, 464, 469, ferner AG Mühldorf (Vorinstanz), Rpfleger 1999, 561, 563 = NZI 1999, 421, 424; zu beiden Entscheidungen Braun, NZI 1999, 473 ff.; *K. Schmidt/Spliedt*, InsO, § 245 Rn. 21; aA: KPB/*Otte*, § 245 Rn. 20; HK/*Flessner*, § 245 Rn. 22; *Leonhardt/Smid/Zeuner*, § 245 Rn. 29.

[105] Die Einschränkung des § 245 II Nr. 2 InsO bezieht sich nach Sinn und Zweck nur auf den bisherigen Gesellschafter, so dass bei einem vollständigen Debt-Equity-Swap gemäß § 225a II InsO eine Wertzuwendung im Sinne von § 245 II Nr. 2 InsO ausgeschlossen ist.

[106] Entscheidend ist eine wertende Betrachtung, keine automatisierende, die spiegelbildlich im Verzicht der Gläubiger eine Vermögensmehrung des Schuldners sieht.

[107] *Balz/Landfermann,* Begr RegE, § 245 InsO, S. 500.

[108] *Balz/Landfermann,* Begr RegE, § 245 InsO, S. 500.

[109] In diesem Sinne LG Mühlhausen NZI 2007, 724, 726. Insbesondere könne in einem Fall, in dem nachweislich kein Markt für das insolvente Unternehmen vorhanden sei, im Zweifel nicht angenommen werden, dass die Schuldnerin (Eigentümerin) durch den (rechtsträgererhaltenden) Plan einen wirtschaftlichen Wert erhalte; vgl. auch LG Traunstein NZI 1999, 461, 464.

Gläubiger in § 245 II Nr. 2 InsO nur der Zerschlagungswert des vorhandenen Unternehmens gesichert werden soll. Soweit die Regierungsbegründung nämlich davon ausgeht, dass die Leistungen des Schuldners dasjenige „aufwiegen", was noch vorhanden ist, kann dies nicht bedeuten, dass die erst durch die Reorganisation geschaffene, unterstellt neuerlich ertragskräftige Unternehmung Gegenstand des den Gläubigern gesicherten Mehrwerts sein soll. Diese Überlegung ist auf den ersten Blick überraschend, weil daran gedacht werden könnte, dass gerade dieser zukünftige Mehrwert, der durch den Verzicht der Gläubiger geschaffen wird, auch Gegenstand dessen sein soll, was ihnen – zumindestens soweit sie negativ votiert haben – erhalten werden soll, nicht aber den Eigentümern zufließen darf. § 245 II Nr. 2 InsO spricht ja gerade von dieser angemessenen Teilhabe am Mehrwert, der vom Plan aggregiert wird.

Bei näherer Überlegung erscheint die Begründung des Regierungsentwurfs nicht zutreffend. § 245 II Nr. 2 InsO ist im Zusammenhang mit der Verteilung der vorhandenen, der alternativen Regelliquidationsabwicklung unterliegenden Werte zu sehen. Von diesen Werten darf dem Schuldner nichts zugeteilt werden, solange der planopponierende Gläubiger nicht vollständig befriedigt ist. § 245 II Nr. 2 InsO ergreift darüber hinaus, auch wenn der Verteilungsmaßstab der klassischen Insolvenz gewahrt ist, den Planmehrwert, den die anderen Gläubiger dem Schuldner nicht zur Möglichkeit einer neuen Existenzfindung anbieten können, insbesondere gilt, dass die Chance des wirtschaftlichen Mehrwerts bereits der Verteilung in der Insolvenz für die Verbindlichkeiten der Vergangenheit haftet. Die „Chancenverhaftung" der Reorganisation ist im Rahmen von § 245 II Nr. 2 InsO geschuldet.[110]

Zu dieser Problematik gibt es im Übrigen eine amerikanische Entsprechung. Sie wird in der amerikanischen Literatur unter dem Stichwort „new value exception" abgehandelt.[111]

---

[110] Nerlich/Römermann/*Braun*, § 245 Rn. 26 ff.
[111] *Baird*, The Elements of Bankruptcy, S. 259 ff.; Nerlich/Römermann/*Braun*, § 245 Rn. 29; der amerikanische Supreme Court hat hierauf Bezug genommen: Bank of America National Trust and Savings Association v. 203 North LaSalle Street Partnership, No. 97–1418, 119 S. Ct. 141 1, 67 U. S. L. W. 4275 (May 3., 1999). Die Entscheidung wird untersucht von *Wittig*, ZInsO 1999, 373 ff. *Wittig* zieht aus der Entscheidung die Folgerung, dass – im Insolvenzplanverfahren nach der InsO – die „new value exception" dann nicht anzuwenden sei, wenn für andere Interessenten/Dritte im (vom Schuldner) vorgelegten Insolvenzplan nicht die Möglichkeit aufgenommen sei, ein besseres Angebot als der Schuldner zu unterbreiten. In der Nichtaufnahme einer solchen Klausel sieht *Wittig* – insoweit einhergehend mit der erwähnten Supreme Court Entscheidung zu Chapter 11 BC – ein „exklusives" Recht zur Unternehmensfortführung, das für den Schuldner eine wirtschaftliche Wertzuwendung iSv § 245 II Nr. 2 InsO darstelle, selbst wenn für die Unternehmensfortführung vom Schuldner Leistungen aufzubringen seien, mit der Konsequenz, dass das Gericht den Insolvenzplan dann nicht bestätigen dürfe. Entgegen der Auffassung von *Wittig* und der Entscheidung des U. S. Supreme Court zu Chapter 11 BC kann in der Nichtaufnahme eines „Eintrittsrechts" zu besseren Konditionen in den vom Schuldner vorgelegten Insolvenzplan keine Wertschöpfung gesehen werden, die ohne weiteres im Rahmen des § 245 II Nr. 2 InsO die Bestätigung des Insolvenzplans verhindert. Die Tatsache, dass Interessenten/Dritten nicht die Möglichkeit eingeräumt wird, das Unternehmen zu besseren Konditionen fortzuführen, eröffnet unmittelbar keine Feststellung zur Wertfindung des Unternehmens einerseits, sagt deshalb andererseits zur Wertzuwendung an den Schuldner oder an ihm beteiligte Personen allein ebensowenig aus und hilft damit im Ansatz nicht, die geäußerte Skepsis zur Wertberechnung im Rahmen von § 245 II Nr. 2 InsO zu überwinden. Ein Weiteres: Die Insolvenzordnung gewährt dem Schuldner das Recht, das Insolvenzplanverfahren initiativ und ergebnisoffen in Gang zu setzen. Ein entsprechendes „Eintrittsrecht" für Fälle der (übertragenden) Sanierung im Insolvenzplan über § 245 II Nr. 2 InsO zwingend – falls nicht, läge nach *Wittig* ein faktisches Bestätigungshemmnis vor – aufzunehmen, würde bedeuten, das Planinitiativrecht des Schuldners einzuengen, wofür es im Gesetz keine Stütze gibt. Anders herum würde damit Interessenten/Dritten eine Planinitiative/Planteilnahme entgegen dem Gesetz und dem (originären) Willen der Planvorlageberechtigten zugestanden. Interessenten/Dritte sind auf die Planvorlageberechtigung des Verwalters originär nach § 218 I S. 1 InsO oder aufgrund eines Beschlusses der Gläubigerversammlung nach § 157 S. 2 InsO verwiesen. Daneben steht es Interessenten/Dritten auch im Planverfahren frei, ein (rechtsverbindliches, nicht in Form eines Insolvenzplans) besseres Angebot den Gläubigern

81 Ob ein solcher wirtschaftlicher Wert vorliegt und welchen proportionalen Anspruch darauf die opponierende Gruppe als Plangewährleistungsquote hätte, kann im Übrigen nur anhand einer gemischt bilanziellen und wertenden Betrachtung gelöst werden.[112] In der Unternehmensinsolvenz ist der „Wert" des Unternehmens unter Planprämissengesichtspunkten zu bestimmen. Nur der Verzicht der Gläubigerin einem Umfang, der in der Vermögensübersicht (plangemäß) zu einem positiven Kapital führt, ist von der Diskussion betroffen, ob ein Verstoß gegen § 245 II Nr. 2 InsO vorliegt.

82 Ausgehend von solch einer nach Planprämissen bewerteten Vermögensübersicht ist dann eine wirtschaftliche Betrachtung zugrunde zu legen, weil ein Unternehmen, das fortgeführt werden soll (Eigensanierungsfall), nur dann gem. § 245 II Nr. 2 InsO eine Zuwendung an den Schuldner oder eine an ihm beteiligte Person darstellt, wenn diese einen wirtschaftlichen Wert erhält.[113] In diesen Zusammenhang einbezogen werden muss, dass die wirtschaftliche Betrachtungsweise kein allein an statischen Zahlen orientiertes Lösungsmodell darstellt. Für den Schuldner selbst ist die bilanziell orientierte Betrachtung zielführend, für die am Schuldner beteiligten Personen schon deutlich weniger. Die Tatsache, dass ggf. nominell wieder ein positives Kapital durch die Verzichte entstanden ist, führt noch nicht zur Fungibilität der Anteile. Anteile an einer insolvent gewesenen Gesellschaft, die gerade entschuldet wird, führen nur dann zu „wirtschaftlichen Werten", wenn dies in einem so eklatanten Ausmaß geschieht, dass ein fremder Dritter darin wirklich wieder einen wirtschaftlichen Wert sieht. Dies bedarf einer wertenden, ggf. sachverständigen[114] Beurteilung.

83 Handelt es sich um Einzelkaufleute oder um Personenhandelsgesellschaften, in denen das Mitwirken von am Unternehmen beteiligten Personen maßgeblich ist, ist auch für den wirtschaftlichen Wert zu berücksichtigen, dass weniger die Kapitalausstattung den Vermögenswert darstellt, als die Präsenz und das ggf. unternehmerische Potential der natürlichen Personen. Nach der Plangestaltung liegt in solchen Fällen die Erwerbsquelle nicht im Restvermögen, sondern in der Person.[115]

84 Ganz allgemein wird man feststellen können, dass ein wirtschaftlicher Wert in solchen Fällen nur dann vorliegt, wenn unter Ertragswertgesichtspunkten bei Ansatz eines angemessenen Unternehmerlohns unter adäquater Berücksichtigung des Risikos unzweifelhaft jenseits der Bewertungsunschärfe bzw. der Problematik der Ermittlung von Unternehmenswerten ein positiver Wert auf prognostischer Basis gegeben ist.[116]

85 (3) § 245 II Nr. 3 InsO. Schließlich kann gegen den Widerstand einer opponierenden Gruppe ein Plan nicht bestätigt werden, wenn ein rechtlich mit der opponierenden Gruppe gleichrangig zu befriedigender Gläubiger besser gestellt wird als die opponierende Gruppe. Diese Bestimmung ist von erheblicher Bedeutung zur frei strukturierten Möglichkeit der Gruppengestaltung gem. § 222 II InsO. Dies ist nur deswegen hinzunehmen, weil anderseits das Gesetz in § 245 II Nr. 3 InsO sicherstellt, dass die Gruppierung in unterschiedlich wirtschaftlich gebildete Einheiten nicht dazu führt, ansonsten rechtlich gleichgestellte Gläubiger unterschiedlich zu behandeln. Mit anderen

---

spätestens vor Beginn der Abstimmung über den Insolvenzplan zu unterbreiten, um den Gläubigern so zu ermöglichen, den unterbreiteten Vorschlag in die Entscheidungsfindung über den vom Schuldner vorgelegten Insolvenzplan mit einzubeziehen. Ausführlich hierzu *Nerlich/Römermann/Braun*, § 245 Rn. 26; *Wittig* zustimmend; dagegen *Smid*, InVo 2000, 1, 8 f.

[112] *Uhlenbruck/Hirte/Vallender/Lüer*, § 245 Rn. 27.
[113] Vgl. hierzu auch *Nerlich/Römermann/Braun*, § 245 Rn. 26.
[114] § 4 InsO iVm §§ 402 ff. ZPO.
[115] *Georg*, ZInsO 2000, 93 ff., wonach für das erfolgreich durchgeführte Planverfahren ausschlaggebend die in der Person des Inhabers verkörperte Marktposition des Unternehmens und die Motivation des Schuldners war.
[116] So auch *Nerlich/Römermann/Braun*, § 245 Rn. 26; vgl. zur Anwendung der Ertragswertmethode die umfangreichen Nachweise aus der Rechtsprechung *Piltz*, S. 136 ff.

Worten: § 245 II Nr. 3 InsO stellt sicher, dass der opponierende Gläubiger zum Ausgangspunkt der Zuteilungsüberlegung gemacht worden ist und derjenige, der den Plan unterstützen will, akzeptieren muss, dass er allenfalls das Gleiche, wenn nicht (sozusagen als Entgelt für sein Wollen des Plans) weniger als andere Gläubiger erhält, damit der Planersteller diesen durchsetzen kann.[117] Damit entschärft sich die gesamte Problematik der Kritik an der Gruppenbildung fundamental.[118]

Andererseits ist nicht zu bestreiten, dass die Problematik der „Besserstellung" wieder in die gleichen Schwierigkeiten tatsächlicher Art führt, wie diese bereits bei § 245 I Nr. 1 InsO beschrieben worden sind.[119]

(4) *§ 245 III InsO.* Der neue § 245 III InsO definiert eine angemessene Beteiligung der Gruppe der Anteilsinhaber: Diese ist gegeben, wenn kein Gläubiger wirtschaftliche Werte erhält, die den Betrag seines Anspruchs übersteigen (III Nr. 1), und entspricht damit der Regelung für Gläubiger gemäß II Nr. 1. Daneben darf kein Anteilseigner der rechtlich dem betroffenen Anteilseigner gleichsteht durch den Plan bessergestellt werden (III Nr. 2). Wenn z.B. die Angehörigen einer Gruppe der geringfügig beteiligten Anteilsinhaber im Sinne von § 222 III 2 InsO nach dem Plan mehr bekommen sollen als die übrigen, rechtlich gleichstehenden Anteilsinhaber, kann die fehlende Zustimmung der Gruppe dieser übrigen Anteilsinhaber nicht durch das Obstruktionsverbot überwunden werden.

d) *Zustimmung der Mehrheit der abstimmenden Gruppen.* Obgleich diese grundlegende Voraussetzung in § 245 I Nr. 3 InsO erst als dritte und damit letzte Voraussetzung zur Überwindung obstruierender Gruppenentscheidungen genannt ist, wird mit der Prüfung der Planzustimmung der (einfachen) Gruppenmehrheit[120] begonnen werden, da das Vorliegen am schnellsten festgestellt werden kann und bei Nichtvorliegen nachfolgende, möglicherweise umfangreiche Feststellungen obsolet werden.[121]

e) *Die Machbarkeit des Plans.* Das Gericht hat dabei grundsätzlich nicht zu prüfen, ob der Insolvenzplan realisierbar, machbar ist.[122] Bereits im Vorfeld der Gläubigerentscheidung hat das Gericht im Rahmen von § 231 I Nr. 3 InsO zu berücksichtigen, ob „die Ansprüche, die den Beteiligten nach dem gestaltenden Teil eines vom Schuldner vorgelegten Plans zustehen, offensichtlich nicht erfüllt werden können" und insoweit den Plan zurückzuweisen. Das Insolvenzgericht hat letztlich innerhalb von § 245 I Nr. 1 InsO einen Wertvergleich durchzuführen. Gelangt es zur Ansicht, dass auch bei einem Scheitern des Insolvenzplans der widersprechenden Gläubigergruppe noch der Zer-

---

[117] AG Saarbrücken ZInsO 2002, 340: Geringere Befriedigungsquoten für Großgläubiger gegenüber Kleingläubigern mit der Begr, letzteren seien im Verhältnis höhere Kosten entstanden, stellen einen Verstoß gegen Abs. II Nr. 3 dar.
[118] *Smid,* InVO 1996, 314 ff.; *ders,* InVo 1997, 109 ff.; *ders,* FS-Pawlowski, S. 387 ff.; *Smid/Rattunde/ Martini,* Rn. 7.1 ff.; *Haarmeyer,* ZIP 1993, 883; *Grub,* ZIP 1993, 393, 398; *Henckel,* KTS 1989, 477, 482 ff.; *Stürner,* S. 41, S. 45; vgl. hierzu auch KPB/*Otte,* § 245 Rn. 59 ff.; wie hier *Hess/Obermüller,* Rn. 154a; *Riggert,* WM 1998, 1521 ff.; FK/*Jaffé,* § 245 Rn. 27 ff.
[119] Vgl. die Ausführungen oben unter 2. b).
[120] Abgestellt wird auf die abstimmenden Gruppen, in jeder Gruppe muss die erforderliche Kopf- und Summenmehrheit nach § 244 InsO erzielt sein. Sieht der Insolvenzplan nur eine einzige Gläubigergrupe vor, so ist schon begrifflich eine Anwendung des Obstruktionsverbots (§ 245 InsO) nicht möglich. Der Plan braucht, um zustande zu kommen, dass ihm die abstimmenden Gläubiger der einzigen Gruppe mit der erforderlichen Kopf- und Stimmenmehrheit zustimmt: AG Duisburg NZI 2001, 605 f.
[121] Kritisch zur Erforderlichkeit der einfachen Mehrheit zustimmender Gläubigergruppen unter Bezugnahme auf den systemwidrigen Eingriff in das Pareto-Prinzip: Braun/*Uhlenbruck,* S. 611.
[122] In der Terminologie des US-amerikanischen Rechts: „feasible"; soweit die amtliche Begr eine Verbindung zu § 79 Nr. 4 VerglO zieht (dort „das gemeinsame Interesse der Vergleichsgläubiger") und daraus folgert, dies sei auch bei „Nichterfüllung" nicht gewährt, deswegen sei die Prüfung gem. § 245 I Nr. 1 InsO nur eine andere Formulierung, geht dies fehl; in diese Richtung argumentierend aber *Hess/Weis/ Wienberg,* § 245 Rn. 14; vgl. hierzu Braun/*Uhlenbruck,* S. 521; *Kaltmeyer,* ZInsO 1999, 255, 318.

schlagungswert zufließen wird, ist keine weitere Prüfung anzustellen. Hat das Gericht hieran Zweifel, muss es weiter prüfen, ob der Insolvenzplan umsetzbar, machbar erscheint. § 231 I Nr. 3 InsO ist insoweit nicht abschließend, insbesondere weil diese Regelung nur auf Schuldnerpläne anzuwenden ist, darüber hinaus im Nachhinein Umstände eintreten können, die an der Durchführbarkeit des Plans zweifeln lassen. Dabei wird keine Prüfung im Detail durchzuführen sein, das Gericht darf aber auch nicht gegen den Widerstand der Gruppenminderheit den Insolvenzplan bestätigen, wenn sich der Insolvenzplan auf Grund deutlicher Hinweise nicht umsetzen lässt und der Zerschlagungswert im Falle des Scheiterns nicht gewährleistet ist. (Erhebliche) Zweifel gehen zulasten des Planeinreichenden und der Planbefürworter.[123]

90 **3. Zustimmung nachrangiger Insolvenzgläubiger, der Anteilsinhaber und des Schuldners. a)** *Grundsatz.* Stimmen der Schuldner und die bei entsprechender Gestaltung[124] des Insolvenzplans gleichfalls beteiligten Anteilsinhaber bzw. nachrangigen Gläubiger dem Insolvenzplan zu, bedarf es keiner weiteren Prüfung. Anders im Fall der Ablehnung: Unter den Voraussetzungen der §§ 246, 246a und 247 InsO gilt die Zustimmung des Schuldners und/oder der nachrangigen Gläubiger als erteilt, wobei der Gesetzgeber ersichtlich davon ausgeht, dass in den genannten Fällen die Ablehnung des Plans durch den Schuldner oder die nachrangigen Gläubiger rechtsmissbräuchlich ist, da ein schutzwürdiges Eigeninteresse nicht verfolgt wird.

91 **b)** *Zustimmung nachrangiger Insolvenzgläubiger.*[125] § 246 InsO tritt ergänzend als Sonderregelung neben § 245 InsO und enthält eine Zustimmungsfiktion nachrangiger Insolvenzgläubiger, vereinfacht somit das Verfahren. Die Aufnahme der Regelung war erforderlich, da die in § 39 InsO genannten Forderungen im Gegensatz zum bisherigen Recht als nachrangige Forderungen in das Insolvenzverfahren einbezogen sind, bei abweichender Planregelung zur gesetzlichen Ausgangssituation des Forderungserlasses (§ 225 InsO) es aber zu vermeiden war, die Abstimmung über den Plan unnötig zu belasten, weil regelmäßig mit keiner Befriedigung zu rechnen ist.[126]

92 § 246 Nr. 1 InsO aF enthielt ehemals die Regelung, dass die Zustimmung von Gruppen mit dem Rang des § 39 Abs. 1 Nr. 1 oder 2 InsO zum Erlass von Zins- und Kostenforderungen im Sinne von § 39 I Nr. 1 und Nr. 2 InsO wenn schon die Hauptforderungen nach dem Plan nicht voll befriedigt wurden. Durch die Neuregelung des ESUG wurde diese Regelung jedoch als entbehrlich gestrichen. Nr. 2 aF entspricht jetzt der Nr. 1 der Bestimmung, Nr. 3 aF der Nr. 2.

93 Eine Abstimmung der nachrangigen Gläubiger gem. § 39 I Nr. 3 InsO ist nicht erforderlich, weil nach § 225 III InsO diese Rechte nicht Gegenstand eines Insolvenzplanverfahrens sein können.

94 Wenig verständlich ist die Regelung für Forderungen, die auf eine unentgeltliche Leistung des Schuldners, § 39 I Nr. 4 InsO, und auf Rückgewähr kapitalersetzender Darlehen eines Gesellschafters oder gleichgestellter Forderungen gründen, § 39 I Nr. 5 InsO. Die Zustimmung gilt als erteilt, wenn kein (nicht nachrangiger) Insolvenzgläubiger, bezogen

---

[123] Vgl. Nerlich/Römermann/*Braun*, § 245 Rn. 13 ff.; Braun/*Riggert/Herzig*, S. 182 f.; zur Frage, ob Zweifel an der „Machbarkeit" mittels einer salvatorischen Klausel beseitigt werden können, vgl. Nerlich/*Römermann/Braun*, § 245 Rn. 17; Aus der Begr des RegE zur Parallelvorschrift des § 251 I Nr. 2 InsO ist grundsätzlich die(se) Möglichkeit/Zulässigkeit zu ersehen, *Balz/Landfermann,* Begr RegE, § 251 InsO, S. 508; vgl. hier auch Braun/*Uhlenbruck,* S. 455 ff. und S. 615 f.; *Kaltmeyer*, ZInsO 1999, 255, 320; *Eidenmüller*, S. 164, 182 ff.; kritisch hierzu *Smid,* ZInsO 1998, 347, 348 ff.; *Wutzke,* ZInsO 1999, 1, 4.

[124] Grundsätzlich gelten die Forderungen nachrangiger Gläubiger als erlassen, § 225 I InsO. Gleichwohl besteht die Möglichkeit, entsprechende Gruppen zu bilden und damit die nachrangigen Gläubiger den Regelungen des Insolvenzplans zu unterstellen, § 222 I Nr. 3, § 225 II und III InsO.

[125] Überblick in: Braun/*Braun/Frank,* § 246 Rn. 1 ff.; FK/*Jaffé,* § 246 Rn. 1 ff.

[126] *Balz/Landfermann,* Begr RegE, § 246 InsO, S. 502.

auf die quotale Befriedigung, durch den Plan besser gestellt wird als die (nachrangigen) Gläubiger dieser Gruppen. Berücksichtigt man, dass die nachrangigen Gruppen grundsätzlich nicht zu bilden sind und damit die Regelwirkung des § 225 I InsO eintritt, nämlich dass alle Forderungen als erlassen gelten, bewirkt bereits jede Zuteilung im Plan ein Mehr gegenüber dem völligen Erlass nach § 225 I InsO. Die nachrangigen Gläubiger erhalten somit eine Gleichbehandlungslösung zugestanden, die, wenn der Plan dies nicht vorsieht, sie mangels Eingreifens der Zustimmungsfiktion nach § 246 I Nr. 1 InsO zur Abstimmung als Gruppe berechtigen. Damit zählen sie als Gruppe iSd § 245 I Nr. 3 InsO.

§ 246 Nr. 2 InsO fingiert schließlich die Zustimmung einer Gruppe zum Insolvenzplan, soweit sich kein Gläubiger der Gruppe an der Abstimmung beteiligt. Die Nichtteilnahme der Gläubiger einer Gruppe an der Abstimmung soll nicht dazu führen, dass die erforderliche Mehrheit nach § 244 InsO nicht erreicht wird. Denn dann würde die Gruppe als nicht zustimmende Gruppe gewertet und somit die erforderliche Zustimmung der Gruppen nach § 245 I Nr. 3 InsO nicht erreicht werden. Soweit ein nachrangiger Gläubiger aus Desinteresse an der Abstimmung nicht teilnimmt, kann so vermieden werden, dass das Gericht in eine ansonsten (etwaig umfängliche) Prüfung nach § 245 InsO eintreten müsste. Der Gesetzgeber legt dem nachrangigen Gläubiger, der bei einer Verwertung ohne einen Plan in aller Regel leer ausginge, auf, an der Abstimmung teilzunehmen, will er die Bestätigung des Plans verhindern. Rein passives Verhalten (Desinteresse) hat somit keinen Einfluss auf das über den Plan entscheidende, ggf. über das Obstruktionsverbot herbeigeführte Mehrheitsquorum.

c) *Zustimmung der Anteilseigner.* Entsprechend den Regelungen für die nachrangigen Insolvenzgläubiger (§ 246 Nr. 2 InsO) gilt auch für die Gruppe der Altgesellschafter die Zustimmung nach dem neu eingeführten § 246a InsO zum Plan als erteilt, wenn kein Anteilseigner an der Abstimmung teilnimmt. Wie im Fall der nachrangigen Gläubiger soll auch bei den Anteilseignern ein rein passives Verhalten nicht die Notwendigkeit begründen, in die Prüfung nach § 245 InsO eintreten zu müssen.

d) *Zustimmung des Schuldners.* § 247 InsO trägt dem Gedanken Rechnung, dass der Insolvenzplan Eingriffe in Rechte des Schuldners ermöglicht, die über die Pflichtenstellung des Schuldners im Falle der Regelabwicklung hinausgehen.[127] Die Möglichkeit, sich einvernehmlich zu vereinbaren, lässt das Gesetz zu. Werden dem Schuldner jedoch gegen seinen Willen Pflichten auferlegt, ist er mitunter schutzbedürftig. § 247 InsO fingiert/nimmt die Zustimmung des Schuldners zum Plan (an), soweit er nicht spätestens im Abstimmungstermin schriftlich[128] widerspricht[129] oder sein Widerspruch unbeachtlich ist, was der Fall ist, wenn der Schuldner voraussichtlich nicht schlechter durch den Plan gestellt wird, als er ohne Plan stünde und kein Gläubiger einen wirtschaftlichen Wert erhält, der den vollen Betrag seines Anspruchs übersteigt. Voraussichtlich bedeutet wie bei § 245 InsO, dass die Nichtschlechterstellung wahrscheinlicher sein muss als die Schlechterstellung des Schuldners. Insoweit ist ein Vergleich zwischen der Plansituation und der Situation für den Fall der Regelabwicklung anzustellen.

---

[127] Bei juristischen Personen üben die Vertretungsberechtigten das Widerspruchsrecht aus, vgl. näher: MüKoInsO/*Sinz*, § 247 Rn. 7 ff.; Kein Widerspruchsrecht haben Gesellschafter, diese sollen den Insolvenzplan allerdings scheitern lassen können, indem sie den Fortführungsbeschluss verweigern, falls der Plan die Fortführung der Gesellschaft vorsieht, Uhlenbruck/Hirte/Vallender/*Lüer*, § 247 Rn. 3. Die Erwägung ist nicht zwingend. Die planentschuldete Gesellschaft wäre gesellschaftsrechtlich „nur" zu liquidieren, was Planerfüllung nicht per se ausschließt.
[128] Durch die ESUG-Reform (BGBl. I 2011, 2582) wurde die Möglichkeit, den Widerspruch gegen den Antrag auf Einstellung des Insolvenzverfahrens zu Protokoll der Geschäftsstelle zu erheben, gestrichen. Das soll zur Vereinfachung der Abläufe bei Gericht beitragen.
[129] Braun/*Braun/Frank*, § 247 Rn. 1. Ein mündlicher Widerspruch ist unbeachtlich, es wird aber ein entsprechender Hinweis des Gerichts in Betracht kommen.

98 Allerdings ist entgegen dem identischen Wortlaut in § 245 I Nr. 1 InsO nicht auf die wirtschaftliche Betrachtungsweise abzustellen, da die Insolvenzordnung dem Schuldner einen Mindeststandard an Rechten gewährt, der einer möglichen (wirtschaftlichen) Kompensation nicht zugänglich ist.[130] Dementsprechend kommt es auf einen Eingriff in die Rechtsstellung des Schuldners an,[131] denkbar im Rahmen der Verweigerung oder Erschwerung der Restschuldbefreiung (§§ 286 ff. InsO),[132] der Verweigerung der Auskehrung eines Übererlöses (§ 199 InsO) oder des Zugriffs auf das insolvenzfreie Vermögen.

VIII. Die Bestätigung des Plans und die Aufhebung des Insolvenzverfahrens

99 **1. Bestätigung oder Versagung der Bestätigung von Amts wegen.** Nach durchgeführtem Erörterungs- und Abstimmungstermin ist das Gericht berufen, den Plan[133] entweder gem. § 248 InsO gerichtlich zu bestätigen oder die Bestätigung gem. § 250 InsO zu versagen.[134]

100 Von der Normstruktur aus verlangt § 248 I InsO eine gerichtliche Bestätigung nur dann, wenn der Plan angenommen worden ist und die Zustimmung des Schuldners gefunden hat. Das Gericht kann also zur Bestätigung nur schreiten, wenn es selbst inzident der Überzeugung ist, dass der Plan gem. den §§ 244 bis 247 InsO, also einschließlich ggf. einer Entscheidung über das Obstruktionsverbot, zustande gekommen ist.[135] Im Rahmen von § 248 InsO prüft das Gericht deswegen, ob sämtliche Gruppen mit den notwendigen Mehrheiten zugestimmt haben bzw. ob deren Zustimmung im Rahmen der §§ 245, 246 und 246a InsO als erteilt gilt. Entsprechendes gilt für die (von Gesetzes wegen unterstellte) Zustimmung des Schuldners nach § 247 InsO.

101 Gemäß § 248 II InsO soll das Insolvenzgericht zur Wahrung des Grundsatzes des rechtlichen Gehörs vor der Entscheidung über die Bestätigung den Insolvenzverwalter, den (soweit bestellten) Gläubigerausschuss und den Schuldner hören.[136, 137] Die An-

---

[130] Wie hier *Smid/Rattunde/Martini*, Rn. 14.27.

[131] *Balz/Landfermann*, Begr RegE, § 247 InsO, S. 504.

[132] Trifft der Plan keine Regelung erfolgt die Restschuldbefreiung, § 227 InsO. Nachzahlungsrechte aus Vorzugsaktien werden von der nach erfolgreicher Durchführung eines Insolvenzplanverfahrens möglichen Restschuldbefreiung nicht erfasst, so: OLG Düsseldorf, BeckRS 2009, 293841.

[133] Das Insolvenzgericht kann wegen der Wirkung, die dem rechtskräftig bestätigten Insolvenzplan gem. §§ 254, 257 InsO beigemessen wird, nur einen Plan bestätigen. So auch: *K. Schmidt/Spliedt*, InsO, § 218 Rn. 10. AA: Uhlenbruck/Hirte/Vallender/*Lüer*, § 248 Rn. 7, der eine Pflicht zur Bestätigung – in zeitlichem Abstand – aller angenommenen Pläne befürwortet.

[134] Unbeschadet der Möglichkeit einen bedingten Insolvenzplan unter den Voraussetzungen des § 249 InsO zu bestätigen, vgl. hierzu die Ausführungen unter Nr. 3 in diesem Abschnitt.

[135] Denkbar wäre nun, dass ein Gericht sich auf den Standpunkt stellt, es liege kein einer Bestätigungsentscheidung zugänglicher Plan vor, da die Gläubiger diesen nicht iSv § 244 InsO, ggf. über das Obstruktionsverbot gem. der §§ 245, 246 InsO, angenommen haben und deshalb – weil nicht zu bestätigen – das Gericht hierüber förmlich nicht entscheidet. Dies hätte die missliche Konsequenz, dass keine rechtsmittelfähige Entscheidung vorhanden wäre, da die Insolvenzordnung das Rechtsmittel der sofortigen Beschwerde nur dort eröffnet, wo diese ausdrücklich zugelassen ist (§ 6 InsO). Eine solche rechtsmittelfähige Entscheidung ist die Bestätigungsentscheidung iSv § 248 I InsO oder eine Versagungsentscheidung des Gerichts (was zwingend nur im Rahmen von den §§ 249 und 250 InsO oder aufgrund eines Antrags eines Gläubigers gemäß § 251 InsO erfolgt), die gem. § 253 InsO anfechtbar ist. Entscheidet im eingangs formulierten Beispiel das Gericht aber nicht, läuft dies leer. Man wird § 248 InsO deswegen so zu verstehen müssen, dass für den Fall, dass das Gericht der Ansicht ist, es liege ein nicht genehmigungsfähiger Plan vor, in jedem Fall ein Versagungsbeschluss iSv § 252 InsO, der mit dem Rechtsmittel des § 253 InsO anfechtbar ist, zu ergehen hat.

[136] Regelmäßig wird die Gewähr rechtlichen Gehörs bereits im Erörterungs- und Abstimmungstermin erfolgen, so dass eine nochmalige Anhörung entbehrlich ist. Vgl. auch Uhlenbruck/Hirte/Vallender/*Lüer*, § 248 Rn. 4; *Balz/Landfermann*, Begr RegE, § 248 InsO, S. 505; eine unterbliebene Anhörung kann nicht in dem Beschwerdeverfahren zu einer Aufhebung der Bestätigungsentscheidung führen: Uhlenbruck/*Lüer*, § 248 Rn. 4.

[137] Es genügt, wenn die Gelegenheit zur Äußerung bestand: LG Traunstein ZInsO 1999, 577, 582 = NZI 1999, 461, 464 = DZWIR 1999, 464, 470.

Der Ablauf des Insolvenzplanverfahrens 102–104 § 68

hörung ist nicht erforderlich, soweit ein die Bestätigung versagender Beschluss ergeht.

Im Rahmen von § 250 InsO prüft das Gericht von Amts wegen,[138] ob die Vorschriften über den Inhalt und die verfahrensmäßige Behandlung,[139, 140] die Vorschriften über die Annahme durch die Gläubiger und die Zustimmung des Schuldners in einem wesentlichen Punkt nicht beachtet worden sind und der Mangel nicht mehr behoben werden kann (§ 250 Nr. 1 InsO).[141] Läge dies vor, so wäre dem Plan, auch wenn die Voraussetzungen des § 248 InsO gegeben sind, die Zustimmung zu versagen. Unter Berücksichtigung dessen, dass das Gericht im Rahmen von § 231 InsO eine – unterstellt rechtmäßige und umfängliche – Prüfung des Plans bezüglich der Vorschriften über das Recht der Vorlage und den Inhalt bereits vorgenommen hat, beschränkt sich die Anwendungsbedeutung auf einen geänderten Plan (§ 240 InsO), möglicherweise aber auch auf einen Sachverhalt, bei der der zuständige Richter gewechselt hat und in der Person des Entscheidenden eine andere Beurteilung eines maßgeblichen Sachverhalts gegeben ist. Auch insoweit wird das Gericht allerdings zu bedenken haben, ob es nicht durch geeignete Hinweise während des Erörterungs- und Abstimmungstermins, also zu einem Zeitpunkt, zu dem der Planersteller durch Anpassung/Änderung des Plans den Bedenken des Gerichts noch entsprechen kann, nicht sachgerechter, den Parteien dienender, vorgehen kann.[142]

Schließlich hat die Versagung zu erfolgen, wenn der Plan unlauter, insbesondere durch Begünstigung eines Gläubigers herbeigeführt wird (§ 250 Nr. 2 InsO).[143] Dies wird der Fall sein, wenn eine Verfälschung der Abstimmung erfolgte.[144] Auch die beeinflussende Stimmentscheidung durch Drohung oder andere unzulässige Einflussnahmen fallen hierunter.[145]

Über den Forderungskauf gehen die Ansichten auseinander. Der Bundesgerichtshof hat gestützt auf den systematischen Zusammenhang von §§ 250 Nr. 2 und § 226 III InsO weitreichende Grundsätze aufgestellt. Danach gilt jeder Forderungskauf zu einem Preis, der die im vorgelegten Insolvenzplan ausgewiesene Quote übersteigt und der damit eine Mehrheitsentscheidung im Sinne des Forderungserwerbers ermöglicht, als (nichtiges) Abkommen im Sinne des § 226 III InsO.[146] Entscheide sich die Mehrheit für die Annahme des Plans, habe das Gericht darüber hinaus den Bestätigungsbeschluss zu

---

[138] Dabei ist auch das Einholen von schriftlichen Auskünften bei den Gläubigern eine zulässige Maßnahme durch das Insolvenzgericht. Das Gericht ist auch befugt, den Gläubigern eine Erklärung – mit den Konsequenzen des § 156 StGB – abzunehmen, in der sie die Richtigkeit und Vollständigkeit ihrer Angaben an Eides statt versichern. Gegen ihre Zulässigkeit spricht nicht, dass die Gläubiger zu einer solchen Versicherung nicht gezwungen werden können: AG Duisburg ZInsO 2002, 736 f., 737 = NZI 2002, 502 f., 503.
[139] Nicht überprüft wird jedoch die Stimmrechtsfestsetzung gem. §§ 237, 238 InsO: Uhlenbruck/Hirte/Vallender/*Lüer*, § 250 Rn. 22.
[140] Für die Versagung der Bestätigung genügt auch nur ein Verstoß gegen die Vorschriften über den Inhalt des Insolvenzplans oder über dessen verfahrensmäßige Behandlung für sich allein, das „und" ist insofern als „oder" zu lesen: MüKoInsO/*Eidenmüller*, § 217 Rn. 186.
[141] Nach dem Erörterungs- und Abstimmungstermin ist eine Heilung nicht mehr möglich, unterstellt, das Insolvenzgericht selbst hat ordnungsgemäß gehandelt. Letzterenfalls kommt eine Mängelbehebung in Betracht, vgl. hierzu die nachfolgenden Ausführungen vor Nr. 2.
[142] Vgl. Braun/*Uhlenbruck*, S. 486, zur Frage, welche Vorschriften über den Inhalt und die verfahrensmäßige Behandlung wesentlich sind.
[143] Gleichgültig, ob dieses Verhalten vom Schuldner, einem Gläubiger, dem Insolvenzverwalter oder einem Vierten ausgegangen ist: Uhlenbruck/Hirte/Vallender/*Lüer*, § 250 Rn. 30.
[144] Für weitere Beispiele s Nerlich/Römermann/*Braun*, InsO, § 250 Rn. 12 f. und MüKoInsO/*Sinz*; § 250 Rn. 17 ff.
[145] Braun/*Riggert/Herzig*, S. 204 ff.; Braun/*Uhlenbruck*, S. 487; Braun/*Braun/Frank*, § 250 Rn. 9.
[146] BGH NZI 2005, 326 = ZIP 2005, 719; zustimmend *Frind*, NZI 2007, 374, 376; *Smid*, DZWiR 2005, 234; *Smid/Rattunde/Martini*, Rn. 4.13; MüKoInsO/*Sinz*; § 250 Rn. 47 ff.; *Bähr/Landry*, EWiR 2005, 547, 548; *Ringstmeier*, BGHReport 2005, 877, 878.

versagen, wenn die Annahme ohne die Stimmen des Forderungskäufers nicht zustande gekommen wäre, da sie durch Begünstigung eines Gläubigers herbeigeführt worden sei (§ 250 Nr. 2 InsO). Unerheblich sei nicht nur der Umfang, in welchem die abstimmenden Gläubiger von dem Forderungskauf Kenntnis hatten, sondern auch Vereinbarung, ob die den Forderungskäufer nicht mit sofortiger Wirkung, sondern erst zum Tage der rechtskräftigen Bestätigung des Plans zum Forderungsinhaber erkläre. Ein nach § 226 III InsO nichtiger Forderungskauf führe zur Versagung der Bestätigung nach § 250 Nr. 2 InsO, sofern der Kauf für das Abstimmungsergebnis ursächlich war.[147] Diese Auffassung des Bundesgerichtshofs reflektiert eine Fortsetzung der früheren Rechtsprechung zum unredlichen Stimmenkauf unter Geltung der Vergleichsordnung.[148] Schon damals wurde auf doloses Handeln abgestellt und die Entscheidung des Oberlandesgerichts Hamm von 1952 (!) betreffend die mittelbare Abtretung der Vergleichsforderung an einen Dritten mit garantiertem Quotenkaufpreis kritisch behandelt.[149] Für das völlig anders konzipierte Planverfahren mit seiner allein den Gläubigern überlassenen Entscheidung zum Schuldnervorschlag überzeugt sie nicht. Nicht jeder Forderungskauf „über Plan Pari" darf als unredlicher Stimmenkauf qualifiziert werden. Die Unzulässigkeit planoffengelegter Forderungen kann dogmatisch nicht überzeugen, da Forderungen auch nach Vorlage eines Insolvenzplans grundsätzlich frei veräußerlich bleiben.[150] Eine gezielte Manipulation der Abstimmung durch teilweisen Stimmaufkauf verhindert § 245 II Nr. 3 InsO im Mehrgruppenplan. Im Übrigen sind die nicht am Forderungskauf beteiligten Gläubiger über § 251 InsO hinreichend geschützt.[151] Gefordert ist daher lediglich Transparenz bezüglich der mit dem Forderungskauf geänderten Abstimmungsverhältnisse.[152] Warum, wenn wie § 222 InsO regelt, Gruppen (von Gläubigern) unterschiedliche Quoten erhalten können, ja – wie § 226 II InsO zeigt – Gläubiger sogar mit Zustimmung aller Beteiligten innerhalb der Gruppe verschieden behandelt werden können, dies bei Kenntnis der Abstimmenden beim über Pari-Kauf nicht sein können soll, erschließt sich nicht. Zugleich behindert diese Rechtsprechung die aktive Gestaltung des potentiellen Erfolgs eines Planverfahrens.

105 Nicht geklärt ist, ob das Insolvenzgericht die Bestätigung auch dann zu versagen hat, wenn der wesentliche und „unheilbare" Verfahrensfehler durch das Gericht selbst verursacht wurde. Nach dem Vergleichsrecht war nach überwiegender Auffassung eine Versagung in diesem Fall nicht geboten, da sonst die Verfahrensbeteiligten Nachteile erleiden würden.[153] Deshalb wird auch im Rahmen eines Insolvenzverfahrens das Insolvenzgericht statt der Versagung der Bestätigung wieder in das Insolvenzplanverfahren eintreten, um das Planverfahren insoweit verfahrensfehlerfrei zu wiederholen. Nur auf diese Weise kann ein Nachteil für die Gläubiger vermieden werden.

106 **2. Bestätigung von Planberichtigungen.** Durch das ESUG eingefügt wurde gemäß § 221 S. 2 InsO die Möglichkeit den Insolvenzverwalter im Plan zu ermächtigen, an einem beschlossenen Insolvenzplan offensichtliche Fehler zu berichtigen. Die Ermächtigung wird mit rechtskräftiger Bestätigung des Plans wirksam (§ 254 I InsO). Die Vorschrift dient zur Verfahrensvereinfachung- und Beschleunigung und betrifft die Korrektur von Form- und Schreibfehlern im Plan. Korrespondierend mit dem Nachbesse-

---

[147] So auch *Smid*, DZWiR 2005, 234, 236.
[148] Vgl. *Hilger/Schmidt*, Insolvenzgesetze, 17. Aufl. 1997, § 8 VglO Anm. 8.
[149] OLG Hamm JZ 52, 494.
[150] Der Planvorlegende hätte es in der Hand, über die Fungibilität der betroffenen Forderungen zu entscheiden.
[151] Im Ergebnis *Mohrbutter/Ringstmeier/Landry* § 14 Rn. 176.
[152] Vgl. Nerlich/Römermann/*Braun*, InsO, § 250 Rn. 12 f.
[153] Vgl. *Bley/Mohrbutter*, § 79 Rn. 7; aA *Schiessler*, der die gesetzliche Regelung für bindend hält, der Plan müsse nochmals vorgelegt werden.

rungsrecht begründet § 248a InsO die Notwendigkeit einer gerichtlichen Bestätigung der vorgenommenen Änderungen. Das Gericht hat zu prüfen, ob sich die Korrekturen des von den Gläubigern beschlossenen Plans formell im gesetzlichen Rahmen des § 221 InsO bewegen und materiell der im bestätigten Plan manifestierte Wille der Gläubiger gewahrt bleibt. Vor der Bestätigung von Planänderungen sollen der Insolvenzverwalter, ein ggf. bestellter Gläubigerausschuss sowie die von der Änderung betroffenen Beteiligten gehört werden. Die Bestätigung der Änderungen ist auf Antrag zu versagen, wenn einer der Beteiligten durch die Änderungen schlechter steht als nach dem ursprünglich beschlossenen Plan.

3. Bestätigung des bedingten Plans. Das Gesetz eröffnet dem Insolvenzplanersteller die Möglichkeit, den Gläubigern einen Plan zur Abstimmung vorzulegen, der von einer Leistung oder einer anderen Maßnahme, die zukünftig erst erfolgen kann, abhängig ist. Dieser sogenannte „bedingte Plan", was insoweit missverständlich ist, als nicht der Plan selbst bedingt ist, sondern der Plan eine zusätzliche Voraussetzung für seine Bestätigung aufstellt,[154] ist insbesondere hinsichtlich gesellschaftsrechtlicher, unmittelbar wirkender Übernahmeerklärungen für Kapitalerhöhungen geschaffen worden.[155] Auf diese Weise muss derjenige, der dem zu sanierenden Unternehmen die Übernahme einer Kapitalerhöhung zusagt, dies nicht tun, bevor nicht sicher ist, dass die Gläubiger sich auf den Insolvenzplan einlassen. Andererseits wird der Insolvenzplan nicht bestätigt und wirksam, wenn nicht zuvor die Übernahmeerklärung eingegangen ist.[156]

Der bedingte Plan ist aber insbesondere auch auf jegliche sonstige maßgebliche Handlung[157] anwendbar, die der Insolvenzplan beschreibt, die seitens eines Dritten[158] erbracht werden soll und noch nicht in rechtsverbindlicher Form geleistet ist, wenn die Gläubiger über den Plan abstimmen.[159] Ein in der Praxis häufiger Anwendungsfall ist die Vorlage einer verbindlichen Auskunft des zuständigen Finanzamts, nach der die im Plan vorgesehenen Regelungen im Ergebnis nicht zu einer zusätzlichen Besteuerung eines Sanierungsgewinns führen.[160]

Gem § 249 InsO bestätigt das Gericht bzw. versagt die Bestätigung von Amts wegen erst dann, wenn die Voraussetzungen (Bedingungen) auch nach Ablauf einer angemessenen, vom Insolvenzgericht gesetzten Frist (nicht) erfüllt sind. Eine teilweise Bestätigung des Insolvenzplans ist nicht möglich.

4. Minderheitenschutz. Schließlich ist im Rahmen der Bestätigungsentscheidung des Gerichts ein spezieller Minderheitenschutz zu berücksichtigen. Während § 245 InsO das Problem einer negativ votierenden Gruppe löst,[161] soll § 251 InsO die Rechte des in der Gruppe majorisierten einzelnen Minderheitsgläubigers[162] bzw. für den Fall des Eingriffs in die Anteilsrechte, eines Anteilsinhabers, berücksichtigen.[163] § 244 InsO besagt, dass zur

---

[154] So HK/*Flessner,* § 249 Rn. 4.
[155] *Balz/Landfermann,* Begr RegE, § 249 InsO, S. 506.
[156] Vgl. LG Dessau ZInsO 2001, §§ 67 ff.; bedingter Plan auch in der Genossenschaftsinsolvenz.
[157] Beispiele hierzu bringt HK/*Flessner,* § 249 Rn. 3.
[158] In die Rechtsstellung eines Dritten kann durch den Insolvenzplan nicht unmittelbar eingegriffen werden. Vgl. hierzu § 217 InsO und § 230 III InsO; vgl. auch *Balz/Landfermann,* Begr RegE, § 249 InsO, S. 506.
[159] Der Plan kann sowohl unter einer aufschiebenden Bedingung, als auch unter einer auflösenden Bedingung geschlossen werden. So auch *Schiessler,* S. 111.
[160] BMF Schreiben 2003 zur Behandlung des Sanierungsgewinns, GmbHR 2003, 579 ff.
[161] Spiegelbildlich gewährt das Obstruktionsverbot selbstverständlich insoweit entsprechenden Gruppenminderheitenschutz.
[162] Ein Widerspruchsrecht steht auch demjenigen Gläubiger zu, der nicht stimmberechtigt ist: *Uhlenbruck/Lüer,* § 251, Rn. 11; weiterhin steht es auch dem Gläubiger zu, der nicht an der Abstimmung teilgenommen hat: *Binz,* Konkurrierende Insolvenzpläne, S. 95.
[163] S hierzu auch: *Thorwart/Schauer,* NZI 2011, 574 ff.

Annahme des Plans die Mehrheit der abstimmenden Gläubiger nach Summen und Köpfen bzw. Anteilsinhabern nach dem Beteiligungskapital innerhalb einer Gruppe maßgeblich, aber auch ausreichend ist. Eine negativ votierende Gruppe kann gem. § 245 InsO möglicherweise so behandelt werden, dass bei Erfüllung der Norm die Zustimmung der Abstimmungsgruppe als erteilt gilt. Was aber geschieht, wenn eine Mehrheit von Gläubigern bzw. Anteilseignern innerhalb einer Gruppe einen Beteiligten majorisiert, weil sie sich mit einem Maßstab an Befriedigung zufrieden geben wollen, den der Einzelne nicht akzeptiert und der für den Einzelnen schlechter ist, als die Zerschlagungs-/Regelabwicklungslösung des Regelinsolvenzverfahrens.[164] Im Rahmen der Beurteilung einer potenteillen Schlechterstellung von Anteilseignern ist allerdings zu berücksichtigen, dass die Rechte der Anteilsinhaber bei einer Regelabwicklung und Liquidation immer endgültig und fast immer entschädigungslos untergehen, so dass eine Schlechterstellung nur bei einem Liquidationsüberschuß im Rahmen der Regelabwicklung denkbar ist.

111 Will ein Gläubiger oder Anteilseigner eine Schlechterstellung nach § 251 InsO geltend machen, ist Voraussetzung, dass er bereits im Abstimmungstermin schriftlich oder zu Protokoll der Geschäftsstelle dem Plan widersprochen hat (I Nr. 1),[165] er durch den Plan voraussichtlich schlechter gestellt wird als er ohne einen Plan stünde (I Nr. 2)[166] und er diese Schlechterstellung gegenüber dem Gericht spätestens im Abstimmungstermin glaubhaft[167] macht (II).[168]

112 Dies bedeutet, dass der Individualminderheitenschutz des § 251 InsO der Gruppen-Obstruktionsverbotsregelung des § 245 InsO entspricht,[169] allerdings mit zwei Modifikationen. Zum einen muss der Gläubiger bzw. Anteilseigner formal sofort widersprechen und er muss im Bestätigungsverfahren die Schlechterstellung glaubhaft machen. Damit trifft ihn die Darlegungs- und Beweislast, während bei § 245 I Nr. 1 InsO das Gericht zur Überzeugung kommen muss, dass diese Vorschrift eingehalten ist. Im Rahmen der Prüfung des Obstruktionsverbots trifft also den Planersteller[170] das Risiko der Nichterweislichkeit (Nichterreichbarkeit der Überzeugung des Gerichts), weil dann, wenn das Gericht vom Plan nicht überzeugt ist, es diesen nicht bestätigt. Die Situation verschlechtert sich für den Minderheitsgläubiger insoweit, als die Darlegungs- und Beweislast ihm überbürdet wird, weil die Mehrheit der Gläubiger innerhalb der Gruppe positiv votiert hat.[171]

113 Der Antragsteller nach § 251 InsO ist aber auch noch dadurch schlechter gestellt, dass die Prüfungsschranke des § 245 I Nr. 2 InsO in Verbindung mit § 245 II InsO nicht gilt. Stimmen also alle Gruppen mit Mehrheit einem Plan zu, der vorsieht, dass bspw. einer Gruppe ein höherer Betrag zugestanden wird als anderen, rechtlich gleichgestellten Gruppen (Verstoß gegen § 245 II Nr. 3 InsO soweit nicht alle Gruppen zugestimmt

---

[164] *Balz/Landfermann*, Begr RegE, § 251 InsO, S. 507, weist darauf hin, dass innerhalb einer Gruppe von Gläubigern unterschiedliche Interessen vorliegen können.

[165] Anders bei § 245 InsO, wo das Gericht das Vorliegen der Voraussetzungen ohne Antrag zu prüfen hat.

[166] Hier ist insoweit dieselbe Vergleichsrechnung bezogen auf den Gläubiger durchzuführen, wie sie bereits im Rahmen von § 245 I Nr. 1 InsO für die Gläubigergruppe anzustellen ist. Vgl. hierzu auch Braun/*Riggert/Herzig*, S. 206; Braun/*Braun/Frank*, § 251 Rn. 6.

[167] Der Begriff der Glaubhaftmachung ist im zivilprozessualen Sinne zu verstehen, § 4 InsO und § 294 ZPO. Dem Insolvenzgericht ist danach in einem geringeren Grade von Wahrscheinlichkeit das Vorliegen einer Tatsache zu vermitteln, als bei einem (vollen) Beweis. Die Beweisführung muss sofort möglich sein, § 4 InsO und § 294 II ZPO. Die Bestätigung ist zu versagen, wenn die Schlechterstellung eines Gläubigers wahrscheinlicher ist als die Nichtschlechterstellung, BGH ZInsO 2007, 442.

[168] Ein Widerspruch ist auch dann erforderlich, wenn der Gläubiger zuvor gegen den Plan votiert hat. LG Neubrandenburg ZInsO 2000, 628.

[169] Zur wirtschaftlichen Betrachtungsweise der „voraussichtlichen Schlechterstellung" vgl. die Ausführungen unter § 68 VII 2. b).

[170] Schuldner, Verwalter originär und/oder im Auftrag der Gläubigerversammlung.

[171] Braun/*Braun/Frank*, § 251 Rn. 11.

Der Ablauf des Insolvenzplanverfahrens	114–116 § 68

haben), so ist dies im Rahmen des Minderheitenschutzes irrelevant, weil das Obstruktionsverbot und damit der Maßstab des § 245 InsO keine Anwendung findet. Widerspricht ein innerhalb einer Gruppe majorisierter Beteiligter, der nunmehr weniger erhält als ein Beteiligter gleicher Rechtsstellung in einer anderen, bevorzugten Gruppe, so wird er mit seinem Begehren nicht gehört, solange ihm nur das verbleibt, was er auch in der Regelinsolvenz erhalten hätte. Das Gesetz lässt es also für einen Verstoß gegen die Grundprinzipien des Verteilungsrechts des Insolvenzrechts ausreichen, dass alle Gruppen insoweit zugestimmt haben.[172]

Das Insolvenzgericht hat im Übrigen zu prüfen, ob die Nichtbestätigung des Insolvenzplans auf Grund einer salvatorischen Entschädigungsklausel, die nach dem ESUG gemäß § 251 III InsO vorgesehen werden kann, obsolet wird, weil im gestaltenden Teil zusätzliche Leistungen an solche Beteiligten vorgesehen werden, die dem Plan widersprechen und den Nachweis führen, dass sie ohne Zusatzleistungen durch den Plan schlechter gestellt werden als ohne Plan.[173] Die Angelegenheit ist dann außerhalb des Planverfahrens zu klären (§ 251 III InsO). **114**

5. Aufhebung des Verfahrens. Nach § 252 I InsO ist der Beschluss, durch den der Insolvenzplan bestätigt oder seine Bestätigung versagt wird, im Abstimmungstermin oder in einem alsbald zu bestimmenden besonderen Termin zu verkünden. Wird der Insolvenzplan bestätigt, ist nach § 252 II InsO den Insolvenzgläubigern, die Forderungen angemeldet haben, und den absonderungsberechtigten Gläubigern unter Hinweis auf die Bestätigung ein Abdruck des Plans oder eine Zusammenfassung des wesentlichen Inhalts zu übersenden.[174] Sind Anteils- oder der Mitgliedschaftsrechte in den Plan einbezogen, sind auch den am Schuldner beteiligten Personen die Unterlagen zu übersenden, sofern nicht die Erleichterungen für Aktionäre und Kommanditaktionäre greifen.[175] **115**

Gegen die Bestätigungsentscheidung (wie auch gegen den Beschluss, die Bestätigung zu versagen) des Gerichts steht den Beteiligten das Rechtsmittel der sofortigen Beschwerde gem. § 253 InsO zu.[176] Ist die Rechtsmittelfrist von zwei Wochen[177] ohne Einlegung eines Rechtsmittels oder aber das Beschwerdeverfahren nach rechtskräftiger Entscheidung abgeschlossen,[178] kann das Insolvenzverfahren aufgehoben werden, wenn der Insolvenzplan nichts anderes vorsieht[179] (§ 258 I InsO). Der Aufhebungsbeschluss ist unanfechtbar.[180] **116**

---

[172] Vgl. *Balz/Landfermann*, Begr RegE, § 251 InsO, S. 508, nach der eine Ausdehnung der Garantie der angemessenen Beteiligung des § 245 InsO auf den einzelnen Gläubiger für den Gesetzgeber nicht notwendig war.

[173] Vgl. hierzu Braun/*Uhlenbruck*, S. 488; Braun/*Riggert/Herzig*, S. 207; Nerlich/Römermann/*Braun*, § 251 Rn. 4f., § 245 Rn. 17; FK/*Jaffé*, § 251 Rn. 18ff.; *K. Schmidt/Spliedt*, InsO, § 226 Rn. 8; *Balz/Landfermann*, Begr RegE, § 251 InsO, S. 508; verwiesen wird auch auf die Ausführungen zu § 245 InsO – Obstruktionsverbot – und die dort geführten Nachweise.

[174] Zum formalen Ablauf der Bekanntgabe iSv § 258 III InsO vgl. auch Braun/*Riggert/Herzig*, S. 213 f.

[175] § 252 II S. 2 InsO.

[176] Beschwerdeberechtigt sind neben dem Schuldner alle Gläubiger, dh auch diejenigen, denen das Gericht kein Stimmrecht zuerkannt hat: MüKoInsO/*Eidenmüller*, § 253 Rn. 10 ff.

[177] § 4 InsO iVm § 565 I 1 ZPO.

[178] Die Überprüfung der Entscheidung, ob eine Gläubigergruppe schlechter gestellt ist und an dem wirtschaftlichen Wert angemessen beteiligt wird, fällt nach Ansicht des BGH in den Verantwortungsbereich des Tatrichters und könne im Rechtsbeschwerdeverfahren nur eingeschränkt nachgeprüft werden, vgl. BGH NZI 2007, 713 = ZInsO 2007, 521.

[179] Diese Ergänzung in § 254 I InsO wurde durch die ESUG-Reform (BGBl. I 2011, 2582) vorgenommen, weil nunmehr auch verfahrensleitende und verfahrensbegleitende Insolvenzpläne zulässig sind. Daher ein rechtskräftig bestätigter Plan nicht zwingend die unmittelbare Aufhebung des Verfahrens zur Folge haben muss, sondern der Plan selbst vorgibt, ob schon die Voraussetzungen für die Verfahrensaufhebung geschaffen sind oder dies dem Regelinsolvenzverfahren (oder einem weiteren Planverfahren) überlassen bleibt.

[180] Entscheidungen des Insolvenzgerichts unterliegen nur in den von der InsO vorgesehenen Fällen der sofortigen Beschwerde (§ 6 InsO); vgl. BGH ZInsO 2007, 263.

117 Mit den Neuregelungen des ESUG wurde der Absatz II bei § 253 InsO neu eingefügt, der die Zulässigkeit von gem Absatz I gewährten Rechtsmitteln beschränkt und mit dem weitere formelle und materielle Zulässigkeitsvoraussetzungen für die sofortige Beschwerde geschaffen wurden. Der Gesetzgeber trägt hiermit dem Umstand Rechnung, dass Planverfahren durch die Einlegung von Rechtsmitteln erheblich erschwert bzw. faktisch vereitelt werden können, da die daraus resultierenden zeitlichen Verzögerungen nicht aufgefangen werden können. Im Sinne der Machbarkeit von Insolvenzplanlösungen ist der Rechtsschutz für die Beteiligten effizient zu gestalten.

118 Nach § 253 II InsO setzt die Zulässigkeit der sofortigen Beschwerde voraus, dass der Beteiligte im Abstimmungstermin dem Plan schriftlich oder zu Protokoll widersprochen und gegen den Plan gestimmt hat. Darüber hinaus ist eine Beschwerde nur zulässig, wenn der Beteiligte eine wesentliche Schlechterstellung durch den Plan gegenüber einer Regelabwicklung bzw. Liquidation glaubhaft macht und die (behauptete) wesentliche Schlechterstellung nicht durch eine Entschädigungsregelung im Sinne von § 251 III InsO ausgeglichen werden kann.

119 Wichtig ist, dass das Erfordernis des Widerspruchs und der Ablehnung des Plans im Abstimmungstermin gemäß § 253 III InsO nur gilt, wenn im Rahmen der Bekanntmachung und der Ladungen zum Termin auf die Notwendigkeit des Widerspruchs hingewiesen wurde.

120 Die sofortige (zulässige) Beschwerde hat aufschiebende Wirkung, es treten die Wirkungen des Plans (§ 254 InsO) zunächst nicht ein. Dies kann aus den oben dargelegten Gründen unabhängig von den Erfolgsaussichten der Beschwerde ein erhebliches Risiko für den Planerfolg darstellen. Von daher ist die ebenfalls durch das ESUG getroffene Neuregelung zu begrüßen, nach der das Landgericht auf Antrag des Insolvenzverwalters die Beschwerde nach seiner freien Überzeugung bei Überwiegen der Nachteile einer Aussetzung des Planvollzugs über die Interessen des Beschwerdeführers in der Regel zurückweisen kann. Dies wird bei einem laufenden Geschäftsbetrieb der Schuldnerin fast immer der Fall sein, so dass das Landgericht die sofortige Beschwerde unverzüglich zurückweisen kann.

121 Der Beschwerdeführer kann dann auf den Ersatz des behaupteten Schadens klagen, der ihm durch den Planvollzug entstehen soll.

122 Vor der Änderung durch das ESUG enthielt § 258 II InsO noch die Hürde, dass das Insolvenzverfahren erst aufgehoben werden konnte, wenn der Verwalter die unstreitigen Masseansprüche – auch die nicht fälligen – berichtigt und für die streitigen Sicherheit geleistet hatte. In der Unternehmensinsolvenz ist allerdings eine Fülle von Tagesgeschäften ständig neu zu kontrahieren, die zu erfassen und zu berichtigen bzw. sicherzustellen voraussetzen würde, dass der Geschäftsbetrieb gerade nicht fortgesetzt wird, sondern endet. Dies Problem hat sich weitgehend dadurch erledigt, dass nunmehr auf Grundlage des neu eingefügten § 258 II S. 2 InsO auch ein Finanzplan vorgelegt werden kann, aus dem sich ergibt, dass die betreffenden noch nicht fälligen Ansprüche erfüllt werden können.

123 Bevor sich das Insolvenzgericht vom Vorliegen dieser Voraussetzungen überzeugt hat, darf der Beschluss nicht erlassen werden. Die originären Verwalterverbindlichkeiten, die fälligen Masseschulden sind demnach zu berichtigen bzw. sicherzustellen. Für die noch nicht fälligen Masseschulden aus der Fortführung des plangemäß fortzuführenden Unternehmens kann ein Finanzplan vorgelegt werden, aus dem mit überwiegender Wahrscheinlichkeit hervorgeht, dass die nicht fälligen Masseschulden erfüllt werden können.

124 Die Wirkungen der Aufhebung sind in § 259 InsO geregelt. Danach erlöschen mit Aufhebung des Insolvenzverfahrens die Ämter des Insolvenzverwalters und der Mitglieder des Gläubigerausschusses.[181] Der Schuldner erhält das Recht zurück, über die Insolvenzmasse (ex nunc) zu verfügen.[182] Die Unterbrechung anhängiger Prozesse endet,[183] wobei im gestaltenden Teil des Insolvenzplans vorgesehen werden kann, dass der Verwalter auch nach Aufhebung des Verfahrens berechtigt ist, anhängige – gemeint rechtshängige –[184] Rechtsstreite, die die Insolvenzanfechtung zum Gegenstand haben, für Rechnung des Schuldners fortzuführen, § 259 III InsO.[185] § 259 II InsO offeriert die Möglichkeit, die Rechtswirkungen der Verfahrensaufhebung nicht eintreten zu lassen, wenn die Planerfüllung nach § 260 I InsO überwacht wird.

Durch das ESUG wurden mit den §§ 259a, 259b InsO Regelungen zu Forderungen geschaffen, die auch nach Aufhebung des Insolvenzverfahrens einen Schutz vor der Vollstreckung von nicht spätenstens bis zum Abstimmungstermin angemeldeten Forderungen sowie eine besondere Verjährungsfrist von einem Jahr für derartige Forderungen regeln. Die Vorschriften dienen dem Zweck, die Planerfüllung nach Aufhebung des Insolvenzverfahrens möglichst nicht durch bei Planbestätigung nicht angemeldete Forderungen („Nachzügler") gefährden zu lassen. Die Regelungen bieten aber keinen umfassenden Schutz, so dass im Plan eine Ausschlussfrist vorgesehen werden sollte.[186]

§ 69. Die Wirkungen des Plans

Übersicht

	Rn.
I. Grundkonzept	1
II. Bürgen und Sicherheiten	2
III. Naturalobligation	4
IV. Ausschluss der Differenzhaftung	7
V. Wiederauflebensklausel	8
VI. Eingriff in Anteilseignerrechte	14
VII. Vollstreckung aus dem Plan	23
VIII. Steuerliche Folgen des Insolvenzplans	27

I. Grundkonzept

Mit der Rechtskraft des bestätigten Insolvenzplans treten die im gestaltenden Teil festgelegten Wirkungen für und gegen alle Beteiligten ein, § 254 I S. 1 InsO. Soweit im

---

[181] Streitigkeiten über das Bestehen der gesicherten Forderungen sind nach der Aufhebung mit dem Schuldner zu führen; es fehlen insofern Regelungen über eine Nachtragsverteilung iSd §§ 203 ff. InsO: *Uhlenbruck/Lüer*, § 258 Rn. 8.

[182] Der Übergang der Verwaltungs- und Verfügungsbefugnis auf den Schuldner ist nicht abdingbar. Wie hier *Schiessler*, S. 206; Nerlich/Römermann/*Braun*, § 259 Rn. 5; Braun/*Braun/Frank*, § 259 Rn. 3; Klarstellend OLG Celle ZInsO 2006, 1327 = ZVI 1997, 321, wonach die Wiedererlangung des Verfügungsrechts allenfalls durch einen Zustimmungsvorbehalt des überwachenden Insolvenzverwalters bei Anordnung einer Planüberwachung gem. § 261 InsO denkbar sei. AA: *Kühne/Hancke*, ZInsO 2012, 812 ff.

[183] Vgl. hierzu näher die entsprechende Rechtslage zu § 192 KO *Kuhn/Uhlenbruck*, § 192 Rn. 3; *Uhlenbruck/Lüer*, § 259 Rn. 12 f.

[184] BGH NZI 2013, 489.

[185] Vgl. hierzu Braun/*Braun/Frank*, § 259 Rn. 7; Hierfür genügt es, wenn der Insolvenzplan die Regelung „§ 253 III InsO findet Anwendung" enthält: BGH ZInsO 2006, 38, 40 f. = NZI 2006, 100 f.; eine gemäß dem Insolvenzplan treuhänderisch an den Insolvenzverwalter abgetretene Forderung kann dieser nicht mehr als Partei kraft Amtes, sondern nur aus eigenem Recht als Zessionar weiterverfolgen: BGH WM 2008, 483 = ZIP 2008, 546.

[186] Braun/*Braun/Frank*, § 259b Rn. 14.

Insolvenzplan Willenserklärungen der Beteiligten aufgenommen wurden, gelten sie als in der vorgeschriebenen Form abgegeben. Der durch das ESUG geänderte § 254 InsO dient – im Zusammenspiel mit den neuen §§ 254a, 254b InsO – der Umsetzung der Regelungen im gestaltenden Teil des Plans (§ 221 InsO) und entfaltet seine materiellen Rechtswirkungen ab rechtskräftiger Bestätigung des Insolvenzplans und zwar für alle (formell) Beteiligten und unabhängig von ihrer tatsächlichen Verfahrensteilnahme, was § 254b InsO nunmehr ausdrücklich klarstellt und der bisherigen Rechtslage entspricht.[1] Dies alles hätte unschwer auch allein mit S. 1 bewirkt werden können. Wichtig ist, dass diese Rechtswirkungen auch gegenüber all denjenigen gelten, die am Planverfahren nicht teilgenommen haben,[2] gleichermaßen gegen diejenigen, die dem Plan widersprochen haben.[3] Der Insolvenzplan hat dagegen keine direkte Wirkung gegenüber Dritten (den Nichtverfahrensbeteiligten),[4] bewirkt keine tatsächlichen Zustände[5] und ersetzt nicht die Eintragung in öffentliche Register.[6] Dies ist in der Literatur unbestritten.[7]

II. Bürgen und Sicherheiten

2   Aus § 254 II InsO ergibt sich im Übrigen, dass für akzessorische Sicherungsgeschäfte die Rechtsfolgen des Absatzes I keine Auswirkungen auf die bestellten Sicherheiten haben. Der Bürge haftet dem Gläubiger auch, soweit dieser im Verhältnis zum Schuldner plangemäß verzichtet. Gleiches gilt für Mitschuldner sowie Rechte der Insolvenzgläubiger an Gegenständen, die nicht zur Insolvenzmasse gehören. Obwohl der Schuldner durch den Plan gegenüber dem Mitschuldner, den Bürgen und anderen Rückgriffsberechtigten befreit wird, bleibt der planverzichtende Gläubiger im Verhältnis zu seinen haftenden Drittsicherheiten weiterhin berechtigt.[8]

3   Handelt es sich bei dem Bürgen um einen Gesellschafter, der sich einem Gesellschaftsgläubiger neben seiner gesetzlichen akzessorischen Haftung persönlich verpflichtet hat, wird die Frage, ob auf die vertragliche Mitverpflichtung § 254 II InsO Anwendung findet, nicht einheitlich beantwortet. Nach überwiegender Auffassung können persönliche Sicherheiten, die ein unbeschränkt haftender Gesellschafter für die Verbindlichkeiten einer Personengesellschaft abgibt, im laufenden (Plan)verfahren vom Gläubiger selbstständig durchgesetzt werden.[9] Von § 227 II InsO und der Sperrwirkung des § 93 InsO seien sie nicht erfasst. Vielmehr ginge die InsO generell von einer Privilegierung persönlicher Sicherheiten aus, wie sie in § 254 II S. 1 InsO zum Ausdruck käme.

---

[1] § 254a InsO wurde als eine Teilausgliederung aus § 254 I InsO aF neu eingeführt. Daher ist vor allem eine – zusätzliche – notarielle Beurkundung oder Beglaubigung der Willenserklärung nicht mehr erforderlich. Ergänzend bestimmt Absatz II S. 1, dass der Plan auch die Gesellschafterbeschlüsse und die Erklärungen zur Übertragung von Anteilen oder zur Entgegennahme von Sacheinlagen ersetzt.

[2] Nach Ansicht des LAG Rheinland-Pfalz bezweckt die Norm den Schutz vor einer gezielten Umgehung der Wirkungen eines Insolvenzplans durch bloße Passivität im Planverfahren, schließt untätige Insolvenzgläubiger jedoch nicht von der Teilhabe an Planleistungen aus, sondern unterwirft sie nur den durch den Plan angeordneten Wirkungen und Beschränkungen. Andernfalls würde der Planzweck unterlaufen und darüber hinaus die Planerfüllung durch planwidrige Mehrbelastung des Schuldners gefährdet; Entscheidungen v. 27.3.2008, Az. 10 Sa 692/07 (BeckRS 2008, 53519) und v. 12.10.2006, Az. 4 Sa 281/06 (BeckRS 2007, 44876).

[3] Vgl. so ausdrücklich *Balz/Landfermann*, Begr RegE, § 254 InsO, S. 511.

[4] Umkehrschluss aus § 254 I S. 3 InsO. Hier kann § 249 InsO mit einem bedingten Plan weiterhelfen, der die Einbeziehung Dritter in den Plan ermöglicht.

[5] Bspw die Übergabe einer beweglichen Sache zum Eigentumserwerb nach § 929 BGB.

[6] Bspw die Eintragung des vereinbarten Eigentumswechsels eines Grundstücks in das Grundbuch.

[7] Braun/*Braun/Frank*, § 254 Rn. 5; HK/*Flessner*, § 254 Rn. 3 ff.; *Leonhardt/Smid/Zeuner*, § 254 Rn. 5 f., 12; *Hess/Weis/Wienberg*, § 254 Rn. 9 ff. Die Frage, ob nicht im Einzelfall dem bestätigten Insolvenzplan strafbefreiende Wirkung zukommen kann, erörtert *Uhlenbruck*, ZInsO 1998, 250 ff. mwN.

[8] Nerlich/Römermann/*Braun*, § 254 Rn. 6 f.

[9] BGH NZI 2002, 483 = ZIP 2002, 1492; MüKoInsO/*Huber*, § 254 Rn. 26; HK/*Flessner*, § 227 Rn. 7.

Die Gegenauffassung geht zu Recht davon aus, dass bei Anerkennung einer schuldrechtlichen Zusatzhaftung die Intention des § 227 II InsO unterlaufen würde.[10] § 227 II InsO muss vorrangig Anwendung finden, soweit es sich um Sicherheiten handelt, die auf die Gesellschafterstellung zurückzuführen sind. Eine Unternehmenssanierung ist bei Personengesellschaften wegen ihrer engen Verknüpfung in der Regel nicht ohne die gleichzeitige Sanierung der persönlich haftenden Gesellschafter denkbar. Aus wirtschaftlicher Sicht ergibt sich für den Gesellschafter kein Unterschied, ob er aus der gesetzlichen akzessorischen Gesellschafterhaftung oder der persönlichen Verpflichtung in Anspruch genommen wird.[11]

III. Naturalobligation

Der verzichtende Gläubiger erhält im Verhältnis zum Schuldner allerdings eine Naturalobligation,[12] so dass er etwaig erlangte (planbetrachtet Zuviel-)Zahlungen/Leistungen trotz Planwirkung nicht zurückzugewähren hat. Die Begründung des Regierungsentwurfs hat dabei ausdrücklich im Auge gehabt, dass Absonderungsberechtigte wie auch Kleingläubiger während des Verfahrens vollständig bedient werden können, so dass sich das Planverfahren dadurch vereinfacht.[13]

In besonderer Weise erwähnt die Gesetzesbegründung insoweit, dass ein Gläubiger der nach Aufhebung des Verfahrens vom Schuldner – freiwillig[14] – vollständig befriedigt wird, keinem Rückforderungsanspruch ausgesetzt ist, weil er diese Leistung „cum causa", eben auf die Naturalobligation erhalten hat.[15] Diese Überlegung steht in einem gewissen Spannungsverhältnis zu § 250 Nr. 2 InsO. Dort ist die Bestätigung des Plans zu versagen, wenn die Annahme des Plans durch eine Begünstigung eines Beteiligten herbeigeführt worden ist. Danach wäre die rechtliche Verpflichtung, planwidrig einem Beteiligtem später vollständig zu bezahlen, Versagungsgrund, eine freiwillige Leistung anschließend aber möglich und nicht rückforderbar.

Eine vergleichbare Problematik ergibt sich zu § 226 InsO. Nach dieser Vorschrift ist eine unterschiedliche Behandlung der Beteiligten einer Gruppe unzulässig. Dies entsprach auch bereits der im alten Vergleichsrecht bekannten Problematik des unlauteren Stimmenkaufs. Danach war unzulässig, dass – ggf. auch von dem Schuldner nahe stehenden Dritten – einzelnen Gläubigern deren Forderung für einen höheren Betrag als die Vergleichsquote abgekauft wurde, um danach mit dieser Forderung am Vergleich (positiv votierend) teilzunehmen.[16] Nach Auffassung des BGH gilt dies auch für die Insolvenzordnung, wenn der Forderungskauf die im Insolvenzplan vorgesehene Quote übersteigt.[17] Dies ist jedoch aus den oben (→ § 68 Rn. 104) dargelegten Gründen zu weitgehend. Unzulässig ist nur, dass Gläubiger nicht wissen, welche Motive und welche finanziellen Zusagen und Vorteile einen Gläubiger ggf. zur Zustimmung veranlassen.[18] Damit wird eine nicht klagbare Absichtserklärung des Schuldners über den Plan hinausgehende Zuzahlungen zu leisten, zulässig sein, ist sie aber Überzeugungsargument für

---

[10] *Kesseler*, DZWIR 2003, 488, 492; *Braun*, § 254 Rn. 8; Nerlich/Römermann/*Braun*, § 254 Rn. 7; im Ergebnis auch *Häsemeyer* Rn. 31.20 a.

[11] Vgl. eingehend Nerlich/Römermann/*Braun*, § 254 Rn. 7 sowie *Kesseler*, DZWIR 2003, 488, 492.

[12] Im Wortlaut der Begr zum RegE als „natürliche Verbindlichkeit" bezeichnet, *Balz/Landfermann*, Begr RegE, § 254 InsO, S. 512.

[13] Vgl. *Balz/Landfermann*, Begr RegE, § 254 InsO, S. 512.

[14] Ergänzung der Verfasser.

[15] Vgl. hierzu auch *Schiessler*, S. 192. Dies entspricht der Rechtsprechung des BGH zum Erlass beim Liquidationsvergleich, vgl. BGHZ 118, 71, 76.

[16] § 123 VerglO aF; vgl. hierzu bspw. *Böhle-Stamschräder*, 8. Aufl. 1973, Rn. 1 ff.

[17] BGH NZI 2005, 325.

[18] Vgl. so Nerlich/Römermann/*Braun*, § 226 Rn. 7.

eine Gruppe von Gläubigern, muss dies offengelegt werden, weil die anderen Gläubiger gleichfalls wissen müssen, dass ihnen ggf. solche Zusagen nicht gemacht werden.[19]

IV. Ausschluss der Differenzhaftung

7   In Zusammenhang mit dem im Rahmen des ESUG durch den Insolvenzplan möglichen Eingriff in die Anteilsrechte, der ausdrücklich auch die Umwandlung von Forderungen in Anteils- und Mitgliedschaftsrechte (§ 225a II InsO), in Form eines Debt-Equitiy-Swap vorsehen kann, wird durch § 254 IV InsO eine Nachschusspflicht des umwandelnden Gläubigers nach Grundsätzen der Differenzhaftung für Gläubiger ausgeschlossen. Ohne diese Regelung würde der seine Forderung umwandelnde Gläubiger das Risiko tragen, im Rahmen einer Folgeinsolvenz Nachschüsse in Höhe der Differenz zwischen dem Wert der gewandelten Forderung bei Umwandlung und dem Nominlawert der erhaltenen Anteile leisten zu müssen.[20]

V. Wiederauflebensklausel

8   Die Planwirkung hält allerdings nicht an, wenn der Schuldner gegenüber einem Gläubiger mit der Erfüllung des Plans erheblich in Rückstand gerät. § 255 I S. 2 InsO definiert einen erheblichen Rückstand als eine vom Gläubiger trotz schriftlicher Mahnung und mind. 2-wöchiger Nachfrist nicht getilgte fällige Verbindlichkeit aus dem Plan.[21] Damit tritt individuell gegenüber dem jeweils betroffenen Gläubiger das Aufleben der gesamten Forderung ein, soweit Stundungen oder Erlasse plangemäß bewirkt waren.[22]

9   Planwirkungen werden darüber hinaus allen Gläubigern gegenüber nach Absatz II gegenstandslos, wenn vor vollständiger Erfüllung des Plans über das Vermögen des Schuldners ein neues Insolvenzverfahren eröffnet wird, soweit die Planregelungen Stundungen oder Erlasse zum Inhalt hatten.[23]

10 Die Regelungen stehen zur Disposition des Planeinreichers, der auch abweichende Regelungen treffen kann, jedoch nicht zum Nachteil des Schuldners Absatz III.

11 Die gesetzliche Begründung stellt insofern eindeutig klar, dass ein Wiederaufleben von dinglichen Rechten, die durch die Wirkung des Plans erloschen seien, nicht mehr erfolgt; dies sei praktischen Schwierigkeiten ausgesetzt.[24] Diese Betrachtungsweise ist insoweit nicht verständlich – und wenig realitätsnah – als sie unterstellt, dass Absonderungsberechtigte auf dingliche Sicherungsrechte verzichten mit der Kenntnis, im Nichterfüllungsfall schlechter als der Insolvenzgläubiger zu stehen. Hier werden in der Praxis sorgfältig „Ersatzlösungen" gestaltet, um für den Fall der Nichterfüllung des Plans prinzipiell die dingliche Position aufrechtzuerhalten, um letztlich dinglich gesicherte Gläubiger – trotz § 255 InsO – in die Planstrategie einbinden zu können. So kann Sicherungsgläubigern eines Warenlagers mit wechselndem Bestand, die die Verfügung über das Warenlager zulassen, durch den Insolvenzverwalter erneut (vgl. § 91 InsO) der künftige, vorhandene Bestand dieses Lagers sicherungsübereignet werden. Für den Fall

---

[19] Vgl. hierzu auch Nerlich/Römermann/*Braun*, § 226 Rn. 7 ff.; so auch KPB/*Otte*, § 226 Rn. 5; HK/*Flessner*, § 226 Rn. 4; *Leonhardt/Smid/Zeuner*, § 226 Rn. 8 f.

[20] Ausführlich hierzu: *K. Schmidt/Spliedt*, InsO, § 225a Rn. 20 ff., § 254 Rn. 14 ff.

[21] Die Nachfristsetzung kann nicht durch Mahnbescheid oder Klage ersetzt werden: MüKoInsO/*Huber*, § 255 Rn. 23.

[22] Eine vergleichbare Regelung kannte bereits das Vergleichsrecht in § 9 I, 2 und 4, § 97 VerglO; vgl. *Balz/Landfermann*, Begr RegE, § 255 InsO, S. 514.

[23] Eine Sonderregelung enthält § 9 IV S. 2 BetrVG für den Pensions-Sicherungs-Verein, der in Höhe der erbrachten Leistungen in dem neuen Insolvenzverfahren Insolvenzgläubiger wird: Uhlenbruck/Hirte/Vallender/*Lüer*, § 255 Rn. 13.

[24] *Balz/Landfermann*, Begr RegE, § 256 InsO, S. 515.

der Erfüllung des Plans verzichten diese Gläubiger dann auf alle Rechte am Warenlager. Schlägt der Plan fehl, so bleibt das Sicherungsrecht, bezogen auf den dann konkret vorhandenen Bestand an Vorratsvermögen, als Sicherheit erhalten. Die Aushöhlung durch Entnahmen und nicht gleichwertige Wiederauffüllung mag hierbei die Werthaltigkeit in Frage stellen, prinzipiell ist aber das Sicherungsrecht nicht beseitigt.[25]

Eine Sonderregelung für streitige Forderungen[26] und der Höhe nach noch nicht feststehende Ausfallforderungen von absonderungsberechtigten Gläubigern enthält § 256 InsO. Für die Frage des Rückstands wird in Absatz I die Forderungshöhe für maßgeblich erklärt, die das Gericht bei der Stimmrechtsfeststellung zugrunde gelegt hat. Wurde keine Stimmrechtsfeststellung vorgenommen, so ist das Gericht verpflichtet, auf Antrag des Schuldners oder des Gläubigers nachträglich festzustellen, in welchem Ausmaß der Schuldner vorläufig die Forderungen zu berücksichtigen hat. Bevor diese Feststellung nicht erfolgt, kann der Schuldner nicht in Rückstand geraten.[27] **12**

Absatz I sieht nur eine vorläufige Feststellung der Höhe der Forderungen in Anlehnung an die Stimmrechtsfeststellung bzw. die eigenständige Entscheidung[28] des Insolvenzgerichts nach S. 2 vor. Absatz II (Unterzahlung des Schuldners) und Absatz III (Überzahlung des Schuldners) regeln deshalb die Folgen, wenn sich nachträglich die vorläufige Feststellung als nicht zutreffend erweist. **13**

VI. Eingriff in Anteilseignerrechte

Das US-amerikanische Recht erlaubt Gläubigern in einem gerichtlich beaufsichtigten Sanierungsverfahren (der „*reorganization*"), im Austausch gegen ihre Forderungen Anteile bzw. das gesamte Eigentum am schuldnerischen Unternehmen zu übertragen.[29] Ein solches *debt for equity* Modell soll dem Schuldner die Liquidation ersparen und die Fortsetzung des Geschäftsbetriebes ermöglichen. Gleichzeitig erhalten die Gläubiger unmittelbaren Zugriff auf den *going concern value* des fortgeführten Unternehmens, der den Wert aller Vermögensgegenstände, die als bewegliche oder unbewegliche Sachen und übertragbare Rechte der Zwangsvollstreckung unterliegen, deutlich zu übersteigen vermag. Damit dieser Fortführungswert realisiert werden kann, müssen gegebenenfalls ganze Geschäftsbetriebe umstrukturiert, sowie bestehende Verträge mit Handelspartnern aufrechterhalten bzw. verlängert werden. Die erforderliche gesellschaftergleiche Stellung ist nur durch Eingriff in Anteilseignerrechte zu verwirklichen. Schwierigkeiten sah das US-Recht weniger in der Übernahme des Rechtsträgers, sondern vielmehr in Fällen, bei denen der Schuldner Anteile an der reorganisierten Gesellschaft behält, obwohl vorrangige Gläubiger nicht vollständig befriedigt wurden. Hier wird der (planvorlegende) Schuldner dem Unternehmen *new value* zuführen müssen, da er von der Zustimmung der Gläubiger abhängig ist. **14**

Die InsO normierte bis zum ESUG keine ausdrückliche Eingriffsmöglichkeit in die Rechtsposition der Gesellschafter eines schuldnerischen Rechtsträgers, obwohl der deutsche Gesetzgeber bereits durchaus erkannt hatte, dass die Erhaltung eines Ge- **15**

---

[25] Braun/*Uhlenbruck*, S. 490; Braun/*Braun/Frank*, § 255 Rn. 5; Nerlich/Römermann/*Braun*, § 255 Rn. 3; kritisch auch KPB/*Otte*, § 256 Rn. 12; *Obermüller*, WM 1998, 483, 489 f.

[26] Streitige Forderungen sind die mit Widerspruch des Insolvenzverwalters oder Insolvenzgläubigers behafteten. Daneben sind auch § 189 bzw. § 190 InsO anwendbar: Uhlenbruck/Hirte/Vallender/*Lüer*, § 256 Rn. 2 f.

[27] Eine weitere Sonderregelung enthält § 9 IV S. 2 BetrAVG für das Wiederaufleben von Forderungen des Pensionssicherungsvereins als Träger der betrieblichen Altersversorgung. Siehe hierzu auch ausführlich: *K. Schmidt/Spliedt*, InsO, § 255 Rn. 17.

[28] Die Einigung gem. § 77 II S. 1 InsO ist keine Entscheidung idS: MüKoInsO/*Huber*, § 256 Rn. 11; aA Uhlenbruck/Hirte/Vallender/*Lüer*, § 256 Rn. 7.

[29] Schwerpunkt des Reorganisationsverfahrens ist die Ausarbeitung eines Reorganisationsplans, Chapter 11 des *United States Bankruptcy Code*. Vgl. ausführlich *Braun*, FS-Fischer, S. 53 ff.

schäftsbetriebes im Interesse der Gläubiger liegen kann, wenn der dadurch zu erzielende Erlös maximiert wird.[30] In der Literatur wurde aber früh darauf hingewiesen, dass der Gesellschaftsanteil verfassungsrechtlich eine durch Art. 14 GG geschützte Eigentumsposition darstellt, in welche nur eingegriffen werden darf, wenn eine entsprechende Entschädigungsregelung existiert.[31] Vereinzelt wurde der fehlende Eingriff auf Gesetzesebene mit Hinweis auf die damit verbundenen Folgeprobleme sogar begrüßt.[32]

16 Auf der anderen Seite ist festzuhalten, dass Anteile an einem insolventen Unternehmen ökonomisch gesehen wertlos sind, da sie nur durch Gläubigerbeiträge – nämlich Verzicht auf gegenüber den bisherigen Anteilsinhabern vorrangige Ansprüche – zukünftig (vielleicht) wieder werthaltig werden könnten. Durch die inzwischen durch das ESUG geschaffene Möglichkeit des Eingriffs in die Anteilsrechte werden diese materiell nicht beeinträchtigt. Mangels Enteignung iSv Art. 14 III GG ist eine Entschädigung verfassungsrechtlich nicht geboten.[33]

17 Bereits vor dem ESUG hatte der Gesetzgeber im Übrigen in Zusammenhang mit der sog. „Finanz- und Wirtschaftskrise" einen Eingriff in die Anteilsrechte bei der Hypo Real Estate Holding (HRE) durch das „Gesetz zur Reorganisation von Kreditinstituten" (KredReorgG, 2010) ermöglicht.

18 Seit dem ESUG ist gemäß § 225a I InsO ein Eingriff durch Regelung im Insolvenzplan in Anteilsrechte auch gegen den Willen der betroffenen Anteilseigner möglich, wenn dies im Plan ausdrücklich vorgesehen ist (§ 225a I InsO: „... bleiben vom Insolvenzplan unberührt, es sei denn, dass der Plan etwas anderes bestimmt.").

19 Das Gesetz spricht in § 225a II InsO explizit den Fall der Umwandlung von Gläubigerforderungen in Anteilsrechte an. Die Umwandlung gegen den Willen des betroffenen Gläubigers ist aber gemäß § 225a II S. 2 InsO ausgeschlossen. Niemand soll gegen seinen Willen vom Gläubiger zum Gesellschafter werden müssen. Allerdings gibt es außerhalb der Insolvenzordnung durchaus speziellere Regelungen, beispielsweise in § 5 III Nr. 5 SchVG, wonach per Mehrheitsbeschluss die Umwandlung von Forderungen in Mitgliedschaftsrechte erfolgen kann, wenn Anteilsscheine entsprechende Regelungen vorsehen.

20 Die im Plan möglichen Regelungen hinsichtlich der Anteilsrechte betreffen dabei nicht nur den Debt-Equitiy-Swap, sondern gemäß Absatz II kann auch jede andere gesellschaftsrechtlich zulässige Maßnahme, unter anderem auch die Übertragung von Anteils und Mitgliedschaftsrechten, vorgesehen werden. Es gilt also kein Enumerativprinzip: Alles, was rechtsgeschäftlich bzw. (gesellschafts-)rechtlich und damit individualvertraglich zulässig ist, kann geregelt werden.)

21 Erfolgt eine Einbeziehung der Anteils- bzw. Mitgliedschaftsrechte in den Plan, ist gemäß § 222 I Nr. 4 InsO für die Betroffenen eine Gruppe zu bilden.

22 Durch den in § 254 IV InsO geregelten Ausschluss der Differenzhaftung wegen Überbewertung der Forderungen birgt die Umwandlung von Forderungen in Anteilsrechte im Rahmen eines Insolvenzplans im Vergleich zu einer außergerichtlichen Lösung erheblich weniger Risiken.

---

[30] Nerlich/Römermann/*Braun*, § 217 Rn. 35; *Sassenrath*, ZIP 2003, 1517, 1519; der Insolvenzplan kann lediglich vorsehen, dass der Anteilseigner bestimmte Auflagen erfüllt, damit der Plan bestätigt werden kann. Zur Frage, ob ein gegen das Vermögen der Schuldnerin gerichteter Geldanspruch der Gesellschafter bei nicht vollständiger Befriedigung der Gläubiger bestehen bleibt: LG Düsseldorf NZI/2009, 322; abl Nerlich/Römermann/*Braun*, § 217 Rn. 43; *Thonfeld*, NZI 2009, 323 f.

[31] Vgl. Art. 14 III S. 2 GG; eingehend *Smid/Rattunde/Martini*, Rn. 6.15 und 6.24 ff. mwN; *Sassenrath*, ZIP 2003, 1517, 1523; zu Recht kritisch *Braun*, FS-Fischer, S. 53, 68 f.

[32] *Häsemeyer*, Rn. 28.42b; *Sassenrath*, ZIP 2003, 1517, 1523; zur Problematik manipulativer Eingriffe in fremde Rechte: *Smid/Rattunde/Martini*, Rn. 6.24 und 6.26.

[33] Vgl. *Smid/Rattunde/Martini*, Rn. 6.24. Ausführlich zur Frage der Verfassungsmäßigkeit: *K. Schmidt/Spliedt*, § 225a Rn. 7 ff.

VII. Vollstreckung aus dem Plan

Der Gläubiger, der im Plan Tilgungszusagen erhalten hat, kann – werden ihm diese Zusagen nicht erfüllt – aus dem rechtskräftig bestätigten Insolvenzplan in Verbindung mit der Tabelleneintragung die Zwangsvollstreckung gegen den Schuldner[34] betreiben.[35] Maßgeblich ist dabei der Tabellenauszug, der auch im Regelinsolvenzverfahren nach Abschluss des Verfahrens dem Gläubiger gegen den Schuldner einen Vollstreckungstitel gibt.[36] 23

Dabei stellt § 257 I S. 2 InsO ausdrücklich klar, dass auch eine ursprünglich bestrittene Forderung taugliche Grundlage für einen vollstreckungsfähigen Tabellenauszug ist, wenn der Widerspruch (im Wege der Feststellungsklage oder durch Rücknahme des Widerspruchs) beseitigt ist. In Verbindung mit dem Insolvenzplan[37] zeigt sich dann die Reduzierung, die ggf. die angemeldete Forderung durch den Plan erfahren hat. Das Gericht hat auf Antrag und nach Prüfung der Voraussetzungen die Vollstreckungsklausel (ggf. reduziert) auf der Ausfertigung des Tabellenauszuges zu erteilen.[38] 24

§ 257 InsO gibt aber auch die Möglichkeit der Vollstreckung gegen Dritte, die sich durch eine dem Insolvenzgericht spätestens zu Beginn der Abstimmung[39] eingereichte schriftliche Erklärung für die Erfüllung des Plans neben dem Schuldner ohne Vorbehalt der Einrede der Vorausklage verpflichtet hatten (sog. Plangarant).[40] 25

Für den Gläubiger von Bedeutung ist weiter, dass er die Vollstreckung nicht ausschließlich auf den im Plan festgelegten (ggf. reduzierten) Forderungsinhalt beschränken muss. Liegen die Voraussetzungen für das Wiederaufleben der ursprünglichen Forderung gem. § 255 InsO vor, so kann er eine Vollstreckungsklausel auch für diese Rechte, also soweit diese über die Planlösung hinausgehen, zur Durchführung der Vollstreckung erhalten, wenn er die Mahnung und den Ablauf der Nachfrist glaubhaft macht.[41] Eines weiteren Beweises für den Rückstand des Schuldners bedarf es nicht.[42] 26

VIII. Steuerliche Folgen des Insolvenzplanes

An einem Insolvenzplanverfahren nach §§ 217 ff. InsO nehmen alle Absonderungsberechtigten und alle Insolvenzgläubiger teil. Das gilt auch für Steueransprüche.[43] 27

Soweit in dem gestaltenden Teil des Insolvenzplans nach § 221 InsO Erlass und Stundung von Steuerforderungen vorgesehen sind, richten sich Voraussetzungen und Rechtswirkungen dieser Maßnahmen nicht nach §§ 222, 227 AO. Bei dem Insolvenzplanverfahren handelt es sich um ein Verfahren mit eigenständigen Rechtswirkungen. Daher müssen weder die Voraussetzungen der §§ 222, 227 AO vorliegen, noch gelten die entsprechenden internen Zustimmungsgrenzen der Finanzverwaltung.[44] 28

---

[34] Nicht jedoch gegen den persönlich haftenden Gesellschafter, außer im Falle des § 257 II InsO: MüKoInsO/*Huber*, § 257 Rn. 11; Uhlenbruck/Hirte/Vallender/*Lüer*, § 257 Rn. 15.

[35] Dies gilt auch für öffentlich-rechtliche Leistungsbescheide, nicht aber für Steuerforderungen – hier kann sowohl nach der ZPO als auch nach der AO vollstreckt werden: Uhlenbruck/Hirte/Vallender/*Lüer*, § 257 Rn. 20.

[36] So auch Hess/Weis/Wienberg, § 257 Rn. 4 f.; FK/*Jaffé*, § 257 Rn. 2; *Schiessler*, S. 201; *Häsemeyer*, Rn. 28.84; klarstellend *Holzer*, NZI 1999, 44, 46; aA Leonhardt/Smid/Zeuner, § 257 Rn. 7; HK/*Flessner*, § 257 Rn. 2; MüKoInsO/*Huber*, § 257 Rn. 21 f.

[37] Dem Insolvenzplan ist ein mit Rechtskraftklausel versehener Bestätigungsbeschluss beizuschließen.

[38] Vgl. Nerlich/Römermann/*Braun*, § 257 Rn. 2.

[39] Nerlich/Römermann/*Braun*, § 257 Rn. 8; aA *Schiessler*, S. 203 mit Fn 76.

[40] Angelehnt an § 85 II VerglO, dort der Vergleichsgarant.

[41] Die Höhe ergibt sich dann aus dem Tabelleneintrag.

[42] Vgl. insgesamt zur Vollstreckung aus dem Insolvenzplan; Braun/Braun/*Frank*, § 257 Rn. 1 ff.; Nerlich/Römermann/*Braun*, § 257 Rn. 1 ff.; Hess/Obermüller, Rn. 452 ff.

[43] BMF BStBl. I 2013, 118, Tz. 11.

[44] *Frotscher*, S. 343; Tipke/Kruse, AO, zu § 251 Rn. 110; *Loose*, StuW 1999, 20, 27; *Fett/Barten*, DStZ 1998, 885; aA Waza/Uhländer/Schmittmann, Rn. 1105; danach soll zwischen Zustimmung zum Plan und der Rechtswirkung der Zustimmung zu unterscheiden sein. Die Zustimmung soll sich demnach

29 § 225a II InsO sieht vor, dass Forderungen gegen den Insolvenzschuldner in Mitgliedschaftsrechte umgewandelt werden können. Dies gilt grundsätzlich auch für Steuerforderungen. Einer Umwandlung der Steuerforderung in Anteils- oder Mitgliedschaftsrechte wird die Finanzbehörde jedoch regelmäßig nicht zustimmen, da eine private unternehmerische Betätigung des Fiskus regelmäßig nicht zu seinen öffentlichen Aufgaben gehört.[45]

30 Die Umwandlung von Forderungen in Eigenkapital („Debt-Equity-Swap") hat regelmäßig steuerliche Auswirkungen. Diese Umwandlung ist nur insoweit eine steuerneutrale Einlage, als die Forderung werthaltig ist; das wird bei Insolvenz des Schuldners nicht, jedenfalls nicht in Höhe des Nennwerts der Forderung, vorliegen. Soweit die Forderung nicht werthaltig ist, führt ihr Wegfall zu einem steuerpflichtigen Gewinn des Schuldners. Dieser ist vorrangig mit einem Verlustvortrag des Schuldners zu verrechnen. Die Steuer auf den den Verlustvortrag übersteigenden Teil kann nach §§ 163, 227 AO niedriger festgesetzt oder erlassen werden. Die Entscheidung hierüber liegt im Ermessen der Finanzbehörde. Soweit die Gewerbesteuer betroffen ist, entscheidet die jeweilige Gemeinde.[46]

31 Die Erklärung der Finanzbehörde über den Insolvenzplan nach § 244 InsO ist kein Verwaltungsakt, sondern schlichtes Verwaltungshandeln. Die Finanzbehörde hat bei der Abstimmung nach pflichtgemäßem Ermessen zu handeln und bei ihrer Entscheidung über Annahme oder Ablehnung des Insolvenzplans auch das Interesse des Schuldners zu berücksichtigen.

32 Gegen die Verweigerung der Zustimmung ist Leistungsklage gegeben, mit der der Ermessensgebrauch nachgeprüft werden kann. Vorläufiger Rechtsschutz wird durch § 114 FGO gewährt.

33 Die Wirkungen des Insolvenzplanes treten mit seinem Wirksamwerden ein; in diesem Zeitpunkt entsteht ein Vollstreckungs- und Aufrechnungsverbot, die nach dem Plan nicht zu erfüllenden Steuerforderungen verwandeln sich in erfüllbare, aber nicht erzwingbare Verbindlichkeiten.[47] Aufrechnungsmöglichkeiten bleiben nach Durchführung des Plans und Aufhebung des Insolvenzverfahrens erhalten.[48] Ob eine Stundung der Steuerforderung gegen Zinsen erfolgt, richtet sich nach den Festsetzungen des Insolvenzplanes; §§ 233 ff. AO sind nicht anwendbar.

34 Soweit Verbindlichkeiten nach dem Plan zu erfüllen sind, führt dies allein noch nicht dazu, dass die Vorsteuer zu berichtigen ist. Die Forderungen galten ab Eröffnung des Insolvenzverfahrens als uneinbringlich, die Vorsteuer war entsprechend zu berichtigen (→ § 124 Rn. 17, 21). Die Aufnahme der Forderung in den Insolvenzplan bedeutet noch nicht unbedingt, dass die Forderung jetzt einbringlich wird; dies hängt vielmehr von den Umständen des Einzelfalles ab. Die (abermalige) Berichtigung des Vorsteuerabzugs hat daher zu erfolgen, wenn es wahrscheinlich erscheint, dass der Schuldner die Forderung erfüllen wird, letztlich mit Zahlung der Forderung.

---

nach den §§ 163, 222, 227 AO richten, wohingegen die Rechtswirkungen allein aus den Insolvenzrechtlichen Vorschriften folgen. M.E. ist dem nicht zu folgen. Allerdings kann die Finanzverwaltung intern anordnen, sich bei der Entscheidung über die Zustimmung nach §§ 163, 222, 227 AO zu richten; Außenwirkung hat dies aber nicht. Die Problematik der Steuerpflicht der Besteuerung des durch den Forderungserlass ausgelösten Sanierungsgewinns ist durch BMF BStBl. I 2003, 240 gemildert, da danach die Steuer auf den Sanierungsgewinn zu stunden bzw. nach §§ 163, 227 AO zu erlassen ist, wenn kein Ausgleich mit vorhandenen Verlustvorträgen möglich ist. Vgl. hierzu auch BMF, BStBl. I 2010, 18.

[45] AO-Anwendungserlass idF vom 31. 1. 2013, BStBl. I 2013, 118, zu § 251 AO Tz. 11.
[46] BMF BStBl. I 2003, 240.
[47] Vgl. BFH BFH/NV 2013, 1543; *Tipke/Kruse*, AO, zu § 251 Rn. 116; BMF BStBl. I 1998, 1500, Tz. 9.3; → Rn. 4.
[48] BGH NZI 2011, 538.

Werden die Wirkungen des Insolvenzplanes nach § 255 InsO hinfällig, werden 35
die gestundeten Forderungen wieder fällig, erlassene Forderungen leben wieder auf
(→ Rn. 8 ff.). Der bestätigte Insolvenzplan in Verbindung mit den Eintragungen in der
Insolvenztabelle wirkt hinsichtlich der von dem Schuldner nicht bestrittenen Forderungen nach § 257 InsO wie ein vollstreckbares Urteil; er bildet die Grundlage für eine
Vollstreckung der Steuerforderungen im Verwaltungswege nach §§ 249 ff. AO.

§ 70. Die Überwachung der Abwicklung des Insolvenzplans

Übersicht

	Rn.
I. Anwendungsbereich	1
II. Die Person des Überwachenden	9
1. Verwalter	9
2. Dritte als Sachwalter	10
III. Dauer der Überwachung	11

I. Anwendungsbereich

Aus Gründen des Gläubigerschutzes gibt § 260 InsO die Möglichkeit, im gestalten- 1
den Teil des Insolvenzplans vorzusehen, dass die Erfüllung des Plans überwacht wird.[1]
An die Grundsätze der Vergleichsordnung[2] anknüpfend, die eine differenzierte Lösung
vorsahen und für Verfahren ab einer bestimmten Vergleichssumme[3] die Überwachung
(im Gegensatz zu den Regelungen des Zwangsvergleichs nach der Konkursordnung
und des Vergleichs nach der Gesamtvollstreckungsordnung, die das Instrument der
Überwachung nicht kannten) zuließen, wird die Überwachung der Planerfüllung im
Insolvenzverfahren nicht vom Vorliegen einzelner Voraussetzungen abhängig gemacht,
vielmehr handelt es sich um eine planzuregelnde Gestaltungsmöglichkeit des Planaufstellers.[4] Denkbar ist auch, dass der Planaufsteller eine Überwachung nicht vorsieht, die
Gläubiger im Erörterungs- und Abstimmungstermin aber eine Modifikation des Plans
insoweit durchsetzen.[5]

Von der Grundstruktur her gibt es zwei unterschiedliche Formen der Überwachung, 2
die Regelüberwachung in der Person des Verwalters und die Überwachung kraft vertraglicher Vereinbarung durch einen Sachwalter.

Gegenstand der Überwachung ist prinzipiell die Erfüllung des Plans, d.h. Erfüllung 3
der Ansprüche, die den Gläubigern nach dem gestaltenden Teil gegen den Schuldner
zustehen. Damit erstreckt sich die Überwachung auch auf die (planbetroffenen) Ansprüche der absonderungsberechtigten Gläubiger.

Eine Sonderregelung ist in Absatz III normiert und dadurch begründet, die Überwa- 4
chung, die als solche einen Eingriff in eine Rechtsposition darstellt, auch auf Dritte
erstrecken zu können: In die Überwachung eingebunden sind auch die Ansprüche auf

---

[1] Die Überwachung kann sowohl die Erfüllung eines Sanierungs- als auch eines Liquidationsplans beinhalten: Uhlenbruck/Hirte/Vallender/*Lüer*, § 260 Rn. 5; aA *Smid/Rattunde/Martini*, § 260 Rn. 4.
[2] §§ 90 ff. VerglO.
[3] Summe in der VglO: über DM 20 000.
[4] *Balz/Landfermann*, Begr RegE, § 260 InsO, S. 518; Braun/*Riggert/Herzig*, S. 218 ff.; HK/*Flessner*, § 260 Rn. 1; Braun/*Braun/Frank*, § 260 Rn. 1.
[5] *Lissner*, ZInsO 2012, 1452, spricht von der fakultativen Planüberwachung als „Bildnis der Gläubigerautonomie".

Erfüllung, die den Gläubigern nach dem gestaltenden Teil gegen eine juristische Person oder Gesellschaft ohne Rechtspersönlichkeit zustehen, die nach der Eröffnung des Insolvenzverfahrens gegründet worden ist, um das Unternehmen oder einen Betrieb des Schuldners zu übernehmen und weiterzuführen (Übernahmegesellschaft), unabhängig davon, ob der Schuldner, Gläubiger oder dritte Personen hieran beteiligt sind. Soweit die Gesellschaft bereits vor Eröffnung des Insolvenzverfahrens gegründet worden ist, ist eine Erstreckung der Überwachung nicht möglich.[6]

5 Diese gesetzliche Vorgabe ist aber nicht verpflichtend, der Plan kann die Reichweite der Überwachung verändern, da ein Plan auch ohne Überwachung zulässig ist. Entsprechend verändern sich auch immer die Aufgabenbereiche des Gläubigerausschusses und des Insolvenzgerichts, deren Ämter prinzipiell gem. § 259 I InsO mit der Aufhebung des Insolvenzverfahrens erlöschen.

6 Stellt der Insolvenzverwalter fest, dass Ansprüche, deren Erfüllung überwacht wird, nicht erfüllt werden oder nicht erfüllt werden können, so hat er dies unverzüglich dem Gläubigerausschuss und dem Insolvenzgericht anzuzeigen. Darüber hinausgehende Pflichten, insbesondere auch die Befugnis, die Umsetzung des Insolvenzplans sicherzustellen, hat er nicht, die Gläubiger sind nunmehr „gewarnt" und müssen eigene Maßnahmen – soweit diese ihnen tunlich erscheinen – ergreifen, § 262 InsO.[7]

7 Die Aufgabe des Insolvenzverwalters, die Überwachung vorzunehmen (§ 261 I S. 1 InsO) wird in § 261 II InsO zu einer Auskunfts- und Berichtspflicht konkretisiert, die entweder regelmäßig jährlich oder auf Anfrage des Gläubigerausschusses oder des Gerichts zu erfolgen hat, wobei ihm über Absatz I S. 3 das Betretungsrecht des vorläufigen Insolvenzverwalters (§ 22 III InsO) zugestanden wird.

8 Weitergehend kann der Insolvenzplan im gestaltenden Teil vorsehen, dass bestimmte Rechtsgeschäfte des Schuldners während der Zeit der Überwachung nur wirksam sind, wenn der Insolvenzverwalter ihnen zustimmt. Insoweit wird in § 263 InsO auf die §§ 81 I, 82 InsO verwiesen, woraus sich ergibt, dass trotzdem vorgenommene Verfügungen absolut unwirksam sind. Damit wird der Grundsatz, dass der Schuldner mit Aufhebung des Insolvenzverfahrens die volle Verfügungsgewalt über die Insolvenzmasse zurückerhält und im Zuge der Überwachung keine Eingriffe in seine Geschäftsführung dulden muss, durchbrochen.[8]

II. Die Person des Überwachenden

9 **1. Verwalter.** Der „geborene" Überwacher ist der Verwalter.[9] Dies ergibt sich aus § 261 InsO, wobei zu berücksichtigen ist, dass entgegen der Überschrift der Norm nicht nur der Insolvenzverwalter zur Überwachung grundsätzlich berufen ist. Auch die Ämter des Gläubigerausschusses[10] und die Aufsicht des Insolvenzgerichts[11] bestehen im Umfange der Überwachung fort.[12]

---

[6] Vgl. näher Uhlenbruck/Hirte/Vallender/*Lüer*, § 260 Rn. 15: Abschluss der Gründung während des Insolvenzverfahrens genügt.

[7] *Bork*, Rn. 351, spricht insoweit von einer „beobachtenden Kontrolle". Insgesamt hierzu auch Nerlich/Römermann/*Braun*, § 260 Rn. 3; HK/*Flessner*, § 262 Rn. 1 f.; *Leonhardt/Smid/Zeuner*, § 260 Rn. 1 ff.

[8] So auch *Schiessler*, S. 211.

[9] Wird die Eigenverwaltung gem. der §§ 270 ff. InsO angeordnet, tritt kraft Gesetzes der bestellte Sachwalter an die Stelle des Insolvenzverwalters, vgl. § 284 II InsO.

[10] Mit den Rechten und Pflichten aus den §§ 69 ff. InsO.

[11] Bei einer Pflichtverletzung des Insolvenzverwalters stehen dem Gericht die in den §§ 58 ff. InsO geregelten Zwangsmittel zur Verfügung. Kritisch zur Rolle des Insolvenzgerichts im Rahmen der Aufsicht: *Lissner*, ZInsO 2012, 957 ff.

[12] Zum Umfang der Überwachung vgl. im Einzelnen Uhlenbruck/Hirte/Vallender/*Lüer*, § 261 Rn. 3 ff.

2. Dritte als Sachwalter. Statt des Verwalters kann der Plan auch vorsehen, dass ein 10
Sachwalter[13] tätig wird.[14] Die Gesetzesbegründung weist insoweit auf die Vertragsfreiheit der Beteiligten hin, allerdings kann eine derartige Überwachung nicht an die Rechtsfolge gebunden werden, die das Gesetz bei der dinglich wirkenden Verfügungsbeschränkung (§ 263 InsO) für den Schuldner vorsieht. Eine Überwachung durch einen Dritten wird sich insbesondere dann anbieten, wenn es sich um die Überwachung eines größeren Unternehmens handelt. Bevor der Verwalter sich hierzu wiederum Dritter (im Wesentlichen dann wohl Wirtschaftsprüfer) bedient, kann der Dritte auch gleich selbst zum Sachwalter bestellt werden. Dies gilt umso mehr, als die Überwachung des Ist-Objekts (Unternehmen in der Fortführung) gegenüber dem Soll-Objekt (Insolvenzplanvorgabe) eine klassische wirtschaftsprüfende Aufgabe ist.

III. Dauer der Überwachung

Die Dauer der Überwachung ist frei zu wählen bis zur Höchstfrist von drei Jahren 11
(§ 268 I Nr. 2 InsO), wobei die Überwachung auch dann bereits zuvor zwingend endet, wenn die Ansprüche, deren Erfüllung überwacht wird, erfüllt sind oder deren Erfüllung gewährleistet ist.

§ 71. Der Kreditrahmen

Übersicht

	Rn.
I. Funktion und Voraussetzung	1
II. Wirkung	5
III. Begrenzung des Umfangs der Kreditrahmenkreditierung	6
1. Vermögenswerte beim Wirksamwerden des Plans	7
2. Bewertung zu Fortführungswerten	9
IV. Kreditgläubiger	11
V. Zeitliche Begrenzung des Nachrangs von Insolvenzgläubiger und Neugläubiger	14

I. Funktion und Voraussetzung

Ist im gestaltenden Teil des Insolvenzplans die Überwachung vorgesehen, so bietet 1
dies eine weitere Option in der Gestaltung der Abwicklung nach Aufhebung des Insolvenzverfahrens: den Kreditrahmen. Allerdings setzt die Möglichkeit der Nutzung der Vorschriften über den Kreditrahmen nicht nur die Überwachung als solche voraus, sondern die Regelüberwachung durch den Insolvenzverwalter. Nur wenn der Insolvenzverwalter überwacht, sind die Möglichkeiten der zustimmungsbedürftigen Geschäfte des § 263 InsO, aber auch die Möglichkeit der Nutzung des Kreditrahmens und seiner Stufung von Forderungen gem. der §§ 264ff. InsO möglich.[1] § 264 InsO will grundsätzlich ein Standardproblem der Sanierung lösen: die Sicherung der Fortführungsfinanzierung. Dies ist überaus einleuchtend und sinnvoll, zweifelhaft, ob die gesetzliche Regelung, die die Insolvenzordnung getroffen hat, hierfür tauglich ist.

---

[13] Vom Sachwalter im Rahmen des Eigenverwaltungsverfahrens (§ 270 I S. 1 InsO) unterscheidet sich der Sachwalter hier, dass es sich um einen gläubigerautonomen bestimmten Sachwalter handelt, der nicht (wie im Falle der Eigenverwaltung) kraft gesetzlicher Regelung tätig wird. Vgl. hierzu auch Nerlich/Römermann/*Braun*, § 260 Rn. 3.

[14] Ausführlich zu der gewillkürten Überwachung durch Sachwalter: Uhlenbruck/Hirte/Vallender/*Lüer*, § 260 Rn. 18.

[1] *Balz/Landfermann*, Begr RegE, § 260 InsO, S. 519.

2 Ausgangspunkt der Überlegung ist, dass ein wesentlicher Teil der Aufgabenstellung in der Eigensanierung die Finanzierung der Zukunft ist. Insofern ist völlig richtig, dass § 264 InsO die Möglichkeit geben will, Gläubiger mit Forderungen aus Darlehen und sonstigen Krediten, die sie dem Schuldnerunternehmen während der Zeit der Überwachung gegeben haben, zu privilegieren. Gäbe § 264 InsO insoweit ein effizientes und wirksames Instrument, das Insolvenzplanverfahren hätte an Attraktivität und Realisierungschance gewonnen.

3 Betrachtet man die Regelungen der §§ 264 ff. InsO unter diesem Gesichtspunkt, so ist festzuhalten, dass es sich um eine Planregelung handeln muss, die eine Regelung für die potentielle Folgeinsolvenz enthält. Dies ist auch folgerichtig erkannt. Derjenige, der in einer Eigensanierung „neues Geld" zur Verfügung stellt, sichert sich im Fall des neuerlichen Scheiterns. Die Insolvenz, die mit dem Insolvenzplanverfahren gerade bewältigt wird (Insolvenz 1) sucht einen neuen Kreditgeber für die Fortführung der Geschäfte. Dieser Kreditgeber sichert sich für die denkbare Gefahr des Fehlschlagens dieses Versuches, der mit der Insolvenz 2 endet.

4 § 264 InsO sagt nun, dass der Kreditrahmendarlehensgeber gegenüber Insolvenzgläubigern bevorrechtigt ist, wenn die formalen Voraussetzungen der Kreditrahmenregelungen eingehalten sind. Bevorrechtigt wird dadurch der Kreditrahmengläubiger gegenüber Insolvenzgläubigern der Insolvenz 2. Dies bedeutet der Sache nach ein Insolvenzforderungsvorrecht im Insolvenzverfahren 2 – vergleichbar den Konkursvorrechten, die das alte Recht kannte.

II. Wirkung

5 Wer die Realität heutiger Massen kennt, weiß, dass alle wesentlichen Vermögensgegenstände mit Sicherungsrechten belastet sind. Insbesondere im Umlaufvermögen existieren vielfach Sicherungsrechte von Lieferanten und Finanzkreditgebern. § 264 InsO spricht nur davon, dass der Kreditrahmengläubiger gegenüber Insolvenzgläubigern bevorrechtigt ist, nicht gegenüber Masseschuldgläubigern und nicht gegenüber Absonderungsberechtigten, den beiden anderen potentiell rechtlich zu unterscheidenden Gläubigergruppen in einem Insolvenzverfahren. Dies bedeutet, dass in der Folgeinsolvenz der Masseschuldgläubiger seine Rangstelle gleichermaßen behält, wie auch der Absonderungsberechtigte. Interessant in diesem Zusammenhang ist, dass der Bericht der Kommission für Insolvenzrecht für das identische Problem gedanklich an § 106 VerglO angesetzt hatte, man also dem Kreditrahmengläubiger Masseschuldcharakter in der Folgeinsolvenz (Insolvenzverfahren 2) einräumen wollte.[2] Der Kreditrahmengläubiger der Insolvenzordnung aber ist „nur" ein bevorrechtigter Insolvenzgläubiger,[3] insoweit also „schlechter" behandelt.

III. Begrenzung des Umfangs der Kreditrahmenkreditierung

6 § 264 InsO regelt weiterhin, dass die als Kreditrahmen zu qualifizierenden Kredite gem. Absatz I S. 3 den Wert der Vermögensgegenstände, die in der Vermögensübersicht des Plans gem. § 229 S. 1 InsO[4] aufgeführt werden, nicht übersteigen dürfen. Es han-

---

[2] *Balz/Landfermann*, Begr RegE, § 264 InsO, S. 522.

[3] Die Frage, ob der Kreditrahmengläubiger Absonderungsrechte allein aufgrund der Qualifikation als Kreditrahmengläubiger geltend machen kann, beantwortet *Braun*, Kölner Schrift, S. 1137 ff. im Ergebnis verneinend; eingehend auch Braun/*Uhlenbruck*, S. 645 ff.

[4] *Dinstühler*, ZInsO 1998, 243, 245 f. nimmt Sonderkonstellationen an, in denen keine Vermögensübersicht als Plananlage gem. § 229 InsO zu erstellen ist, weil entweder die Gläubiger nicht aus den Erträgen befriedigt werden oder schon gar keine Fortführung des Unternehmens geplant ist, gleichwohl aber der Planersteller anstrebt, dass Gläubiger Kredite gewähren oder in die Zeit der Überwachung hinein stehen lassen. Im Wege einer teleologischen Reduktion will *Dinstühler* – weil die Voraussetzungen des § 229 InsO

delt sich insoweit um eine besonders gravierende gesetzgeberische Fehlleistung. Zwar hat man sich inzwischen daran gewöhnt, dass Überschuldung Insolvenzauslösungsgrund ist, unbeschadet dessen, dass die zur Messung der Überschuldung verwendete Überschuldungsrechnung nie dazu führt, dass alle Verbindlichkeiten von den Vermögenswerten gedeckt sind.[5] Wenn man aber die Kreditrahmenvaluta daran bemisst, was maximal an Vermögenswerten zum Planbeginn vorhanden ist (= Aktivvermögen der Vermögenswerte in der Vermögensübersicht gem. § 229 S. 1 InsO), so ist dies in doppelter Hinsicht nicht tragfähig.

1. Vermögenswerte beim Wirksamwerden des Plans. Zum einen gilt es zu erkennen, dass das Ziel, das Maximum der Kreditvaluta in Übereinstimmung mit dem Vermögen zu bringen, dadurch wenig aussichtsreich ist, dass dieses Vermögen zwar möglicherweise am Stichtag des Beginns des Plans vorhanden ist, beim Wirtschaften im Zeitraum und insbesondere wenn eine Folgeinsolvenz eintritt, also wenn sich die Tragfähigkeit der Überlegung der Begrenzung der Kreditvaluta erweisen soll, jedoch ganz oder teilweise aufgezehrt sein wird. Es ist allerdings wenig sinnvoll, das Maximum einer Kreditierung danach zu bestimmen, was ursprünglich einmal als Vermögen vorhanden war, zum Zeitpunkt des Eintritts der Insolvenz aber sicherlich nicht mehr vorhanden sein wird.

Im Übrigen ein weiteres: Der Umstand, dass all dieses Vermögen zu Beginn des Planzeitraums, also des Stichtags Vermögensübersicht gem. § 229 InsO, mit Absonderungsrechten belastet sein kann bzw. häufig sein wird, und deswegen für den Kreditrahmengläubiger gerade nicht zur Verfügung steht, ist gleichfalls unberücksichtigt.

2. Bewertung zu Fortführungswerten. Noch wesentlich widersprüchlicher ist es allerdings, an eine Vermögensübersicht zur Bestimmung des Werts anzuknüpfen, die nicht zu Zerschlagungs- sondern nach Fortführungswerten aufgestellt ist: Wenn die Begrenzung der Aufnahme des Kreditrahmenkredits Sinn macht, dann nur dann, wenn damit sichergestellt werden soll, dass nicht mehr Kredit geschöpft werden kann als Vermögenswerte im Sicherungsfall vorhanden sind. Dass die „going-concern"-Werte aber im Sicherungsfalle gerade nicht vorhanden sind, liegt auf der Hand. In diesem Fall sind nur die Zerschlagungswerte vorhanden. An einer Vermögensübersicht mit Zerschlagungswerten orientiert sich § 264 InsO aber gerade nicht.

Es zeigt sich, dass § 264 InsO in seiner Konzeption bezüglich der Rangordnung zu Masseschulden und Absonderungsrechten einerseits, der Begrenzung des Umfangs der Kredite und der Anknüpfung an einen „going-concern"-Wert andererseits, dem Gesetzgeber misslungen ist.[6]

---

nicht vorliegen – allein der Planbestätigungsentscheidung der Gläubiger Legitimationswirkung für den Vorrang solcher Kredite nach § 264 InsO zugestehen. Dem ist insoweit zu folgen, als man auch in den geschilderten Sonderkonstellationen einen Vorrang der Kreditgeber begründen mag, der Verzicht auf die Beifügung einer Vermögensübersicht geht indes zu weit. Mit dem Querverweis auf § 229 InsO einerseits geht nicht das Erfordernis, den gesamten Tatbestand des § 229 InsO im Wege einer „Rechtsgrundverweisung" einzubeziehen, bei § 264 I S. 3 InsO handelt es sich um eine „Rechtsfolgenverweisung", die auf den technischen Begriff der Vermögensübersicht abstellt. MaW muss der Planersteller auch in den von *Dinstühler* geschilderten Sonderkonstellationen den Kreditgebern das Aktivvermögen im Wege einer Vermögensübersicht – verkannt werden nicht die nachfolgend näher beschriebenen Schwächen des § 264 InsO insgesamt – darstellen. Dabei muss sich die Vermögensübersicht mit den Wertansätzen am Planziel (Sonderkonstellation) orientieren und hat sich (möglicherweise) von den Vorgaben des § 229 InsO (Befriedigung aus den Erträgen des fortgeführten Unternehmens) zu lösen.

[5] Es entstehen eben eine ganze Reihe von Verbindlichkeiten überhaupt erst in der Abwicklung, die in der stichtagsbezogenen Überschuldungsrechnung nicht angesetzt sind.

[6] Vgl. hierzu auch Braun/*Braun*/*Frank*, § 264 Rn. 2 ff.; Nerlich/Römermann/*Braun*, § 264 Rn. 1 ff.; Braun/*Uhlenbruck*, S. 535 mit Fn 331 und S. 654 ff.; *Braun*, Kölner Schrift, S. 1137 ff.; KPB/*Otte*, § 264 Rn. 13. Kritisch auch *Dinstühler*, ZInsO 1998, 243 ff.; zum Verhältnis der eigenkapitalersetzenden Darlehen und § 264 InsO vgl. auch *Hirte*, ZInsO 1998, 147, 150.

IV. Kreditgläubiger

11 § 265 InsO ergänzt § 264 InsO[7] dadurch, dass sich die Regelung des Nachrangs nicht nur auf die zum Zeitpunkt des Planverfahrens bereits vorhandenen, im Plan ggf. zukünftig zu bedienenden Gläubiger bezieht, sondern insbesondere auch auf Neuvertragsgläubiger.[8]

12 Auf diese Weise wird sichergestellt, dass die beim weiteren Wirtschaften entstehenden Forderungen, der wesentliche Bestand an Forderungen in einem Insolvenzverfahren 2, auch nachrangig gegenüber den Kreditrahmenkrediten ist.

13 Die grundsätzliche Problematik des Kreditrahmens wird damit allerdings nicht gelöst.

V. Zeitliche Begrenzung des Nachrangs von Insolvenzgläubiger und Neugläubiger

14 Über § 266 InsO wird der in § 264 InsO festgelegte Nachrang der Insolvenzgläubiger und Neugläubiger zeitlich begrenzt, um zu vermeiden, auf Dauer wettbewerblich auf den Markt des schuldnerischen Unternehmens oder der Übernahmegesellschaft Einfluss zu nehmen, was sich nur zur Überbrückung der Anfangsschwierigkeiten rechtfertigen lässt. Nur soweit ein nachfolgendes Insolvenzverfahren 2 während der Dauer der Überwachung des Insolvenzplanerfüllung aus dem Insolvenzverfahren 1 eröffnet wird, max. also drei Jahre seit der Aufhebung des Insolvenzverfahrens 1 (§ 268 I Nr. 2 InsO), können die Regelungen über den Nachrang berücksichtigt werden.

§ 72. Eigenverwaltung im Insolvenzplanverfahren

1 Wie das Insolvenzplanverfahren stellt auch die Eigenverwaltung ein Verfahren dar, welches Alternativen zur Regelabwicklung durch Verwertung der Vermögensgegenstände des Schuldners aufzeigt. Die Eigenverwaltung (vgl. §§ 270 ff. InsO) sieht ein verwalterloses Verfahren vor, in welchem der Schuldner die Verwaltungs- und Verfügungsbefugnis über sein Vermögen behält. Zum Schutz der Gläubiger wird ein Sachwalter bestellt, dem insbesondere die Überwachung der Geschäftsführung des Schuldners obliegt. Durch die ESUG-Reform sind die Voraussetzungen für die Anordnung der Eigenverwaltung wesentlich erleichtert worden.

2 Gemäß § 270a InsO sollen auf Antrag des Schuldners im Eröffnungsverfahren diesem keine Verfügungsbeschränkungen auferlegt werden und ein vorläufiger Sachwalter statt eines vorläufigen Insolvenzverwalters bestellt werden, wenn die spätere Anordnung der Eigenverwaltung nicht offensichtlich aussichtslos ist. Der Schuldner behält also grundsätzlich zunächst weiter die Kontrolle und die Anordnung der vorläufigen Sachwaltung ist ein Signal, dass später tatsächlich Eigenverwaltung angeordnet wird. Hierdurch erhöhen sich in der Regel auch die Chancen für die Umsetzung eines Insolvenzplans der die Fortführung der Schuldnerin vorsieht.

3 Darüber hinaus hat das ESUG mit dem sog. Schutzschirmverfahren nach § 270b InsO ein besonderes Verfahren geschaffen, dass dem Schuldner explizit die Zeit zur Vorbereitung eines in Eigenverwaltung umzusetzenden Insolvenzplans einräumen soll.

4 Zwar ist rechtlich betrachtet auch das Eigenverwaltungsverfahren im Hinblick auf die Befriedigung der Gläubiger ergebnisoffen, es ermöglicht beispielsweise auch die Befriedigung der Insolvenzgläubiger durch die Verwertung des schuldnerischen Vermö-

---

[7] MüKoInsO/*Wittig*, § 265 Rn. 1; FK/*Jaffé*, § 265 Rn. 1.

[8] Ansprüche aus gesetzlichen Schuldverhältnissen, insbesondere aus Delikt und Bereicherung werden nicht einbezogen. Nerlich/Römermann/*Braun*, § 265 Rn. 4; *Leonhardt/Smid/Zeuner*, § 265 Rn. 4; HK/*Flessner*, § 265 Rn. 2; KPB/*Otte*, § 265 Rn. 4; *Balz/Landfermann*, Begr RegE, § 265 InsO, S. 523.

gens.[1] In der praktischen Anwendung zeigte sich jedoch bereits vor dem ESUG, dass beide Verfahrenstypen überwiegend in solchen Sachverhaltskonstellationen vom Gericht und Verfahrensbeteiligten akzeptiert werden, in welchen Chancen bestehen, das schuldnerische Unternehmen zu erhalten.

Ist das schuldnerische Unternehmen erhaltungsfähig, so ist es oftmals geboten, das Insolvenzplanverfahren mit dem Eigenverwaltungsverfahren zu verbinden. Die rechtliche Verknüpfung beider Verfahren, die nicht in einem Alternativverhältnis stehen, erfolgt durch eine Vorschrift im siebten Teil der Insolvenzordnung, der die Eigenverwaltung regelt. Im § 284 I S. 1 InsO wird klargestellt, dass der Auftrag der Gläubigerversammlung zur Ausarbeitung eines Insolvenzplans an den Sachwalter oder an den Schuldner gerichtet werden kann.[2]

Weitgehend Einigkeit besteht darüber, dass die typische Verbindung von Insolvenzplanverfahren und Eigenverwaltung nicht durch einen Auftrag der Gläubigerversammlung[3] zur Ausarbeitung eines Insolvenzplans hergestellt wird (gleichwohl aber möglich ist). Der Antrag eines Schuldners auf Anordnung der Eigenverwaltung nach § 270 InsO wird regelmäßig nur dann aussichtsreich sein, wenn die (spätere) Vorlage eines Insolvenzplans dem Gericht gegenüber zumindest glaubhaft gemacht werden kann.[4] Sofern die Voraussetzungen des § 270b InsO vorliegen, also insbesondere bei Antragstellung nicht bereits Zahlungsunfähigkeit vorliegt und die angestrebte Sanierung nicht offensichtlich aussichtslos ist, bestimmt das Gericht im Rahmen des Schutzschirmverfahrens eine Frist von bis zu drei Monaten zur Vorlage eines Insolvenzplans.

Hat ein Insolvenzplan eine Realisierungschance, ist die Anordnung des Eigenverwaltungsverfahrens sinnvoll.[5] Es ist nämlich nicht ersichtlich, warum zunächst die Verwaltungs- und Verfügungsbefugnis auf einen Insolvenzverwalter übergehen soll, wenn das schuldnerische Unternehmen gerettet und mittelfristig die Verwaltungs- und Verfügungsbefugnis wiedererlangen soll. Durch die Anordnung der Eigenverwaltung können außerdem potentiell Kosten in erheblichem Umfang eingespart werden.[6] Schließlich hat die Anordnung der Eigenverwaltung eine erhebliche Signalwirkung gegenüber Kunden wie Lieferanten des schuldnerischen Unternehmens in der Weise, dass eine Zerschlagungslösung nicht verfolgt wird und das schuldnerische Unternehmen erhalten werden soll.

§ 73. Struktureller Ablauf eines Insolvenzplanverfahrens

Ungeachtet des Umstands, dass selbstverständlich Schaubilder die Besonderheit eines Insolvenzplanverfahrens nicht darstellen können, erst recht die eingehende Befassung mit (insolvenz-)rechtlichen und betriebswirtschaftlichen Komponenten nicht entbehrlich machen, mag das nachfolgende Schaubild den strukturellen Ablauf eines Insolvenzplanverfahrens veranschaulichen.

Siehe Schaubild auf Seite 1258.

---

[1] Vgl. § 282 II InsO zu den Gegenständen, die mit Absonderungsrechten belastet sind.
[2] S zu diesen Vorschriften näher Braun/*Riggert*/*Herzig*, S. 242; Braun/*Riggert*, § 284 Rn. 1 ff.; Nerlich/Römermann/*Riggert*, § 284 Rn. 2 ff.; Braun/*Uhlenbruck*, S. 693.
[3] Wahlweise an den Sachwalter oder Schuldner, § 284 I InsO. Ein eigenes Vorlagerecht des Sachwalters besteht nicht.
[4] So auch *Leonhardt*/*Smid*/*Zeuner*, § 284 Rn. 1 ff.
[5] Zur frühzeitigen Bewertung der Erfolgschancen eines Insolvenzplans in Eigenverwaltung aus Sicht der vorläufigen Verwaltung s: *Fröhlich*/*Bächstädt*, ZInsO 2011, 985 ff.
[6] Die Gebühren eines Sachwalters sind etwa um die Hälfte niedriger als die eines Insolvenzverwalters.

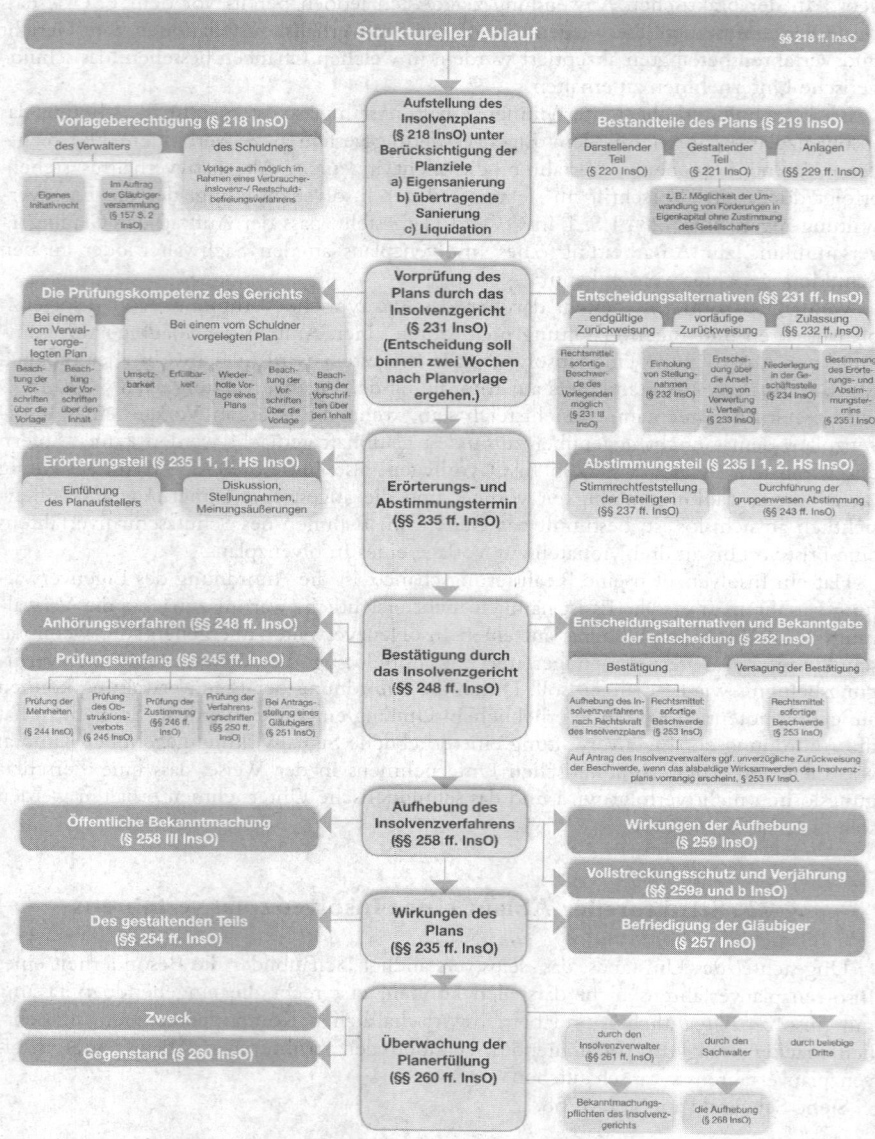

11. Abschnitt. Die Beendigung des Insolvenzverfahrens

Übersicht

	Rn.
§ 74. Vorzeitige Beendigung des Verfahrens	
I. Aufhebung des Eröffnungsbeschlusses	1
II. Einstellung des Verfahrens	9
§ 75. Aufhebung des Verfahrens nach Durchführung	
I. Aufhebung nach Schlussverteilung	1
II. Aufhebung nach Bestätigung des Insolvenzplans	13
III. Aufhebung in der Verbraucherinsolvenz	20
IV. Aufhebung nach Versagung oder Ankündigung der Restschuldbefreiung	23
V. Anhang: Geschäftsunterlagen	30

Schrifttum §§ 74–75: *Adam,* Regeln für die Verwaltung unzulänglicher Massen, DZWIR 2011, 485; *Ahrendt/Struck,* Kein Anfechtungsrecht des Verwalters bei Masseunzulänglichkeit?, ZInsO 2000, 264; *App,* Zur Schlussverteilung bei Insolvenzverfahren über das Vermögen juristischer Personen, ZKF 2009, 154; *Berscheid,* Zur Unzulässigkeit einer Leistungsklage bei angezeigter Masseunzulänglichkeit, ZInsO 2002, 868; *Bischoff,* Missbrauch der Limited in Deutschland, ZInsO 2009, 164; *Bork,* Aufhebung und Einstellung des Insolvenzverfahrens unter Vorbehalt der Nachtragsverteilung, ZIP 2009, 2077; *Bucher,* Die Archivierung von Geschäftsunterlagen, Outsourcing – „make-or-buy", ZInsO 2007, 1031; *Erdmann,* Vorzeitige Restschuldbefreiung trotz noch offener Massekosten in Stundungsfällen?, ZInsO, 2007, 873; *Förster,* Steuererklärungspflicht bei Masseunzulänglichkeit führt zur Einstellung mangels Masse, ZInsO 2000, 444; *Gerhardt,* Doch ein Konkurs im Konkurs?, ZIP 1992, 741; *Haarmeyer,* Die Einstellung des Insolvenzverfahrens nach § 213 InsO – ein verkannter „Königsweg", ZInsO 2009, 556; *Haarmeyer/Beck,* Die Praxis der Abweisung mangels Masse oder der Verlust der Ordnungsaufgabe des Insolvenzrechts, ZInsO 2008, 1065; *Hackländer,* Die Schranken für den 2. Antrag auf Restschuldbefreiung, ZInsO 2008, 1308 ff.; *Heinrich,* Der Insolvenzplan – Verfahrensbeendend! Verfahrensbegleitend?, NZI 2008, 74; *Hinrichs,* Archivierung von Geschäftsunterlagen – der Markt entwickelt sich, ZInsO 2002, 416; *Kalter,* Die Geschäftsbücher und Geschäftspapiere im Konkurs, insbesondere ihre Führung und Verwahrung, KTS 1960, 65; *Kayser/Heck,* Die Gläubigerversammlung nach Anzeige der Masseunzulänglichkeit, NZI 2005, 65; *Kilger,* Problematische Masseschulden, NJW 1980, 271; *Kluth,* Das Verfahren bei unzulänglicher Insolvenzmasse oder ein „Himmelfahrtskommando" für den Insolvenzverwalter, ZInsO 2000, 177; *Kobialka,* Ende der Laufzeit der Abtretungserklärung vor Aufhebung des Insolvenzverfahrens, ZInsO 2009, 653; *Kreuznacht,* Massezulänglichkeit als ungeschriebene Zulässigkeitsvoraussetzung des Insolvenzplans oder Redaktionsversehen?, NZI 2007, 438; *Kübler,* Die Behandlung massearmer Insolvenzverfahren nach neuem Recht, Kölner Schrift zur InsO, 2. Aufl, 967; *Meyer,* Die Aufhebung des Insolvenzverfahrens und ihre Auswirkungen auf die Prozessführungsbefugnis des Insolvenzverwalters, ZInsO 2008, 1258; *Mönning/Zimmermann,* Die Einstellungsanträge des Insolvenzverwalters gem. §§ 30d I, 153b I ZVG im eröffneten Insolvenzverfahren, NZI 2008, 134; *Pape,* Masseunzulänglichkeit trotz Masse?, ZInsO 2000, 268; *ders.,* Die Berücksichtigung der Anzeige der Masseinsuffizienz im Erkenntnisverfahren, ZInsO 2001, 60; *ders.,* Erforderlichkeit der Überprüfung der Anzeige der Masseunzulänglichkeit durch das Insolvenzgericht, ZInsO 2004, 1223; *Ringstmeier,* Abwicklung von Mietverhältnissen in masseunzulänglichen Insolvenzverfahren, ZInsO 2004, 169; *Runkel/Schnurbusch,* Rechtsfolgen bei Masseunzulänglichkeit, NZI 2000, 49; *H. Schröder,* Die Abwicklung des masseunzulänglichen Verfahrens (2010); *J. Uhlenbruck,* Die Rechtsfolgen der Abweisung oder Einstellung mangels Masse für die Gesellschaft mit beschränkter Haftung, Kölner Schrift zur InsO, 2. Aufl, 1187; *Sternal,* Die Rechtsprechung zum Verbraucher- und Restschuldbefreiungsverfahren im Jahre 2008, NZI 2009, 537; *ders.,* Die Rechtsprechung zum Verbraucher- und Restschuldbefreiungsverfahren im Jahre 2007, NZI 2008, 329; *W. Uhlenbruck,* Die Massekostendeckung als Problem der Konkursverwalterhaftung, KTS 1976, 212; *ders.,* Gesetzesunzulänglichkeit bei Masseunzulänglichkeit, NZI 2001, 408;

ders., Rechtsfolgen der Beendigung des Konkursverfahrens, ZIP 1993, 241; *ders.,* Anmerkung zum Urteil des BGH v 3.4.2003 zur Unzulässigkeit der Leistungsklage eines Neumassegläubigers bei erneuter Masseunzulänglichkeit, NZI 2003, 372.

§ 74. Vorzeitige Beendigung des Verfahrens

Übersicht

	Rn.
I. Aufhebung des Eröffnungsbeschlusses	1
1. Voraussetzungen	1
2. Wirkungen	5
II. Einstellung des Verfahrens	9
1. Einstellung mangels kostendeckender Masse	9
a) Hochgradige Massearmut	9
b) Rudimentäre Abwicklung	11
c) Verfahren	13
d) Wirkungen	19
2. Einstellung nach Anzeige der Masseunzulänglichkeit	20
a) Masseunzulänglichkeit	20
b) Anzeige der Masseunzulänglichkeit	22
c) Abwicklung	26
d) Verfahren	32
3. Der Einwand der Masselosigkeit oder Masseunzulänglichkeit im Masseprozess	50
4. Einstellung wegen Wegfall des Eröffnungsgrundes	57
a) Voraussetzungen	57
b) Verfahren	59
5. Einstellung mit Zustimmung der Gläubiger	65
a) Voraussetzungen	65
(1) Antrag des Schuldners	66
(2) Zustimmung der Insolvenzgläubiger	67
b) Verfahren	71

I. Aufhebung des Eröffnungsbeschlusses

1. Voraussetzungen. Nur der Schuldner ist nach § 34 II InsO berechtigt, gegen den Eröffnungsbeschluss sofortige Beschwerde (§ 6 I InsO) einzulegen. Das Insolvenzgericht hat nach § 4 InsO, § 572 I 1 ZPO die Befugnis zur Abhilfe. Sowohl die Abhilfe des Insolvenzgerichts als auch die abändernde Entscheidung des Beschwerdegerichts erschöpfen sich nicht in der Aufhebung des Eröffnungsbeschlusses; zusätzlich ist der Eröffnungsantrag zurückzuweisen. Hierdurch wird eine neue Beschwerdemöglichkeit eröffnet, und zwar im Fall der Abhilfeentscheidung nunmehr für den antragstellenden Gläubiger (nach §§ 34 I, 6 I InsO). Weist das Beschwerdegericht den Eröffnungsantrag zurück, steht dem antragstellenden Gläubiger bei Zulassung durch das Beschwerdegericht die Rechtsbeschwerde zu (nach § 4 InsO, §§ 574 ff. ZPO).[1]

Die Beschwerdebefugnis des Schuldners nach § 34 II InsO betrifft im Regelfall den Insolvenzeröffnungsantrag eines Gläubigers. In Ausnahmefällen ist aber auch der Insolvenzschuldner bei eigenem Eröffnungsantrag befugt, gegen den Eröffnungsbeschluss sofortige Beschwerde einzulegen.[2]

---

[1] Uhlenbruck/Hirte/Vallender/*Pape* (§ 34 Rn. 27) weist auf eine Rechtswegverkürzung hin. Er empfiehlt dem Beschwerdegericht, nur den Eröffnungsbeschluss aufzuheben und die Sache im Übrigen zur erneuten Entscheidung an das Insolvenzgericht zurückzuverweisen.

[2] Uhlenbruck/Hirte/Vallender/*Pape,* § 34 Rn. 13–15 mwN; Nerlich/Römermann/*Mönning,* § 34 Rn. 19; Braun/*Herzig,* § 34 Rn. 10; HK/*Kirchhof,* § 34 Rn. 11; FK/*Schmerbach,* § 34 Rn. 21ff., 27; KPB/*Pape,* § 34 Rn. 71.

Die Aufhebung des Eröffnungsbeschlusses im Beschwerdeverfahren wird grundsätzlich erst mit Rechtskraft der Beschwerdeentscheidung wirksam. Das ergibt sich für die Beschwerdeentscheidung des Landgerichts ausdrücklich aus § 6 III 1 InsO. Aufgrund eines Erst-recht-Schlusses folgt dies aber auch für die nicht konkret angesprochene Beschwerdeentscheidung (Abhilfeentscheidung) des Insolvenzgerichts selbst. Für die Gleichbehandlung beider Aufhebungsentscheidungen sprechen im Übrigen die Bekanntmachungsanordnungen des § 34 III 1, 2 InsO, die generell ohne Abstufungen die Rechtskraft der Entscheidung, die den Eröffnungsbeschluss aufhebt, voraussetzt.

Nach rechtskräftiger Aufhebung des Eröffnungsbeschlusses ist die Aufhebung des Insolvenzverfahrens öffentlich bekanntzumachen (§ 34 III 1 InsO). Die Bekanntmachung erfolgt nach Maßgabe des § 9 InsO.

2. Wirkungen. Ist der Eröffnungsbeschluss rechtskräftig aufgehoben, so treten die mit der Eröffnung als solcher verbundenen Rechtsfolgen (privat- und öffentlich-rechtlicher Art) rückwirkend außer Kraft, eine unmittelbare Auswirkung der rechtskräftigen „Gegen"-Entscheidung.[3]

Die uneingeschränkte Verwaltungs- und Verfügungsmacht des Schuldners lebt rückwirkend wieder auf.[4] Gläubigerversammlung und Gläubigerausschuss verlieren ihre Befugnisse. Das Amt des Insolvenzverwalters endet, allerdings mit gewissen Abwicklungspflichten. Der Verwalter hat dem Schuldner die zur Insolvenzmasse gezogenen Gegenstände herauszugeben und auf Verlangen ihm gegenüber über seine Verwaltertätigkeit Auskunft zu geben und Rechnung zu legen.

Die Gläubiger sind befugt, den Schuldner wieder unbeschränkt im Prozessweg in Anspruch zu nehmen und die Zwangsvollstreckung einzuleiten.

Von besonderer Bedeutung ist die gesetzliche Neuregelung in § 34 III 3 InsO, wonach trotz der grundsätzlichen Rückwirkung der Aufhebung die Wirkungen der Rechtshandlungen, die vom Insolvenzverwalter oder ihm gegenüber vorgenommen worden sind, durch die Aufhebung nicht berührt werden. Diese Regelung dient dem Schutz des Rechtsverkehrs. Ihr ist insbesondere zu entnehmen, dass die vom Verwalter begründeten Verbindlichkeiten trotz der Aufhebung des Eröffnungsbeschlusses weiterhin verbindlich bleiben und aus dem vormals mit Insolvenzbeschlag erfassten Vermögen des Schuldners zu erfüllen sind.

Die KO enthielt im Gegensatz zu § 34 III 3 InsO keine derartige ausdrückliche Regelung. Allerdings folgte das gleiche Ergebnis indirekt aus der Verweisung in § 116 2 KO auf § 191 KO. Hiernach hatte der Verwalter die Masseansprüche aus der Masse zu berichtigen und bestrittene Masseansprüche sicherzustellen.

Nach allem ist der Insolvenzverwalter befugt und verpflichtet, vor Rückgabe der Masse an den Schuldner die von ihm eingegangenen Verbindlichkeiten zu erfüllen oder sicherzustellen.[5] Das gilt auch für das ihm zustehende (Teil-)Honorar, die Folge einer „ihm gegenüber vorgenommenen Rechtshandlung" im Sinne des § 34 III InsO (Amtsbestellung durch das Insolvenzgericht mit Honoraranspruch).

II. Einstellung des Verfahrens

1. Einstellung mangels kostendeckender Masse. a) *Hochgradige Massearmut.* Eine besonders hochgradige Massedürftigkeit ist dann gegeben, wenn die Insolvenzmasse nicht einmal zur Deckung der Verfahrenskosten ausreicht. Eine derartige Massearmut führt nach § 207 I 1 InsO grundsätzlich zur Einstellung des Verfahrens. Nur durch

---

[3] Uhlenbruck/Hirte/Vallender/*Pape*, § 34 Rn. 30 mwN; Nerlich/Römermann/*Mönning*, § 34 Rn. 35; HK/*Kirchhof*, § 34 Rn. 39; FK/*Schmerbach*, § 34 Rn. 58; KPB/*Pape*, § 34 Rn. 82.
[4] *Kuhn/Uhlenbruck*, § 109 KO Rn. 7; *Kilger/K. Schmidt*, § 109 KO Anm. 4.
[5] Vgl. auch *Haarmeyer/Wutzke/Förster*, Kap 4 Rn. 28; *Uhlenbruck* ZIP 1993, 242 f.

Zahlung eines ausreichenden Vorschusses oder nach Bewilligung der Kostenstundung (§ 4a InsO) kann die Einstellung ausnahmsweise abgewendet werden (§ 207 I 2 InsO).

10 Nach der früheren Rechtslage war im *Genossenschaftskonkurs* in Auswirkung des § 100 III GenG aF eine (Verfahrenseröffnung und) Einstellung mangels Masse nach § 204 KO so lange nicht zulässig, wie die Verfahrenskosten aus Nachschüssen der Genossen beitreibbar waren.[6]

Durch Art. 49 Nr. 17 EGInsO ist § 100 GenG ersatzlos aufgehoben worden, so dass auch der Anknüpfungspunkt des § 100 III GenG entfällt. Es ist jedoch zu beachten, dass bei der Prüfung der Massedeckung ohnehin alle der Masse zugewiesenen Haftungsansprüche oder Nachschusspflichten zu berücksichtigen sind.[7]

11 **b)** *Rudimentäre Abwicklung.* Die Abwicklung hochgradig masseamer Insolvenzverfahren war bisher im Bereich der KO nicht gesondert geregelt. Sie folgte nach § 60 KO dem uneingeschränkten Verwertungsgebot und der Rangordnung bei allgemeiner, nicht abgestufter Masseunzulänglichkeit.[8] Bei arbeitsintensiver Verwertung der vorhandenen, unzureichenden Masse führte diese Praxis zur unangemessenen Benachteiligung des nicht oder nicht ausreichend honorierten Verwalters.

12 Die unzulängliche Regelung in der KO wird nunmehr durch § 207 III InsO sachgerechter gestaltet: Der Verwalter hat lediglich die in der Masse vorhandenen Barmittel zu verteilen und mit ihnen die Kosten des Verfahrens (§ 54 InsO), von diesen zuerst die Auslagen, nach dem Verhältnis ihrer Beträge zu berichtigen. Zur Verwertung von Massegegenständen ist er nicht mehr verpflichtet. Diese Regelung führt auch dazu, dass der Verwalter nicht mehr verpflichtet ist, schwebende Prozesse, welche die Insolvenzmasse betreffen, weiterzuführen.

13 **c)** *Verfahren.* Die Einstellung des Verfahrens mangels Masse erfolgt von Amts wegen durch Beschluss des Insolvenzgerichts. Förmliche Antragsrechte sind in § 207 InsO nicht vorgesehen. Vor der Einstellung sind die Gläubigerversammlung, der Insolvenzverwalter und die Massegläubiger anzuhören, damit das Gericht die erforderlichen Informationen erhält.

Von besonderer Bedeutung ist die Anhörung des Verwalters, der in der Regel umfassender informiert ist als die übrigen Beteiligten. Er ist auf Grund seiner Amtsstellung zur Anzeige einer Massearmut verpflichtet, andernfalls er sich Regressansprüchen aussetzt. Vielfach wird er selbst die Anregung zur Einstellung geben.

Die gerichtliche Prüfung der Kostendeckung (§ 207 I 1 InsO) korrespondiert mit der ggf. erforderlichen Vorschussprüfung zur Abwendung der Einstellung (§ 207 I 2 InsO).

14 Im Gegensatz zur bisherigen komplizierten Sach- und Rechtslage der Bestimmung der „Massekosten nach §§ 204 I, 58 Nr. 1 und Nr. 2 KO"[9] ist die neue Regelung in § 207 I InsO enger und einfacher.

Die Bestimmung der Kostendeckung richtet sich ausschließlich nach den „Kosten des Verfahrens",[10] die der Legaldefinition des § 54 InsO entsprechen:

1. die Gerichtskosten für das Insolvenzverfahren;
2. die Vergütungen und Auslagen des vorläufigen Insolvenzverwalters, des Insolvenzverwalters und der Mitglieder des Gläubigerausschusses.

---

[6] Vgl. OLG Frankfurt KTS 1997, 519; *K. Schmidt* KTS 1997, 339 (342).
[7] Vgl. Begr zu Art. 47 RegE, BT-Drucks. 12/3803, S. 90–96.
[8] Im Einzelnen war die Beachtung der Rangfolge streitig, vgl. *Kilger/K. Schmidt*, § 204 KO Anm. 1, 2, 4 und § 60 KO Anm. 1; hier: 1. Aufl. § 67 Rn. 15, 16.
[9] *Kilger/K. Schmidt*, § 204 KO Anm. 1 und § 58 KO Anm. 2, 3; hier: 1. Aufl. § 67 Rn. 18.
[10] *Kübler*, Kölner Schrift, S. 968 Rn. 3 und S. 969 Rn. 6; *Kilger/K. Schmidt*, § 204 KO Anm. 1; Uhlenbruck/Hirte/Vallender/*Ries*, § 207 Rn. 2, 3; Nerlich/Römermann/*Westphal*, § 207 Rn. 9 ff.; Nach Braun/*Kießner*, (§ 207 Rn. 8 ff.) sind auch die „unausweichlichen Verwaltungskosten" zu berücksichtigen. S auch HK/*Landfermann*, § 207 Rn. 5 und FK/*Kießner*, § 207 Rn. 6, 7; KPB/*Pape*, § 207 Rn. 9.

Um die Kostendeckung abschließend zu beurteilen, ist zur Festlegung des Bezugspunktes eine Bewertung der vorhandenen Masse erforderlich. In den Fällen der in Betracht kommenden Massearmut sind hier idR wegen des dürftigen Massebestandes keine besonderen Schwierigkeiten zu erwarten. Allerdings ist zu beachten, dass es bei laufenden oder geplanten Prozessen, die der Masseanreicherung dienen können, zu erheblichen Problemen der Erfolgseinschätzung und der Prozessfinanzierung (Prozesskostenhilfe?) kommen kann.[11] Allein mit der Eröffnung des Insolvenzverfahrens über das Vermögen des Antragstellers lässt sich ein Antrag auf Prozesskostenhilfe nicht begründen.[12]

Nach § 5 I InsO prüft und entscheidet das Gericht von Amts wegen grundsätzlich alle verfahrensrelevanten Umstände, also auch die Frage der Kostendeckung und Einstellung des Verfahrens mangels Masse. Das „wie" der Entscheidungsfindung ist damit erschöpfend gekennzeichnet. Eine Formulierung wie „von Amts wegen nach eigener Einschätzung"[13] – nach welcher Fremdeinschätzung denn nicht? – ist nicht sachfördernd.

Da die Entscheidungsfindung teilweise eine Prognose für künftige nur schätzbare Verfahrenskosten enthält, kann man allenfalls von einer Entscheidung „nach freiem Ermessen"[14] oder „nach freier Überzeugung" in analoger Anwendung des § 287 ZPO (§ 4 InsO) sprechen.

Eine Einstellung des Verfahrens darf das Gericht erst nach der vom Verwalter vollzogenen rudimentären Abwicklung anordnen; diese ist vorrangig (§ 207 III InsO).

Der Einstellungsbeschluss und der Grund der Einstellung (mangels Masse) sind nach §§ 215 I 1 InsO öffentlich bekannt zu machen (§ 9 I 1, II InsO). Die im Einzelfall benachrichtigten Registergerichte und Grundbuchämter sind zwecks Löschung von Sperrvermerken zu informieren (§§ 215 I 3, 200 II InsO). Vor der öffentlichen Bekanntmachung sind der Schuldner, der Insolvenzverwalter und die Mitglieder des Gläubigerausschusses über den Zeitpunkt des Wirksamwerdens der Einstellung zu unterrichten (§ 215 I 2 InsO), dh über den Tag der bevorstehenden Veröffentlichung zuzüglich zwei weiterer Tage (§ 9 I 3 InsO). Durch diese Vorabbenachrichtigung wird gewährleistet, dass sich die vorgenannten Verfahrensbeteiligten rechtzeitig und sachgerecht auf die Einstellung des Verfahrens und die für sie erheblichen Auswirkungen vorbereiten können. Für die Bekanntmachung eines ausländischen Insolvenzverfahrens gilt § 345 InsO.

Gegen den Einstellungsbeschluss steht jedem Insolvenzgläubiger und dem Schuldner das Rechtsmittel der sofortigen Beschwerde zu (§§ 216 I, 6 InsO).

d) *Wirkungen.* Mit der Einstellung des Verfahrens erhält der Schuldner das Recht zurück, über die Insolvenzmasse frei zu verfügen (§ 215 II 1 InsO). Der Verwalter ist zur Rückgabe der noch vorhandenen Massegegenstände[15] an den Schuldner verpflichtet.

Andererseits können nunmehr auch die Insolvenzgläubiger ihre Forderungen gegen den Schuldner wieder unbeschränkt geltend machen, ggf. mit der Vollstreckungstitel-Erleichterung des Tabelleneintrags (§§ 215 II 2, 201, 202 InsO). Dass Massegläubiger den Schuldner wieder in Anspruch nehmen können, bedurfte keiner ausdrücklichen Regelung. Mit der Einstellung des Verfahrens endet die Amtsstellung des Verwalters und damit auch seine Passivlegitimation im Hinblick auf Massegläubigeransprüche. Eine

---

[11] BGH, keine Prozesskostenhilfe für Massearmut nicht behebende Insolvenzanfechtung, NZI 2009, 602; ferner: BGH, Mutwilligkeit eines Antrags, NZI 2008, 431; BGH, Masseunzulänglichkeit, NZI 2008, 368 und 98.
[12] *Berkowsky* NZI 2009, 33, 35.
[13] *Kilger/K. Schmidt,* § 204 KO Anm. 1.
[14] So hier: 1. Aufl. § 67 Rn. 14.
[15] Die zur Masse gehörenden Barmittel sind vor der Einstellung vom Verwalter verteilt worden (§ 207 III InsO).

andere Frage ist, ob der Schuldner im Einzelfall nur mit der zurückerhaltenen Masse haftet.[16]

20   **2. Einstellung nach Anzeige der Masseunzulänglichkeit. a)** *Masseunzulänglichkeit.* Von der gesteigerten Massearmut, die nicht einmal die Verfahrenskosten abdeckt und sich weitgehend einer Masselosigkeit nähert, ist die Masseunzulänglichkeit zu unterscheiden. Bei ihr werden nach der Legaldefinition des § 208 I 1 InsO zwar die Kosten des Insolvenzverfahrens (§ 54 InsO) gedeckt, die Insolvenzmasse reicht jedoch nicht aus, um alle fälligen sonstigen Masseverbindlichkeiten zu erfüllen.

21   Eine Masseunzulänglichkeit ist aber nicht nur dann gegeben, wenn diese bereits eingetreten ist. Nach § 208 I 2 InsO genügt es, wenn die Masse zur Erfüllung der sonstigen Masseverbindlichkeiten voraussichtlich nicht ausreichen wird, wenn die Unzulänglichkeit „droht", wenn sie „wahrscheinlicher ist als ihr Ausbleiben".[17]

22   **b)** *Anzeige der Masseunzulänglichkeit.* Der Insolvenzverwalter ist nach § 208 I InsO verpflichtet, dem Insolvenzgericht die eingetretene oder drohende Masseunzulänglichkeit anzuzeigen.

Im Gegensatz zur Masselosigkeit, deren amtswegige Prüfung und Feststellung Voraussetzung und Bestandteil der gerichtlichen Einstellungsentscheidung ist (§ 207 I InsO), findet eine Prüfung der Masseunzulänglichkeit und eine Entscheidung hierüber durch das Insolvenzgericht nicht statt. Der allgemeine Amtsermittlungsgrundsatz (§ 5 I 1 InsO) gilt wegen der Besonderheiten der „omnipotenten" Verwalteranzeige nicht.

Die fehlende Prüfungs- und Entscheidungskompetenz des Gerichts ergibt sich nicht nur aus den Gesetzesmaterialien zur InsO,[18] sondern indirekt auch aus folgenden Regelungen der InsO:

23   Die Einstellung des Verfahrens durch das Gericht setzt nach § 211 I InsO lediglich die Anzeige der Masseunzulänglichkeit durch den Verwalter, die der allseitigen Information dienende (deklaratorische) Veröffentlichung der Anzeige und ihre gesonderte Bekanntgabe an die Massegläubiger (§ 208 II InsO) sowie den anschließenden Vollzug der Masseverteilung nach § 209 InsO durch den Verwalter voraus, und zwar ohne vorherige Anhörung der Beteiligten. Hieraus folgt, dass die Einstellung keine Grundentscheidung beinhaltet, sondern nur eine „Vollzugs"-Entscheidung.

24   Dieser Wertung entspricht mit zwingender Folgerichtigkeit, dass die Einstellungsentscheidung des Gerichts nicht anfechtbar ist. In § 216 I InsO wird die sofortige Beschwerde ausschließlich in den Einstellungsfällen der §§ 207, 212, 213 InsO zugelassen, aber nicht bei einer Einstellung nach § 211 I InsO.

25   Nach allem hat der Insolvenzverwalter eigenständig, eigenverantwortlich (§ 61 InsO) und mit umfassender Außenwirkung – „urbi et orbi" gegenüber – die Masseunzulänglichkeit zu prüfen, festzustellen und anzuzeigen. Diese Regelung begegnet massiven verfassungsrechtlichen Bedenken. Der Anspruch auf Justizgewährung[19] wird in bedenklicher Weise verkürzt. An die Stelle der vorsorglichen Rechtsordnung tritt die Nachsorge des bloßen Regresses (§§ 60, 61 InsO).

26   **c)** *Abwicklung.* Der Verwalter hat auch nach Anzeige der Masseunzulänglichkeit die Verwaltung und Verwertung der Masse fortzusetzen und die Masseverbindlichkeiten zu

---

[16] *Kilger/K. Schmidt,* § 57 KO Anm. 2.
[17] *Kübler,* Kölner Schrift, S. 974 Rn. 26; Uhlenbruck/Hirte/Vallender/*Ries,* § 208 Rn. 2, 3; Nerlich/Römermann/*Westphal,* § 208 Rn. 14; Braun/*Kießner,* § 208 Rn. 18 f.; HK/*Landfermann,* § 208 Rn. 6 f.; FK/*Kießner,* § 208 Rn. 9 ff.; KPB/*Pape,* § 208 Rn. 14 ff.
[18] Vgl. *Kübler* (Fn 10), S. 972 Rn. 16; *Haarmeyer/Wutzke/Förster,* Kap 8 Rn. 160; Uhlenbruck/Hirte/Vallender/*Ries,* § 208 Rn. 4, 13; Nerlich/Römermann/*Westphal,* § 208 Rn. 16; Braun/*Kießner,* § 208 Rn. 21, 28; HK/*Landfermann,* § 208 Rn. 8; FK/*Kießner,* § 208 Rn. 13; KPB/*Pape,* § 208 Rn. 3 ff.
[19] Vgl. *Rosenberg/Schwab/Gottwald,* § 3 I = S. 13/14. Zu den extrem hohen Haftungsrisiken des Verwalters: *Kluth* ZInsO 2000, 177 f., 180 ff.

Vorzeitige Beendigung des Verfahrens   27–32 § 74

tilgen, soweit die Masse reicht (§ 208 III InsO). Das ist zumutbar, da bei Unzulänglichkeit der Masse die Verfahrenskosten, also auch das Verwalterhonorar, gedeckt sein müssen und den Verfahrenskosten bei der Masseverteilung der erste Rang zukommt (§ 209 I Nr. 1 InsO).

Im Gegensatz zu den unzulänglichen Regelungen der KO (§§ 59, 60 KO), die vor allem in der Problematik der Gleich- oder Vorrangbehandlung von „Alt- und Neumasseschulden" – Masseverbindlichkeiten, die vor Eintreten bzw. Feststellen der Masseunzulänglichkeit oder erst danach entstehen[20] – keine sachgerechte Lösung bieten, enthält die InsO in § 209 einen angemessenen Verteilungsschlüssel mit gestaffelter Rangfolge für die nicht vollständig mögliche Befriedigung aller Massegläubiger: 27

1. die Kosten des Insolvenzverfahrens (§ 54 InsO) sind erstrangig zu befriedigen (§ 209 I Nr. 1 InsO).
2. Die nach Anzeige der Masseunzulänglichkeit begründeten „Neu"-Masseverbindlichkeiten nehmen die zweite Rangstelle ein (§ 209 I Nr. 2 InsO).
3. Alle übrigen („Alt"-)Masseverbindlichkeiten sind letztrangig zu befriedigen (§ 209 I Nr. 3 InsO).

Jeder Rang ist in der vorgegebenen Rangfolge grundsätzlich voll zu befriedigen, soweit die Masse reicht. Falls innerhalb eines Ranges eine volle Befriedigung mangels Masse nicht möglich ist, erfolgt die Verteilung quotal nach dem Verhältnis der einzelnen Verbindlichkeitsbeträge zur Gesamtsumme der Verbindlichkeiten. 28

Im Einzelfall ist auch im ersten Rang eine nur quotale Befriedigung möglich, obwohl die Anzeige der Masseunzulänglichkeit an sich die Deckung der Kosten des Insolvenzverfahrens voraussetzt. Stellt sich nachträglich eine Fehleinschätzung des Verwalters heraus, ist ein „Abschwenken" in das Einstellungsverfahren mangels Masse (§ 207 InsO) nicht zulässig. Der Verwalter hat die uneingeschränkte Abwicklung der Masse fortzusetzen (§§ 208 III, 209 InsO). Dass er Honorareinbußen erleidet, ist eine angemessene Reflexwirkung seiner eigenen Fehleinschätzung bei der Anzeige der Masseunzulänglichkeit. 29

Bei beidseitig nicht erfüllten Verträgen und Dauerschuldverhältnissen, insbesondere Miet- und Pachtverträgen sowie Dienst- und Arbeitsverträgen, bestehen Abgrenzungsschwierigkeiten zwischen Alt- und Neu-Masseverbindlichkeiten. Hier weist § 209 II InsO Teilbereiche als Neu-Masseverbindlichkeiten der zweiten Tilgungsrangfolge zu.[21] 30

Ob eine Masseverbindlichkeit sich auf Geld- oder Sachleistungen bezieht, ist ohne Belang. § 209 InsO erfasst in seiner Tilgungsordnung insoweit alle Masseverbindlichkeiten unterschiedslos. Nicht auf Geld gerichtete Ansprüche sind daher bei anteiliger Befriedigung in Geldforderungen umzurechnen.[22] 31

d) *Verfahren.* Das Einstellungsverfahren beginnt mit der Anzeige der Masseunzulänglichkeit durch den Insolvenzverwalter (§ 208 I InsO). 32

Eine Anhörung der übrigen Verfahrensbeteiligten ist nicht vorgesehen. Erforderlich ist allerdings, um die anderen Beteiligten und den allgemeinen Geschäftsverkehr sachgerecht zu informieren, die öffentliche Bekanntmachung der Unzulänglichkeitsanzeige und zusätzlich deren Bekanntgabe an die Massegläubiger (§ 208 II InsO).

Eine gerichtliche Prüfung der Masseunzulänglichkeit und Beschlussfassung findet nicht statt. Der Verwalter ist verpflichtet, die Verwaltung und Verwertung der Masse

---

[20] Vgl. im einzelnen *Kilger/K. Schmidt,* § 60 KO Anm. 4; hier: 1. Aufl., § 67 Rn. 15; *Kübler* aaO, S. 977 Rn. 34, 35.
[21] Ausführlich *Kübler* aaO, S. 977f Rn. 37–39; *Haarmeyer/Wutzke/Förster,* Kap 8 Rn. 173; Uhlenbruck/Hirte/Vallender/*Berscheid/Ries,* § 209 Rn. 10ff.; Nerlich/Römermann/*Westphal,* § 209 Rn. 6ff.; Braun/*Kießner,* § 209 Rn. 25ff.; HK/*Landfermann,* § 209 Rn. 13ff.; FK/*Kießner,* § 209 Rn. 25ff., 31ff.; KPB/*Pape,* § 209 Rn. 14ff.
[22] Vgl. Begr zu § 321 RegE (BR-Drucks. 1/92 S. 220).

fortzusetzen (§ 208 III InsO) und die Tilgung der Masseverbindlichkeiten nach dem Verteilungsschlüssel des § 209 InsO vorzunehmen.

33 Unter Beachtung der vorgegebenen Rangfolgen hat der Verwalter im Übrigen bei der Masseverwertung und Erlösverteilung grundsätzlich freie Hand.

34 Ein heikles Problem entsteht allerdings dann, wenn der Verwalter zur Vornahme „*besonders bedeutsamer Rechtshandlungen*" *nach § 160 InsO* veranlasst ist, die er nur mit Zustimmung des Gläubigerausschusses bzw. der Insolvenzgläubigerversammlung vornehmen darf.[23] Diese Fälle treten zB ein bei der Veräußerung von Grundstücken und wertvollen Maschinen sowie bei der Frage, ob der Verwalter Prozesse zur Ergänzung der Insolvenzmasse fortsetzen oder anhängig machen soll. § 160 InsO ist auch tangiert, wenn der Verwalter vorprozessual erhebliche Masseforderungen anzuerkennen oder abzulehnen beabsichtigt.

35 Es ist ausgesprochen fraglich, ob ein Gläubigerausschuss oder die Gläubigerversammlung mangels Eigeninteresses – reale Befriedigungschancen bestehen für die Insolvenzgläubiger nicht – überhaupt zu einer Entscheidung über eine erforderliche Zustimmung zu bewegen ist. Andererseits können die in hohem Maße interessierten Massegläubiger mangels Verfahrensbeteiligung nicht in die Entscheidungsfindung einbezogen werden.

36 Dennoch ist § 160 InsO zu beachten. Diese Bestimmung knüpft an die Bedeutung der Rechtshandlungen „für das Insolvenzverfahren" an, also auch für das Verfahren bei Masseunzulänglichkeit, und nicht etwa nur an die Bedeutung „für die Insolvenzgläubiger", wie in § 129 I InsO für die Insolvenzanfechtung.

37 Der noch in der Vorauflage angesprochene akute Handlungsbedarf des Gesetzgebers wurde dadurch gelöst, dass im § 160 II 3 InsO bei Beschlussunfähigkeit die Zustimmung als erteilt gilt. Die Einladung soll einen Hinweis auf die Fiktion enthalten.[24]

38 Bei der Verteilung des Masseverwertungserlöses hat der Verwalter nur die Rangfolgen des § 209 InsO zu beachten; weitere Bindungen bestehen nicht.

39 Der Verwalter hat weder eine „Masseforderungstabelle" noch ein „Verteilungs- bzw. Schluss(verteilungs)verzeichnis" zu erstellen, noch eine gerichtliche Zustimmung zur Schlussverteilung – geschweige denn zum „Schlussverteilungsverzeichnis" – einzuholen.[25] Das untrennbar verzahnte, eigenspezifische Regelungssystem bei Insolvenzgläubigern – Insolvenzgläubigertabelle (§§ 175 ff. InsO), Aufstellen von Verteilungsverzeichnissen (§ 188 InsO), Zustimmung des Insolvenzgerichts zur Schlussverteilung (§ 196 II InsO), sowie Erhebung von Einwendungen gegen das Verteilungs- bzw. Schlussverteilungsverzeichnis und Entscheidung des Insolvenzgerichts über derartige Einwendungen (§§ 194, 197 I 2 Nr. 2, III InsO) – ist auf das Verteilungsverfahren bei Masseunzulänglichkeit nicht „analog" übertragbar.

40 Der Auffassung von *Smid*[26] zur Verteilung bei Masseunzulänglichkeit: „Dabei hat er (Verwalter) die §§ 187 ff. InsO entsprechend zu beachten. Danach ist bei dem Insolvenzgericht ein Verteilungsvorschlag einzureichen, dem das Gericht entsprechend § 196 Abs. 2 InsO die Zustimmung zu erteilen hat." ist mit Nachdruck zu widersprechen.

41 Abgesehen davon, dass eine Analogie nicht begründungsfähig ist, wird der Regelungszweck des § 196 II InsO für den unmittelbaren Anwendungsfall bei Insolvenzgläubigern verkannt: Die Zustimmung zur Schlussverteilung nach § 196 II InsO erfor-

---

[23] *Kluth* ZInsO 2000, 177, 181, 183 f. Im gescheiterten § 323 Abs. 1 RegE war zur angeblichen Problemlösung ein Gläubigeraustausch in der GlVersammlung vorgesehen. Die nicht nachrangigen InsGl sollten durch die Alt-Massegl ersetzt werden. Nach Abs. 2 sollte sogar ein Ins-Plan bei Masseunzulänglichkeit mit dem gleichen Gläubiger(-Gruppen)-Austausch zulässig sein. Dieser Gedanke wurde vom Gesetzgeber jüngst wieder aufgenommen und inhaltlich durch das Gesetz zur weitern Erleichterung der Sanierung von Unternehmen (ESUG) vom 7.12.2011 in § 210a InsO normiert (→ § 67 I. 1. c).
[24] KPB/*Onusseit*, § 160 Rn. 7.
[25] *Kluth* ZInsO 2000, 177, 182.
[26] *Smid*, § 23 Rn. 34 = S. 380.

dert lediglich die Prüfung des Insolvenzgerichts, ob die Voraussetzung des § 196 I InsO gegeben ist, ob nämlich die Verwertung der Insolvenzmasse auch wirklich beendet ist, und ob die Zustimmung eines Gläubigerausschusses nach § 187 III 2 InsO vorliegt.[27] Das Schluss(verteilungs)verzeichnis – „Verteilungsvorschlag" – bedarf also keineswegs der gerichtlichen Zustimmung. Das Gericht ist zu einer Prüfung des Verteilungsverzeichnisses nicht verpflichtet, es hat sich mit ihm erst zu befassen, falls Einwendungen gegen das Verzeichnis (§ 197 I 2 Nr. 2, III InsO) erhoben werden.[28]

42 Wenn der Insolvenzverwalter Listen verfasst, in denen Massegläubiger aufgeführt werden und Verteilungsmodalitäten enthalten sind, so handelt es sich nur um sinn- und zweckvolle, aber unverbindliche und nicht überprüfbare „Arbeitspapiere".[29]

43 Damit eine sachgerechte Abwicklung in der vorgegebenen Rangfolge stattfinden kann, enthält § 210 InsO ein Vollstreckungsverbot. Nach erfolgter Anzeige der Masseunzulänglichkeit ist die Vollstreckung wegen drittrangiger „Alt"-Masseverbindlichkeiten (§ 209 I Nr. 3 InsO) unzulässig. Kübler weist mit Recht darauf hin,[30] dass die Beschränkung des Vollstreckungsverbots auf drittrangige Verbindlichkeiten problematisch ist, weil auch im zweiten Rang der „Neu"-Masseverbindlichkeiten eine nur quotale Befriedigung möglich ist. Diese Beschränkung könnte von Massegläubigern des zweiten Ranges mit der Vollstreckung umgangen werden. Allerdings ist der Verwalter berechtigt, einem derartigen Umgehungsversuch mit der Vollstreckungsgegenklage zu begegnen (§ 767 II ZPO).[31]

44 Im Einstellungsverfahren mangels Masse (§ 207 InsO) ist ein vergleichbares gesetzliches Vollstreckungsverbot nicht vorgesehen (abgesehen von dem allgemeinen, zeitlich beschränkten Vollstreckungsverbot des § 90 InsO). Eine analoge Anwendung der Ausnahmeregelung des § 210 InsO ist nicht zulässig. Im Übrigen gäbe es auch keinen konkreten Anknüpfungspunkt für ein Vollstreckungsverbot, da es im Verfahren nach § 207 InsO keine entsprechende „Anzeige" gibt. Dem Verwalter steht aber auch hier die Möglichkeit der Vollstreckungsgegenklage zur Verfügung.

45 Der Insolvenzverwalter hat für seine Tätigkeit nach der Anzeige der Masseunzulänglichkeit im Rahmen seiner allgemeinen Rechnungslegungspflicht – Schlussrechnung – (§ 66 InsO) gesondert Rechnung zu legen (§ 211 II InsO).

46 Nach erfolgter Masseabwicklung (§ 209 InsO) und ordnungsgemäßer Rechnungslegung (§§ 66, 211 II InsO) wird das Insolvenzverfahren durch Beschluss des Insolvenzgerichts eingestellt (§ 211 I InsO).

47 Ein Rechtsmittel gegen diese Entscheidung ist, da in § 216 InsO nicht vorgesehen, nicht zulässig.

48 Bezüglich Bekanntmachung und Information sowie Wirkungen der Einstellung (§ 215 InsO) wird auf die hier entsprechend geltenden Ausführungen zum Verfahren der Einstellung mangels kostendeckender Masse Bezug genommen (§ 74 II. 1. c, d).

49 Eine wichtige Neuerung und Klarstellung einer bisher umstrittenen Frage enthält § 211 III InsO zu der Zulässigkeit einer Nachtragsverteilung.[32]

---

[27] Vgl. *Kilger/K. Schmidt*, § 161 KO Anm. 3.
[28] *Kilger/K. Schmidt*, aaO, § 151 KO, Anm. 4.
[29] *Kluth* ZInsO 2000, 177, 182; *Uhlenbruck* NZI 2001, 408, 410; MüKoInsO/*Hefermehl*, § 211 Rn. 5; Nerlich/Römermann/*Westphal*, § 211 Rn. 13; Braun/*Kießner*, § 211 Rn. 10 f.; HK/*Landfermann*, § 211 Rn. 3; FK/*Kießner*, § 211 Rn. 14.
[30] *Kübler*, aaO, S. 979 f. Rn. 44. Vgl. auch Uhlenbruck/Hirte/Vallender/*Berscheid*, § 210 Rn. 5; MüKoInsO/*Hefermehl*, § 210 Rn. 20 f.; *Runkel/Schnurbusch*, NZI 2000, 49, 54; OLG Hamm ZIP 1993, 523; Nerlich/Römermann/*Westphal*, § 210 Rn. 8; Braun/*Kießner*, § 210 Rn. 8; HK/*Landfermann*, § 210 Rn. 3; FK/*Kießner*, § 210 Rn. 9, 10; KPB/*Pape*, § 210 Rn. 6.
[31] Vgl. zum Recht der KO: hier: 1. Aufl., § 59 Rn. 6; *Kübler*, aaO S. 979 f. Rn. 44.
[32] Allerdings ist die Beschränkung der Nachtragsverteilung auf nachträglich ermittelte Massegegenstände nicht unproblematisch – vgl. *Kluth* ZInsO 2000, 177, 183.

Werden nach Einstellung des Verfahrens Massegegenstände ermittelt, so ordnet das Gericht auf Antrag des Verwalters oder eines Massegläubigers oder von Amts wegen eine Nachtragsverteilung an. Bei der Einstellung des Verfahrens mangels kostendeckender Masse ist eine derartige Nachtragsverteilung nicht vorgesehen. Kübler weist mit Recht darauf hin,[33] dass eine Nachtragsverteilung konsequenterweise auch bei einer Einstellung nach § 207 InsO möglich sein müsste. Eine analoge Anwendung des § 211 III InsO erscheint daher zulässig und erforderlich.

50 **3. Der Einwand der Masselosigkeit oder Masseunzulänglichkeit im Masseprozess.** Jeder Massegläubiger ist befugt, seinen Anspruch einzuklagen.[34] Wenn der Insolvenzverwalter den Masseanspruch bestreitet, ist das Rechtsschutzinteresse für eine Klage gegeben. Das weder durch die KO noch durch die InsO geregelte Problem ist, welche prozessualen Auswirkungen der vom Insolvenzverwalter erhobene Einwand der Massearmut hat. Patentlösungen gibt es nicht:[35]

51 Als Ausgangspunkt eines jeden Lösungsversuchs ist festzuhalten, dass der Verwalter für das Vorliegen der Massearmut darlegungs- und beweispflichtig ist.[36] Das gilt konsequenterweise auch insoweit, als der Verwalter darlegen und beweisen muss, ob überhaupt eine und ggf. welche Befriedigungsquote auf den eingeklagten Anspruch des Massegläubigers entfällt. Zu dieser prozessentscheidenden Frage ergeben sich zu Lasten des Massegläubiger-Klägers aus dem Verfahrensablauf der Einstellungsverfahren nach § 207 InsO einerseits und nach §§ 208, 209 InsO andererseits keine zwingenden Indizien. Auch die Anzeige der Masseunzulänglichkeit nach § 208 InsO besagt insoweit nichts Nachteiliges zu Lasten des Massegläubiger-Klägers, weil sie die „Ob- und Wie-Quote" völlig offen lässt.

52 Eine Aussetzung des Prozesses analog § 148 ZPO[37] wegen Vorgreiflichkeit der Einstellungsverfahren kommt zwar in Betracht. Das wäre aus der Sicht des Klägers aber nur zumutbar, wenn er die Abwicklung des Verwalters im Einstellungsverfahren „schicksalhaft" akzeptiert. Es ist nämlich nicht zu übersehen, dass der Massegläubiger im Abwicklungs- und Einstellungsverfahren keinen Rechtsschutz genießt. Rechtsmittel stehen ihm, wie § 216 InsO zu entnehmen ist, nicht zur Verfügung. Andererseits kann der Massegläubiger-Kläger auch im Prozess keine Überprüfung der Quotenentscheidung des Verwalters erreichen. Dem Prozessgericht ist es mangels Verfahrenskompetenz verwehrt, in die Abwicklungs- und Einstellungsverfahren der §§ 207 ff. InsO korrigierend einzugreifen.

53 Im Übrigen könnte bei einer Aussetzung des Masseprozesses ein „circulus vitiosus" entstehen: Der Masseprozess wird entschieden, nachdem das Abwicklungs- und Einstellungsverfahren geklärt ist. Das Abwicklungs- und Einstellungsverfahren kann aber erst abschließend geklärt werden, wenn feststeht, ob auch der im Masseprozess geltend gemachte Anspruch berechtigt und deshalb bei der Bestimmung der „Ob-und-Wie-Quote" zu berücksichtigen ist.

54 Andere Lösungsversuche (Problemverlagerung in den Bereich der Zwangsvollstreckung, Vorbehalt der beschränkten Massehaftung analog § 780 ZPO)[38] überzeugen ebenfalls nicht:

---

[33] *Kübler* aaO, S. 980f Rn. 50.
[34] *Kilger/K. Schmidt*, § 57 KO Anm. 4; hier: 1. Aufl. § 58 Rn. 5; *Kübler* aaO, S. 979 Rn. 42.
[35] *Uhlbruck* NZI 2001, 408; Uhlbruck/Hirte/Vallender/*Ries*, § 208 Rn. 26 ff.; *Pape* ZInsO 2001, 60; *Runkel/Schnurbusch* NZI 2000, 49; MüKoInsO/*Hefermehl*, § 208 Rn. 64 ff.; BAG ZIP 2002, 628; BGH ZInsO 2003, 465.
[36] Hier: 1. Aufl. § 59 Rn. 2; *Kilger/K. Schmidt*, § 60 KO Anm. 2 mwZ. Die Gegenmeinung des LG Mannheim in KTS 1979, 129 ist abwegig.
[37] Hier: 1. Aufl. § 59 Rn. 4 mit Fußn 5.
[38] Hier: 1. Aufl. § 59 Rn. 5 mit weiteren Zitaten.

Einer Vollstreckungsgegenklage des Verwalters oder des wieder verfügungsberechtigten Schuldners steht weitgehend die Entstehungsschranke des § 767 II ZPO entgegen.[39] Eine Vorbehaltsverurteilung der beschränkten Massehaftung würde nur in den Ausnahmefällen zum Zuge kommen, in denen die Prozessentscheidung in die Abwicklungsphase fällt, also die Masse noch nicht verwertet ist.

Ist die Massearmut im Sinne der Masseunzulänglichkeit (§ 208 InsO) im Prozess dargelegt und nachgewiesen durch die Anzeige des Verwalters, steht aber die Quote der Befriedigung noch nicht fest, so hat der Massegläubiger-Kläger zur Feststellungsklage (§ 256 ZPO) überzugehen. Das entspricht der hM zur KO.[40] Hieran dürfte sich auch im Bereich der InsO nichts ändern.[41]

Wenn auch der streitige Masseanspruch im Prozess dem Grunde nach geklärt wird und auch der Höhe nach insoweit, als deren Feststellung als Bezugspunkt für die Quotenberechnung des Verwalters erforderlich ist, bleibt das Problem der Quotenfeststellung. Ist die Massearmut im Sinne der Masselosigkeit (§ 207 InsO) im Prozess dargelegt und nachgewiesen, wird der Verwalter, legitimiert durch § 207 III InsO, den Masseprozess – gleichgültig ob Aktiv- oder Passivprozess – nicht mehr weiterführen. Der Prozess wird analog § 239 ZPO unterbrochen und kann nach Verfahrenseinstellung (§ 207 InsO) vom Schuldner oder gegen ihn fortgeführt werden.

Zweifelhaft ist schließlich auch die scheinbar selbstverständliche einschränkungslose Bindung des Massegläubiger-Klägers an den Massebestand nebst anteiliger Quote.

Es gibt Ansprüche, für die der Schuldner nach beendetem Insolvenzverfahren nicht nur mit den etwa zurückgegebenen früheren Massegegenständen haftet, sondern unbeschränkt. Diese Situation tritt ein, wenn die Ansprüche schon vor der Eröffnung des Insolvenzverfahrens, wenn auch betagt oder bedingt, entstanden waren.[42] Dem Kläger bleibt es in einem solchen Fall nicht erspart, nach Abschluss des Insolvenzverfahrens in einem neuen Prozess seine Ausfallforderung erneut einzuklagen, um einen Vollstreckungstitel zu erwirken.

4. Einstellung wegen Wegfall des Eröffnungsgrundes. a) *Voraussetzungen.* § 212 InsO normiert einen neuen, der KO unbekannten Einstellungsgrund, den Wegfall oder das – auch anfängliche – Fehlen eines Insolvenzeröffnungsgrundes. Bisher konnte der Schuldner eine vorzeitige Beendigung des Verfahrens nur mit Zustimmung aller Gläubiger erreichen (§ 202 KO). Diesem Mangel wird nunmehr mit einem Antragsrecht des Schuldners abgeholfen, das ihm die Möglichkeit bietet, die schwerwiegenden Eingriffe in seine Rechtsstellung infolge der Eröffnung des Insolvenzverfahrens zu beseitigen.

Voraussetzung der Einstellung ist, dass im Falle der Einstellung des Verfahrens beim Schuldner weder Zahlungsunfähigkeit noch drohende Zahlungsunfähigkeit vorliegt. Bei einer juristischen Person oder bei einer Gesellschaft ohne persönlich haftende natürliche Person darf auch keine Überschuldung vorliegen.

b) *Verfahren.* Das Einstellungsverfahren beginnt mit einem Antrag des ausschließlich antragsberechtigten Schuldners (§ 212 I InsO). Eine besondere Antragsvoraussetzung liegt darin, dass der Antrag nur zulässig ist, wenn der Schuldner das Fehlen der Eröffnungsgründe glaubhaft macht (§§ 212 S. 2, 4 InsO, 294 ZPO). Fehlt die Glaubhaftmachung, ist der Antrag durch Beschluss des Insolvenzgerichts als unzulässig zurückzuweisen.

---

[39] *Kilger/K. Schmidt,* § 60 KO Anm. 2; *Kuhn/Uhlenbruck,* § 60 KO Rn. 3c; hier: 1. Aufl. § 59 Rn. 6.
[40] Hier: 1. Aufl. § 59 Rn. 4; *Kuhn/Uhlenbruck,* § 60 KO Rn. 3d, 3f; *Kilger/K. Schmidt,* § 60 KO Anm. 2.
[41] S. o. Fn. 35; BGH NZI 2003/369 m Anm. *Uhlenbruck;* aA *Runkel/Schnurbusch* s. o. Fn. 35.
[42] Hier: 1. Aufl. § 58 Rn. 6 mwN; *Kilger/K. Schmidt,* § 57 KO Anm. 2.

60 Den weiteren Verlauf eines zulässigen Antragsverfahrens regelt § 214 InsO:

1. öffentliche Bekanntmachung und Niederlegung des Antrags in der Geschäftsstelle des Insolvenzgerichts zur Einsicht der Beteiligten,
2. Möglichkeit der Insolvenzgläubiger zur Widerspruchseinlegung binnen einer Woche nach öffentlicher Bekanntmachung schriftlich oder zu Protokoll der Geschäftsstelle,
3. Beschlussfassung des Gerichts über die Einstellung nach Anhörung des Antragstellers, des Insolvenzverwalters, des – falls bestellt – Gläubigerausschusses und der widersprechenden Gläubiger.

61 Nach § 214 III InsO hat der Verwalter vor der Einstellung die unstreitigen Masseansprüche zu berichtigen und für die streitigen Sicherheit zu leisten.

62 Diese Regelung trägt dem allgemeinen Vorabbefriedigungsanspruch der Massegläubiger Rechnung (§ 53 InsO) unter Beachtung ihrer grundsätzlich unabdingbaren Interessenwahrung. Da die Vorabbefriedigungspflicht aus § 53 InsO auch die Kosten des Insolvenzverfahrens (§ 54 InsO) erfasst, sind insbesondere auch die Vergütungen und Auslagen des vorläufigen Insolvenzverwalters, des Insolvenzverwalters und der Mitglieder des Gläubigerausschusses vor der Einstellung festzusetzen und zu regulieren.

63 Gegen die Einstellung des Verfahrens nach § 212 InsO steht jedem Insolvenzgläubiger, gegen die Ablehnung der Einstellung dem Schuldner die sofortige Beschwerde zu (§§ 216 I und II, 6 InsO).

64 Bezüglich Bekanntmachung und Information sowie Wirkungen der Einstellung (§ 215 InsO) wird auf die hier entsprechend geltenden Ausführungen zum Verfahren der Einstellung mangels kostendeckender Masse (§ 74 II. 1. c, d) Bezug genommen.

65 **5. Einstellung mit Zustimmung der Gläubiger. a)** *Voraussetzungen.* In Einklang mit der bisherigen Regelung in § 202 KO ist nach § 213 I InsO das Insolvenzverfahren auf Antrag des Schuldners grundsätzlich einzustellen, wenn dieser die Zustimmung aller Insolvenzgläubiger beibringt, die Forderungen angemeldet haben.

66 (1) *Antrag des Schuldners.* Sind mehrere Personen Schuldner, so muss der Antrag von allen gestellt werden, also im Nachlassinsolvenzverfahren von allen Miterben. Im Insolvenzverfahren juristischer Personen ist der Antrag von allen Vorstandsmitgliedern oder Geschäftsführern zu stellen, bei OHG und KG von allen persönlich haftenden Gesellschaftern.[43] Dies gilt gemäß § 15a III InsO auch für den Fall der Führungslosigkeit einer Gesellschaft.[44]

Der Antrag kann formlos gestellt werden, schriftlich oder zu Protokoll der Geschäftsstelle des Insolvenzgerichts, und zwar in jeder Lage des Verfahrens.

67 (2) *Zustimmung der Insolvenzgläubiger.* Der materielle Einstellungsgrund ist der mittels Zustimmung der Gläubiger erklärte Verzicht auf Fortführung des Insolvenzverfahrens. Dieser Verzicht erstreckt sich allerdings nicht auf den Gläubigeranspruch. Die Zustimmungserklärung ist unwiderruflich und als Verfahrenshandlung wie jede Prozesshandlung einer materiellrechtlichen Anfechtung (§§ 119 ff. BGB) nicht zugänglich.[45] Als Verfahrenshandlung ist sie auch bedingungsfeindlich. Ob sie befristet abgegeben werden

---

[43] *Kuhn/Uhlenbruck*, § 202 KO Rn. 5; *Kilger/K. Schmidt*, § 202 KO Anm. 2a, cc; Uhlenbruck/Hirte/Vallender/*Ries*, § 213 Rn. 3; Nerlich/Römermann/*Westphal*, § 213 Rn. 28; Braun/*Kießner*, § 213 Rn. 5; FK/*Kießner*, § 213 Rn. 6; aA HK/*Landfermann*, § 213 Rn. 3 (jede vertretungsberechtigte Person antragsberechtigt).

[44] AG Hamburg zur Führungslosigkeit einer GmbH bei unbekanntem Aufenthalt eines Geschäftsführers, NZI 2009, 63; vgl. auch *Bischoff*, Missbrauch der der Limited in Deutschland, ZInsO 2009, 164.

[45] *Kilger/K. Schmidt*, §§ 202 KO Anm. 2a, bb; Uhlenbruck/Hirte/Vallender/*Ries*, § 213 Rn. 6; MüKoInsO/*Hefermehl*, § 213 Rn. 6; Nerlich/Römermann/*Westphal*, § 213 Rn. 8; HK/*Landfermann*, § 213 Rn. 4; FK/*Kießner*, § 213 Rn. 7; KPB/*Pape*, § 213 Rn. 3.

Vorzeitige Beendigung des Verfahrens   68–73 § 74

darf, ist streitig[46] und zweifelhaft, wenn die Befristung einen sachgerechten Verfahrensablauf stört.

Was den Zustimmungsumfang und die Zustimmungsbedürftigkeit angeht, ist zu unterscheiden: **68**

Ist die Anmeldefrist für die Insolvenzgläubiger abgelaufen und hat der Schuldner die Zustimmung aller Insolvenzgläubiger beigebracht, die Forderungen angemeldet haben, so ist das Verfahren einzustellen (§ 213 I 1 InsO). Ist die Anmeldefrist noch nicht abgelaufen, hat der Schuldner die Zustimmung der bekannten Gläubiger beigebracht und sind weitere Gläubiger nicht bekannt, so kann, dh in Ausübung pflichtgemäßen Ermessens, das Insolvenzgericht das Verfahren einstellen (§ 213 II InsO). Gläubiger sind insbesondere als bekannt anzusehen, wenn sie sich aus dem Gläubigerverzeichnis, dem Inventar und den Geschäftsbüchern des Schuldners ergeben.[47] Nach der früheren Rechtslage war in der Genossenschaftsinsolvenz nach § 116 GenG aF eine Verfahrenseinstellung erst nach Ablauf der Anmeldefrist zulässig. Diese Bestimmung ist ersatzlos entfallen. § 116 GenG nF ist für einen anderen Regelungszweck verwendet worden (vgl. Art. 49 Nr. 38 EGInsO). **69**

Die Einstellung ist nicht ausnahmslos zustimmungsbedürftig. Bei den vom Schuldner oder Insolvenzverwalter bestrittenen Forderungen und bei absonderungsberechtigten Gläubigern entscheidet das Insolvenzgericht nach freiem Ermessen, inwieweit es einer Zustimmung dieser Gläubiger oder einer Sicherheitsleistung ihnen gegenüber bedarf (§ 213 I 2 InsO). Das Gericht wird bei seiner Ermessensentscheidung insbesondere die Erfolgsaussicht der bestrittenen Forderungen zu werten haben. Die Zustimmung eines Insolvenzgläubigers, der zugleich zur abgesonderten Befriedigung berechtigt ist, kann vom Gericht für entbehrlich erklärt werden. Andererseits kann aber auch die Zustimmung eines absonderungsberechtigten Gläubigers verlangt werden, dem der Schuldner nicht persönlich haftet.[48] Entscheidungserheblich ist ua die Frage, ob eine Ausfallforderung gegen den Schuldner nicht voll gedeckt, oder ob die Durchführung einer vom Verwalter begonnenen Verwertung von dinglichen Sicherheiten sachgerecht ist. **70**

b) *Verfahren.* Der Antrag des allein antragsberechtigten Schuldners setzt das Einstellungsverfahren in Gang. Hat der Schuldner nicht alle nach § 213 I 1 InsO erforderlichen Zustimmungen beigebracht, ist der Antrag nach erfolgtem fruchtlosem Hinweis des Gerichts als unzulässig abzuweisen. Der weitere Verlauf eines zulässigen Antragsverfahrens folgt aus § 214 I und II InsO: Wegen der Einzelheiten der Bekanntmachung, Widerspruchseinlegung und Anhörung wird auf die entsprechend geltenden Ausführungen wegen Wegfall des Eröffnungsgrundes verwiesen (s. o. § 74 II. 4. b und II. 1. c, d). **71**

Nach § 214 III InsO hat der Verwalter auch bei einer Einstellung mit Zustimmung der Gläubiger vorab die unstreitigen Masseansprüche zu berichtigen und für die streitigen Sicherheit zu leisten. Diese Regelung dient auch hier dem allgemeinen Vorabbefriedigungsanspruch der Massegläubiger (§ 53 InsO). Auch die Regulierung der Insolvenzverfahrenskosten, insbesondere der Vergütungs- und Auslagenerstattungsansprüche, ist vorab vorzunehmen. **72**

Die Entscheidung des Insolvenzgerichts über die Frage, inwieweit es nach § 213 I 2 InsO einer Zustimmung oder Sicherheitsleistung bedarf, ist Gegenstand der bejahenden **73**

---

[46] *Kilger/K. Schmidt*, § 202 KO Anm. 2a, bb; *Kuhn/Uhlenbruck*, § 202 KO Rn. 4a; hier: 1. Aufl. § 67 Rn. 5; aA *Hess*, § 202 KO Rn. 2. Für Zulässigkeit der Befristung Fn. 45: Uhlenbruck/Hirte/Vallender/ *Ries* u *Hefermehl*.
[47] *Kilger/K. Schmidt*, § 202 KO Anm. 3; Uhlenbruck/Hirte/Vallender/*Ries*, § 213 Rn. 11; Nerlich/ Römermann/*Westphal*, § 213 Rn. 22; FK/*Kießner*, § 213 Rn. 15.
[48] Vgl. Begr zu § 326 RegE (BR-Drucks. 1/92, S. 221/222); Uhlenbruck/Hirte/Vallender/*Ries*, § 213 Rn. 10; Nerlich/Römermann/*Westphal*, § 213 Rn. 4; Braun/*Kießner*, § 213 Rn. 8; HK/*Landfermann*, § 213 Rn. 6; FK/*Kießner*, § 213 Rn. 11.

oder verneinenden Einstellungsentscheidung selbst. Es findet also keine selbstständige Vorabentscheidung über diese Frage statt und folglich auch kein isoliertes Beschwerdeverfahren. Das Gericht hat vor der Entscheidung über die Einstellung lediglich sachgerechte Hinweise zu geben; ob in der Form einer gerichtlichen Verfügung oder eines Beschlusses, ist nicht geregelt, aber auch ohne Belang. Die Überprüfung in einem späteren Beschwerdeverfahren erfolgt in diesem Punkt auch nur in eingeschränktem Umfang. Da es sich um eine Ermessensentscheidung handelt, ist nur eine Überprüfung auf Ermessensfehler hin – Ermessensüberschreitung und Ermessenswillkür – zulässig.

74 Gegen die Einstellung des Verfahrens nach § 213 InsO steht jedem Insolvenzgläubiger, gegen die Ablehnung der Einstellung dem Schuldner die sofortige Beschwerde zu (§§ 216 I und II, 6 InsO).

75 Bezüglich Bekanntmachung und Information sowie Wirkungen der Einstellung (§ 215 InsO) wird auf die hier entsprechend geltenden Ausführungen zum Verfahren der Einstellung wegen kostendeckender Masse (§ 74 II. 1. c, d) Bezug genommen.

§ 75. Aufhebung des Verfahrens nach Durchführung

Übersicht

	Rn.
I. Aufhebung nach Schlussverteilung	1
1. Voraussetzung	1
2. Verfahren	3
3. Wirkungen	8
4. Nachtragsverteilung	10
II. Aufhebung nach Bestätigung des Insolvenzplans	13
1. Voraussetzungen	14
2. Verfahren	15
3. Wirkungen	18
III. Aufhebung in der Verbraucherinsolvenz	20
IV. Aufhebung nach Versagung oder Ankündigung der Restschuldbefreiung	23
1. Voraussetzungen	24
2. Wirkungen	28
3. Zweiter Antrag auf Restschuldbefreiung	29
V. Anhang: Geschäftsunterlagen	30

I. Aufhebung nach Schlussverteilung

1 **1. Voraussetzung.** Nach der KO (§ 163 I 1 KO) war im Verteilungsverfahren zur Anspruchsbefriedigung der Gläubiger bereits nach Abhaltung des Schlusstermins (§ 162 KO) die Aufhebung des Konkursverfahrens zu beschließen. Der Verteilungsvollzug musste grundsätzlich nicht abgewartet werden.

2 Nunmehr enthält § 200 I InsO eine wesentliche Neuerung insoweit, als das Insolvenzgericht die Aufhebung des Insolvenzverfahrens erst dann beschließt, wenn die Schlussverteilung (§ 196 InsO) vollzogen ist. Das erscheint sachgerecht und folgerichtig, da die Amtspflichten des Insolvenzverwalters und die Aufsichtspflicht des Insolvenzgerichts während der Schlussverteilung noch uneingeschränkt andauern.

3 **2. Verfahren.** Das Aufhebungsverfahren beginnt von Amts wegen. Förmliche Antragsrechte der Beteiligten sind in der InsO nicht vorgesehen.

Das Insolvenzgericht prüft, ob die Schlussverteilung vollzogen ist. Das setzt auch voraus, dass etwaige Einwendungen eines Gläubigers gegen das Verteilungsverzeichnis und Rechtsmittel gegen die zurückweisende oder berichtigende Entscheidung des Gerichts

(§ 194 InsO) sowie Einwendungen eines Gläubigers und entsprechende Rechtsmittel gegen die gerichtliche Zustimmung zur Schlussverteilung (§§ 197 III, 194 II, III InsO) rechtskräftig erledigt sind.

Die zur KO vertretene Gegenmeinung – Abwarten nur bei triftigen Gründen[1] und „Erledigung" der Einwendungen und Rechtsmittel mit rechtskräftiger Aufhebung des Verfahrens[2] – war im Hinblick auf die fehlende Anbindung der Verfahrensaufhebung in § 163 I KO an die Schlussverteilung und die grundsätzliche Beschränkung in Anknüpfung an die förmliche Abhaltung des Schlusstermins vertretbar, ist jedoch nunmehr bei sachgerechter Auslegung der §§ 200 I, 197 III InsO überholt.

4 Der Aufhebungsbeschluss und der Grund der Aufhebung sind nach § 200 II 1 InsO öffentlich bekanntzumachen (§ 9 I, II InsO).

Die im Einzelfall benachrichtigten Registergerichte und Grundbuchämter sind zwecks Löschung von Sperrvermerken zu informieren (§§ 200 II, 31–33 InsO).

5 Gegen den Aufhebungsbeschluss gibt es mangels ausdrücklicher Zulassung (§ 6 I InsO) kein Rechtsmittel (sofortige Beschwerde). Allerdings kommt nach § 11 II RPflG der Rechtsbehelf der befristeten Erinnerung in Betracht, falls der Rechtspfleger entschieden hat.[3]

6 Die Aufhebungsentscheidung wird nicht bereits mit Beschlusserlass wirksam, sondern erst mit der Wirksamkeit ihrer öffentlichen Bekanntmachung (§ 9 I 3 InsO), dh sobald nach dem Tag der Veröffentlichung zwei weitere Tage verstrichen sind.[4]

7 Auch gegen die Ablehnung einer von Verfahrensbeteiligten beantragten oder angeregten Aufhebung gibt es mangels ausdrücklicher Zulassung (§ 6 I InsO) kein Rechtsmittel (sofortige Beschwerde), außer es handelt sich wiederum um eine Entscheidung des Rechtspflegers (§ 11 II RPflG).[5]

8 **3. Wirkungen.** Die Insolvenzgläubiger können nach Aufhebung des Insolvenzverfahrens ihre restlichen Forderungen gegen den Schuldner unbeschränkt geltend machen, vorbehaltlich einer zugunsten des Schuldners möglichen Restschuldbefreiung (§ 201 I, III InsO). Den Gläubigern steht ggf. die Vollstreckungstitelerleichterung des Tabelleneintrags bei nicht bestrittenen Forderungen zu (§§ 201 II 1, 202 InsO). In § 201 II 2 InsO ist die bisherige Unklarheit in § 164 II KO beseitigt. Es wird ausdrücklich klargestellt, dass einer nicht bestrittenen Forderung eine solche Forderung gleichsteht, bei der ein erhobener Widerspruch beseitigt ist, sei es durch nachträgliche Feststellungsklage des Gläubigers (§ 184 InsO) oder durch Rücknahme des Widerspruchs.

9 Mit der Aufhebung des Verfahrens erhält der Schuldner grundsätzlich die Verwaltungs- und Verfügungsbefugnis über das bisher insolvenzbefangene Vermögen zurück. Die Rechtslage entspricht der zur KO.[6]

---

[1] Hier: 1. Aufl. § 68 Rn. 2; *Kilger/K. Schmidt*, § 163 KO Anm. 1.
[2] *Kilger/K. Schmidt*, § 163 KO Anm. 4c unter Bezugnahme auf OLG Frankfurt ZIP 1991, 1365 und Hess, § 163 KO Rn. 13.
[3] Zum früheren Recht vgl. hier: 1. Aufl., § 68 Rn. 6; *Kilger/K. Schmidt*, § 163 KO Anm. 2 und § 73 KO Anm. 5b. Zur InsO: Uhlenbruck/Hirte/Vallender/*Uhlenbruck*, § 200 Rn. 10; MüKoInsO/*Hintzen*, § 200 Rn. 10; Nerlich/Römermann/*Westphal*, § 200 Rn. 3; Braun/*Pehl*, § 200 Rn. 13; HK/*Depré*, § 200 Rn. 10; FK/*Kießner*, § 200 Rn. 19.
[4] HM zur KO, Kuhn/*Uhlenbruck*, § 163 KO Rn. 3; *Kilger/K. Schmidt*, § 163 KO Anm. 2; hier: 1. Aufl., § 68 Rn. 6. Der hM ist auch weiterhin für die InsO zuzustimmen. Vgl. Uhlenbruck/Hirte/Vallender/*Uhlenbruck*, § 200 Rn. 7; MüKoInsO/*Hintzen* § 200 Rn. 10, 17; FK/*Kießner*, § 200 Rn. 3; KPB/*Holzer*, § 200 Rn. 18.
[5] Uhlenbruck/Hirte/Vallender/*Uhlenbruck*, § 200 Rn. 10; Braun/*Pehl*, § 200 Rn. 13.
[6] *Kilger/K. Schmidt*, § 163 KO Anm. 4a; hier: 1. Aufl., § 68 Rn. 3; Uhlenbruck/Hirte/Vallender/*Uhlenbruck*, § 200 Rn. 11 ff.; MüKoInsO/*Hintzen*, § 200 Rn. 30 ff.; Nerlich/Römermann/*Westphal*, § 200 Rn. 8; Braun/*Pehl*, § 200 Rn. 6; HK/*Depré*, § 200 Rn. 6; FK/*Kießner*, § 200 Rn. 8; KPB/*Holzer*, § 200 Rn. 7.

Aus der ausdrücklichen Regelung der Verfügungserstarkung des Schuldners in den Einstellungsfällen (§ 215 II 1 InsO) und dem Fehlen einer ausdrücklichen Bestimmung in §§ 200, 201 InsO kann kein Umkehrschluss zu Lasten der Verfahrensaufhebung abgeleitet werden. Im Gegensatz zu den „stecken gebliebenen" Verfahren in den Einstellungsfällen ist bei den mit der Schlussverteilung grundsätzlich abgeschlossenen Insolvenzverfahren die Verfügungserstarkung des Schuldners selbstverständlich. Diese wird in § 203 II InsO auch mittelbar vorausgesetzt, da es sonst des Vorbehalts zugunsten einer die zurückgewonnene Verfügungsmacht des Schuldners durch eine Nachtragsverteilung wieder beschränkenden Verfügungsmacht nicht bedurft hätte.

10 **4. Nachtragsverteilung.** Eine wesentliche Ausnahme vom Grundsatz der durch Verfahrensaufhebung zurückerlangten Verwaltungs- und Verfügungsbefugnis des Schuldners besteht bei der Anordnung einer Nachtragsverteilung durch das Insolvenzgericht nach § 203 I InsO, wenn

1. zurückbehaltene Beträge für eine weitere Verteilung frei werden,
2. aus der Insolvenzmasse gezahlte Beträge zurückfließen,
3. weitere Massegegenstände ermittelt oder sonst verfügbar werden.

11 Insoweit ist der Insolvenzverwalter auch weiterhin verwaltungs- und verfügungsbefugt, wie es auch der bisherigen Rechtslage nach der KO entsprach.[7]

In diesem Sachzusammenhang ist zwangsläufig auch die Prozessführungsbefugnis des Schuldners eingeschränkt. Der Verwalter ist weiterhin befugt, bereits anhängige oder erst anzustrengende Prozesse zu führen, was auch für der Masseanreicherung dienende Anfechtungsprozesse gilt.[8] Schwebende Prozesse, die nicht ausnahmsweise vom Verwalter fortzusetzen sind, werden durch die Verfahrensaufhebung nicht unterbrochen, aber auf Antrag ausgesetzt (§ 246 ZPO analog).[9]

12 Ferner ist zu beachten, dass der Schuldner nach Verfahrensaufhebung an Verpflichtungen und Verfügungen, die der Insolvenzverwalter im Rahmen seiner Amtsführung eingegangen ist, gebunden bleibt.[10] Derartige Verpflichtungen, die erst später fällig werden, sind vom Schuldner, nicht vom Verwalter zu erfüllen.

II. Aufhebung nach Bestätigung des Insolvenzplans

13 Auf die Ausführungen zum Planverfahren wird Bezug genommen (→ § 68 Rn. 115–125).

14 **1. Voraussetzungen.** Die Verfahrensaufhebung setzt nach § 258 I InsO eine rechtskräftige Bestätigung (§§ 248, 253 InsO) des Insolvenzplans voraus.

Weitere Voraussetzung ist, dass der Verwalter vor der Aufhebung die unstreitigen Masseansprüche berichtigt und für die streitigen Sicherheit geleistet hat (§ 258 II InsO).

15 **2. Verfahren.** Das Aufhebungsverfahren wird von Amts wegen durchgeführt. Förmliche Antragsrechte sind in der InsO nicht vorgesehen, auch keine allgemeinen Anhö-

---

[7] *Kilger/K. Schmidt*, § 163 KO Anm. 4a; *Uhlenbruck* ZIP 1993, 245 f.; hier: 1. Aufl., § 68 Rn. 3; LG Köln ZIP 1982, 337; Uhlenbruck/Hirte/Vallender/*Uhlenbruck*, § 200 Rn. 14 ff.; MüKoInsO/*Hintzen*, § 200 Rn. 40; Nerlich/Römermann/*Westphal*, § 200 Rn. 10; Braun/*Pehl*, § 200 Rn. 6; HK/*Depré*, § 200 Rn. 7; FK/*Kießner*, § 200 Rn. 8; KPB/*Holzer*, § 200 Rn. 7.

[8] *Kilger/K. Schmidt*, § 163 KO Anm. 4b; OLG Köln ZIP 1987, 1004; *Hess*, § 163 KO Rn. 11; Uhlenbruck/Hirte/Vallender/*Uhlenbruck*, § 200 Rn. 15 ff.; Nerlich/Römermann/*Westphal*, § 200 Rn. 11; Braun/*Pehl*, § 200 Rn. 9; HK/*Depré*, § 200 Rn. 7; FK/*Kießner*, § 200 Rn. 11; KPB/*Holzer*, § 200 Rn. 9.

[9] Hier: 1. Aufl. § 68 Rn. 4; *Kilger/K. Schmidt*, § 163 KO Anm. 4b.

[10] Vgl. zur KO: BGH NJW 1982, 1765; 1992, 2894 f.; *Kuhn/Uhlenbruck*, § 163 KO Rn. 7 mwN; *Kilger/K. Schmidt*, § 163 KO Anm. 4a; hier: 1. Aufl., § 68 Rn. 4. Zur InsO: Uhlenbruck/Hirte/Vallender/*Uhlenbruck*, § 200 Rn. 12; Nerlich/Römermann/*Westphal*, § 200 Rn. 8 aE; FK/*Jaffé*, § 259 Rn. 10; KPB/*Holzer*, § 200 Rn. 11.

rungsrechte. Das Insolvenzgericht prüft die vorgenannten Einstellungsvoraussetzungen. Bestehen Unklarheiten oder Bedenken, hat das Gericht die Beteiligten darauf hinzuweisen und für Abhilfe zu sorgen.

Der Aufhebungsbeschluss und der Grund der Aufhebung sind nach § 258 III 1 InsO **16** öffentlich bekanntzumachen (§ 9 I, II InsO). Schuldner, Verwalter und Mitglieder des Gläubigerausschusses sind vorab über den Zeitpunkt des Wirksamwerdens der Aufhebung (§ 9 I 3 InsO) zu unterrichten (§ 258 III 2 InsO).

Gegen den Aufhebungsbeschluss gibt es mangels ausdrücklicher Zulassung (§ 6 I **17** InsO) kein Rechtsmittel der sofortigen Beschwerde. Außer der Rechtspfleger hat entschieden. In diesem Fall kommt eine Erinnerung nach § 11 II 1 RPflG in Betracht.[11]

3. Wirkungen. Die Insolvenzgläubiger können nach Maßgabe des § 257 InsO aus **18** dem rechtskräftig bestätigten Insolvenzplan vor und nach Verfahrensaufhebung die Zwangsvollstreckung betreiben.

Kraft ausdrücklicher Regelung in § 259 I InsO erlöschen mit der Verfahrensaufhebung **19** die Ämter des Insolvenzverwalters und der Mitglieder des Gläubigerausschusses; der Schuldner erhält das Recht zurück, über die Insolvenzmasse frei zu verfügen. Eine bedeutsame Ausnahme von dieser Regel besteht jedoch dann, wenn der gestaltende Teil des Plans eine Planüberwachung vorsieht. Ist das der Fall, ergeben sich auch weiterhin Verfügungsbeschränkungen des Schuldners. Die Amtsbefugnisse des Verwalters und der Mitglieder des Gläubigerausschusses sowie die Aufsichtspflicht des Insolvenzgerichts bestehen insoweit (§§ 259 II, 260, 261 ff. InsO) bis zur Aufhebung der Überwachung (§ 268 InsO) fort. Dem Verwalter stehen auch in entsprechender Anwendung des § 22 III InsO (§ 261 I 3 InsO) die dort angeführten Befugnisse eines vorläufigen Insolvenzverwalters zu.

III. Aufhebung in der Verbraucherinsolvenz

Bei Annahme des Schuldenbereinigungsplans ist eine Verfahrensaufhebung entbehr- **20** lich, da nach § 308 II InsO kraft Fiktion der Antrag auf Eröffnung des Insolvenzverfahrens als zurückgenommen gilt.

Scheitert der Schuldenbereinigungsplan, so wird nach § 311 InsO das Verfahren über den Eröffnungsantrag von Amts wegen wieder aufgenommen. Die bisherigen Regelungen der §§ 312 bis 314 InsO über das vereinfachte Insolvenzverfahren finden nur noch auf Verfahren Anwendung, die vor dem 01.07.2014 beantragt wurden. Für Verfahren nach diesem Zeitpunkt entfallen die Regelungen ersatzlos.[12]

Ist nach erfolgter Verfahrenseröffnung die Verwertung der Masse (§§ 196, 197 InsO) **21** abgeschlossen oder durch die Zahlung eines Ablösungsbetrages durch den Schuldner an den Treuhänder ersetzt (§ 314 InsO) und diese Zahlung verteilt worden, so ist das Insolvenzverfahren durch Beschluss des Insolvenzgerichts nach § 200 InsO aufzuheben.[13]

Die Ausführungen zu den Einzelheiten des Aufhebungsverfahrens und der Auswir- **22** kungen der Aufhebung nach Schlussverteilung (§ 75 I 2., 3.) gelten hier entsprechend. Allerdings dürften Prozessführungsbefugnisse des Treuhänders weitgehend ausscheiden (vgl. auch § 313 II InsO bezüglich der Insolvenzanfechtung).

IV. Aufhebung nach Versagung oder Ankündigung der Restschuldbefreiung

Auf die Ausführungen in §§ 76 ff. wird Bezug genommen. **23**

---

[11] Uhlenbruck/Hirte/Vallender/*Lüer*, § 258 Rn. 2; Vgl. auch MüKoInsO/*Huber*, § 258 Rn. 8; Braun/*Braun/Frank*, § 258 Rn. 12; HK/*Haas*, § 258 Rn. 9; FK/*Jaffé*, § 258 Rn. 19; KPB/*Otte*, § 258 Rn. 9.

[12] Aufgehoben durch Gesetz zur Verkürzung des Restschuldbefreiungsverfahrens und zur Stärkung der Gläubigerrechte v. 15.7.2013.

[13] *Wittig*, InsO u Konsumentenkredit (Teil I), WM 1998, 168/169.

24 1. Voraussetzungen. Eine Restschuldbefreiung nach §§ 286 ff. InsO erfordert einen Antrag des Schuldners nach Maßgabe des § 287 I InsO.

25 Für Verfahren, die bis 30.06.2014 beantragt wurden, ist Voraussetzung für eine Restschuldbefreiung ein vollständig durchgeführtes Insolvenzverfahren, wie sich indirekt aus §§ 289 I u II, 290 I InsO aF ergibt. Die an sich nach Vollzug der Schlussverteilung unverzüglich zu beschließende Aufhebung des Insolvenzverfahrens (§ 200 I InsO) wird nach § 289 II 2 InsO aF hinausgeschoben bis zur rechtskräftigen Entscheidung des Gerichts über die Versagung oder Ankündigung der Restschuldbefreiung. Mit dem neuen § 287a InsO nF wird dies gegenstandslos, nachdem die Entscheidung über die Zulässigkeit des Restschuldbefreiungsantrages nunmehr in das Eröffnungsverfahren vorgezogen wurde.

26 Ausnahmsweise kann Restschuldbefreiung aber auch bei einer Verfahrenseinstellung wegen Masseunzulänglichkeit (§§ 208–211 InsO) erteilt werden (§ 289 III 1 InsO aF bzw. § 289 InsO nF).

In entsprechender Regelung zum Hinausschieben der Verfahrensaufhebung (§ 289 II 2 InsO aF) wird für Altfälle auch die Verfahrenseinstellung nach § 211 I InsO hinausgeschoben bis zur rechtskräftigen Entscheidung über die Versagung oder Ankündigung der Restschuldbefreiung (§ 289 III 2 iVm II InsO aF).

27 Da bei einer Einstellung mangels kostendeckender Masse nach § 207 InsO eine Restschuldbefreiung mangels gesetzlicher Zulassung nicht in Betracht kommt,[14] wird in diesem Fall die Verfahrenseinstellung nicht hinausgeschoben.

28 2. Wirkungen. Was die Wirkungen einer Verfahrensaufhebung oder Verfahrenseinstellung nach bewilligter Ankündigung der Restschuldbefreiung angeht, sind Besonderheiten zu beachten:

Die Rechtsstellung des Treuhänders (§ 292 InsO) und die Obliegenheiten des Schuldners (§ 295 InsO) schränken die nach Verfahrensaufhebung und Verfahrenseinstellung grundsätzlich wiedererlangte Verwaltungs- und Verfügungsmacht des Schuldners ein. Andererseits beschränkt das Gleichbehandlungsgebot des § 294 InsO die Rechtsstellung der Gläubiger während der „Wohlverhaltensperiode" des Schuldners durch ein Vollstreckungsverbot, ein Verbot der Sondervorteilsverschaffung und eine Einschränkung der Aufrechnungsbefugnis (§ 294 InsO).

Die Beschränkung der Gläubigerrechte entfällt bei vorzeitiger Beendigung der angekündigten Restschuldbefreiung (§ 299 InsO).

29 3. Zweiter Antrag auf Restschuldbefreiung. Zur Frage eines zweiten oder wiederholten Antrages auf Restschuldbefreiung siehe Fn.[15]

V. Anhang: Geschäftsunterlagen

30 Nach § 36 II 1 InsO gehören die „Geschäftsbücher" des Schuldners zur Insolvenzmasse, wobei gesetzliche Pflichten zur Aufbewahrung von Unterlagen unberührt bleiben (zB § 257 HGB, § 147 AO).

31 Nach Beendigung des Insolvenzverfahrens ist der Schuldner verpflichtet, die Geschäftsunterlagen, soweit sie nicht bei einer Unternehmensveräußerung übertragen oder als selbstständige Vermögenswerte vom Verwalter verwertet worden sind (Abonnentenverzeichnis eines Zeitschriftenverlages, Kundenlisten ua), entgegenzunehmen.[16]

---

[14] Vgl. hierzu kritisch *Wittig*, InsO u Konsumentenkredit (Teil II), WM 1998, 210/211; Uhlenbruck/Hirte/Vallender/*Vallender*, § 289 Rn. 31 f.; FK/*Ahrens*, § 289 Rn. 27 ff.

[15] Uhlenbruck/Hirte/Vallender/*Vallender* § 290 Rn. 43 ff., BGH ZInsO 2008, 319; *Hackländer* ZInsO 2008, 1308 ff.

[16] Vgl. im Einzelnen: LG Stuttgart KTS 1984, 441; LG Hannover KTS 1973, 191 mit Anmerkung von *Skrotzki* (192); LG Koblenz KTS 1965, 241; OLG Hamm NJW 1964, 2355 (Leitsatz); *Kalter*

Bei Handelsgesellschaften ist die im Gesellschaftsvertrag oder Gesellschafterbeschluss bezeichnete Person für die Übernahme zuständig.

Flankierende Hilfe zur Erfüllung der Übernahme- und Aufbewahrungspflicht durch die Steuerbehörden (§§ 328, 147 AO) ist möglich.[17]

Da dem Verwalter nicht die Möglichkeit zusteht, die Übernahme der Geschäftsunterlagen durch unmittelbare Zwangsmaßnahmen zu realisieren, findet er sich selbst in einer unangemessenen Zwangslage, vor allem in Großinsolvenzen mit entsprechend umfangreichem Aktenbestand; er sitzt buchstäblich „zwischen allen Stühlen auf den Akten": Eine Prozessführung, sollte der Schuldner nicht „verschwunden" sein, wäre zwar sehr Erfolg versprechend, löst jedoch trotz Obsiegens ein hohes Kostenrisiko aus, wenn der Schuldner nicht leistungsfähig ist. Eine „Altpapiersanierung" durch Veräußerung der Unterlagen dürfte, solange gesetzliche Aufbewahrungsfristen laufen, nicht zulässig sein. **32**

Ob eine Hinterlegung nach § 372 BGB in Betracht kommt, ist mangels Werthaltigkeit der „sonstigen Urkunden" sehr zweifelhaft.[18] Die privatrechtliche – vertragliche – Einlagerung der Unterlagen dürfte zwar zulässig sein, löst jedoch wie bei der Prozessführung erneut die risikoreiche Frage der „Kostenerholung" des Verwalters aus. Die Empfehlung,[19] der Insolvenzverwalter solle die Archivierung vor Abschluss des Verfahrens durch eine entsprechende Kostenrücklage regeln oder bereits einen Archivierungsauftrag für die Laufzeit der Aufbewahrungsfrist erteilen und kostenmäßig absichern, ist im Ansatz richtig: Der Verwalter sollte in der Tat für die nachwirkende Masseverbindlichkeit der entstehenden Kosten zur Durchführung der Unterlagenübertragung (§§ 53, 54 Nr. 2 InsO) Rücklagen bilden. Die empfohlene einseitige Verwendung der Rücklagen für eine Archivierung ist jedoch risikobelastet (§ 61 InsO). Der Verwalter wird zu prüfen haben, ob die konkurrierende Möglichkeit einer Prozessführung zur Übernahme der Unterlagen kostengünstiger ist und deshalb die Rücklagen zu diesem Zweck einzusetzen sind. **33**

KTS 1960, 65–71; *Haarmeyer/Wutzke/Förster*, Kap 5 Rn. 180; *Kilger/K. Schmidt*, § 117 KO Anm. 6; Uhlenbruck/Hirte/Vallender/*Uhlenbruck*, § 200 Rn. 20; MüKoInsO/*Hintzen*, § 200 Rn. 42 f.; Nerlich/Römermann/*Westphal* § 200 Rn. 13; Braun/*Pehl*, § 200 Rn. 11 f.; HK/*Depré*, § 200 Rn. 9; FK/*Kießner*, § 200 Rn. 15 ff.; KPB/*Holzer*, § 200 Rn. 13.

[17] Bescheid OFD Düsseldorf ZIP 1980, 397.
[18] *Kalter* KTS 1960, 70; Palandt/*Grüneberg*, § 372 Rn. 2.
[19] So *Haarmeyer/Wutzke/Förster*, Kap 5 Rn. 180.

Kapitel IV. Restschuldbefreiung

§ 76. Restschuldbefreiung und Privatinsolvenz

Übersicht

	Rn.
I. Das Institut der Restschuldbefreiung	1
1. Konzeption	1
2. Beschränkte Nachhaftung	4
3. Verfassungsmäßigkeit	7
4. Andere insolvenzrechtliche Instrumente zur Schuldbefreiung	11
II. Verfahrensgestaltung und Wirkungen	14
1. Insolvenzrechtliches Verfahren	14
2. Eigenständiges Verfahren	17
3. Zweistufiges Verfahren	18
III. Ziele der Restschuldbefreiung	20
1. Funktionsbestimmende Regelung des § 1 S. 2 InsO	20
2. Ausformung	23
IV. Privatinsolvenz	26
V. Reformentwicklungen	32

Schrifttum: *Ackmann,* Schuldbefreiung durch Konkurs? Eine rechtshistorische, rechtsvergleichende und rechtspolitische Untersuchung zur Reformbedürftigkeit des Rechts der freien Nachforderung – § 164 Abs. 1 KO, 1983; *Ahrens,* Das Restschuldbefreiungsverfahren – Systematisierende Vorüberlegungen, Jahrbuch Junger Zivilrechtswissenschaftler 1999, 189; *ders.,* Prozessabtretung im Restschuldbefreiungsverfahren – Anmerkungen zur Konzeption von § 287 Abs. 2 S. 1 InsO, DZWIR 1999, 45; *ders.,* Zur Funktion von § 1 S. 2 InsO, VuR 2000, 8; *ders.,* Innenbeziehungen der Gläubiger bei Versagungsanträgen nach §§ 290, 295 ff. InsO, NZI 2001, 113; *ders.,* Kein Licht am Ende des Tunnels? Verfahrensrechtliche Überlegungen zur konkreten Normenkontrolle über die Restschuldbefreiung, ZInsO 2002, 1010; *ders.,* Konkrete Normenkontrollverfahren zur Restschuldbefreiung unzulässig, ZInsO 2003, 197; *ders.,* Verfassungsgerichtliche Kontrolle und insolvenzrechtliches Redlichkeitspostulat, ZVI 2003, 509; *ders.,* Schuldbefreiung durch absolute Anspruchsverjährung – 12 Antithesen, ZVI 2005, 1; *ders.,* Versagung contra Restschuldbefreiung, ZInsO 2007, 673; *ders.,* Antragsobliegenheit und Unterhalt in der Insolvenz, NZI 2008, 159; *ders.,* Privatinsolvenzrecht – Umrisse eines Systems, ZZP 122 (2009), 133; *ders.,* Sittenwidrigkeit oder Restschuldbefreiung, NZI 2009, 597; *ders.,* Asymmetrische Verfahren, in Festschrift für Görg, 2010, S. 1; *ders.,* Zwangsvollstreckung in die Einkünfte von Strafgefangenen, NJW-Spezial 2011, 725; *ders.,* Eckpunkte des Bundesjustizministeriums zur Reform der Verbraucherinsolvenz, NZI 2011, 425; *ders.,* Abpfiff – Eine Stellungnahme zu den geplanten Änderungen in § 302 Nr. 1 InsO-RefE 2012, ZVI 2012, 122; *ders.,* Nicht benannte Gläubiger im Restschuldbefreiungsverfahren, NZI 2013, 721; *ders.,* Geplante Gesetzesänderungen im Verbraucherinsolvenz- und Restschuldbefreiungsrecht, in: Berger/Bähr/Melchior/Sturm/Winderlich (Hrsg.), 14. Leipziger Insolvenzrechtstag, 109; *ders.,* Reform des Insolvenzverfahrens natürlicher Personen verabschiedet, NJW-Spezial 2013, 341; *ders.,* Aktuelle Rechtsprechung zu Forderungen aus vorsätzlich begangenen unerlaubten Handlungen – Rechtsgrund, Anmeldung, Feststellung, VIA 2013, 65; *Brei,* Entschuldung Straffälliger durch Verbraucherinsolvenz und Restschuldbefreiung, 2005; *Bruns,* Die geplante Novellierung der Restschuldbefreiung mittelloser Personen – ein geglückter fresh start? KTS 2008, 41; *Büttner,* Zulässigkeit eines erneuten Insolvenzantrags zur Erlangung der Restschuldbefreiung, ZVI 2007, 229; *Christmann,* Zur Verfassungsmäßigkeit der Restschuldbefreiung nach der Insolvenzordnung, DGVZ 1992, 177; *Dick,* Versagungsgründe – aktuelle Rechtslage und Neuregelung durch den Referentenentwurf 2007, ZVI 2007, 123; *Dimmling,* Schuldenfrei in the

UK, ZInsO 2007, 1198; *Döbereiner,* Die Restschuldbefreiung nach der Insolvenzordnung, 1997; *Ernst,* Entwurf eines Gesetzes zur Verkürzung des Restschuldbefreiungsverfahrens und zur Stärkung der Gläubigerrechte, JurBüro 2013, 401; *Forsblad,* Restschuldbefreiung und Verbraucherinsolvenz im künftigen deutschen Insolvenzrecht, 1997; *Frind,* Sicherstellung von Effizienz und Gerechtigkeit der InsO – Notwendige Korrekturen der InsO unter Berücksichtigung der Erkenntnisse aus den Massenverfahren natürlicher Personen aus Sicht der Praxis, ZInsO 2003, 341; *ders.,* Bausteine eines neuen effizienten Insolvenzverfahrens natürlicher Personen, ZInsO 2009, 1135; *ders.,* Praxis-Prüfstand: Die Vorschläge zur Neuordnung des Insolvenzverfahrens natürlicher Personen – Zum Referentenentwurf eines Gesetzes zur Verkürzung des Restschuldbefreiungsverfahrens, zur Stärkung der Gläubigerrechte und zur Insolvenzfestigkeit von Lizenzen, Teil 1, ZInsO 2012, 475, Teil 2, ZInsO 2012, 668; *ders.,* Ein „schlankes" neues Privatinsolvenzverfahren? Eine Betrachtung zum RegE v. 18.7.2012 „Gesetz zur Verkürzung des Restschuldbefreiungsverfahrens und zur Stärkung der Gläubigerrechte", ZInsO 2012, 1455; *ders.,* Der „auf Halde" gelegte Antrag auf Versagung der Restschuldbefreiung, NZI 2013, 729; *ders.,* Praxisprobleme des reformierten Privatinsolvenzverfahrens – Zur praktischen Umsetzung von „Eingangsentscheidung" und Verkürzung der Restschuldbefreiungserteilungszeit, ZInsO 2013, 1448; *ders.,* Praxishandbuch Privatinsolvenz, 2014; *Gerhardt,* Bundesverfassungsgericht, Grundgesetz und Zivilprozess, speziell Zwangsvollstreckung, ZZP 95 (1982), 467; *Gold,* Verbraucherinsolvenz- und Restschuldbefreiungsverfahren versus pacta sunt servanda, 2996; *Graf-Schlicker/Livonius,* Restschuldbefreiung und Verbraucherinsolvenz nach der InsO, 1999; *Grote,* Reform der Verbraucherinsolvenz- und Restschuldbefreiungsverfahren, Teil 9, Vorzeitige Restschuldbefreiung nach 3 oder 5 Jahren, Insbüro 2014, 47; *Grote/Pape,* Stellungnahme zum Referentenentwurf eines Gesetzes zur Änderung der Insolvenzordnung, des Kreditwesengesetzes und anderer Gesetze, ZInsO 2004, 993; *dies.,* Der Referentenentwurf zur Verkürzung des Restschuldbefreiungsverfahrens und Stärkung der Gläubigerrechte – Darstellung und Stellungnahme zu den wichtigsten Regelungen, ZInsO 2012, 409; *dies.,* Verkürzung des Restschuldbefreiungsverfahrens und Stärkung der Gläubigerrechte – Bemerkungen zu dem Regierungsentwurf, ZInsO 2012, 1913; *dies.,* Das Ende der Diskussion? Die wichtigsten Neuregelungen zur Restschuldbefreiung, ZInsO 2013, 1433; *Harder,* Die geplante Reform des Verbraucherinsolvenzrechts, NZI 2012, 113; *ders.,* Insolvenzplan für alle? – Die Reform der außergerichtlichen und gerichtlichen Schuldenbereinigung, NZI 2013, 70; *Henning,* Die Stärkung der außergerichtlichen Verhandlungen, ZVI 2012, 126; *ders.,* Die Änderungen in den Verfahren natürlicher Personen durch die Reform 2014, ZVI 2014, 7; *Hergenröder/Alsmann,* Das Privatinsolvenzrecht auf der britischen Insel, ZVI 2007, 337; *Hergenröder/Homann,* Die Reform der Verbraucherentschuldung: Der nächste untaugliche Versuch, ZVI 2013, 91; *dies.,* Die Reform der Verbraucherentschuldung: Plädoyer für eine Neuorientierung, ZVI 2013, 129; *Heyer,* Restschuldbefreiung im Insolvenzverfahren, 2004; *ders.,* Verfahrenskostenstundung – wofür wir sie brauchen und benutzen, ZVI 2012, 130; *ders.,* Der Insolvenzplan im Verbraucherinsolvenzverfahren – gut gemeint, aber schlecht gemacht, ZVI 2012, 321; *Hingerl,* Verkürzung des Verbraucherinsolvenzverfahrens durch Insolvenzplan, ZVI 2012, 258; *Hofmeister/Jäger,* Kleintransporter statt Sattelschlepper, ZVI 2005, 180; *Hofmeister/Schilz,* Stärkung der außergerichtlichen Einigung – wirklich gut oder gut gemeint? ZVI 2012, 134; *Jäger,* Schnellere Restschuldbefreiung durch Mindestquote – § 300 Abs. 1 S. 2 Nr. 1 InsO-RefE 2012 auf dem Prüfstand, ZVI 2012, 142; *ders.,* Kein großer Wurf – der Referentenentwurf vom 18. Januar 2012, ZVI 2012, 177; *Jauernig,* Versuch, einige Dunkelheiten der Insolvenzordnung aufzuhellen, Festschrift für Uhlenbruck, 2000, S. 3; *Kainz,* Das Scheitern der Reform des Verbraucherinsolvenzrechts, 2010; *Kirchhof,* Zwei Jahre Insolvenzordnung – ein Rückblick, ZInsO 2001, 1, 13; *Klaas,* Fünf Jahre Verbraucherinsolvenz – fünf Jahre sind genug, ZInsO 2004, 577; *Kohte,* Außergerichtliche Verfahren zum Schutz überschuldeter Verbraucher, FS Remmers, 479; *Knüllig-Dingeldey,* Nachforderungsrecht oder Schuldbefreiung – Eine rechtsvergleichende Untersuchung der discharge im Konkursrecht der Vereinigten Staaten, 1984; *Laroche/Pruskowski/Schöttler/Siebert/Vallender,* Insolvenzrechtsreform 2. Stufe – die geplanten Änderungen in der Insolvenz natürlicher Personen, ZIP 2012, 558; *Leipold,* Anmerkungen eines Rechtspflegers in Insolvenzsachen zum Gesetz zur „Verkürzung der Wohlverhaltensphase", ZInsO 2013, 2052; *Mattern,* Die Reformierung des Restschuldbefreiungsverfahrens unter Einbeziehung des Stundungsverfahrens, 2006; *Medicus,* Schulden und Verschulden, DZWIR 2007, 221; *Mehring,* Die Durchsetzung von Ansprüchen trotz Restschuldbefreiung nach englischem oder französischem Recht, ZInsO 2012, 1247; *Napoletano,* Privatinsolvenz und Restschuldbefreiung: Fresh

§ 76 Kapitel IV. Restschuldbefreiung

Start oder „bürgerlicher Tod"? 2012; *Obermüller,* Kreditsicherheiten in der Verbraucherinsolvenzreform, ZVI 2012, 146; *Ohle/Jäger,* Der Referentenentwurf zur Änderung der InsO aus Gläubigersicht, ZVI 2004, 714; *Pape, G.,* Muss es eine Restschuldbefreiung im Insolvenzverfahren geben? ZRP 1993, 285; *ders.,* Restschuldbefreiungsexorzismus durch konkrete Normenkontrolle, ZInsO 2002, 951; *ders.,* Ein Gespenst geht um, ZVI 2003, 97; *ders.,* Zulässigkeit von Restschuldbefreiungsversagungsanträgen vor Durchführung des Schlusstermins nach DiskE InsO-ÄndG April 2003, ZVI 2003, 377; *ders.,* The same procedure as every year, ZInsO 2004, 314; *ders.,* Verbraucherinsolvenz 2012 – gefühlter und tatsächlicher Reformbedarf, ZVI 2012, 150; *Pape, I.,* Referentenentwurf eines Gesetzes zur Änderung der InsO – Anmerkungen zu den geplanten Neuregelungen, NZI 2004, 601; *Pech,* Die Einbeziehung des Neuerwerbs in die Insolvenzmasse, 1999; *Piekenbrok,* Die Überschuldung Minderjähriger als insolvenzrechtliches Problem, KTS 2008, 307; *Preuß,* Verbraucherinsolvenzverfahren und Restschuldbefreiung, 2. Aufl., 2003; *Prütting/Stickelbrock,* Ist die Restschuldbefreiung verfassungswidrig?, ZVI 2002, 305; *Reill-Ruppe,* Anspruch und Wirklichkeit des Restschuldbefreiungsverfahrens, 2013; *Renger,* Frist zur Nachreichung einer fehlenden Abtretungserklärung im eröffneten Verbraucherinsolvenzverfahren, NZI 2009, 99; *ders.,* Wege zur Restschuldbefreiung nach dem Insolvency Act 1986, 2012; *Rohleder,* Unterhaltsansprüche in der Insolvenz, 2005; *Rothammer,* Die insolvenzrechtliche Restschuldbefreiung – Probleme und Lösungen, 2008; *Ruby,* Schuldbefreiung durch absolute Anspruchsverjährung, 1997; *Schmerbach,* InsO-Änderungsgesetz 2005 – ein Ausblick, ZInsO 2004, 697; *ders.,* Strukturreform InsO, ZInsO 2005, 77; *ders.,* Bestreitenspflicht des Schuldners im Schlusstermin, NZI 2009, 226; *ders.,* Versagungsgründe außer Rand und Band, NZI 2009, 677; *ders.,* Zweitinsolvenzverfahren, ZInsO 2009, 2078; *ders.,* Leitlinien einer Reform der Insolvenzverfahren natürlicher Personen, NZI 2011, 131; *ders.,* RefE 2012: Geplante Änderungen im Restschuldbefreiungsverfahren und Vollübertragung auf den Rechtspfleger, NZI 2012, 161; *ders.,* Ausweitung der Erwerbspflicht des Schuldners auf das eröffnete Verfahren – Startschuss für einheitliche Versagungsgründe? ZVI 2012, 155; *ders.,* Vereinfachung des Restschuldbefreiungsverfahrens, ZInsO 2012, 916; *ders.,* Der Regierungsentwurf vom 18.7.2012 – Änderungen in Insolvenzverfahren natürlicher Personen, NZI 2012, 689; *ders.,* Gesetz zur Verkürzung des Restschuldbefreiungsverfahrens und zur Stärkung der Gläubigerrechte verabschiedet – Ende gut, alles gut? NZI 2013, 566; *ders.,* Reform der Verbraucherinsolvenz- und Restschuldbefreiungsverfahren, Teil 7, Das neue Recht der Versagung, Insbüro 2013, 471; *ders.,* Auswirkungen der Änderungen von Verfahrensvorschriften der InsO, ZInsO 2014, 132; *Schmidt,* Privatinsolvenz – Leitfaden für den Weg zur Restschuldbefreiung, 2009; *Schulte,* Die europäische Restschuldbefreiung – Zu den rechtsvergleichenden und kollisionsrechtlichen Aspekten der Restschuldbefreiung im europäischen Insolvenzrecht, 2001; *Semmelbeck,* Zeitlicher Anwendungsbereich der Neuregelungen im Genossenschaftsgesetz, ZInsO 2013, 1785; *Seuffert,* Verfassungsrechtliche Fragen zu den Reformvorschlägen der Kommission für Insolvenzrecht, ZIP 1986, 1157; *Siegmann,* Der Tod des Schuldners im Insolvenzverfahren, ZEV 2000, 345; *Smid,* Restschuldbefreiung, in: Leipold (Hrsg.), Insolvenzrecht im Umbruch – Analysen und Alternativen, 1991, 139; *Stephan,* Die Reform des Verbraucherinsolvenz- und Restschuldbefreiungsverfahrens, NZI 2006, 671; *ders.,* Stellungnahme zum Referentenentwurf eines Gesetzes zur Verkürzung des Restschuldbefreiungsverfahrens, zur Stärkung der Gläubigerrechte und zur Insolvenzfestigkeit von Lizenzen, ZVI 2012, 85; *Trendelenburg,* Restschuldbefreiung, 2000; *Uhlenbruck,* Einhundert Jahre Konkursordnung, in: FS Einhundert Jahre Konkursordnung, 1977, 3; *ders.,* Das Problem der Vergleichswürdigkeit im gerichtlichen Liquiditätsvergleich von Personen- und Kapitalgesellschaften, KTS 1975, 166; *Vallender,* Ausweg aus dem „modernen Schuldturm"? – Das gesetzliche Restschuldbefreiungsverfahren nach der künftigen Insolvenzordnung, VuR 1997, 155; *ders.,* Zurückweisung erstmaligen Bestreitens von Versagungsgründen nach dem Schlusstermin, Verbraucherinsolvenz aktuell 2009, 1; *Vallender/Laroche,* 13 Jahre sind genug! – Plädoyer für die Abschaffung des (eigenständigen) Verbraucherinsolvenzverfahrens, VIA 2012, 9; *Vollmershausen,* Vom Konkursprozess zum Marktbereinigungsverfahren, 2007; *Wagner,* Überlegungen zur Struktur eines Entschuldungsverfahrens, ZVI 2005, 173; *Waltenberger,* Die neue Zulässigkeitsentscheidung des Restschuldbefreiungsantrags und die von der Restschuldbefreiung ausgenommenen Forderungen, ZInsO 2013, 1458; *Wiedemann,* Brauchen wir eine Reform der Verbraucherentschuldung?, ZVI 2004, 645; *Wenzel,* Die Verfassungsmäßigkeit der Restschuldbefreiung, DGVZ 1993, 81; *Zilkens,* Die discharge in der englischen Privatinsolvenz, 2006; *Zurlinden,* Reform der Restschuldbefreiung, 2007.

I. Das Institut der Restschuldbefreiung

1. Konzeption. Zu den wegweisenden Entscheidungen der Insolvenzordnung gehört die Einführung der Restschuldbefreiung in den §§ 286 ff. InsO. Einer natürlichen Person wird damit die Aussicht eröffnet, sich von ihren im Insolvenzverfahren nicht befriedigten Verbindlichkeiten zu befreien. Wahrgenommen wird insbesondere dieses Institut der Restschuldbefreiung, doch erschöpfen sich darin nicht die veränderten insolvenzrechtlichen Leistungen. Die Restschuldbefreiung bildet das sichtbare Zeichen eines Strukturwandels, durch den das Gesamtvollstreckungsrecht aus seiner früheren einseitigen Festlegung auf das Haftungsrecht[1] gelöst wird. Vor allem in der Insolvenz natürlicher Personen treten so neben die weiterhin bestehende haftungsrechtliche Orientierung auch andere Aufgaben. Ermöglicht wird ein Schuldenbereinigungsverfahren, in dem die bestehenden Vermögensverhältnisse abzuwickeln bzw. neu auszurichten sind.

Zu den Bestandteilen des neuen Regelungskanons der Insolvenzordnung gehören programmatische Aussagen und veränderte positivrechtliche Vorschriften, die das Insolvenzverfahren aus seiner umfassenden Fixierung auf die Gläubigerbefriedigung lösen. Bereits die hervorgehobene Erwähnung der gesetzlichen Schuldbefreiung in § 1 InsO belegt ihre einflussreiche Stellung in der insolvenzrechtlichen Kodifikation. Dabei ist die Restschuldbefreiung als der Gläubigerbefriedigung gleichrangiges[2] und förderungswürdiges Ziel der Insolvenzordnung in ein System aktivierender und unterstützender Instrumente eingebettet. So soll die gerichtliche Hinweispflicht aus § 20 II InsO den Schuldner zum Restschuldbefreiungsverfahren hinführen. Vor allem aber eröffnet die Stundung der Verfahrenskosten, §§ 4a ff. InsO, auch mittellosen Personen den Zugang zu diesem Verfahren.[3] Bei diesen Schuldnern kann eine Einkommens- und Vermögensverwertung nicht einmal die Verfahrenskosten decken, geschweige denn zur Gläubigerbefriedigung beitragen. Ausgerichtet ist die Kostenstundung, wie durch den nach § 4a I 1 InsO als Sachentscheidungsvoraussetzung erforderlichen Restschuldbefreiungsantrag des Schuldners dokumentiert wird, deswegen weniger auf eine Schuldbefriedigung als vielmehr auf eine Schuldbefreiung. Darin wird der insolvenzrechtliche Perspektivenwechsel fort von einem alleinigen Verwertungs- sowie Verteilungsverfahren und hin zu einem gleichberechtigten Abwicklungs- sowie Bereinigungsverfahren für natürliche Personen offensichtlich. Positive Gestalt hat diese Umorientierung im Institut der Restschuldbefreiung der §§ 286 ff. InsO erhalten.

Die schuldbefreiende Regelung der InsO reagiert auf einen dramatischen ökonomischen, sozialen und rechtlichen Befund. Eine aktuelle Untersuchung nimmt zum Stichtag 1. Oktober 2013 bei den über 18-jährigen Einwohnern der Bundesrepublik eine Schuldnerquote von 9,81 Prozent an. Etwa 6,58 Mio. Personen sind danach überschuldet und weisen nachhaltige Zahlungsstörungen auf.[4] Gegenüber dem Höchststand im Jahr 2007 ist die Schuldnerquote zurückgegangen,[5] doch schafft die noch nicht überwundene Euro-Krise neue Gefahren. Als Folge der Überschuldung drohen existenzielle Risiken, wie bei Zahlungsrückständen die Kündigung des Wohnraummietvertrags oder eine Liefersperre durch den Energieversorger. Lohnpfändungen verursachen nicht nur zusätzliche Kosten, § 788 ZPO, sondern können trotz der grundsätzlich entgegenstehenden Rechtsprechung des BAG[6] den Arbeitsplatz gefährden. In den überschuldeten

---

[1] So aber *Häsemeyer*, Rn. 1.11; *Smid*, Praxishandbuch Insolvenzrecht, § 1 Rn. 1.
[2] AGR/*Ahrens*, § 1 Rn. 14 ff., 42 ff.
[3] BT-Drucks. 14/5680 S. 11 f.
[4] SchuldnerAtlas Deutschland 2013, S. 4, http://www.creditreform.de/fileadmin/user_upload/crefo/download_de/news_termine/wirtschaftsforschung/schuldneratlas/Analyse_SchuldnerAtlas_Deutschland_2013.pdf.
[5] 7,34 Mio überschuldete Personen, entsprechend 10,85 %, SchuldnerAtlas Deutschland 2013, S. 4.
[6] BAG NJW 1982, 1062, 1063.

Haushalten ist Kinderarmut zu befürchten, welche die Idee der Chancengleichheit und eines gemeinsamen Wertefundus gefährdet.[7] Diese und andere Konsequenzen der finanziellen Krise können schließlich den Schuldner psychosozial destabilisieren.[8] Den komplexen Ursachen und Wirkungen der Überschuldung natürlicher Personen muss mit einem umfassenden Maßnahmenbündel begegnet werden, zu dem auch die Einrichtung und Ausstattung von Schuldnerberatungsstellen gehört. Fixpunkt bleibt aber die insolvenzrechtliche Schuldbefreiung.

4   **2. Beschränkte Nachhaftung.** Mit der gesetzlichen Schuldbefreiung wird der auch in der Insolvenzordnung normierte Grundsatz der freien Nachforderung für natürliche Personen durchbrochen. Aufgehoben ist das Nachforderungsrecht aber nicht,[9] wie sich durch die gemäß § 201 I InsO fortbestehende Haftung bei einer fehlgeschlagenen Restschuldbefreiung erweist. Nach früherem Recht galt das Prinzip der unbeschränkten Nachforderung, § 164 I KO, das einem funktional verstandenen Insolvenzverfahren natürlicher Personen entgegenstand.[10] Unter seiner Domäne hatten Gläubiger kein Interesse an einem Konkursverfahren, sei es, weil sie ihre prioritäre vollstreckungsrechtliche Position nicht einbüßen wollten, sei es, weil sie auch in einem Gesamtverfahren keine Befriedigung erwarten konnten. Auch für den Gemeinschuldner war ein Konkursverfahren ohne Aussicht auf eine Schuldenbereinigung aufgrund der zusätzlichen Verfahrenskosten kontraproduktiv. Infolgedessen konnten die Organisationsleistungen eines Insolvenzverfahrens bei natürlichen Personen nicht fruchtbar gemacht werden. In der Konsequenz führte dies zu einer haftungsrechtlichen Ungleichbehandlung mit juristischen Personen, bei denen mit einem Konkursverfahren und der anschließenden Liquidation die Haftung endete.

5   Mit guten Gründen wird angenommen, dass auch nach dem geltenden Modell der Restschuldbefreiung natürliche Personen noch in einem wesentlich stärkeren Umfang haften als juristische Personen.[11] Zu erklären ist diese komparative Beurteilung aus dem unterschiedlichen Verfahrensdesign. So existieren für das sechsjährige Schuldbefreiungsverfahren, das weitreichende persönliche Anforderungen an den Schuldner stellt und durch die Versagungsregeln mit besonderen Sicherungsmechanismen ausgestaltet ist, im Unternehmensinsolvenzrecht keine gesetzlichen Parallelen. Zudem begründen die Bereichsausnahmen aus § 302 InsO eine insolvenzrechtlich singuläre Nachhaftung. Die vielfach noch ungebrochene Tradition des haftungsrechtlich privilegierten unternehmerischen Handelns wirkt immer noch in den rechtspolitischen Vorstellungen nach. Im Koalitionsvertrag zwischen CDU, CSU und FDP für die 17. Legislaturperiode des Deutschen Bundestags war unter der Überschrift „Gründerland Deutschland" das Ziel festgeschrieben, für Gründer die Zeit der Restschuldbefreiung auf drei Jahre zu halbieren.[12] Obwohl die Restschuldbefreiung dem Ziel verschrieben ist, die ungleiche Nachhaftung zwischen Unternehmen und Privatpersonen zu reduzieren, sollte hier eine zusätzliche Ungleichbehandlung geschaffen und gesetzlich verfestigt werden. In der Neufassung von § 300 InsO durch das Gesetz zur Verkürzung des Restschuldbefreiungsverfahrens und zur Stärkung der Gläubigerrechte vom 15.7.2013[13] ist dann doch von einem eingeschränkten persönlichen Anwendungsbereich der Verfahrensverkürzung abgesehen worden. Ursächlich dafür waren aber wohl weniger die konzeptionel-

---

[7] BT-Drucks. 14/5680 S. 11.
[8] BT-Drucks. 14/5680 S. 11.
[9] MüKoInsO/*Stephan*, § 286 Rn. 5.
[10] Zur Kritik *Ackmann*, Schuldbefreiung durch Konkurs? S. 114 ff.; *Knüllig-Dingeldey*, Nachforderungsrecht oder Schuldbefreiung, S. 57 ff.
[11] *Pape*, in: Mohrbutter/Ringstmeier, § 17 Rn. 2.
[12] Koalitionsvertrag Teil I Wohlstand für alle, Teil 4.1 Mittelstand, Zeile 841 f.
[13] BGBl. I, 2379.

len Vorstellungen über das Restschuldbefreiungsverfahren als vielmehr verfassungsrechtliche Bedenken.

Unabhängig davon ist die veränderte Rechtsqualität hervorzuheben, mit der die **6** Nachhaftung durch die Restschuldbefreiung beschränkt wird. Die allein von den tatbestandsmäßigen Voraussetzungen und Einwendungen abhängige, ohne einen Konsens mit den Gläubigern zu erteilende Restschuldbefreiung stellt ein subjektives Recht des Schuldners dar.[14] Ihr auf einen Schuldnerantrag, § 287 I 1 InsO, eingeleitetes Verfahren mit einer ermessensunabhängigen Ausgestaltung und einer Gesamtwirkung, § 301 I InsO, weist sie als eine von der Rechtsordnung verliehene Rechtsmacht zur selbstbestimmten Interessenwahrnehmung bzw. als Zuweisung einer Verhaltensberechtigung aus, wodurch ein subjektives Recht gekennzeichnet wird.[15] Anderen Befugnissen vergleichbar[16] erfolgt die Rechtsgestaltung aufgrund eines gerichtlichen Verfahrens durch gerichtliche Entscheidung. Die Bezeichnung als Privileg[17] trägt ihrem personalen, freiheitssichernden Gehalt nur unvollständig Rechnung. Vor allem geht aber die Beschreibung als Rechtswohltat[18] oder gar als Geschenk der Rechtsordnung[19] am Kern der Berechtigung vorbei,[20] weil damit der verbindliche Charakter der Schuldbefreiung verkannt wird. Aus der Qualifikation als subjektives Recht sind konkrete Folgerungen abzuleiten, etwa im Hinblick auf Amtshaftungsansprüche des Schuldners bei rechtswidrigen Entscheidungen.

3. Verfassungsmäßigkeit. In zwei Diskussionswellen, beginnend lange vor dem **7** Inkrafttreten der InsO und sodann in den Jahren nach 2002, wurde die Verfassungskonformität der Restschuldbefreiung erörtert. Am Anfang dieser Debatten bestand noch eine gewisse Unsicherheit über die verfassungsrechtlichen Konsequenzen, wie bei einer qualitativ neuartigen Konzeption mit weitreichenden Auswirkungen nicht anders zu erwarten war, doch wurde bereits frühzeitig eine gewisse Verständigung über die Verfassungsmäßigkeit der Restschuldbefreiung erreicht.[21] In der Folgezeit ruhte die Diskussion vorübergehend, bis sie durch mehrere Richtervorlagen nach Art. 100 Abs. 1 GG, § 80 Abs. 2 S. 1 BVerfGG erneut aufbrach. In vier Anläufen hat das AG München in den Jahren 2002 bis 2005 versucht, die Verfassungswidrigkeit der Restschuldbefreiung insgesamt bzw. einzelner Regelungen feststellen zu lassen, doch sind die konkreten Normenkontrollverfahren vom BVerfG stets als unzulässig verworfen worden.[22] Als Ergebnis der sehr intensiven literarischen Auseinandersetzung mit den Richtervorlagen

---

[14] *Ahrens*, Jahrbuch Junger Zivilrechtswissenschaftler 1999, 189, 199; Braun/*Lang*, § 286 Rn. 3; HambKommInsO/*Streck*, § 291 Rn. 2; Graf-Schlicker/*Kexel*, § 286 Rn. 1; Anspruch: AGR/*Fischer*, § 286 Rn. 1; Karsten Schmidt/*Henning*, § 286 Rn. 1; außerdem MüKoInsO/*Stephan*, § 286 Rn. 58.
[15] S. *Bork*, AT BGB, 2. Aufl., Rn. 280 f.
[16] Vgl. nur die §§ 1564 S. 1 BGB, 117, 127, 140 I 1 HGB, 246, 248 AktG.
[17] BGH NZI 2006, 249, 250.
[18] *Döbereiner*, Restschuldbefreiung, 19; *Vallender*, VuR 1997, 155.
[19] KPB/*Wenzel*, 31. EL 1/08, § 286 Rn. 93; nicht mehr in der 51. EL 11/12.
[20] *Hergenröder/Homann* ZVI 2013, 129, 132.
[21] Bejaht haben die Verfassungsmäßigkeit etwa *Ackmann*, Schuldbefreiung, S. 93 ff., 107; *Forsblad*, Restschuldbefreiung und Verbraucherinsolvenz, S. 275 ff.; *Ruby*, Schuldbefreiung durch absolute Anspruchsverjährung, S. 116 ff.; *Döbereiner*, Restschuldbefreiung, S. 28 ff.; *Gerhardt*, ZZP 95 (1982), 467, 492; *Seuffert*, ZIP 1986, 1157, 1158 ff.; *Pape*, ZRP 1993, 285, 288; *Wenzel*, DGVZ 1993, 81, 82 ff.; bezweifelt etwa von *Smid*, in: Leipold (Hrsg.), Insolvenzrecht im Umbruch, S. 139, 149 ff.; *Christmann*, DGVZ 1992, 177, 178 f.
[22] Erste Vorlage AG München NZI 2002, 676; ablehnend *Prütting/Stickelbrock*, ZVI 2002, 305; *Pape*, ZInsO 2002, 951; *Ahrens*, ZInsO 2002, 1010; verworfen durch BVerfG NZI 2003, 162; zust. *Ahrens*, ZInsO 2003, 197; *Pape*, ZVI 2003, 97; zweite Vorlagerunde AG München ZVI 2003, 546; ablehnend *Ahrens*, ZVI 2003, 509; verworfen durch BVerfG NJW 2004, 1233; *Pape*, ZInsO 2004, 314; dritter Versuch AG München NZI 2004, 456; verworfen durch BVerfG Beschl. v. 7.7.2004 – 1 BvL 3/04; und der bislang letzte Anlauf AG München Beschl. v. 6.7.2005 – 1506 IN 2348/03; verworfen durch BVerfG ZInsO 2006, 317, m. Anm. *Grote*.

wird die Verfassungsmäßigkeit der Restschuldbefreiung praktisch nicht mehr bezweifelt.[23] Obwohl das BVerfG keine Sachentscheidung treffen konnte, deuten seine Entscheidungen darauf hin, dass es die Verfassungskonformität der Restschuldbefreiung bejaht.[24] Auch die vom Bundesland Hessen als Gläubiger in einem Rechtsbeschwerdeverfahren geäußerten Zweifel an einer verfassungsmäßigen Ausgestaltung der Restschuldbefreiung blieben bloße Episode und wurden vom BGH in der Sache nicht berücksichtigt.[25] Letztlich markiert das Institut der Restschuldbefreiung einen Meilenstein in der Entwicklung des sozialen Rechtsstaats.[26]

8 Im Mittelpunkt der Verfassungsdiskussion steht die Frage, ob insbesondere die Regelung in § 301 I, II InsO den Mindeststandards aus Art. 14 I GG entspricht, denn die Eigentumsgarantie beeinflusst nicht nur die Ausgestaltung des materiellen Rechts, sondern wirkt auch auf das dazugehörige Verfahrensrecht ein. Aus der verfassungsrechtlichen Gewährleistung einer Rechtsposition folgt aber noch nicht ihre Unveränderlichkeit. Art. 14 I 2 GG verleiht dem Gesetzgeber die Befugnis, bestehende Rechte umzuformen und sogar unter bestimmten Voraussetzungen zu beseitigen.[27] Schuldrechtliche Forderungen können zwar vom Garantiebereich des Art. 14 I 1 GG erfasst werden, sie sind aber bei Eröffnung des Insolvenzverfahrens oft nicht mehr werthaltig. Zudem erscheint es wenig wahrscheinlich, dass der Schuldner nach Abschluss des gesamtvollstreckungsrechtlichen Verfahrens erneut zu Vermögen gelangt.[28]

9 Ganz überwiegend wird in der Restschuldbefreiung eine den Insolvenzgläubigern zumutbare und deswegen verfassungskonforme Inhalts- und Schrankenbestimmung des Eigentums gesehen.[29] Gerade das langjährige Restschuldbefreiungsverfahren, §§ 287 II 1, 300 I InsO, und die vollstreckungsrechtlich einmalige Erwerbsobliegenheit aus § 295 I Nr. 1, II InsO schützen die Gläubigerinteressen nachhaltig. Durch die Einbeziehung des Neuerwerbs, §§ 35 I, 287 II 1 InsO, worin ein kollektivierter Prioritätsgedanke gesehen werden mag, werden die Insolvenzgläubiger gegenüber den Neugläubigern privilegiert. Der Gesetzgeber hat dadurch einen sachgerechten Ausgleich mit den kollidierenden Interessen der Neugläubiger, denen als Vorbehaltszone grundsätzlich der Einkommens- und Vermögenserwerb nach Erteilung der Restschuldbefreiung zugewiesen ist, sowie der Achtung vor der Person des Schuldners erreicht. Dessen verfassungsrechtlich geschützte Interessen legitimieren es, das Forderungsrecht der Gläubiger zu beschränken, um ihm wieder die Aussicht auf eine eigenverantwortliche Lebensführung zu eröffnen.

10 Andere denkbare Verfassungsverstöße treten hinter diesen Überlegungen weitgehend zurück. Nicht völlig ausgeschlossen erscheint eine Kollision mit Art. 6 I, III GG, etwa bei einer Befreiung auch von den Forderungen minderjähriger Unterhaltsgläubiger.[30] Im Einzelfall wird man über eine Verletzung des Gleichheitssatzes aus Art. 3 GG nachdenken können, bspw. im Rahmen der Bereichsausnahmen nach § 302 InsO. Ein Eingriff in die Berufsfreiheit aus Art. 12 I 1, II GG ist durch die Erwerbsobliegenheit aus

---

[23] Vgl. KPB/*Wenzel*, InsO, § 286 Rn. 48 ff.; FK/*Ahrens*, § 286 Rn. 6 ff., mwN; *Karsten Schmidt/Henning*, § 286 Rn. 7; AGR/*Fischer*, § 286 Rn. 2; *Mohrbutter/Ringstmeier/Pape*, § 17 Rn. 4 f.; *Zurlinden*, Reform der Restschuldbefreiung, S. 52 f.
[24] BVerfG NJW 2004, 1233; ZInsO 2006, 317.
[25] BGH NZI 2004, 510.
[26] *Ahrens*, ZVI 2012, 122.
[27] BVerfG NJW 1991, 1807, 1808.
[28] BVerfGE 92, 263, 271.
[29] MüKoInsO/*Stephan*, § 286 Rn. 13; Uhlenbruck/Hirte/Vallender/*Vallender*, § 286 Rn. 54; AGR/*Fischer*, § 286 Rn. 2; HK/*Landfermann*, Vor §§ 286 ff. Rn. 13 ff.; *Haarmeyer/Wutzke/Förster/Schmerbach*, Präsenzkommentar, § 286 Rn. 14; *Hess*, InsO, § 286 Rn. 23; *Frege/Keller/Riedel*, Rn. 2054; *Rothammer*, Die insolvenzrechtliche Restschuldbefreiung, S. 19 ff.
[30] *Triendelenburg*, Restschuldbefreiung, 223 ff.

§ 295 I Nr. 1, II InsO sicher nicht gegeben. Nennenswertes Gewicht ist solchen verfassungsrechtlichen Bedenken im Allgemeinen nicht beizumessen. Allein eine mögliche Verletzung des rechtlichen Gehörs durch eine ggf. sogar unzutreffende öffentliche Bekanntmachung[31] besitzt demgegenüber eine gewisse Bedeutung. Am Beispiel des Vergleichsverfahrens hat allerdings das BVerfG für Massenverfahren eine öffentliche Bekanntmachung mit Zustellungswirkung gebilligt.[32]

4. Andere insolvenzrechtliche Instrumente zur Schuldbefreiung. Die Gesamtwirkung ist ein, vielleicht sogar das entscheidende Kennzeichen der insolvenzrechtlichen Regelungen über eine Schuldbefreiung. Eine Befreiung von den nicht erfüllten Verbindlichkeiten tritt grds. gegenüber allen Insolvenzgläubigern ein, unabhängig davon, ob sie sich tatsächlich am Verfahren beteiligt haben, §§ 254 I, 301 I, 308 III InsO. Gerade diese Konsequenz unterscheidet sie von anderen, insbesondere materiellrechtlichen Bestimmungen. Zudem erfolgt die insolvenzrechtliche Schuldbefreiung unabhängig von einer individuellen Zustimmung des betroffenen Gläubigers. Die Restschuldbefreiung nach den §§ 286 ff. InsO ist als einseitiges Recht des Schuldners ausgestaltet, das dieser gegen den Willen sämtlicher Gläubiger durchsetzen kann. Im Gefolge der konkurs- und vergleichsrechtlichen Tradition lässt die Insolvenzordnung aber auch befreiend wirkende Vereinbarungen mit dem Schuldner auf Grundlage eines Mehrheitswillens der Gläubiger zu, §§ 244, 309 InsO. Korrespondierend mit der verfahrensrechtlichen Differenzierung in Regel- und Verbraucherinsolvenzverfahren existieren für beide Verfahrensarten entsprechende Vorschriften.

Das Insolvenzplanverfahren ermöglicht eine Sanierung des Rechtsträgers eines Unternehmens oder einer früher unternehmerisch tätigen Person. Nach neuem Recht ist ein Insolvenzplan auch im Verbraucherinsolvenzverfahren zulässig. Insolvenzplanfähig sind damit natürliche und juristische Personen, über deren Vermögen ein Insolvenzverfahren eröffnet werden kann.[33] Für den Schuldner besteht die zentrale Aufgabe des Insolvenzplans gerade in der dadurch beschränkbaren Nachhaftung. Fehlt eine abweichende Bestimmung, wird der Schuldner nach § 227 I InsO mit der im gestaltenden Teil des Plans vorgesehenen Befriedigung der Insolvenzgläubiger von seinen restlichen Verbindlichkeiten befreit. Soweit die Parteien keine Sonderregelung getroffen haben, kann der Schuldner unabhängig von der Mindestfrist aus § 287 II 1 InsO und den Versagungsgründen der §§ 290, 295 ff. InsO eine Schuldbefreiung erreichen. Begrenzt werden die abweichenden Vereinbarungen durch das Schlechterstellungsverbot aus § 247 II Nr. 1 InsO, wonach der Schuldner durch den Plan voraussichtlich nicht schlechter als bei einer Abwicklung nach den gesetzlichen Vorschriften gestellt werden darf. In der Praxis hat sich das Insolvenzplanverfahren allerdings noch nicht vollständig durchgesetzt. Eine aktuelle Erhebung geht davon aus, dass bislang nur in jedem 100. Unternehmensinsolvenzverfahren ein Insolvenzplan eingereicht wird.[34] Obwohl sich das Bild zwischenzeitlich etwas gebessert haben mag, bleibt die Bedeutung des Insolvenzplans immer noch weit hinter den anderen Schuldbefreiungsinstrumenten zurück.

Demgegenüber betont bereits das gesetzliche Verfahrensmodell der Verbraucherinsolvenz den Vorrang einer konsensualen Schuldenbereinigung. Während der Insolvenzplan im allgemeinen Insolvenzverfahren lediglich eine Option bildet, ist in der Verbraucherinsolvenz zumindest eine Einigungsstation zu absolvieren, wobei auch mehrere Konsensversuche nicht ausgeschlossen sind. Vor jedem Verbraucherinsolvenzverfahren muss

---

[31] Vgl. aber NZI 2014, 77.
[32] BVerfGE 77, 275, 285.
[33] Zur früheren Rechtslage MüKoInsO/*Eidenmüller*, Vor §§ 217 bis 269 Rn. 28.
[34] http://www.schubra.de/de/presseservice/pressemitteilungen/sb_pm_insolvenzplannutzung_120920.php.

eine außergerichtliche Einigung erfolglos versucht worden sein, denn das Insolvenzverfahren ist nur zulässig, wenn das Scheitern des Einigungsversuchs nachgewiesen wird, § 305 I Nr. 1 InsO. Zudem muss der Schuldner im Verbraucherinsolvenzverfahren einen Schuldenbereinigungsplan vorlegen, § 305 I Nr. 1 InsO. Dem außergerichtlichen Einigungsversuch und dem gerichtlichen Schuldenbereinigungsplanverfahren ist gemeinsam, dass mit ihnen eine Eröffnung des Insolvenzverfahrens vermieden werden soll. Das gerichtliche Schuldenbereinigungsverfahren besitzt allerdings nur eine geringe praktische Relevanz, denn das Gericht kann nach seiner freien Überzeugung von einer Durchführung absehen, wenn der Schuldenbereinigungsplan voraussichtlich nicht angenommen wird, § 306 I 3 InsO, was regelmäßig geschieht. Nach den allgemeinen Regeln ist auch ein Insolvenzplan zulässig. Schlagen die konsensualen Einigungsversuche fehl, kann der Schuldner einseitig die gesetzliche Schuldbefreiung erlangen. Wie in der Regelinsolvenz über das Vermögen einer natürlichen Person bleibt ein Restschuldbefreiungsantrag zulässig, weswegen in den allermeisten Fällen ein Restschuldbefreiungsverfahren nach den §§ 286 ff. InsO durchgeführt wird.

II. Verfahrensgestaltung und Wirkungen

14   **1. Insolvenzrechtliches Verfahren.** Nach ihren Voraussetzungen, Verfahrenselementen und Wirkungen stellt die Restschuldbefreiung ein originär insolvenzrechtliches Institut dar. Ihre spezielle insolvenzrechtliche Ausrüstung unterscheidet sie von den sonstigen Instrumenten, mit denen eine Schuld oder Haftung limitiert wird. Anders als materielle Leistungsgrenzen, wie etwa bei einer sittenwidrigen Überforderung, soll sie keinen Gerechtigkeitskonflikt innerhalb eines Rechtsgeschäfts lösen.[35] Im Unterschied zur Titel- und Vollstreckungsverjährung nach den §§ 197 I Nr. 3, 212 I Nr. 2 BGB knüpft sie auch nicht originär an einen Zeitablauf und damit an eine materiellrechtliche Einzelwirkung an. Ein konstitutives Kennzeichen bildet die bei Vorliegen eines Insolvenzgrunds auf Antrag in einem gerichtlichen Verfahren ausgesprochene Gesamtwirkung der Schuldbefreiung, § 301 I InsO. Als Charakteristikum der §§ 286 ff. InsO kann der Schuldner die Restschuldbefreiung einseitig erlangen, also unabhängig von einem auch nur partiellen Konsens mit den Gläubigern.

15   Sachentscheidungsvoraussetzung der Restschuldbefreiung ist ein eigener Insolvenzantrag des Schuldners, § 287 I 1 InsO.[36] Ein vorausgehendes Insolvenzverfahren wird verlangt, um die von einer Restschuldbefreiung erfassten Verbindlichkeiten verlässlich zu bestimmen und die Schuldbefreiung durch eine Verwertung des pfändbaren Vermögens zu legitimieren. Diese und andere Ordnungsleistungen des Insolvenzverfahrens entlasten das Restschuldbefreiungsverfahren und ermöglichen eine schlanke normative Gestaltung. Bei der Diskussion um die Reform des Verbraucherinsolvenzverfahrens ging es auch um die Frage, inwieweit diese Organisations- und Verteilungselemente, insbesondere bei masselosen Insolvenzen natürlicher Personen, entbehrlich sind.[37] Mit Beendigung des Insolvenzverfahrens entfallen auch dessen Wirkungen, doch ist die anschließende Treuhandperiode ebenfalls als insolvenzrechtliches Verfahren ausgestaltet. Dies belegen die Bestellung des Treuhänders, § 291 I InsO, die Verteilung der pfändbaren Forderungen auf Bezüge und der gleichgestellten Einkünfte nebst des hälftigen erbrechtlichen Erwerbs, § 292 I 2 InsO, sowie die Bindungen aus § 294 InsO.

16   Geordnet ist die Restschuldbefreiung als insolvenzrechtliches Verfahren nach den Maßstäben der InsO. Infolgedessen gelten grundsätzlich die allgemeinen Regeln des

---

[35] BGH NJW 2009, 2671 Rn. 31 ff.; *Ahrens*, NZI 2009, 597, 598.
[36] Zu den Ausnahmen BGHZ 162, 181, 186; BGH ZInsO 2008, 924 Rn. 20.
[37] *Heyer,* Restschuldbefreiung im Insolvenzverfahren, S. 24 ff.

Insolvenzverfahrens, wie etwa die Amtsermittlungspflicht aus § 5 I 1 InsO[38] oder die öffentliche Bekanntmachung nach § 9 InsO. Dabei sind wesentliche Leistungen des Insolvenzrechts für eine Restschuldbefreiung zu erkennen. Das Erfüllungswahlrecht des Insolvenzverwalters oder Treuhänders gemäß § 103 InsO ermöglicht auch in der Insolvenz natürlicher Personen eine veränderte Ausrichtung der Vertragsverhältnisse. Die Kündigungssperre aus § 112 InsO kann den Bestand des Mietverhältnisses sichern. Mit einer zentralen Regelung erstreckt § 301 I InsO zudem die Restschuldbefreiung auf alle Insolvenzgläubiger, selbst wenn sie sich am Verfahren nicht beteiligt haben. Erst diese insolvenzrechtliche Einkleidung ermöglicht eine effektive Schuldbefreiung.

2. Eigenständiges Verfahren. Trotz seiner Einbettung in das insolvenzrechtliche System und vielfältiger Verbindungen zum Insolvenzverfahren, insbesondere mit der Verpflichtung zu einem eigenen Insolvenzantrag, § 287 I 1 InsO, ist die gesetzliche Schuldbefreiung in einem eigenständigen Verfahren zu erlangen.[39] Eine Restschuldbefreiung kann zwar nach geltendem Recht nur aufgrund eines eröffneten Insolvenzverfahrens über das Vermögen einer natürlichen Person erreicht werden, §§ 286, 289 III InsO, doch muss nicht jedes derartige Insolvenzverfahren mit einem Restschuldbefreiungsverfahren verbunden sein. Erforderlich ist ein eigener Antrag auf Erteilung der Restschuldbefreiung, § 287 I 1 InsO. Bereits dieses originäre Antragserfordernis weist ein selbständig neben dem Insolvenzverfahren verlaufendes gerichtliches Schuldbefreiungsverfahren aus. Zulässig ist dieses Verfahren nur, wenn die allgemeinen sowie die dafür geltenden besonderen Sachentscheidungsvoraussetzungen erfüllt sind. Nach neuem Recht ist gem. § 287a InsO in jedem Restschuldbefreiungsverfahren eine Zulässigkeitsentscheidung erforderlich. Der autonome insolvenzrechtliche Charakter des Restschuldbefreiungsverfahrens erweist sich etwa nach Aufhebung des Insolvenzverfahrens in der Treuhandperiode, wie § 294 InsO belegt. Zudem ist über die Anträge auf Versagung der Restschuldbefreiung nach den §§ 290, 295 ff. InsO in weiteren selbständigen Verfahren zu entscheiden.

3. Zweistufiges Verfahren. Das gesetzliche Schuldbefreiungsverfahren der §§ 286 ff. InsO ist in zwei Verfahrensteile gegliedert.[40] Diese im bisherigen Recht scharfe Separierung verliert unter dem neuen Verfahrensregime einige Konturen. Der erste Abschnitt ist als Zulassungs- bzw. Vorverfahren konzipiert. Er beginnt mit dem Restschuldbefreiungsantrag und endet bislang bei einer Ankündigung der Restschuldbefreiung, § 291 I InsO, ihrer Versagung nach § 290 InsO oder einer Rücknahme des Antrags. Künftig ist auf die Aufhebung des Insolvenzverfahrens bzw. die Versagung der Restschuldbefreiung nach § 290 InsO abzustellen. Dieses Verfahren verläuft weitgehend parallel zum Insolvenzverfahren des Schuldners, wenn auch nicht notwendig deckungsgleich. Durch das Insolvenzverfahren, also nicht das Restschuldbefreiungsverfahren, bestehen für den Schuldner in diesem Verfahrensstadium die insolvenzrechtlichen Beschränkungen und Pflichten.

Der zweite Abschnitt wird als Wohlverhaltens-[41] oder besser Treuhandperiode[42] bezeichnet. Er schließt sich an die erste Phase an und beginnt bislang mit der Ankündigung der Restschuldbefreiung bzw. künftig der Aufhebung des Insolvenzverfahrens. Die Dauer ist relativ durch die Laufzeit der Abtretungsperiode bestimmt und beträgt grundsätzlich sechs Jahre abzüglich der Zeitspanne für das eröffnete Insolvenzverfahren. Eine vorzeitige Beendigung ist bspw. durch eine Tilgung der Verbindlichkeiten oder eine

---

[38] Ausnahme bei der Zulässigkeitsprüfung im Verfahren über die Versagung der Restschuldbefreiung BGHZ 156, 139, 146 f.
[39] MüKoInsO/*Stephan*, § 286 Rn. 28; Braun/*Lang*, § 286 Rn. 9.
[40] AGR/*Fischer*, § 286 Rn. 3.
[41] ZB BGH NZI 2005, 399, 400; *Hess*, § 286 Rn. 47.
[42] Etwa BT-Drucks. 14/5680, 22; 14/6468, 28; AGR/*Fischer*, § 286 Rn. 3.

Versagung der Restschuldbefreiung nach den §§ 295 ff. InsO möglich. Da das Insolvenzverfahren aufgehoben ist, sind auch dessen Wirkungen beendet. Insbesondere ist der Schuldner wieder verwaltungs- und verfügungsberechtigt. Auch die Gläubigerorgane bestehen nicht mehr. Einige Mindestanforderungen normiert aber § 294 InsO, etwa mit dem Zwangsvollstreckungsverbot für Insolvenzgläubiger.

III. Ziele der Restschuldbefreiung

20   **1. Funktionsbestimmende Regelung des § 1 S. 2 InsO.** In programmatischer Gestalt formuliert § 1 InsO die Ziele des Insolvenzverfahrens. Das Verfahren dient danach neben der gemeinschaftlichen Gläubigerbefriedigung auch dem Zweck, den redlichen Schuldner nach Maßgabe der §§ 286 ff. InsO von seinen restlichen Verbindlichkeiten zu befreien.[43] Umstritten ist, ob mit der Regelung in § 1 S. 2 InsO ein gleichberechtigtes, ein nachrangiges oder überhaupt kein insolvenzverfahrensrechtliches Ziel formuliert ist. Verkürzt wäre es allerdings, in dieser Auseinandersetzung allein einen definitorischen Streit zu sehen, denn in ihr kommen die grundlegenden Verständnisunterschiede über die Aufgaben des Insolvenzverfahrens zum Tragen. Letztlich geht es um die Frage, wie die modernen Anforderungen an ein Insolvenz- und Schuldbefreiungsverfahren natürlicher Personen in den Kontext der tradierten Bestände des Insolvenzrechts einzubinden sind.[44]

21   Ausdrücklich bestimmt § 1 S. 2 InsO, dass dem redlichen Schuldner Gelegenheit gegeben wird, sich von seinen restlichen Verbindlichkeiten zu befreien. Einschränkend heißt es dazu in der Literatur, die Formulierung könne gewählt sein, um nicht den Eindruck zu erwecken, Ziel oder Zweck des Verfahrens sei die Restschuldbefreiung. Dem Schuldner werde zwar Gelegenheit zur Restschuldbefreiung gegeben, das Verfahren diene aber der Gläubigerbefriedigung und nicht der Restschuldbefreiung.[45] Zu erklären ist diese Position aus einer substanziellen Skepsis gegenüber der insolvenzrechtlichen Schuldbefreiung, an deren Stelle eine einzelvollstreckungsrechtliche Lösung bevorzugt wird.[46] Allerdings trägt die gesetzliche Formulierung der konkreten Ausgestaltung der Schuldbefreiung Rechnung. Soweit nach dem Normtext dem Schuldner Gelegenheit zur Restschuldbefreiung gegeben wird, rekurriert die Vorschrift auf den nach § 287 I 1 InsO erforderlichen Antrag des Schuldners auf Erteilung der Restschuldbefreiung. Anders als die Gläubigerbefriedigung kann die Restschuldbefreiung nach der konstitutiven gesetzlichen Bestimmung nicht während des Verfahrens, sondern erst nach dessen Abschluss, § 300 I InsO, erlangt werden. Beides bringt § 1 S. 2 InsO sprachlich zum Ausdruck, ohne die Schuldbefreiung gegenüber dem Insolvenzverfahren herabzusetzen. Das normative Konzept der Restschuldbefreiung legitimiert damit den Regelungsgehalt der Zielbestimmung, die als solche sachlich anzuerkennen ist.

22   Auch eine Interpretation der Restschuldbefreiung als nachrangiges insolvenzrechtliches Ziel überzeugt nicht. Die Restschuldbefreiung soll danach kein unmittelbares Ziel des Insolvenzverfahrens bilden, weil sie nicht in diesem, sondern erst in einem weiteren Verfahren erlangt werden könne.[47] Mit diesem Ansatz wird die Zielsetzung in § 1 InsO auf das Insolvenzverfahren verengt und andere insolvenzrechtliche Verfahren, wie das Insolvenzplan- oder das Restschuldverfahren, werden aus diesem Deutungszusammenhang herausgelöst.[48] Dabei stellt die in § 1 InsO zum Ausdruck kommende zeitliche

---

[43] BGHZ 144, 78, 83 f.
[44] AGR/*Ahrens*, § 1 Rn. 14 ff., 19.
[45] *Henckel*, in: Jaeger, InsO, § 1 Rn. 20.
[46] *Henckel*, in: Jaeger, InsO, § 1 Rn. 23.
[47] MüKoInsO/*Ganter/Lohmann*, § 1 Rn. 98; *Thomas*, in: Kölner Schrift, 1763 Rn. 6 f.; *Bruns*, KTS 2008, 41, 42.
[48] AGR/*Ahrens*, § 1 Rn. 15.

Abfolge zwischen Insolvenz- und Restschuldbefreiungsverfahren kein wesentliches Element zur Funktionsbestimmung dar, weil sonst allein mit einer formalen Integration der Restschuldbefreiung in das Insolvenzverfahren eine substanziell neu ausgerichtete Aufgabenstellung einhergeinge. Ohne die Rechtslage zu überzeichnen, kann einzelnen insolvenzrechtlichen Regelungen sogar eine der Restschuldbefreiung dienende Funktion beigemessen werden, soweit etwa Kosten des Insolvenzverfahrens allein dann gestundet werden, wenn ein Restschuldbefreiungsantrag gestellt ist.

2. Ausformung. Danach verhält sich § 1 InsO gegenüber den verschiedenen Aufgaben der insolvenzrechtlichen Verfahren inhaltlich neutral und ordnet keine Hierarchie der Ziele an. Vielmehr sind die verschiedenen Zwecke nach Maßgabe des Möglichen zu einer praktischen Konkordanz zu führen.[49] Allerdings erschöpft sich der Schuldbefreiungsgedanke nicht in der Privatinsolvenz,[50] denn er erreicht ebenso die Insolvenz der Unternehmensträger, wie sich etwa beim Insolvenzplan erweist, § 227 InsO.

Als zentrales Ziel der Restschuldbefreiung wird dem Schuldner die Möglichkeit eröffnet, sich wirtschaftlich zu erholen und eine neue Existenz aufzubauen. Mit diesem Neubeginn (fresh start)[51] soll neben sozialen und einzelwirtschaftlichen Interessen auch der gesamtwirtschaftliche Zweck verfolgt werden, den Schuldner als Teilnehmer in das Marktgeschehen zu reintegrieren. Darüber hinaus trägt die Restschuldbefreiung auch der Achtung vor der Person des Schuldners Rechnung.[52] Aus diesem Grund ist die Restschuldbefreiung nicht auf Personen beschränkt, die in der aktiven Wertschöpfungskette stehen und gilt ebenso für Studenten, wie Arbeitsuchende oder Rentner.[53]

Über ihre prinzipienbildende Ausrichtung hinaus ist der Zielbestimmung in § 1 S. 2 InsO auch eine konkrete dogmatische Aufgabe beizumessen.[54] Kollidieren Gläubigerbefriedigung und Restschuldbefreiung miteinander, darf das eine Ziel nicht vorschnell auf Kosten des anderen verwirklicht werden. Erforderlich ist eine optimierende Ausgestaltung. Dies gilt gleichermaßen bei der Auslegung der §§ 4a ff., 20 II InsO, wie etwa der §§ 290, 295 InsO.

IV. Privatinsolvenz

Aus den romanischen Rechten resultiert ein Verständnis des Konkurses als Kaufmannsprivileg.[55] Demgegenüber erkannte die Reichskonkursordnung die Konkursfähigkeit aller natürlichen und juristischen Personen an, doch führte das unbeschränkte Nachforderungsrecht des Gläubigers aus § 164 I KO zu einem weitgehenden Bedeutungsverlust des Konkurses für natürliche Personen. Einherging damit seine einseitige Indienstnahme durch liberale Ordnungsvorstellungen. Der Konkurs wurde als Selbstreinigungsprozess der Wirtschaft[56] bzw. als Instrument zur Ausscheidung nicht mehr funktionsfähiger Wirtschaftseinheiten verstanden.[57] Die juristische Quintessenz dieser Vorstellungen kommt im Schlagwort vom „Konkursrecht als Wirtschaftsrecht" zum Ausdruck.[58]

Eine solche, auf die Unternehmensinsolvenz beschränkte Sicht ist unter der Insolvenzordnung nicht mehr angemessen. Insolvenzrecht ist danach mit seinen vielfältigen,

---

[49] Uhlenbruck/Hirte/Vallender/*Vallender,* Vor § 286 Rn. 21; AGR/*Ahrens,* § 1 Rn. 8, 20 f.; *Ahrens,* VuR 2000, 8, 11; *Kohte,* FS Remmers, 479, 484 f.
[50] Zu einseitig auf die Unternehmensinsolvenz bezogen *Medicus,* DZWIR 2007, 221, 224.
[51] *Smid,* Praxishandbuch Insolvenzrecht, § 46 Rn. 4.
[52] *Häsemeyer,* Rn. 26.02.
[53] FK/*Ahrens,* § 286 Rn. 3.
[54] BGHZ 144, 78, 83 f.; AG München NZI 1999, 32, 33.
[55] ZB Art. 437 bis 614 des französischen Code de Commerce.
[56] Vgl. noch heute *Vollmershausen,* Vom Konkursprozess zum Marktbereinigungsverfahren, 2007.
[57] *Muthesius,* ZfgesKW 1954, 759.
[58] *Uhlenbruck,* in: FS Einhundert Jahre Konkursordnung, 3, 5.

gestaltenden Leistungen, die sich nicht allein auf die Befreiung von den Verbindlichkeiten beziehen, auch ein Schutzrecht für natürliche Personen. Ohne die Haftungsfunktion zu ignorieren, kann man es im weiteren Sinn als soziales Privatrecht bezeichnen. Mit dem Verbraucherinsolvenzverfahren und der Restschuldbefreiung ist die gesellschaftliche Realität der Zahlungsunfähigkeit natürlicher Personen als regelungsbedürftiges Problem erkannt und in neue Ordnungsmodelle überführt worden. Durch diese Richtungsentscheidung ist das Insolvenzrecht neu justiert worden, doch sind die veränderten Strukturen noch nicht vollständig überzeugend ausgebildet.

28   Die Unterscheidung von Unternehmens- bzw. mit einem kleinen sachlich-terminologischen Unterschied Regelinsolvenz sowie Verbraucherinsolvenz erscheint auf den ersten Blick schlüssig, denn sie entspricht den im materiellen Recht geschulten Vorstellungen. Auf das Insolvenzrecht können jedoch diese, von einem rollenbezogenen Schutzbedarf getragenen Vorstellungen nicht ohne Weiteres übertragen werden. Ausgeformt ist die Differenzierung zwischen Regel- und Verbraucherinsolvenzverfahren im 9. Teil der Insolvenzordnung. Dort ist allein eine Unterscheidung nach der Verfahrensart geregelt. Infolgedessen werden die Insolvenzen vor allem nach verfahrensrechtlichen Anknüpfungspunkten und nicht nach materiellen Aspekten differenziert. Für die Beschäftigung mit einer Insolvenz natürlicher Personen ist jedoch eine Grenzziehung nach diesen Verfahrensarten verfehlt, weil wesentliche Verständniszusammenhänge zerrissen werden.[59]

29   Anzuknüpfen ist dafür an die funktionsbestimmenden Elemente eines Insolvenzrechts natürlicher Personen. Zu den modellprägenden Regelungen gehört vor allem die gesetzliche Restschuldbefreiung, die ebenso aufgrund eines Regel- wie eines Verbraucherinsolvenzverfahrens über das Vermögen einer natürlichen Person zu erreichen ist. Als bislang noch unvollständig ausgeformtes Programm sind in den §§ 1 S. 2, 4a ff., 286 ff., 304 ff. InsO die Grundstrukturen eines vom Schuldbefreiungsgedanken beeinflussten Insolvenzrechts natürlicher Personen angelegt. Neben die Haftungsverwirklichung und -begrenzung tritt dort zusätzlich die Aufgabe des Insolvenzrechts bei der Abwicklung und veränderten Ausrichtung von Vermögensverhältnissen. Zusammenfassend kann dieses Gebiet als Privatrecht bezeichnet werden.

30   Zu den traditionellen Leistungen des Gesamtvollstreckungsrechts gehört, eine Umgestaltung von nicht vollständig erfüllten gegenseitigen Verträgen zu ermöglichen, § 103 InsO. Bislang erfolgen diese Eingriffe in ein Vertragsverhältnis vor allem unter dem Blickwinkel der Massesicherung und -mehrung.[60] Im Insolvenzverfahren natürlicher Personen ist die Perspektive auf den Zeithorizont nach Beendigung des Insolvenzverfahrens zu erweitern. Als weitere Dimension ist bei einer Negativerklärung[61] der Fortbestand der auf die selbständige Tätigkeit bezogenen Verträge außerhalb des Insolvenzverfahrens[62] zu erfassen. Dies ermöglicht eine zukunftsweisende Organisation der Verträge, stellt aber auch an den Insolvenzverwalter bzw. Treuhänder veränderte Anforderungen mit einem erweiterten Pflichtenkreis.

31   Eine erstrangige Aufgabe des Insolvenzrechts für natürliche Personen stellt dar, die Existenzsicherung des Schuldners und seiner unterhaltsberechtigten Gläubiger zu gewährleisten. Dazu leistet gleichermaßen eine sachgerechte Anwendung der Vollstreckungsschutzvorschriften, insbesondere gemäß § 36 I 2 InsO, sowie die Freiheit zur selbständigen wirtschaftlichen Tätigkeit, § 35 II InsO, einen wesentlichen Beitrag. Daneben sind die Zukunftswirkungen eines auf mehrjährige Dauer angelegten Insolvenzverfahrens bei einer dynamischen Einkommens- und Vermögenslage des Schuldners zu

---

[59] *Ahrens*, ZZP 122 (2009), 133, 142.
[60] KPB/*Tintelnot*, § 103 Rn. 7; Nerlich/Römermann/*Balthasar*, § 103 Rn. 3.
[61] AGR/*Ahrens*, § 35 Rn. 158 ff.
[62] BGHZ 192, 322 Rn. 19 ff.

ordnen. Ein wichtiges Stichwort dafür bildet die Zulässigkeit eines Zweitinsolvenzverfahrens. Auch, aber nicht ausschließlich darin kommt das besondere Drei-Personen-Verhältnis zwischen Schuldner, Insolvenzgläubigern und Neugläubigern zum Ausdruck.[63] Muster hierfür existieren bereits, doch ist das Konzept noch nicht vollständig ausgebildet. Die in der jüngeren Zeit diskutierten Reformansätze zielten nur noch begrenzt darauf ab, das Modell eines Privatinsolvenzrechts umfassend zu realisieren. Die Novelle im Gesetz zur Verkürzung des Restschuldbefreiungsverfahrens und Stärkung der Gläubigerrechte vom 15.7.2013[64] ist, wie die Diskussion um den außergerichtlichen Einigungsversuch und die verkürzte Verfahrensdauer zeigt, von tagespolitischen Anschauungen und nicht mehr von konzeptionellen Vorstellungen geprägt.

V. Reformentwicklungen

Trotz einzelner Streitpunkte ist die Restschuldbefreiung in der Praxis angekommen, wissenschaftlich weitgehend anerkannt[65] und in ihrem Bestand grundsätzlich gesichert. Gerade die intensiven Diskussionen über ein reformiertes Insolvenzrecht für natürliche Personen haben zur Vergewisserung über die Notwendigkeit eines gesetzlichen Schuldbefreiungsverfahrens beigetragen. Zur Befestigung der Restschuldbefreiung führen sicherlich auch die im internationalen Vergleich sehr strengen deutschen Anforderungen. So ermöglicht das englische Insolvenzrecht regelmäßig schon nach 12 Monaten die automatic discharge, sect 279 subsect 1 Insolvency Act 1976 in der Fassung durch den Enterprise Act 2002.[66]

In einer ersten größeren Reform nach dem Inkrafttreten der InsO hat der Gesetzgeber mit dem InsOÄndG vom 26.10.2001[67] vielfach beklagte Mängel des Verfahrens abgestellt und einen effektiveren Zugang zur Restschuldbefreiung ermöglicht. Dazu ist insbesondere die Kostenstundung gemäß den §§ 4a ff. InsO und die Belehrungspflicht in § 20 II InsO eingeführt sowie die Dauer der Treuhandzeit auf sechs Jahre nach Eröffnung des Insolvenzverfahrens begrenzt worden, §§ 287 II 1, 300 I InsO. Andere unmittelbare, die Restschuldbefreiung betreffende Gesetzesänderungen sind nicht erfolgt. Allenfalls sind mittelbar die Restschuldbefreiung berührende Änderungen zu verzeichnen, wie die Neuregelungen der §§ 5 III 1, 9 I 1, 35 II, III InsO oder die novellierte Vorschrift des § 36 I 2 InsO.

Durch den erleichterten Zugang zur gesetzlichen Schuldbefreiung haben die Insolvenz- und Restschuldbefreiungsverfahren natürlicher Personen die Unternehmensinsolvenzen als die insolvenzrechtlichen Massenverfahren abgelöst. Über 80% aller Insolvenzverfahren betreffen inzwischen das Vermögen natürlicher Personen.[68] Als Reaktion auf die erfolgreiche Implementierung der Verfahren wurden fiskalische Bedenken gegen die dadurch entstehenden Kosten erhoben. Deswegen wurde über ein Alternativmodell nachgedacht und insbesondere eine materiellrechtliche Verjährungskonzeption vorgeschlagen.[69] An die Stelle der insolvenzrechtlichen Restschuldbefreiung soll dabei eine

---

[63] *Ahrens,* ZZP 122 (2009), 133, 147 ff.
[64] BGBl. I, 2379.
[65] *Zurlinden,* Reform der Restschuldbefreiung, S. 2; *Hofmeister/Jäger,* ZVI 2005, 180, 181 f.
[66] *Renger,* Wege zur Restschuldbefreiung nach dem Insolvency Act 1986, S. 104; *Zilkens,* Die discharge in der englischen Privatinsolvenz, S. 73.
[67] BGBl. I, 2710.
[68] Im Jahr 2012 standen 28 304 Unternehmensinsolvenzen den Insolvenzverfahren von 20 280 ehemals Selbständigen und 97 635 Verbraucherinsolvenzverfahren gegenüber. Außerdem wurden 1314 Insolvenzverfahren über das Vermögen natürlicher Personen als Gesellschafter sowie 2809 Nachlassinsolvenzen, insgesamt also 150 342 Insolvenzverfahren beantragt, Quelle: Pressemitteilung des Statistischen Bundesamts Nr. 096 vom 12.3.2013.
[69] *Kirchhof,* ZInsO 2001, 1, 13; *Klaas,* ZInsO, 2004, 577, 580; *Wiedemann,* ZVI 2004, 645, 654; grundlegend *Ruby,* Schuldbefreiung, S. 63 ff.

Forderungs- und Titelverjährung treten. Ein Verjährungsmodell ist jedoch abzulehnen, weil es an die Stelle der insolvenzrechtlichen Gesamtwirkung eine Einzelwirkung setzt, einen erheblichen Verfahrensaufwand für jede Forderung erfordert und insgesamt zu einer viel komplizierteren Rechtslage führt.[70]

35 Auch der Entwurf der Bund-Länder-Arbeitsgruppe Insolvenzrecht vom 2.3.2006[71] zielte auf eine Kostenersparnis.[72] Dazu sollten die §§ 4a–4d InsO aufgehoben werden. Für die masselosen Insolvenzen wurde eine individualrechtliche Stundungslösung ohne Vollstreckungsverbot und Gesamtwirkung angestrebt.[73] Vorgesehen war aber auch eine Versagung der Restschuldbefreiung von Amts wegen. Wegen seiner eklatanten Schwächen stieß dieses Modell weithin auf Ablehnung,[74] verzichtete es doch mit der Forderungsfeststellung und den Klärungsmechanismen sowie vor allem der Gesamtwirkung auf wesentliche insolvenzrechtliche Leistungen.[75]

36 Die nachfolgenden Eckpunkte eines vereinfachten Entschuldungsverfahrens des Bundesministeriums der Justiz vom 14.11.2006[76] behielten zwar die Aufgabe der Kostenstundung und ein vereinfachtes Entschuldungsverfahren bei mittellosen Schuldnern bei. Sie kehrten aber zum Modell einer in das geltende Insolvenzrecht integrierten Entschuldung mit einer insolvenzrechtlichen Gesamtwirkung zurück. Der Entwurf eines Gesetzes zur Entschuldung mitteloser Personen, zur Stärkung der Gläubigerrechte sowie zur Regelung der Insolvenzfestigkeit von Lizenzen[77] wurde am 5.12.2007 in die parlamentarischen Beratungen eingebracht. Neben der geplanten Aufhebung der Stundungsvorschriften sollten mit vor allem schärferen Versagungsregeln die Gläubigerrechte gestärkt werden, obwohl bislang keine systematische Diskussion über Leistungen, Defizite und Überregulierung im Versagungsrecht geführt worden war. Nach der scharfen Kritik in der Anhörung des Rechtsausschusses des Bundestags an der geplanten Aufhebung der Kostenstundung und der letztlich komplizierten und nicht überzeugenden Konzeption des Entschuldungsverfahrens wurde dieses Gesetzgebungsvorhaben nicht mehr umgesetzt und unterlag schließlich der Diskontinuität.

37 Mit ihrer Rede vom 7.4.2011 auf dem 8. Berliner Insolvenzrechtstag leitete die Bundesministerin der Justiz die bislang letzte Reformetappe ein. Darin entwarf die Ministerin die Eckpunkte einer Reform des Insolvenzverfahrens natürlicher Personen.[78] Rechtspolitische Triebfeder bildete der Koalitionsvertrag zwischen CDU, CSU und FDP für die 17. Legislaturperiode des Deutschen Bundestags, in dem unter der Überschrift „Gründerland Deutschland" das Ziel formuliert wurde, für Gründer die Zeit der Restschuldbefreiung auf drei Jahre zu halbieren.[79] Wegen der verfassungsrechtlichen Bedenken und der rechtsdogmatischen Schwierigkeiten bei der Umsetzung eines solchen personell beschränkten Vorhabens sollte die kürzere Verfahrensdauer allen Schuldnern eröffnet werden. Der Referentenentwurf eines Gesetzes zur Verkürzung des Restschuldbefreiungsverfahrens, zur Stärkung der Gläubigerrechte und zur Insolvenz-

---

[70] *Ahrens*, ZVI 2005, 1, 2 ff.; *Gold*, Verbraucherinsolvenz- und Restschuldbefreiungsverfahren versus pacta sunt servanda, S. 247 f.

[71] Zwischenbericht der Bund-Länder-Arbeitsgruppe, ZVI 2005, 445; BMJ-Entwurf zum Entschuldungs- und Verbraucherinsolvenzverfahren, Stand 2.3.2006, ZVI 2006, Beilage 1.

[72] Zum Folgenden *Ahrens*, Geplante Gesetzesänderungen im Verbraucherinsolvenz- und Restschuldbefreiungsrecht, in: Berger/Bähr/Melchior/Sturm/Winderlich (Hrsg.), 14. Leipziger Insolvenzrechtstag, S. 114 ff.

[73] So der federführend vom BMJ betreute BLAG-Entwurf vom 2.3.2006, ZVI 3/2006, Beilage 1.

[74] Vgl. Karsten Schmidt/*Henning*, Vor §§ 304–314 Rn. 9.

[75] BMJ, Eckpunkte eines vereinfachten Entschuldungsverfahrens, ZVI 2006, 526.

[76] ZVI 2006, 526; dazu *Ahrens*, NZI 2011, 425; s. a. *Stephan*, NZI 2006, 671.

[77] BT-Drucks. 16/7416.

[78] www.bmj.de/SharedDocs/Reden/DE/2011/20110407_Achter_Insolvenzrechtstag.html?nn=1477162.

[79] Koalitionsvertrag Teil I Wohlstand für alle, Abschnitt 4.1 Mittelstand, Zeile 841 f.

festigkeit von Lizenzen vom 18.1.2012[80] formte dieses Projekt aus. Es folgte der RegE vom 12.7.2012.[81] Mit dem Gesetzentwurf vom 31.10.2012 wurde das parlamentarische Verfahren im Deutschen Bundestag eingeleitet[82] und durch das Gesetz zur Verkürzung des Restschuldbefreiungsverfahrens und Stärkung der Gläubigerrechte vom 15.7.2013[83] abgeschlossen.[84]

Nach den langwierigen und mühevollen Diskussionen um eine Reform des Privatinsolvenzrechts fällt der abschließende Ertrag sehr überschaubar aus. Die für das Gesetz namensgebende Verkürzung der Restschuldbefreiung in § 300 InsO ist mit zu hohen Hürden versehen, um nennenswerte Bedeutung erlangen zu können. Die Verschärfung der Versagungsregeln in den §§ 290, 297a InsO erfolgt ohne hinreichenden systematischen Grund und die erweiterte Bereichsausnahme in § 302 Nr. 1 InsO bedient vor allem fiskalische Interessen.[85] Mit der Aufhebung der §§ 312 bis 314 InsO entfallen allerdings einige überflüssige und teilweise auch verfehlte Sonderregeln in der Verbraucherinsolvenz, was als durchaus positive Entwicklung zu konstatieren ist. Außerdem reagiert der Entwurf mit den §§ 287a, 300a InsO auf einige Rechtsprechungsentwicklungen, die weitgehend nachvollzogen werden. Infolgedessen wirkt das Grundgerüst der Novelle zwar nicht mehr so instabil, wie bei früheren Vorhaben, aber auch wenig konzeptionell und zukunftsweisend.

Das Inkrafttreten des Gesetzes ist in den Art. 6 und 9 des Gesetzes zur Verkürzung des Restschuldbefreiungsverfahrens und Stärkung der Gläubigerrechte vom 15.7.2013 sehr kompliziert in vier Stufen geregelt. Die neuen genossenschaftsrechtlichen Bestimmungen gelten seit dem 19.7.2013 für alle Insolvenzverfahren, also auch in den zuvor beantragten.[86] Dies folgt aus Art. 9 S. 2 des Gesetzes und dem fehlenden systematischen Bezug in Art. 103h EGInsO auf das Genossenschaftsrecht. Die vergütungsrechtlichen Vorschriften der §§ 56, 63 InsO sowie des § 11 InsVV sind am 19.7.2013 für die ab diesem Zeitpunkt beantragten Insolvenzverfahren in Kraft getreten, Art. 9 des Gesetzes iVm Art. 103h S. 3 EGInsO. Ab dem 1.7.2014 sind die Insolvenzplanvorschriften der §§ 217 ff. InsO auch in den bereits zuvor beantragten Insolvenzverfahren anwendbar, Art. 103h S. 2 EGInsO.[87] Die übrigen Vorschriften gelten ab dem 1.7.2014 in den ab dem 1.7.2014 beantragten Insolvenzverfahren, Art. 9 des Gesetzes iVm Art. 103h S. 1 EGInsO. Infolgedessen sind die alten Vorschriften, soweit sie nicht unter die ersten drei Alternativen fallen, auf alle bis zum 30.6.2014 beantragten Insolvenz- und Restschuldbefreiungsverfahren anzuwenden. Die Praxis wird daher für mehr als sechs Jahre, bis zum Abschluss des letzten vor dem 30.6.2014 beantragten Verfahrens, mit dem Nebeneinander von zwei deutlich zu unterscheidenden Verfahrensmodellen leben.

---

[80] ZInsO 2012, 69.
[81] Dazu *Schmerbach*, NZI 2012, 689; *Grote/Pape*, ZInsO 2012, 1913; *Frind*, ZInsO 2012, 1455.
[82] BT-Drucks. 17/11268; BR-Drucks. 467/12; s.a. *Hergenröder/Hohmann*, ZVI 2013, 91; *Ritter*, ZVI 2013, 135.
[83] BGBl. I, 2379.
[84] *Ahrens*, NJW-Spezial 2013, 341; *Schmerbach*, NZI 2013, 566; *ders.*, ZInsO 2014, 132; *Grote/Pape*, ZInsO 2013, 1433; *Henning*, ZVI 2014, 7.
[85] *Ahrens*, ZVI 2012, 122.
[86] *Semmelbeck*, ZInsO 2013, 1785; *Henning*, ZVI 2014, 7, 16; aA *Frind*, Praxishandbuch Privatinsolvenz, Rn. 65, 362; *Grote/Pape*, ZInsO 2013, 1433, 1434.
[87] *Frind*, Praxishandbuch Privatinsolvenz, Rn. 65; *Henning*, ZVI 2014, 7, 16.

§ 77. Zulassung zur Treuhandperiode

Übersicht

	Rn.
I. Grundlagen	1
1. Zulassungsverfahren	1
2. Persönlicher Anwendungsbereich des Restschuldbefreiungsverfahrens	5
II. Eigenes Insolvenzverfahren	10
1. Eigener Insolvenzeröffnungsantrag	10
2. Modalitäten des Insolvenzverfahrens	15
III. Restschuldbefreiungsantrag	17
1. Hinweispflicht des Insolvenzgerichts und Fristsetzung	17
2. Antragstellung	22
3. Antragsobliegenheit	24
4. Erneuter Antrag auf Erteilung der Restschuldbefreiung	26
a) Systematik	26
b) Erneuter Restschuldbefreiungsantrag	30
IV. Abtretungserklärung	32
1. Sachentscheidungsvoraussetzung und Hinweispflicht	32
2. Geltungsgrund	35
3. Erklärung der Abtretung	38
4. Laufzeit	41
a) Grundlagen	41
b) Asymmetrische Verfahren	44a
5. Wirkungen	45
a) Forderungsübertragung	45
b) Bindungen aus den §§ 294 bis 297 InsO	47
c) Abtretungsverbote und Vorausverfügungen	49
V. Versagung der Restschuldbefreiung gemäß § 290 InsO	51
1. Konzeption	51
2. Versagungsgründe	54
a) Insolvenzstraftaten, § 290 I Nr. 1 InsO	54
b) Unzutreffende Angaben bei Kreditantrag oder Leistungsbezug, § 290 I Nr. 2 InsO	56
c) Frühere Restschuldbefreiungsverfahren, § 290 I Nr. 3 InsO	63
d) Verringerung der Insolvenzmasse, § 290 I Nr. 4 InsO	68
e) Verletzte Auskunfts- und Mitwirkungspflichten, § 290 I Nr. 5 InsO	73
f) Unzutreffende Verzeichnisse, § 290 I Nr. 6 InsO	80
3. Versagungsverfahren	85
a) Versagungsantrag	85
b) Antragstellung im Schlusstermin	88
c) Darlegungs- und Beweislast	90
d) Entscheidung	94
VI. Ankündigung der Restschuldbefreiung	95
1. Verfahren	95
2. Entscheidung über das anschließende Restschuldbefreiungsverfahren, § 289 I 2 InsO	97
VII. Bestellung des Treuhänders	104
VIII. Neues Recht ab 1.7.2014	107
1. Verfahrensstruktur	107
2. Antrag auf Restschuldbefreiung und Abtretungserklärung	110
3. Eingangsentscheidung	115
a) Grundlagen	115
b) Drei-Fristen-Modell	119
c) Kodifizierung der Sperrfristjudikatur	123
d) Zusätzliche Fragen	127
4. Versagung der Restschuldbefreiung nach § 290 InsO	129
a) Versagungsgründe	129
b) Versagungsverfahren	135
5. Bestellung eines Treuhänders	139

Zulassung zur Treuhandperiode 1–3 § 77

I. Grundlagen

1. Zulassungsverfahren. Die Dramaturgie des Restschuldbefreiungsverfahrens folgt 1
zwei großen Akten.[1] Der Erste ist als Zulassungs- bzw. Vorverfahren konzipiert. Der
Zweite umfasst die oft als Wohlverhaltensperiode bezeichnete Treuhandperiode, die das
eigentliche Schuldbefreiungsverfahren beinhaltet. Dieser zweistufige Aufbau weist eine
gewisse Ähnlichkeit mit dem Insolvenzverfahren auf, die künftig noch verstärkt wird,
weil auch im Restschuldbefreiungsverfahren die Entscheidung über die Zulässigkeit
vorab in einem besonderen Verfahrensabschnitt erfolgt. Diese äußerliche Übereinstimmung darf nicht überbewertet werden, denn ausschlaggebend für das zweistöckige
Regelungsgebäude der Restschuldbefreiung ist ein anderer Grund. Das Zulassungsverfahren verläuft im geltenden Recht weitgehend parallel zum Insolvenzverfahren.
Ohne größeren Regelungsaufwand können so die Ordnungsleistungen des Insolvenzverfahrens für die Restschuldbefreiung fruchtbar gemacht werden. Durch die beiden
Anträge auf Eröffnung des Insolvenzverfahrens und auf eine Restschuldbefreiung, regelmäßig ergänzt durch einen Antrag auf Kostenstundung sowie ggf. durch einen Antrag auf Vollstreckungsschutz, liegt eine objektive Häufung von Verfahrensgegenständen
vor.

Wegen dieser Verklammerung und der Ausgestaltung der Restschuldbefreiung als in- 2
solvenzrechtliches Verfahren gelten für Schuldner und Gläubiger die allgemeinen insolvenzrechtlichen Bindungen und Wirkungen. Das Vermögen unterliegt dem Insolvenzbeschlag und die Masse wird entsprechend dem Schlussverzeichnis verteilt. Ein
Normierungsbedarf für das Zulassungsverfahren besteht deswegen nur, soweit das Restschuldbefreiungsverfahren besonders ausgestaltet und ihm ein eigenständiger bzw. vom
Insolvenzverfahren abweichender Inhalt gegeben wird. Autonome Regeln bestehen
soweit das Restschuldbefreiungsverfahren durch die erforderlichen Anträge, die Abtretungserklärung sowie Versagungstatbestände aus § 290 I InsO konstituiert werden muss.
Abgesehen von der zukunftswirksamen Bezügeabtretung gehen die vermögensrechtlichen Wirkungen des Zulassungsverfahrens für den Schuldner nicht über das Insolvenzverfahren hinaus und sind deswegen nicht eigens normiert.

Das Insolvenzverfahren bildet die Klammer, die den ersten Verfahrensabschnitt der 3
Restschuldbefreiung zeitlich und inhaltlich umschließt. Regelmäßig wird das Restschuldbefreiungsverfahren zumindest kurz nach dem Antrag auf Eröffnung des Insolvenzverfahrens eingeleitet und unmittelbar vor Beendigung des Insolvenzverfahrens
soll das Zulassungsverfahren abgeschlossen sowie die Restschuldbefreiung angekündigt
werden. Das Restschuldbefreiungsverfahren beginnt mit dem Antrag des Schuldners
auf Erteilung der Restschuldbefreiung. Nach dem in § 287 I 1 InsO formulierten
gesetzlichen Regelungsmodell sollen Insolvenz- und Restschuldbefreiungsantrag
gleichzeitig erfolgen. Notwendig ist dies jedoch nicht, denn das Zulassungsverfahren
ist nicht vollständig mit dem Insolvenzverfahren harmonisiert. Wird ein Insolvenzverfahren auf einen Gläubigerantrag eingeleitet, kann regelmäßig noch kein Restschuldbefreiungsantrag gestellt sein. Die gesetzliche Regelung lässt in diesen Fällen einen
späteren Restschuldbefreiungsantrag zu, verlangt aber zusätzlich einen Insolvenzeröffnungsantrag des Schuldners. Ohne eigenen Insolvenzantrag des Schuldners ist sein
Restschuldbefreiungsantrag unstatthaft, soweit nicht ein seltener Ausnahmefall vorliegt.[2] Selbst wenn der Schuldner einen Antrag auf Eröffnung des Insolvenzverfahrens
stellt, kann der Restschuldbefreiungsantrag nachträglich erfolgen. Für das Regelinsolvenzverfahren resultiert diese Konsequenz aus § 287 I 2 InsO und für die Verbraucherinsolvenz aus § 305 III InsO. Im Einzelfall ranken sich darum zahlreiche Proble-

---

[1] → § 76 Rn. 8.
[2] BGH NZI 2004, 593 f.

me, die zu einem späteren Antrag auf Erteilung der Restschuldbefreiung führen können.[3]

4 Beendet wird das Zulassungsverfahren grds. durch die rechtskräftige Entscheidung des Insolvenzgerichts nach den §§ 289 I 2, 291 I InsO, mit der die Restschuldbefreiung angekündigt oder der Restschuldbefreiungsantrag als unzulässig verworfen bzw. gemäß § 290 InsO die gesetzliche Schuldbefreiung versagt wird. Das Insolvenzverfahren wird erst nach Rechtskraft dieser Entscheidung aufgehoben, § 289 II 2 InsO. Ausnahmsweise kann das Restschuldbefreiungsverfahren durch Rücknahme des Antrags[4] oder eine Erledigungserklärung enden. In den asymmetrischen Verfahren, in denen die sechsjährige Abtretungsfrist aus § 287 II 1 InsO vor Aufhebung des Insolvenzverfahrens abläuft, wird das Zulassungsverfahren durch Fristablauf beendet. Da sich in diesen Fällen keine Treuhandperiode anschließt, ist auch das Restschuldbefreiungsverfahren in seinen wesentlichen Wirkungen abgeschlossen.[5]

5 **2. Persönlicher Anwendungsbereich des Restschuldbefreiungsverfahrens.** Restschuldbefreiung kann allein eine natürliche Person erlangen, § 286 InsO. Systematisch kommt eine Restschuldbefreiung lediglich bei solchen Personen in Betracht, gegenüber denen das Nachforderungsrecht nach § 201 I InsO funktional bestehen kann.[6] Bei juristischen Personen, wie einer AG oder einer GmbH, bei Gesellschaften ohne eigene Rechtspersönlichkeit und insolvenzfähigen Vermögensmassen ist eine Restschuldbefreiung ausgeschlossen. Bereits die Eröffnung des Insolvenzverfahrens über das Vermögen der juristischen Person führt zu ihrer Auflösung, §§ 42 Abs. 1 S. 1 BGB, 262 Abs. 1 Nr. 3 AktG, 60 Abs. 1 Nr. 4 GmbHG, 101 GenG; sa §§ 262 Abs. 1 Nr. 4 AktG, 60 Abs. 1 Nr. 5 GmbHG. Als Folge der Vermögenslosigkeit ist die Gesellschaft oder Genossenschaft im Register zu löschen, § 394 I 2 FamFG. Die Haftung endet dadurch nicht, doch existiert dann kein haftendes Rechtssubjekt.

6 Der persönlich haftende Gesellschafter einer Gesellschaft ohne eigene Rechtspersönlichkeit kann im Insolvenzverfahren allein über das Vermögen der Gesellschaft nicht von seinen Verbindlichkeiten befreit werden. Nur wenn ein Insolvenzverfahren über das Vermögen des persönlich haftenden Gesellschafters selbst durchgeführt wird, kann er einen eigenen Restschuldbefreiungsantrag stellen und dadurch von der Haftung auch für die Gesellschaftsverbindlichkeiten befreit werden.

7 Jede natürliche Person kann unabhängig von ihrem Einkommen oder Vermögen sowie von ihrer sozialen Rolle die Restschuldbefreiung erreichen. Die gesetzliche Schuldbefreiung steht auch vermögenslosen Personen offen, weil sie nach dem gesetzlichen Anliegen auch diesen Personenkreis von einer Haftung befreien soll und ohne Mindestquote zu erteilen ist.[7] Die Person kann selbständig als Einzelkaufmann, persönlich haftender Gesellschafter einer Personenhandelsgesellschaft, Mehrheitsgesellschafter einer GmbH, geschäftsführender Alleingesellschafter einer GmbH, Freiberufler, Landwirt oder Künstler früher selbständig gewesen bzw. nicht selbständig als Arbeitnehmer tätig sein. Allein die Zugangswege über ein Regel- oder Verbraucherinsolvenzverfahren unterscheiden sich dann. Zulässig ist ein Restschuldbefreiungsverfahren für nicht erwerbswirtschaftlich tätige Personen, wie Hausfrauen oder Hausmänner, Rentner, Arbeitslose oder aus anderen Gründen nicht Erwerbstätige, Studierende, Auszubildende und selbst Schüler.[8] Auch Geschäftsunfähige, beschränkt Geschäftsfähige oder rechtlich Betreute können die Restschuldbefreiung erlangen, wenn sie wirksam vertreten wer-

---

[3] → Rn. 10 ff., 12.
[4] Karsten Schmidt/*Henning*, § 287 Rn. 17.
[5] BGHZ 183, 258 Rn. 14 ff.; unten Rn. 44a.
[6] Uhlenbruck/Hirte/Vallender/*Vallender*, § 286 Rn. 3.
[7] BGHZ 134, 79, 92.
[8] AGR/*Fischer*, § 286 Rn. 5; *Hess*, § 286 Rn. 63.

den.⁹ Straf- und Untersuchungshäftlinge können ebenfalls von einer Haftung für ihre Verbindlichkeiten befreit werden.¹⁰ Die fehlende Erwerbsmöglichkeit schließt dies nicht aus, denn der persönliche Anwendungsbereich der §§ 286 ff. InsO ist strikt von der Erwerbsobliegenheit aus § 295 I Nr. 1, II InsO zu unterscheiden. Unter der Voraussetzung einer internationalen Zuständigkeit eines deutschen Insolvenzgerichts gelten die Regelungen über das Restschuldbefreiungsverfahren auch für Ausländer.¹¹

Sozioökonomisch geraten zwar vielfach überschuldete Haushalte als Wirtschaftseinheiten ins Blickfeld. Rechtlich bilden Haushalte jedoch keine verselbstständigten Vermögenseinheiten und sind daher weder insolvenz- noch restschuldbefreiungsfähig. Angehörige aus dem Haushalt des Schuldners und insbesondere die Ehepartner nehmen am Verfahren nicht teil.¹² Für jede einzelne überschuldete Person ist ein gesondertes Insolvenz- und Restschuldbefreiungsverfahren durchzuführen. Dies gilt auch dann, wenn haushaltsangehörige Personen eine Mithaftung für Verbindlichkeiten des insolventen Partners übernommen haben und davon befreit werden wollen.¹³

Verstirbt der Schuldner während des Zulassungsverfahrens, ist das parallel dazu durchgeführte Insolvenzverfahren in ein Nachlassinsolvenzverfahren zu überführen. Dies gilt sowohl im Regelinsolvenzverfahren¹⁴ als auch im Verbraucherinsolvenzverfahren.¹⁵ Außerdem ist der Antrag auf Erteilung der Restschuldbefreiung grds. für erledigt zu erklären. Stirbt der Schuldner während der Treuhandphase, kann das Schuldbefreiungsverfahren bis hin zur Erteilung der Restschuldbefreiung fortzusetzen sein.¹⁶ Die Rechtsposition des Schuldners ist vererblich, weil sie weder höchstpersönlichen Zwecken dient noch untrennbar mit der Person des Schuldners verbunden ist. Das obiter dictum des BGH aus der Entscheidung vom 17.3.2005¹⁷ steht dem ebenso wenig entgegen, weil der BGH nicht über einen Todesfall zu entscheiden hatte. Jedenfalls ist den Erben die Restschuldbefreiung hinsichtlich des Schuldnernachlasses zu gewähren, wenn der Schuldner nach Ablauf der Abtretungsfrist verstirbt.¹⁸

II. Eigenes Insolvenzverfahren

1. Eigener Insolvenzeröffnungsantrag. Das Restschuldbefreiungsverfahren verlangt einen eigenen Insolvenzantrag des Schuldners als Sachentscheidungsvoraussetzung.¹⁹ Dies gilt unabhängig davon, ob ein Regel- oder ob ein Verbraucherinsolvenzverfahren zu eröffnen ist. Eine funktional zwingende Begründung für diese ausdrückliche gesetzliche Anordnung existiert nicht, doch erscheint es sinnvoll, den Schuldner in das Verfahren einzubinden. Zudem können so die Leistungen des Insolvenzverfahrens, wie die Forderungsanmeldung und -feststellung, für das Restschuldbefreiungsverfahren aktualisiert werden.

---

⁹ MüKoInsO/*Stephan*, § 286 Rn. 62; Karsten Schmidt/*Henning*, § 286 Rn. 4; AGR/*Fischer*, § 286 Rn. 6; zur rechtspolitischen Diskussion *Piekenbrok*, KTS 2008, 307, 334 ff.

¹⁰ *Brei*, Entschuldung Straffälliger, S. 511 ff.; AGR/*Fischer*, § 286 Rn. 7; Karsten Schmidt/*Henning*, § 286 Rn. 2; *Hess*, § 286 Rn. 63.

¹¹ Uhlenbruck/Hirte/Vallender/*Vallender*, InsO, § 286 Rn. 6.

¹² BR-Drucks. 1/92 S. 189; *Rohleder*, Unterhaltsansprüche in der Insolvenz, Rn. 730 ff.; krit. *Forsblad* Restschuldbefreiung, S. 266 f.

¹³ *Pape*, in: Mohrbutter/Ringstmeier, § 17 Rn. 23.

¹⁴ BGHZ 157, 350, 354.

¹⁵ BGH NZI 2008, 382 Rn. 5; aA *Schmerbach*, NZI 2008, 353, 354.

¹⁶ Str, wie hier FK/*Ahrens*, § 286 Rn. 48 ff.; *Hess*, § 286 Rn. 65; *Smid/Krug/Haarmeyer*, InsO, § 286 Rn. 23; aA OLG Jena NZI 2012, 197; LG Leipzig ZInsO 2013, 615; Uhlenbruck/Hirte/Vallender/*Vallender*, § 299 Rn. 9; *Andres/Leithaus*, § 286 Rn. 2; *Nöll*, Tod des Schuldners in der Insolvenz, Rn. 488 ff., 504 f.; *Preuß*, Verbraucherinsolvenzverfahren und Restschuldbefreiung, 2. Aufl., Rn. 295; *Siegmann*, ZEV 2000, 345, 348; *Büttner*, ZInsO 2013, 588, 592.

¹⁷ BGH NZI 2005, 399, 400, m. Anm. *Ahrens*.

¹⁸ AG Leipzig NZI 2014, 316, 317, mit Anm. *Ahrens*.

¹⁹ Karsten Schmidt/*Henning*, § 286 Rn. 2.

11 Wurde das Insolvenzeröffnungsverfahren auf Antrag eines Gläubigers eingeleitet, ist ein isolierter Restschuldbefreiungsantrag des Schuldners unzulässig. Auf die Erforderlichkeit eines eigenen Insolvenzantrags ist der Schuldner vom Insolvenzgericht hinzuweisen.[20] Diese Verpflichtung folgt allerdings nicht aus § 20 II InsO, der allein eine Hinweispflicht auf den Restschuldbefreiungsantrag konstituiert. Stellt der Gläubiger einen Insolvenzeröffnungsantrag und unterliegt der Schuldner dem Anwendungsbereich des Verbraucherinsolvenzverfahrens, hat das Gericht dem Schuldner nach § 306 Abs. 3 InsO Gelegenheit zu einem eigenen Insolvenzeröffnungsantrag zu geben. Hierfür ist die gesetzliche Frist von drei Monaten zu setzen, § 305 Abs. 3 S. 3 iVm § 306 Abs. 3 S. 3 InsO.[21]

12 Ist dagegen der Anwendungsbereich des Regelinsolvenzverfahrens eröffnet, existiert keine ausdrücklich angeordnete Hinweispflicht. Dennoch ist der Schuldner über die Notwendigkeit eines eigenen Insolvenzeröffnungsantrags zu informieren. Diese Hinweispflicht folgt in der Regelinsolvenz aus der gerichtlichen Fürsorge und den §§ 4 InsO, 139 ZPO.[22] Für die Antragstellung ist dem Schuldner eine richterliche Frist von regelmäßig vier Wochen zu setzen, die bei Bedarf verlängert werden kann, §§ 4 InsO, 224 II ZPO.[23] Bei der Frist handelt es sich um eine Mindest- und keine Ausschlussfrist, auf die § 230 ZPO entsprechend anzuwenden wäre. Der Schuldner kann deswegen auch nach Ablauf der richterlichen Frist, aber vor Eröffnung des Insolvenzverfahrens auf den Gläubigerantrag einen zulässigen Eigenantrag stellen.[24] Da die Frist für den Restschuldbefreiungsantrag erst nach dem eigenen Insolvenzantrag zu laufen beginnt,[25] kann bis zu diesem Zeitpunkt der Restschuldbefreiungsantrag nicht verspätet sein. Erst nach Ablauf der Frist darf das Insolvenzverfahren auf den Gläubigerantrag eröffnet werden.[26] Ein nach Eröffnung des Insolvenzverfahrens gestellter Antrag des Schuldners auf Eröffnung des Insolvenzverfahrens ist grds. unzulässig.[27] Ausnahmsweise kann dennoch ein Restschuldbefreiungsantrag des Schuldners zulässig sein.[28]

13 Als Maßnahme des Insolvenzeröffnungsverfahrens muss der Hinweis auf die Insolvenzantragspflicht vom Richter erteilt werden, § 18 I Nr. 1 RPflG. Da für den Hinweis keine gesetzliche Form vorgeschrieben ist, kann er auch mündlich erfolgen. Der Hinweis muss dem Schuldner nachweisbar zugehen. Es gelten hier die gleichen Anforderungen wie für den Hinweis nach § 20 II InsO.[29]

14 Stellt neben dem Gläubiger auch der Schuldner einen zulässigen Insolvenzeröffnungsantrag, wirft das Verhältnis zwischen beiden Verfahren manche Schwierigkeiten auf.[30] Wichtig wird die Behandlung bei den zeitlichen Wirkungen des Insolvenzverfahrens, etwa für die Abgrenzung zwischen Insolvenz- und Neugläubigern oder das Anfechtungsrecht. Als Ausgangspunkt ist nach der gesetzlichen Grundentscheidung für einen Eigenantrag des Schuldners dieses Verfahren zu eröffnen, soweit dessen Voraussetzungen erfüllt sind. Nach dieser Eröffnung können die zulässigen Verfahren miteinander verbunden werden,[31] wobei das auf den Schuldnerantrag eröffnete Verfahren führend ist. Angenommen wird auch, der andere Antrag werde durch die Eröffnung erledigt.[32]

---

[20] Zum Folgenden FK/*Ahrens,* § 287 Rn. 7 ff.
[21] *Andres/Leithaus,* § 287 Rn. 2.
[22] Vgl. BGH NZI 2006, 181, 182.
[23] BGH NZI 2005, 271, 272; ZInsO 2009, 1171 Rn. 6.
[24] BGH NJW 2008, 3494 Rn. 17; ZInsO 2009, 1171 Rn. 7.
[25] BGH NZI 2004, 593, 594.
[26] FK/*Ahrens,* § 287 Rn. 11c.
[27] BGH NJW 2008, 3494 Rn. 12.
[28] BGH NZI 2005, 271, 272; dazu unten Rn. 19.
[29] Dazu BGH NZI 2004, 593, 594.
[30] *Pape,* in: Mohrbutter/Ringstmeier, § 17 Rn. 32.
[31] OLG Köln NZI 2000, 480, 482; FK/*Schmerbach,* § 13 Rn. 49.
[32] *Gerhardt,* in: Jaeger, § 13 Rn. 36.

Dagegen spricht aber, dass das auf Gläubigerantrag eingeleitete Verfahren nur durch einen Dispositionsakt des Gläubigers oder eine gerichtliche Entscheidung beendet werden kann,[33] ein Abschluss aber erforderlich bleibt. Mit Beendigung des Schuldnerverfahrens ist das Gläubigerverfahren analog § 207 I 1 InsO einzustellen. Die insolvenzrechtlichen Wirkungen und Fristen sind grds. ausgehend vom Schuldnerverfahren zu bestimmen.

2. Modalitäten des Insolvenzverfahrens. Auf den erforderlichen Schuldnerantrag 15 kann ein Regel- oder Verbraucherinsolvenzverfahren eingeleitet werden. Zwischen den Verfahrensarten besteht kein Wahlrecht. Ist ein Verbraucherinsolvenzverfahren durchzuführen, muss zunächst eine außergerichtliche Einigung versucht werden, § 306 III 3 InsO. Eine Eigenverwaltung nach den §§ 270 ff. InsO ist im Verbraucherinsolvenzverfahren nicht zulässig, § 12 II InsO. Obwohl dies nur in wenigen Fällen praktisch wirksam wird, erfüllt die Eigenverwaltung ansonsten die gesetzlichen Voraussetzungen aus dem Schuldbefreiungsverfahren, weswegen der Antrag auf Eigenverwaltung eines unternehmerisch tätigen Schuldners nach § 270 II Nr. 1 InsO mit einem Restschuldbefreiungsantrag verbunden werden kann. Allerdings sind dann die Regeln der Eigenverwaltung ggf. an das Restschuldbefreiungsverfahren anzupassen.[34]

Ein Insolvenzplan ist im Verbraucherinsolvenzverfahren bislang ausgeschlossen, 16 § 312 II InsO. Mit der Aufhebung von § 312 InsO ist künftig in allen Insolvenzverfahren natürlicher Personen ein Insolvenzplan zulässig. Im Übrigen verdrängen die Insolvenzplanbestimmungen als spezialgesetzliche Regelungen, vgl. § 254 I 1, II 2 InsO, die Vorschriften über die Restschuldbefreiung. Ein Nachlassinsolvenzverfahren aus den §§ 315 ff. InsO schließt die Restschuldbefreiung aus.[35] Im Insolvenzverfahren über das Gesamtgut einer fortgesetzten Gütergemeinschaft, § 332 InsO, oder über das gemeinschaftlich verwaltete Gesamtgut einer Gütergemeinschaft gemäß § 333 InsO kommt eine Restschuldbefreiung nicht in Betracht.[36]

III. Restschuldbefreiungsantrag

1. Hinweispflicht des Insolvenzgerichts und Fristsetzung. Stellt eine natürliche 17 Person einen Eigenantrag auf Eröffnung des Insolvenzverfahrens, ohne die Restschuldbefreiung zu beantragen, muss sie nach § 20 II InsO auf die Möglichkeit zur Restschuldbefreiung hingewiesen werden.[37] Dabei handelt es sich um eine zwingend zu beachtende Hinweispflicht und nicht nur um eine Sollvorschrift.[38] Der Restschuldbefreiungsantrag ist sodann fristgerecht nach der ordnungsgemäßen Belehrung zu stellen. Gemäß § 287 I 2 InsO muss die Restschuldbefreiung binnen zwei Wochen nach dem Hinweis beantragt werden. Die Hinweispflicht aus § 20 II InsO und damit auch die Antragsfrist gelten allein für den Restschuldbefreiungsantrag. Die Frist beginnt nicht zu laufen, bevor der Antrag des Schuldners auf Eröffnung des Insolvenzverfahrens gestellt ist.[39] Auf den erforderlichen Insolvenzantrag ist die gesetzliche Frist aus § 287 I 2 InsO nicht übertragbar.[40] Auch bei einer fehlenden Abtretungserklärung ist die Fristbestimmung unanwendbar.[41]

Die gerichtliche Hinweispflicht aus § 20 II InsO auf die gesetzliche Schuldbefreiung 18 gilt unabhängig davon, ob der Schuldner ein Regel- oder ein Verbraucherinsolvenzver-

---

[33] KPB/*Pape*, § 13 Rn. 78.
[34] *Wittig/Tetzlaff*, vor §§ 270 bis 285 Rn. 80; Nerlich/Römermann/*Riggert*, § 270 Rn. 14.
[35] *Siegmann*, Vor §§ 315 bis 331 Rn. 6; zum Tod des Schuldners in der Treuhandperiode oben Rn. 9.
[36] *Pape*, in: Mohrbutter/Ringstmeier, § 17 Rn. 14.
[37] Karsten Schmidt/*Henning*, § 287 Rn. 9.
[38] AGR/*Fischer*, § 287 Rn. 5.
[39] BGH NZI 2004, 593, 594.
[40] → Rn. 11 f.
[41] BGH NZI 2009, 120 Rn. 9, zum Verbraucherinsolvenzverfahren.

fahren beantragt. Dennoch besitzt die Vorschrift für beide Verfahrensarten einen unterschiedlichen Normgehalt. Im Regelinsolvenzverfahren konstituiert § 20 II InsO die Verpflichtung und bestimmt zugleich über den Umfang des Hinweises. Sowohl das Ob als auch das Inwieweit folgt dort aus der einen gesetzlichen Anordnung, die in der Regelinsolvenz die umfassendste Bedeutung besitzt. Im Verbraucherinsolvenzverfahren besteht eine modifizierte Rechtslage. Hier muss der Schuldner den nach § 305 V 2 InsO vorgeschriebenen Vordruck verwenden, in dem eine Erklärung über die Restschuldbefreiung vorgesehen ist. Gibt der Schuldner keine Erklärung zur gesetzlichen Schuldbefreiung ab, fordert ihn das Insolvenzgericht gemäß § 305 III 1 InsO auf, die fehlenden Angaben zu ergänzen. Diese gesetzlich vorgeschriebene Aufforderung beinhaltet eine selbständig begründete Hinweispflicht. Allerdings darf sich das Gericht nicht darauf beschränken, den Schuldner lediglich zur Ergänzung seiner Angaben aufzufordern, denn der Umfang der Hinweispflicht wird durch die allgemeinen Anforderungen aus § 20 II InsO bestimmt. § 305 III 1 InsO enthält zwar eine speziellere und deswegen insoweit vorrangige Regelung über das Bestehen der Hinweispflicht. Es widerspräche jedoch der Teleologie von § 305 III 1 InsO, die auch von einer besonderen gerichtlichen Fürsorge gegenüber dem Verbraucherschuldner geprägt ist, der Regelung einen sachlich eingeschränkten Inhalt der Belehrung zu entnehmen. Ihre Reichweite wird deswegen durch § 20 II InsO bestimmt.

19 Die Hinweispflicht soll den Schuldner davor schützen, durch Rechtsunkenntnis die Aussicht auf Restschuldbefreiung zu verlieren. Deswegen ist der Hinweis stets erforderlich, wenn der Restschuldbefreiungsantrag nicht oder nicht vollständig erfolgt ist. Ein fehlerhafter, unvollständiger oder verspäteter Hinweis des Insolvenzgerichts verletzt regelmäßig das rechtliche Gehör des Schuldners und darf diesem nicht zum Nachteil gereichen.[42] Solange das Gericht den erforderlichen Hinweis auf den Restschuldbefreiungsantrag unterlässt oder nicht ordnungsgemäß erteilt, beginnt die Antragsfrist nicht zu laufen.[43] Hinzuweisen ist auf den erforderlichen Eigenantrag, die Abtretungserklärung mit ihrem notwendigen Inhalt, den Beginn und die Länge der Fristen für den Restschuldbefreiungsantrag und die Abtretungserklärung sowie die Folgen einer Fristversäumung.[44] Obwohl der Hinweis auf die Versagungsmöglichkeiten nicht zum engeren Kreis der in § 20 II InsO vorgeschriebenen Informationen gehört, wird er dennoch zu verlangen sein. Anders als in § 291 I InsO bei Ankündigung der Restschuldbefreiung für die §§ 295, 297 und 298 InsO vorgeschrieben, existiert zwar keine ausdrückliche gesetzliche Anordnung. Aus der gerichtlichen Fürsorgepflicht ist zumindest die Notwendigkeit abzuleiten, auf die zukunftsgerichteten Tatbestände aus § 290 I Nr. 5 und 6 InsO hinzuweisen. Die Belehrung kann mündlich oder schriftlich erfolgen, doch muss sie dem Schuldner tatsächlich und nachweisbar zugehen.[45] Regelmäßig ist deswegen eine Zustellung erforderlich.

20 Mit der ordnungsgemäßen Belehrung über die Restschuldbefreiung beginnt die Antragsfrist zu laufen. Auch dabei ist zwischen den Verfahrensarten zu unterscheiden. § 287 I 2 InsO lässt die Differenzierung zwar nicht erkennen, ist aber lediglich für das Regelinsolvenzverfahren einschlägig. Allein dort gilt die zweiwöchige Frist für den Restschuldbefreiungsantrag. Im Verbraucherinsolvenzverfahren wird diese Regelung durch die speziellere Monatsfrist des § 305 III 2 InsO verdrängt.[46] Hat der Schuldner

---

[42] BGH NZI 2005, 271, 272.
[43] BGH NZI 2006, 181, 182; AGR/*Fischer*, § 287 Rn. 6; Uhlenbruck/Hirte/Vallender/*Vallender*, § 287 Rn. 17.
[44] LG Memmingen NZI 2004, 44, 45; FK/*Schmerbach*, § 20 Rn. 42; s.a. BGH NZI 2004, 593, 594; BeckRS 2012, 16499 Rn. 10.
[45] BGH NZI 2004, 593, 594.
[46] Karsten Schmidt/*Henning*, § 287 Rn. 12.

die nach § 305 I InsO erforderlichen Erklärungen, zu denen auch die Entscheidung über den Restschuldbefreiungsantrag gehört,[47] nicht vollständig abgegeben, ist er vom Insolvenzgericht aufzufordern, binnen eines Monats das Fehlende zu ergänzen.

Ist im Verbraucherinsolvenzverfahren die gesetzliche Frist ohne die erforderliche Ergänzung verstrichen, gilt der Insolvenzantrag als zurückgenommen. Auch im Übrigen scheidet eine Wiedereinsetzung in den vorigen Stand aus, weil keine Notfrist oder andere Frist iSd § 233 ZPO bestimmt und eine entsprechende Anwendung der Wiedereinsetzungsregeln nicht möglich ist.[48] Ein verspäteter Restschuldbefreiungsantrag ist als unzulässig zu verwerfen. Damit ist noch nicht beantwortet, ob ein erneuter Antrag auf Erteilung von Restschuldbefreiung zulässig ist.[49]

2. Antragstellung. Den Antrag auf Erteilung der Restschuldbefreiung kann der Schuldner schriftlich beim Insolvenzgericht einreichen oder zu Protokoll der Geschäftsstelle erklären.[50] Früher war dies ausdrücklich in § 287 I 2 InsO aF normiert. In der durch das InsOÄndG vom 26.10.2001[51] novellierten Gesetzesfassung fehlt ein entsprechender Hinweis, doch ist damit keine sachliche Abweichung verbunden, §§ 4 InsO, 496 ZPO.[52] Bedeutsam wird diese Option ohnehin nur im Regelinsolvenzverfahren. Im Verbraucherinsolvenzverfahren ist der Formularzwang nach § 305 V InsO zu erfüllen. Im Formular wird eine Erklärung über den Antrag auf Erteilung von Restschuldbefreiung gemäß § 305 Nr. 2 InsO verlangt.

Für den Sachantrag auf Erteilung der Restschuldbefreiung müssen die allgemeinen Sachentscheidungsvoraussetzungen erfüllt sein. Erforderlich sind Partei- und Prozessfähigkeit des Schuldners bzw. seine ordnungsgemäße Vertretung. Außerdem gelten die für Prozesshandlungen der Parteien bestehenden Anforderungen, weswegen etwa eine außerprozessuale Bedingung unzulässig ist. Ein schriftlich gestellter Antrag ist nach Maßgabe der §§ 4 InsO, 130 Nr. 6 ZPO zu unterschreiben. Ein nicht unterzeichneter Antrag kann danach wirksam sein, wenn ein Antragswille genügend klar zum Ausdruck gebracht ist. Als Prozesshandlung ist ein nicht hinreichend eindeutig gestellter Antrag nach den wohlverstandenen Interessen des Schuldners auszulegen.[53] Der Restschuldbefreiungsantrag ist wie der Insolvenzeröffnungsantrag auch dann zulässig, wenn der Schuldner nur einen Gläubiger hat.[54] Das Insolvenzrecht stellt für natürliche Personen auf die (drohende) Zahlungsunfähigkeit als Insolvenzgrund und nicht auf die Anzahl der Gläubiger ab. Zusätzlich muss der Antrag die besonderen Sachentscheidungsvoraussetzungen erfüllen. Insbesondere darf er nicht in einem Zweitverfahren gesperrt sein (→ Rn. 26 ff.).

3. Antragsobliegenheit. Nach der Rechtsprechung des BGH kann für einen Schuldner bei einem Mangelfall im Rahmen der gesteigerten Unterhaltspflicht gegenüber seinen minderjährigen Kindern sowie den ihnen gleichgestellten Kindern gemäß § 1603 Abs. 2 BGB die Obliegenheit bestehen, einen Antrag auf Eröffnung eines Verbraucherinsolvenzverfahrens zu stellen.[55] Auf den Restschuldbefreiungsantrag ist die

---

[47] FK/*Ahrens*, § 287 Rn. 11; MüKoInsO/*Schmahl/Vuia*, § 20 Rn. 93; MüKoInsO/*Stephan*, § 287 Rn. 19.
[48] OLG Köln ZInsO 2000, 608, 610; Uhlenbruck/Hirte/Vallender/*Vallender*, § 287 Rn. 19; HK/*Landfermann*, § 287 Rn. 7; Nerlich/Römermann/*Römermann*, § 287 Rn. 17; aA LG Göttingen NZI 2001, 220, 221; LG Dresden ZInsO 2008, 48; Haarmeyer/Wutzke/Förster/Schmerbach, Präsenzkommentar, § 287 Rn. 25.
[49] → Rn. 36 ff.
[50] AGR/*Fischer*, § 287 Rn. 3; Karsten Schmidt/*Henning*, § 287 Rn. 5.
[51] BGBl. I, 2710.
[52] MüKoInsO/*Stephan*, § 287 Rn. 22; Nerlich/Römermann/*Römermann*, § 287 Rn. 8; aA *Schmidt*, Privatinsolvenz, § 5 Rn. 6.
[53] Vgl. BGH NJW 2003, 665, 666.
[54] *Pape*, in: Mohrbutter/Ringstmeier, § 17 Rn. 24.
[55] BGH NJW 2005, 1279; NZI 2008, 114 Rn. 23; OLG Brandenburg ZInsO 2009, 2019, 2022.

Judikatur bislang noch nicht bezogen. Soweit aber eine solche Obliegenheit für den Insolvenzeröffnungsantrag besteht, muss sie folgerichtig auch auf den Restschuldbefreiungsantrag bezogen werden, ohne den eine dauerhafte Entlastung nicht zu erreichen ist. Obwohl die Judikatur bislang nur auf die Obliegenheit abstellt, ein Verbraucherinsolvenzverfahren einzuleiten, muss sie bei einer konsequenten Anwendung auch für das Regelinsolvenzverfahren gelten, denn die Differenzierung zwischen beiden Verfahrensarten begründet keinen sachlichen Unterschied bei den Insolvenzwirkungen. Den Schuldner von Trennungsunterhalt oder nachehelichem Unterhalt trifft dagegen keine vergleichbare gesteigerte Unterhaltsverpflichtung und deswegen prinzipiell keine Obliegenheit zur Einleitung eines (Verbraucher)Insolvenzverfahrens.[56]

25 Besteht eine Antragsobliegenheit, kann der Schuldner nach der Judikatur in einem weiteren Schritt Einwände vortragen, welche den Antrag auf Eröffnung eines Insolvenzverfahrens im Einzelfall als unzumutbar erscheinen lassen. Diese Prüfungsstufe weist die Bedenklichkeit der Antragsobliegenheit besonders deutlich aus. Ausdifferenzierte insolvenzrechtliche Zulässigkeitsanforderungen und Verfahrensregeln werden in den unbestimmten Rechtsbegriff der Unzumutbarkeit übersetzt.[57] Sehr fraglich erscheint außerdem, warum den Schuldner eine Antragsobliegenheit treffen soll, wenn es doch der Gläubiger in der Hand hat, selbst einen Insolvenzantrag zu stellen.

26 **4. Erneuter Antrag auf Erteilung der Restschuldbefreiung. a)** *Systematik.* Bei den wiederholten Insolvenz- und Restschuldbefreiungsanträgen des Schuldners wird in einer plastischen, aber etwas ungenauen Terminologie von Zweitanträgen bzw. Zweitverfahren gesprochen, obwohl auch Dritt- oder weitere Anträge denkbar sind. Sachlich ist diese Bezeichnung jedoch bedenkenlos anwendbar, weil sich auch bei mehrfach wiederholten Anträgen keine abweichenden Probleme stellen. Beizubehalten ist auch bei mehrfachen Anträgen die prinzipielle Unterscheidung zwischen den erneuten Insolvenz- und Restschuldbefreiungsanträgen. Über die grundsätzliche Zulässigkeit eines weiteren Restschuldbefreiungsantrags und als dessen Voraussetzung auch eines wiederholten Insolvenzantrags können keine Zweifel bestehen, wie bislang schon aus dem Versagungsgrund des § 290 I Nr. 3 InsO bei einem in zu kurzen Zeitabständen wiederholten Restschuldbefreiungsverfahren folgt. Das Zweitverfahren muss als solches zulässig sein, da es sonst nicht wegen einer in den letzten zehn Jahren erteilten oder nach den §§ 296, 297 InsO versagten Restschuldbefreiung im Erstverfahren versagt werden kann. Allerdings enthielt § 290 I Nr. 3 InsO zum gegenwärtigen Recht die einzige insolvenzrechtliche Regelung über diesen Problemkreis, weswegen viele Fragen ungeklärt blieben. Im künftigen Recht enthält § 287a InsO hierzu eine besondere Bestimmung. Praktisch relevant sind wiederholte Anträge auf Restschuldbefreiung vor allem im Anschluss an einen als unzulässig verworfenen oder nach § 290 I InsO versagten Erstantrag. Vorstellbar sind Wiederholungsverfahren auch nach einer Rücknahme des Erstantrags bzw. der Rücknahmefiktion aus § 305 III 2 InsO oder einer Erledigung bzw. Versagung der Restschuldbefreiung gemäß den §§ 298, 314 III 2 InsO. In Betracht kommt aber auch ein weiteres Insolvenzverfahren über das aufgrund einer selbständigen Tätigkeit des Schuldners im Gefolge einer Negativerklärung nach § 35 II InsO erworbene Vermögen.[58] Ein zweites Insolvenzverfahren über dieses Vermögen ist zulässig, wenn die Verfahrenskosten gedeckt sind.[59]

27 Erste Voraussetzung ist ein zulässiges erneutes Insolvenzverfahren. Wurde ein Gläubigerantrag auf Eröffnung des Insolvenzverfahrens ohne einen Schuldnerantrag und einen

---

[56] BGH NZI 2008, 193 Rn. 19 f.
[57] *Ahrens,* NZI 2008, 159.
[58] Ausführlich *Schmerbach,* ZInsO 2009, 2078 ff.
[59] BGH NZI 2011, 633 Rn. 7; AG Hamburg ZInsO 2008, 680, 681; aA LG Dresden NZI 2011, 291.

Antrag auf Restschuldbefreiung etwa mangels Masse abgewiesen, § 26 I 1 InsO, kann der Schuldner einen zulässigen Insolvenzeröffnungs- sowie Restschuldbefreiungsantrag stellen.[60] Besteht eine neue Forderung, ist auch ein wiederholter Gläubigerantrag zulässig. Ist auf einen Gläubigerantrag ein Insolvenzeröffnungsverfahren anhängig, ist ein erster Schuldnerantrag zulässig, § 306 III InsO. Wurde das Gläubigerverfahren eröffnet, soll nach der bisherigen BGH-Rechtsprechung ein Insolvenzantrag des Schuldners unzulässig sein. Ausnahmsweise kann dennoch ein Restschuldbefreiungsantrag in Betracht kommen.[61] Nach Beendigung eines ersten Insolvenzverfahrens setzt nach Ansicht des BGH ein zulässiges erneutes Insolvenzverfahren einen neuen Gläubiger voraus, sonst soll nach der früheren Ansicht des BGH das Rechtsschutzbedürfnis, an dessen Stelle bei einem Gläubigerantrag das rechtliche Interesse aus § 14 I InsO tritt, für den Insolvenzantrag fehlen.[62]

In dem zweiten Insolvenzverfahren ist eine Belehrung nach § 20 II InsO über die Möglichkeit, nach Maßgabe der §§ 286 bis 303 InsO Restschuldbefreiung erlangen zu können, nur dann entbehrlich, wenn eine Restschuldbefreiung in den Fristen des § 287a InsO gesperrt ist. Die Erfahrungen des Schuldners aus dem ersten Insolvenzverfahren genügen nicht, um die Belehrung entfallen zu lassen. **28**

Insgesamt ist für die Zulässigkeit eines weiteren Insolvenzverfahrens anders zu differenzieren. Über eine verselbständigte Vermögensmasse des Schuldners, etwa aufgrund einer selbständigen Tätigkeit nach § 35 II InsO, ist bei Bestehen eines Insolvenzgrunds ein weiteres Insolvenzverfahren zulässig[63] und zwar auch parallel zum Erstverfahren. Im Übrigen ist nach Beendigung des ersten Insolvenzverfahrens ein erneutes Verfahren zulässig, wenn eine neue Forderung und ein Insolvenzgrund bestehen.[64] Soweit die Treuhandperiode des ersten Verfahrens läuft, wird zT verlangt, dass für das zweite Verfahren überhaupt verteilbares Vermögen vorhanden sein kann.[65] **29**

b) *Erneuter Restschuldbefreiungsantrag.* Außerdem muss der wiederholte Restschuldbefreiungsantrag zulässig sein. Im Rahmen seiner methodisch und sachlich bedenklichen Sperrfristrechtsprechung hat der BGH einen umfassenden Rahmen für die zeitlichen Anforderungen an die Zulässigkeit eines zweiten Restschuldbefreiungsverfahrens entwickelt. Aus dem antragsabhängigen und abschließend normierten Versagungstatbestand des § 290 I Nr. 3 InsO hat der BGH ein offenes Modell einer amtswegig zu prüfenden dreijährigen Zulässigkeitssperre geschaffen.[66] Im neuen Recht wird diese Rechtsprechung durch § 287a InsO abgelöst. Erstmals hat der BGH die Sperrfrist in seiner Leitentscheidung vom 16.7.2009 ausgesprochen.[67] Inzwischen hat der BGH eine Sperre für ein zweites Restschuldbefreiungsverfahren in zahlreichen Konstellationen bejaht. Eine dreijährige Sperrfrist besteht nach der höchstrichterlichen Rechtsprechung bei einer Versagung nach § 290 Abs. 1 Nr. 4 InsO,[68] im Fall einer Versagung gem. § 290 Abs. 1 **30**

---

[60] BGH NZI 2006, 181, 182.
[61] → Rn. 19.
[62] BGH NZI 2008, 45 Rn. 10; ob der BGH nach der Entscheidung NZI 2009, 691 Rn. 18, noch an dieser Einschränkung festhält, erscheint zweifelhaft.
[63] AG Hamburg ZVI 2008, 295; aA AG Trier ZInsO 2009, 1967, 1968, wenn im ersten Verfahren kein Restschuldbefreiungsantrag gestellt ist.
[64] LG Duisburg ZInsO 2009, 110 f.; AG Göttingen NZI 2008, 56, 57; AG Leipzig ZVI 2007, 280; FK/*Ahrens*, § 287 Rn. 18b; MüKoInsO/*Schmahl/Vuia*, § 13 Rn. 88; *Büttner*, ZVI 2007, 229, 232.
[65] AG Oldenburg ZVI 2009, 198, 199; ZVI 2009, 195, 196.
[66] Kritisch AG Göttingen NZI 2010, 447, 448; FK/*Ahrens*, § 287 Rn. 31b; HWF/*Schmerbach*, § 290 Rn. 50; Karsten Schmidt/*Henning*, § 287 Rn. 21, § 290 Rn. 45; Uhlenbruck/Hirte/Vallender/*Vallender*, InsO, § 290 Rn. 66a; *Schmerbach*, NZI 2009, 677; *ders.*, ZInsO 2010, 647, 652; *Stephan*, VIA 2009, 3, 4; *Sternal*, NZI 2010, 457, 462; *Laroche*, VIA 2011, 73; *Hackländer*, EWiR 2009, 681, 682; s. a. *Hohmann*, ZVI 2012, 207, 208; anders AGR/*Fischer*, § 287 Rn. 13 ff.; *Hess*, § 286 Rn. 105.
[67] BGHZ 183, 13 Rn. 11 ff.
[68] BGH ZInsO 2010, 347 Rn. 6.

§ 77   31   Kapitel IV. Restschuldbefreiung

Nr. 5 InsO[69] und einer Versagung nach § 290 Abs. 1 Nr. 6 InsO.[70] Außerdem hat der BGH die Sperre auf die Versagung nach § 298 InsO,[71] auf die Verwerfung eines Antrags auf Restschuldbefreiung als unzulässig[72] und auf den trotz eines gerichtlichen Hinweises unterlassenen Antrag auf Restschuldbefreiung in einem früheren Verfahren[73] erstreckt. Darüber hinaus hat der BGH einen Folgeantrag auf Verfahrenskostenstundung, Insolvenzeröffnung und Restschuldbefreiung für unzulässig erklärt, nachdem für einen Erstantrag die Kostenstundung wegen eines zweifelsfrei vorliegenden Versagungsgrunds die Kostenstundung abgelehnt und deswegen das Verfahren mangels Masse abgewiesen wurde.[74] Ebenso hat er entschieden, wenn der Restschuldbefreiungsantrag zurückgenommen wurde. Unerheblich ist, ob eine Entscheidung über einen Versagungsantrag verhindert werden sollte.[75] Abgelehnt hat der BGH die Sperre bislang bei einer Versagung nach § 290 I Nr. 2 InsO, weil hier bereits der Versagungsgrund eine dreijährige Frist aufstellt.[76] Von der höchstrichterlichen Rechtsprechung noch nicht entschieden, aber zu erwarten ist, dass die Analogie auch auf die Fälle der Rücknahmefiktion des § 305 III 2 InsO,[77] einer Versagung nach § 314 Abs. 3 S. 2 InsO sowie auf ausländische Versagungen der Restschuldbefreiung erstreckt wird. Die instanzgerichtliche Judikatur hat eine Sperrfrist abgelehnt, wenn trotz eines Hinweises des Insolvenzgerichts kein Antrag auf Fortsetzung des Verfahrens in der anderen Verfahrensart gestellt worden ist.[78]

31   Schwierigkeiten bereitet auch der nach der Rechtsprechung geltende uneinheitliche Fristbeginn.[79] Wurde in dem Erstverfahren die Restschuldbefreiung versagt, beginnt die Sperrfrist nach der Judikatur des BGH mit der Rechtskraft der Versagungsentscheidung.[80] Ist im Ursprungsverfahren die Kostenstundung wegen eines Versagungsgrunds abgelehnt und das Insolvenzverfahren mangels Masse eingestellt worden, läuft die Frist ab Rechtskraft der Entscheidung über die Ablehnung der Verfahrenskostenstundung und Abweisung mangels Masse.[81] Blieb im Erstverfahren ein gerichtlicher Hinweis auf die Möglichkeit eines Restschuldbefreiungsantrags unbeachtet, so beginnt die Frist mit der Eröffnung des ersten Insolvenzverfahrens.[82] Wurde zunächst der Restschuldbefreiungsantrag als unzulässig verworfen, fängt die Frist mit der rechtskräftigen Verwerfungsentscheidung an, selbst wenn das Insolvenzverfahren zu einem späteren Zeitpunkt abge-

---

[69] Ausgangsentscheidung BGHZ 183, 13 Rn. 8, 11 ff.
[70] BGH ZInsO 2010, 490 Rn. 6.
[71] BGH NZI 2013, 846 Rn. 11 ff.; LG Lübeck NZI 2011, 412; AG Lübeck ZInsO 2011, 495; *Pape/Pape*, InsbürO 2011, 319, 320; *Sessig/Fischer*, ZInsO 2013, 760, 765; aA LG Kiel ZInsO 2011, 494, mit Anm. *Schmerbach*, VIA 2011, 15; AG Göttingen NZI 2011, 545.
[72] BGH NZI 2010, 153 Rn. 6; AGR/*Fischer*, § 287 InsO Rn. 19.
[73] BGH NZI 2010, 195 Rn. 8; aA AG Köln ZInsO 2013, 1539.
[74] BGH NZI 2010, 263 Rn. 7; NZI 2010, 445 Rn. 6; ZInsO 2010, 491 Rn. 7; ZInsO 2010, 587 Rn. 6; anders AG Köln ZInsO 2013, 1539, bei Abweisung eines Gläubigerantrags mangels Masse.
[75] BGH ZInsO 2011, 1127 Rn. 7; ZInsO 2011, 2198 Rn. 2; 2014, 795; AGR/*Fischer*, § 287 Rn. 22.
[76] BGH NZI 2013, 99 Rn. 7 ff. = VIA 2013, 11 mit Anm. *Schmerbach*.
[77] AG Essen ZInsO 2012, 850, bei Rücknahmefiktion wegen behebbarer Mängel; AG Hamburg NZI 2011, 981 zu § 4a InsO; ZInsO 2012, 195; AG Kempten BeckRS 2013, 12451; *Pape/Pape*, InsbürO 2010, 162, 164; überzeugend dagegen AG Hamburg ZInsO 2011, 2048 = VIA 2012, 15 m. Anm. *Schmerbach*; AG Köln NZI 2013, 498; LG Düsseldorf ZVI 2013, 142; LG Frankenthal ZVI 2012, 451; AG Essen ZInsO 2012, 1730, bei Rücknahmefiktion, wenn nicht innerhalb der letzten sechs Monate vor der Stellung des Eröffnungsantrags erfolglos eine außergerichtliche Einigung mit den Gläubigern über die Schuldenbereinigung versucht wurde; FK/*Grote*, § 305 Rn. 64.
[78] LG Bonn NZI 2012, 972.
[79] FK/*Ahrens*, § 287 Rn. 31e; Karsten Schmidt/*Henning*, § 287 Rn. 22; *Laroche*, VIA 2011, 73, 74 f.; *Hohmann*, ZVI 2012, 207, 208.
[80] BGH NJW 2009, 3650 Rn. 17; ZInsO 2010, 347 Rn. 6; ZInsO 2010, 490 Rn. 5; ZInsO 2011, 1127 Rn. 6; AGR/*Fischer*, § 287 InsO Rn. 16.
[81] BGH NZI 2010, 445 Rn. 6; ZInsO 2010, 491 Rn. 6; ZInsO 2010, 587 Rn. 6.
[82] BGH NZI 2010, 195 Rn. 8.

schlossen wurde.[83] Bei einer Antragsrücknahme beginnt die Frist mit der Rücknahme des Antrags auf Restschuldbefreiung.[84] Diese Einzelfallentscheidungen belasten das Sperrfristenmodell der Judikatur zusätzlich.

IV. Abtretungserklärung

1. Sachentscheidungsvoraussetzung und Hinweispflicht. Neben dem Antrag 32 auf Erteilung der Restschuldbefreiung hat der Schuldner gemäß § 287 I 1 InsO eine Erklärung abzugeben, wonach er seine pfändbaren Forderungen auf Bezüge aus einem Dienstverhältnis oder an deren Stelle tretende laufende Bezüge für die Zeit von sechs Jahren nach Eröffnung des Insolvenzverfahrens an einen vom Gericht zu bestimmenden Treuhänder abtritt. Bei der Abtretungserklärung handelt es sich um eine besondere Sachentscheidungsvoraussetzung des Verfahrens auf Erteilung der Restschuldbefreiung. Wird die Abtretung nicht rechtzeitig erklärt, ist der Antrag auf Erteilung von Restschuldbefreiung im Regelinsolvenzverfahren als unzulässig zu verwerfen.[85] Im Verbraucherinsolvenzverfahren gelten nach § 305 Abs. 3 S. 2 InsO der Insolvenzeröffnungsantrag und infolgedessen auch der Restschuldbefreiungsantrag als zurückgenommen.

Jeder Schuldner, der eine Restschuldbefreiung beantragt, muss die Abtretungserklärung 33 abgeben. Dieses Erfordernis besteht unabhängig davon, ob der Schuldner über derartige Bezüge verfügt oder im Abtretungszeitraum zu erwarten hat, um das Prognoserisiko über die zukünftigen Bezüge auszuschalten. Auch ein mittelloser Schuldner hat die Erklärung abzugeben. Infolgedessen ist ein Antrag auf Erteilung der Restschuldbefreiung nicht schon deswegen unzulässig, weil ein einkommensloser Schuldner über keine abtretbaren künftigen Bezüge verfügt.[86] Ein selbständiger Schuldner ohne Bezüge aus einem Dienstverhältnis oder gleichgestellte Einkünfte muss ebenfalls die Abtretung erklären, denn es ist nicht auszuschließen, dass er in der sechsjährigen Abtretungszeit eine nicht selbständige Beschäftigung aufnimmt und entsprechende Bezüge erlangt.[87] Eine Informationspflicht des selbständigen Schuldners darüber, welche Beträge er abtreten kann, besteht nicht.[88]

Nach dem Gesetzeswortlaut ist die Abtretungserklärung dem Antrag auf Erteilung 34 der Restschuldbefreiung beizufügen. Die Erklärung kann aber auch nachgereicht werden. Enthält der Restschuldbefreiungsantrag des Schuldners keine Abtretungserklärung, muss das Gericht nach den §§ 4 InsO, 139 ZPO den Schuldner auf diese Anforderung hinweisen, um ihm Gelegenheit zu geben, die Abtretungserklärung noch vorzulegen. Dieser Hinweis kann bereits mit dem Hinweis auf die Notwendigkeit eines Restschuldbefreiungsantrags verbunden werden. Der Schuldner muss dabei über den Umfang und die zeitliche Geltungsdauer der erforderlichen Abtretung sowie seine Informationspflicht über bestehende Zessionen und Verpfändungen belehrt werden. Zur Vorlage der Erklärung ist dem Schuldner eine Frist einzuräumen, die nicht auf § 287 I 2 InsO zu stützen ist. Im Verbraucherinsolvenzverfahren ist dem Schuldner gegebenenfalls auch nach Eröffnung des Insolvenzverfahrens die gesetzliche Frist aus § 305 III 2 InsO von einem Monat zu setzen.[89] Lässt der Schuldner die Frist verstreichen, tritt ohne Wieder-

---

[83] BGH NZI 2010, 153 Rn. 7.
[84] BGH ZInsO 2011, 1127 Rn. 7.
[85] OLG Köln ZInsO 2000, 608, 609; OLG Celle ZVI 2002, 29, 30.
[86] AG Hamburg ZInsO 1999, 236, 237; *Hess/Obermüller*, Rn. 1087a; *Nerlich/Römermann/Römermann*, § 287 Rn. 34; *Pech*, Die Einbeziehung des Neuerwerbs in die Insolvenzmasse, S. 194 ff.; aA *Thomas*, Kölner Schrift, S. 1205 Rn. 7.
[87] BGH NZI 2010, 72 Rn. 17; ZInsO 2011, 2101 Rn. 9; FK/*Ahrens*, § 287 Rn. 41; MüKoInsO/*Ehricke*, § 295 Rn. 103; Braun/*Lang*, § 287 Rn. 9.
[88] MüKoInsO/*Stephan*, § 287 Rn. 33; aA *Krug/Haarmeyer*, in: Smid, InsO, § 287 Rn. 7; Haarmeyer/*Wutzke/Förster*, 2. Aufl., Rn. 10/62; einschränkend 3. Aufl., Rn. 8/197.
[89] BGH NZI 2009, 120 Rn. 8; HambKommInsO/*Streck*, § 287 Rn. 22; HK/*Landfermann*, § 287 Rn. 19; *Renger*, NZI 2009, 99, 100.

einsetzungsmöglichkeit die Rücknahmefiktion ein. Im Regelinsolvenzverfahren ist dem Schuldner eine richterliche Frist von grundsätzlich vier Wochen einzuräumen, die auf Antrag verlängert werden kann.[90] Nach Fristablauf ist hier der Antrag auf Restschuldbefreiung als unzulässig zu verwerfen.

35 **2. Geltungsgrund.** Lange Zeit war die rechtliche Einordnung der Abtretung sehr umstritten. Fraglich ist, ob die Abtretung als materiellrechtliche Vereinbarung oder als prozessuale Erklärung anzusehen ist.[91] Ein bürgerlichrechtlicher Abtretungsvertrag nach § 398 I 1 BGB erfordert korrespondierende Erklärungen von Schuldner und Treuhänder. Die Angebotserklärung des Schuldners müsste dem Treuhänder, vermittelt durch das mit Vertretungs- oder Botenmacht handelnde Gericht, zugegangen sein und von ihm zumindest gemäß § 151 S. 1 BGB angenommen sein. Unklar bleibt, worin der notwendige Zugang der Abtretungserklärung an den Treuhänder liegen soll, da die Abtretung an das Gericht gerichtet ist. Außerdem ist der Zessionar in der Abtretungserklärung nicht benannt. Als Blankozession ist die Benennung des Treuhänders mit rechtsgeschäftlichen Kriterien nicht hinreichend zu erklären.[92] Wechselt der Treuhänder, bleibt der materielle Verfügungsvertrag bestehen. Die Abtretungserklärung müsste deswegen als Angebot zum Abschluss einer unbestimmten Anzahl von Verträgen ausgelegt werden. Eine materiellrechtliche Interpretation vermag auch nicht befriedigend zu erklären, warum der Schuldner nach dem Beschluss gemäß § 291 InsO während der Laufzeit der Abtretungserklärung jederzeit einseitig von der Abtretung Abstand nehmen kann, wenn er nicht länger die Restschuldbefreiung anstrebt.[93]

36 Demgegenüber sieht die prozessuale Theorie, welcher sich der BGH angeschlossen hat,[94] in der Abtretungserklärung eine Prozesshandlung.[95] Mit der Abtretungserklärung aus § 287 II 1 InsO nimmt der Schuldner eine prozessuale Erklärung vor. Eine Prozesshandlung wird gegenüber dem Gericht erklärt, unterliegt nicht der Anfechtung wegen eines Irrtums und zielt nach ihrem erkennbaren Sinn darauf ab, eine charakteristische prozessrechtliche Folge herbeizuführen, obwohl sie auch sachlichrechtliche Folgen entfalten kann.[96] Im Wege einer gestaltenden Gerichtsentscheidung überträgt sodann das Gericht durch den Beschluss gemäß § 291 II InsO mit der Bestimmung des Treuhänders die Forderung.[97] Die Wirkungen treten mit der gerichtlichen Entscheidung und nicht erst mit der Annahme der Abtretung durch den Treuhänder ein. Bedeutsam kann dies etwa im Fall einer Zwischenverfügung werden.

37 Als Prozesshandlung kann die Abtretungserklärung grundsätzlich widerrufen werden. Im ersten Verfahrensabschnitt bis zur Ankündigung der Restschuldbefreiung besteht ein uneingeschränktes Widerrufsrecht. Widerruft der Schuldner allein die Abtretungserklärung, wird das Gericht regelmäßig davon ausgehen können, dass damit auch der Antrag auf Restschuldbefreiung zurückgenommen wird. Ist der Antrag auf Erteilung der Restschuldbefreiung ausnahmsweise nicht zurückgenommen, wird er unzulässig. Zusammen

---

[90] *Renger*, NZI 2009, 99, 100.
[91] So zB *Forsblad*, Restschuldbefreiung, S. 213; *Preuß*, Verbraucherinsolvenzverfahren und Restschuldbefreiung, Rn. 275; *Hess*, § 287 Rn. 75; Nerlich/Römermann, § 287 Rn. 29, anders Rn. 22; Uhlenbruck/Hirte/Vallender/*Vallender*, § 287 Rn. 38; *Hess/Obermüller*, Rn. 1087b; *Pape*, in: Mohrbutter/Ringstmeier, § 17 Rn. 39; offen HK/*Landfermann*, § 287 Rn. 24 f.
[92] *Ahrens*, DZWIR 1999, 45, 47 f.; *Jauernig*, FS Uhlenbruck, S. 3, 16.
[93] BGH NZI 2006, 599 Rn. 15 f.
[94] BGH NZI 2006, 599 Rn. 15 ff.
[95] *Ahrens*, DZWIR 1999, 45, 50; *Grote*, Einkommensverwertung und Existenzminimum, Rn. 139 f.; MüKoInsO/*Stephan*, § 287 Rn. 34; AGR/*Fischer*, § 287 Rn. 26; Karsten Schmidt/*Henning*, § 287 Rn. 25; *Haarmeyer/Wutzke/Förster/Schmerbach*, Präsenzkommentar, § 287 Rn. 22; *Stephan*, ZInsO 2000, 376, 380; *Kohte*, Anm. zu OLG Frankfurt DZWIR 2001, 34, 36.
[96] BGHZ 88, 174, 176.
[97] Vgl. *Smid/Krug/Haarmeyer*, InsO, § 287 Rn. 10.

mit dem Antrag auf Restschuldbefreiung kann die Abtretungserklärung auch im zweiten Verfahrensabschnitt zurückgenommen bzw. widerrufen werden.[98]

3. Erklärung der Abtretung. Im Allgemeinen wird die Abtretung schriftlich erklärt. Wie der Antrag auf Erteilung der Restschuldbefreiung kann auch die Abtretung zu Protokoll der Geschäftsstelle erklärt werden, §§ 4 InsO, 496 ZPO.[99] Im Verbraucherinsolvenzverfahren besteht allerdings ein Vordruckzwang, doch kann auch hier die gemäß § 305 III 1 InsO ergänzte Erklärung zu Protokoll der Geschäftsstelle erfolgen. Eine bestimmte Formulierung ist nicht vorgeschrieben. Als Formulierung kann der Text aus dem Vordruck für Verbraucherinsolvenzverfahren verwendet werden: „Für den Fall der gerichtlichen Ankündigung der Restschuldbefreiung trete ich hiermit meine pfändbaren Forderungen auf Bezüge aus einem Dienstverhältnis oder an deren Stelle tretende laufende Bezüge für die Zeit von sechs Jahren nach Eröffnung des Insolvenzverfahrens an einen vom Gericht zu bestimmenden Treuhänder ab." Eine unklare oder unvollständige Erklärung ist auszulegen.

Im Zweifel ist davon auszugehen, dass die Partei mit einer Prozesserklärung das anstrebt, was nach den Maßstäben der Rechtsordnung vernünftig ist und ihrer recht verstandenen Interessenlage entspricht. Dementsprechend ist eine Erklärung, die hinsichtlich des Umfangs der abgetretenen Forderungen oder der Laufzeit der Abtretung über die gesetzlichen Anforderungen hinausgeht, so auszulegen, dass der Schuldner die Restschuldbefreiung unter den jeweils gültigen gesetzlichen Bedingungen anstrebt.[100] Gleiches gilt, wenn die Erklärung hinter den gesetzlichen Voraussetzungen zurückbleibt, es sei denn, der Schuldner hat damit eine bewusste Entscheidung getroffen.

Auf Zessionen und Verpfändungen muss der Schuldner nach § 287 Abs. 2 S. 2 InsO zusammen mit der Abtretungserklärung – nicht, wie gesetzlich formuliert, in der Erklärung – hinweisen. Die Insolvenzgläubiger sollen so über die zu erwartenden Leistungen informiert werden. Eine § 836 III ZPO entsprechende Verpflichtung zur Vorlage von Urkunden oder Abgabe von Erklärungen besteht insoweit nicht. Die aus § 287 II 2 InsO resultierenden Anforderungen sind entsprechend dem begrenzten informatorischen Zweck der Regelung limitiert. Allerdings können aus § 97 InsO weitergehende Anforderungen resultieren. Auf seine Verpflichtung ist der Schuldner gemäß den §§ 4 InsO, 139 ZPO hinzuweisen, wobei ihm zur Abgabe der Erklärungen in der Verbraucherinsolvenz die gesetzliche Monatsfrist aus § 305 III 2 InsO und in der Regelinsolvenz eine entsprechende richterliche Frist zu setzen ist. Erklärt sich der Schuldner nicht, löst dies im Verbraucherinsolvenzverfahren die Rücknahmefiktion des § 305 Abs. 3 S. 2 InsO aus. Gibt der Schuldner vorsätzlich oder grob fahrlässig eine unzutreffende Erklärung ab, verwirklicht er den Versagungsgrund aus § 290 Abs. 1 Nr. 5 InsO.

4. Laufzeit. a) *Grundlagen.* Die Dauer der Bezügeabtretung ist allein relativ bestimmt, denn sie beträgt sechs Jahre nach Eröffnung des Insolvenzverfahrens. Nach der künftigen Bestimmung des § 300 InsO kann die Laufzeit der Abtretung unter bestimmten Voraussetzungen auch verkürzt werden. Zu unterscheiden ist zwischen dem für die Fristberechnung entscheidenden terminlichen Anfang und dem für die Wirkungsweise maßgebenden Verfügungsbeginn. Die rechnerische Frist beginnt mit der Eröffnung des Insolvenzverfahrens, doch treten die Verfügungswirkungen der Abtretung erst mit Aufhebung des Insolvenzverfahrens ein, da die Bezüge zuvor dem Insolvenzbeschlag unterliegen.

In der Fristenregelung liegt eine höchst bedeutsame Änderung gegenüber der früheren Fassung von § 287 II 1 InsO, die eine siebenjährige Laufzeit der Abtretung ab Auf-

---
[98] BGH NZI 2006, 599 Rn. 16.
[99] Karsten Schmidt/*Henning*, § 287 Rn. 26.
[100] BGH NZI 2006, 599 Rn. 19.

hebung des Insolvenzverfahrens anordnete. Nicht selten wurde seinerzeit die Restschuldbefreiung durch überlange Insolvenzverfahren unangemessen verzögert. Vom Insolvenzantrag bis zur Erteilung der Restschuldbefreiung konnten ganz unterschiedlich lange Fristen liegen, aus denen für die Gläubiger verschiedene Befriedigungsaussichten resultierten. Die auf die Eröffnung des Insolvenzverfahrens abstellende Novelle hat die Verfahrensdauer weitgehend angeglichen. Die sechsjährige Dauer gilt auch, wenn der Schuldner zulässigerweise erst nach der Insolvenzeröffnung die Abtretung erklärt hat, etwa weil er verspätet belehrt wurde. Da der Insolvenzbeschlag besteht und die gesetzlich vorgesehene Befriedigungsdauer der Gläubiger gesichert ist, muss die Frist nicht erst mit Eingang der Abtretungserklärung bei Gericht beginnen.[101] Wenn der Schuldner aufgrund eines unterbliebenen Hinweises des Gerichts die Abtretung verspätet erklärt, darf sich die gerichtliche Pflichtverletzung nicht zu seinem Nachteil auswirken.

43 Das Fristende fällt gemäß den §§ 4 InsO, 221 ZPO, 187 Abs. 1, 188 Abs. 2 BGB auf den Tag, der durch seine Zahl dem Tag entspricht, an dem der Eröffnungsbeschluss erlassen wurde. Nach dem Ende der Abtretungsfrist muss das Gericht über die Erteilung der Restschuldbefreiung entscheiden. Aufgrund der relativen Dauer der Treuhandzeit gilt dies auch dann, wenn die Wirkungen der Abtretung nur kurze Zeit bestanden haben. Vor Eintritt des Fristablaufs endet die Abtretungserklärung gemäß § 299 InsO, wenn die Restschuldbefreiung nach den §§ 296 bis 298 InsO versagt wird. Bei einer vorzeitigen Beendigung des Restschuldbefreiungsverfahrens aus einem anderen Grund oder einer Versagung der Restschuldbefreiung nach § 290 InsO endet die Laufzeit der Abtretungserklärung ebenfalls vorzeitig.[102]

44 Für Altfälle, in denen der Schuldner vor dem 1.1.1997 zahlungsunfähig war, wurde die Frist auf fünf Jahre verkürzt, Art. 107 EGInsO. Nach der Rechtsprechung des BGH ist diese Regelung allerdings nur auf Verfahren anzuwenden, die vor dem 1.12.2001 eröffnet wurden. Deswegen ist diese Bestimmung zwischenzeitlich obsolet.[103] Die sechsjährige Laufzeit der Abtretungserklärung ab Eröffnung des Insolvenzverfahrens gilt gem. Art. 103a EGInsO in den ab dem 1.12.2001 eröffneten Insolvenzverfahren. In den zuvor eröffneten Insolvenzverfahren gilt die alte Fassung von § 287 II 1 InsO mit einer siebenjährigen Laufzeit der Abtretungserklärung ab Aufhebung des Insolvenzverfahrens. In seiner Entscheidung vom 30.8.2010 hat der BGH noch zunächst die Anwendbarkeit von Art. 103a EGInsO bejaht, sich aber vorbehalten, seine Rechtsprechung zu überprüfen.[104] Mit seiner Entscheidung vom 18.7.2013 hat der BGH diese Rechtsprechung aufgegeben. Wenn ein Insolvenzverfahren vor dem 1.12.2001 eröffnet wurde, müssen die Schuldner unabhängig vom Verfahrensstand vorzeitig in den Genuss der Restschuldbefreiung kommen können. Art. 103a EGInsO ist im Hinblick auf Art. 3 I GG verfassungskonform dahin auszulegen, dass diesen Schuldnern zwölf Jahre nach Eröffnung des Insolvenzverfahrens gem. § 300 InsO die Restschuldbefreiung zu erteilen ist, unabhängig davon, ob das vor dem 1.12.2001 eröffnete Insolvenzverfahren noch läuft oder der Schuldner sich zwischenzeitlich in der Wohlverhaltensperiode befindet.[105] Soweit das Insolvenzverfahren noch nicht beendet ist, muss nach zwölf Jahren entsprechend der Grundsätze zu den asymmetrischen Verfahren vorgegangen werden (→ Rn. 44a).

44a **b)** *Asymmetrische Verfahren.* Im äußersten Fall kann die Frist der Abtretungserklärung noch vor Ankündigung der Restschuldbefreiung abgelaufen sein, wenn etwa die Aufhebung des Insolvenzverfahrens durch komplizierte Immobilienverwertungen oder den Wechsel des Insolvenzverwalters verzögert wird. Dabei sind mehrere Themenkreise zu

---

[101] AA KPB/*Wenzel*, § 287 Rn. 19; *Schmidt*, Privatinsolvenz, § 5 Rn. 30.
[102] FK/*Ahrens*, § 287 Rn. 125.
[103] BGH NZI 2004, 452, mit krit. Anm. *Ahrens*.
[104] BGHZ NZI 2011, 25 Rn. 3.
[105] BGH ZInsO 2013, 1657, Rn. 14; anders *Hess*, § 287 Rn. 34.

unterscheiden.[106] Eine Teilregelung enthält § 300a InsO. Jedenfalls nach Ablauf der sechsjährigen Abtretungsfrist ist eine nachträgliche Anmeldung des Rechtsgrunds aus vorsätzlich begangener unerlaubter Handlung unzulässig.[107] Mit Ablauf der Abtretungsfrist ist über die Erteilung der Restschuldbefreiung zu entscheiden.[108] Eine Ankündigung der Restschuldbefreiung ist also ebenso ausgeschlossen, wie die Treuhandperiode mit den daraus resultierenden Obliegenheiten und die Anwendung der §§ 295 bis 298 InsO.[109] Die Entscheidung über die Restschuldbefreiung darf nicht hinausgezögert werden, auch wenn das Insolvenzverfahren noch nicht abschlussreif ist.[110] Sachgerecht ist eine Gläubigerversammlung zur Entscheidung über die Restschuldbefreiung anzuberaumen[111] bzw. ein schriftliches Verfahren gem. § 5 Abs. 2 S. 1 InsO anzuordnen.[112] Die unterlassene Anordnung eines Termins zur Beschlussfassung stellt nach der Ansicht des BGH keine rechtsmittelfähige Entscheidung dar und ist daher nicht anfechtbar.[113] In diesem Termin bzw. in der Frist hat die Anhörung nach § 300 Abs. 1 InsO auch über etwaige Versagungsanträge zu erfolgen. An die Stelle der §§ 296 bis 298 InsO tritt die Versagungsmöglichkeit aus § 290 InsO. Während die Versagungsgründe der §§ 296 bis 298 InsO systematisch unpassend sind, bietet § 290 InsO die geeignete und erforderliche Entscheidungsgrundlage.[114] Für den Antrag auf Versagung der Restschuldbefreiung nach § 290 Abs. 1 Nr. 1 InsO hat der Senat als maßgebenden Stichtag auf das Ende der Abtretungsfrist abgestellt. In diesem Zeitpunkt muss die Verurteilung wegen einer Insolvenzstraftat rechtskräftig sein.[115] Ein absonderungsberechtigter Gläubiger ist antragsberechtigt, wenn er den Ausfall glaubhaft macht.[116] Nach Erteilung der Restschuldbefreiung hält der BGH in diesem Fall eine analoge Anwendung von § 303 InsO für denkbar.[117] Nach Ablauf der sechsjährigen Abtretungsfrist ist eine nachträgliche Forderungsanmeldung unzulässig.[118] Mit Ablauf der Abtretungsfrist gebührt der Neuerwerb dem Schuldner. Für die von der Abtretung erfassten Bezüge hat der BGH dies ausdrücklich ausgesprochen.[119] Dies gilt aber auch für jeden anderen Neuerwerb nach Fristablauf, ausgenommen der Rechtsgrund dafür ist bereits während der Abtretungsfrist gelegt, wie bei einem begonnenen Anfechtungsprozess. Nach Erteilung der Restschuldbefreiung ist das Insolvenzverfahren schnellstmöglich zu beenden. Das Insolvenzverfahren darf aber nicht wegen eines Fortfalls des Eröffnungsgrunds nach § 212 InsO eingestellt werden.[120]

5. Wirkungen. a) *Forderungsübertragung.* Während des Insolvenzverfahrens fallen die pfändbaren Forderungen auf Bezüge sowie die gleichgestellten Forderungen als Neuerwerb gemäß § 35 InsO in die Masse. Im Zulassungsverfahren entfaltet die Forderungsabtretung daher keine Wirkung. Erst nach Aufhebung des Insolvenzverfahrens wirkt sich die Abtretung aus. Da bei den natürlichen Personen die pfändbaren Forderungen auf Bezüge und die gleichgestellten Forderungen im Anschluss an eine Verwertung des

---

[106] FK/*Ahrens*, § 300 Rn. 10 ff.; *Ahrens*, FS Görg, S. 1 ff.; *Vill*, FS Ganter, S. 407, 411 ff.
[107] BGH ZInsO 2013, 1589 Rn. 12.
[108] BGHZ 183, 258 Tz. 30; NZI 2013, 601 Rn. 5 = VIA 2013, 51, mit Anm. *Ahrens*.
[109] BGHZ 183, 258 NZI 2010, 111 Rn. 19, 23 = ZVI 2010, 68, mit Anm. *Heyer*; Graf-Schlicker/Kexel, § 300 Rn. 11; *Schmerbach*, NZI 2010, 54.
[110] BGHZ 183, 258 Rn. 20, 40; NZI 2010, 577 Rn. 9.
[111] BGH NZI 2012, 892 Rn. 8.
[112] BGH NZI 2013, 601 Rn. 5 = VIA 2013, 51, mit Anm. *Ahrens*.
[113] BGH NZI 2010, 577 Rn. 6.
[114] BGHZ 183, 258 Rn. 24; 2012, 145 Rn. 7; NZI 2012, 330 Rn. 7; 2012, 892 Rn. 8; NZI 2013, 601 Rn. 5 = VIA 2013, 51, mit Anm. *Ahrens*.
[115] BGH NZI 2013, 601 Rn. 13.
[116] BGH NZI 2012, 892 Rn. 14.
[117] BGHZ 183, 258 Rn. 24.
[118] BGH ZInsO 2013, 1589 Rn. 12.
[119] BGHZ 183, 258 Rn. 35 ff.; BGH NZI 2014, 312 Rn. 6; s.a. *Vill*, FS Ganter, 407, 414.
[120] BGH ZInsO 2014, 396 Rn. 7.

Vermögens die wichtigsten Vollstreckungsgegenstände bilden, soll die Abtretungserklärung für den Zeitraum nach Beendigung des Insolvenzverfahrens und -beschlags eine weitere Befriedigung der Gläubiger aus den laufenden Einkünften des Schuldners ermöglichen. In dieser Forderungsabtretung kann nach der geltenden gesetzlichen Regelung geradezu der Preis für die Restschuldbefreiung gesehen werden.

46 Ab welchem Zeitpunkt die Forderungen auf den Treuhänder übergehen, ist der gesetzlichen Regelung nicht zweifelsfrei zu entnehmen. Dem Regelungsmodell des § 291 II InsO entspricht es, wenn die Forderung mit der Ernennung des Treuhänders auf diesen übergehen. Da das Insolvenzverfahren erst anschließend beendet werden darf, § 289 II 2 InsO, besteht der Insolvenzbeschlag bis zu diesem Zeitpunkt. Zwischen dem Schlusstermin und einer Aufhebung des Insolvenzverfahrens können sich deswegen noch weitere Beträge ansammeln, die vom Verwalter oder Treuhänder im Wege einer Nachtragsverteilung auszukehren wären. Um einen reibungslosen Übergang und eine praxisnahe Gestaltung zu erreichen, sind diese eingezogenen Beiträge vom Treuhänder des Restschuldbefreiungsverfahrens zusammen mit den sonstigen Tilgungsleistungen zu verteilen.

47 **b)** *Bindungen aus den §§ 294 bis 297 InsO.* Andere Wirkungen knüpfen zwar nicht an die Abtretung, aber doch an die Laufzeit der Abtretungserklärung an. Dies gilt etwa für § 294 InsO über die Gleichbehandlung der Gläubiger sowie der §§ 295 bis 297 InsO über die Versagung der Restschuldbefreiung. Ein vorrangig begriffliches Verständnis lässt deswegen die Rechtsfolgen dieser Vorschriften mit dem terminlichen Beginn der Laufzeit bei Eröffnung des Insolvenzverfahrens einsetzen.[121] Den Anlass für die sprachliche Fassung der §§ 294 ff. InsO bildete § 287 II 1 InsO aF. Da diese Vorschrift die Laufzeit der Abtretungserklärung mit Ankündigung der Restschuldbefreiung beginnen ließ, konnten andere Bestimmungen über die Ausgestaltung der Treuhandperiode auf die Laufzeit der Abtretungserklärung abstellen. Mit der Änderung von § 287 II 1 InsO, der die Laufzeit der Abtretungserklärung mit der Eröffnung des Insolvenzverfahrens beginnen lässt, ist diese terminologische Logik durchbrochen.

48 Dennoch setzen weiterhin die Folgen der §§ 294 bis 297 InsO erst mit Aufhebung des Insolvenzverfahrens ein.[122] Mit den Korrekturen an der Abtretungsregelung wollte der Gesetzgeber nur eine Berechnungsvorschrift modifizieren. Eine veränderte Konzeption der überzeugend konstruierten Abschnitte des Restschuldbefreiungsverfahrens hat er dagegen nicht ins Auge gefasst.[123] Offensichtlich wird dies bereits bei der gerichtlichen Hinweispflicht bei Ankündigung der Restschuldbefreiung aus § 291 I InsO auf ua die §§ 295, 297 InsO, die überflüssig und verwirrend wäre, falls die Anforderungen bereits seit Eröffnung des Insolvenzverfahrens bestünden. Zudem kann praktisch keine Regelung der §§ 294 bis 297 InsO ohne substanzielle Korrekturen auf den Zeitraum von der Eröffnung des Insolvenzverfahrens bis zur Ankündigung der Restschuldbefreiung angewendet werden.[124] Das Zwangsvollstreckungsverbot aus § 294 I InsO kollidiert mit § 89 InsO. Folgerichtig wendet der BGH § 295 InsO erst ab der Aufhebung oder Einstellung des Insolvenzverfahrens an.[125] Die Erwerbsobliegenheit aus § 295 I Nr. 1, II InsO gerät mit grundlegenden Elementen des Insolvenzverfahrens in Widerspruch, denn die Mitwir-

---

[121] LG Hannover ZInsO 2002, 449, 450; AG Göttingen NZI 2003, 217, mit kritischer Anm. *Ahrens*; KPB/*Wenzel*, § 295 Rn. 1c; *Foerste*, Rn. 551.

[122] LG Göttingen NZI 2004, 678, 679; AG Köln NZI 2004, 331, 332; AG Oldenburg ZInsO 2002, 389, 390; AG Mönchengladbach ZVI 2005, 330, 331; AGR/*Weinland*, § 295 InsO Rn. 7; HK/*Landfermann*, § 295 Rn. 2; MüKoInsO/*Ehricke*, § 295 Rn. 12; *Henning*, in: Wimmer/Dauernheim/Wagner/Weidekind, Kap. 15 Rn. 110; *Heyer*, Restschuldbefreiung, S. 88 f.; *Frege/Keller/Riedel*, Rn. 2155; *Pape/Uhlenbruck*, Rn. 967 Fn. 134.

[123] *Ahrens*, NZI 2003, 219, 220.

[124] FK/*Ahrens*, § 287 Rn. 131.

[125] BGH NZI 2009, 191 Rn. 8; ZInsO 2010, 1496 Rn. 4.

kungspflicht des Schuldners aus § 97 InsO erstreckt sich nicht auf eine Erwerbstätigkeit zugunsten der Masse. Soweit § 4c Nr. 4 InsO eine Erwerbsobliegenheit konstituiert, besteht diese allein für das Stundungsverfahren im staatlichen Interesse. § 295 I Nr. 2 InsO lässt sich nicht mit § 35 InsO vereinbaren. Zudem kollidiert § 295 I Nrn. 3, 4 InsO mit den §§ 290 I Nr. 5, 97 InsO und schließlich geraten auch § 297 I Alt. 1 InsO und § 290 I Nr. 1 InsO in eine widersprüchliche Konkurrenzsituation. Der BGH lehnt es daher zutreffend ab, Obliegenheitsverletzungen aus § 295 InsO im Schlusstermin zu prüfen und § 296 InsO vor Ankündigung der Restschuldbefreiung anzuwenden.[126]

c) *Abtretungsverbote und Vorausverfügungen.* Um eine erfolgreiche Abtretung zu gewährleisten, werden vereinbarte Abtretungsverbote oder -hindernisse für die Bezügeforderungen durch § 287 III InsO beschränkt. Grundsätzlich können Abtretungsverbote für künftige Gehaltsforderungen einzelvertraglich gemäß § 399 BGB, aber auch kollektivrechtlich durch Tarifvertrag oder Betriebsvereinbarung vereinbart werden. Zu denken ist aber auch an Abtretungsbeschränkungen, etwa durch Anzeigeerfordernisse oder eine Zustimmungsbedürftigkeit. Solche Vereinbarungen werden von der insolvenzrechtlichen Regelung insoweit für unwirksam erklärt, wie sie die Abtretungserklärung des Schuldners vereiteln oder beeinträchtigen. Dadurch wird eine relative Unwirksamkeit dieser Einschränkungen iSd §§ 135, 136 BGB geschaffen. Gegenüber dem Treuhänder kann sich der Verpflichtete nicht auf das Abtretungsverbot berufen, doch bleibt es im Übrigen wirksam, insbesondere gegenüber den nach § 114 Abs. 1 InsO privilegierten Gläubigern.[127] 49

Vorausverfügungen über die Forderungen auf Bezüge aus einem Dienstverhältnis oder die gleichgestellten Forderungen können die Abtretung nach § 287 II 1 InsO ebenfalls beeinträchtigen. Da der Fortbestand der Sicherungsabtretungen auf dem in der Insolvenz nicht mehr überzeugenden Prioritätsgedanken basiert, schränkt im derzeit noch geltenden Recht § 114 I InsO die Wirksamkeit der Vorausverfügungen über die Bezüge ein. Eine vor Eröffnung des Insolvenzverfahrens vereinbarte Zession dieser Forderungen ist nur wirksam, soweit sie sich auf einen Zeitraum von zwei Jahren nach dem Ende des bei der Verfahrenseröffnung laufenden Monats beziehen. Durch Zwangsvollstreckung erworbene Pfändungspfandrechte sind nach § 114 III InsO allein für den bei Eröffnung des Insolvenzverfahrens laufenden Monat wirksam. Bei einer Eröffnung nach dem 15. des Monats ist die Pfändung auch im Folgemonat zu beachten. 50

V. Versagung der Restschuldbefreiung gemäß § 290 InsO

1. Konzeption. Mit den Versagungsregeln zunächst des § 290 InsO während des Zulassungsverfahrens und später der §§ 295 ff. InsO in der Treuhandperiode werden die Interessen des Schuldners an einer Restschuldbefreiung mit den berechtigten Belangen der Gläubiger ausbalanciert. Dem redlichen, also ehrlichen, zuverlässigen und pflichtbewussten Schuldner wird dadurch die Chance auf eine Schuldbefreiung eingeräumt, während § 290 I InsO typisierte Gläubigerinteressen normiert, die eine Versagung der Restschuldbefreiung rechtfertigen. Zwischen Restschuldbefreiung und Versagung besteht ein Regel-Ausnahme-Verhältnis,[128] ist doch die gesetzliche Schuldbefreiung regelmäßig anzukündigen und nur ausnahmsweise zu versagen. Getragen wird dieses Verhältnis durch eine insolvenzrechtliche Redlichkeitsvermutung, denn jeder Schuldner gilt als redlich, solange nicht das Gegenteil behauptet und erforderlichenfalls bewiesen ist.[129] 51

---

[126] BGH NZI 2004, 635, 636; 2006, 481, 482; 538; ZVI 2006, 596.
[127] Uhlenbruck/Hirte/Vallender, *Vallender,* § 287 Rn. 63.
[128] Karsten Schmidt/*Henning,* § 290 Rn. 9.
[129] BGH NJW 2003, 3558, 3560; ZInsO 2005, 926, 927; 2006, 265, 266; Uhlenbruck/Hirte/Vallender/*Vallender,* § 286 Rn. 17; *Haarmeyer/Wutzke/Förster/Schmerbach,* Präsenzkommentar, § 290 Rn. 6; Karsten Schmidt/*Henning,* § 290 Rn. 9; *Häsemeyer,* Rn. 26.17; *Kohte,* VuR 2005, 270, 272.

52 Im Interesse der Rechtssicherheit für alle Beteiligten, primär aber für den Schuldner, normiert § 290 I InsO abschließend die Gründe, die im Zulassungsverfahren vor Ankündigung der Restschuldbefreiung eine Versagung rechtfertigen. Künftig ist allerdings gem. § 297a InsO auch eine nachträgliche Geltendmachung zulässig. Über die in § 290 I InsO gesetzlich verankerten Tatbestände hinaus darf der Katalog der Versagungsgründe nicht erweitert werden.[130] Ausdrücklich wurde im Gesetzgebungsverfahren zur Insolvenzordnung eine Generalklausel verworfen.[131] Ein genereller, gar als umfassende Redlichkeitsprüfung ausgestalteter Vorbehalt existiert nicht. Dies ist schon deswegen berechtigt, weil die Redlichkeit keinen hinreichend verrechtlichten Begriffskern besitzt, den eine einheitliche Rechtsprechung benötigt. Es wurden auch keine Regelbeispiele normiert, die einen erweiterten Anwendungsbereich ermöglichen. Vielmehr ist mit den im Einzelnen enumerierten Tatbeständen eine abschließende Regelung erfolgt.[132] Auf andere, als in § 290 I InsO normierte Umstände kann eine Versagung nicht gestützt werden,[133] doch hat der BGH jetzt in einer bedenklichen Rechtsprechung diesen Grundsatz im Rahmen von § 290 I Nr. 3 InsO durchbrochen.[134] Insbesondere kann ein Versagungsantrag nach § 290 I InsO nicht mit den Obliegenheiten aus § 295 InsO begründet werden.[135] Damit besteht eine klare Unterscheidung zwischen den im Zulassungsverfahren und den in der Treuhandperiode zu erfüllenden Anforderungen. Einen zusätzlichen Versagungsgrund während des Zulassungsverfahrens normiert § 314 III 2 InsO.

53 In zwei Konstellationen sind die Versagungsgründe des § 290 I InsO auch außerhalb des Restschuldbefreiungsverfahrens zu berücksichtigen. Eine Zustimmungsersetzung zu einem Schuldenbereinigungsplan nach § 309 I Nr. 2 InsO scheidet aus, wenn die Restschuldbefreiung nach § 290 InsO versagt werden müsste.[136] Wesentlich größere Bedeutung besitzt die Berücksichtigung der Versagungsgründe im Kostenstundungsverfahren. Eine Kostenstundung ist nach § 4a I 3 und 4 InsO ausgeschlossen, wenn einer der Versagungsgründe aus § 290 I Nr. 2 und 3 InsO vorliegt. Zutreffend stellt der Gesetzgeber ausschließlich auf diese beiden Versagungsgründe ab, die in der bei der Kostenstundung durchzuführenden kursorischen Prüfung leicht feststellbar sind.[137] Obwohl die Ausschlussgründe nach der Motivation, dem Gesetzeswortlaut sowie der Teleologie auf lediglich zwei Versagungstatbeständen begründet sind, haben sie in der Rechtsprechung eine prominente Entwicklung erfahren.[138] Über die klare gesetzliche Regelung hinaus berücksichtigen der BGH, die Instanzgerichte und ein Teil der Lehre im Rahmen einer erweiternden Auslegung von § 4a I 4 InsO sämtliche Versagungsgründe aus § 290 I InsO.[139] Ausdrücklich hat der BGH § 290 I Nr. 2,[140] Nr. 4[141] und Nr. 5[142] InsO im Kostenstundungsverfahren nach § 4a I 4 InsO für anwendbar erklärt.

54 **2. Versagungsgründe. a)** *Insolvenzstraftaten, § 290 I Nr. 1 InsO.* Dem Schuldner kann die Restschuldbefreiung nach § 290 I Nr. 1 InsO versagt werden, wenn er wegen

---

[130] Karsten Schmidt/*Henning*, § 290 Rn. 1.
[131] BR-Drucks. 1/92 S. 190.
[132] BGH NZI 2003, 449, 450; BFH DB 2008, 2345, 2346; MüKoInsO/*Stephan*, § 290 Rn. 3; KPB/*Wenzel*, § 290 Rn. 2; *Haarmeyer/Wutzke/Förster/Schmerbach*, Präsenzkommentar, § 290 Rn. 5; aA AG München ZVI 2003, 481.
[133] BGH ZInsO 2006, 265, 266.
[134] BGH NZI 2009, 691; dazu Rn. 30 f.
[135] BGH ZVI 2006, 596.
[136] BGH ZVI 2004, 756; FK/*Grote*, § 309 Rn. 31.
[137] BT-Drucks. 14/5680, S. 20 f.
[138] Einzelheiten bei → § 85 Rn. 8.
[139] BGH NZI 2006, 712 Rn. 7 f.; NZI 2010, 948 Rn. 13; LG Stralsund ZVI 2009, 384, 385; Uhlenbruck/Hirte/Vallender/*Mock*, Rn. 31; *Fischer/Hempler*, ZInsO 2005, 351.
[140] BGH NJW-RR 2005, 697.
[141] BGH NZI 2006, 712 Rn. 8.
[142] BGH ZInsO 2005, 264; 2005, 265, mit Anm. *Grote* = VuR 2005, 269, mit Anm. *Kohte*.

einer Insolvenzstraftat nach den §§ 283 bis 283c StGB[143] rechtskräftig verurteilt wurde. Wie alle anderen Versagungsgründe aus § 290 I InsO ist auch dieser Tatbestand nach dem Schlusstermin präkludiert, doch erstreckt die korrespondierende Regelung aus § 297 InsO die Versagungsmöglichkeit auf die Treuhandperiode. Als Konsequenz wird dadurch die Voraussetzung einer rechtskräftigen Verurteilung deutlich gemildert. Ziel der Regelung ist, das Vermögen des Schuldners und damit die Haftungsmasse vor einer Verringerung, Verheimlichung oder ungerechtfertigten Verschiebung zum Nachteil der Gläubigergemeinschaft zu schützen. Dennoch sind nur die gesetzlich geregelten Insolvenzstraftaten erheblich. Andere insolvenz- oder vermögensbezogene Delikte des Schuldners bleiben hier unbeachtlich,[144] können aber in begrenztem Umfang bei § 290 I Nr. 2 InsO relevant werden. Es genügt eine Verurteilung zu einer Bewährungsstrafe bzw. wegen eines Versuchs[145] oder eine Verwarnung mit Strafvorbehalt.[146] Ein Zusammenhang der Verurteilung mit dem Insolvenzverfahren, in dem die Restschuldbefreiung beantragt wird, verlangt die Rechtsprechung nicht.[147] Die Rechtskraft muss bei der Geltendmachung des Versagungsgrunds im Schlusstermin eingetreten sein.[148] Bei einer Schlussanhörung muss die Verurteilung vor Ablauf der Anhörungsfrist rechtskräftig geworden sein. Das Gericht darf den Schlusstermin nicht verschieben, um den Eintritt der Rechtskraft abzuwarten.[149] Erforderlich ist die formelle Rechtskraft, dh das Strafurteil darf nicht mehr anfechtbar sein. Das Insolvenz- und Restschuldbefreiungsverfahren darf wegen seiner Eilbedürftigkeit nicht nach den §§ 4 InsO, 148 ZPO ausgesetzt werden.[150] Verfahrenseinstellungen schaffen keinen Versagungsgrund. Auch ein Ermittlungsverfahren genügt nicht.[151] Eine spätere Verurteilung ist indessen nicht bedeutungslos, weil sie zu einer Versagung nach § 297 InsO führen kann.[152]

Eine zeitliche Begrenzung sieht § 290 I Nr. 1 InsO, anders als etwa § 290 I Nr. 2 bis Nr. 4 InsO, nicht vor. Dennoch dürfen die Verurteilungen wegen einer Insolvenzstraftat nicht unbefristet berücksichtigt werden.[153] Bestätigt wird diese Position durch das absolute Verwertungsverbot für den gesamten Rechtsverkehr aus § 51 I BZRG, das eine äußerste Grenze bildet. Regelmäßig können die Verurteilungen jedoch nur innerhalb der speziellen Tilgungsfristen berücksichtigt werden. Wird der Schuldner zu einer Geldstrafe von nicht mehr als neunzig Tagessätzen verurteilt, beträgt die Tilgungsfrist im Allgemeinen fünf Jahre und bei einer Freiheitsstrafe von nicht mehr als drei Monaten zehn Jahre, § 46 Abs. 1 Nr. 1 und 2 BZRG. Spätestens nach Ablauf der fünfzehnjährigen Tilgungsfrist gemäß § 46 Abs. 1 Nr. 4 BZRG darf die Verurteilung nicht mehr zum Nachteil des Schuldners verwertet werden.[154] Zwischenzeitlich hat sich auch eine überwiegende Position für die Tilgungsfristberechnung bei einer Gesamtstrafe heraus-

---

[143] Vgl. BGH NZI 2001, 496, 497.
[144] FK/*Ahrens*, § 290 Rn. 13; AGR/*Fischer*, § 290 Rn. 24.
[145] Karsten Schmidt/*Henning*, § 290 Rn. 32; *Hess*, § 290 Rn. 87.
[146] BGH NZI 2012, 278 Rn. 7 ff.
[147] BGH NJW 2003, 974; AGR/*Fischer*, § 290 Rn. 25.
[148] BGH NZI 2013, 601 Rn. 8 = VIA 2013, 51, mit Anm. *Ahrens*; AGR/*Fischer*, § 290 InsO Rn. 26; Karsten Schmidt/*Henning*, § 290 Rn. 33; aA HK/*Landfermann*, § 290 Rn. 2, Erlass des Urteils bis zum Schlusstermin; HWF/*Schmerbach*, § 290 Rn. 34, Erlass des Urteils mit an Sicherheit grenzender Wahrscheinlichkeit.
[149] *Ahrens*, VIA 2013, 51.
[150] Vgl. BGH NZI 2006, 642; 2007, 408, 409; außerdem Nerlich/Römermann/*Römermann*, § 290 Rn. 24; *Graf-Schlicker/Livonius*, Restschuldbefreiung und Verbraucherinsolvenz, Rn. 266; aA *Döbereiner*, Restschuldbefreiung, S. 125; MüKoInsO/*Stephan*, § 290 Rn. 30.
[151] LG Rottweil ZVI 2008, 541, 543.
[152] → § 78 Rn. 56.
[153] BGH NJW 2003, 974, 975; NZI 2010, 349 Rn. 8; AGR/*Fischer*, § 290 Rn. 27.
[154] OLG Celle NZI 2001, 314, 316; Uhlenbruck/Hirte/Vallender/*Vallender*, § 290 Rn. 25; Andres/Leithaus, § 290 Rn. 12; Häsemeyer, Rn. 26.19.

gebildet. Wird aus Einzelstrafen, die nur teilweise auf Insolvenzstraftaten beruhen, eine Gesamtstrafe gebildet, darf deren Dauer nicht für die Berechnung der Tilgungsfrist zugrunde gelegt werden, da sonst auch andere Delikte im Rahmen von § 290 I Nr. 1 InsO berücksichtigt würden. Vielmehr ist eine fiktive Strafe zu bilden und die darauf entfallende Tilgungsfrist zu berechnen.[155] Die Tilgungsreife muss im Zeitpunkt des Eröffnungsantrags eingetreten sein.[156]

56 **b)** *Unzutreffende Angaben bei Kreditantrag oder Leistungsbezug, § 290 I Nr. 2 InsO.* Ein Versagungsgrund nach § 290 I Nr. 2 InsO besteht, wenn der Schuldner in den letzten drei Jahren vor dem Antrag auf Eröffnung des Insolvenzverfahrens oder nach dem Antrag vorsätzlich oder grob fahrlässig schriftlich unrichtige oder unvollständige Angaben über seine wirtschaftlichen Verhältnisse gemacht hat, um einen Kredit zu erhalten, Leistungen aus öffentlichen Mitteln zu beziehen oder Leistungen an öffentliche Kassen zu vermeiden. In der Gerichtspraxis besitzt dieser Versagungsgrund eine nicht unerhebliche Bedeutung.[157] Mit dieser Regelung wird auf einige die Gläubiger besonders gefährdende Verhaltensweisen reagiert. Der Tatbestand setzt keine strafrechtliche Verurteilung voraus, doch können etwa Betrug gemäß § 263 StGB oder Kreditbetrug nach § 265b StGB unter den gesetzlichen Voraussetzungen Fallgruppen des Versagungsgrunds bilden.

57 Der Schuldner muss unrichtige oder unvollständige, also unzutreffende Angaben über seine wirtschaftlichen Verhältnisse gemacht haben. Unrichtig ist eine Angabe, wenn sie von der Wirklichkeit abweicht.[158] Unvollständig sind sie, wenn die im Rahmen einer den Anschein der Vollständigkeit erweckenden Erklärung enthaltenen Angaben als solches zwar richtig sind, durch Weglassen wesentlicher Umstände aber ein falsches Gesamtbild vermitteln.[159] Die bürgerlichrechtlichen Auskunfts- oder Offenbarungspflichten bestimmen deshalb über die Anforderungen bei Erlangung eines Kredits, etwa wenn der Schuldner eine Selbstauskunft erteilt. Wird nach dem Einkommen gefragt, ist eine Offenbarungspflicht über eine eidesstattliche Versicherung nicht ohne Weiteres anzunehmen. Auf die Frage nach anderen Krediten und deren monatliche Rate begründet die unterlassene Angabe von Kreditkartenverbindlichkeiten nicht den Versagungsgrund.[160] Beim Bezug von Leistungen aus öffentlichen Mitteln oder der Vermeidung von Leistungen an öffentliche Kassen gelten die öffentlich-rechtlichen Verpflichtungen etwa der §§ 60 I SGB I, 38 I SGB III, 28o II, 105 I SGB IV, 206 I SGB V, 196 SGB VI, 50 III SGB XI, 117 SGB XII, 90 AO, 3 SubvG. Die auf einer Steuerschätzung des Schuldners beruhende Einkommensteuererklärung ist nur dann unrichtig iSd Norm, wenn die Unrichtigkeit von in ihr enthaltenen Angaben feststeht. Durch Vorlage eines Steuerbescheids wird nicht der Beweis über die Grundlagen der Besteuerung geführt, da sich die Tatbestandswirkung eines Steuerbescheids nicht darauf erstreckt.[161] Berichtigt der Schuldner unrichtige Angaben im Insolvenzverfahren, schließt dies den Versagungsgrund nicht aus.[162] Unzutreffende Angaben macht auch ein Schuldner, der sich unter Vorlage eines Widerrufsvergleichs von der Sozialagentur Gelder zur Begleichung von Mietrückständen auszahlen lässt, den Vergleich widerruft und die Gelder für sich verbraucht.[163]

---

[155] BGH NZI 2010, 349 Rn. 8; OLG Celle NZI 2001, 314 = DZWIR 2001, 338, mit Anm. *Hergenröder;* LG Düsseldorf ZInsO 2002, 1194, 1195; MüKoInsO/*Stephan,* § 290 Rn. 27; aA AG Duisburg ZInsO 2001, 1020, 1021.
[156] BGH NZI 2012, 278 Rn. 18; BeckRS 2012, 05514 Rn. 9; BeckRS 2012, 06066 Rn. 8; *Hess,* § 290 Rn. 91.
[157] *Ahrens,* ZInsO 2007, 673, 677.
[158] BGHSt 34, 111, 115; Karsten Schmidt/*Henning,* § 290 Rn. 36.
[159] OLG Köln NZI 2001, 205, 206.
[160] AG Hannover ZVI 2007, 535.
[161] BGH ZInsO 2006, 265, 266.
[162] BGH ZInsO 2008, 753.
[163] AG Göttingen ZInsO 2007, 720.

Um langwierige und aufwändige Beweisaufnahmen zu vermeiden, müssen die unzutreffenden Angaben schriftlich erfolgt sein, mündliche Erklärungen genügen nicht.[164] Dieser Zweck schließt eine zu weitgehende Interpretation der schriftlichen Erklärungen aus.[165] Die Angaben können aus Selbstauskünften, Anträgen oder anderen Erklärungen des Schuldners stammen. Es genügt ein vom Schuldner unterschriebenes Vollstreckungsprotokoll.[166] Erfolgt keine Erklärung, wie insbesondere bei einer unterlassenen Steuererklärung, liegt mangels Schriftlichkeit kein Verstoß gegen § 290 Abs. 1 Nr. 2 InsO vor.[167] Auch die unterlassene Mitteilung eines Wohnungswechsels gegenüber dem Jobcenter erfüllt deswegen nicht den Versagungsgrund,[168] ebenso wenig eine telefonische Versandhausbestellung.[169] Die Vorschrift verlangt allerdings kein vom Schuldner unterzeichnetes eigenhändiges Schriftstück.[170] Unrichtige schriftliche Angaben, die der Schuldner nicht persönlich niedergelegt hat, die jedoch mit seinem Wissen und seiner Billigung an den Empfänger weitergeleitet oder vom Schuldner autorisiert worden sind, werden von der Norm erfasst.[171] Gibt der Schuldner gegenüber dem Vollstreckungsbeamten eine Erklärung ab, die von diesem mit Kenntnis und Billigung des Schuldners in einer öffentlichen Urkunde niedergelegt wird, handelt es sich um dessen eigene schriftliche Erklärung.[172] Trotz unrichtiger Angaben liegt nicht schon dann ein Versagungsgrund vor, wenn der Schuldner einen Kreditantrag blanko unterschreibt.[173] Grobe Fahrlässigkeit ist auch dann nur zu bejahen, wenn Anlass zur Befürchtung bestand, der Vermittler werde das Formular nicht ordnungsgemäß ausfüllen.[174]

Die Angaben müssen sich auf die eigenen wirtschaftlichen Verhältnisse des Schuldners beziehen. Umstände, die allein einen Dritten betreffen, wie die Bonität eines Bürgen, werden nicht erfasst.[175] Der Schuldner muss seine unzutreffenden Angaben gemacht haben, um einen Kredit zu erhalten, um Leistungen aus öffentlichen Mitteln zu beziehen oder um Leistungen an öffentliche Kassen zu vermeiden. Ein Kredit liegt vor, wenn der dem Schuldner zugewendete Vermögensvorteil aus einem fremden Vermögen stammt, nur vorübergehend zugewendet sein und später zurückerstattet werden soll.[176] Leistungen aus öffentlichen Mitteln bezieht der Schuldner, wenn die Zahlungen aus öffentlichen Haushalten stammen. Leistungen an eine öffentliche Kasse vermeidet er, wenn die Zahlungen nicht an die öffentlichen Haushalte erfolgen. Öffentliche Kassen sind staatliche Einrichtungen, wie das Finanz-, Sozial- oder Arbeitsamt, aber auch die gesetzlichen Krankenkassen sowie die Ersatzkassen. Eine wichtige Fallgruppe bildet die unzutreffende Steuererklärung. Dies gilt insbesondere bei einer Verurteilung wegen Steuerhinterziehung.[177] Gibt der Schuldner eine unzutreffende Umsatzsteuer-Voranmeldung ab, ist der objektive Versagungstatbestand auch bei einer Selbstanzeige erfüllt.[178] Eine schuldhafte Nichterfüllung des Gesamtsozialversicherungsbeitrags, § 28d SGB IV, begründet den Versagungstatbestand nur bei einer Verletzung der Meldepflicht aus § 28a SGB IV durch unrichtige oder unvollständige Angaben.

---

[164] BGH NZI 2003, 449, 450; 2006, 414.
[165] AGR/*Fischer*, § 290 Rn. 31.
[166] *Hess*, § 290 Rn. 108.
[167] BGH NZI 2003, 449, 450.
[168] LG Koblenz BeckRS 2013, 11509.
[169] Karsten Schmidt/*Henning*, § 290 Rn. 37.
[170] BGH NZI 2006, 414.
[171] BGH NJW 2003, 3558, 3559.
[172] BGH NZI 2006, 414.
[173] LG Düsseldorf ZVI 2006, 470, 471.
[174] BGH NZI 2005, 687, 688.
[175] BGH NJW 2003, 3558, 3559; AGR/*Fischer*, § 290 Rn. 33.
[176] LG Düsseldorf NZI 2009, 193.
[177] BGH NZI 2011, 149 Rn. 6; Karsten Schmidt/*Henning*, § 290 Rn. 35.
[178] AG Celle ZVI 2003, 367.

60 Die unzutreffenden Angaben müssen in den letzten drei Jahren vor dem Antrag auf Eröffnung des Insolvenzverfahrens oder nach diesem Antrag abgegeben worden und dem Empfänger zugegangen sein. Die Frist darf nicht überschritten werden, weil nach der Entscheidung des Gesetzgebers länger zurückliegende Angaben nicht berücksichtigt werden dürfen.[179] Zu berücksichtigen sind auch Verhaltensweisen nach dem Eröffnungsantrag bis zum Schlusstermin.[180] Als Rückwärtsfrist ist die Frist nach den §§ 4 InsO, 222 I ZPO und analog den §§ 187 f. BGB zu berechnen. Abzustellen ist einerseits auf den Eingang der Erklärung beim Gläubiger, andererseits auf die Eröffnung des Insolvenzverfahrens auf den Schuldnerantrag.[181]

61 Der Schuldner muss die unzutreffenden Angaben vorsätzlich oder grob fahrlässig getätigt haben. Vorsatz verlangt Wissen und Wollen der objektiven Tatbestandselemente.[182] Grob fahrlässig handelt der Schuldner, wenn ihm ein besonders schwerer Verstoß gegen die objektiv erforderliche Sorgfalt zur Last fällt. Ganz naheliegende Überlegungen dürfen nicht angestellt oder müssen beiseitegeschoben worden sein und es muss dasjenige unbeachtet geblieben sein, was im gegebenen Fall sich jedem aufgedrängt hätte. Bei der groben Fahrlässigkeit handelt es sich um eine auch subjektiv schlechthin unentschuldbare Pflichtverletzung.[183] Im Fall einer unklaren Fragestellung kann trotz objektiver Falschbeantwortung eine grobe Fahrlässigkeit fehlen.[184]

62 Mit den unzutreffenden Angaben muss der Schuldner das Ziel verbunden haben, einen Kredit oder Leistungen aus öffentlichen Mitteln zu erhalten bzw. Leistungen an öffentliche Kassen zu vermeiden. Neben vorsätzlich oder grob fahrlässig gemachten Angaben verlangt die Vorschrift, wie der Wortlaut „um ... zu" verdeutlicht, ein finales Handeln zur Verwirklichung der Zielsetzung.[185]

63 c) *Frühere Restschuldbefreiungsverfahren, § 290 I Nr. 3 InsO.* Die gesetzliche Schuldbefreiung stellt kein einmaliges Recht des Schuldners dar, das mit der Erteilung oder Versagung der Restschuldbefreiung bzw. Verwerfung des Antrags verbraucht ist. Auch die allgemeinen Sachentscheidungsvoraussetzungen, wie das Rechtsschutzbedürfnis oder das Wiederholungsverbot aufgrund der Rechtskraftwirkung, sperren ein erneutes Restschuldbefreiungsverfahren nicht. Gerade aus diesem Grund schränkt der Versagungsgrund des § 290 I Nr. 3 InsO missbräuchlich wiederholte Restschuldbefreiungsverfahren ein. In zwei Tatbestandsalternativen bei einer in den letzten zehn Jahren vor dem Antrag auf Eröffnung des Insolvenzverfahrens erteilten oder nach den §§ 296, 297 InsO versagten Restschuldbefreiung ermöglicht es § 290 I Nr. 3 InsO, die Restschuldbefreiung zu versagen. Als Gesetzeszweck mag man annehmen, der Schuldner habe sich das frühere Insolvenzverfahren nicht hinreichend zur Warnung dienen lassen, sei es, weil er während des Verfahrens seine Obliegenheit nicht erfüllt hat, sei es, weil er auch anschließend seine finanzielle Situation nicht hinreichend ordnen konnte.

64 Eine nach den §§ 300, 301 InsO erteilte Restschuldbefreiung sperrt für eine Dauer von zehn Jahren ein erneutes Schuldbefreiungsverfahren. Angeknüpft wird allein an die gerichtliche Schuldbefreiung. Unerheblich ist, ob im früheren Verfahren die Restschuldbefreiung nach dem regulären Ende der Treuhandzeit durch Ablauf der Abtretungsfrist oder vorzeitig, etwa wegen einer Befriedigung der Forderung, erteilt wird. Keine Sperrwirkung nach § 290 I Nr. 3 InsO entfaltet dagegen ein früheres Insolvenzverfahren ohne Restschuldbefreiungsantrag. Ist ein Antrag auf Restschuldbefreiung ge-

---

[179] BGH NZI 2003, 449, 450.
[180] BGH NZI 2012, 87 Rn. 11.
[181] FK/*Ahrens*, § 290 Rn. 27.
[182] LG Stuttgart ZInsO 2001, 134, 135.
[183] BGH ZInsO 2006, 370, 371; 2007, 1150 Rn. 9, mit Anm. *Rauschenbusch*.
[184] AG Göttingen ZVI 2006, 219, 220.
[185] BGH NZI 2008, 195 Rn. 10; AG Duisburg ZVI 2008, 452, 455.

stellt, aber vom Schuldner zurückgenommen worden, die Rücknahmefiktion des § 305 III 2 InsO eingetreten oder hat der Schuldner die Restschuldbefreiung für erledigt erklärt, fehlt ebenfalls der für eine Versagung maßgebende Bezugspunkt. Eine außergerichtliche Einigung,[186] ein gerichtlicher Schuldenbereinigungsplan[187] oder eine sonstige Vereinbarung zwischen Schuldner und Gläubigern erfüllen ebenso wenig die Anforderungen des Versagungstatbestands. Selbst bei einer Zustimmungsersetzung im Schuldenbereinigungsplanverfahren beruht die Vereinbarung zumindest noch auf einem Mehrheitswillen der Gläubiger, der einer einseitig durchgesetzten Restschuldbefreiung im Wege einer gestaltenden Gerichtsentscheidung nicht gleichgestellt werden kann.

Zusätzlich ermöglicht § 290 I Nr. 3 InsO eine Versagung der Restschuldbefreiung in einem wiederholten Verfahren, wenn sie im Erstverfahren nach den §§ 296 oder 297 InsO versagt wurde. Erfasst werden sowohl die Versagungen wegen einer Obliegenheitsverletzung aus den §§ 295, 296 I 1 InsO als auch wegen einer verletzten Verfahrensobliegenheit nach § 296 II 3 InsO. Einschränkend wird angenommen, dass § 290 I Nr. 3 InsO keine Sperre auslösen soll, wenn bei der Versagung der Restschuldbefreiung nach § 296 InsO kein Verschulden festgestellt wurde,[188] doch lässt sich eine solche Limitierung weder systematisch rechtfertigen noch praktisch angemessen umsetzen. 65

Keine Sperrwirkung für ein späteres Verfahren entfaltet die in § 290 I Nr. 3 InsO nicht aufgeführte Versagung der Restschuldbefreiung im Erstverfahren nach § 290 InsO.[189] Ebenso wenig ist eine analoge Anwendung von § 290 I Nr. 3 InsO auf die Versagungsgründe vor Ankündigung der Restschuldbefreiung möglich.[190] Derart erweiterte Versagungsmöglichkeiten passen nicht in das Normgefüge von § 290 I Nr. 3 InsO. Mit seiner Sperrfristrechtsprechung[191] erweitert der BGH nicht nur den Tatbestand des § 290 I Nr. 3 InsO, sondern ermöglicht über die Einordnung als Zulässigkeitsvoraussetzung sogar eine Prüfung von Amts wegen (ausführlich → Rn. 30 f.). 66

Der Versagungsantrag ist in einer zehnjährigen Frist vor dem Antrag auf Eröffnung des Insolvenzverfahrens oder nach diesem Antrag zu stellen. Als Rückwärtsfrist ist die Frist nach den §§ 4 InsO, 222 Abs. 1 ZPO sowie analog den §§ 187f BGB zu berechnen. Die Frist ist zwischen der rechtskräftig erteilten oder versagten Restschuldbefreiung im Erstverfahren und dem Schlusstermin im Folgeverfahren zu berechnen. Da der Versagungsantrag nur im Schlusstermin, §§ 290 I Einleitungssatz, 197 InsO, bzw. der im schriftlichen Verfahren gestellten Frist zulässig ist,[192] kommt es deswegen auf eine aufmerksame Terminierung durch das Insolvenzgericht an. 67

d) *Verringerung der Insolvenzmasse, § 290 I Nr. 4 InsO.* In drei Tatbestandsalternativen rechtfertigen nach § 290 I Nr. 4 InsO im letzten Jahr vor dem Antrag auf Eröffnung oder danach vorsätzlich oder grob fahrlässig begründete unangemessene Verbindlichkeiten, verschwendetes Vermögen oder die verzögerte Eröffnung des Insolvenzverfahrens eine Versagung der Restschuldbefreiung, sofern dadurch die Befriedigung der Insolvenzgläubiger beeinträchtigt wurde. Auch dieser Versagungsgrund wird in der Praxis durchaus häufig geltend gemacht. Seine Zielsetzungen bestehen darin, das haftende 68

---

[186] KPB/*Wenzel*, InsO, § 290 Rn. 33; Nerlich/Römermann/*Römermann*, § 290 Rn. 57.
[187] Uhlenbruck/Hirte/Vallender/*Vallender*, § 290 Rn. 46; zweifelnd MüKoInsO/*Stephan*, § 290 Rn. 50.
[188] HK/*Landfermann*, § 290 Rn. 16; aA *Graf-Schlicker/Kexel*, § 290 Rn. 15; *Andres/Leithaus*, § 290 Rn. 8.
[189] BGH NZI 2008, 318 Rn. 7; HK/*Landfermann*, § 290 Rn. 17; Uhlenbruck/Hirte/Vallender/*Vallender*, § 290 Rn. 47; *Haarmeyer/Wutzke/Förster/Schmerbach*, Präsenzkommentar, § 290 Rn. 50; *Pape*, in: Mohrbutter/Ringstmeier, § 17 Rn. 64; aA zu § 290 Abs. 1 Nr. 1 InsO KPB/*Wenzel*, InsO, § 290 Rn. 32.
[190] BGH NZI 2008, 318 Rn. 7.
[191] Leitentscheidung BGHZ 183, 13 Rn. 11 ff.
[192] BGH NJW 2003, 2167, 2168; ZInsO 2006, 647, 648.

Vermögen des Schuldners zu erhalten, die Insolvenzmasse zu schützen und zu verhindern, dass die Gläubigerbefriedigung im Schuldenbereinigungsplan- oder Insolvenzverfahren gefährdet wird. Die unbestimmten Rechtsbegriffe der unangemessenen Verbindlichkeiten, Vermögensverschwendung und fehlenden Besserungsaussichten für die wirtschaftliche Lage stellen nicht geringe exegetische Anforderungen. Um dem Differenzierungskriterium einer unredlichen Inanspruchnahme der Restschuldbefreiung Rechnung zu tragen, dürfen die typischen insolvenzauslösenden Faktoren, wie von den Ausgaben abweichende Einnahmen oder wirtschaftliche Fehlentscheidungen, allein nicht schon für eine Versagung genügen. Hinzutreten muss ein objektiv spezifisch qualifiziertes und subjektiv besonders vorwerfbares Verhalten.

69 Eine Versagung ist möglich, wenn der Schuldner unangemessene Verbindlichkeiten begründet hat. Unangemessen sind die eingegangenen Verbindlichkeiten erst dann, wenn sie in der konkreten Lebenssituation des Schuldners außerhalb einer nachvollziehbaren Nutzenentscheidung stehen[193] und entgegen der wirtschaftlichen Vernunft eingegangen wurden.[194] Abzustellen ist auf seinen bisherigen Lebenszuschnitt. Allerdings ist die Lebensführung des Schuldners nicht objektiv zu bewerten, also insbesondere kein Maßstab für eine wirtschaftliche Haushaltsführung zu entwickeln, sondern eine subjektiv aus seiner Sicht zutreffende Beurteilung zu fällen. Auch der Begriff eines unangemessen luxuriösen Lebensstils, auf den der BGH verweist,[195] muss entsprechend konkretisiert werden. Unerheblich ist, ob die Verbindlichkeit privat oder beruflich begründet ist, doch sind die aus der beruflichen Tätigkeit resultierenden Bedürfnisse, wie die für den Arbeitsweg sinnvolle Anschaffung eines Pkw, und Anforderungen zu berücksichtigen.[196] Eine Kapitalerhaltungspflicht besteht für natürliche Personen nicht.[197] Die Anmietung einer 114 qm großen Wohnung für einen Vier-Personen-Haushalt, deren Miete von DM 1850,– der Schuldner zur Hälfte trägt, und eine Flugreise für DM 590,– stellen keine unangemessenen Verbindlichkeiten dar.[198] Eine Kreditaufnahme von EUR 7500,– bildet ein Indiz, doch können Umschuldungsmaßnahmen im Einzelfall sogar das Bemühen belegen, die finanziellen Schwierigkeiten zu bewältigen.[199] In der Gesetzesbegründung werden als Beispiel Verbindlichkeiten aus vorsätzlicher unerlaubter Handlung genannt.[200] Eine unerlaubte Handlung als solche genügt deswegen noch nicht.[201] Nicht jede Verbindlichkeit aus vorsätzlich begangener unerlaubter Handlung kann aber den Versagungtatbestand begründen, da sonst § 302 Nr. 1 InsO in einem wichtigen Bereich bedeutungslos wäre. Deswegen muss ein Vermögensbezug bestehen und der Vorsatz die Unangemessenheit einschließen.[202]

70 Eine Vermögensverschwendung, die zweite Tatbestandsalternative von § 290 I Nr. 4 InsO, liegt nicht schon bei einem Vermögensverbrauch, sondern erst dann vor, wenn der Wertverzehr außerhalb einer nachvollziehbaren Verhaltensweise liegt. Die getätigten Ausgaben müssen im Verhältnis zum Gesamtvermögen und dem Einkommen des Schuldners grob unangemessen und wirtschaftlich nicht mehr nachvollziehbar erscheinen.[203] Eine unterlassene Erwerbstätigkeit erfüllt nicht den Tatbestand.[204] Die Befriedi-

---

[193] AGR/*Fischer*, § 290 Rn. 48; Karsten Schmidt/*Henning*, § 290 Rn. 47; *Pape*/*Uhlenbruck*, Rn. 961.
[194] Mohrbutter/Ringstmeier/*Pape*, § 17 Rn. 66.
[195] BGH NZI 2005, 233, 234; ZInsO 2009, 732 Rn. 10.
[196] Braun/*Lang*, § 290 Rn. 19.
[197] BGH ZInsO 2009, 732 Rn. 11.
[198] AG Bonn ZInsO 2001, 1070, 1071; zum unterlassenen Umzug auch BGH ZInsO 2005, 146.
[199] AG Hamburg ZVI 2002, 34, 35.
[200] BR-Drucks. 1/92 S. 190.
[201] LG Düsseldorf NZI 2009, 193.
[202] FK/*Ahrens*, § 290 Rn. 45.
[203] BGH NZI 2006, 712 Rn. 9; 2009, 325 Rn. 10; AGR/*Fischer*, § 290 Rn. 50.
[204] Uhlenbruck/Hirte/Vallender/*Vallender*, § 290 Rn. 52.

gung von zwei noch nicht fälligen Verbindlichkeiten nach Eröffnung des Insolvenzverfahrens stellt keine Vermögensverschwendung dar,[205] ebenso wenig bei Zahlungen aus dem unpfändbaren Vermögen,[206] bei der Ausschlagung einer Erbschaft[207] oder bei der Genehmigung einer vom Konto des Schuldners eingezogenen Forderung, die dieser für sein tägliches Leben notwendig erfüllen muss.[208] Veräußert der Schuldner seinen Geschäftsbetrieb und verwendet er die Einnahmen statt zur Schuldentilgung für eine Urlaubsreise im Wert von EUR 2000,– ist der Tatbestand erfüllt,[209] doch reicht eine Urlaubsreise allein nicht aus. Keine Vermögensverschwendung liegt bei der unentgeltlichen Überlassung von Gaststätteninventar an einen Erwerber in der Erwartung vor, dem Erwerber werde die Gaststätte nur verpachtet, wenn er in Höhe des Verkehrswerts des Mobiliars offenstehende Pachtansprüche begleicht, anders aber, wenn auch der Gaststättenbetrieb unentgeltlich übergeben wurde, dafür jedoch ein Interessent einen erheblichen Preis hätte zahlen wollen.[210] Prozessführungen und die Einlegung von Rechtsbehelfen, die dem Zeitgewinn dienen sollen, begründen noch keine Vermögensverschwendung. Eine Grenzziehung kommt erst bei nicht mehr nachvollziehbaren, querulatorischen Rechtsbehelfen in Betracht.[211] Die Konkretisierung des unbestimmten Rechtsbegriffs der Vermögensverschwendung kann in Fallgruppen erfolgen. Eine Fallgruppe betrifft die kurzfristige, zum Nachteil der Gläubigerbefriedigung vorgenommene Liquiditätsbeschaffung, wie die Fälle des § 283 Nr. 3 StGB und der Preisschleuderei gemäß § 18 Nr. 1 VglO, wenn der Schuldner Waren oder Leistungen erheblich unter Einkaufs-, Gestehungs- oder einem darunterliegenden Marktpreis veräußert.[212] Geschenke können den Tatbestand erfüllen,[213] doch rechtfertigt eine mögliche Schenkungsanfechtung nicht schon den Versagungsgrund. Eine Vermögensverschwendung kann auch bei den von § 283 Abs. 1 Nr. 2 StGB angeführten wirtschaftlich unvertretbaren Verlust-, Spekulations- oder Differenzgeschäften sowie Spiel[214] oder Wette[215] vorliegen. Fehlt die Steuerungsfähigkeit durch eine Spielsucht, ist dies beim subjektiven Tatbestand zu berücksichtigen.

Die Restschuldbefreiung kann auch versagt werden, wenn der Schuldner ohne Aussicht auf eine Verbesserung seiner wirtschaftlichen Lage die Eröffnung des Insolvenzverfahrens verzögert hat. Dieser auf die Unternehmensinsolvenz zugeschnittene Tatbestand spielt bei der Insolvenz nicht selbständig tätiger Personen kaum eine Rolle, zumal damit keine Verpflichtung des Schuldners statuiert wird, einen Eröffnungsantrag zu stellen.[216] Vielmehr muss der Schuldner durch ein aktives Tun, eine Täuschung etc. die Gläubiger davon abgehalten haben, die Eröffnung eines Insolvenzverfahrens zu beantragen.[217] Es genügt allerdings nicht, wenn der Schuldner auf die Drohung eines Gläubigers mit einem Insolvenzantrag gezielt dessen Forderung begleicht, weil die Anregung vom Gläubiger ausgegangen ist. Stellt der Geschäftsführer einer GmbH verspätet den Antrag auf Eröffnung des Insolvenzverfahrens über das Vermögen der Gesellschaft, rechtfertigt dies

---

[205] BGH NZI 2009, 325 Rn. 11.
[206] AG Coburg ZVI 2004, 313 f.
[207] LG Mainz ZVI 2003, 362, 363.
[208] LG Hamburg ZVI 2008, 522, 523.
[209] LG Düsseldorf NZI 2004, 390; Karsten Schmidt/*Henning*, § 290 Rn. 48.
[210] BGH ZInsO 2013, 1484 Rn. 8 ff.
[211] Vgl. Uhlenbruck/Hirte/Vallender/*Vallender*, § 290 Rn. 52; offengelassen von AG Göttingen NZI 2013, 653.
[212] BGH NZI 2009, 325 Rn. 10.
[213] AGR/*Fischer*, § 290 Rn. 50.
[214] LG Hagen ZVI 2007, 480; AG Duisburg JurBüro 2007, 329; AG Göttingen ZInsO 2010, 1012; Karsten Schmidt/*Henning*, § 290 Rn. 48.
[215] BGH NZI 2009, 325 Rn. 10.
[216] BGH NZI 2012, 330 Rn. 9; Karsten Schmidt/*Henning*, § 290 Rn. 49.
[217] BR-Drucks. 1/92 S. 190; MüKoInsO/*Stephan*, § 290 Rn. 61.

im Insolvenz- und Restschuldbefreiungsverfahren über sein eigenes Vermögen keine Versagung, da auf die Verhältnisse des Schuldners abgestellt wird.[218]

72 Mit seinem Verhalten muss der Schuldner eine Wesentlichkeitsgrenze überschritten haben,[219] denn sinnlose, aber geringfügige Ausgaben begründen weder eine unangemessene Verbindlichkeit noch führen sie zu einer Vermögensverschwendung. Außerdem muss in allen drei Tatbestandsalternativen durch das Handeln des Schuldners die Gläubigerbefriedigung beeinträchtigt worden sein. Diese Regelung entspricht der in § 296 I 1 InsO, weshalb auf die dazu ergangene Judikatur verwiesen werden kann. Erforderlich ist eine konkret messbar beeinträchtigte Befriedigung der Insolvenzgläubiger im Zeitpunkt des Schlusstermins nach Maßgabe einer wirtschaftlichen Betrachtungsweise.[220] Zwischen dem Verhalten des Schuldners und einer beeinträchtigten Befriedigung ist ein kausaler Zusammenhang erforderlich.[221] Bei verschwenderischen Ausgaben aus dem Unpfändbaren liegt keine beeinträchtigte Gläubigerbefriedigung vor.[222] Das zu beanstandende Verhalten muss in der Rückwärtsfrist von einem Jahr vor dem Antrag auf Eröffnung des Insolvenzverfahrens oder nach diesem Antrag aufgetreten sein. Die Frist ist nach den §§ 4 InsO, 222 Abs. 1 ZPO sowie analog den §§ 187 f. BGB zu berechnen. Außerdem muss der Schuldner vorsätzlich oder grob fahrlässig gehandelt haben, wobei sich die Verschuldenselemente auch auf die Konsequenz einer Gläubigerbeeinträchtigung beziehen müssen.

73 *e) Verletzte Auskunfts- und Mitwirkungspflichten, § 290 I Nr. 5 InsO.* § 290 I Nr. 5 InsO regelt einen Versagungsgrund, der in der Praxis oft zusammen mit § 290 I Nr. 6 InsO behandelt wird, systematisch aber davon zu unterscheiden ist. Wegen der einerseits umfassenden Anforderungen an den Schuldner, denen andererseits nicht stets dessen Engagement entspricht und der durch den Bezug auf das Insolvenzverfahren einfach feststellbaren Verstöße, beinhaltet § 290 I Nr. 5 InsO den mit Abstand wichtigsten Versagungsgrund. Dem Schuldner kann danach die Restschuldbefreiung versagt werden, wenn er im Verlauf des Insolvenzverfahrens die insolvenzrechtlichen Auskunfts- und Mitwirkungspflichten, etwa aus den §§ 20, 97, 98 und 101 InsO, vorsätzlich oder grob fahrlässig verletzt.[223] Die darin angelegte Verpflichtung des Schuldners zur Offenheit und vorbehaltlosen, unaufgeforderten Mitwirkung bildet ein wesentliches Element zur Erreichung der Ziele des Insolvenzverfahrens.[224] Sachlich abzustellen ist auf die Verletzung von Auskunfts- und Mitwirkungspflichten im anhängigen eigenen Insolvenzverfahren.[225] Erfasst sind nicht nur die Pflichten im eröffneten eigenen Insolvenzverfahren,[226] sondern auch die im Eröffnungsverfahren nach den §§ 20, 21 II Nr. 2, 22 III 2, 3 InsO bestehenden Pflichten.[227] Verlangt wird ein zulässiges Eröffnungsverlangen, in dem der Insolvenzgrund substantiiert dargelegt ist,[228] ohne eine ausdrücklich durch das Insolvenzgericht festgestellte Zulässigkeit des Antrags zu erfordern. Die Regelung setzt eine Verletzung von Auskunfts- oder Mitwirkungspflichten nach der InsO voraus. Eine nicht erfüllte Anordnung kann nur dann zur Versagung der Restschuldbefreiung nach § 290 I Nr. 5 InsO führen, wenn die erteilte Auflage rechtmäßig gewesen ist, also selbst

---

[218] AG Hamburg ZInsO 2007, 559, 560.
[219] FK/*Ahrens*, § 290 Rn. 48; außerdem *Graf-Schlicker/Kexel*, § 290 Rn. 17.
[220] BGH NJW-RR 2006, 1138, 1139, zu § 296 Abs. 1 InsO.
[221] KPB/*Wenzel*, § 290 Rn. 42.
[222] Karsten Schmidt/*Henning*, § 290 Rn. 50.
[223] Karsten Schmidt/*Henning*, § 290 Rn. 52.
[224] BGH ZInsO 2009, 395 Rn. 10.
[225] BGH ZInsO 2009, 684 Rn. 8.
[226] BGH ZInsO 2009, 684 Rn. 8.
[227] BGH NZI 2005, 232, 233; 2009, 65 Rn. 6; 2010, 264 Rn. 5; 2010, 530 Rn. 9; AGR/*Fischer*, § 290 Rn. 61.
[228] BGH ZVI 2005, 119.

den Vorschriften der InsO entsprach.[229] Dies gilt ebenso für gerichtliche Auflagen wie für Anordnungen des Insolvenzverwalters.

Auskunftspflichten des Schuldners bestehen nach den §§ 20, 97, 98, 101 InsO. Insbesondere ist der Schuldner verpflichtet, dem Insolvenzgericht, dem Insolvenzverwalter, dem Gläubigerausschuss und, auf Anordnung des Gerichts, der Gläubigerversammlung über alle das Verfahren betreffenden Verhältnisse Auskunft zu erteilen, § 97 I 1 InsO. Außerdem muss er sich auf Anordnung des Gerichts jederzeit zur Verfügung stellen, um seine Auskunfts- und Mitwirkungspflichten zu erfüllen, § 97 III InsO, und hat alle Handlungen zu unterlassen, die der Erfüllung seiner Pflichten zuwiderlaufen. Auskunft ist über alle das Verfahren betreffenden Umstände zu erteilen. Erfasst werden alle rechtlichen, wirtschaftlichen und sonstigen tatsächlichen Verhältnisse, die für das Verfahren in irgendeiner Weise bedeutsam sein können.[230] Die Auskunftspflicht erstreckt sich auch auf persönliche Verhältnisse des Schuldners. Auch ein Wohnungswechsel ist mitzuteilen,[231] doch ist die Mitwirkungspflicht des Schuldners nicht schon dann verletzt, wenn er zu einem ganz bestimmten Zeitpunkt für den Treuhänder nicht erreichbar ist und zur Auskunftserteilung zur Verfügung steht, sondern nur, wenn sich seine fehlende Mitwirkung über einen längeren Zeitraum erstreckt und nennenswerte Auswirkungen auf das Verfahren hat.[232] Verletzt ist die Mitwirkungspflicht, wenn sich der Schuldner an einen unbekannten Ort im Ausland absetzt.[233] Abzustellen ist dafür auf die Umstände des Einzelfalls, doch sind dafür regelmäßig wesentlich längere Zeitabstände als nach § 295 I Nr. 3 InsO erforderlich, der eine unverzügliche Anzeige verlangt.[234] Die Nennung der Gläubiger ist schon deswegen erforderlich, um das Insolvenzgericht in den Stand zu setzen, entsprechend seiner gesetzlichen Verpflichtung aus § 30 Abs. 2 InsO den Eröffnungsbeschluss den Gläubigern durch Zustellung bekannt zu machen. Der Auskunftspflicht wird nicht genügt, wenn der Schuldner einen Gläubiger nicht angibt, der Inhaber einer erheblichen Forderung ist.[235]

Das Verschweigen nicht unerheblicher Vermögenswerte oder Einkünfte führt, sofern auch der subjektive Tatbestand erfüllt ist, regelmäßig zur Versagung. Zuvorderst muss der Schuldner sein Einkommen mitteilen.[236] Dabei muss der Schuldner den Insolvenzverwalter über erzielte Einkünfte unmittelbar unterrichten. Die hierauf bezogenen Auskunftspflichten sind unverzüglich und nicht erst nach Ablauf des Kalenderjahres zu erfüllen.[237] Einschränkend heißt es aber auch, die fehlende Mitwirkung müsse sich über einen längeren Zeitraum erstreckt und nennenswerte Auswirkungen auf das Verfahren gehabt haben.[238] Eine Erwerbstätigkeit soll anzugeben sein, selbst wenn daraus nur unpfändbare Einkünfte zu erzielen sind.[239] Gibt der Schuldner für einen Zeitraum von mehr als sieben Monaten keine Auskunft zu seinen Einkünften aus nicht selbständiger Tätigkeit, ist der Versagungsgrund erfüllt.[240] Daneben muss der Schuldner umfassend Auskunft über seine Vermögensverhältnisse erteilen, d. h. insbesondere ein Verzeichnis seiner Gläubiger und Schuldner vorlegen sowie eine geordnete Übersicht seiner Ver-

---

[229] BGH NJW 2003, 2167; AGR/*Fischer*, § 290 Rn. 63.
[230] BGH ZInsO 2011, 396 Rn. 3; AGR/*Fischer*, § 290 Rn. 60; Karsten Schmidt/*Henning*, § 290 Rn. 53.
[231] AGR/*Fischer*, § 290 Rn. 74.
[232] BGH BeckRS 2014, 00398 Rn. 4.
[233] BGH ZInsO 2008, 975 Rn. 8 f.; AGR/*Fischer*, § 290 InsO Rn. 74.
[234] Krit. AG Göttingen NZI 2010, 115, 116.
[235] BGH NZI 2009, 65 Rn. 7; AGR/*Fischer*, § 290 Rn. 61; *Ahrens*, NZI 2013, 721 f.
[236] BGH BeckRS 2013, 14786 Rn. 6; AG Bonn ZInsO 2006, 49.
[237] BGH BeckRS 2012, 10268 Rn. 3.
[238] BGH BeckRS 2014, 00398 Rn. 4.
[239] LG Hamburg ZVI 2012, 431.
[240] BGH ZInsO 2009, 395 Rn. 7 ff.

mögensgegenstände einreichen.[241] Dazu gehört auch das Auslandsvermögen.[242] Aufzuführen sind auch die Forderungen und die Gründung einer Gesellschaft.[243] Ob mietfreies Wohnen anzugeben ist, hat der BGH offengelassen.[244] Der Schuldner muss angeben, wenn eine Unterhaltsverpflichtung entfällt.[245] Er ist verpflichtet, im Vermögensverzeichnis Angaben zu einer Forderung über DM 220 000,– zu machen, die er für weniger als DM 18 000,– verkauft hat.[246] Führt der Schuldner in seinem Eröffnungsantrag eine titulierte Forderung über mehr als EUR 130 000,– nicht an, liegt der Versagungsgrund vor.[247] Die unterlassene Angabe eines Girokontos[248] oder eines Fahrzeugs zur privaten Nutzung erfüllt den objektiven Tatbestand,[249] ebenso ein in den vorbereitenden Gesprächen zur Erstellung des Sachverständigengutachtens verschwiegenes Treuhandkonto.[250] Auch schwierig beizutreibende Forderungen sind zu benennen, denn es ist nicht Aufgabe des Schuldners, seine Aktiva zu bewerten.[251] Der Schuldner muss auch gegen ihn gerichtete Forderungen angeben, deren Bestehen er bestreitet.[252] Kann der Schuldner die Höhe einer streitigen Forderung nicht bestimmen, kommt eine Bezifferung mit EUR 0,– in Betracht.[253] Hat aber ein selbständiger Schuldner die Voraussetzungen nicht hinreichend dargelegt, unter denen ein Gegenstand als unpfändbar gemäß § 36 InsO nicht zur Insolvenzmasse gehört, darf allein deswegen noch keine beachtliche Verletzung einer Auskunftspflicht angenommen werden.[254] Außerdem ist bei einem selbständigen Schuldner keine Auskunft darüber erforderlich, welche Angaben berufsbedingt und welche privat veranlasst sind.[255] Anzugeben sollen auch Umstände sein, die für eine Insolvenzanfechtung von Bedeutung sein können, da eine erfolgreiche Anfechtung die Masse mehrt. Die Pflicht des Schuldners besteht bereits dann, wenn konkrete Anhaltspunkte die Anfechtung möglich erscheinen lassen, ohne dass die Voraussetzungen der Insolvenzanfechtung tatsächlich erfüllt sein müssen.[256] Trotz der hohen objektiven Anforderungen an den Schuldner, wird eine Versagung nicht selten am erforderlichen qualifizierten Verschulden scheitern.

76 Über Umstände, die für den Schuldner erkennbar nicht Gegenstand von Nachfragen sein können, weil sie den übrigen Verfahrensbeteiligten nicht bekannt sind, besteht unabhängig von einem konkreten Auskunftsverlangen eine Offenbarungspflicht.[257] Die gilt etwa für eine ausgeübte Beschäftigung,[258] die Höhe der Einkünfte aus einer Beschäftigung,[259] über veränderte Einkünfte, auch aus Nebentätigkeiten,[260] oder über einen erheblichen Vermögenszuwachs durch eine Erbschaft.[261]

---

[241] BGHZ 156, 92, 94; NZI 2009, 65 Rn. 7.
[242] BGH NZI 2005, 461; Mohrbutter/Ringstmeier/*Pape*, § 17 Rn. 74.
[243] BGH NZI 2013, 648 Rn. 19.
[244] BGH NZI 2008, 506, 507.
[245] BGH ZInsO 2009, 768 Rn. 5.
[246] AG Göttingen ZInsO 2007, 1059.
[247] BGH NZI 2009, 65 Rn. 5.
[248] BGH ZInsO 2011, 1223 Rn. 7.
[249] BGH ZInsO 2009, 481 Rn. 10.
[250] BGH ZVI 2005, 551.
[251] BGH ZInsO 2007, 96 Rn. 8; NZI 2010, 530 Rn. 10; BeckRS 2011, 03482 Rn. 4.
[252] BGH NZI 2009, 856 Rn. 4, mit Anm. *Schmerbach*.
[253] BGH ZInsO 2008, 860 Rn. 6.
[254] BGH NJW 2003, 2167, 2169 f.
[255] BGH NJW 2003, 2167, 2170.
[256] BGH NZI 2010, 264 Rn. 6; BGH NZI 2010, 999 Rn. 5; ZInsO 2012, 751 Rn. 14; FK/*Ahrens*, § 290 Rn. 56; AGR/*Fischer*, § 290 InsO Rn. 65; krit. *Wedekind*, VIA 2010, 35, 36.
[257] Karsten Schmidt/*Henning*, § 290 Rn. 53.
[258] AG Bonn ZInsO 2006, 49.
[259] AG Oldenburg ZInsO 2009, 686.
[260] LG Mönchengladbach ZInsO 2003, 955, 956; HambKommInsO/*Streck*, § 290 Rn. 32a.
[261] AG Göttingen ZVI 2004, 425 f.

Mitwirkungspflichten sind regelmäßig auf ein aktives Tun gerichtet. Erfasst wird aber auch die Unterlassungspflicht aus § 97 III 2 InsO sowie die Bereitschaftspflicht aus § 97 III 1 InsO. Die Mitwirkungspflicht bezieht sich allein auf Gegenstände der Insolvenzmasse.[262] Der nicht selbständig erwerbstätige Schuldner hat den an ihn ausgekehrten pfändbaren Betrag seines Arbeitseinkommens abzuführen.[263] Der Versagungsgrund ist auch erfüllt, falls der selbständige Schuldner ohne Absprache mit dem Insolvenzverwalter Beträge aus der Kasse entnimmt, auch wenn sie für Unterhaltsleistungen oder den Betrieb der Zahnarztpraxis erforderlich sind.[264] Informiert der Schuldner den Treuhänder nicht über die Aufnahme einer selbständigen wirtschaftlichen Tätigkeit und begründet er ohne Kenntnis des Treuhänders Masseverbindlichkeiten, verletzt er Mitwirkungspflichten.[265] Der als selbständiger Arzt niedergelassene Schuldner muss dem Treuhänder die zur Geltendmachung privatärztlicher Honorarforderungen erforderlichen Patientendaten sowie die Forderungshöhe mitteilen.[266] Die Wahl einer für den Schuldner nachteiligen Steuerklasse nach dem Insolvenzantrag zum Vorteil seines Ehepartners verletzt seine Mitwirkungspflicht.[267] Da der Schuldner durch die Eröffnung des Insolvenzverfahrens seine steuerliche Handlungsfähigkeit verliert, kann nur der Verwalter für ihn eine Steuererklärung bei dem Finanzamt abgeben. Auf Verlangen des Verwalters ist der Schuldner lediglich zur Vorlage der zur Erstellung der Steuererklärung notwendigen Unterlagen, nicht aber zur Abgabe der Steuererklärung verpflichtet.[268] Sagt der Schuldner zu, die Steuererklärung einzureichen, ohne dem nachzukommen, und legt er die zur Abgabe der Steuererklärung für den Verwalter erforderlichen Unterlagen nicht vor, kann ausnahmsweise der objektive Tatbestand von § 290 Abs. 1 Nr. 5 InsO verwirklicht sein, wenn er dadurch die Durchsetzung seines Steuererstattungsanspruchs zu verhindern sucht.[269] Die Mitwirkungspflicht kann verletzt sein, wenn der Schuldner Gegenstände, die sich in seinem unmittelbaren Besitz befinden, nicht an den Insolvenzverwalter unverzüglich herausgibt.[270] Die Umwandlung einer Kapitallebensversicherung in eine unpfändbare Rentenversicherung stellt nach der nicht unproblematischen Ansicht des BGH eine Pflichtverletzung dar.[271] Der Abschluss eines Mietvertrags mit einer mehrjährigen Mietvorauszahlungsvereinbarung über ein freigegebenes Grundstück führt selbst bei einer dadurch erschwerten Zwangsversteigerung nicht zu einem Verstoß gegen § 290 Abs. 1 Nr. 5 InsO.[272] Bestreitet der Schuldner die Qualifikation einer Forderung aus vorsätzlich begangener unerlaubter Handlung, verstößt er gegen keine Pflichten,[273] sondern gebraucht seine Rechte. Ebenso verletzt er nicht seine Pflichten, wenn er substantiiert einen Anspruch des Treuhänders auf Nutzungsentschädigung bestreitet.[274] Eine Pflicht zur Erwerbstätigkeit mit dem Ziel, der Masse neuen Erwerb zuzuführen, besteht nicht,[275] denn die Arbeitskraft des Schuldners gehört nicht zur Insolvenzmasse[276] und § 97 II InsO konstituiert keine Mitarbeitspflicht.[277] Aufgrund

---

[262] LG Bonn BeckRS 2011, 26232.
[263] BGH BeckRS 2013, 14786 Rn. 7.
[264] BGH ZInsO 2011, 1412 Rn. 4.
[265] BGH ZInsO 2009, 2162 Rn. 3.
[266] BGH ZInsO 2009, 734 Rn. 4, Psychiater.
[267] BGH DZWIR 2008, 470.
[268] BGH NZI 2009, 327 Rn. 8.
[269] BGH NZI 2009, 327 Rn. 11, 13.
[270] BGH BeckRS 2012, 05749.
[271] BGH BeckRS 2011, 17763.
[272] LG Göttingen NZI 2009, 122, 123.
[273] AG Göttingen NZI 2013, 653.
[274] LG Dessau-Roßlau BeckRS 2013, 09077.
[275] Uhlenbruck/Hirte/Vallender/*Vallender*, § 290 Rn. 68.
[276] BAG ZInsO 2013, 1806 Rn. 20 ff.
[277] BGH NJW 2002, 3326, 3328; NZI 2009, 192 Rn. 11; ZInsO 2009, 1252 Rn. 18.

der im Insolvenzverfahren bestehenden Pflichten kann der Schuldner nicht zu einer Erwerbstätigkeit gezwungen werden.[278] Eine Erwerbsobliegenheit auch im eröffneten Insolvenzverfahren ist erst im neuen Recht vorgesehen, § 287b InsO. Soweit eine Kostenstundung bewilligt ist, besteht zwar eine Erwerbsobliegenheit aus § 4c Nr. 4 InsO, doch begründet deren Verletzung keinen Versagungsgrund. Umgekehrt kann dem Schuldner aber auch nicht die Fortsetzung einer Erwerbstätigkeit untersagt werden,[279] genießt er doch den verfassungsrechtlichen Schutz aus Art. 12 GG. Für den selbständigen Schuldner folgt diese Konsequenz bereits aus § 35 II InsO, doch gilt Entsprechendes auch für Nichtselbständige. Eine Negativerklärung nach § 35 II InsO löst für den Schuldner zusätzliche Verpflichtungen aus, deren Nichtbeachtung zur Versagung der Restschuldbefreiung nach § 290 I Nr. 5 InsO führen kann.[280] Bei den vom Schuldner nach § 35 II 2 iVm § 295 II InsO zu erbringenden Zahlungen handelt es sich um eine einklagbare Leistungspflicht,[281] die durch eine Mitteilungspflicht ergänzt wird. Liegt der Gewinn des Schuldners aus der Selbständigkeit unterhalb des pfändbaren Betrags aus einer angemessenen hypothetischen abhängigen Beschäftigung, besteht eine Auskunfts-, aber keine Zahlungspflicht. Umgekehrt existiert bei einem Einkommen, m.E. sollte es hier auch Gewinn heißen, oberhalb des pfändbaren Betrags aus dem Referenzeinkommen eine Zahlungs-, aber keine Auskunftspflicht.[282] Verletzt der Schuldner eine dieser Pflichten, ist der objektive Versagungstatbestand erfüllt.

78 Nach der Rechtsprechung des BGH muss der Schuldner mit seinem Verhalten nicht die Befriedigung der Gläubiger beeinträchtigt haben. Es genügt danach, dass die Verletzung der Auskunfts- und Mitwirkungspflichten ihrer Art nach geeignet ist, die Befriedigung der Insolvenzgläubiger zu beeinträchtigen.[283] Unwesentliche Verstöße rechtfertigen jedoch auch im Rahmen von § 290 Abs. 1 Nr. 5 InsO keine Versagung. Maßgebend ist eine Einzelfallbetrachtung. Nur so kann beurteilt werden, ob trotz eines objektiv erfolgten Verstoßes gegen § 290 Abs. 1 InsO, anhand des sich aus dem Verhalten des Schuldners ergebenden Gesamtbilds, die weitreichenden Folgen einer versagten Restschuldbefreiung zu begründen sind.[284] Eine Heilung durch eine rechtzeitige Berichtigung lässt den Versagungsgrund entfallen.[285] Geheilt werden können nur verfahrensbezogene Pflichtverletzungen.[286] Zusätzlich muss der Verfahrensstand noch eine Heilung zulassen. Im Verbraucherinsolvenzverfahren müssen die Auskünfte noch im Eröffnungsverfahren nachgeholt werden, weil dort schon für das der Verfahrenseröffnung vorangehende Schuldenbereinigungsverfahren richtige und vollständige Angaben des Schuldners erforderlich sind.[287] Im Regelinsolvenzverfahren können dagegen die Auskünfte grds. bis zum Schlusstermin berichtigt werden. Schließlich darf die Pflichtverletzung noch nicht bekannt sein. Holt der Schuldner von sich aus eine gebotene, aber zunächst unterlassene Auskunft nach, bevor sein Verhalten aufgedeckt und ein Versagungsantrag gestellt ist, beeinträchtigt seine Obliegenheitsverletzung letztlich die Gläubigerinteressen nicht. Die Versagung der Restschuldbefreiung ist dann idR unverhältnismäßig.[288] Eine selbständig nachgeholte Auskunft liegt

---

[278] BGHZ 167, 363 Rn. 16; NZI 2009, 192 Rn. 11.
[279] AA LG Cottbus ZVI 2002, 218.
[280] BGH NZI 2013, 797 Rn. 20, mit Anm. *Ahrens;* AGR/*Ahrens,* § 35 Rn. 163.
[281] BGH WM 2014, 751 Rn. 11 ff., 17.
[282] BGH NZI 2013, 797 Rn. 21 f., mit Anm. *Ahrens.*
[283] BGH NZI 2009, 253; AGR/*Fischer,* § 290 Rn. 77 ff.
[284] BGH NZI 2011, 66 Rn. 7; BeckRS 2013, 14786.
[285] BGH NZI 2009, 65 Rn. 11; 2011, 114 Rn. 6; ZInsO 2009, 1954 Rn. 9; FK/*Ahrens,* § 290 Rn. 55; AGR/*Fischer,* § 290 InsO Rn. 90; *Anger,* VIA 2009, 12; HWF/*Schmerbach,* § 290 Rn. 41.
[286] *Ahrens,* ZVI 2011, 273, 280 f.; s. a. *Meller-Hannich,* KTS 2011, 258, 262 ff.
[287] BGH NZI 2005, 461 zu § 290 Abs. 1 Nr. 6; NZI 2011, 114 Rn. 6; *Ahrens,* ZVI 2011, 273, 280 f.; aA AG Göttingen ZVI 2012, 81 f., Heilung auch nach Eröffnung zulässig.
[288] BGH NZI 2011, 114 Rn. 6.

nicht vor, wenn der Schuldner eine Lohnsteuerbescheinigung auf Verlangen des Treuhänders vorlegt.[289] Unzureichend ist, Einnahmen nachträglich zu offenbaren, ohne sie vor dem Versagungsantrag an den Treuhänder abzuführen.[290]

Subjektiv muss der Schuldner vorsätzlich oder grob fahrlässig gehandelt haben. Eine grobe Fahrlässigkeit liegt bei einer auch subjektiv schlechthin unentschuldbaren Pflichtverletzung vor.[291] Eine grob fahrlässige Pflichtverletzung kann vorliegen, wenn der Schuldner es unterlässt, bei einer allgemeinen Fragestellung wesentliche Vermögensänderungen mitzuteilen, oder wenn das Auskunftsverlangen durch gezielte Fragestellungen in einer Weise konkretisiert ist, die beim Schuldner keine Unklarheit über die zu erteilenden Angaben aufkommen lassen kann und die Auskünfte dennoch nicht erteilt werden.[292] Gibt der Schuldner, dessen Einkommen unterhalb der Pfändungsgrenze liegt, auf eine allgemeine Frage des Insolvenzverwalters nach Vermögensveränderungen eine entfallene Unterhaltspflicht nicht an, so handelt er nicht grob fahrlässig.[293] Ein unzutreffender Hinweis in einem Merkblatt des Insolvenzgerichts kann den Vorwurf der groben Fahrlässigkeit entkräften.[294] Eine nicht angegebene Forderung über EUR 200,– in einem Verfahren mit mehr als 100 Gläubigern, einer Gesamtverschuldung von EUR 32 000,– und einem sieben Jahre zurückliegenden Vollstreckungsversuch ist nicht geeignet, den qualifizierten Verschuldensvorwurf zu begründen.[295]

f) *Unzutreffende Verzeichnisse, § 290 I Nr. 6 InsO.* Ein Versagungsgrund besteht auch, wenn der Schuldner in den nach § 305 Nr. 3 InsO vorzulegenden Verzeichnissen seines Vermögens, seines Einkommens, seiner Gläubiger oder der gegen ihn gerichteten Forderungen vorsätzlich oder grob fahrlässig unrichtige oder unvollständige Angaben gemacht hat. In der Praxis handelt es sich um den am häufigsten geprüften Versagungsgrund,[296] was auf verschiedenen Faktoren beruhen wird. Neben bewussten Fehlangaben in den Vermögensverzeichnissen wird oft ein allzu sorgloser bis leichtsinniger Umgang mit den Unterlagen, vielleicht aber auch eine Überforderung durch die komplexen Anforderungen ursächlich sein. Am Wichtigsten dürfte freilich die leichte Überprüfbarkeit von Falschangaben im Versagungsverfahren sein. In der Beratungspraxis ist der Schuldner deswegen zu einem besonders sorgfältigen Ausfüllen der Verzeichnisse anzuhalten.

Ziel der Regelung ist eine Entlastung des Insolvenzgerichts und eine Unterrichtung der Gläubiger über die Grundlagen der geplanten Schuldenbereinigung.[297] Der Versagungsgrund schließt eine Lücke, weil § 290 Abs. 1 Nr. 5 InsO nach seinem Wortlaut das Insolvenzverfahren, nicht aber das vorgelagerte gerichtliche Schuldenbereinigungsplanverfahren erfasst.[298] Auf unzutreffende Angaben im außergerichtlichen Verfahren sind dagegen weder § 290 I Nr. 6 InsO noch § 290 I Nr. 5 InsO anwendbar. Angaben des Schuldners, die erst nach den gemäß § 305 I Nr. 3 InsO vorzulegenden Verzeichnissen erfolgen, sind für den Versagungsgrund des § 290 I Nr. 6 InsO unerheblich.[299]

Sachlich verweist § 290 I Nr. 6 InsO auf die Verzeichnisse aus § 305 I Nr. 3 InsO. Zwischen dem Normtext beider Regelungen besteht allerdings ein wichtiger Unter-

---

[289] BGH BeckRS 2012, 10268 Rn. 6.
[290] BGH BeckRS 2011, 03768 Rn. 2.
[291] BGH ZInsO 2006, 370, 371; 2009, 768 Rn. 7.
[292] BGH ZInsO 2009, 768 Rn. 10.
[293] BGH ZInsO 2009, 768 Rn. 11.
[294] BGH ZInsO 2006, 370, 371.
[295] AG Göttingen ZVI 2005, 557.
[296] *Ahrens*, ZInsO 2007, 673, 677.
[297] BGH NZI 2005, 461.
[298] LG Saarbrücken NZI 2000, 380, 381.
[299] BGH NZI 2005, 404, 405.

schied. Seit der Novellierung von § 305 I Nr. 3 InsO durch das InsOÄndG vom 26.10.2001[300] verlangt diese Regelung eine Zusammenfassung der wesentlichen Inhalte des Vermögensverzeichnisses in Gestalt einer Vermögensübersicht. Auf diese Übersicht bezieht sich § 290 I Nr. 6 InsO nach seinem Wortlaut nicht. Da die Übersicht nur eine unselbständige Funktion besitzt und kein vollständiges Bild der Vermögenslage vermittelt, kann eine Versagung nicht auf eine unzutreffende Übersicht gestützt werden.

83 Die Angaben in den Verzeichnissen müssen unrichtig oder unvollständig gewesen sein.[301] In das Gläubigerverzeichnis sind alle persönlichen Gläubiger des Schuldners aufzunehmen, die im Zeitpunkt der angestrebten Eröffnung des Insolvenzverfahrens einen begründeten Vermögensanspruch gegen den Schuldner haben.[302] Die unterlassene Angabe eines Insolvenzgläubigers erfüllt den objektiven Tatbestand,[303] selbst wenn dieser auf andere Weise vom Insolvenzverfahren Kenntnis erlangt und seine Forderung angemeldet hat.[304] Dies gilt auch für die unterlassene Angabe von Unterhaltsberechtigten.[305] Objektiv ändern Kenntnisse von Gläubigern nichts an den Pflichten des Schuldners aus § 305 Abs. 1 Nr. 3 InsO, denn die Verzeichnisse dienen neben der Information der Gläubiger über die geplante Schuldenbereinigung auch der Entlastung des Insolvenzgerichts.[306] Auch das Forderungsverzeichnis muss vollständig und richtig sein. Der Schuldner muss auch gegen ihn gerichtete, aber von ihm bestrittene Forderungen bzw. schwierig beizutreibende Forderungen angeben, deren Bestehen er bestreitet.[307] Es ist nicht seine Sache, seine Aktiva zu bewerten und vermeintlich für die Gläubiger uninteressante Positionen zu verschweigen.[308] Die Restschuldbefreiung kann auch bei erfundenen Forderungen[309] oder Gläubigern versagt werden. Bei gestundeten oder aus anderen Gründen noch nicht fälligen Forderungen ist anzugeben, wann sie fällig werden.[310] Verschleiert der Schuldner seine Einkünfte, indem er sich hinter einer Scheinfirma wie einer nicht existierenden englischen Limited versteckt, ist der Versagungsgrund aus § 290 I Nr. 6 InsO erfüllt,[311] ebenso wenn der Schuldner Grundvermögen auch auf Nachfragen zunächst nicht angibt.[312] Eine erfolgreiche Arglistanfechtung des Schuldenbereinigungsplans soll den Versagungsgrund verwirklichen.[313] Es liegt keine Pflichtverletzung vor, wenn der Schuldner im Vermögensverzeichnis einen wirtschaftlich wertlosen Ausgleichsanspruch gegen einen Gesamtschuldner nicht angibt, den er im Insolvenzverfahren ohnehin nicht zum Nachteil der Gläubiger geltend machen darf.[314] Wird eine nachrangige Verbindlichkeit nicht angegeben, wie eine in Raten von DM 20,– zu tilgende Geldstrafe, ist der Versagungsgrund nicht erfüllt.[315] Unzureichende Einkünfte, etwa durch eine Sicherungsabtretung zugunsten der Ehefrau, rechtfertigen keine Versagung.[316]

---

[300] BGBl. I S. 2710.
[301] FK/*Ahrens*, § 290 Rn. 51.
[302] BGH ZInsO 2005, 537, 538.
[303] BGH ZInsO 2013, 99 Rn. 10; AG Göttingen ZInsO 2002, 1150, 1151; AG Frankfurt/M. ZVI 2007, 211; *Ahrens*, NZI 721, 722.
[304] BGH NZI 2009, 562 Rn. 16.
[305] AG Göttingen NZI 2012, 928, doch fehlte im konkreten Fall das qualifizierte Verschulden.
[306] BGH NZI 2011, 254 Rn. 11.
[307] BGH NZI 2009, 562 Rn. 7 ff.; NZI 2011, 66 Rn. 5; NZI 2011, 254 Rn. 11; AGR/*Fischer*, § 290 Rn. 95.
[308] BGH NZI 2011, 66 Rn. 3.
[309] BGH NZI 2004, 633, 634.
[310] BGH ZInsO 2005, 537, 538.
[311] BGH ZVI 2005, 276.
[312] BGH NZI 2005, 461.
[313] AG Mönchengladbach ZInsO 2009, 1123, 1124.
[314] BGH ZVI 2004, 696.
[315] AG Münster NZI 2000, 555, 556.
[316] BGH NZI 2004, 635, 636.

Nach der Rechtsprechung des BGH muss der Schuldner mit seinem Verhalten nicht 84
die Befriedigung der Gläubiger beeinträchtigt haben.[317] Es genügt, dass die falschen
oder unvollständigen Angaben ihrer Art nach geeignet sind, die Befriedigung der Insolvenzgläubiger zu beeinträchtigen. Das ist immer dann der Fall, wenn der Gläubiger
einer Insolvenzforderung nicht im Verzeichnis aufgeführt ist, weil dadurch seine Teilnahme am Verfahren infrage gestellt wird.[318] Unwesentliche Verstöße rechtfertigen jedoch auch im Rahmen von § 290 Abs. 1 Nr. 6 InsO keine Versagung, so die unterlassene Angabe eines Guthabens von EUR 409,–.[319] Korrigiert oder berichtigt der
Schuldner gem. den §§ 305 III 1, 307 III 1 InsO seine ursprünglichen, nicht vorsätzlich
falschen Angaben in den eingereichten Unterlagen noch im Eröffnungsverfahren, ist der
Versagungsgrund nicht erfüllt.[320] Diese Heilungsmöglichkeit bei einer Verletzung von
§ 290 Abs. 1 Nr. 6 InsO ist nach Eröffnung des Insolvenzverfahrens ausgeschlossen
(→ Rn. 78). Außerdem muss der Schuldner die unzutreffenden Angaben vorsätzlich
oder grob fahrlässig herbeigeführt haben. Ob die unterlassene Angabe einer Mietsicherheit grob fahrlässig war, hängt von den Umständen ab.[321] Antragsbefugt, dh berechtigt,
den Versagungsgrund aus § 290 I Nr. 6 InsO geltend zu machen, ist nach der Rechtsprechung aufgrund der dem Tatbestand zugrunde liegenden typisierenden Betrachtungsweise jeder Gläubiger.[322]

3. Versagungsverfahren. a) *Versagungsantrag.* Die Restschuldbefreiung darf nach 85
§ 290 InsO allein auf Antrag eines Insolvenzgläubigers, also nicht von Amts wegen versagt werden.[323] Innerhalb des Zulassungsverfahrens bildet das Versagungsverfahren einen
besonderen Verfahrensabschnitt. Verfahrensrechtlich ist dieser Teil des Restschuldbefreiungsverfahrens besonders ausgekleidet. Neben den allgemeinen Sachentscheidungsvoraussetzungen bestehen für einen zulässigen Versagungsantrag spezielle Anforderungen.
Verlangt wird insbesondere ein im Schlusstermin gestellter und glaubhaft gemachter
Gläubigerantrag. Zusätzlich weicht auch das Verfahren in manchem von der im Insolvenzverfahren nach § 5 I 1 InsO vorgeschriebenen Amtsermittlung ab.

Die Restschuldbefreiung darf allein auf den zulässigen und begründeten Antrag eines 86
Gläubigers, also nicht von Amts wegen, versagt werden.[324] Dies gilt auch, wenn der
Versagungsgrund erst nach dem Schlusstermin bekannt geworden ist.[325] Mit dem kontradiktorischen Charakter des Versagungsverfahrens ist eine amtswegige Versagung nicht
zu vereinbaren. Zudem besteht kein überzeugender Grund für ein von Amts wegen
betriebenes Versagungsverfahren, wenn die Gläubiger selbst kein Interesse an einer Versagung haben. Müsste das Insolvenzgericht zudem allen möglichen Versagungsgründen
nachgehen, könnten das Zulassungs- und Insolvenzverfahren selbst bei masselosen Insolvenzverfahren kaum mehr in angemessener Zeit abgeschlossen werden. Da das Insolvenzverfahren erst nach der rechtskräftigen Entscheidung über die Ankündigung der
Restschuldbefreiung aufgehoben werden darf, § 289 II 2 InsO, droht seine Perpetuierung, welche die gesetzliche Grundentscheidung für einen zeitnahen Übergang in die
Treuhandperiode gefährdet. Diese strikt zu interpretierende gesetzliche Rollenverteilung schließt auch einen gerichtlichen Hinweis auf einen Versagungsantrag aus. Ein
Bedürfnis für einen solchen Hinweis ist schon deswegen nicht zu erkennen, weil das

---

[317] BGH NZI 2004, 633, 634.
[318] BGH ZInsO 2013, 99 Rn. 10.
[319] BGH ZInsO 2005, 146.
[320] BGH NZI 2005, 461; FK/*Ahrens*, § 290 Rn. 70; HK/*Landfermann*, § 290 Rn. 33; HambKomm-InsO/*Streck*, § 290 Rn. 35a; KPB/*Wenzel*, § 290 Rn. 21.
[321] Verneinend BGH ZInsO 2007, 1150 Rn. 8, 11; anders BGH WuM 2007, 469.
[322] BGH NZI 2007, 357 Rn. 3; aA *Ahrens*, NZI 2001, 113, 116.
[323] AGR/*Fischer*, § 290 Rn. 3.
[324] BGH NJW 2003, 2167, 2169; Karsten Schmidt/*Henning*, § 290 Rn. 16.
[325] BGH NZI 2008, 48.

Gericht seine Handlungsspielräume innerhalb des Kostenstundungsverfahrens ausschöpfen kann.

87 Antragsbefugt sind allein Insolvenzgläubiger. Um am Verfahren partizipieren zu können, ist zusätzlich eine Forderungsanmeldung erforderlich.[326] Nur wer sich durch eine Forderungsanmeldung in das Insolvenzverfahren integriert, besitzt verfahrensrechtliche Befugnisse und kann deswegen einen Versagungsantrag stellen.[327] Eine Teilnahme an der Schlussverteilung ist nicht erforderlich.[328] Unerheblich ist nach der Rechtsprechung des BGH, ob der Insolvenzgläubiger nicht mehr materiellrechtlicher Inhaber der Forderung ist.[329] Absonderungsberechtigte Gläubiger können als Insolvenzgläubiger einen Versagungsantrag stellen, soweit ihnen gemäß § 52 InsO der Schuldner auch persönlich haftet. In asymmetrischen Verfahren, in denen die Verwertung noch nicht abgeschlossen ist, genügt die Glaubhaftmachung des Ausfalls.[330] Für den Versagungsantrag eines Gläubigers, dessen Forderung nach § 302 Nr. 1 InsO von der Restschuldbefreiung ausgenommen ist, besteht ein Rechtsschutzbedürfnis.[331] Nachrangige Gläubiger sind ebenfalls antragsbefugt, soweit sie am Verfahren teilnehmen können, also aufgefordert wurden, ihre Forderungen anzumelden,[332] nicht aber Massegläubiger und Neugläubiger. Ob die Gläubiger bestrittener Forderungen antragsberechtigt sind, ist fraglich, denn sie besitzen verfahrensrechtlich allein eingeschränkte Befugnisse. Zudem müsste sonst der Streit über das Bestehen der Forderung im Versagungsverfahren ausgetragen werden. Ein nicht beseitigter Widerspruch des Insolvenzverwalters oder eines Insolvenzgläubigers steht dem Antragsrecht ebenso wie eine vom Schuldner bestrittene Forderung entgegen,[333] selbst wenn diese tituliert ist.[334] Der Widerspruch wird nicht schon durch eine erhobene Feststellungsklage beseitigt, denn die Ausnahmeregelung des § 189 InsO ist auf die Verteilung beschränkt und kann andere Verfahrensrechte nicht legitimieren.[335] Nicht antragsberechtigt sind Inkassounternehmen, die allein im Schuldenbereinigungsplanverfahren nach § 305 IV 2 InsO und im Forderungsfeststellungsverfahren gem. § 174 I 3 InsO vertretungsbefugt sind.[336] Der Antrag kann bis zur Rechtskraft der Entscheidung über die Versagung der Restschuldbefreiung zurückgenommen werden.[337]

88 **b)** *Antragstellung im Schlusstermin*. Die Gläubiger sind berechtigt, im Schlusstermin, § 197 InsO, die Versagung der Restschuldbefreiung zu beantragen. Deswegen besteht keine Jahresfrist zur Antragstellung analog § 296 I InsO.[338] Ein vor dem Schlusstermin, etwa in einem früheren Termin gestellter, in einem vorbereitenden Schriftsatz enthaltener oder zu Protokoll der Geschäftsstelle erklärter Antrag stellt nach der bislang geltenden Rechtslage nur eine Ankündigung eines Versagungsantrags dar, die nicht zur Versagung führen darf.[339] Deswegen muss der Antragsteller im Schlusstermin persönlich erscheinen oder sich dort vertreten lassen. Dies ermöglicht, den Antrag mündlich zu

---

[326] NZI 2007, 357 Rn. 2; Karsten Schmidt/*Henning*, § 290 Rn. 17.
[327] BGH NZI 2005, 399, m. Anm. *Ahrens*.
[328] BGH NZI 2009, 856 Rn. 3.
[329] BGH NZI 2010, 865 Rn. 4.
[330] BGH NZI 2012, 892 Rn. 14.
[331] BGH ZInsO 2013, 1380 Rn. 2, jedenfalls soweit der Schuldner dem Forderungsgrund aus vorsätzlich begangener unerlaubter Handlung widersprochen hat; MüKoInsO/*Stephan*, § 290 Rn. 14.
[332] FK/*Ahrens*, § 290 Rn. 80.
[333] AA BGH NZI 2012, 892 Rn. 17; HambKommInsO/*Streck*, § 289 Rn. 10.
[334] FK/*Ahrens*, § 290 Rn. 81.
[335] AA AG Hamburg ZInsO 2005, 1060.
[336] AG Köln NZI 2013, 149, zu § 296 InsO; Karsten Schmidt/*Henning*, § 290 Rn. 18.
[337] BGH NZI 2010, 780 Rn. 4; ZInsO 2011, 1126 Rn. 11.
[338] BGH NZI 2011, 193 Rn. 3.
[339] BGH NJW 2003, 2167, 2168; ZInsO 2009, 1954 Rn. 7; AGR/*Fischer*, § 290 Rn. 7; *Hess*, § 290 Rn. 19.

erläutern und eventuelle Einwendungen sofort zu klären. Nach dem Schlusstermin ist ein auf § 290 Abs. 1 InsO gestützter Versagungsantrag nicht mehr zulässig, denn die Versagungsgründe sind im aktuell geltenden Recht dann präkludiert.[340] Selbst wenn der Gläubiger erst nach dem Schlusstermin Kenntnis von dem Versagungsgrund erlangt, darf der Versagungsantrag nicht mehr nachgeschoben werden.[341] Auch das Nachschieben von Gründen ist unzulässig. Der Versagungsantrag kann deswegen nicht nachträglich auf die von anderen Versagungsantragstellern vorgebrachten Gründe gestützt werden, die sich der Antragsteller im Schlusstermin nicht wenigstens hilfsweise zu eigen gemacht hat.[342] Im Rechtsmittelverfahren darf weder ein neuer Sachverhalt noch ein neuer Versagungsgrund vorgetragen werden.[343]

Nicht in jedem Fall muss ein mündlicher Schlusstermin durchgeführt werden. Bestehen überschaubare Vermögensverhältnisse bei einer geringen Zahl der Gläubiger oder einer geringen Höhe der Verbindlichkeiten, kann das Insolvenzgericht nach § 5 Abs. 2 InsO ein schriftliches Verfahren anordnen. In diesem Fall muss die Antragstellung zwingend im Rahmen der Schlussanhörung erfolgen.[344] Die Anträge sind in einer richterlich zu bestimmenden Frist zu stellen. Auf einen substantiierten Versagungsantrag ist dem Schuldner rechtliches Gehör zu gewähren. Bestreitet der Schuldner den Versagungsgrund, ist dem Gläubiger eine Frist zur Glaubhaftmachung zu setzen.[345] Gegen eine versäumte Antragstellung ist eine Wiedereinsetzung in den vorigen Stand nach den §§ 4 InsO, 233 ZPO unzulässig, da es sich bei der gesetzlichen Terminbestimmung um keine Notfrist handelt.[346] Demgegenüber hat der BGH eine Wiedereinsetzung bejaht, wenn die öffentliche Bekanntmachung der Schlussanhörung im Internet nicht den Vornamen des Schuldners umfasst.[347]

89

c) *Darlegungs- und Beweislast.* Der Versagungsantrag ist nach § 290 II InsO nur dann zulässig, wenn er schlüssig dargelegt und glaubhaft gemacht ist. Infolgedessen ist auch das Versagungsverfahren zweigliedrig aufgebaut. Der Gegenstand des Verfahrens wird entsprechend der zweigliedrigen zivilprozessualen Streitgegenstandstheorie durch den Antrag und den Lebenssachverhalt konkretisiert, aus dem der Versagungsgrund hergeleitet wird. Im so abgesteckten Bereich ist das Versagungsverfahren in zwei Abschnitten durchzuführen.[348] Im Rahmen der Zulässigkeitsprüfung ist es an den Grundsätzen eines kontradiktorischen Verfahrens[349] mit strengen Substantiierungs- und Beweisanforderungen orientiert. Erst in der Begründetheitsprüfung folgt das Versagungsverfahren wieder den insolvenzrechtlichen Grundsätzen der Amtsermittlung. Durch diese besondere Zulässigkeitsvoraussetzung wird das Gericht von aufwändigen Ermittlungen entlastet. Bei einem ins Blaue hinein gestellten Antrag trifft das Gericht keine Aufklärungspflicht über einen Versagungsgrund.[350] Die in der Praxis sehr häufigen pauschalen Versagungsanträge, etwa mit der Behauptung, der Schuldner habe betrogen, weswegen ihm die Restschuldbefreiung zu versagen sei, sind daher als unzulässig zu verwerfen. Der Gläubiger hat seinen Versagungsantrag substantiiert darzulegen.[351] Die Substantiierung muss sämt-

90

---

[340] BGH NZI 2006, 538 Rn. 6; 2009, 66 Rn. 10; AGR/*Fischer,* § 290 Rn. 7; Karsten Schmidt/ Henning, § 290 Rn. 19.
[341] BGH NZI 2008, 48 Rn. 3.
[342] BGH NZI 2009, 327 Rn. 4.
[343] BGH NZI 2009, 64 Rn. 11, mit Anm. *Schmerbach,* NZI 2009, 42.
[344] OLG Celle NZI 2001, 596, 597.
[345] *Schmerbach,* NZI 2009, 226, 227.
[346] Uhlenbruck/Hirte/Vallender/*Vallender,* § 290 Rn. 7.
[347] BGH NZI 2014, 77 Rn. 14 ff.
[348] *Ahrens,* VuR 2013, 332.
[349] Vgl. BGH NJW 2003, 3558.
[350] LG Aachen ZVI 2004, 696, 697; AG Memmingen ZVI 2004, 630, 631.
[351] LG Rottweil ZVI 2008, 541, 542.

91 liche Elemente des Versagungsgrunds umfassen. Eine substantiierte Darlegung kann auch durch konkrete Bezugnahme auf andere Schriftstücke erfolgen.[352]

91 Ein zulässiger Versagungsantrag erfordert einen schlüssig dargelegten Versagungsgrund.[353] Hat der Schuldner den Versagungsgrund fristgerecht substantiiert bestritten, muss der Gläubiger den Versagungsgrund glaubhaft machen.[354] Als besondere Zulässigkeitsvoraussetzung muss der schlüssige Antrag glaubhaft gemacht werden, § 290 II InsO. Die Glaubhaftmachung muss im Schlusstermin oder in der Schlussanhörung erfolgen.[355] Bei dieser Zulässigkeitsprüfung greift die Amtsermittlungspflicht des Insolvenzgerichts nicht ein, weswegen es ausschließlich Sache des Gläubigers ist, die zur Glaubhaftmachung erforderlichen Beweismittel beizubringen.[356] Ausnahmsweise ist eine Glaubhaftmachung entbehrlich, wenn der Schuldner den schlüssigen Sachvortrag des Gläubigers nicht bestreitet.[357] Da der Schuldner den Vortrag des Gläubigers im Schlusstermin zu bestreiten hat, muss einem inhaftierten Schuldner die Teilnahme ermöglicht werden.[358] Ist eine strafrechtliche Verurteilung wegen Steuerhinterziehung im Rahmen des Versagungsgrunds aus § 290 Abs. 1 Nr. 2 InsO nicht bestritten, muss das Strafurteil nicht vorgelegt werden.[359] Die Tatsachen können noch im Beschwerdeverfahren unstreitig werden. Nach der Rechtsprechung des BGH muss der Schuldner den Versagungsgrund im Schlusstermin bestreiten.[360] Ein erstmaliges Bestreiten nach dem Schlusstermin ist danach unzulässig.[361] Für den Schuldner wird so eine prozessuale Last aufgestellt, im Schlusstermin zu erscheinen oder sich vertreten zu lassen. Die effektive Gewährung rechtlichen Gehörs verlangt allerdings eine Belehrung des Schuldners über diese weitreichenden Konsequenzen. Er ist bei Anberaumung des Schlusstermins ausdrücklich darauf hinzuweisen, dass der Gläubiger einen Versagungsantrag nur im Schlusstermin stellen und der Schuldner die geltend gemachten Versagungsgründe nur in diesem Termin bestreiten kann.[362] Unterbleibt die Belehrung, kann der Schuldner den Versagungsgrund auch noch nach Ablauf des Schlusstermins bestreiten.[363] Dies gilt auch, wenn das Fernbleiben des Schuldners im Schlusstermin als entschuldigt angesehen wurde.[364] Im Allgemeinen muss dem Schuldner auf einen Versagungsantrag keine Frist zur Stellungnahme eingeräumt werden, weil er den angeführten Versagungsgrund aus eigener Wahrnehmung kennt.[365] Stellt aber der Gläubiger im Schlusstermin einen auf einen umfangreichen Schriftsatz gestützten Versagungsantrag, zu dem sich der Schuldner im Termin nicht abschließend zu erklären vermag, so kann es der Grundsatz eines fairen Verfahrens und der Waffengleichheit gebieten, dem Schuldner ausnahmsweise auf seinen Antrag zu gestatten, zum Versagungsantrag nachträglich fristgebunden schriftlich Stellung zu nehmen. Entsprechendes kommt in Betracht, falls der Schuldner unverschuldet daran gehindert war, den Schlusstermin wahrzunehmen, was gegebenenfalls

---

[352] BGH NZI 2009, 253 Rn. 6.
[353] BGHZ 156, 139, 143; BGH NZI 2009, 256 LS; *Schmerbach*, NZI 2009, 226, 227.
[354] BGHZ 156, 139, 142; BGH ZInsO 2009, 298 Rn. 4; AGR/*Fischer*, § 290 Rn. 7.
[355] AGR/*Fischer*, § 290 Rn. 13; Karsten Schmidt/*Henning*, § 290 Rn. 24.
[356] BGH BGHZ 156, 139, 142 f.; AGR/*Fischer*, § 289 InsO Rn. 14.
[357] BGH NJW 2003, 3558, 3559; ZInsO 2009, 298 Rn. 4; NZI 2009, 253 Rn. 6; NZI 2013, 904 Rn. 4; Karsten Schmidt/*Henning*, § 290 Rn. 25.
[358] *Hess*, § 290 Rn. 7.
[359] BGH ZInsO 2009, 298 Rn. 5.
[360] BGH NZI 2009, 256 Rn. 8, mit Anm. *Schmerbach*, NZI 2009, 226.
[361] AA *Vallender*, VIA 2009, 1.
[362] BGH ZInsO 2011, 837 Rn. 12; NZI 2011, 861 Rn. 7; BeckRS 2011, 11766; BeckRS 2011, 20362 Rn. 5; FK/*Ahrens*, § 290 Rn. 86a; AGR/*Fischer*, § 289 InsO Rn. 4; Karsten Schmidt/*Henning*, § 290 Rn. 29; *Pape/Schaltke* NZI 2011, 238, 239; *Ahrens* ZVI 2011, 273, 282.
[363] BGH NZI 2013, 648 Rn. 9.
[364] BGH BeckRS 2011, 20362 Rn. 5.
[365] BGH NZI 2009, 256 Rn. 9.

von ihm glaubhaft zu machen ist,[366] etwa wenn die Aufforderung zur Stellungnahme erst nach Fristablauf zugestellt wird.[367] Ist ein schriftliches Verfahren angeordnet, muss dem Gläubiger eine Frist zur Antragstellung und Glaubhaftmachung und dem Schuldner zum Bestreiten eingeräumt werden, wobei der Schuldner über die Konsequenzen einer unterlassenen Erklärung zu belehren ist.

Der Begriff der Glaubhaftmachung ist im zivilprozessualen Sinn gemäß § 294 ZPO zu interpretieren.[368] Der Insolvenzgläubiger darf sich also grundsätzlich der präsenten Beweismittel einschließlich einer eidesstattlichen Versicherung bedienen. Als Mittel der Glaubhaftmachung sind vom Schuldner abgezeichnete Aktenvermerke,[369] in den Insolvenzakten enthaltene Berichte des Insolvenzverwalters bzw. Treuhänders,[370] wobei eine pauschale Bezugnahme nicht genügt,[371] oder Privatgutachten statthaft. Bestätigt der Insolvenzverwalter im Termin die Ausführungen des Insolvenzgläubigers zum Versagungsgrund, macht sich der Gläubiger im Zweifel dieses Vorbringen hilfsweise zu eigen.[372] Ausreichend soll nach Ansicht des BGH sogar ein Strafbefehl sein.[373] Zur Glaubhaftmachung genügt ein geringerer Grad der richterlichen Überzeugungsbildung. Die Behauptung ist glaubhaft gemacht, sofern eine überwiegende Wahrscheinlichkeit dafür besteht, dass sie zutrifft.

Ist die Glaubhaftmachung gelungen und steht die Zulässigkeit des Versagungsantrags fest, wird seine Begründetheit geprüft. Damit beginnt der zweite Verfahrensabschnitt. Das Verfahrensmodell wird geändert und die Amtsermittlungspflicht des Insolvenzgerichts setzt ein.[374] Erst jetzt unterliegt das weitere Verfahren dem allgemeinen Grundsatz der Amtsermittlungspflicht des Insolvenzgerichts nach § 5 Abs. 1 S. 1 InsO.[375] Glaubhaft gemachte und bestrittene Tatsachen sind mit allen Erkenntnis- und Beweismitteln festzustellen, doch ist das Gericht nicht verpflichtet, von sich aus weitergehend zur Erforschung der Wahrheit tätig zu werden. Seine Ermittlungsmaßnahmen werden zudem durch den Verfahrensgegenstand des Versagungsverfahrens begrenzt und dürfen deswegen nicht auf andere als die vorgetragenen Umstände erstreckt werden.[376] Begründet ist der Versagungsantrag nur, wenn der Insolvenzgläubiger über die vom Schuldner bestrittenen Tatsachen den vollen Beweis führt. Die Amtsermittlungspflicht ändert also nichts daran, dass der Gläubiger im Versagungsverfahren die Feststellungslast trägt.[377] Verbleiben Zweifel an dem Bestehen eines Versagungsgrunds, obwohl die nach § 5 Abs. 1 InsO gebotenen Maßnahmen ausgeschöpft sind, ist der Versagungsantrag zurückzuweisen.[378]

d) Entscheidung. Über den Versagungsantrag entscheidet das Insolvenzgericht durch Beschluss, §§ 289 I 2, 290 I Hs 1 InsO, der dem Richter vorbehalten ist, § 18 Abs. 1 Nr. 2 RPflG. Das Gericht darf seiner Entscheidung keine anderen Versagungsgründe, als die vom Gläubiger glaubhaft gemachten, zugrunde legen.[379] Liegen mehrere Versagungsanträge verschiedener Gläubiger vor, muss das Gericht gemäß den §§ 4 InsO, 308 ZPO über sämtliche Versagungsanträge entscheiden. Auf die von anderen Gläubigern

---

[366] BGH ZInsO 2011, 837 Rn. 13; *Pape/Schaltke,* NZI 2011, 238, 242.
[367] BGH ZInsO 2013, 99 Rn. 8.
[368] BGH NJW 2003, 3558; AGR/*Fischer,* § 290 Rn. 12; Karsten Schmidt/*Henning,* § 290 Rn. 21.
[369] LG Stuttgart ZInsO 2001, 134 f.
[370] BGH NZI 2009, 253 Rn. 6; ZInsO 2011, 1412 Rn. 2.
[371] Karsten Schmidt/*Henning,* § 290 Rn. 23.
[372] BGH BeckRS 2012, 03788 Rn. 4.
[373] BGH NJW 2003, 3558, 3559.
[374] Karsten Schmidt/*Henning,* § 290 Rn. 7.
[375] BGH NJW 2003, 3558, 3560.
[376] BGH NZI 2007, 297 Rn. 8; ZInsO 2012, 751 Rn. 15.
[377] Karsten Schmidt/*Henning,* § 290 Rn. 7.
[378] BGH NJW 2003, 3558, 3560; ZInsO 2005, 926, 927; ZInsO 2006, 370, 371.
[379] BGH NZI 2008, 48, 49.

vorgebrachten Gründe kann sich ein Antragsteller nur stützen, wenn er sie sich hilfsweise zu eigen gemacht hat.[380] Ein unzulässiger Antrag ist zu verwerfen. Bei einem lediglich pauschal behaupteten Versagungsgrund kann die Verwerfung durch Formularbeschluss erfolgen. Wird der Versagungsantrag zurückgenommen, als unzulässig verworfen oder als unbegründet abgewiesen, ist die Restschuldbefreiung anzukündigen.[381] Gegen die Verwerfung oder Abweisung steht dem Antragsteller die sofortige Beschwerde zu, § 289 II 1 InsO. Erweist sich der Antrag als zulässig und begründet, versagt das Insolvenzgericht die Restschuldbefreiung. Gegen diese Entscheidung ist für den Antragsteller die sofortige Beschwerde eröffnet, § 289 II 1 InsO.

VI. Ankündigung der Restschuldbefreiung

95 **1. Verfahren.** Das Insolvenz- und Restschuldbefreiungsverfahren ist im Ausgangspunkt mündlich durchzuführen. Dann sind im Schlusstermin die Gläubiger und der Insolvenzverwalter über den Antrag des Schuldners zu hören, § 289 I 1 InsO. Im Schlusstermin müssen die Insolvenzgläubiger ihre etwaigen Anträge auf Versagung der Restschuldbefreiung stellen, § 290 I InsO. Eine Anhörung des Schuldners ist gesetzlich nicht vorgeschrieben. Da nicht vorhersehbar ist, ob im Schlusstermin ein Versagungsantrag gestellt wird, der Schuldner aber nach der neuen Rechtsprechung des BGH einen substantiierten Versagungsantrag im Schlusstermin bestreiten muss, um die Glaubhaftmachung auszulösen,[382] ist er im Schlusstermin anzuhören. Gläubiger, Insolvenzverwalter und Schuldner sind deswegen zum Schlusstermin zu laden.

96 Bei überschaubaren Vermögensverhältnissen und einer geringen Zahl der Gläubiger oder einer geringen Höhe der Verbindlichkeiten soll das Insolvenzgericht nach § 5 II InsO ein schriftliches Verfahren anordnen. Diese Regelung besitzt vor allem bei den masselosen Insolvenzen natürlicher Personen eine große Bedeutung, die ganz überwiegend schriftlich durchgeführt werden. Ein schriftliches Verfahren ermöglicht es, die Schlussanhörung im schriftlichen Verfahren durchzuführen und Versagungsanträge schriftlich zu stellen.[383] Die Anordnung des schriftlichen Verfahrens hat grundsätzlich in einem den Beteiligten bekannt zu gebenden Beschluss zu erfolgen.[384] Für die Anhörung sowie die Versagungsanträge einschließlich Glaubhaftmachung ist den Gläubigern regelmäßig eine Frist zu setzen.[385] Auf einen Versagungsantrag ist dem Schuldner eine Frist zur Stellungnahme und zum Bestreiten und gegebenenfalls dem Gläubiger eine weitere Frist zur Glaubhaftmachung einzuräumen.

97 **2. Entscheidung über das anschließende Restschuldbefreiungsverfahren, § 289 I 2 InsO.** Das Insolvenzgericht kann den Antrag auf Erteilung der Restschuldbefreiung als unzulässig verwerfen, die Restschuldbefreiung nach § 290 InsO versagen oder die Restschuldbefreiung ankündigen. Ausnahmsweise kann bereits nach dem Schlusstermin die Restschuldbefreiung zu erteilen sein. Denkbar sind zwei Konstellationen, in denen die Restschuldbefreiung ohne Treuhandperiode erreicht wird. Zunächst sind dies die asymmetrischen Insolvenzverfahren (→ Rn. 44a). In der zweiten Fallgruppe kann die Restschuldbefreiung vor dem Ende der sechsjährigen Laufzeit der Abtretungserklärung erlangt werden. Geschehen kann dies, wenn der Schuldner die Verbindlichkeiten vollständig befriedigt. Hauptfall ist hier eine Erbschaft, doch kann der Erblasser durch erbrechtliche Gestaltungsinstrumente verhindern, dass der Nachlass in

---

[380] BGH NZI 2009, 327.
[381] → Rn. 99.
[382] BGH NZI 2009, 256 Rn. 8.
[383] FK/*Ahrens*, § 290 Rn. 87.
[384] BGH NZI 2006, 481.
[385] LG Kassel ZInsO 2004, 160, 161.

die Insolvenzmasse fällt. Die Forderungen können aber auch teilweise befriedigt und im Übrigen erlassen sein.[386]

Fehlen die allgemeinen Sachentscheidungsvoraussetzungen oder die besonderen Voraussetzungen, ist der Antrag des Schuldners als unzulässig zu verwerfen. Da die Sachentscheidungsvoraussetzungen in jeder Lage des Verfahrens zu beachten sind, kann die Verwerfung bereits vor dem Schlusstermin erfolgen. Versagt das Insolvenzgericht die Restschuldbefreiung, so endet das Zulassungsverfahren. Das Hauptverfahren wird nicht eröffnet und die Wirkungen der Treuhandperiode treten nicht ein. Es wird kein Treuhänder gemäß § 291 II InsO bestimmt, der Zeitraum der Abtretungserklärung nach § 287 II 1 InsO endet vorzeitig und die pfändbaren Bezüge des Schuldners werden nicht übertragen. Auch die Rechtsfolgen aus § 294 InsO treten nicht ein. Die Beschränkung der Gläubigerrechte endet mit der anschließenden Aufhebung des Insolvenzverfahrens gemäß § 201 I InsO, so dass die Gläubiger ihr Nachforderungsrecht geltend machen können. Vollstreckungstitel für die Forderungen der Insolvenzgläubiger ist die Tabelle, § 201 II InsO. Auf einen früher erwirkten, sich mit der Eintragung in der Tabelle deckenden Titel darf daneben grundsätzlich nicht mehr zurückgegriffen werden. Durch den Auszug aus der Tabelle, aus dem die Zwangsvollstreckung betrieben werden kann, wird der frühere Titel aufgezehrt. Pfändungen, Sicherungsabtretungen und Verpfändungen, die bereits vor der Eröffnung des Insolvenzverfahrens vorgenommen wurden, werden gemäß § 114 I, III InsO mit der Eröffnung des Insolvenzverfahrens unwirksam oder sind in ihrer Wirkung auf zwei Jahre beschränkt. Da diese Konsequenz an die Eröffnung des Insolvenzverfahrens geknüpft ist, tritt sie auch bei einer Versagung der Restschuldbefreiung ein.[387] **98**

Wird der Restschuldbefreiungsantrag weder verworfen noch die Restschuldbefreiung versagt, kündigt das Insolvenzgericht nach der derzeit geltenden Rechtslage die Erteilung der Restschuldbefreiung nach dem Ende der Laufzeit der Abtretungserklärung an, §§ 289 I 2, 291 I InsO. In seinem Beschluss stellt das Gericht fest, dass der Schuldner die Restschuldbefreiung erlangt, wenn er den Obliegenheiten aus § 295 InsO nachkommt und die Voraussetzungen für eine Versagung nach den §§ 297 bzw. 298 InsO nicht vorliegen. Diese vorgeschriebene Tenorierung ist in mehrfacher Hinsicht ungenau. Unschädlich ist allerdings der unpräzise Umgang mit § 295 InsO, denn die Restschuldbefreiung ist nicht schon ausgeschlossen, wenn der Schuldner die Obliegenheiten aus § 295 InsO verletzt, sondern erst, wenn ein erfolgreicher Versagungsantrag gestellt wird. Wichtiger ist der in § 291 I InsO nicht aufgeführte Hinweis auf das Versagungsrecht aus § 296 II 3 InsO. Empfehlenswert ist, auch hierüber zu belehren.[388] Der Beschluss nach § 291 InsO muss keine Aussage zur Laufzeit der Bezügeabtretung enthalten, auch wenn dies sinnvoll ist. Regelmäßig wird die Angabe zur Laufzeit lediglich einen Hinweis auf die bestehende Rechtslage beinhalten.[389] **99**

Mit dem Beschluss des Insolvenzgerichts enden das Zulassungsverfahren und damit der erste Abschnitt über das gesetzliche Schuldbefreiungsverfahren. Zugleich bestimmt das Gericht den Treuhänder und leitet auf ihn die pfändbaren Bezüge des Schuldners über, § 291 II InsO. Nach dem gesetzlichen Plan ist das Insolvenzverfahren regelmäßig bis zum Schlusstermin durchzuführen. Es darf erst aufgehoben werden, nachdem der Beschluss über die Ankündigung der Restschuldbefreiung rechtskräftig geworden ist, § 289 II 2 InsO. Bei einer Einstellung des Insolvenzverfahrens ist allerdings zu unterscheiden. Die Restschuldbefreiung darf nach § 289 III 1 InsO angekündigt werden, wenn die Einstellung nach § 211 InsO erfolgt und die Masse nach Anzeige der Masse- **100**

---

[386] LG Berlin ZInsO 2009, 443, 444.
[387] FK/*Ahrens*, § 289 Rn. 10.
[388] BGH NZI 2009, 481.
[389] BGH NZI 2006, 599 Rn. 12.

unzulänglichkeit verteilt ist, §§ 208, 209 InsO. In diesen Fällen ist eine Übersicht über die Verbindlichkeiten gewährleistet und das Vermögen des Schuldners wird zur Gläubigerbefriedigung herangezogen. Unzulässig ist hingegen eine Ankündigung der Restschuldbefreiung bei einer Einstellung mangels Masse nach § 207 InsO. Durch die Einführung der Kostenstundung kommt dieser Konsequenz bei den Insolvenzen natürlicher Personen nur noch eine geringe Bedeutung zu, § 26 I 2 InsO. Obwohl dies in masseunzulänglichen Verfahren sonst nicht vorgesehen ist, muss dort zur Anhörung nach § 289 I 1 InsO eine Gläubigerversammlung durchgeführt werden.[390] Allerdings kommt dem keine große praktische Bedeutung zu, denn auch bei masseinsuffizienten Insolvenzen kann im schriftlichen Verfahren entschieden werden.[391]

101 Wird das Insolvenzverfahren aufgehoben, erhält der Schuldner die Verwaltungs- und Verfügungsbefugnis über sein Vermögen zurück. Zugleich endet die Beschränkung der Gläubigerrechte. Mit Ankündigung der Restschuldbefreiung treten jedoch neue Bindungen ein. Die pfändbaren Forderungen des Schuldners auf Bezüge aus einem Dienstverhältnis und gleichgestellte Forderungen werden mit dem Ankündigungsbeschluss auf den Treuhänder übertragen. Nach dem prozessualen Verständnis der Abtretungserklärung[392] handelt es sich dabei um eine rechtsgestaltende Entscheidung des Gerichts. Als Kompensation für die bevorstehende Restschuldbefreiung soll der Schuldner während der Treuhandperiode durch die ihm möglichen Tilgungsleistungen weiterhin die Gläubiger befriedigen. Deswegen unterliegt der Schuldner der Erwerbsobliegenheit aus § 295 I Nr. 1 InsO und muss den hälftigen Vermögenserwerb von Todes wegen herausgeben, § 295 I Nr. 2 InsO. Für die Insolvenzgläubiger werden über die Dauer der Treuhandperiode neue Zwangsvollstreckungs- und Aufrechnungsverbote aufgestellt, § 294 I, III InsO. Das Nachforderungsrecht der Gläubiger gemäß § 201 I InsO bleibt dadurch suspendiert.

102 Die Durchführung des Schlusstermins gehört zur funktionellen Zuständigkeit des Rechtspflegers.[393] Seine Zuständigkeit besteht auch, wenn der Restschuldbefreiungsantrag vor dem Schlusstermin als unzulässig verworfen wird,[394] doch kann sich der Richter die Entscheidung nach § 18 Abs. 2 S. 1 RPflG vorbehalten. Will der Rechtspfleger mit seiner Entscheidung von einer richterlichen Verfügung abweichen, etwa weil der Richter einen Hinweis auf den Restschuldbefreiungsantrag nach § 20 II InsO gegeben hat, obwohl der Rechtspfleger den Antrag bereits für zuvor präkludiert hält, muss der Rechtspfleger nach § 5 Abs. 1 Nr. 2 RPflG die Sache dem Richter vorlegen.[395] Über zulässige Versagungsanträge entscheidet gemäß § 18 Abs. 1 Nr. 2 RPflG der Richter.

103 Gegen einen Beschluss, mit dem der Antrag auf Erteilung der Restschuldbefreiung als unzulässig verworfen,[396] die Restschuldbefreiung versagt oder die Restschuldbefreiung mit einer sechsjährigen Laufzeit der Abtretungserklärung angekündigt wurde, obwohl sämtliche im Verfahren zu befriedigenden Forderungen erfüllt sind,[397] steht dem Schuldner die sofortige Beschwerde zu, §§ 6, 289 II 1 InsO, 567 ff. ZPO. Unter den Voraussetzungen der §§ 7 InsO, 574 ff. ZPO ist die Rechtsbeschwerde zugelassen. Wird der Antrag eines Insolvenzgläubigers auf Versagung der Restschuldbefreiung als unzulässig verworfen oder als unbegründet abgewiesen, ist ihm dagegen die sofortige Beschwerde und gegebenenfalls die Rechtsbeschwerde eröffnet. Verwirft der funktionell unzuständige Rechts-

---

[390] FK/*Ahrens*, § 289 Rn. 30.
[391] Mohrbutter/Ringstmeier/*Pape*, § 17 Rn. 89.
[392] BGH NZI 2006, 599 Rn. 15 ff.
[393] *Graf-Schlicker/Kexel*, § 289 Rn. 7.
[394] OLG Köln ZInsO 2000, 608 f.; LG Göttingen NZI 2001, 220.
[395] *Renger*, VIA 2009, 14, 15.
[396] OLG Köln NZI 2000, 587; LG Hannover ZInsO 2009, 201, 202.
[397] *Graf-Schlicker/Kexel*, § 289 Rn. 8; s. a. BGH NZI 2005, 399.

pfleger einen Antrag auf Versagung der Restschuldbefreiung als unzulässig und kündigt er die Restschuldbefreiung an, ist dagegen die sofortige Erinnerung gemäß § 11 I RPflG statthaft,[398] selbst wenn der Rechtspfleger den Versagungsantrag übersehen hat.[399] Hat ein Insolvenzgläubiger im Schlusstermin nicht die Versagung der Restschuldbefreiung beantragt, kann er nach dem eindeutigen Wortlaut von § 289 Abs. 2 S. 1 InsO keine sofortige Beschwerde einlegen. Der rechtskräftige Beschluss über die Ankündigung bzw. Versagung der Restschuldbefreiung ist zusammen mit dem Beschluss über die Aufhebung des Insolvenzverfahrens öffentlich bekannt zu machen, § 289 II 3 InsO.

VII. Bestellung des Treuhänders

In seinem Ankündigungsbeschluss muss das Insolvenzgericht den Treuhänder für das Restschuldbefreiungsverfahren benennen, § 291 II InsO. Für dessen Ernennung können Schuldner und Gläubiger dem Insolvenzgericht geeignete natürliche Personen empfehlen. Die vorgeschlagene Person muss befähigt sein, die mit dem Amt verbundenen Aufgaben im konkreten Einzelfall auszuführen. Allerdings wird von dem Vorschlagsrecht kaum Gebrauch gemacht und das vom Gesetzgeber propagierte Modell eines unentgeltlichen Treuhänders existiert faktisch nicht.[400] Vielfach werden Rechtsanwälte beauftragt, doch sind auch die Mitarbeiter von Schuldnerberatungsstellen, nicht aber von Inkassodienstleistern, denen die erforderliche Neutralität fehlt, prinzipiell geeignet.[401]

Ist dem Restschuldbefreiungsverfahren ein vereinfachtes Insolvenzverfahren vorausgegangen, war bereits ein Treuhänder bestellt, § 313 InsO. Das Amt des im vereinfachten Insolvenzverfahren bestellten Treuhänders wirkt in diesen Fällen für die Dauer der Treuhandperiode mit den in § 292 InsO bestimmten Aufgaben fort.[402] Die Bestellung zum Treuhänder im vereinfachten Insolvenzverfahren umfasst auch das Restschuldbefreiungsverfahren, sofern die Bestellung im Eröffnungsbeschluss keine Einschränkung enthält.[403] Wird für die Treuhandperiode ein neuer Treuhänder bestellt, enthält dieser Beschluss zugleich die Entlassung des zuvor für das vereinfachte Insolvenzverfahren bestellten Treuhänders.[404] Eine Entlassung des Treuhänders im vereinfachten Insolvenzverfahren setzt nach der Rechtsprechung des BGH, wie die Entlassung eines Insolvenzverwalters, einen wichtigen, die Entlassung rechtfertigenden Grund voraus.[405] Ein Wechsel kommt danach nur bei Vorliegen eines wichtigen Grunds in Betracht, obwohl es sich um zwei unterschiedliche Ämter mit verschiedenartigen Anforderungen handelt. Ein die Entlassung rechtfertigender wichtiger Grund ist gegeben, wenn eine Pflichtverletzung des Verwalters bzw. Treuhänders feststeht und es in Anbetracht der Erheblichkeit der Pflichtverletzung, insbesondere ihrer Auswirkungen auf den Verfahrensablauf und die berechtigten Belange der Beteiligten, sachlich nicht mehr vertretbar erscheint, den Verwalter oder Treuhänder in seinem Amt zu belassen. Dies ist etwa dann der Fall, wenn der Treuhänder in zahlreichen Insolvenzverfahren erklärt hat, er werde die ihm nach § 8 III InsO übertragenen Zustellungen an die Verfahrensbeteiligten künftig nur noch ausführen, wenn ihm dafür eine zusätzliche Vergütung gewährt werde.[406]

Grundsätzlich gehört die Ernennung zur funktionellen Zuständigkeit des Rechtspflegers.

---

[398] LG München I ZInsO 2000, 519 [LS]; AG Göttingen ZVI 2003, 88, 89.
[399] AG Göttingen ZInsO 2009, 201.
[400] FK/*Grote,* § 288 Rn. 1.
[401] FK/*Grote,* § 288 Rn. 9 f.
[402] BGH, ZInsO 2003, 750; NZI 2008, 114 Rn. 8.
[403] BGH NZI 2012, 515 Rn. 5.
[404] BGH NZI 2008, 114 Rn. 5.
[405] BGH NZI 2012, 515 Rn. 7; NZI 2012, 619 Rn. 20.
[406] BGH NZI 2012, 619 Rn. 23.

106 Das Amt des Treuhänders beginnt mit der auch konkludent erklärbaren Übernahme. Es endet gemäß § 299 InsO durch die Erteilung der Restschuldbefreiung, den Tod oder die Entlassung, § 59 InsO, des Treuhänders. Will ein Treuhänder sein Amt nicht weiter ausüben, muss er die Entlassung analog § 59 InsO betreiben, wofür ein wichtiger Grund erforderlich ist.[407] Da in der Treuhandperiode keine gemeinschaftliche Gläubigerorganisation existiert, ist die Wahl eines anderen Treuhänders entsprechend § 57 InsO ausgeschlossen. Folgerichtig verweist auch § 292 III 2 InsO nur auf einen Entlassungsantrag. Ein Antrag des Schuldners auf Entlassung des Treuhänders nach den §§ 292 III 2, 59 InsO ist nicht vorgesehen und deswegen als Anregung einer Entscheidung von Amts wegen zu verstehen.

VIII. Neues Recht ab 1.7.2014

107 **1. Verfahrensstruktur.** Mit mehreren, teils scharfen Einschnitten wird im Gesetz zur Verkürzung des Restschuldbefreiungsverfahrens und Stärkung der Gläubigerrechte vom 15.7.2013[408] die bisherige klare zweigliedrige Struktur des Restschuldbefreiungsverfahrens umgestaltet. Während die Einleitung des Restschuldbefreiungsverfahrens durch eine Zulässigkeitsentscheidung nach § 287a InsO schärfer konturiert werden soll, ist die geltende klare Zweiteilung in Vorverfahren und Treuhandperiode künftig nicht mehr in der bisherigen Schärfe zu konstatieren, weil § 291 InsO aufgehoben und eine nachträgliche Geltendmachung der Versagungsgründe des § 290 I InsO durch § 297a InsO ermöglicht wird.[409] Ob damit noch von einer Ankündigung der Restschuldbefreiung gesprochen werden kann,[410] erscheint fraglich,[411] weil die wesentlichen Wirkungen der bisherigen Ankündigung entfallen.

108 Ein sachlicher Konnex zwischen diesen beiden Entscheidungen ist freilich nur entfernt erkennbar. Bislang musste zwar bei Ankündigung der Restschuldbefreiung auch über die Zulässigkeit des Restschuldbefreiungsantrags entschieden werden. Diese Zulässigkeitsfragen kamen aber nur in wenigen Verfahren zum Tragen. Demgegenüber erfüllt die neue Zulassungsentscheidung einen umfassenderen Zweck, weil sie insbesondere die Sperrfristrechtsprechung des BGH (→ Rn. 30 f.) kodifizieren soll. So ist denn eher eine gesetzliche Aufgabenveränderung, als eine Funktionsverlagerung für die veränderte Gestaltung des Restschuldbefreiungsverfahrens entscheidend.

109 Weitergehend wird aber § 291 InsO zum 1.7.2014 aufgehoben. Begründet wird dies mit der Regelung in § 297a InsO, wonach die Gläubiger künftig auch nach dem Schlusstermin die Versagungsgründe des § 290 InsO geltend machen können.[412] Damit wird allerdings die bewährte Präklusionsregel des § 290 InsO aufgegeben. Diese Regelung schuf nicht nur Rechtssicherheit, sondern trug auch zu einer effektiven Verfahrensgestaltung bei, weil sie die Konzentration auf das Verfahren unterstützte. Durch die neue Regelung werden gerade nachlässige Gläubiger prämiert. Systematisch geht zudem die klare Trennung zwischen den beiden Abschnitten des Restschuldbefreiungsverfahrens partiell verloren. Die bisherige Unterscheidung zwischen den im Zulassungsverfahren maßgebenden Pflichten und den Obliegenheiten in der Treuhandperiode verschwimmt, wie schon die neue Erwerbsobliegenheit in § 287b InsO zeigt. Zudem lässt das Gesetz offen, wie das nach § 297a InsO erforderliche Versagungsverfahren durchzuführen ist.

---

[407] BGH ZVI 2004, 544.
[408] BGBl. I, 2379.
[409] Zum Folgenden insgesamt *Ahrens*, Geplante Gesetzesänderungen im Verbraucherinsolvenz- und Restschuldbefreiungsrecht, in: Berger/Bähr/Melchior/Sturm/Winderlich (Hrsg.), 14. Leipziger Insolvenzrechtstag, S. 114 ff.
[410] So aber *Frind*, Praxishandbuch Privatinsolvenz, Rn. 787, 819.
[411] Vgl. BT-Drucks. 17/11268 S. 27 f.
[412] BT-Drucks. 17/11268 S. 17.

2. Antrag auf Restschuldbefreiung und Abtretungserklärung. Einige primär **110** technisch-organisatorische Veränderungen erfolgen beim Antrag auf Erteilung der Restschuldbefreiung und der Abtretungserklärung, also im Bereich des § 287 InsO. Um die neue Zulassungsentscheidung zum Restschuldbefreiungsverfahren zu befestigen und die Entscheidungsgrundlagen für das Insolvenzgericht zu vereinfachen, wird dem Schuldner als besondere Sachentscheidungsvoraussetzung eine zusätzliche Erklärungslast auferlegt. Er muss seinem Restschuldbefreiungsantrag eine Erklärung nach § 287 I 3 und 4 InsO beifügen, ob ein Fall des § 287a II Nr. 1 oder 2 InsO vorliegt und die Richtigkeit und Vollständigkeit der Erklärung versichern. Dieser Regelungsgedanke ist an das Modell des § 4a I 3 InsO angelehnt. Der Schuldner hat also zu erklären, ob ihm in den letzten zehn Jahren vor dem aktuellen Antrag auf Eröffnung des Insolvenzverfahrens oder nach diesem Antrag Restschuldbefreiung erteilt oder ob ihm die Restschuldbefreiung in den letzten fünf Jahren vor dem Antrag auf Eröffnung des Insolvenzverfahrens oder nach diesem Antrag nach § 297 InsO versagt worden ist. Außerdem muss er erklären, ob ihm in den letzten drei Jahren vor dem Antrag auf Eröffnung des Insolvenzverfahrens oder nach diesem Antrag Restschuldbefreiung nach § 290 I Nr. 5 bis 7 InsO, nach § 296 InsO oder gemäß § 297a InsO aus den Gründen des § 290 I Nr. 5 bis 7 InsO versagt worden ist.

So klar und einfach diese Regelung für den Rechtsanwender ausgestaltet ist, so wird **111** sie sich doch in mancher Hinsicht als fehleranfällig erweisen. Zu unterscheiden sind dabei die vom Insolvenzgericht und die vom Schuldner zu verantwortenden Fehlerursachen. Nicht selten werden Versagungsanträge auf mehrere Gründe gestützt. Da nach neuem Recht eine Sperre aus anderen Gründen, als den gesetzlich aufgezählten, ausgeschlossen ist (→ Rn. 125), muss dem für die Einordnung der Sperre maßgebenden Versagungsbeschluss aus dem früheren Verfahren zu entnehmen sein, auf welcher Norm bzw. welchen Normen die Entscheidung basiert. Wenn offenbleibt, ob der Beschluss etwa auf § 290 I Nr. 4 oder Nr. 5 InsO beruht, kann dem Schuldner eine unzutreffende Erklärung nicht angelastet werden. Dagegen ist die in der Praxis wohl häufigere Unbestimmtheit zwischen den in § 287 I 3 InsO aufgeführten Tatbeständen und hier insbesondere zwischen § 290 I Nr. 5 und Nr. 6 InsO unerheblich, weil sie jeweils einen Verwerfungsgrund bilden. Zieht der Schuldner dagegen aus einem präzisen Versagungsbeschluss über die einschlägigen Versagungsgründe unzutreffende Schlüsse, ist ihm dies vorzuwerfen. Falls er unsicher ist, sollte er vorsorglich jede Versagung nennen, denn aus einer zu umfangreichen Erklärung resultieren für ihn keine nachteiligen Konsequenzen. Hat der Schuldner, wie regelmäßig, Kostenstundung beantragt, muss er zudem die Angaben im Stundungsverfahren machen. Das Gericht darf den Antrag auf Erteilung der Restschuldbefreiung nicht verwerfen, weil der Schuldner einen nicht von § 287 I 3 InsO gedeckten Versagungsgrund anführt.

Fehlt die Erklärung über die Versagungsgründe oder ist sie unvollständig, muss das **112** Gericht auf das Fehlende hinweisen und dem Schuldner eine Frist zur Ergänzung setzen. Im Regelinsolvenzverfahren wird die Frist nicht unter zwei Wochen und regelmäßig vier Wochen betragen. Im Verbraucherinsolvenzverfahren gilt die Monatsfrist aus § 305 III 2 InsO.

Die bisher im Gesetz verwendete Terminologie der Laufzeit der Abtretungserklärung **113** war insoweit ungenau, als eine Erklärung keine Laufzeit hat. Diese Unschärfe bestand seit Inkrafttreten der Insolvenzordnung,[413] vgl. §§ 299, 300 InsO, trat allerdings erst mit dem Gesetz zur Änderung der Insolvenzordnung und anderer Gesetze vom 26.10.2001 in den Blickpunkt. Die Treuhandperiode und die Frist der Abtretung entsprachen sich nicht mehr.[414] Seit Langem haben Wissenschaft und Praxis die Probleme mit der Formulierung

---

[413] *Ahrens*, DZWIR 1999, 45 ff.
[414] AGR/*Fischer*, § 287 nF Rn. 2.

überwunden.⁴¹⁵ In einem Akt gesetzlicher Textredaktion ersetzt die Novelle den Terminus der Laufzeit der Abtretungserklärung in § 287 II 1 InsO durch die neue Legaldefinition der Abtretungsfrist. Dadurch ergeben sich Folgeänderungen bei den §§ 294 bis 300 InsO. Eine sachliche Modifikation ist damit nicht verbunden. Da § 114 InsO aufgehoben ist, wird diese Änderung mit der Aufhebung von § 287 II 2 InsO für das Restschuldbefreiungsverfahren nachvollzogen. Die Regelung des § 287 III InsO ist zudem konzentriert worden.

114 Außerdem übernimmt § 287 IV InsO die bislang in § 289 I 1 InsO enthaltene Anhörungspflicht der Insolvenzgläubiger zum Antrag auf Erteilung der Restschuldbefreiung in einer durchaus gewandelten Gestalt. Insolvenzgläubiger, die ihre Forderungen angemeldet haben, sind danach bis zum Schlusstermin zum Restschuldbefreiungsantrag des Schuldners zu hören. Damit wird die Rechtsprechung des BGH aufgegriffen, wonach nur solche Gläubiger einen Versagungsantrag stellen können, die ihre Forderung angemeldet haben.⁴¹⁶ Die Anhörung kann also auch vor dem Schlusstermin erfolgen. Eine Anhörungspflicht für den Insolvenzverwalter besteht nicht mehr. Dies ist folgerichtig, weil der Insolvenzverwalter im Schlusstermin ohnehin anwesend ist, sonst aber eigene Rechte des Verwalters nicht betroffen sind.

115 **3. Eingangsentscheidung. a)** *Grundlagen.* Aus grundsätzlich überzeugenden Erwägungen wird in § 287a InsO eine Eingangsentscheidung über die Zulässigkeit des Restschuldbefreiungsantrags vorgesehen.⁴¹⁷ Einige offensichtlich als aussichtslos angesehene Verfahren sollen bereits zu einem frühen Zeitpunkt beendet werden können. Überreguliert wirkt das Gesetz jedoch, wenn in jedem Verfahren eine Eingangsentscheidung zu treffen ist, sei es, weil der Restschuldbefreiungsantrag als unzulässig verworfen wird, sei es, weil der Antrag zulässig ist. Im letzten Fall muss das Insolvenzgericht durch Beschluss feststellen, dass der Schuldner Restschuldbefreiung erlangt, wenn er den Obliegenheiten nach § 295 InsO nachkommt und die Voraussetzungen für eine Versagung nach den §§ 290, 297 bis 298 InsO nicht vorliegen, § 287a I 1 InsO. So wird eine der bisherigen Ankündigungsentscheidung aus § 291 InsO partiell ähnliche Regelung geschaffen. Systematisch ist dieser Hinweis wenig überzeugend ausgestaltet, da er von der Gesetzesfolge abweicht. Zudem fehlt eine Verweisung auf § 296 InsO und damit auf die Verfahrensobliegenheiten in § 296 II 2, 3 InsO. Dies entspricht zwar dem bislang geltenden Gesetzestext, doch dürfte diese Lücke unter den veränderten Bedingungen des neuen Rechts größeres Gewicht bekommen.

116 Als besondere Sachentscheidungsvoraussetzungen sind unterschiedliche Fallgruppen normiert, die befristet zu einer Unzulässigkeit der Restschuldbefreiung führen. Damit wird zugleich eine gesetzliche Grundlage für die in ihren methodischen Grundlagen oft kritisierte, aber verfestigte und von der gerichtlichen Praxis weithin übernommene Sperrfristrechtsprechung des BGH⁴¹⁸ geschaffen.⁴¹⁹ Konstruktiv ist eine positive Zulässigkeitsentscheidung ausgestaltet, wie sie in der höchstrichterlichen Rechtsprechung ohne überzeugende gesetzliche Grundlage angenommen wird. Über die Sperrfristfälle hinaus wird zugleich eine Entscheidungsbasis für andere Zulässigkeitsfragen geschaffen. Es ist daher auch über die sonstigen allgemeinen, das Gericht und den Schuldner betreffenden, und die besonderen Sachentscheidungsvoraussetzungen zu befinden, wie die örtliche Zuständigkeit oder das Vorliegen einer Abtretungserklärung.

117 Das Typenbild der Eingangsentscheidung weist eine gewisse Nähe zu den Versagungsgründen auf. Allerdings ist das Verfahren deutlich zu unterscheiden, denn das In-

---

⁴¹⁵ FK/*Ahrens*, § 287 Rn. 48, 119 ff.
⁴¹⁶ BGH NZI 2007, 357 Rn. 3; 2009, 856 Rn. 3; 2010, 865 Rn. 4; 2012, 892 Rn. 10.
⁴¹⁷ Kritisch *Grote/Pape*, ZInsO 2012, 1913, 1914; *Frind*, ZInsO 2012, 668 ff.; *ders.*, ZInsO 2012, 1455, 1458; *ders.*, ZInsO 2013, 1448.
⁴¹⁸ Leitentscheidung BGHZ 183, 13 Rn. 8, 11 ff.
⁴¹⁹ Vgl. nur FK/*Ahrens*, § 287 Rn. 31b ff.; AGR/*Fischer*, § 287 InsO Rn. 11 ff.

solvenzgericht hat diese Sachentscheidungsvoraussetzung von Amts wegen zu prüfen. Besonders spannungsreich wirkt das Verhältnis zur Prüfung bei einem Kostenstundungsantrag nach § 4a InsO. Während bei der Zulässigkeitsprüfung nur wenige Versagungsgründe, diese aber von Amts wegen,[420] zu prüfen sind, werden im Stundungsverfahren nach der Rechtsprechung die zweifelsfrei vorliegenden Versagungsgründe umfassend, aber nur summarisch geprüft.[421] Infolgedessen bestehen noch erhebliche Probleme damit, beide Verfahren aufeinander abzustimmen.

Eine Anhörung der Gläubiger im Rahmen der Eingangsentscheidung ist nicht vorgesehen und wird auch nicht vom Grundsatz des rechtlichen Gehörs gefordert. In diesem Verfahrensabschnitt bestehen noch keine verlässlichen Anhaltspunkte, wer als Gläubiger verfahrensbeteiligt ist und Verfahrensrechte geltend machen kann. Zudem können die Versagungsgründe aufgrund der Anhörung nach § 287 IV InsO bis zum Schlusstermin bzw. der Schlussanhörung und unter den Voraussetzungen von § 297a InsO noch darüber hinaus geltend gemacht werden.[422]

b) *Drei-Fristen-Modell.* Als zentrale Aussage ist in § 287a II InsO ein Drei-Fristen-Modell vorgesehen. Ein Restschuldbefreiungsantrag ist danach unzulässig, wenn dem Schuldner binnen einer Frist von zehn Jahren vor dem Antrag auf Eröffnung des Insolvenzverfahrens oder nach diesem Antrag Restschuldbefreiung erteilt wurde, § 287a II Nr. 1 Alt. 1 InsO. Dies entspricht dem Kerngehalt von § 290 I Nr. 1 InsO. Die wesentlichen Aussagen über die Erteilung der Restschuldbefreiung nach § 290 I Nr. 3 InsO können insoweit übernommen werden.[423]

Wurde dem Schuldner binnen einer Frist von fünf Jahren vor dem Antrag auf Eröffnung des Insolvenzverfahrens oder nach diesem Antrag die Restschuldbefreiung nach § 297 InsO versagt, ist ein erneuter Restschuldbefreiungsantrag nach § 287a II Nr. 1 Alt. 2 InsO unzulässig. Diese Regelung knüpft ebenfalls an die bisherige Bestimmung des § 290 InsO an. Die bislang für die Versagungsfrist geltende zehnjährige Frist wird aber auf fünf Jahre verkürzt. Damit wird einer Entscheidung nach § 297 InsO ein höheres Gewicht beigemessen, als den sonstigen Versagungsentscheidungen, die zu einer kürzen Sperrfrist führen.

Schließlich ist der Restschuldbefreiungsantrag gem. § 287a II Nr. 2 InsO unzulässig, wenn dem Schuldner in den letzten drei Jahren vor dem Antrag auf Eröffnung des Insolvenzverfahrens oder nach diesem Antrag Restschuldbefreiung nach § 290 I Nr. 5, 6 oder 7 InsO bzw. nach § 296 InsO versagt worden ist. Gleiches gilt bei einer nachträglichen Versagung der Restschuldbefreiung gem. § 297a E-InsO, die auf die Gründe aus § 290 I Nr. 5, 6 oder 7 E-InsO gestützt worden ist.

Im Kern wird damit die bestehende Regelung des § 290 I Nr. 3 InsO aufgelöst, die folgerichtig gestrichen werden soll, und mit einigen Grundelementen der Sperrfristrechtsprechung in eine neue Gestaltung überführt wird. Sachgerecht sind die Herauslösung dieser Tatbestände aus dem antragsabhängigen Versagungsrecht und die Überführung in eine amtswegig zu prüfende Zulässigkeitsvoraussetzung. Überzeugend ist auch das gestufte Fristenmodell. Die Zehn-Jahres-Frist des § 287a II Nr. 1 Alt. 1 InsO knüpft an die geltende Rechtslage des § 290 I Nr. 3 InsO bei einer früheren Erteilung der Restschuldbefreiung an und soll wie diese eine häufiger wiederholte Restschuldbefreiung verhindern. Mit der fünfjährigen Frist aus § 287a II Nr. 1 Alt. 2 InsO wird die Versagung der Restschuldbefreiung zwischen Schlusstermin und Aufhebung des Insolvenzverfahrens nach § 297 InsO mit dem Fristengedanken des neuen § 290 I Nr. 1 InsO verknüpft. Gegen-

---

[420] *Frind*, ZInsO 2013, 1448, 1450.
[421] Vgl. *Schmerbach*, Insbüro 2013, 471, 472 f.
[422] AGR/*Fischer*, § 287a nF Rn. 2.
[423] FK/*Ahrens*, § 290 Rn. 33 f.

über der bisherigen zehnjährigen Frist stellt dies eine deutliche Verkürzung dar, führt aber zu einer systematisch folgerichtigen, weil homogenen Rechtslage.

123 **c)** *Kodifizierung der Sperrfristjudikatur.* Mit der dreijährigen Frist des § 287a II Nr. 2 InsO wird die Sperrfristrechtsprechung des BGH aufgegriffen und in mehreren gleichrangigen Fallgruppen positiviert, der Versagung nach § 290 Nr. 5, 6 InsO und der auf eine verletzte Erwerbsobliegenheit bezogenen Regelung des § 290 I Nr. 7 InsO sowie den Fällen, in denen eine Verletzung dieser drei Versagungstatbestände gem. § 297a E-InsO nachträglich geltend gemacht worden ist. Außerdem wird die Zulässigkeitssperre bei einer Versagung nach § 296 InsO systematisch folgerichtig auf eine dreijährige Frist eingestellt. Das Grundmuster dieser Regelung vermag zu überzeugen. Die Zulässigkeitsschranke ist, jenseits des § 296 InsO, nach der geplanten gesetzlichen Regelung nicht auf alle Versagungstatbestände des § 290 I InsO erstreckt, sondern auf die drei Versagungstatbestände des § 290 I Nr. 5, 6 oder 7 InsO einschließlich ihrer nachträglichen Geltendmachung gem. § 297a E-InsO beschränkt. Über diese Tatbestände hat sich der Schuldner nach § 287 I 3 InsO ohnehin zu erklären, weswegen die Zulässigkeitsvoraussetzung ohne großen Arbeitsaufwand geprüft werden kann.[424]

124 Andere Gründe, die eine dreijährige Zulässigkeitssperre rechtfertigen, sind nicht normiert.[425] Ausdrücklich werden Sperrfristen in anderen Konstellationen abgelehnt.[426] Zweifelsfrei ist in der Motivierung des Gesetzes die Zulässigkeitsschranke allein auf die drei geregelten Fälle bezogen, weil in diesen Gestaltungen die Schuldner ihre insolvenzrechtlichen Auskunfts- oder Mitwirkungspflichten bzw. Obliegenheiten verletzen und dadurch die Gerichte erheblich belasten.[427] Den sonstigen Fällen der Sperrfristrechtsprechung ist damit die Grundlage entzogen und eine analoge Anwendung ausgeschlossen.[428]

125 In den sonstigen bislang von der höchstrichterlichen Rechtsprechung angenommenen Sperrfristfällen darf deswegen keine Zulässigkeitssperre erfolgen. Dies betrifft die Sperre nach Verwerfung eines Antrags auf Restschuldbefreiung als unzulässig[429] oder wenn trotz eines gerichtlichen Hinweises ein Antrag auf Restschuldbefreiung in einem früheren Verfahren nicht gestellt worden ist.[430] Eine Sperrfrist hat der BGH auch angenommen, wenn für einen Erstantrag wegen eines zweifelsfrei vorliegenden Versagungsgrunds die Kostenstundung abgelehnt und deswegen das Verfahren mangels Masse abgewiesen[431] bzw. der Antrag deswegen zurückgenommen wurde, um eine Entscheidung über einen Versagungsantrag zu verhindern,[432] oder die Restschuldbefreiung nach § 298 InsO versagt wurde.[433] Noch nicht entschieden hat der BGH, ob eine Sperre im Fall der Rücknahmefiktion des § 305 III 1 InsO gilt. Abgelehnt hat er die Sperre bei Versagungstatbeständen mit Sperrfristen von drei und mehr Jahren, wie in § 290 I Nr. 2 InsO.[434]

126 Eines wird sich auch unter der neuen Rechtslage nicht ändern, denn der Fristbeginn der Zulässigkeitssperre ist nicht eindeutig fixiert. Deswegen werden die Fristen weiterhin durchaus uneinheitlich beginnen.[435]

---

[424] BT-Drucks. 17/11268 S. 16.
[425] AGR/*Fischer*, § 287a nF Rn. 3.
[426] BT-Drucks. 17/11268 S. 25.
[427] BT-Drucks. 17/11268 S. 25.
[428] *Schmerbach,* NZI 2012, 689, 692; *Henning,* ZVI 2014, 7, 11.
[429] BGH NZI 2010, 153 Rn. 6.
[430] BGH NZI 2010, 195 Rn. 8.
[431] BGH NZI 2010, 263 Rn. 7; NZI 2010, 445 Rn. 6; ZInsO 2010, 491 Rn. 7; ZInsO 2010, 587 Rn. 6.
[432] BGH ZInsO 2011, 1127 Rn. 7; ZInsO 2011, 2198 Rn. 2; dazu *Grote/Pape,* ZInsO 2012, 1913, 1915.
[433] BGH NZI 2013, 846 Rn. 11; dagegen BT-Drucks. 17/11268 S. 25.
[434] BGH NZI 2013, 99 Rn. 7 ff. = VIA 2013, 11, mit Anm. *Schmerbach*.
[435] *Grote/Pape,* ZInsO 2012, 1913, 1914.

d) *Zusätzliche Fragen*. Als verfahrensrechtliches Novum der Restschuldbefreiung wird **127** eine in jedem Verfahren mit Restschuldbefreiungsantrag zu fällende ausdrückliche Zulässigkeitsentscheidung verlangt. Die Entscheidung muss spätestens zusammen mit dem Eröffnungsbeschluss über den Insolvenzantrag ergehen.[436] Bei einem unzulässigen Restschuldbefreiungsantrag soll allerdings das Gericht dem Schuldner Gelegenheit geben, den Eröffnungsantrag vor der Entscheidung über die Eröffnung zurückzunehmen, § 287a II 2 InsO. Da das Gericht in diesem Fall den Schuldner ohnehin anhören muss,[437] wird es ihn dabei auch auf das Rücknahmerecht hinzuweisen haben.[438] Dann kann der Beschluss über die Verwerfung zusammen mit dem Eröffnungsbeschluss ergehen. Allerdings setzt sich der Entwurf nicht mit der Frage auseinander, inwieweit die Zulässigkeitsentscheidung eine Rechtskraftwirkung für Sachentscheidungsvoraussetzungen außerhalb der Fristenregelung des § 287a II InsO entfaltet. Dies ist im Rahmen von § 322 ZPO umstritten.[439]

Ist der Antrag auf Restschuldbefreiung zulässig, stellt das Insolvenzgericht durch Beschluss fest, dass der Schuldner Restschuldbefreiung erlangt, wenn er den Obliegenheiten nach § 295 InsO nachkommt und die Voraussetzungen für eine Versagung nach den §§ 290, 297 bis 298 InsO nicht vorliegen, § 287 I 1 InsO. Gegen diesen Beschluss ist dem Schuldner nach § 287a I 3 InsO die sofortige Beschwerde eröffnet. Systematisch bezieht sich das Beschwerderecht allein auf einen Beschluss, mit dem die Zulässigkeit des Restschuldbefreiungsantrags festgestellt wird. In diesen Fällen wäre der Schuldner indessen nicht beschwert und eine sofortige Beschwerde unzulässig. Teleologisch muss das Beschwerderecht gerade auf die Unzulässigkeit des Restschuldbefreiungsantrags und damit insbesondere die Regelung in Abs. 2 bezogen werden. Dafür lässt der Wortlaut auch Spielraum, wenn „der Beschluss" als jeder Beschluss über die Zulässigkeit der Restschuldbefreiung verstanden wird. **128**

4. Versagung der Restschuldbefreiung nach § 290 InsO. a) *Versagungsgründe*. **129** Mehrere Eingriffe in den Bereich der Versagungsgründe des § 290 I InsO führen zu manchen Veränderungen gegenüber dem bisherigen Normenbestand. Uneingeschränkt zu begrüßen ist die Präzisierung und die damit verbundene Korrektur des § 290 I Nr. 1 InsO. Nach der neuen Gesetzesfassung besteht ein Versagungsgrund, wenn der Schuldner in den letzten fünf Jahren vor dem Antrag auf Eröffnung des Insolvenzverfahrens oder nach diesem Antrag wegen einer Straftat nach den §§ 283 bis 283c StGB rechtskräftig zu einer Geldstrafe von mehr als 90 Tagessätzen oder einer Freiheitsstrafe von mehr als drei Monaten verurteilt worden ist. Mit dieser Novelle wird zunächst eine Erheblichkeitsgrenze bzw. Verhältnismäßigkeitsschwelle eingeführt.[440] Außerdem wird die bislang von Literatur[441] und Rechtsprechung[442] an die unterschiedliche Dauer der Tilgungsfristen im Bundeszentralregister angeknüpfte Verwertungssperre vereinheitlicht und in den meisten Fällen reduziert. Dabei stimmt die fünfjährige Frist mit der neuen Sperrfrist aus § 287a II Nr. 1 Alt. 2 InsO überein, wodurch eine Wertungsharmonie erreicht werden soll.

Nicht gesondert behandelt ist das Problem der Gesamtstrafenbildung. Bei dieser Frage ist die Rechtsprechung bislang davon ausgegangen, dass es auf die von der Verurtei- **130**

---

[436] AGR/*Fischer*, § 287a nF Rn. 4.
[437] *Waltenberger*, ZInsO 2013, 1458, 1461.
[438] *Schmerbach*, Insbüro 2013, 471, 472.
[439] Materielle Rechtskraft bejahend Stein/Jons/*Leipold*, § 322 Rn. 134; verneinend MüKoZPO/*Gottwald*, § 322 Rn. 171.
[440] AGR/*Fischer*, § 290 nF InsO Rn. 3; *Henning*, ZVI 2014, 7, 11.
[441] AGR/*Fischer*, § 290 InsO Rn. 27; aA, KPB/*Wenzel*, § 290 Rn. 15; *Przikang*, Verbraucherinsolvenz und Restschuldbefreiung, S. 58.
[442] BGH NZI 2010, 349 Rn. 8.

lung wegen eines Insolvenzdelikts abhängige Länge der Tilgungsfristen nach § 46 I BZRG ankommt[443] (→ Rn. 55). Diese Aussage kann zwar nicht vollständig übertragen werden, da es nicht mehr auf die Länge der Tilgungsfristen nach dem BZRG ankommen soll. Diese Fristen sind aber vom Umfang der Verurteilung abhängig, der nach dem künftigen Recht die Verhältnismäßigkeitsgrenze darstellt. Insoweit wird es bei der bisherigen Judikatur bleiben können.

131 Die bisherige Regelung des § 290 I Nr. 3 InsO soll wegen der Verlagerung ihres sachlichen Regelungsgehalts in die Zulässigkeitsentscheidung nach § 287a II E-InsO entfallen. Eine technisch geringfügige, sachlich aber durchaus bedeutsame Änderung ist in § 290 I Nr. 4 InsO vorgesehen, dessen Frist auf drei Jahre vor Eröffnung des Insolvenzverfahrens verlängert wird. Ein sachlicher Grund dafür wird in den Materialien nicht überzeugend aufgezeigt.[444] Für die Änderung spricht wohl nur die Parallele zu den Fristen des § 287a II Nr. 2 InsO. In § 290 I Nr. 5 InsO werden die Worte „während des Insolvenzverfahrens" gestrichen. Damit soll die Regelung auch positivrechtlich auf das Eröffnungsverfahren bezogen werden, wie dies bereits der bisherigen Praxis entspricht.[445] In § 290 I Nr. 6 InsO wird die Erklärungspflicht auf die Zulässigkeitssperren des § 287a II iVm § 287 I 3 InsO erweitert, ebenfalls eine eher kleinteilige Änderung.

132 Als neuer Versagungsgrund wird schließlich in § 290 I Nr. 7 InsO auf eine Verletzung der Erwerbsobliegenheit aus § 287b InsO abgestellt werden.[446] § 287b InsO begründet eine eigene Erwerbsobliegenheit im Restschuldbefreiungsverfahren während des eröffneten Insolvenzverfahrens. Danach obliegt es dem Schuldner während der Abtretungsfrist, eine angemessene Erwerbstätigkeit auszuüben und, wenn er ohne Beschäftigung ist, sich um eine solche zu bemühen und keine zumutbare Tätigkeit abzulehnen. Diese Erwerbsobliegenheit steht neben der regelmäßig geltenden kostenrechtlichen Erwerbsobliegenheit aus § 4c Nr. 4 InsO. Es erscheint als sachgerecht, eine Erwerbsobliegenheit nicht erst während der Treuhandperiode, sondern bereits während des Insolvenzverfahrens zu begründen. Die Obliegenheit besteht nach dem systematischen Zusammenhang und der Teleologie der Regelung nur im Restschuldbefreiungsverfahren, also nicht in einem ohne Restschuldbefreiungsantrag geführten Insolvenzverfahren.

133 Allerdings setzt diese Erwerbsobliegenheit erst mit Beginn der Abtretungsfrist und deswegen mit Eröffnung des Insolvenzverfahrens ein, während die kostenrechtliche Erwerbsobliegenheit mit Bewilligung der Kostenstundung und damit möglicherweise zu einem früheren Zeitpunkt einsetzt. Eine vollständige Angleichung der Zeiten ist daher nicht gelungen. Sachlich erscheint dieser Unterschied dennoch gut vertretbar. Eine bereits mit dem Restschuldbefreiungsantrag einsetzende Erwerbsobliegenheit könnte den Schuldner mit einem Versagungsrisiko bedrohen, bevor er auf diese Konsequenz hingewiesen ist. Diese Gefahr wird durch die gesetzliche Regelung ohne größere Nachteile für die Masse vermieden.

134 Nicht in jeder Hinsicht eindeutig ist freilich die Verweisung des § 290 I Nr. 7 InsO auf den Tatbestand der Erwerbsobliegenheit. In Bezug genommen wird allein die – parallel in § 295 I Nr. 1 InsO normierte – Erwerbsobliegenheit für einen nicht selbständig erwerbstätigen Schuldner. Offen ist damit, ob der Schuldner auch mit einer selbständigen Erwerbstätigkeit die Erwerbsanforderung erfüllen kann. Dies ist bereits wegen der verfassungsrechtlich durch Art. 12 I GG geschützten Berufsfreiheit zu bejahen. Zudem hat der Gesetzgeber in § 35 II InsO ein besonderes Modell zum Umgang mit selbständig Erwerbstätigen geschaffen. Diese Norm geht von einer selbstverständlich zulässigen Selbständigkeit aus. Das dort ausgeformte Modell wird durch die aktuelle

---

[443] BGH NZI 2010, 349 Rn. 8; OLG Celle NZI 2001, 314, 316.
[444] BT-Drucks. 17/11268 S. 27.
[445] BGH ZVI 2005, 124, 125.
[446] *Schmerbach*, ZVI 2012, 155.

Novelle nicht verändert. Da auch die kostenrechtliche Erwerbsobliegenheit des § 4c Nr. 4 InsO allein den Tatbestand für eine nicht selbständige Erwerbstätigkeit aufgreift, ohne dass daraus der Schluss gezogen wird, eine Selbständigkeit verstoße gegen die Obliegenheit, stellt eine Selbständigkeit während des Insolvenzverfahrens keine Obliegenheitsverletzung dar, solange der Schuldner die daraus resultierenden Zahlungen erbringt.

b) *Versagungsverfahren.* Wesentlich einschneidender wirken sich manche Änderungen im Versagungsverfahren aus. Daneben stehen aber auch redaktionelle Korrekturen. Nach § 290 I Einleitungssatz InsO ist die Restschuldbefreiung zu versagen, wenn dies von einem Insolvenzgläubiger beantragt worden ist, der seine Forderung angemeldet hat. Der Antrag kann danach vom Zeitpunkt der Anmeldung an bis zum Schlusstermin oder bis zur Entscheidung nach § 211 I InsO schriftlich gestellt werden. Mit dieser sachlich wenig überzeugenden Regelung wird die bisherige Bindung an den Schlusstermin aufgehoben.[447] Begründet wird dies mit der Überlegung, dass viele Gläubiger den Aufwand scheuen, zum Schlusstermin zu erscheinen.[448] Da der Versagungsantrag in der Gläubigerautonomie liegt, ist die Teilnahme freilich Ergebnis der Vorteilsabwägung eines jeden Gläubigers. Vor allem aber ist die Begründung kaum belastbar, weil nach § 5 II InsO geringfügige Verfahren – und damit die typischen Verbraucherinsolvenzverfahren – schriftlich durchzuführen sind, was gerade keine persönliche Teilnahme verlangt.

Der Insolvenzgläubiger muss bei der Antragstellung seine Forderung angemeldet haben. Mit der Anmeldung als Antragsvoraussetzung wird in § 290 I InsO eine ständige Rechtsprechung des BGH kodifiziert.[449] Aufgestellt ist dieses Erfordernis allein im Verfahren nach § 290 InsO, doch gilt es ebenso bei Versagungsanträgen nach den §§ 296, 297, 297a InsO.[450] Unschädlich ist, wenn der Gläubiger seine Forderung nach Ablauf der Anmeldungsfrist angemeldet hat, denn auch eine nachträglich angemeldete Forderung begründet die Verfahrensrechte. Abgestellt wird auf die Anmeldung und nicht die Feststellung der Forderung. Der Gesetzeswortlaut spricht deswegen dafür, dass auch der Inhaber einer bestrittenen Forderung antragsberechtigt ist, wie dies auch der Ansicht des BGH entspricht.[451]

Auch in einem mündlich durchzuführenden Verfahren darf der Antrag wegen der speziellen Regelung in § 290 II 1 Hs 1 InsO schriftlich gestellt werden. Dabei ist der Versagungsantrag nach der Forderungsanmeldung[452] bis zum Schlusstermin bzw. bis zum Ablauf der Frist über die Schlussanhörung zulässig. Praktisch werden sich daraus zahlreiche Probleme ergeben. Die Entscheidung darf nach § 290 II 2 InsO nach dem Schlusstermin ergehen. Eine solche Sachbehandlung soll keine unangemessene Dauer iS von § 198 I GVG begründen.[453] Ob ein zweifelsfrei unzulässiger Antrag zuvor verworfen werden darf,[454] erscheint nicht selbstverständlich. Für die Gerichte sind derartige Anträge belastend, wenn sie gesammelt werden müssen. Vollkommen unklar ist, ob dem Schuldner bereits unmittelbar nach Antragstellung rechtliches Gehör gewährt werden darf oder muss. Erfährt der Schuldner vom Antrag, wird er möglicherweise seine Motivation verlieren, am Verfahren mitzuwirken.[455] Zudem träte eine strukturelle Un-

---

[447] Ablehnend *Pape*, ZVI 2012, 150, 153; s. a. *Stephan*, ZVI 2012, 85, 87.
[448] BT-Drucks. 17/11268 S. 27.
[449] BGH NZI 2007, 357 Rn. 3; 2009, 856 Rn. 3; 2010, 865 Rn. 4; 2012, 892 Rn. 10; *Henning*, ZVI 2014, 7, 11.
[450] AGR/*Fischer*, § 290 nF InsO Rn. 2.
[451] BGH NZI 2012, 892 Rn. 17.
[452] Nach *Frind*, NZI 2013, 729, 731, sogar im Eröffnungsverfahren.
[453] AGR/*Fischer*, § 290 nF Rn. 10.
[454] So *Frind*, NZI 2013, 729, 731; *ders.,* Praxishandbuch Privatinsolvenz, Rn. 898; aA *Grote/Pape*, ZInsO 2013,1433, 1441.
[455] S. a. *Pape*, ZVI 2012, 150, 153.

gleichbehandlung ein, wenn der Schuldner weiterhin gehalten sein sollte, erst in der Schlussanhörung zu einem Versagungsantrag Stellung zu nehmen. Schließlich wird wohl auch der Treuhänder durch zusätzliche Anfragen belastet. Insgesamt vermag deswegen die schriftliche Antragstellung vor der Schlussanhörung bzw. dem Schlusstermin nicht zu überzeugen.

138 In der Praxis wird es wohl weiterhin bei einer Schlussanhörung bleiben, da Versagungsanträge bis dahin zulässig bleiben und dann gebündelt verhandelt werden können. Letztlich resultiert daraus doch wieder eine gewisse Zweiteilung des Restschuldbefreiungsverfahrens, die der Gesetzgeber in der bisherigen Form nicht beibehalten wollte. Sachlich erscheint diese Gliederung angezeigt, auch wenn der rechtspolitische Wille dahin geht, die Unterschiede zu beseitigen, um nachträglich gestellte Versagungsanträge gem. § 297a InsO zu ermöglichen.

139 **5. Bestellung eines Treuhänders.** Für den Treuhänder ergeben sich nicht geringe Veränderungen. Nach der bisherigen Rechtslage umfasste die uneingeschränkte Bestellung zum Treuhänder im vereinfachten Insolvenzverfahren auch das Restschuldbefreiungsverfahren.[456] Dies folgt bislang aus der gesetzlichen Regelung des § 313 I 2 InsO, wonach im vereinfachten Insolvenzverfahren der Treuhänder bereits bei der Eröffnung des Insolvenzverfahrens bestimmt wird. Da Vorschriften der §§ 312 bis 314 InsO aufgehoben werden und künftig auch im Verbraucherinsolvenzverfahren ein Insolvenzverwalter eingesetzt wird, ist dafür künftig kein Raum mehr. Ein Treuhänder wird künftig nur noch nach Beendigung des Insolvenzverfahrens in der Treuhandperiode tätig. Soweit noch keine Entscheidung über die Restschuldbefreiung ergangen ist, bestimmt das Gericht nach § 288 S. 2 InsO den Treuhänder zusammen mit der Entscheidung über die Aufhebung oder die Einstellung des Insolvenzverfahrens.

§ 78. Treuhandperiode

Übersicht

	Rn.
I. Terminologie und Ordnungsaufgaben	1
II. Reichweite der Abtretung	5
1. Abzutretende Forderungen	5
2. Abtretungsschutz	12
III. Versagung der Restschuldbefreiung	16
1. Grundlagen	16
2. Obliegenheiten gemäß § 295 InsO	18
a) Erwerbsobliegenheit, § 295 I Nr. 1 InsO	18
b) Herauszugebender Vermögenserwerb im Erbfall, § 295 I Nr. 2 InsO	28
c) Unterrichtungen, § 295 I Nr. 3 InsO	32
d) Unzulässige Sondervorteile, § 295 I Nr. 4 InsO	36
e) Leistungen bei selbständiger Tätigkeit, § 295 II InsO	38
3. Zusätzliche Voraussetzungen nach § 296 I 1 InsO	45
4. Versagungsverfahren	48
5. Verfahrensobliegenheiten, § 296 II 2, 3 InsO	54
6. Versagung wegen Insolvenzstraftaten, § 297 InsO	56
7. Versagung wegen Unterdeckung der Treuhändervergütung, § 298 InsO	58
IV. Stellung der Gläubiger	61
1. Zwangsvollstreckungsverbot, § 294 I InsO	61
2. Verbotene Sonderabkommen, § 294 II InsO	68
3. Aufrechnungsbeschränkungen, § 294 III InsO	70
4. Sonstiges	72

---

[456] BGH NZI 2012, 515 Rn. 5.

	Rn.
V. Stellung des Treuhänders	73
1. Aufgaben des Treuhänders	73
a) Verwaltung der Tilgungsleistungen	73
b) Überwachung des Schuldners	80
c) Rechnungslegung	83
2. Aufsicht und Entlassung	84
3. Haftung	86
4. Vergütung	87
VI. Neues Recht ab 1.7.2014	89
1. Änderungen der §§ 294–296 InsO	89
2. Insolvenzstraftaten, § 297 InsO	91
3. Nachträglich bekannt gewordene Versagungsgründe, § 297a InsO	93
4. Stellung des Treuhänders, § 292 I 4, 5 InsO	99

I. Terminologie und Ordnungsaufgaben

Mit Ankündigung der Restschuldbefreiung und Beendigung des Insolvenzverfahrens **1** tritt der Schuldner in die Treuhandperiode ein, §§ 289 II 2, III, 291 I InsO. Dieser Zeitabschnitt wird häufig als Wohlverhaltensperiode bezeichnet,[1] doch ist der Ausdruck sachlich unzutreffend. Er insinuiert, dem Schuldner werde ein Wohlverhalten abverlangt, das als wertungsoffene Kategorie durch den Rechtsanwender zu konkretisieren ist, obwohl eine solche Vorstellung keinen normativen Niederschlag gefunden hat. Für den Schuldner bestehen vielmehr die klar abgegrenzten Obliegenheiten aus § 295 InsO. Vorzugswürdig ist deswegen die Bezeichnung als Treuhandperiode bzw. Treuhandzeit oder -phase,[2] die den Akzent auf die rechtliche Organisation der Tilgungsleistungen legt.

Beginn und Ende der Treuhandperiode sind nicht mit letzter Klarheit normiert. Für **2** den Anfang der Treuhandperiode existiert im bislang geltenden Recht mit der Ankündigung der Restschuldbefreiung sowie der Aufhebung bzw. Einstellung des Insolvenzverfahrens eine doppelte Anknüpfung. Da die Bindungen aus dem Insolvenzverfahren bis zu dessen Beendigung bestehen, ist erst anschließend, also regelmäßig nach seiner Aufhebung, eine rechtliche Organisation der Treuhandphase nötig und möglich.[3] Frühere Wirkungen der Treuhandzeit kollidieren mit den Bestimmungen über das Insolvenzverfahren, während nach dessen Beendigung eine Regelungsnotwendigkeit besteht. Deswegen treffen die Obliegenheiten aus § 295 InsO den Schuldner erst mit Aufhebung oder Einstellung des Insolvenzverfahrens,[4] doch gilt Gleiches auch für die anderen Wirkungen der Treuhandperiode.

Die Dauer der Treuhandperiode ist allein relativ durch die Laufzeit der Abtretungspe- **3** riode bestimmt. Sie beträgt regelmäßig sechs Jahre abzüglich der Zeitspanne für das eröffnete Insolvenzverfahren. Abgeschlossen wird die Treuhandphase mit dem Ende der Abtretungsfrist sechs Jahre nach Eröffnung des Insolvenzverfahrens. Spätestens zu diesem Zeitpunkt entfallen die Forderungsübertragung, die Beschränkungen aus § 294 InsO und die Obliegenheiten. Zuvor kann die Treuhandperiode gemäß § 299 InsO durch eine Versagung der Restschuldbefreiung nach den §§ 296 bis 298 InsO, aber auch durch eine Rücknahme des Restschuldbefreiungsantrags und eine Tilgung der Verbindlichkeiten beendet werden. Ob der Tod des Schuldners zu einem Verfahrensende führt, ist umstritten.[5] In den asymmetrischen Verfahren wird die Restschuldbefreiung ohne

---

[1] ZB BGH NZI 2005, 399, 400; ZInsO 2009, 1217 Rn. 2.
[2] BT-Drucks. 14/5680 S. 22; 14/6468 S. 28; BGH NZI 2011, 596 Rn. 5, 12, mit Anm. *Ahrens*; ZInsO 2011, 1319 Rn. 12; NZI 2013, 189 Rn. 20; *Bindemann*, ZVI 2002, 248; *Preuß*, Verbraucherinsolvenzverfahren, Rn. 262; MüKoInsO/*Stephan*, § 300 Rn. 4; MüKoInsO/*Ehricke*, § 295 Rn. 2.
[3] BGH NZI 2010, 997 Rn. 3; ZInsO 2010, 345.
[4] BGH NZI 2009, 191 Rn. 8.
[5] FK/*Ahrens*, § 286 Rn. 48 ff., mwN; bejahend OLG Jena NZI 2012, 197.

Treuhandperiode erteilt (→ § 77 Rn. 44a), ebenso wenn im Insolvenzverfahren keine Insolvenzforderungen angemeldet[6] oder alle Forderungen befriedigt wurden. Es genügen auch eine Teilbefriedigung und ein Erlass der restlichen Forderungen.[7]

4   Während der Treuhandperiode existieren vier ordnungsbedürftige Aufgaben. Zu bestimmen ist, welche Tilgungsleistungen der Schuldner erbringen muss, welche sonstigen Anforderungen an ihn bestehen, inwieweit die Gläubiger Beschränkungen durch das Verfahren unterliegen und welche Aufgaben und Rechte der Treuhänder hat. Zentral sind die haftungsrechtlichen Wirkungen mit der durch die Erwerbsobliegenheiten aus § 295 I Nr. 1 und II InsO verstärkten Bezügeabtretung. Weitere vermögensrechtliche Bindungen bestehen für den Schuldner nur für den hälftigen Erwerb von Todes wegen oder mit Rücksicht auf ein künftiges Erbrecht, § 295 I Nr. 2 InsO. Daneben treffen den Schuldner die Obliegenheiten aus den §§ 295 I Nr. 3 und 4, 296 II 2, 3 InsO. Dabei ist der Schuldner während des Restschuldbefreiungsverfahrens frei, neue Verbindlichkeiten einzugehen. Die Insolvenzgläubiger unterliegen vor allem dem Vollstreckungsverbot aus § 294 InsO. Der Treuhänder muss jährlich die eingegangenen Leistungen verteilen, den Schuldner auf Beschluss der Gläubigerversammlung überwachen und kann dafür die in den §§ 293, 14 ff. InsVV vorgesehene Vergütung beanspruchen.

II. Reichweite der Abtretung

5   **1. Abzutretende Forderungen.** § 287 II 1 InsO verlangt vom Schuldner, seine pfändbaren Forderungen auf Bezüge aus einem Dienstverhältnis oder an deren Stelle tretende laufende Bezüge abzutreten. Zulässig ist das Restschuldbefreiungsverfahren allein, wenn die Abtretung erklärt wird. Als Prozesshandlung ist die Erklärung so auszulegen, dass der Schuldner die Restschuldbefreiung unter den jeweils gültigen gesetzlichen Bedingungen anstrebt.[8] Abgestellt wird zunächst auf die privat- und öffentlichrechtlichen Dienstbezüge des Schuldners. Erfasst werden aber auch die an die Stelle der Dienstbezüge tretenden laufenden Bezüge, also das Erwerbsersatzeinkommen, wie Renten der Sozialversicherungsträger. Einkünfte aus selbständiger Tätigkeit werden dagegen grds. nicht von der Abtretung erfasst. Begründet wird dies mit der Gesetzessystematik, denn aus § 295 II InsO folge, dass die Abtretungserklärung die selbständigen Einkünfte nicht erfasse.[9]

6   Abzutreten sind die pfändbaren Bezüge auf alle Arten von Arbeitseinkommen iSd § 850 ZPO,[10] wie aus der Verweisung in den §§ 292 I 3, 36 I 2 InsO auf die §§ 850, 850a, 850c, 850e, 850f I, 850g bis 850k, 851c und 851d ZPO folgt.[11] Betroffen sind nur die in Geld zahlbaren Vergütungen, vgl. § 850 IV ZPO. Systematisch bleiben Sach- und Naturalleistungen schon deswegen unberücksichtigt, weil sie nach § 851 ZPO grds. unpfändbar sind, funktional, weil dem Treuhänder die Verwertung von Vermögensgegenständen nicht übertragen ist. Arbeitseinkommen stellen alle Vergütungen aus Arbeits-, Dienst- oder Beamtenverhältnissen dar, welche die Erwerbstätigkeit des Schuldners vollständig oder zu einem wesentlichen Teil in Anspruch nehmen.[12] Anwendbar ist aber § 850e Nr. 3 ZPO. Wesentlich sind wiederkehrend zahlbare Vergütungen für selbständige oder unselbständige Dienste, welche die Existenzgrundlage des Dienstpflichtigen bilden.[13]

---

[6] BGH NZI 2005, 399, mit Anm. *Ahrens*.
[7] BGH NZI 2011, 947 Rn. 8; LG Berlin Rpfleger 2009, 342; AGR/*Weinland*, § 299 InsO Rn. 8.
[8] BGH NZI 2006, 599 Rn. 19.
[9] BGH NZI 2010, 72 Rn. 11 ff.; ZInsO 2011, 2101 Rn. 9; ZInsO 2012, 1488 Rn. 7; FK/*Ahrens*, § 287 Rn. 72; Uhlenbruck/Hirte/Vallender/*Vallender*, InsO, § 287 Rn. 23, § 295 Rn. 65; AGR/*Fischer*, § 287 InsO Rn. 32; Karsten Schmidt/*Henning*, § 287 Rn. 33; KPB/*Wenzel*, InsO, § 287 Rn. 9a.
[10] Uhlenbruck/Hirte/Vallender/*Vallender*, § 287 Rn. 29.
[11] Karsten Schmidt/*Henning*, § 287 Rn. 39.
[12] PG-*Ahrens*, ZPO, § 850 Rn. 11.
[13] BGH NJW-RR 2004, 644.

Erfasst werden Zeit-, Leistungs- und Tariflöhne, übertarifliche Vergütungen, Zulagen, Prämien, Gratifikationen, Entgeltfortzahlungen im Krankheitsfall und an Feiertagen, Mehrarbeitsvergütung und Urlaubsentgelt.[14] Urlaubsgeld gemäß § 850a Nr. 2 ZPO fällt nicht in die Insolvenzmasse und unterliegt damit auch nicht der Abtretung, soweit es den Rahmen des Üblichen in gleichartigen Unternehmen nicht übersteigt und zwar selbst dann, wenn es in den vorgegebenen Grenzen eine erhebliche Höhe erreicht.[15] Durch die Verweisung auf § 850i ZPO sind auch einmalige Leistungen, wie Abfindungen anlässlich der Beendigung eines Arbeitsverhältnisses gemäß den §§ 9, 10 KSchG, Sozialplanabfindungen nach den §§ 112, 113 BetrVG oder das Entlassungsgeld eines Wehrpflichtigen gemäß § 9 WehrsoldG geschützt.[16] Abzutreten sind außerdem die Dienstbezüge des Vorstandsmitglieds einer AG[17] und des Geschäftsführers einer GmbH.[18] Als Arbeitseinkommen werden auch Karenzentschädigungen behandelt, die der Arbeitnehmer zum Ausgleich für Wettbewerbsbeschränkungen für die Zeit nach Beendigung seines Dienstverhältnisses beanspruchen kann, § 850 III lit. a) ZPO. Gleichgestellt sind außerdem Versicherungsrenten aus Verträgen zur Versorgung des Dienstverpflichteten oder seiner unterhaltsberechtigten Angehörigen, wenn die Personen bei Abschluss des Versicherungsvertrags entweder Arbeitnehmer oder Beamte waren oder in einem arbeitnehmerähnlichen Beschäftigungsverhältnis standen,[19] § 850 III lit. b) ZPO. Betroffen sind die Rentenansprüche aus privaten Versicherungsverträgen, nicht aus der gesetzlichen Rentenversicherung, die nach § 287 II 1 Alt. 2 InsO abzutreten sind.

Keine Forderungen aus einem Dienstverhältnis stellen Lohn- oder Einkommensteuererstattungsansprüche,[20] die Arbeitnehmer-Sparzulage nach § 13 III 5. VermBG, das Kindergeld sowie der Taschengeldanspruch gegen den Ehegatten dar.[21] Aus den Bezügen eines Strafgefangenen ist zunächst das allein für Unterhaltsgläubiger pfändbare Überbrückungsgeld zu bilden, § 51 I, IV und V StVollzG. Darüber hinausgehende nicht verbrauchte Beträge sind als Eigengeld des Strafgefangenen gemäß § 829 ZPO pfändbar, ausgenommen der nach § 51 IV 2 StVollzG unpfändbare Teil in Höhe des Unterschiedsbetrags zwischen dem gemäß § 51 I StVollzG zu bildenden und dem tatsächlich vorhandenen Überbrückungsgeld. Die Pfändungsgrenzen des § 850c ZPO und der Pfändungsschutz aus § 850k ZPO sind darauf weder unmittelbar noch analog anzuwenden.[22] Die Ausbildungsbeihilfe eines Strafgefangenen nach § 44 StVollzG unterfällt nicht § 850a Nr. 6 ZPO und ist deswegen grundsätzlich pfändbar.[23]

Dienst- und Versorgungsbezüge der Beamten auf Lebenszeit, Zeit, Probe oder Widerruf des Bundes, der Länder und Gemeinden sowie die von den Kirchen beamtengleich Angestellten, der Richter, Berufs- und Zeitsoldaten, Beamtenanwärter, Referendare, Minister und Abgeordneten gemäß § 850 II ZPO stellen alle wiederkehrenden oder einmaligen Bezüge dar, die nach den Besoldungs- und Versorgungsgesetzen zu zahlen sind. Dazu gehören Ortszuschläge, Auslandszuschläge, Amts-, Stellen-, Familien- und Leistungszulagen, Sonderzuwendungen sowie Anwärterbezüge, Diäten, Dienstbe-

---

[14] Ausführlich *Hess,* § 287 Rn. 103; Karsten Schmidt/*Henning,* § 287 Rn. 33.
[15] Vgl. BGH NZI 2012, 457 Rn. 9.
[16] Karsten Schmidt/*Henning,* § 287 Rn. 34.
[17] Vgl. BGH NJW 1978, 756.
[18] Vgl. BGH NJW 1981, 2465, 2466.
[19] BGH NZI 2008, 95 Rn. 12.
[20] BGHZ 163, 391, 393; ZInsO 2006, 139, 140; BFH ZVI 2007, 137, 138; AGR/*Fischer,* § 287 Rn. 31; Karsten Schmidt/*Henning,* § 287 Rn. 35; *Hess,* § 287 Rn. 109 ff.
[21] PG-*Ahrens,* ZPO, § 850 Rn. 22 f.
[22] BGH NJW 2004, 3714, 3715 f.; BGH ZInsO 2013, 1845 Rn. 13 ff.; *Ahrens,* NJW-Spezial 2011, 725.
[23] LG Kleve ZInsO 2013, 836.

züge der Berufssoldaten und Soldaten auf Zeit nach § 30 SoldatenG sowie die Bezüge der Zivildienstleistenden und Wehrpflichtigen nach den §§ 12a, 13, 13a USG.[24]

10 Den pfändbaren Forderungen auf Bezüge aus einem Dienstverhältnis sind die an ihre Stelle tretenden Bezüge gleichgestellt. Gemeint ist ebenso die Ausbildungsförderung, wie die Grundsicherung für Arbeitssuchende und die Arbeitsförderung, die Leistungen für behinderte Menschen, Leistungen der Kranken-, Pflege-, Unfall- und Rentenversicherung.[25] Die Pfändbarkeit von Kindergeld ist in § 54 V SGB I abschließend geregelt.

11 Nach Ablauf von vier Jahren nach Eröffnung des Insolvenzverfahrens ist dem Schuldner nach der derzeit noch geltenden Rechtslage der Motivationsrabatt gemäß § 292 I 4 InsO zu gewähren.[26] Dieser Rabatt ist als Anspruch des Schuldners gegen den Treuhänder in der Treuhandperiode ausgestaltet. Ist zu diesem Zeitpunkt das Insolvenzverfahren ausnahmsweise noch nicht beendet, fallen die pfändbaren Forderungen auf Bezüge und gleichgestellte Forderungen in die Insolvenzmasse. Da zudem der Treuhänder für die Treuhandperiode noch nicht ernannt ist und der Anspruchsgegner noch fehlt, kann der Schuldner den Anspruch während des Insolvenzverfahrens nicht geltend machen.

12 **2. Abtretungsschutz.** Abtretbar sind prinzipiell nur die Forderungen, die auch pfändbar sind. Dennoch verweisen die Abtretungsregeln nicht pauschal auf die Pfändungsvorschriften für das Arbeitseinkommen, sondern verlangen eine differenzierte Beurteilung. Nach den §§ 292 I 3, 36 I 2 InsO sind allein die §§ 850, 850a, 850c, 850e 850f I, 850g bis 850k, 851c und 851d ZPO entsprechend anwendbar. Abzustellen ist auf die Vorschriften, welche die Pfändbarkeit für alle Gläubiger ausgestalten und deswegen mit den Zielen der Gesamtvollstreckung im Einklang stehen, wie die §§ 850c, 850e Nr. 2, 2a, 850 I ZPO.[27] Die gem. § 850b I Nr. 4 ZPO bedingt pfändbaren Ansprüche auf Berufsunfähigkeitsrenten[28] unterliegen nach der Rechtsprechung des BGH dem Insolvenzbeschlag und sind demzufolge abzutreten.[29] Im Rahmen der erforderlichen Billigkeitsentscheidung sind die Schuldnerinteressen mit Anlass und Art der Leistung, etwa bei einer Rente wegen Körperverletzung, und die Höhe der Bezüge zu berücksichtigen. Abzuwägen seien dagegen die Gesamtinteressen der Gläubiger, nicht aber die Art eines beizutreibenden Anspruchs. Soweit keine besonderen Umstände ersichtlich sind, könne die Pfändbarkeit nach den Freigrenzen des § 850c I ZPO bestimmt werden.[30] Unanwendbar sind insbesondere die §§ 850d und 850f Abs. 2 ZPO, weil sie die Pfändbarkeit zugunsten bestimmter Gläubiger und Gläubigergruppen modifizieren und sich deshalb nicht in das gesamtvollstreckungsrechtliche Konzept einbinden lassen.

13 Unpfändbare Bezüge gemäß § 850a ZPO, wie die Hälfte der insgesamt für die Mehrarbeit geleisteten Vergütung nach § 850a Nr. 1 ZPO, sind nicht abtretbar. Geschützt sind gem. § 850a Nr. 3 ZPO auch Nacht-, Wochenend- und Feiertagszulagen und überhaupt Zulagen für Dienst zu ungünstigen Zeiten iSv § 3 EZulV.[31] Zu berechnen sind die pfändungsfreien Beträge nach § 850c ZPO. Ob danach auch auf § 850c IV ZPO abzustellen ist, erscheint nicht selbstverständlich. Zwar verweist § 36 I 2 InsO uneingeschränkt auf § 850c ZPO, aber dessen Abs. 4 verlangt eine auf den Schuldner, Unterhaltsberechtigten und den Vollstreckungsgläubiger bezogene Billigkeitsentschei-

---

[24] PG-*Ahrens*, ZPO, § 850 Rn. 15 f.
[25] Ausführlich FK/*Ahrens*, § 287 Rn. 71 ff.
[26] FK/*Grote*, § 292 Rn. 19 ff.
[27] FK/*Ahrens*, § 287 Rn. 75.
[28] *Ahrens*, NJW-Spezial 2010, 597; ders., VuR 2010, 445.
[29] BGH NZI 2010, 141 Rn. 10 ff., mit Anm. *Asmuß*; NZI 2010, 777 Rn. 41; AGR/*Ahrens*, § 36 InsO Rn. 65; s. a. *Wollmann*, ZInsO 2009, 754.
[30] BGH NZI 2010, 141 Rn. 14; FK/*Ahrens*, § 287 Rn. 80.
[31] OVG Niedersachsen ZBR 2010, 60 f.; LG Hannover VIA 2012, 46, mit Anm. *Stephan*; VG Düsseldorf VIA 2012, 46, mit Anm. *Buchholz*; PG/*Ahrens*, § 850a Rn. 12; aA LAG Frankfurt DB 1989, 1732; Zöller/*Stöber*, ZPO, § 850a Rn. 10; Musielak/*Becker*, ZPO, § 850a Rn. 5.

dung. Ausdrücklich lehnt die Rechtsprechung dafür eine schematisierende Beurteilung ab.[32] Die insolvenzrechtliche Judikatur bejaht eine Anwendbarkeit von § 850c IV ZPO.[33]

Bei der Berechnung des Nettoeinkommens nach § 850e Nr. 1 ZPO wird bislang ganz **14** überwiegend die Bruttomethode vertreten. Danach sind vom gesamten Bruttoeinkommen des Schuldners zunächst die unpfändbaren Bezüge und sodann die auf dem Gesamtbrutto liegenden Abgaben und Sozialversicherungsbeiträge abzuziehen.[34] Nach der jetzt vom BAG vertretenen Gegenansicht gilt die Nettomethode, wonach zunächst die nach § 850a ZPO unpfändbaren Beträge mit dem Bruttobetrag und sodann die auf das restliche Einkommen zu zahlenden Steuern und Sozialversicherungsbeträge abzuziehen sind.[35] Bezieht der Schuldner mehrere Arbeitseinkommen, sind diese auf Antrag des Treuhänders durch das Insolvenzgericht zusammenzurechnen, § 36 I 2, IV 1, 2, InsO iVm § 850e Nr. 2 ZPO. Der Wert des mietfreien Wohnens im eigenen Haus stellt kein Arbeitseinkommen dar und ist deswegen nicht mit dem Arbeitseinkommen zusammenzurechnen.[36] Anwendbar ist auch § 850e Nr. 2a ZPO. Für die Berechnung des pfändbaren Arbeitseinkommens ist jedoch das Arbeitslosengeld II nicht mit dem Arbeitseinkommen zusammenzurechnen, wenn der Schuldner nur deshalb Arbeitslosengeld II erhält, weil sein Arbeitseinkommen bei anderen Personen berücksichtigt wird, die mit ihm in einer Bedarfsgemeinschaft leben.[37] Unpfändbar sind entsprechend § 54 Abs. 3 Nr. 2a SGB I Leistungen für Unterkunfts- und Heizungskosten, die funktional an die Stelle des Wohngelds treten.[38] Für die Berechnung des pfändbaren Arbeitseinkommens ist Arbeitslosengeld II mit dem Arbeitseinkommen nicht zusammenzurechnen, wenn der Schuldner nur deshalb Arbeitslosengeld II erhält, weil sein Arbeitseinkommen bei anderen Personen berücksichtigt wird, die mit ihm in einer Bedarfsgemeinschaft leben.[39] Unterschreitet der pfändungsfreie Betrag das nach sozialrechtlichen Maßstäben zu berechnende Existenzminimum, bestehen besondere Bedürfnisse des Schuldners oder sind die gesetzlichen Unterhaltspflichten des Schuldners besonders umfangreich, kann nach § 850f I ZPO der unpfändbare Teil des Arbeitseinkommens erhöht werden.[40] Für erwerbsfähige Schuldner ist der Maßstab aus den §§ 20ff. SGB II, für nicht erwerbsfähige der aus den §§ 28ff. SGB XII anzuwenden.[41] Ein privilegierter Zugriff bei Verbindlichkeiten aus vorsätzlich begangenen unerlaubten Handlungen entsprechend § 850f II ZPO ist ausgeschlossen. Zu beachten sind § 850h ZPO über Lohnverschiebung und Lohnverschleierung,[42] denn der pfändbare Teil des verschleierten Arbeitseinkommens fällt in die Masse,[43] und § 850i ZPO über nicht wiederkehrend zahlbare Leistungen. Nach der Rechtsprechung des BGH werden die Einkünfte aus selbständiger Tätigkeit nicht abgetreten.[44] Ein bestehendes Pfändungsschutzkonto ist insolvenzfest[45] und der dadurch begründete Schutz besteht auch in

---

[32] NJW-RR 2005, 795, 797.
[33] BGH NJW-RR 2009, 1279 Rn. 11; NZI 2010, 26 Rn. 8; 2010, 141 Rn. 14; 2010, 578 Rn. 6; NJW 2012, 393 Rn. 8; s. a. Karsten Schmidt/*Henning*, § 287 Rn. 42.
[34] LAG Berlin NZA-RR 2000, 657 f.; Zöller/*Stöber*, § 850e Rn. 1b; MüKoZPO/*Smid*, § 850e Rn. 2; HK/ZV/*Meller-Hannich*, § 850e Rn. 2.
[35] BAG ZInsO 2013, 1485 Rn. 19 ff.
[36] BGH ZVI 2013, 201 Rn. 12.
[37] BGH ZVI 2012, 453.
[38] LG Hannover ZInsO 2011, 1611, 1612.
[39] BGH ZVI 2012, 453.
[40] *Hess*, § 287 Rn. 134.
[41] PG/*Ahrens*, ZPO, § 850f Rn. 13 ff., 20.
[42] BAG NZA 2008, 779, 780; *Ahrens*, NJW-Spezial 2009, 53.
[43] BAG ZInsO 2013, 1357 Rn. 40.
[44] BGH NZI 2010, 72 Rn. 11 ff.
[45] AG Nienburg NZI 2013, 652; AG Verden ZVI 2013, 196; PG/*Ahrens*, ZPO, § 850k Rn. 122; *Büchel*, ZInsO 2010, 20, 26; *Jaquemoth/Zimmermann*, ZVI 2010, 113, 116; *Busch*, VIA 2010, 57, 58; *Bitter*, ZIP 2011, 149, 158; *Stritz*, Insbüro 2012, 207, 209; *Casse*, ZInsO 2012, 1402, 1404; *Günther*, ZInsO 2013, 859, 860; *Schmidt*, Insbüro 2013, 14, 16; *Obermüller*, Insbüro 2013, 180, 181; *Sudergat*, ZVI

der Treuhandperiode. Anzuwenden ist außerdem der Pfändungsschutz bei Altersrenten und steuerlich gefördertem Altersvorsorgevermögen nach den §§ 851c, 851d ZPO, der vor allem für Selbständige, aber nicht nur für diese gilt. Einschlägig ist der Pfändungsschutz für laufende Rentenzahlungen gemäß § 851c I, III ZPO, denn auf das Vorsorgekapital kann in der Treuhandperiode nicht zugegriffen werden.

15 Der Pfändungsschutz und damit der Abtretungsumfang für Sozialleistungen ist in den §§ 53, 54 SGB I normiert. Ansprüche auf laufende Geldleistungen können nach den §§ 53 III, 54 IV SGB I wie Arbeitseinkommen gepfändet und grundsätzlich auch abgetreten werden. Dagegen sind gemäß § 54 III Nr. 1 und 2 SGB I Ansprüche auf Erziehungsgeld und vergleichbare Leistungen der Länder sowie Mutterschaftsgeld nach § 13 I MuSchG, soweit das Mutterschaftsgeld nicht aus einer Teilzeitbeschäftigung während der Elternzeit herrührt oder anstelle von Arbeitslosenhilfe gewährt wird, bis zur Höhe des Erziehungsgeldes nach § 5 I BErzGG unpfändbar. Da Kindergeld nur wegen gesetzlicher Unterhaltsansprüche eines Kindes, das bei der Festsetzung der Geldleistungen berücksichtigt wird, gepfändet werden darf, § 54 I SGB I, ist es in der Treuhandperiode nicht bei den abzutretenden Forderungen zu berücksichtigen.

III. Versagung der Restschuldbefreiung

16 **1. Grundlagen.** Während der Treuhandperiode oder der abschließenden Anhörung nach § 300 I, II InsO kann die Restschuldbefreiung nach dem bislang geltenden Recht wegen einer verletzten Obliegenheit aus § 295 InsO nach § 296 I 1 InsO, wegen einer verletzten Verfahrensobliegenheit gemäß § 296 II 3 InsO, wegen einer Insolvenzstraftat nach § 297 InsO und wegen einer Unterdeckung der Treuhändervergütung versagt werden. Mit Abstand die wichtigsten Versagungsgründe bilden die Obliegenheitsverletzungen aus § 295 InsO. Diese Regelung besitzt eine vierfache Aufgabenstellung, indem sie zur bestmöglichen Gläubigerbefriedigung beiträgt (Befriedigungsfunktion), den Schuldner vor überraschenden und unbeherrschbaren Anforderungen schützt (Typisierungsfunktion), Anreize für einen Einkommenserwerb setzt (Anreizfunktion) und eine Balance zwischen den Gläubigerinteressen und den Bedürfnissen des Schuldners herstellt (Ausgleichsfunktion).[46]

17 Auch § 295 InsO steht in einem Regel-Ausnahme-Verhältnis zu dem Grundsatz der Restschuldbefreiung und normiert, wann ausnahmsweise von der Regel der gesetzlichen Schuldbefreiung abgewichen und die Restschuldbefreiung versagt werden kann.[47] In den einzeln enumerierten Tatbeständen sind – zusammen mit den §§ 296 II 3, 297 I, 298 I InsO – die während der Treuhandperiode bestehenden Versagungsgründe abschließend aufgeführt.[48] Diese Regelungstechnik dient auch hier einer größeren Rechtssicherheit und einer gerade nicht ins weite Ermessen des Insolvenzgerichts gestellten Entscheidung über die Schuldbefreiung. Zur gesetzlichen Konzeption passen insbesondere keine zusätzlichen, im Gesetz nicht vorgesehenen Auskunftspflichten des Schuldners auf eigene Veranlassung und in eigener Verantwortung, zumal der Schuldner im Beschluss über die Ankündigung der Restschuldbefreiung nur auf die Obliegenheiten nach § 295 InsO und nicht auf ungeschriebene Anforderungen hingewiesen wird.[49] Zeitlich setzen die Obliegenheiten erst mit Aufhebung des Insolvenzverfahrens ein.[50]

2013, 169, 171; aA HK/*Keller*, § 36 Rn. 82; *du Carrois*, ZInsO 2009, 1801, 1805; *Knees*, ZInsO 2011, 511.
[46] Ebenso Karsten Schmidt/*Henning*, § 295 Rn. 1.
[47] MüKoInsO/*Ehricke*, § 295 Rn. 5.
[48] AGR/*Weinland*, § 295 Rn. 3; Karsten Schmidt/*Henning*, § 295 Rn. 2.
[49] BGH ZInsO 2009, 2212 Rn. 16.
[50] BGH NZI 2004, 635, 636; ZInsO 2006, 647, 648; NZI 2009, 191 Rn. 8; ZInsO 2010, 391 Rn. 15; BeckRS 2011, 02221 Rn. 4; AGR/*Weinland*, § 295 Rn. 7.

2. Obliegenheiten gemäß § 295 InsO. a) *Erwerbsobliegenheit, § 295 I Nr. 1 InsO.* **18**
Die Arbeitskraft des Schuldners und sein Arbeitsverhältnis gehören nicht zur Insolvenzmasse.[51] Der Schuldner kann deswegen nicht zur Aufnahme einer Erwerbstätigkeit gezwungen werden.[52] Um den Schuldner zur Aufnahme einer Erwerbstätigkeit zu veranlassen, sind die Erwerbsobliegenheiten aus § 295 I Nr. 1, II InsO und künftig auch § 287b InsO geschaffen, deren Verletzung zur Versagung der Restschuldbefreiung führen kann. An den nicht selbständig tätigen Schuldner[53] stellt § 295 I Nr. 1 InsO komplexe Anforderungen. Vereinheitlichend werden diese Erfordernisse unter dem Begriff der Erwerbsobliegenheit zusammengefasst, in den ganz unterschiedliche Elemente eingehen. Vom Schuldner wird verlangt, eine angemessene Erwerbstätigkeit auszuüben, sich bei einer Beschäftigungslosigkeit um eine angemessene Erwerbstätigkeit zu bemühen und keine zumutbare Erwerbstätigkeit abzulehnen.[54] Während sich die zweite und dritte Alternative an einen beschäftigungslosen Schuldner richten, wendet sich der erste Tatbestand an eine erwerbstätige Person. Für den selbständigen Schuldner normiert § 295 II InsO eine anders ausgestaltete Erwerbsobliegenheit. Eine Erweiterung von § 295 I Nr. 1 InsO auf eine Obliegenheit des Schuldners, die Beträge an den Treuhänder abzuführen, wenn sich der schweizer Arbeitgeber des Schuldners weigert, den pfändbaren Teil des Arbeitseinkommens an Treuhänder auszuzahlen,[55] widerspricht dem klaren Anwendungsrahmen von § 295 Abs. 1 Nr. 1 InsO.

Der unbestimmte Rechtsbegriff einer angemessenen Erwerbstätigkeit koppelt die **19** Obliegenheit sowohl an die bestehenden Lebensverhältnisse des Schuldners als auch an eine bestmögliche Gläubigerbefriedigung.[56] Auslegungshinweise für den Begriff der angemessenen Erwerbstätigkeit sind aus § 1574 II Hs. 1 BGB zu gewinnen.[57] Bei dieser familienrechtlichen Norm handelt es sich um keine Legaldefinition, aber doch um eine Konkretisierungshilfe. Angemessen ist eine Erwerbstätigkeit, die der Ausbildung, den Fähigkeiten, dem Lebensalter und dem Gesundheitszustand des Schuldners entspricht. Zu berücksichtigen sind ebenso die Freiheit der Berufswahl, die bisherige Berufstätigkeit bzw. Erwerbsbiographie wie die beruflichen Entwicklungschancen mit den realen Möglichkeiten am Arbeitsmarkt. Übt der Schuldner eine Erwerbstätigkeit aus, besteht eine Vermutung dafür, dass die von ihm verrichtete Tätigkeit angemessen ist.[58] Eine Beschäftigung im Ausland ist grds. zulässig.[59] Die Vermutung kann widerlegt sein, wenn der Schuldner unmittelbar vor Beginn des Insolvenzverfahrens aus nicht erklärten Gründen in eine schlechter vergütete Beschäftigung wechselt.[60]

Ziel der angemessenen Erwerbstätigkeit ist eine adäquate Bezahlung des Schuldners.[61] **20** Eine angemessene Vergütung erfolgt, wenn der Schuldner ein übliches Einkommen erzielt, das insbesondere der tariflichen Entlohnung entspricht.[62] Regelmäßig ist im Interesse der Gläubigerbefriedigung eine Vollzeitbeschäftigung erforderlich.[63] Eine Teilzeitbeschäftigung muss durch besondere Gründe gerechtfertigt sein, zB eine Kinderbe-

---

[51] BAG ZInsO 2013, 1806 Rn. 20 ff.
[52] BGHZ 167, 363 Rn. 16; BGH NZI 2009, 192 Rn. 11.
[53] Karsten Schmidt/*Henning*, § 295 Rn. 7.
[54] *Heicke*, VIA 2013, 49.
[55] So LG Stendal VIA 2013, 94.
[56] AGR/*Weinland*, § 295 Rn. 20; MüKoInsO/*Ehricke*, § 295 Rn. 15 ff.
[57] Allg. Meinung, KPB/*Wenzel*, § 295 Rn. 3; *Mohrbutter/Ringstmeier/Pape*, § 17 Rn. 134.
[58] MüKoInsO/*Ehricke*, § 295 Rn. 18; Braun/*Lang*, § 295 Rn. 5; *Andres/Leithaus*, § 295 Rn. 3; *Preuß*, Verbraucherinsolvenzverfahren, Rn. 288; *Heicke*, VIA 2013, 49.
[59] Karsten Schmidt/*Henning*, § 295 Rn. 12.
[60] LG Freiburg ZVI 2013, 202.
[61] BGH NZI 2012, 87 Rn. 3.
[62] Karsten Schmidt/*Henning*, § 295 Rn. 11.
[63] *Wimmer/Dauernheim/Wagner/Weidekind/Henning*, Kap. 15 Rn. 88.

treuung,⁶⁴ verstößt aber per se noch nicht gegen die Erwerbsobliegenheit.⁶⁵ Der betreuende Elternteil kann sich bei einem dreijährigen Kind nicht mehr auf die Notwendigkeit einer persönlichen Betreuung berufen, wenn und soweit das Kind eine kindgerechte Betreuungseinrichtung besucht bzw. nach den individuellen Verhältnissen besuchen könnte.⁶⁶ Wählt der verheiratete Schuldner ohne hinreichenden sachlichen Grund eine für den Gläubiger ungünstige Steuerklasse, kann darin ein Verstoß gegen die Erwerbsobliegenheit liegen.⁶⁷ Eine Straf- oder sonstige Haft setzt einer Erwerbstätigkeit Grenzen, steht aber einer Schuldbefreiung nicht prinzipiell entgegen, weswegen die Treuhandperiode grds. während des Vollzugs absolviert werden kann.⁶⁸ Etwas anderes gilt nur, wenn der Schuldner durch die Haft eine Beschäftigung verliert, aus der er pfändbare Einkünfte erzielt.⁶⁹ Ein Arbeitsverhältnis unter Ehepartnern oder Verwandten ist insolvenzrechtlich grds. unbedenklich.⁷⁰ Eine verwandtschaftliche Nähebeziehung kann zwar auf die Höhe der Vergütung Einfluss gewinnen.⁷¹ Sie darf jedoch nicht zu einem Unterlaufen der insolvenzrechtlichen Anforderungen aus den §§ 287 II 1, 292 I 3, 36 I 2 InsO, 850h ZPO und zu einem verschleierten Arbeitseinkommen führen. Arbeitet ein Angehöriger aus familiärer Rücksicht preiswerter, muss dieser Vorteil nicht vollständig entfallen.⁷² Erforderlich bleibt eine Einzelfallabwägung.

21 Eine Erwerbstätigkeit darf zwar nicht ohne Weiteres aufgegeben werden, doch verletzt nicht jeder Verlust von Beschäftigung und Einkommen die Erwerbsobliegenheit, denn es ist nach den Beendigungsgründen zu unterscheiden. Endet ein befristetes Arbeitsverhältnis oder erreicht der Schuldner die Regelaltersrente, § 35 SGB VI, entfällt die Erwerbsobliegenheit.⁷³ Bei einer betriebsbedingten Kündigung durch den Arbeitgeber fehlt stets und bei einer personenbedingten Kündigung regelmäßig ein zurechenbares Verhalten des Schuldners. Selbst eine verhaltensbedingte Kündigung führt prinzipiell noch nicht zu einer Obliegenheitsverletzung. Die für den Kündigungsgrund maßgebenden Verhaltensweisen und Antriebe des Schuldners müssen sich auch auf eine Verminderung seiner Leistungsfähigkeit erstreckt haben. Vereinbart der Schuldner einen Aufhebungsvertrag, fehlt eine Obliegenheitsverletzung, wenn er anerkennenswerte Gründe anzuführen vermag.⁷⁴ Selbst eine Eigenkündigung ist unschädlich, wenn der Schuldner dafür beachtliche Motive besitzt.⁷⁵ Da vermutet wird, die ausgeübte Tätigkeit sei angemessen, kann der Schuldner seine Arbeitsleistung nicht ohne Weiteres einschränken, Mehrarbeit nicht einfach unterlassen. Bei der Elternzeit ist eine Einzelfallprüfung alternativer Betreuungsmöglichkeiten erforderlich. Allerdings muss der berufstätige Schuldner deswegen auch nur in engen Grenzen eine andere Erwerbstätigkeit übernehmen. Während der erwerbslose Schuldner keine zumutbare Tätigkeit ablehnen darf, wird von einem Erwerbstätigen nicht der Wechsel in ein anderes, lediglich zumut-

---

⁶⁴ Vgl. BGH NJW 2008, 3125; Karsten Schmidt/*Henning*, § 295 Rn. 9 f.; aA *Mohrbutter/Ringstmeier/Pape*, § 17 Rn. 135, ein arbeitsfähiger Schuldner müsse sich um eine Vollzeitbeschäftigung bemühen.
⁶⁵ Vgl. BGH NZI 2010, 228 Rn. 5.
⁶⁶ BGH NJW 2012, 1868 Rn. 18.
⁶⁷ BGH NZI 2009, 326.
⁶⁸ BGH ZInsO 2010, 1558 Rn. 12; LG Koblenz VuR 2008, 348, bei lebenslanger Freiheitsstrafe; ausführlich *Brei*, Entschuldung Straffälliger, S. 590 ff.; außerdem FK/*Ahrens*, § 295 Rn. 14a; MüKoInsO/*Stephan*, § 286 Rn. 63; Karsten Schmidt/*Henning*, § 295 Rn. 15; HK/*Landfermann*, § 295 Rn. 7; *Heyer*, Restschuldbefreiung, S. 117; aA LG Hannover ZInsO 2002, 449, mit Anm. *Wilhelm*; *Foerste*, Rn. 552; *Hess*, § 295 Rn. 43.
⁶⁹ AGR/*Weinland*, § 295 Rn. 25.
⁷⁰ MüKoInsO/*Ehricke*, § 295 Rn. 33; aA KPB/*Wenzel*, InsO, § 295 Rn. 6.
⁷¹ BAG NJW 1978, 343.
⁷² PG-*Ahrens*, ZPO, § 850h Rn. 23.
⁷³ *Heicke*, VIA 2013, 49, 50; aA *Heyer*, Restschuldbefreiung, S. 119.
⁷⁴ FK/*Ahrens*, § 295 Rn. 26.
⁷⁵ Nerlich/Römermann/*Römermann*, § 295 Rn. 6.

bares Beschäftigungsverhältnis verlangt. Vom Schuldner ist deswegen regelmäßig nicht der Wechsel aus einem sicheren Arbeitsverhältnis in ein besser vergütetes unsicheres Verhältnis zu verlangen.

Als zweite Tatbestandsalternative der Erwerbsobliegenheit muss sich ein erwerbsloser 22 Schuldner um eine angemessene Beschäftigung bemühen. Wie das Demonstrativpronomen ‚solche' klarstellt, werden allein Bemühungen um eine angemessene Beschäftigung verlangt. Um eine lediglich zumutbare Beschäftigung muss sich der Erwerbslose nicht bemühen. Ist der Schuldner gesundheitlich oder aufgrund einer Kinderbetreuung nicht zu einer Erwerbstätigkeit in der Lage, entfällt die Obliegenheit zur Beschäftigungssuche. Von einem nicht selbständig berufstätigen Schuldner, für dessen hinreichende Erwerbstätigkeit die Angemessenheitsvermutung spricht, sind folgerichtig keine Bemühungen um eine andere angemessene Beschäftigung zu verlangen. Sonst kann aber von ihm zu verlangen sein, sich um eine angemessene Erwerbstätigkeit zu bemühen, denn die Obliegenheit gilt nicht nur für den beschäftigungslosen, sondern auch für den erwerbstätigen Schuldner.[76]

An den Umfang der Beschäftigungssuche werden für einen nicht erwerbstätigen 23 Schuldner erhebliche Anforderungen gestellt. Er muss sich als arbeitssuchend bei der Bundesagentur für Arbeit melden. Über die durch die Bundesagentur vermittelten Stellenangebote hinaus muss sich der Schuldner aktiv um eine Beschäftigung bemühen. Zu verlangen sind eine regelmäßige Lektüre der einschlägigen örtlichen Tageszeitungen, Bewerbungen auf Anzeigen und Vorstellungsbesuche.[77] Als Richtgröße ist wöchentlich von zwei bis drei Bewerbungen auszugehen.[78] Zu berücksichtigen sind auch die regionalen Beschäftigungsverhältnisse, die persönliche Situation sowie die Arbeitsbiographie des Schuldners.[79] Abgestellt werden muss stets auf die Umstände des Einzelfalls, weswegen der BGH sechs Bewerbungen in sechs Wochen genügen ließ.[80] Finanziell entlastet wird der Arbeitsuchende durch die unterstützenden Leistungen der Bundesagentur für Arbeit, die nach den §§ 45 f. SGB III Kosten für Bewerbungen und Reisen übernehmen kann.

Vom Schuldner wird nicht nur eine Arbeitsuche verlangt. Er muss sich auch um ei- 24 ne Wiederherstellung seiner Gesundheit, etwa durch eine Suchttherapie, und um eine berufliche Qualifikation durch Ausbildungs-, Fortbildungs- und Umschulungsmaßnahmen bemühen. Sinnlose Anstrengungen werden allerdings nicht geschuldet, etwa wenn der Schuldner alters- oder krankheitsbedingt keine Erwerbstätigkeit zu finden vermag. Da sich die Erwerbsaussichten vielfach einer verlässlichen Prognose entziehen werden, muss der Schuldner den nicht von der Hand zu weisenden Beschäftigungsmöglichkeiten nachgehen. Er darf deswegen grds. erst nach einer mehrjährigen erfolglosen Arbeitsuche seine Bemühungen reduzieren bzw. einstellen.

Findet der erwerbslose Schuldner keine angemessene Beschäftigung, darf er nach 25 § 295 I Nr. 1 Alt. 3 InsO keine zumutbare Tätigkeit ablehnen. Von einem nicht erwerbstätigen Schuldner werden allein Bemühungen um eine angemessene Beschäftigung verlangt, doch darf er eine ihm angebotene zumutbare Arbeit nicht ablehnen. Für eine zumutbare Erwerbstätigkeit bestehen strenge Anforderungen, weswegen auch eine berufsfremde oder auswärtige Tätigkeit, notfalls auch eine Aushilfs- oder Gelegenheitstätigkeit, zu übernehmen sein kann.[81] Konkretisiert werden kann der Begriff der zu-

---

[76] BGH NZI 2010, 228 Rn. 5; AGR/*Weinland*, § 295 Rn. 23.
[77] Vgl. BGH NJW 1994, 1002, 1003.
[78] BGH ZInsO 2011, 1301 Rn. 17; NZI 2012, 721 Rn. 14; BeckRS 2012, 20254 Rn. 8; FK/*Ahrens*, § 295 Rn. 34; Karsten Schmidt/*Henning*, § 295 Rn. 17.
[79] BGH NJW 1996, 517, 518; ebenso BVerfG NJW 2012, 2420 Rn. 19, zu § 1603 BGB.
[80] BGH ZInsO 2011, 1301 Rn. 18, 22.
[81] BR-Drucks. 1/92 S. 192.

mutbaren Tätigkeit insbesondere durch die im Sozialrecht ausgebildeten Fallgruppen und dort geltenden gesetzlichen Regelungen.[82] Angesichts der verschärften sozialrechtlichen Zumutbarkeitsregeln ist die Unzumutbarkeitsschwelle nach § 295 I Nr. 1 InsO nicht höher als im Sozialrecht.[83]

26 Die Zumutbarkeit kann angelehnt an § 121 SGB III bzw. § 10 SGB II bestimmt werden.[84] Aus allgemeinen Gründen ist eine Beschäftigung nach § 121 II SGB III unzumutbar, wenn sie gegen gesetzliche, tarifliche oder betriebsverfassungsrechtliche Bestimmungen über Arbeitsbedingungen oder gegen Vorschriften des Arbeitsschutzes verstößt. Die Beschäftigung ist aus persönlichen Gründen unzumutbar, wenn das erzielbare Arbeitsentgelt erheblich niedriger als frühere Arbeitseinkommen ist, § 121 III SGB III. In den ersten drei Monaten der Erwerbslosigkeit muss danach die erzielbare Vergütung mindestens 80 Prozent und in den folgenden drei Monaten mindestens 70 Prozent des früheren Entgelts betragen. Anschließend ist ein Nettoarbeitseinkommen nicht zumutbar, das sich unter Berücksichtigung der mit der Beschäftigung zusammenhängenden Aufwendungen auf einen niedrigeren Betrag als das Arbeitslosengeld beläuft. Außerdem dürfen die Wegezeiten nicht unverhältnismäßig lang sein, § 121 IV SGB III. Sie sind unzumutbar, wenn sie bei einer Arbeitszeit von mehr als sechs Stunden insgesamt mehr als zweieinhalb Stunden betragen.

27 Allerdings schränken Lebensalter und Gesundheitszustand eine zumutbare Erwerbstätigkeit ein, weswegen eine körperlich belastende Arbeit für einen älteren Schuldner unzumutbar sein kann.[85] Einschränkungen durch eine Kinderbetreuung sind nach den zu § 1570 BGB entwickelten Maßstäben zu beurteilen.[86] Bei jungen Erwachsenen in einer ersten Berufsausbildung ist abzuwägen, ob sie eine zukunftsorientierte Ausbildung zugunsten einer im kurzfristigen Gläubigerinteresse liegenden Berufstätigkeit zurückstellen müssen. Da dem Schuldner Raum bleiben muss, sein Leben selbst und ohne unzumutbare Belastungen zu gestalten, wird die Ausbildung regelmäßig vorrangig sein. Nach dem Schulabschluss darf ein Studium auch während der Treuhandperiode aufgenommen oder ein zuvor begonnenes Studium fortgesetzt werden, sofern dafür ein zeitlich angemessener Rahmen eingehalten wird.[87] Soweit nicht ausnahmsweise die Promotion den Studienabschluss bildet, gehört die Promotion nicht mehr zur insolvenzrechtlich zu beachtenden Ausbildung und darf deswegen nicht begonnen werden.[88] Bei der Fortsetzung eines ergänzenden Promotionsstudiums bzw. einer Promotion bestehen gegenüber einem Studium höhere Anforderungen. Sie sind nur zulässig, wenn sie anschließend zu einem höheren Einkommen führen und dadurch die Befriedigung der Gläubiger insgesamt verbessert wird.[89]

28 **b)** *Herauszugebender Vermögenserwerb im Erbfall,* § 295 I Nr. 2 InsO. Mit der Beendigung des Insolvenzverfahrens ist der Insolvenzbeschlag aufgehoben. Dennoch wird der Schuldner in seinen vermögensrechtlichen Dispositionen nicht vollkommen frei. Als Anforderung nach § 295 I Nr. 2 InsO obliegt es ihm, von Todes wegen oder mit Rücksicht auf ein künftiges Erbrecht erworbenes Vermögen zur Hälfte des Werts an

---

[82] Braun/*Lang,* § 295 Rn. 10; *Preuß,* Verbraucherinsolvenzverfahren, Rn. 288; *Wimmer/Dauernheim/Wagner/Weidekind/Henning,* Kap 15 Rn. 98.
[83] AA Uhlenbruck/Hirte/Vallender/*Vallender,* § 295 Rn. 25; Nerlich/Römermann/*Römermann,* § 295 Rn. 8.
[84] Vgl. Karsten Schmidt/*Henning,* § 295 Rn. 19.
[85] Uhlenbruck/Hirte/Vallender/*Vallender,* § 295 Rn. 26; HK/*Landfermann,* § 295 Rn. 5.
[86] BGH NZI 2010, 114; FK/*Ahrens,* § 295 Rn. 42; AGR/*Weinland,* § 295 Rn. 27.
[87] AG Göttingen ZVI 2002, 81, 82; Karsten Schmidt/*Henning,* § 295 Rn. 13; HambKommInsO/*Streck,* § 295 Rn. 5; *Heicke,* VIA 2013, 49, 50; enger *Mohrbutter/Ringstmeier/Pape,* § 17 Rn. 136; ablehnend *Graf-Schlicker/Kexel,* § 295 Rn. 5; *Mohrbutter/Ringstmeier/Pape,* § 17 Rn. 136.
[88] Uhlenbruck/Hirte/Vallender/*Vallender,* § 295 Rn. 17.
[89] LG Darmstadt ZInsO 2013, 1162; *Heicke,* VIA 2013, 49, 50.

den Treuhänder herauszugeben (Halbteilungsgrundsatz).[90] Neben den Leistungen aus dem laufenden Erwerbs- oder Erwerbsersatzeinkommen nach den §§ 287 II 1, 295 II InsO begründet diese Obliegenheit die einzige zusätzliche Tilgungsleistung des Schuldners während der Treuhandzeit. Da das Vermögen des Schuldners verwertet ist, können die Gläubiger in der Treuhandphase allein aus dem Neuerwerb befriedigt werden, der, abgesehen von den pfändbaren Forderungen aus Arbeitseinkommen, nur in sehr begrenztem Umfang zu erwarten ist. Regelungsziel muss deswegen eine einfache Verfahrensgestaltung ohne große Überwachungs- und Verwertungsaufgaben sein, die mit der erbbezogenen Obliegenheit erreicht ist. Andere Erwerbsmöglichkeiten, wie Schenkungen, der Zugewinnausgleich auch im Todesfall, § 1371 BGB,[91] oder ein wohl eher theoretischer Lottogewinn, verlangen einen im Verhältnis zu ihrem Erwartungswert überhöhten Aufwand und sind daher berechtigterweise nicht in die Tilgungsleistungen einbezogen.

Um die Interessen von Schuldner und Gläubiger auszubalancieren, ist die Herausgabe zudem auf den halben Wert des Erwerbs beschränkt. Darin ist keine unangemessene Begünstigung des Schuldners zu sehen, denn es müssen für ihn Anreize geschaffen werden, um die Erbschaft anzunehmen. Schlägt der Schuldner die Erbschaft aus, ist der Gläubigerbefriedigung damit weitaus weniger gedient. Wegen der unterschiedlichen Reichweite zwischen dem vollständigen Insolvenzbeschlag für den erbrechtlichen Erwerb während des Insolvenzverfahrens und der hälftigen Leistungsobliegenheit in der Treuhandperiode kommt der Datierung hohe Bedeutung zu. Der Vermögenserwerb von Todes wegen erfolgt mit dem Erbfall. Für den Zeitpunkt des Vermögenserwerbs ist gem. § 1922 Abs. 1 BGB vom Todesfall auszugehen.[92] Sodann ist zu bestimmen, ob im Todesfall das Insolvenzverfahren beendet war. Ist dies noch nicht geschehen, fällt der erbrechtliche Erwerb auch dann in die Insolvenzmasse, wenn die Restschuldbefreiung bereits angekündigt war.[93] Dies gilt auch für den Pflichtteilsanspruch, der bereits vor seiner vertraglichen Anerkennung oder Rechtshängigkeit nach § 852 ZPO als aufschiebend bedingter Anspruch gepfändet werden kann.[94] Entsteht der Pflichtteilsanspruch bereits während des Insolvenzverfahrens, ist eine Obliegenheitsverletzung nach § 295 I Nr. 2 InsO ausgeschlossen.[95] Wird ein während des Insolvenzverfahrens entstandener Pflichtteilsanspruch erst nach Aufhebung des Insolvenzverfahrens anerkannt oder rechtshängig gemacht, unterliegt er der Nachtragsverteilung.[96] Tritt der Erbfall in der Treuhandperiode ein, entsteht die Obliegenheit des Schuldners, die Hälfte des Wertes des Vermächtnisses an den Treuhänder abzuführen, erst mit der Annahme des Vermächtnisses.[97] Bei einem Vermögenserwerb mit Rücksicht auf ein künftiges Erbrecht ist auf die in der maßgebenden Vereinbarung bestimmten Entstehungsvoraussetzungen abzustellen.

Die gesetzliche Formulierung der Obliegenheit ist an § 1374 II BGB orientiert, dessen Auslegung als Richtlinie dienen kann.[98] Zum Erwerb von Todes wegen gehört der Erwerb des Erben aufgrund gesetzlicher, testamentarischer oder erbvertraglicher Erbfolge, also auch als Miterbe, Vorerbe oder Nacherbe, sowie der Erwerb aus Vermächtnis oder Pflichtteil.[99] Ein Erwerb mit Rücksicht auf ein künftiges Erbrecht liegt bei einer

---

[90] Karsten Schmidt/*Henning*, § 295 Rn. 21.
[91] Karsten Schmidt/*Henning*, § 295 Rn. 22.
[92] BGH NZI 2009, 191 Rn. 14; NJW 2011, 1448 Rn. 8.
[93] BGH ZInsO 2010, 1496 Rn. 4; NJW 2011, 1448 Rn. 8.
[94] BGH NZI 2009, 563 Rn. 8.
[95] BGH ZInsO 2009, 1831 Rn. 9.
[96] BGH NJW 2011, 1448 Rn. 9; AGR/*Weinland*, § 295 Rn. 29.
[97] BGH NZI 2011, 329.
[98] Vgl. BGH NZI 2009, 563 Rn. 9, mit Anm. *Schmerbach*, NZI 2009, 552; Karsten Schmidt/*Henning*, § 295 Rn. 22.
[99] *Andres/Leithaus*, § 295 Rn. 5; Karsten Schmidt/*Henning*, § 295 Rn. 23.

vorweggenommenen Erbfolge[100] oder Erbteilung vor. Ob ein Vermögen mit Rücksicht auf ein künftiges Erbrecht übertragen wurde, richtet sich danach, inwieweit die Vertragschließenden einen künftigen Erbgang vorwegnehmen wollten.[101] Dies ist durch Auslegung des Vertrags unter Berücksichtigung aller Umstände einschließlich der Vorgeschichte und der Interessenlage der Parteien zu klären.[102]

31 Die Wertberechnung hat nach den §§ 2311 ff. BGB zu erfolgen. Anzusetzen ist der Nettowert des Vermögens nach Abzug von Verbindlichkeiten und Verwertungskosten,[103] der zur Hälfte auszuzahlen ist. Bestimmte Vermögensgegenstände sind nicht zu leisten,[104] zumal für den Treuhänder keine Verwertungspflicht besteht. Der Schuldner ist deswegen berechtigt, ohne Verwertung die Hälfte des hypothetischen Nettobetrags herauszugeben.[105] Er darf aber über das Vermögen verfügen und muss dies ggf. sogar, weil er selbst für die Verwertung zu sorgen hat.[106] Der Schuldner kann seine Obliegenheit nur durch Zahlung eines Geldbetrags erfüllen, weswegen keine Herausgabeanforderung einzelner Vermögensgegenstände besteht.[107] Sie passt auch nicht in das System, da für den Treuhänder keine Verwertungsaufgabe existiert.[108] Der Schuldner ist weder verpflichtet noch berechtigt, zur Erbschaft gehörende Gegenstände auf den Treuhänder zu übertragen. Da der Wert herauszugeben ist, kann es nicht darauf ankommen, ob der Schuldner unpfändbares Vermögen erwirbt. Erhält der Schuldner Sachwerte, muss er selbst für eine Verwertung sorgen.[109] Diese Grundsätze gelten auch, wenn der Schuldner Miterbe geworden ist.[110] Dem Schuldner ist eine angemessene Verwertungszeit zu lassen, die im Einzelfall auch ein Jahr betragen kann. Eine Herausgabefrist von vierzehn Tagen[111] ist aber auch unabhängig von Verwertungsmaßnahmen deutlich zu kurz. Ist die Herausgabe des hälftigen Werts des erworbenen Vermögens wegen der erforderlichen Verwertung des Nachlasses bis zum Ende der Laufzeit der Abtretungserklärung nicht abgeschlossen, hat das Insolvenzgericht die Entscheidung über den Antrag auf Restschuldbefreiung und über etwa gestellte Versagungsanträge aufzuschieben, wenn und solange der Schuldner nachvollziehbar darlegt und in geeigneter Weise nachweist, dass er die Verwertung des Nachlasses betreibt, aber noch nicht zu Ende gebracht hat.[112] Außerdem darf der Schuldner die Erbschaft ausschlagen[113] bzw. auf die Erbschaft, §§ 2346, 2352 BGB, ein Vermächtnis, § 2352 BGB, oder einen Pflichtteil verzichten,[114] denn § 295 Abs. 1 Nr. 2 InsO stellt auf das tatsächlich erworbene Vermögen und nicht auf die Chance zu einem Vermögenserwerb ab.[115] Nicht abschließend mit der Obliegenheit koordiniert ist der Zugriff anderer Gläubiger, die nicht durch § 294 I InsO an einer Vollstreckung gehindert sind. Da eine Pfändung des Vermögenserwerbs den Schuldner grds. nicht befreit, wenn auch im Einzelfall das nach § 296 I 1 InsO für eine

---

[100] AG Oldenburg ZInsO 2009, 787, 788.
[101] *Hess/Obermüller,* Rn. 1146.
[102] LG Göttingen NZI 2008, 53.
[103] *Mohrbutter/Ringstmeier/Pape,* § 17 Rn. 141.
[104] AG Neubrandenburg NZI 2006, 647.
[105] Uhlenbruck/Hirte/Vallender/*Vallender,* § 295 Rn. 39.
[106] *Preuß,* NJW 1999, 3450, 3452.
[107] BGH NZI 2013, 191 Rn. 7.
[108] Abweichend *Grunsky/Kupka,* NZI 2013, 465, 467.
[109] BGH NZI 2013, 191 Rn. 10; Uhlenbruck/Hirte/Vallender/*Vallender,* § 295 Rn. 39; *Hoffmann,* Verbraucherinsolvenz und Restschuldbefreiung, S. 134; *Preuß,* NJW 1999, 3450, 3452; aA *Döbereiner,* Restschuldbefreiung, S. 160.
[110] BGH NZI 2013, 191 Rn. 11 ff.
[111] Karsten Schmidt/*Henning,* § 295 Rn. 24.
[112] BGH NZI 2013, 191 Rn. 19.
[113] *Graf-Schlicker/Kexel,* § 295 Rn. 11.
[114] BGH NZI 2009, 563 Rn. 13 f., mit Anm. *Schmerbach,* NZI 2009, 552.
[115] LG Mainz ZVI 2003, 362, 363; KPB/*Wenzel,* § 295 Rn. 19b; MüKoInsO/*Ehricke,* § 295 Rn. 49; *Preuß,* Verbraucherinsolvenzverfahren, Rn. 292.

Versagung erforderliche Verschulden fehlen mag, liegt eine schnelle Leistung durchaus in seinem Interesse (zum Verschulden → Rn. 45).

c) Unterrichtungen, § 295 I Nr. 3 InsO. Mit dem umfassenden Katalog aus § 295 I **32** Nr. 3 InsO werden vom Schuldner zahlreiche Informationen verlangt. Er muss jeden Wechsel des Wohnsitzes oder der Beschäftigungsstelle unverzüglich dem Insolvenzgericht und dem Treuhänder anzeigen, er darf keine von der Abtretungserklärung erfassten Bezüge und kein von § 295 I Nr. 2 InsO erfasstes Vermögen verheimlichen und muss dem Gericht sowie dem Treuhänder auf Verlangen Auskunft über seine Erwerbstätigkeit oder seine Bemühungen darum sowie über seine Bezüge und sein Vermögen erteilen. Seine Unterrichtungen hat der Schuldner an das Insolvenzgericht und den Treuhänder zu richten, weshalb eine Mitteilung nur an das Insolvenzgericht bzw. allein den Treuhänder nicht zur Erfüllung der Obliegenheit genügt.[116]

Zunächst ist vom Schuldner jeder Wechsel des Wohnsitzes anzuzeigen.[117] Er muss al-**33** so von sich aus ohne eine Nachfrage über einen Wechsel informieren. Allein bei der Unterrichtung über einen Wechsel des Wohnsitzes oder der Beschäftigungsstelle muss der Schuldner von sich aus aktiv werden.[118] Seine Anzeige hat unverzüglich, nach der Legaldefinition des § 121 Abs. 1 S. 1 BGB ohne schuldhaftes Zögern, zu erfolgen. Als Obergrenze wird hiernach eine Frist von zwei Wochen angenommen.[119] Der Schuldner kommt seiner Obliegenheit, jeden Wohnsitzwechsel unverzüglich mitzuteilen, nur nach, wenn die Erklärung dem Treuhänder oder dem Insolvenzgericht auch zugeht.[120] Beim Begriff des Wohnsitzes ist nach der Teleologie der insolvenzrechtlichen Regelung auf die Erreichbarkeit des Schuldners und weniger auf die weiteren bürgerlichrechtlichen Bestimmungen abzustellen.[121] Unverzüglich anzuzeigen ist außerdem jeder Wechsel der Beschäftigungsstelle. Gibt der Schuldner ohne neue Beschäftigung seine Arbeit auf, muss er dies nicht anzeigen, doch kann er damit die Erwerbsobliegenheit aus Nr. 1 verletzen.[122] War der Schuldner bislang arbeitslos und nimmt er nunmehr eine Arbeit auf, muss er dies nach der Rechtsprechung des BGH anzeigen.[123] Übernimmt der Schuldner lediglich eine zusätzliche (Neben)Beschäftigung, ohne seine bestehende Erwerbstätigkeit aufzugeben, besteht zwar nach § 295 I Nr. 3 InsO keine Anzeigeobliegenheit,[124] aber der Schuldner verstößt dann regelmäßig gegen seine Obliegenheit, keine Bezüge zu verheimlichen.

Als weitere Anforderung darf der Schuldner keine von der Abtretungserklärung er-**34** fassten Bezüge verheimlichen. Deckt der Treuhänder die Abtretung nicht auf, muss er die pfändbaren Bezüge konkret berechnen. Dies gilt auch bei Einkünften, die aus Geld- und Naturalleistungen bestehen. Ein zwischen Treuhänder und Schuldner vereinbarter pauschaler Zahlungsbetrag ist bei einer nicht selbständigen Tätigkeit unzulässig. Weder darf der Treuhänder die zwingenden Pfändungsschutzgrenzen zum Nachteil des Schuldners unterschreiten noch auf pfändbare Einkommensanteile zulasten der Masse verzichten. Zahlungen zu einem beliebigen Zeitpunkt sind ebenfalls nicht zulässig.[125] Nicht verheimlicht werden darf auch eine aufgrund der Zusammenrechnungsregel gem.

---

[116] AG Göttingen ZInsO 2008, 865, 866.
[117] AG Osnabrück ZVI 2007, 89, 90.
[118] Vgl. BGH ZInsO 2009, 2212 Rn. 8, 13.
[119] BGH NZI 2010, 489 Rn. 2; NZI 2013, 703 Rn. 14; AG Göttingen NZI 2010, 115, 116; HambKommInsO/*Streck*, § 295 Rn. 14; Mohrbutter/Ringstmeier/*Pape*, § 17 Rn. 146.
[120] BGH NZI 2013, 703 Rn. 19.
[121] AGR/*Weinland*, § 295 Rn. 3; Karsten Schmidt/*Henning*, § 295 Rn. 27; KPB/*Wenzel*, § 295 Rn. 22.
[122] Uhlenbruck/Hirte/Vallender/*Vallender*, § 295 Rn. 46.
[123] BGH NZI 2010, 350 Rn. 6; BeckRS 2010, 30740 Rn. 2.
[124] AA MüKoInsO/*Ehricke*, § 295 Rn. 80.
[125] BGH NZI 2011, 451 Rn. 8.

§ 850e Nr. 3 ZPO zu berücksichtigende Naturalleistung.[126] Der Begriff des Verheimlichens geht über denjenigen des schlichten Verschweigens hinaus. Es bezeichnet ein Verhalten, durch das von der Abtretung erfasste Bezüge oder von Todes wegen erworbenes Vermögen der Kenntnis des Treuhänders entzogen werden.[127] Der Schuldner verheimlicht Bezüge bei unrichtigen Angaben oder einer falschen Auskunft auf Fragen. Ein bloßes Verschweigen genügt, soweit eine Auskunftspflicht besteht.[128] Verheimlicht der Schuldner von der Abtretung erfasste Bezüge und zieht er sie selbst ein, befreit dies nach § 407 I Alt. 1 BGB den gutgläubigen Schuldner. Wird kein Versagungsantrag gestellt, muss dem Schuldner nach Fristablauf Restschuldbefreiung erteilt werden, doch kommt eine Nachtragsverteilung analog § 203 I Nr. 3 InsO in Betracht. § 295 I Nr. 3 InsO verlangt vom Schuldner nicht, den Treuhänder von sich aus auf eine Erhöhung des an ihn ausgezahlten Nettolohns oder eigene Einkünfte einer gesetzlich unterhaltsberechtigten Person hinzuweisen.[129] Ein Gewinn aus einer selbständigen Tätigkeit fällt nicht unter diese Obliegenheit.[130] Außerdem darf der Schuldner kein von Todes wegen oder mit Rücksicht auf ein künftiges Erbrecht erworbenes Vermögen verheimlichen. Die unterlassene unverzügliche Anzeige einer Erbschaft stellt dabei noch kein Verheimlichen iSd § 295 I Nr. 3 InsO dar.[131]

35 Schließlich wird vom Schuldner verlangt, über seine Erwerbstätigkeit und seine Bemühungen um sie, seine Bezüge[132] sowie sein Vermögen Auskunft zu erteilen. Dabei muss der Schuldner auf Verlangen dem Insolvenzgericht und dem Treuhänder, nicht aber den Insolvenzgläubigern,[133] Auskunft erteilen. Das Auskunftsbegehren muss nicht begründet sein, doch kann ein fehlendes Informationsbedürfnis der zu kurzfristigen Wiederholung Grenzen setzen. Eine Frist zur Auskunftserteilung ist nicht vorgesehen, weshalb insbesondere keine unverzügliche Auskunft erforderlich ist.[134] Verlangt das Gericht oder der Treuhänder eine Auskunft, die nicht durch § 295 InsO gedeckt ist, begründet ein Verstoß des Schuldners keine Obliegenheitsverletzung.[135] Zu seiner Erwerbstätigkeit muss der Schuldner über Ort, Art, Umfang und Dauer der Beschäftigung informieren. Gibt der Schuldner trotz Aufforderung über einen Zeitraum von zehn Monaten keine Auskunft über seine Erwerbstätigkeit, ist der Versagungstatbestand erfüllt.[136] Da die Obliegenheit nicht nach der Art der Erwerbstätigkeit unterscheidet, muss auch der selbständige Schuldner hierüber Auskunft erteilen. Eine um sieben Wochen verzögerte Auskunft über eine selbständige Erwerbstätigkeit ist unschädlich.[137] Über die Reichweite der Auskunftsobliegenheit zur selbständigen Erwerbstätigkeit bestimmt der Umfang der Zahlungsobliegenheit aus § 295 II InsO. Weiter als diese Leistungsobliegenheit können auch die Auskunftserfordernisse über die Erwerbstätigkeit nicht gehen.[138] Die Angaben des Schuldners haben dabei so spezifiziert zu sein, dass die Art des angemessenen Dienstverhältnisses und das anzunehmende fiktive Nettoeinkommen gem. § 295 II InsO beurteilt werden können. Zu nennen sind die Ausbildung, der berufliche Werdegang sowie die ausgeübte Tätigkeit nach Branche und Grö-

---

[126] BGH ZInsO 2013, 2342 Rn. 3.
[127] BGH ZInsO 2009, 2212 Rn. 11; *Hess,* § 295 Rn. 92.
[128] LG Heilbronn ZInsO 2009, 1217, 1218; Karsten Schmidt/*Henning,* § 295 Rn. 28; *Graf-Schlicker/Kexel,* § 295 Rn. 14; aA KPB/*Wenzel,* § 295 Rn. 24, jedes Verschweigen.
[129] BGH ZInsO 2009, 2212 Rn. 7.
[130] BGH ZInsO 2006, 547, 548.
[131] AG Neubrandenburg NZI 2006, 647; aA AG Göttingen ZInsO 2008, 49, 50.
[132] LG Hamburg ZVI 2004, 259, 260.
[133] AG Leipzig ZVI 2004, 758, 759.
[134] AA HambKommInsO/*Streck,* § 295 Rn. 19.
[135] BGH NZI 2013, 404 Rn. 8, mit Anm. *Ahrens.*
[136] AG Mannheim ZVI 2005, 383 f.; s. a. AG Göttingen NZI 2009, 397, 398.
[137] BGH NZI 2010, 489.
[138] *Ahrens,* NZI 2013, 405.

ße des Unternehmens, Zahl der Beschäftigten sowie dem Umsatz.[139] Die Höhe der Einkünfte aus selbständiger Tätigkeit muss der Schuldner nicht angeben.[140] Seine Bemühungen um eine selbständige wie unselbständige Erwerbstätigkeit hat der Schuldner quantitativ und qualitativ zu erläutern, doch wird er konkrete Bewerbungen nicht ohne Weiteres anzuführen haben. Außerdem muss er seine Bezüge beziffern,[141] wobei er nach dem Gedanken aus § 836 III 1 Alt. 1 ZPO die Bezüge zu benennen hat, um über den Umfang der Pfändbarkeit zu informieren. Schließlich ist vom Schuldner Auskunft über sein Vermögen zu erteilen. Da das Insolvenzverfahren mit der Verwertung des vorhandenen Vermögens abgeschlossen ist, erstreckt sich diese Obliegenheit auf den Neuerwerb.[142] Von diesem auskunftsbedürftigen Neuerwerb sind jedoch die laufenden Bezüge sowie der Erwerb nach § 295 I Nr. 2 InsO auszunehmen, da für diese eigenständige Informationsobliegenheiten bestehen.[143]

d) *Unzulässige Sondervorteile, § 295 I Nr. 4 InsO.* Von geringerer praktischer Bedeutung ist die Obliegenheit, Zahlungen zur Gläubigerbefriedigung nur an den Treuhänder zu leisten und keinem Insolvenzgläubiger einen Sondervorteil zu verschaffen. Beide Anforderungen gelten für den selbständig wie nicht selbständig erwerbstätigen Schuldner und stehen im engen Zusammenhang mit dem Grundsatz der Gläubigergleichbehandlung.[144] Die erste Tatbestandsalternative stellt ein Zahlungsgebot auf[145] und regelt den Zahlungsweg, nicht aber die Höhe der Zahlungen. Sie besitzt nur einen begrenzten Anwendungsbereich, denn sie untersagt nicht jegliche Zahlungen an die Gläubiger, insbesondere soweit keine Insolvenzforderungen betroffen sind. Legt der Treuhänder gegenüber dem Arbeitgeber des Schuldners die Bezügeabtretung nicht offen und vereinbart er, dass der Schuldner den pfändbaren Betrag an ihn abführt, weicht er vom gesetzlichen Leitbild des § 292 I InsO ab. Führt der Schuldner die Beträge nicht ab, ist § 295 I Nr. 4 InsO unanwendbar.[146] 36

Als zweite Anforderung darf der Schuldner keinem Insolvenzgläubiger Sondervorteile verschaffen. Zu den Sondervorteilen sind alle Formen der Leistungserbringung und nicht allein Zahlungen zu rechnen. Erbringt der Schuldner auf Druck eines Insolvenzgläubigers Leistungen an diesen, wird hierin zT eine Obliegenheitsverletzung gesehen,[147] doch kommt es auf die Umstände des Einzelfalls an.[148] Vom Schuldner wird lediglich verlangt, Insolvenzgläubigern keine Sondervorteile zu verschaffen. Leistungen des Schuldners an andere Gläubiger oder auf andere als Insolvenzforderungen sind deshalb nicht von der Obliegenheit betroffen. Zahlt der Schuldner an einen absonderungsberechtigten Gläubiger aus seinem pfändungsfreien Vermögen, weil er etwa einen sicherungsübereigneten Pkw weiter für die Fahrten zur Arbeitsstelle benötigt, so leistet er insoweit nicht an einen Insolvenzgläubiger.[149] Zahlungen aus dem insolvenzfreien Vermögen sind zulässig.[150] Zahlt der Schuldner eine Geldstrafe oder eine andere nachrangige Forderung gemäß § 39 I Nr. 3 InsO aus seinen freien Einkünften, liegt keine Obliegenheitsverletzung vor,[151] während die Erfüllung einer Geldstrafe aus den abgetretenen 37

---

[139] BGH NZI 2013, 404 Rn. 8, mit Anm. *Ahrens.*
[140] BGH NZI 2013, 404 Rn. 8.
[141] AGR/*Weinland,* § 295 Rn. 35.
[142] FK/*Ahrens,* § 295 Rn. 60.
[143] AA AG Göttingen ZInsO 2009, 2070.
[144] AG Göttingen NZI 2009, 616; Karsten Schmidt/*Henning,* § 295 Rn. 32.
[145] AG Passau ZInsO 2009, 493.
[146] AG Göttingen NZI 2009, 616.
[147] Uhlenbruck/Hirte/Vallender/*Vallender,* § 295 Rn. 59.
[148] Sa *Mohrbutter/Ringstmeier/Pape,* § 17 Rn. 150.
[149] FK/*Ahrens,* § 295 Rn. 67.
[150] AG Göttingen ZInsO 2005, 1001, 1002; *Adam,* ZInsO 2006, 1132.
[151] FK/*Ahrens,* § 295 Rn. 68.

Bezügen den Versagungstatbestand begründet.[152] Bei einer unterlassenen Leistung von abgetretenen pfändbaren Einkommensanteilen für vier Monate in Höhe von EUR 439,01 monatlich ist eine Obliegenheitsverletzung bejaht worden.[153]

38 e) *Leistungen bei selbständiger Tätigkeit, § 295 II InsO.* Übt der Schuldner eine selbständige Erwerbstätigkeit aus, muss er nach § 295 II InsO Tilgungsleistungen in der Höhe erbringen, als wäre er ein angemessenes Dienstverhältnis eingegangen. Wie § 35 II, III InsO für das Insolvenzverfahren anerkennt, ist der Schuldner aufgrund seiner Berufsfreiheit aus Art. 12 I 1 GG berechtigt, einer selbständigen Tätigkeit nachzugehen. Ebenso ist er berechtigt zwischen einer abhängigen und nicht abhängigen Tätigkeit zu wechseln bzw. beide etwa im Rahmen einer nebenberuflichen Beschäftigung zu kombinieren.[154] Selbständige wie Nichtselbständige können die Restschuldbefreiung erlangen, selbst wenn sich regelmäßig die Zugangswege über ein Regel- bzw. Verbraucherinsolvenzverfahren unterscheiden. Allerdings verlangt die selbständige Erwerbstätigkeit des Schuldners ein in mancher Hinsicht anders als bei einem nicht selbständig berufstätigen Schuldner organisiertes Restschuldbefreiungsverfahren. Deswegen weist die Erwerbsobliegenheit für den Selbständigen aus § 295 II InsO strukturelle Unterschiede gegenüber der aus § 295 I Nr. 1 InsO auf, die nicht stets vollständig erfasst sind.

39 Im eröffneten Insolvenzverfahren unterliegen die gesamten Einkünfte eines selbständigen Schuldners dem Insolvenzbeschlag, von denen ihm neben den für den Betrieb des Unternehmens erforderlichen Kosten nach § 850i ZPO auf Antrag so viel belassen werden kann, wie ihm bei Einkünften aus unselbständiger Tätigkeit zustünde.[155] Mit der Aufhebung des Insolvenzverfahrens und dem Übergang in die Treuhandphase endet die Beschlagswirkung und der Schuldner wird erneut verwaltungs- und verfügungsberechtigt. Da die Kontrolle des Unternehmens in seinen Händen liegt, fehlen dem Treuhänder Zutritts- und Prüfungsrechte, wodurch rechtlich und tatsächlich eine effektive Überprüfung des Unternehmensergebnisses begrenzt ist. Jede Bilanzkontrolle fordert zudem eine umfassende organisatorische Begleitung des Schuldners während der Treuhandzeit. Da in der Treuhandperiode weder die Gläubiger noch der Treuhänder Instrumente besitzen, um in den Erwerbsprozess steuernd einzugreifen, ist ein den rechtlichen Möglichkeiten entsprechendes vereinfachtes Konzept geschaffen. Daher ist in § 295 II InsO keine konkret anhand des unternehmerischen Erfolgs, sondern eine an dem Maßstab des angemessenen Dienstverhältnisses ausgerichtete fiktive Berechnung der erforderlichen Tilgungsleistungen angeordnet.

40 Ob der Schuldner eine selbständige Tätigkeit ausübt, ist angelehnt an die Definition aus § 84 I 2 HGB in der Weise zu bestimmen, inwiefern er seine Chancen auf dem Markt selbständig und im Wesentlichen weisungsfrei suchen kann.[156] Nach anderer Ansicht ist auf die einkommensteuerrechtliche Bestimmung der Einkünfte aus selbständiger Tätigkeit[157] bzw. auf die vollstreckungsrechtliche Ableitung aus § 850 ZPO abzustellen.[158] Schranken für eine selbständige Tätigkeit des Schuldners in der Insolvenz ziehen die gewerbe- und berufsrechtlichen Regelungen, doch ergibt sich dabei ein sehr uneinheitliches Bild. Schwierigkeiten treten auf, weil die berufsregelnden Gesetze unzureichend mit der Insolvenzordnung abgestimmt sind[159] und zwischen ihnen manche, nicht zuletzt durch die Rechtsprechung bedingte, Unterschiede bestehen. Vor allem aber

---

[152] AG Mannheim ZVI 2005, 383 f.
[153] AG Passau ZInsO 2009, 493.
[154] Karsten Schmidt/*Henning*, § 295 Rn. 37.
[155] BGH NJW 2003, 2167, 2170.
[156] Vgl. BAG NJW 1997, 2973, 2974.
[157] Uhlenbruck/Hirte/Vallender/*Vallender*, § 295 Rn. 64.
[158] *Schmerbach*, ZVI 2003, 256, 261.
[159] Jaeger/*Henckel*, § 35 Rn. 17.

besteht eine gravierende Diskrepanz zwischen der nach § 12 GewO eröffneten Möglichkeit zur Fortführung eines Gewerbes in der Insolvenz gegenüber der dann nach der Rechtspraxis nahezu ausgeschlossenen Fortsetzung einer freiberuflichen Tätigkeit.[160] Ob eine erteilte Restschuldbefreiung die gewerberechtliche Unzuverlässigkeit beseitigt, soll wegen der möglichen Ausnahmen nach § 302 InsO eine Frage des Einzelfalls sein,[161] doch wird dadurch das Regel-Ausnahme-Verhältnis zwischen Restschuldbefreiung und Ausnahmen in das Gegenteil verkehrt.

Entscheidet sich der Schuldner für eine selbständige Tätigkeit, muss er die Insolvenzgläubiger durch Zahlungen an den Treuhänder so stellen, als wenn er ein angemessenes Dienstverhältnis eingegangen wäre. Die Zahlungen des Schuldners sind dabei nicht am wirtschaftlichen Erfolg seines Unternehmens zu orientieren,[162] sondern am hypothetischen Einkommen aus einem angemessenen, nicht notwendig der selbständigen Tätigkeit entsprechenden Dienstverhältnis.[163] Auf die tatsächlichen Einkünfte des Schuldners kommt es nicht an. Unerheblich ist, ob der Schuldner einen Gewinn erzielt hat oder einen höheren Gewinn hätte erzielen können. Damit entkoppelt die Regelung den Umfang der zu erbringenden Leistungen vom wirtschaftlichen Erfolg der selbständigen Tätigkeit.[164] Angemessen ist eine den Kenntnissen und Erfahrungen des Schuldners aufgrund seiner Ausbildung und Vortätigkeiten entsprechende,[165] ihm mögliche Tätigkeit.[166] Abzustellen ist darauf, ob der Schuldner nach seiner Ausbildung und seinem beruflichen Werdegang[167] sowie seinen sonstigen persönlichen Verhältnissen und der Arbeitsmarktsituation die Möglichkeit gehabt hätte, in ein angemessenes abhängiges Beschäftigungsverhältnis mit einem höheren pfändbaren Einkommen zu wechseln.[168] Für die daraus zu erzielende Vergütung ist auf die tarifübliche Entlohnung, etwa nach dem BAT (TVöD, TV-L),[169] abzustellen, zuzüglich der üblichen Überstunden-, Nachtarbeits- und sonstigen Zuschläge.

Das unternehmerische Risiko, welche Einkünfte zu erzielen und ob Leistungen, wie aus einer angemessenen nicht selbständigen Tätigkeit, zu erbringen sind, trägt der Schuldner. Es obliegt seiner Verantwortung, inwieweit die Einnahmen ausreichen, um neben dem abzuführenden Betrag auch seine Kosten aus der selbständigen Tätigkeit zu decken.[170] Offengelassen hat der BGH, wie zu entscheiden ist, wenn aus der selbständigen Tätigkeit kein Gewinn zu erzielen ist.[171] Jedenfalls dann, wenn er keinen Gewinn erzielt und auch nicht die Möglichkeit hätte, ein anderes Arbeitsverhältnis einzugehen, soll dies für die Erteilung der Restschuldbefreiung unschädlich sein.[172] Es entschuldigt den nach § 295 II InsO selbständigen Schuldner nicht nach § 296 I 1 Hs 2, wenn er mit seinem Geschäft nicht so viel erwirtschaftet, dass er monatlich den ermittelten Betrag an den Treuhänder abführen kann. Erkennt der Schuldner in der Treuhandperiode, dass er nicht die Beträge einer angemessenen nicht selbständigen Erwerbstätigkeit erwirtschaftet,

---

[160] AGR/*Ahrens*, § 35 InsO Rn. 135 ff.
[161] OVG Sachsen-Anhalt ZInsO 2014, 340, 341.
[162] BGH ZInsO 2006, 547, 548; NZI 2009, 482 Rn. 4.
[163] *Graf-Schlicker/Kexel*, § 295 Rn. 20; *Trendelenburg*, ZInsO 2000, 437, 439; *Grote*, ZInsO 2004, 1105, 1106; aA KPB/*Wenzel*, § 295 Rn. 15 a.
[164] BGH NZI 2011, 596, Rn. 6, mit Anm. *Ahrens*; NZI 2013, 189 Rn. 10; NZI 2013, 404 Rn. 7, m. Anm. *Ahrens*; HK/*Landfermann*, § 295 Rn. 8; HambKommInsO/*Streck*, § 295 Rn. 23; *Graf-Schlicker/Kexel*, § 295 Rn. 19.
[165] BGH NZI 2011, 596 Rn. 13, mit Anm. *Ahrens*; HKInsO/*Landfermann*, § 295 Rn. 8.
[166] BGH NZI 2009, 482 Rn. 4; Karsten Schmidt/*Henning*, § 295 Rn. 24.
[167] BGH NZI 2013, 189 Rn. 14; *Dahl/Thomas*, VIA 2013, 33, 34.
[168] BGH NZI 2009, 482 Rn. 4.
[169] BGH NZI 2009, 482 Rn. 5; AG Göttingen NZI 2009, 334, 335.
[170] LG Siegen JurBüro 2009, 209.
[171] BGH ZInsO 2006, 547, 548.
[172] *Pape*, Insbüro 2013, 299, 302 f.

muss er seine selbständige Tätigkeit zunächst nicht aufgeben. Um den Verschuldensvorwurf zu entkräften, hat er sich aber entsprechend einem erwerbslosen Schuldner nachweisbar um eine angemessene Erwerbstätigkeit zu bemühen.[173] Dazu muss er sich regelmäßig bei der Bundesagentur für Arbeit als arbeitsuchend melden und Kontakt zu dem zuständigen Mitarbeiter halten. Verlangt wird auch eine eigene aktive Arbeitssuche durch Lektüre einschlägiger Stellenanzeigen und grds. zwei bis drei wöchentlichen Bewerbungen.[174] Bleiben die Bewerbungen erfolglos, kann der Schuldner im Versagungsverfahren die Behauptungen der Gläubiger substantiiert bestreiten, dass aus einem angemessenen Dienstverhältnis höhere Einkünfte zu erzielen wären. Dies ist etwa der Fall, wenn er aufgrund seines Alters oder der ungünstigen Verhältnisse am Arbeitsmarkt nicht die Möglichkeit gehabt hätte, in ein angemessenes abhängiges Beschäftigungsverhältnis zu wechseln, bei dem er ein höheres pfändbares Einkommen hätte erzielen können, als mit der von ihm ausgeübten selbständigen Tätigkeit.[175] Setzt er dann seine selbständige Erwerbstätigkeit fort, trifft ihn kein Verschulden. Der Schuldner wird nicht durch einen unterbliebenen Hinweis des Insolvenzgerichts oder des Treuhänders auf eine zur Erreichung der Restschuldbefreiung höhere Zahlung entlastet.[176] Korrespondierend mit seinem wirtschaftlichen Risiko darf der Schuldner höhere Einnahmen behalten, als er im Rahmen einer nicht selbständigen Beschäftigung erzielt hätte.[177]

43 Einzelne Zahlungstermine sind für den Schuldner nicht ausdrücklich vorgeschrieben. Der Schuldner erfüllt seine Obliegenheit nach der Rechtsprechung des BGH aber regelmäßig nicht, wenn er erst zum Schluss der Treuhandperiode eine einmalige Zahlung leistet.[178] Er muss deswegen zumindest jährliche Zahlungen erbringen.[179] Für die Praxis ist damit allerdings eine weitgehend vorhersehbare Situation geschaffen.

44 Über die Zahlungshöhe wird vom Insolvenzgericht erst im Versagungsverfahren entschieden. Eine Vereinbarung mit den Gläubigern müsste spätestens im Schlusstermin getroffen sein, doch können die Gläubiger nicht bindend für die Zeit nach Aufhebung des Insolvenzverfahrens über die Zahlungshöhe bestimmen.[180] Eine originäre Rechtsmacht des Treuhänders zur Festsetzung dieser Beträge besteht ebenso wenig.[181] Hat der Treuhänder allerdings einen Betrag bestimmt, den der Schuldner leistet, wird regelmäßig das für einen begründeten Versagungsantrag nach § 296 I 1 InsO erforderliche Verschulden fehlen.[182] Ein eigenständiges Verfahren zur Feststellung der zu leistenden Zahlung ist in der Insolvenzordnung nicht geregelt, weswegen auch vom BGH eine gerichtliche Vorabentscheidung abgelehnt wird.[183]

45 **3. Zusätzliche Voraussetzungen nach § 296 I 1 InsO.** Unter dem Druck des Versagungsrisikos soll der Schuldner dazu angehalten werden, die Obliegenheiten aus § 295 InsO zu erfüllen. Neben der Obliegenheitsverletzung stellt § 296 I 1 InsO auf zusätzliche Anforderungen ab. Erforderlich ist nach der Regelung eine verschuldete Obliegenheitsverletzung. Den Schuldner muss also nach dieser Vorschrift an der Verlet-

---

[173] BGH NZI 2009, 482 Rn. 5; BeckRS 2010, 28747; ZInsO 2012, 1488 Rn. 16; NZI 2013, 189 Rn. 22; FK/*Ahrens*, § 296 Rn. 12; AGR/*Weinland*, § 295 Rn. 45.
[174] BGH NZI 2012, 721 Rn. 14.
[175] BGH NZI 2011, 596 Rn. 7 f., mit Anm. *Ahrens*.
[176] BGH NZI 2013, 189 Rn. 23.
[177] Uhlenbruck/Hirte/Vallender/*Vallender*, § 295 Rn. 72, 76; Braun/*Lang*, § 295 Rn. 19 f.; aA AG München ZVI 2005, 384, 385.
[178] BGH ZInsO 2012, 1488 Rn. 10 ff.; ablehnend *Harder*, NZI 2013, 521, 524; s. a. Dahl/*Thomas*, VIA 2013, 33, 34.
[179] BGH ZInsO 2012, 1488 Rn. 14; Karsten Schmidt/*Henning*, § 295 Rn. 42.
[180] *Küpper/Heinze*, ZInsO 2009, 1785, 1788.
[181] AG Charlottenburg ZInsO 2009, 1220.
[182] AA *Küpper/Heinze*, ZInsO 2009, 1785, 1788.
[183] BGH NZI 2013, 189 Rn. 23; AG München ZVI 2005, 384, 385; KPB/*Wenzel*, InsO, § 295 Rn. 17a; HambKommInsO/*Streck*, § 295 Rn. 25.

zung des geltenden Gebots ein Verschuldensvorwurf treffen. Da die Obliegenheitsverletzung einen Verstoß gegen eine im eigenen Interesse des Schuldners bestehende Verhaltensanforderung markiert, ist der Verschuldensbegriff hier nicht in dem bei Pflichtverletzungen üblichen Sinn einer Vorwerfbarkeit gem. § 276 BGB zu interpretieren. Wie bei anderen schuldhaften Obliegenheitsverletzungen auch, kann dieses Verschulden angelehnt an den Maßstab des § 254 I BGB als Verschulden gegen sich selbst beurteilt werden.[184] Grundsätzlich ist auch für die Verantwortlichkeit gegen sich selbst von einer gruppenspezifischen, nach objektiv-typischen Merkmalen geordneten Fahrlässigkeit auszugehen.[185] Anders als nach § 290 I InsO, der regelmäßig ein qualifiziertes Verschulden erfordert, und nach § 303 InsO, der eine vorsätzliche Obliegenheitsverletzung verlangt, genügt ein einfaches Verschulden. Noch deutlicher wird der Kontrast, weil § 296 I 1 Hs 2 InsO eine Beweislastumkehr anordnet und vom Schuldner verlangt, sich für sein mangelndes Verschulden zu entlasten.[186] Für eine Obliegenheitsverletzung nach § 290 I Nr. 2 InsO ist maßgebend, ob der Schuldner alles ihm mögliche und zumutbare unternommen hat und noch unternimmt, um den (Anteil am) Nachlass zu verwerten und mit dem Verwertungserlös der Obliegenheit aus § 295 I Nr. 2 InsO nachzukommen. Der Schuldner muss nachvollziehbar darlegen und in geeigneter Weise nachweisen, dass er die Verwertung des Nachlasses betreibt, aber noch nicht zu Ende gebracht hat.[187] Eine nach § 295 I Nr. 3 InsO unzureichende Auskunft über seine Bezüge wird dem Schuldner dann nicht vorzuwerfen sein, wenn er von seinem Arbeitgeber keine ordnungsgemäße Entgeltabrechnung erhält. Ein beschäftigungsloser Schuldner ist gehalten, sich nachweisbar um eine angemessene Erwerbstätigkeit zu bemühen, um den Verschuldensvorwurf zu entkräften.[188] Fordert eine Eingliederungsvereinbarung monatlich vier Bewerbungen, kann ein Verschulden gegenüber den nicht erfüllten weitergehenden insolvenzrechtlichen Anforderungen fehlen.[189] Zum Verschulden bei einer verletzten Erwerbsobliegenheit im Rahmen einer selbständigen Tätigkeit → Rn. 42.

Infolge der vom Schuldner zu verantwortenden Obliegenheitsverletzung muss die Befriedigung der Insolvenzgläubiger konkret messbar beeinträchtigt sein.[190] Zwischen der Obliegenheitsverletzung und der Gläubigerbeeinträchtigung muss ein Kausalzusammenhang bestehen, der vorliegt, wenn die Insolvenzgläubiger ohne die Obliegenheitsverletzung eine bessere Befriedigung hätten erlangen können.[191] Bloß gefährdete Befriedigungsaussichten der Gläubiger genügen nicht.[192] Eine Beeinträchtigung der Befriedigung der Gläubiger liegt nach der Rechtsprechung des BGH auch dann vor, wenn durch die Obliegenheitsverletzung nur Massegläubiger, wozu auch die Staatskasse bezüglich der Verfahrenskosten gehört, benachteiligt werden.[193] Es genügt, wenn die nicht abgeführten Beträge lediglich teilweise die Verfahrenskosten gedeckt hätten.[194]

Im Rahmen einer Vergleichsberechnung ist die Differenz zwischen der Tilgung der Verbindlichkeiten mit und ohne Obliegenheitsverletzungen zu ermitteln. Nach Abzug aller vorrangig zu befriedigenden Verbindlichkeiten muss eine pfändbare Summe ver-

---

[184] MüKoInsO/*Stephan*, § 296 Rn. 16; FK/*Ahrens*, § 296 Rn. 10; Braun/*Lang*, § 296 Rn. 4.
[185] *Lange/Schiemann*, Schadensersatz, 3. Aufl., § 10 VI 2.
[186] AG Göttingen NZI 2009, 334, 335.
[187] BGH NZI 2013, 191 Rn. 18f.
[188] BGH NZI 2009, 482 Rn. 5; 2010, 228 Rn. 5; 2010, 693 Rn. 2.
[189] BGH NZI 2012, 852 Rn. 9.
[190] BGH ZInsO 2006, 547 Rn. 5; NZI 2007, 297 Rn. 7; ZInsO 2009, 2210 Rn. 11; AGR/*Weinland*, § 296 Rn. 21; Karsten Schmidt/*Henning*, § 296 Rn. 2.
[191] BGH ZInsO 2006, 547 Rn. 4; NZI 2008, 623 Rn. 12.
[192] BGH ZInsO 2006, 547 Rn. 12; NZI 2007, 297 Rn. 5; 2008, 623 Rn. 12; ZInsO 2009, 2210 Rn. 11; ZInsO 2010, 391 Rn. 9; ZInsO 2010, 1558 Rn. 7; NZI 2010, 654 Rn. 16.
[193] BGH ZInsO 2012, 1581.
[194] BGH NZI 2011, 639 Rn. 5.

bleiben und dieser an die Insolvenzgläubiger verteilbare Betrag verkürzt worden sein.[195] Bei der Bestimmung des hypothetisch zugunsten der Insolvenzgläubiger zu erzielenden Tilgungsbetrags ist zu unterstellen, dass der Schuldner seiner Unterhaltspflicht nachgekommen wäre.[196] Gibt der Schuldner eine Erwerbstätigkeit auf, die keine pfändbaren Beträge erbracht hat oder lehnt der Schuldner eine Beschäftigung ab, die keine pfändbaren Bezüge ergeben hätte, oder zeigt der Schuldner die Aufnahme einer Erwerbstätigkeit nicht an, wenn er insgesamt nur unpfändbare Einkünfte erlangt, kann darin eine Obliegenheitsverletzung zu sehen sein, doch führt sie zu keiner Gläubigerbeeinträchtigung.[197] Die unterlassene Angabe einer geerbten alten Wohnungseinrichtung sowie einer zur Begleichung der Erbfallschulden von EUR 2700,– verwendeten Sterbeversicherung beeinträchtigt die Gläubigerbefriedigung nicht.[198] Ist aus einer zumutbaren Tätigkeit kein pfändbares Einkommen erzielbar, fehlt es an der erforderlichen konkreten Beeinträchtigung der Gläubiger.[199] Mit der unterlassenen Mitteilung eines Wohnungswechsels ist die beeinträchtigte Gläubigerbefriedigung noch nicht glaubhaft gemacht.[200] Aus der Teleologie einer weiteren Haftungsverwirklichung kann eine Nachzahlung nicht abgeführter Beträge sinnvoll sein, wenn zugleich gläubigergefährdende Manipulationen verhindert werden.[201]

48 **4. Versagungsverfahren.** Die Restschuldbefreiung kann nach § 296 I 1 InsO nur auf Antrag eines Insolvenzgläubigers versagt werden. Selbst eine gravierende Obliegenheitsverletzung bleibt folgenlos, wenn kein Gläubiger aktiv wird.[202] Vom Gericht darf von Amts wegen ein Versagungsverfahren weder eingeleitet noch auf andere Versagungsgründe erstreckt werden.[203] Der Begriff des Insolvenzgläubigers stimmt mit dem aus § 290 I InsO überein.[204] Nicht antragsberechtigt sind Inkassounternehmen, die allein im Schuldenbereinigungsplanverfahren nach § 305 IV 2 InsO und im Forderungsfeststellungsverfahren gem. § 174 I 3 InsO vertretungsbefugt sind.[205] Wechselt der Schuldner seinen Wohnsitz, tritt nach § 26 S. 3 AO bis zur Aufhebung des Insolvenzverfahrens keine Zuständigkeitsänderung beim Finanzamt ein. Der Versagungsantrag nach § 296 InsO ist deswegen durch das nunmehr zuständige Finanzamt zu stellen. Eine Heilung von Obliegenheitsverletzungen erfolgt, wenn der Schuldner die Informationen bzw. Leistungen nachholt, bevor sein Verhalten aufgedeckt und ein Versagungsantrag gestellt ist.[206]

49 Der Gläubiger kann den Antrag auf Versagung der Restschuldbefreiung nur binnen eines Jahres stellen, nachdem ihm die Obliegenheitsverletzung bekannt geworden ist, § 296 I 2 InsO.[207] Die Ausschlussfrist läuft für jeden Versagungsgrund gesondert.[208] Frühestens ist der Antrag zulässig, nachdem das Insolvenzverfahren aufgehoben und die Treuhandzeit eingeleitet worden ist. Letztmalig darf der Antrag in dem Termin zur Entscheidung über die Restschuldbefreiung gem. § 300 II InsO gestellt werden.[209] Es ge-

---

[195] BGH ZInsO 2009, 2210 Rn. 11; 2011, 2101 Rn. 7.
[196] BGH BeckRS 2013, 17214.
[197] BGH ZInsO 2009, 2210 Rn. 11; FK/*Ahrens*, § 296 Rn. 16; *Wimmer/Dauernheim/Wagner/Weidekind/Henning*, Kap 15 Rn. 116.
[198] AG Oldenburg ZInsO 2009, 787, 789.
[199] BGH NZI 2009, 899 Rn. 11; NZI 2010, 114 Rn. 10.
[200] BGH NZI 2010, 654 Rn. 21.
[201] Offengelassen von BGH NZI 2008, 623 Rn. 13.
[202] BGH ZInsO 2009, 2212 Rn. 15; 2012, 1580 Rn. 4.
[203] BGH NZI 2007, 297 Rn. 8.
[204] AGR/*Weinland*, § 296 Rn. 13; oben § 77 Rn. 87.
[205] AG Köln NZI 2013, 149.
[206] BGH NZI 2010, 350 Rn. 6; AGR/*Weinland*, § 295 Rn. 48.
[207] AG Göttingen ZInsO 2006, 384, 385.
[208] Uhlenbruck/Hirte/Vallender/*Vallender*, § 296 Rn. 9.
[209] MüKoInsO/*Stephan*, § 296 Rn. 11.

nügt die Kenntnis der rechtsbegründenden Tatsachen, deren zutreffende rechtliche Würdigung nicht gefordert wird. Ausreichend sein kann Kennenmüssen, wenn sich der Gläubiger bewusst der Kenntnisnahme verschließt.[210] Da die Zahlungsobliegenheit des Schuldners nach § 295 II InsO erst zum Ende der Treuhandperiode besteht, kann eine Kenntnis der maßgebenden Umstände nicht zuvor begründet sein.[211] Dem hat sich der BGH jedenfalls zunächst für einen Fall angeschlossen, in dem der Schuldner mehrfach zwischen selbständiger und nicht selbständiger Tätigkeit gewechselt hat,[212] dies inzwischen aber auch allgemein angenommen.[213] Infolgedessen sind die Gläubiger regelmäßig berechtigt, einen Versagungsantrag erst am Ende der Treuhandperiode zu stellen.[214] Von der gesetzlichen Formulierung wird auf die Kenntnis des Gläubigers abgestellt. Die Formulierung lässt offen, ob damit allein der Antragsteller oder ob auch der in seinen Rechten verletzte Gläubiger gemeint ist. Eine gläubigerinterne Weitergabe der Informationen ist deshalb jedenfalls dann als rechtsmissbräuchliche Ausnutzung einer formalen Rechtsstellung zu missbilligen, wenn mit ihr die Fristbestimmung umgangen werden soll.[215]

Ein Versagungsantrag ist nach § 296 I 3 InsO nur zulässig, wenn der Gläubiger die Voraussetzungen der Sätze 1 und 2 dargelegt und glaubhaft gemacht hat. Die Glaubhaftmachung muss sämtliche Elemente von § 296 I 1 Hs 1, S. 2 iVm § 295 InsO umfassen,[216] also auch die beeinträchtigte Gläubigerbefriedigung einschließen.[217] Dagegen muss das Verschulden des Schuldners nicht glaubhaft gemacht werden.[218] Ohne die substantiierte Darlegung und Glaubhaftmachung eines Versagungsgrunds ist der Antrag unzulässig, weil er dann ins Blaue hinein gestellt und auf bloße Vermutungen gestützt ist.[219] Wird die Obliegenheitsverletzung auf unzureichende Bemühungen um eine Erwerbstätigkeit gestützt, kann sich der Gläubiger insbesondere auf die Informationen des Treuhänders aus § 295 I Nr. 3 InsO bzw. die Gerichtsakten berufen. Zur Glaubhaftmachung des fiktiven monatlichen Nettoeinkommens genügt es jedenfalls, wenn sich der Gläubiger insoweit auf die eigenen Angaben des Schuldners stützt.[220] Das Verschulden des Schuldners muss nach der Rechtsprechung des BGH nicht glaubhaft gemacht werden.[221] Weder die Glaubhaftmachung des Versagungsgrunds durch den Gläubiger noch deren Feststellung durch das Gericht entfällt, wenn der Schuldner die nach § 295 II InsO notwendigen Auskünfte nicht erteilt haben sollte. Im Rahmen von § 295 II InsO besteht für eine solche Erleichterung der Darlegungslast kein Bedarf. Da es nicht auf die tatsächlich erwirtschafteten Gewinne ankommt, sondern auf eine vergleichbare Tätigkeit, ist der Gläubiger auf die Auskünfte des Schuldners nicht in dem Maße angewiesen.[222] Es genügt dabei nicht, wenn der Gläubiger lediglich auf eine Gehaltstabelle verweist.[223] Er muss auch dazu Stellung nehmen, warum dem Schuldner nach seinen individuellen Verhältnissen die entsprechende Tätigkeit möglich ist. Zu erfolgen hat die

---

[210] FK/*Ahrens*, § 296 Rn. 26.
[211] AG Göttingen NZI 2009, 334, 335.
[212] BGH NZI 2011, 596 Rn. 12, mit Anm. *Ahrens*.
[213] BGH NZI 2013, 189 Rn. 20.
[214] BGH NZI 2014, 32 Rn. 7.
[215] *Ahrens*, NZI 2001, 113, 118; Braun/*Lang*, § 296 Rn. 5; aA AGR/*Weinland*, § 296 Rn. 9; KPB/*Wenzel*, § 296 Rn. 2a.
[216] BGH ZInsO 2006, 547 Rn. 5; AGR/*Weinland*, § 296 Rn. 13.
[217] BGH ZInsO 2006, 547 Rn. 5; NZI 2007, 297 Rn. 7.
[218] BGH NZI 2009, 482 Rn. 5.
[219] LG Göttingen ZInsO 2005, 154, 155.
[220] BGH NZI 2013, 189 Rn. 19.
[221] BGH ZInsO 2009, 2069 Rn. 6; ebenso AG Göttingen NZI 2008, 696; Nerlich/Römermann/*Römermann*, § 296 Rn. 17.
[222] BGH BeckRS 2012, 06009 Rn. 9.
[223] Vgl. aber AG Göttingen BeckRS 2013, 04752.

Glaubhaftmachung nach den gleichen Regeln wie bei § 290 InsO.[224] Erst wenn die Zulässigkeit des Versagungsantrags feststeht, weil insbesondere die Erfordernisse aus § 296 I 3 InsO erfüllt sind, ist seine Begründetheit zu prüfen. Auch bei § 296 InsO unterliegt dann das weitere Verfahren dem allgemeinen Grundsatz der Amtsermittlungspflicht des Insolvenzgerichts nach § 5 I 1 InsO.[225]

51 Über den Versagungsantrag hat das Gericht nach § 296 II 1 InsO den Schuldner, den Treuhänder und alle anderen Insolvenzgläubiger zu hören.[226] Mit dieser Anhörung wird rechtliches Gehör iSv Art. 103 I GG gewährt und die Auskunftserteilung durch den Schuldner eingeleitet. Die Anhörung ist während der Treuhandzeit in einem besonderen Termin oder in einem durch Beschluss anzuordnenden schriftlichen Verfahren bzw. nach Ende der Treuhandperiode gemäß § 300 I InsO durchzuführen.

52 Zuständig für das Versagungsverfahren ist das Insolvenzgericht und hier der Richter, § 18 I Nr. 2 RPflG. Ein unzulässiger Versagungsantrag wird verworfen, etwa wenn der Gläubiger Versagungsgründe aus § 290 I InsO anführt oder seinen Antrag nicht substantiiert und nicht glaubhaft gemacht hat. Auf den zulässigen und begründeten Antrag eines Insolvenzgläubigers versagt das Gericht die Restschuldbefreiung wegen der gerügten Obliegenheitsverletzung oder von Amts wegen aufgrund einer verletzten Verfahrensobliegenheit. Die Entscheidung ergeht durch Beschluss. Da der Beschluss eine Rechtsmittelfrist in Gang setzt, ist er gem. den §§ 4 InsO, 329 II 2 ZPO zuzustellen, und zwar dem Schuldner, wenn die Restschuldbefreiung versagt wird, sonst dem antragstellenden Gläubiger.[227] Gegen die Entscheidung ist die sofortige Beschwerde nach den §§ 6 I, 296 III 1 InsO zugelassen, und zwar für den Schuldner, wenn die Restschuldbefreiung versagt wird, und für den Gläubiger, dessen Versagungsantrag verworfen oder abgewiesen wird. Für die sofortige Beschwerde und die Rechtsbeschwerde gelten die §§ 6, 7 InsO sowie die §§ 4 InsO, 567 ff., 574 ff. ZPO. Die rechtskräftige Entscheidung ist im Internet zu veröffentlichen, §§ 296 III 2, 9 I 1 InsO. Für Gläubigeranträge auf Versagung der Restschuldbefreiung wird eine Gebühr verlangt, die gemäß KV Nr. 2350 EUR 30,– beträgt. Sie entsteht unabhängig davon, ob der Versagungsantrag begründet war oder zurückgewiesen wurde.[228]

53 Wird die Restschuldbefreiung nach § 296 InsO versagt, wobei Gleiches für eine Versagung nach den §§ 297, 298 InsO gilt, enden nach § 299 InsO die Laufzeit der Abtretungserklärung, das Amt des Treuhänders und die Beschränkung der Gläubigerrechte mit der rechtskräftigen Entscheidung. Die Wirkungen treten Kraft Gesetzes unabhängig von einer gerichtlichen Anordnung ein. Als Prozesshandlung wird die Bezügeabtretung durch einen einseitigen gerichtlichen Akt beendet. Zeitgleich hört auch das Treuhänderamt auf. Noch nicht verteilte Tilgungsleistungen sind vom Treuhänder auszukehren. Schließlich endet auch die Beschränkung der Gläubigerrechte nach § 294 I InsO. Die Gläubiger können deswegen ihre Forderungen aus dem Tabellenauszug vollstrecken.

54 **5. Verfahrensobliegenheiten, § 296 II 2, 3 InsO.** Liegt ein statthafter Versagungsantrag nach § 296 I 1 InsO vor,[229] bestehen für den Schuldner drei zusätzliche verfahrensbezogene Obliegenheiten.[230] Auf eine gerichtliche Ladung muss er persönlich erscheinen. Er hat Auskunft über die Erfüllung seiner Obliegenheiten zu erteilen sowie ggf. ihre Richtigkeit an Eides statt zu versichern, § 296 II 2 und 3 InsO. Für die Verfah-

---

[224] → § 77 Rn. 91 ff.
[225] FK/*Ahrens*, § 296 Rn. 27.
[226] LG Göttingen NZI 2008, 625.
[227] FK/*Ahrens*, § 296 Rn. 47.
[228] LG Göttingen ZVI 2008, 121.
[229] BGH ZInsO 2011, 1319 Rn. 13; 2012, 1580 Rn. 4; AGR/*Weinland*, § 296 Rn. 29; Karsten Schmidt/*Henning*, § 296 Rn. 27; *Hess*, § 296 Rn. 24, zulässig.
[230] AG Niebüll JurBüro 2009, 104; MüKoInsO/*Stephan*, § 296 Rn. 24.

rensobliegenheiten gelten grds. die Maßstäbe aus § 295 I Nr. 3 InsO. Ein selbständiger Schuldner kann deswegen nach den Umständen befragt werden, aus denen sich die ihm mögliche abhängige Tätigkeit und das anzunehmende fiktive Nettoeinkommen ableiten lassen, nicht jedoch über seinen Gewinn aus der selbständigen Tätigkeit. Geht eine Frage des Gerichts über den durch die §§ 295, 296 InsO bestimmten Rahmen hinaus, verletzt die nicht beantwortete Frage keine Verfahrensobliegenheit.[231] Kommt der Schuldner diesen Geboten ohne hinreichende Entschuldigung nicht nach, ist ihm die Restschuldbefreiung von Amts wegen zu versagen.

Mündliche Verhandlungen sind für das Versagungsverfahren nicht vorgeschrieben, 55 § 5 II 1 InsO, doch kann das Gericht eine mündliche Verhandlung und ein persönliches Erscheinen des Schuldners anordnen, § 296 II 3 InsO. Im Termin hat er persönlich, sonst im schriftlichen Verfahren Auskunft zu erteilen. Als Auskunft genügt die Aussage, sich nicht dazu verpflichtet zu fühlen, eine Erwerbstätigkeit aufzunehmen oder sich auch nur darum zu bemühen.[232] Schließlich muss er die Richtigkeit seiner Auskünfte an Eides statt versichern. Regelmäßig ist der Schuldner über die Konsequenzen eines Fernbleibens im Termin und eines Verstoßes gegen die Obliegenheit zur Auskunft und eidesstattlichen Versicherung zu belehren. Allerdings muss der Schuldner nach Ansicht des BGH über Selbstverständliches nicht belehrt werden. Wenn sich jener einem Auskunftsersuchen des Treuhänders im Rahmen der Obliegenheiten nach § 295 I InsO entzieht und dann seinen gerichtlichen Auskunftsobliegenheiten nicht nachkommt, soll er nicht damit rechnen dürfen, dass dies folgenlos bleibt.[233] Die Befriedigungsaussichten der Gläubiger müssen nicht beeinträchtigt sein.[234] Ob eine Obliegenheit verletzt wurde, ist nach dem Zeitpunkt der Versagungsentscheidung zu beurteilen. Eine Information im Beschwerdeverfahren ist unzureichend.[235]

6. Versagung wegen Insolvenzstraftaten, § 297 InsO. Auf Antrag eines Insol- 56 venzgläubigers ist gemäß § 297 I InsO die Restschuldbefreiung zu versagen, wenn der Schuldner in der Zeit zwischen Schlusstermin und Aufhebung des Insolvenzverfahrens oder bis zum Ende der Laufzeit der Abtretungserklärung rechtskräftig wegen einer Insolvenzstraftat nach den §§ 283 bis 283c StGB verurteilt wird. Bereits § 290 I Nr. 1 InsO begründet einen korrespondierenden Versagungstatbestand, der aber mit Beendigung des Schlusstermins oder Ablauf der entsprechenden Frist im schriftlichen Verfahren präkludiert ist. Daran schließt § 297 InsO an und verlangt eine rechtskräftige Verurteilung während der Treuhandperiode.[236] Nach dem eindeutigen Gehalt der Regelung muss die Rechtskraft vor dem Ende der Laufzeit der Abtretungserklärung eingetreten sein. Ist die Verurteilung am Ende der Treuhandperiode verkündet, aber noch nicht rechtskräftig, wird der Tatbestand nicht erfüllt und eine Versagung der Restschuldbefreiung ist ausgeschlossen.[237] Da auf die feststehende Laufzeit der Abtretungserklärung abzustellen ist, kann das Insolvenzgericht auch nicht durch eine Verschiebung oder eine – ohnedies unzulässige – Aussetzung der Entscheidung über die Erteilung der Restschuldbefreiung die Voraussetzungen des Versagungsgrunds steuern. Umgekehrt besitzt der Schuldner etwa über Rechtsmittel durchaus gewisse Einflussmöglichkeiten gegenüber dem Eintritt der Rechtskraft.

Das Versagungsverfahren ist nach § 297 II InsO entsprechend § 296 I 2 und 3, III 57 InsO durchzuführen. Der Versagungsantrag ist binnen eines Jahres zu stellen, nachdem

---

[231] BGH NZI 2013, 404 Rn. 9, mit Anm. *Ahrens* = VIA 2013, 35, mit Anm. *Buchholz*.
[232] BGH ZInsO 2009, 2210 Rn. 9.
[233] BGH NZI 2009, 481 Rn. 9, 11.
[234] BGH NZI 2009, 481 Rn. 14; ZInsO 2009, 2162 Rn. 6.
[235] BGH NZI 2009, 481 Rn. 15.
[236] Zum Begriff der Insolvenzstraftaten und der rechtskräftigen Verurteilung → § 77 Rn. 54.
[237] BGH NZI 2013, 601 Rn. 8 = VIA 2013, 51, mit Anm. *Ahrens*.

dem Gläubiger eine Verurteilung bekannt geworden ist. Letztmalig darf der Antrag nach dem bislang geltenden Recht im Termin zur Entscheidung über die Restschuldbefreiung gem. § 300 II InsO gestellt werden. Der Versagungsantrag ist nur zulässig, wenn der Gläubiger die Antragsvoraussetzungen glaubhaft gemacht hat, § 296 I 3 InsO.[238] Auf die Verfahrensobliegenheiten und die Anhörungsregeln wird zwar nicht verwiesen, doch ist dem Schuldner nach Art. 103 I GG rechtliches Gehör zu gewähren. Für die richterliche Entscheidung, ihre Wirkungen, die Rechtsmittel, die Veröffentlichung und die Kosten gilt das zu § 296 InsO Ausgeführte.

7. Versagung wegen Unterdeckung der Treuhändervergütung, § 298 InsO.
Eine kostenlose Tätigkeit kann vom Treuhänder nicht verlangt werden. Unter dem Druck des Versagungsrisikos aus § 298 InsO soll der Schuldner dazu angehalten werden, die Mindestvergütung des Treuhänders zu decken. Die Regelung weicht von den anderen Versagungstatbeständen während der Treuhandperiode ab, weil nicht eine schuldhafte Obliegenheitsverletzung, sondern unzureichende finanzielle Mittel des Schuldners eine Versagung veranlassen kann. Sie ist auch systemwidrig, weil ihre Rechtsfolgen von denen einer fehlenden Kostendeckung im Eröffnungsverfahren nach den §§ 26 I 1, 289 III InsO abweichen und weil die zum Anlass der Restschuldbefreiung genommene finanzielle Überforderung den Versagungsgrund befördert. Durch die Einführung der Kostenstundung ist ein Bedeutungsverlust der Vorschrift eingetreten, der auch die systematischen Bedenken zurücktreten lässt. So wird der Versagungsgrund hauptsächlich dann angewendet, wenn eine zunächst bewilligte Kostenstundung gem. § 4c InsO aufgehoben worden ist.

Der Versagungsgrund liegt vor, wenn die Mindestvergütung des Treuhänders gemäß § 14 InsVV von EUR 100,– für das vorangegangene Jahr nicht gedeckt ist. Nach der gesetzlichen Regelung genügt es, wenn die Mindestvergütung nur teilweise aussteht, also weder aus den eingegangenen Zahlungen noch nachträglichen Leistungen des Schuldners gedeckt ist.[239] Ein nicht geleisteter Vorschuss genügt nicht.[240] Gedeckt werden kann die Vergütung aus den abgetretenen Forderungen, sonstigen Zahlungen oder Rückstellungen.[241] Die Versagung ist nach § 298 I 2 InsO unzulässig, wenn die Verfahrenskosten gemäß § 4a InsO gestundet wurden. Die Frist wird durch das jeweilige Geschäftsjahr bestimmt, das mit der Ankündigung der Restschuldbefreiung bzw. dem Termin beginnt, an dem der Treuhänder sein Amt übernommen hat.[242] Bei einem Widerruf der Kostenstundung muss seit diesem Zeitpunkt mehr als ein Jahr vergangen sein.[243] Auf Fehlbeträge aus einem Zeitraum, der länger als ein Geschäftsjahr zurückliegt, kann der Treuhänder seinen Antrag nicht stützen.[244] Macht der Treuhänder einen mehrjährigen Zahlungsrückstand geltend, kann der Schuldner nach § 367 I BGB auf den letzten Jahresbetrag leisten und dadurch den Versagungsgrund abwenden.[245] Die Tilgungsbestimmung kann konkludent erfolgen und bei einer falschen Bestimmung auch angefochten werden.[246] Auch wenn der Versagungsgrund bei einer Zahlung allein des letzten Jahresbetrags entfällt, bleibt die Zahlungspflicht bestehen. Zusätzlich muss der Treuhänder den Schuldner schriftlich zur Zahlung binnen einer Frist von zwei Wochen aufgefordert und ihn auf die Versagungsmöglichkeit hingewiesen haben, § 298 I 2

---

[238] FK/*Ahrens*, § 297 Rn. 10.
[239] Vgl. AGR/*Weinland*, § 298 Rn. 4.
[240] LG Göttingen NZI 2010, 232, 233.
[241] FK/*Grote*, § 298 Rn. 7 ff.
[242] Uhlenbruck/Hirte/Vallender/*Vallender*, § 298 Rn. 5.
[243] LG Göttingen NZI 2010, 232, 233.
[244] HambKommInsO/*Streck*, § 298 Rn. 3.
[245] FK/*Grote*, § 298 Rn. 7.
[246] PWW/*Pfeiffer*, § 366 Rn. 12 f.

InsO. Weist der Treuhänder nicht auf die Rechtsfolgen hin, ist eine Versagung ausgeschlossen. Dabei kann der Hinweis des Treuhänders auf die Versagungsmöglichkeit nicht durch einen späteren gerichtlichen Hinweis im Versagungsverfahren ersetzt werden.[247] Die Frist ist nicht verlängerbar und kann durch eine spätere Zahlung nicht eingehalten werden.[248]

Der angenommene höchstpersönliche Charakter des Antragsrechts soll einen Versagungsantrag durch einen Mitarbeiter ausschließen,[249] doch dürfte eine Vertretung zulässig sein. Auf den Versagungsantrag des Treuhänders hat das Gericht den Schuldner zu hören. Binnen einer gesetzlichen Frist von zwei Wochen nach Aufforderung durch das Gericht kann der Schuldner den fehlenden Betrag leisten oder Kostenstundung beantragen. Obwohl das Gesetz keine ausdrückliche Hinweispflicht des Gerichts vorschreibt, ist der Schuldner über diese beiden Möglichkeiten durch das Gericht zu belehren.[250] Als Träger eines Amts muss der Treuhänder seinen Versagungsantrag nicht glaubhaft machen.[251] Dennoch hat er die erforderlichen Unterlagen beizubringen. Ein allgemeiner Nachweis des rechtzeitigen Zugangs des Aufforderungsschreibens ist nicht erforderlich, weshalb der Treuhänder nur dann den Zugang seines Aufforderungsschreibens beweisen muss, wenn dieser vom Schuldner bestritten wird.[252] Besondere Kosten durch das Versagungsverfahren fallen nach KV Nr. 2350 nicht an. Für die richterliche Entscheidung, ihre Wirkungen, die Rechtsmittel und die Veröffentlichung gilt das zu § 296 InsO Dargestellte.

IV. Stellung der Gläubiger

1. Zwangsvollstreckungsverbot, § 294 I InsO. Mit der Aufhebung des Insolvenzverfahrens endet die Beschränkung der Gläubigerrechte aus den §§ 87 ff. InsO. Auch im Restschuldbefreiungsverfahren muss indessen die individuelle Rechtsverfolgung der Gläubiger zugunsten einer Gemeinschaftsordnung zurücktreten. Auch die §§ 81, 129 ff. InsO sind unanwendbar.[253] Um die Gleichbehandlung der Gläubiger zu sichern und zumindest teilweise auch den Schuldner zu schützen, stellt § 294 InsO drei Verbote auf. Von herausragender Bedeutung ist das Zwangsvollstreckungsverbot aus § 294 I InsO, mit dem die Insolvenzgläubiger wie im Insolvenzverfahren an einer Durchsetzung ihrer Forderungen gehindert und auf die Tilgungsleistungen beschränkt werden. Mit dem Verbot von Sondervorteilen in § 294 II InsO werden Zahlungsvereinbarungen auf ein rechtlich geordnetes Verfahren beschränkt. Schließlich wird der Aufrechnungsschutz im derzeit geltenden Recht auf eine nach § 114 II InsO fortbestehende Aufrechnungsbefugnis beschränkt.

Während der Treuhandperiode ist die Zwangsvollstreckung eines Insolvenzgläubigers unzulässig. Der Begriff des Insolvenzgläubigers ist in § 38 InsO doppelt besetzt. Er weist aus, welche forderungsberechtigten Gläubiger am Verfahren teilhaben und welche nicht am Verfahren teilnehmenden Gläubiger den Verfahrensbeschränkungen unterliegen. Insolvenzgläubiger unterliegen auch dann den insolvenzrechtlichen Beschränkungen, wenn sie sich nicht in das Verfahren integrieren. Das Vollstreckungsverbot aus § 294 I InsO besteht also auch dann, wenn Insolvenzgläubiger ihre Forderungen nicht zur Tabelle angemeldet haben, obwohl diese Gläubiger bei der Verteilung der eingegangenen Beträge durch den Treuhänder nicht berücksichtigt werden.[254]

---

[247] BGH NZI 2010, 28 Rn. 7.
[248] LG Göttingen NZI 2011, 292, 293.
[249] LG Lübeck NZI 2010, 408.
[250] Uhlenbruck/Hirte/Vallender/*Vallender*, § 298 Rn. 3.
[251] BGH NZI 2010, 265 Rn. 5.
[252] BGH NZI 2010, 265 Rn. 5; BeckRS 2011, 19729 Rn. 2.
[253] BGH BeckRS 2013, 17474 Rn. 2.
[254] BGH ZInsO 2006, 872 Rn. 7.

63 Das Vollstreckungsverbot erfasst als Insolvenzforderungen die bei Eröffnung des Insolvenzverfahrens begründeten persönlichen Vermögensansprüche gegen den Schuldner. Die Gläubiger privilegierter Forderungen und insbesondere auch aus vorsätzlich begangenen unerlaubten Handlungen iSv § 850f II ZPO unterliegen ebenfalls dem Verbot.[255] Unzulässig ist die Vollstreckung prozessualer Kostenerstattungsansprüche[256] einschließlich der aus einem Prozess zur Feststellung einer Forderung aus vorsätzlich begangener unerlaubter Handlung.[257] Das Zwangsvollstreckungsverbot gilt auch für das Verfahren der Vermögensauskunft nach § 807 ZPO.[258] Als nachrangige Insolvenzforderungen gemäß § 39 I Nr. 3 InsO unterliegen auch Geldbußen und Geldstrafen dem Vollstreckungsverbot,[259] doch darf auf Grundlage der Judikatur des BVerfG eine Geldstrafe durch Anordnung und Vollziehung einer Ersatzfreiheitsstrafe auch während der Treuhandperiode vollstreckt werden.[260] Anders wird dagegen die Anordnung von Erzwingungshaft gem. den §§ 96 ff. OWiG zu beurteilen sein. Diese ist nicht auf eine Bestrafung des Schuldners, sondern auf die Durchsetzung einer Forderung gerichtet und deswegen unzulässig.[261]

64 Neugläubiger können ihre Forderungen dagegen zwangsweise durchsetzen. Sie dürfen auf die nach § 314 I InsO freigegebenen Stücke der Insolvenzmasse zugreifen. In das nach Beendigung des Insolvenzverfahrens erworbene Vermögen des Schuldners, etwa aus erbrechtlichem Erwerb oder selbständiger Tätigkeit, dürfen sie vollstrecken, selbst wenn dadurch erforderliche Tilgungsleistungen gefährdet sind. Der Schuldner muss selbst für eine rechtzeitige Zahlung Sorge tragen. Neugläubiger dürfen auch auf das (künftige) Arbeitseinkommen zugreifen, soweit es nicht abgetreten ist, wie etwa auf den derzeit noch gewährten sogenannten Motivationsrabatt nach § 292 I 4 InsO oder den Vorrechtsbereich nach den §§ 850d, 850f II ZPO.[262] Massegläubiger gemäß § 53 InsO können ihre Forderungen vollstrecken. Dies gilt auch für die Inhaber oktroyierter Masseverbindlichkeiten, weil der sechsmonatige Vollstreckungsstopp spätestens mit Aufhebung des Insolvenzverfahrens endet.[263] Aussonderungsberechtigte können ihre Ansprüche zwangsweise realisieren, während Absonderungsberechtigte ihre Forderungen nur eingeschränkt nach den Gedanken aus den §§ 50 ff., 166 ff. InsO bei Mobiliarsicherheiten bzw. den §§ 49, 165 InsO, 30d ff., 153b f. ZVG bei Immobiliarsicherheiten durchsetzen dürfen.[264]

65 Um einen effektiven Schutz zu gewährleisten, schließt sich das Verbot aus § 294 I InsO unmittelbar an den Wirkungsbereich von § 89 InsO an. Bei einem regulären Abschluss der Treuhandzeit hören seine Wirkungen nach dem Wortlaut von § 294 I InsO mit dem Ende der Laufzeit der Abtretungserklärung auf. Nach allgemeiner Ansicht besteht es aber darüber hinaus bis zur rechtskräftigen Entscheidung über die Restschuldbefreiung fort, weil eine dem Sinn der erfolgreichen Restschuldbefreiung widersprechende zwischenzeitliche Vollstreckung ausgeschlossen werden soll.[265] Wird die Treuhandpe-

---

[255] BGH NZI 2012, 811 Rn. 5; BAG NJW 2010, 253 Rn. 17 ff.
[256] AG Saarlouis DGVZ 2013, 21.
[257] AG Bremen NZI 2008, 55, 56.
[258] BGH NZI 2012, 560 Rn. 10.
[259] Nerlich/Römermann/*Römermann*, § 294 Rn. 7; *Heinze*, ZVI 2006, 14, 15.
[260] BVerfG NZI 2006, 711, zum Insolvenzverfahren.
[261] LG Hechingen NZI 2009, 187; LG Bochum Insbüro 2013, 240; HK/*Landfermann*, § 294 Rn. 6; AGR/*Piekenbrock*, § 89 InsO Rn. 6; Karsten Schmidt/*Henning*, § 294 Rn. 2; aA LG Berlin NJW 2007, 1541 f.; LG Deggendorf BeckRS 2012, 11 691.
[262] FK/*Ahrens*, § 294 Rn. 14; *Haarmeyer/Wutzke/Förster/Schmerbach*, Präsenzkommentar, § 294 Rn. 8.
[263] BGH NZI 2007, 670, zur Klageerhebung.
[264] AG Rosenheim ZInsO 2000, 291; *Vallender*, ZIP 1997, 1993, 2001.
[265] AG Göttingen ZVI 2008, 499, 501; Karsten Schmidt/*Henning*, § 294 Rn. 4; HKInsO/*Landfermann*, § 294 Rn. 7; KPB/*Wenzel*, § 294 Rn. 2a; MüKoInsO/*Ehricke*, § 294 Rn. 12; *Graf-Schlicker/Kexel*, § 294 Rn. 2.

riode durch Versagung der Restschuldbefreiung oder aus anderen Gründen vorzeitig beendet, entfällt nach § 299 InsO die Beschränkung der Gläubigerrechte und damit das Zwangsvollstreckungsverbot.

Für die Dauer des Vollstreckungsverbots sind Zwangsvollstreckungsmaßnahmen unzulässig. Dabei beginnt die Zwangsvollstreckung nicht schon mit dem Antrag des Gläubigers, sondern mit der ersten Vollstreckungshandlung des Gerichts. Ein Antrag auf Erteilung einer vollstreckbaren Ausfertigung der Tabelle ist während der Treuhandzeit des Restschuldbefreiungsverfahrens zulässig, um sofort auf eine eventuelle Versagung der Restschuldbefreiung reagieren zu können.[266] Das zur Zuständigkeit des Insolvenzgerichts, § 202 I Nr. 1 InsO, gehörende Klauselerteilungsverfahren dient zur Vorbereitung, ist also noch kein Bestandteil des Vollstreckungsverfahrens.[267]

Wird eine Vollstreckungsmaßnahme entgegen § 294 I InsO beantragt, muss die weitere Prüfung von Amts wegen abgelehnt werden. Erlässt der Rechtspfleger antragsgemäß einen Pfändungs- und Überweisungsbeschluss, so können nicht angehörte Schuldner und Drittschuldner Einwendungen gemäß § 766 ZPO erheben.[268] Trotz der Verweisung der §§ 292 I 3, 36 IV InsO auf die Zuständigkeit des Insolvenzgerichts, hat sich inzwischen allgemein die Ansicht durchgesetzt, dass in der Treuhandperiode das Vollstreckungsgericht für die Entscheidung zuständig ist.[269]

2. Verbotene Sonderabkommen, § 294 II InsO. § 294 II InsO untersagt Abkommen, durch die einzelnen Insolvenzgläubigern Sondervorteile verschafft werden. Erforderlich ist eine zweiseitige rechtsgeschäftliche Vereinbarung zwischen Schuldner und Insolvenzgläubigern bzw. zwischen diesen und Dritten.[270] Das Abkommen kann bereits vor der Treuhandzeit, sogar vor Eröffnung des Insolvenzverfahrens geschlossen sein, doch dürfen seine Wirkungen nicht in der Treuhandperiode eintreten. Als Rechtsfolge tritt die Nichtigkeit des Abkommens ein, die nach der Zielsetzung der Vorschrift gleichermaßen das Verpflichtungs- wie das Erfüllungsgeschäft erfasst.[271]

Ein Sondervorteil liegt vor, wenn ein einzelner Gläubiger etwas erhält, was der Gesamtheit der Gläubiger zusteht, also ein Insolvenzgläubiger gegenüber den allgemeinen Verteilungsregeln bevorzugt wird. Ein unberechtigter Sondervorteil ist anzunehmen, falls die Leistungsmöglichkeit des Schuldners unter Missachtung der Gläubigergleichbehandlung verkürzt wird, also der Schuldner aus den Einkünften oder dem Vermögen leistet, das den Gläubigern zugewiesen ist. Dem steht es gleich, wenn durch das Abkommen eine Einflussnahme auf den Willensbildungs- und Entscheidungsprozess aufseiten des Gläubigers befürchtet werden muss. Der Schuldner darf deswegen aus seinem freien Vermögen zusätzliche Leistungen an einen Insolvenzgläubiger erbringen.[272] Trotz des anderen Gegenstandsbereichs von § 295 I Nr. 4 InsO stimmen diese Konsequenzen überein.

3. Aufrechnungsbeschränkungen, § 294 III InsO. Mit der Aufhebung des Insolvenzverfahrens enden die Aufrechnungsverbote aus den §§ 95, 96 InsO.[273] An deren Stelle tritt die Aufrechnungsbeschränkung aus § 294 III InsO, ohne gleich umfassende Wir-

---

[266] LG Göttingen NZI 2005, 689; LG Leipzig NZI 2006, 603; LG Tübingen NZI 2006, 647; AG Göttingen NZI 2008, 756, 757.
[267] LG Arnsberg ZVI 2004, 699.
[268] FK/*Ahrens*, § 294 Rn. 27; Karsten Schmidt/*Henning*, § 294 Rn. 5; Vollstreckungsgegenklage AG Göttingen NZI 2008, 756, 757.
[269] LG Köln NZI 2003, 669; Uhlenbruck/Hirte/Vallender/*Vallender*, § 294 Rn. 15; HambKomm-InsO/*Streck*, § 294 Rn. 7; *Schäferhoff*, ZVI 2008, 331, 334.
[270] Nerlich/Römermann/*Römermann*, § 294 Rn. 12; *Haarmeyer/Wutzke/Förster/Schmerbach*, Präsenzkommentar, § 294 Rn. 19; aA KPB/*Wenzel*, § 294 Rn. 5; *Andres/Leithaus*, § 294 Rn. 4.
[271] FK/*Ahrens*, § 294 Rn. 38; Uhlenbruck/Hirte/Vallender/*Vallender*, § 294 Rn. 26.
[272] AG Göttingen ZInsO 2005, 1001, 1002; MüKoInsO/*Ehricke*, § 294 Rn. 32.
[273] BFH ZInsO 2006, 875.

kungen zu entfalten. Da aber das Einkommen des insolventen Schuldners die wesentliche Leistungsgrundlage bildet, gefährdet eine unbegrenzte Aufrechnungsbefugnis für den Arbeitgeber oder sonstigen Schuldner der gleichgestellten Einkünfte den kollektiven Zugriff der Insolvenzgläubiger. Infolgedessen dürfen diese Personen nur unter den Voraussetzungen der §§ 294 III, 114 II InsO innerhalb der zweijährigen Frist mit einer Insolvenzforderung aufrechnen.[274] Eine Aufrechnung gegen andere Forderungen des Schuldners als die von der Abtretung erfassten Bezüge wird durch § 294 III InsO grundsätzlich nicht verhindert. Ein allgemeines Aufrechnungsverbot besteht gerade nicht.[275]

71 Umstritten war, ob nach der Zielsetzung von § 294 I, III InsO ein Aufrechnungsverbot gegenüber anderen Forderungen des Schuldners besteht. § 294 I InsO enthält ein generelles Zwangsvollstreckungsverbot der Insolvenzgläubiger für die Treuhandphase, während § 294 III InsO ihre Aufrechnungsmöglichkeit nur für bestimmte Fallgestaltungen beschränkt. Allerdings kann § 294 III InsO nicht als eine die Aufrechnung gegenüber einem sonst nach den §§ 294 I InsO, 394 S. 1 BGB bestehenden Aufrechnungsverbot gestattende Ausnahmeregelung interpretiert werden. Die höchstrichterliche Rechtsprechung lässt deswegen eine Aufrechnung des Finanzamts gegen einen Steuererstattungsanspruch des Schuldners wegen überzahlter Lohn- oder Einkommensteuer aus dem Zeitraum vor Eröffnung des Insolvenzverfahrens trotz § 294 III InsO zu.[276] Erstattungszinsen aus Zeiträumen nach Eröffnung des Insolvenzverfahrens können nicht mit vorinsolvenzlichen Steuerforderungen verrechnet werden.[277]

72 **4. Sonstiges.** Jenseits der in § 294 InsO angeordneten Beschränkungen sind die Insolvenzgläubiger während der Treuhandperiode bei der Geltendmachung ihrer Rechte frei. Insbesondere können sie gegen den Schuldner einen Erkenntnisprozess führen, da die Begrenzung aus § 87 InsO mit der Beendigung des Insolvenzverfahrens entfallen ist.[278] Ob dies sinnvoll ist, erscheint eher zweifelhaft. Fallen in der Zeit zwischen dem Schlusstermin und der Aufhebung des Insolvenzverfahrens noch Gegenstände zur Masse an oder werden Massegegenstände nachträglich entdeckt bzw. verwertet, ist nach dem gesetzlichen Modell eine Nachtragsverteilung gemäß § 203 InsO durchzuführen.[279] Eine besondere Nachtragsverteilung durch den Insolvenzverwalter respektive Treuhänder aus dem Insolvenzverfahren ist jedoch oft entbehrlich, weil sie durch den Treuhänder im Restschuldbefreiungsverfahren nach § 292 I 2 InsO erfolgen kann. Dies gilt jedoch nur, soweit keine Verwertungshandlungen erforderlich sind. Neugläubiger, Massegläubiger und dingliche Gläubiger können ihre Rechte unabhängig von Beschränkungen und § 294 InsO geltend machen.

V. Stellung des Treuhänders

73 **1. Aufgaben des Treuhänders. a)** *Verwaltung der Tilgungsleistungen.* Die Stellung des Treuhänders während der Treuhandperiode ist nur skizzenhaft normiert.[280] Vor allem seinen Aufgaben wird man nur unvollständig gerecht, wenn man sie allein aus den knappen Verweisungen auf die §§ 58, 59 InsO über den Insolvenzverwalter zu bestimmen sucht. Zu seinen zentralen Aufgaben gehört die Verwaltung der Tilgungsleistungen des Schuldners, § 292 I InsO. Fakultativ kann ihm auch die Überwachung des Schuldners übertragen werden, § 292 II InsO. Schließlich muss er bei Beendigung sei-

---

[274] *Mohrbutter/Ringstmeier/Pape,* § 17 Rn. 175.
[275] BGHZ 163, 391, 394.
[276] BGHZ 163, 391, 398 = BGHReport 2005, 1475, mit Anm. *Grote;* BFH ZVI 2007, 137, 138; ZVI 2007, 369.
[277] BFH ZVI 2007, 420, 421.
[278] *Mohrbutter/Ringstmeier/Pape,* § 17 Rn. 177.
[279] BGH BeckRS 2013, 11371 Rn. 5.
[280] *Häsemeyer,* Rn. 26.31.

nes Amts dem Insolvenzgericht Rechnung legen, § 292 III 1 InsO. Sein Amt übt er weder als Vertreter des Schuldners noch der Gläubiger, sondern im Rahmen eines doppelseitigen uneigennützigen Treuhandverhältnisses aus.[281] Dabei darf der Treuhänder mit den Gläubigern in der Treuhandphase zusammenwirken, um den Gläubigern die für einen Versagungsantrag erforderliche Kenntnis von einem Versagungsgrund zu vermitteln. Der Treuhänder in der Wohlverhaltensphase hat zwar auch Belange des Schuldners zu wahren. Eine vollständige Neutralitätspflicht des Treuhänders besteht nicht.[282] Die steuerrechtlichen Pflichten des Schuldners treffen den Treuhänder nicht.[283]

Als gesetzliche Aufgabe muss der Treuhänder den zur Zahlung der Bezüge Verpflichteten über die Abtretung unterrichten, § 292 I 1 InsO. Diese Unterrichtung erfolgt am einfachsten, indem der Treuhänder eine Kopie des Beschlusses nach § 291 InsO übersendet.[284] Deckt der Treuhänder gegenüber dem Arbeitgeber des Schuldners die Bezügeabtretung nicht auf und vereinbart er mit dem Schuldner stattdessen, dass dieser den pfändbaren Betrag an ihn abführt, weicht er vom gesetzlichen Leitbild des § 292 I InsO ab. Der Treuhänder hat dann die vom Schuldner abzuführenden Beträge eigenverantwortlich zu berechnen und monatlich einzuziehen. Dem Schuldner kann keine Obliegenheitsverletzung nach § 295 I Nr. 3 InsO vorgeworfen werden.[285] **74**

Die aus der Bezügeabtretung und den Obliegenheiten gemäß § 295 I Nr. 2, II InsO eingehenden Beträge muss der Treuhänder von seinem Vermögen getrennt halten, also auf einem einzurichtenden Treuhandkonto anlegen. Dabei hat er im Rahmen der am Markt bestehenden Möglichkeiten auf eine Verzinsung zu achten.[286] Nicht ausdrücklich geregelt ist, ob der Treuhänder die aus der Abtretung eingehenden Zahlungen überwachen muss. Für diese Verpflichtung spricht nicht zuletzt das Auskunftsrecht aus § 295 I Nr. 3 InsO. Insbesondere muss der Treuhänder auf eine zutreffende Berechnung der Pfändungsfreibeträge durch den Drittschuldner achten.[287] Durch die Verweisung in § 292 I 3 InsO auf § 36 I 2 InsO sind die §§ 850, 850a, 850c, 850e, 850f I, 850g bis 850i, 851c und 851d ZPO in der Treuhandperiode entsprechend anwendbar. Der Treuhänder ist jedoch nicht verpflichtet, zulasten des Schuldners einen Antrag auf Herabsetzung des pfändungsfreien Betrages gem. § 850c IV ZPO iVm den §§ 36 I 2, 292 I 3 InsO zu stellen.[288] Der Schuldner ist deswegen etwa berechtigt, beim Insolvenzgericht einen Antrag nach § 850f I InsO zu stellen. Unanwendbar sind dagegen insbesondere die §§ 850d, 850f II ZPO, die auf die in einem Gesamtverfahren unpassenden Interessen einzelner Gläubiger abstellen (Einzelheiten → Rn. 5 ff., 12 ff.). **75**

Der Treuhänder muss sich außerdem über Änderungen in der Entlohnung informieren.[289] Der Schuldner muss zwar nicht stets die den Gläubigern günstigste Steuerklasse wählen, etwa wenn dadurch eine für das Familieneinkommen nachteilige Steuerlast entsteht, doch muss der Treuhänder darauf achten, dass die Steuerklasse nicht rechtsmissbräuchlich gewählt ist. Ob der Treuhänder die abgetretenen Bezüge ggf. gerichtlich geltend machen muss, ist umstritten. Dies wird zu bejahen sein, weil der Schuldner insoweit nicht mehr verfügungsbefugt ist und an einer Geltendmachung kein besonderes Interesse besitzt, während den Gläubigern keine Prozessführungsbefugnis zusteht.[290] **76**

---

[281] MüKoInsO/*Ehricke*, § 292 Rn. 4.
[282] BGH NZI 2010, 781 Rn. 3.
[283] Uhlenbruck/Hirte/Vallender/*Vallender*, § 292 Rn. 14.
[284] Braun/*Lang*, § 292 Rn. 2.
[285] BGH NZI 2011, 451 Rn. 10; AG Göttingen NZI 2009, 616.
[286] HKInsO/*Landfermann*, § 292 Rn. 9.
[287] LG Hannover NZI 2011, 942; FK/*Grote*, § 292 Rn. 7; HKInsO/*Landfermann*, § 292 Rn. 7.
[288] AG Köln ZInsO 2013, 1275.
[289] Uhlenbruck/Hirte/Vallender/*Vallender*, § 292 Rn. 22.
[290] HKInsO/*Landfermann*, § 292 Rn. 7; MüKoInsO/*Ehricke*, § 292 Rn. 20; *Häsemeyer*, Rn. 26.33; aA *Döbereiner*, S. 342.

Die für eine Prozessführung erforderlichen Kosten kann er von den Gläubigern einfordern.[291] Zu den Aufgaben des Treuhänders gehört außerdem die Berechtigung von Absonderungsrechten, etwa aus Entgeltabtretungsklauseln in AGB, zu überprüfen.[292]

77 Die erlangten Tilgungsleistungen muss der Treuhänder einmal jährlich an die Insolvenzgläubiger ausschütten. Zu berücksichtigen sind die verfahrensbeteiligten Gläubiger, die ihre Forderungen angemeldet haben, wobei ein Widerspruch des Schuldners gegen die Forderungsanmeldung unerheblich ist.[293] Der Rhythmus der jährlichen Verteilung beginnt mit der Treuhandperiode und erfolgt vorzugsweise zum Ende des jeweiligen Rechnungsjahrs. Allerdings kann, etwa bei größeren Zahlungseingängen, die Verteilung auch in kürzeren Abständen erfolgen.[294] Die Verteilung hat aufgrund des Schlussverzeichnisses zu erfolgen. Ist das Insolvenzverfahren nach § 208 InsO wegen Masseunzulänglichkeit eingestellt, kann dennoch die Restschuldbefreiung angekündigt werden, § 289 III InsO. Soweit dann ein Schlussverzeichnis noch nicht erstellt ist, muss das Insolvenzgericht einen Verteilungsschlüssel entsprechend den Regeln über das Schlussverzeichnis festlegen.[295] Erlischt nachträglich eine im Schlussverzeichnis festgestellte Forderung, ist der Treuhänder berechtigt, dies gegenüber dem Gläubiger im Wege einer Verteilungsabwehrklage analog § 767 ZPO geltend zu machen.[296]

78 Vor Ausschüttung von Tilgungsleistungen an die Gläubiger müssen nach § 292 I 2 Hs 2 InsO die gemäß § 4a InsO gestundeten Verfahrenskosten beglichen werden. Dies gilt ebenso für die während des Insolvenzverfahrens wie der Treuhandperiode entstandenen Kosten. Ausgenommen davon sind allerdings die als Ausdruck besonderer staatlicher Fürsorge angesehenen Rechtsanwaltskosten, die erst nach Ende der Treuhandzeit bzw. vollständiger Befriedigung der Insolvenzgläubiger geleistet werden müssen.[297] Außerdem müssen zunächst auch die offenen Masseforderungen erfüllt werden.[298]

79 Um die Anstrengungen des Schuldners zu unterstützen, erhält dieser nach der derzeit noch geltenden Rechtslage gemäß § 292 I 4 InsO nach Ablauf von vier Jahren nach Ankündigung der Restschuldbefreiung den sogenannten Motivationsrabatt. Dem Schuldner steht danach im fünften Jahr ein Anspruch auf zehn Prozent und im sechsten Jahr auf fünfzehn Prozent der eingegangenen Tilgungsleistungen zu. Er ist von den abgetretenen Bezügen und den sonstigen Leistungen zu berechnen. Durch das InsOÄndG hat auch diese Terminierung ihre bisherige Logik verloren. Entsprechend der novellierten Regelung in § 287 II 1 InsO ist die Frist ab Eröffnung des Insolvenzverfahrens zu berechnen.[299] Bei einem nach § 295 I Nr. 2 InsO herauszugebenden erbrechtlichen Erwerb kommt es auf den Zeitpunkt des Erbfalls an. Herauszugeben ist dann allein der Differenzbetrag. Unzulässig ist, den Auszahlungsbetrag um die Treuhändervergütung zu kürzen.[300] Sinnvoll ist, den Betrag monatlich an den Schuldner auszuzahlen. Der Schuldner erhält den Motivationsrabatt nach § 292 I 5 InsO selbst dann, wenn die Verfahrenskosten noch nicht beglichen sind. Um ihn aber während der Treuhandperiode nicht besser als nach Erteilung der Restschuldbefreiung zu stellen, darf der Anspruch nicht über den Betrag hinausgehen, der dem Schuldner nach Abzug der Raten gemäß § 115 ZPO verbliebe.[301]

---

[291] *Mohrbutter/Ringstmeier/Pape*, § 17 Rn. 112.
[292] FK/*Grote*, § 292 Rn. 10.
[293] Uhlenbruck/Hirte/Vallender/*Vallender*, § 292 Rn. 29.
[294] Nerlich/Römermann/*Römermann*, § 292 Rn. 37; Braun/*Lang*, § 292 Rn. 7.
[295] FK/*Grote*, § 292 Rn. 14.
[296] BGHZ 193, 44 Rn. 6.
[297] Uhlenbruck/Hirte/Vallender/*Vallender*, § 292 Rn. 39.
[298] HKInsO/*Landfermann*, § 292 Rn. 17.
[299] FK/*Grote*, § 292 Rn. 19; aA HKInsO/*Landfermann*, § 292 Rn. 16; Braun/*Lang*, § 292 Rn. 9.
[300] FK/*Grote*, § 292 Rn. 19; aA MüKoInsO/*Ehricke*, § 292 Rn. 37.
[301] Uhlenbruck/Hirte/Vallender/*Vallender*, § 292 Rn. 49.

b) *Überwachung des Schuldners.* Ohne einen zusätzlichen Auftrag durch die Gläubiger- **80** versammlung ist der Treuhänder nicht zur Überwachung des Schuldners verpflichtet. Er darf aber auch dann die Insolvenzgläubiger von Umständen unterrichten, welche die Versagung der Restschuldbefreiung begründen können, wenn ihm diese Aufgabe nicht eigens übertragen worden ist.[302] Auf Beschluss der Gläubigerversammlung kann der Treuhänder mit der Überwachung des Schuldners beauftragt werden, § 292 II 1 InsO. Als Gläubigerorgan kann die Gläubigerversammlung nur während des Insolvenzverfahrens tätig werden. Da nach dessen Beendigung keine Gläubigerversammlung möglich ist,[303] müssen die Gläubiger ihren Beschluss spätestens im Schlusstermin fassen. Im schriftlichen Verfahren muss die Beschlussfassung spätestens in der Schlussanhörung erfolgen.

Inhalt und Umfang der Überwachungstätigkeit kann die Gläubigerversammlung be- **81** stimmen, weil sie für die Kosten aufkommen muss. Den äußeren Rahmen dafür geben die Obliegenheiten des Schuldners vor, denn die Gläubiger besitzen kein berechtigtes Interesse an der Überwachung solcher Verhaltensweisen des Schuldners, die nicht mit einem Versagungsgrund bedroht sind. Vorrangig ist die Überwachungstätigkeit auf die Erfüllung der Erwerbsobliegenheit und deren Überprüfung mit den in § 295 I Nr. 2 InsO eröffneten Möglichkeiten gerichtet. Außerdem hat der Treuhänder regelmäßig den Wohnsitz des Schuldners zu überprüfen. Die Geltendmachung von Schadensersatz- oder Bereicherungsansprüchen gegen den Schuldner gehört nur dann zu den gesetzlichen Aufgaben des Treuhänders, wenn ihm die Überwachung übertragen worden ist. Für eine ohne Überwachungsauftrag erhobene Klage ist er nicht prozessführungsbefugt. Die Klage ist als unzulässig abzuweisen.[304] Wie der Treuhänder die Aufgabe ausfüllt, liegt in seinem pflichtgemäßen Ermessen.[305] Stellt der Treuhänder eine Obliegenheitsverletzung fest, muss er nach § 292 II 2 InsO die Gläubiger unverzüglich benachrichtigen. Verletzt er seine Informationspflicht, ist er grundsätzlich schadensersatzpflichtig.

Der Treuhänder ist nicht befugt, den Überwachungsauftrag abzulehnen. Allerdings ist **82** er nur zur Tätigkeit verpflichtet, wenn die ihm dafür zustehende zusätzliche Vergütung aus den Tilgungsleistungen gedeckt ist oder von den Gläubigern vorgeschossen wird. Wie der Vorschuss zu leisten ist, wird gesetzlich nicht geregelt, doch ist davon auszugehen, dass alle Gläubiger gemeinschaftlich zu leisten haben.[306] Ein Kostenerstattungsanspruch gegen die Staatskasse besteht nicht, auch wenn die Verfahrenskosten gestundet sind,[307] weil die Überwachungstätigkeit allein im Gläubigerinteresse erfolgt.

c) *Rechnungslegung.* Bei der Beendigung seines Amts hat der Treuhänder dem Insol- **83** venzgericht Rechnung zu legen, § 292 III 1 InsO. Diese Rechnungslegungspflicht besteht entweder mit dem regulären Ende des Amts nach Ablauf der Frist für die Abtretungserklärung, § 301 InsO, bzw. einer vorzeitigen Beendigung der Treuhandperiode gemäß respektive analog § 299 InsO oder bei einer vorzeitigen Entlassung aus dem Amt nach § 59 InsO. Die Verpflichtung besteht gegenüber dem Insolvenzgericht, mangels einer Gläubigerorganisation nicht gegenüber den Insolvenzgläubigern. Inhalt und Umfang sind an die begrenzten Aufgaben des Treuhänders in der Treuhandperiode anzupassen.[308]

2. Aufsicht und Entlassung. Der Treuhänder steht unter der Aufsicht des Insol- **84** venzgerichts. § 292 III 2 InsO ordnet dies durch einen Verweis auf den entsprechend

---

[302] BGH NZI 2010, 781 Rn. 3.
[303] KPB/*Wenzel,* § 292 Rn. 12; aA Nerlich/Römermann/*Römermann,* § 292 Rn. 38.
[304] OLG Düsseldorf NZI 2012, 516; *Töreki,* NZI 2012, 498.
[305] FK/*Grote,* § 292 Rn. 27.
[306] MüKoInsO/*Ehricke,* § 292 Rn. 47.
[307] *Mohrbutter/Ringstmeier/Pape,* § 17 Rn. 120.
[308] MüKoInsO/*Ehricke,* § 292 Rn. 57 ff.

anzuwendenden § 58 InsO an. Unmittelbar kann das Insolvenzgericht die Tätigkeit des Treuhänders überwachen, beispielsweise indem es einzelne Auskünfte oder Berichte verlangt. Erforderlichenfalls kann es den Treuhänder durch die Festsetzung von Zwangsgeldern zur Erfüllung seiner Aufgaben veranlassen.[309] Über diese Kontrolle des Treuhänders hinaus, kann sich das Gericht auch einen Eindruck vom Verhalten des Schuldners verschaffen. Allerdings ist das Insolvenzgericht an den Aufgabenkreis des Treuhänders gebunden und darf sich nicht über das Aufsichtsinstrumentarium in den eigentlichen Ablauf der Treuhandperiode einmischen. Hierfür ist es auf die Rechte aus § 295 I Nr. 3 InsO beschränkt.

85 Aus wichtigem Grund darf der Treuhänder während der Treuhandperiode nach den §§ 292 III 2, 59 InsO entlassen werden. Ein wichtiger Grund kann vorliegen, wenn der Treuhänder versucht, Versagungsanträge zu provozieren.[310] Abweichend von § 59 InsO ist jeder Gläubiger antragsberechtigt, weil keine Gläubigerorganisation besteht. Der Schuldner ist zwar nicht antragsberechtigt, kann aber gerichtliche Aufsichtsmaßnahmen anregen. In deren Rahmen ist das Insolvenzgericht von Amts wegen zur Entlassung des Treuhänders befugt.

86 **3. Haftung.** Auf die Haftungsregelung für den Insolvenzverwalter aus § 60 InsO wird in § 292 III 2 InsO nicht verwiesen. Nach zutreffender Ansicht ist deswegen § 60 InsO weder entsprechend noch analog anwendbar.[311] Daraus folgt jedoch keine Haftungsfreistellung des Treuhänders. Er muss vielmehr nach den allgemeinen Vorschriften des bürgerlichen Rechts haften, insbesondere nach § 280 I BGB oder § 823 I BGB.[312]

87 **4. Vergütung.** Der Treuhänder hat nach § 293 I InsO Anspruch auf Vergütung seiner Tätigkeit und Erstattung angemessener Auslagen, wofür dem Zeitaufwand und dem Umfang seiner Tätigkeit Rechnung zu tragen ist. Vergütung und Auslagen sind durch das Insolvenzgericht festzusetzen, §§ 293 II, 64 I InsO, 16 I InsVV. Die Vergütungshöhe ist nach den §§ 293 II, 65 InsO, 14 ff. InsVV zu berechnen.

88 Der Treuhänder erhält derzeit gemäß § 14 II InsVV von den ersten EUR 25 000,– fünf Prozent, vom Mehrbetrag bis EUR 50 000,– drei Prozent und vom darüber hinausgehenden ein Prozent. Bezugsgröße ist die Gesamtsumme der während der Treuhandperiode zu verteilenden Tilgungsleistungen. Die jährliche Mindestvergütung beläuft sich nach § 14 III InsVV auf EUR 100,– und erhöht sich gestaffelt nach der Zahl der Gläubiger. Für die Überwachung des Schuldners erhält er eine zusätzliche Vergütung von EUR 35,– je Stunde, § 15 InsVV. Auslagen und Umsatzsteuer sind gemäß § 18 InsVV zu erstatten.

VI. Neues Recht ab 1.7.2014

89 **1. Änderungen der §§ 294–296 InsO.** In einer vorwiegend technischen Änderung wird der zeitliche Anwendungsbereich der §§ 294 I, 295 I, 296 I 1 InsO und damit die Datierung der Treuhandperiode umgestaltet. Infolgedessen wird nicht mehr auf die Laufzeit der Abtretungserklärung, sondern auf den Zeitraum zwischen der Beendigung des Insolvenzverfahrens und dem Ende der Abtretungsfrist abgestellt. Die bislang terminologisch und sachlich nicht ganz exakte Datierung wird so präzisiert. Der Beginn des für die Rechtsbeschränkungen aus § 294 InsO und für die Versagungsvorschriften der §§ 295 bis 298 InsO maßgebenden Zeitraums wird auf die Beendigung des Insolvenzverfahrens und damit auf den Zeitraum nach der Aufhebung oder im Falle des § 211 InsO nach der Einstellung des Insolvenzverfahrens datiert. Wie bislang, ist die

---

[309] Nerlich/Römermann/*Römermann*, § 292 Rn. 46.
[310] *Mohrbutter/Ringstmeier/Pape*, § 17 Rn. 123.
[311] *Hess/Obermüller*, Rn. 1161.
[312] Nerlich/Römermann/*Römermann*, § 292 Rn. 49.

Beschlussfassung³¹³ und nicht die Rechtskraft der Entscheidung maßgebend. Kommt es auf den genauen Termin an und nennt der Beschluss keinen Wirkungszeitpunkt, muss dieser analog § 27 II InsO auf die Mittagsstunde festgesetzt werden.³¹⁴ Beendet wird der temporäre Anwendungsbereich, nach der neuen Formulierung des § 287 II 1 InsO, durch das Ende der Abtretungsfrist. Dies entspricht dem bisherigen Verständnis.³¹⁵

Zusätzlich ist in § 294 III InsO ein allgemeines Aufrechnungsverbot gegen die von der Abtretungserklärung erfassten Forderungen bestimmt. Die bislang geltende Privilegierung der nach § 114 II InsO aufrechnungsbefugten Gläubiger ist wegen der Aufhebung von § 114 InsO entfallen.

2. Insolvenzstraftaten, § 297 InsO. Führt eine Insolvenzstraftat zu einer rechtskräftigen Verurteilung zwischen dem Schlusstermin und dem Ende der Abtretungsfrist, so soll die Restschuldbefreiung nur noch versagt werden können, wenn der Schuldner zu einer Geldstrafe von mehr als 90 Tagessätzen oder einer Freiheitsstrafe von mehr als drei Monaten verurteilt wurde. Mit diesem neuen Mindeststrafmaß wird die Regelung an die Verhältnismäßigkeitsschwelle des § 290 I Nr. 1 InsO angeglichen. Der zeitliche Anwendungsbereich ist angelehnt an die neue Fristenbestimmung für die Treuhandperiode datiert (→ Rn. 89). Vollständig deckungsgleich sind die Regelungen allerdings nicht, denn es sollen nach § 297 InsO auch die nach dem Schlusstermin, wie zu ergänzen ist, auch nach der Schlussanhörung, und der Aufhebung des Insolvenzverfahrens erfolgten rechtskräftigen Verurteilungen erfasst werden.

Um den sachlichen Anwendungsbereich mit § 290 I Nr. 1 InsO abzustimmen, ist auf den Eintritt der Rechtskraft abzustellen. Nach § 290 I Nr. 1 InsO kommt es nicht auf die Verurteilung, sondern auf die Rechtskraft der Entscheidung an, die bei der Geltendmachung des Versagungsgrunds im Schlusstermin eingetreten sein muss.³¹⁶ Korrespondierend damit ist § 297 InsO nur anwendbar, wenn die Rechtskraft der Entscheidung nach dem Schlusstermin und vor dem Ende der Abtretungsfrist eingetreten ist.

3. Nachträglich bekannt gewordene Versagungsgründe, § 297a InsO. Nach § 297a InsO versagt das Insolvenzgericht auf Antrag die Restschuldbefreiung, wenn sich nach dem Schlusstermin oder im Fall des § 211 InsO nach der Einstellung des Insolvenzverfahrens herausstellt, dass ein Versagungsgrund nach § 290 I InsO vorgelegen hat. Antragsberechtigt ist nur ein Gläubiger, der seine Forderung angemeldet hat. Es ist kein Grund ersichtlich, das Antragsrecht anders als in § 290 I InsO zu bestimmen. In der Konsequenz ist auch ein vom Schuldner verschwiegener Gläubiger, der sich nicht am Verfahren beteiligen konnte, nicht antragsberechtigt.³¹⁷

Der Antrag muss binnen sechs Monaten nach Kenntnisnahme gestellt werden, wobei die objektiven und subjektiven Antragsvoraussetzungen glaubhaft zu machen sind. Begründet wird dies mit der Überlegung, es sei ungerecht, dem Schuldner nur deswegen Restschuldbefreiung zu gewähren, weil ein Versagungsgrund zu spät bekannt geworden sei. Bedenklich sei dies insbesondere bei verheimlichtem Vermögen.³¹⁸

Der Gegenstandsbereich der Norm geht allerdings weit über ihre Begründung hinaus. Wenn es tatsächlich um den Schutz der Gläubiger bei verheimlichtem Vermögen ginge, hätte es nahegelegen, eine darauf bezogene Bestimmung vorzusehen. So wird

---

³¹³ BGH ZInsO 2010, 1496 Rn. 5.
³¹⁴ BGH ZInsO 2010, 1496 Rn. 5, 9.
³¹⁵ FK/*Ahrens*, § 287 Rn. 123.
³¹⁶ BGH NZI 2013, 601 Rn. 8 = VIA 2013, 51, m. Anm. *Ahrens*; AGR/*Fischer*, § 290 InsO Rn. 26; Karsten Schmidt/*Henning*, § 290 Rn. 33; aA HK/*Landfermann*, § 290 Rn. 2, Erlass des Urteils bis zum Schlusstermin; HWF/*Schmerbach*, § 290 Rn. 34, Erlass des Urteils mit an Sicherheit grenzender Wahrscheinlichkeit.
³¹⁷ *Ahrens*, NZI 2013, 721, 722.
³¹⁸ BT-Drucks. 17/11268 S. 29.

aber gerade die Nachlässigkeit von Gläubigern prämiert. Mehr noch, es werden sogar Anreize geschaffen, sich nach einer Forderungsanmeldung nicht mehr am Verfahren zu beteiligen. Das mit einer sechsmonatigen Ausschlussfrist vorgesehene nachträgliche Antragsrecht eröffnet uU eine längere Frist, als sie bei einer Kenntniserlangung während des Insolvenzverfahrens bestünde. Vor allem aber wird dadurch die bewährte[319] und für Rechtssicherheit sorgende Präklusionswirkung des Schlusstermins bzw. der Schlussanhörung aufgegeben.

96 Nachträglich geltend gemacht werden können alle Versagungsgründe des § 290 I InsO, aber auch nur diese, also nicht die Tatbestände der §§ 295 bis 298 InsO. Der Antrag muss binnen sechs Monaten nach dem Zeitpunkt gestellt werden, zu dem der Versagungsgrund dem Gläubiger bekannt geworden ist. Das subjektive Element entspricht der Regelung des § 296 I 2 InsO, weswegen auf die Auslegung dieser Norm zurückgegriffen werden kann.[320] Ob die Kenntnis des antragstellenden Gläubigers maßgebend ist,[321] erscheint durchaus problematisch.[322] Erforderlich ist die Kenntnis der rechtsbegründenden Tatsachen, deren zutreffende rechtliche Würdigung nicht verlangt wird. Eine Wiedereinsetzung in den vorigen Stand ist bei einer auch schuldlos versäumten Antragsfrist ausgeschlossen.

97 Sachlich führt die Novelle zu zahlreichen offenen Fragen. Normiert ist vor allem der Versagungstatbestand, während das Versagungsverfahren dagegen nur partiell ausgeformt wird. Dafür stehen die beiden unterschiedlichen Konzepte des § 290 und des § 296 InsO zur Verfügung. Sie weichen etwa bei der erforderlichen Beeinträchtigung der Gläubigerbefriedigung und dem Verschuldensvorwurf voneinander ab. Auch gelten allein im Verfahren nach § 296 InsO die Verfahrensobliegenheiten aus § 296 II 2, 3 InsO. Die systematische Stellung und der Aufbau der Norm sprechen für eine Nähe zu § 296 InsO. Demgegenüber deutet der funktionale Zusammenhang auf ein Zusammenspiel mit § 290 InsO hin, wofür auch die fehlende Verweisung auf § 296 I 2 und 3 InsO spricht. Einige Unterschiede sind allerdings doch zu konstatieren. Während nach § 290 II 2 InsO die Versagungsentscheidung über alle gestellten Versagungsanträge nach dem Schlusstermin ergeht, fehlt eine solche Konzentration für die nachträglich bekannt gewordenen Versagungsgründe. Über sie ist dann jeweils umgehend zu entscheiden. Künftig gelten in der Treuhandperiode zwei unterschiedliche Verfahrensmuster, denn in jedem Fall normiert § 297a InsO manche Abweichungen von § 296 InsO.

98 Komplizierte Abgrenzungsfragen entstehen zudem, wenn ein Handlungskomplex sowohl die Zeit vor als auch nach dem Schlusstermin betrifft. Zu denken ist etwa an eine verletzte Erwerbsobliegenheit, einerseits nach § 290 I Nr. 7 InsO, andererseits gem. § 295 I Nr. 1, II InsO, oder die unterlassene Meldung einer aufgenommenen Erwerbstätigkeit nach § 290 I Nr. 5 InsO bzw. § 295 Nr. 3 InsO. Manches spricht für zwei autonome Versagungsfälle. Verschärft werden die Abgrenzungsfragen noch durch die jeweiligen Heilungsmöglichkeiten. Kann eine Pflichtverletzung während des Insolvenzverfahrens noch während der Treuhandperiode geheilt werden? Folgerichtig wird dies zu bejahen sein.

99 **4. Stellung des Treuhänders, § 292 I 4, 5 InsO.** Zwei Änderungen in § 292 I 4 und 5 InsO wirken sich nachhaltig auf die Tätigkeit des Treuhänders, aber auch auf den Schuldner aus. Einerseits wird der bisherige sog. Motivationsrabatt gestrichen. Der Treuhänder muss nicht mehr nach Ablauf von vier Jahren seit Aufhebung des Insolvenzverfahrens 10% und nach Ablauf von fünf Jahren 15% der durch die Abtretung

---

[319] *Grote/Pape*, ZInsO 2012, 1913, 1915.
[320] Dazu FK/*Ahrens*, § 296 Rn. 25 ff.
[321] AGR/*Weinland*, § 297a nF Rn. 4.
[322] *Grote/Pape*, ZInsO 2013, 1433, 1444.

erlangten Beträge an den Schuldner zurückreichen. Begründet wird dies mit den viel höheren Anreizen, die eine Verkürzung des Verfahrens nach § 300 InsO bietet.[323] Mit guten Gründen mag man die Anreizwirkung der Verfahrensverkürzung bezweifeln. Beseitigt wird damit aber auch eine Verfahrensunebenheit, die von den sonst im Insolvenzverfahren geltenden Pfändungsgrenzen abweicht. Andererseits kann der Treuhänder bei geringfügigen Beträgen die Verteilung aussetzen. Dies muss er dann dem Gericht einmal jährlich unter Angabe der Höhe der erlangten Beträge mitteilen. Offen ist, welche Beträge geringfügig sind. Abzustellen sein dürfte auf keine absoluten Zahlen, sondern auf das relative Verhältnis zwischen der Zahl der Gläubiger und der Höhe der eingegangenen Beträge.[324]

§ 79. Erteilung und Widerruf der Restschuldbefreiung

Übersicht

	Rn.
I. Vorzeitige Beendigung der Treuhandperiode	1
II. Erteilung der Restschuldbefreiung	4
1. Ende der Treuhandperiode	4
2. Verfahren	6
3. Entscheidung	7
4. Wirkungen	11
5. Ausgenommene Forderungen, § 302 InsO	15
6. Sonstige Nachhaftung	21
III. Widerruf der Restschuldbefreiung	22
IV. Neues Recht ab 1.7.2014	26
1. Verkürzung der Verfahrensdauer, § 300 InsO	26
a) Einordnung	26
b) Erste Stufe	29
c) Zweite Stufe	30
d) Dritte Stufe	35
e) Vierte Stufe	36
f) Verfahren	37
2. Neuerwerb in asymmetrischen Verfahren, § 300a InsO	39
3. Zusätzliche Ausnahmen von der Restschuldbefreiung gem. § 302 Nr. 1 InsO	41
a) Vorsätzlich pflichtwidrig nicht gewährter Unterhalt	41
b) Ansprüche aus Steuerschuldverhältnissen bei Verurteilung	43
c) Anmeldung und Belehrung	44
4. Erweiterte Widerrufsmöglichkeit, § 303 InsO	45
5. Eintragung in das Schuldnerverzeichnis, § 303a InsO	46

I. Vorzeitige Beendigung der Treuhandperiode

Gesetzlich geregelt in § 299 InsO ist allein eine vorzeitige Beendigung der Treuhandperiode, wenn die Restschuldbefreiung nach den §§ 296 bis 298 InsO versagt wird. Das Restschuldbefreiungsverfahren kann außerdem durch einen Dispositionsakt des Schuldners, wie die Rücknahme des Restschuldbefreiungsantrags[1] oder eine Erledigungserklärung, vorzeitig beendet werden.[2] Die Rechtsfolgen sind dann entsprechend § 299 InsO zu bestimmen.[3] Mit Rechtskraft der Entscheidung enden die Laufzeit der

---

[323] BT-Drucks. 17/11268 S. 29.
[324] AGR/*Fischer*, § 292 nF Rn. 4; *Frind*, Praxishandbuch Privatinsolvenz, Rn. 883.
[1] BGH NZI 2010, 741 Rn. 15; Karsten Schmidt/*Henning*, § 287 Rn. 17 ff., § 299 Rn. 4.
[2] AGR/*Weinland*, § 299 Rn. 5.
[3] BGH NZI 2005, 399, mit Anm. *Ahrens*.

Abtretungserklärung, das Amt des Treuhänders und die Beschränkung der Gläubigerrechte.

2 Vor dem Ende der Laufzeit der Abtretungserklärung kann ausnahmsweise die Restschuldbefreiung erteilt werden, falls keine Insolvenzforderung ordnungsgemäß angemeldet ist oder von keinem Absonderungsberechtigten die persönliche Forderung oder ihr Ausfall rechtzeitig angemeldet wurde.[4] Dies gilt auch, wenn Gläubiger nur in der Insolvenztabelle, aber nicht im Schlussverzeichnis eingetragen sind.[5] Zulässig sind auch Fallgestaltungen, in denen der Schuldner die Insolvenzgläubiger nach Ankündigung der Restschuldbefreiung vollständig befriedigt, etwa aus einer Erbschaft oder durch Unterstützung von Familienangehörigen bzw. durch eine sonstige Ablösung.[6] Möglich sind eine Teilbefriedigung und ein Erlass der Restforderung.[7] Eine vorzeitige Erteilung der Restschuldbefreiung ist ebenso bei Einstellung des Insolvenzverfahrens nach § 213 InsO zulässig. Dies gilt auch, wenn die erforderlichen Mittel darlehensweise erlangt sind.[8] Auch mit dem Tod des Schuldners soll nach einer vielfach vertretenen Ansicht das Restschuldbefreiungsverfahren enden.[9]

3 Wie aus den allgemeinen Grundsätzen des Einzel- und Gesamtvollstreckungsrechts abzuleiten ist, müssen aber vor einer Restschuldbefreiung die Verfahrenskosten erfüllt sein, vgl. §§ 817 IV ZPO, 44 I, 109 ZVG, 15 GVKostG, 169 Nr. 2 GVGA, 53 ff. InsO, s. a. § 292 I 2 InsO.[10] Die Wirkungen der vorzeitigen Beendigung sind durch Beschluss auszusprechen.[11] Ist die Restschuldbefreiung erteilt, richten sie sich nach § 301 InsO.

II. Erteilung der Restschuldbefreiung

4 **1. Ende der Treuhandperiode.** Die Laufzeit der Abtretungserklärung beträgt sechs Jahre ab Eröffnung des Insolvenzverfahrens, § 287 II 1 InsO. Ist diese Frist abgelaufen, enden die Bindungen des Schuldners. Aufgrund der befristeten Forderungsübertragung enden die Wirkungen der Abtretungserklärung mit diesem Termin.[12] Außerdem muss der Schuldner nicht länger die Obliegenheiten aus § 295 InsO erfüllen.[13] Auch für diese Konsequenz ist keine gerichtliche Entscheidung erforderlich. Allein bei einer vorzeitig erteilten Restschuldbefreiung treten diese Wirkungen erst mit der gerichtlichen Entscheidung ein.

5 Ausnahmsweise kann die Frist für die Abtretungserklärung bereits vor Ankündigung der Restschuldbefreiung verstrichen sein. In diesen asymmetrischen Verfahren ist ohne Treuhandperiode über die Restschuldbefreiung zu entscheiden.[14]

6 **2. Verfahren.** Vor seiner Entscheidung über die Erteilung der Restschuldbefreiung hat das Insolvenzgericht die Insolvenzgläubiger, den Treuhänder sowie den Schuldner anzuhören, § 300 I InsO, um ihnen rechtliches Gehör iSv Art. 103 I GG zu gewähren. Eine Anhörung vor dem Ende der Laufzeit der Abtretungserklärung kann die im Anschluss daran gesetzlich vorgeschriebene Anhörung nicht ersetzen.[15] Die Anhörung

---

[4] BGH NZI 2005, 399; AGR/*Weinland*, § 299 Rn. 7.
[5] AG Göttingen ZInsO 2009, 1974, 1975.
[6] AGR/*Weinland*, § 299 Rn. 10 f.
[7] BGH NZI 2011, 947 Rn. 8, mit Anm. *Grote;* LG Berlin Rpfleger 2009, 342; AGR/*Weinland*, § 299 InsO Rn. 8.
[8] LG Berlin ZInsO 2009, 443, 444.
[9] OLG Jena NZI 2012, 197; AGR/*Weinland*, § 299 Rn. 6; aA AGR/*Henning*, § 304 Rn. 26; ausführlich FK/*Ahrens*, § 286 Rn. 55.
[10] BGH NZI 2005, 399; NZI 2011, 947 Rn. 7.
[11] FK/*Ahrens*, § 299 Rn. 14.
[12] LG Hannover ZInsO 2009, 201, 202.
[13] AG Göttingen ZVI 2008, 499, 501.
[14] → § 77 Rn. 44a.
[15] Uhlenbruck/Hirte/Vallender/*Vallender*, § 300 Rn. 3.

kann mündlich oder im schriftlichen Verfahren nach § 5 II InsO erfolgen. Dann ist für die Anhörung eine Frist zu bestimmen.[16] Bei einem Antrag auf Versagung der Restschuldbefreiung nach § 298 InsO ist die Frist aus § 298 II 2 InsO zu beachten.

3. Entscheidung. Während der Anhörung nach § 300 I InsO kann jeder Insolvenzgläubiger gemäß den §§ 296 I, 297 InsO und der Treuhänder nach § 298 InsO letztmalig die Versagung der Restschuldbefreiung beantragen. Die erforderliche Anhörung zum Antrag des Schuldners auf Restschuldbefreiung kann erfolgen, indem in einem im Internet zu veröffentlichenden Beschluss eine Frist bestimmt wird, innerhalb derer die Gläubiger Anträge auf Versagung der Restschuldbefreiung stellen können.[17] Mit dem Ende des Anhörungstermins bzw. der Anhörungsfrist ist der Versagungsantrag präkludiert.[18] Außerdem darf die Restschuldbefreiung von Amts wegen nach § 296 II InsO versagt werden.

Ist die Laufzeit der Abtretungserklärung ohne vorzeitige Beendigung verstrichen und bis zum Ende der Anhörungsfrist kein zulässiger und begründeter Antrag auf Versagung der Restschuldbefreiung gestellt worden, muss das Insolvenzgericht die Restschuldbefreiung erteilen, ohne dabei einen Ermessensspielraum zu besitzen. Solange kein Antrag auf Versagung der Restschuldbefreiung gestellt wurde, ist es bedeutungslos, ob der Schuldner seine Obliegenheiten erfüllt hat.[19] Unerheblich ist, ob der Schuldner während der Treuhandzeit Tilgungsleistungen zur Befriedigung der Gläubiger erbracht hat, denn er muss keine Mindestquote erbringen.[20]

Hat kein Insolvenzgläubiger einen Versagungsantrag gestellt, ist der Rechtspfleger funktionell zuständig. Sonst ist die Entscheidung dem Richter vorbehalten, § 18 I Nr. 2 RPflG.[21] Die Erteilung der Restschuldbefreiung gehört also auch zum Aufgabenkreis des Rechtspflegers, wenn der Treuhänder erfolglos ihre Versagung beantragt hat, da § 18 I Nr. 2 RPflG nicht auf § 298 InsO verweist. Wird die Restschuldbefreiung versagt, so steht dem Schuldner gegen diese Entscheidung die sofortige Beschwerde zu, §§ 6, 300 III 2 InsO, 567 ZPO. Gleiches gilt für jeden Insolvenzgläubiger, der bei der Anhörung die Versagung der Restschuldbefreiung erfolglos beantragt hat. Für den Treuhänder ist zwar in § 300 III 2 InsO kein Rechtsbehelf vorgesehen, doch kann er nach § 11 II RPflG die sofortige Erinnerung einlegen, wenn sein Antrag auf Versagung der Restschuldbefreiung abgewiesen wurde.[22] Der Beschluss über die Erteilung bzw. Versagung der Restschuldbefreiung ist durch eine Veröffentlichung im Internet bekannt zu machen, §§ 300 III 1, 9 InsO.

Mit den allgemeinen Gebühren für die Durchführung des Insolvenzverfahrens ist grundsätzlich auch die Durchführung des Restschuldbefreiungsverfahrens abgegolten. Wegen der zusätzlichen Belastung des Gerichts durch Gläubigeranträge auf Versagung der Restschuldbefreiung wird dafür aber eine Gebühr von EUR 30,– gemäß KV Nr. 2350 in Rechnung gestellt. Sie entsteht unabhängig davon, ob der Versagungsantrag begründet war oder zurückgewiesen wurde.[23]

4. Wirkungen. Die Folgen der Restschuldbefreiung sind zweispurig normiert. § 286 InsO regelt, welche Verbindlichkeiten von der gesetzlichen Schuldbefreiung betroffen sind. § 301 InsO bestimmt demgegenüber, zu welchen Konsequenzen die Restschuldbefreiung führt.

---

[16] AG Göttingen NZI 2007, 251.
[17] BGH BeckRS 2012, 22431 Rn. 2.
[18] MüKoInsO/*Stephan*, § 300 Rn. 15, 23; aA AG Göttingen ZVI 2008, 499, 500.
[19] FK/*Ahrens*, § 300 Rn. 22; *Heyer*, Restschuldbefreiung, S. 152.
[20] BGHZ 134, 79, 92.
[21] AG Göttingen ZInsO 2006, 384, 385.
[22] AG Göttingen NZI 2009, 257, 258.
[23] LG Göttingen ZVI 2008, 121.

12 Die Restschuldbefreiung erfasst die nicht erfüllten Vermögensansprüche der Insolvenzgläubiger gegen den Schuldner, also sämtliche Ansprüche, die am Insolvenzverfahren teilnehmen konnten,[24] ausgenommen die in § 302 InsO bestimmten Forderungen. Von der Restschuldbefreiung betroffen sind auch die nicht angemeldeten Insolvenzforderungen, § 301 I 2 InsO, selbst bei einer schuldlos unterlassenen Anmeldung.[25] Dies gilt jedenfalls für solche Ansprüche, die als Vermögensansprüche gem. §§ 38 f. InsO überhaupt am Insolvenzverfahren teilnehmen können, also auf Geld gerichtet sind oder nach § 45 InsO in einen Geldanspruch umgewandelt werden können.[26] Aussonderungsrechte bleiben von einer Restschuldbefreiung unberührt. Eine analoge Anwendung von § 301 I InsO auf oktroyierte Masseverbindlichkeiten, wie zT vorgeschlagen,[27] scheitert an der klaren sachlich-zeitlichen Trennungslinie zwischen diesen Verbindlichkeiten und den von der Restschuldbefreiung erfassten Insolvenzforderungen. Bei einer Kostenstundung ist nach § 4b I InsO iVm § 115 I ZPO eine Nachhaftung für maximal 48 Monatsraten angeordnet. Nach Eröffnung des Insolvenzverfahrens entstandene Neuforderungen werden nicht von der Restschuldbefreiung erfasst.

13 Die Restschuldbefreiung wird durch einen rechtsgestaltenden Beschluss des Insolvenzgerichts erteilt, der die Schuld materiell umwandelt und auf diese Weise den Charakter der Leistungspflicht verändert. Aus einer erzwingbaren Verbindlichkeit entsteht so eine Schuld, die zwar immer noch einen Grund für das Behaltendürfen der Leistung bildet, aber für Haupt- und Nebenleistungen nicht mehr durchsetzbar ist. Die umgewandelten Schulden werden als unvollkommene Verbindlichkeiten bezeichnet.[28] Erfolgt dennoch, etwa aus der Insolvenztabelle, eine Zwangsvollstreckung, muss der Schuldner nach der Rechtsprechung des BGH eine Vollstreckungsgegenklage nach § 767 ZPO erheben.[29] Daneben bzw. unabhängig davon kommt auch eine Klage des Schuldners auf Herausgabe des Titels analog § 371 BGB in Betracht.[30]

14 Durch die Restschuldbefreiung werden die Rechte der Insolvenzgläubiger gegen Mitschuldner und Bürgen des Schuldners sowie aus Vormerkungen und Absonderungsrechten nicht berührt. Weder die persönliche Mithaftung noch die Sachhaftung Dritter wird von der Restschuldbefreiung betroffen. Nicht von der Restschuldbefreiung erfasst werden auch die dinglichen Sicherungsrechte. Die Gläubiger können deshalb ihre Rechte aus den noch nicht verwerteten Sicherungen in vollem Umfang wahrnehmen. Als weitere Folge der Restschuldbefreiung wird der Schuldner nach § 301 II 2 InsO von Rückgriffsansprüchen seiner Mitschuldner, der Bürgen oder anderer Berechtigter befreit.[31] Erfüllt der Schuldner oder ein Dritter die Forderung eines Insolvenzgläubigers, obwohl der Gläubiger aufgrund der Restschuldbefreiung keine Befriedigung zu beanspruchen hat, kann der Leistende keinen Rückgewähranspruch erheben, § 301 III InsO.

15 **5. Ausgenommene Forderungen, § 302 InsO.** Im Interesse des Gläubigerschutzes nimmt § 302 InsO drei Forderungsgruppen von der Restschuldbefreiung aus. Ganz im Vordergrund stehen dabei die Forderungen aus vorsätzlich begangenen unerlaubten Handlungen gemäß § 302 Nr. 1 InsO. Diese Forderungen sind aber nur dann von der Restschuldbefreiung ausgenommen, wenn der Gläubiger sie unter Angabe des qualifizierten Grunds gemäß § 174 II InsO angemeldet hat. Außerdem muss der Schuldner

---

[24] Karsten Schmidt/*Henning*, § 301 Rn. 2.
[25] BGH ZInsO 2011, 244.
[26] AGR/*Weinland*, § 301 Rn. 2.
[27] *Wischemeyer*, KTS 2008, 494, 505 ff.; Karsten Schmidt/*Henning*, § 301 Rn. 5.
[28] BGH NZI 2008, 737 Rn. 11; ZInsO 2013, 1589 Rn. 12; FK/*Ahrens*, § 300 Rn. 24.
[29] BGH NZI 2008, 737 Rn. 10; ausführlich zu den Rechtsbehelfen nach erteilter Restschuldbefreiung AGR/*Weinland*, § 301 Rn. 8 ff.
[30] BGH NJW-RR 2008, 1512, 1513.
[31] FK/*Ahrens*, § 301 Rn. 20.

nach § 175 II InsO auf die Rechtsfolgen des § 302 InsO und die Möglichkeit eines Widerspruchs hingewiesen werden.

Der Schuldner muss dafür den Tatbestand einer unerlaubten Handlung insbesondere **16** nach § 823 I, II BGB verwirklicht haben.[32] Wichtige Schutzgesetze bilden die §§ 170, 263, 264, 266a StGB. Keine Privilegierung begründet die Vorsatz-Fahrlässigkeitskombination des § 315c I Nr. 1a), III Nr. 1 StGB.[33] Nicht privilegiert, dh von der Restschuldbefreiung erfasst, werden Ansprüche aus Vertragsverletzungen, Gefährdungshaftungstatbeständen[34] und ungerechtfertigter Bereicherung. Steuerforderungen sind nicht privilegiert, weil sie aus dem Gesetz, § 38 AO, und nicht aus vorsätzlicher unerlaubter Handlung resultieren.[35] Mit einer Steuerhinterziehung gem. § 370 AO wird kein Schutzgesetz iSv § 823 II BGB verletzt.[36] Nicht zu den privilegierten Verbindlichkeiten gehören Hinterziehungszinsen gem. § 235 AO[37] sowie Säumniszuschläge gem. § 24 SGB IV.[38] Subjektiv wird vom Schuldner vorsätzliches Handeln verlangt. Grobe Fahrlässigkeit reicht nicht aus. Mit dem Rechtsgrund steht noch nicht der Umfang fest, in dem der Schuldner von den Verbindlichkeiten aus einer vorsätzlich begangenen unerlaubten Handlung nicht befreit wird. Sind Zinsforderungen und Kosten Nebenforderungen einer vorsätzlich begangenen unerlaubten Handlung iSv § 4 I Hs 2 ZPO, werden sie nach der Rechtsprechung des BGH ebenfalls von der Restschuldbefreiung ausgenommen.[39] Zivilprozessuale Kostenerstattungsansprüche können zugleich aus materiellem Recht begründet sein. Deswegen teilen sie auch die Qualifikation als Ansprüche aus vorsätzlich begangener unerlaubter Handlung und sind privilegiert.[40] Zwangsvollstreckungskosten teilen das Schicksal der Hauptforderung.[41] Strafprozessuale Ansprüche auf Entrichtung der dem Schuldner auferlegten Gerichtskosten zählen dagegen nicht zu den Verbindlichkeiten aus vorsätzlich begangener unerlaubter Handlung. Sie stellen keine Kompensation für begangenes Unrecht, sondern öffentliche Abgaben dar, die nach dem Veranlassungsprinzip auferlegt werden.[42] Ein ersatzfähiger Schaden entfällt, wenn pflichtgemäß geleistete Zahlungen anfechtungsrechtlich keinen Bestand gehabt hätten, etwa bei Leistungen an den Träger der Sozialversicherung, die unter Verstoß gegen § 266a StGB unterblieben sind.[43]

Die rechtliche Qualifikation als Forderung aus einer vorsätzlich begangenen unerlaubten **17** Handlung muss grundsätzlich bei der Anmeldung angegeben werden, § 174 II InsO. Eine nicht oder ohne den Hinweis auf den Rechtsgrund der vorsätzlich begangenen unerlaubten Handlung angemeldete Forderung wird auch dann von der Restschuldbefreiung erfasst, wenn die unterbliebene oder unvollständige Anmeldung nicht auf einem Verschulden des Gläubigers beruht.[44] Der Gläubiger muss bei der Forderungsanmeldung auch die Tatsachen angeben, aus denen sich nach seiner Einschätzung ergibt, dass der Verbindlichkeit eine vorsätzlich begangene unerlaubte Handlung des

---

[32] BGH NZI 2011, 738 Rn. 6.
[33] BGH NZI 2007, 532 Rn. 10 = VuR 2008, 113, mit Anm. *Brei;* Karsten Schmidt/*Henning,* § 302 Rn. 3.
[34] BGH NZI 2007, 532 Rn. 11.
[35] BFH NJW 2008, 3807.
[36] BFH NJW 1997, 1725, 1726; NJW 2008, 3807.
[37] BFH ZInsO 2012, 1228 Rn. 11.
[38] BGH ZInsO 2012, 646.
[39] BGH ZInsO 2011, 102 Rn. 16, mit Anm. *Stamm,* KTS 2011, 363; BeckRS 2011, 28296 Rn. 4; OLG Köln NZI 2012, 681; AGR/*Weinland,* § 302 Rn. 14.
[40] BGH ZInsO 2011, 1608 Rn. 16 f.; Karsten Schmidt/*Henning,* § 302 Rn. 9; *Ahrens,* VIA 2013, 65.
[41] FK/*Ahrens,* § 302 Rn. 11.
[42] BGH NZI 2011, 64 Rn. 9, mit Anm. *Ahrens,* LMK 2011, 312824; BGH ZInsO 2011, 1608 Rn. 12; AGR/*Weinland,* § 302 InsO Rn. 15.
[43] BGH ZInsO 2011, 41 Rn. 19; ZInsO 2012, 646 Rn. 11.
[44] BGH ZInsO 2011, 244.

Schuldners zugrunde liegt.[45] Dadurch soll der Schuldner möglichst frühzeitig über die geltend gemachte Privilegierung der angemeldeten Verbindlichkeiten informiert werden.[46] Erforderlich ist eine zweifelsfreie Bestimmbarkeit des Rechtsgrunds, damit der Schuldner erkennen kann, welches Verhalten ihm vorgeworfen wird.[47] Einer schlüssigen Darlegung des (objektiven und subjektiven) Deliktstatbestands bedarf es nicht.[48] Wie eine nachträgliche Anmeldung ist aber auch die nachträgliche Nennung des qualifizierten Rechtsgrunds möglich.[49] Das Anmelderecht endet mit der Aufhebung des Insolvenzverfahrens.[50] Insbesondere bei einem asymmetrischen Insolvenzverfahren, bei dem das Insolvenzverfahren nicht vor Ende der Laufzeit der Abtretungserklärung aufgehoben ist, kommt zudem eine verfahrensrechtliche Verwirkung in Betracht.[51] Wird eine Forderung aus einer vorsätzlich begangenen unerlaubten Handlung angemeldet, muss das Insolvenzgericht den Schuldner nach § 175 II InsO auf die Rechtsfolgen des § 302 InsO und auf die Möglichkeit eines Widerspruchs hinweisen. Da die Anforderungen für das Insolvenzgericht beherrschbar bleiben müssen, kann ein differenzierter formularmäßiger Hinweis genügen, denn eine rechtliche Beratung des Schuldners ist nicht geschuldet.[52]

18 Im Anmeldungsverfahren können Insolvenzverwalter, Insolvenzgläubiger und Schuldner Widerspruch gegen die Forderung erheben. Meldet ein Gläubiger eine Forderung aus einer vorsätzlich begangenen unerlaubten Handlung an, kann der (auch eigenverwaltende[53]) Schuldner isoliert dieser Angabe des Haftungsgrunds widersprechen.[54] Dies gilt auch bei einer bereits titulierten Forderung.[55] Dem Insolvenzverwalter steht das isolierte Widerspruchsrecht nicht zu, da sein Widerspruch anderen Zwecken dient, weil er die Feststellung der Forderung verhindert.[56] Solange der Widerspruch nicht beseitigt ist, wird die Forderung wie eine nicht von der Restschuldbefreiung ausgenommene Verbindlichkeit behandelt.[57] Hat der Schuldner der angemeldeten Forderung widersprochen, ist eine titelergänzende Feststellungsklage zulässig.[58] Umstritten war früher die Feststellungslast, für die § 184 II InsO jetzt teilweise eine Antwort gibt. Liegt für die bestrittene Forderung ein Schuldtitel oder ein Endurteil vor, obliegt es dem Schuldner binnen einer Frist von einem Monat ab Prüfungstermin bzw. ab Bestreiten der Forderung im schriftlichen Verfahren, den Widerspruch zu verfolgen. Soweit der Schuldner einer vollstreckbaren Forderung als solches widerspricht, trägt danach er die Beitreibungslast. Dies gilt nicht, wenn der Titel nicht erkennen lässt, ob er auf einer vorsätzlich begangenen unerlaubten Handlung beruht.[59] Hat der Schuldner einer angemeldeten titulierten Forderung widersprochen, kann eine titelergänzende Feststellungsklage zulässig sein.[60] Für den Rechtsweg des Feststellungsverfahrens bestimmt § 180 I InsO in bürgerlichrechtlichen Streitigkeiten eine ausschließliche örtliche

---

[45] *Ahrens*, VIA 2013, 65, 66.
[46] BGH ZInsO 2013, 1589 Rn. 13.
[47] BGH NZI 2014, 127 Rn. 8.
[48] So aber BGH BeckRS 2013, 17289 Rn. 3.
[49] BGH NZI 2008, 250 Rn. 12 ff.
[50] BGH ZInsO 2013, 1589 Rn. 20; MüKoInsO/*Schmahl/Busch*, 3. Aufl., § 29 Rn. 55; aA Schlusstermin FK-InsO/*Kießner*, § 177 Rn. 1.
[51] *Ahrens*, VIA 2013, 65, 66.
[52] BGH NZI 2004, 39, 40.
[53] BGH NZI 2013, 1025 Rn. 12 = EWiR 2014, 17 *(Ahrens)*.
[54] BGH NZI 2007, 39, 40; 2007, 416 Rn. 10; Karsten Schmidt/*Henning*, § 302 Rn. 12.
[55] AGR/*Weinland*, § 302 Rn. 17.
[56] BGH NZI 2008, 569 Rn. 13.
[57] BGH ZInsO 2013, 1380 Rn. 2.
[58] BGH ZInsO 2006, 704.
[59] OLG Celle NZI 2009, 329; OLG Koblenz NZI 2008, 117, 118; AG Alzey NZI 2009, 525, 526.
[60] BGH ZInsO 2006, 704.

und sachliche Zuständigkeit der Zivilgerichte. Ist ein umfassender Widerspruch eingelegt, mit dem zugleich die angemeldete Forderung und der Schuldgrund bestritten werden, bleibt es bei der Zuständigkeit des Fachgerichts, § 17 II 1 GVG.[61] Erhebt der Schuldner allein einen isolierten Widerspruch, ist mit der Deliktsqualität über eine bürgerlichrechtliche Frage zu befinden, über welche die Zivilgerichte zu entscheiden haben. Unerheblich ist deswegen der öffentlich-rechtliche Charakter eines Schutzgesetzes.[62] Bei Unterhaltspflichtverletzungen sind nach den §§ 111 Nr. 8, 231 FamFG die Familiengerichte, nicht die allgemeinen Zivilabteilungen oder Zivilkammern zuständig.[63] Gegenstand des Feststellungsprozesses sind allein Einwendungen gegen die deliktische Qualifikation der Forderung,[64] doch dürfen auch Einwendungen gegen die Höhe der Forderung geltend gemacht werden.[65] Der Anspruch des Gläubigers auf Feststellung des Rechtsgrunds einer Forderung aus vorsätzlich begangener unerlaubter Handlung verjährt nicht nach den Vorschriften, welche für die Verjährung des Leistungsanspruchs gelten.[66] Geltend gemacht werden kann aber die Verjährung eines nicht titulierten Anspruchs.[67] Ein Prozessvergleich ist unzureichend, wenn er den qualifizierten Schuldgrund nicht hinreichend zum Ausdruck bringt.[68] Ergibt die Auslegung des Vergleichs, dass die Parteien auch den Rechtsgrund aus vorsätzlich begangener unerlaubter Handlung außer Streit stellen wollten, dann bindet diese Entscheidung auch im Feststellungsprozess.[69] Ein Schuldanerkenntnis als außergerichtliche Erklärung genügt nicht,[70] zumal ein formularmäßiges bzw. nach § 310 III BGB in einem Verbrauchervertrag enthaltenes Schuldanerkenntnis nach § 309 Nr. 12 lit. b) bzw. § 307 II Nr. 1 BGB unwirksam ist.

Auch für Titel ohne Schlüssigkeitsprüfung sind Einschränkungen erforderlich. Ein Vollstreckungsbescheid bildet keinen geeigneten Schuldtitel, der die Beitreibungslast dem Schuldner überantworten kann, da aus ihm kein erweiterter Pfändungszugriff eröffnet ist.[71] Bei einem Anerkenntnis-[72] bzw. Verzichtsurteil ist eine titelergänzende Feststellungsklage des Gläubigers erforderlich. Die vom Gläubiger zu erhebende negative Feststellungsklage ist nicht befristet. Sein Feststellungsinteresse besteht grds. auch nach Beendigung des Insolvenzverfahrens.[73] Wegen der damit verbundenen längerfristigen Unsicherheit über die Rechtslage kann auch dem Schuldner trotz seines Widerspruchs das Interesse an einer negativen Feststellungsklage nicht abgesprochen werden.[74] Für die Streitwertberechnung der Feststellungsklage kann bei nur geringen Vollstreckungsaussichten ein Abschlag von bis zu 75% des Nennwerts der Forderung berechtigt sein.[75]

Von der Schuldbefreiung schließt § 302 Nr. 2 InsO auch Geldstrafen, §§ 40 ff. StGB, und die diesen in § 39 I Nr. 3 InsO gleichgestellten Verbindlichkeiten des Schuldners

---

[61] *Gerhardt*, NZI 2010, 849, 854.
[62] BGH ZInsO 2011, 44 Rn. 5; BVerwG NZI 2013, 550.
[63] KG ZInsO 2011, 1843, 1845 = VIA 2011, 84, mit Anm. *Schmerbach*; OLG Köln FamRZ 2012, 1836, 1837; OLG Celle FamRZ 2012, 1838, 1839; OLG Celle BeckRS 2012, 10486; BeckRS 2013, 04703 Rn. 15; OLG Hamm ZVI 2013, 59; aA OLG Rostock FamRZ 2011, 910, 911.
[64] OLG Celle ZVI 2013, 192.
[65] OLG Schleswig ZInsO 2011, 1708; AG Göttingen BeckRS 2013, 04751; verneinend OLG Celle ZVI 2013, 192.
[66] BGH NZI 2011, 111 Rn. 11.
[67] OLG Köln BeckRS 2014, 02951.
[68] AG Alzey ZInsO 2009, 1357, 1358.
[69] BGH NZI 2009, 612 Rn. 7.
[70] AG Göttingen NZI 2012, 31 f.; NZI 2012, 679, 680; aA OLG Düsseldorf ZInsO 2013, 1488, 1490; AGR/*Weinland*, § 302 Rn. 24.
[71] BGHZ 152, 166.
[72] OLG Brandenburg ZInsO 2009, 1503, 1504; aA OLG Brandenburg NZI 2008, 319.
[73] BGH NZI 2009, 189 Rn. 9.
[74] BGH NZI 2009, 189 Rn. 12.
[75] BGH NJW 2009, 920 Rn. 6; OLG Hamm ZInsO 2012, 1638, 70% Abschlag; nach OLG Koblenz NZI 2012, 27, kein Abschlag, wenn keine Zweifel am umfassenden Vollstreckungserfolg bestehen.

aus. Diese Regelung entspricht § 225 III InsO. Mit der Bereichsausnahme in § 302 Nr. 3 InsO werden schließlich Verbindlichkeiten aus zinslosen Darlehen privilegiert, die zur Begleichung der Kosten des Insolvenzverfahrens gewährt wurden.

6. Sonstige Nachhaftung. Große praktische Bedeutung besitzt die Nachhaftung des Schuldners im Rahmen der Kostenstundung gemäß § 4b InsO iVm § 115 ZPO für bis zu 48 Monate. Außerdem sind die noch nicht erfüllten Masseverbindlichkeiten zu begleichen. Von der Restschuldbefreiung unberührt bleiben auch die nicht vermögensrechtlichen Ansprüche gegen den Schuldner. Hat der Schuldner mit einer Pflichtverletzung gemäß § 290 Nr. 5 oder 6 InsO eine vorsätzliche sittenwidrige Schädigung begangen, kann grundsätzlich ein Schadensersatzanspruch aus § 826 BGB bestehen, der als Neuforderung nach Erteilung der Restschuldbefreiung geltend gemacht werden kann.[76] Eine Nachtragsverteilung führt dagegen nicht zu einer nachträglichen Haftung, sondern stellt allein eine konsequente Durchführung der bestehenden insolvenzrechtlichen Haftung dar. Sie ist deswegen trotz Restschuldbefreiung zulässig.[77]

III. Widerruf der Restschuldbefreiung

Die Widerrufsregelung des § 303 InsO schließt das System ab, mit dem auf Obliegenheitsverletzungen des Schuldners reagiert werden kann. Da die rechtskräftig erteilte Restschuldbefreiung die Versagungsanträge der Gläubiger ausschließt, schafft § 303 InsO einen besonderen Anfechtungsgrund, mit dem die Rechtskraftwirkung des Beschlusses nach § 300 InsO zu durchbrechen ist. Entsprechend hoch sind die dafür bestehenden Anforderungen. Auf Antrag eines Insolvenzgläubigers widerruft das Insolvenzgericht die Restschuldbefreiung nach dem bislang geltenden Recht, wenn sich nachträglich herausstellt, dass der Schuldner eine seiner Obliegenheiten vorsätzlich verletzt und dadurch die Befriedigung der Insolvenzgläubiger erheblich beeinträchtigt hat, § 303 I InsO.

Der Schuldner muss gegen eine seiner Obliegenheiten verstoßen haben, womit die in § 295 InsO bestimmten Anforderungen gemeint sind. Die Obliegenheitsverletzung muss vorsätzlich erfolgt sein, wofür ein bedingter Vorsatz genügt, der die nachteiligen Folgen der Obliegenheitsverletzung nicht umfassen muss. Durch die vorsätzliche Obliegenheitsverletzung muss die Befriedigung der Insolvenzgläubiger erheblich beeinträchtigt worden sein. Zwischen der Obliegenheitsverletzung und der beeinträchtigten Gläubigerbefriedigung hat ein Kausalzusammenhang zu bestehen. Als Ausdruck des Verhältnismäßigkeitsprinzips muss eine gewichtige Vermögenseinbuße bei den Gläubigern eingetreten sein. Ein Widerrufsrecht besteht aber nur dann, wenn sich die vorsätzliche, zu einer erheblich beeinträchtigten Gläubigerbefriedigung führende Obliegenheitsverletzung erst nachträglich herausstellt, dh nach der rechtskräftig erteilten Restschuldbefreiung.

Der Widerrufsantrag muss von einem Insolvenzgläubiger gestellt werden. Der Antrag ist nur zulässig, wenn er innerhalb eines Jahres nach der Rechtskraft der Entscheidung über die Restschuldbefreiung gestellt wird, § 303 II InsO. Außerdem muss der Gläubiger die Voraussetzungen nach § 303 I InsO glaubhaft machen und dass er bis zur Rechtskraft der Entscheidung über die Restschuldbefreiung keine Kenntnis von ihnen hatte, § 303 II InsO. Vor der gerichtlichen Entscheidung über den Widerruf der erteilten Restschuldbefreiung sind der Schuldner und der Treuhänder zu hören, § 303 III 1 InsO.

Sind die gesetzlichen Voraussetzungen erfüllt, widerruft das Insolvenzgericht die Restschuldbefreiung. Die Wirkungen der Restschuldbefreiung entfallen rückwirkend

---

[76] *Ahrens,* NZI 2013, 721, 727; FK/*Ahrens,* § 301 Rn. 36 ff.
[77] Uhlenbruck/Hirte/Vallender/*Vallender,* § 300 Rn. 29; *Mohrbutter/Ringstmeier/Pape,* § 17 Rn. 187.

gegenüber allen Insolvenzgläubigern.[78] Die Entscheidung ergeht durch Beschluss. Wird dem Widerrufsantrag stattgegeben, so steht dem Schuldner die sofortige Beschwerde gemäß den §§ 303 III 2, 6 InsO, 567 ZPO zu. Lehnt das Gericht den Antrag ab, ist nach der gesetzlichen Regelung der Antragsteller zur sofortigen Beschwerde berechtigt. Die Entscheidung ist nach den §§ 303 III 3, 9 InsO im Internet bekannt zu machen.

IV. Neues Recht ab 1.7.2014

1. Verkürzung der Verfahrensdauer, § 300 InsO. a) *Einordnung.* Wesentliches gesetzgeberisches Motiv und namensgebend für das Gesetz sind die Verkürzungsoptionen für das Restschuldbefreiungsverfahren. Die lange Verfahrensdauer, beginnend mit dem außergerichtlichen Einigungsversuch über das Insolvenzeröffnungsverfahren und die sechsjährige Abtretungsfrist bis hin zur vierjährigen Nachhaftung für die gestundeten Kosten, stellt auch im internationalen Vergleich[79] eine sehr hohe Belastung für den Schuldner dar, die kaum durch einen besonderen Ertrag für die Gläubiger zu rechtfertigen ist. Die Gesetzgebungsmaterialien sprechen von einer vierzehnjährigen Dauer von dem die Überschuldung auslösenden Ereignis bis zur Löschung der Negativeinträge bei den Wirtschaftsauskunfteien.[80] Es existieren deswegen gute Gründe für ein abgekürztes Verfahren. Allerdings fallen die konkreten Maßnahmen zu zaghaft aus, um eine effektive Verkürzung bewirken zu können. Insbesondere die im Rechtsausschuss von 25% auf 35% erhöhte Mindestquote[81] wird eine kaum zu überwindende Hürde darstellen.[82] Zusätzlich atmet der verlangte Herkunftsnachweis aus § 300 II 2 InsO tiefes Misstrauen gegen den Schuldner. Letztlich hat der Gesetzgeber die enge Öffnung der Tür zu einer verkürzten Verfahrensdauer selbst erkannt und in Art. 107 EGInsO einen Evaluationsauftrag zum 30.6.2018 erteilt. Erwartet wird eine Verkürzung in 15% aller Verfahren. Sollte diese Vorstellung nicht erfüllt werden, soll die Bundesregierung geeignete Vorschläge über eine angemessene Mindestquote machen.[83]

Letztlich wird es nicht sehr häufig zu einem auf drei Jahre abgekürzten Restschuldbefreiungsverfahren kommen.[84] Wie ein Blick auf die methodisch selbstverständlich nicht vollkommen vergleichbaren Vergleichsverfahren zeigt, sind Konstellationen mit einer Befriedigungsquote von 35% eher selten.[85] In den letzten zehn Jahren vor Inkrafttreten der Insolvenzordnung erfolgte nur noch in jedem 500. Konkursverfahren ein Vergleich mit einer Quote von 35%.[86] Nicht vergessen werden dürfen die vier Alternativen, die mit § 300 InsO konkurrieren. Der Schuldner kann über den außergerichtlichen Einigungsversuch, den gerichtlichen Schuldenbereinigungsplan gem. den §§ 306–309 InsO, den Insolvenzplan nach den §§ 217 ff. InsO sowie durch einen Vergleich mit den verfahrensbeteiligten Gläubigern und einer Einstellung analog den §§ 213, 299, 300 InsO[87] ebenfalls eine Schuldenbereinigung erlangen.[88] Wer als Schuldner über ein so hohes Vermögen oder Einkommen verfügt bzw. Leistungen Dritter in einer Höhe erlangen

---

[78] FK/*Ahrens*, § 303 Rn. 22.
[79] *Henning*, ZVI 2014, 7, 13.
[80] BT-Drucks. 17/11268, S. 15.
[81] Beschlussempfehlung und Bericht des Rechtsausschusses BT-Drucks. 17/13535, S. 1, 11 f.
[82] *Leipold*, ZInsO 2013, 2052, 2053.
[83] BT-Drucks. 17/13535, S. 30.
[84] *Frind*, Praxishandbuch Privatinsolvenz, Rn. 847; *Laroche/Pruskowski/Schöttler/Siebert/Vallender*, ZIP 2012, 558, 561.
[85] *Ritter*, ZVI 2013, 135.
[86] *Ahrens*, NZI 2011, 425, 429.
[87] BGH NZI 2011, 947 Rn. 6.
[88] *Henning*, ZVI 2014, 7, 13.

kann, um den Gläubigern 35% der Forderungssumme anzubieten, wird unschwer einen Schuldenbereinigungsplan oder Insolvenzplan erlangen. Diese Instrumente ermöglichen ihm regelmäßig, unter zeitlich und sachlich niedrigeren Hürden eine Schuldbefreiung zu erreichen.

28 Vorgesehen ist in § 300 InsO ein Vier-Stufen-Modell. Dabei gelten selbst wieder abgestufte Voraussetzungen. Eine verkürzte Verfahrensdauer wird dem Schuldner nur auf einen zusätzlichen, über den allgemeinen Restschuldbefreiungsantrag nach § 287 I 1 InsO hinausgehenden Antrag gewährt. Außerdem müssen stets die Verfahrenskosten berichtigt sein, womit eine Befriedigung aus der Masse oder durch Leistung Dritter gemeint ist.[89] Eine Erfüllung der sonstigen Masseverbindlichkeiten ist nur für die ersten beiden Stufen erforderlich. Die Insolvenzgläubiger müssen auf der ersten Stufe grds. vollkommen, auf der zweiten Stufe zu 35% und auf der dritten Stufe nicht befriedigt sein. Wie sonst auch, ist die Restschuldbefreiung unter der Voraussetzung eines zulässigen und begründeten Versagungsantrags zu versagen.

29 **b)** *Erste Stufe.* Nach § 300 I 2 Nr. 1 InsO kann dem Schuldner auf Antrag die Restschuldbefreiung sofort erteilt werden, wenn kein Insolvenzgläubiger eine Forderung angemeldet hat oder wenn die Forderungen der Insolvenzgläubiger befriedigt sind und der Schuldner die Verfahrenskosten und die sonstigen Masseverbindlichkeiten berichtigt hat. Damit wird die bisherige Praxis kodifiziert.[90]

30 **c)** *Zweite Stufe.* Vor allem aber kann der Schuldner gem. § 300 I 2 Nr. 2 InsO auf Antrag drei Jahre nach Beginn der Abtretungsfrist die Restschuldbefreiung erlangen, wenn dem Insolvenzverwalter oder Treuhänder innerhalb dieses Zeitraums ein Betrag zugeflossen ist, der eine Befriedigung der in das Schlussverzeichnis aufgenommenen oder ihnen gem. § 300 I 4 InsO gleichgestellten Forderungen der Insolvenzgläubiger in Höhe von mindestens 35% ermöglicht. Vorausgesetzt wird damit eine Befriedigung der Masseverbindlichkeiten. Zu berücksichtigen sind bei der Ermittlung der Quote nur die in das Schlussverzeichnis aufgenommenen Forderungen, § 300 I 3 InsO. Fehlt ein Schlussverzeichnis, so wird nach § 300 I 4 InsO eine Forderung berücksichtigt, die als festgestellt gilt oder deren Gläubiger entsprechend § 189 I InsO Feststellungsklage erhoben bzw. das Verfahren in einem früher anhängigen Rechtsstreit aufgenommen hat. Vorausgesetzt wird eine Berichtigung der Verfahrenskosten und sonstigen Masseverbindlichkeiten, da erst anschließend die Insolvenzforderungen befriedigt werden. Deswegen muss sich die Masse auf einen weitaus höheren Betrag als die 35% Quote belaufen. Dabei gilt vor allem bei einem noch nicht aufgehobenen Insolvenzverfahren der Grundsatz, je niedriger die Schuldsumme ist, desto ungünstiger fällt die Relation aus. Bei Forderungen von EUR 20000,– muss eine Masse in ungefähr gleicher Höhe erreicht werden.[91] Betragen die Forderungen EUR 40000,– sollen die erforderlichen Leistungen in einem noch nicht abgeschlossenen Insolvenzverfahren nach einer Berechnung einer Quote von bis zu 80% entsprechen. Bei einer Leistung in der Treuhandperiode soll der Betrag deutlich niedriger ausfallen und zu einer Quote von ca. 41% führen.[92] Selbst Drittmittel sollen in die Berechnung der Verwaltervergütung einbezogen werden.[93]

31 Die Regelung des § 300 I 2 Nr. 2 InsO bildet das Herzstück der verkürzten Verfahrensdauer. Obwohl von einigen Schuldnerberatern Bedenken gegen eine mögliche Ungleichbehandlung der Schuldner[94] und von Gläubigervertretern Vorbehalte gegen eine

---

[89] *Frind,* Praxishandbuch Privatinsolvenz, Rn. 839.
[90] BGH NZI 2005, 399 mit Anm. *Ahrens;* BGH NZI 2011, 947 Rn. 7; s.a. MüKoInsO/*Ehricke,* § 299 Rn. 4a; HK/*Streck,* § 299 Rn. 3.
[91] *Leipold,* ZInsO 2013, 2052f.
[92] *Grote,* Insbüro 2014, 47, 50.
[93] *Grote/Pape,* ZInsO 2013, 1433, 1435.
[94] S.a. *Beck,* ZVI 2012, 223, 233.

zu einfache Schuldbefreiung geäußert werden,[95] ist die verkürzte Verfahrensdauer gegen Zahlung einer Mindestquote als solche nicht schädlich.[96] Bedenken richten sich allerdings gegen die technische Ausgestaltung der konzipierten Regelung. Unklar ist, wie sich der Schuldner rechtzeitig über die Höhe der Verfahrenskosten informieren kann. Man wird ihm wohl einen durch die insolvenzgerichtliche Fürsorgepflicht gestützten Auskunftsanspruch gegen das Gericht zubilligen müssen. Der BGH hat zwar in einem Verfahren nach § 213 InsO erklärt, der Schuldner könne keine Festsetzung der Kosten beantragen. Zugleich hat der Senat aber für dieses Verfahren ausgeführt, der Schuldner sollte in Erfahrung bringen können, wie hoch der erforderliche Betrag ist, damit er geleistet und das Verfahren aufgehoben werden könne.[97] Diese Überlegungen sind auf das Verfahren nach § 300 InsO zu übertragen. Der Auskunftsanspruch muss rechtzeitig geltend gemacht und auf den Drei-Jahres-Termin bezogen sein. Dabei wird eine angemessene gerichtliche Prüfungsfrist zugrunde zu legen sein, auch um etwa Auskünfte über die Treuhänderkosten einholen zu können. Schwierig wird es, wenn das Gericht nicht rechtzeitig oder unzutreffend antwortet. Jedenfalls eine verspätete Information darf nicht zulasten des Schuldners gehen. Inwieweit dies auch für eine unzutreffende Antwort gelten kann, ist nicht ohne Weiteres zu beantworten, denn bei gravierenden Abweichungen ist offen, ob der Schuldner sonst die vorzeitige Restschuldbefreiung hätte erlangen können. Die Leistung eines Sicherheitszuschlags[98] belastet den Schuldner erheblich, wenn eine weitergehende Leistung uneingeschränkt in die Masse fällt.

Unklar ist auch, ob ein Schuldner, der nach Ablauf der dreijährigen Frist die Quote **32** erbringt, die Restschuldbefreiung beanspruchen kann. Der Wortlaut der geplanten Bestimmung stellt zwar auf die innerhalb des Zeitraums zugeflossenen Mittel ab. Die Teleologie weist aber auch aus, dass mindestens drei Jahre der Abtretungsfrist verstrichen sein müssen. Unter Anreiz- und Befriedigungsgesichtspunkten ist den Gläubigern aber gleichermaßen mit einer nach Fristablauf erfüllten Quote gedient. So sprechen gute Gründe für eine nachträgliche Erfüllungsmöglichkeit.[99]

Zu den ungewöhnlichen Regelungselementen gehört der in § 300 II InsO als Sach- **33** entscheidungsvoraussetzung verlangte Herkunftsnachweis. Danach ist der Antrag auf vorzeitige Erteilung der Restschuldbefreiung nach § 300 I Nr. 2 InsO nur zulässig, wenn Angaben über die Herkunft der Mittel gemacht werden. Außerdem muss der Schuldner die Richtigkeit und Vollständigkeit der Angaben versichern. Angelehnt an den Maßstab des § 174 II InsO sind plausible Angaben zur Herkunft der nicht von der Abtretungserklärung erfassten Mittel zu verlangen.[100] Bei Leistungen des Schuldners muss zu erkennen sein, ob die Mittel dem Insolvenzbeschlag unterlagen. Zu erklären hat sich nur der Schuldner. Bei Leistungen Dritter muss er den Dritten und den Rechtsgrund für dessen Leistung nennen. Angaben des Dritten über die Herkunft der Mittel können nicht verlangt werden, da dieser nicht durch das Restschuldbefreiungsverfahren gebunden ist.[101] Zudem könnte ein Kreditinstitut als Darlehensgeber kaum die Herkunft seiner Mittel darlegen. Auch könnte der Schuldner nicht die Richtigkeit und Vollständigkeit fremder Angaben versichern.

Sachlich ist der Herkunftsnachweis in mehrfacher Hinsicht beschränkt, denn er er- **34** streckt sich allein auf die nicht von der Abtretungserklärung erfassten Beträge. Dieser sachliche Bezug weist aus, dass der Herkunftsnachweis erst für die Leistungen nach

---

[95] *Jäger*, ZVI 2012, 142; *Köchling*, ZInsO 2013, 316, 317.
[96] Kritisch *Jäger*, ZVI 2012, 142; *ders.*, ZVI 2012, 177, 181 ff.
[97] BGH ZInsO 2013, 777 Rn. 3.
[98] So AGR/*Weinland*, § 300 nF Rn. 6.
[99] AA *Frind*, Praxishandbuch Privatinsolvenz, Rn. 845.
[100] Vgl. AGR/*Weinland*, § 300 nF Rn. 8.
[101] AA wohl *Grote/Pape*, ZInsO 2013, 1433, 1435 f.

Aufhebung des Insolvenzverfahrens zu führen ist. Ausschlaggebend ist aber der inhaltliche Unterschied zwischen § 300 I Nr. 2 und II 1 InsO. Während für die Befriedigungsquote sowohl die an den Insolvenzverwalter als auch den Treuhänder geflossenen Mittel zu berücksichtigen sind, ist der Herkunftsnachweis allein für die an den Treuhänder geflossenen Beträge zu berücksichtigen. Da der Insolvenzverwalter nicht genannt ist, kommt es nicht auf die Erträge im Insolvenzverfahren an. Dies ist sachgerecht, weil der Insolvenzverwalter während des Insolvenzverfahrens verwaltungs- und verfügungsbefugt ist, weswegen der Schuldner keine Erklärungen über die Herkunft der Mittel aus der Masse abgeben muss. Eine Erklärungspflicht könnte überhaupt nur hinsichtlich der darüber hinausgehenden Leistungen des Schuldners oder Dritter bestehen. Bei den Zahlungen während der Treuhandperiode ist zudem die Konkurrenz mit § 295 I Nr. 2 und 3 sowie § 296 II 2, 3 InsO zu beachten, deren weitergehende Anforderungen nicht verdrängt werden.

35   **d)** *Dritte Stufe.* Hat der Schuldner allein die Verfahrenskosten berichtigt, kann er gem. § 300 I 2 Nr. 3 InsO als dritte Option fünf Jahre nach Beginn der Abtretungsfrist die Restschuldbefreiung erreichen. Mit dieser Regelung wird zwar der Fiskus privilegiert, weil ihm für die Kostenstundung, nicht aber den Insolvenzgläubigern eine Befriedigung zugeflossen sein muss. Dies erscheint jedoch prinzipiell nachvollziehbar. Wenn fünf Jahre nach Beginn der Abtretungserklärung lediglich die Verfahrenskosten gedeckt sind, werden während der weiteren Verfahrensdauer kaum mehr als die zusätzlichen Kosten zu erwirtschaften sein. Anders sieht es dagegen aus, wenn der Schuldner inzwischen eine gewisse Quote erwirtschaftet hat. Auch dann erscheint aber die gesetzgeberische Entscheidung für ein fünfjähriges Restschuldbefreiungsverfahren immer noch gut vertretbar und verfassungsrechtlich unproblematisch. Eine Befriedigung der sonstigen Masseverbindlichkeiten wird nicht gefordert, wie die von § 300 I Nr. 2 InsO abweichende Regelung ausweist.

36   **e)** *Vierte Stufe.* Nicht vergessen werden darf schließlich der Schlusspunkt des Verfahrens. Wie bislang, ist die Restschuldbefreiung gem. § 300 I 1 InsO zu erteilen, wenn die Abtretungsfrist ohne vorzeitige Beendigung, also nach sechs Jahren, abgelaufen ist. Der erforderliche Antrag ist vom Schuldner mit der Einleitung des Restschuldbefreiungsverfahrens gestellt. Eine Leistung des Schuldners wird dabei nicht verlangt. Es müssen weder die Verfahrenskosten noch die sonstigen Masseverbindlichkeiten befriedigt werden.

37   **f)** *Verfahren.* § 300 II InsO stellt mit dem Herkunftsnachweis und der Erklärung über die Richtigkeit und Vollständigkeit der Angaben zwei besondere Sachentscheidungs- oder, abweichend formuliert, zwei Zulässigkeitsvoraussetzungen auf. Die Voraussetzungen nach § 300 I 2 Nr. 1–3 InsO muss der Schuldner gem. § 300 II 3 InsO glaubhaft machen. Anders als nach den §§ 290 II, 296 I 3 InsO stellt die Glaubhaftmachung keine Sachentscheidungsvoraussetzung dar, nach deren Erfüllung im Fall eines Bestreitens der volle Beweis zu führen ist. Vielmehr handelt es sich dabei um ein nach § 294 ZPO auf die überwiegende Wahrscheinlichkeit abgesenktes und durch besondere Beweismittel[102] zu erfüllendes besonderes Beweismaß.[103] § 290 I 1 InsO sieht nach Ablauf der Abtretungsfrist ohne vorzeitige Beendigung eine Anhörung der Insolvenzgläubiger, des Insolvenzverwalters oder Treuhänders und des Schuldners vor. Nicht geregelt ist eine Anhörung im Fall eines Antrags auf vorzeitige Erteilung der Restschuldbefreiung, doch müssen auch hier die Insolvenzgläubiger, der Insolvenzverwalter oder der Treuhänder angehört werden.

38   Erfüllt der Schuldner nicht die drei genannten Anforderungen, hat ihn das Gericht unter Fristsetzung zur Ergänzung aufzufordern. Sonst wird der Antrag als unzulässig verworfen oder im Fall der fehlenden Glaubhaftmachung als unbegründet abgewiesen.

---

[102] *Laroche/Pruskowski/Schöttler/Siebert/Vallender,* ZIP 2012, 558, 560.
[103] BT-Drucks. 17/11268 S. 31.

Eine Erteilung der Restschuldbefreiung ist nach § 300 III InsO bei einem Versagungsantrag eines Gläubigers unter den Voraussetzungen der §§ 290 I, 296 I, II 3, 297, 297a InsO oder auf Antrag des Treuhänders ausgeschlossen, wenn die Voraussetzungen des § 298 InsO vorliegen. Wird die Restschuldbefreiung erteilt, gelten die §§ 299, 300a InsO entsprechend. Gegen den Beschluss des Insolvenzgerichts steht dem Schuldner und jedem Insolvenzgläubiger, der bei der Anhörung nach § 300 I InsO die Versagung der Restschuldbefreiung beantragt oder der das Nichtvorliegen der Voraussetzungen einer vorzeitigen Restschuldbefreiung nach § 300 I Nr. 1 bis 3 InsO geltend gemacht hat, die sofortige Beschwerde zu.

2. Neuerwerb in asymmetrischen Verfahren, § 300a InsO. Mit seiner Leitentscheidung vom 3.12.2009[104] hat der BGH wesentliche Prinzipien zur Behandlung des Neuerwerbs in den sog. asymmetrischen Verfahren formuliert, in denen die Laufzeit der Abtretungserklärung vor Aufhebung des Insolvenzverfahrens abgelaufen ist. Ist die Laufzeit der Abtretungserklärung beendet und wird dem Schuldner im laufenden Insolvenzverfahren Restschuldbefreiung erteilt, entfällt danach der Insolvenzbeschlag für den Neuerwerb.[105] Dabei hat der Insolvenzverwalter den pfändbaren Neuerwerb bis zur rechtskräftigen Erteilung der Restschuldbefreiung einzuziehen und für die Masse zu sichern. Dieses Modell der Rechtsprechung übernimmt das Gesetz in § 300a I 1, II 1 InsO.[106] Eine folgerichtige Ausnahme sieht § 300a I 2 InsO für Vermögensbestandteile vor, die aufgrund einer Anfechtung des Insolvenzverwalters zur Insolvenzmasse zurückgewährt werden oder die infolge eines vom Insolvenzverwalter geführten Rechtsstreits oder durch Verwertungshandlungen zur Insolvenzmasse gehören.

Da der Insolvenzverwalter das Vermögen vereinnahmt und verwaltet, billigt ihm § 300a III InsO einen Kostenerstattungsanspruch gegen den Schuldner zu. Kostenstundung ist dafür nicht zu erlangen. So soll der Schuldner für die Verwaltung des ihm zustehenden Vermögens zahlen, obwohl ihm regelmäßig die späte Beendigung des Insolvenzverfahrens nicht anzulasten sein wird. Zusätzlich wird die Situation noch weiter belastet, weil der Schuldner keine Möglichkeit hat, eine alsbaldige gerichtliche Entscheidung über die Restschuldbefreiung zu erreichen.[107] Er soll die Vergütung entrichten, ohne Einfluss auf die Verwaltungsdauer und damit die Höhe der Zahlungen nehmen zu können. Zudem beinhaltet die Bestimmung des § 300a InsO über den Neuerwerb lediglich eine Teilregelung des gesamten Themenbereichs der asymmetrischen Verfahren, weswegen andere Fragen offenbleiben.

3. Zusätzliche Ausnahmen von der Restschuldbefreiung gem. § 302 Nr. 1 InsO. a) *Vorsätzlich pflichtwidrig nicht gewährter Unterhalt.* Nach § 302 Nr. 1 Alt. 2 InsO sind nunmehr auch Verbindlichkeiten aus rückständigem gesetzlichem Unterhalt, den der Schuldner vorsätzlich pflichtwidrig nicht gewährt hat, von der Restschuldbefreiung ausgenommen. Damit wird die Schwelle der Bereichsausnahme deutlich abgesenkt, denn die bislang geltende Privilegierung von Forderungen aus vorsätzlich begangenen unerlaubten Handlungen setzt für den Anspruch aus § 823 II BGB iVm § 170 StGB voraus, dass der Lebensbedarf des Unterhaltsberechtigten gefährdet ist oder ohne die Hilfe anderer gefährdet wäre.[108]

Diese zusätzliche Bereichsausnahme stärkt die Position der Unterhaltsgläubiger nicht wesentlich. Da die Ausnahme allein Insolvenzforderungen betrifft, muss die Forderung bei Eröffnung des Insolvenzverfahrens bestanden haben und wird deswegen regelmäßig

---

[104] BGHZ 183, 258 Rn. 30 ff.
[105] AGR/*Weinland*, § 300a nF Rn. 2.
[106] BT-Drucks. 17/11268 S. 31.
[107] BGH NZI 2010, 577.
[108] OLG Celle NJW-RR 2013, 614 Rn. 26.

§ 80 Kapitel IV. Restschuldbefreiung

älter als sechs Jahre sein. In allen kritischen Fällen werden öffentliche Leistungsträger gezahlt haben, auf die der Anspruch im Wege der Legalzession übergeht, § 7 UVG, § 37 BAföG, § 33 SGB II, § 72 SGB III, § 95 SGB VIII und § 94 SGB XII. Deswegen dient die geplante Novelle vor allem dem Interesse der öffentlichen Haushalte und fügt sich in eine gesetzgeberische Landschaft ein, die auf einen verstärkten Regress bei Unterhaltsvorschussleistungen abzielt.[109]

43 **b)** *Ansprüche aus Steuerschuldverhältnissen bei Verurteilung.* Von der Restschuldbefreiung ausgenommen sind nach § 302 Nr. 2 Alt. 3 InsO auch Ansprüche aus einem Steuerschuldverhältnis, sofern der Schuldner im Zusammenhang damit wegen einer Steuerstraftat nach den §§ 370, 373, 374 AO rechtskräftig verurteilt worden ist. Bei dieser Regelung besteht kein Zweifel daran, dass es sich um ein Fiskusprivileg handelt. Zudem erweitert die Formulierung der im Zusammenhang mit der Steuerstraftat stehenden Verbindlichkeiten den Anwendungsbereich.

44 **c)** *Anmeldung und Belehrung.* Die Anmeldung der privilegierten Forderung durch den Gläubiger und die Belehrungspflicht des Insolvenzgerichts folgt den bekannten Mustern. Der Gläubiger muss die Forderung nach § 174 II InsO unter Nennung des Schuldgrunds der vorsätzlich pflichtwidrigen Verletzung einer gesetzlichen Unterhaltspflicht oder einer Steuerstraftat des Schuldners nach den §§ 370, 373, 374 AO anmelden. Dabei soll die Rechtskraft der Verurteilung später eintreten können.[110] Im Übrigen gelten dafür die allgemeinen Maßstäbe. Auf die Rechtsfolgen und die Möglichkeit eines Widerspruchs hiergegen muss der Schuldner nach § 175 II InsO hingewiesen werden.

45 **4. Erweiterte Widerrufsmöglichkeit, § 303 InsO.** In einem das verschärfte System der Versagungsregeln ergänzenden Schritt werden auch die Widerrufstatbestände des § 303 InsO erweitert.[111] Über den bisher schon möglichen Widerruf bei einer vorsätzlichen Obliegenheitsverletzung, § 303 I Nr. 1 InsO, sind zusätzlich Widerrufsmöglichkeiten bei einer strafrechtlichen Verurteilung nach Maßgabe von § 297 InsO, § 303 I Nr. 2 InsO, und bei einer Verletzung von Auskunfts- und Mitwirkungspflichten nach Erteilung der Restschuldbefreiung eröffnet, § 303 I Nr. 3 InsO. Diese letzte Regelung ist auf die sog. asymmetrischen Verfahren bezogen.

46 **5. Eintragung in das Schuldnerverzeichnis, § 303a InsO.** Der Schuldner wird in das Schuldnerverzeichnis nach § 882b ZPO eingetragen, wenn die Restschuldbefreiung nach den §§ 290, 296, 297, 297a oder 300 II InsO versagt bzw. gem. § 303 InsO widerrufen worden ist. Die Erteilung der Restschuldbefreiung wird als dem Schuldner günstige Tatsache zwar nicht eingetragen. Problematisch ist aber die Speicherung der erteilten Restschuldbefreiung, etwa durch die Schufa, vgl. § 35 II Nr. 4 BDSG.[112]

§ 80. Internationale Regelungen zur Restschuldbefreiung

Übersicht

	Rn.
I. Einführung	1
II. England und Wales	4
1. Bankruptcy-Verfahren	4
2. Discharge	9
3. Alternativen zur discharge nach dem bankruptcy-Verfahren	14

---

[109] Ausführlich *Ahrens*, ZVI 2012, 122.
[110] BT-Drucks. 17/11268 S. 32; AGR/*Weinland*, § 302 nF Rn. 4.
[111] Kritisch *Grote/Pape*, ZInsO 2012, 409, 417.
[112] *Grote/Pape*, ZInsO 2012, 1913, 1921; *Henning*, ZVI 2014, 7, 14.

	Rn.
III. USA	19
1. Verfahrensarten	19
2. Voraussetzungen der discharge	20
3. Discharge	23
IV. Frankreich	28
1. Anwendungsbereich	28
2. Verfahren	29
3. Schuldbefreiung	32
V. Anerkennung ausländischer Restschuldbefreiungen	34
1. Europäische Regelungen	34
2. Anerkennung der Entscheidungen aus Drittstaaten	36

I. Einführung

Im Kreuzungspunkt der internationalen Entwicklungen zur Insolvenz natürlicher Personen öffnete sich die deutsche Rechtspolitik und Gesetzgebung zunächst nur sehr zögerlich dem Gedanken einer gesetzlichen Schuldbefreiung. Exemplarisch dafür steht die Haltung der Kommission für Insolvenzrecht, die in ihrem zweiten Bericht ausdrücklich eine Restschuldbefreiung nach angloamerikanischem Vorbild abgelehnt hat. Darüber hinaus ließ sie sogar offen, ob materiellrechtliche oder einzelvollstreckungsrechtliche Maßnahmen zur Schuldenbereinigung eingeführt werden sollen.[1] Diese Zurückhaltung ist auch heute noch bei den im internationalen Vergleich durchaus strengen Voraussetzungen für eine Restschuldbefreiung[2] und den im Gesetz zur Verkürzung des Restschuldbefreiungsverfahrens und zur Stärkung der Gläubigerrechte vom 15.7.2013[3] in vieler Hinsicht verschärften Anforderungen zu erkennen. **1**

Eine wichtige Quelle der modernen Strömungen zur insolvenzrechtlichen Schuldbefreiung bildet die nachhaltige Reform des US-amerikanischen Insolvenzrechts.[4] Ausgehend vom Bankruptcy Reform Act 1978 setzte in vielen Industriestaaten westlichen Typs eine Diskussion über einen gerechten Ausgleich zwischen dem Gläubigerschutz und den einzel- sowie gesamtwirtschaftlichen Interessen an einem *fresh start* des Schuldners ein. Als Folge wird in vielen westeuropäischen Rechtsordnungen inzwischen die Restschuldbefreiung als legitimes Ziel von Insolvenzverfahren angesehen.[5] Die jüngere internationale Entwicklung verläuft dabei durchaus uneinheitlich. Während das amerikanische Bundesrecht und das elsass-lothringische Recht von den zunächst extrem schuldnerfreundlichen Ausgestaltungen zu etwas moderateren Regelungen zurückgekehrt sind, wurden im englischen Recht die Hürden der *discharge* weiter abgebaut.[6] **2**

Welchen Abstand die deutschen Regelungen zu anderen Rechtsordnungen aufweisen, zeigt sich bei der auch für die Privatinsolvenz zu führenden Diskussion um den Insolvenzstandort Deutschland. Im Wettbewerb der Rechtsordnungen über ein Privatinsolvenzrecht nimmt Deutschland jedenfalls keine führende Position ein. Ein besonderes Phänomen bildet der nicht selten propagierte Weg in die englische *discharge*.[7] Verstärkt wurde die öffentliche Wahrnehmung durch einige Schlagworte, wie die Restschuldbefreiung nach zwölf Monaten, die auf ein zügiges Verfahren hinweisen. Ob dieser Insolvenzflucht über den Kanal größere rechtstatsächliche Bedeutung zukommt, **3**

---

[1] Zweiter Bericht der Kommission für Insolvenzrecht, Leitsatz 6.3, S. 162 ff.
[2] Die BT-Drucks. 17/11268 S. 14, spricht von der im europäischen Vergleich verhältnismäßig langen Dauer des Restschuldbefreiungsverfahrens in Deutschland.
[3] BGBl. I, 2379.
[4] MüKoInsO/*Ehricke*, vor §§ 286 bis 303 Rn. 5.
[5] FK/*Kohte*, Vor §§ 286 ff. Rn. 18 ff., 32.
[6] Vgl. *Renger*, Wege zur Restschuldbefreiung, S. 104.
[7] Vgl. zu den Problemen *Dimmling*, ZInsO 2007, 1198; *Hergenröder/Alsmann*, ZVI 2007, 337.

muss hier offenbleiben. Bei allen Erleichterungen der *discharge* im englischen Insolvenzrecht sind aber wohl auch manche Verfahrenshindernisse zu erkennen.

II. England und Wales

1. Bankruptcy-Verfahren. Die Grundlagen der geltenden *discharge* für England und Wales sind im Insolvency Act von 1986 (IA 1986) normiert, der durch den Enterprise Act 2002 sowie den Tribunals, Courts and Enforcement Act 2007 modifiziert und reformiert wurde. Sie ist für jeden *debtor* eröffnet, gleich ob er kaufmännisch oder nicht kaufmännisch tätig ist, gegen den eine einklagbare Forderung besteht.[8] Um eine gerichtliche *discharge* zu erlangen, muss der Schuldner das *bankruptcy*-Verfahren nach den ss. 264 ff. IA 1986 absolvieren. Für das Verfahren sind der Londoner *High Court* und die jeweiligen *county courts* mit *bankruptcy jurisdiction* zuständig, vgl. s. 373 (1), (3) IA 1986.[9] Die örtliche Zuständigkeit richtet sich grds. danach, wo der Schuldner überwiegend in den letzten sechs Monaten vor der Antragstellung wohnhaft war.[10]

Antragsberechtigt sind der *bankrupt* gemäß s. 264 (1)(b) IA 1986 sowie gegebenenfalls die Gläubiger. Der Schuldner muss gemäß rr. 6.38, 6.39 Insolvency Rules 1986 (IR 1986) eine Vermögens- und Forderungsübersicht sowie alle zur Verfahrensdurchführung erforderlichen Informationen vorlegen. Gläubiger sind gemäß den ss. 264 (1)(a), 267 (2)(a), (4) IA 1986 antragsbefugt, falls ihre Forderungen den *bankruptcy level* von gegenwärtig £ 750,- erreichen, doch können sie sich zusammenschließen, um auf diese Mindestsumme zu kommen.[11] Als weitere Verfahrensvoraussetzung muss ein Insolvenzgrund vorliegen, der entsprechend ss. 267 (2)(c), 272 (1) IA 1986 für den Schuldner bei einer *inability to pay his debts* besteht, also wenn er zahlungsunfähig ist. Im Unterschied zum deutschen Recht, § 18 I InsO, berechtigt drohende Zahlungsunfähigkeit nur die Gläubiger zur Antragstellung. Die Gläubiger können die Zahlungsunfähigkeit durch eine förmliche Zahlungsaufforderung *(statutory demand)* oder einen erfolglosen Vollstreckungsversuch *(unsatisfied execution)* nachweisen.[12] Es entsteht eine *court fee* von £ 175,- und eine *admin-fee* von £ 525,-.[13]

Sodann bestimmt das Gericht einen Termin *(hearing)*, in dem es über die Eröffnung des Insolvenzverfahrens verhandelt. Da das Insolvenzverfahren nur *ultima ratio* sein soll, liegt es im Ermessen des Gerichts, ob ein Eröffnungsbeschluss ergeht, vgl. ss. 264 (2), 266 (3) und 271 (3) IA 1986. Das Gericht kann aber eine *bankruptcy order* erlassen, wenn es von der Zahlungsunfähigkeit des Schuldners überzeugt ist.[14] Mit der Verfahrenseröffnung bestimmt das Gericht den *official receiver*. Er verwaltet bis zur Einsetzung des *trustee* die Insolvenzmasse *(bankrupt's estate)*. Der *trustee* wird in einer vom *official receiver* einberufenen Gläubigerversammlung ernannt, s. 292 (1)(a) IA 1986. Für dieses Amt kommen nur der *official receiver* oder ein privater Insolvenzverwalter in Betracht, s. 292 (2) IA 1986. Auf den ernannten *trustee* geht automatisch die Verfügungsgewalt über die Masse über, s. 306 (2) IA 1986.

Bei Kleininsolvenzverfahren, in denen die Schulden £ 20000,- nicht überschreiten oder die Masse nicht mehr als £ 2000,- beträgt, empfiehlt s. 273 (2) IA 1986 zuvor eine Lösung durch ein *individual voluntary arrangement* anzustreben. Nach s. 274A IA 1986 soll das Gericht zudem vor Erlass der *bankruptcy order* prüfen, ob eine *debt relief order* in Betracht zu ziehen ist. Anerkannt, wenn auch gesetzlich nicht geregelt, ist die

---

[8] *Fletcher*, The Law of Insolvency, 4th Edition, 2009, Rn. 5–004.
[9] *Priebe*, ZInsO 2012, 2074, 2077.
[10] *Renger*, Wege zur Restschuldbefreiung, S. 57.
[11] *Renger*, Wege zur Restschuldbefreiung, S. 60.
[12] *Renger*, Wege zur Restschuldbefreiung, S. 62f.
[13] *Priebe*, ZInsO 2012, 2074, 2077.
[14] *Dennis*, Insolvency Law Handbook, 2nd Edition, 2007, S. 176.

Ablehnung der Verfahrenseröffnung mangels Masse.[15] Liegen die Voraussetzungen vor, beginnt mit dem Erlass des Eröffnungsbeschlusses das Insolvenzverfahren, s. 278 (a) IA 1986.

Das Verfahren ist beendet, wenn die *bankruptcy order* aufgehoben wird oder die *discharge* eingetreten ist. Das Gericht kann mit einer in sein Ermessen gestellten Entscheidung die *bankruptcy order* gemäß s. 282 (1)(a) IA 1986 aufheben, falls die Verfahrensvoraussetzungen beim Eröffnungsbeschluss nicht vorlagen oder der Schuldner seine Schulden befriedigt bzw. ausreichende Sicherheiten bereitgestellt hat, s. 282 (1)(b) IA 1986. Mit der Aufhebung wird fingiert, dass das Insolvenzverfahren nie stattgefunden habe. Es kann dann erneut eine Einzelzwangsvollstreckung erfolgen.[16] Neben der Annullierung ist auch der Widerruf *(rescission)* der *bankruptcy order* nach s. 375 (1) IA 1986 möglich, allerdings nicht, um die strengeren Voraussetzungen des *annullment* nach s. 282 IA 1986 zu umgehen.[17] Im Übrigen kann das Verfahren auch durch *discharge* beendet werden, s. 278 (b) IA 1986. In diesem Fall bleibt der Insolvenzverwalter *(trustee)* im Amt, bis er die Vermögensverwertung und -verteilung abgeschlossen hat, s. 281 (1) IA 1986.

2. Discharge. Ganz im Vordergrund steht die schuldbefreiende Wirkung der *discharge*. Durch die zugleich eintretende verfahrensabschließende Folge wird der Schuldner aus den Einschränkungen des Insolvenzverfahrens entlassen.[18] Während des Insolvenzverfahrens ist ihm der Zugang zu einigen Berufen versperrt. So ist ihm eine Tätigkeit als Schuldirektor, reg. 6 (1) Education (School Government) Regulations 1989, oder als *Solicitor* während des Insolvenzverfahrens untersagt, ss. 12, 15 (1) Solicitors Act 1974.[19]

Seit dem Insolvency Act 1976 erfolgt eine *automatic discharge* ohne Antrag, allein nach Ablauf einer gewissen Verfahrensdauer. Früher konnte bei der *criminal bankruptcy* eine antragsabhängige, ss. 279 (6), 280 (1) IA 1986, *discharge by order of the court* erteilt werden. Da die *criminal bankruptcy* mit s. 101 Criminal Justice Act 1988 am 3. April 1989 aufgehoben wurde, existieren nur noch einige sachlich bedeutungslose Restverfahren.[20] Die *discharge* erfolgt in der flexibel ausgestalteten gesetzlichen Grundfrist von einem Jahr nach Beginn des Insolvenzverfahrens, s. 279 (1) IA 1986.[21] Sind die Vermögensverhältnisse des Schuldners bereits zuvor durch den *official receiver* geklärt, kann auf dessen Antrag die *discharge* früher erteilt werden, s. 279 (2) IA 1986.[22] Gewöhnlich wird die *discharge* bereits nach sechs Monaten gewährt.[23] Auf Antrag des *official receiver* oder des *trustee* gemäß s. 279 (3) IA 1986 kann die *discharge period* ausgesetzt werden.[24] Der Antrag auf Unterbrechung ist zu begründen, r. 6.215 (2) IR 1986, etwa mit einer mangelnden Kooperationsbereitschaft des Schuldners, doch ist nur sein Verhalten während des Insolvenzverfahrens zu berücksichtigen.

Durch die *discharge* wird der *debtor* von seinen Schulden befreit. Die vermögensrechtlichen Folgen der *discharge* sind in s. 281 IA 1986 geregelt. Ist die Verwertung der Insol-

---

[15] *Re Robinson, ex parte Robinson*, (1883) L.R. 22 Ch.D. 816; *Re Otway, ex parte Otway*, (1895) 1 Q.B. 812.
[16] *Fletcher*, The Law of Insolvency, 4th Edition, 2009, Rn. 11–045.
[17] *Inland Revenue Commissioners v. Robinson*, (1999) B.P.R. 329.
[18] *Dennis*, Insolvency Law Handbook, 2nd Edition, 2007, S. 252; *Keay/Walton*, Insolvency Law, Corporate and Personal, 2nd Edition, 2008, S. 370; aber *Priebe*, ZInsO 2012, 2074, 2079.
[19] Weitere Beispiele bei *Zilkens*, Die discharge in der englischen Privatinsolvenz, S. 82 f.
[20] *Fletcher*, The Law of Insolvency, 4th Edition, 2009, Rn. 11-008; *Shaw Miller/Bailey*, Personal Insolvency Law and Practice, 4th Edition, 2008, Rn. 12.22.
[21] *Renger*, Wege zur Restschuldbefreiung, S. 104.
[22] *Mehring*, ZInsO 2012, 1247.
[23] *Davies*, Insolvency and the Act 2002, 1st Edition, 2003, Rn. 14.1; *Dennis*, Insolvency Law Handbook, 2nd Edition, 2008, S. 244.
[24] *Renger*, Wege zur Restschuldbefreiung, S. 107.

venzmasse zu diesem Zeitpunkt noch nicht abgeschlossen, wird sie nach s. 281 (1) IA 1986 uneingeschränkt fortgeführt. Forderungen können bis zur Schlussverteilung angemeldet werden. Befreit wird der Schuldner von allen *bankruptcy debts*. Dieser Begriff ist in s. 382 (1) IA 1986 legaldefiniert und umfasst alle Forderungen, die zum Zeitpunkt der Eröffnung des Insolvenzverfahrens bereits angelegt waren, sowie die vor der Verfahrenseröffnung entstandenen Zinsen.[25] Gesicherte Gläubiger werden gemäß s. 281 (2) IA 1986 von der Restschuldbefreiung nicht betroffen. Verpflichtungen im Zusammenhang mit den Vermögensstraftaten Betrug und Unterschlagung werden nicht vom *effect of discharge* erfasst, s. 281 (3) IA 1986. Bußgelder und sonstige hoheitlich angeordnete Strafzahlungen gegen den Schuldner bleiben gemäß s. 281 (4) IA 1986 ebenfalls bestehen. Teilweise kann auch das Insolvenzgericht darüber entscheiden, in welchem Umfang einzelne Schulden von der *discharge* betroffen werden, s. 281 (5) IA 1986, etwa bei Schadenersatzansprüchen wegen Körperverletzung. Welche Folgen die *discharge* für die von ihr betroffenen Forderungen hat, ist gesetzlich nicht geregelt. Die Forderungen erlöschen aber nicht, wie teilweise angenommen wird,[26] sondern sind nicht mehr durchsetzbar.[27] Das Klagerecht *(right of action)* des Gläubigers geht unter.[28] Sonst könnten sie nicht mehr im Anschluss an eine *discharge* beim *trustee* angemeldet werden.

12 Die *discharge* tritt grundsätzlich automatisch und bedingungslos ein. Auf Antrag des *trustees* kann aber das Gericht eine *Income Payments Order (IPO)* erlassen, s. 310 (1) IA 1986. Erzielt der Schuldner ein Einkommen – eine Erwerbsobliegenheit besteht allerdings nicht – kann das Gericht die teilweise Verwendung des Einkommens zur Gläubigerbefriedigung anordnen. Allerdings muss dem Schuldner der einzelfallabhängig zu bestimmende angemessene Lebensunterhalt verbleiben, s. 310 (2) IA 1986.[29] Als Alternative zu den gerichtlich angeordneten *IPOs* wurde 2004 mit dem Enterprise Act 2002 das *Income Payments Arrangement (IPA)* im Insolvency Act 1986 normiert. Mit ihm wird ein privatrechtlicher Vertrag zwischen Schuldner und *official receiver* oder *trustee* geschlossen, der inhaltlich mit einer *IPO* identisch ist (s. 310A IA 1986). Durch diesen freiwilligen Verzicht auf einen Teil des Einkommens können die bei der *IPO* anfallenden Gerichtskosten vermieden werden. In der Praxis hat sich diese Variante durchgesetzt, denn der prozentuale Anteil der *IPAs* im Vergleich zu den *IPOs* soll 2006 bereits 99,28 % betragen haben.[30]

13 Seit dem Enterprise Act 2002 wird zwischen *culpable* und *non-culpable bankrupts* unterschieden. *Non-culpable bankrupts* sollen schnellstmöglich in den Wirtschaftskreislauf reintegriert werden. Ohne vom Grundsatz der *automatic discharge* abzuweichen, werden *culpable bankrupts* deutlich strenger behandelt. Gesteuert wird dies über die *Bankruptcy Restrictions Orders (BRO)* oder die freiwilligen *Bankruptcy Restrictions Undertakings (BRU)*, s. 281A iVm sched. 4A IA 1986 und rr. 6.240-6.244 IR 1986, mit denen Gerichtskosten gespart werden können. Mit den *Bankruptcy Restrictions* soll die Allgemeinheit vor dem Schuldner geschützt und eine Generalprävention erreicht werden.[31] *BROs* werden auf Antrag, sched. 4A, para. 1, (2) IA 1986, vom Insolvenzgericht erlassen, sched. 4A, para. 1 (1) IA 1986. Eine *BRO* ist im Rahmen des gerichtlichen Beurteilungsspielraums zu erlassen, wenn dies angesichts des Verhaltens des Schuldners angemessen *(appropriate)* erscheint, sched. 4A, para. 2 (1) IA 1986. Leitlinien ergeben sich aus den 13 in

---

[25] *Renger*, Wege zur Restschuldbefreiung, S. 111.
[26] *Schulte*, Die europäische Restschuldbefreiung, S. 57.
[27] *Shaw Miller/Bailey*, Personal Insolvency, 4th Edition, 2008, Rn. 12.35; *Fletcher*, The Law of Insolvency, 4th Edition, 2009, Rn. 11–016.
[28] *Mehring*, ZInsO 2012, 1247.
[29] *Shaw Miller/Bailey*, Personal Insolvency, 4th Edition, 2008, Rn. 14.174; *Fletcher*, The Law of Insolvency, 4th Edition, 2009, Rn. 8–044.
[30] Vgl. *Dennis*, Insolvency Law Handbook, 2nd Edition, 2007, S. 333, Table 10.1.
[31] *Jenkins v. Official Receiver*, (2007) B.P.I.R. 740 (Rn. 15).

sched. 4A, para. 2 (2) IA 1986 genannten Regelbeispielen. So soll das Gericht insbesondere berücksichtigen, ob der Schuldner seine Zahlungsunfähigkeit durch Glücksspiel oder unverhältnismäßige Luxusausgaben wesentlich mit herbeigeführt oder seine finanzielle Lage dadurch noch verschlimmert hat, vgl. sched. 4A, para. 2 (2)(j) IA 1986. Durch die *bankruptcy restrictions* können dem Schuldner für einen Zeitraum von zwei bis fünfzehn Jahren nach der *discharge,* sched. 4A, para. 4 (2) IA 1986, Beschränkungen auferlegt werden. Normiert sind diese Restriktionen im Zusammenhang mit der jeweils betroffenen Materie.[32] So muss der Schuldner gemäß s. 360 (1)(a), (5) IA 1986 eine *BRO* offenlegen, wenn er einen Kredit von £ 500,–[33] oder mehr beantragen will. Auch die Leitung eines Unternehmens ist ihm grundsätzlich untersagt, s. 11 (1)(b) Company Directors Disqualification Act 1986. Das Insolvenzgericht kann den Eröffnungsbeschluss und damit die Wirkung der *discharge* annullieren, wenn die Voraussetzungen für die Eröffnung des Verfahrens nicht vorlagen, s. 282 (1a) IA 1986.[34] Eine der deutschen Rechtskraft gerichtlicher Entscheidungen entsprechende Wirkung besteht insoweit nicht.

3. Alternativen zur discharge nach dem bankruptcy-Verfahren. Anstelle der ein *bankruptcy*-Verfahren abschließenden *discharge* sind dem Schuldner in England noch andere Wege eröffnet, um von seinen Schulden befreit zu werden. Mit der *County Court Administration Order (CCAO)* kann der Schuldner ein antragsabhängiges gerichtliches Schuldenbereinigungsverfahren durchführen lassen.[35] Das Schuldnervermögen wird dabei nicht vollständig, sondern nur in dem Umfang liquidiert, den das Gericht für sinnvoll hält.[36] Unter den Anwendungsbereich der *CCAO* fallen nur Schuldner, deren Schulden das *county court limit* von derzeit £ 5000,– nicht überschreiten.[37] Außerdem muss ein Urteil ergangen sein, welches der Schuldner nicht bedienen kann, vgl. s. 112 (1) (a) County Courts Act 1984 (CCA 1984). Schließlich ist ein Einkommen erforderlich, aus dem die Gläubiger befriedigt werden können.[38]

Welcher Zahlungsplan aufgestellt wird, liegt im Ermessen des Gerichts, vgl. s. 112 (6) CCA 1984. Da keine gesetzlichen Höchstfristen geregelt sind, werden oft sehr lange Laufzeiten bestimmt.[39] Während der Laufzeit der *CCAO* wird dem Schuldner grundsätzlich Vollstreckungsschutz gewährt, s. 114 (1) CCA 1984. Ist die *CCAO* erfolgreich erfüllt, wird der Schuldner gemäß s. 117 (1)(a) CCA 1984 von den im Gläubigerverzeichnis aufgezählten Forderungen befreit. Allerdings kann der Schuldner einzelne Gläubiger von den Wirkungen der *CCAO* ausnehmen, indem er sie nicht im Gläubigerverzeichnis aufführt.[40] Bedenklich ist ein solches Vorgehen vor allem, wenn es auf Druck des Gläubigers geschehen kann. Kritisch erscheinen auch die langen Laufzeiten und die niedrige Schuldenhöchstsumme von £ 5000,–.[41] Deswegen wird mittlerweile diskutiert, ob diese Grenze nicht auf £ 15000,– angehoben werden sollte.[42] Die durch den Tribunals, Court and Enforcement Act 2007 vorgesehenen, bislang jedoch noch

---

[32] Dazu *Priebe,* ZInsO 2012, 2074, 2079.
[33] Vgl. Insolvency Proceedings (Monetary Limits) (Amendment) Order 2004 (S. I. 2004/547).
[34] *Goslar,* NZI 2012, 912, 915; *Priebe,* ZInsO 2012, 2074, 2081.
[35] *Renger,* Wege zur Restschuldbefreiung, S. 29 ff.
[36] *Hergenröder/Alsmann,* ZVI 2007, 337, 341.
[37] *Dennis,* Insolvency Law Handbook, 2nd Edition, 2007, S. 87.
[38] *Schulte,* Die europäische Restschuldbefreiung, S. 40.
[39] *Ramsay,* in: *Niemi-Kiesiläinen/Ramsay/Whitford,* Consumer Bankruptcy in Global Perspective, 1st Edition, 2003, 205, 213, nennt für das Jahr 2003 Laufzeiten von sechs bis sieben Jahren.
[40] *Balz,* ZRP 1986, 12, 14; *Forsblad,* Restschuldbefreiung und Verbraucherinsolvenz im künftigen deutschen Insolvenzrecht, S. 103.
[41] *Ramsay,* in: *Niemi-Kiesiläinen/Ramsay/Whitford,* Consumer Bankruptcy in Global Perspective, 1st Edition, 2003, 205, 213.
[42] *Dennis,* Insolvency Law Handbook, 2nd Edition, 2007, 472.

nicht umgesetzten Änderungen des County Court Act 1984 sehen in s. 112K (5) vor, dass die Maximallaufzeit der *CCAO* auf fünf Jahre begrenzt wird.[43]

16   Keine echte Alternative bietet dagegen die Schuldenbereinigung in einem *deed of arrangement*. Dabei handelt es sich um eine gesetzlich geregelte Vergleichsmöglichkeit aus dem *Deeds of Arrangement Act 1914*. Allerdings ist der danach abgeschlossene Vergleich nur für die zustimmenden Gläubiger bindend, während die anderen weiterhin einen Insolvenzantrag stellen können. Deswegen ist der *deed of arrangement* praktisch bedeutungslos.[44] Mit dem *debt management scheme* soll es dem Schuldner in ss. 109 ff. Tribunals, Courts and Enforcement Act 2007 ermöglicht werden, sich durch einen amtlich zugelassenen Berater einen für alle Seiten verbindlichen Zahlungsplan erstellen zu lassen. Die Einzelheiten sind hier aber noch regelungsbedürftig. Auch ist nicht absehbar, wann dieses Verfahren umgesetzt wird.

17   Auch das *Individual Voluntary Arrangement (IVA)* nach den ss. 252 ff. IA 1986 eröffnet eine Schuldenbereinigung.[45] Danach können durch eine *composition,* die einem Vergleich nach deutschem Recht entspricht, oder durch einen *scheme of arrangement*[46] die Schulden privatautonom reguliert werden. Letzteres ist in verschiedener Weise möglich, erfolgt aber regelmäßig durch die Übertragung des gesamten Schuldnervermögens auf einen *supervisor,* der anschließend die Gläubiger aus einem *trust* befriedigt, s. 253 (1) IA 1986.[47] Das *IVA* wird mit Dreiviertelmehrheit angenommen, r. 5.23 (1) IR 1986, bindet aber alle Gläubiger, sogar die nicht am Verfahren beteiligten, aber dazu berechtigten, s. 260 (2)(b) IA 1986. Während seiner Dauer darf kein Insolvenzverfahren eingeleitet werden, s. 276 (1)(a) IA 1986.[48]

18   Seit dem 6. April 2009 existiert mit der *Debt Relief Order (DRO)* aus den ss. 251A ff. IA 1986 ein vereinfachtes Insolvenzverfahren für mittellose Schuldner.[49] Zulässig ist dieses Verfahren für Personen, deren Eigenvermögen £ 300,– nicht übersteigt und die aus ihrem Einkommen nach Abzug der angemessenen Lebenshaltungskosten mindestens £ 50,– zur Gläubigerbefriedigung leisten können. Außerdem dürfen die Schulden £ 15 000,– nicht übersteigen, sched. 4 ZA, para. 6–8 IA 1986 iVm *The Insolvency Proceedings (Monetary Limits) Order 1986*. Eine Vermögensverwertung ist in diesem Verfahren nicht vorgesehen. Antragsberechtigt ist nicht der Schuldner, sondern allein ein *approved intermediary,* r. 5A. 5 IR 1986, der den Antrag online stellen muss, r. 5A. 4 IR 1986. Auf einen erfolgreichen Antrag dürfen während der einjährigen Laufzeit weder Vollstreckungsmaßnahmen erfolgen noch ein Insolvenzverfahren eingeleitet werden, s. 251G IA 1986. Nach Jahresfrist wird der Schuldner ähnlich der *discharge* nach dem *bankruptcy*-Verfahren von seinen Schulden befreit, s. 251I (1) IA 1986.

III. USA

19   **1. Verfahrensarten.** Natürlichen Personen stehen nach dem US-amerikanischen Bundesrecht verschiedene Verfahren zur Restschuldbefreiung offen, die in dem mehrfach veränderten *Bankruptcy Reform Act* von 1978 geregelt sind. Im *Chapter-*7*-Verfahren* gemäß 11 USC §§ 701 ff. (*liquidation* oder auch *straight bankruptcy*) wird das Schuldnervermögen von einem *trustee* veräußert und der Erlös an die Gläubiger verteilt. Natürlichen Personen werden anschließend noch verbleibende Schulden grundsätzlich erlassen, 11 USC § 727 (a)(1). Zukünftiges Vermögen verbleibt dem Schuldner.[50] Das als Reor-

---

[43] Vgl. auch *Schönen,* ZVI 2009, 229, 233.
[44] Zum *deed of arrangement*: MüKoInsO/*Ehricke,* vor §§ 286 bis 303 Rn. 74.
[45] *Renger,* Wege zur Restschuldbefreiung, S. 38 ff.
[46] Dazu *Maier,* NZI 2011, 305, 306.
[47] *Schulte,* Die europäische Restschuldbefreiung, S. 38.
[48] Zum IVA-Verfahren: *Keay/Walton,* Insolvency Law, Corporate and Personal, Chapter 9, 175 ff.
[49] *Renger,* Wege zur Restschuldbefreiung, S. 42 ff.
[50] *Meyer/Duckstein,* Die US-amerikanische Insolvenzrechtsreform von 2005, ZIP 2006, 935 (936).

ganisationsverfahren ausgestaltete *Chapter-11*-Verfahren, 11 USC §§ 1101 ff., kann als Insolvenzplanverfahren verstanden werden.[51] Es zielt hauptsächlich auf die Reorganisation von Unternehmen, kommt aber auch für natürliche Personen, wie Kaufleute und Freiberufler, in Betracht,[52] von denen es aber nur in Ausnahmefällen gewählt wird.[53] Im *Chapter-11*-Verfahren erfolgt regelmäßig eine Eigenverwaltung durch den Schuldner.[54] Mit dem *Chapter-13*-Verfahren (Schuldenregulierungsverfahren) nach 11 USC §§ 1301 ff. kann der Schuldner die Liquidierung seines Vermögens vermeiden. Anders als bei den Verfahren nach *Chapter 7* und *11* ist das Verfahren nach *Chapter 13* gem. 11 USC § 109 (e) auf natürliche Personen beschränkt, deren ungesicherte Schulden den Wert von $ 360 475,– nicht übersteigen. Die gesicherten Verbindlichkeiten dürfen nicht mehr als $ 1 081 400,– betragen. Eine vollständige Vermögensliquidierung wie nach *Chapter 7* erfolgt nicht, denn die Schulden sollen aus dem künftigen Einkommen getilgt werden.[55] Der aufzustellende Plan muss eine Laufzeit zwischen drei und fünf Jahren haben, 11 USC § 1322 (d).[56] *Chapter-12*-Verfahren gemäß 11 USC §§ 1201 ff. sind spezielle Schuldenregulierungsverfahren, die auf die Bedürfnisse von Farmern zugeschnitten sind. Hier ist eine *discharge* nach den Vorgaben von 11 USC § 1228 eröffnet.

2. Voraussetzungen der discharge. Die *discharge* kann im Anschluss an ein eröffnetes Insolvenzverfahren erfolgen. Aus den Verfahren nach *Chapter 11, 12* und *13* kann grundsätzlich jederzeit in ein *Chapter-7*-Verfahren und umgekehrt gewechselt werden, 11 USC § 706, § 1112, § 1208, § 1307. Die Antragsberechtigung ist in *Chapter 3* des *Bankruptcy Code* für alle Verfahren geregelt. Der Schuldner ist gemäß 11 USC § 301 stets antragsberechtigt *(voluntary petition)*. Zulässig ist nach 11 USC § 302 auch ein *joint case,* bei dem Ehepartner zusammen einen Insolvenzantrag stellen können. Dem Antrag sind entsprechend 11 USC § 521 ausführliche Verzeichnisse beizufügen, in denen die Gläubiger, die Schuldner sowie das Vermögen des Schuldners aufgelistet sind. Fremdanträge von einem oder mehreren Gläubigern zusammen sind gem. 11 USC § 303 nur bei Verfahren nach *Chapter 7* und *11* zulässig *(involuntary cases)*. 20

Der Zugang zu dem *Chapter-7*-Verfahren wurde allerdings durch den *Bankruptcy Abuse Prevention and Consumer Protection Act* zugunsten des *Chapter-13*-Verfahrens erschwert. Dazu wurde der *means test* eingeführt, mit dem die Bedürftigkeit der Schuldner überprüft wird. Wenn nach Abzug aller notwendigen Lebenshaltungskosten ein monatliches Einkommen bleibt, welches den aus 11 USC § 707 (b) zu errechnenden Betrag übersteigt, ist ein *Chapter-7*-Verfahren ausgeschlossen.[57] 21

Ein Eigenantrag führt mit Eingang bei Gericht zur *Order for Relief,* der Verfahrenseröffnung, 11 USC § 301 (b). Ein Insolvenzgrund muss nicht nachgewiesen werden, weswegen auch nicht zahlungsunfähige Schuldner den Antrag stellen können.[58] Die Grenze bildet erst ein nachgewiesener offensichtlicher Missbrauch.[59] Für einen Fremd- 22

---

[51] *Priebe,* ZInsO 2011, 1676, 1678; *Gräwe,* ZInsO 2012, 158; nach älterem Verständnis ein Zwangsvergleichsverfahren, vgl. *Bull,* Der Bankruptcy Reform Act – das neue amerikanische Konkursgesetz von 1978, ZIP 1980, 843, 846.
[52] *Eckhardt,* Restschuldbefreiung, S. 166.
[53] *Eppstein/Nickles/White,* Bankruptcy, § 2–2, a (Hornbook Series, 1993).
[54] *Eckhardt,* Restschuldbefreiung, S. 166.
[55] *Waxman,* Bankruptcy, 5th Edition, 2002, S. 297; *Trendelenburg,* Restschuldbefreiung, S. 110.
[56] *Priebe,* ZInsO 2011, 1676, 1678.
[57] Zum *means test Levin,* Fundaments Of Bankruptcy Law, 6th Edition, 2006, S. 129; *Meyer/Duckstein,* ZIP 2006, 935, 936 f.
[58] *Kemper,* Die U.S.-amerikanischen Erfahrungen mit „Chapter 11". Ein Vergleich mit dem Insolvenzplan der neuen Insolvenzordnung, S. 24; *Meyer-Löwy/Poertzgen/Eckhoff,* Einführung in das US-amerikanische Insolvenzrecht, S. 735, 736.
[59] *Eckhardt,* Restschuldbefreiung, S. 177.

antrag muss ein Insolvenzgrund vorliegen und gegebenenfalls nachgewiesen werden. Insolvenzgründe sind gemäß 11 USC § 303 (h)(1) die Zahlungsunfähigkeit oder nach 11 USC § 303 (h)(2) ein gescheiterter Einigungsversuch innerhalb der letzten 120 Tage vor Antragstellung. Bei deren Vorliegen hat das Gericht das Verfahren mit einer Order for Relief zu eröffnen, 11 USC § 303 (h). Eine wesentliche Folge des Eigenantrags ist nach 11 USC § 362 der *automatic stay,* dh jegliche Handlungen Dritter mit Bezug auf die Insolvenzmasse werden unzulässig.[60]

23   **3. Discharge.** Das *Chapter-7*-Verfahren endet mit der vollständigen Verteilung des Schuldnervermögens, 11 USC § 350 (a). Das Gericht erteilt die *discharge,* falls keiner der in 11 USC § 727 (a) aufgezählten Ausnahmetatbestände vorliegt. Allerdings erfolgt keine Prüfung von Amts wegen, weshalb die Gründe[61] vom *trustee,* einem Gläubiger oder dem *United States Trustee* geltend gemacht werden müssen.[62] Der *trustee* muss den Antrag stellen, sofern dies angebracht erscheint, 11 USC § 704 (a)(6). Wird ein Versagungsgrund geltend gemacht, ordnet das Gericht sodann die Nachprüfung der Behauptung durch den *trustee* an, 11 USC § 727 (c).

24   Nach 11 USC § 727 (b) wird der Schuldner prinzipiell von allen Forderungen befreit, die bereits vor dem Verfahrensbeginn angelegt waren. Ferner verweist 11 USC § 727 (b) auf 11 USC § 502, wonach dem Gericht die Möglichkeit eingeräumt wird, einzelne nach Verfahrenseröffnung begründete Forderungen gemäß 11 USC § 502 (f)–(i) festzusetzen, womit eine Entstehung vor Verfahrensbeginn fingiert wird. Ähnliches gilt bei Verfahren nach *Chapter 11* (11 USC § 1141 (d)) und *Chapter 13* (11 USC § 1328 (a), (c)). Von einigen abschließend in 11 USC § 727 (b) iVm § 523 (a) aufgeführten Verbindlichkeiten wird der Schuldner allerdings nicht befreit. Darunter fallen insbesondere Steuerschulden, 11 USC § 523 (a)(1), aber auch Geldstrafen und Geldbußen staatlicher Stellen, 11 USC § 523 (a)(7), Verbindlichkeiten aus vorsätzlicher Verletzungshandlung, 11 USC § 523 (a)(6), sowie regelmäßig auch Unterhaltszahlungen, 11 USC § 523 (a)(5).

25   Ziel eines *Chapter-11*-Plans ist die Reorganisation eines Unternehmens. Regelmäßig wird daher in dem Plan geregelt, wie ein Unternehmen fortzuführen ist und welche Quote die Gläubiger auf ihre Forderungen erhalten. Sofern nichts Gegenteiliges geregelt ist, wird der Schuldner mit der Annahme des Plans von seinen Schulden befreit, 11 USC § 1141 (d)(1). Von der Restschuldbefreiung sind bei natürlichen Personen, wie im Verfahren nach *Chapter 7,* die in 11 USC § 523 genannten Forderungen ausgenommen. Wenn der Schuldner einen der Tatbestände auch 11 USC § 1141 (d)(3) – etwa wenn ein Versagungsgrund nach 11 USC § 707 (a) vorliegt – erfüllt, tritt die *discharge* nicht ein. Die Folgen des Plans gelten auch dann, wenn er nicht eingehalten werden kann.[63]

26   Im Schuldenregulierungsverfahren nach *Chapter 13* erfolgt die *discharge* nach der Erfüllung des Plans, 11 USC § 1328 (a). Wird der Plan nicht erfüllt, tritt nach 11 USC § 1328 (b), (c) unter drei Voraussetzungen eine *hardship-discharge* ein.[64] Dazu dürfen die Ausfallgründe nicht dem Schuldner zuzurechnen sein, der an die ungesicherten Gläubiger ausgezahlte Betrag muss der im Falle eines *Chapter-7*-Verfahrens auszuzahlenden Insolvenzquote entsprechen und schließlich muss eine Anpassung des Regulierungsplans nach 11 USC § 1329 unzweckmäßig erscheinen. Die *discharge* nach 11 USC § 1328 (a) unterscheidet sich demgegenüber von der *hardship-discharge* beim Umfang der Restschuldbefreiung. Bei vollständiger Planerfüllung wird der Schuldner, sofern der

---

[60] *Priebe,* ZInsO 2011, 1676, 1683; *Gräwe,* ZInsO 2012, 158, 161.
[61] *Epstein/Nickles/White,* Bankruptcy, §§ 7–24 ff.; MüKoInsO/*Ehricke,* vor §§ 286–303, Rn. 14–24; *Eckhardt,* Restschuldbefreiung, S. 237 ff.
[62] *Eckhardt,* Restschuldbefreiung, S. 252.
[63] *Kemper,* Die U.S.-amerikanischen Erfahrungen mit „Chapter 11", S. 184.
[64] *Epstein/Nickles/White,* Bankruptcy, § 9–21; *Ackmann,* Schuldbefreiung, S. 89.

Plan dies vorsieht, von sämtlichen Verbindlichkeiten befreit. Ausgenommen sind fortgesetzte Zahlungsverpflichtungen, bei denen die letzte Rate erst nach Ablauf des Regulierungsplans fällig wird, 11 USC § 1328 (a)(1) iVm 11 USC § 1322 (b)(5). Ferner erstreckt sich die *discharge* nicht auf die in 11 USC § 523 (a)(1)(B) und (C) sowie (2), (3), (4), (5), (8), (9) aufgezählten Verbindlichkeiten. Da 11 USC § 523 (a) nicht insgesamt erfasst wird, fällt die Schuldbefreiung umfassender aus. Außerdem wird der Schuldner nach 11 USC § 1328 (a)(3), (4) von Strafzahlungen sowie Schadensersatzzahlungen aufgrund einer vorsätzlichen Körperverletzung nicht befreit. Dagegen können erst nach Verfahrenseröffnung entstandene Verbindlichkeiten uU gemäß 11 USC § 1305 iVm § 1322 (d)(6), § 1328 (d) von den Wirkungen erfasst werden. Bei allen Verfahren wird die *discharge* nicht zwangsweise erteilt, denn der Schuldner kann darauf verzichten; *waiver of discharge*, 11 USC § 727 (a)(10), § 1141 (d)(4), § 1228 (a), § 1328 (a).

Auch wenn die *discharge* keinen in jedem Verfahren übereinstimmenden Umfang besitzt, sind doch die durch sie hervorgerufenen Folgen einheitlich in 11 USC § 524 geregelt. Unabhängig davon, ob der Schuldner den Verzicht auf die *discharge* erklärt hat, ist jedes Urteil nichtig, das den Schuldner zur Zahlung einer von der Restschuldbefreiung erfassten Verbindlichkeit verpflichtet, 11 USC § 524 (a)(1). Ferner wirkt die *discharge* als Schranke gegen jeden Versuch, eine befreite Verbindlichkeit auf gerichtlichem oder außergerichtlichem Wege zu erzwingen. Gerichtliche Verfahren sowie eine Zwangsvollstreckung sind unzulässig, 11 USC § 524 (a)(2), (3), was von Amts wegen zu berücksichtigen ist. Sicherheiten sind von den *effects of discharge* grundsätzlich nicht erfasst, können aber aufgrund individueller Regelungen, etwa in einem Plan nach *Chapter 13*, ebenfalls der *discharge* unterfallen.[65]

IV. Frankreich

1. Anwendungsbereich. Mit der für den romanischen Rechtskreis typischen Differenzierung wird in Frankreich zwischen dem im *Code de commerce* (C.comm.) normierten kaufmännischen Konkurs für Unternehmen, Kaufleute, Freiberufler und Landwirten auf der einen und Privatpersonen auf der anderen Seite unterschieden. Allein im kaufmännischen Sektor ist in ganz Frankreich eine Restschuldbefreiung eröffnet. Ausnahmsweise sind nach dem *droit local Alsacien-Mosellan*, in den *Départements Bas-Rhin, Haut-Rhin* und *Moselle*, gemäß Art. 670-1 C.comm. die Artt L620-1 ff. *Code de commerce* auf Verbraucher anzuwenden, wodurch für sie ebenfalls eine Restschuldbefreiung zulässig ist *(faillite civile)*.[66] In anderen *Départements* steht den Verbrauchern nur das in Gesamtfrankreich bestehende Verfahren nach den Artt 331-1 ff. *Code de la Consommation* (C.consom.) zu. Hier ist zwar ebenfalls eine Restschuldbefreiung vorgesehen, aber dieses Verfahren richtet sich primär auf Schuldenregulierung und nicht auf eine Restschuldbefreiung. Nur bei denjenigen Schuldnern, die hoffnungslos überschuldet sind und bei denen eine Sanierung nicht in Betracht kommt, ist die Restschuldbefreiung als *ultima ratio* zulässig.

2. Verfahren. Einen Insolvenzantrag können Schuldner und Gläubiger stellen, doch wird das Verfahren gewöhnlich vom Schuldner beantragt.[67] Der Antrag ist regelmäßig vor dem *Tribunal de Grande Instance (TGI)*, also dem Landgericht zu stellen,[68] doch kann das Verfahren auch von Amts wegen vom *TGI* oder auf Antrag der Staatsanwaltschaft eröffnet werden, Art. L621-2 C.comm. Dem Schuldner stehen drei Verfahren zur Auswahl, zwischen denen er sich im Antrag entscheiden muss, die unter den jeweili-

---

[65] *Eckhardt*, Restschuldbefreiung, S. 263.
[66] *Mehring*, ZInsO 2012, 1247, 1248.
[67] MüKoInsO/*Ehricke*, vor §§ 286 bis 303, Rn. 47.
[68] *Delzant/Schütze*, ZInsO 2008, 540, 544.

gen Voraussetzungen zu eröffnen sind.[69] Bei drohender Zahlungsunfähigkeit kann ein präventives Sanierungsverfahren, *sauvegarde,* Artt L620-1 ff. C.comm., beantragt werden. Außerdem sind ein Fortführungsverfahren, *redressement judiciaire,* Artt L631-1 ff. C.comm., und ein Liquidationsverfahren geregelt, *liquidation judiciaire,* Artt L640-1 ff. C.comm. Bei einer *faillite civile* muss der Schuldner zahlungsunfähig, für die *sauvegarde* genügt drohende Zahlungsunfähigkeit, und redlich sein, Art. L670 C.comm. Sowohl bei der *sauvegarde* als auch beim *redressement judiciaire* wird ein Sanierungsplan aufgestellt, der maximal zehn Jahre laufen darf, Art. L626-12 sowie Art. L631-19 iVm Art. L626-12 C.comm. Auch wenn im Sanierungsverfahren prinzipiell kein Zahlungsverzicht der Gläubiger vorgesehen ist, können in dem Plan auch (Teil-)Erlasse vereinbart werden. Diese werden freilich erst mit der Planerfüllung wirksam.[70] Kann der Schuldner den Plan nicht erfüllen, wird ein Liquidationsverfahren eingeleitet.[71]

30 Kommt ein Sanierungsplan nicht in Betracht, greift die *liquidation judiciaire.* Hier wird das Vermögen des Schuldners verwertet, der Erlös an die Gläubiger verteilt und der Schuldner von seinen Verbindlichkeiten befreit. Sofern zum Vermögen des Schuldners keine Immobilie gehört und sein Jahreseinkommen nicht EUR 750 000,– übersteigt, kommt ein vereinfachtes Liquidationsverfahren nach Artt L644-1 ff. C.comm. in Betracht.[72] Dann muss das Verfahren binnen eines Jahres abgeschlossen sein, Art. L644-5 C.comm. Bei den sonstigen Liquidationsverfahren gilt keine zeitliche Begrenzung. Das Liquidationsverfahren wird beendet, wenn die Verbindlichkeiten beglichen sind oder die Masse unzureichend ist, Art. L643-9 C.comm. Die Beendigung kann das Gericht von Amts wegen, auf Antrag der Staatsanwaltschaft, des Liquidators oder des Schuldners aussprechen. Gläubiger dürfen erst zwei Jahre nach Eröffnung des Verfahrens einen Antrag stellen, Art. 643-9 C.comm.[73]

31 Für Verbraucher in den anderen *Départements* ist allein das Verfahren nach den Artt L330-1 ff. C.consom. *(surendettement des particuliers)* eröffnet. Zwar ist auch in diesem Verfahren eine Restschuldbefreiung möglich, vgl. Art. L332-9 C.consom. Ein Anspruch darauf besteht aber nicht immer. Vorgesehen ist ein zweistufiges Verfahren. Nur wenn eine gütliche Einigung mit den Gläubigern im Rahmen eines Schlichtungsverfahrens misslungen ist, kann das Verfahren in ein gerichtliches Entschuldungsverfahren übergeleitet werden.[74] Die Restschuldbefreiung wird nur bei einer völlig aussichtslosen Schuldenbereinigung erteilt. Da Art. L310-1 C.consom. einen redlichen Schuldner verlangt,[75] wird derjenige nicht entschuldet, der absichtlich eine (hoffnungslose) Überschuldung mit dem Ziel der Restschuldbefreiung herbeigeführt hat.[76] Die Restschuldbefreiung erfolgt im Anschluss an das gerichtliche Entschuldungsverfahren *(rétablissement personnel).*

32 **3. Schuldbefreiung.** Wurde ein Sanierungsverfahren *(sauvegarde* oder *redressement judiciaire)* nach dem C.comm. absolviert, wird der Schuldner bei erfolgreichem Abschluss des Sanierungsplans von den noch verbliebenen Schulden entsprechend der getroffenen Vereinbarung befreit.[77] Das Liquidationsverfahren *(liquidation judiciaire)* wird nach Abschluss der Verwertung durch Gerichtsbeschluss beendet, Art. L643-9 C.comm. Das mit dem Eröffnungsurteil eingetretene Vollstreckungshindernis wird mit dem Verfahrensab-

---

[69] *Delzant/Schütze,* ZInsO 2008, 540, 544.
[70] *Dammann,* RIW 2006, 16, 20.
[71] *Schönen,* ZVI 2009, 229, 239.
[72] *Delzant/Schütze,* ZInsO 2008, 540, 544.
[73] *Schönen,* ZVI 2009, 229, 239; *Delzant/Schütze,* ZInsO 2008, 540, 546.
[74] *Mehring,* ZInsO 2012, 1247, 1248.
[75] Vgl. *Pierette,* Le surendettement des particuliers: mandature 2004–2009, Paris 2007, S. 28.
[76] Vgl. *Schönen,* ZVI 2009, 229, 236.
[77] Vgl. MüKoInsO/*Niggemann,* Anhang, Länderberichte, Frankreich, Rn. 48.

schluss für alle Forderungen aufrechterhalten, die vor dem Eröffnungsurteil ergangen sind und nicht beglichen wurden, Art. L643-11 I C.comm. Die Forderungen erlöschen also nicht.[78] Sie können allerdings nicht mehr beigetrieben werden. Bürgen haften weiter, können aber gem. Art. L643-11 II C.comm. auch ihre Rückgriffsansprüche weiterhin geltend machen. Auf einem strafrechtlichen Titel beruhende Verbindlichkeiten sowie mit der Person des Gläubigers verbundene Forderungen *(droits attachés à la personne du créancier)* sind ebenfalls von der Befreiungswirkung ausgenommen, Art. L643-11 I C.comm. Die letzte Gruppe umfasst beispielsweise Unterhaltsforderungen oder Schadensersatzforderungen infolge körperlicher oder immaterieller Schäden.[79] Weitere Ausnahmen sind in Art. L643-11 III C.comm. geregelt. Bei einer *faillite civile* können dem Schuldner für eine Zeitspanne von ein bis zwei Jahren weitere Zahlungsverpflichtungen auferlegt werden, Art. L670-4 C.comm. Kommt der Schuldner diesen Verpflichtungen nicht nach, können die Wirkungen der Restschuldbefreiung aufgehoben werden, Art. L670-5 C.comm.

Auch bei einem *rétablissement personnel* wird nach dem Abschluss der Verwertung das Verfahren beendet *(clôture)*. Nach Abs. 2 des Art. L332-9 C.consom. werden dem Schuldner damit alle nicht gewerblichen Schulden erlassen. Auch von Bürgschaften, die der Schuldner zugunsten eines Kaufmanns oder eines Unternehmens eingegangen ist, wird er befreit. Der Wortlaut lässt hier eine andere Wirkung als bei der *faillite civile* vermuten. Art. L339-9 C.consom. spricht von *l'effacement,* also der Auslöschung bzw. Ausradierung der Schulden. Demgegenüber verweist Art. L643-11 I C.comm. auf ein Vollstreckungshindernis *(ne fait pas recouvrer aux créanciers l'exercice individuel)*. Daher spricht vieles dafür, dass im Rahmen des *rétablissement personnel* die Schulden erlöschen. Hat ein Bürge bereits auf die gesicherte Forderung gezahlt, erlischt sein Regressanspruch gemäß Art. L332-9 C.consom. nicht. Ebenso wenig wird der Schuldner von Unterhaltsverpflichtungen, auf einem Strafurteil beruhenden Zahlungsverpflichtungen sowie von Geldstrafen befreit, Art. L333-1 C.consom. Nachdem die Restschuldbefreiung erteilt ist, wird der Schuldner, wie bei der *faillite civile,* in ein zentral geführtes Schuldnerverzeichnis aufgenommen, Art. L332-11 C.consom. Zur wirtschaftlichen und sozialen Rehabilitation kann das Gericht dem Schuldner über das Verfahrensende hinaus einen Sozialarbeiter zur Seite stellen.[80]

V. Anerkennung ausländischer Restschuldbefreiungen[81]

1. Europäische Regelungen. Die Restschuldbefreiung aus einem anderen Mitgliedstaat der Europäischen Union[82] ist seit dem 31.5.2002 nach der EuInsVO (EG-Verordnung Nr. 1346/2000) anzuerkennen. Die internationale Zuständigkeit bestimmt insbesondere Art. 3 I EuInsVO. Danach sind die Gerichte desjenigen Mitgliedstaats für das Insolvenzverfahren zuständig, in dessen Gebiet der Schuldner den Mittelpunkt seiner hauptsächlichen Interessen hat *(center of main interests – COMI)*. Bei selbständig tätigen natürlichen Personen, liegt der *COMI* regelmäßig an dem Ort, wo die Tätigkeit ausgeübt wird.[83] Der *COMI* abhängig Beschäftigter soll hingegen an ihrem gewöhnlichen Aufenthaltsort liegen.[84] Maßgeblich ist der Zeitpunkt der Antragstellung.[85] Erfolgt

---

[78] *Klopp,* KTS 1992, 347, 349; *Laut,* Universalität und Sanierung im internationalen Insolvenzrecht, S. 221; *Mehring,* ZInsO 2012, 1247, 1248.
[79] *Delzant/Schütze,* ZInsO 2008, 540, 546; *Schönen,* ZVI 2009, 229, 239.
[80] *Springeneer,* VuR 2005, 441, 444.
[81] Ausführlich → § 132 Rn. 89 ff.
[82] Ausgenommen Dänemark.
[83] *Mankowski,* NZI 2005, 368, 370.
[84] *Rauscher/Mäsch,* Europäisches Zivilprozessrecht, 2. Auflage 2006, Art. 3 EG-InsVO Rn. 13.
[85] EuGH NZI 2006, 153.

in einem Mitgliedstaat eine wirksame Verfahrenseröffnung, so wird diese Entscheidung gemäß Art. 16 I EuInsVO von den anderen Mitgliedstaaten automatisch anerkannt. Gewährt das autonome ausländische Recht, wie bei der *automatic discharge* nach englischem Recht, die Restschuldbefreiung kraft Gesetzes, erfolgt deren Anerkennung nach Art. 16 EuInsVO als Folgewirkung der anerkannten Eröffnung des ausländischen Insolvenzverfahrens.[86] Ist hingegen neben der Eröffnungsentscheidung eine weitere gerichtliche Entscheidung notwendig, wird diese nach Art. 25 I EuInsVO anerkannt.

35 Die Folgen des Insolvenzverfahrens richten sich, wie bereits das Insolvenzverfahren selbst, gemäß Art. 4 II 2 lit. j, k EuInsVO nach der jeweiligen *lex fori concursus,* also nach dem Recht des Eröffnungsstaats. Auch die Restschuldbefreiung unterliegt damit dem Recht des Staates, in dem das Insolvenzverfahren eröffnet wurde.[87] Begrenzt wird die Anerkennung durch den *ordre public* des Anerkennungsstaats, Art. 26 EuInsVO. Die Regelung ist jedoch restriktiv zu handhaben[88] und ein Verstoß nur dann anzunehmen, wenn die Anerkennung zu einem mit den wesentlichen Grundgedanken des Rechts des Anerkennungsstaats unvereinbaren Ergebnis führt.[89] Allein die kürzere Verfahrensdauer bis zur Restschuldbefreiung genügt dafür nicht.[90] Auch eine erschlichene Zuständigkeit führt nicht per se zu einem Verstoß gegen den *ordre public* des Anerkennungsstaats.[91]

36 **2. Anerkennung der Entscheidungen aus Drittstaaten.** Vorbehaltlich völkerrechtlicher Verträge richtet sich die Anerkennung der Entscheidungen über Insolvenzverfahren und deren Folgen bei Drittstaaten nach dem in den §§ 335 ff. InsO geregelten autonomen deutschen internationalen Insolvenzrecht. Zu beachten sind aber die erheblichen Einschränkungen der *lex fori concursus,* die sich aus den zahlreichen Sonderanknüpfungen, §§ 336 ff. InsO, und dem System der Partikularverfahren ergeben.[92] Ist das ausländische Gericht nach deutschem Recht zuständig und liegt kein Verstoß gegen den deutschen *ordre public* vor, wird das ausländische Insolvenzverfahren automatisch anerkannt, § 343 I InsO.[93] Da das deutsche internationale Insolvenzrecht keine Zuständigkeitsregeln enthält, erfolgt die Bestimmung der Zuständigkeit entsprechend der allgemeinen Regelung in § 3 InsO.[94] Gemäß § 343 II InsO werden auch die Maßnahmen anerkannt, die zur Durchführung oder Beendigung des anerkannten Insolvenzverfahrens ergangen sind. Die Restschuldbefreiung wird in § 343 II InsO nicht ausdrücklich genannt. Es besteht jedoch Einigkeit darüber, dass die Restschuldbefreiung ebenfalls von § 343 II InsO erfasst ist.[95]

---

[86] § 132 Rn. 91; *Graf,* Die Anerkennung ausländischer Insolvenzentscheidungen, S. 376 f.
[87] MüKoInsO/*Reinhart,* Art. 4 EuInsVO Rn. 38.
[88] *Renger,* Wege zur Restschuldbefreiung, S. 213.
[89] *Hergenröder,* DZWIR 2009, 309, 319; *Vallender,* ZinsO 2009, 616, 619; *Jacoby,* GPR 2007, 200, 203.
[90] BGH NJW 2006, 960, 961.
[91] *Mehring,* ZInsO 2012, 1247, 1249.
[92] FK/*Wenner/Schuster,* § 343, Rn. 36; zu den Sonderanknüpfungen *Liersch,* NZI 2003, 302, 304 f.
[93] FK/*Wenner/Schuster,* § 343, Rn. 36; *Häsemeyer,* Insolvenzrecht, Rn. 35.14.
[94] MüKoInsO/*Reinhart,* § 343 Rn. 12.
[95] *Häsemeyer,* Insolvenzrecht, Rn. 35.23; MüKoInsO/*Reinhart,* § 343 Rn. 55.

Kapitel V. Verbraucherinsolvenzverfahren

§ 81. Grundlagen des Verbraucherinsolvenzverfahrens

Übersicht

	Rn.
I. Verbraucherinsolvenzrecht	1
1. Konzeption	1
2. Aufgaben	5
a) Allgemeine Zwecke	5
b) Spezielle Aufgaben des Verbraucherinsolvenzverfahrens	10
II. Ablauf des Verfahrens	13
III. Persönlicher Anwendungsbereich	17
1. Natürliche Person	17
2. Keine selbständige wirtschaftliche Tätigkeit, § 304 Abs. 1 S. 1 InsO	18
3. Frühere selbständige Tätigkeit, § 304 Abs. 1 S. 1, Abs. 2 InsO	24
IV. Zugang zum Verfahren	27
1. Verfahrensart	27
2. Antrag	28
V. Reformentwicklungen	30

Schrifttum: *Ahrens,* Rücknahmefiktion und Beschwerderecht bei § 305 III InsO, NZI 2000, 201; *ders.,* Versagung oder Aufhebung der Kostenstundung, ZVI 2003, 268; *ders.,* Zwei Schritte vor, ein Schritt zurück – Die geplante Reform des Insolvenzrechts natürlicher Personen, ZRP 2007, 84; *ders.,* Entschuldungsverfahren und Restschuldbefreiung, NZI 2007, 193; *ders.,* Negativerklärung zur selbständigen Tätigkeit gem. § 35 II InsO, NZI 2007, 622; *ders.,* Versagung contra Restschuldbefreiung, ZInsO 2007, 673; *ders.,* Fristen und Belehrungen beim Antrag auf Restschuldbefreiung, VIA 2010, 9; *Beicht/Winnenthal,* Beratungshilfe für das außergerichtliche Insolvenzverfahren, ZVI 2006, 265; *Burghardt/Wegmann,* Insolvenzen und Einzugsermächtigungsverfahren nach der Rechtsprechung des BGH – Rechtssicherheit ab dem 31.10.2009 auf gangbaren Wegen? NZI 2009, 752; *Busch/Mäusezahl,* Restschuldbefreiungsverfahren – was kostet es wirklich? ZVI 2005, 398; *Dawe,* Der Widerruf von Einzugsermächtigungslastschriften im Insolvenzverfahren der natürlichen Person, ZVI 2007, 549; *ders.,* Verbraucherdarlehen und Restschuldversicherung im Insolvenzverfahren, NZI 2008, 513; *Förster,* Restschuldbefreiung – das geht auch anders! ZInsO 2002, 1105; *Frind,* Sicherstellung von Effizienz und Gerechtigkeit der InsO – Notwendige Korrekturen der InsO unter Berücksichtigung der Erkenntnisse aus den Massenverfahren natürlicher Personen aus Sicht der Praxis, ZInsO 2003, 341; *ders.,* Entschuldung light – auf dem Rücken der Schuldner und Insolvenzgerichte? ZInsO 2006, 342; *ders.,* Preiswert ist nicht immer gerecht – Anmerkungen zum RefE-BMJ betreffend die Reform des Verbraucherinsolvenzverfahrens, ZInsO 2007, 473; *ders.,* Die Pflicht des Tormanns beim Elfmeter – Zur Massegenerierung durch Lastschriftwiderruf im Insolvenzverfahren natürlicher Personen im Spannungsverhältnis von Ermessen, Pflichtenstellung, und Anfechtungsmöglichkeit seitens des Treuhänders/Insolvenzverwalters, ZInsO 2008, 1157; *ders.,* Bausteine eines neuen effizienten Insolvenzverfahrens natürlicher Personen, ZInsO 2009, 1135; *ders.,* Störeinflüsse im Privatinsolvenz-Planverfahren, ZInsO 2014, 280; *Fuchs,* Die Änderungen im Verbraucherinsolvenzverfahren – Problemlösung oder neue Fragen? NZI 2002, 239; *v. Gleichenstein,* Der Steuererstattungsanspruch als Bestandteil der Insolvenzmasse? NZI 2006, 624; *Grote,* Der 1.7.1998 – Startschuss für das Verbraucherinsolvenzverfahren? ZInsO 1998, 107; *ders.,* Wohnraummiete und Arbeitseinkommen während des eröffneten Verbraucherinsolvenzverfahrens, NZI 2000, 66; *ders.,* Paradox: Der Zwang des Verbraucherschuldners zu Verhandlungen mit den Gläubigern verhindert außergerichtliche

Einigungen, ZInsO 2001, 17; *ders.*, Insolvenzverfahren und Restschuldbefreiung: Nulllösungen von unnötigen Verfahrensaufwänden befreien, ZInsO 2003, 207; *ders.*, Fresh start für natürliche Personen – materiellrechtliche oder insolvenzrechtliche Lösung, Festschrift für Kirchhof, S. 149; *ders.*, Lastschriftwiderruf bei natürlichen Personen – ein Hamburger Modell, ZInsO 2009, 9; *Grote/Heyer,* Alternativmodell zur Änderung der Insolvenzordnung zur Regelung der Entschuldung mittelloser Personen, ZInsO 2006, 1138 = ZVI 2006, 528; *Grote/Müller,* Rückflüsse an die Staatskasse bei der Kostenstundung in Insolvenz- und Restschuldbefreiungsverfahren, ZInsO 2006, 187; *Grote/Pape,* Stellungnahme zum Referentenentwurf eines Gesetzes zur Änderung der Insolvenzordnung, des Kreditwesengesetzes und anderer Gesetze, ZInsO 2004, 993; *Hackling,* Die Bescheinigung durch geeignete Personen oder Stellen über das Scheitern der außergerichtlichen Einigung ohne Mitwirkung an der außergerichtlichen Einigung, ZVI 2006, 225; *Hartenbach,* Verbraucherinsolvenz und Restschuldbefreiung, ZVI 2003, 62; *Henning,* Aktuelles zu Überschuldung und Insolvenzen natürlicher Personen, ZInsO 2004, 585; *ders.*, Der Ablauf eines Verbraucherinsolvenzverfahrens, NJW 2009, 2942; *Hergenröder,* Die gewerbliche Schuldnerberatung im Spannungsfeld zwischen Insolvenzordnung, Rechtsberatungsgesetz und Verfassungsrecht, ZVI 2003, 577; *ders.*, Entschuldungsmodell statt Verbraucherinsolvenz bei Masselosigkeit, DZWIR 2006, 265; *ders.*, Die ewige Reform, DZWIR 2009, 221; *Heyer,* Restschuldbefreiung im Insolvenzverfahren, 2004; *ders.*, Reform des Restschuldbefreiungssystems, ZInsO 2005, 1009; *ders.*, Nochmals: problematischer Selbstversuch - außergerichtlicher Einigungsversuch durch die Schuldner ohne hinreichende Unterstützung durch Beratungsstellen oder geeignete Personen, ZVI 2011, 41; *Heyer/Grote,* Alternativmodell zum Entschuldungsmodell bei Masselosigkeit, ZInsO 2006, 1121; *Hofmeister/Jäger,* Kleintransporter statt Sattelschlepper, ZVI 2005, 180; *Holzer,* Regierungsentwurf zur Entschuldung mittelloser Personen, zur Stärkung der Gläubigerrechte sowie zur Regelung der Insolvenzfestigkeit von Lizenzen, ZVI 2007, 393; *Jäger,* Gläubigerbeteiligung und Gläubigerinteressen im Insolvenzverfahren natürlicher Personen, ZVI 2003, 55; *ders.*, Masselose Verbraucherinsolvenzverfahren ohne Verfahrenseröffnung – eine Neubelebung einer „alten" Idee, ZVI 2005, 15; *Kohte,* Alte Schulden – neue Verfahren? Zur Neuregelung des Zugangs zum Verbraucherinsolvenzverfahren nach § 304 InsO, ZInsO 2002, 53; *ders.*, Forderungen und Anforderungen an ein vereinfachtes Restschuldbefreiungsverfahren, ZVI 2005, 9; *Krüger/Reifner/Jung,* Die Barwertmethode – Perspektiven der Plangestaltung im Verbraucherinsolvenzverfahren, ZInsO 2000, 12; *Lissner,* Der außergerichtliche Einigungsversuch – Notwendigkeit oder staatliche Subvention? ZInsO 2014, 229; *Löffler,* Entwicklung der Verfahrenszahlen und Kosten in Stundungsfällen beim AG Göttingen, ZVI 2006, 385; *Martini,* Die Totgeburt des außergerichtlichen Einigungsversuchs, ZInsO 2001, 249; *Menn,* Der Widerruf von Lastschriften durch den Insolvenzverwalter/Treuhänder in Insolvenzverfahren natürlicher Personen – Eine kritische Stellungnahme zum Beschluss des AG München vom 7.3.2008, NZI 2009, 463; *Ohle/Jäger,* Der Referentenentwurf zur Änderung der InsO aus Gläubigersicht, ZVI 2004, 714; *Ohle/Schatz/Jäger,* Zur Reform des Verbraucherinsolvenzverfahrens – ein schlechtes Entschuldungsmodell und eine gute Alternative, ZVI 2006, 480; *Pape, G.,* Entwurf eines Gesetzes zur Änderung der Insolvenzordnung, ZInsO 2003, 389; *ders.*, Neue Wege zur Entschuldung völlig mittelloser Personen, ZVI 2007, 239; *ders.*, Entwicklung der Rechtsprechung zum Verbraucherinsolvenz- und Restschuldbefreiungsverfahren in den Jahren 2005–2007, Teil I, ZVI 2007, 1183; *Pape, I.,* Referentenentwurf eines Gesetzes zur Änderung der InsO – Anmerkungen zu den geplanten Neuregelungen, NZI 2004, 601; *Rugullis,* Schuldenbereinigungsplan und Insolvenzplan - ein Rechtsfolgenvergleich, NZI 2013, 869; *Schäferhoff,* Probleme bei der gerichtlichen Zustimmungsersetzung nach § 309 InsO, ZInsO 2001, 687; *Schmerbach,* Änderungsbedarf im Regel- und Verbraucherinsolvenzverfahren, ZInsO 2003, 253; *ders.*, InsO-Änderungsgesetz 2005 – ein Ausblick, ZInsO 2004, 697; *ders.*, Strukturreform InsO, ZInsO 2005, 77; *ders.*, Die geplante Entschuldung völlig mittelloser Personen, NZI 2007, 198; *ders.*, Konkrete Änderungsvorschläge zum Entwurf eines Gesetzes zur Entschuldung mittelloser Personen, zur Stärkung der Gläubigerrechte sowie zur Regelung der Insolvenzfestigkeit von Lizenzen, NZI 2007, 710; *Springeneer,* Reform des Verbraucherinsolvenzrechts: Das schwierige Unterfangen, Null-Masse-Fälle ohne Systembrüche neu zu regeln, ZVI 2006, 1; *dies.*, Nachbesserungsbedarf bei der Konzeption des Entschuldungsverfahrens, ZVI 2008, 106; *Stephan,* Die Umgestaltung des Einigungsversuchs und weitere Änderungen im Insolvenzverfahren natürlicher Personen durch den Diskussionsentwurf InsO-Änderung, ZVI 2003, 145; *ders.*, Das InsO-Änderungsgesetz 2005, NZI 2004, 521; *ders.*, InsO-Änderungsgesetz 2005, ZVI 2004, 505; *ders.*,

Die Reform des Verbraucherinsolvenz- und Restschuldbefreiungsverfahrens, NZI 2006, 671; *Vallender*, Brauchen wir ein Entschuldungsverfahren? NZI 2006, 279; *ders.*, Erfolg beim dritten Anlauf? NZI 2007, 617; *Wiedemann*, Brauchen wir eine Reform der Verbraucherentschuldung? ZVI 2004, 645; *Zurlinden*, Reform der Restschuldbefreiung, 2007.

I. Verbraucherinsolvenzrecht

1. Konzeption. Zu den großen rechts- und ordnungspolitischen Leistungen der Insolvenzordnung gehört es, die Zahlungsunfähigkeit natürlicher Personen als insolvenzrechtliche Regelungsaufgabe wahrzunehmen. Langsam wird das bislang dominierende Leitbild der unternehmerischen Insolvenz aus seinem alleinigen Geltungsanspruch verdrängt. Neben die Modellformen der Unternehmensinsolvenz tritt mehr und mehr das grundlegende Konzept einer Insolvenz natürlicher Personen. Noch ist dieses System nicht vollständig ausgebildet, doch zeichnen sich grundlegende Strukturen bereits ab. Zu erkennen ist diese insolvenzrechtliche Aufgabenerweiterung bei den neuartigen Regelungsmodellen der §§ 286 ff., 304 ff. InsO. Über diese positivrechtlichen Anknüpfungspunkte hinaus deutet sich ein verändertes Verständnis auch hergebrachter insolvenzrechtlicher Institutionen an, das erforderlich ist, um der sozialen und rechtlichen Realität der Insolvenz natürlicher Personen angemessen Rechnung zu tragen. Auf dem Leistungsverzeichnis eines Privatinsolvenzrechts muss etwa ebenso die Sicherung eines hinreichenden Lebensunterhalts des Schuldners, der Schutz seiner räumlichen Lebenssituation, die Chance auf eine Neugestaltung seiner wirtschaftlichen Lebensverhältnisse sowie die Wahrung eines Mindestmaßes an Privatautonomie stehen. Normative Anknüpfungspunkte liefern etwa die im Insolvenzverfahren natürlicher Personen bedeutsamen Pfändungsschutzvorschriften, die Kündigungsbeschränkungen des § 109 Abs. 1 S. 2 InsO sowie künftig der §§ 66a, 67c GenG und die Negativerklärung über eine selbständige Tätigkeit nach § 35 Abs. 1 S. 2 InsO.

Katalysator dieser Entwicklung ist die gegenüber allen nicht erfüllten Forderungen wirkende Restschuldbefreiung gemäß den §§ 286, 301 InsO. Sie bildet das primäre Ziel eines Insolvenzverfahrens natürlicher Personen. Um die Gesamtwirkung der Restschuldbefreiung organisatorisch zu unterlegen und inhaltlich zu legitimieren, erfordert die Restschuldbefreiung als notwendige Voraussetzung ein eigenes, dh auf Schuldnerantrag durchgeführtes Insolvenzverfahren.[1] Nicht jedes Insolvenzverfahren natürlicher Personen führt freilich zu einem Restschuldbefreiungsverfahren, wohl aber beruht jedes Restschuldbefreiungs- auf einem Insolvenzverfahren. Zumeist ist deswegen das Insolvenzverfahren allein eine Durchgangsstation auf dem Weg zur Restschuldbefreiung. Originäres Ziel ist das Insolvenzverfahren wohl nur in den wenigen Fällen, in denen es auf Gläubigerantrag eingeleitet und durchgeführt wird. Dies verschiebt seine Wertigkeit im insolvenzrechtlichen Gefüge. Der durch ein Insolvenzverfahren vermittelte Zugang zur Restschuldbefreiung ist Element der gegenwärtigen Rechtslage und mag in vieler Hinsicht sachlich veranlasst sein. Allein ist damit längst nicht gesagt, ob sämtliche Strukturen des Insolvenzverfahrens auf dem Weg zur Restschuldbefreiung baugleich bestehen müssen. Bei der Diskussion um die Reform des Verbraucherinsolvenzverfahrens ging es zwischenzeitlich vor allem darum, eine funktional ausgestaltete vereinfachte Verfahrenskonstellation zu finden. Die Zwischenergebnisse dieser Debatte belegen anschaulich, wie wichtig die vorbereitenden Leistungen des Insolvenzverfahrens für eine Restschuldbefreiung sind (→ § 76 Rn. 35 f.).

Verfahrensrechtlich ist dieser Zugang zur Restschuldbefreiung über eine formelle Insolvenz zweispurig ausgestaltet. Für die Verbraucherinsolvenz- und sonstigen Kleinverfahren ist im 9. Teil der Insolvenzordnung ein besonderes Verfahrensmodell geschaffen,

---

[1] → § 77 Rn. 10 ff., dort auch zu den Ausnahmen.

das nachfolgend behandelt wird. Mit dem Gesetz zur Verkürzung des Restschuldbefreiungsverfahrens und Stärkung der Gläubigerrechte vom 15.7.2013[2] wird das eigenständige Verfahrenskonzept in der Verbraucherinsolvenz weithin abgeschmolzen und auf die Verfahrensart, die Antragselemente und das gerichtliche Schuldenbereinigungsplanverfahren beschränkt, während der Verfahrensgang nach den §§ 312 bis 314 InsO aufgehoben wird. In den – kurz gesagt – Verbraucherinsolvenzverfahren gelten derzeit gemäß § 304 Abs. 1 S. 1 InsO die allgemeinen Vorschriften allein mit den in den §§ 305 bis 314 InsO normierten, teils weitreichenden Modifikationen. Sie vereinfachen manche Verfahrensformen, schaffen aber auch bspw. mit dem außergerichtlichen Schuldenbereinigungsverfahren gemäß § 305 Abs. 1 Nr. 1 InsO erhebliche Belastungen. Ist der Anwendungsbereich des Verbraucherinsolvenzverfahrens nicht eröffnet, führt der Weg zur Restschuldbefreiung über ein Regelinsolvenzverfahren. Abzugrenzen sind beide Verfahren nach der selbständigen wirtschaftlichen Tätigkeit des Schuldners, § 304 Abs. 1 S. 1 InsO, worin die tradierte Unterscheidung zwischen der unternehmerischen und der nicht unternehmerischen Insolvenz nachhallt. Die klare begriffliche Trennung wird allerdings bei einer vorherigen selbständigen Tätigkeit sachlich gebrochen. Obwohl die früher selbständigen Personen im Zeitpunkt des Eröffnungsantrags als Verbraucher etwa iSd § 13 BGB agieren, ist für sie grds. das Regelinsolvenzverfahren eröffnet. Sind allerdings die Vermögensverhältnisse überschaubar und bestehen gegen den Schuldner keine Forderungen aus Arbeitsverhältnissen, muss er ein Verbraucherinsolvenzverfahren absolvieren, § 304 Abs. 1 S. 2, Abs. 2 InsO. Infolgedessen ist der Anwendungsbereich des Verbraucherinsolvenzverfahrens nicht durch einen allgemeinen oder besonderen Verbraucherbegriff bestimmt.

4   Die Abgrenzung zwischen beiden Verfahrensarten verliert durch diese quantitative Differenzierung bei früher selbständig erwerbstätigen Personen ihre systematische Präzision. Für den Rückgriff auf die Gläubigerzahl sind weniger funktionale als vielmehr verfahrenspraktische Erwägungen maßgebend, um das Verfahren durch eine große Zahl der Beteiligten nicht zu sehr zu belasten.[3] Nicht inhaltliche Kriterien, sondern die technischen Erwägungen einer leichteren Beherrschbarkeit des Verfahrens stehen hinter der Unterscheidung. Überhaupt wird zwischen den Verbraucher- und Regelinsolvenzverfahren vor allem nach verfahrensrechtlichen Anknüpfungspunkten und nicht so sehr nach materiellen Aspekten differenziert. Auch deswegen sind die besonderen Anforderungen eines Insolvenzverfahrens für natürliche Personen im Verbraucherinsolvenzverfahren nur eingeschränkt realisiert.

5   **2. Aufgaben. a)** *Allgemeine Zwecke.* Funktional sind die Zwecke eines Insolvenzverfahrens natürlicher Personen von denen einer Unternehmensinsolvenz zu unterscheiden. Hier geht es um die Verwertung produktiver Vermögensgüter und eine an betriebswirtschaftlichen Kennziffern orientierte Sanierungsmöglichkeit, dort um konsumtives Vermögen und die Reintegration jedes Individuums in den Wirtschaftskreislauf. Zusätzlich ist bei der Zahlungsunfähigkeit natürlicher Personen zwischen den allgemeinen Aufgabenstellungen des Insolvenzverfahrens und den speziellen Zielen zu unterscheiden, die durch das Verbraucherinsolvenzverfahren erreicht werden sollen.

6   Natürliche Personen werden in ein Kollektivverfahren mit Wirkungen gegenüber sämtlichen Gläubigern einbezogen. Wie stets, soll das Insolvenzverfahren die Gleichbehandlung der Gläubiger gewährleisten und dazu das Vermögen des Schuldners sichern, indem etwa ein individueller Vollstreckungszugriff ausgeschlossen wird, § 89 InsO. Wesentliche Unterschiede zur Unternehmensinsolvenz bestehen aber beim Verwaltungs- und Verfügungsrecht des Schuldners. Obwohl diese Befugnisse nach dem Grundgerüst

---

[2] BGBl. I, 2379.
[3] FK/*Kohte/Busch*, § 304 Rn. 31 f.

des § 80 InsO auf den Insolvenzverwalter übergehen, verbleibt dem Schuldner in einem breiten Segment die Fähigkeit zu rechtserheblichem Handeln. Deutlich wird dies etwa beim Lastschriftwiderruf, durch den der Insolvenzverwalter nicht in das pfändungsfreie Schonvermögen des Schuldners eingreifen darf.[4] Als einfachgesetzlicher Ausdruck der Menschenwürde sowie einer freien Entfaltung der Persönlichkeit muss das Existenzminimum vor einem Vollstreckungszugriff geschützt sein und der Schuldner weiterhin die zur Lebensführung unabdingbar erforderlichen Geschäfte ungehindert tätigen können. Eine wesentliche Abgrenzung eröffnet der Insolvenzbeschlag,[5] der sich nicht auf die unpfändbaren Gegenstände erstreckt. Über eine sachgerechte Anwendung der Vollstreckungsschutzvorschriften nach § 36 Abs. 1 S. 2 InsO iVm den §§ 850 bis 850c,[6] 850e, 850f Abs. 1, 850g bis 850i, 851c, 851d ZPO wird dem Schuldner und seinen Unterhaltsberechtigten ein über das Existenzminimum hinausreichender beschränkter finanzieller Bewegungsraum eröffnet. Erst bei den Insolvenzen natürlicher Personen findet die Begrenzung der Masse durch die Pfändungsschutzvorschriften aus § 36 Abs. 1 S. 1 InsO ihren eigentlichen Anwendungsbereich im Insolvenzrecht.[7] Als Ausdruck seiner Berufsfreiheit kann dem Schuldner zudem eine selbständige berufliche Tätigkeit nicht untersagt werden, vgl. § 35 Abs. 2 InsO.

Auch das Ziel der Haftungsverwirklichung wird modifiziert. Zunächst gilt dies **7** für den Weg, der zu diesem Ziel einzuschlagen ist. Im Insolvenzverfahren natürlicher Personen ist vielfach weniger auf eine Vermögensverwertung, als auf eine Einkommensaktivierung abzustellen. Vermögensübersichten besitzen deswegen nicht selten eine andere Bedeutung, als bei der unternehmerischen Insolvenz. Auch muss der Bedeutung vieler Vermögensgegenstände für eine selbstbestimmte Lebensführung Rechnung getragen werden. In erster Linie ermöglichen dies die Pfändungsschranken der §§ 811 ff. ZPO, die über § 36 Abs. 1 S. 1 InsO auch im Insolvenzverfahren gelten. Existenzielle und damit Verwertungsrechte notwendig begrenzende Bedeutung besitzt zudem die Wohnungssicherung. Ihr hat der Gesetzgeber jetzt ergänzend mit der Kündigungsbeschränkung für Wohnungsgenossenschaftsanteile durch die §§ 66a, 67c GenG Rechnung getragen.[8] Entsprechend kann der Insolvenzverwalter auch eine Enthaftungserklärung gem. § 109 Abs. 1 S. 2 InsO abgeben, damit eine Mietkaution nicht zur Masse gezogen werden muss.[9]

Die allgemeinen insolvenzrechtlichen Aufgaben erhalten durch das in aller Regel zu- **8** sätzlich durchgeführte Restschuldbefreiungsverfahren eine zusätzliche Bedeutung. Da der erste Abschnitt der Restschuldbefreiung mit dem Zulassungsverfahren weitgehend parallel zum Insolvenzverfahren des Schuldners durchgeführt wird, erstrecken sich die insolvenzrechtlichen Bindungen und Sicherungen für den Schuldner auch auf das Restschuldbefreiungsverfahren. Die Ordnungsleistungen des Insolvenzverfahrens entlasten das Restschuldbefreiungsverfahren und ermöglichen ein einheitliches normatives Konzept.[10] Selbstverständlich dürfen die Leistungen des Insolvenzverfahrens für die gesetzliche Schuldbefreiung nicht auf diesen Mitlaufeffekt begrenzt werden. So wichtig das Insolvenzverfahren auch ist, etwa um die insolvenzrechtlichen Wirkungen für das Zulassungsverfahren zur Restschuldbefreiung zu sichern, so wenig kann es doch auf dieses Begleit- und Durchgangsstadium reduziert werden.

Als Instrument zur Abwicklung und Bereinigung bestehender Verbindlichkeiten er- **9** möglicht das Insolvenzverfahren dem Schuldner, seine Belastungen neu zu ordnen. Da-

---

[4] BGHZ 186, 242 Rn. 13, 22 ff.
[5] OVG Lüneburg NZI 2007, 300; Jaeger/*Windel*, § 80 Rn. 261.
[6] Zur Anwendbarkeit von § 850b, BGH NZI 2010, 141 Rn. 10 ff., mit Anm. *Asmuß*.
[7] AGR/*Ahrens*, § 1 InsO Rn. 45.
[8] Zuvor kam eine Anwendung von § 765a ZPO in Betracht, LG Berlin ZInsO 2012, 980.
[9] Zu den Problemen AGR/*Flöther/Wehner*, § 109 InsO Rn. 19.
[10] → § 76 Rn. 14 ff.

zu gehört etwa die Umgestaltung rechtsgeschäftlicher Verbindlichkeiten mit dem Instrumentarium für schwebende Geschäfte, §§ 103 ff. InsO, etwa um belastende Telekommunikationsverträge zu beschränken. Zudem soll das Insolvenzverfahren zu einer veränderten familienrechtlichen Lastenverteilung führen. Durch das Ziel der Restschuldbefreiung wird die Aufgabe der Haftungsverwirklichung mit insolvenzrechtlichen Mitteln modifiziert.

10 **b)** *Spezielle Aufgaben des Verbraucherinsolvenzverfahrens.* Drei besondere Akzente kennzeichnen das Verbraucherinsolvenzverfahren gegenüber einem Regelinsolvenzverfahren für natürliche Personen. Als erste Besonderheit zielen die beiden verfahrensrechtlichen Vorstufen des obligatorischen außergerichtlichen Einigungsversuchs und des fakultativen gerichtlichen Schuldenbereinigungsplanverfahrens auf eine konsensuale Regelung. Vorrangiger Zweck dieser Sonderregelungen für das Verbraucherinsolvenzverfahren ist, die Belastung der Justiz möglichst gering zu halten.[11] Eine besondere materielle Intention ist mit ihnen nicht verbunden. Zudem ist dieses Akkordmodell unzureichend ausgeformt. Zwar soll sich der Schuldner etwa beim außergerichtlichen Einigungsversuch einer geeigneten Person oder Stelle bedienen, doch fehlt eine fiskalisch gesicherte und schnell zu erlangende kompetente Begleitung.

11 Das zweite Bauelement bezweckt eine aktive Integration des Schuldners in das Verfahren, der den außergerichtlichen Einigungsversuch initiieren und einen eigenen Insolvenzeröffnungsantrag[12] stellen können muss. Dabei hat der Schuldner ein Vermögensverzeichnis, eine Vermögensübersicht, ein Gläubiger- und ein Vermögensverzeichnis vorzulegen, § 305 Abs. 1 Nr. 3 InsO. Gerade für die Angehörigen bildungsferner Bevölkerungsschichten und für manche älteren Schuldner resultiert daraus eine nicht einfach überwindbare Zugangshürde, die für einen effektiven Zugang zum Schuldenbereinigungsverfahren kontraproduktiv sein kann. Schließlich soll als drittes Kennzeichen das Insolvenzverfahren einfach, flexibel und kostengünstig durchgeführt werden können.[13] Dazu sind im derzeit geltenden Recht etwa die Aufgaben des an die Stelle des Insolvenzverwalters tretenden Treuhänders begrenzt, § 313 Abs. 2, 3 InsO, und die Verteilungsregeln vereinfacht, § 314 InsO. Manche zusätzlichen Lasten liegen dadurch auf den Gläubigern, vgl. § 313 Abs. 2 S. 1 InsO gegenüber § 129 Abs. 1 InsO, oder dem Schuldner, s. einerseits § 305 Abs. 1 Nr. 3 InsO, andererseits die §§ 151 bis 153 InsO.

12 Die materiellen Leistungen in der Insolvenz natürlicher Personen resultieren aus den allgemeinen insolvenzrechtlichen Wirkungen sowie der Restschuldbefreiung. Selbst die wichtigsten verfahrensrechtlichen Konsequenzen folgen bereits aus den anzuwendenden generellen Regelungen. Die besonderen Aufgaben des Verbraucherinsolvenzverfahrens sind letztlich auf verfahrensrechtliche Zwecke bezogen, die für das Modell eines Insolvenzverfahrens natürlicher Personen keinen prägenden Einfluss besitzen. Zudem kollidieren sie nicht selten mit den allgemeinen Zwecken und Rahmenbedingungen der Privatinsolvenz. Vom geltenden Verbraucherinsolvenzverfahren gehen deswegen allenfalls geringe Impulse zur Entwicklung eines Privatinsolvenzrechts aus.

II. Ablauf des Verfahrens

13 Das vom Schuldner beantragte Verbraucherinsolvenzverfahren verläuft prinzipiell in drei Stadien, bestehend aus dem verpflichtenden außergerichtlichen Einigungsversuch, §§ 305 Abs. 1 Nr. 1, 305a InsO, dem gemäß § 306 Abs. 1 S. 3 InsO in das Ermessen des Gerichts gestellten gerichtlichen Schuldenbereinigungsplanverfahren, §§ 306 bis 310 InsO, und dem bei einer gescheiterten Einigung durchzuführenden vereinfachten Insol-

---

[11] MüKoInsO/*Ott/Vuia*, § 304 Rn. 2, 11; FK/*Kohte/Busch*, Vor §§ 304 ff. Rn. 2.
[12] Uhlenbruck/Hirte/Vallender/*Vallender*, § 305 Rn. 17, 19.
[13] In diesem Werk, 3. Aufl., § 81 Rn. 3, 8 f., 17.

venzverfahren, §§ 311 bis 314 InsO.[14] Nicht mehr zum Verbraucherinsolvenzverfahren, wohl aber zum Gesamtplan einer Schuldbefreiung, gehört das auf besonderen Antrag durchgeführte Restschuldbefreiungsverfahren, dessen Treuhandperiode in praktischer Hinsicht als vierte Verfahrensstufe angesehen werden mag.[15] Verfahrensrechtlich und konzeptionell muss freilich im geltenden Recht die Restschuldbefreiung mit ihren eigenen Verfahrenswegen streng vom Insolvenzverfahren geschieden werden. Einigen sich Schuldner und Gläubiger gütlich, entfallen die jeweils anschließenden Verfahrensabschnitte einschließlich des Restschuldbefreiungsverfahrens. Grund ist lediglich die Nachrangigkeit der Restschuldbefreiung gegenüber den insolvenzrechtlichen Einigungsformen, nicht aber eine generelle Subsidiarität gegenüber privatautonomen Lösungen, denn trotz eines privatrechtlichen Vergleichs, etwa mit einem Moratorium, bleibt eine Restschuldbefreiung zulässig. Stellt allein ein Gläubiger den Insolvenzeröffnungsantrag und nutzt der Schuldner nicht sein gemäß § 306 Abs. 3 S. 1 InsO bestehendes Recht auf einen Eigenantrag, sind die beiden Stufen des außergerichtlichen Einigungsversuchs und des gerichtlichen Schuldenbereinigungsplans entbehrlich. Es ist unmittelbar das vereinfachte Insolvenzverfahren einzuleiten.[16]

Die erste Etappe des außergerichtlichen Einigungsverfahrens ist gesetzlich nur rudimentär ausgestaltet. Die Notwendigkeit dieses Verfahrens sowie einige Strukturelemente sind aus § 305 Abs. 1 Nr. 1 InsO abzuleiten, eine Beschränkung aus § 305a InsO. Da der Einigungsversuch außergerichtlich und damit im Vorfeld des Insolvenzverfahrens unternommen werden muss, erscheint es konsequent, keinen umfassenden positivrechtlichen Verfahrensplan aufzustellen und wesentliche Elemente in die Entscheidungsfreiheit der Beteiligten zu stellen. Vorgeschrieben ist allein die Bescheinigung einer geeigneten Person oder Stelle über den gescheiterten außergerichtlichen Einigungsversuch aufgrund eines Plans. Über die außergerichtliche Einigung selbst muss die Person oder Stelle nicht mit den Gläubigern verhandelt haben.[17] Verlangt wird nur ein verlässliches Attest.

Bleibt der außergerichtliche Einigungsversuch erfolglos, ist ein nach dem gesetzlichen Konzept fakultatives gerichtliches Schuldenbereinigungsplanverfahren durchzuführen. Danach muss dieser Verfahrensabschnitt nicht zwingend durchgeführt werden und wird wohl auch in den meisten Fällen übersprungen. Das Gericht kann vom Verfahren über einen Schuldenbereinigungsplan absehen, wenn nach seiner freien Überzeugung der Plan voraussichtlich nicht angenommen wird. Führt es ein Schuldenbereinigungsplanverfahren durch, ruht währenddessen das Verfahren über den Insolvenzeröffnungsantrag, § 306 Abs. 1 S. 1 InsO. In doppelter Hinsicht ist bei der Entscheidung über die Annahme eines Schuldenbereinigungsplans das Konsensprinzip modifiziert. Widerspricht ein Gläubiger nicht binnen einer Frist von einem Monat nach Zustellung des Plans, gilt sein Schweigen als Zustimmung, § 307 Abs. 2 InsO. Hat nur eine Minderheit der Gläubiger dem Plan widersprochen, kann das Gericht deren Zustimmung ersetzen, § 309 InsO.

Bleiben die Einigungsbestrebungen erfolglos oder ist allein ein Gläubigerantrag gestellt, wird ein vereinfachtes Insolvenzverfahren durchgeführt. Liegt ein zulässiger und begründeter Insolvenzantrag vor und sind die Verfahrenskosten gedeckt oder gestundet, wird das vereinfachte Verfahren eröffnet. Es bietet manche Verfahrenserleichterungen, weil es regelmäßig schriftlich durchgeführt werden kann, § 5 Abs. 2 S. 1 InsO, öffentliche Bekanntmachungen allein auszugsweise erfolgen, kein Berichtstermin vorgesehen ist, § 312 Abs. 1 InsO, und eine vereinfachte Verteilung ermöglicht.

---

[14] Karsten Schmidt/*Stephan,* Vor §§ 304–314 Rn. 2.
[15] *Mohrbutter/Ringstmeier/Pape/Sietz,* § 16 Rn. 8.
[16] Braun/*Buck,* § 306 Rn. 11; *Preuß,* Verbraucherinsolvenzverfahren und Restschuldbefreiung, Rn. 5.
[17] OLG Schleswig NZI 2000, 165, 166; Uhlenbruck/Hirte/Vallender/*Vallender,* § 305 Rn. 63; *Grote,* ZInsO 1998, 107, 109; aA HKInsO/*Landfermann,* § 305 Rn. 29; *Hackling,* ZVI 2006, 225, 229.

III. Persönlicher Anwendungsbereich

17 **1. Natürliche Person.** Die besondere Verfahrensart des Verbraucherinsolvenzverfahrens erhält seine spezifische gesetzliche Legitimation durch den Personenkreis, für den es eröffnet ist. Zugleich bestimmt der personelle Anwendungsbereich über die zwingende Abgrenzung zwischen dem Regel- und Verbraucherinsolvenzverfahren.[18] Ein Verbraucherinsolvenzverfahren nach §§ 304 ff. InsO können allein natürliche Personen absolvieren.[19] Wegen der systematischen Abstimmung mit dem Restschuldbefreiungsverfahren ist der Begriff wie in § 286 InsO zu bestimmen.[20] Insbesondere sind nicht erwerbstätige Personen, Strafgefangene, Minderjährige, rechtlich Betreute und Ausländer mit Wohnsitz im Inland sowohl insolvenzfähig als auch verfahrensbefugt.[21] Wie der Begriff des Verbraucherinsolvenzverfahrens nahelegt, sind juristische Personen vom Anwendungsbereich ausgeschlossen. Gleiches gilt für Gesellschaften ohne Rechtspersönlichkeit.[22]

18 **2. Keine selbständige wirtschaftliche Tätigkeit, § 304 Abs. 1 S. 1 InsO.** Differenzierendes Merkmal zwischen dem persönlichen Anwendungsbereich des Regel- und des Verbraucherinsolvenzverfahrens bildet die selbständige wirtschaftliche Tätigkeit des Schuldners. Das Verbraucherinsolvenzverfahren ist für Personen eröffnet, die keine selbständige wirtschaftliche Tätigkeit ausüben oder früher ausgeübt haben, § 304 Abs. 1 S. 1 InsO. Bei einer früheren wirtschaftlichen Tätigkeit bricht § 304 Abs. 1 S. 2 InsO die scharfen Konturen dieser Unterscheidung auf und lässt insbes. bei überschaubaren Vermögensverhältnissen ein Verbraucherinsolvenzverfahren zu. Trotz der terminologischen Anlehnung im Titel des Neunten Buchs bieten weder die Stellung als Verbraucher noch der Verbraucherbegriff ein exaktes sachliches Abgrenzungskriterium. Um den Anwendungsbereich des Verfahrens zu bestimmen, wird weder der bürgerlichrechtliche Verbraucherbegriff aus § 13 BGB noch ein anderer, gar eigenständiger Begriff herangezogen. Die Bezeichnung als Verbraucherinsolvenzverfahren ermöglicht nur eine erste, allein dem Alltagsverständnis genügende Annäherung. Maßgender Zeitpunkt für die Abgrenzung ist die Antragstellung.[23]

19 Eine selbständige Tätigkeit liegt vor, wenn sie im eigenen Namen, in eigener Verantwortung, für eigene Rechnung und auf eigenes Risiko ausgeübt wird.[24] Verlangt wird ein planmäßiges Auftreten am Markt.[25] Größere Schwierigkeiten bereitet das Attribut der selbständigen wirtschaftlichen Tätigkeit. Obwohl ein Grundbestand an gemeinsamen Vorstellungen existiert, ist bislang noch kein einheitliches Verständnis der selbständigen wirtschaftlichen Tätigkeit entwickelt. Dies ist bemerkenswert, weil dieses Merkmal wegweisende Unterscheidungskraft zwischen den Verfahrensarten besitzt, deutet aber auch die Schwierigkeiten einer sachgerechten Abgrenzung an. Der durch das europäische Recht grundierte Unternehmerbegriff aus § 14 BGB kann nicht unmittelbar zur Abgrenzung herangezogen werden, weil er auf die Zweckrichtung eines konkreten rechtsgeschäftlichen Handelns verweist. Auch der handelsrechtliche Begriff des Kaufmanns erweist sich als zu eng, denn er stellt auf eine gewerbliche Tätigkeit ab und blendet Freiberufler aus. Auf die einkommensteuerrechtliche Differenzierung bei den Einkünften aus selbständiger Arbeit, §§ 2 Abs. 1 Nr. 3, 18 Abs. 1 EStG vermag nicht zurückgegriffen zu werden, weil sie etwa gewerbliche und landwirtschaftliche Tä-

---

[18] LG Göttingen ZInsO 2007, 166.
[19] BGH NZI 2008, 382 Rn. 8.
[20] FK/*Kohte/Busch*, § 304 Rn. 5; vgl. dazu § 77 Rn. 5 ff.
[21] *Hess*, § 304 Rn. 31.
[22] HambKommInsO/*Streck*, § 304 Rn. 3; HK/*Landfermann*, § 304 Rn. 5.
[23] Karsten Schmidt/*Stephan*, § 304 Rn. 11; s. a. *Hess*, § 304 Rn. 61 ff. mwN.
[24] BGH NJW 2006, 917, 918.
[25] AGR/*Henning*, § 304 Rn. 42.

tigkeiten unberücksichtigt lässt.[26] Eines zeigen die unterschiedlichen Ansätze indessen sehr deutlich. Jeder Rechtsbereich benötigt seinen eigenen Ansatz, weswegen die Distinktion nach der selbständigen wirtschaftlichen Tätigkeit aus einer autonomen insolvenzrechtlichen Interpretation zu entwickeln ist. Abzustellen ist auf die unterschiedliche Funktion der insolvenzrechtlichen Verfahren. Während im Regelinsolvenzverfahren neben anderen Zwecken vor allem produktives Vermögen liquidiert oder saniert werden soll, dient das Verbraucherinsolvenzverfahren insoweit eher der Verwertung von konsumtiven Vermögen und Einkünften aus Arbeit.

Kaufleute und andere gewerblich tätige Personen, Landwirte sowie niedergelassene Angehörige freier Berufe,[27] wie Ärzte, Zahnärzte, Psychologen,[28] Rechtsanwälte, Notare, Architekten, Steuerberater und Künstler,[29] sind selbständig wirtschaftlich tätig. Für die Insolvenzfähigkeit muss zwar zwischen der Gesellschaft als Träger des Unternehmens und den Gesellschaftern unterschieden werden. Bei der Zurechnung einer unternehmerischen Tätigkeit durch eine Gesellschafterstellung für den personalen Anwendungsbereich der Verfahrensarten ist aber teleologisch zwischen den Leistungen der jeweiligen Verfahren unter Berücksichtigung der Verschuldensstruktur abzugrenzen. Persönlich haftende Gesellschafter einer Personenhandelsgesellschaft werden mit Aufnahme des Geschäftsbetriebs Kaufleute. Gesellschafter von Kapitalgesellschaften und Geschäftsführer einer GmbH üben als solche keine selbständige wirtschaftliche Tätigkeit aus. Der geschäftsführende Alleingesellschafter einer GmbH ist allerdings selbständig wirtschaftlich tätig.[30] Gleiches gilt auch für den geschäftsführenden Mehrheitsgesellschafter, der 96 % der Anteile hält.[31] Die Grenze wird bei einer 50prozentigen Beteiligung liegen.[32] Bei einer komplexen Auseinandersetzung soll bereits die Beteiligung an einer Kapitalgesellschaft in Höhe von 50 % ausreichen.[33] Bei arbeitnehmerähnlichen Personen ist nach den oben genannten Kriterien zu differenzieren. Als Ein-Firmen-Vertreter, Franchisenehmer etc. sind sie selbständig wirtschaftlich tätig, nicht aber als freie Mitarbeiter der Medien oder Heimarbeiter.[34] Letzteres wird auch für Prostituierte in Abhängigkeitsverhältnissen zu gelten haben. Bei einer vermögensverwaltenden Tätigkeit, etwa von Immobilien, wird zT danach unterschieden, ob die Erträge verbraucht oder reinvestiert werden.[35] Dann hängt die Abgrenzung allerdings von der subjektiven Nutzenentscheidung des Schuldners ab. Näher liegt es, auch hier von den Verfahrensleistungen auszugehen, so dass bei einem zu verwertenden größeren Immobilienbestand ein Regelinsolvenzverfahren einzuleiten ist. Nicht selbständig sind als Arbeitnehmer abhängig Beschäftigte, Beamte und nicht erwerbswirtschaftlich tätige Personen. Scheinselbständige sind Arbeitnehmer und nicht selbständig.[36]

Anders als bei einer früheren Erwerbstätigkeit bestimmt das Gesetz für eine aktuell ausgeübte selbständige wirtschaftliche Tätigkeit keine Erheblichkeitsschwelle. Es genügt deswegen eine nebenberufliche Beschäftigung von geringerem Umfang.[37] Einschrän-

---

[26] Ebenso Karsten Schmidt/*Stephan*, § 304 Rn. 4.
[27] BGH NZI 2003, 105.
[28] Karsten Schmidt/*Stephan*, § 304 Rn. 4; anders noch BGH NZI 2003, 389, 391 zu § 304 Abs. 2 InsO aF.
[29] MüKoInsO/*Ott*/*Vuia*, § 304 Rn. 53.
[30] BGH NJW 2006, 917, 918.
[31] BGH NZI 2009, 384, 385; Uhlenbruck/Hirte/Vallender/*Vallender*, § 304 Rn. 13; aA *Fuchs*, NZI 2002, 239, 240.
[32] FK/*Kohte*/*Busch*, § 304 Rn. 21; Karsten Schmidt/*Stephan*, § 304 Rn. 5; *Henning*, in: Wimmer/Dauernheim/Wagner/Weidekind, Kap. 14 Rn. 11.
[33] LG Hamburg NZI 2013, 307.
[34] Zu den letzten beiden Gruppen FK/*Kohte*/*Busch*, § 304 Rn. 9.
[35] *Mohrbutter*/*Ringstmeier*/*Pape*/*Sietz*, § 16 Rn. 14; iE auch LG Göttingen ZInsO 2007, 166, 167.
[36] AA AGR/*Henning*, § 304 Rn. 39.
[37] BGH NZI 2011, 410 Rn. 7; AG Hamburg ZInsO 2004, 1375; *Andres*/*Leithaus*, § 304 Rn. 6; HambKommInsO/*Streck*, § 304 Rn. 5.

kend ist aber eine wirtschaftlich selbständige Tätigkeit erst dann anzunehmen, wenn die Nebentätigkeit einen nennenswerten Umfang erreicht und sich organisatorisch verfestigt hat. Erreichen die Einkünfte aus der Tätigkeit nicht einmal die Bagatellgrenze des § 3 EStG von derzeit EUR 2 400,–, spricht viel für das Fehlen einer verfestigten organisatorischen Einheit.[38] Auf die zu diesem Kriterium ergangene Rechtsprechung zu § 6 HWiG[39] kann wegen des spezifisch verbraucherschützenden Charakters dieser Norm nicht abgestellt werden. Maßgebend muss der Verfahrenszweck sein, wie er durch § 304 Abs. 1 S. 2, Abs. 2 InsO ausgedrückt wird. Wenn schon für eine frühere selbständige wirtschaftliche Tätigkeit nur bei überschaubaren Vermögensverhältnissen das Verbraucherinsolvenzverfahren zulässig ist, dann darf bei einer bestehenden Selbständigkeit nur deutlich unterhalb dieser Schwelle ein Verbraucherinsolvenzverfahren durchgeführt werden. Dem Schuldner sind dadurch Gestaltungsmöglichkeiten eröffnet, um in ein Regelinsolvenzverfahren flüchten zu können, doch ist dies nur bei einem erkennbar rechtsmissbräuchlichen Verhalten unzulässig.

22 Die selbständige wirtschaftliche Tätigkeit muss bei Antragstellung ausgeübt werden.[40] Für den Beginn der selbständigen Tätigkeit weisen die handelsrechtlichen und verbraucherschützenden Referenzmodelle – kaum überraschend – unterschiedliche Bezugspunkte auf.[41] Maßgebend muss auch insoweit die in § 304 Abs. 1 S. 2 InsO ausgedrückte gesetzliche Entscheidung sein, das Regelinsolvenzverfahren in einem differenzierten, aber dennoch weitem Umfang zu eröffnen. Es genügt zwar nicht, wenn nur ein einzelnes Geschäft mit dem Ziel geschlossen wird, eine selbständige Tätigkeit aufzunehmen.[42] Liegen jedoch verschiedene am Markt sichtbare Vorbereitungshandlungen vor, die zu mehreren Verbindlichkeiten geführt haben, ist eine selbständige Tätigkeit iSv § 304 Abs. 1 S. 1 InsO begonnen. Beendet ist die Selbständigkeit erst mit vollständiger Aufgabe der Betriebstätigkeit. Zumeist werden sich bei einer Beendigung der selbständigen Tätigkeit keine größeren Schwierigkeiten ergeben, weil § 304 Abs. 1 S. 1 InsO in weitem Umfang auch den früher Selbständigen das Regelinsolvenzverfahren eröffnet. Schwierigkeiten bereiten aber geringfügige, am Markt kaum nachweisliche Betätigungen, die sukzessive eingestellt werden. Die in § 165 Abs. 1 Nr. 3 SGB III und § 7 Abs. 1 S. 3 Nr. 3 BetrAVG geforderte vollständige Beendigung der Betriebstätigkeit bietet einen gewichtigen Anhaltspunkt.[43] Bei einer Unfähigkeit zur Reorganisation liegt keine selbständige Tätigkeit mehr vor.[44] Diese auf das Insolvenzverfahren bezogene Vorschrift bestimmt zwar über Arbeitnehmerforderungen. Sie deutet aber an, wie weit die Grenze hinausgeschoben sein muss.

23 Noch nicht beantwortet ist damit, ob der Schuldner mit der Aufnahme einer selbständigen wirtschaftlichen Tätigkeit während des Verfahrens aus dem Anwendungsbereich des Verbraucherinsolvenzverfahrens herausfällt. Da es sich beim persönlichen Anwendungsbereich um eine Sachentscheidungsvoraussetzung handelt, wäre nach den allgemeinen zivilprozessualen Regeln für die Beurteilung die letzte mündliche Verhandlung maßgebend. Auf die besondere Situation im Verbraucherinsolvenzverfahren kann dieser Zeitpunkt jedoch nicht übertragen werden. Funktional muss die neue selbständige Tätigkeit jedenfalls ab der Eröffnung des Insolvenzverfahrens nicht mehr berücksichtigt werden, weil der Insolvenzverwalter durch eine Negativerklärung nach § 35 Abs. 2

---

[38] BGH NZI 2011, 410 Rn. 7; Uhlenbruck/Hirte/Vallender/*Vallender*, § 304 Rn. 9; HK/*Landfermann*, § 304 Rn. 6.
[39] LG Rostock NJW-RR 1994, 1015.
[40] BGH NZI 2003, 105.
[41] Vgl. FK/*Kohte/Busch*, § 304 Rn. 11.
[42] BGHZ 162, 253, 256, zu § 1031 Abs. 5 S. 1 ZPO iVm § 13 BGB.
[43] FK/*Kohte/Busch*, § 304 Rn. 13; s.a. *Preuß*, Verbraucherinsolvenzverfahren und Restschuldbefreiung, Rn. 11.
[44] AGR/*Henning*, § 304 Rn. 43.

InsO das aus der Tätigkeit erlangte Vermögen aus der Masse ausscheiden und die Entstehung von Masseverbindlichkeiten verhindern kann. Vorzugsweise erscheint ein früherer Anknüpfungspunkt. Sobald eine gerichtliche Festlegung auf eine Verfahrensart erfolgt ist, erweist sich die Aufnahme einer selbständigen Tätigkeit als unschädlich.

3. Frühere selbständige Tätigkeit, § 304 Abs. 1 S. 1, Abs. 2 InsO. Für früher 24 selbständig wirtschaftlich tätige Personen ist das Regelinsolvenzverfahren eröffnet, es sei denn, ihre Vermögensverhältnisse sind überschaubar und es bestehen gegen sie keine Forderungen aus Arbeitsverhältnissen. Begründet ist diese Verfahrenswegweisung darin, dass bei vormals Selbständigen die Verschuldung gerade durch die persönliche Haftung für Geschäftsschulden gekennzeichnet ist.[45] Um eine exakte Abgrenzung zu ermöglichen, grenzen zwei formalisierte Kriterien den Anwendungsbereich des Verbraucherinsolvenzverfahrens ab. Unerheblich ist insoweit, ob andere Erwägungen für oder gegen die Einordnung sprechen.

Das Verbraucherinsolvenzverfahren ist bei einer früheren Selbständigkeit nach § 304 25 Abs. 1 S. 2 InsO nur zulässig, soweit die Vermögensverhältnisse des Schuldners überschaubar sind. Dies sind sie nach der unwiderleglichen Vermutung[46] des § 304 Abs. 2 InsO lediglich dann, wenn der Schuldner weniger als zwanzig Gläubiger hat.[47] Abzustellen ist auf die Zahl der Gläubiger im Zeitpunkt der Antragstellung. Maßgebend ist dieses Kriterium allein bei einer früher selbständig wirtschaftlich tätigen Person. Ist der Schuldner aktuell selbständig, muss er selbst bei einer geringeren Gläubigerzahl ein Regelinsolvenzverfahren absolvieren. War er niemals selbständig, steht ihm auch bei einer höheren Gläubigerzahl allein das Verbraucherinsolvenzverfahren offen. Unerheblich ist im Rahmen der gesetzlichen Vermutung die Anzahl der Forderungen, die mehr Positionen umfassen darf.[48] Regelmäßig wird die Gläubigerzahl anhand des Gläubigerverzeichnisses festzustellen sein. Eine funktionale Verknüpfung zwischen den Verbindlichkeiten und der selbständigen Tätigkeit besteht nicht. Bedeutungslos ist, ob zumindest einzelne oder die Mehrheit bzw. gar sämtliche Gläubiger Forderungen aus der Geschäftstätigkeit haben. Eine solche Anknüpfung widerspräche dem Wortlaut der Norm, dem personalisierten Bezug auf die Gläubiger und nicht die Forderungen sowie dem gesetzlichen Ziel, die Abgrenzung anhand einfacher Kriterien zu ermöglichen. Sonst müssten sowohl die Herkunft der Forderung als auch eine quantitative Relevanzgrenze festgestellt werden. Selbst wenn es an einer spezifischen Verschuldensstruktur fehlt oder die Tätigkeit viele Jahre zurückliegt, ist bei der fixierten Zahl von zwanzig Gläubigern einer früher selbständigen Person der Zugang zum Regelinsolvenzverfahren vorgesehen.[49] Unterschreitet die Gläubigerzahl diesen Schwellenwert, kann dennoch gemäß § 304 Abs. 1 S. 2 InsO ein Regelinsolvenzverfahren durchzuführen sein, wenn die Vermögensverhältnisse nicht überschaubar sind. In Betracht kommen etwa eine unübersichtliche Verschuldensstruktur in Form von zahlreichen Forderungen in beträchtlicher Höhe oder eine hohe Forderungszahl bei wenigen Gläubigern, komplizierte Anfechtungsverhältnisse[50] oder schwierige Verwertungsfragen bei einem Immobilienbestand.[51]

Unabhängig von den sonstigen Vermögensverhältnissen ist nach § 304 Abs. 1 S. 2 26 InsO das Verbraucherinsolvenzverfahren ausgeschlossen, falls gegen den Schuldner eine Forderung aus einem Arbeitsverhältnis gerichtet ist. Dadurch sollen Koordinations-

---

[45] *Kohte*, ZInsO 2002, 53, 55.
[46] *Mohrbutter/Ringsmeier/Pape/Sietz*, § 16 Rn. 19.
[47] Vgl. AGR/*Henning*, § 304 Rn. 47.
[48] BGH NJW 2006, 917, 919.
[49] KPB/*Wenzel*, § 304 Rn. 17; Braun/*Buck*, § 304 Rn. 10; aA FK/*Kohte/Busch*, § 304 Rn. 36; Nerlich/Römermann/*Römermann*, § 304 Rn. 13 ff.
[50] AGR/*Henning*, § 304 Rn. 49.
[51] LG Berlin ZInsO 2010, 2343; AG Göttingen ZInsO 2002, 147.

schwierigkeiten zwischen dem Schuldenbereinigungsverfahren und der Leistung von Insolvenzgeld nach § 165 SGB III vermieden werden. Selbst wenn diese Überlegung bei eingestellten Betriebstätigkeiten kaum trägt und ein Verzichtsverbot aus § 4 Abs. 4 TVG mangels Tarifgebundenheit der Beteiligten regelmäßig fehlt, bestehen doch zwischen Forderungen aus Arbeitsverhältnissen und anderen Forderungen strukturelle Unterschiede, die diese Abgrenzung letztlich rechtfertigen. Erfasst werden zunächst die zivilrechtlichen Forderungen der Arbeitnehmer. Da auf eine weite Interpretation der Verbindlichkeiten aus einem Arbeitsverhältnis abzustellen ist,[52] werden auch Forderungen von Sozialversicherungsträgern und Finanzämtern[53] sowie die auf die Bundesagentur für Arbeit aufgrund der Gewährung von Insolvenzgeld gem. § 187 S. 1 SGB III aF bzw. § 169 SGB III übergegangenen Ansprüche darunter gefasst.[54] Gleichzubehandeln sind Beitragsforderungen der Berufsgenossenschaft, die sich auf Arbeitnehmer beziehen.[55] Berufsgenossenschaftliche Forderungen für den Schuldner selbst, der keine Arbeitnehmer beschäftigt hat, stellen dagegen keine Forderungen aus Arbeitsverhältnissen dar.[56] Ebenso wenig beinhaltet die Forderung auf Rückzahlung eines Eingliederungszuschusses für einen Schwerbehinderten eine Forderung aus einem Arbeitsverhältnis, denn die Zahlung wird als Anreiz an den Arbeitgeber geleistet, damit dieser einen Schwerbehinderten einstellt.[57]

IV. Zugang zum Verfahren

1. Verfahrensart. Regel- und Verbraucherinsolvenzverfahren bilden zwei unterschiedliche und sich nach ihrem persönlichen Anwendungsbereich wechselseitig ausschließende Verfahrensgestaltungen.[58] Der Schuldner ist nicht berechtigt, zwischen beiden Verfahrensarten zu wählen. Das Gericht hat die zutreffende Verfahrensart von Amts wegen zu ermitteln und festzustellen. Auf dieser Grundlage muss das Insolvenzgericht über die Zulässigkeit bzw. Unzulässigkeit eines gestellten Insolvenzeröffnungsantrags entscheiden.

2. Antrag. Der Schuldner kann ungebunden entscheiden, ob er die Eröffnung eines Insolvenzverfahrens über sein eigenes Verfahren beantragt. Allerdings kann nach der Rechtsprechung des BGH für einen Schuldner bei einem Mangelfall im Rahmen der gesteigerten Unterhaltspflicht gegenüber seinen minderjährigen Kindern sowie den ihnen gleichgestellten Kindern gemäß § 1603 Abs. 2 BGB die Obliegenheit bestehen, einen Antrag auf Eröffnung eines Verbraucherinsolvenzverfahrens zu stellen.[59] Muss der Schuldner dagegen Trennungsunterhalt nach § 1361 Abs. 1 und 2 BGB leisten, trifft ihn als Unterhaltsschuldner grds. keine Obliegenheit zur Einleitung eines Verbraucherinsolvenzverfahrens.[60] Bei einem Eigenantrag ist der Schuldner nicht verpflichtet anzugeben, für welche Verfahrensart er sich entscheidet. Er kann deswegen einen insoweit unbestimmten Antrag stellen und es dem Gericht überlassen, die zulässige Verfahrensart zu ermitteln.[61] Zulässig sind auch ein Haupt- und ein Hilfsantrag.[62] Das Gericht hat dann eine etwaige unternehmerische Tätigkeit des Schuldners sowie ggf. die Gläubigerzahl

---

[52] BGH NZI 2011, 202 Rn. 12; Karsten Schmidt/*Stephan*, § 304 Rn. 12; *Hess*, § 304 Rn. 48.
[53] BGH NJW 2006, 917, 919.
[54] BGH NZI 2011, 202 Rn. 12; AGR/*Henning*, § 304 Rn. 51.
[55] AG Hamburg ZVI 2003, 168, 169; MüKoInsO/*Ott/Vuia*, § 304 Rn. 61.
[56] GH ZInsO 2009, 2216.
[57] AG Essen ZVI 2002, mit Anm. *Fischer*.
[58] LG Köln NZI 2000, 538, 540; OLG Celle NZI 2000, 229, 230.
[59] BGH NJW 2005, 1279; NZI 2008, 114 Rn. 23; OLG Brandenburg ZInsO 2009, 2019, 2022.
[60] BGH NZI 2008, 193 Rn. 19f.; *Ahrens*, NZI 2008, 159.
[61] OLG Köln NZI 2000, 538, 540; FK/*Kohte/Busch*, § 304 Rn. 51; KPB/*Wenzel*, § 304 Rn. 5.
[62] FK/*Kohte/Busch*, § 304 Rn. 54; Nerlich/Römermann/*Römermann*, § 304 Rn. 25.

und das Bestehen von Verbindlichkeiten aus Arbeitsverhältnissen festzustellen. Fehlen erforderliche Unterlagen, muss das Insolvenzgericht dem Schuldner aufgeben, diese beizubringen. Gelangt das Gericht zur Überzeugung, es müsse ein Verbraucherinsolvenzverfahren absolviert werden, und genügt der Antrag nicht den Anforderungen aus § 305 Abs. 1 InsO, hat das Gericht den Schuldner zur Ergänzung binnen der Monatsfrist aus § 305 Abs. 3 S. 1 InsO aufzufordern. In dieser kurzen Frist lässt sich ein außergerichtlicher Einigungsversuch kaum nachholen. Um nicht bei Fristablauf der Rücknahmefiktion aus § 305 Abs. 3 S. 2 InsO ausgesetzt zu sein, wird der Schuldner in Zweifelsfällen die Unterlagen für ein Verbraucherinsolvenzverfahren vorbereitet haben müssen. Seine Freiheit bei einem unbestimmten Verfahren ist deswegen sehr klein. Beantragt der Schuldner ausschließlich die Eröffnung in einer konkreten Verfahrensart, ist das Gericht an diesen bestimmten Antrag gebunden. Es darf nicht von Amts wegen das Verfahren in die für zulässig erachtete Art überleiten.[63] Hält das Gericht dieses Verfahren für unzulässig, muss es den Schuldner anhören und eine Umstellung des Antrags anregen. Reagiert der Schuldner nicht, ist der Eröffnungsantrag als unzulässig zu verwerfen.[64] Gegen den Beschluss, mit dem der Antrag als unzulässig verworfen oder – unzulässig – in eine andere Verfahrensart übergeleitet wird, ist für den Schuldner die sofortige Beschwerde nach den §§ 6, 34 InsO eröffnet.[65] Hat allein der Schuldner die Eröffnung des Insolvenzverfahrens beantragt, ist die sofortige Beschwerde eines Gläubigers dagegen nicht statthaft.[66]

Auch wenn ein Gläubiger die Eröffnung des Insolvenzverfahrens beantragt, muss die Verfahrensart nicht ausdrücklich bezeichnet werden. Es gelten insoweit grds. die gleichen Überlegungen, wie bei einem Schuldnerantrag. Vereinzelt wird angenommen, bei einer nicht benannten Verfahrensart sei von einem Regelinsolvenzverfahren auszugehen. Wenn die Amtsermittlung dann die Voraussetzungen eines Verbraucherinsolvenzverfahrens ergebe, müsse der Antragsteller die Überleitung in ein Verbraucherinsolvenzverfahren beantragen.[67] Ein solches Verständnis widerspricht indessen dem Grundsatz, wonach Prozesshandlungen nach dem wohlverstandenen Interesse des Beteiligten auszulegen sind. Stellt der Gläubiger einen bestimmten, aber unzulässigen Antrag auf Eröffnung des Regelinsolvenzverfahrens, ist dies unerheblich. Das Gericht muss hier von Amts wegen den Anwendungsbereich feststellen, um dem Schuldner auch in diesem Fall Gelegenheit zu gegeben, einen Eigenantrag nach § 306 Abs. 3 S. 1 InsO zu stellen.[68]

V. Reformentwicklungen

Obwohl das Verbraucherinsolvenzverfahren kaum mehr als eine Dekade in Kraft ist, weist es doch bereits eine überaus unruhige Vergangenheit auf. Mehrfach wurden substanzielle Korrekturen vorgenommen oder zumindest diskutiert. Ursächlich dafür waren die Anlauf- und Regelungsschwierigkeiten, die sich bei einem neuartigen komplexen Massenverfahren kaum vermeiden lassen. Verstärkt wurden die Reformwünsche durch manche prinzipielle Distanz gegenüber einem Insolvenzverfahren für natürliche Personen. Vereinzelt wurde sogar ein Weg außerhalb des Insolvenzrechts gesucht.[69] In einem

---

[63] BGH NZI 2013, 540 Rn. 9 ff.; LG Göttingen ZInsO 2007, 166, 167.
[64] BGH NZI 2009, 384, 385; OLG Schleswig NZI 2000, 164; LG Göttingen NZI 2001, 218, 219; ZInsO 2007, 166, 167; FK/*Kohte/Busch*, § 304 Rn. 54; AGR/*Henning*, § 304 Rn. 56.
[65] BGH NZI 2013, 540 Rn. 11 f.; OLG Schleswig NZI 2000, 164; MüKoInsO/*Ott/Vuia*, § 304 Rn. 76; HK/*Landfermann*, § 304 Rn. 14.
[66] BGH NZI 2013, 540 Rn. 15.
[67] LG Hamburg NZI 2012, 29.
[68] Uhlenbruck/Hirte/Vallender/*Vallender*, § 304 Rn. 27; Braun/*Buck*, § 304 Rn. 18.
[69] *Förster*, ZInsO 2002, 1105; *Wiedemann*, ZVI 2004, 645.

kraftvollen Akt hat der Gesetzgeber mit dem InsOÄndG vom 26.10.2001[70] die wichtigste Zugangshürde zum Verbraucherinsolvenz- und Restschuldbefreiungsverfahren beseitigt und die Kostenstundung nach den §§ 4a bis 4d InsO eingeführt. Zugleich wurden neben zahlreichen anderen Novellierungen der personale Anwendungsbereich nach § 304 InsO modifiziert und präzisiert, die Regelung über das Scheitern des außergerichtlichen Einigungsversuchs in § 305a InsO geschaffen sowie das gerichtliche Schuldenbereinigungsplanverfahren gemäß § 306 Abs. 1 S. 3 InsO fakultativ ausgestaltet.

31 In den Jahren 2003 bis 2008 hat sich die Debatte vielfach grundsätzlichen Reformüberlegungen zugewandt.[71] Rechtspolitisch gewollt und sozialpolitisch notwendig ermöglicht die Kostenstundung, auch für die ärmsten Bevölkerungskreise ein Insolvenzverfahren zu eröffnen, § 26 Abs. 1 S. 2 Alt. 2 InsO, um ihnen einen Zugang zur Restschuldbefreiung zu verschaffen. Unter dem Stichwort des masselosen Insolvenzverfahrens wird vor allem mit Blick auf mögliche Verfahrenserleichterungen um eine Neuausrichtung des Verbraucherinsolvenzverfahrens gerungen. Inzwischen wird die ganz überwiegende Zahl der Verbraucherinsolvenzverfahren[72] aufgrund der Kostenstundung ohne eine die Verfahrenskosten deckende Masse eröffnet.

32 Nach mehreren Anläufen[73] ist am 5.12.2007 ein Gesetzentwurf in das parlamentarische Verfahren eingebracht worden,[74] dort aber, soweit er die Entschuldung mittelloser Personen betraf, nach einer wenig zustimmenden Expertenanhörung im Rechtsausschuss nicht weiter behandelt worden und der Diskontinuität anheimgefallen. Pate für die ministeriellen Reformanläufe standen vor allem fiskalpolitische Absichten. Um die Justizhaushalte von Ausgaben zu entlasten, drängten die Landesjustizminister seit Längerem auf eine Aufhebung der Kostenstundung nach den §§ 4a bis 4d InsO, eine Forderung, die für die aktuellen Reformvorschläge zum Angelpunkt geworden ist. Zahlreiche Stimmen mit teils überaus kritischen Einwänden haben sich zu den Entwürfen geäußert, wobei sich zwei hauptsächliche Diskussionslinien erkennen lassen. Infrage gestellt wurden die Behauptungen der Ministerialverwaltungen, wonach dem erheblichen finanziellen Aufwand bei der Kostenstundung kaum Rückflüsse entgegenstünden, denn die Landesjustizverwaltungen haben dazu keine belastbaren Daten vorgelegt, während stichprobenartige empirische Erhebungen ganz erhebliche Rückzahlungen auswiesen.[75] Andere Einwände richteten sich gegen das unvollständig durchgebildete integrative Modell, mit dem parallel zur Verbraucherinsolvenz in den §§ 289a bis 289c E-InsO ein insolvenzrechtlich strukturiertes Entschuldungsverfahren ohne Durchführung eines Insolvenzverfahrens geschaffen werden sollte.[76]

---

[70] BGBl. I, 2710.
[71] *Frind*, ZInsO 2003, 341; *ders.*, ZInsO 2006, 342; *ders.*, ZInsO 2007, 473; *ders.*, ZInsO 2009, 1135; *Grote*, ZInsO 2003, 207; *ders.*, FS Kirchhof (2003), 149 ff.; *Grote/G. Pape*, ZInsO 2004, 993; *Hartenbach*, ZVI 2003, 62; *Heyer*, Restschuldbefreiung im Insolvenzverfahren (2004), S. 29 ff., 162; *ders.*, ZInsO 2005, 1009; *Henning*, ZInsO 2004, 585; *Hergenröder*, DZWIR 2006, 265; *ders.*, DZWIR 2009, 221; *Hofmeister/Jäger*, ZVI 2005, 180; *Holzer*, ZVI 2007, 393; *Jäger*, ZVI 2003, 55; *ders.*, ZVI 2005, 15; *Kohte*, ZVI 2005, 9; *Ohle/Jäger*, ZVI 2004, 714; *Ohle/Schatz/Jäger*, ZVI 2006, 480; *Pape, G.*, ZInsO 2003, 389; *ders.*, ZVI 2007, 239; *Pape, I.*, NZI 2004, 601; *Schmerbach*, ZInsO 2003, 253; *ders.*, ZInsO 2004, 897; *ders.*, ZInsO 2005, 77; *ders.*, NZI 2007, 198; *ders.*, NZI 2007, 710; *Springeneer*, ZVI 2006, 1; *dies.*, ZVI 2008, 106; *Stephan*, ZVI 2003, 145; *ders.*, NZI 2004, 521; *ders.*, ZVI 2004, 505; *ders.*, NZI 2006, 671; *Vallender*, NZI 2006, 279; *ders.*, NZI 2007, 617; *Zurlinden*, Reform der Restschuldbefreiung, S. 105 ff.
[72] Schätzungen sprechen von 80% der Verfahren, BT-Drucks. 16/7416, S. 25.
[73] Diskussionsentwurf vom 17.4.2003, ZVI 4/2003, Beilage 1; Referentenentwurf vom 16.9.2004, ZVI 9/2004, Beilage 3; der federführend vom BMJ betreute BLAG-Entwurf v. 2.3.2006, ZVI 3/2006, Beilage 1; Referentenentwurf vom 23.1.2007, Beilage zu NZI 3/2007; RegE vom 22.8.2007, BR-Drucks. 600/07.
[74] BT-Drucks. 16/7416.
[75] *Busch/Mäusezahl*, ZVI 2005, 398; *Grote/Müller*, ZInsO 2006, 187; *Löffler*, ZVI 2006, 385.
[76] ZB *Ahrens*, ZRP 2007, 84; *ders.*, NZI 2007, 193.

Als Kontrast dazu wurde ein Alternativentwurf zur Entschuldung mitteloser Personen vorgelegt, der ohne ein eröffnetes Insolvenzverfahren und ohne eine Forderungsanmeldung den Weg zur Restschuldbefreiung bereiten sollte.[77] Unabhängig von diesen konkreten Vorschlägen bleibt die Kernfrage, welche Leistungen des Insolvenzverfahrens unabdingbar sind, um den Weg zur Restschuldbefreiung vorzubereiten. Die entscheidenden Stichworte hierzu bilden die unverzichtbare Voraussetzung einer insolvenzrechtlichen Gesamtwirkung mit Vollstreckungsverbot sowie die Verteilung unter erleichterten Voraussetzungen. Vor allem die Forderungsanmeldung und -feststellung und manche Eröffnungswirkungen erscheinen demgegenüber als eher entbehrliche *accidentalia*. Angezeigt ist sicherlich eine substanzielle Korrektur des außergerichtlichen Einigungsversuchs. Wohin der Weg führen wird, ist derzeit gänzlich offen. Jedenfalls erscheint ein neuer Reformanlauf auch angesichts der wieder größeren fiskalischen Belastungen nicht unwahrscheinlich. 33

In der 17. Legislaturperiode wurde dann ein erneuter Anlauf zur Reform des Verbraucherinsolvenzverfahrens gestartet. Der Entwurf eines Gesetzes zur Verkürzung des Restschuldbefreiungsverfahrens und Stärkung der Gläubigerrechte vom 31.10.2012 leitete das parlamentarische Verfahren im Deutschen Bundestag ein.[78] Mit dem Gesetz vom 15.7.2013[79] wurde das Gesetzgebungsverfahren abgeschlossen. Als wesentliche Neuerung im Verbraucherinsolvenzverfahren wurden darin die §§ 312 bis 314 InsO aufgehoben. Zum Inkrafttreten → § 76 Rn. 39. 34

§ 82. Außergerichtlicher Einigungsversuch

Übersicht

	Rn.
I. Konstruktionsschwächen	1
II. Beratungshilfe	3
III. Außergerichtliche Schuldenbereinigung	4
1. Einigungsversuch	4
2. Schuldenbereinigungsplan im außergerichtlichen Verfahren	9
3. Scheitern des Einigungsversuchs	11
IV. Neues Recht ab 1.7.2014	13

I. Konstruktionsschwächen

Der außergerichtliche Einigungsversuch bildet eine zwingende Voraussetzung des Verbraucherinsolvenzverfahrens. Will sich eine natürliche Person durch eine Restschuldbefreiung entschulden, muss sie einen eigenen Insolvenzeröffnungsantrag stellen.[1] Unterliegt sie dem persönlichen Anwendungsbereich des Verbraucherinsolvenzverfahrens, ist dem gerichtlichen Verfahren unausweichlich ein außergerichtlicher Einigungsversuch vorgeschaltet. Nach § 305 Abs. 1 Nr. 1 InsO ist ein Antrag auf Eröffnung eines Verbraucherinsolvenzverfahrens nur zulässig, wenn der Schuldner in den letzten sechs Monaten auf der Grundlage eines Plans eine außergerichtliche Einigung versucht hat, deren Scheitern durch eine geeignete Person oder Stelle bescheinigt wird. Auf einen Gläubigerantrag wird dem Schuldner Gelegenheit gegeben, einen eigenen Insolvenzan- 1

---

[77] *Grote/Heyer*, ZInsO 2006, 1138 = ZVI 2006, 528; außerdem *Heyer/Grote*, ZInsO 2006, 1121.
[78] BT-Drucks. 17/11268; BR-Drucks. 467/12; s.a. Hergenröder/Hohmann, ZVI 2013, 91; *Ritter*, ZVI 2013, 135.
[79] BGBl. I, 2379.
[1] → § 77 Rn. 10.

2 Ein Verbraucherinsolvenz- und mehr noch ein Restschuldbefreiungsverfahren verlangen erhebliche Anstrengungen des Schuldners. Zugleich verursachen sie einen erheblichen Aufwand bei Gericht und veranlassen nicht ganz geringe Verfahrenskosten. Der hoffnungsvolle Ansatz, den Schuldner über einen außergerichtlichen Einigungsversuch aktiv in das Verfahren einzubinden und die Belastungen der Gerichte sowie öffentlichen Haushalte durch einen außergerichtlichen Akkord zu reduzieren, ist in vielen Elementen als gescheitert anzusehen. Inzwischen wird der außergerichtliche Einigungsversuch in seiner aktuellen Gestalt überwiegend kritisiert[2] oder vereinzelt sogar als Farce[3] bezeichnet. Ursächlich dafür sind seit Längerem bekannte Konstruktionsfehler des Verfahrens. Der Einigungsversuch stellt erhebliche administrative Anforderungen, an denen nicht wenige Schuldner scheitern. Schuldnerberatungsstellen der Wohlfahrtsverbände und Kommunen sind finanziell unzureichend ausgestattet und deswegen häufig zu überlastet, um eine zeitnahe und umfassende Begleitung zu leisten, eine anwaltliche Unterstützung ist für den Schuldner regelmäßig nur zu bezahlen, wenn ihm Beratungshilfe bewilligt wird. Institutionelle Gläubiger reagieren oft mit Standardablehnungen, Einzelgläubiger mit Unverständnis auf die ihnen angebotenen Quoten. Öffentliche Gläubiger sind trotz der Erlassansprüche aus den §§ 163, 227 AO, § 76 Abs. 2 SGB VI und des Rundschreibens des BMF vom 11.1.2002[4] noch immer wenig flexibel.[5] Solange diese finanziellen, kompetenziellen und psychologischen Hindernisse nicht überwunden sind, stellt der zwingende außergerichtliche Einigungsversuch einen unnötigen, weil lediglich belastenden Formalismus dar. Die für das Insolvenzverfahren angestrebte Konzentrationswirkung vermag so nur unzureichend realisiert zu werden.

II. Beratungshilfe

3 Die staatliche Sozialleistung der Beratungshilfe bildet ein wichtiges Instrument, um den außergerichtlichen Einigungsversuch effektiver auszugestalten. Obwohl vielfach die Bewilligung von Beratungshilfe befürwortet wird,[6] lehnen dies nicht wenige Gerichte und Literaturstimmen ab.[7] Begründet wird die negative Haltung vor allem mit der durch die Einrichtung von Schuldnerberatungsstellen eröffneten anderweitigen Hilfe iSv § 1 Abs. 1 Nr. 2 BerHG und der auf wirtschaftliche, nicht rechtliche Interessen bezogenen Tätigkeit. So sollen die Schuldnerberatungsstellen selbst bei Strafgefangenen wegen der Möglichkeit begleiteter Ausgänge eine andere Form der Hilfe darstellen.[8] In jüngerer Zeit hat das BVerfG in mehreren Entscheidungen die verfassungsrechtlichen Anforderungen an eine Bewilligung von Beratungshilfe beim außergerichtlichen Einigungsversuch und im Insolvenzeröffnungsverfahren[9] konkretisiert. Seine Rechtsprechung verlangt einen differenzierten Umgang mit dem Instrument der Beratungshilfe. Danach kann zwar vom

---

[2] *Henning*, in: *Wimmer/Dauernheim/Wagner/Weidekind*, Kap. 14 Rn. 17; *Grote*, ZInsO 2001, 17; *Martini*, ZInsO 2001, 249; s. a. Karsten Schmidt/*Stephan*, § 305 Rn. 6.
[3] *Mohrbutter/Ringstmeier/Pape/Sietz*, § 16 Rn. 24.
[4] ZVI 2002, 138.
[5] Etwas optimistischer FK/*Kohte/Busch*, Vor §§ 304 ff. Rn. 16 ff.
[6] AG Schwerte ZVI 2004, 744; AG Hamm ZVI 2005, 628; AG Stendal ZInsO 2007, 1283; AG Kaiserslautern ZInsO 2007, 896; FK/*Schmerbach*, § 13 Rn. 139 ff.; FK/*Kohte/Busch*, Vor §§ 304 ff. Rn. 11 ff.; *Eckardt*, in: Jaeger, InsO, § 4a Rn. 66; Uhlenbruck/Hirte/Vallender/*Uhlenbruck*, § 4 Rn. 22; Karsten Schmidt/*Stephan*, § 305 Rn. 15; HK/*Landfermann*, § 305 Rn. 17; *Hess*, § 304 Rn. 95 ff.; *Beicht/Winnenthal*, ZVI 2006, 265.
[7] AG Emmerich ZVI 2006, 296; AG Lüdenscheid ZVI 2006, 296, mwN; regelmäßig ablehnend auch MüKoInsO/Ott/*Vuia*, § 305 Rn. 13 ff.
[8] AG Mannheim ZInsO 2011, 348, 349.
[9] BVerfG NJW 2003, 2668.

Rechtsuchenden verlangt werden, als andere Möglichkeit zur Hilfe eine Schuldnerberatungsstelle aufzusuchen.[10] Beratungshilfe im Rahmen des außergerichtlichen Schuldenbereinigungsversuchs ist aber dann zu gewähren, wenn die Schuldnerberatungsstellen wegen Überlastung keine Hilfe leisten können. Entscheidend kommt es dafür auf die in der konkreten Situation bestehende Wartezeit an.[11] Als Vergleichsgröße kann auf die sechsmonatige Frist[12] aus § 305 Abs. 1 Nr. 1 InsO abgestellt werden, aus der ein Hinweis für die Verweildauer abzuleiten ist. Eine mehrjährige Wartezeit, wie sie vereinzelt verlangt wird,[13] verstößt gegen das verfassungsrechtliche Gebot der Rechtsschutzgewährleistung. Abzustellen ist auf die kürzeste Wartezeit aller anerkannten Personen und Beratungsstellen im Gerichtsbezirk. Geklärt hat das BVerfG außerdem, dass eine geeignete Stelle nach § 305 Abs. 1 Nr. 1 InsO nicht nach Beratungshilfegrundsätzen abrechnen darf.[14]

III. Außergerichtliche Schuldenbereinigung

1. Einigungsversuch. Um dem Modellbild einer einvernehmlichen Schuldenbereinigung zu genügen, müsste der Schuldner in Kenntnis seiner Verbindlichkeiten mit allen Gläubigern in Verhandlungen eintreten und dabei seine gesamten Vermögenswerte offenbaren. Eine solche Vorstellung entspricht freilich in den seltensten Fällen der Realität. Vielfach kennt der Schuldner nicht die durch Zinsen und Kosten gestiegene Forderungshöhe. Auch sind ihm häufig Name und Anschrift der Gläubiger unbekannt, bspw. wenn der Gläubiger durch Abtretung gewechselt hat, oder er hat sogar einzelne, vielleicht seit längerer Zeit untätige Gläubiger vergessen. Nennt er den Gläubigern bislang noch unbekannte Vermögenswerte, werden diese oftmals eine Zwangsvollstreckung versuchen, wodurch die Einigungschancen zusätzlich beeinträchtigt werden.

Schon nach materiellem Recht hat der Schuldner prinzipiell einen Auskunftsanspruch über die Höhe der Verbindlichkeiten, den die Gläubiger zumeist im eigenen Interesse erfüllen. Daneben begründet § 305 Abs. 2 S. 2 InsO einen eigenständigen einklagbaren[15] Auskunftsanspruch. In seinem Aufforderungsschreiben muss der Schuldner auf einen bereits eingereichten oder in naher Zukunft beabsichtigten Insolvenzeröffnungsantrag hinweisen, § 305 Abs. 2 S. 3 InsO. Solange die Antragstellung beabsichtigt war, kommt es nicht darauf an, ob der Antrag später tatsächlich gestellt wird. Zulässig ist auch ein wiederholtes Auskunftsbegehren.[16] Der Gläubiger muss eine schriftliche Aufstellung seiner gegen den Schuldner gerichteten Forderungen erteilen und dabei die Höhe der Forderungen und deren Aufgliederung in Hauptforderung, Zinsen und Kosten angeben, § 305 Abs. 2 S. 2 InsO. Der Forderungsverlauf und die Verrechnungsart der eingegangenen Zahlungen sind darzustellen. Zugleich muss zweifelsfrei erklärt werden, dass darüber hinaus keine Ansprüche gegen den Schuldner geltend gemacht werden.[17] Die schriftliche Aufstellung muss zwar nicht dem Schriftformgebot aus § 126 BGB genügen, also nicht eigenhändig unterschrieben sein, doch genügt eine elektronische Übermittlung nicht. Infolge der ausdrücklichen gesetzlichen Regelung ist die Auskunft kostenfrei. Die Kostenfreiheit entfällt nicht, weil später kein Insolvenzantrag gestellt wird.[18]

---

[10] Anders *Hess,* § 304 Rn. 99, freies Wahlrecht.
[11] BVerfG NZI 2007, 119, 120.
[12] HK/*Landfermann,* § 305 Rn. 17; Karsten Schmidt/*Stephan,* § 305 Rn. 16; *Pape,* ZInsO 2007, 1183, 1191 f.
[13] AG Darmstadt ZVI 2013, 100, 102.
[14] BVerfG NZI 2007, 181.
[15] LG Düsseldorf ZInsO 2000, 519 (LS).
[16] Henning, in: *Wimmer/Dauernheim/Wagner/Weidekind,* Kap. 14 Rn. 29.
[17] LG Düsseldorf ZInsO 2000, 519 (LS).
[18] FK/*Grote,* § 305 Rn. 47; *Nerlich/Römermann,* § 305 Rn. 64; aA KPB/*Wenzel,* § 305 Rn. 32.

6 Eine Schicksalsfrage für die außergerichtliche Schuldenbereinigung stellt dar, welche Anforderungen an einen ernstlichen Einigungsversuch zu stellen sind und insbesondere, ob der Schuldner mit allen Gläubigern verhandelt haben muss. Der Schuldner muss einen Entschuldungsplan vorlegen, der auch als Nullplan ausgestaltet sein kann,[19] sowie über seine Gesamtverbindlichkeiten und seine Einkommens- und Vermögensverhältnisse informieren. Um einen ernstlichen Einigungsversuch zu dokumentieren, muss die Verhandlung aufgrund eines Plans mit einer Gesamtkonzeption für alle Gläubiger erfolgen, wie die gesetzliche Regelung verlangt.[20] Unschädlich ist, wenn der Plan später ergänzt oder verändert wird, solange er nur eine geeignete Verhandlungsgrundlage darstellt. Auf dieser wegen ihres Informationscharakters schriftlichen Grundlage muss er sodann die Verhandlungen ernstlich führen, wobei auch mündliche oder telefonische Unterredungen zulässig sind.[21] Unzureichend sind unverbindliche Gespräche oder Telefonate. Nachweise über seine persönlichen und wirtschaftlichen Verhältnisse durch Vorlage von Lohnabrechnungen, Kontoauszügen oder der Steuerkarte muss der Schuldner nicht führen.[22]

7 Aus materiellrechtlicher Sicht ist eine Beteiligung sämtlicher Gläubiger schon deswegen unabdingbar, weil regelmäßig ein Vergleich iSv § 779 Abs. 1 BGB abgeschlossen wird, der allein die daran Beteiligten bindet. Auch muss der Schuldner mit seinem Insolvenzantrag ein vollständiges Gläubigerverzeichnis vorlegen, droht ihm doch sonst eine Versagung der Restschuldbefreiung nach § 290 Abs. 1 Nr. 6 InsO. Scheitert der außergerichtliche Einigungsversuch, kann das Gericht zudem bei einer umfassenden Beteiligung die Chancen eines Schuldenbereinigungsplanverfahrens besser abschätzen, doch hat seit dessen fakultativer Ausgestaltung diese Überlegung an Gewicht verloren. Müsste der Schuldner sämtliche Gläubiger beteiligen, entstünden schon wegen des nachweisbedürftigen Zugangs der umfassenden Unterlagen oft sehr erhebliche Kosten. Bei weitreichenden Anforderungen könnte ein ernsthafter Einigungsversuch bereits dann verneint werden, wenn der Schuldner eine einzige Adresse nicht zu ermitteln vermag. Um das obligatorische Einigungsverfahren nicht ad absurdum zu führen, genügt es freilich umgekehrt auch nicht, eine einzelne ablehnende Stellungnahme eines Gläubigers einzuholen. Ein Einigungsversuch mag sinnlos erscheinen, wenn der Schuldner einkommens- und vermögenslos ist und nur Gläubiger hat, von denen ein Insolvenzantrag gestellt wurde.[23] Dennoch muss auch in solchen extremen Konstellationen nach der eindeutigen gesetzlichen Regelung ein außergerichtlicher Schuldenbereinigungsversuch unternommen werden. Insgesamt dürfen also weder überspannte noch ganz unerhebliche Anforderungen an den Schuldner gestellt werden. Insbesondere müssen nicht die Verhandlungen mit allen Gläubigern parallel geführt werden.[24] Es genügt, wenn der Schuldner zunächst mit einer Gruppe der wichtigsten Gläubiger Verhandlungen aufnimmt.[25] Es genügt, wenn der Schuldner bei einer hohen Gläubigerzahl Verhandlungen mit den Gläubigern führt, welche die Kopf- und Summenmehrheit nach § 309 Abs. 1 InsO bilden.[26] Der BGH hat diese Frage noch nicht entschieden, allerdings in einer Entscheidung zu § 305 Abs. 3 InsO ausgeführt, dass eine vom Insolvenzgericht aufgestellte Anforderung, wonach nicht nur mit den wesentlichen Gläubigern, sondern mit allen Insolvenzgläubigern zu verhandeln ist, eine erfüllbare Anordnung darstelle und nicht willkürlich sei.[27] Die Praxis sollte sich deswegen auf hohe An-

---

[19] BGH NZI 2014, 34 Rn. 7 ff.
[20] Uhlenbruck/Hirte/Vallender/*Vallender*, § 305 Rn. 66; HK/*Landfermann*, § 305 Rn. 19.
[21] AGR/*Henning*, § 305 Rn. 9.
[22] AGR/*Henning*, § 305 Rn. 9.
[23] AG Mönchengladbach ZVI 2003, 349.
[24] Karsten Schmidt/*Stephan*, § 305 Rn. 12.
[25] FK/*Grote*, § 305 Rn. 14; HambKommInsO/*Streck*, § 305 Rn. 16.
[26] AGR/*Henning*, § 305 Rn. 19.
[27] BGH BeckRS 2011, 04092.

forderungen einstellen. Insoweit sind auch einige Anstrengungen erforderlich, um ggf. diese Gläubiger zu ermitteln. Die Einigungsgespräche können beendet werden, wenn der Plan von einem wesentlichen Gläubiger nach einer ernsthaften Verhandlung unmissverständlich abgelehnt wird.[28]

Ein Schutz vor einer Obstruktion des außergerichtlichen Einigungsversuchs durch die Zwangsvollstreckung eines einzelnen Gläubigers in das zur gemeinschaftlichen Befriedigung vorgesehene Vermögen des Schuldners besteht nicht. Im außergerichtlichen und damit noch nicht die Insolvenzwirkungen entfaltenden Schuldenbereinigungsverfahren sollen Zwangsvollstreckungsmaßnahmen nicht von vornherein, wie nach § 89 Abs. 1 InsO im eröffneten Insolvenzverfahren oder gemäß § 21 Abs. 2 Nr. 3 InsO als Sicherungsmaßnahme im Eröffnungsverfahren, verhindert werden können. Im Einzelfall kann das Vollstreckungsgericht aber die Einstellung der Zwangsvollstreckung gemäß § 765a ZPO anordnen.[29] Betreibt ein Gläubiger die Zwangsvollstreckung nachdem der Schuldenbereinigungsplan übersandt wurde, fingiert § 305a InsO das Scheitern des außergerichtlichen Einigungsversuchs. Da der Schuldenbereinigungsplan nicht den Anforderungen aus dem gerichtlichen Verfahren entsprechen muss, genügt es, wenn die Grundform des Plans übersandt wurde.

2. Schuldenbereinigungsplan im außergerichtlichen Verfahren. Im Rahmen der außergerichtlichen Schuldenbereinigung wird eine Einigung zwischen dem Schuldner und seinen Gläubigern angestrebt. Da diese Einigung materiellrechtlichen Maßstäben und der Privatautonomie unterliegt, hat das Gesetz dafür keine inhaltlichen Anforderungen aufgestellt. Es können in der Vereinbarung sämtliche Abreden getroffen werden, doch wird zumeist ein Vergleichsschluss gemäß § 779 Abs. 1 BGB erfolgen. Als privatrechtliche Abrede bindet der Schuldenbereinigungsplan allein die daran beteiligten Personen und entfaltet keine Titelwirkung. Es kann aber ein Titel durch einen vollstreckbaren Anwaltsvergleich nach § 796a ZPO oder in einer notariellen Urkunde gem. § 794 Abs. 1 Nr. 5 ZPO geschaffen werden. Dann ist auf die Vollstreckbarkeit des Plans zu achten, doch ist sonst keine Vollstreckbarkeit zu verlangen.[30] Als materiellrechtliche Regelung unterliegt der Einigungsversuch dem Konsenszwang, dh alle beteiligten Gläubiger und der Schuldner müssen ihm zustimmen.

Im Mittelpunkt des Einigungsversuchs steht der vom Schuldner vorzulegende Schuldenbereinigungsplan. Im Unterschied zum gerichtlichen Schuldenbereinigungsplan besteht zwar kein ausdrückliches Schriftformgebot.[31] Um eine ernsthafte Verhandlungsabsicht zu dokumentieren wird allerdings regelmäßig eine schriftliche Unterlage erforderlich sein. Zudem muss bei einem gescheiterten Einigungsversuch der Plan mit dem Insolvenzeröffnungsantrag eingereicht werden. Spätestens dann muss er schriftlich abgefasst sein. Die Gläubiger müssen daraus ersehen können, ob sie an einen gerichtlichen oder außergerichtlichen Schuldenbereinigungsplan gebunden sein sollen. Außerdem wird eine zusammenfassende, die Einzelheiten integrierende und ergebnisorientierte Gesamtdarstellung eines Konzepts verlangt, die auch die Quoten und den Gesamtbetrag der Schulden ausweist.[32] Da der Plan von allen Beteiligten angenommen werden muss, gelten weder ein Gleichstellungsgebot noch das Schlechterstellungsverbot aus § 309 Abs. 1 Nr. 2 InsO.[33] Wegen des differenzierteren Regelungsprogramms und einer möglichen Verwendung im gerichtlichen Verfahren wird der Plan dennoch zu-

---

[28] KPB/*Wenzel,* § 305 Rn. 6; HambKommInsO/*Streck,* § 305 Rn. 16; s.a. AG Köln ZVI 2002, 68; aA AG Nürnberg ZVI 2004, 185; MüKoInsO/*Ott/Vuia,* § 305 Rn. 21.
[29] LG Itzehoe NZI 2001, 100.
[30] OLG Celle NZI 2001, 254, 255.
[31] Braun/*Buck,* § 305 Rn. 12.
[32] AG Darmstadt NZI 2012, 974,
[33] HambKommInsO/*Streck,* § 305 Rn. 4; *Mohrbutter/Ringstmeier/Pape/Sietz,* § 16 Rn. 30.

meist an den Anforderungen eines gerichtlichen Schuldenbereinigungsplans orientiert,[34] auch wenn dies nicht geboten ist. Wie für den gerichtlichen Schuldenbereinigungsplan bestehen auch hier keine inhaltlichen Vorgaben, weswegen es auch keine gerichtliche Inhaltskontrolle gibt. Die Gläubiger können auch insoweit privatautonom bestimmen, ob sie mit dem Planinhalt einverstanden sind.[35] Der Plan kann alle Vorschläge enthalten, die dem Schuldner zweckdienlich erscheinen. Anders als für den nach § 305 Abs. 1 Nr. 4 InsO vorzulegenden Schuldenbereinigungsplan ist kein angemessener Interessenausgleich vorgeschrieben, solange nur ein ernsthafter Einigungsversuch gewahrt bleibt, weil die Gläubiger im Unterschied zum gerichtlichen Verfahren autonom über die Annahme entscheiden.[36] Sinnvollerweise sollte die Einkommens- und Vermögenslage des Schuldners dargestellt und eine Übersicht über die Gläubiger und Forderungen einschließlich der Höhe der Gesamtverbindlichkeiten gegeben werden. Zweckmäßig sind zudem Angaben über die Sicherheiten der Gläubiger, denn im gerichtlichen Verfahren sind nach § 305 I Nr. 4 InsO Angaben erforderlich, inwieweit Sicherheiten vom Plan beeinträchtigt werden. Akzessorische Sicherheiten erlöschen durch einen Erlass, doch können auch sonstige Regelungen getroffen und etwa die Geber von Personalsicherheiten in den Plan einbezogen werden.[37] Der Regulierungsvorschlag kann Aussagen über Raten- und Einmalzahlungen sowie Erlass-, Teilerlass-, Novations- und Stundungsvorschläge beinhalten. Einbezogen werden können auch Forderungen der Gläubiger gegen Dritte, wie den Ehepartner des Schuldners.[38] Geregelt werden kann auch die Einbeziehung nachträglich bekannt gewordener Gläubiger sowie die Rücknahme von bzw. der Verzicht auf Zwangsvollstreckungsmaßnahmen.[39] Als gebräuchliche Typen haben sich Pläne mit Einmalzahlungen, die etwa durch Dritte geleistet werden, mit festen Ratenzahlungen oder, wie wohl zumeist, mit flexiblen Ratenzahlungen erwiesen. Flexible Zahlungspläne orientieren sich zumeist an der Verfahrensdauer und dem nach den §§ 850 ff. ZPO pfändbaren Einkommen.[40] Möglich und für den praktischen Erfolg oft sinnvoll sind Anpassungsklauseln.[41] Auch ein Nullplan ist zulässig, bei dem von vornherein keine Quote ausgeschüttet werden soll.[42] Im gerichtlichen Schuldenbereinigungsplanverfahren müssen nach § 309 Abs. 1 S. 2 Nr. 2 Hs 2 InsO nur absehbare sowie vorgetragene und glaubhaft gemachte zukünftige Veränderungen berücksichtigt werden.[43] Obwohl eine entsprechende Regelung für den außergerichtlichen Einigungsversuch fehlt, können diese Maßstäbe übertragen werden. Aus praktischen Erwägungen kann allerdings ein flexibler Nullplan sinnvoll sein, denn ein Plan, in dem der Schuldner keine Zahlungen anbietet und sich alle künftigen Erwerbschancen vorbehält, wird ohne eingehende Begründung nur selten Zustimmung finden. Bei einem berufsunfähigen oder von Altersrente lebenden Schuldner ohne Erwerbsaussicht wird dagegen ein einfacher Nullplan genügen. Abgesichert werden kann die Planerfüllung durch Auskunftspflichten. Oft werden auch Verfallsklauseln vereinbart.[44]

---

[34] Braun/*Buck*, § 305 Rn. 12.
[35] Vgl. BGH NZI 2014, 34 Rn. 7 = LMK 2013, 353509, mit Anm. *Ahrens*.
[36] AA MüKoInsO/*Ott/Vuia*, § 305 Rn. 18.
[37] FK/*Grote*, § 305 Rn. 42.
[38] AGR/*Henning*, § 305 Rn. 13.
[39] *Henning*, in: *Wimmer/Dauernheim/Wagner/Weidekind*, Kap 14 Rn. 37 ff.
[40] FK/*Grote*, § 305 Rn. 36.
[41] Karsten Schmidt/*Stephan*, § 305 Rn. 8.
[42] BGH NZI 2014, 34 Rn. 7 ff.; OLG Karlsruhe NZI 2000, 163; OLG Stuttgart ZVI 2002, 380, 381; Nerlich/Römermann/*Römermann*, § 305 Rn. 57; Karsten Schmidt/*Stephan*, § 305 Rn. 9; HambKommInsO-*Streck*, § 305 Rn. 6; *Hess*, § 304 Rn. 152; *Grote*, ZInsO 1998, 107, 109 f.; aA KPB/*Wenzel*, § 286 Rn. 71, zu § 305 Abs. 1 Nr. 4 InsO.
[43] BGH NZI 2014, 34 Rn. 11.
[44] FK/*Grote*, § 305 Rn. 43.

3. Scheitern des Einigungsversuchs. Erst nach Scheitern des ernsthaften außergerichtlichen Einigungsversuchs ist das Verbraucherinsolvenzverfahren zulässig. Um die Ernstlichkeit des Schuldenbereinigungsversuchs organisatorisch zu verankern, muss die gescheiterte außergerichtliche Einigung durch eine geeignete Person oder Stelle[45] attestiert werden, § 305 Abs. 1 Nr. 1 InsO. Dies gilt selbst, wenn eine fehlgeschlagene Einigung nach § 305a InsO wegen einer Zwangsvollstreckungsmaßnahme fingiert wird oder ein Gläubiger schriftlich erklärt hat, zu keiner außergerichtlichen Einigung bereit zu sein. Ein Vertretungszwang für das außergerichtliche Verfahren besteht nicht. Deswegen muss die bescheinigende Person oder Stelle nicht an der Planerstellung mitgewirkt oder selbst die Verhandlungen geführt haben.[46] Eine inhaltliche Prüfungskompetenz über die außergerichtlichen Verhandlungen steht dem Insolvenzgericht nicht zu.[47] Es prüft allein, ob das Scheitern der Verhandlungen bescheinigt und nachvollziehbar dargelegt ist. Deswegen dürfen an die Bescheinigung keine allzu hohen Anforderungen gestellt werden. Das Testat muss den Aussteller, ggf. die behördliche Anerkennung, den Schuldner, die Erklärung, wann die Einigung aufgrund eines Plans versucht wurde, den vorgelegten Plan sowie die wesentlichen Gründe für das Scheitern umfassen.[48] Die Bemühungen des Schuldners sind nicht in nachvollziehbarer Form für das Gericht darzulegen.[49] Im Insolvenzeröffnungsantrag sind zwar die wesentlichen Gründe für das Scheitern des außergerichtlichen Schuldenbereinigungsplans darzustellen, doch gibt die gesetzliche Formulierung nicht ausdrücklich vor, durch wen diese Erklärung zu erfolgen hat. Da die Erklärungspflicht sprachlich von der Bescheinigung separiert ist, die geeignete Person oder Stelle nicht selbst die Verhandlungen geführt haben muss und die amtlichen Vordrucke nicht die Bescheinigung durch die geeignete Person oder Stelle verlangen, kann der Schuldner die wesentlichen Gründe des Scheiterns erklären.[50]

Die Bescheinigung darf nur durch eine geeignete Person oder Stelle erteilt werden.[51] Die Insolvenzordnung enthält keine Regelung, welche Personen oder Einrichtungen zugelassen sind, sondern hat die Länder ermächtigt, diese Bestimmung zu treffen, § 305 Abs. 1 Nr. 1 InsO. Von dieser Ermächtigung haben sämtliche Länder Gebrauch gemacht und Ausführungsgesetze erlassen.[52] Damit sollen den regionalen Besonderheiten Rechnung getragen und Mindeststandards etabliert werden. Geeignete Personen sind stets die Angehörigen der rechtsberatenden Berufe, wie Rechtsanwälte, Notare und Steuerberater. Zu den geeigneten Stellen gehören die Schuldnerberatungsstellen der Kommunen und Wohlfahrtsverbände. Obwohl dem nicht alle Ausführungsgesetze hinreichend Rechnung tragen,[53] sollten die kommerziellen Interessen gewerblicher Schuldenregulierer ausgeschlossen werden.

IV. Neues Recht ab 1.7.2014

An die Stelle der in § 305a des Referentenentwurfs eines Gesetzes zur Verkürzung des Restschuldbefreiungsverfahrens, zur Stärkung der Gläubigerrechte und zur Insolvenzfestigkeit von Lizenzen vom 18.1.2012[54] erwogenen großen Lösung mit einem

---

[45] Zur Anerkennung VG Düsseldorf NZI 2012, 901.
[46] OLG Schleswig NZI 2000, 165, 166; FK/*Grote*, § 305 Rn. 19; AGR/*Henning*, § 305 Rn. 25; KPB/*Wenzel*, § 305 Rn. 7; aA *Hackling*, ZVI 2006, 225, 229; *Heyer*, ZVI 2011, 41.
[47] OLG Karlsruhe NZI 2000, 163; OLG Schleswig NZI 2000, 165, 166; OLG Celle NZI 2001, 254.
[48] Zu den Anforderungen Anlage 2 des amtlichen Vordrucks für das Verbraucherinsolvenzverfahren; AGR/*Henning*, § 305 Rn. 24.
[49] Uhlenbruck/Hirte/Vallender/*Vallender*, § 305 Rn. 32.
[50] *Schmidt*, Privatinsolvenz, Anhang Rn. 17; aA KPB/*Wenzel*, § 305 Rn. 9.
[51] Detailliert dazu AGR/*Henning*, § 305 Rn. 26 ff.
[52] Ausführlich Uhlenbruck/Hirte/Vallender/*Vallender*, § 305 Rn. 35 ff.
[53] KPB/*Wenzel*, § 305 Rn. 5; insgesamt *Hergenröder*, ZVI 2003, 577.
[54] ZInsO 2012, 69.

Zustimmungsersetzungsverfahren auch für den außergerichtlichen Einigungsversuch sind einige kleinere Änderungen ohne große Ausstrahlungskraft getreten. In § 305 Abs. 1 Nr. 1 InsO wird eine von einer geeigneten Person oder Stelle auf der Grundlage einer persönlichen Beratung und eingehenden Prüfung der Einkommens- und Vermögensverhältnisse des Schuldners ausgestellte Bescheinigung verlangt. Dabei handelt es sich um eine wenig bedeutsame Korrektur, denn das Kriterium ist nur schwer justiziabel. Eine primäre Rechtskontrolle muss weithin ausscheiden. Eher kommt eine sekundäre Kontrolle in Betracht, etwa über Zertifizierungsregeln und Haftungsnormen.

§ 83. Eröffnungsantrag und gerichtliches Schuldenbereinigungsplanverfahren

Übersicht

	Rn.
I. Konzeption	1
II. Eröffnungsantrag	3
1. Allgemeine Zulässigkeitsvoraussetzungen	3
2. Besondere Zulässigkeitsvoraussetzungen gemäß § 305 Abs. 1 InsO	4
a) Schriftlichkeitsgebot und Formularzwang	4
b) Bescheinigung und Erklärung zum Scheitern, § 305 Abs. 1 Nr. 1 InsO	6
c) Erklärung über die Restschuldbefreiung, § 305 Abs. 1 Nr. 2 InsO	8
d) Verzeichnisse, § 305 Abs. 1 Nr. 3 InsO	10
e) Der Schuldenbereinigungsplan, § 305 Abs. 1 Nr. 4 InsO	15
3. Erneutes Insolvenzverfahren	16
4. Gläubigerantrag	17
III. Gegenstand des Schuldenbereinigungsplans	20
1. Eckdaten	20
2. Gestaltungsmöglichkeiten	22
IV. Gerichtliches Schuldenbereinigungsplanverfahren	24
1. Grundlagen	24
2. Beanstandungen	27
a) Prüfungskompetenz	27
b) Rechtsbehelfe	30
3. Zustimmungsverfahren	32
a) Einleitung	32
b) Durchführung	34
4. Zustimmungsersetzungsverfahren	36
a) Zustimmungsersetzung	36
b) Unangemessene Beteiligung, § 309 Abs. 1 S. 2 Nr. 1 InsO	39
c) Schlechterstellungsverbot, § 309 Abs. 1 S. 2 Nr. 2 InsO	41
d) Verfahren	44
5. Wirkungen	45
V. Neues Recht ab 1.7.2014	47

I. Konzeption

1 Auf zwei Wegen ist der Zugang zum Verbraucherinsolvenzverfahren zu erreichen, durch einen Schuldnerantrag oder über einen Gläubigerantrag. Ein Eigenantrag des Schuldners ist erst zulässig, nachdem der außergerichtliche Einigungsversuch gescheitert ist. Dennoch ist damit noch nicht der unmittelbare Zugang zum vereinfachten Insolvenzverfahren eröffnet, denn das Gericht entscheidet nach seiner freien Überzeugung, ob ein Schuldenbereinigungsplanverfahren durchgeführt oder das Verfahren über den Eröffnungsantrag fortgesetzt werden soll, § 306 Abs. 1 S. 3 InsO. Zusammen mit seinem Antrag oder kurze Zeit danach, § 305 Abs. 3 S. 1, 2 InsO, muss der Schuldner

zahlreiche Unterlagen vorlegen, um ein Schuldenbereinigungsplan- oder vereinfachtes Insolvenzverfahren zu ermöglichen. Ohne diese Unterlagen ist das Insolvenzverfahren unzulässig und der Antrag gilt, wenn er nicht nach gerichtlicher Aufforderung binnen eines Monats ergänzt wird, kraft gesetzlicher Fiktion als zurückgenommen, § 305 Abs. 3 S. 3 InsO. Beantragt ein Gläubiger die Eröffnung des Insolvenzverfahrens, muss das Insolvenzgericht dem Schuldner nach § 306 Abs. 3 S. 1 InsO vorab Gelegenheit geben, ebenfalls einen Insolvenzantrag zu stellen. Ergreift der Schuldner die Möglichkeit für einen Eigenantrag, muss er gemäß § 306 Abs. 3 S. 3 InsO zunächst eine außergerichtliche Einigung versuchen.

Das als zweite Stufe auf dem Weg durch das Insolvenz- und Restschuldbefreiungsverfahren fakultativ vorgesehene gerichtliche Schuldenbereinigungsplanverfahren weist einen zwiespältigen Charakter auf. Es soll die Gerichte entlasten und eine vom mehrheitlichen Willen der Gläubiger getragene Schuldenbereinigung ermöglichen, denn es verlangt nach § 309 Abs. 1 S. 1 InsO keine einstimmige Annahme des Schuldenbereinigungsplans. Welchen Nutzen allerdings ein solcher erneuter, wenn auch unter erleichterte Voraussetzungen gestellter Akkordversuch erbringen soll, bleibt indifferent. Deswegen ist das Schuldenbereinigungsplanverfahren fakultativ ausgestaltet und in das freie Ermessen des Gerichts gestellt. So wird dann nur ausnahmsweise ein gerichtliches Schuldenbereinigungsplanverfahren durchgeführt.[1] Letztlich sind beide Verfahrensstufen des außergerichtlichen Einigungsversuchs und des gerichtlichen Schuldenbereinigungsplans aus finanziellen Erwägungen nur zögerlich ausgestaltet und können daher ihr Potenzial nicht vollständig entfalten. Ob dies im Verbraucherinsolvenzverfahren ein beachtlicher Nachteil ist, mag wegen der erheblichen Zahl masseloser Verfahren, in denen die Einigungsaussichten ohnehin gering sind, offenbleiben. Obwohl nur wenige Verfahren durch eine Einigung beendet werden, sollte das konsensuale Instrument des gerichtlichen Schuldenbereinigungsplanverfahrens aber auch nicht aufgegeben werden.

II. Eröffnungsantrag

1. Allgemeine Zulässigkeitsvoraussetzungen. Bei natürlichen Personen, die keine selbständige wirtschaftliche Tätigkeit ausüben, ist die örtliche Zuständigkeit des Insolvenzgerichts gemäß § 3 InsO nach ihrem allgemeinen Gerichtsstand aus § 13 ZPO iVm den §§ 7 bis 11 BGB zu bestimmen. Der allgemeine Gerichtsstand einer Person wird gem. § 13 ZPO durch ihren Wohnsitz bestimmt.[2] Er setzt neben der objektiven Niederlassung subjektiv einen Domizilwillen des Betroffenen voraus, also den Willen, den Ort der Niederlassung ständig zum Schwerpunkt seiner Lebensverhältnisse zu machen.[3] Eine polizeiliche Meldung ist ein Indiz, aber noch kein hinreichender Nachweis für den Wohnsitz.[4] Entsprechendes gilt für die Begründung einer Anschrift. Eine selbst genutzte, möblierte Wohnung genügt noch nicht, um einen Wohnsitz zu begründen.[5] Bei einer vorübergehenden Beschäftigung an einem Ort kann die Begründung eines Wohnsitzes zweifelhaft sein, der dann regelmäßig nicht begründet wurde, wenn der Schuldner seine bisherige Wohnung beibehält.[6] Erforderlich ist aber eine eigene Unterkunft, wobei auch eine behelfsmäßige Unterkunft genügt.[7] Ein vorübergehender Aufenthalt genügt nicht.[8] Bei einem Einzug in ein Frauenhaus reicht ein weniger als drei-

---

[1] *Schmidt*, Privatinsolvenz, Rn. 45.
[2] Karsten Schmidt/*Stephan*, § 305 Rn. 20.
[3] BGH NJW 2006, 1808 Rn. 15; ZInsO 2010, 348 Rn. 4; PG/*Wern*, § 13 Rn. 3.
[4] BGH NJW-RR 1995, 507; AGR/*Ahrens*, § 3 Rn. 22.
[5] BGH NJW 2006, 1808 Rn. 15.
[6] AGR/*Ahrens*, § 3 Rn. 23.
[7] BGH ZInsO 2010, 348 Rn. 4.
[8] AGR/*Ahrens*, § 3 Rn. 24.

wöchiger Aufenthalt regelmäßig noch nicht,[9] ebenso wenig ein durch Bedrohung erzwungener Aufenthalt.[10] Wenn jedoch der Aufenthalt nicht nur vorübergehend sein soll und ein Willensentschluss der Frau erkennbar ist, den Schwerpunkt ihrer Lebensverhältnisse dorthin zu verlegen, ist dort der Wohnsitz – selbst bei kürzerem Aufenthalt – begründet.[11] Eine Strafhaft[12] begründet keinen Wohnsitz, schon weil es an einem Domizilwillen fehlt. Bei einem ständigen Aufenthalt im Ausland besteht in Deutschland kein Wohnsitz.[13] Etwas Anderes gilt nur nach § 15 ZPO für die im Ausland tätigen Angehörigen des öffentlichen Dienstes. Der Insolvenzeröffnungsantrag umfasst keinen Hilfsantrag auf Eröffnung eines isolierten Partikularinsolvenzverfahrens über das inländische Vermögen. Ohne einen nationalen Gerichtsstand ist der Eröffnungsantrag als unzulässig zu verwerfen.

2. Besondere Zulässigkeitsvoraussetzungen gemäß § 305 Abs. 1 InsO.
a) *Schriftlichkeitsgebot und Formularzwang.* In einer früher spezifischen Voraussetzung des Verbraucherinsolvenzverfahrens und nunmehr in § 13 Abs. 1 S. 1 InsO für alle Insolvenzverfahren übernommenen Anforderung muss der Insolvenzeröffnungsantrag schriftlich gestellt werden. Durch dieses Schriftformgebot sollen die Insolvenzgerichte davon entlastet werden, die Eröffnungsanträge nach § 4 InsO iVm § 129a ZPO zu Protokoll der Geschäftsstelle entgegennehmen zu müssen,[14] wie dies im Regelinsolvenzverfahren zulässig war. Da die Formulare nach § 305 Abs. 5 InsO eingeführt sind,[15] hat sich der Schuldner zwingend dieser Vordrucke zu bedienen. Dieses Schriftlichkeitsgebot ist nach den Zwecken des Verbraucherinsolvenzverfahrens und nicht als Schriftformgebot entsprechend § 126 BGB zu interpretieren. Gerade das doppelte Schriftlichkeitsgebot aus den §§ 13 Abs. 1 S. 1, 305 Abs. 1 InsO schafft Raum für autonom bestimmte Schriftformzwecke in der Verbraucherinsolvenz. Sonst hätte es nahegelegen, wie bei der Übertragung des schriftlichen Verfahrens aus § 312 Abs. 2 InsO in die allgemeinen Verfahrensvorschriften des § 5 Abs. 2 InsO geschehen, die verbraucherinsolvenzrechtliche Bestimmung zu streichen. Eine Einheitlichkeit der Urkunde, wie sie nach § 126 BGB verlangt wird,[16] ist deswegen nicht erforderlich.[17] Auch kann der Antrag etwa per Telefax übermittelt werden.[18] Neben dem Eröffnungsantrag sind die sonstigen Unterlagen, etwa über den gescheiterten Einigungsversuch, und Erklärungen schriftlich einzureichen. Auch der Schuldenbereinigungsplan muss deswegen schriftlich vorgelegt werden.[19] Ergänzt der Schuldner seine Unterlagen und Erklärungen, muss dies ebenfalls schriftlich erfolgen.

In seinem Eröffnungsantrag muss der Schuldner einen Eröffnungsgrund in substantiierter, nachvollziehbarer Weise darlegen. Im Regelinsolvenzverfahren ist dazu nach der Judikatur des BGH die Mitteilung von Tatsachen erforderlich, aber auch genügend, welche die wesentlichen Merkmale eines Eröffnungsgrunds iSv §§ 17 f. InsO erkennen lassen. Die tatsächlichen Angaben müssen die Finanzlage des Schuldners nachvollziehbar darstellen, ohne dass sich daraus bei zutreffender Rechtsanwendung bereits ein vorliegender Eröffnungsgrund ergeben muss. Eine Schlüssigkeit im technischen Sinn ist

---

[9] BGH NJW 1995, 1224, 1225.
[10] BGH NJW-RR 1993, 4.
[11] OLG Karlsruhe NJW-RR 2009, 1598, 1599; OLG Hamm NJW-RR 1997, 1165; OLG Nürnberg NJW-RR 1997, 1025; AGR/*Ahrens*, § 3 Rn. 24; PG/*Wern*, § 13 Rn. 5.
[12] BGH NJW-RR 1996, 1217.
[13] OLG Köln ZInsO 2001, 633, 623; AG Hamburg ZInsO 2007, 503, 504.
[14] FK/*Grote*, § 305 Rn. 11; Uhlenbruck/Hirte/Vallender/*Vallender*, § 305 Rn. 22.
[15] VerbrInsVV vom 17.2.2002, BGBl. I, 703.
[16] Dazu PWW-*Ahrens*, § 126 Rn. 6.
[17] AA AG Gießen ZInsO 2000, 231, 232; Braun/*Buck*, § 305 Rn. 12.
[18] Nerlich/Römermann/*Römermann*, § 305 Rn. 5.
[19] Braun/*Buck*, § 305 Rn. 12.

nicht vorauszusetzen.[20] Eine Mehrheit von Gläubigern wird nicht verlangt.[21] Im Verbraucherinsolvenzverfahren lassen sich die erforderlichen Daten den eingereichten Unterlagen entnehmen.

b) *Bescheinigung und Erklärung zum Scheitern, § 305 Abs. 1 Nr. 1 InsO.* Als Anlage zu seinem Eröffnungsantrag muss der Schuldner nach § 305 Abs. 1 Nr. 1 InsO die Bescheinigung einer geeigneten Person oder Stelle über einen erfolglosen außergerichtlichen Einigungsversuch vorlegen (→ § 82 Rn. 11 f.). Über die formale Aufgabe hinaus, die gescheiterte außergerichtliche Schuldenbereinigung nachzuweisen, wird der Schuldner vor allem verpflichtet, vor seinem Insolvenzeröffnungsantrag einen Einigungsversuch zu unternehmen. Die Bescheinigung muss durch eine geeignete Person oder Stelle ausgestellt sein. Um den Zusammenhang mit dem Insolvenzverfahren zu wahren, muss der Einigungsversuch innerhalb der letzten sechs Monate vor dem Insolvenzantrag des Schuldners gescheitert sein. Ausschlaggebend ist, wann die letzte Stellungnahme eines Gläubigers eingeht oder eine vom Schuldner gesetzte Frist abläuft.[22] Entscheidend ist dieser in der Bescheinigung zu dokumentierende Zeitpunkt. Unerheblich ist dagegen, wann die Bescheinigung ausgestellt wurde.[23]

Zusammen mit der Bescheinigung über den gescheiterten Einigungsversuch muss gemäß § 305 Abs. 1 Nr. 1 Hs 2 InsO der Plan vorgelegt werden, der für die außergerichtliche Schuldenbereinigung zugrunde gelegt wurde. Jedenfalls zu diesem Zeitpunkt muss der Plan schriftlich erstellt sein. Zusätzlich hat der Schuldner, bzw. die geeignete Person oder Stelle, die wesentlichen Gründe für das Scheitern darzulegen. Anzugeben ist, wie viele Gläubiger dem Plan zugestimmt, ihn abgelehnt und sich nicht gemeldet haben, welche Forderungsanteile auf sie entfallen und welches die wesentlichen Gründe der Ablehnung waren.

c) *Erklärung über die Restschuldbefreiung, § 305 Abs. 1 Nr. 2 InsO.* Mit seinem Antrag auf Eröffnung des Insolvenzverfahrens verfolgt der Schuldner in den allermeisten Fällen das Ziel, die gesetzliche Restschuldbefreiung zu erlangen. Wenn der außergerichtliche Einigungsversuch gescheitert ist, versteht der Schuldner das Verbraucherinsolvenzverfahren regelmäßig nur als Durchgangsstation auf dem Weg zur Restschuldbefreiung. Es erscheint deswegen sachgerecht, von vornherein die Notwendigkeit eines eigenen Restschuldbefreiungsantrags herauszustellen, auch um dem Gericht frühzeitig Gelegenheit zur Verfahrenssteuerung zu geben und die Gläubiger alsbald über das Verfahrensziel zu informieren. Im künftigen Recht wird diese Funktion noch durch die gem. § 287a InsO nF zu treffende Eingangsentscheidung über die Zulässigkeit des Restschuldbefreiungsantrags verstärkt. Im amtlichen Formular ist deswegen unter II. eine Rubrik zur Erklärung über die Restschuldbefreiung vorgesehen. Wie Prozesshandlungen regelmäßig, ist auch sie widerruflich.[24] Weniger plausibel wirkt, warum der Schuldner alternativ mitzuteilen hat, dass eine Restschuldbefreiung nicht beantragt wird. Sicherlich existieren manche Konstellationen, in denen eine Restschuldbefreiung unwahrscheinlich erscheint, etwa wenn ein Versagungsgrund besteht und ein Gläubiger bereits darauf verwiesen hat. In diesen Fällen wird der Schuldner regelmäßig von einem Insolvenzantrag absehen. Einen überzeugenden Grund dafür zu finden, warum ein Verbraucherinsolvenzverfahren, aber keine Restschuldbefreiung beantragt wird, fällt schwer. Für ein gerichtliches Schuldenbereinigungsplanverfahren ist zwar keine Einstimmigkeit erforderlich, aber für die allerwenigsten Schuldner wird dies ein Anreiz für einen Eigenan-

---

[20] BGH ZInsO 2003, 217, 218; s. a. FK/*Schmerbach*, § 14 Rn. 90.
[21] Karsten Schmidt/*Stephan*, § 305 Rn. 22.
[22] AG Göttingen NZI 2005, 510; AG Köln NZI 2007, 57; Karsten Schmidt/*Stephan*, § 305 Rn. 25; Mohrbutter/Ringstmeier/Pape/Sietz, § 16 Rn. 35.
[23] AA FK/*Grote*, § 305 Rn. 13.
[24] Karsten Schmidt/*Stephan*, § 305 Rn. 28.

trag bilden.²⁵ Mit der Erklärung, keine Restschuldbefreiung zu beantragen, schließt der Schuldner allein gegenwärtig im konkreten Verfahren, nicht aber für später und damit auch für ein anderes Verfahren, einen Restschuldbefreiungsantrag aus. Eine Verzichtswirkung ist damit nicht begründet.

9 Stellt der Schuldner einen Eigenantrag auf Eröffnung des Insolvenzverfahrens, ohne sich über die Restschuldbefreiung zu erklären, muss er bereits nach § 20 II InsO auf die Möglichkeit zur Restschuldbefreiung hingewiesen werden. Allerdings hat ihn das Gericht auch nach § 305 Abs. 3 S. 1 InsO aufzufordern, die fehlenden Angaben zu ergänzen. Diese Regelung enthält eine speziellere und deswegen insoweit vorrangige Regelung über das Bestehen der Hinweispflicht. Wurde der Schuldner ordnungsgemäß auf seine fehlende Erklärung zur Restschuldbefreiung hingewiesen und aufgefordert, das Fehlende zu ergänzen, beginnt die Monatsfrist aus § 305 Abs. 3 S. 2 InsO zu laufen.²⁶ Diese speziellere Frist verdrängt die allgemeine zweiwöchige Frist aus § 287 Abs. 1 S. 2 InsO.²⁷ Eine Abtretung der pfändbaren Forderungen auf Bezüge wird in § 305 Abs. 1 Nr. 2 InsO nicht ausdrücklich verlangt. Die Bezügeabtretung soll allerdings nach § 287 Abs. 2 S. 1 InsO zusammen mit der Restschuldbefreiung erfolgen. Deswegen ist in Anlage 3 des Formulars für das Verbraucherinsolvenzverfahren eine Abtretungserklärung vorgesehen.

10 **d) Verzeichnisse, § 305 Abs. 1 Nr. 3 InsO.** Zusammen mit seinem Insolvenzantrag muss der Schuldner ein Vermögensverzeichnis, ein Gläubigerverzeichnis und ein Forderungsverzeichnis sowie in Form der Vermögensübersicht eine Zusammenfassung des Vermögensverzeichnisses vorlegen. Außerdem muss er versichern, dass die darin enthaltenen Angaben richtig und vollständig sind. Um das Verfahren zu entlasten, werden dadurch an den Schuldner erheblich belastende Anforderungen gestellt. Wegen der hohen Bedeutung dieser Angaben für eine vereinfachte Verfahrensdurchführung droht dem Schuldner nach § 290 Abs. 1 Nr. 6 InsO eine Versagung der Restschuldbefreiung, wenn er in den Verzeichnissen vorsätzlich oder grob fahrlässig unrichtige oder unvollständige Angaben gemacht hat. Gemessen an der Verfahrensanzahl ist diese Regelung in der Insolvenzpraxis neben § 290 Abs. 1 Nr. 5 InsO zum wichtigsten Versagungsgrund geworden,²⁸ denn Fehler des Schuldners lassen sich hierbei besonders schnell nachweisen. Allerdings trifft dieses Risiko allein den Schuldner im Verbraucherinsolvenzverfahren, während im Regelinsolvenzverfahren keine vergleichbare Situation existiert.

11 Das Vermögensverzeichnis hat eine Aufstellung über das gesamte Vermögen und das Einkommen des Schuldners zu beinhalten. Im Verzeichnis ist das aktuelle Vermögen zu präsentieren, weswegen frühere Vermögensabflüsse, etwa aufgrund früherer Schenkungen, nicht darzustellen sind. Aufgrund der eigenen Aufgabenstellung von § 305 Abs. 1 Nr. 3 InsO muss das Verzeichnis nicht den Voraussetzungen von § 151 InsO und den Regeln des § 802c ZPO entsprechen.²⁹ Bereits der qualifizierte Wortlaut der §§ 151 ff. InsO weist deren höhere Anforderungen aus. Die Verzeichnisse aus § 305 Abs. 1 Nr. 3 InsO bereiten nicht die Liquidation des Schuldnervermögens vor, sondern informieren primär über die Grundlagen des Schuldenbereinigungsplans gem. § 305 Abs. 1 Nr. 4 InsO. Außerdem soll das Gericht anhand des Verzeichnisses ohne weitere Ermittlungen über den Eröffnungsgrund und die Stundungsvoraussetzungen entscheiden können. Beide Zielsetzungen sind auf die durch die pfändbaren Gegenstände konturierte Insolvenzmasse iSd §§ 35 Abs. 1, 36 Abs. 1 S. 1 InsO gerichtet. Unpfändbares Vermögen

---

²⁵ *Mohrbutter/Ringstmeier/Pape/Sietz*, § 16 Rn. 37.
²⁶ MüKoInsO/*Schmahl/Vuia*, § 20 Rn. 98.
²⁷ FK/*Ahrens*, § 287 Rn. 15; MüKoInsO/*Stephan*, § 287 Rn. 19; AGR/*Henning*, § 305 Rn. 39.
²⁸ *Ahrens*, ZInsO 2007, 673, 677.
²⁹ FK/*Ahrens*, § 290 Rn. 71; FK/*Grote*, § 305 Rn. 28; aA MüKoInsO/*Ott/Vuia*, § 305 Rn. 43; Nerlich/Römermann/*Römermann*, § 305 Rn. 38.

darf bei dieser Massebestimmung unberücksichtigt bleiben.[30] Unter dieser Maßgabe sind im Vermögensverzeichnis der über die zu einer bescheidenen Lebensführung erforderlichen Gegenstände hinausgehende Hausrat, Barvermögen, Angaben zu Kontenguthaben, Wertpapieren, Darlehensforderungen, Kapitallebensversicherungen, Wertgegenständen, Fahrzeugen, Forderungen einschließlich Rechten aus Erbfällen, Immobilien und Immobiliarrechten, Beteiligungen, Aktien, immateriellen Vermögensgegenständen, Einkünften aus Vermietung und Verpachtung und Sozialleistungsansprüche, außerdem noch das laufende – auch unpfändbare – Einkommen, Sicherungsrechte Dritter, Zwangsvollstreckungsmaßnahmen, regelmäßig wiederkehrende Verpflichtungen und Schenkungen aufzunehmen.[31]

Ergänzend zum Vermögensverzeichnis muss der Schuldner nunmehr auch eine Vermögensübersicht vorlegen, in der das Ergebnis des Vermögensverzeichnisses kurz und übersichtlich darzustellen ist. Nur diese Vermögensübersicht ist den Gläubigern zusammen mit dem Schuldenbereinigungsplan zuzustellen, § 307 Abs. 1 S. 1 InsO, woran die inhaltlichen Anforderungen zu messen sind. Es genügt, wenn in der Übersicht die einzelnen Vermögens- und Einkommensarten zusammenfassend dargestellt und bewertet werden. Eine konkrete Aufstellung der einzelnen Positionen und Gegenstände ist entbehrlich.[32]

Verlangt wird außerdem ein Gläubigerverzeichnis, in dem die Gläubiger mit vollständigem Namen und einer zustellungsfähigen Adresse, also keiner Postfachanschrift, aufzuführen sind. Die Angabe eines Akten- oder Bearbeitungszeichens mag sinnvoll sein,[33] ist aber nicht notwendig. Aufzunehmen sind alle persönlichen Gläubiger, die im Zeitpunkt der angestrebten Eröffnung des Insolvenzverfahrens einen begründeten Vermögensanspruch haben, auch wenn dieser noch nicht fällig oder gestundet ist.[34] Zu nennen ist ggf. der Verfahrensbevollmächtigte des Schuldners, der einen Vorschussanspruch hat.[35] Auch die Gläubiger von Forderungen, die der Schuldner bestreitet, sind im Verzeichnis aufzunehmen,[36] doch kann der Wert ggf. mit Null angegeben werden. Es genügt eine Kurzbezeichnung des Gläubigers, weil die vollständigen Angaben im Allgemeinen Teil des Schuldenbereinigungsplans genannt werden müssen.[37] Erst im Plan müssen Inhaber und Rechtsform eines Unternehmens genannt werden.[38] Kann der Schuldner trotz angemessener Bemühungen die ladungsfähige Anschrift eines Gläubigers nicht mitteilen, genügt es, wenn er die letzte bekannte Adresse nennt.[39] Ein Gläubigerverzeichnis ist auch vorzulegen, wenn der Schuldner lediglich einem Gläubiger verpflichtet ist.[40]

Das Forderungsverzeichnis wird regelmäßig zusammen mit dem Gläubigerverzeichnis erstellt. Anzugeben sind sämtliche Forderungen seiner Gläubiger,[41] auch die gesetzlichen Unterhaltspflichten.[42] Die Forderungen sind nach Hauptforderung, Zinsen und Kosten aufzugliedern, über die der Schuldner gemäß § 305 Abs. 2 S. 2 InsO eine ggf.

---

[30] Offengelassen von BGH NZI 2008, 506, 507 = VuR 2008, 434, m. Anm. *Ahrens*.
[31] AGR/*Henning*, § 305 Rn. 41; Karsten Schmidt/*Stephan*, § 305 Rn. 31; vgl. Anlagen 4 f. des Vordrucks zum Verbraucherinsolvenzverfahren.
[32] HambKommInsO/*Streck*, § 305 Rn. 22.
[33] *Henning*, in: Wimmer/Dauernheim/Wagner/Weidekind, Kap. 14 Rn. 83.
[34] BGH ZInsO 2005, 537, 538.
[35] BGH NJW-RR 2005, 990, 991.
[36] BGH NZI 2009, 562 Rn. 7 ff.
[37] Vgl. Anlage 6 des Vordrucks zum Verbraucherinsolvenzverfahren.
[38] AG Gießen ZInsO 2000, 231, 232.
[39] S. Uhlenbruck/Hirte/Vallender/*Vallender,* § 305 Rn. 97.
[40] LG Göttingen ZInsO 2000, 118 (LS).
[41] AGR/*Henning*, § 305 Rn. 45.
[42] Nach Uhlenbruck/Hirte/Vallender/*Vallender,* § 305 Rn. 100, sind schuldrechtliche Forderungen zu nennen.

zu aktualisierende Aufstellung der Gläubiger erhalten hat. Für die Zinsforderungen ist ein angemessener, möglichst einheitlicher Stichtag zu bilden, doch sind kleinere Abweichungen unschädlich.[43] Zulässig ist nach § 305 Abs. 2 S. 1 InsO, im Forderungsverzeichnis auf beigefügte Forderungsaufstellungen der Gläubiger Bezug zu nehmen. Im Vordruck für das Verbraucherinsolvenzverfahren ist auch eine – gesetzlich wohl nicht verlangte – Angabe zum Schuldgrund vorgesehen.[44] Auch künftig fällig werdende Forderungen sind aufzuführen, soweit der anspruchsbegründende Tatbestand vor Verfahrenseröffnung abgeschlossen ist.[45] Bei Forderungen, die bei Antragstellung noch gestundet oder aus sonstigen Gründen nicht fällig sind, muss mitgeteilt werden, wann sie fällig werden, um das Vorliegen eines Insolvenzgrunds überprüfen zu können.[46] Auch Forderungen, die der Schuldner bestreitet, sind anzugeben.[47] Den Verzeichnissen und der Übersicht ist die Erklärung beizufügen, dass die darin enthaltenen Angaben richtig und vollständig sind. Es genügt eine einfache Erklärung, denn eine eidesstattliche Versicherung ist nicht vorgesehen.[48] Überwiegend wird verlangt, die schriftliche Erklärung müsse vom Schuldner persönlich abgegeben und unterzeichnet werden.[49]

15 e) *Der Schuldenbereinigungsplan, § 305 Abs. 1 Nr. 4 InsO.* Als weitere notwendige Voraussetzung muss der Schuldner einen schriftlichen Schuldenbereinigungsplan vorlegen. Dieser Plan ist vom Schuldner und seinem Berater zu entwerfen und unterliegt der Privatautonomie der Beteiligten.[50] Rechtlich bildet er die maßgebende Grundlage für das gerichtliche Schuldenbereinigungsplanverfahren und damit das Kernstück der vom Schuldner einzureichenden Unterlagen. Praktisch wird er allerdings zumeist an dem Plan orientiert sein, der beim außergerichtlichen Einigungsversuch vorgelegt wurde (→ § 82 Rn. 9 f.), obwohl dies nicht notwendig ist. Der Plan kann in den Anlagen zum amtlichen Formular oder in anderer Form vorgelegt werden.

16 **3. Erneutes Insolvenzverfahren.** Unter dem Regelungsdach eines Insolvenzverfahrens für natürliche Personen besitzen „Zweitinsolvenzverfahren" eine nicht zu unterschätzende Bedeutung. Motiviert ist ein solcher erneuter, nicht notwendig nur zweiter Insolvenzantrag zumeist durch eine im früheren Verfahren unzulässige Restschuldbefreiung, etwa weil der Restschuldbefreiungsantrag verspätet gestellt wurde. Liegt ein neuer Insolvenzgrund vor, kann ein weiteres Insolvenzverfahren zulässig sein.[51] Über die Zulässigkeit des Restschuldbefreiungsverfahrens ist autonom zu entscheiden (→ § 77 Rn. 30 f.).

17 **4. Gläubigerantrag.** Erfüllt ein Gläubigerantrag die allgemeinen Verfahrensanforderungen, ist er auch im Verbraucherinsolvenzverfahren zulässig. Stellt der Schuldner keinen eigenen Insolvenzantrag, wird allein ein vereinfachtes Insolvenzverfahren durchgeführt. Ein eigenes Recht zur Planinitiative steht dem Gläubiger nicht zu.[52] Zur Verteidigung gegen diesen Gläubigerantrag kann dem Schuldner Prozesskostenhilfe bewilligt werden.[53]

18 Unterliegt der Schuldner dem persönlichen Anwendungsbereich des Verbraucherinsolvenzverfahrens, ist dem Schuldner nach § 306 Abs. 3 S. 1 InsO Gelegenheit zu

---

[43] AGR/*Henning,* § 305 Rn. 48.
[44] AGR/*Henning,* § 305 Rn. 47.
[45] BGH ZInsO 2005, 537, 538.
[46] BGH NJW-RR 2005, 990, 991.
[47] AGR/*Henning,* § 305 Rn. 45; Karsten Schmidt/*Stephan,* § 305 Rn. 35.
[48] KPB/*Wenzel,* § 305 Rn. 29.
[49] LG Kassel ZInsO 2002, 1147, 1149; Uhlenbruck/Hirte/Vallender/*Vallender,* § 305 Rn. 112; HK/*Landfermann,* § 305 Rn. 39; HambKommInsO/*Streck,* § 305 Rn. 25.
[50] FK/*Grote,* § 305 Rn. 35.
[51] Dazu insgesamt → § 77 Rn. 26 ff.
[52] *Hess/Obermüller,* Insolvenzplan, Restschuldbefreiung und Verbraucherinsolvenz, 3. Aufl., Rn. 904.
[53] *Gerhardt,* in: Jaeger, § 13 Rn. 76; FK/*Schmerbach,* § 13 Rn. 117.

geben, ebenfalls einen Insolvenzantrag zu stellen. Motiviert ist diese doppelte Antragstellung durch das Restschuldbefreiungsverfahren, denn der Schuldner kann die Restschuldbefreiung nach § 287 Abs. 1 S. 1 InsO nur beantragen, wenn er selbst einen eigenen Insolvenzeröffnungsantrag gestellt hat. Der gerichtliche Hinweis kann bereits bei Übersendung des Gläubigerantrags und muss spätestens vor der Eröffnung des Insolvenzverfahrens erfolgen.[54] Dabei ist eine Frist von zwei bis vier Wochen zu setzen. Hat das Gericht den Schuldner nicht ausreichend über die Möglichkeit belehrt, einen Insolvenzantrag zu stellen und die Restschuldbefreiung zu beantragen, kann die Restschuldbefreiung ausnahmsweise nach Eröffnung des Insolvenzverfahrens auf den Gläubigerantrag ohne eigenes Insolvenzverfahren beantragt werden.[55] Selbstverständlich ist ein Eigenantrag des Schuldners ohne richterlichen Hinweis zulässig, solange das Verfahren auf den Gläubigerantrag noch nicht eröffnet wurde.

Stellt der Schuldner einen eigenen Insolvenzantrag, resultieren daraus mehrere Konsequenzen. Als unmittelbare Folge des beim Insolvenzgericht eingegangenen Antrags ruht gemäß § 306 Abs. 1 S. 1 InsO das Verfahren. Diese Ruhensanordnung gilt umfassend, also auch in dem auf Gläubigerantrag eingeleiteten Verfahren. Binnen der gesetzlichen Frist von drei Monaten nach dem Eigenantrag nach § 305 Abs. 3 S. 3 InsO muss der Schuldner sodann einen außergerichtlichen Einigungsversuch unternehmen, § 306 Abs. 3 S. 3 InsO. Die dreimonatige Frist für den Einigungsversuch beginnt mit Ablauf der richterlichen Frist zur Antragstellung.[56] Mit Ablauf der Dreimonatsfrist gilt der Eröffnungsantrag des Schuldners gemäß § 305 Abs. 3 S. 2 InsO als zurückgenommen. Das Verfahren ist sodann über den Gläubigerantrag fortzusetzen. Um einen Einigungsversuch durchzuführen, ist die dreimonatige Frist sehr kurz und oft zu kurz. Allerdings kann das Gericht zunächst von einem förmlich zugestellten Hinweis absehen, der allein die Frist auslöst, und dem Schuldner mittelbar eine längere Frist eröffnen.[57] Bleibt der außergerichtliche Einigungsversuch erfolglos, muss der Schuldner die Bescheinigung darüber sowie die weiteren Unterlagen nach § 305 Abs. 1 InsO fristgerecht einreichen.

III. Gegenstand des Schuldenbereinigungsplans

1. Eckdaten. Der Inhalt des im gerichtlichen Verfahren vorzulegenden Schuldenbereinigungsplans ist in § 305 Abs. 1 Nr. 4 Hs 2 und 3 InsO aufgrund seiner zentralen Bedeutung etwas eingehender geregelt, als der außergerichtliche Einigungsversuch. Dennoch beschränkt sich das Gesetz auch hier auf wenige, meist allgemeine Festlegungen. Der Plan kann alle Regelungen enthalten, die unter Berücksichtigung der Gläubigerinteressen sowie der Vermögens-, Einkommens- und Familienverhältnisse des Schuldners geeignet sind, zu einer angemessenen Schuldenbereinigung zu gelangen. Unterhaltspflichten des Schuldners sind deswegen bei der Planerstellung zu berücksichtigen. Aufzunehmen ist außerdem, inwieweit Bürgschaften, Pfandrechte und andere Sicherheiten der Gläubiger vom Plan berührt werden sollen. Der Plan muss Schuldner und Gläubiger detailliert mit zustellungsfähiger Anschrift enthalten. Da er gemäß § 308 Abs. 3 S. 1 InsO nur gegenüber den Gläubigern und ihren Forderungen wirkt, die im Plan benannt sind, ist der Schuldner zur sorgfältigen und vollständigen Angabe angehalten. Eine Forderung ist auch dann anzugeben, wenn der Gläubiger weder in der vom Schuldner gesetzten Frist noch einer Nachfrist eine Forderungsaufstellung übermittelt.[58]

---

[54] Uhlenbruck/Hirte/Vallender/ *Vallender,* § 306 Rn. 67.
[55] BGHZ 162, 181, 186; BGH ZInsO 2008, 924 Rn. 20.
[56] HambKommInsO/ *Streck,* § 306 Rn. 14.
[57] HK/ *Landfermann,* § 306 Rn. 13.
[58] LG Wiesbaden NZI 2012, 422.

21 Der Plan muss einen konkreten Zeitpunkt für das Inkrafttreten angeben, der zweckmäßig mit dem gerichtlichen Beschluss nach § 308 Abs. 1 S. 1 InsO verbunden wird. Vor allem muss er aber verbindliche, geordnete, nachvollziehbare Regelungen enthalten, mit einem bestimmbaren Umfang der Leistungspflicht des Schuldners.[59] Grundlage ist ein angemessener Interessenausgleich zwischen den Beteiligten. Maßstab sind nicht die von den Gläubigern gewünschten Quoten, sondern die im Insolvenz- und Restschuldbefreiungsverfahren unter Berücksichtigung der jeweiligen Verhältnisse zu erreichenden Befriedigungsaussichten. Zu beachten ist vor allem das Schlechterstellungsverbot aus § 309 Abs. 1 Nr. 2 InsO. Dagegen muss der Plan keine Mindestquote vorsehen[60] und – schon wegen der Zulässigkeit von Nullplänen[61] – keinen vollstreckbaren Inhalt besitzen.[62] Sieht der Plan Leistungen vor, sollte auf die Vollstreckbarkeit geachtet werden.

22 **2. Gestaltungsmöglichkeiten.** Üblich sind drei Arten von Plänen entweder mit Einmalzahlungen, mit festen Raten oder mit flexiblen Ratenzahlungen, die am pfändbaren Einkommen bzw. Vermögen des Schuldners orientiert sind.[63] Der Schuldner vermag sich zwar zu Leistungen über sein pfändbares Einkommen hinaus verpflichten,[64] doch sind solche Verpflichtungen nicht durchsetzbar, weil auf den Pfändungsschutz nicht verzichtet werden kann.[65] Auch eine mittelbare Auswirkung über Verfallsregelungen ist unwirksam. Bei Einmalzahlungen ist der Vorteil einer sofortigen Zahlung gegenüber laufenden Raten bspw. nach der Barwertmethode abzuzinsen.[66] Langfristige feste Raten schaffen bei veränderten Einkommens- und Familienverhältnissen erhebliche Risiken. Deswegen sind zumeist flexible, an den Pfändungsfreigrenzen orientierte Raten sinnvoll.[67] Da durch einen Schuldenbereinigungsplan Gerichts- und Treuhänderkosten gespart werden, kann eine kürzere Laufzeit als für die Abtretungserklärung im Restschuldbefreiungsverfahren vorgesehen werden, ohne die Gläubiger zu benachteiligen.[68]

23 Zu den umstrittensten Fragen des Verbraucherinsolvenzverfahrens gehörte die Zulässigkeit von Nullplänen bzw. flexiblen Nullplänen, doch hat sich die Situation weitgehend entspannt. Da die Insolvenzordnung keine Mindestquote vorschreibt, wurde ganz überwiegend von einer Wirksamkeit derartiger Nullpläne ausgegangen.[69] Dies hat der BGH inzwischen auch bestätigt.[70] Das Gesetz sieht keine inhaltlichen Vorgaben vor, denn die Gläubiger sollen privatautonom bestimmen, ob sie mit dem Planinhalt einverstanden sind. Eine Flexibilisierungsklausel kann geboten sein, doch stellt dies gerade keine generelle Voraussetzung für einen wirksamen Nullplan dar. Als Regel muss das Gericht nach § 309 Abs. 1 S. 2 Nr. 2 Hs 2 InsO von gleichbleibenden Einkommens- und Vermögensverhältnissen ausgehen. Künftige Veränderungen sind nur dann zu berücksichtigen, wenn sie absehbar und von den Gläubigern vorgetragen und glaubhaft gemacht sind, wie der be-

---

[59] *Henning*, in: Wimmer/Dauernheim/Wagner/Weidekind, Kap. 14 Rn. 87.
[60] BGHZ 134, 79, 91 f.; BGH NZI 2014, 34 Rn. 7; OLG Köln NZI 1999, 494, 495.
[61] BGH NZI 2014, 34 Rn. 7
[62] OLG Köln NZI 1999, 494, 496; OLG Celle NZI 2001, 254, 255.
[63] FK/*Grote*, § 305 Rn. 36; Karsten Schmidt/*Stephan*, § 305 Rn. 41.
[64] Uhlenbruck/Hirte/Vallender/*Vallender*, § 305 Rn. 119.
[65] *Schäferhoff*, ZInsO 2001, 687, 689 f.
[66] *Krüger/Reifner/Jung*, ZInsO 2000, 12.
[67] FK/*Grote*, § 305 Rn. 36.
[68] HK/*Landfermann*, § 305 Rn. 42.
[69] BayObLG NJW 2000, 220, 221; OLG Köln NJW 2000, 223 f.; OLG Karlsruhe NZI 2000, 163; Nerlich/Römermann/*Römermann*, § 305 Rn. 53 ff.; FK/*Grote*, § 309 Rn. 44 f.; *Andres/Leithaus*, § 305 Rn. 25; *Pape/Uhlenbruck*, Insolvenzrecht, Rn. 893; einschränkend KPB/*Wenzel*, § 286 Rn. 71; aA AG Würzburg ZIP 1999, 319; MüKoInsO/*Ott/Vuia*, § 305 Rn. 75; *Thomas*, in: Kölner Schrift, S. 1763; offengelassen von BGH NZI 2005, 45, 46.
[70] BGH NZI 2014, 34 Rn. 7 = LMK 2013, 353509, mit Anm. *Ahrens*.

vorstehende Abschluss einer Ausbildung, eine Heirat oder die Geburt eines Kindes. Fiktive Entwicklungsmöglichkeiten und bloß theoretische Änderungsmöglichkeiten müssen ebenso unbeachtlich bleiben, wie abstrakte Klauseln, denen keine absehbare künftige Entwicklung zugrunde liegt.[71] Begründet wird dies auch mit der angestrebten gerichtlichen Entlastung, die bei einer Prüfung der zukünftigen Entwicklungen der Eigentums- und Vermögensverhältnisse des Schuldners wirkungslos bliebe. Als bindendes Inhaltserfordernis ist im Plan anzugeben, inwieweit Sicherheiten vom Plan berührt werden. Dadurch sollen Irrtümer der Beteiligten über die Wirkungen des Schuldenbereinigungsplans vermieden werden. Akzessorische Rechte, wie Bürgschaften, Pfandrechte und Hypotheken, erlöschen in dem Umfang, wie die gesicherte Schuld erlischt, wenn nicht etwas anderes vereinbart wird.[72] Abstrakte Sicherheiten sind freizugeben, wenn der Wert der Sicherheit die gesicherte Forderung erheblich übersteigt.[73] Auf Lohn- und Gehaltsabtretungen ist § 114 Abs. 1 InsO nicht anwendbar, da bei einem angenommenen Schuldenbereinigungsplan das Insolvenzverfahren nicht eröffnet wird. Um ungesicherte Gläubiger zu einer Zustimmung zu veranlassen, wird der Schuldner regelmäßig Eingriffe in die Gehaltsabtretung vorschlagen.[74] Anpassungsklauseln müssen grundsätzlich nicht in den Schuldenbereinigungsplan aufgenommen werden, es sei denn, eine nicht unwesentliche Veränderung ist konkret absehbar.[75] Verfall- oder Wiederauflebensklauseln für den Eintritt eines Versagungstatbestands sind regelmäßig nicht erforderlich.[76]

IV. Gerichtliches Schuldenbereinigungsplanverfahren

1. Grundlagen. Solange über den Schuldenbereinigungsplan noch nicht entschieden ist, ruht kraft Gesetzes das Verfahren über den Eröffnungsantrag des Schuldners, aber auch das auf einen Gläubigerantrag hin eingeleitete Verfahren. Die Ruhenswirkung beginnt mit Eingang des Schuldnerantrags.[77] Sie soll nicht länger als drei Monate dauern, § 306 Abs. 1 S. 2 InsO, doch handelt es sich bei dieser zeitlichen Festlegung um eine reine Ordnungsvorschrift, deren Verletzung keine verfahrensbezogenen Konsequenzen zeitigt.[78] Bei den verfahrensrechtlichen Wirkungen des Ruhens des Verfahrens ist zu unterscheiden. Entscheidungen über die Eröffnung des Verfahrens dürfen nicht ergehen.[79] Auch Amtsermittlungsmaßnahmen sind grds. unzulässig, weswegen insbesondere der Insolvenzgrund noch nicht geprüft werden darf.[80] Da das Ruhen des Verfahrens ein erfolgreiches Schuldenbereinigungsplanverfahren ermöglichen soll, können Entscheidungen zur Zulässigkeit dieses Verfahrens sehr wohl ergehen, etwa über die Verfahrensart oder die erforderlichen Unterlagen.[81] Auf die Forderungsverjährung wirkt sich das Ruhen nicht aus, weil gemäß § 204 Abs. 1 Nr. 10 BGB die Verjährung erst mit der Forderungsanmeldung gehemmt wird. Denkbar ist aber eine Verjährungshemmung bei Verhandlungen gem. § 203 BGB. Das Rechtsschutzbedürfnis für eine Leistungsklage entfällt deswegen nicht durch ein Schuldenbereinigungsplanverfahren.[82]

---

[71] BGH NZI 2014, 34 Rn. 11.
[72] Nerlich/Römermann/*Römermann*, § 305 Rn. 61.
[73] Hess/Obermüller, Insolvenzplan, Restschuldbefreiung und Verbraucherinsolvenz, 3. Aufl., Rn. 932.
[74] Hess/Obermüller, Insolvenzplan, Restschuldbefreiung und Verbraucherinsolvenz, 3. Aufl., Rn. 934.
[75] OLG Frankfurt ZinsO 2000, 288, 289.
[76] LG Hannover NZI 2004, 389, 390; AG Bremen NZI 2004, 277; AG Bremerhaven ZVI 2007, 21, 22; aA LG Köln NZI 2003, 559, 560; KPB/*Wenzel*, § 309 Rn. 8; *Mohrbutter/Ringstmeier/Pape/Sietz*, § 16 Rn. 49.
[77] Braun/*Buck*, § 306 Rn. 4.
[78] HambKommInsO/*Streck*, § 306 Rn. 3.
[79] HK/*Landfermann*, § 306 Rn. 3.
[80] BGH NZI 2008, 382 Rn. 10.
[81] MüKoInsO/*Ott/Vuia*, § 306 Rn. 8.
[82] BGH NZI 2009, 613 Rn. 4 ff.

25 Tritt die Insolvenz ein, verliert eine am Prioritätsgedanken ausgerichtete Zwangsvollstreckung ihre Legitimation und ist durch ein an Gleichbehandlungsgrundsätzen ausgerichtetes Verfahren zu ersetzen. Um das zur Gläubigerbefriedigung zur Verfügung stehende Vermögen vor Zwangsvollstreckungsmaßnahmen zu schützen, kann das Insolvenzgericht Sicherungsmaßnahmen gemäß den §§ 306 Abs. 2 S. 1, 21 InsO und darauf bezogene Amtsermittlungsmaßnahmen anordnen. Aufgrund dieser positiven Kompetenzbestimmung vermag das Gericht diese Sicherungsanordnungen zu treffen, obwohl das Verfahren ruht. Als wichtigste Sicherungsmaßnahme kann die Untersagung oder einstweilige Einstellung der Zwangsvollstreckung gemäß § 21 Abs. 2 Nr. 3 InsO angeordnet werden. Die Rückschlagsperre aus den §§ 88, 312 Abs. 1 S. 2 InsO wird zwar die Masse zumeist hinreichend gegen die durch Zwangsvollstreckung erlangten Sicherungen schützen. Sobald der Gläubiger über die Sicherung hinaus eine Befriedung erlangt, ist die Masse nicht mehr geschützt, weswegen bei einer bevorstehenden Befriedigung eine Sicherungsmaßnahme geboten ist.[83] So führt die Überweisung einer gepfändeten Forderung an Zahlungs statt gemäß § 835 Abs. 1 ZPO zur Befriedigung, soweit die Forderung besteht.[84] Eine Einstellung oder Untersagung kann außerdem geboten sein, um den laufenden Unterhalt des Schuldners zu sichern. Dies gilt insbesondere, falls Einkünfte iSd § 850i ZPO an der Quelle und auf dem Konto gepfändet werden. Durch das neue Pfändungsschutzkonto nach § 850k ZPO wird freilich das Bedürfnis für diese Sicherungsmaßnahmen zurückgehen. Als Sicherungsmaßnahme kann auch ein vorläufiger Treuhänder bestellt, § 21 Abs. 2 Nr. 1 InsO, oder dem Schuldner ein allgemeines Verfügungsverbot auferlegt, § 21 Abs. 2 Nr. 2 InsO, oder eine der sonstigen, durch § 21 Abs. 1 S. 1 InsO eröffneten Maßnahmen angeordnet werden.[85]

26 Um die Kosten zu dämpfen, muss der Schuldner nach Aufforderung durch das Gericht Abschriften des Schuldenbereinigungsplans und der Vermögensübersicht in der für die Zustellung erforderlichen Zahl einreichen. Das Gericht muss die Abschriften nicht selbst erstellen, der Schuldner hat dies nur nach einer gerichtlichen Aufforderung zu erledigen. Der Schuldner muss die erforderlichen Abschriften binnen einer kurzen gesetzlichen Frist von zwei Wochen einreichen, sonst droht die entsprechend anzuwendende Rücknahmefiktion, § 305 Abs. 2 S. 3, Abs. 3 S. 2 InsO. Wie § 304 Abs. 4 InsO klarstellt, kann sich der Schuldner im Schuldenbereinigungsplanverfahren durch den Vertreter einer geeigneten Stelle oder eine geeignete Person vertreten lassen. Diese Erlaubnis erstreckt sich allerdings nur auf das Schuldenbereinigungsplanverfahren und nicht auf ein anschließendes vereinfachtes Insolvenzverfahren.[86] Zur Vertretung von Gläubigern im Schuldenbereinigungsplanverfahren sind nach den §§ 305 Abs. 2 S. 2, 174 Abs. 1 S. 3 InsO auch Inkassodienstleister befugt.

27 **2. Beanstandungen. a)** *Prüfungskompetenz*. Wenn der Schuldner die in § 305 Abs. 1 InsO genannten Unterlagen und Erklärungen nicht vollständig abgibt, fordert ihn das Insolvenzgericht auf, das Fehlende unverzüglich zu ergänzen. Die Prüfungskompetenz des Gerichts erstreckt sich nur auf die Vollständigkeit der vorgelegten Unterlagen. Es wird daher nur überprüft, ob die vom Schuldner eingereichten Schriftstücke formal den Erfordernissen aus § 305 Abs. 1 InsO entsprechen. An diesen Formalien fehlt es, wenn etwa das Scheitern des außergerichtlichen Einigungsversuchs durch eine Stelle bescheinigt wird, die nicht anerkannt ist, oder im Schuldenbereinigungsplan keine Aussagen zu den bestehenden Sicherheiten getroffen sind. Eine inhaltliche Prüfung findet dagegen nicht statt.[87]

---

[83] *Eckardt*, in: Jaeger, § 88 Rn. 22.
[84] *Prütting/Gehrlein/Ahrens*, ZPO, § 835 Rn. 28.
[85] FK/*Grote*, § 306 Rn. 17 ff.
[86] BGH ZInsO 2004, 547.
[87] BGH NZI 2009, 900 Rn. 8; BayObLG NZI 2000, 129, 130; OLG Celle NZI 2001, 254; FK/*Grote*, § 305 Rn. 51; HambKommInsO/*Streck*, § 305 Rn. 28; aA MüKoInsO/*Ott/Vuia*, § 305 Rn. 93 f.

Beim außergerichtlichen Einigungsversuch ist das Insolvenzgericht darauf beschränkt 28 zu prüfen, ob eine geeignete Person oder Stelle das Scheitern des außergerichtlichen Einigungsversuchs attestiert. Eine inhaltliche Überprüfung auf die Ernsthaftigkeit oder Angemessenheit findet schon deswegen nicht statt, weil sonst die Berechtigung, eine Bescheinigung auszustellen, nicht auf geeignete, dh kompetente und vertrauenswürdige Personen und Stellen beschränkt sein müsste.[88] Das Gericht überprüft auch nicht, ob ein Schuldenbereinigungsplan angemessen ist. Insbesondere fehlt ihm die Kompetenz, einen Nullplan oder einen Fast-Nullplan als unzulässig zurückzuweisen.[89] Obwohl keine materielle Prüfungsberechtigung existiert, kann das Insolvenzgericht seinen Spielraum erweitern, indem es den Schuldner dennoch gem. § 305 Abs. 3 S. 1 InsO zur Ergänzung auffordert, wobei es nach der höchstrichterlichen Rechtsprechung nur in begrenztem Umfang einer Rechtsmittelkontrolle unterliegt.

Reicht der Schuldner die angeforderten Unterlagen nicht binnen eines Monats nach, 29 gilt sein Antrag gemäß § 305 Abs. 3 S. 2 InsO als zurückgenommen. Die Rücknahmefiktion tritt kraft Gesetzes ein. Eine Fristverlängerung ist nicht zulässig, eine Wiedereinsetzung in den vorigen Stand gemäß den §§ 4 InsO, 233 ZPO ist bei einer versäumten Frist ausgeschlossen. Als Folge ua der gerichtlichen Fürsorgepflicht wird ein Hinweis auf die einschneidenden Konsequenzen erforderlich sein.[90] Ein deklaratorischer gerichtlicher Beschluss, der diese Folge ausspricht ist nicht erforderlich,[91] aber zulässig und sinnvoll.

b) *Rechtsbehelfe.* Ein Rechtsmittel gegen die Fiktion der Rücknahme ist gesetzlich 30 nicht vorgesehen. Deswegen erachtet der BGH eine sofortige Beschwerde gegen die gerichtliche Mitteilung über die Rücknahmewirkung grundsätzlich als nicht statthaft.[92] Werden in einer gerichtlichen Aufforderung mehrere Punkte beanstandet, soll die Beschwerde nicht eröffnet sein, wenn der Schuldner erfüllbare Anforderungen innerhalb der Frist teilweise nicht erfüllt.[93] Außerdem, und dies ist noch wichtiger, soll nicht jede Überschreitung der rein formalen Prüfungskompetenz des Insolvenzgerichts zu einer rechtsmittelfähigen Kontrollierbarkeit der an eine nichterfüllte Auflage anknüpfenden Rücknahmefiktion führen.[94] Begründet wird diese Haltung mit der fließenden Grenze zwischen einer § 305 Abs. 3 S. 1 InsO unterliegenden Vervollständigung und einer Berichtigung des Antrags. Von der Rechtsprechung des BGH gedeckt ist aber eine sofortige Beschwerde analog § 34 Abs. 1 InsO, wenn die gerichtliche Aufforderung im Hinblick auf die beizubringenden Unterlagen und Erklärungen nicht erfüllbar ist oder vom Insolvenzgericht willkürliche Anforderungen gestellt werden.[95] Auch bei einer missverständlichen oder schwer verständlichen Aufforderung des Insolvenzgerichts wird das Beschwerderecht bejaht.[96] Diese sofortige Beschwerde analog § 34 Abs. 1 InsO soll ebenso bei einem vom Insolvenzgericht übersehenen nachgereichten Schuldenbereinigungsplan statthaft sein,[97] doch kommt hier eher eine Gehörsrüge entsprechend § 4 InsO iVm § 321a ZPO in Betracht.

---

[88] OLG Schleswig NZI 2000, 165, 166; KPB/*Wenzel,* § 305 Rn. 12.
[89] BGH NZI 2014, 34 Rn. 7; BayObLG NJW 2000, 220, 221; aA HK/*Landfermann,* § 305 Rn. 53.
[90] AA Uhlenbruck/Hirte/Vallender/*Vallender,* § 305 Rn. 147.
[91] BGH NJW-RR 2005, 990; OLG Köln NZI 2000, 538, 539; *Ahrens,* NZI 2000, 201, 202.
[92] BGH NZI 2004, 40. 41; NJW-RR 2005, 990.
[93] BGH NZI 2005, 414; 2009, 900 Rn. 5.
[94] BGH NZI 2009, 900 Rn. 9 ff.; aA FK/*Grote,* § 305 Rn. 59; KPB/*Pape,* § 34 Rn. 55 f.; Nerlich/Römermann/*Römermann,* § 305 Rn. 70; HambKommInsO/*Streck,* § 305 Rn. 30; Braun/*Buck,* § 305 Rn. 24; *Ahrens,* NZI 2000, 201, 205 f.
[95] Vgl. BGH NZI 2004, 40; NJW-RR 2005, 990; NZI 2009, 900 Rn. 10, jeweils offengelassen; BGH BeckRS 2011, 04092; AGR/*Henning,* § 305 Rn. 64; Karsten Schmidt/*Stephan,* § 305 Rn. 55.
[96] LG Bonn NZI 2010, 863 = VIA 2010, 84, mit Anm. *Henning.*
[97] LG Berlin ZVI 2011, 293.

31 Die Ansicht des BGH, nach der auch eine gemäßigt rechtswidrige Anforderung des Insolvenzgerichts nicht im Rechtsmittelweg kontrollierbar ist, selbst wenn diese die Rücknahmefiktion auslöst, kann nicht geteilt werden. Funktional kollidiert sie mit der auch vom BGH herausgestellten fehlenden inhaltlichen Prüfungsberechtigung des Insolvenzgerichts. In der Konsequenz muss der Schuldner dann auch rechtswidrige Anordnungen erfüllen. Verfahrenspraktisch weist sie eine erhebliche Unschärfe auf und schafft dadurch eine erhebliche Unsicherheit, welche unzulässigen Anordnungen der Insolvenzrichter ungehindert durchsetzen kann. Systematisch verschärft sie die Benachteiligung des Schuldners im Verbraucherinsolvenzverfahren gegenüber dem Regelinsolvenzverfahren, in dem die Nichtdurchführung des Verfahrens nach § 34 Abs. 1 InsO rechtsmittelfähig ist.[98]

32 **3. Zustimmungsverfahren. a)** *Einleitung.* Das gerichtliche Schuldenbereinigungsplanverfahren ist fakultativ ausgestaltet, denn das Gericht entscheidet gemäß § 306 Abs. 1 S. 3 InsO nach seinem freien Ermessen darüber, ob diese Verfahrensstufe durchgeführt werden soll. Dazu hat es eine Prognoseentscheidung zu treffen, in deren Rahmen es zunächst prüfen wird, welche Gläubiger mit welchen Forderungen den außergerichtlichen Einigungsversuch abgelehnt haben. Es müssen Anhaltspunkte bestehen, wonach eine Kopf- und Summenmehrheit der Gläubiger dem Plan zustimmen wird, wovon bei einem Nullplan früher nicht ausgegangen werden konnte.[99] Seitdem der BGH Nullpläne uneingeschränkt anerkennt,[100] bedarf es weiterer Gründe, die gegen eine Zustimmung sprechen. Einzubeziehen sind außerdem zwischenzeitliche Änderungen bei den Einkommens- und Vermögensverhältnissen des Schuldners sowie Überarbeitungen des Plans. Eine größere Freiheit des Gerichts resultiert auch aus der fehlenden Amtsermittlungspflicht über die maßgebenden Tatsachen.[101]

33 Entscheidet sich das Gericht für ein Schuldenbereinigungsplanverfahren, wird dieses regelmäßig schriftlich durchgeführt, § 5 Abs. 2 S. 1 InsO. Sodann stellt das Gericht den Gläubigern den Schuldenbereinigungsplan und die Vermögensübersicht zu, § 307 Abs. 1 S. 1 Hs 1 InsO, die der Schuldner in der erforderlichen Anzahl bereitzustellen hat, § 306 Abs. 2 S. 1 InsO. Die Zustellungserleichterung aus § 8 Abs. 1 S. 2, Abs. 2, 3 InsO gelten wegen der weitreichenden Konsequenzen des Schuldenbereinigungsplanverfahrens nicht, § 307 Abs. 1 S. 3 InsO.[102] Mit den zugestellten Unterlagen werden die Gläubiger darauf hingewiesen, dass die Verzeichnisse beim Insolvenzgericht zur Einsicht niedergelegt sind. Im Rahmen der §§ 4 InsO, 299 ZPO können die Gläubiger Einsicht in die gesamten Insolvenzakten nehmen und ggf. Abschriften verlangen. Zugleich fordert das Gericht die Gläubiger auf, binnen einer Notfrist von einem Monat zu den Verzeichnissen und dem Schuldenbereinigungsplan Stellung zu beziehen sowie die Forderungen im Forderungsverzeichnis zu überprüfen und ggf. zu ergänzen, § 307 Abs. 1 S. 2 InsO. Diese Aufforderung muss das Gericht mit dem Hinweis auf die Rechtsfolgen des § 308 Abs. 3 S. 2 InsO verbinden. Aufgrund dieser Bestimmung kann ein Gläubiger, der eine Forderung nicht ergänzt, nach dem Zustandekommen des Schuldenbereinigungsplans nicht mehr Erfüllung verlangen.[103] Schließlich muss das Gericht den Gläubiger darauf hinweisen, dass ein Schweigen nach Ablauf der Monatsfrist als Zustimmung gilt, § 307 Abs. 2 S. 1, 2 InsO. Gegenüber dem außergerichtlichen Einigungsversuch müssen die Gläubiger ihre Interessen im gerichtlichen Verfahren ein wenig aktiver vertreten, wenn auch dafür bereits ein kurzes Schreiben genügt. Da die Stellungnahme des

---

[98] Vgl. *Ahrens,* NZI 2000, 201, 205 f.
[99] AG Göttingen ZVI 2002, 69, 70.
[100] BGH NZI 2014, 34 Rn. 7.
[101] KPB/*Wenzel,* § 306 Rn. 3.
[102] *Mohrbutter/Ringstmeier/Pape/Sietz,* § 16 Rn. 50.
[103] Uhlenbruck/Hirte/Vallender/*Vallender,* § 307 Rn. 36.

Gläubigers in einer Notfrist von einem Monat erfolgen muss, kann die Wiedereinsetzung in den vorigen Stand gemäß § 233 ZPO gewährt werden, soweit der Gläubiger schuldlos daran gehindert war, die Frist einzuhalten.

b) *Durchführung.* Die Stellungnahmen der Gläubiger müssen schriftlich in der Form **34** eines bestimmenden Schriftsatzes gemäß § 130 ZPO erfolgen.[104] Die Gläubiger können den Schuldenbereinigungsplan uneingeschränkt annehmen, mit Modifikationen annehmen und damit zugleich ihre Ablehnung bekunden[105] oder ablehnen. Einwände können auch gegen die Forderungen anderer Gläubiger erhoben werden.[106] Abweichend von § 150 Abs. 2 BGB kann die Annahme auch noch nach einer vorherigen Ablehnung oder nach Fristablauf erklärt werden.[107] Schweigt der Gläubiger innerhalb der Erklärungsfrist, wird sein Einverständnis unwiderleglich vermutet.[108] Einwendungen nach Fristablauf sind damit ausgeschlossen. Hat kein Gläubiger dem Schuldenbereinigungsplan widersprochen, gilt dieser nach § 308 Abs. 1 S. 1 InsO als angenommen.

Lehnen Gläubiger den Schuldenbereinigungsplan ab, besteht die Aufgabe des Ge- **35** richts darin, einvernehmliche Lösungen zwischen den Parteien zu fördern und auf Gestaltungsmöglichkeiten hinzuweisen.[109] Die gesetzliche Regelung eröffnet zwar in § 307 Abs. 3 S. 1 InsO eine Überarbeitungsmöglichkeit für den Plan, aber dem Schuldner ist nicht in jedem Fall Gelegenheit zur Änderung oder Ergänzung seines gescheiterten Schuldenbereinigungsplans zu gewähren. Vielmehr hat das Insolvenzgericht nach pflichtgemäßem Ermessen eigenverantwortlich zu entscheiden, ob bei mehrheitlichem Widerspruch durch die Gläubiger der gerichtliche Schuldenbereinigungsversuch bereits endgültig gescheitert und deshalb unverzüglich über den Insolvenzantrag zu befinden ist oder ob ein erneuter Versuch mit einem geänderten Plan Erfolg verspricht. Dabei hat es die Wahrscheinlichkeit einer Einigung gegenüber der Pflicht zur zügigen Durchführung des Verfahrens abzuwägen.[110] Die Planhoheit bleibt auch in diesem Fall beim Schuldner, dh er entscheidet, ob er die vorgeschlagenen Änderungen berücksichtigen will. Ändert oder ergänzt der Schuldner den Plan, ist die Novellierung den Gläubigern grundsätzlich zuzustellen, § 307 Abs. 3 S. 2 InsO.[111] Auch bei diesem zweiten Durchlauf sind die Gläubiger gemäß § 307 Abs. 3 S. 3 InsO auf die Monatsfrist zur Stellungnahme und die Wirkungen des Schweigens hinzuweisen. Eine nochmalige Ergänzung ist nicht prinzipiell ausgeschlossen, wird aber regelmäßig am eilbedürftigen Charakter des Verfahrens scheitern.

4. Zustimmungsersetzungsverfahren. a) *Zustimmungsersetzung.* Während die au- **36** ßergerichtliche Einigung dem privatrechtlichen Konsensmodell mit einer einstimmigen Annahme des Plans folgt, kann der Schuldenbereinigungsplan im gerichtlichen Verfahren unter erleichterten Voraussetzungen zustande kommen. Im Anschluss an die in § 74 Abs. 1 VglO und § 182 Abs. 1 KO erprobten Rechtsformen ermöglicht § 309 InsO eine Annahme des Plans durch Mehrheitsentscheidung der Gläubiger. Auf Antrag des Schuldners oder eines Gläubigers ersetzt das Gericht die Einwendungen eines Gläubigers durch eine Zustimmung, wenn die Kopf- und Summenmehrheit der zustimmenden Gläubiger erreicht ist. Im Ausgangspunkt soll damit eine Obstruktion des Akkords durch einzelne Gläubiger verhindert werden. Das niedrige Quorum der doppelten Mehrheiten belegt, ohne etwa die Gruppenmehrheiten aus §§ 222, 244 Abs. 1 InsO zu verlangen, dass mit

---

[104] LG Münster NZI 2002, 215; HK/*Landfermann*, § 307 Rn. 10.
[105] BGH NZI 2006, 248 Rn. 6 ff.
[106] *Henning*, in: Wimmer/Dauernheim/Wagner/Weidekind, Kap. 14 Rn. 113.
[107] BGH NZI 2006, 248 Rn. 9.
[108] LG Berlin ZVI 2002, 12, 14.
[109] FK/*Grote*, § 307 Rn. 15.
[110] BGH NZI 2006, 248 Rn. 15.
[111] MüKoInsO/*Ott*/*Vuia*, § 307 Rn. 15.

der Zustimmungsersetzung weitere Zwecke verfolgt werden. Ziele sind, das gerichtliche Verfahren zu entlasten und eine durch die gerichtliche Unterstützung legitimierte konsensuale Lösung zu befördern. Ist die Zustimmung zum Plan nicht ausdrücklich erklärt oder durch Schweigen fingiert worden,[112] ersetzt das Gericht auf Antrag des Schuldners oder eines Gläubigers die fehlenden Zustimmungen. Der Antrag ist unbefristet. Wurde jedoch das Eröffnungsverfahren wieder aufgenommen, kann nur mit Zustimmung aller Gläubiger in das Schuldenbereinigungsverfahren zurückgekehrt werden.[113] Jederzeit darf der Ersetzungsantrag vom Antragsteller zurückgenommen werden.[114]

37 Um die Kopfmehrheit zu ermitteln, ist allein auf die Zahl der im Plan benannten Gläubiger abzustellen, denn die anderen Gläubiger werden gemäß § 308 Abs. 3 S. 1 InsO nicht von den Planwirkungen betroffen.[115] Bei einem Gleichstand kann die Zustimmung nicht ersetzt werden.[116] Jeder Gläubiger besitzt unabhängig von der Zahl oder dem Umfang der Forderungen nur eine Stimme. Demgegenüber hat ein Vertreter mehrerer Gläubiger so viele Stimmen, wie er Gläubiger vertritt.[117] Auch bei der Summenmehrheit ist von den benannten Gläubigern auszugehen. Unerheblich ist, ob Forderungen dieser Gläubiger im Schuldenbereinigungsplan nicht benannt sind und deswegen unabhängig von den Planwirkungen entweder gemäß § 308 Abs. 3 InsO bestehen bleiben oder erlöschen.[118] Abzustellen ist allein auf die im Plan erwähnten Forderungen, bei denen mehrere typische Konstellationen auftreten können. Ein bedeutungsloser Streit über eine angemessene Beteiligung hindert nicht die Zustimmungsersetzung. Dies gilt insbesondere, wenn die Forderung für eine angemessene Beteiligung des widersprechenden Gläubigers irrelevant ist.[119] Forderungen gesicherter Gläubiger sind nur in Höhe ihres voraussichtlichen Ausfalls zu berücksichtigen. Soweit der Erlös aus den Sicherheiten nicht verlässlich prognostiziert werden kann, darf ihn der Schuldner schätzen und der Gläubiger muss die Unangemessenheit einwenden sowie glaubhaft machen, § 309 Abs. 3 InsO.[120] Nachrangige Forderungen dürfen mit einem Erinnerungswert von EUR 1,– angesetzt werden.[121]

38 Schwierigkeiten bestehen vor allem bei einem Streit über die Höhe der Forderungen,[122] insbesondere wenn der Schuldner durch überhöhte oder zu niedrige Angaben die Mehrheitsverhältnisse zu beeinflussen sucht. Ein separates Prüfungsverfahren über die Forderungshöhe sieht das Schuldenbereinigungsverfahren nicht vor[123] und ist dort auch nicht erforderlich. Keine Bedeutung besitzen fehlerhafte Forderungsangaben, wenn diese sich nicht auf die angemessene Beteiligung auswirken, weil der Schuldner einen (Fast-)Nullplan vorgelegt hat oder eine unterschiedliche Befriedigungsquote die Fehler der Schuldenaufstellung wieder ausgleicht.[124] Eine Zustimmung kann nicht ersetzt werden, wenn der Gläubiger Tatsachen glaubhaft macht, aus denen sich ernsthafte Zweifel ergeben, ob eine vom Schuldner benannte Forderung besteht oder ob sie sich auf einen anderen Betrag als den angegebenen richtet und davon eine angemessene Beteiligung des Gläubigers abhängt.[125]

---

[112] AGR/*Henning*, § 309 Rn. 2.
[113] AG Hamburg NZI 2000, 445.
[114] Uhlenbruck/Hirte/Vallender/*Vallender*, § 309 Rn. 25.
[115] S. a. AGR/*Henning*, § 309 Rn. 6.
[116] OLG Köln NZI 2001, 88, 89.
[117] OLG Köln NZI 2001, 88, 90.
[118] BGH NZI 2005, 46.
[119] BGH ZInsO 2009, 327 Rn. 12.
[120] BGH ZInsO 2009, 327 Rn. 14, 21.
[121] BGH ZInsO 2009, 327 Rn. 16 f.
[122] Vgl. AGR/*Henning*, § 309 Rn. 7.
[123] FK/*Grote*, § 309 Rn. 9.
[124] BGH NZI 2005, 46, 47.
[125] BGH ZInsO 2009, 327 Rn. 12.

b) *Unangemessene Beteiligung, § 309 Abs. 1 S. 2 Nr. 1 InsO.* Um die Minderheit zu **39** schützen, ist eine Zustimmungsersetzung ausgeschlossen, wenn der widersprechende Gläubiger im Verhältnis zu den anderen Gläubigern nicht angemessen berücksichtigt wird. Mit dieser Regel wird ein modifizierter Grundsatz der Gläubigergleichbehandlung auf das Schuldenbereinigungsplanverfahren übertragen. Geprüft wird allein das Verhältnis zwischen den am Schuldenbereinigungsplan beteiligten Gläubigern. Eine generelle Angemessenheitsprüfung, ob etwa die angebotenen Zahlungen der Leistungsfähigkeit des Schuldners entsprechen, erfolgt nicht.[126] Gewisse Anhaltspunkte dafür, wie die Angemessenheit inhaltlich auszufüllen ist, können § 245 Abs. 2 InsO entnommen werden.[127]

Abzustellen ist dabei auf keine formale, sondern auf eine inhaltliche Gleichbehandlung, die keine mathematisch exakte Berechnung verlangt.[128] Dadurch besteht in **40** mehrfacher Hinsicht ein Beurteilungsspielraum für das Insolvenzgericht. Zulässig sind geringfügige rechnerische Abweichungen, etwa in Höhe von EUR 25,–[129] oder auch EUR 50,–.[130] Die Grenzwerte sind allerdings durch den jeweiligen Einzelfall bedingt und die Verteilung muss im Übrigen ausgewogen bleiben und sich an sachgerechten Kriterien orientieren.[131] Zulässig sind aber auch sachlich legitimierte Ungleichbehandlungen.[132] Gesicherte Gläubiger können und müssen gegenüber ungesicherten Gläubigern bevorzugt werden.[133] Ist die Wirksamkeit einer Sicherung umstritten, darf die Entscheidung nicht durch das Insolvenzgericht erfolgen, weswegen die Zustimmung insoweit nicht ersetzt werden kann.[134] Auch Aufrechnungsmöglichkeiten sind zu beachten. Solange sich die Befriedigungsquote nicht nennenswert unterscheidet, können Kleingläubiger mit Einmalzahlungen und Großgläubiger mit Ratenzahlungen befriedigt werden.[135] Eine Titulierung der Forderung darf nach erfolglosen Vollstreckungsversuchen unberücksichtigt bleiben.[136] Bei Unterhaltsforderungen kann eine privilegierte Vollstreckungsmöglichkeit nach § 850d ZPO berücksichtigt werden. Mietforderungen sind zwar nicht per se besserzustellen.[137] Lässt sich der Vermieter jedoch ein Kündigungsrecht abkaufen, muss dies adäquat bewertet werden. Haupt-, Zins- und sonstige Nebenforderungen sollen nicht unterschiedlich bewertet werden dürfen.[138] Vorgerichtliche Teilleistungen sind nicht zu berücksichtigen.[139] Wenn die vom Schuldner im Schuldenbereinigungsplan aufgeführten Forderungen nicht bestehen oder sich auf einen niedrigeren Betrag belaufen, führt dies zu einer unangemessenen Beteiligung der übrigen Gläubiger.[140]

c) *Schlechterstellungsverbot, § 309 Abs. 1 S. 2 Nr. 2 InsO.* Der Schuldenbereinigungsplan **41** soll zwar eine privatautonome und einfachere, wegen der ersparten Verfahrenskosten auch billigere, aber keine für die Gläubiger schlechtere Alternative zum Insolvenz- und Restschuldbefreiungsverfahren sein. Als Maßstab für einen Interessenausgleich stellt § 309 Abs. 1 S. 2 Nr. 2 InsO deswegen auf die voraussichtliche wirtschaftliche Stellung des

---

[126] Nerlich/Römermann/*Römermann*, § 309 Rn. 14.
[127] OLG Köln NZI 2001, 594, 595.
[128] OLG Celle NZI 2001, 321; OLG Köln NZI 2001, 594, 595; AG Göttingen ZInsO 2000, 233, 234.
[129] LG Berlin ZInsO 2001, 857, 858.
[130] AG Göttingen ZInsO 2000, 233, 234.
[131] *Mohrbutter/Ringstmeier/Pape/Sietz*, § 16 Rn. 58.
[132] HambKommInsO/*Streck*, § 309 Rn. 11; Braun/*Buck*, § 309 Rn. 14.
[133] HK/*Landfermann*, § 309 Rn. 14.
[134] FK/*Grote*, § 309 Rn. 15.
[135] OLG Celle NZI 2001, 321, 322.
[136] LG Traunstein ZVI 2002, 365, 367.
[137] Braun/*Buck*, § 309 Rn. 19; aA FK/*Grote*, § 309 Rn. 20.
[138] KPB/*Wenzel*, § 309 Rn. 3a; zum Stichtag bei Zinsen LG Berlin ZInsO 2001, 857, 858.
[139] OLG Köln NZI 2002, 54.
[140] AG Bremen NZI 2011, 950.

Gläubigers ab, wenn ein Insolvenz- und Restschuldbefreiungsverfahren durchzuführen wäre. Verlangt wird eine prognostische Entscheidung darüber, welche Beträge der Gläubiger bei Durchführung der Verfahren zu erwarten hat.[141] Wie der Maßstab der voraussichtlichen wirtschaftlichen Stellung belegt, müssen konkret absehbare Veränderungen berücksichtigt werden.[142] Erleichtert wird diese Einschätzung durch § 309 Abs. 1 S. 2 Nr. 2 Hs 2 InsO, wonach die Einkommens-, Vermögens- und Familienverhältnisse des Schuldners im Zeitpunkt des Antrags auf Zustimmungsersetzung im Zweifel während des gesamten Verfahrens maßgeblich bleiben.[143] Der Gläubiger muss deswegen nicht allein seine wirtschaftliche Schlechterstellung, sondern auch die Wahrscheinlichkeit möglicher Veränderungen darlegen und glaubhaft machen.[144] Bei Forderungen des Finanzamts kann die Zustimmung unter den gleichen Voraussetzungen wie bei anderen Forderungen ersetzt werden.[145] Eine wirtschaftliche Schlechterstellung scheidet aus, wenn im Falle der Insolvenzeröffnung die Pfändung gemäß § 114 Abs. 3 InsO nicht länger wirksam geblieben wäre als nach dem Schuldenbereinigungsplan.[146]

42 Referenzgröße bilden die an den Gläubiger auszuschüttenden Verteilungsbeträge. Vom erwarteten pfändbaren Einkommen und Vermögen, das auf die Verfahrensdauer hochzurechnen ist, müssen vorab die gerichtlichen Verfahrenskosten,[147] die Treuhändervergütung sowie der Motivationsrabatt abgezogen werden.[148] Nullpläne, Fastnullpläne oder flexible Nullpläne stehen einer Zustimmungsersetzung auch dann nicht entgegen, wenn die Gläubiger keine Tilgungsleistungen zu erwarten haben.[149] Anfechtbare Rechtshandlungen sind zwar theoretisch zu berücksichtigen, doch kann die im Verbraucherinsolvenzverfahren seltene Anfechtung kaum jemals dargelegt und glaubhaft gemacht werden.[150] Zusätzlich sind wesentliche Konstellationen des Restschuldbefreiungsverfahrens zu berücksichtigen. Hierzu gehören zunächst die nach § 302 InsO privilegierten, weil von der Restschuldbefreiung ausgenommenen Forderungen. Sie müssen deswegen in diesem höheren Umfang berücksichtigt werden.[151] In erster Linie bedeutsam sind dabei die Forderungen aus vorsätzlich begangener unerlaubter Handlung. Ein Streit über die Qualifikation dieser Forderungen kann nicht im Schuldenbereinigungsplanverfahren ausgetragen werden. Deswegen ist zu differenzieren. Liegt bereits ein qualifiziertes Urteil[152] oder ein anderer geeigneter qualifizierter Titel vor, kann das Gericht von einer Privilegierung gemäß § 302 Nr. 1 InsO ausgehen. Im Übrigen gelten die zu § 302 Nr. 1 InsO aufgestellten Grundsätze entsprechend.[153]

43 Als zentrale Fallgruppe sind Versagungsmöglichkeiten der Restschuldbefreiung im Rahmen des Zustimmungsersetzungsverfahrens zu berücksichtigen. Die Zustimmung darf nicht ersetzt werden, wenn eine Versagung der Restschuldbefreiung nach § 290 InsO erfolgen müsste.[154] Eine abstrakte Benennung von Straftatbeständen, die der Schuldner begangen haben soll, genügt für § 290 Abs. 1 Nr. 1 InsO allerdings nicht.[155]

---

[141] AGR/*Henning*, § 309 Rn. 13.
[142] OLG Frankfurt NZI 2000, 473, 474; OLG Karlsruhe ZInsO 2001, 913, 914.
[143] LG Münster ZInsO 2013, 2575, 2576.
[144] OLG Dresden ZInsO 2001, 805, 806.
[145] MüKoInsO/*Ott/Vuia*, § 309 Rn. 19.
[146] BGH ZInsO 2009, 2406 Rn. 7.
[147] LG Münster ZInsO 2013, 2575, 2576.
[148] AG Göttingen ZInsO 2000, 233, 234.
[149] BGH NZI 2014, 34 Rn. 7 = LMK 2013, 353509, mit Anm. *Ahrens*.
[150] Uhlenbruck/Hirte/Vallender/*Vallender*, § 309 Rn. 66.
[151] AGR/*Henning*, § 309 Rn. 14.
[152] FK/*Grote*, § 309 Rn. 23.
[153] FK/*Ahrens*, § 302 Rn. 12 f.
[154] BGH ZVI 2004, 756; LG Saarbrücken NZI 2000, 380, 381; AG Göttingen NZI 2000, 92, 93; ZInsO 2001, 768.
[155] OLG Celle NZI 2001, 369, 370.

Darüber hinaus liegen aber auch Entscheidungen zu den meisten anderen Versagungstatbeständen aus § 290 Abs. 1 InsO vor.[156] Bei der Ersetzung der Zustimmung zu einem Schuldenbereinigungsplan nach § 309 Abs. 1 Nr. 2 InsO kann grds. die Einhaltung der Obliegenheiten aus § 295 InsO zu berücksichtigen sein und eine § 295 Abs. 1 Nr. 1 oder 2 InsO entsprechende Obliegenheit aufgenommen werden.[157] Uneinheitlich beantwortet wird, ob ein Plan eine Verfall- oder Wiederauflebensklausel für den Fall vorsehen muss, dass der Schuldner vorwerfbar ein Versagungsgrund für die Restschuldbefreiung verwirklicht.[158] Eine fehlende Wiederauflebensklausel führt jedoch nicht notwendig zu einer Schlechterstellung des Gläubigers.[159] Zudem zu verlangen sind zumindest konkrete Anhaltspunkte für ein nach § 295 InsO zu würdigendes Geschehen. Eine § 295 Abs. 1 Nr. 2 InsO entsprechende Regelung ist nur aufzunehmen, falls solche klaren Indizien auf eine wesentliche Verbesserung der Vermögenslage des Schuldners durch die Wahrscheinlichkeit eines Erbfalls schließen lassen.[160] Die Nichtaufnahme von Obliegenheiten in den Plan entsprechend § 295 InsO begründet deshalb für sich gesehen noch keine wirtschaftliche Schlechterstellung iSv § 309 Abs. 1 Nr. 2 InsO, solange nur die theoretische Möglichkeit besteht, es könne künftig zu Obliegenheitsverletzungen kommen.[161] Jedenfalls lässt eine frühere Verletzung der Erwerbsobliegenheit nicht auf das künftige Verhalten schließen, da die Aussicht auf Restschuldbefreiung eine neue Motivation für die Erwerbstätigkeit darstelle. Ein Schluss aus der Vergangenheit in die Zukunft ist dann nicht möglich.[162]

d) *Verfahren*. Vor der Entscheidung über die Zustimmungsersetzung ist der widersprechende Gläubiger erneut zu hören, § 309 Abs. 2 S. 1 InsO.[163] Der Gläubiger muss gemäß § 309 Abs. 2 S. 2 InsO die Gründe darlegen und glaubhaft machen, die einer Zustimmungsersetzung entgegenstehen. Insoweit wird der Amtsermittlungsgrundsatz aufgehoben.[164] Dies gilt zunächst für die Frage, ob eine vom Schuldner benannte Forderung besteht oder ob sie sich auf einen anderen Betrag als den angegebenen richtet, wenn davon eine angemessene Beteiligung des Gläubigers abhängt, § 309 Abs. 3 InsO.[165] Gleiches gilt aber auch für die anderen Gründe, die einer Zustimmungsersetzung entgegenstehen sollen. Ob bei einem bestehenden Versagungsgrund ein Versagungsantrag gestellt wird, muss nicht dargelegt und bewiesen werden.[166] Die Glaubhaftmachungslast besteht unabhängig davon, ob der Schuldner der Behauptung widerspricht,[167] denn anders als im Verfahren nach den §§ 290, 295 ff. InsO muss der Versagungsgrund nicht endgültig festgestellt werden. Die Zustimmung ist durch Beschluss zu ersetzen, für den der Richter funktionell zuständig ist, § 18 Abs. 1 RPflG. Gegen die Entscheidung stehen dem Antragsteller und dem Gläubiger, dessen Zustimmung ersetzt wird, die sofortige Beschwerde zu, § 309 Abs. 2 S. 3 InsO.

---

[156] Zu § 290 Abs. 1 Nr. 2 InsO AG Mönchengladbach ZInsO 2001, 186; ZInsO 2001, 674, 675; zu § 290 Abs. 1 Nr. 4 InsO AG Mönchengladbach ZInsO 2001, 674, 675; zu § 290 Abs. 1 Nr. 6 InsO BGH ZVI 2004, 756, 757; AG Mönchengladbach ZInsO 2001, 674, 676.
[157] OLG Karlsruhe ZInsO 2001, 913, 914, zukünftige Erbschaft; LG Heilbronn ZVI 2002, 409, 412, Erwerbsobliegenheit; AG Göttingen DZWIR 2001, 42.
[158] So LG Memmingen NZI 2000, 233, 235; LG Lübeck ZVI 2002, 10; KPB/*Wenzel,* § 309 Rn. 8; *Mohrbutter/Ringstmeier/Pape/Sietz,* § 16 Rn. 60.
[159] LG Hannover NZI 2004, 389; AG Bremen NZI 2004, 277; MüKoInsO/*Ott/Vuia,* § 309 Rn. 17; FK/*Grote,* § 309 Rn. 27 ff., anders ggf. bei flexiblem Plan.
[160] OLG Karlsruhe ZInsO 2001, 913, 914.
[161] Vgl. AG Mönchengladbach ZInsO 2001, 773.
[162] MüKoInsO/*Ehricke,* § 295 Rn. 6.
[163] Uhlenbruck/Hirte/Vallender/*Vallender,* § 309 Rn. 90; aA AG Göttingen ZInsO 1999, 477, 478.
[164] LG Berlin ZInsO 2001, 857, 858; HambKommInsO/*Streck,* § 309 Rn. 26.
[165] BGH ZInsO 2009, 327 Rn. 12.
[166] *Mohrbutter/Ringstmeier/Pape/Sietz,* § 16 Rn. 60.
[167] AA LG München ZInsO 2001, 720, 721; Braun/*Buck,* § 309 Rn. 33.

45 **5. Wirkungen.** Haben die Gläubiger die Zustimmung zum Plan ausdrücklich oder durch Schweigen fingiert erklärt bzw. ist ihre Zustimmung ersetzt worden, stellt das Insolvenzgericht die Annahme des Plans durch deklaratorischen Beschluss fest, § 308 Abs. 1 S. 1 InsO.[168] Inhaltlich wird der Plan dabei nicht überprüft.[169] Der Beschluss ist Schuldner und Gläubigern zuzustellen. Gegen den Beschluss findet kein Rechtsbehelf statt.[170] Eine Anpassung des Plans an geänderte wirtschaftliche Verhältnisse durch Abänderungsklage ist ausgeschlossen.[171] Ein Kündigungsrecht besteht nicht, es sei denn, es wurde ausdrücklich geregelt, doch gelten die Anfechtungsbestimmungen der §§ 119 ff. BGB. Kommt der Schuldenbereinigungsplan zustande, gelten gemäß § 308 Abs. 2 InsO die Insolvenz- und Restschuldbefreiungsanträge als zurückgenommen.

46 Materiellrechtlich gestaltet der Plan die erfassten Forderungen um. Zugleich entfaltet er die Titelwirkungen aus § 794 Abs. 1 Nr. 1 ZPO. Aus dem Vergleich können die Beteiligten daher vollstrecken. Vollstreckungstitel ist der Beschluss des Gerichts iVm einem Auszug aus dem Schuldenbereinigungsplan.[172] Sind Forderungen weder anfänglich im Plan enthalten noch nachträglich berücksichtigt, werden die Gläubiger von den Planwirkungen nicht betroffen und können weiter Erfüllung verlangen, § 308 Abs. 3 S. 1 InsO. Die Forderung erlischt jedoch, wenn der Schuldenbereinigungsplan dem Gläubiger zugestellt wurde und der Gläubiger die Angaben über seine Forderung im Forderungsverzeichnis nicht innerhalb der vom Insolvenzgericht gesetzten Frist ergänzt hat, § 308 Abs. 3 S. 2 InsO.

V. Neues Recht ab 1.7.2014

47 Zu den unauffälligen, aber die gesetzliche Teleologie präzisierenden und dadurch bedeutsamen Nachjustierungen gehört die Änderung in § 305 Abs. 3 S. 1 InsO, wonach das Gericht den Schuldner nur noch dazu auffordern darf, fehlende Angaben aus den amtlichen Formularen zu ergänzen. Obwohl den Gerichten etwa keine inhaltliche Prüfungskompetenz über den Schuldenbereinigungsplan zusteht,[173] erweitern manche Insolvenzgerichte ihren Handlungsrahmen bei der Kontrolle der Antragsunterlagen. Dem tritt der Gesetzgeber jetzt mit der engeren Fassung von § 305 Abs. 3 S. 1 InsO entgegen, die keinen Spielraum für umfassende insolvenzgerichtliche Informationswünsche lässt. Nach dem Wortlaut der gesetzlichen Regelung und der Rechtsprechung des BGH ist allerdings eine sofortige Beschwerde gegen insolvenzgerichtliche Auflagen nicht ausdrücklich vorgesehen. Sie kommt aber etwa analog § 34 Abs. 1 InsO in Betracht, wenn die gerichtliche Aufforderung im Hinblick auf die beizubringenden Unterlagen und Erklärungen nicht erfüllbar ist oder vom Insolvenzgericht willkürliche Anforderungen gestellt werden.[174] Eine willkürliche Anforderung ist nach dem neuen Recht bereits dann zu bejahen, wenn das auszufüllende Formular keinen Anhaltspunkt für die Frage gibt.

---

[168] FK/*Kohte,* § 308 Rn. 19; MüKoInsO/*Ott/Vuia,* § 308 Rn. 7.
[169] HK/*Landfermann,* § 308 Rn. 9.
[170] Braun/*Buck,* § 308 Rn. 16.
[171] OLG Karlsruhe NZI 2001, 422 f.; Nerlich/Römermann/*Römermann,* § 308 Rn. 17; aA HK/*Landfermann,* § 308 Rn. 13.
[172] *Henning,* in: *Wimmer/Dauernheim/Wagner/Weidekind,* Kap 14 Rn. 145.
[173] BGH NZI 2009, 900 Rn. 8; BayObLG NZI 2000, 129, 130; OLG Celle NZI 2001, 254; FK/*Grote,* 7. Aufl., § 305 Rn. 51; HambKommInsO/*Streck,* 4. Aufl., § 305 Rn. 28; aA MüKoInsO/*Ott/Vuia,* 2. Aufl. § 305 Rn. 93 f.
[174] Vgl. BGH NZI 2004, 40; NJW-RR 2005, 990; NZI 2009, 900 Rn. 10.

§ 84. Vereinfachtes Insolvenzverfahren

Übersicht

	Rn.
I. Grundlagen	1
II. Verfahrensvereinfachungen	4
III. Treuhänder	6
1. Bestellung	6
2. Rechtsstellung	8
3. Aufgaben	9
a) Grundlagen	9
b) Miete, Bankgeschäfte, Steuern	11
c) Anfechtung	14
IV. Verwertung	15
V. Vereinfachte Verteilung	16
VI. Neues Recht ab 1.7.2014	18
1. Aufhebung der §§ 312 bis 314 InsO	18
2. Sonstige Änderungen mit Auswirkungen auf das Verbraucherinsolvenzverfahren	22

I. Grundlagen

Kommt ein Schuldenbereinigungsplan nicht zustande, endet das Ruhen des Verfahrens aus § 306 Abs. 1 S. 1 InsO. Das Gericht nimmt das Verfahren über den Eröffnungsantrag gemäß § 311 InsO von Amts wegen wieder auf. Es prüft dabei zunächst, ob die allgemeinen Zulässigkeitsvoraussetzungen gegeben sind. Eine zentrale Aufgabe besteht darin, den Eröffnungsgrund festzustellen, der auf einer Zahlungsunfähigkeit, § 17 InsO, oder einer drohenden Zahlungsunfähigkeit, § 18 InsO, beruhen kann. Als typische Spannungslage aus dem Bereich der privaten Verschuldung ist die Zahlungsunfähigkeit von der Zahlungsunwilligkeit abzugrenzen, wenn Streitigkeiten über die Wirksamkeit von Kreditverträgen, verbundenen Geschäften oder Telekommunikationskosten auftreten.[1] Festzustellen ist außerdem, inwieweit die Verfahrenskosten gedeckt sind. Im Zweifel ist der Schuldner auf die Möglichkeit der Kostenstundung hinzuweisen,[2] weswegen in diesen Verfahren ein Kostenvorschuss die Ausnahme bleiben wird. 1

Im eröffneten Insolvenzverfahren gelten bislang gemäß § 304 Abs. 1 S. 1 InsO die allgemeinen Vorschriften, soweit nicht in den §§ 312 bis 314 InsO etwas anderes bestimmt ist. Nach künftigem Recht werden die §§ 312 bis 314 InsO aufgehoben und durch die um einige Spezialregeln ergänzten allgemeinen Vorschriften abgelöst. Regelmäßig wird nach § 5 Abs. 2 InsO das Gericht ein schriftliches Verfahren durch einen den Beteiligten bekannt zu gebenden Beschluss anordnen,[3] weil die Vermögensverhältnisse des Schuldners überschaubar und die Zahl der Gläubiger oder die Höhe der Verbindlichkeiten gering sind. Künftig handelt es sich dabei um den in einfachen Verfahren gesetzlich eintretenden Regelfall, weswegen die Anordnung des mündlichen Verfahrens durch Beschluss erfolgen muss. Das Gericht erlässt einen Eröffnungsbeschluss, der die allgemeinen Wirkungen entfaltet. Der Schuldner verliert sein Verwaltungs- und Verfügungsrecht gemäß § 80 InsO, soweit es nicht um die zur Wahrung seiner Lebensgrundlagen erforderlichen Geschäfte und die Verwirklichung seiner Persönlichkeitsrechte geht. Gegenüber den Insolvenzgläubigern gilt das Vollstreckungsverbot aus § 89 InsO. Außerdem ruhen die Zivilverfahren gemäß § 240 ZPO, aber auch die arbeitsgerichtli- 2

---

[1] Vgl. FK/*Kohte/Busch,* § 312 Rn. 12.
[2] HK/*Kirchhof,* § 26 Rn. 21.
[3] BGH NZI 2006, 481.

chen und steuerrechtlichen Verfahren.[4] Wird die Schlussanhörung schriftlich durchgeführt, muss das Gericht eine Frist setzen, in welcher die Anträge auf Versagung der Restschuldbefreiung gemäß § 290 InsO zu stellen sind.[5]

3   Dem Insolvenzbeschlag unterliegt das gesamte pfändbare Vermögen des Schuldners einschließlich seines pfändbaren Neuerwerbs, §§ 35 Abs. 1, 36 InsO. Nicht zur Insolvenzmasse gehören daher die unpfändbaren Sachen aus § 811 ZPO und insbesondere die in § 811 Abs. 1 Nr. 1 ZPO aufgeführten Hausratsgegenstände.[6] Ergänzend nimmt § 36 Abs. 3 InsO Sachen, die zum gewöhnlichen Hausrat gehören und im Haushalt des Schuldners gebraucht werden, vom Insolvenzbeschlag aus, wenn durch ihre Verwertung nur ein unverhältnismäßig geringer Erlös erzielt werden könnte.[7] Als Preis, der gleichsam für die Möglichkeit der Restschuldbefreiung zu zahlen ist, fällt auch der Neuerwerb in die Insolvenzmasse. Spart der Schuldner aus seinem unpfändbaren Arbeitseinkommen einen Betrag auf einem Konto bei einem Kreditinstitut, soll diese Summe nach einer Entscheidung des BGH in die Masse fallen,[8] doch handelt es sich wohl nicht um Neuerwerb.[9] In der überwiegenden Zahl der Insolvenzverfahren natürlicher Personen bildet das Erwerbseinkommen des Schuldners die wichtigste Grundlage für eine Befriedigung der Gläubiger. Zu beachten sind allerdings im bislang geltenden Recht die gemäß § 114 Abs. 1 InsO für zwei Jahre insolvenzfesten Vorausabtretungen des Arbeitseinkommens.[10] Forderungen aus Arbeitseinkommen und Altersrenten unterfallen daher gemäß § 36 Abs. 1 S. 2 InsO nF[11] iVm den §§ 850, 850a, 850c, 850e, 850f Abs. 1, 850g bis 850l, 851c, 851d ZPO dem Insolvenzbeschlag. Entsprechendes gilt für das Erwerbsersatzeinkommen.[12] Früher bezog sich dieser Schutz auf den Insolvenzbeschlag an der Quelle, während dieser Schutz mit der Einzahlung auf ein Konto verloren ging. Auf dem Pfändungsschutzkonto gemäß § 850k ZPO unterliegt das pfändungsfreie Guthaben nicht dem Insolvenzbeschlag.[13]

II. Verfahrensvereinfachungen

4   Um das Verbraucherinsolvenzverfahren kostengünstig und zügig auszugestalten, gelten einige Verfahrensvereinfachungen, die vor allem in § 312 InsO zusammengefasst sind. Öffentliche Bekanntmachungen erfolgen danach nur auszugsweise im Internet, wobei von weiteren Veröffentlichungen abzusehen ist, § 312 Abs. 1 S. 1 InsO. Es wird zwar befürchtet, dass der Schuldner nicht sämtliche Gläubiger benennt und von der Veröffentlichung nicht alle Gläubiger erreicht werden.[14] Dennoch erscheint diese Veröffentlichung in dem nach dem gesetzlichen Verständnis einfacheren Verbraucherinsolvenzverfahren verhältnismäßig. Abweichend von § 29 Abs. 1 Nr. 1 InsO ist kein Berichtstermin durchzuführen. Im Berichtstermin des Regelverfahrens soll nach den §§ 156, 157 InsO darüber entschieden werden, ob das Unternehmen des Schuldners liquidiert oder vorläufig fortgeführt wird, doch ist diese Entscheidung für den nicht selbständig wirtschaftlich tätigen Schuldner des Verbraucherinsolvenzverfahrens bedeutungslos. Hat der Schuldner im Verbraucherinsolvenzverfahren eine selbständige wirt-

---

[4] *Henning*, in: *Wimmer/Dauernheim/Wagner/Weidekind*, Kap. 14 Rn. 153.
[5] FK/*Ahrens*, § 290 Rn. 85.
[6] AGR/*Ahrens*, § 36 Rn. 33.
[7] AGR/*Ahrens*, § 36 Rn. 90.
[8] BGH NZI 2013, 968 Rn. 7.
[9] *Ganter*, NZI 2013, 969, 970.
[10] *Mohrbutter/Ringstmeier/Pape/Sietz*, § 16 Rn. 68.
[11] Gemäß dem Gesetz zur Reform des Kontopfändungsschutzes vom 7.7.2009, BGBl. I, 1707, ab dem 1.7.2010.
[12] Ausführlich FK/*Kohte/Busch*, § 312 Rn. 36 ff.
[13] *Prütting/Gehrlein/Ahrens*, ZPO, § 850k Rn. 116.
[14] KPB/*Wenzel*, § 312 Rn. 1a.

schaftliche Tätigkeit aufgenommen, kann zwar die Gläubigerversammlung nach § 35 Abs. 2 S. 3 InsO beantragen, die Positiv- oder Negativerklärung[15] des Treuhänders für unwirksam zu erklären. Für diesen Ausnahmefall ist jedoch kein regelmäßig abzuhaltender Berichtstermin erforderlich.

Als wesentliche Schutzbestimmung verlängert § 312 Abs. 1 S. 3 InsO die Frist der **5** Rückschlagsperre aus § 88 InsO auf drei Monate. Verhindert werden soll dadurch, dass Zwangsvollstreckungsmaßnahmen einzelner Gläubiger den außergerichtlichen Einigungsversuch gefährden. Unwirksam ist jedoch nur eine Sicherung des Gläubigers. Ist der Gläubiger bereits befriedigt, greift die Rückschlagsperre nicht mehr ein.[16] Zudem sind die Vorschriften der §§ 217 bis 268 InsO über den Insolvenzplan und der §§ 270 bis 285 InsO zur Eigenverwaltung unanwendbar, § 312 Abs. 2 InsO.

III. Treuhänder

1. Bestellung. Im Verbraucherinsolvenzverfahren wird im Eröffnungsbeschluss an- **6** stelle des Insolvenzverwalters ein Treuhänder bestellt, §§ 313 Abs. 1, 56 InsO. Zumeist wird die gleiche Person im Ankündigungsbeschluss gemäß § 291 Abs. 2 InsO als Treuhänder für das Restschuldbefreiungsverfahren bestellt. Weitergehend noch umfasst die Bestellung zum Treuhänder im vereinfachten Insolvenzverfahren das Restschuldbefreiungsverfahren, sofern die Bestellung im Eröffnungsbeschluss keine Einschränkung enthält.[17] Das Amt des im vereinfachten Insolvenzverfahren bestellten Treuhänders wirkt dann für die Dauer der Treuhandperiode mit den in § 292 InsO bestimmten Aufgaben fort.[18] Dennoch ist eine personelle Identität nicht notwendig, zumal im Restschuldbefreiungsverfahren Schuldner und Gläubiger nach § 288 InsO eine im Einzelfall geeignete natürliche Person als Treuhänder vorschlagen können. Wird für die Treuhandperiode ein neuer Treuhänder bestellt, enthält dieser Beschluss zugleich die Entlassung des zuvor für das vereinfachte Insolvenzverfahren bestellten Treuhänders.[19] Eine solche Entlassung des Treuhänders im vereinfachten Insolvenzverfahren setzt nach der Rechtsprechung des BGH wie die Entlassung eines Insolvenzverwalters einen wichtigen Grund voraus[20] (→ § 77 Rn. 105). Als Sicherungsmaßnahme kann das Gericht bereits während des Schuldenbereinigungsplanverfahrens einen vorläufigen Treuhänder gemäß den §§ 306 Abs. 2 S. 1, 21 Abs. 2 Nr. 1 InsO bestellen.

Für die Bestellung verweist § 313 Abs. 1 S. 3 InsO auf § 56 InsO. Deswegen muss **7** der Treuhänder eine für den jeweiligen Einzelfall geeignete, insbesondere geschäftskundige und vom Schuldner unabhängige natürliche Person sein. Mit der Eignung für den jeweiligen Einzelfall wird grundsätzlich eine zweistufige Konkretisierung verlangt. Das Gericht muss eine Person ernennen, die den spezifischen Anforderungen eines Verbraucherinsolvenzverfahrens gerecht wird, die nicht mit den Befähigungen für ein Regelinsolvenzverfahren gleichzusetzen sind. Zudem muss der Treuhänder für das spezifische Verfahren geeignet sein. In den typischen Massenverfahren der Verbraucherinsolvenz werden hierfür enge Grenzen bestehen, doch können etwa bei einem Schuldner mit Migrationshintergrund besondere Sprachkenntnisse sinnvoll sein. Vermieden werden müssen einerseits Verflechtungen zwischen dem Treuhänder und einzelnen Gläubigern, andererseits sind auch Rechtsanwälte und Schuldnerberater ausgeschlossen, die den Schuldner beim außergerichtlichen Einigungsversuch unterstützt haben.[21]

---

[15] Zur Terminologie *Ahrens*, NZI 2007, 622, 623.
[16] HambKommInsO/*Streck*, § 312 Rn. 4.
[17] BGH NZI 2012, 515 Rn. 5.
[18] BGH ZInsO 2003, 750; NZI 2008, 114 Rn. 8.
[19] BGH NZI 2008, 114 Rn. 5.
[20] BGH NZI 2012, 515 Rn. 7; NZI 2012, 619 Rn. 20.
[21] Uhlenbruck/Hirte/Vallender/*Vallender*, § 313 Rn. 9f.

8 2. Rechtsstellung. Als Partei kraft Amts nimmt der Treuhänder die gleiche Rechtsstellung ein, wie der Insolvenzverwalter im Regelverfahren. Insbesondere gelten aufgrund der Verweisung in § 313 Abs. 1 S. 3 InsO die §§ 57 bis 66 InsO entsprechend. Er unterliegt deswegen der Aufsicht des Insolvenzgerichts aus § 58 InsO, haftet nach den §§ 60 bis 62 InsO sowie den dazu bekannten Grundsätzen und muss entsprechend § 66 InsO Rechnung legen. Eine Besonderheit besteht allerdings für die Wahl eines anderen Treuhänders, die § 57 InsO in der ersten Gläubigerversammlung zulässt. Wird, wie zumeist in der Verbraucherinsolvenz, ein schriftliches Verfahren durchgeführt, muss der Gedanke aus § 57 InsO auf das schriftliche Verfahren übertragen werden.[22] Den Gläubigern ist daher ggf. in einem frühen Verfahrensstadium die Möglichkeit zu eröffnen, einen anderen Treuhänder zu wählen, wofür ihnen eine Frist zu setzen ist.

9 3. Aufgaben. a) *Grundlagen.* Im Allgemeinen obliegen dem Treuhänder die gleichen Aufgaben wie dem Insolvenzverwalter. Modifikationen sieht das Normenprogramm der §§ 313, 314 InsO vor allem bei der Insolvenzanfechtung und der Verwertung von Gegenständen mit Sicherungsrechten vor. Über diese positivierten Abweichungen hinaus ist aber auch den Besonderheiten einer Insolvenz natürlicher Personen Rechnung zu tragen, um die Existenzsicherung des Schuldners zu gewährleisten und seine Persönlichkeitsrechte zu wahren. Deswegen sollte der Treuhänder nicht nur berechtigt, sondern verpflichtet sein, dem Schuldner einen Vollstreckungsschutzantrag nach § 850i ZPO zu empfehlen. Ohne sich gegenüber den Gläubigern haftbar zu machen, kann er dem Schuldner auch die Einrichtung eines Pfändungsschutzkontos gemäß § 850k ZPO nahelegen.

10 Zu den zentralen Aufgaben des Treuhänders gehört es, die Insolvenzmasse zu sichern, zu verwalten, zu verwerten und zu verteilen. Er hat nach § 148 InsO die Insolvenzmasse in Besitz und Verwaltung zu nehmen. Dazu gehört es, die Angaben des Schuldners im Vermögensverzeichnis zu überprüfen. Ist der Schuldner als Arbeitnehmer tätig, muss der Treuhänder den Arbeitgeber darüber informieren, die pfändbaren Teile der Bezüge künftig an den Treuhänder zu zahlen.[23] Vereinnahmt der Schuldner während des eröffneten Verfahrens pfändbare Einkommensbestandteile, muss der Treuhänder nach § 148 Abs. 2 InsO mit einer vollstreckbaren Ausfertigung des Eröffnungsbeschlusses gegen den Schuldner vorgehen.[24] Der unpfändbare Teil des Arbeitseinkommens darf nicht vom Treuhänder eingezogen, sondern muss dem Schuldner ausgezahlt werden.[25] Entsprechendes gilt, wenn der Schuldner Erwerbsersatzleistungen aus öffentlichen Kassen bezieht. Altersrenten und Altersvorsorgevermögen unterliegen in dem durch die §§ 850 Abs. 3 lit. b), 851c, 851d ZPO bestimmten Umfang[26] nicht dem Insolvenzbeschlag. Ab der öffentlichen Bekanntmachung des Eröffnungsbeschlusses wird die Kenntnis des Drittschuldners vermutet, § 82 InsO.

11 b) *Miete, Bankgeschäfte, Steuern.* Mietverhältnisse des Schuldners bestehen mit Wirkung gegenüber der Masse fort, doch kann der Treuhänder die Enthaftung gemäß § 109 Abs. 1 S. 2 InsO erklären. Dafür wird er regelmäßig zu prüfen haben, ob die Miete aus dem unpfändbaren Arbeitseinkommen aufgebracht werden kann oder Wohngeld an den Vermieter gezahlt wird.[27] Um den Schuldner und seine Familie, die über § 109 Abs. 1 S. 2 InsO ebenfalls geschützt wird, nicht in die Obdachlosigkeit zu drängen,[28] wird der Treuhänder dann regelmäßig die Erklärung abgeben müs-

---

[22] Vgl. BGHNZI 2013, 644.
[23] Uhlenbruck/Hirte/Vallender/*Vallender,* § 313 Rn. 19.
[24] BGH NJW 2012, 393 Rn. 6.
[25] *Grote,* NZI 2000, 66.
[26] *Prütting/Gehrlein/Ahrens,* ZPO, § 851c Rn. 29 f., 34, 47.
[27] FK/*Busch,* § 313 Rn. 41.
[28] Zu den Gesetzeszwecken MüKoInsO/*Eckert,* § 109 Rn. 7.

sen. Eine Mietkaution kann dann nicht mehr für die Masse generiert werden. Regelmäßig wird er nach dem jetzt in den §§ 66a, 67c GenG normierten Gedanken nicht von einer Freistellung absehen dürfen, um die Kaution zur Masse ziehen zu können. Soweit der Treuhänder die Mitgliedschaft des Schuldners in einer Wohnungsbaugenossenschaft mit dem Ziel kündigen darf, den Anspruch des Schuldners auf Auszahlung des Auseinandersetzungsguthabens gemäß § 73 GenG zu realisieren,[29] wird er nach dem bislang geltenden Recht abzuwägen haben. Zwar ist § 109 Abs. 1 S. 2 InsO nach der Judikatur des BGH in dieser Situation auch nicht analog anwendbar, aber er muss einerseits die Vorteile für die Masse unter Berücksichtigung der Höhe dieses Guthabens und andererseits das dem Schuldner drohende Risiko einer Obdachlosigkeit bewerten. Künftig sind die §§ 66a, 67c GenG zu beachten. Wird eine Nebenkostenrückzahlung an den Mieter gemäß § 22 Abs. 1 S. 4 SGB II mit laufenden Leistungen verrechnet, die ohne Verrechnung die Grenze aus § 850c Abs. 1 S. 2 ZPO nicht überschreiten, ist sie analog § 54 Abs. 4 SGB I unpfändbar und fällt nicht in die Insolvenzmasse.[30]

Darlehens- und ein Restschuldversicherungsvertrag können als verbundene Geschäfte[31] widerrufen werden.[32] Die Eröffnung des Insolvenzverfahrens lässt Giroverträge unberührt, soweit sie sich nicht auf das zur Insolvenzmasse gehörende Vermögen beziehen.[33] Ein Pfändungsschutzkonto gem. § 850k ZPO ist nach umstrittener, aber zutreffender Ansicht insolvenzfest.[34] Durch einen Lastschriftwiderruf darf der Insolvenzverwalter nicht in das pfändungsfreie Schonvermögen des Schuldners eingreifen.[35]

Steuererstattungsansprüche und Ansprüche auf Erstattung von Haftungsbeträgen, auf steuerlichen Nebenleistungen und auf Steuervergütungen sind nach § 46 Abs. 1 AO pfändbar[36] und fallen damit grds. in die Masse.[37] Der Erstattungsanspruch gehört zur Insolvenzmasse, wenn der die Erstattungsforderung begründende Sachverhalt vor oder während des Insolvenzverfahrens verwirklicht wurde.[38] Maßgebend dafür ist nicht der Zeitpunkt der Vollentstehung des Rechts, sondern der Zeitpunkt, in dem nach insolvenzrechtlichen Grundsätzen der Rechtsgrund für den Anspruch gelegt worden ist. Dieser Rechtsgrund ist bereits mit der Abführung der Steuer und dh auch mit Leistung von Vorauszahlungen entstanden.[39] Die Verpflichtung zur Abgabe von Steuererklärungen trifft auch im Verbraucherinsolvenzverfahren den Treuhänder. Die Entscheidung über die Zusammenveranlagung von Ehegatten stellt ein vermögensbezogenes Verwaltungsrecht dar, das im Insolvenzverfahren vom Treuhänder ausgeübt wird.[40] Eine vom Schuldner gewählte Steuerklasse ist grundsätzlich beachtlich, es sei denn, der Schuldner hat die Wahl der ungünstigen Steuerklasse nachweislich in Gläubigerbenachteiligungsabsicht vorgenommen.[41]

---

[29] BGHZ 180, 185 Rn. 5; BGH ZInsO 2009, 2104 Rn. 5.
[30] LG Berlin VuR 2009, 149.
[31] Allgemein dazu BGH NJW 2010, 531 Rn. 13 ff.
[32] LG Hamburg NZI 2008, 576 (LS); *Dawe,* NZI 2008, 513, 514.
[33] FK/*Busch,* § 313 Rn. 49.
[34] AG Nienburg NZI 2013, 652; AG Verden ZVI 2013, 196; Prütting/Gehrlein/*Ahrens,* § 850k Rn. 122; *Büchel,* ZInsO 2010, 20, 26; *Jaquemoth/Zimmermann,* ZVI 2010, 113, 116; *Busch,* VIA 2010, 57, 58; *Bitter,* ZIP 2011, 149, 158; *Obermüller,* Insbüro 2013, 180, 181; *Sudergat,* ZVI 2013, 169, 171; aA HK/*Keller,* § 36 Rn. 82; *du Carrois,* ZInsO 2009, 1801, 1805.
[35] BGHZ 186, 242 Rn. 13, 22 ff.
[36] BFH NJW-RR 1996, 799; NJW 2001, 462; BGH BGHZ 157, 195, 197 ff.; NJW 2006, 1127 Rn. 13.
[37] BFH NJW-RR 1996, 799, 800; AGR/*Ahrens,* § 35 Rn. 94.
[38] BGH NJW 2006, 1127 Rn. 13 ff.
[39] BGH NJW 2006, 1127 Rn. 15 f.; BFH ZInsO 2012, 883 Rn. 10.
[40] BGH NJW 2007, 2556 Rn. 9.
[41] Vgl. BGH NZI 2006, 114, 115; ZInsO 2009, 734 Rn. 2.

14 c) *Anfechtung.* Abweichend von der allgemeinen Regelung steht im Verbraucherinsolvenzverfahren das Anfechtungsrecht der Gläubigerschaft zu, § 313 Abs. 2 S. 1 InsO, wobei der einzelne Gläubiger im Wege der Prozessstandschaft dieses Recht ausüben kann. Ein Recht, über den Streitgegenstand zu verfügen, steht ihm nicht zu.[42] Obsiegt der Gläubiger zumindest teilweise, sind ihm nach § 313 Abs. 2 S. 2 InsO die entstandenen Kosten vorweg zu erstatten. Die Gläubigerversammlung kann aber einen Gläubiger oder – wie wohl näherliegend – den Treuhänder mit der Anfechtung beauftragen, § 313 Abs. 2 S. 3 InsO. Im schriftlichen Verfahren kann diese Entscheidung mit Anhörung der Gläubiger getroffen werden. Ist ein Gläubiger mit der Anfechtung beauftragt, sind ihm die nicht durch das Erlangte gedeckten Kosten aus der Masse zu erstatten, § 313 Abs. 2 S. 4 InsO.

IV. Verwertung

15 Zu den Aufgaben des Treuhänders gehört grundsätzlich auch die Verwertung des Schuldnervermögens. Abweichend hiervon sind zur Verwertung von Gegenständen, an denen ein Absonderungsrecht besteht, nach § 313 Abs. 3 InsO die absonderungsberechtigten Gläubiger befugt. Die §§ 166 bis 169 InsO werden insoweit verdrängt.[43] Um eine verzögerte Verwertung zu verhindern, kann das Insolvenzgericht auf Antrag des Treuhänders eine Verwertungsfrist bestimmen, nach deren Ablauf der Treuhänder selbst zur Verwertung berechtigt ist, §§ 313 Abs. 3 S. 3 iVm § 173 Abs. 2 InsO. Sind Immobilien des Schuldners mit Grundpfandrechten belastet, ist der Treuhänder trotz des Insolvenzbeschlags zunächst nicht berechtigt, die Immobilie freihändig zu veräußern. Er kann sich aber mit dem Grundpfandrechtsgläubiger über eine freihändige Veräußerung verständigen.[44] Möglich bleibt sonst ein Zwangsversteigerungsverfahren.

V. Vereinfachte Verteilung

16 Um den Schuldner zu schützen, aber auch das Verfahren zu vereinfachen, kann nach § 314 InsO ganz oder teilweise von der Verwertung der Insolvenzmasse abgesehen werden. Auf Antrag des Treuhänders ordnet das Vollstreckungsgericht diese vereinfachte Verwertung an, das Gesetz spricht von vereinfachter Verteilung, und gibt dem Schuldner vor, binnen einer gerichtlich festgesetzten Frist an den Treuhänder einen dem Wert der Masse entsprechenden Betrag zu zahlen. Zuvor sind die Gläubiger zu hören, § 314 Abs. 2 InsO. In Betracht wird eine solche Entscheidung nur kommen, wenn der Schuldner die Leistung aus seinem unpfändbaren Vermögen oder durch Unterstützung Dritter erbringen kann. Stets sollte der Treuhänder den Antrag zuvor mit dem Schuldner abgestimmt haben. Erscheint die Verwertung insbesondere im Interesse der Gläubiger geboten, soll von der Anordnung abgesehen werden, § 314 Abs. 1 S. 3 InsO. Ist die Anordnung ergangen und hat der Schuldner rechtzeitig den Ablösebetrag gezahlt, gibt der Treuhänder die Gegenstände frei.[45]

17 Ein gravierendes Risiko besteht für den Schuldner. Das Gericht darf gemäß § 314 Abs. 3 S. 1 InsO die Restschuldbefreiung erst nach Ablauf der Leistungsfrist ankündigen. Zahlt der Schuldner auch nach Ablauf einer Nachfrist von zwei Wochen, die das Gericht unter Hinweis auf die Möglichkeit zur Versagung der Restschuldbefreiung gestellt hat, nicht, ist auf Antrag eines Gläubigers die Restschuldbefreiung zu versagen. Die Ablösungsmöglichkeit schafft damit ein erhebliches Risiko für den Schuldner. Im schriftlichen Verfahren ist den Gläubigern eine Frist für den Versagungsantrag zu stellen,

---

[42] FK/*Busch*, § 313 Rn. 118.
[43] MüKoInsO/*Ott/Vuia*, § 313 Rn. 16; KPB/*Wenzel*, § 313 Rn. 3.
[44] *Mohrbutter/Ringstmeier/Pape/Sietz*, § 16 Rn. 75 f.
[45] FK/*Busch*, § 314 Rn. 11 ff.

der nicht gesondert glaubhaft gemacht werden muss. Nach Ablauf dieser Frist für die Gläubiger ist die unterlassene Zahlung unschädlich. Erweist sich die Anordnung als unzweckmäßig, etwa weil der Schuldner die Leistung unverschuldet nicht aufbringen kann, ist das Insolvenzgericht berechtigt, sie aufzuheben oder zu ändern.[46]

VI. Neues Recht ab 1.7.2014

1. Aufhebung der §§ 312 bis 314 InsO. Ein substanzieller Einschnitt in die geläufige Struktur des Verbraucherinsolvenzverfahrens erfolgt mit der Aufhebung der §§ 312 bis 314 InsO,[47] die das Modell des Verbraucherinsolvenzverfahrens ausformen. Obwohl das vereinfachte Verbraucherinsolvenzverfahren einige bedeutsame Sonderregelungen enthält, hat es sich in seiner Gesamtheit nicht nachhaltig bewährt. Da die unverzichtbaren Regelungselemente an andere Stellen überführt werden, ist die Abschaffung des vereinfachten Insolvenzverfahrens durchaus vertretbar. Damit besteht der Regelungshaushalt zum Verbraucherinsolvenzverfahren nur noch aus der Bestimmung über den Anwendungsbereich, den speziellen Antragsvorschriften sowie der Normierung des Schuldenbereinigungsplans. Im Übrigen folgt das Verbraucherinsolvenzverfahren dem allgemeinen Verfahrensmuster mit einigen im jeweiligen Regelungskontext normierten Abweichungen.

In § 312 Abs. 1 S. 2 InsO wurde bislang von einem Berichtstermin abgesehen, da er in Verbraucherinsolvenzverfahren weithin überflüssig ist. Der Regelungskern wird jetzt in § 29 Abs. 2 S. 2 InsO überführt. Danach soll das Gericht auf den Berichtstermin verzichten, wenn die Vermögensverhältnisse des Schuldners überschaubar und die Zahl der Gläubiger oder die Höhe der Verbindlichkeiten gering sind. Im Unterschied zur früheren Regelung ist eine gerichtliche Entscheidung erforderlich. Auch ist ein Berichtstermin in einfachen Regelinsolvenzverfahren entbehrlich. Die wegen der Verhandlungen über den außergerichtlichen Einigungsversuch auf drei Monate verlängerte Rückschlagsperre des § 312 Abs. 1 S. 3 InsO wird jetzt sachlich übereinstimmend in § 88 Abs. 2 InsO geregelt. Wie bislang nach § 312 Abs. 2 Alt. 1 InsO, sind auch nach dem neuen Recht Verbraucherinsolvenzverfahren vom Anwendungsbereich der Eigenverwaltung ausgenommen, § 270 Abs. 1 S. 3 InsO.

Der sonstige Verfahrensgang des Verbraucherinsolvenzverfahrens folgt den allgemeinen Bestimmungen. Damit wird auch in der Verbraucherinsolvenz ein Insolvenzverwalter tätig. Er unterliegt keinen speziellen Aufgabenbeschränkungen mehr und kann deswegen uneingeschränkt Anfechtungsansprüche und Verwertungsrechte geltend machen. Leistungen aus dem unpfändbaren Vermögen sind indessen nicht anfechtbar, weil sie die Gläubiger nicht benachteiligen.[48]

Die bislang in § 312 Abs. 2 Alt. 2 InsO für die Verbraucherinsolvenz vorgesehene Ausnahme vom Insolvenzplan wird nicht fortgeschrieben. Diese Einführung des Insolvenzplans auch in Verbraucherinsolvenzverfahren ist als zukunftsweisender Schritt gedacht.[49] In Einzelfällen, wie der Parallelinsolvenz eines unternehmerisch tätigen Schuldners sowie seines dem Verbraucherinsolvenzrecht unterliegenden Ehepartners, mag ein Insolvenzplanverfahren sinnvoll sein. Ebenso können die gegenüber einem Schuldenbereinigungsplan unterschiedlichen Wirkungen bedeutsam sein.[50] Vielfach weist das Planverfahren, etwa mit den erforderlichen Gruppenbildungen, aber auch Anforderungen auf, die für die Verbraucherinsolvenz sehr kompliziert sind.[51]

---

[46] HK/*Landfermann*, § 314 Rn. 6; HambKommInsO/*Streck*, § 314 Rn. 5.
[47] Weitergehend noch *Vallender/Laroche*, VIA 2012, 9.
[48] MüKoInsO/*Kayser*, § 287 Rn. 84.
[49] *Hingerl*, ZVI 2012, 258.
[50] *Rugullis*, NZI 2013, 869, 874.
[51] Kritisch *Heyer*, ZVI 2012, 321; s. a. *Harder*, NZI 2013, 70, 74.

22 **2. Sonstige Änderungen mit Auswirkungen auf das Verbraucherinsolvenzverfahren.** Eine erste Änderung der allgemeinen Vorschriften ist zwar nicht allein auf das Verbraucherinsolvenzverfahren bezogen, wirkt sich aber vor allem dort aus. Nach der Neufassung von § 5 II InsO sind Insolvenzverfahren, in denen die Vermögensverhältnisse des Schuldners überschaubar und die Zahl der Gläubiger oder die Höhe der Verbindlichkeiten gering sind, im Regelfall schriftlich durchzuführen. Überschaubar sind die Vermögensverhältnisse des Schuldners, wenn sich das Vermögen und die Verbindlichkeiten des Schuldners nach dem Stand des bisherigen Verfahrens zuverlässig beurteilen lassen.[52] Infolgedessen sind solche einfachen Regel- oder Verbraucherinsolvenzverfahren schriftlich durchzuführen, doch kann das Insolvenzgericht auch bei Vorliegen der Kriterien das Verfahren oder einzelne seiner Teile mündlich durchführen, wenn dies zur Förderung des Verfahrensablaufs angezeigt ist.[53]

23 Nach § 305 Abs. 4 S. 1 InsO dürfen die geeigneten Personen und Stellen den Schuldner künftig im gesamten Insolvenzverfahren vertreten. Die Vertretungsbefugnis der Gläubigervertreter ist nicht erweitert worden.[54] Als wichtiger Schritt, der zur Masseanreicherung gedacht ist, wird § 114 InsO aufgehoben.[55] Damit endet die Privilegierung der Sicherungszession im Insolvenz- und Restschuldbefreiungsverfahren. Nicht betroffen ist davon das Absonderungsrecht. Endet die Insolvenz ohne Erteilung der Restschuldbefreiung, kann der Sicherungsgläubiger grds. weiter aus der Sicherungszession vorgehen, soweit seine Forderung nicht erfüllt ist. Zu beachten ist freilich u.a., ob die Sicherung auch unvollkommene Verbindlichkeiten erfassen soll.

24 Einige Änderungen sind auch bei der InsVV vorgesehen, auch weil an die Stelle des Treuhänders im Verbraucherinsolvenzverfahren ein Insolvenzverwalter tritt. Nach § 3 Abs. 2 lit. e) InsVV ist ein Abschlag vom Regelsatz der Vergütung vorzunehmen, wenn die Vermögensverhältnisse des Schuldners überschaubar sind und die Zahl der Gläubiger oder die Höhe der Verbindlichkeiten gering ist. Nach § 13 InsVV ermäßigt sich die Vergütung nach § 2 Abs. 2 1 InsVV auf EUR 800,–, wenn im Verbraucherinsolvenzverfahren die Unterlagen nach § 305 Abs. 1 Nr. 3 InsO von einer geeigneten Person oder Stelle erstellt werden.

25 Nach der Rechtsprechung des BGH kann der Insolvenzverwalter die Mitgliedschaft des Schuldners in einer Wohnungsgenossenschaft kündigen, weil das insolvenzrechtliche Kündigungsverbot für gemieteten Wohnraum nicht entsprechend anwendbar ist.[56] In einer sozialpolitisch bedeutsamen Regelung schränkt § 67c GenG das Kündigungsrecht auch des Insolvenzverwalters ein, wenn die Mitgliedschaft Voraussetzung für die Nutzung der Wohnung des Mitglieds ist und sein Geschäftsguthaben höchstens das Vierfache des auf einen Monat entfallenden Nutzungsentgelts ohne die als Pauschale oder Vorauszahlung ausgewiesenen Betriebskosten oder höchstens EUR 2000,– beträgt. Diese neue Regelung im GenG ist am Tag nach der Verkündung in Kraft getreten, Art. 9 S. 2 des Gesetzes zur Verkürzung des Restschuldbefreiungsverfahrens und Stärkung der Gläubigerrechte vom 15.7.2013. Seitdem ist jede Kündigung unabhängig vom Zeitpunkt der Beantragung oder Eröffnung des Insolvenzverfahrens der Beschränkung unterworfen.[57]

---

[52] BT-Drucks. 17/11268 S. 20 f.; außerdem AGR/*Ahrens*, § 5 nF Rn. 3.
[53] AGR/*Ahrens*, § 5 nF Rn. 5.
[54] Kritisch *Jäger*, ZVI 2012, 177, 181.
[55] Dazu *Baatz*, ZInsO 2012, 457; *Grote/Pape*, ZInsO 2012, 409, 420; *Obermüller*, ZVI 2012, 146, 147 ff.
[56] BGH NZI 2009, 374.
[57] *Semmelbeck*, ZInsO 2013, 1785; aA *Grote/Pape*, ZInsO 2013, 1433, 1434.

§ 85. Stundung der Verfahrenskosten

Übersicht

	Rn.
I. Struktur	1
II. Voraussetzungen der Kostenstundung	3
1. Antrag	3
2. Wirtschaftliche Anforderungen	5
3. Objektive Voraussetzungen	8
III. Entscheidung über die Kostenstundung	9
IV. Wirkung der Kostenstundung	10
V. Aufhebung der Kostenstundung	12
VI. Neues Recht	17

I. Struktur

Das Ziel der Verfahrenskostenstundung besteht darin, dem Schuldner unter zumutbaren Bedingungen den Zugang zur Restschuldbefreiung zu eröffnen. Das Restschuldbefreiungsverfahren wird indessen nur durchgeführt, wenn das Insolvenzverfahren zumindest eröffnet ist. Eine spätere Einstellung des Insolvenzverfahrens wegen Masseunzulänglichkeit ist dagegen unschädlich, § 289 Abs. 3 S. 1 iVm § 211 InsO. Dadurch sollen wesentliche Ordnungsleistungen des Insolvenzverfahrens für die Restschuldbefreiung nutzbar gemacht werden.[1] In der großen Zahl masseloser Insolvenzverfahren, als für die Gruppe der Ärmsten der Armen, hängt der Zugang zur Restschuldbefreiung daher von einer staatlichen Sozialleistung ab. Da der BGH in einem *obiter dictum* die Gewährung von Prozesskostenhilfe für einen Eröffnungsantrag des Schuldners abgelehnt hat,[2] ist als Ersatz die Kostenstundung in den §§ 4a bis 4d InsO geschaffen worden, die mittellosen Personen die Chance auf einen wirtschaftlichen Neubeginn eröffnen soll.[3] Überzeugend geht deswegen der BGH von einer existenziellen Bedeutung der Kostenstundung aus.[4] Gemeint ist damit nicht allein eine finanzielle Entlastung des Schuldners durch die Kostenstundung, sondern gleichermaßen die eröffnete Perspektive für das Entschuldungsverfahren.[5] Unter den bestehenden insolvenzrechtlichen Verhältnissen hängt von diesem Instrument ein effektiver und gleicher Rechtszugang ab. Dieses Ziel wird insbesondere dann verfehlt, wenn der Schuldner im Zeitpunkt der Restschuldbefreiung Kostenansprüchen ausgesetzt wäre, die ihn erneut in ein Insolvenzverfahren treiben.[6]

Aus dieser Aufgabenstellung der Kostenstundung lassen sich konkrete verfahrensrechtliche Konsequenzen ableiten. Kostenstundung kann allein einer natürlichen Person gewährt werden,[7] da nur sie Restschuldbefreiung erlangen kann. Unerheblich ist, ob ein Regel- oder Verbraucherinsolvenzverfahren beantragt worden ist, da über beide Verfahrensarten der Zugang zur Restschuldbefreiung eröffnet ist. Zudem muss der Schuldner einen Restschuldbefreiungsantrag gestellt haben.[8] Beides wird in § 4a Abs. 1 S. 1 InsO ausdrücklich verlangt. Jeder natürlichen Person kann prinzipiell unabhängig

---

[1] Vgl. FK/*Ahrens*, § 286 Rn. 32.
[2] BGHZ 144, 78, 85 f.
[3] BGH NZI 2013, 351 Rn. 24.
[4] BGH NZI 2008, 47 Rn. 6.
[5] AGR/*Ahrens*, § 4a Rn. 2.
[6] BGH NZI 2013, 351 Rn. 25.
[7] MüKoInsO/*Ganter/Lohmann*, § 4a Rn. 3; Uhlenbruck/Hirte/Vallender/*Mock*, § 4a Rn. 6.
[8] AGR/*Ahrens*, § 4a Rn. 21.

von der Art ihrer wirtschaftlichen Tätigkeit Kostenstundung bewilligt werden. Die Erwerbstätigkeit ist allein dafür bedeutsam, ob die Erwerbsobliegenheit aus § 4c Nr. 4 InsO erfüllt wird. So steht die Kostenstundung ebenso einem Selbständigen, sei es einem Gewerbetreibenden, Freiberufler oder überhaupt Dienstleister, Künstler bzw. Landwirt, wie einer arbeitnehmerähnlichen Person und einem nicht selbständig Erwerbstätigen, also einem Arbeitnehmer, zu. Dem persönlich haftenden Gesellschafter können in einem Insolvenzverfahren über sein eigenes Vermögen die Kosten gestundet werden. Die Staatsangehörigkeit des Antragstellers ist bedeutungslos. Auch nicht erwerbstätigen Personen, wie Auszubildenden, Studierenden, Hausfrauen (oder -männern), Arbeitslosen, Sozialleistungsempfängern, Rentnern oder Strafgefangenen, können die Verfahrenskosten gestundet werden.[9] Kann dagegen die Restschuldbefreiung nicht mehr erreicht werden, ist im Rahmen von § 4a Abs. 1 S. 3 und 4 InsO die Kostenstundung zu versagen oder gemäß § 4c Nr. 5 InsO aufzuheben. Die Kostenstundung kann dem Schuldner sowohl in einem Regel- als auch in einem Verbraucherinsolvenzverfahren bewilligt werden, weil er über beide Verfahrensarten Zugang zur Restschuldbefreiung erlangen kann.[10] Es handelt sich also, wie schon die Stellung bei den allgemeinen Vorschriften zeigt, um kein spezifisch auf den Verbraucherschuldner zugeschnittenes Recht.

II. Voraussetzungen der Kostenstundung

1. Antrag. Stundung der Verfahrenskosten wird dem Schuldner allein auf eigenen Antrag bewilligt. Hat der Schuldner keinen Stundungsantrag gestellt oder ist das Verfahren durch einen Gläubigerantrag eingeleitet, wird das Insolvenzgericht den Schuldner regelmäßig auf die Möglichkeit der Kostenstundung hinweisen müssen.[11] Ohne Restschuldbefreiungsantrag ist eine Kostenstundung unzulässig, weswegen der Stundungsantrag nach oder zumindest mit einem Restschuldbefreiungsantrag gestellt werden muss.[12] Da Restschuldbefreiung einen eigenen Insolvenzantrag erfordert, § 287 Abs. 1 S. 1 InsO, muss auch dieser gestellt sein. Ein Formularzwang besteht im Rahmen des Kostenstundungsverfahrens nicht,[13] der Antrag kann auch zu Protokoll der Geschäftsstelle gestellt werden.[14] Für die Kostenstundung existiert keine Antragsfrist.[15] Wie aus den insoweit anwendbaren prozesskostenhilferechtlichen Grundsätzen folgt, ist eine rückwirkende Bewilligung ausgeschlossen, weswegen der Antrag vor einer rechtskräftigen Entscheidung über den betreffenden Verfahrensabschnitt gestellt sein muss.[16]

In den seit dem 1.12.2001 eröffneten Insolvenzverfahren kann dem Schuldner Kostenstundung von der ersten Phase des gerichtlichen Verfahrens bis zur letzten Phase der Entschuldung gewährt werden. Für jeden Verfahrensabschnitt ist die Kostenstundung nach § 4a Abs. 3 S. 2 InsO gesondert zu bewilligen. Allerdings kann der Schuldner in einem einheitlichen Antrag Kostenstundung für mehrere Verfahrensabschnitte begehren.[17] Beschränkt der Schuldner seinen Antrag nicht, begehrt er Kostenstundung für alle Verfahrensabschnitte.[18] Im Verbraucherinsolvenzverfahren bilden das gerichtliche Schul-

---

[9] AGR/*Ahrens*, § 4a Rn. 9 f.
[10] Nerlich/Römermann/*Becker*, § 4a Rn. 6; HK/*Kirchhof*, § 4a Rn. 5, Braun/*Buck*, § 4a Rn. 2.
[11] *Eckardt*, in: Jaeger, § 4a Rn. 40; AGR/*Ahrens*, § 4a Rn. 16; HK/*Kirchhof*, § 26 Rn. 21; *Frege/Keller/Riedel*, Insolvenzrecht, Rn. 104.
[12] *Mohrbutter/Ringstmeier/Pape*, § 18 Rn. 9.
[13] BGH NJW 2002, 2793, 2794; NZI 2003, 556, 557.
[14] Braun/*Buck*, § 4a Rn. 6.
[15] Jaeger/*Eckardt*, § 4a Rn. 47; Uhlenbruck/Hirte/Vallender/*Mock*, § 4a Rn. 15.
[16] MüKoInsO/*Ganter/Lohmann*, § 4a Rn. 33.
[17] FK/*Kohte*, § 4a Rn. 5, 33 ff.
[18] KPB/*Prütting/Wenzel*, § 4a Rn. 44; HambKommInsO/*Nies*, § 4a Rn. 18.

Stundung der Verfahrenskosten

denbereinigungsplanverfahren, das Eröffnungsverfahren, das eröffnete vereinfachte Insolvenzverfahren und das Restschuldbefreiungsverfahren gesonderte Verfahrensabschnitte.[19] Im Regelinsolvenzverfahren beinhalten das Eröffnungsverfahren, das eröffnete vereinfachte Insolvenzverfahren und das Restschuldbefreiungsverfahren eigene Abschnitte.[20] Das Insolvenzplanverfahren bildet keinen selbständigen Verfahrensabschnitt, sondern einen Teil des Insolvenzverfahrens. Mit der Kostenstundung für das Insolvenzverfahren ist auch das Insolvenzplanverfahren abgedeckt, das künftig nach Aufhebung von § 312 II InsO auch im Bereich des Verbraucherinsolvenzverfahrens grds. anwendbar ist.[21] Unanwendbar sind die Stundungsregeln im außergerichtlichen Schuldenbereinigungsplanverfahren.[22] Da die Stundung nur bis zur Erteilung der Restschuldbefreiung gewährt werden kann, fällt ein Widerrufsverfahren nach § 303 InsO nicht mehr in den Anwendungsbereich, doch kann dann Prozesskostenhilfe bewilligt werden.[23] Für ein zulässiges Zweitinsolvenzverfahren kann keine Kostenstundung gewährt werden.[24] Im Rechtsbehelfsverfahren sind die §§ 4a ff. InsO unanwendbar,[25] abgesehen von der Sonderregelung in § 309 Abs. 2 S. 4 InsO, da es sich dabei nicht mehr um die Kosten des Insolvenzverfahrens als solchen handelt.[26]

2. Wirtschaftliche Anforderungen. Die Verfahrenskosten können dem Schuldner nur gestundet werden, soweit sein Vermögen voraussichtlich nicht ausreichen wird, um die Kosten zu decken. Erforderlich ist dafür eine zweistufige Vergleichsberechnung. Übersteigen danach die Verfahrenskosten das Vermögen, sind sie unter den sonstigen Voraussetzungen des § 4a InsO zu stunden. Die Kostenstundung muss bereits bei einer partiellen Deckungslücke gewährt werden.[27] In einem ersten Schritt sind die in § 54 InsO genannten Verfahrenskosten zu ermitteln, die gedeckt sein müssen.[28] Anzusetzen sind die Kosten für den einzelnen Verfahrensabschnitt.[29] Diese Kosten sind durch kursorische Schätzung festzustellen.[30] Zu kalkulieren sind die im GKG geregelten Gerichtskosten und Auslagen des Verfahrens. Außerdem sind die Vergütungen und Auslagen des vorläufigen Insolvenzverwalters, des Insolvenzverwalters und des Treuhänders einzubeziehen. Die Gebühren werden gem. § 58 GKG nach dem Wert der Insolvenzmasse bei Beendigung des Verfahrens erhoben.[31] Dieser Anknüpfungspunkt ist auf die Kostenstundung mit der Maßgabe zu übertragen, dass an die Stelle des beendeten Verfahrens der beendete Verfahrensabschnitt tritt.[32] Stehen die Kosten fest, muss in einem zweiten Schritt das Vermögen des Schuldners ermittelt werden. Diese Prüfung ist nicht an § 115 ZPO, sondern am Maßstab aus § 26 Abs. 1 InsO auszurichten.[33] Zu berücksichtigen ist dafür das pfändbare und dem Insolvenzbeschlag unterliegende Vermögen des Schuldners gemäß den §§ 35 bis 37 InsO.[34] Maßgebend ist die unter Berücksichtigung etwa von Aussonderungsansprüchen zu bestimmende Sollmasse. Erzielbare Verwertungserlöse sind

---

[19] BGH NZI 2003, 665, 666.
[20] KPB/*Wenzel*, § 4a Rn. 22.
[21] AGR/*Ahrens*, § 4a Rn. 13.
[22] AGR/*Ahrens*, § 4a Rn. 14.
[23] MüKoInsO/*Ganter/Lohmann*, § 4 Rn. 18.
[24] AG Göttingen NZI 2012, 198, 199.
[25] Uhlenbruck/Hirte/Vallender/*Mock*, § 4a Rn. 37; FK-InsO/*Kohte*, § 4a Rn. 55.
[26] BGH NZI 2002, 574, 575; Jaeger/*Eckardt*, § 4a Rn. 74.
[27] Jaeger/*Eckardt*, § 4a Rn. 20; AGR/*Ahrens*, § 4a Rn. 24.
[28] BGH NZI 2005, 45; 2005, 273.
[29] BGH NZI 2003, 556, 557, mit Anm. *Ahrens*; NJW 2003, 3780, 3781.
[30] *Mohrbutter/Ringstmeier/Pape*, § 18 Rn. 11.
[31] BGH NZI 2004, 30, 31.
[32] AGR/*Ahrens*, § 4a Rn. 29.
[33] BGH NZI 2003, 556, mit Anm. *Ahrens*; 2005, 273, 274; FK/*Kohte*, § 4a Rn. 7 f.; MüKoInsO/*Ganter/Lohmann*, § 4a Rn. 8.
[34] BGH NZI 2003, 556, 557; 2005, 45.

zu beachten,[35] wobei insbesondere kurzfristig verwertbares Grundvermögen einzubeziehen ist.[36] Zu berücksichtigen ist der alsbald realisierbare Neuerwerb.[37] Angelehnt an § 306 Abs. 1 S. 2 InsO wird eine mehr als dreimonatige Dauer regelmäßig gegen eine zeitnahe Realisierungsmöglichkeit sprechen.[38] Als Neuerwerb zu berücksichtigen ist auch das pfändbare Arbeitseinkommen,[39] doch gilt dies nur für den laufenden Monat. Dabei kann der Schuldner gehalten sein, kurzfristige Möglichkeiten zur Verbesserung der Vermögenslage auszunutzen. Dazu kann etwa gehören, durch einen Wechsel der Steuerklasse sein liquides Vermögen zu erhöhen.[40] Auch Steuererstattungsansprüche können berücksichtigt werden.[41] Die Einkünfte des Ehegattenkönnen nicht insgesamt den Einkünften des Schuldners hinzugerechnet werden.[42] Eine unterhaltsberechtigte Person mit eigenen Einkünften kann allerdings entsprechend § 850c IV ZPO von Amts wegen unberücksichtigt gelassen werden, da der nach dieser Vorschrift erforderliche Antrag im Kostenstundungsverfahren nicht gestellt werden kann.[43] Die Verfahrenskosten für den jeweiligen Verfahrensabschnitt müssen vom Schuldner in einer Einmalzahlung erbracht werden können.[44] Auf eine Ratenzahlung ist nicht abzustellen, denn Ratenzahlungen sind nach § 4b InsO nur für die Zeit nach Beendigung des Verfahrens vorgesehen. Reicht dieses nicht aus, um die Kosten durch Einmalzahlung zu decken, braucht das Insolvenzgericht in dem Antragsverfahren nach § 4a InsO nicht zu prüfen, wie sich der pfändbare Teil des Arbeitseinkommens des Schuldners voraussichtlich entwickeln und welcher Betrag bei der zu schätzenden Dauer des jeweiligen Verfahrensabschnitts in die Masse fließen wird, um die Verfahrenskosten zu decken. Eine solche, oftmals komplizierte Prüfung, die zudem schon im Ansatz mit Unsicherheiten tatsächlicher Art behaftet ist, würde das Verfahren verzögern, Rechtsmittel im Eröffnungsverfahren herausfordern und dem Anliegen des Gesetzgebers zuwiderlaufen, mittellosen Personen den Zugang zu dem Verfahren unter zumutbaren Bedingungen zu eröffnen.[45] Seine Bedürftigkeit kann der Schuldner durch die im Verbraucherinsolvenzverfahren eingereichten Unterlagen, sonst in anderer Form nachweisen.

6 Im Vorfeld des Verfahrens muss der Schuldner keine Rücklagen bilden,[46] zumal ihm dies unter dem Druck von Zwangsvollstreckungen kaum möglich sein wird. Gegenüber dem eherechtlichen Anspruch auf einen Prozesskostenvorschuss aus § 1360a Abs. 4 BGB ist die Stundung der Verfahrenskosten subsidiär.[47] Entsprechendes gilt gemäß § 5 LPartG für die Verpflichtungen zwischen Lebenspartnern. Dazu hat der Ehepartner leistungsfähig zu sein und die betreffenden Schulden müssen einen hinreichenden Zusammenhang mit der ehelichen Lebensführung aufweisen.[48] Nach der Rechtsprechung des XII. Zivilsenats des BGH zur Prozesskostenhilfe ist ein Rechtsstreit über Ansprüche ausreichend, die ihre Wurzeln in der Lebensgemeinschaft der Ehegatten haben, selbst wenn es sich um eine frühere Ehe handelt.[49] Liegen die Anspruchsvoraussetzungen des Prozesskostenvorschus-

---

[35] BGH WM 2011, 505 Rn. 2.
[36] LG Kleve NZI 2011, 332.
[37] BGH NZI 2003, 556, 557; FK-InsO/*Kohte*, § 4a Rn. 10; Uhlenbruck/Hirte/Vallender/*Mock*, § 4a Rn. 9.
[38] AGR/*Ahrens*, § 4a Rn. 33.
[39] BGH NZI 2003, 556.
[40] BGH NZI 2010, 614 Rn. 11; Jaeger/*Eckardt*, § 4a Rn. 26; KPB/*Prütting*/*Wenzel*, § 4a Rn. 33a.
[41] BGH NZI 2010, 614 Rn. 9 ff.
[42] LG Bochum ZInsO 2002, 1038.
[43] AGR/*Ahrens*, § 4a Rn. 32.
[44] BGH NZI 2003, 665; 2008, 47 Rn. 8; BeckRS 2011, 27 179 Rn. 8.
[45] BGH NZI 2003, 665, 666; ZInsO 2006, 773; aA *Eckardt*, in: Jaeger, § 4a Rn. 25.
[46] BGH NZI 2003, 665, 666.
[47] BGH NZI 2003, 556, mit Anm. *Ahrens*.
[48] *Ahrens*, NZI 2003, 558; Braun/*Buck*, § 4a Rn. 12.
[49] BGH NJW 2010, 372.

ses aus § 1360a IV BGB vor, weigert sich der Ehepartner aber, den geschuldeten Vorschuss zu leisten, muss der Schuldner den Anspruch gerichtlich durchsetzen. Erst wenn ein ordnungsgemäß beim Familiengericht gestellter und vollständig begründeter Antrag auf Erlass einer einstweiligen Anordnung erfolglos bleibt, kann der Anspruch auf den Prozesskostenvorschuss als uneinbringlich behandelt werden.[50]

Ein zulässiger Antrag auf Stundung gemäß § 4a InsO setzt voraus, dass der Schuldner dem Insolvenzgericht in substantiierter, nachvollziehbarer Form darlegt, dass sein Vermögen voraussichtlich zur Deckung der anfallenden Kosten nicht ausreicht. Eine Schlüssigkeit im technischen Sinne ist jedoch nicht zu verlangen.[51] Die Bezugnahme auf ein zeitnah erstelltes Sachverständigengutachten kann ausreichen, wenn darin die mangelnde Kostendeckung attestiert wird.[52] Die Begründung des Stundungsantrags ist zwar an den Anforderungen aus § 20 Abs. 1 InsO auszurichten, doch sind sie nicht deckungsgleich.[53] Sonst könnte das gesetzliche Ziel vereitelt werden, durch die Kostenstundung mittellosen Personen raschen und unkomplizierten Zugang zum Insolvenzverfahren unter zumutbaren Bedingungen zu ermöglichen. Auch Angaben, die für eine Verfahrenseröffnung noch zu ergänzen sind, können bereits für die Gewährung der Verfahrenskostenstundung genügen.[54] Im Kostenstundungsverfahren darf nicht die Prüfung der Eröffnungsvoraussetzungen vorweggenommen werden. Der Stundungsantrag für das Eröffnungsverfahren muss deswegen nicht die Anforderungen an einen begründeten Eröffnungsantrag erfüllen. Es genügt eine summarische Prüfung. Sollte die Kostenstundung zu Unrecht bewilligt sein, kann sie gemäß § 4a InsO aufgehoben werden. 7

3. Objektive Voraussetzungen. Verlangt wird vom Schuldner zudem eine Erklärung, ob einer der Versagungsgründe des § 290 Abs. 1 Nr. 1 oder Nr. 3 InsO besteht, bei deren Vorliegen die Kostenstundung versagt werden kann. Erreicht werden sollte damit eine gewisse Anlehnung an die im Rahmen der Prozesskostenhilfe nach § 114 ZPO zu prüfende Erfolgsaussicht. Es sollte allerdings eine klare Regelung ohne größere Wertungsspielräume geschaffen werden, weswegen die Prüfung ausdrücklich auf die Verurteilung wegen einer Insolvenzstraftat und eine frühere Restschuldbefreiung beschränkt wurde. Die höchstrichterliche Rechtsprechung geht davon aus, dass § 4a I 3, 4 InsO **keine abschließende Regelung** trifft. Sie lässt sich von der Vorstellung leiten, eine Kostenstundung muss auch in anderen, als den gesetzlich bestimmten Fällen ausgeschlossen sein, in denen der Schuldner die Restschuldbefreiung zweifelsfrei nicht erreichen kann.[55] In einem methodisch durchaus nicht eindeutigen Schritt hat der BGH dieses objektive Hindernis inzwischen auf alle Versagungsgründe aus § 290 Abs. 1 InsO ausgedehnt.[56] Es sei sinnlos, eine Stundung zu gewähren und sie später zu widerrufen. Allerdings muss nicht notwendig ein Versagungsantrag gestellt werden und zudem ist der Prüfungsmaßstab in Stundungsverfahren ein anderer als bei einer Versagung. Ausdrücklich hat der BGH eine Anwendung von § 290 Abs. 1 Nr. 2 InsO,[57] § 290 Abs. 1 Nr. 4 InsO[58] und § 290 Abs. 1 Nr. 5 InsO[59] bejaht. Verletzt der Schuldner seine Bereit- 8

---

[50] BGH NZI 2007, 298 Rn. 7; enger Jaeger/*Eckardt*, § 4a Rn. 31.
[51] BGH NZI 2005, 273.
[52] BGH NZI 2005, 45, 46.
[53] *Ahrens*, NZI 2003, 558, 559.
[54] BGH NZI 2005, 273, 274; ZInsO 2005, 264.
[55] BGH NZI 2005, 232f.; NZI 2006, 712 Rn. 8; ZInsO 2011, 1223; MüKoInsO/*Ganter/Lohmann*, § 4a Rn. 16; Jaeger/*Eckardt*, § 4a Rn. 37.
[56] BGH NZI 2005, 232f.; ebenso Uhlenbruck/Hirte/Vallender/*Uhlenbruck*, § 4a Rn. 7; MüKoInsO/*Ganter/Lohmann*, § 4a Rn. 16; kritisch *Eckardt*, in: Jaeger, § 4a Rn. 36; *Ahrens*, ZVI 2003, 268, 269.
[57] BGH NJW-RR 2005, 697.
[58] BGH NZI 2006, 712 Rn. 8.
[59] BGH NZI 2005, 232f.; ZInsO 2005, 264; ZInsO 2005, 265, mit Anm. *Grote* = VuR 2005, 269, m. Anm. *Kohte*; ZInsO 2008, 860, Nichtangabe einer streitigen Forderung.

schaftspflicht, weil er sich beispielsweise ins Ausland absetzt, oder handelt er dem Behinderungsverbot aus § 97 III 2 InsO zuwider, indem er Unterlagen beiseiteschafft bzw. vernichtet, oder Auskünfte über Umstände verweigert, die für eine spätere Anfechtung von Bedeutung sein können, darf ihm die Stundung versagt werden.[60] Ganz geringfügige Pflichtverletzungen sind unbeachtlich.[61] Auch wenn Auskünfte im Eröffnungsverfahren verweigert werden, soll die Stundung ausgeschlossen sein.[62] Auch in den Konstellationen der vom BGH entwickelten Sperrfristrechtsprechung wird ein Ausschlussgrund angenommen.[63] Ebenso wenig wie im Rahmen der Versagungsgründe darf aber für die Kostenstundung eine allgemeine Redlichkeitsprüfung erfolgen.[64] Ein Rückgriff auf die von der Rechtsprechung zur Prozesskostenhilfe entwickelten allgemeinen Grundsätze zur herbeigeführten Vermögenslosigkeit ist unzulässig.[65] Eine Stundung der Verfahrenskosten kann auch ausgeschlossen sein, wenn die Restschuldbefreiung aus anderen Gründen, als einer möglichen Versagung, offensichtlich nicht zu erreichen ist.[66] Unerreichbar ist die Restschuldbefreiung, wenn entweder der Insolvenz- oder der **Restschuldbefreiungsantrag unzulässig** sind.[67] Sie soll auch dann unerreichbar sein, wenn die wesentlichen am Verfahren teilnehmenden **Forderungen aus vorsätzlich begangener unerlaubter Handlung** nach § 302 Nr. 1 InsO von der Restschuldbefreiung ausgenommen sind.[68] Regelmäßig müssen zumindest ca. 90% der Verbindlichkeiten aus vorsätzlich begangener unerlaubter Handlung stammen.[69] Die Kostenstundung soll außerdem ausgeschlossen sein, wenn ein **Aufhebungsgrund gem. § 4c InsO** vorliegt.[70] Wegen einer bloß möglichen Strafhaft darf die Kostenstundung nicht abgelehnt werden.[71] Da im Stundungsverfahren nur eine kursorische Prüfung erfolgt, besteht keine Amtsermittlungspflicht des Insolvenzgerichts.[72] Außerdem soll eine Kostenstundung nur bei eindeutig und einfach feststellbaren Versagungsgründen ausgeschlossen sein, weswegen eine Erweiterung der Ausschlusstatbestände über die gesetzlichen Fälle des § 290 Abs. 1 Nr. 1 und 3 InsO hinaus nur in Betracht kommt, wenn – wie der BGH ausdrücklich hervorhebt – von Anfang an zweifelsfrei feststeht, dass die Restschuldbefreiung versagt werden müsste.[73] Wurde dem Schuldner die Kostenstundung entzogen, kann er nicht erneut erfolgreich die Stundung beantragen.[74]

III. Entscheidung über die Kostenstundung

9   Da die Kostenstundung auch der Verfahrensvereinfachung und -beschleunigung dient, ist die Entscheidung an leicht feststellbare und für den Schuldner offensichtliche Tatsachen zu knüpfen.[75] Komplizierte Prüfungen mit tatsächlichen Unsicherheiten, die

---

[60] BGH NZI 2005, 232, 233.
[61] BGH ZInsO 2011, 1223.
[62] LG Bielefeld NZI 2010, 824.
[63] BGH NZI 2011, 948 Rn. 2f.
[64] *Mohrbutter/Ringstmeier/Pape,* § 18 Rn. 21.
[65] BGH NZI 2006, 712 Rn. 11.
[66] BGH NZI 2005, 232, 233; NZI 2006, 712 Rn. 10; KPB/*Prütting/Wenzel,* § 4a Rn. 38a.
[67] BGH NZI 2005, 232, 233; NZI 2006, 712 Rn. 10; MüKoInsO/*Ganter/Lohmann,* § 4a Rn. 19; Uhlenbruck/Hirte/Vallender/*Mock,* § 4a Rn. 32.
[68] BGH NZI 2005, 232, 233; NZI 2006, 712 Rn. 10; LG Düsseldorf ZInsO 2012, 2305.
[69] AGR/*Ahrens,* § 4a Rn. 52; AG Marburg ZVI 2002, 275: 100%; AG Siegen NZI 2003, 43: 94,7%; AG München ZVI 2003, 369, 370: 87,3%, wegen der verbleibenden Forderungshöhe von mehr als EUR 2,7 Mio sehr problematisch; LG Düsseldorf NZI 2008, 253: 76,8%; viel zu weit AG Düsseldorf ZInsO 2012, 837: 45%; Braun/*Buck,* § 4a Rn. 7: 95%.
[70] Graf-Schlicker/*Kexel,* § 4a Rn. 19.
[71] LG Koblenz ZVI 2012, 412, 413.
[72] HK/*Kirchhof,* § 4a Rn. 8.
[73] BGH ZInsO 2005, 207, 208; ZInsO 2006, 99; NZI 2006, 712 Rn. 5, ZInsO 2008, 860 Rn. 5.
[74] BGH NZI 2009, 615.
[75] BGH NZI 2006, 712 Rn. 7.

geeignet sind, gerade das Eröffnungsverfahren zu verzögern und Rechtsmittel herauszufordern, sollen möglichst unterbleiben.[76] Bei einem lückenhaften oder widersprüchlichen Antrag ist das Insolvenzgericht zur Nachfrage berechtigt und verpflichtet.[77] Im Zusammenhang mit einem Antrag auf Stundung der Verfahrenskosten ist der Schuldner nur insoweit zur Auskunft verpflichtet, als diese benötigt wird, um zu beurteilen, ob das Vermögen des Schuldners zur Deckung der Verfahrenskosten ausreicht.[78] Die Kostenstundung darf auch nicht durch übersteigerte Informationsauflagen erschwert werden.[79] Unzureichende oder unvollständige Angaben muss das Insolvenzgericht konkret bezeichnen. Erst wenn der Schuldner die gebotenen Hinweise unbeachtet lässt, darf der Stundungsantrag zurückgewiesen werden.[80] Liegen die Voraussetzungen der Kostenstundung vor, muss sie das Gericht durch Beschluss aussprechen. Einen Ermessensspielraum besitzt es dabei nicht.[81] Bis zu diesem Beschluss treten nach § 4a Abs. 3 InsO die Wirkungen der Stundung einstweilen ein. Insbesondere darf das Insolvenzgericht das Verfahren nicht wegen mangelnder Kostendeckung abweisen, § 26 Abs. 1 S. 2 InsO. Deswegen darf der Insolvenzantrag eines Gläubigers nicht ohne gleichzeitige Entscheidung über einen Eröffnungs- und Stundungsantrag des Schuldners abgewiesen werden.[82] Über einen Antrag muss entschieden sein, bevor die den Verfahrensabschnitt abschließende Entscheidung ergeht.[83] Die Zuständigkeit für die Stundungsentscheidung richtet sich nach der funktionalen Zuständigkeit für das Insolvenzverfahren.[84] Gegen die Ablehnung oder Aufhebung der Kostenstundung sowie gegen die Ablehnung der Beiordnung eines Rechtsanwalts steht dem Schuldner die sofortige Beschwerde zu. Die Staatskasse kann gegen die Bewilligung der Kostenstundung sofortige Beschwerde einlegen, soweit die persönlichen und wirtschaftlichen Verhältnisse des Schuldners eine Stundung nicht rechtfertigen, § 4d InsO.

IV. Wirkung der Kostenstundung

Als erste Konsequenz bewirkt bereits der Eingang des Antrags eine gesetzlich begründete vorläufige Stundung der Verfahrenskosten, § 4a Abs. 3 S. 3 InsO. Als Rechtsfolge der vorläufigen Stundung dürfen keine Vorschüsse auf die Gebühren oder Auslagen verlangt werden.[85] Die einstweilige Stundung geht mit einer bewilligenden Entscheidung in eine dauerhafte Stundung über. Stundet das Gericht die Kosten, besteht keine Fälligkeit der Kostenforderungen während der Stundungsdauer gegenüber dem Schuldner.[86] Der Schuldner bleibt Kostenschuldner. Vorschüsse werden nicht mehr verlangt. Eine Ratenzahlungsanordnung für die Dauer des Insolvenzverfahrens ist unzulässig.[87] Eine auf einen Teil der Verfahrenskosten beschränkte Stundung ist generell ausgeschlossen.[88] Die Stundung wirkt für jeden Verfahrensabschnitt, für den sie bewilligt ist. Erfolgt die Kostenstundung, darf der Insolvenzantrag des Schuldners nicht mangels Kostendeckung abgewiesen werden, § 26 Abs. 1 S. 2 InsO. Dem Schuldner kann außerdem auf Antrag ein Rechtsanwalt beigeordnet werden, wenn eine Vertretung trotz

---

[76] Karsten Schmidt/*Stephan,* § 4a Rn. 1.
[77] BGH NZI 2005, 273, 274; ZInsO 2011, 931 Rn. 9.
[78] BGH ZInsO 2011, 931 Rn. 8.
[79] BGH NZI 2005, 273, 274; ZInsO 2011, 931 Rn. 8.
[80] BGH NJW 2003, 2910, 2911.
[81] FK/*Kohte,* § 4a Rn. 26.
[82] BGH ZInsO 2012, 545 Rn. 8.
[83] BGH NZI 2010, 948 Rn. 9.
[84] AGR/*Ahrens,* § 4a Rn. 69.
[85] AGR/*Ahrens,* § 4a Rn. 72 f.
[86] Jaeger/*Eckardt,* § 4a Rn. 59.
[87] BGH NZI 2003, 665; 2008, 47 Rn. 8; LG Duisburg NZI 2011, 949, 950.
[88] BGH ZVI 2006, 285 Rn. 10 f.

der gerichtlichen Fürsorgepflicht geboten ist, § 4a Abs. 2 InsO. Nach der verfassungsgerichtlichen Judikatur ist es nicht zu beanstanden, wenn die Beiordnung eines Rechtsanwalts im Eröffnungsverfahren auf Ausnahmefälle beschränkt wird.[89] Zu denken ist etwa an Auseinandersetzungen über die Anmeldung und Berechtigung einer Forderung aus vorsätzlich begangener unerlaubter Handlung.[90] Vor allem ist eine Beiordnung in den Streitverfahren über die Versagung der Restschuldbefreiung möglich.[91] Gerichtskosten und Auslagen sowie die Ansprüche eines beigeordneten Rechtsanwalts können nur nach den vom Insolvenzgericht festgesetzten Bestimmungen geltend gemacht werden, § 4a Abs. 3 S. 1 Nr. 1 InsO. Ein beigeordneter Rechtsanwalt darf keine Ansprüche gegen den Schuldner geltend machen, § 4a Abs. 3 S. 1 Nr. 2 InsO. Die Kostenstundung verändert weder die Qualität als Verfahrenskosten noch die Befriedigungsreihenfolge nach den §§ 53f, 209 Abs. 1, 292 Abs. 1 S. 2, 3 InsO. Die Verfahrenskosten sind an erster Stelle aus der Masse zu begleichen,[92] denn es soll damit mittellosen natürlichen Personen der Zugang zur Restschuldbefreiung eröffnet werden, nicht aber für die Insolvenzgläubiger eine bessere Befriedigungsmöglichkeit auf Kosten der Staatskasse verschafft werden. Gerichtskosten und Verwaltervergütung sind mit gleicher Quote zu befriedigen.[93] Die Befriedigungsreihenfolge gilt auch, wenn die Masseunzulänglichkeit nicht angezeigt ist.[94] Nur wenn die Kostenstundung aufgehoben wird, besteht auch ohne Kostenstundung für die Vergütungsansprüche des vorläufigen Insolvenzverwalters oder vorläufigen Treuhänders eine sekundäre Haftung der Staatskasse analog § 63 II InsO, falls die Masse zur Befriedigung der Ansprüche nicht ausreicht.[95] Reicht die Masse zur Befriedigung der Vergütungsansprüche und Auslagenerstattungen des (vorläufigen) Insolvenzverwalters nicht aus, sind die Ansprüche allein in Höhe der Mindestvergütung festzusetzen, soweit sie der Masse nicht entnommen werden können.[96]

11 Die Kostenstundung wirkt während des Insolvenzverfahrens. Die Stundung endet nach § 4a Abs. 1 S. 1 InsO mit Erteilung der Restschuldbefreiung gem. den §§ 299, 300 InsO. Ist der Schuldner nach Erteilung der Restschuldbefreiung nicht in der Lage, den gestundeten Betrag zurückzuzahlen, kann das Gericht die Stundung für bis zu vier Jahre verlängern, § 4b Abs. 1 S. 2 InsO iVm § 115 Abs. 2 ZPO. Nach Bestätigung des Insolvenzplans und Aufhebung des Insolvenzverfahrens ist aber eine weitere Stundung der Verfahrenskosten ausgeschlossen.[97] Damit setzt eine weitreichende Nachhaftung des Schuldners ein,[98] welche die Zeitdauer bis zu einer umfassenden Entschuldung erheblich verlängert. Während dieser Zeitspanne kann das Gericht die Ratenzahlungen anpassen, wenn sich die maßgebenden wirtschaftlichen Verhältnisse des Schuldners wesentlich geändert haben. Derartige Änderungen muss der Schuldner unverzüglich anzeigen, § 4b Abs. 2 InsO. Wird die Restschuldbefreiung vorzeitig erteilt, weil alle Forderungen befriedigt sind, müssen auch die gestundeten Kosten erfüllt sein.[99] Mit der Kostenstundung wird eine dauerhafte Zukunftsregelung bewirkt, die auf einer Prognoseentscheidung basiert.[100] Um substanziell veränderten persönlichen oder wirtschaftlichen Verhältnissen Rechnung tragen zu können, ermöglicht § 4b Abs. 2 InsO eine

---

[89] BVerfG NZI 2003, 448.
[90] FK/*Kohte*, § 4a Rn. 47; einschränkend BGH ZInsO 2003, 1044.
[91] *Mohrbutter/Ringstmeier/Pape,* § 18 Rn. 27.
[92] BGH NZI 2010, 188 Rn. 19; NZI 2011, 60 Rn. 7; dazu *Huep/Webel,* NZI 2011, 389.
[93] BGH NZI 2013, 350 Rn. 3.
[94] BGH NZI 2010, 188 Rn. 14.
[95] BGH ZInsO 2008, 111 Rn. 8.
[96] BGH NZI 2013, 352 Rn. 13 ff.
[97] BGH NZI 2011, 683 Rn. 11 f.
[98] FK/*Kohte,* § 4b Rn. 4.
[99] AGR/*Ahrens,* § 4b Rn. 8.
[100] FK-InsO/*Kohte,* § 4b Rn. 12; Jaeger/*Eckardt,* § 4b Rn. 6.

jederzeitige Änderung der Stundungsentscheidung durch das Gericht. Erforderlich ist eine wesentliche nachträgliche[101] Änderung der persönlichen oder wirtschaftlichen Verhältnisse. Die wirtschaftlichen Verhältnisse des Schuldners haben sich verbessert, wenn das Einkommen gesteigert ist, Vermögen erworben wurde oder Belastungen entfallen sind. Einkommensverbesserungen können bei einem gesteigerten Verdienst oder einem Wechsel aus der Arbeitslosigkeit in ein Beschäftigungsverhältnis eintreten. Eine Abfindung für einen Arbeitsplatzverlust ist anzurechnen,[102] bezogen auf den Zeitraum, für den sie gezahlt wird. Beachtlich ist prinzipiell ein neu erworbener Unterhaltsanspruch.[103] Die wirtschaftlichen Verhältnisse verschlechtern sich bei einem Einkommens- oder Vermögensverlust bzw. zusätzlichen Verbindlichkeiten.[104] Der Schuldner ist verpflichtet, dem Gericht wesentliche Veränderungen seiner Verhältnisse unverzüglich anzuzeigen.[105] Regelmäßig besteht die Verpflichtung sowohl bei verbesserten als auch verschlechterten Verhältnissen. Die Informationspflicht wird allerdings regelmäßig auf verbesserte Verhältnisse teleologisch zu reduzieren sein. Zeigt der Schuldner verschlechterte Lebensverhältnisse nicht an und unterlässt er es damit, eine höhere staatliche Einstandspflicht zu reklamieren, darf ihm dies nicht zum Nachteil gereichen.[106] Auf Verlangen des Gerichts hat der Schuldner über jede Veränderung seiner Verhältnisse Auskunft zu erteilen, § 4b Abs. 2 S. 3 InsO iVm der entsprechend anzuwendenden Regelung des § 120 Abs. 4 S. 2 ZPO. Zweckmäßig ist eine Fristsetzung.[107] Anhaltspunkte für veränderte, also verbesserte oder verschlechterte Verhältnisse stellen keine Voraussetzung für ein Auskunftsbegehren dar.[108] Das Gericht ist deswegen befugt, regelmäßig eine Auskunft zu verlangen. Es kann Fragen an den Schuldner stellen, die vom Insolvenzverwalter oder Treuhänder angeregt werden und ebenso dem Schuldner aufgeben, die Antworten direkt an den Treuhänder oder Insolvenzverwalter weiterzuleiten.[109]

V. Aufhebung der Kostenstundung

Wie die Referenzbestimmung des § 124 ZPO für die Prozesskostenhilfe, ermöglicht auch § 4c InsO eine Aufhebung der Kostenstundung. Da die Bewilligung der Kostenstundung vielfach auf einer summarischen Beurteilung beruht, sind solche Korrekturmöglichkeiten geboten.[110] In einer abschließenden Aufzählung nennt § 4c InsO fünf Fallgruppen, in denen eine Aufhebung erfolgen kann. Bei der Aufhebung handelt es sich um eine Ermessensentscheidung des Insolvenzgerichts. Selbst wenn ein Aufhebungsgrund verwirklicht ist, muss deswegen nicht automatisch die Stundung aufgehoben werden.[111] Da ein Aufhebungsantrag nicht vorgesehen ist, wird das Gericht, meist auf einen entsprechenden Hinweis, von Amts wegen tätig werden und die entsprechenden Umstände ermitteln.[112]

Die erste Tatbestandsgruppe betrifft unzutreffende Informationen durch den Schuldner. Die Stundung kann nach § 4c Nr. 1 Alt. 1 InsO aufgehoben werden, wenn der

---

[101] Jaeger/*Eckardt*, § 4b Rn. 43.
[102] Vgl. LAG Rheinland-Pfalz NZA 1995, 863.
[103] Vgl. OLG Bamberg NJW-RR 1996, 69.
[104] AGR/*Ahrens*, § 4b Rn. 38.
[105] LSZ/*Smid*/*Leonhardt*, § 4b Rn. 9; Graf-Schlicker/*Kexel*, § 4a Rn. 10; aA HK/*Kirchhof*, § 4b Rn. 20, jede nicht offensichtlich unbedeutende Änderung.
[106] AGR/*Ahrens*, § 4b Rn. 42.
[107] HK/*Kirchhof*, § 4b Rn. 21.
[108] BGH ZInsO 2009, 2405 Rn. 5; FK-InsO/*Kohte*, § 4b Rn. 19; MüKoZPO/*Motzer*, § 120 Rn. 19.
[109] BGH BeckRS 2013, 04214 Rn. 2.
[110] FK/*Kohte*, § 4c Rn. 1.
[111] *Eckardt*, in: Jaeger, § 4c Rn. 78.
[112] HambKommInsO/*Nies*, § 4c Rn. 8.

Schuldner vorsätzlich oder grob fahrlässig unrichtige Angaben über die für die Eröffnung des Insolvenzverfahrens oder Stundung maßgeblichen Verhältnisse macht oder eine Erklärung über seine Verhältnisse nicht abgibt. Erforderlich sind eigene Angaben des Schuldners oder von ihm zu verantwortende Erklärungen eines Dritten. Im Kern können hierauf die Ausführungen zu § 290 Abs. 1 InsO übertragen werden. Zunächst betrifft dies den Insolvenzgrund der (drohenden) Zahlungsunfähigkeit. Erfasst werden außerdem Angaben zur Zulässigkeit eines Insolvenzverfahrens, etwa von zuständigkeitsbegründenden Tatsachen, um die Zuständigkeit zu erschleichen.[113] Es genügen Falschangaben zur internationalen Zuständigkeit.[114] Als zweite Fallgruppe nennt § 4c Nr. 1 Alt. 1 InsO unrichtige Angaben im Kostenstundungsverfahren. Erfasst werden grundsätzlich alle Falschangaben des Schuldners im Stundungsverfahren. Sind die Angaben des Schuldners zwar formal richtig, unterlässt er aber die Mitteilung wesentlicher Umstände, die für die Verfahrenskostenstundung von Bedeutung sind, so kann auch dies zu deren Aufhebung führen.[115] Allerdings müssen die Falschangaben kausal gewesen sein. Die Kosten müssen dem Schuldner gerade wegen dieser Angaben gestundet worden sein.[116] Die Kostenstundung kann außerdem nach § 4c Nr. 1 Alt. 2 InsO aufgehoben werden, wenn der Schuldner eine vom Gericht verlangte Erklärung über seine Verhältnisse nicht abgibt. Erforderlich ist ein gerichtliches Auskunftsverlangen.[117] Es muss daher auf die Folgen einer versäumten Erklärung hingewiesen werden.[118] Gibt der Schuldner die angeforderte Erklärung schuldhaft verspätet, sachlich aber zutreffend und vollständig ab, darf keine Aufhebung erfolgen, denn das Aufhebungsverfahren stellt keine Sanktion dar.[119]

14 Legitimiert ist die Aufhebung nach § 4c Nr. 2 InsO, wenn die persönlichen oder wirtschaftlichen Voraussetzungen der Stundung nicht vorgelegen haben. Geregelt werden damit die Fälle einer anfänglich unrichtigen Stundungsentscheidung. Eine rechtliche Fehlentscheidung darf das Gericht jedoch nicht über § 4c Nr. 2 InsO korrigieren.[120] Unerheblich ist, ob den Schuldner ein Verschulden trifft. Maßgebend ist dafür der Zeitpunkt der letzten Tatsachenentscheidung über die Stundung.[121] Sind seit der Beendigung des Verfahrens vier Jahre vergangen, ist der Schuldner vor diesem Aufhebungstatbestand geschützt. Abzustellen ist auf die Beendigung des jeweiligen Verfahrensabschnitts, nicht des Gesamtverfahrens.[122] Damit der Schuldner seine Rückzahlungspflicht erfüllt, kann die Stundung gemäß § 4c Nr. 3 InsO aufgehoben werden, wenn der Schuldner länger als drei Monate mit der Zahlung einer Monatsrate oder der Zahlung eines sonstigen Betrags im Rückstand ist. Die Regelung erfasst nicht die an den Treuhänder abzuführenden pfändbaren Beträge.[123] Ausgeschlossen ist die auf § 4c Nr. 3 InsO gestützte Aufhebung nach Begleichung des Rückstands.[124]

15 Während den Schuldner im Insolvenzverfahren nach derzeit geltendem Recht generell keine Erwerbsobliegenheit trifft, erst nach Ankündigung der Restschuldbefreiung

---

[113] AGR/*Ahrens*, § 4c Rn. 10; Uhlenbruck/Hirte/Vallender/*Mock*, § 4c Rn. 3; HK/*Kirchhof*, § 4c Rn. 6; KPB/*Prütting/Wenzel*, § 4c Rn. 5.
[114] Karsten Schmidt/*Stephan*, § 4c Rn. 8.
[115] BGH NZI 2009, 188 Rn. 7.
[116] BGH NZI 2009, 188 Rn. 10.
[117] KPB/*Prütting/Wenzel*, § 4c Rn. 18.
[118] LG Mühlhausen BeckRS 2012, 23411.
[119] Karsten Schmidt/*Stephan*, § 4c Rn. 13; HK/*Kirchhof*, § 4c Rn. 10.
[120] FK-InsO/*Kohte*, § 4c Rn. 18; Jaeger/*Eckardt*, § 4c Rn. 35; Graf-Schlicker/*Kexel*, § 4c Rn. 6; HK/*Kirchhof*, § 4c Rn. 19; aA *Bayer*, Stundungsmodell der Insolvenzordnung, S. 123; MüKoInsO/*Ganter/Lohmann*, § 4c Rn. 8.
[121] BGH ZInsO 2007, 1278 Rn. 8.
[122] KPB/*Wenzel*, § 4c Rn. 26; aA *Eckardt*, in: Jaeger, § 4c Rn. 39.
[123] LG Göttingen NZI 2010, 579, 580; aA LG Berlin ZInsO 2007, 824.
[124] Karsten Schmidt/*Stephan*, § 4c Rn. 25.

ändert sich dies durch § 295 Abs. 1 Nr. 1, Abs. 2 InsO, besteht eine solche Obliegenheit nach § 4c Nr. 4 InsO bei einer Kostenstundung. Die Erwerbsobliegenheit besteht allein bei einer bewilligten Stundung und beginnt erst mit dem Zeitpunkt der Stundungsbewilligung.[125] Sachlich ist die Regelung § 295 Abs. 1 Nr. 1 InsO bewusst nachgebildet,[126] weswegen insoweit darauf verwiesen werden kann.[127] Auf bloß theoretische, tatsächlich aber unrealistische Möglichkeiten, einen angemessenen Arbeitsplatz zu erlangen, darf ein Schuldner nicht verwiesen werden. Von einer Schuldnerin, die eine Schule für Lernbehinderte nach der sechsten Klasse abgebrochen und keine weitere schulische und berufliche Ausbildung aufzuweisen hat sowie in einer Obdachlosensiedlung lebt, kann kein Einkommenserwerb erwartet werden.[128] Zusätzlich werden die Anforderungen durch die persönlichen Verhältnisse bestimmt. Dies betrifft etwa den Gesundheitszustand auch bei einer psychischen Erkrankung.[129] Von einer ungelernten, der deutschen Sprache nur unzureichend mächtigen Person, ist höchstens eine Aushilfstätigkeit zu erwarten.[130] Für das Verfahren gilt bei diesem Aufhebungsgrund § 296 Abs. 2 S. 2 und 3 InsO entsprechend. Darüber hinaus ist auch § 296 Abs. 1 S. 1 InsO entsprechend heranzuziehen.[131] Wie die Versagung der Restschuldbefreiung wegen Verletzung der Erwerbsobliegenheit, setzt auch die Aufhebung der Stundung gem. § 4c Nr. 4 InsO eine beeinträchtigte Gläubigerbefriedigung voraus.[132] Die Kostenstundung ist daher nicht schon deswegen aufzuheben, weil der beschäftigungslose Schuldner sich nicht um eine Beschäftigung bemüht, wenn er keine pfändbaren Einkünfte erzielen könnte und die Gläubigerbefriedigung nicht beeinträchtigt wird.[133] Verlangt eine Eingliederungsvereinbarung monatlich vier Bewerbungen, kann ein Verschulden bezüglich der insolvenzrechtlich geforderten weitergehenden Bemühungen fehlen.[134] Schließlich kann die Kostenstundung aufgehoben werden, wenn die Restschuldbefreiung versagt oder widerrufen wird, § 4c Nr. 5 InsO, weil dann der Grund für die Kostenstundung nicht mehr zu erreichen ist.[135]

Wird die Kostenstundung aufgehoben, entfallen alle Stundungswirkungen für die Zukunft. Vor allem sind die gestundeten Beträge sofort und in voller Höhe fällig.[136] Regelmäßig wird bei einer Aufhebung im Eröffnungsverfahren der Eröffnungsantrag mangels Masse abgewiesen werden, § 26 Abs. 1 S. 1 InsO. Nach der Eröffnung wird das Verfahren zumeist mangels Masse eingestellt.[137]

VI. Neues Recht

Als systematisch konsequente Folgeänderung wird in § 4a Abs. 1 S. 3 InsO die Verweisung auf § 290 Abs. 1 Nr. 3 InsO gestrichen. Wegen der neuen Zulassungsentscheidung zur Restschuldbefreiung in § 287a InsO ist der bisherige Versagungsgrund des § 290 Abs. 1 Nr. 3 InsO aufgehoben worden, weshalb folgerichtig die Bezugnahme im Stundungsrecht entfallen muss. Offenbleibt aber, wie sich die Gesetzesänderung zu der

---

[125] BGH NZI 2009, 899 Rn. 10.
[126] BGH ZInsO 2009, 2210 Rn. 13.
[127] Vgl. FK/*Ahrens*, § 295 Rn. 11 ff.
[128] BGH ZInsO 2011, 147 Rn. 5.
[129] BGH ZInsO 2010, 1153 Rn. 9.
[130] BGH NZI 2009, 899 Rn. 15.
[131] BGH ZInsO 2009, 2210 Rn. 12.
[132] BGH NZI 2009, 899 Rn. 10; ZInsO 2010, 1153 Rn. 8; ZInsO 2011, 147 Rn. 7; *Stephan*, VIA 2010, 3, 4.
[133] BGH ZInsO 2009, 2210 Rn. 11, 14.
[134] BGH NZI 2012, 852 Rn. 9.
[135] AGR/*Ahrens*, § 4c Rn. 46 f.
[136] *Mohrbutter/Ringstmeier/Pape*, § 18 Rn. 29.
[137] HK/*Kirchhof*, § 4c Rn. 28.

die Ausschlusstatbestände erweiternden Rechtsprechung[138] verhält (→ Rn. 8). Hierzu nimmt die Gesetzesbegründung nicht Stellung.[139] Die Rechtsprechung wird daher voraussichtlich an der Erweiterung festhalten. Mit der Neufassung von § 4c InsO wird die gesetzliche Regelung an die Rechtsprechung angepasst, die für die Aufhebung der Kostenstundung das Verfahrensmodell des § 296 Abs. 1 InsO anwendet.[140]

18   Eine substanzielle Änderung erfolgt zum 1.1.2014 mit dem Gesetz zur Änderung des Prozesskostenhilfe- und Beratungshilferechts vom 31.8.2013.[141] Durch die neue Fassung von § 4b InsO wird die Verweisung auf die Vorschriften über die Prozesskostenhilfe an die dort geltende neue Rechtslage angepasst. Damit ist die neue Tabelle des § 115 Abs. 2 ZPO mit ua den veränderten Mindest- und Höchstbeträgen der Ratenzahlung in Bezug genommen. Nach § 40 EGZPO gelten die neuen Prozesskostenhilfevorschriften für alle Verfahrensabschnitte, in denen ab dem 1.1.2014 Prozesskostenhilfe beantragt wird. Entsprechend sind die neuen Bestimmungen auf die ab dem 1.1.2014 beantragten Kostenstundungen anzuwenden.

---

[138] Dazu AGR/*Ahrens,* § 4a InsO Rn. 49 ff.
[139] *Grote/Pape,* ZInsO 2012, 1913, 1915.
[140] BGH NZI 2009, 899 Rn. 12; ZInsO 2011, 147 Rn. 7.
[141] BGBl. I, 3533.

Kapitel VI. Eigenverwaltung des Schuldners

Übersicht

Rn.

§ 86. Die Eigenverwaltung im System der Insolvenzordnung
I. Einführung 1
II. Überblick über die gesetzliche Regelung 4
III. Gesetzliche Vorbilder des Rechtsinstituts der Eigenverwaltung 7
IV. Zweck der Eigenverwaltung 13

§ 87. Anordnung der Eigenverwaltung
I. Einführung 1
II. Die Anordnung nach § 270 I 1 InsO 3
III. Die Anordnung nach § 271 InsO 56

§ 88. Vorläufige Eigenverwaltung und Schutzschirmverfahren
I. Allgemeines 1
II. Die vorläufige Eigenverwaltung (§ 270a InsO) 2
III. Das Schutzschirmverfahren 15

§ 89. Aufhebung der Eigenverwaltung
I. Voraussetzungen 1
II. Entscheidungen und Rechtsfolgen 10

§ 90. Rechtsstellung von und Aufgabenteilung zwischen Schuldner und Sachwalter
I. Im eröffneten Eigenverwaltungsverfahren 1
II. Im Eröffnungsverfahren 84

Schrifttum §§ 86–90: *App,* Argumente für die Durchführung eines Insolvenzverfahrens in Eigenverwaltung des Schuldners, JurBüro 2000, 625; *Bales,* Insolvenzplan und Eigenverwaltung – Chancen für einen Neustart im Rahmen der Sanierung und Insolvenz, NZI 2008, 216; *Bichelmeier,* Die Verhinderung der Eigenverwaltung mittels einer Schutzschrift, DZWIR 2000, 62; *Brinkmann,* Haftungsrisiken im Schutzschirmverfahren und in der Eigenverwaltung Teil 1, DB 2012, 1313 und Teil 2, DB 2012, 1369; *Brinkmann/Zipperer,* Die Eigenverwaltung nach dem ESUG aus Sicht von Wissenschaft und Praxis, ZIP 2011, 1337; *Buchalik,* Faktoren einer erfolgreichen Eigenverwaltung, NZI 2000, 294; *ders.,* Das Schutzschirmverfahren nach § 270b InsO, ZInsO 2012, 349; *ders.,* Zur Begründung von Masseverbindlichkeiten durch den eigenverwaltenden Schuldner im Verfahren nach § 270a InsO, ZInsO 2013, 815; *Dietrich,* Eigenverwaltung und Sanierungsplan – der verkannte Sanierungsweg, ZInsO 2001, 13; *ders.,* Die Eigenverwaltung als Sanierungsweg nach dem neuen Insolvenzrecht, 2002; *Ehricke,* Sicherungsmaßnahmen bei Antrag auf Anordnung einer Eigenverwaltung, insbesondere zur Person des vorläufigen Sachwalters, ZIP 2002, 782; *ders.,* Zur gemeinschaftlichen Sanierung insolventer Unternehmen eines Konzerns; ZInsO 2002, 393; *Flöther,* Der vorläufige Sachwalter – Pilot, Co-Pilot oder fünftes Rad am Wagen?, ZInsO 2014, 465; *Flöther/Smid/Wehdeking,* Die Eigenverwaltung in der Insolvenz, 2005; *Fölsing,* Die Auswahl des Sachwalters in der Eigenverwaltung, ZInsO 2012, 2272; *Frank,* Beratung bei Insolvenzplan und Eigenverwaltung, in Runkel (Hrsg.) Anwaltshandbuch Insolvenzrecht, 2. Aufl. 2008, S. 1406; *Friedhoff,* Sanierung einer Firma durch Eigenverwaltung, ZIP 2002, 497; *Frind,* Insolvenzgerichtliche Veröffentlichungsnotwendigkeiten bei der vorläufigen Sachwalterschaft, ZIP 2012, 1591; *ders.,* Die Praxis fragt, „ESUG" antwortet nicht, ZInsO 2011, 2249; *Ganter,* Das personengebundene Massedarlehen, ZIP 2013, 597; *Gerster,* Insolvenzplan, „das unbekannte Wesen" oder „der Maßanzug des Insolvenzrechts"?, ZInsO 2008, 437; *Görg,* Grundzüge der finanziellen Restrukturierung der Philipp Holzmann AG im Winter 1999/2000, FS Uhlenbruck, 2000, S. 117; *Görg/Stockhausen,* Eigenverwaltung für Großinsolvenzen?, FS Metzeler, 2003, S. 105; *Graf/Wunsch,* Eigenverwaltung und Insolvenzplan – gangbarer Weg in der Insolvenz von Freiberuflern und Handwerkern?, ZIP 2001, 1029; *Grub,* Überjustizialisierung und die Eigenverwaltung des Pleitiers, WM 1994, 880; *ders.,* Die Stellung des Schuldners im Insolvenzverfahren, Kölner Schrift, 2. Aufl. 2000, S. 671; *ders.,* Insolvenzplan und Eigenverwaltung, AnwBl 2000, 580; *Gundlach,* Verfügungen des Schuldners über eigene und fremde Gegenstände nach der Insolvenzeröffnung – unter besonderer Berücksichtigung der Eigenverwaltung, DZWIR 1999, 363; *Haarmeyer,* Missbrauch der Eigenverwaltung? – Nicht der Gesetzgeber, sondern Gerichte, Verwalter und Berater sind gefordert, ZInsO 2013, 2345; *Haas,* ESUG und das Gesellschaftsinsolvenzrecht, in FS Stürner, 2013, S. 749; *Haußmann,* Ablauf der Eigenverwaltung, ZInsO 1998, 264; *Hess/Ruppe,* Die Eigenverwaltung in der Insolvenz einer AG oder einer GmbH, NZI 2002, 577; *Hintzen,* Insolvenzantrag und Antrag auf Eigenverwaltung, ZInsO 1998, 15; *Hoffmann-Theinert,* Die insolvenzrechtliche Eigenverwaltung, in Heintzen/Kruschwitz (Hrsg.) Unternehmen in der Krise, 2004, S. 109; *Hofmann,* Die Eigenverwaltung in der Insolvenz, 2006; *ders.,* Die Eigenverwaltung insolventer Kapitalgesellschaften im Konflikt zwischen Gesetzeszweck und Insolvenzpraxis, ZIP 2007, 260; *ders.,* Eigenverwaltung ZIP-Praxisbuch, 2014; *Hölzle,* Eigenverwaltung im Insolvenzverfahren nach ESUG – Herausforderungen für die Praxis, ZIP 2012, 158; *ders.,* Praxisleitfaden ESUG, 2. Aufl. 2014; *Horstkotte,* Öffentliche Bekanntmachung der vorläufigen Sachwalterschaft nach ESUG durch das Insolvenzgericht?, ZInsO 2012, 1161; *Huhn,* Die Eigenverwaltung im Insolvenzverfahren, 2003; *Huntemann,* in *Huntemann/Brockdorff* (Hrsg.) Der Gläubiger im Insolvenzverfahren, 1999, 14. Kapitel S. 376 ff.; *Kessler,* Die Aktiengesellschaft in der Eigenverwaltung, 2006; *Klein/Thiele,* Der Sanierungsgeschäftsführer einer GmbH in der Eigenverwaltung – Chancen und Risiken im Spannungsfeld der divergierenden Interessen, ZInsO 2013, 2233; *Klinck,* Die Geschäftsführerhaftung nach § 64 S. 1 GmbHG im Eigenverwaltungs(eröffnungs)verfahren, DB 2014, 938; *Klöhn,* Gesellschaftsrecht in der Eigenverwaltung: Die Grenzen des Einflusses auf die Geschäftsführung gemäß § 276a S. 1 InsO, NZG 2013, 81; *Kluth,* Eigenverwaltung in der Insolvenz oder ein „Fall mit Sturz", ZInsO 2002, 1001; *ders.,* Das „Allerletzte" zur Analogie in der Eigenverwaltung, ZInsO 2002, 1170; *Koch,* Die Eigenverwaltung nach der Insolvenzordnung, 1998; *Köchling,* Fremdverwaltung im Kostüm der Eigenverwaltung?, ZInsO 2003, 53; *ders.,* Bedeutung der Eigenverwaltung im Insolvenzverfahren, BuW 2003, 283; *Kolmann,* Schutzschirmverfahren, 2014; *Körner,* Die Eigenverwaltung in der Insolvenz als bestes Abwicklungsverfahren?, NZI 2007, 270; *Kranzusch,* Die Eigenverwaltung im Insolvenzverfahren – Anwendung und Hindernisse, ZInsO 2008, 1346; *Kruse,* Die Eigenverwaltung in der Insolvenz mit ihren gesellschaftsrechtlichen Bezügen, 2004; *Landfermann,* Das neue Unternehmenssanierungsgesetz (ESUG) Überblick und Schwerpunkte Teil II, WM 2012, 869; *Leipold,* Die Eigenverwaltung mit Sachwalter und die Eigenverwaltung bei Kleinverfahren, in Insolvenzrecht im Umbruch, 1991, S. 165; *Leithaus,* Anordnung der Eigenverwaltung nach Einflussnahme eines Ministers, NZI 2002, V; *Madaus,* Schutzschirme für streitende Gesellschafter? Die Lehren aus dem Suhrkamp-Verfahren für die Auslegung des neuen Insolvenzrechts, ZIP 2014, 500; *Maus,* in K. Schmidt/Uhlenbruck (Hrsg.) Die GmbH in Krise, Sanierung und Insolvenz, 4. Aufl. 2009, S. 926; *Noack,* „Holzmüller" in der Eigenverwaltung – Zur Stellung von Vorstand und Hauptversammlung im Insolvenzverfahren, ZIP 2002, 1873; *Oppermann/Smid,* Ermächtigung des Schuldners zur Aufnahme eines Massekredits zur Vorfinanzierung des Insolvenzgeldes im Verfahren nach § 270a InsO, ZInsO 2012, 862; *Pape,* Aktuelle Probleme des Insolvenzeröffnungsverfahrens nach Inkrafttreten der InsO, DB 1999, 1539; *ders.,* Die Eigenverwaltung des Schuldners nach der Insolvenzordnung, Kölner Schrift, 2. Aufl. 2000, 895; *ders.,* Entwicklungstendenzen bei der Eigenverwaltung, ZIP 2013, 2285; *Prütting/Huhn,* Kollision von Gesellschaftsrecht und Insolvenzrecht bei der Eigenverwaltung?, ZIP 2002, 777; *Rendels,* Aktuelle Entwicklungen zur vorläufigen Eigenverwaltung, INDat-Report 04/2012, S. 50; *Redels/Körner,* §§ 270a/b InsO: Problembereiche und weitere Erfahrungen, INDat-Report 07/2012, S. 56; *Ringstmeier/Homann,* Nebeneinander von Gesellschaftsrecht und Insolvenzrecht bei der Eigenverwaltung, NZI 2002, 406; *Schelo,* Der neue § 270b InsO – Wie stabil ist das Schutzschirmverfahren in der Praxis? – Oder: Schutzschirmverfahren versus vorläufige Eigenverwaltung, ZIP 2012, 712; *Schlegel,* Insolvenzantrag und Eigenverwaltungsantrag bei drohender Zahlungsunfähigkeit, ZIP 1999, 954; *ders.,* Die Eigenverwaltung in der Insolvenz, 1999; *K. Schmidt,* Insolvenzordnung und Unternehmensrecht – Was bringt die Reform?, Kölner Schrift, 2. Aufl. 2000, S. 1199; *ders.,* Entwicklungen im Recht der Unternehmensinsolvenz, in *Breitenbücher/Ehricke* (Hrsg.) Insolvenzrecht 2003, S. 19; *ders.,* Aktienrecht und Insolvenzrecht – Organisationsprobleme bei insolventen Aktiengesellschaften, AG 2006, 597; *Schmidt/Linker,* Ablauf des sog. Schutzschirmverfahrens nach § 270b InsO, ZIP

2012, 963; *Siemon/Klein,* Haftung des (Sanierungs-)Geschäftsführers gem. § 64 GmbHG im Schutzschirmverfahren nach § 270b InsO, ZInsO 2012, 2009; *Smid,* Gleichbehandlung der Gläubiger und Wiederherstellung eines funktionsfähigen Insolvenzrechts als Aufgaben der Insolvenzrechtsreform, BB 1992, 501; *ders.,* Das neue Insolvenzrecht – Probleme, Widersprüche, Chancen, BB 1999, 1; *ders.,* Sanierungsverfahren nach neuem Insolvenzrecht, WM 1998, 2489; *ders.,* Zu einigen Fragen der Eigenverwaltung, DZWIR 2002, 493; *ders.,* in *Weisemann/Smid* (Hrsg.) Hdb Unternehmensinsolvenz 1999, Kapitel 6; *Stöber,* Insolvenzverfahren und Vollstreckungs-Zwangsversteigerung, NZI 1998, 105; *Ströhmann/Längsfeld,* Geschäftsführungsbefugnis in der GmbH im Rahmen der Eigenverwaltung, NZI 2013, 271; *Thole/Brünkmans,* Die Haftung des Eigenverwalters und seiner Organe, ZIP 2013, 1097; *Uhlenbruck,* Die Verwertung einer freiberuflichen Praxis durch den Insolvenzverwalter, FS Henckel, 1995, S. 877; *ders.,* Vorläufiger Sachwalter bei Insolvenzanträgen mit Antrag auf Anordnung der Eigenverwaltung?, NZI 2001, 632; *ders.,* Gefährdet die Eigenverwaltung insolventer Unternehmen die richterliche Unabhängigkeit?, NJW 2002, 3219; *ders.,* Chancen und Risiken eines plangesteuerten Insolvenzverfahrens als Eigenverwaltung, FS Metzeler, 2003, S. 85; *Vallender,* Eigenverwaltung im Spannungsfeld zwischen Schuldner- und Gläubigerautonomie, WM 1998, 2129; *ders.,* Die Arztpraxis in der Insolvenz, FS Metzeler, 2003, S. 21; *ders.,* in *K. Schmidt/Uhlenbruck* (Hrsg.) Die GmbH in Krise, Sanierung und Insolvenz, 4. Aufl. 2009, S. 919; *Wehdeking,* Eigenverwaltung der insolventen Aktiengesellschaft, DZWiR 2006, 451; *Westrick,* Chancen und Risiken der Eigenverwaltung nach der Insolvenzordnung, NZI 2003, 65; *Zipperer,* Die Einflussnahme der Aufsichtsratsorgane auf die Geschäftsleitung in der Eigenverwaltung – eine Chimäre vom Gesetzgeber, Trugbild oder Mischwesen?, ZIP 2012, 1492; *Zipperer/Vallender,* Die Anforderungen an die Bescheinigung für das Schutzschirmverfahren, NZI 2012, 729.

§ 86. Die Eigenverwaltung im System der Insolvenzordnung

Übersicht

	Rn.
I. Einführung	1
II. Überblick über die gesetzliche Regelung	4
III. Gesetzliche Vorbilder des Rechtsinstituts der Eigenverwaltung	7
1. Vergleichsordnung	7
2. US-amerikanisches Recht	10
3. Zwangsverwaltung gemäß § 150b ZVG	12
IV. Zweck der Eigenverwaltung	13

I. Einführung

Vorrangiges Ziel eines jeden Insolvenzverfahrens ist gemäß § 1 InsO die gleichmäßige Befriedigung aller Gläubiger. Um dieses Ziel sicherzustellen, sind (spätestens) mit Eröffnung des Insolvenzverfahrens bestimmte Maßnahmen zur Sicherung der Haftungsmasse zu treffen. Hierzu gehört insbesondere § 80 I InsO, wonach mit der Verfahrenseröffnung das Recht des Schuldners, das zur Insolvenzmasse gehörende Vermögen zu verwalten und hierüber zu verfügen, auf den Insolvenzverwalter übergeht. Auf diese Weise soll die Insolvenzmasse als Haftungsobjekt für die Gläubiger vor masseschädigenden Verfügungen oder anderen, dem Zweck der gleichmäßigen Gläubigerbefriedigung zuwiderlaufenden Maßnahmen des Schuldners geschützt werden.[1]

Mit der Aufnahme der Eigenverwaltung durch den Schuldner in §§ 270–285 InsO hat der Gesetzgeber eine neue (wenn auch keine selbständige)[2] „Verfahrensart" im In-

---
[1] Nerlich/Römermann/*Wittkowski,* § 80 Rn. 3; *Hess,* § 80 Rn. 3.
[2] Die §§ 270 ff. InsO enthalten kein geschlossenes System der Insolvenzverwaltung bei Eigenverwaltung, sondern nur die Regelverwaltung modifizierende und ergänzende Bestimmungen, KPB/*Pape,* § 270 Rn. 18.

solvenzrecht geregelt,³ die aber ebenfalls dem Ziel des § 1 InsO verhaftet bleibt.⁴ Diese Vorschriften sind von dem Gedanken getragen, dass es unter bestimmten Voraussetzungen durchaus sinnvoll sein kann, dem Schuldner die Verwaltungs- und Verfügungsbefugnis über das verhaftete Vermögen im Grundsatz zu belassen und ihn nur der Aufsicht eines Sachwalters zu unterstellen, mit dem er die Verfahrensabwicklung abzustimmen hat.⁵ Als Gründe kommen insoweit in Betracht: verbesserte Nutzung von Sanierungschancen (durch Erhaltung von unternehmerischem Wissen, Erfahrungen, Kundenbeziehungen und personengebundenen Genehmigungen⁶), Zeit- und Kostenersparnis sowie der Verhaltensanreiz zur frühzeitigen Antragstellung.⁷ Auf das Verfahren der Eigenverwaltung durch den Schuldner finden im Wesentlichen die Vorschriften zum Regelinsolvenzverfahren (§§ 11 ff. InsO) entsprechende Anwendung, soweit in den §§ 270 ff. InsO nichts anderes bestimmt ist (§ 270 I 2 InsO).

3   Die Eigenverwaltung stellt an den Schuldner ganz erhebliche Anforderungen; denn sie setzt nicht nur Fach- und Branchenwissen, sondern auch umfassende insolvenzrechtliche Kenntnisse voraus.⁸ Darüber hinaus ist eine Eigenverwaltung nur in einem Umfeld möglich, in dem der Markt Vertrauen in die Eigen-Sanierungsfähigkeit des Unternehmens und in die für den Schuldner handelnden Personen hat.⁹ Zudem birgt die Eigenverwaltung für den Schuldner auch eine Vielzahl von Interessenkonflikten; denn er muss nicht nur die eigenen Interessen hintanstellen, sondern unter Umständen auch Mitarbeiter und Geschäftspartner „enttäuschen", denen er kurz vor Antragstellung noch Zusagen gemacht hat, und sein Handeln allein insolvenzrechtlichen und betriebswirtschaftlich legitimierten Zielen unterstellen.¹⁰

II. Überblick über die gesetzliche Regelung

4   Die Vorschriften zur Eigenverwaltung lassen sich in zwei Regelungskomplexe aufteilen.¹¹ Die §§ 270, 271, 273 InsO normieren die Voraussetzungen und das Verfahren für die Anordnung bzw. Aufhebung der Eigenverwaltung durch das Gericht. Mit §§ 270a, 270b InsO hat der ESUG-Gesetzgeber auch ein besonderes Eröffnungsverfahren geregelt (s. hierzu § 88). §§ 270c S. 2, 274–276, 277–285 InsO regeln die Kompetenzverteilung zwischen dem selbst verwaltenden Schuldner und dem den Schuldner beaufsichtigenden Sachwalter. Leitgedanke ist insoweit, dass dem Schuldner die typischerweise mit der Geschäftsführung des Unternehmens zusammenhängenden Aufgaben und Befugnisse verbleiben (§§ 275 I 1, 279 InsO). Dem Sachwalter obliegt insoweit nur die Überwachung der (unternehmerischen) Tätigkeit des Schuldners, wobei ihm allerdings im Hinblick auf bestimmte Geschäfte des Schuldners Zustimmungsbefugnisse zustehen können (§§ 277, 279 S. 3 InsO). Es besteht mithin insoweit eine „kontrollierte Handlungsfreiheit" des Schuldners. Darüber hinaus weist der Gesetzgeber dem Sachwalter einige Aufgaben zu, die ein Insolvenzverwalter typischerweise im Interesse der Gläubi-

---

³ Siehe BGH NZI 2007, 240, 241; vgl. auch HambKommInsO/*Fiebig*, § 270 Rn. 1.
⁴ Zu Recht hierauf hinweisend, BerlK/*Spliedt/Fridgen*, § 270 Rn. 3; *Klein/Thiele* ZInsO 2013, 2233, 2234; *Zipperer/Brinkmann* ZIP 2011, 1337, 1338.
⁵ KPB/*Pape*, § 270 Rn. 4.
⁶ Siehe zB OVG Magdeburg ZIP 2014, 894: Spielbankzulassung.
⁷ Vgl. *Zipperer/Brinkmann* ZIP 2011, 1337, 1339 f.; BerlK/*Spliedt/Fridgen*, § 270 Rn. 4; *Schlegel*, S. 44 ff.; *Kluth* ZInsO 2002, 1001, 1001; HambKommInsO/*Fiebig*, vor §§ 270 ff. Rn. 3; KPB/*Pape*, § 270 Rn. 5; HK/*Landfermann*, vor §§ 270 ff. Rn. 3, 17; *Dietrich*, S. 77: Die mit der Eigenverwaltung einhergehenden Handlungsmöglichkeiten bieten einen Anreiz für den Schuldner zur frühen Antragstellung.
⁸ *Kübler/Bierbach* HRI § 10 Rn. 1; Gravenbrucher Kreis ZIP 2014, 1262, 1263.
⁹ *Kübler/Bierbach* HRI § 10 Rn. 1.
¹⁰ *Kübler/Bierbach* HRI § 10 Rn. 3.
¹¹ FKInsO/*Foltis*, vor §§ 270 ff. Rn. 9; HK/*Landfermann*, vor §§ 270 ff. Rn. 8.

Die Eigenverwaltung im System der Insolvenzordnung 5–7 § 86

ger wahrzunehmen hat. Zu diesen insolvenztypischen Aufgaben zählen insbesondere die Entgegennahme von Forderungsanmeldungen (§ 270c S. 2 InsO), die Geltendmachung des Anspruchs auf Ersatz des Gesamtschadens bzw. die Ansprüche wegen Insolvenzanfechtung (§ 280 InsO) sowie die Anzeige der Masseunzulänglichkeit (§ 285 InsO).[12] Das ESUG hat darüber hinaus mit § 276a InsO zum ersten Mal auch eine Vorschrift in die InsO aufgenommen, mit der die Organisationsverfassung des Schuldners geregelt, dh die Kompetenzverteilung innerhalb des Schuldners im Eigenverwaltungsverfahren geklärt wird, soweit es sich bei diesem um eine juristische Person oder um eine Gesellschaft ohne Rechtspersönlichkeit handelt (→ § 90 Rn. 20 ff.).

Ist im konkreten Fall streitig, in wessen Kompetenzbereich eine bestimmte Aufgabe 5 fällt, so ist die Lösung am gesetzlichen Leitgedanken auszurichten, wonach dem Schuldner die unternehmenstypischen und dem Sachwalter die insolvenztypischen Befugnisse zugewiesen sind (→ § 90 Rn. 1).[13] Daher ist zB der Schuldner und nicht der Sachwalter zur Aufnahme eines Rechtsstreits (§§ 85, 86 InsO) berechtigt.[14]

Im Übrigen gelten für die Eigenverwaltung – wie sich aus § 270 I 2 InsO ergibt – im 5 Grundsatz die gleichen Regeln wie für das Regelinsolvenzverfahren.[15] Welche Vorschriften im Einzelnen Anwendung finden, ist unter Berücksichtigung der Besonderheiten der Eigenverwaltung durch Auslegung zu ermitteln. Ebenso wie im Regelinsolvenzverfahren gilt auch in der Eigenverwaltung der Grundsatz der Gläubigerautonomie bzw. -selbstverwaltung. Artikuliert werden die Gläubigerinteressen in der Gläubigerversammlung. Darüber hinaus kann auch ein Gläubigerausschuss bestellt werden. § 276 InsO verleiht diesem ähnliche Funktionen wie § 160 InsO im Regelinsolvenzverfahren. Entsprechende Anwendung finden auch die insolvenzrechtlichen Vorschriften außerhalb der InsO. So unterbricht etwa auch die Eröffnung eines Insolvenzverfahrens in Eigenverwaltung einen anhängigen Rechtsstreit nach § 240 ZPO.[16] Ebenso wie im Regelinsolvenzverfahren führt die Eröffnung des Insolvenzverfahrens auch bei Anordnung der Eigenverwaltung zur Auflösung des Schuldners, wenn es sich bei diesem um eine juristische Person oder um eine Gesellschaft ohne Rechtspersönlichkeit handelt (§§ 42, 728 BGB, §§ 131 I Nr. 3, 161 II HGB, § 262 I Nr. 3 AktG, § 60 I Nr. 4 GmbHG, § 101 GenG, § 9 PartGG).[17]

Die Anwendung der §§ 270–285 InsO ist gemäß § 270 I 3 InsO im Verbraucher- 6 insolvenzverfahren ausgeschlossen.

III. Gesetzliche Vorbilder des Rechtsinstituts der Eigenverwaltung

1. Vergleichsordnung. Vor dem Inkrafttreten der InsO war dem deutschen Konkurs- 7 recht die Durchführung eines Konkursverfahrens ohne Bestellung eines Konkursverwalters, dem die Verwaltungs- und Verfügungsbefugnis übertragen sind, fremd. Dennoch beschreitet der Gesetzgeber mit der Eigenverwaltung keinen völlig neuen Weg. Denn trotz gewichtiger Unterschiede lassen sich gewisse Parallelen zwischen den Regelungen zur Eigenverwaltung in den §§ 270 ff. InsO und den Bestimmungen der VerglO erkennen.[18]

---

[12] HK/*Landfermann*, vor §§ 270 ff. Rn. 10; FKInsO/*Foltis*, vor §§ 270 ff. Rn. 9, § 270 Rn. 15; *Smid* WM 1998, 2489, 2513.
[13] FKInsO/*Foltis*, vor §§ 270 ff. Rn. 9.
[14] *Smid*, § 270 Rn. 17; HK/*Landfermann*, vor §§ 270 ff. Rn. 10; BT-Drucks. 12/2443, S. 223.
[15] Siehe hierzu im Einzelnen *Uhlenbruck*, § 270 Rn. 7 f.
[16] BGH NZI 2007, 188 f. mit zustimmender Anmerkung *Bähr/Landry* EWiR 2007, 249 f.; OLG Naumburg ZInsO 2000, 505.
[17] *Huhn*, Rn. 633 f.
[18] BT-Drucks. 12/2443, S. 223; siehe auch *Kübler/Piepenburg/Minuth* HRI § 11 Rn. 6; FK/*Foltis*, vor §§ 270 Rn. 6 f.; KPB/*Pape*, § 270 Rn. 3; *Huntemann*, Kapitel 14 Rn. 2; *Häsemeyer*, Rn. 8.03, S. 189; *Vallender* WM 1998, 2129, 2130.

8 Im Gegensatz zur Konkursordnung (§ 6 KO) verblieb das Verwaltungs- und Verfügungsrecht grundsätzlich auch nach Eröffnung eines Vergleichsverfahrens weiterhin beim Schuldner.[19] Dem Vergleichsverwalter oblagen lediglich bestimmte Prüfungs- und Überwachungsfunktionen sowie Zustimmungsbefugnisse. So hatte dieser gemäß § 39 VerglO die wirtschaftliche Lage des Schuldners zu prüfen und die Geschäftsführung sowie die Ausgaben für die Lebensführung des Schuldners und seiner Familie zu überwachen. Gemäß § 57 I VerglO sollte der Schuldner Verbindlichkeiten, die nicht zum gewöhnlichen Geschäftsbetrieb gehörten, nur mit Zustimmung des Vergleichsverwalters eingehen bzw. es unterlassen, Verbindlichkeiten einzugehen, wenn der Verwalter dagegen Einspruch erhob. Ähnliche Bestimmungen finden sich in den Regelungen zur Eigenverwaltung. So enthält § 274 II InsO eine dem § 39 VerglO entsprechende Regelung. § 275 InsO statuiert für bestimmte Geschäfte vergleichbar dem § 57 VerglO Zustimmungserfordernisse.[20] Diese Gemeinsamkeiten dürfen jedoch nicht darüber hinwegtäuschen, dass zwischen der Eigenverwaltung der InsO und den Regelungen der VerglO erhebliche Unterschiede bestehen. So war das Verfahren nach der VerglO vollständig auf die Sanierung und nicht auf die Zerschlagung des in die Krise geratenen Unternehmens ausgerichtet. Gemäß § 1 VerglO bestand das Ziel eines Vergleichsverfahrens nämlich gerade darin, den Konkurs abzuwenden. Folgerichtig war die Durchführung eines Vergleichsverfahrens nach § 2 II VerglO im eröffneten Konkursverfahren ausgeschlossen.[21] Demgegenüber knüpft das Verfahren der Eigenverwaltung gemäß § 270 I InsO an die Eröffnung des Insolvenzverfahrens an. Gemäß § 271 InsO kann die Eigenverwaltung auf Antrag der Gläubigerversammlung sogar noch nach der Eröffnung eines Insolvenzverfahrens angeordnet werden. Anders als das Vergleichsverfahren hat der Gesetzgeber die Eigenverwaltung auch nicht auf Fälle einer Unternehmenssanierung beschränkt. Vielmehr ist es denkbar, dass ein Unternehmen unter Eigenverwaltung des Schuldners liquidiert wird.[22]

9 Hinsichtlich der Voraussetzungen, unter denen die Eigenverwaltung angeordnet werden kann, bestehen ebenfalls Unterschiede zur VerglO. So hat der Gesetzgeber bei der Gestaltung der Voraussetzungen der Eigenverwaltung auf eine dem § 17 VerglO entsprechende *„Würdigkeitsprüfung"* verzichtet.[23] Nicht erforderlich ist weiterhin die Gewährleistung einer garantierten Quote auf die Forderungen der Gläubiger, wie es § 7 I 2 VerglO vorsah.[24] Schließlich ist die Eigenverwaltung vom Gericht ohne weitere Voraussetzungen anzuordnen, wenn die Gläubigerversammlung dies beschließt (§ 271 InsO).

10 **2. US-amerikanisches Recht.** Der Gesetzgeber hat sich bei der Regelung des Verfahrens der Eigenverwaltung nicht nur an der VerglO, sondern auch an dem aus dem US-amerikanischen Recht stammenden Rechtsinstitut des *debtor in possession* orientiert.[25] Im Rahmen des Chapter 11 Bankruptcy Code (BC)-Verfahrens verbleibt die Verwaltungs- und Verfügungsbefugnis in der Regel beim Schuldner (*debtor in possession*).[26] Obwohl sich der Gesetzgeber mit der Regelung der Eigenverwaltung in den

---

[19] Vgl. hierzu *Grub,* Kölner Schrift, S. 671 Rn. 19; *Köchling* BuW 2003, 283, 283.
[20] *Grub,* Kölner Schrift, S. 671 Rn. 23; *Köchling* BuW 2003, 283, 283.
[21] *Kilger/K. Schmidt,* § 2 VerglO Anm. 7; *Köchling* BuW 2003, 283, 283.
[22] *Grub,* Kölner Schrift, S. 671 Rn. 29; FK/*Foltis,* vor §§ 270 ff. Rn. 4; *Häsemeyer,* Rn. 8.03, S. 189; *Leipold* S. 165, 169 f.; *Smid,* § 270 Rn. 14.
[23] *Köchling* BuW 2003, 283, 283.
[24] Vgl. *Vallender* WM 1998, 2129, 2130.
[25] BT-Drucks. 12/2443, S. 105 f.; *Flöther/Smid/Wehdeking,* Kap 1 Rn. 3; *Schlegel,* S. 38 ff.; *Smid* WM 1998, 2489, 2506; *Vallender* WM 1998, 2129, 2130; *Kübler/Piepenburg/Minuth* HRI § 11 Rn. 7; *Braun/Uhlenbruck,* Unternehmensinsolvenz, S. 438; *Koch,* S. 299 f.; *Smid,* § 270 Rn. 3; MüKoInsO/*Tetzlaff,* vor §§ 270 bis 285 Rn. 10 f.
[26] *Köchling* BuW 2003, 873, 874.

§§ 270 ff. InsO dem *debtor-in-possession*-Prinzip des US-amerikanischen Insolvenzrechts annähert, bestehen zwischen dem Chapter 11 BC-Verfahren und den Regelungen der InsO zur Eigenverwaltung einige wichtige Unterschiede. So unterscheidet sich bereits das Ziel eines Chapter 11 BC-Verfahrens von demjenigen eines Insolvenzverfahrens. Denn vorrangiges Ziel jenes Verfahrens ist es, dem Schuldner einen „*fresh start*" zu ermöglichen, dh der Schuldner soll in die Lage versetzt werden, wieder unbelastet in das Wirtschaftsleben einzutreten.[27] Bei einer Unternehmensinsolvenz spiegelt sich dieser Gedanke des Chapter 11 BC-Verfahrens in der Möglichkeit eines Reorganisationsverfahrens wider.[28] Demgegenüber ist und bleibt gemäß § 1 InsO – auch wenn Eigenverwaltung durch den Schuldner angeordnet ist – die gemeinschaftliche Befriedigung aller Gläubiger das vorrangige Ziel des Insolvenzverfahrens.[29]

Ein weiterer Unterschied besteht darin, dass es sich bei dem Verfahren der Eigenverwaltung nicht um ein völlig verwalterloses Verfahren handelt, denn gemäß §§ 270 III, 274 InsO ist zwingend ein Sachwalter zu bestellen.[30] Demgegenüber erfolgt eine Kontrolle des *debtor in possession* im US-amerikanischen Recht grundsätzlich nicht durch einen Verwalter, sondern vor allem durch Gläubigerausschüsse (*sog. creditors' committees*), die verschiedene Prüfungsrechte haben.[31] Nur in Ausnahmefällen werden durch die Bestellung eines *examiner* oder eines *trustee* die Verwaltungs- und Verfügungsbefugnisse des Schuldners im Rahmen eines Chapter 11 BC-Verfahrens beschränkt.[32]

3. Zwangsverwaltung gemäß § 150b ZVG. Schließlich weist die Eigenverwaltung auch Parallelen zur Zwangsverwaltung nach § 150b ZVG auf.[33] Danach ist bei der Zwangsverwaltung eines landwirtschaftlichen, forstwirtschaftlichen oder gärtnerischen Grundstücks grundsätzlich der Schuldner zum Zwangsverwalter zu bestellen. Sinn und Zweck der Vorschrift ist es, die Erfahrung und Arbeitskraft des betroffenen Schuldners für die mit der Grundstücksverwaltung erforderliche Wirtschaftsführung zu nutzen.[34] Würde mit der Zwangsverwaltung ein Dritter beauftragt, so könnte dies für den die Zwangsverwaltung betreibenden Gläubiger mit Nachteilen verbunden sein.[35]

IV. Zweck der Eigenverwaltung

Nach den Vorstellungen des Gesetzgebers ist die Eigenverwaltung vornehmlich (aber nicht allein) auf die Sanierung und Fortführung eines Unternehmens zugeschnitten.[36] Dabei verfolgt der Gesetzgeber mit diesen Regelungen insbesondere zwei Ziele. Einerseits soll die Eigenverwaltung ermöglichen, die – insbesondere auch branchenspezifischen[37] – Kenntnisse und Erfahrungen der bisherigen Geschäftsleitung zu nutzen, die gewöhnlich bei einem Insolvenzverwalter anfallende Einarbeitungszeit zu verkürzen, unternehmerische Kontinuität zum Zwecke der Sanierung sicherzustellen und die Verfahrenskosten[38]

---

[27] *Smid* WM 1998, 2489, 2506 mwN; vgl. auch Braun/*Uhlenbruck*, Unternehmensinsolvenz, S. 427 ff.
[28] *Smid* WM 1998, 2489, 2506.
[29] HK/*Kirchhof*, § 1 Rn. 3.
[30] Braun/*Uhlenbruck*, Unternehmensinsolvenz, S. 438, 692.
[31] § 1103 BC; Nerlich/Römermann/*Riggert* vor § 270 Rn. 3; Braun/*Uhlenbruck*, Unternehmensinsolvenz, S. 501 f.
[32] *Smid* WM 1998, 2489, 2506; *ders.*, § 270 Rn. 3; Braun/*Uhlenbruck*, Unternehmensinsolvenz, S. 500 f.
[33] *Häsemeyer*, Rn. 8.03, S. 189; *Smid* WM 1998, 2489, 2506; *Koch*, S. 23 Fn. 12; MüKoInsO/*Tetzlaff* vor §§ 270 bis 285 Rn. 11.
[34] *Dietrich*, S. 47.
[35] Vgl. Zeller/*Stöber*, ZVG 17. Aufl. 2002, § 150b Rn. 1.
[36] *Görk/Stockhausen*, FS Metzeler, 2002, S. 105, 109; siehe auch *Dietrich*, S. 75 ff.
[37] Siehe hierzu *Körner* NZI 2007, 270, 273.
[38] Gemäß § 12 I InsVV erhält der Sachwalter idR nur einen Bruchteil von 60% der Insolvenzverwaltervergütung, vgl. auch *Pape*, Kölner Schrift, S. 895 Rn. 22; *Görk/Stockhausen*, FS Metzeler, 2002, S. 105, 109 f.; *Flöther/Smid/Wehdeking*, Kap 1 Rn. 11 ff.

im Interesse der Gläubigergesamtheit zu senken.[39] Andererseits soll die Aussicht, die Geschäftsführung nicht völlig aus der Hand geben zu müssen, für den Schuldner einen Anreiz bilden, im Interesse der Gläubigergesamtheit frühzeitig einen Eigenantrag auf Eröffnung eines Insolvenzverfahrens zu stellen.[40] Von einer früheren Antragstellung erhofft sich der Gesetzgeber einen wesentlichen Beitrag zur Verbesserung der Eröffnungsquote[41] und höhere Aussichten für eine erfolgreiche Unternehmenssanierung.[42]

14 Ob die Prämisse des Gesetzgebers zutrifft, wird kontrovers diskutiert.[43] Zumindest in der Vergangenheit wurde das Rechtsinstitut vielfach mit Skepsis beurteilt.[44] In der Praxis führte die Eigenverwaltung allenfalls ein „Schattendasein".[45] Hintergrund hierfür sind zum einen die mit einer jeden Sanierungsprognose einhergehenden Unsicherheiten. Zum anderen spielt aber auch die von der Eigenverwaltung ausgehende Gläubigergefährdung eine Rolle. So verweist etwa *Smid*[46] darauf, dass den Gläubigern durch das Fehlen eines Insolvenzverwalters erhebliche Rechtsverfolgungskosten entstehen können. Zudem eröffnet die Eigenverwaltung dem Schuldner vielfältige Manipulationsmöglichkeiten.[47] Ob die Aufsicht des Sachwalters geeignet ist, diese zu verhindern, ist zumindest zweifelhaft, denn die – gegenüber dem Insolvenzverwalter – geringere Vergütung des Sachwalters ist – so wird teilweise zu Recht behauptet – kein Anreiz, die Einsatzbereitschaft des Sachwalters zu erhöhen.[48] Schließlich wird der Eigenverwaltung vielfach entgegengehalten, dass derjenige, der die Krise zu verantworten hat, in aller Regel nicht geeignet sei, die bestmögliche Befriedigung der Gläubigerinteressen zu gewährleisten. Vielmehr würde damit „der Bock zum Gärtner gemacht."[49]

15 Den Gefahren der Eigenverwaltung stehen aber – wie die bisherigen Erfahrungen mit diesem Rechtsinstitut gezeigt haben – auch nicht vernachlässigbare Vorteile gegenüber.[50] So hilft die Eigenverwaltung, eine gewisse Kontinuität der Führung des Unternehmens zu sichern.[51] Dies kann mitunter dazu beitragen, Gläubigern – wie sich etwa am Beispiel der Insolvenz der Kirch-Gruppe gezeigt hat – eine Fortführungsperspektive leichter zu vermitteln als bei einem fremdverwalteten Unternehmen.[52] Daneben kann das mit der Eigenverwaltung verbundene „positivere" Image helfen, den eigenen Mitarbeitern des Unternehmens eine (Fortführungs-)Perspektive und die hierfür notwendige Motivation nahezubringen.[53] In Konzerninsolvenzen stellt zudem die Eigenverwaltung

---

[39] *Huntemann*, Kapitel 14 Rn. 2, FK/*Foltis*, vor §§ 270 ff. Rn. 7; *Schlegel*, S. 44 ff.; *Görk/Stockhausen*, FS Metzeler, 2002, S. 105, 109.
[40] BT-Drucks. 12/2443, S. 222 f.; *Flöther/Smid/Wehdeking*, Kap 1 Rn. 5 ff.; *Grub*, Kölner Schrift, S. 671 Rn. 25; Nerlich/Römermann/*Riggert*, vor § 270 Rn. 4; *Wimmer/Stenner*, Lexikon des Insolvenzrechts, S. 104; KPB/*Pape*, § 270 Rn. 5; FKInsO/*Foltis*, vor §§ 270 ff. Rn. 7; *Leipold*, S. 165, 166; *Huntemann*, Kapitel 14 Rn. 2.
[41] Vgl. *Vallender* WM 1998, 2129.
[42] Braun/*Uhlenbruck*, Unternehmensinsolvenz, S. 693.
[43] Braun/*Uhlenbruck*, Unternehmensinsolvenz, S. 693; *Vallender* WM 1998, 2129, 2137; zweifelnd *Smid* WM 1998, 2489, 2506; *Häsemeyer*, Rn. 8.02, S. 188 f.
[44] Siehe HambKomm/*Fiebig*, vor §§ 270 ff. Rn. 4
[45] Siehe Nachweise bei *Brinkmann/Zipperer* ZIP 2011, 1337 Fn. 2; siehe auch MüKoInsO/*Tetzlaff*, vor §§ 270 bis 285 Rn. 16.
[46] *Smid* WM 1998, 2489, 2506; vgl. auch *Schlegel*, S. 46 f.
[47] *Grub*, Kölner Schrift, S. 671 Rn. 25; Gravenbrucher Kreis ZIP 1990, 476, 477; *Huntemann*, Kapitel 14 Rn. 3 f.; siehe auch *Bales* NZI 2008, 216, 220 f.
[48] *Leipold* S. 165, 172; vgl. auch *Grub*, Kölner Schrift, S. 671 Rn. 26.
[49] *Förster*, ZInsO 1999, 153 f.; siehe auch *Görk/Stockhausen*, FS Metzeler, 2002, S. 105, 112 f.; *Zipperer/Brinkmann* ZIP 2011, 1337, 1339.
[50] Siehe hierzu *Zipperer/Brinkmann* ZIP 2011, 1337, 1339 f.; *Bärenz* NZI 2003, 655; *Hoffmann-Theinert*, in Unternehmen in der Krise, S. 109, 118 f.; *Görk/Stockhausen*, FS Metzeler, 2002, S. 105, 110 ff.
[51] Vgl. auch *Frank*, in Anwaltshandbuch Insolvenzrecht, Rn. 457.
[52] Zustimmend *Vallender*, in Die GmbH in Krise, Sanierung und Insolvenz, Rn. 9.9.
[53] So auch *Körner* NZI 2007, 270, 273.

einen wichtigen Baustein dar, um – eventuell zusammen mit einem Insolvenzplan – komplexe Konzernstrukturen bzw. komplexe Projekte mit mehreren beteiligten (insolventen) Unternehmen zu beherrschen.[54] Schließlich sind die gesetzlichen Verfahrenskosten substantiell geringer als im Regelinsolvenzverfahren. Freilich darf nicht übersehen werden, dass die Eigenverwaltung – insbesondere in Großverfahren – zusätzlichen Beratungsbedarf erzeugt, der zu einer Relativierung des Kostenvorteils führen kann. Trotz dieser Vorteile der Eigenverwaltung war die praktische Bedeutung derselben bislang gering.[55] Erst durch öffentlichkeitswirksame Verfahren, in denen Eigenverwaltung angeordnet wurde (Philipp Holzmann AG, Babcock Borsig AG, Kirch Media-Gruppe, AgfaPhoto GmbH, etc.) und durch Praxisberichte über positive Erfahrungen mit dem Rechtsinstitut der Eigenverwaltung[56] hat sich die Einstellung der Praxis und Gerichte langsam verändert.

Aufgrund der bisherigen Erfahrungen in der Praxis steht die überwiegende Ansicht heute dem Rechtsinstitut weniger skeptisch gegenüber.[57] Der Gesetzgeber hat daher mit dem Gesetz zur Erleichterung der Sanierung von Unternehmen (ESUG)[58] die Eingangsvoraussetzungen für die Eigenverwaltung deutlich herabgesetzt. Waren die Voraussetzungen für die Anordnung der Eigenverwaltung nach altem Recht nur gegeben, wenn das Gericht von der Zuverlässigkeit und Kompetenz des Schuldners überzeugt war, reichen heute Zweifel des Gerichts nicht mehr aus, um die Eigenverwaltung abzulehnen.[59] Vielmehr müssen konkrete Umstände vorliegen, die Nachteile zu Lasten der Gläubiger erwarten lassen. Nach den Vorstellungen des Gesetzgebers soll die Eigenverwaltung fortan nicht die Ausnahme, sondern gar die Regel sein.[60] Die Praxis scheint – mit Blick auf die Statistik – hiervon allerdings (zu Recht) noch weit entfernt zu sein.[61] Die Gründe hierfür sind vielfältig. Im Mittelpunkt steht aber sicherlich die Erkenntnis, dass sich das Verfahren der Eigenverwaltung für das Gros der Verfahren nicht anbietet. Der größte Teil der Insolvenzverfahren wird nämlich immer noch – weil eine Sanierung von vornherein nicht in Betracht kommt – mit dem Ziel der Zerschlagung und Liquidation abgewickelt. Hierfür eignet sich aber das Verfahren der Eigenverwaltung kaum.[62] Zudem bleibt die Erkenntnis, dass mit dem Versuch, die Eigenverwaltung zum Regelfall zu erheben, erhebliche Missbrauchsgefahren verbunden sind.[63] Die Herausforderung für die Praxis liegt gerade darin, die sachgerechten von den nicht sachgerechten Fällen abzugrenzen.[64]

Um das Eigenverwaltungsverfahren zu fördern, hat der Gesetzgeber ua auch das bisherige Blockadepotential der Gläubiger reduziert und eine Reihe vorbereitender Maßnahmen (§§ 270a, 270b InsO) für das Eröffnungsverfahren vorgesehen, die das Ziel haben, die Chancen des Eigenverwaltungsverfahrens durch die Eröffnungsphase hindurch zu erhalten bzw. zu verbessern. Von alledem erhofft sich der Gesetzgeber Anreize

---

[54] Ebenso KPB/*Pape*, § 270 Rn. 35; *Körner* NZI 2007, 270, 273; kritisch mit Blick auf § 276a InsO, *Bilgery* ZInsO 2014, 1694, 1696.
[55] S. die Zahlen bei HK/*Landfermann*, vor §§ 270 ff. Rn. 23; vgl. auch HambKomm/*Fiebig*, vor §§ 270 ff. Rn. 5.
[56] *Buchalik* NZI 2000, 294 ff.; *Friedhoff* ZIP 2002, 497 ff.; siehe auch KPB/*Pape*, § 270 Rn. 36 ff.
[57] KPB/*Pape*, § 270 Rn. 28. Siehe auch BT-Drucks. 17/5712, S. 19.
[58] Zur Zielsetzung des ESUG, siehe ua KPB/*Pape*, § 270 Rn. 6 ff.
[59] HK/*Landfermann*, vor §§ 270 ff. Rn. 12.
[60] Kritisch insoweit HK/*Landfermann*, vor §§ 270 ff. Rn. 12.
[61] HK/*Landfermann*, vor §§ 270 ff. Rn. 12; *Pape* ZIP 2013, 2285 f.
[62] Betrachtet man allein die Verfahren, die auf das Ziel der Fortführung/Sanierung gerichtet sind, so haben Verfahren in Eigenverwaltung in der jüngeren Vergangenheit eine erhebliche Bedeutung erlangt. Das gilt vor allem für so genannte Großverfahren, in denen das Vermögen des Schuldners mehr als EUR 20 Mio beträgt, siehe *Pape* ZIP 2013, 2285, 2286.
[63] *Hölzle* ZIP 2012, 158, 159; deutlich zurückhaltender KPB/*Pape*, § 270 Rn. 196.
[64] Siehe hierzu etwa NZI aktuell, NZI 2013 (Heft 21) IX; *Haarmeyer* ZInsO 2013, 2345 ff.

für eine frühzeitige Antragstellung und eine Erleichterung der Sanierung von Unternehmen. Zudem hat der Gesetzgeber den Einfluss der Gläubiger und des Schuldners auf die Auswahl des Sachwalters gestärkt. Das ESUG ist am 1.3.2012 in Kraft getreten und gilt nur für Insolvenzverfahren, die ab diesem Zeitpunkt eröffnet wurden (Art. 103g EGInsO). Für alle anderen Verfahren verbleibt es bei der bisherigen Rechtslage. Kritisiert wird die Neuregelung mitunter mit Blick darauf, dass sie die Interessen der Gläubiger und der Anteilseigner nicht hinreichend berücksichtige.[65] Teilweise werden nach den ersten Praxiserfahrungen schon Änderungen angemahnt.[66]

§ 87. Anordnung der Eigenverwaltung

Übersicht

	Rn.
I. Einführung	1
II. Die Anordnung nach § 270 I 1 InsO	3
1. Der Antrag auf Eigenverwaltung (§ 270 II Nr. 1 InsO)	3
a) Maßgebender Zeitpunkt für die Antragstellung	4
b) Formelle und inhaltliche Anforderungen	6
c) Rücknahme des Antrags	9
d) Antrags- und Rücknahmeberechtigung	10
aa) Vertretungsberechtigung	11
bb) Geschäftsführungsbefugnis	13
2. Keine Zustimmung des antragstellenden Gläubigers erforderlich	15
3. Prognose nach § 270 II Nr. 2 InsO	16
a) Prognoseziel	17
aa) Schuldneraspekte	21
(1) Rechtsform, Struktur und Größe des Schuldners	22
(2) Redlichkeit und Zuverlässigkeit des Schuldners	23
(3) Fach- und Sachkunde des Schuldners	27
(4) Zum Austausch der Geschäftsleitung insbesondere	29
(5) Interne Konflikte	30
bb) Gläubigeraspekte	31
cc) Art und Weise der Zusammensetzung der Masse	34
(1) Sanierungschancen	34
(2) Insolvenzspezifische Ansprüche	35
(3) Kontaminierte Grundstücke	36
(4) Hohe Absonderungsrechte	37
b) Prognosemethode	38
aa) Erkenntnisquellen des Gerichts	38
bb) Gesamtabwägung	39
c) Entfallen der Prognose	41
4. Die Entscheidung des Gerichts	42
a) Ablehnender Beschluss	42
b) Stattgebender Beschluss	43
aa) Inhalt	43
bb) Bestellung des Sachwalters	46
(1) Anforderungen an die Person des Sachwalters	47
(2) Auswahl durch das Gericht	48
cc) Sonstige Rechtsfolgen	51
5. Verfahren	53
a) Allgemeines	53
b) Rechtsmittel	54
III. Die Anordnung nach § 271 InsO	56
1. Der Antrag der Gläubigerversammlung	57
a) Beschlussfassung	58

---

[65] Siemon ZInsO 2013, 1861 ff.; ders. NZI 2013, 55 ff.
[66] Gravenbrucher Kreis ZIP 2014, 1262 ff.

	Rn.
b) Inhalt	59
c) Keine Korrektur nach § 78 InsO	60
2. Zustimmung des Schuldners	61
3. Die Entscheidung des Gerichts	64
a) Verfahren	65
b) Inhalt	66
4. Rechtsfolgen	69

I. Einführung

Die Voraussetzungen für eine Anordnung der Eigenverwaltung sind in den §§ 270, 271 InsO geregelt. Da das Gesetz insoweit nicht nach der Größe des Unternehmens differenziert, steht die Eigenverwaltung nicht nur für die Fälle zur Verfügung, in denen das Verfahren kleinere Unternehmen betrifft. Abstrakte Bedenken, die man bei größeren Verfahren in Bezug auf die Eigenverwaltung durch den Schuldner haben könnte,[1] rechtfertigen die Ablehnung des Antrags auf Eigenverwaltung für sich besehen nicht.[2]

Inwieweit auch das angestrebte Verfahrensziel (Sanierung oder Liquidation) Einfluss auf die Anordnung der Eigenverwaltung hat, wird kontrovers beurteilt.[3] Richtig ist sicherlich, dass der Gesetzgeber das Verfahren der Eigenverwaltung mit Blick auf die Sanierung eines Unternehmens konzipiert hat.[4] Gerade im Rahmen einer Sanierung des Unternehmens kommt nämlich den Kenntnissen und Erfahrungen des Schuldners besondere Bedeutung zu. Soll hingegen ein Unternehmen liquidiert werden, spielen die Fähigkeiten des Schuldners eine untergeordnete Rolle.[5] Dennoch hat der Gesetzgeber die Eigenverwaltung nicht auf Fälle einer Unternehmenssanierung beschränkt.[6] Dies ist letztlich auch konsequent, da es gemäß § 157 InsO in der Macht der Gläubigerversammlung liegt, das Verfahrensziel – Sanierung oder Liquidation – festzulegen. Da die Gläubigerversammlung jedoch erst nach der Verfahrenseröffnung – und damit in aller Regel nach dem Zeitpunkt der Anordnung der Eigenverwaltung – zusammentritt (vgl. § 29 I Nr. 1 InsO), kann im Zeitpunkt der Anordnung der Eigenverwaltung durch das Gericht das beabsichtigte Verfahrensziel noch nicht endgültig feststehen. Folglich ist es wenig konsequent, die Anordnung der Eigenverwaltung von vornherein allein vom Verfahrensziel abhängig zu machen.[7] Das Verfahrensziel könnte allenfalls berücksichtigt werden, wenn zum Zeitpunkt der Verfahrenseröffnung für jedermann offensichtlich ist, dass eine Sanierung nicht in Betracht kommt.[8] Die Anordnung der Eigenverwaltung kann entweder bereits im Eröffnungsbeschluss nach § 270 InsO (→ Rn. 3ff.) oder nachträglich gemäß § 271 InsO auf Antrag der Gläubigerversammlung erfolgen (→ Rn. 56ff.).

II. Die Anordnung nach § 270 I 1 InsO

1. Der Antrag auf Eigenverwaltung (§ 270 II Nr. 1 InsO).
§ 270 InsO benennt abschließend die Voraussetzungen, unter denen die Eigenverwaltung auf Antrag

---

[1] So die frühere Praxis, s. KPB/*Pape*, § 270 Rn. 68.
[2] *Huntemann*, Kapitel 14 Rn. 5; *Frank*, in Anwaltshandbuch Insolvenzrecht, Rn. 448.
[3] Vgl. Gegen eine Anordnung bei voraussichtlicher Liquidation *Koch*, S. 93ff. Im Ergebnis wohl auch *Smid* WM 1998, 2489, 2508, da er eine Anordnung der Eigenverwaltung nur für den Fall befürwortet, dass der Schuldner einen Eigenantrag auf Verfahrenseröffnung gestützt auf § 18 InsO stellt und dem Gericht gleichzeitig einen Insolvenzplan vorlegt.
[4] *Koch*, S. 93f.; BT-Drucks. 12/2443, S. 223, 226; *Schlegel* ZIP 1999, 954, 955.
[5] Vgl. auch *Koch*, S. 93.
[6] BT-Drucks. 12/2443, S. 226; *Koch*, S. 95; *Häsemeyer*, Rn. 8.03, S. 189; *Schlegel*, S. 49f.; *Uhlenbruck*, § 270 Rn. 11; s. auch *Huhn*, Rn. 169f., 172.
[7] Vgl. *Koch*, S. 97.
[8] AG Lübeck DZWIR 2000, 482; *Koch*, S. 97ff.

des Schuldners angeordnet werden kann. Erste Voraussetzung ist, dass die Vorschriften über die Eigenverwaltung überhaupt Anwendung finden. Das trifft nicht für solche Personen zu, die dem Verbraucherinsolvenzverfahren unterliegen (§ 270 I 3 InsO). Darüber hinaus darf die Eigenverwaltung nur angeordnet werden, wenn der Schuldner selber in der Lage ist, das Verfahren – uU mit externer Beratung – abzuwickeln. Unzulässig ist daher eine Eigenverwaltung durch einen Dritten (unter der Aufsicht eines Sachwalters).[9] Des Weiteren setzt die Anordnung der Eigenverwaltung gemäß § 270 II Nr. 1 InsO einen entsprechenden Antrag des Schuldners voraus. Die Eigenverwaltung kann folglich nicht von Amts wegen durch das Gericht angeordnet werden. Mithin kann der Schuldner nicht zur Eigenverwaltung gezwungen werden.[10] Letzteres wäre auch mit dem Sinn und Zweck der Eigenverwaltung, insbesondere mit den mit dieser Verfahrensart angestrebten Vorteilen, kaum zu vereinbaren. In einem derartigen Fall könnte nämlich nicht davon ausgegangen werden, dass der Schuldner die ihm obliegenden Aufgaben ordnungsgemäß erfüllen wird.[11] Aus demselben Grund genügt auch ein Gläubigerantrag auf Anordnung der Eigenverwaltung für sich alleine nicht.[12]

4 **a)** *Maßgebender Zeitpunkt für die Antragstellung.* Der Schuldner kann einen Antrag auf Eigenverwaltung nur bis zur Entscheidung des Gerichts über die Eröffnung des Insolvenzverfahrens stellen.[13] Der Zeitpunkt ist zwar nicht ausdrücklich im Gesetz geregelt. Jedoch bestimmt § 270 I 1 InsO, dass eine Eigenverwaltung nur in Betracht kommt, wenn das Insolvenzgericht diese in dem Beschluss über die Eröffnung des Insolvenzverfahrens anordnet.[14] Mithin ist ein Antrag auf Anordnung der Eigenverwaltung nur bis zum Erlass des Eröffnungsbeschlusses zulässig.[15] Ist gegen den Eröffnungsbeschluss Rechtsmittel eingelegt (§ 34 InsO), kann der Schuldner einen Antrag auf Eigenverwaltung im Beschwerdeverfahren nicht nachschieben, denn das Landgericht ist im Beschwerdeverfahren nicht für die Prüfung nach § 270 II Nr. 2 InsO zuständig und das Gesetz sieht eine Anordnung der Eigenverwaltung durch einen separaten Beschluss des Insolvenzgerichts nicht vor.[16] Versäumt es der Schuldner, rechtzeitig einen entsprechenden Antrag zu stellen, so kann dies – anders als nach altem Recht – durch spätere Gläubigerversammlung geheilt werden (→ Rn. 56 ff.).

5 Wird durch den Schuldner diese zeitliche Grenze für die Antragstellung beachtet, so ist dies hinreichend. Nicht erforderlich (jedoch zweckmäßig)[17] ist es dagegen, den Antrag auf Eigenverwaltung mit dem Eröffnungsantrag zu verbinden.[18] Die Verbindung des Eröffnungsantrags mit dem Antrag auf Anordnung der Eigenverwaltung empfiehlt sich insbesondere in den Fällen, in denen der Schuldner frühzeitig einen Eigenantrag stellt, um eine Sanierung des angeschlagenen Unternehmens zu ermöglichen.[19] Soweit ein

---

[9] HambKommInsO/*Fiebig*, § 270 Rn. 29.
[10] KPB/*Pape*, § 270 Rn. 73; *Häsemeyer*, Rn. 8.05, S. 191; *Vallender* WM 1998, 2129, 2131.
[11] Vgl. *Koch*, S. 77.
[12] Vgl. auch Nerlich/Römermann/*Riggert*, § 270 Rn. 17.
[13] *Koch*, S. 77; HKInsO/*Landfermann*, § 270 Rn. 8; KPB/*Pape*, § 270 Rn. 75; *Hess*, § 270 Rn. 44.
[14] Nerlich/Römermann/*Riggert*, § 270 Rn. 18.
[15] MüKoInsO/*Tetzlaff*, § 270 Rn. 36; FKInsO/*Foltis*, § 270 Rn. 36; *Uhlenbruck*, § 270 Rn. 12; KPB/*Pape*, § 270 Rn. 75.
[16] KPB/*Pape*, § 270 Rn. 75; *Uhlenbruck*, § 270 Rn. 12.
[17] BT-Drucks. 12/2443, S. 223; *Koch*, S. 77; KPB/*Pape*, § 270 Rn. 75; *Smid*, § 270 Rn. 7; einschränkend *Frank*, in Anwaltshandbuch Insolvenzrecht, Rn. 380: Bei Fehlen eines „prepackaged plan" sei es vorteilhaft, zunächst nur einen Hinweis auf die mögliche Eigenverwaltung zu geben und weitere Überzeugungsarbeit bei Gericht, Gläubigern und potentiellem Insolvenzverwalter zu leisten.
[18] FKInsO/*Foltis*, § 270 Rn. 37; Für einen Musterantrag s. *Frank*, in Anwaltshandbuch Insolvenzrecht, Rn. 387.
[19] *Dietrich* ZInsO 2001, 13, 16; einen Bericht über den positiven Verlauf einer Unternehmenssanierung erstattet *Friedhoff* ZIP 2002, 497 ff.

Anordnung der Eigenverwaltung 6, 7 § 87

Gläubiger einen Eröffnungsantrag stellt, bietet sich die gemäß § 14 II InsO durchzuführende Anhörung als Möglichkeit für den Schuldner an, den Antrag auf Anordnung der Eigenverwaltung zu stellen (→ Rn. 24).[20] Hat der Schuldner den Eröffnungsantrag gestellt, kann der Antrag auf Eigenverwaltung so lange nicht bearbeitet werden, wie die (verschärften) gesetzlichen (Zulässigkeits-)Anforderungen an den Eigenantrag (§ 13 I InsO) nicht erfüllt sind. Zudem ist zu beachten, dass das Insolvenzgericht negative Schlussfolgerungen im Rahmen seiner nach § 270 II Nr. 2 InsO anzustellenden Prognoseentscheidung (→ Rn. 23) ziehen kann, wenn der Eröffnungsantrag nicht sorgsam vorbereitet ist.[21] Wird der Antrag auf Insolvenzeröffnung (und auf Eigenverwaltung) im Fall der drohenden Zahlungsunfähigkeit von dem vertretungsberechtigten Organ des Schuldners ohne vorherige Einholung eines Gesellschafterbeschlusses gestellt, ist der Insolvenzantrag zulässig,[22] mit der Folge, dass über den Antrag (zumindest in Gestalt von Sicherungsmaßnahmen, s. hierzu § 88 Rn. 2 ff.) entschieden werden kann.

b) Formelle und inhaltliche Anforderungen. Für den Antrag ist keine bestimmte Form **6** vorgesehen. Er kann mündlich zu Protokoll der Geschäftsstelle des Insolvenzgerichts oder aber schriftlich gestellt werden.[23] In inhaltlicher Hinsicht genügt es, wenn in dem Antrag zum Ausdruck kommt, dass das Insolvenzgericht keinen Insolvenzverwalter einsetzen bzw. der Schuldner die Verwaltungs- und Verfügungsbefugnis behalten soll.[24] Hat das Insolvenzgericht Zweifel in Bezug auf den Inhalt des Antrags, hat es den Schuldner nach § 4 InsO iVm § 139 ZPO zu befragen und diesem Gelegenheit zu geben, den Antrag klarzustellen.[25]

Fraglich ist, ob der Schuldner seinen Antrag zu begründen hat. Kraft Gesetzes ist **7** der Schuldner nur im Fall des § 270b InsO zu weitergehenden Angaben verpflichtet (→ § 88 Rn. 19 ff.). Wird lediglich eine „einfache" Eigenverwaltung beantragt, sind weitergehende inhaltliche Angaben dagegen nicht gesetzlich vorgeschrieben. Nach altem Recht bestand jedoch eine Darlegungslast des Schuldners. Aussicht auf Erfolg hatte ein Antrag auf Anordnung der Eigenverwaltung nur, wenn der Schuldner seinen Antrag begründete.[26] Ob dies auch heute, nach Inkrafttreten des ESUG so ist, ist fraglich.[27] Der ESUG-Gesetzgeber hat die Anforderungen an die Eigenverwaltung gelockert. Abgelehnt werden kann der Antrag nur, wenn Umstände bekannt sind, die zu Nachteilen für die Gläubiger führen (→ Rn. 16 ff.). Unklarheiten sollen heute – anders als nach altem Recht – nicht mehr zulasten des Schuldners gehen. Bedenkt man aber, dass eine Eigenverwaltung nur dort sinnvoll (dh für die Gläubiger nicht nachteilig) ist, wo der Schuldner ein klar definiertes (Verfahrens-)Ziel verfolgt,[28] besteht richtiger Ansicht nach auch heute – de facto – eine Darlegungslast des Schuldners. Ganz überwiegend werden daher zu Recht auch heute weitergehende Hinweise im Antrag (etwa zu den Gesichtspunkten, die für eine Anordnung sprechen) als „absolut empfehlenswert" bezeichnet (→ Rn. 23 ff.);[29] denn Aussicht auf Erfolg haben letztlich nur solche Anträge, die „wohlvorbereitet" sind.[30] Empfehlenswert ist es daher, dem Antrag auf Anordnung der

---

[20] Vgl. BT-Drucks. 12/2443, S. 223; HKInsO/*Landfermann*, § 270 Rn. 8; KPB/*Pape*, § 270 Rn. 76 *Smid*, WM 1998, 2489, 2508.
[21] AG Mannheim ZIP 2014, 484, 486.
[22] So zu Recht AG Mannheim ZIP 2014, 484, 485.
[23] KPB/*Pape*, § 270 Rn. 79; MüKoInsO/*Tetzlaff*, § 270 Rn. 12; *Kübler/Neußner* HRI § 5 Rn. 99.
[24] KPB/*Pape*, § 270 Rn. 79; MüKoInsO/*Tetzlaff*, § 270 Rn. 12.
[25] MüKoInsO/*Tetzlaff*, § 270 Rn. 12.
[26] KPB/*Pape*, § 270 Rn. 86 ff.
[27] Dagegen KPB/*Pape*, § 270 Rn. 90.
[28] KPB/*Pape*, § 270 Rn. 61.
[29] MüKoInsO/*Tetzlaff*, § 270 Rn. 27; HKInsO/*Landfermann*, § 270 Rn. 11; *Hofmann*, Eigenverwaltung, 2014, Rn. 10; s. auch *Haarmeyer* ZInsO 2013, 2345, 2346.
[30] AG Hamburg NZI 2014, 312.

Eigenverwaltung – soweit mit dem Verfahren, wie in der Regel üblich, die Sanierung beabsichtigt ist – bereits das Sanierungskonzept, etwa in Form eines Insolvenzplans beizufügen.[31] Gleiches gilt auch in Bezug auf besondere gerichtliche Anordnungen (zB vorläufige Einstellung der Zwangsvollstreckung nach § 21 II 1 Nr. 3 InsO oder Anordnung eines Verwertungs- und Einziehungsverbots nach § 21 II 1 Nr. 5), die bereits mit Stellung des Antrags auf Eigenverwaltung angeregt werden können. Ebenfalls empfehlenswert sind Vorschläge zur Person des (vorläufigen) Sachwalters bzw. zu dessen Qualifikationsmerkmalen.

8 Der Schuldner kann den Eröffnungsantrag nicht unter der Bedingung stellen, dass das Gericht Eigenverwaltung anordnet.[32] Der Eröffnungsantrag entfällt damit nicht automatisch, wenn dem Antrag auf Anordnung der Eigenverwaltung nicht entsprochen wird. Dies gilt auch bei einem Antrag wegen drohender Zahlungsunfähigkeit (→ Rn. 42).[33] Ebenso kann der Antrag auf Anordnung der Eigenverwaltung nicht unter eine Bedingung – etwa die Benennung einer bestimmten Person als Sachwalter – gestellt werden.[34] Unzulässig ist es schließlich auch, die Einzahlung eines Verfahrenskostenvorschusses unter die Bedingung zu stellen, dass die Eigenverwaltung angeordnet wird.[35]

9 c) *Rücknahme des Antrags.* Der Antrag des Schuldners auf Anordnung der Eigenverwaltung ist eine Prozesshandlung, die das Gericht zu einer entsprechenden Entscheidung veranlassen soll (Erwirkungshandlung).[36] Ein derartiger Antrag kann grundsätzlich, solange die Entscheidung über ihn aussteht, zurückgenommen werden.[37]

10 d) *Antrags- und Rücknahmeberechtigung.* Ist der Schuldner eine natürliche Person, ist die Frage der Antragsberechtigung unproblematisch. Antragsberechtigt ist insoweit der Schuldner des künftigen Insolvenzverfahrens.[38] Ist in einem anderen EU-Mitgliedsstaat bereits ein Hauptinsolvenzverfahren eröffnet worden, so ist zudem der dort bestellte Hauptinsolvenzverwalter berechtigt, einen Antrag auf Eigenverwaltung im deutschen Sekundärinsolvenzverfahren zu stellen.[39] Handelt es sich beim Schuldner um eine juristische Person oder aber um eine Gesellschaft ohne Rechtspersönlichkeit, stellt sich die Frage, wer hinsichtlich des Antrags auf Eigenverwaltung für den Schuldner antragsberechtigt ist.

11 aa) *Vertretungsberechtigung.* Der Gesetzgeber hat die Frage der Antragsberechtigung lediglich für den Antrag auf Eröffnung des Insolvenzverfahrens (§§ 15 I, 18 III InsO), nicht aber für den Antrag auf Eigenverwaltung geregelt. Mithin stellt sich die Frage, ob die Vorschriften über die gesellschaftsrechtliche Vertretungsbefugnis heranzuziehen sind oder aber § 15 InsO entsprechend anzuwenden ist.[40] Nach § 15 I InsO wäre grundsätz-

---

[31] *Graf/Wunsch,* ZIP 2001, 1029, 1035; vgl. *Vallender* WM 1998, 2129, 2131. Zum Verhältnis von Insolvenzplanverfahren und Eigenverwaltung s. zudem *Frank,* in Anwaltshandbuch Insolvenzrecht, Rn. 361.
[32] AA *Kruse,* S. 174 ff.; wie hier dagegen KPB/*Pape,* § 270 Rn. 80; HambKommInsO/*Fiebig,* § 270 Rn. 14.
[33] *Schlegel,* S. 92; aA wohl AG Mannheim ZIP 2014, 484, 486.
[34] KPB/*Pape,* § 270 Rn. 80.
[35] BGH NZI 2006, 34 f.; KPB/*Pape,* § 270 Rn. 81 f.; *Frank,* in Anwaltshandbuch Insolvenzrecht, Rn. 378.
[36] Vgl. hierzu *Uhlenbruck,* § 270 Rn. 12.
[37] So auch FKInsO/*Foltis,* § 270 Rn. 43, nach dem „im Regelfall" in der Rücknahme zugleich auch die Rücknahme des Antrages zur Eröffnung des Insolvenzverfahrens liegen soll.
[38] *Flöther/Smid/Wehdeking,* Kap 2 Rn. 4.
[39] AG Köln NZI 2004, 151, 154; HambKommInsO/*Fiebig,* § 270 Rn. 15. Insgesamt kritisch zur Anordnung der Eigenverwaltung im Sekundärinsolvenzverfahren *Beck* NZI 2006, 609, 616 f.; *Körner* NZI 2007, 270, 274 sieht hingegen die Möglichkeit der Vermeidung von Kompetenzkonflikten.
[40] S. hierzu *Hoffmann-Theinert,* in Unternehmen in der Krise, S. 109, 113; *Koch,* S. 77.

lich jedes Mitglied des Vertretungsorgans bzw. jeder persönlich haftende Gesellschafter zur Stellung des Antrags auf Eigenverwaltung befugt und zwar unabhängig davon, wie die Vertretungsbefugnis innerhalb des Vertretungsorgans bzw. zwischen den Gesellschaftern ausgestaltet ist. Wird der Antrag nicht von allen Mitgliedern des Vertretungsorgans bzw. allen persönlich haftenden Gesellschaftern gestellt, so hätte das Insolvenzgericht nach dieser Ansicht gemäß § 15 II 2 InsO die übrigen Mitglieder des Vertretungsorgans bzw. die persönlich haftenden Gesellschafter anzuhören.

Gegen eine (zwingende) Gesamtvertretungsbefugnis[41] spricht, dass eine dem § 78 2. Hs. GmbHG entsprechende Ausnahmevorschrift vorliegend fehlt.[42] Gegen eine entsprechende Anwendung des § 15 I InsO ist einzuwenden, dass die Antragsberechtigung in Bezug auf den Eröffnungsantrag nicht einheitlich ausgestaltet ist. § 15 I InsO findet lediglich im Rahmen der Zahlungsunfähigkeit und Überschuldung Anwendung.[43] Die Antragsbefugnis ist hier unabhängig von den gesellschaftsrechtlichen Vertretungsregelungen ausgestaltet. Anders ist die Rechtslage hinsichtlich des Auslösetatbestandes der drohenden Zahlungsunfähigkeit. Hier ist die Antragsbefugnis (§ 18 III InsO) an die Vertretungsbefugnis gekoppelt. Wieso für die Eigenverwaltung § 15 I InsO, nicht aber § 18 III InsO entsprechend anzuwenden sein soll, bleibt unklar. Darüber hinaus passt § 15 I InsO schon wegen seines Sinns und Zwecks nicht auf die Eigenverwaltung. Die weitgefasste Antragsberechtigung innerhalb des § 15 I InsO trägt nämlich der weit gefassten Verantwortung der in der Vorschrift Genannten Rechnung.[44] So trifft beispielsweise den GmbH-Geschäftsführer mit Eintritt der Zahlungsunfähigkeit bzw. Überschuldung eine haftungs- und strafbewehrte Antragspflicht (→ § 92 Rn. 91 ff.), mit der notwendig auch ein entsprechendes Antragsrecht einhergehen muss. Ähnlich ist die Situation beim persönlich haftenden Gesellschafter einer Personengesellschaft. Auch dieser trägt aufgrund seiner persönlichen und unbeschränkten Haftung für die Gesellschaftsschulden Verantwortung. Auch er muss sich daher – wenn die wirtschaftliche Situation der Gesellschaft aussichtslos ist – der Verantwortung für die Zukunft durch Stellung des Insolvenzantrags entziehen können und zwar unabhängig davon, wie die Vertretungsbefugnis innerhalb der Gesellschaft ausgestaltet ist. Die Interessenlage bei Anordnung der Eigenverwaltung ist eine völlig andere; denn wird die Eigenverwaltung nicht angeordnet, so hat dies für die Mitglieder des Vertretungsorgans bzw. für die persönlich haftenden Gesellschafter keine unmittelbaren haftungsrechtlichen Nachteile. Daher ist der Ansicht der Vorzug zu geben, die für die Antragsberechtigung allein auf die gesellschaftsrechtliche Vertretungsbefugnis abstellt.[45] Für die Rücknahmeberechtigung gilt Entsprechendes.[46]

bb) *Geschäftsführungsbefugnis.* Von der Frage der Vertretungsbefugnis ist diejenige der Geschäftsführungsbefugnis zu unterscheiden. Auch hier sind die gesellschaftsrechtlichen Bestimmungen maßgebend. Im GmbH-Recht ist streitig, ob für sämtliche „außergewöhnlichen Geschäfte" eine Geschäftsführungszuständigkeit der Geschäftsführer be-

---

[41] So aber *Uhlenbruck*, § 270 Rn. 17; FKInsO/*Foltis*, § 270 Rn. 37, § 270b Rn. 10 und § 270a Rn. 13; *K. Schmidt/Undritz*, § 270 Rn. 6.
[42] S. auch HKInsO/*Landfermann*, § 270 Rn. 10.
[43] S. auch MüKoInsO/*Tetzlaff*, § 270 Rn. 14.
[44] HKInsO/*Landfermann*, § 270 Rn. 10.
[45] MüKoInsO/*Tetzlaff*, § 270 Rn. 15, 31; *Flöther/Smid/Wehdeking*, Kap 2 Rn. 4 f.; KPB/*Pape*, § 270 Rn. 84; *Huhn*, Rn. 49; *Schlegel*, S. 68 f.; HKInsO/*Landfermann*, § 270 Rn. 10; *Hoffmann-Theinert*, in Unternehmen in der Krise, S. 109, 113; aA Nerlich/Römermann/*Riggert*, § 270 Rn. 19 (§ 15 InsO analog); *Uhlenbruck*, § 270 Rn. 12 (antragsberechtigt nur alle vertretungsberechtigten Geschäftsleiter zusammen).
[46] MüKoInsO/*Tetzlaff*, § 270 Rn. 32; *Uhlenbruck*, § 270 Rn. 12. Zu einer ausnahmsweisen Rücknahme*pflicht* des Schuldners bei einem „Management-Buy-out" vgl. *Frank*, in Anwaltshandbuch Insolvenzrecht, Rn. 386.

steht.⁴⁷ Vielfach wird die Ansicht vertreten, dass die Geschäftsführer in Bezug auf „ungewöhnliche Geschäfte" überhaupt keine eigenverantwortlichen Beschlüsse treffen können.⁴⁸ Selbst wenn man dies bejaht, ist jedoch zu beachten, dass sich das Eigenverwaltungsverfahren im Rahmen der Zielsetzung des § 1 InsO bewegt, die außergewöhnliche Maßnahme also die Stellung des Eröffnungsantrags ist, da diese die Zweckänderung der Gesellschaft bewirkt. Andere im Zusammenhang mit dem Insolvenzverfahren stehende Entscheidungen liegen dagegen nicht notwendig in der Zuständigkeit der Gesellschafterversammlung. Das gilt insbesondere für die nähere Ausgestaltung des durch den Eröffnungsantrag ausgelösten (Eigenverwaltungs-)Verfahrens. Richtiger Ansicht nach liegt daher im GmbH-Recht die Geschäftsführungsbefugnis in Bezug auf den Antrag auf Eigenverwaltung bei den Geschäftsführern und nicht den Gesellschaftern. Soweit keine Ressortverteilung besteht, gilt insoweit kraft Gesetzes bereits Gesamtgeschäftsführung.⁴⁹ Aber auch bei einer Ressortverteilung ist die Rechtslage nicht anders, da der Antrag auf Eigenverwaltung zum (unveräußerlichen) Kernbereich der Leitungsaufgaben gehört.⁵⁰

14 Die Zuständigkeit der Geschäftsführer für den Antrag auf Eigenverwaltung hindert die Gesellschafterversammlung freilich nicht daran, durch entsprechende Weisung (§ 37 GmbHG) auf die Geschäftsführer einzuwirken (einen entsprechenden Antrag zu stellen oder zu unterlassen). Das in § 50 GmbHG genannte Quorum von Gesellschaftern kann zu diesem Zweck auch eine Gesellschafterversammlung einberufen. Der Einfluss des Minderheitsgesellschafters ist insoweit beschränkt; denn für den Gesellschafterbeschluss gilt – soweit in der Satzung nichts anderes geregelt ist – § 47 GmbHG. Grundsätzlich kann der Gesellschafter aber den Gesellschafterbeschluss (entsprechend § 246 AktG) anfechten, insbesondere mit dem Ziel, die Rücknahme des Antrags auf Eigenverwaltung zu erwirken (Rn. 9). Außerhalb des Insolvenzverfahrens bildet insbesondere die Verletzung von Treuebindungen einen Anfechtungsgrund.⁵¹ Die Treuepflicht besteht grundsätzlich auch in der Liquidationsphase der Gesellschaft⁵² und im eröffneten Insolvenzverfahren über das Vermögen der Gesellschaft fort.⁵³ Es ist allerdings nur schwer vorstellbar, wie ein Beschluss der Gesellschafter, der die Geschäftsführung anweist, Eigenverwaltung zu beantragen, die Interessen des Minderheitsgesellschafters beeinträchtigen kann; denn durch die Anordnung der Eigenverwaltung verschlechtert sich die Rechtsstellung des Minderheitsgesellschafters im Vergleich zum Regelinsolvenzverfahren nicht. Sollte – ganz ausnahmsweise – eine Treuepflichtverletzung vorliegen, entfällt das Rechtsschutz-/Feststellungsbedürfnis für eine Anfechtungsklage/Nichtigkeitsklage gegen den Gesellschafterbeschluss oder sonstige Klage gestützt auf die gesellschaftsrechtliche Treuepflicht schon dann, wenn der Antrag auf Eigenverwaltung nicht mehr zurückgenommen werden kann (→ Rn. 9); denn der Schuldner hat auch noch nach Anordnung der Eigenverwaltung die Möglichkeit, gemäß § 272 I Nr. 3 InsO deren Aufhebung zu beantragen. Die Rechtslage bei der AG entspricht derjenigen bei der GmbH.

15 **2. Keine Zustimmung des antragstellenden Gläubigers (mehr) erforderlich.** Anders als nach altem Recht (§ 270 II Nr. 2 InsO aF) ist die Zustimmung desjenigen

---

⁴⁷ S. *Roth/Altmeppen*, § 37 GmbHG Rn. 22; *Baumbach/Hueck/Noack*, § 37 GmbHG Rn. 7.
⁴⁸ In diesem Sinne *Roth/Altmeppen*, § 37 GmbHG Rn. 22; *Scholz/Schneider/Schneider*, § 37 GmbHG Rn. 15; *Lutter/Hommelhoff/Kleindiek*, § 37 GmbHG Rn. 10; wohl auch BGH NJW 1984, 1461, 1462; aA *Baumbach/Hueck/Noack*, § 37 GmbHG Rn. 7.
⁴⁹ *Michalski/Haas/Ziemons*, § 43 Rn. 153.
⁵⁰ S. auch *Michalski/Haas/Ziemons*, § 43 GmbHG Rn. 156.
⁵¹ S. zu alldem *Baumbach/Hueck/Zöllner*, Anhang nach § 47 GmbHG Rn. 98 ff. Den Treuebindungen unterliegt nicht nur der Mehrheits-, sondern auch der Minderheitsgesellschafter, s. auch MüKoGmbHG/*Merkt*, § 13 Rn. 101 ff.
⁵² BGH DStR 2007, 2021 f.; WM 1971, 412, 414.
⁵³ OLG Dresden DStR 2005, 615; s. auch *H. F. Müller* DB 2014, 41, 45.

Gläubigers, der den Antrag auf Eröffnung des Insolvenzverfahrens gestellt hat, zu dem Antrag des Schuldners auf Eigenverwaltung nicht mehr erforderlich. Dem antragstellenden Gläubiger steht es aber – ebenso wie den sonstigen Gläubigern – frei, dem Gericht in einer Schutzschrift Gründe gegen eine Eigenverwaltung aufzuführen.[54] Dies führt jedoch lediglich dazu, dass das Insolvenzgericht die vorgebrachten Argumente prüfen muss; eine Bindung des Gerichts hat die Schutzschrift nicht zur Folge.[55]

3. Prognose nach § 270 II Nr. 2 InsO. In materieller Hinsicht setzt die Anordnung der Eigenverwaltung voraus, dass keine Umstände bekannt sind, die erwarten lassen, dass die Anordnung der Eigenverwaltung zu Nachteilen für die Gläubiger führen wird. Diese durch das ESUG eingeführte Rechtslage unterscheidet sich deutlich von dem bisherigen Recht. Danach durfte die Eigenverwaltung nur angeordnet werden, wenn diese nicht zu einer Verzögerung des Verfahrens oder zu sonstigen Nachteilen für die Gläubiger führte (§ 270 II Nr. 3 InsO a. F.). Während nach altem Recht mithin Zweifel in Bezug auf das Prognoseergebnis zulasten der Anordnung der Eigenverwaltung gingen, ist die Rechtslage nunmehr genau umgekehrt; denn nach neuem Recht kommt eine Ablehnung des Antrags auf Eigenverwaltung nur dann in Betracht, wenn Umstände positiv bekannt sind, die Nachteile für die Gläubiger erwarten lassen. Ist dies nicht der Fall, hat der Schuldner einen Anspruch auf Anordnung der Eigenverwaltung.[56] Ein Ermessen des Gerichts besteht insoweit nicht.[57] Die Nachteilsprognose entfällt, wenn der vorläufige Gläubigerausschuss den Antrag des Schuldners auf Eigenverwaltung einstimmig unterstützt (§ 270 III 2 InsO, → Rn. 41).

a) *Prognoseziel.* Ziel der Prognose ist es, zu ermitteln, ob die Anordnung der Eigenverwaltung für die Gläubiger nachteilig ist. Soweit § 270 II Nr. 2 InsO auf Nachteile der „Gläubiger" abstellt, sind neben den Interessen der Insolvenzgläubiger (§ 38 InsO) auch diejenigen der Absonderungsberechtigten (§ 47 InsO) und der (künftigen) Massegläubiger (§ 55 InsO) zu berücksichtigen.[58]

Für die Frage, ob ein Nachteil vorliegt, kommt es auf einen Vergleich zu einem herkömmlichen Insolvenzverfahren an.[59] Ganz überwiegend wird der Nachteilsbegriff weit ausgelegt.[60] Im Mittelpunkt steht dabei das wirtschaftliche Verfahrensergebnis für die Insolvenzgläubiger (Quotenerwartung).[61] Diese Quotenerwartung kann – im Vergleich zum Regelinsolvenzverfahren – zB schlechter sein, weil der Schuldner die Masse nicht ordnungsgemäß bewirtschaften kann oder will, die Kosten der Eigenverwaltung ausnahmsweise höher oder mit der Eigenverwaltung sonstige Nachteile für die Masse verbunden sind. Nachteile, die auch im Regelinsolvenzverfahren auftreten, sind nicht zu berücksichtigen. Vielmehr müssen die Nachteile gerade auf der Anordnung der Eigenverwaltung beruhen.[62]

---

[54] AG Köln ZIP 2013, 1390; s. hierzu auch MüKoInsO/*Tetzlaff*, § 270 Rn. 41 f.; HambKommInsO/*Fiebig*, § 270 Rn. 17; *Bichlmeier* DZWIR 2000, 62 ff.; HKInsO/*Landfermann*, § 270 Rn. 11; kritisch *Uhlenbruck*, § 270 Rn. 9.
[55] HambKommInsO/*Fiebig*, § 270 Rn. 17; KPB/*Pape*, § 270 Rn. 93 f.
[56] *Kübler/Neußner* HRI § 9 Rn. 34; offen gelassen BerlK/*Spliedt/Fridgen*, § 270 Rn. 7; aA AG Hamburg NZI 2014, 312.
[57] BerlK/*Spliedt/Fridgen*, § 270 Rn. 7; MüKoInsO/*Tetzlaff*, § 270 Rn. 20.
[58] AG Mannheim ZIP 2014, 484, 485; s. auch AG Köln ZIP 2013, 1390; *Hölzle* ZIP 2012, 158, 159 f.; MüKoInsO/*Tetzlaff*, § 270 Rn. 51; *Hofmann*, Eigenverwaltung, Rn. 14; aA teilweise *Kübler/Neußner* HRI § 9 Rn. 46.
[59] AG Mannheim ZIP 2014, 484, 485.
[60] AG Köln ZIP 2013, 1390; *Hölzle* ZIP 2012, 158, 159; MüKoInsO/*Tetzlaff*, § 270 Rn. 44; zurückhaltender KPB/*Pape*, § 270 Rn. 115.
[61] *Hofmann*, Eigenverwaltung Rn. 15; *Kübler/Neußner* HRI § 9 Rn. 51; *Bork*, Rn. 402; kritisch insoweit *Hölzle*, Praxisleitfaden ESUG, S. 95; *ders.* ZIP 2012, 158, 159.
[62] BerlK/*Spliedt/Fridgen*, § 270 Rn. 14.

19 Freilich darf bei einem Vergleich zwischen dem Eigenverwaltungs- und dem Regelinsolvenzverfahren nicht übersehen werden, dass eine Prognose in Bezug auf die Quotenerwartung in diesem frühen Verfahrensstadium mit großen Unsicherheiten behaftet und daher nur schwer abzuschätzen ist. Aus diesem Grund ist das Eigenverwaltungsverfahren nicht schon dann nachteilig, wenn die prognostizierte Quote im Eigenverwaltungsverfahren unter derjenigen des Regelinsolvenzverfahrens liegt. Eine derartige Sichtweise würde nämlich den Willen des ESUG-Gesetzgebers, die Schwelle für die Eigenverwaltung deutlich herabzusetzen, in das Gegenteil verkehren.[63] Vielmehr ist darauf abzustellen, ob die Quotenerwartung im Verfahren der Eigenverwaltung deutlich (bzw. signifikant) hinter der des Regelinsolvenzverfahrens zurückbleibt. Auf diese Weise wird auch vermieden, dass in die Autonomie der Gläubiger eingegriffen wird, die ja bereit sind, das Risiko einer uU schlechteren Quotenerwartung im Eigenverwaltungsverfahren zu schultern. Die Nachteilsanalyse darf aber auch nicht auf einen Quotenvergleich verkürzt werden; denn das Eigenverwaltungsverfahren hat ja nicht nur die Interessen der Insolvenz-, sondern sämtlicher Gläubiger zu berücksichtigen (→ Rn. 17). Ebenfalls unter den Nachteilsbegriff ist eine (evtl. zu erwartende) Verfahrensverzögerung zu subsumieren,[64] auch wenn das neue Recht – im Gegensatz zur Rechtslage vor Inkrafttreten des ESUG – diesen Gesichtspunkt nicht mehr ausdrücklich nennt. Mithin muss das Insolvenzgericht u. a. prüfen, ob das Verfahren in Eigenverwaltung vergleichbar zügig wie im Regelinsolvenzverfahren abgewickelt werden kann.[65]

20 Indizien für drohende Nachteile zulasten der Gläubiger können sich aus der Sphäre des Schuldners (→ Rn. 21 ff.), der Gläubiger (→ Rn. 31 ff.) oder aber auch aus der Art und Weise der Zusammensetzung der Masse ergeben (→ Rn. 34 ff.).

21 aa) *Schuldneraspekte.* Liegt die Besonderheit der Eigenverwaltung im Gegensatz zum Regelinsolvenzverfahren darin, dass der Schuldner auch nach der Verfahrenseröffnung weiterhin die Verwaltungs- und Verfügungsbefugnis über die zur Insolvenzmasse gehörenden Vermögensgegenstände behält, kann die Gefahr einer Gläubigerbenachteiligung iS des § 270 II Nr. 2 InsO insbesondere auf einem möglicherweise masseschädigenden Verhalten des Schuldners beruhen. Insoweit hat das Gericht im Rahmen des § 270 II Nr. 2 InsO Kriterien zu berücksichtigen, die Aufschluss über das zukünftige Schuldnerverhalten geben.[66] Für die (Schuldner-)Indizien, die auf das voraussichtliche Schuldnerverhalten schließen lassen, können grundsätzlich gegenwärtige und vergangene Ereignisse herangezogen werden, soweit diese Aufschluss über die Bereitschaft des Schuldners geben, ob und inwieweit er in der Lage ist, in verantwortungsvoller Weise mit den eigenen und fremden Belangen umzugehen.[67] Folgende Gesichtspunkte können insoweit in Betracht kommen:

22 (1) *Rechtsform, Struktur und Größe des Schuldners.* Grundsätzlich spielen die Rechtsform des Schuldners, dessen innere Struktur und die Größe des Unternehmens für die Frage, ob eine Gläubigerbenachteiligung droht, keine bzw. allenfalls eine untergeordnete Rolle. Die Eigenverwaltung ist nicht auf natürliche Personen[68] beschränkt, sondern kommt gerade auch bei Gesellschaften mit und ohne Rechtspersönlichkeit in

---

[63] MüKoInsO/*Tetzlaff,* § 270 Rn. 76.
[64] Nerlich/Römermann/*Riggert,* § 270 Rn. 20; *Kübler/Neußner* HRI § 9 Rn. 48; HKInsO/*Landfermann,* § 270 Rn. 15; MüKoInsO/*Tetzlaff,* § 270 Rn. 48; FKInsO/*Foltis,* § 270 Rn. 59; HambKommInsO/*Fiebig,* § 270 Rn. 19; aA wohl KPB/*Pape,* § 270 Rn. 115.
[65] MüKoInsO/*Tetzlaff,* § 270 Rn. 49.
[66] Vgl. *Koch,* S. 92; s. hierzu auch *Schlegel,* S. 76 ff.
[67] AG Mannheim ZIP 2014, 484, 485; FKInsO/*Foltis,* § 270 Rn. 64; s. auch Gravenbrucher Kreis ZIP 2014, 1262, 1263.
[68] Zur Arztpraxis in der Eigenverwaltung, s. *Vallender,* FS Metzeler, 2003, S. 21, 32 ff.; zur Eigenverwaltung bei freiberuflichen Schuldnern, s. KPB/*Pape,* § 270 Rn. 62 ff.

Betracht.[69] Zu weitgehend ist jedenfalls die Ansicht des LG Bonn, das – freilich im Zusammenhang mit der Anordnung von Sicherungsmaßnahmen – entschieden hat, dass eine als juristische Person verfasste Schuldnerin wegen ihrer anonymen Struktur in aller Regel die Gefahr nahelege, dass die Fortdauer der freien Verfügungsbefugnis der Schuldnerin zu einer Gefährdung der Masse führe.[70] Soweit in der Vergangenheit die Ansicht vertreten wurde, dass die Eigenverwaltung (vorwiegend) auf kleine und mittlere Unternehmen zugeschnitten sei, ist dies ebenfalls zu einseitig. Vielmehr haben die Erfahrungen gezeigt, dass die Eigenverwaltung auch für die Abwicklung von (verschachtelten) Großunternehmen geeignet sein kann.[71] Problematisch kann aber die Eigenverwaltung im Fall einer GmbH & Co KG sein. In aller Regel wird nämlich die Insolvenz der KG auch zur Insolvenz der GmbH führen, mit der Folge, dass diese nach §§ 161 II, 131 III Nr. 2 HGB aus der KG ausscheidet, soweit im Gesellschaftsvertrag nichts anderes geregelt ist.[72] HM nach führt aber das Ausscheiden des einzigen Vollhafters aus der Gesellschaft zur liquidationslosen Vollbeendigung der Gesellschaft. Soweit man – für den Fall der Simultaninsolvenz – der Gegenansicht folgt und das Insolvenzverfahren (quasi als Sondervermögen) über das Vermögen der KG fortführt,[73] bleibt freilich das Problem, dass auf das Know-how des GmbH-Geschäftsführers, der seinerzeit auch Geschäftsführer der KG war (§ 164 HGB), nicht mehr zurückgegriffen werden kann.[74]

(2) *Redlichkeit und Zuverlässigkeit des Schuldners.* Ein wichtiges Indiz für das (künftige) **23** schuldnerische Verhalten ist die Redlichkeit und Zuverlässigkeit des Schuldners; denn immerhin soll der Schuldner ja das Unternehmen in der schwierigen Situation einer Insolvenz weiter führen.[75] Anhaltspunkte können insoweit Vorstrafen des Schuldners wegen Bankrottdelikten und/oder seine Vermögensverhältnisse sowie die Frage sein, ob der Schuldner bereits vollstreckungsrechtlich bzw. insolvenzrechtlich in Erscheinung getreten ist.[76] Von Belang ist etwa, ob bereits mehrfach gegen den Schuldner Insolvenzanträge gestellt wurden.[77] Darüber hinaus kommt den Ursachen für die Insolvenz, dem Zeitpunkt der Antragstellung[78] sowie der Frage ein besonderes Gewicht zu, ob der Schuldner selbst einen Antrag auf Eröffnung des Insolvenzverfahrens und ob er ihn den gesetzlichen Vorschriften entsprechend (dh rechtzeitig und vollständig iS des § 13 InsO), und damit „wohlvorbereitet" gestellt hat.[79] So ist es beispielsweise positiv zu bewerten, wenn der Schuldner einen (echten)[80] auf § 18 InsO (drohende Zahlungsunfähigkeit) gestützten Eigenantrag gestellt, einen (uU hierfür notwendigen) entsprechenden Gesellschafterbeschluss eingeholt und dem Antrag ein Sanierungskonzept in Form

---

[69] HKInsO/*Landfermann,* vor §§ 270ff. Rn. 12; HambKommInsO/*Fiebig,* § 270 Rn. 8f.; *Hofmann,* ZIP 2007, 260, 263, hält eine Eigenverwaltung insbesondere bei Kapitalgesellschaften für sinnvoll.
[70] LG Bonn NZI 2003, 653, 654.
[71] KPB/*Pape,* § 270 Rn. 68.
[72] S. zum Ganzen *Röhricht/Graf von Westphalen/Haas,* § 131 HGB Rn. 29ff.
[73] S. zum Ganzen *Röhricht/Graf von Westphalen/Haas,* § 131 HGB Rn. 29b.
[74] S. auch BerlK/*Spliedt/Fridgen,* § 270 Rn. 14.
[75] HKInsO/*Landfermann,* vor §§ 270ff. Rn. 12 und § 270 Rn. 13; BerlK/*Spliedt/Fridgen,* § 270 Rn. 15; MüKoInsO/*Tetzlaff,* § 270 Rn. 53; *Kübler/Neußner* HRI § 9 Rn. 80; HambKommInsO/*Fiebig,* § 270 Rn. 21.
[76] *App* JurBüro 2000, 625, 626; *Uhlenbruck,* § 270 Rn. 16; *Huhn,* Rn. 247.
[77] KPB/*Pape,* § 270 Rn. 118.
[78] BGH NZI 2006, 34, 35; *Pape,* Kölner Schrift, S. 895 Rn. 8.
[79] BGH NZI 2006, 34f.; AG Mannheim ZIP 2014, 484, 487; BerlK/*Spliedt/Fridgen,* § 270 Rn. 15; MüKoInsO/*Tetzlaff,* § 270 Rn. 54f.; *Haarmeyer* ZInsO 2013, 2345, 2346; *Graf/Wunsch* ZIP 2001, 1029, 1033; *Vallender* WM 1998, 2129, 2133; *Wimmer/Stenner,* Lexikon des Insolvenzrechts, S. 104.
[80] Hierunter fällt nicht der vom Schuldner auf § 18 gestützte Antrag, bei dem der Schuldner im Zeitpunkt der Antragstellung schon überschuldet oder zahlungsunfähig war. Derartige (missbräuchliche) Eigenanträge haben allein den Zweck, die ansonsten mit dem Eigenantrag oftmals verbundene „Selbstanzeige" zu umgehen.

eines Insolvenzplans beigefügt hat.[81] Hier kann regelmäßig davon ausgegangen werden, dass der Schuldner ernsthaft eine Sanierung seines in die Krise geratenen Unternehmens anstrebt und keine masseschädigenden Handlungen zulasten der Gläubiger vornehmen wird.[82] Jedoch wird man nicht den Umkehrschluss ziehen können, dass bei einem Antrag auf Eröffnung des Insolvenzverfahrens nach §§ 17, 19 InsO stets eine gläubigergefährdende Situation gegeben ist, die dem Gericht eine Anordnung der Eigenverwaltung verbietet.[83] *Allein* aus dem Vorliegen eines bestimmten Insolvenzgrundes kann keine hinreichende Aussage dahingehend entnommen werden, dass sich das zukünftige Schuldnerverhalten nachteilig für die Gläubiger auswirken wird.[84] Das gilt umso mehr, als die Grenze zwischen dem Auslösetatbestand der drohenden Zahlungsunfähigkeit und dem der Überschuldung fließend ist.[85]

24 Negativ zu bewerten ist es, wenn nicht der Schuldner, sondern der Gläubiger den Antrag auf Eröffnung des Insolvenzverfahrens gestellt hat.[86] Ein derartiges abwartendes Verhalten des Schuldners schließt zwar für sich besehen die Anordnung der Eigenverwaltung nicht aus; denn aus § 270 II InsO ergibt sich, dass auch bei Stellung eines Gläubigerantrags nicht grundsätzlich von der Anordnung der Eigenverwaltung Abstand zu nehmen ist. Dennoch hat das Gericht im Falle des Fremdantrags über den Antrag des Schuldners auf Eigenverwaltung mit besonderer Sorgfalt zu entscheiden. Dabei wird es insbesondere auf die Frage ankommen, warum der Schuldner auf einen Eigenantrag verzichtet und den Fremdantrag des Gläubigers abgewartet hat.[87]

25 Berücksichtigungsfähig ist im Rahmen des § 270 II Nr. 2 InsO auch das Verhalten des Schuldners im Insolvenzeröffnungsverfahren.[88] Eigenverwaltungsanträge eines Schuldners, der sich im Insolvenzeröffnungsverfahren der Zusammenarbeit mit dem Gericht, dem vorläufigen Sachwalter oder dem vorläufigen Gläubigerausschuss entzogen und die erforderlichen Angaben vorenthalten bzw. diese nur schleppend oder nicht wahrheitsgemäß erteilt hat, haben daher wenig Aussicht auf Erfolg.[89] Gleiches gilt, wenn der Schuldner im Insolvenzeröffnungsverfahren sonstige Vorschriften verletzt hat; denn auch in diesem Fall droht fast zwangsläufig ein Nachteil.[90] Ist eine klare Zielsetzung des Schuldners, etwa die Durchführung eines Insolvenzplanverfahrens oder die schnelle und kostengünstige Abwicklung, um ein Restschuldbefreiungsverfahren einzuleiten, nicht erkennbar, so kann auch dies gegen den Schuldner sprechen, denn es liegt der Verdacht nahe, dass der Schuldner das Verfahren verzögern möchte.[91]

26 Aufschlussreich kann ebenfalls das Verhalten des Schuldners im Vorfeld der Insolvenzeröffnung sein, etwa ob er seinen Zahlungspflichten vor Eintritt der Krise pünktlich nachgekommen ist, in der Vergangenheit für eine ordnungsgemäße Führung der Bü-

---

[81] *Uhlenbruck*, § 270 Rn. 15; s. auch *Huhn*, Rn. 273 ff.
[82] *Koch*, S. 122, 128; *Smid* WM 1998, 2489, 2508.
[83] So aber *Smid* WM 1998, 2489, 2508; *ders.*, § 270 Rn. 11, der entscheidend darauf abstellt, dass der Schuldner einen Eigenantrag gestützt auf § 18 InsO stellt; anders nun aber *Flöther/Smid/Wehdeking*, Kap 2 Rn. 6.
[84] Vgl. *Koch*, S. 126 ff.
[85] *Haas*, in RWS-Forum 14 Insolvenzrecht 1998, S. 1, 27.
[86] *Uhlenbruck*, § 270 Rn. 15; *Flöther/Smid/Wehdeking*, Kap 2 Rn. 2; MüKoInsO/*Tetzlaff*, § 270 Rn. 54.
[87] Handelt es sich bei dem Schuldner um ein von § 15a I, III InsO erfasstes Unternehmen, wird bei Fremdantrag in aller Regel ein Verstoß des Schuldners gegen seine Insolvenzantragspflicht vorliegen, mit der Folge, dass dies vom Insolvenzgericht entsprechend nachteilig zu würdigen ist.
[88] AG Potsdam ZIP 2013, 181, 183; *Huhn*, Rn. 287; KPB/*Pape*, § 270 Rn. 118; MüKoInsO/*Tetzlaff*, § 270 Rn. 52, 55.
[89] AG Potsdam ZIP 2013, 181, 183; AG Darmstadt ZInsO 1999, 176 f.; AG Köln ZIP 1999, 1646, 1647 = DStR 2000, 212 *(Haas)*: fehlerhafte Angabe zu Erstattungsansprüchen nach § 64 II GmbHG; *Pape* DB 1999, 1539, 1545; *ders.*, Kölner Schrift, S. 895, Rn. 8; Uhlenbruck/Hirte/Vallender/*Hirte*, § 11 Rn. 179.
[90] MüKoInsO/*Tetzlaff*, § 270 Rn. 52.
[91] *Pape*, Kölner Schrift, S. 895 Rn. 2.

cher gesorgt hat, ob Vermögensgegenstände auf schwer nachvollziehbarem Weg aus dem Unternehmen herausgelangt sind oder ob der Schuldner es zugelassen hat, dass das Unternehmen auf andere Weise ausgeplündert wurde.[92] Berücksichtigungsfähig ist auch das Zutrauen der Lieferanten, Waren- und/oder Geldkreditgeber in die Redlichkeit und Zuverlässigkeit des Schuldners und seiner Leitungsorgane, insbesondere ob sie bereit sind, sich unter der bisherigen Führung an einer kooperativen Sanierung zu beteiligen oder auch nur die Belieferung aufrechtzuerhalten. Ist das nicht der Fall, drohen durch die Anordnung der Eigenverwaltung für die Gläubiger Nachteile.[93]

(3) *Fach- und Sachkunde des Schuldners.* Ein wichtiges Indiz für das künftige Schuldnerverhalten ist, ob und inwieweit der Schuldner die nötige Fach- und Sachkunde besitzt, um selbst den bestmöglichen Verwertungserlös – etwa in Gestalt einer Unternehmensfortführung – zu erzielen.[94] Hierfür spricht beispielsweise, wenn der Schuldner unverschuldet in die Krise geraten ist[95] (gesamte Branche ist von der Krise betroffen, Hauptkunde oder Hauptabsatzmarkt ist überraschend weggebrochen) oder über langjährige Erfahrungen auf dem einschlägigen Markt verfügt und das Unternehmen – vor Eintritt der Krise – erfolgreich geführt hat. Hat der Schuldner die Insolvenz aufgrund unternehmerischer Fehlentscheidungen „verschuldet", spricht dies nicht gegen die Anordnung der Eigenverwaltung; denn der Gesetzgeber hat eine „Würdigkeitsprüfung" gerade nicht vorgesehen.[96] Ein Indiz kann auch sein, ob und inwieweit der Schuldner – trotz der Krise – noch das Vertrauen seiner Geschäftspartner genießt oder sich in der Geschäftswelt Reputation erworben hat.[97] Einen Hinweis auf die Geschäftsgewandtheit des Schuldners gibt auch der Umstand, wann dieser die Krise erkannt und welche Maßnahmen er zur Krisenbewältigung ergriffen hat. 27

Die Abwicklung eines Insolvenzverfahrens in Eigenverwaltung setzt nicht nur branchenspezifische, sondern auch spezifische insolvenzrechtliche Kenntnisse (zB Kenntnis vom Führen von Tabellen und Masseverzeichnissen, zur Begründung von Masseverbindlichkeiten oder zur Gleichbehandlung der Gläubiger) des Schuldners voraus. Ohne insolvenzrechtliches Know-how ist in aller Regel die Eigenverwaltung zum Scheitern verurteilt.[98] Die notwendigen Kenntnisse können freilich unternehmensintern bereits vorhanden sein (Rechtsabteilung oder Berufung eines Experten in die Geschäftsleitung) oder aber auch extern über Berater bezogen werden. Zu berücksichtigen ist uU, dass der Bezug externen insolvenzrechtlichen Know-hows teuer sein kann und hierdurch die Einsparungen des Eigenverwaltungsverfahrens aufgezehrt werden, die (auch) in der geringeren Vergütung des Sachwalters im Vergleich zum Insolvenzverwalter begründet sind.[99] 28

(4) *Zum Austausch der Geschäftsleitung insbesondere.* Kann der Schuldner bei der Abwicklung besondere Erkenntnisse einbringen, kann dies uU gegenüber dem Regelinsolvenzverfahren deshalb vorteilhaft sein, weil die Einarbeitungszeit des Insolvenz- 29

---

[92] AG Köln ZIP 1999, 1646, 1647; HambKommInsO/*Fiebig*, § 270 Rn. 21; MüKoInsO/*Tetzlaff*, § 270 Rn. 57; *Flöther/Smid/Wehdeking*, Kap 2 Rn. 93 ff.; *Huntemann*, Kapitel 14 Rn. 12; *App* JurBüro 2000, 625; HKInsO/*Landfermann*, § 270 Rn. 14; *Huhn*, Rn. 247.
[93] AG Köln ZIP 2013, 1390; *Hölzle* ZIP 2012, 158, 160.
[94] Vgl. hierzu AG Darmstadt ZInsO 1999, 176, 177; s. aber andererseits auch LG Cottbus ZIP 2001, 2188 *(Lüke),* wonach die uU insolvenzverursachende Geschäftsunerfahrenheit des Schuldners dann nicht relevant sein soll, wenn nur wenige Verteilungs- und Verwertungsmaßnahmen vorzunehmen sind.
[95] Vgl. auch *Frank,* in Anwaltshandbuch Insolvenzrecht, Rn. 355. Zur Bedeutung der Ursachen für die Krise, s. *Huhn,* Rn. 249 ff.
[96] HKInsO/*Landfermann*, § 270 Rn. 13; MüKoInsO/*Tetzlaff*, § 270 Rn. 106.
[97] *App,* JurBüro 2000, 625, 626.
[98] AG Hamburg NZI 2014, 312; HKInsO/*Landfermann*, vor §§ 270 ff. Rn. 12; *Haarmeyer* ZInsO 2013, 2345, 2346; *Hofmann,* Eigenverwaltung, Rn. 26; s. auch MüKoInsO/*Tetzlaff*, § 270 Rn. 64, 70.
[99] MüKoInsO/*Tetzlaff*, § 270 Rn. 72; *Hofmann,* Eigenverwaltung, Rn. 36; s. aber auch *Rendels/Körner* INDat-Report 07/2012, S. 56, 58.

verwalters entfällt.[100] Dieser Vorteil geht freilich verloren, wenn vor Beantragung der Eigenverwaltung die gesamte Managerebene ausgetauscht wird. Fraglich ist, wie sich der Umstand auswirkt, wenn der Schuldner im Vorfeld der Insolvenzeröffnung – etwa zur Steigerung der unternehmensinternen sanierungsrechtlichen Kompetenz – einen (erfahrenen) Insolvenzverwalter bzw. Sanierungsberater zum (Mitglied des) Leitungsorgan(s) bestellt.[101] Durch eine solche Vorgehensweise können die Sanierungschancen verbessert werden; denn zum einen wird durch eine solche Maßnahme Vertrauen bei den wichtigsten Gläubigern geschaffen,[102] und zum anderen wird durch die Aufnahme des Sanierungsexperten in das Leitungsorgan der Gesellschaft das spezifisch insolvenzrechtliche Know-how-Defizit der zukünftigen Insolvenzschuldnerin beseitigt.[103] Darüber hinaus sind die Kenntnis des insolvenzrechtlichen Instrumentariums und die Vertrautheit im Umgang mit demselben absolut förderlich (→ Rn. 28), um die dem Schuldner im Rahmen der Eigenverwaltung obliegenden Aufgaben (etwa die Beachtung des Gläubigergleichbehandlungsgrundsatzes) zu erfüllen und Konflikte mit dem Sachwalter zu minimieren.[104] Schließlich kann sich auch – je nach Zeitpunkt des Austauschs – eine Zeitersparnis gegenüber der Einsetzung eines (vorläufigen) Insolvenzverwalters ergeben, der sich erst in die Materie einarbeiten müsste.[105] Das Ersetzen der Geschäftsleiter, die mit dem Makel des Scheiterns behaftet sind, mit unbelasteten Sanierungsexperten macht jedoch in keinem Fall die vom Insolvenzgericht nach § 270 II Nr. 2 InsO vorzunehmende Prognose hinfällig. So ist etwa zu berücksichtigen, inwieweit durch den Austausch von Geschäftsleitern uU die Unternehmenskontinuität unterbrochen bzw. die Verwertung der besonderen Kenntnisse und Erfahrungen des Schuldners aus seiner bisherigen Geschäftstätigkeit im Interesse der Gläubiger verunmöglicht oder erschwert wird.[106] Letztlich ist also bei der Frage, ob der Austausch der Geschäftsleitung der Anordnung der Eigenverwaltung entgegensteht, wie bei jeder anderen dem Gericht bekannten Tatsache zu prüfen, ob sich hierauf die Prognose stützen lässt, dass die Eigenverwaltung zu Nachteilen für die Gläubiger führen wird.[107] Dies ist insbesondere der Fall, wenn der Schuldner beabsichtigt, sich und/oder einzelnen Gläubigern durch den Austausch der Geschäftsleitung ungerechtfertigte Vorteile zukommen zu lassen.[108]

30 (5) *Interne Konflikte.* Zu einer Erschwerung der Verfahrensabwicklung – im Vergleich zum Regelinsolvenzverfahren – kann es kommen, wenn die Geschäftsleitung in Bezug auf die Anordnung der Eigenverwaltung uneins ist; denn dann drohen uU interne Auseinandersetzungen über die Ziele und die Art und Weise der Abwicklung zum Nachteil der Gläubiger.[109] Wie oben gezeigt, gelten für die Vertretungs- und Geschäftsführungsbefugnis in Bezug auf die Antragstellung die gesellschaftsrechtlichen Vorschriften. Damit kann

---

[100] MüKoInsO/*Tetzlaff,* § 270 Rn. 49.
[101] S. hierzu etwa AG Köln ZInsO 2005, 1006, 1008; *Flöther/Smid/Wehdeking,* Kap. 4 Rn. 2 ff.; *Görk/Stockhausen,* FS Metzeler, 2002, S. 105, 111. Zur Bestellung bzw. Abberufung von Leitungsorganen im Insolvenzeröffnungsverfahren, s. u. § 92 Rn. 134 ff.
[102] *Körner* NZI 2007, 270, 274; s. auch FKInsO/*Foltis,* vor §§ 270 ff. Rn. 14.
[103] AG Köln ZInsO 2005, 1006, 1008; MüKoInsO/*Tetzlaff,* § 270 Rn. 71; *Görk/Stockhausen,* FS Metzeler, 2002, S. 105, 111; *Hoffmann-Theinert,* in Unternehmen in der Krise, S. 109, 117; *Huhn,* Rn. 284 ff. Dieser Aspekt sollte freilich nicht überbewertet werden, s. idS *Flöther/Smid/Wehdeking,* Kap 2 Rn. 87.
[104] AG Köln ZInsO 2005, 1006, 1008; *Uhlenbruck,* § 270 Rn. 19; *Gerster* ZInsO 2008, 437, 444.
[105] Kritisch *Hofmann* ZIP 2007, 260, 262.
[106] AG Duisburg ZIP 2002, 1636, 1639.
[107] Weitergehend AG Duisburg ZIP 2002, 1636, 1639: mit gesetzlichem Leitbild nicht vereinbar; hierzu mit Recht kritisch KPB/*Pape,* § 270 Rn. 44 ff.; wie hier wohl auch *Flöther/Smid/Wehdeking,* Kap. 4 Rn. 12 ff.
[108] AG Köln ZInsO 2005, 1006, 1008; mit zustimmender Anmerkung auch *Bähr/Landry* EWiR 2006, 153, 154.
[109] AG Mannheim ZIP 2014, 484, 485 f.; s. auch MüKoInsO/*Tetzlaff,* § 270 Rn. 80; *Pape* ZIP 2013, 2285, 2287.

jeder vertretungsberechtigte Geschäftsführer (etwa einer GmbH) den Antrag auf Eigenverwaltung stellen (→ Rn. 12). Besteht zwischen den (einzelvertretungsberechtigten) Geschäftsführern Streit oder besteht Streit zwischen den Gesellschaftern und den Geschäftsführern über die Art und Weise der Durchführung des Verfahrens, so hat dies das Gericht im Rahmen seiner Prognoseentscheidung zu berücksichtigen;[110] denn zum einen schaltet § 276a InsO Konflikte zwischen den Geschäftsführern von vornherein nicht aus (→ § 90 Rn. 26). Zum anderen hilft § 276a InsO für Konflikte zwischen Gesellschaftern und Geschäftsführern dann nicht weiter, wenn es um Verfahrensrechte des Schuldners im Insolvenzverfahren geht; denn § 276a InsO gestaltet die Organisationsverfassung nur in Bezug auf den insolvenzbezogenen Bereich der Geschäftsführung um, nicht aber auch in Bezug auf den massefreien Bereich (→ § 90 Rn. 32 f.).[111]

bb) *Gläubigeraspekte.* Die InsO überlässt den Gläubigern in §§ 271, 272 InsO die Letztentscheidung über die Anordnung der Eigenverwaltung. Fraglich ist daher, inwieweit das Verhalten der Gläubiger dem Schuldner gegenüber in die Prognoseentscheidung des Insolvenzgerichts Eingang findet. Hierfür wird insbesondere der Gedanke der Gläubigerautonomie ins Feld geführt. Danach soll die Anordnung der Eigenverwaltung unterbleiben, wenn bereits im Vorfeld – aufgrund entsprechender Äußerungen von (Haupt-)Gläubigern – abzusehen ist, dass die Mehrheit in der ersten Gläubigerversammlung die Aufhebung der Anordnung der Eigenverwaltung beantragen wird; denn anderenfalls würde die Anordnung der Eigenverwaltung zu einer Verzögerung des Verfahrens führen.[112] Allerdings ist zu beachten, dass nach neuem Recht die Prognose ungleich schwieriger ist als nach altem Recht; denn für einen Beschluss der Gläubigerversammlung über die Aufhebung der Eigenverwaltung ist nunmehr – anders als nach altem Recht – die Kopf- und Summenmehrheit erforderlich (→ Rn. 58 und → § 89 Rn. 2).[113] Umgekehrt ist der Rechtsgedanke der §§ 271, 272 InsO ebenfalls im Rahmen des § 270 II Nr. 2 InsO zu berücksichtigen. Gelingt etwa den Gläubigern die Glaubhaftmachung einer späteren Gläubigermehrheit für die Anordnung der Eigenverwaltung bereits im Eröffnungsverfahren, spricht viel dafür, dass sich das Anordnungsermessen des Insolvenzgerichts reduziert.[114] Geht die Öffentlichkeit etwa von der Anordnung der Eigenverwaltung aus und würde die Einsetzung eines Insolvenzverwalters zu einem erheblichen Vertrauensverlust bei den Geschäftspartnern und infolgedessen zu Schwierigkeiten bei der Verfahrensabwicklung führen, ist dies ebenfalls im Rahmen der Prognoseentscheidung zu berücksichtigen.[115]

Ob die Ablehnung der Eigenverwaltung durch einzelne (Haupt-)Gläubiger in die Prognose einzubeziehen ist, ist zweifelhaft; denn der ESUG-Gesetzgeber wollte das Blockadepotential einzelner Gläubiger in Bezug auf die Anordnung der Eigenverwaltung reduzieren (→ § 86 Rn. 17). Ist aber der Schuldner für die Umsetzung eines von ihm geplanten Sanierungskonzeptes auf die Mitwirkung eines wesentlichen Gläubigers angewiesen und hat der Gläubiger bereits seine Ablehnung erkennen lassen, ist dies im Rahmen der Prognoseentscheidung zumindest dann berücksichtigungsfähig, wenn nicht davon auszugehen ist, dass im weiteren Verlauf eine Einigung mit dem opponierenden Gläubiger zu erzielen ist.[116]

---

[110] AG Mannheim ZIP 2014, 484, 485; s. auch MüKoInsO/*Tetzlaff,* § 270 Rn. 31; HKInsO/*Landfermann,* § 270 Rn. 14.
[111] Anders wohl MüKoInsO/*Tetzlaff,* § 270 Rn. 81.
[112] *Westrick* NZI 2003, 65, 69; *Huhn,* Rn. 286; MüKoInsO/*Tetzlaff,* § 270 Rn. 82.
[113] MüKoInsO/*Tetzlaff,* § 270 Rn. 88; *Kübler/Neußner* HRI § 9 Rn. 49.
[114] *Uhlenbruck,* § 270 Rn. 16; MüKoInsO/*Tetzlaff,* § 270 Rn. 83; *Hoffmann-Theinert,* in Unternehmen in der Krise, S. 113, 116.
[115] AG Duisburg ZIP 2002, 1636, 1639.
[116] MüKoInsO/*Tetzlaff,* § 270 Rn. 86.

33 Zu berücksichtigen hat das Gericht im Rahmen seiner Prognoseentscheidung des Weiteren, wenn einige wenige (Groß-)Gläubiger einseitig ihre Interessen verfolgen und daher zu befürchten steht, dass diese zum Nachteil anderer Gläubiger Einfluss auf den Schuldner nehmen werden.[117]

34 cc) *Art und Weise der Zusammensetzung der Masse.* (1) *Sanierungschancen.* Auch die Frage nach den Sanierungs- bzw. Fortführungschancen ist in die Prognoseentscheidung des Insolvenzgerichts einzubeziehen.[118] So ist in den Fällen, in denen mit großer Wahrscheinlichkeit eine Liquidation des Unternehmens erfolgen wird, die Gefahr gläubigerschädigender Handlungen durch den Schuldner potentiell größer als bei einer möglichen Sanierung des Unternehmens.[119] Dennoch wäre es eine Unterstellung, jeweils *allein* aus dem Umstand, dass geringe Sanierungschancen bestehen, von einer Gläubigerbenachteiligung durch den Schuldner auszugehen und deshalb von der Anordnung der Eigenverwaltung abzusehen.[120] Ein solches Vorgehen wäre nur möglich, wenn der Gesetzgeber die Anordnung der Eigenverwaltung davon abhängig gemacht hätte, dass diese für die Gläubiger vorteilhafter ist als die Durchführung eines Insolvenzverfahrens mit einem verwaltungs- und verfügungsbefugten Insolvenzverwalter.[121] Das Gesetz stellt jedoch allein darauf ab, dass die Gläubiger durch die Eigenverwaltung nicht benachteiligt werden. Allein aus der Wahl des Verfahrensziels kann aber nicht auf eine Benachteiligung der Gläubiger iS des § 270 II Nr. 2 InsO geschlossen werden.[122]

35 (2) *Insolvenzspezifische Ansprüche.* Zu berücksichtigen ist, ob und inwieweit der Sachwalter insolvenztypische Ansprüche gerade gegen den Schuldner, seine Vertreter oder deren nahe Angehörige geltend machen müsste; denn einem Sachwalter ist die zwangsweise Zusammenarbeit mit einem Schuldner kaum zumutbar, wenn er ihn bzw. ihm nahestehende Personen vermögensrechtlich in Anspruch nehmen muss.[123] Allerdings führt die Tatsache, dass sich die Insolvenzmasse eines Schuldners lediglich aus Haftungs- und Erstattungsansprüchen gegen die Gesellschafter zusammensetzt, nicht notwendig zu einer Ablehnung der Anordnung der Eigenverwaltung.[124] Sind in der Insolvenzmasse Anfechtungsansprüche gegen eine beträchtliche Zahl von Gläubigern, kann dies ein Indiz dafür sein, dass der Schuldner längere Zeit am Rand der Zahlungsfähigkeit operiert und uU den Insolvenzantrag (zu) spät gestellt hat. Entscheidend in derartigen Fällen ist aber, ob der Schuldner die anfechtbaren Zahlungen offenlegt und bei der Aufklärung des Sachverhaltes mitwirkt.[125]

36 (3) *Kontaminierte Grundstücke.* Erschwerungen bei der Verfahrensabwicklung können sich auch dann ergeben, wenn etwa kontaminierte Grundstücke in der Insolvenzmasse vorhanden sind. Anders als im Regelverfahren kann nämlich der Schuldner im Eigenverwaltungsverfahren diese Grundstücke – hM nach – nicht freigeben.[126] Damit droht aber die Belastung der Masse mit den Beseitigungskosten als Masseverbindlichkeiten.

---

[117] *Uhlenbruck*, § 270 Rn. 15; *Häsemeyer*, Rn. 8.06, S. 191; MüKoInsO/*Tetzlaff*, § 270 Rn. 62; *Vallender* WM 1998, 2129, 2133.
[118] LG Lübeck DZWIR 2000, 482; HKInsO/*Landfermann*, vor §§ 270 ff. Rn. 12.
[119] HKInsO/*Landfermann*, vor §§ 270 ff. Rn. 12.
[120] *Uhlenbruck*, § 270 Rn. 16; *Huhn*, Rn. 285.
[121] Vorteilhaft wird die Eigenverwaltung in Fällen der Liquidation eines Unternehmens – abgesehen von möglichen Kostenvorteilen – wohl kaum einmal sein.
[122] *Flöther/Smid/Wehdeking*, Kap 2 Rn. 13; HambKommInsO-*Fiebig*, § 270 Rn. 6; HKInsO/*Landfermann*, vor §§ 270 ff. Rn. 12; MüKoInsO/*Tetzlaff*, § 270 Rn. 101 f.
[123] Vgl. FKInsO/*Foltis*, § 270 Rn. 68; HKInsO/*Landfermann*, vor §§ 270 ff. Rn. 12; zur Ablehnung des Antrags auf Anordnung der Eigenverwaltung vgl. auch AG Lübeck DZWIR 2000, 482.
[124] AG Köln ZIP 1999, 1646, 1646; *Westrick* NZI 2003, 65, 68; *Uhlenbruck*, § 270 Rn. 15.
[125] MüKoInsO/*Tetzlaff*, § 270 Rn. 58.
[126] MüKoInsO/*Tetzlaff*, § 270 Rn. 50; Nerlich/Römermann/*Riggert*, § 270 Rn. 6; KPB/*Pape*, § 283 Rn. 10.

(4) *Hohe Absonderungsrechte.* Kostennachteile des Eigenverwaltungsverfahrens können auch in Fällen betragsmäßig hoher Absonderungsrechte in Betracht kommen; denn nach § 282 I 2 InsO entfallen bei Anordnung der Eigenverwaltung die Feststellungskostenbeiträge nach § 171 I InsO.[127]

b) *Prognosemethode.* aa) *Erkenntnisquellen des Gerichts.* Gemäß § 5 InsO gilt für das Insolvenzverfahren und damit auch für die Eigenverwaltung (§ 270 I 2 InsO) der Amtsermittlungsgrundsatz. Das Gericht hat daher von Amts wegen den Sachverhalt zu ermitteln, auf dessen Grundlage es seine (Prognose-)Entscheidung trifft. Dieser Amtsermittlungsgrundsatz gilt auch im Rahmen des § 270 II Nr. 2 InsO.[128] Im Hinblick auf die Reichweite der Nachforschungspflicht ist jedoch zu beachten, dass das Insolvenzgericht nicht ohne jeden Anlass ermitteln muss, sondern dass zumindest gewisse die Nachforschungspflicht auslösende Anhaltspunkte vorliegen müssen.[129] Anhaltspunkte im vorgenannten Sinn können eigene Wahrnehmungen des Gerichts in Bezug auf das schuldnerische Verhalten im Eröffnungsverfahren sein. Insbesondere kann von Bedeutung sein, ob und inwieweit der Antrag auf Eigenverwaltung transparent und sorgsam begründet ist. Der „Blindflug" eines Schuldners, der sich keine Gedanken zu den Nachteilen des Gläubigers macht, darf sicherlich nicht honoriert werden.[130] Ein Anhaltspunkt ist, ob dem Antrag auf Eigenverwaltung ein Fremd- oder Eigenantrag vorausgegangen ist oder sonstige Indizien vorliegen, die auf einen missbräuchlichen oder nicht sorgsamen Antrag auf Eigenverwaltung hinweisen.[131] Weitere Anhaltspunkte können sich auch aus der Berichterstattung des vorläufigen Sachwalters oder Auskünften des vorläufigen Gläubigerausschusses ergeben. Insbesondere ist es Aufgabe des vorläufigen Sachwalters, das Insolvenzgericht über Verstöße des Schuldners in der vorläufigen Eigenverwaltung (oder im Schutzschirmverfahren) zu informieren. Das gilt auch dann, wenn er vom Schuldner für das Amt vorgeschlagen wurde.[132] Anhaltspunkte können sich auch aus Schutzschriften oder sonstigen Stellungnahmen der Gläubiger (→ Rn. 15)[133] oder aus Presseveröffentlichungen ergeben.[134] Bestehen Anhaltspunkte, liegen die Art und Weise der Amtsermittlung im pflichtgemäßen Ermessen des Insolvenzgerichts.[135] Insbesondere kann dieses etwa einen Gutachter bestellen, der die Angaben des Schuldners überprüft, oder auch den vorläufigen Sachwalter mit einem entsprechenden Gutachtenauftrag betrauen.[136] Das gilt allerdings nicht, soweit über den Antrag nach § 270b InsO noch nicht entschieden wurde (→ § 88 Rn. 44). Nicht möglich ist demgegenüber, den Sachverständigen mit einem Quotenvergleich zwischen Eigenverwaltungs- und Regelinsolvenzverfahren zu beauftragen.[137]

---

[127] *Hofmann,* Eigenverwaltung Rn. 37.
[128] HKInsO/*Landfermann,* § 270 Rn. 11; BerlK/*Spliedt/Fridgen,* § 270 Rn. 16; HambKommInsO/*Fiebig,* § 270 Rn. 26; MüKoInsO/*Tetzlaff,* § 270 Rn. 89; *Uhlenbruck,* § 270 Rn. 8 und 14; *Kübler/Neußner* HRI § 9 Rn. 64.
[129] *Smid* WM 1998, 2489, 2508; *ders.,* § 270 Rn. 11; *Huntemann,* Kapitel 14 Rn. 11; *Vallender* WM 1998, 2129, 2133; HambKommInsO/*Fiebig,* § 270 Rn. 26; MüKoInsO/*Tetzlaff,* § 270 Rn. 89; so wohl auch AG Potsdam DZWIR 2000, 343; AG Darmstadt ZInsO 1999, 176, 177; *Schlegel,* S. 75; aA *Dietrich* ZInsO 2001, 13, 16; wohl auch HKInsO/*Landfermann,* § 270 Rn. 11.
[130] Zu Recht BerlK/*Spliedt/Fridgen,* § 270 Rn. 18.
[131] *Hofmann,* Eigenverwaltung Rn. 20; MüKoInsO/*Tetzlaff,* § 270 Rn. 94.
[132] AG Potsdam ZIP 2013, 181, 184; *Flöther* ZIP 2012, 1833, 1839f.; MüKoInsO/*Tetzlaff,* § 270 Rn. 52; s. auch HKInsO/*Landfermann,* § 270 Rn. 11.
[133] HambKommInsO/*Fiebig,* § 270 Rn. 17; MüKoInsO/*Tetzlaff,* § 270 Rn. 95.
[134] HambKommInsO/*Fiebig,* § 270 Rn. 28a.
[135] *Kübler/Neußner* HRI § 9 Rn. 64.
[136] HambKommInsO/*Fiebig,* § 270 Rn. 28; BerlK/*Spliedt/Fridgen,* § 270 Rn. 18; MüKoInsO/*Tetzlaff,* § 270 Rn. 93.
[137] *Hölzle* ZIP 2012, 158, 159.

39 bb) *Gesamtabwägung.* Das Insolvenzgericht trifft seine Prognose auf der Grundlage aller im Zeitpunkt der Entscheidung bekannten Umstände.[138] Wesensmerkmal einer jeden Prognose ist, dass diese mit Unsicherheiten behaftet ist. Damit stellt sich die Frage, welcher Wahrscheinlichkeitsgrad mit Blick auf mögliche Gläubigernachteile erforderlich ist, um den Antrag abzuweisen. Das Gesetz enthält hierzu keine Angaben. Ausgangspunkt ist zunächst, dass die Nachteile nicht „sicher" zu sein brauchen. Andererseits reichen Verdachtsmomente oder Befürchtungen nicht aus. Maßgebend ist wohl, ob die Nachteile überwiegend wahrscheinlich sind.[139]

40 Im Regelfall kann die Prognose nicht auf einzelne, sondern nur auf ein Bündel verschiedener Aspekte gestützt werden. Dabei hat das Gericht die verschiedenen Gesichtspunkte – im Hinblick auf die weitreichenden Auswirkungen der Entscheidung – sorgsam zu prüfen und abzuwägen (→ Rn. 16). Entscheidend nach dem gesetzgeberischen Leitbild ist, ob die Eigenverwaltung (gegenüber dem Regelinsolvenzverfahren) nachteilig ist (→ Rn. 18 f.). Bei der Abwägung ist auch zu berücksichtigen, inwieweit sich mit dem Verfahren der Eigenverwaltung Vorteile realisieren lassen. In gewissem Umfang können daher Nachteile im Grundsatz durch sonstige Vorteile kompensiert werden.[140] In vielen Fällen wird die Abwägung ergeben, dass die Eigenverwaltung nachteilig ist. Entgegen der Ansicht des Gesetzgebers (→ § 86 Rn. 16) ist die Eigenverwaltung daher nicht die Regel, sondern nach wie vor nur für „geeignete Ausnahmefälle" angezeigt.[141] Nur wenn das Gericht – nach Ausschöpfung der Erkenntnisquellen – nicht davon überzeugt ist, dass Nachteile für die Gläubiger im Verfahren der Eigenverwaltung auszuschließen sind, muss es nunmehr – anders als nach altem Recht – die Eigenverwaltung anordnen.[142] Zweifel im Zusammenhang mit der Prognose gehen also nicht mehr zulasten, sondern vielmehr zugunsten des Schuldners.

41 c) *Entfallen der Prognose.* Die Prognose nach § 270 II Nr. 2 InsO entfällt, wenn der Antrag des Schuldners auf Anordnung der Eigenverwaltung von einem einstimmigen Beschluss des vorläufigen Gläubigerausschusses unterstützt wird (§ 270 III 3 InsO). In einem solchen Fall ist unwiderleglich zu unterstellen, dass die Anordnung der Eigenverwaltung zu keinen Nachteilen führt. Für eine vom vorläufigen Gläubigerausschuss abweichende Prognose durch das Insolvenzgericht ist dann kein Raum. Vielmehr muss das Insolvenzgericht hier – soweit die übrigen Voraussetzungen erfüllt sind – das Verfahren der Eigenverwaltung anordnen.[143] Das Gericht darf den vorläufigen Gläubigerausschuss nicht übergehen, sondern muss dessen Stellungnahme abwarten (§ 270 III 1 1. Hs. InsO). Wann genau die Stellungnahme des vorläufigen Gläubigerausschusses eingeholt wird, sagt das Gesetz nicht. Vielmehr bestimmt dieses nur, dass die Einholung der Stellungnahme – grundsätzlich – vor der Entscheidung über den Eröffnungsantrag zu erfolgen hat. Mitunter kann es zweckmäßig sein, die Stellungnahme erst spät einzuholen, um die Erfahrungen des vorläufigen Gläubigerausschusses im Eröffnungsverfahren einzubeziehen.[144] Ausnahmsweise kann auf die Einholung der Stellungnahme des vorläufigen Gläubigerausschusses verzichtet werden, wenn anderenfalls offensichtlich mit einer nachteiligen Veränderung der Vermögenslage des Schuldners zu rechnen ist (§ 270 III 1 2. Hs. InsO). Das wird grundsätzlich nur dann der Fall sein, wenn ein vor-

---

[138] MüKoInsO/*Tetzlaff*, § 270 Rn. 96; *Hofmann*, Eigenverwaltung Rn. 18.
[139] BerlK/*Spliedt/Fridgen*, § 270 Rn. 15.
[140] HKInsO/*Landfermann*, § 270 Rn. 12; *Graf-Schlicker*, § 270 Rn. 11; KPB/*Pape*, § 270 Rn. 115 ff.; *Hofmann*, Eigenverwaltung Rn. 16; aA *Frank*, in Anwaltshandbuch Insolvenzrecht, Rn. 449; s. auch *Huhn*, Rn. 208 ff.
[141] AG Hamburg NZI 2014, 312; BerlK/*Spliedt/Fridgen*, § 270 Rn. 2; *Graf-Schlicker* ZInsO 2013, 1765, 1767; s. auch NZI aktuell, NZI 2013 (Heft 21) IX.
[142] *Hofmann*, Eigenverwaltung Rn. 21.
[143] MüKoInsO/*Tetzlaff*, § 270 Rn. 97.
[144] BerlK/*Spliedt/Fridgen*, § 270 Rn. 19.

läufiger Gläubigerausschuss im Zeitpunkt der Entscheidung noch nicht konstituiert ist; denn anderenfalls scheint eine auch kurzfristige Anhörung stets möglich.[145] Ein Mehrheitsbeschluss des vorläufigen Gläubigerausschusses zugunsten der Eigenverwaltung bindet das Gericht nicht.[146] Gleiches gilt auch, wenn sich dieser (mehrheitlich oder einstimmig) gegen die Eigenverwaltung ausspricht.[147] Allerdings kann das Insolvenzgericht evtl im Beschluss aufgeführte Gründe im Rahmen seiner Prognoseentscheidung bzw. als Anhaltspunkt für weitere Ermittlungen berücksichtigen.

4. Die Entscheidung des Gerichts. a) *Ablehnender Beschluss.* Sind die Voraussetzungen für eine Eigenverwaltung nicht erfüllt, kann das Gericht die Ablehnung des Antrags auf Eigenverwaltung entweder im Eröffnungsbeschluss oder auch in einem gesonderten Beschluss treffen.[148] Letzteres ergibt sich im Umkehrschluss aus § 270 I 1 InsO, wonach das Gericht nur die *Anordnung* der Eigenverwaltung im Eröffnungsbeschluss zu treffen hat. Hat der Schuldner den Antrag auf Anordnung der Eigenverwaltung zusammen mit dem Antrag auf Eröffnung des Insolvenzverfahrens schon bei drohender Zahlungsunfähigkeit gestellt, so trifft das Gericht gegenüber dem Schuldner eine Hinweispflicht nach § 270a II InsO, wenn es die Voraussetzungen der Eigenverwaltung nicht als gegeben ansieht, um dem Schuldner die Gelegenheit zu geben, den Eröffnungsantrag zurückzunehmen (zur Rücknahme des Eröffnungsantrags durch den Schuldner, → § 92 Rn. 61 ff.) und seine außergerichtlichen Sanierungsbemühungen fortzusetzen. Unterbleibt dieser Hinweis, ist die Gehörsrüge nach § 321a ZPO statthaft.[149] Der ablehnende Beschluss ist nach § 270 IV InsO im Eröffnungsbeschluss zu begründen. Sinn und Zweck der Begründungspflicht ist nicht, als Anknüpfungspunkt für einen Rechtsbehelf des Schuldners zu dienen; denn gegen den ablehnenden Beschluss steht dem Schuldner kein Rechtsbehelf zu. Vielmehr soll die Begründung der Gläubigerversammlung dazu dienen, selbst eine Entscheidung zu treffen, ob nachträglich uU dennoch die Eigenverwaltung beantragt wird (§ 271 InsO).[150] An diesem Zweck haben sich auch die Anforderungen an die Begründungspflicht auszurichten.[151] Die Begründung ist zusammen mit dem Eröffnungsbeschluss nach § 30 InsO öffentlich bekannt zu machen.[152] Ausgenommen von der Bekanntmachung ist nach §§ 270 IV, 27 II Nr. 4 2. Hs. der Name der als Sachwalter vorgeschlagenen Person.

b) *Stattgebender Beschluss.* **aa)** *Inhalt.* Soweit die Voraussetzungen des § 270 II InsO erfüllt sind, ordnet das Gericht gemäß § 270 I 1 InsO die Eigenverwaltung an. Ein Ermessensspielraum besteht nicht.[153] Die stattgebende Entscheidung des Gerichts erfolgt zusammen mit dem Beschluss über die Eröffnung des Insolvenzverfahrens (§ 27 InsO). Bei der Anordnung des Gerichts handelt es sich um eine vorläufige Entscheidung, da hinsichtlich der Durchführung des Insolvenzverfahrens unter Eigenverwaltung des Schuldners – wie § 272 I Nr. 1 InsO belegt – die Letztentscheidungsbefugnis den Gläubigern zusteht.[154] Eine Begründungspflicht besteht nicht.[155] Ordnet das Gericht die

---

[145] HambKommInsO/*Fiebig*, § 270 Rn. 29a.
[146] MüKoInsO/*Tetzlaff*, § 270 Rn. 98.
[147] AG Köln ZIP 2013, 1390 f.
[148] AG Darmstadt ZInsO 1999, 176, 177; *Häsemeyer*, Rn. 8.07, S. 192; HambKommInsO/*Fiebig*, § 270 Rn. 47; MüKoInsO/*Tetzlaff*, § 270 Rn. 120.
[149] KPB/*Pape*, § 270 Rn. 179.
[150] MüKoInsO/*Tetzlaff*, § 270 Rn. 122.
[151] *Kübler/Neußner* HRI § 9 Rn. 86.
[152] Kritisch insoweit AG Potsdam ZIP 2013, 181, 184.
[153] HKInsO/*Landfermann*, § 270 Rn. 2.
[154] BT-Drucks. 12/2443, S. 223; *Vallender* WM 1998, 2129, 2133; *Uhlenbruck*, § 270 Rn. 17; *Schlegel* ZIP 1999, 954, 955.
[155] *Hofmann*, Eigenverwaltung Rn. 40; aA HambKommInsO/*Fiebig*, § 270 Rn. 48.

Eigenverwaltung an, so hat es anstelle eines Insolvenzverwalters gemäß § 270c S. 1 InsO einen Sachwalter zu bestellen.

44 Im Übrigen gelten für den Eröffnungsbeschluss die §§ 27 ff. InsO mit kleinen Besonderheiten. Die nach § 28 III InsO vorgesehene Aufforderung an Personen, die Verpflichtungen gegenüber dem Schuldner haben, nicht mehr an den Schuldner, sondern an den Verwalter zu leisten, entfällt; denn anders als im Regelinsolvenzverfahren bleibt der Schuldner ja verwaltungs- und verfügungsbefugt. Die Aufforderung an die Gläubiger nach § 28 II InsO erfolgt mit der Maßgabe, dass die Angaben nicht gegenüber dem Verwalter, sondern dem Sachwalter zu erfolgen haben. Eine Eintragung der Insolvenzeröffnung im Grundbuch und im Register für Schiffe und Luftfahrzeuge erfolgt nicht (§ 270c S. 3 InsO). Der Grund hierfür liegt darin, dass – anders als im Regelinsolvenzverfahren – bei der Anordnung der Eigenverwaltung der Schuldner weiterhin verwaltungs- und verfügungsbefugt bleibt.[156] Eine Eintragung der Verfahrenseröffnung in die in §§ 32, 33 InsO genannten Register erfolgt grundsätzlich nur auf Initiative der Gläubiger in den Fällen des § 277 III 3 InsO bzw. wenn die Eigenverwaltung nach § 272 InsO aufgehoben wird.[157] Eine amtswegige Anordnung von Verfügungsbeschränkungen und deren Eintragung in die genannten Register lässt sich auch nicht durch eine Analogie zu § 58 VerglO oder den Vorschriften zur vorläufigen Insolvenzverwaltung begründen.[158]

45 Die Anordnung der Eigenverwaltung im Zusammenhang mit dem Eröffnungsbeschluss ist gemeinsam mit der Verfahrenseröffnung gemäß §§ 30, 9 InsO öffentlich bekannt zu machen. Im Handels-, Vereins- und Genossenschaftsregister werden die Verfahrenseröffnung und die Anordnung der Eigenverwaltung eingetragen (§ 32 I Nr. 3 HGB, § 75 Nr. 3 BGB, § 102 I Nr. 3 GenG). Mit dem Eröffnungsbeschluss sind die Gläubiger aufzufordern, ihre Forderungen innerhalb einer bestimmten Frist unter Beachtung des § 174 InsO beim Sachwalter anzumelden (§§ 270c S. 2, 28 I InsO). Die Gläubiger mit Sicherungsrechten sind aufzufordern, dem Sachwalter unverzüglich mitzuteilen, welche Sicherungsrechte sie an beweglichen Sachen und Rechten des Schuldners in Anspruch nehmen (§§ 270c S. 2, 28 II InsO).

46 bb) *Bestellung des Sachwalters.* Zwingender Inhalt des Eröffnungsbeschlusses im Fall der Eigenverwaltung ist die Bestellung eines Sachwalters (§ 270c S. 1 InsO). Für die Bestellung des Sachwalters gelten nach § 274 I InsO die für den Insolvenzverwalter maßgebenden Vorschriften.

47 (1) *Anforderungen an die Person des Sachwalters.* Bei dem Sachwalter muss es sich um eine geschäftskundige sowie fachlich und persönlich geeignete Person handeln (§ 56 InsO). Darüber hinaus muss der Sachwalter unabhängig sein (§ 56 InsO).[159] Interessenkonflikte, die eine unabhängige Überwachung des Schuldners in Frage stellen, disqualifizieren eine Person für das Amt des Sachverwalters. Hieran fehlt es nicht von vornherein, wenn die Person von dem Schuldner oder einem Gläubiger vorgeschlagen wird (§ 56 I 3 Nr. 1 InsO). An der erforderlichen Unabhängigkeit fehlt es aber grundsätzlich dann, wenn der Sachwalter in der Vergangenheit als Berater des Schuldners tätig war und die Beratung über das in § 56 I 3 Nr. 2 InsO bezeichnete Maß hinausging.[160] Gleiches gilt, wenn die Person in der Vergangenheit als Verfahrensbevollmächtigter für den Schuldner tätig geworden ist.[161] An der erforderlichen Unabhängigkeit fehlt es ebenfalls,

---

[156] Vgl. HKInsO/*Landfermann*, § 270c Rn. 6; KPB/*Pape*, § 270 Rn. 22.
[157] KPB/*Pape*, § 270 Rn. 22.
[158] So aber AG Duisburg ZIP 2002, 1636; FKInsO/*Foltis*, § 270 Rn. 79. Wie hier dagegen HKInsO/*Landfermann*, § 277 Rn. 4.
[159] Zur besonderen Bedeutung des Unabhängigkeitserfordernisses in Bezug auf den Sachwalter, s. *Pape*, Kölner Schrift, S. 895 Rn. 17; *Uhlenbruck*, § 270 Rn. 23; *Vallender* WM 1998, 2129, 2139.
[160] *Hofmann*, Eigenverwaltung Rn. 46 f.
[161] *Lüke* ZIP 2001, 2198, 2190; aA LG Cottbus ZIP 2001, 2197.

wenn die Kanzlei, in der der Sachwalter tätig ist, laufend Mandate des Schuldners betreut hat.[162] Darüber hinaus wird mitunter auch eine hinreichende Unabhängigkeit des Sachwalters von den für den Schuldner tätigen Beratern gefordert.[163] So hat etwa das AG Stendal einer von der Gläubigerversammlung als Sachwalter vorgeschlagenen Person die erforderliche Unabhängigkeit abgesprochen, weil diese in der Vergangenheit im Rahmen von Unternehmenssanierungen mehrfach mit einem Berater zusammengearbeitet hatte, der kurz vor Insolvenzantragstellung zum Geschäftsführer-Berater der Schuldnerin (→ Rn. 29) bestellt worden war.[164] In der Literatur ist die Entscheidung nicht durchweg auf Zustimmung gestoßen; denn das Erfordernis der Unabhängigkeit bezieht sich stets auf den konkreten Fall, dh auf die Vorbefassung von Schuldner und Sachwalter bezogen auf den konkreten Fall. Daher erscheint zweifelhaft, ob allein der Umstand ausreicht, dass es sich bei dem Sachwalter und dem Berater um ein „eingespieltes Team" handelt, um der vorgeschlagenen Person die erforderliche Unabhängigkeit abzusprechen.[165] Eine hiervon zu unterscheidende Frage ist, ob die Person frühere Fälle der Zusammenarbeit mit dem Berater dem Gericht gegenüber zu offenbaren hat. Dies wird man wohl bejahen müssen.[166] Fraglich ist, ob und inwieweit der Sachwalter auch von den Gläubigern unabhängig sein muss. Eine gewisse Nähe der vorgeschlagenen Person zu Gläubigern disqualifiziert die Person jedenfalls noch nicht. Die Schwelle ist aber dann überschritten, wenn die Gefahr besteht, dass der Sachwalter von den Hauptgläubigern kontrolliert wird.[167] Bei der Frage, ob dies der Fall ist oder nicht, spielt freilich auch eine Rolle, ob der Kandidat von der Mehrheit des vorläufigen Gläubigerausschusses getragen oder gar einstimmig vorgeschlagen wird. In der Praxis kommt es mitunter vor, dass Druck auf das Gericht ausgeübt wird, einen bestimmten Sachwalter zu bestellen. Dabei wird etwa „gedroht", Massedarlehen nur zu gewähren, wenn eine bestimmte Person bestellt wird.[168] Hier ist die Eignung der Person in Bezug auf die Gläubiger- und Schuldnerunabhängigkeit besonders zu hinterfragen.[169]

(2) *Auswahl durch das Gericht.* Auswahl und Bestellung des Sachwalters obliegen dem Gericht. Zumeist wird die Person des Sachwalters aber schon zu einem früheren Zeitpunkt festgelegt; denn in aller Regel wird der im vorläufigen Eigenverwaltungs- (→ § 88 Rn. 12) bzw. Schutzschirmverfahren (→ § 88 Rn. 50 ff.) bestellte vorläufige Sachwalter im eröffneten Verfahren zum (endgültigen) Sachwalter bestellt. Einen Automatismus gibt es insoweit aber nicht.

Da Kompetenzkonflikte zwischen Schuldner und Sachwalter im Rahmen der Eigenverwaltung nicht auszuschließen sind, sollte das Gericht bei der Auswahl des Sachwalters auf eine gedeihliche Zusammenarbeit zwischen Sachwalter und Schuldner achten.[170] Das Gericht ist aber weder an einen Vorschlag des Schuldners noch an einen Vorschlag der Gläubiger gebunden.

Nach § 56a InsO ist vor Bestellung des Sachwalters einem bereits bestellten vorläufigen Gläubigerausschuss Gelegenheit zu geben, sich zu den Anforderungen, die an diesen zu stellen sind, und zu dessen Person zu äußern. Hiervon kann nur unter den Voraussetzungen des § 56a III InsO abgesehen werden. Schlägt der vorläufige Gläubigerausschuss einstimmig eine bestimmte Person zum Sachwalter vor, kann das

---

[162] *Hofmann,* Eigenverwaltung Rn. 45.
[163] *Hofmann,* Eigenverwaltung Rn. 45.
[164] AG Stendal ZIP 2012, 1875, 1876.
[165] In diesem Sinne *Fölsing* ZInsO 2012, 2272, 2274; *Rendels/Körner* INDat-Report 07/2012, S. 56, 59.
[166] Wohl auch *Fölsing* ZInsO 2012, 2272, 2274.
[167] *Fölsing* ZInsO 2012, 2272, 2273.
[168] S. hierzu *Ganter* ZIP 2013, 597.
[169] *Pape* ZIP 2013, 2285, 2287; anders wohl *Fölsing* ZInsO 2012, 2272, 2275.
[170] *Uhlenbruck,* § 270 Rn. 19.

Gericht von dem Vorschlag nur abweichen, wenn die Person zur Übernahme des Amtes nicht geeignet ist (§ 56a II InsO).[171] Letzteres ist insbesondere dann der Fall, wenn die vorgeschlagene Person nicht hinreichend unabhängig ist (→ Rn. 47). Ein Rechtsmittel gegen die Nichtbestellung des vorgeschlagenen Sachwalters kommt nicht in Betracht.

51 cc) *Sonstige Rechtsfolgen.* Mit Anordnung der Eigenverwaltung bleibt der Schuldner in Bezug auf die Masse verwaltungs- und verfügungsbefugt. Darüber hinaus werden dem Schuldner auch bestimmte Gestaltungsrechte übertragen (zB § 279 InsO). Unklar ist der Rechtscharakter der Verwaltungs- und Verfügungsbefugnis, nämlich ob sich diese aus der vor Verfahrenseröffnung bestehenden privatrechtlichen Rechtsstellung oder aber aus dem die Eigenverwaltung anordnenden Beschluss des Insolvenzgerichts ableitet (→ § 88 Rn. 3). Letzteres trifft richtiger Ansicht nach zu,[172] mit der Folge, dass der Schuldner mit Anordnung der Eigenverwaltung – vergleichbar dem Insolvenzverwalter – Amtswalter (in eigener Sache) wird.[173] Von der Frage, ob der Schuldner durch die Anordnung der Eigenverwaltung zum Amtswalter wird, ist die weitere nach der Rechtsstellung seiner Vertretungs- oder Leitungsorgane zu unterscheiden (für den Fall, dass es sich bei dem Schuldner um eine juristische Person oder um eine Gesellschaft ohne Rechtspersönlichkeit handelt). Insoweit ist mitunter die Frage aufgeworfen worden, ob deren Legitimationsbefugnis im Gesellschaftsrecht verwurzelt ist oder diese zu einer Art Insolvenzverwalterersatz ohne gesellschaftsrechtliche Legitimation mutieren.[174] Diese Frage hat durch den neuen § 276a InsO neuen Auftrieb erhalten.[175] Richtiger Ansicht nach ist und bleibt das Gesellschaftsrecht Quelle für die Befugnis der Vertretungs- und Leitungsorgane (→ § 90 Rn. 43).[176] Dies zeigt sich nicht zuletzt daran, dass die für den Insolvenzverwalter aufgestellten Vorgaben, insbesondere jene des § 56 InsO, auf den Geschäftsführer – wollte man in diesem einen Ersatzinsolvenzverwalter sehen – von vornherein überhaupt nicht passen. Auch ist (und bleibt) – anders als für den Insolvenzverwalter – für die Abberufung des Geschäftsführers die Gesellschafterversammlung zuständig (§ 276a S. 3 InsO, → § 90 Rn. 35 ff.).

52 Mit Anordnung der Eigenverwaltung wird ein rechtshängiger Zivilprozess nach § 240 ZPO unterbrochen.[177] Zwar findet hier – anders als bei der Bestellung eines Insolvenzverwalters – kein Wechsel in der Prozessführungsbefugnis statt. Maßgeblich für die Anwendung des § 240 ZPO ist aber, dass der Schuldner als „Eigenverwalter" ebenso eine Überlegungsfrist benötigt, wie er sich in einem die Insolvenzmasse betreffenden Rechtsstreit zu verhalten hat, wie ein Insolvenzverwalter.[178]

53 **5. Verfahren. a)** *Allgemeines.* Die Entscheidung über den Antrag ergeht im nichtstreitigen Verfahren. Das (haftungsrechtliche) Richterprivileg gilt mithin nicht (§ 839 II BGB). Zuständig für die Entscheidung ist nach § 18 I Nr. 1 RpflG der Richter.[179]

54 **b)** *Rechtsmittel.* Nach § 6 I InsO unterliegen Entscheidungen des Insolvenzgerichts über den Antrag auf Anordnung der Eigenverwaltung nur insoweit dem Rechtsmittel der sofortigen Beschwerde, wie das Gesetz dies bestimmt. Da § 270 InsO keine entsprechende Regelung enthält, ist sowohl gegen die Ablehnung wie auch gegen die An-

---

[171] AG Stendal ZIP 2012, 1875, 1876.
[172] BerlK/*Spliedt/Fridgen,* § 270 Rn. 4; KPB/*Pape,* § 270 Rn. 1 f.; HambKommInsO/*Fiebig,* § 270 Rn. 33.
[173] S. auch HKInsO/*Landfermann,* § 270 Rn. 27; BerlK/*Spliedt/Fridgen,* § 270 Rn. 4.
[174] *K. Schmidt* BB 2011, 1603, 1607; s. auch *Landfermann* WM 2012, 869, 872.
[175] *K. Schmidt* BB 2011, 1603, 1607; s. auch *Landfermann* WM 2012, 869, 872.
[176] *Haas,* in FS Stürner, 2013, S. 749, 763; so auch *Landfermann* WM 2012, 869, 872.
[177] BGH NJW-RR 2007, 629; LG Freiburg BeckRS 2014, 09468; *Uhlenbruck,* § 270 Rn. 18.
[178] BGH NJW-RR 2007, 629 f.
[179] MüKoInsO/*Tetzlaff,* § 270 Rn. 110.

ordnung der Eigenverwaltung kein Rechtsmittel statthaft.[180] Lehnt das Gericht die Anordnung der Eigenverwaltung im Eröffnungsbeschluss ab, so könnte sich zwar ein Recht des Schuldners zur sofortigen Beschwerde uU aus § 34 II InsO ergeben. Diese Vorschrift betrifft jedoch den Fall, dass sich der Schuldner mittels der sofortigen Beschwerde gegen den Eröffnungsbeschluss als solchen zur Wehr setzen will. Überwiegender (und richtiger) Ansicht nach will die Vorschrift dem Schuldner nicht die isolierte Anfechtung der ablehnenden Entscheidung über den Antrag auf Eigenverwaltung ermöglichen.[181]

Fraglich ist, ob den Gläubigern ein Rechtsbehelf zusteht, wenn das Gericht im Eröffnungsbeschluss die Eigenverwaltung anordnet. Insbesondere *Smid* bejaht ein (isoliertes) Beschwerderecht der Gläubiger gestützt auf § 34 II InsO. Er begründet dies damit, dass die Durchführung eines Insolvenzverfahrens unter Eigenverwaltung des Schuldners nicht primär der Haftungsverwirklichung zugunsten der Gläubigergemeinschaft diene, sondern dem Schuldner die Möglichkeit eröffne, seine Gläubiger in einem gerichtlichen Verfahren zu einem Vergleichsschluss zu zwingen. Die damit einhergehende Schmälerung der Rechtsposition der Gläubiger führe zu einem Schutzdefizit, das nur durch die Zulassung der sofortigen Beschwerde zu schließen sei.[182] Richtiger Ansicht nach besteht jedoch für eine Analogie zu § 34 II InsO kein Bedürfnis, da die Gläubiger im Hinblick auf § 272 I Nr. 1, 2 InsO ausreichend geschützt sind.[183] Wird nämlich die Eigenverwaltung aufgehoben (§ 272 I Nr. 1, 2 InsO), so ist das Gericht nach § 272 III InsO verpflichtet, einen mit Verwaltungs- und Verfügungsbefugnis ausgestatteten Insolvenzverwalter zu bestellen.[184]

III. Die Anordnung nach § 271 InsO

Hat das Insolvenzgericht das Regelinsolvenzverfahren eröffnet, so kann der Schuldner keinen Antrag auf Anordnung der Eigenverwaltung stellen. Vielmehr geht ab diesem Zeitpunkt das Initiativrecht auf die Gläubiger über. Die Gläubigerversammlung kann nunmehr das Gericht gemäß § 271 S. 1 InsO verpflichten, die Eigenverwaltung anzuordnen. Diese Vorschrift ist ebenso wie § 272 I Nr. 1, 2 InsO Ausdruck der vom Gesetzgeber mit der Neuregelung des Insolvenzrechts bezweckten Stärkung der Gläubigerautonomie. Letztere ist nach dem Willen des Gesetzgebers nicht nur für den Ausgang, sondern eben auch für den Gang des Verfahrens maßgebend.[185] Letztendlich liegt damit die Entscheidung über die Durchführung des Insolvenzverfahrens unter Eigenverwaltung des Schuldners in den Händen der Gläubiger, da die Entscheidungen des Gerichts jeweils von der Gläubigerversammlung korrigiert werden können und damit nur vorläufigen Charakter haben.[186]

1. Der Antrag der Gläubigerversammlung. Voraussetzung für eine Anordnung der Eigenverwaltung nach § 271 InsO ist zunächst, dass die Gläubigerversammlung einen entsprechenden Antrag an das Insolvenzgericht beschließt. Anders als nach altem

---

[180] BGH NZI 2007, 238 f.; BGH NZI 2007, 240 f.; AG Köln ZInsO 2005, 1006, 1007; *Kluth* ZInsO 2002, 1001; HKInsO/*Landfermann*, § 270 Rn. 22 f.; BerlK/*Spliedt*/*Fridgen*, § 270 Rn. 8; MünchKommInsO/*Tetzlaff*, § 270 Rn. 118, 125.
[181] LG Mönchengladbach ZVI 2003, 78, 79 = ZIP 2003, 728, 729; MüKoInsO/*Tetzlaff*, § 270 Rn. 127; vgl. auch *Koch*, S. 131 ff.; Nerlich/Römermann/*Riggert*, § 270 Rn. 25; *Pape*, Kölner Schrift, S. 895 Rn. 9; *Uhlenbruck*, § 270 Rn. 20; *Schlegel* ZIP 1999, 954, 956; aA *Bärenz* EWiR 2003, 483, 484.
[182] *Smid* WM 1998, 2489, 2510.
[183] AG Köln ZInsO 2005, 1006, 1007; HambKommInsO/*Fiebig*, § 270 Rn. 50; *Uhlenbruck*, § 270 Rn. 20.
[184] Vgl. auch *Koch*, S. 135.
[185] FKInsO/*Foltis*, § 271 Rn. 2; HKInsO/*Landfermann*, § 271 Rn. 1.
[186] Nerlich/Römermann/*Riggert*, § 271 Rn. 1; KPB/*Pape*, § 271 Rn. 1; HKInsO/*Landfermann*, § 271 Rn. 1; *Koch*, S. 135 f.; BT-Drucks. 12/2443, S. 100, 223.

Recht ist nicht mehr erforderlich, dass die Beschlussfassung in der ersten Gläubigerversammlung erfolgt. Vielmehr kann jede – auch eine spätere – Gläubigerversammlung den Beschluss fassen.[187] Damit ist nunmehr auch ein späterer Wechsel vom Regelinsolvenzverfahren zur Eigenverwaltung möglich.

58   **a)** *Beschlussfassung.* Der Beschluss setzt gemäß § 76 II InsO voraus, dass die Summe der Forderungsbeträge der zustimmenden Gläubiger mehr als die Hälfte der Summe der Forderungsbeträge aller abstimmenden Gläubiger beträgt. Stimmberechtigt sind auch die absonderungsberechtigten Gläubiger (§§ 52 S. 1, 76 II iVm § 77 InsO). Darüber hinaus hat das ESUG als weiteres Erfordernis eingeführt, dass auch die Mehrheit der abstimmenden Gläubiger erforderlich ist. Auf diese Weise wollte der Gesetzgeber verhindern, dass die Eigenverwaltung von wenigen Großgläubigern beherrscht wird.[188] Maßgebend ist insoweit die Anzahl der anwesenden stimmberechtigten Gläubiger.[189]

59   **b)** *Inhalt.* Ein bestimmter Inhalt ist für den Beschluss nicht vorgesehen. Es ist ausreichend, wenn aus diesem hervorgeht, dass Eigenverwaltung angeordnet werden soll. Mit dem Beschluss kann die Gläubigerversammlung einen bestimmten Sachwalter benennen. Zum zwingenden Mindestinhalt des Beschlusses zählt dies jedoch nicht.[190]

60   **c)** *Keine Korrektur nach § 78 InsO.* Grundsätzlich hat nach § 78 I InsO das Gericht einen Beschluss der Gläubigerversammlung aufzuheben, wenn dieser dem wohlverstandenen gemeinsamen Interesse der Insolvenzgläubiger widerspricht und einer der nach § 78 I InsO berechtigten Gläubiger einen entsprechenden Antrag innerhalb der laufenden Gläubigerversammlung stellt. Ob allerdings § 78 InsO auf den vorliegenden Fall anwendbar ist, ist umstritten.[191] Vor Inkrafttreten des ESUG war § 78 I InsO ein Korrektiv mit dem Zweck, zu verhindern, dass einzelne Großgläubiger unter Missachtung der Interessen der übrigen Gläubiger ihre eigenen Interessen einseitig durchsetzen. Das ESUG hat dieser Gefahr weitgehend dadurch Rechnung getragen, dass nunmehr nicht nur die Summen-, sondern auch die Kopfmehrheit für einen Beschluss nach § 271 InsO erforderlich ist. Die Gefahr, dass einzelne Großgläubiger eine (ihnen genehme) Eigenverwaltung durchsetzen, ist damit zwar nicht völlig gebannt, besteht aber nur noch in Ausnahmefällen, nämlich bei Desinteresse der übrigen Gläubiger.[192] Bedenkt man, dass der Beschluss nach § 271 InsO im Ermessen der Gläubigerversammlung steht, das Gesetz also keinerlei inhaltliche Vorgaben diesbezüglich macht, spricht viel dafür, dass das Insolvenzgericht die mit Kopf- und Summenmehrheit getroffene Entscheidung der Gläubigerversammlung hinnehmen muss.[193] In diese Richtung weist auch die Rechtsprechung des BGH.[194] Dieser hat – im Anwendungsbereich des § 272 I Nr. 2 InsO – entschieden, dass der Beschluss der Gläubigerversammlung, die Aufhebung der Eigenverwaltung beim Insolvenzgericht zu beantragen, nicht nach § 78 InsO korrigiert werden kann, sondern dass der Gläubigerversammlung insoweit die Letztentscheidungsbefugnis zukommt.[195] Dies folgt – so der BGH – ua daraus, dass die Ent-

---

[187] Braun/*Riggert*, § 271 Rn. 2; HambKommInsO/*Fiebig*, § 271 Rn. 3; MüKoInsO/*Tetzlaff*, § 271 Rn. 13.
[188] BT-Drucks. 17/5712, S. 62; s. auch HambKommInsO/*Fiebig*, § 271 Rn. 3b; Nerlich/Römermann/*Riggert*, § 271 Rn. 4.
[189] MüKoInsO/*Tetzlaff*, § 271 Rn. 14.
[190] MüKoInsO/*Tetzlaff*, § 271 Rn. 15; Braun/*Riggert*, § 271 Rn. 6; Nerlich/Römermann/*Riggert*, § 271 Rn. 5.
[191] Dagegen Nerlich/Römermann/*Riggert*, § 271 Rn. 6; dafür etwa HambKommInsO/*Fiebig*, § 271 Rn. 4; KPB/*Pape*, § 271 Rn. 7.
[192] MüKoInsO/*Tetzlaff*, § 271 Rn. 20; s. aber auch HKInsO/*Landfermann*, § 271 Rn. 6.
[193] So Braun/*Riggert*, § 271 Rn. 4; MüKoInsO/*Tetzlaff*, § 271 Rn. 22; BerlK/*Spliedt*/*Fridgen*, § 271 Rn. 16; aA HKInsO/*Landfermann*, § 271 Rn. 6.
[194] BGH NZI 2011, 760.
[195] BGH NZI 2011, 760, 761.

scheidung der Gläubigerversammlung in deren freiem Ermessen liegt, an keine gesetzlichen Vorgaben geknüpft ist und nicht begründet werden muss. Wollte man – so der BGH – § 78 I InsO anwenden, so würde sich die vom Gesetzgeber angestrebte Stärkung der Gläubigerautonomie in ihr Gegenteil verkehren.[196] Diese Argumente sind ohne Weiteres auch auf die Entscheidung nach § 271 InsO übertragbar.[197] Der Schutz des einzelnen Gläubigers wird mithin allein über § 272 InsO gewährleistet, nämlich die Möglichkeit, die Aufhebung der Eigenverwaltung zu beantragen.

2. Zustimmung des Schuldners. Die Anordnung der Eigenverwaltung nach § 271 S. 1 InsO setzt – anders als nach altem Recht –[198] keinen Antrag des Schuldners auf Anordnung der Eigenverwaltung vor Verfahrenseröffnung voraus.[199] Das ESUG hat insoweit die Rechtslage gegenüber dem bisherigen Recht geändert. Ob also der Schuldner selbst jemals einen Antrag auf Eigenverwaltung gestellt hat, ist nicht mehr maßgeblich. Da aber die Eigenverwaltung ohne aktive Mitwirkung des Schuldners nicht denkbar ist, verlangt das Gesetz nur die Zustimmung desselben zur Anordnung der Eigenverwaltung.

Die Zustimmung des Schuldners ist gegenüber dem Insolvenzgericht abzugeben.[200] Eine besondere Form ist für die Zustimmung nicht vorgesehen. Sie kann vor oder nach dem Beschluss erfolgen. Sie kann mündlich zu Protokoll des Insolvenzgerichts oder aber auch schriftlich erklärt werden.[201] Hat der Schuldner zuvor einen Antrag auf Eigenverwaltung gestellt, den das Gericht zurückgewiesen hat, so reicht es, wenn der Schuldner den Antrag weiterhin aufrechterhält. MaW: es dürfen keine Umstände ersichtlich sein, dass der Schuldner mit der Anordnung der Eigenverwaltung nicht mehr einverstanden ist.[202]

Für die Zustimmungsberechtigung gelten die zum Antrag auf Eigenverwaltung gemachten Ausführungen entsprechend (→ Rn. 10 ff.).[203] Bei einer juristischen Person oder Gesellschaft ohne Rechtspersönlichkeit ist auf die gesellschaftsrechtlichen Vertretungsregeln abzustellen. Für die Geschäftsführungsbefugnis gelten die obigen Ausführungen entsprechend (→ Rn. 13 f.). Ebenso wie der Antrag auf Eigenverwaltung kann auch die Zustimmung bis zur Anordnung der Eigenverwaltung widerrufen werden.[204] Adressat des Widerrufs ist ebenfalls das Insolvenzgericht.[205]

3. Die Entscheidung des Gerichts. Liegen die vorgenannten Voraussetzungen vor, hat das Gericht die Eigenverwaltung anzuordnen. Hierbei ist es unerheblich, ob das Gericht Bedenken gegen die Anordnung hat, weil es Nachteile für die Gläubiger iS des § 270 II Nr. 2 InsO befürchtet.[206] Dies gilt auch dann, wenn das Verfahren zunächst längere Zeit in Form des Regelinsolvenzverfahrens geführt wurde.[207]

a) *Verfahren.* Die nachträgliche Anordnung der Eigenverwaltung erfolgt durch Beschluss des Insolvenzgerichts, der in die Zuständigkeit des Rechtspflegers fällt, sofern

---

[196] BGH NZI 2011, 760, 762.
[197] BerlK/*Spliedt/Fridgen*, § 271 Rn. 16.
[198] *Smid*, in Hdb Unternehmensinsolvenz, Kapitel 6 Rn. 5.
[199] Braun/*Riggert*, § 271 Rn. 5.
[200] BerlK/*Spliedt/Fridgen*, § 271 Rn. 5.
[201] BerlK/*Spliedt/Fridgen*, § 271 Rn. 5.
[202] BerlK/*Spliedt/Fridgen*, § 271 Rn. 5; wohl auch MüKoInsO/*Tetzlaff*, § 271 Rn. 11; s. auch HKInsO/*Landfermann*, § 271 Rn. 3.
[203] MüKoInsO/*Tetzlaff*, § 271 Rn. 12; aA BerlK/*Spliedt/Fridgen*, § 271 Rn. 6, wonach bei einem Kollegialorgan alle Vertretungsberechtigten zustimmen müssen.
[204] BerlK/*Spliedt/Fridgen*, § 271 Rn. 5.
[205] BerlK/*Spliedt/Fridgen*, § 271 Rn. 5.
[206] MüKoInsO/*Tetzlaff*, § 271 Rn. 26; BerlK/*Spliedt/Fridgen*, § 271 Rn. 9; Nerlich/Römermann/*Riggert*, § 271 Rn. 5; HambKommInsO/*Fiebig*, § 271 Rn. 4.
[207] MüKoInsO/*Tetzlaff*, § 271 Rn. 26.

sich nicht der Richter die Entscheidung vorbehält (vgl. §§ 3 Nr. 2 lit e), 18 II RPflG).[208] Dieser Beschluss ist gemäß § 273 InsO öffentlich bekanntzumachen und – auch im Regelfall der Entscheidung durch den Rechtspfleger – nicht rechtsmittelfähig.[209] Möglich ist allerdings eine Aufhebung der Eigenverwaltung nach § 272 I Nr. 1 InsO (auf entsprechenden Antrag der Gläubigerversammlung). Vor Erlass des Beschlusses sollte das Gericht den Schuldner hören, um sich evtl zu vergewissern, ob dieser an einem zuvor gestellten Antrag auf Anordnung der Eigenverwaltung nach § 270 InsO nach wie vor festhält (→ Rn. 62).

66   **b)** *Inhalt.* Der Beschluss sollte analog § 27 II Nr. 3 InsO neben dem Tag auch die Stunde der Beschlussfassung enthalten.[210] Gleichzeitig ist anstelle des Insolvenzverwalters ein Sachwalter zu bestellen. Für die Auswahl des Sachwalters ist nach §§ 274 I, 56 das Insolvenzgericht zuständig. Grundsätzlich ist das Insolvenzgericht in der Auswahl des Sachwalters frei. Dabei wird es regelmäßig von Vorteil sein, den Insolvenzverwalter zum Sachwalter zu bestellen, da er bereits mit den Gegebenheiten des insolventen Unternehmens vertraut ist und insoweit Sachverhaltskenntnisse besitzt.[211] Jedoch besteht keine rechtliche Verpflichtung, den Insolvenzverwalter zum Sachwalter zu bestellen, denn bei § 271 S. 2 InsO handelt es sich insoweit nur um eine „Kann-Bestimmung".[212] Hat die Gläubigerversammlung – über den gesetzlichen Mindestinhalt des Beschlusses hinaus (→ Rn. 59) – auch einen Sachwalter vorgeschlagen, so ist fraglich, ob das Insolvenzgericht hieran gebunden ist.[213] In einem solchen Fall kann es dazu kommen, dass das Insolvenzgericht auf Antrag der Gläubigerversammlung nach § 271 InsO die Eigenverwaltung anordnet und dabei eine andere (als die von der Gläubigerversammlung vorgeschlagene) Person als Sachwalter bestimmt und schließlich die nachfolgende Gläubigerversammlung den Sachwalter nach §§ 274 I, 57 InsO durch die gewünschte Person ersetzt.[214] Um nun zu verhindern, dass eine geordnete Verfahrensabwicklung auf diese Weise erschwert wird, wird vorgeschlagen, gemäß oder jedenfalls in Analogie zu § 57 S. 1 InsO bereits der Gläubigerversammlung, die die Eigenverwaltung beantragt, die Befugnis zur Entscheidung über die Person des Sachwalters zuzugestehen.[215] Das Insolvenzgericht könne – so diese Ansicht – die gewählte Person gemäß bzw. analog § 57 S. 3 InsO nur ablehnen, wenn sie für das Amt nicht geeignet ist. Ein darüber hinausgehendes Ermessen bestehe nicht.

67   Diese Auffassung überzeugt. Selbst wenn man § 57 InsO nicht über § 271 I 2 InsO für entsprechend anwendbar hält, kann man es wohl kaum als die – einer Analogie entgegenstehende – bewusste Entscheidung des Gesetzgebers ansehen, dass es zu dem beschriebenen Hin und Her bei der Auswahl des Sachwalters kommen kann; vielmehr ist ein solches mit einer Abwicklung im Interesse der Gläubiger (vgl. § 1 InsO) kaum zu vereinbaren.[216] Auch sind keine schutzwürdigen Interessen ersichtlich, die es erforderlich machen würden, dem Gericht zuzugestehen, eine andere Person zum Sachwalter zu ernennen als die von der Gläubigerversammlung ausgewählte und für das Amt geeignete.

---

[208] BerlK/*Spliedt/Fridgen*, § 271 Rn. 14; KPB/*Pape*, § 271 Rn. 14; MüKoInsO/*Tetzlaff*, § 271 Rn. 29; HKInsO/*Landfermann*, § 271 Rn. 4.
[209] MüKoInsO/*Tetzlaff*, § 271 Rn. 30; Braun/*Riggert*, § 271 Rn. 3; *Kübler/Flöther* HRI § 9 Rn. 113; FKInsO/*Foltis*, § 271 Rn. 7; KPB/*Pape*, § 271 Rn. 17; aA bzgl. Rechtspflegererinnerung HambKomm-InsO/*Fiebig*, § 271 Rn. 8; HKInsO/*Landfermann*, § 271 Rn. 5; BerlK/*Spliedt/Fridgen*, § 271 Rn. 15.
[210] MüKoInsO/*Tetzlaff*, § 271 Rn. 40; KPB/*Pape*, § 271 Rn. 15.
[211] BerlK/*Spliedt/Fridgen*, § 271 Rn. 10; HKInsO/*Landfermann*, § 271 Rn. 8.
[212] MüKoInsO/*Tetzlaff*, § 271 Rn. 38; HKInsO/*Landfermann*, § 271 Rn. 7; *Uhlenbruck*, § 272 Rn. 8.
[213] Dagegen HKInsO/*Landfermann*, § 271 Rn. 8.
[214] KPB/*Pape*, § 271 Rn. 26 f.; HKInsO/*Landfermann*, § 271 Rn. 8.
[215] MüKoInsO/*Tetzlaff*, § 271 Rn. 39; Braun/*Riggert*, § 271 Rn. 6; FKInsO/*Foltis*, § 271 Rn. 8, 13.
[216] Dies einräumend auch KPB/*Pape*, § 271 Rn. 27 f.; *Uhlenbruck*, § 271 Rn. 8.

Vorläufige Eigenverwaltung und Schutzschirmverfahren　　　　　　**§ 88**

Das Amt des Sachwalters beginnt mit Bekanntgabe seiner Bestellung durch das Gericht an ihn und die darauf erfolgende Annahme durch den Sachwalter.[217] In diesem Zeitpunkt endet auch das Amt des Insolvenzverwalters, um auf diese Weise eine kontinuierliche Abwicklung des Insolvenzverfahrens zu gewährleisten.[218]   68

4. Rechtsfolgen. Mit dem Beschluss erhält der Schuldner die mit der Verfahrenseröffnung auf den Insolvenzverwalter übergegangene Verwaltungs- und Verfügungsbefugnis zurück, weswegen auch die Eintragungen nach §§ 32, 33 InsO gelöscht werden müssen.[219] Schuldner und Sachwalter haben das Verfahren in dem Stadium zu übernehmen, in dem sie es bei Anordnung der Eigenverwaltung vorfinden.[220] Insbesondere bleiben Erklärungen des bisherigen Insolvenzverwalters nach §§ 103 ff. InsO, Kündigungen oder die Begründung von Masseverbindlichkeiten gegenüber dem Schuldner wirksam.[221] Sind Insolvenzverwalter und Sachwalter nicht personenidentisch, so können sich hieraus für den früheren Insolvenzverwalter Haftungsrisiken ergeben, wenn von ihm begründete Masseverbindlichkeiten später wegen eingetretener Masseunzulänglichkeit nicht bedient werden.[222] Vom Insolvenzverwalter eingeleitete Gerichtsverfahren werden unterbrochen, um dem Übergang der Verwaltungs- und Verfügungsbefugnis Rechnung zu tragen. Der Schuldner kann den Prozess an Stelle des Insolvenzverwalters aufnehmen. Im Gegensatz zu § 240 ZPO, §§ 85, 86 InsO kann der Schuldner allerdings den Prozess nicht ohne die Kostenlast einer Klagerücknahme oder Anerkenntnis beenden.[223]   69

§ 88. Vorläufige Eigenverwaltung und Schutzschirmverfahren

Übersicht

	Rn.
I. Allgemeines	1
II. Die vorläufige Eigenverwaltung (§ 270a InsO)	2
1. Überblick	2
2. Voraussetzungen	3
a) Aussichtslosigkeit	4
b) Offensichtlichkeit	5
c) Erkenntnisquellen	6
d) Laufende Prüfung der Entscheidungsgrundlagen	8
3. Die Entscheidung des Gerichts	9
a) Der Antrag ist offensichtlich aussichtslos	10
b) Der Antrag ist nicht offensichtlich aussichtslos	11
aa) Der vorläufige Sachwalter	12
bb) Sonstige Sicherungsmaßnahmen	13
cc) Sonstige Rechtsfolgen	14
III. Das Schutzschirmverfahren (§ 270b InsO)	15
1. Überblick	15
2. Voraussetzungen	19
a) Eröffnungsantrag	20

---

[217] BerlK/*Spliedt/Fridgen*, § 271 Rn. 11.
[218] BerlK/*Spliedt/Fridgen*, § 271 Rn. 11.
[219] MüKoInsO/*Tetzlaff*, § 271 Rn. 43; KPB/*Pape*, § 271 Rn. 16; aA FKInsO/*Foltis*, § 271 Rn. 12.
[220] MüKoInsO/*Tetzlaff*, § 271 Rn. 45; *Kübler/Flöther* HRI § 9 Rn. 111.
[221] HKInsO/*Landfermann*, § 271 Rn. 9; BerlK/*Spliedt/Fridgen*, § 271 Rn. 12; *Kübler/Flöther* HRI § 9 Rn. 110; *Uhlenbruck*, § 271 Rn. 9; HambKommInsO/*Fiebig*, § 271 Rn. 5f.
[222] S. hierzu HambKommInsO/*Fiebig*, § 271 Rn. 7; MüKoInsO/*Tetzlaff*, § 271 Rn. 44.
[223] MüKoInsO/*Tetzlaff*, § 271 Rn. 46.

	Rn.
b) Sanierung nicht offensichtlich aussichtslos	23
aa) Sanierung bezweckt	24
bb) Aussichtslosigkeit	25
cc) Offensichtlichkeit	26
c) Antrag auf Fristbestimmung	27
aa) Antragsberechtigung	28
bb) Zeitpunkt	29
cc) Inhalt	30
d) Bescheinigung	31
aa) Fach- und Sachkunde des Experten	32
bb) Unabhängigkeit des Experten	35
cc) Formelle Anforderungen an die Bescheinigung	36
dd) Inhaltliche Anforderungen an die Bescheinigung	37
ee) Zeitliche Anforderungen	41
e) Verhältnis zur vorläufigen Eigenverwaltung	42
3. Entscheidungsgrundlagen des Gerichts	43
4. Entscheidung des Gerichts	45
a) Stattgebende Entscheidung	46
aa) Frist zur Vorlage des Insolvenzplans	47
bb) Bestellung des vorläufigen Sachwalters	50
cc) Weitere Anordnungen	54
b) Ablehnende Entscheidung	55
c) Aufhebung des Schutzschirmverfahrens	57
aa) Aussichtslosigkeit der Sanierung	58
bb) Antrag des vorläufigen Gläubigerausschusses	60
cc) Antrag eines Gläubigers	61
dd) Falsche Angaben des Schuldners	62
ee) Verfahren	63

I. Allgemeines

1   Das Eröffnungsverfahren ist eine entscheidende Phase für den Erfolg oder Misserfolg des mit dem Eigenverwaltungsverfahren verfolgten Verfahrensziels (in aller Regel die Sanierung des Unternehmens). Obwohl das Eröffnungsverfahren die wesentlichen Weichen für den weiteren Verfahrensablauf stellt, enthielt das bisherige Recht keine speziellen Vorschriften, wie im Eröffnungsverfahren im Fall eines Antrags auf Anordnung der Eigenverwaltung zu verfahren war. § 270 I 2 InsO verwies insoweit lediglich auf die allgemeinen Vorschriften für das Eröffnungsverfahren. Das wurde vielfach als unbefriedigend empfunden.[1] Ordnete beispielsweise das Insolvenzgericht im Eröffnungsverfahren ein allgemeines Verfügungsverbot, verbunden mit der Einsetzung eines vorläufigen Verwalters an, entfielen in aller Regel die Vorteile der Eigenverwaltung.[2] Damit wurde nämlich die Kontinuität der Unternehmensführung irreversibel unterbrochen. Zudem wurde der Vorteil der Eigenverwaltung hinfällig, nämlich die kosten- und zeitintensive Einarbeitung eines Insolvenzverwalters in die Materie dadurch zu ersparen, dass der Schuldner die Verwaltung auch weiterhin übernimmt.[3] Auch lief durch diese Maßnahme der Schuldner Gefahr, das Vertrauen seiner Geschäftspartner bereits verloren zu haben, ehe er – nach Eröffnung des Insolvenzverfahrens – die Geschäfte wieder als „Eigenverwalter" übernahm. Der ESUG-Gesetzgeber hat dies nunmehr geändert und – neben dem weiterhin möglichen allgemeinen Eröffnungsverfahren – zwei besondere

---

[1] *Zipperer/Brinkmann* ZIP 2011, 1337, 1342; *Ehricke* ZIP 2002, 782, 783 (Fn. 8); *Westrick* NZI 2003, 65, 72; *Uhlenbruck,* § 270 Rn. 8.
[2] *Flöther/Smid/Wehdeking,* Kap 2 Rn. 31 ff.; *Bärenz* NZI 2003, 655, 656; *Braun* NZI 2003, 588 f.; *Graf/Wunsch* ZIP 2001, 1029, 1033; *Görk/Stockhausen,* FS Metzeler, 2002, S. 105, 115; s. zur Analyse der einzelnen Sicherungsmaßnahmen im Hinblick auf die Eigenverwaltung nach altem Recht, *Huhn,* Rn. 430 ff.
[3] *Westrick* NZI 2003, 65, 67.

Spielvarianten vorgesehen, nämlich das vorläufige Eigenverwaltungsverfahren (§ 270a InsO) und das Schutzschirmverfahren (§ 270b InsO).[4]

II. Die vorläufige Eigenverwaltung (§ 270a InsO)

1. Überblick. § 270a InsO gilt nur im Insolvenzeröffnungsverfahren und setzt mithin voraus, dass ein zulässiger Eröffnungsantrag gestellt wurde. Ob es sich dabei um einen Eigen- oder Fremdantrag handelt, ist gleichgültig, solange der Schuldner einen Antrag auf Anordnung der Eigenverwaltung gestellt hat.[5] Sinn und Zweck der vorläufigen Eigenverwaltung ist es, die Aufgaben- und Kompetenzverteilung der Eigenverwaltung schon auf die Phase des Eröffnungsverfahrens vorzuziehen. Dementsprechend sieht § 270a InsO etwa die Bestellung eines vorläufigen Sachwalters (anstelle eines vorläufigen Insolvenzverwalters) vor, dem lediglich eine überwachende Funktion zukommt. Darüber hinaus verzichtet das Gesetz – grundsätzlich – auf Verfügungsverbote und Zustimmungsvorbehalte nach § 21 II Nr. 2 InsO (s. § 270a I Nr. 1 und Nr. 2 InsO). Auf diese Art und Weise soll die spätere Anordnung der Eigenverwaltung nicht frustriert und der Weg in der Eigenverwaltung geebnet werden.[6]

2. Voraussetzungen. Voraussetzung für die Anordnung der vorläufigen Eigenverwaltung ist, dass der Schuldner beim Insolvenzgericht einen Antrag nach § 270 II InsO gestellt hat. Dieser Antrag kann bis zur Eröffnung des Insolvenzverfahrens und damit auch noch dann gestellt werden, wenn das Insolvenzgericht zuvor einen vorläufigen Insolvenzverwalter bestellt hat.[7] Das Gericht hat dann zu prüfen, ob die nach § 21 InsO angeordneten Sicherungsmaßnahmen Bestand haben sollen oder ob diese aufzuheben sind und ein vorläufiger Sachwalter zu bestellen ist.[8]

a) *Aussichtslosigkeit.* Eine vorläufige Eigenverwaltung kommt in Betracht, wenn der Antrag auf Anordnung der Eigenverwaltung nicht offensichtlich aussichtslos ist. Ob der Antrag des Schuldners Aussicht auf Erfolg hat, richtet sich insbesondere nach § 270 II InsO (→ Rn. 3 ff.). Im Mittelpunkt steht dabei die Prognose nach § 270 II Nr. 2 InsO, ob nämlich Nachteile zulasten der Gläubiger zu erwarten sind. Zu prüfen ist also, ob im gegenwärtigen Zeitpunkt, dh in dem Zeitpunkt, in dem das Insolvenzgericht über die Sicherungsmaßnahmen entscheidet, Umstände vorliegen, die bis zur Entscheidung über den Antrag auf Eigenverwaltung fortwirken und zur Versagung desselben führen.[9] Das ist ausgeschlossen, wenn bereits eine Entscheidung des vorläufigen Gläubigerausschusses nach § 270 III 2 InsO vorliegt. Ein solches einstimmiges Votum des vorläufigen Gläubigerausschusses ist auch im Rahmen der Entscheidung über die vorläufige Eigenverwaltung bindend.[10] Ob aber der vorläufige Gläubigerausschuss einen solchen (einstimmigen) Beschluss treffen wird, ist nicht Gegenstand der nach § 270a InsO vom Insolvenzgericht anzustellenden Prognose.[11]

b) *„Offensichtlichkeit".* Der Antrag ist „offensichtlich" aussichtslos, wenn auf der Grundlage einer Evidenzkontrolle mit an Sicherheit grenzender Wahrscheinlichkeit feststeht, dass der Antrag des Schuldners auf Anordnung der Eigenverwaltung keine Chan-

---

[4] *Flöther* ZInsO 2014, 465.
[5] *Landfermann* WM 2012, 869, 871.
[6] *Hofmann*, Eigenverwaltung Rn. 311.
[7] MüKoInsO/*Kern*, § 270a Rn. 15; BerlK/*Spliedt/Fridgen*, § 270a Rn. 12.
[8] BerlK/*Spliedt/Fridgen*, § 270a Rn. 12.
[9] Nerlich/Römermann/*Riggert*, § 270a Rn. 8; HKInsO/*Landfermann*, § 270a Rn. 4; MüKoInsO/*Kern*, § 270a Rn. 23.
[10] *Hofmann*, Eigenverwaltung Rn. 315.
[11] MüKoInsO/*Kern*, § 270a Rn. 22.

ce auf Erfolg hat.[12] Damit ist der Antrag auf Eigenverwaltung immer schon dann nicht „offensichtlich" aussichtslos, wenn auch nur geringe Aussicht besteht, dass die Eigenverwaltung angeordnet wird.[13] Sind also Nachteile lediglich zu befürchten oder bestehen Zweifel, ob diese eintreten, ist folglich der Antrag nicht „offensichtlich" aussichtslos. Offensichtliche Aussichtslosigkeit kann etwa vorliegen, wenn jetzt schon Umstände feststehen, aus denen sich ergibt, dass

– ein Fall der Insolvenzverschleppung vorliegt;[14]
– sonstige Insolvenzdelikte vorliegen;[15]
– gegen die gesetzlichen Anforderungen an einen Eröffnungsantrag nach § 13 InsO schwerwiegend verstoßen wurde;[16]
– in Bezug auf die beabsichtigte Sanierung weder die bei Insolvenzantragstellung notwendige Transparenz geschaffen wird noch diese durch Nachreichen der entsprechenden Angaben auf Verlangen des Insolvenzgerichts geschaffen wird;[17]
– kein wohlvorbereiteter Insolvenzantrag vorliegt, insbesondere wenn offensichtlich ist, dass die Geschäftsleitung den speziellen rechtlichen Anforderungen an eine Eigenverwaltung nicht gewachsen ist, weil sie nicht über das entsprechende rechtliche Knowhow (→ § 87 Rn. 27 f.) verfügt;[18]
– zwischen den Gesellschafter-Geschäftsführern Streit über das „Ob" und/oder „Wie" der Eigenverwaltung besteht;[19]
– wenn über längere Zeit bereits ein vorläufiger Insolvenzverwalter bestellt wurde, hierdurch eine Entfremdung des Schuldners vom Unternehmen eingetreten ist und durch Anordnung der vorläufigen Eigenverwaltung sich keine Unternehmenskontinuität mehr herstellen lässt, sondern im Gegenteil weitere Friktionen zu befürchten sind;[20]
– der Schuldner in der Vergangenheit absichtlich zum Nachteil der Gläubiger gehandelt hat[21] oder
– der Schuldner gesetzlich geforderte Angaben verschleiert hat.[22]

6 c) *Erkenntnisquellen.* In Bezug auf § 270 II Nr. 1 ZPO (zB Antragsberechtigung) besteht keine Amtsermittlungspflicht des Insolvenzgerichts nach § 5 I InsO, da es sich hierbei um eine Zulässigkeitsvoraussetzung handelt.[23] Bei behebbaren Mängeln hat das Insolvenzgericht dem Schuldner die Möglichkeit zur Nachbesserung einzuräumen. Das Gericht kann den Mangel hingegen nicht übergehen mit dem Hinweis, dass der Antrag nicht offensichtlich aussichtslos (weil Mangel behebbar) ist.[24] Vielmehr setzt die vorläufige Eigenverwaltung einen zulässigen Antrag voraus. Liegt ein solcher nicht vor (oder ist dieser zurückgenommen worden, → § 87 Rn. 9), kann die vorläufige Eigenverwaltung nicht angeordnet werden.[25]

7 In Bezug auf die Vorhersage des Ausgangs der nach § 270 II Nr. 2 InsO anzustellenden Prognose stellt sich die Frage der Überprüfungs- und Ermittlungstiefe des Insol-

---

[12] *Kübler/Neußner* HRI § 9 Rn. 134; Nerlich/Römermann/*Riggert*, § 270a Rn. 9; MüKoInsO/*Kern*, § 270a Rn. 23; BerlK/*Spliedt/Fridgen*, § 270a Rn. 11.
[13] MüKoInsO/*Kern*, § 270a Rn. 23.
[14] Nerlich/Römermann/*Riggert*, § 270a Rn. 9; *Hofmann*, Eigenverwaltung Rn. 321.
[15] *Hofmann*, Eigenverwaltung Rn. 321.
[16] AG Mannheim ZIP 2014, 2014, 484, 486; Nerlich/Römermann/*Riggert*, § 270a Rn. 9; *Hofmann*, Eigenverwaltung Rn. 321.
[17] *Hofmann*, Eigenverwaltung Rn. 321.
[18] AG Hamburg NZI 2014, 312.
[19] AG Mannheim ZIP 2014, 2014, 484, 485.
[20] BerlK/*Spliedt/Fridgen*, § 270a Rn. 12; s. auch MüKoInsO/*Kern*, § 270a Rn. 52.
[21] MüKoInsO/*Kern*, § 270a Rn. 23.
[22] MüKoInsO/*Kern*, § 270a Rn. 23.
[23] AA MüKoInsO/*Kern*, § 270a Rn. 16.
[24] MüKoInsO/*Kern*, § 270a Rn. 16.
[25] MüKoInsO/*Kern*, § 270a Rn. 17.

venzgerichts. Im Ausgangspunkt kann sich das Insolvenzgericht bei seiner Prognose sämtlicher Erkenntnisquellen bedienen, die im Rahmen seiner Amtsermittlungspflicht zur Verfügung stehen.[26] Die Frage ist allerdings, in welchem Umfang eine solche Ermittlungspflicht besteht. Teilweise wird die Ansicht vertreten, dass mit Blick auf die vom Gesetz vorgesehene Evidenzkontrolle es dem Insolvenzgericht verwehrt ist, eigenständige Ermittlungen anzustellen.[27] Hiergegen spricht aber, dass der Amtsermittlungsgrundsatz des § 5 InsO weder dem Gesetzeswortlaut noch der Gesetzesbegründung zufolge außer Kraft gesetzt ist. Das Insolvenzgericht kann mithin sehr wohl den Schuldner nach mit der Eigenverwaltung einhergehenden Nachteilen zulasten der Gläubiger befragen. Daher ist es für den Schuldner auch nicht günstig, wenn er keine begleitenden und erläuternden Ausführungen zu seiner Antragstellung macht. Einen Vertrauensvorschuss auf „blinder Tatsachengrundlage" kann es nicht geben.[28] Wesentliche Erkenntnisquellen des Insolvenzgerichts sind daher vor allem der Insolvenzantrag des Schuldners nebst Anlagen und der Eigenverwaltungsantrag. Weitere Erkenntnisquellen in diesem Stadium können auch Schutzschriften von Gläubigern (→ § 87 Rn. 15) sein. Umstritten ist, ob das Insolvenzgericht im Rahmen der Evidenzkontrolle einen Sachverständigen hinzuziehen kann. Richtiger Ansicht nach wird das Insolvenzgericht einen solchen nicht mit Detailuntersuchungen beauftragen können, für die keinerlei Anknüpfungstatsachen im gegenwärtigen Zeitpunkt vorliegen. Wohl aber kann das Insolvenzgericht den Sachverständigen im Rahmen seiner Amtsermittlungspflicht mit der Überprüfung der Angaben des Schuldners betrauen.[29]

d) *Laufende Überprüfung der Entscheidungsgrundlagen.* Im Anwendungsbereich des § 21 InsO kann das Insolvenzgericht – bis zur Entscheidung über den Eröffnungsantrag – soweit erforderlich neue Sicherungsmaßnahmen anordnen bzw. bestehende abändern. Erforderlich ist dies im vorgenannten Sinne immer dann, wenn es darum geht, eine für den Gläubiger nachteilige Veränderung der Vermögenslage des Schuldners zu verhüten. Nichts anderes gilt im Anwendungsbereich des § 270a InsO. Hielt daher beispielsweise das Insolvenzgericht die Voraussetzungen des § 270a I InsO zunächst für gegeben, ergibt sich dann aber im weiteren Verlauf des Eröffnungsverfahrens, dass die Anordnung der Eigenverwaltung offensichtlich aussichtslos ist, kann das Insolvenzgericht sämtliche nach § 21 InsO erforderlichen Sicherungsmaßnahmen anordnen.[30] Um prüfen zu können, ob eine Änderung der Sicherungsmaßnahmen erforderlich ist, kann das Insolvenzgericht den Schuldner und den vorläufigen Sachwalter regelmäßig zur Berichterstattung auffordern.[31]

3. Die Entscheidung des Gerichts. Die Entscheidung des Gerichts ist eine Entscheidung über eine Sicherungsmaßnahme.[32] Das Insolvenzgericht muss vor seiner Entscheidung dem vorläufigen Gläubigerausschuss nicht die Gelegenheit zur Äußerung geben.[33] Bestellt es einen vorläufigen Sachwalter, so erfolgt dies durch Beschluss. Sieht das Insolvenzgericht vom Erlass bestimmter Sicherungsmaßnahmen ab, bedarf dies keiner förmlichen Entscheidung.[34] Hat das Insolvenzgericht – trotz Antrag auf Eigenverwaltung – Sicherungsmaßnahmen nach § 270a I Nr. 1 oder Nr. 2 InsO angeordnet,

---

[26] *Hofmann*, Eigenverwaltung Rn. 317.
[27] So *Brinkmann/Zipperer* ZIP 2011, 1337, 1342.
[28] BerlK/*Spliedt/Fridgen*, § 270a Rn. 4.
[29] In diesem Sinne wohl auch *Hofmann*, Eigenverwaltung Rn. 317; BerlK/*Spliedt/Fridgen*, § 270a Rn. 4.
[30] MüKoInsO/*Kern*, § 270a Rn. 24.
[31] *Hofmann*, Eigenverwaltung Rn. 320.
[32] MüKoInsO/*Kern*, § 270a Rn. 27.
[33] MüKoInsO/*Kern*, § 270a Rn. 22.
[34] MüKoInsO/*Kern*, § 270a Rn. 50.

steht dem Schuldner nach § 21 I 2 InsO die sofortige Beschwerde zu. Hat das Insolvenzgericht einen vorläufigen Sachwalter und keinen vorläufigen Insolvenzverwalter bestellt, so steht den Gläubigern hiergegen kein Rechtsmittel offen.

10 **a)** *Der Antrag ist offensichtlich aussichtslos.* Ist der Antrag offensichtlich aussichtslos, bleibt es bei den allgemeinen Sicherungsmaßnahmen. Hat der Schuldner den Eröffnungsantrag bei drohender Zahlungsunfähigkeit gestellt und die Eigenverwaltung beantragt, schützt § 270a II InsO den Schuldner vor einem ungewollten Verlust seiner Verfügungsbefugnis. Das Gericht hat dem Schuldner nämlich – wenn es die Voraussetzungen der Eigenverwaltung als nicht gegeben ansieht – seine Bedenken mitzuteilen und ihm die Gelegenheit zu geben, den Eröffnungsantrag vor der Entscheidung über die Eröffnung zurückzunehmen. Die Vorschrift ist nur anwendbar, wenn der Antrag tatsächlich bei drohender Zahlungsunfähigkeit gestellt wurde. Nicht ausreichend ist, wenn sich der Schuldner auf den Auslösetatbestand des § 18 InsO lediglich beruft, in Wirklichkeit aber Zahlungsunfähigkeit vorliegt. Freilich kann der Schuldner stets – dh bis zur Eröffnung des Insolvenzverfahrens – den Eröffnungsantrag zurücknehmen. Die Mitteilung der Bedenken durch das Insolvenzgericht hat nicht nur vor Eröffnung des Insolvenzverfahrens, sondern so rechtzeitig zu erfolgen, dass der Schuldner durch Rücknahme des Antrags auch die Anordnung von Sicherungsmaßnahmen nach § 21 InsO verhindern kann; denn Sinn und Zweck des § 270a II InsO ist es ja gerade, eine Sanierung des Unternehmens vor allen Dingen still zu ermöglichen.[35]

11 **b)** *Antrag ist nicht offensichtlich aussichtslos.* Ist der Antrag nicht offensichtlich aussichtslos, ordnet das Insolvenzgericht – in aller Regel – die vorläufige Eigenverwaltung an. Zu beachten ist allerdings, dass § 270 I 1 InsO als Soll-Vorschrift formuliert ist. Bei Vorliegen besonderer Umstände kann daher das Insolvenzgericht auch dann, wenn die Voraussetzungen des § 270a InsO gegeben sind, einen vorläufigen Insolvenzverwalter bestellen.[36] Wann derartige besondere Umstände vorliegen, ist fraglich. Mitunter wird ein derartiger atypischer Fall angenommen, wenn der Antrag auf Eigenverwaltung zwar nicht offensichtlich, wohl aber überwiegend aussichtslos ist.[37] Ein atypischer Fall kann auch dann vorliegen, wenn der Antrag auf Anordnung der Eigenverwaltung zwar nicht aussichtslos, zusätzliche Sicherungsmaßnahmen in Gestalt eines Zustimmungsvorbehalts aber dennoch erforderlich sind, um die Gläubiger vor Nachteilen zu schützen.[38]

12 aa) *Vorläufiger Sachwalter.* § 270a I 2 InsO sieht vor, dass das Insolvenzgericht anstelle eines vorläufigen Insolvenzverwalters einen vorläufigen Sachwalter bestellen soll. Dies ist dahingehend zu lesen, dass das Insolvenzgericht, wenn es von der Bestellung eines vorläufigen Insolvenzverwalters absieht, einen vorläufigen Sachwalter bestellen muss.[39] Für die Auswahl des vorläufigen Sachwalters gelten die Vorschriften über die Auswahl des Insolvenzverwalters entsprechend (§§ 270a I 2, 274 I, 56, 56a InsO). Bei der Auswahl des vorläufigen Sachwalters steht dem Insolvenzgericht ein weites Auswahlermessen zu.[40] Vor der Bestellung des vorläufigen Sachwalters ist grundsätzlich der vorläufige Gläubigerausschuss zu hören.[41] Spricht dieser sich einstimmig für eine bestimmte Person aus, kann das Gericht von dem Vorschlag nur abweichen, wenn diese Person ungeeignet ist (§§ 56a II 1, 56 I 1 InsO).[42] Legt der vorläufige Gläubigerausschuss das Anforde-

---

[35] BerlK/*Spliedt/Fridgen*, § 270a Rn. 15.
[36] HKInsO/*Landfermann*, § 270a Rn. 6; *K. Schmidt/Undritz*, § 270a Rn. 3; MüKoInsO/*Kern*, § 270a Rn. 29.
[37] BerlK/*Spliedt/Fridgen*, § 270a Rn. 5.
[38] *Landfermann* WM 2012, 869, 871.
[39] MüKoInsO/*Kern*, § 270a Rn. 31.
[40] *Kübler/Hofmann* HRI § 6 Rn. 23.
[41] BerlK/*Spliedt/Fridgen*, § 270a Rn. 10.
[42] HKInsO/*Landfermann*, § 270a Rn. 8; *Kübler/Hofmann* HRI § 6 Rn. 24.

rungsprofil für den vorläufigen Sachwalter durch Mehrheitsbeschluss fest, ist dieses vom Insolvenzgericht zu beachten (§ 56a II 2 InsO). An einen Vorschlag des Schuldners ist das Insolvenzgericht nicht gebunden.[43] Für die Rechtsstellung des vorläufigen Sachwalters verweist § 270a I 2 InsO auf die §§ 274, 275 InsO (zu alldem → § 90 Rn. 84 ff.).

bb) *Sonstige Sicherungsmaßnahmen.* § 270a I InsO schränkt die Anordnung von Sicherungsmaßnahmen nach § 21 InsO dahingehend ein, dem Schuldner kein allgemeines Verfügungsverbot oder aber Verfügungsverbote mit Zustimmungsvorbehalt aufzuerlegen. Das Insolvenzgericht kann daher weitere (in § 270a I 1 InsO nicht genannte) Sicherungsmaßnahmen anordnen, etwa die Untersagung oder vorläufige Einstellung von Zwangsvollstreckungsmaßnahmen.[44] Auch kann das Insolvenzgericht anordnen, dass bestimmte Geschäfte des Schuldners mit Außenwirkung nur mit Zustimmung des vorläufigen Sachwalters möglich sind.[45] Eine öffentliche Bekanntmachung der Bestellung des vorläufigen Sachwalters sieht das Gesetz nicht vor. Ob daher eine solche erfolgen muss, ist umstritten.[46] Richtiger Ansicht nach steht sie im Ermessen des Gerichts.[47] Im Einzelfall kann es freilich hilfreich sein, Lieferanten und wichtige Gläubiger von der vorläufigen Eigenverwaltung zu unterrichten.[48] **13**

cc) *Sonstige Rechtsfolgen.* Ist der Antrag auf Eigenverwaltung nicht offensichtlich aussichtslos, belässt das Insolvenzgericht die Verwaltungs- und Verfügungsbefugnis – grundsätzlich – beim Schuldner. Fraglich ist auch hier, ob diese Befugnis auf der privatrechtlichen Rechtsstellung des Schuldners vor Antragstellung oder aber auf einer entsprechenden (Sicherungs-)Anordnung des Insolvenzgerichts beruht. Die wohl überwiegende Ansicht sieht in dem vorläufigen Eigenverwalter – anders als bei eröffneter Eigenverwaltung (→ § 87 Rn. 51) – (mangels entsprechender Anordnung des Insolvenzgerichts) keinen Amtswalter in eigener Sache,[49] mit der Folge, dass – beispielsweise – auch kein Raum ist, § 240 S. 2 ZPO entsprechend anzuwenden.[50] **14**

III. Das Schutzschirmverfahren

1. Überblick. Das Schutzschirmverfahren (§ 270b InsO) ist eine Unterart bzw. Variante der vorläufigen Eigenverwaltung.[51] Der Gesetzgeber hat mit dem Schutzschirmverfahren kein Eröffnungsverfahren eigener Art geschaffen und mithin am Gedanken eines einheitlichen Insolvenzverfahrens festgehalten. Insoweit unterscheidet sich das Schutzschirmverfahren konzeptionell vom englischen „company voluntary arrangement" oder der französischen „procédure de sauvegarde", bei denen es sich um eigenständige Sanierungsverfahren im Vorfeld der Insolvenz handelt.[52] **15**

---

[43] AG München BeckRS 2012, 14972.
[44] BerlK/*Spliedt/Fridgen*, § 270a Rn. 6; MüKoInsO/*Kern*, § 270a Rn. 48 f.; HKInsO/*Landfermann*, § 270a Rn. 5.
[45] HKInsO/*Landfermann*, § 270a Rn. 5.
[46] Dagegen K. *Schmidt/Undritz*, § 270a Rn. 5; HKInsO/*Landfermann*, § 270a Rn. 12; BerlK/*Spliedt/Fridgen*, § 270a Rn. 10a; *Horstkotte* ZInsO 2012, 1161; MüKoInsO/*Kern*, § 270a Rn. 32; aA *Frind* ZIP 2012, 1591; FKInsO/*Foltis*, § 270a Rn. 23.
[47] AG Göttingen NZI 2012, 1008, 1009. Auch die Veröffentlichung der Bestellung eines vorläufigen Insolvenzverwalters ist nur vorgesehen, wenn dem Schuldner ein allgemeines Verfügungsverbot oder ein Zustimmungsvorbehalt auferlegt wurde (§ 23 I 1 InsO).
[48] HKInsO/*Landfermann*, § 270a Rn. 12.
[49] *Hofmann*, Eigenverwaltung Rn. 325 f.
[50] LG Freiburg BeckRS 2014, 09468.
[51] OLG Naumburg ZIP 2014, 1452; FKInsO/*Foltis*, § 270b Rn. 6; *Kolmann*, Schutzschirmverfahren Rn. 192; *Hofmann*, Eigenverwaltung Rn. 388.
[52] HKInsO/*Landfermann*, § 270b Rn. 4.

16 Das Schutzschirmverfahren kommt nur bei einem entsprechenden Antrag in Betracht. Ebenso wie das vorläufige Eigenverwaltungsverfahren will auch das Schutzschirmverfahren einen Anreiz für eine frühzeitige Einleitung des Insolvenzverfahrens setzen.[53] Soll der Schuldner das Insolvenzverfahren frühzeitig – insbesondere bereits bei drohender Zahlungsunfähigkeit – einleiten, besteht allerdings die Gefahr, dass er noch nicht hinreichend Zeit hatte, einen Sanierungsplan fertig auszuarbeiten. Das Schutzschirmverfahren schafft einen begrenzten Zeitraum (bis zu drei Monaten), in dem dies nachgeholt werden kann, bis das Insolvenzgericht über den Eröffnungsantrag entscheidet. In dieser Zeit muss der Schuldner nicht befürchten, dass der Geschäftsbetrieb durch Vollstreckungen oder Verwertung von Sicherheiten durch Gläubiger, die der Sanierung ablehnend gegenüberstehen, zum Erliegen gebracht wird oder er die Kontrolle über sein Vermögen verliert.[54] Allerdings gewährt das Schutzschirmverfahren kein Moratorium iS eines Schutzes vor Vertragskündigungen oder Fälligstellungen seitens der Gläubiger.[55]

17 Gegenüber § 270a InsO bietet das Schutzschirmverfahren eine größere Planungssicherheit; denn der Schuldner ist in die Auswahl des vorläufigen Sachwalters nicht nur einbezogen (§ 270a I 2, 274 I, 56a InsO). Vielmehr darf das Gericht von einem Vorschlag des Schuldners nur bei offensichtlicher Ungeeignetheit abweichen (§ 270b II 2 InsO). Darüber hinaus besteht eine Verpflichtung des Gerichts, auf Antrag des Schuldners Vollstreckungsschutz gemäß § 21 II 1 Nr. 3 InsO anzuordnen (§ 270b II 3 InsO). Schließlich besteht auch eine Verpflichtung des Gerichts, den Schuldner auf seinen Antrag hin zur Begründung von Masseverbindlichkeiten zu ermächtigen (§ 270b III InsO). Anders aber als die vorläufige Eigenverwaltung ist das Ziel des Schutzschirmverfahrens (grundsätzlich, → Rn. 47) auf die Vorlage eines Insolvenzplans ausgerichtet, der dann im eröffneten Verfahren zur Abstimmung gelangt. Schließlich wird auch darauf hingewiesen, dass das Schutzschirmverfahren in der Öffentlichkeit mit einem geringeren Makel behaftet ist, da es auch als „Verfahren zur Vorbereitung einer Sanierung bezeichnet wird".[56]

18 In der Literatur wird darauf hingewiesen, dass das Schutzschirmverfahren nicht nur Vorteile, sondern auch Risiken gegenüber dem vorläufigen Eigenverwaltungsverfahren birgt. Diese werden vor allem in Unwägbarkeiten gesehen, etwa ob die Dreimonatsfrist ausreicht, um einen Insolvenzplan zu erstellen bzw. fertigzustellen, ob das Gericht die für das Schutzschirmverfahren erforderliche Bescheinigung als ausreichend anerkennt bzw. den vom Schuldner „mitgebrachten" vorläufigen Sachwalter bestellt.[57] Auch wird mitunter darauf hingewiesen, dass das Verfahren nach § 270a InsO weniger schnell aufgehoben werden kann als ein Schutzschirmverfahren, die vorläufige Eigenverwaltung also „stabiler" ist.[58] Teilweise wird gar behauptet, dass das Verfahren nach § 270a InsO gegenüber demjenigen in § 270b InsO vorzugswürdig ist. Dem kann so nicht gefolgt werden. Vielmehr kommt es auf die Umstände des Einzelfalles an. Zudem dürften die zitierten Unwägbarkeiten mit zunehmender Praxiserfahrung deutlich abnehmen.

19 **2. Voraussetzungen.** Das Schutzschirmverfahren setzt (zwingend) drei Anträge voraus.[59] Zum einen muss der Schuldner einen eigenen Eröffnungsantrag (§ 13 InsO) gestellt haben. Darüber hinaus muss der Schuldner die Anordnung der Eigenverwaltung beantragt haben. Nicht notwendig, aber anzuraten ist, dass beide Anträge zeitgleich

---

[53] FKInsO/*Foltis*, § 270b Rn. 1; *Hofmann*, Eigenverwaltung Rn. 390.
[54] FKInsO/*Foltis*, § 270b Rn. 1; s. auch LG Stendal LSK 2013, 470554; *Kolmann*, Schutzschirmverfahren Rn. 193 f.
[55] *Kolmann*, Schutzschirmverfahren Rn. 196.
[56] *Schelo* ZIP 2012, 712, 715.
[57] S. zu den Risiken *Pape* ZIP 2013, 2285, 2288 f.
[58] *Schelo* ZIP 2012, 712, 714 f.
[59] FKInsO/*Foltis*, § 270b Rn. 9; *K. Schmidt/Undritz*, § 270b Rn. 2.

gestellt werden.⁶⁰ Schließlich hat der Schuldner einen Antrag zur Fristbestimmung zur Vorlage des Insolvenzplans zu stellen. Adressat aller dieser Anträge ist das Insolvenzgericht. Über die vorstehenden zwingenden Anträge hinaus kann der Schuldner auch (optional) noch weitere Anträge stellen (→ Rn. 54).

a) *Eröffnungsantrag.* Das Schutzschirmverfahren setzt voraus, dass der Schuldner den Eröffnungsantrag gestellt hat. Insoweit gelten die §§ 13 ff. InsO. Zudem muss der Eröffnungsantrag „bei" drohender Zahlungsunfähigkeit oder Überschuldung gestellt worden sein. Aus dem Wort „bei" folgt, dass es nicht auf die formale Begründung des Antrags durch den Schuldner ankommt. Vielmehr ist entscheidend, ob drohende Zahlungsunfähigkeit bzw. Überschuldung tatsächlich vorliegen.⁶¹ Wurde der Eröffnungsantrag bei Zahlungsunfähigkeit gestellt, scheidet das Schutzschirmverfahren aus.⁶² Der Schuldner sollte gegenüber dem Insolvenzgericht diese Voraussetzung darlegen und nicht nur auf den Inhalt der Bescheinigung (→ Rn. 37) verweisen. **20**

Maßgebend ist die wirtschaftliche Lage des Schuldners im Zeitpunkt des Eröffnungsantrags. Tritt die Zahlungsunfähigkeit nach diesem Zeitpunkt im weiteren Verlauf des Verfahrens ein, schließt dies das Schutzschirmverfahren nicht (automatisch) aus.⁶³ Dies folgt nicht zuletzt auch aus § 270b IV InsO, wonach der Eintritt der Zahlungsunfähigkeit kein zwingender Grund für das Gericht ist, das Schutzschirmverfahren aufzuheben (→ Rn. 58 f.). Maßgebend ist der Zeitpunkt der Insolvenzantragstellung auch dann, wenn der Eröffnungsantrag und der Antrag auf Anordnung des Schutzschirms nicht zeitgleich gestellt werden.⁶⁴ Hat der Schuldner letzteren Antrag erst einige Tage später gestellt, ist das Schutzschirmverfahren nicht von vornherein schon deshalb ausgeschlossen, weil der Schuldner zu diesem Zeitpunkt zahlungsunfähig ist.⁶⁵ Daraus folgt freilich nicht, dass die Frage, ob nach Stellung des Eröffnungsantrags Zahlungsunfähigkeit eintritt oder nicht, für das Schutzschirmverfahren ohne Bedeutung ist. Ist der (spätere, zeitnahe) Eintritt der Zahlungsunfähigkeit bereits im Zeitpunkt des Eröffnungsantrags absehbar, wird man nämlich an die weitere Voraussetzung des Schutzschirmverfahrens, dass die Sanierung des Schuldners nicht offensichtlich aussichtslos sein darf (→ Rn. 23 ff., 38 ff.), besonders strenge Anforderungen stellen müssen. Ebenso zu lösen sind die Fälle, in denen der Schuldner den Auslöseetatbestand der drohenden Zahlungsunfähigkeit durch kurzfristige Stundungsvereinbarungen mit den wesentlichen Gläubigern „produziert" und bereits absehbar ist, dass die Zahlungsunfähigkeit mit Ablauf des (mit den Gläubigern vereinbarten) Moratoriums in Kürze wieder eintreten wird.⁶⁶ Auch hier bedarf es keines Abgehens von der stichtagsbezogenen Betrachtungsweise.⁶⁷ Vielmehr ist den Gläubigerinteressen dadurch Rechnung zu tragen, dass strengere Maßstäbe an die weitere Voraussetzung des Schutzschirmverfahrens gestellt werden, nämlich dass die Sanierung nicht offensichtlich aussichtslos sein darf. **21**

Liegt allein ein Fremdantrag vor, kommt das Schutzschirmverfahren nach dem ausdrücklichen Wortlaut des § 270b I InsO nicht in Betracht.⁶⁸ Fraglich ist, ob Gleiches gilt, wenn ein Gläubiger vor dem Schuldner einen Eröffnungsantrag gestellt hat. Die Frage stellt sich freilich nur, wenn der Gläubigerantrag als solcher zulässig ist.⁶⁹ Das Ge- **22**

---

⁶⁰ BerlK/*Spliedt/Fridgen*, § 270b Rn. 9; FKInsO/*Foltis*, § 270b Rn. 10.
⁶¹ AA FKInsO/*Foltis*, § 270b Rn. 12.
⁶² *Hölzle* ZIP 2012, 158, 160; HKInsO/*Landfermann*, § 270b Rn. 12.
⁶³ HKInsO/*Landfermann*, § 270b Rn. 12; Braun/*Riggert*, § 270b Rn. 3; *Hölzle* ZIP 2012, 158, 160; aA AG Ludwigshafen ZInsO 2014, 1452, 1453 f.
⁶⁴ BerlK/*Spliedt/Fridgen*, § 270b Rn. 6.
⁶⁵ AA FKInsO/*Foltis*, § 270b Rn. 19.
⁶⁶ S. zu einem solchen Fall AG Erfurt BeckRS 2012, 09659.
⁶⁷ AA *Rendels* INDat-Report 04/2012, S. 50, 53.
⁶⁸ AA FKInsO/*Foltis*, § 270b Rn. 10.
⁶⁹ *Kolmann*, Schutzschirmverfahren Rn. 681.

setz enthält keine Aussage für den Fall konkurrierender Fremd- und Eigenanträge. Richtiger Ansicht nach sperrt daher ein zeitlich vorgehender Gläubigerantrag das Schutzschirmverfahren nicht.[70] Wohl aber kann ein Gläubigerantrag Anlass für das Insolvenzgericht sein, die Voraussetzungen des Schutzschirmverfahrens besonders zu prüfen.[71] Dies gilt insbesondere dann, wenn der Gläubiger den Fremdantrag – wie in der Praxis üblich – auf den Auslösetatbestand der Zahlungsunfähigkeit gestützt hat. In einem solchen Fall ist für das Schutzschirmverfahren nur Raum, wenn der Schuldner das Vorliegen der Zahlungsunfähigkeit im Anhörungsverfahren widerlegen kann.

23 **b)** *Sanierung nicht offensichtlich aussichtslos.* Die mit dem Schutzschirmverfahren bezweckte Sanierung darf nicht offensichtlich aussichtslos sein. Auch insoweit wird empfohlen, dass der Schuldner die wesentlichen Umstände dem Insolvenzgericht gegenüber (in seinem Schutzschirmantrag) darlegt und nicht lediglich auf die Bescheinigung (→ Rn. 38) verweist.[72]

24 aa) *Sanierung bezweckt.* Aus dem Wortlaut des § 270b InsO folgt, dass der Schutzschirm nur in Betracht kommt, wenn die „Sanierung" bezweckt ist (zu dem Begriff der Sanierung, → Rn. 38). Gemeint ist damit nicht nur ein subjektiver Sanierungswille. Vielmehr muss der Schuldner im Zeitpunkt der Antragstellung zumindest bereits ein Grobkonzept haben.[73] Dies folgt nicht zuletzt auch daraus, dass der Schuldner eine Bescheinigung eines „Experten" beilegen muss, die das Sanierungskonzept bewertet (→ Rn. 39f.). Das wiederum ist nur möglich, wenn nicht nur alle Grundlagen vor- und aufbereitet sind, sondern das Sanierungskonzept in seinen Kernpunkten bekannt und erstellt ist.[74] Da aber das Schutzschirmverfahren gerade dazu dient, das Sanierungskonzept noch vollständig auszuarbeiten, dürfen an die Ausgestaltung desselben keine überspannten Anforderungen angelegt werden.[75] Fraglich ist, ob die Sanierung auf einem Insolvenzplan fußen muss. Mitunter wird vertreten, dass die angestrebte Sanierung auch anders verwirklicht werden kann, etwa durch eine übertragende Sanierung.[76] Freilich kann auch eine solche durch einen Insolvenzplan umgesetzt werden. Da das Schutzschirmverfahren ohnehin den Schuldner nach Fristablauf nicht zur Vorlage eines Insolvenzplans verpflichtet (→ Rn. 47), ist es richtiger Ansicht nach unschädlich, wenn der Schuldner von dem Ziel, den Rechtsträger mithilfe eines Insolvenzplans zu sanieren, auf eine übertragende Sanierung übergeht; denn letztlich will die InsO nicht eine bestimmte Art der Sanierung privilegieren.[77]

25 bb) *Aussichtslosigkeit.* Aussichtslos ist die beabsichtigte Sanierung, wenn sich diese – im Zeitpunkt der Beantragung des Schutzschirms – nicht umsetzen lässt. Das ist etwa der Fall, wenn der vorläufige Gläubigerausschuss oder die wichtigsten Gläubiger das Sanierungskonzept ablehnen.[78] Gleiches gilt, wenn einzelne Beteiligte, auf deren Zustimmung der Schuldner bei der Umsetzung des Konzepts angewiesen ist, ihre Zustimmung hierzu endgültig verweigert haben, eine für die Fortführung des Unternehmens notwendige Konzession entzogen wurde oder eine endgültige Gewerbeuntersagung der Sanierung die Grundlage entzieht.[79] Aussichtslos ist die Sanierung zudem in den Fällen,

---

[70] *Kolmann,* Schutzschirmverfahren Rn. 682.
[71] *Kolmann,* Schutzschirmverfahren Rn. 683; weitergehend *Hölzle,* Praxisleitfaden ESUG, § 270b Rn. 11, wonach in einem solchen Fall das Schutzschirmverfahren gesperrt ist.
[72] FKInsO/*Foltis,* § 270b Rn. 19.
[73] BerlK/*Spliedt/Fridgen,* § 270b Rn. 10.
[74] *Kolmann,* Schutzschirmverfahren Rn. 250.
[75] FKInsO/*Foltis,* § 270b Rn. 19.
[76] HKInsO/*Landfermann,* § 270b Rn. 15.
[77] HKInsO/*Landfermann,* § 270b Rn. 15.
[78] HKInsO/*Landfermann,* § 270b Rn. 14.
[79] HKInsO/*Landfermann,* § 270b Rn. 14.

in denen das Schutzschirmverfahren missbräuchlich beantragt wird.[80] Der absehbare Nichteintritt der Zahlungsunfähigkeit während des Schutzschirmverfahrens ist keine Voraussetzung dafür, dass der Antrag nicht aussichtslos ist (→ Rn. 37, 58 f.).[81] Fraglich ist, ob die Sanierung aussichtslos ist, wenn das Unternehmen keinen Platz mehr im Wettbewerb hat, weil seine Technologie veraltet, der Investitionsrückstau unaufholbar oder der Kundenstamm weggebrochen ist.[82] Hier mögen zwar mithilfe eines Insolvenzplans die finanzwirtschaftlichen Probleme (kurzfristig) beseitigt werden können. Das strategische Problem des Unternehmens am Markt kann jedoch mithilfe des Insolvenzplans nicht beseitigt werden. Richtiger Ansicht nach sollte in diesen Fällen, in denen über den Insolvenzplan nur eine kurzfristige finanzwirtschaftliche, nicht aber eine dauerhafte bzw. belastbare Sanierung erreicht werden kann, das Schutzschirmverfahren nicht eröffnet werden.[83] Aussichtslos ist die Sanierung auch dann, wenn das Unternehmen über keine vollständige und verlässliche Finanzbuchhaltung verfügt; denn sind aktuelle Finanzdaten nicht abrufbar, steuert das Unternehmen „blind", mit der Folge, dass jeglicher Sanierungsversuch von vornherein zum Scheitern verurteilt ist.[84] Gleiches gilt, wenn sich mithilfe der beabsichtigten Sanierungsmaßnahmen die Insolvenzgründe nicht beseitigen lassen.[85] In aller Regel wird die Sanierung auch dann aussichtslos sein, wenn der Geschäftsbetrieb des Schuldners bereits eingestellt ist; denn hier sind die Hürden für eine Sanierungsfähigkeit besonders hoch.[86]

cc) *Offensichtlichkeit*. Der Antrag ist „offensichtlich" aussichtslos, wenn auf der Grundlage einer Evidenzkontrolle mit an Sicherheit grenzender Wahrscheinlichkeit feststeht, dass das Sanierungskonzept keine Chance auf Erfolg hat. Bestehen lediglich Zweifel, ob die Sanierung Erfolg haben wird, scheitert der Schutzschirmantrag nicht. Besteht also noch die (geringe) Chance, dass ein Gläubiger, auf dessen Mitwirkung der Schuldner bei Umsetzung der Sanierung angewiesen ist, seine Zustimmung erteilt, darf die Anordnung des Schutzschirms nicht verweigert werden.[87]

c) *Antrag auf Fristbestimmung*. Der Schuldner hat – neben dem Eröffnungsantrag und dem Antrag auf Eigenverwaltung – noch einen weiteren Antrag zu stellen, nämlich auf Festsetzung einer gerichtlichen Frist zur Vorlage des Insolvenzplans. Der Antrag kann – bis zur Entscheidung des Gerichts hierüber – vom Schuldner wieder zurückgenommen werden.[88]

aa) *Antragsberechtigung*. Die Antragsberechtigung erlischt mit dem das Eröffnungsverfahren beendenden Beschluss des Gerichts.[89] Fraglich ist, wonach sich die Antragsberechtigung richtet, sofern der Schuldner eine juristische Person oder eine Gesellschaft ohne Rechtspersönlichkeit ist. Für die Vorlageberechtigung in Bezug auf den Insolvenzplan wird mitunter die Ansicht vertreten, dass insoweit – unabhängig von der Ausgestaltung der gesellschaftsrechtlichen Vertretungsbefugnis – Gesamtvertretungsbefugnis in einem mehrköpfigen Leitungsgremium besteht.[90] Das ist jedoch abzulehnen. Vielmehr kommt es insoweit auf die gesellschaftsrechtlichen Vertretungsregeln an.[91] Für die Antragsberechtigung in Bezug auf die Festsetzung der Frist nach § 270b InsO kann –

---

[80] S. hierzu die Beispiele bei *Zipperer/Vallender* NZI 2012, 729, 734.
[81] AA FKInsO/*Foltis*, § 270b Rn. 20.
[82] S. hierzu *Kolmann*, Schutzschirmverfahren Rn. 254.
[83] In diesem Sinne auch *Kolmann*, Schutzschirmverfahren Rn. 254.
[84] S. auch *Kolmann*, Schutzschirmverfahren Rn. 256.
[85] *Kolmann*, Schutzschirmverfahren Rn. 557.
[86] *Hölzle*, Praxisleitfaden ESUG § 270b Rn. 12.
[87] S. auch HKInsO/*Landfermann*, § 270b Rn. 14.
[88] AA *Kolmann*, Schutzschirmverfahren Rn. 712: bis zur Entscheidung über den Eröffnungsantrag.
[89] FKInsO/*Foltis*, § 270b Rn. 10.
[90] *K. Schmidt/Spliedt*, 218 Rn. 6.
[91] HKInsO/*Haas*, § 218 Rn. 7.

ebenso wie für den Antrag auf Eigenverwaltung – nichts anderes gelten.[92] In Bezug auf die Geschäftsführungsbefugnis steht die Antragstellung – weil außergewöhnliche Maßnahme – auch bei Ressortverteilung in der Gesamtgeschäftsführungsbefugnis des mehrköpfigen Leitungsorgans. Handelt es sich bei dem Schuldner um eine GmbH, können die Gesellschafter die Geschäftsführer auch anweisen, den Antrag zu stellen oder nicht zu stellen. Insoweit besteht dann eine Folgepflicht der Geschäftsführer.

29   bb) *Zeitpunkt*. Der Antrag kann, muss aber nicht gleichzeitig mit dem Eröffnungs- und dem Antrag auf Eigenverwaltung gestellt werden, sondern kann den beiden anderen Anträgen auch nachfolgen.[93] Eine zeitliche Grenze, innerhalb derer der Antrag zu stellen ist, sieht das Gesetz nicht vor. Letztlich kann mithin der Antrag bis zur Entscheidung des Gerichts über den Eröffnungsantrag nachgeschoben werden. Folglich kann – soweit die Voraussetzungen gegeben sind – ein vorläufiges Eigenverwaltungsverfahren auch als Schutzschirmverfahren fortgeführt werden.[94]

30   cc) *Inhalt*. Der Schuldner kann, muss aber keine bestimmte Frist beantragen.[95] Er kann die Bestimmung der Frist auch in das Ermessen des Gerichts stellen. Aus dem Sanierungskonzept bzw. der Bescheinigung wird sich in aller Regel für das Gericht entnehmen lassen, wie der Stand des Sanierungskonzeptes ist und welche Zeit – mit Blick auf die Gläubigerstruktur und die Komplexität des Schuldnerunternehmens – erforderlich ist, um dieses abschließend auszuarbeiten.[96] Maximal kann eine Frist bis zu drei Monaten begehrt und gewährt werden. Hat der Schuldner zunächst eine kürzere Frist beantragt, kann er eine längere nachschieben (vorausgesetzt, die Gesamtlänge geht nicht über drei Monate hinaus).[97]

31   d) *Die Bescheinigung*. Der Schuldner hat nach § 270b I 3 InsO mit dem Antrag auf Fristbestimmung eine mit Begründung versehene Bescheinigung eines in Insolvenzsachen erfahrenen Experten vorzulegen, aus der sich ergibt, dass drohende Zahlungsunfähigkeit oder Überschuldung, aber keine Zahlungsunfähigkeit vorliegt und die angestrebte Sanierung nicht offensichtlich aussichtslos ist. Die Bescheinigung ist ein schriftliches Dokument, das in deutscher Sprache ausgestellt sein[98] und die Einschätzung des Bescheinigers aus eigener Wahrnehmung wiedergeben muss.[99] Der Aussteller der Bescheinigung muss sich also mit den Gegebenheiten des Unternehmens sowie den Krisenursachen vertraut machen.[100] Da die Ausstellung der Bescheinigung in aller Regel einige Zeit in Anspruch nehmen wird, ist der Schuldner gut beraten, wenn er diese frühzeitig in Auftrag gibt, um nicht durch die weitere wirtschaftliche Abwärtsentwicklung vor vollendete Tatsachen gestellt zu werden.[101] Zum Inhalt der Bescheinigung haben der Bundesverband Deutscher Unternehmensberater eV[102] und das Institut der Wirtschaftsprüfer einen Entwurfstandard (ES 9)[103] vorgelegt. Teilweise haben diese Standards in der Literatur deutliche Kritik erfahren hat.[104] Sie sollten daher nicht unbesehen

---

[92] HKInsO/*Landfermann*, § 270b Rn. 17; *Gutmann/Laubereau* ZInsO 2012, 1862 f.; aA FKInsO/*Foltis*, § 270b Rn. 10, 15.
[93] FKInsO/*Foltis*, § 270b Rn. 17.
[94] FKInsO/*Foltis*, § 270b Rn. 17; *Kolmann*, Schutzschirmverfahren Rn. 616.
[95] *Kolmann*, Schutzschirmverfahren Rn. 619.
[96] *K. Schmidt/Undritz*, § 270b Rn. 2.
[97] FKInsO/*Foltis*, § 270b Rn. 26; HKInsO/*Landfermann*, § 270b Rn. 32; *Kolmann*, Schutzschirmverfahren Rn. 622.
[98] BerlK/*Spliedt/Fridgen*, § 270b Rn. 16.
[99] HKInsO/*Landfermann*, § 270b Rn. 26.
[100] *Kolmann*, Schutzschirmverfahren Rn. 345.
[101] S. auch *Kolmann*, Schutzschirmverfahren Rn. 344.
[102] ZInsO 2013, 2095 ff.
[103] ZInsO 2012, 536 ff.
[104] S. auch *Rendels* INDat-Report 04/2012, S. 50, 51; *Kraus/Radner* ZInsO 2012, 587, 589.

übernommen, sondern allenfalls als Orientierungshilfe verwendet werden. Für die Haftung des Bescheinigers wegen fehlerhafter Bescheinigung, → § 90 Rn. 96.

aa) *Fach- und Sachkunde des Experten.* Bei dem Experten muss es sich um einen in Insolvenzsachen erfahrenen Rechtsanwalt, Wirtschaftsprüfer oder Steuerberater oder eine Person mit vergleichbarer Qualifikation handeln. Unter letztere Kategorie können uU auch ein Steuerbevollmächtigter, ein vereidigter Buchprüfer, verkammerte Rechtsbeistände sowie mit Rechtsanwälten, Steuerberatern und Wirtschaftsprüfern vergleichbare ausländische Berufsträger fallen.[105] Da der „Bescheiniger" quasi mit seinem guten Namen für die Bescheinigung bürgen muss, darf die Bescheinigung nur von einer natürlichen Person, nicht aber – beispielsweise – von einer Kanzlei ausgestellt werden.[106]

Neben der Zugehörigkeit zu einer bestimmten Gruppe von Berufsträgern muss der Aussteller der Bescheinigung Erfahrung in „Insolvenzsachen" aufweisen. Dieser Begriff ist weiter als „Insolvenzverfahren". Daher muss der „Bescheiniger" kein Insolvenzverwalter sein.[107] Da der Begriff „Insolvenzsachen" aber weiter ist als „Verbraucherinsolvenzverfahren", reichen Erfahrungen allein in diesem Bereich nicht aus.[108] Weil sich die Bescheinigung gerade auf das Vorliegen/Nichtvorliegen bestimmter Insolvenzgründe sowie auf die Prüfung eines Sanierungskonzepts bezieht, muss der bisherige berufliche Erfahrungsausweis auch und gerade die Feststellung von Insolvenzgründen und die Beurteilung von Sanierungsaussichten zum Gegentand haben.[109] Diesen Nachweis kann ein erfahrener Krisen- und Sanierungsberater erbringen, nicht aber ein schlichter Berater des Schuldners in Steuer- und Rechtsangelegenheiten.[110] Je komplexer die Rechtsverhältnisse des Schuldners (zB Großunternehmen, Konzernsachverhalte, verschiedene Standorte, hohe Personalstärke, etc.) und damit die in der Bescheinigung zu prüfenden Fragen sind, desto vertiefter müssen die Erfahrungen des „Bescheinigers" sein.[111]

Wie das Gericht die Erfahrenheit des Experten festzustellen hat, ist unklar. Man wird wohl verlangen müssen, dass der Experte dem Gericht gegenüber seine Erfahrungen in Insolvenzsachen konkret darlegt.[112] Das gilt jedenfalls dann, wenn die Qualifikation und Erfahrung des Experten dem Gericht nicht bereits bekannt sind. Empfehlenswert ist es, den Erfahrungsnachweis gleich der Bescheinigung beizufügen. Über welchen Zeitraum Erfahrungen wiederholt erworben sein müssen, damit der erforderliche Erfahrungsnachweis erbracht ist, ist fraglich. Eine starre Grenze wird man hier kaum anlegen können. In der Literatur wird ein Erfahrungszeitraum von drei bis vier Jahren diskutiert, in dem der „Bescheiniger" als Unternehmensinsolvenzverwalter oder als Rechtsanwalt, Steuerberater oder Wirtschaftsprüfung in der insolvenznahen Beratung tätig gewesen sein muss.[113] Mitunter wird es aber auch für ausreichend erachtet, wenn der Bescheiniger eine „größere Zahl" von Mandaten im Insolvenzrecht wahrgenommen hat, die freilich über die Anmeldung von Forderungen im Insolvenzverfahren sowie die Wahrnehmung von Prüf- und Berichtsterminen deutlich hinausgehen muss.[114]

---

[105] BerlK/*Spliedt*/*Fridgen*, § 270b Rn. 16; *Hofmann*, Eigenverwaltung Rn. 396.
[106] *Zipperer*/*Vallender* NZI 2012, 729, 730; HKInsO/*Landfermann*, § 270b Rn. 21; BerlK/*Spliedt*/*Fridgen*, § 270b Rn. 16; s. auch *Kolmann*, Schutzschirmverfahren Rn. 500.
[107] *Zipperer*/*Vallender* NZI 2012, 729, 730.
[108] Braun/*Riggert*, § 270b Rn. 6; *Kolmann*, Schutzschirmverfahren Rn. 498.
[109] *Hölzle* ZIP 2012, 158, 161; *Zipperer*/*Vallender* NZI 2012, 729, 730; *Kolmann*, Schutzschirmverfahren Rn. 497f.
[110] *Zipperer*/*Vallender* NZI 2012, 729, 730; *Kolmann*, Schutzschirmverfahren Rn. 501.
[111] *Zipperer*/*Vallender* NZI 2012, 729, 730; s. auch *Kolmann*, Schutzschirmverfahren Rn. 498.
[112] *Hölzle* ZIP 2012, 158, 161; HKInsO/*Landfermann*, § 270b Rn. 23; anders wohl HambKomm-InsO/*Fiebig*, § 270b Rn. 13.
[113] *Zipperer*/*Vallender* NZI 2012, 729, 730; *Hofmann*, Eigenverwaltung Rn. 397.
[114] Braun/*Riggert*, § 270b Rn. 6.

35 bb) *Unabhängigkeit des Experten.* Ob und inwieweit der Experte vom Schuldner unabhängig zu sein hat, regelt das Gesetz nicht. Auch die Gesetzesbegründung enthält hierzu keine Angaben. Im Ausgangspunkt besteht jedenfalls insoweit Einigkeit, als es sich bei dem Bescheiniger um einen Dritten, dh um eine vom Schuldner verschiedene Person handeln muss. Als Bescheiniger von vornherein ausgeschlossen sind damit Personen, die gleichzeitig Organmitglieder (zB im Vertretungs- oder Aufsichtsorgan) des Schuldners sind.[115] Ob und inwieweit Einschränkungen darüber hinaus bestehen, ist fraglich. Letztlich kreist der Meinungsstreit darum, wie Gefälligkeitsbescheinigungen bestmöglich verhindert werden können. Teilweise wird in der Unabhängigkeit des Bescheinigers – vergleichbar der Auswahl eines vorläufigen Insolvenzverwalters – ein Qualitätsmerkmal des Experten gesehen; denn wer nicht unabhängig bzw. neutral ist, kann – dieser Ansicht zufolge – eigene Beratungsfehler nicht erkennen.[116] In diesem Sinne hat etwa das AG München entschieden und darauf hingewiesen, dass mit Blick auf die Gläubigerinteressen die Voraussetzungen für das Schutzschirmverfahren nur von einer neutralen, unabhängigen Person überprüft und bescheinigt werden dürfen.[117] Diese Voraussetzungen sind bei einem langjährigen Berater des Schuldners – so das AG München – nicht gegeben.[118] Richtiger Ansicht nach ist für diese zusätzliche Voraussetzung kein Raum. Weder das Gesetz noch die Gesetzesbegründung enthalten insoweit Anhaltspunkte.[119] Mit Blick darauf, dass der Gesetzgeber die Personenverschiedenheit von vorläufigem Sachwalter und „Bescheiniger" ausdrücklich angeordnet hat (→ Rn. 51), kann auch kaum von einer Gesetzeslücke gesprochen werden.[120] Darüber hinaus würde es dem Ziel einer frühzeitigen Insolvenzauslösung zuwiderlaufen, wenn neben dem insolvenzrechtlichen Berater des Schuldners auch noch eine weitere Person bemüht (und ins Vertrauen gezogen) werden müsste, die sich zudem zeitintensiv einzuarbeiten hätte, um die Bescheinigung erteilen zu können.[121] Soll also eine gewisse Qualität der Bescheinigung sichergestellt werden, ist dies effektiv nur durch entsprechende Anforderungen an deren Begründungstiefe (und die Prüfung durch das Gericht) zu erreichen.[122] Bei der Prüfung der Bescheinigung durch das Gericht kann dann auch die Unabhängigkeit des „Bescheinigers" als eines von mehreren Kriterien berücksichtigt werden. Die Schwelle für einen die Bescheinigung entwertenden Interessenkonflikt sollte allerdings nicht zu niedrig angesetzt werden. Empfohlen wird insoweit eine Orientierung an § 138 InsO.[123] Die Gerichte können auch Fragen zu einem etwaigen Näheverhältnis zwischen Schuldner und Bescheiniger stellen. Sinnvollerweise macht der Bescheiniger hierzu bereits Angaben in der Bescheinigung.[124]

36 cc) *Formelle Anforderungen an die Bescheinigung.* Das Gesetz schreibt in formeller Hinsicht vor, dass es sich um eine „mit Gründen" versehene, also schriftliche Bescheinigung (nicht aber um ein Gutachten) handeln muss. Zudem muss die Bescheinigung den Aussteller zweifelsfrei erkennen lassen und eigenhändig unterschrieben sein.[125] Die Gründe

---

[115] *Kolmann,* Schutzschirmverfahren Rn. 509.
[116] BerlK/*Spliedt/Fridgen,* § 270b Rn. 16.
[117] AG München BeckRS 2012, 14972; AG München NZI 2012, 566; s. auch *Hölzle* ZIP 2012, 158, 161 f.
[118] AG München BeckRS 2012, 14972; AG München NZI 2012, 566; so auch BerlK/*Spliedt/Fridgen,* § 270b Rn. 16; *Rendels* INDat-Report 04/2012, S. 50, 52.
[119] HKInsO/*Landfermann,* § 270b Rn. 24; *Rendels* INDat-Report 04/2012, S. 50.
[120] *Zipperer/Vallender* NZI 2012, 729, 731; *Kolmann,* Schutzschirmverfahren Rn. 512.
[121] *Zipperer/Vallender* NZI 2012, 729, 731; *Hofmann,* Eigenverwaltung Rn. 399.
[122] *Graf-Schlicker,* § 270b Rn. 9; *Hofmann,* Eigenverwaltung Rn. 399; s. auch *Kolmann,* Schutzschirmverfahren Rn. 512 f.
[123] *Zipperer/Vallender* NZI 2012, 729, 731.
[124] *Rendels* INDat-Report 04/2012, S. 50; s. auch *Vallender* GmbHR 2012, 450, 451.
[125] FKInsO/*Foltis,* § 270b Rn. 24.

müssen sich mit den konkreten Umständen des schuldnerischen Unternehmens auseinandersetzen. Eine formelhafte Prüfung bzw. Feststellung der Anordnungsvoraussetzungen reicht daher nicht. Da der Bescheiniger eine eigene Einschätzung abzugeben hat, muss er seine Aussagen auf der Grundlage eigener Nachforschungen treffen.[126] Damit ist eine unbesehene und ungeprüfte Übernahme von Informationen des Schuldners nicht zu vereinbaren.[127] Vielmehr sind diese auf Stichhaltigkeit und Schlüssigkeit zu überprüfen.[128] Das sollte auch in der Bescheinigung zum Ausdruck kommen.[129]

dd) *Inhaltliche Anforderungen an die Bescheinigung.* Ziel der Bescheinigung ist es zum einen, festzustellen, dass der Insolvenzgrund der Überschuldung bzw. drohenden Zahlungsunfähigkeit vorliegt, nicht aber Zahlungsunfähigkeit. Verlangt werden also ein positives und ein negatives Testat.[130] Welche inhaltliche Tiefe bzw. Methode die Bescheinigung aufzuweisen hat, sagt das Gesetz nicht. Letztlich wird man eine gewisse Prüfungstiefe für die Bescheinigung verlangen müssen; denn Sinn und Zweck derselben ist es ja, eine (zeit-)aufwendige Prüfung dieser Voraussetzungen durch das Insolvenzgericht zu vermeiden.[131] Aus der Gesetzesbegründung geht allerdings auch hervor, dass der Gesetzgeber keine Prüfung nach formalisierten Standards (zB IDW-Standard) verlangt.[132] In Bezug auf die Überschuldungsprüfung ist ein Überschuldungsstatus zu Liquidationswerten mit den wesentlichen Bilanzposten notwendig.[133] Darüber hinaus ist zu begründen, warum die Fortbestehensprognose negativ ist. Bei drohender Zahlungsunfähigkeit hat der Schuldner – gestützt auf die nach § 13 I 3 InsO vorzulegenden Forderungsverzeichnisse – die Umstände darzulegen (Finanzplan), aus denen sich ergibt, dass der Schuldner die fälligen Verbindlichkeiten in dem Zeitraum bis zum maßgeblichen Stichtag (→ Rn. 21) begleichen kann.[134] Fraglich ist, ob und inwieweit die Liquiditätsplanung über diesen Zeitraum hinausgehen und auch insolvenzbedingte Konsequenzen aus der Fortführung des Unternehmens während des Schutzschirmverfahrens abbilden muss. Die Anforderungen sollten insoweit zwar nicht überspannt werden.[135] Da aber eine im Schutzschirmverfahren eintretende Zahlungsunfähigkeit Auswirkungen auf die Sanierungsfähigkeit des Schuldners haben kann (→ Rn. 48 f.), hat die Zahlungs(-un-)fähigkeitsprüfung zumindest auch den Zeitraum bis zur Eröffnung des Insolvenzverfahrens abzudecken.[136]

Zum anderen muss die Bescheinigung feststellen, dass die bezweckte Sanierung zum maßgeblichen Stichtag nicht aussichtslos ist. Das Gesetz definiert den Begriff der Sanierung nicht. Der Begriff sollte nicht auf eine Fortführung des Unternehmens in seiner gegenwärtigen Zusammensetzung reduziert werden. Vielmehr ist der Begriff an dem Ziel der bestmöglichen Gläubigerbefriedigung auszurichten (die wiederum – mit Blick auf das Verfahrensziel – ergebnisoffen ist).[137] Der Erhalt des Unternehmens ist nicht Selbstzweck.[138] Daher sollte von einem „offenen" Sanierungsbegriff ausgegangen werden.[139]

---

[126] *K. Schmidt/Undritz*, § 270b Rn. 5; HKInsO/*Landfermann*, § 270b Rn. 26; HambKommInsO/*Fiebig*, § 270b Rn. 10.
[127] *Kolmann*, Schutzschirmverfahren Rn. 527 ff.
[128] HKInsO/*Landfermann*, § 270b Rn. 26.
[129] *Kolmann*, Schutzschirmverfahren Rn. 532.
[130] *Zipperer/Vallender* NZI 2012, 729, 731.
[131] *Hofmann*, Eigenverwaltung Rn. 400.
[132] BT-Drucks. 17/5712, S. 61; s. auch *Kolmann*, Schutzschirmverfahren Rn. 520.
[133] *Braun/Riggert*, § 270b Rn. 7; HKInsO/*Landfermann*, § 270b Rn. 25; s. auch *Zipperer/Vallender* NZI 2012, 729, 731.
[134] *Braun/Riggert*, § 270b Rn. 7; *Zipperer/Vallender* NZI 2012, 729, 731.
[135] S. auch *Rendels* INDat-Report 04/2012, S. 50, 51.
[136] S. auch HKInsO/*Landfermann*, § 270b Rn. 25.
[137] Im Grundsatz auch BerlK/*Spliedt/Fridgen*, § 270b Rn. 17.
[138] *Zipperer/Vallender* NZI 2012, 729, 731.
[139] So zu Recht *Zipperer/Vallender* NZI 2012, 729, 731.

39 Welche inhaltlichen Anforderungen an die Bescheinigung der „nicht aussichtslosen Sanierung" zu stellen sind, ist fraglich. Die Ansichten in der Literatur hierzu gehen weit auseinander.[140] Sie reichen von einer Anlehnung an IDW ES 6/9,[141] über die Anlehnung an die Rspr des BGH zu den inhaltlichen Anforderungen an ein Sanierungskonzept im Zusammenhang mit der Anfechtung von Sicherheitenbestellungen[142] bis zu der Meinung, dass die Bescheinigung sich auf die Kernpunkte der angestrebten Sanierung beschränken kann.[143] Wieder andere wollen auf die Umstände des Einzelfalls abstellen. Danach sind die Anforderungen an die Begründungstiefe umso höher, je komplexer der zu begutachtende Sachverhalt ist.[144] Gegen die Anwendung formalisierter Standards spricht der Sinn und Zweck der Bescheinigung.[145] Danach soll einerseits ein Gefälligkeitsgutachten ausgeschlossen und andererseits der Prüfungsaufwand des Gerichts reduziert werden; denn die Bescheinigung soll ja als Nachweis der Anordnungsvoraussetzungen dienen.[146] Auch soll keine für kleinere und mittlere Unternehmen zu hohe Kostenbarriere den Zugang zum Schutzschirmverfahren erschweren.[147] Schließlich ist zu berücksichtigen, dass das Schutzschirmverfahren ja gerade dazu dient, den Sanierungsplan abschließend zu erarbeiten (→ Rn. 16).

40 Letztlich muss die Begründungstiefe der Bescheinigung dergestalt sein, dass sich auf die Bescheinigung die Aussage stützen lässt, ob eine (realistische) Sanierungschance besteht oder nicht. Das wiederum setzt voraus, dass die Bescheinigung die wirtschaftliche Lage des Unternehmens (einschließlich der Krisenursachen) erfasst, sich mit dem Sanierungsziel auseinandersetzt und die konkreten Umsetzungsmaßnahmen (zB Freisetzung von Personal, Teilveräußerung, Forderungserlasse, Standortschließungen, Zuführung von frischem Kapital) analysiert, um die Krise nachhaltig zu bewältigen.[148] Bei der Prüfung kann sich der Bescheiniger auf die wesentlichen Eckpunkte des Sanierungskonzepts beschränken.[149] Die Schlussfolgerung („nicht aussichtslos") muss die Bescheinigung schlüssig, dh widerspruchsfrei auf die (realistischen) Grundannahmen zurückführen.[150] Dies setzt ua auch die Aufstellung eines Liquiditätsplans voraus, der zumindest den Zeitraum der Frist (→ Rn. 37, also im Regelfall drei Monate) abdeckt.[151] Des Weiteren muss die Bescheinigung auch Überlegungen dazu anstellen, ob das Unternehmen voraussichtlich über die Frist bis hin zur Entscheidung über den Insolvenzplan fortgeführt werden kann. Dies kann uU dann fraglich sein, wenn mit dem Bekanntwerden des Schutzschirmverfahrens die Geschäftspartner des Schuldners ihre Vertrags- und Geschäftsbeziehungen abbrechen und diese nicht kurzfristig überbrückt oder ersetzt werden können.[152] Schließlich muss der Bescheiniger sich auch mit der Frage auseinandersetzen, ob der Schuldner über die notwendige Fach- und Sachkunde (→ § 87 Rn. 27), aber auch über die erforderliche insolvenzrechtliche Experti-

---

[140] S. *Zipperer/Vallender* NZI 2012, 729, 731.
[141] *Buchalik* ZInsO 2012, 349, 354.
[142] HambKommInsO/*Fiebig*, § 270b Rn. 11; zu den anfechtungsrechtlichen Anforderungen vgl. *Haas/Keller* NZI 2013, 503 ff.
[143] *Braun/Riggert*, § 270b Rn. 7; s. auch HKInsO/*Landfermann*, § 270b Rn. 26; *Schmidt/Linker* ZIP 2012, 963, 964.
[144] *Zipperer/Vallender* NZI 2012, 729, 731; s. auch FKInsO/*Foltis*, § 270b Rn. 22.
[145] BerlK/*Spliedt/Fridgen*, § 270b Rn. 18.
[146] BT-Drucks. 17/5712, S. 40.
[147] BerlK/*Spliedt/Fridgen*, § 270b Rn. 18.
[148] *Zipperer/Vallender* NZI 2012, 729, 731; BerlK/*Spliedt/Fridgen*, § 270b Rn. 19; *Kolmann*, Schutzschirmverfahren Rn. 548.
[149] *Zipperer/Vallender* NZI 2012, 729, 731.
[150] BerlK/*Spliedt/Fridgen*, § 270b Rn. 19; *Zipperer/Vallender* NZI 2012, 729, 731; s. auch *Kolmann*, Schutzschirmverfahren Rn. 549 ff.
[151] *Zipperer/Vallender* NZI 2012, 729, 731.
[152] *Kolmann*, Schutzschirmverfahren Rn. 255.

se (→ Rn. 28) verfügt, um die beabsichtigten Sanierungsmaßnahmen umzusetzen. Der Bescheiniger muss nicht vom Erfolg der Sanierung überzeugt sein. Vielmehr schließen ungewisse und ungünstige Erfolgschancen eine Bescheinigung nicht von vornherein aus.[153]

ee) *Zeitliche Anforderungen.* In zeitlicher Hinsicht ist die Bescheinigung auf den Stichtag der Antragstellung zu beziehen.[154] Zu berücksichtigen sind mithin alle zu diesem Zeitpunkt erkennbaren Umstände. Ist die Bescheinigung auf einen Zeitpunkt vor Antragstellung bezogen, ist diese allenfalls dann tauglich und ausreichend, wenn sie (noch) aktuell ist, dh im unmittelbaren Umfeld der Antragstellung erstellt wurde. Wann diese Voraussetzung erfüllt ist, ist streitig. Mitunter wird verlangt, dass die Bescheinigung nicht älter als drei Tage ist.[155] Teilweise wird aber auch eine Zeitspanne von maximal einer,[156] mitunter gar bis zu drei Wochen[157] für noch akzeptabel gehalten.[158]

41

e) *Verhältnis zur vorläufigen Eigenverwaltung.* Ob über die vorstehenden Voraussetzungen hinaus auch die Voraussetzungen des § 270a InsO vorliegen müssen, ist fraglich. Hierfür spricht zum einen, dass es sich bei dem Schutzschirmverfahren um eine „Spielart" der vorläufigen Eigenverwaltung handelt (→ Rn. 15).[159] Zum anderen spricht hierfür, dass zwingender Bestandteil des Schutzschirms die Bestellung eines vorläufigen Sachwalters ist.[160] Die Voraussetzungen des § 270a und des § 270b InsO sind – auf den ersten Blick – nicht deckungsgleich; denn das eine Mal bezieht sich die Aussichtslosigkeit auf den Antrag auf Eigenverwaltung (§ 270a InsO) und das andere Mal auf die beabsichtigte Sanierung. Da aber auch die Eigenverwaltung in aller Regel nur dann Aussicht auf Erfolg hat, wenn sie „wohlvorbereitet" ist (→ Rn. 5), die Gläubiger nicht offensichtlich benachteiligt und ein klares und transparentes Verfahrensziel (→ Rn. 5) anstrebt, sind bei Vorliegen der Voraussetzungen des § 270b InsO grundsätzlich auch diejenigen des § 270a InsO gegeben. Fraglich kann allenfalls sein, ob für den Fall, dass der vorläufige Gläubigerausschuss den Schutzschirmantrag einstimmig unterstützt, das Insolvenzgericht analog § 270 III InsO an das Votum gebunden ist.[161]

42

3. Entscheidungsgrundlagen des Gerichts. Das Gericht hat in formeller Hinsicht zu prüfen, ob ein ordnungsgemäßer Eröffnungsantrag, ein Antrag auf Eigenverwaltung, ein Antrag auf Fristsetzung und eine ordnungsgemäße Bescheinigung vorliegen. Da es sich hierbei (einschließlich der Vorlage der Bescheinigung) um Zulässigkeitsvoraussetzungen handelt, gilt der Amtsermittlungsgrundsatz insoweit nicht. Da es sich bei dem Schutzschirmverfahren um eine Variante der vorläufigen Eigenverwaltung handelt, hat das Gericht auch die Voraussetzungen des § 270a InsO zu prüfen (→ Rn. 42). Das Vorliegen dieser Voraussetzungen wird zwar nicht durch die Bescheinigung nachgewiesen, dennoch besteht – mit Blick auf die inhaltlichen Überschneidungen (→ Rn. 42) – keine Amtsermittlungspflicht des Insolvenzgerichts. Letzteres kann daher auch insoweit keinen Gutachter beauftragen.[162] Umstritten ist, ob und inwieweit dem Insolvenzgericht eine inhaltliche Prüfungskompetenz in Bezug auf die (durch den Experten bescheinigte) Prüfung der Insolvenzauslösetatbestände bzw. die Nichtaussichtslosigkeit der be-

43

---

[153] *Zipperer/Vallender* NZI 2012, 729, 731.
[154] FKInsO/*Foltis*, § 270b Rn. 22; *Hofmann* Eigenverwaltung Rn. 401.
[155] *Schmidt/Linker* ZIP 2012, 963; *Rendels* INDat-Report 04/2012, S. 50, 51.
[156] HKInsO/*Landfermann*, § 270b Rn. 20; *Hölzle*, Praxisleitfaden ESUG, § 270b Rn. 53; *Zipperer/ Vallender* NZI 2012, 729, 735.
[157] KPB/*Pape*, § 270b Rn. 52.
[158] Gegen starre zeitliche Grenzen, *Rendels/Körner* INDat-Report 07/2012, S. 56, 58.
[159] *Kolmann*, Schutzschirmverfahren Rn. 372.
[160] Braun/*Riggert*, § 270b Rn. 2.
[161] So *Kolmann*, Schutzschirmverfahren Rn. 375.
[162] HKInsO/*Landfermann*, § 270b Rn. 29.

zweckten Sanierung zukommt. Mitunter wird die Ansicht vertreten, dass das Gericht auf die Prüfung offensichtlicher Mängel der Bescheinigung beschränkt ist.[163] Anderer (und richtiger) Ansicht nach steht dem Insolvenzgericht eine inhaltliche Prüfungskompetenz auch in Bezug auf die Voraussetzungen des Schutzschirmverfahrens zu.[164]

44   Eine hiervon zu unterscheidende Frage ist, ob und inwieweit es eine Amtsermittlungspflicht des Gerichts gibt. Richtiger Ansicht ist das Insolvenzgericht in Bezug auf die Anordnungsvoraussetzungen auf eine Schlüssigkeitsprüfung der Bescheinigung (und der Angaben des Schuldners) beschränkt. Es darf selbst keine Ermittlungen durchführen und auch keinen Sachverständigen beauftragen.[165] Vielmehr hat sich das Gericht seine Überzeugung allein auf der Grundlage der Angaben des Schuldners und der Bescheinigung zu bilden. Sind die Angaben des Schuldners unzureichend, so hat das Insolvenzgericht dem Schuldner eine kurze Nachfrist zur Nachbesserung seiner Angaben bzw. der Bescheinigung zu setzen (§ 4 InsO iVm § 139 ZPO).[166] Kommt der Schuldner dem Hinweis nicht oder nur unzureichend nach, lehnt das Gericht den Schutzschirmantrag ab. In einem solchen Fall hat das Gericht den Antrag als einen solchen auf vorläufige Eigenverwaltung fortzuführen.[167]

45   **4. Entscheidung des Gerichts.** Die Praxis der Insolvenzgerichte bei der Behandlung von Schutzschirmverfahren ist bislang nicht einheitlich. Unterschiedliche Auffassungen bestehen bislang insbesondere in Bezug auf die Fragen, ob und inwieweit der Aussteller der Bescheinigung vom Schuldner unabhängig zu sein hat (→ Rn. 35) oder nach welchen Kriterien sich die Eignung des Bescheinigers beurteilt (→ Rn. 32 ff.).[168] Es empfiehlt sich daher für den Schuldner, im Vorfeld die jeweilige Praxis des örtlich zuständigen Insolvenzgerichts zu ermitteln.[169] Dies kann insbesondere auch im Rahmen eines Vorgesprächs mit dem zuständigen Insolvenzgericht erfolgen, in dem dann uU auch die vorzulegenden Unterlagen vorgeprüft werden können.[170]

46   **a)** *Stattgebende Entscheidung.* Das Insolvenzgericht ordnet den Schutzschirm durch Beschluss an. Das Insolvenzgericht kann über die Frist zur Vorlage des Insolvenzplans (→ Rn. 47), die vorläufige Sachwalterbestellung (→ Rn. 48) und die sonstigen begleitenden Anordnungen (→ Rn. 52) jeweils gesondert in separaten Beschlüssen entscheiden oder die einzelnen Entscheidungen auch in einem einzigen Beschluss zusammenfassen.[171] Eine Bekanntmachungspflicht sieht das Gesetz nicht vor. Dies wird teilweise kritisiert und eine Verpflichtung zur Veröffentlichung angenommen.[172] Richtiger Ansicht nach steht die Bekanntmachung jedoch im Ermessen des Gerichts (→ Rn. 13).[173]

47   aa) *Frist zur Vorlage des Insolvenzplans.* In dem Beschluss hat das Gericht eine Frist von bis zu drei Monaten für die Vorlage des Insolvenzplans zu bestimmen. Eine Verlängerung der Frist über diesen Zeitraum hinaus ist nicht möglich (wohl aber – auf Antrag des Schuldners –, bis der Dreimonatszeitraum ausgeschöpft ist, → Rn. 30). Fraglich ist,

---

[163] *Kübler/Koch* HRI § 7 Rn. 51.
[164] *Kolmann,* Schutzschirmverfahren Rn. 677; wohl auch HKInsO/*Landfermann,* § 270b Rn. 28.
[165] *Braun/Riggert,* § 270b Rn. 7; BerlK/*Spliedt/Fridgen,* § 270b Rn. 21; HKInsO/*Landfermann,* § 270b Rn. 28; *Kolmann,* Schutzschirmverfahren Rn. 677, 698; aA *Frind* ZInsO 2011, 2249, 2261; *Rendels* INDat-Report 04/2012, S. 50.
[166] HKInsO/*Landfermann,* § 270b Rn. 28.
[167] AG München BeckRS 2012, 14972; AG München NZI 2012, 566.
[168] *Kolmann,* Schutzschirmverfahren Rn. 341.
[169] *Kolmann,* Schutzschirmverfahren Rn. 342.
[170] S. zum Ganzen *Kolmann,* Schutzschirmverfahren Rn. 473 ff.
[171] S. Beispiel bei AG Göttingen NZI 2012, 1008; s. auch *Kolmann,* Schutzschirmverfahren Rn. 705.
[172] *Frind* ZInsO 2012, 1099, 1106; *ders.* ZIP 2012, 1591; s. auch FKInsO/*Foltis,* § 270b Rn. 29.
[173] AG Göttingen NZI 2012, 1008, 1009; HKInsO/*Landfermann,* § 270b Rn. 44; s. auch *Rendels* INDat-Report 04/2012, S. 50, 53; *Buchalik* ZInsO 2012, 349, 354; aA *Kolmann,* Schutzschirmverfahren Rn. 708.

ob innerhalb dieses Rahmens die Länge der Frist im Ermessen des Gerichts steht oder aber das Insolvenzgericht an den Antrag des Schuldners gebunden ist. Letzteres ist nicht der Fall. In aller Regel wird es – sowohl aus der Sicht des Schuldners als auch des Insolvenzgerichts – sinnvoll sein, die Frist für den Insolvenzgeldzeitraum voll auszuschöpfen. Eine Rechtspflicht des Schuldners zur Vorlage des Plans entsteht durch die gerichtliche Fristbestimmung nicht.[174]

Folge der Fristsetzung ist, dass das Insolvenzgericht innerhalb dieses Zeitraums nicht über die Eröffnung des Insolvenzverfahrens entscheiden und – soweit auch ein Gläubigerantrag gestellt wurde – keine Sicherungsmaßnahmen aufgrund des Gläubigerantrags erlassen darf.

Nach Ablauf der Frist entscheidet das Gericht über die Eröffnung des Insolvenzverfahrens. Das Schutzschirmverfahren zwingt nicht zur Eröffnung des Verfahrens. Vielmehr kann das Gericht jede (von Gesetzes wegen vorgesehene) Entscheidung treffen, um das Eröffnungsverfahren zu beenden.[175] Ist die Frist zur Vorlage abgelaufen (und kommt eine Verlängerung nicht in Betracht) und hat das Gericht noch Klärungsbedarf in Bezug auf die Eröffnungsvoraussetzungen, muss das Eröffnungsverfahren grundsätzlich in Form des vorläufigen Eigenverwaltungsverfahrens fortgeführt werden, da der Antrag auf Eigenverwaltung insoweit noch fortwirkt.[176] Sind dessen Voraussetzungen nicht gegeben, hat das Insolvenzgericht die vorläufige Eigenverwaltung aufzuheben und bis zum Ende des Eröffnungsverfahrens einen vorläufigen Insolvenzverwalter bestellen.[177]

bb) *Bestellung des vorläufigen Sachwalters.* Nach § 270b II InsO hat das Gericht einen vorläufigen Sachwalter gemäß § 270a I 2 InsO zu bestellen. Gegenüber der vorläufigen Eigenverwaltung bestehen folgende Besonderheiten:

Nach § 270b II 2 InsO ist der Schuldner berechtigt, den vorläufigen Sachwalter vorzuschlagen. Die Vorschrift verdrängt das Vorschlagsrecht des vorläufigen Gläubigerausschusses nach §§ 21 II Nr. 1, 56a InsO. Das Vorschlagsrecht des Schuldners soll sicherstellen, dass eine Person als vorläufiger Sachwalter eingesetzt wird, die das Sanierungskonzept nach Ansicht des Schuldners optimal umsetzt. Hierdurch wird die Planbarkeit des Verfahrens für den Schuldner erhöht. Das Insolvenzgericht darf nur von dem Vorschlag des Schuldners abweichen, wenn die vorgeschlagene Person offensichtlich nicht geeignet ist. Vor dem Beschluss hat das Insolvenzgericht einen vorläufigen Gläubigerausschuss anzuhören, der auch zur Frage der „offensichtlichen Ungeeignetheit" der vom Schuldner vorgeschlagenen Person Stellung nehmen kann.[178] Die Eignung der Person richtet sich nach § 56 I InsO. Darüber hinaus verlangt § 270b II 1 InsO, dass die vorgeschlagene Person von dem „Bescheiniger" nach § 270b I 3 InsO personenverschieden ist. Ebenfalls von der Bestellung ausgeschlossen sind – überwiegender Ansicht nach – Personen, die sich mit dem Aussteller zur Berufsausübung oder in Bürogemeinschaft zusammengeschlossen haben.[179] Der Schuldner ist grundsätzlich gut beraten, eine Person vorzuschlagen, die aus der Sicht des Gerichts geeignet ist (→ Rn. 52), um Verfahrensverzögerungen von vornherein zu vermeiden. Darüber hinaus sollte der Schuldner bei der Auswahl der Person des vorläufigen Sachwalters auch die Interessen der Gesamtheit der Gläubiger einbeziehen; denn sollten diese die Verfahrensabwicklung unter Mitwirkung der vorgeschlagenen Person als nachteilig empfinden, können sie die Aufhebung des Schutzschirmverfahrens beantragen (→ Rn. 57 ff.).[180]

---
[174] Braun/*Riggert,* § 270b Rn. 13; *Kolmann,* Schutzschirmverfahren Rn. 625.
[175] FKInsO/*Foltis,* § 270b Rn. 28.
[176] FKInsO/*Foltis,* § 270b Rn. 58; s. auch HKInsO/*Landfermann,* § 270b Rn. 50.
[177] S. zum Ganzen auch FKInsO/*Foltis,* § 270b Rn. 28.
[178] Braun/*Riggert,* § 270b Rn. 10; BerlK/*Spliedt/Fridgen,* § 270b Rn. 33.
[179] BerlK/*Spliedt/Fridgen,* § 270b Rn. 30; *Kolmann,* Schutzschirmverfahren Rn. 431.
[180] S. auch *Kolmann,* Schutzschirmverfahren Rn. 429.

52 Mit dem Merkmal „offensichtlich" hat der Gesetzgeber die Hürde für das Gericht, sich unter Berufung auf die unbestimmten Rechtsbegriffe in § 56 I InsO von dem Vorschlag des Schuldners zu lösen, deutlich erhöht. Offensichtliche Nichteignung kommt etwa in Betracht bei mangelnder Praxiserfahrung der vorgeschlagenen Person. Letzteres ist aber nicht schon dann der Fall, wenn der vorläufige Sachwalter (ansonsten) nicht in der Region des Insolvenzgerichts tätig ist oder bei dem Insolvenzgericht nicht in der Liste zur Verwalterauswahl geführt wird.[181] Ob ein Delisting von der Vorauswahlliste durch das zuständige Insolvenzgericht ein Indiz für eine offensichtliche Ungeeignetheit ist, ist mit Blick auf die Umstände des Einzelfalles zu prüfen.[182] Ein offensichtlicher Fall der Nichteignung kann auch bei fehlender Unabhängigkeit der vorgeschlagenen Person, etwa in Gestalt einer Vorbefassung vorliegen, die über eine Beratung in „allgemeiner" Form iS des § 56 I 3 Nr. 2 InsO hinausgeht, oder wenn der vorläufige Sachwalter vom Schuldner abhängig ist.[183] Ausgeschlossen sind auch Berater des Schuldners (zB Anwälte, Steuerberater oder Unternehmensberater).[184] Erwägenswert ist auch der Vorschlag, strengere Anforderungen an die Unabhängigkeit des vorläufigen Sachwalters zu stellen, wenn zwischen Mehrheits- und Minderheitsgesellschaftern Streit über das Ob und Wie der Durchführung eines Insolvenzverfahrens besteht.[185]

53 Ob der vorgeschlagene vorläufige Sachwalter offensichtlich ungeeignet ist, hat das Insolvenzgericht von Amts wegen zu prüfen und nach § 5 InsO zu ermitteln. Es kann zu diesem Zweck die vorgeschlagene Person anhören bzw. befragen oder anderweitig Information über diese einholen.[186] Verstößt der Vorschlag des Schuldners offensichtlich gegen die vorgenannten Voraussetzungen, ist damit der Antrag auf Anordnung des Schutzschirmverfahrens nicht insgesamt abzulehnen.[187] Vielmehr bestimmt das Insolvenzgericht dann einen anderen vorläufigen Sachwalter. Einen weiteren Vorschlag des Schuldners muss das Insolvenzgericht nicht einholen.[188] Das Gericht muss aber in einem solchen Fall seine Entscheidung begründen (§ 270b II 2 InsO). Ein Rechtsmittel hiergegen steht dem Schuldner nicht zu.[189]

54 cc) *Weitere Anordnungen.* Auf Antrag des Schuldners hat das Gericht (in Form von Einzel- oder Globalermächtigung) anzuordnen, dass der Schuldner Masseverbindlichkeiten begründen kann (§ 270b III InsO).[189a] Ein Ermessen steht ihm insoweit nicht zu. Gleiches gilt, wenn der Schuldner die vorläufige Einstellung der Zwangsvollstreckung nach § 21 II Nr. 3 InsO beantragt. Ansonsten kommen weitere – auch im normalen Eröffnungsverfahren mögliche – vorläufige Maßnahmen in Betracht, die im Ermessen des Gerichts stehen. Hierzu zählen die in § 21 I, II Nr. 1a, 3–5 InsO genannten Maßnahmen. Vorläufige Maßnahmen des Gerichts nach § 21 InsO sind nach § 21 I 2 InsO beschwerdefähig.[190]

55 **b)** *Ablehnende Entscheidung.* Erfüllt bereits der Eröffnungsantrag die Zulässigkeitsvoraussetzungen nicht, können auf dieser Grundlage keine Sicherungsmaßnahmen erge-

---

[181] *Pape* ZIP 2013, 2285, 2290; *Braun/Riggert*, § 270b Rn. 11; *Kolmann*, Schutzschirmverfahren Rn. 465; *Rendels* INDat-Report 04/2012, S. 50, 52.
[182] *Kolmann*, Schutzschirmverfahren Rn. 470; wohl auch *Pape* ZIP 2013, 2285, 2290; anders dagegen AG Hamburg NZI 2013, 903: *„kommt ... Bestellung ... von vornherein nicht in Betracht".*
[183] S. auch FKInsO/*Foltis*, § 270b Rn. 34.
[184] *Hofmann*, Eigenverwaltung Rn. 415.
[185] S. hierzu *Madaus* ZIP 2014, 500, 503.
[186] HKInsO/*Landfermann*, § 270b Rn. 33; BerlK/*Spliedt/Fridgen*, § 270b Rn. 31.
[187] HKInsO/*Landfermann*, § 270b Rn. 35.
[188] *Braun/Riggert*, § 270b Rn. 10.
[189] AG Hamburg NZI 2013, 903; *K. Schmidt/Undritz*, § 270b Rn. 9; *Kolmann*, Schutzschirmverfahren Rn. 688.
[189a] OLG Naumburg ZIP 2014, 1452, 1453.
[190] FKInsO/*Foltis*, § 270b Rn. 39.

hen.[191] Mithin kann auch das Schutzschirmverfahren nicht angeordnet werden. Vielmehr muss das Insolvenzgericht auf die Mängel hinweisen und dem Schuldner Gelegenheit zur Nachbesserung nach § 4 InsO iVm § 139 ZPO innerhalb angemessener Frist geben. Kommt der Schuldner dem nicht nach, ist der Eröffnungsantrag (und damit auch alle hierauf aufbauenden weiteren Anträge) als unzulässig zurückzuweisen.[192]

Ist der Eröffnungsantrag zulässig, hält das Gericht aber die sonstigen Voraussetzungen 56 für das Schutzschirmverfahren für nicht gegeben, hat es den Antrag auf Fristbestimmung durch Beschluss abzulehnen. Eine Begründung hierfür ist nicht vorgesehen. Das Gericht hat das Eröffnungsverfahren dann unter Außerachtlassung des § 270b InsO weiterzuführen und muss daher insbesondere das Vorliegen des § 270a InsO prüfen. Eine Besonderheit gilt allerdings für den Fall, dass der Schuldner den Antrag bei drohender Zahlungsunfähigkeit gestellt hat. Erachtet das Gericht hier die Voraussetzungen für einen Schutzschirmantrag als nicht gegeben, hat es seine Bedenken dem Schuldner mitzuteilen, der dann den Eröffnungsantrag zurücknehmen kann. Zwar enthält § 270b InsO keine dem § 270a II InsO vergleichbare Bestimmung. Da es sich aber bei dem Schutzschirmverfahren um eine Variante des vorläufigen Eigenverwaltungsverfahrens handelt, kann hier nichts anderes gelten. Gegen den Beschluss, mit dem das Gericht die Festsetzung einer Frist zur Vorbereitung eines Insolvenzplans ablehnt, steht kein Rechtsmittel offen.[193]

c) *Aufhebung des Schutzschirmverfahrens.* Nach § 270b IV InsO kann das Schutz- 57 schirmverfahren vor Fristablauf aufgehoben werden. Nach Fristablauf hat das Gericht ohnehin über die Eröffnung des Insolvenzverfahrens zu entscheiden. Mithin muss das Schutzschirmverfahren insoweit mit Fristablauf auch nicht „aufgehoben" werden. Dagegen ist das Schutzschirmverfahren vor Ablauf der Frist aufzuheben, wenn einer der nachfolgenden Gründe vorliegt:

aa) *Aussichtslosigkeit der Sanierung.* Ist die angestrebte Sanierung aussichtslos geworden, 58 hat das Insolvenzgericht das Schutzschirmverfahren aufzuheben (§ 270b IV Nr. 1 InsO). Eine Anzeigepflicht (des Schuldners oder des vorläufigen Sachwalters) gegenüber dem Gericht wegen Aussichtslosigkeit der Sanierung besteht nicht. Nur für den Fall des Eintritts der Zahlungsunfähigkeit sieht § 270b IV 2 InsO vor, dass der Schuldner oder der vorläufige Sachwalter das Gericht hiervon unverzüglich zu unterrichten haben. Das Gericht kann sich allerdings im Rahmen der Aufsicht über den vorläufigen Sachwalter gemäß §§ 274 I, 58 I 2 InsO über die Sanierungsaussichten fortlaufend unterrichten lassen.[194] iÜ sind die Erfolgsaussichten der Sanierung Teil der Überwachungspflicht des vorläufigen Sachwalters; denn dieser hat ja die wirtschaftliche Lage des Schuldners und dessen Geschäftsführung beständig zu kontrollieren (§§ 270a I 2, 274 II 1 InsO).

Aussichtslos wird die Sanierung etwa dann, wenn die Hausbank des Schuldners zu 59 einer Fortführung ihres Engagements nicht mehr bereit ist, der Schuldner auf die Liquidität zum Zwecke der Sanierung angewiesen ist und die erforderlichen Mittel auch nicht anderweitig beschaffen kann.[195] Gleiches gilt, wenn wichtige und unverzichtbare Geschäftspartner ihre Beziehung zum Schuldner abbrechen.[196] Aussichtslos kann die Sanierung auch dadurch werden, dass der Schuldner selbst den Insolvenzplan nicht mehr weiterverfolgt, oder wenn dieser undurchführbar wird.[197] Der Eintritt der Zah-

---

[191] BGH NZI 2007, 344 f.: *„Die Anordnung von Sicherungsmaßnahmen setzt grundsätzlich einen zulässigen Insolvenzantrag voraus."*
[192] *Kolmann,* Schutzschirmverfahren Rn. 660.
[193] HKInsO/*Landfermann,* § 270b Rn. 31.
[194] FKInsO/*Foltis,* § 270b Rn. 46.
[195] BerlK/*Spliedt/Fridgen,* § 270b Rn. 50.
[196] BerlK/*Spliedt/Fridgen,* § 270b Rn. 50.
[197] *Brinkmann/Zipperer* ZIP 2011, 1337, 1344; FKInsO/*Foltis,* § 270b Rn. 47.

lungsunfähigkeit ist hingegen nicht gleichbedeutend mit der Aussichtslosigkeit der Sanierung.[198] Wohl aber kann eine eintretende Zahlungsunfähigkeit einen wichtigen Einfluss darauf haben, ob ein Sanierungskonzept noch umsetzbar ist oder nicht. Richtiger Ansicht nach ist daher der Eintritt der Zahlungsunfähigkeit sehr wohl in eine Gesamtwürdigung durch das Gericht einzubeziehen.[199] Die Hürde für die Aufhebung des Schutzschirmverfahrens liegt vergleichsweise hoch. Andererseits schließen eine theoretische Möglichkeit der Sanierung oder die Hoffnung, dass noch ein Investor gefunden wird, ohne dass es hierfür greifbare tatsächliche Anhaltspunkte gibt, die Aussichtslosigkeit der Sanierung nicht aus.[200]

60 bb) *Antrag des vorläufigen Gläubigerausschusses.* Beantragt der vorläufige Gläubigerausschuss die Aufhebung des Schutzschirmverfahrens, hat das Insolvenzgericht dem Antrag ohne weitere Prüfung Folge zu leisten (§ 270b IV Nr. 2 InsO). Der vorläufige Gläubigerausschuss muss seinen Antrag nicht begründen. Das erforderliche Quorum richtet sich nach § 72 InsO. Ausreichend ist einfache Stimmenmehrheit. Dem schriftlichen Antrag bei Insolvenzgericht ist das Protokoll über die Abstimmung beizufügen.[201]

61 cc) *Antrag eines Gläubigers.* Ist kein vorläufiger Gläubigerausschuss bestellt, hebt das Gericht auf (schriftlichen) Antrag eines (nachrangigen) Insolvenzgläubigers oder absonderungsberechtigten Gläubigers das Schutzschirmverfahren unverzüglich auf, wenn Umstände bekannt werden, die erwarten lassen, dass das Schutzschirmverfahren zu Nachteilen für die Gläubiger führen wird (§ 270b IV Nr. 3 InsO). Nicht notwendig ist, dass der Antragsteller individuelle Nachteile gerade zu seinen Lasten glaubhaft macht. Es gilt insoweit ein vergleichbarer Maßstab wie nach § 270 II Nr. 2 InsO (→ § 87 Rn. 16 ff.).[202] Insgesamt kommt dem Insolvenzgericht insoweit ein weiter Entscheidungsspielraum zu. Handelt es sich um Umstände, die bei der Anordnung des Schutzschirmverfahrens bereits vorlagen und dem Gericht bekannt waren, scheidet eine Aufhebung des Schutzschirmverfahrens aus.[203]

62 dd) *Falsche Angaben des Schuldners.* Fraglich ist, wie zu verfahren ist, wenn der Schuldner von vornherein falsche Angaben gemacht hat, wenn etwa das Unternehmen bei Antragstellung bereits zahlungsunfähig war oder offensichtlich keine Sanierungschance bestand. Überwiegender Ansicht nach soll in derartigen Fällen, in denen das Gericht „übertölpelt" wird, § 270b IV InsO entsprechende Anwendung finden, mit der Folge, dass das Gericht das Schutzschirmverfahren auch von Amts wegen aufheben kann.[204]

63 ee) *Verfahren.* Die Aufhebung des Schutzschirmverfahrens erfolgt durch Beschluss. Einer Begründung bedarf der Beschluss nicht, sie empfiehlt sich aber uU.[205] Der Beschluss ist dem Schuldner, dem vorläufigen Sachwalter und den Mitgliedern des vorläufigen Gläubigerausschusses zuzustellen. Ein Rechtsmittel hiergegen besteht nicht. Mit der Aufhebung des Schutzschirmverfahrens fallen dessen Begünstigungen weg (→ Rn. 46 ff.). Die weiteren Anträge des Schuldners, insbesondere der Antrag auf Eigenverwaltung, bleiben von der Aufhebung grundsätzlich unberührt. Daher muss das Gericht prüfen, ob es das Verfahren nunmehr nach § 270a InsO fortführt oder vorläufige Insolvenzverwaltung anordnet. Das Insolvenzgericht gibt dem vorläufigen Sachwal-

---

[198] So zu Recht HKInsO/*Landfermann,* § 270b Rn. 49; *Kolmann,* Schutzschirmverfahren Rn. 750.
[199] *K. Schmidt/Undritz,* § 270b Rn. 14; HKInsO/*Landfermann,* § 270b Rn. 49; FKInsO/*Foltis,* § 270b Rn. 46; *Kolmann,* Schutzschirmverfahren Rn. 750; aA Braun/*Riggert,* § 270b Rn. 18.
[200] *Kolmann,* Schutzschirmverfahren Rn. 748.
[201] *Kolmann,* Schutzschirmverfahren Rn. 766.
[202] FKInsO/*Foltis,* § 270b Rn. 53.
[203] FKInsO/*Foltis,* § 270b Rn. 54.
[204] *Rendels* INDat-Report 04/2012, S. 50, 53; KPB/*Pape,* § 270b Rn. 85; *K. Schmidt/Undritz,* § 270b Rn. 13; eingeschränkt auch HambKommInsO/*Fiebig,* § 270b Rn. 34 (bei bewusster Täuschung).
[205] *Kolmann,* Schutzschirmverfahren Rn. 789.

ter, dem Schuldner sowie dem vorläufigen Gläubigerausschuss Gelegenheit zur Stellungnahme zu der Frage der Fortsetzung des Verfahrens in vorläufiger Eigenverwaltung. Kommt eine vorläufige Eigenverwaltung nicht in Betracht, ernennt das Gericht einen vorläufigen Insolvenzverwalter. Das kann, muss aber nicht der vorherige (vom Schuldner mitgebrachte) vorläufige Sachwalter sein.

§ 89. Aufhebung der Eigenverwaltung

Übersicht

	Rn.
I. Voraussetzungen	1
1. Antrag der Gläubigerversammlung	2
2. Gläubigerantrag	4
a) Wegfall der Voraussetzung des § 272 II Nr. 2 InsO	5
b) Erhebliche Nachteile	6
c) Verhältnis der Nr. 2 zur Nr. 1	7
3. Schuldnerantrag	8
II. Entscheidung und Rechtsfolgen	10

I. Voraussetzungen

Die Eigenverwaltung endet mit der Aufhebung (§ 200 InsO) oder Einstellung des Verfahrens (§§ 207, 212, 213 InsO). Unabhängig von diesen, das Insolvenzverfahren insgesamt beendenden Gründen kann eine Aufhebung der Eigenverwaltung auch unter den nachfolgend darzustellenden Voraussetzungen des § 272 InsO erfolgen. Eine darüber hinausgehende Möglichkeit der Aufhebung der Eigenverwaltung von Amts wegen oder auf Antrag des Sachwalters besteht nicht.[1] Ein milderes Mittel zur Beschränkung der Rechte des Schuldners ist aber die Anordnung von Verfügungsbeschränkungen.[2] 1

1. Antrag der Gläubigerversammlung. Gemäß § 272 I Nr. 1 InsO hebt das Insolvenzgericht die Anordnung der Eigenverwaltung auf, sofern dies von der Gläubigerversammlung beantragt wird. Erforderlich hierfür ist ein Beschluss der Gläubigerversammlung. Dieser bedarf der einfachen Mehrheit der Summe der Forderungsbeträge (§ 76 II InsO) sowie der Kopfmehrheit der abstimmenden Gläubiger. Letzteres ist durch das ESUG eingeführt worden und soll verhindern, dass einige Großgläubiger die Eigenverwaltung gegen den Willen der Kopfmehrheit beenden können.[3] Der Gesetzgeber will damit die Eigenverwaltung „stabilisieren" (dh die Aufhebung erschweren).[4] Der Beschluss bedarf nach allgemeiner Auffassung keiner Begründung, denn er steht im freien Ermessen der Gläubigerversammlung.[5] Der Beschluss kann daher auch dann getroffen werden, wenn bei der Durchführung im Rahmen der Eigenverwaltung keine Unregelmäßigkeiten seitens des Schuldners aufgetreten sind. Einen Aufhebungsbeschluss können die Gläubiger in jeder Gläubigerversammlung treffen.[6] Zweckmäßig ist es, wenn die Gläubigerversammlung gleichzeitig mit dem Beschluss über die Aufhe- 2

---

[1] *K. Schmidt/Undritz*, § 272 Rn. 2; KPB/*Pape*, § 272 Rn. 32; MüKoInsO/*Tetzlaff*, § 272 Rn. 10, 44 ff.; aA HambKommInsO/*Fiebig*, § 272 Rn. 11; FKInsO/*Foltis*, § 272 Rn. 4.
[2] HKInsO/*Landfermann*, § 272 Rn. 1.
[3] BT-Drucks. 17/5712, 41 f.; s. auch BGH NZI 2011, 760, 762.
[4] MüKoInsO/*Tetzlaff*, § 272 Rn. 14.
[5] BGH NZI 2011, 760, 761; *K. Schmidt/Undritz*, § 272 Rn. 3; KPB/*Pape*, § 272 Rn. 12; MüKoInsO/*Tetzlaff*, § 272 Rn. 15.
[6] MüKoInsO/*Tetzlaff*, § 272 Rn. 15; KPB/*Pape* § 272 Rn. 10; HKInsO/*Landfermann*, § 272 Rn. 3.

bung der Eigenverwaltung dem Insolvenzgericht eine Person zur Bestellung zum Insolvenzverwalter vorschlägt.[7] Zwingend ist dies allerdings nicht.

3   Liegt ein wirksamer Beschluss der Gläubigerversammlung vor, so hat das Gericht ohne weitere Prüfung die Anordnung der Eigenverwaltung aufzuheben.[8] Gegen diese Entscheidung ist auch kein Widerspruch eines Gläubigers nach § 78 I S. 1 InsO statthaft.[9] Der Minderheitenschutz wird vielmehr dadurch (teilweise) sichergestellt, dass das Gesetz nunmehr Kopf- und Summenmehrheit in Bezug auf den Gläubigerbeschluss verlangt. Das Gericht hat die Anordnung der Eigenverwaltung unabhängig davon aufzuheben, ob der Schuldner bereits eine den Gläubigerinteressen zuwiderlaufende Handlung vorgenommen hat. Die Aufhebung nach § 272 I Nr. 1 InsO unterscheidet nicht danach, auf welcher Rechtsgrundlage die Eigenverwaltung angeordnet wurde (§ 270 I 1 InsO oder § 271 S. 1 InsO).[10] Vor Aufhebung der Eigenverwaltung muss der Schuldner nicht gehört werden. Das folgt aus einem Umkehrschluss zu § 272 II 2 InsO (→ Rn. 4).

4   **2. Gläubigerantrag.** Gemäß § 272 I Nr. 2 InsO steht nicht nur der Gläubigerversammlung, sondern auch einem absonderungsberechtigten Gläubiger bzw. einem einzelnen Insolvenzgläubiger ein Antragsrecht auf Aufhebung der Anordnung der Eigenverwaltung zu, soweit die Voraussetzung des § 270 II Nr. 2 InsO entfallen ist und dem Antragsteller durch die Eigenverwaltung erhebliche Nachteile drohen. Der Antrag muss schriftlich oder zu Protokoll der Geschäftsstelle erklärt werden.[11] Grundsätzlich sind zwar auch nachrangige Insolvenzgläubiger antragsberechtigt.[12] Damit kann etwa auch ein Gesellschafter des Schuldners antragsberechtigt sein, wenn er Inhaber einer nachrangigen Forderung ist. Nachrangigen Gläubigern fehlt jedoch das Rechtsschutzbedürfnis, wenn das Gericht sie nicht zur Anmeldung ihrer Forderungen nach § 174 III InsO auffordert; denn dann können ihnen von vornherein keine Nachteile drohen.[13] Vor einer Entscheidung über den Gläubigerantrag hat das Gericht den Schuldner gemäß § 272 II 2 InsO zu hören.

5   **a)** *Wegfall der Voraussetzung des § 272 II Nr. 2 InsO.* Gemäß § 272 II InsO muss mit dem Aufhebungsantrag der Wegfall der Voraussetzung des § 270 II Nr. 2 InsO glaubhaft gemacht werden (§ 4 InsO, § 294 ZPO). Der Gläubiger muss demnach Tatsachen darlegen, die darauf schließen lassen, dass die Eigenverwaltung zu Verfahrensverzögerungen oder zu sonstigen Nachteilen für die Gläubiger führt, und diese Tatsachen durch präsente Beweismittel oder durch eine eidesstattliche Versicherung nachweisen. Das einfache Aufstellen von Behauptungen bzw. der bloße Hinweis auf eine mögliche Verfahrensverzögerung reicht hingegen nicht aus.[14] Die Glaubhaftmachung ist – wie sich aus § 272 II 1 InsO ergibt – Zulässigkeitsvoraussetzung. Begründet ist der Antrag, wenn das Gericht zu der Überzeugung gelangt, dass den Gläubigern Nachteile drohen. Bei Zweifeln, ob die Eigenverwaltung Nachteile für die Gläubiger zeitigt, ist die Eigenverwal-

---

[7] MüKoInsO/*Tetzlaff*, § 272 Rn. 18; *K. Schmidt/Undritz*, § 272 Rn. 8.
[8] BGH NZI 2011, 760, 761; NZI 2007, 240, 241; *K. Schmidt/Undritz*, § 272 Rn. 3; HambKomm-InsO/*Fiebig*, § 272 Rn. 2.
[9] KPB/*Pape*, § 272 Rn. 13 f.; MüKoInsO/*Tetzlaff*, § 272 Rn. 16; *Uhlenbruck*, § 272 Rn. 3; zum alten Recht BGH NZI 2011, 760, 761; aA HKInsO/*Landfermann*, § 272 Rn. 3; FKInsO/*Foltis*, § 272 Rn. 10, wonach eine Aufhebung des Beschlusses der Gläubigerversammlung wegen Missbrauchs der Mehrheit möglich sein soll; in diese Richtung auch LG Hagen BeckRS 2011, 20484 (zum alten Recht); *K. Schmidt/Undritz*, § 272 Rn. 3.
[10] MüKoInsO/*Tetzlaff*, § 272 Rn. 11; KPB/*Pape*, § 272 Rn. 10; Nerlich/Römermann/*Riggert*, § 272 Rn. 2; *Koch*, S. 156 f.
[11] MüKoInsO/*Tetzlaff*, § 272 Rn. 23; KPB/*Pape*, § 272 Rn. 24.
[12] HKInsO/*Landfermann*, § 272 Rn. 6; *Madaus* ZIP 2014, 500, 502; aA generell gegen ein Antragsrecht, MüKoInsO/*Tetzlaff*, § 272 Rn. 22; KPB/*Pape*, § 272 Rn. 21; *K. Schmidt/Undritz*, § 272 Rn. 4.
[13] HKInsO/*Landfermann*, § 272 Rn. 6.
[14] LG Potsdam ZIP 2001, 1689, 1690; *Uhlenbruck*, § 272 Rn. 4.

tung fortzuführen. Entgegen dem Wortlaut des § 272 I Nr. 2 InsO kommt eine Aufhebung auch dann in Betracht, wenn die Voraussetzungen des § 270 II Nr. 2 InsO bereits von vornherein nicht gegeben waren; denn in dieser Situation sind die Gläubiger nicht weniger schutzbedürftig.[15] Dies gilt allerdings nur, sofern sich der antragstellende Gläubiger auf Tatsachen stützt, die Insolvenzgericht und Gläubigerversammlung bei ihrer jeweiligen Entscheidung noch nicht bekannt waren.[16]

b) *Erhebliche Nachteile.* Durch das ESUG ist die Aufhebung der Eigenverwaltung erheblich erschwert worden. Fortan muss der antragsberechtigte Gläubiger nämlich auch glaubhaft machen, dass gerade ihm durch die Eigenverwaltung erhebliche Nachteile drohen. Gemeint sind damit Vermögensnachteile.[17] Wo die Erheblichkeitsschwelle beginnt, ist fraglich. Richtiger Ansicht nach wird man kaum verlangen können, dass der Gläubiger einen (auf seine Rechtsstellung bezogenen) Quotenvergleich anstellt zwischen dem Regel- und dem Eigenverwaltungsverfahren, denn dem Gläubiger fehlen hierfür die Informationen.[18] Letztlich dient das Merkmal wohl dazu, Bagatellfälle auszuschließen.[19] Der Gläubiger muss auch die „erheblichen Nachteile" glaubhaft machen (§§ 272 II 1, 4 InsO iVm § 294 ZPO). Die Glaubhaftmachung ist – worauf bereits hingewiesen wurde – Zulässigkeitsvoraussetzung.

c) *Verhältnis der Nr. 2 zur Nr. 1.* Fraglich ist das Verhältnis des § 272 I Nr. 2 zu § 272 I Nr. 1 InsO. Das Antragsrecht des einzelnen Gläubigers ist nämlich grundsätzlich auf Eilfälle zugeschnitten, in denen eine Gläubigerversammlung nicht rechtzeitig einberufen werden konnte. Damit stellt sich die Frage, ob der Gläubigerantrag uU deshalb unzulässig ist, weil der Gläubiger die Gläubigerversammlung hätte abwarten können oder weil diese bereits entschieden hat. Für eine derartige Beschränkung des Antragsrechts gibt der Wortlaut des § 272 I Nr. 2 InsO aber nichts her.[20] Im Ergebnis ist die Frage auch nicht von großer praktischer Relevanz; denn dem Gläubiger wird es schwer fallen, das Fehlen der Voraussetzungen der Eigenverwaltung glaubhaft zu machen, wenn die Mehrheit in der Gläubigerversammlung anders entschieden hat.[21]

3. Schuldnerantrag. Der Erfolg der Eigenverwaltung hängt entscheidend vom Schuldner ab. Nur wenn dieser bereit und in der Lage ist, die anfallenden Aufgaben mit vollem Einsatz zu bewältigen, können die mit der Eigenverwaltung bezweckten Vorteile für die Gläubiger realisiert werden. Das Gesetz trägt dem zum einen dadurch Rechnung, dass die Anordnung einer Eigenverwaltung stets einen entsprechenden Antrag des Schuldners voraussetzt. Die Abhängigkeit der Eigenverwaltung von einer entsprechenden Bereitschaft und Einstellung des Schuldners kommt zum anderen auch in § 272 I Nr. 3 InsO zum Ausdruck. Danach ist die Eigenverwaltung auf Antrag des Schuldners jederzeit aufzuheben.[22] Die Aufhebung erfolgt durch das Gericht unabhängig davon, ob eine Gefährdung der Gläubigerinteressen zu befürchten ist.[23] Eine inhaltliche Prüfung des Antrags findet nicht statt.

---

[15] MüKoInsO/*Tetzlaff*, § 272 Rn. 29; KPB/*Pape*, § 272 Rn. 22; *K. Schmidt/Undritz*, § 272 Rn. 5; aA *Koch*, S. 161 f.
[16] HK-*Landfermann*, § 272 Rn. 7; MüKoInsO/*Tetzlaff*, § 272 Rn. 29; KPB/*Pape*, § 272 Rn. 22.
[17] FKInsO/*Foltis*, § 272 Rn. 17c.
[18] MüKoInsO/*Tetzlaff*, § 272 Rn. 27.
[19] MüKoInsO/*Tetzlaff*, § 272 Rn. 27; wohl auch Nerlich/Römermann/*Riggert*, § 272 Rn. 3.
[20] HKInsO/*Landfermann*, § 272 Rn. 2; MüKoInsO/*Tetzlaff*, § 272 Rn. 21; *K. Schmidt/Undritz*, § 272 Rn. 4; aA FKInsO/*Foltis*, § 272 Rn. 14.
[21] HKInsO/*Landfermann*, § 272 Rn. 9.
[22] BT-Drucks. 12/2443, S. 244; FK/*Foltis*, § 272 Rn. 18; *Koch*, S. 165 f.; *Häsemeyer*, Rn. 8.11, S. 193 f.; *Vallender* WM 1998, 2129, 2134; *Smid*, § 272 Rn. 3.
[23] S. BGH NZI 2007, 240, 241; *K. Schmidt/Undritz*, § 272 Rn. 6.

9 Ist der Schuldner eine juristische Person oder eine Gesellschaft ohne Rechtspersönlichkeit, so richtet sich die Antragsberechtigung nach den gesellschaftsrechtlichen Vertretungsregeln.[24] Hier gilt mithin nichts anderes als im Rahmen des § 270 I InsO (→ § 87 Rn. 10 ff.). Eine andere Frage ist freilich, inwieweit intern die Zustimmung anderer Gesellschaftsorgane für einen solchen Antrag einzuholen ist. Richtiger Ansicht nach handelt es sich hier um eine Geschäftsführungsmaßnahme, die grundsätzlich in die Gesamtgeschäftsführung des Leitungsorgans fällt. Einer Zustimmung der Gesellschafter bedarf es nicht.[25] Da die Maßnahme zum insolvenzfreien Bereich zählt, ist – etwa in der GmbH – das Weisungsrecht der Gesellschafterversammlung insoweit nicht nach § 276a InsO ausgeschlossen (→ § 90 Rn. 32 f.). Es besteht daher eine Folgepflicht der Geschäftsleitung.[26] Soweit ein Geschäftsführer der Weisung nicht Folge leistet, kann er von den Gesellschaftern mit Zustimmung des Sachwalters abberufen werden (§ 276a InsO).

II. Entscheidung und Rechtsfolgen

10 Die Aufhebung der Eigenverwaltung erfolgt durch Beschluss. Zuständig ist grundsätzlich der Rechtspfleger (vgl. §§ 3 Nr. 2 lit e), 18 RPflG). Der Beschluss sollte analog § 27 II Nr. 3 InsO auch die Stunde seines Erlasses beinhalten.[27] Mit der Aufhebung der Eigenverwaltung wird das Verfahren automatisch als Regelinsolvenzverfahren fortgeführt. Daher ist zwingend ein Insolvenzverwalter zu bestellen. Die Aufhebung hat keine – uU nochmalige – Unterbrechung anhängiger Prozesse des Schuldners zur Folge.[28] Alle bisherigen, vom Schuldner bis zur Entscheidung des Insolvenzgerichts vorgenommenen Rechtshandlungen bleiben wirksam; denn die Aufhebung der Eigenverwaltung wirkt nur ex nunc.[29] Zweckmäßigerweise wird der bisherige Sachwalter zum Insolvenzverwalter bestellt (§ 272 III InsO).[30] Zwingend ist das allerdings – wie sich auch aus dem Wortlaut des § 272 III InsO ergibt – nicht. Die Aufhebung der Anordnung durch das Gericht muss nicht endgültig sein; denn der Gesetzgeber hat mit dem ESUG das Antragsrecht der Gläubigerversammlung nach § 271 InsO nicht mehr auf die erste Gläubigerversammlung beschränkt.

11 Der Beschluss, mit dem das Gericht die Anordnung der Eigenverwaltung aufhebt, ist gemäß § 273 InsO öffentlich bekanntzumachen und dem Schuldner analog § 30 II InsO zuzustellen; dem Insolvenzverwalter ist ergänzend gemäß § 8 III InsO die Zustellung an die Gläubiger und Schuldner des Schuldners zu übertragen.[31] Gegen den Aufhebungsbeschluss steht dem Schuldner nach § 272 II 3 InsO die sofortige Beschwerde zu, desgleichen dem Gläubiger gegen die die Aufhebung ablehnende Entscheidung des Gerichts. Dies gilt jedoch nur, soweit das Gericht über die Aufhebung der Eigenverwaltung aufgrund eines Antrags nach § 272 I Nr. 2 InsO zu entscheiden hatte. In diesem Fall ist der Beschluss auch dem antragstellenden Gläubiger zuzustellen, um den Lauf der

---

[24] HKInsO/*Landfermann*, § 272 Rn. 10; Nerlich/Römermann/*Riggert*, § 272 Rn. 4; *Uhlenbruck*, § 272 Rn. 5; KPB/*Pape*, § 272 Rn. 32; aA *K. Schmidt/Undritz*, § 272 Rn. 6; FKInsO/*Foltis*, § 272 Rn. 19, nach dem das Insolvenzgericht bei Bereitstehen einer „kompetenten Ersatzperson" für die Übernahme der Organstellung eine Stellungnahme oder gar Entscheidung der Gläubigerversammlung einholen soll.
[25] S. auch *K. Schmidt/Undritz*, § 272 Rn. 6.
[26] AA MüKoInsO/*Tetzlaff*, § 272 Rn. 40.
[27] HK-*Landfermann*, § 272 Rn. 12; *K. Schmidt/Undritz*, § 272 Rn. *K. Schmidt/Undritz* § 272 Rn. 9; MüKoInsO/*Tetzlaff*, § 272 Rn. 49.
[28] KPB/*Pape*, § 272 Rn. 39; *K. Schmidt/Undritz*, § 272 Rn. 11; MüKoInsO/*Tetzlaff*, § 272 Rn. 68; HambKommInsO/*Fiebig*, § 272 Rn. 12a.
[29] MüKoInsO/*Tetzlaff*, § 272 Rn. 66 f.; *K. Schmidt/Undritz*, § 272 Rn. 11.
[30] Vgl. BT-Drucks. 12/2443, S. 224; *Häsemeyer*, Rn. 8.12, S. 194 f.; FKInsO/*Foltis*, § 272 Rn. 23; KPB/*Pape*, § 272 Rn. 37; *Uhlenbruck*, § 274 Rn. 3.
[31] MüKoInsO/*Tetzlaff*, § 272 Rn. 53; KPB/*Pape*, § 272 Rn. 33.

Beschwerdefrist in Gang zu setzen.[32] In den übrigen Fällen der Nr. 1 und 3 ist aufgrund von § 6 I InsO kein Rechtsmittel gegeben.[33] In den Fällen, in denen kein Rechtsmittel besteht, ist jedoch die Erinnerung nach § 11 II RpflG statthaft.[34]

§ 90. Rechtsstellung von und Aufgabenteilung zwischen Schuldner und Sachwalter

Übersicht

	Rn.
I. Im eröffneten Eigenverwaltungsverfahren	1
1. Der Schuldner	2
a) Rechtsstellung	2
aa) Überblick über die Befugnisse	2
bb) Dogmatische Einordnung	3
b) Befugnisse und Pflichten des Schuldners	4
aa) Führung der Geschäfte	4
bb) Beachtung der Mitwirkungsbefugnisse des Sachwalters	6
cc) Beachtung der Mitwirkungsbefugnisse des Gläubigerausschusses bzw. der Gläubigerversammlung	9
dd) Ausübung insolvenzspezifischer Rechte durch den Schuldner	10
ee) Mittel zur Lebensführung des Schuldners	11
ff) Formale, insolvenzverfahrensbezogene Aufgaben	12
gg) Erstellung eines Insolvenzplans	16
hh) Mitwirkungs- und Informationspflichten	17
c) Folgen bei Pflichtverletzung	18
2. Die Gesellschaft als Schuldnerin in der Eigenverwaltung	19
a) Gesellschafts- und Verfahrenszweck	19
b) Das Organisationsrecht	20
aa) Bisherige Rechtslage	21
bb) Die Rechtslage nach dem ESUG	23
(1) Der Grundgedanke der Neuregelung	24
(2) Anwendungsbereich	28
(3) Die verdrängten „Überwachungsorgane"	29
(4) Der Verdrängungsbereich	32
(5) Ausschluss des Einflusses	34
(6) Abberufungs- und Bestellungskompetenz in Bezug auf die „Geschäftsleitung"	35
(7) Konzentration der Geschäftsführung auf die Geschäftsleitung	40
(8) Die Rechtsstellung der Geschäftsleitung	43
c) Die Haftungsverfassung	44
aa) Die Gläubigerschutzlücke	50
bb) Die Lückenfüllung	53
cc) Beispiel GmbH	54
(1) Geschäftsführerhaftung	54
(2) Gesellschafterhaftung	57
dd) Beispiel OHG	59
3. Der Sachwalter	64
a) Rechtsstellung	64
b) Aufgaben des Sachwalters	66
aa) Aufsichts- und Überwachungspflichten	66
bb) Prüfungspflichten	70
cc) Mitwirkungsrechte	71
(1) Zustimmungs- und Widerspruchsrechte kraft Gesetzes	71
(2) Modifikationen des gesetzlichen Modells	77
dd) Ausschließliche Handlungsbefugnisse des Sachwalters	80
ee) Aufsicht des Insolvenzgerichts	83

---

[32] KPB/*Pape*, § 272 Rn. 33.
[33] So für § 272 I Nr. 1 InsO nun auch ausdrücklich BGH NZI 2007, 240, 241.
[34] HKInsO/*Landfermann*, 272 Rn. 13; *K. Schmidt/Undritz*, § 272 Rn. 10.

	Rn.
II. Im Eröffnungsverfahren	84
1. Vorläufige Eigenverwaltung	84
a) Rechtsstellung des Schuldners	84
b) Aufgabenverteilung zwischen Schuldner und vorläufigem Sachwalter ...	86
aa) Allgemeines	86
bb) Im Einzelnen	87
2. Schutzschirmverfahren	93
a) Begründung von Masseverbindlichkeiten	94
b) Verantwortlichkeit des Bescheinigers	96
3. Die Gesellschaft als Schuldnerin im Eröffnungsverfahren nach §§ 270a, 270b	97
a) Das Organisationsrecht	97
b) Die Haftungsverfassung	101

I. Im eröffneten Eigenverwaltungsverfahren

1 Die Aufgabenverteilung zwischen Schuldner und Sachwalter ist im Gesetz in unterschiedlichen Vorschriften geregelt. Leitlinie für die Abgrenzung der einzelnen Aufgabenbereiche ist, dass bei dem Schuldner eher die geschäftstypischen Rechte und Pflichten verbleiben, bei welchen ihn der Sachwalter kontrolliert und unterstützt, während bei dem Sachwalter – sieht man einmal von den §§ 279, 281–283 InsO ab – die eher insolvenztypischen Aufgaben verbleiben (→ § 86 Rn. 5).[1]

2 **1. Der Schuldner. a)** *Rechtsstellung.* aa) *Überblick über die Befugnisse.* Die §§ 270 ff. InsO sehen ausdrücklich vor, dass der Schuldner – unter Beachtung der Mitwirkungs- und Zustimmungsbefugnisse des Sachwalters – berechtigt ist, unter dessen Aufsicht die Insolvenzmasse zu verwalten und hierüber zu verfügen. Bei der Ausübung der ihm eingeräumten Befugnisse hat der Schuldner sein Handeln an dem Interesse der Gläubigergesamtheit unter Hintansetzung von Einzelinteressen auszurichten.[2] Tut er dies nicht, so sind seine Verfügungen allerdings dennoch – grundsätzlich – wirksam.[3] Zusätzlich zu der Verwaltungs- und Verfügungsbefugnis überträgt das Gesetz dem Schuldner in § 279 InsO bestimmte Gestaltungsrechte, die er im Einverständnis mit dem Sachwalter ausüben soll. Der Schuldner hat damit letztlich alle sonst dem Insolvenzverwalter obliegenden Aufgaben wahrzunehmen, sofern sie vom Gesetz nicht ausdrücklich dem Sachwalter zugewiesen sind.[4]

3 bb) *Dogmatische Einordnung.* Fraglich ist, wie die Rechtsstellung des Schuldners dogmatisch einzuordnen ist.[5] Mitunter wird der Schuldner im Falle der Eigenverwaltung insgesamt[6] als „Amtswalter in eigenen Angelegenheiten" bezeichnet. Nach *Häsemeyer* führt der Schuldner daher gar die Prozesse in Prozessstandschaft.[7] Anderer Ansicht nach behält der Schuldner im Rahmen der Eigenverwaltung seine privatautonome Rechtsmacht, die er vor Antragstellung hatte, wobei diese lediglich durch die §§ 270 ff. InsO

---

[1] MüKoInsO/*Tetzlaff*/*Kern*, § 274 Rn. 42; *Kübler*/*Piepenburg*/*Minuth* HRI § 11 Rn. 3; FKInsO/*Foltis*, § 270 Rn. 45; BerlK/*Spliedt*/*Fridgen*, § 270 Rn. 5.
[2] *Häsemeyer*, Rn. 8.15, S. 196 f.; FKInsO/*Foltis*, § 270 Rn. 15; *Pape*, Kölner Schrift, S. 895 Rn. 39; *Uhlenbruck*, § 270 Rn. 18.
[3] *Huhn*, Rn. 622, der allerdings zu Unrecht (s. MüKoInsO/*Tetzlaff*, § 270 Rn. 149; *Kübler*/*Bierbach* HRI § 10 Rn. 35: s. auch Rn. 7, 10, 49) die Grundsätze zur Unwirksamkeit insolvenzzweckwidriger Verfügungen des Insolvenzverwalters nicht auf den Eigenverwalter übertragen will.
[4] *Pape*, Kölner Schrift, S. 895 Rn. 37; KPB/*Pape*, § 270 Rn. 190; *Uhlenbruck*, § 270 Rn. 18.
[5] S. für eine Darstellung der verschiedenen Ansichten, *Kruse*, S. 208 ff.; MüKoInsO/*Tetzlaff*, § 270 Rn. 149.
[6] *Häsemeyer*, Rn. 8.13, S. 195; *Kübler*/*Bierbach* HRI § 10 Rn. 6; *Smid* WM 1998, 2489, 2510; *Pape*, Kölner Schrift, S. 895 Rn. 39; MüKoInsO/*Tetzlaff*, § 270 Rn. 148 f.; *Uhlenbruck*, § 270 Rn. 18.
[7] *Häsemeyer*, Rn. 8.15; so auch *Uhlenbruck*, § 270 Rn. 18.

modifiziert wird. Zumindest im Hinblick auf die Verwaltungs- und Verfügungsbefugnis hat der Anordnungsbeschluss – dieser Ansicht zufolge – folglich nur deklaratorische Wirkung. Nur insoweit, als die dem Schuldner zugewiesenen Rechte (§§ 279, 282f. InsO) und Pflichten (§ 281 I 1 InsO) nicht aus einer privatautonomen Rechtsmacht hergeleitet werden können, ist der Schuldner dieser Ansicht zufolge Amtswalter in eigenen Angelegenheiten.[8] Die besseren Gründe sprechen für die erstgenannte Ansicht. Dies ergibt sich zum einen aus dem Wortlaut des § 270 InsO, wonach der Schuldner eben gerade nicht verwaltungs- und verfügungsbefugt „bleibt". Zum anderen führt nur diese Ansicht zu sachgerechten Konsequenzen hinsichtlich der Bestandskraft insolvenzzweckwidriger Handlungen des Schuldners.[9] Die von *Häsemeyer* aus der Amtswalterstellung des Schuldners gezogene Schlussfolgerung, dass der Schuldner Prozesse in Prozessstandschaft führt, ist jedoch abzulehnen.[10] Auch hat der eigenverwaltende Schuldner keinen Anspruch auf Prozesskostenhilfe.[10a]

b) *Befugnisse und Pflichten des Schuldners.* aa) *Führung der Geschäfte.* Ordnet das Gericht mit Verfahrenseröffnung die Eigenverwaltung an, so ist der Schuldner zur Verwaltung und Verfügung über das zur Insolvenzmasse gehörende Vermögen befugt. Die Verwaltungs- und Verfügungsbefugnis steht dem Schuldner im Hinblick auf das gesamte Vermögen zu. Ist daher der Schuldner eine natürliche Person, kann sich die Eigenverwaltung nicht auf sein Handelsvermögen beziehen und sein Privatvermögen von der Eigenverwaltung ausnehmen.[11] Hat das Gericht im Insolvenzeröffnungsverfahren dem Schuldner ein allgemeines Veräußerungsverbot auferlegt, geht mit Verfahrenseröffnung die Verwaltungs- und Verfügungsbefugnis wieder auf den Schuldner über. Das wirtschaftliche und juristische Handeln liegt fortan bei ihm.

Der Schuldner ist vor allem für die Betriebsfortführung verantwortlich. Er nimmt beispielsweise Kundenaufträge entgegen, tätigt Einkäufe, nimmt weiterhin die Arbeitgeberfunktion[12] wahr, sichert und betreut das Betriebsvermögen und bestimmt Art und Ausmaß sowie die Durchführung von Sanierungsmaßnahmen. Von ihm begründete Verbindlichkeiten sind Masseverbindlichkeiten iSd § 55 I 1 InsO.[13] Der Schuldner ist auch zuständig, die massebezogenen Prozesse zu führen. Des Weiteren entscheidet er über die Aufnahme solcher Prozesse, die durch die Verfahrenseröffnung nach § 240 ZPO unterbrochen worden sind.[14] Sämtliche Handlungen im Rahmen der Betriebsfortführung hat der Schuldner an den Interessen der Gläubiger auszurichten (→ Rn. 1). Der Schuldner hat maW den Betrieb so fortzuführen, dass dieser einerseits gewinnbringend arbeitet. Es gilt der Verhaltensmaßstab eines ordentlichen Geschäftsmanns.[15] Darüber hinaus muss er aber den Betrieb auch so führen, dass eine Gefährdung der Gläubigerbefriedigung vermieden wird.[16]

bb) *Beachtung der Mitwirkungsbefugnisse des Sachwalters.* Die vorgenannten Befugnisse des Schuldners sind durch die in den §§ 275–277 InsO geregelten Mitwirkungs- und Zustimmungserfordernisse des Sachwalters eingeschränkt. So soll nach § 275 I InsO der

---

[8] Nerlich/Römermann/*Riggert*, § 270 Rn. 2; offen gelassen bei HKInsO/*Landfermann*, § 270 Rn. 27.
[9] S. hierzu MüKoInsO/*Tetzlaff*, § 270 Rn. 149; *Kübler/Bierbach* HRI § 10 Rn. 7; im Ergebnis auch *Flöther/Smid/Wehdeking*, Kap 2 Rn. 106 ff.
[10] HKInsO/*Landfermann*, § 270 Rn. 27.
[10a] LAG Stuttgart ZIP 2014, 1455 f.
[11] FKInsO/*Foltis*, § 270 Rn. 14.
[12] S. hierzu im Einzelnen *Kübler/Bierbach* HRI § 10 Rn. 49 ff.
[13] MüKoInsO/*Tetzlaff*, § 270 Rn. 155.
[14] Vgl. BGH NZI 2007, 188, 189; BFH ZIP 2014, 894; *Flöther/Smid/Wehdeking*, Kap 2 Rn. 122; *Stöber* NZI 1998, 105, 111; HKInsO/*Landfermann*, § 270 Rn. 29; s. auch OLG Naumburg ZInsO 2000, 505.
[15] *Kübler/Bierbach* HRI § 10 Rn. 18.
[16] *Kübler/Bierbach* HRI § 10 Rn. 17.

Schuldner Verbindlichkeiten, die nicht zum gewöhnlichen Geschäftsbetrieb (zu dem Begriff, → Rn. 72) gehören, nur im Einvernehmen mit dem Sachwalter begründen; zum gewöhnlichen Geschäftsbetrieb gehörende nicht gegen dessen Widerspruch.

7 Verstöße gegen die Pflichten aus § 275 I InsO führen allerdings – abgesehen von Kollusionsfällen und sonstigen insolvenzzweckwidrigen Handlungen[17] – nicht zur Unwirksamkeit der vom Schuldner vorgenommenen Rechtsgeschäfte.[18] Dennoch sind die Pflichtverletzungen des Schuldners nicht notwendig folgenlos. Vielmehr können die Verstöße zur Aufhebung der Eigenverwaltung nach § 272 I Nr. 1, 2 InsO führen (siehe auch § 89 und → Rn. 18) oder zu Maßnahmen der Gläubiger nach § 277 II InsO.[19]

8 Auf Antrag der Gläubigerversammlung (§ 277 I InsO) – ausnahmsweise auch auf Antrag absonderungsberechtigter oder einfacher Insolvenzgläubiger (§ 277 II InsO) – kann das Insolvenzgericht anordnen, dass bestimmte Rechtsgeschäfte nur mit Zustimmung des Sachwalters wirksam sind. Insoweit wird die dem Schuldner zustehende Verwaltungs- und Verfügungsbefugnis tatsächlich eingeschränkt. Das Zustimmungserfordernis ist hier – anders als die Mitwirkungsbefugnisse in §§ 275, 276 InsO – Wirksamkeitsvoraussetzung für die Rechtshandlung des Schuldners.[20] Es sind aber gemäß § 277 I 2 InsO die Gutglaubensvorschriften der §§ 81 f. InsO entsprechend anwendbar.[21] Zudem kann die Zustimmung auch noch nach Vornahme des bis dahin schwebend unwirksamen Rechtsgeschäfts erteilt werden.[22]

9 cc) *Beachtung der Mitwirkungsbefugnisse des Gläubigerausschusses bzw. der Gläubigerversammlung.* Nach § 276 InsO hat der Schuldner die Zustimmung des Gläubigerausschusses – bzw. falls ein solcher nicht existiert: der Gläubigerversammlung – einzuholen, soweit er Rechtshandlungen vornehmen will, die für das Insolvenzverfahren von besonderer Bedeutung sind. Der Begriff der Rechtshandlung ist weit auszulegen.[23] Die Qualifikation, ob die Rechtshandlung bedeutend ist oder nicht, richtet sich nach § 160 InsO. Maßgebend ist danach auch die Liste der in § 160 II InsO enthaltenen Regelbeispiele, auch wenn hierauf nicht in § 276 InsO verwiesen wird.[24] Richtiger Ansicht nach ist die Zustimmung durch den Schuldner einzuholen, bevor er die Maßnahme vornimmt.[25] Trotz fehlender Verweisung auf die (nachträglich eingefügte) Zustimmungsfiktion des § 161 I 3 InsO ist diese auch im Rahmen von § 276 InsO anzuwenden.[26] Die Mitwirkungsbefugnisse des Sachwalters (insbesondere auf der Grundlage des § 275 I InsO) werden durch § 276 InsO in keiner Weise eingeschränkt.[27] Ein Verstoß gegen

---

[17] Vgl. KPB/*Pape*, § 275 Rn. 23; HKInsO/*Landfermann*, § 275 Rn. 5.
[18] AG Duisburg ZIP 2002, 1636, 1638; *Hess/Ruppe* NZI 2002, 577, 578; KPB/*Pape*, § 275 Rn. 22; *Gundlach* DZWIR 1999, 363, 364; *Kübler/Bierbach* HRI § 10 Rn. 48; *Wittig* DB 1999, 197, 205; HKInsO/*Landfermann*, § 275 Rn. 5. Kreditaufnahmen des Schuldners, die dieser ohne Zustimmung oder trotz Widerspruchs des Sachwalters aufgenommen hat, begründen Masseverbindlichkeiten iS des § 55, *Pape*, Kölner Schrift, S. 895 Rn. 28; *Wittig* DB 1999, 197, 205.
[19] Vgl. auch Nerlich/Römermann/*Riggert*, § 275 Rn. 8; *Koch*, S. 219.
[20] AG Duisburg ZIP 2002, 1636, 1637 f.; *Kübler/Bierbach* HRI § 10 Rn. 25; HKInsO/*Landfermann*, § 277 Rn. 3; Nerlich/Römermann/*Riggert*, § 277 Rn. 1, 8; *Koch*, S. 228.
[21] HKInsO/*Landfermann*, § 277 Rn. 9.
[22] MüKoInsO/*Tetzlaff*, § 277 Rn. 40; aA aus Drittschutzgründen *Frank*, in Anwaltshandbuch Insolvenzrecht, Rn. 443, sofern der Schuldner das Rechtsgeschäft nicht unter Vorbehalt der Zustimmung durch den Sachwalter eingeht.
[23] MüKoInsO/*Tetzlaff/Kern*, § 276 Rn. 4.
[24] MüKoInsO/*Tetzlaff/Kern*, § 276 Rn. 5.
[25] *Kübler/Piepenburg/Minuth* HRI § 11 Rn. 49; MüKoInsO/*Tetzlaff/Kern*, § 276 Rn. 8; aA aber FKInsO/*Foltis*, § 276 Rn. 8.
[26] KPB/*Pape*, § 276 Rn. 6; HKInsO/*Landfermann*, § 276 Rn. 4.
[27] Vgl. HKInsO/*Landfermann*, § 276 Rn. 1; MüKoInsO/*Tetzlaff/Kern*, § 276 Rn. 9. Zur Behandlung abweichender Voten von Sachwalter und Gläubigerausschuss s. *Frank*, in Anwaltshandbuch Insolvenzrecht, Rn. 433.

§ 276 InsO lässt die Wirksamkeit der Maßnahme unberührt. Für die Folgen eines Verstoßes gilt das zu § 275 InsO Gesagte entsprechend (→ Rn. 7).

dd) *Ausübung insolvenzspezifischer Rechte durch den Schuldner.* Gemäß § 279 S. 1 InsO nimmt der Schuldner (nicht der Sachwalter) die im Regelinsolvenzverfahren dem Insolvenzverwalter obliegenden Rechte aus §§ 103–128 InsO wahr. Damit hat der Schuldner unter anderem das Recht, über die Fortsetzung nicht erfüllter zweiseitiger Verträge zu entscheiden. Für die Voraussetzungen und die Konsequenzen daraus gelten die allgemeinen Regeln. Die Ausübung dieser Rechte hat der Schuldner – ebenso wie der Insolvenzverwalter – allein am Gläubigerinteresse, dh an einer möglichst optimalen Gläubigerbefriedigung auszurichten.[28] Nach § 279 S. 2 InsO soll der Schuldner zwar diese Rechte nur im Einvernehmen mit dem Sachwalter ausüben. Ein Verstoß gegen die Bestimmung hat jedoch – erneut mit Ausnahme von Kollusionsfällen und sonstigen insolvenzzweckwidrigen Handlungen[29] – keinen Einfluss auf die Wirksamkeit der vom Schuldner vorgenommenen Rechtshandlung.[30] Lediglich die Rechte in § 120 InsO (Kündigung von Betriebsvereinbarungen), § 122 InsO (Klagen auf Zustimmung zur Betriebsänderung) und § 126 InsO (Antrag zur Beschlussfassung des Arbeitsgerichts zum Kündigungsschutz) kann der Schuldner nur mit Zustimmung des Sachwalters wirksam ausüben (§ 279 S. 3 InsO).[31] Nur in den Fällen der §§ 122, 126 InsO kann diese Zustimmung noch bis zum Schluss der mündlichen Verhandlung nachgeholt werden.[32]

ee) *Mittel zur Lebensführung des Schuldners.* § 278 InsO bestimmt in Anlehnung an § 56 VerglO, dass im Falle der Eigenverwaltung der Schuldner berechtigt ist, für sich, seine minderjährigen unverheirateten Kinder, seinen (auch früheren) Ehegatten und die Mutter seines nichtehelichen Kindes der Insolvenzmasse die Mittel zu entnehmen, die unter Berücksichtigung der bisherigen Lebensverhältnisse des Schuldners eine bescheidene Lebensführung gestatten (§§ 278 I, 100 II 2 InsO). Was zur bescheidenen Lebensführung in diesem Sinne unerlässlich ist, ist auf der Grundlage des jeweiligen Einzelfalles zu entscheiden.[33] In jedem Fall sind nach der Gesetzesbegründung die Mittel zur bescheidenen Lebensführung zunächst dem insolvenzfreien, dh dem unpfändbaren Vermögen und laufenden Einkommen des Schuldners zu entnehmen. Mithin ist das Entnahmerecht insoweit subsidiär.[34] Bei Masseunzulänglichkeit dürfte der Unterhaltsanspruch analog § 209 I Nr. 3 Hs. 2 InsO hinter alle sonstigen Masseverbindlichkeiten zurücktreten.[35] Werden die Mittel aus der Insolvenzmasse entnommen, so kommt es auf deren Herkunft nicht an.[36] So können sie beispielsweise aus Krediten stammen. Ist der Schuldner keine natürliche Person, gilt § 278 I InsO entsprechend für die vertretungsberechtigten, persönlich haftenden Gesellschafter. Nicht anwendbar ist § 278 InsO hingegen für Geschäftsführer einer GmbH bzw. Vorstandsmitglieder einer AG.[37] Zwar mag

---

[28] *Kübler/Bierbach* HRI § 10 Rn. 120; MüKoInsO/*Tetzlaff,* § 279 Rn. 7; *Flöther/Smid/Wehdeking,* Kap 2 Rn. 147.
[29] FKInsO/*Foltis,* § 279 Rn. 10.
[30] *Hess/Ruppe* NZI 2002, 577, 578; FKInsO/*Foltis,* § 279 Rn. 9; *Kübler/Bierbach* HRI § 10 Rn. 121; KPB/*Pape,* § 279 Rn. 7; *Vallender* WM 1998, 2129, 2136; *Smid* § 279 Rn. 4.
[31] *Vallender* WM 1998, 2129, 2136; *Koch,* S. 237; *Uhlenbruck,* § 270 Rn. 18.
[32] HKInsO/*Landfermann,* § 279 Rn. 2; FKInsO/*Foltis,* § 279 Rn. 15 ff.
[33] *Kübler/Bierbach* HRI § 10 Rn. 145 ff.
[34] FKInsO/*Foltis,* § 278 Rn. 5. Vgl. ebenda, Rn. 6, auch zu dem in § 278 InsO angelegten Widerspruch zum Sinn und Zweck der Eigenverwaltung, sich die Fähigkeiten und Kenntnisse des Schuldners zunutze zu machen.
[35] HambKommInsO/*Fiebig,* § 278 Rn. 10; KPB/*Pape,* § 278 Rn. 10; aA FKInsO/*Foltis,* § 278 Rn. 10.
[36] *Uhlenbruck,* § 278 Rn. 4.
[37] *Koch,* S. 189; MüKoInsO/*Tetzlaff/Kern,* § 278 Rn. 23; *Hess,* § 278 Rn. 11; KPB/*Pape,* § 278 Rn. 13; aA FKInsO/*Foltis,* § 278 Rn. 11.

sich der Maßstab des § 278 InsO als Gehaltsobergrenze für Gesellschafter-Geschäftsführer oder Vorstandsmitglieder eignen, die erheblich an der Schuldnergesellschaft beteiligt sind. Eine rechtliche Handhabe für Insolvenzgericht oder Gläubiger, das Gehalt einseitig entsprechend zu kürzen, existiert jedoch nicht.[38] Das Bestehen auf einer nach diesem Maßstab überhöhten Gehaltsforderung kann aber Indiz für einen drohenden Nachteil iS des § 270 II Nr. 2 InsO sein und daher eine Aufhebung der Eigenverwaltung (§ 272 InsO) rechtfertigen.[39]

12   ff) *Formale, insolvenzverfahrensbezogene Aufgaben*. Dem Schuldner steht – anders als im Regelinsolvenzverfahren – gemäß § 283 I InsO das Recht zu, angemeldete Forderungen zu bestreiten und so deren Feststellung zu verhindern. Umstritten ist, ob ihm dabei nur *ein* Widerspruchsrecht zusteht, nämlich in seiner Funktion als „Amtswalter", oder darüber hinaus auch in seiner Eigenschaft als Schuldner (doppeltes oder gespaltenes Widerspruchsrecht).[40] Der BGH folgt der letztgenannten Ansicht.[41] Hierfür sprechen – so der BGH – die unterschiedlichen Auswirkungen, die der „Widerspruch" des eigenverwaltenden Schuldners nach sich ziehen kann. Daher könne man – so er BGH – dem Schuldner, der ein und dieselbe Forderung zur Tabelle feststellt, aber zur Meidung seiner persönlichen Nachhaftung bestreitet, kein widersprüchliches Verhalten vorwerfen.[42] Die Möglichkeit, angemeldete Forderungen zu bestreiten, stellt eines der größten Risiken der Eigenverwaltung dar, denn sie versetzt den Schuldner in die Lage, das Verfahren stark zu verzögern.[43]

13   Nach § 282 I 1 InsO ist der Schuldner zur Verwertung der Masse sowie zur Verwertung von Gegenständen berechtigt, an denen Absonderungsrechte bestehen.[44] Gegenstände, an denen ein Aussonderungsrecht besteht, darf er demgegenüber ebenso wenig verwerten wie der Insolvenzverwalter. Nach § 282 I 2 InsO werden Kosten der Feststellung der Gegenstände und der Rechte an diesen nicht erhoben, da der Gesetzgeber insoweit davon ausgeht, dass der Schuldner Kenntnis von der Rechtslage hat.[45] Als Kosten der Verwertung können nach § 282 I 3 InsO auch nur die tatsächlich angefallenen Kosten und der Umsatzsteuerbetrag angesetzt werden. Gemäß § 282 II InsO soll der Schuldner sein Verwertungsrecht nur im Einvernehmen mit dem Sachwalter ausüben. Jedoch führt ein Verstoß gegen diese Bestimmung nicht zur Unwirksamkeit der Verwertungshandlung.[46]

14   Der Schuldner ist darüber hinaus nach § 283 II InsO zur Verteilung des Verwertungserlöses berechtigt, soweit die Verteilungsverzeichnisse vom Sachwalter geprüft wurden und dieser schriftlich erklärt hat, ob nach dem Ergebnis seiner Prüfung Einwendungen zu erheben sind.[47]

15   Nach § 281 I InsO hat der Schuldner das Verzeichnis der Massegegenstände, das Gläubigerverzeichnis und die Vermögensübersicht (§§ 151–153 InsO) zu erstellen.[48] Im Berichtstermin obliegt es gemäß § 281 II iVm § 156 I InsO dem Schuldner, Bericht

---

[38] AG Duisburg NZI 2006, 112, 113 f.; HambKommInsO/*Fiebig*, § 278 Rn. 8.
[39] HambKommInsO/*Fiebig*, § 278 Rn. 8; MüKoInsO/*Tetzlaff/Kern*, § 278 Rn. 15, 27 ff.; KPB/*Pape*, § 278 Rn. 16.
[40] Dagegen HKInsO/*Landfermann*, § 283 Rn. 5; MüKoInsO/*Tetzlaff/Kern*, § 283 Rn. 11; KPB/*Pape*, § 283 Rn. 19; aA MüKoInsO/*Schumacher*, § 78 Rn. 30; *Häsemeyer*, Insolvenzrecht, Rn. 8.16.
[41] BGH ZInsO 2013, 2206, 2208.
[42] BGH ZInsO 2013, 2206, 2208.
[43] *Pape*, Kölner Schrift, S. 895 Rn. 50.
[44] *Flöther/Smid/Wehdeking*, Kap 2 Rn. 138 ff.; s. hierzu *Gundlach* DZWIR 1999, 363, 365 ff.
[45] Kritisch hierzu *Smid* WM 1998, 2489, 2512; *Flöther/Smid/Wehdeking*, Kap 2 Rn. 143; *Häsemeyer*, Rn. 8.15, S. 196 f.
[46] *Kübler/Bierbach* HRI § 10 Rn. 127; BerlK/*Spliedt/Fridgen*, § 282 Rn. 8; Nerlich/Römermann/*Riggert*, § 282 Rn. 6.
[47] S. *Kübler/Bierbach* HRI § 10 Rn. 133 ff.
[48] S. hierzu im Einzelnen *Kübler/Bierbach* HRI § 10 Rn. 89 ff.

über die wirtschaftliche Lage des Unternehmens und deren Ursachen sowie über voraussichtliche Sanierungschancen zu erstatten.[49] Weiterhin ist der Schuldner nach § 281 III InsO zur Rechnungslegung (§ 155 InsO) und zur Erstellung der Schlussrechnung (§ 66 InsO) verpflichtet.[50] Wird die Eigenverwaltung aufgehoben, muss der Schuldner über seine Geschäftsführung während der Eigenverwaltung Rechnung legen.[51] Dem Schuldner muss auch das Recht des Insolvenzverwalters aus § 75 I Nr. 1 InsO zufallen, die Einberufung der Gläubigerversammlung zu beantragen, da er zB die Möglichkeit haben muss, den Zustimmungserfordernissen des § 276 InsO nachzukommen, wenn kein Gläubigerausschuss vorhanden ist.[52]

gg) *Erstellung eines Insolvenzplans.* Gemäß § 284 I InsO kann die Gläubigerversammlung den Schuldner oder den Sachwalter beauftragen, einen Insolvenzplan auszuarbeiten. Dabei kann die Gläubigerversammlung nach §§ 270 I 2, 157 S. 2 InsO das Ziel des Plans vorgeben. Wird der Auftrag an den Schuldner erteilt, wirkt der Sachwalter beratend mit (§ 284 I 2 InsO). § 284 InsO darf jedoch nicht dahingehend missverstanden werden, dass der Schuldner zur Erstellung eines Insolvenzplans nur berechtigt ist, wenn ein Auftrag der Gläubigerversammlung vorliegt. Wie bereits dargelegt, ist es für die Anordnung der Eigenverwaltung nach § 270 I 1 InsO vorteilhaft, wenn der Schuldner seinem Antrag bereits ein Sanierungskonzept in Form eines Insolvenzplans beifügt. Der Schuldner kann folglich aus eigener Initiative heraus einen Insolvenzplan erarbeiten. Infolgedessen kommt der Bestimmung in § 284 I InsO keine allzu große Bedeutung zu.[53] **16**

hh) *Mitwirkungs- und Informationspflichten.* Nach § 274 II 2 InsO gilt § 22 III InsO entsprechend.[54] Letztere Vorschrift verpflichtet den Schuldner dazu, dem Sachwalter den Zutritt zu den Geschäftsräumen zu gewähren, damit er dort Nachforschungen anstellen kann. Darüber hinaus hat der Schuldner dem Sachwalter Einsicht in die Bücher und Geschäftspapiere zu gewähren. Schließlich muss der Schuldner dem Sachwalter und dem Insolvenzgericht die erforderlichen Auskünfte umfassend und zeitnah erteilen.[55] Das gilt insbesondere in Bezug auf den Sachwalter, damit dieser in die Lage versetzt wird, gegebenenfalls die Gläubiger und den Gläubigerausschuss zu informieren und Entscheidungen nach § 277 InsO oder nach § 272 InsO anzuregen.[56] Ist der Schuldner eine juristische Person oder eine Gesellschaft ohne Rechtspersönlichkeit, so trifft die Verpflichtung die vertretungsbefugten, persönlich haftenden Gesellschafter (§ 101 I InsO). Die Mitwirkungs- und Informationspflichten kann der Sachwalter – anders als andere Aufgaben des Schuldners in der Eigenverwaltung – grundsätzlich zwangsweise nach § 98 InsO durchsetzen.[57] Gleichzeitig lösen Verstöße die Anzeigepflicht des Sachwalters nach § 274 III InsO aus, so dass es zu weiteren Konsequenzen (→ Rn. 18) kommen kann.[58] **17**

c) *Folgen bei Pflichtverletzung.* Der Schuldner hat die ihm durch Gesetz zugewiesenen Befugnisse im Interesse der Gläubigergesamtheit auszuüben. Fraglich ist, welche Sanktionen das Gesetz an eine Pflichtverletzung des Schuldners knüpft. Im Grundsatz sieht das **18**

---

[49] S. im Einzelnen *Kübler/Bierbach* HRI § 10 Rn. 102 ff.
[50] S. *Kübler/Bierbach* HRI § 10 Rn. 108 ff.
[51] AG Duisburg NZI 2006, 112, 113.
[52] *Pape*, Kölner Schrift, S. 895 Rn. 38; *Huhn*, S. 841.
[53] KPB/*Pape*, § 284 Rn. 8; *Koch*, S. 240.
[54] S. hierzu *Kübler/Bierbach* HRI § 10 Rn. 150 ff.
[55] FKInsO/*Foltis*, § 270 Rn. 53.
[56] *Kübler/Bierbach* HRI § 10 Rn. 152.
[57] *Pape*, Kölner Schrift, S. 895 Rn. 26; *Flöther/Smid/Wehdeking*, Kap 2 Rn. 166; kritisch insoweit *Vallender* WM 1998, 2129, 2135.
[58] *Pape*, Kölner Schrift, S. 895 Rn. 26.

Gesetz nur die Möglichkeit vor, die Eigenverwaltung aufzuheben (§ 272 InsO) oder den Kreis der zustimmungsbedürftigen Rechtsgeschäfte auszuweiten (§ 277 InsO).[59] Damit diese Sanktionen zum Tragen kommen, räumt das Gesetz dem Sachwalter die Überwachungsbefugnis in Bezug auf den Schuldner nach § 274 II 1 InsO (→ Rn. 66), eine Informationspflicht des Schuldners gegenüber dem Sachwalter (→ Rn. 17) und die Mitteilungspflicht des Sachwalters gegenüber den Gläubigern (§ 274 III 1 InsO)[60] ein. Der Eigenverwalter steht dagegen nicht unter der Aufsicht des Insolvenzgerichts. § 58 InsO findet im Rahmen der Verweisung in § 270 I 2 InsO keine Anwendung. Eine Haftung des „Eigenverwalters", vergleichbar derjenigen eines Insolvenzverwalters (§ 60 InsO), sehen die §§ 270 ff. InsO ebenfalls nicht ausdrücklich vor. In der Literatur wird teilweise eine solche Haftung gegenüber den Beteiligten des Insolvenzverfahrens aus § 270 I 2 iVm § 60 InsO abgeleitet[61] oder allgemein auf c. i. c.[62] (bzw. auf §§ 311 III, 280 I BGB) bzw. auf § 823 II BGB iVm §§ 270 II Nr. 3, 272 InsO[63] gestützt. Diese Ansätze sind aber im Hinblick auf die abschließende Lösung in §§ 274 I, 60 InsO abzulehnen. Eine besondere insolvenzrechtliche – über die allgemeinen Vorschriften[64] hinausgehende – Haftung des Schuldners gegenüber den Gläubigern kommt mithin nicht in Betracht.[65] Sie wäre praktisch auch ohne Bedeutung.[66] Hieraus folgt freilich nicht, dass – soweit es sich beim Schuldner um eine juristische Person oder aber um eine Gesellschaft ohne Rechtspersönlichkeit handelt – auch eine gesellschaftsinterne Haftung ausgeschlossen wäre. So hat beispielsweise der GmbH-Geschäftsführer nach § 43 I GmbHG die Pflicht, für ein gesetzeskonformes Verhalten der GmbH in ihren Außenbeziehungen zu sorgen.[67] Hierzu gehören selbstverständlich auch die der GmbH im Rahmen der Eigenverwaltung obliegenden Pflichten. Verletzt der GmbH-Geschäftsführer diese aus § 43 I GmbHG folgende Pflicht, ist er der Gesellschaft nach § 43 II GmbHG für den hieraus entstehenden Schaden verantwortlich (→ Rn. 44 ff., 54).

2. Die Gesellschaft als Schuldnerin in der Eigenverwaltung. a) *Gesellschafts- und Verfahrenszweck.* Ist der Schuldner eine Gesellschaft ohne Rechtspersönlichkeit oder aber eine juristische Person, so wird mit Eröffnung des Insolvenzverfahrens – auch bei Anordnung der Eigenverwaltung – die Gesellschaft aufgelöst (§§ 42, 728 BGB, §§ 131 I Nr. 3, 161 II HGB, § 60 I Nr. 4 GmbHG, § 101 GenG, § 262 I Nr. 3 AktG, § 9 I PartGG).[68] Auch im Verfahren der Eigenverwaltung kommen jedoch – ebenso wie im Regelinsolvenzverfahren – im Hinblick auf den Verfahrenszweck die Regeln des gesellschaftsrechtlichen Liquidationsverfahrens nicht zur Anwendung. Vielmehr richtet sich das Liquidationsverfahren nach den insolvenzrechtlichen Vorschriften. Allenfalls dort, wo diese Lücken aufweisen, kann ein Rückgriff auf die gesellschaftsrechtlichen Vorschriften erwogen werden. Im Verfahren der Eigenverwaltung ist die Gesellschaft daher nicht an den (gesellschaftsrechtlichen) Abwicklungszweck, sondern allein an § 1 InsO gebunden.[69] Wenn es zur optimalen Gläubigerbefriedigung notwendig erscheint, kann

---

[59] *Uhlenbruck,* § 270 Rn. 8.
[60] Kritisch hierzu *Flöther/Smid/Wehdeking,* Kap 2 Rn. 166.
[61] *Huhn,* Rn. 625.
[62] *Schlegel,* S. 201 f.
[63] *Götker,* Der Geschäftsführer in der Insolvenz der GmbH, Rn. 1003 f.
[64] S. hierzu *Smid,* Kölner Schrift, S. 453 Rn. 13.
[65] Im Ergebnis auch *Kruse,* S. 265; *Hess,* § 60 Rn. 11.
[66] HKInsO/*Landfermann,* § 270 Rn. 26.
[67] S. hierzu *Michalski/Haas/Ziemons,* § 43 GmbHG Rn. 46.
[68] AG Duisburg ZIP 2002, 1636, 1640; *K. Schmidt,* Kölner Schrift, S. 1199 Rn. 32; *Huhn,* Rn. 633 ff.; für eine teleologische Reduktion der Auflösungsvorschriften, s. *Piepenburg* NZI 2004, 231, 235.
[69] So auch *K. Schmidt* AG 2006, 597, 602: Materiell-rechtliche Regeln der Abwicklung sind die des Insolvenzrechts.

das Unternehmen daher auch fortgeführt werden, insbesondere ist dann – entgegen dem gesellschaftsrechtlichem Liquidationsverfahren – auch der Abschluss von Geschäften zulässig, deren Zweck in der Gewinnerzielung liegt. Die Organe der in Eigenverwaltung befindlichen Gesellschaft sind daher in Bezug auf die Verfügungsbefugnis nicht auf die Verfügungsbefugnisse eines Abwicklers beschränkt.[70]

b) *Das Organisationsrecht.* Die Vorschriften zur Eigenverwaltung enthalten keine Beschränkungen hinsichtlich der Person des Schuldners. Letzterer muss damit lediglich die Voraussetzungen des § 11 InsO erfüllen (natürliche oder juristische Person, Gesellschaft ohne Rechtspersönlichkeit). Mithin kann auch eine Kapital- oder Personengesellschaft in der Insolvenz in Eigenverwaltung abgewickelt oder saniert werden.[71]

aa) *Bisherige Rechtslage.*[72] Die Antwort auf die Frage, wie die Aufgaben und Zuständigkeiten in der eigenverwalteten Gesellschaft intern verteilt sind, war vor Inkrafttreten des ESUG nicht umstritten. Ausgangspunkt war zunächst § 270 I InsO, der anordnet, dass „der Schuldner" die Insolvenzmasse (unter der Aufsicht des Sachwalters) zu verwalten und hierüber zu verfügen hat. Die bisherigen Vorschriften zur Eigenverwaltung enthielten jedoch keinerlei Vorschriften dazu, wer die nach der InsO dem „Schuldner" vorbehaltenen Rechte und Pflichten ausübt, wenn es sich bei Letzterem um eine Gesellschaft, etwa eine GmbH handelt. Unstreitig blieb und bleibt auch im Verfahren der Eigenverwaltung – ebenso wie im Regelinsolvenzverfahren – die bisherige Organstruktur erhalten. Fraglich war allerdings, wie die Binnenkompetenzen im Verfahren der Eigenverwaltung verteilt sind, soweit es um den so genannten Insolvenz-, dh um den masserelevanten Bereich ging. Die Ansichten in Literatur und Rechtsprechung hierzu gingen weit auseinander.

Teilweise wurde die Ansicht vertreten, dass durch die Anordnung der Eigenverwaltung keine Änderung der innergesellschaftsrechtlichen Kompetenzverteilung bewirkt werde. Insbesondere gebe – so diese Ansicht – § 270 I InsO keine Rechtsgrundlage für einen Kompetenzzuwachs der Geschäftsführung. Vielmehr verweise § 270 I InsO insgesamt auf das gesellschaftsrechtliche Kompetenzmodell, mit der Folge etwa, dass die Geschäftsführung auch im Insolvenzbereich den Weisungsrechten der Gesellschafterversammlung (§ 37 GmbHG) unterworfen sei.[73] Anderer Ansicht nach verlangte der Sinn und Zweck des Insolvenzverfahrens eine Modifizierung der innergesellschaftlichen Kompetenzverteilung für den Insolvenzbereich. Sachwalter und Geschäftsleitungsorgan hatten danach zusammen dieselben Kompetenzen wie der Insolvenzverwalter im Regelinsolvenzverfahren. Gesellschaftsrechtliche Beschränkungen der Kompetenz des Geschäftsführers hatten daher – dieser Ansicht zufolge – nur insoweit Wirkungen, als sie auch einen Insolvenzverwalter im Regelinsolvenzverfahren an der Ausübung der ihm zustehenden Verwaltungs- und Verfügungsbefugnis hindern.[74] Einer vermittelnden Ansicht zufolge war weder dem „gesellschaftsrechtlichen" noch dem „verwaltergleichen" Kompetenzmodell zu folgen. Vielmehr war danach für jede einzelne innergesellschaftsrechtliche Kompetenzbeschränkung gesondert zu prüfen, inwieweit diese mit § 1 InsO vereinbar ist oder nicht.[75]

bb) *Die Rechtslage nach dem ESUG.* Das ESUG hat die zum alten Recht bestehende Streitfrage nunmehr durch Einführung des neuen § 276a InsO entschieden, gleichzeitig

---

[70] *Huhn*, Rn. 642.
[71] *Pape*, Kölner Schrift, S. 895 Rn. 5.
[72] S. hierzu die Vorauflage § 89 Rn. 14 ff.; *Kübler/Bierbach* HRI § 10 Rn. 161 ff.
[73] AG Duisburg NZI 2002, 556, 559; *Ringstmeier/Homann* NZI 2002, 406; *K. Schmidt/Uhlenbruck* Die GmbH in Krise, Sanierung und Insolvenz, Rn. 9.33; *Voraufl.* § 89 Rn. 18 ff.
[74] *Prütting/Huhn* ZIP 2002, 777, 778; *Görk/Stockhausen*, FS Metzeler, 2002, S. 105, 107; *Uhlenbruck*, § 270 Rn. 3.
[75] *Noack* ZIP 2002, 1873, 1878 f.

aber selbst wieder viele neue Fragen aufgeworfen. § 276a S. 1 InsO sieht vor, dass für den Fall, dass der Schuldner eine juristische Person oder aber eine Gesellschaft ohne Rechtspersönlichkeit ist, der Aufsichtsrat, die Gesellschafterversammlung oder das entsprechende Organ keinen Einfluss auf die Geschäftsführung des Schuldners hat. Eine Ausnahme hiervon macht § 276a S. 2 InsO. Danach ist die Abberufung und Neubestellung von Mitgliedern der Geschäftsleitung durch das Aufsichtsorgan möglich, soweit der Sachwalter zustimmt. Die Zustimmung ist nach S. 3 zu erteilen, wenn die Maßnahme nicht zu Nachteilen für die Gläubiger führt.

24   (1) *Der Grundgedanke der Neuregelung.* Grundgedanke der Regelung ist, dass die Überwachungsorgane bei Eigenverwaltung im Wesentlichen keine weitergehende Einflussmöglichkeit auf die Geschäftsführung haben sollen als in dem Fall, dass ein Insolvenzverwalter bestellt ist.[76] Die Führung der Geschäfte ist in dieser Situation an den Interessen der Gläubiger auszurichten; Sachwalter, Gläubigerausschuss und Gläubigerversammlung überwachen die wirtschaftlichen Entscheidungen der Geschäftsleitung. Eine zusätzliche Überwachung der Geschäftsleitung durch die Organe des Schuldners erscheint nicht erforderlich.[77] Zusätzliche Einwirkungsmöglichkeiten von Aufsichtsrat oder Gesellschafterversammlung auf die Geschäftsführung können in dieser Situation wenig nützen, wohl aber hemmend und blockierend wirken.[78]

25   § 276a InsO steht auf den ersten Blick mit dem Sinn und Zweck des Eigenverwaltungsverfahrens in einem Spannungsverhältnis. Das Verfahren soll ja zum einen dazu dienen, Sonderwissen, das an die Person des (Gemein-)Schuldners gebunden ist, auch nach Eröffnung des Insolvenzverfahrens in vollem Umfang zu nutzen und dadurch im Rahmen einer Reorganisation fruchtbar zu machen.[79] In Bezug auf die Gesellschafter nimmt die neue Regelung den „brain drain" aber offensichtlich als das „geringere Übel" in Kauf. Zum anderen will der Gesetzgeber mit dem Verfahren der Eigenverwaltung einen Anreiz für den Schuldner setzen, im Interesse der Gläubigergesamtheit frühzeitig einen Eröffnungsantrag zu stellen (→ § 86 Rn. 2); denn mit einer frühzeitigen Insolvenzeröffnung steigen die Sanierungschancen merklich.[80] Für die Berechtigung, einen Antrag auf auf Eigenverwaltung zu stellen, greift die hM auf das gesellschaftsrechtliche Kompetenzmodell zurück. Danach finden im Außenverhältnis die gesellschaftsrechtlichen Vertretungsregeln Anwendung und im Innenverhältnis die gesellschaftsrechtlichen Vorschriften über die Aufgabenverteilung (einschließlich dem Weisungsrecht der Gesellschafterversammlung) (→ § 87 Rn. 10 ff.). Damit können – etwa in einer GmbH – die Gesellschafter die Geschäftsführer anweisen, den Antrag auf Eigenverwaltung zu stellen oder nicht zu stellen (→ § 87 Rn. 13 f.). Für die Geschäftsführer besteht insoweit eine Folgepflicht. Müssen die Gesellschafter aber damit rechnen, sämtliche Einflussmöglichkeiten auf die Geschäftsführung zu verlieren, ist dies kein besonders starker Anreiz für die Eigenverwaltung.[81] Da aber in der Praxis die GmbH-Gesellschafter vielfach auch in der Geschäftsführung vertreten sind, fällt dies nicht übermäßig ins Gewicht.

26   Die Annahme des Gesetzgebers, durch die Regelung in § 276a InsO Kompetenzkonflikte gänzlich vermeiden zu können, stimmt ebenfalls nur bedingt. Der Gesetzgeber übersieht nämlich, dass in vielen Fällen eine GmbH über ein mehrköpfiges Geschäftsführungsorgan verfügt. Die Vorstellung also, dass die Geschäftsleitung ver-

---

[76] Begr RegE ESUG, BT-Drucks. 17/5712, S. 42.
[77] Begr RegE ESUG, BT-Drucks. 17/5712, S. 42.
[78] BT-Drucks. 17/5712, S. 42.
[79] *Kammel/Staps* NZI 2010, 791, 295; *Brinkmann/Zipperer* ZIP 2011, 1337, 1340.
[80] BT-Drucks. 12/2443 S. 222 f.
[81] *Hirte/Knof/Mock,* Das neue Insolvenzrecht nach dem ESUG, S. 64; *Desch* BB 2011, 841, 845; *Hofmann* NZI 2010, 798, 804; *Bilgery* ZInsO 2014, 1694, 1696.

gleichbar einem Insolvenzverwalter agiert, entspricht hier von vornherein nicht der Wirklichkeit. Wie aber soll verfahren werden, wenn die Geschäftsführer in Bezug auf die wirtschaftliche Zweckmäßigkeit einer Maßnahme der Unternehmens(-fort-)führung unterschiedlicher Ansicht sind? Die §§ 275–277, 279 InsO jedenfalls sehen für dieses Problem keine Konfliktlösung vor. Dem Sachwalter kommt insoweit kein Weisungsrecht zu.[82] Verkompliziert wird die Sache noch dann, wenn bei einer Mehrheit von Geschäftsführern – dem gesetzlichen Leitbild des § 35 Abs. 2 S. 1 GmbHG entsprechend – Gesamtvertretung und damit auch Gesamtgeschäftsführung gilt. Derartige gesellschaftsrechtliche Beschränkungen der Geschäftsführung werden jedenfalls durch § 276a InsO nicht abgeschüttelt.[83]

Dem gesetzgeberischen Corporate-Governance-Modell in § 276a InsO liegt aber insgesamt ein durchaus rationaler verhaltensökonomischer Ansatz zugrunde.[84] In einer „gesunden" GmbH liegt der Verhaltenssteuerung der Gesellschafter ua die Vorstellung zugrunde, dass durch die Aufbringung und Bindung von Eigenkapital opportunistisches Verhalten der Gesellschafter (auch zulasten der Gläubiger) in Grenzen gehalten wird; denn haben auch die Gesellschafter etwas zu verlieren, haben sie wenig Interesse, ihren Einfluss auf die Geschäftsführung zum Nachteil der Gesellschaft (und daher mittelbar zum Nachteil der Gläubiger) auszuüben. Dieses Steuerungsmodell ist freilich in der Insolvenz außer Kraft gesetzt; denn hier ist das Eigenkapital aufgebraucht, mit der Folge, dass von der Kapitalstruktur kein disziplinierender Effekt auf die Gesellschafter-Geschäftsführung mehr ausgeht. Es erscheint daher durchaus folgerichtig, dem Gesellschafter, der ja nicht dem Verhaltensmaßstab des § 43 I GmbHg unterliegt, in einem solchen Fall den Einfluss auf die Führung der Geschäfte der Gesellschaft zu verwehren. Freilich könnte man eine Fehlsteuerung durch die Gesellschafter auch dadurch verhindern, dass man die Gesellschafter – vergleichbar der Geschäftsleitung – im Rahmen der Geschäftsführung auf einen Verhaltensmaßstab im Gläubigerinteresse verpflichtet.[85] Richtiger Ansicht nach ist eine solche Verpflichtung zur Rücksichtnahme auf Gläubigerinteressen überall dort anzunehmen, wo den Gesellschaftern Restkompetenzen verbleiben. Im Unterschied freilich zum Leitungsorgan sieht das Gesellschaftsrecht aber im Prinzip keine Verhaltenshaftung des Gesellschafters vor, an die man – im Fall einer Verletzung dieser Verhaltenspflicht – anknüpfen und damit die Verhaltenspflicht durchsetzen könnte.

(2) *Anwendungsbereich.* § 276a InsO ist anwendbar, wenn es sich bei dem Schuldner um eine juristische Person oder um eine Gesellschaft ohne Rechtspersönlichkeit handelt. Erfasst sind damit ua die AG, die KGaA, die GmbH, die UG, die eingetragene Genossenschaft, die SE, der eV, die rechtsfähige Stiftung, die Vor-GmbH und die Vor-AG, die OHG, die KG oder die GbR-Außengesellschaft.[86] Einbezogen sind auch entsprechende ausländische Rechtsformen.[87]

(3) *Die verdrängten „Überwachungsorgane".* Die Überwachungsorgane, deren Einfluss auf die Geschäftsführung ausgeschaltet wird, sind von der jeweiligen Rechtsform des Schuldners abhängig.[88] In der Aktiengesellschaft sind dies – unstreitig – Aufsichtsrat und Hauptversammlung.[89]

In der GmbH ist die Frage, welches das „Überwachungsorgan" ist, schon komplizierter. § 276a InsO nennt zwar die Gesellschafterversammlung ausdrücklich. Letztere ist aber kein

---

[82] HambKommInsO/*Fiebig,* § 276a Rn. 5.
[83] In diesem Sinne auch *Landfermann* WM 2012, 869, 872; *Klöhn* NZG 2013, 81, 85.
[84] S. aus verhaltenstheoretischer Sicht auch MüKoInsO/*Klöhn,* § 276a Rn. 8 ff.
[85] *K. Schmidt/Undritz,* § 276a Rn. 2; s. auch Vorauf. § 89 Rn. 21.
[86] MüKoInsO/*Klöhn,* § 276a Rn. 16; FKInsO/*Foltis,* § 276a Rn. 5.
[87] HKInsO/*Landfermann,* § 276a Rn. 5.
[88] FKInsO/*Foltis,* § 276a Rn. 6.
[89] KPB/*Pape,* § 276a Rn. 7.

„reines" Überwachungs-, sondern auch ein Geschäftsführungsorgan.[90] Anders als bei einem Aufsichtsrat in einer AG ist nämlich die Zuständigkeit der Gesellschafterversammlung in einer GmbH grundsätzlich allumfassend.[91] Die Gesellschafterversammlung ist mithin – nach dem gesetzlichen Leitbild – bei Weitem nicht auf die Überwachung der Geschäftsführung beschränkt.[92] Das zeigt sich nicht zuletzt auch daran, dass es – hM zufolge – in der GmbH keinen Kernbereich eigenverantwortlicher Geschäftsführung gibt, der den Geschäftsleitern vorbehalten ist.[93] Bei einem Großteil der GmbH dürfte diese allumfassende Zuständigkeit der Gesellschafterversammlung in der Praxis auch der gelebten Wirklichkeit entsprechen. Damit stellt sich die Frage, ob durch § 276a InsO im Falle der Gesellschafterversammlung nicht nur Überwachungs-, sondern auch Geschäftsführungsbefugnisse suspendiert werden.[94] Letzteres ist wohl durch den Gesetzgeber beabsichtigt; denn zum einen lassen sich bei der GmbH-Gesellschafterversammlung Geschäftsführung und Aufsicht kaum sinnvoll voneinander trennen. Zum anderen sprechen auch die Defizite des gesellschaftsrechtlichen Corporate-Governance-Modells (keine Verhaltenshaftung der Gesellschafter) dafür, die Befugnisse der Gesellschafterversammlung insgesamt zu suspendieren.

31 Ein vergleichbares Problem wie bei der GmbH stellt sich bei der OHG oder KG. Nach dem gesetzlichen Leitbild steht hier nämlich der Gesellschafterversammlung die Führung der Geschäfte zu, die über den gewöhnlichen Betrieb eines Handelsgewerbes hinausgehen (§ 116 II HGB). Erforderlich ist danach der Beschluss sämtlicher Gesellschafter, auch der nicht geschäftsführenden Gesellschafter oder Kommanditisten.[95] Nach dem gesetzlichen Leitbild gilt zudem das Einstimmigkeitsprinzip. Darüber hinaus ist die Gesellschafterversammlung aber auch Kontroll- und Überwachungsorgan, was nicht zuletzt darin zum Ausdruck kommt, dass der Gesellschafterversammlung kollektive Informationsrechte gegenüber den geschäftsführenden Gesellschaftern zukommen.[96] Auch hier werden mithin durch § 276a InsO (und die daraus resultierende Verdrängung der Gesellschafterversammlung) nicht nur Kontroll- und Überwachungsfunktionen, sondern auch Geschäftsführungsbefugnisse suspendiert.

32 (4) *Der Verdrängungsbereich.* § 276a InsO schließt grundsätzlich jeglichen Einfluss des Aufsichtsorgans *„auf die Geschäftsführung des Schuldners"* aus. Das gilt völlig unabhängig davon, ob die Einflussnahme für die Gläubiger nachteilig ist oder nicht.[97] Verdrängt wird das Aufsichtsorgan also aus dem gesamten Bereich der „Geschäftsführung". Fraglich ist nun, was hierunter zu verstehen ist, insbesondere, ob dieser Begriff im Lichte des Gesellschaftsrechts auszulegen ist. Die gesellschaftsrechtlichen Gesetze (GmbHG, AktG, HGB, BGB) definieren den Begriff „Geschäftsführung" nicht. Lediglich punktuell legen sie fest, was zur Geschäftsführung zählt. Diese einzelnen Bestimmungen stellen aber unstreitig nur einen kleinen Ausschnitt aus der gewöhnlich mit dem Begriff der „Geschäftsführung" einhergehenden Aufgabenfülle dar.[98] Grundsätzlich wird der Begriff „Geschäftsführung" im Gesellschaftsrecht weit verstanden. Danach fällt hierunter die Gesamtheit der bei der Verfolgung des Gesellschaftszecks in Betracht kommenden Betätigungen mit Ausnahme der Grundlagenangelegenheiten.[99] Auf diese gesellschafts-

---

[90] S. *Haas,* in FS Stürner, 2013, S. 749, 756.
[91] *Scholz/K. Schmidt* § 45 GmbHG Rn. 5.
[92] So zu Recht auch HambKommInsO/*Fiebig,* § 276a Rn. 5.
[93] *Scholz/Schneider* § 37 GmbHG Rn. 46; *Ulmer/Paefgen,* § 37 GmbHG Rn. 14; *Roth/Altmeppen,* § 37 GmbHG Rn. 4; *Lutter/Hommelhof/Kleindiek,* § 37 GmbHG Rn. 39.
[94] HambKommInsO/*Fiebig,* § 276a Rn. 5.
[95] OLG Celle ZIP 2011, 676; *Röhricht/Graf von Westphalen/Haas,* § 116 HGB Rn. 3.
[96] *Röhricht/Graf von Westphalen/Haas,* § 118 Rn. 19.
[97] HKInsO/*Landfermann,* § 276a Rn. 6; aA *Zipperer* ZIP 2012, 1492, 1494f.; *Ströhmann/Längsfeld* NZI 2013, 271, 275.
[98] *Michalski/Haas/Ziemons,* GmbHG, 2. Aufl. 2010, § 43 Rn. 2.
[99] S. etwa *Röhricht/Graf von Westphalen/Haas,* § 114 HGB Rn. 1ff.

rechtliche Definition des Begriffs „Geschäftsführung" ist jedoch im Rahmen des § 276a InsO nicht zurückzugreifen.[100] Ansonsten würden nämlich die gesellschaftsrechtlichen Abgrenzungsprobleme zwischen Geschäftsführung und Grundlagengeschäften in das Eigenverwaltungsverfahren hineingetragen, die der Gesetzgeber mit § 276a InsO gerade beseitigen wollte. So zählen beispielsweise „kalte" oder „faktische" Satzungs- bzw. Strukturänderungen (zB der Verkauf eines wesentlichen Unternehmensbestandteils) zweifelsohne zu den gesellschaftsrechtlichen Grundlagengeschäften.[101] Für diese Geschäfte wollte der Gesetzgeber aber sicherlich nicht die Zuständigkeit der Gesellschafterversammlung im Eigenverwaltungsverfahren festschreiben. Richtiger Ansicht nach ist daher der Begriff der „Geschäftsführung" im insolvenzrechtlichen Sinne, dh im Lichte der Verwaltungs- und Verfügungsbefugnis des § 80 InsO zu verstehen.[102] Hierfür spricht in erster Linie der gesetzgeberische Wille, wonach *„die Überwachungsorgane bei Eigenverwaltung im Wesentlichen keine weiter gehenden Einwirkungsmöglichkeiten auf die Geschäftsführung haben sollen als in dem Fall, dass ein Insolvenzverwalter bestellt ist."*[103] Hieraus folgt, dass es dem Gesetzgeber in erster Linie um die schuldnerinterne Allokation der Insolvenzverwalterbefugnisse ging.

Dafür, dass mit dem Begriff der „Geschäftsführung" nur der massebezogene Bereich der Verwaltungs- und Verfügungsbefugnis gemeint sein kann, spricht auch, dass es anderenfalls gegenüber dem Regelinsolvenzverfahren zu einem Kompetenzzuwachs der Geschäftsführung kommen würde; denn unter den gesellschaftsrechtlichen Begriff der „Geschäftsführung" fallen – ganz anders als unter § 80 InsO – auch Rechtshandlungen im insolvenzfreien Bereich, insbesondere die Wahrnehmung der dem Schuldner im Insolvenzverfahren zugewiesenen Verfahrensrechte. Es war aber wohl kaum die gesetzgeberische Intention, die Befugnisse der Gesellschafter im Verfahren der Eigenverwaltung weiter zurückzudrängen als im Regelinsolvenzverfahren.[104] Zusammenfassend ist damit festzuhalten, dass § 276a InsO die Aufgabenverteilung innerhalb der Gesellschaft nur insoweit regelt, als dem Schuldner die Verwaltungs- und Verfügungsbefugnis übertragen bzw. belassen wird, dh der Insolvenz- bzw. Mischbereich betroffen ist. Geht es aber um den insolvenzfreien Bereich des Schuldners (insbesondere die Wahrnehmung der Verfahrensrechte des Schuldners, zB Antrag nach § 272 InsO, Vorlage eines Insolvenzplans, etc.), so bleibt es bei der (von § 276a InsO nicht tangierten) gesellschaftsrechtlichen Aufgabenverteilung.[105]

(5) *Ausschluss des Einflusses.* § 276a InsO will jeden „Einfluss" der Gesellschafterversammlung auf die „Geschäftsführung" im vorgenannten Sinne ausschließen. Erfasst von diesem Ausschluss sind – zweifelsohne – sämtliche unmittelbaren Einwirkungen auf die Geschäftsleitung im Wege von Weisungen oder Zustimmungsvorbehalten.[106] Nicht ganz eindeutig ist, ob und inwieweit auch mittelbare Einflussnahmen durch § 276a InsO verhindert werden sollen. So stellt sich etwa die Frage, ob die Gesellschafterversammlung der Geschäftsführung „beratend" zur Seite stehen kann und darf. Fraglich ist des Weiteren, ob im Wege des § 276a InsO auch (Individual-)Rechte der Gesellschafter beschnitten werden, die – wie das Einsicht- und Informationsrecht nach § 51a GmbHG – eng mit deren Einflussmöglichkeiten auf die Geschäftsleitung einhergehen. Dies wird

---

[100] AA wohl *Klöhn* NZG 2013, 81, 85.
[101] S. BGHZ 83, 122, 131; BGH NJW 2004, 1860, 1863; s. zum Ganzen auch MünchKommAktG-*Bayer*, § 202 Rn. 56 f.; *Spindler/Stilz/Hoffmann*, § 119 AktG Rn. 22 ff.; zum Begriff der Grundlagengeschäfte s. auch *Röhricht/Graf von Westphalen/Haas*, § 114 HGB Rn. 4 ff.
[102] HKInsO/*Haas*, § 218 Rn. 7; auch *K. Schmidt/Undritz*, § 276a Rn. 3; BerlK/*Spliedt/Fridgen*, § 276a Rn. 6; aA *Meyer* ZInsO 2013, 2361, 2363, 2367.
[103] Begr RegE ESUG, BT-Drucks. 17/5712, S. 42.
[104] *Ströhmann/Längsfeld* NZI 2013, 271, 275.
[105] *Haas*, in FS Stürner, 2013, S. 749, 758; HKInsO/*Haas*, § 218 Rn. 7; HKInsO/*Landfermann*, § 276a Rn. 9; *K. Schmidt/Undritz*, § 276a Rn. 3; *Klöhn* NZG 2013, 81, 84.
[106] *Klöhn* NZG 2013, 81, 86.

man wohl bejahen müssen; denn diese Einsichts- und Informationsrechte sind dem Gesellschafter ja gerade mit Blick auf seine Geschäftsführungs- und Überwachungsbefugnisse außerhalb des Insolvenzverfahrens eingeräumt.[107] Die veränderte Aufgabenverteilung in der insolventen GmbH muss daher auch Rückwirkungen auf das Einsichts- und Informationsrecht der Gesellschafter haben.[108] Einflussnahmen der Gesellschafter auf Nicht-Geschäftsführungsorgane bleiben von § 276a InsO unberührt. So kann beispielsweise die Gesellschafterversammlung Mitglieder eines (fakultativen oder zwingenden) Aufsichtsrates abberufen oder bestellen.[109]

35   (6) *Abberufungs- und Bestellungskompetenz in Bezug auf die „Geschäftsleitung".* § 276a InsO hat nicht jeglichen mittelbaren Einfluss der Gesellschafterversammlung auf die Geschäftsführung ausgeschlossen. Nach S. 2 der Vorschrift ist nämlich die Gesellschafterversammlung für die Abberufung und Neubestellung der Geschäftsleitung weiterhin zuständig. Insoweit bleibt es bei der Geltung der gesellschaftsrechtlichen Grundsätze. Allerdings verlangt § 276a InsO die Zustimmung des Sachwalters. Auch wenn diese nur verweigert werden darf, wenn Nachteile für die Gläubiger zu erwarten sind, ist auf diese Weise der von der Bestellungs- und Abberufungshoheit der Gesellschafterversammlung ausgehende Einfluss auf die Geschäftsführung doch recht gezähmt. Vielfach wird § 276a S. 2 InsO als Ausnahme von S. 1 angesehen. Das ist aber so nicht ganz richtig; denn die Abberufung oder Neubestellung von Mitgliedern der „Geschäftsleitung" fällt im Rahmen der Eigenverwaltung in den „Mischbereich" und bedarf daher – wie bei Angelegenheiten des Mischbereichs im Regelinsolvenzverfahren auch – der Mitwirkung sowohl der Insolvenz- als auch der Gesellschaftsorgane. Nicht von S. 2 erfasst ist der Abschluss oder die Kündigung bzw. Aufhebung eines dem Bestellungsverhältnis zugrundeliegenden Anstellungsvertrages.[110] Diese Angelegenheiten verbleiben – weil masserelevant und damit zum Insolvenzbereich gehörend – im alleinigen Kompetenzbereich der „Geschäftsleitung". UU ist hier aber die Zustimmung des Sachwalters nach § 275 InsO oder des Gläubigerausschusses gemäß § 276 InsO einzuholen.

36   Die Bestellung bzw. Abberufung erfolgt – vorbehaltlich der Zustimmung durch den Sachwalter – durch Gesellschafterbeschluss. Für dessen Zustandekommen gelten die allgemeinen gesellschaftsrechtlichen Bestimmungen. Fraglich ist, ob dieser Beschluss von einem in der Abstimmung unterlegenen Gesellschafter „angefochten" werden kann. Hiergegen spricht, dass die Gesellschafter an sich ihr Abstimmungsverhalten nicht an ihren eigenen, sondern an den Interessen der Gläubigergesamtheit auszurichten haben und der Sachwalter zum Wächter dieser Interessen berufen ist. Für eine Anfechtung des Gesellschafterbeschlusses zum Schutz der Interessen der Minderheitsgesellschafter besteht mithin kein Anlass. Würde man der gegenteiligen Ansicht folgen, bestünde zudem die Gefahr, dass das Verfahren schwerfällig und störanfällig würde.

37   Die Erteilung der Zustimmung liegt im pflichtgemäßen Ermessen des Sachwalters.[111] Ein (einklagbarer) „Anspruch" auf Zustimmung besteht nicht.[112] Wem gegenüber die Zustimmung abzugeben ist, ist nicht eindeutig.[113] Die Zustimmung kann jedenfalls vor oder nach dem Beschluss eingeholt werden. Der Begriff „Nachteile für die Gläubiger" ist – wie in § 270 II Nr. 2 InsO – weit auszulegen.[114] Die Darlegungs- und Beweislast

---

[107] *Hirte/Knof/Mock,* Das neue Insolvenzrecht nach dem ESUG, 2012, S. 64; s. auch HambKomm-InsO/*Fiebig,* § 276a Rn. 6.
[108] S. *Haas,* in FS Stürner, 2013, S. 749, 759 f.; HKInsO/*Landfermann,* § 276a Rn. 8; iE auch *Klöhn* NZG 2013, 81, 83 f., 86.
[109] *Klöhn* NZG 2013, 81, 84.
[110] BerlK/*Spliedt/Fridgen,* § 276a Rn. 7
[111] KPB/*Pape,* § 276a Rn. 33; aA FKInsO/*Foltis,* § 276a Rn. 11.
[112] Anders BerlK/*Spliedt/Fridgen,* § 276a Rn. 9; *K. Schmidt/Undritz,* § 276a Rn. 4.
[113] BerlK/*Spliedt/Fridgen,* § 276a Rn. 8.
[114] S. auch KPB/*Pape,* § 276a Rn. 33.

hierfür liegt wohl bei dem Sachwalter.[115] Zu den Nachteilen in diesem Sinne zählt auch die Verfahrensverzögerung.[116] Der Sachwalter kann beispielsweise seine Zustimmung zu einer Neubestellung verweigern, wenn die in Frage stehende Person in fachlicher oder persönlicher Hinsicht ungeeignet ist oder aber den notwendigen insolvenzrechtlichen Sachverstand nicht aufweist; denn dann ist mit Nachteilen zulasten der Gläubiger zu rechnen. Eine Abberufung kann für die Gläubiger nachteilig sein, wenn die in Frage stehende Person (zB wegen ihrer Branchen- oder insolvenzrechtlichen Kenntnisse) für eine ordnungsgemäße Abwicklung in Eigenverwaltung notwendig ist.[117] Nachteilig kann die Abberufung auch dann sein, wenn nur ein einziges Mitglied der Geschäftsleitung vorhanden ist und infolge der Abberufung die Gesellschaft führungslos würde. Einen Rechtsbehelf gegen die Verweigerung der Zustimmung gibt es nicht. Allerdings unterliegt der Sachwalter der Aufsicht des Gerichts (§§ 274 I, 58 f. InsO).[118] Dieses kann uU auch eine Gläubigerversammlung einberufen (§§ 270 I 2, 74 I 1 InsO), die dem Sachwalter dann eine entsprechende Handlungsanweisung gibt. Zudem ist die ordnungsgemäße Ausübung der Rechte durch den Sachwalter nach §§ 274, 60 InsO haftungsbewehrt.[119] Schließlich kann es sich bei der in Frage stehenden Maßnahme auch um eine Rechtshandlung iS der §§ 276, 160 InsO handeln, mit der Folge, dass auch die Zustimmung des Gläubigerausschusses einzuholen ist (→ Rn. 9).[120]

Solange die Zustimmung nicht vorliegt, ist die Bestellung bzw. Abberufung nicht wirksam, mit der Folge, dass sie auch nicht in das Handelsregister eingetragen werden kann.[121] Anmeldebefugt sind – beispielsweise bei einer GmbH – die übrigen Geschäftsführer (§§ 39, 78 GmbHG), nicht der Sachwalter. Die formellen Voraussetzungen für die Zustimmung des Sachwalters, um die Eintragung der Beendigung des Geschäftsführeramtes oder die Bestellung im Handelsregister zu erlangen, richten sich ebenfalls nach den gesellschaftsrechtlichen Vorschriften, in der GmbH also nach § 39 II GmbHG.[122]

§ 276a InsO hindert ein Mitglied der Geschäftsleitung (etwa in einer GmbH oder einer AG) nicht daran, sein Amt niederzulegen. Einer Zustimmung des Sachwalters bedarf es hierfür nicht. Grundsätzlich ist die Amtsniederlegung auch dann nicht missbräuchlich und damit zulässig, wenn es sich um das letzte Mitglied der Geschäftsleitung handelt.[123] Wird durch die Amtsniederlegung die Gesellschaft führungslos und wird dieser Zustand nicht sofort behoben, ist die Eigenverwaltung nach § 272 InsO aufzuheben.[124] Eine Verpflichtung der Gesellschafter zur (Neu-)Bestellung eines Geschäftsführers besteht in der GmbH nicht.[125] In dringenden Fällen[126] kann jedoch auf Antrag eine gerichtliche Bestellung eines Notgeschäftsführers entsprechend § 29 BGB erfolgen. Antragsberechtigt sind insoweit ua auch die Gläubiger.[127] Fraglich ist, ob auch die Gläubigerversammlung oder der Gläubigerausschuss einen entsprechenden Antrag stellen kön-

---

[115] *Ströhmann/Längsfeld* NZI 2013, 271, 274; FKInsO/*Foltis*, § 276a Rn. 11; aA HKInsO/*Landfermann*, § 276a Rn. 13.
[116] KPB/*Pape*, § 276a Rn. 33; *K. Schmidt/Undritz*, § 276a Rn. 4.
[117] *Ströhmann/Längsfeld* NZI 2013, 271, 274; *K. Schmidt/Undritz*, § 276a Rn. 4.
[118] MüKoInsO/*Klöhn*, § 276a Rn. 61.
[119] FKInsO/*Foltis*, § 276a Rn. 12; KPB/*Pape*, § 276a Rn. 33.
[120] *K. Schmidt/Undritz*, § 276a Rn. 4.
[121] BerlK/*Spliedt/Fridgen*, § 276a Rn. 8.
[122] S. auch KPB/*Pape*, § 276a Rn. 30.
[123] (Str) in diesem Sinne *Baumbach/Hueck/Noack*, § 38 GmbHG Rn. 86; *Haas* DStR 2001, 454; MünchKommGmbHG-*Stephan/Tieves*, § 38 Rn. 61.
[124] S. idS generell bei Meinungsverschiedenheit zwischen den Insolvenzorganen und den gesellschaftsrechtlichen Aufsichtsorganen im Falle von Meinungsverschiedenheiten in Bezug auf die Zusammensetzung der Geschäftsleitung, FKInsO/*Foltis*, § 276a Rn. 9.
[125] *Michalski/Tebben*, § 6 GmbHG Rn. 72.
[126] S. hierzu *Baumbach/Hueck/Noack*, § 35 GmbHG Rn. 7a.
[127] *Baumbach/Hueck/Fastrich*, § 6 GmbHG Rn. 32; MüKoGmbHG/*Goette*, § 6 Rn. 77.

nen. Dies ist wohl zu bejahen; denn § 29 BGB gewährt das Antragsrecht jedem, der an der Notbestellung ein unmittelbares eigenes Interesse hat.[128]

40 (7) *Konzentration der Geschäftsführung bei der „Geschäftsleitung"*. Folge der Verdrängung der „Aufsichtsorgane" ist, dass die Geschäftsführung im oben genannten Sinne (→ Rn. 32 f.) bei der „Geschäftsleitung" (→ § 276a S. 2 InsO) konzentriert ist. Wie oben bereits dargelegt, ist der Begriff „Geschäftsleitung" – ebenso wie der Begriff der „Geschäftsführung" – nicht gesellschaftsrechtlich zu deuten. Maßgebend ist daher nicht das Organ der Geschäftsführung, sondern dasjenige gesellschaftsrechtliche „Organ", das – außerhalb des Insolvenzverfahrens – vergleichbar dem Insolvenzverwalter über das Vermögen der Gesellschaft verwaltungs- *und* verfügungsbefugt ist. Abzustellen ist folglich auf das gesellschaftsrechtliche Vertretungsorgan. Dieses ist in der AG der Vorstand (§ 78 AktG) und in der GmbH der Geschäftsführer (§ 35 GmbHG).[129] Fraglich ist, wer die „Geschäftsleitung" in einer OHG oder KG ist. Richtiger Ansicht nach sind dies nur die vertretungsberechtigten Gesellschafter.[130]

41 Handelt es sich bei der „Geschäftsleitung" um eine Mehrheit von Personen, stellt sich die Frage, wie die organinterne Aufgabenverteilung vorzunehmen ist. Im Grundsatz ist hier an den gesellschaftsrechtlichen Regeln anzuknüpfen.[131] Nach dem gesetzlichen Leitbild besteht daher bei der AG (§§ 77 I 1, 78 II 1 AktG) und bei der GmbH (analog § 35 II 1 GmbHG) Gesamtgeschäftsführungs- und -vertretungbefugnis. Bei der KG bzw. OHG gilt hingegen – grundsätzlich – Einzelgeschäftsführungs- und -vertretungsbefugnis (§§ 115 I, 125 I HGB). Soweit Satzung oder Gesellschaftsvertrag von dem gesetzlichen Modell innerhalb der (gesellschaftsrechtlich) zulässigen Grenzen abweichen (Stichentscheid-, Veto-, Mehrfachstimmrecht, etc.), ist auch dies beachtlich; denn die interne Aufteilung der Geschäftsführung wird durch § 276a InsO nicht berührt.[132]

42 Auch wenn Einzelgeschäftsführungsbefugnis kraft Gesetzes oder Vereinbarung gilt, fallen Rechtshandlungen, die iS des § 276 InsO für das Insolvenzverfahren von besonderer Bedeutung sind, in die Zuständigkeit des Gesamtgremiums. Hierdurch wird – in der OHG und KG – der § 116 II HGB verdrängt.[133] Fraglich ist auch, ob und inwieweit das Widerspruchsrecht des geschäftsführenden Mitgesellschafters nach § 115 I HGB fortgilt. Das wird man bejahen müssen, soweit der (widersprechende) Mitgesellschafter Mitglied der „Geschäftsleitung" und damit vertretungsberechtigt ist.

43 (8) *Die Rechtsstellung der Geschäftsleitung*. In der Literatur ist die Rechtsstellung der Geschäftsleitung umstritten. Insbesondere stellt sich – mit Blick auf den neuen § 276a InsO – die Frage, ob die Legitimationsbefugnis derselben im Gesellschafts- oder im Insolvenzrecht wurzelt (→ § 87 Rn. 51 und → Rn. 35 ff.).[134] Richtiger Ansicht nach ist und bleibt Quelle für die Befugnis der Vertretungs- und Leitungsorgane das Gesellschaftsrecht.[135] Zum Amtswalter in eigenen Angelegenheiten (→ § 87 Rn. 51) wird durch die Anordnung der Eigenverwaltung allein der Schuldner, nicht aber die Geschäftsleitung. Letztere wird also im Eigenverwaltungsverfahren nicht zum „Quasi-Insolvenzverwalter" oder „Insolvenzorgan".[136] § 276a InsO ist letztlich Ausdruck einer

---

[128] BayObLGZ 1971, 178, 180.
[129] MüKoInsO/*Klöhn*, § 276a Rn. 24.
[130] AA MüKoInsO/*Klöhn*, § 276a Rn. 35: nur die persönlich haftenden Gesellschafter.
[131] *Haas*, in FS Stürner, 2013, S. 749, 757; s. auch MüKoInsO/*Klöhn*, § 276a Rn. 31.
[132] *Haas*, in FS Stürner, 2013, S. 749, 757; s. auch MüKoInsO/*Klöhn*, § 276a Rn. 31, 33.
[133] AA MüKoInsO/*Klöhn*, § 276a Rn. 35.
[134] *K. Schmidt* BB 2011, 1603, 1607; *Zipperer* ZIP 2012, 1492, 1494; s. auch *Landfermann* WM 2012, 869, 872.
[135] *K. Schmidt* BB 2011, 1603, 1606 f.; *Haas*, in FS Stürner, 2013, S. 749, 763; so auch *Landfermann* WM 2012, 869, 872; aA KPB/*Pape*, § 276a Rn. 22 f.; *Zipperer* ZIP 2012, 1492, 1494.
[136] So aber KPB/*Pape*, § 276a Rn. 22 f.

Modifikation des gesellschaftsrechtlichen Corporate-Governance-Modells, wie es im Unternehmensinsolvenzrecht allenthalben stattfindet. Während die Einsetzung eines Insolvenzverwalters mit umfassender Verwaltungs- und Verfügungsbefugnis alle Geschäftsführungsorgane (vornehmlich aber das Leitungsorgan) auf den insolvenzfreien Bereich reduziert, verdrängt die Einsetzung eines (die Geschäftsführung im Grundsatz nur überwachenden) Sachwalters lediglich die gesellschaftsrechtlichen Überwachungsorgane aus dem masserelevanten Bereich. An der gesellschaftsrechtlichen Legitimation der Organe für den jeweils (nach Insolvenzeröffnung) verbleibenden Zuständigkeitsbereich ändert dies nichts.

c) *Die Haftungsverfassung.* Im Rahmen der Eigenverwaltung stellt sich auch die Frage nach der Ausgestaltung des Gläubigerschutzes; denn von einer Abwicklung bzw. Fortführung der Gesellschaft im Eigenverwaltungsverfahren gehen ebenso Gefahren für die Gläubigergesamtheit aus wie von einer unternehmerischen Aktivität außerhalb des Insolvenzverfahrens.[137] Daher gilt es zu klären, ob und inwieweit das gesellschaftsrechtliche Haftungssystem durch insolvenzrechtliche Schutzmechanismen zugunsten der Gläubiger verdrängt wird. Für die Anwendbarkeit des gesellschaftsrechtlichen Haftungssystems spricht zunächst, dass im Verfahren der Eigenverwaltung die Gesellschaft unter dem Regime des Gesellschaftsrechts agiert. Eine solche Sichtweise würde aber übersehen, dass im Verfahren der Eigenverwaltung bereits eine Vielzahl der gläubigerschützenden Vorschriften zur Anwendung gelangt. Ausdruck dieses insolvenzrechtlichen Gläubigerschutzes sind ua folgende Vorschriften und Grundsätze:[138]

– Mit Eröffnung des (Eigenverwaltungs-)Verfahrens ist die Geschäftsführung nicht mehr dem Gesellschafts-, sondern allein dem Gläubigerinteresse verpflichtet (→ Rn. 1).[139] Dies leitet die ganz überwiegende Ansicht aus § 270 I InsO ab, der den Schuldner auf die Einhaltung der in § 1 InsO enthaltenen Ziele verpflichtet.[140] Der Schuldner (dh die Gesellschaft) muss daher sein Verhalten insbesondere an dem Grundsatz der bestmöglichen Gläubigerbefriedigung ausrichten.[141] Der GmbH-Geschäftsführer als Organ des Schuldners ist nach § 43 I GmbHG verpflichtet, für ein rechtmäßiges Verhalten der Gesellschaft in ihren Außenbeziehungen zu sorgen.[142] Er hat damit sein (Geschäftsführungs-)Verhalten an den der Gesellschaft kraft Gesetzes obliegenden Vorgaben (hier die Wahrung der Gläubigerinteressen) auszurichten.

– Die Vorgabe, dass das unternehmerische Verhalten des Schuldners an den Gläubigerinteressen auszurichten ist, wird teilweise durch § 274 II InsO sichergestellt. Danach ist der Sachwalter verpflichtet, die Geschäftsführung (der Organe) zu überwachen. Verletzt der Sachwalter diese Pflicht, haftet er den Beteiligten des Insolvenzverfahrens auf Schadensersatz (§§ 274 I, 60 InsO). Allerdings ist der Tatbestand der Pflichtverletzung in § 60 InsO dem beschränkten Pflichtenkreis des Sachwalters anzupassen, insbesondere ist zu berücksichtigen, dass der Sachwalter geringere Reaktionsmöglichkeiten im Vergleich zu einem Insolvenzverwalter besitzt; denn er kann ein schädigendes Verhalten des Geschäftsführungsorgans nicht unterbinden. Vielmehr besitzt er insoweit nur die Möglichkeit, dem Gläubigerausschuss bzw. dem Insolvenzgericht solche Umstände anzuzeigen, die erwarten lassen, dass die Fortsetzung der Eigenverwaltung zu Nachteilen für den Gläubiger führen wird (§ 274 III InsO).[143] Dies kann dann – nach § 272 I, II InsO – uU zur Aufhebung der Eigenverwaltung führen.

---

[137] *Haas*, in FS Stürner, 2013, S. 749, 760.
[138] S. zum Ganzen *Haas*, in FS Stürner, 2013, S. 749, 760 ff.
[139] Braun/*Riggert*, § 276a Rn. 2.
[140] S. auch HKInsO/*Landfermann*, § 270 Rn. 25.
[141] AG Duisburg NZI 2002, 556, 558.
[142] S. zu dieser Verpflichtung, *Michalski/Haas/Ziemons*, § 43 GmbHG Rn. 46.
[143] HambKommInsO/*Fiebig*, § 274 Rn. 11.

47 – Handelt es sich bei der Geschäftsführungsmaßnahme um die Begründung von Verbindlichkeiten, ist § 275 I InsO zu beachten, der ebenfalls einen Beitrag dazu leistet, das unternehmerische Verhalten an den Gläubigerinteressen auszurichten. Die Vorschrift sieht nämlich insoweit bestimmte Zustimmungs- und Widerspruchsrechte zugunsten des Sachwalters vor. Allerdings ist der von dieser Vorschrift ausgehende Schutz zugunsten der Gläubiger beschränkt; denn verstößt das Geschäftsführungsorgan gegen die Vorgaben des § 275 InsO, bleiben die getroffenen Maßnahmen im Außenverhältnis grundsätzlich wirksam (→ Rn. 6). Der Verstoß wird aber in der Regel einen Umstand begründen, der nach § 274 III InsO seitens des Sachwalters mitteilungspflichtig ist und – bei entsprechender Schwere – nach § 272 I, II InsO zur Aufhebung der Anordnung der Eigenverwaltung führen kann.

48 – Des Weiteren wird die Geschäftsführung auch noch durch § 276 InsO beschränkt. Danach hat der Schuldner die Zustimmung des Gläubigerausschusses einzuholen, wenn er Rechtshandlungen vornehmen will, die für das Insolvenzverfahren von besonderer Bedeutung sind. Auch hier führt die Nichtbeachtung der Vorschrift nicht zur Unwirksamkeit der Rechtshandlung (§ 164 InsO), wohl aber riskiert der Schuldner im Falle eines Verstoßes die Aufhebung der Eigenverwaltung (§ 272 I II InsO).[144]

49 – Schließlich werden die Gläubiger auch dadurch geschützt, dass Verfügungen, die insolvenzzweckwidrig sind, im Einzelfall unwirksam sein können. Diesen Grundsatz hat die Rspr in erster Linie für den Insolvenzverwalter im Regelinsolvenzverfahren aufgestellt. Danach sind Rechtshandlungen des Insolvenzverwalters, welche der gleichmäßigen Befriedigung aller Insolvenzgläubiger klar und eindeutig zuwiderlaufen, nichtig. Allerdings trifft dies nur dann zu, wenn der Widerspruch zum Insolvenzzweck evident war und sich dem Geschäftspartner aufgrund der Umstände des Einzelfalls ohne Weiteres begründete Zweifel an der Vereinbarkeit der Handlung mit dem Zweck des Insolvenzverfahrens aufdrängen mussten, ihm somit der Sache nach zumindest grobe Fahrlässigkeit vorzuwerfen ist.[145] Dieser allgemeine insolvenzrechtliche Grundsatz gilt über § 270 Abs. 1 S. 2 InsO auch für Verfügungen des Schuldners im Verfahren der Eigenverwaltung.[146]

50 aa) *Die Gläubigerschutzlücke.* Das Gesellschaftsrecht kennt – im Grundsatz – zwei verschiedene (einander nicht ausschließende) Ansätze zum Schutz der Gläubiger, nämlich zum einen Regeln der Organisationsverfassung und zum anderen Regeln zur Finanz- bzw. Haftungsverfassung.[147] Der Organisationsverfassung liegt dabei die Vorstellung zugrunde, dass durch eine bestimmte Aufgabenverteilung innerhalb der Gesellschaft (verbunden mit einer entsprechenden Pflichtenbindung und Handlungsverantwortung) die Stellung des Unternehmensträgers nicht nur nach innen, sondern auch in seinem Verhalten nach außen gesteuert werden kann. Die Finanz- und Haftungsverfassung will demgegenüber eine Anbindung des unternehmerischen Verhaltens an die Gläubigerinteressen dadurch erreichen, dass es den Gesellschaftsgläubigern „Sicherheit" beispielsweise durch Aufbringung und Erhaltung des Gesellschaftsvermögens oder aber durch Eröffnung des Haftungszugriffs auf das persönliche Vermögen der Entscheidungsträger bietet. Mit einer solchen Finanz- und Haftungsverfassung kompensiert der Gesetzgeber vor allem Defizite des Organisationsrechts, dass nämlich die Gläubigerinteressen in der Organisationsverfassung nicht unmittelbar repräsentiert sind, dh bei der unternehmensinternen Entscheidungsfindung nicht unmittelbar Eingang finden.[148]

---

[144] AG Duisburg NZI 2002, 556, 558.
[145] BGH NZI 2002, 375, 377; NJW 1994, 323, 326; NZI 2008, 27, 31.
[146] S. auch *Brinkmann* DB 2012, 1369, 1372.
[147] S. zu alldem *Haas*, Gutachten 66. DJT, 2006, E 16 f.
[148] Zu beachten ist allerdings, dass das Gesellschaftsrecht mitunter auch auf jeglichen durch eine Finanz- und Haftungsverfassung vermittelten Gläubigerschutz verzichtet. Das gilt beispielsweise für den

Grundsätzlich ist davon auszugehen, dass der in der Eigenverwaltung von der Pflich- 51
tenbindung des Schuldners, der Überwachung der Geschäftsführung (durch den Sachwalter, den Gläubigerausschuss und die Gläubigerversammlung) sowie von der Lehre der Insolvenzzweckwidrigkeit ausgehende Gläubigerschutz mit dem außerhalb des Insolvenzverfahrens von der Finanz- und Haftungsverfassung ausgehenden gesellschaftsrechtlichen Gläubigerschutz durchaus gleichwertig ist.[149] Die Instrumente der Eigenverwaltung (insbesondere der Gläubigerpartizipation) sichern jedenfalls eine unmittelbare Anbindung der Unternehmensführung an die Gläubigerinteressen weit besser als die von einer persönliche Haftung der Entscheidungsträger oder dem System der Kapitalaufbringung und -erhaltung ausgehende Grobsteuerung.

Hiervon zu unterscheiden ist jedoch die Frage, ob es einer (zusätzlichen) Verhaltens- 52
haftung der Entscheidungsträger bedarf, um die Einhaltung der in den §§ 270ff. InsO vorgesehenen Vorgaben für den Gläubigerschutz sicherzustellen. Das wird man wohl bejahen müssen; denn die InsO hält keinerlei Vorschriften parat, um das in einem mehrgliedrigen Schuldner angelegte Principal-Agent-Problem zu lösen.[150] Dieses besteht darin, dass in einer Gesellschaft die Einhaltung und Umsetzung der gläubigerschützenden Vorgaben der §§ 270ff. InsO zwar der Geschäftsleitung obliegt (§ 276a InsO), die Konsequenzen aus einer Nichteinhaltung dieser Vorgaben – nach den insolvenzrechtlichen Vorschriften – jedoch allein den Schuldner treffen. Überwiegender Ansicht nach besteht daher in Bezug auf die Geschäftsleitung eines Schuldners, der eine juristische Person oder aber eine Gesellschaft ohne Rechtspersönlichkeit ist, eine Schutzlücke, die zu schließen ist. Fraglich und umstritten ist, wie dieses Schutzdefizit in Bezug auf eine Handlungshaftung der Geschäftsleitung (zum Schutz der Gläubiger) auszugleichen ist.

bb) *Die Lückenfüllung.* Teilweise wird die Lücke durch Rückgriff auf das Gesellschafts- 53
recht geschlossen, im GmbH-Recht beispielsweise durch § 43 Abs. 2 GmbHG.[151] Entspricht danach die Geschäftsführung nicht den Grundsätzen eines „ordentlichen Eigenverwalters", hat die Geschäftsleitung für den entsprechenden Schaden gegenüber der Gesellschaft einzustehen.[152] Zur Einziehung des Anspruchs ist entsprechend § 280 InsO ausschließlich der Sachwalter berechtigt (→ Rn. 80).[153] Anderer Ansicht nach soll die Lücke nicht durch einen Rückgriff auf das Gesellschafts-, sondern durch das Insolvenzrecht geschlossen werden. Im Mittelpunkt steht dabei die entsprechende Anwendung des § 60 InsO auf die Geschäftsleitung.[154] Letzteres erfordert allerdings einigen Begründungsaufwand; denn § 270 I 2 InsO verweist lediglich für die Rechtsstellung des „Schuldners", dh für die Gesellschaft, auf die für das Regelinsolvenzverfahren geltenden „allgemeinen Vorschriften",[155] nicht aber für dessen Organe.[156] Zudem ist die Rechts-

---

eingetragenen Idealverein. Kompensiert wird dieses Defizit hier dadurch, dass der Aktionskreis dieses Rechtsträgers beschnitten wird, dh dem Rechtsträger die Verfolgung wirtschaftlicher und damit für den Rechtsverkehr und die Gläubiger besonders gefährlicher Zwecke verboten wird.

[149] Kritisch in Bezug auf den insolvenzrechtlichen Gläubigerschutz aber *Siemon/Klein* ZInsO 2012, 2009, 2014ff.

[150] So zu Recht *Siemon/Klein* ZInsO 2012, 2009, 2013.

[151] *Klein/Thiele* ZInsO 2013, 2233, 2241; s. auch *Brinkmann* DB 2012, 1369; anders *Siemon/Klein* ZInsO 2012, 2009, 2013: Rückgriff auf § 64 S. 1 GmbHG.

[152] S. *Brinkmann* DB 2012, 1369; *K. Schmidt/Uhlenbruck,* Die GmbH in Krise, Sanierung und Insolvenz, Rn. 9.33; *Hofmann* ZIP 2007, 260, 262; *Kübler/Bierbach* HRI § 10 Rn. 170; *Jungmann* NZI 2009, 80, 85 (für die AG); *Uhlenbruck,* in FS Kirchhof, 2003, S. 479, 500.

[153] *Kolmann,* Schutzschirmverfahren, Rn. 852.

[154] HambKommInsO/*Fiebig,* § 270 Rn. 32; *Bilgery* ZInsO 2014, 1694, 1697.

[155] Ob hiervon § 60 InsO erfasst ist, ist bereits umstritten, vgl. oben Rn. 18; dagegen zu Recht HKInsO/*Landfermann,* § 270 Rn. 26; aA *Thole/Brünkmans* ZIP 2013, 1097, 1103–1107.

[156] *Baumbach/Hueck/Haas,* § 64 GmbHG Rn. 67b; Widersprüchlich *Schlegel,* Die Eigenverwaltung in der Insolvenz, 1999, einerseits S. 125 und andererseits S. 200 f.; s. auch *Brinkmann* DB 2012, 1369, 1371.

stellung der Geschäftsleitung des Schuldners im Eigenverwaltungsverfahren – nach der hier vertretenen Ansicht – allein gesellschaftsrechtlich legitimiert. Die Geschäftsleitung ist weder Amtswalter noch „Quasi-Insolvenzverwalter" (→ Rn. 43). Bleibt aber die Quelle für die Befugnisse der Geschäftsleitung das Gesellschaftsrecht, dann kann sich eine Handlungsverantwortung derselben nur aus dem Gesellschaftsrecht, nicht aber aus §§ 270 I 2, 60 InsO ergeben.[157] Zusammenfassend ist damit festzuhalten, dass für eine ergänzende Anwendung des gesellschaftsrechtlichen Gläubigerschutzes auch im Eigenverwaltungsverfahren durchaus Raum ist.

54   cc) *Beispiel GmbH.* (1) *Geschäftsführerhaftung.* Für eine GmbH in Eigenverwaltung wird man daher annehmen müssen, dass die Geschäftsführer entsprechend § 73 III GmbHG im „Innenverhältnis" haften, wenn sie die ihnen obliegenden insolvenzrechtlichen Pflichten verletzen (insbesondere wenn sie gegen die Ausschüttungssperre nach § 199 InsO verstoßen). Im Übrigen obliegt den Geschäftsführern im Rahmen der Eigenverwaltung – entsprechend §§ 71 IV, 43 I, II GmbHG – auch die Pflicht, die Geschäfte der Gesellschaft mit der Sorgfalt eines ordentlichen Geschäftsmannes (iS eines „ordentlichen Eigenverwalters") zu führen.[158] Gegenüber der Rechtslage außerhalb des Insolvenzverfahrens ist das Haftungsrisiko der Geschäftsführer deutlich erweitert. Da nämlich nach § 276a InsO die Gesellschafterversammlung jeglichen Einfluss auf die Geschäftsführung verloren hat, sind haftungsbefreiende Weisungen oder eine (haftungsbefreiende) Billigung[159] einer Geschäftsführungsmaßnahme nicht mehr möglich. Das bedeutet letztlich, dass im Verfahren der Eigenverwaltung auch der Geschäftsführer-Gesellschafter in der Ein-Mann-Gesellschaft nach § 43 II GmbHG für fehlerhafte Geschäftsführung uneingeschränkt verantwortlich ist. Mit Blick auf die Widmung der (vom Geschäftsführer zu verwaltenden) Masse, liegt ein (ersatzfähiger) Schaden stets dann vor, wenn die Befriedigungsaussichten der Gläubiger durch das Verhalten des Geschäftsführers verkürzt werden.[160] Letzterer kann aber – wie auch außerhalb des Insolvenzverfahrens – die business judgment rule[161] für sich in Anspruch nehmen.[162] Die Haftungsansprüche gegen die Geschäftsführer sind – entsprechend § 280 InsO – vom Sachwalter geltend zu machen.

55   Eine Haftung des Geschäftsführers nach § 64 S. 1 GmbHG scheidet aus; denn diese Vorschrift ist – richtiger Ansicht nach – nur bis zur Eröffnung des Insolvenzverfahrens anwendbar.[163] Für eine entsprechende Anwendung besteht kein Bedürfnis; denn die Zwecke des § 64 S. 1 GmbHG (→ Rn. 101) sind bereits erfüllt. Eines haftungsrechtlichen Anreizes zur Stellung eines Insolvenzantrags bedarf es nicht mehr. Auch muss der Geschäftsführer nicht mehr mithilfe des § 64 S. 1 GmbHG zum (vom Einfluss der Gesellschafter losgelösten) Wahrer der Gläubigerinteressen ernannt werden; denn zum einen folgt die Ausrichtung des Geschäftsführerverhaltens am Gläubigerinteresse bereits aus dem gewandelten bzw. von § 1 InsO überlagerten Gesellschaftszweck, dem der Geschäftsführer in all seinem Tun verpflichtet ist.[164] Zum anderen ist die Gefahr sachfremder Einflussnahmen der Gesellschafter bereits durch § 276a InsO geblockt. Schließ-

---

[157] *Haas,* in FS Stürner, 2013, 749, 763.
[158] S. auch *K. Schmidt/Uhlenbruck,* in Die GmbH in Krise, Sanierung und Insolvenz, Rn. 9.33; *Thole/Brünkmans* ZP 2013, 1097, 1099; *Hofmann* ZIP 2007, 260, 262.
[159] S. hierzu *Haas/Wigand,* in Krieger/Schneider (Hrsg.), Handbuch Managerhaftung, § 16 Rn. 45 ff.
[160] Das wird von *Ströhmann/Längsfeld* NZI 2013, 271, 276 übersehen.
[161] S. hierzu *Michalski/Haas/Ziemons,* § 43 GmbHG Rn. 66 ff.
[162] *Brinkmann* DB 2012, 1369 f.; *Kolmann,* Schutzschirmverfahren, Rn. 853; aA *Jungmann* NZI 2009, 80, 85.
[163] *Baumbach/Hueck/Haas,* § 64 GmbHG Rn. 67 a f.; MünchKommGmbHG-*H. F. Müller,* § 64 Rn. 138; iE auch *Brinkmann* DB 2012, 1369; aA OLG Hamm ZIP 1980, 280, 281; *Klinck* DB 2014, 938, 942; *Michalski/Nerlich,* 64 GmbHG Rn. 45.
[164] S. *Brinkmann* DB 2012, 1369.

lich kann die Einhaltung der dem Schuldner im Außenverhältnis obliegenden insolvenzrechtlichen Pflichten besser und umfassender (weil nicht auf „Zahlungen" beschränkt) anderweitig, nämlich durch § 43 II GmbHG haftungsrechtlich sichergestellt werden.

Im Außenverhältnis gegenüber den Gläubigern und dem Rechtsverkehr kommt eine Haftung nur nach allgemeinen zivilrechtlichen Haftungsgrundsätzen in Betracht, dh nach Deliktsrecht oder aber nach den Grundsätzen der culpa in contrahendo (§ 311 Abs. 3 2 BGB).[165] Dabei ist jedoch zu beachten, dass der Geschäftsführer nur unter besonderen Umständen aus dem Vertrauensschatten des Schuldners heraustritt und eigenes, auf sich bezogenes persönliches Vertrauen der Gläubiger in Anspruch nimmt. Eine Modifizierung der außerhalb eines Insolvenzverfahrens geltenden haftungsrechtlichen Grundsätze[166] ist insoweit für das Verfahren der Eigenverwaltung nicht angezeigt.[167]

(2) *Gesellschafterhaftung.* Fraglich ist, inwieweit für eine Gesellschafterhaftung zum Schutz der Gläubiger im Eigenverwaltungsverfahren Raum ist. Eine am Verhalten oder unternehmerischen Einfluss anknüpfende (gesellschaftsrechtliche) Haftung gegenüber den Gläubigern wird man grundsätzlich ablehnen müssen; denn soweit der massebezogene Bereich betroffen ist, ist den Gesellschaftern ja jeder Einfluss auf die Geschäftsführung genommen (§ 276a InsO). Soweit die Geschäftsleitung allerdings verbotswidrige Auszahlungen iS des § 199 InsO an die Gesellschafter vornimmt, haften diese auf Rückgewähr. Die Haftung kann sich aus zivilrechtlichen Ansprüchen ergeben, wenn die Geschäftsleitung und die Gesellschafter in bewusstem und gewolltem Zusammenwirken gegen § 1 InsO verstoßen. Daneben sind aber auch der (im Liquidationsverfahren zu beachtenden)[168] § 31 GmbHG entsprechend anwendbar. Der Geschäftsführer haftet daneben nach §§ 73 III, 43 III, II GmbHG.

Für den insolvenzfreien Bereich, in dem den Gesellschaftern Restkompetenzen verbleiben, stellt sich die Frage, ob die Gesellschafter im Rahmen der Beschlussfassung einander zur Rücksichtnahme nach Treuegrundsätzen verpflichtet sind. Die Treuepflicht besteht grundsätzlich auch in der Liquidationsphase der Gesellschaft[169] und im eröffneten Insolvenzverfahren über das Vermögen der Gesellschaft fort.[170] Allerdings ist dabei zu beachten, dass Umfang und Intensität der Treuepflicht nicht abstrakt, sondern nach den Umständen des Einzelfalles (insbesondere Realstruktur der Gesellschaft) zu beurteilen sind.[171] Ist das Insolvenzverfahren eröffnet, reduziert sich das (schützenswerte) Interesse der Mitgesellschafter auf den durch § 199 modifizierten Ausschüttungsanspruch und den Anspruch auf Gleichbehandlung mit den Mitgesellschaftern. Die durch die Mitgliedschaft verbundenen Teilhabe- und Mitwirkungsrechte des Gesellschafters werden hingegen – nimmt man den insolvenzfreien Bereich aus – durch §§ 80ff. InsO verdrängt. Die Intensität der Treuepflicht ist mithin äußerst gering. Eine Verletzung der Treuepflicht ist folglich kaum denkbar. Prozessual ist zudem zu beachten, dass die InsO für eine Reihe von Entscheidungen eine Zuständigkeitskonzentration beim Insolvenzgericht vorsieht, die durch mitgliedschaftliche Streitigkeiten vor den Zivilgerichten nicht unterlaufen werden darf. Kann beispielsweise ein Insolvenzplan nicht mehr zurückgenommen werden, fehlt etwa für eine Durchsetzung der Treuepflicht außerhalb

---

[165] S. *Thole/Brünkmans* ZP 2013, 1097, 1089f.
[166] S. hierzu *Baumbach/Hueck/Haas,* § 64 GmbHG Rn. 155f.
[167] In diesem Sinne wohl auch *Thole/Brünkmans* ZP 2013, 1097, 1098f.; *K. Schmidt/Undritz,* § 270 Rn. 19.
[168] *Baumbach/Hueck/Haas,* 73 GmbHG Rn. 17.
[169] BGH DStR 2007, 2021f.; WM 1971, 412, 414.
[170] OLG Dresden DStR 2005, 615; s. auch *H. F. Müller* DB 2014, 41, 45.
[171] BGHZ 85, 350, 360f.; BGH DStR 2007, 1313, 1314; s. auch *H. F. Müller* DB 2014, 41, 45.

des Planverfahrens von vornherein das Rechtsschutzbedürfnis.[172] Hier kann Rechtsschutz nur innerhalb des Planverfahrens erlangt werden.

59 dd) *Beispiel OHG.* Handelt es sich bei der Gesellschaft in Eigenverwaltung um eine OHG, stellt sich die Frage, ob für die während der Eigenverwaltung begründeten Verbindlichkeiten die Gesellschafter – anders als im Regelverfahren (→ § 94 Rn. 45 ff.) – einzustehen haben. Die für das Regelinsolvenzverfahren gegebene Begründung, wonach eine Gesellschafterhaftung wegen fehlenden Gleichlaufs zwischen Einfluss auf die Geschicke der Gesellschaft und Verantwortung ausscheidet, trägt hier – zumindest auf den ersten Blick – nicht; denn die (vertretungsberechtigten) Gesellschafter werden vorliegend ja nicht aus dem Vermögensbereich verdrängt. Gleichwohl sprechen die besseren Gründe – zumindest nach Einführung des § 276a InsO – dafür, in Sachen Haftungsregime nicht zwischen Regel- und Eigenverwaltungsverfahren zu unterscheiden (aus ökonomischer Sicht, → Rn. 27).[173]

60 Gegen eine Gesellschafterhaftung etwa für die Verfahrenskosten spricht, dass diese dem gesetzlichen Leitbild zufolge allein aus der Insolvenzmasse zu begleichen sind. Dies folgt aus verschiedenen insolvenzrechtlichen Vorschriften. So sieht etwa § 26 Abs. 1 InsO vor, dass das Insolvenzgericht den Antrag auf Eröffnung des Insolvenzverfahrens abweist, wenn die Masse voraussichtlich nicht ausreichen wird, um die Kosten des Verfahrens zu decken. Nach § 207 Abs. 1 InsO ist überdies das Verfahren einzustellen, wenn sich nach Eröffnung des Insolvenzverfahrens herausstellt, dass die Insolvenzmasse nicht ausreicht, um die Kosten des Verfahrens zu decken. Diesen Vorschriften ist zu entnehmen, dass die Deckung der Verfahrenskosten aus der Masse – sieht man von Ausnahmefällen ab (zB §§ 207 Abs. 1 S. 2, 26 Abs. 4 InsO) – Voraussetzung für die Eröffnung eines Insolvenzverfahrens ist.[174] Diese (insolvenzrechtliche) Wertung würde umgangen, wollte man den Gesellschafter nun direkt und unmittelbar für die Verfahrenskosten haften lassen.[175] Gegen eine Haftung des Gesellschafters für Masseverbindlichkeiten sprechen ganz ähnliche Erwägungen. Es ist zwar allgemein anerkannt, dass Schuldner der nach Verfahrenseröffnung begründeten Masseverbindlichkeiten der Insolvenzschuldner ist. Die Haftung für derartige Verbindlichkeiten ist jedoch während des Verfahrens auf die Gegenstände der Insolvenzmasse beschränkt.[176] Insoweit handelt es sich – vergleichbar der Rechtslage bei den Verfahrenskosten – um eine dem Insolvenzverfahren immanente Haftungsbeschränkung.[177] Diese Wertung würde ebenfalls umgangen, wenn der Gesellschafter persönlich für diese Masseverbindlichkeiten einzustehen hätte.

61 Hinzuweisen ist auch darauf, dass das Haftungsmodell des § 128 HGB vorliegend nicht passt. Der Gesellschafter ist nämlich – wie sich aus § 276a InsO ergibt – vorliegend nicht in seiner Eigenschaft als Teilhaber der Gesellschaft, sondern in seiner Funktion als Mitglied der Geschäftsleitung zur „Geschäftsführung" im Eigenverwaltungsverfahren berufen. Die insoweit dem vertretungsberechtigten Gesellschafter im Eigenverwaltungsverfahren zugewiesenen Aufgaben unterscheiden sich nicht von denen eines Mitglieds des Geschäftsführergremiums einer GmbH. Der vertretungsberechtigte OHG-Gesellschafter hat die Masse nämlich nicht anders als der GmbH-Geschäftsführer fremdnützig zu verwalten. In beiden Fällen handelt es sich also um einen (gesellschaftsrechtlich legitimierten) Walter fremder Interessen. Dies spricht dafür, die „Geschäftslei-

---

[172] S. zum Ganzen HKInsO/*Haas*, § 225a Rn. 8.
[173] Im Ergebnis auch MüKoHGB/*K. Schmidt*, Anhang zu § 158 Rn. 47; aA MüKoInsO/*Klöhn*, § 276a Rn. 35.
[174] BGH NZI 2009, 602, 603; BGH NZI 2009, 841, 843.
[175] BGH NZI 2009, 841, 843; s. aber auch *Röhricht/Graf von Westphalen/Haas*, § 128 HGB Rn. 14.
[176] BGH NJW 1955, 339; LAG München ZIP 1990, 1217, 1218; *Jaeger/Henckel*, § 53 Rn. 10, 13.
[177] BGH NZI 2009, 841, 842; BGHZ 34, 294, 295 f.; BGH NJW 1955, 339.

ter" – unabhängig davon, ob es sich um eine Kapital- oder Personengesellschaft handelt – gleich zu behandeln. Haftungslücken entstehen durch die Nichtanwendung des § 128 HGB nicht; denn der geschäftsführende Gesellschafter unterliegt ja nicht nur einer Erfüllungs-, sondern – ebenso wie beispielsweise ein GmbH-Geschäftsführer – auch einer Handelndenhaftung im Fall nicht ordnungsgemäßer Geschäftsführung.[178]

Anspruchsgrundlage für die Verletzung der Pflicht zur ordnungsgemäßen Geschäftsführung ist § 280 BGB.[179] Der Anspruch steht der Gesellschaft zu und ist – entsprechend § 280 InsO – vom Sachwalter geltend zu machen. Der Sorgfaltsmaßstab für den Haftungsanspruch ergibt sich nicht aus § 708 BGB.[180] Vielmehr gilt hier ein objektivierter Sorgfaltsmaßstab; denn die Erwartungen der Insolvenzbeteiligten und des Rechtverkehrs gehen ja dahin, dass der Gesellschafter als Treuhänder fremder Interessen nicht nur die eigene, sondern die im Verkehr erforderliche Sorgfalt anwendet.[181] 62

Hinzuweisen ist schließlich darauf, dass die Verhaltenshaftung der Geschäftsleitung im Rahmen der Eigenverwaltung strenger ist als außerhalb des Insolvenzverfahrens. Außerhalb des Insolvenzverfahrens scheidet nämlich eine Haftung wegen sorgfaltswidriger Geschäftsführung aus, wenn die Gesellschafter der Geschäftsführungsmaßnahme zugestimmt oder diese gebilligt haben.[182] Hierfür ist aber im Verfahren der Eigenverwaltung kein Raum, da nach § 276a InsO die Gesellschafterversammlung keinen Einfluss auf die Geschäftsführung nehmen kann. Dann aber entfällt denknotwendig auch die haftungsbefreiende Wirkung eines entsprechenden Beschlusses. 63

3. Der Sachwalter. a) *Rechtsstellung.* Die Rechtsstellung des Sachwalters richtet sich nach § 274 InsO und ist an diejenige der §§ 39, 40 VerglO angelehnt.[183] Hinsichtlich der Bestellung des Sachwalters, dessen persönlicher Eignung, dessen Beaufsichtigung durch das Insolvenzgericht, dessen Haftung[184] sowie dessen Vergütung[185] verweist § 274 I InsO auf die §§ 54 Nr. 2, 56–60, 62–65 InsO. Mithin hat der Sachwalter eine insolvenzverwalterähnliche Stellung inne.[186] Diese Position erfordert, dass als Sachwalter eine Person bestellt wird, die die notwendige Unabhängigkeit vom Schuldner besitzt (→ § 87 Rn. 47).[187] Die Bestellung des Sachwalters durch das Insolvenzgericht ist vorläufig; denn die Gläubiger können in einer Gläubigerversammlung, die auf die Bestellung des Sachwalters durch das Insolvenzgericht folgt, an seiner Stelle eine andere Person wählen (§§ 274, 57 InsO), vorausgesetzt freilich, dass Letztere das Anforderungsprofil des § 57 InsO erfüllt.[188] 64

Gemäß § 277 I 3 iVm § 61 InsO haftet der Sachwalter, sofern das Insolvenzgericht die Zustimmungsbedürftigkeit von Rechtsgeschäften nach § 277 I 1 InsO angeordnet hat, für deren Begründung ebenso wie der Insolvenzverwalter.[189] In gleicher Weise hat er einzustehen für die Anzeige der Masseunzulänglichkeit nach § 285 InsO.[190] 65

---

[178] S. zum Ganzen *Röhricht/Graf von Westphalen/Haas,* § 114 HGB Rn. 19 ff.
[179] BGH ZIP 1997, 2164; NZG 2008, 622; *Röhricht/Graf von Westphalen/Haas,* § 114 HGB Rn. 25.
[180] S. hierzu außerhalb des Insolvenzverfahrens, *Röhricht/Graf von Westphalen/Haas,* § 114 HGB Rn. 26.
[181] S. zu diesem Gesichtspunkt auch BGH NJW 1983, 1675, 1676; BGHZ 69, 207, 210.
[182] *Röhricht/Graf von Westphalen/Haas,* § 114 HGB Rn. 26, 29.
[183] MüKoInsO/*Tetzlaff/Kern,* § 274 Rn. 43.
[184] Die Mitwirkungs- und Überwachungsrolle des Sachwalters bei voller persönlicher Haftungsgefahr für fremdes Handeln stellt den Sachwalter vor besondere Schwierigkeiten, vgl. FKInsO/*Foltis* Vor §§ 270 ff. Rn. 64.
[185] Beachte neben den §§ 63–65 InsO auch § 12 InsVV.
[186] FKInsO/*Foltis,* vor §§ 270 ff. Rn. 43; *Grub* ZIP 1993, 393, 397: „Verwalter zweiter Klasse zum halben Honorar"; dagegen *Köchling* BuW 283, 286: vom „Verwalter zweiter Klasse" ist die Praxis weit entfernt.
[187] *Friedhoff* ZIP 2002, 497, 499; *Lüke* ZIP 2001, 2189, 2190; *Westrick* NZI 2003, 65, 70; MüKoInsO/*Tetzlaff/Kern,* § 274 Rn. 16 ff.
[188] *Pape,* Kölner Schrift, S. 895 Rn. 18.
[189] *Pape,* Kölner Schrift, S. 895 Rn. 21.
[190] *Pape,* Kölner Schrift, S. 895 Rn. 36.

66 **b)** *Aufgaben des Sachwalters.* aa) *Aufsichts- und Überwachungspflichten.* Der Sachwalter ist gemäß § 274 II 1 InsO verpflichtet, die wirtschaftliche Lage des Schuldners zu prüfen und die Geschäftsführung sowie die Ausgaben für die Lebensführung zu überwachen. Diese Aufsichts- und Überwachungspflicht dient verschiedenen Zwecken. Zum einen soll sie den Sachwalter in die Lage zu versetzen, seinen Pflichten aus § 281 InsO nachzukommen, nämlich die in § 281 I genannten Verzeichnisse sowie die Vermögensübersicht zu prüfen und zu dem Bericht des Schuldners im Berichtstermin Stellung zu nehmen. Um diese Aufgaben erfüllen zu können, bedarf es detaillierter Kenntnisse des Sachwalters über das Unternehmen. Letztlich muss der Sachwalter auf dem gleichen Wissensstand wie ein Insolvenzverwalter sein. Zum anderen dient die Prüf- und Überwachungspflicht aber auch dem Schutz der Interessen der Gläubiger. Letztere sollen davor bewahrt werden, dass der Schuldner zu ihrem Nachteil handelt. Auch dies erfordert, dass sich der Sachwalter laufend und gründlich informiert.

67 Um diese Zwecke zu erreichen, stattet das Gesetz den Sachwalter mit umfassenden Unterrichtungsmöglichkeiten aus. Bei den Instrumenten der Informationsbeschaffung handelt es sich um die Rechte eines vorläufigen Insolvenzverwalters gemäß § 22 III InsO (§ 274 II 2 InsO). Der Sachwalter kann folglich die Geschäftsräume des Schuldners betreten und dort Nachforschungen anstellen. Dieses Recht schließt Mitarbeiter des Sachwalters sowie gegebenenfalls einen von diesem beauftragten Steuerberater oder Wirtschaftsprüfer mit ein.[191] Zu diesem Zweck hat der Schuldner dem Sachwalter beispielsweise die erforderlichen Schlüssel und/oder Zugangscodes auszuhändigen.[192] Darüber hinaus kann der Sachwalter auch Einsicht in die Bücher und Geschäftspapiere des Schuldners nehmen (§§ 274 II 2, 22 III InsO). Angesprochen sind damit ua die Bilanzen, die Gewinn- und Verlustrechnungen, die Kreditorenbuchhaltung, die Korrespondenz mit den Gläubigern, Arbeitnehmer- und Vertragsunterlagen.[193] Der Schuldner ist des Weiteren verpflichtet, dem Sachwalter alle erforderlichen Auskünfte zu erteilen (§§ 274 II 2, 22 III InsO). Diese Rechte der Informationsbeschaffung können auch mithilfe von Zwangsgeld, Vorführung und Haft zwangsweise durchgesetzt werden (§ 98 II InsO).[194] Darüber hinaus hat der Sachwalter die Aufhebungsberechtigten iS des § 272 InsO darüber zu informieren, wenn der Schuldner seinen Informations- und Auskunftspflichten nicht nachkommt; denn dann sind durch die Fortführung der Eigenverwaltung fast immer Nachteile für die Gläubiger zu erwarten.[195]

68 Der Sachwalter hat die Geschäftsführung des Schuldners daraufhin zu überprüfen, ob dieser die Sorgfalt eines ordentlichen Eigenverwalters anwendet (→ Rn. 5), dh seinen gesetzlichen Verpflichtungen nachkommt und den Betrieb bzw. das Unternehmen ordnungsgemäß führt. Ein Weisungsrecht steht dem Sachwalter gegenüber dem Schuldner insoweit nicht zu.[196] Darüber hinaus hat der Sachwalter auch die wirtschaftliche Lage beständig zu prüfen. Hierbei handelt es sich um eine permanente Pflicht, die über das gesamte Verfahren besteht und damit nicht auf eine rückblickende Kontrolle beschränkt ist.[197] Für die Prüfung durch den Sachwalter gilt der Maßstab eines ordentlichen und gewissenhaften Sachwalters.[198] Letzteres erfordert nicht, dass er sämtliche Prüfungs- und Überwachungsaufgaben persönlich wahrnimmt. Vielmehr kann er für die Überwachung auch auf eigene Mitarbeiter oder aber auch auf Mitarbeiter des schuldnerischen

---

[191] *Kübler/Piepenburg/Minuth* HRI § 11 Rn. 20.
[192] *Kübler/Piepenburg/Minuth* HRI § 11 Rn. 20.
[193] *Kübler/Piepenburg/Minuth* HRI § 11 Rn. 22.
[194] MüKoInsO/*Tetzlaff/Kern,* § 274 Rn. 57.
[195] MüKoInsO/*Tetzlaff/Kern,* § 274 Rn. 56.
[196] KPB/*Pape,* § 274 Rn. 72; MüKoInsO/*Tetzlaff/Kern,* § 274 Rn. 51.
[197] MüKoInsO/*Tetzlaff/Kern,* § 274 Rn. 49.
[198] *Uhlenbruck,* § 274 Rn. 11; *Kübler/Piepenburg/Minuth* HRI § 11 Rn. 30; KPB/*Pape,* § 274 Rn. 4.

Unternehmens zurückgreifen.[199] Allerdings muss die Organisation so ausgestaltet sein, dass er jederzeit Zugriff auf die relevanten Informationen hat und entsprechend eingreifen kann.

Der Sachwalter ist verpflichtet, die erlangten Informationen laufend daraufhin zu **69** überprüfen, ob Umstände vorliegen, die erwarten lassen, dass die Fortsetzung der Eigenverwaltung zu Nachteilen für die Gläubiger führt (§ 274 III InsO). Stellt der Sachwalter derlei Umstände fest, hat er dies unverzüglich dem Gläubigerausschuss und dem Insolvenzgericht anzuzeigen. Ob „Unverzüglichkeit" im vorgenannten Sinne noch vorliegt, wenn der Sachwalter zunächst versucht, die den Gläubigern drohenden Nachteile zu vermeiden bzw. rückgängig zu machen, ist streitig.[200] Insgesamt ist hier aber ein eher strenger Maßstab anzulegen. Soweit kein Gläubigerausschuss besteht, hat der Sachwalter die Insolvenzgläubiger, die Forderungen angemeldet haben, sowie die absonderungsberechtigten Gläubiger hierüber zu unterrichten, damit diese die Aufhebung der Eigenverwaltung gemäß § 272 I Nr. 1, 2 InsO beantragen können.[201] Der Sachwalter haftet bei schuldhafter Verletzung der Anzeigepflicht nach §§ 274 I, 60 InsO.[202] Ein eigenes Antragsrecht auf Aufhebung der Eigenverwaltung steht ihm nach § 272 InsO nicht zu. Dennoch geht von einer entsprechenden Information der Aufhebungsberechtigten durch den Sachwalter ein gewisses Druck- und Drohpotential aus, um den Schuldner zur Kooperation und zur Erfüllung auch derjenigen Pflichten anzuhalten,[203] deren Verletzung die Rechtswirksamkeit der vom Schuldner vorgenommenen Rechtshandlung unberührt lassen.[204]

bb) *Prüfungspflichten.* Die Forderungen der Insolvenzgläubiger sind gemäß § 270 III 2 **70** InsO beim Sachwalter anzumelden. Neben dem Schuldner steht auch dem Sachwalter gemäß § 283 I 1 InsO das Recht zu, angemeldete Forderungen zu bestreiten. Der Sachwalter hat zwingend die Forderung zu bestreiten, wenn sich aufgrund der Geschäftsbücher des Schuldners oder aus anderen Gründen Bedenken gegen die Forderung ergeben, die der Schuldner nicht zerstreuen kann.[205] Nach § 281 I 2 InsO hat der Sachwalter die Pflicht, die vom Schuldner erstellten Verzeichnisse und die Vermögensübersicht zu prüfen und jeweils schriftlich zu erklären, ob nach dem Ergebnis der Prüfung Einwendungen zu erheben sind. Weitere Prüfungspflichten ergeben sich für den Sachwalter schließlich aus § 281 III 2 InsO (Schlussrechnung des Schuldners) sowie aus § 283 II 2 InsO (Verteilungsverzeichnis).

cc) *Mitwirkungsrechte.* (1) *Zustimmungs- und Widerspruchsrechte kraft Gesetzes.* Das Ge- **71** setz sieht eine Reihe von Zustimmungs- und Widerspruchsbefugnissen des Sachwalters vor:

So ist der Sachwalter nach § 275 I 2 InsO berechtigt, der Eingehung von Verbind- **72** lichkeiten durch den Schuldner zu widersprechen, auch wenn diese Verbindlichkeiten zum gewöhnlichen Geschäftsbetrieb zählen. Der Widerspruch ist gegenüber dem Schuldner zu erklären bzw. gegenüber den Organen, falls es sich bei dem Schuldner um eine juristische Person handelt. Will der Schuldner Verbindlichkeiten eingehen, die nicht zum gewöhnlichen Geschäftsbetrieb zählen, so soll er dies gemäß § 275 I 1 InsO nur insoweit tun können, als der Sachwalter dem zugestimmt hat. Fraglich kann im

---

[199] *Kübler/Piepenburg/Minuth* HRI § 11 Rn. 29.
[200] S. hierzu MüKoInsO/*Tetzlaff/Kern*, § 274 Rn. 60.
[201] Im Einzelfall kann auch eine öffentliche Bekanntmachung analog §§ 273, 277 III 1 InsO geboten sein, s. *Frank,* in Anwaltshandbuch Insolvenzrecht, Rn. 479.
[202] *Kübler/Piepenburg/Minuth* HRI § 11 Rn. 25.
[203] *Häsemeyer,* Rn. 8.14, 8.19, S. 195 f., 199; MüKoInsO/*Tetzlaff/Kern*, § 274 Rn. 66; kritisch zu diesem beschränkten Instrumentarium, FKInsO/*Foltis,* vor §§ 270 ff. Rn. 11 ff.
[204] *Vallender* WM 1998, 2129, 2136.
[205] *Huntemann,* Kapitel 14 Rn. 25.

Einzelfall sein, ob ein Geschäft noch zum „gewöhnlichen Geschäftsbetrieb" zählt oder nicht. Einigkeit besteht, dass es insoweit auf die Umstände des Einzelfalles ankommt. Im Übrigen aber bestehen in der Literatur durchaus Meinungsunterschiede in der Auslegung des Begriffs. Teilweise wird die Üblichkeit durch einen Vergleich des infrage stehenden Geschäftes mit Art und Umfang der bisherigen Schuldnergeschäfte verglichen.[206] Anderer Ansicht nach kommt es darauf an, was aus Sicht der Gläubiger während der Zeit der Eigenverwaltung vorhersehbar ist.[207] Mitunter wird auch darauf hingewiesen, dass der Begriff „gewöhnlicher Geschäftsbetrieb" eher eng auszulegen ist und lediglich Vorgänge des Tagesgeschäftes erfasst.[208] Sachwalter und Schuldner sind – um Zweifel auszuschließen – gut beraten, zu vereinbaren, bei welchen Wertgrenzen bzw. welcher Art von Geschäften die Grenze zu ziehen ist.[209] Dabei kann für bestimmte Geschäfte die Zustimmung auch schon abstrakt vorab erteilt werden.[210]

73 Handelt es sich um die Eingehung von Verbindlichkeiten, die nicht zum gewöhnlichen Geschäftsbetrieb gehören, soll der Schuldner nur mit Zustimmung des Sachwalters handeln. Notwendig ist – abweichend von der Legaldefinition der Zustimmung in §§ 183, 184 BGB – richtiger Ansicht nach die Einwilligung des Sachwalters zu der Rechtshandlung vor deren Weiterleitung an den Vertragspartner.[211] Eine bestimmte Form ist für die Zustimmung nicht vorgesehen,[212] auch muss der Sachwalter sich vor Erteilung der Zustimmung nicht mit dem Gläubigerausschuss abstimmen; bei bedeutenderen Geschäften ist dies aber zweckmäßig.[213] Auch die Rechte des Schuldners aus § 279 S. 1 InsO soll der Schuldner nur im Einvernehmen mit dem Sachwalter ausüben (§ 279 S. 2 InsO). Ein Zustimmungsrecht des Sachwalters ergibt sich aus § 279 S. 3 InsO, soweit der Schuldner von den Rechten aus §§ 120, 122, 126 InsO Gebrauch macht. Ebenfalls nur im Einvernehmen mit dem Sachwalter soll der Schuldner bei der Verwertung des Sicherungsguts handeln (§ 282 II InsO).

74 Nach § 275 II InsO kann der Sachwalter vom Schuldner verlangen, dass alle eingehenden Gelder nur von ihm entgegengenommen und Zahlungen nur von ihm geleistet werden.[214] Gelder, die der Schuldner dennoch entgegennimmt, hat er unverzüglich an den Sachwalter weiterzuleiten. Zudem muss der Schuldner alle Erklärungen und Auskünfte erteilen, die erforderlich sind, um dem Sachwalter die Kassenführung zu ermöglichen.[215] Sinn und Zweck der Vorschrift ist es, unwirtschaftliche Bargeschäfte des Schuldners, rechtswidrige Geldabflüsse und die Aufnahme von Krediten ohne Zustimmung des Sachwalters auszuschließen.[216] Auch wenn der Sachwalter den Zahlungsverkehr nach § 275 II InsO an sich zieht, bleibt der Schuldner verwaltungs- und verfügungsbefugt,[217] mit der Folge, dass Zahlungen Dritter an den Schuldner haftungsbefreiend sind. Zudem muss die Masse auch Zahlungen des Schuldners an Dritte gegen sich gelten lassen. Zahlungsverpflichtungen, die der Schuldner begründet hat, muss der Sachwalter im Rahmen der Kassenführung erfüllen. Zahlun-

---

[206] MüKoInsO/*Tetzlaff/Kern*, § 275 Rn. 8.
[207] BerlK/*Spliedt/Fridgen*, § 275 Rn. 7.
[208] HambKommInsO/*Fiebig*, § 275 Rn. 2.
[209] HKInsO/*Landfermann*, § 275 Rn. 3; *Kübler/Piepenburg/Minuth* HRI § 11 Rn. 38; HambKommInsO/*Fiebig*, § 275 Rn. 3.
[210] HKInsO/*Landfermann*, § 275 Rn. 3.
[211] MüKoInsO/*Tetzlaff/Kern*, § 275 Rn. 12; *Kübler/Piepenburg/Minuth* HRI § 11 Rn. 39.
[212] BerlK/*Spliedt/Fridgen*, § 275 Rn. 11.
[213] *Uhlenbruck*, § 275 Rn. 4; FKInsO/*Foltis*, § 275 Rn. 9.
[214] Zu der Frage, wie die Kassenführung durch den Sachwalter ausgestaltet sein kann, vgl. *Uhlenbruck*, § 275 Rn. 7.
[215] FKInsO/*Foltis*, § 275 Rn. 20.
[216] *Kübler/Piepenburg/Minuth* HRI § 11 Rn. 43; MüKoInsO/*Tetzlaff/Kern*, § 275 Rn. 17; FK-*Foltis*, § 275 Rn. 3, 16.
[217] BerlK/*Spliedt/Fridgen*, § 275 Rn. 11; MüKoInsO/*Tetzlaff/Kern*, § 275 Rn. 20.

gen sowie die Entgegennahme derselben nimmt er dabei als gesetzlicher Vertreter des Schuldners vor.[218] IS einer hiermit verbundenen Annexkompetenz ist der Sachwalter auch befugt, Quittungen zu erteilen und Mahnungen und Zahlungsaufforderungen auszusprechen.[219]

Die Ausübung des Kassenführungsrechts steht im pflichtgemäßen Ermessen des **75** Sachwalters, besondere Voraussetzungen müssen nicht erfüllt sein. Im Einzelfall kann sich jedoch ergeben, dass das Ermessen im Gläubigerschutzinteresse auf Null reduziert ist.[220] Es ist nicht öffentlich bekannt zu machen.[221] Widersetzt sich der Schuldner dem Verlangen des Sachwalters, so führt dies zwar nicht zur Unwirksamkeit der Rechtshandlungen. Jedoch kann sich der Sachwalter durch das Verhalten des Schuldners veranlasst sehen, den Gläubigerausschuss sowie das Insolvenzgericht nach § 274 III InsO hiervon in Kenntnis zu setzen.[222] Eine Haftung nach § 61 InsO trifft den Sachwalter im Rahmen der Kassenführung nicht.[223]

Auf Antrag der Gläubigerversammlung kann sich auch die Verpflichtung des Sach- **76** walters zur Erstellung eines Insolvenzplans ergeben (§ 284 I 1 InsO). Beauftragt die Gläubigerversammlung nicht den Sachwalter, sondern den Schuldner mit der Planerstellung, so hat nach § 284 I 2 InsO der Sachwalter bei der Planerstellung beratend mitzuwirken. Unabhängig von der Erstellung des Insolvenzplans ergibt sich aus § 284 II InsO die Pflicht des Sachwalters, die Planerfüllung zu überwachen.

(2) *Modifikationen des gesetzlichen Modells.* Das Insolvenzgericht kann – auf Antrag der **77** Gläubigerversammlung oder in besonderen Fällen auch auf Antrag absonderungsberechtigter Gläubiger bzw. von Insolvenzgläubigern – nach § 277 I InsO anordnen, dass bestimmte Rechtsgeschäfte des Schuldners nur mit Zustimmung des Sachwalters wirksam sind. Das Gesetz sieht vor, dass sich die Anordnung des Gerichts auf „bestimmte" (§ 277 I InsO), also auf genau bezeichnete Rechtsgeschäfte bezieht.[224] Pauschal alle – oder alle zum gewöhnlichen Geschäftsbetrieb gehörenden – Rechtsgeschäfte des Schuldners zustimmungsbedürftig zu machen, ist damit nicht möglich.[225] Wird dem Schuldner generell misstraut, darf die Eigenverwaltung im Interesse der Gläubiger schon nicht angeordnet werden (§ 270 II Nr. 2 InsO).[226] Zulässig ist es hingegen, den Zustimmungsvorbehalt auf Gruppen von Geschäften oder aber auf Geschäfte mit einem bestimmten Volumen zu beziehen.[227] Er kann auch für besonders bedeutsame Rechtshandlungen im Sinne des § 276 InsO angeordnet werden, obwohl hier bereits die Zustimmung des Gläubigerausschusses einzuholen ist.[228]

Der Zustimmungsvorbehalt nach § 277 InsO gilt – anders als die Mitwirkungsbefug- **78** nisse in §§ 275, 276 InsO – auch im Außenverhältnis (→ Rn. 6).[229] Bis zur Versagung

---

[218] MüKoInsO/*Tetzlaff*/*Kern*, § 275 Rn. 20; *Kübler*/*Piepenburg*/*Minuth* HRI § 11 Rn. 45; BerlK/*Spliedt*/*Fridgen*, § 275 Rn. 11.
[219] *Kübler*/*Piepenburg*/*Minuth* HRI § 11 Rn. 45.
[220] Vgl. FKInsO/*Foltis*, § 275 Rn. 18; *Kübler*/*Piepenburg*/*Minuth* HRI § 11 Rn. 44; Uhlenbruck, § 275 Rn. 7.
[221] BerlK/*Spliedt*/*Fridgen*, § 275 Rn. 15.
[222] Nerlich/Römermann/*Riggert*, § 275 Rn. 7 f.
[223] FKInsO/*Foltis*, § 275 Rn. 24; KPB/*Pape*, § 275 Rn. 28.
[224] Zum Bestimmbarkeitserfordernis s. näher KPB/*Pape*, § 277 Rn. 10 ff.; FKInsO/*Foltis*, § 277 Rn. 4.
[225] AA AG Duisburg ZIP 2002, 1636, 1641; HambKommInsO/*Fiebig*, § 277 Rn. 4 f. Wie hier dagegen KPB/*Pape*, § 277 Rn. 9, 11; HKInsO/*Landfermann*, § 277 Rn. 1; *Frank*, in Anwaltshandbuch Insolvenzrecht, Rn. 435.
[226] HKInsO/*Landfermann*, § 277 Rn. 2.
[227] S. hierzu nur Uhlenbruck, § 277 Rn. 2; KPB/*Pape*, § 277 Rn. 7; s. auch BerlK/*Spliedt*/*Fridgen*, § 277 Rn. 5.
[228] MüKoInsO/*Tetzlaff*/*Kern*, § 277 Rn. 16.
[229] HKInsO/*Landfermann*, § 277 Rn. 3 und 9; *Kluth* ZInsO 2002, 1001, 1004.

der Zustimmung ist die Verfügung schwebend unwirksam. Wird die Zustimmung abgelehnt, tritt absolute Nichtigkeit ein. Wegen dieser Drittwirkung schreibt das Gesetz die Bekanntmachung der gerichtlichen Anordnung vor. Darüber hinaus erfolgen Eintragungen im Handelsregister, Vereins- und Genossenschaftsregister (§ 32 I Nr. 3 HGB, § 75 S. 2 Nr. 3 BGB, § 102 S. 2 Nr. 3 GenG) sowie im Grundbuch (§ 270 III iVm § 32 InsO), wenn von dem Zustimmungsvorbehalt Grundstücke erfasst werden. Der gerichtliche Beschluss ist nach § 6 I InsO nicht rechtsmittelfähig, unterliegt aber der Rechtspflegererinnerung gemäß § 11 II 1 RPflG, wenn sich der Richter nicht die Entscheidung vorbehalten hat.[230] Analog § 277 I 1 InsO kann die Anordnung der Zustimmungsbedürftigkeit auf Anordnung der Gläubigerversammlung auch wieder aufgehoben werden.[231]

79 Umstritten ist, ob das Insolvenzgericht Zustimmungserfordernisse zugunsten des Sachwalters – in Analogie zum Insolvenzeröffnungsverfahren – auch von Amts wegen anordnen kann, wenn dies zur Sicherung der Rechtmäßigkeit der Verfahrensabwicklung durch den Schuldner erforderlich erscheint. In dem Eröffnungsbeschluss in dem Insolvenzverfahren über das Vermögen der Babcock Borsig AG hat das AG Duisburg diese Auffassung vertreten und §§ 21 II Nr. 2, 24 I, 277 I InsO entsprechend angewandt, indem es einen Zustimmungsvorbehalt für solche Geschäfte anordnete, die nicht zum gewöhnlichen Geschäftsbetrieb gehören.[232] Diese Ansicht ist teils auf Zustimmung,[233] teilweise aber auch auf Ablehnung[234] gestoßen. Letztlich hängt die Zulässigkeit derartiger Anordnungen davon ab, inwieweit man die Schutzmechanismen zugunsten der Gläubiger in §§ 272 I Nr. 1, 277 InsO für ausreichend bzw. abschließend erachtet. Hierfür sprechen mE die besseren Gründe, zumal bei begründeten Zweifeln an der Redlichkeit des Schuldners die Anordnung der Eigenverwaltung ohnehin von vornherein zu unterbleiben hat.[235]

80 dd) *Ausschließliche Handlungsbefugnisse des Sachwalters.* Gemäß § 270 III 2 InsO sind die Forderungen der Insolvenzgläubiger beim Sachwalter anzumelden. Hieraus folgt auch, dass der Sachwalter die Tabelle zu führen hat.[236] Die Einziehungsbefugnis für die Ansprüche aus §§ 93 V 4, 117 V 1, 309 IV 3 AktG steht ebenfalls dem Sachwalter zu.[237] Allein in der Macht des Sachwalters steht es auch, die von §§ 92, 93 InsO erfassten Ansprüche sowie die Anfechtung nach §§ 129–147 InsO geltend zu machen (§ 280 InsO). Anfechtbar sind auch Rechtshandlungen im Verfahren nach §§ 270a, 270b InsO.[237a] Gleiches bestimmt § 171 II HGB im Hinblick auf die Kommanditistenhaftung nach § 171 I HGB.[238] Auch hier handelt es sich um eine Bündelung von Gläubigerbefugnissen jenseits des beschlagnahmten Vermögens, die nicht dem Schuldner zugewiesen ist.[239] Diese Rechte sind sinnvollerweise allein vom Sachwalter geltend zu machen; anderenfalls wäre nämlich – insbesondere im Falle der §§ 92, 93 InsO – der Schuldner gezwungen, Ansprüche gegen sich selbst zu verfolgen. Letzteres ist nicht nur unzumutbar, sondern wirkt sich auch – zulasten der Gläubigergesamtheit – anreizhemmend aus. Gleiches gilt uU auch für die Anfechtung, da anfechtbare Handlungen durchaus auch

---

[230] KPB/*Pape*, § 277 Rn. 35; HKInsO/*Landfermann*, § 277 Rn. 8.
[231] HKInsO/*Landfermann*, § 277 Rn. 11; KPB/*Pape*, § 277 Rn. 39 ff.
[232] AG Duisburg ZIP 2002, 1636, 1641; vorher schon in diesem Sinne FKInsO/*Foltis*, § 277 Rn. 2.
[233] *Hess/Ruppe* NZI 2002, 577, 579; *Hoffmann-Theinert*, in Unternehmen in der Krise, S. 109, 123.
[234] *Kluth* ZInsO 2002, 1001, 1002 ff.; HKInsO/*Landfermann*, § 277 Rn. 4; KPB/*Pape*, § 277 Rn. 12 ff.
[235] HKInsO/*Landfermann*, § 277 Rn. 4.
[236] *Smid* WM 1998, 2489, 2513; *Wimmer/Stenner*, Lexikon des Insolvenzrechts, S. 106.
[237] *Jaeger/H. F. Müller*, § 35 Rn. 187.
[237a] OLG Dresden NZI 2014, 703, 705 *(Schmittmann)*; *Schmittmann/Dannemann* ZIP 2013, 760 ff.
[238] MüKoHGB/*K. Schmidt*, §§ 171, 172 Rn. 108.
[239] *Smid* WM 1998, 2489, 2513.

vom Schuldner selbst vorgenommen worden sein können.[240] Letztlich dient die Zuweisung der Ansprüche an den Sachwalter damit dazu, Interessenkonflikte zu vermeiden.[241]

Da für die Geltendmachung von Ansprüchen, die dem Ausgleich von Beeinträchtigungen des Gläubigergesamtinteresses dienen, der Sachwalter weit besser geeignet ist als der Geschäftsführer, sollte – über den Wortlaut des § 280 InsO hinaus – auch der Anspruch aus § 64 GmbH (→ § 92 Rn. 168 ff.) dem Sachwalter zugewiesen werden.[242] Fraglich ist, ob Gleiches auch für die Geltendmachung von Rückerstattungsansprüchen nach dem alten Kapitalersatzrecht gilt. Zumindest dort, wo die Ansprüche auf § 135 InsO aF bzw. auf (den anfechtungsrechtlichen) § 32b GmbHG aF gestützt werden, ist der Sachwalter zuständig. Richtiger Ansicht nach ergibt es jedoch wenig Sinn, für die Zuweisung der Ansprüche nach den verschiedenen Rechtsgrundlagen des Kapitalersatzrechts (Rechtsprechungs- oder Novellenregelungen, siehe 3. Aufl. § 92 Rn. 343) zu differenzieren.

Tritt im Verfahrensverlauf eine Masseunzulänglichkeit (§ 208 InsO) auf, so hat der Sachwalter diese dem Insolvenzgericht anzuzeigen. Bei völliger Masselosigkeit iS des § 207 InsO dürfte hingegen eine Informationspflicht des Schuldners gegenüber Sachwalter und Gläubigern bestehen; das Insolvenzgericht wird sich mit einer Stellungnahme des Sachwalters begnügen können.

ee) *Aufsicht des Insolvenzgerichts.* Der Sachwalter wird – ebenso wie der Insolvenzverwalter – durch das Insolvenzgericht überwacht (§§ 274 I, 58) Das Insolvenzgericht kann jederzeit vom Sachwalter Auskunft und Bericht über den Sachstand und die Geschäftsführung verlangen.[243] Durchgesetzt werden können die Auskunftspflichten gegenüber dem Insolvenzgericht gegebenenfalls durch Zwangsgeld. Eine weitere Sanktionsmöglichkeit besteht in der Entlassung des Sachwalters aus wichtigem Grund.

II. Im Eröffnungsverfahren

1. Vorläufige Eigenverwaltung. a) *Rechtsstellung des Schuldners.* Während im Fall der Eigenverwaltung (im eröffneten Verfahren) der Schuldner seine Rechtsstellung von einer ausdrücklichen gerichtlichen Anordnung ableitet, fehlt eine entsprechende Anordnung im vorläufigen Eigenverwaltungsverfahren.[244] Fraglich ist, welche Konsequenzen hieraus zu ziehen sind. Man wird hieraus wohl kaum folgern können, dass der Schuldner nicht zur Wahrung der Gläubigerinteressen verpflichtet wäre (→ Rn. 1); denn zum einen wäre sonst die Überwachung der Geschäftsführung durch den Sachwalter nicht zu erklären. Zum anderen prüft das Insolvenzgericht ja im Rahmen des § 270a I InsO, ob der Antrag auf Eigenverwaltung nicht offensichtlich aussichtslos ist. Letzteres ist dann der Fall, wenn aktuell schon Umstände bekannt sind, die darauf schließen lassen, dass die Eigenverwaltung zu Nachteilen für die Gläubiger führen wird. Wäre aber der Schuldner nicht auf die Gläubigerinteressen verpflichtet, ist stets mit Nachteilen für die Gläubiger zu rechnen. Die Bestellung eines vorläufigen Sachwalters im Verfahren nach § 270a InsO impliziert damit notwendig und zwingend, dass der Schuldner ab diesem Zeitpunkt der Wahrung der Gläubigerinteressen verpflichtet ist.

Fraglich ist dagegen, ob der Schuldner im vorläufigen Eigenverwaltungsverfahren bereits Amtswalter in eigenen Angelegenheiten ist. Das wird von der wohl überwiegenden Ansicht mit der Begründung abgelehnt, dass es an einer entsprechenden gerichtlichen

---

[240] Vgl. KPB/*Pape*, § 280 Rn. 2 f.; *Smid* WM 1998, 2489, 2513.
[241] *Uhlenbruck*, § 280 Rn. 2 ff.; *Nerlich/Römermann*, § 280 Rn. 1; KPB/*Pape*, § 280 Rn. 2; HKInsO/*Landfermann*, § 280 Rn. 1.
[242] Zustimmend wohl *Kübler/Bierbach* HRI § 10 Rn. 137; *Hoffmann* ZIP 2007, 260, 262.
[243] KPB/*Pape*, § 274 Rn. 17.
[244] *Hofmann*, Eigenverwaltung Rn. 325.

Anordnung einer vorläufigen Eigenverwaltung fehlt.[245] Die Frage ist ohne große praktische Relevanz, weil zum einen – wie oben gezeigt (→ Rn. 84) – der Schuldner auch ohne eine Anordnung der vorläufigen Eigenverwaltung den Gläubigerinteressen verpflichtet ist und zum anderen dem Schuldner – anders als bei eröffneter Eigenverwaltung – durch § 270a InsO grundsätzlich keine insolvenzrechtlichen Befugnisse übertragen werden, die er nicht schon innehat.[246] Überwiegender Ansicht nach werden daher auch Prozesse nicht nach § 240 ZPO unterbrochen, wenn das Gericht einen vorläufigen Sachwalter bestellt.[247]

86 **b)** *Aufgabenverteilung zwischen Schuldner und vorläufigem Sachwalter.* aa) *Allgemeines.* Der Gesetzgeber hat nur die Rechtsstellung des vorläufigen Sachwalters durch Verweis in § 270 I S. 2 InsO auf die §§ 274f. InsO geregelt. Ansonsten hat er davon abgesehen, die Pflichten des Schuldners im Stadium der vorläufigen Eigenverwaltung explizit zu konkretisieren. Da der Gesetzgeber aber mit § 270a InsO ersichtlich die Wirkungen der Eigenverwaltung auf das Eröffnungsverfahren vorziehen wollte, ist der Pflichtenkreis des Schuldners anhand der §§ 270 ff. InsO zu bestimmen, soweit sich nichts anderes aus § 270a InsO ergibt. Die Aufgabenverteilung zwischen Schuldner und vorläufigem Sachwalter orientiert sich daher an derjenigen zwischen Schuldner und Sachwalter im eröffneten Verfahren.[248] Im Übrigen finden auch die allgemeinen Vorschriften zum Eröffnungsverfahren Anwendung, soweit sich nicht aus § 270a InsO etwas anderes ergibt.[249]

87 bb) *Im Einzelnen.* Der Schuldner hat die Verwaltungs- und Verfügungsbefugnis über sein Vermögen inne. Die von ihm vorgenommenen Rechtshandlungen sind „vor der Eröffnung des Insolvenzverfahrens" vorgenommen und können daher – grundsätzlich – im eröffneten Verfahren unter den Voraussetzungen der §§ 129ff. InsO angefochten werden.[250] Aufgabe des Schuldners ist es insbesondere, das schuldnerische Unternehmen fortzuführen. Dabei muss er allerdings die Mitwirkungsbefugnisse des vorläufigen Sachwalters nach §§ 270 I 2, 275 InsO beachten.[251] Insoweit gelten dieselben Grundsätze wie in der eröffneten Eigenverwaltung. Die Rechtsfolgen im Falle eines Verstoßes des Schuldners gegen die Beachtung der Mitwirkungsrechte des vorläufigen Sachwalters ergeben sich aus §§ 270a, 274 III InsO. Stellt der vorläufige Sachwalter daher Umstände fest, die erwarten lassen, dass die Fortsetzung der Eigenverwaltung zu Nachteilen für die Gläubiger führt, muss er dies dem Insolvenzgericht und dem vorläufigen Gläubigerausschuss anzeigen.[252] Fehlt ein vorläufiger Gläubigerausschuss, hat der vorläufige Sachwalter die ihm bekannten Insolvenz- und Absonderungsgläubiger zu informieren.[253]

88 § 276 InsO findet – mangels entsprechender Verweisung in § 270a I 2 InsO – keine Anwendung. Der Schuldner ist zur umfassenden Information und Auskunft gegenüber dem vorläufigen Sachwalter und dem Gericht verpflichtet (§§ 270a I 2, 274 II 2 InsO. Umstritten ist, ob § 277 InsO im vorläufigen Eigenverwaltungsverfahren Anwendung findet. Überwiegender Ansicht nach wird dies – zur Vermeidung von Schutzlücken – zu Recht befürwortet.[254] Wenn schon ein allgemeiner Zustimmungsvorbehalt (zwar nicht angeordnet werden muss, § 270a I Nr. 2 InsO, aber) angeordnet werden kann, so

---

[245] *Hofmann*, Eigenverwaltung Rn. 326; *Kübler/Hofmann* HRI § 6 Rn. 30.
[246] Siehe auch *Kübler/Hofmann* HRI § 6 Rn. 30.
[247] *Kübler/Hofmann* HRI § 6 Rn. 184 (anders aber, wenn der Schuldner ermächtigt wurde, Masseverbindlichkeiten zu begründen).
[248] *Kübler/Hofmann* HRI § 6 Rn. 27.
[249] *Hofmann*, Eigenverwaltung Rn. 331.
[250] *Kübler/Hofmann* HRI § 6 Rn. 138 ff.; *Hofmann*, Eigenverwaltung Rn. 334 ff.
[251] *Kübler/Hofmann* HRI § 6 Rn. 45.
[252] KPB/*Pape*, § 270a Rn. 29.
[253] KPB/*Pape*, § 270a Rn. 30.
[254] *Kübler/Hofmann* HRI § 6 Rn. 91 ff.; *Hofmann*, Eigenverwaltung Rn. 356 ff.; KPB/*Pape*, § 270a Rn. 18; MüKoInsO/*Tetzlaff/Kern*, § 270a Rn. 41.

sollte eine Anordnung nach § 277 erst recht möglich sein, die deutlich unterhalb der Schwelle eines allgemeinen Zustimmungsvorbehalts bleibt.[255]

Der vorläufige Sachwalter ist zur (permanenten) Überwachung der Geschäftsführung sowie zur beständigen Prüfung der wirtschaftlichen Lage des Schuldners ebenso verpflichtet wie der Sachwalter im eröffneten Verfahren (§ 270a I 2, 274 II 1 InsO).[256] Zudem hat der vorläufige Sachwalter die Ausgaben für die Lebensführung des Schuldners zu überwachen. Um diese Aufgaben erfüllen zu können, stehen ihm dieselben Informations-, Auskunfts- und Einsichtsrechte zu wie dem Sachwalter im eröffneten Verfahren.[257] Verstößt der Schuldner hiergegen, hat der vorläufige Sachwalter wiederum nach § 270a I 2, 274 III InsO das Insolvenzgericht und den vorläufigen Gläubigerausschuss zu informieren, weil bei einem solchen Verhalten des Schuldners in aller Regel mit Nachteilen zulasten der Gläubiger zu rechnen ist. Dem vorläufigen Sachwalter stehen nach § 270 I 2, 275 I InsO auch die dem endgültigen Sachwalter zustehenden Zustimmungs- und Widerspruchsrechte zu.[258] Auch kann er nach § 270 I 2, 275 II InsO die Kassenführung an sich ziehen.[259]

Ob (und, falls ja, von wem) Masseverbindlichkeiten im vorläufigen Eigenverwaltungsverfahren begründet werden können, ist in Literatur und Rechtsprechung umstritten. Im Grunde werden hierzu drei verschiedene Ansichten vertreten. Teilweise soll das Gericht den Schuldner zur Begründung von Masseverbindlichkeiten ermächtigen können, wobei die Ermächtigung auch an die Zustimmung des vorläufigen Sachwalters geknüpft werden kann.[260] Anderer Ansicht nach kann das Insolvenzgericht den vorläufigen Sachwalter zur Eingehung von Masseverbindlichkeiten ermächtigen.[261] Schließlich wird auch die Ansicht vertreten, dass weder Schuldner noch vorläufiger Sachwalter zur Eingehung von Masseverbindlichkeiten ermächtigt werden können.[262] Der BGH hat die Frage bislang nicht endgültig geklärt. In dem von ihm entschiedenen Fall hatte das Insolvenzgericht einen Antrag des Schuldners abgelehnt, ihn zu Begründung von Masseverbindlichkeiten zu ermächtigen. Die sofortige Beschwerde hiergegen hatte das zuständige Landgericht abgelehnt. Der BGH hat die hiergegen erhobene Rechtsbeschwerde als unzulässig verworfen.[263] Mitunter wird nun die Begründung des BGH dahingehend gedeutet, dass er der Eingehung von Masseverbindlichkeiten im vorläufigen Eigenverwaltungsverfahren skeptisch gegenübersteht.[264] In der Entscheidung heißt es nämlich: *„Ein Antrag auf Ermächtigung zur Begründung von Masseverbindlichkeiten ist in § 270a InsO ebenso wenig wie eine sofortige Beschwerde gegen die Ablehnung der Ermächtigung vorgesehen."*[265] Dieser Satz sollte jedoch nicht aus dem Zusammenhang gerissen werden. Der BGH wollte nämlich in der Entscheidung lediglich klarstellen, dass es – mangels einer dahingehenden Vorschrift (§ 6 I 1 InsO) – keine Beschwerdemöglichkeit gegen die Entscheidung des Gerichts gibt. Er hat sich aber in der Sache nicht positioniert.[266]

---

[255] MüKoInsO/*Tetzlaff/Kern*, § 270a Rn. 41.
[256] *Kübler/Hofmann* HRI § 6 Rn. 28, 41; MüKoInsO/*Tetzlaff/Kern*, § 270a Rn. 35 f.; KPB/*Pape*, § 270a Rn. 28.
[257] Siehe zum Ganzen auch *Kübler/Hofmann* HRI § 6 Rn. 49 ff.
[258] MüKoInsO/*Tetzlaff/Kern*, § 270a Rn. 38.
[259] Siehe inbesondere *Kübler/Hofmann* HRI § 6 Rn. 54 ff.; vgl. auch MüKoInsO/*Tetzlaff/Kern*, § 270a Rn. 39.
[260] AG München ZIP 2012, 1470; AG Köln ZIP 2012, 375; LG Duisburg NZI 2013, 91, 92 (zustimmend *Buchalik/Kraus* ZInsO 2012, 2330, 2332); AG Montabaur NZI 2013, 350; s. auch *Klinck* ZInsO 2014, 365, 366; *Oppermann/Smid* ZInsO 2012, 862 ff.; *Kübler/Hofmann* HRI § 6 Rn. 102 ff.
[261] AG Hamburg NZI 2012, 566.
[262] AG Fulda ZIP 2012, 1471.
[263] BGH ZIP 2013, 525, 526.
[264] *Pleister/Tholen* ZIP 2013, 526.
[265] BGH ZIP 2013, 525.
[266] *Buchalik* ZInsO 2013, 815, 816.

91 Richtiger Ansicht nach besteht für die Möglichkeit, Masseverbindlichkeiten im vorläufigen Eigenverwaltungsverfahren begründen zu können, ein unabweisliches Bedürfnis. Sie ist jedenfalls für die Fortführung des Geschäftsbetriebs elementar.[267] Ohne die Möglichkeit, Verpflichtungen zulasten der späteren Insolvenzmasse begründen zu können, werden für die Unternehmensfortführung notwendige Vertragsverhältnisse vielfach nicht weitergeführt werden können. Richtig ist aber auch, dass § 55 II InsO auf den vorläufigen Sachwalter keine Anwendung findet. Allerdings gilt es zu beachten, dass nach hM – im Regeleröffnungsverfahren – das Gericht den schwachen vorläufigen Insolvenzverwalter unter bestimmten Voraussetzungen ermächtigen kann, „bestimmte" Masseverbindlichkeiten zu begründen.[268] Da im Rahmen des § 270a InsO die allgemeinen Grundsätze zur Anwendung kommen, soweit sich aus § 270a InsO nichts anderes ergibt, sprechen die besseren Gründe dafür, die Begründung von Masseverbindlichkeiten auch im besonderen Eröffnungsverfahren zuzulassen.

92 Fraglich können allenfalls die Voraussetzungen hierfür sein. Da diese bislang richterlich nicht geklärt sind und von den Gerichten unterschiedlich gehandhabt werden, ist dem Schuldner zu empfehlen, diese Frage vorab mit dem zuständigen Gericht abzuklären (oder zumindest die verschiedenen Alternativen durch entsprechende Hilfsanträge abzudecken).[269] Mit Blick auf § 270b InsO, bei dem es sich um eine Abwandlung des vorläufigen Eigenverwaltungsverfahrens handelt (→ § 88 Rn. 15), erscheint es nach hier vertretener Auffassung wenig einsichtig, jemand anderem als dem Schuldner die Befugnis zur Begründung von Masseverbindlichkeiten zuzuweisen.[270] Für die Aufgaben und Pflichten des vorläufigen Sachwalters verweisen sowohl § 270a I 2 InsO als auch § 270b II 1 InsO auf die identischen Vorschriften (§§ 274, 275 InsO). Schon dieses systematische Argument verbietet es, den vorläufigen Sachwalter in § 270a InsO bzw. in § 270b InsO mit unterschiedlichen Kompetenzen auszustatten.[271]

93 **2. Schutzschirmverfahren.** Die Aufgabenverteilung zwischen dem vorläufigen Sachwalter und dem Schuldner im Eigenverwaltungsverfahren entspricht grundsätzlich derjenigen im vorläufigen Eigenverwaltungsverfahren. Auf folgende Besonderheiten des Verfahrens nach § 270b ist ergänzend hinzuweisen:

94 **a)** *Begründung von Masseverbindlichkeiten.* § 270b III InsO sieht vor, dass das Gericht auf Antrag des Schuldners anzuordnen hat, dass der Schuldner Masseverbindlichkeiten begründen kann. Die Vorschrift beruft zudem § 55 II InsO zur Anwendung. Danach avancieren alle vom Schuldner begründeten Verbindlichkeiten zu Masseverbindlichkeiten.[272] Die Frage stellt sich nun, ob der Schuldner neben der Ermächtigung nach § 270b III InsO auch eine Einzel- oder Gruppenermächtigung[273] zur Begründung von Masseverbindlichkeiten beantragen kann (→ Rn. 90 ff.).[274] Die Praxis der Gerichte weist zu Recht in diese Richtung.[275] Zulässig ist im Rahmen einer Einzelermächtigung auch die Anordnung, dass der Schuldner die Masseverbindlichkeit nur mit Zustimmung des vorläufigen Sachwalters begründen kann.[276]

---

[267] *Pleister/Tholen* ZIP 2013, 526; *Buchalik* ZInsO 2013, 815, 816 f.; s. auch LG Duisburg NZI 2013, 91, 92.
[268] AG Köln NZI 2012, 375. S. zu dieser Rechtsprechung auch *Klinck* ZInsO 2014, 365, 368.
[269] *Buchalik* ZInsO 2013, 815, 817; MüKoInsO/*Tetzlaff/Kern,* § 270a Rn. 43.
[270] In diesem Sinne auch AG Köln NZI 2012, 375.
[271] LG Duisburg NZI 2013, 91, 92.
[272] *Klinck* ZInsO 2014, 365 f.
[273] Zum Bestimmtheitserfordernis s. insbesondere *Klinck* ZInsO 2014, 365, 368 ff.
[274] S. hierzu ausführlich *Klinck* ZInsO 2014, 365, 366 ff.
[275] OLG Naumburg BeckRS 2014, 06095; LG Dresden BckRS 2013, 17148; LG Stendal ZInsO 2013, 2224; in diesem Sinne auch KPB/*Pape,* § 270b Rn. 78.
[276] KPB/*Pape,* § 270b Rn. 81.

Hat das Gericht dem Schuldner entweder eine allgemeine Ermächtigung iS des 95
§ 270b III InsO oder aber eine Einzelermächtigung erteilt, hat freilich der vorläufige
Sachwalter die Ausübung dieser Befugnis durch den Schuldner zu überwachen. Anwendung finden auch §§ 270b II, 270a I, 275 InsO. Bei der Eingehung von Masseverbindlichkeiten wird es sich in aller Regel um keine zum gewöhnlichen Geschäftsbetrieb gehörende Verbindlichkeit handeln, was zur Folge hat, dass der Schuldner hierfür der Zustimmung des vorläufigen Sachwalters bedarf. Das Zustimmungserfordernis gilt jedoch nur im Innenverhältnis. Im Außenverhältnis beschränkt § 275 I InsO die Rechtsmacht des Schuldners hingegen nicht (→ Rn. 6).

b) *Verantwortlichkeit des Bescheinigers.* Ob und inwieweit der Aussteller der Bescheinigung (→ § 88 Rn. 31 ff.) für eine fehlerhafte Bescheinigung der Anforderungen des 96
§ 270b I 3 InsO haftet, ist noch nicht abschließend geklärt.[277] Weitgehende Einigkeit besteht insoweit, dass – mangels Verweisung – die §§ 60, 61 InsO für den Bescheiniger nicht gelten.[278] Auch greift § 839a BGB nicht, da es sich bei dem Bescheiniger nicht um einen gerichtlich bestellten Sachverständigen handelt.[279] Im Übrigen aber ist fraglich, ob geschädigte Alt- bzw. Neugläubiger einen Anspruch gegen den Bescheiniger haben. Teilweise wird ein solcher Anspruch auf ein vorvertragliches Vertrauensverhältnis (§ 311 III BGB),[280] teilweise auf einen Vertrag mit Schutzwirkung für Dritte gestützt.[281] Folgt man dem Ansatz eines Vertrages mit Schutzwirkung für Dritte, stellt sich die Frage, ob der Dritte sich eine im Verhältnis zwischen Bescheiniger und Schuldner vereinbarte Haftungsbeschränkung (entsprechend § 334 BGB) entgegenhalten lassen muss.[282] Fraglich ist auch, wie sich ein Verschulden des Insolvenzgerichts auf die Haftung des Bescheinigers auswirkt, etwa wenn das Insolvenzgericht zu Unrecht die formalen Anforderungen an den Bescheiniger (Angehörigkeit des Bescheinigers zur Berufsgruppe oder insolvenzrechtliche Erfahrung desselben, → § 88 Rn. 32 ff.) für gegeben hält. Teilweise wird für diesen Fall die Ansicht vertreten, dass eine Haftung entfällt.[283] Dem ist nicht zu folgen; denn ein Mitverschulden des Gerichts beseitigt weder den Kausalzusammenhang noch das (Übernahme-)Verschulden des Bescheinigers. Die Durchsetzung des Schadensersatzanspruchs obliegt im eröffneten Verfahren entsprechend § 92 InsO dem Insolvenzverwalter.[284] UU kommt auch eine Haftung des Bescheinigers gegenüber den Gläubigern nach § 826 BGB in Betracht.

3. Die Gesellschaft als Schuldnerin im Eröffnungsverfahren nach §§ 270a, 97
270b. a) *Das Organisationsrecht.* Umstritten ist, ob § 276a InsO im vorläufigen Eigenverwaltungs- bzw. Schutzschirmverfahren Anwendung findet. Teilweise wird dies bejaht.[285] Ganz überwiegend wird dies hingegen abgelehnt.[286] Begründet wird dies ua

---

[277] S. *Zipperer/Vallender* NZI 2012, 729, 734 f.; Gravenbrucher Kreis ZIP 2014, 1262, 1264.
[278] BerlK/*Spliedt/Fridgen*, § 270b Rn. 22; *Kolmann*, Schutzschirmverfahren Rn. 850; *K. Schmidt/Undritz*, § 270b Rn. 5; aA KPB/*Pape*, § 270b Rn. 53 ff.
[279] *Brinkmann* DB 2012, 1313 f.
[280] Hiergegen ausführlich *Brinkmann* DB 2012, 1313, 1314.
[281] In diesem Sinne *Brinkmann* DB 2012, 1313, 1315; s. auch *Hölzle*, Praxisleitfaden ESUG, § 270b Rn. 118; aA BerlK/*Spliedt/Fridgen*, § 270b Rn. 24.
[282] S. hierzu *Brinkmann* DB 2012, 1313, 1318 f.; deutlich zurückhaltender aber *Zipperer/Vallender* NZI 2012, 729, 734.
[283] *Brinkmann* DB 2012, 1313, 1317; *Kolmann*, Schutzschirmverfahren Rn. 844.
[284] *Brinkmann* DB 2012, 1313, 1319; *Kolmann*, Schutzschirmverfahren Rn. 849.
[285] *Haas*, in FS Stürner, 2013, S. 749, 765 f.; HKInsO/*Landfermann*, § 276a Rn. 17; *Ströhmann/Längsfeld* NZI 2013, 273 f.; *Brinkmann* DB 2012, 1369 Fn 50; noch weitergehend *Hölzle* ZIP 2012, 2427, 2429.
[286] *K. Schmidt/Undritz*, § 276a Rn. 2; *Zipperer* ZIP 2012, 1492, 1493; MüKoInsO/*Klöhn*, § 276a Rn. 18; BerlK/*Spliedt/Fridgen*, § 276a Rn. 4; *Klinck* DB 2014, 938, 940; KPB/*Pape*, § 276a Rn. 6; *Kübler/Bierbach* HRI § 10 Rn. 169; *Kübler/Hofmann* HRI § 6 Rn. 33; FKInsO/*Foltis*, § 276a Rn. 4.

formal damit, dass die §§ 270a, 270b InsO nicht auf § 276a InsO verweisen.[287] Darüber hinaus wird geltend gemacht, dass vor Verfahrenseröffnung ein „*Eingriff in gesellschaftsrechtliche Positionen ... nicht angemessen ist*"[288] und es für einen solchen Eingriff einer gerichtlichen Anordnung (auf einer gesetzlichen Grundlage) bedürfe.[289] Diese Argumente überzeugen nicht.[290]

98 Natürlich erfährt das gesellschaftsrechtliche Organisationsrecht bereits im Eröffnungsverfahren Eingriffe. Offensichtlich ist dies, wenn im Eröffnungsverfahren ein „starker" vorläufiger Insolvenzverwalter ernannt wird; denn hier unterscheidet sich die Aufgabenverteilung zwischen den Gesellschafts- und den (vorläufigen) Insolvenzorganen im Regeleröffnungs- und im Regelinsolvenzverfahren praktisch nicht.[291] Wenn aber die Kompetenzen der Geschäftsleitung im allgemeinen Eröffnungsverfahren durch die Einsetzung eines vorläufigen Insolvenzverwalters verdrängt werden können, warum sollen dann die Kompetenzen der gesellschaftsrechtlichen „Überwachungsorgane" im vorläufigen Eigenverwaltungs- bzw. Schutzschirmverfahren nicht durch die Einsetzung eines vorläufigen Sachwalters modifiziert werden können?

99 Ein Widerspruch zu gesellschaftsrechtlichen Wertungen entsteht hierdurch nicht. Bleibt beispielsweise die GmbH im allgemeinen Eröffnungsverfahren verwaltungs- und verfügungsbefugt, so hat die Geschäftsleitung der GmbH dennoch ihr Verhalten an den Gläubigerinteressen auszurichten. Dies folgt unmittelbar aus dem Gesellschaftsrecht, nämlich dem Verhaltens- und Haftungsmaßstab des § 64 S. 1, 2 GmbHG, der auch im allgemeinen Eröffnungsverfahren Anwendung findet. In dessen Anwendungsbereich lösen jedoch – wie sich aus § 64 S. 4 iVm § 43 III 2, 3 GmbHG ergibt – Gesellschafterweisungen an den Geschäftsführer keine haftungsbefreienden Wirkungen aus.[292] Fehlt es aber an der haftungsbefreienden Wirkung, löst eine entsprechende Gesellschafterweisung auch keine Folgepflicht des Geschäftsführers aus.[293] Die Rechtslage aus der Anwendung des § 64 S. 1 GmbHG im „Regeleröffnungsverfahren" unterscheidet sich mithin kaum von § 276a S. 1 InsO. Hier wie dort ist die Gesellschafterversammlung als Überwachungs- und übergeordnetes Weisungsorgan in Bezug auf die Frage, wie der Geschäftsführer mit dem Gesellschaftsvermögen umzugehen hat, entmachtet.

100 Schließlich bleibt noch anzumerken, dass alle wirtschaftlichen Argumente, die aus der Sicht des Gesetzgebers für das Corporate-Governance-Modell des § 276a InsO im Eigenverwaltungsverfahren sprechen (→ Rn. 24, 27), ohne Weiteres auch auf das vorläufige Eigenverwaltungs- bzw. Schutzschirmverfahren übertragbar sind.[294] Die besseren Argumente sprechen daher für eine entsprechende Anwendung des § 276a InsO auf das Eröffnungsverfahren. Das gilt umso mehr, wenn man – wie hier – die Legitimation für die Befugnisse der Geschäftsleitung auch auf der Grundlage des § 276a InsO nach wie vor im Gesellschaftsrecht sieht (→ Rn. 43f.).

101 **b)** *Die Haftungsverfassung.* In der GmbH unterliegt die Geschäftsleitung im Rahmen der §§ 270a, 270b InsO – ebenso wie im eröffneten Verfahren – der Innenhaftung nach § 43 I, II GmbHG.[295] Eine insolvenzrechtliche Haftung nach § 60 InsO ist – ebenso wie in der eröffneten Eigenverwaltung – ausgeschlossen. Fraglich ist demgegenüber, ob

---

[287] Obwohl § 270a I 2 InsO nicht auf § 277 InsO verweist, nimmt hier die hM an, dass eine entsprechende Anordnung im vorläufigen Eigenverwaltungsverfahren sehr wohl möglich ist, s. Rn. 88.
[288] *Kübler/Hofmann* HRI § 6 Rn. 33 ff.; KPB/*Pape*, § 276a Rn. 6; Braun/*Riggert*, § 276a Rn. 2; s. auch K. *Schmidt/Undritz*, § 276a Rn. 2.
[289] *Kübler/Hofmann* HRI § 6 Rn. 33; KPB/*Pape*, § 276a Rn. 6.
[290] S. auch *Ströhmann/Längsfeld* NZI 2013, 271, 274.
[291] *Haas*, in FS Stürner, 2013, S. 749, 766.
[292] *Haas/Wigand*, in Krieger/Schneider (Hrsg.) Handbuch Managerhaftung, § 16 Rn. 50.
[293] MüKoInsO/*Stephan/Tieves*, § 37 Rn. 118; *Michalski/Haas/Ziemons*, § 43 GmbHG Rn. 57 ff.
[294] *Haas*, in FS Stürner, 2013, S. 749, 765; HKInsO/*Landfermann*, § 276a Rn. 17.
[295] *Kübler/Hofmann* HRI § 6 Rn. 189.

§ 43 II GmbHG durch § 64 S. 1 GmbHG überlagert wird. Mit Eintritt der Zahlungsunfähigkeit bzw. Überschuldung ist dies nämlich grundsätzlich der Fall. § 64 S. 1 GmbHG verfolgt dabei einen doppelten Zweck:[296] Zum einen soll die Haftungsandrohung einen Anreiz bilden, dass der Geschäftsführer frühzeitig das Insolvenzverfahren beantragt. Zum anderen macht der § 64 S. 1 GmbHG den Geschäftsführer mit Eintritt der Krise zum Walter der Gläubigerinteressen, und zwar solange und soweit die Gesellschaft hinsichtlich ihres Vermögens verwaltungs- und verfügungsbefugt bleibt. Während sich der erstgenannte Zweck des § 64 S. 1 GmbHG mit der Antragstellung erschöpft, hält der weitere Zweck des § 64 S. 1 GmbHG grundsätzlich bis zur Eröffnung des Insolvenzverfahrens an. Folglich ist § 64 S. 1 GmbHG grundsätzlich über den Eröffnungsantrag hinaus auch im Eröffnungsverfahren anwendbar.[297] Fraglich kann allenfalls sein, ob § 64 S. 1 GmbHG nur für das „Regeleröffnungsverfahren" oder auch für die Verfahren nach §§ 270a bzw. 270b InsO fortgilt.[298]

Die Antwort auf diese Frage hängt eng damit zusammen, welchem Organisationsmodell man für die Verfahren nach §§ 270a, b InsO anhängt. Hält man § 276a InsO für anwendbar, bedarf es der Anwendung des § 64 S. 1 GmbHG im vorläufigen Eigenverwaltungs- bzw. Schutzschirmverfahren ebensowenig wie im Eigenverwaltungsverfahren (→ Rn. 55). Ein (sachfremder) Einfluss der Gesellschafter auf die Geschäftsführung ist dann nämlich schon aufgrund des § 276a InsO „geblockt". Einer ergänzenden Anwendung des § 64 S. 1 bedarf es dann insoweit nicht. Eine Haftungslücke zulasten der Gläubiger entsteht hierdurch ebenfalls nicht; denn es kommt dann die flexiblere und umfassende, teilweise aber weniger strenge Haftungsnorm des § 43 II GmbHG auf den Geschäftsführer zur Anwendung, die auf Unternehmensfortführungen (einschließlich business judgement rule) zugeschnitten ist. Für eine analoge Anwendung des § 276a InsO spricht auch, dass § 64 S. 1 GmbHG in mehrfacher Hinsicht auf die vorliegende Fallgestaltung nicht passt. Die Haftungsnorm ist nämlich einerseits lückenhaft, da sie die Haftung lediglich an „Zahlungen", nicht aber generell an eine für die Gläubiger nachteilige Geschäftsführung anknüpft.[299] Andererseits ist die Vorschrift aber auch für die vorliegenden Zwecke zu weit geraten; denn der „grobe Hammer" des „Zahlungsverbots"[300] steht mit den in §§ 270a, 270b InsO verfolgten Zwecken in einem Spannungsverhältnis. § 64 S. 1 GmbHG mit seiner Darlegungs- und Beweislastverteilung[301] sowie grundsätzlich an jeder einzelnen Rechtshandlung gesondert anknüpfenden Nachteilsprüfung ist nämlich offensichtlich nicht für Unternehmensfortführungen konzipiert.[302] Die Vorschrift ist im Gegenteil geradezu dazu gedacht, Geschäftsführer von einer nicht unter Gläubigerherrschaft stattfindenden Unternehmensfortführung abzuschrecken. Das ist im Normalfall auch gerechtfertigt, weil der Geschäftsführer mit der Unternehmensfortführung letztlich die durch das Insolvenzrecht vermittelten Beteiligungsrechte der Gläubiger unterläuft. Im Anwendungsbereich der §§ 270a, 270b InsO stellt sich die Ausgangslage aber anders dar. Das gilt umso mehr, als eine – zumindest

---

[296] *Baumbach/Hueck/Haas*, § 64 GmbHG Rn. 1a; aA *Brinkmann* DB 2012, 1369: lediglich haftungsrechtlicher Anreiz zur Insolvenzantragstellung.

[297] OLG Brandenburg ZIP 2007, 724, 725; *Baumbach/Hueck/Haas*, § 64 GmbHG Rn. 67a; MüKoGmbHG/*H. F. Müller*, § 64 Rn. 138; iE auch *Kolmann*, Schutzschirmverfahren Rn. 857; *Klinck* DB 2014, 938, 939; *Siemon/Klein* ZInsO 2012, 2009, 2011 ff.; *Klein/Thiele* ZInsO 2013, 2233, 2240; aA *Brinkmann* DB 2012, 1313, 1369.

[298] Letzteres befürwortend *Klinck* DB 2014, 938, 940 ff.; *Kolmann*, Schutzschirmverfahren Rn. 857; *Siemon/Klein* ZInsO 2012, 2009, 2012 ff.; *Klein/Thiele* ZInsO 2013, 2233, 2240; *Schmittmann/Dannemann* ZIP 2014, 1405, 1409.

[299] Das sieht auch *Kolmann*, Schutzschirmverfahren Rn. 859.

[300] Der Begriff des „Zahlungsverbots" ist allerdings missverständlich, s. *Haas* NZG 2013, 41, 44.

[301] S. hierzu *Baumach/Hueck/Haas*, § 64 GmbHG Rn. 89 ff.

[302] S. zu der in § 64 S. 1 GmbHG angelegten Einzelbetrachtung einer jeden Rechtshandlung, *Baumbach/Hueck/Haas*, § 64 GmbHG Rn. 63, 69.

kursorische – gerichtliche Nachteilsprüfung im Zusammenhang mit der Anordnung der vorläufigen Eigenverwaltung bzw. des Schutzschirmverfahrens bereits stattgefunden hat und damit die grundsätzliche Unternehmensfortführung für zulässig erachtet wurde. Das Damoklesschwert des § 64 S. 1 GmbHG ist jedenfalls – ohne eine extensive Auslegung des S. 2 und der sonstigen Tatbestandsvoraussetzungen –[303] kaum geeignet, den Geschäftsführer dazu zu motivieren, das komplexe besondere Eröffnungsverfahren abzuwickeln und Sanierungspotentiale auszuschöpfen.[304] Dann aber kann man es sogleich bei § 43 I, II GmbHG belassen. Diese Defizite des § 64 S. 1 GmbHG sprechen letztlich ebenfalls für die hier vertretene Lösung, § 276a InsO auf §§ 270a, 270b InsO entsprechend anzuwenden.

103 Folgt man hingegen der hier vertretenen Ansicht nicht, so ist die Anwendung des § 64 S. 1 GmbHG im Verfahren nach §§ 270a, 270b InsO allein schon deshalb notwendig, um eine Verhaltensausrichtung des Schuldners an den Gläubigerinteressen sicherzustellen; denn nur mithilfe des § 64 GmbHG können Einflussnahmen der Gesellschafter auf Verfügungen über das (genauer: auf Zahlungen aus dem) Gesellschaftsvermögen verhindert werden. Folge dieser Ansicht ist auch, dass es dann nicht zu einer rechtsformübergreifenden Lösung kommt. Letztlich ist wenig einsichtig, warum über § 64 S. 1 GmbHG der Einfluss der Gesellschafterversammlung in der GmbH auf die Unternehmensführung im besonderen Eröffnungsverfahren geblockt werden soll, nicht aber bei der OHG oder KG.

---

[303] Siehe insoweit *Kübler/Hofmann* HRI § 6 Rn. 191.
[304] AA *Klinck* DB 2014, 938, 941 f.

Kapitel VII. Besonderheiten der Gesellschaftsinsolvenz

Übersicht

Rn.

§ 91. Insolvenzrecht und Gesellschaftsrecht
- I. Rechtstatsächliches 1
- II. Insolvenzordnung und Gesellschaftsrecht 10

§ 92. Die GmbH in der Insolvenz
- I. Rechtstatsächliches 1
- II. Gesellschaftsrechtliches Frühwarnsystem 4
- III. Die Insolvenzfähigkeit 38
- IV. Die Insolvenzgründe 39
- V. Der Insolvenzantrag 40
- VI. Stellung und Pflichten des Geschäftsführers bis zur Verfahrenseröffnung 161
- VII. Stellung und Pflichten der Gesellschafter in der „führungslosen Gesellschaft" bis zur Verfahrenseröffnung 245
- VIII. Wirkungen der Verfahrenseröffnung bzw. der Abweisung des Insolvenzantrags 247
- IX. Die Insolvenzmasse 337
- X. Abschluss des Insolvenzverfahrens, Vollbeendigung der Gesellschaft, Nachtragsverteilung und Fortsetzung der Gesellschaft 577
- XI. Rechtslage vor Eintragung der GmbH 591
- XII. Die aufgelöste GmbH 610

§ 93. Sonstige Juristische Personen in der Insolvenz
- I. Die Aktiengesellschaft 1
- II. Die Genossenschaft 122
- III. Der rechtsfähige Verein 165
- IV. Der nichtrechtsfähige Verein 225
- V. Die Stiftung 231
- VI. Supranationale Gesellschaftsformen 243
- VII. Branchenspezifische Sondervorschriften 248
- VIII. Juristische Personen des öffentlichen Rechts 251

§ 94. Insolvenz der Personengesellschaften
- I. OHG und KG 1
- II. Die Partnerschaftsgesellschaft 117
- III. Europäische Wirtschaftliche Interessenvereinigung (EWIV) 119
- IV. BGB-Gesellschaft 121
- V. Die kapitalistische Personengesellschaft (insbesondere Kapitalgesellschaft & Co. KG) 132
- VI. Stille Gesellschaft 180

§ 95. Konzern und Insolvenz
- I. Konzern; Konzernierungen; Grundlegendes 2
- II. Konzerninsolvenzen – Der Status quo 5
- III. Konzerninsolvenzen – Der Regierungsentwurf 2014 29

§ 96. Steuerliche Besonderheiten der Gesellschaftsinsolvenz
- I. Insolvenz einer juristischen Person 1
- II. Insolvenzverfahren über das Vermögen einer Personengesellschaft 12

§ 91. Insolvenzrecht und Gesellschaftsrecht

Übersicht

	Rn.
I. Rechtstatsächliches	1
1. Die Entwicklung der Unternehmensinsolvenzen in der Bundesrepublik	1
2. Die Entwicklung der Unternehmensinsolvenzen in Westeuropa	6
II. Insolvenzordnung und Gesellschaftsrecht	10
1. Schutz Dritter vor den Auswirkungen insolvenzbedrohter unternehmerischer Aktivität	13
a) Ziele des Insolvenzverfahrens	13
b) Insolvenz(-rechts-)fähigkeit	15
c) Die Insolvenzauslösetatbestände	16
d) Antragsrecht und Antragspflicht	19
e) Verbesserung der Eröffnungsquote	24
2. Insolvenzgesellschaftsrecht	28
a) Gesellschaftszweck und Verfahrenszweck	29
b) Organisationsrecht	33
c) Haftungsverfassung	35
d) Mitgliedschaft	38
e) Trennungsprinzip	39
3. Ausblick	40
a) Flucht des Gesetzgebers aus dem Insolvenzrecht	40
b) Flucht der Beteiligten in das Insolvenzverfahren	41
c) Berücksichtigung von wirtschaftlichen Zusammenhängen	43

Schrifttum: *Altmeppen,* Insolvenzverschleppungshaftung Stand 2001, ZIP 2001, 2201; *Arlt,* Vorinsolvenzrechtliche Sanierungsverfahren und Restrukturierungen in Italien, ZInsO 2009, 1081; *Balz,* Die Ziele der Insolvenzordnung, in Kölner Schrift zur Insolvenzordnung, 2. Aufl. 2000, S. 3; *Baur,* Neues Insolvenzrecht für Unternehmen?, JZ 1982, 577; *Bitter,* Zur Haftung des Geschäftsführers aus § 64 Abs. 2 GmbHG für „Zahlungen" nach Insolvenzreife, WM 2001, 666; *Bitter/Röder,* Insolvenz und Sanierung in Zeiten der Finanz- und Wirtschaftskrise, ZInsO 2009, 1283; *Bretz,* Insolvenzen in Europa 1997/98, ZInsO 1998, 32; *ders.,* Insolvenzen in Europa 2000/ 2001, ZInsO 2001, 161; *ders.,* Insolvenzstatistik 2000 – Insolvenzen, Neugründungen und Löschungen, ZInsO 2000, 641; *Burger/Schellberg,* Zur Vorverlagerung der Insolvenzauslösung durch das neue Insolvenzrecht, KTS 1995, 563; *Delzant/Ehret,* Die Reform des französischen Insolvenzrechts zum 15.2.2009, ZInsO 2009, 990; *Drouven,* Neue Wege: „Reverse Debt-to-Equity-Swap", ZIP 2009, 1032; *Haas,* Die Haftung des GmbH-Geschäftsführers in der Krise der Gesellschaft, in Heintzen/Kruschwitz (Hrsg.) Unternehmen in der Krise, S. 73; *Häsemeyer,* Insolvenzrecht, 4. Aufl. 2007; *Hansen,* Regionale Unterschiede der Unternehmensinsolvenzen, BB 2004, 2318; *Henckel,* Buchbesprechung zu: K. Schmidt, Wege zum Insolvenzrecht der Unternehmen, ZIP 1991, 133; *ders.,* Insolvenzrechtsreform zwischen Vollstreckungsrecht und Unternehmensrecht, in FS Merz, 1992, S. 197; *Hirte,* Die organisierte Bestattung von Kapitalgesellschaften: Gesetzgeberischer Handlungsbedarf im Gesellschafts- und Insolvenzrecht, ZInsO 2003, 833; *Kilger,* Die Insolvenzrechtsreform – eine Herausforderung für die Anwaltschaft, AnwBl 1987, 424; *Marotzke,* Das deutsche Insolvenzrecht in systemischen Krisen, JZ 2009, 763; *Meyer-Cording,* Die Bedeutung der Eröffnungstatbestände für die Funktion des Konkurses, ZIP 1989, 485; *H. F. Müller,* Der Verband in der Insolvenz, 2002; *Noack,* InsO-Gesellschaftsrecht, 1999; *Piekenbrock,* Empfiehlt sich angesichts der Wirtschaftskrise die Einführung eines gesonderten Restrukturierungsverfahrens?, ZVglRWiss 2009, 242; *Prütting,* Verfahrensziele und -grundsätze sowie Verfahrenseröffnung, in Kölner Schrift zur Insolvenzordnung, 3. Aufl. 2009, S. 1; *Rausch,* Gläubigerschutz im Insolvenzverfahren, 1985; *Schaub,* Die GmbH in der Krise – Kriterien für die Feststellung von Zahlungsunfähigkeit, Überschuldung und Kreditunwürdigkeit, DStR 1993, 1483; *K. Schmidt,* Vom Konkursrecht der Gesellschaften zum Insolvenzrecht der Unternehmen, ZIP 1980, 233; *ders.,* Sinnwandel und Funktion des Überschuldungstatbestandes, JZ 1982, 165; *ders.,* Wege zum Insolvenzrecht der Unternehmen, 1990; *ders.,* Zur Ablösung des Löschungsgesetzes, GmbHR 1994, 829; *ders.,* Labyrinthus creditorium, ZGR 1996, 209; *ders.*, Insolvenzordnung und Gesellschaftsrecht, ZGR 1998, 633; *ders.*, Insolvenzordnung und Unternehmensrecht – Was bringt die Reform?, in Kölner Schrift zur Insolvenzordnung, 2. Aufl. 2000, S. 1199; *ders.*, „Altlasten in der Insolvenz" – unendliche Geschichte oder ausgeschriebenes Drama?, ZIP 2000, 1913; *ders.*, Haftungsrealisierung in der Gesellschaftsinsolvenz, KTS 2001, 373; *ders.*, Entwicklungen im Recht der Unternehmensinsolvenz, in Breitenbücher/Ehricke (Hrsg.) Insolvenzrecht 2003, S. 19; *Schwemer,* Regelungen zur Überwindung der Massearmut in der Insolvenz, WM 1999, 1155; *Seagon,* Die Insolvenzwelle zwingt zum Umdenken, ZVglRWiss 2009, 203; *Smid/Rattunde,* Der Insolvenzplan, 1998; *Stephan,* Die Praxis der Auswahl des Insolvenzverwalters – ein Sanierungshindernis?, ZVglRWiss 2009, 273; *Stürner,* Möglichkeiten der Sanierung von Unternehmen durch Maßnahmen im Unternehmens- und Insolvenzrecht, ZIP 1982, 761; *Uhlenbruck,* Gesellschaftsrechtliche Aspekte des Insolvenzrechts, in Kölner Schrift zur Insolvenzordnung, 2. Aufl. 2000, S. 1157; *ders.*, Zur Krise des Insolvenzrechts, NJW 1975, 897; *ders.*, Die Bedeutung des Diskussionsentwurfs eines Gesetzes zur Reform des Insolvenzrechts für das Gesellschafts- und Unternehmensrecht, GmbHR 1989, 101; *Ulmer,* Die gesellschaftsrechtlichen Aspekte der neuen Insolvenzordnung, in RWS-Forum 3 Neuordnung des Insolvenzrechts, 1989, S. 119; *ders.*, Die gesellschaftsrechtlichen Regelungsvorschläge der Kommission für Insolvenzrecht, ZHR 1989, 541; *Weber,* Zahlungsmoral im Baugewerbe – ein Problem für den Gesetzgeber?, ZRP 1999, 282.

I. Rechtstatsächliches

1. Die Entwicklung der Unternehmensinsolvenzen in der Bundesrepublik.

Im Jahre 2003 gab es in der Bundesrepublik Deutschland 39 320 Unternehmensinsolvenzen.[1] Dies stellt bislang den historischen Höchststand dar. Rund 40% der Gesamtinsolvenzen gingen zu dieser Zeit auf das Konto der Unternehmensinsolvenzen. Gegenüber 1997 waren die Unternehmenszusammenbrüche um über 43% gestiegen.[2] Sah es noch 1998 bzw. 1999 so aus, als würden sich die Unternehmensinsolvenzen auf hohem Niveau stabilisieren, so waren gleichwohl in den Jahren 2001 und 2002 erneut hohe Zuwachsraten zu verzeichnen (2001: + 16%; 2002: + 16,4%). Dies war ein deutlicher Indikator für eine weitere Verschlechterung der Unternehmensstabilität.[3] Letztlich haben damit die Unternehmensinsolvenzen in dem Zeitraum zwischen 1993 und 2003 – mit Ausnahme von 1999 – stetig zugenommen. Während für das auf das bisherige Rekordjahr 2003 folgende Jahr eine noch annähernd gleich bleibende Zahl an Unternehmensinsolvenzen festgestellt werden konnte (39 213 Insolvenzen), kam es in der darauf folgenden Zeit zu einer stetigen Abnahme.[4] Im Jahr 2008 gab es allerdings einen leichten (29 291 Unternehmensinsolvenzen) und im Jahr 2009 (32 687) einen starken Anstieg der Unternehmensinsolvenzen.[5] Letzteres ist auf die Weltwirtschafts- und Finanzkrise zurückzuführen, die im Jahr 2009 endgültig die insolvenzrechtliche Praxis erreicht hat. Die Insolvenzzahlen aus dem Rekordjahr 2003 blieben jedoch auch 2009 unerreicht. In den darauf folgenden Jahren ist die Zahl der Unternehmensinsolvenzen wieder beständig gefallen. Im Jahr 2013 waren es noch 25 995 Unternehmensinsolvenzen. Das entspricht etwa dem Stand von 1996. Im ersten Quartal 2014 sind die Unternehmensinsolvenzen weiter gesunken (– 6,8% gegenüber dem 1. Quartal 2013).[6]

---

[1] Homepage des Statistischen Bundesamtes Wiesbaden (http://www.destatis.de/jetspeed/portal/cms/).

[2] Vgl. ZIP 1998, 1981, 1982; 1988 gab es 27 828 und 1999 ca. 27 400 Unternehmensinsolvenzen, s. auch Homepage des Statistischen Bundesamtes Wiesbaden (http://www.destatis.de/jetspeed/portal/cms/).

[3] ZInsO-Dokumentation ZInsO 2003, 115, 116.

[4] Homepage des Statistischen Bundesamtes Wiesbaden (http://www.destatis.de/jetspeed/portal/cms/).

[5] Homepage des Statistischen Bundesamtes Wiesbaden (http://www.destatis.de/DE/ZahlenFakten/Indikatoren/LangeReihen/Insolvenzen/Irins01.html).

[6] Homepage des Statistischen Bundesamtes Wiesbaden (http://www.destatis.de/DE/ZahlenFakten/GesamtwirtschaftUmwelt/UnternehmenHandwerk/Insolvenzen/Aktuell.html).

2 Die Insolvenzhäufigkeit bezogen auf 10000 Unternehmen lag 2013 in den Bundesländern Nordrhein-Westfalen (131), Hamburg (111), Sachsen-Anhalt (105) und Bremen (102) am höchsten und in Baden-Württemberg (45) Bayern (50) und Mecklenburg-Vorpommern (56) am niedrigsten.[7]

Die Schäden durch Unternehmensinsolvenzen sind beträchtlich. Im Jahr 2009 waren dies schätzungsweise EUR 78,9 Mrd. Im Jahr 2013 waren es schätzungsweise noch EUR 26,9 Mrd. Gegenüber 2012 ist dies ein Rückgang von über 30%, dessen Ursache vor allem darin liegt, dass im Jahr 2013 weniger Großinsolvenzen zu verzeichnen waren.[8] Die durchschnittliche Schadenssumme je Insolvenzfall beläuft sich auf ca. EUR 719000. Es wird geschätzt, dass 2003 ca. 613000 und im Jahr 2013 ca. 285000 Arbeitsplätze infolge von Unternehmenszusammenbrüchen verloren gingen.[9]

3 Betrug die Eröffnungsquote 1997 in den neuen Bundesländern im Durchschnitt noch 30,2% und in den alten Bundesländern 27,3%,[10] so war sie 2001 bzw. 2002 bereits deutlich höher, nämlich bei 45% bzw. 57%.[11] Damit hat die Insolvenzordnung eines ihrer Ziele, nämlich deutlich mehr Verfahren zur Eröffnung zu bringen, erreicht. In den Folgejahren konnten bei den Eröffnungsquoten sogar weitere, kontinuierliche Zuwächse von durchschnittlich ca. 2,5%/Jahr verzeichnet werden. So lag die Quote in 2008 bereits über 70%.[12] Im Jahr 2013 lag die Eröffnungsquote gar bei über 90%.[13] Die Insolvenzhäufigkeit lag im Jahr 2000 im Durchschnitt bei 78 (1997: 107[14]) Insolvenzen pro 10000 Unternehmen.[15] Dabei war die Insolvenzhäufigkeit in den neuen Bundesländern grundsätzlich höher als in den alten.[16] Im Jahr 2013 lag die Insolvenzhäufigkeit bei 80 Insolvenzen pro 10000 Unternehmen.[17] Die Insolvenzzahlen in Ost- und in Westdeutschland haben sich dabei in die gleiche Richtung entwickelt.[18] Bei den Unternehmensinsolvenzen zeigen allerdings die westlichen Bundesländer einen stärkeren Rückgang als die ostdeutschen Bundesländer. Die Zahl der Unternehmensinsolvenzen in Ostdeutschland liegt heute nur noch halb so hoch wie im Rekordjahr 2002. In Ostdeutschland (78) liegt die Insolvenzanfälligkeit (bezogen auf 10000 Unternehmen) leicht unter der im Westen (83).[19]

4 Waren bis zum Jahr 2000 besonders kleinere und mittlere Firmen von Insolvenzen betroffen,[20] hat sich das Blatt 2002 und 2003 gewendet. Erstmals waren auch eine Vielzahl Insolvenzen großer (traditionsreicher) Unternehmen zu verzeichnen (Kirch Media,

---

[7] Homepage des Statistischen Bundesamtes Wiesbaden (http://www.destatis.de/DE/ZahlenFakten/GesamtwirtschaftUmwelt/UnternehmenHandwerk/Insolvenzen/Tabellen/HaeufikeitLaende.html).

[8] http://www.creditreform.com/fileadmin/user_upload/crefo/download_de/news_termine/wirtschaftsforschung/insolvenzen-deutschland/Insolvenzen_in_Deutschland_2013.pdf.

[9] FAZ v. 23.12.2003, Nr. 298 S. 14; http://www.creditreform.com/fileadmin/user_upload/crefo/download_de/news_termine/wirtschaftsforschung/insolvenzen-deutschland/Insolvenzen_in_Deutschland_2013.pdf.

[10] Vgl. ZIP 1998, 1981, 1982; 1999 sind Eröffnungszahlen um 39,4% angestiegen.

[11] *Wellensiek* NZI *aktuell* NZI 2004 Heft 2 S. V.

[12] S. Homepage des Statistischen Bundesamtes Wiesbaden (http://www.destatis.de/jetspeed/portal/cms/); vgl. auch Insolvenzen, Neugründungen und Löschungen, Jahr 2009 – Eine Untersuchung der Creditreform Wirtschaftsforschung, S. 24 f.

[13] http://www.creditreform.com/fileadmin/user_upload/crefo/download_de/news_termine/wirtschaftsforschung/insolvenzen-deutschland/Insolvenzen_in_Deutschland_2013.pdf.

[14] *Bretz* ZInsO 1998, 32, 33.

[15] Mitteilungen NZI 2001, 411, 412.

[16] *Hansen* BB 2004, 2318, 2320.

[17] Homepage des Statistischen Bundesamtes Wiesbaden (http://www.destatis.de/DE/ZahlenFakten/GesamtwirtschaftUmwelt/UnternehmenHandwerk/Insolvenzen/Tabellen/HaeufikeitLaende.html).

[18] S. zu alledem http://www.creditreform.com/fileadmin/user_upload/crefo/download_de/news_termine/wirtschaftsforschung/insolvenzen-deutschland/Insolvenzen_in_Deutschland_2013.pdf.

[19] http://www.creditreform.com/fileadmin/user_upload/crefo/download_de/news_termine/wirtschaftsforschung/insolvenzen-deutschland/Insolvenzen_in_Deutschland_2013.pdf.

[20] *Bretz* ZInsO 2000, 641.

Babcock Borsig, Bremer Vulkan, Maxhütte, Philipp Holzmann, Wienerwald, Aero Lloyd, Fairchild Dornier, Cargolifter, Herlitz, Grundig, Kinowelt Medien, Sachsenring).[21] Innerhalb Europas belegte Deutschland insoweit eine unrühmliche Vorrangstellung. Allein sieben der zehn größten Unternehmenszusammenbrüche fanden 2002 in Deutschland statt.[22] Dieser festzustellende Trend zunehmender Großinsolvenzen setzte sich auch in den Folgejahren fort (Salamander, Kögel Fahrzeuge, Agfa Photo, Walter Bau, IhrPlatz Drogerie, Heros Sicherheitsdienste, BenQ, Hertie, SinnLeffers, PIN Group). In das Krisenjahr 2009 fiel unter anderem (zB Escada, Woolworth, Karmann, Qimonda, Schiesser, Wadan-Werften) die bis dato mit Abstand größte und spektakulärste Unternehmensinsolvenz in Deutschland, die der Arcandor-Gruppe (rund 52 000 Mitarbeiter).[23] Diese Entwicklung hat sich auch in den auf Insolvenzen zurückzuführenden Gesamtschäden (Unternehmen, Privatpersonen, Öffentliche Hand) niedergeschlagen.[24] Im Jahr 2013 gab es demgegenüber weniger Großinsolvenzen. Die bekanntesten Insolvenzen waren wohl die der Baumarktkette Praktiker (7600 Mitarbeiter), Walter Services GmbH (6000 Mitarbeiter), Kunert Fashion GmbH & Co KG (1150 Mitarbeiter), Conergy AG (1100) oder der Loewe AG (760 Mitarbeiter).

Betrachtet man die Unternehmensgröße und das Alter insolventer Unternehmen, zeigt sich, dass Betriebe insbesondere in den ersten vier bis zehn Jahren überproportional gefährdet sind.[25] Allerdings ist auch zu verzeichnen, dass sich die Altersstruktur leicht zu älteren und etablierten Unternehmen verschoben hat. So wiesen im 2013 immerhin 39,2% der insolventen Unternehmen ein Alter von über zehn Jahren auf. Trotz der vermehrt auftretenden Großinsolvenzen in den vergangenen zehn Jahren sind Klein- und Kleinstunternehmen (bis 10 Beschäftigte) mit Abstand am häufigsten von der Insolvenz betroffen. Im Jahr 2013 hatten 79,5% der insolventen Unternehmen höchstens 5 Beschäftigte.[26] Mehr als 60% des Insolvenzgeschehens betrifft Unternehmen mit einem Jahresumsatz von EUR 500 000 und weniger.[27] (Im Hinblick auf die von Insolvenzen betroffenen Branchen hat die Dienstleistungsbranche den größten Anteil am Insolvenzgeschehen (2013: 56,7% der Unternehmensinsolvenzen).[28] Besonders risikobehaftet in der Dienstleistungsbranche sind Post-, Kurier- und Expressdienstleister sowie Videotheken und Call Center.[29] Insolvenzanfällig sind auch der Handel (21% der Unternehmensinsolvenzen), der Bau (14%) und das verarbeitende Gewerbe (8,3%).[30]

2. Die Entwicklung der Unternehmensinsolvenzen in Westeuropa.[31] In Westeuropa[32] ist die Zahl der Unternehmensinsolvenzen von 1993 bis 1999 kontinuierlich gesunken. Danach war wieder eine Zunahme zu verzeichnen. Im Jahr 2001 betrug

---

[21] S für 2003, FAZ v. 23.12.2003, Nr. 298, S. 14. Dies entspricht auch dem internationalen Trend, s. ZInsO-Dokumentation ZInsO 2003, 264, 265.
[22] *Wellensiek* NZI aktuell NZI 2004 Heft 2 S. V; ZInsO-Dokumentation ZInsO 2003, 264, 268.
[23] Vgl. Insolvenzen, Neugründungen, Löschungen, Jahr 2009 – Eine Untersuchung der Creditreform Wirtschaftsforschung, S. 25 ff., FR v. 29.12.2009, S. 15.
[24] Mitteilungen NZI 2002, 596, 570; ZInsO-Dokumentation ZInsO 2003, 264, 267.
[25] ZInsO-Dokumentation ZInsO 2003, 264, 267; für 2009 vgl. Insolvenzen, Neugründungen, Löschungen, Jahr 2009 – Eine Untersuchung der Creditreform Wirtschaftsforschung, S. 20 f.
[26] http://www.creditreform.com/fileadmin/user_upload/crefo/download_de/news_termine/wirtschaftsforschung/insolvenzen-deutschland/Insolvenzen_in_Deutschland_2013.pdf.
[27] http://www.creditreform.com/fileadmin/user_upload/crefo/download_de/news_termine/wirtschaftsforschung/insolvenzen-deutschland/Insolvenzen_in_Deutschland_2013.pdf.
[28] Statistisches Jahrbuch für die Bundesrepublik Deutschland 2009, S. 489.
[29] http://www.creditreform.com/fileadmin/user_upload/crefo/download_de/news_termine/wirtschaftsforschung/insolvenzen-deutschland/Insolvenzen_in_Deutschland_2013.pdf.
[30] http://www.creditreform.com/fileadmin/user_upload/crefo/download_de/news_termine/wirtschaftsforschung/insolvenzen-deutschland/Insolvenzen_in_Deutschland_2013.pdf.
[31] Für einen Überblick über die Insolvenzentwicklung in den osteuropäischen Beitrittskandidaten, s. Mitteilungen NZI 2004, 242, 243.
[32] Zum Kreis der statistisch erfassten Länder, s. ZInsO-Dokumentation ZInsO 2003, 264, 266.

die Gesamtzahl der Unternehmenszusammenbrüche 135 792, im Jahr 2002 150 275 und im Jahr 2003 157 138.[33] Ab 2005 konnte ein erneuter Rückgang der Unternehmensinsolvenzzahlen festgestellt werden, die im Jahr 2007 mit 135 472 registrierten Insolvenzen ihren Tiefststand erreichten. Durch Weltwirtschaftskrise und damit einhergehende weltweite Rezession kam es 2008 zu einem massiven Anstieg (+ 10,9% gegenüber 2007) auf 150 240 Insolvenzfälle.[34] Seitdem ist die Zahl der Unternehmensinsolvenzen beständig gestiegen. Im Jahr 2013 erreichte sie 192 340 Unternehmensinsolvenzen. Allerdings hat sich die Spirale des Insolvenzgeschehens verlangsamt.[35]

7   Die Insolvenzentwicklung in den einzelnen Ländern unterscheidet sich zum Teil erheblich. Einen Rückgang der Unternehmensinsolvenzen gegenüber 2012 haben beispielsweise Irland (− 18,9%), Großbritannien (− 9,9%), Deutschland (− 9,1%), Dänemark (− 8,5%), Griechenland (− 5, %) oder die Schweiz (− 5,1%) zu verzeichnen. Erhebliche Zuwächse gibt es demgegenüber beispielsweise in Norwegen (+ 19,7), Italien (+ 15,9%), Spanien (+ 14,6%), Belgien (+ 10,9%) oder den Niederlanden (+ 9,7%) Zahlenmäßig konzentriert sich das Insolvenzgeschehen auf die größten Volkswirtschaften, nämlich Frankreich (60 787), Deutschland (26 120), Großbritannien (16 013), Italien (14 272) und Spanien (8934).

8   Sucht man nach den Ursachen für die Insolvenzentwicklung in den einzelnen Ländern, ergibt sich ein unmittelbarer Zusammenhang mit der Konjunkturentwicklung, dem Investitionsverhalten, den Unternehmensgewinnen und der Steuerlast.[36] Die Länder mit günstigen Rahmenbedingungen weisen grundsätzlich eindeutig sinkende Insolvenzquoten auf.[37] Von besonderem Einfluss ist seit 2008 außerdem die Banken- und hieraus resultierende Weltwirtschaftskrise.[38] Einfluss auf die finanzielle Stabilität der Unternehmen hat ua auch die Eigenkapitalquote eines Unternehmens. Ein Viertel der westeuropäischen Unternehmen weist eine Eigenkapitalquote von unter 10% auf. Ein besonders hoher Anteil an eigenkapitalschwachen Unternehmen findet sich in Griechenland, Irland, Italien, Portugal und Spanien. Fast jedes dritte Unternehmen weist hier eine Eigenkapitalquote von unter 10% auf. Im Vergleich dazu liegt der Anteil vergleichbar eigenkapitalschwacher Unternehmen in Großbritannien oder Skandinavien deutlich niedriger (17%).[39] Eine schwache Eigenkapitalstruktur erschwert die Überbrückung von Liquiditätsengpässen und behindert Wachstumsambitionen, insbesondere in einer Zeit, in der die Banken weiterhin dazu neigen, ihre Kreditportfolios zu bereinigen.

9   Einen weiteren wichtigen insolvenzverursachenden Faktor in allen westeuropäischen Ländern stellt das Zahlungsverhalten dar.[40] Dies liegt daran, dass der Warenkredit als kurzfristige Form der Unternehmensfinanzierung ständig an Bedeutung gewinnt. Verbindlichkeiten aus Lieferung und Leistung machen im Durchschnitt einen wesentlichen Prozentsatz bezogen auf die Bilanzsumme der einzelnen Unternehmen aus.[41] Im

---

[33] Mitteilungen NZI 2004, 242; NJW-Aktuell NJW 2004 Heft 20 S. XIV f.
[34] Vgl. Insolvenzen in Europa, Jahr 2008/09 – Eine Untersuchung der Creditreform Wirtschaftsforschung, S. 2.
[35] S. zum Ganzen https://www.creditreform.at/fileadmin/user_upload/Oesterreich/Downloads/Insolvenzen_Europa_2013_2014.pdf.
[36] Vgl. *Wellensiek* NZI aktuell NZI 2004 Heft 2 S. V; FAZ, 4.2.1998, Nr. 29, S. 17; *Bretz* ZInsO 1998, 32, 34.
[37] Vgl. FAZ v. 4.2.1998, Nr. 29, S. 17; *Bretz* ZInsO 1998, 32, 34.
[38] S. hierzu und zum Folgenden: Insolvenzen in Europa, Jahr 2008/09 – Eine Untersuchung der Creditreform Wirtschaftsforschung, S. 1, 10 f.
[39] S. zum Ganzen https://www.creditreform.at/fileadmin/user_upload/Oesterreich/Downloads/Insolvenzen_Europa_2013_2014.pdf.
[40] S. zum Zahlungsverhalten in den verschiedenen Ländern *Bretz* ZInsO 2001, 161, 163; vgl. auch Insolvenzen in Europa, Jahr 2008/09 – Eine Untersuchung der Creditreform Wirtschaftsforschung, S. 12 f.
[41] *Bretz* ZInsO 1998, 32, 34.

Durchschnitt übersteigen Warenkredite Verbindlichkeiten gegenüber Kreditinstituten um ein Vielfaches.[42] Kommt es zu Überschreitungen des vereinbarten Zahlungsziels, geraten Lieferanten schnell in Liquiditätsschwierigkeiten. Rund $^1/_4$ aller Unternehmenszusammenbrüche in der EU lassen sich auf den Zahlungsverzug zurückführen.[43] Betroffen hiervon ist vor allem die klein- und mittelständische Industrie, insbesondere die Zulieferer von Großunternehmen.[44] Die EU-Kommission hat vor dieser Entwicklung schon 1995 gewarnt und gegenüber den EU-Mitgliedstaaten eine Verbesserung der gesetzlichen Mindestvorschriften angemahnt. Gleichwohl kämpfen bis heute noch viele Unternehmen mit verspäteten Zahlungseingängen und daraus folgenden Liquiditätsengpässen.

II. Insolvenzordnung und Gesellschaftsrecht

Trotz der großen sozialpolitischen Tragweite von Unternehmensinsolvenzen hat der Gesetzgeber auch für die InsO im Grundsatz davon abgesehen, unterschiedliche Verfahrenstypen für die Insolvenz von Unternehmen und natürlichen Personen einzuführen. Zwar hat der InsO-Gesetzgeber mit der Restschuldbefreiung (§§ 286 ff. InsO) und dem Verbraucherinsolvenzverfahren (§§ 304 ff. InsO) ein besonderes Insolvenzverfahren für natürliche Personen und mit dem Insolvenzplan besondere Regelungen für die Unternehmensinsolvenz geschaffen. Die „Unternehmensinsolvenz" ist jedoch nach wie vor keine Kategorie des geltenden Rechts.[45] Auch wenn der Gesetzgeber sich gegen ein Sonderinsolvenzverfahren für Unternehmen entschieden hat, folgt daraus nicht, dass er die komplexe und enge Verzahnung zwischen Insolvenzrecht und Gesellschaftsrecht ignoriert hat. Vielmehr hat der Gesetzgeber die unterschiedliche Qualität des in Beschlag genommenen Vermögens erkannt und daher gerade an den Schnittstellen zwischen Konkurs- und Gesellschaftsrecht großen Reformbedarf gesehen.[46] So führt etwa die Regierungsbegründung zum Referentenentwurf einer Insolvenzordnung aus:[47]

„*Das Versagen der Konkursordnung führt zu schweren Missständen. Nahezu vermögenslose Schuldner, vor allem insolvente GmbH, können am Rechtsverkehr teilnehmen und andere schädigen; ihr Marktaustritt kann nicht erzwungen werden. Haftungsansprüche des Schuldnerunternehmens gegen Geschäftsführer, Gesellschafter oder Muttergesellschaften werden nicht geltend gemacht. Vermögensmanipulationen bleiben unentdeckt und können nicht rückgängig gemacht werden. Wirtschaftsstraftaten werden nicht geahndet. Es zehrt an der Rechts- und Wirtschaftsmoral, dass gerade diejenigen Schuldner von den Folgen illoyalen Verhaltens verschont bleiben, deren Vermögen die Kosten eines Verfahrens nicht mehr deckt.*"

Die vielgestaltigen Besonderheiten, die sich bei der Bewältigung von Unternehmensinsolvenzen stellen und von denen einige nachfolgend kurz skizziert werden sollen, lassen sich im Grunde auf zwei Ursachen zurückführen:[48] Zum einen auf die besondere Tragweite insolvenzbedrohter unternehmerischer Aktivität für an der Gesellschaft nicht beteiligte Dritte und zum anderen auf die Ausgestaltung eines gemeinschuldnerischen Unternehmensträgers, um die mit dem Insolvenzverfahren angestrebten Ziele zu verwirklichen.[49]

---

[42] *Bretz* ZInsO 1998, 32, 34.
[43] Vgl. FAZ v. 26.3.1998, Nr. 72, S. 20.
[44] Vgl. FAZ v. 26.3.1998, Nr. 72, S. 20. NZI 1999, 185; s. auch *Weber* ZRP 1999, 282 für das Baugewerbe.
[45] Vgl. *Henckel* ZIP 1991, 133.
[46] *Noack*, Rn. 8.
[47] BT-Drucks. 12/2443, S. 72/73.
[48] S. in diesem Sinne *Smid/Rattunde*, Der Insolvenzplan, 1998, Rn. 83 ff.
[49] Vgl. umfassend *K. Schmidt* ZGR 1998, 633 ff.; *ders.*, Kölner Schrift, 2. Auflage, S. 1199 ff.; *ders.*, in Wege zum Insolvenzrecht der Unternehmen, 1990; *Ulmer*, RWS-Forum 3, S. 119 ff.

Im Unterschied zur Konkursordnung wird die Gesellschaftsinsolvenz nicht mehr in einem Schlusskapitel versteckt, sondern in die InsO integriert.[50]

13 **1. Schutz Dritter vor den Auswirkungen insolvenzbedrohter unternehmerischer Aktivität. a)** *Ziele des Insolvenzverfahrens.* Ziel des Insolvenzverfahrens ist es nach § 1 S. 1 InsO, bei Eintritt der Insolvenz die Gläubiger des Schuldners gemeinschaftlich zu befriedigen. Das Insolvenzverfahren über das Vermögen einer Gesellschaft ist jedoch mehr als ein bloßes Gesamtvollstreckungsverfahren.[51] Das Insolvenzverfahren erfüllt, soweit Gemeinschuldner eine Gesellschaft ist, neben dem gesamtvollstreckungsrechtlichen Hauptzweck[52] zugleich auch die Aufgabe, die Gesellschaft bis hin zur Löschung abzuwickeln. Das Insolvenzverfahren will mit der Vollabwicklung des Unternehmensträgers im Interesse des Rechtsverkehrs sicherstellen, dass insolvente Gesellschaften nach Durchführung des Verfahrens nicht mehr am Rechtsverkehr teilnehmen.[53] Letzteres kommt an verschiedenen Stellen zum Ausdruck, etwa in dem Massebegriff in § 35 InsO, der auch den sogenannten Neuerwerb erfasst, in dem § 199 S. 2 InsO, der eine gesellschaftsrechtliche Liquidation nach Abschluss des Insolvenzverfahrens ausschließt, sowie in dem § 394 FamFG, der – unter bestimmten Voraussetzungen – die amtswegige Löschung vorsieht, wenn das Insolvenzverfahren über das Vermögen der Gesellschaft durchgeführt worden ist.

14 Da der Grundsatz der Vollabwicklung des Unternehmensträgers in der InsO nicht uneingeschränkt verwirklicht wurde, stellt sich die Frage, wie die beiden Verfahrensziele, optimale und gleichmäßige Gläubigerbefriedigung und Vollabwicklung, zueinander stehen. Erhebt man den Insolvenzverwalter gleichsam zu einem Liquidator mit der Pflicht, die Gesellschaft zum Erlöschen zu bringen,[54] hat dies freilich weitreichende Konsequenzen. Entspricht nämlich das Gesellschaftsvermögen der Insolvenzmasse, erfährt nicht nur § 36 I InsO eine teleologische Reduktion für Gesellschaften. Vielmehr wäre dann auch eine Freigabe von Massegegenständen durch den Insolvenzverwalter nicht mehr möglich. Die Rechtsprechung steht einer solchen, gegenüber der Gläubigerbefriedigung gleichwertigen bzw. vorrangigen Pflicht des Insolvenzverwalters zur Vollabwicklung des Unternehmensträgers ablehnend gegenüber.[55]

15 **b)** *Insolvenz(-rechts-)fähigkeit.* Gehen von einer insolvenzbedrohten unternehmerischen Aktivität besondere Gefahren für Dritte aus, ist es notwendig, jeden Unternehmensträger mit Eintritt der Krise einem Insolvenzverfahren zuführen zu können. Nach bisherigem Recht war dies nicht der Fall; denn die vom Gesetzgeber für konkursfähig erklärten Personen und Gesellschaften schöpften den Kreis der möglichen Unternehmensträger nicht aus. Die InsO hat dies geändert und hat nunmehr jeden Unternehmensträger zum tauglichen Objekt eines Insolvenzverfahrens erklärt.[56]

16 **c)** *Die Insolvenzauslösetatbestände.* Die Funktion der Insolvenzauslösetatbestände besteht darin, die Gläubiger des Schuldners gemeinschaftlich zu befriedigen, wenn aufgrund der wirtschaftlichen Erfolglosigkeit des Schuldners ein Verteilungskonflikt unter diesen entsteht. Um dieses Ziel optimal erreichen zu können, setzt ein funktionierendes

---

[50] *Noack,* Rn. 11.
[51] *K. Schmidt* ZGR 1998, 633, 635; *ders.,* Kölner Schrift, 2. Auflage, S. 1199, 1200 Rn. 3.
[52] Vgl. BT-Drucks. 12/2443 S. 83.
[53] BT-Drucks. 12/2443 S. 84; s. auch *Balz,* Kölner Schrift, 2. Auflage, S. 9, 12 Rn. 30 ff.
[54] OLG Karlsruhe ZInsO 2001, 768, 769; *K. Schmidt* ZIP 2000, 1913, 1916; *ders.,* GmbHR 1994, 829, 830 f.; *ders.* ZGR 1998, 633, 635 und 636 f.; *H. F. Müller,* Der Verband in der Insolvenz, S. 13 ff.
[55] BGH ZIP 2005, 1034, 1035; NJW 2001, 2966, 2967; OLG Hamm NZG 2002, 178, 179; OLG Rostock ZInsO 2000, 604, 605; OLG Naumburg ZInsO 2000, 154, 155; HKInsO/*Ries,* § 35 InsO Rn. 52; s. auch BGH ZIP 2002, 1043, 1047 f.
[56] S. zu den sich hieraus ergebenden Schwierigkeiten bzgl. der GbR *K. Schmidt,* Kölner Schrift, 2. Auflage, S. 1199, 1202 Rn. 7; *Ulmer,* RWS-Forum 3, S. 129 f.; → § 94 Rn. 141 ff.

Insolvenzrecht voraus, dass das Insolvenzverfahren im „richtigen" Zeitpunkt in Gang gesetzt wird. Dies wiederum bedingt, dass die Insolvenzauslösetatbestände die wirtschaftliche Abwärtsentwicklung des Schuldners rechtzeitig anzeigen. Die Mängel des bisherigen Konkursrechts, nämlich die große Anzahl nicht eröffneter Insolvenzverfahren sowie die geringe Deckungsquote nicht bevorrechtigter Gläubiger in den eröffneten Verfahren, hat man zumindest teilweise auf die zu späte Verfahrenseröffnung zurückgeführt.[57]

Der Auslösetatbestand der *Zahlungsunfähigkeit* (§ 17 InsO) beschreibt einen Zustand des Schuldners am Ende eines wirtschaftlichen Abstiegs.[58] Im Insolvenzrecht der Unternehmen ist dieser Auslösetatbestand unzureichend, da die Gefährdung der Gläubigeransprüche in aller Regel zu spät, nämlich erst dann aufgezeigt wird, wenn der Verteilungskonflikt unter den Gläubigern schon im vollen Gange ist. Der Gesetzgeber hat daher versucht, durch Einführung des Auslösetatbestandes der Überschuldung die Insolvenzauslösung vorzuverlagern. Eine Vorverlagerung der Insolvenzauslösung im Rahmen von Unternehmensinsolvenzen lässt sich jedoch nur dann erreichen, wenn man sich von einer rein exekutorischen (dh vollstreckungsrechtlichen) Betrachtung des Schuldnervermögens löst und ein Prognoseelement in die Überschuldungsprüfung einführt, das über die in der Fortführung des Unternehmens liegende Gläubigergefährdung Aufschluss gibt.[59] Obwohl über die Notwendigkeit des Prognoseelements im Rahmen der Überschuldensprüfung seit langem Einigkeit besteht, gingen und gehen die Ansichten darüber auseinander, wie die Prognose am sinnvollsten darzustellen ist.[60]

Rechtstatsächlich gesehen ist der Verteilungskonflikt, der unter den Gläubigern entsteht, wenn die unternehmerische Aktivität erfolglos ist, rechtsformunabhängig.[61] Trotzdem hat der Gesetzgeber den Auslösetatbestand der *Überschuldung* (§ 19 InsO) nur bestimmten Unternehmensträgern vorbehalten. Adressat sind entweder juristische Personen oder aber solche Gesellschaften ohne Rechtspersönlichkeit, bei denen weder auf der ersten noch auf der zweiten Stufe ein persönlich haftender Gesellschafter eine natürliche Person ist (sogenannte *kapitalistische Personengesellschaften*). Für die übrigen Gesellschaften ist die Überschuldung dagegen kein Auslösetatbestand. Dieser schon für das bisherige Recht geltende und von der Insolvenzordnung übernommene beschränkte Anwendungsbereich des Überschuldungstatbestandes ist abzulehnen.[62] Er beruht auf der unzutreffenden Erwägung, dass die persönliche Haftung eines Gesellschafters den Eröffnungsgrund der Überschuldung überflüssig mache.[63] Letztlich wird jedoch durch den beschränkten Anwendungsbereich des Überschuldungstatbestandes keine Lücke zulasten der Gläubiger gerissen. Der Gesetzgeber hat nämlich einen neuen, allgemeinen, dh für alle Unternehmensträger geltenden Auslösetatbestand eingeführt, die drohende Zahlungsunfähigkeit (§ 18 InsO). Diese zeigt ebenfalls eine Gläubigergefährdung im Vorfeld der Zahlungsunfähigkeit an, indem sie offenbart, ob die Nichterfüllung der Verbindlichkeiten durch den Schuldner wahrscheinlicher ist als deren Erfüllung. Da sich drohende Zahlungsunfähigkeit und Überschuldung inhaltlich weitgehend decken,[64]

---

[57] Vgl. *Uhlenbruck* NJW 1975, 897, 898; *Burger/Schellberg* KTS 1995, 563, 564; *K. Schmidt* JZ 1982, 165; *Meyer-Cording* ZIP 1989, 485; *Schwemer* WM 1999, 1155, 1156.
[58] Vgl. *Rausch*, Gläubigerschutz im Insolvenzverfahren, 1985, S. 97; *Drukarczyk*, in Handwörterbuch des Bank- und Finanzwesens, 2. Aufl. 1995, Sp 926.
[59] Vgl. BGHZ 119, 201, 214; ZIP 1994, 701, 703; ZIP 1995, 23, 25; *K. Schmidt* JZ 1982, 165, 168 ff.; *Stürner* ZIP 1982, 761, 766; *Schaub* DStR 1993, 1483, 1484; *Häsemeyer*, Insolvenzrecht, Rn. 7.23 f.
[60] Vgl. *Haas*, RWS-Forum Insolvenzrecht 1998, 1 (15 ff.).
[61] Vgl. *Haas*, RWS-Forum Insolvenzrecht 1998, S. 1, 14.
[62] Vgl. *K. Schmidt* ZGR 1998, 633, 656; *Haas*, RWS-Forum Insolvenzrecht 1998, 1, 12 ff.
[63] *K. Schmidt* JZ 1982, 165, 172; *Haas*, RWS-Forum Insolvenzrecht, 1998, S. 1, 13 f.
[64] S *Haas*, RWS-Forum Insolvenzrecht, 1998, S. 1, 27.

schließt der neue Auslösetatbestand letztlich die Lücke, die durch den beschränkten Anwendungsbereich des Überschuldungstatbestandes gerissen wird.[65]

19 d) *Antragsrecht und Antragspflicht.* Allein das Vorliegen eines Insolvenzgrundes löst das Insolvenzverfahren nicht aus. Notwendig ist eine entsprechende Entscheidung des Insolvenzgerichts und – da das Insolvenzverfahren nicht von Amts wegen eingeleitet wird[66] – ein entsprechendes Auslöseverhalten derjenigen, denen das Antragsrecht im Insolvenzverfahren zukommt. Berechtigt, den Insolvenzantrag zu stellen, sind gemäß § 13 I 2 InsO der Gläubiger (Fremdantrag: bei Zahlungsunfähigkeit und Überschuldung) und der Schuldner (Eigenantrag: bei Zahlungsunfähigkeit, drohender Zahlungsunfähigkeit und Überschuldung).[67] Das Auslöseverhalten dieser Antragsberechtigten und damit auch der Zeitpunkt, in dem das Insolvenzverfahren eingeleitet wird, werden entscheidend geprägt von der Möglichkeit, den Eintritt der Eröffnungsgründe erkennen zu können.

20 Dem Gläubiger fehlen in aller Regel[68] aktuelle, unternehmensinterne Informationen über die wirtschaftliche Situation des Schuldners.[69] Kann der Gläubiger sich die für eine frühzeitige Insolvenzauslösung notwendigen unternehmensinternen Informationen nicht selbst verschaffen, muss ihm der Eintritt der Überschuldung, die ausschließlich auf der Basis unternehmensinterner Daten erkannt werden kann, notwendig verborgen bleiben.[70] Gleiches gilt im Prinzip auch für den *Eintritt* der Zahlungsunfähigkeit.[71] Dem nicht informierten Gläubiger offenbart sich letztlich die Unternehmenskrise erst mit fortgeschrittener Zahlungsunfähigkeit, dh wenn der Schuldner wegen eines voraussichtlich dauernden Mangels an Zahlungsmitteln seine fälligen und von den jeweiligen Gläubigern ernsthaft eingeforderten Verbindlichkeiten im Allgemeinen nicht mehr erfüllen kann und dies auch Dritten gegenüber erkennbar wird.[72] In diesem Zeitpunkt droht aber kein Verteilungskonflikt unter den Gläubigern, vielmehr ist der Verteilungskonflikt hier schon im vollen Gange.[73]

21 Der Schuldner hat zwar grundsätzlich die Möglichkeit, sich im Wege der wirtschaftlichen Selbstprüfung die für den Insolvenzantrag notwendigen Informationen zu verschaffen. Erkennen kann er den Eintritt der Insolvenzgründe jedoch grundsätzlich nur, wenn er die wirtschaftliche Selbstprüfung auch tatsächlich vornimmt. Dies gilt in jedem Fall für die Eröffnungsgründe mit starken prognostischen Elementen (Überschuldung und drohende Zahlungsunfähigkeit), zu einem geringeren Maß auch für die Zahlungsunfähigkeit, da der Mangel an Zahlungsmitteln zur Begleichung der fälligen Verbindlichkeiten dem Schuldner in aller Regel nicht lange verborgen bleiben wird. Sind die Gläubiger infolge des Informationsdefizits grundsätzlich nicht in der Lage, das Insolvenzverfahren rechtzeitig einzuleiten, kommt dem Eigenantrag des Schuldners und damit der wirtschaftlichen Selbstprüfung durch den Schuldner eine besondere Bedeutung zu. Anreize, damit der Schuldner eine wirtschaftliche Selbstprüfung im Interesse der Gläubiger und im Interesse einer rechtzeitigen Insolvenzauslösung vornimmt, gehen insbesondere vom Gesellschaftsrecht aus.

---

[65] Vgl. *Henckel* ZIP 1991, 133, 135.
[66] Vgl. hierzu *Prütting*, Kölner Schrift, S. 1, 14 Rn. 38 ff.; *Häsemeyer*, Insolvenzrecht, Rn. 7.02.
[67] Vgl. hierzu *Uhlenbruck* GmbHR 1989, 101, 105.
[68] Eine Ausnahme gilt freilich für die Banken und die zuständige Einzugsstelle für die Sozialversicherungsbeiträge und Steuerschulden.
[69] Zur Aufklärungspflicht des Schuldners über seine wirtschaftliche Lage gegenüber einem (potentiellen) vertraglichen Gläubiger bei Geschäftsabschluss aus culpa in contrahendo, s. *Haas*, Geschäftsführerhaftung, S. 74 ff.
[70] Vgl. *Henckel* ZIP 1991, 133, 135.
[71] Vgl. *Jaeger/Henckel*, § 30 KO Rn. 2, 12.
[72] Vgl. BGH NJW 1998, 607; ZIP 1995, 929, 930; NJW 1985, 1785, 1786; WM 1974, 570, 571; OLG Düsseldorf WM 1997, 279, 280; *Jaeger/Henckel*, § 30 KO Rn. 11.
[73] Vgl. *Drukarczyk/Schüler*, Kölner Schrift, 2. Auflage, S. 28, 44 Rn. 41; *K. Schmidt* JZ 1982, 165, 166 f.

Ist der Schuldner eine natürliche Person bzw. haftet die anstelle des Schuldners an- 22
tragsberechtigte natürliche Person für dessen Schulden persönlich und unbeschränkt, so
zwingt den Antragsberechtigten grundsätzlich schon das Selbsterhaltungsinteresse dazu,
seine wirtschaftliche Situation beständig zu prüfen.[74] Problematisch ist allenfalls, ob der
Schuldner die aus der wirtschaftlichen Selbstprüfung gewonnenen Erkenntnisse dazu
nutzt, bei Eintritt der Insolvenz das Verfahren auszulösen. Die InsO hat dieses Problem
ua dadurch gelöst, dass sie dem Schuldner positive Anreize für den Fall bietet, dass er
das Insolvenzverfahren einleitet (Eigenverwaltung, Restschuldbefreiung).

Ist der Schuldner eine juristische Person oder aber eine kapitalistische Personengesell- 23
schaft, haftet das antragsberechtigte Mitglied des Vertretungsorgans des Schuldners nicht
für dessen Schulden. Trifft das Vertretungsorgan keine Erfüllungshaftung gegenüber den
Gläubigern, entfällt auch die mit der Erfüllungshaftung einhergehende Druckfunktion
und Verhaltenssteuerung. Der Gesetzgeber hat diese Lücke dadurch geschlossen, dass er
– fast ohne Ausnahme[75] – das antragsberechtigte Organ des Schuldners zur rechtzeitigen
Antragstellung verpflichtet hat.[76] Darüber hinaus hat er – ebenfalls fast ausnahmslos –
dem Leitungsorgan eine besondere Vermögensbetreuungspflicht (für die Zeit ab Eintritt
der Insolvenzreife) auferlegt.[77] Verzögert das Vertretungsorgan die Antragstellung, haftet
es bei Eintritt der Überschuldung bzw. Zahlungsunfähigkeit den vorhandenen und den
bis zur Insolvenzantragstellung hinzutretenden Gläubigern auf Schadensersatz. Von der
insolvenzrechtlich geregelten Antragspflicht und der im Fall der Pflichtverletzung drohenden Haftung wegen Insolvenzverschleppung[78] sowie von der gesellschaftsrechtlich
geregelten Vermögensbetreuungspflicht ab Eintritt der Insolvenzreife geht ein vergleichsweise starker Anreiz zur wirtschaftlichen Selbstprüfung aus, die letztlich Grundlage einer rechtzeitigen Insolvenzauslösung ist und damit allen Gläubigern zugute
kommt.[79] Letztlich leistet damit die (straf- und haftungsbewehrte) Antragspflicht eine
Lückenschließung in den Fällen, in denen eine Person für den Schuldner antragsberechtigt ist, die aber von den Folgen der Insolvenzeröffnung nicht betroffen ist.

e) *Verbesserung der Eröffnungsquote.* Wird das Insolvenzverfahren nicht eröffnet, findet 24
eine geordnete gleichmäßige Gläubigerbefriedigung nicht statt. Wer seine Interessen
härter durchsetzt als andere oder wer gute Beziehungen zum Schuldner unterhält, wird
voll befriedigt. Die übrigen Gläubiger, insbesondere die nachgiebigen und weniger informierten, gehen leer aus.[80] Aus dem Blickwinkel des Gläubigerschutzes lässt das gesellschaftsrechtliche Liquidationsverfahren daher viele Wünsche offen. Hinzu kommt,
dass in den Fällen, in denen das Insolvenzverfahren nicht eröffnet wird, zulasten der
Gläubiger Schadensersatzansprüche gegen die Geschäftsleitung nicht geltend gemacht,
Vermögensverschiebungen nicht aufgedeckt und zurückgewährte, mit einem gesetzlichen Nachrang belegte – vormals kapitalersetzende – Gesellschafterhilfen nicht zurückgefordert werden. Ist kein Insolvenzverwalter vorhanden, bleibt der Sachverhalt

---

[74] Vgl. *Henckel* ZIP 1991, 133, 134; aA *K. Schmidt,* Kölner Schrift, 2. Auflage, S. 1199, 1217 Rn. 42.

[75] Bei der BGB-Gesellschaft, bei der kein Gesellschafter eine natürliche Person ist (kapitalistische BGB-Gesellschaft), hat der MoMiG-Gesetzgeber nunmehr ebenfalls eine Antragspflicht gem. § 15a I 2 InsO vorgesehen. Die Vorschrift ist – sieht man einmal vom eV ab – rechtsformneutral formuliert, vgl. HK-*Kleindiek,* § 15a Rn. 1; *Schmidt/Wehr,* § 15a Rn. 13. Zur Frage der Insolvenzantragspflicht analog § 130a HGB aF vor Inkrafttreten von § 15a InsO, vgl. *Ulmer/Schäfer,* § 728 BGB Rn. 12, iÜ s. auch unten § 94 Rn. 146.

[76] Vgl. § 15a InsO.

[77] Vgl. zB §§ 130a II HGB, 64 GmbHG, 93 III Nr. 6 AktG, 99 GenG. Das gilt allerdings nicht für den eV, → § 93 Rn. 179. Unbegreiflicherweise hat der Gesetzgeber die Vermögensbetreuungspflicht – anders als die Antragspflicht – nicht rechtsformübergreifend geregelt.

[78] Zivilrechtlich aus §§ 42 Abs. 2 BGB und § 823 Abs. 2 BGB iV, § 15a Abs. 1 InsO sowie strafrechtlich aus § 15a IV InsO.

[79] Vgl. *Schlosser,* in Leipold (Hrsg.) Insolvenzrecht im Umbruch, 1991, S. 15.

[80] BT-Drucks. 12/2443 S. 73.

unaufgeklärt und die Ansprüche werden nicht zur Masse gezogen. Treffend hat *Kilger*[81] diese Situation dahingehend charakterisiert: „Der Könner macht nicht einfach Konkurs! – Der Könner macht masselos Konkurs!"

25 Die InsO hat eine Reihe von Maßnahmen ergriffen, um diesen Missstand zu beheben. Neben der Herabsetzung der Kostenschwelle für die Insolvenzeröffnung (→ § 92 Rn. 250) hat der Gesetzgeber zum einen auf die besondere Haftung der Leitungsorgane nach § 26 III InsO gesetzt. Die Vorschrift sieht einen Regressanspruch des vorschussleistenden Gläubigers gegenüber den Personen vor, die ihre Insolvenzantragspflicht schuldhaft verletzt haben. Dabei werden die Pflichtwidrigkeit und das Verschulden zulasten der Antragsberechtigten vermutet. Der Gläubiger soll auf diese Weise in den Fällen verzögerter Antragstellung „relativ risikolos" das Insolvenzverfahren in Gang setzen können, wenn eine die Verfahrenskosten deckende Masse nicht vorhanden ist.[82] Zum anderen sieht § 26 IV InsO vor, dass zur Leistung eines Vorschusses verpflichtet ist, wer entgegen den gesetzlichen Vorgaben den Antrag auf Eröffnung des Insolvenzverfahrens pflichtwidrig und schuldhaft nicht gestellt hat. In der Praxis haben §§ 26 III und IV InsO bislang keine große Bedeutung erlangt.[83] Die – gegenüber dem bisherigen Rechtszustand zu beobachtende – Verbesserung der Eröffnungsquote (→ Rn. 3, → § 92 Rn. 2, 249) lässt sich jedenfalls nicht auf diese Vorschrift zurückführen.

26 Der Ansatz, mithilfe einer schärferen Haftung auf eine Verbesserung der Eröffnungsquote hinzuwirken, findet sich zunehmend auch in der Rechtsprechung.[84] Letztere hat über die Jahre hinweg vorhandene Haftungsinstrumente (deutlich) verschärft (s. etwa die Masseerhaltungspflichten der Geschäftsleitung nach § 64 GmbHG, § 130a HGB, § 92 II AktG, § 99 GenG)[85] und neue Ansätze entwickelt, die verhindern sollen, dass eine geordnete Liquidation (aufgrund einer „Waschkorblage" oder sonst unzureichender Dokumentation oder auf Grund einer „kalten Liquidation") zulasten der Gläubiger nicht stattfindet. Hierher gehört insbesondere auch die Rechtsprechung zum existenzvernichtenden Eingriff (→ § 92 Rn. 372 ff.).

27 Freilich darf nicht übersehen werden, dass jeder Versuch, Umgehungsmöglichkeiten zu verhindern, neue Strategien hervorbringt, um eben dieses Ziel zu erreichen. Zum Repertoire der „professionellen Bestatter" gehört insoweit ua,[86] vermögenslose Strohmänner zu Geschäftsführern zu bestellen, die Gesellschaft als vermögenslos im Handelsregister zu löschen, den Sitz der Gesellschaft öfter zu verlegen[87] und/oder sich – bestimmter – ausländischer Gesellschaftsformen zu bedienen. Nicht auf alle diese „Bestattungsszenarien" haben Rechtsprechung und Gesetzgeber bislang eine effektive Antwort gefunden.[88]

28 **2. Insolvenzgesellschaftsrecht.** Wird das Insolvenzverfahren über das Vermögen einer Gesellschaft eröffnet, stellt sich die Frage, wie das Insolvenzrecht auf die Organisations-, Haftungs- und Mitgliedschaftsverfassung des Unternehmensträgers ein-

---

[81] *Kilger* AnwBl 1987, 424, 425.
[82] Kritisch dazu, ob dieser Zweck erreicht wird *K. Schmidt* ZGR 1996, 209, 220 f.; *ders.*, Kölner Schrift, 2. Auflage, S. 1199, 1216 Rn. 41; *Haas*, Geschäftsführerhaftung, S. 34 f. Durchweg positiv gegenüber der Regelung dagegen *Ulmer*, RWS-Forum 3, S. 123.
[83] Hierzu und zu einer Analyse der Gründe, *K. Schmidt*, in Die GmbH in Krise, Sanierung und Insolvenz, Rn. 6.20, 6.23 ff.
[84] *K. Schmidt*, in Insolvenzrecht 2003, S. 19, 32.
[85] Insbesondere die Verschärfung der Masseerhaltungspflicht der Geschäftsleitung wird vielfach für die bessere Eröffnungsquote verantwortlich gemacht, s. hierzu *K. Schmidt*, in Die GmbH in Krise, Sanierung und Insolvenz, Rn. 11.30 ff.; *ders.* KTS 2001, 373, 388 f.; *Altmeppen* ZIP 2001, 2201, 2206 ff.; *Bitter* WM 2001, 666 ff.
[86] S. hierzu u. a. *Hirte* ZInsO 2003, 833, 834; *Haas*, in Unternehmen in der Krise, S. 73, 94 ff.
[87] S. etwa die Beispiele OLG Celle NZI 2004, 258 ff.; OLG Schleswig NZI 2004, 264 f.; OLG Karlsruhe ZIP 2004, 1476.
[88] *Hirte* ZInsO 2003, 833, 834 ff.

wirkt.[89] Der Gesetzgeber hat sich der Fragen des Insolvenzgesellschaftsrechts allenfalls im Ansatz angenommen.

a) *Gesellschaftszweck und Verfahrenszweck.* Mit Eröffnung des Insolvenzverfahrens bleibt die Gesellschaft bestehen. Im Vordergrund steht aber nicht mehr ihr werbender Zweck, sondern die Gläubigerbefriedigung.[90] Zum Ausdruck kommt dies ua darin, dass mit Eröffnung des Insolvenzverfahrens die Gesellschaft aufgelöst und in ein (von den gesellschaftsrechtlichen Liquidationsvorschriften abweichendes) besonderes insolvenzrechtliches Abwicklungsverfahren überführt wird. Dieses Verfahren ist – ebenso wie das gesellschaftsrechtliche Liquidationsverfahren – ein Verfahren mit offenem Ausgang. Es kann zur Vollabwicklung des Unternehmensträgers führen, ist aber auch – ebenso wie das gesellschaftsrechtliche Liquidationsverfahren – zu einer Umkehrung fähig.[91] Insbesondere Letzteres, nämlich die Unternehmensfortführung, hat der Gesetzgeber auf vielfältige Weise zu erleichtern versucht, auch wenn die Sanierung dem Interesse der Gläubiger an einer möglichst optimalen Befriedigung ihrer Forderungen stets untergeordnet bleibt.[92]

In der Literatur wird mitunter darauf hingewiesen, dass das Gesellschaftsrecht tendenziell den besseren Ordnungsrahmen für Sanierungen des Unternehmensträgers darstellt.[93] Die im Gesellschaftsrecht verwirklichte Autonomie, verbunden mit den Möglichkeiten, Sanierungen ohne Publizität durchführen zu können, bilden – so *Hirte* – im Vergleich zum Insolvenzrecht einen flexibleren und damit erfolgversprechenderen Rahmen für die Sanierung des Unternehmensträgers. Das dem Gesellschaftsrecht innewohnende Sanierungspotential könne aber – so *Hirte* – mitunter nicht „gehoben" werden, weil das Insolvenzrecht eine recht frühe Terminierungsregel, dh Überführung des Unternehmens vom Gesellschaftsrecht in das Insolvenzrecht vorsehe. *Hirte* plädiert daher dafür, den (zeitlichen) Anwendungsbereich des Gesellschaftsrechts zulasten des Insolvenzrechts auszudehnen, um mehr Raum für Sanierungen zu schaffen.[94]

Das Insolvenzrecht ist sicherlich im Vergleich zum Gesellschaftsrecht ein starrer, weil verfahrensrechtlich strukturierter Ordnungsrahmen. Das Insolvenzrecht hat jedoch gegenüber der im Gesellschaftsrecht verwirklichten (Sanierungs-)Autonomie auch Vorteile. Es hält nämlich insbesondere eine Lösung für die Akkordstörerproblematik bereit, während außerhalb des Insolvenzverfahrens – im Grundsatz – die Zustimmung all derjenigen Beteiligten (Kreditgeber und Gesellschafter) notwendig ist, auf deren Mitwirkung man bei der Sanierung angewiesen ist.[95] Hierauf hat insbesondere der BGH in einer Entscheidung aus dem Jahre 1991 hingewiesen und ausgeführt:[96]

„Die Revision meint ..., es sei vom Ergebnis her unbefriedigend, bei einer gelungenen außergerichtlichen Sanierungsaktion einzelne «Akkordstörer», die ohne die Rettung des Beklagten durch die solidarische Aktion der überwiegenden Bankengläubiger mit ihrer Klageforderung in vollem Umfang ausgefallen wären, für die mangelnde Solidarität zu belohnen ... Die Rechtsordnung müsse deshalb die Durchsetzung derartiger, auf Kosten anderer erlangter Sondervorteile jedenfalls in den Fällen ... verhindern, in denen ein gerichtliches Vergleichsverfahren

---

[89] *K. Schmidt,* in Die GmbH in Krise, Sanierung und Insolvenz, Rn. 7.2 ff.; *ders.,* Kölner Schrift, 2. Auflage, S. 1199, 1207 Rn. 14 ff.
[90] S. hierzu *H. F. Müller,* Der Verband in der Insolvenz, S. 124 ff. Ob hierdurch der Zweck der Gesellschaft ersetzt oder lediglich überlagert wird, ist umstritten, zweiteres bejahend etwa *K. Schmidt,* in Die GmbH in Krise, Sanierung und Insolvenz, Rn. 7.4.
[91] *K. Schmidt,* in Die GmbH in Krise, Sanierung und Insolvenz, Rn. 4.2; *ders.,* Kölner Schrift, 2. Auflage, S. 1199, 1207 Rn. 14 f.
[92] S. nur *H. F. Müller,* Der Verband in der Insolvenz, S. 9.
[93] *Hirte* ZGR 2010, 224, 228 ff.
[94] *Hirte* ZGR 2010, 224 ff.
[95] *Bork* ZIP 2010, 397, 400.
[96] BGH NJW 1992, 967, 968.

wirtschaftlich unvernünftig ... und nur ein außergerichtlicher Vergleich eine Befriedigungschance eröffne.
...
Aus dem Grundsatz der Gleichbehandlung ... im Vergleichsverfahren und ... für den Zwangsvergleich im Konkursverfahren .. sind derartige Rechtsfolgen entgegen der Auffassung der Revision nicht herzuleiten. Diese Normen, die es grundsätzlich gebieten, allen von dem Vergleich betroffenen Gläubigern gleiche Rechte zu gewähren, sind im Zusammenhang mit der gesetzlichen Regelung zu sehen, dass mit Mehrheitsentscheidung, die der gerichtlichen Bestätigung bedarf, eine Verbindlichkeit des Vergleichs für und gegen sämtliche Vergleichsgläubiger ... mit Einschluss derjenigen Gläubiger begründet wird, die dem Vergleich nicht beigetreten sind oder gegen ihn gestimmt haben. Bei einem außergerichtlichen Vergleich fehlt es an einer Gesetzesbestimmung, derzufolge sein Inhalt auch für solche Gläubiger maßgeblich ist, die sich ihm nicht angeschlossen haben ...
Voraussetzung für die Annahme einer zwischen den Gläubigern bestehenden Gemeinschaft ist ... die Eröffnung eines Konkursverfahrens. Lediglich Habscheid ... gibt zu erwägen, in Vorwirkung eines sonst notwendigen Insolvenzverfahrens von einer Art Gefahrengemeinschaft auszugehen und in dieser Gemeinschaft Mehrheitsentscheidungen zu Lasten nicht zustimmender Gläubiger zuzulassen. Eine derart weitgehende Rechtsfortbildung wäre mit der verfassungsrechtlichen Bindung des Richters an Gesetz und Recht nicht vereinbar. Der Gesetzgeber der Konkurs- und Vergleichsordnung hat die Voraussetzungen, unter denen einem Vergleich, dem nicht alle Gläubiger zugestimmt haben, Wirkungen zu Lasten außenstehender Gläubiger zukommen kann, im einzelnen festgelegt."

32 Aus der vorstehenden Entscheidung folgt, dass sich eine Pflicht, einen Sanierungsbeitrag zu leisten, entweder durch eine entsprechende gesetzliche Anordnung oder aber (insolvenz-)verfahrensrechtlich legitimieren lässt, dh durch Einbindung des Betreffenden in das Insolvenzverfahren. Materiell-rechtliche Pflichten, an einer (außergerichtlichen) Sanierung mitzuwirken, lassen sich demgegenüber nur ganz ausnahmsweise konstruieren.

33 **b)** *Organisationsrecht.* Die Gesellschaft ist anders als natürliche Personen selbst nicht handlungsfähig. Vielmehr agiert sie durch ihre Organe. Ohne diese Organe ist die Gesellschaft – wie bereits das Reichsgericht ausgeführt hat – „nicht zu denken".[97] Mit Eröffnung des Insolvenzverfahrens bleibt daher nicht nur die Gesellschaft als Rechtsträger, sondern bleiben auch deren Organe zwingend erhalten. Wird das (Regel-)Insolvenzverfahren eröffnet, geht nach § 80 InsO das Verwaltungs- und Verfügungsrecht auf den Insolvenzverwalter über. Damit stellt sich die Frage, wie sich der Insolvenzverwalter in das gesellschaftsrechtliche Organisationsrecht einfügt. Letzteres ist bekanntlich umstritten. Das gilt in erster Linie in Bezug auf die Rechtsstellung des Insolvenzverwalters. Diese lässt sich nur schwer widerspruchsfrei einer der zivilistischen Grundfiguren zuordnen.[98] Streitig sind darüber hinaus in vielerlei Hinsicht die den Gesellschaftsorganen bzw. dem Insolvenzverwalter zugewiesenen (Rest-)Befugnisse (→ hierzu § 92 Rn. 291 ff.).

34 Fragen nach dem Kompetenzgefüge stellen sich nicht nur im eröffneten Regelinsolvenz-, sondern auch im Eigenverwaltungsverfahren. Bekanntlich bleibt der Schuldner in diesem Fall verwaltungs- und verfügungsbefugt in Bezug auf die Masse. Die überwiegende Ansicht sieht die Rechtfertigung hierfür nicht im Privat-, sondern im Insolvenzrecht. Mit Eröffnung der Eigenverwaltung wird mithin der Schuldner zum Amtswalter in eigenen Angelegenheiten (→ § 90 Rn. 3). Hiervon ist die Frage zu unterscheiden, wer diese (dem Schuldner zukommenden) insolvenzrechtlichen Befugnisse schuldnerintern wahrnimmt. Diese Frage war lange Zeit umstritten (→ § 90 Rn. 21 f.). Der Gesetzgeber hat die Problematik in § 276a InsO nunmehr dahingehend entschie-

---
[97] RGZ 81, 332, 336.
[98] S. hierzu nur *H. F. Müller,* Der Verband in der Insolvenz, S. 55 ff.

den, dass diese Aufgaben von der „Geschäftsleitung" wahrgenommen werden und dass den gesellschaftsrechtlichen Überwachungsorganen (grundsätzlich) jeglicher Einfluss auf die „Geschäftsführung" genommen ist. Die Vorschrift selbst klärt nicht nur Fragen, sondern wirft auch viele neue Fragen auf (→ § 90 Rn. 23 ff.), etwa nach dem rechtlichen Status der Geschäftsleitung im Eigenverwaltungsverfahren, deren gesellschaftsrechtlicher oder insolvenzrechtlicher Legitimation, deren Handlungsverantwortung oder in Bezug auf die Auslegung der Begriffe „Geschäftsführung" und „Geschäftsleitung". Nicht geklärt ist auch der zeitliche Anwendungsbereich der Vorschrift (→ § 90 Rn. 97 ff.), insbesondere ob die Verdrängung der gesellschaftsrechtlichen Aufsichtsorgane durch den Sachwalter aus dem „Insolvenz-" oder „Mischbereich" nach § 276a InsO nur für das eröffnete Verfahren oder aber für das vorläufige Eigenverwaltungs- bzw. Schutzschirmverfahren gilt.

c) *Haftungsverfassung.* Die insolvenzrechtliche Haftungsordnung wird geprägt durch den Gläubigergleichbehandlungsgrundsatz in Bezug auf die Insolvenzgläubiger, die Vorrangstellung der Massegläubiger und die Haftung des (allein) verwaltungs- und verfügungsbefugten Insolvenzverwalters nach den §§ 60, 61 InsO. Die gesellschaftsrechtliche Haftungsordnung ist demgegenüber im Grundsatz rechtsformspezifisch ausgestaltet. Bei den Gesellschaften ohne Rechtspersönlichkeit haftet zumindest ein Gesellschafter mit seinem Vermögen persönlich und unbeschränkt für die Schulden der Gesellschaft. In der GmbH bzw. AG haftet den Gesellschaftsgläubigern lediglich das Gesellschaftsvermögen. Erkauft wird diese Haftungsbeschränkung – sieht man einmal von dem eV ab – durch ein System der Kapitalaufbringung und -erhaltung sowie durch eine haftungsbewehrte Pflicht der Leitungsorgane gegenüber „ihrer" Gesellschaft zur sorgsamen Führung der Geschäfte. **35**

Geht nun mit Eröffnung des Insolvenzverfahrens die Verwaltungs- und Verfügungsbefugnis über das Gesellschaftsvermögen auf den Insolvenzverwalter über, kann dies nicht ohne Einfluss auf die Haftungsverfassung des Unternehmensträgers bleiben. So ist für das System der Kapitalaufbringung und -erhaltung schon im Hinblick auf die totale Ausschüttungssperre an die Gesellschafter in § 199 InsO kein Raum. Darüber hinaus führt der Übergang der Verwaltungs- und Verfügungsbefugnis auf den Insolvenzverwalter zwingend zu einer weitgehenden Einschränkung der Verhaltenshaftung der Leitungsorgane einer GmbH oder AG; denn diese können nur insoweit zur Verantwortung gezogen werden, als ihnen unternehmerische Pflichten auch tatsächlich obliegen. Aber auch die Haftungsverfassung der Personengesellschaften kann nicht unverändert aufrechterhalten bleiben; denn der unbeschränkten Haftung liegt die Vorstellung zugrunde, dass – zumindest im Grundsatz – derjenige, der unbeschränkt haften soll, auch über ein Mindestmaß an Einflussmöglichkeiten auf die Geschicke der Gesellschaft verfügen muss.[99] Werden aber die persönlich haftenden Gesellschafter durch den Insolvenzverwalter aus dem Vermögensbereich weitgehend verdrängt, dann bleibt für eine unbeschränkte persönliche Haftung zum Schutz der Gläubiger grundsätzlich kein Raum (→ hierzu § 94 Rn. 45 ff.). **36**

Umstritten und bislang nicht geklärt ist, ob das gesellschaftsrechtliche Haftungssystem zum Schutz der Gläubigerinteressen auch im Verfahren der Eigenverwaltung verdrängt wird (→ § 90 Rn. 44 ff., 101 ff.). Dagegen spricht, dass in den Fällen der Eigenverwaltung der Unternehmensträger – wie es *K. Schmidt* formuliert hat[100] – *„unter dem Regime des Gesellschaftsrechts"* agiert. Für eine Überlagerung des gesellschaftsrechtlichen Haftungssystems spricht andererseits, dass auch in den Fällen der Eigenverwaltung die insolvenzrechtliche Haftungsordnung – wenn auch modifiziert – zur Anwendung gelangt. **37**

---

[99] *Wiedemann,* Gesellschaftsrecht, I, S. 546 ff.; *H. F. Müller,* Der Verband in der Insolvenz, S. 234.
[100] S *K. Schmidt,* in Insolvenzrecht 2003, S. 19, 29.

So hat die Geschäftsleitung im Insolvenzverfahren mit Eigenverwaltung die Geschäfte im Interesse der Gläubiger zu führen. Darüber hinaus findet eine Kontrolle der Geschäftsleitung durch den Sachwalter und die Gläubigerorgane statt.

38 **d)** *Mitgliedschaft.* Ein wesentlicher Nachteil des Konkurs- und Vergleichsverfahrens bestand darin, dass die Mitgliedschaft in einer Gesellschaft nicht in das Insolvenzverfahren der Gesellschaft einbezogen war. Im Konkurs der Gesellschaft scheiterte eine übertragende Sanierung daher nicht selten daran, dass die Gesellschafter nicht bereit waren, ihre (wertlosen) Geschäftsanteile an einen Übernehmer zu übertragen.[101] Auch die InsO hat ursprünglich – leider[102] – darauf verzichtet, Zwangseingriffe in die gesellschaftsrechtlichen Verhältnisse des Schuldners vorzusehen.[103] Eingriffe in das Mitgliedschaftsrecht oder gar ein Entzug desselben waren – gegen den Willen der Gesellschafter – mithilfe des insolvenzrechtlichen Instrumentariums lange nicht möglich. Das ESUG hat dies zwischenzeitlich geändert und im Insolvenzplan erstmals eine wirkliche Verzahnung des Gesellschafts- und des Insolvenzrechts vorgesehen. Nach § 225a III InsO kann nunmehr jede gesellschaftsrechtlich zulässige Maßnahme Gegenstand einer Regelung im Insolvenzplan sein. Der Gesetzgeber trägt damit letztlich dem Umstand Rechnung, dass bereits in der Vergangenheit die Mitgliedschaft in vielfältiger Weise durch die Insolvenzeröffnung tangiert wurde.[104] Die Mitgliedschaft blieb zwar im eröffneten Verfahren erhalten. Auch fiel die Mitgliedschaft überwiegender Ansicht nach nicht in die Insolvenzmasse.[105] Jedoch wurden die aus der Mitgliedschaft fließenden (Rechts-)Beziehungen zwischen Gesellschaft und Gesellschafter infolge der Verfahrenseröffnung in vielfältiger Weise verändert.[106] Durch die Einbeziehung der Gesellschafter als Beteiligte in das Insolvenz(-plan-)verfahren will der Gesetzgeber folgerichtig die Interessen der verschiedenen Beteiligten besser koordinieren und untereinander zu einem angemesseneren Ausgleich führen.[107] Die in der Literatur teilweise geäußerte Kritik, dass der ESUG-Gesetzgeber damit die Wertungsgrundlagen des Insolvenzrechts[108] oder aber des Verfassungsrechts[109] sprenge, sind nicht gerechtfertigt.[110]

39 **e)** *Trennungsprinzip.* Das Insolvenzrecht geht im Grundsatz davon aus, dass das Insolvenzverfahren immer nur das jeweilige einem Rechtsträger zugewiesene Vermögen betrifft. Mehrere Gesellschaften oder das dem Gesellschafter und der Gesellschaft zugeordnete Vermögen sind daher nicht in einem einheitlichen Insolvenzverfahren, sondern in jeweils getrennten Insolvenzverfahren abzuwickeln. Von diesem Grundsatz, dass die verschiedenen Rechtsträgern zugewiesenen Vermögenswerte beziehungslos nebeneinander stehen, weicht das Gesetz teilweise ab. So beziehen beispielsweise § 172 II HGB, §§ 92, 93 InsO massefremdes Vermögen in das Insolvenzverfahren mit ein. Ansprüche der Gesellschaftsgläubiger, die von diesen Vorschriften erfasst werden, können danach –

---

[101] *Uhlenbruck*, Kölner Schrift, 2. Auflage, S. 1157, 1174 Rn. 25.
[102] S. auch *Marotzke* JZ 2009, 763, 767: „suboptimal"; *Seagon* ZVglRWiss 2009, 203, 214 f.
[103] S. hierzu *Uhlenbruck*, Kölner Schrift, 2. Auflage, S. 1157, 1174 Rn. 25; *K. Schmidt*, in Insolvenzrecht 2003, S. 19, 23 f.; *H. F. Müller*, Der Verband in der Insolvenz, S. 318 ff.
[104] HKInsO/*Haas*, § 225a Rn. 1.
[105] AA *Braun*, in Festschr. f. Fischer, 2008, S. 53, 70; anders wohl auch *Bitter*, ZGR 2010, 147 (186 ff.), wonach mit Insolvenzeröffnung die Gesellschafter lediglich Treuhänder des Gesellschaftsanteils sind, die Mitgliedschaft daher letztlich der Insolvenzmasse zugewiesen ist.
[106] S. zu alledem ausführlich *Haas*, FS Konzen, 2006, S. 157, 160 ff.; vgl. auch *Kübler/Hölzle* HRI § 31 Rdnrn. 7 f.
[107] S. zum Ganzen HKInsO/*Haas*, § 225a Rn. 2 f.
[108] So etwa *Madaus*, ZGR 2011, 749, 757.
[109] In diesem Sinne etwa *Madaus* ZGR 2011, 749, 761; *Stöber* ZInsO 2012, 1811, 1819; *ders.* ZInsO 2013, 2457, 2560; s. auch *C Schäfer* ZIP 2013, 2237, 2238 und 2241; *H. F. Müller* DB 2014, 41, 43.
[110] S. zum Ganzen HKInsO/*Haas*, § 225a Rn. 12 ff.

obwohl sie nicht gegen den Schuldner, sondern gegen einen Dritten gerichtet sind – im Insolvenzverfahren für die Dauer des Insolvenzverfahrens nicht von den Gläubigern geltend gemacht werden. Hintergrund dieser Kollektivierung von massefremdem Vermögen ist es, Gläubigerschutzmechanismen, die dem Schutz aller Gesellschaftsgläubiger zu dienen bestimmt sind, im Interesse einer Gläubigergleichbehandlung auch allen Gläubigern gleichermaßen zuteil werden zu lassen (→ § 92 Rn. 532 ff., → § 94 Rn. 51 ff.). Ob und inwieweit darüber hinaus Koordinierungsbedarf hinsichtlich der Abwicklung der verschiedenen Rechtsträgern zugeordneten Vermögenswerte besteht, wird kontrovers beurteilt. Diskutiert wird dies etwa für die GmbH & Co KG, bei der die Funktion der Komplementär-GmbH im Wesentlichen darin besteht, den KG-Anteil zu halten; denn hier wird letztlich ein wirtschaftlich einheitliches Unternehmen auf zwei verschiedene Rechtsträger aufgespalten. Hier besteht die Gefahr, dass durch das Trennungsprinzip auseinanderdividiert wird, was wirtschaftlich zusammengehört (→ § 94 Rn. 106 ff.). Fraglich ist schließlich, ob und inwieweit ein strikt gehandhabtes Trennungsprinzip auch dort sinnvoll ist, wo verschiedene Gesellschaften konzernmäßig miteinander verbunden sind. Obwohl Konzerninsolvenzen in der Praxis ein weitverbreitetes Phänomen darstellen (→ § 95 Rn. 1), hat der Insolvenzgesetzgeber – wohl mit Blick auf die Vielfalt der Konzernwirklichkeit – in der Vergangenheit davon abgesehen, dieser gesellschaftsrechtlichen Verbundenheit durch ein einheitliches Konzerninsolvenzverfahren Rechnung zu tragen.[111] Das soll sich aber in Kürze ändern (→ § 95 Rn. 29 ff.).

3. Ausblick. a) *Flucht des Gesetzgebers aus dem Insolvenzrecht.* Im Zuge der Finanzmarktkrise hat der Gedanke der Restrukturierung und Sanierung von Unternehmen an Bedeutung gewonnen. Dabei hat der Gesetzgeber insbesondere im Zusammenhang mit der Sicherung der Finanzmarktstabilität eine gewisse Flucht aus dem Insolvenzrecht angetreten, um betroffenen Unternehmen bessere Rahmenbedingungen für eine Sanierung einzuräumen.[112] Dies wirft freilich die Frage auf, ob darin auch ein Weg für andere Branchen liegen könnte. Der Gesetzgeber stellt derartige Überlegungen in Bezug auf ein vorinsolvenzrechtliches Sanierungsverfahren an,[113] für das in anderen europäischen Ländern schon Vorbilder gibt.[114] Dahinter steht die Erkenntnis, dass – nach wie vor – ein Großteil der Insolvenzanträge zu spät, dh in einem Zeitpunkt gestellt werden, in dem eine Sanierung mangels verbliebener Unternehmenssubstanz scheitern muss.[115] Die Gründe hierfür liegen wohl in der durch die Insolvenzeröffnung provozierten Publizität innerinsolvenzrechtlicher Sanierungs- und Restrukturierungsmaßnahmen,[116] den direkten und indirekten Insolvenzkosten, der mit der Insolvenzeröffnung einhergehenden Stigmatisierung, Entmachtung und uU Diskreditierung des Schuldners bzw. seiner Leitungsorgane sowie der durch die Dauer des Insolvenzeröffnungsverfahrens und die Unvorhersehbarkeit der Entscheidungen der Insolvenzgerichte[117] verursachten Ungewissheit zulasten wichtiger „Stakeholders".[118]

---

[111] *K. Schmidt*, in Insolvenzrecht 2003, S. 19, 24; *Uhlenbruck*, Kölner Schrift, 2 Auflage, S. 1157, 1180 Rn. 29 ff.
[112] S. hierzu *Marotzke* JZ 2009, 763 ff.
[113] Vgl. *Wimmer* Status:Recht 2008, 412 f.; *Arlt* ZInsO 2009, 1081.
[114] S. etwa zu Italien, *Arlt* ZInsO 2009, 1081 ff.; für Frankreich, *Delzant/Ehret* ZInsO 2009, 990 ff.; rechtsvergleichend, *Piekenbrock* ZVglRWiss 2009, 242, 247 ff.
[115] *Seagon* ZVglRWiss 2009, 203, 211.
[116] Zu berücksichtigen ist freilich, dass bei umfassend publizitätspflichtigen Unternehmen dieser Aspekt keine Rolle spielt.
[117] S. insoweit etwa zur Praxis der Auswahl des Insolvenzverwalters, *Stephan* ZVglRWiss 2009, 273 ff.
[118] *Piekenbrock* ZVglRWiss 2009, 242, 245; *Seagon* ZVglRWiss 2009, 203, 211 ff.; s. auch *Uhlenbruck* NZI 2008, 201, 204; *Eidenmüller* ZIP 2007, 1729, 1733.

41 b) *Flucht der Beteiligten in das Insolvenzverfahren.* Im Zuge des so genannten Suhrkamp-Falles[119] ist die Frage aufgeworfen worden, ob und inwieweit die Gefahr besteht, dass ein Insolvenzverfahren zweckentfremdet dazu missbraucht wird, keinen Verteilungskonflikt unter den Gläubigern zu regeln, sondern einen Machtkampf zwischen Mehrheits- und Minderheitsgesellschafter um die Kontrolle über das Unternehmen auszufechten.

42 Grundsätzlich muss – aus verfassungsrechtlicher Sicht – der Minderheitsgesellschafter vor der Gefahr des Missbrauchs wirtschaftlicher Macht geschützt werden.[120] Das Insolvenzplanverfahren hält insoweit verschiedene Mechanismen bereit.[121] Mitunter wird allerdings gerügt, dass dieser Schutz unzureichend sei, weil die Gefahr bestehe, dass das Insolvenzverfahre dazu missbraucht werde, (unliebsame) Mitgesellschafter aus der Gesellschaft zu drängen. Es darf jedoch nicht übersehen werden, dass das Gesetz eine effektive Insolvenzeingangskontrolle kennt. So kann das Insolvenzverfahren nur eröffnet werden, wenn ein Insolvenzgrund vorliegt. Liegt lediglich drohende Zahlungsunfähigkeit (§ 18 InsO) vor, ist zudem die Antragstellung ein gesellschaftsrechtliches Grundlagengeschäft, das intern[122] – grundsätzlich – der Mitwirkung aller Gesellschafter bedarf.[123] Freilich eröffnen die verschiedenen Insolvenzgründe mitunter einen weiten Beurteilungsspielraum. Das Gesetz steht jedoch missbräuchlichen Anträgen nicht gleichgültig gegenüber. Präventiven Schutz vermitteln etwa § 15 II 1 InsO, der – unter bestimmten Voraussetzungen – die Glaubhaftmachung des Insolvenzgrundes vorsieht, sowie § 15 II 3 InsO, der die Anhörung der übrigen (für den Schuldner) antragsberechtigten Personen durch das Insolvenzgericht vorschreibt.[124] Darüber hinaus hat das Insolvenzgericht das Vorliegen des Insolvenzgrundes von Amts wegen zu prüfen (§ 5 InsO). Ist das Insolvenzverfahren von einem Gesellschafter treuwidrig herbeigeführt worden, ist bei der Prüfung der Insolvenzgründe ein entsprechender Haftungsanspruch der Gesellschaft gegen den Gesellschafter zu berücksichtigen. Hängt der Eröffnungsgrund vom Vorliegen einer bestimmten Forderung ab, berücksichtigt das Insolvenzgericht die Forderung – etwa bei der Prüfung der Zahlungsunfähigkeit bzw. Überschuldung – nicht, wenn diese ernstlich streitbefangen ist.[125] Werden mit dem Eröffnungsantrag insolvenzfremde Zwecke verfolgt, fehlt das Rechtsschutzbedürfnis, mit der Folge, dass der Antrag als unzulässig zurückzuweisen ist. Repressiven Schutz gegen missbräuchliche Anträge vermitteln zudem Haftungstatbestände.[126]

43 c) *Berücksichtigung von wirtschaftlichen Zusammenhängen.* Unternehmen sind heute vielfach Teile eines Konzerns, die wirtschaftlich eng miteinander verflochten und aufeinander abgestimmt sind. Die Frage stellt sich, ob das dem Insolvenzrecht zugrunde liegende

---

[119] S. hierzu FAS 24.3.2013, Ulla Berkewicz und das Suhrkamp-Desaster, S. 27; FAZ 6.11.2013 Schutzlos in der Insolvenz?, S. 19; BVerfG NZI 2013, 1072; OLG Frankfurt NZI 2013, 978; OLG Frankfurt ZIP 2013, 2022; LG Frankfurt NZG 2013, 1427; LG Frankfurt NZG 2013, 1315; LG Frankfurt NZI 2013, 981; *Madaus* ZIP 2014, 500; *Eidenmüller* NJW 2014, 17 ff.; *Lang/Muschalle* NZI 2013, 953 ff.

[120] S. auch BVerfG 1999, 931.

[121] S. hierzu auch BVerfG ZIP 2013, 2163 f.

[122] Das Außenverhältnis (die Vertretungsbefugnis) bleibt allerdings hiervon – sieht man einmal von den Grundsätzen über den Missbrauch der Vertretungsmacht ab (*H. F. Müller* DB 2014, 41, 44; *Meyer* ZInsO 2013, 2361, 2363, 2365) – unberührt, OLG München NZG 2013, 742, 744; *Thole* ZIP 2013, 1937, 1944.

[123] OLG München NZG 2013, 742, 744; LG Frankfurt ZIP 2013, 17120; *H. F. Müller* DB 2014, 41, 44; *Lang/Muschalle* NZI 2013, 953, 955; *Wertenbruch* DB 2013, 1592, 1595; *Thole* ZIP 2013, 1937, 1944; *Baumbach/Hueck/Haas,* § 60 GmbHG Rn. 29; *Röhricht/Graf v. Westphalen/Haas,* § 114 HGB Rn. 5a; *Meyer* ZInsO 2013, 2361, 2363, 2364.

[124] Zur entspr. Anwendung der Vorschrift auch im Fall der drohenden Zahlungsunfähigkeit, HKInsO/*Kirchhof,* § 18 Rn. 19

[125] S. hierzu *Baumbach/Hueck/Haas,* § 64 Rn. 34, 52.

[126] S. hierzu HKInsO/*Haas,* § 225a Rn. 13.

Trennungsprinzip sowohl in verfahrensrechtlicher (Koordinierung der Verfahren) als auch in materieller Hinsicht (zB Anpassung der Konzernfinanzierung oder des konzerninternen Leistungsaustausches) in der Lage ist, die wirtschaftlichen Zusammenhänge und insbesondere die konzernspezifischen Synergieeffekte zu wahren. Zwar zeigten einige Gerichte in der Vergangenheit Pragmatismus und Flexibilität bei der Bewältigung zumindest der verfahrensrechtlichen Probleme. Zunehmend war bislang auch zu beobachten, dass die Unternehmen durch (rechtzeitige) Verlegung des Sitzes der Konzerngesellschaften (etwa an den Ort der zentralen Konzernlenkung) gezielt versuchten, auf eine zentrale Insolvenzkonzernleitung hinzuwirken.[127] Noch zum Ende der letzten Legislaturperiode hat die Bundesregierung einen Regierungsentwurf für ein Gesetz zur Erleichterung der Bewältigung von Konzerninsolvenzen (KIG) vorgelegt, der nach Konstituierung des 18. Deutschen Bundestages über den Bundesrat eingebracht wurde.[128] Das Projekt setzt ua auf eine einheitliche örtliche Zuständigkeit, die Bestellung eines einheitlichen Verwalters sowie Koordinationspflichten in Bezug auf die verschiedenen Verfahren.[129]

§ 92. Die GmbH in der Insolvenz*

Übersicht

	Rn.
I. Rechtstatsächliches	1
II. Gesellschaftsrechtliches Frühwarnsystem im Vorfeld der Insolvenz/ gesellschaftsrechtliche Instrumente zur Abwendung der Krise	4
1. Das gesellschaftsrechtliche „Frühwarnsystem"	4
2. Die vereinfachte Kapitalherabsetzung (§§ 58a ff. GmbHG) als ein (vorbereitendes) Instrument zur Krisenbewältigung	8
a) Sinn und Zweck der Neuregelung	10
b) Anwendungsbereich der Neuregelung	12
c) Überblick über die Voraussetzungen und den Gang einer vereinfachten Kapitalherabsetzung	13
aa) Zweck	13
bb) Der Kapitalherabsetzungsbeschluss	15
cc) Anmeldung zum Handelsregister und Eintragung	17
d) Gläubigerschutz im Rahmen der vereinfachten Kapitalherabsetzung	18
3. Haftungsrisiken für den Gesellschafter im Rahmen außergerichtlicher Sanierungsverhandlungen	19
a) Die Haftungsrisiken im Innenverhältnis	20
aa) Die Mitwirkungspflicht des einzelnen Gesellschafters bei außergerichtlichen Sanierungen	20
bb) Folgen bei einem Verstoß gegen die Mitwirkungspflicht	23
b) Haftungsrisiken im Außenverhältnis	26
4. Haftungsrisiken des Geschäftsführers im Rahmen außergerichtlicher Sanierungen	33
a) Haftungsrisiken im Innenverhältnis	33
b) Haftungsrisiken im Außenverhältnis	36
aa) Untaugliche Sanierungsversuche	36
bb) Fortführung einer unterkapitalisierten GmbH	37
III. Die Insolvenzfähigkeit	38

---

[127] S hierzu *Seagon* ZVglRWiss 2009, 203, 208 f.
[128] Abgedruckt als Beilage zu ZIP 2013/37.
[129] S *Hirte* NJW 2014, 1219, 1218 f.; *Siemon* NZI 2014, 55 ff.; *Frind* ZInsO 2014, 927 ff.; *Verhoeven* ZInsO 2014, 217 ff.; *Humbeck* NZI 2013, 957 ff.; *Beck* DStR 2013, 2468 ff.; *Römermann* ZRP 2013, 201 ff.
* Herr *Dominik Pauw* ist wissenschaftlicher Mitarbeiter einer europäischen Wirtschaftskanzlei in München.

§ 92 Kapitel VII. Besonderheiten der Gesellschaftsinsolvenz

	Rn.
IV. Die Insolvenzgründe	39
V. Der Insolvenzantrag	40
1. Das antragsberechtigte Organ	41
a) Das Antragsrecht des Geschäftsführers	41
b) Das Antragsrecht des faktischen Geschäftsführers	42
aa) Formale Kriterien	43
bb) Materielle Kriterien	44
(1) Wahrnehmung von Managementaufgaben	45
(2) Ausmaß und Intensität der Aufgabenanmaßung	47
(3) Auftreten im Außenverhältnis	49
cc) Stellungnahme	51
c) Gesellschafter	52
aa) Gesellschafter als Fremdgläubiger	53
bb) Gesellschafter als Organmitglied	57
d) Kein Antragsrecht	60
2. Die Rücknahme des Insolvenzantrags	61
3. Die Pflicht zur Stellung des Antrags	66
a) Zeitlicher Anwendungsbereich	67
b) Adressat der Pflicht	68
aa) Der Geschäftsführer	68
bb) Der faktische Geschäftsführer	70–71
cc) Der Gesellschafter	72
(1) Der Grundsatz	72
(2) Ausnahme bei Führungslosigkeit	73
dd) Keine Normadressaten	76
c) Inhalt der Pflicht	77
aa) Das Erkennen von Zahlungsunfähigkeit/Überschuldung	77
bb) Die verschiedenen Handlungsalternativen bei Eintritt von Überschuldung/Zahlungsunfähigkeit	78
cc) Die zulässige Antragstellung	79
dd) Frist	82
ee) Ruhen, Erlöschen und Wiederaufleben der Pflicht	87
(1) Allgemeines	87
(2) Besonderer Schutz zugunsten des Gesellschafters	88
d) Beurteilungsstandpunkt und -spielraum	89
4. Haftungsrechtliche Folgen bei verspäteter Antragstellung	91
a) Haftung nach § 823 II BGB	91
aa) Schuldner des Haftungsanspruchs	92
bb) Verschulden	93
cc) Der Kreis der geschützten Gläubiger	96
(1) Grundsatz	96
(2) Die verschiedenen Schutzzwecke der Antragspflicht	97
(3) Die Abgrenzung von Neu- und Altgläubiger	99
dd) Der Anspruch zum Schutz der Altgläubiger	102
(1) Inhaber des Anspruchs	102
(2) Berechnung des Quotenschadens	103
(3) Ersatz des über den Quotenschaden hinausgehenden Schadens	105
(4) Kritik	106
ee) Der Anspruch zum Schutz der vertraglichen Neugläubiger	107
(1) Inhaber des Anspruchs	107
(2) Berechnung des (Vertrauens-)schadens	108
(3) Besonderheiten im Hinblick auf den Arbeitnehmerschaden	112
(4) Anrechnung von Vorteilen	115
(5) Nebeneinander von Vertrauens- und Quotenschaden	117
ff) Der Anspruch zum Schutz deliktischer und bereicherungsrechtlicher Neugläubiger	118
gg) Der Anspruch zum Schutz der öffentlich-rechtlichen Neugläubiger	123
hh) Die Prozessführungsbefugnis	126
(1) Anspruch zum Schutz der vertraglichen Neugläubiger	126
(2) Anspruch zum Schutz der Altgläubiger	127
(3) Anspruch zum Schutz der gesetzlichen Neugläubiger	130

	Rn.
(4) Kein Nebeneinander von Prozessführungsbefugnis des Gläubigers und des Insolvenzverwalters	131
ii) Zuständigkeit	132
(1) Sachliche und örtliche Zuständigkeit	132
(2) Rechtswegzuständigkeit	133
jj) Die Darlegungs- und Beweislast	134
(1) Verteilung der Darlegungs- und Beweislast	134
(2) Informationsbeschaffung	137
kk) Verjährung	143
b) Die Haftung aus § 826 BGB	146
c) Die Binnenhaftung der Organe nach allgemeinen Regeln	148
aa) Die Haftung des Geschäftsführers nach § 43 II GmbHG	148
bb) Die Haftung der Aufsichtsratsmitglieder	150
d) Die Haftung bei Teilnahme an der Insolvenzverschleppung	151
e) Regress des Geschäftsführers	153
5. Folgen bei „verfrühter" Antragstellung	154
a) Haftung gegenüber der Gesellschaft	154
b) Haftung gegenüber den Gesellschaftern	159
c) Sonstige Folgen	160
VI. Stellung und Pflichten des Geschäftsführers bis zur Verfahrenseröffnung	161
1. Die Stellung des Geschäftsführers	161
a) Abberufung	161
b) Amtsniederlegung	162
aa) Grundsatz	162
bb) Beschränkungen in der Krise	163
c) Vergütung	166
2. Die unternehmerischen Pflichten des Geschäftsführers	167
a) Vermögenserhaltungspflicht gegenüber der Gläubigergesamtheit (§ 64 S. 1 GmbHG)	168
aa) Rechtsnatur des Anspruchs	169
bb) Zeitlicher Anwendungsbereich	171
cc) Adressat der Masseerhaltungspflicht	172
dd) Inhalt der Masseerhaltungspflicht	173
(1) Selbstprüfung und Überwachung	173
(2) Der Zahlungsbegriff	174
(3) Bezug zum Schuldnervermögen	177
(4) Gesamtschau	179
(5) Erlaubte Zahlungen (§ 64 S. 2 GmbHG)	180
ee) Umfang der Erstattungspflicht	183
(1) Berücksichtigung von Gegenleistungen	184
(2) Berücksichtigung von „sonstigen" Vorteilen	185
(3) Berücksichtigung des Anfechtungsrechts	187
(4) Berücksichtigung der Insolvenzquote	188
ff) Verschulden	190
gg) Geltendmachung des Anspruchs	191
(1) Prozessführungsbefugnis	191
(2) Zuständigkeit	192
(3) Darlegungs- und Beweislast	193
b) Vermögensbetreuungspflichten gegenüber Sicherungsnehmern der Gesellschaft	194
c) Informations- und Aufklärungspflichten gegenüber einzelnen Gläubigern	196
aa) Aufklärungspflichtige Tatsachen	197
bb) Die individuelle Aufklärungspflicht des Geschäftsführers	198
(1) Selbstständiger Auskunfts- bzw. Garantievertrag	199
(2) Haftung des Geschäftsführers nach § 826 BGB	200
(3) Die Vertreterhaftung nach §§ 280, 282, 311 III BGB	202
cc) Das Verhältnis der individuellen Aufklärungspflicht zu § 15a I InsO	205
d) Einhaltung öffentlich-rechtlicher Pflichten	208
aa) Abführung der Sozialversicherung	208
(1) Pflichtverletzung	209

	Rn.
(2) (Un-)Möglichkeit der Pflichterfüllung in der Krise	210
(3) Kollision mit Gläubigergleichbehandlungsgrundsatz	214
(4) Schaden	217
bb) Erfüllung der steuerrechtlichen Pflichten	218
(1) Pflichtverletzung	219
(2) (Un-)Möglichkeit der Pflichterfüllung in der Krise	220
(3) Kollision mit dem Gläubigergleichbehandlungsgrundsatz	223
(4) Schaden	227
cc) Geltendmachung der Ansprüche in der Insolvenz der Gesellschaft	228
3. Die verfahrensrechtlichen Rechte und Pflichten im Insolvenzeröffnungsverfahren	229
a) Die verfahrensrechtliche Stellung des Geschäftsführers	229
b) Die verfahrensrechtlichen Pflichten des Geschäftsführers	230
aa) Die Auskunftspflicht gegenüber dem Insolvenzgericht	231
bb) Die Pflicht zur Gestattung der Amtsermittlung	234
cc) Die Mitwirkungspflicht	235
dd) Anwesenheits- und Bereitschaftspflicht	237
ee) Zwangsmaßnahmen zur Durchsetzung der Pflichten	238
ff) Haftung bei Pflichtverletzung	239
4. Auswirkungen der Sicherungsanordnungen auf den Aufgaben- und Pflichtenkreis des Geschäftsführers	240
VII. Stellung und Pflichten der Gesellschafter in der „führungslosen Gesellschaft" bis zur Verfahrenseröffnung	245
VIII. Wirkungen der Verfahrenseröffnung bzw. der Abweisung des Insolvenzantrags	247
1. Eröffnungsvoraussetzungen	247
a) Zulässiger Antrag	248
b) Massekostendeckung	249
aa) Rechtstatsächliches	249
bb) Berücksichtigungsfähige Masseposten	252
(1) Grundsatz	252
(2) Gesellschaftsrechtliche Haftungsansprüche	253
(3) Gesamtgläubigerschäden	254
2. Die Ablehnung der Verfahrenseröffnung mangels Masse	256
a) Rechtsgrundlage	256
b) Auswirkungen auf den Rechtsträger und ihre Organe	257
c) Befriedigung der Gläubiger aus dem Gesellschaftsvermögen	259
aa) Grundsatz	259
bb) Arten des Zugriffs der Gläubiger auf das Vermögen	262
cc) Beschränkungen des Zugriffsrechts der Gläubiger	266
(1) Einlageforderungen	267
(2) Ansprüche im Zusammenhang mit der Kapitalerhaltung	270
(3) Zugriff auf § 64 S. 1 GmbHG	271
d) Schutz des Rechtsverkehrs	274
e) Beendigung der Gesellschaft	275
aa) Durch vorangehendes Liquidationsverfahren	275
bb) Amtswegiges Löschungsverfahren	279
f) Fortsetzung einer mangels Masse aufgelösten GmbH	281
aa) Zulässigkeit der Fortsetzung	281
bb) Die inhaltlichen Anforderungen an eine Fortführung	283
cc) Die zeitlichen Anforderungen an eine Fortführung	284
dd) Der Fortsetzungsbeschluss	285
ee) Überprüfungskompetenz des Registergerichts	286
g) Umwandlung einer mangels Masse aufgelösten GmbH	288
3. Die Verfahrenseröffnung	289
a) Die Auswirkung der Verfahrenseröffnung auf die Gesellschaft als Rechtsträger	289
b) Die Auswirkungen der Verfahrenseröffnung auf die Organisationsverfassung	291
aa) Allgemeines	291
bb) Der Geschäftsführer	292
(1) Organstellung	292

		Rn.
(2) Anstellungsverhältnis		293
(3) Sozialrechtlicher Schutz		299
(4) Geschäftsführerinsolvenz		302
(5) Rechte und Pflichten im Verfahren		303
(6) Haftung		314
cc) Die Gesellschafterversammlung		319
(1) Der Grundsatz		319
(2) Der „gesellschaftsinterne" Bereich		320
(3) Der „Verdrängungsbereich"		325
(4) Der Mischbereich		327
dd) Der Aufsichtsrat		330
ee) Die Gesellschafter		332
IX. Die Insolvenzmasse		337
1. Die Firma		339
2. Einlageversprechen		341
a) Rückständige Stammeinlagen		341
b) Kapitalerhöhung		344
3. Nachschüsse		347
4. Sonstige Leistungsversprechen		348
a) Gesellschaftsrechtliche Nebenleistungen		348
b) Schuldrechtliche Leistungsversprechen in Austauschverträgen		353
5. Ansprüche im Zusammenhang mit der GmbH-Gründung		354
a) Vorbelastungs- bzw. Unterbilanzhaftung		354
b) Differenzhaftung nach § 9 GmbHG		357
c) Gründerhaftung nach § 9a GmbHG		358
d) Handelndenhaftung		360
e) Wirtschaftliche Neugründung, Mantelkauf/-verwendung, Vorratsgesellschaft		361
f) Haftung nach § 6 V GmbHG		362
6. Ansprüche im Zusammenhang mit Auszahlungen/Ausschüttungen an Gesellschafter		363
a) Zahlungsverbote im Zusammenhang mit der Kapitalerhaltung		364
aa) Verstoß gegen § 30 I GmbHG		364
bb) Verstoß gegen Kreditgewährungsverbot		367
cc) Verbotswidriger Erwerb eigener Anteile		368
b) Zahlungsverbot nach § 73 I GmbHG		370
c) Lückenfüllung		371
aa) Haftung wegen existenzvernichtenden Eingriffs		372
(1) Haftung des Gesellschafters		372
(2) Haftung des Geschäftsführers		374
bb) Haftung des Geschäftsführers nach § 64 S. 3 GmbHG		375
(1) Zahlung an den Gesellschafter		376
(2) Zurechnungszusammenhang		381
(3) Verschulden		382
(4) Rechtsfolgen		383
d) Sonstige Ansprüche		384
7. „Eigenkapitalersetzende Gesellschafterleistungen"		385
a) Rechtsquellen		386
b) Übergangsrecht		388
aa) In Bezug auf die Novellenregelungen		388
(1) Die für Insolvenzverfahren geltenden gesetzlichen Regelungen		389
(2) Rechtshandlungen iS des § 103d EGInsO		390
bb) In Bezug auf die Rechtsprechungsregeln		391
(1) Analogie zu Art. 103d S. 1 EGInsO		392
(2) Grundsätze intertemporalen Rechts		393
(3) Auswirkungen der verschiedenen Ansichten		394
(4) Stellungnahme		395
c) Der Grundtatbestand des Kapitalersatzrechts		397
aa) Der persönliche Anwendungsbereich		398
(1) Die Gesellschaftereigenschaft des Darlehensgebers		398
(2) Maßgebender Zeitpunkt		399

§ 92 Kapitel VII. Besonderheiten der Gesellschaftsinsolvenz

	Rn.
bb) Der sachliche Anwendungsbereich	402
(1) Anspruch auf Rückgewähr eines Gesellschafterdarlehens	403
(2) Das gesellschafterbesicherte Fremddarlehen	404
cc) Der zeitliche Anwendungsbereich	406
(1) Gesellschafterhilfen nach Insolvenzeröffnung	407
(2) Gesellschafterhilfen im Insolvenzeröffnungsverfahren	408
dd) Zusammenhang zwischen Gesellschafterstellung und Gesellschafterhilfe	410
(1) Schwellenwert	413
(2) Geschäftsführer	415
(3) Maßgebender Zeitpunkt	416
(4) Koordinierte Kreditvergabe	417
d) Erweiterung des persönlichen Anwendungsbereichs	418
aa) Der Gesellschafter ist wirtschaftlich gesehen Darlehensgeber	419
bb) Der Dritte ist wirtschaftlich gesehen Gesellschafter	422
(1) Besonderes Näheverhältnis zu einem Gesellschafter	425
(2) Näheverhältnis zur Gesellschaft	433
e) Beschränkung des persönlichen Anwendungsbereichs (Sanierungsprivileg)	434
aa) Erfasster Personenkreis	435
(1) Höhe der Beteiligung	436
(2) Art des Anteilserwerbs	437
(3) Doppelrolle	438
bb) Zeitpunkt des Anteilserwerbs	439
cc) Sanierungszweck	440
dd) Umfang der Privilegierung	442
(1) In sachlicher Hinsicht	442
(2) In zeitlicher Hinsicht	443
f) Erweiterung des sachlichen Anwendungsbereichs	444
aa) Beispiele	446
bb) Fazit	454
g) Beschränkung des sachlichen Anwendungsbereichs	458
aa) Kraft wirtschaftlicher Betrachtungsweise	458
bb) Kraft gesetzlicher Anordnung (Nutzungsüberlassungen)	461
(1) Der Begriff der Nutzungsüberlassung	461
(2) Bisheriges Recht	462
(3) Neukonzeption des MoMiG	464
(4) Folgerungen für das MoMiG	467
h) Die Rechtsfolgen des Eigenkapitalersatzes	471
aa) Überblick	471
bb) Die Rechtsfolgen in Bezug auf Darlehen (und gleichgestellte Hilfen)	473
(1) Nachrang	473
(2) Anfechtung	478
cc) Gesellschaftsbesicherte Fremddarlehen	488
(1) Verhältnis Gesellschaft – Kreditgeber	489
(2) Verhältnis Gesellschaft – Gesellschafter	491
dd) Kapitalersatzrechtliche Folgen der Nutzungsüberlassungen	493
ee) Kapitalersatz und Insolvenzauslösetatbestände	494
(1) Überschuldungsbilanz	494
(2) Feststellung der Zahlungsunfähigkeit	501
i) Nutzungsüberlassung und § 135 III InsO	502
aa) Überblick	502
bb) Voraussetzungen des § 135 III InsO	503
(1) Persönlicher Anwendungsbereich	503
(2) Sachlicher Anwendungsbereich	504
(3) Erhebliche Bedeutung für die Fortführung	505
cc) Rechtsfolgen des § 135 III InsO	507
(1) Verhältnis zu den §§ 103 ff. InsO	507
(2) Ausübung des „Optionsrechts"	508
(3) Befristeter Ausschluss des Aussonderungsanspruchs	509
(4) Berechnung des Vergütungsanspruchs	510

	Rn.
(5) Rang der Entgeltforderung	514
8. Ansprüche wegen Missmanagement	515
a) Haftung des Geschäftsführers	515
aa) Innenhaftung gegenüber der Gesellschaft	515
(1) Haftung nach § 43 II GmbHG	516
(2) Haftung nach § 64 S 1 GmbHG	519
(3) Haftung nach Deliktsrecht	520
bb) Außenhaftung gegenüber Gesellschaftsgläubigern	521
b) Ansprüche gegen die Gesellschafter	522
aa) Haftung gegenüber der Gesellschaft	522
bb) Haftung im Außenverhältnis	524
(1) Lehre von der Durchgriffshaftung	525
(2) Teilnehmerhaftung	529
(3) Führungslosigkeit	530
c) Haftung der Aufsichtsratsmitglieder	531
9. Gesamt(-gläubiger-)schäden	532
a) Normzweck des § 92 InsO	532
b) Rechtsnatur	533
c) Der von § 92 InsO betroffene Personenkreis	534
aa) Die Insolvenzgläubiger	534
bb) Analoge Anwendung auf Massegläubiger	535
cc) Analoge Anwendung auf Gesellschafter	536
d) Die von § 92 InsO erfassten Ansprüche	537
aa) Abgrenzung Individual- und Gesamtschaden	538
bb) Anspruchsgrundlagen	540
e) Rechtsfolgen	547
aa) Sperrwirkung und Zuweisung	547
(1) Sperrwirkung	548
(2) Ermächtigungswirkung	549
(3) Freigabe	550
bb) (Rest-)Prozessführungsbefugnis der Gläubiger	551
cc) Auswirkungen auf laufende Verfahren	553
dd) Befugnisse des Insolvenzverwalters	554
ee) Sondermassen	555
10. Finanzplankredite	557
a) Ermittlung des Parteiwillens	560
b) Rechtsfolgen	562
aa) Einfordern nichterbrachter eigenkapitalgleicher Einlagen	563
bb) Nachrang	564
cc) Analoge Anwendung der §§ 30, 31 GmbHG	565
dd) Analoge Anwendung des § 19 GmbHG	566
c) Aufhebung der eigenkapitalgleichen Funktion	568
11. Beteiligungen	569
a) Auswirkungen der Gesellschafterinsolvenz	570
b) Verwaltung	572
c) Verfügungen	573
d) Auswirkungen auf die Einlagepflichten	575
X. Abschluss des Insolvenzverfahrens, Vollbeendigung der Gesellschaft, Nachtragsverteilung und Fortsetzung der Gesellschaft	577
1. Fehlende Massekostendeckung	577
2. Masseunzulänglichkeit	579
a) Überblick	579
b) Ansprüche im Interesse der Insolvenzgläubiger	580
3. Überschuss bei Schlussverteilung	585
4. Fortsetzung der Gesellschaft nach Abschluss des Insolvenzverfahrens	588
XI. Rechtslage vor Eintragung der GmbH	590
1. Verhältnisse vor Abschluss des Gesellschaftsvertrages (Vorgründungsgesellschaft)	591
2. Die Vor-GmbH	593
a) Rechtsnatur	593
b) Insolvenzrechtsfähigkeit	595
c) Die Eröffnungsgründe im Insolvenzverfahren	596

	Rn.
d) Antragsrecht und Antragspflicht	600
aa) Antragsrecht	601
bb) Antragspflicht	602
e) Massekostendeckungsprüfung	604
f) Die Rechtsstellung der Vor-GmbH im eröffneten Verfahren	605
g) Insolvenzmasse	606
aa) Haftungsansprüche	606
bb) Verlustdeckungshaftung und Masseverbindlichkeiten	607
cc) „Kapitalersatzrecht"	608
h) Stellung des Gesellschafters	609
XII. Die aufgelöste GmbH	610

Schrifttum: *Altmeppen,* Haftung des Geschäftsleiters einer Kapitalgesellschaft für Verletzung von Verhaltenspflichten, ZIP 1995, 881; *ders.,* Zur Haftung eines Stimmrechtsbevollmächtigten analog BGB § 179 Abs. 1, zur Haftung von Minderheitsaktionären für die Stimmrechtsausübung und zur Treuepflicht von Aktionären, NJW 1995, 1749; *ders.,* Verschlimmbesserung des Kapitalersatzrechts, ZIP 1996, 1455; *ders.,* Zur „Finanzplanmäßigen Nutzungsüberlassung" als Kapitalersatz, ZIP 1996, 909; *ders.,* Probleme der Konkursverschleppungshaftung, ZIP 1997, 1173; *ders.,* Konkursantragspflicht in der Vor-GmbH, ZIP 1997, 273; *ders.,* Das unvermeidliche Scheitern des Innenhaftungskonzepts in der Vor-GmbH, NJW 1997, 3272; *ders.,* Die Auswirkungen des KonTraG auf die GmbH, ZGR 1999, 291; *ders.,* Insolvenzverschleppungshaftung Stand 2001, ZIP 2001, 2201; *ders.,* Zur Entwicklung eines neuen Gläubigerschutzkonzeptes in der GmbH, ZIP 2002, 1553; *ders.,* Das neue Recht der Gesellschafterdarlehen in der Praxis, NJW 2008, 3601; *ders.,* Zur vorsätzlichen Gläubigerschädigung, Existenzvernichtung und materielle Unterkapitalisierung in der GmbH – Zugleich Besprechung BGH v. 28.4.2008 – II ZR 264/06, ZIP 2008, 2101; *ders.,* Wie lange noch gilt das alte Kapitalersatzrecht?, ZIP 2011, 641; *ders.,* Überflüssigkeit der Anfechtung von Sicherheiten für Gesellschafterdarlehen, NZG 2013, 441; *ders.,* Ist das besicherte Gesellschafterdarlehen im Insolvenzverfahren der Gesellschaft subordiniert oder privilegiert?, ZIP 2013, 1745; *Apelt,* Die Publizität der GmbH, 1991; *Bachmann,* Die Offenlegung der wirtschaftlichen Neugründung und die Folgen ihrer Versäumung, NZG 2012, 579; *ders.,* Die Haftung des Geschäftsleiters für die Verschwendung von Gesellschaftsvermögen, NZG 2013, 1121; *Bachmann,* Organhaftung in Europa – Die Ergebnisse der LSE-Studie 2013, ZIP 2013, 1946; *Balzer,* Die Umwandlung von Vereinen der Fußball- Bundesliga in Kapitalgesellschaften zwischen Gesellschafts-, Vereins- und Verbandsrecht, ZIP 2001, 175; *Banerjea,* Die rechtliche Behandlung des Mantelkaufs, GmbHR 1998, 814; *ders.,* Haftungsfragen in Fällen materieller Unterkapitalisierung und im qualifizierten faktischen Konzern, ZIP 1999, 1153; *Barth/Gelsen,* Die Sicherheitsleistung der GmbH für Kredite, die Dritte den Gesellschaftern der GmbH gewährt haben, DB 1981, 2265; *Bartsch/Heil,* Grundriss des Insolvenzrechts, 4. Aufl. 1983; *Bärwaldt/Schabacker,* Keine Angst vor Mantel- und Vorratsgesellschaften, GmbHR 1998, 1005; *Bauder,* Anmerkung zum BGH Beschluss vom 20.9.1993, BB 1993, 246; *ders.,* Die Bezüge des GmbH-Geschäftsführers in Krise und Konkurs der Gesellschaft, BB 1993, 369; *Bauer,* Haftungsgefahren in Krise und Sanierung des Unternehmens (unter besonderer Berücksichtigung der GmbH), ZInsO 2002, 153; *Bauer/Diller,* Nachvertragliche Wettbewerbsverbote mit GmbH-Geschäftsführern, GmbHR 1999, 885; *Bauer/Gragert,* GmbH-Geschäftsführer zwischen Himmel und Hölle, ZIP 1997, 2177; *Baur/Stürner,* Zwangsvollstreckungs-, Konkurs- und Vergleichsrecht, Bd. II, Insolvenzrecht, 12. Aufl. 1990; *Bayer/Hoffmann,* 100 Jahre GmbH-Rundschau – 100 Jahre Rechtstatsachen zur GmbH, GmbHR 2009, 1048; *dies.,* Unternehmergesellschaften in der Insolvenz, GmbHR 2012, R289; *Bayer/Hoffmann/Lieder,* Ein Jahr MoMiG in der Unternehmenspraxis, GmbHR 2010, 9; *Becker,* Außenwirkung und Innenwirkung, in Arbeitskreis für Insolvenz- und Schiedsgerichtswesen eV (Hrsg.) Insolvenzrecht auf dem Prüfstand, 2002, S. 133; *F. Becker,* Umwandlungsmaßnahmen im Insolvenzverfahren und die Grenzen einer Überlagerung des Gesellschaftsrechts durch das Insolvenzrecht, ZInsO 2013, 1885; *Beermann,* AO-Geschäftsführung und ihre Grenzen nach der Rechtsprechung des BFH, DStR 1994, 805; *Beuthien,* Die Vorgesellschaft im Privatrechtssystem (Teil 1), ZIP 1996, 305; *Bitter,* Zur Haftung des Geschäftsführers aus § 64 Abs. 2 GmbHG für „Zahlungen" nach Insolvenzreife, WM 2001, 666, 671; *ders.,* Richterliche Korrektur der Funktionsuntauglichkeit des § 93 InsO?, ZInsO 2002, 557; *ders.,* Die Nutzungsüberlassung in der Insolvenz nach dem Mo-

MiG, ZIP 2010, 1; *ders.,* Haftung von Gesellschaftern und Geschäftsführern in der Insolvenz ihrer GmbH – Teil 1, ZInsO 2010, 1505; *ders.,* Anfechtung von Sicherheiten für Gesellschafterdarlehen nach § 135 Abs. 1 Nr. 1 InsO, ZIP 2013, 1497; *ders.,* Sicherheiten für Gesellschafterdarlehen: ein spät entdeckter Zankapfel der Gesellschafts- und Insolvenzrechtler, ZIP 2013, 1998; *ders./Laspeyres,* Kurzfristige Waren- und Geldkredite im Recht der Gesellschafterdarlehen, ZInsO 2013, 2289; *Blöse,* Cash-Management-Systeme als Problem des Eigenkapitalersatzes, GmbHR 2002, 675; *Bork,* Die als vermögenslos gelöschte GmbH im Prozess, JZ 1991, 841; *ders.,* Die Haftung des GmbH-Geschäftsführers wegen verspäteten Konkursantrags, ZGR 1995, 505; *ders.,* Vinkulierte Namensaktien in Zwangsvollstreckung und Insolvenz des Aktionärs, FS Henckel, 1995, S. 23; *ders.,* Gesamt(-schadens-)liquidation im Insolvenzverfahren, in Kölner Schrift zur Insolvenzordnung, 3. Aufl. 2009, S. 1021; *ders.,* Europarechtswidrige Gesellschafterdarlehen in der Insolvenz, FS Uhlenbruck, 2000, S. 301; *ders.,* Kann der (vorläufige) Insolvenzverwalter auf das Anfechtungsrecht verzichten?, ZIP 2006, 589; *ders.,* Abschaffung des Eigenkapitalersatzrechts zugunsten des Insolvenzrechts, ZGR 2007, 250; *ders.,* Pflichten der Geschäftsführung in Krise und Sanierung, ZIP 2011, 101; *Bormann,* Befristeter Kredit, befristete Bürgschaft und gesellschafterbesicherte Drittdarlehen, ZInsO 2001, 308; *ders.,* Umdenken im Kapitalersatzrecht – Die Auswirkungen der „Balsam/Procedo"-Entscheidung auf eigenkapitalersetzende Gesellschafterdarlehen, DB 2001, 907; *ders.,* Kapitalerhaltung bei Aktiengesellschaften und GmbH nach dem Referentenentwurf zum MoMiG DB 2006, 2616; *Boujong,* Das GmbH- Recht in den Jahren 2000 bis 2002, NZG 2003, 497; *Brand,* § 64 S 3 GmbHG im Spannungsfeld aufsteigender Kreditsicherheiten, ZIP 2012, 1010; *Brandes,* Die Behandlung von Nutzungsüberlassungen im Rahmen einer Betriebsaufspaltung unter Gesichtspunkten des Kapitalersatzes und der Kapitalerhaltung, ZGR 1989, 244; *Brinkmann,* Die Bedeutung der §§ 92, 93 InsO für den Umfang der Insolvenz- und Sanierungsmasse, 2001; *ders.,* Haftungsrisiken im Schutzschirmverfahren und in der Eigenverwaltung (Teil 2), DB 2012, 1369; *Bruns,* Existenz- und Gläubigerschutz in der GmbH – das Vulkan-Konzept, WM 2003, 815; *Brunkmans,* Insolvenzbedingte Sonderaktiva im Insolvenzgutachten für eine GmbH unter besonderer Berücksichtigung der Geschäftsführerhaftung aus § 64 S. 1 genügt, ZInsO 2011, 2167; *Bunke,* Keine Durchsetzungssperre nach § 93 InsO für konkurrierende Steueransprüche aus §§ 69, 34 AO, NZI 2002, 591; *Burg/Blasche,* Eigenkapitalersetzende Nutzungsüberlassungen nach dem MoMiG, GmbHR 2008, 1250; *Buschmann,* Finanzplankredit und MoMiG, NZG 2009, 91; *Cahn,* Die Haftung des GmbH-Geschäftsführers für die Zahlung von Arbeitnehmerbeiträgen zur Sozialversicherung, ZGR 1998, 367; *Claussen,* Die GmbH braucht eine Deregulierung des Kapitalersatzrechts, GmbHR 1996, 316; *Dahl/Schmitz,* Eigenkapitalersatz nach dem MoMiG aus insolvenzrechtlicher Sicht, NZG 2009, 325; *Dauner-Lieb,* Die Berechnung des Quotenschadens, ZGR 1998, 617; *dies.,* Die Freistellung geringfügig beteiligter Gesellschafter von der Kapitalersatzhaftung, DStR 1998, 609; *dies.,* in: von Gerkan/Hommelhoff (Hrsg.), Handbuch des Kapitalersatzrechts, 2. Aufl. 2002, Teil 4; *Delhaes,* Der Insolvenzantrag – verfahrens- und kostenrechtliche Probleme der Konkurs- und Vergleichsantragsstellung, 1994; *ders.,* Die Stellung, Rücknahme und Erledigung verfahrensleitender Anträge nach der Insolvenzordnung, in: Kölner Schrift, 3. Aufl. 2009, S. 98; *Dempewolf,* Zur Frage der Zweckmäßigkeit und Zulässigkeit der öffentlichen Bekanntmachung konkursabweisender Beschlüsse gemäß § 107 KO, ZIP 1981, 953; *Dinstühler,* Die Abwicklung massearmer Insolvenzverfahren nach der Insolvenzordnung, ZIP 1998, 1697; *Dreher,* Treuepflichten zwischen Aktionären und Verhaltenspflichten bei Stimmausübung, ZHR 1993, 150; *Drobnig,* Haftungsdurchgriff bei Kapitalgesellschaften, 1959; *Drukarczyk,* Kapitalerhaltungsrecht, Überschuldung und Konsistenz, WM 1994, 1737; *ders.,* Gesellschafterdarlehen, Rechtsprechungsgrundsätze des BGH und § 32a GmbHG, in FS Schneider, 1995, S. 171; *Drygala,* Gibt es die eigenkapitalersetzende Finanzplan-Nutzungsüberlassung?, GmbHR 1996, 481; *Drygala/Drygala,* Wer braucht ein Frühwarnsystem?, ZIP 2000, 297; *Eckert,* Die Amtsniederlegung des Alleingeschäftsführers einer GmbH, KTS 1990, 33; *ders.,* Jahrbuch der jungen Zivilrechtswissenschaftler, 1996; *Ede,* Die Doppelbesicherung einer Gesellschaftsschuld und der Verzicht auf die Gesellschaftssicherheit, ZInsO 2012, 853; *Ehlers,* Die Überschuldungssituation einer GmbH, ihre Rechtsfolgen und deren Abwendung, DStR 1998, 1756; *ders.,* „Notwendig" frühe Insolvenzverfahren, BB 2013, 1539; *Ehricke,* Das abhängige Konzernunternehmen in der Insolvenz, 1998; *ders.,* Die Zusammenfassung von Insolvenzverfahren mehrerer Unternehmen desselben Konzerns, DZWIR 1999, 354; *ders.,* Zur Begründbarkeit der Durchgriffshaftung in der GmbH, insbesondere aus methodischer Sicht, AcP 1999, 257; *ders.,* Zur Teilnehmerhaftung von Gesellschaftern bei

Verletzungen von Organpflichten mit Außenwirkung durch den Geschäftsführer einer GmbH, ZGR 2000, 351; *Ekkenga,* Die Fahrlässigkeitshaftung des Jahresabschlussprüfers für Insolvenzschäden Dritter, BB Beilage 3/1996; *Emde,* Der Einwand der „Sowieso-Zahlung" gegen den Schadensersatzanspruch nach § 64 II GmbHG, GmbHR 1995, 558; *Emmerich/Habersack,* Aktien- und GmbH-Konzernrecht, 5. Auflage 2008; *Erle,* Die Funktion des Sperrjahres in der Liquidation der GmbH, GmbHR 1998, 216; *Eyber,* Aktivlegitimation des Konkursverwalters bei Wegfall des Quotenschadens, NJW 1994, 1622; *Fenski,* Rücknahme des Konkursantrags durch ein anderes Organmitglied?, BB 1988, 2265; *Fichtelmann,* Die Fortsetzung einer aufgelösten GmbH, GmbHR 2003, 67; *Fink,* Maßnahmen des Verwalters zur Finanzierung in der Unternehmensinsolvenz, 1998; *Fischer,* Die Bedeutung des Rangrücktritts für den Überschuldungsstatus einer GmbH, GmbHR 2000, 66; *Fleischer,* Finanzplankredite und Eigenkapitalersatz im Gesellschaftsrecht, 1995; *ders.,* Eigenkapitalersetzende Gesellschafterdarlehen und Überschuldungsstatus, ZIP 1996, 773; *ders.,* Der Finanzplankredit im Gesamtgefüge der einlagegleichen Gesellschafterleistungen – Zugleich eine Besprechung von BGH, Urteil vom 28.6.1999, II ZR 272/98, DStR 1999, 1198, DStR 1999, 1774; *ders.* in von Gerkan/Hommelhoff (Hrsg.), Handbuch des Kapitalersatzrechts, 2. Aufl. 2002, Teil 6 und 12; *Flessner,* Sanierung und Reorganisation, 1982; *Flöther/Korb,* Das Verhältnis zwischen dem Erstattungsanspruch nach § 64 GmbHG und der Insolvenzanfechtung, ZIP 2012, 2333; *Flume,* Die Haftung des GmbH-Geschäftsführers bei Geschäften nach Konkursreife der GmbH, ZIP 1994, 337; *ders.,* Die Rechtsprechung des 2. Zivilsenats des BGH zur Treupflicht des GmbH-Gesellschafters und des Aktionärs, ZIP 1996, 161; *ders.,* Die Rechtsprechung zur Haftung der Gesellschafter der Vor-GmbH und die Problematik der Rechtsfortbildung, DB 1998, 45; *Foerste,* § 26 Abs. 4 InsO – Ein Zwischenruf, ZInsO 2012, 532; *Fonk,* Rechtsfragen nach der Abberufung von Vorstandsmitgliedern und Geschäftsführern, NZG 1998, 408; *Freitag/Korch,* Persönliche Geschäftsleiterhaftung aus culpa in contrahendo, GmbHR 2013, 1184; *Friedl,* Die Haftung des Geschäftsführers für Umsatzsteuerschulden der GmbH und der Grundsatz der anteiligen Befriedigung aller Gläubiger, DStR 1989, 162; *Frings,* Zum Begriff der Zahlung im Sinne des GmbHG § 64 Abs. 2 S. 1 (f.), GmbHR 2000, 184; *Frystatzki,* Ansprüche gegen Geschäftsführer und Gesellschafter auf der Überschuldungsbilanz der GmbH, NZI 2013, 161; *Gaiser,* Die Auskunfts- und Mitwirkungspflichten des Schuldners gemäß § 97 InsO und die Frage nach alternativen Auskunftsquellen, ZInsO 2002, 472; *Gehrlein,* Kollision zwischen eigenkapitalersetzender Nutzungsüberlassung und Vollstreckungszugriff durch Gesellschafter-Gläubiger, NZG 1998, 845; *ders.,* Der aktuelle Stand des neuen GmbH-Rechts, Der Konzern 2007, 771; *ders.,* Die Behandlung von Gesellschafterdarlehen durch das MoMiG, BB 2008, 846; *ders.,* Höchstrichterliche Rechtsprechung zur Haftung des Steuerberaters wegen fehlerhafter Insolvenzprüfung, NZG 2013, 961; *Geiser,* Die zeitliche Reichweite der Rangrücktrittsvereinbarung in Bezug auf Forderungen aus Gesellschaftsdarlehen nach § 19 II 2 InsO …, NZI 2013, 1056; *Geißler,* Streitige Restanten bei der Haftung des GmbH-Geschäftsführers aus culpa in contrahendo, ZIP 1997, 2184; *ders.,* Die Haftung des faktischen GmbH-Geschäftsführers, GmbHR 2003, 1106; *Gerhard,* Auskunftspflicht des Konkursverwalters gegenüber dem Gemeinschuldner, ZIP 1980, 941; *ders.,* Grundbegriffe des Vollstreckungs- und Insolvenzrechts, 1985; *ders.,* Die Verfahrenseröffnung nach der Insolvenzordnung und ihre Wirkung, ZZP 1996, 415; *von Gerkan,* Zum Stand der Rechtsentwicklung bei den kapitalersetzenden Gesellschafterleistungen, GmbHR 1990, 384; *ders.,* Das Recht des Eigenkapitalersatzes in der Diskussion, ZGR 1997, 173; *ders.,* Der Entwurf des Kapitalaufnahmeerleichterungsgesetzes und das Recht des Eigenkapitalersatzes, GmbHR 1997, 677; *ders.,* Das Recht des Eigenkapitalersatzes in der Diskussion, ZGR 1997, 173; *ders.* in von Gerkan/Hommelhoff (Hrsg.), Handbuch des Kapitalersatzrechts, 2. Aufl. 2002, Teil 3; *ders.,* Die Verwirklichung von Anfechtungstatbeständen des Eigenkapitalersatzrechts nach Eröffnung des Insolvenzverfahrens, FS Ulmer, 2002, S. 1293; *Giesecke,* Interessenkonflikte der GmbH-Geschäftsführer bei Pflichtenkollisionen, GmbHR 1996, 486; *von Gnamm,* Eigenkapitalersetzende Nutzungsüberlassungen – Nachteilige Auswirkungen für Grundpfandgläubiger?, WM 1996, 189; *Göcke,* Haftungsfalle Führungslosigkeit? Gefahren für den Insolvenzverwalter eines GmbH-Gesellschafters bei führungsloser Gesellschaft, ZInsO 2008, 1305; *Goette,* Die Haftung des GmbH-Geschäftsführers in der Rechtsprechung des BGH, DStR 1998, 1308; *ders.,* Einige Aspekte des Eigenkapitalersatzrechts aus richterlicher Sicht, ZHR 1998, 223; *ders.,* Haftung des Geschäftsführers in Krise und Insolvenz der GmbH, ZInsO 2001, 529; *ders.,* Die GmbH, 3. Aufl. 2009; *ders.,* Zur systematischen Einordnung des § 64 Abs. 2 GmbHG, ZInsO 2005, 1; *ders.,* Erste Entscheidungen des Bundesgerichtshofs zum Mo-

MiG, GWR 2009, 1; *ders.*, Haftungsfragen bei der Verwendung von Vorratsgesellschaften und „leeren" GmbH-Mänteln, DStR 2004, 461; *Goette/Kleindiek*, Gesellschafterfinanzierung nach MoMiG, 6. Aufl. 2010; *Götker*, Der Geschäftsführer in der Insolvenz der GmbH, 1999; *Götz*, Darlegungs- und Beweislast im Unterbilanzhaftungsprozess bei Erstgründung und bei wirtschaftlicher Neugründung einer GmbH, GmbHR 2013, 290; *Göz/Gehlich*, Die Haftung von Gesellschafter und Geschäftsführer bei Verwendung eines GmbH-Mantels, ZIP 1999, 1653; *Graf/Wunsch*, Akteneinsicht im Insolvenzverfahren, ZIP 2001, 1800; *Groß*, Deliktische Außenhaftung des GmbH-Geschäftsführers, ZGR 1998, 551; *ders.*, Die Rechtsprechung des Bundesgerichtshofs zur Haftung des GmbH-Geschäftsführers wegen Nichtabführung von Arbeitnehmerbeiträgen zur Sozialversicherung, ZIP 2001, 945; *Grüneberg*, Die Rechtspositionen der Organe der GmbH und des Betriebsrats im Konkurs, 1988; *Grunewald*, Die unbeschränkte Haftung beschränkt haftender Gesellschafter für die Verletzung von Aufklärungspflichten im vorvertraglichen Bereich, ZGR 1986, 580; *dies.*, Gesellschaftsrecht, 7. Aufl. 2008; Plädoyer für eine Abschaffung der Rechtsregeln für eigenkapitalersetzende Gesellschafterdarlehen, GmbHR 1997, 7; *Gundlach/Frenzel/Schmidt*, Die Insolvenzanfechtung nach Anzeige einer nicht kostendeckenden Masse durch den Insolvenzverwalter, NZI 2004, 184; *Gundlach/Schmidt/Schirmeister*, Gesellschaft ohne Rechtspersönlichkeit im Anwendungsbereich von § 11 Abs. 2 und 3 InsO, DZWIR 2004, 449; *Gutenberg*, Unternehmensführung, Organisation und Entscheidung, 1962; *Gutmann/Nawroth*, Der zeitliche Anwendungsbereich des MoMiG aus insolvenzrechtlicher Sicht – oder das Ende von Ansprüchen aus Eigenkapitalersatzrecht, ZInsO 2009, 174; *Haarmeyer/Wutzke/Förster*, Handbuch zur Insolvenzordnung InsO/EGInsO, 3. Aufl. 2001; *Haas*, Geschäftsführerhaftung und Gläubigerschutz, 1997; *ders.*, Insolvenzantragsrecht und -pflicht in der GmbH insbesondere des „faktischen Geschäftsführers" nach neuem Recht, DStR 1998, 1359; *ders.*, Eigenkapitalersetzende Gesellschafterdarlehen und Feststellung der Überschuldung oder Zahlungsunfähigkeit, NZG 1999, 209; *ders.*, Insolvenzverwalterklagen und EuGVÜ, NZG 1999, 1148; *ders.*, Fragen zum Adressatenkreis des Kapitalersatzrechts, DZWiR 1999, 177; *ders.*, Der Normzweck des Kapitalersatzrechts, NZI 2001, 1; *ders.*, Aktuelle Rechtsprechung zum Kapitalersatzrecht, NZI 2002, 457; *ders.*, Die Gesellschafterhaftung wegen Existenzvernichtung, WM 2003, 1929; *ders.*, Aktuelle Rechtsprechung zur Insolvenzantragspflicht des Geschäftsführers, DStR 2003, 423; *ders.*, Die Haftung des GmbH-Geschäftsführers in der Krise der Gesellschaft, in Heintzen/Kruschwitz (Hrsg.), Unternehmen in der Krise, 2004, S. 73; *ders.*, Der Erstattungsanspruch nach § 64 II GmbHG, NZG 2004, 737; *ders.*, Kapitalerhaltung, Insolvenzanfechtung, Schadensersatz und Existenzvernichtung – wann wächst zusammen, was zusammen gehört?, ZIP 2006, 1373; *ders.*, Die Rechtsfigur des „faktischen GmbH-Geschäftsführers", NZI 2006, 494; *ders.* in Reform des gesellschaftsrechtlichen Gläubigerschutzes, Gutachten E zum 66. DJT, 2006; *ders.*, Das neue Kapitalersatzrecht nach dem RegE-MoMiG, ZInsO 2007, 617; *ders.*, Die Passivierung von Gesellschafterdarlehen in der Überschuldungsbilanz nach MoMiG und FMStGm DStR 2009, 326; *ders.*, Eigenkapitalersatzrecht und Übergangsrecht, DStR 2009, 976; *ders.*, Bilanzierungsprobleme bei der Erstellung eines Überschuldungsstatus nach § 19 Abs. 2 InsO, in Kölner Schrift zur Insolvenzordnung, 3. Aufl. 2009, S. 1293; *ders.*, Aktuelle Fragen zur Krisenhaftung des GmbH-Geschäftsführers nach § 64 GmbHG, GmbHR 2010; *ders.*, Fragen zur „kapitalersetzenden" Nutzungsüberlassung nach neuem Recht, FS Ganter, 2010, S. 189; *ders.*, Adressatenkreis und Rechtsnachfolge bei subordinierten Gesellschafterdarlehen, NZG 2013, 1241; *Haas/Dittrich*, Eigenkapitalersetzende Dienstleistungen, DStR 2001, 623; *dies.* in von Gerkan/Hommelhoff (Hrsg.), Handbuch des Kapitalersatzrechts, 2. Aufl. 2002, Teil 8; *Haas/Müller*, Zur Reichweite des § 93 InsO, NZI 2002, 366; *Haas/Oechsler*, Missbrauch, Cash Pool und gutgläubiger Erwerb nach dem MoMiG, NZG 2006, 806; *Habersack*, Der Finanzplankredit und das Recht der eigenkapitalersetzenden Gesellschafterhilfen, ZHR 1997, 457; *ders.*, Eigenkapitalersatz im Gesellschaftsrecht, ZHR 1998, 201; *ders.*, Die Regeln über den Eigenkapitalersatz und die Gläubiger des Gesellschafters, ZGR 1999, 427; *ders.*, Grundfragen der freiwilligen oder erzwungenen Subordination von Gesellschafterkrediten, ZGR 2000, 384; *ders.*, RWS-Forum Bankrecht 2006 am 2. und 3. November 2006 in Köln, ZBB 2006, 494; *ders.*, Gesellschafterdarlehen nach dem MoMiG: Anwendungsbereich, Tatbestand und Rechtsfolgen der Neuregelung, ZIP 2007, 2145; *ders.*, Die Erstreckung des Rechts der Gesellschafterdarlehen auf Dritte, insbesondere im Unternehmensverbund, ZIP 2008, 2385; *ders.*, Gesellschafterdarlehen nach MoMiG: Anwendungsbereich, Tatbestand und Rechtsfolgen, in Goette/Habersack (Hrsg.), Das MoMiG in Wissenschaft und Praxis, 2009, Kap. 5; *ders.*, Wider das Dogma von der unbeschränkten Gesellschafterhaftung bei wirtschaftlicher Neugründung einer AG oder GmbH, AG 2010, 845; *ders./Foerster*, Austauschgeschäfte der insolvenzreifen Gesellschaft, ZHR 178 (2014), 387; *Hamann*, Die Jahresfrist in § 135 Abs. 1 Nr. 2 InsO – auf dem Prüfstand des MoMiG übersehen?, ZInsO 2009, 264; *Hansen*, Der GmbH-Bestand stieg auf 770 000 an, GmbHR 1997, 204; *ders.*, Die GmbH als weiterhin umsatzstärkste Unternehmensgruppe, GmbHR 1999, 24; *ders.*, Der gestiegene wirtschaftliche Stellenwert der GmbH, GmbHR 2004, 39; *Häsemeyer*, Obstruktion gegen Sanierung und gesellschaftsrechtliche Treupflichten, ZHR 1996, 109; *ders.*, Insolvenzrecht, 4. Aufl. 2007; *Hasselbach*, Die Geltendmachung von Gesamtschadensersatzansprüchen der Gläubiger durch den Insolvenzverwalter, DB 1996, 2213; *Heil/Russenschuck*, Die persönliche Haftung des GmbH-Geschäftsführers, BB 1998, 1749; *Heisse*, Die Beschränkung der Geschäftsführerhaftung gegenüber der GmbH, 1988; *Helmschrott*, Der Notgeschäftsführer – eine notleidende Regelung, ZIP 2001, 636; *Henkel*, Das Bargeschäftsprivileg gilt nicht im Rahmen von § 135 Abs. 1 InsO, ZInsO 2009, 1577; *Hennrichs*, Fortsetzung einer mangels Masse aufgelösten GmbH, ZHR 1995, 593; *ders.*, Treupflichten im Aktienrecht, AcP 1995, 221; *Henssler*, Die verfahrensrechtlichen Pflichten des Geschäftsführers im Insolvenzverfahren über das Vermögen der GmbH und der GmbH & Co KG, in Kölner Schrift, 2. Aufl. 2000, S. 1283; *Henze*, Die Treuepflicht im Aktienrecht, BB 1996, 489; *ders.*, Treupflichten der Gesellschafter im Kapitalgesellschaftsrecht, ZHR 1998, 186; *Henze/Bauer*, Pflichtenstellung und Haftung des GmbH-Geschäftsführers im gegenwärtigen und künftigen Insolvenzrecht, in Kölner Schrift, 2. Aufl. 2000, S. 1311; *Herresthal/Servatius*, Grund und Grenzen der Haftung bei der wirtschaftlichen Neugründung einer GmbH, ZIP 2012, 197; *Heublein*, Eigenkapitalersetzende Nutzungsüberlassungen von Immobilien im Spannungsfeld von Insolvenz- und Zwangsverwaltung, ZIP 1998, 1899; *Hirte*, ZIP-Sonderdruck „Abschied vom Quotenschaden", 1994; *ders.*, Aktuelle Schwerpunkte im Kapitalersatzrecht, in RWS-Forum 10, Gesellschaftsrecht 1997; *ders.*, Die vereinfachte Kapitalherabsetzung bei der GmbH, in Kölner Schrift zur Insolvenzordnung, 3. Aufl. 2009, S. 902; *ders.*, Auflösung der Kapitalgesellschaft, ZInsO 2000, 127; *ders.*, Die Neuregelung des Rechts der (früher: kapitalersetzenden) Gesellschafterdarlehen durch das „Gesetz zur Modernisierung des GmbH-Rechts und zur Bekämpfung von Missbräuchen", WM 2008, 1429; *ders.*, Neuregelungen mit Bezug zum gesellschaftsrechtlichen Gläubigerschutz und im Insolvenzrecht durch das Gesetz zur Modernisierung des GmbH-Rechts und zur Bekämpfung von Missbräuchen (MoMiG), ZInsO 2008, 689; *Hirte/Knof/Mock*, Ein Abschied auf Raten? – Zum zeitlichen Anwendungsbereich des alten und neuen Rechts der Gesellschafterdarlehen, NZG 2009, 48; *Hommelhoff* in von Gerkan/Hommelhoff (Hrsg.), Handbuch des Kapitalersatzrechts, 2. Aufl. 2002, Teil 1 und 2; *Hoffmann/Liebs*, Der GmbH-Geschäftsführer, 3. Aufl. 2009; *Höhn*, Die Geschäftsleitung der GmbH, 2. Aufl. 1995; *Hölzle*, Gibt es noch eine Finanzierungsfolgenverantwortung im MoMiG?, ZIP 2009, 1939; *ders.*, Zur Durchsetzbarkeit von Sicherheiten für Gesellschafterdarlehen in der Insolvenz, ZIP 2013, 1992; *Holzer*, Insolvenzrechtliche Überleitungsvorschriften in der Praxis, ZIP 2009, 206; *ders.*, Die Akteneinsicht im Insolvenzverfahren, ZIP 1998, 1333; *Holzkämper*, Die Haftung des GmbH-Geschäftsführers für nicht abgeführte Beiträge zur Sozialversicherung und der Einwand der Zahlungsunfähigkeit der GmbH, BB 1996, 2142; *ders.*, Krisenvermeidung in der GmbH: Gesetzliches Mindestkapital, Kapitalschutz und Eigenkapitalersatz, ZGR 2006, 335; *Horstkotte*, Die führungslose GmbH im Insolvenzantragsverfahren, ZInsO 2009, 209; *ders./Martini*, Die Einbeziehung der Anteilseigner in den Insolvenzplan nach ESUG, ZInsO 2012, 557; *Huber*, Gesellschafterdarlehen in der Auslandsinsolvenz von Auslandsgesellschaften, in Lutter (Hrsg.), Europäische Auslandsgesellschaften in Deutschland, 2005, S. 131; *Hüffer*, AktG, 8. Aufl. 2008; *ders.*, Die Haftung bei wirtschaftlicher Neugründung unter Verstoß gegen die Offenlegungspflicht, NJW 2011, 1772; *Immenga*, Die personalistische Kapitalgesellschaft, 1970; *Jaeger*, KO, 9. Aufl. 1997; *Jeep*, Leere Hülse, beschränktes Risiko: Die Gesellschafterhaftung bei nicht offengelegter wirtschaftlicher Neugründung, NZG 2012, 1209; *Jestaedt*, Weitere Einschränkungen der Haftung aus § 11 II GmbHG?, MDR 1996, 541; *Johlke/Schröder*, in von Gerkan/Hommelhoff (Hrsg.), Handbuch des Kapitalersatzrechts, 2. Aufl. 2002, Teil 5 und 14; *Kayser*, Beraterhaftung für fachliche oder unterlassene Auskünfte zur Insolvenzreife, ZIP 2014, 597; *Kallmeyer*, Ungelöste Probleme des Eigenkapitalersatzrechts: Sanierung, Finanzplan und Nutzungsüberlassung, GmbHR 1998, 307; *Karollus*, Weitere Präzisierung zur Konkursverschleppungshaftung, ZIP 1995, 269; *Kautz*, Die gesellschaftsrechtliche Neuordnung der GmbH im künftigen Insolvenzrecht, 1995; *Kessler*, Die Durchgriffshaftung der GmbH-Gesellschafter wegen existenzgefährdender Eingriffe – Zur dogmatischen Konzeption des Gläubigerschutzes in der GmbH, GmbHR 2002, 945; *Khatib-*

Shahidi/Bögner, Die rechtsmißbräuchliche oder zur Unzeit erklärte Amtsniederlegung des Geschäftsführers einer GmbH, BB 1997, 1161; *Kiethe*, Die Haftung von Geschäftsleitern für Arbeitnehmerbeiträge zur Sozialversicherung, ZIP 2003, 1957; *Kiethe/Groeschke*, Die Ausplünderung des insolventen Unternehmens, BB 1998, 1373; *Kilger/K. Schmidt*, KO, VglO, GesO, 17. Aufl. 1997; *Kleffner*, Erhaltung des Stammkapitals und Haftung nach §§ 30, 31 GmbHG, 1994; *Kleindiek*, Deliktshaftung und Juristische Person, 1997; *ders.*, Materielle Unterkapitalisierung, Existenzvernichtung und Delikthaftung – GAMMA, NZG 2008, 686; Kölner Kommentar zum AktG, 3. Aufl. 2004; *Kling*, Die Sperrwirkung des § 93 InsO bei Insolvenzrechtlicher Betrachtung, ZIP 2002, 881; *Klöhn*, Der individuelle Insolvenzverschleppungsschaden, KTS 2012, 133; *ders.*, Gesellschaftsrecht in der Eigenverwaltung: Die Grenzen des Einflusses auf die Geschäftsführung gemäß § 276a S. 1 InsO, NZG 2013, 81; *Knittel/Schwall*, Plädoyer für eine praktische Handhabung des § 64 S. 1 GmbHG, NZG 2013, 782; *Knof*, Die neue Insolvenzverursachungshaftung nach § 64 S. 3 RegE-GmbHG (Teil I), DStR 2007, 1536; *Konzen*, Der Gläubigerschutz bei Liquidation der masselosen GmbH, in FS Ulmer, 2003, S. 323; *Koppensteiner*, Treuwidrige Stimmabgabe bei Kapitalgesellschaften, ZIP 1994, 1325; *ders.*, Kritik des „Eigenkapitalersatzrechts", WBl 1997, 489; *Kornblum*, Aktuelle bundesweite Rechtstatsachen zum Unternehmens- und Gesellschaftsrecht, GmbHR 2003, 1157; *ders.*, Bundesweite Rechtstatsachen zum Unternehmens- und Gesellschaftsrecht, Stand 1.1.2012, GmbHR 2012, 728; *ders.*, Bundesweite Rechtstatsachen zum Unternehmens- und Gesellschaftsrecht, Stand 1.1.2013, GmbHR 2013, 693; *Kort*, Die konzerngebundene GmbH in der Insolvenz, ZIP 1988, 681; *ders.*, Die Änderung der Unternehmenspolitik durch den GmbH-Geschäftsführer, ZIP 1991; *ders.*, Die Haftung der Beteiligten im Vorgründungsstadium einer GmbH, DStR 1991, 1317; *Kreft*, Der Rechtsweg für Insolvenzanfechtungsklagen, ZIP 2013, 241; *Krüger*, Die Vergleichsbefugnis des Insolvenzverwalters bei Ansprüchen nach §§ 92, 93 InsO, NZI 2002, 367; *B. Kübler*, Konzern und Insolvenz, ZGR 1984, 560; *ders.*, Die Konkursverschleppungshaftung des GmbH-Geschäftsführers nach der „Wende" des Bundesgerichtshofs – Bedeutung für die Praxis, ZGR 1995, 481; *Kurth/Delhaes*, Die Entsperrung kapitalersetzender Darlehen, DB 2000, 2577; *Kussmaul*, Kapitalersatz: Der Rangrücktritt in der Krise?, DB 2002, 2258; *Kuszlik*, Die Haftung bei der „wirtschaftlichen Neugründung" einer GmbH, GmbHR 2012, 882; *Kutzer*, Prozesspfleger statt Notgeschäftsführer – ein praktikabler Ausweg in Verfahren gegen organlose Kapitalgesellschaften, ZIP 2000, 654; *Landfermann*, Allgemeine Wirkungen der Insolvenzeröffnung, in Kölner Schrift zum Insolvenzrecht, 2. Aufl. 2000, S. 159; *Lauster*, Behandlung von Gesellschafterdarlehen im Rahmen von M&A-Transaktionen im Lichte der jüngsten Rechtsprechung des Bundesgerichtshofs, WM 2013, 2155; *Leinekugel/Skauradszun*, Geschäftsführerhaftung bei eigenmächtig gestelltem Insolvenzantrag wegen bloß drohender Zahlungsunfähigkeit, GmbHR 2011, 1121; *Liebscher/Lübke*, Die zwangsweise Verwertung vinkulierter Anteile – zur angeblichen vinkulierungsfreien Pfand- und Insolvenzverwertung, ZIP 2004, 241; *Limmer*, Unternehmensstrukturierungen vor und in der Insolvenz unter Einsatz des Umwandlungsrechts, in Kölner Schrift zur Insolvenzordnung, 3. Aufl. 2009, Kap 27; *Lübe/Lösler*, Rückforderung gemeinschaftswidriger Beihilfen und Eigenkapitalersatz, ZIP 2002, 1752; *Lück*, Der Umgang mit unternehmerischen Risiken durch ein Risikomanagementsystem und durch ein Überwachungssystem, DB 1998, 1925; *ders.*, Elemente eines Risiko-Managementsystems, DB 1998, 8; *Lutter*, Kapital, Sicherung der Kapitalaufbringung und Kapitalerhalt in den Aktien- und GmbH-Rechten der EWG, 1964; *ders.*, Theorie der Mitgliedschaft, AcP 1980, 84; *ders.*, Die zivilrechtliche Haftung in der Unternehmensgruppe, ZGR 1982, 244; *ders.*, Treuepflicht des Aktionärs, ZHR 1989, 446; *ders.*, Gefahren persönlicher Haftung für Gesellschafter und Geschäftsführer, DB 1994, 129; *ders.*, Das Girmes-Urteil, JZ 1995, 1053; *ders.*, Haftung und Haftungsfreiräume des GmbH-Geschäftsführers, GmbHR 2000, 301; *Lutter/Barerjea*, Die Haftung wegen Existenzvernichtung, ZGR 2003, 402; *Lwowski/Groeschke*, Die Konzernhaftung der §§ 302, 303 AktG als atypische Sicherheit, WM 1994, 613; *Marotzke*, Gesellschaftsinterne Nutzungsverhältnisse nach Abschaffung des Eigenkapitalersatzrechts, ZInsO 2008, 2181; *ders.*, Die Verfahrenskostenvorschusspflicht des GmbH-Geschäftsführers im Falle der Nichterfüllung seiner Insolvenzantragspflicht, ZInsO 2013, 1940; *Marsch-Barner*, Treupflicht und Sanierung, ZIP 1996, 853; *Maser/Sommer*, Die Neuregelung der „Sanierenden Kapitalherabsetzung" bei der GmbH, GmbHR 1996, 22; *dies.*, Persönliche Haftung des GmbH-Geschäftsführers in der Insolvenz der Gesellschaft, BB 1996, 65; *Medicus*, Die Außenhaftung des GmbH-Geschäftsführers, GmbHR 1993, 533; *ders.*, Deliktische Außenhaftung der Vorstandsmitglieder und Geschäftsführer, ZGR 1998, 570; *ders.*, Die interne Geschäftsverteilung und die Außenhaftung von GmbH-Geschäftsführern, GmbHR 1998, 9; *Meyer,* Die GmbH und andere Handelsgesellschaften im Spiegel der empirischen Forschung, GmbHR 2002, 177 und 242; *ders.,* Die Insolvenzanfälligkeit der GmbH als rechtspolitisches Problem, GmbHR 2004, 1417; *ders./Hermes,* Das „GmbH-Schutzschild" in der Insolvenz, GmbHR 2005, 807; *Meyer-Landrut,* GmbHG, 1987; *Meyke,* Zivilprozessuale Aspekte der Haftung wegen Konkursverschleppung, ZIP 1998, 1179; *Meyer-Löwy,* Eigenkapitalersetzende Sicherheiten und Überschuldung, ZIP 2003, 1920; *ders./Pickerill,* Versperrt das Gesellschaftsrecht den rechtzeitigen Weg in die Sanierung?, GmbHR 2013, 1065; *Michalski,* Vermietung als eigenkapitalersetzende Nutzungsüberlassung, NZG 1998, 41; *Michalski/Barth,* Außenhaftung der Gesellschafter einer Vor-GmbH, NZG 1998, 525; *Michalski/De Vries,* Eigenkapitalersatz, Unterkapitalisierung und Finanzplankredite, NZG 1999, 181; *Mülbert,* Abschied von der „TBB"-Haftungsregel für den qualifizierten GmbH-Konzern, DStR 2001, 1937; *G. Müller,* Zur Haftung des Gesellschafter-Geschäftsführers aus culpa in contrahendo und aus § 64 I GmbHG, ZIP 1993, 1531; *ders.,* Die Haftung des GmbH-Geschäftsführers aus § 64 GmbHG bei unterlassener Konkursanfechtung, ZIP 1996, 1153; *H. F. Müller,* Der Verband in der Insolvenz, 2002; *ders.,* Die Kapitalerhöhung in der Insolvenz, ZGR 2004, 842; *ders.,* Geschäftsleiterhaftung wegen Insolvenzverschleppung und fachkundige Beratung, NZG 2012, 981; *K. Müller,* Ausfallhaftung nach § 31 III GmbHG bei Rückgewähr eigenkapitalersetzender Leistungen, DB 1998, 1117; *ders.,* Darlehensgewährung der GmbH an ihre Gesellschafter, BB 1998, 1804; *W. Müller,* Der Verlust der Hälfte des Grund- oder Stammkapitals, ZGR 1985, 191; *Münch,* Amtsniederlegung, Abberufung und Geschäftsunfähigkeit des Geschäftsführers einer GmbH, DStR 1993, 916; *Neuhof,* Sanierungsrisiken der Banken: Die Vor-Sanierungsphase, NJW 1998, 3225; *Neusel,* Die persönliche Haftung des Geschäftsführers für Steuern der GmbH, GmbHR 1997, 1129; *Niesert,* Die Passivierung von eigenkapitalersetzenden Gesellschafterdarlehen mit Rangrücktritt im Überschuldungsstatus nach der Insolvenzordnung, InVo 1998, 242; *Nietsch,* Überwachungspflichten bei Kollegialorganen, ZIP 2013, 1449; *Noack,* InsO/Gesellschaftsrecht, 1998/1999; *Noack,* Reform des deutschen Kapitalgesellschaftsrechts: Das Gesetz zur Modernisierung des GmbH-Rechts und zur Bekämpfung von Missbräuchen, DB 2006, 1475; *Obermüller,* Änderungen des Rechts der kapitalersetzenden Darlehen durch KonTraG und KapAEG, ZInsO 1998, 51; *ders.,* Insolvenzrecht in der Bankpraxis, 7. Aufl. 2007; *Obermüller/Hess,* InsO, 4. Aufl. 2003; *Oepen,* Massefremde Masse, 1999; *ders.,* Verstoßen die Klagesperren der §§ 92, 93 InsO gegen die Rechtsweggarantie der Europäischen Menschenrechtskonvention?, ZIP 2000, 526; *ders.,* Maßgabe im Übermaß – Korrekturbedarf im neuen § 49a InsO, NZI 2009, 300; *Oppenländer,* Folgen der Lagergrundstück-Rechtsprechung für die Beratungspraxis, DStR 1995, 493; *ders.,* Die Finanzplanüberlassung – eine Herausforderung an die Beratungspraxis, GmbHR 1998, 505; *Pape,* Die Verfahrensabwicklung und Verwalterhaftung bei Masselosigkeit und Massearmut (Masseunzulänglichkeit) de lege lata und de lege ferenda, KTS 1995, 189; *ders.,* Recht auf Einsicht in Konkursakten – ein Versteckspiel für die Gläubiger?, ZIP 1997, 1367; *ders.,* Persönliche Haftung des GmbH-Geschäftsführers für masseschädigende Auszahlungen nach Eintritt der Insolvenzreife, ZInsO 2001, 397; *ders.,* Akteneinsicht für Insolvenzgläubiger – Ein ständiges Ärgernis, ZIP 2004, 598; *Paulus,* Konzernrecht und Konkursanfechtung, ZIP 1996, 2141; *Pentz,* Abgetretene Forderungen aus Gesellschafterdarlehen und Zurechnung in der Insolvenz, GmbHR 2013, 393; *Piekenbrock,* Zur Geschäftsführerhaftung gegenüber der Bundesagentur für Arbeit, ZIP 2010, 2421; *Podewils,* Unterbilanzhaftung bei unterlassener Offenlegung einer wirtschaftlichen Neugründung, GmbHR 2012, 1175; *Preuß,* Die Folgen insolvenzrechtlicher „Verstrickung" von Gesellschaftsdarlehen bei Abtretung des Darlehensrückzahlungsanspruch an einen außenstehenden Dritten, ZIP 2013, 1145; *Priester,* Dienstleistungspflichten als Eigenkapitalersatz?, DB 1993, 1173; *ders.,* Das Gesellschaftsverhältnis im Vorgründungsstadium – Einheit oder Dualismus, GmbHR 1995, 481; *Prütting,* Allgemeine Verfahrensgrundsätze in der Insolvenzordnung, in Kölner Schrift zur Insolvenzordnung, 3. Aufl. 2009, S. 1; *Raiser,* Konzernhaftung und Unterkapitalisierungshaftung, ZGR 1995, 156; *Raiser/Veil,* Recht der Kapitalgesellschaften, 5. Aufl. 2009; *Rattunde,* Die Übernahme konkursreifer Gesellschaften und die Folgen, DZWiR 1998, 271; *Reiff/Arnold,* Unbeschränkte Konkursverschleppungshaftung des Geschäftsführers einer GmbH auch gegenüber gesetzlichen Neugläubigern?, ZIP 1998, 1893; *Remme/Theile,* Die Auswirkungen von „KonTraG" und „KapAEG" auf die GmbH, GmbHR 1998, 909; *Reinhard/Schützler,* Anfechtungsrisiko für den Unternehmensverkäufer aus der Veräußerung von Gesellschafterdarlehen?, ZIP 2013, 1898; *Reuter,* Die Anfechtbarkeit der Rückzahlung von Gesellschafterdarlehen im Cash-Pool: Explosive Massevermehrung nach § 135 InsO?, NZI 2011, 921; *Robrecht,* Die Rechtsposition der Organe der GmbH, der Personengesellschaften und eingetragenen Genossenschaften nach der Eröffnung des Konkursverfahrens über das Gesellschaftsvermögen, DB 1968, 471; *ders.,* Kapitalerhöhungsbeschluss und Konkurseröffnung bei der GmbH, GmbHR 1982, 126; *ders.,* Der Informationsanspruch des GmbH-Gesellschafters nach der Eröffnung des Insolvenzverfahrens, GmbHR 2002, 692; *Rodewald,* Alte und neue Haftungsrisiken für GmbH-Geschäftsführer vor und in der Krise oder Insolvenz, GmbHR 2009, 1301; *Röhricht,* Die Rechtsprechungsregeln zum Eigenkapitalersatz bei GmbH und GmbH & Co KG, in Herzig (Hrsg.), Eigenkapitalersetzende Leistungen bei GmbH und GmbH & Co im Zivil- und Steuerrecht, 1992; *ders.,* Die GmbH im Spannungsfeld zwischen wirtschaftlicher Dispositionsfreiheit ihrer Gesellschafter und Gläubigerschutz, FS 50 Jahre BGH, 2000, S. 83; *Rohde,* Haftung des Geschäftsführers trotz interner Geschäftsverteilung, JuS 1995, 765; *Roth,* Die Haftung als faktischer Geschäftsführer im Konkurs der GmbH, ZGR 1989, 421; *ders.,* Unterkapitalisierung und persönliche Haftung, ZGR 1993, 170; *ders.,* Reform des Kapitalersatzrechts durch das MoMiG – Der Verzicht auf das Krisenkriterium und seine Folgen, GmbHR 2008, 1184; *Römermann,* Wehe dem, der einen „nicht richtigen" Insolvenzantrag stellt – Für eine Anwendung des vergessenen § 15a Abs. 4 InsO, ZInsO 2010, 353; *ders.,* Steuerberater: Geborene Mittäter bei Insolvenzverschleppung?, GmbHR 2013, 513; *Rühle,* Die Nutzungsüberlassung durch Gesellschafter in Zeiten des MoMiG, ZIP 2009, 1358; *Rümker,* Bankkredite als kapitalersetzende Gesellschafterdarlehen unter besonderer Berücksichtigung der Sanierungssituation, ZIP 1982, 1385; *Sandberger,* Die Außenhaftung des GmbH-Geschäftsführers, 1997; *Saenger/Al-Wraikat,* Insolvenzrecht versus Gesellschaftsrecht: Wer darf bei der GmbH wann den Schutzschirm öffnen?, NZG 2013, 1201; *Sassenrath,* Der Eingriff in Anteilsignerrechte durch den Insolvenzplan, ZIP 2003, 1517; *Schanze/Kern,* Sanierungsversuche und Konzernhaftung, AG 1991, 421; *B. Schäfer,* Noch einmal aus gegebenem Anlass: Gesellschafterfremdfinanzierung nach „MoMiG" (§§ 39 Abs. 1 Nr. 5, 135 Abs. 1 Nr. 2 InsO), ZInsO 2012, 1354; *Schaub,* Die Haftung des GmbH-Geschäftsführers im Außenverhältnis (Teil I), DStR 1992, 1728; *Scheel,* Konzerninsolvenzrecht, 1995; *Schluck-Amend/Walker,* Neue Haftungsrisiken für GmbH-Geschäftsführer durch Pflicht zur Erstellung eines Insolvenzplans?, GmbHR 2001, 375; *K. Schmidt,* Konkursantragspflichten bei der GmbH und bürgerliches Deliktsrecht, JZ 1978, 661; *ders.,* Organverantwortlichkeit und Sanierung im Insolvenzrecht der Unternehmen, ZIP 1980, 328; *ders.,* Organverantwortlichkeit und Sanierung im Insolvenzrecht der Unternehmen, ZIP 1980, 328; *ders.,* Zur Gläubigersicherung im Liquidationsrecht der Kapitalgesellschaften, Genossenschaften und Vereine, ZIP 1981, 1; *ders.,* Konkursfreies Vermögen insolventer Handelsgesellschaften?, ZIP 1982, 1015; *ders.,* Die sanierende Kapitalerhöhung im Recht der Aktiengesellschaft, GmbH und Personengesellschaft, ZGR 1982, 519; *ders.,* Das Insolvenzverfahren neuer Art, ZGR 1986, 178; *ders.,* Wege zum Insolvenzrecht der Unternehmen: Befunde, Kritik und Perspektiven, 1990; *ders.,* Anmerkung zum BGH – Beschluss vom 20.9.1993, NJW 1993, 2931; *ders.,* Nutzungsüberlassung, Eigenkapitalersatz und materielle Unterkapitalisierung, ZIP 1993, 161; *ders.,* Die Übertragung, Pfändung und Verwertung von Einlageforderungen, ZHR 1993, 291; *ders.,* Zur Ablösung des Löschungsgesetzes, GmbHR 1994, 829; *ders.,* Labyrinthus creditorum, ZGR 1996, 209; *ders.,* Zwerganteile im GmbH-Kapitalersatzrecht, ZIP 1996, 1586; *ders.,* Haftung aus Rechtsgeschäften vor Errichtung einer GmbH, GmbHR 1998, 613; *ders.,* Insolvenzordnung und Gesellschaftsrecht, ZGR 1998, 633; *ders.,* Insolvenzordnung und Gesellschaftsrecht, ZGR 1998, 633; *ders.,* Finanzplanfinanzierung, Rangrücktritt und Eigenkapitalersatz, ZIP 1999, 1241; *ders.,* Geschäftsführerhaftung gemäß § 64 Abs. 2 GmbHG bei masseloser Insolvenz, GmbHR 2000, 1225; *ders.,* Entwicklungen im Recht der Unternehmensinsolvenz, in Breitenbücher/Ehricke (Hrsg.), Insolvenzrecht, 2003, S. 19; *ders.,* Das Eigenkapitalersatzrecht, in Konecny, Insolvenz-Forum, 2003, S. 140; *ders.,* Verbotene Zahlungen in der Krise von Handelsgesellschaften und die daraus resultierenden Ersatzpflichten, ZHR 2004, 637; *ders.,* Geltendmachung der Geschäftsführerhaftung in Insolvenz- und masseloser Liquidation, KTS 2005, 261; *K. Schmidt,* GmbH-Reform, Solvenzgewährleistung und Insolvenzpraxis Gedanken zum MoMiG-Entwurf, GmbHR 2007, 1; *ders.,* Nutzungsüberlassung nach der GmbH-Reform, DB 2008, 1727; *ders.,* Entbehrlicher Rangrücktritt im Recht des Gesellschafterdarlehens? – Kritik an § 19 Abs. 2 E-InsO im MoMiG-Entwurf, BB 2008, 461; *ders.,* Führungslosigkeit der GmbH oder GmbH & Co. KG im Prozess, GmbHR 2011, 113; *Schneider,* (Mit-)Haftung des Geschäftsführers eines wegen Existenzvernichtung haftenden Gesellschafters, GmbHR 2011, 685; *Schröder/Grau,* Plädoyer für die „Krise" – ein Beitrag zur geplanten Reform

§ 92 Kapitel VII. Besonderheiten der Gesellschaftsinsolvenz

des Eigenkapitalersatzrechts durch das MoMiG, ZInsO 2007, 353; *K. Schmidt/Bitter,* Doppelberücksichtigung, Ausfallprinzip und Gesellschafterhaftung in der Insolvenz, ZIP 2000, 1077; *K. Schmidt/Uhlenbruck* (Hrsg.), Die GmbH in Krise, Sanierung und Insolvenz, 4. Aufl. 2009; *Schmittmann,* Verbraucher- oder Regelinsolvenzverfahren für organschaftliche Vertreter einer Kapitalgesellschaft, ZInsO 2002, 742; *D. Schneider,* Lücken bei der Begründung einer Eigenkapitallücke, DB 1986, 2293; *S. Schneider,* (Mit-)Haftung des Geschäftsführers eines wegen Existenzvernichtung haftenden Gesellschafters, GmbHR 2011, 685; *Schöne,* Haftung des Aktionärs-Vertreters für pflichtwidrige Stimmrechtsausübung, WM 1992, 209; *K.-S. Scholz,* Anwendbarkeit des Eigenkapitalersatzrechts bei Unwirksamkeit des der Gesellschafterleistung zugrunde liegenden Rechtsgeschäfts, BB 2001, 2541; *Schorlemer/Stupp,* Kapitalerhöhung zu Sanierungszwecken – zur Reichweite der Zustimmungspflicht des Minderheitsgesellschafters mit Sperrminorität, NZI 2003, 345; *Schuhmann,* Zur Amtsniederlegung eines GmbH-Geschäftsführers, NZG 2002, 706; *Schultz,* Zur Veränderung und Ersetzung der Gesellschaftsorgane durch den Konkursverwalter, KTS 1986, 389; *Schulze-Osterloh,* Grenzen des Gläubigerschutzes bei fahrlässiger Konkursverschleppung, AG 1984, 141; *Schummer,* Das Eigenkapitalersatzrecht, 1998; *Schüppen,* Aktuelle Fragen der Konkursverschleppung durch den GmbH-Geschäftsführer, DB 1994, 197; *Schwalme,* Die Stellung der Anteilseigner in der Unternehmensinsolvenz, DZWIR 2004, 230; *Seibert,* Der Bundestag greift in die Diskussion zum Eigenkapitalersatzrecht ein, GmbHR 1998, 309; *ders.,* Gesetz zur Modernisierung des GmbHR-Rechts und zur Bekämpfung von Missbräuchen – MoMiG, RWS-Dokumentation 23, 2008; *Serick,* Rechtsform und Realität, 2. Aufl. 1980; *Sernetz/Haas,* Kapitalaufbringung und -erhaltung in der GmbH, 2003; *Servatius,* Nutzungsweise Überlassung von Betriebsmitteln der GmbH an Gesellschafter als Auszahlung gemäß §§ 30, 31 GmbHG, GmbHR 1998, 723; *Seulen/Osterloh,* Die Haftung des Geschäftsführers für Zahlungen an den Gesellschafter: Zur Reichweite des § 64 S. 3 GmbHG, ZInsO 2010, 881; *Sieger/Aleth,* Finanzplankredite: Stand der Rechtsprechung und offene Fragen, GmbHR 2000, 462; *Siemon/Klein,* Haftung des (Sanierungs-)Geschäftsführers gem. § 64 GmbHG im Schutzschirmverfahrens nach § 270b InsO, ZInsO 2012, 2009; *Smid,* Geltendmachung des Gesamtschadens durch den Insolvenzverwalter, DZWIR 1998, 342; *Smid/Rattunde,* Der Insolvenzplan, 2. Aufl. 2005; *Sontheimer,* Beschränkung der Haftung des Geschäftsführers nach § 69 AO durch § 64 Abs. 2 GmbHG, DStR 2004, 1005; *Spliedt,* MoMiG in der Insolvenz – ein Sanierungsversuch, ZIP 2009, 149; *Spriegel/Jokisch,* Die steuerrechtliche Haftung des GmbH-Geschäftsführers und der Grundsatz der anteiligen Tilgung, DStR 1990, 433; *Stapelfeld,* Die Haftung des GmbH-Geschäftsführers für Fehlverhalten in der Gesellschaftskrise, 1990; *Steenken,* Die Insolvenz der Vor-GmbH vor dem Hintergrund der Gründerhaftung, 2002; *Stein,* Das faktische Organ, 1984; *dies.,* Die Normadressaten der §§ 64, 84 GmbHG und die Verantwortlichkeit von Nichtgeschäftsführern wegen Konkursverschleppung, ZHR 1984, 207; *Steinbeck,* Zur systematischen Einordnung des Finanzplankredits, ZGR 2000, 503; *Stobbe,* Die Durchsetzung gesellschaftsrechtlicher Ansprüche der GmbH in Insolvenz und masseloser Liquidation, 2001; *Stöber,* Die Haftung für existenzvernichtende Eingriffe, ZIP 2013, 2295; *Ströhmann/Längsfeld,* Die Geschäftsführungsbefugnis in der GmbH im Rahmen der Eigenverwaltung, NZI 2013, 271; *Strohn,* Organhaftung im Vorfeld der Insolvenz, NZG 2011, 1161; *Sundermeier/Wilhelm,* Die Eigenkapitalersetzende Gebrauchsüberlassung – Nutzungsüberlassung, DStR 1997, 1454; *Teller,* Rangrücktrittsvereinbarungen zur Vermeidung der Überschuldung bei der GmbH, 3. Aufl. 2003; *Temme,* Die Eröffnungsgründe der Insolvenzordnung, 1997; *Tiedtke/Peterek,* Zu den Pflichten eines organschaftlichen Vertreters einer Kapitalgesellschaft, trotz Insolvenzreife der Gesellschaft Sozialabgaben und Lohnsteuer abzuführen, GmbHR 2008, 617; *Timm,* Die Kündigung des Gesellschafter-Geschäftsführers im Konkurs der GmbH, ZIP 1987, 69; *ders.,* Treuepflichten im Aktienrecht, WM 1991, 481; *Thole,* Die Vorsatzanfechtung als Instrument des Gläubigerschutzes, KTS 2007, 293; *ders.,* Treuepflicht-Torpedo? Die gesellschaftsrechtliche Treuepflicht im Insolvenzverfahren, ZIP 2013, 1937; *ders.,* Umgehung der Anfechtung nach § 135 InsO durch Abtretung?, ZInsO 2012, 661; *ders.,* Konzernfinanzierung zwischen Gesellschafts- und Insolvenzrecht, ZInsO 2011, 1425; *ders.,* Gesellschaftsrechtliche Maßnahmen in der Insolvenz, 2014; *Tschernig,* Haftungsrechtliche Probleme der Konzerninsolvenz, 1996; *J. Uhlenbruck,* Die Rechtsfolgen der Abweisung oder Einstellung mangels Masse für die Gesellschaft mit beschränkter Haftung, in Kölner Schrift zur Insolvenzordnung, 2. Aufl. 2000, S. 1187; *W. Uhlenbruck,* Der Schutz von Familien-Aktiengesellschaften gegen das Eindringen unerwünschter Aktionäre, DB 1967, 1927; *ders.,* Die Rechtsstellung des Geschäftsführers im Konkurs der GmbH, GmbHR 1972, 170; *ders.,*

Die Pflichten des Geschäftsführers einer GmbH oder GmbH & Co KG in der Krise des Unternehmens, BB 1985, 1277; *ders.*, Konzerninsolvenzrecht als Problem der Insolvenzrechtsreform, KTS 1986, 419; *ders.*, Die GmbH & Co KG in Krise, Konkurs und Vergleich, 1988; *ders.*, Haftungstatbestände bei Konkursverursachung und -verschleppung, DStR 1991, 351; *ders.*, Probleme des Eröffnungsverfahrens nach dem Insolvenzrechts-Reformgesetz 1994, KTS 1994, 169; *ders.*, Die neue Insolvenzordnung (I) GmbHR 1995, 81 und (II) GmbHR 1995, 195; *ders.*, Rechte und Pflichten des GmbH-Geschäftsführers in der Unternehmenskrise unter besonderer Berücksichtigung der Insolvenzrechtsreform – Teil I WiB 1996, 409 und Teil II WiB 1996, 466; *ders.*, Die Durchsetzung von Gläubigeransprüchen gegen eine vermögenslose GmbH und deren Organe nach geltendem und neuem Insolvenzrecht, ZIP 1996, 1641; *ders.*, Auskunfts- und Mitwirkungspflichten des Schuldners und seiner organschaftlichen Vertreter nach der Konkursordnung, Vergleichsordnung, Gesamtvollstreckungsordnung sowie Insolvenzordnung, KTS 1997, 371; *ders.*, Konzerninsolvenzrecht über einen Insolvenzplan?, NZI 1999, 41; *ders.*, Die Bedeutung des neuen Insolvenzrechts für GmbH-Geschäftsführer (I), GmbHR 1999, 313; *ders.*, Gesellschaftsrechtliche Aspekte des Insolvenzrechts, in Kölner Schrift zur Insolvenzordnung, 2. Aufl. 2000, S. 1157; *ders.*, Gerichtliche oder außergerichtliche Sanierung? – Eine Schicksalsfrage Not leidender Unternehmen, BB 2001, 1641; *ders.*, Die Auskunfts- und Mitwirkungspflichten des GmbH-Geschäftsführers im Insolvenzverfahren, GmbHR 2002, 941; *ders.*, Auskunfts- und Mitwirkungspflichten des Schuldners und seiner organschaftlichen Vertreter im Insolvenzverfahren, NZI 2002, 401; *Uhlenbruck/Braun*, Unternehmensinsolvenz, 1997; *Ullrich*, Außenhaftungsrisiken des Geschäftsführers in der Krise der GmbH nach aktueller zivilgerichtlicher Rechtsprechung, DZWIR 2000, 177; *Ulmer*, Volle Haftung des Gesellschafters/Geschäftsführers einer GmbH für Gläubigerschäden aus fahrlässiger Konkursverschleppung, NJW 1983, 1577; *ders.*, Konkursantragspflicht bei Überschuldung der GmbH und Haftungsrisiken bei Konkursverschleppung, KTS 1981, 469; *ders.*, Gesellschafterhaftung gegenüber der GmbH bei Vorteilsgewährung unter Verstoß gegen § 30 Abs. 1 GmbHG, FS 100 Jahre GmbH, 1992, S. 363; *ders.*, Zur Haftungsverfassung in der Vor-GmbH, ZIP 1996, 733; *ders.*, Entschärfte Gesellschafterhaftung bei wirtschaftlicher Neugründung einer zuvor unternehmenslosen Alt-GmbH, ZIP 2012, 1265; *Undritz*, Möglichkeiten und Grenzen vorinsolvenzlicher Unternehmenssanierung, in Kölner Schrift zum Insolvenzrecht, 3. Aufl. 2009, S. 932; *Vallender*, Die Auskunftspflicht der Organe juristischer Personen im Konkurseröffnungsverfahren, ZIP 1996, 529; *ders.*, Auflösung und Löschung der GmbH – Veränderungen aufgrund des neuen Insolvenzrechts, NZG 1998, 249; *ders.*, Aktuelle Tendenzen zum Unternehmensinsolvenzrecht, DStR 1999, 2034; *Veil*, Gesellschafterhaftung wegen existenzvernichtenden Eingriffs und materieller Unterkapitalisierung, NJW 2008, 3264; *Vetter*, Rechtsfolgen existenzvernichtender Eingriffe, ZIP 2003, 601; *ders.*, Zur Haftung im fakultativen Aufsichtsrat, GmbHR 2012, 181; *Vollmer*, Die Pfändbarkeit der Stammeinlageforderung eines GmbH-Gesellschafters, GmbHR 1998, 579; *Vonnemann*, Haftung der GmbH-Gesellschafter bei materieller Unterkapitalisierung, 1991; *ders.*, Haftung von GmbH-Gesellschaftern wegen materieller Unterkapitalisierung, GmbHR 1992, 77; *Wagner*, Grundfragen der Insolvenzverschleppungshaftung nach der GmbH-Reform, FS Schmidt, 2009, S. 1665; *Walker*, Die GmbH-Stammeinlagenforderung in der Insolvenz, 2004; *Weber*, Die Funktionsteilung zwischen Konkursverwalter und Gesellschaftsorganen im Konkurs der Kapitalgesellschaft, KTS 1970, 73; *Wedemann*, Die Übergangsbestimmungen des MoMiG – was müssen bestehende GmbHs beachten?, GmbHR 2008, 1131; *Weimar*, Grundprobleme und offene Fragen um den faktischen GmbH-Geschäftsführer (I), GmbHR 1997, 473 und (II) 538; *Weisang*, Eigenkapitalersetzende Gesellschafterleistungen in der neueren Rechtsprechung – Teil 1 – WM 1997, 197; *Weitbrecht*, Haftung der Gesellschafter bei materieller Unterkapitalisierung der GmbH, 1990; *Wellensiek*, Risiken von Beteiligungen in (durch) Insolvenzverfahren der Muttergesellschaften, ZIP 1984, 541; *Wenzel*, Bankenhaftung bei fehlgeschlagenem Sanierungskredit, NZI 1999, 294; *Werner*, Aktuelle Entwicklungen des Rechts der Unternehmergesellschaft, GmbHR 2011, 459; *Wertenbruch*, Gesellschafterbeschluss für Insolvenzantrag bei drohender Zahlungsunfähigkeit?, DB 2013, 1592; *Wiedemann*, Gesellschaftsrecht, 5. Aufl. 1988; *ders.*, Eigenkapital und Fremdkapital – Eine gesellschaftsrechtliche Zwischenbilanz, FS Beusch, 1998, S. 893; *Wiegand*, Offene Fragen zur neuen Gründerhaftung in der Vor-GmbH, BB 1998, 1065; *Wilhelm*, Rechtsform und Haftung bei der juristischen Person, 1981; *ders.*, Konkursantragspflicht des GmbH-Geschäftsführers und Quotenschaden, ZIP 1993, 1833; *Wilhelmi*, Die „neue" Existenzvernichtungshaftung der Gesellschafter der GmbH, DZWIR 2003, 45; *Wilken*, Einlagesplitting in der GmbH & Co KG, ZIP 1996, 61; *Wimmer*, Die Haftung des GmbH-Geschäftsführers,

NJW 1996, 2546; *Windel,* Zur persönlichen Haftung von Organträgern für Insolvenzverschleppungsschäden, KTS 1991, 477; *Wirth,* Vereinfachte Kapitalherabsetzung zur Unternehmenssanierung, DB 1996, 867; *Wittig,* Rangrücktritt – Antworten auf offene Fragen nach dem Urteil des BGH vom 8.1.2001, NZI 2001, 169; *ders.,* Das Sanierungsprivileg für Gesellschafterdarlehen im neuen § 39 Abs. 4 S. 2 InsO, FS K. Schmidt, 2009, S. 1743; *Wöhe,* Einführung in die allgemeine Betriebswirtschaftslehre, 23. Aufl. 2008; *Wolf/Schlagheck,* Überschuldung, 2007; *Zeidler,* Neues zur Haftung im qualifiziert faktischen Konzern?, GmbHR 1997, 881; *ders.,* Ausgewählte Probleme des GmbH-Vertragskonzernrechts, NZG 1999, 692; *Zeilinger,* Die Einberufung der Gesellschafterversammlung – Fallstricke für die Wirksamkeit von Gesellschafterbeschlüssen, GmbHR 2001, 541; *Zimmermann,* § 26 Abs. 4 InsO – oder: Was das ESUG, der Gesetzgeber und Aristoteles Onassis gemeinsam haben, ZInsO 2012, 396; *Zipperer,* Private und behördliche Einsicht in Insolvenzakten – eine systematische Bestandsaufnahme, NZI 2002, 244.

I. Rechtstatsächliches

1   Die GmbH ist – anders als andere Gesellschaftsformen – weder auf einen bestimmten Unternehmenszweck beschränkt, noch auf einen bestimmten Unternehmenstypus (Groß-, Klein-, Mittelstands- oder Familienunternehmen) zugeschnitten[1] und hat sich daher auf Grund ihrer vielfältigen Einsatzmöglichkeiten in der Praxis als die zahlen- und umsatzmäßig bedeutendste Unternehmensform[2] mit dem größten gebundenen Haftungskapital[3] etabliert.[4] Die Zahl der GmbH hat sich in den alten Bundesländern im Zeitraum von 1980 bis 1992 mehr als verdoppelt, in der Zeit von 1954 bis 1996 verachtundzwanzigfacht.[5] Im gesamten Bundesgebiet gab es 2001 nach Schätzungen zwischen 850 000 und 930 000 GmbH.[6] Vermeintlich ernsthafte Konkurrenz schien die GmbH zu dieser Zeit – infolge der Entscheidungen des EuGH in Sachen *Centros,*[7] *Überseering*[8] und *Inspire Art*[9] – von außen durch die britische Ltd zu bekommen; diese konnte sich aber letzten Endes nicht gegen die im Inland etablierte GmbH durchsetzen.[10] Per 1.1.2013 beläuft sich die Schätzung bereits auf einen Bestand von ca. 1 098 222 GmbH, sodass nunmehr sogar die symbolträchtige 1-Mio-Grenze überschritten ist.[11] Den Tätigkeitsschwerpunkt der Gesellschaftsform bilden die Wirtschaftsbereiche Dienstleistung, produzierendes Gewerbe und Handel.[12] Über die Mitgliederstruktur in der GmbH gibt es keine offiziellen Statistiken. Schätzungen gehen aber davon aus, dass Ein- bzw. Zweipersonen-Gesellschaften die weit überwiegende Mehrzahl der GmbH ausmachen.[13]

2   Von den im Jahre 2008 – also im Wesentlichen vor dem Ausbruch der internationalen Finanzkrise – insolvent gewordenen 29 291 Unternehmen waren 37,3 % in der Rechtsform der GmbH organisiert (10 929).[14] Auch im Jahr 2012 war der auf die

---

[1] *Meyer* GmbHR 2002, 177, 181; *Scholz/Westermann,* Einl Rn. 32; *Ulmer,* Einl A Rn. A 81 ff.; *Bayer/Hoffmann* GmbHR 2009, 1048, 1049: „Die GmbH als Allzweckmöbel".
[2] Vgl. *Meyer* GmbHR 2002, 177, 179; *Hansen* GmbHR 2004, 39; *ders.* GmbHR 1999, 24 ff.
[3] Im Jahr 1996 ca. EUR 152 Milliarden, vgl. *Meyer* GmbHR 2002, 177, 179; *Hansen* GmbHR 1997, 204, 205.
[4] Für eine Aufschlüsselung der Beschäftigten im Verhältnis zur Rechtsform, siehe *Meyer* GmbHR 2002, 177.
[5] Vgl. *Hansen* GmbHR 1997, 204, 205.
[6] Vgl. *Hansen* GmbHR 2004, 39, 41; *Kornblum* GmbHR 2003, 1157, 1172; *Meyer* GmbHR 2002, 179 und 242.
[7] EuGH GmbHR 1999, 474.
[8] EuGH GmbHR 2002, 1137.
[9] EuGH GmbHR 2003, 1260.
[10] Näher hierzu *Bayer/Hoffmann* GmbHR 2009, 1048, 1054; siehe auch zur aktuellen Verbreitung der Ltd. *Kornblum* GmbHR 2013, 693, 702.
[11] *Kornblum* GmbHR 2013, 693, 694.
[12] Vgl. *Hansen* GmbHR 1997, 204, 205.
[13] *Meyer* GmbHR 2002, 177, 179 f.
[14] Statistisches Jahrbuch für die Bundesrepublik Deutschland 2009, S. 503.

GmbH entfallende Anteil an Insolvenzen (28 297 Unternehmensinsolvenzen gesamt) mit 42,2% (oder 11 940 GmbH-Insolvenzen)[15] auf einem ähnlich hohen Niveau. Auffallend hoch ist – schon seit Jahren – die Insolvenzanfälligkeit der GmbH, die bis heute die insolvenzanfälligste Gesellschaftsrechtsform darstellt.[16] Gängiger Erklärungsansatz dafür ist die häufig zu geringe Kapitalausstattung (Unterkapitalisierung) der GmbH.[17] Teilweise erklärt sich dies dadurch, dass viele kleinere und mittlere Unternehmen in der Rechtsform der GmbH organisiert sind und diese von der dauerhaften Schwäche der Inlandskonjunktur besonders hart betroffen sind.[18] Von den 19 770 GmbH-Insolvenzen im Jahr 2002 gelangten 9815 zur Verfahrenseröffnung. Das entspricht einer Eröffnungsquote von nur 48,1%. Diese Quote liegt dennoch deutlich höher als vor Inkrafttreten der Insolvenzrechtsreform. So betrug die Eröffnungsquote im Jahr 1998 für GmbH-Insolvenzen gerade einmal 34,4%.[19] Im Jahre 2012 wurden von den 11 940 GmbH-Insolvenzen 7809 zur Eröffnung gebracht, was einer beachtlichen Quote von über 65% entspricht.[20] Ebenso beachtlich – wenngleich weniger erfreulich – ist demgegenüber die Summe der von den GmbH-Insolvenzen betroffenen Forderungen. Im Jahr 2011 betrug diese Summe noch ca. EUR 12,14 Milliarden, also über 60% der insgesamt durch Unternehmensinsolvenzen betroffenen Forderungen in Deutschland.[21] Für das Jahr 2012 hat sich die auf GmbH entfallende Forderungshöhe sprunghaft erhöht und auf rund EUR 25,16 Milliarden (mehr als) verdoppelt;[22] der Anteil am gesamten Forderungsaufkommen blieb mit ungefähr 61% in etwa gleich. Dies stellt im Vergleich zu dem Niveau vor Ausbruch der Finanz- und Weltwirtschaftskrise eine erhebliche Steigerung dar: Noch im Jahr 2008 betrug diese Summe ca. EUR 9,36 Milliarden, was nur 42% der Gesamtforderungen ausmacht.[23] Besorgniserregend ist auch die beständig steigende Zahl der von Geschäftsführern verübten Insolvenzdelikte (insbesondere §§ 283 ff. StGB).[24] Die beachtliche Anzahl von fast 100 000 Beschäftigten, die allein im Jahr 2012 von diesen GmbH-Insolvenzen betroffen waren, verdeutlicht die gesamtgesellschaftliche und soziale Bedeutung dieser Phänomene.[25]

Eine besondere Beachtung verdient schließlich die mit der MoMiG-Gesetzesänderung zum 1.11.2008 neu eingeführte Unternehmergesellschaft (UG), die sich als konkurrierende Rechtsform zur britischen Ltd in der deutschen Unternehmenslandschaft erfolgreich ansiedeln konnte. So betrug der Bestand an UG nach einem Jahr der Existenz dieser neuen Unternehmensrechtsform bereits 19 563 Gesellschaften,[26] am 1.1.2012 schon 64 371 UG[27] und zum 1.1.2013 gar 78 680 UG.[28] Damit gibt es nun sieben Mal mehr UG als in Deutschland registrierte britische Ltd.s, deren Bestand rapide sinkt.[29] Erste Untersuchungsergebnisse verdeutlichen überdies, dass der Anteil von

---

[15] Statistisches Jahrbuch für die Bundesrepublik Deutschland 2013, S. 511.
[16] *Bayer/Hoffmann* GmbHR 2009, 1048, 1054; vgl. auch *Scholz/Emmerich*, § 13 GmbHG Rn. 83a; ebenso *Michalski/Nerlich*, § 60 GmbHG Rn. 54; vgl. auch zur rechtspolitischen Diskussion *Meyer* GmbHR 2004, 1417; *Meyer/Hermes* GmbHR 2005, 807.
[17] *Scholz/Emmerich*, § 13 GmbHG Rn. 83a; *Michalski/Nerlich*, § 60 GmbHG Rn. 54.
[18] *Hansen* GmbHR 2004, 39, 42.
[19] Statistisches Jahrbuch für die Bundesrepublik Deutschland 2001, S. 140
[20] Statistisches Jahrbuch für die Bundesrepublik Deutschland 2013, S. 511.
[21] Statistisches Jahrbuch für die Bundesrepublik Deutschland 2012, S. 515.
[22] Statistisches Jahrbuch für die Bundesrepublik Deutschland 2013, S. 511.
[23] Statistisches Jahrbuch für die Bundesrepublik Deutschland 2009, S. 503.
[24] *Scholz/Tiedemann*, vor § 82 GmbHG Rn. 2 ff.; *Michalski/Nerlich*, § 60 GmbHG Rn. 54.
[25] Betroffen waren laut statistischem Bundesamt 97 465 Beschäftigte, siehe Jahrbuch für die Bundesrepublik Deutschland 2013, S. 511.
[26] *Bayer/Hoffmann/Lieder* GmbHR 2010, 9.
[27] *Kornblum* GmbHR 2012, 728, 729.
[28] *Kornblum* GmbHR 2013, 693, 702.
[29] *Kornblum* GmbHR 2013, 693, 702.

UG-Gründungen an der Gesamtzahl von GmbH-Gründungen bemerkenswert hoch ausfällt und von steigender Tendenz ist.[30] Dementsprechend spielt die Unternehmergesellschaft auch in den Insolvenzstatistiken eine immer bedeutendere Rolle. So wurden für das Jahr 2011 insgesamt 1045 UG-Insolvenzen gezählt.[31] Deren Zahl steigt weiterhin schnell an: Allein im ersten Halbjahr 2012 waren es bereits 813 Fälle.[32] Dennoch sind bislang nicht einmal 3,5 % der gegründeten Unternehmergesellschaften in Insolvenz gefallen.[33] Auch lag die Eröffnungsquote bei immerhin rund 39 %.[34] In Anbetracht der prinzipbedingt schwachen Kapitalisierung der Unternehmergesellschaften sind diese Werte bemerkenswert.

Nach dem als gelungen zu bezeichnenden Start gilt es für die UG, sich als beständige Unternehmensform zu erweisen und dauerhaft eine attraktive Variante bzw. Alternative zur klassischen GmbH darzustellen.[35]

II. Gesellschaftsrechtliches Frühwarnsystem im Vorfeld der Insolvenz/ gesellschaftsrechtliche Instrumente zur Abwendung der Krise

1. Das gesellschaftsrechtliche „Frühwarnsystem". Das gesellschaftsrechtliche Frühwarnsystem im Vorfeld der Insolvenz kann als gesellschaftsinternes Pflichtensystem beschrieben werden, das zuvörderst dem Schutz der Gesellschaft,[36] reflexartig[37] aber auch dem Schutz der Gläubigerinteressen zu dienen bestimmt ist. Es lässt sich einteilen in eine gesteigerte Sorgfaltspflicht im Umgang mit dem Gesellschaftsvermögen, eine gesteigerte Informationspflicht der Geschäftsleitung gegenüber den Gesellschaftern und schließlich in eine gesteigerte Pflicht zur beständigen wirtschaftlichen Selbstprüfung. Adressat dieser Pflichten ist in erster Linie die Geschäftsführung der Gesellschaft.[38]

Im Vorfeld der Insolvenz, dh mit Eintritt einer Unterbilanz, legen §§ 43 III, 43a GmbHG dem Geschäftsführer ergänzend zu § 43 II und I GmbHG besondere Pflichten im Umgang mit dem Gesellschaftsvermögen auf.[39] Mit Eintritt der Unterbilanz darf das Gesellschaftsvermögen nicht mehr an die Gesellschafter „ausbezahlt" (§ 30 I GmbHG), nicht zum Erwerb eigener Geschäftsanteile verwendet (§ 33 GmbHG) und nicht als Kredit an andere gesetzliche Vertreter bzw. gleichgestellte Personen ausgegeben werden (§ 43a GmbHG). Sinn und Zweck dieser Regelungen ist es, das Netto- bzw. Reinvermögen der Gesellschaft in Höhe des Stammkapitals zu schützen, um so einen Beitrag einerseits zum Überleben der Gesellschaft und andererseits zur Befriedigung der Gläubigerforderungen zu leisten.[40]

---

[30] Näheres hierzu bei *Bayer/Hoffmann/Lieder* GmbHR 2010, 9, 10.
[31] *Bayer/Hoffmann* GmbHR 2012, R289.
[32] *Bayer/Hoffmann* GmbHR 2012, R289.
[33] *Bayer/Hoffmann* GmbHR 2012, R289, R290.
[34] *Bayer/Hoffmann* GmbHR 2012, R289.
[35] Siehe auch *Bayer/Hoffmann/Lieder* GmbHR 2010, 9, 12 f.; zu aktuellen Entwicklungen im Recht der UG siehe *Werner* GmbHR 2011, 459.
[36] Für die Folgen einer Pflichtverletzung → Rn. 20 ff., 26 ff.
[37] Die nachfolgenden Pflichten sind daher nach ganz überwiegender Ansicht nicht drittschützend iS des § 823 II BGB; für § 30 I GmbHG siehe in diesem Sinne BGH NJW 1990, 1725, 1729 f.; GmbHR 2001, 771, 772; *Barth/Gelsen* DB 1981, 2265, 2266; *Lutter/Hommelhoff*, § 30 GmbHG Rn. 1; für § 49 III GmbHG siehe BGH NJW 1979, 1829, 1831 (zu den aktienrechtl. Parallelvorschriften); *Ulmer/Hüffer*, § 49 GmbHG Rn. 29; *Scholz/K. Schmidt/Seibt*, § 49 GmbHG Rn. 23 und Rn. 35; *Lutter/Hommelhoff/Bayer*, § 49 GmbHG Rn. 22; *Roth/Altmeppen*, § 49 GmbHG Rn. 11; *Zeilinger* GmbHR 2001, 541, 551; *Müller* ZGR 1985, 191, 193.
[38] *Saenger/Inhester/Kolmann*, vor § 64 GmbHG Rn. 7; *Bellen/Stehl* BB 2010, 2579, 2580 ff.; *Bork* ZIP 2011, 101, 102 ff.
[39] *Uhlenbruck* GmbHR 1999, 313, 315 f.; *Haas* in Unternehmen in der Krise. 73, 75 ff.
[40] Vgl. *Ulmer/Habersack*, § 30 GmbHG Rn. 2; *Scholz/Westermann*, § 30 GmbHG Rn. 1 ff.; *Lutter/Hommelhoff*, § 30 GmbHG Rn. 1 und § 43a GmbHG Rn. 1; *Kleffner*, Erhaltung des Stammkapitals und Haftung nach §§ 30, 31 GmbHG, S. 24 f., 67.

Neben einer gesteigerten Pflicht zum „sorgsamen" Umgang mit dem Gesellschafts- 6
vermögen trifft den Geschäftsführer im Vorfeld der Insolvenz gemäß § 49 III GmbHG[41]
eine gesteigerte Informationspflicht gegenüber den Gesellschaftern, wenn aus der Jahresbilanz oder aus einer im Lauf des Geschäftsjahres aufgestellten Bilanz ersichtlich wird, dass die Hälfte des Stammkapitals verloren ist. Unter diesen Voraussetzungen muss der Geschäftsführer nach § 49 III GmbHG unverzüglich die Gesellschafterversammlung einberufen.

Teil des gesellschaftsrechtlichen Frühwarnsystems ist schließlich auch die Pflicht der 7
Geschäftsführer zur beständigen wirtschaftlichen Selbstprüfung, dh die Pflicht, die wirtschaftliche Situation der Gesellschaft beständig zu überprüfen und zu kontrollieren.[42] Eine derartige Pflicht ist zwar im GmbHG – anders als etwa im Aktienrecht (§ 91 II AktG)[43] – nicht ausdrücklich gesetzlich normiert.[44] Sie ergibt sich aber aus dem Zusammenhang der Vorschriften im GmbHG, die den Umgang des Geschäftsführers mit dem Gesellschaftsvermögen regeln.[45] Erst die wirtschaftliche Selbstprüfungspflicht gestattet es dem Geschäftsführer, eine Unterbilanz, den Verlust der Hälfte des Stammkapitals oder den Eintritt der Insolvenz zu erkennen.[46] Sie ergibt sich daher mittelbar auch aus der im Zuge der MoMiG-Reform eingeführten Vorschrift des § 15a InsO, der eine Pflicht zur Antragstellung im Insolvenzfalle statuiert (für die GmbH vormals geregelt in § 64 I GmbHG aF), derer der verpflichtete Geschäftsführer nur über eine beständige Selbstprüfung gerecht werden kann.[47] Der (konkrete) Inhalt der in § 43 I GmbHG verankerten Pflicht zur beständigen wirtschaftlichen Selbstprüfung hängt von der Struktur und Größe der Gesellschaft sowie deren wirtschaftlicher Lage ab.[48] In jedem Fall muss sich der Geschäftsführer jederzeit über die vermögensrechtliche Situation der Gesellschaft schnell und umfassend informiert halten und in der Lage sein, die von der Gesellschaft eingegangenen Risiken abzuschätzen und zu steuern.[49] Somit muss der Geschäftsführer für eine Organisation sorgen, die ihm jederzeit nicht nur einen Überblick über die augenblickliche, sondern auch über die künftige wirtschaftliche Situation der Gesellschaft ermöglicht.[50] Diese Pflichten gelten auch bei einer arbeitsteiligen Organisation und können sich zu einer ressortübergreifenden Überwachungspflicht ver-

---

[41] Vgl. hierzu *Ehlers* DStR 1998, 1756.
[42] Vgl. BGH GmbHR 1994, 539, 545; NJW-RR 1995, 669; ZIP 2007, 1265, 1266; 2012, 1174, 1175; 1557, 1558; OLG Oldenburg NZG 2001, 37, 39 f.; GmbHR 2008, 1101, 1102; OLG Celle GmbHR 2000, 942; KG NZG 1999, 400; OLG Düsseldorf GmbHR 1993, 159, 160; *Lutter/Hommelhoff/Kleindiek*, § 43 GmbHG Rn. 25; siehe auch *Roth/Altmeppen*, § 41 GmbHG Rn. 15; *Lutter* GmbHR 2000, 301, 305; *Scholz/K. Schmidt*, Anh § 64 GmbHG Rn. 4; *K. Schmidt* in K. Schmidt/Uhlenbruck (Hrsg.) Die GmbH in Krise, Sanierung und Insolvenz, Rn. 1.20 und Rn. 1.109 f.; *Haas* in Unternehmen in der Krise, S. 73, 74 f.; *Thiele* ZInsO 2014, 1882, 1885 ff.
[43] Eingeführt durch Art. 1 Nr. 9 Lit c) KonTraG, BGBl. 1998 I 786, 787. Für die Frage, wie die Selbstprüfung nach § 91 II AktG auszusehen hat, siehe *Lück* DB 1998, 1925 ff.; DB 1998, 8 ff.; *Hüffer*, § 91 AktG Rn. 6 ff.; *Drygalla/Drygalla* ZIP 2000, 297, 299 ff.
[44] Die Änderung des AktG soll jedoch – so die Gesetzesbegründung (BT-Drucks. 13/9712, S. 15) – auch auf solche GmbH ausstrahlen, die aufgrund ihrer Größe und Struktur mit einer AG vergleichbar sind, siehe auch *Maus*, in: K. Schmidt/Uhlenbruck, Die GmbH in Krise, Sanierung und Insolvenz, Rn. 1.114; *Remme/Theile* GmbHR 1998, 909, 914; *Uhlenbruck* GmbHR 1999, 313, 320; *Altmeppen* ZGR 1999, 291, 300 ff.; *Michalski/Haas/Ziemons*, § 43 GmbHG Rn. 75 ff.
[45] Vgl. *Bork*, ZIP 2011, 101, 102.
[46] Zu weiteren Elementen der Krisenfrüherkennung *Bork*, ZIP 2011, 101, 102 ff. mwN.
[47] BGH NJW-RR 1995, 669.
[48] Vgl. hierzu *Scholz/Schneider*, § 43 GmbHG Rn. 92; *Ensthaler/Füller/Schmidt*, § 43 GmbHG Rn. 12.
[49] BGH NJW-RR 1995, 669 f.; GmbHR 1994, 539, 545; *Goette* ZInsO 2001, 529, 530; vgl. auch zu dem spiegelbildlichen Informationsrecht des einzelnen Geschäftsführers OLG Koblenz NZG 2008, 397, 398.
[50] BGH NJW-RR 1995, 669 f.; ZIP 2012, 1557; *Bork* ZIP 2011, 101, 105 ff.; vgl. hierzu *Haas*, Geschäftsführerhaftung, S. 128 ff.; *Lutter/Hommelhoff/Kleindiek*, § 43 GmbHG Rn. 23, 26; *Scholz/Schneider*, § 43 GmbHG Rn. 96; *Roth/Altmeppen*, § 41 GmbHG Rn. 15.

dichten.⁵¹ Anlass zur wirtschaftlichen Selbstprüfung besteht nicht erst dann, wenn aus der Handelsbilanz ersichtlich wird, dass das zur Erhaltung des Stammkapitals erforderliche Vermögen nicht mehr vorhanden ist oder die Handelsbilanz einen durch Eigenkapital nicht mehr gedeckten Fehlbetrag ausweist. Vielmehr müssen auch unterjährig auftretende Indikatoren einer krisenhaften Entwicklung zum Anlass für eine wirtschaftliche Selbstprüfung genommen werden.⁵² Notfalls besteht für den Geschäftsführer die Pflicht, sich bei mangelnder eigener Expertise fachkundig beraten zu lassen; unterlässt er dies, handelt der Geschäftsführer schon deshalb pflichtwidrig und schuldhaft.⁵³ Zur Exkulpation bei Mitwirkung eines externen Beraters → Rn. 93 ff.

8 **2. Die vereinfachte Kapitalherabsetzung (§§ 58a ff. GmbHG) als ein (vorbereitendes) Instrument zur Krisenbewältigung.** Hat der Geschäftsführer von einer krisenhaften Entwicklung der Gesellschaft Kenntnis erlangt, muss er die Gesellschafterversammlung hiervon – wie über alle Entwicklungen von erheblicher Bedeutung – informieren, damit diese auf die Krisensituation reagieren kann.⁵⁴ Neben dieser Informationspflicht trifft den Geschäftsführer die Verpflichtung, konkrete Beschlüsse der Gesellschafterversammlung vorzubereiten, indem er eine Schwachstellenanalyse vornimmt und Möglichkeiten der Krisenbewältigung außerhalb des Insolvenzverfahrens aufzeigt.⁵⁵

9 Die InsO will außergerichtliche Sanierungen (freie Sanierungen)⁵⁶ nicht beeinträchtigen, sondern ist im Gegenteil bestrebt, diese zu fördern.⁵⁷ Dies gilt sowohl für sogenannte interne Sanierungen (solche aus eigener Kraft der Gesellschaft) als auch für externe Sanierungen (solche unter Einbeziehung von Gläubigern).⁵⁸ Zu den von der InsO neu⁵⁹ eingeführten Instrumentarien zur Erleichterung dieser „freien Sanierungen" gehört die vereinfachte Kapitalherabsetzung nach §§ 58a ff. GmbHG, die der Gesetzgeber durch Art. 48 Nr. 4 EGInsO mit Wirkung zum 19.10.1994 (vgl. Art. 110 III EGInsO) umgesetzt hat.⁶⁰ Die Neuregelung in den §§ 58a ff. GmbHG entspricht in der Sache und im Wortlaut nahezu vollständig den aktienrechtlichen Regelungen zur vereinfachten Kapitalherabsetzung (§§ 229–236 ff. AktG).⁶¹

10 a) *Sinn und Zweck der Neuregelung.* Das alte und neben §§ 58a ff. GmbHG noch geltende Recht über die Kapitalherabsetzung (§ 58 GmbHG) wurde schon seit längerer Zeit als sanierungsfeindlich kritisiert.⁶² § 58 GmbHG (normale Kapitalherabsetzung) liegt die Vorstellung zugrunde, dass eine Kapitalherabsetzung stets zu einer Teilliquidation des Unternehmens und damit zu einer Rückzahlung von Einlagen führt und folglich – im System der Kapitalerhaltung – nur unter Beachtung strenger gläubigerschützender Bestimmungen zulässig sein darf.⁶³ In der Gesellschaftskrise stellt sich die

---

⁵¹ Vgl. hierzu *Nietsch* ZIP 2013, 1449, 1451 ff.
⁵² *Haas,* Kölner Schrift, S. 1293 Rn. 9; *Haas,* in Unternehmen in der Krise, S. 73, 75.
⁵³ BGH DStR 2007, 1641 Rn. 16; *Scholz/K Schmidt* § 64 GmbHG Rn. 46.
⁵⁴ Vgl. *Lutter/Hommelhoff/Kleindiek*, § 43 GmbHG Rn. 36; *Scholz/Schneider*, § 37 GmbHG Rn. 12; *Uhlenbruck* WiB 1996, 409, 412.
⁵⁵ *Lutter/Hommelhoff/Kleindiek*, § 43 GmbHG Rn. 35; *Uhlenbruck* WiB 1996, 409, 412.
⁵⁶ Vgl. zu dem Begriff *K. Schmidt,* Gutachten D zum 54. DJT 1982, D 103; zu den mit einer freien Sanierung verbundenen Haftungsrisiken der Beteiligten siehe *Neuhoff* NJW 1998, 3225 ff.; zu den Vor- und Nachteilen einer „freien" Sanierung vgl. *Undritz,* Kölner Schrift, S. 932 Rn. 26 f.
⁵⁷ Vgl. Begr. zum RegE BT-Drucks. 12/2443, S. 75 ff.; *Uhlenbruck* GmbHR 1995, 81, 83 f.; *ders.* GmbHR 1999, 313, 315; *Undritz,* Kölner Schrift, S. 932, 936 Rn. 10 f.
⁵⁸ Vgl. hierzu auch *K. Schmidt* ZIP 1980, 328, 333 f.; *Undritz,* Kölner Schrift, S. 932 Rn. 16.
⁵⁹ Zu den Sanierungsinstrumenten allgemein siehe *Hoffmann/Liebs,* Der GmbH-Geschäftsführer, Rn. 605 ff.; siehe auch *Ehlers* DStR 1998, 1756, 1758 ff.
⁶⁰ Vgl. hierzu *Maser/Sommer* GmbHR 1996, 22 ff.
⁶¹ Kritisch hierzu *Baumbach/Hueck/Zöllner/Haas,* § 58a GmbHG Rn. 2.
⁶² Vgl. *K. Schmidt* ZGR 1982, 529, 534 f.; *ders.* ZGR 1986, 178, 203; *ders.* in Wege zum Insolvenzrecht der Unternehmen, 1990, S. 207 ff.; siehe auch *Hirte,* Kölner Schrift, S. 902 Rn. 13 ff.
⁶³ Vgl. *K. Schmidt* in Wege zum Insolvenzrecht der Unternehmen, S. 207.

Situation aber anders dar. Die Kapitalerhaltungsvorschriften tragen zwar dazu bei, das Gesellschaftsvermögen in einer bestimmten Höhe als Betriebsmittel im Interesse der Gesellschaft (und mittelbar im Interesse der Gläubiger) zu erhalten.[64] Zu diesem Zweck verbieten sie unmittelbare und mittelbare Auszahlungen aus dem zur Erhaltung des Stammkapitals erforderlichen Vermögen an die Gesellschafter. Sinn und Zweck der Vorschriften ist es dagegen nicht, den Gläubigern eine Haftungsmasse in Höhe des rechnerischen Betrags des Stammkapitals zur Befriedigung ihrer Forderungen zu garantieren. Die Kapitalerhaltungsvorschriften verhindern folglich nicht, dass das zur Erhaltung des Stammkapitals erforderliche Gesellschaftsvermögen infolge von Verlusten (teilweise) aufgezehrt wird und damit auch dem Zugriff der Gläubiger verloren geht. Die Kapitalerhaltungsvorschriften beschränken sich in einem solchen Fall auf das Verbot, die vorhandene Unterbilanz durch Auszahlungen an die Gesellschafter weiter zu vertiefen. Wird hier die Kapitalherabsetzung dazu verwendet, die Unterbilanz zu beseitigen, entzieht man den Gläubigern dadurch nichts, was diese nicht schon ohnehin zuvor verloren haben.[65] Durch die Kapitalherabsetzung werden folglich Gläubigerinteressen grundsätzlich nicht beeinträchtigt.[66]

Für eine Verwendung der Kapitalherabsetzung zur Beseitigung einer Unterbilanz 11 besteht insbesondere in einer Gesellschaftskrise ein besonderes Bedürfnis,[67] da in aller Regel erst die Kapitalherabsetzung die Voraussetzungen für eine benötigte frische Kapitalzufuhr schafft;[68] denn durch die Kapitalherabsetzung nehmen die bisherigen Gesellschafter den erwirtschafteten Verlust allein auf ihre Rechnung, indem ihr Geschäftsanteil angepasst wird. Anderenfalls – dh bei einer Kapitalerhöhung ohne vorangehende Kapitalherabsetzung – wäre der Verlust von allen Beteiligten, dh Neu- und Altgesellschaftern, im Verhältnis ihrer Nominalanteile zu tragen mit der Folge, dass sich neue Kapitalgeber nur schwer finden lassen werden. Ziel der §§ 58a ff. GmbHG ist es, für diese Fallkonstellation, dh Ausgleich einer Unterbilanz und gleichzeitige bzw. nachfolgende Kapitalerhöhung, eine praxisentsprechende Regelung bereitzustellen.[69]

b) *Anwendungsbereich der Neuregelung.* Die Vorschriften über die vereinfachte Kapitalherabsetzung können nicht nur bei der „freien" Sanierung des Schuldnerunternehmens, sondern auch im Rahmen eines gerichtlichen Insolvenzverfahrens Anwendung finden.[70] Im Rahmen des darstellenden Teils des Insolvenzplans (§ 220 InsO) wäre dann beispielsweise eine derartige, geplante Kapitalmaßnahme aufzunehmen.[71] Anwendbar sind die §§ 58a ff. GmbHG schließlich auch im Rahmen der Unternehmensspaltung nach § 139 UmwG.[72]

c) *Überblick über die Voraussetzungen und den Gang einer vereinfachten Kapitalherabsetzung.* 13 **aa)** *Zweck.* Die vereinfachte Kapitalherabsetzung kann nur zu dem Zweck vorgenommen werden, eine Unterbilanz zu beseitigen (§ 58a I GmbHG). Für die Frage, ob diese kritische Grenze unterschritten wird, sind zunächst der Gewinnvortrag und (in be-

---

[64] Vgl. *Haas,* Geschäftsführerhaftung, S. 27.
[65] *Scholz/Priester,* Vor § 58a GmbHG Rn. 7; *Hirte,* Kölner Schrift, S. 902 Rn. 6 f.
[66] Für die in Zukunft erwirtschafteten Gewinne der Gesellschaft gilt freilich, dass diese – wenn die Stammkapitalziffer abgesenkt wird – ausschüttungsfähig werden, wenn das Gesellschaftsvermögen das zur Erhaltung des Stammkapitals erforderliche Vermögen übersteigt; kritischer zur Frage der Gläubigerbetroffenheit *Saenger/Inhester,* § 58a GmbHG Rn. 2.
[67] *Maser/Sommer* GmbHR 1996, 22, 23 f.
[68] Zum Problem des Bezugsrechts der bisherigen Gesellschafter hinsichtlich der neuen Anteile, vgl. *Scholz/Priester,* § 55 GmbHG Rn. 40 ff.
[69] Vgl. *Scholz/Priester,* Vor § 58a GmbHG Rn. 1 f.
[70] → Rn. 321.
[71] Vgl. *Uhlenbruck* GmbHR 1995, 81, 85 f.; *Hirte,* Kölner Schrift, S. 902 Rn. 63.
[72] Siehe *Baumbach/Hueck/Zöllner/Haas,* § 58a GmbHG Rn. 3; *Hirte,* Kölner Schrift, S. 902 Rn. 64.

stimmter Höhe) die Kapital- und Gewinnrücklagen mit den Verlusten[73] zu verrechnen (§ 58a II GmbHG).[74] Nach Herabsetzung des Stammkapitals darf das Eigenkapital höchstens einen Betrag in Höhe des neuen Stammkapitals + 10% ausmachen, § 58b II GmbHG. Zulässig ist nach § 58a IV GmbHG auch eine Kapitalherabsetzung unter den Mindestbetrag des Stammkapitals (§ 5 I GmbHG) – also auch auf „Null"[75] – wenn dieser durch eine zugleich beschlossene und innerhalb von drei Monaten zusammen mit der Kapitalherabsetzung in das Handelsregister eingetragenen Barkapitalerhöhung wieder erreicht wird.[76] Für den das Mindeststammkapital überschreitenden Betrag ist auch eine Kombination mit einer Sachkapitalerhöhung möglich,[77] wenn auch mit zusätzlichen Anfechtungs- und Eintragungsrisiken behaftet.[78] Da der Verlustausgleich – anders als das Mindeststammkapital – nicht sofort erreicht werden muss, empfiehlt sich im Bedarfsfall eine Kapitalerhöhung in zwei Schritten.[79]

14   Die vereinfachte Kapitalherabsetzung ist nicht nur zum Ausgleich tatsächlich eingetretener, sondern auch bei konkret[80] drohenden Verlusten zulässig.[81] Dies folgt indirekt aus § 58c GmbHG, wonach prognostizierte Verluste, die nicht eingetreten sind, in die Kapitalrücklage einzustellen sind. § 58c GmbHG entbindet den Geschäftsführer freilich nicht von der Verpflichtung, die künftige Entwicklung der Gesellschaft gewissenhaft, dh den Grundsätzen eines ordentlichen Geschäftsmannes entsprechend (§ 43 I GmbHG), zu prognostizieren.[82] Ohne Belang für die §§ 58a ff. GmbHG ist, wann die Verluste erwirtschaftet wurden.[83] Eine bestimmte Höhe der auszugleichenden Verluste, etwa im Verhältnis zum Stammkapital, ist ebenfalls nicht erforderlich.[84]

15   bb) *Der Kapitalherabsetzungsbeschluss.* Die vereinfachte Kapitalherabsetzung ist eine Satzungsänderung und daher nur unter den Voraussetzungen des § 53 GmbHG, auf den § 58a V GmbHG verweist, zulässig.[85] Notwendig ist ein Beschluss mit satzungsändernder Mehrheit in der hierfür notwendigen Form (§ 53 II 1 GmbHG). Der Inhalt des Beschlusses muss zunächst den Zweck angeben,[86] dass es sich um eine vereinfachte Kapitalherabsetzung mit dem Ziel der Verlustdeckung handelt. Darüber hinaus hat der Beschluss den Betrag anzugeben, um den das Stammkapital verringert werden soll und (vgl. § 58a III 1 GmbHG) wie sich dieser Betrag auf die Nennbeträge der einzelnen Gesellschaftsanteile verteilt. Als Mindestnennbetrag des herabgesetzten Geschäftsanteils sieht § 58a III 2 GmbHG einen Betrag von EUR 50 vor. Im Übrigen können nach § 58a III 2 GmbHG abweichend von § 5 III GmbHG die Geschäftsanteile auf jeden

---

[73] Die Verluste müssen nicht durch Jahresabschluss förmlich festgestellt sein; vgl. *Baumbach/Hueck/Zöllner/Haas*, § 58a GmbHG Rn. 10 f.; *Lutter/Hommelhoff*, § 58a GmbHG Rn. 9; vgl. auch für die AG BGH NZG 1998, 422, 423.
[74] Nicht aufzulösen sind hingegen stille Reserven, vgl. *Scholz/Priester*, § 58a GmbHG Rn. 8; *Baumbach/Hueck/Zöllner/Haas*, § 58a GmbHG Rn. 14.
[75] Grundlegend (für die AG) BGHZ 119, 305, 306.
[76] *Baumbach/Hueck/Zöllner/Haas*, § 58a GmbHG Rn. 34.
[77] LG Kiel ZIP 2013, 824, 825; *Baumbach/Hueck/Zöllner/Haas*, § 58a GmbHG Rn. 34; *Lutter/Hommelhoff*, § 58a GmbHG Rn. 17; aA *Maser/Sommer* GmbHR 1996, 22, 30 f.
[78] Siehe hierzu *Baumbach/Hueck/Zöllner/Haas*, § 58a GmbHG Rn. 34.
[79] Vgl. LG Kiel ZIP 2013, 824, 828; *Baumbach/Hueck/Zöllner/Haas*, § 58a GmbHG Rn. 34.
[80] Vgl. *Baumbach/Hueck/Zöllner/Haas*, § 58a GmbHG Rn. 11.
[81] *Scholz/Priester*, § 58a GmbHG Rn. 11; *Lutter/Hommelhoff*, § 58a GmbHG Rn. 10.
[82] Vgl. *Scholz/Priester*, § 58a GmbHG Rn. 11.
[83] *Baumbach/Hueck/Zöllner/Haas*, § 58a GmbHG Rn. 7; *Scholz/Priester*, § 58a GmbHG Rn. 10; *Roth/Altmeppen*, § 58a GmbHG Rn. 4.
[84] *Scholz/Priester*, § 58a GmbHG Rn. 10.
[85] Vgl. *Maser/Sommer* GmbHR 1996, 22, 26; *Scholz/Priester*, § 58a GmbHG Rn. 14; *Lutter/Hommelhoff*, § 58a GmbHG Rn. 15; *Ensthaler/Füller/Schmidt*, § 58a GmbHG Rn. 6.
[86] Vgl. *Scholz/Priester*, § 58a GmbHG Rn. 20, 23 f.; *Lutter/Hommelhoff*, § 58a GmbHG Rn. 18; *Hirte*, Kölner Schrift, S. 902 Rn. 25; weniger formalistisch *Baumbach/Hueck/Zöllner/Haas*, § 58a GmbHG Rn. 19.

durch 10 teilbaren Betrag angepasst werden. Mängel iS des § 58a I–III GmbHG machen den Beschluss nicht nichtig, sondern lediglich anfechtbar.[87]

Die Kapitalherabsetzung kann nach § 58e GmbHG unter bestimmten Voraussetzungen auch rückwirkend erfolgen. Die Vorschrift erlaubt der Gesellschaft, unter Ausnahme vom Stichtagsprinzip, eine Offenlegung einer Verlustbilanz zu vermeiden, um so Sanierungsbemühungen nicht zu beeinträchtigen.[88]

cc) *Anmeldung zum Handelsregister und Eintragung.* Die Kapitalherabsetzung ist in öffentlich beglaubigter Form beim Sitzgericht anzumelden (§§ 58a V, 54 I 1, III GmbHG). Umstritten ist, ob die Anmeldung durch sämtliche Geschäftsführer zu erfolgen hat[89] oder ob die Anmeldung durch die Geschäftsführer in vertretungsberechtigter Zahl ausreicht.[90] Das Registergericht hat zunächst die allgemeinen Voraussetzungen hinsichtlich der Satzungsänderung zu prüfen. Zusätzlich hat das Registergericht eine Prüfungspflicht hinsichtlich der Voraussetzungen der vereinfachten Kapitalherabsetzung.[91] Mit Eintragung der vereinfachten Kapitalherabsetzung in das Handelsregister wird diese wirksam (§ 54 III GmbHG).

d) *Gläubigerschutz im Rahmen der vereinfachten Kapitalherabsetzung.* Die §§ 58a ff. GmbHG sehen eine Reihe von Bestimmungen vor, die dazu dienen, die Interessen der Gläubiger zu schützen. Hierzu zählen etwa die Bestimmungen in § 58a I und II GmbHG, wonach die im Rahmen der Kapitalherabsetzung freiwerdenden Beträge lediglich zur Verlustdeckung und daneben in begrenztem Umfang auch zur Bildung einer Kapitalrücklage verwendet werden dürfen. Stellt sich später heraus, dass die tatsächlichen Verluste geringer sind als die prognostizierten, dürfen die hierdurch freiwerdenden Beträge ebenfalls nicht an die Gesellschafter ausgekehrt werden, sondern müssen der Kapitalrücklage zugeführt werden (§ 58c GmbHG). Die der Kapitalrücklage zugeführten Beträge unterliegen einer fünfjährigen Auszahlungssperre (§ 58b III GmbHG). Schließlich dürfen in Zukunft erwirtschaftete Gewinne der Gesellschaft nur in sachlich und zeitlich beschränktem Umfang an die Gesellschafter ausgeschüttet werden (§ 58d GmbHG).

3. Haftungsrisiken für den Gesellschafter im Rahmen außergerichtlicher Sanierungsverhandlungen. Werden im Rahmen der Sanierung satzungsändernde Maßnahmen erforderlich, müssen diese von der Gesellschafterversammlung beschlossen werden. Da das „ob" und das „wie" einer freien Sanierung eine den Bestand der GmbH berührende Frage ist, hat grundsätzlich die Gesellschafterversammlung hierüber zu befinden.[92] Diese Entscheidungsbefugnis gilt nicht für jede einzelne Maßnahme der Geschäftsführung, sondern nach dem Sinn und Zweck und der generellen Zuständigkeitsordnung nur für Sanierungsmaßnahmen von so grundlegender Bedeutung, dass sie den Bestand der Gesellschaft betreffen und nicht mit den ohnehin verfügbaren Mitteln der Gesellschaft gestemmt werden können. Die Abgrenzung im Einzelfall bereitet Schwierigkeiten.[93] Die Zuständigkeit der Gesellschafterversammlung erfasst hiernach

---

[87] Vgl. *Baumbach/Hueck/Zöllner/Haas*, § 58a GmbHG Rn. 22; *Scholz/Priester*, § 58a GmbHG Rn. 43.
[88] Vgl. *Lutter/Hommelhoff*, § 58e GmbHG Rn. 1; kritisch *Baumbach/Hueck/Zöllner/Haas*, § 58e GmbHG Rn. 1.
[89] So *Baumbach/Hueck/Zöllner/Haas*, § 58a GmbHG Rn. 30.
[90] So *Scholz/Priester*, § 58a GmbHG Rn. 32; *Hirte*, Kölner Schrift, S. 902 Rn. 27.
[91] Vgl. *Scholz/Priester*, § 58a GmbHG Rn. 34 f.; *Baumbach/Hueck/Zöllner/Haas*, § 58a GmbHG Rn. 31.
[92] Siehe *Lutter/Hommelhoff/Kleindiek*, § 43 GmbHG Rn. 36; OLG München, DB 2013, 1596, 1598 (zur GmbH & Co KG); *Baumbach/Hueck/Haas*, § 60 GmbHG Rn. 29; *Bork* ZIP 2011, 101, 107 f. mwN; *Leinekugel/Skauradszun* GmbHR 2011, 1121, 1123 (jeweils zur GmbH); zusammenfassend *Wertenbruch* DB 2013, 1592.
[93] *Bork* ZIP 2011, 101, 107 f.; *Geißler* ZInsO 2013, 919, 922 f.

sowohl den Fall, dass eine Satzungsänderung notwendig wird, als auch den Fall, dass die erforderliche Maßnahme auf eine (tatsächliche) Änderung der Gesellschaftsgrundlage abzielt.[94] Wird im Zuge einer außergerichtlichen Sanierung die Mitwirkung der Gesellschafter erforderlich, stellt sich die Frage, ob und inwieweit diese für ihr unternehmerisches Verhalten haftungsrechtlich zur Verantwortung gezogen werden können.

20 **a)** *Die Haftungsrisiken im Innenverhältnis.* aa) *Die Mitwirkungspflicht des einzelnen Gesellschafters bei außergerichtlichen Sanierungen.* Ein Obstruktionsverbot des Gesellschafters bei außergerichtlichen Sanierungen ergibt sich nach hM sowohl gegenüber der Gesellschaft als auch gegenüber den Mitgesellschaftern aus der jedem Gesellschafter – sei er Mehrheits- oder Minderheitsgesellschafter – obliegenden gesellschaftsrechtlichen Treuepflicht.[95]

21 Unstreitig überschreitet ein Gesellschafter die aus der Treuepflicht fließende Ausübungsschranke, wenn er das Mitgliedschaftsrecht zu rechtswidrigen Zwecken oder dazu einsetzt, eine wirtschaftliche Chance aus der Sphäre der Gesellschaft zu seinem persönlichen Vorteil und zum Schaden der Gesellschaft oder der anderen Gesellschafter zu nutzen (vgl. § 243 II AktG).[96] Eine weitere Grenze ergibt sich überwiegender Ansicht nach aus der Pflicht des Mitgesellschafters, den Verbandszweck zu fördern (Loyalitäts- und Förderpflicht) und Schäden für die Gesellschaft zu vermeiden.[97] Diese Ausübungsschranke bei der Wahrnehmung sogenannter uneigennütziger Mitgliedschaftsrechte ist das Ergebnis einer umfassenden Interessenabwägung. Einzustellen sind insoweit der Gesellschaftszweck, die Realstruktur der Gesellschaft, die Zweckverfolgungsnähe der beschlossenen Maßnahme, das mitgliedschaftliche Interesse der übrigen Gesellschafter sowie das Eigeninteresse des handelnden Gesellschafters.[98] Aufgrund dieser Interessenabwägung kann sich im Einzelfall für den Gesellschafter auch die Pflicht ergeben, einem Sanierungskonzept – selbst wenn dieses eine Vertragsänderung beinhaltet – zuzustimmen, wenn die Interessen der Gesellschaft und die der Mitgesellschafter bei weitem überwiegen und das vom Gesellschafter zu erbringende Opfer noch verhältnismäßig bzw. zumutbar ist.[99] Dies gilt jedoch allenfalls für besonders gelagerte Aus-

---

[94] Vgl. BGHZ 83, 122, 128f. (für AG), präzisiert jetzt in BGH ZIP 2004, 997ff. („Gelatine"); vgl. auch *Baumbach/Hueck/Zöllner/Noack*, § 53 GmbHG Rn. 53; *Ulmer*, § 53 GmbHG Rn. 151; *Roth/Altmeppen*, § 53 GmbHG Rn. 6f.

[95] Vgl. BGH NJW 1987, 189, 190; NJW 1988, 1579, 1581; NJW 1995, 1739, 1741; BGHZ 65, 15, 18; OLG Stuttgart ZIP 2004, 1145, 1150; NZG 2000, 490, 494; *H. F. Müller*, Der Verband in der Insolvenz, S. 326ff.; *Scholz/K. Schmidt*, § 47 GmbHG Rn. 26, 31; *Baumbach/Hueck/Fastrich*, § 13 GmbHG Rn. 20; *Rowedder/Pentz*, § 13 GmbHG Rn. 38; *Lutter/Hommelhoff/Bayer*, § 14 GmbHG Rn. 21f. und § 47 GmbHG Rn. 12f., 51; *Roth/Altmeppen*, § 13 GmbHG Rn. 51f.; *Schorlemer/Stupp* NZI 2003, 345, 346ff. Zur Diskussion über die gesetzliche Grundlage der Treuepflicht siehe *Henze* BB 1996, 489, 491f. Für eine Ableitung der Ausübungsschranke nicht aus der Treuepflicht, sondern aus dem Wesen der Mitgliedschaft, *Flume* ZIP 1996, 161, 163ff.; *Roth/Altmeppen*, § 13 GmbHG Rn. 28f.; *Altmeppen* NJW 1995, 1749, 1750; siehe iÜ auch zur umfassende Darstellung bei *Ensthaler/Füller/Schmidt*, § 13 Rn. 18ff.

[96] Vgl. BGHZ 65, 15, 19; BGH ZIP 1980, 275, 277; OLG Stuttgart ZIP 2004, 1145, 1150; NZG 2000, 490, 494f.; *Scholz/Emmerich*, § 13 GmbHG Rn. 45b; *Lutter/Hommelhoff/Bayer*, § 14 Rn. 24; *Roth/Altmeppen*, § 13 GmbHG Rn. 31 und Rn. 44; *Baumbach/Hueck/Fastrich*, § 13 GmbHG Rn. 26; vgl. auch *Flume* ZIP 1996, 161, 164.

[97] Vgl. OLG Stuttgart ZIP 2004, 1145, 1150 (AG); *Lutter* AcP 1980, 84, 102ff.; *ders*. ZHR 1989, 446, 452; *ders*. JZ 1995, 1053, 1054; *Ulmer/Raiser*, § 14 GmbHG Rn. 68; *Scholz/Emmerich*, § 13 GmbHG Rn. 39, 42; *Scholz/K. Schmidt*, § 47 GmbHG Rn. 30; *Lutter/Hommelhoff/Bayer*, § 14 GmbHG Rn. 22; *Baumbach/Hueck/Fastrich*, § 13 GmbHG Rn. 21.

[98] BGHZ 65, 15, 18; BGH NJW 1987, 189, 190f.; NJW 1987, 3192, 3193; 1989, 166, 167; BB 2003, 1918, 1920; *Rowedder/Pentz*, § 13 GmbHG Rn. 40; *Scholz/Emmerich*, § 13 GmbHG Rn. 39b; *Ulmer/Raiser*, § 13 GmbHG Rn. 69; *Baumbach/Hueck/Fastrich*, § 13 GmbHG Rn. 22; *Schorlemer/Stupp* NZI 2003, 345, 347.

[99] Vgl. für die Pflicht zur Zustimmung zu einem gesellschaftsvertraglich vereinbarten Ausscheiden von Gesellschaftern, die eine Sanierung nicht mittragen BGH NZI 2009, 907, 909 – Sanieren oder Ausscheiden (bezogen auf eine Publikums-OHG); zu einer Kapitalerhöhung BGH NJW 1987, 3192f.; zu

nahmefälle;[100] denn dem Gesellschafter kommt im Rahmen der von ihm bei Ausübung seiner Gesellschafterrechte vorzunehmenden Interessenabwägung ein weiter Prognose- und Beurteilungsspielraum zu. Das Beschlussverhalten eines Gesellschafters ist daher grundsätzlich nicht schon deshalb zu beanstanden, weil es unzweckmäßig oder unvernünftig ist.[101] Selbst wenn die der Stimmabgabe zugrundeliegenden Entscheidungsgrundlagen fehlerhaft oder unvollständig sind und damit der Beurteilungsspielraum überschritten wurde, ist die Stimmabgabe (ausnahmsweise) dann nicht treuwidrig, wenn die Entscheidungsgrundlagen von einem externen Gutachter erarbeitet wurden und die Fehler für einen objektiven Gesellschafter nicht erkennbar waren.[102] Des Weiteren ist darauf hinzuweisen, dass die Gesellschaft gegenüber Maßnahmen des Gesellschafters keinen Bestandsschutz genießt. Die Gesellschafter sind daher – bis zur Grenze des Missbrauchs – nicht verpflichtet, Maßnahmen zugunsten bzw. zum Bestandsschutz der Gesellschaft zu ergreifen.[103] Schließlich wird dem Gesellschafter die Zustimmung zu einer Sanierungsmaßnahme nur dann zumutbar sein, wenn die damit für ihn verbundenen Nachteile allenfalls geringfügig sind.[104]

Die aus der Förderpflicht folgende Ausübungsschranke hat der einzelne Gesellschafter so lange zu beachten, wie die durch Gesetz oder Satzung vorgesehene Mehrheit für einen Auflösungsbeschluss nicht zustande kommt. Bis dahin verbietet die Treuepflicht dem Gesellschafter – so die Rechtsprechung und hM –, eine sinnvolle und mehrheitlich angestrebte Sanierung aus eigennützigen Motiven zu verhindern.[105] Nicht zumutbar ist dem Gesellschafter, zusätzlichen, über die bestehenden Vertragspflichten hinausgehenden Leistungen (Übernahme von Stammeinlagen, Nachschusspflicht, Verpflichtungen iSd § 3 II GmbHG) zuzustimmen oder an Strukturänderungen mitzuwirken, die mit der Gesellschafterstellung ein größeres Haftungspotenzial verknüpfen.[106] Andere Nachteile (zB Verlust von Einfluss, Verzicht auf Beteiligung am Sanierungsgewinn) wird der Gesellschafter hingegen eher hinzunehmen haben.[107] In keinem Fall darf der Gesellschafter aber die Versagung zur Zustimmung von Sanierungsmaßnahmen (etwa einer

---

einer vereinfachten Kapitalherabsetzung (bei einer AG) BGH NJW 1995, 1739, 1541; zustimmend *Marsch-Barner* ZIP 1996, 853, 854 ff.; *Lutter* JZ 1995, 1053, 1054 ff.; *Scholz/Priester*, § 58a GmbHG Rn. 18; vgl. hierzu auch BGH NJW 1999, 3197 (AG); NJW 1985, 974 f. (Personengesellschaft); siehe auch *H. F. Müller*, Der Verband in der Insolvenz, S. 330 ff.; *Rowedder/Pentz*, § 13 GmbHG Rn. 51; *Henze* ZHR 1998, 186, 192; *Schorlemer/Stupp* NZI 2003, 345, 347; *Häsemeyer* ZHR 1996, 109, 113 ff.; *Scholz/K. Schmidt*, § 47 GmbHG Rn. 31; *Ulmer/Raiser*, § 14 GmbHG Rn. 80; *Lutter/Hommelhoff*, § 14 GmbHG Rn. 22; *Scholz/Emmerich*, § 13 GmbHG Rn. 39b, 42; ablehnend dagegen *Altmeppen* NJW 1995, 1739; *Flume* ZIP 1996, 161, 165 ff.; vgl. zur Pflicht, einer Kapitalerhöhung zuzustimmen *K. Schmidt* ZIP 1980, 328, 335; für die Pflicht, einer Anteilsübertragung zuzustimmen OLG Köln NZG 1999, 1166, 1167 f.

[100] Vgl. *Roth/Altmeppen*, § 47 GmbHG Rn. 44; *Rowedder/Pentz*, § 13 GmbHG Rn. 51; siehe auch die Beispiele bei *Scholz/K. Schmidt*, § 47 GmbHG Rn. 31.

[101] Vgl. BGH WM 1970, 1165 f.; *Scholz/K. Schmidt*, § 47 GmbHG Rn. 26, 30; *Lutter/Hommelhoff/Bayer*, Anh § 47 GmbHG Rn. 53, 56; *Ensthaler/Füller/Schmidt*, § 47 Rn. 6; kritisch *Baumbach/Hueck/Zöllner*, Anh § 47 Rn. 96.

[102] OLG Stuttgart ZIP 2004, 1145, 1150 f.

[103] Vgl. BGH NJW 1995, 1739, 1743 – Girmes; NJW 1988, 1579, 1581; NZG 2005, 177, 178; siehe auch BGH ZIP 1980, 275, 276 f.; *Scholz/K. Schmidt*, § 47 GmbHG Rn. 26, 28 f.; *Lutter/Hommelhoff/Kleindiek*, § 43 GmbHG Rn. 37.

[104] Siehe *Scholz/K. Schmidt*, § 47 GmbHG Rn. 31; weitergehend dagegen *Schorlemer/Stupp* NZI 2003, 345, 349.

[105] Vgl. BGH NJW 1995, 1739, 1743; OLG Köln NZG 1999, 1166, 1167 f.; *Scholz/K. Schmidt*, § 47 GmbHG Rn. 31; *Scholz/Priester*, § 58a GmbHG Rn. 18; *Dreher* ZHR 1993, 150, 180 f.; *K. Schmidt* ZIP 1980, 328, 335 f.; *Timm* WM 1991, 481, 484 f.

[106] Vgl. *Roth/Altmeppen*, § 13 GmbHG Rn. 53; *Scholz/K. Schmidt*, § 47 GmbHG Rn. 31; *ders.* ZIP 1980, 328, 335 f.; vgl. auch BGH NJW 1985, 974 f.; NZG 2009, 501, 502 (jeweils bzgl. Personengesellschaft); NZG 2009, 1347, 1349 – Sanieren oder Ausscheiden (Publikums-OHG).

[107] Str, siehe *Schorlemer/Stupp* NZI 2003, 345, 349 f.

Kapitalerhöhung) und die damit verbundene Drohung, die Gesellschaft in die Liquidation zu treiben, dazu einsetzen, um Forderungen gegen die Gesellschaft oder die Mitgesellschafter durchzusetzen, die mit der Sanierungsmaßnahme in keinem Zusammenhang stehen.[108] Nicht hinreichend geklärt ist, ob dem Gesellschafter das Ausscheiden zumutbar ist (gegen angemessene Abfindung), um eine Sanierung zu ermöglichen.[109] Besteht im Einzelfall eine Pflicht des Gesellschafters, seine Stimme positiv in einem bestimmten Sinne abzugeben, kann die Gesellschaft bzw. ein Mitgesellschafter dies wie bei einer vertraglichen Stimmbindung durchsetzen.[110]

23 bb) *Folgen bei einem Verstoß gegen die Mitwirkungspflicht.* Die von einem Gesellschafter treuwidrig abgegebene Stimme ist nichtig.[111] Die Stimme darf daher bei der Stimmrechtsauszählung nicht mitgezählt werden.[112] Wurde das Beschlussergebnis förmlich festgestellt und die treuwidrig abgegebene Stimme mitgezählt, ist der Beschluss mangelhaft und damit grundsätzlich anfechtbar.[113] Eine treuwidrig nicht abgegebene Ja-Stimme kann jedoch nicht hinzugedacht werden. Vielmehr ist die positive Stimmpflicht hier im Wege einer positiven Beschlussfeststellungsklage durchzusetzen.[114]

24 Im Einzelfall kann auch eine Schadensersatzpflicht wegen treuwidriger Stimmrechtsausübung oder aus § 826 BGB in Betracht kommen.[115] Voraussetzung hierfür ist jedoch grundsätzlich, dass die Möglichkeiten der Beschlussanfechtung (etwa verbunden mit der Beschlussfeststellungsklage) ausgeschöpft werden; denn kann der Eintritt des Schadens durch Ausübung der prozessualen Rechtsbehelfe verhindert werden, muss die Schadensersatzklage gegenüber den speziellen Rechtsbehelfen subsidiär sein.[116] In Bezug auf den Verschuldensmaßstab wendet die Rechtsprechung nicht § 708 BGB analog, sondern einen qualifizierten, dem § 117 I AktG entnommenen Verschuldensmaßstab an, wonach der Gesellschafter lediglich für Vorsatz einzustehen hat.[117] Vom Vorsatz muss nicht nur die Pflichtverletzung, sondern auch die Schadenszufügung erfasst sein.[118] Der Schadensersatzanspruch steht sowohl der Gesellschaft als auch dem Gesellschafter zu, da die Treuepflicht – überwiegender Ansicht nach – in beide Richtungen wirkt.[119] Da der Schaden der Mitgesellschafter auf Grund des stimmrechtswidrigen Verhaltens aber ein Reflex des der Gesellschaft zugefügten Schadens ist, wird der Anspruch der

---

[108] BGH NJW 1987, 3192, 3193; *Schorlemer/Stupp* NZI 2003, 345, 349.
[109] *Priester* ZIP 2010, 497, 499 ff.
[110] Siehe hierzu *H. F. Müller*, Der Verband in der Insolvenz, S. 340 ff.; *Roth/Altmeppen*, § 47 GmbHG Rn. 49; *Baumbach/Hueck/Zöllner*, § 47 GmbHG Rn. 111; vgl. auch *Häsemeyer* ZHR 1996, 109, 116.
[111] Vgl. BGH ZIP 1993, 1228, 1230; *Baumbach/Hueck/Zöllner*, § 47 GmbHG Rn. 108; *Scholz/K. Schmidt*, § 47 GmbHG Rn. 32; *Roth/Altmeppen*, § 47 GmbHG Rn. 49; aA mit gewichtigen Gründen *Koppensteiner* ZIP 1994, 1325 ff.
[112] Vgl. *Scholz/K. Schmidt*, § 47 GmbHG Rn. 32; *Roth/Altmeppen*, § 47 GmbHG Rn. 49.
[113] Vgl. BGH BB 1970, 1192, 1193; *Scholz/K. Schmidt*, § 47 GmbHG Rn. 32; *Roth/Altmeppen*, § 47 GmbHG Rn. 49.
[114] Vgl. *Lutter/Hommelhoff/Bayer*, § 47 GmbHG Rn. 14 und Anh § 47 GmbHG Rn. 40 ff.; *Scholz/K. Schmidt*, § 47 GmbHG Rn. 32.
[115] Vgl. BGH NJW 1995, 1739, 1745; OLG Stuttgart NZG 2000, 490, 494; OLG Düsseldorf ZIP 1996, 1211, 1216 ff.; *Scholz/K. Schmidt*, § 47 GmbHG Rn. 33; *Roth/Altmeppen*, § 47 GmbHG Rn. 53; die Berechnung der Schadenshöhe kann außerordentlich schwer sein, vgl. OLG Düsseldorf ZIP 1996, 1211, 1216 ff.
[116] Wohl hM vgl. *Roth/Altmeppen*, § 47 GmbHG Rn. 53, *Baumbach/Hueck/Zöllner*, § 47 GmbHG Rn. 109; *Häsemeyer* ZHR 1996, 109, 117 f.; anders dann, wenn die Anfechtungsklage den Eintritt des Schadens nicht mehr verhindern kann, vgl. BGH NJW 1995, 1739, 1745; ablehnend ggü einem generellen Ausschluss eines Schadensersatzes bei nicht unverzügl. Anfechtung und einen Mitverschuldensgedanken präferierend *Scholz/K. Schmidt*, § 47 GmbHG Rn. 33.
[117] BGH NJW 1995, 1739, 1746; OLG Düsseldorf ZIP 1996, 1211, 1212; str. vgl. *Scholz/Emmerich*, § 13 GmbHG Rn. 50; *Roth/Altmeppen*, § 47 GmbHG Rn. 53.
[118] OLG Düsseldorf ZIP 1996, 1211, 1213.
[119] Vgl. BGH NJW 1995, 1739, 1741; NJW 1976, 191 f., *Scholz/K. Schmidt*, § 47 GmbHG Rn. 33.

Mitgesellschafter grundsätzlich über das Gesellschaftsvermögen liquidiert.[120] Diese Möglichkeit entfällt nicht dadurch, dass die Gesellschaft zwischenzeitlich insolvent geworden ist.[121] In diesem Falle ist der Schadensersatzbetrag an die Insolvenzmasse zu leisten.[122]

Probleme bereiten Verschuldensvorwurf und Schadensberechnung uU auch deshalb, weil die Prüfung der versäumten außergerichtlichen Sanierungschance im Insolvenzverfahren nach der InsO nachgeholt werden kann. Letztlich erschwert die im Insolvenzplan liegende Sanierungschance, die der Gesetzgeber auch mit zahlreichen Vorteilen ausgestaltet hat,[123] den Vorwurf gegenüber dem Gesellschafter, er habe sich der Sanierung treuwidrig verschlossen.

b) *Haftungsrisiken im Außenverhältnis.* Jede (finanzwirtschaftliche) Sanierung verfolgt idR das Ziel, die Liquidität der Gesellschaft zu verbessern (etwa durch Verkauf nicht betriebsnotwendigen Vermögens, Abbau von Vorräten, Auflösung stiller Reserven, Verkauf und Rückleasing, etc.) und die Eigenkapitalquote zu erhöhen.[124] Insbesondere eigenkapitalverbessernde Maßnahmen tragen dazu bei, das Insolvenzrisiko zu reduzieren; denn Eigenkapital trägt zur Disziplinierung der Geschäftsführung bei und dient als Risikopolster bzw. „Puffer", indem es Betriebsverluste der Gesellschaft auffängt und Liquiditätsengpässe beseitigt.[125] Lehnen die Gesellschafter eine Sanierung der Gesellschaft durch Zuführung frischen Kapitals ab, so steigt für die Gesellschaftsgläubiger grundsätzlich die Gefahr, dass die unverändert weiter betriebene Gesellschaft in die Insolvenz abgleitet und die Gläubiger mit ihrer Forderung ausfallen. Die Literatur[126] will teilweise dieser erhöhten Insolvenzgefahr durch eine Insolvenzverursachungshaftung der Gesellschafter begegnen, nämlich in Form der Durchgriffshaftung oder in Form einer internen Verlustausgleichspflicht wegen nachträglicher (qualifizierter) materieller Unterkapitalisierung.[127] Auch in der Rechtsprechung wird eine derartige Gesellschafterhaftung zumindest diskutiert.[128] Anknüpfungspunkt für eine Gesellschafterhaftung wegen nachträglicher materieller Unterkapitalisierung ist eine unangemessene – weil das Insolvenzverursachungsrisiko erhöhende – Eigenkapitalausstattung der Gesellschaft.

Zu Recht wird argumentiert, dass die einmalige Aufbringung des Mindeststammkapitals keinen Freibrief dafür darstellt, unter dem Schutzmantel der Haftungsbeschränkung zu Lasten der Gläubiger zu spekulieren.[129] Das gilt umso mehr nach Einführung der UG: Dass diese mit ihrem Mindeststammkapital von EUR 1 für praktisch jeden Geschäftszweck materiell unterkapitalisiert ist, spricht eindeutig gegen eine schrankenlose Gewährung der Haftungsbeschränkung.

---

[120] Vgl. BGH NJW 1995, 1739, 1746 f.; *Scholz/K. Schmidt*, § 47 GmbHG Rn. 33; *Schick* ZIP 1991, 938, 940; *Schöne* WM 1992, 209, 213 f.
[121] BGH NJW 1995, 1739, 1747.
[122] BGH NJW 1995, 1739, 1747.
[123] Vgl. *Uhlenbruck* GmbHR 1995, 81, 86/87.
[124] *Hoffmann/Liebs*, Der GmbH-Geschäftsführer, Rn. 609.
[125] *Roth* ZGR 1993, 170, 177 ff.; *Wiedemann*, Gesellschaftsrecht, § 10 IV 3; *Vonnemann* GmbHR 1992, 77, 78; *Ehricke* AcP 1999, 257, 279 ff.
[126] Vgl. *Wiedemann*, Gesellschaftsrecht, § 4 III 1b (Fn. 54); *Scholz/Bitter*, § 13 GmbHG Rn. 106, 143 ff.; *Lutter/Hommelhoff/Bayer*, § 13 GmbHG Rn. 20 ff.; *Ulmer/Raiser*, § 30 GmbHG Rn. 157 f.; *Michalski/de Vries* NZG 1999, 181, 182 f.; *Lutter* ZGR 1982, 244, 247 ff.; *Roth/Altmeppen*, § 13 GmbHG Rn. 139 ff.; zurückhaltend *Baumbach/Hueck/Fastrich*, § 5 GmbHG Rn. 5 f. und § 13 GmbHG Rn. 47.
[127] Zur dogmatischen Verankerung bzw. Herleitung der Durchgriffshaftung vgl. *Roth/Altmeppen*, § 13 GmbHG Rn. 128 ff.; *Baumbach/Hueck/Fastrich*, § 13 GmbHG Rn. 43 f.; *Grunewald*, Gesellschaftsrecht, 2. F. Rn. 146 f.; *Ehricke* AcP 1999, 257, 267 ff.
[128] Vgl. BSG ZIP 1984, 1217, 1219 ff.; WiB 1997, 26 ff.; OLG Celle GmbHR 1997, 127, 128; vgl. auch OLG Hamburg BB 1973, 1231, 1232.
[129] *Scholz/Bitter*, § 13 GmbHG Rn. 146.

28 Schwierigkeiten bereitet jedoch die Bestimmung, wann eine Eigenkapitalausstattung „unzureichend" und damit gläubigergefährdend ist. Dies liegt daran, dass das Gesellschaftsrecht an keiner Stelle eine Aussage dazu bereithält, in welchem Verhältnis das von den Gesellschaftern aufzubringende und zu erhaltende Kapital und der Geschäftsumfang zum Gesellschaftszweck zu stehen haben.[130] Fraglich ist darüber hinaus, ob für eine Anknüpfung allein an der Kapitalstruktur einer Gesellschaft neben den ebenfalls an der Kapitalstruktur anknüpfenden Insolvenzauslösetatbeständen ein eigenständiger Anwendungsbereich bleibt. Selbst wenn man diese rechtlichen Bedenken außer Acht lässt, stellt sich das praktische Problem, wie die notwendige Eigenkapitalquote zu bestimmen ist. Sinnvollerweise kann Letztere nicht abstrakt, sondern lediglich unternehmens-, markt- und branchenabhängig ermittelt werden.[131] Aber auch die branchenabhängige Bestimmung des erforderlichen Finanzbedarfs gestaltet sich schwierig, weil gesicherte betriebswirtschaftliche Erkenntnisse, um den erforderlichen Finanzbedarf in Bezug auf das Geschäftsvolumen, den Gesellschaftszweck und das Unternehmensrisiko ermitteln zu können, bislang fehlen.[132] Das Verbot, eine Gesellschaft zu betreiben, bei der eine „deutlich erhöhte Insolvenzwahrscheinlichkeit"[133] besteht, wäre zwar vielleicht wünschenswert, scheitert in der Praxis jedoch wie oben dargestellt an der Unbestimmbarkeit der überlebensnotwendigen Finanzausstattung bzw. der Insolvenzwahrscheinlichkeit.

29 Gegen eine Gesellschafterhaftung spricht jedoch nicht nur die Schwierigkeit, den Haftungstatbestand objektivieren und damit vorhersehbar machen zu können.[134] Die Gesellschafterhaftung wegen nachträglicher materieller Unterkapitalisierung zäumt vielmehr das Pferd von hinten auf. Die nachträgliche materielle Unterkapitalisierung ist nämlich nicht die alleinige Ursache einer Gläubigergefährdung, sondern selbst schon die Folge einer diesem Zeitpunkt vorgelagerten riskanten bzw. fehlerhaften Entnahmepolitik bzw. Geschäftsführung (Fehleinschätzung der Marktchancen, des Innovations-, Personal- und Produktpotentials, etc).[135] Naheliegender Ansatzpunkt für eine Insolvenzverursachungshaftung ist daher nicht eine abstrakte Kapitalstruktur der Gesellschaft, sondern die konkursverursachende und damit die Gläubiger unmittelbar gefährdende Geschäftsführung.[136]

30 Dieser Linie folgt auch die Rechtsprechung, wenn sie in Fällen eklatanter Unterkapitalisierung eine „echte" Durchgriffshaftung zwar ablehnt,[137] aber eine persönliche Außenhaftung des Gesellschafters als Verhaltenshaftung wegen vorsätzlicher sittenwidriger Schädigung der Gläubiger gemäß § 826 BGB für möglich erachtet.[138] Hierfür reicht allerdings eine zu geringe Kapitalausstattung der Gesellschaft alleine nicht aus. Vielmehr muss weiterhin die Haftungsbeschränkung systemwidrig genutzt worden sein, um das

---

[130] BAG BB 1999, 1385, 1386.

[131] *Apelt*, Die Publizität der GmbH, S. 113/114; *Grunewald*, Gesellschaftsrecht, 2. F. Rn. 147; *Haas*, Geschäftsführerhaftung, S. 147; *Ehricke* AcP 1999, 257, 281 ff.

[132] *Drukarczyk* WM 1994, 1737, 1740; *Schneider* DB 1986, 2293, 2296 f.; *Raiser* ZGR 1995, 156, 166; *Roth/Altmeppen*, § 13 GmbHG Rn. 148; *Ulmer/Raiser*, § 13 GmbHG Rn. 159; kritisch *Scholz/Bitter*, § 13 GmbHG Rn. 143 ff.

[133] So *Scholz/Bitter*, § 13 GmbHG Rn. 147.

[134] Vgl. BAG BB 1999, 1385, 1386; *Veil* NJW 2008, 3264, 3266; Mit Verweis auf eine Unvereinbarkeit dessen mit den Grundsätzen der Rechtssicherheit, *Ensthaler/Füller/Schmidt*, § 5 GmbHG Rn. 5; aA *Scholz/Bitter*, § 13 GmbHG Rn. 145 ff.

[135] *Schanze/Kern* AG 1991, 421, 425; *Claussen* GmbHR 1996, 324/325; *Vonnemann* GmbHR 1992, 77, 82 f.; *Haas*, Geschäftsführerhaftung, S. 149 f.

[136] Vgl. in diesem Sinne wohl *Roth/Altmeppen*, § 13 GmbHG Rn. 146 f.; *K. Schmidt* in K. Schmidt/Uhlenbruck, Die GmbH in Krise, Sanierung und Insolvenz, Rn. 11.90 ff.; *Haas*, Geschäftsführerhaftung, S. 150.

[137] Vgl. BGH NJW 1977, 1499; BGHZ 90, 381, 390; BGH ZIP 1991, 1140, 1145; bestätigt durch BGH NJW 2008, 2437, 2438 ff. *("GAMMA")*.

[138] BGH NJW 2008, 2437, 2438 ff. *("GAMMA")*, LS 2; vgl. hierzu auch *Kleindiek* NZG 2008, 686, 690.

wirtschaftliche und geschäftliche Risiko den Gläubigern aufzubürden.[139] Die Möglichkeit einer Gläubigerschädigung muss sich dem jeweiligen Gesellschafter geradezu aufgedrängt haben.[140] Da in der Praxis der im Rahmen des § 826 BGB notwendige Schädigungsvorsatz schwer beweisbar ist, soll es ausreichen, das Missverhältnis zwischen Kapitalausstattung und Geschäftsvolumen nachzuweisen.[141]

Dabei ist allerdings eine restriktive Auslegung der genannten Merkmale geboten, um das grundsätzliche Konzept eines einfachen Zugangs zur haftungsbeschränkten Teilnahme am Wirtschaftsverkehr, wie es dem Gesetzgeber – gerade im Hinblick auf die Schaffung der neuen Rechtsform der UG – offensichtlich vorschwebt, nicht zu konterkarieren. Bei aller Diskussion um die Schranken der Haftungsbeschränkung dürfen schließlich die Gläubiger nicht aus der Verantwortung genommen werden. Wer mit einer GmbH (oder gar einer UG!) kontrahiert, muss sich des drohenden Insolvenzrisikos bewusst sein. Ein unreflektiertes Vertrauen in die Finanzstärke des Vertragspartners ist daher nicht schützenswert. Vor einem betrügerischen Geschäftsgebahren seitens der Gesellschaft sind die Gläubiger darüber hinaus über §§ 823 II BGB, 263 StGB ausreichend geschützt. 31

Eine noch darüber hinausgehende, allgemeine und haftungsbewehrte Pflicht der Gesellschafter zur adäquaten Ausstattung ihrer Gesellschaft mit Kapital besteht dagegen nicht.[142] 32

4. Haftungsrisiken des Geschäftsführers im Rahmen außergerichtlicher Sanierungen. a) *Haftungsrisiken im Innenverhältnis.* Zu den Sorgfaltspflichten des Geschäftsführers gehört es, Sanierungsbedarf für die Gesellschaft zu erkennen, die Gesellschafter hiervon rechtzeitig zu unterrichten, nach den Ursachen der Krise im leistungs- oder finanzwirtschaftlichen Bereich zu forschen und Vorschläge zur Beseitigung der Krise zu erarbeiten.[143] Einen Niederschlag hat diese in § 43 II GmbHG sanktionierte umfassende Informations- und Berichtspflicht des Geschäftsführers gegenüber der Gesellschaft in § 49 III GmbHG gefunden. Danach ist der Geschäftsführer „insbesondere" verpflichtet, die Gesellschafterversammlung einzuberufen, wenn sich aus der Jahresbilanz oder aus einer im Laufe des Geschäftsjahres aufgestellten Bilanz ergibt, dass die Hälfte des Stammkapitals verloren ist. Durch das Wort „insbesondere" stellt das Gesetz selbst klar, dass sich eine Einberufungspflicht auch schon zu einem früheren Zeitpunkt ergeben kann. Sinn und Zweck des § 49 III GmbHG ist es, der Gesellschafterversammlung als oberstem Gesellschaftsorgan im Vorfeld der Insolvenz die Möglichkeit zu geben, darüber zu befinden, ob die Gesellschaft saniert oder aber liquidiert werden soll. Die Reaktionsschwelle soll also mit anderen Worten vorverlegt werden.[144] 33

Die Verpflichtung des Geschäftsführers geht aber ganz hM nach über die Einberufung der Gesellschafterversammlung hinaus. Der Geschäftsführer muss Wege aus der Krise sorgsam prüfen, ausloten, aufzeigen und vorbereiten. Er hat die Gesellschafter zutreffend zu beraten, damit diese von dem in § 49 III GmbHG verankerten „Früh- 34

---

[139] *Roth/Altmeppen,* § 13 GmbHG Rn. 142 f.; siehe auch BGH NJW 1979, 2104, 2105: „einseitige Verfolgung der Interessen der Gesellschafter gegenüber ihrer Gesellschaft unmittelbar zum Nachteil der Gesellschaftsgläubiger".
[140] *Roth/Altmeppen,* § 13 GmbHG Rn. 142; BAG ZIP 1999, 878, 880; siehe hierzu auch BGH NJW 1979, 2104.
[141] *Michalski/Funke,* § 13 GmbHG Rn. 391.
[142] *Roth/Altmeppen,* § 13 GmbHG Rn. 146; wohl auch *Lutter/Hommelhoff/Bayer,* § 13 GmbHG Rn. 23; aA *Scholz/Bitter,* § 13 GmbHG Rn. 145 ff.
[143] *Uhlenbruck* GmbHR 1999, 313, 316 f.; *Schluck-Amend/Walker* GmbHR 2001, 375, 377; *Obermüller* ZInsO 1998, 51 ff.; *Haas* in Unternehmen in der Krise, S. 73, 87; *Lutter/Hommelhoff/Kleindiek,* § 43 GmbHG Rn. 26 f.; *Bork* ZIP 2011, 101, 106; *Hölzle* ZIP 2013, 1846, 1849.
[144] Siehe hierzu *Goette* ZInsO 2001, 529, 533; *Roth/Altmeppen,* § 49 GmbHG Rn. 11; siehe auch *Michalski/Römermann,* § 49 GmbHG Rn. 9; *Bauer* ZInsO 2002, 153, 154.

warnsystem" auch sinnvoll Gebrauch machen können.[145] Der Geschäftsführer macht sich nach § 43 II GmbHG gegenüber der Gesellschaft schadensersatzpflichtig, wenn er seiner Pflicht zur Sanierungsprüfung nicht ordnungsgemäß nachkommt.[146] Er wird insbesondere die Vorteile der gerichtlichen mit denen der außergerichtlichen Sanierung abzuwägen haben.[147]

35 Als Sanierungsmaßnahmen im finanzwirtschaftlichen Bereich bieten sich insbesondere ein Kapitalschnitt, die Aufnahme neuer Gesellschafter bzw. eine Bilanz-Restrukturierung der Gesellschaft oder die Aufnahme von Sanierungskrediten an.[148] Im leistungswirtschaftlichen Bereich kommen beispielsweise Verbesserungen im Produktionsbereich oder im Personalwesen in Frage.

36 **b)** *Haftungsrisiken im Außenverhältnis.* aa) *Untaugliche Sanierungsversuche.* Allein der Umstand, dass der Geschäftsführer Sanierungsversuche im Vorfeld der Überschuldung oder Zahlungsunfähigkeit oder aber innerhalb der Dreiwochenfrist des § 15a I InsO (früher § 64 I GmbHG; → Rn. 66 ff.) unternimmt, begründet für den Fall des Misslingens der Sanierung keine Haftung gegenüber den Gesellschaftsgläubigern nach § 826 BGB. Nur wenn ernsthafte Zweifel am Sanierungsversuch bestehen, dessen Scheitern also absehbar bzw. der Sanierungsversuch nicht ernstlich war oder nur aus eigensüchtigen Motiven erfolgt ist,[149] kann der Geschäftsführer im Außenverhältnis nach § 826 BGB zur Verantwortung gezogen werden.[150] Auch eine „übertragende Sanierung", an der der Geschäftsführer im Vorfeld der Insolvenz mitgewirkt hat und bei der eine GmbH liquidiert und der Geschäftsbetrieb derselben mit einer neugegründeten GmbH fortgeführt wird, begründet für sich genommen keine Haftung nach § 826 BGB.[151] Gründet der geschäftsführende Gesellschafter einer in finanzielle Schwierigkeiten geratenen OHG eine GmbH, auf die der Geschäftsbetrieb einschließlich der Arbeitsverhältnisse übertragen wird, so haftet er bei einer späteren Insolvenz der GmbH aus § 826 BGB nur, wenn die Insolvenz für ihn absehbar war.[152]

37 bb) *Fortführung einer unterkapitalisierten GmbH.* Führt der Geschäftsführer eine unterkapitalisierte Gesellschaft fort, kommt eine Eigenhaftung gegenüber den Gesellschaftsgläubigern oder der Gesellschaft aus dem Gesichtspunkt der Unterkapitalisierung – hM zufolge – nicht in Betracht.[153] Die Begründung hierfür ist unterschiedlich. Richtiger Ansicht nach bezeichnet die (qualifiziert) materielle Unterkapitalisierung schon keinen justiziablen wirtschaftlichen Zustand im Vorfeld der Insolvenzauslösetatbestände (→ Rn. 26 ff.).[154] Dann fehlt es freilich schon an einem tauglichen Anknüpfungspunkt

---

[145] *Goette* ZInsO 2001, 529, 533; *Götker,* Der Geschäftsführer in der Insolvenz der GmbH Rn. 330; *Bauer* ZInsO 2002, 153, 154; siehe auch *Schluck-Amend/Walker* GmbHR 2001, 375, 376.
[146] *K. Schmidt* ZIP 1980, 328, 330; *Lutter/Hommelhoff/Kleindiek,* § 43 GmbHG Rn. 27; *Götker,* Der Geschäftsführer in der Insolvenz der GmbH Rn. 330 ff.; *Haas* DStR 1998, 1359, 1362 f.; *Uhlenbruck* GmbHR 1999, 313, 317.
[147] Siehe zu den Vor- und Nachteilen der gerichtlichen und außergerichtlichen Sanierung, *Uhlenbruck* BB 2001, 1641 ff.; siehe auch *Uhlenbruck* in K. Schmidt/Uhlenbruck, Die GmbH in Krise, Sanierung und Insolvenz, Rn. 2.1 ff.; *Undritz,* Kölner Schrift, S. 932 Rn. 26 f.
[148] *K. Schmidt* in K. Schmidt/Uhlenbruck, Die GmbH in Krise, Sanierung und Insolvenz, Rn. 2.19 ff.; *Schluck-Amend/Walker* GmbHR 2001, 375, 377.
[149] BGH GmbHR 1991, 409, 412; NJW 1979, 1829, 1831; *Scholz/Schneider,* § 43 GmbHG Rn. 336; *Groß,* ZGR 1998, 551, 562.
[150] BAG DStR 1998, 1221, 1225; *Groß* ZGR 1998, 551, 562; *Ullrich* DZWIR 2000, 177, 182; siehe auch BGH WM 1992, 735, 736.
[151] BGH GmbHR 1996, 366; *Scholz/Schneider,* § 43 GmbHG Rn. 337.
[152] BAG DStR 1998, 1221, 1225.
[153] AA *Roth/Altmeppen,* § 43 GmbHG Rn. 19; *Altmeppen* ZIP 1999, 878.
[154] BAG BB 1999, 1385, 1386; DStR 1999, 1221, 1223; OLG Dresden NZG 2000, 598, 601; *Haas,* Geschäftsführerhaftung, S. 145 ff.; s auch *Drukarczyk* WM 1994, 1737, 1740; *Schneider* DB 1986, 2293, 2296 f.; *Raiser* ZGR 1995, 156, 166; *Raiser/Veil,* Recht der Kapitalgesellschaften, § 29 Rn. 23; aA OLG Hamburg BB 1973, 1231, 1232; *Roth/Altmeppen,* § 13 GmbHG Rn. 145 ff.; *Banerjea* ZIP 1999, 1153,

für eine Geschäftsführerhaftung nach § 826 BGB. Anderer Ansicht nach beschreibt zwar der Tatbestand eine justiziable Gefährdungslage zu Lasten der Gläubiger. Jedoch könne diese nicht dem Geschäftsführer zugerechnet werden, da nicht er, sondern die Gesellschafter für die Kapitalausstattung der Gesellschaft verantwortlich sind.[155]

III. Die Insolvenzfähigkeit

Die GmbH erwirbt mit Eintragung in das Handelsregister (§ 11 I GmbHG) die **38** Rechtsfähigkeit und ist damit als juristische Person (§ 13 I GmbHG) nach § 11 I InsO auch insolvenzfähig.[156] Für die Insolvenzfähigkeit spielt es keine Rolle, ob die Gesellschaft aus einem oder mehreren Gesellschaftern besteht.[157] Für die Vorgründungs- und Vor-GmbH → Rn. 590 ff. Für die aufgelöste GmbH → Rn. 610.

IV. Die Insolvenzgründe

Eröffnungsgründe für ein Insolvenzverfahren sind die allgemeinen Eröffnungsgründe, **39** dh die Zahlungsunfähigkeit (§ 17 I InsO) sowie die drohende Zahlungsunfähigkeit (§ 18 I InsO) und, da die GmbH eine juristische Person ist, die Überschuldung (§ 19 I InsO).

V. Der Insolvenzantrag

Der Antrag auf Eröffnung des Insolvenzverfahrens kann sowohl vom Gläubiger als **40** auch vom Schuldner gestellt werden. In Bezug auf den Gläubiger gelten hinsichtlich der Antragsbefugnis in der Unternehmensinsolvenz keine Besonderheiten, so dass insoweit auf § 8 und § 12 verwiesen werden kann. Da die GmbH selbst nicht handlungsfähig ist, muss für sie als Schuldnerin das antragsberechtigte Organ den Insolvenzantrag stellen.

1. Das antragsberechtigte Organ. a) *Das Antragsrecht des Geschäftsführers.* Nach **41** § 35 I GmbHG wird die GmbH durch die Geschäftsführer vertreten. Mehrere Geschäftsführer müssen, soweit im Gesellschaftsvertrag nichts anderes geregelt ist, nach § 35 II 2 GmbHG zusammenwirken, um die Gesellschaft aktiv zu vertreten.[158] Unabhängig davon, wie die Vertretungsbefugnis innerhalb des Kollegialorgans geregelt ist, bestimmt § 15 I InsO, dass jeder Geschäftsführer selbstständig und unabhängig von den anderen die Eröffnung des Insolvenzverfahrens beantragen kann.[159] Eine Ausnahme gilt jedoch hinsichtlich des Eröffnungsgrundes der drohenden Zahlungsunfähigkeit (§ 18 I InsO). § 18 III InsO knüpft insoweit an die gesellschaftsrechtliche Vertretungsbefugnis an.[160] Somit kann ein einzelner Geschäftsführer eines mehrköpfigen Geschäftsführerkollegiums den Antrag auf Eröffnung des Insolvenzverfahrens wegen drohender Zahlungsunfähigkeit nur stellen, soweit ihm eine Alleinvertretungsbefugnis zukommt. Wird der Antrag nicht von allen Mitgliedern des Vertretungsorgans gestellt, ist er nur zulässig, wenn der Eröffnungsgrund glaubhaft gemacht wird (§ 15 II 1 InsO). Zur Frage, inwie-

---

1155 ff.; offengelassen in BSG ZIP 1984, 1217, 1219; NZG 1997, 26 ff.; s auch OLG Celle GmbHR 1997, 127, 128.
[155] *Herber* GmbHR 1978, 25, 29 f.; *Michalski/Haas/Ziemons*, § 43 GmbHG Rn. 297; aA wohl *Roth/Altmeppen*, § 43 GmbHG Rn. 19 und § 13 GmbHG Rn. 147; *Altmeppen* ZIP 1999, 878.
[156] HK/*Kirchhof*, § 11 Rn. 6; MüKoInsO/*Ott/Vuia*, § 11 Rn. 22 ff.; *Schmidt/Wehr*, § 11 Rn. 7.
[157] HK/*Kirchhof*, § 11 Rn. 7; siehe auch BGH NJW 1975, 1877 f.
[158] Vgl. *Lutter/Hommelhoff*, § 35 GmbHG Rn. 26.
[159] AG Duisburg NZI 2002, 209; HK/*Kirchhof*, § 15 Rn. 5; *Noack*, Rn. 254; *Lutter/Hommelhoff/Kleindiek*, Anh § 64 GmbHG Rn. 41. Ebenso die alte Rechtslage, vgl. LG Tübingen KTS 1961, 158, 159; *Delhaes*, Der Insolvenzantrag, S. 108.
[160] *Lutter/Hommelhoff/Kleindiek*, Anh § 64 GmbHG Rn. 41; HK/*Kirchhof*, § 18 Rn. 17 ff.; MüKoInsO/*Drukarczyk*, § 18 Rn. 51.

weit im Übrigen der Insolvenzgrund „nachvollziehbar" dargelegt werden muss, damit ein zulässiger Insolvenzantrag vorliegt, → Rn. 80 f.

42 **b)** *Das Antragsrecht des faktischen Geschäftsführers.* Dass auch dem faktischen Geschäftsführer ein Antragsrecht zukommt, ist spätestens seit Inkrafttreten des MoMiG geklärt. So war es bei Erlass der Vorschriften zum Antragsrecht bzw. der Antragspflicht der Gesellschafter bei Führungslosigkeit erklärter Wille des Gesetzgebers, die Rechtsfigur des faktischen Geschäftsführers unangetastet zu lassen.[161] Daher bezieht sich das Wort „*auch*" in §§ 15 I 2, 15a III InsO auf die – offensichtlich hier schon vorausgesetzte – Antragsberechtigung bzw. -verpflichtung der faktischen Geschäftsführer.[162] Noch immer umstritten und mit Unklarheiten behaftet ist jedoch die Frage, wann eine solche „faktische Geschäftsführung" vorliegt. Übereinstimmung gibt es allerdings zumindest dahingehend, dass „faktischer Geschäftsführer" immer nur eine natürliche Person sein kann.[163]

43 aa) *Formale Kriterien.* Ob jemand im konkreten Fall „wie" ein Geschäftsführer auftritt, beurteilen Literatur und Rechtsprechung ua anhand formaler Gesichtspunkte. Danach tritt jemand „wie" ein Geschäftsführer auf, wenn er formal zwar zum Geschäftsführer bestellt wurde, der Bestellungsakt aber unwirksam ist.[164] Auf ihn finden dann die §§ 15, 18 InsO unstreitig Anwendung.

44 bb) *Materielle Kriterien.* Unabhängig von einem formalen Bestellungsakt stellt die hM aber auch denjenigen einem Geschäftsführer gleich, der mit Wissen und Wollen[165] der Gesellschaft für diese – auf Grund einer materiellen Betrachtung – wie ein Geschäftsführer nach außen tätig wird.[166] Die Prüfung, ob jemand „wie" ein Geschäftsführer tätig wird, bereitet freilich Schwierigkeiten, weil das gesetzliche Organisationsmodell der GmbH – bis auf wenige Ausnahmen – keine zwingende Aufgabenzuweisung an den Geschäftsführer und damit auch kein bestimmtes Berufsbild vorsieht.[167] Statthaft ist es beispielsweise, wenn die Gesellschafterversammlung mit Ausnahme der Vertretungsbefugnis und der zwingenden gesetzlichen Pflichten entweder durch Gesellschaftsvertrag[168] oder aber durch Gesellschafterweisungen[169] sämtliche Aufgaben der laufenden Geschäftsführung an sich zieht und den Geschäftsführer zum reinen Vollzugsorgan degradiert.

45 (1) *Wahrnehmung von Managementaufgaben.* Trotz der vorgenannten Schwierigkeiten halten Rechtsprechung und überwiegendes Schrifttum an der materiellen Betrachtung fest, legen aber weniger rechtliche als vielmehr betriebswirtschaftliche Maßstäbe an, um festzustellen, ob jemand wie ein Geschäftsführer tätig wird. Maßgebend sind danach

---

[161] Vgl. BT-Drucks. 16/6140, S. 56.

[162] Vgl. *Saenger/Inhester/Kolmann*, vor § 64 GmbHG Rn. 134; *Lutter/Hommelhoff/Kleindiek*, Anh § 64 GmbHG Rn. 49; *Scholz/K. Schmidt*, Anh § 64 GmbHG Rn. 22.

[163] BGH ZIP 2002, 848, 851; kritisch insoweit *Baumbach/Hueck/Haas*, § 64 GmbHG Rn. 9.

[164] Vgl. *Noack*, Rn. 262; *Roth* ZGR 1989, 421, 423; vgl. auch *Scholz/K. Schmidt/Bitter*, vor § 64 GmbHG Rn. 66; *Scholz/K. Schmidt*, Anh § 64 GmbHG Rn. 22; *Lutter/Hommelhoff/Kleindiek*, vor § 35 GmbHG Rn. 11, Anh § 64 GmbHG Rn. 49; *Stein* ZHR 1984, 207, 224; vgl. auch BGHZ 41, 282, 287 f.

[165] Hierfür reicht es bereits aus, wenn jemand als Geschäftsführer vorgeschlagen worden ist; OLG Dresden NZG 1999, 438; im Übrigen siehe BGHSt BB 1983, 788, 789; GmbHR 1990, 173; BGHSt 3, 32, 38/39; 21, 101, 103; BayObLG NJW 1997, 1936; OLG Düsseldorf GmbHR 1994, 317, 318.

[166] Für ein Antragsrecht derselben vgl. aus der Rechtsprechung vorstehende Fn., aus der Literatur siehe HK/*Kirchhof*, § 15 Rn. 5, 10 (anders aber für § 18 III InsO, siehe HK/*Kirchhof*, § 18 Rn. 17 ff.); *Uhlenbruck/Hirte*, § 11 Rn. 61; *Weimar* GmbHR 1997, 473, 477; BerlK/*Blersch*, § 15 Rn. 6; aA *Scholz/K. Schmidt*, vor § 64 GmbHG Rn. 66; *ders.* ZIP 1988, 1497, 1500; *Baumbach/Hueck/Haas*, § 60 GmbHG Rn. 30.

[167] Zu den Voraussetzungen des faktischen Geschäftsführers siehe auch *Lutter/Hommelhoff/Kleindiek*, vor § 35 GmbHG Rn. 11 f.; *Baumbach/Hueck/Zöllner/Noack*, § 35 Rn. 9 f.; *Ulmer/Paefgen*, § 43 Rn. 12.

[168] Vgl. OLG Hamm ZIP 1986, 1188, 1193 f.; OLG Frankfurt ZIP 1992, 450, 451; *Hommelhoff* ZGR 1978, 119, 122.

[169] OLG Düsseldorf ZIP 1984, 1476, 1478; *Scholz/Schneider*, § 37 GmbHG Rn. 38.

zum einen der vom Betreffenden wahrgenommene Aufgabenkreis und zum anderen das Ausmaß und die Intensität der von ihm tatsächlich übernommenen Geschäftsführung.[170] Diese wirtschaftliche Betrachtungsweise wirft im Grunde drei schwierige Fragen auf, nämlich welche Aufgabenbereiche der Dritte an sich ziehen muss, um „wie" ein Geschäftsführer zu gelten, welchen Grad bzw. welche Intensität die Geschäftsführung des Nichtgeschäftsführers erreicht haben muss und ob für eine faktische Geschäftsführung auch dann Raum ist, wenn ein ordnungsgemäß bestellter Geschäftsführer vorhanden ist.

Hinsichtlich des Aufgabenbereichs, den der Dritte „usurpieren" muss, um „wie" ein **46** Geschäftsführer zu gelten, kann es sich nur um einen solchen handeln, der nach dem Gesetz originär dem Geschäftsführer zugewiesen ist. Dies ist – neben den ausdrücklich dem Geschäftsführer zugewiesenen Einzelpflichten[171] – im Wesentlichen der Bereich der sogenannten „laufenden" Geschäftsführung.[172] Ein Gesellschafter kann daher beispielsweise nicht schon deshalb als faktischer Geschäftsführer qualifiziert werden, weil er die Grundzüge der Unternehmenspolitik bestimmt, über ungewöhnliche oder außergewöhnliche Unternehmensmaßnahmen entscheidet oder auf die Auswahl und Einstellung leitender Angestellten maßgeblichen Einfluss ausübt.[173] Diese Aufgaben sind zwar wirtschaftlich gesehen originäre Managementaufgaben.[174] Rechtlich betrachtet handelt es sich hierbei aber um Aufgaben, die nach ganz hA originär der Gesellschafterversammlung obliegen.[175] An diesem gesetzlich vorgegebenen Organisationsmodell kann auch eine wirtschaftliche Betrachtungsweise nichts ändern.

(2) *Ausmaß und Intensität der Aufgabenanmaßung*. Von der Rechtsprechung bislang **47** nicht geklärt ist, welches Ausmaß bzw. welche Intensität die „faktische" Geschäftsführung aufweisen muss. Im Ausgangspunkt besteht allenfalls Klarheit insoweit, als der Dritte nicht in allen Teilbereichen organschaftlicher Kompetenz tätig geworden sein muss. Notwendig ist aber, dass dieser die Geschäfte der Gesellschaft durch eigenes Handeln prägt.[176] Ob aber hierfür erforderlich ist, dass die Leitung der Geschäfte dauerhaft ist oder ob für eine solche „Prägung" schon die eigenverantwortliche Erledigung einzelner „Geschäfte" ausreicht, ist unklar.[177] Teilweise hat die Rechtsprechung jedenfalls schon das einzelne Auftreten „wie" ein Geschäftsführer für ausreichend erachtet.[178] Teilweise hat sie aber auch ein Tätigwerden über einen längeren Zeitraum gefordert, um einen Dritten als faktischen Geschäftsführer qualifizieren zu können.[179] Besonders restriktiv soll das Institut der faktischen Geschäftsführung – auch bei Außenhandlungen mit einigem Gewicht – gehandhabt werden, wenn die vorgenommenen Handlungen der Rettung oder Konsolidierung des angeschlagenen Unternehmens zu dienen bestimmt waren.[180]

---

[170] Vgl. etwa BGH ZIP 2008, 1026, 1027; BGH WM 1988, 756, 757 f.; BGHSt BB 1983, 788, 789; *Baumbach/Hueck/Haas,* § 64 GmbHG Rn. 9.
[171] Vertretungsbefugnis, im Übrigen siehe zB §§ 9a, 30, 31, 33, 41, 49 III, 64 GmbHG, § 34 AO.
[172] Vgl. *Scholz/Schneider,* § 37 GmbHG Rn. 11; *Lutter/Hommelhoff/Kleindiek,* § 37 GmbHG Rn. 4; *Rowedder/Koppensteiner,* § 37 GmbHG Rn. 6; wohl auch BGH ZIP 1991, 509, 510.
[173] So aber zu Unrecht BayObLG NJW 1997, 1936 = WiB 1997, 810 (zustimmend *Dietz*); so auch im Ansatz BGH NJW 2000, 2285, 2286; abl. *Roth/Altmeppen,* vor § 64 GmbHG Rn. 58.
[174] Vgl. *Gutenberg,* Unternehmensführung, Organisation und Entscheidung, S. 61.
[175] Vgl. BGH ZIP 1991, 509, 510; NJW 1984, 1461, 1462; OLG Düsseldorf ZIP 1984, 1476, 1479; *Scholz/Schneider,* § 37 GmbHG Rn. 10, 12; *Lutter/Hommelhoff/Kleindiek,* § 37 GmbHG Rn. 8 ff.; kritisch dagegen für die Fragen der Unternehmenspolitik *Kort* ZIP 1991, 1274, 1276 f.
[176] BGH ZIP 2008, 1026, 1028; BB 2005, 1869, 1870 f. *(Gehrlein)* = ZIP 2005, 1550, 1551; BGHZ 150, 61, 69 f.; OLG Schleswig ZInsO 2007, 948, 949.
[177] Vgl. *Dietz* WiB 1997, 810, 811.
[178] BGHZ 75, 96, 105 f.
[179] So OLG Brandenburg NZG 2001, 807 f: Zeitraum von ca. 11 Wochen nicht ausreichend.
[180] OLG München ZIP 2010, 2295, 2298.

48 Ganz überwiegend bejaht wird hingegen die Frage, ob eine faktische Geschäftsführung neben einem ordnungsgemäß bestellten Geschäftsführer möglich ist. Aber auch hier gibt es (insbesondere zwischen den Zivil- und den Strafgerichten) Nuancen im Detail. Die Zivilgerichte verlangen nicht, dass der „faktische Geschäftsführer" den gesetzlich bestellten Geschäftsführer verdrängt.[181] Vielmehr reicht auch die Übernahme von Funktionen eines Mitgeschäftsführers aus, um ein Antragsrecht zu begründen. Allerdings ist in einem solchen Fall erforderlich, dass der faktische Geschäftsführer die Aufgaben der Geschäftsleitung „in maßgeblichem Umfang" übernommen hat.[182] Nach Ansicht der Strafgerichte scheint demgegenüber die Hürde höher zu liegen. Verlangt wird danach, dass dem faktischen Geschäftsführer im Verhältnis zu dem bestellten Geschäftsführer eine „überragende Stellung"[183] oder zumindest aber ein deutliches Übergewicht zukommt.[184]

49 (3) *Auftreten im Außenverhältnis.* Für die Frage, ob die vorgenannten materiellen Kriterien erfüllt sind oder nicht, ist – zumindest nach Ansicht des BGH – auf den Standpunkt eines gesellschaftsfremden Dritten abzustellen. Ein Gesellschafter etwa ist demnach nur dann „wie" ein Geschäftsführer zu behandeln, wenn in seiner Person „ein eigenes, nach außen hervortretendes, üblicherweise der Geschäftsführung zuzurechnendes Handeln gegeben ist."[185] Beschränkt sich der Gesellschafter also darauf, intern an den Geschäftsführer Weisungen zu erteilen, dann handelt es sich hierbei selbst dann um eine grundsätzlich folgenlose interne Einwirkung auf die Geschäftsführung, wenn der Geschäftsführer zum „reinen Befehlsempfänger" degradiert wird.[186] Einzelheiten sind noch weitgehend ungeklärt. So soll es nicht ausreichen, wenn der Dritte Zugriff auf das Geschäftskonto hat und Zahlungen auf Weisung des (ordnungsgemäß bestellten) Geschäftsführers abwickelt oder wenn der ehemalige Geschäftsführer sich gegenüber der Bank als „Noch-Geschäftsführer" geriert.[187]

50 Anders haben die Gerichte entschieden, wenn der Dritte „als Generalbevollmächtigter und Berater" sowie „gegenüber der Betriebsprüfung und Steuerfahndung" für die Gesellschaft nach außen auftritt.[188] Zu einem faktischen Geschäftsführer soll ein Gesellschafter nur dann werden, wenn er maßgeblich *im Außenverhältnis* aufgetreten ist.[189] Wer also als *„shadow director"* intern alle Fäden in der Hand hält, ohne jemals nach außen aufzutreten, soll von vornherein nicht den Pflichten eines faktischen Geschäftsführers unterliegen können. Diese von der Rechtsprechung vorgenommene Einschränkung auf Fälle mit unternehmensexternem Auftreten erweist sich als problematisch, da sie ohne sachlichen Grund die Hintermänner in Strohmannsituationen privilegiert.[190] Vertrauensschutzgesichtspunkte spielen bei der Rechtsfigur des faktischen Geschäftsführers generell keine Rolle und vermögen eine solche Einschränkung nicht zu begründen.[191] Auch nach dem Schutzzweck der §§ 15, 15a InsO soll bei materieller Insolvenz im Sin-

---

[181] BGH WM 1988, 756, 757; enger noch BGHZ 75, 96, 106, zust. *Ulmer/Paefgen,* § 43 GmbHG Rn. 12; *Scholz/K. Schmidt,* Anh § 64 GmbHG Rn. 22.
[182] Vgl. BGH WM 1988, 756, 757 f.; BayObLG NJW 1997, 1936.
[183] Vgl. OLG Düsseldorf NJW 1988, 3166, 3167.
[184] Vgl. BGHSt 3, 32, 37; BGHSt NJW 2000, 2285, 2286; BB 1983, 788, 789; OLG Düsseldorf NJW 1988, 3166, 3167.
[185] BGH ZIP 2002, 848, 851; BGHZ 104, 44, 48; kritisch insoweit *Haas* NZI 2006, 494 ff.; *Baumbach/Hueck/Haas,* § 64 GmbHG Rn. 10.
[186] BGH ZIP 2002, 848, 851; BB 2005, 1867, 1868; *Wiedemann* ZGR 2003, 283, 291.
[187] BGH ZIP 2008, 1026, 1027.
[188] OLG Schleswig ZInsO 2007, 948, 949.
[189] BGH ZIP 2002, 848, 851.
[190] So auch *Scholz/K. Schmidt,* Anh § 64 GmbHG Rn. 23; *Baumbach/Hueck/Haas,* § 64 GmbHG Rn. 10; *Saenger/Inhester/Kolmann,* vor § 64 GmbHG Rn. 138.
[191] *Baumbach/Hueck/Haas,* § 60 GmbHG Rn. 10; *Saenger/Inhester/Kolmann,* vor § 64 GmbHG Rn. 138; aA *Cahn* ZGR 2003, 298, 314 f.; *Noack/Bunte,* WuB IIc § 64 GmbHG 2.05.

ne der Gläubiger eine Unternehmensfortführung außerhalb eines geregelten Insolvenzverfahrens unterbunden bzw. die Möglichkeit zur Insolvenzantragsstellung eröffnet werden.[192] Gerade unter diesem Gesichtspunkt spricht einiges für die Aufgabe des Kriteriums des unternehmensexternen Auftretens.

cc) *Stellungnahme.* Die von der hM vorgenommene auf den konkreten Einzelfall abstellende materielle bzw. wirtschaftliche Betrachtungsweise führt – ebenso wie die an formalen Kriterien anknüpfenden Sichtweise (→ Rn. 43) – zu einer Antragsberechtigung des faktischen Geschäftsführers. Gegen ein Antragsrecht des (nach wirtschaftlicher Betrachtungsweise) faktischen Geschäftsführers wird zwar zutreffend argumentiert, dass dieser – nicht zuletzt aufgrund der Unsicherheiten hinsichtlich der materiellen Kriterien der faktischen Geschäftsführung – bei Antragstellung dem Gericht gegenüber sein Antragsrecht kaum nachweisen und das Gericht seinerseits vor Stellung eines wirksamen Antrags keine eigenen Ermittlungen anstellen könne.[193] Allerdings kann das Gericht dem Antragsteller nach § 4 InsO iVm § 139 ZPO aufgeben, fehlende Nachweise beizubringen. Auch der Schutzzweck der §§ 15, 15a InsO spricht für eine Ausweitung des Antragsrechts auf den faktischen Geschäftsführer. Die genannten Vorschriften verfolgen nicht etwa – wie teilweise argumentiert wird – nur das Ziel, ein möglichst reibungsloses formelles Eröffnungsverfahren zu regeln.[194] Vielmehr sollen sie den Rechtsverkehr sowie vor allem die konkret betroffenen Gläubiger vor materiell insolventen beschränkt haftenden Gesellschaften bewahren (zum Schutzzweck der Antragspflicht → Rn. 97 f.).[195] Insoweit ist zu beachten, dass in der gegenwärtigen Konzeption des Antragsrechts für Gesellschaften der Eigenantrag den Normfall darstellt, wohingegen der Fremdantrag – anders als etwa im englischen Recht – eher zweitrangig und an relativ hohe Nachweisanforderungen geknüpft ist.[196] Für das Funktionieren des in § 15a InsO zugrundeliegenden Schutzsystems ist folglich gegenüber demjenigen, der die Geschicke der Gesellschaft tatsächlich leitet, das Druckmittel einer Haftung wegen Verletzung der Antragspflicht unabdingbar. Daher sprechen – einigen Unwägbarkeiten hinsichtlich der praktischen Umsetzung zum Trotz – die besseren Gründe für ein Antragsrecht des faktischen Geschäftsführers.

c) *Gesellschafter.* Hinsichtlich der Frage, ob dem Gesellschafter ein Antragsrecht zukommt, ist zu differenzieren.

aa) *Gesellschafter als Fremdgläubiger.* Der Gesellschafter ist ohne weiteres (nach § 13 II InsO) antragsberechtigt, wenn er gleichzeitig Insolvenzgläubiger ist. Es handelt sich dann um einen Fremdantrag. Nach altem Recht (bis zum Inkrafttreten des MoMiG am 1.11.2008) war fraglich, ob der Gesellschafter auch dann antragsberechtigt war, wenn seine Forderung (analog § 30 I GmbHG) „kapitalersetzend" war. Dies war – richtiger Ansicht nach – zu bejahen.[197] Nichts anderes gilt für das neue Recht. Danach unterliegt die Gesellschafterforderung im Vorfeld der Insolvenzeröffnung keinem Sonderregime mehr (→ Rn. 385 ff.). Der Umstand, dass die Forderung im eröffneten Verfahren mit einem gesetzlichen Nachrang versehen wird, ändert nichts daran, dass die Gesellschafterforderung im Vorfeld der Insolvenzeröffnung besteht und (uneingeschränkt) durchsetzbar ist. Da die mit der Insolvenzeröffnung einhergehenden Folgen nicht vorweggenommen werden dürfen, kann der Gesellschafter ohne weiteres einen (Fremd-)Antrag zur Durchsetzung seiner Forderung stellen.

---

[192] *Saenger/Inhester/Kolmann,* vor § 64 GmbHG Rn. 138.
[193] *Baumbach/Hueck/Haas,* § 64 GmbHG Rn. 172; *Hefendehl* ZIP 2011, 601, 605.
[194] So *Baumbach/Hueck/Haas,* § 64 GmbHG Rn. 172; *ders.* DStR 1998, 1359; *ders.* DStR 2003, 423; *Stein* ZHR 1984, 207, 230; *Jaeger/H. F. Müller,* § 15 InsO Rn. 38.
[195] Vgl. *Kreft/Kleindiek,* § 15a InsO Rn. 1; *Graf-Schlicker/Bremen,* § 15a InsO Rn. 1; *Andres/Leithaus,* § 15a InsO Rn. 1; Uhlenbruck/Hirte/Vallender/*Hirte,* § 15a InsO Rn. 1.
[196] Vgl. Uhlenbruck/Hirte/Vallender/*Hirte,* § 15a InsO Rn. 1.
[197] Siehe im Ergebnis auch *Noack,* Rn. 259; siehe auch 3. Auflage 2006, Rn. 371.

54 Ob Vorstehendes auch dann gilt, wenn der Gesellschafter in Bezug auf seine Forderung einen Rangrücktritt abgegeben hat, ist fraglich. Ist der Gesellschafter lediglich nach § 39 II InsO im Rang zurück getreten, so werden insoweit verschiedene Ansichten vertreten. Danach soll etwa jeder Gläubiger einen Eröffnungsantrag stellen können, wenn er Inhaber einer am künftigen Insolvenzverfahren beteiligten Forderung gegen den Schuldner sei. Insolvenzgläubiger gemäß § 38 InsO ist aber – so diese Ansicht – auch der nachrangige Gläubiger. Ausnahmsweise könne jedoch das für den Insolvenzantrag notwendige rechtliche Interesse fehlen, wenn feststehe, dass der Gläubiger sein (formales) Antragsrecht für nicht schutzwürdige verfahrensfremde Zwecke einsetze.[198] Anderer Ansicht soll demgegenüber dem subordinierten Gläubiger das für die Antragsstellung nach § 14 InsO erforderliche Rechtsschutzinteresse stets fehlen.[199] Eine vermittelnde Ansicht billigt dem subordinierten Gläubiger zwar das Antragsrecht zu. Jedoch soll dem Gläubiger das für § 14 InsO erforderliche rechtliche Interesse fehlen, wenn für ihn eine Befriedigungsaussicht nicht abzusehen ist. Da letzteres in aller Regel zutreffen wird, entfällt nach dieser Ansicht grundsätzlich auch das rechtliche Interesse des subordinierten Gläubigers an der Antragstellung.[200]

55 Richtiger Ansicht nach ist keiner der vorgenannten Ansichten zu folgen. Auch der nicht nachrangige Insolvenzgläubiger ist antragsberechtigt, wenn eine Masseunzulänglichkeit zu erwarten ist oder wenn er beispielsweise lediglich eine Insolvenzquote von 1% zu erwarten hat. Aus ökonomischer Sicht stellen die Insolvenzauslösetatbestände eine Terminierungsregel dar, die den Zeitpunkt markiert, in welchem der Gemeinschuldner mit der privatautonomen Steuerung seiner Vermögensverhältnisse endgültig gescheitert ist und die Verfügungsrechte über das Vermögen des Gemeinschuldners auf die Gemeinschaft der Gläubiger, vertreten durch den Insolvenzverwalter, übergehen sollen.[201] In ökonomischer Hinsicht gescheitert ist der Schuldner dann, wenn auf Grund seiner wirtschaftlichen Erfolglosigkeit eine akute Gefährdung der Gläubigerbefriedigung zu erwarten ist, mithin ein Verteilungskonflikt unter den Gläubigern besteht.[202] Ist die Vermögenssituation des Schuldners dergestalt, dass sogar der nachrangige Gläubiger nicht mehr erwarten kann, aus der Insolvenzmasse befriedigt zu werden, dann droht nicht ein Verteilungskonflikt unter den (nichtnachrangigen) Gläubigern. Vielmehr ist dann ein solcher Verteilungskonflikt schon im vollen Gange.

56 Mit dieser ökonomischen Zielsetzung verträgt es sich nicht, wollte man ein Antragsrecht der nachrangigen Gläubiger ausschließen. Daran ändert auch nichts, dass das Insolvenzverfahren nicht primär der Befriedigung nachrangiger Gläubiger dient. Letzteres findet zwar in § 174 III InsO seinen Niederschlag, in dem es heißt, dass nachrangige Forderungen nur dann anzumelden sind, soweit das Insolvenzgericht besonders zur Anmeldung dieser Forderung auffordert. Aus dem Umstand aber, dass das einmal in Gang gesetzte Verfahren nicht primär dazu dient, nachrangige Forderungen zu bedienen, kann nicht geschlossen werden, dass für das Antragsrecht zur Einleitung eines solchen Verfahrens das Gleiche gilt;[203] denn auch der nichtnachrangige Gläubiger, der aus der Insolvenzmasse (wegen Masseunzulänglichkeit) nichts erhält, war ja seinerzeit antragsberechtigt. Anders wird man wiederum für den Fall entscheiden können müssen, in dem der Gesellschafter nicht nur einen einfachen Nachrang nach § 39 II InsO, son-

---

[198] MüKoInsO/*Schmahl*, § 14 Rn. 48, 52 ff.; KPB/*Pape*, § 13 Rn. 32, § 14 Rn. 63.
[199] BERLK-*Goetsch*, § 14 Rn. 15.
[200] HK/*Kirchhof*, § 14 Rn. 29; FK/*Schmerbach*, § 14 Rn. 49a; *Hess/Weis/Wienberg*, § 14 Rn. 22; siehe auch *Smid*, § 14 Rn. 5.
[201] *Drukarczyk/Schüler*, Kölner Schrift, Kap 2 Rn. 2; *Smid*, § 16 InsO Rn. 1.
[202] Vgl. *K. Schmidt* JZ 1982, 165, 166; *Uhlenbruck* InVo 1998, 29; *Plate* DB 1980, 217; *Burger/Schellberg* KTS 1995, 563, 565 f.
[203] In diesem Sinne aber *K. Schmidt* GmbHR 1999, 9, 13; siehe auch *Teller*, Rangrücktrittsvereinbarungen, S. 170.

dern einen qualifizierten Nachrang abgegeben hat, dh schon für die (Krisen-)Zeit vor Insolvenzeröffnung hinter das Befriedigungsinteresse der übrigen Gläubiger zurückgetreten ist; denn hier hat der Gesellschafter zu erkennen gegeben, dass er auf die Durchsetzung seiner Forderung im Wege der Insolvenzantragstellung „verzichtet" und ihm damit für einen solchen Antrag das Rechtsschutzbedürfnis fehlt.[204]

bb) *Gesellschafter als Organmitglied.* Dem Gesellschafter in seiner Funktion als Organmitglied steht grundsätzlich kein Antragsrecht nach §§ 15, 18 InsO zu (anderes gilt allerdings für die Vor-GmbH, → Rn. 600 f.).[205] Das gilt auch dann, wenn alle Gesellschaftsanteile in der Hand des Gesellschafters vereinigt sind.[206] Die Gesellschafterversammlung kann aber den Geschäftsführer (bindend) anweisen, einen Insolvenzantrag zu stellen.[207] Die Weisung allerdings, keinen Antrag zu stellen, bindet den Geschäftsführer nur insoweit als die Voraussetzungen des § 15a I InsO nicht vorliegen.[208] Ausnahmsweise haben die Gesellschafter im Anwendungsbereich des § 15 InsO (also bei Zahlungsunfähigkeit oder Überschuldung) ein „organschaftliches" Antragsrecht, wenn die Gesellschaft „führungslos" iS des § 35 I GmbHG ist, dh weder einen Geschäftsführer noch einen Liquidator hat (siehe § 35 I 2 GmbHG, § 10 II 2 InsO). Auf die Eintragung der Abberufung, Amtsniederlegung, etc im Handelsregister kommt es dabei nicht an.[209] Entscheidend ist allein, ob jemand (noch) wirksam zum Geschäftsführer berufen ist. Eine Führungslosigkeit wird folglich nicht dadurch beseitigt, dass die Gesellschaft einen „faktischen Geschäftsführer" hat (→ Rn. 42 ff.). Kein Fall der Führungslosigkeit liegt jedoch vor, wenn der Geschäftsführer schlicht unerreichbar ist oder sich (über längere Zeit) an einem unbekannten Aufenthaltsort aufhält.[210]

Im Fall der Führungslosigkeit steht jedem einzelnen Gesellschafter nach § 15 I 2 InsO das Antragsrecht zu. Handelt es sich bei dem Gesellschafter um Personenmehrheiten (Personengesellschaft oder juristische Personen), dann steht entsprechend § 15 II InsO das Antragsrecht für den Gesellschafter dem organschaftlichen Vertreter dieser Gesellschafter-Gesellschaft bzw. dem persönlich haftenden Gesellschafter dieser Gesellschafter-Gesellschaft zu.[211] Ist über das Vermögen des Gesellschafters seinerseits das Insolvenzverfahren eröffnet worden, so übt – wegen der Masserelevanz – das Antragsrecht in der führungslosen Gesellschaft der Insolvenzverwalter aus.[212] Der Insolvenzgrund ist von den Gesellschaftern nur dann glaubhaft zu machen, wenn – im Falle der Führungslosigkeit – nicht alle Gesellschafter den Antrag gestellt haben (§ 15 I 1 InsO). Zusätzlich ist auch die Führungslosigkeit glaubhaft zu machen (§ 15 I 2 InsO). Umstritten ist allerdings, ob dies stets oder nur dann der Fall ist, wenn der Antrag nicht von allen Gesellschaftern gestellt wird.[213]

---

[204] So etwa FK/*Schmerbach,* § 14 Rn. 49b, § 19 Rn. 18.
[205] *Ulmer/Casper,* Erg-Band MoMiG § 64 GmbHG Rn. 41; *Baumbach/Hueck/Haas,* § 60 GmbH Rn. 28.
[206] *Schmidt-Wehr,* § 15 Rn. 5.
[207] Vgl. im Grundsatz *Scholz/K. Schmidt/Bitter,* Vor § 64 GmbHG Rn. 68; *Grüneberg,* Die Rechtspositionen der Organe, S. 42 f.
[208] *Scholz/K. Schmidt,* vor § 64 GmbHG Rn. 69; *Scholz/Schneider,* § 37 GmbHG Rn. 52; *Roth/Altmeppen,* § 35 GmbHG Rn. 6. – Zu den Haftungsrisiken des Geschäftsführers einer Antragstellung bei lediglich drohender Zahlungsunfähigkeit vgl. OLG München, DB 2013, 1596 (zum Notgeschäftsführer der Komplementärin einer GmbH & Co KG); → Rn. 139 ff.
[209] *Baumbach/Hueck/Haas,* § 64 GmbHG Rn. 167; *Horstkotte* ZInsO 2009, 209, 210 f.; *Lutter/Hommelhoff/Kleindiek,* Anh § 64 GmbHG Rn. 42.
[210] AG Hamburg NZI 2009, 63; *Lutter/Hommelhoff/Kleindiek,* Anh § 64 GmbHG Rn. 42; *Baumbach/Hueck/Haas,* § 64 GmbHG Rn. 167, aA *Gehrlein* BB 2008, 846, 848; *Passarge* GmbHR 2010, 295, 297 ff.
[211] *Baumbach/Hueck/Haas,* § 60 Rn. 28.
[212] *Göcke* ZInsO 2008, 1305, 1307.
[213] Siehe einerseits *Lutter/Hommelhoff/Kleindiek,* Anh § 64 GmbHG Rn. 43; andererseits *Baumbach/Hueck/Haas,* § 60 GmbHG Rn. 35.

59 Ob § 15 I 2 InsO entsprechende Anwendung auf § 18 InsO findet, ist unklar. § 18 III InsO verweist jedenfalls nicht auf § 15 I 2 InsO, so dass es auf die Vertretungsberechtigung in der Gesellschaft ankommt. Da aber § 35 I GmbHG nicht – zumindest nicht ausdrücklich – anordnet, dass im Falle einer führungslosen Gesellschaft diese durch ihre Gesellschafter vertreten wird, wird man wohl eine entsprechende Anwendung des § 15 I 2 InsO im Falle drohender Zahlungsunfähigkeit (§ 18 InsO) ablehnen müssen.

60 **d) Kein Antragsrecht.** Kein Antragsrecht haben – jeweils ungeachtet einer faktischen Geschäftsführerschaft (→ Rn. 42 ff.) – der Aufsichtsrat oder Beirat einer GmbH, sowie die Mitglieder dieser Organe.[214] Gleiches gilt für Prokuristen oder sonstige Bevollmächtigte der Gesellschaft.[215] Das gilt auch im Fall unechter Gesamtvertretung.[216] All diese Personen können aber – soweit die entsprechenden Voraussetzungen vorliegen – einen Fremdantrag stellen. Kein Antragsrecht steht auch dem ausgeschiedenen Geschäftsführer zu, der sein Amt wirksam niedergelegt hat oder abberufen wurde. Zu beachten ist dabei, dass die Amtsniederlegung nicht deshalb unwirksam ist, weil dadurch die Gesellschaft führungslos wird → Rn. 73 ff.).[217] Scheidet der Geschäftsführer nach der Antragstellung aus der Gesellschaft aus, beseitigt dies die Wirksamkeit des einmal gestellten Antrags nicht.[218]

61 **2. Die Rücknahme des Insolvenzantrags.** Anders als die Konkursordnung, die diese Frage nicht geregelt hat, bestimmt § 13 II InsO, dass der Insolvenzantrag zurückgenommen werden kann, bis das Insolvenzverfahren eröffnet oder der Antrag rechtskräftig abgewiesen wird. Offen gelassen hat die InsO aber die Frage der Rücknahmeberechtigung, wenn das antragsführende Organ den Insolvenzantrag ursprünglich für das GmbH gestellt hat.[219] Die Frage der Rücknahmeberechtigung war schon für das alte Recht umstritten und stellt sich im Rahmen der InsO aufs Neue.[220] Für die KO und GesO vertrat die hM die Ansicht, dass die Berechtigung zur Antragsrücknahme bei einer Mehrheit von Geschäftsführern dem Antragsteller allein (unabhängig von der gesellschaftsrechtlichen Vertretungsbefugnis) oder aber zusammen mit den anderen Geschäftsführern zustehe.[221] Dies wurde auch für den Fall angenommen, dass der antragstellende Geschäftsführer zwischenzeitlich aus seiner Organstellung ausgeschieden ist.[222] Gestützt wurde diese Ansicht zum einen darauf, dass das Gesetz durch die entsprechende Ausgestaltung der Antragsbefugnis im Grundsatz davon ausgehe, der Vertreter werde den Antrag nicht ohne Grund stellen. Zum anderen wurde auf den Zusammenhang zwischen Antragsrecht und Antragspflicht verwiesen. Habe der Geschäftsführer nicht nur ein Antragsrecht, sondern im Interesse der Gläubiger auch eine Pflicht, den Konkursantrag zu stellen, dürfe der durch die Antragspflicht vermittelte Gläubiger-

---

[214] Vgl. HK/*Kirchhof*, § 15 Rn. 9; *Delhaes*, Der Insolvenzantrag, S. 109 f.; *Scholz/K. Schmidt/Bitter*, vor § 64 GmbHG Rn. 63; *Grüneberg*, Die Rechtspositionen der Organe, S. 167.
[215] Vgl. HK/*Kirchhof*, § 15 Rn. 9; *Scholz/K. Schmidt/Bitter*, Vor § 64 GmbHG Rn. 63.
[216] *Jaeger/Müller*, § 15 Rn. 32.
[217] Siehe auch *Ulmer/Casper*, Erg-Band MoMiG § 64 GmbHG Rn. 38; *Roth/Altmeppen*, § 38 GmbHG Rn. 77 f.; *Baumbach/Hueck/Haas*, § 60 GmbHG Rn. 28.
[218] *Baumbach/Hueck/Haas*, § 60 GmbHG Rn. 36; HK/*Kirchhof*, § 13 Rn. 16.
[219] BGH ZIP 2008, 1596.
[220] Vgl. *Delhaes*, Kölner Schrift, Kap 4 Rn. 29 ff.; siehe ausführlich *Jaeger/H. F. Müller*, § 15 Rn. 57 ff.
[221] Vgl. AG Magdeburg ZInsO 1998, 43; AG Duisburg ZIP 1995, 582/583; LG Dortmund ZIP 1985, 1341; LG Dortmund NJW-RR 1986, 258; LG Tübingen KTS 1961, 158, 159; *Uhlenbruck* GmbHR 1995, 196 f.; *Kuhn/Uhlenbruck*[11], § 103 KO Rn. 3; aA LG Berlin KTS 1974, 182, 183 f.; *Delhaes*, Der Insolvenzantrag, S. 191; *Delhaes*, Kölner Schrift, Kap 4 Rn. 36 ff.; *Fenski* BB 1988, 2265, 2266 f.
[222] Vgl. AG Magdeburg ZInsO 1998, 43; AG Duisburg ZIP 1995, 582, 583; LG Dortmund ZIP 1985, 1341 f.

schutz nicht dadurch unterlaufen werden, dass jeder alleinvertretungsberechtigte Geschäftsführer den Antrag eines Mitgeschäftsführers wieder zurückziehen könne.

Hinter der Frage, wer rücknahmeberechtigt ist, verbirgt sich letztlich der Streit, wie **62** das Interesse der Gläubiger an einer möglichst rechtzeitigen Insolvenzauslösung mit dem Interesse der Gesellschaft, eine verfrühte Insolvenzauslösung gegebenenfalls durch Rücknahme des Antrags zu verhindern, auszugleichen ist.[223] Praktisch betrachtet besteht sowohl für den Schutz der Gläubiger an einer rechtzeitigen Antragstellung als auch für den Schutz der Gesellschaft vor einem ungerechtfertigten Antrag ein Bedürfnis. Ersteres kommt etwa in der geringen Deckungsquote nicht bevorrechtigter Gläubiger zum Ausdruck, Letzteres insbesondere in der immer öfter zu beobachtenden Zunahme missbräuchlich gestellter Eigenanträge. Zur Beachtung sowohl der Interessen der Gläubiger als auch der Interessen der Gesellschaft ist der Geschäftsführer aber im Rahmen der Antragstellung haftungsrechtlich verpflichtet (→ Rn. 91 ff. und → Rn. 154 ff.).

Im Anwendungsbereich des § 15 InsO lehnte die bislang hM ein Rücknahmerecht **63** der nicht antragstellenden vertretungsberechtigten Geschäftsführer (und damit eine analoge Anwendung des § 15 I 1 InsO) ab.[224] Mithin konnte der Antrag nur von dem antragstellenden Geschäftsführer oder aber von allen zusammen zurück genommen werden. Begründet wurde dies damit, dass dem Interesse der Gesellschaft zum einen durch § 15 II 1 InsO hinreichend Rechnung getragen würde, wonach das einzelne Mitglied des Vertretungsorgans den Eröffnungsgrund im Antrag glaubhaft zu machen hat.[225] Darüber hinaus – so diese Ansicht – werde das Gesellschaftsinteresse auch durch § 15 II 2 InsO geschützt, der das Gericht dazu verpflichtet, die übrigen Mitglieder des Vertretungsorgans zu hören. Diese haben damit die Möglichkeit darzulegen und glaubhaft zu machen, dass die Voraussetzungen für die Eröffnung des Insolvenzverfahrens nicht vorliegen.[226] Schließlich trage – so diese Ansicht – die haftungsbewehrte Pflicht des Geschäftsführers, den Antrag zum Schaden der Gesellschaft nicht verfrüht zu stellen (→ Rn. 154 ff.), dazu bei, missbräuchliche Eigenanträge durch den Geschäftsführer zu verhindern. Dieser Ansicht ist auch heute im Grundsatz zu folgen.[227]

Der BGH hat bislang für einen Sonderfall anders entschieden, nämlich wenn der an- **64** tragstellende Geschäftsführer zwischenzeitlich aus der Gesellschaft ausgeschieden ist. Mit seinem Ausscheiden verliert der antragstellende ehemalige Geschäftsführer nämlich sowohl die Antrags- (→ Rn. 41) als auch die Rücknahmebefugnis. Daher hat der BGH für diesen Fall klargestellt, dass – vorbehaltlich des Verbots des Rechtsmissbrauchs – die übrigen Mitgeschäftsführer zumindest dann rücknahmeberechtigt sind.[228] Offen ist aber in einem solchen Fall, ob bei einer Mehrheit von Geschäftsführern nur alle Verbliebenen zusammen[229] oder jeder vertretungsberechtigte Geschäftsführer rücknahmebefugt ist. Das Problem stellt sich ähnlich, wenn der einzige Geschäftsführer (der den Antrag gestellt hat) aus der Gesellschaft ausscheidet. Dann wird man wohl den Gesellschaftern

---

[223] Vgl. AG Duisburg ZIP 1995, 582, 583; *Fenski* BB 1988, 2265, 2266 f.; siehe auch *Uhlenbruck* GmbHR 1999, 313, 323.

[224] AG Duisburg NZI 2002, 209 f.; AG Potsdam DZWIR 2000, 257, 258; *Noack*, Rn. 256; FK/*Schmerbach*, § 15 Rn. 18 ff.; Braun/*Bußhardt*, § 13 InsO Rn. 20; MüKoInsO/*Schmahl* § 15 Rn. 81.

[225] § 18 enthält dem Wortlaut nach keine vergleichbare Einschränkung. Da die Vorschrift jedoch neben dem Auslösegrund der drohenden Zahlungsunfähigkeit nur die Antragsberechtigung, nicht aber die Antragsvoraussetzungen regelt, ist insoweit auf die allgemeine Vorschrift in § 15 InsO zurückzugreifen.

[226] AG Duisburg ZIP 1995, 582, 583; AG Potsdam DZWIR 2000, 257, 258.

[227] *Lutter/Hommelhoff/Kleindiek*, Anh § 64 GmbHG Rn. 44; *Roth/Altmeppen*, vor § 64 GmbHG Rn. 55, 53; *Uhlenbruck* GmbHR 2005, 817, 825; MüKoInsO/*Schmahl*, § 15 Rn. 83; wohl auch Scholz/K. *Schmidt/Bitter*, vor § 64 GmbHG Rn. 73 (aA Vorauflage Rn. 48).

[228] BGH ZIP 2008, 1596, 1597; siehe auch OLG Brandenburg NZI 2002, 44, 48; aA MüKoInsO/ *Schmahl*, § 15 InsO Rn. 82.

[229] So wohl *Lutter/Hommelhoff/Kleindiek*, Anh § 64 GmbHG Rn. 44.

(in der nun führungslosen Gesellschaft) die Rücknahmeberechtigung (einzeln oder zusammen) zugestehen müssen.

65 Anders ist die Rechtslage hingegen bei dem fakultativen Auslösegrund der drohenden Zahlungsunfähigkeit (§ 18 I InsO). Insoweit bleibt es nicht nur hinsichtlich der Antragsbefugnis, sondern auch bzgl. der Rücknahmeberechtigung bei den gesellschaftsrechtlichen Regelungen hinsichtlich der Vertretungsbefugnis.[230]

66 **3. Die Pflicht zur Stellung des Antrags.** Nach § 15a I InsO haben die Geschäftsführer ohne schuldhaftes Zögern, spätestens aber drei Wochen nach Eintritt der Zahlungsunfähigkeit oder der Überschuldung, die Eröffnung des Insolvenzverfahrens zu beantragen. Die Vorschrift entspricht § 64 I GmbHG aF,[231] die seinerzeit durch Art. 48 Nr. 7 EGInsO neu gefasst worden ist, um dem neuen einheitlichen Insolvenzverfahren Rechnung zu tragen.

67 **a)** *Zeitlicher Anwendungsbereich.* Die Pflicht zur Stellung des Insolvenzantrags besteht nur bei (objektiv bestehender) Zahlungsunfähigkeit bzw. Überschuldung und nur bis zur Insolvenzeröffnung bzw. Abweisung des Antrags mangels Masse. Bei der Pflicht handelt es sich um eine Dauerpflicht.[232] Keine entsprechende Pflicht besteht beim Eröffnungsgrund der drohenden Zahlungsunfähigkeit. Nach der gesetzlichen Konzeption liegt der Insolvenzgrund der drohenden Zahlungsunfähigkeit zeitlich vor den beiden anderen Auslösegründen. Mit der Nichteinbeziehung der drohenden Zahlungsunfähigkeit in die Antragspflicht nach § 15a I InsO wollte der Gesetzgeber freie Sanierungen im Vorfeld der Insolvenz nicht erschweren.[233] Ist die Gesellschaft aber nicht nur drohend zahlungsunfähig, sondern auch überschuldet (oder zahlungsunfähig), besteht freilich die Antragspflicht.

68 **b)** *Adressat der Pflicht.* aa) *Der Geschäftsführer.* § 15a I InsO knüpft für die Antragspflicht an die Organstellung des Geschäftsführers bzw. Liquidators[234] an. Sind mehrere Geschäftsführer vorhanden, so trifft die Pflicht jeden einzelnen von ihnen. Dies gilt ungeachtet einer bestehenden Ressortverteilung unter den Geschäftsführern.[235] Aufgabenverteilung unter den Geschäftsführern bzw. Delegation von Aufgaben an nachgeordnete Mitarbeiter entlassen den einzelnen Geschäftsführer folglich nicht aus seiner Pflichtenstellung.

69 Weist die Gesellschafterversammlung den Geschäftsführer an, den Insolvenzantrag nicht zu stellen obwohl der zeitliche Anwendungsbereich eröffnet ist, entfällt die Pflicht ebenfalls nicht (zu Fällen der verfrühten Antragstellung → Rn. 154 ff.).[236] Zwar ist der Geschäftsführer nach § 37 GmbHG verpflichtet, Beschlüsse und Weisungen der Gesellschafterversammlung auszuführen. Die Folgepflicht des Geschäftsführers findet jedoch an den zwingenden gesetzlichen Pflichten des Geschäftsführers und damit auch an § 15a I InsO ihre Grenze.[237] Die Pflicht in § 15a I InsO entfällt auch dann nicht, wenn

---

[230] *Baumbach/Hueck/Haas*, § 60 GmbHG Rn. 36; siehe auch *Scholz/K. Schmidt/Bitter*, vor § 64 GmbHG Rn. 73.
[231] Zum Übergangsrecht vgl. *Baumbach/Hueck/Haas*, § 64 Rn. 112; *Scholz/K. Schmidt*, Anh § 64 GmbHG Rn. 5 f.
[232] So auch *Saenger/Inhester/Kolmann*, vor § 64 GmbHG Rn. 122.
[233] Zum Kalkül des Schuldners im Rahmen eines Antrags auf Einleitung des Insolvenzverfahrens bei drohender Zahlungsunfähigkeit, *Uhlenbruck* WiB 1996, 409, 412 f.
[234] BGH ZIP 2008, 2308, 2310; *Lutter/Hommelhoff/Kleindiek*, Anh § 64 GmbHG Rn. 45.
[235] BGH GmbHR 1994, 460, 461 = JZ 1994, 961 *(Grunewald)*; *Rohde* JuS 1995, 965; *Baumbach/Hueck/Haas*, § 64 GmbHG Rn. 114; Uhlenbruck/Hirte/Vallender/*Hirte*, § 11 Rn. 62.
[236] LG Dortmund ZIP 1985, 1341, 1342; *Lutter/Hommelhoff/Kleindiek*, Anh § 64 GmbHG Rn. 45; Uhlenbruck/Hirte/Vallender/*Hirte*, § 11 Rn. 63.
[237] Vgl. OLG Frankfurt ZIP 1997, 450, 451; *Giesecke* GmbHR 1996, 486, 488 f.; *Baumbach/Hueck/Haas*, § 64 GmbHG Rn. 116; *Ehricke* ZGR 2000, 358, 363; *Scholz/K. Schmidt*, Anh § 64 GmbHG Rn. 19.

die Gesellschaftsgläubiger mit der Verschleppung des Insolvenzantrags einverstanden sind;[238] denn § 15a I InsO schützt nicht nur die Alt-, sondern auch die Neugläubiger als Teil des Geschäftsverkehrs (→ Rn. 97 ff., 107 ff.).

bb) *Der faktische Geschäftsführer.* Überwiegender Ansicht nach ist Adressat der Pflicht in § 15a I InsO auch derjenige, der fehlerhaft zum Geschäftsführer bestellt worden ist (zum Antragsrecht → Rn. 42 ff.).[239] Streitig ist hingegen, ob die Antragspflicht auch demjenigen obliegt, der ohne formellen Bestellungsakt faktisch – etwa als Gesellschafter – die Geschäfte der GmbH tatsächlich führt. Insbesondere die Strafgerichte haben wiederholt eine strafrechtliche Verantwortlichkeit auch dieser faktischen Organe im Rahmen des § 15a IV InsO (§ 84 I Nr. 2 und II GmbHG aF) angenommen.[240] In der gesellschaftsrechtlichen Literatur[241] und Rechtsprechung[242] wird die Ausdehnung des § 15a I InsO auch auf solche „faktischen Geschäftsführer" oder sonstige Dritte mit unterschiedlichen Begründungen zu Recht befürwortet (→ Rn. 42 ff., 43). Von der Frage der Antragspflicht ist die weitere zu unterscheiden, ob und inwieweit ein faktischer Geschäftsführer im Falle einer Insolvenzverschleppung strafrechtlich Verantwortung gezogen werden kann.[243]

70–71

cc) *Der Gesellschafter.* (1) *Der Grundsatz.* Kein Adressat der Antragspflicht ist – grundsätzlich – der Gesellschafter. Das gilt auch dann, wenn dieser Mehrheits- oder Alleingesellschafter ist.[244] Dennoch kann auch ohne Antragspflicht eine Haftung des Gesellschafters wegen Insolvenzverschleppung in Betracht kommen und zwar unter dem Gesichtspunkt der Teilnahme an einer pflichtwidrigen und zum Schadensersatz verpflichtenden Insolvenzverschleppung (→ Rn. 151 f.).

72

(2) *Ausnahme bei Führungslosigkeit.* Ausnahmsweise trifft den Gesellschafter nach § 15a III InsO eine Antragspflicht im Fall der Führungslosigkeit (zum Begriff → Rn. 57 f.). Etwas anderes gilt nur, wenn der Gesellschafter von der Insolvenzreife (Zahlungsunfähigkeit oder Überschuldung) oder der Führungslosigkeit der Gesellschaft keine Kenntnis hat. Insoweit gelten Erleichterungen für den Gesellschafter (→ Rn. 88 ff.). § 15a III InsO ist durch Art. 9 Nr. 3 MoMiG eingefügt worden.[245] Der MoMiG-Gesetzgeber differenziert nicht danach, was für eine Beteiligung der Gesellschafter und zu welchem Zweck er diese hält. Insbesondere hat der Gesetzgeber nicht – wie teilweise in der Literatur gefordert –[246] das Kleinbeteiligungsprivileg in § 39 V InsO für entsprechend an-

73

---

[238] Vgl. Uhlenbruck/Hirte/Vallender/*Hirte*, § 11 Rn. 64; *Scholz/K. Schmidt*, Anh § 64 GmbHG Rn. 37.

[239] Vgl. BGHZ 75, 96, 106; BGH WM 1988, 756, 757 f.; BGHSt GmbHR 1990, 173; BB 1983, 788, 789; *Scholz/K. Schmidt*, Anh § 64 GmbHG Rn. 22; *Baumbach/Hueck/Haas*, § 64 GmbHG Rn. 113; *Michalski/Nerlich*, § 64 GmbHG Rn. 16; *Lutter/Hommelhoff/Kleindiek*, Anh § 64 GmbHG Rn. 49.

[240] So im Anwendungsbereich des § 84 I Nr. 2 und II GmbHG; vgl. BGHSt 3, 32, 38; 6, 314, 315; 21, 101, 103; 31, 118, 121 f.; NStZ 2000, 34, 35; NJW 2000, 2285 f.; BayObLG NJW 1997, 1936.

[241] Vgl. *Geißler* GmbHR 2003, 1106, 1113; *Michalski/Nerlich*, § 64 GmbHG Rn. 16; *Lutter/Hommelhoff/Kleindiek*, Anh § 64 GmbHG Rn. 49; *Roth/Altmeppen*, Vorb § 64 GmbHG Rn. 57 f.; *Saenger/Inhester/Kolmann*, vor § 64 Rn. 134 ff.; *Scholz/K. Schmidt*, Anh § 64 GmbHG Rn. 22; *Stein* ZHR 1984, 207, 233 ff.; abl. *Rowedder/Chr. Schmidt-Leithoff/Baumert*, vor § 64 GmbHG Rn. 49.

[242] Vgl. BGH NJW-RR 2002, 1324; ZIP 2002, 848, 851; WM 1988, 756, 757 f.; BGHZ 41, 282, 287; 47, 341, 343; OLG Brandenburg NZG 2001, 807 f.; OLG Jena ZIP 2002, 631, 632. Der zivilrechtliche Begriff ist allerdings enger als der strafrechtliche, siehe *Bittmann/Meyer*, Insolvenzstrafrecht, 2004, § 5 Rn. 76.

[243] Vgl. BGHSt 21, 101, 103; 31, 118, 121; NJW 2000, 2285; hierzu kritisch *Lutter/Hommelhoff/Kleindiek*, Anh § 64 GmbHG Rn. 49, 89, § 84 Rn. 7; *Roth/Altmeppen*, § 84 GmbHG Rn. 8 ff.; *Michalski/Danneker*, § 82 GmbHG Rn. 47 f.

[244] *Scholz/K. Schmidt*, Anh § 64 GmbHG Rn. 25.

[245] Zum Übergangsrecht, siehe *Baumbach/Hueck/Haas*, § 64 GmbHG Rn. 165.

[246] *Noack* DB 2006, 1475, 1477.

wendbar erklärt. Auch wenn also ein Gesellschafter nicht über hinreichenden Einfluss verfügt, um die Führungslosigkeit zu beenden, findet § 15a III InsO auf ihn Anwendung. Maßgebend ist allein, dass der Gesellschafter einen Geschäftsanteil hält. Dem Wortlaut zufolge obliegt die Antragspflicht im Fall der Führungslosigkeit „auch" den Gesellschaftern. Das Gesetz bringt damit wohl zum Ausdruck, dass das Vorhandensein etwa eines „faktischen Geschäftsführers" (→ Rn. 42 ff.) im Falle der Führungslosigkeit die Antragspflicht der Gesellschafter nicht entfallen lässt, sondern dass beide (Gesellschafter und „faktischer Geschäftsführer") nebeneinander antragsverpflichtet sind.

74 Fraglich ist, wen die Antragspflicht trifft, wenn der Gesellschafter keine natürliche Person, sondern wiederum eine Gesellschaft ist. Man wird in diesen Fällen wohl (entsprechend § 15a I 2 InsO) die organschaftlichen Vertreter dieser Gesellschafter-Gesellschaft als antragsverpflichtet (und -berechtigt) ansehen müssen. Ist die Gesellschafter-Gesellschaft ihrerseits führungslos, so trifft die Antragspflicht wiederum deren Gesellschafter.[247] Ob diese Erweiterungen allerdings auch für die Strafbarkeit nach § 15a IV InsO gelten, ist wegen des strafrechtlichen Analogieverbots aus Art. 103 II GG zweifelhaft.[248]

75 Die Antragspflicht des Gesellschafters besteht nur ab dem Zeitpunkt und so lange, wie die Gesellschaft führungslos ist. War die Gesellschaft im Stadium der Zahlungsunfähigkeit bzw. Überschuldung führungslos und hat der Gesellschafter nicht rechtzeitig den Insolvenzantrag gestellt, so wird diese Pflichtverletzung nicht dadurch beseitigt, dass er einen Geschäftsführer bestellt.[249]

76 dd) *Keine Normadressaten.* Keine Pflicht, einen Insolvenzantrag für die GmbH zu stellen, haben – mangels Antragsrecht (→ Rn. 40 ff.) – Aufsichtsrats- und Beiratsmitglieder (→ Rn. 60).[250] Grundsätzlich keine Pflicht, den Insolvenzantrag für die Gesellschaft zu stellen, hat auch der (wirksam) aus dem Amt ausgeschiedene Geschäftsführer (→ Rn. 162 f.).[251] Da die Antragspflicht mit dem Verlust der Organstellung ex nunc entfällt, bleiben zuvor begangene Pflichtverletzungen hiervon unberührt. Teilweise wird die Ansicht vertreten, dass der Geschäftsführer, der sein Amt innerhalb der Drei-Wochen-Frist des § 15a I InsO wirksam niederlegt, die Pflicht hat, die verbleibenden Geschäftsführer zur Stellung des Antrags zu veranlassen.[252] Die Ansicht ist allerdings abzulehnen.[253] Sie ist weder mit dem Wortlaut noch mit dem Sinn und Zweck des § 15a I InsO zu vereinbaren. Hinzu kommt, dass – zumindest nach Amtsniederlegung – der ausgeschiedene Geschäftsführer überhaupt keine rechtlichen Möglichkeiten hat, auf die verbleibenden Mitglieder des Leitungsorgans einzuwirken.

77 c) *Inhalt der Pflicht.* aa) *Das Erkennen von Zahlungsunfähigkeit/Überschuldung.* Jedenfalls mit Eintritt von Krisenanzeichen ist der Geschäftsführer verpflichtet, die Krisensituation der Gesellschaft zu klären, um dann seiner etwaigen Insolvenzantragspflicht bei materieller Insolvenz gemäß §§ 17, 19 InsO nachzukommen. Um diese Pflicht erfüllen zu können, ist der Geschäftsführer schon im Vorfeld verpflichtet, sich einen Überblick über die wirtschaftliche Lage der Gesellschaft zu verschaffen und deren Solvenz

---

[247] LG München I ZIP 2013, 1739; MüKoInsO/*Klöhn*, § 15a Rn. 85.
[248] *Saenger/Inhester/Kolmann*, vor § 64 GmbHG Rn. 178; siehe hierzu auch *Hefendehl* ZIP 2011, 601, 603.
[249] *Scholz/K. Schmidt*, Anh § 64 GmbHG Rn. 26.
[250] *Saenger/Inhester/Kolmann*, vor § 64 GmbHG Rn. 179; *Scholz/K. Schmidt*, Anh § 64 GmbHG Rn. 24; differenzierend *Baumbach/Hueck/Haas*, § 64 GmbHG Rn. 169, 174d.
[251] Uhlenbruck/Hirte/Vallender/*Hirte*, § 11 Rn. 63; *Scholz/K. Schmidt*, Anh § 64 GmbHG Rn. 39.
[252] Siehe zum ganzen *Lutter/Hommelhoff/Kleindiek*, Anh § 64 GmbHG Rn. 83; *Rowedder/Chr. Schmidt-Leithoff/Baumert*, vor § 64 GmbHG Rn. 80; aA *Baumbach/Hueck/Haas*, § 64 GmbHG Rn. 115.
[253] *Saenger/Inhester/Kolmann*, vor § 64 GmbHG Rn. 159.

beständig zu überprüfen.²⁵⁴ Ergibt sich beispielsweise in einer unterjährigen Zwischenbilanz ein nicht durch Eigenkapital gedeckter Fehlbetrag iS des § 268 II HGB, hat der Geschäftsführer eine Überschuldungsbilanz zu erstellen und diese regelmäßig fortzuschreiben.²⁵⁵ Anders als die Antragspflicht selbst ist die wirtschaftliche Selbstprüfungspflicht der Geschäftsführer einer Geschäftsverteilung zugänglich (→ Rn. 68). Ist diese Aufgabe innerhalb eines mehrköpfigen Leitungsorgans einem Geschäftsführer zugewiesen, entbindet dies die übrigen Geschäftsführer jedoch nicht von ihrer Verpflichtung. So hat das Geschäftsführergremium im Falle einer Ressortaufteilung die Pflicht, bei Anzeichen einer Krisensituation die wirtschaftliche Selbstprüfung in die Gesamtverantwortung zurückzuholen.²⁵⁶ Hierauf muss jeder einzelne Geschäftsführer – auch wenn er zB nicht für den Geschäftsbereich Finanzen zuständig ist – hinwirken.²⁵⁷ Gleiches gilt, wenn Zweifel an der ordnungsgemäßen Ressortgeschäftsführung des für die Finanzen der Gesellschaft zuständigen Geschäftsführers bestehen. Die Geschäftsführer sind daher verpflichtet, frühzeitig Organisationsstrukturen einzuführen, die es jedem einzelnen ermöglichen, Einblick in die fremde Ressortgeschäftsentwicklung zu nehmen, und damit letztlich gestatten, die Geschäftsführung des Mitgeschäftsführers (stichpunktartig) zu beaufsichtigen und zu überwachen²⁵⁸ (→ Rn. 4 ff.).

bb) *Die verschiedenen Handlungsalternativen bei Eintritt von Überschuldung / Zahlungsunfähigkeit.* Zur Klärung der Krisensituation stehen dem Geschäftsführer verschiedene Handlungsalternativen offen. Er kann beispielsweise den Antrag auf Eröffnung des Insolvenzverfahrens stellen oder aber außergerichtliche Sanierungsverhandlungen mit den Gläubigern und/oder den Gesellschaftern führen.²⁵⁹ Die sachgerechte Vorgehensweise nach Inkrafttreten des ESUG²⁶⁰ wird grds. darin bestehen, zumindest parallel zu etwaigen außergerichtlichen Sanierungsbemühungen als „Plan B" die Sanierung mit insolvenzrechtlichen Mitteln zu erwägen und ggf. vorzubereiten (vgl. §§ 270 ff., 217 ff. InsO). Die verschiedenen Optionen hat er gegenüber der Gesellschaft mit der Pflicht eines ordentlichen Geschäftsmannes zu prüfen (→ Rn. 154 ff.). Eine Pflichtverletzung iS des § 15a I InsO liegt nur vor, wenn der Geschäftsführer den Antrag auf Eröffnung des Insolvenzverfahrens schuldhaft verzögert, dh verspätet stellt. Der Geschäftsführer muss seine Entscheidung innerhalb einer Höchstfrist von drei Wochen treffen. Ausschöpfen darf der Geschäftsführer die Frist nur, soweit dies kein „schuldhaftes Zögern" darstellt. Stellt sich daher schon vor Ablauf der Frist heraus, dass eine Sanierung nicht zu erwarten ist, muss der Geschäftsführer das Insolvenzverfahren bereits vorher einleiten.²⁶¹ Beantragt der Geschäftsführer die Eröffnung des Insolvenzverfahrens zu früh, dh ohne die Möglichkeiten einer außergerichtlichen Sanierung ausreichend geprüft zu haben, verletzt er allenfalls die Pflicht zur ordnungsgemäßen Geschäftsführung nach § 43 I, II GmbHG, nicht aber § 15a I InsO (→ Rn. 154 ff.).²⁶²

---

²⁵⁴ Vgl. BGH NJW-RR 1995, 669 f.; GmbHR 1994, 539, 545; ZIP 2012, 1557; OLG Koblenz OLG-Report 2001, 228, 229; OLG Celle GmbHR 1997, 127, 128; OLG Düsseldorf GmbHR 1999, 479, 481; GmbHR 1993, 159, 160; *Goette* ZInsO 2001, 529, 530; *Haas,* Geschäftsführerhaftung, S. 28 f., 128 ff.; *Scholz/K. Schmidt,* Anh § 64 GmbHG Rn. 4.
²⁵⁵ OLG Celle GmbHR 2004, 568, 569; *Goette* ZInsO 2001, 529, 530; *Haas* in Unternehmen in der Krise, S. 73, 75.
²⁵⁶ Vgl. BGH DB 1996, 2483, 2484.
²⁵⁷ Vgl. BGH GmbHR 1994, 460, 462.
²⁵⁸ Vgl. BGH GmbHR 1995, 653, 654; NJW-RR 1995, 669, 670; *Lutter/Hommelhoff,* § 37 GmbHG Rn. 32; *Rohde* JuS 1995, 765, 766.
²⁵⁹ *Scholz/K. Schmidt,* Anh § 64 GmbHG Rn. 29; *K. Schmidt* ZIP 1988, 1497, 1498.
²⁶⁰ Gesetz zur weiteren Erleichterung der Sanierung von Unternehmen vom 7.12.2011, BGBl. I, S. 2582.
²⁶¹ Vgl. BGH NZI 2008, 557; WM 2012, 702, 703; BGHZ 75, 96, 111; *Strohn* NZG 2011, 1161, 1162.
²⁶² Vgl. OLG München NJW 1966, 2366 f.; *K. Schmidt* ZIP 1980, 328, 330.

§ 92 79, 80　　　　　　　　　　　　　　Kapitel VII. Besonderheiten der Gesellschaftsinsolvenz

79　　cc) *Die zulässige Antragstellung.* In der Praxis werden häufig unvollständige und damit ggf. unzulässige Anträge gestellt. Dies verzögert die Verfahrenseröffnung zu Lasten der Gläubiger, da das Insolvenzgericht diese Anträge ohne Möglichkeit der Amtsermittlung zurückweisen muss. Richtiger Ansicht nach ist daher die Pflicht nach § 15a I InsO erst mit der Stellung eines zulässigen Antrags erfüllt.[263] Hierfür spricht neben dem Normzweck der Vorschrift als solcher (Verhinderung der Gläubigergefährdung) schon der Wortlaut des § 15a IV InsO, wonach mit Strafe nicht mehr nur die verspätete Antragstellung bewehrt ist, sondern auch die „nicht richtige" Antragstellung.[264] Nach § 15 II InsO hat – wenn der Antrag nicht von allen Mitgliedern des Vertretungsorgans gestellt wird – der antragstellende Geschäftsführer den Eröffnungsgrund glaubhaft zu machen. Der Geschäftsführer muss daher Tatsachen vortragen, aus denen sich die Insolvenzreife des Schuldners ergibt. Darüber hinaus muss auf der Grundlage des Antrags aus der Sicht des Gerichts eine überwiegende Wahrscheinlichkeit für die Richtigkeit der Tatsachenbehauptung sprechen. Aber auch, wenn der Antrag vom einzigen oder von allen Geschäftsführer gestellt wird, setzt ein zulässiger Antrag nach überwiegender Ansicht substantiierte Angaben voraus, aus denen sich der Eröffnungsgrund ergibt (§ 4 InsO iVm § 253 II Nr. 2 ZPO); eine Schlüssigkeit im technischen Sinne ist hingegen nicht Voraussetzung.[265]

80　　Erforderlich für einen zulässigen Antrag sind „nachvollziehbare Angaben zur Vermögens- und Finanzlage" der Gesellschaft.[266] Durch die Neufassung des § 13 InsO[267] hat der Gesetzgeber die Anforderungen an die Zulässigkeit eines Schuldnerantrags weiter konkretisiert bzw. erweitert. Nunmehr sollen bei laufendem Geschäftsbetrieb bestimmte Forderungen[268] verzeichnet und besonders kenntlich sowie Angaben zur Bilanzsumme, zu den Umsatzerlösen und zur durchschnittlichen Arbeitnehmerzahl des vergangenen Geschäftsjahres gemacht werden. In der Praxis werden diese neuen Anforderungen allerdings teils noch sehr unterschiedlich gehandhabt.[269] Verpflichtend sind diese Angaben gemäß § 13 I 6 InsO jedenfalls nur dann, wenn Eigenverwaltung oder die Einsetzung eines vorläufigen Gläubigerausschusses beantragt wurden bzw. ein solcher nach § 22a InsO erforderlich ist. Die Angaben sollen dem Gericht vorrangig ermöglichen, die Größenordnung des Verfahrens mit Blick auf diese Fälle zügig abzuschätzen.[270] Daher sind sie wohl für einen zulässigen Antrag nur insoweit erforderlich, als sie zu einer solchen Feststellung notwendig sind.[271] Eine fehlende Erklärung über die Richtigkeit und Vollständigkeit der Angaben im Sinne des § 13 I 7 InsO ist demgegenüber für die Zulässigkeit des Antrags nicht erforderlich.[272]

---

[263] *Baumbach/Hueck/Haas,* § 64 GmbHG Rn. 119; *Haas* DStR 2003, 423, 426; HK/*Kleindiek* § 15a Rn. 15; *Saenger/Inhester/Kolmann,* vor § 64 GmbHG Rn. 171; *Schmittmann* NZI 2007, 357; anders aus strafrechtlicher Sicht zum alten Recht BayObLG NZI 2001, 50, 51; *Weyand* ZInsO 2000, 444.

[264] Zur Auslegung des Begriffs „nicht richtig", siehe insbesondere *Römermann* ZInsO 2010, 353, 354 ff.; HK/*Kleindiek,* § 15a Rn. 15; *Roth/Altmeppen,* Vorb § 64 GmbHG Rn. 103.

[265] BGH BB 2003, 493, 494; BayObLG ZIP 2000, 1220, 1221; LG Göttingen NZI 2004, 149; AG Dresden EWiR 2002, 721 f. *(Schmahl);* weitergehend LG Potsdam NZI 2002, 555 f.; *Vallender* MDR 1999, 280, 281; siehe auch MüKoInsO/*Schmahl,* § 13 Rn. 106; HK/*Kirchhof,* § 13 Rn. 21 f.; aA mit Hinweis auf den Wortlaut des § 15 II InsO, BayObLG NZI 2001, 50, 51.

[266] BGH BB 2003, 493, 494; *Baumbach/Hueck/Haas,* § 64 GmbHG Rn. 119; § 60 Rn. 34; *Saenger/Inhester/Kolmann,* vor § 64 GmbHG Rn. 172.

[267] Vorschrift neugefasst durch das Gesetz zur weiteren Erleichterung der Sanierung von Unternehmen vom 7.12.2011, BGBl. I S. 2582 (ESUG).

[268] Höchste und höchste gesicherte Forderungen sowie Forderungen der Finanzverwaltung, der Sozialversicherungsträger und aus betrieblicher Altersversorgung (§ 13 I 4 InsO).

[269] Vgl. AG Hamburg ZInsO 2012, 1482; demgegenüber AG Ludwigshafen ZInsO 2012, 2057 f.; siehe auch *Cymutta* BB 2012, 3151, 3154.

[270] Vgl. Braun/*Bußhardt,* § 13 InsO Rn. 3.

[271] *Saenger/Inhester/Kolmann,* vor § 64 GmbHG Rn. 173; *Marotzke* DB 2012, 560, 566; *Vallender* MDR 2012, 61, 62.

[272] *Baumbach/Hueck/Haas,* § 64 GmbHG Rn. 119a.

Fehlen nun erforderliche Angaben, so weist das Insolvenzgericht den Antrag – wenn **81** die Unterlagen auf Aufforderung auch nicht nachgereicht werden – als unzulässig zurück.[273] Eine Amtsermittlung des Insolvenzgerichts (§ 5 InsO) greift in diesem Verfahrensstadium noch nicht, da noch kein zulässiger Antrag vorliegt.[274] Erst wenn die Zulässigkeitsschwelle übersprungen ist, kann die (dann evtl. noch notwendige) Ergänzung der Angaben mit den Mitteln des §§ 20 I 2, 97 f., 101 InsO erzwungen werden.[275] Dass nur ein zulässiger Antrag, d. h. ein solcher, der die Amtsermittlungspflicht des Insolvenzgerichts auslöst, im Gläubigerinteresse liegt, dürfte unstreitig sein;[276] denn Sicherungsmaßnahmen nach § 21 InsO kann das Insolvenzgericht nur bei Vorliegen eines zulässigen Antrags anordnen.[277] Darüber hinaus werden die durch eine unzulässige Antragstellung veranlassten Verzögerungen nicht durch § 64 GmbHG hinreichend kompensiert.[278] Die Erstreckung der Pflicht in § 15a I InsO auf die „zulässige Antragstellung" ist daher sowohl interessengerecht als auch methodisch zulässig.[279]

dd) *Frist*. Das Gesetz sieht in § 15a I InsO vor, dass der Geschäftsführer spätestens drei **82** Wochen[280] nach Eintritt der Krise die Eröffnung des Insolvenzverfahrens beantragen muss. Entgegen einer verbreitet anzutreffenden Fehlvorstellung besteht keine dreiwöchige Frist, bis zu deren Ablauf mit der Antragstellung zugewartet werden kann. Vielmehr ist – wie sich auch aus dem klaren Wortlaut der Vorschrift ergibt – die Frist iS einer Höchstfrist zu verstehen. Sie darf nicht dazu genutzt werden, vor Antragstellung noch möglichst viel vom Vermögen zu retten. Stellt sich daher schon vor Ablauf der Dreiwochenfrist heraus, dass Sanierungschancen (objektiv) nicht bestehen, so hat der Geschäftsführer den Insolvenzantrag unverzüglich zu stellen.[281] Dass eine rechtzeitige Sanierung tatsächlich ernsthaft zu erwarten war, hat nach allgemeinen Grundsätzen derjenige zu beweisen, der sich darauf beruft – in aller Regel also der Geschäftsführer.[282] Die Frist steht nicht zur Disposition der Gesellschafter und kann auch mit Zustimmung aller Gläubiger nicht verlängert werden.[283] Außergerichtliche Sanierungsbemühungen hemmen – auch wenn sie aussichtsreich sind – den Fristablauf nicht und schieben diesen auch nicht hinaus.[284] Die vom OLG Hamburg geäußerte Tendenz, die drei Wochen eher im Sinne einer Regelfrist auszulegen und im Einzelfall Verlängerungen zuzulassen, begegnet im Sinne der Rechtssicherheit erheblichen Bedenken und würde auch mit Blick auf den Gläubigerschutz die falschen Anreize setzen.[285]

---

[273] BGH BB 2003, 493, 494; LG Göttingen NZI 2004, 149, 150; AG Dresden EWiR 2002, 721 f. *(Schmahl)*; MüKoInsO/*Schmahl*, § 13 Rn. 114.
[274] BGH BB 2003, 493, 494; AG Dresden EWiR 2002, 721 f.; AG Potsdam DZWIR 2003, 263; MüKoInsO/*Ganter*, § 5 Rn. 13.
[275] BGH BB 2003, 493, 495; AG Göttingen NZI 2001, 670, 671; LG Magdeburg EWiR 1997, 659; FK/*Schmerbach*, § 20 Rn. 1.
[276] *Schmahl* EWiR 2002, 721, 722.
[277] FK/*Schmerbach*, § 21 Rn. 1; HK/*Kirchhof*, § 21 Rn. 3; BerlK/*Blersch*, § 21 Rn. 6.
[278] UU könnte sich aber ein Schadensersatzanspruch aus § 43 II GmbHG gegenüber der Gesellschaft ergeben. Freilich kompensiert auch dieser die beeinträchtigten Gläubigerinteressen nicht, wenn eine entsprechende Gesellschafterweisung vorliegt.
[279] *Haas* DStR 2003, 423, 426.
[280] Kritisch in Bezug auf die Sinnhaftigkeit der Frist, *Hirte* ZInsO 2008, 146, 147.
[281] BGH DStR 2001, 1537, 1538 *(Goette)*; WM 2012, 702, 703; OLG Stuttgart ZInsO 2004, 1150, 1151; *Goette* ZInsO 2001, 529, 533; *Lutter/Hommelhoff/Kleindiek*, Anh § 64 GmbHG Rn. 55.
[282] BGH WM 2012, 702, 703; *Saenger/Inhester/Kolmann*, vor § 64 GmbHG, Rn. 144.
[283] *Lutter/Hommelhoff/Kleindiek*, § 64 GmbHG Rn. 31.
[284] BGH ZInsO 2007, 374, 376; BGHZ 75, 96, 108; *Saenger/Inhester/Kolmann*, vor § 64 GmbHG Rn. 144; *Noack*, Rn. 266; *Baumbach/Hueck/Haas*, § 64 GmbHG Rn. 123; *Scholz/K. Schmidt*, Anh § 64 GmbHG Rn. 32.
[285] OLG Hamburg NZG 2010, 1225 (nicht rechtskräftig, Revision beim BGH anhängig unter Az II ZR 138/10); ablehnend *Schmidt/Poertzgen* NZI 2013, 369, 372; *Geißler* ZInsO 2013, 167.

83 Umstritten war und ist die Frage des Fristbeginns. Notwendig ist in jedem Fall der objektive Eintritt der Überschuldung (§ 19 InsO) oder Zahlungsunfähigkeit (§ 17 InsO). Gerade für den Fristbeginn bei Überschuldung kursieren jedoch in Rechtsprechung und Literatur einige verschiedene Ansichten, ob und wenn ja welche zusätzlichen Merkmale noch gegeben sein müssen. Nach der teilweise noch immer vertretenen, alten BGH-Rechtsprechung hängt der Fristbeginn zusätzlich von der positiven Kenntnis bzw. böswilligen Unkenntnis des Geschäftsführers (bzw. Liquidators) ab.[286] Mittlerweile lässt es der BGH genügen, dass die Insolvenzreife subjektiv für den Geschäftsführer erkennbar war, wobei die Erkennbarkeit vermutet wird.[287] Die wohl überwiegende Meinung in der Literatur objektiviert diese Anforderung und verlangt ein offensichtliches „Zutagetreten" der Überschuldung.[288] Einer weiteren Ansicht zufolge bedarf es zusätzlich zur objektiven Insolvenzreife keiner weiteren Kriterien.[289]

84 Die letztgenannte Ansicht verdient den Vorzug, da sie der Konzeption der Insolvenzantragspflicht aus § 15a InsO am besten entspricht. Denn dessen Wortlaut enthält im Unterschied zu früheren Fassungen (§ 64 GmbHG aF) keinerlei Hinweis mehr auf subjektive Merkmale oder die Feststellung der Insolvenzreife durch eine Bilanz. Darüber hinaus soll die (relativ enge) Dreiwochenfrist des § 15a InsO gerade verhindern, dass eine materiell bereits insolvente Gesellschaft weiter vor sich hin wirtschaftet und dadurch die den Gläubigern zur Verfügung stehende Haftungsmasse weiter geschmälert wird. Mit diesem Ziel wäre eine Aufweichung der Antragspflicht in Abhängigkeit von der Sorgfalt des Geschäftsführers nicht vereinbar.[290] Es darf nicht zulasten der Gläubiger gehen, wenn der Geschäftsführer seine – auch von der Rechtsprechung seit langem anerkannte[291] – Pflicht zur beständigen Selbstprüfung nicht erfüllt (→ Rn. 77). Diese Ansicht ist – anders als gelegentlich behauptet – auch nicht sanierungsfeindlich. Ein funktionierendes Frühwarnsystem (→ Rn. 4 ff.) vorausgesetzt, bietet sich der Geschäftsführung schon frühzeitig Gelegenheit zur Entwicklung eines Sanierungskonzeptes. Dazu kommt, dass bei Insolvenzreife der Gesellschaft – gerade wenn man über die drei Wochen nach deren objektivem Eintritt noch hinausgeht – der Handlungsspielraum zur Sanierung in aller Regel ohnehin schon erheblich eingeschränkt ist.[292]

85 Für den Fristbeginn bei der Zahlungsunfähigkeit ist das Meinungsbild deutlich weniger komplex. Hier will die wohl überwiegende Ansicht – zu Recht – nur auf den objektiven Eintritt der Insolvenzreife nach § 17 InsO abstellen.[293] Zu kurz greift dabei allerdings die Begründung, ein Mangel an Zahlungsmitteln zur Begleichung fälliger Schulden könne dem Geschäftsführer schlicht nicht verborgen bleiben,[294] da sie die

---

[286] Vgl. BGHZ 75, 96, 110; 126, 181, 199; BGHSt 15, 306, 310; OLG Frankfurt NZG 2004, 1157, 1159 (für AG); OLG Koblenz ZIP 2005, 211, 213; *Roth/Altmeppen*, vor § 64 Rn. 71; *Rowedder/Chr. Schmidt-Leithoff/Baumert* vor § 64 GmbHG Rn. 75; *Wicke*, § 64 GmbHG Rn. 8.

[287] BGHZ 143, 184; 171, 46, 49 f.; ZIP 2010, 2400, 2401; 2011, 1007, 1008; 1455, 1456; so auch OLG Jena GmbHR 2002, 112; HambK-InsO/*Wehr*, § 15a Rn. 16.

[288] *Baumbach/Hueck/Haas*, § 64 GmbHG Rn. 124; MüKoGmbHG/*H. F. Müller*, § 64 Rn. 67; *Lutter/Hommelhoff/Kleindiek*, Anh § 64 GmbHG Rn. 51; *Rowedder/Schmidt-Leithoff/Baumert*, vor § 64 GmbHG Rn. 75; *Poertzgen* ZInsO 2008, 944, 948; *Bitter* ZInsO 2010, 1561, 1572 f.; *Bayer/Schmidt* AG 2005, 644, 645 ff.; *Hüffer*, FS Wiedemann S. 1047.

[289] *Saenger/Inhester/Kolmann*, vor § 64 GmbHG Rn. 149; KPB/*Pape*, § 15 InsO Rn. 7; *Scholz/K. Schmidt*, Anh § 64 GmbHG Rn. 30, 33; hierzu auch HK/*Kleindiek*, § 15a Rn. 13; *Uhlenbruck* WiB 1996, 409, 414.

[290] Vgl. *Saenger/Inhester/Kolmann*, vor § 64 GmbHG Rn. 149.

[291] BGH GmbHR 1994, 539, 545; NJW-RR 1995, 669 f.; OLG Celle GmbHR 97, 127, 128.

[292] So auch *Saenger/Inhester/Kolmann*, vor § 64 GmbHG Rn. 149; aA *Lutter/Hommelhoff/Kleindiek*, Anh § 64 GmbHG Rn. 51.

[293] *Saenger/Inhester/Kolmann*, vor § 64 GmbHG Rn. 150; *Lutter/Hommelhoff/Kleindiek*, Anh § 64 GmbHG Rn. 51; *Scholz/K. Schmidt*, Anh § 64 GmbHG Rn. 33; aA etwa *Roth/Altmeppen*, vor § 64 Rn. 71.

[294] *Lutter/Hommelhoff/Kleindiek*, Anh § 64 GmbHG Rn. 51; ähnlich auch Vorauflage Rn. 74.

durchaus vorhandene Komplexität des Rechtsbegriffs der Zahlungsunfähigkeit verkennt.[295] Zutreffenderweise liegt der Grund wie bei der Überschuldung in der Schutzrichtung und dem Normzweck des § 15a I InsO.

Da die Antragsfrist sich gerade nach objektiven Kriterien bestimmt, läuft sie auch für den neu bestellten Geschäftsführer ab dem objektiven Eintritt der materiellen Insolvenz, ohne dass diesem eine Schonfrist bzw. Einarbeitungszeit zusteht.[296]

ee) *Ruhen, Erlöschen und Wiederaufleben der Pflicht.* (1) *Allgemeines.* Der Umstand, dass die Gesellschaft nicht über genügend Masse verfügt, um die Kosten des Verfahrens zu decken (§ 26 InsO), lässt die Antragspflicht nicht entfallen, da der Geschäftsverkehr gerade vor solchen Gesellschaften geschützt werden soll.[297] Unterstrichen wird der Fortbestand der Antragspflicht durch die Einführung des § 26 IV InsO,[298] der den Geschäftsführer auf Anforderung des vorläufigen Insolvenzverwalters oder eines Insolvenzgläubigers bei Verstoß gegen die Antragspflicht sogar zur Leistung eines Kostenvorschusses nach § 26 I 2 InsO verpflichtet.[299] Hat einer von mehreren Antragspflichtigen den Antrag gestellt, ruht für die übrigen die Pflicht zur Antragstellung.[300] Dies soll nach hM allerdings nicht gelten, wenn ein Gläubiger den Antrag gestellt hat,[301] so dass eine Haftungsvermeidung nur eintreten kann, wenn zusätzlich ein Eigenantrag gestellt wird. Auch die Stellung eines Antrags gemäß § 270b I InsO (Schutzschirmverfahren), selbst wenn dessen Voraussetzungen wegen Zahlungsunfähigkeit der Gesellschaft nicht gegeben sind, lässt die formell erfüllte Antragspflicht gemäß § 15a InsO entfallen.[302] Wird das Insolvenzverfahren auf den (Fremd- oder Eigen-)Antrag hin nicht eröffnet (oder nicht mangels Masse abgewiesen), weil zB der Antrag zurückgenommen wird, obwohl die Gesellschaft überschuldet oder zahlungsunfähig ist, lebt die Antragspflicht der Geschäftsführer – sofern man nicht ohnehin mit der hM von einem Fortbestand der Antragspflicht ausgeht – rückwirkend wieder auf.[303] Fraglich ist, ob die Antragspflicht wieder auflebt, wenn das Insolvenzverfahren zunächst mangels Masse abgewiesen wurde, dann aber der Gesellschaft neue Vermögenswerte anfallen, die die Verfahrenskosten decken würden. Richtiger Ansicht nach lebt hier (zumindest zivilrechtlich) die Insolvenzantragspflicht wieder auf.[304] Die einmal entstandene Antragspflicht kann nachträglich wieder entfallen und zwar dann, wenn die Gesellschaft die Zahlungsunfähigkeit bzw. Überschuldung (nachhaltig)[305] überwindet.[306] Wird die Gesellschaft anschließend wieder zahlungsunfähig oder überschuldet, lebt die Insolvenzantragspflicht wieder ex nunc auf (→ Rn. 258).[307]

---

[295] Vgl. *Saenger/Inhester/Kolmann,* vor § 64 GmbHG Rn. 150.
[296] Dazu eingehend *Saenger/Inhester/Kolmann,* vor § 64 GmbHG Rn. 153.
[297] *Scholz/K. Schmidt,* Anh § 64 GmbHG Rn. 31.
[298] Eingeführt durch das Gesetz zur weiteren Erleichterung der Sanierung von Unternehmen vom 7.12.2011, BGBl. I, S. 2582 (ESUG).
[299] Vgl. hierzu *Foerste* ZInsO 2012, 532 ff.; *Leinekugel/Skauradszun* GmbHR 2011, 1121, 1122; *Zimmermann* ZInsO 2012, 396 ff.
[300] Vgl. BGHZ 75, 96, 106; *Lutter/Hommelhoff/Kleindiek,* Anh § 64 GmbHG Rn. 48; *Baumbach/Hueck/Haas,* § 64 GmbHG Rn. 114, 120.
[301] BGH NJW 2009, 157; *Lutter/Hommelhoff/Kleindiek,* Anh § 64 GmbHG Rn. 48; zurückhaltend *Ulmer/Casper,* Erg-Band MoMiG § 64 GmbHG Rn. 71; *Saenger/Inhester/Kolmann* vor § 64 GmbHG Rn. 164; *Drescher,* Rn. 643; *Uhlenbruck,* § 13 Rn. 41; *Scholz/K. Schmidt,* Anh § 64 GmbHG Rn. 35; aA *Baumbach/Hueck/Haas,* § 64 GmbHG Rn. 114, 120; *Roth/Altmeppen* vor § 64 GmbHG Rn. 76, 100; Vorauflage Rn. 75.
[302] Siehe hierzu eingehend *Baumbach/Hueck/Haas,* § 64 GmbHG Rn. 119b.
[303] AG Hamburg ZIP 2006, 1105, 1107.
[304] Anders aber für die strafbewehrte Antragspflicht des § 15a IV InsO, siehe BGH ZIP 2008, 2308, 2310 f.
[305] Kritisch zu diesem Merkmal *Saenger/Inhester/Kolmann,* vor § 64 GmbHG Rn. 154.
[306] Vgl. *Lutter/Hommelhoff/Kleindiek,* Anh § 64 GmbHG Rn. 54; *Baumbach/Hueck/Haas,* § 64 GmbHG Rn. 120; *Scholz/K. Schmidt,* Anh § 64 GmbHG Rn. 36; *Noack,* Rn. 267.
[307] *Baumbach/Hueck/Haas,* § 64 GmbHG Rn. 120.

88 (2) *Besonderer Schutz zugunsten des Gesellschafters.* Zum Schutz des Gesellschafters entfällt die Antragspflicht, wenn dieser entweder von der Insolvenzreife (Zahlungsunfähigkeit und Überschuldung)[308] oder von der Führungslosigkeit der Gesellschaft nichts wusste. Die Kenntnis nur der Insolvenzreife oder nur der Führungslosigkeit lässt mithin die Antragspflicht bereits entfallen. Der Gesetzgeber trägt damit dem Umstand Rechnung, dass der Gesellschafter – anders als der Geschäftsführer – weder zu einer beständigen wirtschaftlichen Selbstkontrolle noch dazu verpflichtet ist, sich aktiv um die Geschicke der Gesellschaft zu kümmern.[309] Anders als im Rahmen des (neuen) „Kapitalersatzrechts" vermutet der Gesetzgeber aber hier einen unternehmerischen und folglich informierten Gesellschafter nicht schon dann, wenn dieser eine Beteiligung von über 10% an der Gesellschaft hält (§ 39 V InsO). Im Regelfall wird aber dem Gesellschafter mit einer Kleinbeteiligung die Entlastung eher gelingen.[310] Problematisch und ungeklärt ist jedoch, ob und inwieweit bei Kenntnis eines der Merkmale eine Nachforschungs- und Erkundigungspflicht auch in Bezug auf das andere Merkmal besteht.[311] Ist der Gesellschafter eine juristische Person oder aber eine Personenmehrheit, kommt es für die Kenntnis des Gesellschafters auf das Wissen seiner organschaftlichen Vertreter, Repräsentanten (§§ 30, 31 BGB) bzw. vertretungsberechtigten Gesellschafter an.[312]

89 d) *Beurteilungsstandpunkt und -spielraum.* Die Frage, ob der Geschäftsführer die oben genannten Anforderungen erfüllt hat, ist nicht ex post, sondern aus der damaligen Sicht eines an Stelle des Geschäftsführers handelnden ordentlichen Geschäftsmannes zu beurteilen.[313] Die Rechtsprechung gewährt dem Geschäftsführer im Rahmen der Überschuldungsprüfung, soweit es um die Prognoseentscheidung geht, wegen der damit einhergehenden Schwierigkeiten einen gewissen Beurteilungsspielraum.[314] Wo der Beurteilungsspielraum dogmatisch zu verorten ist (Pflichten- oder Verschuldensebene), ist bislang nicht geklärt.[315] Richtiger Ansicht nach entfällt – ebenso wie beim unternehmerischen Ermessen im Rahmen des § 43 GmbHG –[316] bereits die Pflichtverletzung.

90 Nach der hM kann der Geschäftsführer dem Vorwurf einer Pflichtverletzung nicht dadurch entgehen, dass er im Fall der Zahlungsunfähigkeit oder Überschuldung einen Antrag wegen drohender Zahlungsunfähigkeit (§ 18 InsO) stellt.[317] Dies erscheint nicht zwingend, weil auch ein solcher Antrag das Ziel erfüllt, dass ein Unternehmen ohne Geltung der insolvenzrechtlichen Schutzbestimmungen fortgeführt wird.[318] Jedenfalls wird es auch künftig häufig zu Insolvenzanträgen wegen drohender Zahlungsunfähigkeit in Fällen kommen, in denen in Wahrheit eine Überschuldung oder Zahlungsunfähigkeit bereits vorliegt. Der Grund hierfür liegt darin, dass dem Insolvenzantrag wegen

---

[308] Die Kenntnis muss sich nicht kumulativ auf beide Eröffnungsgründe beziehen, vgl. MüKoInsO/*Klöhn*, § 15a Rn. 89.
[309] BGH NZI 2006, 365, 367; *Saenger/Inhester/Kolmann*, vor § 64 GmbHG Rn. 182.
[310] *Hirte* ZInsO 2008, 689, 702.
[311] Vgl. *Lutter/Hommelhoff/Kleindiek*, Anh § 64 GmbHG Rn. 46; *Scholz/K. Schmidt*, Anh § 64 GmbHG Rn. 28; *Roth/Altmeppen*, Vorb § 64 GmbHG Rn. 62f.; weitergehend *Konu/Topoglu/Calgano* NZI 2010, 244, 246f.
[312] *Lutter/Hommelhoff/Kleindiek*, Anh § 64 GmbHG Rn. 46.
[313] BGH GmbHR 1994, 539, 545; OLG Koblenz NZG 2003, 776, 777.
[314] BGH GmbHR 1994, 539, 545; BAG NZA 1999, 39, 42; OLG Frankfurt NZG 2001, 173, 174; OLG Koblenz OLG-Report 2001, 228, 229; NZG 2003, 776, 777; OLG Celle GmbHR 1997, 127, 128; ähnlich aus strafrechtlicher Sicht OLG Düsseldorf GmbHR 1998, 981, 982; siehe auch *Haas* DStR 2003, 423, 425f.
[315] Siehe etwa OLG Koblenz OLG-Report 2001, 228, 230; *Haas* DStR 2003, 423, 425f.
[316] BGHZ 135, 244, 254; *Henze* NJW 1998, 3309, 3310; *Kindler* ZHR 1998, 101, 104; Kölner Komm-*Mertens/Cahn*, § 93 AktG Rn. 15; *Michalski/Haas/Ziemons*, § 43 GmbHG Rn. 68.
[317] Vgl. *K. Schmidt* in *K. Schmidt/Uhlenbruck*, Die GmbH in Krise, Sanierung und Insolvenz, Rn. 5.41.
[318] *Saenger/Inhester/Kolmann*, vor § 64 GmbHG Rn. 143.

Die GmbH in der Insolvenz   91–94 § 92

drohender Zahlungsunfähigkeit, anders als einem solchen wegen Überschuldung oder
Zahlungsunfähigkeit, nicht der Charakter einer Selbstanzeige anhaftet.[319]

4. Haftungsrechtliche Folgen bei verspäteter Antragstellung. a) *Haftung nach* 91
§ 823 II BGB. Die in § 15a I InsO normierte Pflicht, die Eröffnung des Insolvenzverfahrens nicht zu verzögern, ist Schutzgesetz iS des § 823 II BGB zugunsten der Gesellschaftsgläubiger.[320] Verstößt ein Antragspflichtiger schuldhaft gegen § 15a I InsO, haftet er somit auf Schadensersatz. Die Rechtfertigung für eine solche ergänzende deliktsrechtliche Haftung neben § 64 GmbHG (→ Rn. 168 ff.) liegt darin, dass letztere Bestimmung entscheidende Schutzlücken zu Lasten der Gesellschaftsgläubiger lässt. Die vom Wirtschaften mit beschränkter Haftung im Stadium der Insolvenz ausgehenden Gläubigerrisiken werden – auch nach Inkrafttreten des MoMiG – durch die §§ 43, 64 GmbHG nicht adäquat erfasst.[321]

aa) *Schuldner des Haftungsanspruchs.* Schuldner des Schadensersatzanspruchs wegen In- 92
solvenzverschleppung sind – in erster Linie – die Adressaten der Insolvenzantragspflicht, dh der Geschäftsführer, der Liquidator sowie der Gesellschafter einer führungslosen Gesellschaft (→ Rn. 73 ff.) und der faktische Geschäftsführer (→ Rn. 51). Daneben kommt für Personen, die selbst nicht Adressaten der Antragspflicht sind, eine deliktische Haftung als Teilnehmer in Betracht (→ Rn. 151 f.).

bb) *Verschulden.* Voraussetzung für eine Schadensersatzhaftung nach § 823 II BGB 93
iVm § 15a I InsO ist, dass der Antragspflichtige die Antragspflicht schuldhaft, dh vorsätzlich oder fahrlässig verletzt.[322] Hat der Antragspflichtige nicht die notwendige Fach- und Sachkunde, die er für die Prüfung benötigt, ob er pflichtgemäß Insolvenzantrag stellen muss, hat er qualifizierten externen Rat in Anspruch zu nehmen.[323] Bei einem Verstoß hiergegen handelt der Geschäftsführer schon deshalb pflichtwidrig und schuldhaft. Schaltet der Antragspflichtige sachkundige Dritte explizit zur Prüfung auf Insolvenzreife ein, kann das Verschulden entfallen, wenn er sich auf Grund einer fehlerhaften Beratung in einem entschuldbaren Rechtsirrtum befindet.[324]

Für eine solche Exkulpation gelten jedoch erhöhte Anforderungen: Bei dem anzu- 94
sprechenden externen Berater muss es sich um einen unabhängigen und fachlich spezialisierten Berater handeln, also um eine in Insolvenz- und Sanierungsfragen hinreichend qualifizierte Person.[325] Sie muss nicht notwendiger Weise Berufsträger (Rechtsanwalt, Wirtschaftsprüfer, Steuerberater) sein;[326] auch ein Unternehmensberater mit einschlägiger beruflicher Erfahrung kann ein geeigneter Ansprechpartner sein. Die schlichte Anfrage genügt nicht.[327] Ebensowenig genügt eine unverzügliche Auftragserteilung,

---

[319] Vgl. *K. Schmidt* ZGR 1998, 633, 651.
[320] Vgl. BGHZ 29, 100, 102; 75, 96, 106; 110, 342, 360; BGH NJW 1993, 2931; ZIP 2012, 1455; 2011, 1007 (zum Deliktscharakter); GmbHR 1994, 539, 542; *Saenger/Inhester/Kolmann,* vor § 64 GmbHG Rn. 218; *Lutter/Hommelhoff/Kleindiek,* Anh § 64 GmbHG Rn. 64; *Scholz/K. Schmidt,* Anh § 64 GmbHG Rn. 44; aA *Roth/Altmeppen,* § 64 GmbHG Rn. 26; *ders.* ZIP 2001, 2201.
[321] Siehe hierzu im Einzelnen *Baumbach/Hueck/Haas,* § 64 GmbHG Rn. 110; *Haas* in Unternehmen in der Krise, S. 73, 105 ff.
[322] Vgl. BGHZ 75, 96, 111; BGH GmbHR 1994, 539, 545; BAG NZA 1999, 39, 42; OLG Jena ZIP 2002, 631; OLG Koblenz OLG-Report 2001, 228; OLG Celle NZG 2002, 730, 732; OLG Köln NZG 2001, 411, 412; OLG Stuttgart NZG 1998, 232; *Lutter/Hommelhoff/Kleindiek,* Anh § 64 GmbHG Rn. 69; *Haas* DStR 2003, 423, 426 f.; *Scholz/K. Schmidt,* Anh § 64 GmbHG Rn. 48.
[323] BGH GmbHR 1994, 539, 545; NJW 2007, 2118; DStR 2012, 1286; OLG Schleswig ZIP 2010, 516, 519; OLG Frankfurt NZG 2001, 173, 174; OLG Koblenz OLG-Report 2001, 228, 230.
[324] Überblick bei *H. F. Müller* NZG 2012, 981; vgl. OLG Stuttgart NZG 1998, 232 f.; *Altmeppen* ZIP 1997, 1173, 1177; OLG Hamburg GmbHR 2003, 587, 588.
[325] BGH GmbHR 2012, 746; OLG Oldenburg ZInsO 2009, 154, 156; *Fleischer* NZG 2010, 121.
[326] BGH ZIP 2012, 1174, 1175.
[327] BGH ZIP 2007, 1265, 1267.

wenn Krisenanzeichen bereits bestehen. Vielmehr muss der Geschäftsführer dann auf die unverzügliche Vorlage des Prüfungsergebnisses drängen und die erforderlichen Mittel ergreifen, um die Prüfung zu beschleunigen.[328] Stets muss der Geschäftsführer dem Berater die gesamten Gesellschafts- und Vermögensverhältnisse einschließlich des operativen Geschäfts umfassend darstellen und offenlegen.[329] Eine richtige und vollständige Information ist unerlässlich. Schließlich darf sich der Geschäftsführer nicht ohne weiteres auf die Zuarbeit verlassen. Die Ausführungen und Ratschläge des Beraters muss der Geschäftsführer vielmehr seinerseits einer Plausibilitätskontrolle unterziehen.[330] Der erteilte Rat darf nicht erkennbar unvertretbar erscheinen.[331] Bleiben einem Geschäftsführer Anzeichen der Krise auf Grund von Versäumnissen des Mitgeschäftsführers verborgen, kann das Verschulden ebenfalls – zeitweise – entfallen, bis diese Unregelmäßigkeiten einem ordentlichen und gewissenhaften Geschäftsmann aufgefallen wären.[332]

95 Der dem Berater erteilte Auftrag muss sich in der Regel konkret auf die Prüfung der Insolvenzreife beziehen. Etwas anderes gilt nur, wenn der Geschäftsführer sich nach den Umständen der Auftragserteilung unter Beachtung der gebotenen Sorgfalt darauf verlassen durfte, die Fachperson werde im Rahmen der anderweitigen Aufgabenstellung auch die Frage der Insolvenzreife prüfen.[333] Diese Ausnahme ist jedoch restriktiv zu handhaben, um den Pflichtenkreis der (Steuer-) Berater nicht übermäßig auszudehnen.[334] Das reguläre Dauermandat eines Steuerberaters etwa beinhaltet grds noch nicht die Pflicht, bei Feststellung einer Unterdeckung in der Handelsbilanz eine Prüfung auf Insolvenzreife vorzunehmen bzw. die Gesellschaft auf deren Notwendigkeit aufmerksam zu machen.[335] Trifft der Steuerberater ohne konkreten Auftrag eine Aussage zur Insolvenzreife, haftet er nach der Rechtsfigur des Auskunftsvertrages voll für fehlerhafte Auskünfte.[336] Hat die Gesellschaft einen Berater (zB Steuerberater oder Rechtsanwalt) mit der Prüfung einer möglichen Insolvenzreife beauftragt, so können die Geschäftsführungsorgane in den Schutzbereich des Beratervertrages einbezogen sein[337] mit der Folge einer etwaigen Beraterhaftung, falls der Geschäftsführer wegen Masseschmälerung oder Insolvenzverschleppung in Haftung genommen wird (→ Rn. 153).[338]

96 cc) *Der Kreis der geschützten Gläubiger.* (1) *Grundsatz.* Geschützt werden durch § 15a I InsO sämtliche Gesellschaftsgläubiger unabhängig davon, ob sie ihre Forderung vor oder nach Eintritt der Überschuldung oder Zahlungsunfähigkeit gegen die Gesellschaft erworben haben.[339] Ohne Einfluss auf den persönlichen Schutzbereich des § 15a I InsO ist des Weiteren, welche Rechtsnatur die Gesellschaftsschuld hat, dh ob der Gläubiger seine Forderung auf eine vertragliche oder eine gesetzliche Grundlage stützt. Einbezogen in den Schutzbereich ist auch der Fiskus, etwa für seine Ansprüche aus dem Steuer-

---

[328] BGH ZIP 2012, 1174 Rn. 19.
[329] BGH ZIP 2012, 1174, 1175.
[330] BGH ZIP 2007, 1265 Rn. 16; 2011, 2097 Rn. 18, 23 ff.; 2012, 1174 Rn. 15 ff.; 2012, 1557 Rn. 11.
[331] BGH DStR 2012, 1286; OLG Hamm NZI 2002, 437, 438; OLG Frankfurt NZG 2001, 173, 174; siehe auch *Scholz/K. Schmidt*, Anh § 64 GmbHG Rn. 48.
[332] OLG Koblenz OLG-Report 2001, 228, 229 f.
[333] BGH DStR 2012, 1286, 1288.
[334] Siehe zu dieser Problematik *Römermann* GmbHR 2013, 513; *Gehrlein* NZG 2013, 961.
[335] BGH GmbHR 2013, 543, LS 1; *Gehrlein*, NZG 2013, 961, 962; anders aber wenn Insolvenzreife offen erörtert wird, BGH GmbHR 2014, 375.
[336] BGH ZIP 2013, 934 mit kritischer Anm. *Römermann*; siehe hierzu auch *Cranshaw* jurisPR-InsR 15/2013 Anm. 2.
[337] BGH NZG 2012, 866 Rn. 14 ff., 27 ff.; *Gehrlein* NZG 2013, 961, 963 f.
[338] BGH NZG 2012, 866; zur Schadensberechnung sowie zum Mitverschulden vgl. *Gehrlein* NZG 2013, 961, 964 ff.
[339] *Scholz/K. Schmidt*, Anh § 64 GmbHG Rn. 1; *Baumbach/Hueck/Haas*, § 64 Rn. 111.

oder Sozialrechtsverhältnis zur GmbH. Ausgenommen vom Schutzbereich sind die Gesellschaft selbst und die Gesellschafter als solcher[340] sowie diejenigen Gläubiger, die ihre Ansprüche erst mit oder aber erst nach Eröffnung des Insolvenzverfahrens erworben haben.[341] Die Tatbestandsverwirklichung des § 15a I InsO (Dauerdelikt) endet nämlich spätestens mit der Stellung des Insolvenzantrags, so dass Gläubiger, die – wie die Bundesagentur für Arbeit – ihre Ansprüche gegen die Gesellschaft erst nach diesem Zeitpunkt durch cessio legis erwerben, nicht in den Schutzbereich der Norm fallen.[342] Die Bundesagentur für Arbeit kann daher nach § 823 II BGB iVm § 15a I InsO vom Geschäftsführer nicht Ersatz dafür verlangen, dass sie infolge Zahlungsrückstände des Arbeitgebers Insolvenzgeld zahlen muss.[343] Schadensersatzansprüche wegen Insolvenzverschleppung kann sie auch nicht aus übergeleitetem Recht geltend machen, da von der gesetzlichen Abtretung aus § 169 SGB III (früher: § 187 SGB III) zugunsten der Bundesagentur für Arbeit nur die – in aller Regel wertlosen – Ansprüche der Arbeitnehmer auf Arbeitsentgelt gegen die Gesellschaft, nicht aber deren Schadensersatzansprüche gegen die Geschäftsführer erfasst sind.[344] Der BGH gewährt der Bundesanstalt für Arbeit einen Schadensersatzanspruch gegen die Geschäftsführer nur unter den zusätzlichen Voraussetzungen des § 826 BGB[345] (→ Rn. 146).

(2) *Die verschiedenen Schutzzwecke der Antragspflicht.* § 15a I InsO beinhaltet verschiedene Schutzzwecke.[346] Zum einen dient die rechtzeitige Antragstellung dazu, das im Zeitpunkt der Insolvenzreife vorhandene Vermögen den vorhandenen Gesellschaftsgläubigern zu erhalten.[347] Dieser Schutzzweck kommt der Gläubigergesamtheit zugute. Zum anderen will die Antragspflicht aber auch den Geschäftsverkehr hinsichtlich der Vermögenssituation des Schuldners informieren. Die InsO enthält eine Fülle von Bekanntmachungen (und Eintragungen in Registern) im weiteren Sinne für den Fall der Insolvenzeröffnung, die nicht nur der Information der „Beteiligten" des Insolvenzverfahren, sondern auch des Geschäftsverkehrs dienen. Teil dieser Maßnahmen, um dem Insolvenzverfahren nach außen Geltung zu verschaffen, ist zudem auch die Einsetzung eines (vorläufigen) Verwalters, der – zumindest nach dem gesetzlichen Leitbild – anstelle des Schuldners die Führung der Geschäfte übernimmt. Die rechtzeitige Antragstellung dient damit auch dazu, den Geschäftsverkehr zu informieren und damit „*davor zu bewahren, einer [insolventen Gesellschaft] noch Geld- oder Sachkredit zu gewähren und dadurch einen Schaden zu erleiden.*"[348] Dieser Schutzzweck kommt nicht der Gläubigergesamtheit, sondern nur dem jeweils individuell betroffenen Gläubiger zugute.

---

[340] *Lutter/Hommelhoff/Kleindiek,* Anh § 64 GmbHG Rn. 64; *Scholz/K. Schmidt,* Anh § 64 GmbHG Rn. 47; beruht Anspruch aber auf einer Grundlage außerhalb der Mitgliedschaft vergleichbar einem außenstehenden Dritten, ist Schutzbereich eröffnet, vgl. BGH ZIP 2010, 776, 779.
[341] Vgl. BGH NJW 1990, 1725, 1730; NJW 1989, 3277; BGH NZG 1999, 718, 719; OLG Frankfurt NZG 1999, 947 (Zahlung von Konkursausfallgeld); *Lutter/Hommelhoff/Kleindiek,* Anh § 64 GmbHG Rn. 65; *Scholz/K. Schmidt,* Anh § 64 GmbHG Rn. 46.
[342] Siehe BGH NJW 1989, 3277; BGH NZG 1999, 718, 719.
[343] BGH NJW 1989, 3277; im Anschluss hieran LAG Hamm EWiR 2001, 871; LAG Rheinland-Pfalz NZA-RR 2002, 433; ArbG Offenbach ZIP 2002, 997, 998 = EWiR 2002, 623 *(Moll/Langhoff);* siehe auch OLG Jena ZIP 2002, 631.
[344] BAG ZIP 2002, 992 f.; LAG Hamm EWiR 2001, 871; ArbG Offenbach ZIP 2002, 997, 998; siehe auch OLG Frankfurt DStR 1999, 1784 *(Haas);* siehe auch BGH NJW 1989, 3277 f.
[345] Kritisch *Roth/Altmeppen,* vor § 64 GmbHG Rn. 129; *Piekenbrock* ZIP 2010, 2421, 2427, der für eine Einbeziehung der Bundesagentur für Arbeit in den Schutzbereich des § 15a InsO plädiert.
[346] Siehe zum Ganzen *Baumbach/Hueck/Haas,* § 64 GmbHG Rn. 128; aA *Scholz/K. Schmidt,* Anh § 64 GmbHG Rn. 1.
[347] BGHZ 29, 100, 102; 75, 96, 106; BGH NJW 1993, 2931; *Scholz/K. Schmidt,* Anh § 64 GmbHG Rn. 1.
[348] BGH ZIP 2005, 1734, 1737; 2007, 676, 678; vgl. auch BGHZ 126, 181, 194; BGH ZIP 2009, 366; 2012, 1455, 1456; 2014, 23, 24.

98 Je nach dem, welcher der beiden vorstehenden Schutzzwecke betroffen ist, berechnet sich der zu ersetzende Schaden verschieden. Ist die dem Schutz der Gläubigergesamtheit dienende Masseerhaltungsfunktion betroffen, geht der Anspruch nach § 823 II BGB iVm § 15a I InsO auf Ersatz des Quotenschadens.[349] Zu ersetzen ist danach der Betrag, um den sich die Insolvenzquote des Gläubigers durch Verzögerung der Eröffnung des Insolvenzverfahrens, insbesondere durch Eingehung neuer Verbindlichkeiten, gemindert hat. Auf diesen Schutzzweck kann sich nur der so genannte Altgläubiger berufen. Ist hingegen die in der Antragspflicht verkörperte Informationsfunktion betroffen, dh hätte der Gläubiger bei rechtzeitiger Antragstellung vor einem Vertragsschluss mit oder vor einer Kreditvergabe an die Gesellschaft bewahrt werden können, dann geht der Schadensersatzanspruch auf Ersatz des negativen Interesses.[350] Auf diesen Schutzzweck kann sich nur der so genannte Neugläubiger berufen.

99 (3) *Die Abgrenzung von Neu- und Altgläubiger.* Die in der Insolvenzantragspflicht verkörperte Informationsfunktion kann nur einen solchen Gläubiger vor Schaden bewahren, der mit der Gesellschaft vertraglich in Kontakt tritt. Neugläubiger kann daher immer nur ein vertraglicher Gläubiger sein.[351] Zur umstrittenen Frage der Behandlung solcher Gläubiger, die nach Eintritt der materiellen Insolvenz einen gesetzlichen Anspruch erwerben (etwa Delikts- und bereicherungsrechtliche Gläubiger, Steuergläubiger und Sozialversicherungsträger) → Rn. 118 ff.

100 Kennzeichnend für Neugläubiger ist, dass sie ihre Forderung – grundsätzlich – erst nach Eintritt der Insolvenzreife gegen die Gesellschaft erworben haben.[352] Sie wären nämlich bei rechtzeitiger Antragstellung (aufgrund der in § 15a I InsO verkörperten Informationsfunktion) vor einem Vertragsschluss mit der insolventen Gesellschaft (und damit vor einem Schaden) bewahrt worden. Auf den Zeitpunkt der Fälligkeit der Forderung kommt es demgegenüber nicht an.[353] Ausnahmsweise kann aber auch jemand, der seine Forderung gegen die Gesellschaft vor Insolvenzreife erworben hat, Neugläubiger sein,[354] wenn er gegenüber der Gesellschaft nach Eintritt deren Zahlungsunfähigkeit oder Überschuldung in Vorleistung getreten ist;[355] denn soweit § 15a I InsO dem Schutz des Geschäftsverkehr dient, soll der potenzielle Neugläubiger ja nicht nur vor Eingehung einer Verbindlichkeit mit der insolvenzreifen Gesellschaft geschützt werden, sondern auch davor, einer solchen Gesellschaft einen Sach- oder Geldkredit zu gewähren (→ Rn. 97 f.). Entscheidend ist folglich, ob der Gläubiger seine (Gegen-) Leistung nach Eintritt der Insolvenzreife noch hätte zurückhalten können (durch Kündigung, auf Grund gesetzlicher oder vertraglicher Lösungsklausel, Zurückbehaltungsrecht, etc), wenn sich der Geschäftsführer ordnungsgemäß verhalten, also rechtzeitig den Insolvenzantrag gestellt hätte.[356] Dass die Lösungsmöglichkeiten bei Dauerschuldverhältnissen in der Praxis stark eingeschränkt sind, weil an Insolvenzreife oder Stellung

---

[349] BGHZ 100, 19, 23; *Lutter/Hommelhoff/Kleindiek*, Anh § 64 GmbHG Rn. 73; *Rowedder/Chr. Schmidt-Leithoff/Baumert*, § 64 GmbHG Rn. 80.

[350] Seit BGHZ 126, 181, 192 ff. ständige Rspr, siehe auch BGH NJW 1995, 398, 399; ZIP 1995, 31, 32; 124, 125; BGHZ 138, 211, 214 ff. = ZIP 1998, 776, 777 f.

[351] BGH ZIP 2009, 366: Anspruch auf Entgeltfortzahlung im Krankheitsfall; kritisch *Berkowsky* NZI 2009, 302, 303.

[352] BGH ZIP 2007, 676, 678; NJW-RR 1995, 289, 290; HansOLG Hamburg NZG 2000, 606, 607; OLG Köln NJW-RR 1998, 686, 687.

[353] HansOLG Hamburg NZG 2000, 606, 607; übereinstimmend *Scholz/K. Schmidt*, Anh § 64 GmbHG Rn. 45.

[354] AA OLG Jena ZIP 2002, 631; OLG Hamburg ZIP 2007, 23, 18 f.; ZIP 2007, 2318 f: maßgebend allein Vertragsschluss; *Scholz/K. Schmidt*, Anh § 64 GmbHG Rn. 45.

[355] BGH ZIP 2007, 676, 678; ZIP 2005, 1734, 1737; OLG Celle NZG 2002, 730, 732; ebenso OLG Saarbrücken NZG 2001, 414, 415: maßgebend ist beim Darlehen nicht der Vertragsschluss, sondern der Zeitpunkt der Darlehensgewährung.

[356] BGH ZIP 2007, 676, 678; 2014, 23, 24; vgl. auch *Baumbach/Hueck/Haas*, § 64 GmbHG Rn. 131.

des Eröffnungsantrags anknüpfende vertragliche Lösungsklauseln nach der Rechtsprechung des BGH – ebenso wie an die Verfahrenseröffnung anknüpfende Klauseln – wegen Verstößen gegen § 119 InsO unwirksam sind, ändert daran nichts.[357]

Allen übrigen Gläubigern kommt nur die in § 15a I InsO verkörperte Masseerhaltungsfunktion zugute. UU kann ein Gläubiger in einer Person Neu- und Altgläubiger zugleich sein. Das ist der Fall bei Dauerschuldverhältnissen, wenn dem Gläubiger Ansprüche aus einem vor Eintritt der Insolvenzreife abgeschlossenen Dauerschuldverhältnis zustehen. Hier ist der Gläubiger zumindest auch Neugläubiger, wenn er die auf die Zeiträume nach Insolvenzreife entfallende Leistung zurückhalten hätte können.[358] **101**

dd) *Der Anspruch zum Schutz der Altgläubiger.* (1) *Inhaber des Anspruchs.* Die hM weist den Anspruch nach § 823 II BGB iVm § 15a I InsO dem einzelnen Gläubiger zu.[359] Diese Außenhaftung steht mit den sonstigen Haftungsgrundsätzen in einem Spannungsverhältnis. Denn danach bildet die Innenhaftung des Geschäftsführers die Regel und die Außenhaftung die zu begründende Ausnahme. Darüber hinaus ist auch die gläubigerschützende Norm in § 64 S. 1 GmbHG, die ebenso wie die Insolvenzantragspflicht dem Erhalt der Masse dient, als Innenhaftung ausgestaltet.[360] **102**

(2) *Berechnung des Quotenschadens.* Der Quotenschaden des einzelnen (Alt-)Gläubigers besteht in der Differenz zwischen der ursprünglich (bei rechtzeitiger Insolvenzantragstellung) erzielbaren und der tatsächlich erzielten Insolvenzquote.[361] Der Schaden entspricht folglich der in der Zeit der Insolvenzverschleppung eingetretenen Entwertung der Forderung auf Grund von Masseschmälerungen, die ihre Ursache in Zahlungen aus dem Gesellschaftsvermögen, Belastungen desselben mit neuen Verbindlichkeiten oder aber in sonstigen Umständen (zB Wertverlust durch Preisverfall, Schwund, etc) haben können. **103**

Für den Vergleich der fiktiven und der tatsächlichen Quote ist jeweils auf das in diesen Zeitpunkten effektiv verfügbare (dh verteilungsfähige)[362] und werthaltige Vermögen der Gesellschaft[363] (also nicht auf das nach Bilanzierungsgrundsätzen dokumentierte und bewertete Vermögen) einerseits und auf das in diesen Zeitpunkten zu bedienende Forderungsvolumen andererseits abzustellen.[364] **104**

(3) *Ersatz des über den Quotenschaden hinausgehenden Schadens.* Fraglich ist, ob der Altschuldner im Einzelfall auch einen über den Quotenschaden hinausgehenden Schaden geltend machen kann. Dieses Problem stellt sich insbesondere bei Arbeitnehmern. Diese haben nämlich gemäß § 165 I 1 SGB III Anspruch auf Insolvenzgeld für die letzten drei dem Insolvenzereignis vorausgehenden Monate, soweit ihnen für diesen Zeitraum noch Arbeitsentgelt zusteht. Als Insolvenzereignis gilt neben der Eröffnung des Insol- **105**

---

[357] BGH ZIP 2013, 274, 275 (Wasser- und Energielieferungen); BGH ZIP 2014, 23, 24; OLG Stuttgart ZIP 2012, 2342, 2343 (Mietverhältnisse).
[358] LAG Köln NZA-RR 2007, 146, 147; *Baumbach/Hueck/Haas,* § 64 GmbHG Rn. 131; *Ulmer/Casper,* Erg-Band MoMiG § 64 GmbHG Rn. 131; aA OLG Hamburg ZIP 2007, 2318 f.
[359] Siehe nur *Scholz/K. Schmidt,* Anh § 64 GmbHG Rn. 49.
[360] *Haas* ZIP 2009, 1257 ff.; *Baumbach/Hueck/Haas,* § 64 GmbHG Rn. 132.
[361] Vgl. BGHZ 29, 100, 102 ff.; BGH ZIP 1993, 763, 766; *Ulmer/Casper,* ErgBand MoMiG § 64 GmbHG Rn. 132; *Baumbach/Hueck/Haas,* § 64 GmbHG Rn. 133; *Lutter/Hommelhoff/Kleindiek,* Anh § 64 GmbHG Rn. 73; *Scholz/K. Schmidt,* Anh § 64 GmbHG Rn. 67; Rechenbeispiel s. OLG Düsseldorf ZIP 1985, 876, 881.
[362] Vgl. *Dauner-Lieb* ZGR 1998, 617, 623. Nicht zu berücksichtigen sind mithin die Gegenstände, an denen ein Aus- oder Absonderungsrecht besteht. Hinsichtlich letzterer ist jedoch § 170 InsO zu beachten.
[363] Hierzu gehören auch sämtliche Forderungen der Gesellschaft gegen den Geschäftsführer und die Gesellschafter, zB auf Rückgewähr verbotswidrig gemachter Zahlungen (§§ 30, 31 GmbHG), wegen Rückzahlung bzw. Befreiung eigenkapitalersetzender Leistungen, etc. Diese Forderungen sind mit ihren aktuellen Werten in die Vergleichsrechnung einzustellen, vgl. *Goette* DStR 1998, 1308, 1313.
[364] BGH GmbHR 1997, 989, 899; *Dauner-Lieb* ZGR 1998, 617, 623 ff.

venzverfahrens (§ 165 I 2 Nr. 1 SGB III) unter anderem auch die Abweisung des Eröffnungsantrags mangels Masse (§ 165 I 2 Nr. 2 SGB III). Verschleppt der Geschäftsführer die Eröffnung des Insolvenzverfahrens, hat dies zur Folge, dass der Arbeitnehmer für Altforderungen, die innerhalb von drei Monaten vor Eintritt der Insolvenz erzeugt wurden und für die der Arbeitgeber kein Arbeitsentgelt entrichtet hat, kein Insolvenzausfallgeld erhält. Nach Ansicht des LAG Hamm hat der Geschäftsführer diesen über den Quotenschaden des Altgläubigers hinausgehenden Schaden grundsätzlich zu ersetzen.[365] Die Ersatzpflicht kann aber entfallen, wenn der Geschäftsführer nachweist, dass die verspätete Antragstellung für den Schaden nicht kausal war, etwa weil auf Grund der konkreten Dauer des Insolvenzeröffnungsverfahrens die unbeglichenen Altforderungen aus dem Arbeitsverhältnis in jedem Fall außerhalb der Dreimonatsfrist des § 165 I SGB III gelegen hätten.[366] In einem solchen Fall bleibt es dann nach Ansicht des Gerichts beim Ersatz des Quotenschadens. Die Ansicht des LAG Hamm ist abzulehnen.[367] Der letztlich durch § 165 I SGB III nicht gedeckte Schaden des Arbeitnehmers wegen unbezahlten Arbeitsentgelts beruht auf dem Dazwischentreten des vorläufigen Insolvenzverwalters. Dessen Verhalten dient jedoch der Sicherung der Masse und damit den Interessen der Gläubigergesamtheit, nicht aber dazu, die Schadensersatzansprüche, die der Geschäftsführer infolge schuldhafter Pflichtverletzung ausgelöst hat, auszuschließen. Vom Sinn und Zweck des SGB III sowie des § 15a I InsO ist daher die Berücksichtigung dieses besonderen Kausalverlaufs zugunsten des Geschäftsführers nicht gedeckt.

106 (4) *Kritik*. In der Praxis begegnet die Berechnung des Quotenverringerungsschadens erheblichen Schwierigkeiten und hat – soweit ersichtlich – kaum funktioniert. Im Nachhinein eine fiktive Masse zu bilden, die alle erforderlichen Modifikationen (insb. durch Aus- und Absonderungsrechte sowie nachträglich eingetretene Masseerhöhungen und -schmälerungen) ebenso berücksichtigt wie die maßgeblichen Forderungen, ist faktisch unmöglich. Weiterhin bereitet die Abgrenzung zwischen Alt- und Neugläubigern (→ Rn. 99 ff.) in der praktischen Durchführung oft Probleme. All das hat dazu geführt, dass die Insolvenzverschleppungshaftung in der Praxis nur eine untergeordnete Rolle spielt und das Ziel einer effizienten Anspruchsdurchsetzung klar verfehlt wird.[368] Diese Situation ist unbefriedigend und verlangt nach einer Neukonzeption. Die in der Literatur vorgeschlagene Lösung, zugunsten eines Einheitsmodells die Differenzierung zwischen Alt- und Neugläubigern aufzugeben, die Berechnung des Quotenschadens zu vereinfachen und den Anspruch aus § 64 S 1 GmbHG zu integrieren,[369] hat der BGH – zu Recht – abgelehnt.[370] Reine Praktikabilitätserwägungen genügen nicht, um den Neugläubigerschäden ihren (durch Zeitpunkt und Schadensverlauf) individuellen Charakter zu nehmen und das gesetzlich vorgesehene zweigleisige Haftungskonzept aus Insolvenzverschleppungs- und Masseschmälerungshaftung aufzugeben.[371] Ein noch ra-

---

[365] LAG Hamm EWiR 1998, 129 *(Peters-Lange)*.
[366] LAG Hamm EWiR 1998, 129 *(Peters-Lange)*. Dies wird regelmäßig der Fall sein, denn der vorläufige Insolvenzverwalter wird typischerweise die Dreimonatsfrist selbst ausschöpfen. Für das Insolvenzgeld spielt es keine Rolle, ob die Rückstände vor oder nach Zulassung des Insolvenzantrags entstanden sind: Vgl. *Braun* SGb 1995, 521.
[367] Für eine vertiefte Analyse zur Reichweite und Bedeutung dieses Urteils siehe Vorauflage, Rn. 93.
[368] Zum Ganzen *Saenger/Inhester/Kolmann*, vor § 64 GmbHG Rn. 267 ff.
[369] Grundlegend *K. Schmidt* JZ 1978, 661, 665; *ders.* NZI 1998, 9, 13 ff.; *ders.* ZGR 1998, 633, 665 ff.; *ders.* KTS 2001, 373, 381 ff.; *ders.* KTS 2005, 261 ff.; *Scholz/ders.*, Anh § 64 GmbHG Rn. 55 ff.; *Fritsche/Lieder* DZWiR 2004, 93 ff.; *Poertzgen* DZWiR 2007, 101 ff.; *ders.* ZInsO 2009, 1833, 1837 ff.; *ders.* GmbHR 2014, 91, 92.
[370] BGH NJW 1998, 2667; zustimmend *Lutter/Hommelhoff/Kleindiek*, Anh § 64 GmbHG Rn. 81; *Saenger/Inhester/Kolmann*, vor § 64 GmbHG Rn. 271.
[371] So auch *Lutter/Hommelhoff/Kleindiek*, Anh § 64 GmbHG Rn. 81; *Saenger/Inhester/Kolmann*, vor § 64 GmbHG Rn. 271; § 64 GmbHG Rn. 9.

dikalerer Gegenentwurf, der § 15a InsO seinen Schutzgesetzcharakter abspricht und die gesamte Insolvenzverschleppungshaftung somit hinfällig werden[372] lässt, ist mit geltendem Recht nicht vereinbar und schafft somit ebenfalls keine Abhilfe.[373] Letztlich bleibt festzuhalten, dass eine praktisch durchführbare, widerspruchsfreie Lösung der Gesamtproblematik auf dem Boden der geltenden Rechtslage wohl nicht möglich ist und somit der Gesetzgeber gefordert ist, eine geeignete Neuregelung vorzunehmen.[374]

ee) *Der Anspruch zum Schutz der vertraglichen Neugläubiger.* (1) *Inhaber des Anspruchs.* Inhaber des Anspruchs nach § 823 II BGB iVm § 15a I InsO ist der (individuell geschädigte) Neugläubiger. **107**

(2) *Berechnung des (Vertrauens-)schadens.* Wie der Schaden der vertraglichen Neugläubiger zu errechnen ist, war lange Zeit umstritten. Die früher ganz herrschende Ansicht hat dem vertraglichen Neugläubiger ebenfalls nur den Quotenschaden zuerkannt. Diese Auffassung hat der BGH zu Recht aufgegeben. Der BGH (und ihm folgend die wohl überwiegende Ansicht in der Literatur) billigt den vertraglichen Neugläubigern nunmehr einen Anspruch auf Ausgleich des Schadens zu, den sie dadurch erlitten haben, dass sie bei Kreditgewährung auf die Solvenz der Gesellschaft vertraut haben.[375] **108**

In der Literatur ist diese Verschärfung der Geschäftsführerhaftung teilweise mit dem Hinweis kritisiert worden, dass ein rechtzeitiger Insolvenzantrag zwar den Rechtsverkehr tatsächlich davor schütze, mit der insolventen Gesellschaft zu kontrahieren. Hierauf beruhende Schäden würden jedoch vom Sinn und Zweck des § 15a I InsO nicht erfasst, da der Schutzzweck des § 15a I InsO durch § 64 S. 1 GmbHG vorgegeben sei und letzterer eben nur die Erhaltung des Gesellschaftsvermögens bezwecke, nicht aber beabsichtige, Dritte von Verträgen mit der Gesellschaft abzuhalten.[376] Diese Ansicht verkennt die Funktion der Insolvenzantragspflicht, die nicht auf die Masseerhaltung beschränkt ist, sondern auch dazu dient, dem Insolvenzverfahren „nach außen", dh auch gegenüber dem Geschäftsverkehr Geltung zu verschaffen (→ Rn. 97f.).[377] Weshalb Schäden, die auf eine Verletzung der § 15a I InsO innewohnenden Informationsfunktion zurückzuführen sind, nicht ersatzfähig sein sollen,[378] ist letztlich eine (durch nichts gerechtfertigte) petitio principii.[379] **109**

Der Umfang des Schadens des Neugläubigers bemisst sich danach, wie dieser stehen würde, wenn der Antrag auf Einleitung des Insolvenzverfahrens rechtzeitig gestellt worden wäre.[380] Bei rechtzeitiger Einleitung des Verfahrens wäre dem Neugläubiger in keinem Fall die Insolvenz der Gesellschaft verborgen geblieben. Er hätte dann in aller Re- **110**

---

[372] *Roth/Altmeppen,* § 64 GmbHG Rn. 26ff.; *Altmeppen* ZIP 2001, 2201, 2205ff.; *ders./Wilhelm* NJW 1999, 673.
[373] Vgl. *Saenger/Inhester/Kolmann,* vor § 64 GmbHG Rn. 269; § 64 GmbHG Rn. 8.
[374] *Saenger/Inhester/Kolmann,* vor § 64 GmbHG Rn. 271; § 64 GmbHG Rn. 10f.; *K. Schmidt* ZIP 2009, 1551f.
[375] Vgl. BGH GmbHR 1994, 539, 545; NJW 1993, 2931, 2932; vgl. auch *Lutter* DB 1994, 129, 134f.; *Lutter/Hommelhoff/Kleindiek,* Anh § 64 GmbHG Rn. 74; *Bork,* Kölner Schrift, S. 1021 Rn. 17; *Haas* DStR 2003, 423, 427f. Im Ergebnis ebenso, aber auf anderer dogmatischer Grundlage *Scholz/K. Schmidt,* Anh § 64 GmbHG Rn. 49; *Roth/Altmeppen,* Vorb § 64 GmbHG Rn. 129ff.; aA dagegen OLG Celle ZInsO 2002, 1031.
[376] Vgl. ua *Schulze-Osterloh* AG 1984, 141, 144; *Bauder* BB 1993, 2469, 2473; *Müller* ZIP 1993, 1531, 1437; *Wilhelm* EWiR 1994, 791, 792; *Schmidt* JZ 1978, 661ff.; *ders.* ZIP 1980, 328ff.; *Fleck* GmbHR 1974, 224, 234; krit auch *Geißler* ZIP 1997, 2184, 2185.
[377] Vgl. LG Meiningen ZIP 1999, 1451, 1452; *Haas,* Geschäftsführerhaftung, S. 95; *Dempewolf* ZIP 1981, 953, 955ff.; *Dellinger* WBl 1996, 173, 181; siehe auch MünchKommAktG-*Spindler,* § 92 Rn. 45 (für § 92 II AktG); *Becker* in Insolvenzrecht auf dem Prüfstand, S. 133, 147ff.
[378] So *Scholz/K. Schmidt,* Anh § 64 GmbHG Rn. 51.
[379] *Bork* ZGR 1995, 505, 514.
[380] Vgl. BGH GmbHR 1994, 539; NJW-RR 1995, 289f.; OLG Naumburg GmbHR 1998, 183, 184; OLG München GmbHR 1998, 281, 282; vgl. auch OLG Köln NJW-RR 1998, 686, 687.

gel den Vertrag mit der insolventen Gesellschaft nicht geschlossen und die von ihm geschuldete Leistung nicht an die insolvente Gesellschaft erbracht.[381] Da die Pflichtwidrigkeit im Unterlassen der Antragstellung liegt, hängt die Haftung des Geschäftsführers nicht davon ab, ob er persönlich oder ein mit Vollmacht für die Gesellschaft handelnder Dritter den Vertrag mit dem Neugläubiger geschlossen hat. Das negative Interesse ist grundsätzlich nicht mit der Höhe der ausgefallenen Forderung gleichzusetzen.[382] Letzteres wäre nämlich nicht das negative, sondern genau das Interesse, das der Gläubiger an der Durchführung des Vertrages hat (positives Interesse). Ausnahmsweise[383] kann sich aber das negative mit dem positiven Interesse decken.

111   Beispiele: Zum Vertrauensschaden zählt, was der Gesellschaftsgläubiger in Erfüllung des Vertrages (vor-)geleistet bzw. aufgewendet hat, ohne die Gegenleistung zu erhalten. Ihm ist dann der objektive Wert (Herstellungskosten) der Sache bzw. der Aufwendungen zu ersetzen.[384] Sind darüber hinaus im Vertrauen auf den Vertragsschluss auch Distributions- und Vertriebskosten angefallen, sind auch diese zu ersetzen.[385] Gleiches gilt für Rechtsverfolgungskosten,[386] aber auch für die auf die erbrachte Leistung entfallenden und vom Gläubiger aufzubringenden Import- und Drittlandzölle und zwar auch dann, wenn diese durch die zuständige Zollbehörde erst nach Insolvenzantragstellung festgesetzt werden.[387] Erfasst sind etwa auch solche Schäden des Neugläubigers, die durch eine fehlerhafte Bauleistung der insolventen Gesellschaft verursacht und aufgrund fehlender Mittel von dieser nicht mehr beseitigt werden können.[388] Zum negativen Interesse zählen schließlich auch die nutzlos aufgewandten Kosten für einen vorausgehenden Rechtsstreit gegen die insolvente Gesellschaft.[389] Nicht erfasst vom negativen Interesse ist der im Verkaufspreis steckende Veräußerungsgewinn.[390] Nur wenn der Gläubiger geltend macht, dass er die Sache anderweitig für diesen Preis veräußert hätte, zählt die Differenz zwischen objektivem Wert und (vertraglich vereinbartem) Preis zum ersatzfähigen entgangenen Gewinn.[391] Hierfür trägt der Gläubiger jedoch die Darlegungs- und Beweislast. Im Einzelfall kann ihm insoweit die Beweiserleichterungen der §§ 252 BGB, 287 ZPO zugutekommen.[392] Nach § 252 S. 2 BGB kann der entgangene Gewinn konkret oder aber abstrakt berechnet werden. Letzteres setzt aber voraus, dass ein an den Durchschnittserwartungen des Verkehrs ausgerichteter nach gewöhnlichem Verlauf zu erwartender Gewinn im konkreten Fall auch hinreichend wahrscheinlich ist. Hieran wird es in vielen Fällen fehlen.[393] Bei einem Kaufmann entspricht es dem gewöhnlichen Lauf der Dinge iSd § 252 S. 2 BGB, dass er seine Ware nicht nur an den Schuldner, sondern auch an einen Dritten zum Marktpreis an den Mann gebracht hätte.[394] Der entgangene Gewinn ist jedoch im Wege der Vorteilsausgleichung um die fiktiv angefallene Umsatzsteuer zu kürzen (siehe auch § 249 II 2 BGB).[395] Die

---

[381] BGH NJW-RR 1995, 289, 290; ZIP 2009, 1220 Rn. 15; ZIP 2011, 1007 Rn. 20; ZIP 2012, 1455 Rn. 12 ff.
[382] BGH NZG 1999, 718, 719; OLG Celle NZG 2002, 730, 733; *Rowedder/Chr. Schmidt-Leithoff/Baumert*, § 64 GmbHG Rn. 86; unzutreffend daher OLG Jena ZIP 2002, 631, 632.
[383] Vgl. BGH ZIP 2012, 1455, 1456 f.; ZIP 2009, 1220, 1221.
[384] Siehe *Rowedder/Chr. Schmidt-Leithoff/Baumert*, § 64 GmbHG Rn. 86.
[385] OLG Naumburg GmbHR 1998, 183, 184.
[386] BGH GmbHR 2009, 817 Rn. 19; ZIP 2012, 1455 Rn. 26.
[387] BGH NJW-RR 2002, 1324.
[388] BGH ZIP 2012, 1455 Rn. 23 f.
[389] OLG Jena ZIP 2002, 631, 632; OLG Celle GmbHR 1999, 983.
[390] BGHZ 171, 46 Rn. 21; GmbHR 2009, 817 Rn. 14 ff.; ZIP 2012, 723 Rn. 27; OLG Naumburg GmbHR 1998, 183, 184; vgl. auch *Altmeppen* ZIP 1997, 1173, 1180.
[391] OLG Celle NZG 2002, 730, 733; OLG Naumburg GmbHR 1998, 183, 184; KG NZG 2000, 141, 142; *Rowedder/Chr. Schmidt-Leithoff/Baumert*, § 64 GmbHG Rn. 86; siehe auch *Scholz/K. Schmidt*, § 64 GmbHG Rn. 43.
[392] BGH ZIP 2003, 1713, 1714; OLG Zweibrücken OLG-Report 2002, 116, 118.
[393] Siehe etwa BGH ZIP 2003, 1714, 1715 *(K. Schmidt)*.
[394] BGH NJW 2000, 1409, 1410 f.; NJW 1995, 587, 588; NJW 1988, 2234, 2236; NJW 1974, 895 f.; OLG Zweibrücken OLG-Report 2002, 116, 118.
[395] BGH NJW 1987, 1690; NJW 1987, 1814 f.; OLG Celle NZG 2002, 730, 733; BauR 2005, 1195, 1196. – Zu den Besonderheiten bei einem Kontokorrent OLG Koblenz ZInsO 2011, 1012, 1015.

Schadensberechnung hängt nicht von den verschiedenen Verwertungs- und Sicherungsszenarien im Insolvenz(eröffnungs)verfahren ab.[396]

(3) *Besonderheiten im Hinblick auf den Arbeitnehmerschaden.* Ob auch der Neugläubigerschaden der Arbeitnehmer nach den obigen Grundsätzen zu berechnen ist, ist umstritten. Wendet man diese – uneingeschränkt – an, so kann dies den Arbeitnehmer, der seine Arbeitsleistung an eine insolvente GmbH erbracht hat, in arge Darlegungs- und Beweisschwierigkeiten bringen.[397] Folgt man den vorstehenden Grundsätzen, dann liegt nämlich in der bloßen Entstehung eines wertlosen Vergütungsanspruchs des Arbeitnehmers gegen die insolvente Gesellschaft selbst dann kein ersatzfähiger Schaden vor, wenn der Betroffene geltend macht, den Vertrag in Kenntnis der wahren wirtschaftlichen Lage nicht sofort beendet zu haben; denn der Betroffene behauptet hier nicht, dass ihm infolge der verspäteten Insolvenzantragstellung anderweitige Einnahmen entgangen seien. Vielmehr begehrt er Schadensersatz wegen Nichterfüllung der von der insolventen GmbH nicht beglichenen Vergütungsansprüche. Ein solches positives Interesse wird jedoch – folgt man dem allgemeinen Grundsatz – nicht von § 823 II BGB iVm § 15a I InsO erfasst.[398] Ein ersatzfähiger Schaden des Arbeitnehmers liegt aber auch nicht in der (nutzlos) aufgewandten Arbeitskraft; denn hM nach stellt diese (anders als das Arbeitsergebnis) keinen Vermögenswert dar.[399]

Ist der Gläubiger aber verpflichtet, seinen (Verdienstausfall-)Schaden konkret nachzuweisen, dann muss er – auch im Rahmen der §§ 252 BGB, 287 ZPO – substantiiert Anhaltspunkte vortragen, die einen tauglichen Anknüpfungspunkt für die Schätzung des negativen Interesses liefern können. Hierzu zählen – so das HessLAG – Angaben zur konkret erbrachten Tätigkeit, zur Ausbildung des Gläubigers, zu den Aussichten auf dem Arbeitsmarkt und allgemein zur Arbeitsmarktlage.[400] Letztlich ist aber darauf zu achten, dass die Anforderungen an für eine Schadensschätzung taugliche Anknüpfungsmerkmale nicht überspannt werden.[401] Allein der Umstand, dass die Schadensschätzung schwierig oder unsicher ist, darf nicht dazu führen, dass ein Vertrauensschaden vorschnell unter Hinweis auf – uU auch größere – Schätzungsprobleme abgelehnt wird; denn es kann nicht unberücksichtigt bleiben, dass es der Schädiger, dh der Geschäftsführer ist, der nicht nur für den Schaden, sondern auch für die besonderen Schwierigkeiten im Zusammenhang mit der Schadensberechnung und damit auch für den Beweisnotstand verantwortlich ist.[402]

Der Ersatz des negativen Interesses entfällt, wenn die Verletzung der Insolvenzantragspflicht für den Vertragsschluss nicht kausal war. Die Darlegungs- und Beweislast hierfür trägt allerdings der Geschäftsführer. Gelingt es diesem beispielsweise nachzuweisen, dass der Vertrag auch bei rechtzeitiger Antragstellung in der Zeit des Insolvenzeröffnungsverfahrens zustande gekommen wäre, entfällt ein Ersatz des negativen Interesses.[403] Bei der Schadensbemessung kann im Übrigen auch ein Mitverschulden des

---

[396] *Baumbach/Hueck/Haas*, § 64 GmbHG Rn. 137; *Saenger/Inhester/Kolmann,* vor § 64 GmbHG Rn. 230; aA *Klöhn* KTS 2012, 133, 140 ff.
[397] HessLAG MDR 2001, 350, 351.
[398] Siehe auch BGH NZG 1999, 718, 719; anders hingegen wohl (für Arbeits- und Dienstleistungen) OLG Koblenz GmbHR 2000, 31, 34; OLG Köln NJW-RR 1998, 686, 687.
[399] Siehe allgemein BGH NJW 1995, 1023, 1024; NJW 1970, 1411, 1412; siehe auch MüKoBGB/ *Oetker,* § 249 Rn. 78 ff.; bezogen auf das vorliegende Problem, siehe insbesondere HessLAG MDR 2001, 350, 351.
[400] HessLAG MDR 2001, 350, 351; siehe für dieselbe Argumentation hinsichtlich des Schadens des Sozialversicherungsträger, BGH ZIP 2003, 1713, 1714.
[401] BGH NJW 1998, 1633, 1634; BGH NJW 1981, 818, 821.
[402] BGH NJW 1998, 1633, 1634; siehe auch *Medicus* DAR 1994, 442, 446.
[403] Auf diesen hypothetischen Kausalverlauf kann sich der Geschäftsführer nicht berufen, wenn der Vertrag vom vorläufigen Insolvenzverwalter mit Verwaltungs- und Verfügungsgewalt abgeschlossen worden wäre; denn die vom vorläufigen Insolvenzverwalter eingegangenen Verbindlichkeiten gelten nach

Gläubigers gemäß § 254 BGB mitberücksichtigt werden, wenn er etwa die Gefährdung seiner Forderung erkennen musste.[404]

115 (4) *Anrechnung von Vorteilen.* Auf seinen Ersatzanspruch muss sich der geschädigte Neugläubiger in jedem Fall die im Insolvenzverfahren erlangte Quote anrechnen lassen.[405] Dies kann den Neugläubiger im Rahmen der Geltendmachung seines Anspruchs vor Schwierigkeiten stellen; denn die tatsächlich erlangte Quote steht erst nach Abschluss des Insolvenzverfahrens fest.[406] Dennoch ist überwiegender Ansicht nach der Gläubiger nicht gehindert, schon während des laufenden Insolvenzverfahrens seinen vollen Vertrauensschaden vom Geschäftsführer einzufordern. Für diesen Fall muss er aber nach § 255 BGB im Gegenzug seine infolge der Insolvenz entwertete Forderung gegen die Gesellschaft an den Geschäftsführer abtreten. Diese Vorgehensweise, wodurch dem schadenersatzrechtlichen Bereicherungsverbot Genüge getan wird, hat der BGH nunmehr ausdrücklich gebilligt und seine Rechtsprechung hieran angepasst.[407] Zwar spricht § 255 BGB davon, dass jemand für den „Verlust" einer Sache oder eines Rechts Schadensersatz zu leisten hat. Überwiegender Ansicht nach ist aber nicht notwendig, dass das Recht erlischt. Vielmehr reicht es aus, wenn – wie im vorliegenden Fall – auf Grund des Eintritts der materiellen Insolvenz die Forderung des Gläubigers wirtschaftlich entwertet wird.[408] Folglich kann der Gläubiger entsprechend § 255 BGB gegen den Geschäftsführer seinen vollen Vertrauensschaden nach § 823 II BGB iVm § 15a I InsO Zug um Zug gegen Abtretung seiner Forderung gegen die Gesellschaft geltend machen.[409]

116 Sollte der Arbeitnehmer im Einzelfall einen Vertrauensschaden erlitten haben (→ Rn. 112 f.), stellt sich die Frage, ob er sich das erhaltene Insolvenzgeld hierauf anrechnen lassen muss. Grundsätzlich sind im Rahmen der Schadensberechnung die Vorteile anzurechnen, die ohne das zum Ersatz verpflichtende Ereignis nicht eingetreten wären. Voraussetzungen hierfür ist freilich, dass die „Vorteile" adäquat kausal auf dem schädigenden Ereignis beruhen und die Anrechnung dem Geschädigten zumutbar ist, dh mit dem Zweck des Schadensersatzanspruchs vereinbar ist und den Schädiger nicht unbillig entlastet.[410] Nach Ansicht des LAG Hamm treffen diese Voraussetzungen für das Insolvenzausfallgeld zu.[411] Soweit dem Arbeitnehmer daher Insolvenzausfallgeld geleistet wird, hat der Arbeitnehmer keinen Schaden. Hat der Arbeitnehmer die (Ausschluss-) Frist versäumt, innerhalb derer das Insolvenzgeld zu beantragen ist und hat er dies zu vertreten, dann entfällt insoweit auch ein Schadensersatzanspruch des Arbeitnehmers aus § 823 II BGB iVm § 15a I InsO infolge groben Mitverschuldens des Arbeitnehmers.[412]

Eröffnung des Verfahrens als Masseschulden. Die Berufung auf den hypothetischen Kausalverlauf scheidet ebenfalls aus, wenn der Geschäftsführer im Falle des Vertragsschlusses hierbei gegen eine individuelle Aufklärungspflicht verstoßen hätte.

[404] OLG Celle NZG 1999, 1064, 1065 f.; *Sommer/Maser* BB 1996, 65, 70; *Lutter/Hommelhoff/Kleindiek,* Anh § 64 GmbHG Rn. 75. Nach Ansicht des OLG Celle soll das Mitverschulden des Geschädigten zurücktreten, wenn der Geschäftsführer sichere Kenntnis von seiner Insolvenzantragspflicht hatte NZG 1999, 1064, 1066.

[405] Vgl. BGHZ 138, 211, 216 f. = ZIP 1998, 776; BerlK/*Blersch/von Olshausen,* § 92 Rn. 4; *Uhlenbruck* ZIP 1996, 1641, 1644 f.; *Emde* GmbHR 1995, 558, 560; zu den sich hieraus ergebenden Problemen im Rahmen der Liquidation des Schadens → Rn. 126 f.

[406] Vgl. *Lutter/Hommelhoff/Kleindiek,* Anh § 64 GmbHG Rn. 75.

[407] BGH NZG 2007, 347, 350.

[408] Vgl. MüKoBGB/*Grunsky,* § 255 Rn. 11; Palandt/*Heinrichs,* § 255 BGB Rn. 6; *Soergel/Mertens,* § 255 BGB Rn. 7.

[409] Vgl. BGH NZG 2007, 347; BerlK/*Blersch/von Olshausen,* § 92 Rn. 4; MüKoInsO/*Brandes,* § 92 Rn. 37; *Haas,* Geschäftsführerhaftung, S. 195; siehe für einen entsprechenden Fall BGH NJW-RR 1989, 472; vgl. auch *Altmeppen* ZIP 1997, 1173, 1181 f.

[410] BGH NJW 1984, 2457, 2458; NJW 1984, 2520, 2521 f.; NJW 1990, 1360; MüKoBGB/*Grunsky,* § 249 Rn. 226 ff.

[411] LAG Hamm EWiR 2001, 871.

[412] LAG Hamm EWiR 2001, 871.

(5) *Nebeneinander von Vertrauens- und Quotenschaden*. Fraglich ist, ob der vertragliche **117**
Neugläubiger *neben* einem Vertrauensschaden auch einen Quotenschaden erleiden
kann. Letzteres wird in der Literatur teilweise angenommen.[413] Begründet wird dies
insbesondere damit, dass es sich bei der Insolvenzantragspflicht um ein „Dauerdelikt"
handele. Daher werde der vertragliche Neugläubiger nicht nur bei Vertragsschluss oder
im Zeitpunkt der Kreditierung geschädigt, sondern auch danach und zwar in Gestalt
einer kontinuierlichen Entwertung seiner Forderung, dh seiner Befriedigungsquote.[414]
Ein derartiger eigenständiger Quotenschaden des vertraglichen Neugläubigers ist jedoch
mit der ganz hM abzulehnen;[415] denn die dem Quoten- und dem Vertrauensschaden
zugrunde liegenden Prämissen schließen einander aus. Hätte der vertragliche Neugläubiger
in Kenntnis der wirtschaftlichen Verhältnisse der GmbH den Vertrag nicht mit
dieser geschlossen, dann wäre auch keine Forderung entstanden, die hätte entwertet
werden können. Auch der BGH steht einem Quotenschaden der vertraglichen Neugläubiger
aus „schadensersatzrechtlichen" Erwägungen kritisch gegenüber.[416]

ff) *Der Anspruch zum Schutz deliktischer und bereicherungsrechtlicher Neugläubiger.* Umstritten **118**
ist, ob deliktische (oder bereicherungsrechtliche) Neugläubiger wie vertragliche
Neugläubiger zu behandeln sind oder nicht.[417] Die Frage stellt sich freilich nur dort, wo
der Geschäftsführer nicht neben der Gesellschaft persönlich für den Anspruch einzustehen
hat. Wie die gesetzlichen Neugläubiger zu behandeln sind, folgt letztlich aus dem
Schutzzweck der Insolvenzantragspflicht. Sieht man diesen darin, insolvenzreife Gesellschaften
„vom Markt" zu nehmen, dann liegt es nahe, die gesetzlichen (Neu-)Gläubiger
so zu stellen, als wenn die Gesellschaft ihren Betrieb mit Eintritt der Insolvenz eingestellt
hätte.[418] Sieht man demgegenüber – wie hier – den Schutzzweck (neben der Masseerhaltung
auch) darin, insolvenzreife Gesellschaften vom *Geschäftsverkehr* fernzuhalten,
lässt sich die Gleichbehandlung gesetzlicher und vertraglicher Neugläubiger nicht rechtfertigen;
denn niemand vertraut auf die Solvenz des Schädigers, wenn er – zB – deliktisch
geschädigt wird.[419] Dies hat der BGH bereits in seinem Urteil vom 6.6.1994 anklingen
lassen[420] und zwischenzeitlich ausdrücklich bestätigt.[421]

Für die Ansicht des BGH, einen „vollen" Schadensersatzanspruch der deliktischen **119**
oder bereicherungsrechtlichen Neugläubiger gegen den Geschäftsführer nach § 823 II

---

[413] *Bork*, Kölner Schrift, S. 1021 Rn. 18 f.; *Oepen*, Massefremde Masse, Rn. 291.
[414] MüKoInsO/*Brandes*, § 92 Rn. 33; anders aber *K. Schmidt* KTS 2001, 373, 383.
[415] *Noack*, Rn. 320; *Smid* DZWIR 1998, 341, 342 f.; *Eyber* NJW 1994, 1622 ff.; *Hirte* ZIP-Sonderdruck „Abschied vom Quotenschaden", 1994, 1, 6; *Karollus* ZIP 1995, 269, 271; *Dauner-Lieb* ZGR 1998, 617, 627 f.
[416] BGHZ 138, 211, 215 f. = ZIP 1998, 776: Aufspaltung des einheitlichen Neugläubigerschadens in Quotenschaden und Vertrauensschaden entbehrt „schadensersatzrechtlich überzeugenden Grund"; ähnlich *Staub/Habersack*, § 130a HGB Rn. 37: „Der Quotenschaden, den der Neugläubiger dadurch erleidet, dass die Eröffnung des Konkurses oder Insolvenzverfahrens über das Vermögen der bereits bei Begründung der Forderung konkursreifen Gesellschaft weiter verzögert wird, geht in dem Ersatz des Vertrauensschadens auf...".
[417] Offen gelassen in BGH ZIP 2003, 1713, 1714; siehe auch KPB/*Lüke*, § 92 Rn. 42.
[418] Siehe etwa *Reiff/Arnold* ZIP 1998, 1893, 1896 ff.; KPB/*Lüke*, § 92 Rn. 42; *Michalski/Nerlich*, § 64 GmbHG Rn. 76; *B. Kübler*, ZGR 1995, 481, 496; Lutter/Hommelhoff/Kleindiek, Anh § 64 GmbHG Rn. 76; MünchKommAktG-*Spindler*, § 92 Rn. 51; ähnlich wohl *Ulmer* ZIP 1993, 763, 772; *Schüppen* DB 1994, 197, 203.
[419] OLG Jena ZIP 2002, 631, 632; so schon LG Bonn ZIP 1998, 923; Rowedder/*Chr. Schmidt-Leithoff/Baumert*, § 64 GmbHG Rn. 85; *Noack*, Rn. 317; *Haas* NZG 1999, 373, 376 f.; MüKoInsO/*Brandes*, § 92 Rn. 32; ablehnend auch – aber von einem anderen Schutzzweck ausgehend – *Altmeppen* ZIP 2001, 2201, 2205.
[420] BGH GmbHR 1994, 539, 543: Zweck besteht darin, „konkursreife Gesellschaften mit beschränktem Haftungsfonds vom *Geschäftsverkehr* fernzuhalten"; siehe auch OLG Naumburg GmbHR 1998, 183, 184.
[421] BGH DStR 2005, 1743, 1746.

BGB iVm § 15a I InsO abzulehnen, sprechen die besseren Gründe.[422] Der Insolvenzantrag allein führt nicht dazu, dass die GmbH aus dem Rechtsverkehr ausgeschlossen wird.[423] Vielmehr nimmt sie grundsätzlich bis zur Entscheidung über die Insolvenzeröffnung weiter am Geschäftsverkehr teil. Dies folgt insbesondere aus § 22 I Nr. 2 InsO, wonach der vorläufige Insolvenzverwalter grundsätzlich das Unternehmen bis zur Entscheidung über die Eröffnung des Insolvenzverfahrens fortzuführen hat. Auch die in § 21 InsO vorgesehenen Sicherungsmaßnahmen vermögen Dritte vor potentiellen deliktischen Gefährdungen nicht zu schützen. Nach der Entscheidung über den Insolvenzantrag verschwindet die Gesellschaft überdies nicht aus dem Rechtsverkehr. Dies gilt sowohl für den Fall, dass das Verfahren eröffnet, als auch für den Fall, dass der Antrag mangels Masse zurückgewiesen wird. In beiden Fällen nimmt die Gesellschaft weiterhin am Rechtsverkehr – wenn auch mit geänderter Zwecksetzung – teil. Führt der Insolvenzantrag jedoch nicht dazu, dass die Gesellschaft aus dem Verkehr gezogen wird, fehlt in aller Regel auch ein unmittelbarer Kausalzusammenhang zwischen der Verletzung der Insolvenzantragspflicht und einem von der Gesellschaft zu verantwortenden deliktischen Schaden.[424]

120 Eine Haftung auf den vollen Schaden gegenüber den deliktischen Neugläubigern lässt sich auch nicht damit rechtfertigen, dass in der verspäteten Einleitung eines Insolvenzverfahrens schon eine „abstrakte Gefährdung" fremder, deliktisch geschützter Rechtspositionen liege. Zwar dient § 823 II BGB u. a. dazu, die Verteidigungslinie der Schutzpositionen des § 823 I BGB haftungsrechtlich auf die abstrakte Gefährdung dieser Rechtspositionen vorzuverlagern.[425] Eine derartig abstrakte Gefährdung liegt jedoch in Fällen der Überschuldung oder Zahlungsunfähigkeit nicht vor. Die Auslösetatbestände, bei denen der Geschäftsführer den Insolvenzantrag zu stellen hat, sind sicherlich ein (zugegeben lückenhafter) Risikogradmesser für die wirtschaftliche Durchführbarkeit der mit einer Gesellschaft abgeschlossenen Verträge. Völlig ungeeignet sind sie jedoch, um eine deliktische Gefährdung Dritter zu prognostizieren.[426] Dies kommt etwa darin zum Ausdruck, dass es dem Geschäftsführer verwehrt ist, im Rahmen seiner Finanzplanung Rücklagen für potentielle künftige Delikte der Gesellschaft bzw. der Mitarbeiter der Gesellschaft vorzuhalten (§ 249 HGB). Die potentielle Gefährdung Dritter findet mithin in der Überschuldungsbilanz überhaupt keinen Eingang. Dies ist auch konsequent; denn das Gesetz schützt den Dritten vor (drohenden) deliktischen Verletzungen nicht dadurch, dass der potentielle Schädiger verpflichtet wird, ausreichende Geldmittel für den Fall des Schadenseintritts bereitzuhalten, sondern indem er das „gefährliche" Ver-

---

[422] Vgl. LG Bonn ZIP 1998, 923; *Haas*, Geschäftsführerhaftung, S. 234 ff.; im Ergebnis auch *Altmeppen* ZIP 1997, 1173, 1179; *Roth/Altmeppen*, Vorb § 64 GmbHG Rn. 133 ff.; *Lutter* ZIP 1997, 329, 333; iE auch *Scholz/K. Schmidt*, Anh § 64 GmbHG Rn. 46.

[423] Vgl. *Dellinger* WBl 1996, 173, 180 f.

[424] Teilweise wird behauptet, der Kausalzusammenhang sei deshalb gegeben, weil der Schadensersatzanspruch des deliktischen Gläubigers infolge der Insolvenzverschleppung entwertet sei (vgl. etwa *Reiff/Arnold* ZIP 1998, 1893, 1896); denn – so diese Ansicht – wenn die Schädigung infolge der Betriebsfortführung nach Eröffnung des Insolvenzverfahrens erfolgt wäre, so wäre der daraus resultierende Schadensersatzanspruch Masseverbindlichkeit nach § 55 I Nr. 1 InsO. Das stimmt freilich nicht. Masseverbindlichkeiten iS des § 55 I Nr. 1 InsO liegen nur vor, wenn sie durch eine „*Handlung*" des Insolvenzverwalters begründet werden. Ein Unterlassen kann nur dann eine Masseverbindlichkeit begründen, wenn seitens des Insolvenzverwalters eine Pflicht zur Handlung besteht (Nds OVG ZInsO 1998, 188). An beidem fehlt es jedoch, da es vorliegend ja genau um solche Fallgestaltungen geht, in denen aufgrund der aus dem Unternehmen heraus begangenen deliktischen Schädigungen nur der Unternehmensträger haftet (zB nach § 831 I BGB). Diese deliktischen Schädigungen führen aber – mangels Zusammenhang mit Handlungen des Insolvenzverwalters – nicht zu Masseverbindlichkeiten iS des § 55 I Nr. 1 InsO.

[425] Vgl. RGRK-*Steffen*, § 823 BGB Rn. 535; *Erman/Schiemann*, § 823 BGB Rn. 153; *Larenz/Canaris*, Lehrbuch des Schuldrechts, Bd. II/2, § 77 I 1 b.

[426] Vgl. in diesem Sinne *Altmeppen* NJW 1996, 1017, 1023.

halten unabhängig von einer bestimmten Kapitalstruktur verbietet. Daher stellt auch eine vermögenslose natürliche Person für sich betrachtet noch keine abstrakte deliktische Gefährdung fremder Rechtsgüter dar.

Die „gesetzlichen Neugläubiger" bleiben demnach bei der Insolvenzverschleppungshaftung außen vor. Auch der Ansatz, diese wie Altgläubiger zu behandeln und ihnen somit die Geltendmachung ihres Quotenschadens zu ermöglichen,[427] überzeugt nicht. Er widerspricht letztlich dem Grundkonzept, wonach zu den Altgläubigern nur solche Gläubiger gezählt werden, die bereits bei Eintritt der Insolvenzreife Anspruchsinhaber waren.[428] Schließlich würden sich in der Folge erhebliche Schwierigkeiten bei der – ohnehin kaum handhabbaren – Berechnung des Quotenschadens für diese Gläubiger ergeben.[429]

gg) *Der Anspruch zum Schutz der öffentlich-rechtlichen Neugläubiger.* Fraglich ist auch, wie der Schaden der Neugläubiger aus einer öffentlich-rechtlichen Sonderbeziehung zur Gesellschaft etwa aus einem Steuerrechts- oder Sozialrechtsverhältnis im Fall der Insolvenzverschleppung zu berechnen ist. Die Frage ist allenfalls für Forderungen aus dem Sozialrechtsverhältnis von gewisser Bedeutung, da der mit § 823 II BGB iVm § 15a I InsO konkurrierende Anspruch aus § 823 II iVm § 266a StGB lediglich eine zivilrechtliche persönliche Haftung des Geschäftsführers für die Nichtabführung der auf den Arbeitnehmer entfallenden Beiträge zur Sozialversicherung vorsieht.[430] In der Literatur wird teilweise die Ansicht vertreten, dass der Geschäftsführer nach § 823 II iVm § 15a I InsO für Neuschulden aus dem Sozialrechtsverhältnis im vollen Umfang einzustehen habe.[431] Der BGH lehnt dies jedoch ab.[432] Er begründet dies insbesondere damit, dass in diesen Fällen ein Vertrauensschaden in Höhe der vollen Beitragsschuld nicht vorliegt. Soweit nämlich der Beitragsgläubiger Ersatz wegen Nichterfüllung der wertlos gewordenen Ansprüche auf Abführung der Sozialversicherungsbeiträge verlangt, macht dieser das positive, nicht aber ein negatives Interesse geltend. Zwar hat der Sozialversicherungsträger uU (nach Insolvenzreife) im Vertrauen auf die Beitragspflichten Versicherungsleistungen erbracht. Diese stehen aber – so der BGH – mit der Insolvenzverschleppung in keinem Zusammenhang, weil die Verpflichtung des Sozialversicherungsträgers auf einem versicherungspflichtigen Beschäftigungsverhältnis beruht, dessen Bestand wiederum von der Antragstellung (und der Insolvenzeröffnung) unabhängig sind.[433]

Dem BGH ist in vollem Umfang zu folgen. § 15a I InsO verfolgt – wie oben dargelegt[434] – zwei unterschiedliche Schutzziele. Zum einen bezweckt die Pflicht, rechtzeitig das Insolvenzverfahren zu beantragen, das bei Eintritt der Insolvenz vorhandene Gesellschaftsvermögen im Interesse aller Gläubiger zu bewahren. Zum anderen verhindert die rechtzeitige Stellung des Antrags, dass weitere Gläubiger infolge eines Informationsun-

---

[427] *Baumbach/Hueck/Haas,* § 64 GmbHG Rn. 129.
[428] *Saenger/Inhester/Kolmann,* vor § 64 GmbHG Rn. 226; *Baumbach/Hueck/Haas,* § 64 GmbHG Rn. 129.
[429] Eingehend dazu Vorauflage Rn. 109.
[430] Der Geschäftsführer haftet nach § 823 II BGB iVm § 266a I StGB jedoch nicht für die nicht abgeführten *Arbeitgeber*beiträge zu Sozialversicherung. Eine Haftung des Geschäftsführers im Falle der Insolvenzverschleppung nach § 823 II BGB iVm § 15a I InsO in Höhe der vollen Beitragsschuld würde daher gegenüber der Haftung nach § 823 II BGB iVm § 266a I StGB zu einer gewissen Haftungsverschärfung führen, siehe hierzu *Haas,* Geschäftsführerhaftung, S. 206 ff.; *Cahn* ZGR 1998, 367, 380 f.
[431] Vgl. *Gummert* WiB 1994, 29, 30; *Holzkämper* BB 1996, 2142, 2144 Fn 21; offengelassen *Cahn* ZGR 1998, 367, 381; aA *Haas,* Geschäftsführerhaftung, S. 206 ff.
[432] Siehe zur Deutung der Entscheidung BGH NJW 1999, 2182 in diesem Sinne MüKoInsO/*Brandes,* § 92 Rn. 31.
[433] BGH NZG 1999, 718, 719.
[434] → Rn. 97 f.

gleichgewichts in den Strudel des Gesellschaftsuntergangs hineingezogen werden. Während das erste Schutzziel allen Gläubigern zugutekommt, dient der zweite Schutzzweck (Abbau des Informationsungleichgewichts) allein solchen Gläubigern, die ihre Entscheidung, ob sie mit der Gesellschaft in vertragliche Beziehungen treten, auf Informationen über deren wirtschaftliche Lage stützen bzw. stützen könnten. In den Schutzbereich dieser durch die Insolvenzantragspflicht bewirkten Gläubigerinformation sind mithin solche Gläubiger nicht einbezogen, die ihren Anspruch gegen die Gesellschaft auf Grund Gesetzes und damit unabhängig von irgendwelchen kreditrelevanten Informationen aus der Sphäre der Gesellschaft erwerben. Gegen die unterschiedliche Behandlung vertraglicher Neuschulden und sozialrechtlicher Neuschulden im Rahmen des § 15a I InsO lässt sich nicht anführen, dass Beitragsansprüche zumindest mittelbar Folge rechtsgeschäftlichen Tuns, nämlich Abschluss und Vollzug von Arbeitsverträgen seien und daher den selben Schutz genießen müssten wie die der Beitragspflicht zugrunde liegenden Ansprüche des Arbeitnehmers.[435] Dass gesetzliche Ansprüche im Zusammenhang mit der Durchführung von Verträgen entstehen, ist keine Besonderheit des Sozialrechtsverhältnisses. In keinem Fall hat dies zwingend zur Folge, dass das schützenswerte Interesse dieser in Charakter und Voraussetzungen unterschiedlichen Ansprüche nicht unabhängig voneinander zu bestimmen wäre. Folglich haftet der Geschäftsführer nach § 823 II BGB iVm § 15a I InsO[436] – wie im Rahmen anderer gesetzlicher Neuschulden auch[437] – für die nach Insolvenzreife erzeugten Beitragsschulden nicht in voller Höhe, sondern nur in Höhe eines Quotenschadens.

125   Für Neuschulden aus einem Steuerrechtsverhältnis gilt nichts anderes. Hier bringt freilich eine persönliche Haftung des Geschäftsführers für die nach Insolvenzreife erzeugten Steuerschulden wenig; denn mit diesem Anspruch konkurriert die steuerrechtliche Geschäftsführerhaftung aus § 69 S. 1 AO.[438]

126   hh) *Die Prozessführungsbefugnis.* (1) *Anspruch zum Schutz der vertraglichen Neugläubiger.* Vertragliche Neugläubiger können ihren Vertrauens- bzw. Individualschaden auch während eines Insolvenzverfahrens selbstständig geltend machen.[439] Die Höhe des negativen Interesses hängt – wie oben dargestellt[440] – von individuellen, für den Insolvenzverwalter gar nicht durchschaubaren Gegebenheiten ab. Der Schaden ist folglich ein Individualschaden, der mit der Verkürzung der Haftungsmasse – wie § 92 InsO es voraussetzt –[441] nichts zu tun hat. § 92 InsO entfaltet daher zu Lasten der vertraglichen Neugläubiger keine Sperrwirkung.[442] Der Umstand, dass die Neugläubiger ihren Vertrauensschaden unabhängig und außerhalb des Insolvenzverfahrens geltend machen können, führt zu einem ungeordneten Wettlauf derselben nach Befriedigung aus dem Vermögen des Geschäftsführers. Ob hierbei die Neugläubiger gegenüber den durch den

---

[435] Vgl. in diesem Sinne etwa *Jestaedt* MDR 1996, 541, 542.
[436] Unter den Voraussetzungen des § 823 II BGB iVm § 266a StGB haftet der Geschäftsführer jedoch für die nicht abgeführten Arbeitnehmeranteile zur Sozialversicherung.
[437] → Rn. 118 ff.
[438] Es besteht zwar ein unterschiedlicher Verschuldensmaßstab (im Rahmen des § 69 AO haftet der Geschäftsführer lediglich für Vorsatz oder grobe Fahrlässigkeit), praktisch kommt dieser Unterschied jedoch nicht zum Tragen.
[439] Vgl. BGH ZIP 1995, 211, 212/213; BGHZ 138, 211, 216 = ZIP 1998, 776; OLG Karlsruhe ZIP 2002, 2001, 2002; HessLAG MDR 2001, 350 f.; siehe auch KPB/*Lüke*, § 92 Rn. 47; Uhlenbruck/Hirte/Vallender/*Hirte*, § 92 Rn. 12; *K. Schmidt*, ZGR 1996, 208, 213 f.; *Lutter* DB 1994, 129, 135; *Grunewald* JZ 1994, 961, 962; *Lutter/Hommelhoff/Kleindiek*, Anh § 64 GmbHG Rn. 80 f.; *Bork*, Kölner Schrift, S. 1021 Rn. 22; aA *Hasselbach* DB 1996, 2213, 2214 f.; *Uhlenbruck* ZIP 1994, 1153, 1155 f.
[440] Vgl. oben Rn. 108 ff.
[441] Siehe unten Rn. 537 ff.
[442] BGHZ 138, 211, 216 f. = ZIP 1998, 776; *Noack*, Rn. 320; andererseits profitieren die vertraglichen Neugläubiger auch nicht von der Erhöhung der Ist-Masse durch den Insolvenzverwalter infolge der Liquidation des Gläubigergesamtschadens.

Insolvenzverwalter „vertretenen" Altgläubigern grundsätzlich zeitlich bevorzugt sind,[443] ist fraglich; denn auch der Insolvenzverwalter kann den Gesamtgläubigerschaden entsprechend § 255 BGB gegenüber dem Geschäftsführer geltend machen, ohne den Ausgang des Insolvenzverfahrens abwarten zu müssen.

(2) *Anspruch zum Schutz der Altgläubiger.* Folgt man der Ansicht, dass der Anspruch zum Schutz der Altgläubiger Letzteren zusteht (→ Rn. 102), ist für die Dauer des Insolvenzverfahrens § 92 InsO zu beachten. Nach dieser Vorschrift macht der Insolvenzverwalter für die Dauer des Insolvenzverfahrens die Ansprüche der Insolvenzgläubiger auf Ersatz eines Schadens geltend, den diese gemeinschaftlich durch eine Verminderung des zur Insolvenzmasse gehörenden Vermögens erlitten haben. Erfasst werden von § 92 InsO nur Gläubigeransprüche, die dem Ausgleich eines gemeinschaftlich erlittenen Schadens dienen, nicht hingegen die Ansprüche auf Ersatz eines Individualschadens.[444] Für die Gläubigeransprüche gegen den Geschäftsführer im Zusammenhang mit der Insolvenzverschleppung bedeutet dies, dass – zumindest – zwischen den Ansprüchen der vertraglichen Neugläubiger und der Altgläubiger unterschieden werden muss. Anders als die vertraglichen Neugläubiger können mithin die Altgläubiger ihren Anspruch auf Ersatz des Quotenschadens während der Dauer des Insolvenzverfahrens nicht geltend machen.[445] Der Sinn und Zweck des § 92 InsO liegt darin, den Gläubigergleichbehandlungsgrundsatz zu verwirklichen, indem verhindert wird, dass einzelne Gläubiger sich durch einen gesonderten Haftungszugriff Vorteile verschaffen.[446] **127**

Der vom Insolvenzverwalter geltend zu machende, aus der Summe der einzelnen Quotenschäden bestehende Gesamtgläubigerschaden berechnet sich wie folgt: **128**

$$\text{Gesamtschaden} = \text{Masse}^H - \frac{\text{Forderungen der Altgläubiger}^I}{\text{Gesamtforderungen}^I} \times \text{Masse}^I$$

wobei
Masse^H = hypothetische auf die Altgläubiger entfallende Masse, wenn rechtzeitig der Antrag gestellt worden wäre,
Forderungen Altgläubiger^I = Höhe der Forderungen der Altgläubiger im Zeitpunkt der Insolvenzeröffnung,
Gesamtforderungen^I = Gesamtforderungen im Zeitpunkt der Insolvenzeröffnung
Masse^I = im Zeitpunkt der Insolvenzeröffnung verteilungsfähige Masse.

Für den Fall, dass die Eröffnung des Insolvenzverfahrens mangels Masse abgelehnt wird, entfällt die Sperrwirkung des § 92 InsO und die einzelnen Gläubiger können – da sie nach wie vor Inhaber des Anspruchs aus § 823 II BGB iVm § 15a I InsO sind – ihren Quotenschaden selbstständig geltend machen.[447] Für den Fall, dass Eigenverwaltung angeordnet ist, → § 89 Rn. 38 ff. Für den Fall, dass sich nach Eröffnung des Verfahrens die Masseunzulänglichkeit herausstellt, → Rn. 579 ff. **129**

(3) *Anspruch zum Schutz der gesetzlichen Neugläubiger.* Schwierigkeiten bereitet die für die Prozessführungsbefugnis bedeutsame Abgrenzung von Quoten- und Individualschaden in den Fällen der gesetzlichen Neugläubiger. Selbst wenn man nämlich der hier vertretenen Ansicht folgt, dass der Schaden dieser Gläubigergruppe aus Praktikabilitäts- **130**

---
[443] *Dauner-Lieb* ZGR 1998, 617, 629.
[444] Uhlenbruck/Hirte/Vallender/*Hirte*, § 92 Rn. 9; KPB/*Lüke*, § 92 Rn. 19; BerlK/*Blersch/von Olshausen*, § 92 Rn. 4.
[445] Vgl. *K. Schmidt* ZGR 1996, 209, 211 f.; Lutter/Hommelhoff/*Kleindiek*, Anh § 64 GmbHG Rn. 78.
[446] KPB/*Lüke*, § 92 Rn. 8; BerlK/*Blersch/von Olshausen*, § 92 Rn. 1; so auch *Smid* DZWiR 1998, 342, 343; *Bork*, Kölner Schrift, S. 1021 Rn. 13; Uhlenbruck/Hirte/Vallender/*Hirte*, § 92 Rn. 2; MüKo-InsO/*Brandes*, § 92 Rn. 1.
[447] Vgl. *K. Schmidt* ZGR 1996, 209, 223; Scholz/*K. Schmidt*, Anh § 64 GmbHG Rn. 70; *Stapelfeld*, Die Haftung des GmbH-Geschäftsführers, S. 174 f.; *Haas*, Geschäftsführerhaftung, S. 25.

gründen ebenso zu errechnen ist wie jener der Altgläubiger (→ Rn. 107), ist damit noch nicht zwingend mitentschieden, ob der Insolvenzverwalter nach § 92 InsO zur Geltendmachung des – an sich individuellen – Quotenschadens ausschließlich zuständig ist. Jedenfalls für die Zeit vor der Rechtsprechungsänderung zum vertraglichen Neugläubigerschaden ging die Rechtsprechung wohl davon aus, dass auch der nach Praktikabilitätsgesichtspunkten errechnete Neugläubigerschaden während der Dauer des Insolvenzverfahrens vom Neugläubiger selbstständig geltend gemacht werden konnte.[448] Für diese Ansicht spricht, dass Praktikabilitätserwägungen in Bezug auf die Schadensberechnung zunächst nichts daran ändern, dass es sich bei dem Neugläubigeranspruch (ursprünglich) um einen Individualanspruch handelte.[449] Für eine Einbeziehung in § 92 InsO spricht demgegenüber, dass der gesetzliche Gläubiger auf Grund der praktischen Schwierigkeiten, die mit der Berechnung und Geltendmachung des Ersatzanspruchs verbunden sind, rein tatsächlich kaum in der Lage sein wird, den Quotenschaden selbstständig geltend zu machen. Will man daher die gesetzlichen Neugläubiger nicht schutzlos stellen, macht es Sinn, dem Insolvenzverwalter die Befugnis zuzuweisen, auch seine Schäden zur Masse zu ziehen.

131 (4) *Kein Nebeneinander von Prozessführungsbefugnis des Gläubigers und des Insolvenzverwalters.* Nach der hier vertretenen Ansicht erleidet der vertragliche Neugläubiger neben seinem Vertrauensschaden keinen selbstständigen Quotenschaden (→ Rn. 117). Eine hiervon zu unterscheidende Frage ist, ob der Insolvenzverwalter nach § 92 InsO zumindest teilweise für die Geltendmachung des den vertraglichen Neugläubigern entstandenen Schadens zuständig sein soll. Letzteres wurde bzw. wird in der Literatur teilweise befürwortet.[450] Die wohl überwiegende Ansicht lehnt eine solche Befugnis des Insolvenzverwalters ab.[451] Auch der BGH hat – freilich bezogen auf die Rechtslage vor Inkrafttreten der InsO – eine dahingehende Ermächtigungs- und Sperrwirkung zugunsten des Insolvenzverwalters abgelehnt[452] und dies ua damit begründet, dass – falls ein Quotenschaden der (vertraglichen) Neugläubiger nicht schon aus schadensersatzrechtlichen Erwägungen ausscheide – dieser in jedem Fall ein von § 92 InsO nicht erfasster Individualschaden sei.[453] Für die Fortgeltung dieser Rechtsprechung auch unter der InsO spricht, dass der Gesetzgeber die Streitfrage in § 92 InsO nicht abweichend von der bisherigen Rechtsprechungspraxis regeln wollte.[454]

132 ii) *Zuständigkeit.* (1) *Sachliche und örtliche Zuständigkeit.* Die sachliche Zuständigkeit für eine Klage aus § 823 II BGB iVm § 15a I GmbHG richtet sich nach §§ 23, 71 GVG. Örtlich zuständig sind – neben den Gerichten am allgemeinen Gerichtsstand des Geschäftsführers/Antragsverpflichteten – die Gerichte am besonderen Gerichtsstand der unerlaubten Handlung (hier Sitz der Gesellschaft).[455] Letzteres gilt auch für Klagen gegen Anstifter oder Gehilfen des Geschäftsführers iSd § 830 II BGB (→ Rn. 151 ff.). Ferner dürfte seit Inkrafttreten des MoMiG für die Klage des Insolvenzverwalters auch der Gerichtsstand der Mitgliedschaft offenstehen (§ 22 ZPO).[456]

---

[448] BGHZ 29, 100, 107.
[449] Grundsätzlich hängt nämlich die Höhe des dem einzelnen gesetzlichen Neugläubigern entstandenen Quotenschadens von dem Zeitpunkt ab, in dem er seinen Anspruch gegen die Gesellschaft erworben hat.
[450] In diesem Sinne insbesondere *K. Schmidt* NZI 1998, 9 ff.; *ders.* ZGR 1998, 633, 667; *Scholz/ K. Schmidt*, Anh § 64 GmbHG Rn. 71.
[451] OLG Karlsruhe ZIP 2002, 2001, 2002; MüKoInsO/*Brandes*, § 92 Rn. 34, 36; Uhlenbruck/ Hirte/Vallender/*Hirte*, § 92 Rn. 12.
[452] BGHZ 138, 211, 214 ff. = ZIP 1998, 776.
[453] BGHZ 138, 211, 214 f. = ZIP 1998, 776.
[454] OLG Karlsruhe ZIP 2002, 2001, 2002.
[455] Siehe hierzu *Baumbach/Hueck/Haas*, § 64 GmbHG Rn. 142.
[456] *Saenger/Inhester/Kolmann*, vor § 64 GmbHG Rn. 258; aA KG, NZG 2010, 515 (allerdings zur früheren Rechtslage).

(2) *Rechtswegzuständigkeit.* Fraglich ist, wie die Rechtswegzuständigkeit für die Scha- 133
densersatzansprüche wegen Insolvenzverschleppung zu bestimmen ist, wenn von der
Insolvenzverschleppung Arbeitnehmer betroffen sind. Teilweise wird die Ansicht vertreten, dass auch für den Insolvenzverschleppungsschaden der Arbeitnehmer stets die ordentlichen Gerichte zuständig sind.[457] Ganz überwiegend[458] wird hingegen die Ansicht
vertreten, dass es sich hierbei um eine arbeitsgerichtliche Zuständigkeit handelt und
zwar unabhängig davon, ob ein Neugläubiger-[459] oder aber ein Altgläubigerschaden[460]
geltend gemacht wird. Diese Ansicht ist abzulehnen.[461] Selbst wenn man aber der hier
vertretenen Ansicht nicht folgt, sollte man im Hinblick auf § 17 II GVG dem Insolvenzverwalter gestatten, den „ganzen Gesamtschaden" im jeweiligen Rechtsweg geltend
machen zu können.[462]

jj) *Die Darlegungs- und Beweislast.* (1) *Verteilung der Darlegungs- und Beweislast.* Grund- 134
sätzlich hat der Gläubiger bzw. der Insolvenzverwalter die anspruchsbegründenden Voraussetzungen darzulegen und zu beweisen.[463] Das gilt auch hinsichtlich des Vorliegens
von Zahlungsunfähigkeit und Überschuldung zum maßgebenden Zeitpunkt.[464] Insoweit greifen zugunsten des Insolvenzverwalters aber zT Beweiserleichterungen. So gelten nach der Rechtsprechung die Voraussetzungen der Insolvenzreife nach den
Grundsätzen der Beweisvereitelung als bewiesen, wenn der Geschäftsführer die ihm
obliegende Pflicht zur Führung und Aufbewahrung von Büchern und Belegen nach
§§ 238, 257 HGB, 41 GmbHG verletzt hat und dem Gläubiger deshalb die Darlegung
näherer Einzelheiten nicht möglich ist.[465]

Steht ein Pflichtverstoß bereits fest, wird – in Anlehnung an § 93 II 2 AktG –[466] 135
grundsätzlich auch ein Verschulden des Geschäftsführers vermutet. Für ein fehlendes
Verschulden trägt der Geschäftsführer mithin nicht nur die Darlegungs-, sondern auch
die Beweislast.[467] Um sich entlasten zu können, muss der Geschäftsführer darlegen und
notfalls auch beweisen, dass die Insolvenz der Gesellschaft für ihn nicht erkennbar war.
Hierfür reicht nicht schon der Hinweis, dass die kaufmännische Leitung innerhalb der
Gesellschaft von einem andern Geschäftsführer oder aber von einem nachgeordneten
Mitarbeiter wahrgenommen wird. Eine Entlastung ist nur möglich, wenn die Insolvenz
für den einzelnen Geschäftsführer trotz vorhandener Organisations- und Informations-

---

[457] LAG Nürnberg BB 1995, 2586 (ablehnend *Gruss*). Hierfür sprechen gute Gründe; denn der Anspruch auf Ersatz des Gesamtgläubigerschadens erfüllt ähnliche Funktionen wie der insolvenzrechtliche
Anfechtungsanspruch. Für Letzteres ist aber anerkannt, dass er zur Zuständigkeit der ordentlichen Gerichtsbarkeit zählt, BGHZ 114, 315, 320; ZIP 2005, 1334, 1335.
[458] Für die Parallel-Problematik der Insolvenzanfechtung vgl. GemS-OGB 2010, 2418 ff.; BAG
ZInsO 2008, 391 f.; BGH NJW 2009, 1968; vgl. *Saenger/Inhester/Kolmann*, vor § 64 GmbHG
Rn. 259.
[459] HessLAG MDR 2001, 350 f.
[460] LAG Hamm (verkürzt wiedergegeben in) EWiR 2001, 871; LAG Hamm BB 1997, 2656; siehe
auch BAG DB 1996, 1932; vgl. auch *Gruss* BB 1995, 2586. – Zum Rechtsweg bei Insolvenzanfechtungsklagen vgl. GmS-OGB, ZIP 2010, 2418; BAG ZIP 2008, 1499; 2009, 831; BGH ZIP 2009, 825;
kritisch hierzu *Kreft*, ZIP 2013, 241.
[461] *Baumbach/Hueck/Haas*, § 64 GmbHG Rn. 142.
[462] *Baumbach/Hueck/Haas*, § 64 GmbHG Rn. 142; Uhlenbruck/Hirte/Vallender/*Hirte*, § 92 Rn. 27.
[463] BGH GmbHR 1994, 539, 545; BAG NZA 1999, 39, 42; OLG Hamburg GmbHR 2003, 587,
589.
[464] Vgl. BGH ZIP 1994, 867, 868 f.; OLG Saarbrücken NZG 2001, 414, 415; OLG Celle GmbHR
1997, 127, 128; GmbHR 1999, 983, 984; GmbHR 2004, 568, 569; OLG München ZInsO 2013,
1693; *Meyke* ZIP 1998, 1179; krit *Altmeppen* ZIP 1997, 1173, 1179.
[465] BGH ZIP 2007, 1060 (Überschuldung); ZIP 2012, 723 (Zahlungsunfähigkeit).
[466] Zur entsprechenden Anwendung der Wertung dieser Vorschrift auch für das GmbH-Recht siehe
Michalski/Haas/Ziemons, § 43 GmbHG Rn. 248.
[467] BGH DStR 2001, 175, 177; GmbHR 1994, 539, 545; OLG Celle NZG 2002, 730, 732; OLG
Jena ZIP 2002, 631; OLG Köln NZG 2001, 411, 412; OLG Naumburg GmbHR 1998, 183, 184; OLG
Stuttgart NZG 1998, 232.

strukturen[468] nicht zu erkennen war.[469] Dabei wird es entscheidend darauf ankommen, ob und welche Krisenwarnsignale vorlagen (zB negatives Jahresergebnis, Geschäftsrückgang, etc), aus denen auf den Eintritt der Krise hätte geschlossen werden können.[470] Die Höhe des Schadens hingegen hat der Gläubiger darzulegen und notfalls zu beweisen. Das stellt den Gläubiger, wenn dieser nur einen Quotenschaden verlangen kann, vor schier unüberwindbare Schwierigkeiten. Zu Recht wird daher insoweit behauptet, dass es sich bei dem Quotenschaden um eine „juristische Spielerei" bzw. ein Problem „ohne praktische Relevanz" handele.[471] Das Problem ließe sich freilich durch eine vom allgemeinen Schadensrecht abweichende Darlegungs- und Beweislast leicht lösen, wie sie der BGH für andere Fälle eines Quotenschadens (in der Vergangenheit) auch schon mal bejaht hat. Warum gleiches nicht auch hier gelten soll, ist wenig einsichtig.[472]

136 Darzulegen und zu beweisen hat der Gläubiger auch, ob er Neu- oder Altgläubiger und dass die Pflichtverletzung für den Schaden kausal gewesen ist. Insbesondere im Fall des Neugläubigerschadens kann dies den Gläubiger vor unüberwindbare Schwierigkeiten stellen, wenn der Geschäftsführer mit Blick auf die gewöhnliche Zeitdauer im Insolvenzeröffnungsverfahren zwischen Antragstellung, Antragszulassung und Erlass sichernder Maßnahmen behauptet, dass der dem Neugläubiger entstandene Schaden auch im Fall zulässigen Alternativverhaltens eingetreten wäre. Dient aber die in der Insolvenzantragspflicht enthaltene Globalaufklärung des Geschäftsverkehrs[473] gerade dazu, dem Geschäftspartner die Risiken des Geschäftsabschlusses vor Augen zu führen, so trifft die Beweislast dafür, dass die Verletzung dieser Pflicht nicht schadensursächlich war, den Schädiger. Darüber hinaus schließt die rechtzeitige Antragstellung nicht aus, dass der Geschäftsführer – wenn er mit einem Neugläubiger nach Antragstellung kontrahiert – eine individuelle Aufklärungspflicht diesem gegenüber verletzt.[474] Auf ein zulässiges Alternativverhalten kann sich der Geschäftsführer mithin in keinem Fall berufen.

137 (2) *Informationsbeschaffung*. *(i) Einsicht in die Insolvenzakten*. Eine wichtige Informationsquelle für den Gläubiger für eine Rechtsverfolgung im Zusammenhang mit der Insolvenzverschleppung (aber auch für die Frage, ob sich ein Kostenvorschuss iS des § 26 I InsO lohnt) ist der Einblick in die Insolvenzakten;[475] denn auf Grund des vorherrschenden Amtsermittlungsgrundsatzes (§ 5 InsO) und der Mitwirkungspflicht[476] des Geschäftsführers bei der Feststellung der tatsächlichen und rechtlichen Fragen können in den Akten für den Gläubiger wichtige Erkenntnisse enthalten sein. Da die InsO – ebenso wie die KO – das Recht auf Akteneinsicht des Gläubigers nicht ausdrücklich regelt, richtet sich dieses – wie schon nach bisherigem Recht – nach § 299 ZPO. Grundsätzlich zählen zu den Prozessakten iSd Vorschrift der Insolvenzantrag, die ausgefüllten Anhörungsfragebögen des Insolvenzgerichts sowie das Gutachten darüber, ob die Gesellschaft insolvent ist bzw. ob hinreichende Masse für die Eröffnung des Verfahrens zur Verfügung steht.[477]

---

[468] → Rn. 77 ff.
[469] Vgl. *Lutter/Hommelhoff/Kleindiek*, Anh § 64 GmbHG Rn. 71 f.
[470] *Ulmer* KTS 1981, 469, 486 f.
[471] *Roth/Altmeppen*, Vorb § 64 GmbHG Rn. 126 f.; *K. Schmidt* ZHR 2004, 637, 641 ff.
[472] *Haas* NZI 2005, 237, 240.
[473] → Rn. 97 f.
[474] → Rn. 196 ff.
[475] LG Magdeburg Rpfleger 1996, 364, 365; *Jaeger/Gerhardt*, § 4 Rn. 18; *Pape* ZIP 1997, 1369, 1371 Fn. 38; *ders.* ZIP 2004, 598, 599; *Wilhelm* ZIP 1993, 1833, 1836; *Meyke* ZIP 1998, 1179, 1182; zum Einsichtsrecht des Geschäftsführers siehe *Vallender* in K. Schmidt/Uhlenbruck, Die GmbH in Krise, Sanierung und Insolvenz, Rn. 5.253.
[476] → Rn. 229 ff.
[477] Vgl. OLG Celle ZIP 2004, 368, 370; OLG Dresden ZVI 2002, 457; OLG Braunschweig ZIP 1997, 894; OLG Naumburg ZIP 1997, 895; OLG Brandenburg ZIP 1998, 962 f.; LG Magdeburg

Das Recht auf Akteneinsicht bewegt sich im Spannungsfeld zwischen dem Recht auf informationelle Selbstbestimmung des Schuldners einerseits und dem Schutz des Gläubigerinteresses andererseits.[478] Die Tendenz der Gerichte geht mitunter dahin, dem Schuldnerschutz den Vorrang einzuräumen. Dies führt freilich dazu, dass viele der materiellrechtlichen (komplizierten) Konstruktionen zum Schutz der Gläubiger (einschließlich der Insolvenzverschleppungshaftung) praktisch leer laufen.[479] Für die Frage, ob und inwieweit das Ersuchen nach Einsichtnahme Erfolg hat, ist in erster Linie nach dem Stadium des Verfahrens zu differenzieren, in dem das Einsichtsersuchen gestellt wird.

Im Eröffnungsverfahren ist danach zu unterscheiden, ob der die Einsicht begehrende Gläubiger den Insolvenzantrag gestellt hat oder nicht. Im ersten Fall ist – unstreitig – ein Einsichtsrecht entsprechend § 299 I ZPO gegeben. Der Insolvenzgläubiger ist als Beteiligter des Eröffnungsverfahrens wie eine „Partei" im Insolvenzverfahren zu behandeln und hat daher ein Recht auf Akteneinsicht und auf Erteilung von Abschriften. Auf die Glaubhaftmachung eines rechtlichen Interesses kommt es insoweit nicht an.[480] Keine Anwendung findet § 299 I ZPO hingegen auf Gläubiger, die den Insolvenzantrag nicht selbst gestellt haben. Diese können allenfalls nach § 299 II ZPO Einsichtnahme begehren,[481] wenn sie ein rechtliches Interesse glaubhaft machen. Vielfach wird freilich dem Gläubiger ein derartiges (schützenswertes) Interesse im Hinblick auf den Sinn und Zweck des Eröffnungsverfahrens abgesprochen. Die Ermittlungen des Gerichts und das Gutachten des vorläufigen Insolvenzverwalters sollen – dieser Ansicht zufolge – in diesem Stadium des Verfahrens allein der Entscheidungsfindung des Gerichts dienen mit der Folge, dass die Akten allenfalls „parteiöffentlich", nicht aber auch für die übrigen Gläubiger einsichtsfähig sind.[482] Diese Ansicht ist jedoch abzulehnen; denn im Eröffnungsverfahren kann dem Insolvenzgläubiger ein (schützenswertes) Interesse nicht schlechthin abgesprochen werden.[483] Den Interessen des Schuldners lässt sich ausreichend im Wege der Einräumung rechtlichen Gehörs Genüge tun.

Ist die Eröffnung des Verfahrens mangels kostendeckender Masse durch das Insolvenzgericht abgelehnt worden,[484] kommt dem Einsichtsrecht eine besondere praktische Bedeutung für den Gläubiger zu. Das Einsichtsrecht des (auch antragstellenden) Gläubigers richtet sich hier nach § 299 II ZPO. Es ist danach zu gewähren, wenn der Gläubiger ein berechtigtes Interesse iSd § 299 II ZPO geltend macht.[485] Ein rechtliches Interesse ist grundsätzlich gegeben, wenn irgendwelche persönlichen Rechte desjenigen, der Einsicht begehrt, durch den Akteninhalt auch nur mittelbar berührt werden könnten.[486] Die Rechtsprechung bejaht dies in aller Regel, wenn der Gläubiger glaubhaft macht, dass er für den Fall der Verfahrenseröffnung Insolvenzgläubiger gewesen wäre.[487]

Rpfleger 1996, 364, 365; vgl. auch *Pape* ZIP 1997, 1367, 1369 f.; *Holzer* ZIP 1998, 1333; *Graf/Wunsch* ZIP 2001, 1800, 1803.

[478] OLG Hamm ZIP 2004, 283, 284; OLG Dresden ZVI 2002, 457, 458; *Jaeger/Gerhardt*, § 4 Rn. 18.
[479] Kritisch zu dieser Entwicklung *Pape* ZIP 2004, 598, 599 f.; siehe auch *Uhlenbruck*, § 4 Rn. 26.
[480] *Holzer* ZIP 1998, 1333, 1336; *Pape* ZIP 2004, 598, 600.
[481] Erst nach Eröffnung des Verfahrens haben sie die Stellung von Verfahrensbeteiligten iS des § 299 I ZPO und können die Akte einsehen, ohne dass es eines berechtigten Interesses bedarf, *Holzer* ZIP 1998, 1333, 1336; *Pape* ZIP 2004, 598, 600.
[482] Vgl. LG Magdeburg Rpfleger 1996, 364, 365.
[483] OLG Braunschweig ZIP 1997, 894; *Holzer* ZIP 1998, 1333, 1336 f.; *Pape* ZIP 2004, 598, 600 f.
[484] Für den Fall der Verfahrenseinstellung mangels einer die Verfahrenskosten deckenden Masse siehe *Pape* ZIP 2004, 588, 601.
[485] OLG Dresden ZVI 2002, 457; OLG Braunschweig ZIP 1997, 894; OLG Naumburg ZIP 1997, 895; *Pape* ZIP 1997, 1367, 1369; *ders.* ZIP 2004, 598, 601; *Jaeger/Gerhardt*, § 4 Rn. 24 ff.
[486] Vgl. OLG Dresden ZVI 2002, 457, 458; OLG Naumburg ZIP 1997, 895; OLG Köln NJW-RR 1998, 407; OLG Braunschweig ZIP 1997, 894; *Zöller/Greger*, § 299 ZPO Rn. 6 ff.
[487] Zur Art und Weise der Einsichtsgewährung siehe OLG Hamm ZIP 2004, 283 f.; OLG Celle ZIP 2004, 368, 369 f.

Die mögliche Verfahrensbeteiligung indiziert danach das rechtliche Interesse.[488] Mitunter wird die Messlatte auch höher angelegt. So wird teilweise für eine Glaubhaftmachung des rechtlichen Interesses verlangt, dass der Gläubiger eine vollstreckbare Forderung gegen den Gemeinschuldner hat.[489] Teilweise werden auch die Anforderungen – an die im Rahmen des § 299 II ZPO vorzunehmende –[490] Interessenabwägung überspannt. So wird mitunter behauptet, dass die Geheimhaltungsinteressen des Schuldners überwiegen, wenn das Einsichtsrecht vorrangig dazu dient, eine Schadensersatzklage gegen den Geschäftsführer nach § 823 II BGB iVm § 15a I InsO vorzubereiten. Das Interesse des Gläubigers, aus den Akten einen neuen Schuldner ermitteln zu können, sei grundsätzlich nicht schützenswert.[491] Auch diese Beschränkung des Einsichtsrechts ist jedoch – in Übereinstimmung mit der wohl hM – abzulehnen.[492] Umstritten ist des Weiteren, ob das Einsichtsrecht – etwa wenn dieses der Vorbereitung von Schadensersatzansprüchen dient – zum Schutz der Organmitglieder auf Teile der Insolvenzakten beschränkt werden kann.[493] Letzteres ist aber mit § 299 II ZPO unvereinbar und wird deshalb von der wohl überwiegenden Ansicht ebenfalls zu Recht abgelehnt.[494]

141 Im eröffneten Insolvenzverfahren kann der am Verfahren beteiligte Gläubiger – unabhängig davon, ob er den Antrag gestellt hat oder nicht – grundsätzlich Akteneinsicht nach § 299 I ZPO verlangen.[495] Auf ein glaubhaft zu machendes rechtliches Interesse kommt es insoweit nicht an. Vielmehr wird dieses bereits durch die Parteistellung indiziert. Auch ist für eine allgemeine Abwägung mit den Schuldnerinteressen kein Raum.[496] Allenfalls können insolvenzspezifische Besonderheiten (etwa ungestörte Abwicklung des Insolvenzverfahrens durch den Insolvenzverwalter) im Rahmen der entsprechenden Anwendung des § 299 I ZPO Berücksichtigung finden. Dritte[497] können nur unter den Voraussetzungen des § 299 II ZPO Einsichtnahme in die Insolvenzakten verlangen.[498]

142 *(ii) Weitere Informationsquellen.* Eine weitere Informationsquelle zugunsten des Gläubigers von Ansprüchen wegen Insolvenzverschleppung können die Bücher und Unterlagen der Gesellschaft sein. Dies gilt insbesondere dann, wenn das Verfahren mangels Masse überhaupt nicht eröffnet wurde. Was die Gesellschaft im Einzelfall an Geschäftsunterlagen aufzubewahren hat, ergibt sich aus § 257 I Nr. 1–4 HGB. Die Aufbewahrungspflicht bleibt auch nach Beendigung des gesellschaftsrechtlichen Liquidationsver-

---

[488] OLG Dresden ZVI 2002, 457, 458; OLG Celle ZIP 2004, 368 f.; ZIP 2002, 446; OLG Hamburg ZIP 2002, 266.
[489] OLG Braunschweig ZIP 1997, 894; OLG Köln NJW-RR 1998, 407; OLG Köln MDR 1988, 502; aA zu Recht *Pape* ZIP 2004, 598, 601 f.; *Uhlenbruck,* § 4 Rn. 29; *Jaeger/Gerhardt,* § 4 Rn. 21 f.
[490] Der Anspruch nach § 299 II ZPO ist im Falle eines rechtlichen Interesses kein „gebundener" Anspruch, siehe BGH ZInsO 1998, 92 f.; OLG Dresden ZVI 2002, 457, 458; OLG Naumburg ZIP 1997, 895.
[491] OLG Hamm ZIP 2004, 283, 284; OLG Köln NJW-RR 1998, 407; *Zipperer* NZI 2002, 244, 252; *Jaeger/Gerhardt,* § 4 Rn. 25.
[492] OLG Dresden ZVI 2002, 457, 459; OLG Celle ZIP 2002, 446; OLG Hamburg ZIP 2002, 266; OLG Köln ZIP 1999, 1449; *Pape* ZIP 1997, 1369, 1371; *ders.* ZIP 2004, 598, 602; *Uhlenbruck,* § 4 Rn. 28.
[493] OLG Brandenburg ZIP 2001, 1922; ZIP 2000, 1541; OLG Jena ZVI 2002, 318, 319.
[494] OLG Celle ZIP 2004, 370, 372; ZIP 2002, 446; OLG Hamburg ZIP 2002, 266; OLG Düsseldorf ZIP 2000, 323; OLG Braunschweig ZIP 1997, 894; *Pape* ZIP 2004, 598, 602; aA HK/*Kirchhof,* § 4 Rn. 13, wonach eine solche Beschränkung aufgrund einer zulässigen Berücksichtigung insolvenzrechtlicher Besonderheiten im Rahmen der – bloß – entsprechenden Anwendung der ZPO (§ 299) gerechtfertigt sein kann.
[495] OLG Celle ZIP 2004, 370, 371; LG Karlsruhe NZI 2003, 327; MüKoInsO/*Ganter,* § 4 Rn. 61.
[496] *Pape* ZIP 2004, 598, 603; aA AG Dresden InVo 2002, 106.
[497] Zum Problem, dass ein Gläubiger zwar seine Forderung angemeldet hat, die Forderung aber bestritten ist, siehe LG Karlsruhe NZI 2003, 327 f.; siehe auch OLG Celle ZIP 2004, 370, 371.
[498] *Pape* ZIP 1997, 1367 f.

fahrens bestehen (§ 74 II GmbHG). Zwar steht das Einsichtsrecht in die Unterlagen primär den Gesellschaftern und deren Rechtsnachfolgern zu (§ 74 III 1 GmbHG). Die Gläubiger können jedoch von dem Gericht zur Einsichtnahme ermächtigt werden (§ 74 III 2 GmbHG). Das gilt auch dann, wenn die Gesellschaft wegen Vermögenslosigkeit im Handelsregister gelöscht wurde.[499] Oftmals werden die Bücher freilich in der Obhut eines Steuerberaters sein. Dieser wird, wenn seine Vergütungsansprüche – wie in der Praxis oftmals üblich – noch nicht beglichen wurden, die Bilanzen und Bücher dem Gläubiger (oder auch dem Insolvenzverwalter) nicht ohne weiteres zur Verfügung stellen.[500] Ein Auskunftsanspruch des Gläubigers gegen den Insolvenzverwalter zur Vorbereitung des Anspruchs wegen Insolvenzverschleppung besteht nicht.[501] Unter dem Informationsfreiheitsgesetz kann der Insolvenzverwalter zudem Einsicht in die Steuerakten verlangen.[502]

kk) *Verjährung.* Nach welcher Vorschrift Haftungsansprüche nach § 823 II BGB iVm **143** § 15a I InsO verjähren, ist in der obergerichtlichen Rechtsprechung und Literatur sehr umstritten.[503] Vorgeschlagen werden entweder die analoge Anwendung der §§ 64 S. 4, 43 IV GmbHG[504] oder aber die allgemeine Verjährungsvorschrift in § 195 BGB.[505] Nach einer differenzierenden Ansicht verjähren Ansprüche nur dann, wenn sie auf Ersatz des Quotenschadens gerichtet sind, nach den allgemeinen Regeln; ansonsten werden demnach ebenfalls §§ 64 S. 4, 43 IV analog herangezogen.[506]

Der BGH hat mittlerweile zu Recht klargestellt, dass eine analoge Anwendung der **144** Verjährungsvorschriften aus §§ 64 S. 4, 43 IV GmbHG – zumindest für Neugläubigerschäden – nicht in Betracht kommt.[507] Erstens besteht keine – für die Annahme einer Analogie jedoch zwingend notwendige – Regelungslücke, da sowohl nach altem (§ 852 BGB aF) als auch neuem Recht (§ 195 BGB) für den deliktsrechtlichen Anspruch aus § 823 II BGB Verjährungsvorschriften bereitstehen. Jedenfalls wäre diese Lücke nicht (mehr) planwidrig, da sich der Gesetzgeber bei der Reformierung des Schuldrechts eingehend damit auseinandergesetzt hat, welche Organhaftungstatbestände welchem Verjährungsregime unterliegen sollen.[508] Trotz ihrer struktureller Vergleichbarkeit bleiben die Haftungstatbestände des § 823 II BGB iVm § 15a I InsO und des § 64 S. 1 GmbHG klar abgrenzbar und behalten ihren eigenen Anwendungsbereich. Schließlich stehen die Ansprüche unterschiedlichen Gläubigern zu und haben unterschiedliche Zielrichtungen: § 64 S. 4 GmbHG soll den Erhalt der verteilungsfähigen Vermögensmasse zugunsten der Gläubigerbefriedigung sichern, wohingegen bei § 15a InsO der Gedanke im Vorgrund steht, materiell insolvente haftungsbeschränkte Gesellschaften aus

---

[499] Vgl. LG Köln ZIP 1988, 1125; *Uhlenbruck* ZIP 1996, 1641, 1650; siehe auch *Lutter/Hommelhoff/Kleindiek,* § 74 GmbHG Rn. 16.
[500] Siehe zB OLG Celle GmbHR 2004, 568, 569.
[501] BGH ZIP 2005, 1325, 1326.
[502] Zusammenfassend *Eisolt* DStR 2013, 439; *Schmittmann* NZI 2012, 633.
[503] Vgl. zum Streitstand BGH ZIP 2011, 1007, 1008 f.; OLG Saarbrücken GmbHR 2008, 1036, 1037; *K. Schmidt,* FS Georgiades, 2007, S. 689, 691 ff.
[504] So etwa OLG Saarbrücken GmbHR 1999, 1295, 1296; OLG Köln WM 2001, 1160, 1162; *Scholz/K. Schmidt,* Anh § 64 GmbHG Rn. 77; *Ulmer/Habersack/Winter/Paefgen,* § 43 GmbHG Rn. 155; *Ulmer/Habersack/Winter/Casper,* Erg-Band MoMiG § 64 GmbHG Rn. 154; *Lutter/Hommelhoff/Kleindiek,* § 64 GmbHG Rn. 85.
[505] So OLG Saarbrücken ZIP 2009, 565, 566; OLG Schleswig DZWIR 2001, 330, 331; *Bork/Schäfer,* § 64 GmbHG Rn. 72; *MüKoGmbHG/H. F. Müller,* § 64 Rn. 195; ähnlich OLG Stuttgart GmbHR 2001, 75; OLG Naumburg GmbHR 2004, 364.
[506] *Baumbach/Hueck/Haas,* § 64 GmbHG Rn. 145; *ders.* NZG 2009, 976; *Henssler/Strohn/Arnold,* § 64 GmbHG Rn. 112; *Rowedder/Chr. Schmidt-Leithoff/Baumert,* § 64 GmbHG Rn. 90.
[507] Vgl. BGH ZIP 2011, 1007, 1008.
[508] Vgl. RegE zum Gesetz zur Anpassung von Verjährungsvorschriften an das Gesetz zur Modernisierung des Schuldrechts, BT-Drucks. 15/3653, S. 12.

dem Geschäftsverkehr zu entfernen.[509] Dass bei Geltendmachung des Anspruchs aus § 64 S. 1 GmbHG durch den Insolvenzverwalter uU ein faktischer Gleichlauf zur Geltendmachung von Quotenschäden entsteht, ändert daran nichts.[510] Somit besteht keine Gefahr einer „Aushöhlung" des § 64 S. 4 GmbHG zugunsten der deliktsrechtlichen Verjährung.[511]

145 Für den Anspruch auf Ersatz des Quotenschadens beginnt die Verjährung nach § 200 BGB mit Entstehung des Anspruchs. Wann dieser Anspruch entsteht, ist umstritten. Richtiger Ansicht nach entsteht der Anspruch mit Insolvenzeröffnung oder Abweisung des Eröffnungsantrags mangels Masse, nicht dagegen schon mit der Versäumung des (letztmöglichen Zeitpunkts des) Antrags.[512] Vor diesem Zeitpunkt kann es nämlich denknotwendig überhaupt keine Quotenschmälerung zu Lasten der Gläubiger geben, deren Kompensation § 64 GmbHG dient. Dass der Anspruch auf Ersatz des Quotenschadens für die Dauer des Insolvenzverfahrens nicht von den Gläubigern geltend gemacht werden kann, hemmt die Verjährung nicht, da es insoweit nicht auf die Gläubiger, sondern auf die Person des Insolvenzverwalters ankommt.[513] Soweit § 199 BGB Anwendung findet (Anspruch auf Ersatz des Vertrauensschadens), kommt es für den Lauf der Verjährungsfrist neben der Anspruchsentstehung grundsätzlich auch darauf an, ob der Gläubiger von den den Anspruch begründenden Umständen und der Person des Schuldners Kenntnis erlangt oder ohne grobe Fahrlässigkeit erlangen musste. Den Gläubiger trifft keine Pflicht, den Inhalt der Insolvenzakte frühzeitig und umfassend auszuwerten, um möglichst früh die Verjährungsfrist in Gang zu setzen.[514]

146 **b)** *Die Haftung aus § 826 BGB.* UU haftet der Geschäftsführer in den Fällen einer verspäteten Antragstellung (auch) nach § 826 BGB. Der BGH hat Letzteres etwa in einem Fall angenommen, in dem der Geschädigte nicht in den (persönlichen) Schutzbereich des § 823 II BGB iVm § 15a I InsO einbezogen war (→ Rn. 96 ff.). Geschädigter war im konkreten Fall die Bundesagentur für Arbeit, die infolge von Lohnrückständen Insolvenzgeld an die Arbeitnehmer der insolventen Gesellschaft ausgezahlt hatte. Nach Ansicht des BGH haftet in einem solchen Fall der Geschäftsführer nach § 826 BGB grundsätzlich, wenn er den als unabwendbar erkannten Todeskampf der Gesellschaft (lange) hinauszögert und dadurch die Schädigung Dritter (hier Arbeitsamt/Bundesagentur für Arbeit) billigend in Kauf nimmt.[515] Demgegenüber hat das ArbG Offenbach jüngst angenommen, dass allein die bewusste bzw. verspätete Antragstellung nicht den Tatbestand des § 826 BGB erfülle. Vielmehr müssten – um eine Umgehung der Voraussetzungen des § 15a I InsO auszuschließen – zusätzlich weitere Umstände hinzutreten, aus denen sich das Vorliegen eines in besonderem Maße pflichtwidrigen Verhaltens ergibt.[516]

---

[509] Vgl. BGH ZIP 2011, 1007, 1009.
[510] So auch *MünchKommGmbHG/H. F. Müller*, § 64 Rn. 195.
[511] *Baumbach/Hueck/Haas*, § 64 GmbHG Rn. 164; *Ulmer/Casper*, § 64 GmbHG Rn. 154.
[512] *Baumbach/Hueck/Haas* § 64 GmbHG Rn. 140a; *Henssler/Strohn/Arnold*, § 64 Rn. 111; *Saenger/Inhester/Kolmann*, Vor § 64 GmbHG Rn. 250; aA *Ulmer/Casper*, § 64 GmbHG Rn. 154; *Scholz/K. Schmidt*, Anh § 64 GmbHG Rn. 77; s auch BGH, NZI 2009, 486 Rn. 20; ZIP 2010, 2107 Rn. 13 f.; DB 2012, 968 Rn. 22 (jeweils zu § 64 S. 1 GmbHG).
[513] BGH NZI 2004, 496, 497; BerlK/*Blersch/v Olshausen*, § 92 Rn. 8; Gläubigerschutz insoweit lediglich durch die Verwalterhaftung nach § 60 InsO, vgl. *Schmidt/Pohlmann*, § 92 Rn. 28 f.
[514] OLG Saarbrücken GmbHR 2008, 1036, 1038.
[515] BGH GmbHR 2010, 138; ZIP 2008, 361, 362; NJW 1989, 3277, 3278 f.; *Scholz/K. Schmidt*, Anh § 64 GmbHG Rn. 93; siehe in diesem Sinne auch LAG Rheinland-Pfalz NJW-RR 2002, 433 f.; BAG NZA 1999, 39, 42. Den Anspruch macht – weil es sich hierbei um einen Individualanspruch handelt – in der Insolvenz der Gesellschaft der Geschädigte, nicht aber der Insolvenzverwaltern nach § 92 InsO geltend.
[516] ArbG Offenbach ZIP 2002, 997, 998 f.; in diesem Sinne auch LG Stuttgart EWiR 2008, 615, 616.

Diese restriktive Haltung könnte man jedoch nur rechtfertigen, wenn § 823 II BGB **147** iVm § 15a I InsO abschließend wäre. Hierfür ist jedoch nichts erkennbar.[517] Vielmehr ergänzt § 826 BGB den allgemeinen zivilrechtlichen Vermögensschutz für den Sonderfall der vorsätzlichen Begehung und setzt insoweit haftungsbegrenzende Normen und Prinzipien außer Kraft.[518] Daher kann § 826 BGB auch neben § 823 II BGB iVm § 15a I InsO zur Anwendung gelangen.[519] Zu denken ist hier insbesondere an die Fälle der Schädigung vertraglicher Neugläubiger, in denen Letzteren in vorsätzlicher und sittenwidriger Weise kreditrelevante Informationen vorenthalten werden (→ Rn. 200). § 826 BGB kann aber auch anstelle der § 823 II BGB iVm § 15a I InsO eingreifen, wenn der Schutzbereich des § 15a I InsO nicht eröffnet ist. Ob allerdings § 826 BGB in Anspruchskonkurrenz zu § 823 II BGB iVm § 15a I InsO zugunsten von Altgläubigern in Betracht kommt, erscheint eher zweifelhaft.[520] Der Verstoß gegen die gute Sitten entfällt, wenn der Geschäftsführer den Antrag unterlassen hat, weil er die Krise nach den Umständen für überwindbar bzw. Sanierungsbemühungen als lohnend und berechtigt ansehen durfte. Die (substantiierte) Darlegungslast hierfür obliegt allerdings dem Geschäftsführer.[521] Der Anspruch entfällt mangels Schaden, wenn die Arbeitsagentur das Insolvenzgeld auch bei rechtzeitiger Insolvenzantragstellung hätte zahlen müssen.[522] Die Darlegungs- und Beweislast für den Kausalitätsnachweis trägt die Arbeitsagentur; denn weder besteht eine Vermutung für einen Schaden, wenn die GmbH nach Insolvenzreife noch Löhne und Gehälter gezahlt hat, noch besteht Anlass für Beweiserleichterungen.[523]

c) *Die Binnenhaftung der Organe nach allgemeinen Regeln.* aa) *Die Haftung des Geschäfts-* **148** *führers nach § 43 II GmbHG.* Überwiegender Ansicht nach haftet der Geschäftsführer nach § 43 II GmbHG auch gegenüber der Gesellschaft für den Schaden, der durch die pflichtwidrige und verspätete bzw. unterlassene Antragstellung entsteht.[524] Fraglich ist jedoch, worin der Schaden der Gesellschaft im Fall einer Insolvenzverschleppung besteht. Ob der Gesellschaft ein Schaden dadurch entsteht, dass infolge der Antragsverzögerung die Quote der Gläubiger beeinträchtigt wird, hat der BGH ausdrücklich offengelassen.[525] Dies ist aber letztlich abzulehnen;[526] denn § 43 II GmbHG verpflichtet den Geschäftsführer nicht dazu, für eine bestmögliche Quote der Gesellschaftsgläubiger in der Insolvenz zu sorgen, sondern verpflichtet ihn allein zu einem sorgsamen Umgang mit dem Gesellschaftsvermögen im Interesse der Gesellschaft.[527] Aus der Sicht der Gesellschaft dient ihr Vermögen aber nicht allein als Haftungsgrundlage. Vielmehr erfüllt es eine Doppelfunktion. Neben der Begleichung von Gesellschaftsschulden dient das Gesellschaftsvermögen als Reservoir zur Erzielung künftiger Einnahmen. Insbesondere diese letzte Funktion des Gesellschaftsvermögens kann es – anders als im Rahmen des § 15a I InsO, der eine Gläubigergleichbehandlung bezweckt – rechtfertigen, einen Gläubiger auf Kosten eines anderen zu bevorzugen. Nur soweit aber beide Funktionen beeinträchtigt sind, lässt sich von einem Gesellschaftsschaden sprechen. Keinen Gesell-

---

[517] *Moll/Langhoff* EWiR 2002, 623, 624; siehe aber auch KG OLG-Report 2001, 278 ff.
[518] *Staudinger/Oechsler,* § 826 BGB Rn. 145.
[519] Vgl. *Saenger/Inhester/Kolmann,* vor § 64 GmbHG Rn. 274.
[520] In diesem Sinne aber KG OLG-Report 2001, 278, 279.
[521] BGH ZIP 2008, 361, 362; OLG Koblenz ZIP 2007, 120, 121; OLG Saarbrücken ZIP 2007, 328, 329.
[522] BGH GmbHR 2010, 136 f.; ZIP 2008, 361, 362; OLG Saarbrücken ZIP 2007, 328, 329; LG Stuttgart EWiR 2008, 615, 616; aA OLG Koblenz ZIP 2007, 120, 121 f.
[523] BGH GmbHR 2010, 136 f.; OLG Saarbrücken ZIP 2007, 328, 329.
[524] Vgl. *Noack,* Rn. 332; *Baumbach/Hueck/Haas,* § 64 GmbHG Rn. 160; *Scholz/K. Schmidt,* Anh § 64 GmbHG Rn. 88; *Fleck* GmbHR 1974, 224, 232; *Lutter/Hommelhof/Kleindiek,* Anh § 64 GmbHG Rn. 62; *Haas* in Unternehmen in der Krise, S. 73, 88 f.
[525] Vgl. BGH NJW 1974, 1088, 1089.
[526] *Michalski/Haas/Ziemons,* § 43 GmbHG Rn. 212.
[527] *Saenger/Inhester/Kolmann,* vor § 64 GmbHG Rn. 273.

schaftsschaden iS des § 43 II GmbHG stellt jedenfalls die Belastung des Gesellschaftsvermögens mit Neuverbindlichkeiten aus gegenseitigen Verträgen bei Fortführung der Gesellschaft nach Eintritt der Insolvenz dar.[528]

149   Umstritten ist, inwieweit eine Haftung nach § 43 II GmbHG wegen verspäteter Antragstellung gegenüber der Gesellschaft entfällt, wenn die Gesellschafter dem Geschäftsführer eine entsprechende Weisung erteilt haben. Während der BGH die haftungsbefreiende Wirkung einer derartigen Gesellschafterweisung zunächst bejaht hat,[529] hat er die Frage in einer neueren Entscheidung ausdrücklich offen gelassen.[530] Die wohl überwiegende Ansicht geht zu Recht davon aus, dass die Gesellschafter über die Einhaltung der dem Geschäftsführer kraft Gesetzes obliegenden zwingenden Pflichten nicht disponieren können.[531]

150   bb) *Die Haftung der Aufsichtsratsmitglieder.* Die Aufsichtsratsmitglieder sind zwar nicht Adressaten der Antragspflicht. Das schließt aber nicht aus, dass diese wegen Verletzung ihrer Überwachungsaufgaben haften, wenn sie unter Verletzung ihrer Sorgfaltspflichten einen Pflichtenverstoß des Geschäftsführers oder Liquidators nicht unterbinden (§§ 52 GmbHG, 116, 111, 93 AktG).[532]

151   d) *Die Haftung bei Teilnahme an der Insolvenzverschleppung.* Aufgrund der deliktischen Natur der (Außen-)Haftung des Geschäftsführers bei Insolvenzverschleppung ist unter den Voraussetzungen des § 830 II BGB auch eine Teilnehmerhaftung von Nichtgeschäftsführern möglich.[533] Überwiegender Ansicht nach ist für die Anstiftung und Beihilfe grundsätzlich auf die Begriffsbestimmungen des Strafrechts zurückzugreifen. Voraussetzung für eine Haftung des Teilnehmers ist demnach ein doppelter Vorsatz (hinsichtlich der Haupttat und der Teilnahmehandlung) sowie eine vorsätzliche Haupttat.[534] Teilweise wird die Ansicht vertreten, dass nur eine schuldhafte, nicht aber eine vorsätzlich begangene Haupttat vorliegen müsse. Anderenfalls könnte sich etwa der „anstiftende Gesellschafter" darauf berufen, er habe den Geschäftsführer „hinters Licht geführt", ihn also zu einer fahrlässigen Insolvenzverschleppung veranlasst.[535] Der BGH folgt dieser Ansicht jedoch nicht.[536] Taugliche Teilnehmer an der Insolvenzverschleppung können sowohl Gesellschafter als auch Dritte, etwa eine an der Sanierung beteiligte Bank,[537] Steuerberater[538] oder Wirtschaftsprüfer, sein.

152   Als geeignete Teilnahmehandlungen kommt etwa die rechtswidrige Weisung der Gesellschafter an den Geschäftsführer in Betracht, den Insolvenzantrag trotz Insolvenzreife nicht zu stellen.[539] Als Teilnehmer gilt in einem solchen Fall jeder Gesellschafter, der an

---

[528] BGHZ 138, 211, 216 f. = ZIP 1998, 776.
[529] BGH NJW 1974, 1088, 1089.
[530] BGH DStR 1994, 1093, 1094.
[531] *Roth/Altmeppen,* Vorb § 64 GmbHG Rn. 51; *Baumbach/Hueck/Haas,* § 64 GmbHG Rn. 160; aA *Scholz/K. Schmidt,* Anh § 64 GmbHG Rn. 88.
[532] BGH NZG 2009, 550, 551; *Baumbach/Hueck/Haas,* § 64 GmbHG Rn. 174 d ff.; *Scholz/K. Schmidt,* Anh § 64 GmbHG Rn. 24; siehe auch OLG Brandenburg GmbHR 2009, 657, 659 f.; allgemein *Hasselbach* NZG 2012, 41.
[533] Vgl. KG NZG 1999, 23, 24; *Uhlenbruck* DStR 1991, 351, 352; *Scholz/K. Schmidt,* Anh § 64 GmbHG Rn. 78; *Roth/Altmeppen,* Vorb § 64 GmbHG Rn. 141 f.; *Neuhoff* NJW 1998, 3225, 3227.
[534] Vgl. Staudinger/*Eberl-Borges,* § 830 BGB Rn. 31; MüKoBGB/*Wagner,* § 830 Rn. 27 ff.; *Baumbach/Hueck/Haas,* § 64 GmbHG Rn. 164; *Roth/Altmeppen,* Vorb § 64 GmbHG Rn. 141.
[535] *K. Schmidt* ZIP 1988, 1497, 1501; ders. ZIP 1980, 328, 329; *Scholz/K. Schmidt,* Anh § 64 GmbHG Rn. 79; *Ehricke* ZGR 2000, 351, 358 ff.; vgl. ausführlich zum Streitstand Staudinger/*Eberl-Borges,* § 830 BGB Rn. 31 ff.
[536] BGH DStR 2005, 1743, 1744.
[537] Vgl. *Neuhoff* NJW 1998, 3225, 3227.
[538] Vgl. *Römermann* GWR 2012, 293.
[539] Vgl. MüKoBGB/*Wagner,* § 830 Rn. 13; *Scholz/K. Schmidt,* Anh § 64 GmbHG Rn. 78; *Uhlenbruck* DStR 1991, 351, 352; vgl. in diesem Sinne auch öOGH ZIP 1993, 1871, 1873 f.

dem Zustandekommen des rechtswidrigen Beschlusses durch sein rechtswidriges Stimmverhalten mitgewirkt hat und zwar unabhängig davon, welche Gesellschaftsbeteiligung er hält.[540] Als geeignete Teilnahmehandlung eines Gesellschafters an der Insolvenzverschleppung hat der BGH auch das Einlösen von Schecks in der Krisensituation angesehen.[541] Dagegen kommt etwa eine Teilnahme der Gesellschafter an der Insolvenzverschleppung durch Unterlassen nicht in Betracht;[542] denn die Gesellschafterversammlung als oberstes Organ der Gesellschaft ist zwar berechtigt (vgl. § 46 Nr. 6 GmbHG), nicht aber verpflichtet, von ihrem Kontroll- und Überwachungsrecht gegenüber der Geschäftsführung Gebrauch zu machen.[543] Darüber hinaus obliegt den Gesellschaftern hinsichtlich der Verhältnisse der Gesellschaft keine wirtschaftliche Selbstprüfungspflicht. Daneben kommt auch eine fehlerhafte Beratung durch einen Sachverständigen (etwa Steuerberater, Rechtsanwalt oder Wirtschaftsprüfer) als Teilnahmehandlung in Betracht.[544] Eine Bank ist im Rahmen üblicher Geschäftsbeziehungen nicht verpflichtet, von sich aus den Kunden über eine von ihr entdeckte materielle Insolvenz aufzuklären.[545] Steuerberater trifft eine Aufklärungspflicht aufgrund vertraglicher Nebenverpflichtung nur in besonderen Ausnahmefällen.[546]

e) *Regress des Geschäftsführers.* Hat der Geschäftsführer zur Prüfung der Insolvenzreife **153** externen Rat eingeholt, so entgeht er einer Haftung wegen Insolvenzverschleppung und Verletzung des Zahlungsverbotes aus § 64 S. 1 GmbHG nur dann, wenn er bei der Einschaltung des sachverständigen Dritten einer ganzen Reihe von Anforderungen gerecht wird[547] (ausführlich → Rn. 94 f.). Sind diese Anforderungen nicht erfüllt, haftet der Geschäftsführer zwar zunächst selbst, hat aber möglicherweise vertragliche Regressansprüche gegen den eingeschalteten Berater, sofern dessen Beratung fehlerhaft war.[548] Zwar schließt der Geschäftsführer typischerweise einen solchen Beratungsvertrag nicht im eigenen Namen ab. Mandatiert aber die Gesellschaft zur Prüfung ihrer Insolvenzreife einen sachverständigen Berater, so werden ihre Geschäftsführer und Gesellschafter nach der Rechtsprechung des BGH in den Schutzbereich dieses Beratungsvertrages mit einbezogen.[549] Die Ersatzpflicht greift allerdings erst ab dem Zeitpunkt, zu dem der Berater vertragsgemäß das Ergebnis seines Gutachtens vorzulegen hatte.[550] Weiterhin ist gemäß § 254 BGB ein Mitverschulden des Geschäftsführers – beispielsweise wegen Zurückhaltens wesentlicher Information oder Akten – zu berücksichtigen.[551] Die drittschützenden Pflichten aus einem solchen Vertrag können auch nicht weiter reichen als die dem Berater gegenüber seiner eigentlichen Vertragspartei obliegenden Warn- und Hinweispflichten.[552]

5. Folgen bei „verfrühter" Antragstellung. a) *Haftung gegenüber der Gesellschaft.* **154** Für das bisherige Recht wurde überwiegend die Ansicht vertreten, dass der Geschäftsführer nach § 43 II GmbHG gegenüber der Gesellschaft schadensersatzpflichtig ist,

---

[540] Vgl. öOGH ZIP 1993, 1871, 1873f.
[541] BGH ZIP 1995, 124, 126.
[542] *Roth/Altmeppen*, Vorb § 64 GmbHG Rn. 141.
[543] Vgl. *Rowedder/Koppensteiner/Gruber*, § 46 GmbHG Rn. 34; *Meyer-Landrut/Miller/Niehus*, § 46 GmbHG Rn. 33.
[544] Vgl. *Römermann* GWR 2012, 293.
[545] Vgl. *Saenger/Inhester/Kolmann*, vor § 64 GmbHG Rn. 264; zur so genannten „*lender's liability*" vgl. *Hoffmann* WM 2012, 10 ff.
[546] BGH NZI 2013, 438; ZIP 2012, 1353, 1356 ff.; GmbHR 2014, 375; vgl. auch oben Rn. 93 ff.
[547] Überblick bei *H. F. Müller* NZG 2012, 981.
[548] Vgl. zum Ganzen *Kayser* ZIP 2014, 597.
[549] BGH ZIP 2012, 1353.
[550] BGH ZIP 2012, 1353, 1359.
[551] BGH ZIP 2012, 1353, 1357.
[552] BGH GmbHR 2013, 543, 547; siehe hierzu auch *Römermann* GmbHR 2013, 513.

§ 92 155, 156 Kapitel VII. Besonderheiten der Gesellschaftsinsolvenz

wenn er den Antrag auf Einleitung des Insolvenzverfahrens „verfrüht" stellt.[553] In Betracht kommen für eine „verfrühte Antragstellung" zwei Fallkonstellationen: Zum einen, wenn der Geschäftsführer der insolventen Gesellschaft den Antrag stellt, ohne außergerichtliche Möglichkeiten der Sanierung ausreichend geprüft zu haben, oder aber wenn er einen „Panikantrag" stellt, dh einen Antrag zu einem Zeitpunkt, in dem die Gesellschaft weder überschuldet noch zahlungsunfähig ist.

155 Ob die Stellung des Antrags im Stadium der Überschuldung bzw. Zahlungsunfähigkeit ohne ausreichende Prüfung von Sanierungsmöglichkeiten nach Inkrafttreten der InsO zu einer haftungsrechtlichen Verantwortlichkeit des Geschäftsführers führt, ist fraglich. Die InsO sieht nämlich neben der außergerichtlichen Sanierung auch ein gerichtliches Sanierungsverfahren, den Insolvenzplan (§§ 217 ff. InsO), vor. Zur Vorlage eines Insolvenzplans ist ua auch die GmbH befugt (§ 218 I InsO), die insoweit von ihren Geschäftsführern vertreten wird. Man wird dem Geschäftsführer schwerlich die unterlassene Prüfung außergerichtlicher Sanierungsmöglichkeiten (innerhalb der Dreiwochenfrist)[554] zum Vorwurf machen können, wenn die Prüfung der Sanierungschance im eröffneten Verfahren grundsätzlich nachgeholt werden kann und zudem der Gesetzgeber das gerichtliche Verfahren gegenüber der freien Sanierung mit zahlreichen Vorteilen[555] ausgestattet hat. Daher ist heutzutage die Einbeziehung des möglichen Insolvenzverfahrens in die Sanierungsstrategie unumgänglich. In diesem Sinne kann in manchen Konstellationen die frühzeitige Einleitung eines Insolvenzverfahrens durchaus wirtschaftlich geboten sein.[556] Andererseits ist freilich zu berücksichtigen, dass auf Grund der Antragstellung außerhalb des Anwendungsbereichs der §§ 270a, 270b, 23 InsO schon im Eröffnungsverfahren Sicherungsmaßnahmen ergehen können (§ 21 InsO), von denen eine wirtschaftlich unerwünschte Publizität und damit auch eine Gefährdung möglicher Sanierungen ausgehen kann.

156 Ob der Geschäftsführer haftungsrechtlich verantwortlich ist, wenn er vor Eintritt der Überschuldung bzw. Zahlungsunfähigkeit gegen den Willen der Gesellschaftermehrheit den Insolvenzantrag stellt, ist insbesondere im Hinblick auf § 18 InsO fraglich. § 18 InsO hat den neuen Insolvenzgrund der drohenden Zahlungsunfähigkeit eingeführt, der seiner gesetzgeberischen Konzeption nach der Überschuldung und der Zahlungsunfähigkeit (zumindest teilweise) zeitlich vorgelagert sein soll. Nach § 18 III InsO sind alle Mitglieder des Vertretungsorgans bzw. jede zur Vertretung berechtigte Person antragsbefugt. § 18 III InsO regelt lediglich die Antragsberechtigung. Eine korrespondierende Pflicht, den Antrag zu stellen, besteht dagegen nicht.[557] Offen ist, ob gegenüber der Gesellschaft nach § 43 I GmbHG eine Pflicht besteht, unter bestimmten Voraussetzungen einen Antrag zu unterlassen. Über die Frage, ob und wie die Gesellschaft im Vorfeld von Zahlungsunfähigkeit bzw. Überschuldung zu sanieren ist, hat nach dem gesetzlichen Leitbild die Gesellschafterversammlung zu entscheiden. Dies kommt zum einen in dem Aufgabenkatalog des § 46 GmbHG zum Ausdruck, wonach der Gesellschafterversammlung[558] die originäre Zuständigkeit für die bedeutenden Fragen zukommt. Für dieses Ergebnis spricht zum anderen auch § 49 III GmbHG. Danach hat der Geschäftsführer (spätestens)[559] bei Verlust der Hälfte des Stammkapitals die Pflicht, die Gesell-

---

[553] Vgl. *K. Schmidt* ZIP 1980, 328, 330; *Budde* WuB II C § 64 GmbHG 1.97; *Uhlenbruck* WiB 1996, 409, 413; siehe auch Uhlenbruck/Hirte/Vallender/*Hirte*, § 11 Rn. 68; *Lutter/Hommelhoff/Kleindiek*, Vorb § 64 GmbHG Rn. 71.
[554] → Rn. 82 ff.
[555] Vgl. hierzu *Uhlenbruck* GmbHR 1995, 81, 86 f.; *Buchalik* NZI 2000, 294, 295.
[556] Siehe hierzu *Ehlers* BB 2013, 1539.
[557] Vgl. *Uhlenbruck* GmbHR 1995, 81, 86; zum Kalkül des Schuldners für einen solchen Eigenantrag, Braun/*Uhlenbruck*, Unternehmensinsolvenz, S. 170 ff.; *Uhlenbruck* GmbHR 1995, 81, 86 f.
[558] Richtiger Weise mit der für einen Auflösungsbeschluss erforderlichen Mehrheit.
[559] Vgl. *Baumbach/Hueck/Zöllner*, § 49 GmbHG Rn. 14 ff.

schafterversammlung einzuberufen. Sinn und Zweck der Vorschrift ist es, das Krisensignal an die Gesellschafterversammlung weiterzugeben und dieser Gelegenheit zu geben, über mögliche Sanierungskonzepte, die der Geschäftsführer nach § 43 I GmbHG zu erarbeiten und vorzuschlagen hat,[560] zu beschließen.[561] Die Antragsbefugnis nach § 18 III InsO will schwerlich von diesem Kompetenzmodell des GmbHG abweichen. Daher handelt der Geschäftsführer pflichtwidrig, wenn er – ohne die Gesellschafter anzuhören oder entgegen ihrer Weisung – den Antrag nach § 18 III InsO stellt.[562] Für den Geschäftsführer der Komplementär-GmbH einer GmbH & Co. KG gilt bei verfrühter Antragstellung für die KG das Gleiche, da die KG in diesen Konstellationen in den Schutzbereich des Organverhältnisses[563] einbezogen ist.[564]

Insoweit besteht ein Dilemma für den Geschäftsführer aufgrund des Umstands, dass aus Sicht des Unternehmens, um dadurch die Erfolgsaussichten einer Sanierung zu erhöhen, eine frühzeitige Nutzung des insolvenzrechtlichen Sanierungsbaukastens angezeigt und wünschenswert wäre (vgl. § 270b InsO). Dieses Dilemma könnte dazu führen, dass ein aus Unternehmenssicht sinnvoller Sanierungsschritt wegen persönlicher Haftungsrisiken für den antragstellenden Geschäftsführer, der nicht die Unterstützung der erforderlichen Gesellschaftermehrheit hat, unterbleibt.

Bei dieser Diskussion[565] sollte allerdings aus praktischer Sicht nicht vernachlässigt werden, dass bei Vorliegen einer drohenden Zahlungsunfähigkeit regelmäßig auch eine positive Fortführungsprognose im Sinne von § 19 II 1 InsO[566] entfällt, sich also beim Ansatz von Liquidationswerten[567] in einem Überschuldungsstatus eine Vermögensunterdeckung (sog. rechnerische Überschuldung) häufig nicht ausschließen lässt.

b) *Haftung gegenüber den Gesellschaftern*. Eine Haftung der Geschäftsführer unter dem Gesichtspunkt der „verfrühten Antragstellung" kommt nach § 43 II GmbHG[568] sowie uU nach § 823 I BGB in Betracht, wenn man die Mitgliedschaft – so wie es der BGH befürwortet[569] – iS einer Einheit oder einer Gesamtheit von Rechten und Pflichten als absolut geschütztes Recht ansieht. Umstritten ist jedoch, welche Qualität der Eingriff in die Mitgliedschaft aufweisen muss, um die Haftung auszulösen.[570] Unstreitig ist die Mitgliedschaft gegen Eingriffe geschützt, die sich unmittelbar gegen den Bestand derselben richten bzw. einen Entzug der mit der Mitgliedschaft verbundenen Organschaftsrechte darstellen.[571] Unklar ist hingegen, ob die Mitgliedschaft auch vor einer bloßen Minderung ihres wirtschaftlichen Wertes bzw. der Ertragskraft der Gesellschaft geschützt ist.[572] Aufgrund der mit dem Insolvenzverfahren einhergehenden Eingriffe in die Organisationsstruktur der Gesellschaft und der Stellung der Gesellschafter wird man in einer verfrühten Antragstellung wohl einen relevanten Eingriff in das Mitgliedschaftsrecht

---

[560] Vgl. *Uhlenbruck* GmbHR 1995, 81, 86.
[561] Vgl. *Scholz/K. Schmidt/Seibt*, § 49 GmbHG Rn. 20f.; *Martens* ZGR 1972, 254, 271.
[562] OLG München NZI 2013, 542, 545; *Wertenbruch* DB 2013, 1592, 1593; *Baumbach/Hueck/Haas*, § 60 GmbHG Rn. 29; *ders.* DStR 1998, 1359, 1363; *Leinekugel/Skauradszun* GmbHR 2011, 1121.
[563] BGH ZIP 2002, 984.
[564] OLG München NZI 2013, 542, 543.
[565] Vgl. etwa *Saenger/Al-Wraikat*, NZG 2013, 1201; *Geißler* ZInsO 2013, 919; *Hölzle* ZIP 2013, 1846; *Meyer-Löwy/Pickerill* GmbHR 2013, 1065.
[566] Zu den Anforderungen *Rowedder/Chr. Schmidt-Leithoff/Baumert*, vor § 64 GmbHG Rn. 119ff.; *Saenger/Inhester/Kolmann*, vor § 64 GmbHG Rn. 33ff.
[567] *Saenger/Inhester/Kolmann*, vor § 64 GmbHG Rn. 51; *Scholz/Bitter*, vor § 64 GmbHG Rn. 31; *Eckert/Happe*, ZInsO 2008, 1098.
[568] OLG München NZI 2013, 542.
[569] BGHZ 110, 323, 327; OLG München ZIP 1990, 1552, 1553.
[570] Vgl. *Habersack*, Die Mitgliedschaft – subjektives und sonstiges Recht, S. 117ff.
[571] Vgl. *K. Schmidt* JZ 1991, 157, 159; *Staudinger/Hager*, § 823 BGB Rn. B 142.
[572] In diesem Sinn etwa OLG München NJW-RR 1991, 928, 929; aA RGZ 158, 248, 255; *Staudinger/Hager*, § 823 BGB Rn. B 143.

sehen müssen. Umstritten ist ebenfalls, ob die deliktische Haftung wegen Verletzung der Mitgliedschaft durch das „Innenrecht" der Gesellschaft beschränkt ist. Nach Auffassung der Rechtsprechung jedenfalls kann die Mitgliedschaft auch durch Gesellschaftsorgane, mithin auch durch die Geschäftsführer beeinträchtigt werden.[573] Für die Liquidation des Schadens → Rn. 532ff., 536.

160 c) *Sonstige Folgen.* Die „verfrühte Antragstellung" stellt mglw eine schwere Pflichtverletzung dar, die zur (fristlosen) Kündigung des Anstellungsverhältnisses berechtigen kann. Unabhängig davon kann der Geschäftsführer von seiner Organstellung nach § 38 GmbHG abberufen werden.

VI. Stellung und Pflichten des Geschäftsführers bis zur Verfahrenseröffnung

161 **1. Die Stellung des Geschäftsführers. a)** *Abberufung.* Der Geschäftsführer kann auch nach Eintritt der materiellen Insolvenz bzw. nach Stellung des Antrags auf Einleitung des Insolvenzverfahrens vom zuständigen Gesellschaftsorgan jederzeit[574] abberufen werden (§ 38 GmbHG).[575] Der Abberufungsbeschluss des hierfür zuständigen Organs wird erst dann wirksam, wenn der Beschluss dem Geschäftsführer mitgeteilt wird.[576] Die Abberufung beseitigt jedoch nicht die Wirksamkeit seines bereits gestellten Eröffnungsantrags (zur Rücknahmeberechtigung der verbleibenden Geschäftsführer → Rn. 61ff.).[577] § 276a InsO, wonach die Abberufung eines eigenverwaltenden Geschäftsführungsorgans im eröffneten Insolvenzverfahren der Zustimmung des Sachwalters bedarf, findet in einer vorläufigen Eigenverwaltung (§§ 270a, 270b InsO) keine (entsprechende) Anwendung. Es besteht hierfür ungeachtet des grammatikalischen Arguments, dass die Vorschrift von der Verweisung in § 270a I 2 InsO ausgenommen ist, weder ein praktisches Bedürfnis, weil das Insolvenzgericht Auswirkungen einer Veränderung in der Geschäftsleitung zum Nachteil der Gläubigerinteressen jederzeit bei seiner Prognoseentscheidung über die Erfolgsaussichten einer künftigen Eigenverwaltung berücksichtigen kann und muss; noch lässt sich die Interessenlage vergleichen. Es fehlt in diesem Stadium mangels einer Entscheidung über das Vorliegen eines Eröffnungsgrundes an einer Grundlage und haftungsrechtlichen Zuweisung des Vermögens, um in die Gesellschafterrechte zum Schutz der Gläubiger einzugreifen.[578]

162 **b)** *Amtsniederlegung.* **aa)** *Grundsatz.* Auch der Geschäftsführer kann grundsätzlich unter den gesellschaftsrechtlichen Voraussetzungen von seinem Amt jederzeit und fristlos zurücktreten.[579] Dies gilt auch und erst recht für den Gesellschafter-Geschäftsführer

---

[573] BGHZ 110, 323, 334f.; *Michalski/Haas/Ziemons*, § 43 GmbHG Rn. 274ff.; MüKoBGB/*Wagner*, § 823 Rn. 171; aA *K. Schmidt*, Gesellschaftsrecht, § 21 V 4.
[574] Vgl. *Münch* DStR 1993, 916f. Anders freilich, wenn der Gesellschaftsvertrag die Abberufung nur unter qualifizierten Voraussetzungen zulässt, vgl. hierzu OLG Zweibrücken NZG 1998, 385; *Lutter/Hommelhoff/Kleindiek*, § 38 GmbHG Rn. 7ff.; *Münch* DStR 1993, 916, 917. Ob und inwieweit die Abberufungsfreiheit nach § 38 GmbHG unter dem Gesichtspunkt der Treuepflicht bei einem Gesellschaftergeschäftsführer einzuschränken ist, siehe OLG Zweibrücken NZG 2003, 931, 932; NZG 1998, 385, 386; *Baumbach/Hueck/Zöllner/Noack*, § 38 GmbHG Rn. 20; *Scholz/Schneider*, § 38 GmbHG Rn. 18.
[575] Vgl. *Uhlenbruck* WiB 1996, 409, 141; *Henssler*, Kölner Schrift, S. 990 Rn. 5; *Grüneberg*, Die Rechtspositionen, S. 45f.
[576] LG Dortmund NZG 1998, 390, 391 *(Michalski)*.
[577] HK/*Kirchhof*, § 15 Rn. 15; MüKoInsO/*Schmahl*, § 15 Rn. 15.
[578] *Hofmann*, HRI, § 6 Rn. 33; *ders.*, Eigenverwaltung, Rn. 353f.: Braun/*Rigger*, § 27a Rn. 2; KPB/*Pape*, § 276a Rn. 6; FK/*Fiebig*, § 27a Rn. 4; *Desch* BB 2011, 841, 845; *Zipperer* ZIP 2012, 1492, 1493; *Klöhn* NZG 2013, 81, 84; aA *Brinkmann* DB 2012, 1369 Fn. 50; *Ströhmann/Längsfeld* NZI 2013, 271, 273f.
[579] Zu unterscheiden sind insoweit zwei Fragen (vgl. *Roth/Altmeppen*, § 38 GmbHG Rn. 75; *Eckert* KTS 1990, 33, 23), nämlich ob die Amtsniederlegung wirksam ist und ob sie intern zulässig ist. Im Interesse der Rechtssicherheit ist die Amtsniederlegung nach außen überwiegender Ansicht nach grund-

einer Ein-Mann-GmbH.[580] Die Erklärung, mit der der Geschäftsführer sein Amt niederlegt, wird grundsätzlich erst wirksam, wenn sie dem für die Bestellung bzw. Abberufung zuständigen Organ zugeht.[581] In der Regel ist dies die Gesellschafterversammlung. Ob die Erklärung gegenüber einem Gesellschafter ausreicht, ist umstritten. Der BGH jedenfalls hat entschieden, dass die Abgabe der Willenserklärung gegenüber einem Gesellschafter auch dann genügt, wenn eine Benachrichtigung der übrigen Gesellschafter unterbleibt.[582] Die Erklärung der Amtsniederlegung gegenüber den Mitgeschäftsführern reicht demgegenüber nicht.[583]

bb) *Beschränkungen in der Krise.* Ob der Geschäftsführer sein Amt auch in der Gesellschaftskrise jederzeit niederlegen kann, ist umstritten.[584] Die wohl überwiegende Meinung in der Literatur war bislang der Ansicht, dass eine Amtsniederlegung in der Krise missbräuchlich und daher unwirksam sei, weil sie „zur Unzeit" erfolge. Dies sollte zumindest dann gelten, wenn die Gesellschaft dadurch geschäftsführerlos wird[585] oder wenn der Geschäftsführer sein Amt niederlegt, um sich seiner verfahrensrechtlichen Pflichten zu entziehen.[586] Darüber hinaus sollte ein Fall des Missbrauchs auch dann vorliegen, wenn der Geschäftsführer einer Ein-Mann-Gesellschaft sein Amt niederlegt und die Gesellschaft dadurch handlungsunfähig wird.[587] Hintergrund dieser Missbilligung der Amtsniederlegung war, dass sich der Geschäftsführer nicht durch Hintanstellung der Interessen anderer Beteiligter der freiwillig übernommenen Verantwortung für die Gesellschaft und aller weiterer Pflichten, die das Gesetz gerade an wirtschaftlich schwere Zeiten der Gesellschaft geknüpft hat, entledigen können sollte.[588] Die Frage freilich, was im Einzelfall eine „Unzeit" oder einen „Rechtsmissbrauch" darstellt, war und ist nicht leicht zu beantworten und steht bzw. stand in einem gewissen Spannungsverhältnis zu dem Erfordernis der Rechtssicherheit.

Die vorstehende Ansicht wird man nach Inkrafttreten der Regelungen im Zusammenhang mit den Vorschriften zur Führungslosigkeit der Gesellschaft (zB §§ 35 I GmbHG, 10, 15 I, 15a III InsO) nicht mehr vertreten können; denn danach setzt die

---

sätzlich wirksam; BGH NJW 1993, 1198, 1199 = GmbHR 1993, 216 (offen gelassen aber für den Fall, dass der Geschäftsführer von der Gesellschafterversammlung nur bei Vorliegen wichtiger Gründe fristlos abberufen werden kann); OLG Naumburg GmbHR 2001, 569 ff.; OLG Frankfurt GmbHR 1993, 738; *Lutter/Hommelhoff/Kleindiek,* § 38 GmbHG Rn. 41; *Wachter* GmbHR 2001, 1129, 1130; *Eckert* KTS 1990, 33, 35 f.; anders noch die alte Rechtsprechung, vgl. etwa BayObLG DB 1981, 2219 f. Ob die Amtsniederlegung gesellschaftsintern zulässig ist, richtet sich danach, inwieweit der Geschäftsführer sich auf einen wichtigen Grund berufen kann, *Rowedder/Koppensteiner/Gruber,* § 38 GmbHG Rn. 33 f.

[580] Uhlenbruck/Hirte/Vallender/*Hirte,* § 11 Rn. 119; *Lutter/Hommelhoff/Kleindiek,* § 38 GmbHG Rn. 42; *Wachter* GmbHR 2001, 1129, 1132 f.

[581] *Lutter/Hommelhoff/Kleindiek,* § 38 GmbHG Rn. 47; *Schuhmann* NZG 2002, 706, 707; für eine konkludente Amtsniederlegung durch „Abtauchen", *Passarge* GmbHR 2010, 295, 298.

[582] BGH NZG 2002, 43, 44; *Lutter/Hommelhoff/Kleindiek,* § 38 GmbHG Rn. 47.

[583] OLG Düsseldorf NZG 2005, 632, 633.

[584] Siehe hierzu *H. F. Müller,* Der Verband in der Insolvenz, S. 129 ff.

[585] Vgl. OLG Koblenz GmbHR 1995, 731; LG Memmingen NZG 2004, 828 f. (unter der Einschränkung, dass die verbleibenden „willigen" Gesellschafter nicht über einen hinreichenden Einfluss verfügen, um einen neuen Geschäftsführer zu bestellen); AG Magdeburg ZInsO 1998, 43; *Lutter/Hommelhoff/Kleindiek,* § 38 GmbHG Rn. 44; *Trölitzsch* GmbHR 1995, 857, 859 f.; *Münch* DStR 1993, 916, 918 f.; zu Recht aA *Rowedder/Chr. Schmidt-Leithoff/Baumert,* Vor § 64 GmbHG Rn. 80; *Wachter* GmbHR 2001, 1129, 1132 f.; *Stobbe,* Die Durchsetzung gesellschaftsrechtlicher Ansprüche der GmbH in Insolvenz und masseloser Insolvenz, Rn. 383 f.

[586] *Uhlenbruck* NZI 2002, 401, 403.

[587] BayObLG NZG 1999, 1003; OLG Düsseldorf DStR 2001, 454 *(Haas); Trölitzsch* GmbHR 1995, 857, 860; *Stobbe,* Die Durchsetzung gesellschaftsrechtlicher Ansprüche der GmbH in Insolvenz und masseloser Insolvenz, Rn. 373 ff.; offen gelassen in BGHZ 121, 257, 262; vgl. auch LG Koblenz ZIP 1999, 892; aA *Wachter* GmbHR 2001, 1129, 1132 f.; *Roth/Altmeppen,* § 38 GmbHG Rn. 77 f.

[588] *Lutter/Hommelhoff/Kleindiek,* § 38 GmbHG Rn. 42 ff.

Führungslosigkeit ja voraus, dass die Amtsniederlegung (bzw. Abberufung) auch des letzten Geschäftsführers grundsätzlich wirksam ist. Auch schon vor Inkrafttreten des MoMiG war jedoch eine fristlose Amtsniederlegung – zumindest – bei Vorliegen eines wichtigen Grundes zulässig (siehe 3. Auflage 2006, Rn. 136 ff.).[589]

165 In keinem Fall kann sich der Geschäftsführer durch Abberufung oder Amtsniederlegung der Verantwortung für bereits begangene Pflichtverletzungen entziehen. Für die Zukunft aber ist er, weil er seine Organstellung eingebüßt hat, von der Wahrnehmung der unternehmerischen Pflichten,[590] teilweise auch von den verfahrensrechtlichen Pflichten im Insolvenzeröffnungs-[591] bzw. im eröffneten Verfahren[592] entbunden. Inwieweit dem „Nichtmehr-Geschäftsführer" die Pflicht obliegt, auf die verbleibenden Geschäftsführer einzuwirken, → Rn. 76. Die Amtsniederlegung zur Unzeit kann schließlich auch Schadensersatzansprüche der Gesellschaft gegen den Geschäftsführer auslösen.[593]

166 c) *Vergütung.* Bei wesentlicher Verschlechterung der wirtschaftlichen Verhältnisse der Gesellschaft ist der Geschäftsführer auf Grund der von ihm geschuldeten Treuepflicht gehalten, einer Herabsetzung seiner Bezüge zuzustimmen.[594] Das GmbHG sieht zwar anders als § 87 II AktG eine ausdrückliche Herabsetzung der Geschäftsleiterbezüge nicht vor. Für Geschäftsführer gilt der Rechtsgedanke aber entsprechend und zwar unabhängig davon, ob und in welchem Umfang sie an der Gesellschaft beteiligt sind.[595]

167 **2. Die unternehmerischen Pflichten des Geschäftsführers.** Neben die normalen Pflichten, die mit der Stellung als Geschäftsführer vor bzw. im Krisenvorfeld verbunden (§ 43 I, III GmbHG) sind, treten mit Eintritt der wirtschaftlichen Krise eine Reihe weiterer:

168 a) *Vermögenserhaltungspflicht gegenüber der Gläubigergesamtheit (§ 64 S. 1 GmbHG).* Mit Eintritt der Zahlungsunfähigkeit und Überschuldung (also ggf. noch vor Ablauf der Drei-Wochen-Frist des § 15a InsO und auch noch nach Stellung des Insolvenzantrags) wird die Sorgfaltspflicht des § 43 I GmbHG im Umgang mit dem Gesellschaftsvermögen durch § 64 S. 1 GmbHG überlagert.

169 aa) *Rechtsnatur des Anspruchs.* Obwohl der Anspruch nach § 64 S. 1 GmbHG dem Wortlaut nach der Gesellschaft zusteht, dient er dem Interesse der Gläubigergesamtheit; denn die Befriedigung einzelner Gläubiger aus dem Gesellschaftsvermögen benachteiligt nicht die Gesellschaft selbst, da Letztere in aller Regel infolge der Leistung von einer Verbindlichkeit befreit wird. Benachteiligt wird durch die Zahlung allein die Gläubigergesamtheit, da die dieser zur Verfügung stehende Haftungsmasse durch eine derartige Leistung grundsätzlich verkürzt wird.[596] Wie dieses Auseinanderfallen von Anspruchsinhaber und geschütztem Interesse dogmatisch zu deuten ist, ist umstritten.[597] Teilweise wird § 64 S. 1 GmbHG als ein (gesetzlich geregelter) Fall der Drittschadensliquidation

---

[589] Vgl. *Lutter/Hommelhoff/Kleindiek,* § 38 GmbHG Rn. 44; *Rowedder/Koppensteiner/Gruber,* § 38 Rn. 33; *Scholz/Schneider,* § 38 GmbHG Rn. 85; *Henssler,* Kölner Schrift, S. 990 Rn. 5; *H. F. Müller,* Der Verband in der Insolvenz, S. 130; aA OLG Hamm OLGZ 1988, 411, 415 ff.
[590] → Rn. 167 ff.
[591] → Rn. 229 ff.
[592] → Rn. 308 ff.
[593] *Michalski/Haas/Ziemons,* § 43 GmbHG Rn. 95; *Uhlenbruck* NZI 2002, 401, 403.
[594] BGH BB 1992, 1583, 1585; *Bauder* BB 1993, 369 ff.
[595] BGH BB 1992, 1583, 1585; OLG Düsseldorf ZIP 2012, 430; *Undritz/Röger* InsVZ 2010, 123, 126 ff.; *Lutter/Hommelhoff/Kleindiek,* Anh § 6 GmbHG Rn. 34a; *Baumbach/Hueck/Zöllner/Noack,* § 35 GmbHG Rn. 187.
[596] Vgl. BGH DStR 2000, 210; NJW 1974, 1088, 1089; OLG Köln ZIP 1995, 1418, 1419; *Baumbach/Hueck/Haas,* § 64 Rn. 5; *K. Schmidt* JZ 1978, 661, 662; *Uhlenbruck* WiB 1996, 466, 467; aA *Müller* GmbHR 1996, 393, 396.
[597] Siehe *Goette* ZInsO 2005, 2 ff.; *Haas* NZG 2004, 737 ff.; *Baumbach/Hueck/Haas,* § 64 Rn. 7.

zugunsten der Gläubigergesamtheit angesehen.[598] Die Rechtsprechung ordnet demgegenüber den Anspruch aus § 64 S. 1 GmbHG als „Ersatzforderung eigener Art" ein, die unabhängig von den sonstigen Rechten des Insolvenzverwalters geltend gemacht werden kann und auf Wiederauffüllung der Masse gerichtet ist.[599] Der Anspruch dient dazu – so die Rechtsprechung –, die Voraussetzungen dafür zu schaffen, dass nach Eröffnung des Insolvenzverfahrens alle Gesellschaftsgläubiger gleichmäßig und entsprechend ihrem Rang befriedigt werden.[600] Die unterschiedlichen Ansichten wirken sich sowohl auf den Tatbestand als auch auf die Geltendmachung des Anspruchs aus.

Der Ansicht der Rechtsprechung ist zuzustimmen; denn die Deutung des § 64 S. 1 GmbHG als Schadensersatzanspruch ist zum einen nicht weiterführend und zum anderen birgt sie die Gefahr, dass aus Begrifflichkeiten Folgerungen gezogen werden, die mit dem Gesetzeswortlaut nicht zu vereinbaren sind und obendrein zu systematisch fragwürdigen und praktisch unangemessenen Ergebnissen führen.[601] Darüber hinaus werden durch eine schadensersatzrechtliche Einordnung des Anspruchs insolvenzrechtliche Zusammenhänge (insbesondere mit dem Anfechtungsrecht) verdeckt und die Geltendmachung des Anspruchs unnötig erschwert.[602] Aufgrund seiner Rechtsnatur kommt dem Anspruch aus § 64 S. 1 GmbHG gegenüber dem Schadensersatzanspruch aus § 823 II BGB iVm § 15a I InsO selbstständige Bedeutung zu.[603]

bb) *Zeitlicher Anwendungsbereich.* Der Geschäftsführer ist der Gesellschaft nach § 64 S. 1 GmbHG zum Ersatz von Zahlungen verpflichtet, die nach Eintritt der Zahlungsunfähigkeit oder nach Feststellung ihrer Überschuldung geleistet werden. Zwar greift die Zahlungssperre in § 64 S. 1 GmbHG dem Wortlaut nach erst, wenn die Überschuldung festgestellt ist. Nach ganz überwiegender Ansicht kommt es für § 64 S. 1 GmbHG jedoch auf den objektiven Eintritt der Überschuldung, nicht aber auf deren Feststellung durch die Gesellschaftsorgane an.[604] Die Verpflichtung in § 64 S. 1 GmbHG trifft den Geschäftsführer nicht im Vorfeld von Zahlungsunfähigkeit oder Überschuldung, etwa im Stadium drohender Zahlungsunfähigkeit. Das Auszahlungsverbot in § 64 S. 1 GmbHG ist nicht an die 3-Wochenfrist des § 15a I InsO GmbHG geknüpft, sondern greift sofort mit Eintritt der Zahlungsunfähigkeit oder Überschuldung.[605] Die Vorschrift gilt – wenn keine starke Insolvenzverwaltung angeordnet wird – auch im Insolvenzeröffnungsverfahren.[606] Nach der bislang h.M. entsteht der Anspruch mit Insolvenzeröffnung bzw. Abweisung des Insolvenzantrags mangels Masse (und nicht schon mit der Zahlung).[607]

---

[598] Vgl. *K. Schmidt* JZ 1978, 661, 662; *Scholz/K. Schmidt*, § 64 GmbHG Rn. 14, 51; *Roth/Altmeppen*, § 64 GmbHG Rn. 4, 32; *Noack*, Rn. 326; *Medicus* GmbHR 1993, 533, 538.

[599] BGH ZIP 2008, 1026, 1027; NZI 2001, 87f.; 2001, 196, 200; OLG Düsseldorf NZG 1999, 1066, 1067; NZG 1999, 884, 885; siehe auch *Goette* ZInsO 2001, 529, 535; *ders.* ZInsO 2005, 1, 3.

[600] BGH DStR 2003, 1133; NZG 2010, 313, 314; *Lutter/Hommelhoff/Kleindiek*, § 64 GmbHG Rn. 4; so für die entsprechende Regelung im Aktienrecht GroßKomm-*Habersack*, § 92 AktG Rn. 91.

[601] Siehe *Baumbach/Hueck/Haas*, § 64 GmbHG Rn. 7.

[602] Siehe zum Ganzen ausführlich *Haas* NZG 2004, 737ff.; *Saenger/Inhester/Kolmann*, § 64 GmbHG Rn. 6; *Goette* ZInsO 2005, 1, 3f.; siehe auch *Lutter/Hommelhoff/Kleindiek*, § 64 GmbHG Rn. 4: Anspruch aus § 64 S. 1 GmbHG „flankiert die Insolvenzanfechtung nach §§ 129ff. InsO".

[603] *Haas* NZG 2004, 737ff.; aA *K. Schmidt* GmbHR 2000, 1225, 1226 und 1229f.; *Scholz/K. Schmidt*, § 64 GmbHG Rn. 9ff., 51.

[604] Vgl. BGH DStR 2000, 210; OLG Köln GmbHR 1995, 828; *Scholz/K. Schmidt*, § 64 GmbHG Rn. 36; *Lutter/Hommelhoff/Kleindiek*, § 64 GmbHG Rn. 7; *Altmeppen* ZIP 1997, 1173, 1177.

[605] BGH NZI 2009, 490, 491; NZI 2005, 547, 548f.; ZIP 2003, 2213; Rowedder *Chr./Schmidt-Leithoff/Baumert*, § 64 GmbHG Rn. 19; *Noack*, Rn. 323; *Pape* ZInsO 2001, 397, 400; *Roth/Altmeppen*, § 64 GmbHG Rn. 6; *Scholz/K. Schmidt*, § 64 GmbHG Rn. 37.

[606] *Saenger/Inhester/Kolmann*, § 64 GmbHG Rn. 23; *Siemon/Klein* ZInsO 2012, 2009, 2011ff.; ausführlich *Schmidt/Poertzgen* NZI 2013, 369, 373ff.; aA *Brinkmann* DB 2012, 1369.

[607] Siehe *Baumbach/Hueck/Haas*, § 64 GmbHG Rn. 12; *Haas* GmbHR 2010, 1, 2ff.; MünchKomm-GmbHG/*H. F. Müller*, § 64 GmbHG Rn. 146; *Saenger/Inhester/Kolmann*, § 64 Rn. 49, jeweils unter Hinweis auf BGH NJW 2001, 304, 304; anders nunmehr BGH NZI 2009, 486 Rn. 20; ZIP 2010,

§ 92 172, 173   Kapitel VII. Besonderheiten der Gesellschaftsinsolvenz

172   cc) *Adressat der Masseerhaltungspflicht.* Die Masseerhaltungspflicht in § 64 S. 1 GmbHG obliegt dem Geschäftsführer. Bei einem mehrköpfigen Leitungsorgan trifft sie jeden einzelnen Geschäftsführer unabhängig von einer internen Ressortverteilung.[608] Ein Geschäftsführer mehrerer Gesellschaften haftet für Zahlungen nach Insolvenzreife bei jeder einzelnen Gesellschaft gesondert, wenn ein und dieselbe Zahlung durch mehrere Gesellschaften gelaufen ist.[609] Adressat der Masseerhaltungspflicht ist hM zufolge auch der faktische Geschäftsführer.[610] Keine Adressaten der Masseerhaltungspflicht sind die Gesellschafter. Das gilt – nach den Vorstellungen des Gesetzgebers – auch im Falle der Führungslosigkeit, was schlechterdings zu unerklärlichen Widersprüchen führt.[611] Keine Adressaten sind schließlich auch die Mitglieder des Aufsichtsrats oder Beirats. Diese können allenfalls gegenüber der Gesellschaft im Fall einer verbotswidrigen Zahlung aus dem Gesichtspunkt haften, dass sie ihre Kontroll- und Überwachungspflicht verletzt bzw. die verbotswidrige Zahlung nicht verhindert haben.[612] Internationalprivatrechtlich zählt das Masseschmälerungsverbot aufgrund seines insolvenzrechtlichen Regelungsziels zum Insolvenzstatut (Art. 4 EuInsVO bzw. § 335 InsO),[613] sodass es auch auf einer GmbH vergleichbare Rechtsträger ausländischen Rechts Anwendung findet, die im Inland als juristische Person anzuerkennen sind und bei denen deutsche Gerichte internationale Zuständigkeit haben, ein Insolvenzverfahren zu eröffnen (Art. 3 EuInsVO).[614] Wichtigster Anwendungsfall dürfte die britische Ltd. sein (→ Rn. 3).

173   dd) *Inhalt der Masseerhaltungspflicht.* (1) *Selbstprüfung und Überwachung.* Um seiner Masseerhaltungspflicht mit Eintritt der Überschuldung bzw. Zahlungsunfähigkeit nachkommen zu können, ist der Geschäftsführer im Vorfeld schon zu einer entsprechenden beständigen wirtschaftlichen Selbstprüfung verpflichtet.[615] Da in einem mehrköpfigen Leitungsorgan die wirtschaftliche Selbstprüfung einer Geschäftsverteilung zugänglich ist, haben die Geschäftsführer, wenn sie von der Möglichkeit einer Aufgabenverteilung Gebrauch machen,[616] für eine wechselseitige Überwachung und Kontrolle der Ressortgeschäftsführung der Mitgeschäftsführer zu sorgen.[617] Besteht der Verdacht auf Überschuldung, muss auch der nicht für das Ressort Finanzen zuständige Geschäftsführer alle nach den Umständen gebotenen und zumutbaren Maßnahmen zur Sicherung der Masse treffen, um bis zur Klärung der Situation zu verhindern, dass das Gesellschaftsvermögen durch weiter Abflüsse gemindert wird.[618] Nicht zumutbar ist es dem einzel-

---

2107 Rn. 13 f.; DB 2012, 968 Rn. 22; *Lutter/Hommelhoff/Kleindiek,* § 64 GmbHG Rn. 16, 41; *Ulmer/Casper,* Erg-Band MoMiG § 64 Rn. 102, 107; *Brinkmann* ZInsO 2011, 2167, 2172; zur fehlenden Berücksichtigungsfähigkeit des Anspruchs gemäß § 64 S. 1 GmbHG im Überschuldungsstatus gemäß § 19 InsO überzeugend *Frystatzki* NZI 2013, 161, 162 f.

[608] BGH GmbHR 1994, 460, 461; *Lutter/Hommelhoff/Kleindiek,* § 64 GmbHG Rn. 6.
[609] OLG München ZIP 2010, 1295.
[610] BGH BB 2005, 1869, 1870 f.; OLG Stuttgart ZInsO 2005 47 f.; *Lutter/Hommelhoff/Kleindiek,* § 64 GmbHG Rn. 6; → Rn. 36 ff.
[611] *Baumbach/Hueck/Haas,* § 64 GmbHG Rn. 8; siehe aber auch *Lutter/Hommelhoff/Kleindiek,* § 64 GmbHG Rn. 6.
[612] Ablehnend zum fakultativen Aufsichtsrat zu Recht BGH GmbHR 2010, 1200; zustimmend *Habersack* JZ 2010, 1191; *Thiessen* ZGR 2011, 275 ff.; *Vetter* GmbHR 2012, 181 ff.; *Lutter/Hommelhoff/Kleindiek,* § 64 GmbHG Rn. 6.
[613] *Saenger/Inhester/Kolmann,* § 64 GmbHG Rn. 12 ff. mwN; OLG Jena ZIP 2013, 1820 (nicht rechtskräftig, anhängig beim BGH unter Az. II ZR 119/14).
[614] Zu den Ergebnissen einer Studie der London School of Economics (LSE) im Auftrag der EU-Kommission zur Organhaftung in Europa vgl. *Bachmann* ZIP 2013, 1946.
[615] → Rn. 7, 68 ff.
[616] Zu den formellen Anforderungen an eine Ressortverteilung siehe OLG Koblenz NZG 1998, 953, 954; siehe auch *Haas,* Geschäftsführerhaftung, S. 285.
[617] Vgl. BGH NJW-RR 1995, 669, 670; ZIP 2012, 1557.
[618] Vgl. BGH GmbHR 1994, 460, 462; *Saenger/Inhester/Kolmann,* § 64 GmbHG Rn. 48.

nen Geschäftsführer aber, jede einzelne von einem Mitgeschäftsführer geleistete oder veranlasste Zahlung mit Eintritt der Zahlungsunfähigkeit bzw. Überschuldung zu verhindern oder daraufhin zu kontrollieren, ob sie mit § 64 S. 1 GmbHG vereinbar ist.[619] Die Pflicht, die Mitgeschäftsführer zu einem rechtmäßigen Verhalten anzuhalten, zwingt aber gegebenenfalls dazu, die Gesellschafterversammlung einzuberufen oder zu benachrichtigen, unter Umständen sogar die Amtsniederlegung anzudrohen und letztlich zu vollziehen.[620] In keinem Fall entfällt die Pflicht des Geschäftsführers, alle zumutbaren Anstrengungen zu unternehmen, schon deshalb, weil der Geschäftsführer keine Möglichkeit hat, sich rechtlich oder faktisch gegenüber seinen Mitgeschäftsführern durchzusetzen.[621]

(2) *Der Zahlungsbegriff.* Pflichtwidrig sind grundsätzlich Zahlungen, die das vorhandene Gesellschaftsvermögen verringern. Ob der Geschäftsführer die Zahlung selbst vorgenommen bzw. veranlasst hat, spielt keine Rolle. Entscheidend ist, ob ihm die Auszahlung zurechenbar ist.[622] Dabei muss im Grundsatz die Zurechenbarkeit für jede Zahlung gesondert geprüft werden.[623] In der Regel wird Zurechenbarkeit vorliegen, hat der Geschäftsführer doch in Bezug auf die Geschäftsabwicklung sowohl gegenüber seinen Mitgeschäftsführern als auch gegenüber den nachgeordneten Hierarchieebenen eine umfassende Überwachungs- und Kontrollpflicht (→ Rn. 173).[624] Ob und inwieweit die Gesellschafter den Geschäftsführer hierzu angewiesen haben, spielt – im Hinblick auf den Schutzzweck des § 64 S. 1 GmbHG (Gläubigerschutz) – keine Rolle.[625] Ebenfalls zurechenbar sind Zahlungen, die infolge des pflichtwidrigen Unterlassens des Geschäftsführers erfolgen. Dies betrifft etwa den unterlassenen Widerruf einer Einzugsermächtigung oder die unterlassene Abwehr von Verrechnungen im Rahmen einer Cross-Pledge-Vereinbarung.[626] Pflichtwidrig ist die Zahlung auch unabhängig davon, ob der Geschäftsführer durch die Zahlung Gesellschaftsschulden zurückführt; denn da die Gesellschaftsschuld nur in Höhe der Quote werthaltig ist, führt die Begleichung von Gesellschaftsschulden grundsätzlich zu einer Masseschmälerung. Beruht die Zahlung dagegen auf einer Vollstreckungshandlung des Gläubigers, die der Geschäftsführer ohnehin nicht verhindern konnte, entfällt dessen Haftung.[627]

Umstritten ist, ob unter dem Begriff „Zahlungen" iS des § 64 S. 1 GmbHG lediglich Geldzahlungen zu verstehen sind.[628] Die ganz überwiegende Ansicht legt den Begriff jedenfalls weit aus, um das Aktivvermögen der Gesellschaft im Interesse der Gläubigergesamtheit umfassend zu schützen.[629] Erfasst wird danach jede Minderung des Aktivvermögens unabhängig davon, ob es sich um die Weggabe von Geld, Waren oder sonstigen Leistungen handelt.[630] Auszahlung iS der Vorschrift können daher auch die – von

---

[619] Vgl. OLG Düsseldorf GmbHR 1992, 675, 677.
[620] Vgl. *Lutter/Hommelhoff/Kleindiek,* § 37 GmbHG Rn. 30.
[621] Vgl. BGHSt 37, 106, 125 f.; *Scholz/Schneider,* § 43 GmbHG Rn. 39.
[622] Vgl. BGH NZG 2009, 582, 583.
[623] Vgl. *Saenger/Inhester/Kolmann,* § 64 GmbHG Rn. 36; *Strohn* NZG 2011, 1161, 1163 f.; *Gehrlein/Ekkenga/Simon/Sandhaus,* § 64 GmbHG Rn. 19; MünchKommGmbHG/*H. F. Müller,* § 64 Rn. 153.
[624] OLG Oldenburg ZInsO 2004, 1084, 1085 = ZIP 2004, 1315, 1316.
[625] *Saenger/Inhester/Kolmann,* § 64 GmbHG Rn. 36; *Baumbach/Hueck/Haas,* § 64 GmbHG Rn. 15.
[626] OLG München ZIP 2013, 778 f.; *Saenger/Inhester/Kolmann,* § 64 GmbHG Rn. 36.
[627] Vgl. BGH NZG 2009, 582, 583; OLG München ZIP 2011, 277, 278; *Baumbach/Hueck/Haas,* § 64 GmbHG Rn. 63.
[628] In diesem Sinne etwa *Fleck* GmbHR 1974, 224, 230.
[629] *Rowedder/Chr. Schmidt-Leithoff/Baumert,* § 64 GmbHG Rn. 28; *Lutter/Hommelhoff/Kleindiek,* § 64 GmbHG Rn. 7; *Baumbach/Hueck/Haas,* § 64 GmbHG Rn. 65; *Goette* ZInsO 2005, 1, 4.
[630] Vgl. BGH DStR 2000, 210; OLG Düsseldorf WM 1996, 1922, 1926; OLG Oldenburg ZIP 2004, 1315, 1316; *Lutter/Hommelhoff/Kleindiek,* § 64 GmbHG Rn. 7; *Scholz/K. Schmidt,* § 64 GmbHG Rn. 20; *Baumbach/Hueck/Haas,* § 64 GmbHG Rn. 65; *Flume* ZIP 1994, 337, 341; *Pape* WiB 1997, 1093, 1095; *Maser/Sommer* BB 1996, 65, 66.

dem Geschäftsführer veranlasste –[631] Einziehung von Kundenschecks[632] oder Lastschriften[633] über das debitorische Geschäftskonto der Gesellschaft sein.

176 Umstritten ist, ob der Begriff „Zahlungen" auch solche Rechtshandlungen des Geschäftsführers erfasst, die allein den Passivbestand berühren und hierdurch die Befriedigungsaussichten der Gläubigergesamtheit verschlechtern. Diskutiert wird diese Frage insbesondere für die Belastung des Gesellschaftsvermögens mit Neuverbindlichkeiten.[634] Letzteres ist jedoch mit Blick auf den Wortlaut der Vorschrift abzulehnen.[635] Darüber hinaus hat die Rechtsprechung gegen eine derartige Ausweitung des Zahlungsbegriffs die Rechtsprechungsänderung zum Schadensersatzanspruch der vertraglichen Neugläubiger wegen Verschleppung des Insolvenzantrags nach § 823 II BGB iVm § 15a I InsO[636] geltend gemacht.[637] Für vertragliche Neugläubiger ist dies konsequent; denn diese können ihren Individualschaden selbstständig geltend machen,[638] sodass für eine Liquidation über einen Gesamtgläubigerschaden nach § 64 S. 1 GmbHG, die allen Gläubigern gleichermaßen zugutekommen würde, insoweit kein Raum ist. Keine Auszahlung iS des § 64 S. 1 GmbHG stellt es dar, wenn der Geschäftsführer ein Dauerschuldverhältnis nicht kündigt.[639]

177 (3) *Bezug zum Schuldnervermögen.* Die vom Geschäftsführer vorgenommene Zahlung muss einen Bezug zu dem (der Befriedigung der Gläubiger zur Verfügung stehenden) Gesellschaftsvermögen bzw. der potentiellen Insolvenzmasse (§ 35 InsO) aufweisen.[640] Hieran fehlt es, wenn die Zahlung nicht aus Eigen-, sondern aus Drittmitteln erfolgt.[641] Der Bezug zum Schuldnervermögen fehlt auch dann, wenn der Geschäftsführer Vermögensgegenstände herausgibt, an denen ein Aussonderungsrecht besteht[642] oder Treugut an den Treugeber zurückgibt.[643] Gegeben ist der notwendige Bezug zum Schuldnervermögen, wenn sich die Zahlung auf Treugut bezieht, das die Gesellschaft einem Treuhänder anvertraut hat; denn dieses haftet – auch wenn es formal nicht im Eigentum der Gesellschaft steht – für die Schulden der Gesellschaft.[644] Gegeben ist der erforderliche Bezug auch dann, wenn sich die Zahlung auf Vermögensgegenstände bezieht, die der Gesellschaft von dritter Seite mit einer bestimmten Zweckabrede überlassen wurden (zB Überlassung von Geldmitteln zur Befriedigung eines bestimmten Gläubigers).[645] Für die Frage, ob ein (die Befriedigungsaussichten der Gläubiger beeinträchtigender) Bezug zum Schuldnervermögen vorliegt, ist ein wirtschaftlicher, nicht aber ein formaler Maßstab anzulegen. Gibt beispielsweise der Geschäftsführer einen Gegenstand weg, der voll oder gar darüber hinaus mit Rechten Dritter belastet ist, scheidet § 64 S. 1 GmbHG

---

[631] Die Schwelle ist insoweit niedrig anzusetzen, siehe OLG Oldenburg ZIP 2004, 1315, 1316 f.
[632] BGH DStR 2000, 210 f.; OLG Hamburg ZIP 1995, 913, 914; OLG Oldenburg ZIP 2004, 1315, 1316; siehe auch LG Itzehoe ZIP 1996, 797.
[633] OLG Düsseldorf GmbHR 1999, 661, 662 = DStR 1999, 709 *(Haas)*; OLG Oldenburg ZIP 2004, 1315, 1316.
[634] In diesem Sinne OLG Hamburg ZIP 1995, 913, 914; *Scholz/K. Schmidt*, § 64 GmbHG Rn. 23; *Maser/Sommer* BB 1996, 65, 66.
[635] *Lutter/Hommelhoff/Kleindiek*, § 64 GmbHG Rn. 10; *Baumbach/Hueck/Haas*, § 64 GmbHG Rn. 66.
[636] Vgl. oben Rn. 107 ff.
[637] Vgl. BGHZ 138, 211, 216 f. = ZIP 1998, 776; im Ergebnis ebenso *Fleck* GmbHR 1974, 224, 230; *Karollus* ZIP 1995, 269, 271 f.
[638] → Rn. 126 f.
[639] *Baumbach/Hueck/Haas*, § 64 GmbHG Rn. 66; aA OLG Hamm ZIP 1980, 280, 281.
[640] *Baumbach/Hueck/Haas*, § 64 GmbHG Rn. 64.
[641] Vgl. BGH NZG 2010, 313, 314; DStR 2000, 210, 211; *Linnertz/Sacherer* MDR 1996, 12, 13 ff.
[642] BGHZ 100, 19, 23 ff.; *Rowedder/Chr. Schmidt-Leithoff/Baumert*, § 64 GmbHG Rn. 29; *Michalski/Nerlich*, § 64 GmbHG Rn. 46.
[643] Zur Frage, inwieweit Sozialversicherungsbeiträge oder Lohnsteuerbeiträge treuhänderisch für den Fiskus gehalten werden, siehe *Baumbach/Hueck/Haas*, § 64 GmbHG Rn. 64.
[644] OLG Düsseldorf ZIP 1998, 2101, 2102.
[645] BGH DStR 2003, 1133 *(Goette)*.

aus.⁶⁴⁶ Gleiches gilt für Zahlungen an absonderungsberechtigte Gläubiger in Höhe des Wertes des Sicherungsgutes⁶⁴⁷ oder bei Weggabe völlig wertloser Gegenstände.⁶⁴⁸

Von großer praktischer Relevanz ist die Frage, ob bei der Abführung der für Rechnung des Arbeitnehmers einbehaltenen Lohnsteuer an das Finanzamt sowie des Arbeitnehmeranteils zur Sozialversicherung ein ausreichender Bezug zum Gesellschaftsvermögen besteht. Die Rechtsprechung hat dies ursprünglich für beide Konstellationen bejaht und ein Treuhandverhältnis abgelehnt.⁶⁴⁹ Aufgrund der Fiktion des § 28e I 2 SGB IV (in der ab dem 1.1.2008 geltenden Neufassung), wonach die Zahlung des vom Beschäftigten zu tragenden Anteils des Gesamtsozialversicherungsbetrags als aus dem Vermögen des Beschäftigten erbracht gilt, ist dies für die Abführung Arbeitnehmeranteils zur Sozialversicherung nun wohl nicht mehr vertretbar.⁶⁵⁰ **178**

(4) *Gesamtschau.* Um zu verhindern, dass infolge einer Einzelbetrachtung der verschiedenen Zahlungsvorgänge nach Insolvenzreife wirtschaftliche Gesamtzusammenhänge ignoriert werden und dadurch den Gläubigern mittelbar über die Insolvenzmasse ein Betrag zufließt, der in keinem Verhältnis zu der auf den Geschäftsführer zurückzuführenden Gläubigerbenachteiligung steht,⁶⁵¹ ordnet die Rechtsprechung im Einzelfall eine Gesamtschau miteinander zusammenhängender Rechtshandlungen an.⁶⁵² Ergibt diese beispielsweise, dass infolge der Zahlung durch den Geschäftsführer nur ein Gläubiger gegen einen anderen oder ein Zugriffsobjekt gegen ein anderes ausgetauscht wurde, so liegt keine die Haftung nach § 64 S. 1 GmbHG auslösende Gläubigerbenachteiligung vor.⁶⁵³ Eine Ausnahme gilt allenfalls dann, wenn der neue Gläubiger (aus dem Schuldner- bzw. Gesellschaftsvermögen) besser besichert wird als der alte.⁶⁵⁴ **179**

(5) *Erlaubte Zahlungen (§ 64 S. 2 GmbHG).* Erlaubt bleiben gemäß § 64 S. 2 GmbHG auch über den Eintritt der Zahlungsunfähigkeit oder die Feststellung der Überschuldung hinaus solche Zahlungen, die mit der Sorgfalt eines ordentlichen Geschäfts- bzw. Kaufmannes vereinbar sind. Ob es sich dabei um eine Exkulpationsmöglichkeit oder um eine Einschränkung des objektiven Tatbestands (keine Pflichtwidrigkeit) handelt, bleibt unklar.⁶⁵⁵ Jedenfalls trägt der Geschäftsführer die Beweislast dafür, dass eine Zahlung nach § 64 S. 2 GmbHG erlaubt war.⁶⁵⁶ **180**

Der Sorgfaltsmaßstab des ordentlichen Geschäftsmannes bemisst sich in der Krise der Gesellschaft nicht etwa nach dem Gesellschaftszweck, sondern ausschließlich nach den Interessen der Gläubiger.⁶⁵⁷ Um die Schutzwirkung des § 64 S. 1 GmbHG gegen Masseschmälerungen nicht auszuhöhlen, ist die Vorschrift des S. 2 eng auszulegen.⁶⁵⁸ Daher **181**

---

⁶⁴⁶ Vgl. *Scholz/K. Schmidt*, § 64 GmbHG Rn. 42.
⁶⁴⁷ OLG Oldenburg ZIP 2004, 1315, 1317 (allerdings unter dem Blickwinkel des § 64 S. 2 GmbHG); *Michalski/Nerlich*, § 64 GmbHG Rn. 46; *Scholz/K. Schmidt*, § 64 GmbHG Rn. 42.
⁶⁴⁸ *Baumbach/Hueck/Haas*, § 64 GmbHG Rn. 68.
⁶⁴⁹ Lohnsteuer: BGH NJW 2002, 2568f.; 2004, 1333ff.; Sozialversicherung: BGH ZIP 2005, 1026, 1027; LG Hagen ZIP 1997, 324, 325.
⁶⁵⁰ Ebenso *Baumbach/Hueck/Haas*, § 64 GmbHG Rn. 64a; aA *Bork* ZIP 2008, 1041, 1043f.; in BGH NZI 2011, 196, 197 wird § 28e SGB IV offensichtlich schlicht übersehen.
⁶⁵¹ *Bitter* WM 2001, 666, 671; *Altmeppen* ZIP 2001, 2201, 2206.
⁶⁵² Siehe zum Ganzen *Baumbach/Hueck/Haas*, § 64 GmbHG Rn. 69.
⁶⁵³ BGH NZG 2010, 313, 314; DStR 2000, 210, 211.
⁶⁵⁴ Siehe OLG Celle GmbHR 1997, 901, 902.
⁶⁵⁵ Vgl. BGH NJW 2001, 1280, 1282; 2007, 2118, 2119; *Saenger/Inhester/Kolmann*, § 64 GmbHG Rn. 38, 45; *Henssler/Strohn/Arnold*, § 64 GmbHG Rn. 39; MüKoGmbHG/*H. F. Müller*, § 64 Rn. 139; *Scholz/K. Schmidt*, § 64 GmbHG Rn. 38.
⁶⁵⁶ Vgl. BGH NJW 2001, 1280, 1282; 2007, 2118, 2119; *Scholz/K. Schmidt*, § 64 GmbHG Rn. 38.
⁶⁵⁷ Vgl. BGH NJW 2001, 1280 LS 2; *Saenger/Inhester/Kolmann*, § 64 GmbHG Rn. 39; *Baumbach/Hueck/Haas*, § 64 GmbHG Rn. 72; anders *Lutter/Hommelhoff/Kleindiek*, § 64 GmbHG Rn. 12: auch öffentliches Interesse am Unternehmenserhalt maßgeblich.
⁶⁵⁸ *Saenger/Inhester/Kolmann*, § 64 GmbHG Rn. 39; *Roth/Altmeppen*, § 64 GmbHG Rn. 20; *Scholz/K. Schmidt*, § 64 GmbHG Rn. 38.

gewährt sie auch während der Dreiwochenfrist keinen Freibrief für Zahlungen zur Erhaltung des Unternehmens. Getätigte Zahlungen müssen aus objektiver ex-ante-Betrachtung den Gläubigern mit überwiegender Wahrscheinlichkeit Vorteile einbringen, wobei vage Erwartungen und Hoffnungen auf eine Besserung der Unternehmens- bzw. Geschäftslage nicht genügen.[659] Die Anforderungen sind dabei gestuft: Für einfache Maßnahmen gegen den Zusammenbruch (Zahlung von Löhnen, Mieten, Versicherungsprämien sowie Strom, -wasser und -heizungsrechnungen)[660] wird eine entsprechend substantiierte Prognose ausreichend sein, wohingegen weitergehende Ausgaben nur im Einzelfall und aufgrund eines schlüssigen und tragfähigen Sanierungskonzeptes zulässig sind (→ Rn. 186).[661] Wohl zulässig sind auch Zahlungen, die in der Insolvenz als Masseschuld hätten bedient werden müssen (vgl. §§ 108 ff. InsO), soweit hierdurch nicht dem Wahlrecht des Insolvenzverwalters aus § 103 InsO vorgegriffen wird.[662] Letztlich macht die Rechtsprechung jedoch die Zulässigkeit der Zahlung stets von einer umfassenden Einzelfallprüfung abhängig, weshalb erhebliche Unsicherheiten verbleiben.[663]

182 Umstritten ist die Frage, ob und inwieweit Fälle einer gesetzlichen Pflichtenkollision zur Exkulpation nach § 64 S. 2 GmbHG führen. Dabei geht es insbesondere um die Pflichten des Geschäftsführers zur Abführung von Sozialversicherungsbeiträgen sowie Steuern, welche strafbewehrt sind (§ 266a StGB) bzw. eine persönliche Haftung auslösen können (§§ 823 II BGB, 266a StGB und §§ 69, 34 AO). Aufgrund einer uneinheitlichen Rechtsprechung des BGH in Straf- und Zivilsachen stand der Geschäftsführer zeitweilig vor dem Dilemma, sich entweder strafbar (bzw. persönlich haftbar) oder nach § 64 S. 2 GmbHG (§ 64 II 1 GmbHG aF) ersatzpflichtig zu machen. Diesem Missstand hat der II. Zivilsenat des BGH mittlerweile durch eine Reihe von Urteilen abgeholfen.[664] Zu Recht dürfen nunmehr innerhalb der Dreiwochenfrist die in dieser Periode anfallenden Arbeitnehmerbeiträge zur Sozialversicherung sowie Umsatz- und Lohnsteuern abgeführt werden und gelten entsprechend als mit der Sorgfalt eines ordentlichen Geschäftsmannes vereinbar.[665] Für die Arbeitgeberbeiträge gilt dies nicht, da insoweit keine dem § 266a StGB entsprechende Strafdrohung besteht. Zu weit geht der BGH allerdings, wenn er die Exkulpationsmöglichkeit auch auf die Zahlung rückständiger Abgaben erweitert.[666] Es ist nicht ersichtlich, warum der Geschäftsführer sich auf Kosten der Gläubiger Straffreiheit für seine Vergehen aus der Vergangenheit „erkaufen" dürfen sollte. Ebenfalls fragwürdig ist die Rechtsprechung des BGH, nach der auch die Weiterleitung von Geldern, die der Gesellschaft zweckgebunden anvertraut wurden, im Hinblick auf eine etwaige Untreue-Strafbarkeit (§ 266 StGB) als erlaubt gilt.[667] Gerade in Konzernsachverhalten wird hierdurch der Anwendungsbereich des § 64 S. 1 GmbHG erheblich verkürzt.[668]

---

[659] *Saenger/Inhester/Kolmann*, § 64 GmbHG Rn. 40; *Baumbach/Hueck/Haas*, § 64 GmbHG Rn. 72.

[660] Vgl. BGH NJW 2001, 1280; NJW 2005, 2546, 2548; NJW 2003, 3787; NJW 2005, 3650, 3651; OLG Brandenburg ZIP 2007, 724; OLG Dresden GmbHR 2005, 173, 174 f.; OLG Naumburg NZG 2008, 37; OLG Hamburg ZIP 2010, 2448, 2450.

[661] Vgl. *Saenger/Inhester/Kolmann*, § 64 GmbHG Rn. 40 f.; MünchKommGmbHG/*H. F. Müller*, § 64 Rn. 140. – Abweichend und für einen großzügigeren Maßstab bei der Befriedigung von Altverbindlichkeiten *Knittel/Schwall* NZI 2013, 782, 785 f.

[662] *Henssler/Strohn/Arnold*, § 64 GmbHG Rn. 43.

[663] Siehe hierzu auch *Roth/Altmeppen*, § 64 GmbHG Rn. 26 f.; *Knittel/Schwall* NZI 2013, 782; *Strohn*, NZG 2011, 1161, 1164 f.

[664] BGH NJW 2007, 2118, 2120; NZG 2009, 32.

[665] *Saenger/Inhester/Kolmann*, § 64 GmbHG Rn. 40; *Henssler/Strohn/Arnold*, § 64 GmbHG Rn. 40; *Lutter/Hommelhoff/Kleindiek*, § 64 GmbHG Rn. 13; kritisch *Baumbach/Hueck/Haas*, § 64 GmbHG Rn. 74 ff.

[666] Vgl. BGH ZIP 2011, 422; kritisch hierzu *Saenger/Inhester/Kolmann*, § 64 GmbHG Rn. 43.

[667] Vgl. BGH NJW 2008, 2504.

[668] Vgl. *Dahl/Schmitz* NZG 2008, 532, 534; kritisch hierzu auch *Lutter/Hommelhoff/Kleindiek*, § 64 GmbHG Rn. 13.

ee) *Umfang der Erstattungspflicht.* Der Geschäftsführer hat den Wert der masseschmälernden Leistungen zu ersetzen. Besteht die Schmälerung des Gesellschaftsvermögens darin, dass der Geschäftsführer eine Sach- oder sonstige Leistung erbracht hat, ist herrschender Ansicht nach nur deren objektiver Wert zu ersetzen, nicht aber der in der jeweiligen Rechnung enthaltene Gewinn.[669] Diese Ansicht ist jedoch – wie ein Blick auf das Verständnis des § 30 I GmbHG vor Inkrafttreten des MoMiG zeigt – abzulehnen. Der Begriff „Auszahlung" iS des § 30 I GmbHG war nach wirtschaftlichen Gesichtspunkten[670] auszulegen. Eine Auszahlung aus dem Gesellschaftsvermögen iS der Vorschrift lag danach schon dann vor, wenn der Geschäftsführer Gesellschaftsvermögen an die Gesellschafter zum Selbstkostenpreis veräußerte oder wenn ein höherer Marktpreis gegenüber Dritten unter normalen Umständen erzielbar gewesen wäre.[671] Warum ein vergleichbarer wirtschaftlicher Schutz des Gesellschaftsvermögens im Interesse der Gläubiger nicht mehr greifen soll, wenn sich die Krise weiter verschärft, ist nicht erfindlich.

183

(1) *Berücksichtigung von Gegenleistungen.* Nach ständiger Rechtsprechung sind im Rahmen des § 64 S. 1 GmbHG – zumindest im Grundsatz – die durch die Zahlung ausgelösten Nachteile mit der an die Gesellschaft erbrachten Gegenleistung zu verrechnen.[672] Ausdrücklich heißt es in der Entscheidung des 2. Zivilsenats des BGH vom 18.3.1974, dass die Haftung des Geschäftsführers insoweit entfällt, als dieser den Nachweis führt, *„dass ein Gegenwert in das Gesellschaftsvermögen gelangt und dort voll erhalten geblieben ist".*[673] Mit der Formulierung stellt der BGH klar, dass für die Frage, inwieweit eine Gegenleistung berücksichtigungsfähig ist, – grundsätzlich – nicht allein auf den Zeitpunkt der Erbringung der Gegenleistung abgestellt werden kann, sondern vielmehr eine Zeitraumbetrachtung anzustellen ist, also auch „mittelbare Folgen" in die Würdigung einbezogen werden müssen. Daher kommt es etwa für Zahlungen im Rahmen eines konzerninternen *cash-pool*-Systems nicht auf jeden einzelnen Zahlungsvorgang, sondern auf die Veränderung des Gesamtsaldos an.[674] Unklar ist allerdings, im Rahmen welchen Tatbestandsmerkmals innerhalb des § 64 S. 2 GmbHG die „Verrechnung" zu prüfen ist. Teilweise wird in diesen Fällen von vornherein eine „Auszahlung" verneint.[675] Anderer Ansicht nach entfällt die Haftung des Geschäftsführers, weil die Zahlung mit der Sorgfalt eines ordentlichen Geschäftsmannes zu vereinbaren ist (§ 64 S. 2 GmbHG, → Rn. 180 f.).[676]

184

(2) *Berücksichtigung von „sonstigen" Vorteilen.* Fraglich ist, ob auch „sonstige" mit einer vom Geschäftsführer herrührenden Zahlung im Zusammenhang stehende Vorteile berücksichtigungsfähig sind.[677] Rechtsprechung und Literatur lassen mitunter eine klare Linie vermissen. Vergleichsweise restriktiv ist die Rechtsprechung etwa bei der Verrechnung von Überweisungen, Einzahlungen bzw. Einziehung von Kundenschecks auf de-

185

---

[669] Vgl. etwa OLG Düsseldorf WM 1996, 1922, 1927.
[670] Vgl. BGH ZIP 1993, 917, 918; BGHZ 81, 311, 321; *Reemann* MittRhNK 1996, 113, 116.
[671] Vgl. *Sernetz/Haas,* Kapitalaufbringung und -erhaltung in der GmbH, Rn. 442; *Stimpel,* FS 100 Jahre GmbH-Gesetz, 1992, S. 343 f.
[672] Siehe etwa OLG Celle GmbHR 2004, 568, 570.
[673] BGH NJW 1974, 1088, 1089; bestätigt in BGH DStR 2003, 1133, 1134.
[674] *Baumbach/Hueck/Haas,* § 64 GmbHG Rn. 96; *Saenger/Inhester/Kolmann,* § 64 GmbHG Rn. 81, vgl. auch BGH WM 2013, 708 Rn. 206 (zur Anfechtbarkeit gemäß § 135 I Nr. 2 InsO).
[675] So etwa *Baumbach/Hueck/Haas,* § 64 GmbHG Rn. 70; *Lutter/Hommelhoff/Kleindiek,* § 64 GmbHG Rn. 7; *Roth/Altmeppen,* § 64 GmbHG Rn. 13, 28; *Ulmer/Casper,* Erg-Band MoMiG, § 64 GmbHG Rn. 90.
[676] BGH NJW 1974, 1088, 1089; ZIP 1986, 456, 459; OLG Celle GmbHR 2004, 568, 570; wohl auch BGH DStR 2001, 175, 177; *Schulze-Osterloh,* FS Bezzenberger, 2000, S. 415, 424; GroßKomm-*Habersack,* § 92 AktG Rn. 95; *Pape* ZInsO 2001, 397, 401.
[677] Umfassend hierzu *Strohn* NZG 2011, 1161, 1164.

bitorischen Konten der Gesellschaft. Nach Ansicht des 2. Zivilsenats des BGH stellt – grundsätzlich – schon die Verrechnung der Bank als solche eine die Haftung des Geschäftsführers auslösende Zahlung dar.[678] Eine „Vorteilsanrechnung" soll selbst dann ausscheiden, wenn der Geschäftsführer über die gutgeschriebenen Beträge wieder verfügt und die Bank damit letztlich lediglich als Zahlstelle fungiert hat.[679]

186 Im Übrigen aber ist die wohl hM vergleichsweise liberal, was die Möglichkeiten der „Vorteilsanrechnung" anbelangt. Neben den „Gegenleistungen" im engen Sinn[680] werden – meist im Rahmen des § 64 S. 2 GmbHG (→ Rn. 180 f.) – auch solche Vorteile für berücksichtigungsfähig gehalten, die geleistet werden, um den Geschäftsbetrieb für die Zwecke des Insolvenzverfahrens oder auch für die Zwecke einer ernstlich erwarteten Sanierung aufrecht zu erhalten (zB laufende Lohn-, Miet- oder Steuerzahlungen).[681] Mitunter wird gar vertreten, dass zugunsten von Zahlungen des Geschäftsführers ein „öffentliches Interesse am Bestand lebensfähiger Betriebe" zu beachten sei.[682] Diese Auffassung ist bedenklich. Sie birgt nämlich die Gefahr, dass der Grundsatz der Gläubigergleichbehandlung ausgehöhlt wird. Die bestmögliche und gleichmäßige Befriedigung der Gläubiger ist gemäß § 1 InsO der Hauptzweck des Insolvenzverfahrens,[683] dessen Schutz § 64 S. 1 GmbHG gerade bezweckt. Die Erhaltung des Unternehmens des Schuldners ist demgegenüber lediglich einer von mehreren Wegen zur Gläubigerbefriedigung.[684] Dies kommt auch in § 1 InsO zum Ausdruck, wonach die Erhaltung und Sanierung von Unternehmen kein selbstständiges Verfahrensziel darstellt. Auch Gründe der Rechtsklarheit sprechen für eine restriktive Handhabung der Vorteilsanrechnung; denn in dem Zeitpunkt, in dem die Bevorzugung eines Gläubigers stattfindet, wird der Geschäftsführer selten zuverlässig abschätzen können, ob sich das Nachgeben für die Masse lohnt.[685]

187 (3) *Berücksichtigung des Anfechtungsrechts.* Problematisch ist das Verhältnis von § 64 S. 1 GmbHG zum Anfechtungsrecht.[686] Vielfach wird jedenfalls mit dem Haftungsanspruch nach § 64 S. 1 GmbHG der (gegen den Insolvenzgläubiger gerichtete) insolvenzrechtliche Rückgewähranspruch konkurrieren. Ist die vom Geschäftsführer veranlasste Zahlung anfechtbar iS der §§ 129 ff. InsO, trifft den Insolvenzverwalter gegenüber den Be-

---

[678] BGH NZI 2001, 87; ZIP 2000, 184, 185 f.; siehe auch OLG Düsseldorf GmbHR 1999, 661, 662; zustimmend MünchKommAktG-*Spindler,* § 92 Rn. 59.
[679] BGH ZIP 2000, 184, 185 f. (die mit den Mitteln der Gutschrift ermöglichte Befriedigung anderer Gläubiger mit Mitteln des debitorischen Kontos soll aber – infolge einer Gesamtschau, → Rn. 149 – nicht erneut eine unzulässige Auszahlung iS des § 64 S. 2 GmbHG darstellen); zustimmend *Frings* GmbHR 2000, 184, 185; *Pape* ZInsO 2001, 397, 403; zu Recht kritisch gegenüber dieser Rechtsprechung *Noack/Bunke* LM § 64 Nr. 19.
[680] *Michalski/Nerlich,* § 64 GmbHG Rn. 46; *Roth/Altmeppen,* § 64 GmbHG Rn. 13.
[681] BGH NZG 2008, 75; OLG Celle GmbHR 2004, 568, 570 *(Bähr/Hoos);* OLG Düsseldorf NZG 1999, 1066, 1068; *Rowedder/Chr. Schmidt-Leithoff/Baumert,* § 64 GmbHG Rn. 30; *Michalski/Nerlich,* § 64 GmbHG Rn. 46; *Pape* ZInsO 2001, 397, 401; *Scholz/K. Schmidt,* § 64 GmbHG Rn. 41; siehe auch MünchKommAktG-*Spindler,* § 92 Rn. 64: „Ob und inwieweit Schulden bezahlt werden dürfen, die im Insolvenzverfahren zu den gewöhnlichen Insolvenzforderungen gehören, wird sich nur nach Lage des Falles beantworten lassen."; in diesem Sinne wohl auch BGH DStR 2001, 175, 177.
[682] *Michalski/Nerlich,* § 64 GmbHG Rn. 46.
[683] BGH NZI 2002, 375; 2003, 315, 316; HK/*Kirchhof,* § 1 Rn. 3 f.
[684] Beschlussempfehlung und -bericht des Rechtsausschusses zu § 1, BT-Drucks. 12/7302, S. 155; HK/*Kirchhof,* § 1 Rn. 3; siehe auch BGH NZI 2003, 315, 316.
[685] So aus dem Blickwinkel der §§ 129 ff. InsO, BGH NZI 2003, 315, 317. Im Übrigen sei darauf hingewiesen, dass die teilweise befürwortete weitgehende Verrechnungsmöglichkeit von Gläubigervor- und -nachteilen sich vielfach auch nicht auf schadensersatzrechtlicher Grundlage mithilfe der Vorteilsausgleichung (§§ 249 ff. BGB) rechtfertigen lassen wird. Siehe zu den Unterschieden/Gemeinsamkeiten zwischen schadensersatzrechtlicher Vorteilsausgleichung und den entsprechenden anfechtungsrechtlichen Grundsätzen, *Henckel,* FS Deutsch, 1999, S. 967, 979.
[686] Siehe hierzu eingehend *Flöther/Korb* ZIP 2012, 2333; vgl. auch *Noack,* Rn. 329 ff.; *Lutter/Hommelhoff/Kleindiek,* § 64 GmbHG Rn. 17; *Baumbach/Hueck/Haas,* § 64 GmbHG Rn. 86.

teiligten die haftungsrechtlich bewehrte Pflicht (§ 60 InsO), das Gesellschaftsvermögen durch Ausübung des Anfechtungsrechts aufzufüllen, soweit die Erfolgsaussichten günstig und die Prozessführung wirtschaftlich vertretbar ist.[687] Zu den Beteiligten iS der Vorschrift gehört jedoch nicht der Geschäftsführer.[688] Die Durchsetzung der Geschäftsführerhaftung ist demnach gegenüber dem Anfechtungsrecht nicht subsidiär.[689] Die Haftung nach § 64 S. 1 GmbHG besteht unabhängig von den insolvenzrechtlichen Anfechtungstatbeständen.[690] Der Geschäftsführer hat daher gegenüber dem Insolvenzverwalter, der das Anfechtungsrecht noch nicht ausgeübt hat, kein Leistungsverweigerungsrecht.[691] Das Wahlrecht des Insolvenzverwalters ermöglicht die bestmögliche Masseanreicherung.[692] Dennoch ist der Anfechtungsschuldner im Vergleich zum Geschäftsführer näher am Schaden dran. Dies zeigt sich insbesondere daran, dass die infolge einer ausgeübten Anfechtung an die Masse zurückgewährte Leistung auf den Anspruch nach § 64 S. 1 GmbHG anzurechnen ist.[693] Um diese Wertung nicht zu unterlaufen, kann der in Anspruch genommene Geschäftsführer sich in entsprechender Anwendung des § 255 BGB die Anfechtungsansprüche gegen den Insolvenzgläubiger abtreten lassen, soweit der Insolvenzverwalter von seinem Anfechtungsrecht noch keinen Gebrauch gemacht hat.[694] Der Geschäftsführer kann anschließend die Anfechtungsansprüche der §§ 129 ff. InsO gleich dem Insolvenzverwalter geltend machen.[695] Soweit der Insolvenzverwalter bereits selbst Rückgewähransprüche aus Insolvenzanfechtung gegen Insolvenzgläubiger geltend gemacht hat, vermindert sich die korrespondierende Haftung des Geschäftsführers. Schließlich kann die Masseschmälerungshaftung des § 64 S. 1 GmbHG nur insoweit durchgreifen, als die Masse überhaupt (noch) geschmälert ist.[696]

(4) *Berücksichtigung der Insolvenzquote.* Nach § 64 S. 1 GmbHG muss der Geschäftsführer Ersatz für eine gläubigerbeeinträchtigende Vermögensverschiebung im Vorfeld der Insolvenzeröffnung leisten. Im Insolvenzverfahren macht diesen Anspruch der Insolvenzverwalter im Interesse der Gläubigergesamtheit geltend.[697] Nun entspricht die Höhe der vom Geschäftsführer geleisteten Zahlung in vielen Fällen nicht dem hierdurch der Gläubigergesamtheit entstandenen Schaden. Hat der Geschäftsführer beispielsweise im Vorfeld der Insolvenzeröffnung einen Insolvenzgläubiger befriedigt, so ist zu berücksichtigen, dass dem Gläubiger – wäre er im Vorfeld nicht befriedigt worden – im Insolvenzverfahren eine Quote zugestanden hätte. Um in diesen Fällen eine Besserstellung der Masse zu verhindern, bieten sich verschiedene Möglichkeiten an. Interpretiert man § 64 S. 1 GmbHG iS eines Schadensersatzanspruches, so ist die Insolvenzquote im Rahmen der Schadensermittlung zu berücksichtigen; denn ein Schaden ist der Gläubigergesamtheit auf Grund der Vorabbefriedigung nur in Höhe der Leistung ab-

---

[687] Vgl. BGH ZIP 1993, 1886, 1887 ff.; OLG Köln ZIP 1995, 1418, 1420; OLG Hamm NJW-RR 1993, 1445, 1447.
[688] Vgl. BGH BB 1996, 499, 500; *Glöckner* JZ 1997, 622, 627.
[689] Vgl. BGH BB 1996, 499, 500; OLG Celle GmbHR 1997, 901, 903; Uhlenbruck/Hirte/Vallender/*Hirte*, § 11 Rn. 75; *Noack*, Rn. 331.
[690] BGH ZIP 2003, 1005, 1007; Lutter/Hommelhoff/*Kleindiek*, § 64 GmbHG Rn. 17.
[691] *Uhlenbruck* WiB 1996, 466, 467; Lutter/Hommelhoff/*Kleindiek*, § 64 GmbHG Rn. 17; Baumbach/Hueck/*Haas*, § 64 GmbHG Rn. 86.
[692] *Noack*, Rn. 331.
[693] *Henze/Bauer*, Kölner Schrift,² S. 1311 Rn. 42.
[694] Vgl. BGH NJW-RR 2007, 759, LS 2; OLG Oldenburg GmbHR 2004, 1014, 1015; Lutter/Hommelhoff/*Kleindiek*, § 64 GmbHG Rn. 17; *Goette* ZInsO 2005, 1, 5; *Müller* ZIP 1996, 1153, 1154; *Glöckner* JZ 1997, 622, 625 f.; *Henze/Bauer*, Kölner Schrift,² S. 1311 Rn. 47; Uhlenbruck/Hirte/Vallender/*Hirte*, § 11 Rn. 75.
[695] *Flöther/Korb* ZIP 2012, 2333, 2334.
[696] *Flöther/Korb* ZIP 2012, 2333, 2334.
[697] BGH NZI 2001, 87, 88; *Fleck* GmbHR 1974, 224, 230.

züglich der Insolvenzquote entstanden.[698] Da die Insolvenzquote der nicht bevorrechtigten Gläubiger aber erst mit Abschluss des Insolvenzverfahrens feststeht,[699] würde eine derartige Vorgehensweise freilich die Verfahrensabwicklung empfindlich stören. Der Geschäftsführer könnte dann nämlich erst mit (bzw. nach) Abschluss des Insolvenzverfahrens in Anspruch genommen werden. Dass dies nicht praktikabel ist und dem Sinn und Zweck des § 64 S. 1 GmbHG zuwiderläuft, leuchtet ohne weiteres ein. Darum will die Rechtsprechung dem Insolvenzverwalter gestatten, den Anspruch aus § 64 S. 1 GmbHG gegen den Geschäftsführer ungekürzt geltend zu machen.[700] Um aber eine Bereicherung der Masse zu verhindern, soll der Geschäftsführer befugt sein, nach Erstattung der Leistung an die Masse (!) einen Anspruch gegen den Insolvenzverwalter geltend zu machen. Dieser eigenständige Anspruch richtet sich in Rang und Höhe nach dem Betrag, den der begünstigte Gesellschaftsgläubiger im Insolvenzverfahren erhalten hätte.[701] Letztlich bedeutet dies, dass der Geschäftsführer die ursprüngliche (zwischenzeitlich aber getilgte) Forderung des Begünstigten im eigenen Namen im Insolvenzverfahren einfordern kann.[702]

189 Mit schadensersatzrechtlichen Erwägungen lässt sich all dies nicht begründen.[703] Parallelen bestehen aber zu § 144 I InsO.[704] Die Bestimmung sieht vor, dass die Forderung des Empfängers einer anfechtbaren Leistung wieder auflebt, wenn er das Erlangte zurückgewährt. Sinn und Zweck der Vorschrift ist es, eine ungerechtfertigte Bereicherung der Insolvenzmasse zu vermeiden.[705] Erreicht wird dies dadurch, dass die (zunächst getilgte) Forderung rückwirkend genau so wieder auflebt, wie sie ursprünglich bestanden hat. Voraussetzung hierfür ist aber nach § 144 I InsO, dass der Anfechtungsgegner das Erlangte tatsächlich an die Masse zurückgewährt hat.[706] Bedenkt man, dass vorliegend § 64 S. 1 GmbHG im Grundsatz den identischen Gläubigernachteil auszugleichen sucht, wie die gegen den Leistungsempfänger gerichtete Insolvenzanfechtung und damit eine die Insolvenzanfechtung ergänzende Vorschrift ist, so liegt eine Analogie zu § 144 I InsO nahe. Ob sich freilich der Geschäftsführer im Haftungsprozess nach § 64 S. 1 GmbHG seinen Anspruch – wie von der hM behauptet –[707] gegen die Masse im Urteil „ohne weiteres vorbehalten" können soll, erscheint fraglich; denn da der Anspruch des Geschäftsführers erst mit seiner Leistung an die Masse entsteht, ist er für den Haftungsprozess grundsätzlich bedeutungslos. Lediglich unter den Voraussetzungen des § 259 ZPO erscheint es angebracht, dass der Geschäftsführer seinen Anspruch bereits im Erstprozess feststellen lässt.[708]

190 ff) *Verschulden.* Entgegen dem Wortlaut des § 64 S. 1 GmbHG haftet der Geschäftsführer nur, wenn er gegen die Masseerhaltungspflicht schuldhaft, dh vorsätzlich oder (auch einfach) fahrlässig verstoßen hat.[709] § 31a BGB findet auf den ehrenamtlichen

---

[698] *Michalski/Nerlich,* § 64 GmbHG Rn. 50; *Scholz/K. Schmidt,* § 64 GmbHG Rn. 35; siehe auch OLG Oldenburg NZG 2001, 37, 40.
[699] Siehe BGH NZI 2001, 196, 200; OLG Oldenburg NZG 2001, 37, 40.
[700] BGH NZI 2001, 196, 200; OLG Jena ZIP 2002, 986, 987; siehe *Baumbach/Hueck/Haas,* § 64 GmbHG Rn. 88.
[701] BGH NZI 2001, 196, 200; OLG Jena ZIP 2002, 986, 987.
[702] Siehe auch *Altmeppen* ZIP 2001, 240, 242; *Roth/Altmeppen,* § 64 GmbHG Rn. 46.
[703] AA *Altmeppen* ZIP 2001, 240, 242: „kann dahingestellt bleiben, ob (es) sich bei § 64 II GmbHG (§ 64 S. 1 GmbHG nF) um einen Schadensersatzanspruch handelt".
[704] *Haas,* FS Fischer, 2008, S. 209. 213 ff.
[705] OLG Jena ZIP 2002, 986, 987; BerlK/*Haas,* § 144 Rn. 2; MüKoInsO/*Kirchhof,* § 144 Rn. 1.
[706] BerlK/*Haas,* § 144 Rn. 6, 11 f.; MüKoInsO/*Kirchhof,* § 144 Rn. 7.
[707] BGH ZIP 2008, 72, 73; DStR 2007, 1360; OLG Celle ZIP 2007, 2210, 2212; OLG Jena ZIP 2002, 986, 989.
[708] *Baumbach/Hueck/Haas,* § 64 GmbHG Rn. 88; siehe auch OLG Hamburg GmbHR 2007, 1037, 1041.
[709] Vgl. BGHZ 75, 96, 111; 126, 181, 199; BGH DStR 2012, 1286; OLG Oldenburg ZIP 2004, 1315, 1316; *Baumbach/Hueck/Haas,* § 64 GmbHG Rn. 84; *Lutter/Hommelhoff/Kleindiek,* § 64 GmbHG

Geschäftsführer keine analoge Anwendung. – Zur Exkulpation bei Einschaltung externer Berater → Rn. 94 f.

gg) *Geltendmachung des Anspruchs.* (1) *Prozessführungsbefugnis.* Im eröffneten Verfahren macht der Insolvenzverwalter den Anspruch aus § 64 S. 1 GmbHG geltend (→ Rn. 519, für die Fälle der Masseunzulänglichkeit, → Rn. 580 f.).[710] Soweit Eigenverwaltung angeordnet ist, ist der Sachwalter zuständig (→ § 90 Rn. 81). Hat das Insolvenzgericht die Eröffnung des Verfahrens mangels Masse abgelehnt, kann jeder Gläubiger den Anspruch pfänden und sich zur Einziehung überweisen lassen (→ Rn. 259 ff.).

(2) *Zuständigkeit.* Die internationale Entscheidungszuständigkeit für in Deutschland eröffnete Haupt- oder Partikularinsolvenzverfahren liegt – wie für eine Insolvenzanfechtungsklage[711] – in entsprechender Anwendung des Art. 3 EuInsVO bei den deutschen Gerichten.[712] Die sachliche Zuständigkeit der Zivilgerichte richtet sich nach §§ 23, 71 GVG. Streitigkeiten aus § 64 S. 1 GmbHG sind Handelssachen iS des § 95 I Nr. 4a GVG. Das soll auch dann gelten, wenn sich die Klage gegen einen faktischen Geschäftsführer (→ Rn. 42 ff.) richtet.[713] Örtlich zuständig sind – neben den Gerichten am allgemeinen Gerichtsstand des Beklagten (hier Geschäftsführer) – entsprechend § 29 ZPO die Gerichte am Sitz der Gesellschaft.[714]

(3) *Darlegungs- und Beweislast.* Der Insolvenzverwalter hat das Vorliegen der Überschuldung oder Zahlungsunfähigkeit im Zeitpunkt der Zahlung darzulegen und gegebenenfalls zu beweisen.[715] Dabei ist der Vorgang aufzuschlüsseln nach Höhe, Empfänger und Leistungszeit. Es ist aber dann Sache des Geschäftsführers darzulegen und gegebenenfalls zu beweisen, dass die Zahlung nicht zu einer (oder nur geringeren) Benachteiligung der Gläubigergesamtheit geführt hat.[716] Liegt eine Auszahlung nach Eintritt der Überschuldung bzw. Zahlungsunfähigkeit vor, wird die Pflichtwidrigkeit iS des § 64 S. 1 GmbHG sowie ein Verschulden des Geschäftsführers vermutet.[717] Will sich der Geschäftsführer entlasten, hat er darzulegen, dass und wie er sich um die finanzielle Situation der Gesellschaft gekümmert hat bzw. aus welchen Gründen er die Insolvenzreife der Gesellschaft nicht erkennen konnte oder dass die Zahlungen mit den Grundsätzen eines ordentlichen Geschäftsmannes vereinbar waren.[718]

b) *Vermögensbetreuungspflichten gegenüber Sicherungsnehmern der Gesellschaft.* Nach Eintritt der Insolvenzreife stellt sich die Frage, ob dem Geschäftsführer eine besondere Fürsorgepflicht zugunsten der gesicherten Gläubiger obliegt, um einen Verlust dieser Si-

---

Rn. 14; *Scholz/K. Schmidt,* § 64 GmbHG Rn. 46; *ders.* JZ 1978, 661, 662; *Medicus* GmbHR 1993, 534, 538.
[710] BGH NZI 2001, 87 f.; *Lutter/Hommelhoff/Kleindiek,* § 64 GmbHG Rn. 17.
[711] Zu den Parallelen zum Insolvenzanfechtungsrecht vgl. bereits *Haas* NZG 2004, 737 ff.
[712] *Baumbach/Hueck/Haas,* § 64 GmbHG Rn. 14 d f.; *Saenger/Inhester/Kolmann,* § 64 GmbHG Rn. 65; so nunmehr auch BGH BeckRS 2014, 16849; vgl. auch OLG Köln NZI 2012, 52 (mit Anm. *Mankowski*); aA OLG Karlsruhe ZIP 2010, 2123; OLG Düsseldorf BeckRS 2010, 12145.
[713] OLG Stuttgart ZInsO 2005, 47 f.
[714] Dies ist für die Organhaftung aus § 43 II GmbHG unbestritten, siehe BGH GmbHR 1992, 303; *Michalski/Haas/Ziemons,* § 43 GmbHG Rn. 243. Ob diese Rspr ohne weiteres auf § 64 S. 1 GmbHG übertragen werden kann, ist aber zweifelhaft; siehe hierzu *Baumbach/Hueck/Haas,* § 64 GmbHG Rn. 14; für internationale Zuständigkeit, siehe *Haas* NZG 2010, 495 ff.
[715] → Rn. 121 f. und *Noack,* Rn. 327.
[716] BGH NJW 1974, 1088, 1089; OLG Celle NJW-RR 1995, 558; GmbHR 1997, 901, 902; OLG Düsseldorf NZG 1999, 1066, 1067; *Noack,* Rn. 328; *Götker,* Der Geschäftsführer in der Insolvenz der GmbH, Rn. 374; *Windel* KTS 1991, 466, 486.
[717] OLG Oldenburg ZInsO 2004, 1084, 1086 = ZIP 2004, 1315, 1316; OLG Düsseldorf NZG 1999, 884, 885; WM 1996, 1922, 1927; *Rowedder/Chr. Schmidt-Leithoff/Baumert,* § 64 GmbHG Rn. 48; *Lutter/Hommelhoff/Kleindiek,* § 64 GmbHG Rn. 14; *Noack,* Rn. 328.
[718] Vgl. OLG Düsseldorf GmbHR 1993, 159, 160; WM 1996, 1922, 1927; LG Aachen ZIP 1995, 1837, 1838.

cherungsrechte und damit eine Schädigung der Gläubiger zu verhindern. Der BGH hat eine solche haftungsbewehrte Pflicht aus § 823 II BGB iVm § 15a I InsO abgelehnt. Schäden, die etwa ein Vorbehaltsverkäufer dadurch erleidet, dass Mitarbeiter der insolventen GmbH die Vorbehaltsware weiterveräußern, würden vom sachlichen Schutzbereich des § 823 II BGB iVm § 15a I InsO nicht erfasst. Vielmehr werde das Vorbehaltseigentum auch nach Eintritt der Insolvenzreife ausreichend durch § 823 I BGB, § 823 II BGB iVm § 246 StGB und §§ 987 ff. BGB geschützt.[719] Zwar erging diese Entscheidung vor der Rechtsprechungsänderung zum Umfang des sachlichen Schutzbereiches des § 823 II BGB iVm § 15a I InsO (→ Rn. 96 ff.). An der Rechtsprechung ist jedoch auch heute festzuhalten, da der Eintritt der Insolvenzreife grundsätzlich einen völlig ungeeigneten abstrakten Maßstab darstellt, um Gefährdungen der durch § 823 I BGB geschützten Rechtspositionen zu prognostizieren.[720]

195 Unproblematisch ergibt sich eine Verantwortlichkeit des Geschäftsführers, wenn er selbst unmittelbar als Täter oder sonstiger Beteiligter an der Rechtsgutverletzung iS des § 823 I BGB zu Lasten des Sicherungsnehmers mitgewirkt hat.[721] Schwieriger gestaltet sich die Frage hingegen, wenn er selbst nicht unmittelbar beteiligt war, sondern allenfalls mittelbar eine Ursache für den beim Sicherungsnehmer eingetretenen Schaden gesetzt hat.[722] In einem solchen Fall könnte sich eine Verantwortlichkeit des Geschäftsführers uU aus der Verkehrspflicht ableiten lassen, das Unternehmensverhalten so einzurichten, dass Dritte nicht in ihren nach § 823 I BGB geschützten Rechtspositionen beeinträchtigt werden.[723] Die Haftung von Leitungsorganen juristischer Personen auf Grund einer Verletzung derartiger „unternehmerischer" Verkehrspflichten ist seit der sogenannten „Baustoffentscheidung" des BGH äußerst umstritten.[724] Eine Haftung des Geschäftsführers käme hier nur dann in Betracht, wenn der Geschäftsführer entweder originärer Adressat dieser unternehmerischen deliktischen Verkehrspflicht ist, wenn er eine der Gesellschaft im Außenverhältnis obliegende Verkehrspflicht auf Grund seiner Geschäftsführerstellung übernommen hat oder aber ausnahmsweise Adressat einer eigenen, selbstständigen, dh von der der Gesellschaft verschiedenen Verkehrspflicht zum Schutz des Sicherungsnehmers ist. Die ersten beiden Varianten sind in jedem Fall abzulehnen,[725] die letzte Alternative muss eine im Einzelfall auf Grund besonderer Umstände zu begründende Ausnahme bleiben, da die Pflicht des Geschäftsführers, für ein rechtmäßiges Verhalten der Gesellschaft in ihren Außenbeziehungen zu Dritten zu sorgen, – wie sich aus § 43 II GmbHG ergibt – grundsätzlich gegenüber der Gesellschaft, nicht aber gegenüber Dritten besteht.

196 c) *Informations- und Aufklärungspflichten gegenüber einzelnen Gläubigern.* Ob der Geschäftsführer seine Geschäftspartner über die eingetretene wirtschaftliche Krise zu informieren hat, hängt von zwei Fragen ab: Zum einen, ob der Eintritt der Insolvenzreife eine aufklärungspflichtige Tatsache ist und zum anderen, ob die Pflicht zur Aufklärung des Geschäftspartners dem Geschäftsführer persönlich obliegt.

---

[719] BGHZ 100, 19, 24.
[720] → Rn. 118 ff.
[721] Vgl. *Medicus* ZGR 1998, 570, 571.
[722] Vgl. *Medicus* ZGR 1998, 570, 571 ff.; siehe auch *Heil/Russenschuck* BB 1998, 1749, 1750 ff.
[723] Vgl. BGH BB 1978, 1088, 1089; BB 1988, 1624; MüKoBGB/*Wagner*, § 823 Rn. 378 ff.; Staudinger/*Hager*, § 823 Rn. E 66 f.; *Vollmer* JZ 1977, 371; *Zeuner* in 25 Jahre Karlsruher Forum, 1983, S. 196 ff.
[724] BGHZ 109, 297; vgl. auch BGH ZIP 1996, 786, 788; Stellungnahmen zum Baustoffurteil bei Mertens/*Mertens* JZ 1990, 486; *Brüggemeier* AcP 191, 33 ff.; *Medicus*, FS Lorenz, 1991, S. 155; *Krebs/Dylla-Krebs* DB 1990, 1271; *von Bar*, FS Kitagawa, 1992, S. 279; *Dreher* ZGR 1992, 22, 23 ff.; ausführlich *Haas*, Geschäftsführerhaftung, S. 209 ff.; *Kleindiek*, Deliktshaftung, 368 ff.; *Eckert*, Jahrbuch der jungen Zivilrechtswissenschaftler, 1996, 61 ff.; *Sandberger*, Die Außenhaftung, S. 119 ff.
[725] Vgl. *Medicus* ZGR 1998, 570, 572 ff.; *Heil/Russenschuck* BB 1998, 1749, 1750 ff.

aa) *Aufklärungspflichtige Tatsachen.* Über welche Umstände der Geschäftspartner aufzu- **197** klären ist, ergibt sich aus § 242 BGB.[726] Eine Aufklärungspflicht besteht danach grundsätzlich über solche Umstände, die den Vertragszweck vereiteln können, nur einem Teil bekannt sind, für den Vertragspartner ersichtlich von wesentlicher Bedeutung sind und deren Mitteilung nach Treu und Glauben erwartet werden kann.[727] Letzteres ist dann der Fall, wenn auf Grund der Finanzlage der Gesellschaft der Vertragszweck ernstlich gefährdet ist. Überwiegender Ansicht nach ist der Vertragspartner daher aufzuklären, wenn die Gesellschaft im Zeitpunkt des Vertragsschlusses zahlungsunfähig ist.[728] Umstritten ist jedoch, ob die im Zeitpunkt des Vertragsschlusses bestehende Überschuldung dem Vertragspartner mitzuteilen ist.[729] Teilweise wird die Ansicht vertreten, dass auch die drohende Zahlungsunfähigkeit mitzuteilen ist.[730] Einigkeit besteht jedoch wieder insoweit, dass Krisenwarnsignale im Vorfeld der Insolvenzauslösegründe (etwa der Verlust der Hälfte des Stammkapitals iS des § 49 III GmbHG) nicht mitteilungspflichtig sind.[731]

bb) *Die individuelle Aufklärungspflicht des Geschäftsführers.* Eine haftungsbewehrte indi- **198** viduelle Pflicht des Geschäftsführers, die Vertragspartner der Gesellschaft über die eingetretene Insolvenzreife zu informieren bzw. aufzuklären, kann sich nach hM[732] entweder aus Vertrag, § 826 BGB, § 823 II BGB iVm § 263 StGB oder aber nach den Grundsätzen der Vertreterhaftung (§§ 280, 282, 311 III BGB) ergeben. In allen Fällen ist der verletzte Vertragspartner so zu stellen, wie er stehen würde, wenn er ordnungsgemäß aufgeklärt worden wäre. Dann wäre in aller Regel der Vertrag nicht geschlossen worden. Zu ersetzen ist folglich das negative Interesse. Im Einzelfall kann auch auf Grund der vom Geschäftsführer gegebenen Information ein selbstständiger Auskunftsoder Garantievertrag zwischen Geschäftsführer und Gläubiger zustande kommen. Auch während des Insolvenzverfahrens macht die Ansprüche wegen Informationspflichtverletzungen der geschädigte Gläubiger, nicht aber der Insolvenzverwalter nach § 92 InsO geltend.[733] Zu sonstigen – nicht krisenspezifischen – Informationspflichten des Geschäftsführers, die dieser auch in der Krise beachten muss, siehe *Michalski/Haas*, § 43 GmbHG Rn. 291, 315–319.

(1) *Selbstständiger Auskunfts- bzw. Garantievertrag.* Einen selbstständigen Garantievertrag **199** hinsichtlich kreditrelevanter Informationen zwischen Geschäftsführer und Gesellschaftsgläubiger hat der BGH etwa angenommen, wenn der Geschäftsführer einem Lieferanten zweimal telefonisch zusichert, sich wegen der Bezahlung der Lieferung keine Sorgen zu machen, weil er – notfalls – Geld in die Gesellschaft nachschießen werde,

---

[726] Vgl. BGH GmbHR 1991, 409, 411; *Ulmer* NJW 1983, 1577, 1578.
[727] BGH NJW 1984, 2284, 2286; ZIP 1991, 1140, 1144; WM 1996, 594, 595.
[728] Vgl. BGH NJW 1984, 2284, 2286; NJW 1983, 676, 677; *Ulmer* NJW 1983, 1577, 1579; *ders.* GmbHR 1984, 256, 264.
[729] Vgl. etwa zum Streitstand OLG Düsseldorf WuB II C § 64 GmbHG 3.97; im bejahenden Sinne die wohl überwiegende Ansicht: BGH NJW 1984, 2284, 2286; NJW 1983, 676, 677; NJW 1988, 2234, 2235; GmbHR 1991, 409, 411; GmbHR 1994, 539, 542; *Medicus* GmbHR 1993, 533, 538; aA *Ulmer* NJW 1983, 1577, 1579; *ders.* GmbHR 1984, 256, 264; *Uhlenbruck*, Die GmbH & Co KG in Krise, Konkurs und Vergleich, S. 181.
[730] Vgl. *Schulze-Osterloh*, WuB II C. § 64 GmbHG 3.97; *Ulmer* NJW 1983, 1577, 1579; *ders.* GmbHR 1984, 256, 264; *Uhlenbruck*, Die GmbH & Co KG in Krise, Konkurs und Vergleich, S. 181.
[731] Vgl. etwa *Scholz/K. Schmidt*, § 49 GmbHG Rn. 23, 35; *Haas*, Geschäftsführerhaftung, S. 79; *Uhlenbruck* ZIP 1996, 1641, 1642.
[732] Zur These von *K. Schmidt* (NJW 1993, 2931, 2935; *ders.* ZIP 1995, 1497, 1503) hinsichtlich einer Repräsentantenhaftung des Geschäftsführers für wirtschaftliche Auskünfte siehe *Haas*, Geschäftsführerhaftung, S. 76 ff.
[733] Siehe *Michalski/Haas/Ziemons*, § 43 GmbHG Rn. 322, dort auch zur Anrechnung der Insolvenzquote.

wenn Letztere die Lieferung nicht bezahlen könne.[734] Aufgrund des Garantieversprechens sei der Geschäftsführer – so der BGH – gegenüber dem Lieferanten zur Schadloshaltung verpflichtet, wenn der versprochene Erfolg (hier Bezahlung seitens der Gesellschaft) nicht eintritt.[735] Gleiches hat der BGH in einem anderen Fall angenommen, in dem ein Geschäftsführer einen ihm freundschaftlich verbundenen Gesellschaftsgläubiger auf dem Briefpapier der Gesellschaft „als Freund" um Stundung der Forderung gebeten hat mit dem Hinweis, dass er eigene Termingelder auflösen werde, um damit persönlich die Gesellschaftsverbindlichkeiten zu begleichen.[736] Die Abgrenzung derartiger Garantie- und Auskunftsverträge zu – grundsätzlich – unverbindlichen Zusicherungen im Vorfeld von vertraglichen Vereinbarungen[737] ist freilich nicht immer einfach.

200 (2) *Haftung des Geschäftsführers nach § 826 BGB.* Voraussetzung für eine Eigenhaftung des Geschäftsführers nach § 826 BGB ist, dass die unterlassene bzw. fehlerhafte Aufklärung des Vertragspartners der Gesellschaft sittenwidrig ist.[738] Sittenwidrig handelt der Geschäftsführer, wenn er die von der Gesellschaft (als Vertragspartner des Geschädigten) geschuldete Information arglistig verschweigt, dh wenn er bewusst täuscht[739] oder aber die von ihm zu erfüllende Aufklärungspflicht leichtfertig und gewissenlos verletzt.[740] Ob dies der Fall ist, ist anhand einer wertenden Betrachtung zu ermitteln. Dabei sind die weit reichenden wirtschaftlichen Folgen für den betroffenen Vertragspartner[741] und die Schwere bzw. das Ausmaß der vom Geschäftsführer verletzten beruflichen Standards im Rahmen der von ihm wahrgenommenen Aufgabe zu berücksichtigen.[742] Insbesondere im Hinblick auf diesen letzteren Aspekt ist darauf hinzuweisen, dass die Nichteinhaltung beruflich anerkannter Verhaltensregeln für sich betrachtet keinen Verstoß gegen die guten Sitten zu rechtfertigen vermag. Hinzukommen müssen vielmehr weitere Umstände, aus denen sich ergibt, dass sich der Geschäftsführer seiner Aufgabe leichtfertig entledigt oder rücksichtslos verhalten hat.[743] Das Bewusstsein, sittenwidrig zu handeln, ist dagegen für eine Haftung aus § 826 BGB nicht Voraussetzung.[744]

201 Darüber hinaus muss der Geschäftsführer mit dem Vorsatz der Schadenszufügung gehandelt haben. Notwendig und ausreichend ist ein bedingter Schädigungsvorsatz,[745] dh der Geschäftsführer muss den Schaden für möglich gehalten und in Kauf genommen haben.[746] Aus einem leichtfertigen und gewissenlosen Verhalten des Geschäftsführers darf jedoch nicht ohne weiteres auf einen Schädigungsvorsatz geschlossen werden; letzterer ist vielmehr gesondert festzustellen.[747]

202 (3) *Die Vertreterhaftung nach §§ 280, 282, 311 III BGB.* Ausnahmsweise trifft den Geschäftsführer eine Haftung gegenüber dem Vertragspartner der GmbH für „Fehlinformationen" nach §§ 280, 282, 311 III BGB. Voraussetzung hierfür ist, dass der Ge-

---

[734] BGH DStR 2001, 1397, 1398.
[735] BGH DStR 2001, 1397, 1398.
[736] BGH NZG 2002, 779 f.; ähnlich auch der Fall ArbG Essen ZInsO 2005, 54, 55 f.
[737] → Rn. 202 ff.
[738] Siehe etwa Beispiele bei OLG Jena ZIP 2002, 631; HansOLG NZG 2000, 606, 607; siehe auch BAG NZA 1999, 39, 42; Uhlenbruck/Hirte/Vallender/*Hirte*, § 11 Rn. 84.
[739] OLG Köln WiB 1994, 610, 611.
[740] BGH WM 1976, 498, 500; ZIP 1989, 1455, 1458; NJW 1991, 3282, 3283; OLG Düsseldorf BB 1996, 2614, 2616.
[741] BGH NJW-RR 1986, 1150, 1151; BGH NJW 1991, 3282, 3283.
[742] OLG Frankfurt WM 1989, 1618, 1620.
[743] BGH NJW 1991, 3282, 3283; NJW 1986, 180, 181
[744] BGH ZIP 1994, 1102, 1103; NJW-RR 1986, 1150, 1151.
[745] Vgl. BGH NJW-RR 1986, 1150, 1151; ZIP 1989, 1455, 1458; NJW 1991, 3282, 3283.
[746] BGH ZIP 1989, 1455, 1458; NJW-RR 1986, 1150, 1151; OLG Koblenz NZG 2003, 776, 777.
[747] BGH WM 1966, 1148, 1149; NJW 1976, 498, 500; NJW 1991, 3282, 3283; OLG Celle WiB 1994, 392, 393.

schäftsführer gleichsam wirtschaftlich in eigener Sache gehandelt oder aber ein besonderes Vertrauen des Vertragspartners in Anspruch genommen hat.[748]

Für die erste Fallgruppe besteht praktisch kein relevanter Anwendungsbereich mehr, da Rechtsprechung und Literatur in den letzten Jahren insoweit eine zunehmend restriktive Auslegung des wirtschaftlichen Eigeninteresses vornimmt.[749] So handelt der Geschäftsführer nicht schon dann mit wirtschaftlichem Eigeninteresse, wenn er Provisionen für den Geschäftsabschluss bekommt,[750] umsatzbeteiligt,[751] einziger[752] oder beherrschender Gesellschafter[753] ist, sich die Forderung gegen den Vertragspartner zur Besicherung eigener Forderungen gegen die Gesellschaft abtreten lässt[754] oder aber die Gesellschaftsverbindlichkeit gegenüber dem Vertragspartner persönlich oder dinglich besichert[755] hat.[756] 203

Neben dem wirtschaftlichen Eigeninteresse stellt die Inanspruchnahme besonderen persönlichen Vertrauens die zweite Fallgruppe dar, die eine Haftung des Geschäftsführers nach §§ 280, 311 III BGB begründet.[757] Auch diese Fallgruppe wird von der Rechtsprechung und der Literatur restriktiv gehandhabt.[758] Von einem persönlichen Vertrauen kann nur dort die Rede sein, wo der Geschäftsführer seine Rolle als Vertreter der Gesellschaft deutlich verlässt.[759] Dies ist nur der Fall, wenn der Vertreter beim Verhandlungspartner ein zusätzliches, besonderes, auf sich bezogenes Vertrauen in Bezug auf die Richtigkeit und Vollständigkeit seiner Erklärung hervorruft und der Willensentschluss des anderen Teils hierauf beruht.[760] Letztlich handelt es sich hierbei um Erklärungen des Geschäftsführers im Vorfeld einer Garantiezusage, die von schlichtem Eigenlob oder Eigenwerbung bei Vertragsverhandlungen abzugrenzen sind.[761] Diskutiert wird die Inanspruchnahme besonderen Vertrauens in Fällen besonderer Sachkunde und Zuverlässigkeit des Geschäftsführers und bei besonderen persönlichen Beziehungen zwischen den Vertragspartnern.[762] 204

---

[748] BGH GmbHR 1994, 539, 540; ZIP 1991, 1140, 1141; OLG Koblenz NZG 2003, 776, 777; *Geißler* ZIP 1997, 2184, 2186; *Lutter* GmbHR 1997, 329, 330; *Bork* ZGR 1995, 505, 506 ff.; *Medicus* DStR 1995, 1432; Uhlenbruck/Hirte/Vallender/*Hirte*, § 11 Rn. 82 ff.; *Haas*, Geschäftsführerhaftung, S. 74 ff.; *ders.* in Unternehmen in der Krise, S. 73, 101 f.
[749] Vgl. *Uhlenbruck* ZIP 1996, 1641, 1643; *Geißler* ZIP 1997, 2184, 2186 ff.; *Haas* in Unternehmen in der Krise, S. 73, 101 f.
[750] BGH NJW-RR 1989, 110, 111.
[751] BGH NJW-RR 1989, 110, 111.
[752] BGH NJW-RR 1992, 1061.
[753] BGH GmbHR 1994, 539, 540; GmbHR 1994, 464, 465; ZIP 1991, 1140, 1142.
[754] BGH DStR 1995, 989, 990.
[755] BGH GmbHR 1994, 539, 541 ff.; WiB 1995, 595; vgl. auch *Ulmer* ZIP 1993, 763, 770; *Medicus* GmbHR 1993, 533, 536.
[756] Siehe zu den Fällen auch *Roth/Altmeppen*, § 43 GmbHG Rn. 49; *Baumbach/Hueck/Zöllner/Noack*, § 43 GmbHG Rn. 72; *Lutter/Hommelhoff/Kleindiek*, § 43 GmbHG Rn. 67; *Götker*, Der Geschäftsführer in der Insolvenz der GmbH, Rn. 745; *Michalski/Haas/Ziemons*, § 43 GmbHG Rn. 310; vgl. auch *Scholz/Schneider*, § 43 GmbHG Rn. 317 ff.
[757] *Lutter/Hommelhoff/Kleindiek*, § 43 GmbHG Rn. 65 f.; *Michalski/Haas/Ziemons*, § 43 GmbHG Rn. 312; *Geißler* ZIP 1997, 2184, 2188 ff.; *Uhlenbruck* ZIP 1996, 1641, 1642 f.
[758] Vgl. *Maser/Sommer* BB 1996, 65 ff.; *K. Schmidt*, Gesellschaftsrecht, § 36 II 5 c.
[759] Vgl. OLG Koblenz NZG 2003, 776, 777; *Medicus* GmbHR 1993, 533, 537; *Impelmann* WiB 1994, 801, 802; *Lutter* DB 1994, 129, 133.
[760] BGH GmbHR 1994, 539, 542; GmbHR 1994, 464, 465; ZIP 1991, 1140, 1142 f.; ZIP 1989, 1455, 1456; *Baumbach/Hueck/Zöllner/Noack*, § 43 GmbHG Rn. 71; *Roth/Altmeppen*, § 43 GmbHG Rn. 50 f.; *Götker*, Der Geschäftsführer in der Insolvenz der GmbH, Rn. 744; *Michalski/Haas/Ziemons*, § 43 GmbHG Rn. 312; sehr viel weiter dagegen *K. Schmidt* NJW 1993, 2931, 2935; *ders.* ZIP 1988, 1497, 1503; *ders.*, Gesellschaftsrecht, § 36 II 5 c.
[761] Vgl. BGH GmbHR 1994, 539, 542; OLG Koblenz NZG 2003, 776, 777; *Scholz/Schneider*, § 43 GmbHG Rn. 316; *Canaris*, FS Giger, 1989, S. 102; *Medicus* GmbHR 1993, 533, 537; *Bork* ZGR 1995, 505, 509.
[762] *Geißler* ZIP 1997, 2184, 2189; siehe auch *Scholz/Schneider*, § 43 GmbHG Rn. 316.

205 cc) *Das Verhältnis der individuellen Aufklärungspflicht zu § 15a I InsO.* Unklar und bislang nicht geklärt ist das Verhältnis der Ersatzpflicht für die Verletzung einer individuellen Aufklärungspflicht aus § 826 BGB, § 823 II BGB iVm § 263 StGB oder culpa in contrahendo zu § 15a I InsO bzw. § 64 S. 1 GmbHG. Sieht man – wie hier[763] – den Schutzzweck der Insolvenzantragspflicht nach § 15a I InsO ua in einer globalen Aufklärung des Rechts- und Geschäftsverkehrs der GmbH, stellt sich die Frage, ob für eine Verletzung der individuellen Aufklärungspflicht ein selbstständiger Anwendungsbereich bleibt, etwa wenn der Geschäftsführer einen Vertrag nach Stellung des Insolvenzantrags (aber vor Anordnung von Sicherungsmaßnahmen durch das Insolvenzgericht) schließt und den Vertragspartner dabei nicht über die wirtschaftlichen Verhältnisse der Gesellschaft aufklärt. In einem derartigen Fall wird nämlich der vom Vertragspartner erlittene Vertrauensschaden weder von § 823 II BGB iVm § 15a I InsO[764] noch von § 64 S. 1 GmbHG[765] erfasst. Ein vergleichbares Problem stellt sich auch dann, wenn der Geschäftsführer nach Eintritt der Insolvenzreife, aber vor Stellung des Insolvenzantrags innerhalb der Dreiwochenfrist[766] des § 15a I InsO neue Verträge schließt.

206 Nach Stellung des Insolvenzantrags sieht das Gesetz in § 21 InsO verschiedene Möglichkeiten der Anordnung von Sicherungsmaßnahmen seitens des Insolvenzgerichts im Interesse der Gläubiger vor. Eine öffentliche Bekanntmachung dieser Sicherungsmaßnahmen ist nicht in jedem Fall vorgesehen. § 23 InsO schreibt sie lediglich dann vor, wenn das Gericht dem Gemeinschuldner ein allgemeines Verfügungsverbot auferlegt und einen vorläufigen Insolvenzverwalter bestellt hat. Das Gesetz trägt durch dieses eingeschränkte Bekanntmachungsgebot dem Umstand Rechnung, dass durch eine Veröffentlichung der wirtschaftlich angespannten Lage des Schuldners die Abwärtsentwicklung gegenüber einer „stillen" Sequestration erheblich beschleunigt wird. Geboten ist die Veröffentlichung von Gesetzes wegen im Insolvenzeröffnungsverfahren daher nur insoweit, als die von der Bekanntmachung ausgehende Drittwirkung zur Erreichung des Verfahrenszwecks notwendig und erforderlich ist. Diese Wertung in § 23 InsO würde freilich unterlaufen, wenn der Geschäftsführer auf Grund der §§ 280, 282, 311 III BGB oder nach § 826 BGB bzw. § 823 II BGB iVm § 263 StGB verpflichtet wäre, den Vertragspartner der Gesellschaft in jedem Fall über die wirtschaftliche Krise der Gesellschaft aufzuklären. Ähnlich ist die Rechtslage bei Vertragsabschlüssen innerhalb der Dreiwochenfrist des § 15a I InsO. Sinn und Zweck dieser Frist ist insbesondere, dem Geschäftsführer die Prüfung von Sanierungsmöglichkeiten zu eröffnen. Dieser Zweck würde gefährdet, wenn dem Geschäftsführer im konkreten Fall gegenüber dem Geschäftspartner eine Pflicht zur Offenbarung der wirtschaftlichen Notlage obliegen würde.

207 Auch wenn die individuelle und die globale Aufklärungspflicht miteinander in Konflikt stehen, wird erstere nicht durch letztere verdrängt. Dies ergibt sich zum einen daraus, dass beide (globale und individuelle) Formen der Aufklärung eine unterschiedliche Intensität und Reichweite aufweisen. Zum anderen darf auf den einzelnen mit der Gesellschaft in Rechtsbeziehung tretenden Gläubiger das „Sanierungsrisiko" nicht abgewälzt werden. Dies leuchtet unmittelbar für solche Geschäfte ein, die nicht für die (vorübergehende) Fortführung des Unternehmens erforderlich sind. Aber auch für die übrigen Rechtsgeschäfte, die der Aufrechterhaltung des Geschäftsbetriebs dienen, muss der Geschäftsführer entweder Vorkehrungen treffen, um eine Schädigung des Dritten zu verhindern, oder diesen über die Risiken aufklären, um nicht wegen Verletzung einer individuellen Aufklärungspflicht zur Verantwortung gezogen zu werden. In ein haf-

---

[763] → Rn. 97 f.
[764] → Rn. 107 ff.
[765] → Rn. 168 ff.
[766] → Rn. 82 ff.

tungsrechtliches Dilemma gerät der Geschäftsführer hierdurch nicht; denn nach § 64 S. 1 GmbHG darf der Geschäftsführer auch gegenüber der Gesellschaft (bzw. Gläubigergesamtheit) die Geschäfte abwickeln, die zur Aufrechterhaltung des Geschäftsbetriebs im Interesse der Gesellschaft bzw. Gläubigergesamtheit angezeigt sind.[767]

d) *Einhaltung öffentlich-rechtlicher Pflichten.* **aa)** *Abführung der Sozialversicherung.* Alleiniger Schuldner des Gesamtsozialversicherungsbeitrags ist gemäß § 28e I 1 SGB IV der Arbeitgeber, mithin die GmbH. Zwischen Letzterer und der Einzugsstelle besteht deshalb ein öffentlich-rechtliches Sozialversicherungsverhältnis.[768] Für die Erfüllung dieser der GmbH im Außenverhältnis obliegenden Pflicht ist der Geschäftsführer gegenüber der Gesellschaft nach § 43 I, II GmbHG verantwortlich. Überlagert wird diese Haftung jedoch durch § 823 II BGB iVm § 266a I StGB. Danach ist der Arbeitgeber strafbar, wenn er der Einzugsstelle vorsätzlich die Beiträge des *Arbeitnehmers* zur Sozialversicherung oder zur Bundesanstalt für Arbeit vorenthält. Das strafrechtliche Gebot, *Arbeitnehmer*beiträge zur Sozialversicherung abzuführen, wendet sich nicht nur an den Arbeitgeber, sondern nach § 14 I Nr. 1 StGB auch an den Geschäftsführer.[769] Rechtsprechung[770] und hL[771] bejahen den Schutzgesetzcharakter des § 266a I StGB iS des § 823 II BGB nicht nur zu Lasten des Arbeitgebers, sondern auch zu Lasten des Geschäftsführers. Die Nichtabführung der *Arbeitgeber*anteile zur Sozialversicherung ist unter den betrugsähnlichen Voraussetzungen des § 266a II StGB strafbar. Die Vorschrift ist ebenfalls Schutzgesetz iS des § 823 II BGB.[772] In subjektiver Hinsicht setzt die Haftung (bedingten) Vorsatz voraus.[773] Der Geschäftsführer muss daher das Bewusstsein und den Willen haben, die Abführung der Beiträge am Fälligkeitstag zu unterlassen.[774] Die Rechtsprechung legt diese Voraussetzung jedoch großzügig aus.[775] Allerdings liegt im Prozess die Darlegungs- und Beweislast für den Vorsatz des beklagten Geschäftsführers bei dem klagenden Sozialversicherungsträger, wobei für den Geschäftsführer die Grundsätze der sekundären Darlegungslast gelten.[776]

(1) *Pflichtverletzung.* Im Mittelpunkt der Strafbarkeit und mithin auch der zivilrechtlichen Haftung des Geschäftsführers steht das Merkmal der Beitragsvorenthaltung. Dieses Tatbestandsmerkmal ist dem BGH zufolge erfüllt, wenn der Geschäftsführer im Fälligkeitszeitpunkt die Beitragspflicht verletzt, dh Arbeitnehmerbeiträge nicht an die Einzugsstelle abführt (Lohnpflichttheorie).[777] Diese Rechtsprechung hat durch den Gesetzgeber nach Neufassung des § 266a I StGB durch Gesetz vom 23.7.2002 eine Bestä-

---

[767] → Rn. 180 ff.
[768] BGH ZIP 2002, 2143; OLG Celle ZVI 2004, 47, 48; *Hickmann* GmbHR 2003, 1041.
[769] BGH ZIP 2002, 2143, 2145; OLG Celle ZVI 2004, 47, 48; aA *Scholz/Schneider*, § 43 Rn. 407. Zu den Auswirkungen der Delegation und Ressortaufteilung siehe BGH ZIP 2002, 2143, 2145; ZIP 2003, 2213, 2215 f.; *Kiethe* ZIP 2003, 1957, 1962 ff.
[770] BGHZ 133, 370, 374; BGH NJW 2008, 3557, 3558; ZIP 2005, 1026, 1027; ZIP 1998, 31, 32; NJW 1997, 1237; DB 1991, 2585; OLG Düsseldorf NJW-RR 1997, 1124; NZG 1994, 29; GmbHR 1993, 812, 813; OLG Rostock GmbHR 1997, 845, 846.
[771] Siehe Nachweise bei *Baumbach/Hueck/Zöllner/Noack*, § 43 GmbHG Rn. 91; *Scholz/Schneider*, § 43 GmbHG Rn. 406; *Lutter/Hommelhoff/Kleindiek*, § 43 GmbH Rn. 82; *Michalski/Haas/Ziemons*, § 43 GmbHG Rn. 376.
[772] *Baumbach/Hueck/Zöllner/Noack*, § 43 GmbHG Rn. 91.
[773] BGH DB 1991, 2585; OLG Naumburg GmbHR 2000, 558, 559; KG NZG 2000, 988, 991; LG Braunschweig NZI 2001, 486, 487.
[774] BGH DB 1991, 2585; KG NZG 2000, 988, 991.
[775] Siehe etwa OLG Naumburg GmbHR 2000, 558, 559; OLG Düsseldorf GmbHR 2000, 561; OLG Düsseldorf GmbHR 2000, 939, 940; Nachweise auch bei *Michalski/Haas/Ziemons*, § 43 GmbHG Rn. 393.
[776] BGH GmbHR 2013, 265 mit Anm. *Werner*.
[777] BGH BB 2000, 1800; ZIP 2001, 80, 81; DStR 2001, 633; NZG 2002, 288; siehe auch OLG Naumburg GmbHR 2000, 558; ZIP 1999, 1362, 1363; OLG Düsseldorf NZI 2001, 324; *Hellmann* JZ 1997, 1002, 1005; *Pape/Voigt* NZG 1996, 829, 830; *Groß* ZGR 1998, 551, 558.

tigung erfahren.[778] Danach ist es für das Vorenthalten unerheblich, ob und gegebenenfalls in welchem Umfang der Arbeitgeber tatsächlich Lohn gezahlt hat.[779]

210 (2) *(Un-)Möglichkeit der Pflichterfüllung in der Krise.* Das „Vorenthalten" iS des § 266a I StGB setzt voraus, dass der Geschäftsführer im maßgebenden Zeitpunkt faktisch und rechtlich in der Lage ist, den Betrag abzuführen, dies jedoch unterlässt.[780] Fraglich ist freilich, wann dem Geschäftsführer die Abführung der Beiträge rechtlich oder tatsächlich unmöglich ist.

211 Rechtlich unmöglich ist dem Geschäftsführer die Erfüllung der sozialrechtlichen Pflichten mit Eröffnung des Regelinsolvenzverfahrens[781] oder wenn das Insolvenzgericht im Eröffnungsverfahren ein allgemeines Verfügungsverbot[782] erlassen hat.

212 Ein das „Vorenthalten" ausschließender Fall der „tatsächlichen" Unmöglichkeit liegt nach Ansicht der Rechtsprechung vor, wenn die GmbH im maßgebenden Zeitpunkt nicht über die notwendigen Geldmittel verfügt, weil sie beispielsweise zahlungsunfähig ist und auch nicht fremde Geldmittel beschaffen kann.[783] Allerdings verwendet die Rechtsprechung den Begriff der Zahlungsunfähigkeit vorliegend nicht im Sinne des § 17 II 1 InsO, sondern versteht hierunter einen wirtschaftlichen Zustand, in dem ein Beitragsschuldner nicht einmal mehr ausreichende Liquidität zur Begleichung der fälligen Arbeitnehmeranteile aufzubringen vermag. Gemeint ist damit letztlich das Stadium der Zahlungseinstellung. Kein Fall der tatsächlichen (oder rechtlichen) Unmöglichkeit liegt hingegen vor bei Eintritt der Zahlungsunfähigkeit iS des § 17 II InsO oder aber bei Überschuldung der Gesellschaft.[784]

213 Auch wenn dem Geschäftsführer die Abführung der Beiträge zur Sozialversicherung im Einzelfall unmöglich ist, schließt dies nicht von vornherein eine Strafbarkeit bzw. Haftung des Geschäftsführers aus.[785] Vielmehr kann – auf Grund der Rechtsfigur der ommissio libera in causa – für die Pflichtverletzung auch an einem Zeitpunkt im Vorfeld der Unmöglichkeit anzuknüpfen sein. Wenn auf Grund der konkreten finanziellen Situation Bedenken bestehen, ob am Fälligkeitstage ausreichende Mittel vorhanden sein werden, darf sich nämlich der Geschäftsführer durch anderweitige Zahlungen nicht seiner Zahlungsverpflichtung im Fälligkeitszeitpunkt begeben. Vielmehr ist der Geschäftsführer verpflichtet, durch besondere Maßnahmen, etwa die Aufstellung eines Liquiditätsplans und die Bildung ausreichender Rücklagen unter Zurückstellung anderweitiger Pflichten, notfalls durch Kürzung der auszuzahlenden Löhne oder Hintanstellung anderer Zahlungspflichten, seine Fähigkeit zur Abführung der Arbeitnehmerbeiträge zur Sozialversicherung soweit wie möglich sicherzustellen.[786]

---

[778] BGBl. 2002 I 2758; siehe auch BGH ZIP 2002, 2143.
[779] BGH ZIP 2002, 2143; siehe auch *Baumbach/Hueck/Zöllner/Noack,* § 43 GmbHG Rn. 92.
[780] BGH ZIP 2005, 1026, 1027; ZIP 2002, 2143; NZG 2002, 289, 290; ZIP 1998, 31, 32; OLG Celle ZVI 2004, 47, 48; OLG Düsseldorf GmbHR 2000, 1261; OLG Hamm ZIP 2000, 198, 199; OLG Celle GmbHR 1996, 51, 52; *Baumbach/Hueck/Zöllner/Noack,* § 43 GmbHG Rn. 93; *Kiethe* ZIP 2003, 1957, 1959.
[781] BGH ZIP 1998, 31, 32; OLG Oldenburg BB 1986, 1299; *Kiethe* ZIP 2003, 1957, 1959.
[782] BGH ZIP 1998, 31, 32; *Groß* ZIP 2001, 945, 950; *Baumbach/Hueck/Zöllner/Noack,* § 43 GmbHG Rn. 93.
[783] BGH ZIP 2005, 1027, 1028; NZG 2002, 288, 289; NZG 2002, 289, 290; NZG 1997, 522; BB 2000, 1800; OLG Düsseldorf NZI 2001, 324; GmbHR 2000, 939, 940; OLG Naumburg ZIP 1999, 1362, 1363. Zur Frage, ob der Geschäftsführer die Pflicht hat, sich die Mittel durch Kredit-Schöpfung zu verschaffen, siehe *Bittmann* DStR 2001, 855, 857.
[784] BGH ZIP 2003, 2213, 2215; NZG 2002, 289, 291; ZIP 1996, 1989, 1990; siehe auch *Baumbach/Hueck/Zöllner/Noack,* § 43 GmbHG Rn. 93.
[785] BGH NZG 2002, 288; NZG 2002, 289, 291; OLG Düsseldorf GmbHR 2000, 1261; *Groß* ZGR 1998, 551, 559 f.; *ders.* ZIP 2001, 945, 949; *Baumbach/Hueck/Zöllner/Noack,* § 43 GmbHG Rn. 94; *Frings* GmbHR 2000, 939, 941.
[786] BGH ZIP 2002, 2143, 2144 f.; ZIP 2001, 80 f.; DStR 2001, 633; NZG 1997, 522 f.; OLG Düsseldorf GmbHR 2000, 1261; KG NZG 2000, 988, 990 f.

(3) *Kollision mit Gläubigergleichbehandlungsgrundsatz.* Die vergleichsweise spät entfallende 214
Pflicht des Geschäftsführers zur Abführung der Sozialversicherungsbeiträge (verbunden
mit der Rechtsfigur der ommissio libera in causa) bedingt notwendig eine Vorrangstellung des Sozialversicherungsträgers vor anderen Gläubigern;[787] denn der Geschäftsführer wird – insbesondere in Zeiten knapper Geldmittel – in erster Linie diesen sozialrechtlichen Pflichten nachkommen, um einer Strafbarkeit und Eigenhaftung zu entgehen.[788]

Auch wenn für die Sicherung der Interessen des Sozialversicherungsträgers gute 215
Gründe sprechen mögen, so steht diese jedoch mit dem in § 823 II BGB iVm § 15a I
InsO sowie §§ 129 ff. InsO zum Ausdruck kommenden Gedanken, nämlich mit Eintritt
der Überschuldung bzw. Zahlungsunfähigkeit die Masse im Interesse einer gleichmäßigen Befriedigung aller Insolvenzgläubiger zu schützen, in einem gewissen Spannungsverhältnis. Der Gleichbehandlungsgrundsatz gilt nämlich für private wie hoheitliche
Gläubiger gleichermaßen.[789] Dennoch geht – nach einigem Hin und Her in der Rechtsprechung –[790] die Tendenz aktuell dahin, die durch § 266a I StGB vermittelte Vorrangstellung der Beitragsforderungen eher zu betonen als zu beschränken.

Der BGHSt hat hierzu entschieden, dass zwischen den Fällen der Eröffnung bzw. 216
Ablehnung des Insolvenzverfahrens zu unterscheiden ist.[791] Wird die Eröffnung des Insolvenzverfahrens mangels Masse abgelehnt, greift der Gläubigergleichbehandlungsgrundsatz von vornherein nicht mit der Folge, dass für eine Beschränkung der vorrangigen Befriedigung des Sozialversicherungsträgers kein Platz sei.[792] In den Fällen, in denen das Insolvenzverfahren eröffnet wird, löst der BGHSt die Pflichtenkollision dahingehend auf, dass die sozialversicherungsrechtliche Abführungspflicht nur für den
Zeitraum der Insolvenzantragsfrist „ruht". Die in § 15a I InsO vorgesehene Pflicht des
Geschäftsführers, die Krisensituation innerhalb von höchstens drei Wochen zu bereinigen (→ Rn. 78) bzw. Sanierungsmöglichkeiten auszuloten, stellt danach einen Rechtfertigungsgrund für das Vorenthalten von Arbeitnehmerbeträgen zur Sozialversicherung
dar.[793] Nach Ablauf der Höchstfrist soll aber – so der BGHSt – die Strafbarkeit wieder
in vollem Umfang aufleben.[794] Der II. Zivilsenat des BGH hat sich der Auffassung des
Strafsenats letztlich angeschlossen, indem er (und ihm folgend Teile der Literatur) Zahlungen an den Sozialversicherungsträger als mit der Sorgfalt eines ordentlichen Geschäftsmannes vereinbar ansieht.[795] Begründet hat dies der II. Zivilsenat des BGH damit, dass es „mit Rücksicht auf die Einheit der Rechtsordnung dem organschaftlichen
Vertreter nicht angesonnen werden kann, die Massesicherungspflicht zu erfüllen, wenn
er sich dadurch strafrechtlicher Verfolgung aussetzt."[796] Ob dieser Rspr zufolge für § 64
S. 1 GmbHG ein Anwendungsbereich für die Zeit innerhalb der Antragsfrist verbleibt,

---

[787] BGH NZI 2002, 88, 91; NZG 1997, 522, 523; ZIP 1998, 42, 43; OLG Frankfurt ZIP 1995, 213, 216; OLG Köln NJW-RR 1997, 734, 735; kritisch hierzu zu Recht *Baumbach/Hueck/Zöllner/Noack*, § 43 GmbHG Rn. 95; *Stein* DStR 1998, 1055, 1060 f.
[788] OLG Celle GmbHR 1996, 51, 52; OLG Düsseldorf NZG 1994, 29, 30; *Bittmann* DStR 2001, 855, 856; *Uhlenbruck* NZG 1996, 466, 469.
[789] BGH ZIP 2005, 1027, 1028 f.; ZIP 2003, 1666, 1668; ZIP 2003, 2213, 2215.
[790] Siehe zur Rechtsprechungsentwicklung *Baumbach/Hueck/Zöllner/Noack*, § 43 GmbHG Rn. 99 ff.
[791] BGH ZIP 2003, 2213, 2215.
[792] BGH ZIP 2003, 2213, 2215.
[793] BGH NJW 2003, 3787, 3788; ZIP 2005, 1678, 1679; zustimmend *Wilhelm* ZIP 2007, 1781, 1785.
[794] BGH NJW 2003, 3787, 3788; ZIP 2005, 1678, 1679; vgl. auch OLG Hamburg ZIP 2007, 725, 727.
[795] BGH ZIP 2008, 1275 f.; ZIP 2007, 1265, 1266; siehe auch *Tiedtke/Peterek* GmbHR 2008, 617, 621; *K. Schmidt* in K. Schmidt/Uhlenbruck, Die GmbH in Krise, Sanierung und Insolvenz, Rn. 11.47: lang erwartete Befreiung; *Goette/Habersack/Casper*, Das MoMiG in Wissenschaft und Praxis, Rn. 6.30.
[796] BGH ZIP 2008, 1275, 1276; ZIP 2008, 1229, 1230; ZIP 2007, 1265, 1266; zustimmend *Ulmer/Casper*, § 64 GmbHG Rn. 96.

in der der BGHSt eine Strafbarkeit verneint, ist offen.[797] Diese Rechtsprechung ist abzulehnen.[798]

217 (4) *Schaden.* Zu ersetzen hat der Geschäftsführer nach § 823 II BGB iVm § 266a StGB den Schaden, den der Sozialversicherungsträger infolge der Pflichtverletzung erlitten hat. Anrechnen lassen muss sich der Sozialversicherungsträger aber die Insolvenzquote, die er in dem Insolvenzverfahren auf die angemeldete Forderung erlangt hat.[799] Fraglich ist auch, ob der Schaden entfällt, wenn – für den Fall, dass die Zahlungen auf die Sozialversicherungsbeiträge erfolgt wären – diese iS der §§ 129 ff. InsO angefochten werden könnten.[800]

218 bb) *Erfüllung der steuerrechtlichen Pflichten.* Schuldner der steuerrechtlichen Pflichten ist die GmbH. Zwischen ihr und dem Steuerrechtsgläubiger besteht ein Steuerrechtsverhältnis. Intern gegenüber der Gesellschaft ist der Geschäftsführer zur Wahrung und Achtung dieser im Außenverhältnis bestehenden Pflichten der GmbH verpflichtet (§ 43 I GmbHG). Überlagert wird auch hier diese im Innenverhältnis bestehende Pflicht durch § 69 S. 1 AO. Danach haftet der Geschäftsführer[801] gegenüber dem Steuergläubiger im Außenverhältnis, soweit Ansprüche aus dem Steuerschuldverhältnis zwischen GmbH und Steuergläubiger infolge vorsätzlicher oder grob fahrlässiger Verletzung der ihm auferlegten Pflichten nicht oder nicht rechtzeitig festgesetzt oder erfüllt werden oder soweit infolgedessen Steuervergütungen oder Steuererstattungen ohne rechtlichen Grund gezahlt werden.[802] Die Haftung in § 69 S. 1 AO ist Handlungsverantwortung wegen Verletzung der primär der GmbH obliegenden steuerrechtlichen Pflichten.[803] Besteht der primäre Anspruch gegen die GmbH nicht, scheidet daher eine Haftung des Geschäftsführers aus.[804] Sinn und Zweck dieser (strengen) Außenhaftung ist es, das Steueraufkommen sicherzustellen,[805] indem der Steueranspruch „auf mehrere" Füße gestellt und der Steuergläubiger somit von einem Unvermögen oder einem bösen Willen des in erster Linie zur Leistung Verpflichteten unabhängig wird.[806] Nach § 69 S. 2 AO umfasst die Haftung auch die infolge der Pflichtverletzung zu zahlenden Säumniszuschläge.[807]

219 (1) *Pflichtverletzung.* Im Mittelpunkt der Haftung steht die vorsätzliche bzw. grob fahrlässige Verletzung der steuerrechtlichen Pflichten. Nach § 34 I AO hat der Geschäftsführer – ohne Ausnahme – die steuerrechtlichen Pflichten der Gesellschaft zu erfüllen. Hierzu zählen alle Pflichten nach der AO und den Einzelsteuergesetzen, so zB die Buchführungs- und Aufzeichnungspflichten (§§ 140 ff. AO), die Mitwirkungspflichten (zB § 90 AO), die Pflichten zur Abgabe von Steuererklärungen und -anmel-

---

[797] BGH ZIP 2008, 1220, 1221.
[798] Siehe hierzu im Einzelnen *Baumbach/Hueck/Haas,* § 64 GmbHG Rn. 81 ff.
[799] Geltend gemacht wird die Anrechnung analog § 255 BGB.
[800] Siehe zum Ganzen *Baumbach/Hueck/Zöllner/Noack,* § 43 GmbHG Rn. 103 f.
[801] Zu den Auswirkungen der Delegation und Ressortbildung siehe BFH NZG 2003, 734, 736; *Michalski/Haas/Ziemons,* § 43 GmbHG Rn. 359; *Lutter/Hommelhoff/Kleindiek,* § 43 GmbHG Rn. 97.
[802] Siehe hierzu im Einzelnen *Lutter/Hommelhoff/Kleindiek,* § 43 GmbHG Rn. 96 ff.; *Michalski/Haas/Ziemons,* § 43 GmbHG Rn. 354 ff.
[803] BFH BStBl II 1989, 979, 980; GmbHR 1987, 444; BStBl II 1984, 695, 696; BStBl II 1977, 255, 256; LG Düsseldorf GmbHR 2000, 332; *Beermann* DStR 1994, 805, 806; *Schaub* DStR 1992, 1728; *Spetzler* GmbHR 1989, 167.
[804] *Tipke/Kruse,* vor § 69 AO Rn. 7; *Hübschmann/Hepp/Spitaler,* vor § 69 AO Rn. 9; *Koch/Scholtz,* vor § 69 AO Rn. 2. Nicht notwendig für die Geschäftsführerhaftung ist allerdings, dass die Steuerschuld der Gesellschaft rechtskräftig feststeht oder ein Haftungsbescheid gegen die Gesellschaft ergangen ist, LG Düsseldorf GmbHR 2000, 332.
[805] BFH BStBl II 1988, 176, 178; *Spiegel/Jokisch* DStR 1990, 433; *Tipke/Kruse,* vor § 69 AO Rn. 2; *Koch/Scholtz,* § 69 AO Rn. 2.
[806] *Tipke/Kruse,* vor § 69 AO Rn. 2; *Hübschmann/Hepp/Spitaler,* vor § 69 AO Rn. 4.
[807] Siehe hierzu BFH GmbHR 2001, 362 ff.

dungen (zB §§ 149 ff. AO), die Berichtigungspflicht (§ 153 AO) oder die Steuerentrichtungspflicht (§ 34 I 2 AO).

(2) *(Un-)Möglichkeit der Pflichterfüllung in der Krise.* Eine Verletzung der Steuerpflichten liegt nur vor, wenn deren Erfüllung dem Geschäftsführer möglich ist.[808] Daher ist die Pflicht zur Steuerentrichtung auf die im Zeitpunkt der Fälligkeit tatsächlich vorhandenen und rechtlich verfügbaren Mittel beschränkt.[809] Sind tatsächlich keine Gesellschaftsmittel vorhanden, entfällt die Steuerentrichtungspflicht aus § 34 I 2 AO.[810] 220

Nicht vorhanden bzw. verfügbar sind die (Gesellschafts-)Mittel, wenn sich die Gesellschaft im Stadium der Zahlungseinstellung befindet[811] oder das Insolvenzverfahren über das Vermögen der GmbH eröffnet wurde und der Geschäftsführer mithin nicht mehr verwaltungs- und verfügungsbefugt ist.[812] Gleiches gilt für den Fall, dass das Insolvenzgericht im Insolvenzeröffnungsverfahren ein allgemeines Verfügungsverbot erlassen hat.[813] Die steuerrechtlichen Pflichten und infolgedessen auch die Haftung aus § 69 AO treffen von diesem Zeitpunkt an den (vorläufigen) Insolvenzverwalter.[814] 221

Auch wenn dem Geschäftsführer die Erfüllung der Steuerentrichtungspflicht im Zeitpunkt der Fälligkeit unmöglich ist, schließt dies eine Pflichtverletzung desselben nicht von vornherein aus. Vielmehr muss der Geschäftsführer schon im Vorfeld der Fälligkeit bzgl. der steuerrechtlichen Pflichten die Sorgfalt eines ordentlichen Geschäftsmannes walten lassen.[815] Hierzu gehört insbesondere, dass er sich – soweit notwendig – die erforderlichen Kenntnisse aneignet,[816] im Wege einer beständigen wirtschaftlichen Selbstprüfung die Einhaltung der steuerrechtlichen Pflichten sicherstellt[817] und insbesondere bei Anzeichen einer Krise dafür Sorge trägt, dass im Fälligkeitszeitpunkt ausreichende Mittel zur Verfügung stehen (Mittelvorsorgepflicht).[818] Das Bestreben, mit den Mitteln den Betrieb oder Arbeitsplätze zu erhalten, rechtfertigt jedenfalls die Verletzung der steuerrechtlichen Pflichten im Vorfeld der Fälligkeit nicht.[819] 222

(3) *Kollision mit dem Gläubigergleichbehandlungsgrundsatz.* § 69 S. 1 AO bewirkt eine wesentliche Besserstellung des Steuergläubigers gegenüber anderen Gesellschaftsgläubigern.[820] Insbesondere geht von der Außenhaftung eine Verhaltenssteuerung im Interesse des begünstigten Gläubigers aus, nämlich die vorhandenen Gesellschaftsmittel gerade in seinem Interesse zu verwenden. Damit führt die Geschäftsführerhaftung nach § 69 AO in Zeiten knapper Kassen zu einer vorrangigen Befriedigung des Steuergläubigers. Diese Besserstellung des Steuergläubigers geht freilich auf Kosten der übrigen Gesellschaftsgläubiger und steht mit dem in § 64 S. 1 GmbHG und §§ 129 ff. InsO zum Ausdruck 223

---

[808] *Baumbach/Hueck/Zöllner/Noack*, § 43 GmbHG Rn. 89; *Neusel* GmbHR 1997, 1129, 1130.
[809] BFH DStR 1993, 761; GmbHR 1988, 278, 279; FG Münster GmbHR 1988, 124, 125; *Beermann* DStR 1994, 805, 808; *Tipke/Kruse*, § 69 AO Rn. 12 a.
[810] BFH GmbHR 1988, 278, 279; BStBl II 1984, 776, 778; *Baumbach/Hueck/Zöllner/Noack*, § 43 GmbHG Rn. 89.
[811] BFH GmbHR 1988, 278, 279; BStBl II 1984, 776, 778.
[812] BFH DStZ 1993, 411; BStBl II 1988, 859, 862; *Tipke/Kruse*, § 69 AO Rn. 12 a.
[813] BFH DStR 1993, 761; *Depping* DStZ 1995, 173, 174 f.
[814] *Depping* DStZ 1995, 173, 175.
[815] BFH GmbHR 2003, 490, 493; BStBl II 1984, 766, 767; *Lutter/Hommelhoff/Kleindiek*, § 43 GmbHG Rn. 98.
[816] BFH GmbHR 1993, 187.
[817] BFH GmbHR 2008, 386; BFH GmbHR 2006, 48; BVerwG NJW 1989, 1873, 1874; *Neusel* GmbHR 1997, 1129, 1130; *Tipke/Kruse*, § 69 AO Rn. 12 a.
[818] BFH BStBl II 1984, 776, 777; BVerwG NJW 1989, 1873, 1874; siehe auch BFH NZG 2003, 734, 736; *Baumbach/Hueck/Zöllner/Noack*, § 43 GmbHG Rn. 89; *Depping* DStZ 1995, 173, 174; BStBl II 1990, 767; FG Niedersachsen EFG 1996, 789; *Hein* DStR 1988, 65, 66.
[819] BFH GmbHR 2000, 392, 394.
[820] BFH BStBl. II 1984, 776, 779; *Spriegel/Jokisch* DStR 1990, 433, 436; *Tipke/Kruse*, § 34 AO Rn. 13; *Haas/Michalski*, § 43 GmbHG Rn. 360; *Neusel* GmbHR 1997, 1129, 1132; siehe auch BFH GmbHR 1988, 357.

kommenden Gläubigergleichbehandlungsgrundsatz in einem Spannungsverhältnis.[821] Umstritten ist aber, ob und inwieweit die durch die Außenhaftung bewirkte Vorrangstellung des Steuergläubigers zu beschränken ist.[822]

224 Die (steuerrechtliche) Rspr versucht – zumindest im Ansatz – eine „ungerechtfertigte" Bevorzugung des Steuergläubigers mithilfe des Grundsatzes der „anteiligen Tilgung" zu beschränken.[823] Danach ist der Geschäftsführer im Vorfeld der Zahlungseinstellung – wenn er also nicht alle fälligen Gesellschaftsverbindlichkeiten begleichen kann – verpflichtet, die Steuerschulden der Gesellschaft lediglich entsprechend dem Maß der Befriedigung der anderen Gesellschaftsschulden anteilig zu tilgen. Der Umfang der geschuldeten Tilgung bemisst sich nach dem Verhältnis der (tatsächlich und rechtlich) verfügbaren Geldmittel zu den gesamten Verpflichtungen der Gesellschaft im Zeitpunkt der Fälligkeit der Steuerschuld. Diese Tilgungsquote ist überschlägig im Wege einer Schätzung zu ermitteln.[824] Inwieweit einzelne Gesellschaftsgläubiger in diesem Krisenstadium ganz oder teilweise befriedigt werden, spielt für die gegenüber dem Steuergläubiger geschuldete Tilgungsquote keine Rolle.[825] Geschuldet ist nämlich nicht eine individuelle Gleichbehandlung (die schon rein tatsächlich vom Geschäftsführer nicht gewährleistet werden könnte).[826] Verhindert werden soll allein, dass der Steuergläubiger in Krisenzeiten schlechter als der Gläubigerdurchschnitt behandelt wird. Sanierungsbemühungen sollen mithin nicht auf Kosten der staatlichen Solidargemeinschaft erkauft werden.

225 Anwendung findet der Grundsatz der anteiligen Tilgung überwiegender Ansicht nach auf die Umsatz-,[827] Körperschafts-[828] und Gewerbesteuer.[829] Im Rahmen der Lohnsteuer (einschließlich Kirchensteuer) wendet die Rechtsprechung den Grundsatz dagegen nur modifiziert an.[830] Anders als bei den übrigen Steuerarten berechnet sich bei der abzuführenden Lohnsteuer die Tilgungsquote nicht nach dem möglichen Umfang einer gleichmäßigen Befriedigung aller Gläubiger, sondern nur nach der anteiligen Befriedigung des Finanzamts und der Arbeitnehmer.[831] Reichen mithin die vorhandenen Mittel zur Zahlung der Bruttoarbeitslöhne einschließlich der darauf entfallenden Lohnsteuer nicht aus, darf der Geschäftsführer die Löhne nur gekürzt als Vorschuss oder als Teilbetrag auszahlen. Aus den übrigen Mitteln muss er dann die entsprechende (anteilige) Lohnsteuer abführen. Nicht eindeutig geklärt ist schließlich, ob diese Beschränkung bereits die Pflichtverletzung entfallen lässt oder erst beim Verschulden zu berücksichtigen ist.[832]

---

[821] BFH BStBl. II 1984, 776, 779; *Lutter/Hommelhoff/Kleindiek*, § 43 GmbHG Rn. 101.
[822] *Tipke/Kruse*, § 34 AO Rn. 13; *Spiegel/Jokisch* DStR 1990, 433, 436; siehe so auch schon RFH RStBl 1934, 977 ff.; *Neusel* GmbHR 1997, 1129, 1132.
[823] BFH GmbHR 2000, 392, 394; DStR 1991, 1014; GmbHR 1988, 370; GmbHR 1987, 283 f.; BStBl II 1984, 776, 779; FG Münster GmbHR 1988, 124; vgl. auch *Baumbach/Hueck/Zöllner/Noack*, § 43 GmbHG Rn. 89; *Prugger* DStR 1988, 539, 541; *Sontheimer* DStR 2004, 1005, 1006 f.
[824] BFH GmbHR 1987, 445, 446. Um die Ungenauigkeit einer jeden Schätzung auszugleichen, ist ein Sicherheitsabschlag von der errechneten Tilgungsquote von 10 % zu machen, siehe BFH ebenda.
[825] BFH GmbHR 1987, 283, 284.
[826] BFH GmbHR 1987, 283, 284; FG Münster GmbHR 1988, 124; *Tipke/Kruse*, § 69 AO Rn. 12 d.
[827] BFH GmbHR 2000, 392, 394; BFH BStBl II 1993, 8, 9; DStR 1991, 1014; GmbHR 1988, 370; GmbHR 1988, 278; GmbHR 1987, 283.
[828] BFH BStBl II 1985, 702; GmbHR 1997, 139.
[829] *Spiegel/Jokisch* DStR 1990, 433, 434; *Prugger* DStR 1988, 539, 540.
[830] BFH DStR 1998, 1423, 1424; NV 1994, 142, 143; GmbHR 1989, 94, 95; GmbHR 1997, 139; *Sontheimer* DStR 2004, 2005, 1006; *Neusel* GmbHR 1998, 731, 733.
[831] BFH GmbHR 1989, 94, 95; *Neusel* GmbHR 1998, 731, 733; siehe auch *Beermann* FR 1992, 262, 265 f.
[832] Vielfach wird die Frage offengelassen, siehe BFH DStR 1991, 1014, 1015; teilweise wird der Grundsatz im Rahmen der Verschuldensprüfung erörtert, BFH GmbHR 1988, 278; *Schaub* DStR 1992,

Umstritten ist auch das Verhältnis zwischen § 64 S. 1 GmbHG und §§ 34, 69 AO. **226**
Nach Ansicht der *Finanzgerichte* entfällt jedenfalls die steuerrechtliche Haftung des Geschäftsführers nach Eintritt der Insolvenzreife nicht deshalb, weil eine „Pflichtenkollision" mit § 64 S. 1 GmbHG besteht. Aus § 64 S 1 GmbHG ergibt sich – so die steuerrechtliche Rspr – kein Entschuldigungsgrund für die steuerrechtliche Haftung des Geschäftsführers.[833] Dies gilt auch innerhalb des (Dreiwochen-)Zeitraums des § 15a I InsO.[834] Der II. Zivilsenat ist – mit Blick auf diese finanzgerichtliche Rspr – der Ansicht, dass sich der Geschäftsführer mit Eintritt der Insolvenzreife in einer haftungsbefreienden Pflichtenkollision befindet mit der Folge, dass Zahlungen an den Steuergläubiger als mit der Sorgfalt eines ordentlichen Geschäftsmannes (§ 64 S. 2 GmbHG) vereinbar angesehen werden müssen (→ Rn. 180 ff.).[835] Nicht geklärt ist, ob dies auch für die Zahlungen gilt, die im Zeitraum der Antragsfrist des § 15a I InsO erfolgen.[836] Diese Ansicht ist abzulehnen. Eine Vorrangstellung der steuerrechtlichen Pflichten in der Krise lässt sich nämlich zum einen nicht aus dem Gesetz ableiten.[837] Zum anderen führt diese im Rahmen der den § 64 S. 1 GmbHG flankierenden Haftungstatbeständen (insbesondere § 823 II BGB iVm § 15a I InsO) zu untragbaren Wertungswidersprüchen.[838]

(4) *Schaden*. Die Geschäftsführerhaftung nach § 69 S. 1 AO setzt einen durch die **227**
Pflichtverletzung verursachten Schaden voraus.[839] Dieser besteht darin, dass Ansprüche aus dem Steuerverhältnis nicht oder nicht rechtzeitig festgesetzt oder erfüllt werden.[840] Der Umfang des Haftungsschadens entspricht – grundsätzlich – dem Anspruch aus dem Steuerrechtsverhältnis, ist also nicht größer als die Steuerschuld. Der Steuergläubiger muss sich auf seinen Schaden die in der Insolvenz erlangte Quote anrechnen lassen. Für die Frage, inwieweit im Rahmen der Schadensberechnung eine mögliche Insolvenzanfechtung zu berücksichtigen ist, → Rn. 204.

cc) *Geltendmachung der Ansprüche in der Insolvenz der Gesellschaft*. In der Insolvenz der **228**
Gesellschaft macht den Haftungsanspruch gegen den Geschäftsführer wegen Nichtabführung der Sozialversicherungsbeiträge bzw. wegen Nichterfüllung der steuerrechtlichen Pflichten der (geschädigte) Gläubiger, nicht aber der Insolvenzverwalter geltend. § 93 InsO (→ § 94 Rn. 52 ff.) greift insoweit nicht. Zum einen ist die Vorschrift dem Wortlaut nach nur anwendbar, wenn das Insolvenzverfahren über das Vermögen einer KGaA oder einer Gesellschaft ohne Rechtspersönlichkeit eröffnet wird.[841] Zum anderen ist der Begriff „persönliche Haftung" des Gesellschafters für die Verbindlichkeiten der Gesellschaft – entgegen einer teilweise in der Literatur und Rechtsprechung vertretenen Ansicht –[842] eng auszulegen. Erfasst wird insoweit nur eine „gesellschaftsrechtliche" Einstandspflicht,[843] nicht aber eine Haftung des Gesellschafters für Gesellschaftsschul-

---

1728, 1730; teilweise im Rahmen der Pflichtverletzung, vgl. BFH GmbHR 1987, 283, 284; *Spriegel/Jokisch* DStR 1990, 433, 436; *Beermann* DStR 1994, 805, 809.
[833] BFH ZIP 2009, 122, 123; FG Düsseldorf ZIP 2006, 1447 ff.
[834] BFH ZIP 2009, 122, 123; aA noch BFH ZIP 2007, 1604, 1606 f.
[835] BGH ZIP 2008, 1229, 1230; ZIP 2007, 1265, 1266.
[836] *Beck* EWiR 2007, 523, 524.
[837] *Baumbach/Hueck/Haas*, § 64 GmbHG Rn. 81 ff.
[838] *Baumbach/Hueck/Haas*, § 64 GmbHG Rn. 83.
[839] BFH NV 1994, 526, 528; BFH DStR 1993, 761, 762; BVerwG NJW 1989, 1873, 1874; *Neusel* GmbHR 1997, 1129, 1132; *Beermann* DStR 1994, 805, 811; *ders*. FR 1992, 262, 267.
[840] *Baumbach/Hueck/Zöllner/Noack*, § 43 GmbHG Rn. 89; *Tipke/Kruse*, § 69 AO Rn. 5; *Friedl* DStR 1989, 162, 163; *Schaub* DStR 1992, 1728, 1729.
[841] Aber zur analogen Anwendung → Rn. 528.
[842] OLG Schleswig EWiR 2002, 25 f.; *Kling* ZIP 2002, 881 ff.; *Oepen*, Massefremde Masse, Rn. 272; *Bork* ZIP 1999, 1988, 1991.
[843] BGH NZI 2002, 483 f.; BerlK/*Blersch/von Olshausen*, § 93 Rn. 4; MüKoInsO/*Brandes*, § 93 Rn. 6; *Noack*, Rn. 497; *Armbruster*, Die Stellung des haftenden Gesellschafters in der Insolvenz der Per-

den, die auf einem von den handelsrechtlichen Haftungsbestimmungen unabhängigen Rechtsgrund, etwa auf der Grundlage der §§ 34, 69 AO[844] oder § 823 II BGB iVm § 266a StGB, beruhen.

3. Die verfahrensrechtlichen Rechte und Pflichten im Insolvenzeröffnungsverfahren. a) *Die verfahrensrechtliche Stellung des Geschäftsführers.* Der Geschäftsführer ist nicht selbst Träger der Gemeinschuldnerrolle, sondern nimmt im Insolvenzeröffnungsverfahren die Rolle des Gemeinschuldners für die GmbH wahr und ist insoweit Schuldnervertreter.[845] Er hat daher für die GmbH grundsätzlich das Recht zur sofortigen Beschwerde gegen richterliche Entscheidungen nach Maßgabe des § 6 InsO wahrzunehmen.[846] Soweit das Gesetz dem Schuldner rechtliches Gehör gewährt (etwa wenn ein Gläubiger einen Insolvenzantrag gestellt hat, § 14 II InsO), ist jeder Geschäftsführer anzuhören (§ 10 II InsO), unabhängig davon, ob er einzel- oder gesamtvertretungsberechtigt ist.[847] Hat ein Mitgeschäftsführer den Antrag auf Einleitung des Insolvenzverfahrens gestellt, sind die übrigen Mitglieder der Geschäftsleitung zu hören (§ 15 II InsO).

b) *Die verfahrensrechtlichen Pflichten des Geschäftsführers.* Liegt ein zulässiger Insolvenzantrag vor, so obliegen dem Geschäftsführer im Insolvenzeröffnungsverfahren eine Reihe von verfahrensrechtlichen Pflichten (§§ 20, 20 III, 97, 98, 101 I InsO). Sind mehrere Geschäftsführer vorhanden, treffen sie jeden Einzelnen.[848] Dies gilt unabhängig davon, wie die Vertretungsbefugnis geregelt ist. Fraglich ist, inwieweit auch den faktischen Geschäftsführer (zu dem Begriff → Rn. 42 ff.) die verfahrensrechtlichen Pflichten treffen.[849] Zu bejahen ist dies sicherlich für den Fall, dass jemand, wenn auch fehlerhaft, zum Geschäftsführer bestellt wurde.[850] Mit dem Sinn und Zweck der Auskunftspflicht vereinbar ist es aber auch, wenn Gesellschafter oder Dritte, die wie ein Geschäftsführer tätig geworden sind, in den Adressatenkreis einbezogen werden.[851] Soweit der (faktische) Geschäftsführer Adressat von Auskunfts- und Mitwirkungspflichten ist, unterliegt er nicht den Weisungen der Gesellschafterversammlung.[852]

aa) *Die Auskunftspflicht gegenüber dem Insolvenzgericht.* Nach § 20 InsO iVm § 101 I 1 InsO sind die Geschäftsführer dem Insolvenzgericht zur Auskunft verpflichtet, die zur Entscheidung über den Antrag erforderlich sind. Dies gilt unabhängig davon, ob es sich um einen Eigen- oder um einen Gläubigerantrag handelt. Dies ist eine Abweichung bzw. Klarstellung gegenüber dem alten Recht, da für die Konkursordnung (§ 100 KO) umstritten war, ob der Geschäftsführer im Konkurseröffnungsverfahren auskunftspflichtig ist.[853] Auskunftspflichtig ist nach §§ 20, 101 I 2 InsO auch der Geschäftsführer, der

---

sonenhandelsgesellschaft nach geltendem und zukünftigem Recht, S. 146 ff.; *K. Schmidt/Bitter* ZIP 2000, 1077, 1081 ff.; *Bitter* ZInsO 2002, 557, 558 f.; *Haas/Müller* NZI 2002, 366 f.

[844] So insbesondere BFH ZIP 2002, 179, 180; BGH NZI 2002, 483, 484; *Bunke* NZI 2002, 591 ff.; aA *Kling* ZIP 2002, 881, 882 f.

[845] Vgl. *Henssler*, Kölner Schrift, S. 990 Rn. 40.

[846] Siehe zB LG Leipzig ZInsO 2002, 576; *Vallender* in K. Schmidt/Uhlenbruck, Die GmbH in Krise, Sanierung und Insolvenz, Rn. 5.252.

[847] Vgl. *Vallender* in K. Schmidt/Uhlenbruck, Die GmbH in Krise, Sanierung und Insolvenz, Rn. 5.252; *Uhlenbruck*, § 10 Rn. 8; *ders.* GmbHR 1999, 390, 391; BerlK/*Goetsch*, § 10 Rn. 26 f.

[848] Vgl. *Uhlenbruck* GmbHR 1995, 195, 199; *K. Schmidt* in K. Schmidt/Uhlenbruck, Die GmbH in Krise, Sanierung und Insolvenz, Rn. 5.273.

[849] Vgl. *Uhlenbruck* KTS 1997, 471, 390.

[850] *Vallender* ZIP 1996, 529, 530; *Uhlenbruck* in K. Schmidt/Uhlenbruck, Die GmbH in Krise, Sanierung und Insolvenz, Rn. 5.299.

[851] Vgl. *Vallender* ZIP 1996, 529, 530 f.; *Uhlenbruck* in K. Schmidt/Uhlenbruck, Die GmbH in Krise, Sanierung und Insolvenz, Rn. 5.299; HK/*Kirchhof*, § 20 Rn. 5 ff.

[852] Vgl. *Henssler*, Kölner Schrift, S. 990 Rn. 59; *Noack*, Rn. 304.

[853] Vgl. zum alten Recht bei *Kilger/K. Schmidt*, § 100 KO Rn. 2; *Vallender* ZIP 1996, 529; *Uhlenbruck* WiB 1996, 466, 469/470.

nicht früher als zwei Jahre vor Antrag auf Eröffnung des Insolvenzverfahrens aus der Geschäftsführung ausgeschieden ist.[854] Der Zeitablauf insgesamt ist demgegenüber gleichgültig.

Die Auskunft hat der Geschäftsführer mündlich zu erteilen, kann bzw. muss aber auf Wunsch des Auskunftsberechtigten (etwa durch entsprechende Auflage des Insolvenzgerichts) auch schriftlich gegeben werden.[855] Die Auskunftspflicht ist eine höchstpersönliche Pflicht und kann daher grundsätzlich nicht von einem Verfahrensbevollmächtigten erfüllt werden.[856] Hinsichtlich des Umfangs der Aufklärungspflicht stellt die InsO in der Verweisung in § 20 InsO auf § 97 I InsO anders als das alte Recht nunmehr klar, dass im Insolvenzeröffnungsverfahren die gleichen Grundsätze wie im eröffneten Verfahren gelten. Der Geschäftsführer hat daher über alle das Verfahren betreffenden Verhältnisse Auskunft zu geben. Hierzu zählen:[857] Das gesamte in- und ausländische Vermögen der Gesellschaft, sämtliche (pfändbaren und unpfändbaren) Sachen und Rechte, auch gepfändete und sicherungsübereignete Sachen und Rechte, die bestehenden Vertragsverhältnisse, Schulden der Gesellschaft, Umstände und Gründe, die eine Anfechtung früherer Rechtshandlungen oder eine Inanspruchnahme der Gesellschafter rechtfertigen. Die Auskunftspflicht des Geschäftsführers umfasst nicht nur dessen präsentes Wissen. Vielmehr ist der Geschäftsführer verpflichtet, sich das notwendige Wissen zu verschaffen, soweit ihm dies zuzumuten ist. Letzteres gilt insbesondere für das in dem Unternehmen gespeicherte Wissen. Insoweit folgt aus der Auskunftspflicht auch eine die Auskunft vorbereitende Nachforschungspflicht.[858]

Dem Geschäftsführer steht in Bezug auf die Auskunftspflicht kein Aussageverweigerungsrecht zu. Dies gilt in erster Linie für solche Tatsachen, die für ihn oder für die Gesellschafter wirtschaftlich nachteilig sind, aber auch für solche Umstände (vgl. §§ 20, 101 I, 97 I InsO), die geeignet sind, eine eigene Verfolgung wegen einer Straftat oder einer Ordnungswidrigkeit auszulösen.[859] Eine Aussage, die der Geschäftsführer entsprechend seiner Verpflichtung macht, darf jedoch in einem Straf- oder Ordnungswidrigkeitenverfahren nur mit seiner Zustimmung verwertet werden (vgl. §§ 20, 97 I 3 InsO).[860] Der Geschäftsführer kann sich seiner Pflicht zur Auskunft nicht dadurch entziehen, indem er darauf verweist, dass sich die Geschäftsunterlagen bei einem Dritten, etwa dem Steuerberater oder aber der Staatsanwaltschaft, befinden.[861]

bb) *Die Pflicht zur Gestattung der Amtsermittlung.* Hat das Gericht einen vorläufigen Insolvenzverwalter bestellt, so ist dieser nach § 22 III 1 InsO berechtigt, die Geschäftsräume des Schuldners zu betreten und dort Nachforschungen anzustellen. Der Geschäftsführer hat ihn hierbei zu unterstützen und ihm nicht nur Einsicht in die Bücher und Geschäftspapiere der GmbH zu gewähren, sondern muss ihm auch alle für das Verfahren erforderlichen Auskünfte iS des § 97 I InsO (zum Inhalt und Umfang der Auskunftspflicht, → Rn. 231 ff.) erteilen. Die Auskunftspflicht besteht unabhängig davon, ob dem vorläufigen Insolvenzverwalter das Verwaltungs- und Verfügungsrecht über das

---

[854] LG Göttingen NZI 2003, 383, 384. So schon für das alte Recht LG Göttingen EWiR 1999, 851, 852 *(Uhlenbruck).*
[855] LG Duisburg ZIP 2001, 1065; *Uhlenbruck* GmbHR 2002, 941, 942.
[856] Vgl. *Uhlenbruck* KTS 1997, 371, 385; siehe auch *Vallender* in K. Schmidt/*Uhlenbruck,* Die GmbH in Krise, Sanierung und Insolvenz, Rn. 5.281.
[857] Vgl. *Vallender* ZIP 1996, 529, 531 f.; *Henssler,* Kölner Schrift, S. 990 Rn. 43; *Uhlenbruck* KTS 1997, 371, 386; hierher gehören nicht Auskünfte über das persönliche Vermögen des Geschäftsführers, LG Dortmund NZI 2005, 459.
[858] *Henssler,* Kölner Schrift, S. 990 Rn. 51; *H. F. Müller,* Der Verband in der Insolvenz, S. 83 und 92 f.
[859] Dies war nach altem Recht streitig, vgl. *Vallender* ZIP 1996, 529, 532.
[860] Siehe zum strafprozessualen Verwendungsverbot *Uhlenbruck* GmbHR 2002, 941, 944 ff.
[861] Vgl. *Vallender* ZIP 1996, 529, 531 f.

Schuldnervermögen übertragen worden ist.[862] Eine Auskunftspflicht des Geschäftsführers gegenüber einem vom Insolvenzgericht bestellten Sachverständigen (§§ 4 InsO, 404 ZPO) besteht hingegen nicht.[863]

235 cc) *Die Mitwirkungspflicht.* § 20 I 2 InsO verweist auf die §§ 97 II, III, 101 InsO, die eine Mitwirkungspflicht für den Geschäftsführer vorsehen. Streitig war im Rahmen von § 20 I 2 InsO aF, ob es sich bei der Verweisung um ein Redaktionsversehen handelt oder nicht;[864] denn sowohl die Überschrift des § 20 InsO aF als auch der § 20 I InsO aF, in den die Verweisung eingebettet ist, sprachen lediglich von Auskunftspflichten. Der Gesetzgeber hat sich dieser Prämisse angenommen und die Vorschrift des § 20 I 2 InsO dahingehend formuliert, dass dem Geschäftsführer nunmehr unzweifelhaft neben Auskunftspflichten auch Mitwirkungspflichten obliegen. Eine Verweisung auf die Mitwirkungspflichten im Eröffnungsverfahren enthält schließlich § 22 III InsO. Auch hier stellte sich im Rahmen der alten Fassung von § 22 III InsO die Frage, ob die Verweisung umfassend ist oder nicht. Die wohl überwiegende Auffassung ging wohl hiervon aus.[865] Diese Vorschrift wurde zwischenzeitlich vom Gesetzgeber reformiert und sprachlich so gefasst, dass den Geschäftsführer gegenüber dem Insolvenzverwalter umfassende Mitwirkungspflichten treffen.[866]

236 Der Mitwirkungspflicht liegt der Gedanke zugrunde, dass nur die Zusammenarbeit zwischen Schuldner und vorläufigem Insolvenzverwalter bzw. Insolvenzgericht die Voraussetzungen schaffen, um das Vermögen des Schuldners sichern zu können.[867] Der Geschäftsführer muss den Insolvenzverwalter daher zur Erreichung dieses Zwecks (insbesondere auch der Unternehmensfortführung) aktiv unterstützen.[868] Dies gilt unabhängig davon, ob es sich um einen vorläufigen „starken" oder „schwachen" Insolvenzverwalter handelt. Darüber hinaus hat der Geschäftsführer dem Insolvenzverwalter notwendige Vollmachten zu erteilen, damit dieser Auskunft über das im Ausland belegene Vermögen einholen und dieses sichern kann.[869] Derartige Vollmachten kann der (vorläufige) Insolvenzverwalter vom Schuldner schon dann abverlangen, wenn entsprechende Anhaltspunkte für im Ausland belegenes Vermögen gegeben sind. Die Schwelle setzt die überwiegende Ansicht insoweit niedrig an.[870] Im Rahmen seiner Mitwirkungspflichten (und in den Grenzen des Verfahrenszwecks) ist der Geschäftsführer uU auch verpflichtet, Banken, Steuerberater, Rechtsanwälte oder Wirtschaftsprüfer von ihrer Schweigepflicht zu entbinden.[871] § 97 II InsO gilt gemäß § 101 I 2 InsO nicht für solche Geschäftsführer, die vor Antragstellung aus ihrem Amt ausgeschieden sind. Sie trifft lediglich eine Auskunfts-, jedoch keine Mitwirkungspflicht.[872]

237 dd) *Anwesenheits- und Bereitschaftspflicht.* Der Geschäftsführer ist gemäß § 97 III InsO gegenüber dem Insolvenzgericht (§ 20 InsO), aber auch gegenüber dem vorläufigen

---

[862] Vgl. Braun/*Uhlenbruck*, Unternehmensinsolvenz, S. 255; *Vallender* in K. Schmidt/*Uhlenbruck*, Die GmbH in Krise, Sanierung und Insolvenz, Rn. 5.285.
[863] *Vallender* in K. Schmidt/Uhlenbruck, Die GmbH in Krise, Sanierung und Insolvenz, Rn. 5.287.
[864] *Uhlenbruck* NZI 2002, 401; siehe auch *Vallender*, FS Uhlenbruck, 2000, S. 133, 140.
[865] OLG Celle ZInsO 2001, 322, 323; OLG Köln ZIP 1998, 113, 114; *Uhlenbruck* KTS 1997, 471, 387; *ders.* GmbHR 2002, 941, 942; *ders.* NZI 2002, 401 f.; aA *Pohlmann*, Befugnisse und Funktionen des vorläufigen Insolvenzverwalters, Rn. 202 ff.
[866] *Vallender* in K. Schmidt/Uhlenbruck, Die GmbH in Krise, Sanierung und Insolvenz, Rn. 5.288; HK/*Kirchhof*, § 22 Rn. 71.
[867] Vgl. *Uhlenbruck*, Kölner Schrift, S. 159 Rn. 75.
[868] Vgl. Braun/*Uhlenbruck*, Unternehmensinsolvenz, S. 257; *Uhlenbruck*, Kölner Schrift, S. 159 Rn. 75.
[869] Vgl. BGH NZI 2004, 21 f. *(Uhlenbruck)* = EWiR 2004, 293 *(Vallender);* OLG Köln ZIP 1998, 113, 114; OLG Köln ZIP 1986, 658, 659.
[870] BGH NZI 2004, 21 f. = EWiR 2004, 293 *(Vallender);* Uhlenbruck NZI 2004, 22, 23.
[871] *Uhlenbruck* NZI 2002, 401, 402 f.; siehe auch AG Duisburg NZI 2000, 606 f.; *Gaiser* ZInsO 2002, 472, 475.
[872] *Gaiser* ZInsO 2002, 472, 473.

Insolvenzverwalter (§ 22 III InsO) verpflichtet, sich zur Erfüllung seiner Auskunfts- und Mitwirkungspflichten jederzeit zur Verfügung zu stellen.[873] Eine Residenzpflicht lässt sich hieraus aber kaum ableiten.[874] Er ist verpflichtet, alles zu unterlassen, was der Erfüllung dieser Pflichten zuwiderläuft.[875] § 97 III InsO gilt gemäß § 101 I 2 InsO nicht für solche Geschäftsführer, die vor Antragstellung aus ihrem Amt ausgeschieden sind. Sie trifft insoweit auch keine Anwesenheits- und Bereitschaftspflicht.[876]

ee) *Zwangsmaßnahmen zur Durchsetzung der Pflichten.* Häufig kommen die gesetzlichen **238** Vertreter einer juristischen Person ihren verfahrensrechtlichen Pflichten nicht nach.[877] Um die Pflichten des Geschäftsführers nicht leer laufen zu lassen, gestattet § 98 InsO dem Insolvenzgericht, diese notfalls mithilfe von Zwang durchzusetzen. Das Insolvenzgericht kann nach § 98 I InsO im Insolvenzeröffnungsverfahren (vgl. §§ 20, 22 III InsO), soweit dies zur Herbeiführung wahrheitsgemäßer Aussagen des Geschäftsführers erforderlich ist, eine Versicherung an Eides Statt verlangen. Das Gericht kann nach § 98 II InsO den Geschäftsführer unter bestimmten Voraussetzungen auch vorführen lassen und – soweit dies nicht zum Erfolg führt – nach Anhörung in Haft nehmen, etwa wenn er die Erfüllung der Pflichten verweigert oder sich durch Flucht seinen Pflichten entziehen will.[878] Neben der Möglichkeit, die verfahrensrechtlichen Pflichten des Geschäftsführers zwangsweise durchzusetzen, bleibt zu beachten, dass sich der Geschäftsführer im Falle einer Pflichtverletzung insbesondere nach §§ 283 I Nr. 1, 156 StGB strafbar machen kann.[879] Ferner ist darauf hinzuweisen, dass eine Pflichtverletzung des Geschäftsführers dazu führen kann, dass mit Verfahrenseröffnung der Antrag auf Anordnung der (vorläufigen) Eigenverwaltung (§§ 270 ff. InsO) abgelehnt wird.[880] Auswirkungen kann die Pflichtverletzung schließlich auch auf das Insolvenzplanverfahren haben. Verweigert der Geschäftsführer notwendige Auskünfte, wird das Gericht die Bestätigung des Plans nach §§ 248 ff. InsO wohl versagen.[881]

ff) *Haftung bei Pflichtverletzung.* Fraglich ist, ob sich der Geschäftsführer, der seinen **239** verfahrensrechtlichen Pflichten nicht nachkommt, gegenüber der Gläubigergesamtheit schadensersatzpflichtig macht, etwa wenn auf Grund seiner unzureichenden Mitwirkung und Aufklärung der vorläufige Insolvenzverwalter Gesellschaftsvermögen nicht sichern bzw. die Gesellschaft nicht optimal fortführen kann. Dieser der Gläubigergesamtheit entstehende Schaden wird nicht durch § 64 S. 1 GmbHG erfasst, da die Verletzung der Aufklärungs- und Mitwirkungspflicht keine Zahlung iS der Vorschrift darstellt.[882] § 823 II BGB iVm § 15a I InsO erfasst diese Schäden ebenfalls dem Wortlaut nach nicht, da vorliegend der Insolvenzantrag schon gestellt ist, der Schutzbereich des § 15a I InsO aber mit Stellung des Insolvenzantrags endet.[883] Nach dem Sinn und Zweck des § 64 GmbHG muss jedoch auch die Nicht- oder Schlechterfüllung der verfahrensrechtlichen Pflichten, die zeitlich nach der Insolvenzantragstellung liegt, die Befriedigungssituation der Gläubigergesamtheit verschlechtert und nicht den Grund-

---

[873] Vgl. Braun/*Uhlenbruck,* Unternehmensinsolvenz, S. 258; *Vallender* in K. Schmidt/Uhlenbruck, Die GmbH in Krise, Sanierung und Insolvenz, Rn. 5.296; *Uhlenbruck,* Kölner Schrift, S 159 Rn. 75.
[874] *Noack,* Rn. 307.
[875] Vgl. Braun/*Uhlenbruck,* Unternehmensinsolvenz, S. 257.
[876] *Gaiser* ZInsO 2002, 472, 473.
[877] Vgl. etwa LG Magdeburg EWiR 1997, 659f.
[878] Siehe etwa OLG Naumburg NZI 2000, 594; LG Göttingen NZI 2002, 383, 384; *Uhlenbruck* GmbHR 2002, 941, 942.
[879] Vgl. hierzu *Vallender* ZIP 1996, 529, 533 f.; *ders.* in K. Schmidt/Uhlenbruck, Die GmbH in Krise, Sanierung und Insolvenz, Rn. 5.295.
[880] *Uhlenbruck* GmbHR 2002, 941, 944.
[881] *Uhlenbruck* GmbHR 2002, 941, 944.
[882] Zum Zahlungsbegriff → Rn. 174 ff.
[883] BGH DStR 1999, 988, 989.

sätzen eines ordnungsgemäßen Geschäftsmannes entspricht, zum Schadensersatz verpflichten.[884] Dogmatische Grundlage für den Ersatzanspruch könnte entweder eine entsprechende Anwendung des § 43 II GmbHG oder aber des § 64 S. 1 GmbHG sein.[885] Letztere ist vorzugswürdig, geht es in diesen Fällen doch um die Liquidation eines Gläubigernachteils.[886] Unabhängig davon kommt eine Schadensersatzhaftung des Geschäftsführers nach § 826 BGB in Betracht, wenn er vorsätzlich und sittenwidrig die Gläubigergesamtheit schädigt, indem er seinen verfahrensrechtlichen Pflichten nicht nachkommt.[887]

240 **4. Auswirkungen der Sicherungsanordnungen auf den Aufgaben- und Pflichtenkreis des Geschäftsführers.** Im Zeitraum zwischen (zugelassenem) Eröffnungsantrag und der Entscheidung über die Verfahrenseröffnung kann das Insolvenzgericht Sicherungsmaßnahmen nach §§ 21 ff. InsO treffen.[888] Diese Maßnahmen berühren die Organstellung des Geschäftsführers nicht. Umfang und Intensität der Sicherungsmaßnahmen haben jedoch Einfluss auf die an die Organstellung geknüpften Rechte und Pflichten des Geschäftsführers. Dies gilt insbesondere für den Fall, dass das Insolvenzgericht dem Schuldner ein allgemeines Verfügungsverbot auferlegt und einen vorläufigen (starken) Insolvenzverwalter bestellt. Letzteres ist jedoch ein Instrument der „ultima ratio", nämlich wenn durch die Fortdauer der Verwaltungs- und Verfügungsbefugnis des Schuldners nachhaltige Gefährdungen der künftigen Masse zu besorgen sind oder wenn die Organe der schuldnerischen Gesellschaft nicht mehr oder nicht mehr ordentlich besetzt sind und daher eine (umfassende) Fremdverwaltung unabweislich ist.[889]

241 Ordnet das Gericht eine vorläufige Verwaltung an, ohne ein allgemeines Verfügungsverbot zu erlassen (zB Zustimmungsverwaltung), so bedürfen die Rechtshandlungen der Organe der GmbH uU der Zustimmung des vom Insolvenzgericht eingesetzten vorläufigen Verwalters. Das „Initiativrecht" verbleibt jedoch bei den Gesellschaftsorganen mit der Folge, dass Letztere und nicht der eingesetzte vorläufige Verwalter den Betrieb des Schuldners fortführen. Ordnet das Insolvenzgericht hingegen – ausnahmsweise – ein allgemeines Verfügungsverbot an, so geht auf den vorläufigen Insolvenzverwalter nicht nur die volle Verwaltungs- und Verfügungsbefugnis (§ 22 I 1 InsO), sondern auch die Prozessführungsbefugnis über (vgl. § 240 S. 2 ZPO).[890] Erfasst wird von der Anordnung sowohl das gegenwärtige Vermögen der Gesellschaft als auch das Vermögen, das die Gesellschaft nach Anordnung erwirbt.[891]

242 Der dem vorläufigen Insolvenzverwalter übertragene Aufgaben- und Pflichtenkreis hat Auswirkungen auf die Geschäftsführung durch den Geschäftsführer. Die strafrechtliche Rechtsprechung vertritt etwa die Ansicht, dass die Aufhebung und Beschränkung der Verfügungsbefugnis verbunden mit der Einsetzung eines vorläufigen (starken) Insolvenzverwalters dem Geschäftsführer die Verwaltungsbefugnis und Verwaltungspflicht entzieht, dieser sich also nicht mehr einer Untreue nach § 266 StGB oder nach § 266a StGB strafbar machen könne.[892] In der insolvenzrechtlichen Literatur waren die Befugnisse des Sequesters nach der KO und damit auch die Restkompetenzen des Geschäfts-

---

[884] OLG Hamm ZIP 1980, 280, 281.
[885] OLG Hamm ZIP 1980, 280, 281.
[886] Kritisch insoweit *H. F. Müller,* Der Verband in der Insolvenz, S. 102 f.
[887] Vgl. OLG Köln ZIP 1998, 113, 115; *H. F. Müller,* Der Verband in der Insolvenz, S. 104.
[888] Vgl. hierzu *Gerhardt* ZZP 1996, 415, 416 ff.; für die Auswirkungen auf den Geschäftsführer siehe *Uhlenbruck* GmbHR 1999, 390, 392 ff.
[889] Siehe *Smid* DZWIR 2002, 444 ff.
[890] BGH DB 1999, 1650; siehe auch OLG Jena NZI 2000, 271.
[891] *Gerhardt* ZIP 1996, 415, 416.
[892] Vgl. so insb. auch die strafrechtliche Rechtsprechung zu § 266 StGB, BGHSt WiB 1997, 1030 *(Fischer);* wistra 1993, 146, 147.

führers heftig umstritten. Die Beschränkungen der Befugnisse des Sequesters wurden insbesondere aus dem Sinn und Zweck der Sequestration abgeleitet. Die Aufgabenstellung des vorläufigen Insolvenzverwalters hat sich gegenüber dem alten Recht gewandelt. Äußerlich zeigt sich dies etwa dadurch, dass die Stellung und die Befugnisse des vorläufigen (starken) Insolvenzverwalters denen des Insolvenzverwalters angeglichen sind. Zu den Aufgaben des vorläufigen (starken) Insolvenzverwalters gehört im Regelfall insbesondere die Unternehmensfortführung (§ 22 I Nr. 2 InsO).

Der Gesetzgeber hat dem vorläufigen Insolvenzverwalter jedoch nicht – auch nicht im Rahmen der Betriebsfortführung – eine allein an den Grundsätzen ordnungsgemäßer Verwaltung zu messende, selbstständige Verwertungskompetenz des Schuldnervermögens eingeräumt. Vielmehr stellt die Pflicht zur Unternehmensfortführung eine spezielle Ausprägung der allgemeinen Sicherungspflicht in § 22 I Nr. 1 InsO dar. Dies folgt auch daraus, dass in diesem Stadium grundsätzlich nicht absehbar ist, ob es später tatsächlich zu einer Verfahrenseröffnung kommt. Folglich muss der vorläufige Insolvenzverwalter bei seinen Entscheidungen auch die Belange des Schuldners beachten, weil grundsätzlich der Fall eintreten kann, dass die Masse wieder an den Schuldner auszukehren ist. Er darf daher den Betrieb, das Unternehmen oder einzelne, Verluste produzierende Betriebsteile nicht verkaufen und zwar auch dann nicht, wenn sich eine herausragend günstige Verwertungsmöglichkeit bietet.[893] Soweit der vorläufige Insolvenzverwalter Transaktionen vornehmen will, die seinen Aufgabenbereich überschreiten, lebt eine Verwaltungsbefugnis oder gar ein Mitbestimmungsrecht des Schuldners nicht wieder auf. Dem Schuldner bzw. dem Geschäftsführer bleibt die Verwaltungs- und Verfügungsbefugnis gemäß § 22 I InsO vollständig entzogen. Daher ändert eine Mitwirkung oder eine Zustimmung des Schuldners (oder eines vorläufigen Gläubigerausschusses) nichts an der Pflichtwidrigkeit von Maßnahmen des vorläufigen Insolvenzverwalters, die über einen Sicherungscharakter hinausgehen. Eine Restkompetenz an unternehmerischen Mitwirkungsrechten des Schuldners gibt es nicht.[894] Bislang nicht entschieden ist aber, ob der Geschäftsführer für den Fall, dass der Insolvenzverwalter Maßnahmen trifft, die über den Sicherungszweck hinausgehen, beim Insolvenzgericht die Untersagung der in Frage stehenden Maßnahmen beantragen kann.[895]

Die steuerrechtlichen Pflichten der Gesellschaft und die Pflicht zur Abführung der Sozialversicherungsbeiträge sind fortan im Außenverhältnis vom vorläufigen Insolvenzverwalter (vgl. für die steuerrechtliche Pflichten § 34 III AO) und nicht vom Geschäftsführer zu erfüllen.[896] Eine Restzuständigkeit des Geschäftsführers bleibt lediglich im sogenannten gesellschaftsinternen Bereich bestehen.[897] Soweit eine Restzuständigkeit gegeben ist, unterliegt der Geschäftsführer vorbehaltlich der allgemeinen Grenzen dem Weisungsrecht der Gesellschafterversammlung.

---

[893] Vgl. *Uhlenbruck* KTS 1994, 169, 178; *ders.* GmbHR 1999, 390, 393f.; *ders.*, Kölner Schrift, S. 159 Rn. 27f. Siehe aber auch den vom Bundesministerium eingebrachten Diskussionsentwurf, den § 22 I 2 Nr. 2 InsO abzuändern und mit Zustimmung des Insolvenzgerichts nicht nur die Einstellung, sondern auch die Veräußerung des Unternehmens zu gestatten; zu den Konsequenzen einer solchen Lösung *K. Schmidt*, in Insolvenzrecht 2003, S. 19, 21 ff.; siehe auch die Stellungnahme der Bund-Länder Arbeitsgruppe ZIP 2002, 1166 ff., 1171 f.; *Ehricke* ZIP 2004, 2262, 2265 f. Der Entwurf ist insoweit aufgrund massiver Kritik zurückgezogen worden.
[894] AA *Pape* ZIP 1994, 89, 92.
[895] *Uhlenbruck* GmbHR 1999, 390, 394.
[896] *Uhlenbruck* GmbHR 1999, 390, 393. Soweit dem Geschäftsführer jedoch für die Vergangenheit eine Pflichtverletzung anzulasten ist, bleibt der Geschäftsführer hierfür haftungsrechtlich verantwortlich, auch wenn zwischenzeitlich der vorläufige Insolvenzverwalter für diese im öffentlichen Interesse liegenden Pflichten zuständig ist.
[897] → Rn. 303 ff.

VII. Stellung und Pflichten der Gesellschafter in der „führungslosen Gesellschaft" bis zur Verfahrenseröffnung

245 Die Gesellschafter trifft im Fall einer führungslosen Gesellschaft mit Eintritt der Insolvenz keine Vermögenserhaltungspflicht im Interesse der Gläubiger. Eine dem § 15a III InsO vergleichbare Vorschrift gibt es für § 64 S. 1 GmbHG – unerklärlicherweise – nicht.[898] Da § 64 S. 1 GmbHG auch nicht deliktischer Natur ist, scheidet auch eine Teilnehmerhaftung nach § 830 BGB des Gesellschafters aus.[899] Allenfalls unter dem Blickwinkel einer „faktischen Geschäftsführung" (→ Rn. 42 ff.) kommt eine Haftung des Gesellschafters in Betracht, wobei allerdings zu beachten ist, dass – hM zufolge – faktischer Geschäftsführer nur eine natürliche Person sein kann.[900] Im Falle der Führungslosigkeit trifft die Gesellschafter auch nicht – dem gesetzlichen Leitbild zufolge – die Haftung für die Erledigung der steuerrechtlichen und/oder der sozialversicherungsrechtlichen Pflichten.

246 Ist die Gesellschaft führungslos, so können im Eröffnungsverfahren die an der Gesellschaft beteiligten Personen, dh die Gesellschafter, nach § 10 II 2 InsO gehört werden. Das MoMiG sieht darüber hinaus nun auch „persönliche (Verfahrens-)Pflichten" des Gesellschafters einer führungslosen Gesellschaft vor. § 101 I 2 InsO bestimmt, dass in einem solchen Fall die Auskunftspflichten des Schuldners im Insolvenzverfahren nach § 97 I InsO den Gesellschafter persönlich treffen. Die Bestimmung findet nicht nur im eröffneten Verfahren, sondern auch im Insolvenzeröffnungsverfahren Anwendung.

VIII. Wirkungen der Verfahrenseröffnung bzw. der Abweisung des Insolvenzantrags

247 **1. Eröffnungsvoraussetzungen.** Das Insolvenzverfahren über das Vermögen der GmbH wird eröffnet, wenn ein zulässiger und begründeter Insolvenzantrag vorliegt. Begründet ist der Insolvenzantrag, wenn das Gericht vom Vorliegen eines Insolvenzgrundes überzeugt ist und wenn das vorhandene Gesellschaftsvermögen voraussichtlich ausreichen wird, um die Kosten des Verfahrens zu decken (§ 26 I InsO).

248 **a) *Zulässiger Antrag*.** In der Praxis waren in der Vergangenheit häufig Fälle anzutreffen, in denen die (in wirtschaftlicher Krise befindliche) GmbH geschäftsführerlos war. Vor der Reform durch das MoMiG konnte in diesen Fällen dem Antrag auf Eröffnung des Insolvenzverfahrens – grundsätzlich – nicht stattgegeben werden; denn die Insolvenzeröffnung setzt – hM zufolge – nach § 4 InsO iVm §§ 51 f. ZPO die Prozessfähigkeit des Schuldners voraus. Die Ansätze zur Lösung des Problems konnten kaum befriedigen (siehe hierzu 3. Auflage 2006, Rn. 212 ff.).[901] Der Gesetzgeber hat hierauf reagiert und hat zum einen ein Antragsrecht (§ 15 I 2 InsO, → Rn. 57 ff.) und zum anderen eine Antragspflicht (§ 15a III InsO, siehe Rn. 73 ff.) für die Gesellschafter im Falle der Führungslosigkeit eingeführt. Dennoch fehlt der Gesellschaft nach wie vor die Prozessfähigkeit im Sinne des § 52 InsO.[902] Daran ändern auch §§ 35 I 2 GmbHG, 10 II 2 InsO nichts, weil die Gesellschafter hierdurch nur zur Passivvertretung ermächtigt werden, wohingegen echte Prozessfähigkeit auch die Befugnis zur Aktivvertretung voraussetzt.[903] Die Bestellung eines Notgeschäftsführers (§ 29 BGB) oder Prozessvertreters (§ 57 ZPO) nur für die Antragstellung erscheint jedoch als reine Förmelei, zumal die Fortsetzung eines bereits eröffneten Verfahrens auch ohne Vertreter der Gesellschaft

---

[898] Kritisch zu Recht *Hölzle* GmbHR 2007, 729, 731; *Baumbach/Hueck/Haas*, § 64 GmbHG Rn. 8.
[899] BGH ZIP 2008, 1026, 1027; ZIP 2007, 631, 633.
[900] BGH DStR 2002, 1010, 1012; kritisch insoweit *Baumbach/Hueck/Haas*, § 64 GmbHG Rn. 9.
[901] *Haas* GmbHR 2006, 729, 733 f.
[902] BGH NZG 2011, 26.
[903] Ausführlich BGH NZG 2011, 26 Rn. 12 ff.

ohne Weiteres möglich ist.[904] Richtigerweise gehen diese Vorschriften im Antragsverfahren als leges speciales § 4 InsO iVm §§ 51 f. ZPO vor und führen jedenfalls insoweit zu einer Verfahrensfähigkeit der Gesellschaft.[905]

b) *Massekostendeckung.* aa) *Rechtstatsächliches.* Nach § 26 I 2 InsO unterbleibt die Abweisung des Antrags aufgrund Masselosigkeit auch dann, wenn ein ausreichender Betrag zur Deckung der Verfahrenskosten vorgeschossen wird. Im Jahre 2012 gab es in der Bundesrepublik Deutschland insgesamt 11 940 GmbH-Insolvenzen. Die Quote der eröffneten Verfahren betrug 65,4%.[906] Im Vergleich hierzu war die Eröffnungsquote im Jahr 2002 deutlich niedriger und lag nur bei 48,1%; im Jahr 1998 sogar nur bei 34,4% (zu den Rechtstatsachen → Rn. 2).[907] Die Gründe für diese Entwicklung sind umstritten. Teilweise wird hierfür die verschärfte Geschäftsführerhaftung nach § 823 II BGB iVm § 15a I InsO (→ Rn. 91 ff.) bzw. nach § 64 S. 1 GmbHG (vgl. → Rn. 168 ff.) verantwortlich gemacht.[908] In erster Linie dürfte hierfür jedoch der an die Stelle des § 107 KO getretene § 26 I InsO verantwortlich sein.[909]

Nach § 107 I KO lehnte das Gericht die Verfahrenseröffnung ab, wenn eine die Kosten des Verfahrens entsprechende Masse nicht vorhanden war. Die Abweisung unterblieb, wenn ein zur Deckung der Massekosten ausreichender Betrag von einem Verfahrensbeteiligten vorgeschossen wurde. Neben den Massekosten (§ 58 Nr. 1, 2 KO) hatte das Gericht jedoch überwiegender Ansicht nach auch die voraussichtlichen Masseschulden nach § 59 I Nr. 1, 2 KO zu berücksichtigen, da diese bei Masseunzulänglichkeit im eröffneten Konkursverfahren gemäß § 60 KO vorrangig vor den Massekosten (§ 58 Nr. 1, 2 KO) zu befriedigen waren.[910] Einbezogen in die Prüfung der Kostendeckung wurden mithin die Schulden der Gesellschaft aus Geschäften oder Handlungen des Konkursverwalters sowie die Ansprüche aus zweiseitigen Verträgen, deren Erfüllung zur Konkursmasse verlangt wurde bzw. deren Erfüllung für die Zeit nach Eröffnung des Verfahrens erfolgen musste. Die in der Praxis übliche großzügige Schätzung dieser Masseschulden führte in einer Vielzahl von Fällen zu einer Abweisung des Antrags mangels Masse, obwohl „erhebliches" Vermögen beim Schuldner bzw. der GmbH vorhanden war.[911]

Diese Situation hat sich unter der Geltung der InsO geändert.[912] § 107 I KO und der neue § 26 I InsO decken sich nur auf den ersten Blick. Ebenso wie bei § 107 I KO unterbleibt auch nach § 26 I InsO die Verfahrenseröffnung, wenn das Vermögen des Schuldners voraussichtlich nicht ausreicht, um die Kosten des Verfahrens zu decken. Die Abweisung des Antrags unterbleibt jedoch nach § 26 I 2 InsO, wenn ein ausreichender Geldbetrag vorgeschossen wird. Anders als § 107 I KO berücksichtigt die Kostendeckungsprüfung nach § 26 I InsO lediglich die Kosten des Verfahrens iS des § 54 InsO, nicht dagegen sonstige Masseverbindlichkeiten (vgl. § 55 InsO). Die Kosten-

---

[904] *Saenger/Inhester/Kolmann,* vor § 64 GmbHG Rn. 187; *Baumbach/Hueck/Haas,* § 64 GmbHG Rn. 166; *K. Schmidt* GmbHR 2011, 113, 114 f.
[905] *Saenger/Inhester/Kolmann,* vor § 64 GmbHG Rn. 187; *Baumbach/Hueck/Haas,* § 64 GmbHG Rn. 166; *Horstkotte* ZInsO 2009, 209, 211 ff.; *K. Schmidt* GmbHR 2011, 113, 114 f.; nur für den Eigenantrag: *Berger* ZInsO 2009, 1977, 1984; *Roth/Altmeppen,* vor § 64 GmbHG Rn. 52.
[906] Vgl. Statistisches Jahrbuch für die Bundesrepublik Deutschland 2013, S. 511.
[907] Vgl. Statistisches Jahrbuch für die Bundesrepublik Deutschland 2003, S. 138.
[908] So *K. Schmidt,* siehe Nachweise bei *Rein* NZI 2004, 310, 311; *K. Schmidt,* in: K. Schmidt/Uhlenbruck (Hrsg.) Die GmbH in Krise, Sanierung und Insolvenz, Rn. 11.35 ff.; *ders.* KTS 2001, 373, 388 f.
[909] *Konzen,* FS Ulmer, 2003, S. 323, 324 und 332.
[910] Vgl. AG Berlin-Charlottenburg ZIP 1994, 385; *Kilger/K. Schmidt,* 107 KO Rn. 2; *Uhlenbruck* KTS 1976, 212, 213 ff.; *ders.* KTS 1994, 169, 174; *Heilmann* BB 1981, 1001 ff.
[911] Vgl. *Haas,* Geschäftsführerhaftung, S. 31; siehe auch AG Berlin-Charlottenburg ZIP 1994, 385, 386; *Pape* KTS 1995, 189.
[912] So schon die Prognose von *K. Schmidt* GmbHR 1994, 829, 833; siehe Mitteilung NZI 1999, 488.

schwelle ist im Anwendungsbereich der InsO folglich merklich herabgesetzt worden, so dass es – im Vergleich zur KO – weit häufiger zu einer Eröffnung des Verfahrens kommt.[913] Um die Einleitung eines Insolvenzverfahrens nicht frühzeitig an einer fehlenden Massekostendeckung scheitern zu lassen, wurde durch das ESUG[914] § 26 IV InsO eingefügt. Hiernach muss derjenige, der entgegen seiner Pflichten gemäß § 15a InsO keinen Eröffnungsantrag gestellt hat, auf Anforderung des vorläufigen Insolvenzverwalters oder eines Insolvenzgläubigers (nicht aber des Insolvenzgerichts) aus seinem persönlichen Vermögen einen Kostenvorschuss leisten.[915] Die Regelung ergänzt die in § 26 III InsO (→ Rn. 315 ff.) geregelte Regressmöglichkeit eines Dritten gegenüber solchen Personen, die ihre Antragspflicht verletzt haben;[916] sie stellt also eine Art Schadensersatz für unterlassene oder verspätete Antragstellung dar.[917] Die erleichterte Eröffnung des Insolvenzverfahrens führt freilich zu einem erheblichen Anteil nachträglicher massearmer Insolvenzverfahren.[918]

252 bb) *Berücksichtigungsfähige Masseposten.* (1) *Grundsatz.* Ob das Vermögen voraussichtlich ausreichen wird, die Kosten des Verfahrens zu decken, berechnet sich aus einem Vergleich zwischen dem verwertbaren, dh dem in angemessener Zeit in Geld umwandelbaren Vermögen des Schuldners mit den voraussichtlichen Kosten des gesamten Verfahrens.[919] Das für die Deckung der Verfahrenskosten maßgebliche, in angemessener Zeit liquidierbare Vermögen des Schuldners kann folglich geringer sein als der Wert der Insolvenzmasse bei Beendigung des Verfahrens.[920] § 26 I InsO enthält ein prognostisches Element, wonach Kostendeckung bereits dann gegeben ist, wenn das Vermögen voraussichtlich ausreicht, um die Kosten des Verfahrens zu decken.[921] Bei der Bewertung einzelner Vermögenswerte im Rahmen der Massekostenprüfung ist jedoch zu beachten, dass das Insolvenzverfahren nicht an die Stelle des Erkenntnisverfahrens treten soll. Bleiben daher hinsichtlich bestimmter Rechtsfragen (zB Haftungsansprüche gegen Organmitglieder) ernsthafte Zweifel an der Rechtsdurchsetzung, können diese Vermögenswerte bei der Prüfung nach § 26 I 1 InsO nicht als Aktiva (oder nur mit erheblichen Abschlägen) der Masse zugerechnet werden. Das Insolvenzgericht hat den Gläubiger dann insoweit auf den Prozessweg zu verweisen.[922]

253 (2) *Gesellschaftsrechtliche Haftungsansprüche.* Im Gesellschaftsvermögen können sich etwa Einlageansprüche, Ansprüche nach § 31 GmbHG, Anfechtungsansprüche oder Ansprüche nach § 43 II, III GmbHG befinden (→ Rn. 341 ff.). Es handelt sich hierbei zwar nicht um liquide Mittel. Hierauf stellt § 26 I InsO aber auch nicht ab.[923] Maßgebend ist nach der Vorschrift allein das Vermögen. Daher sind grundsätzlich auch Forderungen einzustellen, die nur im Prozesswege durchzusetzen sind. Folglich sind die Haftungs- bzw. Erstattungsansprüche der Gesellschaft grundsätzlich als Massebestandteile im Rahmen der Kostendeckungsprüfung zu berücksichtigen.[924] Eine Ausnahme gilt nur

---

[913] Vgl. AG Neuruppin ZIP 1999, 1687; *Haas,* Geschäftsführerhaftung, S. 34.
[914] Gesetz zur weiteren Erleichterung der Sanierung von Unternehmen vom 7.12.2011, BGBl. I, S. 2582.
[915] Zur umstrittenen Frage, an wen zu leisten ist, vgl. *Zimmermann* ZInsO 2012, 396, 398; *Frind* ZInsO 2012, 1357, 1362; *Marotzke* ZInsO 2013, 1940, 1941; *Foerste* ZInsO 2012, 532, auch zur str. Durchsetzbarkeit mittels Leistungsverfügung analog § 940 ZPO.
[916] *Saenger/Inhester/Kolmann* vor § 64 GmbHG Rn. 162.
[917] *K. Schmidt/Keller,* § 26 InsO Rn. 41.
[918] *Konzen,* FS Ulmer, 2003, S. 323, 324.
[919] BGH ZIP 2003, 2171, 2172; LG Leipzig ZInsO 2002, 576 f.
[920] BGH ZIP 2003, 2171, 2172; siehe auch *Uhlenbruck,* § 26 Rn. 10 f.
[921] Vgl. auch *K. Schmidt* ZGR 1996, 209, 221; MüKoInsO/*Haarmeyer,* § 26 Rn. 20.
[922] BGH ZIP 2002, 1695, 1696; siehe auch BerlK/*Goetsch,* § 26 Rn. 12.
[923] Sehr großzügig aber LG Leipzig ZInsO 2002, 576 f.
[924] HK/*Kirchhof,* § 26 Rn. 7; KPB/*Pape,* § 26 Rn. 7 ff.

dann, wenn die Ansprüche nicht oder nur mit unverhältnismäßigem Aufwand realisierbar sind, dh wenn deren Geltendmachung keine oder nur sehr geringe Aussicht auf Erfolg hat.[925]

(3) *Gesamtgläubigerschäden.* Umstritten ist, ob bei der Massekostenprüfung die Ersatzansprüche zu berücksichtigen sind, die in den Anwendungsbereich des § 92 InsO fallen. Zweifel hieran ergeben sich zum einen daraus, dass Inhaber dieser Ansprüche die Gläubiger sind und die Befugnis zur Geltendmachung dieser Ansprüche erst mit Insolvenzeröffnung auf den Insolvenzverwalter übergeht. Zum anderen sollen – so zumindest die wohl überwiegende Ansicht – die nach § 92 InsO durch den Insolvenzverwalter eingezogenen Beträge nur den „Insolvenzgläubigern" zugute kommen (→ Rn. 532 ff.). 254

Dennoch sind die von § 92 InsO erfassten Ansprüche – richtiger Ansicht nach – im Rahmen der Prüfung der Massekostendeckung zu berücksichtigen.[926] Dies ergibt sich aus dem Sinn und Zweck des § 92 InsO, der durch Erweiterung des Haftungsfonds einen Beitrag dazu leisten sollte, dass weniger Verfahren mangels Masse nicht eröffnet bzw. eingestellt werden.[927] Bestätigt wird dieses Ergebnis auch durch einen Vergleich mit dem Anfechtungsrecht. In beiden Fällen soll nämlich die in der Insolvenzordnung niedergelegte Haftungsordnung zugunsten der Gläubigergesamtheit nicht durch eine Beschlagnahme des Schuldnervermögens, sondern durch Haftung, dh durch Zugriff auf schuldnerfremdes Vermögen verwirklicht werden. Obwohl der Anfechtungsanspruch dem Schutz der „Insolvenzgläubiger" dient[928] und zu keinem Zeitpunkt in das (werbende) Schuldnervermögen gelangt ist, ordnet die heute ganz überwiegende Ansicht das Anfechtungsrecht der Masse zu[929] mit der Folge, dass dieses im Rahmen der Prüfung der Massekostendeckung zu berücksichtigen ist.[930] Für § 92 InsO sollte nichts anderes gelten. 255

2. Die Ablehnung der Verfahrenseröffnung mangels Masse. a) *Rechtsgrundlage.* 256
Nach § 60 I Nr. 5 GmbHG bildet der rechtskräftige Beschluss, der die Verfahrenseröffnung mangels Masse ablehnt, einen Auflösungsgrund. Die Auflösung der Gesellschaft hat das Gericht gemäß § 65 I 2 GmbHG von Amts wegen einzutragen. Das Registergericht erfährt von dem Beschluss des Insolvenzgerichts nach § 31 Nr. 2 InsO, da die Geschäftsstelle des Insolvenzgerichts eine Ausfertigung des Beschlusses dem Registergericht zu übermitteln hat. Die dann erfolgende Eintragung hat jedoch nur deklaratorische Bedeutung.[931]

b) *Auswirkungen auf den Rechtsträger und ihre Organe.* Die Auflösung der Gesellschaft 257
nach § 60 Nr. 5 GmbHG führt idR (→ Rn. 281 ff.) zur Abwicklung der Gesellschaft nach den §§ 66 ff. GmbHG, da die Ablehnung des Insolvenzantrags mangels Masse kein Anzeichen für die Vermögenslosigkeit der Gesellschaft sein muss.[932] Die Gesellschaft bleibt trotz Auflösung als Rechtsträger weiterhin existent und ist daher auch weiterhin rechts- und parteifähig.[933] Nach § 69 GmbHG gelten die allgemeinen Vorschriften zu-

---

[925] Vgl. OLG Karlsruhe ZIP 1989, 1070, 1071; *Uhlenbruck,* § 26 Rn. 14; MüKoInsO/*Haarmeyer,* § 26 Rn. 22; HK/*Kirchhof,* § 26 Rn. 7.
[926] *Brinkmann,* Die Bedeutung der §§ 92, 93 InsO, S. 60.
[927] Vgl. *K. Schmidt* ZGR 1996, 209, 219.
[928] Ebenso wie § 92 InsO bestimmt § 129 InsO, dass die Ansprüche dem Schutz der „Insolvenzgläubiger" dienen; zu den Parallelen zwischen beiden Vorschriften BGH NJW 2000, 1259, 1260.
[929] Vgl. *Wagner* ZIP 1999, 689, 696.
[930] BT-Drucks. 12/2443 S. 117; FK/*Schmerbach,* § 26 Rn. 10a; Nerlich/Römermann/*Mönning,* § 26 Rn. 26; *Häsemeyer,* Insolvenzrecht, Rn. 7.28.
[931] BayObLG GmbHR 1992, 672, 673; *Baumbach/Hueck/Haas,* § 65 GmbHG Rn. 13; Scholz/ *K. Schmidt/Bitter,* § 60 GmbHG Rn. 26.
[932] BayObLG NJW 1994, 594, 595; ZIP 1984, 175, 176; *Konzen,* FS Ulmer, 2003, S. 323, 324; *Vallender* NZG 1998, 249, 250; *Stobbe,* Die Durchsetzung gesellschaftsrechtlicher Ansprüche der GmbH in Insolvenz und masseloser Liquidation, Rn. 289.
[933] Vgl. BGHZ 75, 178, 182; OLG Zweibrücken ZIP 2003, 1954, 1955; OLG Stuttgart ZIP 1986, 647, 648; OLG Koblenz GmbHR 1991, 315; *Konzen,* FS Ulmer, 2003, S. 323, 324.

nächst weiter.[934] Die Gesellschaft verfolgt daher nach wie vor ihren ursprünglichen (aber liquidationsrechtlich überlagerten) Zweck und die Organe bestehen weiter mit der Besonderheit fort, dass an die Stelle der Geschäftsführer die regelmäßig mit diesen personenidentischen Liquidatoren treten.[935] Die Gesellschaft kann nach wie vor auch Prokuristen und Bevollmächtigte haben.[936] Auch die Treuepflicht der Gesellschafter besteht weiterhin fort.[937]

258 Die organschaftlichen Vertreter der GmbH sind nach der Entscheidung des Insolvenzgerichts über die Abweisung des Insolvenzantrags nicht mehr verpflichtet, für die Gesellschaft einen neuen Insolvenzantrag zu stellen, wenn sich später doch noch verteilungsfähiges Aktivvermögen der Gesellschaft findet.[938] Dagegen hindert ein rechtskräftig gewordener Beschluss, der einen Eröffnungsantrag mangels kostendeckender Masse abweist, einen neuen Eröffnungsantrag nicht; denn auch eine nach § 60 I Nr. 5 GmbHG aufgelöste Gesellschaft bleibt insolvenzfähig, vorausgesetzt sie ist nicht im Handelsregister gelöscht und ihr Vermögen noch nicht restlos verteilt wurde (→ Rn. 610 f.). Voraussetzung ist allerdings, dass glaubhaft gemacht wird, dass inzwischen ausreichende Vermögenswerte vorhanden sind, welche die Massekosten decken (→ Rn. 87).[939] Bei der gebotenen Prüfung, ob das Schuldnervermögen durch Prozessführung angereichert werden kann, ist zu beachten, dass das Insolvenzverfahren nicht an die Stelle des Erkenntnisverfahrens treten soll. Das Insolvenzgericht braucht mit anderen Worten nicht im Eröffnungsverfahren den Prozess hypothetisch im Voraus zu entscheiden. Letzteres wäre mit der Eilbedürftigkeit des Insolvenzeröffnungsverfahrens nicht vereinbar.[940]

259 **c)** *Befriedigung der Gläubiger aus dem Gesellschaftsvermögen.* aa) *Grundsatz.* Sinn und Zweck der Liquidationsvorschriften ist es, im Interesse der Gläubiger keine Verteilung von Gesellschaftsvermögen an die Gesellschafter vor Befriedigung der Gläubiger zuzulassen. Streitig ist, ob den liquidationsrechtlichen Vorschriften nicht nur eine Aussage zur Rangordnung der Gesellschafter- zu den Gläubigerinteressen, sondern auch etwas zu dem Verhältnis der Gläubigerinteressen untereinander entnommen werden kann. Die überwiegende Ansicht lehnt dies ab. Dies gilt insbesondere für den insolvenzrechtlichen Gleichbehandlungsgrundsatz.[941] Mithin ist – hM nach – die gleichmäßige Gläubigerbefriedigung kein Verfahrensziel im Rahmen des Liquidationsverfahrens.

260 Einen Niederschlag findet der Gläubigerschutz im Liquidationsverfahren insbesondere in dem zwingenden[942] § 73 I GmbHG. Die Vorschrift ordnet für einen befristeten

---

[934] Siehe auch *Hirte* ZInsO 2000, 127, 129 f.
[935] *K. Schmidt* in K. Schmidt/Uhlenbruck, Die GmbH in Krise, Sanierung und Insolvenz, Rn. 77.3. Zur Möglichkeit des Gläubigers, einen Notliquidator bestellen zu lassen, siehe *Konzen*, FS Ulmer, 2003, 323, 334 f.
[936] *K. Schmidt* in K. Schmidt/Uhlenbruck, Die GmbH in Krise, Sanierung und Insolvenz, Rn. 7.3; *Roth/Altmeppen*, § 69 GmbHG Rn. 5.
[937] BGHZ 98, 276, 283; *K. Schmidt* in K. Schmidt/Uhlenbruck, Die GmbH in Krise, Sanierung und Insolvenz, Rn. 7.3; *Roth/Altmeppen*, § 69 GmbHG Rn. 13.
[938] Vgl. *Uhlenbruck* ZIP 1996, 1641, 1647; *Konzen*, FS Ulmer, 2003, S. 323, 324; *Stobbe*, Die Durchsetzung gesellschaftsrechtlicher Ansprüche der GmbH in Insolvenz und massloser Liquidation, Rn. 293.
[939] BGH ZInsO 2005, 144; ZIP 2002, 1695, 1696; *Jaeger/Ehricke*, § 11 Rn. 95 f.; *Kübler/Prütting/Bork/Pape*, § 26 Rn. 33; HK/*Kirchhof*, § 26 Rn. 31; siehe auch *Konzen*, FS Ulmer, 2003, S. 323, 324.
[940] BGH ZIP 2002, 1695, 1696.
[941] Vgl. BGH NJW 1970, 469, 470; RGZ 149, 293, 298 f.; siehe im Übrigen *Baumbach/Hueck/Haas*, § 73 GmbHG Rn. 3; *Saenger/Inhester/Kolmann* § 73 GmbHG Rn. 17; *Noack*, Rn. 273; Uhlenbruck/Hirte/Vallender/*Hirte*, § 11 Rn. 113; *Michalski/Nerlich*, § 60 GmbHG Rn. 248; aA *Scholz/K. Schmidt/Bitter*, § 60 GmbHG Rn. 28; *ders.* KTS 1988, 16 ff.; siehe auch *Stobbe*, Die Durchsetzung gesellschaftsrechtlicher Ansprüche der GmbH in Insolvenz und masseloser Liquidation, Rn. 300 ff.; *Konzen*, FS Ulmer, 2003, S. 323, 346 ff.
[942] BGH NJW 2009, 2127, 2129; *Rowedder/Gesell*, § 73 GmbHG Rn. 1; *H. F. Müller*, Der Verband in der Insolvenz, S. 19 ff.

Zeitraum an, dass eine Auskehr des Gesellschaftsvermögens an die Gesellschafter nicht vor Tilgung oder Sicherstellung der Schulden der Gesellschaft erfolgen darf. Die Vorschrift bezweckt hM zufolge eine „totale Ausschüttungssperre" im Interesse einer möglichst vollständigen Gläubigerbefriedigung.[943] Um eine Umgehung der Vorschrift zu verhindern, knüpft das Gesetz an einen Verstoß gegen § 73 GmbHG vielfältige Folgen.[944] So ordnet das Gesetz ua im § 73 III GmbHG – vergleichbar dem § 64 S. 1 GmbHG –[945] die Rückgängigmachung von Einzeleingriffen an. Auch wenn ein Vermögensgegenstand aus dem Gesellschaftsvermögen ausgeschieden ist, bleibt die Befriedigung hieraus zugunsten der Gläubiger unter den Voraussetzungen des AnfG möglich. Flankiert wird das Einzelausgleichssystem – hM zufolge – schließlich durch eine Schadensersatzpflicht zugunsten der einzelnen Gläubiger. Nach hM ist nämlich § 73 I GmbHG Schutzgesetz iS des § 823 II BGB.[946]

261 In der Praxis bleibt das liquidationsrechtliche System zum Schutz der Gläubigerinteressen weitgehend wirkungslos. Das liegt nicht zuletzt daran, dass die Liquidatoren nicht selten als Geschäftsführer zur Schmälerung der Masse verantwortlich beigetragen haben und nun freilich wenig Neigung verspüren, im Interesse der Gläubiger Schadensersatz- und Erstattungsansprüche geltend zu machen.[947] Schließlich hat auch ein pflichtbewusster Liquidator infolge der Massenlosigkeit ohne Vorschüsse der Gläubiger oftmals kein Geld zur Durchsetzung von Ansprüchen (oder zur Abgeltung der eigenen Tätigkeit).[948]

262 bb) *Arten des Zugriffs der Gläubiger auf das Vermögen.* Das Liquidationsverfahren schützt das Befriedigungsinteresse der Gläubiger nur unzureichend; denn zum einen ist die Tätigkeit eines Liquidators nicht gewährleistet und zum anderen steht die Intensität, mit der die Abwicklung betrieben wird, weitgehend im Belieben des Liquidators.[949] Damit aber rückt die Frage in den Vordergrund, welche Möglichkeiten dem Gläubiger zur Seite stehen, um – unabhängig von der Tätigkeit der Liquidatoren – Befriedigung aus dem Gesellschaftsvermögen zu erlangen.

263 Grundsätzlich ist dem Gesellschaftsgläubiger der Zugriff auf das Gesellschaftsvermögen im Wege der Einzelzwangsvollstreckung möglich.[950] Ist die Gesellschaft masse-

---

[943] *K. Schmidt* ZIP 1981, 1; *Scholz/K. Schmidt*, § 73 GmbHG Rn. 1; *H. F. Müller*, Der Verband in der Insolvenz, S. 19 f.; *Roth/Altmeppen*, § 73 GmbHG Rn. 1; *Baumbach/Hueck/Haas*, § 73 GmbHG Rn. 2; *Michalski/Nerlich*, § 73 GmbHG Rn. 4; *Lutter/Hommelhoff/Kleindiek*, § 73 GmbHG Rn. 1; *Saenger/Inhester/Kolmann* § 73 GmbHG Rn. 3; siehe auch *Kessler* GmbHR 2002, 945, 950.

[944] Zu den präventiven Sanktionen, siehe insbesondere *K. Schmidt*, ZIP 1981, 1, 4 f. Zur Frage, inwieweit auch der Gesellschafter bei einem Verstoß gegen § 73 I GmbHG haftet, siehe *Scholz/K. Schmidt*, § 73 GmbHG Rn. 19; *Rowedder/Gesell*, § 73 GmbHG Rn. 33 ff.; *Roth/Altmeppen*, § 73 GmbHG Rn. 24 ff.; *Lutter/Hommelhoff/Kleindiek*, § 73 GmbHG Rn. 15; *Saenger/Inhester/Kolmann* § 73 GmbHG Rn. 35 ff., 41 ff.

[945] *K. Schmidt* ZIP 1981, 1, 7; *Scholz/K. Schmidt*, § 73 GmbHG Rn. 33; *H. F. Müller*, Der Verband in der Insolvenz, S. 21.

[946] *K. Schmidt* ZIP 1981, 1, 8 f.; *Ulmer/Paura*, 73 GmbHG Rn. 48; *Baumbach/Hueck/Haas*, § 73 GmbHG Rn. 22; *Rowedder/Gesell*, § 73 GmbHG Rn. 29; *Scholz/K. Schmidt*, § 73 GmbHG Rn. 27; *ders.* ZIP 1981, 1, 8; *Lutter/Hommelhoff/Kleindiek*, § 73 GmbHG Rn. 14; *Michalski/Nerlich*, § 73 GmbHG Rn. 52 f.; *Konzen*, FS Ulmer, 2003, S. 323, 343; krit *Roth/Altmeppen*, § 73 GmbHG Rn. 22 f.

[947] Machen die Liquidatoren ausnahmsweise Haftungsansprüche der Gesellschaft aus Delikt oder nach § 43 II GmbHG gegen den Geschäftsführer geltend, so ist hierfür ein Gesellschafterbeschluss nach § 46 Nr. 8 GmbHG erforderlich, siehe BGH BB 2004, 2033, 2036. Zur Frage, ob ein nicht geschäftsführender Gesellschafter den Haftungsanspruch für die Gesellschaft im Wege der Gesellschafterklage geltend machen kann, siehe BGH ZInsO 2005, 314, 315.

[948] *Konzen*, FS Ulmer, 2003, S. 323, 325; siehe etwa auch OLG Stuttgart NJOZ 2002, 2539, 2544 f. Zur Abhilfe dieser unbefriedigenden Situation de lege ferenda, *W. Schulz*, Die masselose Liquidation der GmbH, 1986, S. 106 ff.; *K. Schmidt* ZIP 1992, 9 ff.

[949] *Stobbe*, Die Durchsetzung gesellschaftsrechtlicher Ansprüche der GmbH in Insolvenz und masseloser Liquidation, Rn. 295 f.

[950] Vgl. BGH NJW 1992, 2229, 2230. Hat sich der Gläubiger einen Schadensersatzanspruch der Gesellschaft gegen den Geschäftsführer zur Einziehung überweisen lassen (§ 835 ZPO), bedarf es zur Gel-

(oder vermögenslos), gestaltet sich der zwangsvollstreckungsrechtliche Zugriff aber oftmals schwierig.[951] Die Schwierigkeiten verschärfen sich, wenn die Gesellschaft – zu Unrecht – im Handelsregister als vermögenslos gelöscht wurde. Dann muss der Gesellschaftsgläubiger nämlich – herrschender Meinung zufolge – zunächst auf die Bestellung von Nachtragsliquidatoren hinwirken, um auf den Vermögenswert zugreifen zu können.[952] Fraglich ist daher, ob der Gläubiger auch – außerhalb der Zwangsvollstreckung – auf bestimmte Vermögenswerte der Gesellschaft unmittelbar zugreifen kann. In Betracht kommt etwa eine analoge Anwendung des § 62 II 1 AktG bzw. § 93 V 1 AktG. Danach können die Gläubiger bestimmte Ansprüche der Gesellschaft gegen den Gesellschafter bzw. gegen den Geschäftsführer selbst unmittelbar geltend machen, wenn sie von der Gesellschaft keine Befriedigung erlangen können.

264 Wann von der Gesellschaft keine Befriedigung erlangt werden kann, wird im aktienrechtlichen Schrifttum uneinheitlich beantwortet.[953] Unabhängig von dieser strittigen Frage, ist jedoch festzuhalten, dass § 93 V (bzw. § 62 II 1) AktG dem Gesellschaftsgläubiger – unter bestimmten eingeschränkten Voraussetzungen – einen eigenen[954] materiellen Anspruch gegen das Vorstandsmitglied (bzw. den Gesellschafter) gewährt und damit dem Umstand Rechnung trägt, dass eine Pfändung und Überweisung des Anspruchs der Gesellschaft im Rahmen der Zwangsvollstreckung aufwändig und mühsam ist. Im GmbH-Recht fehlt eine dem § 93 V 1 AktG (bzw. § 62 II 1 AktG) vergleichbare Vorschrift. § 75 VI RegE 1971, der insoweit eine Angleichung des GmbH-Rechts an das Aktienrecht vorsah, ist nicht Gesetz geworden. Hieraus wird mitunter gefolgert, dass für eine analoge Anwendung der aktienrechtlichen Bestimmungen im GmbH-Recht kein Raum sei.[955]

265 Diese Ansicht überzeugt jedoch nicht. Eine Außenhaftung aus „Praktikabilitätsgründen" vergleichbar dem § 93 V 1 AktG, um die Durchsetzung von bzw. den Zugriff auf Haftungsansprüche zu erleichtern, ist nämlich auch dem GmbH-Recht bekannt. So akzeptiert die überwiegende Ansicht beispielsweise eine Ausnahme vom System der Binnenverantwortung beim Liquidator, obwohl § 73 III GmbHG für diesen – ebenso wie § 43 II, III GmbHG für den Geschäftsführer – den Grundsatz der Haftungskonzentration festschreibt. Verstößt nämlich ein Liquidator schuldhaft gegen die Pflichten in § 73 I, II GmbHG, so haftet er dieser herrschenden Meinung zufolge nicht nur gegenüber der Gesellschaft (§ 73 III GmbHG). Vielmehr sollen die übergangenen Gläubiger, soweit sie keine Befriedigung von der Gesellschaft erlangen können, den Ersatzanspruch analog §§ 268 II, 93 V AktG gegen den Liquidator selbst geltend machen können.[956] Dem Gläubiger soll die (umständliche und schwierige) Bestellung von Nachtragsliquidatoren erspart werden, nur um den Ersatzanspruch der GmbH gegen

---

tendmachung des Anspruchs eines Gesellschafterbeschlusses nach § 46 Ziff. 8 GmbHG, siehe *Michalski/Haas/Ziemons*, § 43 GmbHG Rn. 223.

[951] Siehe hierzu *Stobbe*, Die Durchsetzung gesellschaftsrechtlicher Ansprüche der GmbH in Insolvenz und masseloser Liquidation, Rn. 295 ff.

[952] Zu den praktischen Schwierigkeiten siehe nur BayObLG BB 2000, 1055; *Stobbe*, Die Durchsetzung gesellschaftsrechtlicher Ansprüche der GmbH in Insolvenz und masseloser Liquidation, Rn. 393 ff.; *Kögel* NZG 2000, 20 ff.

[953] Siehe Nachweise bei *Haas* WM 2003, 1929, 1937.

[954] GroßKomm-*Hopt*, § 93 AktG Rn. 396 ff.; *Hüffer*, § 93 AktG Rn. 32; Kölner Kommentar-*Mertens*, § 93 AktG Rn. 179 ff.

[955] Siehe etwa *Rowedder/Koppensteiner/Gruber*, § 43 GmbHG Rn. 50; *Stobbe*, Die Durchsetzung gesellschaftsrechtlicher Ansprüche der GmbH in Insolvenz und masseloser Liquidation, Rn. 945 ff.; aA aber *Roth/Altmeppen*, § 43 GmbHG Rn. 88 ff.; siehe auch *Michalski/Haas/Ziemons*, § 43 Rn. 300 ff.; vgl. auch *Scholz/K. Schmidt*, § 73 GmbHG Rn. 29, 32.

[956] *Baumbach/Hueck/Haas*, § 73 GmbHG Rn. 13; *Lutter/Hommelhoff/Kleindiek*, § 73 GmbHG Rn. 13; siehe hierzu auch *Konzen*, FS Ulmer, 2003, S. 323, 344; *Scholz/K. Schmidt*, § 73 GmbHG Rn. 29; *Saenger/Inhester/Kolmann* § 73 GmbHG Rn. 42.

den Liquidator überhaupt pfänden und sich zur Einziehung überweisen lassen zu können. Ein weiteres Beispiel findet sich bei der Vor-GmbH. So wandelt sich die (Verlustdeckungs-)Innenhaftung der Gesellschafter gegenüber der Vor-GmbH[957] aus Praktikabilitätsgründen in eine Außenhaftung zugunsten der Gläubiger um, wenn die Vor-GmbH „vermögenslos ist, insbesondere keine Geschäftsführer mehr hat oder weitere Gläubiger nicht vorhanden sind".[958] Wann die Gesellschaft im Sinne dieser Rechtsprechung als vermögenslos anzusehen ist, ist nicht ganz klar. Das BAG hat jedenfalls in seinen Entscheidungen zur Verlustdeckungshaftung die Vermögenslosigkeit mit der masselosen Insolvenz gleichgesetzt.[959] Schließlich entfällt die Subsidiarität der Gesellschafterklage gegenüber der gesellschaftsinternen Zuständigkeitsordnung hM zufolge dann wenn dies eine „überflüssige Formalität" bedeuten würde. Letzteres nimmt die hM an, wenn die Gesellschaft im Handelsregister gelöscht und ein Vertretungsorgan nicht vorhanden ist.[960] Zusammenfassend lässt sich damit festhalten, dass eine analoge Anwendung des § 93 V AktG zumindest in den Fällen nahe liegt, in denen die Gesellschaft als vermögenslos im Handelsregister gelöscht ist und der Gesellschaftsgläubiger im Rahmen des Zugriffs auf den Haftungsanspruch der Gesellschaft nicht nur allgemeine zwangsvollstreckungsrechtliche,[961] sondern spezifisch gesellschaftsrechtliche Hürden zu überwinden hat.

cc) *Beschränkungen des Zugriffsrechts der Gläubiger.* Mitunter wird diskutiert ob das **266** Zugriffsrecht des Gläubigers (im Wege der Zwangsvollstreckung bzw. nach §§ 93 V 1, 62 II 1 AktG analog) bei einzelnen Vermögenswerten der Gesellschaft beschränkt ist.

(1) *Einlageforderungen.* Einschränkungen bestehen – hM zufolge – bei der Pfändung **267** von Einlageforderungen der Gesellschaft gegenüber dem Gesellschafter. Die Pfändung der Einlageforderung soll entsprechend dem Grundsatz der realen Kapitalaufbringung (§ 19 II 1 GmbHG) nur dann zulässig sein, wenn die Forderung des Gesellschaftsgläubigers vollwertig ist.[962] Letzteres ist freilich in den Fällen, in denen der Insolvenzantrag mangels Massekostendeckung abgewiesen wurde, in aller Regel nicht der Fall. Hinter der Pfändungsbeschränkung steht die Vorstellung, dass der durch das Stammkapital bewirkte Gläubigerschutz – nach dem gesetzlichen Leitbild – allen (vorhandenen und künftigen) Gläubigern zugutekommen soll.[963] Dieser allseitige Schutzzweck würde aber – so die hM – unterlaufen, wenn ein Gläubiger (zum Nachteil der Übrigen) auf die Einlageforderungen zugreifen könnte. Nicht geklärt ist, inwieweit diese Pfändungsbeschränkung auch für Ansprüche aus §§ 9, 9a GmbHG oder für die Unterbilanzhaftung gilt. Folgt man dem BGH für den Einlageanspruch, kann letztlich für die anderen Ansprüche im Zusammenhang mit der Kapitalaufbringung nichts anderes gelten.

Von diesem Pfändungsschutz im Interesse der Gläubigergesamtheit lässt die Rechtsprechung allerdings eine Ausnahme zu und zwar dann, wenn eine „Ungleichbehandlung" durch den Zugriff eines Gläubigers nicht droht. Dies ist der Fall, wenn die Ge- **268**

---

[957] So jedenfalls das von der Rechtsprechung vertretene Haftungsmodell, siehe hierzu BGHZ 134, 333, 339 ff.; *Ulmer* ZIP 1996, 733 ff.; siehe auch *Lutter/Hommelhoff/Bayer,* § 11 GmbHG Rn. 13, 15 ff.; aA *K. Schmidt* ZIP 1996, 353 ff.; *Roth/Altmeppen,* § 11 GmbHG Rn. 55.
[958] BGHZ 134, 333, 341; BAG ZIP 2000, 1546, 1549; ZIP 1997, 2199, 2201.
[959] Siehe BAG ZIP 2000, 1546, 1549; siehe zu der nicht eindeutigen Abgrenzung in der Rechtsprechung auch *Roth/Altmeppen,* § 11 GmbHG Rn. 53; *Stobbe,* Die Durchsetzung gesellschaftsrechtlicher Ansprüche der GmbH in Insolvenz und masseloser Liquidation, Rn. 797 und 841 ff.
[960] BGH ZInsO 2005, 313, 314; ZIP 1991, 582.
[961] Siehe *Medicus* ZGR 1998, 570, 579.
[962] Vgl. BGH NJW 1970, 469, 470; NJW 1992, 2229; OLG Celle GmbHR 1995, 246; OLG Köln ZIP 1989, 174, 175; *Lutter/Hommelhoff/Bayer,* § 19 GmbHG Rn. 44.
[963] BGH NJW 1992, 2229, 2230; *Lutter/Hommelhoff/Bayer,* § 19 GmbHG Rn. 44; *Baumbach/Hueck/Fastrich,* § 19 GmbHG Rn. 42.

sellschaft ihren Geschäftsbetrieb eingestellt hat, die Einlageforderungen ihren einzigen Vermögensgegenstand darstellen und entweder keine anderen Gläubiger vorhanden sind oder von den übrigen Gläubigern nicht zu erwarten ist, dass sie gegen die Gesellschaft vorgehen und die Gesellschaft die Mittel für einen Prozess gegen den Einlageschuldner weder besitzt noch von einem dieser Gläubiger vorgeschossen erhält.[964] Gleiches soll auch dann gelten, wenn die Liquidatoren die Einlageforderung zwar geltend machen können, dies aber nicht wollen.[965]

269 Diese Beschränkungen der Pfändbarkeit von Einlageforderungen sind abzulehnen;[966] denn die Vorschriften über die Kapitalaufbringung (und Kapitalerhaltung) haben lediglich relative Wirkung im Verhältnis zwischen Gesellschafter[967] und Gesellschaft;[968] gesellschaftsfremde Dritte werden von diesen Vorschriften hingegen nicht betroffen, so dass sich Gläubigern gegenüber auch keine Pfändungsbeschränkungen herleiten lassen.[969] Dies bestätigt beispielsweise auch die systematische Stellung der Kapitalerhaltungsvorschriften im 2. Abschnitt, der die Überschrift „Rechtsverhältnisse der Gesellschaft und der Gesellschafter" trägt. Diese lediglich interne Beachtlichkeit der Kapitalaufbringungs- und -erhaltungsvorschriften kommt aber auch darin zum Ausdruck, dass diese Grundsätze nicht drittschützend sind,[970] § 30 I GmbHG kein Verbotsgesetz iS des § 134 BGB ist,[971] ein Dritter, der dingliche Rechte an einer vom Gesellschafter erbrachten Einlage hat, nicht gehindert ist, dieses Recht geltend zu machen, auch wenn dies zu einer verbotenen Einlagenrückgewähr an den Gesellschafter führt[972] und ein Gesellschaftsgläubiger nach § 11 AnfG die Rückgewähr einer vom Gesellschafter anfechtbar erbrachten Einlage fordern bzw. die Einlageleistung unter entsprechenden Voraussetzungen in der Insolvenz des Gesellschafters anfechten kann (§§ 129 ff. InsO).[973] Letztlich lässt sich der von der hM mit den Pfändungsbeschränkungen für Einlageforderungen verfolgte Zweck, die Stammeinlagen einer geordneten Abwicklung der Gesellschaft und damit den Gläubigern gleichmäßig zugutekommen zu lassen,[974] nicht auf § 19 GmbHG stützen.

270 (2) *Ansprüche im Zusammenhang mit der Kapitalerhaltung.* Ob die vorstehenden Pfändungsbeschränkungen auch auf Erstattungsansprüche nach § 31 I GmbHG entsprechend anzuwenden sind, ist unklar. Der BGH hat immer wieder die funktionale Vergleichbarkeit der Kapitalaufbringung und -erhaltung hervorgehoben.[975] Ebenso wie die Kapitalaufbringung dient auch die Kapitalerhaltung dazu, das durch das Stammkapital gebundene Vermögen der Gesellschaft zur Befriedigung der Gläubiger zu erhalten.[976] Dennoch vertritt die ganz überwiegende Ansicht bzgl. des Erstattungsanspruchs aus § 31 I GmbHG, dass dieser ohne Beschränkungen durch die Gesellschaftsgläubiger

---

[964] Vgl. BGH NJW 1992, 2229; NJW 1980, 2253; NJW 1963, 102; OLG Köln ZIP 1989, 174, 175; *Baumbach/Hueck/Fastrich*, § 19 GmbHG Rn. 42; *Lutter/Hommelhoff/Bayer*, § 19 GmbHG Rn. 44; zu den sich hieraus ergebenden schier unlösbaren vollstreckungsrechtlichen Schwierigkeiten, *Vollmer* GmbHR 1998, 579, 581.
[965] *Konzen*, FS Ulmer, 2003, S. 323, 326 f.
[966] Vgl. *K. Schmidt* ZHR 1993, 291, 304; *Vollmer* GmbHR 1998, 579, 580 f.; *Rowedder/Pentz*, § 19 GmbHG Rn. 255; im Erg auch *Konzen*, FS Ulmer, 2003, S. 323, 340 f.
[967] Bzw. Personen und Unternehmen, die der Gesellschaft oder einem Gesellschafter nahe stehen.
[968] Vgl. auch BGH DStR 1998, 1272.
[969] *K. Schmidt* ZHR 1993, 291, 304; *Vollmer* GmbHR 1998, 579, 581.
[970] Vgl. etwa für das Verhältnis von § 832 II BGB zu § 30 I GmbHG siehe BGH NJW 1990, 1730, 1731, 1732.
[971] BGH DStR 1997, 1216; ZIP 1997, 1450, 1451 f.
[972] BGH DStR 1998, 1272 f.
[973] Vgl. BGH DB 1995, 365, 367.
[974] Vgl. BGH NJW 1992, 2229, 2230; NJW 1970, 469, 470.
[975] BGH ZIP 2001, 157, 158.
[976] Siehe etwa in diesem Sinne, *Konzen*, FS Ulmer, 2003, S. 323, 342.

pfändbar ist.⁹⁷⁷ Zu diesem Ergebnis kann letztlich aber nur derjenige kommen, der eine Pfändungsbeschränkung auch im Rahmen der Kapitalaufbringung ablehnt.⁹⁷⁸

(3) *Zugriff auf § 64 S. 1 GmbHG.* Die Nichteröffnung des Insolvenzverfahrens führt nicht zum Wegfall des Anspruchs aus § 64 S. 1 GmbHG; denn hM zufolge setzt die Geltendmachung des Anspruchs entweder die Eröffnung des Insolvenzverfahrens oder aber die Abweisung des Antrags mangels Masse voraus.⁹⁷⁹ Freilich darf nicht übersehen werden, dass im gesellschaftsrechtlichen Liquidationsverfahren andere Grundsätze gelten als im Insolvenzverfahren. Insbesondere gilt der Grundsatz der gleichmäßigen Gläubigerbefriedigung – hM zufolge – in diesem Verfahren nicht.⁹⁸⁰ Dies kann nicht ohne Auswirkungen auf die Geltendmachung des § 64 S. 1 GmbHG bleiben; denn der Grund für die (ausschließliche) Zuweisung des Anspruchs aus § 64 S. 1 GmbHG an die Gesellschaft liegt ja – unabhängig von dem Streit um dessen Rechtsnatur (→ Rn. 169 f.) – insbesondere in der Verwirklichung des Gläubigergleichbehandlungsgrundsatzes. Steht Letzterer aber in dem Liquidationsverfahren – anders als im Insolvenzverfahren – nicht im Mittelpunkt, dann hat die ausschließliche Einziehungsbefugnis dieses (dem Gläubigerinteresse dienenden) Anspruchs über das Gesellschaftsvermögen seine Berechtigung verloren. Daher muss fortan auch der einzelne Gläubiger selbst zur Einziehung des Anspruchs befugt sein. Fraglich und umstritten ist jedoch, ob diese (im Wege der Einzelzwangsvollstreckung erlangte) Einziehungsbefugnis dem einzelnen Gläubiger „quotal" oder insgesamt anfällt.

Deutet man den § 64 S. 1 GmbHG schadensersatzrechtlich, so kommt allein die erste Lösung in Betracht; denn einziehungsbefugt kann der Einzelgläubiger lediglich insoweit sein, als ihm der Gesamtgläubigerschaden materiell zusteht. Da sich der Gesamtgläubigerschaden aber aus der Summe der durch die Zahlung des Geschäftsführers herbeigeführten Quotenschäden der einzelnen Gläubiger zusammensetzt, muss der Rückfall der Einziehungsbefugnis notwendig auf die dem jeweiligen Gläubiger entsprechende Quote beschränkt sein.⁹⁸¹ Dies stellt den Gläubiger freilich vor erhebliche Darlegungs- und Beweisschwierigkeiten, wenn er den Anspruch geltend machen will.⁹⁸² Konsequenz der schadensersatzrechtlichen Deutung des § 64 S. 1 GmbHG wäre damit, dass dort, wo – wie im Regelfall bei masselosen bzw. massearmen Insolvenzen – ein Liquidator nicht vorhanden ist, sich der Geschäftsführer besser stellt. Eine befriedigende Lösung ist das sicherlich nicht.⁹⁸³ Der BGH geht daher zu Recht einen anderen Weg. Auch wenn der insolvenzrechtliche Gesichtspunkt der verhältnismäßigen Befriedigung der Gläubiger im Liquidationsverfahren keine Rolle spielt, ist – so der BGH – kein „vernünftiger Grund (ersichtlich), den Geschäftsführer gerade in diesem besonders krassen Fall einer Vermö-

---

⁹⁷⁷ *Baumbach/Hueck/Fastrich*, § 31 GmbHG Rn. 6; *Lutter/Hommelhoff*, § 31 GmbHG Rn. 4; *Michalski/Heidinger*, § 31 GmbHG Rn. 8; *Scholz/Westermann*, § 31 GmbHG Rn. 8; anders aber nunmehr für den Anspruch gegen den Geschäftsführer aus § 43 III GmbHG, OLG Hamm NZG 2001, 1144.
⁹⁷⁸ *Sernetz/Haas*, Kapitalaufbringung und -erhaltung in der GmbH, Rn. 550; *Konzen*, FS Ulmer, 2003, 323, 342.
⁹⁷⁹ In diesem Sinne etwa BGH NJW 2001, 304, 305; OLG Celle NJW-RR 1995, 588; *Baumbach/Hueck/Haas* § 64 Rn. 12; *Saenger/Inhester/Kolmann* § 64 GmbHG Rn. 49 f.; *Fleck* GmbHR 1974, 224, 230; *Stobbe*, Die Durchsetzung gesellschaftsrechtlicher Ansprüche der GmbH in Insolvenz und masseloser Liquidation, Rn. 301; *Michalski/Nerlich*, § 64 GmbHG Rn. 47; aA nunmehr jedoch BGH NZI 2009, 486; ZIP 2010, 2107 Rn. 13 f.; DB 2012, 968 Rn. 22; zustimmend *Lutter/Hommelhoff/Kleindiek* § 64 GmbHG Rn. 16, 41; vgl. schon *K. Schmidt* GmbHR 2000, 1225, 1228 (Pfändung auch vor Insolvenzeröffnung möglich).
⁹⁸⁰ BGH NJW 1970, 468, 470; RGZ 149, 293, 298 f.; *Noack*, Rn. 273; aA *K. Schmidt* KTS 1988, 16 ff.; siehe auch *ders.* GmbHR 2000, 1225, 1228.
⁹⁸¹ Siehe in diesem Sinne *Bitter* WM 2001, 666, 671; *Windel* KTS 1991, 477, 516 f.; siehe auch *K. Schmidt* GmbHR 2000, 1225, 1227.
⁹⁸² So zutreffend *Pape* ZInsO 2001, 397, 403.
⁹⁸³ BGH NZI 2001, 87, 88; *Pape* ZInsO 2001, 397, 403.

gensverschlechterung von der Haftung nach § 64 II GmbHG (jetzt § 64 S. 1 GmbHG) freizustellen".[984] Folglich soll – so der BGH – der einzelne Gläubiger auf das vermögenswerte Recht der Gesellschaft insgesamt zugreifen können.[985]

273 Die vorstehenden Grundsätze gelten aber – so der BGH – nicht schrankenlos. Vielmehr verweist der BGH in seiner Entscheidung vom 11.9.2000 auf seine (kritikwürdige, → Rn. 266 ff.) Rechtsprechung zur Pfändung von Einlageansprüchen (!).[986] Legt man diese Rechtsprechung zugrunde, so kommt auch im Rahmen des § 64 S. 1 GmbHG eine Pfändung durch den Gläubiger nur dort in Betracht, wo eine Gefährdung der Gläubigergleichbehandlung ausscheidet, dh wo entweder keine konkurrierenden Gläubiger vorhanden oder aber kein Liquidator vorhanden oder im Stande ist, den Anspruch im Interesse der Gläubigergesamtheit einzuziehen.

274 *d) Schutz des Rechtsverkehrs.* Potentielle *Neugläubiger der Liquidationsgesellschaft* und damit der Rechtsverkehr werden im gesellschaftsrechtlichen Liquidationsverfahren – neben dem von Amts wegen in das Handelsregister einzutragenden Vermerk – durch den Firmenzusatz „iL" bzw. „in Liquidation" geschützt (vgl. §§ 68 II, 71 V GmbHG).[987] Der nach diesen Vorschriften gebotene Hinweis auf die Liquidation stellt zugunsten dieser Neugläubiger ein Schutzgesetz iSd § 823 II BGB dar;[988] denn die Hinweispflicht dient dem Verkehrsschutz. Die mit einer GmbH in Liquidation kontrahierenden Personen sollen gerade auf die mit einer derartigen, nicht mehr werbend tätigen Gesellschaft verbunden Risiken hingewiesen werden.

275 *e) Beendigung der Gesellschaft.* aa) *Durch vorangehendes Liquidationsverfahren.* Zur Vollbeendigung der Gesellschaft kommt es – sieht man von dem amtswegigen Verfahren gemäß § 60 I Nr. 7 GmbHG (→ Rn. 279) ab – nach Abschluss des gesellschaftsrechtlichen Liquidationsverfahrens (§ 74 GmbHG), wenn das Sperrjahr (§ 73 I GmbHG)[989] abgelaufen, die Gesellschaft infolge der Liquidation vermögenslos und im Handelsregister gelöscht ist (Lehre vom Doppeltatbestand).[990] Nicht erfüllte Verbindlichkeiten wie insbesondere Forderungen aus Gesellschafterfremdfinanzierung, die zur Vermeidung einer Überschuldung gemäß § 19 InsO mit einem Rangrücktritt versehen sind, erlöschen.[991]

276 Vermögenslos ist die Gesellschaft, wenn nach kaufmännischen Grundsätzen keinerlei zur Gläubigerbefriedigung verwertbare Vermögensgegenstände vorhanden sind.[992] Ob

---

[984] BGH NZI 2001, 87, 88; *Fleck* GmbHR 1974, 224, 230.
[985] BGH NZI 2001, 87, 88; zustimmend *Lutter/Hommelhoff/Kleindiek*, § 64 GmbHG Rn. 17; *Altmeppen* ZIP 2001, 2201, 2210; *Pape* ZInsO 2001, 397, 403.
[986] BGH NZI 2001, 87, 88: „Insoweit gilt Ähnliches wie für die Pfändung einer rückständigen Einlageforderung der Gesellschaft im Falle einer masselosen Insolvenz".
[987] Vgl. *Erle* GmbHR 1998, 216, 217; *Haas*, Geschäftsführerhaftung, S. 104.
[988] OLG Frankfurt DStR 1998, 904; OLG Frankfurt NJW 1991, 3286, 3287; OLG Stuttgart NJW-RR 1986, 836; *Michalski/Nerlich*, § 68 GmbHG Rn. 21; *Roth/Altmeppen*, § 68 GmbHG Rn. 19; *Baumbach/Hueck/Haas*, § 68 GmbHG Rn. 13; *Haas*, Geschäftsführerhaftung, S. 104; *Saenger/Inhester/Kolmann* § 68 GmbHG Rn. 18; *Lutter/Hommelhoff/Kleindiek*, § 68 GmbHG Rn. 6; zweifelnd *Scholz/K. Schmidt*, § 68 GmbHG Rn. 13.
[989] Zur Eintragung der Beendigung einer GmbH ohne Einhaltung des Sperrjahres, wenn verteilungsfähiges Vermögen fehlt, OLG Köln ZIP 2004, 2376 f.; *Lutter/Hommelhoff/Kleindiek*, § 74 GmbHG Rn. 3.
[990] Vgl. *Lutter/Hommelhoff/Kleindiek*, § 74 GmbHG Rn. 7 f.; *Baumbach/Hueck/Haas*, § 74 GmbHG Rn. 16; *Roth/Altmeppen*, § 74 GmbHG Rn. 10 iVm § 65 GmbHG Rn. 16 ff.
[991] *Seppelt*, BB 2010, 1395, 1397 ff. (auch zu steuerrechtlichen Folgen); zustimmend *Farle* BB 2012, 1507, 1508.
[992] Vgl. BAG NZG 2002, 1175, 1176; BayObLG DB 1998, 465 f.; OLG Stuttgart DB 1998, 2210, 2211; OLG Koblenz NZG 1998, 637, 638; OLG Stuttgart ZIP 1986, 647, 648; *Scholz/K. Schmidt/Bitter*, § 60 GmbHG Rn. 49; *ders.* GmbHR 1994, 829, 832; *Stobbe*, Die Durchsetzung gesellschaftsrechtlicher Ansprüche der GmbH in Insolvenz und masseloser Liquidation, Rn. 290; *Rowedder/Gesell*, § 60

die Vermögenswerte bilanzierungsfähig sind, ist gleichgültig.[993] Vielmehr fällt unter den Vermögensbegriff alles, was bei einer Bewertung nach Zerschlagungswerten ein Aktivum bildet. Damit beseitigen auch geringe Aktiva – soweit sie nicht verschwindend gering[994] sind – das Merkmal der Vermögenslosigkeit.[995] Die Vermögenslosigkeit scheidet beispielsweise aus, wenn zum Gesellschaftsvermögen Organhaftungsansprüche zählen. Diese sind aber – auf der Grundlage der anzulegenden kaufmännischen Betrachtungsweise – nur dann „verwertbar", wenn sie durchsetzbar sind und der Gesellschafter bzw. Organwalter solvent ist.[996]

Die Löschung im Handelsregister setzt voraus, dass die Beendigung des Liquidationsverfahrens von den Liquidatoren in einer zur Vertretung berechtigenden Anzahl in öffentlich beglaubigter Form gemäß § 74 I GmbHG zum Handelsregister angemeldet wird. Das Registergericht trägt sodann in das Handelsregister ein, dass die Liquidation beendet ist und die GmbH und ihre Firma erloschen sind.[997] Ausnahmsweise kann auf den Ablauf des Sperrjahres verzichtet werden, wenn kein verteilungsfähiges Vermögen vorhanden ist.[998] **277**

Sind nach Löschung der Gesellschaft im Handelsregister noch Abwicklungsmaßnahmen erforderlich,[999] so hat das Gericht auf Antrag eines Beteiligten die bisherigen Abwickler neu zu bestellen oder aber andere Abwickler zu berufen (analog § 273 IV AktG).[1000] Die „geborenen Liquidatoren" (§ 66 I GmbHG) haben ihre Vertretungsbefugnis mit der Löschung der GmbH im Handelsregister verloren. Der Nachtragsliquidator kann entsprechend § 66 III 1 GmbHG abberufen werden, soweit ein wichtiger Grund dies notwendig macht.[1001] **278**

bb) *Amtswegiges Löschungsverfahren.* Ausnahmsweise kann der Doppeltatbestand auch ohne vorheriges *Liquidationsverfahren* erfüllt sein. § 60 Nr. 7 GmbHG, wonach die Gesellschaft durch die Löschung wegen Vermögenslosigkeit nach § 394 FamFG aufgelöst wird, gibt insoweit keinen Sinn und ist daher wohl „nicht ernst gemeint".[1002] Nach § 394 I 1 FamFG kann die GmbH von Amts wegen oder auch auf Antrag der Finanzbehörde gelöscht werden, wenn sie kein Vermögen besitzt. Ob die Gesellschaft wirklich vermögenslos (→ Rn. 276) ist, hat das Gericht von Amts wegen zu ermitteln (§ 26 FamFG). **279**

Trotz Eintragung der Löschung in das Handelsregister kann es gemäß § 66 V GmbHG zu einer Liquidation der Gesellschaft nach den §§ 66 ff. GmbHG kommen, wenn sich herausstellt, dass Vermögen vorhanden ist, das der Verteilung unterliegt (aber **280**

GmbHG Rn. 33; so auch *Baumbach/Hueck/Schulze-Osterloh,* § 60 GmbHG Rn. 7 aE); *Uhlenbruck* ZIP 1996, 1641, 1647.
[993] Vgl. *Rowedder/Gesell,* § 60 GmbHG Rn. 34; *Baumbach/Hueck/Haas,* § 77 Anh GmbHG Rn. 5.
[994] Vgl. *Rowedder/Gesell,* § 60 GmbHG Rn. 33; *Lutter/Hommelhoff/Kleindiek,* § 60 GmbHG Rn. 16; *Baumbach/Hueck/Haas,* Anh § 77 GmbHG Rn. 5; aA OLG Frankfurt BB 1983, 420.
[995] Vgl. OLG Koblenz NZG 1998, 637, 638; GmbHR 1994, 483; OLG Schleswig ZIP 1993, 343; Zur Feststellung durch das Registergericht siehe insb. *Müther* Rpfleger 1999, 10 ff.
[996] Generell *Lutter/Hommelhoff/Kleindiek,* § 60 GmbHG Rn. 16; *Stobbe,* Die Durchsetzung gesellschaftsrechtlicher Ansprüche der GmbH in Insolvenz und masseloser Liquidation, Rn. 290.
[997] OLG Naumburg ZIP 2002, 1529; *Baumbach/Hueck/Haas,* § 74 GmbHG Rn. 2; *Saenger/Inhester/Kolmann,* § 74 GmbHG Rn. 16.
[998] OLG Köln NZG 2005, 83; *Scholz/K. Schmidt,* § 74 GmbHG Rn. 1; *Baumbach/Hueck/Haas,* § 74 GmbHG Rn. 2; *Rowedder/Gesell,* § 73 GmbHG Rn. 4; offen gelassen in OLG Naumburg ZIP 2002, 1529, 1530.
[999] Vgl. hierzu *Roth/Altmeppen,* § 74 GmbHG Rn. 27; *Baumbach/Hueck/Haas,* § 74 GmbHG Rn. 20.
[1000] BayObLG NZG 2004, 1164; OLG Köln NZG 2003, 340, 341; *Michalski/Nerlich,* § 74 GmbHG Rn. 49 ff.; *Lutter/Hommelhoff/Kleindiek,* § 74 GmbHG Rn. 21; *Hirte* ZInsO 2000, 127, 131; *Rowedder/Gesell,* § 74 GmbHG Rn. 26; *Uhlenbruck* ZIP 1996, 1641, 1648; *Bork* JZ 1991, 841, 844 f.
[1001] OLG Köln NZG 2003, 340, 341 f.; siehe auch *Lutter/Hommelhoff/Kleindiek,* § 74 GmbHG Rn. 21.
[1002] *K. Schmidt,* GmbHR 1994, 829, 834; vgl. auch *Vallender* NZG 1998, 249, 250; vgl. auch *Lutter/Hommelhoff/Kleindiek,* § 60 GmbHG Rn. 17.

§ 92   281, 282   Kapitel VII. Besonderheiten der Gesellschaftsinsolvenz

nicht verteilt wurde).[1003] Die Liquidatoren werden ausschließlich vom Gericht, nicht aber von den Gesellschaftern benannt (§ 66 V 2 GmbHG).[1004] Ansprüche bzw. Ersatzansprüche der Gesellschaft gegen die Gesellschafter und/oder gegen den Geschäftsführer sind verwertbares Vermögen der Gesellschaft, sofern sie rechtlich und tatsächlich durchsetzbar sind.[1005] Nur insoweit macht der neue Auflösungsgrund in § 60 Nr. 7 GmbHG Sinn, denn hier wird die Gesellschaft durch Löschung nicht beendet. Vielmehr wird sie hier – weil noch Gesellschaftsvermögen vorhanden ist – in das Liquidationsverfahren überführt.[1006]

281 **f) *Fortsetzung einer mangels Masse aufgelösten GmbH.* aa)** *Zulässigkeit der Fortsetzung.* Ob eine nach § 60 I Nr. 5 GmbHG aufgelöste Gesellschaft durch Beschluss der Gesellschafter fortgesetzt werden kann, ist umstritten.[1007] Die überwiegende Ansicht in Literatur und Rechtsprechung hielt dies – im Rahmen der Vorgängervorschrift in § 1 LöschG – für unzulässig.[1008] Für die hM spricht (auch nach der Gesetzesänderung) in erster Linie das argumentum e contrario aus § 60 I Nr. 4 GmbHG.[1009] Anders nämlich als für die Auflösung durch Eröffnung des Insolvenzverfahrens in § 60 I Nr. 4 GmbHG sieht § 60 I Nr. 5 GmbHG eine Fortsetzungsmöglichkeit nicht ausdrücklich vor.

282 Gegen diesen Umkehrschluss spricht jedoch, dass die Zulässigkeit der Fortführung einer aufgelösten Gesellschaft – obwohl dem Wortlaut nach nur in § 60 I Nr. 4 GmbHG vorgesehen – im Grundsatz anerkannt und folglich die Regel, die Unzulässigkeit der Fortführung hingegen die zu begründende Ausnahme ist.[1010] Auch die ratio legis verbietet einen Fortsetzungsbeschluss grundsätzlich nicht, erfüllt doch im vorliegenden Fall das gesellschaftsrechtliche Liquidationsverfahren (zumindest nach Auffassung des Gesetzgebers) eine ähnliche Funktion wie das Insolvenzverfahren („verunglücktes Insolvenzverfahren").[1011] Ist ein Fortsetzungsbeschluss aber im Rahmen des Insolvenzverfahrens möglich, kann die Fortsetzung einer mangels Masse aufgelösten GmbH nicht a priori ausgeschlossen sein.[1012] Die Frage kann nur lauten, unter welchen Voraussetzungen dies möglich ist, wobei aber – weil vorliegend insolvenz- und gesellschaftsrechtliches Liquidationsverfahren dasselbe Ziel verfolgen – die Anforderungen für einen Fortsetzungsbeschluss in beiden Fällen zumindest gleichwertig sein müssen.

[1003] *Vallender* NZG 1998, 249, 250. Für die Prozessführungsbefugnis in diesen Fällen, siehe etwa BAG NZG 2002, 1175, 1176; zur alternativen Bestellung eines Prozesspflegers gemäß § 57 ZPO vgl. BAG NJW 2008, 603.
[1004] Vgl. auch BayObLG DB 1998, 465, 466; *Hirte* ZInsO 2000, 127, 131; in der Praxis stößt die Suche nach geeigneten Liquidatoren auf Schwierigkeiten, *Lutter/Hommelhoff/Kleindiek,* § 60 GmbHG Rn. 17. Der Antrag muss vorhandenes Vermögen schlüssig darlegen, BayObLG BB 2000, 1055.
[1005] LG Hamm NJW-RR 1993, 547, 549; BayObLG GmbHR 1994, 888, 889; DB 1995, 90.
[1006] *K. Schmidt* GmbHR 1994, 829, 831 f.; siehe auch BAG NZG 2002, 1175, 1176.
[1007] Zum Streitstand OLG-Köln ZInsO 2010, 682, 683; *Hirte* ZInsO 2000, 127, 131 f.; *Fichtelmann* GmbHR 2003, 67, 71. Für die unterschiedlichen Gründe für eine Reaktivierung der Gesellschaft siehe *Hennrichs* ZHR 1995, 593, 600 ff. Ist die Gesellschaft voll beendet, scheidet eine Fortsetzung unstreitig aus. Hier kann eine GmbH nur durch Neugründung entstehen, siehe *Roth/Altmeppen,* § 60 GmbHG Rn. 39; *Fichtelmann* GmbHR 2003, 67.
[1008] Vgl. BayObLG NJW 1994, 594, 595; DB 1995, 667; KG DB 1993, 1918; OLG Schleswig ZIP 1993, 214, 215; *Rowedder/Gesell,* § 60 GmbHG Rn. 77; *Korth* ZIP 1988, 681, 682; *Hahn* DStR 1999, 379, 380; aA *Roth/Altmeppen,* § 60 GmbHG Rn. 50; *Scholz/K. Schmidt/Bitter,* § 60 GmbHG Rn. 97 und vor § 64 Rn. 135 ff.; *Lutter/Hommelhoff/Kleindiek,* § 60 GmbHG Rn. 33; *Hennrichs* ZHR 1995, 593, 599 ff.; *Fichtelmann* GmbHR 2003, 67, 71.
[1009] So OLG Köln ZInsO 2010, 682, 683; *Vallender* NZG 1998, 249, 251; *Kautz,* Die gesellschaftsrechtliche Neuordnung, S. 82.
[1010] RGZ 118, 337, 339 f.; *Hennrichs* ZHR 1995, 593, 595 f.; *Fichtelmann* GmbHR 2003, 67; vgl. auch LG Berlin BB 1971, 759, 760.
[1011] Vgl. auch BGH NJW 1970, 469, 470.
[1012] AA OLG Köln ZInsO 2010, 682, 683; KG DB 1993, 1918; BayObLG NJW 1994, 594, 595.

bb) *Die inhaltlichen Anforderungen an eine Fortführung.* § 60 I Nr. 4 GmbHG setzt für **283** einen Fortsetzungsbeschluss entweder den Wegfall des Eröffnungsgrundes (§ 212 InsO), die Zustimmung der Gläubiger zum Einstellungsbeschluss (§ 213 InsO) oder aber zum Insolvenzplan voraus (§§ 244–246 InsO). Ein vergleichbarer (inhaltlicher) Schutz der Gläubiger im gesellschaftsrechtlichen Liquidationsverfahren ist nicht durch verfahrensrechtliche Partizipation, sondern nur durch einen inhaltlichen Schutz zu erreichen. Der rationale Gläubiger im Insolvenzverfahren wird einer Fortführung der Gesellschaft nur zustimmen, wenn sich seine Position im Vergleich zur anderweitigen insolvenzrechtlichen Verwertung verbessern wird. Legt man diese Messlatte auch an einen Fortführungsbeschluss im gesellschaftsrechtlichen Liquidationsverfahren an, so folgt daraus, dass ein solcher nur dann zulässig ist, wenn die Gesellschaft die Insolvenz *nachhaltig* überwindet. Dieses Ergebnis wird auch durch einen Vergleich mit § 212 InsO bestätigt. Danach ist das Insolvenzverfahren einzustellen, wenn *gewährleistet* ist, dass beim Schuldner nach der Einstellung weder Zahlungsunfähigkeit noch drohende Zahlungsunfähigkeit noch Überschuldung vorliegt.[1013]

cc) *Die zeitlichen Anforderungen an eine Fortführung.* Umstritten ist, ob der Fortsetzungsbeschluss noch gefasst werden kann, wenn mit der Verteilung des Gesellschaftsvermögens bereits begonnen wurde. Die wohl überwiegende Ansicht lehnt dies – in Anlehnung an das Aktienrecht – ab.[1014] Es mehren sich aber die Stimmen, wonach der Beginn der Vermögensverteilung für die Frage der Zulässigkeit des Fortsetzungsbeschlusses unbeachtlich sein soll.[1015] Aus Gläubigersicht spricht jedenfalls nichts dafür, streng an den Stichtag in § 73 GmbHG anzuknüpfen. **284**

dd) *Der Fortsetzungsbeschluss.* Der Fortsetzungsbeschluss ist grundsätzlich formfrei. **285** Nach hM bedarf der Beschluss – in Anlehnung an § 274 I 2 AktG – grundsätzlich einer ¾-Mehrheit der abgegebenen Stimmen.[1016] Der Gesellschaftsvertrag kann aber hiervon abweichend auch eine einfache Mehrheit vorsehen. Im Einzelfall kann sich auch eine Zustimmungspflicht aus dem Gesichtspunkt der gesellschaftsrechtlichen Treuepflicht ergeben (→ Rn. 19 ff.).[1017]

ee) *Überprüfungskompetenz des Registergerichts.* Ist damit geklärt, unter welchen Voraussetzungen ein Fortsetzungsbeschluss möglich ist, stellt sich die weitere Frage, wie die Einhaltung dieser Voraussetzungen überprüft werden soll. Die Prüfung, ob die GmbH die Krise überwunden hat, kann im Interesse des Gläubigerschutzes schwerlich den Gesellschaftern überlassen bleiben. Soll die Gesellschaft wieder in den Rechtsverkehr werbend zurückkehren, bedarf es vielmehr einer Kontrolle durch das Registergericht, bei dem die „Änderung" des Gesellschaftszwecks anzumelden ist, um die hiervon ausgehenden Gefahren für die Gesellschaftsgläubiger auszuschließen. **286**

Der BGH wendet daher zu Recht auch auf Gesellschaften in Liquidation die Grundsätze der wirtschaftlichen Neugründung an.[1018] Dabei ist allerdings zu beachten, dass allein die mit der Fortführung beabsichtigte Zweckänderung von einer Abwicklung hin zu einer werbenden Gesellschaft als solche keine wirtschaftliche Neugründung darstellt, **287**

[1013] Im Ergebnis auch *Lutter/Hommelhoff/Kleindiek*, § 60 GmbHG Rn. 33, 47; *Roth/Altmeppen*, § 60 GmbHG Rn. 38; *Scholz/K. Schmidt/Bitter*, § 60 GmbHG Rn. 97.
[1014] OLG Düsseldorf GmbHR 1979, 267, 277; *Lutter/Hommelhoff/Kleindiek*, § 60 GmbHG Rn. 29; siehe auch BayObLG GmbHR 1998, 540, 541.
[1015] *Fichtelmann* GmbHR 2003, 67, 68; *Roth/Altmeppen*, § 60 GmbHG Rn. 40 ff.; *Hirte* ZInsO 2000, 127, 131 (differenzierend).
[1016] *Fichtelmann* GmbHR 2003, 67, 69; *Scholz/K. Schmidt/Bitter*, § 60 GmbHG Rn. 88; *Lutter/Hommelhoff/Kleindiek*, § 60 GmbHG Rn. 29; *Hirte* ZInsO 2000, 127, 131.
[1017] *Scholz/K. Schmidt/Bitter*, § 60 GmbHG Rn. 90.
[1018] BGH ZIP 2014, 418; vgl. auch KG ZIP 2012, 1863; *Baumbach/Hueck/Haas*, § 60 GmbHG Rn. 91; *Scholz/K. Schmidt/Bitter*, § 60 GmbHG Rn. 86.

weil die aufgelöste Gesellschaft nicht per se ein unternehmensleerer Mantel ist.[1019] Zur wirtschaftlichen Neugründung → Rn. 361.

288 **g)** *Umwandlung einer mangels Masse aufgelösten GmbH.* Statt der Fortsetzung einer mangels Masse aufgelösten GmbH ist auch eine Umwandlung möglich.[1020] In Betracht kommen in erster Linie die Verschmelzung mit einem anderen Rechtsträger sowie ein Formwechsel. Vor Beschlussfassung über die Umwandlung (und ihrer Eintragung) bedarf es keines Fortsetzungsbeschlusses.

289 **3. Die Verfahrenseröffnung. a)** *Die Auswirkung der Verfahrenseröffnung auf die Gesellschaft als Rechtsträger.* Die Eröffnung des Insolvenzverfahrens über das Vermögen der GmbH stellt einen Auflösungsgrund dar (§ 60 I Nr. 4 GmbHG), der – soweit der Beschluss rechtskräftig ist – von Amts wegen im Handelsregister einzutragen ist (§ 65 I 3 GmbHG).[1021] Der Eröffnungsbeschluss beseitigt nicht die Fähigkeit der Gesellschaft, Träger von Rechten und Pflichten zu sein. Vielmehr besteht die Gesellschaft als aufgelöste fort.[1022] Der Gesellschaftszweck wird aber fortan durch den Insolvenzzweck überlagert.[1023] Erhalten bleibt auch die Kaufmannseigenschaft des Rechtsträgers.[1024] Vorhandene Prokuren und Handlungsvollmachten erlöschen.[1025] Da für den Rechtsverkehr das Erlöschen der Prokura mit der (von Amts wegen erfolgenden) Eintragung der Auflösung der Gesellschaft hinreichend dokumentiert ist, muss das Erlöschen der Prokura weder vom Insolvenzverwalter angemeldet noch von Amts wegen gesondert eingetragen werden.[1026]

290 Im Insolvenzverfahren über ihr Vermögen ist die GmbH selbst Gemeinschuldnerin und als solche Beteiligte des Insolvenzverfahrens.[1027] Das von der GmbH betriebene „Unternehmen" ist vom Insolvenzverwalter grundsätzlich bis zur Entscheidung der Gläubigerversammlung über den Fortgang des Verfahrens fortzuführen (vgl. §§ 157, 159 InsO). Sinn und Zweck der generellen Fortführungspflicht ist es zu verhindern, dass die Entscheidung der Gläubigerversammlung präjudiziert wird.[1028] Will der Insolvenzverwalter schon vor dem Berichtstermin das Unternehmen stilllegen, muss er hierfür die Zustimmung des Gläubigerausschusses einholen (§ 158 I InsO).

291 **b)** *Die Auswirkungen der Verfahrenseröffnung auf die Organisationsverfassung.* aa) *Allgemeines.* Der Insolvenzverwalter ist nach hM weder Gesellschaftsorgan noch Vertreter eines Gesellschaftsorgans.[1029] Durch die Verfahrenseröffnung ändert sich die Organstruktur nicht.[1030] Die Gesellschaftsorgane bestehen daher nach Verfahrenseröffnung unverändert fort.[1031] Ihre Rechte und Pflichten beschränken sich jedoch auf Grund der

---

[1019] BGH ZIP 2014, 418, 419; *Baumbach/Hueck/Haas*, § 60 GmbHG, Rn. 91; aA *Kallweit* NZG 2009, 1416, 1418.
[1020] Siehe hierzu und zur Sicherung der Gläubigerinteressen, *Limmer*, in Kölner Schrift, Kap 27; *Pfeifer* ZInsO 1999, 547 ff.; Uhlenbruck/Hirte/Vallender/*Hirte*, § 11 Rn. 156.
[1021] LG Halle ZIP 2004, 2294, 2295; *Vallender* NZG 1998, 249, 251.
[1022] BGH ZIP 1996, 842; LG Oldenburg Rpfleger 1993, 451; LG Hamburg ZIP 1985, 805, 806; *Vallender* NZG 1998, 249, 251; *Robrecht* DB 1968, 471.
[1023] Vgl. *Baumbach/Hueck/Haas*, § 60 GmbHG Rn. 42.
[1024] Uhlenbruck/Hirte/Vallender/*Hirte*, § 11 Rn. 105; *Baumbach/Hueck/Haas*, § 60 GmbHG Rn. 42; Scholz/K. Schmidt/*Bitter*, Vor § 64 GmbHG Rn. 83; *Robrecht* DB 1968, 471, 472.
[1025] Vgl. BGH WM 1958, 430, 431; LG Halle ZIP 2004, 2294, 2295; *Baumbach/Hueck/Haas*, § 60 GmbHG Rn. 42; Rowedder/Chr. Schmidt-Leithoff/*Baumert*, vor § 64 GmbHG Rn. 261; Scholz/K. Schmidt/*Bitter*, Vor § 64 GmbHG Rn. 83.
[1026] LG Halle ZIP 2004, 2294, 2295.
[1027] Scholz/K. Schmidt/*Bitter*, Vor § 64 GmbHG Rn. 5; Lutter/Hommelhoff/*Kleindiek*, Anh § 64 GmbHG Rn. 56; *Baumbach/Hueck/Haas*, § 60 GmbHG Rn. 42.
[1028] Vgl. *Kautz*, Die gesellschaftsrechtliche Neuordnung, S. 66.
[1029] BGHZ 88, 331, 334; 100, 346, 351; *H. F. Müller*, Der Verband in der Insolvenz, S. 56 ff.; Uhlenbruck/Hirte, § 11 Rn. 118; aA *K. Schmidt* ZGR 1998, 633, 644 f.
[1030] OLG Karlsruhe ZIP 1993, 133, 134; LG Hamburg AG 1986, 54, 55; LG Oldenburg Rpfleger 1993, 451; *Robrecht* DB 1968, 471.
[1031] RGZ 76, 244, 246; LG Hamburg ZIP 1985, 805, 806.

Verwaltungs- und Verfügungsbefugnisse des Insolvenzverwalters auf den sogenannten insolvenzfreien Bereich.[1032]

bb) *Der Geschäftsführer.* (1) *Organstellung.* Die Organstellung des Geschäftsführers wird **292** durch die Eröffnung des Insolvenzverfahrens nicht berührt.[1033] Er kann auch nach Verfahrenseröffnung von der Gesellschafterversammlung nach § 38 GmbHG abberufen werden oder aber sein Amt niederlegen.[1034] Das Ausscheiden des Geschäftsführers kann vom Insolvenzverwalter zum Handelsregister angemeldet werden, wenn keine weiteren Geschäftsführer mehr vorhanden sind.[1035] Die Kompetenz zur Abberufung des Geschäftsführers steht aber nach Verfahrenseröffnung nicht dem Insolvenzverwalter zu.[1036] Keinen Einfluss hat die Abberufung auf das Anstellungsverhältnis des Geschäftsführers. Letzteres wird hierdurch grundsätzlich auch nicht zum Arbeitsverhältnis.[1037]

(2) *Anstellungsverhältnis.* Ebenso wie die Organstellung wird auch das Anstellungsver- **293** hältnis[1038] durch die Eröffnung des Insolvenzverfahrens zunächst nicht berührt. Insbesondere finden die für Geschäftsbesorgungsverträge geltenden §§ 116, 115 InsO keine Anwendung.[1039] Keine Anwendung findet des Weiteren § 103 InsO. Dies gilt hM zufolge selbst dann, wenn es sich um einen Gesellschafter-Geschäftsführer handelt, der maßgeblich an der Gesellschaft beteiligt ist oder wenn es sich gar um eine Ein-Mann-Gesellschaft handelt, in der der einzige Gesellschafter auch Geschäftsführer ist.[1040] Mithin gilt § 108 I InsO, wonach Dienstverhältnisse des Schuldners mit Wirkung für die Insolvenzmasse fortbestehen.

Die Vergütungsansprüche des Geschäftsführers für die Zeit vor der Insolvenzeröff- **294** nung sind bloße Insolvenzforderungen iS von § 38 InsO. Gehaltsansprüche für die Zeit nach Eröffnung des Insolvenzverfahrens sind hingegen Masseschulden (§ 55 I Nr. 2 InsO).[1041] Zwar fehlt im GmbHG eine dem § 87 II AktG vergleichbare Regelung; eine unterschiedliche Behandlung der Geschäftsleitung bei AG und GmbH lässt sich jedoch

---

[1032] Vgl. BayObLG BB 2004, 797; OLG Rostock Rpfleger 2003, 444, 445; *Saenger/Inhester/Kolmann*, vor § 64 GmbHG Rn. 282; *Scholz/K. Schmidt/Bitter*, Vor § 64 GmbHG Rn. 105 ff.; *Lutter/Hommelhoff/Kleindiek*, Anh § 64 GmbHG Rn. 57 ff.; *Baumbach/Hueck/Haas*, § 60 GmbHG Rn. 43; Braun/Uhlenbruck, Unternehmensinsolvenz, S. 88; vgl. auch OLG Nürnberg ZIP 1991, 1020, 1021 f.; OLG Frankfurt ZIP 2004, 1114, 1115; aA *W. Schulz* KTS 1986, 389, 399 ff.
[1033] OLG Oldenburg Rpfleger 1993, 451; *Noack*, Rn. 290; *Scholz/K. Schmidt/Bitter*, Vor § 64 GmbHG Rn. 112; *Baumbach/Hueck/Haas*, § 60 GmbHG Rn. 43.
[1034] Vgl. *Henssler*, in Kölner Schrift, Kap 30 Rn. 5; *Grüneberg*, Die Rechtspositionen der Organe, S. 45 f.; Uhlenbruck/Hirte/Vallender/*Hirte*, § 11 Rn. 119.
[1035] LG Baden ZIP 1996, 1352.
[1036] Vgl. *Baumbach/Hueck/Haas*, § 60 GmbHG Rn. 44; *Noack*, Rn. 293; *Wellensiek/Flitsch*, FS Fischer, 2008, S. 579, 586; *Lutter/Hommelhoff/Kleindiek*, Anh § 64 GmbHG Rn. 58 f.
[1037] BGH ZIP 2003, 485; NJW 2000, 1864, 1865.
[1038] Zur Rechtsnatur vgl. *Bauer/Gragert* ZIP 1997, 2177 f.; *Hümmerich* NJW 1995, 1177, 1178.
[1039] Vgl. BGH ZIP 1981, 367; OLG Hamm NZI 2000, 475, 476; *Baumbach/Hueck/Haas*, § 60 GmbHG Rn. 49; *Henssler*, in Kölner Schrift, Kap 30 Rn. 11; *Lutter/Hommelhoff/Kleindiek*, Anh § 6 GmbHG Rn. 69; *Scholz/K. Schmidt/Bitter*, Vor § 64 GmbHG Rn. 112.
[1040] Vgl. BGHZ 75, 209, 211 f.; OLG Brandenburg NZI 2003, 324, 325; OLG Hamm NZI 2000, 475, 476; *Scholz/K. Schmidt/Bitter*, Vor § 64 GmbHG Rn. 112; Uhlenbruck/Hirte/Vallender/*Hirte*, § 11 Rn. 125 f.; *Henssler*, in Kölner Schrift, Kap 30 Rn. 12; *Lutter/Hommelhoff/Kleindiek*, Anh § 6 GmbHG Rn. 69; vgl. auch OLG Hamm ZIP 1992, 418, 419; aA *Jaeger/Henckel*, § 23 KO Rn. 13; *Noack*, Rn. 298; weitergehend auch für den beherrschenden Gesellschafter *Timm* ZIP 1987, 69, 70 ff. Überlegenswert wäre, § 103 InsO anstelle des § 113 InsO zumindest dort anzuwenden, wo der Geschäftsführer nicht schützenswert ist, etwa wenn er in der Krise bestellt wurde, um Insolvenzgeld zu kassieren. Dann stellt sich aber die Frage, ob § 103 InsO kraft Gesetzes gilt oder ob der Insolvenzverwalter (sicherheitshalber) kündigen muss.
[1041] OLG Frankfurt ZIP 2005, 409; *Uhlenbruck* GmbHR 2002, 941, 943; Uhlenbruck/Hirte/Vallender/*Hirte*, § 11 Rn. 127; *Noack*, Rn. 364.

sachlich nicht rechtfertigen.[1042] Oftmals wird dem Entgeltanspruch des Geschäftsführers in der Praxis sein (zum Schadensersatz verpflichtendes) insolvenzverursachendes Verhalten einredeweise entgegengehalten.[1043]

295 Der Insolvenzverwalter (aber auch der Geschäftsführer) kann das Anstellungsverhältnis kündigen. Für die ordentliche Kündigung gilt § 113 I 1 InsO.[1044] Nach § 113 I 2 InsO beträgt die Kündigungsfrist drei Monate zum Monatsende, wenn nicht eine kürzere Frist maßgeblich ist. Fraglich ist, welche „normale" Kündigungsfrist für das Anstellungsverhältnis gilt. Die Rechtsprechung entnimmt die „normale" Kündigungsfrist für einen Geschäftsführervertrag der für Arbeitnehmer geltenden Frist aus § 622 BGB und nicht der für Dienstverträge geltenden Frist des § 621 Nr. 3 BGB, es sei denn, es handelt sich um einen beherrschenden GmbH-Geschäftsführer.[1045] Kündigt der Insolvenzverwalter den Anstellungsvertrag, kann der Geschäftsführer als Insolvenzgläubiger wegen vorzeitiger Beendigung des Vertragsverhältnisses Ersatz des sogenannten „Verfrühungsschaden" verlangen (§ 113 I 3 InsO). Die Forderung ist einfache Insolvenzforderung. In analoger Anwendung des § 87 III AktG ist dieser Anspruch aber beschränkt auf den Schaden, der bis Ablauf des zweiten Jahres seit Ende des Dienstverhältnis entsteht.[1046] Haben Gesellschaft und Geschäftsführer einen Abfindungsanspruch vereinbart für den Fall, dass der Arbeitgeber den Vertrag kündigt, so ist dieser im Falle der Kündigung durch den Insovenzverwalter lediglich einfache Insolvenzforderung.[1047] Anders ist die Rechtslage nur dann, wenn die Abfindung geleistete Dienste für die Zeit nach Insolvenzeröffnung abgelten soll.

296 Neben der ordentlichen Kündigung besteht uU die Möglichkeit für den Insolvenzverwalter, das Anstellungsverhältnis auch außerordentlich nach § 626 I BGB zu kündigen.[1048] Letzteres setzt aber das Vorliegen eines wichtigen Grundes voraus.[1049] Hierfür reicht die Eröffnung des Insolvenzverfahrens oder der Umstand, dass es sich um einen Allein-Gesellschafter-Geschäftsführer handelt,[1050] nicht aus. Andernfalls würde die Wertung des § 113 InsO unterlaufen. Einen wichtigen Grund stellt aber ein insolvenzverursachendes Verhalten oder die Insolvenzverschleppung dar.[1051] Zu beachten ist im Rahmen der außerordentlichen Kündigung die Frist in § 626 II BGB.[1052]

297 Die Kündigung des Anstellungsverhältnisses hat auf die organschaftliche Stellung des Geschäftsführers keine unmittelbare Auswirkung.[1053] Ist das Anstellungsverhältnis been-

---

[1042] *Undritz/Röger* InsVZ 2010, 123, 126 ff.; siehe auch OLG Naumburg GmbHR 2004, 423. Herabsetzung erfolgt durch den Insolvenzverwalter.

[1043] Vgl. OLG Brandenburg NZI 2003, 325, 327; OLG Hamm ZIP 1987, 121, 123; *Noack*, Rn. 300; Uhlenbruck/Hirte/Vallender/*Hirte*, § 11 Rn. 128; *Baumbach/Hueck/Haas*, § 60 GmbHG Rn. 49.

[1044] BGH NZG 2005, 714, 716; OLG Brandenburg NZI 2003, 325 f.; *H. F. Müller*, Der Verband in der Insolvenz, S. 74 f.; Uhlenbruck/Hirte/Vallender/*Hirte*, § 11 Rn. 125; *Noack*, Rn. 296; *Lutter/Hommelhoff/Kleindiek*, Anh § 6 GmbHG Rn. 69; *Scholz/K. Schmidt/Bitter*, Vor § 64 GmbHG Rn. 112; *Henssler*, in Kölner Schrift, Kap 30 Rn. 11; *Uhlenbruck*, § 113 Rn. 4; KPB/*Moll*, § 113 Rn. 51.

[1045] Vgl. BGH GmbHR 1987, 263, 264; BGHZ 79, 291, 294; OLG Hamm ZIP 1992, 418, 419 f.; OLG Hamm ZIP 1987, 121, 124; *Bauer/Gragert* ZIP 1997, 2177, 2180 f.; *Timm* ZIP 1987, 69, 76; siehe auch *Lutter/Hommelhoff/Kleindiek*, Anh § 6 GmbHG Rn. 53 f.

[1046] *H. F. Müller*, Der Verband in der Insolvenz, S. 86.

[1047] OLG Frankfurt ZIP 2005, 409.

[1048] OLG Rostock Rpfleger 2003, 444, 445; Uhlenbruck/Hirte/Vallender/*Hirte*, § 11 Rn. 126; *H. F. Müller*, Der Verband in der Insolvenz, S. 79.

[1049] OLG Brandenburg NZI 2003, 325.

[1050] UU kann auch gegen den Vergütungsanspruch mit einer Schadensersatzforderung – etwa nach § 43 II GmbHG – aufgerechnet werden, siehe OLG Brandenburg NZI 2003, 325, 327.

[1051] BGH NZG 2005, 714, 715.

[1052] Hinsichtlich der Ausschlussfrist in § 626 II BGB wird dem Insolvenzverwalter eine Einarbeitungszeit zugebilligt. Erst nach deren Ablauf wird die Frist des § 626 II BGB in Gang gesetzt, vgl. BAG AP Nr. 1, 9 zu § 626 BGB; *Henssler*, in Kölner Schrift, Kap 30 Rn. 45; bei der Insolvenzverschleppung beginnt die Frist nicht vor Ende des pflichtwidrigen Verhaltens, BGH NZG 2005, 714, 715 f.

[1053] OLG Hamm ZIP 1980, 280, 281; Uhlenbruck/Hirte/Vallender/*Hirte*, § 11 Rn. 125; *H. F. Müller*, Der Verband in der Insolvenz, S. 81.

det, trifft den Geschäftsführer zwar keine vertragliche Pflicht mehr, seine gesamte Arbeitskraft zu Verfügung zu stellen. Wohl aber bestehen mit Eröffnung des Insolvenzverfahrens – unabhängig von einem Anstellungsverhältnis – weitreichende Auskunfts- und Mitwirkungspflichten kraft Gesetzes (→ Rn. 303 ff.).

Ist der Insolvenzverwalter zur (ordentlichen oder außerordentlichen) Kündigung berechtigt, muss ihm auch unter den entsprechenden Voraussetzungen[1054] eine Herabsetzung der Geschäftsführervergütung möglich sein, soweit eine solche auf Grund der dem Geschäftsführer obliegenden Treuepflicht im Hinblick auf die wirtschaftliche Lage der Gesellschaft geboten ist.[1055] Angesichts der mit der Eröffnung des Insolvenzverfahrens verbundenen Übertragung der Unternehmensführungsaufgaben auf den Insolvenzverwalter wird sich der Geschäftsführer im Regelfall eine Kürzung seiner Bezüge aus dem Gesichtspunkt der Treuepflicht gefallen lassen müssen, auch wenn er im Insolvenzverfahren zu weitgehenden Anwesenheits-, Auskunfts- und Mitwirkungspflichten verpflichtet ist.[1056]

(3) *Sozialrechtlicher Schutz.* Das Anstellungsverhältnis zwischen der GmbH und dem Geschäftsführer ist grundsätzlich kein Arbeitsvertrag. Insofern kommen die arbeits- und sozialrechtlichen Schutzbestimmungen[1057] auf den Geschäftsführer nicht unmittelbar zu Anwendung.[1058] Jedoch darf nicht übersehen werden, dass sich der Geschäftsführer einer GmbH typischerweise in einer Doppelrolle befindet.[1059] Einerseits ist er Prinzipal, andererseits ist er den Weisungen der Gesellschafterversammlung unterworfen. Insoweit unterscheidet sich die Stellung eines GmbH-Geschäftsführers wesentlich von derjenigen eines Vorstandsmitglieds in der Aktiengesellschaft.[1060] Für die Frage, welche Rolle (Prinzipal oder arbeitnehmerähnliche Person) überwiegt, kommt es maßgeblich darauf an, in welchem Umfang der Geschäftsführer an der Gesellschaft beteiligt und das Gesellschaftsverhältnis ausgestaltet ist sowie auf den Inhalt des Anstellungsvertrages.

(i) *Insolvenzgeld.* Nach § 165 I 1, 2 Nr. 1 SGB III hat der Fremdgeschäftsführer Anspruch auf Insolvenzgeld für die letzten drei der Eröffnung des Insolvenzverfahrens vorangehenden Monate, da überwiegender Ansicht nach der Fremdgeschäftsführer auf Grund seiner Weisungsgebundenheit gegenüber der Gesellschafterversammlung eine dem Arbeitnehmer angenäherte Stellung einnimmt.[1061] Nach § 165 I 2 Nr. 2 SGB III steht der Verfahrenseröffnung die Abweisung des Insolvenzantrags mangels Masse gleich. Der Gesellschafter-Geschäftsführer hat ebenfalls Anspruch auf Insolvenzausfallgeld, soweit er keinen maßgebenden Einfluss auf die Entscheidungen der Gesellschafterversammlung hat, da es anderenfalls an einer für das Arbeitnehmerverhältnis typischen Abhängigkeit vom Arbeitgeber mangelt. Bei GmbH-Gesellschaftern, die über mindestens die Hälfte des Stammkapitals der Gesellschaft verfügen, ist grundsätzlich ein abhängiges Beschäftigungsverhältnis zur GmbH abzulehnen, es sei denn, sie können trotz der Kapitalbeteiligung aus rechtlichen oder tatsächlichen Gründen keinen maßgebenden Einfluss auf die Gesellschafterversammlung ausüben.[1062] Hält der Geschäfts-

---

[1054] Die Wertung in § 113 InsO darf freilich nicht unterlaufen werden; denn der Schutzzweck der Vorschrift unterscheidet nicht danach, ob die vorhandene Masse ausreicht, um die Bezüge erfüllen zu können oder ob der Betreffende für die Verursachung der Insolvenz verantwortlich ist.
[1055] → Rn. 141; aA Uhlenbruck/Hirte/Vallender/*Hirte,* § 11 Rn. 127.
[1056] *Uhlenbruck* GmbHR 2002, 941, 943; → Rn. 285.
[1057] Dies ist mit Blick auf die großzügige Auslegung des § 7 I SGB IV zweifelhaft, vgl. hierzu nur *Baumbach/Hueck/Zöllner/Noack,* § 35 GmbHG Rn. 181 ff.
[1058] Siehe allerdings BSG NZS 2006, 491 ff. (Rentenversicherungspflicht des Geschäftsführers).
[1059] BGH ZIP 2003, 485, 487.
[1060] BGH ZIP 2003, 485, 487.
[1061] *Bauder* BB 1993, 369, 374; *Lutter/Hommelhoff/Kleindiek,* Anh § 6 GmbHG Rn. 72; *Baumbach/Hueck/Zöllner/Noack,* § 35 GmbHG Rn. 181, 191; siehe auch BGH ZIP 2003, 485, 487 f.
[1062] Vgl. BSG ZIP 1997, 1120, 1121; ZIP 1995, 1179; ZIP 1993, 54, 56; Uhlenbruck/Hirte/Vallender/*Hirte,* § 11 Rn. 130; *Lutter/Hommelhoff/Kleindiek,* Anh § 6 GmbHG Rn. 72, 40.

führer eine Beteiligung von unter 10%, so fehlt es grundsätzlich an einem unternehmerischen Einfluss mit der Folge, dass der Gesellschafter-Geschäftsführer ebenso zu behandeln ist wie der Fremdgeschäftsführer. Hält der Geschäftsführer eine „signifikante" Minderheitsbeteiligung (10%-49,9%), ist die Rechtslage umstritten. Der IX. Zivilsenat des BGH hat insoweit entschieden, dass in diesen Fällen dem Gesellschafter-Geschäftsführer in aller Regel faktische Möglichkeiten der Einflussnahmen auf die Geschicke der Gesellschaft zukommen, die mit einer insolvenzrechtlichen Arbeitnehmerstellung unvereinbar seien.[1063] Inwieweit diese Grundsätze auch dann gelten, wenn sich der Minderheitsgesellschafter-Geschäftsführer einem Mehrheitsgesellschafter gegenüber sieht, ist unklar.

301 *(ii) Versorgungsansprüche.* Insolvenzgeschützt sind auch die Versorgungsansprüche des Geschäftsführers (§§ 1 I, 7, 17 I 2 BetrAVG). Dies gilt selbst dann, wenn der Geschäftsführer gleichzeitig Gesellschafter ist, es sei denn, er hat auf Grund seiner Gesellschafterstellung einen beherrschenden Einfluss auf die Führung der Geschäfte der Gesellschaft.[1064] Als Mitunternehmer und daher in ihrer betrieblichen Altersversorgung nach § 17 I 2 BetrVG nicht insolvenzgesichert hat die Rechtsprechung einen GmbH-Geschäftsführer behandelt, der zusammen mit einem Mitgeschäftsführer die Mehrheit der Geschäftsanteile und selbst keine nur ganz unbedeutende Beteiligung hielt.[1065] Eine nicht ganz unbedeutende Beteiligung kann schon bei einem Kapitalanteil eines Geschäftsführers von 10% vorhanden sein, soweit nicht zwischen den Geschäftsführern größere Beteiligungsunterschiede vorliegen.[1066]

302 *(4) Geschäftsführerinsolvenz.* Die Insolvenz einer Kapitalgesellschaft kann auf Grund der vielfältigen Haftungsansprüche, denen der Geschäftsführer in und im Vorfeld der Krise ausgesetzt ist, dessen finanzielle Situation nachhaltig berühren. Ist Letzterer außer Stande, die Haftungsansprüche zu erfüllen, stellt sich daher die Frage, welcher Insolvenzverfahrenstypus auf den Geschäftsführer Anwendung findet.[1067] Die Beantwortung der Frage hängt entscheidend davon ab, ob und unter welchen Voraussetzungen die wirtschaftliche Tätigkeit der GmbH dem Geschäftsführer zuzurechnen ist. Letzteres wird unterschiedlich beurteilt. Teilweise wird vertreten, dass organschaftliche Vertreter immer unter das Verbraucherinsolvenzverfahren fallen.[1068] Eine vermittelnde Ansicht will danach differenzieren, ob und inwieweit der Geschäftsführer an der Gesellschaft beteiligt ist. Dabei erweist sich jedoch das Kriterium der „unternehmerischen Beteiligung iS des „Kapitalersatzrechts" (→ Rn. 411 ff.) als wenig geeignet. Maßgebend ist dieser Ansicht zufolge vielmehr, ob der Geschäftsführer an der Gesellschaft maßgeblich (50% und mehr) beteiligt ist (dann Regelinsolvenzverfahren) oder nicht (dann Verbraucherinsolvenzverfahren).[1069] Ist dem Geschäftsführer die unternehmerische Tätigkeit der GmbH zuzurechnen, kommt das Verbraucherinsolvenzverfahren nur unter den Voraussetzungen des § 304 I 2 InsO zur Anwendung, wenn also die GmbH ihre wirtschaftliche Tätigkeit eingestellt hat und die Vermögensverhältnisse des Geschäftsführers überschaubar sind.

[1063] BGH ZIP 2003, 1662, 1666; aA aber vorhergehende Fn.
[1064] Vgl. BGHZ 77, 94, 101 f.; BAG NZG 1998, 188; *Bauder* BB 1993, 369, 374; *Lutter/Hommelhoff/Kleindiek,* Anh § 6 GmbHG Rn. 37; Uhlenbruck/Hirte/Vallender/*Hirte,* § 11 Rn. 131; *Haas,* Geschäftsführerhaftung, S. 294.
[1065] BGHZ 77, 94, 102; BGH ZIP 1989, 1418, 1419.
[1066] Siehe BGH ZIP 1997, 1351, 1352; ZIP 1989, 1418, 1419.
[1067] *Schmittmann* ZInsO 2002, 742, 743 f.; *Vallender* in K. Schmidt/Uhlenbruck, Die GmbH in Krise, Sanierung und Insolvenz, Rn. 10.10 f.
[1068] *Fuchs,* in Kölner Schrift², S. 1679 Rn. 4; *ders.* ZInsO 2002, 298, 299.
[1069] Siehe nur LG Köln ZIP 2204, 2249; FK/*Kohte,* § 304 Rn. 18 ff.; im Grundsatz auch BGH NZI 2005, 676 f. (geschäftsführender Alleingesellschafter) und BGH NZI 2009, 384 ff. (geschäftsführender Mehrheitsgesellschafter); siehe auch Uhlenbruck/Hirte/Vallender/*Vallender,* § 304 Rn. 8; MüKoInsO/*Ott,* § 304 InsO Rn. 55.

Die GmbH in der Insolvenz 303–306 § 92

(5) Rechte und Pflichten im Verfahren. Mit Eröffnung des Insolvenzverfahrens geht die 303 Verwaltungs- und Verfügungsbefugnis nach § 80 InsO auf den Insolvenzverwalter über, was nicht ohne Auswirkungen auf den Aufgaben- und Pflichtenkreis des Geschäftsführers bleibt. Letzterer verliert die Befugnis, das zur Insolvenzmasse gehörige Vermögen zu verwalten und hierüber zu verfügen. Der Geschäftsführer wird insoweit durch den Insolvenzverwalter aus seinem organschaftlichen Rechts- und Pflichtenkreis verdrängt.[1070] Seine Kompetenzen beschränken sich nach Verfahrenseröffnung hM zufolge auf den sogenannten gesellschaftsinternen Bereich, die Verwaltung bzw. die Verfügung über das insolvenzfreie Vermögen und auf die verfahrensrechtlichen Rechte und Pflichten.[1071]

(i) Der gesellschaftsinterne Bereich: Zum gesellschaftsinternen Aufgabenbereich,[1072] der 304 dem Geschäftsführer obliegt, gehört beispielsweise die Pflicht, eintragungspflichtige Umstände zum Handelsregister anzumelden (§ 78 GmbHG), die sich nicht auf die Insolvenzmasse beziehen.[1073] Hierzu zählen etwa Änderungen (Ausscheiden, Neubestellung, etc) in den Personen der Geschäftsführer (§ 39 GmbHG)[1074] oder Satzungsänderungen (§ 54 GmbHG), soweit diese nicht masserelevant sind. Letzteres ist etwa im Allgemeinen der Fall bei der Anmeldung einer beschlossenen Erhöhung des Stammkapitals. Diese ist von den Geschäftsführern und nicht vom Insolvenzverwalter anzumelden; denn solange die Eintragung in das Handelsregister nicht erfolgt ist, hat die Kapitalerhöhung den gesellschaftsinternen Bereich nicht verlassen und hat – mangels Wirksamkeit (§ 54 III GmbHG) – keine Masserelevanz.[1075] Anders verhält es sich aber, wenn ein Insolvenzplan derartige gesellschaftsrechtliche Maßnahmen regelt und die Anteilsrechte an der GmbH einbezieht (§ 225a InsO); denn in einem solchen Fall bestimmt § 254 II 3 InsO ein Antragsrecht des Insolvenzverwalters, welches neben die Antragsbefugnis der Geschäftsführer tritt.[1076] Ein Antragsrecht des Insolvenzverwalters besteht auch außerhalb eines Insolvenzplans stets in Bezug auf die Anmeldung einer Firmenänderung (→ Rn. 328), die masserelevant ist.[1077]

Zum gesellschaftsinternen Bereich zählt des Weiteren die Einreichung der Liste 305 der Gesellschafter (§ 40 GmbHG) zum Handelsregister oder die Einberufung der Gesellschafterversammlung (§ 49 I GmbHG). Das individuelle Informationsrecht des einzelnen Gesellschafters gegenüber der Gesellschaft (§ 51a GmbHG) ist vom Geschäftsführer nur ausnahmsweise zu erfüllen, nämlich dann, wenn der Insolvenzverwalter nicht alleiniger Informationsträger ist (→ Rn. 333).[1078] Zur Folgepflicht des Geschäftsführers gegenüber der Gesellschafterversammlung → Rn. 320.

Offen gelassen hat die InsO, wer die für die Verwaltung des gesellschaftsinternen Be- 306 reichs anfallenden Kosten (etwa Kosten der Einberufung der Gesellschafterversammlung, nicht aber die Geschäftsführerbezüge) aufzubringen hat. Zur KO vertrat die

---

[1070] RGZ 76, 244, 246; *Uhlenbruck,* GmbHR 1972, 170, 173; *Weber* KTS 1970, 73, 77; Uhlenbruck/Hirte/Vallender/*Hirte,* § 11 Rn. 118; *Lutter/Hommelhoff/Kleindiek,* Anh § 64 GmbHG Rn. 56, 59.
[1071] Vgl. *Weber* KTS 1970, 73, 77; *Henssler,* in Kölner Schrift, Kap 30 Rn. 40 f.
[1072] Vgl. hierzu auch *Weber* KTS 1970, 73, 76 ff.; *Henssler,* in Kölner Schrift, Kap 30 Rn. 61 f.; *Robrecht* DB 1968, 471, 473 f.
[1073] BayObLG BB 2004, 797.
[1074] OLG Rostock Rpfleger 2003, 444, 445; OLG Köln NZI 2001, 470, 471. Nur ausnahmsweise, nämlich wenn kein Geschäftsführer vorhanden ist, um die Eintragung vorzunehmen, soll der Insolvenzverwalter zur Anmeldung befugt sein, siehe auch LG Baden-Baden ZIP 1996, 1352; LG Berlin ZIP 1993, 197 f.; Uhlenbruck/Hirte/Vallender/*Hirte,* § 11 Rn. 119.
[1075] BayObLG BB 2004, 797.
[1076] *K. Schmidt/Spliedt,* § 254a Rn. 5.
[1077] OLG Köln NZI 2001, 470, 471.
[1078] *Scholz/K. Schmidt/Bitter,* Vor § 64 GmbHG Rn. 111; *Grüneberg,* Die Rechtspositionen der Organe, S. 103 f.

§ 92 307–309 Kapitel VII. Besonderheiten der Gesellschaftsinsolvenz

überwiegende Ansicht, dass die Kosten aus insolvenzfreien Mitteln[1079] oder aus freiwilligen Leistungen der Gesellschafter aufzubringen sind, die Masse hierfür dagegen nicht nach § 58 II KO haftet.[1080] Dies gilt auch nach Inkrafttreten der InsO (→ Rn. 338).

307 *(ii) Das insolvenzfreie Vermögen.* Die Frage, ob es ein insolvenzfreies Vermögen gibt, das nicht der Verwaltungs- und Verfügungsbefugnis des Insolvenzverwalters unterliegt, war für das alte Recht umstritten, wurde jedoch von der wohl überwiegenden Ansicht bejaht.[1081] Diskutiert wurden insoweit zwei Fallgruppen: Zum einen die Freigabe von Vermögen durch den Konkursverwalter und zum anderen der konkursfreie Hinzuerwerb auf der Basis von Kapitalerhöhungen und Einforderungen von Nachschüssen. Letzteres ist nach § 35 InsO nach der Insolvenzordnung ausgeschlossen; denn zur Insolvenzmasse gehört danach sowohl das dem Schuldner zur Zeit der Eröffnung des Verfahrens gehörende als auch das während des Verfahrens erlangte Vermögen. Ein insolvenzfreier Hinzuerwerb von Vermögen ist demnach nicht mehr möglich. Nicht ausdrücklich geregelt hat die Insolvenzordnung dagegen das Problem der Freigabe von Massegegenständen durch den Insolvenzverwalter einer Handelsgesellschaft. Richtiger Ansicht nach ist die Freigabe auch bei Unternehmensinsolvenzen möglich. Kann durch Freigabe aber insolvenzfreies Vermögen entstehen, ist es nur konsequent, wenn die Verwaltung und Verfügung insoweit in den Restbereich an gesellschaftsrechtlichen Befugnissen des Geschäftsführers zurückfällt.[1082]

308 *(iii) Die verfahrensrechtlichen Rechte und Pflichten:*[1083] Mit Verfahrenseröffnung treffen den Geschäftsführer[1084] nach § 101 I 1 InsO die in § 97 InsO genannten Auskunfts- und Mitwirkungspflichten, die – soweit erforderlich – nach § 98 InsO auch zwangsweise durchgesetzt werden können.[1085] Das Insolvenzgericht kann gemäß §§ 101 I 1, 99 InsO die Postsperre auch gegen den Geschäftsführer verhängen. §§ 101 I 1 knüpft für die Auskunfts- und Mitwirkungspflichten des Geschäftsführers an dessen Organstellung an. Dem Geschäftsführer obliegen diese Pflichten daher auch dann, wenn der Insolvenzverwalter das Anstellungsverhältnis gekündigt und beendet oder aber die Vergütung herabgesetzt hat.[1086] Verlangt der Insolvenzverwalter in solchen Fällen aber vom Geschäftsführer umfangreiche Mitwirkung und Präsenz, so ist die Tätigkeit angemessen zu vergüten.[1087] Ein Anspruch aber auf die früher vertraglich vereinbarte Vergütung besteht jedoch nicht (→ Rn. 294 ff.).

309 Ist der Geschäftsführer nicht früher als zwei Jahre vor dem Antrag auf Eröffnung des Insolvenzverfahrens aus seiner Organstellung ausgeschieden, ist er zwar nicht zur Mitwirkung bzw. zur Anwesenheit, wohl aber zur Auskunft gemäß §§ 101 I 2, 97 I InsO

[1079] → Rn. 307.
[1080] Vgl. nur *W. Schulz* KTS 1986, 389, 394.
[1081] Vgl. BGH ZIP 1996, 842, 844; *Baumbach/Hueck/Schulze-Osterloh*[16], § 63 GmbHG Rn. 45; *Kuhn/Uhlenbruck*[11], § 1 KO Rn. 4a; *Lutter/Hommelhoff*[14], § 63 GmbHG Rn. 13; aA insb. *Scholz/K. Schmidt*[8] § 63 GmbHG Rn. 54; *ders.* BB 1991, 1273 ff.; *ders.* NJW 1993, 2833 ff.; *Pluta* EWiR 1996, 265, 266.
[1082] Vgl. OLG Nürnberg ZIP 1994, 146, 147; OVG Sachsen-Anhalt ZIP 1994, 1130, 1131; VG Darmstadt ZIP 2000, 2077, 2078; siehe auch *Scholz/K. Schmidt/Bitter*, Vor § 64 GmbHG Rn. 85.
[1083] Vgl. *Uhlenbruck* GmbHR 2002, 941, 943 ff.; *Robrecht* DB 1968, 471, 473; *Noack*, Rn. 302 ff.
[1084] Die Pflichten treffen jedes Mitglied des Vertretungsorgans unabhängig davon, wie die Vertretungsbefugnis geregelt ist.
[1085] → Rn. 238 f.
[1086] OLG Hamm ZIP 1980, 280, 281; *Henssler*, in Kölner Schrift, Kap 30 Rn. 51; siehe aber auch *H. F. Müller*, Der Verband in der Insolvenz, S. 83 ff.
[1087] *Uhlenbruck*, GmbHR 2002, 941, 943; *Henssler*, in Kölner Schrift, Kap 30 Rn. 51. Allein aus praktischen Gesichtspunkten heraus wird der Insolvenzverwalter einem kooperationswilligen Geschäftsführer in aller Regel eine an § 612 II BGB ausgerichtete Vergütung bezahlen; siehe auch *Uhlenbruck* GmbHR 1999, 391, 398. Denkbar ist aber auch eine Orientierung an dem ZSEG.

verpflichtet.[1088] Diese Auskunftspflicht kann ebenfalls zwangsweise nach § 98 InsO durchgesetzt werden.

Fraglich ist, ob zwischen den Pflichten der alten und derzeitigen Geschäftsführer ein Rangverhältnis besteht. Denkbar wäre beispielsweise, dass der Insolvenzverwalter vor der Inanspruchnahme des Alt-Geschäftsführers verpflichtet ist, zunächst die aktuellen Geschäftsführer um ihre Mitwirkung zu ersuchen.[1089] Das Gesetz enthält insoweit aber keinen Anhaltspunkt. Darüber hinaus sollte die Reihenfolge der Inanspruchnahme durch den Erkenntnisgewinn aus der jeweiligen Informationsquelle, nicht aber durch ein starres Stufenverhältnis diktiert werden (§§ 5, 4 InsO, 294 ZPO).[1090]

310

Neben den dem Geschäftsführer persönlich zugewiesenen Pflichten hat der Geschäftsführer – im Rahmen seiner Vertretungsbefugnis – auch diejenigen wahrzunehmen, die ihm als gesetzlicher Vertreter der Gemeinschuldnerin obliegen.[1091] Hierzu zählen insbesondere die Pflicht zur Abgabe der eidesstattlichen Versicherung nach § 153 InsO[1092] sowie die Pflicht, zum Prüfungstermin zu erscheinen und sich zu den angemeldeten Forderungen zu erklären (§ 176 InsO).[1093] Als Vertreter der Gemeinschuldnerin hat der Geschäftsführer aber nicht nur die gemeinschuldnerischen Pflichten, sondern auch die Verfahrensrechte der GmbH wahrzunehmen. Zu diesen zählen etwa[1094] das Recht der sofortigen Beschwerde (§ 6 InsO), die Möglichkeit, Einreden gegen die Schlussrechnung des Insolvenzverwalters zu erheben (§ 66 InsO), das Antragsrecht nach § 158 II und § 161 InsO, bestimmte Rechtshandlungen des Insolvenzverwalters zu untersagen, gemäß § 186 InsO die Wiedereinsetzung in den vorherigen Stand zu beantragen, nach § 218 I InsO einen Insolvenzplan vorzulegen[1095] oder gemäß § 270 II Nr. 1 InsO die (vorläufige) Eigenverwaltung zu beantragen. Soweit es sich bei der Geltendmachung dieser Verfahrensrechte – wie im Regelfall üblich – nicht um einen Fall der laufenden Geschäftsführung handelt, hat der Geschäftsführer insoweit (gesellschaftsintern) die Zustimmung der Gesellschafterversammlung einzuholen (→ Rn. 320).

311

Während die Verfahrenspflichten der Gemeinschuldnerin jeden einzelnen Geschäftsführer treffen und von diesem ungeachtet der bestehenden gesellschaftsrechtlichen Vertretungsregeln zu erfüllen sind,[1096] üben die Geschäftsführer die Verfahrensrechte der Gemeinschuldnerin im Rahmen der Vertretungsregeln aus.[1097] Streitig ist dies allenfalls in Bezug auf das Beschwerderecht nach § 34 InsO. HM zufolge steht das Beschwerderecht entsprechend § 15 I InsO unabhängig von den gesellschaftsrechtlichen Vertretungsregeln jedem Geschäftsführer zu.[1098] Im Rahmen der für den Gemeinschuldner wahrgenommenen Verfahrensrechte untersteht die Geschäftsführung dem Direktionsrecht der Gesellschafter (→ Rn. 320).

312

[1088] Vgl. *Uhlenbruck*, GmbHR 2002, 941, 943; *Henssler*, in Kölner Schrift, Kap 30 Rn. 46 f.; mithin kann sich die Amtsniederlegung auch nach Insolvenzeröffnung lohnen.
[1089] In diesem Sinne etwa Uhlenbruck/Hirte/Vallender/*Hirte*, § 11 Rn. 133; *Vallender* in K. Schmidt/Uhlenbruck, Die GmbH in Krise, Sanierung und Insolvenz, Rn. 5.267.
[1090] LG Göttingen EWiR 1999, 851, 852 *(Uhlenbruck)*.
[1091] *Baumbach/Hueck/Haas*, § 60 GmbHG Rn. 47; *Scholz/K. Schmidt/Bitter*, Vor § 64 GmbHG Rn. 113.
[1092] LG Koblenz GmbHR 1999, 819.
[1093] Vgl. auch LG Oldenburg Rpfleger 1993, 451; *Uhlenbruck* GmbHR 1972, 170, 174 ff.
[1094] Vgl. *Uhlenbruck*, GmbHR 1972, 170, 176; *Henssler*, in Kölner Schrift, Kap 30 Rn. 53, 56.
[1095] Siehe hierzu *Schluck-Amend/Walker* GmbHR 2001, 375, 380 f.
[1096] *Weber* KTS 1970, 73, 79.
[1097] *Baumbach/Hueck/Haas*, § 60 GmbHG Rn. 47 (dort auch zur Frage, ob gesellschaftsintern die Zustimmung der Gesellschafterversammlung einzuholen ist); *H. F. Müller*, Der Verband in der Insolvenz, S. 89; *Noack*, Rn. 305 f.
[1098] *Uhlenbruck* GmbHR 1972, 170, 174; *Weber* KTS 1970, 73, 79; *Scholz/K. Schmidt/Bitter*, Vor § 64 GmbHG Rn. 78; *Henssler*, in Kölner Schrift, Kap 30 Rn. 54; aA *Grüneberg*, Die Rechtspositionen der Organe, S. 137.

313 (iv) *Verdrängungsbereich.* Nicht zuständig ist der Geschäftsführer für alle Geschäftsführungsmaßnahmen, die masserelevant sind. Diese sind allein dem Insolvenzverwalter vorbehalten. Letzterer hat das Vermögen der GmbH in Besitz zu nehmen und zu verwalten. Allein der Insolvenzverwalter ist etwa zuständig, eine Handlungsvollmacht[1099] oder aber eine Prokura[1100] zu erteilen. Zum Verdrängungsbereich zählt mit Eröffnung des Insolvenzverfahrens auch die Rechnungslegungspflicht nach § 41 GmbHG. Da dem Geschäftsführer infolge der Inbesitznahme des zur Insolvenzmasse gehörenden Vermögens durch den Insolvenzverwalter (§ 148 InsO) die Geschäftsbücher der Gesellschaft nicht mehr zugänglich sind (vgl. § 36 II Nr. 1 InsO),[1101] bestimmt § 155 InsO, dass der Verwalter die Bücher des Unternehmens nach handelsrechtlichen Bestimmungen zu führen (§ 238 HGB) und zum Schluss eines jeden Geschäftsjahres eine Bilanz sowie eine Gewinn- und Verlustrechnung aufzustellen hat (§ 242 HGB).[1102] Der Insolvenzverwalter ist darüber hinaus auch verpflichtet, den (testierten)[1103] Jahresabschluss zum Handelsregister einzureichen.[1104] Der Insolvenzverwalter ist auch insoweit verpflichtet, als es um Buchführungspflichten geht, die vor Eröffnung des Insolvenzverfahrens entstanden sind.[1105] Vom Insolvenzverwalter (vgl. § 34 III AO) und nicht vom Geschäftsführer sind schließlich die steuerrechtlichen Pflichten der Gesellschaft (zB Steuererklärungs-, Buchführungs- und Aufzeichnungs-, Auskunfts- und Zahlungspflichten) wahrzunehmen, soweit sie zum Verwaltungsbereich der Insolvenzmasse zählen.[1106] Dies gilt auch für Steuerpflichten der Gemeinschuldnerin, die auf Steuerabschnitte vor Eröffnung des Insolvenzverfahrens fallen.[1107] Ebenso vom Insolvenzverwalter, nicht aber vom Geschäftsführer sind die der Gesellschaft als Arbeitgeber obliegenden sozialversicherungsrechtlichen Pflichten wahrzunehmen.[1108] Zum Verdrängungsbereich und mithin in die Zuständigkeit des Insolvenzverwalters gehört auch die Verwaltung der Beteiligungen der Gesellschaft (→ Rn. 569 ff.).

314 (6) *Haftung.* (i) *Haftung wegen schuldhafter Pflichtverletzungen.* Die Rechte und Pflichten im *gesellschaftsinternen* Bereich sowie die Verfahrens*rechte*, die dem Geschäftsführer als Vertreter der Gemeinschuldnerin obliegen, hat er mit der Sorgfalt eines ordentlichen Geschäftsmannes wahrzunehmen. Verstößt er hiergegen schuldhaft, ist er der Gesellschaft gegenüber nach § 43 II GmbHG zum Schadensersatz verpflichtet.[1109] Fraglich ist,

---

[1099] *Scholz/K. Schmidt/Bitter,* Vor § 64 GmbHG Rn. 83; *Rowedder/Chr. Schmidt-Leithoff/Baumert* vor § 64 GmbHG Rn. 261.

[1100] Str, in diesem Sinne aber *K. Schmidt,* Handelsrecht, § 16 III 2d; *Scholz/K. Schmidt/Bitter,* Vor § 64 GmbHG Rn. 83; *Baumbach/Hopt,* § 48 HGB Rn. 1; *Staub/Joost,* § 48 HGB Rn. 17.

[1101] Vgl. zum alten Recht OLG Stuttgart DB 1998, 2210, 2211.

[1102] Vgl. AG München ZIP 2004, 2110 f.; *H. F. Müller,* Der Verband in der Insolvenz, S. 107 ff.; *Baumbach/Hueck/Haas,* § 41 GmbHG Rn. 10 ff.; Uhlenbruck/Hirte/Vallender/*Hirte,* § 11 Rn. 118; siehe auch öster OGH NZG 2001, 987 ff.; für das alte Recht, siehe KG NZG 1998, 74, 75; eingeschränkt LG Oldenburg Rpfleger 1993, 451, 452.

[1103] Sind die Verhältnisse der Gesellschaft überschaubar und erscheint eine Prüfung des Jahresabschlusses und des Lageberichts durch einen Abschlussprüfer im Interesse der Gläubiger nicht mehr geboten, kann das Registergericht im Einzelfall analog § 270 I AktG einen Dispens von der Prüfungspflicht erteilen, siehe AG München ZIP 2004, 2110 f.; *Beck/Depré/Köbler,* Praxis der Insolvenz, § 22 Rn. 29; siehe auch *Paulus* EWiR 2005, 261, 262. Der Verzicht auf die Zuziehung des Abschlussprüfers entlastet die Masse erheblich.

[1104] LG Oldenburg Rpfleger 1993, 451 f.; AG München ZIP 2004, 2110 f.; aA LG Bonn ZInsO 2010, 627 f.

[1105] KG NZG 1998, 74, 75; Uhlenbruck/Hirte/Vallender/*Hirte,* § 11 InsO Rn. 118; aA LG Oldenburg Rpfleger 1993, 451, 452.

[1106] Vgl. BGH BB 1979, 1006, 1007; LG Oldenburg Rpfleger 1993, 451, 452; OLG Köln ZIP 1980, 94, 95; *H. F. Müller,* Der Verband in der Insolvenz, S. 110 ff.

[1107] BGH BB 1979, 1006, 1007; OLG Köln ZIP 1980, 94, 95 *(Niemann);* Uhlenbruck/Hirte/Vallender/*Hirte,* § 11 Rn. 118.

[1108] Vgl. LG Oldenburg Rpfleger 1993, 451, 452.

[1109] Vgl. OLG Hamm ZIP 1980, 280, 281; *H. F. Müller,* Der Verband in der Insolvenz, S. 100 f.; *Henssler,* in Kölner Schrift, Kap 30 Rn. 55; *Uhlenbruck* GmbHR 1972, 170, 175; Uhlenbruck/Hirte/Vallender/*Hirte,* § 11 Rn. 132; *Uhlenbruck* GmbHR 1999, 390, 396.

ob der Schadensersatzanspruch nach § 35 InsO in die Insolvenzmasse fällt. Dies wird man wohl ablehnen müssen. Soweit der Geschäftsführer seine verfahrensrechtlichen Pflichten verletzt, kommt nicht nur eine zwangsweise Durchsetzung derselben in Betracht,[1110] sondern auch eine Schadensersatzhaftung, etwa wenn der Insolvenzverwalter auf Grund einer Verletzung der Auskunftspflicht daran gehindert wird, ein Dauerschuldverhältnis rechtzeitig zu kündigen, und auf diese Weise die Quote für die Gläubiger geschmälert wird.[1111] Grundlage für eine Haftung ist eine entsprechende Anwendung des § 64 S. 1 GmbHG.[1112] Dieser Anspruch fällt in die Masse.

(ii) *Haftung nach § 26 III InsO:* Gemäß § 26 III InsO kann derjenige, der einen Massekostenvorschuss[1113] nach § 26 I 2 oder § 207 I 2 InsO leistet, die Erstattung dieses Betrages von jeder Person verlangen, die entgegen den Vorschriften des Gesellschaftsrechts den Antrag auf Eröffnung des Insolvenzverfahrens pflichtwidrig und schuldhaft nicht gestellt hat.[1114] Ganz hM nach steht den Fällen des „Nichtstellens" die verspätete Antragstellung gleich.[1115]

Unklar ist die Rechtsnatur des Anspruchs.[1116] Denkbar wäre es, in § 26 III InsO eine Legalzession des Insolvenzverschleppungsanspruchs in Höhe des geleisteten Vorschusses zu sehen. Hiergegen sprechen jedoch zum einen der Wortlaut der Vorschrift und zum anderen die Gesetzesmaterialien, die von einer subsidiären Kostenhaftung der antragspflichtigen Organmitglieder sprechen.[1117] Darüber hinaus spricht auch der Sinn und Zweck der Vorschrift gegen eine cessio legis. Der Kostenvorschuss wird in der Regel von Altgläubigern vorgeschossen werden, die sich von der Einleitung bzw. Durchführung des Verfahrens die Chance erhoffen, dass die Masse, insbesondere durch Ansprüche gegen Gesellschaftsorgane bzw. auf Grund der Geltendmachung von Anfechtungsrechten angereichert wird und sich hierdurch ihre Befriedigungsquote erhöht. Würde man in § 26 III InsO nun eine cessio legis des Insolvenzverschleppungsanspruchs gegen den Geschäftsführer sehen, der ansonsten im eröffneten Verfahren der Gläubigergesamtheit zugutekäme, würde sich die Legalzession mittelbar zu Lasten der Quote des vorschießenden Altgläubigers auswirken. Dies kann jedoch schwerlich von § 26 III InsO gewollt sein. § 26 III InsO ist daher ein eigenständiger Anspruch zugunsten des Vorschussleistenden.

Zwar tritt derjenige, der einen Massekostenvorschuss leistet, in der Rangordnung der insolvenzmäßigen Befriedigung an die Stelle der aus dem Vorschuss getilgten Massekosten.[1118] Damit sind die vorgeschossenen Massekosten entsprechend dem Verteilungsschlüssel in § 209 InsO an erster Rangstelle zurückzuzahlen. Weil dieser Anspruch aber offenbar nicht zu realisieren ist, hat der Gesetzgeber in § 26 III bzw. § 207 I 2 iVm § 26 III InsO eine Erstattungspflicht zu Lasten des für die Insolvenzverschleppung verantwortlichen Geschäftsführers vorgesehen. Daher wird der Anspruch aus § 26 III InsO –

[1110] → Rn. 238 f.
[1111] OLG Hamm ZIP 1980, 280, 281.
[1112] → Rn. 168 ff.
[1113] Hierunter fällt nur der Betrag, der zu eben dem Zweck vorgeschossen wird, die Abweisung mangels Masse zu verhindern. Zur Frage, wann diese Voraussetzung vorliegt, siehe BGH NZI 2003, 324; OLG Brandenburg ZIP 2003, 451, 454 f.; HK/*Kirchhof*, § 26 Rn. 39 ff. Zur Frage, wer das Risiko einer Fehleinschätzung des Gerichts zu tragen hat, dass der Kostenvorschuss zur Eröffnung des Verfahrens notwendig ist, siehe BGH NZI 2009, 233 f.
[1114] Siehe hierzu etwa OLG Hamm NZI 2002, 437, 438; OLG Brandenburg ZIP 2003, 451, 53 f.
[1115] OLG Brandenburg ZIP 2003, 451, 453; MüKoInsO/*Haarmeyer*, § 26 Rn. 58; HK/*Kirchhof*, § 26 Rn. 41.
[1116] Vgl. *Uhlenbruck*, in Kölner Schrift², S. 1157 Rn. 22; *Henssler*, in Kölner Schrift, Kap 30 Rn. 35 ff.
[1117] Abgedruckt bei *Uhlenbruck*, Das neue Insolvenzrecht, S. 245.
[1118] Vgl. *Uhlenbruck*, in Kölner Schrift², S. 1157 Rn. 22.

selbst wenn man hierin einen (verkappten) Schadensersatzanspruch sieht – nicht nach § 92 InsO durch den Insolvenzverwalter eingezogen.[1119]

318 Offen ist auch, wie der eigenständige (→ Rn. 316) Anspruch dogmatisch zu deuten ist, ob es sich nämlich um einen Schadens- oder um einen Aufwendungsersatzanspruch[1120] handelt.[1121] Die Frage ist wohl eher von akademischer Bedeutung; denn selbst wenn man § 26 III InsO als Schadensersatzanspruch qualifiziert, kann der vorschussleistende Gläubiger (und nicht der Insolvenzverwalter analog § 92 InsO) den Anspruch während des Insolvenzverfahrens selbstständig geltend machen.[1122] Die Durchsetzung des Anspruchs wird durch die Beweislastumkehr hinsichtlich des Pflichtenverstoßes und des Verschuldens erleichtert. Ob jedoch § 26 III InsO tatsächlich einen Anreiz schafft, dass Dritte bei mangelnder Kostendeckung die Kosten vorschießen, wird überwiegend kritisch beurteilt.[1123] Zweifel ergeben sich ferner deshalb, weil im Falle einer Insolvenzverschleppung der ungeordnete Wettlauf der vertraglichen Neugläubiger nach Befriedigung aus dem Vermögen des Geschäftsführers, der unabhängig von einem Insolvenzverfahren stattfindet, dazu führen kann, dass der Schadens- bzw. Kostenerstattungsanspruch aus § 26 III InsO entwertet wird. Ähnlichen Bedenken begegnet auch die durch das ESUG neu eingefügte Vorschrift des § 26 IV InsO, wonach derjenige, der gegen seine Antragspflicht gemäß § 15a InsO verstößt, auf Anforderung des vorläufigen Insolvenzverwalters oder eines Insolvenzgläubigers (§ 26 IV 3 InsO) aus seinem persönlichen Vermögen einen Kostenvorschuss zu leisten hat (→ Rn. 251). Hier gilt zwar ebenfalls eine Beweislastumkehr hinsichtlich des Pflichtenverstoßes sowie des Verschuldens. Ob der Vorschuss jedoch tatsächlich so zeitnah geleistet wird, dass es zu einer Verfahrenseröffnung kommen kann bzw. die Androhung mit dem persönlichen Haftungsrisiko zu einer beschleunigten Antragstellung beiträgt, erscheint fraglich. Dies läuft im praktischen Ergebnis darauf hinaus, dass ein Gläubiger den Vorschuss leisten wird und auf die Regressmöglichkeit nach § 26 III InsO verwiesen ist.[1124]

319 cc) *Die Gesellschafterversammlung.* (1) *Der Grundsatz.* Die Gesellschafterversammlung bleibt auch nach Eröffnung des Insolvenzverfahrens (oberstes) Organ der Gesellschaft.[1125] Ihre gesellschaftsrechtlichen Zuständigkeiten bleiben erhalten, soweit sie nicht durch die dem Insolvenzverwalter zugewiesenen Befugnisse verdrängt werden oder aber mit dem Zweck des Insolvenzverfahrens unvereinbar sind.[1126] Besonderheiten gelten nunmehr im Planverfahren gemäß §§ 217 ff. InsO.

320 (2) *Der „gesellschaftsinterne" Bereich.* In der Zuständigkeit der Gesellschafterversammlung bleibt etwa die Zustimmung bzw. Genehmigung von Anteilsübertragungen nach § 15 IV GmbHG, das Weisungsrecht gegenüber dem Geschäftsführer, soweit es um den gesellschaftsinternen Bereich[1127] (zB Einforderung von Nachschüssen)[1128] oder um die

---

[1119] *Brinkmann,* Die Bedeutung der §§ 92, 93 InsO, S. 19; *Henssler* ZInsO 1999, 121, 122; aA *Hasselbach* DB 1996, 2214, 2215.
[1120] So wohl BT-Drucks. 12/7302 zu § 30 RegE.
[1121] Vgl. *K. Schmidt,* in Kölner Schrift², S. 1199 Rn. 41; siehe auch *Brinkmann,* Die Bedeutung der §§ 92, 93 InsO, Rn. 17.
[1122] *Henssler,* in Kölner Schrift, Kap 30 Rn. 37 f.; *Uhlenbruck,* § 26 Rn. 50; aA *Hasselbach* DB 1996, 2213, 2215.
[1123] Vgl. *K. Schmidt* ZGR 1996, 209, 221.
[1124] Vgl. auch *Marotzke,* ZInsO 2013, 1940.
[1125] Vgl. OLG Hamm NZG 2002, 178, 180; OLG Rostock Rpfleger 2003, 444, 445; *Noack,* Rn. 336; *Scholz/K. Schmidt/Bitter,* Vor § 64 GmbHG Rn. 105.
[1126] Vgl. OLG Karlsruhe ZIP 1993, 133, 134; *Baumbach/Hueck/Haas,* § 60 GmbHG Rn. 52; *Noack,* Rn. 336; *Scholz/K. Schmidt/Bitter,* Vor § 64 GmbHG Rn. 105.
[1127] → Rn. 304 ff.
[1128] BGH DStR 1994, 1129; *H. F. Müller,* Der Verband in der Insolvenz, S. 167; Uhlenbruck/Hirte/Vallender/*Hirte,* § 11 Rn. 193.

Wahrnehmung der Verfahrens*rechte* der Gesellschaft[1129] im Insolvenzverfahren geht.[1130] Zuständig für die Abberufung bzw. Bestellung des Geschäftsführers bleibt auch nach der Eröffnung des Verfahrens die Gesellschafterversammlung (§ 46 Nr. 5 GmbHG), sofern hierfür nicht von Gesetzes wegen oder auf Grund des Gesellschaftsvertrages ein anderes Gesellschaftsorgan zuständig ist.[1131] Bei einer Insolvenzabwicklung in Eigenverwaltung bedarf die Änderung in der Geschäftsführung allerdings der Zustimmung des Sachwalters (§ 276a S. 2 InsO). Diese Vorschrift ist nach hM in der vorläufigen Eigenverwaltung nicht (entsprechend) anwendbar, weil der Gesellschaftszweck noch nicht durch den Insolvenzzweck überlagert wird und eine haftungsrechtliche Zuordnung des Vermögens an die Gläubiger noch nicht stattfindet (→ Rn. 161).[1132] Grundsätzlich bleibt die Gesellschafterversammlung zuständig, die Geschäftsführung des Geschäftsführers zu überwachen.[1133] In der Eigenverwaltung ist die Einwirkungsbefugnis allerdings begrenzt (vgl. § 276a S. 1 InsO) und im Übrigen, also außerhalb der Eigenverwaltung, von der praktischen Relevanz her auf vom Insolvenzverwalter freigegebene Vermögensgegenstände beschränkt. Die Gesellschafter können über die Geltendmachung von Ersatzansprüchen nach § 46 Nr. 7 GmbHG beschließen, wenn der Insolvenzverwalter den entsprechenden Anspruch freigegeben (→ Rn. 307) hat.

Die Gesellschafterversammlung kann, soweit dies mit dem Sinn und Zweck des Insolvenzverfahrens zu vereinbaren ist, Änderungen des Gesellschaftsvertrages beschließen.[1134] Sie kann Änderungen in der Kapitalstruktur vornehmen, zB effektive Kapitalerhöhungen beschließen und durchführen (§§ 55 ff. GmbHG),[1135] Nachschüsse einfordern (§ 24 GmbHG)[1136] oder eine vereinfachte Kapitalherabsetzung (§§ 58a ff. GmbHG)[1137] beschließen. Die Gesellschafter können auch mit satzungsändernder Mehrheit eine Verlegung des Sitzes der Gesellschaft beschließen.[1138] Zulässig ist auch eine Änderung der Mitgliederstruktur durch Beschluss über die Einziehung von Gesellschaftsanteilen,[1139] etwa wenn dies zur Vorbereitung einer Sanierung notwendig ist. Besitzt die GmbH eigene Geschäftsanteile, unterliegen diese aber der Verwaltungs- und Verfügungsbefugnis des Insolvenzverwalters.[1140] Sind zur Sanierung Strukturänderungen der Ge-

---

[1129] → Rn. 298.
[1130] Vgl. *Weber* KTS 1970, 73, 78/79; *Scholz/K. Schmidt/Bitter*, Vor § 64 GmbHG Rn. 105; *Baumbach/Hueck/Haas*, § 60 GmbHG Rn. 53; *Grüneberg*, Die Rechtspositionen der Organe, S. 49 f.; Uhlenbruck/Hirte/Vallender/*Hirte*, § 11 Rn. 191.
[1131] OLG Rostock Rpfleger 2003, 444, 445; OLG Köln NZI 2001, 470, 471; *H. F. Müller*, Der Verband in der Insolvenz, S. 81; *Lutter/Hommelhoff/Kleindiek*, Anh § 64 GmbHG Rn. 58; *Baumbach/Hueck/Haas*, § 60 GmbHG Rn. 53; *Scholz/K. Schmidt/Bitter*, Vor § 64 GmbHG Rn. 93, 105; für die AG OLG Nürnberg ZIP 1991, 1020, 1021.
[1132] *K. Schmidt/Undritz*, InsO, § 276 Rn. 2; *Hofmann*, Eigenverwaltung, Rn. 353; *Klöhn*, NZG 2013, 81, 84; aA *Thole*, Gesellschaftsrechtliche Maßnahmen, Rn. 199 ff.; *Strohmann/Längsfeld*, NZI 2013, 271, 273; noch weitergehend *Hölzle*, ZIP 2012, 2427 ff.; *ders.*, ZIP 2013, 1846, 1847.
[1133] *Scholz/K. Schmidt/Bitter*, Vor § 64 GmbHG Rn. 105.
[1134] Vgl. *Noack*, Rn. 337; *Robrecht* DB 1968, 471, 472; *Scholz/K. Schmidt/Bitter*, Vor § 64 GmbHG Rn. 108; *Baumbach/Hueck/Haas*, § 60 GmbHG Rn. 53; siehe auch OLG Karlsruhe ZIP 1993, 133, 134.
[1135] Vgl. *H. F. Müller* ZGR 2004, 842, 843 f.; *Weber* KTS 1970, 73, 80; *Götze* ZIP 2002, 2204 f.; *Lutter/Hommelhoff*, § 55 GmbHG Rn. 30, 45 f.; *H. F. Müller*, Der Verband in der Insolvenz, S. 179 f.; *Scholz/Priester*, § 55 GmbHG Rn. 32 ff.; *Scholz/K. Schmidt/Bitter*, Vor § 64 GmbHG Rn. 108; *Baumbach/Hueck/Haas*, § 60 GmbHG Rn. 53; *Robrecht* DB 1968, 471, 472; anders bei Kapitalerhöhung aus Gesellschaftsmitteln *Thole*, Gesellschaftsrechtliche Maßnahmen, Rn. 102.
[1136] Vgl. *Weber* KTS 1970, 73, 80; *Robrecht* DB 1968, 471, 472.
[1137] Vgl. BGH NZG 1998, 422 ff.; LG Dresden ZIP 1995, 1596, 1597; *Scholz/K. Schmidt/Bitter*, Vor § 64 GmbHG Rn. 109; *H. F. Müller*, Der Verband in der Insolvenz, S. 180 f.; *Uhlenbruck* GmbHR 1995, 81, 85; *Wirth* DB 1996, 867, 869 f.; vgl. zu einer einfachen Kapitalherabsetzung im Liquidationsverfahren OLG Frankfurt NJW 1974, 463, 464.
[1138] Vgl. *Grüneberg*, Die Rechtspositionen der Organe, S. 71.
[1139] *Baumbach/Hueck/Haas*, § 60 GmbHG Rn. 53.
[1140] *Robrecht* DB 1968, 471, 472.

sellschaft nach dem UmwG notwendig, entscheidet hierüber ebenfalls die Gesellschafterversammlung.[1141] Zu den Besonderheiten in einem Insolvenzplanverfahren → Rn. 326.

322 Die Kosten eventueller Gesellschafterversammlungen begründen weder Insolvenzforderungen noch Masseverbindlichkeiten, da sie nicht der Verwaltung, Verwertung oder Verteilung der Masse dienen. Sie sind daher entweder aus dem insolvenzfreien Vermögen aufzubringen oder von den Gesellschaftern persönlich zu tragen.[1142]

323 Grundsätzlich verbleiben die gesellschaftsrechtlichen Beschlusskompetenzen auch nach Eröffnung des Insolvenzverfahrens bei der Gesellschafterversammlung und somit letztlich bei den Altgesellschaftern der Schuldnerin. Damit wären Sanierungsmaßnahmen auf gesellschaftsrechtlicher Ebene, insbesondere Kapital- und Strukturmaßnahmen, nicht durchführbar, wenn die Gesellschafter sich verweigern. Nach bisheriger Rechtslage waren die meisten Sanierungskonzepte – auch im Insolvenzplanverfahren – daher nur in Einverständnis mit den Gesellschaftern möglich, was diesen erhebliche Blockademöglichkeiten bzw. ein Erpressungspotential eröffnete.[1143] Mit Inkrafttreten des ESUG ist die Blockadeproblematik allerdings für das Insolvenzplanverfahren deutlich entschärft (→ Rn. 326).

Eine Mitwirkungspflicht der Altgesellschafter bei Sanierungsmaßnahmen nach Insolvenzeröffnung, aber außerhalb des Planverfahrens kommt weiterhin allenfalls unter dem Gesichtspunkt der Treupflicht in Betracht (siehe hierzu Vorauflage Rn. 300).

324 *einstweilen frei*

325 (3) *Der „Verdrängungsbereich".* Kein Weisungsrecht hat die Gesellschafterversammlung gegenüber dem Geschäftsführer, soweit es um dessen verfahrensrechtliche Pflichten geht[1144] oder gegenüber dem Insolvenzverwalter. Gleiches gilt für das Recht der Gesellschafterversammlung nach § 46 Nr. 6 GmbHG, die Geschäftsführung (des Insolvenzverwalters) zu überwachen. Diese Befugnis wird ebenso verdrängt wie die auf Grund § 46 Nr. 7 GmbHG der Gesellschafterversammlung sonst vorbehaltene Personalhoheit.[1145] Insbesondere kann die Gesellschafterversammlung mit einem Geschäftsführer keinen Anstellungsvertrag zu Lasten der Masse schließen. Will der Insolvenzverwalter einen Schadensersatzanspruch der Gesellschaft gegenüber dem Geschäftsführer oder den Gesellschaftern geltend machen, bedarf er hierfür keines Gesellschafterbeschlusses nach § 46 Nr. 8 GmbHG.[1146]

326 In den Verdrängungsbereich fallen nach neuer Rechtslage auch strukturverändernde gesellschaftsrechtliche Maßnahmen, die in Übereinstimmung mit § 225a III InsO Teil eines Insolvenzplans sind. Zur Erleichterung von „Sanierungsplänen" und zur Verringerung des Blockadepotentials durch die Altgläubiger[1147] hat der Gesetzgeber – nicht zuletzt aufgrund teils heftiger Kritik an der bisherigen Regelung[1148] – mit Erlass des ESUG die Möglichkeit geschaffen, mittels eines Insolvenzplans in Rechte der Gesell-

---

[1141] *K. Schmidt*, in Kölner Schrift[2], S. 1199 Rn. 25 ff.; beachte aber *Pfeifer* ZInsO 1999, 547 ff.; zu Umwandlungsmaßnahmen im Insolvenzplanverfahren nach ESUG vgl. *Becker* ZInsO 2013, 1885.

[1142] Vgl. *Robrecht* DB 1968, 471, 472; *K. Schultz* KTS 1986, 389, 394; Uhlenbruck/Hirte/Vallender/*Hirte*, § 11 Rn. 189.

[1143] *Simon/Merkelbach* NZG 2012, 121, 122; *Uhlenbruck* NZI 2008, 201, 203; *Bitter* ZGR 2010, 147, 150; *Eidenmüller* ZIP 2007, 1729, 1736; *ders.* ZIP 2010, 649, 652.

[1144] → Rn. 280, siehe auch *Henssler*, in Kölner Schrift, Kap 30 Rn. 59.

[1145] AA *Grüneberg*, Die Rechtspositionen der Organe, S. 47.

[1146] Vgl. BGH GmbHR 1992, 303 f.; NJW 1960, 1667; OLG RIW 2000, 710, 711 f.; *Michalski/Haas/Ziemons*, § 43 GmbHG Rn. 223; *Weber* KTS 1970, 73, 78; *Grüneberg*, Die Rechtspositionen der Organe, S. 92 f.

[1147] Vgl. *Simon/Merkelbach* NZG 2012, 121, 122; *Hölzle* in: Kübler HRI § 31 Rn. 1.

[1148] Vgl. etwa *Eidenmüller* ZIP 2010, 649; *Bork* ZIP 2010, 397; *Vallender* NZI 2010, 838, 841.

schafter einzugreifen. So regelt § 217 S. 2 InsO, dass Anteils- und Mitgliedschaftsrechte der am Schuldner beteiligten Personen zum Gegenstand einer Planregelung gemacht werden können. Darauf aufbauend bestimmt § 225a III InsO, dass im Insolvenzplan jede Regelung getroffen werden kann, die gesellschaftsrechtlich zulässig ist. Hierdurch kommt es zu einer partiellen Überlagerung des Gesellschaftsrechts durch das Insolvenzrecht. Welche gesellschaftsrechtlichen Maßnahmen ein Insolvenzplan gestalten kann, ist im Detail noch nicht vollständig geklärt.[1149] Jedenfalls fallen Feststellungsbeschlüsse, die zwangweise Übertragung von Geschäftsanteilen, aber auch Satzungsänderungen und Kapitalmaßnahmen hierunter. Generell besteht ein anerkanntermaßen weiter Gestaltungsspielraum.[1150] Eine Grenze bildet jedoch das zwingende „technische" Gesellschaftsrecht.[1151] Richtigerweise verlagert sich die Beschlusszuständigkeit für gesellschaftsrechtliche Maßnahmen, soweit diese Teil des Insolvenzplans sind, nicht nur insoweit auf die Gläubigerversammlung in der Art einer Sonderzuständigkeit, als die bisherigen Rechte der Altgesellschafter-Versammlung betroffen sind. Die Gläubigerversammlung kann beispielsweise auch Organe bestellen und abberufen, ferner sonstige Maßnahmen beschließen, die außerhalb eines Planverfahrens (vgl. § 1 InsO) ein Insolvenzverwalter nicht ergreifen könnte.[1152] Innerhalb der Gläubigerversammlung bilden die Anteilsinhaber zwar bei Betroffenheit ihrer Anteilsrechte nunmehr auch eine Gruppe (§ 222 I 2 Nr. 4 InsO). Die sich hieraus ergebenden Befugnisse laufen allerdings weitgehend ins Leere, da die Altgesellschafter in der Regel ohnehin bei der Vermögensverteilung leer ausgehen (vgl. § 199 S. 2 InsO) und daher durch einen Insolvenzplan auch nicht im Sinne des § 245 I Nr. 1 InsO schlechter dastünden. Dadurch greift für sie fast immer das Obstruktionsverbot des § 245 InsO, wodurch ihre Zustimmung zum Plan als erteilt gilt, wenn die anderen Gruppen mehrheitlich zugestimmt haben.[1153]

(4) *Der Mischbereich*. (i) *Entlastung*. Überwiegender Ansicht nach bleibt nach § 46 **327** Nr. 5 GmbHG die Gesellschafterversammlung für die Entlastung des Geschäftsführers zuständig.[1154] Nicht vereinbar mit dem Sinn und Zweck des Insolvenzverfahrens ist lediglich die mit der Entlastung ansonsten verbundene haftungsbefreiende Wirkung. Letztere tritt daher, wenn der Entlastungsbeschluss nach Eröffnung des Insolvenzverfahrens getroffen wird, nicht ein.[1155] Soweit der Entlastungsbeschluss vor Insolvenzeröffnung getroffen wurde, kann die mit diesem einhergehende haftungsbefreiende Wirkung der Anfechtung nach §§ 129 ff. InsO unterliegen.

(ii) *Firmenänderung*. Stimmt der Insolvenzverwalter der Firmenänderung zu, ist sie **328** stets zulässig.[1156] Eine Änderung gegen den Willen des Insolvenzverwalters ist hingegen grundsätzlich unzulässig, da ansonsten der Insolvenzmasse werthaltiges Vermögen ent-

---

[1149] Vgl. aber BGH NZI 2014, 751 (Sulhaug).
[1150] K. Schmidt/*Spliedt*, InsO, § 225a Rn. 34 f.; *Hölzle* in: Kübler, HRI § 31 Rn. 22, 25 f.; *Simon/Merkelbach* NZG 2012, 121, 123.
[1151] *Thole*, Gesellschaftsrechtliche Maßnahmen, Rn. 232 f.; *Haas* NZG 2012, 961, 965; K. Schmidt/*Spliedt* InsO, § 225a Rn. 35; aA *C. Schäfer* ZIP 2013, 2237, 2242; *Simon/Merkelbach* NZG 2012, 121, 125.
[1152] Überzeugend *Thole*, Gesellschaftsrechtliche Maßnahmen, Rn. 234 ff., 238 ff.; *Haas* NZG 2012, 961, 965; *Hölzle*, in: Kübler HRI § 31 Rn. 22 ff.; („Verdrängungsbereich II"); aA *Madaus* ZIP 2012, 2133, 2137.
[1153] Zum Ganzen *K. Schmidt/Spliedt*, § 225a InsO Rn. 7; *Madaus* ZGR 2011, 749, 755; *Müller* KTS 2012, 419, 425; *K. Schmidt* BB 2011, 1603, 1607; *ders.* ZGR 2012, 566, 571.
[1154] *Robrecht* DB 1968, 471, 472; *Scholz/K. Schmidt/Bitter*, Vor § 64 GmbHG Rn. 106; *Noack*, Rn. 338; Uhlenbruck/Hirte/Vallender/*Hirte*, § 11 Rn. 188.
[1155] Vgl. *Scholz/K. Schmidt/Bitter*, Vor § 64 GmbHG Rn. 106; *Noack*, Rn. 338; *H. F. Müller*, Der Verband in der Insolvenz, S. 166 f.; *Grüneberg*, Die Rechtspositionen der Organe, S. 103 f.; Uhlenbruck/Hirte/Vallender/*Hirte*, § 11 Rn. 189.
[1156] OLG Karlsruhe ZIP 1993, 133, 134; *Scholz/K. Schmidt/Bitter*, Vor § 64 GmbHG Rn. 110.

zogen würde.[1157] Eine Ausnahme gilt dann, wenn die alte Firma, die ja Teil der Insolvenzmasse ist (→ Rn. 339f.), vom Insolvenzverwalter zusammen mit einem Unternehmensteil veräußert wurde. Die Gesellschafterversammlung kann dann – mit satzungsändernder Mehrheit – eine Änderung der Firma (richtiger eine „Ersatzfirma") beschließen. Tun die Gesellschafter dies nicht, so kann – bzw. muss – der Insolvenzverwalter während der Dauer des Verfahrens für die Restabwicklung oder aber für den Fall der Verfahrensbeendigung (ohne Vollabwicklung) eine Ersatzfirma bilden; denn der Erwerber des (Teil-)Betriebs samt Firma hat einen schutzwürdigen Anspruch darauf hat, dass die von ihm übernommene Firma nicht mit der „Insolvenzgesellschaft" identifiziert wird.[1158] Zum Schutz der Gläubiger muss für den Fall der Bildung einer Ersatzfirma sichergestellt werden, dass diese in der Lage sind, ihre Rechte gegenüber der insolventen Gesellschaft bzw. dem Insolvenzverwalter wahrzunehmen.[1159]

329 *(iii) Bestellung/Abberufung von Abschlussprüfern.* Nach § 155 II 1 InsO verliert mit Eröffnung des Insolvenzverfahrens die Gesellschafterversammlung die Befugnis, einen Abschlussprüfer zu bestellen.[1160] § 318 HGB gilt mit der Maßgabe, dass die Bestellung ausschließlich durch das Registergericht auf Antrag des Insolvenzverwalters erfolgt. Das gilt für das abgelaufene bzw. das mit der Insolvenzeröffnung beginnende Geschäftsjahr gleichermaßen.[1161] Hat aber die Gesellschafterversammlung für das Geschäftsjahr vor Eröffnung des Verfahrens bereits einen Abschlussprüfer bestellt, so wird die Wirksamkeit dieser Bestellung durch die Insolvenzeröffnung nicht berührt. Der Prüfungsauftrag des (von der Gesellschafterversammlung bestellten) Abschlussprüfers reduziert sich dann auf das mit der Insolvenzeröffnung endende Rumpfgeschäftsjahr (§ 155 II InsO).[1162] Umstritten ist, ob der Insolvenzverwalter einem (von der Gesellschafterversammlung bestellten) Abschlussprüfer den Prüfungsauftrag wieder entziehen kann, weil dieser sein Vertrauen nicht genießt. Ein solches Recht des Insolvenzverwalters wird überwiegend abgelehnt.[1163] Damit bleibt allein die Möglichkeit, den Abschlussprüfer nach den gesetzlichen Vorschriften, insbesondere nach § 318 III HGB auf Grund eines in seiner Person liegenden Umstandes, durch einen anderen zu ersetzen. Auch hier stellt sich aber die Frage, wem dieses Antragsrecht zustehen soll. Die wohl überwiegende Ansicht lehnt ein Antragsrecht des Insolvenzverwalters nach § 318 III für einen von der Gesellschafterversammlung bestellten Abschlussprüfer – wegen fehlender Masserelevanz – ab.[1164]

330 dd) *Der Aufsichtsrat.* Der Aufsichtsrat als Organ, aber auch das Amt der einzelnen Aufsichtsratsmitglieder bleibt nach Eröffnung des Insolvenzverfahrens grundsätzlich erhalten.[1165] Der Aufgabenbereich des Aufsichtsrates wird jedoch durch die Eröffnung des Insolvenzverfahrens nachhaltig verändert.[1166] Hinsichtlich der Amtsführung durch den

---

[1157] OLG Karlsruhe ZIP 1993, 133, 134; *Noack*, Rn. 476; *Ulmer* NJW 1983, 1697, 1701f.; *Scholz/K. Schmidt/Bitter*, Vor § 64 GmbHG Rn. 110. Der Beschluss wäre nichtig, vom Geschäftsführer daher nicht anzumelden und vom Registergericht nicht einzutragen.
[1158] *Uhlenbruck* ZIP 2000, 401, 403; *ders.*, § 35 Rn. 103; vgl. auch *Scholz/K. Schmidt/Bitter*, Vor § 64 GmbHG Rn. 99; zur Änderung der Firma durch den Erwerber OLG Karlsruhe ZIP 1993, 133, 134.
[1159] *Uhlenbruck*, § 35 Rn. 103.
[1160] OLG Frankfurt ZIP 2004, 1114, 1115.
[1161] OLG Frankfurt ZIP 2004, 1114, 1115.
[1162] OLG Dresden NZI 2009, 858; HK/*Ries*, § 155 Rn. 16.
[1163] OLG Frankfurt ZIP 2004, 1114, 1115; HK/*Ries*, § 155 Rn. 16; aA KPB/*Kübler* § 155 InsO Rn. 71.
[1164] LG Hamburg ZIP 1985, 805, 806f. = EWiR 1985, 507 *(Schulze-Osterloh)*; HK/*Ries*, § 155 Rn. 16; offen gelassen in OLG Frankfurt ZIP 2004, 1114, 1115.
[1165] Vgl. RGZ 81, 332, 337; *Noack*, Rn. 342; *Rowedder/Schmidt-Leithoff*, § 63 GmbHG Rn. 140; *Grüneberg*, Die Rechtspositionen der Organe, S. 159; *Scholz/K. Schmidt/Bitter*, Vor § 64 GmbHG Rn. 115.
[1166] *Robrecht* DB 1968, 471, 472; *Scholz/K. Schmidt/Bitter*, Vor § 64 GmbHG Rn. 115; *H. F. Müller*, Der Verband in der Insolvenz, S. 148 ff.

Insolvenzverwalter hat der Aufsichtsrat weder ein Mitsprache-, noch ein Beratungs- oder ein Kontroll- bzw. Informationsrecht.[1167] In Bezug auf die Aufsichtsratsvergütung ist zu beachten, dass es – anders als beim Geschäftsführer – neben der Bestellung grundsätzlich keiner weiteren schuldrechtlichen Beziehung bedarf (zB Geschäftsbesorgungsvertrag), da sich die Vergütung regelmäßig aus der Satzung, der Geschäftsordnung für den Aufsichtsrat oder aber aus einem Gesellschafterbeschluss ergibt.[1168] Mithin kommt eine Kündigung der Vergütungsvereinbarung nicht in Betracht. Auch § 116 InsO ist nicht unmittelbar anwendbar. Aufgrund des geschrumpften Aufgabenbereiches besteht jedoch weitgehend Einigkeit darüber, dass die Aufsichtsratsmitglieder für ihre Tätigkeit nach Eröffnung des Verfahrens keine Vergütung mehr beanspruchen können.[1169] Rückständige Bezüge der Aufsichtsratsmitglieder begründen einfache Insolvenzforderungen.[1170] Für das Schicksal zusätzlicher Dienst-, Werk- oder Geschäftsbesorgungsverträge zwischen einzelnen Aufsichtsratsmitgliedern und Gesellschaft gelten die allgemeinen insolvenzrechtlichen Bestimmungen in den §§ 103 ff. InsO.

Das Aufsichtsratsmitglied kann sein Amt nach hM auch ohne wichtigen Grund wirksam niederlegen, wenn dies nicht zur Unzeit erfolgt.[1171] Da mit Eröffnung des Insolvenzverfahrens ein Vergütungsanspruch entfällt, ist eine Amtsniederlegung in aller Regel auch gerechtfertigt.[1172] Nach § 101 I InsO treffen auch die Mitglieder des Aufsichtsorgans die verfahrensrechtlichen Auskunfts- und Mitwirkungspflichten.[1173] Fraglich ist freilich, was unter einem Aufsichtsorgan zu verstehen ist, insbesondere ob neben dem (fakultativen) Aufsichtsrat auch andere Gremien (zB Beirat) erfasst werden. Da es auf die Bezeichnung des fakultativen Organs kaum ankommen kann, liegt eine funktionale Auslegung nahe. Erfasst sind danach alle Organe, die in der Sache (vor Insolvenzeröffnung) Aufsicht über die Geschäftsführung ausüben.

ee) *Die Gesellschafter.* Die Eröffnung des Insolvenzverfahrens über das Vermögen der GmbH eröffnet keinen Durchgriff auf das Vermögen der Gesellschafter.[1174] Das Trennungsprinzip bleibt auch im Insolvenzverfahren erhalten. Das gilt unabhängig davon, ob es sich um eine Ein-Mann- oder aber um eine mehrgliedrige Gesellschaft handelt. Zur Insolvenzmasse zählt nur das Gesellschaftsvermögen, nicht aber die GmbH-Geschäftsanteile der Gesellschafter.[1175] Die Gesellschafter können daher im Rahmen des § 15 GmbHG ihren Geschäftsanteil auch in der Gesellschaftsinsolvenz an Dritte übertragen.[1176] Für die Haftung des Erwerbers für rückständige Einlagen gilt § 16 III GmbHG. Die Genehmigung für die Abtretung obliegt dem nach der Satzung zuständigen Gesellschaftsorgan (§ 15 V GmbHG), nicht aber dem Insolvenzverwalter. Soweit eine Zuständigkeit der Gesellschafterversammlung besteht, haben die Gesellschafter ein Anspruch auf Teilnahme an der Gesellschafterversammlung sowie das Stimmrecht.

Das individuelle Auskunfts- und Einsichtsrecht des Gesellschafters nach § 51a GmbHG erlischt nicht mit Eröffnung des Insolvenzverfahrens, sondern bleibt auch

---

[1167] *Scholz/K. Schmidt/Bitter,* Vor § 64 GmbHG Rn. 93 und 115.
[1168] *Roth/Altmeppen,* § 52 GmbHG Rn. 16; siehe Nachweise auch bei *H. F. Müller,* Der Verband in der Insolvenz, S. 158.
[1169] Vgl. RGZ 81, 332, 338 f.; *Rowedder/Schmidt-Leithoff,* § 63 GmbHG Rn. 140; *Noack,* Rn. 342; *Uhlenbruck/Hirte,* § 11 Rn. 188; kritisch siehe hierzu *H. F. Müller,* Der Verband in der Insolvenz, S. 158 ff.
[1170] *Noack,* Rn. 67; Uhlenbruck/Hirte/Vallender/*Hirte,* § 11 Rn. 188.
[1171] *Hüffer,* § 103 AktG Rn. 17; Kölner Kommentar-*Mertens,* § 103 AktG Rn. 56.
[1172] Zum Rückforderungsrecht des Insolvenzverwalters für die vor Verfahrenseröffnung an den Aufsichtsrat gezahlten und gegen § 113 AktG verstoßenden Entgelte, siehe LG Stuttgart ZIP 1998, 1275, 1277.
[1173] → Rn. 308 ff.
[1174] Vgl. *Scholz/K. Schmidt/Bitter,* Vor § 64 GmbHG Rn. 88.
[1175] *Uhlenbruck,* § 35 Rn. 20; *Robrecht* DB 1968, 471, 472.
[1176] *Robrecht* GmbHR 2002, 692.

während des Insolvenzverfahrens bestehen. Es ist nach Insolvenzeröffnung – grundsätzlich (→ Rn. 305) – gegen die Gesellschaft zu richten, die nunmehr insoweit aber nicht mehr durch die Geschäftsführer, sondern durch den Insolvenzverwalter als Partei kraft Amtes iSv § 51b GmbHG vertreten wird;[1177] denn die Geschäftsbücher der Gesellschaft gehören nach § 36 II Nr. 1 InsO zur Insolvenzmasse und sind daher der Verwaltung und Verfügung der Geschäftsführer entzogen. Der Umfang des Anspruchs auf Auskunfts- und Informationserteilung hat dem Funktionswandel der Gesellschafterstellung Rechnung zu tragen.[1178] Letzteres führt zu einer Einschränkung des Informationsanspruchs; denn Inhalt und Reichweite desselben sind daran auszurichten, was zur sachgerechten Ausübung des (vom Insolvenzzweck überlagerten) Gesellschafterstimmrechts notwendig ist. Aufgrund dieser Einschränkungen muss der Gesellschafter sein konkretes Informationsbedürfnis im Hinblick auf seine persönliche vermögensrechtliche Stellung als Mitglied der Gesellschaft (zB Veräußerung des Gesellschaftsanteils, Kapitalerhöhung, Steuerangelegenheiten, Haftungsansprüche im Zusammenhang mit der Gesellschafterstellung, etc) darlegen und glaubhaft machen.[1179] Ein schützenswertes Interesse an Auskünften über Angelegenheiten der Gesellschaft (zB wirtschaftliche Lage), die Zeiträume nach der Eröffnung des Insolvenzverfahrens über das Vermögen der Gesellschaft betreffen, besteht grundsätzlich nicht.[1180]

334 In aller Regel erfüllt der Insolvenzverwalter den Informationsanspruch dadurch, dass er auf die Einsichtnahme in die Geschäftsbücher verweist. Eine komplette Darlegung der wesentlichen Geschäftsvorfälle oder eine weitergehende Aufarbeitung der Unterlagen kann vom Insolvenzverwalter im Hinblick auf den Sinn und Zweck des Insolvenzverfahrens, nämlich dieses zügig und kostengünstig abzuwickeln, in aller Regel nicht verlangt werden.[1181] Freilich ist das Einsichtsrecht auf die Unterlagen beschränkt, die den Zeitraum bis zur Eröffnung des Insolvenzverfahrens betreffen.[1182]

335 Soweit ein Beschluss die Insolvenzmasse nicht berührt (masseneutrale Beschlüsse), kann ein Gesellschafter diesen – auch nach Insolvenzeröffnung – noch anfechten. In dem Anfechtungsprozess sind die satzungsmäßigen Organe zur Vertretung berufen.[1183] Zu richten ist die Klage gegen die Gesellschaft.[1184] Berührt ein Gesellschafterbeschluss den dem Insolvenzverwalter zugewiesenen vermögensrechtlichen Bereich, gehört die Verteidigung eines solchen Beschlusses zur Masseverwaltung. Die Klage ist dann gegen den Insolvenzverwalter zu richten.[1185] Ausnahmsweise ist die Klage jedoch gegen die Gesellschaft und nicht gegen den Insolvenzverwalter zu richten, wenn der Erfolg der Klage für die Masse positiv wäre; denn der Insolvenzverwalter soll – zur Vermeidung von Interessenkonflikten – nicht verpflichtet sein, derartige Beschlüsse zu „verteidigen".[1186] Ein

---

[1177] BayObLG ZIP 2005, 1087, 1089, OLG Hamm NZG 2002, 178, 179; LG Wuppertal NJW-RR 2003, 332.
[1178] BayObLG ZIP 2005, 1087, 1089f.; OLG Hamm NZG 2002, 178, 180; *Robrecht* GmbHR 2002, 692; restriktiv auch *Gerhard* ZIP 1980, 941, 945f. (nur bei berechtigtem Interesse).
[1179] OLG Hamm NZG 2002, 178, 180; dort auch zur Frage, ob und inwieweit eine Kollision mit anderen schützenswerten Interessen (Persönlichkeitsrecht, Verschwiegenheitspflicht, Insolvenzzweck) eine Verweigerung des Einsichts- und Auskunftsrecht rechtfertigt. Allein der Umstand, dass die Erfüllung des Einsichts- und Auskunftsrechts arbeitsaufwendig ist, macht dieses noch nicht rechtsmissbräuchlich.
[1180] BayObLG ZIP 2005, 1087, 1089f.
[1181] LG Wuppertal NJW-RR 2003, 332f.
[1182] OLG Hamm NZG 2002, 178, 181; *Robrecht* GmbHR 2002, 692, 693.
[1183] Uhlenbruck/Hirte/Vallender/*Hirte*, § 11 Rn. 139.
[1184] *Noack*, Rn. 358; *Weber* KTS 1970, 73, 86f.; *H.F. Müller*, Der Verband in der Insolvenz, S. 191f.
[1185] RGZ 76, 244, 246; BGHZ 32, 114, 121; *Noack*, Rn. 358; *H.F. Müller*, Der Verband in der Insolvenz, S. 190f.
[1186] RGZ 76, 244, 250; *Weber* KTS 1970, 73, 87f.; *H.F. Müller*, Der Verband in der Insolvenz, S. 193; *Grüneberg*, Die Rechtspositionen der Organe, S. 142.

eigenes Anfechtungsrecht steht dem Insolvenzverwalter gegen die Beschlüsse der Gesellschaft nicht zu.[1187]

Nach hM kann ein Gesellschafter einer GmbH berechtigt sein, einen Mitgesellschafter auf Leistung an der Gesellschaft in Anspruch zu nehmen (Gesellschafterklage).[1188] Freilich besteht gegenüber einer Gesellschafterklage ein grundsätzlicher Vorrang der internen Zuständigkeitsordnung der Gesellschaft. Jedoch entfällt der Vorrang, wenn eine Klage der Gesellschaft undurchführbar, durch den Schädiger selbst vereitelt worden oder infolge der Machtverhältnisse in der Gesellschaft so erschwert ist, dass es für den betroffenen Gesellschafter ein unzumutbarer Umweg wäre, müsste er die Gesellschaft zunächst zu einer Haftungsklage zwingen.[1189] Fraglich ist nur, ob das Recht der Gesellschafterklage nach Insolvenzeröffnung erhalten bleibt. Interessen der Gesellschaft und ihrer Gläubiger werden durch die Gesellschafterklage nicht berührt;[1190] denn ein von dem Gesellschafter erstrittenes Urteil bindet den Insolvenzverwalter nicht. Zudem kann der Gesellschafter nur Leistung an die Gesellschaft verlangen. Mit der insolvenzrechtlichen Kompetenzverteilung ist eine Gesellschafterklage jedoch nicht zu vereinbaren. 336

IX. Die Insolvenzmasse

Zur Insolvenzmasse der GmbH iS des § 35 InsO zählt das gesamte Vermögen, das der GmbH zur Zeit der Eröffnung des Verfahrens gehört und dasjenige, was sie während des Verfahrens erlangt. Die in § 36 InsO angeordnete Einschränkung greift nicht für die Gesellschaftsinsolvenz, da hier ein Schutz einer Sozialexistenz – anders als bei natürlichen Personen – nicht angezeigt ist.[1191] 337

Umstritten ist, ob insolvenzfreies Vermögen der Gesellschaft durch „Freigabe" des Insolvenzverwalters (→ Rn. 283 f.) im Falle von Unternehmensinsolvenzen entstehen kann.[1192] Vor der Insolvenzrechtsreform gestattete die hM dem Konkursverwalter, Massegegenstände aus der Konkursmasse freizugeben.[1193] Im Anwendungsbereich der InsO steht die Fortgeltung dieser Ansicht in Konflikt mit dem – in der InsO zum Ausdruck kommenden – Grundsatz der Vollabwicklung des Unternehmensträgers (→ § 91 Rn. 12 f.).[1194] Hinzu kommt, dass mit der Anerkennung insolvenzfreien Vermögens durch Freigabe auch eine erhebliche Gefährdung des Rechtsverkehrs einhergeht; denn der Insolvenzverwalter ist – wenn überhaupt – nur zur Freigabe solcher Massegegenstände berechtigt, die nicht werthaltig oder unveräußerlich sind oder aber auf sonstige Weise die Gläubigerbefriedigung gefährden. Fällt durch Freigabe dieses Vermögen in die Verwaltungs- und Verfügungsbefugnis der Gesellschaftsorgane zurück, können durch Teilnahme einer derartig masselosen Gesellschaft am Rechtsverkehr Dritte erheblich gefährdet werden.[1195] Dennoch bejahen die Rechtsprechung und die wohl über- 338

[1187] H. F. Müller, Der Verband in der Insolvenz, S. 205.
[1188] BGH ZInsO 2005, 313, 314; BGHZ 65, 15, 19 ff.; siehe auch BGH ZIP 1982, 1203.
[1189] BGH ZInsO 2005, 313, 314; ZIP 1991, 582.
[1190] BGH ZInsO 2005, 313, 314.
[1191] Noack, Rn. 275; Scholz/K. Schmidt/Bitter, Vor § 64 GmbHG Rn. 84 ff. unter Verweis auf die entgegenstehende hM; siehe auch H. F. Müller, Der Verband in der Insolvenz, S. 29 ff.
[1192] Siehe für einen Überblick über den Streitstand OLG Karlsruhe ZInsO 2003, 768, 769; MüKoInsO/Lwowski/Peters, § 35 Rn. 104 ff.
[1193] Vgl. BGHZ 35, 180, 181; OLG Nürnberg ZIP 1994, 146, 147; OVG Sachsen-Anhalt ZIP 1994, 1130, 1131 ff.; LG Neubrandenburg WM 1999, 2234, 2235; Jaeger/Henckel, § 6 KO Rn. 17 ff.; Kuhn/Uhlenbruck[11] § 1 KO Rn. 5 ff.; aA K. Schmidt, Wege zum Insolvenzrecht der Unternehmen, S. 73; ders. GmbHR 1994, 829, 831; Scholz/K. Schmidt/Bitter, Vor § 64 GmbHG Rn. 85.
[1194] OLG Karlsruhe ZIP 2003, 1510, 1511 f.; ZInsO 2001, 768, 769; K. Schmidt ZIP 2000, 1913, 1916; ders. GmbHR 1994, 829, 830 f.; ders. ZGR 1998, 633, 635 und 636 f.; H. F. Müller, Der Verband in der Insolvenz, S. 38 ff.; Pape NJW 1994, 2205 f.; MüKoInsO/Ott, § 80 Rn. 65, 114.
[1195] K. Schmidt/Schulz ZIP 1982, 1015, 1022.

wiegende Ansicht in der Literatur zu Recht die Möglichkeit einer Freigabe.[1196] Hierfür spricht zunächst § 32 III InsO. Danach hat das Insolvenzgericht auf Antrag des Insolvenzverwalters, der ein Grundstück oder Recht freigegeben hat, das Grundbuchamt um Löschung der Eintragung der Insolvenzeröffnung zu ersuchen. Die Vorschrift übernimmt § 114 KO und setzt ein dem Insolvenzverwalter zustehendes Recht, einen Gegenstand aus der Masse freizugeben, voraus. Darüber hinaus stellt die bestmögliche Befriedigung der Gläubigerinteressen ein – im Vergleich zu dem ohnehin nicht lückenlos verwirklichten Grundsatz der Vollabwicklung – mindestens gleichwertiges Verfahrensziel dar. Soll daher die Masseverwertung nicht mit der Fürsorge für Gegenstände belastet werden, deren Verwertung unmöglich oder für die Masse nachteilig ist, so muss die Freigabe zugelassen werden.

1. Die Firma. Die Firma erlischt nicht mit Insolvenzeröffnung, auch dann nicht, wenn der Insolvenzverwalter das Unternehmen nicht fortführt. Vielmehr ist in der Insolvenz der GmbH die Firma Massebestandteil. Für die Frage, ob der Insolvenzverwalter die Firma in den Grenzen des § 23 HGB verwerten kann, hat die Rechtsprechung bislang zwischen Personengesellschaften und Kapitalgesellschaften unterschieden. Bei Personengesellschaften bedurfte der Insolvenzverwalter zur Veräußerung der Firma der Zustimmung des Gemeinschuldners, wenn die Firma den Familiennamen des Gemeinschuldners enthielt.[1197] Diese Auffassung beruhte auf einer Güterabwägung zwischen dem Persönlichkeitsrecht des Gemeinschuldners einerseits und den Interessen der Gläubiger andererseits. Etwas anderes galt aber bei juristischen Personen, da für Letztere auch nach altem Recht kein Namensüberlassungszwang für die Gesellschafter bestand. Vielmehr konnten diese zwischen einer Sach- und einer Personenfirma wählen. Daher konnte der Insolvenzverwalter die Firma der Kapitalgesellschaft, auch wenn sie den Namen einer Person enthielt, mit dem Handelsgeschäft veräußern und zwar ohne Zustimmung der Gesellschaft und des Namensträgers.[1198] Gleiches galt auch für die GmbH & Co. KG.[1199] Begründet wurde dieses Ergebnis ua damit, dass auch für den Fall einer Personenfirma der Namensträger seinen Namen für die Firmenbildung zur Verfügung gestellt und damit in Kauf genommen habe, dass die Firma auch nach seinem Ausscheiden unverändert weitergeführt werde.[1200]

Die Unterscheidung zwischen der Verwertung einer Firma einer Personen- und einer Kapitalgesellschaft ist nach der Reform des Firmenrechts durch das Handelsrechtsreformgesetz (HRefG)[1201] auf den ersten Blick hinfällig geworden; denn nun gilt prinzipiell[1202] und rechtsformunabhängig der Grundsatz der Wahlfreiheit bei der Bildung des Firmenkerns (vgl. insbesondere § 18 I HGB). Damit hat der Gesetzgeber das Firmenrecht dem Kennzeichnungsrecht (vgl. § 3 MarkenG) angepasst, so dass die Verwertung der Firma durch den Insolvenzverwalter grundsätzlich – ebenso wie die Kennzeichnungsrechte (vgl. §§ 27, 29 MarkenG)[1203] – im Rahmen des § 23 HGB ohne

---

[1196] Vgl. BGH ZIP 2005, 1034 f.; NJW 2001, 2966, 2967; OLG Hamm NZG 2002, 178, 179; OLG Brandenburg ZInsO 2001, 558, 559; OLG Rostock ZInsO 2000, 604, 605; OLG Naumburg ZInsO 2000, 154, 155; VG Darmstadt ZIP 2000, 2077 f.; MüKoInsO/*Schumacher*, § 85 Rn. 27; *Henckel* ZIP 1991, 133, 135; *Balz*, in Kölner Schrift,² S. 3 Rn. 32; Uhlenbruck/Hirte/Vallender/*Hirte*, § 35 Rn. 117; *Noack*, Rn. 281; aA *Scholz/K. Schmidt/Bitter*, Vor § 64 GmbHG Rn. 85; *Jaeger/Henckel*, § 35 Rn. 148.
[1197] Vgl. OLG Koblenz ZIP 1991, 1440, 1441.
[1198] BGH NJW 1990, 1605, 1607; NJW 1983, 755, 756.
[1199] Vgl. BGH NJW 1990, 1605, 1607; OLG Koblenz ZIP 1991, 1440, 1441.
[1200] Vgl. *Hachenburg/Ulmer*, § 63 GmbHG Rn. 77 a.
[1201] BGBl. I 1998, 1474; in Kraft getreten am 1.7.1998, siehe hierzu *K. Schmidt* NJW 1998, 2161, 2167 f.; *Bydlinski* ZIP 1998, 1169, 1175 f.; *Fezer* ZHR 1997, 52, 59 ff.; *Bülow* JuS 1998, 680, 682 f.
[1202] Anders lediglich für die Partnerschaftsgesellschaft, vgl. § 2 I PartGG.
[1203] Vgl. BGH NJW 1990, 1605, 1606 f.

Die GmbH in der Insolvenz **341 § 92**

Einwilligung der Gesellschafter oder der Namensträger möglich sein müsste. Hiergegen könnte jedoch sprechen, dass der Gesetzgeber § 24 II HGB unverändert beibehalten hat. Nach dieser Vorschrift bedarf es bei Ausscheiden eines Gesellschafters zur Fortführung der Firma, in der der Name des Ausgeschiedenen enthalten ist, dessen Einwilligung. Diese Vorschrift wurde zum alten Recht einengend ausgelegt und auf Kapitalgesellschaften nicht angewandt. Begründet wurde diese teleologische Reduktion des Anwendungsbereichs der Vorschrift damit, dass ein Namensüberlassungszwang, der eine Zustimmung zur Fortführung der Firma aus Gründen des Persönlichkeitsschutzes erforderlich mache, nur bei Personengesellschaften und Einzelkaufleuten gegeben sei.[1204] Obwohl der Namensüberlassungszwang bei der Firmenbildung nunmehr rechtsformübergreifend[1205] entfallen ist, hat der Gesetzgeber den § 24 II HGB beibehalten. Dies könnte entweder als gesetzgeberische Inkonsistenz[1206] oder aber dahin zu verstehen sein, dass der Gesetzgeber in Zukunft aus Gründen des Persönlichkeitsschutz stets die Zustimmung desjenigen zur Nutzung bzw. Verwertung der Firma verlangt, der seinen Namen (auch freiwillig) für die Firmenbildung hergegeben hat.[1207] Die ganz hM geht zu Recht davon aus, dass die Firmenverwertung – unabhängig davon, ob es sich um eine Sach- oder Personenfirma handelt – durch den Insolvenzverwalter grundsätzlich zustimmungsfrei möglich ist.[1208] Dementsprechend kann der Insolvenzverwalter nach Veräußerung der bisherigen GmbH-Firma eine Ersatzfirma bilden und diese auch selbst zum Handelsregister anmelden.[1209]

2. Einlageversprechen. a) *Rückständige Stammeinlagen.* Ausstehende Stammeinlagenraten der Gesellschafter werden mit Eröffnung des Insolvenzverfahrens sofort fällig und sind vom Insolvenzverwalter einzuziehen, soweit sie zur Befriedigung der Gläubiger erforderlich sind.[1210] Eines Gesellschafterbeschlusses nach § 46 Nr. 2 GmbHG bedarf es hierfür nicht; denn der Insolvenzverwalter ist weder an gesetzliche noch an satzungsrechtliche Regelungen gebunden, die die Art und den Zeitpunkt der Geltendmachung von Ansprüchen der Gesellschaft erschweren.[1211] Erbringt der Gesellschafter die ausstehende Einlage nicht, kann der Insolvenzverwalter das Kaduzierungsverfahren (§ 21 GmbHG) durchführen sowie die Ausfallhaftung des ausgeschlossenen Gesellschafters (§ 21 III GmbHG), des Rechtsvorgängers (§ 22 GmbHG) sowie der Mitgesellschafter (§ 24 GmbHG) geltend machen.[1212] Dem Gesellschafter obliegt die Darlegungs- und Beweislast dafür, dass er der Verpflichtung zur Leistung der Stammeinlagen nachgekommen ist.[1213] **341**

[1204] Vgl. BGHZ 58, 322, 324 ff.; BGH NJW 1983, 755; OLG Köln WM 1988, 83; *Baumbach/Hopt*, § 24 HGB Rn. 12; *Röhricht/Graf von Westphalen/Ammon/Ries*, § 24 HGB Rn. 16 f.
[1205] Eine Ausnahme gilt für § 2 I PartGG.
[1206] In diesem Sinne zu Recht *Felsner* NJW 1998, 3225 ff.; *Uhlenbruck* ZIP 2000, 401, 403.
[1207] *Kern* BB 1999, 1717, 1719 f.
[1208] *Scholz/K. Schmidt/Bitter*, Vor § 64 GmbHG Rn. 99; *Uhlenbruck/Hirte/Vallender/Hirte*, § 35 Rn. 379; differenzierend HK/*Ries*, § 35 InsO Rn. 31.
[1209] OLG Karlsruhe NJW 1993, 1931; vgl. auch MüKoGmbHG/*Schaub* § 78 Rn. 35; *Michalski/Nerlich*, § 60 GmbHG Rn. 179.
[1210] Vgl. *Scholz/K. Schmidt/Bitter*, Vor § 64 GmbHG Rn. 94; *Rowedder/Pentz*, § 19 GmbHG Rn. 8; *Uhlenbruck/Hirte/Vallender/Hirte*, § 35 Rn. 308; *Noack*, Rn. 285. Die Darlegungs- und Beweislast dafür, dass die anstehenden Einlagen nicht erforderlich sind, trägt der Gesellschafter, vgl. Uhlenbruck/Hirte/Vallender/*Hirte*, § 35 InsO Rn. 120.
[1211] Vgl. RGZ 76, 434, 437; OLG Hamm GmbHR 1985, 326, 327; *Rowedder/Pentz*, § 19 GmbHG Rn. 7; Uhlenbruck/Hirte/Vallender/*Hirte*, § 35 Rn. 308; *Robrecht* GmbHR 1982, 126, 128.
[1212] Vgl. LG Hildesheim NZG 1998, 158 f.; Uhlenbruck/Hirte/Vallender/*Hirte*, § 35 InsO Rn. 311. Ist über das Vermögen der Gesellschaft das Insolvenzverfahren eröffnet, ist mit einem Verkauf des Anteils durch die Gesellschaft nach § 23 GmbHG nicht zu rechnen, siehe OLG Köln NJW-RR 1994, 1192; LG Hildesheim aaO.
[1213] Vgl. OLG Jena NZG 2010, 68 ff.; KG NZG 2005, 46 f.; OLG Köln ZIP 1989, 175, 176.

§ 92 342–344   Kapitel VII. Besonderheiten der Gesellschaftsinsolvenz

342   Umstritten ist, ob der Gesellschafter dem die Stammeinlagenrate fordernden Insolvenzverwalter die Verletzung des Gleichbehandlungsgebots entgegen halten kann. Das Gleichbehandlungsgebot hat seinen Ursprung in § 19 I GmbHG.[1214] Danach sind die Gesellschafter grundsätzlich in Bezug auf die Einforderung der Einlagen nach Umfang, aber auch in zeitlicher Hinsicht gleichzubehandeln.[1215] Der Gesellschafter kann daher seine Leistung verweigern, bis der Nachweis über die Einforderung der Einlagen bei den Mitgesellschaftern erbracht ist. Solange der Nachweis aussteht, sind die §§ 20, 21 GmbHG nicht anwendbar. Fraglich ist aber, ob § 19 I GmbHG auch in der Insolvenz der Gesellschaft Anwendung findet.[1216] Die überwiegende Ansicht lehnt dies zu Recht ab,[1217] da dies nicht mit dem Sinn und Zweck des Insolvenzverfahrens zu vereinbaren ist.

343   Hinsichtlich der Aufbringung der Einlage gelten – aus der Sicht des Gesellschafters – in der Insolvenz der Gesellschaft § 19 II 2 und 3 GmbHG. Der Gesellschafter kann sich seiner Verpflichtung folglich nicht durch Aufrechnung mit einer Gegenforderung oder durch Geltendmachung eines Zurückbehaltungsrechts entziehen.[1218] Der Gesellschafter kann sich seiner Einlageverpflichtung gegenüber dem Insolvenzverwalter grundsätzlich auch nicht durch Anfechtung des Anteilserwerbs wegen arglistiger Täuschung entledigen.[1219] Umstritten ist hingegen, inwieweit auch der § 19 II 1 GmbHG nach Insolvenzeröffnung Anwendung findet. Die Vorschrift verbietet grundsätzlich jedes rechtsgeschäftliche Aufgeben des Einlageanspruchs der Gesellschaft gegen den Gesellschafter. Ausgeschlossen ist danach der (teilweise) Erlass,[1220] die Stundung[1221] oder ein Vergleich[1222] zwischen dem säumigen Gesellschafter und der GmbH. Käme § 19 II 1 GmbHG auch nach Insolvenzeröffnung zur Anwendung, könnte der Insolvenzverwalter beispielsweise mit dem säumigen Gesellschafter keinen Vergleich über die ausstehenden Einlagen schließen.[1223] Dem ist jedoch nicht zu folgen. Vielmehr wird der durch § 19 II GmbHG verwirklichte statische (gesellschaftsrechtliche) Gläubigerschutz durch den insolvenzrechtlichen ersetzt. Soweit daher – insolvenzrechtlich gesehen – der Abschluss eines Vergleichs für die Befriedigungsaussichten der Gläubiger vorteilhaft ist, steht diesem § 19 II 1 GmbHG nicht entgegen.[1224] Der Insolvenzverwalter kann die Einlageforderung auch gegen nicht vollwertiges Entgelt verkaufen.

344   **b)** *Kapitalerhöhung.* Eine formgerecht beschlossene und eingetragene Kapitalerhöhung (§ 55 GmbHG) wird durch die nachfolgende Eröffnung des Insolvenzverfahrens nicht berührt. Für die Einforderung der Einlagen, die auf Grund der im Handelsregister eingetragenen Kapitalerhöhung zu leisten sind, → Rn. 341. Voreinzahlungen auf eine später durchgeführte Barkapitalerhöhung haben grundsätzlich nur dann Erfüllungswirkung hin-

---

[1214] Zum Anwendungsbereich der Vorschrift siehe *Lutter/Hommelhoff/Bayer,* § 19 GmbHG Rn. 2.
[1215] Vgl. *Lutter/Hommelhoff/Bayer,* § 19 GmbHG Rn. 5; *Roth/Altmeppen,* § 19 GmbHG Rn. 4.
[1216] In diesem Sinne *Baumbach/Hueck/Fastrich,* § 19 GmbHG Rn. 9; *Scholz/K. Schmidt/Bitter,* Vor § 64 GmbHG Rn. 94.
[1217] Vgl. BGH NJW 1980, 1522, 1524 (für Liquidator); OLG Köln ZIP 1983, 310, 312; Uhlenbruck/Hirte/Vallender/*Hirte,* § 35 Rn. 309; *Noack,* Rn. 285; wohl auch *Rowedder/Pentz,* § 19 GmbHG Rn. 16.
[1218] Vgl. BGH ZIP 1984, 698; 699; vgl. auch Uhlenbruck/Hirte/Vallender/*Hirte,* § 35 Rn. 309; *Rowedder/Pentz* § 19 GmbHG Rn. 73.
[1219] BGH ZIP 1982, 837, 838; OLG Hamburg GmbHR 1998, 591, 592 f.; Uhlenbruck/Hirte/Vallender/*Hirte,* § 35 Rn. 309.
[1220] *Lutter/Hommelhoff/Bayer,* § 19 GmbHG Rn. 18.
[1221] *Lutter/Hommelhoff/Bayer,* § 19 GmbHG Rn. 19; *Michalski/Ebbing,* § 19 GmbHG Rn. 66; *Baumbach/Hueck/Fastrich,* § 19 GmbHG Rn. 16.
[1222] *Lutter/Hommelhoff/Bayer,* § 19 GmbHG Rn. 20.
[1223] *Rowedder/Pentz,* § 19 GmbHG Rn. 61; aA *Prager/Geßler/Heidrich* NZI 2000, 63 ff.; siehe auch Uhlenbruck/Hirte/Vallender/*Hirte,* § 35 InsO Rn. 338 f.
[1224] Siehe mit ausführlicher Begründung, *Walker,* Die GmbH-Stammeinlagenforderung in der Insolvenz, S. 140 ff.

sichtlich der Einlageschuld, wenn die Kapitalerhöhung der Sanierung der Gesellschaft dient (Zweckvereinbarung) und zwischen der Vorausleistung und der Kapitalerhöhung ein enger zeitlicher Zusammenhang besteht.[1225] Soweit dies nicht der Fall ist, kann der Gesellschafter seinen Anspruch auf Rückgewähr der verfehlten Einlage aus § 812 I BGB (oder analog §§ 326 IV, 346 BGB)[1226] lediglich als Insolvenzforderung geltend machen.[1227]

Wird das Insolvenzverfahren vor Eintragung der Kapitalerhöhung eröffnet, ist streitig, ob die Pflicht der Gesellschafter aus dem Übernahmevertrag fortbesteht, die Kapitalerhöhung zu komplettieren. Teilweise wird dies abgelehnt, zumindest dann, wenn – wie im Regelfall – die Kapitalerhöhung nicht im Hinblick auf das drohende oder bevorstehende Insolvenzverfahren vorgenommen wurde.[1228] Nach Ansicht des BGH[1229] dagegen hat die nachfolgende Eröffnung des Insolvenzverfahrens auf die formgerecht beschlossene Kapitalerhöhung keine Auswirkungen. Die Gesellschafterversammlung hat jedoch – nach Ansicht des BGH – trotzdem Möglichkeiten, den Kapitalerhöhungsbeschluss nicht wirksam werden zu lassen, etwa indem sie die Geschäftsführer, die für die Anmeldung auch nach Insolvenzeröffnung zuständig bleiben, anweist, den Eintragungsantrag nicht zu stellen bzw. den bereits gestellten Antrag zurückzunehmen[1230] oder aber indem die Gesellschafter die Aufhebung der Kapitalerhöhung beschließen.[1231] Auch wenn demgemäß die Gesellschafter nach Eröffnung des Insolvenzverfahrens Herren des Kapitalerhöhungsverfahrens bleiben, ist die Ansicht des BGH insoweit bedenklich, als sie den Minderheitsgesellschafter schutzlos stellt,[1232] da er weder die Weisung an den Geschäftsführer noch die Aufhebung des Erhöhungsbeschlusses erzwingen kann. **345**

Unterbleibt die Eintragung der Kapitalerhöhung (etwa auf Grund einer entsprechenden Weisung an den Geschäftsführer), werden die übernehmenden Gesellschafter von ihrer Einlagepflicht frei. Daneben hat jeder einzelne Gesellschafter das Recht, den Übernahmevertrag aus wichtigem Grund zu kündigen, wenn ihm die wirtschaftlich angespannte Lage der Gesellschaft im Zeitpunkt der Übernahme der neuen Stammeinlage nicht bekannt gewesen ist.[1233] Die schon geleistete Einlage kann er zurückfordern. Kommt es zur Eintragung des Kapitalerhöhungsbeschlusses nach Eröffnung des Insolvenzverfahrens, fallen die durch den Übernahmevertrag begründeten Einlageforderungen in die Insolvenzmasse; denn § 35 InsO erfasst auch das während des Verfahrens erworbene Vermögen.[1234] **346**

[1225] Vgl. BGH WiB 1995, 204; *Lutter/Hommelhoff/Bayer*, § 56 GmbHG Rn. 19 ff.

[1226] MünchKomm GmbHG/*Lieder*, § 55 Rn. 144.

[1227] *Lutter/Hommelhoff/Bayer*, § 55 GmbHG Rn. 40, 47.

[1228] Vgl. OLG Hamm DB 1989, 167 f.; *Lutter/Hommelhoff*, § 55 GmbHG Rn. 46; *Baumbach/Hueck/Zöllner/Fastrich*, § 55 GmbHG Rn. 5 und 37; *Roth/Altmeppen*, § 55 GmbHG Rn. 10; siehe auch Nachweise bei *Götze* ZIP 2002, 2204, 2206.

[1229] Vgl. BGH WiB 1995, 204 *(Gierke)*; KG NZG 2000, 103, 104; OLG Zweibrücken GmbHR 2014, 717; zustimmend *Scholz/Priester*, § 55 GmbHG Rn. 90 und 32; *H. F. Müller* ZGR 2004, 842, 851; aA *Robrecht* GmbHR 1982, 126, 127.

[1230] Vgl. *Scholz/Priester*, § 55 GmbHG Rn. 33 und 91; siehe auch BGH DStR 2001, 36, 37. Der Insolvenzverwalter kann seinerseits die Eintragung der Kapitalerhöhung nicht beantragen, → Rn. 281; Uhlenbruck/Hirte/Vallender/*Hirte*, § 11 Rn. 194; aA *H. F. Müller* ZGR 2004, 842, 847 f.; *Robrecht* GmbHR 1982, 126, 127, der davon ausgeht, dass die Geschäftsführer keine Vertretungsbefugnisse mehr hat.

[1231] Vgl. BGH WiB 1995, 204 *(Gierke); Scholz/Priester*, § 55 GmbHG Rn. 33, 36; kritisch im Hinblick auf den Minderheitenschutz *Lutter/Hommelhoff/Bayer*, § 55 GmbHG Rn. 46; aA *H. F. Müller*, Der Verband in der Insolvenz, S. 184 f.: „Rücknahme des Beschlusses nach Zeichnung und Übernahme der Anteile nicht mehr möglich"; *ders.* ZGR 2004, 842, 848 ff.

[1232] Vgl. *Baumbach/Hueck/Zöllner/Fastrich* § 55 GmbHG Rn. 5; so auch *Lutter/Hommelhoff/Bayer*, § 55 GmbHG Rn. 46

[1233] Vgl. BGH WiB 1995, 204 *(Gierke);* KG NZG 2000, 103, 104; OLG Hamm DB 1989, 167; Uhlenbruck/*Hirte*, § 11 Rn. 194; *Lutter/Hommelhoff/Bayer*, § 55 GmbHG Rn. 46; KG NZG 2000, 103, 104; *Götze* ZIP 2002, 2204, 2207; kritisch *H. F. Müller* ZGR 2004, 842, 852 ff.

[1234] KG NZG 2000, 103, 104; Uhlenbruck/Hirte/Vallender/*Hirte*, § 35 Rn. 308; *H. F. Müller* ZGR 2004, 842, 845; aA *Robrecht* GmbHR 2002, 692; *Schlitt* NZG 1998, 751, 755 f.

347 **3. Nachschüsse.** Will die GmbH ihre Gesellschafter auf Zahlung eines Nachschusses in Anspruch nehmen, so bedarf es – neben der Regelung in der Satzung, Nachschüsse einfordern zu können – eines ausdrücklichen Beschlusses der Gesellschafterversammlung. Ob nach Eröffnung des Insolvenzverfahrens noch die Einforderung von Nachschüssen nach § 26 GmbHG möglich ist, hängt in erster Linie vom Gesellschaftsvertrag ab und wird in aller Regel nicht dem Willen der Beteiligten entsprechen.[1235] Bleibt das Einfordern von Nachschüssen möglich, ist hierfür ein Gesellschafterbeschluss erforderlich.[1236] Der Insolvenzverwalter kann folglich nicht an Stelle der Gesellschafter deren gegenüber der Gesellschaft bestehende Verpflichtungen dadurch erweitern, dass er Nachschüsse einfordert. Nachschüsse, deren Einforderung die Gesellschafter vor oder nach Insolvenzeröffnung beschlossen haben, hat der Insolvenzverwalter dagegen einzuziehen.[1237]

348 **4. Sonstige Leistungsversprechen. a)** *Gesellschaftsrechtliche Nebenleistungen.* Hat sich ein Gesellschafter im Gesellschaftsvertrag zu Nebenleistungen iS des § 3 II GmbHG verpflichtet, so beruhen diese auf der Mitgliedschaft und haben damit eine andere Qualität als eine rein schuldrechtliche Verpflichtung.[1238] Die Satzung kann vorsehen, dass die Einforderung der Nebenleistungen durch den Geschäftsführer im Innenverhältnis eines Gesellschafterbeschlusses bedarf. Die vereinbarten Pflichten können zudem entgeltlich oder unentgeltlich sein.

349 Der Gesellschafter hat – soweit im Gesellschaftsvertrag nicht ein anderes bestimmt ist – grundsätzlich kein Recht, sich einseitig von den Nebenpflichten loszusagen.[1239] Insbesondere greifen nach mittlerweile wohl herrschender Meinung die gesetzlichen Kündigungsrechte der inhaltlich entsprechenden Schuldverhältnisse, also auch die dienstvertragliche Regelung des § 624 BGB, nicht ein.[1240] Teilweise wird ein Kündigungsrecht aus wichtigem Grund anerkannt, soweit dem Gesellschafter die Leistung unzumutbar geworden ist.[1241] Dies ist aber nicht schon bei Eintritt der GmbH-Insolvenz der Fall. Die Bindung an die gesellschaftsrechtliche Nebenpflicht bleibt daher auch mit Eintritt der Insolvenz bzw. mit Eröffnung des Insolvenzverfahrens bestehen. Es gelten vielmehr die allgemeinen insolvenzrechtlichen Grundsätze. Insbesondere kommen auf entgeltliche Nebenpflichten die auf gegenseitige *schuldrechtliche* Verträge zugeschnittenen §§ 103 ff. InsO zur Anwendung;[1242] denn auch außerhalb der Insolvenz finden auf die Verletzung von Nebenleistungspflichten die allgemeinen schuldrechtlichen Vorschriften Anwendung.[1243] Ebenso

---

[1235] Vgl. BGH DStR 1994, 1129; *Scholz/K. Schmidt/Bitter*, Vor § 64 GmbHG Rn. 95.
[1236] Vgl. BGH DStR 1994, 1129; *Scholz/K. Schmidt/Bitter*, Vor § 64 GmbHG Rn. 95; *Noack*, Rn. 287.
[1237] Vgl. *Scholz/K. Schmidt/Bitter*, Vor § 64 GmbHG Rn. 95; *Uhlenbruck/Hirte/Vallender/Hirte*, § 35 Rn. 308; *Grüneberg*, Die Rechtspositionen der Organe, S. 95.
[1238] Vgl. *Baumbach/Hueck/Fastrich*, § 3 GmbHG Rn. 34 f., 56; *Roth/Altmeppen*, § 3 GmbHG Rn. 27; diff. mit Hinweis auf den teilweise zwingend korporativen Charakter *Lutter/Hommelhoff/Bayer*, § 3 GmbHG Rn. 51, 63; zur Abgrenzung von Einlageversprechen und Verpflichtungen zur Leistung von Nachschüssen, siehe *Baumbach/Hueck/Fastrich*, § 3 GmbHG Rn. 36; *Roth/Altmeppen*, § 3 Rn. 30.
[1239] Vgl. *Baumbach/Hueck/Fastrich*, § 3 GmbHG Rn. 51; *Roth/Altmeppen*, § 3 GmbHG Rn. 33; *Noack*, Rn. 288.
[1240] Vgl. *Baumbach/Hueck/Fastrich*, § 3 GmbHG Rn. 51; MünchKomm GmbHG/*Wicke* § 3 GmbHG Rn. 93, 96; *Michalski* § 3 GmbHG Rn. 68; *Scholz/Emmerich*, § 3 GmbHG Rn. 83; *Roth/Altmeppen* § 3 GmbHG Rn. 33; anders hingegen RGZ 128, 17.
[1241] Vgl. *Roth/Altmeppen*, § 3 GmbHG Rn. 33; *Baumbach/Hueck/Fastrich*, § 3 GmbHG Rn. 51; aA *Lutter/Hommelhoff/Bayer*, § 3 GmbHG Rn. 61: Kündigung der Gesellschafterstellung aus wichtigem Grund, nicht aber isoliert der Nebenabrede.
[1242] *Roth/Altmeppen*, § 3 GmbHG Rn. 35; *Uhlenbruck/Hirte/Vallender/Hirte*, § 35 Rn. 308, 317.
[1243] *Scholz/Emmerich*, § 3 GmbHG Rn. 84; *Roth/Altmeppen*, § 3 GmbHG Rn. 32; *Lutter/Hommelhoff/Bayer*, § 3 GmbHG Rn. 63; *Rowedder/Schmidt-Leithoff*, § 3 GmbHG Rn. 40; *Jaeger/H. F. Müller*, § 35 Rn. 172.

wie dort steht aber auch die Anwendbarkeit der §§ 103 ff. InsO unter dem Vorbehalt, dass die schuldrechtlichen Regelungen im Einzelfall durch gesellschaftsrechtliche Wertungen überlagert sein können. Entscheidend wird es dabei darauf ankommen, wie die Parteien die vom Gesellschafter geschuldete Leistung verstanden wissen wollten, insbesondere ob diese eher wie Fremd- oder aber wie Eigenkapital wirken sollte.[1244] Beides ist im Rahmen des § 3 II GmbHG möglich.[1245]

Was von den Parteien gewollt ist, ist eine Frage des Einzelfalls und durch Auslegung des Gesellschaftsvertrages unter Berücksichtigung des Grundsatzes von Treu und Glauben zu ermitteln.[1246] Dabei kommt es auf den wahren Willen der Parteien und nicht auf die von den Parteien gewählte Bezeichnung bzw. Etikettierung an.[1247] Raum für diese Auslegung ist allerdings nur dort, wo ein ausdrücklicher Gesellschafterwillen nicht oder nur missverständlich geäußert wurde. Die Kriterien für die Ermittlung des mutmaßlichen Willens des Gesellschafters, die anhand einer Gesamtwürdigung aller Umstände vorzunehmen ist, orientieren sich an den dem Eigenkapital zukommenden Funktionen.[1248] Wesensmerkmale des Eigenkapitals sind insbesondere die Vermögensbindung zugunsten der Gesellschaft, die – vorbehaltlich besonderer Bestimmungen – nur durch Zusammenwirken der Gesellschafter (vgl. § 29 GmbHG), nicht aber einseitig aufgehoben werden kann, sowie die in § 272 I 1 HGB angesprochene Haftungsfunktion des Eigenkapitals. Ob der vom Gesellschafter versprochenen Hilfe diese Wesensmerkmale anhaften, ist anhand eines Bündels verschiedener Indizien zu ermitteln. Diskutiert werden insoweit:[1249] besonders günstige „Kreditkonditionen" (weder Verzinsung noch Besicherung, uneingeschränkte Gewährung),[1250] die Pflicht zur langfristigen Überlassung, die Beschränkung des Rückforderungsrechts für den Fall des Eintritts der Insolvenz, die am jeweiligen Geschäftsanteil ausgerichtete Pflicht der Gesellschafter zur Mittelaufbringung, die Deckung eines nicht nur vorübergehenden Bedarfs, das Fehlen einseitiger Kündigungsmöglichkeiten, die Behandlung der Gesellschafterhilfe durch die Gesellschafter wie Eigenkapital und/oder die aus der Sicht der Gesellschafter vorliegende Unentbehrlichkeit der Gesellschafterhilfe[1251] für die Verwirklichung der gesellschaftsvertraglichen Ziele.

Als Gesellschafterhilfe mit Eigenkapitalcharakter kommen nach den oben genannten Auslegungskriterien in erster Linie Geldleistungen in Betracht. Fraglich ist aber, ob auch Nutzungsüberlassungen des Gesellschafters an die Gesellschaft, die ja überwiegender Ansicht nach grundsätzlich einlagefähig sind,[1252] im konkreten Fall in Anwendung der oben genannten Auslegungskriterien Eigenkapitalcharakter haben. Bei der Ermittlung des tatsächlichen Willens der Gesellschafter sind insoweit strenge Anforderungen anzulegen. So liegt beispielsweise der Idee einer Betriebsaufspaltung in aller Regel der Wunsch zugrunde, die Haftung für die mit der Betriebsgesellschaft verbundenen Risiken zu beschränken.[1253] Man wird den die „Hilfe" gewährenden Gesellschaftern daher nicht ohne weiteres unterstellen können, dass sie mit der Nutzungsüberlassung der Ge-

---

[1244] Für die GmbH KG NZG 1999, 71, 72; für die GmbH & Co KG BGHZ 104, 33, 40; für die GmbH BGH GmbHR 1997, 498, 499.
[1245] Zum Finanzplankredit → Rn. 557 ff.
[1246] Vgl. *Baumbach/Hueck/Fastrich*, § 3 GmbHG Rn. 53.
[1247] Vgl. *Altmeppen* ZIP 1996, 909, 911.
[1248] Vgl. BGHZ 104, 33, 39; BGH GmbHR 1997, 498, 499; siehe auch BFH GmbHR 1997, 198, 200 f.; *Habersack* ZHR 1997, 457, 480 ff.
[1249] KG NZG 1999, 71, 72; siehe auch BGHZ 104, 33, 41; BGH GmbHR 1997, 498, 499; *Lutter/Hommelhoff*, 16. Auflage 2004, §§ 32a/b GmbHG Rn. 176.
[1250] Vgl. KG NZG 1999, 71, 72; siehe auch *Lutter/Hommelhoff*, 16. Auflage 2004, §§ 32a/b GmbHG Rn. 176; kritisch zu Recht *Habersack* ZHR 1997, 457, 481 f.
[1251] Kritisch insoweit *Habersack* ZHR 1997, 457, 481.
[1252] Vgl. etwa BGH DStR 2004, 1662 ff.
[1253] Vgl. etwa *Sundermeier/Wilhelm* DStR 1997, 1454, 1460; *Oppenländer* GmbHR 1998, 505, 510.

sellschaft haftendes Eigenkapital zuführen bzw. das Nutzungsrecht der bedingungslosen Vermögensbindung unterstellen wollten. Nur wenn sich aber durch eine Gesamtschau aller Indizien des Einzelfalls entnehmen lässt, dass die Gesellschafter die Nutzungsüberlassung der Vermögensbindung zugunsten der Gesellschaft unterstellen und der Gesellschaft Risikokapital zuführen wollten, hat die Nutzungsüberlassung Eigenkapitalcharakter.[1254]

352   Diente die Nebenleistungsverpflichtung dazu, die Eigenkapitaldecke zu verbessern, so kann der Insolvenzverwalter derartige ausstehende Einlageversprechen in der Insolvenz der Gesellschaft zur Masse ziehen.[1255] Soweit die Gesellschafterleistung als Fremdfinanzierung im Gesellschaftsvertrag vereinbart wurde und auch so gewollt war, sind auf die (nicht) erbrachten Leistungen die allgemeinen insolvenzrechtlichen Grundsätze anzuwenden. Im Einzelfall können diese aber durch die Wertungen des Kapitalersatzrechts (→ Rn. 385 ff.) überlagert sein.

353   **b)** *Schuldrechtliche Leistungsversprechen in Austauschverträgen.* Auf schuldrechtliche Leistungsversprechen des Gesellschafters gegenüber der Gesellschaft (Darlehensvertrag, Vertrag über Gebrauchsüberlassungen) findet das allgemeine Insolvenzrecht Anwendung. Schuldrechtliche Kreditzusagen oder vergleichbare Vereinbarungen unterliegen nicht den „Regeln über den Eigenkapitalersatz",[1256] vorausgesetzt, das Leistungsversprechen ist vom Gesellschafter weder vor noch nach Eröffnung des Insolvenzverfahrens erfüllt worden.[1257] Die „Regeln über den Eigenkapitalersatz" setzen nämlich tatbestandlich voraus, dass der Gesellschafter das Darlehen gewährt bzw. die wirtschaftlich gleichwertige Handlung vollzogen hat (→ Rn. 446, 403). Auch von der Rechtsfolge her passen die „Regeln über den Eigenkapitalersatz" nicht auf den vorliegenden Fall; denn das „Eigenkapitalersatzrecht" ist nicht darauf gerichtet, dass der Gesellschafter in der Insolvenz versprochene, aber bisher nicht gewährte Leistungen nachschießt.[1258]

354   **5. Ansprüche im Zusammenhang mit der GmbH-Gründung. a)** *Vorbelastungs- bzw. Unterbilanzhaftung.* Mit Anerkennung der vollen Haftung der GmbH für alle Verbindlichkeiten der Vor-GmbH und der damit einhergehenden Aufgabe der Lehre vom Vorbelastungsverbot sichert die hM die volle Kapitalausstattung der GmbH im Entstehungszeitpunkt, indem sie die Gesellschafter einer sogenannten Vorbelastungs- bzw. Unterbilanzhaftung unterwirft.[1259] Aufgrund der Vorbelastungshaftung sind die Gründergesellschafter verpflichtet, anteilig nach ihrer Beteiligung bestehende Vorbelastungen der GmbH auszugleichen und das Stammkapital wieder aufzufüllen. Maßgebender Zeitpunkt ist – hM zufolge – der Zeitpunkt der Eintragung der GmbH im Handelsregister.[1260] In diesem Zeitpunkt entsteht auch der Anspruch.[1261] Kommt es zum Ausfall einzelner Gesellschafter, gelangt § 24 GmbHG zur Anwendung.[1262]

[1254] Vgl. aber auch *Habersack* ZHR 1997, 457, 488 f.
[1255] Für die GmbH & Co KG, siehe BGHZ 104, 33, 39; für die GmbH, siehe BGH GmbHR 1997, 498, 499; nicht immer einfach ist die Abgrenzung zu Nachschüssen, → Rn. 347.
[1256] UU liegt aber eine schuldrechtliche Nachschusspflicht vor, KG NZG 2000, 688, 689.
[1257] Vgl. BGH ZIP 1999, 1263 f.; ZIP 1996, 1829, 1830; KG NZG 1999, 71, 73.
[1258] Vgl. BGH ZIP 1999, 1263, 1264; ZIP 1996, 1829, 1830; kritisch *Voigt* WiB 1997, 756.
[1259] Vgl. BGH NJW 1981, 1373, 1376; NJW 1994, 724; NZG 1998, 102, 103; KG DB 1997, 1863; *Flume* DB 1998, 45/46; *Lutter/Hommelhoff/Bayer*, § 11 GmbHG Rn. 32.
[1260] BGH ZIP 2003, 625, 627; *Lutter/Hommelhoff/Bayer*, § 11 GmbHG Rn. 32; *Roth/Altmeppen*, § 11 GmbHG Rn. 12; diff. *Scholz/K. Schmidt*, § 11 GmbHG Rn. 141.
[1261] Vgl. OLG Naumburg NZG 1999, 316; *Wiegand* BB 1998, 1065, 1067; *Baumbach/Hueck/Fastrich* § 11 GmbHG Rn. 58.
[1262] BGH NJW 1981, 1373, 1376; NZG 2003, 393, 394; *Scholz/K. Schmidt*, § 11 GmbHG Rn. 150; *Roth/Altmeppen*, § 11 GmbHG Rn. 12; *Lutter/Hommelhoff/Bayer*, § 11 GmbHG Rn. 38.

Der Umfang der Haftung ergibt sich grundsätzlich aus einer auf den Zeitpunkt der 355 Eintragung in das Handelsregister bezogenen Vorbelastungsbilanz,[1263] in der die verschiedenen Posten grundsätzlich zu *going concern*-Werten anzusetzen sind.[1264] Die Rechtsprechung wendet dabei insoweit grundsätzlich die für den Jahresabschluss geltenden Bewertungsgrundsätze an. Ausnahmsweise erfolgt die Bewertung in der Vorbelastungsbilanz zu Liquidationswerten, wenn die Zukunftsprognose der Gesellschaft im Zeitpunkt der Eintragung negativ war.[1265] Maßstab für die Zukunftsprognose ist die Finanzkraft des Schuldners auf der Basis eines bestimmten Unternehmenskonzepts.[1266] Hat die vor der Eintragung aufgenommene Geschäftstätigkeit dazu geführt, dass die Gesellschaft über Vorbereitungshandlungen hinaus zu einer funktionierenden Organisationseinheit, dh einem Unternehmen gediehen ist, so ist in der Vorbelastungsbilanz auch ein nach der Ertragswertmethode ermittelter Geschäftswert zu aktivieren.[1267] In der reinen Vorbereitungsphase, in der sich das Geschäftskonzept noch nicht am Markt bewährt hat (so genannter *Markttest*), liegt eine solche funktionierende Organisationseinheit dagegen noch nicht vor.[1268] Auch die Einstellung von Personal und oder Anmietung von Büroflächen sind allein nicht ausreichend.[1269]

Entsprechend § 19 II GmbHG können die Gesellschafter von der Vorbelastungshaf- 356 tung nicht befreit werden. Zur Frage, inwieweit dieser Grundsatz auch im Insolvenzverfahren gilt, → Rn. 343. Die Darlegungs- und Beweislast dafür, ob und in welcher Höhe im Zeitpunkt der Eintragung der Gesellschaft eine Unterbilanz vorliegt, trägt – wenn eine Vorbelastungsbilanz erstellt wurde – der Insolvenzverwalter.[1270] Dies gilt jedoch nicht für einen eventuell in der Unterbilanz anzusetzenden Firmenwert. Diesbezüglich tragen die Gesellschafter die Darlegungs- und Beweislast.

b) *Differenzhaftung nach § 9 GmbHG.* § 9 GmbHG bezweckt die Sicherung der Ka- 357 pitalaufbringung bei Sachgründungen. Danach schuldet der Gesellschafter der GmbH den Fehlbetrag in der Höhe, um die der Wert einer wirksam vereinbarten Sacheinlage hinter dem Betrag der übernommenen Stammeinlage zurückbleibt. Maßgeblicher Bewertungsstichtag ist der Zeitpunkt der Anmeldung beim Handelsregister. Die Gefahr einer Wertminderung des eingelegten Gegenstandes zwischen der Leistung an die Gesellschaft und der Eintragung in das Handelsregister trägt danach in vollem Umfang der Inferent. Dabei realisiert sich in einer zwischenzeitlichen Wertminderung nach modernem Verständnis gerade ein typisches Risiko der Vorgesellschaft, welches im Rahmen der Vorbelastungshaftung als Unterbilanz bei Eintragung von allen Gesellschaftern anteilig auszugleichen wäre (→ Rn. 354). Aufgrund des eindeutigen Gesetzeswortlautes ist dieser Wertungswiderspruch aber wohl hinzunehmen.[1271]

c) *Gründerhaftung nach § 9a GmbHG.* § 9a GmbHG regelt die verschuldensabhängige 358 Gründerhaftung der Gesellschafter und Geschäftsführer.[1272] § 9a I GmbHG knüpft für

---

[1263] OLG Brandenburg ZIP 2010, 1036; diff. *Scholz/K. Schmidt,* § 11 GmbHG Rn. 141.
[1264] BGH NZG 1999, 70, 71; NJW 1994, 724, 725; KG DB 1997, 1863; *Scholz/K. Schmidt,* § 11 GmbHG Rn. 129.
[1265] Vgl. BGH NZG 1999, 70, 71; *Crezelius* DStR 1987, 743, 748.
[1266] BGH NZG 1999, 70, 71.
[1267] Vgl. BGH NZG 1999, 70, 71; siehe hierzu *Habersack/Lüssow* NZG 1999, 629; *Fleischer* GmbHR 1999, 752; KG DB 1997, 1863; *Lutter/Hommelhoff/Bayer,* § 11 GmbHG Rn. 34; kritisch *Werner* GmbHR 2006, 486.
[1268] BGH NJW 2006, 1594 LS 1; *Lutter/Hommelhoff/Bayer,* § 11 GmbHG Rn. 34; *Bayer/Lieder* ZGR 2006, 875, 896; kritisch *Naraschewski* EWiR 2006, 565.
[1269] Vgl. *Luttermann/Lingl* NZG 2006, 454, 455, mit weiteren Beispielen.
[1270] *Baumbach/Hueck/Fastrich* § 11 GmbHG Rn. 63; OLG Brandenburg ZIP 2010, 1036; aA LG Frankfurt GmbHR 1998, 242, 243.
[1271] Siehe hierzu auch *Baumbach/Hueck/Fastrich* § 9 GmbHG Rn. 4.
[1272] Siehe hierzu *Haas/Wünsch* NotBZ 1999, 109 ff.

die Haftung gegenüber der Gesellschaft an schuldhaft falschen Angaben an, die zum Zwecke der Errichtung der Gesellschaft gemacht werden. § 9a II GmbHG begründet eine ergänzende Haftung allein der Gesellschafter bei vorsätzlicher oder grob fahrlässiger Schädigung der Gesellschaft in anderer Weise als durch falsche Angaben. Grundsätzlich ordnet § 9b GmbHG an, dass ein Verzicht oder ein Vergleich der Gesellschaft im Hinblick auf die Ersatzansprüche nach § 9a GmbHG unwirksam ist, wenn der Ersatz zur Befriedigung der Gläubiger erforderlich ist. Diese Beschränkung gilt richtiger Ansicht nach für den Insolvenzverwalter nicht.[1273] UU muss der Insolvenzverwalter aber – wenn der Verzicht oder Vergleich eine für das Verfahren bedeutsame Rechtshandlung darstellt – die Zustimmung des Gläubigerausschusses einholen (§ 160 InsO).

359 Machen der Gesellschafter bzw. der Geschäftsführer falsche Angaben, kommt darüber hinaus auch eine Haftung gegenüber den Gesellschaftsgläubigern nach § 823 II BGB iVm § 82 I Nr. 1 GmbHG in Betracht. Der Gesellschaftsgläubiger ist danach so zu stellen, wie er stehen würde, wenn er nicht auf die Angaben im Handelsregister vertraut hätte. Diesen persönlichen Anspruch der Gläubiger auf Ersatz ihres Vertrauensschadens macht in der Insolvenz der Gesellschaft nicht der Insolvenzverwalter geltend.[1274] § 92 InsO bzw. § 93 InsO finden insoweit keine Anwendung.

360 d) *Handelndenhaftung.* Die Ansprüche nach § 11 II GmbHG gegen den Handelnden stehen den jeweiligen Gläubigern, nicht aber der Gesellschaft zu und fallen folglich auch nicht in die Masse. Die Ansprüche werden auch nicht vom Insolvenzverwalter nach § 93 InsO geltend gemacht.[1275]

361 e) *Wirtschaftliche Neugründung, Mantelkauf/-verwendung, Vorratsgesellschaft.* Nach nunmehr gefestigter Rechtsprechung des BGH verbirgt sich hinter der Verwendung eines GmbH-Mantels (Gesellschaft ist „leere Hülse" und betreibt kein aktives Unternehmen mehr[1276]) wirtschaftlich gesehen eine Neugründung der Gesellschaft und damit eine Umgehung der Kapitalaufbringungsvorschriften.[1277] Gleiches gilt bei Aktivierung so genannter Vorratsgesellschaften, die erstmals mit einem Unternehmen ausgestattet werden und am Geschäftsverkehr teilnehmen,[1278] sowie für Gesellschaften in Liquidation (→ Rn. 287).[1279] Aus Gründen des Gläubigerschutzes kommen in diesen Fällen die der Gewährleistung der Kapitalausstattung dienenden Gründungsvorschriften der GmbH zur entsprechenden Anwendung.[1280] Haftungsrechtlich ergibt sich daraus insbesondere die entsprechende Anwendung der Unterbilanzhaftung zu Lasten der Gesellschafter (→ Rn. 354). Die Gesellschafter müssen also nicht nur ihre noch ausstehenden Stammeinlagen leisten, sondern schulden zum Stichtag eine vollständige Wiederauffüllung des satzungsmäßigen Stammkapitals,[1281] was erhebliche Haftungsrisiken birgt.[1282] Maßgeblich für die Bestimmung dieses Stichtages ist der Zeitpunkt, in dem die wirtschaftliche Neugründung entweder durch die Anmeldung der Satzungsänderungen gegenüber

---

[1273] Uhlenbruck/Hirte/Vallender/*Hirte*, § 35 Rn. 307.
[1274] OLG München GmbHR 1999, 1137.
[1275] *Uhlenbruck* GmbHR 1999, 313, 324.
[1276] Zum Begriff siehe BGH DStR 2010, 763 f.; präzisierend KG DStR 2012, 1817: Unternehmen gilt so lange noch als aktiv, wie die Gesellschaft noch mit der Abwicklung ihres Geschäftsbetriebs befasst ist.
[1277] DStR 2003, 1887; präzisiert in BGH DStR 2010, 763; DStR 2011, 1767.
[1278] BGH DStR 2003, 298; zuletzt bestätigt in OLG Düsseldorf DNotZ 2013, 70; *Baumbach/Hueck/ Fastrich*, § 3 GmbHG Rn. 11 ff.; MünchKommGmbHG/*Wicke* § 3 Rn. 25 ff.; *Roth/Altmeppen*, § 3 GmbHG Rn. 13a f.; *Lutter/Hommelhoff/Bayer*, § 3 GmbHG Rn. 13 ff.; aA *Ulmer* ZIP 2012, 1265, 1269; *Göz/Gehlich* ZIP 1999, 1653.
[1279] BGH ZIP 2014, 418; KG ZIP 2012, 1863.
[1280] Übersicht über die daraus resultierenden Pflichten bei *Lutter/Hommelhoff/Bayer*, § 3 GmbHG Rn. 16, 30; zur Behandlung von Altfällen siehe ebenda Rn. 35 ff.
[1281] *Lutter/Hommelhoff/Bayer*, § 3 GmbHG Rn. 20.
[1282] Daher kritisch: Scholz/*K. Schmidt*, § 11 GmbHG Rn. 140; *Habersack* AG 2010, 845.

dem Registergericht oder durch die Aufnahme der wirtschaftlichen Tätigkeit erstmals nach außen in Erscheinung tritt.[1283] Dabei tragen die Gesellschafter die Darlegungs- und Beweislast dafür, dass zu diesem Stichtag keine Differenz zwischen dem (statutari- schen) Stammkapital und dem Wert des Gesellschaftsvermögens bestand.[1284] Der Unter- bilanzhaftungsanspruch ist „auf den Geschäftsanteil rückständige Leistung" iS des § 16 III GmbHG aF, sodass auch der Erwerber des Geschäftsanteils haftet;[1285] Entspre- chendes dürfte auch nach der Neufassung der Vorschrift in § 16 II GmbHG nF gel- ten.[1286] Daneben ist § 9a GmbHG analog[1287] anwendbar (→ Rn. 358), § 823 II BGB iVm § 82 I Nr. 1 GmbHG aufgrund des strafrechtlichen Analogieverbotes jedoch nicht.[1288] Eine Handelndenhaftung nach § 11 II GmbHG kommt nur in Betracht, wenn die Geschäfte vor Offenlegung der wirtschaftlichen Neugründung aufgenommen wor- den sind und dem nicht alle Gesellschafter zugestimmt haben.[1289]

f) *Haftung nach § 6 V GmbHG.* Nach § 6 V GmbHG haften Gesellschafter, die vor- 362 sätzlich oder grob fahrlässig einer Person, die nicht Geschäftsführer sein kann (§ 6 II GmbHG), die Führung der Geschäfte überlassen, der Gesellschaft solidarisch für den Schaden, der dadurch entsteht, dass diese Person die ihr gegenüber der Gesellschaft be- stehenden Obliegenheiten verletzt. Ein Überlassen in diesem Sinne liegt nicht nur im Fall einer förmlichen (aber unwirksamen) Bestellung, sondern auch dann vor, wenn die Geschäftsführertätigkeit auch nur tatsächlich überlassen wird (Beauftragung, Einräu- mung der Möglichkeit zur Führung der Geschäfte bzw. zu deren Unterstützung).[1290]

6. Ansprüche im Zusammenhang mit Auszahlungen/Ausschüttungen an 363 **Gesellschafter.** Auszahlungen der Gesellschaft an die Gesellschafter sind für die Gesell- schaftsgläubiger mit besonderen Gefahren verbunden. Das Gesetz sieht insoweit ver- schiedene Auszahlungsverbote im Interesse der Gläubiger (teilweise aber auch im Inte- resse der Gesellschaft) vor.

a) *Zahlungsverbote im Zusammenhang mit der Kapitalerhaltung.* aa) *Verstoß gegen § 30 I* 364 *GmbHG.* Auszahlungen, die entgegen dem Verbot in § 30 I GmbHG an einen Gesell- schafter erfolgt sind, hat der Insolvenzverwalter gemäß § 31 I GmbHG vom Gesell- schafter[1291] zurückzufordern. Dabei handelt es sich um eine persönliche Verpflichtung des begünstigten Gesellschafters, die deswegen nicht nach § 16 II GmbHG auf den Er-

---

[1283] BGH DStR 2012, 974, LS 1; anders die bislang hM: Stichtag am Tag der Offenlegung der Neu- gründung gegenüber dem Handelsregister, so etwa OLG München GmbHR 2010, 425; ThürOLG GmbHR 2004, 1468, 1470; *Hüffer* NJW 2011, 1772, 1773; ausführlich *Lutter/Hommelhoff/Bayer*, § 3 GmbHG Rn. 20 mit weiteren Nachweisen.
[1284] BGH DStR 2012, 974, 979 f.; so zuvor schon KG GmbHR 2010, 476, 477; *Habersack* AG 2010, 845, 849 f.; eingehend und kritisch zur Frage der Beweislastverteilung *Götz* GmbHR 2013, 290, 296.
[1285] BGH DStR 2012, 974, 979.
[1286] Trotz der Veränderung des Wortlauts gibt es keine Anhaltspunkte dafür, dass der Gesetzgeber die Vorschrift inhaltlich ändern wollte; vgl. Gesetzesentwurf BT-Drucks. 16/6140, S. 38; eingehend *Podewils* GmbHR 2012, 1175, 1177 f.; *Jeep* NZG 2012, 1209, 1211; so wohl auch *Bachmann* NZG 2012, 579, 580.
[1287] BGH DStR 2011, 1767, LS 2; *Lutter/Hommelhoff/Bayer*, § 3 GmbHG Rn. 19.
[1288] *Henssler/Strohn/Servatius*, § 80 GmbHG Rn. 2; *Baumbach/Hueck/Haas*, § 80 GmbHG Rn. 10a; *Lutter/Hommelhoff/Bayer*, § 3 GmbHG Rn. 26; *Scholz/Emmerich*, § 3 GmbHG Rn. 32; *Heidenhain* NZG 2003, 1051, 1053; *Thaeter/Meyer* DB 2003, 539, 540; *Wicke* NZG 2005, 409, 414.
[1289] BGH DStR 2011, 1767, LS 1; *Lutter/Hommelhoff/Bayer*, § 3 GmbHG Rn. 19; aA *Kuszlik* GmbHR 2012, 882, 886; *Herresthal/Servatius* ZIP 2012, 197, 203 f.
[1290] *Baumbach/Hueck/Fastrich*, § 6 Rn. 20.
[1291] Einbezogen in den Gesellschafterbegriff sind auch Personen oder Unternehmen, die der Gesell- schaft oder einem Gesellschafter nahe stehen, vgl. hierzu BGH DStR 1998, 1272; ZIP 2012, 865; OLG Rostock NZG 1998, 385; *Fleck*, FS 100 Jahre GmbH-Gesetz, 1992, S. 401 ff.; *Sernetz/Haas*, Kapitalauf- bringung und -erhaltung in der GmbH, Rn. 393 ff.

werber des Geschäftsanteils übergeht (strittig).[1292] Rechtsprechung und Literatur hatten diese Haftung des Gesellschafters immer weiter ausgebaut. Das galt insbesondere für die Art und Weise der durch § 30 I GmbHG bewirkten Vermögensbindung. Lag danach eine Unterbilanz vor,[1293] so waren grundsätzlich alle solchen Rechtshandlungen verboten, die – wirtschaftlich gesehen – zu einer Minderung des zur Erhaltung des Stammkapitals erforderlichen Vermögens führten. Das MoMiG hat diese Rechtsprechungsentwicklung beendet und ist – zumindest teilweise – wieder zu einer bilanziellen Betrachtungsweise zurück gekehrt. Der Schutz des gutgläubigen Gesellschafters nach § 31 II GmbHG greift in der Insolvenz der Gesellschaft nicht, da hier die Erstattung der Auszahlung zur Befriedigung der Gesellschaftsgläubiger in aller Regel erforderlich sein wird.

365 Ist die Erstattung von dem Gesellschafter, an den die Auszahlung mittel- oder unmittelbar erfolgt ist, nicht zu erhalten, haften hierfür die übrigen Gesellschafter im Verhältnis ihrer Geschäftsanteile (§ 31 III GmbHG). Die in der Vorschrift zum Ausdruck kommende Subsidiarität der Ausfallhaftung spielt in der Insolvenz der Gesellschaft grundsätzlich keine Rolle, da der Erstattungsbetrag in aller Regel zur Befriedigung der Gläubiger erforderlich sein wird. Die Höhe der Ausfallhaftung des einzelnen Gesellschafters ist – für den Fall, dass durch die Auszahlung eine rechnerische Überschuldung herbeigeführt oder eine bestehende rechnerische Überschuldung vertieft wird – umstritten.[1294] Nach ganz überwiegender Ansicht ist die Ausfallhaftung zum Schutz des mithaftenden Gesellschafters zu beschränken.[1295] Im Einzelnen variieren aber die zur Haftungsbeschränkung vertretenen Lösungen. So soll nach einer Ansicht die Ausfallhaftung auf die Höhe der Stammeinlage des ausfallenden Gesellschafters beschränkt werden.[1296] Die Rechtsprechung und die wohl überwiegende Meinung im Schrifttum beschränken die Solidarhaftung der Höhe nach auf die Stammkapitalziffer der Gesellschaft.[1297]

366 Neben der Ausfallhaftung nach § 31 III GmbHG haftete nach einer älteren Rechtsprechung jeder einzelne Gesellschafter, der pflichtwidrig und schuldhaft an dem Zustandekommen eines verbotswidrigen Beschlusses mitgewirkt hatte, auf Grund der Treuepflichtverletzung gegenüber der Gesellschaft auf Schadensersatz.[1298] An dieser Rechtsprechung hält der BGH zwischenzeitlich aber nicht mehr fest.[1299] Wohl aber kommt eine Haftung des Gesellschafters nach § 823 II BGB iVm § 266 StGB im Falle einer verbotswidrigen Auszahlung in Betracht.[1300] Darüber hinaus haftet bei verbots-

---

[1292] Vgl. *Baumbach/Hueck/Fastrich*, § 31 GmbHG Rn. 8; *Scholz/Verse*, § 31 GmbHG Rn. 5; *Scholz/Seibt*, § 16 GmbHG Rn. 52; *Lutter/Hommelhoff/Bayer*, § 16 GmbHG Rn. 42; *Wicke*, § 16 GmbHG Rn. 12; *Saenger/Inhester/Pfisterer*, § 16 GmbHG Rn. 23; aA OLG Köln ZIP 2011, 863, 865; *Michalski/Ebbing*, § 16 GmbHG Rn. 137; *Michalski/Heidinger*, § 31 GmbHG Rn. 17; *Roth/Altmeppen*, § 16 GmbHG Rn. 25: Kapitalerhaltungsrecht als Kehrseite der Kapitalaufbringung, daher mitgliedschaftsrechtlicher Charakter des Anspruchs.

[1293] Vgl. zum zeitlichen Eingreifen der Auszahlungssperre, BGH DStR 2000, 1234, 1235 f.; *Sernetz/Haas*, Kapitalaufbringung und -erhaltung in der GmbH, Rn. 447 ff.

[1294] Nachweise zum Streitstand *Sernetz/Haas*, Kapitalaufbringung und -erhaltung in der GmbH, Rn. 604 ff.

[1295] Siehe in diesem Sinne etwa BGH ZIP 2002, 848, 850; *Ulmer*, FS 100 Jahre GmbH, 1992, S. 363, 371.

[1296] Vgl. *Scholz/Westermann*, § 31 GmbHG Rn. 30; *K. Schmidt* BB 1995, 529, 531 f.

[1297] Vgl. BGHZ 150, 61, 65; NZG 2005, 845, 846; *Baumbach/Hueck/Fastrich*, § 31 GmbHG Rn. 24; *Rowedder/Pentz*, § 30 GmbHG Rn. 14; *Roth/Altmeppen*, § 31 GmbHG Rn. 19, § 30 Rn. 19; differenzierend *Lutter/Hommelhoff*, § 31 GmbHG Rn. 22: Beschränkung auf Stammkapital abzüglich der geleisteten eigenen Einlage.

[1298] Vgl. BGH ZIP 1985, 279, 280; *Baumbach/Hueck/Fastrich*, § 31 GmbHG Rn. 25; siehe auch *Roth/Altmeppen*, § 31 GmbHG Rn. 22; *K. Schmidt* BB 1995, 529, 531.

[1299] BGH DB 1999, 1651, 1652 = NZG 1999, 1060 *(Haas)*; *Lutter/Hommelhoff*, § 31 GmbHG Rn. 24; siehe aber auch *Roth/Altmeppen*, § 31 GmbHG Rn. 23.

[1300] BGH ZIP 2001, 1874, 1876 f.; ZIP 2002, 848, 850; siehe auch unten § 95 Rn. 26 ff.

widrigen Auszahlungen auch der Geschäftsführer gemäß § 43 III GmbHG auf Schadensersatz. Die Beschränkungen in § 9b GmbHG, auf die § 43 III 3 GmbHG verweist, finden auf den Insolvenzverwalter keine Anwendung (→ Rn. 358).

bb) *Verstoß gegen Kreditgewährungsverbot.* Wird gegen das Kapitalerhaltungsgebot verstoßen, indem entgegen § 43a GmbHG[1301] Kredite aus dem zur Erhaltung des Stammkapitals erforderlichen Vermögen an Geschäftsführer oder gleichgestellte Personen ausgegeben werden, hat der Begünstigte den Kredit (verzinst) gemäß § 43a S. 2 GmbHG an die Gesellschaft zurückzugewähren. Darüber hinaus haftet auch hier der den Kredit ausgebende Geschäftsführer analog § 43 III GmbHG auf Schadensersatz.[1302] § 43a GmbHG gilt nicht nur für Fremd-, sondern auch für Gesellschafter-Geschäftsführer.[1303] Die Kreditvergabe an reine Gesellschafter ist hingegen nicht nach § 43a GmbHG, sondern gemäß den allgemeinen Regeln der §§ 30, 43 GmbHG zu beurteilen.[1304] Wie schon der Wortlaut nahelegt *(„gewährt")*, bezieht sich § 43a GmbHG nur auf den Zeitpunkt der Ausreichung des Darlehens, sodass die spätere Vermögensentwicklung außer Betracht bleibt.[1305]   **367**

cc) *Verbotswidriger Erwerb eigener Anteile.* Erwirbt die Gesellschaft eigene Gesellschaftsanteile, auf welche die Einlagen noch nicht vollständig geleistet sind (§ 33 I GmbHG), sind schuldrechtliches Grundgeschäft und Erwerbsgeschäft nichtig.[1306] Eine für den Gesellschaftsanteil geleistete Vergütung ist rechtsgrundlos erbracht und kann vom Insolvenzverwalter nach §§ 812, 819 BGB zurückgefordert werden. Daneben haftet der Geschäftsführer der Gesellschaft nach § 43 III GmbHG auf Schadensersatz.   **368**

Erwirbt die Gesellschaft unter Verstoß gegen § 33 II GmbHG eigene Geschäftsanteile, ist das Erwerbsgeschäft nach § 33 II 3 GmbHG wirksam, das Grundgeschäft hingegen nichtig. Die Rückabwicklung erfolgt hier zum einen nach Bereicherungsrecht, zum anderen nach § 31 GmbHG,[1307] da der Erwerb eigener Geschäftsanteile unter Verstoß gegen § 33 II GmbHG unabhängig davon, ob das hierfür von der Gesellschaft entrichtete Entgelt angemessen ist oder nicht, eine Auszahlung des zur Erhaltung des Stammkapitals erforderlichen Vermögens darstellt. Daneben haftet auch hier der Geschäftsführer nach § 43 III GmbHG.   **369**

b) *Zahlungsverbot nach § 73 I GmbHG.* § 73 I GmbHG ordnet für die in Liquidation befindliche GmbH ein Ausschüttungsverbot an, wonach jegliche Auszahlung von Gesellschaftsvermögen (unabhängig davon, ob Gesellschaftsvermögen in Höhe des Stammkapitals vorhanden ist) an die Gesellschafter vor Ablauf des Sperrjahres verboten ist.[1308] Die Regelung ist zwingend.[1309] Die Vorschrift dient dem Schutz der Gläubiger. Danach   **370**

[1301] Die Vorschrift dient hM zufolge ebenfalls der Erhaltung des Stammkapitals *Lutter/Hommelhoff,* § 43a GmbHG Rn. 1; *Rowedder/Koppensteiner,* § 43a GmbHG Rn. 1; *Baumbach/Hueck/Zöllner/Noack,* § 43a GmbHG Rn. 1; *Michalski,* § 43a GmbHG Rn. 2; aA nicht im Sinne eines Schutzes des Nettovermögens in einer bestimmten Höhe, sondern Verbot der Übernahme eines bestimmten Risikos, *Scholz/Schneider,* § 43a GmbHG Rn. 8.
[1302] *Michalski/Haas/Ziemons,* § 43 GmbHG Rn. 220; *Rowedder/Koppensteiner/Gruber,* § 43 Rn. 31; *Baumbach/Hueck/Zöllner/Noack,* § 43a GmbHG Rn. 7.
[1303] BGH NZG 2004, 233, 234 *(„Novemberurteil");* ZIP 2012, 1071, 1074.
[1304] BGH NZG 2004, 233, 234; siehe im Übrigen *Michalski,* § 43a GmbHG Rn. 17 f.; *Sernetz/Haas,* Kapitalaufbringung und -erhaltung in der GmbH, Rn. 778.
[1305] BGH ZIP 2012, 1071, 1074; *Baumbach/Hueck/Zöllner/Noack,* § 43a GmbHG Rn. 2; *Lutter/Hommelhoff/Kleindiek,* § 43a GmbHG Rn. 10; *Roth/Altmeppen,* § 43a Rn. 4; aA *Scholz/Schneider,* § 43a GmbHG Rn. 43; *K. Schmidt,* Gesellschaftsrecht, § 37 II 6a.
[1306] Vgl. *Baumbach/Hueck/Fastrich,* § 33 GmbHG Rn. 6; *Roth/Altmeppen,* § 33 GmbHG Rn. 12.
[1307] Vgl. *Saenger/Inhester/Langheim,* § 33 Rn. 23; *Roth/Altmeppen,* § 33 GmbHG Rn. 32 ff.; *Baumbach/Hueck/Fastrich,* § 33 GmbHG Rn. 14.
[1308] BGH ZIP 2009, 1111, 1114; *Scholz/K. Schmidt,* § 73 GmbHG Rn. 1, 3; *Baumbach/Hueck/Haas,* § 73 GmbHG Rn. 2; *Saenger/Inhester/Kolmann,* § 73 GmbHG Rn. 3 („totale Leistungssperre").
[1309] BGH ZIP 2009, 1111, 1114; *Baumbach/Hueck/Haas,* § 73 GmbHG Rn. 2.

soll das vorhandene Gesellschaftsvermögen in diesem Stadium für die Begleichung der Gesellschaftsschulden erhalten bleiben. Das Auszahlungsverbot nach § 73 I GmbHG ist mithin umfassender als § 30 I GmbHG, der das Gesellschaftsvermögen nur in Höhe des zur Erhaltung des Stammkapitals erforderlichen Vermögens schützt. Im Falle eines Verstoßes gegen § 73 I GmbHG ordnet das Gesetz in § 73 III GmbHG einen Anspruch auf Ersatz der geleisteten Zahlungen gegen die Liquidatoren an. Der Anspruch steht der Gesellschaft zu.[1310] Darüber hinaus begründet ein Verstoß gegen das absolute Ausschüttungsverbot in § 73 I GmbHG einen Erstattungsanspruch der Gesellschaft gegen den Gesellschafter gemäß § 31 GmbHG (analog).[1311]

371 c) *Lückenfüllung.* Den Vorschriften in §§ 30, 31 GmbHG sowie in § 73 I GmbHG liegt die – auch dem Insolvenzrecht nicht fremde Überlegung (siehe § 199 S 2 InsO) – zugrunde, dass das Gesellschaftsvermögen vorrangig der Befriedigung der Gläubiger zur Verfügung steht und daher Ausschüttungen an die Gesellschafter insoweit verboten sind. Allerdings schützen die Vorschriften über die Kapitalerhaltung den vorstehenden Grundsatz nur lückenhaft.[1312] Dies liegt am (begrenzten) zeitlichen Anwendungsbereich der Kapitalerhaltungsvorschriften, der bilanziellen Betrachtungsweise sowie an der willkürlichen Anknüpfung an einer (Mindest-)Stammkapitalziffer. Aufgrund dieser Lücken wird der Zeitpunkt, ab dem „Ausschüttungen" der Gesellschaft an den Gesellschafter den Grundsatz der vorrangigen Befriedigung der Gläubiger aus dem Gesellschaftsvermögen gefährden, nicht punktgenau abgebildet.[1313] Dieses Defizit versuchen Rspr und Gesetzgeber durch spezifische Haftungstatbestände zu Lasten des Gesellschafters und des Geschäftsführers aufzufangen.

372 aa) *Haftung wegen existenzvernichtenden Eingriffs.* (1) *Haftung des Gesellschafters.* Nach hM haftet der Gesellschafter gegenüber der Gesellschaft nach § 826 BGB für so genannte existenzvernichtende Eingriffe.[1314] Der Gesellschafter haftet danach für solche Eingriffe in das Vermögen der Gesellschaft, die die Fähigkeit der Gesellschaft zur Bedienung ihrer Verbindlichkeiten aufheben, dh deren Insolvenz herbeiführen, mitherbeiführen oder diese vertiefen.[1315] Haftungsauslösend sind diese Eingriffe jedoch nur, wenn ihnen keine angemessene Gegenleistung durch den Gesellschafter gegenübersteht und sie daher zu einer Vermögensverschiebung zu dessen Gunsten führen, sodass es sich wirtschaftlich also letztlich um eine Ausschüttung handelt (sog. „kompensationsloser Eingriff").[1316] Die Sittenwidrigkeit dieser Eingriffe im Sinne des § 826 BGB ergibt sich bereits daraus, dass die Gesellschaft um Vermögen gebracht wird, welches sie zur vorrangigen Befriedigung ihrer Gläubiger benötigt.[1317] Subjektiv genügt bedingter Vorsatz des Geschäftsführers. Eine besondere auf die Schädigung der Gesellschaft oder ihrer Gläubiger gerichtete Absicht ist nicht erforderlich. Vielmehr genügt die Kenntnis derjenigen Umstände, aus denen sich

---

[1310] *Ulmer/Paura,* § 73 GmbHG Rn. 36; *Baumbach/Hueck/Haas,* § 73 GmbHG Rn. 15.
[1311] BGH ZIP 2009, 1111, 1114; *Roth/Altmeppen,* § 73 GmbHG Rn. 25 f.; *Baumbach/Hueck/Haas,* § 73 GmbHG Rn. 17; *Saenger/Inhester/Kolmann* § 73 GmbHG Rn. 36.
[1312] Vgl. BGH NZG 2007, 667, 668; *Haas,* in Reform des gesellschaftsrechtlichen Gläubigerschutzes, Gutachten E zum 66. DJT, 2006, E 128 ff.; siehe auch *Ulmer/Casper,* Erg-Band MoMiG § 64 GmbHG Rn. 108.
[1313] Siehe hierzu *Haas,* in Reform des gesellschaftsrechtlichen Gläubigerschutzes, Gutachten E zum 66. DJT, 2006, E 128 ff.; *Baumbach/Hueck/Haas,* § 64 GmbHG Rn. 2; *Röhricht,* FS 50 Jahre BGH, 2000, S. 83, 94.
[1314] Grundlegend: BGH NZG 2007, 667 *(„Trihotel");* Für die Entwicklung dieser Rspr bis zur Entscheidung „Trihotel", siehe *Haas,* in Reform des gesellschaftsrechtlichen Gläubigerschutzes, Gutachten E zum 66. DJT, 2006, E 83 ff. – Auf eine Verletzung der gesellschaftsrechtlichen Treuepflicht abstellend indes *Stöber* ZIP 2013, 2295, 2296 ff.
[1315] NZG 2007, 667, 668, 670; siehe auch BGH NJW 2009, 2127; NZI 2013, 500; *Baumbach/Hueck/Fastrich,* § 13 GmbHG Rn. 63.
[1316] BGH NZG 2005, 214; 2007, 667, 669, NZI 2008, 238; 2012, 517, 518; 2013, 500, 501.
[1317] BGH NZG 2007, 667, 670; NZI 2013, 500, 501.

die Sittenwidrigkeit des Eingriffs ergibt. Das ist schon dann der Fall, wenn die faktische dauerhafte Beeinträchtigung der Erfüllung der Verbindlichkeiten die voraussehbare Folge des Eingriffs ist.[1318] Die Haftung wegen existenzvernichtenden Eingriffs ist funktional eine das gesetzliche Kapitalerhaltungssystem (aber auch die sonstigen, insbesondere insolvenzrechtlichen Vorschriften, → Rn. 384) ergänzende Entnahmesperre. Entsprechend wird durch die Haftung nach § 826 BGB eine solche des Gesellschafters nach §§ 31, 30 GmbHG nicht verdrängt, sondern es besteht – soweit die Ansprüche sich überschneiden – Anspruchsgrundlagenkonkurrenz.[1319]

Da die Haftung allein an der Entnahme (iwS)[1320] anknüpft, kommt eine Haftung des Gesellschafters nach den Grundsätzen des existenzvernichtenden Eingriffs etwa für das Betreiben einer „Aschenputtel-Konstellation",[1321] die Verhinderung von Vermögenszufluss zugunsten der Gesellschaft,[1322] das Betreiben einer materiell unterkapitalisierten Gesellschaft[1323] oder wegen schlichten Missmanagements[1324] nicht in Betracht.[1325] Auch in der Eingehung von existenzgefährdenden Verbindlichkeiten scheint der BGH keinen existenzvernichtenden Eingriff iSd § 826 BGB zu sehen, sondern allenfalls eine zum Schadensersatz führende Pflichtverletzung des Geschäftsführers gemäß § 43 II GmbHG.[1326] Auch im Stadium der Liquidation der Gesellschaft kommt eine Existenzvernichtungshaftung noch in Betracht.[1327] Der Anspruch aus § 826 BGB steht der Gesellschaft zu (Innenhaftung)[1328] und wird im eröffneten Verfahren von dem Insolvenzverwalter geltend gemacht.[1329] Zu ersetzen sind danach auch die Kosten des vorläufigen Insolvenzverfahrens und des eröffneten Insolvenzverfahrens (sogenannte Zerschlagungskosten)[1330] sowie Verzugszinsen ab dem Zeitpunkt der Vermögensentziehung.[1331] Die regelmäßige Verjährung des Anspruchs beginnt erst zu laufen, wenn dem Gläubiger die anspruchsbegründenden Umstände bekannt oder grob fahrlässig unbekannt sind.[1332]

(2) *Haftung des Geschäftsführers.* Grundsätzlich unterliegen nur Gesellschafter der Existenzvernichtungshaftung. Da diese in aller Regel einen existenzvernichtenden Eingriff nicht ohne Absprache und Einwilligung des Geschäftsführers vornehmen können (Letzterer wird ja die „Ausschüttung" in der Regel vornehmen müssen), kommt insoweit eine gesamtschuldnerische Teilnehmerhaftung des Geschäftsführers nach §§ 830 II, 840 BGB in Betracht.[1333] Auf diesem Wege können auch Banken, Berater und andere Schlüsselfiguren in die Haftung einbezogen werden.[1334] Das Gleiche gilt für Gesellschaf-

---

[1318] BGH NZG 2007, 667, 670; NZI 2013, 500, 502.
[1319] BGH NZG 2007, 667, 672.
[1320] Hierbei kann es sich um einen einzelnen Eingriff oder aber einen Dauerakt handeln, siehe *Lutter/Hommelhoff*, § 13 GmbHG Rn. 37.
[1321] BGH NJW 2008, 2437 = NZG 2008, 547 („*GAMMA*").
[1322] BGH NJW 2008, 2437.
[1323] BGH NJW 2008, 2437.
[1324] BGH NZG 2005, 214, 215.
[1325] Siehe *Baumbach/Hueck/Fastrich*, § 13 GmbHG Rn. 64.
[1326] BGH, NZG 2008, 547, 551; *Kleindiek* NZG 2008, 686, 689.
[1327] BGH NJW 2009, 2127, LS 1 („*Sanitary*").
[1328] Kritisch hierzu etwa *Scholz/Bitter*, § 13 GmbHG Rn. 159; *MünchKomm/Liebscher*, Anh § 13 GmbHG Rn. 534; *Michalski/Funke*, § 13 GmbHG Rn. 408, die jeweils eine zusätzliche Außenhaftung der Gesellschafter gegenüber den Gesellschaftsgläubigern bejahen.
[1329] BGH NZG 2007, 667, 671. Siehe zu dem Innenhaftungskonzept auch *Haas* ZIP 2009, 1257 ff.; *Altmeppen* ZIP 2008, 2101, 2104.
[1330] BGH NZG 2007, 667, 673.
[1331] BGH ZIP 2008, 455.
[1332] BGH NZI 2012, 894, LS 1.
[1333] *Roth/Altmeppen*, § 43 GmbHG Rn. 92, § 13 Rn. 75 ff.; *Schneider* GmbHR 2011, 685, 686.
[1334] Vgl. BGH NZI 2007, 603 Rn. 44 (Gesellschafter-Gesellschafter); zu Mittätern, Anstiftern und Gehilfen vgl. BGH NZI 2007, 603 Rn. 46; NZI 2012, 894 Rn. 14; *Schneider* GmbHR 2011, 685, 686 mit weiteren Nachweisen.

ter-Gesellschafter (also Gesellschafter einer an der Gesellschaft beteiligten Gesellschaft), soweit sie beherrschenden Einfluss ausüben können.[1335] Voraussetzung ist allerdings in jedem Falle eine Haftung des Haupttäters (also: des Gesellschafters)[1336] sowie doppelter Teilnehmervorsatz (bezüglich der Haupttat und des eigenen Tatbeitrages).[1337] Ob der Geschäftsführer einer existenzvernichtend eingreifenden Obergesellschaft neben seiner Gesellschaft nach § 830 II BGB mithaftet, ist noch nicht abschließend geklärt. Da dieser aber als Organ seiner Gesellschaft handelt und außerdem im Rahmen der §§ 31, 30 GmbHG – welche die Existenzvernichtungshaftung nur ergänzt – die Geschäftsführer der Obergesellschaften nicht haften, sprechen gewichtige Gründe gegen eine „automatische" Mithaftung.[1338] Ebenfalls frei von einer Haftung bleibt der Neu-Gesellschafter für solche existenzvernichtenden Eingriffe, die ein Dritter vor Anteilsübertragung verübt hat.[1339]

375 bb) *Haftung des Geschäftsführers nach § 64 S. 3 GmbHG (Insolvenzverursachungshaftung).* Der MoMiG-Gesetzgeber hat mit § 64 S. 3 GmbHG einen neuen Haftungstatbestand zu Lasten des Geschäftsführers eingeführt. Danach haftet der Geschäftsführer für Zahlungen an die Gesellschaft gegenüber der Gesellschaft, die zur Zahlungsunfähigkeit (§ 17 InsO) der Gesellschaft führen mussten. Da es hier nur um Liquiditätsschutz geht, lösen drohende Zahlungsunfähigkeit (§ 18 InsO) und Überschuldung (§ 19 InsO) die Haftung nicht aus.[1340] Die Vorschrift dient als ergänzendes Instrument des Gläubigerschutzes, welches jedoch nicht auf die Kapitalerhaltung zielt, sondern gläubigerschädigende Vermögensverschiebungen im Vorfeld der Insolvenz verhindern soll.[1341] Die Bestimmung dient ebenfalls dazu, die Lücken im System der Kapitalerhaltung zu schließen.[1342] Das (kapitalerhaltungsrechtliche) Ausschüttungsverbot des § 30 I GmbHG sowie das Insolvenzanfechtungsrecht der §§ 129 ff. InsO, insbesondere § 135 InsO, bleiben daneben anwendbar. Die Normadressaten des § 64 S. 3 GmbHG und des § 64 S. 1 GmbHG (→ Rn. 172) stimmen überein.[1343] Demgemäß gilt § 64 S. 3 auch für den faktischen Geschäftsführer und den Liquidator.[1344] Die Vorschrift ist nach dem Willen des Gesetzgebers insolvenzrechtlich zu qualifizieren und somit gemäß Art. 3 I, 4 I, II EuInsVO auch auf einer GmbH vergleichbare Auslandsgesellschaften mit Tätigkeitsschwerpunkt in Deutschland anwendbar.[1345]

376 (1) *Zahlung an den Gesellschafter.* Haftungsauslösend sind nach § 64 S. 3 Zahlungen an den Gesellschafter. Da die Vorschrift nicht zuletzt den erheblichen Liquiditätsabfluss im Zusammenhang mit *Leveraged-Finance*-Praktiken verhindern soll,[1346] gilt sie bei einem engen zeitlichen und sachlichen Zusammenhang zwischen Leistung und An-

---

[1335] BGH NZG 2007, 667, 672; NZG 2005, 177; OLG München ZIP 2010, 331 (vgl. dazu auch BGH: Beschluss über Nichtzulassungsbeschwerde vom 11.10.2010 – II ZR 136/09).
[1336] MüKoBGB/*Wagner* § 830 Rn. 8 ff.
[1337] *Schneider* GmbHR 2011, 685, 686.
[1338] Siehe hierzu ausführlich *Schneider* GmbHR 2011, 685, 689 ff. mit weiteren Nachweisen.
[1339] OLG München, ZIP 2010, 331.
[1340] *Saenger/Inhester/Kolmann*, § 64 GmbHG Rn. 86; *Lutter/Hommelhoff/Kleindiek*, § 64 Rn. 25; *Baumbach/Hueck/Haas*, § 64 GmbHG Rn. 101.
[1341] *Saenger/Inhester/Kolmann*, § 64 GmbHG Rn. 70.
[1342] Siehe hierzu *Baumbach/Hueck/Haas*, § 64 GmbHG Rn. 2; *Scholz/K. Schmidt*, § 64 GmbHG Rn. 65.
[1343] *Lutter/Hommelhoff/Kleindiek*, § 64 Rn. 23; *Baumbach/Hueck/Haas*, § 64 GmbHG Rn. 8 f.; *Scholz/K. Schmidt*, § 64 GmbHG Rn. 67.
[1344] *Lutter/Hommelhoff/Kleindiek*, § 64 Rn. 22.
[1345] RegE MoMiG, BT-Drucks. 16/6140, S. 47; *Saenger/Inhester/Kolmann*, § 64 GmbHG Rn. 75; *Bork/Schäfer*, § 64 GmbHG Rn. 44 f.; *Roth/Altmeppen*, § 64 GmbHG Rn. 64; aA *Scholz/K. Schmidt*, § 64 GmbHG Rn. 66: Zahlungsverbote als „genuines Gesellschaftsrecht".
[1346] *Saenger/Inhester/Kolmann*, § 64 GmbHG Rn. 70.

teilserwerb auch für zukünftige Gesellschafter.[1347] Ein Sanierungs- oder Kleinbeteiligtenprivileg gibt es nicht.[1348] HM nach ist der Zahlungsbegriff in § 64 S 3 GmbHG ebenso auszulegen wie in § 64 S 1 GmbHG (→ Rn. 174 ff.).[1349] Dies gilt allerdings nur im Grundsatz: Da § 64 S. 3 GmbHG die Gesellschaft vor der Zahlungsunfähigkeit und somit vor Liquiditätsabfluss schützen soll, erscheinen gewisse Modifizierungen notwendig.

So kann etwa nicht jede Weggabe von Vermögen haftungsbegründend sein, sondern nur die Weggabe liquider Mittel; denn die Zahlungsunfähigkeit stellt ja auf eine Liquiditätsprüfung ab.[1350] Erfasst sind neben reinen Geldleistungen etwa Auf- und Verrechnungen, Leistungen an Erfüllungs Statt[1351] sowie an den Gesellschafter erbrachte Leistungen Dritter, die auf Rechnung der Gesellschaft erfolgen.[1352] Umstritten ist dagegen die Stellung von Sicherheiten für Verbindlichkeiten von Gesellschaftern, gerade bei aufsteigenden Kreditsicherheiten *(upstream securities)* im Konzern. Richtigerweise stellt die Bestellung einer Sicherheit im Kontext der Liquiditätsschutznorm des § 64 S. 3 GmbHG ebenfalls eine Zahlung dar, da durch Belastung vorhandener Wirtschaftgüter die zukünftige Liquiditätsbeschaffung berührt wird.[1353] Auch das kurzfristig liquidierbare Vermögen muss bei der Bestimmung einer Zahlungsunfähigkeit gemäß § 17 InsO einbezogen werden (sog. Aktiva II).[1354]

Der tatsächliche Anwendungsbereich des § 64 S 3 GmbHG bleibt insgesamt eng begrenzt. So kann insbesondere die Zahlung auf einen fälligen Anspruch eines Gesellschafters den Tatbestand nur selten erfüllen, da sich in dem – für die Feststellung der Zahlungsunfähigkeit notwendigen – Liquiditätsstatus bereits die fällige Verbindlichkeit, und nicht erst deren Befriedigung niederschlägt.[1355] Die teilweise vertretenen Ansätze, Verbindlichkeiten gegenüber Gesellschaftern aus dem Liquiditätsstatus auszuklammern oder gar einen eigenen haftungsrechtlichen Begriff der Zahlungsunfähigkeit einzuführen, erscheinen wenig sachgerecht.[1356] Der gegen diese Sichtweise häufig vorgetragene Einwand, eine solche Auslegung des Zahlungsbegriffes lasse die Norm „leerlaufen" und beraube sie eines sinnvollen Anwendungsbereiches, trifft dennoch nicht zu: Als gläubigerschützendes Auszahlungsverbot greift § 64 S. 3 GmbHG nämlich dann doch ein, wenn zur Begleichung einer solchen fälligen Gesellschafterforderung Mittel aufgewendet werden, die zur Begleichung einer erst später fälligen und daher im Liquiditätsstatus nicht verbuchten Drittverbindlichkeit notwendig wären[1357] (zu den sich in diesem Zusammenhang stellenden Kausalitätsfragen → Rn. 381).

Ein weiteres Anwendungsfeld ergibt sich nach hier vertretener Auffassung im Bereich der Eingehung „zerstörerischer" Verbindlichkeiten. Die reine Eingehung einer Verbind-

---

[1347] MünchKommGmbHG/*H. F. Müller* § 64 Rn. 163.
[1348] *Saenger/Inhester/Kolmann*, § 64 GmbHG Rn. 83.
[1349] *Ulmer/Casper*, Erg-Band MoMiG § 64 GmbHG Rn. 113 f.; *Baumbach/Hueck/Haas*, § 64 GmbHG Rn. 97 (im Grundsatz); *Scholz/K. Schmidt*, § 64 GmbHG Rn. 75; *Lutter/Hommelhoff/Kleindiek*, § 64 Rn. 24; siehe auch *Hirte* ZInsO 2008, 689, 697; *Wicke*, § 64 GmbHG Rn. 27; *Knof* DStR 2007, 1536, 1537.
[1350] Siehe hierzu *Saenger/Inhester/Kolmann*, § 64 GmbHG Rn. 78; *Baumbach/Hueck/Haas*, § 64 GmbHG Rn. 98.
[1351] *Saenger/Inhester/Kolmann*, § 64 GmbHG Rn. 78.
[1352] *Saenger/Inhester/Kolmann*, § 64 GmbHG Rn. 78; *Scholz/K. Schmidt*, § 64 GmbHG Rn. 75.
[1353] *Lutter/Hommelhoff/Kleindiek*, § 64 Rn. 24; *Saenger/Inhester/Kolmann*, § 64 GmbHG Rn. 78.; *Haas*, GmbHR 2010, 1, 5 f.; *Bitter* ZInsO 2010, 1505, 1518; aA *Brand* ZIP 2012, 1010; *Kono* GmbHR 2010, 230, 235 f.
[1354] *Saenger/Inhester/Kolmann* vor § 64 GmbHG Rn. 95 f.
[1355] Denkbar wären lediglich die seltenen Fälle, in denen die Liquiditätslücke erst durch die Auszahlung die kritische Schwelle von 10 % der Gesamtverbindlichkeiten überschritten wird; Rechenbeispiel bei *Lutter/Hommelhoff/Kleindiek*, § 64 Rn. 29.
[1356] *Saenger/Inhester/Kolmann*, § 64 GmbHG Rn. 89; *Roth/Altmeppen*, § 64 GmbHG Rn. 73.
[1357] So auch *Lutter/Hommelhoff/Kleindiek*, § 64 Rn. 32 f.

lichkeit ist zwar als solche liquiditätsneutral und stellt daher keine Zahlung im Sinne des § 64 S 1 GmbHG dar.[1358] Da § 64 S. 3 GmbHG aber auf die Herbeiführung der Zahlungsunfähigkeit abstellt, für welche es gerade nicht nur auf die vorhandene Liquidität, sondern auf deren Verhältnis zu den fälligen Verbindlichkeiten ankommt, rechtfertigt sich hier – entgegen der Auffassung des BGH – eine punktuelle Abweichung in der Auslegung des Zahlungsbegriffs.[1359] Potentiell haftungsauslösend sind somit auch solche Vorgänge im Verhältnis zu den Gesellschaftern, durch welche sich die Relation der vorhandenen Liquidität zu den fälligen (und künftig fällig werdenden) Forderungen verschlechtert. Daher darf die Geschäftsführung Verbindlichkeiten zu Gunsten der Gesellschafter nur eingehen, wenn sich die Gesellschaft deren Erfüllung bei normalem Geschehensfortgang auch leisten kann oder unmittelbar eine entsprechende Gegenleistung erhält.[1360]

380 Eine Zahlung „an" den Gesellschafter iS des § 64 S. 3 GmbHG liegt – richtiger Ansicht nach – unter denselben Voraussetzungen vor, unter denen man eine Zahlung iS des § 30 I GmbHG zugunsten des Gesellschafters annimmt;[1361] denn schließlich dient § 64 S. 3 GmbHG ja der Kompensation von Lücken im System der Kapitalerhaltung (→ Rn. 371 ff.).

381 (2) *Zurechnungszusammenhang.* Haftungsauslösend sind nach § 64 S. 3 GmbHG nur solche Zahlungen, die die Zahlungsunfähigkeit herbeiführen mussten. Dem Gesetzgeber schwebte mit dieser Formulierung wohl ein recht enger Kausalzusammenhang vor.[1362] Um den Anwendungsbereich des § 64 S. 3 GmbHG nicht übermäßig zu beschneiden, dürfen jedoch die Anforderungen an den Zurechnungszusammenhang nicht überspannt werden.[1363] Schließlich ist die Entstehung einer Zahlungsunfähigkeit typischerweise ein komplexer Vorgang, der nicht monokausal durch ein einzelnes (Zahlungs-)Ereignis, sondern typischerweise durch eine ganze Reihe von Umständen ausgelöst wird. Richtiger Ansicht nach sollte ein hinreichender Kausalzusammenhang angenommen werden, wenn die Zahlung des Gesellschafters im Sinne einer „Weichenstellung ins Aus" einen wesentlichen Beitrag dazu geleistet hat,[1364] dass die Gesellschaft – unter Normalbedingungen – zahlungsunfähig geworden ist oder der Eintritt der Zahlungsunfähigkeit beschleunigt wurde.[1365] Besteht ein enger zeitlicher Zusammenhang zwischen einer (nicht unwesentlichen) Zahlung und der Zahlungsunfähigkeit, so sollte entweder der Kausalzusammenhang widerleglich vermutet werden, zumindest aber dem zeitlichen Zusammenhang Indizwirkung (bzw. mit Umkehr der sekundären Behaup-

---

[1358] *Henssler/Strohn/Arnold*, § 64 GmbHG Rn. 65; *MünchKommGmbHG/H. F. Müller* § 64 Rn. 159; *Wicke* § 64 GmbHG Rn. 27; *Roth/Altmeppen*, § 64 GmbHG Rn. 61; wohl auch *Scholz/K. Schmidt*, § 64 GmbHG Rn. 75.

[1359] *Saenger/Inhester/Kolmann*, § 64 GmbHG Rn. 90a; *Haas* GmbHR 2010, 1, 6; *Baumbach/Hueck/Haas*, § 64 GmbHG Rn. 99; *Bitter* ZInsO 2010, 1505, 1519; *Brand* ZIP 2012, 1010, 1013 (für Sicherheitenbestellung); *Seulen/Osterloh* ZInsO 2010, 881, 884; wohl auch *Rodewald* GmbHR 2009, 1301, 1306; aA BGH NZG 2012, 1379, 1380; *Lutter/Hommelhoff/Kleindiek*, § 64 Rn. 31 (mit Hinweis auf den wohl entgegenstehenden Willen des Gesetzgebers, RegE MoMiG BT-Drucks. 16/6140 S. 46); *MünchKommGmbHG/H. F. Müller* § 64 Rn. 159; *Roweder/Chr. Schmidt-Leithoff/Baumert*, § 64 GmbHG Rn. 66; *Desch* BB 2010, 2586, 2588 f.; *Strohn* NZG 2011, 1161, 1168.

[1360] *Saenger/Inhester/Kolmann*, § 64 GmbHG Rn. 90a.

[1361] *Henssler/Strohn/Arnold*, § 64 GmbHG Rn. 66; *Baumbach/Hueck/Haas*, § 64 GmbHG Rn. 101; *Lutter/Hommelhoff/Kleindiek*, § 64 Rn. 25 f.; *Ulmer/Casper*, Erg-Band MoMiG § 64 GmbHG Rn. 116; im Grundsatz auch *Scholz/K. Schmidt*, § 64 GmbHG Rn. 77; restriktiver hingegen *Spliedt* ZIP 2009, 149, 159.

[1362] *Lutter/Hommelhoff/Kleindiek*, § 64 GmbHG Rn. 27; *Baumbach/Hueck/Haas*, § 64 GmbHG Rn. 102; siehe auch *Scholz/K. Schmidt*, § 64 GmbHG Rn. 83 f.

[1363] *Baumbach/Hueck/Haas*, § 64 GmbHG Rn. 105; wohl auch *Hölzle* GmbHR 2007, 729, 731; *Spliedt* ZIP 2009, 149, 160.

[1364] So auch *Scholz/K. Schmidt*, § 64 GmbHG Rn. 84: „nicht ein Schritt unter vielen".

[1365] *Baumbach/Hueck/Haas*, § 64 GmbHG Rn. 105.

tungslast) zukommen.¹³⁶⁶ Allerdings schließt auch ein großer zeitlicher Abstand zwischen Zahlung und Insolvenz die Kausalität nicht grundsätzlich aus.¹³⁶⁷ Das gilt insbesondere für Konstellationen, in denen die Gesellschaft im Anschluss an die zerstörerische Zahlung zur Umgehung der Haftung und Insolvenzanfechtung (etwa durch freiwillige Stützungszahlungen) durch den Zahlungsempfänger vorübergehend am Leben erhalten wird.¹³⁶⁸ Die Zahlungsunfähigkeit gilt jedoch durch eine Zahlung an den Gesellschafter nicht als verursacht, wenn die Gesellschaft bereits vorher zahlungsunfähig ist und die Insolvenz lediglich vertieft wird.¹³⁶⁹ Dann handelt es sich um einen Fall des § 64 S. 1 GmbHG.

(3) *Verschulden.* Zum Verschulden gilt das zur Haftung nach § 64 S. 1 GmbHG Gesagte entsprechend (→ Rn. 190). Die Haftung ist allerdings ausgeschlossen, wenn die Herbeiführung der Zahlungsunfähigkeit auch bei Beachtung der im Verkehr erforderlichen Sorgfalt nicht erkennbar war (→ Rn. 190).¹³⁷⁰ Allerdings gilt es zu beachten, dass den Geschäftsführer auch im Zusammenhang mit § 64 S. 3 GmbHG eine Pflicht zur beständigen wirtschaftlichen Selbstprüfung trifft.¹³⁷¹ Der Geschäftsführer kann daher der Haftung nicht dadurch entgehen, dass er die Folgen der Zahlung aufgrund mangelnden Controllings nicht erkennen kann. **382**

(4) *Rechtsfolgen.* Sind die Voraussetzungen des § 64 S. 3 GmbHG erfüllt, muss der Geschäftsführer die Zahlung erstatten. Richtiger Ansicht entsteht der Anspruch – ebenso wie der aus § 64 S. 1 GmbHG – mit Insolvenzeröffnung bzw. Abweisung des Insolvenzantrags mangels Masse (und nicht schon mit der Zahlung).¹³⁷² § 64 S. 3 GmbHG gewährt dem Geschäftsführer – auch wenn dies rechtlich nicht erforderlich wäre – im Vorfeld ein Leistungsverweigerungsrecht.¹³⁷³ Gleichwohl muss die (eigentlich undurchsetzbare) fällige Gesellschafterforderung in einem Liquiditätsstatus nach § 17 InsO berücksichtigt werden.¹³⁷⁴ Die Vorschrift stellt bezüglich der Zahlung auch kein Verbotsgesetz im Sinne des § 134 BGB dar.¹³⁷⁵ **383**

d) *Sonstige Ansprüche.* Vermögensverschiebungen zwischen Gesellschaft und Gesellschafter können sowohl zu Lasten des Geschäftsführers¹³⁷⁶ als auch zu Lasten des Gesellschafters (unter dem Blickwinkel des faktischen Geschäftsführers)¹³⁷⁷ Schadensersatzansprüche nach § 823 II BGB iVm § 266 StGB auslösen. Danach haften die Adressaten **384**

---

¹³⁶⁶ *Scholz/K. Schmidt,* § 64 GmbHG Rn. 84; *Ulmer/Casper,* Erg-Band MoMiG § 64 GmbHG Rn. 119; *Baumbach/Hueck/Haas,* § 64 GmbHG Rn. 108.
¹³⁶⁷ Vgl. BGH ZIP 2012, 2394: im konkreten Fall 13 Monate Abstand.
¹³⁶⁸ BGH ZIP 2012, 2394.
¹³⁶⁹ BGH NZG 2012, 1379, LS 1.
¹³⁷⁰ Näher zur Exkulpation *Saenger/Inhester/Kolmann,* § 64 GmbHG Rn. 91 ff.
¹³⁷¹ *Baumbach/Hueck/Haas,* § 64 GmbHG Rn. 95.
¹³⁷² Siehe *Baumbach/Hueck/Haas,* § 64 GmbHG Rn. 12; *Haas* GmbHR 2010, 1, 2 ff.; MünchKomm-GmbHG/*Müller,* § 64 GmbHG Rn. 146; *Saenger/Inhester/Kolmann,* § 64 GmbHG Rn. 49 (zu § 64 S. 1 GmbHG), jeweils unter Hinweis auf BGH NJW 2001, 304, 304; anders nunmehr BGH NZI 2009, 486 Rn. 20; ZIP 2010, 2107 Rn. 13 f.; DB 2012, 968 Rn. 22; *Lutter/Hommelhoff/Kleindiek,* § 64 GmbHG Rn. 16, 41; *Ulmer/Casper,* Erg-Band MoMiG § 64 Rn. 102, 107; *Brinkmans* ZInsO 2011, 2167, 2172; zur fehlenden Berücksichtigungsfähigkeit des Anspruchs gemäß § 64 S. 1 GmbHG im Überschuldungsstatus gemäß § 19 InsO überzeugend *Frystatzki* NZI 2013, 161, 162 f.
¹³⁷³ BGH NZG 2012, 1379, LS 3; LG Berlin GmbHR 2010, 201, 202; *Saenger/Inhester/Kolmann,* § 64 GmbHG Rn. 96; *Dahl* NZG 2009, 567, 569; *Hölzle* GmbHR 2007, 729, 732; *Scholz/K. Schmidt,* § 64 GmbHG Rn. 91; aA *Baumbach/Hueck/Haas,* § 64 GmbHG Rn. 107.
¹³⁷⁴ BGH NZG 2012, 1379 Rn. 10 ff.; *Henssler/Strohn/Arnold* § 64 GmbHG Rn. 63; *Lutter/Hommelhoff/Kleindiek* § 64 GmbHG Rn. 33.
¹³⁷⁵ *Saenger/Inhester/Kolmann,* § 64 GmbHG Rn. 96.
¹³⁷⁶ OLG Stuttgart ZInsO 2009, 1712, 1714; siehe hierzu *Haas* ZIP 2006, 1373, 1380 f.
¹³⁷⁷ Siehe hierzu *Haas* ZIP 2006, 1373, 1380 f. Dies gilt insbesondere auch deshalb, weil die Strafgerichte eine faktische Geschäftsführung unter leichteren Voraussetzungen annehmen als die Zivilgerichte, siehe *Haas* NZI 2006, 494, 498.

des § 266 StGB ua auch für die Zahlungsunfähigkeit herbeiführende Zahlungen. Schließlich können Vermögensverschiebungen zwischen Gesellschaft und Gesellschafter auch nach §§ 129 ff. InsO (insbesondere nach §§ 133, 134 InsO) angefochten werden mit der Folge, dass die Ausschüttungen bzw. Zahlungen dann an die Gesellschaft bzw. den Insolvenzverwalter zu erstatten sind.[1378]

385   **7. „Eigenkapitalersetzende Gesellschafterleistungen".** Die GmbH-Gesellschafter können sich sowohl hinsichtlich der Höhe der Finanzausstattung als auch hinsichtlich der Art und Weise der Kapitalausstattung (Eigen- oder Fremdkapital) auf den Grundsatz der Finanzierungsfreiheit berufen.[1379] Diese Finanzierungsfreiheit besteht allerdings nicht grenzenlos. Der Höhe nach findet sie – nach vielfach vertretener Ansicht – ihre Grenze in dem Verbot einer „völlig unangemessenen", „missbräuchlichen" oder sittenwidrigen Haft-Kapitalausstattung. In Bezug auf die Art und Weise der Kapitalausstattung wird der Grundsatz der Finanzierungsfreiheit durch die „Regeln des Kapitalersatzrechts" eingeschränkt. Insbesondere diese letzte Schranke ist in der Vergangenheit zu einem ausdifferenzierten und verästelten Gläubigerschutzsystem ausgebaut worden.[1380] Der Gesetzgeber hat durch das MoMiG in diese – durch die Rspr getriebene – Entwicklung eingegriffen und das „Kapitalersatzrecht" umfassend reformiert. Allein dieses reformierte Recht des Gesellschafternachrangs ist Gegenstand der nachfolgenden Ausführungen, wobei allerdings – der Einfachheit halber – der Begriff „Kapitalersatzrecht" zur Umschreibung des Phänomens beibehalten werden soll. Zur Rechtslage vor Inkrafttreten des MoMiG, siehe 3. Auflage 2006, § 92 Rn. 343 ff.

386   **a)** *Rechtsquellen.* Die Quellen zum Recht der eigenkapitalersetzenden Gesellschafterleistungen finden sind in:
– §§ 39, 44a, 135, 143 III, 264 III InsO sowie in
– dem (hier nicht weiter behandelten) AnfG (§§ 6, 6a).
– In § 30 I 3 GmbHG hat der Gesetzgeber überdies klargestellt, dass die so genannten Rechtsprechungsregeln, die analoge Anwendung der §§ 30, 31 GmbHG, keine Anwendung mehr finden.

387   Fraglich ist, ob und inwieweit neben diesen spezifischen Rechtsquellen die allgemeinen Grundsätze des (Insolvenz-)Anfechtungsrechts zur Anwendung kommen.[1381] Auch wenn das Kapitalersatzrecht – teilweise – in die §§ 129 ff. InsO eingebettet ist, darf nicht übersehen werden, dass dieses mitunter lex specialis gegenüber dem allgemeinen Insolvenzanfechtungsrecht ist. Dies gilt etwa (offensichtlich) für § 138 II Nr. 1 InsO, der eine – von § 39 V InsO abweichende – Beteiligungsschwelle vorsieht, um die unternehmerische Insiderstellung zu definieren. Hier gehen die Grundsätze zum Kapitalersatzrecht eindeutig vor. Gleiches gilt aber auch im Verhältnis zu § 142 InsO;[1382] denn welche Geschäfte im Verhältnis zwischen Gesellschaft und Gesellschafter als anstößig bzw. missbilligenswert gelten, wird allein in § 39 I Nr. 5 InsO definiert. Hat beispielsweise der Gesellschafter der Gesellschaft ein Darlehen gewährt, das diese im Gegenzug „unmittelbar" iS des § 142 InsO besichert hat,[1383] dann ist das Darlehen aufgrund der Wertung in § 39 I Nr. 5 InsO dem Kapitalersatzrecht unterworfen, obwohl im Verhält-

---

[1378] Siehe hierzu *Thole* KTS 2007, 293 ff.; *Haas* ZIP 2006, 1373 ff.; *Mylich* ZGR 2009, 474, 478 f.
[1379] *Hommelhoff*, in von Gerkan/Hommelhoff (Hrsg.) Rn. 2.14 ff.
[1380] *Hommelhoff*, in von Gerkan/Hommelhoff (Hrsg.) Rn. 2.17.
[1381] Siehe hierzu auch *Haas*, FS Ganter, 2010, S. 189.
[1382] Siehe *Spliedt* ZIP 2009, 149, 151; BerlK/*Haas*, § 142 Rn. 37; *Haas*, FS Ganter, 2010, S. 189; *Michalski/Dahl*, Anh II § 32a, 32b GmbHG aF Rn. 21; *Graf-Schlicker/Neussner*, § 135 Rn. 21; iE auch *Henkel* ZInsO 2009, 1577 ff.; aA *Rühle* ZIP 2009, 1358, 1361; *Schmidt/Schröder*, § 135 Rn. 35; *Schmidt/Rogge*, § 142 Rn. 13; *Marotzke* ZInsO 2008, 2181, 2186 ff.; wohl auch MüKoInsO/*Kirchhof*, § 142 Rn. 22; *Habersack* ZIP 2007, 2145, 2150; *Hirte* WM 2008, 1429, 1432.
[1383] Siehe zur Anwendbarkeit des § 142 InsO in einem solchen Fall, BGH NJW 1998, 2592, 2597.

nis zwischen der Gesellschaft und einem Dritten das Geschäft anfechtungsrechtlich nach § 142 InsO privilegiert ist. Schließlich darf nicht übersehen werden, dass das Kapitalersatzrecht – über das AnfG – auch außerhalb des Insolvenzverfahrens Anwendung findet. Aus diesem Grund sollten – um einen Gleichlauf inner- und außerhalb des Insolvenzrechts zu gewährleisten – allenfalls solche Vorschriften des Insolvenzanfechtungsrechts (ergänzende) Anwendung auf das Kapitalersatzrecht finden, die auch im AnfG anzutreffen sind. Hierzu gehört aber beispielsweise § 142 InsO nicht.

b) *Übergangsrecht.* aa) *In Bezug auf die Novellenregelungen.* Zu den ehemaligen Novellenregelungen zählen insbesondere die §§ 32a, b GmbHG aF, §§ 39 I Nr. 5, 135 InsO aF. Ob nach Inkrafttreten des MoMiG (1.11.2008) auf einen Sachverhalt weiterhin die „alten" Novellenregeln Anwendung finden, richtet sich – lässt man das AnfG außer Betracht – im Grundsatz nach Art. 103d EGInsO. Die Bestimmung sieht vor, dass auf „*Insolvenzverfahren, die vor Inkrafttreten dieses Gesetzes [...] am 1. November 2008 eröffnet worden sind, [...] die bis dahin geltenden gesetzlichen Regeln anzuwenden* (sind). *Im Rahmen von nach dem 1. November 2008 eröffneten Insolvenzverfahren sind auf vor dem 1. November vorgenommene Rechtshandlungen die bis dahin geltenden Vorschriften anzuwenden, soweit die Rechtshandlung nach dem bisherigen Recht der Anfechtung entzogen oder in geringerem Umfang unterworfen sind.*" Maßgebender Stichtag ist also die Eröffnung des Insolvenzverfahrens, nicht die Insolvenzantragstellung.[1384]   **388**

(1) *Die für Insolvenzverfahren geltenden gesetzlichen Regelungen.* Zu den „auf Insolvenzverfahren anwendbaren gesetzlichen Regeln" idS zählen – bereits aufgrund ihres regeltechnischen Standortes – die §§ 39, 135 InsO aF.[1385] Richtiger Ansicht nach zählen hierzu aber auch die übrigen Novellenregelungen, obwohl sich diese – regelungstechnisch – nicht in der InsO, sondern im Gesellschaftsrecht finden.[1386] Der BGH[1387] hat klargestellt, dass es für die Anwendbarkeit des Art. 103d EGInsO weniger auf den Standort der Norm, als vielmehr auf deren funktionalen Zusammenhang ankommt. Insoweit ist aber festzuhalten, dass seit jeher anerkannt ist, dass die §§ 32a II, 32b GmbHG – trotz ihrer Stellung im GmbHG – insolvenzrechtlicher und nicht gesellschaftsrechtlicher Natur sind.[1388] Es ist mithin nur konsequent, wenn der BGH die §§ 32a, 32b GmbHG aF der Überleitungsvorschrift in Art. 103d EGInsO unterstellt.[1389] Zusammenfassend ist damit festzuhalten, dass – abgesehen von § 6 AnfG aF – die alten Novellenregelungen grundsätzlich nur dann Anwendung finden, wenn das Insolvenzverfahren vor dem 1. November 2008 eröffnet wurde (Art. 103d S. 1 EGInsO). Eine Ausnahme gilt allerdings für § 135 InsO und die anfechtungsgleich ausgestalteten §§ 32b, 32a II GmbHG aF. Diese finden – nach Art. 103d S. 2 EGInsO – auch nach dem 1. November 2008 Anwendung, wenn die anfechtbare Rechtshandlung vor diesem Zeitpunkt vorgenommen wurde und das alte Recht für den Anfechtungsgegner günstiger als das neue Recht ist.   **389**

(2) *Rechtshandlung iS des § 103d EGInsO.* Unter Rechtshandlung iS des § 103d EGInsO ist allein die Rückzahlung des Darlehens zu verstehen, nicht aber dessen Gewährung.[1390]   **390**

[1384] *Baumbach/Hueck/Fastrich*, Anh § 30 GmbHG Rn. 108; *Saenger/Inhester/Kolmann*, Anh § 30 GmbHG Rn. 48.
[1385] *Wedemann* GmbHR 2008, 1131, 1134.
[1386] *Saenger/Inhester/Kolmann*, Anh § 30 GmbHG Rn. 48.
[1387] BGH NZI 2009, 336, 337; in diesem Sinne auch BGH NZG 2009, 782, 783.
[1388] *Ulmer/Habersack*, §§ 32a/b Rn. 154, 180; *Scholz/K. Schmidt*, §§ 32a, 32b GmbHG Rn. 167.
[1389] BGH NZI 2009, 336, 337; NZG 2009, 782, 783; aA *Gutmann/Nawroth* ZInsO 2009, 174, 176.
[1390] *Saenger/Inhester/Kolmann*, Anh § 30 GmbHG Rn. 51; *Hirte/Knof/Mock* NZG 2009, 48; *Baumbach/Hueck/Fastrich*, Anh § 30 GmbHG Rn. 109; *Haas* DStR 2009, 976, ff.

391 bb) *In Bezug auf die Rechtsprechungsregeln.* Mit Inkrafttreten des MoMiG fallen die Rechtsprechungsregeln ersatzlos weg, werden also nicht – wie etwa die Novellenregelungen – in andere Vorschriften überführt. Ausdrücklich ordnet der neue § 30 I 3 nF GmbHG an: „*S. 1 ist zudem nicht anzuwenden auf die Rückgewähr eines Gesellschafterdarlehens und Leistungen auf Forderungen aus Rechtshandlungen, die einem Gesellschafterdarlehen wirtschaftlich entsprechen.*" Allerdings fehlt für § 30 I 3 nF GmbHG eine eigenständige gesellschaftsrechtliche Übergangsvorschrift.[1391] Welche Folgerungen hieraus zu ziehen sind, ist umstritten.[1392] Die Rechtsprechung – ebenso wie die weit überwiegende Ansicht in der Literatur – ist der Meinung, dass auch nach Inkrafttreten des MoMiG auf bestimmte „Altfälle" die Rechtsprechungsregeln Anwendung finden.[1393] Die Gegenansicht, nach der mit Inkrafttreten des § 30 I 3 GmbHG – also ab dem 1.11.2008 – die Rechtsprechungsregeln generell unanwendbar sind und es demnach auch keine „Altfälle" gibt, hat sich dagegen nicht durchgesetzt.[1394] Im Detail variieren die Begründungen der herrschenden Ansicht erheblich. Im Kern existieren zwei grundlegend unterschiedliche Ansätze.

392 (1) *Analogie zu Art. 103d S. 1 EGInsO.* Eine Ansicht etwa will – in Ermangelung einer spezifischen Übergangsregelung – Art. 103d S. 1 EGInsO entsprechend anwenden.[1395] Die Rechtsprechungsregeln und die Novellenregelungen dienten demnach dazu, einander zu ergänzen (siehe zB § 32a III aF GmbHG).[1396] Es wird argumentiert, dass beide Regelungssysteme auf das gleiche Ziel ausgerichtet sind, sich nur im Detail unterscheiden[1397] und obendrein einen einheitlichen Tatbestand haben.[1398] Auch der Wortlaut des Art. 103d S. 1 EGInsO stehe dem nicht entgegen, da die entsprechende Anwendung der §§ 30, 31 aF GmbHG im Rahmen der Rechtsprechungsregeln sich ohne weiteres unter den Begriff „gesetzliche Vorschriften" subsumieren ließe.[1399] Konsequenterweise wird von manchen Vertretern dieser Ansicht auch eine entsprechende Anwendung des gesamten Art. 103d EGInsO – einschließlich der damit einhergehenden Günstigkeitsprüfung nach S. 2 – gefordert.[1400]

393 (2) *Grundsätze intertemporalen Rechts.* Demgegenüber lehnt die wohl hM die analoge Anwendung des Art. 103d EGInsO ganz ab und will die Übergangsregelung aus allgemeinen intertemporalen Überlegungen (insbesondere den Art. 170, 229 § 5, Art. 232 § 1 EGBGB) ableiten.[1401] Danach untersteht ein Schuldverhältnis nach seinen Voraussetzungen, seinem Inhalt und seinen Wirkungen dem Recht, das zur Zeit seiner Ent-

---

[1391] *Wedemann* GmbHR 2008, 1131, 1134; *Hirte* WM 2008, 1429, 1435.
[1392] Siehe hierzu *Haas* DStR 2009, 976, 977 ff.
[1393] BGH NZI 2009, 336, 337; OLG Thüringen GmbHR 2009, 431; OLG Köln NZI 2009, 128, 129; *Scholz/K. Schmidt,* Nachtrag §§ 32a/b GmbHG aF Rn. 12; *Baumbach/Hueck/Fastrich,* Anh § 30 GmbHG Rn. 110.
[1394] So aber *Hirte* WM 2008, 1429, 1435; *ders./Knof/Mock* NZG 2009, 48, 49; *Holzer* ZIP 2009, 206, 207; MünchAnwHdbGmbH/*Selzner/Leuering,* § 7 Rn. 116.
[1395] OLG Köln NZI 2009, 128, 129; Vorauflage Rn. 367; in diesem Sinne auch *Altmeppen* NJW 2008, 3601; *ders.* ZIP 2011, 641, 645; *Roth/Altmeppen* Vorb §§ 32a, b aF GmbHG, Rn. 1 ff.
[1396] *Goette* GWR 2009, 278 139.
[1397] Siehe auch *Huber/Habersack* BB 2006, 1, 3; *Huber,* in Lutter (Hrsg.) Europäische Auslandsgesellschaften in Deutschland, S. 131, 139: „*führen meist zum gleichen Ergebnis*"; siehe auch *Reimann-Dittrich,* Die Finanzierungsfolgenverantwortung, 2006, S 78 ff.; *Haas,* in Reform des gesellschaftsrechtlichen Gläubigerschutzes, Gutachten E zum 66. DJT, 2006, E 61.
[1398] Siehe *Hommelhoff,* in von Gerkan/Hommelhoff (Hrsg.) Rn. 1.16; 3. Auflage 2006, Rn. 344; *von Gerkan* ZGR 1997, 173, 176.
[1399] *Goette* GWR 2009, 278 139.
[1400] Vgl. *Haas* DStR 2009, 976, 978; Vorauflage Rn. 364 ff.
[1401] OLG Thüringen GmbHR 2009, 431; *Röck/Hucke,* GmbHR 2013, 791, 796; in diesem Sinne auch *Saenger/Inhester/Kolmann,* Anh § 30 GmbHG Rn. 59 ff.; *Scholz/K. Schmidt,* Nachtrag §§ 32a/b GmbHG aF Rn. 14; *Gutmann/Nawroth* ZInsO 2009, 174, 176; *Baumbach/Hueck/Fastrich,* Anh § 30 GmbHG Rn. 111 f.

stehung galt. Entsprechend gelten die Rechtsprechungsregeln nach dieser Ansicht für vor dem 1.11.2008 verwirklichte und abgeschlossene Tatbestände unverändert fort. Kommt es später zur Insolvenz, konkurrieren die bereits vor Verfahrenseröffnung entstandenen Ansprüche aus den Rechtsprechungsregeln mit den Anfechtungsvorschriften des § 135 nF InsO. Eine Einschränkung der Rechtsprechungsregeln nach dem Günstigkeitsprinzip (wie es Art. 103d S. 2 EGInsO etwa für die Novellenregeln vorsieht) erfolgt nicht.

(3) *Auswirkungen der verschiedenen Ansichten.* Einig ist man sich dahingehend, dass die Rechtsprechungsregeln jedenfalls für die Altfälle, in denen schon vor Inkrafttreten des MoMiG am 1.11.2008 das Insolvenzverfahren eröffnet wurde, anwendbar bleiben. Auch in Fällen, in denen die Rückzahlung an den Gesellschafter erst nach Inkrafttreten des MoMiG erfolgte, gehen beide Ansichten übereinstimmend von einer Anwendung des aktuellen Rechts – also § 30 I S. 3 GmbHG – aus. Eine Auswirkung hat der Meinungsstreit also nur dort, wo die Ansprüche schon vor dem 1.11.2008 entstanden sind, ein Insolvenzverfahren aber erst danach oder gar nicht eröffnet wurde. Nach intertemporalen Grundsätzen bleiben solche entstandenen Ansprüche erhalten und richten sich weiterhin nach den Rechtsprechungsregeln. Gemäß der Gegenansicht findet bei Insolvenzeröffnung nach dem 31.10.2008 eine Günstigkeitsprüfung iSd Art. 103d S. 2 EGInsO zugunsten des Gesellschafters statt, weswegen die Rechtsprechungsregeln auch auf schon entstandene Ansprüche nur dann Anwendung finden, wenn dies für den Gesellschafter vorteilhaft ist.[1402] Die Antwort auf die Frage, welches Recht Anwendung findet, wenn es erst gar nicht zur Eröffnung eines Insolvenzverfahrens kommt, bleibt diese Ansicht in ihrer Fixierung auf den insolvenzrechtlichen Gehalt der Rechtsprechungsregeln dagegen schuldig.[1403] Der BGH[1404] hat bislang offen gelassen, woraus sich die Fortgeltung der Rechtsprechungsregeln in Bezug auf „Altfälle" über den 1. November 2008 hinaus ergibt. Er hält es für – grundsätzlich – denkbar, dass die Fortgeltung entweder unmittelbar aus Art. 103d EGInsO abgeleitet wird oder aber aus den allgemeinen Grundsätzen zum intertemporalen Recht. Das ist deswegen unbefriedigend, weil beide Ansätze – wie gezeigt – zu durchaus unterschiedlichen Ergebnissen führen können.

(4) *Stellungnahme.* Diskussionswürdig bleiben – wie oben dargestellt – ohnehin nur die Konstellationen, in denen noch vor dem 1.11.2008 Ansprüche wegen Verstoßes gegen die Rechtsprechungsregeln entstanden sind und vor Inkrafttreten des MoMiG kein Insolvenzverfahren eröffnet wurde. Die besseren Argumente sprechen hier für eine Anwendung der allgemeinen Grundsätze intertemporalen Rechts. Die Gegenansicht verkennt, dass die Rechtsprechungsregeln nicht nur einen insolvenzrechtlichen, sondern vor allem einen gesellschaftsrechtlichen Gehalt haben und damit auch außerhalb der Insolvenz Wirkung entfalten, weswegen die rein insolvenzrechtliche Übergangsregelung des Art. 103d EGInsO nicht passt. Ein teilweise behaupteter, entgegenstehender Wille des Gesetzgebers lässt sich weder der Norm selbst noch der Gesetzesbegründung entnehmen. Auch der Einwand, bei Anwendung der Grundsätze intertemporalen Rechts (insb. Art. 170 f. EGBGB) könnten in Extremfällen noch jahrzehntelang entgegen dem Willen des Reformgesetzgebers neue Ansprüche nach den Rechtsprechungsregeln entstehen,[1405] greift in praktischer Hinsicht nicht durch. Primärer Inhalt der Rechtsprechungsregeln war schließlich die Anordnung einer Ausschüttungssperre; die Erstattungs- und Haftungsansprüche sind lediglich Folge des Verstoßes hiergegen. Mit In-

---

[1402] Vgl. *Haas* DStR 2009, 976, 978; Vorauflage Rn. 366; *Roth/Altmeppen* Vorb §§ 30, 31 GmbHG Rn. 5.
[1403] Vgl. *Saenger/Inhester/Kolmann,* Anh § 30 GmbHG Rn. 57.
[1404] BGH NZI 2009, 336, 337 f.
[1405] So *Roth/Altmeppen* Vorb §§ 30, 31 GmbHG Rn. 5.

krafttreten des § 30 I 3 GmbHG am 1.11.2008 fällt diese Sperre weg. Demnach entfällt ab diesem Zeitpunkt auch die infolge einer Unternehmenskrise bereits bestehende eigenkapitalersatzrechtliche Verstrickung gewährter Finanzierungshilfen, sodass im Falle einer Rückzahlung nach dem 31.10.2008 – unabhängig von der Eröffnung eines Insolvenzverfahrens – kein Anknüpfungspunkt für eine Haftung bzw. Erstattung aufgrund der Rechtsprechungsregeln besteht. Von einer endlosen Fortgeltung der Rechtsprechungsregeln kann also keine Rede sein. Ein Erlöschen solcher bereits entstandener Ansprüche lässt sich weder dem Wortlaut noch der Begründung des MoMiG entnehmen und würde auch erheblichen verfassungsrechtlichen Bedenken begegnen.[1406] Wenn sich also der gesamte Entstehungstatbestand des Schuldverhältnisses noch unter der Geltung des früheren Rechts verwirklicht hat, dann bleibt das frühere Recht auch noch nach der gesetzlichen Neuregelung anwendbar. Als entstanden gilt der Anspruch dabei richtigerweise zum Zeitpunkt der Vollendung der verbotenen Rückzahlungshandlung. Die vereinzelt geäußerte Kritik, der Zeitpunkt der Entstehung des Anspruchs sei unklar bzw. das Abstellen auf den Zeitpunkt der Rückzahlung sei inkonsequent,[1407] geht fehl. Sie übersieht, dass es hier nur um die Fortgeltung der Erstattungsansprüche und gerade nicht um die Aufrechterhaltung der Ausschüttungssperre geht, weswegen eine Anknüpfung an den Zeitpunkt der Umqualifizierung des Darlehens geradezu widersinnig wäre.

396 Zusammenfassend lässt sich sagen: Die Ausschüttungssperre nach den früheren, sog. Rechtsprechungsregeln hat nach Inkrafttreten des MoMiG keine eigenständige Bedeutung mehr. Relevanz haben jedoch noch die Folgeansprüche bei Verstößen hiergegen (§§ 30, 31 aF GmbHG analog sowie ggf. eine Haftung des Geschäftsführers aus § 43 GmbHG), allerdings nur dann, wenn diese Folgeansprüche noch vor dem 1.11.2008 entstanden sind.[1408] Rückzahlungen von Fremdfinanzierungshilfen nach dem 1.11.2008, selbst bei fortdauernder Krise der Gesellschaft, sind gemäß § 30 I 3 GmbHG zulässig, möglicherweise jedoch nach § 135 I InsO anfechtbar.[1409] Unberührt bleibt die eigenständige Auszahlungssperre nach § 64 S. 3 GmbHG[1410] (→ Rn. 375).

397 **c) Der Grundtatbestand des Kapitalersatzrechts.** Der Grundtatbestand des „Kapitalersatzrechts" hat – sieht man einmal von den Regelungen im AnfG ab – vier Voraussetzungen. Danach müssen der persönliche (→ Rn. 398 ff.), der sachliche (siehe unten Rn. 402 ff.) sowie der zeitliche Anwendungsbereich (→ Rn. 406 ff.) eröffnet sein. Schließlich muss ein hinreichender Zusammenhang zwischen der Gesellschafter- und der Kreditgeberstellung bestehen (→ Rn. 411 ff.).

398 aa) *Der persönliche Anwendungsbereich*. (1) *Die Gesellschaftereigenschaft des Darlehensgebers*. Adressat der Regeln zum „Kapitalersatzrecht" in §§ 39, 44a, 135, 143 III InsO ist der Gesellschafter, der gleichzeitig auch Darlehensgeber ist. Der Fremdgeschäftsführer zählt hingegen nicht zum Adressatenkreis des „Kapitalersatzrechts".[1411] Angeknüpft wird damit in erster Linie an der formalen GmbH-Gesellschaftereigenschaft, dh der Inhaberschaft von Gesellschaftsanteilen. Auf die Aufnahme in die Gesellschafterliste kommt es nicht an.[1412] Auf subjektive Kriterien (zB Motive der Kreditierung) kommt es ebenfalls

---

[1406] *Saenger/Inhester/Kolmann*, Anh § 30 GmbHG Rn. 60; *Baumbach/Hueck/Fastrich*, Anh § 30 GmbHG Rn. 111; *Pohl* GmbHR 2009, 136; *Römermann* NZG 2009, 426.
[1407] So *Haas* DStR 2009, 976, 978; Vorauflage, Rn. 365.
[1408] So wohl auch BGH GmbHR 2011, 705; *Baumbach/Hueck/Fastrich*, Anh § 30 GmbHG Rn. 111; *Saenger/Inhester/Kolmann*, Anh § 30 GmbHG Rn. 61; *Goette/Kleindiek* Rn. 226.
[1409] BGH ZInsO 2012, 141, 142; OLG München ZIP 2011, 225, 226; OLG Frankfurt ZInsO 2010, 235, 237; *Scholz/Verse* § 30 GmbHG Rn. 114; *Baumbach/Hueck/Fastrich*, Anh § 30 GmbHG Rn. 110.
[1410] Vgl. auch *Saenger/Inhester/Kolmann*, Anh § 30 GmbHG Rn. 156.
[1411] BGH ZIP 2005, 82, 84; *Saenger/Inhester/Kolmann*, Anh § 30 GmbHG Rn. 72.
[1412] *Saenger/Inhester/Kolmann*, Anh § 30 GmbHG Rn. 71; *Baumbach/Hueck/Fastrich*, Anh § 30 GmbHG Rn. 28; aA *Ulmer/Habersack*, §§ 32a/b GmbHG Rn. 52.

im Grundsatz nicht an.¹⁴¹³ Erfasst wird daher beispielsweise auch ein Gesellschafter, der den Gesellschaftsanteil treuhänderisch für jemand anderen hält.¹⁴¹⁴ Keine Rolle spielt auch, ob jemand institutioneller Kreditgeber ist oder nicht.¹⁴¹⁵ Zur Freistellung für Kleinbeteiligungen, → Rn. 411 ff.

(2) *Maßgebender Zeitpunkt.* Nach altem Recht kam es – im Grundsatz – für die Gesellschaftereigenschaft auf den Zeitpunkt der Finanzierungsentscheidung in der Krise an.¹⁴¹⁶ Dieses Tatbestandsmerkmal ist mit Inkrafttreten des MoMiG entfallen. Damit stellt sich die Frage, auf welchen Zeitpunkt für die Gesellschaftereigenschaft im Anwendungsbereich des MoMiG abzustellen ist. Richtiger Ansicht nach wohl zu differenzieren. Ist der Kreditgeber im Zeitpunkt der Insolvenzeröffnung Gesellschafter, so findet § 39 I Nr. 5 InsO – soweit die übrigen Voraussetzungen gegeben sind – Anwendung. Für den – vor allem dem Schutz vor Umgehungen des § 39 I Nr. 5 InsO dienenden – § 135 InsO gilt nichts anderes. Diese Vorschrift findet – soweit die übrigen Voraussetzungen gegeben sind – Anwendung, auch wenn der Kreditgeber die Gesellschaftereigenschaft nach der Kreditgewährung (oder gar erst nach Rückzahlung des Darlehens) erwirbt.¹⁴¹⁷

Fraglich ist, wie zu verfahren ist, wenn der Kreditgeber im Zeitpunkt der Insolvenzeröffnung nicht (mehr) Gesellschafter ist. Dies ist etwa dann der Fall, wenn die Stellung als Darlehensgeber vom Gesellschafter auf einen Dritten (durch Abtretung) übertragen wird. Teilweise wird die Ansicht vertreten, dass das Gesellschafterdarlehen – nachdem es auf die Krisenfinanzierung nicht mehr ankommt – von vornherein mit einem Nachrangrisiko belegt ist und dass dieses durch Abtretung der Forderung nicht mehr beseitigt werden kann.¹⁴¹⁸ Herrschender Ansicht nach soll dies zumindest dann gelten, wenn die Abtretung in dem Zeitraum des § 135 I Nr. 2 InsO geschah.¹⁴¹⁹ Der gesetzliche Nachrang (§ 39 I Nr. 5 InsO) kann dieser Ansicht zufolge mithin auch dem (gesellschaftsfremden) Dritten (analog §§ 404, 412 BGB) entgegen gehalten werden;¹⁴²⁰ ferner sind anschließende Befriedigungen gegenüber dem Neu-Forderungsinhaber innerhalb der Frist des § 135 I Nr. 2 InsO anfechtbar.¹⁴²¹ Dies belastet den Rechtsverkehr zwar mit Unsicherheiten, weil im Zeitpunkt der Abtretung für den Dritten vielfach nicht absehbar ist, ob über das Vermögen der Gesellschaft innerhalb der Jahresfrist der Insolvenzantrag gestellt wird oder nicht.¹⁴²² Dieser Einwand verkennt jedoch, dass das latente Risiko der Nachrangigkeit an der Forderung selbst hängt und, sofern im Rahmen des zeitraumbezogenen Konzepts Gesellschafter- und Kreditgeberstellung in den Fristen des § 135 I InsO einmal zusammenfielen,¹⁴²³ von der

---

¹⁴¹³ BGH ZIP 1997, 1375, 1376; NJW 1988, 3143, 3145; *von Gerkan* ZGR 1997, 173, 180 f.; *ders.*, in Handbuch des Kapitalersatzrechts, Rn. 3.8 f.; *Scholz/K. Schmidt*, §§ 32a, 32b GmbHG Rn. 32; *Fleck*, FS Werner, 1984, S. 125.
¹⁴¹⁴ BGHZ 105, 168, 175; *von Gerkan*, in von Gerkan/Hommelhoff (Hrsg.) Rn. 3.8 f.
¹⁴¹⁵ BGHZ 81, 311, 314 f.; 105, 168, 175; aA *Westermann* ZIP 1982, 379, 386 ff.; *Rümker* ZIP 1982, 1385, 1392 ff.
¹⁴¹⁶ Siehe zum alten Recht 3. Auflage 2006, Rn. 351 ff.
¹⁴¹⁷ IE auch *Scholz/K. Schmidt*, Nachtrag §§ 32a/b GmbHG aF Rn. 21; *Saenger/Inhester/Kolmann*, Anh § 30 GmbHG Rn. 74; *Baumbach/Hueck/Fastrich*, Anh § 30 GmbHG Rn. 31.
¹⁴¹⁸ *Gehrlein* Der Konzern 2007, 771, 287; *ders.* BB 2008, 846, 850; *Habersack* ZIP 2007, 2145, 2149.
¹⁴¹⁹ OLG Stuttgart NZI 2012, 324, 325 f.; *Goette/Habersack,* Das MoMiG in Wissenschaft und Praxis, Rn. 5.26; *Lutter/Hommelhoff/Kleindiek,* Anh zu § 64 GmbHG Rn. 119; *HK/Kleindiek,* § 39 Rn. 41; *Roth/Altmeppen,* Anh §§ 32a, b GmbHG Rn. 30 f.; *Saenger/Inhester/Kolmann,* Anhang § 30 GmbHG Rn. 81 mwN; wohl auch *Scholz/K. Schmidt,* Nachtrag §§ 32a/b GmbHG aF Rn. 23; zurückhaltend *Baumbach/Hueck/Fastrich,* Anh § 30 GmbHG Rn. 30.
¹⁴²⁰ *Roth/Altmeppen,* Anh §§ 32a, b GmbHG Rn. 27; *Gehrlein* BB 2008, 846, 850; *Habersack* ZIP 2007, 2145, 2149.
¹⁴²¹ BGH NZG 2013, 469 Rn. 27; insoweit ablehnend *Haas* NZG 2013, 1241, 1245 f.
¹⁴²² So zu Recht Vorauflage Rn. 372.
¹⁴²³ BGH NZI 2012, 199 Rn. 15 ff.; *Ulmer/Habersack*, Erg-Band § 30 GmbHG Rn. 46, jeweils mwN.

Person des Forderungsinhabers unabhängig ist; die Möglichkeit eines gutgläubigen einredefreien Erwerbs besteht für den Zessionar nicht.[1424] Im Übrigen lässt sich dem durchaus durch entsprechende Vertragskautelen und Risikoabschläge beim Forderungserwerb begegnen. Eine Enthaftung vom latenten Rückstufungs- und Anfechtungsrisiko kann nur durch Ablauf der Fristen des § 135 I InsO, § 6 AnfG eintreten.[1425] Innerhalb dieser Fristen trägt der Zessionar das Anfechtungsrisiko jedoch nicht alleine. Vielmehr betrachtet der BGH[1426] aus Gründen des Umgehungsschutzes und unter Heranziehung einer wirtschaftlichen Betrachtungsweise den Zessionar sowie den Ex-Forderungsinhaber-Gesellschafter als Gesamtschuldner anfechtungsrechtlicher Rückgewähransprüche. Der Ex-Forderungsinhaber-Gesellschafter soll nicht entgegen der gesetzlichen Wertung (§ 39 I Nr. 5 InsO) seine Forderung zum eigenen wirtschaftlichen Vorteil verwerten können oder gar durch geschickte Gestaltung das Risiko einer wirtschaftlich erfolglosen anfechtungsrechtlichen Rückgewähr bei einem prozessual nicht greifbaren oder vermögenslosen Zessionar auf die Gläubiger verlagern dürfen.[1427] Dies verdient im Sinne eines effizienten Gläubigerschutzes trotz dogmatischer Bedenken[1428] Zustimmung.[1429]

401 Ähnlich ist die Rechtslage, wenn der Gesellschafter-Kreditgeber (nur) seine Gesellschafterstellung auf einen Dritten überträgt. Hier bleiben die §§ 39, 135 InsO auf ihn anwendbar, wenn die Übertragung der Gesellschafterstellung innerhalb des Anfechtungszeitraums des § 135 I Nr. 2 InsO erfolgte.[1430] Veräußert also der Gesellschafter seinen Gesellschaftsanteil nachdem er sich das Darlehen zurückzahlen lässt, so ist diese Rückzahlung unabhängig von einer zum Rückzahlungszeitpunkt vorliegenden Unternehmenskrise anfechtbar, wenn Veräußerung des Geschäftsanteils und Rückerstattung des Darlehens innerhalb des Zeitraums des § 135 I Nr. 2 InsO erfolgt sind. Aufgrund dieses Umstandes wurde teilweise vorgeschlagen, die Gesellschafterstellung stets zusammen mit der Forderung zu übertragen.[1431] Derlei Umgehungsversuchen tritt der BGH entschlossen entgegen, indem er den übertragenden Gesellschafter gemeinsam mit dem späteren Forderungsinhaber aufgrund einer wirtschaftlichen Betrachtungsweise als Gesamtschuldner der anfechtungsrechtlichen Rückgewähransprüche betrachtet.[1432] Veräußert der Gesellschafter den Gesellschaftsanteil und wird das Darlehen erst dann erstattet, so ist auch dies anfechtbar, wenn Abtretung und Veräußerung des Gesellschaftsanteils innerhalb der Jahresfrist stattgefunden haben.[1433]

[1424] Begr. RegE MoMiG BT-Drucks. 16/6140 S. 56; BGH WM 2013, 568 Rn. 24; Uhlenbruck/Hirte/Vallender/*Hirte*, § 39 Rn. 46.

[1425] BGH NZI 2012, 199, 200; *Saenger/Inhester/Kolmann*, Anh § 30 GmbHG Rn. 78; *Roth/Altmeppen*, Anh §§ 32a, b GmbHG Rn. 25; *Lutter/Hommelhoff/Kleindiek*, Anh zu § 64 GmbHG Rn. 119; *Goette/ders.* Rn. 241; demgegenüber ablehnend *Schäfer* ZInsO 2012, 1354, 1355.

[1426] BGH WM 2013, 568 Rn. 28 ff.

[1427] BGH WM 2013, 568 Rn. 28 ff.

[1428] Vgl. etwa *Thole* ZInsO 2012, 661, 664 ff.; *Jungclaus* NZI 2013, 311; *Preuß* ZIP 2013, 1145; *Pentz* GmbHR 2013, 393, 401; *Lauster* WM 2013, 2155, 2156; *Reinhard/Schützler* ZIP 2013, 1898; *Atara* DStR 2013, 2280, 2287; (jeweils aus der Sicht von M&A-Transaktionen sowie zu Reaktionsmöglichkeiten); zusammenfassend *Thole*, Gesellschaftsrechtliche Maßnahmen, Rn. 400.

[1429] IE auch *Haas* NZG 2013, 1241, 1244.

[1430] Siehe auch *Goette/Habersack*, Das MoMiG in Wissenschaft und Praxis, Rn. 5.27; *Roth/Altmeppen*, Anh §§ 32a, b GmbHG Rn. 25; *Lutter/Hommelhoff/Kleindiek*, Anh zu § 64 GmbHG Rn. 119; *Baumbach/Hueck/Fastrich*, Anh § 30 GmbHG Rn. 29.

[1431] *Wicke*, § 30 GmbHG Rn. 22; *Heckschen* DStR 2007, 1442, 1448; *Wälzholz* DStR 2007, 1914, 1920; kritisch hierzu *Saenger/Inhester/Kolmann*, Anh § 30 GmbHG Rn. 79.

[1432] BGH WM 2013, 568 Rn. 28 ff.; siehe zur wirtschaftlichen Betrachtungsweise auch BGH WM 2011, 314; 2012, 843; eingehend zum Ganzen *Saenger/Inhester/Kolmann*, Anh § 30 GmbHG Rn. 79 ff.; *Pentz* GmbHR 2013, 393.

[1433] Im Ergebnis auch *Roth/Altmeppen*, Anh §§ 32a, b GmbHG Rn. 25; *Lutter/Hommelhoff/Kleindiek*, Anh zu § 64 GmbHG Rn. 119.

bb) *Der sachliche Anwendungsbereich.* Zu den von den gesetzlichen Regelungen ausdrücklich erfassten Gesellschafterleistungen zählen (zu den Erweiterungen, → Rn. 444 ff.): 402

(1) *Anspruch auf Rückgewähr eines Gesellschafterdarlehens.* Vom sachlichen Anwendungsbereich der „Kapitalersatzregeln" erfasst wird der Anspruch auf Rückgewähr eines Gesellschafterdarlehens. Dies folgt aus § 39 I Nr. 5 InsO. Kennzeichnend für ein Darlehen ist, dass der Gläubiger dem Schuldner auf Grund eines Vertrages einen Geldbetrag in vereinbarter Höhe zur Verfügung stellt und der Schuldner verpflichtet ist, die geschuldete Leistung bei Fälligkeit zurückzuerstatten und den geschuldeten Zins zu bezahlen (§ 488 BGB). Erfasst werden vom Darlehensbegriff aber auch das so genannte Sachdarlehen (§ 607 BGB) oder das partiarische Darlehen.[1434] Erfasst ist auch ein zinsloses (Gefälligkeits-)Darlehen.[1435] Ausweislich des Wortlauts des § 39 I Nr. 5 InsO knüpfen die „Kapitalersatzregeln" grundsätzlich nicht an den Abschluss des Vertrages, sondern an den Anspruch auf Rückgewähr des Darlehens an. Maßgebend ist mithin, dass die „Gesellschafterhilfe" auch tatsächlich an die Gesellschaft erbracht, dh das Darlehen an die Gesellschaft auch wirklich ausbezahlt wird, da anderenfalls ein Anspruch auf Rückgewähr nicht besteht.[1436] Erforderlich ist, dass es sich um eine Fremdfinanzierungshilfe im Sinne des § 39 I Nr. 5 InsO handelt; Fremdfinanzierungshilfen müssen nach dem Sinn und Zweck der Vorschrift von den sonstigen Forderungen eines Gesellschafters abgegrenzt werden. Denn der Gesetzgeber hatte sich entgegen einem Vorschlag aus der Literatur[1437] bewusst dagegen entschieden, sämtliche Forderungen eines Gesellschafters (und eines ihm wirtschaftlich vergleichbaren Dritten) den Sonderregeln der §§ 39 I Nr. 5, 135 I InsO zu unterstellen.[1438] Ob bereits die Darlehensgewährung beispielsweise für einen Tag einen Finanzierungscharakter in diesem Sinne hat, nicht aber eine unüblich lange Zahlungsfrist im Rahmen eines Verkehrsgeschäfts, erscheint fraglich[1439] (→ Rn. 444 ff., 459 f.). 403

(2) *Das gesellschafterbesicherte Fremddarlehen.* Ausdrücklich dem Anspruch auf Darlehensrückgewähr werden in § 44a InsO die Fälle gleichgestellt, in denen ein Dritter das Darlehen an die Gesellschaft ausreicht, der Gesellschafter für dieses Darlehen aber eine Sicherheit bestellt oder aber sich für das Darlehen verbürgt hat.[1440] Mit § 44a InsO wollte der Gesetzgeber Umgehungen des § 39 I Nr. 5 InsO in Gestalt einer sogenannten „mittelbaren Darlehensgewährung" erfassen, handelt es sich hierbei doch um eine der Darlehensgewährung wirtschaftliche vergleichbare Leistung.[1441] Mangels Dispositionsbefugnis ist die Vorschrift weder durch eine Vereinbarung des Gesellschafters mit dem Dritten noch durch Verzicht des Dritten abdingbar.[1442] Unter den Begriff „Bürg- 404

[1434] *Schmidt/Lüdtke*, § 39 Rn. 42.
[1435] So bereits das alte Recht, siehe Nachweise bei *Michalski/Heidinger*, §§ 32a, 32b GmbHG aF Rn. 99.
[1436] *Baumbach/Hueck/Fastrich*, Anh § 30 GmbHG Rn. 49; so bereits zum alten Recht, BGH ZIP 1994, 1441; ZIP 1996, 1829, 1830; GmbHR 1997, 498, 499; OLG Düsseldorf AG 1987, 181, 183.
[1437] *Huber/Habersack* BB 2006, 1, 2 (Thesen Nr. 2); *dies.* in Lutter, Das Kapital der Aktiengesellschaft in Europa, S. 370, 405 f.
[1438] Vgl. *Seibert*, S. 41; *Saenger/Inhester/Kolmann*, Anhang § 30 GmbHG Rn. 47; MüKoInsO/*Bitter*, § 44a Rn. 13.
[1439] Vgl. hierzu bereits *Bitter/Laspeyres* ZInsO 2013, 2289; zust. HK/*Kleindiek*, § 39 Rn. 36.
[1440] Notwendig ist freilich, dass Kreditgeber und Sicherungsnehmer identisch sind. Gewährt beispielsweise der Ehegatte des Gesellschafters der Gesellschaft einen Kredit, den er bei einer Bank aufgenommen hat, und besichert der Gesellschafter den Kredit gegenüber der Bank, so ist für § 44a InsO kein Raum, vgl. so zum alten Recht, OLG München NZI 1999, 118, 119.
[1441] *Baumbach/Hueck/Fastrich*, Anh § 30 GmbHG Rn. 94; *Schmidt/Lüdtke*, § 44a Rn. 2; zum alten Recht bereits BGHZ 67, 171, 182; Scholz/*K. Schmidt*, §§ 32a, 32b GmbHG Rn. 143.
[1442] OLG Stuttgart BB 2012, 1434, 1437; *Saenger/Inhester/Kolmann*, Anh § 30 GmbHG Rn. 186; zum Ganzen *Ede* ZInsO 2012, 853, 858.

schaften" fallen „normale" Bürgschaften, Erfüllungs- und Gewährleistungsbürgschaften. Auch der Begriff der „Sicherung" ist weit zu verstehen.[1443] Erfasst werden Schuldversprechen, Schuldmitübernahme,[1444] Kautionen,[1445] dingliche Sicherheiten an Immobilien (Hypothek, Grundschuld,[1446] Rentenschuld), Sicherungsabtretungen sowie Verpfändung von Bankkonten und Garantieerklärungen. Hierunter fällt aber auch – in Höhe der Differenz zwischen Einstandspreis und Wert der Gegenstände bei Erfüllung der Kaufverpflichtung – die gegenüber einem Kreditgeber der Gesellschaft eingegangene Verpflichtung des Gesellschafters, von der Gesellschaft zur Kreditsicherung übereignete Gegenstände zum Einstandspreis zurückzukaufen, sofern die Gesellschaft ihre Verpflichtung aus dem Darlehen nicht erfüllen kann.[1447]

405 Streitig ist, ob § 44a InsO auch dann anwendbar ist, wenn die Sicherheitenbestellung durch den Gesellschafter (dinglich oder schuldrechtlich) unwirksam ist. Richtiger Ansicht nach bleibt die Vorschrift mangels einer mittelbaren Erlangung aus dem Gesellschaftervermögen im Grundsatz unanwendbar, es sei denn, dass aus dem Verhalten des Gesellschafter hervorgeht, er werde sich gegen die Inanspruchnahme aus einer möglicherweise unwirksamen Sicherheit nicht zur Wehr setzen (Rechtsgedanke des § 144 BGB).[1448] Auf die Frage der Kausalität der Sicherheit für die Finanzierungshilfe des Dritten[1449] oder gar dessen Motivationslage[1450] kommt es hingegen nicht an.[1451] Fraglich ist, wie zu verfahren ist, wenn die Sicherheit auflösend befristet gestellt wird. Maßgebend sollte hier sein, ob das durch die Gesellschaftersicherheit unterlegte Drittdarlehen in dem maßgebenden Zeitraum (§ 135 I Nr. 2 InsO) zurück bezahlt wurde oder nicht.[1452] Keine Anwendung findet – überwiegender Ansicht nach – § 44a InsO, wenn das Fremddarlehen doppelt, dh sowohl aus dem Vermögen des Gesellschafters als auch der Gesellschaft, besichert ist.[1453] In diesen Fällen kann jedoch – soweit die übrigen Voraussetzungen gegeben sind – die Sicherheitenbestellung kapitalersetzenden Charakter haben.[1454]

406 cc) *Der zeitliche Anwendungsbereich.* Leistungen des Gesellschafters an die Gesellschaft unterfallen nach der Neukonzeption durch das MoMiG nicht schlechthin, sondern – abgesehen vom AnfG – grundsätzlich nur dann dem „Eigenkapitalersatzrecht", wenn nach Gewährung der Hilfe über das Vermögen der Gesellschaft das Insolvenzverfahren eröffnet wird. Im Vorfeld der Insolvenzeröffnung gibt es damit – anders als nach altem Recht (siehe hierzu 3. Auflage 2006, Rn. 351 ff.) – kein Kapitalersatzrecht.

407 (1) *Gesellschafterhilfen nach Insolvenzeröffnung.* Wird seitens des Gesellschafters eine Kredithilfe nach Insolvenzeröffnung gewährt, findet das „Kapitalersatzrecht" hierauf keine Anwendung. Die Gesellschafterversammlung bleibt zwar auch nach Eröffnung des Insolvenzverfahrens (oberstes) Organ der Gesellschaft.[1455] Ihre gesellschaftsrechtlichen

---

[1443] *Baumbach/Hueck/Fastrich*, Anh § 30 GmbHG Rn. 96; *Schmidt/Lüdtke*, § 44a Rn. 10; zum alten Recht siehe *Scholz/K. Schmidt*, §§ 32a, 32b GmbHG Rn. 148.
[1444] LG Hamburg ZIP 1981, 730.
[1445] BGH NJW 1989, 1734.
[1446] BGH DB 1990, 319; NJW 1985, 858 f.
[1447] BGH DStR 1999, 1409, 1410; siehe auch *Michalski/de Vries* NZG 1999, 314, 316.
[1448] Vgl. *Saenger/Inhester/Kolmann*, Anh § 30 GmbHG Rn. 191.
[1449] So aber noch Vorauflage Rn. 377.
[1450] AA OLG Dresden NZG 2002, 292, 293.
[1451] Zum Ganzen *Saenger/Inhester/Kolmann*, Anh § 30 GmbHG Rn. 191.
[1452] Siehe zu dieser Problematik nach altem Recht, LG Kiel ZInsO 2001, 326, 328; *Bormann* ZInsO 2001, 308, 309.
[1453] *Michalski/Dahl*, Anh II §§ 32a, 32b GmbHG aF Rn. 40; so auch zum alten Recht, BGH NJW 1985, 858 f.; siehe zu den Fällen der Doppelbesicherung auch *von Gerkan*, FS Ulmer 2002, S. 1293 ff.; aA aber *Schmidt/Lüdtke*, § 44a Rn. 20.
[1454] BGH DStR 1999, 1409, 1410; NJW 1985, 858 f.
[1455] → Rn. 291 ff.

Zuständigkeiten werden jedoch durch die dem (vorläufigen) Insolvenzverwalter (mit Verfügungsbefugnis) zugewiesenen Befugnisse verdrängt bzw. überlagert, soweit die Gesellschafterbefugnisse mit dem Zweck des Insolvenzverfahrens unvereinbar sind.[1456] In der Zuständigkeit der Gesellschafterversammlung bleibt etwa das Weisungsrecht gegenüber dem Geschäftsführer, soweit es um den gesellschaftsinternen Bereich oder um die Wahrnehmung der Verfahrensrechte der Gesellschaft im Insolvenzverfahren geht.[1457] Insbesondere besteht kein Weisungsrecht der Gesellschafter gegenüber dem (vorläufigen) Insolvenzverwalter. Die Geschäftsführung des Insolvenzverwalters unterliegt auch nicht – wie etwa die des Geschäftsführers – der Überwachung durch die Gesellschafterversammlung nach § 46 Nr. 6 GmbHG. Diese Befugnis wird ebenso verdrängt wie die auf Grund § 46 Nr. 7 GmbHG der Gesellschafterversammlung in gesunden Zeiten vorbehaltene Personalhoheit.[1458] Haben die Gesellschafter mithin keinen unternehmerischen Einfluss auf die Geschicke der Gesellschaft, können sie auch die Rechtsfolgen des Kapitalersatzrechts nicht treffen.

(2) *Gesellschafterhilfen im Insolvenzeröffnungsverfahren.* Fraglich ist, wie Gesellschafterhilfen zu behandeln sind, die der vorläufige Insolvenzverwalter im Insolvenzeröffnungsverfahren aufnimmt. Nach richtiger Ansicht kommt derartigen Gesellschafterhilfen keine Kapitalersatzfunktion zu.[1459] Vielmehr haben die aufgenommenen Kredite – unabhängig von der Person des Kreditgebers – wenn ein „starker" vorläufiger Verwalter eingesetzt wurde nach § 55 II InsO den Rang einer Masseverbindlichkeit. Ein Rechtfertigungsgrund für die Anwendung der „Kapitalersatzregeln" ist hier aufgrund der gestutzten Einwirkungsmöglichkeiten der Gesellschafter auf die Geschicke der Gesellschafter (→ Rn. 407) nicht gegeben. Dieser notwendige Zusammenhang zwischen gesellschaftlichem Einfluss und Verantwortung kommt auch deutlich in dem Kleinbeteiligungsprivileg des § 39 IV InsO zum Ausdruck; denn das 10%-Privileg ist ja gerade deshalb geschaffen worden, um den „nichtunternehmerischen Gesellschafter" vom Anwendungsbereich des Kapitalersatzrechts auszunehmen.[1460]

408

Keine Regelung enthält die InsO ferner für solche Gesellschafterhilfen, die im Zeitraum der Eigenverwaltung gewährt werden. Ob und inwieweit diese dem Kapitalersatzrecht unterfallen, → § 89 Rn. 26.

409

dd) *Zusammenhang zwischen Gesellschafterstellung und Gesellschafterhilfe.* Erforderlich ist auch nach neuem Recht ein gewisser (innerer) Zusammenhang zwischen der Stellung als Gesellschafter und der Stellung als Inhaber eines (Darlehens-)Rückgewähranspruchs. Dies folgt nicht zuletzt aus § 39 V InsO, der Kleinbeteiligungen vom persönlichen Anwendungsbereich des „Kapitalersatzrechts" ausnimmt. Dahinter steht die typisierende Vorstellung, dass sich ein Gesellschafter, der eine Kleinbeteiligung hält, in aller Regel nicht von einem außenstehenden Gläubiger unterscheidet, dh die Gesellschafterhilfe nicht um der Gesellschafterstellung willen an die Gesellschaft leistet und daher auch nicht den Sonderregeln des „Kapitalersatzrechts" unterstellt werden sollte.[1461] Nach altem Recht war der Zusammenhang zwischen Gesellschafterstellung und Gesellschafterhilfe – im Grundsatz – nicht nur aufgrund einer typisierenden Betrachtung, sondern für den Einzelfall konkret zu prüfen. Anknüpfungspunkt war hierfür das Tatbestands-

410

[1456] → Rn. 291 f.
[1457] → Rn. 320 f.
[1458] AA *Grüneberg,* Die Rechtspositionen der Organe, S. 47.
[1459] Vgl. *Noack,* Rn. 208 f.; *Fink,* Maßnahmen des Verwalters, Rn. 320 ff.; *Haas/Dittrich,* in von Gerkan/Hommelhoff (Hrsg.) Rn. 8.32e; *Haas* DZWIR 1999, 177, 182; *Johlke/Schröder,* in von Gerkan/Hommelhoff (Hrsg.) Rn. 14151 ff.; siehe auch BGH ZIP 1995, 280, 281; aA *Scholz/K. Schmidt,* §§ 32, 32b GmbHG Rn. 64.
[1460] → Rn. 410 ff.
[1461] Siehe *von Gerkan,* in von Gerkan/Hommelhoff (Hrsg.) Rn. 3.13.

merkmal der „Finanzierungsentscheidung" (siehe hierzu 3. Auflage 2006, Rn. 367 ff.). Dieses Tatbestandsmerkmal diente quasi als „Filter" dazu, die Fälle auszusondern, in denen im konkreten Fall kein Zusammenhang zwischen der Stellung als Gesellschafter und der als Gläubiger bestand. In diesen (die Ausnahme bildenden) Fallgestaltungen wurde der Gesellschafter für die (für die Gläubiger negativen) Folgen seiner Gesellschafterhilfe nicht zur Verantwortung gezogen. An einer Finanzierungsentscheidung fehlte es dann, wenn der Gesellschafter entweder objektiv oder subjektiv nicht in der Lage war, zwischen der Gewährung oder Verweigerung der Gesellschafterhilfe zu wählen.

411 Ob ein hinreichender Zusammenhang zwischen Gesellschafter- und Gläubigerstellung besteht, ist nach neuem – anders als nach altem Recht – nur noch aufgrund einer typisierenden Betrachtung zu prüfen (§ 39 V InsO). Der während des Gesetzgebungsverfahrens gemachte Vorschlag, Härten im Einzelfall für den Gesellschafter entsprechend § 136 II InsO abzufedern,[1462] ist nicht aufgenommen worden. § 39 V InsO entspricht im Grundsatz dem ehemaligen § 32a III 2 GmbHG aF.[1463] Nach § 39 V InsO gelten die Vorschriften zum „Kapitalersatzrecht" nicht für einen solchen Gesellschafter, der zum einen nicht geschäftsführend und zum anderen mit 10 von Hundert oder weniger am Haftkapital beteiligt ist. Entgegen der vielfach vorgebrachten Kritik[1464] an dem Kleinbeteiligungsprivileg hat dieses – im Grundsatz – einen zutreffenden Kern.[1465] Bei nichtunternehmerischen Gesellschaftern kann nämlich nicht ohne weiteres darauf geschlossen werden, dass sie die Gesellschafterhilfe um der Gesellschafterstellung willen erbringen. Die Vorschrift findet auf den gesetzlichen Nachrang (§ 39 I Nr. 5 InsO) ebenso Anwendung wie auf in § 44a InsO und die Anfechtung (§ 135 IV InsO).

412 Das Kleinbeteiligungsprivileg wirft eine Reihe kontroverser Fragen auf. Hierzu zählen ua:

413 (1) *Schwellenwert*. Privilegierungsgrund ist die fehlende unternehmerische Verantwortung des nur geringfügig Beteiligten. Nach dem Leitbild des Gesetzgebers ist diese anhand der Kapitalbeteiligung zu messen. Liegt diese bei 10% oder darunter, dann erfährt der Gesellschafter im Grundsatz eine Privilegierung. Die Beiteiligungsschwelle weicht von derjenigen im „allgemeinen Anfechtungsrecht", nämlich in § 138 II Nr. 1 InsO ab. Hieraus lässt sich unschwer erkennen, dass § 39 V InsO lex specialis zu § 138 InsO ist.[1466]

414 Fraglich ist, ob das Kriterium der Beteiligungsschwelle der Korrektur bedarf, wenn die Kapitalbeteiligung allein kein realistisches Bild von dem Ausmaß der unternehmerischen Einflussnahme vermittelt. Der Wortlaut der Vorschrift knüpft zwar allein an der Kapitalbeteiligung und nicht am Stimmgewicht an.[1467] Jedoch ist dem Kapitalersatzrecht eine Einzelfallprüfung im Hinblick auf das Ausmaß und den Grad der konkreten Einflussnahme nicht fremd. Eine solche ist – nach hM – für die Erweiterungen des persönlichen Anwendungsbereichs, dh für die Fälle anzustellen, in denen Dritte einem Gesellschafter gleichzustellen sind (→ Rn. 418 ff.) oder für die Auslegung des Begriffs „geschäftsführend" (→ Rn. 415). Dies spricht eher dafür, in dem Kleinbeteiligungsprivileg (lediglich) eine widerlegliche Vermutung zugunsten bzw. zu Lasten des Gesellschafters zu erblicken.[1468] Die hM geht wohl einen anderen Weg. Sie verneint jede

---

[1462] Siehe *Haas*, in Reform des gesellschaftsrechtlichen Gläubigerschutzes, Gutachten E zum 66. DJT, 2006, E 79 f.
[1463] *Hirte* WM 2008, 1429, 1432.
[1464] Vgl. *von Gerkan* ZGR 1997, 173, 179 f.; *Altmeppen* ZIP 1996, 1455; *K. Schmidt* ZIP 1996, 1586; *Karollus* ZIP 1996, 1893, 1894 f.; *von Gerkan* GmbHR 1997, 677; *Hirte* ZInsO 1998, 147, 152 ff.
[1465] Siehe auch *Huber/Habersack* BB 2006, 1, 3 f.; siehe auch *Schmidt/Lüdtke*, § 39 Rn. 55.
[1466] Siehe *Haas*, FS Ganter, 2010, S. 189.
[1467] *Baumbach/Hueck/Fastrich*, Anh § 30 GmbHG Rn. 32; *Scholz/K. Schmidt*, Nachtrag §§ 32a/b GmbHG aF Rn. 26.
[1468] Vgl. 3. Auflage 2006, Rn. 376.

Möglichkeit, von dem Schwellenwert in § 39 V InsO aufgrund einer Einzelfallbetrachtung nach oben bzw. nach unten abzuweichen und begründet dies mit dem Sinn und Zweck desselben. Das Kleinbeteiligungsprivileg ist darauf gerichtet – so die hM – das „Kapitalersatzrecht" zu vereinfachen, indem es eine von den Umständen des Einzelfalles abstrahierende und typisierende Betrachtung einführt.[1469] Für eine Berücksichtigung der Umstände des konkreten Falles und damit einer Abweichung von der Beteiligungsschwelle nach unten oder nach oben ist danach kein Raum. Ist folglich die 10%-Beteiligungsschwelle überschritten, ist – so die hM – der notwendige Zusammenhang zwischen Gesellschafter- und Kreditgeberstellung unwiderleglich eröffnet. Auf die konkreten Stimmgewichte kommt es ebenso wenig an wie auf die sonstigen konkreten Möglichkeiten der Informationsbeschaffung oder der Einflussnahme.[1470] Auch wird der jenseits der 10%-Schwelle liegende Gesellschafter nicht mit dem Einwand gehört, dass ein von ihm gewährter oder belassener Kredit in keinem Zusammenhang mit seiner Gesellschafterstellung steht[1471] oder dass er die Gesellschafterstellung nur treuhänderisch für andere ausübt[1472] oder nur für kurze Zeit inne hat.[1473]

(2) *Geschäftsführer.* Auch das Negativmerkmal der fehlenden Bestellung des Gesellschafters zum Geschäftsführer bereitet Probleme. Fraglich ist insbesondere, wie mit den Fällen umzugehen ist, in denen der Gesellschafter eine juristische Person[1474] oder ein „faktischer Geschäftsführer" ist. Die wohl überwiegende Ansicht will Letzteren dem ordnungsgemäß bestellten Geschäftsführer gleichstellen[1475] und damit eine – im Widerspruch zu der typisierenden Betrachtung stehende – Prüfung der konkreten Umstände des Einzelfalles vornehmen. Grundsätzlich steht es der Geschäftsführerstellung nicht gleich, wenn der Gesellschafter die Stellung eines Prokuristen, Handlungsbevollmächtigten oder aber eines Aufsichtsratsmitglieds innehat.[1476]

(3) *Maßgebender Zeitpunkt.* Auf welchen Zeitpunkt für den Schwellenwert (bzw. die Stellung als Geschäftsführer) abzustellen ist, ist fraglich. Nach altem Recht wurde – ganz überwiegend – auf den Zeitpunkt der Darlehensgewährung bzw. auf die der Darlehensgewährung entsprechende Leistung und damit auf den Zeitpunkt der Finanzierungsentscheidung abgestellt.[1477] Mitunter wurde der maßgebende Zeitpunkt auch noch weiter nach vorne verlagert und darauf abgestellt, wann die rechtlichen Grundlagen für die Finanzierung geschaffen wurden.[1478] Trat der Verlust der Gesellschafterstellung oder der maßgeblichen Beteiligungsschwelle nach diesem Zeitpunkt ein, war dies für die An-

---

[1469] *Ulmer/Habersack,* §§ 32a/b GmbHG Rn. 191.
[1470] *Habersack* ZIP 2007, 2145, 2149 f.; *Schmidt/Lüdtke,* § 39 Rn. 56; *Ulmer/Habersack,* Erg-Band MoMiG § 30 GmbHG Rn. 42, 49; *Baumbach/Hueck/Fastrich,* Anh § 30 GmbHG Rn. 32; *Gehrlein* BB 2008, 846, 851; aA aber *Pentz* GmbHR 2004, 529, 533.
[1471] *Ulmer/Habersack,* §§ 32a/b GmbHG Rn. 70 (Fn. 227); siehe auch BGHZ 81, 311, 315; *Ullrich* GmbHR 1983, 142 ff.
[1472] Siehe BGHZ 105, 168, 174 f.; *von Gerkan,* in von Gerkan/Hommelhoff (Hrsg.) Rn. 3.9; *Scholz/K. Schmidt,* §§ 32a, 32b GmbHG Rn. 200; *Ulmer/Habersack,* §§ 32a/b GmbHG Rn. 52.
[1473] Siehe zum Ganzen auch *Ulmer/Habersack,* §§ 32a/b GmbHG Rn. 52.
[1474] § 39 I Nr. 5 InsO ist ersichtlich auf die Fälle zugeschnitten, in denen der Gesellschafter eine natürliche Person ist. Ist der Gesellschafter dagegen keine natürliche Person, sondern eine juristische Person oder aber eine Gesellschaft ohne Rechtspersönlichkeit, dann kann dieser Gesellschafter von vornherein kein Geschäftsführer sein. Die überwiegende Ansicht will in einem solchen Fall darauf abstellen, ob ein Mitglied der Geschäftsführung des Gesellschafters auch bei der Insolvenzschuldnerin geschäftsführend tätig ist, siehe FK/*Schumacher,* § 39 Rn. 13e; siehe aber auch *Rowedder/Görner,* Anhang § 30 GmbHR Rn. 116.
[1475] *Baumbach/Hueck/Fastrich,* Anh § 30 GmbHG Rn. 32; *Schmidt/Lüdtke,* § 39 Rn. 61; siehe in diesem Sinne bereits zum alten Recht *von Gerkan,* in von Gerkan/Hommelhoff (Hrsg.) Rn. 3.25 ff.; *Rowedder/Görner,* Anhang § 30 GmbHG Rn. 116.
[1476] *Baumbach/Hueck/Fastrich,* Anh § 30 GmbHG Rn. 32; *Schmidt/Lüdtke,* § 39 InsO Rn. 61.
[1477] *Baumbach/Hueck/Fastrich,*18 § 32a GmbHG Rn. 27.
[1478] *Scholz/K. Schmidt,* §§ 32a, 32b GmbHG Rn. 33.

wendung der „Kapitalersatzregeln" ohne Belang.[1479] Nach neuem Recht ist für das Tatbestandsmerkmal der Finanzierungsentscheidung (in der Krise) kein Raum mehr. Folgt man der Logik der Neuregelung, dann kommt es für das Kleinbeteiligungsprivileg künftig allein darauf an, ob der Gesellschafter in dem maßgebenden Anfechtungszeitraum die Beteiligungsschwelle irgendwann einmal überschritten (oder die Geschäftsführerstellung irgendwann einmal erworben) hat und zwar auch dann, wenn dies bei der Darlehenshingabe noch gar nicht der Fall war.[1480]

417   (4) *Koordinierte Kreditvergabe.* Probleme ergeben sich, wenn mehrere Kleingesellschafter eine koordinierte Kreditvergabe vornehmen. Hier stellt sich die Frage, ob die Beteiligungen der verschiedenen Gesellschafter im Hinblick auf den Schwellenwert zusammenzurechnen sind.[1481] Die wohl hM rückt für diesen Fall – widersprüchlich – von der typisierenden Betrachtung des § 39 V InsO (→ Rn. 411 ff.) ab und nimmt eine Prüfung der konkreten Umstände des Einzelfalles vor. Überlässt etwa ein mit mehr als 10% beteiligter Gesellschafter (bzw. geschäftsführender Gesellschafter) Mittel einem anderen nach § 39 V InsO privilegierten Gesellschafter, damit dieser die Mittel der Gesellschaft gewährt, ist für die Frage, ob die Privilegierung einschlägig ist, grundsätzlich auf den Treugeber abzustellen.[1482] Stehen die Gesellschafter in einer Interessenverbindung bzw. bilden sie eine Risikogemeinschaft, müssen nach überwiegender Ansicht die Gesellschaftsanteile zusammengerechnet werden.[1483] Wann dies der Fall ist, ist sowohl in rechtlicher als auch tatsächlicher Hinsicht schwer zu beurteilen. In jedem Fall erfordert eine Zusammenrechnung der Gesellschaftsanteile einen gewissen Interessengleichlauf zwischen den Gesellschaftern. Letzteres liegt beispielsweise bei Stimmbindungs- und Treuhandverhältnissen zwischen den Gesellschaftern vor oder wenn die Gesellschafter ein Konsortium bilden.[1484] Dagegen reicht eine rein familienrechtliche Beziehung zwischen den Gesellschaftern nicht ohne weiteres aus, um einen Interessengleichlauf zwischen ihnen anzunehmen.[1485]

418   d) *Erweiterung des persönlichen Anwendungsbereichs.* Adressat der Regeln zum „Kapitalersatzrecht" sind in erster Linie die (formalen) Gesellschafter, die gleichzeitig Darlehensgeber sind. Das neue Recht sieht aber – ebenso wie das alte Recht –[1486] vor, dass auch wirtschaftlich vergleichbare Sachverhalte in den Anwendungsbereich des Kapitalersatzrechts einbezogen werden.[1487] Dies folgt aus dem Wortlaut des § 39 I Nr. 5 InsO, wonach Rechtshandlungen, die einem Darlehen wirtschaftlich entsprechen, ebenfalls vom Anwendungsbereich des „Kapitalersatzrechts" erfasst werden. Die Gleichstellung

---

[1479] Siehe im Grundsatz auch *Ulmer/Habersack*, §§ 32a/b GmbHG Rn. 195; *Scholz/K. Schmidt*, §§ 32a, 32b GmbHG Rn. 201; *Rowedder/Görner*, Anhang § 30 GmbHG Rn. 123.

[1480] *Haas* ZInsO 2007, 617, 620; *Lutter/Hommelhoff/Kleindiek*, Anh zu § 64 Rn. 129; *Goette/Habersack*, Das MoMiG in Wissenschaft und Praxis, Rn. 5.32; *Scholz/K. Schmidt*, Nachtrag §§ 32a/b GmbHG aF Rn. 26; *Baumbach/Hueck/Fastrich*, Anh § 30 GmbHG Rn. 33; *Roth/Altmeppen*, Anh §§ 32a, b GmbHG Rn. 30; *Altmeppen* NJW 2008, 3601, 3604; aA *Tettinger* NZI 2010, 248, 249.

[1481] Siehe zum Ganzen *Baumbach/Hueck/Fastrich*, Anh zu § 30 GmbHG Rn. 32; zum alten Recht bereits ebenso *von Gerkan*, in von Gerkan/Hommelhoff (Hrsg.) Rn. 3.19.

[1482] So zum alten Recht bereits, *Pentz* GmbHR 1999, 437, 444; *Westermann* DZWIR 2000, 1, 4.

[1483] Vgl. zum alten Recht, *Hirte* ZInsO 1998, 147, 153 f.; *Dauner-Lieb* DStR 1998, 609, 613; *Pentz* GmbHR 1999, 437, 444; übernehmen die Gesellschafter jeweils eine Bürgschaft für einen Bankkredit, liegt hierin noch keine koordinierte Gesellschafterhilfe, BGH ZIP 2005, 1316, 1318.

[1484] Vgl. zum alten Recht, *Scholz/K. Schmidt*, §§ 32a, 32b GmbHG Rn. 186; *Westermann* DZWIR 2000, 1, 4 f.; *Haas* DZWIR 1999, 177, 179.

[1485] So zum alten Recht, *Scholz/K. Schmidt*, §§ 32a, 32b GmbHG Rn. 186; *Westermann* DZWIR 2000, 1, 4.

[1486] BGH ZIP 1989, 93, 94; NJW 1980, 592; OLG Dresden ZIP 2003, 1184, 1195; *Johlke/Schröder*, in von Gerkan/Hommelhoff (Hrsg.) Rn. 5.7 ff.

[1487] *Goette/Habersack*, Das MoMiG in Wissenschaft und Praxis, Rn. 5.22; *Roth/Altmeppen*, Anh §§ 32a, b GmbHG aF Rn. 19; *Michalski/Dahl*, Anh II §§ 32a, 32b GmbHG aF Rn. 11.

bezieht sich – so die Gesetzesbegründung –[1488] nicht nur auf die Erweiterung des sachlichen, sondern auch des persönlichen Anwendungsbereichs des „Kapitalersatzrechts".[1489] Die Erweiterung des persönliche Anwendungsbereich kann angezeigt sein, weil – wirtschaftlich gesehen – der Gesellschafter der Darlehensgeber ist oder aber weil – wirtschaftlich gesehen – der Dritte Gesellschafter ist.

aa) *Der Gesellschafter ist wirtschaftlich gesehen Darlehensgeber.* Der persönliche Anwendungsbereich des Kapitalersatzrechts setzt voraus, dass der Gesellschafter eine Doppelstellung innehat, nämlich zum einen als Gesellschafter und zum anderen als Darlehensgeber. Mithilfe der wirtschaftlichen Betrachtungsweise lassen sich auch solche Fälle dem Kapitalersatzrecht unterstellen, in denen diese Doppelstellung zwar formal, nicht aber wirtschaftlich auseinander fällt.[1490] Hierher gehören insbesondere der Fall, dass das Darlehen zwar nicht vom Gesellschafter persönlich, wohl aber von einem Dritten an die Gesellschaft geleistet wird, die Mittel aber wirtschaftlich aus dem Vermögen des Gesellschafters stammen. In einem solchen Fall ist auch das vom Dritten ausgereichte Darlehen dem Kapitalersatzrecht unterworfen mit der Folge, dass der Dritte einem Gesellschafter gleich steht. Letztlich geht es hier um die Erfassung von Umgehungsfällen. Erfasst sind danach insbesondere folgende Fallgestaltungen: 419

– *Mittel vom Gesellschafter überlassen:* Hat der Gesellschafter die Mittel dem Dritten zu dem Zweck überlassen, damit dieser sie dann als Darlehen an die Gesellschaft weiter leitet, so findet auf das Darlehen (und damit auch auf den Dritten) das Kapitalersatzrecht Anwendung.[1491] Gleiches gilt, wenn der Gesellschafter Hilfs- bzw. Strohmänner dazwischenschaltet, die die Darlehensvaluta auf Geheiß an die Gesellschaft zahlen.[1492] 420

– *Leistung für Rechnung bzw. auf Weisung:* Gleichzustellen sind auch solche Dritte, die die Leistung an die Gesellschaft für Rechnung eines Gesellschafters erbringen.[1493] Das ist insbesondere der Fall, wenn das Darlehen von einem Unternehmen an die Gesellschaft ausgereicht wird, auf das der Gesellschafter bestimmenden Einfluss ausübt. Die Schwelle ist allerdings hoch. Der Gesellschafter muss auf die Gewährung (oder den Abzug) des Darlehens an die Gemeinschuldnerin bestimmenden Einfluss ausüben, insbesondere dem Geschäftsführungsorgan des das Darlehen ausreichenden Dritten entsprechende Weisungen erteilen können.[1494] Fraglich ist, wann ein bestimmender Einfluss gegeben ist. Nach einer Entscheidung des BGH (zum alten Recht) kommt es insoweit auf die Rechtsform des darleihenden Unternehmens an.[1495] Handelt es sich dabei um eine GmbH, muss der Gesellschafter über eine Beteiligung von über 50% auf den Darlehensgeber verfügen. Ist Letzterer hingegen eine AG, dann genügt eine derartige Mehrheitsbeteiligung nicht. 421

[1488] RegBegr BR-Drucks. 354/07, S 130.
[1489] Siehe *Haas* ZInsO 2007, 617, 620; *Goette/Habersack*, Das MoMiG in Wissenschaft und Praxis, Rn. 5.22; *Gehrlein* Der Konzern 2007, 771, 787; *ders.* BB 2008, 846, 850; *Habersack* ZIP 2007, 2145, 2148.
[1490] Siehe *Baumbach/Hueck/Fastrich*, Anh zu § 30 GmbHG Rn. 35.
[1491] *Lutter/Hommelhoff/Kleindiek*, Anh § 64 GmbHG Rn. 122; *Habersack* ZIP 2008, 2385, 2389; *Baumbach/Hueck/Fastrich*, Anh § 30 GmbHG Rn. 35; *Michalski/Dahl*, Anh II §§ 32a, 32b GmbHG aF Rn. 12.
[1492] Vgl. zum alten Recht, BGH ZIP 1997, 115, 116; ZIP 1994, 1934, 1939; ZIP 1991, 366f.; *Rowedder/Görner*, Anhang § 30 GmbHG Rn. 58.
[1493] *Gehrlein* BB 2008, 846, 850; *Habersack* ZIP 2007, 2145, 2149; so schon zum alten Recht BGH NJW 2000, 3278.
[1494] BGH ZIP 2012, 865; *Lutter/Hommelhoff/Kleindiek*, Anh § 64 GmbHG Rn. 124; siehe in diesem Sinne zum alten Recht – BGH NZG 2008, 507, 508; vgl. auch BGH NZG 2001, 223; BGH NJW 1991, 1057; ZIP 1996, 68f.; *Haas* NZI 2002, 457, 459f.
[1495] BGH NZG 2008, 507, 508; zustimmend *Gehrlein* BB 2008, 846, 850; wohl auch *Baumbach/Hueck/Fastrich*, Anh § 30 GmbHG Rn. 41; aA hingen *Habersack* ZIP 2008, 2385, 2389.

422 bb) *Der Dritte ist wirtschaftlich gesehen Gesellschafter.* Vom Anwendungsbereich des Kapitalersatzrecht sind auch solche Dritte erfasst, deren Darlehen nicht aus den Mitteln des Gesellschafters stammen, die aber – wirtschaftlich gesehen – eine gesellschaftergleiche Stellung inne haben. Fraglich ist freilich, welches die prägenden Merkmale einer Gesellschafterstellung sind, die für die „wirtschaftliche Vergleichbarkeit" maßgebend sind. Hierüber besteht in Literatur und Rechtsprechung wenig Klarheit.[1496] Die Antwort auf diese Frage hängt eng damit zusammen, warum der Gesellschafter – anders als der normale außenstehende Dritte – mit dem „Kapitalersatzrecht" belastet wird.[1497] Letztlich wird man wohl – ebenso wie bereits nach altem Recht –[1498] die Rechtfertigung für die Sonderbehandlung des Gesellschafter-Kreditgebers darin sehen müssen, dass dieser über einen (potentiellen) unternehmerischen Einfluss auf die Geschicke der Gesellschaft, über einen Informationsvorsprung gegenüber den außenstehenden Gläubigern sowie über eine Zwitterstellung verfügt, nämlich zum einen am Vermögen der Gesellschaft beteiligt zu sein und zum anderen der Gesellschaft wie ein gesellschaftsfremder Dritter gegenüberzustehen. Folgt man mithin dieser Ansicht, dann gelten die bisherigen Grundsätze fort.[1499] Das ist aber nicht unbestritten. Mitunter wird davor gewarnt, die bisherigen Fallgruppen unbesehen auf das neue Recht zu übertragen.[1500] Das neue (Kapitalersatz-)Recht – so diese Ansicht – verfolge einen deutlich restriktiveren Ansatz als das alte Recht.[1501] Danach sei das Kapitalersatzrecht nur solchen Personen gegenüber anwendbar, die ein „mitgliedschaftliches Interesse" an der Finanzierung der GmbH hätten und denen die Haftungsbeschränkung des § 13 II GmbHG zugutekäme.

423 Nach der hier vertretenen Ansicht kommt es – wie bereits schon nach altem Recht – auf ein Bündel von Kriterien an, nämlich auf einen – gesellschaftsrechtlich vermittelten – Informationsvorsprung in Bezug auf die wirtschaftliche Lage des Schuldners, der Beteiligung am wirtschaftlichen Erfolg der Unternehmung (sei es über das Gesellschaftsvermögen oder am Gewinn der Gesellschaft) und auf den unternehmerischen Einfluss auf die Geschicke der Gesellschaft.[1502] Dabei ist davon auszugehen, dass ein „Weniger" hinsichtlich eines Kriterium bis zu einem gewissen Grad durch ein „Mehr" eines anderen Kriteriums kompensiert werden kann. Eine völlige „entmaterialisierte" Stellung, dh eine solche die keine (gesellschaftsrechtlich vermittelte) wirtschaftliche Teilhabe am Erfolg der wirtschaftlichen Unternehmung vorsieht, kann jedoch nicht durch ein „Mehr" an anderen Kriterien (zB Einfluss auf die Geschicke der Gesellschaft) kompensiert werden. In der Literatur wurde bisweilen in der Vergangenheit Gegenteiliges vertreten.[1503] Die ganz überwiegende Ansicht zum alten wie zum neuen Recht

---

[1496] Siehe hierzu *Haas* ZInsO 2007, 617, 618 f.; siehe auch *Baumbach/Hueck/Fastrich*, Anh § 30 GmbHG Rn. 6; *Scholz/K. Schmidt*, Nachtrag §§ 32a/b GmbHG aF Rn. 7 ff.
[1497] Siehe auch *Lutter/Hommelhoff/Kleindiek,* Anh § 64 GmbHG Rn. 121.
[1498] *Hommelhoff,* in von Gerkan/Hommelhoff (Hrsg.) Rn. 2.20; *Johlke/Schröder*, in von Gerkan/Hommelhoff (Hrsg.) Rn. 5.7 ff.; *Habersack* ZGR 2000, 384, 393 ff.; *Haas* NZI 2001, 1, 2 ff.; siehe auch LG Erfurt ZIP 2001, 1673, 1675 f.
[1499] So *Scholz/K. Schmidt*, Nachtrag §§ 32a/b GmbHG aF Rn. 22 f.; *Lutter/Hommelhoff/Kleindiek*, Anh § 64 GmbHG Rn. 127; *Gehrlein* BB 2008, 846, 850; *Roth/Altmeppen*, Anh §§ 32a, b GmbHG aF Rn. 23; *Michalski/Dahl*, Anh II §§ 32a, 32b GmbHG aF Rn. 11: „Der Gesetzgeber wollte offensichtlich den personellen Anwendungsbereich des Sonderrechts der Gesellschafterdarlehen nicht ändern, sondern diesen nach den gleichen Kriterien wie nach dem überkommenden Recht bestimmen."
[1500] *Habersack* ZIP 2007, 2145, 2149; *Huber,* FS *Priester,* 2007, S. 259, 280; siehe auch *Baumbach/Hueck/Fastrich*, Anh § 30 GmbHG Rn. 34.
[1501] *Goette/Habersack,* Das MoMiG in Wissenschaft und Praxis, Rn. 5.24; dem folgend *Schmidt/Lüdtke,* § 39 Rn. 34.
[1502] Siehe so zum alten Recht *Haas* NZI 2001, 1, 8; *Haas/Prokop,* FS Röhricht, 2005, S. 1149, 1166 ff.
[1503] So insb. *Fleischer* ZIP 1998, 313, 317 ff.

lehnt dies aber zu Recht ab.[1504] Eine Finanzierungsverantwortung im Gläubigerinteresse kann diese Dritte allenfalls unter den Voraussetzungen des § 826 BGB[1505] treffen. Daher sind beispielsweise (allein) durch Covenants gesicherte Gläubiger in keinem Fall in den Anwendungsbereich des Kapitalersatzrechts einbezogen.[1506]

Unabhängig davon, welche die maßgebenden Kriterien im Kontext der „wirtschaftlichen Vergleichbarkeit" sind, ergibt sich ein gewisses Spannungsverhältnis zu § 39 V InsO. Während nämlich die Prüfung, ob ein Dritter einem Gesellschafter wirtschaftlich vergleichbar ist, eine konkrete Prüfung der gesellschaftlichen Verhältnisse erfordert,[1507] stellt § 39 V InsO für den Gesellschafter allein auf eine formale Betrachtung ab (→ Rn. 413 ff.). Damit stehen beide Vorschriften in einem gewissen Widerspruch zueinander.[1508] Hinsichtlich des maßgeblichen Zeitpunkts, in dem diese Voraussetzungen vorliegen müssen, gilt das zu dem formalen Gesellschafter Gesagte entsprechend (→ Rn. 399 ff.).[1509] Wirtschaftlich kann der Dritte dann als Gesellschafter anzusehen sein, weil er in einem besonderen Näheverhältnis zu einem Gesellschafter (1) oder aber zu der Gesellschaft selbst steht (2). **424**

(1) *Besonderes Näheverhältnis zu einem Gesellschafter.* Zu dieser Fallgruppe sind insbesondere folgende Gestaltungen zu rechnen: **425**

– *Treugeber:* Der Treugeber, der nicht unmittelbar an der Gesellschaft beteiligt ist, in dessen Vermögen sich aber die finanziellen Auswirkungen der Gesellschaftsbeteiligung seines Treuhänders niederschlagen, steht – wirtschaftlich gesehen – einem Gesellschafter gleich und ist daher dem Kapitalersatzrecht unterworfen.[1510] Ein Ehe- oder Verwandtschaftsverhältnis zwischen dem Dritten (Darlehensgeber) und dem Gesellschafter begründet keine Vermutung (nicht mal eine Beweiserleichterung dafür), dass der Gesellschafter den Geschäftsanteil treuhänderisch für den Kreditgeber hält.[1511] **426**

– *Pfandgläubiger:* Die (wohl) hM bezieht auch den atypischen Pfandgläubiger an einem Gesellschafteranteil in den persönlichen Anwendungsbereich des Kapitalersatzrechts ein.[1512] Von einer solchen atypischen Sicherheit ist auszugehen, wenn sich der Pfandgläubiger zusätzliche Befugnisse einräumen lässt, die es ihm ermöglichen, die Geschicke der Gesellschaft ähnlich wie ein Gesellschafter mitzubestimmen.[1513] **427**

[1504] *Baumbach/Hueck/Fastrich,* Anh § 30 GmbHG Rn. 47; *Scholz/K. Schmidt,* Nachtrag §§ 32a/b GmbHG aF Rn. 23.

[1505] Siehe etwa für die Finanzierungsfolgenverantwortung von Banken, BGH WM 1965, 918, 919; NZI 2001, 541 ff.; OLG Düsseldorf ZIP 1983, 786, 800; *Obermüller,* Insolvenzrecht in der Bankpraxis, Rn. 5.108 ff.; *Wenzel* NZI 1999, 294 ff.

[1506] *Habersack* ZBB 2006, 494, 499; *Goette/Habersack,* Das MoMiG in Wissenschaft und Praxis, Rn. 5.23; *Huber,* FS *Priester,* 2007, S. 259, 279; *Baumbach/Hueck/Fastrich,* Anh zu § 30 GmbHG Rn. 47.

[1507] Vgl. BGH NJW 1984, 1036; NJW 1980, 592; ZIP 1989, 93, 94; OLG Köln ZIP 1989, 1535, 1588.

[1508] Schon zum alten Recht, *Haas* DZWIR 1999, 177, 178 f.

[1509] Siehe auch *Baumbach/Hueck/Fastrich,* Anh § 30 GmbHG Rn. 48.

[1510] *Gehrlein* BB 2008, 846, 850; *Habersack* ZIP 2008, 2385, 2387; *Baumbach/Hueck/Fastrich,* Anh § 30 GmbHG Rn. 35; *Michalski/Dahl,* Anh II §§ 32a, 32b GmbHG aF Rn. 12; zum alten Recht bereits BGH ZIP 1989, 93, 94; NJW 1980, 592; ZIP 1990, 1593; ZIP 1991, 366; DStR 1999, 1409; LG Erfurt EWiR 2002, 577 f. *(Blöse); Johlke/Schröder,* in von Gerkan/Hommelhoff (Hrsg.) Rn. 5.10 ff.

[1511] BGH NZG 2009, 782, 783.

[1512] So auch für das neue Recht *Gehrlein* Der Konzern 2007, 771, 787; ders. BB 2008, 846, 850; *Hirte* WM 2008, 1429, 1431; *Michalski/Dahl,* Anh II §§ 32a, 32b GmbHG aF Rn. 12; *Lutter/Hommelhof/Kleindiek,* Anh zu § 64 GmbHG Rn. 126; aA aber *Habersack* ZIP 2007, 2145, 2148 f.; *Goette/Habersack,* Das MoMiG in Wissenschaft und Praxis, Rn. 5.24; *Schmidt/Lüdtke,* § 39 Rn. 38.

[1513] Vgl. BGH NJW 1992, 3035, 3036; *Johlke/Schröder,* in von Gerkan/Hommelhoff (Hrsg.) Rn. 5, 27 ff.; *Rowedder/Görner,* Anhang § 30 GmbHG Rn. 70.

428 – *(Unter-)Beteiligungen:* Einbezogen ist ein Dritter, der an einem Gesellschaftsanteil eine „Unterbeteiligung" hält, die ihm Einfluss auf die Geschicke der Gesellschaft einräumt.[1514]

429 – *Nießbraucher:* Hält der Dritte einen Nießbrauch an der Gesellschaftsbeteiligung verbunden mit einer Vereinbarung, die ihm Einfluss auf die Geschicke der Gesellschaft einräumt, findet auf diesen das Kapitalersatzrecht Anwendung;[1515] der Nießbrauch als solcher genügt jedoch nicht.[1516]

430 – *Nahe Angehörige:* Nahe Angehörige (Kinder, Ehegatte, etc) zählen nicht ohne weiteres zu den nach § 39 I Nr. 5 InsO gleichgestellten Dritten.[1517] Insoweit weicht die hM hier klar von der Rechtsprechung zur Kapitalerhaltung[1518] ab. Etwas anderes gilt aber dann uU, wenn es konkrete Hinweise darauf gibt, dass die Mittel vom Gesellschafter stammen (→ Rn. 419 ff.).[1519]

431 – *Vertikal verbundene Unternehmen.* Unstreitig können in den persönlichen Anwendungsbereich auch mit einem Gesellschafter verbundene Unternehmen fallen. Die Rechtsprechung spricht insoweit auch von einer „wirtschaftlichen Einheit".[1520] Ein derartiger Fall liegt vor, wenn ein Unternehmen vertikal mit einem Gesellschafter verbunden ist, dh wenn der Dritte Gesellschafter-Gesellschafter der Schuldnerin ist.[1521] Voraussetzung ist allerdings, dass der Dritte aufgrund einer qualifizierten Mehrheit der Anteile oder der Stimmrechte einen bestimmenden Einfluss auf den Gesellschafter ausüben kann.[1522]

432 Beruht die wirtschaftliche Vergleichbarkeit auf einem Näheverhältnis des Dritten zum Gesellschafter, stellt sich die Frage, woran sich eine der 10%-Schwelle vergleichbare Privilegierung zugunsten desselben orientieren soll. So könnte man etwa – mit Blick auf die Privilegierung des formalen Gesellschafters in § 39 V InsO – verlangen, dass die für die wirtschaftliche Vergleichbarkeit maßgebenden Kriterien bei dem Dritten besonders ausgeprägt sein müssen, um ihn in den persönlichen Anwendungsbereich des Gesellschafters einbeziehen zu können. Die hM geht wohl einen anderen Weg. Danach soll der Dritte nur dann dem Kapitalersatzrecht unterworfen sein, wenn der Gesellschafter, der dem Dritten das Näheverhältnis vermittelt, eine Beteiligung über 10%

[1514] *Lutter/Hommelhoff/Kleindiek,* Anh § 64 GmbHG Rn. 125; *Baumbach/Hueck/Fastrich,* Anh zu § 30 GmbHG Rn. 45; siehe zum alten Recht OLG Celle NZG 1999, 75, 76; Ulmer/*Habersack,* §§ 32a/b GmbHG Rn. 152; *Scholz/K. Schmidt,* §§ 32a, 32b GmbHG Rn. 152. Ist der Dritte Komplementär einer KG, die wiederum Gesellschafterin einer GmbH ist, ist der persönliche Anwendungsbereich nur gegeben, wenn der die Hilfe gewährende Gesellschafter seinen Willen in der KG aufgrund seiner Stimmmacht oder aber dadurch durchsetzen kann, dass er gegenüber der KG – im Hinblick auf die gewährte Hilfe – einen Erstattungsanspruch nach § 110 HGB geltend machen kann, BGH DStR 1999, 510, 511.

[1515] Vgl. *Gehrlein* BB 2008, 846, 850; *Habersack* ZIP 2008, 2385, 2388; *Goette/Habersack,* Das MoMiG in Wissenschaft und Praxis, Rn. 5.23; *Lutter/Hommelhoff/Kleindiek,* Anh § 64 GmbHG Rn. 125; differenzierend *Baumbach/Hueck/Fastrich,* Anh § 30 GmbHG Rn. 46.

[1516] BGH WM 2011, 1371 (zur Rechtslage vor MoMiG).

[1517] BGH DB 2011, 699, 702; NZG 2009, 782, 783; DStR 1999, 810, 811; OLG München NZG 1999, 777, 778; *Johlke/Schröder,* in von Gerkan/Hommelhoff (Hrsg.) Rn. 5.36 f.; *Scholz/K. Schmidt,* §§ 32a, 32b GmbHG Rn. 134.

[1518] Siehe Nachweise bei *Sernetz/Haas,* Kapitalaufbringung und Erhaltung in der GmbH, Rn. 402.

[1519] BGH NJW 2011. 1503 Rn. 19; NZG 2011, 667 Rn. 15; NZG 2009, 782, 783.

[1520] Vgl. *Baumbach/Hueck/Fastrich,* Anh § 30 GmbHG Rn. 42; vgl. auch *Schall* ZIP 2010, 205 ff.; zum alten Recht, siehe BGH DB 1999, 1650; ZIP 1997, 115, 116; ZIP 1990, 1467, 1468 f.; ZIP 1990, 1593, 1595; NJW 1992, 1167, 1168; NJW 1984, 1036.

[1521] BGH NZG 2008, 507, 508.

[1522] BGH NZG 2008, 507, 508; ZIP 2006, 279, 282; OLG Hamburg GmbHR 2006, 200, 201 f.; *Lutter/Hommelhoff/Kleindiek,* Anh zu § 64 GmbHG Rn. 123; zu den verschiedenen Begründungsansätzen bei der Einbeziehung verbundener Unternehmen vgl. *Saenger/Inhester/Kolmann,* Anhang § 30 GmbHG Rn. 95 ff.; überzeugend *Roth/Altmeppen,* § 32a aF Rn. 153 ff.; zusammenfassend HK/*Kleindiek,* § 39 Rn. 43 ff.; wohl auch BGH WM 2013, 568 Rn. 22.

hält.[1523] Spätestens hier geraten die konkrete wirtschaftliche Betrachtung und der formale Ansatz des § 39 V InsO in einen unüberbrückbaren Widerspruch zueinander.[1524]

(2) *Näheverhältnis zur Gesellschaft.* Steht der Dritte nicht zu einem Gesellschafter, sondern zur Gesellschaft in einem qualifizierten Näheverhältnis, so kann er ebenfalls in den persönlichen Anwendungsbereich des Kapitalersatzrechts einbezogen sein. Zu nennen ist in diesem Zusammenhang vor allem der Fall, dass der Dritte Inhaber einer atypischen stillen Beteiligung an Vermögen und/oder Ertrag der Gesellschaft ist, verbunden mit entsprechenden Einflussmöglichkeiten auf dieselbe (→ Rn. 453).[1525]

433

e) *Beschränkung des persönlichen Anwendungsbereichs (Sanierungsprivileg).* Dem Kapitalersatzrecht wurde und wird immer wieder „Sanierungsfeindlichkeit" nachgesagt.[1526] Um dem zu begegnen, hatte der Gesetzgeber bereits unter dem alten Recht (§ 32a III 3 GmbHG) ein bis dato von der Rechtsprechung abgelehntes[1527] und in der Literatur[1528] umstrittenes „Sanierungsprivileg" eingeführt.[1529] Letzteres sollte – so der Gesetzgeber –[1530] dem Kreditgeber ermöglichen, in der Krise der Gesellschaft Geschäftsanteile und unternehmerische Kontrolle zu übernehmen, ohne Gefahr zu laufen, dass insbesondere seine stehen gelassenen Alt-Kredite, die uU gut besichert sind, in eigenkapitalersetzende Gesellschafterleistungen „unqualifiziert" werden. Dieses Sanierungsprivileg hat der MoMiG-Gesetzgeber weitgehend unverändert auch für das neue Recht übernommen (§ 39 IV 2 InsO).[1531] Es befreit sowohl von dem gesetzlichen Nachrang (§ 39 I Nr. 5 InsO) als auch – aufgrund des Verweises in § 135 IV InsO auf § 39 InsO – von der Insolvenzanfechtung. Eine weitere Beschränkung des persönlichen Anwendungsbereichs des Kapitalersatzrechts sieht auch § 24 UBGG vor.[1532]

434

aa) *Erfasster Personenkreis.* Privilegiert wird nach § 39 IV 2 InsO nur derjenige, der eine „Sanierungsbeteiligung" erwirbt, nicht dagegen derjenige, der schlicht einen Sanierungskredit gewährt.[1533] Es handelt sich mithin nicht um ein allgemeines Sanierungsprivileg.

435

(1) *Höhe der Beteiligung.* In den Genuss des Privilegs kann – nach neuem Recht – nur kommen, wer vor dem Anteilserwerb noch nicht zum Adressatenkreis des Kapitalersatz-

436

[1523] Siehe *Baumbach/Hueck/Fastrich,* Anh zu § 30 GmbHG Rn. 36; *Roth/Altmeppen,* Anh §§ 32a, b GmbHG aF Rn. 16; *Lutter/Hommelhoff/Kleindiek,* Anh zu § 64 GmbHG Rn. 123.

[1524] Vgl. für einen willkürlichen und mit dem gesetzgeberischen Anliegen nicht im Einklang stehenden Ansatz *von Gerkan,* GmbHR 1997, 677, 680 f.; *von Gerkan,* in Handbuch des Kapitalersatzrechts, Rn. 3.22 ff.; siehe auch *Pentz* GmbHR 1999, 437, 445; *Lutter/Hommelhoff,* §§ 32a/b GmbHG Rn. 69.

[1525] Vgl. *Baumbach/Hueck/Fastrich,* Anh § 30 GmbHG Rn. 44; *Gerhlein* BB 2008, 848, 850; *Lutter/Hommelhoff/Kleindiek,* Anh § 64 GmbHG Rn. 125; *Goette/Habersack,* Das MoMiG in Wissenschaft und Praxis, Rn. 5.23; siehe zum alten Recht, BGH NJW 1989, 982, 983; OLG Hamburg GmbHR 1990, 393, 394; *Rowedder/Görner,* Anhang § 30 GmbHG Rn. 71; *Johlke/Schröder,* in von Gerkan/Hommelhoff (Hrsg.) Rn. 5.16 ff.

[1526] Siehe zum alten Recht auch *Goette/Kleindiek,* Eigenkapitalersatzrecht in der Praxis, Rn. 85.

[1527] Vgl. BGHZ 31, 258, 268 ff.; BGH NJW 1980, 592.

[1528] Dagegen etwa *Scholz/K. Schmidt,* §§ 32a, 32b GmbHG Rn. 192; *Lutter/Hommelhoff,*[16] §§ 32a/b GmbHG Rn. 39; *Roth/Altmeppen,*[5] § 32a GmbHG Rn. 56; dafür *Haas,* in Reform des gesellschaftsrechtlichen Gläubigerschutzes, Gutachten E zum 66. DJT, 2006, E 78.

[1529] Siehe hierzu ausführlich *Dauner-Lieb,* in von Gerkan/Hommelhoff (Hrsg.) Rn. 4.9 ff.

[1530] Vgl. *Seibert* GmbHR 1998, 309, 310; siehe auch *Dauner-Lieb* DStR 1998, 1517, 1518 ff.; *dies.,* in Handbuch des Kapitalersatzrechts, Rn. 4.10 f.

[1531] *Roth/Altmeppen,* Anh §§ 32a, b GmbHG aF Rn. 31; *Haas* ZInsO 2007, 617, 624 f.

[1532] *Baumbach/Hueck/Fastrich,* Anh zu § 30 GmbHG Rn. 78.

[1533] So schon zum alten Recht, *Dauner-Lieb* DStR 1998, 1517, 1519; *dies.,* in von Gerkan/Hommelhoff (Hrsg.) Rn. 4.32; *Goette/Kleindiek,* Eigenkapitalersatzrecht in der Praxis, Rn. 87; kritisch zu der gesetzgeberischen Konzeption *Haas* ZInsO 2007, 617, 625; *Gehrlein* BB 2008, 846, 851; *Wittig,* FS K. Schmidt, 2009, S. 1743, 1754.

rechts zählte.[1534] Privilegiert ist also sowohl der Dritte, der eine Beteiligung über 10% erwirbt oder eine unterhalb dieser Schwelle liegende Beteiligung aufstockt. Dem Erwerb von Gesellschafteranteilen kann der Erwerb einer nach § 39 I Nr. 5 InsO vergleichbaren gesellschafterähnlichen Stellung gleich stehen.[1535] Keine Rolle spielt weiterhin, ob die Sanierungsbeteiligung von einem professionellen Sanierer, einer Bank oder aber von einem „normalen Gesellschafter" erworben wird.[1536]

437 (2) *Art des Anteilserwerbs.* Das Gesetz differenziert nicht danach, auf welche Weise der „Sanierer" den Gesellschaftsanteil erwirbt.[1537] Erfasst wird mithin der Anteilserwerb im Wege der Zeichnung neuer Geschäftsanteile im Rahmen einer Kapitalerhöhung oder durch derivativen Erwerb bereits bestehender Anteile anderer Gesellschafter.[1538]

438 (3) *Doppelrolle.* § 39 IV 2 InsO geht vom Wortlaut her davon aus, dass Anteilserwerb und Darlehenshingabe aus einer Hand erfolgen. Richtiger Ansicht nach sind hier aber ebenfalls die Erweiterungen des persönlichen Anwendungsbereichs des Kapitalersatzrechts (→ Rn. 418 ff.) zu beachten. Das Sanierungsprivileg kommt daher beispielsweise auch zur Anwendung, wenn der Anteilserwerb durch eine Tochtergesellschaft des Kreditgebers erfolgt.[1539]

439 bb) *Zeitpunkt des Anteilserwerbs.* Eine Privilegierung setzt voraus, dass der Anteilserwerb zu einem Zeitpunkt stattfindet, in dem sich die Gesellschaft in einer wirtschaftlichen Krise befindet. Letztere wird mit dem Stadium der drohenden Zahlungsunfähigkeit (§ 18 InsO), Zahlungsunfähigkeit (§ 17 InsO) bzw. Überschuldung (§ 19 InsO) umschrieben. Damit führt der Gesetzgeber – zumindest für das Sanierungsprivileg – das (für das alte Recht kennzeichnende) Merkmal der „Krise" wieder durch die Hintertür ein; denn inhaltlich deckt sich der Krisenbegriff des alten Rechts weitgehend mit den Insolvenzauslösetatbeständen.[1540] Zur Vermeidung logischer Friktionen bei der Feststellung eines Eröffnungsgrundes muss die potentielle Beitrittsmaßnahme außer Betracht bleiben.[1541]

440 cc) *Sanierungszweck.* Das Gesetz definiert den Begriff „zum Zwecke der Sanierung" nicht. Klar ist, dass nicht jegliche Gesellschafterleistung, die an die Gesellschaft fließt, privilegiert sein kann;[1542] denn § 39 IV 2 InsO will von seinem Sinn und Zweck her nur „seriöse" Sanierungen, nicht aber jegliche Spekulation auf Kosten der Gläubiger

---

[1534] Siehe insoweit *Michalski/Dahl*, Anh II §§ 32a, 32b GmbHG aF Rn. 20; *Baumbach/Hueck/Fastrich*, Anh zu § 30 GmbHG Rn. 74; siehe aber auch *Haas* ZInsO 2007, 617, 624; zweifelnd *Roth/Altmeppen*, Anh §§ 32a, b GmbHG aF Rn. 31, 33; *Altmeppen* NJW 2008, 3601, 3605; nach bisherigem Recht war dies umstritten, siehe einerseits *Ulmer/Habersack*, §§ 32a/b GmbHG Rn. 198; andererseits 3. Auflage 2006, Rn. 399; *Rowedder/Görner* Anhang § 30 GmbHG Rn. 106; *Altmeppen*, FS Sigle, 2000, S. 211, 220 ff.

[1535] *Baumbach/Hueck/Fastrich*, Anh zu § 30 GmbHG Rn. 75; so bereits zum alten Recht, *Dauner-Lieb*, in Handbuch des Kapitalersatzrechts, Rn. 4.26; *Haas* DZWIR 1999, 177, 180; *Scholz/K. Schmidt*, §§ 32a, 32b GmbHG Rn. 214; aA *Hirte* ZInsO 1998, 147, 151.

[1536] Für eine teleologische Reduktion auf Kreditinstitute wohl *Hirte* ZInsO 1998, 147, 151; wie hier *Pichler* WM 1999, 411, 414.

[1537] So schon zum alten Recht, *Goette/Kleindiek*, Eigenkapitalersatzrecht in der Praxis, Rn. 89; *Pichler* WM 1999, 411, 414; *Dörrie* ZIP 1999, 12, 13.

[1538] *Baumbach/Hueck/Fastrich*, Anh zu § 30 GmbHG Rn. 75; so schon zum alten Recht, OLG Düsseldorf ZIP 2004, 508, 510; *Dörrie* ZIP 1999, 12, 13; *Ulmer/Habersack*, §§ 32a/b GmbHG Rn. 200.

[1539] Vgl. in diesem Sinne bereits für das bisherige Recht, *Dörrie* ZIP 1998, 12, 15; *Dauner-Lieb*, in Handbuch des Kapitalersatzrechts, Rn. 4.41.

[1540] Siehe hierzu 3. Auflage 2006, Rn. 360. In der Literatur wird hingegen in der Anknüpfung des Privilegs an die Insolvenzauslösetatbestände eine zeitliche „Verengung" derselben gesehen, so *Gehrlein* BB 2008, 846, 851; *Baumbach/Hueck/Fastrich*, Anh zu § 30 GmbHG Rn. 73.

[1541] Zutreffend *Bitter*, ZIP 2013, 398, 399.

[1542] So schon zum alten Recht, *Dauner-Lieb*, in von Gerkan/Hommelhoff (Hrsg.) Rn. 4.55 ff.; *Claussen* GmbHR 1996, 316, 325 ff.

fördern.¹⁵⁴³ Daher kann nur der Gläubiger von den Folgen des Eigenkapitalersatzrechts befreit sein, der Sanierungsbemühungen auf sich nimmt, die objektiv betrachtet die Chance einer Gesundung des Unternehmens bergen und damit auch der Gläubigergesamtheit zugutekommen.¹⁵⁴⁴ Maßgebender Zeitpunkt für eine Qualifizierung des Sanierungsversuchs ist der Moment der Kreditgewährung. Ob ex post betrachtet durch die Gesellschafterhilfe die Krise tatsächlich beseitigt wurde, ist dagegen irrelevant.¹⁵⁴⁵ Entscheidend ist allein, ob ex ante besehen eine Gesundung des Unternehmens objektiv möglich erscheint; denn allein schon die berechtigte Chance einer Sanierung verbessert die Position aller übrigen Gläubiger.¹⁵⁴⁶

Dem Gesetzeswortlaut zufolge, kann der „Sanierungsversuch" allein schon in dem Erwerb einer Gesellschaftsbeteiligung liegen. Ein Erwerb ohne Gewährung eines Neukredits wird jedoch in aller Regel für einen „objektiven Sanierungszweck" kaum ausreichen.¹⁵⁴⁷ Für die Frage, ob der Sanierungsversuch ernsthaft ist oder nicht, kann auf die Rechtsprechung zur Bankenhaftung nach § 826 BGB wegen Insolvenzverschleppung bzw. Gläubigergefährdung zurückgegriffen werden.¹⁵⁴⁸ Folgt man dieser Ansicht, so kann sich der Gesellschafter auf ein Sanierungsprivileg nur dann berufen, wenn er eine Sanierungsprüfung vorgenommen hat und eine entsprechende Dokumentation der Sanierungsprüfung vorlegen kann.¹⁵⁴⁹ Einen Anhaltspunkt in Bezug auf den Inhalt der Sanierungsprüfung und den Umfang der Dokumentation geben die Vorschriften über den Insolvenzplan (vgl. §§ 250, 251 InsO). Ist der Sanierungsplan von einem sachverständigen und neutralen Dritten geprüft und gebilligt worden (zB Hausbank), so ist dies grundsätzlich ein Indiz dafür, dass die Anforderungen des Sanierungsprivilegs eingehalten sind.¹⁵⁵⁰ **441**

dd) *Umfang der Privilegierung.* (1) *In sachlicher Hinsicht.* Der Gesetzgeber hat nunmehr klargestellt, dass das Privileg nicht nur für Darlehen, sondern für alle wirtschaftlich entsprechende Gesellschafterhilfen (→ Rn. 444ff.) gilt.¹⁵⁵¹ Des Weiteren hat der Gesetzgeber klargestellt, dass die Privilegierung des Sanierers sowohl für seine Alt- als auch seine Neukredite gilt („bestehenden und neu zu gewährenden Darlehen").¹⁵⁵² **442**

(2) *In zeitlicher Hinsicht.* Fraglich ist, wie lange die in § 39 IV 2 InsO ausgesprochene Privilegierung anhält. Dem Wortlaut nach hält die Privilegierung bis „zur nachhaltigen Sanierung" an. Scheitert also der Sanierungsversuch, kommt der Gesellschafter – grundsätzlich – in den Genuss der Privilegierung.¹⁵⁵³ Wird die wirtschaftliche Krise **443**

---

¹⁵⁴³ Vgl. so schon zum alten Recht, OLG Düsseldorf ZIP 2004, 508, 510f.; *Claussen* GmbHR 1996, 316, 326; siehe auch *Dauner-Lieb* DStR 1998, 1517, 1522f.; *Goette/Kleindiek,* Eigenkapitalersatzrecht in der Praxis, Rn. 90.
¹⁵⁴⁴ *Michalski/Dahl,* Anh II §§ 32a, 32b GmbHG aF Rn. 20; *Haas* ZInsO 2007, 617, 625; *Altmeppen* NJW 2008, 3601, 3603; kritisch zu diesem Erfordernis *Wittig,* FS K. Schmidt, 2009, S. 1743, 1754.
¹⁵⁴⁵ Vgl. so bereits zum alten Recht, *Dörrie* ZIP 1999, 12, 14; *Goette/Kleindiek,* Eigenkapitalersatzrecht in der Praxis, Rn. 90.
¹⁵⁴⁶ Siehe *Drukarczyk,* FS Schneider, S. 194ff.; zur erforderlichen Sanierungsfähigkeit vgl. auch *Gehrlein,* NZI 2012, 257, 259; *ders.,* WM 2011, 577, 584.
¹⁵⁴⁷ *Haas* ZInsO 2007, 617, 625; *Bork* ZGR 2007, 250, 258; *Roth/Altmeppen,* Anh §§ 32a, b GmbHG aF Rn. 34f.
¹⁵⁴⁸ Vgl. in diesem Sinne bereits zum alten Recht, *Haas* DZWiR 1999, 177, 181f.; *Pichler* WM 1999, 411, 417; *Früh* GmbHR 1999, 842, 845. Vgl. für einen Rückgriff auf § 18 KWG, *Dörrie* ZIP 1999, 12, 15.
¹⁵⁴⁹ Vgl. zur Dokumentationspflicht der Banken im Fall eines Sanierungskredits, *Neuhoff* NJW 1998, 3225, 3230.
¹⁵⁵⁰ Vgl. OLG Düsseldorf ZIP 2004, 508, 511; vgl. auch *Goette/Kleindiek,* Rn. 172, 175 (auch zu Sanierungsgutachten).
¹⁵⁵¹ *Haas* ZInsO 2007, 617, 624.
¹⁵⁵² So bereits schon das alte Recht, vgl. *Seibert* GmbHR 1998, 309, 310; *Dauner-Lieb,* in von Gerkan/Hommelhoff (Hrsg.) Rn. 4.58b; *Goette/Kleindiek,* Eigenkapitalersatzrecht in der Praxis, Rn. 91.
¹⁵⁵³ So auch *Roth/Altmeppen,* Anh §§ 32a, b GmbHG aF Rn. 36.

zunächst (nachhaltig) überwunden, rutscht aber im Anschluss daran die Gesellschaft wieder in eine wirtschaftliche Schieflage, ist – zumindest dem Wortlaut zufolge – das Sanierungsprivileg verbraucht;[1554] denn dann ist ja bereits der persönliche Anwendungsbereich des Kapitalersatzrechts eröffnet mit der Folge, dass das Sanierungsprivileg von vorn herein nicht mehr greift. Ökonomisch sinnvoll ist es sicherlich nicht, einen zweiten Sanierungsversuch von vornherein zu behindern.[1555] Einen Anhaltspunkt für das Ende der Privilegierung bildet sicherlich der im dokumentierten Sanierungsplan (→ Rn. 441) niedergelegte „geplante" Zeitrahmen. Ist dieser überschritten, muss der Gesellschafter darlegen und beweisen, dass die Sanierungssituation objektiv noch anhält.[1556] Anderer Ansicht nach soll die Krise dann als nachhaltig überwunden gelten, wenn die Kreditwürdigkeit der Gesellschaft über einen Zeitraum von mindestens 12 Monaten wieder hergestellt ist.[1557] Problematisch ist auch der Fall, in dem sich der wirtschaftliche Verlauf des Unternehmens anders darstellt als im Sanierungsplan vorgesehen. Hier stellt sich insbesondere die Frage, ob der Gesellschafter sich auf das Sanierungsprivileg berufen kann, wenn er die Darlehen bis zur Insolvenzeröffnung stehen lässt, obwohl er erkennt, dass der Sanierungsversuch gescheitert ist.[1558] *Altmeppen* will den Gesellschafter in einem solchen Fall verpflichten, die Darlehen abzuziehen, um sich die Privilegierung zu erhalten.[1559]

444 **f)** *Erweiterung des sachlichen Anwendungsbereichs.* Um Umgehungen des Kapitalersatzrechts in der Praxis zu verhindern, hat der Gesetzgeber in § 39 I Nr. 5 GmbHG einen Auffangtatbestand eingeführt, wonach das „Kapitalersatzrecht" sinngemäß auch auf andere Rechtshandlung eines Gesellschafters anzuwenden ist, die der Darlehensgewährung wirtschaftlich entsprechen. Im Hinblick auf diesen Gesetzeszweck – der ja schon dem alten Recht zugrunde lag – wirkt der mitunter anzutreffende Versuch, aus vermeintlichen Unterschieden zwischen dem Wortlaut des § 32a III GmbHG aF und des § 39 I Nr. 5 InsO nF Folgerungen für eine engere oder weitere Auslegung des Merkmals „wirtschaftlich vergleichbar" abzuleiten,[1560] wenig überzeugend. Vielmehr orientiert sich das neue Recht insoweit – im Grundsatz (→ Rn. 461 ff.) – am alten Recht.[1561]

445 Die Anknüpfung an die „wirtschaftliche Vergleichbarkeit" führt zu einer deutlichen Ausweitung des sachlichen Anwendungsbereichs des Kapitalersatzrechts. Fraglich ist freilich, was sich hinter diesem Kriterium verbirgt.[1562] Das gilt insbesondere dann, wenn man sich die Fälle besieht, bei denen – hM zufolge – eine wirtschaftliche Vergleichbarkeit mit der Darlehensgewährung gegeben ist.

aa) *Beispiele:*

446 – *Kausalverhältnis gleichgültig.* Aus welchem Rechtsgrund das Darlehen gewährt wird, insbesondere ob der Darlehensgewährung als causa der Gesellschaftsvertrag, eine Gesellschaftsvereinbarung oder ein (schuldrechtliches) Drittgeschäft zugrunde liegt ist für

---

[1554] So *Baumbach/Hueck/Fastrich*, Anh § 30 GmbHG Rn. 76.
[1555] Siehe auch *Roth/Altmeppen*, Anh §§ 32a, b GmbHG aF Rn. 38.
[1556] Im Ergebnis ebenso *Hirte* ZInsO 1998, 147, 151.
[1557] In diesem Sinne *Wittig*, FS K. Schmidt, 2009, S. 1743, 1758; *Kübler/Prütting/Bork/Preuss*, § 39 Rn. 53; *Michalski/Dahl*, Anh II §§ 32a, 32b GmbHG aF Rn. 22.
[1558] Offen gelassen bei *Baumbach/Hueck/Fastrich*, Anh § 30 GmbHG Rn. 76.
[1559] *Roth/Altmeppen*, Anh §§ 32a, b GmbHG aF Rn. 40 f.
[1560] Siehe in diesem Sinne *Bitter* ZIP 2010, 1, 6.
[1561] Vgl. RegE MoMiG, BT-Drucks. 16/6140, S. 56; OLG Köln ZIP 2011, 2208, 2209; *Lutter/Hommelhoff/Kleindiek*, Anh § 64 GmbHG Rn. 117; *Goette/Habersack*, Das MoMiG in Wissenschaft und Praxis, Rn. 5.34; *Roth/Altmeppen*, §§ 32a, b GmbHG aF Rn. 45; zurückhaltender *Habersack* ZIP 2008, 2385, 2389 ff.
[1562] Siehe hierzu *Haas*, FS Ganter, 2010, S. 189; *Haas/Dittrich*, in von Gerkan/Hommelhoff (Hrsg.) Rn. 8.6 ff.

den sachlichen Anwendungsbereich des Kapitalersatzrechts gleichgültig.[1563] Letzterer ist auch dann eröffnet, wenn der Darlehensgewährung überhaupt kein Rechtsverhältnis zugrunde liegt bzw. ob dieses wirksam ist oder nicht. Auch wenn das „Darlehen" ohne oder aufgrund nichtiger Rechtsgrundlage gewährt wurde, handelt es sich um eine dem Darlehen wirtschaftlich vergleichbare Leistung.[1564]

– *Stundung von Forderungen.* Hat der Gesellschafter gegen die Gesellschaft eine fällige **447** Forderung, die nicht die Rückzahlung eines Darlehens zum Gegenstand hat, kann der sachliche Anwendungsbereich dennoch eröffnet sein, wenn der Gesellschafter mit der Gesellschaft eine Stundungsabrede ein Stundungsabrede oder ein pactum de non petendo trifft.[1565] HM nach soll nicht jede Stundungsvereinbarung genügen, sondern nur eine solche mit einer unüblich langen Dauer, damit der sachliche Anwendungsbereich des Kapitalersatzrechts für (Nichtdarlehens-)Forderungen eröffnet ist[1566] Problematisch ist, wie mit „erzwungenen" Stundungen umzugehen ist, wenn also der Gesellschafter die Stundungsvereinbarung abschließt, weil er weiß, dass die Gesellschaft nicht hinreichend zahlungsfähig ist. Richtiger Ansicht nach ist auch in diesem Fall der sachliche Anwendungsbereich eröffnet; denn das Motiv, das dem Gesellschafterhandeln zugrunde liegt, ist insoweit irrelevant.[1567]

– *Fälligkeitsvereinbarungen.* Treffen Gesellschafter und Gesellschaft vor Eintritt der Fälligkeit eine Vereinbarung, die das Zahlungsziel hinausschiebt (Fälligkeitsvereinbarung), **448** so ist auch dies eine dem Darlehen wirtschaftlich vergleichbare Handlung. Das gilt selbstverständlich auch dann, wenn es sich um eine (Nichtdarlehens-)Forderung handelt. Voraussetzung ist allerdings – hM nach – dass zugunsten der Gesellschaft ein Fälligkeitszeitpunkt vereinbart wird, der vom „Verkehrsüblichen" (→ Rn. 450 f.) abweicht.[1568]

– *Stehenlassen.* Wirtschaftlich vergleichbar ist – hM nach – auch das Stehenlassen einer **449** Forderung.[1569] Bei Letzterer kann es sich um einen Anspruch auf (Rück-)Zahlung von Gewinnen,[1570] Abfindungsguthaben,[1571] Gehaltsansprüche oder Forderungen aus sonstigen Geschäften mit der Gesellschaft handeln.[1572] Eine gesonderte Absprache zwischen Gesellschafter und Gesellschaft ist nicht erforderlich. Ausreichend ist allein ein tatsächliches Verhalten des Gesellschafters, nämlich die fällige Forderung gegen die Gesellschaft nicht geltend zu machen bzw. die Forderung gegen die Gesellschaft nicht fällig zu stellen. Von einem Stehenlassen wird man allerdings nur dort sprechen

---

[1563] *Baumbach/Hueck/Fastrich*, Anh zu § 30 GmbHG Rn. 50.
[1564] So zum bisherigen Recht jedenfalls, *Scholz/K. Schmidt*, §§ 32a, 32b GmbHG Rn. 121.
[1565] *Baumbach/Hueck/Fastrich*, Anh § 30 GmbHG Rn. 51; *Lutter/Hommelhoff/Kleindiek*, Anh § 64 GmbHG Rn. 117; *Roth/Altmeppen*, Anh §§ 32a, 32b GmbHG aF Rn. 45; *Schmidt/Lüdtke*, § 39 Rn. 44; so auch schon das bisherige Recht, siehe BGH NJW 1995, 457, 458; ZIP 1997, 1375, 1376.
[1566] *Baumbach/Hueck/Fastrich*, Anh § 30 GmbHG Rn. 51; wohl auch *Roth/Altmeppen*, Anh §§ 32a, 32b GmbHG aF Rn. 49; *Schmidt/Lüdtke*, § 39 Rn. 44; *Seibert*, S. 42; *Bork/Schäfer/Thiessen*, Anh § 30 GmbHG Rn. 16; *Gehrlein/Ekkenga/Simon*, Vor § 64 GmbHG Rn. 126; *MüKoInsO/ders.*, § 135 Rn. 18; *Saenger/Inhester/Kolmann*, Anhang § 30 GmbHG Rn. 134; *KPB/Preuß*, § 39 Rn. 81.
[1567] In diesem Sinne auch *Schmidt/Lüdtke*, § 39 Rn. 44.
[1568] *Baumbach/Hueck/Fastrich*, Anh § 30 GmbHG Rn. 52; siehe auch *Ulmer/Habersack*, §§ 32a/b GmbHG Rn. 112; *Scholz/K. Schmidt*, §§ 32a, 32b GmbHG Rn. 123.
[1569] *Baumbach/Hueck/Fastrich*, Anh § 30 GmbHG Rn. 53; *Habersack* ZIP 2007, 2145, 2150; *Lutter/Hommelhoff/Kleindiek*, Anh zu § 64 GmbHG Rn. 117; *KPB/Preuß*, § 135 Rn. 13; *Scholz/K. Schmidt*, Nachtrag §§ 32a/b GmbHG aF Rn. 20; so bereits zum alten Recht, BGH ZIP 1996, 273, 275; ZIP 1994, 1934, 1937; ZIP 1993, 311, 317; NJW 1980, 592, 593; OLG München ZIP 2002, 1210, 1212.
[1570] *Rowedder/Görner*, Anhang § 30 GmbHG Rn. 85; *HK/Kleindiek*, § 135 Rn. 28.
[1571] *Rowedder/Görner*, Anhang § 30 GmbHG Rn. 86.
[1572] Vgl. BGH NJW 1995, 457, 458; *Lutter/Hommelhoff*, §§ 32a/b GmbHG Rn. 45; *Hommelhoff/Goette/Kleindiek*, Eigenkapitalsatzrecht in der Praxis, Rn. 91.

können, wo der Gesellschafter die Forderung überhaupt einziehen kann und das Belassen über die jeweils verkehrsüblichen Gepflogenheiten hinausgeht.[1573]

450 Hinsichtlich der Frage freilich, wann eine Verkehrsüblichkeit gegeben ist, gehen die in der Literatur vertretenen Ansichten stark auseinander. So verweist etwa *Fastrich* in seiner Kommentierung auf Rechtsprechung, bei der das „Verkehrsübliche" erst dann überschritten sein soll, wenn die fällige Forderung mehrere Monate (4 bis 8,5 Monate) stehen gelassen wurde.[1574] Anderer Ansicht nach ist die Abgrenzung dessen, was üblich bzw. unüblich ist, im Lichte des § 142 InsO zu treffen.[1575] Nach dieser Ansicht ist die Schwelle zum „Stehenlassen" deutlich niedriger; denn § 142 verlangt für ein Bargeschäft – grundsätzlich – einen (sehr) engen zeitlichen Zusammenhang. In der Regel hat nach dieser Vorschrift der Leistungsaustausch „unmittelbar" zu erfolgen.[1576] Danach kann – je nach den Umständen des Einzelfalles – das Zuwarten einer oder auch nur weniger Wochen dem Austauschgeschäft den Charakter eines Bargeschäftes nehmen.[1577] Für die Heranziehung des § 142 InsO als Maßstab sprechen sowohl dessen systematischer Zusammenhang mit den anfechtungsrechtlichen Vorschriften als auch die Vergleichsüberlegung, dass umgekehrt Bargeschäfte im Sinne des § 142 InsO nicht vorliegen, wenn ein Kredit gewährt worden war.[1578]

451 Auch die Tatsache, dass – gemäß der hM – nach neuem Recht eine ganz kurzfristige Stundungsvereinbarung stets vom sachlichen Anwendungsbereich des „Kapitalersatzrechts" erfasst sein soll, spricht für einen strengen Maßstab.[1579] Wenn nämlich schon eine kurzfristige Kreditierung den Sonderregelungen des „Kapitalersatzrechts" unterfällt, dann dürfen – mit Blick auf die wirtschaftliche Vergleichbarkeit – die zeitlichen Anforderungen an eine Stundung oder an ein tatsächliches Stehenlassen der Forderung nicht überspannt werden. Insgesamt sprechen somit die besseren Argumente für den strengeren Maßstab in Anlehnung an § 142 InsO.[1580] Bis zu einer abschließenden gerichtlichen Klärung verbleiben jedoch für die Praxis beträchtliche Rechtsunsicherheiten.

452 Fraglich ist schließlich auch, ob nur Forderung auf Geldzahlungen „stehen gelassen" werden können. Richtiger Ansicht nach ist dies zu verneinen, vorausgesetzt die Forderung wäre – lässt man einmal das Kapitalersatzrecht außen vor – im eröffneten Insolvenzverfahren aus der Masse zu befriedigen. Schließen daher beispielsweise Gesellschafter und Gesellschaft einen Kaufvertrag über ein Fahrzeug und hat der Gesellschafter seinerseits den Kaufpreis an die Gesellschaft (vor Insolvenzeröffnung) erbracht, so ist der Anspruch des Gesellschafters gegen die Gesellschaft auf Übereignung des Fahrzugs ebenfalls dem Kapitalersatzrecht unterworfen, wenn diese Forderung – etwa im Blick auf die wirtschaftlichen Verhältnisse der Gesellschaft – tatsächlich stehen gelassen wurde.

453 – *Stille Beteiligung*. Der Darlehensgewährung vergleichbar sind auch geleistete stille Beteiligungen eines GmbH-Gesellschafters, da § 39 I Nr. 5 InsO dann § 236 HGB vorgeht und zur Nachrangigkeit des Anspruchs auf Rückzahlung der Einlage führt.[1581]

[1573] *Roth/Altmeppen*, Anh §§ 32a, b GmbHG Rn. 46 f.; *Baumbach/Hueck/Fastrich*, Anh § 30 GmbHG Rn. 52, 53; KPB/*Preuß*, § 39 Rn. 78; *Gehrlein* BB 2008, 846, 850.

[1574] *Baumbach/Hueck/Fastrich*, Anh § 30 Rn. 52, Fn. 166 mit Verweis auf BGH NJW 1995, 457, 458 bzw. OLG Bamberg GmbHR 2003, 1130.

[1575] KPB/*Preuß*, § 135 Rn. 13; *Bitter* ZIP 2010, 1, 10.

[1576] Siehe zum Ganzen BGH NJW 2006, 2701, 2703; MüKoInsO/*Kirchhof*, § 142 Rn. 15 ff.; BerlK/*Haas*, § 142 Rn. 20 ff.; siehe auch KPB/*Ehricke*, § 142 InsO Rn. 13; *Ganter* ZIP 2012, 2037, 2039 ff.

[1577] Die Höchstfrist liegt wohl bei 30 Tagen, BGH NZI 2008, 173, 174.

[1578] Vgl. BGH ZIP 2003, 493.

[1579] *Baumbach/Hueck/Fastrich*, Anh § 30 GmbHG Rn. 50.

[1580] So auch *Saenger/Inhester/Kolmann*, Anh § 30 GmbHG Rn. 134; *Gehrlein/Ekkenga/Simon* vor § 64 GmbHG Rn. 126; KPB/*Preuß*, § 135 InsO Rn. 13; *Bitter* ZIP 2010, 1, 10.

[1581] *Baumbach/Hueck/Fastrich*, Anh § 30 GmbHG Rn. 54; vgl. zum alten Recht ebenso, BGH NJW 1983, 1855, 1856.

Davon klar zu unterscheiden ist der Fall eines typisch still Beteiligten, der nicht gleichzeitig Gesellschafter der GmbH ist. Diese Außenstehenden sind nur Gesellschafter der stillen Gesellschaft, nicht der GmbH selbst, weswegen § 39 I Nr. 5 InsO grundsätzlich weder auf ihre Einlage noch auf zusätzlich gewährte Darlehen Anwendung findet.[1582] Etwas anderes gilt nur, wenn eine atypisch stille Gesellschaft vorliegt aufgrund derer der stille Gesellschafter ähnlich einem echten Gesellschafter an Vermögen und Ertrag beteiligt ist und auf die Geschicke der Gesellschaft Einfluss nimmt (→ Rn. 433). In diesen Fällen findet – sofern mit dieser atypisch stillen Beteiligung die Grenzen des Kleinbeteiligtenprivilegs aus § 39 V InsO überschritten werden – § 39 I Nr. 5 InsO auf das Auseinandersetzungsguthaben sowie zusätzlich gewährte Darlehen Anwendung.[1583]

bb) *Fazit.* Besieht man sich die vorstehenden Beispiele, so fällt es schwer, das für die wirtschaftliche Vergleichbarkeit im Zusammenhang mit dem sachlichen Anwendungsbereich maßgebende Kriterium zu bestimmen.[1584] So ist es gleichgültig, ob der Gesellschafterleistung eine rechtsgeschäftliche Vereinbarung zugrunde liegt oder nicht. Auch kommt es nicht darauf an, ob durch die Rechtshandlung das Vermögen der Gesellschaft – rechtlich gesehen – gemehrt wird, dh dem Gesellschaftsvermögen (rechtlich) etwas zugeführt wird;[1585] denn in den Fällen des „Stehenlassens" (→ Rn. 449 ff.) gelangt ja nichts in das Vermögen der Gesellschaft, was da nicht schon ohnehin wäre. Aus diesem Grund kann es auch nicht darauf ankommen, ob die „Gesellschafterhilfe" einlagefähig ist oder nicht.[1586] Auch kommt es – für die wirtschaftliche Vergleichbarkeit – nicht auf den Inhalt der Forderung an. Insbesondere ist es – wie ein Blick auf das Sachdarlehen zeigt – kein Wesensmerkmal des sachlichen Anwendungsbereichs des „Kapitalersatzrechts", dass die Forderung auf eine Geldzahlung gerichtet ist. Des Weiteren kommt es auch nicht darauf an, dass der Gesellschafter mit dem Geschäft ein (Bonitäts-)Risiko (der Gesellschaft) übernimmt; denn das Darlehen fällt auch dann in den sachlichen Anwendungsbereich des Kapitalersatzrechts, wenn es voll, dh zu (über) 100% aus dem Gesellschaftsvermögen besichert ist. **454**

Zusammenfassend ist damit festzuhalten, dass es für die Bestimmung des sachlichen Anwendungsbereichs des „Kapitalersatzrechts" wenig weiterführend ist, auf die (rechtlichen) Merkmale des Darlehens abzustellen; denn letztlich bleibt im Lichte der vorstehenden Beispiele insoweit allein übrig, dass der Gesellschafter tatsächlich auf das Vermögen der Gesellschaft eingewirkt, nicht aber lediglich eine Leistung versprochen haben muss (→ Rn. 403). Will man dem Kriterium der wirtschaftlichen Vergleichbarkeit Konturen geben, macht dies nur Sinn, wenn man nicht auf die rechtlichen Merkmale des Darlehens, sondern auf dessen Folgen zum Nachteil der Gläubigergesamtheit abstellt und danach fragt, ob die in Frage stehende Rechtshandlung – wirtschaftlich gesehen – vergleichbare negative Folgen zeitigt. Hierfür spricht nicht nur der Schutz- **455**

[1582] *Baumbach/Hueck/Fastrich,* Anh § 30 GmbHG Rn. 43 f.; *Saenger/Inhester/Kolmann,* Anh § 30 GmbHG Rn. 137.
[1583] *Saenger/Inhester/Kolmann,* Anh § 30 GmbHG Rn. 137; *Baumbach/Hueck/Fastrich,* Anh § 30 GmbHG Rn. 43 f.; *Wicke,* § 30 GmbHG Rn. 26; *Gehrlein* BB 2008, 846, 850; *Habersack* ZIP 2008, 2385, 2388.
[1584] Siehe zum Ganzen auch *Marotzke* ZInsO 2008, 1281, 1284.
[1585] So aber – zu Unrecht – *Bitter* ZIP 2010, 1, 6 f.; *Scholz/K. Schmidt,* §§ 32a, 32b GmbHG Rn. 121.
[1586] Dies gilt für das neue „Kapitalersatzrecht" umso mehr als dieses ja die Verbindungslinien zum Grundsatz der Kapitalerhaltung gekappt hat, siehe *Goette/Habersack,* Das MoMiG in Wissenschaft und Praxis, Rn. 5.1. Zwischen dem sachlichem Anwendungsbereich des „Kapitalersatzrechts" und der Einlagefähigkeit gab es – richtiger Ansicht nach – auch schon nach altem Recht keinen logischen Zusammenhang, siehe *Pentz* GmbHR 2009, 510; *Ulmer/Habersack,* §§ 32a/b GmbHG Rn. 124; *Scholz/K. Schmidt,* §§ 32a, 32b GmbHG Rn. 143; widersprüchlich BGH NJW 2009, 2375, 2378.

zweck des Kapitalersatzrechts als Instrument des Gläubigerschutzes, sondern insbesondere dessen dogmatische Verortung im Insolvenzrecht.[1587] Kennzeichnend für ein Darlehen ist, dass dieses – typischerweise – für die Gläubigergesamtheit nachteilig ist, wenn es die Krise nicht beseitigt; denn es führt in aller Regel zu einer Verschleppung der Insolvenz und verschärft damit den Konkurrenzkampf der Gläubiger um eine Befriedigung aus der Masse. Für derartige Geschäfte, die typischerweise zu einer mittelbaren Benachteiligung der Gläubiger führen, soll der unternehmerische Gesellschafter einen Verantwortungsbeitrag im Interesse der Gläubigergesamtheit tragen.[1588]

456   In eine ähnliche Richtung weist ein neuer Vorschlag aus der Literatur,[1589] der das Kernanliegen der Regelungen zur Gesellschafterfremdfinanzierung darin sieht, Risikoerhöhungsstrategien der Gesellschafter durch Subordination von Fremdfinanzierungshilfen zu vermeiden. Hiernach schafft aus der Sicht der übrigen Gläubiger erst die Nachrangigkeit gemäß § 39 I Nr. 5 InsO, vorverlagert und abgesichert durch die Anfechtbarkeit gemäß § 135 I Nr. 2 InsO, den Ausgleich zwischen dem Investitionsanreiz (aus der Eigenkapitalposition heraus) und der Gefahr der Kostenexternalisierung (Verlagerung des kompensationslosen Kostenrisikos auf die Gläubiger unter dem Schutzmantel der Haftungsbeschränkung).[1590] Denn im Insolvenzfall haftet die formelle Fremdkapitalposition als Kreditgeber aufgrund des Nachrangs wirtschaftlich ähnlich wie Eigenkapital (vgl. § 199 InsO). Als Konsequenz sollen nur solche Fremdfinanzierungshilfen in den Anwendungsbereich der Sondervorschriften fallen, die nach dem geschilderten Sinn und Zweck einen Nachrang erfordern, bei denen eine gewisse Dauer und Verlässlichkeit der Mittelüberlassung besteht, die die Entwicklung einer Unternehmensstrategie ermöglichen, denen in diesem Sinne eine Finanzierungsfunktion zukommt.[1591] Folglich seien kurzfristige Darlehen ebenso wie kurzfristige Stundungen, Fälligkeitsvereinbarungen oder Zahlungsziele bei Austauschverträgen gänzlich aus dem Anwendungsbereich der Sonderregeln auszuscheiden. Als Faustregel für die Abgrenzung, ob bereits eine Finanzierung vorliegt, soll in Anlehnung an die Klassifizierung kurzfristiger Kapitalaufnahme in der Unternehmensfinanzierung ein Zeitraum von 90 Tagen erforderlich sein.[1592] Richtiger Weise wird man sich in Anlehnung an die Bargeschäftskriterien des § 142 InsO bzw. an die Kriterien des § 286 III BGB an einem Zeitraum von nur vier Wochen bzw. von einem Monat orientieren müssen.[1593]

457   Dieser Ansatz, der Widersprüche in der Behandlung von Geld- und Warenkredite aufzulösen vermag, verdient Zustimmung.

458   g) *Beschränkung des sachlichen Anwendungsbereichs.* aa) *Kraft wirtschaftlicher Betrachtungsweise.* Fraglich ist, ob die wirtschaftliche Betrachtungsweise im Zusammenhang mit dem sachlichen Anwendungsbereich nicht nur zu einer Erweiterung, sondern auch zu einer Eingrenzung des Kapitalersatzrechts führen kann. Im bisherigen Recht wurden in diesem Zusammenhang insbesondere zwei Fallgestaltungen diskutiert:

459   – *Berücksichtigung wirtschaftlicher Gesamtzusammenhänge.* Im Grundsatz ist der sachliche Anwendungsbereich für jede einzelne Gesellschafterhilfe gesondert zu prüfen. Im Einzelfall kann jedoch – wie auch im Zusammenhang mit dem allgemeinen Anfechtungsrecht üblich –[1594] eine (wirtschaftliche) Gesamtschau einzelner Rechtshandlun-

---

[1587] Siehe zum Ganzen *Haas*, FS Ganter, 2010, S. 189.
[1588] Siehe *Haas*, FS Ganter, 2010, S. 189.
[1589] *Bitter/Laspeyres*, ZInsO 2013, 2289, 2292 ff.; *Laspeyres*, S. 187 ff.; ebenso demnächst *Scholz/Bitter*, 11. Aufl., Anh § 64 GmbHG Rn. 44.
[1590] *Bitter/Laspeyres*, ZInsO 2013, 2289, 2292 ff.
[1591] *Bitter/Laspeyres*, ZInsO 2013, 2289, 2294; ebenso demnächst *Scholz/Bitter*, 11. Aufl., Anh § 64 GmbHG Rn. 44.
[1592] *Bitter/Laspeyres*, ZInsO 2013, 2289, 2294, 2291 Fn. 20.
[1593] Insoweit offen lassend *Bitter/Laspeyres*, ZInsO 2013, 2289, 2294.
[1594] Vgl. MüKoInsO/*Kirchhof*, § 129 Rn. 56.

gen angezeigt sein. Typischer Anwendungsfall sind Verrechnungen im konzerninternen *cash pool* (vgl. zur Anfechtbarkeit solcher Verrechnungen → Rn. 485).[1595] Auch gemeint sind beispielsweise Fälle, in denen der Gesellschafter – mit oder ohne (Stundungs-)Abrede – zulässt, dass die Gesellschaft Forderungen, die ihm auf Grund von Warenlieferung zustehen, fortlaufend verspätet begleicht. Nach altem Recht unterlag in diesen Konstellationen nicht jede einzelne Forderung dem Kapitalersatzrecht, sondern vielmehr war der sachliche Anwendungsbereich nur in Höhe des durchschnittlich offenen Forderungssaldos eröffnet.[1596] Der BGH geht nunmehr allerdings davon aus, dass es nach neuem Recht nicht mehr auf den durchschnittlichen offenen Forderungssaldo, sondern auf den Umfang des höchsten zurückgeführten Darlehensstandes ankommt.[1597] Schließlich entspricht die gewährte und in Anspruch genommene Gesamtlinie auch dem von dem Gesellschafter übernommenen Insolvenzrisiko. Für eine Außerachtlassung einzelner, kurzfristiger Spitzen bzw. Ausreißer wäre nach dieser Rechtsprechung – zu Unrecht (→ Rn. 454 ff.) – kein Raum mehr.

– *Kurzfristiger Überbrückungskredit.* Der BGH hat in früheren Entscheidungen zum alten Recht ausgesprochen, dass „ganz kurzfristige Überbrückungskredite" nicht dem Kapitalersatzrecht unterfallen.[1598] Bei einem Überbrückungskredit handelt es sich um ein Darlehen, das der Gesellschaft zur Überbrückung eines nur kurzfristigen Finanzbedarfs gewährt wurde. Für die Frage, ob diese Voraussetzungen erfüllt sind, kommt es nicht auf die subjektive Einschätzung des Gesellschafters, sondern darauf an, ob mit der kurzfristigen Ablösung des Kredits objektiv zu rechnen war (was etwa bei Insolvenzreife der Gesellschaft stets ausscheidet).[1599] In zeitlicher Hinsicht orientiert sich der kurzfristige Überbrückungskredit an der Drei-Wochen-Frist des § 15a I InsO, welche keinesfalls überschritten werden darf.[1600] Da es nach dem MoMiG nicht mehr auf eine Krisenfinanzierung, sondern allein auf die Doppelstellung von Gesellschafter und Kreditgeber ankommt, wäre folgerichtig für eine Ausnahme zugunsten kurzfristiger Überbrückungskredite fortan kein Raum mehr.[1601] Gleiches gilt für konzerninterne *cash-management-*Systeme, selbst wenn diese nicht dazu dienen, ein strukturelles Liquiditätsproblem auszugleichen, sondern vielmehr eine optimierte Nutzung der bei den Teilnehmern vorhandenen Liquidität zu gewährleisten.[1602] Der BGH hat zunächst die Fortgeltung seiner Rechtsprechung zum Überbrückungskredit auch für das neue Recht offengehalten, dabei allerdings auch den Ausnahmecharakter und den engen Anwendungsbereich dieser Fallgruppe betont.[1603] Mittlerweile hat er jedoch klargestellt, dass aufgrund des eindeutigen Gesetzesverständnisses nach Inkrafttreten des MoMiG auch kurzfristige Überbrückungskredite dem Nachrang und der Anfechtbarkeit unterliegen.[1604] Auch insoweit bedarf es einer Korrektur, um Wertungswidersprüche zwischen Waren- und Geldkreditvergabe zu vermeiden (→ Rn. 454 ff.).

[1595] *Baumbach/Hueck/Fastrich,* Anh § 30 GmbHG Rn. 63.
[1596] *Baumbach/Hueck/Fastrich,* Anh § 30 GmbHG Rn. 63; so schon zum alten Recht, BGH NJW 1995, 457, 458.
[1597] BGH WM 2013, 708 Rn. 14 ff.; ZInsO 2013, 1686 Rn. 29 ff., 38; so grundsätzlich auch *Saenger/Inhester/Kolmann* Anh § 30 GmbHG Rn. 178.
[1598] Vgl. BGHZ 75, 334, 337; BGH NJW 1995, 457, 458; NJW-RR 1990, 230, 232; NZI 2007, 63; so auch LG Kiel ZInsO 2001, 326, 327; vgl. hierzu *Scholz/K. Schmidt,* §§ 32a, 32b GmbHG Rn. 43.
[1599] Vgl. auch BGH NZI 2007, 63.
[1600] BGH NZI 2007, 63.
[1601] *Saenger/Inhester/Kolmann* Anh § 30 GmbHG Rn. 149; *Baumbach/Hueck/Fastrich,* Anh zu § 30 GmbHG Rn. 50; *Michalski/Dahl,* Anh II §§ 32a, 32b GmbHG aF Rn. 21.
[1602] Siehe hierzu auch *Blöse* GmbHR 2002, 675 ff.
[1603] BGH NZG 2010, 905, 908; ZIP 2011, 1775, 1781; so auch OLG Naumburg ZIP 2011, 677, 679.
[1604] BGH WM 2013, 708 Rn. 14; ZInsO 2013, 1686 Rn. 29.

§ 92 461–464 Kapitel VII. Besonderheiten der Gesellschaftsinsolvenz

461 bb) *Kraft gesetzlicher Anordnung (Nutzungsüberlassungen).* (1) *Der Begriff der Nutzungsüberlassung.* Unter einer Nutzungsüberlassung versteht man den Fall, dass der Gesellschafter der Gesellschaft – mit oder ohne zugrunde liegender schuldrechtlicher Abrede – Sachen zum Gebrauch gewährt oder belässt.[1605] Gegenstand der Gebrauchs- bzw. Nutzungsüberlassung kann sowohl eine bewegliche als auch eine unbewegliche Sache sein. Darüber hinaus können hM zufolge auch Patente und oder sonstige Schutzrechte „überlassen" werden (Lizenzverträge).

462 (2) *Bisheriges Recht.* Nach altem Recht waren auch Nutzungsüberlassungen vom sachlichen Anwendungsbereich des Kapitalersatzrechts erfasst (siehe 3. Auflage 2006, Rn. 404 f.).[1606] Überwiegender Ansicht nach wurde die wirtschaftliche Vergleichbarkeit darin gesehen, dass der Gesellschafter – ebenso wie beim Darlehen – der Gesellschaft etwas zur Nutzung überlässt und daher das Nutzungsrecht an dem Gegenstand – ebenso wie die der Gesellschaft (im Rahmen eines Darlehens) überlassenen Geldmittel – verhaftet würden. Die „Umqualifizierung" des Nutzungsrechts nach bisherigem Recht hatte für den Gesellschafter weitreichende Auswirkungen; denn zum einen musste er vor Insolvenzeröffnung gezahlte Nutzungsentgelte zurückerstatten (vgl. 3. Auflage 2006, Rn. 454). Zum anderen aber war er für die Zeit nach Insolvenzeröffnung verpflichtet, der Gesellschaft das Nutzungsrecht auch für die Zukunft unentgeltlich zu belassen (siehe 3. Auflage 2006, Rn. 455 ff.). Insbesondere die von der hM befürwortete Verhaftung des Nutzungsrechts für künftige Zeitabschnitte nach Insolvenzeröffnung hat in der Literatur Kritik erfahren;[1607] denn diese führt zu einem sachlich nicht zu rechtfertigenden überschießenden Gläubigerschutz.

463 Die Konzeption der bisherigen hM zur Nutzungsüberlassung war ein Fremdkörper im Kapitalersatzrecht und dogmatisch nicht zu rechtfertigen. Die Nutzungsüberlassung ist nämlich – wirtschaftlich gesehen – einer Darlehensgewährung nicht vergleichbar; denn durch die Überlassung eines Gegenstandes zur Nutzung wirkt der Gesellschaft überhaupt nicht auf das der Gläubigergesamtheit zur Befriedigung zur Verfügung stehenden Gesellschaftsvermögen ein. Insbesondere wird hierdurch weder die Insolvenz verschleppt noch der Konkurrenzkampf unter den Gläubiger erhöht. Durch die Nutzungsüberlassung werden mithin Gläubigerinteressen überhaupt nicht benachteiligt. Dies gilt auch dann, wenn die Nutzungsüberlassung unentgeltlich erfolgt. Zwar liegt in der unentgeltlichen Nutzungsüberlassung eine lebensverlängerde (und damit die Gläubigergesamtheit beeinträchtigende) Hilfe. Jedoch hat hier der Gesellschafter bereits den entsprechenden Verantwortungsbeitrag (zugunsten der Gläubiger) dadurch übernommen, dass er auf ein Entgelt verzichtet hat. Für eine „zusätzliche" Kompensation zugunsten der Gläubigergesamtheit in Gestalt des Kapitalersatzrechts besteht überhaupt keine Veranlassung. Das gilt insbesondere für eine Verhaftung des Nutzungsrechts für die Zukunft. Wenn das Versprechen, ein Darlehen künftig zur Verfügung zu stellen, die Gläubigerinteressen nicht beeinträchtigt und damit den sachlichen Anwendungsbereich des Kapitalersatzrechts nicht eröffnet (→ Rn. 403), dann kann für die vertragliche Zusage, für künftige Zeitabschnitte einen Gegenstand zur Nutzung zur Verfügung zu stellen, nicht etwas anderes gelten.

464 (3) *Neukonzeption des MoMiG.* Der MoMiG-Gesetzgeber hat die Kritik zum alten Recht aufgenommen und geht nunmehr im Grundsatz davon aus, dass die Nutzungsüberlassung der Darlehensgewährung wirtschaftlich nicht vergleichbar ist. Dies folgt – in erster Linie – aus der Begründung zum RegE, in der es heißt:[1608] „Hinsicht-

---

[1605] Siehe hierzu eingehend *Haas/Dittrich*, in von Gerkan/Hommelhoff (Hrsg.) Rn. 8.6a.
[1606] Siehe nur BGH ZIP 1997, 1375, 1376 ZIP 1994, 1441; ZIP 1994, 1261, 1263; ZIP 1993, 189; OLG Düsseldorf GmbHR 2003, 947, 948.
[1607] Siehe *Haas/Dittrich*, in von Gerkan/Hommelhoff (Hrsg.) Rn. 8.6 ff.
[1608] RegE BT-Drucks. 16/6140, S. 56.

lich der ... bislang unter dem Stichwort eigenkapitalersetzende Nutzungsüberlassung diskutierten Fallgruppe werden die Neuregelungen ... zumindest hinsichtlich der Rechtsfolgen nicht ohne Auswirkungen bleiben. Bislang nimmt die Rechtsprechung unter anderem eine Verpflichtung des Gesellschafters an, der Gesellschaft das Wirtschaftsgut ... für den angemessenen Zeitraum unentgeltlich zu belassen. Diese von §§ 103 ff. InsO abweichende Rechtsfolge findet in den Neuregelungen keine Grundlage. Eine ausdrückliche gesetzliche Klarstellung ... ist ... nicht geboten." Freilich lässt der gesetzgeberische Wille an Klarheit zu wünschen übrig; denn mit der Begründung des RegE steht der Gesetzeswortlaut im neuen § 30 I 3 GmbHG (nF) in einem gewissen Widerspruch. In dieser Bestimmung heißt es: „S. 1 ist zudem nicht anzuwenden auf die Rückgewähr eines Gesellschafterdarlehens und Leistungen auf Forderungen aus Rechtshandlungen, die einem Gesellschafterdarlehen wirtschaftlich entsprechen."

Sinn und Zweck des § 30 I 3 GmbHG nF ist es, dem gesamten „Kapitalersatzrecht" **465** alter Prägung auf der Basis der Rechtsprechungsregeln (→ Rn. 386) die Grundlage zu entziehen. Selbstverständlich sollte mit dieser Bestimmung für die Zukunft auch die Rechtsprechung zur kapitalersetzenden Nutzungsüberlassung auf der Basis einer analogen Anwendung der §§ 30, 31 GmbHG ausgeschlossen werden. Dies ist aber nur dann möglich, wenn die Nutzungsüberlassung als – im Sinne des § 30 I 3 GmbHG nF – wirtschaftlich einer Darlehensgewährung entsprechende Rechtshandlung qualifiziert wird. Die Vorschrift erfüllt mithin ihren gesetzgeberischen Zweck nur dann, wenn – entweder – der Begriff der „wirtschaftlich entsprechenden" Rechtshandlung extensiv, dh so ausgelegt wird, dass damit auch Nutzungsüberlassungen erfasst werden oder aber wenn man erkennen an, dass die bisherige hM zu kapitalersetzenden Nutzungsüberlassungen falsch ist. Letzteres will man sich wohl – auch im Lichte der gesetzgeberischen Vorgaben zum neuen Recht – nicht eingestehen.[1609]

Fraglich ist nun, welche Schlussfolgerung für die „wirtschaftliche Vergleichbarkeit" **466** aus § 135 III InsO zu ziehen sind. Die Frage ist in der Literatur umstritten; denn diese Vorschrift wird – je nach Grundeinstellung – entweder als Bestätigung dafür gesehen werden, dass eine wirtschaftliche Vergleichbarkeit zwischen Nutzungsüberlassung und Darlehensgewährung gegeben ist[1610] oder aber dafür ins Feld geführt, dass es hieran gerade fehlt.[1611] Für die letztgenannte Ansicht sprechen freilich die besseren Gründe, nicht zuletzt deswegen, weil im AnfG eine vergleichbare Vorschrift fehlt und der Gesetzgeber damit wohl kaum damit zum Ausdruck bringen wollte, dass – außerhalb des Insolvenzverfahrens – das Nutzungsrecht ebenso wie nach bisherigem Recht weiterhin verhaftet sein soll.

(4) *Folgerungen für das MoMiG.* Fehlt es an einer wirtschaftlichen Vergleichbarkeit von **467**
Nutzungsüberlassung und Darlehen, so folgt hieraus,
– erstens: dass eine Verhaftung des Nutzungsrechts künftig (richtiger Ansicht nach **468**
aber auch für die Vergangenheit, → Rn. 432) nicht mehr vertreten werden kann.
– zweitens: dass der neue § 135 III InsO – trotz seines regelungstechnischen Stand- **469**
orts –[1612] seine dogmatische Rechtfertigung nicht in kapitalersatzrechtlichen Grundsätzen finden kann, sondern auf anderen Wertungsgrundlagen beruht.[1613] Dies kommt

---

[1609] Selbst die Autoren, die für die gesetzgeberische Neukonzeption Pate standen, wollen diesen Schritt nicht gehen, hierauf weist zu Recht hin *Marotzke* ZInsO 2008, 2181, 2185.
[1610] Siehe *Hölzle* ZIP 2009, 1939, 1945.
[1611] Vgl. *Michalski/Dahl*, Anh II §§ 32a, 32b GmbHG aF Rn. 45; *Dahl* NZI 2009, 325, 328; *Rühle* ZIP 2009, 1358, 1360; *Spliedt* ZIP 2009, 149, 156; *Lutter/Hommelhoff/Kleindiek*, Anh § 64 GmbHG Rn. 135 f.
[1612] Kritisch daher insoweit zu Recht *K. Schmidt* DB 2008, 1727, 1732.
[1613] *Roth/Altmeppen*, Anh §§ 32a, b GmbHG aF Rn. 68; *Altmeppen* NJW 2008, 3601, 3607; *K. Schmidt* DB 2008 1727, 1732; *Scholz/K. Schmidt*, Nachtrag §§ 32a/b GmbHG aF Rn. 68.

nicht zuletzt auch in der gesetzgeberischen Begründung für die Vorschrift zum Ausdruck, in der ausdrücklich auf die Treuepflicht des Gesellschafters verwiesen wird.[1614] Zu den Rechtsfolgen des § 135 III InsO im Einzelnen → Rn. 502ff.

470 – drittens: dass Nutzungsentgelte ohne Finanzierungscharakter, welche die Gesellschaft vor Insolvenzeröffnung an den Gesellschafter bezahlt hat, nicht nach § 135 I Nr. 2 InsO anfechtbar sind.[1615] Derartige Zahlungen sind allerdings – unstreitig – nach dieser Vorschrift anfechtbar, wenn die Mietzinsforderung „stehen gelassen" (→ Rn. 449) wurde. Teilweise wird sogar vertreten, dass es für die Anfechtbarkeit gemäß § 135 I Nr. 2 InsO auf ein „stehen lassen" des Nutzungsentgelts gar nicht ankomme, weil allein die Zahlung den Charakter einer für die Gläubergesamtheit schädlichen Vermögensumschichtung und für die Gläubiger nachteilige Wirkungen wie Finanzierungsgeschäfte hätte.[1616] Dieses Argument träfe allerdings gleichermaßen auf alle anderen Leistungsaustauschbeziehungen zu, jedoch will der Gesetzgeber sie gerade nicht einheitlich den Sonderregeln über Gesellschafter-Fremdfinanzierung unterstellen.[1617] Die Zahlung von Nutzungsentgelten, die keinen Finanzierungscharakter haben, ist somit nur nach den §§ 130, 131, 133 InsO anfechtbar. Diese Anfechtungstatbestände werden durch § 135 InsO nicht ausgeschlossen.[1618]

471 **h)** *Die Rechtsfolgen des Eigenkapitalersatzes.* aa) *Überblick.* Die Rechtsfolgen des Kapitalersatzrechts sind darauf gerichtet, die dem Gesellschafter zuzurechnenden negativen Folgen seines Verhaltens zu kompensieren, indem – mit Insolvenzeröffnung – das Ausfallrisiko der Gläubiger reduziert wird. Insoweit besteht kein Unterschied zum alten Recht.[1619] Die Reduzierung des Ausfallrisikos der Gläubiger geschieht im Grundsatz auf zwei Wegen: Zum einen werden die Befriedigungsaussichten der Gläubiger durch eine „Verringerung der Passiva" verbessert, indem nämlich die im Zeitpunkt der Insolvenzeröffnung noch offenen Forderungen im Rang nach den Forderungen der übrigen Insolvenzgläubiger zu bedienen sind, das verteilungsfähige Vermögen also an weniger Gläubiger ausgeschüttet werden muss (§ 39 I Nr. 5 InsO).

472 Zum anderen wird das Ausfallrisiko der Gesellschaftsgläubiger durch Anreicherung der Aktiva verringert, indem nämlich Zahlungen bzw. Besicherungen auf derartige (Gesellschafter-)Forderungen im Vorfeld der Insolvenzeröffnung an die Masse zu erstatten sind und nunmehr der Gläubigergesamtheit zur Befriedigung zur Verfügung stehen (§ 135 I InsO). Im eröffneten Insolvenzverfahren macht der Insolvenzverwalter die Anfechtungsansprüche geltend. Besteht die Gesellschafterhilfe in der Besicherung eines Fremddarlehens, so ergeben sich die Rechtsfolgen aus §§ 44a, 135 II, 143 III InsO. Anders als nach altem Recht gibt es nach neuem Recht keine Rückzahlungssperre mehr im Vorfeld der Insolvenzeröffnung.[1620] Ein Leistungsverweigerungsrecht kann gemäß den dortigen Voraussetzungen aus § 64 S. 3 GmbHG abgeleitet werden

---

[1614] BT-Drucks. 16/9737, S. 106.
[1615] OLG Schleswig NZG 2012, 751; *Baumbach/Hueck/Fastrich,* Anh § 30 GmbHG Rn. 90; *Schmidt/Schröder* § 135 Rn. 54; HK/*Kleindiek*, § 39 Rn. 38 mit § 135 Rn. 29f.; *Lutter/Hommelhoff/ders.,* Anh zu § 64 GmbHG Rn. 135; *Roth/Altmeppen* Anh §§ 32a, b Rn. 83; *Saenger/Inhester/Kolmann,* Anhang § 30 GmbHG Rn. 239f.; *Scholz/Bitter,* Nachtrag MoMiG §§ 32a/b aF Rn. 68; *ders.,* DB 2008, 1727, 1728; *Bitter,* ZIP 2010, 1, 10.
[1616] So noch Vorauflage Rn. 438; *Haas,* FS Ganter, 2010, S. 189; *ders.* NZI 2012, 601; *Wälzholz* GmbHR 2008. 841, 848; *Hirte* ZInsO 2008, 689, 694; *Marotzke* ZInsO 2008, 1285; *Römermann* NZI 2008, 641, 645; siehe auch *Henkel* ZInsO 2009, 1577f.; aA *Roth/Altmeppen,* Anh §§ 32a, b GmbHG aF Rn. 69; *Scholz/K. Schmidt,* §§ 32a/b aF Rn. 68; *Lutter/Hommelhoff/Kleindiek,* Anhang zu § 64 Rn. 135; *Baumbach/Hueck/Fastrich,* Anh § 30 Rn. 90; *Mylich* ZGR 2009, 474, 501f.
[1617] *Saenger/Inhester/Kolmann* Anhang § 30 GmbHG Rn. 240.
[1618] *Baumbach/Hueck/Fastrich,* Anh § 30 GmbHG Rn. 90; *Michalski/Dahl,* Anh II §§ 32a, 32b GmbHG aF Rn. 54f.
[1619] *Kallmeyer* GmbHR 1999, 59.
[1620] Siehe auch *Roth/Altmeppen,* Anh §§ 32a, b GmbHG aF Rn. 50.

(→ Rn. 383). Eine Einbuße an Gläubigerschutz liegt im Wegfall der aus den Rechtsprechungsregeln folgenden Durchsetzungssperre nicht; denn schon nach altem Recht spielte die eigenkapitalersatzrechtliche Rückzahlungssperre im Vorfeld der Insolvenzeröffnung – entgegen vieler Lobpreisungen –[1621] praktisch gesehen keine Rolle.[1622] Die ehemalige Haftung des Geschäftsführers analog §§ 43 III, 30 I GmbHG aF wird weitgehend durch § 64 GmbHG aufgefangen.[1623] Zur Bilanzierung von Gesellschafterforderungen, → Rn. 494 ff.

bb) *Die Rechtsfolgen in Bezug auf Darlehen (und gleichgestellte Hilfen)*. (1) *Nachrang*. Nach § 39 I Nr. 5 InsO ist der Anspruch des Gesellschafters auf Rückzahlung des Darlehens mit einem Nachrang belegt. Für den Fall, dass der Gesellschafter die Forderung abgetreten oder seine Gesellschafterstellung vor Insolvenzeröffnung übertragen hat, → Rn. 398 f. Der Nachrang lässt die Rechtsnatur der Forderung (sowie des uU zugrunde liegenden Rechtsverhältnisses)[1624] unberührt.[1625]

Erfasst vom Nachrang ist neben dem Rückzahlungsanspruch bzgl. des Darlehens auch der Anspruch auf Zahlung der aufgelaufenen Zinsen. Diesbezüglich stellt § 39 III InsO klar, dass diese nicht in die erste (§ 39 I Nr. 1 InsO), sondern in die fünfte Ranggruppe gehören (§ 39 I Nr. 5 InsO).[1626]

Ist die nachrangige Forderung zugunsten des Gesellschafters aus dem Gesellschaftsvermögen besichert, so ist diese Sicherung anfechtbar (→ Rn. 478 ff.). Die Anfechtbarkeit kann dem Gesellschafter auch nach § 146 II InsO entgegen gehalten werden mit der Folge, dass dieser auf die Sicherheit nicht zugreifen kann. Das gilt unabhängig davon, wann diese Darlehensforderung begründet wurde[1627] und ob es sich um ein akzessorisches oder nicht akzessorisches Sicherungsrecht handelt.[1628]

Wird das Gesellschafterdarlehen durch Sicherheiten Dritter gesichert, war nach bisherigem Recht durch Auslegung zu ermitteln, inwieweit der Dritte auch das Kapitalersatzrisiko übernehmen sollte. Hierfür sollte es nach bisherigem Recht genügen, wenn der Dritte um die Gesellschaftereigenschaft des Darlehensgebers (sowie um die Krise der Gesellschaft) wusste.[1629] Löste der Dritte den Kredit ab, so erwarb er bei akzessorischen Sicherungsrechten kraft Gesetzes, im Übrigen durch Abtretung auf der Grundlage des Sicherungsvertrages lediglich die nachrangige Forderung des Gesellschafters.[1630] Grundsätzlich sollten nach neuem Recht für den gesetzlichen Erwerb der (Gesellschafter-)Forderung keine anderen Grundsätze gelten als für den rechtsgeschäftlichen (→ Rn. 399 ff.).

Ist jemand – im Vorfeld der Insolvenzeröffnung – der Verbindlichkeit der Gesellschaft gegenüber dem Gesellschafter (durch Vertrag oder kraft Gesetzes) beigetreten, stellt sich die Frage, ob und inwieweit er sich auf den gesetzlichen Nachrang berufen kann. Im Grundsatz gilt die in § 39 I Nr. 5 InsO angeordnete Rechtsfolge nur im Verhältnis zwischen Gesellschaft und Gesellschafter. Dennoch kann sich der Dritte auch dem (die Forderung geltend machenden) Gesellschafter gegenüber auf den gesetzlichen Nachrang

---

[1621] *Hommelhoff*, in von Gerkan/Hommehoff (Hrsg.) Rn. 1.18; *Kleindiek* ZGR 2006, 335, 353.
[1622] Siehe hierzu *Haas*, in Reform des gesellschaftsrechtlichen Gläubigerschutzes, Gutachten E zum 66. DJT, 2006, E 62 f.; *ders.* ZInsO 2007, 617, 619.
[1623] *Haas* ZInsO 2007, 617, 619.
[1624] So schon zum alten Recht, BGH ZIP 1999, 65, 67.
[1625] So schon zum alten Recht, BGH DStR 2001, 175, 177.
[1626] So schon das alte Recht, vgl. BGH ZIP 2005, 82, 84; OLG Düsseldorf GmbHR 2003, 747, 749; LG Berlin GmbHR 2010, 201, 202; *Rowedder/Görner*, Anhang § 30 GmbHG Rn. 125; aA *Mylich* ZGR 2009, 474, 482 ff.
[1627] So schon zum alten Recht, vgl. OLG München ZIP 2002, 1210, 1212.
[1628] Siehe auch *Baumbach/Hueck/Fastrich*, Anh § 30 GmbHG Rn. 69.
[1629] Siehe für das alte Recht, BGH ZIP 1996, 538.
[1630] Siehe für das alte Recht, *Scholz/K. Schmidt*, §§ 32a, 32b GmbHG Rn. 61.

berufen, soweit im Innenverhältnis zwischen dem Dritten und der Gesellschaft Letztere die Verbindlichkeit zu tragen hat.[1631]

478 (2) *Anfechtung. (i) Rechtshandlung.* Nach § 135 I InsO sind Rechtshandlungen[1632] anfechtbar, die dem Gesellschafter vor Insolvenzeröffnung[1633] Sicherung (§ 135 I Nr. 1 InsO) oder Befriedigung (§ 135 I Nr. 2 InsO) gewähren. Der Begriff der „Sicherung" ist weit zu verstehen. Erfasst werden alle Arten von Sicherheiten, zB Sicherungsabtretungen, Sicherungsübereignungen, Pfandrechte einschließlich Grundpfandrechte, etc.[1634] Der Begriff „Befriedigung" umfasst die Erfüllung, aber auch alle Erfüllungssurrogate (Leistung an Erfüllungs statt oder Leistung erfüllungshalber, Aufrechnung, etc).[1635] Folge der Anfechtung ist, dass der – anfechtbar ausgeschiedene – Vermögensgegenstand nach § 143 InsO zu erstatten ist. Mit Erfüllung lebt dann der Anspruch des Gesellschafters so wieder auf und zwar mit dem Nachrang nach § 39 I Nr. 5 InsO.

479 *(ii) Gläubigernachteil.* Die Insolvenzanfechtung setzt im Grundsatz eine gläubigerbenachteiligende Rechtshandlung voraus. Eine solche ist – wenn der sachliche Anwendungsbereich des Kapitalersatzrechts eröffnet ist – grundsätzlich zu unterstellen; denn ohne die Sicherung oder Befriedigung wäre ja die Forderung in der Insolvenz nur nachrangig zu befriedigen gewesen. Eine Gläubigerbenachteiligung liegt auch dann vor, wenn im letzten Jahr vor Antragstellung ein voll besichertes Gesellschafterdarlehen zurückgeführt wird;[1636] denn in diesem Fall ist ja bereits die Sicherheitenbestellung (soweit sie in den letzten 10 Jahren vor Antragstellung erfolgte) anfechtbar. Von einer Gläubigerbenachteiligung ist grundsätzlich auch dann auszugehen, wenn die Insolvenzmasse zwar zur Befriedigung aller Massegläubiger und Insolvenzgläubiger gemäß § 38 InsO, nicht jedoch zur Befriedigung der anderen nachrangigen (Insolvenz-)Gläubiger iS des § 39 InsO ausreicht.[1637]

480 *(iii) Anfechtungsfristen:* § 135 I InsO sieht unterschiedliche Anfechtungsfristen für die Besicherung und die Befriedigung vor. Im ersten Fall ist die Rechtshandlung anfechtbar, wenn sie in den letzten 10 Jahren vor dem Antrag auf Eröffnung des Insolvenzverfahrens oder nach diesem Antrag (bis zur Insolvenzeröffnung) vorgenommen wurde. Im Falle der Befriedigung muss die Rechtshandlung im letzten Jahr vor dem Eröffnungsantrag oder nach diesem Antrag (aber vor Insolvenzeröffnung) vorgenommen worden sein.

481 Diese starre Anknüpfung des Gesetzgebers an die Einjahresfrist ist in der Literatur kritisiert worden; denn sie setzt einen Anreiz, auf einen verspäteten Insolvenzantrag hinzuwirken, um der Verstrickung nach § 135 I Nr. 2 InsO zu entgehen.[1638] Insoweit ist allerdings der gesetzgeberische Wille zu respektieren.[1639] Eine Anfechtung jenseits der Jahresfrist kommt mithin nur nach anderen Anfechtungstatbeständen (insbesondere §§ 133, 134 InsO) in Betracht. Die Vorschriften zum Kapitalersatzrecht haben insoweit keine Sperrwirkung.[1640]

482 Schwierig ist allerdings in manchen Konstellationen das Verhältnis zwischen Sicherung und Befriedigung mit ihren unterschiedlichen Anfechtungsfristen. Das ist deswe-

---

[1631] AA LG Berlin EWiR 2003, 525 f.
[1632] Zu dem Begriff, siehe *Gottwald/Huber* § 46 Rn. 19 ff.
[1633] Den Zeitpunkt der Vornahme der Rechtshandlung bestimmt § 140 InsO, siehe hierzu *Gottwald/Huber*, § 46 Rn. 20.
[1634] *Baumbach/Hueck/Fastrich*, Anh § 30 GmbHG Rn. 63; HK/*Kleindiek*, § 135 Rn. 22; *Schmidt/Schröder*, § 135 Rn. 29; MüKoInsO/*Stodolkowitz/Bergmann*, § 135 Rn. 75.
[1635] *Roth/Altmeppen*, Anh §§ 32a, b GmbHG aF Rn. 54; *Baumbach/Hueck/Fastrich*, Anh § 30 GmbHG Rn. 63; *Schmidt/Schröder*, § 135 Rn. 32.
[1636] *Michalski/Dahl*, Anh II §§ 32a, 32b GmbHG aF Rn. 24.
[1637] OLG München ZInsO 2002, 538, 540; *Schmidt/Schröder*, § 135 Rn. 34.
[1638] *Haas* ZInsO 2007, 617, 622; *Altmeppen* NJW 2008, 3601, 3606; *Hamann* ZInsO 2009, 264 ff.; siehe auch *Dahl* NZI 2009 325, 327.
[1639] *Lutter/Hommelhoff/Kleindiek*, Anh § 64 Rn. 107.
[1640] *Lutter/Hommelhoff/Kleindiek*, Anh § 64 Rn. 108; *Gehrlein* BB 2008, 846, 853; *Hirte* ZInsO 2008, 689, 696.

gen problematisch, da in Kontokorrentverhältnissen – wie etwa einem konzerninternen *cash pool* – erst die periodische Verrechnung der Guthaben eine Befriedigung, das reine Einstellen bzw. Buchen in das Abrechnungsverhältnis dagegen stets eine Sicherung für die bis dato aufgelaufenen, noch unsaldierten Ansprüche darstellt. Dabei sind die Buchungen allerdings nicht einzeln, sondern im Rahmen einer wirtschaftlichen Gesamtbetrachtung zu berücksichtigen (→ Rn. 459 f.). Nach überzeugender Ansicht entfaltet die bei periodischer Saldierung eintretende Erfüllung eine Sperrwirkung hinsichtlich der Anfechtbarkeit der durch Buchung im Kontokorrent gestellten Sicherheiten.[1641] Folglich wären bereits verrechnete Positionen nur nach § 135 I Nr. 2 InsO mit einjähriger Frist und lediglich offene Verrechnungslagen mit zehnjähriger Frist nach § 135 I Nr. 1 InsO anfechtbar.[1642]

Demgegenüber geht der BGH grundsätzlich davon aus, dass eine nach § 135 I Nr. 2 InsO unanfechtbare Befriedigung keinerlei Sperrwirkung in Bezug auf die zehn Jahre lang mögliche Anfechtung der Sicherung nach § 135 I Nr. 1 InsO entfaltet, weil es sich um zwei voneinander unabhängige Anfechtungstatbestände handele.[1643] Die Unmöglichkeit der Rückgewähr der verwerteten Sicherheit führt zu einem Sekundäranspruch gegen den Gesellschafter gemäß § 143 I 2 InsO, §§ 819, 818 IV, 292, 989 BGB.[1644]

Aufgrund dieser Rechtsprechung könnten nun für zehn Jahre rückwirkend unter dem Aspekt der Sicherungsgewährung Buchungen im *cash pool* – insb. von der Konzernmutter gewährte Darlehen *(downstream loans)* – nach § 135 I Nr. 1 InsO angefochten werden.[1645] Damit wird gerade in solchen *cash-pool*-Konstellationen die Rechtsposition der Gläubiger erheblich erweitert, ohne dass dem eine entsprechende Gefährdung der Gläubigerinteressen durch die Verrechnungen gegenübersteht.[1646] Auch kommt im Rahmen der Anfechtung der Sicherung eine deutlich größere Bedeutung als der Befriedigung zu, was dem Sinn der Neuregelung durch das MoMiG widerspricht.[1647] Dass derjenige, der sich für seinen Rückzahlungsanspruch eine Sicherheit hat einräumen lassen, besser stehen soll als nach Ablauf der Jahresfrist des § 135 I Nr. 2 InsO derjenige ohne eine Sicherheit, vermag nicht einzuleuchten.[1648] Daher bedarf die Sichtweise des BGH einer Korrektur.[1649]

Richtigerweise verbleibt für eine Insolvenzanfechtung einer Befriedigung außerhalb der Frist des § 135 I Nr. 2 InsO kein Raum, selbst wenn die Befriedigung aus einer zuvor bereits noch nicht zehn Jahre (vgl. § 135 I Nr. 1 InsO) bestehenden Sicherheit erfolgt war. Eine Sicherheit, die außerhalb der Frist des § 135 I Nr. 1 InsO gewährt wurde, ist anfechtungsfest.[1650] Vor Ablauf der Zehn-Jahres-Frist des § 135 I

[1641] So auch *Baumbach/Hueck/Fastrich*, Anh § 30 GmbHG Rn. 64; *Bitter* ZIP 2013, 1583, 1585; *Schall* ZGR 2009, 126, 144; *Reuter* NZI 2011, 921, 923 f.; *Hamann* NZI 2008, 667, 669; *Thole* ZInsO 2011, 1425, 1430; siehe zum Ganzen auch *Bitter* ZIP 2013, 1497.
[1642] Vgl. *Saenger/Inhester/Kolmann*, Anh § 30 GmbHG Rn. 177; *Baumbach/Hueck/Fastrich*, Anh § 30 GmbHG Rn. 64; HK/*Kleindiek*, § 135 Rn. 9 ff.; HambK-InsO/*Schröder*, § 135 Rn. 33a; *Reuter* NZI 2011, 922 ff.; *Bormann/Urlichs* DStR 2009, 641 Fn. 31; *Hamann* NZI 2008, 667; *Rönnau/Krezer* ZIP 2010, 2269, 2270; *Spliedt* ZIP 2009, 145, 153 mit jeweils im Detail abweichenden Begründungen; aA *Klinck/Gärtner* NZI 2008, 457, 459 f.
[1643] BGH ZIP 2013, 1579, LS 1, mit kritischer Anmerkung *Bitter*.
[1644] *Thole* NZI 2013, 745, 746.
[1645] Dies verneinend jedoch MüKoInsO/*Gehrlein*, § 135 Rn. 16.
[1646] Vgl. *Reuter* NZI 2011, 921, 925 f.
[1647] Vgl. *Saenger/Inhester/Kolmann*, Anh § 30 GmbHG Rn. 177; *Baumbach/Hueck/Fastrich*, Anh § 30 GmbHG Rn. 64.
[1648] Zutreffend *Bitter* ZIP 2013, 1583, 1584.
[1649] Kritisch *Bitter* ZIP 2013, 1583, 1585; ebenso HK/*Kleindiek*, § 135 Rn. 11 ff., 17 ff.; dem BGH zustimmend *Thole* NZI 2013, 741.
[1650] *Baumbach/Hueck/Fastrich*, Anh § 30 GmbHG Rn. 69; *Bork/Schäfer/Thiessen*, Anh § 30 Rn. 62; HK/*Kleindiek*, § 135 Rn. 12, 16; *Saenger/Inhester/Kolmann*, Anh § 30 GmbHG Rn. 169; *Spliedt* ZIP 2009, 145, 153; aA *Roth/Altmeppen*, Anh §§ 32a, b Rn. 59; *ders.* NZG 2013, 441.

InsO sind auch anfänglich eingeräumte Sicherheiten nicht unter den Voraussetzungen des § 142 InsO anfechtungsfest, weil das Bargeschäftsprivileg auch auf anfängliche Sicherheiten für Gesellschafterfremdfinanzierungshilfen[1651] überhaupt nicht anwendbar ist.[1652] Eine Sperrwirkung im Verhältnis zu anderen Anfechtungstatbeständen folgt aus § 135 I InsO nicht; insbesondere § 133 InsO bleibt neben § 135 I InsO anwendbar.[1653]

486 *(iv) Durchsetzung der Ansprüche.* Die sachliche Zuständigkeit für eine Klage des Insolvenzverwalters ergibt sich aus §§ 23, 71 GVG. Die örtliche Zuständigkeit ergibt sich aus den §§ 12ff. ZPO. Darüber hinaus gilt – wegen der durch den MoMiG-Gesetzgeber vorgenommenen Modifizierungen – auch der besondere Gerichtsstand der Mitgliedschaft (§ 22 ZPO).[1654] Dies gilt auch im Verhältnis zu gesellschaftsfremden Dritten („Quasi-Gesellschafter", → Rn. 419ff.).[1655] Der Anfechtungsanspruch verjährt nach § 146 InsO.

487 *(v) Entsprechende Anwendung.* Die vorstehenden Grundsätze gelten entsprechend für dem Darlehen wirtschaftlich entsprechende Gesellschafterhilfen mit Ausnahme der gesellschafterbesicherten Fremddarlehen (für diese → Rn. 488ff.).

488 cc) *Gesellschafterbesicherte Fremddarlehen.* Bei gesellschafterbesicherten Drittdarlehen ist hinsichtlich der Vermögensbindung zwischen den verschiedenen Beteiligten zu differenzieren.

489 (1) *Verhältnis Gesellschaft – Kreditgeber.* Im Verhältnis zwischen Gesellschaft und gesellschaftsfremden Kreditgeber bestimmt § 44a InsO, dass der Dritte mit Insolvenzeröffnung zunächst Befriedigung aus der Gesellschaftersicherheit suchen muss. Nur soweit er mit der Sicherung ausfällt, kann er aus der Forderung gegen die Gesellschaft vorgehen, dh diese zur Tabelle anmelden.[1656] Die missverständliche Formulierung des § 44a InsO kann leicht zur irrtümlichen Annahme führen, die Forderung des Gläubigers sei nur eine nachrangige Forderung. Dies ist aber nicht so. § 39 I Nr. 5 InsO findet im Verhältnis zwischen Gläubiger und Gesellschaft keine, sondern nur im Verhältnis Gesellschaft und Gesellschafter Anwendung.[1657] Die Forderung des Gläubigers ist vielmehr eine vollwertige, die aber der Beschränkung unterliegt, dass er zunächst Befriedigung aus der Gesellschaftersicherheit suchen muss. Außerhalb des Insolvenzverfahrens besteht keine Pflicht des Dritten, sich vorrangig aus der Sicherung zu befriedigen. Vielmehr kann der Dritte gegen die Gesellschaft ohne jegliche Beschränkungen vorgehen.

490 Wie schon nach altem Recht ist nach § 44a InsO nicht klar, in welcher Höhe der Gläubiger aus der Forderung gegen die Gesellschaft vorgehen kann, wenn er bei der Befriedigung aus der Gesellschaftersicherheit einen Ausfall erlitten hat,[1658] dh ob der Gläubiger seine Forderung in voller Höhe zur Tabelle anmelden kann[1659] oder nur mit

---

[1651] Vgl. hierzu *Bitter* ZIP 2013, 1497; hierauf erwidernd *Altmeppen* ZIP 2013, 1745; *Hölzle* ZIP 2013, 1992; replizierend wiederum *Bitter* ZIP 2013, 1998.
[1652] Zutreffend MüKoInsO/*Kirchhof*, § 142 Rn. 22; so bereits *Saenger/Inhester/Kolmann*, Anhang § 30 GmbHG Rn. 173; *Spliedt* ZIP 2009, 149, 151; aA Schmidt/*Schröder* § 135 Rn. 35; *Bitter* ZIP 2013, 1497, 1506; *ders.* ZIP 2013, 1998, 1999.
[1653] Vgl. hierzu *Bangha-Szabo* ZIP 2013, 1058.
[1654] *Roth/Altmeppen,* Anh §§ 32a, b GmbHG aF Rn. 56; *Habersack* ZIP 2007, 2145, 2152; *Goette/Habersack,* Das MoMiG in Wissenschaft und Praxis, Rn. 5.49; so auch schon das bisherige Recht, OLG Karlsruhe GmbHR 1998, 331, 332.
[1655] So bereits zum bisherigen Recht, *Johlke/Schröder,* in von Gerkan/Hommelhoff (Hrsg.) Rn. 14.13.
[1656] *Hirte* ZInsO 2008, 689, 696; *K. Schmidt* BB 2008, 1966, 1968; *Spliedt,* ZIP 2009, 149, 155f.; *Dahl/Schmitz* NZG 2009, 325, 327.
[1657] Vgl. *Michalski/Dahl,* Anh II §§ 32a, 32b GmbHG aF Rn. 42; *Gehrlein* BB 2008, 846, 852; *Schmidt/Lüdtke,* § 44a Rn. 17; *Oepen* NZI 2009, 300, 301.
[1658] Siehe auch *Lutter/Hommelhoff/Kleindiek,* Anh § 64 Rn. 133.
[1659] *Gehrlein* BB 2008, 846, 852.

dem (voraussichtlichen) Ausfall.[1660] Insoweit setzt sich also der alte Streit in neuem Gewand fort.

(2) *Verhältnis Gesellschaft – Gesellschafter.* Die vom Gesellschafter gestellte Sicherheit ist eine iS des § 39 I Nr. 5 InsO wirtschaftlich dem Darlehen vergleichbare Leistung. Zum Tragen kommt dies, wenn der Gesellschafter den Dritten befriedigt. Dann erwirbt er nämlich – grundsätzlich – einen Erstattungsanspruch gegen die Gesellschaft. Dieser Erstattungsanspruch ist aber mit dem gesetzlichen Nachrang nach § 39 I Nr. 5 InsO versehen.[1661] Wird der Rückgriffsanspruch im letzten Jahr vor Insolvenzantragstellung befriedigt, dann ist dies nach § 135 I Nr. 2 InsO anfechtbar und die Zahlung ist nach § 143 I 1 InsO zu erstatten.[1662]

Werden gesellschafterbesicherte Drittdarlehen im letzten Jahr vor Insolvenzantragstellung oder nach diesem Antrag von der Gesellschaft getilgt und wird hierdurch der Gesellschafter von seiner Sicherheit frei, so unterliegt die Tilgungsleistung nach § 135 II InsO der Anfechtung. § 143 III 1 InsO stellt dabei klar, dass Schuldner des Anfechtungsanspruchs allein der Gesellschafter, nicht aber der Dritte ist.[1663] Ist der Gesellschafter durch die Zahlung der Gesellschaft nicht befreit worden, etwa weil sich der Gesellschafter nur für einen Höchstbetrag verbürgt hat und die Gesellschaftsschuld nicht unter den Höchstbetrag zurückgeführt wurde, so haftet der Gesellschafter gegenüber der Gesellschaft nicht auf Rückerstattung der geleisteten Beträge.[1664]

dd) *Kapitalersatzrechtliche Folgen der Nutzungsüberlassungen.* Zahlungsansprüche im Zusammenhang mit Nutzungsüberlassungen sind nur insoweit dem Kapitalersatzrecht unterworfen, als diese Forderungen aus einer dem Darlehen wirtschaftlich vergleichbaren Rechtshandlung hervorgegangen sind. Hat der Gesellschafter die (Mietzins-)Forderung bis zur Insolvenzeröffnung nicht eingezogen, untersteht sie dem Nachrang (§ 39 I Nr. 5 InsO), weil sie – in aller Regel – stehen gelassen wurde. Zahlungen auf Mietzinsforderungen im Vorfeld der Insolvenzeröffnung, die keinen Finanzierungscharakter haben, sind jedoch nur nach den allgemeinen Vorschriften, nicht aber gemäß § 135 I Nr. 2 InsO anfechtbar. Zu § 135 III InsO, → Rn. 502 ff.

ee) *Kapitalersatz und Insolvenzauslösetatbestände.* (1) *Überschuldungsbilanz.* Wie Gesellschafterforderungen in der Überschuldungsbilanz zu passivieren sind, war sowohl unter der Herrschaft der KO[1665] als auch der (Vor-MoMiG-)InsO[1666] lange Zeit umstritten.

(i) *Die hM vor Inkrafttreten des MoMiG.* Der BGH hatte in einem Urteil aus dem Jahr 2001 den Meinungsstreit dahingehend entschieden, dass (eigenkapitalersetzende) Gesellschafterdarlehen grundsätzlich in der Überschuldungsbilanz zu passivieren sind.[1667] Ausnahmsweise konnte jedoch hiervon dann abgesehen werden, wenn der Gesellschafter gegenüber der Gesellschaft einen qualifizierten Rangrücktritt erklärt hatte.[1668] In Literatur und Rechtsprechung war allerdings umstritten, wie „tief"

[1660] *Hirte* ZInsO 2008, 689, 696.
[1661] *Michalski/Dahl,* Anh II §§ 32a, 32b GmbHG aF Rn. 42.
[1662] So schon zum alten Recht, *Fleischer,* in von Gerkan/Hommelhoff (Hrsg.) Rn. 6.67.
[1663] *Graf-Schlicker/Neussner,* § 135 Rn. 31.
[1664] So jedenfalls zum alten Recht, BGH BB 2004, 1240, 1244.
[1665] Vgl. hierzu *Fleischer* ZIP 1996, 773, 774; *Haas* NZI 1999, 209 f.
[1666] *Jaeger/H. F. Müller,* § 19 Rn. 88 ff.; *K. Schmidt* GmbHR 1999, 9 ff.; *Niesert* InVo 1999, 242 ff.; *Kleindiek,* in von Gerkan/Hommelhoff (Hrsg.) Rn. 7.28 ff.; *Hirte* DStR 2000, 1829 ff.; *Haas* NZI 1999, 209, 210 f.
[1667] BGH DStR 2001, 175, 177; so auch *Jaeger/H. F. Müller,* § 19 Rn. 96 ff.; *K. Schmidt* GmbHR 1999, 9, 11 ff.; *Scholz/K. Schmidt,* §§ 32a, 32b GmbHG Rn. 63; *Fastrich,* FS Zöllner, 1998, S. 143, 159 ff.; *Haas* NZI 1999, 214.
[1668] BGH DStR 2001, 175, 177; *K. Schmidt* GmbHR 1999, 9, 11 ff.; *Scholz/K. Schmidt,* §§ 32a, 32b GmbHG Rn. 63; GroßKomm-*Habersack,* § 92 AktG Rn. 77; *Haas* NZI 1999, 209, 210 ff.

§ 92 496–498 Kapitel VII. Besonderheiten der Gesellschaftsinsolvenz

der Rangrücktritt ausgestaltet sein musste, um die Passivierungspflicht entfallen zu lassen.[1669]

496 *(ii) Rechtslage nach dem MoMiG.* Mit Wirkung zum 1.11.2008 hat das MoMiG dem § 19 II InsO einen zweiten Satz angefügt. Danach sind *„Forderungen auf Rückgewähr von Gesellschafterdarlehen oder aus Rechtshandlungen, die einem solchen Darlehen wirtschaftlich entsprechen, für die gemäß § 39 II [InsO] zwischen Gläubiger und Schuldner ein Nachrang vereinbart worden ist, … (sind) nicht bei den Verbindlichkeiten zu berücksichtigen".* Aus diesem Satz kann man im Umkehrschluss folgern, dass ohne eine Rangrücktrittsvereinbarung das Darlehen im Überschuldungsstatus passiviert werden muss.[1670] Damit folgt der MoMiG-Gesetzgeber im Grundsatz der hM zu dem bis zum 31.10.2008 geltenden Recht (→ Rn. 495). Dieses Einschwenken des Gesetzgebers auf die bisherige Linie war nicht unumstritten. Der RegE zum MoMiG sah – zu Unrecht –[1671] noch die Abkehr von der bisherigen hM vor und begründete dies damit, dass das neue Recht der subordinierten Gesellschafterforderungen – anders als das bisherige Kapitalersatzrecht – rechtssicherer sei und daher die seinerzeitige Begründung des BGH für eine Passivierung („Unwägbarkeiten des Kapitalersatzrechts") nicht mehr trage.[1672] Diese Begründung ging jedoch am eigentlichen Problem vorbei und ist daher zu Recht aufgegeben worden.[1673] Anders als nach alter Rechtslage gibt es nämlich nach neuem Recht im Vorfeld der Insolvenzeröffnung außerhalb des dem Liquiditätsschutz dienenden § 64 S. 3 GmbHG (→ Rn. 383, 472) keine „präventive Durchsetzungssperre" mehr[1674] mit der Folge, dass es heute an jeglichem Anknüpfungspunkt fehlt, um eine Nichtpassivierung der Gesellschafterforderung begründen zu können.

497 Ausnahmsweise sind – nach dem Wortlaut des neuen § 19 II InsO – Gesellschafterforderungen dann nicht zu passivieren, wenn zwischen Gesellschafter und Gesellschaft ein Nachrang „iS des § 39 II InsO" vereinbart wurde. Nur auf den ersten Blick orientiert sich der Gesetzgeber hier in Bezug auf den Ausnahmetatbestand am bisherigen Recht. In Wahrheit bleibt die neue gegenüber der alten Rechtslage deutlich zurück. Nach bisherigem Recht bedurfte es, um die Passivierungspflicht entfallen zu lassen, eines „qualifizierten Rangrücktritts" (→ Rn. 495).[1675] Dieser beinhaltete eine inhaltliche und eine zeitliche Komponente.

498 Inhaltlich war nach altem Recht ein Rangrücktritt in gewisser „Tiefe" erforderlich. Der BGH verlangte insoweit, dass der Gesellschafter in den Rang des § 199 S. 2 InsO zurücktritt.[1676] Anderer Ansicht nach sollte es ausreichen, wenn der Gesellschafter in den Rang des § 39 I Nr. 5 InsO[1677] oder in den Rang hinter § 39 I InsO zurücktritt.[1678]

[1669] Siehe hierzu *Jaeger/H. F. Müller,* § 19 Rn. 100 ff.; *Wittig* NZI 2001, 169, 173 f.; *Altmeppen* ZIP 2001, 175, 179; *Haas* NZI 2002, 457, 463; *Fischer* GmbHR 2000, 66, 69; *Kussmaul* DB 2002, 2258; siehe auch OLG Dresden InVo 2004, 53, 54 (hinter den Rang des § 199 S. 2 InsO) = EWiR 2002, 489 *(Steinecke);* OLG Frankfurt GmbHR 2004, 53, 54 (gleichrangig mit Einlagerückgewähr an Gesellschafter = Rang des § 199 S. 2 InsO).
[1670] *Graf-Schlicker/Bremen,* § 19 Rn. 32; HK/*Kirchhof,* § 19 Rn. 23; *Schmidt/Schröder,* § 19 Rn. 43 ff.
[1671] Befürwortend aber *Noack* DB 2006, 1475, 1481; *Mülbert* WM 2006, 1977, 1979; *Habersack* ZIP 2007, 2145, 2151; aM zu Recht *K. Schmidt* GmbHR 2007, 1, 10; *ders.* ZIP 2006, 1925, 1931; *ders.* BB 2008, 461, 462 ff.; *Haas/Oechsler* NZG 2006, 806 ff.
[1672] RegE-MoMiG, 129.
[1673] *Hölzle* GmbHR 2007, 729, 735 f.; *Haas* DStR 2009, 326 f.; *ders.* ZInsO 2007, 617, 626 ff.; aM *Habersack* ZHR 170 (2006), 607, 613.
[1674] Vgl. *Haas* ZInsO 2007, 617, 619; *Kleindiek* ZGR 2006, 335, 355 f.; *K. Schmidt* GmbHR 2001, 1, 9; *Hölzle* GmbHR 2007, 729, 735.
[1675] Siehe hierzu *Jaeger/H. F. Müller,* § 19 Rn. 93 ff.; *Scholz/K. Schmidt,* §§ 32a, 32b GmbHG Rn. 105; *Ulmer/Habersack,* §§ 32a/b GmbHG Rn. 241.
[1676] BGHZ 146, 264, 271.
[1677] *Habersack/Mayer* NZG 2001, 365 f.; *Scholz/K. Schmidt,* §§ 32a, 32b GmbHG Rn. 105; *Wittig* NZI 2001, 169, 173 f.; *Haas* NZI 2002, 457, 463; *Jaeger/H. F. Müller,* § 19 Rn. 102.
[1678] *Altmeppen* ZIP 2001, 240, 241.

Die neue Regelung bringt nunmehr insoweit Klarheit, als sie einen Rangrücktritt in den Rang hinter die (nach § 39 I InsO) gesetzlich subordinierten Forderungen verlangt (§ 39 II InsO).[1679]

Nach altem Recht musste der Rangrücktritt aber auch eine zeitliche Komponente **499** aufweisen. Der Rücktritt musste nämlich sowohl für die Zeit nach Insolvenzeröffnung als auch für die „Krisenzeit" davor erklärt werden.[1680] Das neue Recht verlangt demgegenüber nur einen Rangrücktritt nach § 39 II InsO, also lediglich für den Fall der Verfahrenseröffnung. Vereinbaren die Parteien aber einen Rangrücktritt nur für ein eröffnetes Verfahren, bleibt die Forderung vor Insolvenzeröffnung ohne weiteres durchsetzbar mit der Folge, dass durch die Überschuldungsbilanz die von einer Unternehmensfortführung ausgehende Gläubigergefährdung überhaupt nicht wirklichkeitsgetreu abgebildet wird. Damit würde aber der Sinn und Zweck des Überschuldungtatbestands unterlaufen. Der Gesetzgeber verkennt hierbei nämlich, dass Überschuldungs- und Insolvenzeröffnungsbilanz nicht identisch sind. Sinn und Zweck der Überschuldungsbilanz ist eben gerade nicht, das Insolvenzverfahren „vorwegzunehmen", sondern die von einer Unternehmensfortführung ausgehende Gläubigergefährdung aufzuzeigen. Die neue Regelung steht zudem auch in einem Spannungsverhältnis zum Stichtagsprinzip. Danach ist die Überschuldungsbilanz auf einen Stichtag bezogen zu erstellen, der – notwendigerweise – vor Insolvenzeröffnung liegt.[1681] Umstände, die erst nach Insolvenzeröffnung Wirkungen zeitigen, sind folglich in der Überschuldungsbilanz – grundsätzlich – nicht vorwegzunehmen.

Letztlich handelt es sich bei der Formulierung in § 19 II InsO – was die zeitliche **500** Komponente des Rangrücktritts anbelangt – wohl um ein Redaktionsversehen des Gesetzgebers. Wie sich nämlich aus der Gesetzesbegründung ergibt (BT-Drucks. 16/9737, 104 f.), wollte der Gesetzgeber in Bezug auf die zeitliche Reichweite des Rangrücktritts nicht von bisheriger Praxis abweichen. Folglich sollte auch künftig davon ausgegangen werden, dass Rangrücktritt nur für Fall der Verfahrenseröffnung (§ 39 II InsO) nicht ausreicht, um die Passivierungspflicht entfallen zu lassen.[1682]

(2) *Feststellung der Zahlungsunfähigkeit.* Nach § 17 II 1 InsO ist die GmbH zahlungs- **501** unfähig, wenn sie nicht in der Lage ist, die fälligen Zahlungspflichten zu erfüllen. Damit sind – im Grundsatz – den zum Stichtag fälligen Verbindlichkeiten auf der Passivseite die in diesem Zeitpunkt vorhandenen bzw. präsenten Zahlungsmittel auf der Aktivseite gegenüberzustellen.[1683] Ergibt sich eine Unterdeckung, die nicht nur vorübergehender Natur ist, so ist die Gesellschaft zahlungsunfähig. Bei der Feststellung der Zahlungsunfähigkeit stellt sich die Frage, ob (kapitalersetzende) Gesellschafterdarlehen bei den fälligen Verbindlichkeiten zu berücksichtigen sind. Die Frage kann hier schwerlich anders gelöst werden als im Rahmen der Überschuldungsbilanz.[1684] Die Rechtsprechung hat hierzu bisher aber noch nicht Stellung genommen.

i) *Nutzungsüberlassung und § 135 III InsO.* aa) *Überblick.* Das MoMiG hat dem Gesell- **502** schafter in § 135 III InsO in besonderen Fällen die Pflicht auferlegt, nach Insolvenzeröff-

---

[1679] *Lutter/Hommelhoff/Kleindiek,* Anh § 64 GmbHG Rn. 32; *Scholz/K. Schmidt/Bitter,* Vor § 64 GmbHG Rn. 48.
[1680] BGHZ 146, 264, 272 ff.; *Ulmer/Habersack,* §§ 32a/b GmbHG Rn. 27; *Haas/Scholl* ZInsO 2002, 645, 649; *Jaeger/Müller,* § 19 Rn. 96 ff.
[1681] Vgl. auch *Budde/Förschle/Hoffmann,* Sonderbilanzen, P Rn. 82.
[1682] *Haas* DStR 2009, 326, 327; BerlK/*Goetsch,* § 19 Rn. 47; *Frystatzki* NZI 2013, 609; offen gelassen *Scholz/K. Schmidt/Bitter,* Vor § 64 GmbHG Rn. 48; aA *Kahlert/Gehrke* DStR 2010, 227, 230; *Geiser* NZI 2013, 1056.
[1683] Siehe im Einzelnen *Baumbach/Hueck/Haas,* § 64 GmbHG Rn. 33 ff.
[1684] *Schmidt/Schröder,* § 17 Rn. 13; *Baumbach/Hueck/Haas,* § 64 GmbHG Rn. 34; siehe auch *Roth/ Altmeppen,* § 64 GmbHG Rn. 8 f.; *Jaeger/H. F. Müller,* § 17 Rn. 12; aA *K. Schmidt,* § 17 InsO Rn. 10; KPB/*Pape,* § 17 Rn. 7.

nung zeitlich befristet auf die Geltendmachung des Aussonderungsrechts zu verzichten. Die Bestimmung wurde erst spät (aufgrund des Vorschlages des Rechtsausschusses[1685]) in das MoMiG aufgenommen. Die Vorschrift will der Gefahr begegnen, dass Gegenstände, die zwingend für die Fortführung eines Unternehmens notwendig sind, vom Gesellschafter gemäß § 47 InsO herausverlangt werden. Der Normzweck dieser Vorschrift wurzelt nicht im Kapitalersatzrecht. Vielmehr geht es hier um die Normierung einer über die Insolvenzeröffnung hinausgehenden (beschränkten) Treuepflicht des Gesellschafters gegenüber der Gläubigergesamtheit. Die Vorschrift ist daher nicht dispositiv, sie kann insbesondere mit Wirkung für das Insolvenzverfahren nicht durch Vertrag zwischen Gesellschaft und Gesellschafter (zB durch Vereinbarung von Lösungsklauseln) ausgeschlossen werden.[1686]

503   bb) *Voraussetzungen des § 135 III InsO.* (1) *Persönlicher Anwendungsbereich.* Der persönliche Anwendungsbereich des § 135 III InsO richtet sich in erster Linie an den formalen Gesellschafter. Fraglich ist, ob auch der „wirtschaftliche Gesellschafter" in den persönlichen Anwendungsbereich einbezogen ist.[1687] Die Vorschrift in § 135 III InsO nimmt nicht ausdrücklich Bezug auf § 39 I Nr. 5 InsO. Auch das dogmatische Fundament des § 135 III (Treupflicht) weckt Zweifel an einer Ausweitung des persönlichen Anwendungsbereichs mithilfe der wirtschaftlichen Betrachtungsweise. Folgt man dieser Ansicht, dann ist jedenfalls auch für das Kleinbeteiligungs- und das Sanierungsprivileg kein Raum.[1688] Im Hinblick darauf aber, dass § 135 IV InsO ausdrücklich auf § 39 IV, V InsO verweist und diese Vorschriften inhärent Bezug nehmen auf § 39 I Nr. 5 InsO, sprechen die besseren Gründe wohl dafür, dass der Gesetzgeber den persönlichen Anwendungsbereich des § 135 III InsO nicht abweichend vom Kapitalersatzrecht definieren wollte.

504   (2) *Sachlicher Anwendungsbereich.* Der Anwendungsbereich ist eröffnet, wenn der Gesellschaft die Nutzung bzw. der Gebrauch eines Gegenstands „zur Ausübung" überlassen wurde. Objekt der Gebrauchsüberlassung kann jedes Wirtschaftsgut sein (→ Rn. 461).[1689] Der Gebrauchsüberlassung kann ein Schuldverhältnis (Miete, Pacht, Leihe) zugrunde liegen. Voraussetzung für eine Anwendbarkeit des § 135 III InsO ist dies allerdings nicht. Vielmehr werden auch Gebrauchsüberlassungen auf der Grundlage eines Gefälligkeitsverhältnisses, also ohne zugrunde liegende rechtsgeschäftliche Bindung, erfasst.[1690] Die „Gebrauchsüberlassung" muss im Zeitpunkt der Insolvenzeröffnung noch anhalten.[1691] Das ist auch dann der Fall, wenn das zugrunde liegende Rechtsverhältnis vom Gesellschafter zwar gekündigt, die Sache aber noch nicht zurück gegeben wurde. Ist der Gebrauch im Zeitpunkt der Insolvenzeröffnung bereits beendet, kommt wegen der Rückgabe uU eine Haftung des Geschäftsführers nach § 64 GmbHG (bzw. nach § 823 II BGB iVm § 15a I InsO (→ Rn. 91 ff.) und gegen den Gesellschafter wegen Verletzung der gesellschaftsrechtlichen Treuepflicht in Betracht. UU ist die Rückgabe des Gegenstandes an den Gesellschafter (oder einen Dritten) nach den allgemeinen Vorschriften (insbesondere nach den §§ 130, 131, 133 InsO) anfecht-

---

[1685] BT-Drucks. 16/9737.
[1686] *Scholz/K. Schmidt,* Nachtrag §§ 32a/b GmbHG aF Rn. 69; *Goette/Habersack,* Das MoMiG in Wissenschaft und Praxis, Rn. 5.40; siehe auch *Marotzke* ZInsO 2008, 1281, 1283.
[1687] Dafür, *Schmidt/Schröder,* § 135 Rn. 61; *Graf-Schlicker/Neussner,* § 135 Rn. 33; *Scholz/K. Schmidt,* Nachtrag §§ 32a/b GmbHG Rn. 73; dagegen aber *Baumbach/Hueck/Fastrich,* Anh § 30 GmbHG Rn. 83; *Michalski/Dahl,* Anh II §§ 32a, 32b GmbHG aF Rn. 46; *Dahl/Schmitz* NZG 2009, 325, 329; *Spliedt* ZIP 2009, 149, 156.
[1688] In diesem Sinne anscheinend *Roth/Altmeppen,* Anh §§ 32a, b GmbHG aF Rn. 73; kritisch zu dieser Verweisung auch *Michalski/Dahl,* Anh II §§ 32a, 32b GmbHG aF Rn. 45.
[1689] *Scholz/K. Schmidt,* Nachtrag §§ 32a/b GmbHG Rn. 72; *Graf-Schlicker/Neussner,* § 135 Rn. 34.
[1690] *Graf-Schlicker/Neussner,* § 135 Rn. 34.
[1691] *Goette/Habersack,* Das MoMiG in Wissenschaft und Praxis, Rn. 5.43.

bar.[1692] Eine Anfechtung nach § 135 I Nr. 2 InsO scheidet – nach der hier vertretenen Ansicht – aus, da es sich bei der Nutzungsüberlassung nicht um eine dem Darlehen wirtschaftlich vergleichbare Rechtshandlung handelt (→ Rn. 464 ff.).[1693]

(3) *Erhebliche Bedeutung für die Fortführung.* Die Aussonderungssperre des § 135 III InsO besteht nur für solche Gegenstände, die für die Fortführung des Unternehmens von erheblicher Bedeutung sind. Wird der Gegenstand nicht (oder vor Ablauf der Jahresfrist, → Rn. 509 nicht mehr) benötigt, ist der Insolvenzverwalter zur Herausgabe verpflichtet.

Mit dem Merkmal „erhebliche Bedeutung" knüpft der Gesetzgeber an § 21 II 1 Nr. 5 InsO an.[1694] Hiernach ist ein Gegenstand von erheblicher Bedeutung, wenn der Betriebsablauf ohne den Zugriff auf den fraglichen Gegenstand nicht unerheblich gestört würde.[1695] Im Interesse der möglichen Fortführung bzw. Sanierung sollten hieran keine überspannten Anforderungen gestellt werden, zumal der Gesellschafter einen Ausgleich nach S. 2 (→ Rn. 510 ff.) erhält.[1696] Wegen des möglicherweise reduzierten Ausgleichanspruchs drängt sich jedoch die Frage auf, ob die durch eine möglicherweise teure Ersatzbeschaffung entstehende Verlusterhöhung eine Störung des Betriebsablaufs darstellt.[1697] Das ist richtiger Ansicht nach zu bejahen. Der Gesellschafter darf der Gesellschaft nicht die zur Fortführung notwendigen Gegenstände entziehen. Wenn der Insolvenzverwalter zwar die reale Möglichkeit hat, einen Ersatzgegenstand zu besorgen, durch diese Investition jedoch die Liquidität so stark beeinträchtigt wird, dass der Betriebsablauf gestört und die Fortführung dadurch gefährdet wird, dann kommt dies einem Entzug des Nutzungsrechts gleich. Allerdings wird diese Frage nur dann auftreten, wenn der Ausgleichanspruch so stark reduziert ist, dass er erheblich von einer üblichen Vergleichsmiete abweicht.

cc) *Rechtsfolgen des § 135 III InsO.* (1) *Verhältnis zu den §§ 103 ff. InsO.* Streitig ist das Verhältnis des § 135 III InsO zu den §§ 103 ff. InsO. Die InsO regelt in §§ 103 ff. InsO das Schicksal von Verträgen in der Insolvenz eines Vertragspartners. Damit stellt sich die Frage, ob § 135 III InsO – in seinem Anwendungsbereich – den §§ 103 ff. InsO vorgeht,[1698] § 135 III InsO die §§ 103 ff. InsO ergänzt[1699] oder ob § 135 III InsO die §§ 103 ff. InsO modifiziert.[1700] Gegen einen Vorrang des § 135 III InsO sprechen die besseren Gründe. Die Vorschrift setzt nämlich einen Aussonderungsanspruch des Gesellschafters voraus. Sofern also das Nutzungsverhältnis gemäß §§ 103 ff. InsO in der Insolvenz fortgesetzt wird, besteht für § 135 III InsO – auf den ersten Blick –[1701] keine Notwendigkeit; denn dann ist der Gesellschafter ja bereits aufgrund vertraglicher Absprachen daran gehindert, die Herausgabe seines Eigentums zu verlangen. Eine Gefahr

---

[1692] *Scholz/K. Schmidt,* Nachtrag §§ 32a/b GmbHG Rn. 72; vgl. auch *Gruschinske* GmbHR 2010, 179, 182 f.; aA aber *Goette/Habersack,* Das MoMiG in Wissenschaft und Praxis, Rn. 5.43 Fn 98.
[1693] *Gruschinske* GmbHR 2010, 179, 181; aA *Marotzke* ZInsO 2008, 1281, 1285.
[1694] *Graf-Schlicker/Neussner,* § 135 Rn. 34; *Bitter* ZIP 2010, 1, 12.
[1695] *Lutter/Hommelhoff/Kleindiek,* Anh § 64 GmbHG Rn. 138, HK/*Kirchhof,* § 21 Rn. 29; *Kübler/Prütting/Bork/Pape,* § 21 Rn. 41i; *Spliedt* ZIP 2009, 149, 156 f.
[1696] *Schmidt/Schröder,* § 135 Rn. 64; siehe auch *Scholz/K. Schmidt,* Nachtrag §§ 32a/b GmbHG Rn. 80; *Bitter* ZIP 2010, 1, 12.
[1697] Siehe hierzu *Spliedt* ZIP 2009, 149, 157.
[1698] *Burg/Blasche* GmbHR 2008, 1250, 1253.
[1699] So wohl die hM, vgl. *Graf-Schlicker/Neussner,* § 135 Rn. 35; *Scholz/K. Schmidt,* Nachtrag §§ 32a/b GmbHG Rn. 75; *Lutter/Hommelhoff/Kleindiek,* Anh § 64 Rn. 137; *Roth/Altmeppen,* Anh §§ 32a, GmbHG aF Rn. 70.
[1700] *Michalski/Dahl,* Anh II §§ 32a, 32b GmbHG aF Rn. 49; *Dahl/Schmitz,* NZG 2009, 325, 329; *Spliedt* ZIP 2009, 149, 158; *Bitter* ZIP 2010, 1, 12 f.
[1701] Anders ist die Rechtslage freilich dort, wo der Nutzungsüberlassung kein Rechtsverhältnis zugrunde liegt; denn dann kommen die §§ 103 ff. InsO gar nicht zur Anwendung, vgl. *Lutter/Hommelhoff/Kleindiek,* Anh § 64 Rn. 137.

für die Fortführung des Unternehmens besteht hier also nicht. Eine hiervon zu unterscheidende Frage ist jedoch, ob der Gesetzgeber dem Insolvenzverwalter die Vergünstigungen des § 135 III nur für den Fall zukommen lassen wollte, in denen das Nutzungsverhältnis nicht fortgesetzt wird. Beachtliche Argumente sprechen dafür, dass sich der Insolvenzverwalter auch bei Fortsetzung des Nutzungsverhältnisses auf die (befristeten) Vorteile des § 135 III InsO berufen können soll, dh die §§ 103 ff. InsO durch § 135 III InsO nicht nur ergänzt, sondern auch modifiziert werden.[1702]

508 (2) *Ausübung des "Optionsrechts".* Wie der Insolvenzverwalter das Optionsrecht nach § 135 InsO auszuüben hat, regelt das Gesetz nicht. Weder sieht das Gesetz vor, dass dies schriftlich zu geschehen hat, noch schreibt das Gesetz dem Insolvenzverwalter eine Erklärungspflicht gegenüber dem Gesellschafter vor. Eine Anlehnung an die Grundsätze des § 103 InsO liegt hier nahe. Die Ausübung des Optionsrechts in § 135 III InsO ist danach eine einseitige empfangsbedürftige Willenserklärung,[1703] die jedoch nicht formbedürftig ist. Darüber hinaus liegt auch eine analoge Anwendung des § 103 I 2, 3 InsO nahe.[1704]

509 (3) *Befristeter Ausschluss des Aussonderungsanspruchs.* Die Folge des § 135 III InsO ist, dass der Insolvenzverwalter – auch ohne Fortsetzung eines zugrunde liegenden Vertragsverhältnisses – den Gegenstand zeitlich befristet weiter nutzen kann. Dieser Einwand steht dem Herausgabe- bzw. Aussonderungsanspruchs seitens des Gesellschafters entgegen. Die Höchstfrist für die Nutzung durch den Insolvenzverwalter beträgt ein Jahr seit Eröffnung des Insolvenzverfahrens. Ist der Gegenstand aber schon vor dieser Frist für die Betriebsfortführung nicht mehr von erheblicher Bedeutung (oder wird der Betrieb vorher eingestellt), so ist der Gegenstand herauszugeben.

510 (4) *Berechnung des Vergütungsanspruchs.* § 135 III 2 InsO gewährt dem Gesellschafter einen Ausgleichsanspruch, der sich nach dem im Durchschnitt der im letzten Jahr vor Verfahrenseröffnung geleisteten Vergütung berechnet. Bei kürzerer Dauer der Überlassung ist der Durchschnitt während dieser Zeit maßgebend. Die Vorschrift wirft im Detail viele Fragen auf.

511 *(i) Der Maßstab.* Nach dem Wortlaut des § 135 III richtet sich der Vergütungsanspruch nach dem tatsächlich geleisteten Entgelt, dh nach der Vergütungspraxis vor Insolvenzeröffnung. Die Vorschrift will ersichtlich Missbräuchen entgegen wirken, bei denen der Vertragsinhalt von den Parteien nicht „gelebt" wird. Der Gesellschafter soll sich daher an den vor Insolvenzeröffnung von ihm „gelebten" und damit gesetzten Bedingungen fest halten lassen. Die Anbindung an die gelebte Vertragspraxis sollte nicht nur für die Höhe der Vergütung, sondern auch für – mit der Vergütung zusammenhängende Nebenabreden – Fälligkeit, Raten, etc gelten.[1705] Berücksichtigungsfähig sind im Übrigen nur Zahlungen, die auf den Referenzzeitraum entfallen (keine „Torschlussnachzahlungen").[1706] Hieraus folgt letztlich, dass die vertraglich getroffenen Abreden die „Ober-" bzw. „Höchstgrenze" auch für die Vergütungspflicht des Insolvenzverwalters nach Insolvenzeröffnung bilden.

512 *(ii) Anfechtbare Vergütungen.* Im Zusammenhang mit der Vergütung stellt sich die Frage, ob auch anfechtbare (oder angefochtene) Zahlungen, die der Gesellschafter im Vorfeld der Insolvenzeröffnung von der Gesellschaft erhalten hat (→ Rn. 464 ff.), bei der Berechnung des Nutzungsentgelts zu berücksichtigen sind. Ganz überwiegend wird dies abgelehnt.[1707] Diese Ansicht trat die Vorauf. aus folgenden Gründen entge-

---

[1702] *Saenger/Inhester/Kolmann,* Anh § 30 GmbHG Rn. 212; aA OLG Hamm ZIP 2014, 186, 187; MüKoInsO/*Gehrlein,* § 135 Rn. 45, 50; HK/*Kleindiek,* § 135 Rn. 51.
[1703] Siehe für die Erklärung des Insolvenzverwalters nach § 103 InsO, BGH NJW 2007, 1594.
[1704] *Scholz/K. Schmidt,* Nachtrag §§ 32a/b GmbHG Rn. 82.
[1705] *Scholz/K. Schmidt,* Nachtrag §§ 32a/b GmbHG aF Rn. 83.
[1706] *Bitter* ZIP 2010, 1, 11 f.
[1707] *Dahl/Schmitz* NZG 2009, 325, 330; *Bitter* ZIP 2010, 1, 11; *Scholz/K. Schmidt,* Nachtrag §§ 32a/b GmbHG aF Rn. 83, *Lutter/Hommelhoff/Kleindiek,* Anh § 64 Rn. 141; *Schmidt/Schröder,* § 135

gen. Die Frage, ob und inwieweit Zahlungen angefochten werden können, kann im Einzelfall mit erheblichen Unsicherheiten belastet sein. Für den Insolvenzverwalter ist es jedoch notwendig, schnell und zuverlässig über die Höhe des zu leistenden Entgelts Klarheit zu haben. Über diese Unsicherheiten hilft auch das – in der Literatur teilweise befürwortete –[1708] Zurückbehaltungsrecht zugunsten des Insolvenzverwalters nicht hinweg. Neben diese praktischen Erwägungen treten wertungsmäßige Bedenken. Dem Kapitalersatzrecht (aber auch dem Anfechtungsrecht) und § 135 III InsO liegen wertungsmäßig unterschiedliche Zielsetzungen zugrunde (→ Rn. 502). Insbesondere erscheint das Argument verfehlt, dass Zahlungen, die im Vorfeld der Insolvenzeröffnung vom Gesetz missbilligt werden, nach Insolvenzeröffnung nicht honoriert werden dürften.[1709] Aus dem Umstand, dass die Vergütung im Vorfeld der Insolvenzeröffnung kurzeitig gestundet wurde, folgt doch nicht, dass der Gesellschafter nach Insolvenzeröffnung – aufgrund der Treuepflicht – verpflichtet wäre, die Weiternutzung ohne Entgelt zu dulden. So ist es bei anderen Dauerrechtsbeziehungen – zB Steuerschuldverhältnissen – ohne weiteres so, dass Zahlungen auf vor Insolvenzeröffnung erzeugte Forderungen anfechtbar sein können, ohne dass dies irgendwelche Auswirkungen für die Zahlungspflicht bzgl. solcher Forderungen hätte, die auf Zeiträume nach Insolvenzeröffnung entfallen. Hier kann also sehr wohl nach Insolvenzeröffnung zu honorieren sein, was vor Insolvenzeröffnung klar missbilligenswert war. Auch Gesellschafterdarlehen werden schließlich vor Insolvenzeröffnung dem Kapitalersatzrecht unterworfen, nicht aber wenn sie nach Insolvenzeröffnung an die Gesellschaft erbracht werden (→ Rn. 406 ff.).

(iii) Der maßgebliche Referenzzeitraum. Ein weiteres Problem stellt auch die Bestimmung des maßgeblichen Referenzzeitraums dar. Das Gesetz knüpft insoweit an eine Jahresfrist ab Insolvenzeröffnung an. Dadurch wird die Berechnung des Ausgleichsanspruchs aber letztlich auch an ein Zahlungsverhalten angeknüpft, das – jedenfalls zT – nicht durch den Gesellschafter, sondern insbesondere durch den vorläufigen Insolvenzverwalter geprägt wird.[1710] Unterliegt der Schuldner, wie dies häufig der Fall ist, im Eröffnungsverfahren einem allgemeinen Zustimmungsvorbehalt des vorläufigen Insolvenzverwalters, so kann das Nutzungsentgelt nämlich nur mit dessen Zustimmung wirksam gezahlt werden. Da der vorläufige Insolvenzverwalter jedoch dazu verpflichtet ist, einer Masseschmälerung vorzubeugen, wird er nur zu solchen Rechtshandlungen seine Zustimmung erteilen, die unbedingt erforderlich sind, um das Unternehmen fortzuführen. Darüber hinaus muss der (vorläufige) Insolvenzverwalter insbesondere mit Blick auf § 112 InsO und § 21 II Nr. 5 InsO nicht befürchten, dass ihm der Gegenstand wegen Zahlungsrückstand entzogen wird. Gleichwohl lässt sich eine teleologische Reduktion aufgrund eines Redaktionsversehens nicht annehmen.[1711]

(5) Rang der Entgeltforderung. Für die Zeit nach Insolvenzeröffnung findet das Kapitalersatzrecht keine Anwendung (→ Rn. 406 ff.). Mithin kann die Nachrangregel in § 39 I Nr. 5 InsO insoweit keine Anwendung finden. Vielmehr handelt es sich bei der Entgeltforderung um eine Masseverbindlichkeiten iSd § 55 I InsO.[1712]

Rn. 70; *Graf-Schlicker/Neussner*, § 135 Rn. 40; *Spliedt* ZIP 2009, 147, 157; *Saenger/Inhester/Kolmann* Anh § 30 GmbHG Rn. 233; aA *Goette/Habersack*, Das MoMiG in Wissenschaft und Praxis, Rn. 5.39 Fn. 90.

[1708] *Graf-Schlicker/Neussner*, § 135 Rn. 40; *Dahl/Schmitz* NZG 2009, 325, 330.

[1709] In diesem Sinne *Lutter/Hommelhoff/Kleindiek*, Anh § 64 Rn. 141; *Michalski/Dahl*, Anh II §§ 32a, 32b GmbHG Rn. 52

[1710] *Rühle* ZIP 2009, 1358, 1362; *Graf-Schlicker/Neussner*, § 135 Rn. 40; *Dahl/Schmitz* NZG 2009, 325, 330; *Baumbach/Hueck/Fastrich*, Anh § 30 GmbHG Rn. 89.

[1711] *Saenger/Inhester/Kolmann*, Anh § 30 GmbHG Rn. 230 f.

[1712] *Goette/Habersack*, Das MoMiG in Wissenschaft und Praxis, Rn. 5.41; *Bitter* ZIP 2010, 1, 11; *Baumbach/Hueck/Fastrich*, Anh § 30 GmbHG Rn. 89; *K. Schmidt* DB 2008, 1727, 1732.

§ 92 515–518 Kapitel VII. Besonderheiten der Gesellschaftsinsolvenz

515 **8. Ansprüche wegen Missmanagement. a)** *Haftung des Geschäftsführers.* aa) *Innenhaftung gegenüber der Gesellschaft.* Im Mittelpunkt einer Haftung wegen Missmanagements des Geschäftsführers gegenüber der Gesellschaft steht § 43 II GmbHG. Daneben können sich aber auch Ansprüche der Gesellschaft aus zahlreichen weiteren Normen ergeben.

516 (1) *Haftung nach § 43 II GmbHG.* Nach § 43 I GmbHG hat der Geschäftsführer in den Angelegenheiten der Gesellschaft die Sorgfalt eines ordentlichen Geschäftsmannes anzuwenden. Verstößt er hiergegen, haftet er gegenüber der Gesellschaft nach § 43 II GmbHG auf Schadensersatz. Die Haftung knüpft an der Organstellung an. Mitunter wird aber auch die Ansicht vertreten, dass nicht nur der (fehlerhaft) bestellte Geschäftsführer nach § 43 II GmbHG haftet, sondern auch der so genannte „faktische Geschäftsführer" (zu dem Begriff → Rn. 42 ff.).[1713] Die für eine Haftung nach § 43 II GmbHG erforderliche Pflichtverletzung entfällt, wenn die Gesellschafter den Geschäftsführer zu dem schadensstiftenden Verhalten (wirksam) angewiesen haben[1714] oder dieses gebilligt[1715] haben. Eine Weisung der Gesellschafter hat allerdings keine exkulpierende Wirkung, wenn sie im Anwendungsbereich des § 15a InsO ergeht, den durch § 43 III GmbHG geschützten Bereich oder eine Existenzvernichtung der Gesellschaft betrifft.[1716] § 31a BGB findet auf ehrenamtliche Geschäftsführer keine Anwendung.[1717]

517 Neben einer schuldhaften Pflichtverletzung setzt § 43 II GmbHG den Eintritt eines Schadens voraus. Unstreitig kann von dem Geschäftsführer auch eine insolvente oder vermögenslose GmbH (noch weiter) geschädigt werden.[1718] Die Erhöhung der Passiva bzw. die Verminderung der Aktiva stellt damit auch bei der insolventen Gesellschaft einen Schaden dar. Für die Berechnung des Schadens ist jedoch allein auf die vermögensrechtliche Situation der Gesellschaft, nicht (auch) auf die reflexartig betroffene Gläubigergesamtheit abzustellen. Daher stellen die nach Insolvenzeintritt begründeten Gesellschaftsverbindlichkeiten aus gegenseitigen Verträgen keinen Gesellschaftsschaden dar, selbst wenn sie zu einer Schmälerung der Quote der Gläubiger führen.[1719] Auch Auszahlungen aus dem Gesellschaftsvermögen in der Insolvenz begründen keinen Gesellschaftsschaden, soweit in gleicher Höhe Passiva der Gesellschaft zurückgeführt werden.[1720]

518 Die Geltendmachung des Haftungsanspruchs aus § 43 II GmbHG setzt – auch gegenüber ehemaligen Geschäftsführern –[1721] grundsätzlich einen Gesellschafterbeschluss nach § 46 Nr. 8 GmbHG voraus. Dies gilt allerdings nicht im eröffneten Insolvenzverfahren. Hier kann der Insolvenzverwalter den Haftungsanspruch der Gesellschaft auch ohne entsprechenden Gesellschafterbeschluss geltend machen.[1722] In vorläufigen Eigenverwaltungs- und Schutzschirmverfahren (§§ 270a, 270b InsO) sind die Geschäftsführer kraft der Legalitätspflicht dafür verantwortlich, das Eröffnungsverfahren in Übereinstimmung mit

---

[1713] So *Scholz/Schneider*, § 43 GmbHG Rn. 22; aA *Baumbach/Hueck/Zöllner/Noack*, § 43 GmbHG Rn. 3; siehe zum Ganzen auch *Haas* NZI 2006, 494 ff.
[1714] Vgl. BGHZ 31, 258, 278; BGH NZG 1999, 1001, 1002; NZG 2000, 544; OLG Frankfurt ZIP 1997, 450, 452; *Baumbach/Hueck/Zöllner/Noack,* § 43 GmbHG Rn. 33. Gleiches gilt für einen Allein-Gesellschafter-Geschäftsführer, BGH ZIP 2000, 493, 494.
[1715] BGH NJW-RR 1991, 483, 484; BFH DB 1995, 249, 250; OLG Düsseldorf GmbHR 2000, 666, 669; *Baumbach/Hueck/Zöllner/Noack,* § 43 GmbHG Rn. 33.
[1716] BGH NZG 1999, 1001; NZG 2000, 544; NZG 2002, 38 – Bremer Vulkan; NJW 2001, 3123; NZG 2008, 547, 551 – GAMMA; *Lutter/Hommelhoff/Kleindiek,* § 43 GmbHG Rn. 22.
[1717] *Noack* GmbHR 6/2010 R 81.
[1718] BGHZ 100, 190, 198; s. BGHZ 59, 148, 149 f. (Verein); OLG Saarbrücken ZIP 2002, 130, 131.
[1719] BGHZ 138, 211, 216 f. = ZIP 1998, 776; siehe auch BGH GmbHR 1974, 131, 132; wohl auch *Rowedder/Koppensteiner/Gruber,* § 43 GmbHG Rn. 22.
[1720] BGH GmbHR 1974, 131, 132.
[1721] BGH NZG 1999, 1001; DStR 1999, 907, 908; OLG Düsseldorf GmbHR 2000, 666, 669.
[1722] BGH BB 2004, 2033, 2036 GmbHR 1992, 303 f.; NJW 1960, 1667; OLG Celle RIW 2000, 710, 711, 712; *Weber/Löhr* GmbHR 2000, 698, 701.

den insolvenzrechtlichen Sicherungszwecken zu durchlaufen, dh die künftige Masse zu sichern und zu erhalten sowie einen Insolvenzplan (§ 170b InsO) vorzubereiten. Bei unternehmerischer Entscheidung kommt ihnen die *Business Judgement Rule* zugute.[1723]

(2) *Haftung nach § 64 S. 1 GmbHG.* Ist die Gesellschaft zahlungsunfähig oder überschuldet, so haftet der Geschäftsführer nach § 64 S. 1 GmbHG gegenüber der Gesellschaft – unabhängig von § 43 II GmbHG – für alle Zahlungen aus dem Gesellschaftsvermögen, die nicht mit der Sorgfalt eines ordentlichen Geschäftsmannes zu vereinbaren sind (→ Rn. 168 ff.). Im Insolvenzverfahren macht diesen Anspruch der Insolvenzverwalter geltend. Die Beschränkungen in § 9b GmbHG, auf die § 64 S. 4 GmbHG iVm § 43 III 3 GmbHG verweist, finden auf den Insolvenzverwalter keine Anwendung. Für die Haftung nach § 64 S. 3 GmbHG, → Rn. 375 ff. Die Vorschrift des § 64 S. 1 GmbHG ist auch im Eröffnungsverfahren in vorläufiger Eigenverwaltung (§§ 270a, 270b InsO) anwendbar; eine teleologische Reduktion ist abzulehnen. Zahlungen auf (künftige) Masseverbindlichkeiten sowie zur Abwendung noch größerer wirtschaftlicher Nachteile lösen jedoch grundsätzlich keine Erstattungspflicht aus.[1724] **519**

(3) *Haftung nach Deliktsrecht.* §§ 43 II, 64 GmbHG schließen andere Schadensersatzansprüche der Gesellschaft gegen den Geschäftsführer wegen einer unternehmerischen Pflichtverletzung nicht aus. Es besteht insoweit grundsätzlich Anspruchskonkurrenz.[1725] In Betracht kommen insbes. deliktische Ansprüche etwa nach § 823 I BGB, § 823 II BGB iVm einem Schutzgesetz (zB § 266 StGB,[1726] § 246 StGB,[1727] § 85 GmbHG[1728]) oder aus § 826 BGB.[1729] Letzteres kommt lediglich dort in Betracht, wo der Geschäftsführer in vorsätzlicher und sittenwidriger Weise die GmbH schädigt. Das kann etwa der Fall sein, wenn der Geschäftsführer in der Krise der Gesellschaft Zahlungen aus dem Gesellschaftsvermögen nicht in erster Linie im Gesellschaftsinteresse, sondern an solche Gläubiger der Gesellschaft tätigt, denen gegenüber er sicherungshalber eine persönliche Mithaftung übernommen hat.[1730] Ebenso wie im Rahmen der Haftung nach § 43 II GmbHG ist auch hier im Fall der Insolvenzeröffnung der an sich notwendige Gesellschafterbeschluss nach § 46 Nr. 8 GmbHG für die Geltendmachung der deliktischen Ansprüche[1731] nicht erforderlich. **520**

bb) *Außenhaftung gegenüber Gesellschaftsgläubigern.* Eine Außenhaftung des Geschäftsführers wegen Missmanagement kommt – sieht man von den Fällen der Informationspflichtverletzung einmal ab – im Wesentlichen auf deliktsrechtlicher Grundlage, insbesondere nach § 823 II iVm einem Schutzgesetz (§ 266 StGB,[1732] §§ 283, 283b StGB,[1733] **521**

[1723] Ausführlich *Thole,* Gesellschaftsrechtliche Maßnahmen, Rn. 421 ff.
[1724] Ebenso *Baumbach/Hueck/Haas,* GmbHG, § 64 Rn. 67a; *Saenger/Inhester/Kolmann,* GmbHG, § 64 Rn. 44a; Siemon/Klein ZInsO 2012, 2009, 2012; *Thole/Brunkmans* ZIP 2013, 1097, 1101.
[1725] *Lutter/Hommelhoff/Kleindiek,* § 43 GmbHG Rn. 3.
[1726] BGHZ 100, 190, 192; BGH NJW 1994, 2027, 2028; NZG 1999, 1001, 1002; BB 2001, 1753, 1754; OLG Saarbrücken ZIP 2002, 130; OLG Köln NZG 2000, 1137; *Baumbach/Hueck/Zöllner/Noack,* § 43 GmbHG Rn. 80.
[1727] OLG Frankfurt GmbHR 1993, 160 f.
[1728] *Bauer/Diller* GmbHR 1999, 885; *Baumbach/Hueck/Haas,* § 85 GmbHG Rn. 1; *Lutter/Hommelhof/Kleindiek,* § 85 Rn. 1.
[1729] BGH NJW 1994, 2027, 2028; GmbHR 1992, 303; ZIP 1989, 1390, 1394; WM 1962, 578 (Entgegennahme von Schmiergeldzahlungen); OLG Köln NZG 2000, 1137; *Baumbach/Hueck/Zöllner/Noack,* § 43 GmbHG Rn. 86; *Goette* DStR 1998, 1308, 1311; *Lutter/Hommelhoff/Kleindiek,* § 43 GmbHG Rn. 3.
[1730] OLG Oldenburg OLG-Report 2001, 309, 310 ff.
[1731] Siehe BGH BB 2004, 2033, 2035.
[1732] BGH ZIP 1998, 1370, 1371; VersR 1995, 1205 f.; BB 2005, 1867 f.; NJW-RR 1988, 671 f.; *Baumbach/Hueck/Zöllner/Noack,* § 43 GmbHG Rn. 80.
[1733] OLG Hamm BB 2000, 431; *Baumbach/Hueck/Zöllner/Noack,* § 43 GmbHG Rn. 81; *Michalski/Haas/Ziemons,* § 43 GmbHG Rn. 293 f.

§ 92   522, 523   Kapitel VII. Besonderheiten der Gesellschaftsinsolvenz

§ 82 GmbHG,[1734] § 84 GmbHG, § 1 Gesetz über die Sicherung von Bauforderungen[1735]) bzw. nach § 826 BGB in Betracht.[1736] Unter letztere Vorschrift lassen sich verschiedene Fallgruppen subsumieren, wie beispielsweise die (hoch-)spekulative Geschäftsführung auf Kosten der Gesellschaftsgläubiger, untaugliche Sanierungsversuche aus eigennützigen und eigensüchtigen Motiven oder besonders verwerfliche Einwirkungen auf die Befriedigungsaussichten der Gläubiger. Letzteres nimmt die Rechtsprechung etwa dann an, wenn der Geschäftsführer zielgerichtet darauf hinwirkt, dass das wesentliche Vermögen der Gesellschaft dem Gläubigerzugriff entzogen wird.[1737] Für die Frage, wer diese Ansprüche in der Insolvenz der Gesellschaft geltend macht, ist danach zu unterscheiden, ob der Haftungsanspruch auf Ersatz eines Individual- oder eines Gesamtgläubigerschadens gerichtet ist (→ Rn. 532 ff.).

522   **b)** *Ansprüche gegen die Gesellschafter.* aa) *Haftung gegenüber der Gesellschaft.* Sowohl für den Aufgabenbereich, für den die Gesellschafter nach dem gesetzlichen Leitbild originär zuständig sind (vgl. zB § 46 GmbHG), als auch für den Aufgabenbereich, den die Gesellschafter durch Gesellschaftsvertrag oder Gesellschafterbeschluss an sich ziehen können, sieht das Gesetz keinen dem § 43 I GmbHG vergleichbaren Verhaltens- bzw. Haftungsmaßstab vor. Die Gesellschafter können daher grundsätzlich auch für die Gesellschaft nachteilige Maßnahmen beschließen, ohne gegenüber der Gesellschaft zur Verantwortung gezogen zu werden. Die Gesellschafter haften daher nicht nach § 43 II GmbHG.[1738] Dies gilt auch dann, wenn sie in der Gesellschaft eine beherrschende Stellung haben.[1739]

523   Eine Einwirkungsgrenze der Gesellschafter auf die Geschicke der Gesellschaft ergibt sich jedoch aus der Rechtsfigur der faktischen Geschäftsführung (str., → Rn. 41 ff.), den Vorschriften zur Kapitalerhaltung (und den sie abrundenden Vorschriften),[1740] aus § 6 V GmbHG,[1741] aus dem Gesichtspunkt des existenzvernichtenden Eingriffs (§ 826 BGB, → Rn. 372 ff.) sowie aus der gesellschaftsrechtlichen Treuepflicht.[1742] Deren Anwendungsbereich ist allerdings umstritten. So wird diskutiert, ob es ein vom Gesellschafterwillen unabhängiges Gesellschaftsinteresse gibt, das im Wege des gesellschaftsrechtlichen Treuegebots geschützt wird.[1743] Die GmbH ist zwar eine juristische Person und mithin gegenüber ihren Gesellschaftern rechtlich verselbstständigt, sie führt aber überwiegender Ansicht nach kein vom Willen der Gesellschafter unabhängiges Eigenleben. Das wirtschaftliche Wohl der Gesellschaft als solches ist folglich überwiegender Ansicht nach grundsätzlich nicht geschützt.[1744] Dies hat zur Folge, dass eine Schadensersatzpflicht des Gesellschafters gegenüber der Gesellschaft wegen Verletzung der

---

[1734] OLG München GmbHR 1999, 1137; *Baumbach/Hueck/Zöllner/Noack,* § 43 GmbHG Rn. 83; *Baumbach/Hueck/Haas,* § 82 GmbHG Rn. 1; *Michalski/Haas/Ziemons,* § 43 GmbHG Rn. 316.

[1735] BGH NJW-RR 1996, 976 f.; ZIP 1995, 733, 735; ZIP 1994, 872, 873 f.; NJW-RR 1990, 342 f.; RGZ 91, 72, 75 f.; *Groß* ZGR 1998, 551, 560 f.; *Wimmer* NJW 1996, 2546, 2549.

[1736] Siehe hierzu *Michalski/Haas/Ziemons,* § 43 GmbHG Rn. 295 ff.

[1737] BGH NJW-RR 2003, 1042, 1043; siehe auch BGH NJW 2000, 3138, 3139.

[1738] *Rowedder/Koppensteiner/Gruber,* § 43 GmbHG Rn. 52; *Scholz/Schneider,* § 43 GmbHG Rn. 23.

[1739] BGHZ 31, 258, 271 f.; *Baumbach/Hueck/Zöllner/Noack,* § 43 GmbHG Rn. 3; *Michalski/Haas/Ziemons,* § 43 GmbHG Rn. 32.

[1740] → Rn. 371 ff.

[1741] → Rn. 362.

[1742] Vgl. hierzu *Baumbach/Hueck/Fastrich,* § 13 GmbHG Rn. 20 ff.; *Rowedder/Pentz,* § 13 GmbHG Rn. 35 ff.; *Roth/Altmeppen,* § 13 GmbHG Rn. 28 ff.

[1743] Vgl. hierzu *Assmann* JZ 1986, 928, 931; *Priester* ZGR 1993, 512, 517.

[1744] Vgl. BGHZ 56, 97, 101; 122, 333, 338; BGH NZG 2008, 187, 188; NZG 1999, 1001, 1002; WM 1992, 2053, 2054; OLG Frankfurt ZIP 1997, 450, 451; *Scholz/Winter/Seibt,* § 14 GmbHG Rn. 52; *Roth/Altmeppen,* § 13 GmbHG Rn. 57; *Baumbach/Hueck/Zöllner,* SchlAnhKonzernR Rn. 111; siehe auch *Lutter/Hommelhoff/Bayer,* § 14 GmbHG Rn. 29; *Ulmer/Raiser,* § 14 GmbHG Rn. 74; *Lutter* ZIP 1985, 1425, 1428; aA insbesondere *Wilhelm,* Rechtsform und Haftung, S. 285 ff.; *K. Schmidt* ZIP 1988, 1497, 1505 ff.

Treuepflicht dann nicht in Betracht kommt, wenn lediglich ein Gesellschafter vorhanden ist oder aber wenn alle Gesellschafter zugunsten einer bestimmten Maßnahme gestimmt haben.

bb) *Haftung im Außenverhältnis.* Im Außenverhältnis gegenüber den Gesellschaftsgläubigern kommt eine Haftung der Gesellschafter dann in Betracht, wenn sie die GmbH als Zurechnungsträger von Gefahren und Risiken missbrauchen. Unter diesem Blickwinkel wird eine Vielzahl unterschiedlicher Fallgestaltungen diskutiert. **524**

(1) *Lehre von der Durchgriffshaftung.* Missbrauchen[1745] die Gesellschafter die Gesellschaft als Zurechnungsträger von Gefahren und Risiken, kommt unter bestimmten (aber im Einzelnen umstrittenen)[1746] Voraussetzungen ausnahmsweise zur Verhinderung von Haftungslücken eine unmittelbare Außenhaftung der Gesellschafter gegenüber den Gesellschaftsgläubigern in Betracht. Der Bedarf nach einer solchen Außenhaftung ergibt sich insbesondere daraus, dass bezüglich des schädigenden Gesellschafterverhaltens in Ein-Personen-Gesellschaften oder bei Einverständnis aller Mitgesellschafter ein gesellschafterunabhängiges Eigeninteresse der Gesellschaft nicht besteht und es somit keinen Anknüpfungspunkt für eine Haftung wegen Treupflichtverletzung gibt (→ Rn. 523).[1747] Das ehemalige Paradebeispiel der Durchgriffshaftung wegen existenzvernichtenden Eingriffs hat der BGH allerdings mit breiter Zustimmung in der Literatur mittlerweile durch eine Innenhaftung nach § 826 BGB ersetzt (→ Rn. 372).[1748] **525**

Rechtsprechung und Literatur setzten insgesamt gesehen strenge Anforderungen an eine solche Durchgriffshaftung, da über die Rechtsform einer juristischen Person „nicht leichtfertig und schrankenlos hinweggegangen werden" darf.[1749] Diskutiert werden insoweit noch folgende Fallgruppen:[1750] Haftung wegen Unterkapitalisierung der Gesellschaft (→ Rn. 26),[1751] wegen Vermögensvermischung (sog. *„Waschkorblage"*),[1752] wegen Sphärenvermischung[1753] und wegen Institutsmissbrauchs.[1754] Im Falle der Vermögensvermischung handelt es sich hierbei um eine Verhaltens-, nicht um eine Zustandshaftung, weswegen etwa der einflusslose Minderheitsgesellschafter typischerweise nicht haftet.[1755] **526**

[1745] So die Begründung der sogenannten Missbrauchslehre für eine Durchgriffshaftung, vgl. etwa *Serick*, Rechtsform und Realität, S. 203 ff.; *Drobnig*, Haftungsdurchgriff bei Kapitalgesellschaften, S. 94 ff. Anders etwa die Begründung der Durchgriffshaftung nach der Normzwecklehre, vgl. hierzu *Müller-Freienfels* AcP 1957, 522 ff.; *Coing* NJW 1977, 1793 ff.; zu vermittelnden Begründungsversuchen für eine Durchgriffshaftung siehe *Rehbinder*, FS Fischer, 1979, S. 581 ff.; *Immenga*, Die personalistische Kapitalgesellschaft, S. 405 ff. Vgl. für einen Überblick über die verschiedenen Begründungsansätze, *Scholz/Emmerich*, § 13 GmbHG Rn. 78 ff.
[1746] Vgl. *Ehricke* AcP 1999, 253 ff.
[1747] *Lutter/Hommelhoff/Bayer*, § 14 GmbHG Rn. 29; § 13 GmbHG Rn. 18.
[1748] Grundlegend: BGH NZG 2007, 667 *("Trihotel")*.
[1749] Vgl. BGHZ 20, 4, 11; 22, 226, 230; 55, 115, 117; 26, 31, 37; 31, 258, 271; 102, 95, 101.
[1750] Ausführlich dazu *Henssler/Strohn/Verse*, § 13 GmbHG Rn. 19 ff.; *Ehricke* AcP 1999, 253, 275 ff.; *Lutter/Hommelhoff/Bayer*, § 13 GmbHG Rn. 18 ff.
[1751] Vgl. BSG ZIP 1984, 1217, 1219 ff.; WiB 1997, 26 ff.; siehe auch BAG DStR 1999, 1668 *(Haas)*; *Wiedemann* Gesellschaftsrecht, § 4 III 1; *Lutter/Hommelhoff*, § 13 GmbHG Rn. 15; *Scholz/Emmerich*, § 13 GmbHG Rn. 81 ff., 93 f.; *Vonnemann*, Haftung der GmbH-Gesellschafter bei materieller Unterkapitalisierung, 1991; *Weitbrecht*, Haftung der Gesellschafter bei materieller Unterkapitalisierung der GmbH, 1990.
[1752] Vgl. BGHZ 125, 366, 368; 165, 85; BSG ZIP 1996, 1134, 1135; 1994, 1944, 1945 f.; *Roth/Altmeppen*, § 13 GmbHG Rn. 133; *Scholz/Emmerich*, § 13 GmbHG Rn. 95 ff.; *Lutter/Hommelhoff*, § 13 GmbHG Rn. 14.
[1753] Vgl. *Rowedder/Pentz*, § 13 GmbHG Rn. 157; *Baumbach/Hueck/Fastrich*, § 13 GmbHG Rn. 46; *Lutter/Hommelhoff*, § 13 GmbHG Rn. 20.
[1754] Vgl. *Lutter* ZGR 1982, 244; *Lutter/Hommelhoff*, § 13 GmbHG Rn. 22; *Rowedder/Pentz*, § 13 GmbHG Rn. 146.
[1755] BGHZ 165, 85, LS 2; *Baumbach/Hueck/Fastrich*, § 13 GmbHG Rn. 45.

527 Als Rechtsfolge ergibt sich – je nach zugrundegelegter Durchgriffskonzeption – entweder eine Gesellschafterhaftung unmittelbar aus § 128 HGB[1756] oder auf Grund einer entsprechenden Anwendung der Vorschrift.[1757]

528 Ob der Insolvenzverwalter diesen Anspruch der Gesellschaftsgläubiger gegenüber den Gesellschaftern in der Insolvenz der Gesellschaft geltend machen kann, war nach altem Recht umstritten.[1758] Nach neuem Recht kann und muss der Insolvenzverwalter entsprechend § 93 InsO die Haftung der Gesellschafter für die Gesellschaftsschulden geltend machen.[1759] Die Vorschrift findet zwar dem Wortlaut nach auf eine GmbH keine Anwendung. Haben jedoch infolge der Durchgriffshaftung die GmbH-Gesellschafter entgegen § 13 II GmbHG für die Gesellschaftsschulden nach § 128 HGB (analog) einzustehen, muss § 93 InsO auch für diesen Fall Anwendung finden.[1760] Damit ist allein der Insolvenzverwalter für die Dauer des Insolvenzverfahrens befugt, die Ansprüche einzuziehen.[1761]

529 (2) *Teilnehmerhaftung.* Soweit der Geschäftsführer im Außenverhältnis wegen einer unternehmerischen Pflichtverletzung deliktisch haftet, kommt uU auch eine Teilnehmerhaftung (§ 830 BGB) des Gesellschafters in Betracht. Denkbar ist dies etwa dann, wenn der Gesellschafter den Geschäftsführer anweist, den Insolvenzantrag (trotz Vorliegen der Voraussetzungen nach § 15a I InsO) nicht zu stellen (→ Rn. 151). Unter den Voraussetzungen, unter denen der Insolvenzverwalter zur Einziehung des Anspruchs gegen den Geschäftsführer zuständig ist (→ Rn. 126 ff.), ist er dies auch im Verhältnis zum Gesellschafter.

530 (3) *Führungslosigkeit.* Im Falle der Führungslosigkeit ist der Gesellschafter uU auch selbst Adressat von Pflichten, die sich originär an den Geschäftsführer wenden. Dies gilt etwa nach § 15a III InsO für die Insolvenzantragspflicht. Im Fall einer Pflichtverletzung haftet dann der Gesellschafter im Außenverhältnis gegenüber den Gläubigern (→ Rn. 92).

531 c) *Haftung der Aufsichtsratsmitglieder.* Wichtigste Haftungsnorm für Ansprüche der Gesellschaft gegen Aufsichtsratsmitglieder sind § 52 GmbHG, §§ 116, 93 II AktG. Danach haftet der Aufsichtsrat gegenüber der Gesellschaft vor allem für Verstöße gegen die Kontroll- und Überwachungspflichten (→ Rn. 150).

532 **9. Gesamt(-gläubiger-)schäden. a)** *Normzweck des § 92 InsO.* Nach § 92 InsO sind die Ansprüche der Insolvenzgläubiger auf Ersatz des Schadens, den diese Gläubiger gemeinschaftlich durch eine Verminderung des zur Insolvenzmasse gehörenden Vermögens vor oder nach der Eröffnung des Insolvenzverfahrens erlitten haben, während der Dauer des Insolvenzverfahrens vom Insolvenzverwalter geltend zu machen. Die Gläubiger bleiben zwar Inhaber des Ersatzanspruchs, aber um zu verhindern, dass sich einzelne

---

[1756] So wohl *Baumbach/Hueck/Fastrich,* § 13 GmbHG Rn. 43.
[1757] Vgl. BGHZ 95, 330, 332; 165, 85, LS 1; *Lutter/Hommelhoff,* § 13 GmbHG Rn. 11; *Ulmer/Raiser,* § 13 Rn. 121 ff.
[1758] Vgl. *Stimpel,* FS Goerdeler 1987, S. 613 ff.
[1759] AA BerlK/*Blersch/von Olshausen,* § 92 Rn. 3 (analog § 92 InsO).
[1760] Vgl. BGHZ 165, 85; OLG Celle EWiR 2002, 109 *(Meyke);* LG Hildesheim ZInsO 2001, 474 f. = DStR 2001, 1147 *(Haas/Holla); K. Schmidt* ZGR 1996, 209, 217; *Hasselbach* DB 1996, 2113; aA *Noack,* Rn. 499.
[1761] Probleme können sich – mit Blick auf die Rspr des BAG – aufgrund unterschiedlicher Rechtswegzuständigkeit ergeben. So hat etwa das BAG im Falle der Durchgriffshaftung im Rahmen von Ansprüchen aus dem Arbeitsverhältnis entschieden, dass die Arbeitsgerichte zuständig sind, vgl. BAG AP Nr. 2 zu § 3 ArbGG 1979; WiB 1997, 1201; siehe auch BAG NZG 2003, 120, 121; LAG Rheinland-Pfalz DB 2002, 748. ArbG Münster ZInsO 2004, 1159 ff.: „Der Rechtsweg zu den Arbeitsgerichten ist unabhängig davon gegeben, ob die Ansprüche vom Arbeitnehmer selbst oder vom Insolvenzverwalter gemäß § 93 InsO geltend gemacht werden." Insoweit sollte eine Bündelung der Ansprüche entsprechend § 17 II GVG zulässig sein, → Rn. 133.

von ihnen durch gesonderten Zugriff Vorteile verschaffen und dadurch den Grundsatz der gleichmäßigen Befriedigung der Insolvenzgläubiger verletzen, werden die Ansprüche im Insolvenzverfahren vom Insolvenzverwalter geltend gemacht.[1762] Im Übrigen erhöht die Bündelung der Ansprüche durch den Insolvenzverwalter – im Hinblick auf die Schwierigkeiten bei der Berechnung des Quotenschadens (→ Rn. 103 f.) – auch die Erfolgsaussichten.[1763] Schließlich dienen die Vorschriften auch der Verfahrensökonomie, indem eine Vielzahl von Einzelprozessen vermieden und die Klagen in der Hand eines unabhängigen Organs gebündelt werden.[1764] Keine Rolle spielt für die Anwendbarkeit des § 92 InsO, ob es nur einen Gläubiger gibt oder das Vermögen des Schädigers ausreicht, um alle Geschädigten zu befriedigen.[1765]

b) *Rechtsnatur.* Der Insolvenzverwalter macht nach § 92 InsO den Gesamtgläubigerschaden nur „für die Dauer des Insolvenzverfahrens" geltend. Aus diesem Wortlaut der Vorschrift folgert die überwiegende Ansicht, dass der Gläubiger Inhaber des Anspruchs bleibt und lediglich die prozessuale Befugnis zur Geltendmachung der Forderung auf den Insolvenzverwalter übergeht.[1766] § 92 InsO wirkt mithin nicht anspruchsbegründend, sondern dient lediglich der Durchsetzung eines anderweitig begründeten Anspruchs.[1767]

c) *Der von § 92 InsO betroffene Personenkreis.* aa) *Die Insolvenzgläubiger.* Nach § 92 InsO kann der Insolvenzverwalter nur Ansprüche der „Insolvenzgläubiger" für die Dauer des Insolvenzverfahrens geltend machen. Insolvenzgläubiger sind nach der Legaldefinition in § 38 InsO alle persönlichen Gläubiger, die einen zur Zeit der Insolvenzeröffnung begründeten Vermögensanspruch gegen den Schuldner, also die GmbH, haben. Dazu zählen auch die nachrangigen Gläubiger iS des § 39 InsO.[1768] Es stellt sich aber die Frage, ob der Rechtsgedanke des § 92 InsO nicht auch auf andere als die Insolvenzgläubiger entsprechende Anwendung findet.

bb) *Analoge Anwendung auf Massegläubiger.* Werden die Massegläubiger durch eine Quotenverkürzung geschädigt, so wendet die wohl überwiegende Ansicht § 92 InsO entsprechend an.[1769]

cc) *Analoge Anwendung auf Gesellschafter.* Ein Bedürfnis für eine „Entschädigung in insolvenzrechtlicher Form" iSd § 92 InsO besteht jedoch nicht nur zugunsten der Insolvenz- und Massegläubiger, sondern auch zugunsten eventuell geschädigter Gesellschafter, an die ein uU vorhandener Überschuss bei einer Schlussverteilung herauszugeben wäre (§ 199 InsO).[1770] Letztere können – vergleichbar den Insolvenzgläubigern – auf Grund von Schädigungen der Gesellschaft einen Reflexschaden in Form einer Ent-

---

[1762] Vgl. *Noack,* Rn. 318; KPB/*Lüke,* § 92 Rn. 8; Uhlenbruck/Hirte/Vallender/*Hirte,* § 92 Rn. 2; MüKoInsO/*Brandes,* § 92 Rn. 1; BerlK/*Blersch/von Olshausen,* § 92 Rn. 1; *Bork,* Kölner Schrift, S. 1021 Rn. 10.
[1763] KPB/*Lüke,* § 92 Rn. 9; Uhlenbruck/Hirte/Vallender/*Hirte,* § 92 Rn. 2; BerlK/*Blersch/von Olshausen,* § 92 Rn. 1; MüKoInsO/*Brandes,* § 92 Rn. 1.
[1764] KPB/*Lüke,* § 92 Rn. 10; HK/*Kayser,* § 92 Rn. 1; *Schmidt/Pohlmann,* § 92 Rn. 1; Uhlenbruck/Hirte/Vallender/*Hirte,* § 92 Rn. 2.
[1765] KPB/*Lüke,* § 92 Rn. 25; MüKoInsO/*Brandes,* § 92 Rn. 11; *Schmidt/Pohlmann,* § 92 Rn. 16.
[1766] BGH NJW-RR 2003, 1042, 1044; ZIP 2004, 1218, 1220; MüKoInsO/*Brandes,* § 92 Rn. 14; HK/*Kayser,* § 92 Rn. 24; *Bork,* Kölner Schrift, S. 1021 Rn. 11; *Noack,* Rn. 318.
[1767] MüKoInsO/*Brandes,* § 92 Rn. 4; BerlK/*Blersch/von Olshausen,* § 92 Rn. 2; Kübler/Prütting/Bork/*Lüke,* § 92 Rn. 12; Uhlenbruck/Hirte/Vallender/*Hirte,* § 92 Rn. 5; HK/*Kayser,* § 92 Rn. 6; *Schmidt/Pohlmann,* § 92 Rn. 4.
[1768] *Schmidt/Pohlmann,* § 92 Rn. 18.
[1769] Uhlenbruck/Hirte/Vallender/*Hirte,* § 92 Rn. 22; im Grundsatz auch *Bork,* Kölner Schrift, S. 1021 Rn. 11; Kübler/Prütting/Bork/*Lüke,* § 92 Rn. 51 f.; siehe auch *Schmidt/Pohlmann,* § 92 Rn. 12.
[1770] Siehe auch Uhlenbruck/Hirte/Vallender/*Hirte,* § 92 Rn. 19, 22; *Tetzlaff* EWiR 2004, 1097, 1098.

§ 92 537–540   Kapitel VII. Besonderheiten der Gesellschaftsinsolvenz

wertung ihres Gesellschaftsanteils erleiden. Zwar schließt das Gesetz in diesen Fällen in aller Regel einen eigenständigen Schadensersatzanspruch der Gesellschafter auf Ersatz dieser Reflexschäden aus (vgl. etwa §§ 117 I 2, 317 I 2 AktG).[1771] Jedoch ist dies nicht immer der Fall, sodass insoweit eine Situation entstehen kann, die durchaus mit § 92 InsO vergleichbar ist.[1772] Beispiele hierfür sind etwa die Schadensersatzpflicht der Gesellschafter untereinander bei treuwidrigem Verhalten im Rahmen von außergerichtlichen Sanierungen,[1773] die Schadensersatzpflicht Dritter gegenüber der Gesellschaft und den Gesellschaftern nach § 826 BGB[1774] bzw. die Fälle des sogenannten „umgekehrten Durchgriffs".[1775] In allen diesen Fällen wirkt sich die schädigende Handlung in dem unterschiedlichen Rechtsträgern zugeordneten Vermögen aus. Damit besteht aber die Gefahr, dass der Schädiger doppelt in Anspruch genommen wird und sich Einzelne im Wettlauf um Befriedigung aus dem Vermögen des Schädigers Sondervorteile verschaffen.

537 **d)** *Die von § 92 InsO erfassten Ansprüche.* Erfasst werden von § 92 InsO nur Ansprüche der Insolvenzgläubiger auf Ersatz eines Gesamtschadens, dh eines Schadens, der durch eine Verkürzung der Insolvenzmasse eintritt.

538 aa) *Abgrenzung Individual- und Gesamtschaden.* Erfasst werden von § 92 InsO nur Ansprüche auf Ersatz eines Schadens, den die Gläubiger gemeinschaftlich durch die Verminderung des zur Insolvenzmasse gehörenden Vermögens erlitten haben (Gesamtschaden), und zwar unabhängig davon, ob die Minderung der Insolvenzmasse vor oder nach Eröffnung des Insolvenzverfahrens eingetreten ist.[1776] Wie der Schaden eintritt, ist gleichgültig. Eine Verminderung der Aktiva wird ebenso erfasst wie eine Mehrung der Passiva.[1777]

539 § 92 InsO erfordert nicht, dass alle am Insolvenzverfahren beteiligten Gläubiger durch die Minderung der Insolvenzmasse einen „Reflexschaden" erleiden. Ist beispielsweise im Rahmen der Insolvenzverschleppungshaftung ein vertraglicher Neugläubiger vorhanden, so folgt daraus nicht, dass § 92 InsO im Übrigen nicht zur Anwendung käme. Ausreichend für einen Gesamtschaden iS des § 92 InsO ist, dass ein Teil der Gläubigerschaft in gleicher Weise geschädigt wird.[1778] Dann ist zu ihren Gunsten eine Sondermasse zu bilden (→ Rn. 555). Ist infolge der Pflichtwidrigkeit dagegen nur ein einzelner Gläubiger betroffen, kann und muss der Gläubiger seinen Anspruch auf Ersatz des Individualschadens selbstständig und unabhängig vom Insolvenzverfahren geltend machen.[1779]

540 bb) *Anspruchsgrundlagen.* Für die Frage, ob ein Anspruch erfasst wird oder nicht, spielt es keine Rolle, wie dieser Anspruch begründet wurde (zB durch faktisches Handeln, Verpflichtungs- oder Verfügungsgeschäft). Auch die konkrete Anspruchsgrundlage

---

[1771] Vgl. BGH NJW 1987, 1077, 1079 anders aber anscheinend OLG München EWiR 2004, 1097 f.
[1772] Vgl. auch *Baumbach/Hueck/Fastrich,* § 13 GmbHG Rn. 16; *Roth/Altmeppen,* § 13 GmbHG Rn. 42, 150 ff.
[1773] → Rn. 23 ff.
[1774] Vgl. etwa LG Hamburg AG 1998, 432 (Moody-Bank); siehe hierzu auch *Brosius-Gersdorf* NZG 1998, 664, 668 ff.; siehe auch OLG Frankfurt ZIP 2003, 1084 ff.; OLG München EWiR 2004, 1097.
[1775] Vgl. BGH NJW 1974, 134, 135; *Baumbach/Hueck/Fastrich,* § 13 GmbHG Rn. 16; *Roth/Altmeppen,* § 13 GmbHG Rn. 150 ff.
[1776] BerlK/*Blersch/von Olshausen,* § 92 Rn. 3; HK/*Kayser,* § 92 Rn. 6; KPB/*Lüke,* § 92 Rn. 13. Siehe auch BGH ZIP 2004, 1218, 1219.
[1777] KPB/*Lüke,* § 92 Rn. 20; BerlK/*Blersch/von Olshausen,* § 92 Rn. 3; *Dauner-Lieb* ZGR 1998, 617, 625 f.; Uhlenbruck/Hirte/Vallender, *Hirte,* § 92 Rn. 1.
[1778] Vgl. BerlK/*Blersch/von Olshausen,* § 92 Rn. 6; Uhlenbruck/Hirte/Vallender/*Hirte,* § 92 Rn. 16; *Dinstühler* ZIP 1998, 1697, 1706 Fn. 105; MüKoInsO/*Brandes,* § 92 Rn. 11, 15; KPB/*Lüke,* § 92 Rn. 24; *Schmidt/Pohlmann,* § 92 Rn. 15.
[1779] Vgl. *Uhlenbruck* ZIP 1996, 1641, 1644; KPB/*Lüke,* § 92 Rn. 19 ff.; Uhlenbruck/Hirte/Vallender/ *Hirte,* § 92 Rn. 9; *Graf-Schlicker/Hofmann,* § 92 Rn. 3.

(regelmäßig deliktisch, gesellschaftsrechtlich oder insolvenzrechtlich) ist für § 92 InsO ohne Bedeutung.[1780] Gleichgültig ist des Weiteren, gegen wen sich der Schadensersatzanspruch richtet.[1781] In Betracht kommen sowohl Ansprüche gegen den Insolvenzverwalter als auch solche gegen Gesellschafter oder Organe der insolventen GmbH sowie gegen Dritte.[1782]

Unstreitig erfasst werden von § 92 InsO die Ansprüche der im Zeitpunkt der Insolvenzreife vorhandenen Gesellschaftsgläubiger (sogenannte Altgläubiger) wegen Insolvenzverschleppung.[1783] Haftungsrechtlich verantwortlich für den Quotenschaden der (Alt-)Gläubiger können sowohl die Geschäftsführer, die Gesellschafter sowie auch Dritte sein (→ Rn. 92 ff., 151 f.). UU haften Dritte auch selbständig (als „Täter") auf Ersatz des den Gläubigern infolge der Insolvenzverschleppung entstandenen Quotenschadens auf Grund ihrer Stellung als „faktischer Geschäftsführer" (→ Rn. 42 ff., 92) oder aus § 826 BGB.[1784] Eine Haftung aus § 826 BGB bejahen Rechtsprechung und Literatur insbesondere zu Lasten von Banken, wenn diese beispielsweise die Eröffnung des Insolvenzverfahrens über das Vermögen der GmbH aus eigensüchtigen Motiven hinausschieben, indem sie der GmbH eine ersichtlich unzureichende Kapitalzufuhr gewähren, die den Todeskampf der Gesellschaft zu Lasten der Gläubigergesamtheit verlängert.[1785] 541

Denkbar ist auch eine Haftung der Wirtschaftsprüfer oder Steuerberater gegenüber den Gläubigern der Gesellschaft wegen Insolvenzverschleppung nach § 826 BGB, soweit diese für die Gesellschaft die wirtschaftliche Selbstprüfungspflicht wahrgenommen haben und diese Pflicht leichtfertig und gewissenlos verletzt und einen Schaden der Gesellschaftsgläubiger in Kauf genommen haben.[1786] 542

Einbezogen sind in § 92 InsO auch Ansprüche der Gläubiger gegen die Geschäftsleitung aus § 826 BGB wegen sittenwidriger Insolvenzverursachung oder gläubigerbenachteiligender Vermögensverschiebung.[1787] So hat die Rechtsprechung beispielsweise eine Haftung des Geschäftsführers gegenüber den in der Insolvenz der Gesellschaft ausgefallenen Gesellschaftsgläubigern nach § 826 BGB bejaht, wenn der Geschäftsführer die GmbH als Zurechnungsträger von Risiken und Gefahren missbraucht hat, weil er die ihm obliegende Pflicht, für eine ordnungsgemäße Kalkulation und Wirtschaftlichkeitsprüfung zu sorgen, leichtfertig verletzt und die Schädigung der Gesellschaftsgläubiger mit bedingtem Vorsatz in Kauf genommen hatte[1788] bzw. sich die Geschäftsführung des Geschäftsführers insgesamt als Spekulation auf Kosten der Gesellschaftsgläubiger darstellte.[1789] Gleiches gilt für deliktische Ansprüche der Gläubiger gegen den Ge- 543

[1780] KPB/*Lüke*, § 92 Rn. 12; *Bork*, Kölner Schrift, S. 1021 Rn. 10; Uhlenbruck/Hirte/Vallender/*Hirte*, § 92 Rn. 17; MüKoInsO/*Brandes*, § 92 Rn. 4; *Schmidt/Pohlmann*, § 92 Rn. 4.
[1781] *Schmidt/Pohlmann*, § 92 Rn. 4.
[1782] BGH NJW-RR 2003, 1042, 1044; KG ZInsO 2005, 1217.
[1783] → Rn. 102 ff.; siehe aber auch die grundsätzliche Frage, ob diese Ansprüche nicht als Innenhaftungsansprüche ausgestaltet sein müssten, → Rn. 102.
[1784] Uhlenbruck/Hirte/Vallender/*Hirte*, § 92 Rn. 6; KPB/*Lüke*, § 92 Rn. 15.
[1785] Vgl. BGH WM 1962, 962, 965; WM 1984, 625, 632; OLG Düsseldorf ZIP 1983, 786, 800; OLG Düsseldorf WM 1985, 1009, 1013; *Obermüller*, Insolvenzrecht in der Bankpraxis, Rn. 5138 ff.
[1786] Vgl. zur Haftung des Steuerberaters oder Wirtschaftsprüfers aus § 826 BGB gegenüber den Gläubigern der Gesellschaft BGH WM 1987, 257, 258 ff.; OLG Frankfurt WM 1989, 1618, 1620. Eine vertragliche Schadensersatzpflicht gegenüber Altgläubigern wegen Insolvenzverschleppung etwa aus dem Gesichtspunkt eines Vertrages mit Schutzwirkung zugunsten Dritter bzw. Sachwalterhaftung (vgl. hierzu *Haas*, Geschäftsführerhaftung, S. 112 ff.) scheidet hingegen aus, vgl. BGH KTS 1988, 314, 316; vgl. auch *Ekkenga* WM Sonderbeilage 3/1996, 2, 12 f.
[1787] BGH NJW-RR 2003, 1042, 1044; KPB/*Lüke*, § 92 Rn. 14. Siehe zu diesen Ansprüchen im Einzelnen auch *Michalski/Haas/Ziemons*, § 43 GmbHG Rn. 295 ff.
[1788] Vgl. BGH NJW-RR 1992, 1061; NJW 1979, 2104 f.; siehe auch BAG BB 1999, 1385, 1386.
[1789] Vgl. BGH ZIP 2000, 493, 494; GmbHR 1994, 464; NJW 1989, 3277, 3279; vgl. auch *Uhlenbruck* ZIP 1996, 1641, 1643 und BGH NJW 1996, 1283.

schäftsführer wegen wirtschaftlicher Entwertung oder Verschiebung der Insolvenzmasse.[1790] Diese Ansprüche der Gesellschaftsgläubiger auf Schadensersatz, die sich als Reflex der vom Geschäftsführer der Gesellschaft zugefügten Schäden darstellen, sind in der Insolvenz der Gesellschaft vom Insolvenzverwalter geltend zu machen.[1791]

544 Eine Haftung wegen Insolvenzverursachung bzw. Gläubigergefährdung nach § 826 BGB gegenüber den Gläubigern der Gesellschaft ist nicht auf die Gesellschaftsorgane begrenzt, sondern kann unter bestimmten Voraussetzungen auch Dritte, etwa die kreditierende Bank der in Frage stehenden GmbH, treffen.[1792]

545 Einbezogen in den Anwendungsbereich des § 92 InsO sind auch die Ersatzansprüche der Insolvenzgläubiger gegen den Insolvenzverwalter nach § 60 InsO. Danach haftet der Insolvenzverwalter gegenüber den Insolvenzgläubigern, wenn er durch eine schuldhafte Verletzung seiner Pflichten die Insolvenzmasse vermindert. Der Schadensersatzanspruch ist gemäß § 92 S. 2 InsO von einem neu bestellten Verwalter geltend zu machen.[1793] § 92 InsO umfasst auch die Amtshaftung des Insolvenzgerichts aus § 839 BGB iVm Art. 34 GG auf Ersatz eines Quotenschadens der Verfahrensbeteiligten zB infolge verzögerter Verfahrenseröffnung.[1794]

546 Nicht erfasst werden von § 92 InsO hingegen individuelle Vertrauensschäden etwa auf der Grundlage des § 823 II BGB iVm § 15a I InsO, § 823 II iVm § 263 StGB, §§ 280 I, 311 III BGB oder aus Rechtsschein.[1795] Zur Frage, ob der Insolvenzverwalter zur Geltendmachung der den gesetzlichen Neugläubigern entstandenen Schäden nach § 823 II BGB iVm § 15a I InsO zuständig ist, → Rn. 130. Auch nicht erfasst werden von § 92 InsO Ansprüche der Gläubiger gegen die Geschäftsleitung wegen Vereitelung oder Beeinträchtigung ihrer Vorzugsrechte (→ Rn. 194 f.)[1796] oder der Anspruch gegen den Geschäftsführer nach § 26 III InsO (→ Rn. 315 ff.).

547 e) *Rechtsfolgen.* aa) *Sperrwirkung und Zuweisung.* Die Rechtsfolge des § 92 InsO ist eine doppelte. Zum einen werden die einzelnen geschädigten Gläubiger mit Eröffnung des Insolvenzverfahrens gehindert, ihre Ansprüche geltend zu machen (Sperrwirkung). Zum anderen wird der Insolvenzverwalter ermächtigt, diese Ansprüche zur Masse zu ziehen (Ermächtigungswirkung).[1797]

548 (1) *Sperrwirkung.* Während der Dauer des Insolvenzverfahrens verlieren die Gläubiger die Einziehungs- und Prozessführungsbefugnis. Dies gilt unabhängig davon, ob der Insolvenzgläubiger am Verfahren teilnimmt oder nicht; denn der Insolvenzgläubiger soll sich nicht durch Nichtteilnahme den Beschränkungen des § 92 InsO und den damit verfolgten insolvenzpolitischen Zielen entziehen können.[1798] Unzulässig ist nicht nur eine Klage auf Ersatz des „Quotenschadens",[1799] sondern auch die Zwangsvollstreckung aus einem schon vorhandenen Titel während der Dauer des Insolvenzverfahrens.[1800]

[1790] BGH NJW-RR 2003, 1042, 1044.
[1791] So schon für das alte Recht BGH WM 1973, 1354, 1355.
[1792] *Obermüller,* Insolvenzrecht in der Bankpraxis, Rn. 5.17 ff.; MüKoInsO/*Brandes,* § 92 Rn. 9.
[1793] Siehe hierzu BGH ZIP 2004, 1218, 1219.
[1794] KPB/*Lüke,* § 92 Rn. 16; MüKoInsO/*Brandes,* § 92 Rn. 7; Uhlenbruck/Hirte/Vallender/*Hirte,* § 92 Rn. 11; *Schmidt/Pohlmann,* § 92 Rn. 9.
[1795] Uhlenbruck/Hirte/Vallender/*Hirte,* § 92 Rn. 10.
[1796] *Schmidt/Pohlmann,* § 92 Rn. 18; BerlK/*Blersch/von Olshausen,* § 92 Rn. 4; Uhlenbruck/Hirte/Vallender/*Hirte,* § 92 InsO Rn. 10 (jeweils nur in Bezug auf das Aussonderungsrecht).
[1797] BerlK/*Blersch/von Olshausen,* § 92 Rn. 7; KPB/*Lüke,* § 92 Rn. 26; HK/*Kayser,* § 92 Rn. 22; *Schmidt/Pohlmann,* § 92 Rn. 25.
[1798] MüKoInsO/*Brandes,* § 92 Rn. 14; KPB/*Lüke,* § 92 Rn. 28; *Bork,* Kölner Schrift, S. 1021 Rn. 13; BerlK/*Blersch/von Olshausen,* § 92 Rn. 7; HK/*Kayser,* § 92 Rn. 24.
[1799] Zur Vereinbarkeit mit Art. 6 EMRK, siehe *Oepen* ZIP 2000, 526 ff.
[1800] Uhlenbruck/Hirte/Vallender/*Hirte,* § 92 Rn. 26; FK/*App,* § 92 Rn. 10; MüKoInsO/*Brandes,* § 92 InsO Rn. 25.

Die GmbH in der Insolvenz 549–552 § 92

(2) *Ermächtigungswirkung.* § 92 InsO ermächtigt den Insolvenzverwalter die fremden 549
Ansprüche kraft eigenen Rechts und in eigenem Namen einzuziehen.[1801] Es handelt
sich insbesondere um keine *cessio legis,* da nur die Einziehungsbefugnis, nicht aber die
Rechtsinhaberschaft auf den Insolvenzverwalter übergeht. Die Ermächtigungswirkung
reicht nur soweit, als die geschädigten Gläubiger auch tatsächlich am Insolvenzverfahren
teilnehmen. Um jedoch die Geltendmachung der Ansprüche nicht unnötig zu erschweren, ist zugunsten des Insolvenzverwalters (widerleglich) zu vermuten, dass alle
Insolvenzgläubiger am Verfahren teilnehmen.[1802]

(3) *Freigabe.* Fraglich ist, ob der Insolvenzverwalter auf die Sperr- und Ermächti- 550
gungswirkung verzichten und die Ansprüche freigeben kann.[1803] Gegen eine solche
Freigabe spricht einerseits die Wahrung des Gläubigergleichbehandlungsgrundsatzes.
Für die Möglichkeit der Freigabe spricht andererseits, dass die Realisierung der Forderung mit Unwägbarkeiten behaftet sein kann, die die Masse belasten. Letztlich sollte die
Frage, ob der Insolvenzverwalter die (fremden) Ansprüche zum Nutzen der Masse einzieht oder nicht, in sein pflichtgemäßes Ermessen gestellt werden. Allerdings erscheint
eine „Freigabe" während des laufenden Verfahrens kaum erforderlich; denn die Ermächtigungs- und Sperrwirkung gilt ja nur für die Dauer des Insolvenzverfahrens. Allenfalls in sehr langwierigen Verfahren ließe sich erwägen, ob der Insolvenzverwalter die
Forderungen freigeben sollte.[1804]

bb) *(Rest-)Prozessführungsbefugnis der Gläubiger.* Die Rechtszuständigkeit des Insolvenz- 551
verwalters, die Quotenschäden einheitlich geltend zu machen, wird auch dann berührt,
wenn einer dieser Quotenschäden von einem einzelnen Insolvenzgläubiger im Wege
einer Feststellungsklage geltend gemacht wird.[1805] Würde man nämlich dem einzelnen
Gläubiger die Befugnis zugestehen, seinen Quotenschaden gerichtlich einzufordern,
müssten die Quotenschäden der übrigen Insolvenzgläubiger vom Insolvenzverwalter geltend gemacht werden. Dadurch entsteht aber die Gefahr divergierender Entscheidungen. So könnte nämlich einerseits die Ersatzpflicht hinsichtlich eines einzelnen
Quotenschadens festgestellt, die Klage des Insolvenzverwalters auf Ersatz des Gemeinschaftsschadens jedoch abgewiesen werden. Die besseren Gründe sprechen mithin
gegen eine Feststellungsbefugnis des Insolvenzgläubigers für die Dauer des Insolvenzverfahrens. Dies gilt umso mehr, als für den Insolvenzgläubiger hiermit keine nennenswerten Nachteile verbunden sind.[1806]

Nach Ansicht von *Bork* hindert die Sperrwirkung des § 92 InsO den Gläubiger nicht 552
daran, ein Arrestverfahren durchzuführen und selbst auf Leistung an den Insolvenzverwalter zu klagen.[1807] Letzteres ist abzulehnen.[1808] Allenfalls für das Arrestverfahren ist der
Ansicht zuzustimmen, da nur insoweit eine derartige Restzuständigkeit den Sinn und
Zweck des § 92 InsO, insbesondere die Wahrung des Gläubigergleichbehandlungs-

---

[1801] KPB/*Lüke,* § 92 Rn. 31. Soweit hinsichtlich der verschiedenen Quotenschäden eine unterschiedliche Rechtswegzuständigkeit besteht (→ Rn. 120), findet § 17 II GVG entsprechende Anwendung, siehe auch Uhlenbruck/Hirte/Vallender/*Hirte,* § 92 Rn. 27.
[1802] MüKoInsO/*Brandes,* § 92 Rn. 15; Uhlenbruck/Hirte/Vallender/*Hirte,* § 92 Rn. 20; KPB/*Lüke,* § 92 Rn. 28, 32; BerlK/*Blersch/von Olshausen,* § 92 Rn. 7; HK/*Kayser,* § 92 Rn. 26; *Schmidt/Pohlmann,* § 92 Rn. 32; *Bork,* Kölner Schrift, S. 1021 Rn. 14.
[1803] Dagegen *Bork,* Kölner Schrift, S. 1021, Rn. 16; aA Uhlenbruck/Hirte/Vallender/*Hirte,* § 92 Rn. 24.
[1804] KPB/*Lüke,* § 92 Rn. 33; grundsätzlich MüKoInsO/*Brandes,* § 92 Rn. 17.
[1805] BGH ZIP 2004, 1218, 1219; Uhlenbruck/Hirte/Vallender/*Hirte,* § 92 InsO Rn. 27; aA *Oepen* ZIP 2000, 526, 532 f.
[1806] BGH ZIP 2004, 1218, 1219.
[1807] *Bork* ZInsO 2001, 835 ff.; *ders.,* Kölner Schrift, S. 1021 Rn. 15; KPB/*Lüke,* § 92 Rn. 27a; siehe auch Uhlenbruck/Hirte/Vallender/*Hirte,* § 92 Rn. 4, 27.
[1808] MüKoInsO/*Brandes,* § 92 Rn. 16.

grundsatzes, nicht beeinträchtigt und auch die Verfahrensabwicklung durch den Insolvenzverwalter nicht behindert. Praktisch relevant dürfte freilich ein solches Vorgehen kaum sein.[1809]

553 cc) *Auswirkungen auf laufende Verfahren.* Ist bei Verfahrenseröffnung bereits ein Rechtsstreit anhängig, dessen Streitgegenstand von § 92 InsO erfasst wird, so verliert der Gläubiger mit Insolvenzeröffnung seine Prozessführungsbefugnis. Der Einzelanspruch kann von dem Gläubiger nicht mehr weiterverfolgt werden. HM zufolge wird das Verfahren entsprechend § 240 ZPO unterbrochen.[1810] Der Insolvenzverwalter kann das Verfahren (analog § 85 InsO bzw. § 17 AnfG) aufnehmen und nunmehr Ersatz des Gesamtschadens zur Masse verlangen.[1811] Lehnt der Insolvenzverwalter die Aufnahme des Prozesses ab, kann während des laufenden Insolvenzverfahrens die Aufnahme weder durch den Schuldner noch durch den Gläubiger erfolgen.[1812]

554 dd) *Befugnisse des Insolvenzverwalters.* Fraglich ist, welche Befugnisse zugunsten des Insolvenzverwalters mit der Ermächtigungswirkung verbunden sind. So stellt sich insbesondere die Frage, ob der Insolvenzverwalter den Anspruch auch im Wege einer Verfügung mit Wirkung für die Insolvenzgläubiger verwerten bzw. ob er sich über den Anspruch auch (zu Lasten der Insolvenzgläubiger) vergleichen kann.[1813] Die Frage ist umstritten. Ganz überwiegend wird die Ansicht vertreten, dass die Verfügungsbefugnis über den vom Insolvenzverwalter einzuziehenden Anspruch allein beim Gläubiger verbleibt.[1814] Nur dieser könne – auch während des Verfahrens – die Forderung abtreten, stunden oder erlassen. Im Falle von Stundung bzw. Erlass sei dann der Insolvenzverwalter (insoweit) nicht mehr zur Geltendmachung des Anspruchs ermächtigt. Diese Ansicht ist jedoch abzulehnen.[1815] Zum einen kann die Rechtslage hier kaum anders als im Rahmen der Anfechtungsansprüche sein.[1816] Zum anderen ist die „Ermächtigungswirkung" des § 92 InsO im Lichte des Sinns und Zwecks des Insolvenzverfahrens zu deuten. Insoweit stellt aber ein Vergleich oder aber auch eine Veräußerung eine vergleichbare Form der Verwertung wie die Einziehung des Gesamtgläubigerschadens dar.

555 ee) *Sondermassen.* Soweit nicht alle Insolvenzgläubiger in gleicher Weise geschädigt wurden (→ Rn. 539), ist vom Insolvenzverwalter eine Sondermasse zu bilden, die – nach Abzug der mit der Anspruchsdurchsetzung verbundenen Aufwendungen – nur an diese Gläubiger verteilt werden darf.[1817] Der Insolvenzverwalter hat daher – beispielsweise in Bezug auf den Insolvenzverschleppungsschaden der Altgläubiger (→ Rn. 102 ff., 127 ff.) – sicherzustellen, dass der durch die Einziehung des Gesamt-

---

[1809] KPB/*Lüke*, § 92 Rn. 27 a.
[1810] Uhlenbruck/Hirte/Vallender/*Hirte*, § 92 Rn. 27; KPB/*Lüke*, § 92 Rn. 67; MüKoInsO/*Brandes*, § 92 Rn. 25; iE auch *Graf-Schlicker/Hofmann*, § 92 Rn. 12 jedoch über § 17 AnfG analog.
[1811] KPB/*Lüke*, § 92 Rn. 68 (§ 85 InsO analog); *Graf-Schlicker/Hofmann*, § 92 Rn. 12 (§ 17 AnfG analog); Uhlenbruck/Hirte/Vallender/*Hirte*, § 92 Rn. 27; weitergehend *Bork*, Kölner Schrift, S. 1021 Rn. 33, wonach der Verwalter den Prozess zwingend aufnehmen muss.
[1812] KPB/*Lüke*, § 92 Rn. 69.
[1813] Siehe hierzu *Krüger* NZI 2002, 367, 369 f.; *Schmidt/Pohlmann*, § 92 Rn. 35.
[1814] Uhlenbruck/Hirte/Vallender/*Hirte*, § 92 Rn. 21; MüKoInsO/*Brandes*, § 92 Rn. 14; *Bork*, Kölner Schrift, S. 1021 Rn. 13; KPB/*Lüke*, § 92 Rn. 27.
[1815] *Krüger* NZI 2002, 367, 370; *Oepen*, Massefremde Masse, Rn. 177; siehe auch BerlK/*Blersch/von Olshausen*, § 93 Rn. 7; *Brinkmann*, Die Bedeutung der §§ 92, 93 InsO, S. 64 ff.
[1816] Der Insolvenzverwalter kann zulasten der Insolvenzgläubiger auch mit Wirkung über das Ende des Insolvenzverfahrens hinaus den Insolvenzanfechtungsanspruch erlassen, hierauf verzichten bzw sich hierüber vergleichen, siehe *Nerlich/Römermann*, § 129 Rn. 30; Uhlenbruck/Hirte/Vallender/*Hirte*, § 129 Rn. 23; *Jaeger/Henckel*, § 37 KO Rn. 83. Dagegen ist eine Abtretung des Anfechtungsanspruchs grundsätzlich nicht möglich, vgl. BGHZ 83, 102, 105; *Jaeger/Henckel*, § 37 KO Rn. 83; aA *Braun* ZIP 1985, 786 ff.
[1817] BerlK/*Blersch/von Olshausen*, § 92 Rn. 6; MüKoInsO/*Brandes*, § 92 Rn. 15; *Bork*, Kölner Schrift, S. 1021 Rn. 10; Uhlenbruck/Hirte/Vallender/*Hirte*, § 92 Rn. 16; *Schmidt/Pohlmann*, § 92 Rn. 34.

gläubigerschadens eintretende Massezuwachs nicht den vertraglichen Gläubigern zugute kommt.[1818]

Konkurrieren mit den dem Insolvenzverwalter zugewiesenen Ansprüchen nach § 92 InsO andere Ansprüche der Gesellschaft gegen den Schädiger, so stellt sich die Frage, wie der Insolvenzverwalter zu verfahren hat, wenn – wie im Regelfall üblich – der Schädiger nicht sämtliche Schäden begleichen kann. Die Frage ist von Bedeutung, weil uU im Hinblick auf den Gesamtgläubigerschaden eine Sondermasse zu bilden ist, die – anders als die im Gesellschaftsvermögen stehenden Ansprüche – nicht allen Gläubigern zugute kommt. Teilweise wird die Ansicht vertreten, der Insolvenzverwalter müsse sich zunächst um die Einziehung des Gesamtschadens kümmern. Dies sei quasi die Kompensation für die Sperrwirkung, dass nämlich die Gläubiger zwar Inhaber des Anspruchs, nicht aber einziehungs- und prozessführungsbefugt sind.[1819] Ein derartig rigides Rangverhältnis ist jedoch abzulehnen. Vielmehr sollte das Vorgehen des Insolvenzverwalters in dessen pflichtgemäßem Ermessen stehen.

10. Finanzplankredite. Den Gesellschaftern steht es – vorbehaltlich der Vorschriften zum Mindestkapital – frei, in welcher Höhe und in welcher Art und Weise (Fremd- oder Eigenkapital) sie ihre Gesellschaft mit Finanzmitteln ausstatten wollen (Grundsatz der Finanzierungsfreiheit).[1820] Diese beiden grundsätzlich zur Verfügung stehenden Formen der Unternehmensfinanzierung (Fremd- und Eigenkapital) können, müssen aber keine absoluten Gegensätze darstellen. Gewährt etwa ein Gesellschafter „seiner" GmbH ein Darlehen, so können die Parteien – auf Grund der im Schuldrecht bestehenden Vertragsfreiheit (§ 311 I BGB) – die Konditionen der Darlehensgewährung und -belassung inhaltlich so ausgestalten, dass die Finanzierung durch Fremd- und Eigenkapital einander weitgehend angenähert sind.[1821]

Eine inhaltliche Annäherung ist zB gegeben, wenn die Höhe des geschuldeten Darlehens – vergleichbar einer Eigenkapitaleinlage – am Geschäftsanteil ausgerichtet ist und – vergleichbar einer Eigenkapitaleinlage – auf eine Verzinsung bzw. Vergütung für die (zeitweise) Überlassung der Mittel verzichtet wird. Denkbar ist des Weiteren, dass die Parteien den durch die Darlehensgewährung hingegebenen Fremdmitteln eine dem Eigenkapital vergleichbare Bindungswirkung verleihen. Letzteres ist etwa möglich durch eine sehr langfristige Überlassung der Mittel bzw. durch die Beschränkung oder den Ausschluss der für Darlehen bestehenden außerordentlichen Kündigungsmöglichkeiten (siehe etwa § 490 BGB). Die Parteien können darüber hinaus den auf Grund des Darlehens hingegebenen Fremdmitteln eine dem Eigenkapital vergleichbare Haftungsfunktion zukommen lassen, indem sie vereinbaren, dass eine Pflicht zur Rückführung der Kreditmittel innerhalb der Krise der Gesellschaft nur nachrangig, also nach Befriedigung aller anderen Gesellschaftsgläubiger zu erfolgen hat.[1822]

Das Insolvenz- und das GmbH-Recht stehen einer solchen parteivereinbarten eigenkapitalgleichen Bindung von Fremdmitteln jedenfalls nicht entgegen. Dies ergibt sich nicht zuletzt daraus, dass das GmbH-Recht keinen numerus clausus der Eigenmittel einer Gesellschaft kennt. Eine Ergänzung des Stamm- und Nachschusskapitals durch die Ge-

---

[1818] Dies stellt keine Besonderheit gegenüber der bisherigen Rechtslage dar, siehe BGH NJW 1993, 2931; GmbHR 1994, 539, 542; GmbHR 1994, 460, 461; *Haas*, Geschäftsführerhaftung, S. 24 f.
[1819] BerlK/*Blersch/von Olshausen*, § 92 Rn. 6.
[1820] Siehe hierzu *Habersack* ZHR 1997, 457, 477; *ders.* ZGR 2000, 384, 410 ff.; *Wiedemann*, FS Beusch, 1998, S. 893, 900.
[1821] Siehe BGH ZIP 1999, 1263, 1265; KG NZG 1999, 71, 72; *Ulmer/Habersack*, §§ 32a/b GmbHG Rn. 235 ff.; *Fleischer*, Finanzplankredite und Eigenkapitalersatz im Gesellschaftsrecht, 1996, S. 128 ff.; *Habersack* ZHR 1997, 457, 480 ff.; *Dauner-Lieb*, in von Gerkan/Hommelhoff (Hrsg.) Rn. 9.5; *Scholz/ K. Schmidt*, §§ 32a, 32b GmbHG Rn. 90 ff.; *Sieger/Aleth* GmbHR 2000, 462, 463.
[1822] Siehe allgemein zu den Möglichkeiten einer Angleichung von Fremd- und Eigenkapital *K. Schmidt*, Gesellschaftsrecht, § 18 III 2 und 3; *Sieger/Aleth* GmbHR 2000, 462, 464.

sellschafter ist damit jederzeit zulässig und möglich.[1823] Ob diese Grundsätze nach Inkrafttreten des MoMiG fortgelten, erscheint zwar fraglich.[1824] Jedenfalls ist das dogmatische Fundament des Finanzplankredites vom Kapitalersatzrecht völlig verschieden.[1825]

560 **a)** *Ermittlung des Parteiwillens.* Ob die Parteien das – formal als Fremdmittel – hingegebene Kapital eigenkapitalgleich behandeln wollen, ist – da ein eindeutiger und unmissverständlicher Wille der Parteien in aller Regel fehlen wird – durch Auslegung zu ermitteln. Problematisch im Rahmen der Auslegung ist freilich, dass es im Grunde keinen wirklich tauglichen Anknüpfungspunkt gibt, der einen zweifelsfreien Rückschluss auf den realen Willen der Beteiligten zuließe. Der reale Wille der Beteiligten lässt sich nämlich nicht einfach erkennen, ent- oder gar aufdecken, sondern nur mithilfe einer wertenden Betrachtung folgern. Die wertende Methode, derer sich die hM allgemein zur Ermittlung des (konkludenten bzw. mutmaßlichen) Parteiwillens bedient, wird für gewöhnlich dahingehend umschrieben, dass sich das Ziel der Ermittlungen nicht an dem „nicht in Erscheinung getretenen inneren Willen der Beteiligten" zu orientieren, sondern den Willen festzustellen habe, wie er sich einem „objektiven Beobachter" unter den gegebenen Umständen darstellt. Mithin ist der mutmaßliche Wille der Beteiligten in erster Linie anhand der objektiven Begleitumstände zu ermitteln.[1826] Die von den Parteien getroffene Wortwahl stellt demgegenüber nur einen von mehreren, nicht immer entscheidenden Anhaltspunkt dar.[1827]

561 Anhaltspunkte, welche objektiven Umstände sich als Indizien für die Deutung des Parteiwillens eignen, lassen sich den „Wesensmerkmalen" von Fremd- bzw. Eigenkapital entnehmen.[1828] Erfüllen nämlich die im konkreten Fall hingegebenen bzw. geschuldeten Fremdmittel – objektiv besehen – Funktionen, die für Eigenkapital typisch sind, liegt der Schluss nahe, dass die Parteien auch tatsächlich den Willen hatten, diese eigenkapitalgleich zu behandeln. Als Indizien für eine eigenkapitalgleiche Vermögensbindung werden in Literatur und Rechtsprechung ua folgende Aspekte genannt:
– Der erklärte Wille der Parteien, die hingegebenen Fremdmittel für den Fall der wirtschaftlichen Krise[1829] mit einem Nachrang zu versehen und damit die Mittel – vergleichbar dem Eigenkapital – in voller Höhe zur Befriedigung der Insolvenzgläubiger zur Verfügung zu stellen.[1830]
– Die Pflicht zur langfristigen Belassung der Mittel zugunsten der Gesellschaft.[1831]
– Ebenfalls ein Indiz ist überwiegender Ansicht nach das Fehlen einseitiger Kündigungs- bzw. Abzugsmöglichkeiten[1832] oder der Umstand, dass die Mittel für die Verwirklichung der gesellschaftsvertraglichen Ziele unentbehrlich sind, insbesondere zur

---

[1823] *Habersack* ZGR 2000, 384, 411; *Wiedemann,* FS Beusch, 1998, S. 893, 900; siehe *auch Lutter/Hommelhoff/Kleindiek,* Anh § 64 GmbHG Rn. 144.
[1824] Hierfür *Buschmann* NZG 2009, 91, 92; siehe iE auch *K. Schmidt* ZIP 2006, 1925, 1933; offen gelassen von MünchHdbGesR-GmbH/*Gummert,* § 54 Rn. 58.
[1825] Siehe ausführlich *Ulmer/Habersack,* §§ 32a/b GmbHG Rn. 242.
[1826] Siehe allgemein BGHZ 21, 102, 106 f.; BGHZ 88, 373, 382; BGHZ 97, 372, 377; siehe zur überragenden Bedeutung der objektiven Umstände für die Willensermittlung bei eigenkapitalgleichen Fremdmitteln BGH ZIP 1999, 1263, 1266; BGHZ 104, 33, 40 f. = ZIP 1988, 638; *Dauner-Lieb,* in von Gerkan/Hommelhoff (Hrsg.) Rn. 9.8 f.; *Habersack* ZGR 2000, 384, 413.
[1827] *Habersack* ZGR 2000, 384, 413; *ders.,* ZHR 1997, 457, 478 f.; *Fleischer* DStR 1999, 1774, 1775 f.; kritisch insoweit aber *K. Schmidt* ZIP 1999, 1241, 1249.
[1828] BGHZ 104, 33, 39 = ZIP 1988, 638; siehe auch BFH GmbHR 1997, 198, 200 f.; *Michalski/De Vries* NZG 1999, 182, 183; *Steinbeck* ZGR 2000, 503, 512.
[1829] Teilweise wird der Krisenbegriff mit einem Verweis auf § 39 IV 2 InsO konkretisiert (siehe *Buschmann* NZG 2009, 91, 93. Notwendig ist dies allerdings nicht.
[1830] BGHZ 83, 341, 345; BGH NJW 1983, 1855 f.
[1831] Siehe hierzu *Fleischer,* Finanzplankredite, S. 277; *Sieger/Aleth* GmbHR 2000, 462, 464; *Dauner-Lieb,* in von Gerkan/Hommelhoff (Hrsg.) Rn. 9.10.
[1832] BGHZ 104, 33, 41 = ZIP 1988, 638; *Habersack* ZHR 1997, 457, 482; *Sieger/Aleth* GmbHR 2000, 462, 464; *Dauner-Lieb,* in von Gerkan/Hommelhoff (Hrsg.) Rn. 9.10.

Aufnahme (weiterer bzw. sonstiger) Fremdmittel oder wenn sie für die beabsichtigte Sanierung der Gesellschaft bzw. den Fortbestand derselben unbedingt erforderlich sind.[1833]

– Weiterhin gelten als Indiz für eine eigenkapitalgleiche Funktion der Fremdmittel besonders günstige Konditionen für die Belassung der Mittel[1834] oder wenn die Parteien die Mittel ihrem tatsächlichen Verhalten nach wie Eigenkapital behandelt haben, dh die Mittel etwa unter Eigenkapital in der Handelsbilanz ausweisen, vorhandene Kündigungsmöglichkeiten nicht wahrnehmen, vertraglich vorgesehene Ansprüche auf Verzinsung des hingegebenen Kapitals nicht geltend machen, etc.[1835]

b) *Rechtsfolgen.* Ist das – formal als Fremdmittel – hingegebene (bzw. geschuldete) **562** Kapital dem Willen der Parteien entsprechend eigenkapitalgleich zu behandeln, so müssen sich die Parteien grundsätzlich an diesem erklärten Willen festhalten lassen. Daher finden auf diese formal als Fremdkapital bezeichneten Mittel – grundsätzlich – die für das Eigenkapital geltenden Vorschriften Anwendung.[1836] Entschieden hat die Rechtsprechung dies bislang für zwei Fallgestaltungen.

aa) *Einfordern nichterbrachter eigenkapitalgleicher Einlagen.* Nach ganz überwiegender **563** Ansicht können die formal als Fremdmittel geschuldete Leistungen, die aber nach dem Willen der Parteien eine eigenkapitalgleiche Funktion erfüllen, in der Insolvenz der Gesellschaft vom Insolvenzverwalter wie Eigenkapital eingefordert werden, soweit sie noch nicht erbracht wurden und zur Befriedigung der Gläubiger erforderlich sind.[1837] Zu diesem Ergebnis gelangt man auch, wenn nach Sinn und Zweck der Vereinbarung auf der Grundlage rechtsgeschäftlicher Abreden und deren Auslegung (§§ 133, 157, 242 BGB) ein Kündigungsrecht nach § 490 BGB sowie ein Zurückbehaltungsrecht wegen wesentlicher Verschlechterung der Vermögensverhältnisse ausgeschlossen sind.[1838]

bb) *Nachrang.* Unstreitig ist des Weiteren, dass erbrachte eigenkapitalgleiche Mittel in **564** der Insolvenz der Gesellschaft – ebenso wie Eigenkapital – trotz ihrer formalen Eigenschaft als Fremdkapital nicht (bzw. nur nachrangig) zurückgefordert werden können.[1839] Richtiger Ansicht nach steht der Anspruch grds. im Rang des § 39 I Nr. 5 InsO,[1840] also nur bei einem qualifizierten Rangrücktritt im Rang des § 39 II InsO, jedoch nicht im Rang des § 199 S. 2 InsO.[1841]

[1833] So BGH GmbHR 1997, 498, 499; BGHZ 104, 33, 41 = ZIP 1988, 638; BGH NJW 1985, 1079; OLG München GmbHR 1999, 348, 349; *Sieger/Aleth* GmbHR 2000, 462, 464; *Dauner-Lieb,* in von Gerkan/Hommelhoff (Hrsg.) Rn. 9.10; *Drygala* GmbHR 1996, 481, 485; kritisch insoweit *Habersack* ZHR 1997, 457, 481.
[1834] *Sieger/Aleth* GmbHR 2000, 462, 464; *Dauner-Lieb,* in von Gerkan/Hommelhoff (Hrsg.) Rn. 9, 10.
[1835] Siehe zur Bedeutung des tatsächlichen Verhaltens BGHZ 104, 33, 40 f. = ZIP 1988, 638; OLG Hamm WM 1997, 2323, 2324; *Habersack* ZHR 1997, 457, 484.
[1836] BGH ZIP 1999, 1263, 1264: „sinnentsprechende Heranziehung der gesetzlichen Regeln, die das GmbH-Gesetz für ... Einlagepflichten aufstellt"; *Michalski/de Vries* NZG 1999, 181, 183; *Habersack* ZHR 1997, 457, 489; *Steinbeck* ZGR 2000, 503, 515 f.
[1837] BGH ZIP 1999, 1263, 1264; NJW 1980, 1079, 1080; *Ulmer/Habersack,* §§ 32a/b GmbHG Rn. 247; *Habersack* ZGR 2000, 384, 417 f.; *Michalski/De Vries* NZG 1999, 183, 184; *Sieger/Aleth* GmbHR 2000, 462, 466.
[1838] BGHZ 142, 116, 120; BGH DStR 2010, 1245 Rn. 6; *Roth/Altmeppen* § 32a aF GmbHG Rn. 76; *Saenger/Inhester/Kolmann,* Anhang § 30 GmbHG Rn. 246; *Ulmer/Habersack,* Erg-Band MoMiG § 30 Rn. 70.
[1839] BGHZ 83, 341, 345; BGHZ 104, 33, 39 = ZIP 1988, 638; BGH NJW 1980, 1079, 1080; *Habersack* ZGR 2000, 384, 417; *Michalski/De Vries* NZG 1999, 182, 184; *Steinbeck* ZGR 2000, 503, 514; *Sieger/Aleth* GmbHR 2000, 462, 468.
[1840] BGH DStR 2010, 1245 Rn. 6; *Lutter/Hommelhoff/Kleindiek,* Anh zu § 64 GmbHG Rn. 144; *Saenger/Inhester/Kolmann,* Anhang § 30 GmbHG Rn. 244.
[1841] So aber Vorauflage Rn. 525; *Ulmer/Habersack,* §§ 32a/b GmbHG Rn. 246.

565   cc) *Analoge Anwendung der §§ 30, 31 GmbHG*. Fraglich ist, ob und inwieweit ein Rückzahlungsverbot für eigenkapitalgleiche Mittel in analoger Anwendung der §§ 30, 31 GmbHG im Vorfeld der Insolvenz besteht. Die ganz überwiegende Ansicht in der Literatur bejaht dies. Verzichtet die Gesellschaft folglich auf den Anspruch auf Auszahlung im Vorfeld der Insolvenz, zahlt die Gesellschaft Zinsen für die Nutzung des eigenkapitalgleichen Fremdkapitals oder zahlt es das gewährte Darlehen zurück, dann ist dies – hM zufolge – nur insoweit zulässig, als die Zahlung nicht aus dem zur Erhaltung des Stammkapitals erforderlichen Vermögen erfolgt. Letztlich wendet damit die hM auf eigenkapitalgleiche Fremdmittel die für Eigenkapital in Form von Nachschusskapital geltenden Regeln im Vorfeld der Insolvenz entsprechend an.[1842]

566   dd) *Analoge Anwendung des § 19 GmbHG*. Fraglich ist ferner, ob auf eigenkapitalgleiche Vereinbarungen die Vorschriften über die Aufbringung der Stammeinlage (insbesondere § 19 II GmbHG) entsprechend anzuwenden sind.[1843] In diese Richtung scheint – auf den ersten Blick – eine Entscheidung des BGH zu tendieren. Hierin führt der BGH nämlich aus, dass *„im Insolvenzfall ... der Gesellschafter ... vereinbarungsgemäß zu leisten (hat) und ... sich vor allem nicht auf § 490 BGB berufen (kann). Diese Sperrwirkung beruht indessen nicht auf einer Anwendung der Regeln über den Eigenkapitalersatz, sondern ergibt sich, ohne dass der vorliegende Fall eine abschließende Stellungnahme des Senats erforderte, aus einer sinnentsprechenden Heranziehung der gesetzlichen Regeln, die das GmbHG für die Befreiung von eingegangenen, aber nicht vollständig erfüllten Einlagepflichten aufgestellt hat. Wie sich aus § 19 II und III GmbHG (aF) ergibt, bedarf es für den Erlass der Einlagepflicht, dem materiell die Aufhebung einer einlageähnlichen Darlehenszusage entspricht, einer Kapitalherabsetzung nach § 58 GmbHG, die jedenfalls gegen den Willen der Gläubiger der Gesellschaft nicht durchgeführt werden kann."*

Der BGH scheint damit – auf Grund des ausgesprochenen Verweises auf §§ 19, 58 GmbHG – den Verzicht auf eine einlageähnliche Verbindlichkeit ebenso behandeln zu wollen, wie den Verzicht auf die Verpflichtung zur Leistung der Stammeinlage. Dies würde freilich nahelegen, nicht nur auf die Erhaltung der auf Grund der einkapitalgleichen Verpflichtung erbrachten Vermögenseinlage, sondern auch auf die Erfüllung derselben die Vorschriften über die Stammeinlage entsprechend anzuwenden.

567   Die ganz überwiegende Ansicht in der Literatur zieht – richtiger Ansicht nach – diese Schlussfolgerung nicht. Sie wendet im Rahmen der sinnentsprechenden Anwendung der Vorschriften über das Eigenkapital nicht die Bestimmungen betreffend das Stammkapital an, sondern greift auf die Vorschriften betreffend das sonstige Eigenkapital (zB Nebenleistungen, Aufgeld oder Nachschüsse) zurück.[1844]

568   c) *Aufhebung der eigenkapitalgleichen Funktion*. Die von den Parteien vereinbarte eigenkapitalgleiche Funktion wird – soweit dies dem Willen der Parteien entspricht (zB durch Abbedingen des Kündigungsrechts nach §§ 490 I, 314 BGB) –[1845] erst mit Eintritt der Krise „zementiert". Im Vorfeld der Krise können die Parteien die eigenkapitalgleiche Fiktion jederzeit wieder aufheben oder auch abändern.[1846] Insoweit ist danach zu unterscheiden, ob die (Zweck-)Bestimmung materieller Satzungsbestandteil ist oder

---

[1842] *Ulmer/Habersack*, §§ 32a/b GmbHG Rn. 246; *Habersack* ZGR 2000, 384, 417 f.; ders. ZHR 1997, 457, 489 f.; *Fleischer*, Finanzplankredite, S. 159 f. und 215 f.; *von Gerkan* ZGR 1997, 173, 194; *Steinbeck* ZGR 2000, 503, 516 ff.; aA *K. Schmidt* ZIP 1999, 1241, 1248 f.

[1843] In diesem Sinne etwa OLG Saarbrücken NZG 1999, 155.

[1844] *K. Schmidt* ZIP 1999, 1241, 1250; *Oppenländer* GmbHR 1998, 505, 509; *Habersack* ZGR 2000, 384, 414 ff.; *Altmeppen* NJW 1999, 2812, 1813; *Steinbeck* ZGR 2000, 503, 515 ff.; siehe auch *Sernetz/Haas*, Kapitalaufbringung und -erhaltung in der GmbH, Rn. 751 ff.

[1845] So zu Recht *Lutter/Hommelhoff/Kleindiek*, Anh § 64 GmbHG Rn. 144; vgl. auch *Altmeppen* NJW 1999, 2812 ff.; *K. Schmidt* ZIP 1999, 1241, 1249 f.

[1846] *Lutter/Hommelhoff/Kleindiek*, Anh § 64 GmbHG Rn. 144.

nicht.¹⁸⁴⁷ Wird die Bindung im Vorfeld der Insolvenzeröffnung (wirksam) aufgehoben, so kann dies uU nach den §§ 129 ff. InsO anfechtbar sein.¹⁸⁴⁸

11. Beteiligungen. Vielfach hält die insolvente GmbH Beteiligungen an anderen Gesellschaften. In derartigen Fällen stellt sich die Frage, welche Auswirkungen die Eröffnung des Insolvenzverfahrens auf das Mitgliedschaftsverhältnis hat. 569

a) *Auswirkungen der Gesellschafterinsolvenz.* Wird die GmbH insolvent, so hat dies keine Auswirkung auf den Bestand einer anderen Kapitalgesellschaft, an der die insolvente GmbH eine Beteiligung hält. Letztere wird insbesondere durch die Eröffnung des Insolvenzverfahrens nicht aufgelöst. Beteiligungen der insolventen Gesellschaft an anderen Gesellschaften zählen als pfändbare Vermögensgegenstände (§§ 35, 36 I InsO) zur Insolvenzmasse. 570

Die Satzung der Beteiligungsgesellschaft kann freilich vom gesetzlichen Leitbild abweichen und die Gesellschafterinsolvenz als einen Auflösungsgrund vorsehen (§ 60 II GmbHG). Möglich ist auch die Ausschließung des insolventen Gesellschafters oder aber auch die Einziehung des Geschäftsanteils. Derartige von dem gesetzlichen Leitbild abweichende Regelungen sind – im Hinblick auf den Schutz der Gläubigerinteressen – so lange unbedenklich, wie anstelle der entzogenen Mitgliedschaft ein „vollwertiges" Entgelt in die Insolvenzmasse fällt. Letzteres ist immer dann nicht der Fall, wenn die Satzungsbestimmungen dem Schuldner für den Fall der Insolvenz Vermögensnachteile (zu Lasten der Gläubiger) auferlegen, die über die gesetzlichen Folgen hinausgehen und nicht zur Erreichung des Vertrags- bzw. Gesellschaftszwecks geboten sind. In einem solchen Fall liegt eine Nichtigkeit der entsprechenden Satzungsbestimmung nach allgemeinen Grundsätzen (§ 138 BGB) bzw. zumindest eine Anfechtbarkeit (§§ 129 ff. InsO) nahe.¹⁸⁴⁹ 571

b) *Verwaltung.* Fallen Beteiligungen an anderen Gesellschaften in die Insolvenzmasse, übt die Verwaltung der Insolvenzverwalter aus.¹⁸⁵⁰ Ob und inwieweit die Anteile vinkuliert sind, spielt für den Übergang der Verwaltungsbefugnis auf den Insolvenzverwalter keine Rolle.¹⁸⁵¹ Fraglich ist, inwieweit die Ausübung der Stimmrechte durch den Insolvenzverwalter satzungsrechtlichen Schranken unterliegt. Die Frage stellt sich etwa für personalistisch strukturierte Gesellschaften, in denen die Vertretung des Gesellschafters auf bestimmte Personen beschränkt ist. Die wohl überwiegende Ansicht geht für den Insolvenzverwalter – anders als beispielsweise für den Testamentsvollstrecker –¹⁸⁵² davon aus, dass der Insolvenzverwalter die Rechte auch dann wahrnehmen kann, wenn er nicht zu dem zugelassenen Personenkreis gehört.¹⁸⁵³ Auch eine Bestimmung, wonach im Insolvenzfall das Stimmrecht des betroffenen Gesellschafters ruht, bindet den Insolvenzverwalter nicht.¹⁸⁵⁴ Ob gleiches nicht nur für Beschränkun- 572

---

¹⁸⁴⁷ BGH ZIP 1999, 1263, 1265.
¹⁸⁴⁸ *Ulmer/Habersack*, §§ 32a/b GmbHG Rn. 248; *Saenger/Inhester/Kolmann*, Anhang § 30 GmbHG Rn. 247.
¹⁸⁴⁹ *HK/Marotzke*, § 119 Rn. 11; siehe auch BGHZ 65, 22, 26 ff.; *Schwörer*, Lösungsklauseln in der Insolvenz, Rn. 246 ff. Siehe zum Verhältnis von § 138 BGB zu den Anfechtungsvorschriften, BGH NZI 2002, 430, 432 f.; *Bischoff* GmbHR 1984, 61, 63; *Richter*, Die Abfindung ausscheidender Gesellschafter unter Beschränkung auf den Buchwert, S. 136 f.
¹⁸⁵⁰ *Rowedder/Görner*, § 15 GmbHG Rn. 172; *Uhlenbruck*, § 35 Rn. 104; *MüKoInsO/Lwowski/Peters*, § 35 Rn. 242 f. und 262; *Scholz/Winter/Seibt*, § 15 GmbHG Rn. 254; *Liebscher/Lübke* ZIP 2004, 241, 242.
¹⁸⁵¹ *MüKoInsO/Lwowski/Peters*, § 35 Rn. 243; *Lutter/Hommelhoff/Bayer*, § 15 GmbHG Rn. 88; *Liebscher/Lübke* ZIP 2004, 241, 242; *Michalski/Ebbing*, § 15 GmbHG Rn. 250; *Scholz/Winter/Seibt*, § 15 GmbHG Rn. 254.
¹⁸⁵² *Mayer* ZEV 2002, 209, 213.
¹⁸⁵³ *Scholz/Winter/Seibt*, § 15 GmbHG Rn. 254; *Uhlenbruck*, § 35 Rn. 105; *Rowedder/Görner*, § 15 GmbHG Rn. 168.
¹⁸⁵⁴ *Rowedder/Görner*, § 15 GmbHG Rn. 165; *Uhlenbruck*, § 35 Rn. 105; aA *Scholz/Winter/Seibt*, § 15 GmbHG Rn. 254; *Lutter/Hommelhoff/Bayer*, § 15 Rn. 88; *Michalski/Ebbing*, § 15 GmbHG Rn. 250.

gen des Stimmrechts, sondern auch mit dem Gesellschaftsanteil verbundene Sonderrechte gilt, ist jeweils durch Auslegung der betreffenden Satzungsbestimmungen zu ermitteln.[1855] Da das Mitgliedschaftsrecht insgesamt vom Vermögensbeschlag erfasst ist, ist auch nicht zwischen einem „vermögensrechtlichen" und einen „gesellschaftsrechtlichen" Mitgliedschaftsbereich zu trennen.[1856] Zu den sich aus der „Beteiligungsverwaltung" ergebenden konzernrechtlichen Grenzen für den Insolvenzverwalter → § 95 Rn. 9 ff.

573 **c)** *Verfügungen.* Umstritten ist, ob die Vinkulierung der Anteile die Verfügungsbefugnis des Insolvenzverwalters beschränkt. Letzteres wird – soweit es sich um einen GmbH-Anteil handelt – zum Schutz der Zugriffsmöglichkeiten der Gläubiger mit Blick auf §§ 134, 137 BGB bzw. §§ 857, 851 II ZPO zwar ganz überwiegend – in der Sache allerdings zu Unrecht – verneint.[1857] Die Tochtergesellschaft kann aber – so die überwiegende Ansicht – in ihrer Satzung die Möglichkeit der Einziehung des Gesellschaftsanteils vorsehen (→ Rn. 571), wenn über das Vermögen des Gesellschafters das Insolvenzverfahren eröffnet wurde.[1858] Derartige (gesellschaftsrechtliche) Lösungsklauseln dürfen jedoch – neben den Vorschriften zur Kapitalerhaltung – die schützenswerten Interessen der Gläubiger nicht beeinträchtigen (siehe oben Rn. 571). Ob mithin die Einziehung zulässig ist oder nicht, ist letztlich das Ergebnis einer sorgsamen Abwägung der Interessen der Anteilsinhaber mit denen der Gesellschaftergläubiger.

574 Da die Zwangsausschließung (zum Schutz der Interessen der Anteilsinhaber) im Aktienrecht nur unter sehr viel schwereren Voraussetzungen möglich ist als im GmbH-Recht, vertritt die überwiegende Ansicht für eine vinkulierte Beteiligung an einer AG, dass der Insolvenzverwalter im Rahmen der Verfügung an diese Beschränkungen gebunden ist. Begründet wird dies damit, dass es sich bei der Vinkulierung nicht um eine rechtsgeschäftliche Verfügungsbeschränkung iS der §§ 137 BGB, 851 II ZPO, sondern um eine inhaltliche Beschränkung des Mitgliedschaftsrechts handelt, die der Insolvenzverwalter als „Quasi-Gesamtrechtsnachfolger" so hinnehmen muss, wie er sie vorgefunden hat.[1859] Jedoch soll zum Schutz der Verwertungsinteressen der Gesellschaftergläubiger die Zustimmung zu einer Verfügung durch den Insolvenzverwalter nur aus wichtigem Grund verweigert werden dürfen.[1860]

575 **d)** *Auswirkungen auf die Einlagepflichten.* Eine noch ausstehende Einlagepflicht bleibt auch nach Eröffnung des Insolvenzverfahrens über das Vermögen des Mitglieds bestehen. Da es sich bei der Mitgliedschaft nicht um einen gegenseitigen schuldrechtlichen Vertrag handelt, kommt § 103 InsO nicht zur Anwendung. Der Insolvenzverwalter hat daher insbesondere kein Wahlrecht. Die Einlageforderung ist einfache Insolvenzforderung. Ist die Einlage bereits vor Insolvenzeröffnung erbracht worden, kann diese uU nach §§ 129 ff. InsO anfechtbar sein.

576 Hat sich die (insolvente) Gesellschaft in der Satzung zu Nebenleistungen iS des § 3 II GmbHG gegenüber der Tochter- bzw. Beteiligungsgesellschaft verpflichtet, so finden – falls hierfür eine Gegenleistung vereinbart wurde – die §§ 103 ff. InsO Anwendung. Ist

---

[1855] *Rowedder/Görner,* § 15 GmbHG Rn. 167.
[1856] AA *Uhlenbruck,* § 35 Rn. 105.
[1857] BGHZ 32, 151, 155; MüKoInsO/*Lwowski/Peters,* § 35 Rn. 242; *Uhlenbruck,* § 35 Rn. 106; *ders.* DB 1967, 1927, 1928 f.; *Scholz/Winter/Seibt,* § 15 GmbHG Rn. 256; *Michalski/Ebbing,* § 15 GmbHG Rn. 251; aA Uhlenbruck/Hirte/Vallender/*Hirte,* § 11 Rn. 55; *Lutter/Hommelhoff/Bayer,* § 15 GmbHG Rn. 88; *Liebscher/Lübke* ZIP 2004, 241, 251.
[1858] *Noack,* Rn. 346; *Michalski/Ebbing,* § 15 GmbHG Rn. 249; *Baumbach/Hueck/Fastrich,* § 15 GmbHG Rn. 64.
[1859] Siehe hierzu insbesondere *Liebscher/Lübke* ZIP 2004, 241, 246.
[1860] MünchKomm-*Bayer,* § 68 AktG Rn. 112 f.; Kölner Kommentar/*Lutter,* § 68 AktG Rn. 22; siehe auch *Bork,* FS *Henckel,* 1995, S. 32, 38 f.; MüKoInsO/*Lwowski/Peters,* § 35 Rn. 262.

dies nicht der Fall, so kann die von der insolventen Gesellschaft geschuldete Nebenpflicht nur als einfache Insolvenzforderung geltend gemacht werden.[1861]

X. Abschluss des Insolvenzverfahrens, Vollbeendigung der Gesellschaft, Nachtragsverteilung und Fortsetzung der Gesellschaft

1. Fehlende Massekostendeckung. Stellt sich nach Verfahrenseröffnung heraus, dass die Insolvenzmasse nicht ausreicht, um die Kosten des Verfahrens zu decken, so stellt das Insolvenzgericht nach § 207 I InsO das Verfahren ein, wenn nicht ein ausreichender Geldbetrag vorgeschossen wird.[1862] Soweit Barmittel in der Masse vorhanden sind, hat der Verwalter nach § 207 III 1 InsO vor Einstellung des Verfahrens die Kosten desselben zu berichtigen. Da er aber nach § 207 III 2 InsO nicht verpflichtet ist, die vorhandenen Massegegenstände zu verwerten, kann es nach Einstellung des Verfahrens noch zu einem gesellschaftsrechtlichen Liquidationsverfahren nach §§ 66 ff. GmbHG kommen.[1863]

Finden sich nach Einstellung des Verfahrens weitere Vermögensgegenstände auf, so ist umstritten, ob die Nachtragsverteilung nach den insolvenzrechtlichen (§ 211 III InsO) oder aber nach den entsprechenden gesellschaftsrechtlichen Liquidationsvorschriften zu erfolgen hat. Für Letzteres spricht, dass der Gesetzgeber eine dem § 211 III InsO vergleichbare Regelung in § 203 InsO nicht aufgenommen hat und – wie sich aus den Gesetzesmaterialien ergibt – eine planwidrige Gesetzeslücke nicht vorliegt.[1864] Stellt ein Gläubiger einen erneuten Insolvenzantrag, so gelten die unter → Rn. 253 genannten Grundsätze entsprechend. Unter den in → Rn. 276 ff. genannten Voraussetzungen ist auch eine Fortsetzung der aufgelösten Gesellschaft möglich.[1865]

2. Masseunzulänglichkeit. a) *Überblick.* Sind die Kosten des Insolvenzverfahrens gedeckt, reicht die Insolvenzmasse aber nicht aus, um die fälligen sonstigen Masseverbindlichkeiten zu erfüllen, bleibt der Insolvenzverwalter – nach Anzeige der Masseinsuffizienz (§ 208 I InsO) – zur Verwaltung und Verwertung der Masse verpflichtet (§ 208 III InsO). Zwar ist der Insolvenzverwalter gehalten, nach Anzeige der Masseunzulänglichkeit möglichst „kostenschonend" tätig zu sein. Gleichwohl ist es ihm aber nicht verwehrt, Ansprüche weiterzuverfolgen, die zu einer Massemehrung führen können. Damit umfasst die Pflicht nach § 208 III InsO auch die Geltendmachung solcher Forderungen, deren Durchsetzbarkeit nicht von vornherein ausgeschlossen ist.[1866] Die endgültige Einstellung des Verfahrens durch das Insolvenzgericht erfolgt nach § 211 InsO erst, wenn der Verwalter die Verteilung der Insolvenzmasse iS des § 209 InsO abgeschlossen hat. Ist die Masse restlos verteilt und kein Gesellschaftsvermögen mehr vorhanden, so ist nach § 394 I S 2 FamFG die Gesellschaft von Amts wegen zu löschen. Das Insolvenzverfahren führt hier zur restlosen Abwicklung, dh zur Vollbeendigung des Rechtsträgers.[1867] Werden nach Einstellung des Verfahrens Gegenstände der Insolvenzmasse ermittelt, gilt die Gesellschaft trotz Löschung als fortbestehend. Es findet dann nicht eine Nachtragsliquidation nach den §§ 66 ff. GmbHG, sondern eine Nachtrags-

---

[1861] *Scholz/Emmerich,* § 3 GmbHG Rn. 53; *Baumbach/Hueck/Fastrich,* § 3 GmbHG Rn. 53 ff.; aA *Lutter/Hommelhoff/Bayer,* § 3 GmbHG Rn. 49.
[1862] Zur Bedeutung der Anhörungspflicht des Insolvenzverwalters in § 207 II InsO, damit das Gericht die Massekostenarmut erkennt, vgl. *Pape* KTS 1995, 189, 194.
[1863] OLG Zweibrücken ZIP 2003, 1954, 1955; *H. F. Müller,* Der Verband in der Insolvenz, S. 15; *Vallender* NZG 1998, 249, 251; *Uhlenbruck* ZIP 1996, 1641, 1647; *Ulmer/Paura,* § 66 GmbHG Rn. 5.
[1864] LG Marburg NZI 2003, 101 f.
[1865] *Lutter/Hommelhoff/Kleindiek,* § 60 GmbHG Rn. 33; *Scholz/K. Schmidt,* Vor § 64 GmbHG Rn. 134 ff.
[1866] OLG Celle ZInsO 2004, 93.
[1867] *K. Schmidt* GmbHR 1994, 829, 830 f.; *Uhlenbruck* ZIP 1996, 1641, 1647.

liquidation gemäß § 211 III InsO entsprechend den insolvenzrechtlichen Vorschriften über die Nachtragsverteilung (§§ 203 ff. InsO) statt.[1868] Fraglich ist, ob als „Gegenstände der Insolvenzmasse" iS des § 211 III InsO auch Ansprüche zählen, die unter § 92 InsO fallen. Richtiger Ansicht nach ist dies zu bejahen.[1869]

580 **b)** *Ansprüche im Interesse der Insolvenzgläubiger.* Fraglich ist, ob der Insolvenzverwalter in den Fällen der Masseunzulänglichkeit dazu berechtigt und verpflichtet ist, Ansprüche geltend zu machen, die im Interesse der Gläubigergesamtheit über die Masse liquidiert werden.[1870] Neben den Insolvenzanfechtungsansprüchen betrifft dies insbesondere § 64 GmbHG (siehe oben Rn. 168 ff., 375 ff.), den Quotenschaden nach § 92 InsO (→ Rn. 532 ff.) bzw. die (in seltenen Fällen eintretende) persönliche Gesellschafterhaftung entsprechend § 93 InsO (→ Rn. 525 ff.).

581 Nach §§ 129 ff. InsO kann der Insolvenzverwalter Rechtshandlungen anfechten, die die Insolvenzgläubiger benachteiligen. Ob dies auch für die Fälle der Masseunzulänglichkeit gilt, ist umstritten. Teilweise wird die Ansicht vertreten, dass eine Insolvenzanfechtung, die allein den Massegläubigern zugutekomme, mit dem Sinn und Zweck der Insolvenzanfechtung nicht zu vereinbaren sei.[1871] Der BGH vertritt demgegenüber eine andere Ansicht.[1872] Danach bedeutete das für die Anfechtung notwendige Merkmal der Gläubigerbenachteiligung lediglich, dass *„die angefochtene Rechtshandlung die Befriedigungsaussichten der Insolvenzgläubiger im Allgemeinen verkürz[e]"*. Ob dies im konkreten Fall zutreffe, sei allein auf der Grundlage des gesetzlich vorgesehenen, regelmäßigen Ablaufs eines Insolvenzverfahrens zu beurteilen. Dagegen werde nicht vorausgesetzt, dass von jeder einzelnen Insolvenzanfechtung im Ergebnis nur Insolvenzgläubiger, nicht jedoch Massegläubiger unmittelbar profitieren. Darüber hinaus liege auch das sich an die Anzeige der Masseunzulänglichkeit anschließende Verfahren im Interesse (aller), und damit auch im Interesse der Insolvenzgläubiger. Schließlich ist dem BGH zufolge kein vernünftiger Grund ersichtlich, warum der Gläubigergleichbehandlungsgrundsatz nur deshalb außer Kraft gesetzt wird, weil das Schuldnervermögen bis zur Bedeutungslosigkeit vermindert worden ist. Dieser Ansicht ist zu folgen. Die Insolvenzordnung dient nicht allein der Befriedigung der Insolvenzgläubiger, sondern regelt auch die Rechtsverhältnisse der Massegläubiger. So sind Masseverbindlichkeiten im Rahmen des Insolvenzverfahrens nach § 53 InsO vorab zu befriedigen. Auch darf ein Insolvenzverfahren nach § 208 III InsO nicht schon deswegen eingestellt werden, weil Massenunzulänglichkeit besteht. Auch der Wortlaut des § 129 InsO steht dieser Auslegung nicht entgegen, da er keine Aussage darüber trifft, ob die Insolvenzgläubiger durch die Anfechtung einen unmittelbaren Vorteil erlangen müssen. Letztlich führt die gegenteilige Auffassung zu zufälligen Ergebnissen. Die Anfechtbarkeit einer rechtsgeschäftlichen Handlung wäre nicht mehr von den Tatbeständen der §§ 130–139 InsO abhängig, sondern nur noch davon, inwieweit die Masse zum Zeitpunkt des Eröffnungsantrags schon dezimiert war.[1873] Kann der Insolvenzverwalter daher nach § 129 InsO gläubigerbenachteiligende Rechtshandlungen auch bei Masseunzulänglichkeit anfechten, so trifft ihn bei Erfolgsaussicht der Anfechtung auch eine diesbezügliche Pflicht, § 60 I InsO.[1874]

[1868] *Vallender* NZG 1998, 249, 251; *Kautz*, Die gesellschaftsrechtliche Neuordnung, S. 80 f.
[1869] *Bork*, in Kölner Schrift, S. 1333 Rn. 15; siehe auch *Uhlenbruck*, § 203 Rn. 12.
[1870] Hiervon zu unterscheiden ist der Fall, dass mithilfe dieser Ansprüche die Masseunzulänglichkeit überwunden werden kann. Dann sind diese Ansprüche selbstverständlich geltend zu machen.
[1871] OLG Dresden NZI 2001, 259, 260; LG Stralsund ZIP 2001, 936, 940; MüKoInsO/*Hefermehl*, § 208 Rn. 51; *Jaeger/Henckel*, § 29 KO Rn. 100; *Häsemeyer*, Insolvenzrecht, Rn. 21.25; *Dinstühler* ZIP 1998, 1697, 1705.
[1872] BGH NZI 2001, 585, 587; OLG Brandenburg ZIP 2002, 1698, 1699; LG Hamburg ZIP 2001, 711, 713; HK/*Landfermann*, § 208 Rn. 18; *Uhlenbruck*, § 208 Rn. 29; *Ahrendt/Struck* ZInsO 2000, 264 ff.
[1873] Vgl. zu dieser Problematik auch *Gundlach/Frenzel/Schmidt*, NZI 2004, 184, 186 f.
[1874] Vgl. allg. MüKoInsO/*Brandes*, §§ 60, 61 Rn. 12; vgl. auch *Bork* ZIP 2006, 589, 593.

582 Aufgrund der weitreichenden Parallelen zwischen dem Anfechtungsrecht und § 64 GmbHG (im Hinblick auf den Sinn und Zweck der Vorschriften und die Rechtsnatur der Ansprüche) wird man das Merkmal der Gläubigerbenachteiligung in § 64 GmbHG vernünftigerweise kaum anders auslegen können als im Anfechtungsrecht. Folgt man daher im Rahmen des Anfechtungsrecht der vom BGH befürworteten, am Sinn und Zweck des Insolvenzverfahrens ausgerichteten Auslegung des Tatbestandsmerkmals „Gläubigerbenachteiligung", so muss der Insolvenzverwalter im Falle der Masseunzulänglichkeit auch zur Geltendmachung der Ansprüche aus § 64 GmbHG berechtigt bleiben. Letztlich ist es kaum nachvollziehbar, warum der Geschäftsführer hier – anders als der Insolvenzgläubiger im Rahmen der Anfechtung – von dem Umstand profitieren können soll, dass das Schuldnervermögen bis zur Masseunzulänglichkeit dezimiert worden ist.[1875]

583 Ob Vorstehendes auch für die unter § 92 InsO fallenden Ansprüche gilt, ist fraglich; denn anders als beim Anfechtungsanspruch bzw. dem Anspruch aus § 64 GmbHG werden von § 92 InsO nur Schadensersatzansprüche erfasst. Zu liquidieren ist hier der den Insolvenzgläubigern entstandene Gesamtgläubigerschaden. Hinzu kommt, dass die Rechtsprechung im Rahmen des § 171 II HGB, der für die Regelung in § 92 InsO (ua) als Vorbild gedient hat,[1876] (bezogen auf die Rechtslage vor Inkrafttreten der InsO) die Ansicht vertreten hat, dass der „Konkursverwalter" § 171 I HGB nicht heranziehen kann, um lediglich Masseschulden zu begleichen.[1877] Vielmehr müssten – weil der Konkursverwalter ein Recht der Konkursgläubiger geltend mache – diese auch von der Geltendmachung profitieren.[1878]

584 Dennoch sprechen die besseren Gründe dafür, den Insolvenzverwalter zur Einziehung der von § 92 InsO erfassten Ansprüche im Falle der Masseunzulänglichkeit zu verpflichten. Zu eng sind die Verbindungen zwischen Anfechtungsrecht und § 92 InsO. Beide Vorschriften dienen dazu, einen ungezügelten Wettlauf einzelner Gläubiger zu verhindern und den Gläubigergleichbehandlungsgrundsatz zu verwirklichen. Auch der rechtstechnische Weg, wie dieses Ziel verwirklicht wird, ist vergleichbar. In beiden Fällen erfolgt die Durchsetzung des Gläubigergleichbehandlungsgrundsatzes nämlich im Wege eines Haftungszugriffs „jenseits" des Schuldnervermögens. Demgegenüber fallen die Unterschiede zwischen beiden Regelungskomplexen weniger ins Gewicht. Insbesondere sind die vom BGH zugunsten der Geltendmachung der Insolvenzanfechtungsansprüche vorgebrachten Gründe – allesamt – von der Rechtsnatur des Anspruchs unabhängig und rechtfertigen daher keine abweichende Behandlung. Schließlich spricht für die hier vertretene Ansicht auch der Sinn und Zweck des Insolvenzverfahrens, nämlich den Unternehmensträger auch bei fehlender Massekostendeckung voll abzuwickeln. Mithin sprechen für die Prozessführungsbefugnis des Insolvenzverwalters in den Fällen der Masseunzulänglichkeit die besseren Gründe.[1879] Auch für den Anspruch aus § 93 InsO kann letztlich nichts anderes gelten.

585 **3. Überschuss bei Schlussverteilung.** Findet in der Insolvenz der GmbH eine Vollabwicklung statt, so wird im Rahmen des Insolvenzverfahrens auch ein verbleibender Überschuss vom Insolvenzverwalter gemäß § 199 S. 2 InsO an die Gesellschafter ausgekehrt. An das Insolvenzverfahren schließt sich somit auch im Fall positiven Rein-

---

[1875] So auch *Saenger/Inhester/Kolmann*, § 64 GmbHG Rn. 52.
[1876] Begründung zu § 103 RegE, BR-Drucks. 1/92, S. 139; *Kübler/Prütting/Bork-Lüke*, § 92 Rn. 3; *Uhlenbruck/Hirte/Vallender/Hirte*, § 92 Rn. 1 f.; siehe auch *Bork*, in Kölner Schrift, S. 1333 Rn. 6, 15; MüKoInsO/*Brandes*, § 92 Rn. 3.
[1877] BGH NZG 2001, 359, 360.
[1878] BGH NZG 2001, 359, 360.
[1879] *Brinkmann*, Die Bedeutung der §§ 92, 93 InsO, S. 62 f.; aA *Kübler/Prütting/Bork-Lüke*, § 92 Rn. 51 f.; *Dinstühler* ZIP 1998, 1697, 1706; Uhlenbruck/Hirte/Vallender/*Hirte*, § 92 Rn. 22.

vermögens kein gesellschaftsrechtliches Liquidationsverfahren an.[1880] Die Bestimmungen über das gesellschaftsrechtliche Liquidationsverfahren (§ 72 GmbHG) sind jedoch insoweit maßgebend, als es um den Verteilungsmaßstab hinsichtlich des vorhandenen Überschusses geht. Fraglich ist, ob diese Tätigkeit des Insolvenzverwalters gesondert zu vergüten ist.

586 Stellen sich nach dem Schlusstermin Vermögensgegenstände des Schuldners heraus, so ordnet auf Antrag des Insolvenzverwalters oder eines Insolvenzgläubigers das Insolvenzgericht unter bestimmten Voraussetzungen eine Nachtragsverteilung nach § 203 InsO an. Die Nachtragsverteilung kann auch dann stattfinden, wenn das Verfahren bereits rechtskräftig aufgehoben wurde (§ 203 II InsO). Das Gericht kann von der Anordnung der Nachtragsliquidation absehen und den Vermögenswert dem Schuldner überlassen, wenn dieser im Hinblick auf die Kosten eines solchen Verfahrens geringfügig erscheint (§ 203 III InsO). Eine (Nachtrags-)Liquidation nach gesellschaftsrechtlichen Vorschriften sieht § 203 III InsO also nur im Ausnahmefall vor. Soweit insolvenzfreies Vermögen vorhanden ist (→ Rn. 332), schließt sich an das Insolvenzverfahren stets ein gesellschaftsrechtliches Liquidationsverfahren an.

587 Ist mit (Insolvenz-)Verfahrensbeendigung kein Vermögen der GmbH mehr vorhanden, so tritt die Vollbeendigung der Gesellschaft mit Löschung der Gesellschaft im Handelsregister ein (Lehre vom Doppeltatbestand, → Rn. 275). Die Löschung erfolgt von Amts wegen nach § 394 I 2 FamFG. Danach ist die Gesellschaft im Handelsregister von Amts wegen zu löschen, wenn das Insolvenzverfahren über ihr Vermögen durchgeführt worden ist und keine Anhaltspunkte dafür vorliegen, dass die Gesellschaft noch Vermögen besitzt. Man wird dem Insolvenzverwalter gestatten können, das Registergericht auf die Vermögenslosigkeit der Gesellschaft hinzuweisen.[1881] Von der Aufhebung des Verfahrens erfährt das Gericht, bei dem das Handelsregister geführt wird, nach §§ 200 II, 31 InsO. Nach Beendigung des Verfahrens hat der Insolvenzverwalter sämtliche Bücher und Schriften der Gesellschaft – soweit diese nicht für eine (insolvenzrechtliche) Nachtragsverteilung benötigt werden – an die zur Verwahrung verpflichteten Personen nach § 74 II GmbHG herauszugeben.[1882] Allerdings kann die Annahme der Unterlagen durch die Verantwortlichen – anders als bei der Aktiengesellschaft (§§ 407, 273 II AktG) – vom Gericht nicht erzwungen werden.[1883]

588 **4. Fortsetzung der Gesellschaft nach Abschluss des Insolvenzverfahrens.** Die Gesellschafter können nach der Bestätigung des Insolvenzplans, der die Fortsetzung der Gesellschaft vorsieht, aber nach § 225a III InsO auch im Insolvenzplan und bezogen auf den Zeitpunkt der Verfahrensaufhebung[1884] die Fortsetzung derselben beschließen (§ 60 I Nr. 4 GmbHG). Der Fortsetzungsbeschluss bedarf der entsprechend § 274 I 2 AktG erforderlichen Mehrheit ($^3/_4$-Mehrheit, soweit Gesellschaftsvertrag keine höhere Mehrheit vorsieht).[1885] Des Weiteren können die Gesellschafter für den Fall, dass das Insolvenzverfahren auf Antrag des Schuldners eingestellt wird (§§ 212, 213 InsO), die Fortsetzung der Gesellschaft beschließen (§ 60 I Nr. 4 GmbHG). Der Fortsetzungsbeschluss ist in das Handelsregister einzutragen. Die Eintragung hat aber nur deklaratorische Bedeutung.[1886]

[1880] *Erle* GmbHR 1998, 216, 220; *Schmidt-Räntsch*, § 199.
[1881] *Noack*, Rn. 89; Uhlenbruck/Hirte/Vallender/*Hirte*, § 11 Rn. 149.
[1882] *Uhlenbruck*, § 200 Rn. 16.
[1883] OLG Stuttgart ZInsO 1998, 341; *Uhlenbruck*, § 200 Rn. 16; aA wohl *Scholz/K. Schmidt*, Vor § 64 GmbHG Rn. 131.
[1884] Zu den Formalia vgl. *Horstkotte/Martini* ZInsO 2012, 557 ff.
[1885] *Vallender* NZG 1998, 249, 251; *Scholz/K. Schmidt*, § 60 GmbHG Rn. 88, vor § 64 GmbHG Rn. 137; *Baumbach/Hueck/Haas*, § 60 GmbHG Rn. 92; *Kautz*, Die gesellschaftsrechtliche Neuordnung, S. 92; *Lutter/Hommelhoff/Kleindiek*, § 60 GmbHG Rn. 29.
[1886] *Lutter/Hommelhoff/Kleindiek*, § 60 GmbHG Rn. 29; *Baumbach/Hueck/Schulze-Osterloh*, § 60 GmbHG Rn. 61, 91 f.

589 Die Fortsetzung kann von den Gesellschaftern im laufenden Insolvenzverfahren beschlossen werden. Dies folgt ua aus § 249 InsO, dem bedingten Planverfahren. Wirksam wird der Fortsetzungsbeschluss in jedem Fall aber erst mit Einstellung des Insolvenzverfahrens bzw. wenn der Beschluss, der den Insolvenzplan bestätigt, rechtskräftig wird. Da § 60 I Nr. 4 GmbHG einen Fortsetzungsbeschluss nur dann zulässt, wenn das Verfahren auf Antrag des Schuldners eingestellt wird oder der bestätigte Insolvenzplan den Fortbestand der Gesellschaft vorsieht, ist damit letztlich sichergestellt, dass im Falle der Fortführung der Gesellschaft die Insolvenzgründe beseitigt sind. Keine Regelung enthält die Vorschrift hingegen, ob die Gesellschaft für die Fortsetzung eine bestimmte (Mindest-)Kapitalstruktur aufweisen muss.[1887] Eine solche ist jedoch für die Fortsetzung nicht erforderlich, insbesondere sind hier die Gründungsvorschriften nicht entsprechend anzuwenden, da durch den Fortsetzungsbeschluss nicht eine neue Gesellschaft gegründet, sondern eine Gesellschaft, deren eigentlicher Zweck zeitweise von einem Abwicklungszweck überlagert wurde, in eine werbende zurückgewandelt wird.[1888]

XI. Rechtslage vor Eintragung der GmbH

590 Die Entstehung einer GmbH lässt sich nach heutigem Verständnis in drei Abschnitte gliedern, nämlich die Zeit vor Errichtung der GmbH, dh vor Abschluss des Gesellschaftsvertrages (§ 2 GmbHG), die Zeit zwischen Errichtung der Gesellschaft und Eintragung derselben und die Zeit danach.[1889]

591 **1. Verhältnisse vor Abschluss des Gesellschaftsvertrages (Vorgründungsgesellschaft).** In der Zeit vor Abschluss des Gesellschaftsvertrages kann zwischen den künftigen Partnern des Gesellschaftsvertrages schon ein Gesellschaftsverhältnis bestehen.[1890] Von einer Vorgründungsgesellschaft spricht man, wenn sich die Gründer einer GmbH durch schuldrechtlichen Vertrag zur Gründung verpflichtet haben.[1891] Der Vorgründungsvertrag[1892] bedarf, wenn er zum Abschluss des Gesellschaftsvertrages verpflichten soll, ebenfalls wie der Gesellschaftsvertrag der Form des § 2 GmbHG.[1893] Die Vorgründungsgesellschaft ist in aller Regel BGB-Gesellschaft, auf die die §§ 705 ff. BGB Anwendung finden. Umstritten ist, wie die Verhältnisse vor Errichtung der GmbH zu bewerten sind, wenn die Gesellschafter schon zu diesem Zeitpunkt den Betrieb eines gemeinschaftlichen Unternehmens aufnehmen.[1894] Die überwiegende Ansicht geht davon aus, dass in diesen Fällen der Zweck der Vorgründungsgesellschaft auch den Betrieb des von den Gesellschaftern gemeinschaftlich geführten Unternehmens umfasst.

592 Folglich ist nach hM die Vorgründungsgesellschaft – soweit die Voraussetzungen der §§ 105 ff. HGB erfüllt sind – als OHG anzusehen.[1895] Anderer Ansicht nach ist der Zweck der Vorgründungsgesellschaft auf den Abschluss des formgültigen GmbH-Vertrages beschränkt. Soweit daher die Gesellschafter den Betrieb eines Unternehmens aufnehmen, errichten sie (neben der Vorgründungsgesellschaft) eine unternehmenstragende Gesamthand, die in aller Regel den Vorschriften über eine OHG folgt.[1896] Un-

---

[1887] Vgl. hierzu *Kautz*, Die gesellschaftsrechtliche Neuordnung, S. 85.
[1888] Siehe auch *Baumbach/Hueck/Haas*, § 60 GmbHG Rn. 91.
[1889] Vgl. *Priester* GmbHR 1995, 481.
[1890] Anders freilich, wenn lediglich die Gründung einer Ein-Personen-GmbH geplant ist.
[1891] Vgl. *Scholz/K. Schmidt*, § 11 GmbHG Rn. 9.
[1892] Zum Inhalt des Vorgründungsvertrages siehe *Priester* GmbHR 1995, 481, 482 f.
[1893] Vgl. *Scholz/K. Schmidt*, § 11 GmbHG Rn. 12; *Priester* GmbHR 1995, 481, 483; *Baumbach/Hueck/Fastrich*, § 11 GmbHG Rn. 35.
[1894] Vgl. hierzu *Priester* GmbHR 1995, 481 ff.
[1895] Vgl. *Baumbach/Hueck/Fastrich*, § 11 GmbHG Rn. 36; *Ulmer*, § 2 GmbHG Rn. 50.
[1896] Vgl. *Scholz/K. Schmidt*, § 11 GmbHG Rn. 15; *ders.* GmbHR 1998, 613, 614 f.

abhängig davon, welchem Konzept man für die Vorgründungsgesellschaft folgt, besteht Einigkeit darüber, dass zwischen Vorgründungsgesellschaft (und daneben bestehender unternehmenstragender Gesamthand), Vor-GmbH und GmbH keine Identität besteht.[1897] Darüber hinaus besteht Einigkeit, dass die Vorgründungsgesellschaft – sofern sie nicht bloße Innengesellschaft ist – insolvenzrechtsfähig ist. Für die Frage, wie sich die Vorgründungsgesellschaft bzw. die unternehmenstragende Gesamthand in der Insolvenz verhält, wird auf die jeweilige Gesellschaftsform (BGB-Gesellschaft bzw. OHG) verwiesen.

593   **2. Die Vor-GmbH. a)** *Rechtsnatur.* Die Rechtsnatur der Vor-GmbH, also einer Gesellschaft, die bereits durch Abschluss eines formgültigen Gesellschaftsvertrag errichtet, aber noch nicht im Handelsregister eingetragen ist, war lange Zeit umstritten.[1898] Überwiegender Ansicht nach handelt es sich bei diesem notwendigen Durchgangsstadium auf dem Weg zu einer GmbH[1899] um eine Personenvereinigung eigener Art, auf die dem Willen der Gesellschafter entsprechend das GmbH-Recht weitgehend Anwendung findet.[1900] Keine Anwendung auf die Vor-GmbH finden hM zufolge jedoch die Vorschriften, die die Rechtsfähigkeit[1901] bzw. Eintragung[1902] voraussetzen.

594   Die Vorgesellschaft ist nach herrschender Auffassung ein eigenständiges, von ihren Gründern und Gesellschaftern verschiedenes, körperschaftlich strukturiertes „Rechtsgebilde", das Träger von Rechten und Pflichten sein kann,[1903] konto- und grundbuchfähig sowie aktiv und passiv parteifähig ist.[1904] Welche Rechtsfolgen aber aus dem Umstand abzuleiten sind, dass die Vor-GmbH noch nicht eingetragen ist, ist bislang weitgehend ungeklärt.[1905]

595   **b)** *Insolvenzrechtsfähigkeit.* Die Vor-GmbH ist – obwohl sie in § 11 InsO nicht explizit aufgeführt wird – unstreitig insolvenzrechtsfähig, wenn sie bereits ein Sondervermögen gebildet hat und im Rechtsverkehr in Erscheinung getreten ist.[1906] Dies gilt unabhängig davon, welcher Ansicht zur Rechtsnatur der Vor-GmbH der Vorzug eingeräumt wird.

596   **c)** *Die Eröffnungsgründe im Insolvenzverfahren.* Insolvenzeröffnungsgründe für die Vor-GmbH sind unstreitig die Zahlungsunfähigkeit (§ 17 InsO) und die drohende Zahlungsunfähigkeit (§ 18 InsO). Umstritten ist dagegen, ob auch der Tatbestand der Überschuldung (§ 19 InsO) Eröffnungsgrund ist. Obwohl der Tatbestand der Überschuldung nach § 19 I InsO grundsätzlich nur auf solche Gesellschaften Anwendung findet, die rechtsfähig sind, ist man sich heute weitgehend einig darüber, dass nicht die umstrittene formale Frage der Einordnung der Vor-GmbH als juristische Person oder Gesamthand über die Anwendung des Eröffnungsgrundes der Überschuldung entscheiden darf. Ob

---

[1897] Vgl. insbesondere BGH ZIP 1998, 646, 647; OLG Koblenz GmbHR 2002, 1239, 1241; *Priester* GmbHR 1995, 481, 483; *Scholz/K. Schmidt*, § 11 GmbHG Rn. 14f., 20 *Baumbach/Hueck/Fastrich*, § 11 GmbHG Rn. 38; *Ulmer*, § 2 GmbHG Rn. 50a.

[1898] Vgl. hierzu *Scholz/K. Schmidt*, § 11 GmbHG Rn. 24.

[1899] In Fällen der Umwandlung kann eine GmbH entstehen, ohne dass zuvor das Stadium der Vor-GmbH durchschritten wurde.

[1900] Vgl. BGH DB 1998, 302, 303; NJW 1981, 1373, 1374; BAG NJW 1963, 680f.; *Baumbach/Hueck/Fastrich*, § 11 GmbHG Rn. 6; *Lutter/Hommelhoff/Bayer*, § 11 GmbHG Rn. 5ff.; *Kort* DStR 1991, 1317; *Kuhn* WM 1969, 1154.

[1901] Vgl. BGHZ 21, 242, 246; 51, 30, 32; 72, 45, 48f.

[1902] So *Lutter/Hommelhoff/Bayer*, § 11 GmbHG Rn. 7.

[1903] Vgl. BAG DB 1997, 1822; BGH DB 1992, 1228, 1229.

[1904] Vgl. BGH DB 1998, 302, 303; BGHZ 45, 338, 348.

[1905] Vgl. *Rowedder/Schmidt-Leithoff*, § 11 GmbHG Rn. 73ff.

[1906] BGH ZIP 2003, 2123; BayObLG NJW 1965, 2254, 2257 (für die AG); *Jaeger/Ehricke*, § 11 Rn. 42; *Haas* DStR 1999, 985; *Noack*, Rn. 242; *Ulmer*, § 11 GmbHG Rn. 64 und *Ulmer/Casper* Erg-Band MoMiG § 64 GmbHG Rn. 31; *Scholz/K. Schmidt*, § 11 GmbHG Rn. 35; Uhlenbruck/Hirte/Vallender/*Hirte*, § 11 Rn. 38; HK/*Kirchhof*, § 11 Rn. 11; *Michalski*, § 11 GmbHG Rn. 69; *Steenken*, Die Insolvenz der Vor-GmbH, S. 71f.

der Überschuldungstatbestand einen Eröffnungsgrund für die Vor-GmbH darstellt, kann sich nur aus einer teleologischen Auslegung des Gesetzes ergeben.

Gegen die Anwendbarkeit des Überschuldungstatbestandes spricht auf den ersten Blick die (allerdings nicht unumstrittene)[1907] Haftungsverfassung der Vor-GmbH.[1908] Danach haften die Gesellschafter für die Schulden ihrer Gesellschaft der Rechtsprechung zufolge in Form einer Innenhaftung,[1909] nach überwiegender Ansicht in der Literatur in Form einer Außenhaftung.[1910] Zwar hat der Gesetzgeber für solche Gesellschaften, bei denen mindestens eine natürliche Person persönlich und unbeschränkt für die Schulden der Gesellschaft haftet (mit Ausnahme der KGaA) von einer Insolvenzeröffnung wegen Überschuldung abgesehen (§ 19 I, III InsO). Daraus kann aber nicht der Schluss gezogen werden, dass die persönliche und unbeschränkte Haftung den Auslösetatbestand der Überschuldung überflüssig macht.[1911] Eine derartige Annahme beruht auf der irrigen Vorstellung, dass eine Forderung gegen eine natürliche Person – auch als persönlich haftender Gesellschafter – „sicherer" sei, als eine Forderung gegen eine juristische Person und dass es daher des Überschuldungstatbestandes, der eine Vorverlagerung der Insolvenzauslösung gegenüber der Zahlungsunfähigkeit bezweckt, nur bei juristischen Personen bedürfe.[1912]

Diese Ansicht überschätzt das, was persönliche und unbeschränkte Haftung tatsächlich zu leisten vermag.[1913] Zunächst ist darauf hinzuweisen, dass die jeweilige Haftungsverfassung eines Unternehmensträgers keinen Einfluss auf das Risiko hat, ob und in welcher Höhe der Gläubiger in der Insolvenz mit seiner Forderung ausfällt. Die Deckungsquote für ungesicherte Gläubigerforderungen ist in der Insolvenz der Unternehmensträger unabhängig von der Rechtsform annähernd gleich.[1914] Zwar hat der Insolvenzverwalter in der Insolvenz der Personengesellschaft nach § 93 InsO auch die persönliche Haftung der Gesellschafter für die Verbindlichkeiten der Gesellschaft geltend zu machen. Dies macht die Forderung der Gesellschaftsgläubiger jedoch nicht „sicherer" iS von werthaltiger in der Insolvenz; denn die Befriedigungschancen aus der persönlichen und unbeschränkten Gesellschafterhaftung waren und werden äußerst gering sein, auch wenn § 93 InsO nunmehr ein „Windhundrennen" der Gläubiger um das Vermögen der Gesellschafter verhindert.[1915] Die „mindere Qualität" juristischer Personen gegenüber solchen Unternehmensträgern, bei denen eine natürliche Person für die Schulden unbeschränkt haftet,[1916] rührt folglich nicht daher, dass unterschiedliche Haftungsverfassungen für den Vertragspartner unterschiedliche Ausfallrisiken in der Insolvenz bergen. Sie hat ihre Ursache vielmehr darin, dass beispielsweise bei einer OHG anders als bei einer GmbH der von der persönlichen Außenhaftung ausgehende Druck dazu beiträgt, die Geschäftsführung auch im Interesse der Gläubiger zu disziplinieren. „Sicherer" ist die Forderung gegen die OHG im Vergleich zur GmbH daher allenfalls deshalb, weil die persönliche Haftung der Ver-

---

[1907] Vgl. hierzu *Michalski/Barth* NZG 1998, 526 ff.
[1908] So insbesondere *Altmeppen* ZIP 1997, 273 f.; *Roth/Altmeppen*, Vorb § 64 GmbHG Rn. 10; *Noack*, Rn. 245 f.
[1909] Vgl. BGH ZIP 1996, 590, 591 ff.; NJW 1997, 1507, 1509; das gilt freilich nur im Grundsatz.
[1910] Vgl. *Flume* DB 1998, 45 ff.; *Altmeppen* NJW 1997, 1509 f.; *Kleindiek* ZGR 1997, 427, 436 ff.; *Beuthien* GmbHR 1996, 309 ff.
[1911] So aber insbesondere *Altmeppen* ZIP 1997, 273 f.; *Roth/Altmeppen*, Vorb § 64 GmbHG Rn. 10; missverständlich: BGHZ 34, 293, 297 f.; aA *Steenken,* Die Insolvenz der Vor-GmbH, S. 73 ff.
[1912] Vgl. *Bartsch/Heil,* Grundriss des Insolvenzrechts, § 5 Rn. 18; *Baur/Stürner,* Bd. II, Insolvenzrecht, S. 79; *Häsemeyer,* Insolvenzrecht, Rn. 7.16; *Gerhardt,* Grundbegriffe des Vollstreckungs- und Insolvenzrechts, Rn. 245.
[1913] *K. Schmidt* JZ 1982, 165, 172; *ders.,* in Kölner Schrift, S. 1199 Rn. 42.
[1914] Vgl. etwa Statistisches Bundesamt Wiesbaden, Statistisches Jahrbuch für die Bundesrepublik Deutschland 2002, S. 141.
[1915] Vgl. zum Ganzen auch *Wissmann,* Persönliche Mithaft, Rn. 446 ff.
[1916] So insbesondere BGHZ 34, 293, 297 f.

waltungsträger (teilweise) verhindert, dass der Unternehmensträger infolge von Misswirtschaft in die Insolvenz abgleitet.[1917] Wenn aber die persönliche und unbeschränkte Haftung allenfalls das Insolvenzverursachungs-, nicht aber das Insolvenzausfallrisiko mindert, besteht kein Grund, den Tatbestand der Überschuldung, der dazu dient, eine Gefährdung der Gläubigerpositionen iS eines Verteilungskonflikts abzubilden, nicht auch auf die Vor-GmbH anzuwenden.[1918]

599 Der BGH und ihm folgend ein Teil der Literatur haben ein neues einheitliches System der Haftung der Gründer einer GmbH für die Verbindlichkeiten der Vor-GmbH entwickelt.[1919] Dieses System setzt sich zusammen aus einer internen Verlustdeckungshaftung bis zur Eintragung der GmbH und einer an die Eintragung anknüpfenden Vorbelastungshaftung der Gesellschafter. In beiden Fällen besteht eine der Höhe nach unbeschränkte Haftung im Innenverhältnis, die anteilig entsprechend dem Beteiligungsverhältnis der Gesellschafter ausgestaltet ist. Der Verlustdeckungsanspruch entsteht, wenn die Eintragung scheitert, dh wenn das Registergericht den Eintragungsantrag endgültig ablehnt, der Eintragungsantrag zurückgenommen oder aber das Insolvenzverfahren über das Vermögen der Vor-GmbH eröffnet bzw. die Verfahrenseröffnung mangels Masse abgelehnt wurde. Der Anspruch der Gesellschaft aus der Vorbelastungshaftung entsteht mit der Eintragung der Gesellschaft. Fraglich ist, ob und wie dieses einheitliche Innenhaftungsmodell im Rahmen der Überschuldungsprüfung zu berücksichtigen ist. Der Ausgleichsanspruch der Gesellschaft ist, auch wenn er noch nicht entstanden ist, auf der Aktivseite der Überschuldungsbilanz anzusetzen.[1920] Hierfür spricht nicht nur ein Vergleich mit dem Verlustausgleichsanspruch nach § 302 AktG,[1921] sondern auch der Umstand, dass der Ausgleichsanspruch – sei er in Gestalt einer Vorbelastungshaftung oder einer Verlustdeckungshaftung – in jedem Fall als Anwartschaft unentziehbar im Vermögen der Gesellschaft angelegt ist. Soweit die Gesellschafter daher solvent sind, kann eine Überschuldung der Vor-GmbH grundsätzlich nicht eintreten. Nur soweit diese im Zeitpunkt der Fälligkeit des Anspruchs nicht zum Ausgleich in der Lage sind, muss eine entsprechende Wertberichtigung erfolgen. Eine andere Frage ist, ob für den Fall, dass sich die Vor-GmbH in existenzbedrohenden Liquiditätsschwierigkeiten befindet, die Gesellschafter auf Grund der Treuepflicht zu Abschlagszahlungen verpflichtet sind.[1922]

600 **d)** *Antragsrecht und Antragspflicht.* Von der Frage der maßgebenden Insolvenzeröffnungsgründe bei einer Vorgesellschaft ist die weitere Frage zu unterscheiden, wem innerhalb der Vor-GmbH das Antragsrecht zusteht bzw. die Antragspflicht obliegt.

601 aa) *Antragsrecht.* Nach § 15 I InsO ist zum Antrag auf Eröffnung eines Insolvenzverfahrens über das Vermögen einer juristischen Person oder einer Gesellschaft ohne Rechtsper-

---

[1917] Dies belegen die Zahlen hinsichtlich der Insolvenzhäufigkeit bezogen auf 10 000 Unternehmen. Diese betrugen für den Zeitraum 1992–1995 für die OHG/KG 38, die GmbH 235 und für die AG 116; Statistisches Bundesamt Wiesbaden, Fachserie 2, Reihe 4.1 (Insolvenzverfahren), Dezember und Jahr 1995, S. 24.
[1918] Vgl. im Ergebnis auch *Jaeger/Ehricke*, § 11 Rn. 42; *Jaeger/H. F. Müller*, § 19 Rn. 12; *Rowedder/Chr. Schmidt-Leithoff/Baumert*, vor § 64 GmbHG Rn. 65; *Michalski*, § 11 GmbHG Rn. 69; *Steenken*, Die Insolvenz der Vor-GmbH, S. 73 ff.; *Lutter/Hommelhoff/Kleindiek*, Anh zu § 64 GmbHG Rn. 5; aA Uhlenbruck/Hirte/Vallender/*Hirte*, § 11 InsO Rn. 41; *Roth/Altmeppen*, Vorb § 64 GmbHG Rn. 10; *Scholz/K. Schmidt*, § 11 GmbHG Rn. 35.
[1919] Vgl. BGH NJW 1997, 1507; ebenso *Ulmer* ZIP 1996, 733; *Kort* ZIP 1996, 109; *Dauner-Lieb* GmbHR 1996, 82; ablehnend *K. Schmidt* ZIP 1997, 671; *Flume* DB 1998, 45; *Wilhelm* DStR 1998, 457; *Altmeppen* NJW 1997, 3272.
[1920] *Baumbach/Hueck/Fastrich*, § 11 GmbHG Rn. 17; aA und auf den formalen Zeitpunkt der Anspruchsentstehung abstellend *Altmeppen* ZIP 1997, 273, 274; *ders.* NJW 1997, 3272 f.; *Wiegand* BB 1998, 1065, 1068.
[1921] → § 95 Rn. 13 ff.
[1922] Vgl. zum entsprechenden Problem im Rahmen des Ausgleichsanspruchs nach § 302 I AktG, *Emmerich/Habersack*, Aktien- und GmbH Konzernrecht, § 302 AktG Rn. 41.

sönlichkeit außer den Gläubigern jedes Mitglied des Vertretungsorgans, bei einer Gesellschaft ohne Rechtspersönlichkeit oder bei einer KGaA jeder persönlich haftende Gesellschafter berechtigt. Unabhängig davon, welcher Ansicht man zur Rechtsnatur der Vor-GmbH folgt, besteht jedenfalls Einigkeit darüber, dass bei einer Vor-GmbH (anders als sonst bei einer Gesamthandsgemeinschaft) die Drittorganschaft zulässig ist.[1923] Der Geschäftsführer einer Vor-GmbH ist daher nicht lediglich Bevollmächtigter, sondern das Vertretungsorgan der Vor-GmbH. Auf ihn finden die §§ 35, 37 GmbHG entsprechende Anwendung, so dass der Geschäftsführer der Vor-GmbH gemäß § 15 InsO antragsberechtigt ist. Fraglich ist, ob auch den Gründungsgesellschaftern ein Antragsrecht zukommt.[1924] Für ein Antragsrecht der Gesellschafter spricht letztlich im Hinblick auf § 15 I InsO die unbeschränkte persönliche Haftung der Gesellschafter.[1925] Keine abschließende Klärung hat diesbezüglich der in § 15 InsO neu eingefügte S. 2 gebracht, der bei *führungslosen* juristischen Personen eine Antragsrecht auch für jeden Gesellschafter vorsieht.

bb) *Antragspflicht.* Fraglich ist, ob § 15a I InsO auf die antragsberechtigten Organe der Vor-GmbH entsprechend anzuwenden ist. Sinn und Zweck der straf- und haftungsbewehrten Antragspflicht in § 15a I InsO ist es, das antragsberechtigte Organ zu einer beständigen wirtschaftlichen Selbstprüfung anzuhalten. Dies ist deshalb notwendig, weil die Überschuldung nur auf der Basis unternehmensinterner Daten ermittelbar und damit die rechtzeitige Befolgung der Antragspflicht nur demjenigen möglich ist, der eine beständige wirtschaftliche Selbstprüfung auch tatsächlich vornehmen kann. Anders also als die Zahlungsunfähigkeit, die dem antragsberechtigten Organ auf Dauer kaum verborgen bleiben wird, gibt der Überschuldungstatbestand nur Sinn, wenn das antragsberechtigte Organ zur wirtschaftlichen Selbstprüfung auch angehalten ist. Der notwendige Druck hierfür kann von einer haftungsbewehrten Verhaltenspflicht ausgehen. Ein vergleichbarer Druck besteht aber auch dann, wenn das antragsberechtigte Organ für die Schulden der Gesellschaft selbst persönlich und unbeschränkt einzustehen hat; denn dann hat es ebenfalls „etwas zu verlieren", wenn der Insolvenzantrag nicht rechtzeitig gestellt wird. Soweit folglich das antragsberechtigte Organ auf Erfüllung der Gesellschaftsschulden haftet, besteht für eine haftungsrechtlich sanktionierte Verhaltenspflicht, wie sie in § 15a I InsO normiert ist, keine Notwendigkeit. Damit scheidet aber eine haftungsbewehrte Antragspflicht für die Gesellschafter der Vor-GmbH, die ja für die Schulden der GmbH ohnehin unbeschränkt persönlich einzustehen haben, von vornherein aus.[1926] Eine Ausnahme gilt allenfalls unter dem Gesichtspunkt der Figur des „faktischen Geschäftsführers" (→ Rn. 42 ff.).

Fraglich ist aber auch, ob auf den Geschäftsführer § 15a I InsO entsprechende Anwendung findet; denn den Geschäftsführer trifft unter den Voraussetzungen des § 11 II GmbHG die Handelndenhaftung gegenüber den Gesellschaftsgläubigern. Letztlich kann jedoch die unbeschränkte Handelndenhaftung in § 11 II GmbHG nach überwiegender Ansicht die Antragspflicht analog § 15a I InsO nicht ersetzen.[1927] Mithin trifft den Ge-

---

[1923] Vgl. BGH NJW 1981, 1373, 1374 und 1375; *Michalski/Barth* NZG 1998, 525, 529; *Lutter/Hommelhoff*, § 11 GmbHG Rn. 5, 12; *Roth/Altmeppen*, § 11 GmbHG Rn. 45; *Baumbach/Hueck/Fastrich*, § 11 GmbHG Rn. 18.
[1924] So Uhlenbruck/Hirte/Vallender/*Hirte*, § 11 Rn. 41.
[1925] Uhlenbruck/Hirte/Vallender/*Hirte*, § 11 Rn. 41; aA *Steenken*, Die Insolvenz der Vor-GmbH, S. 96; vgl. entsprechend auch die Diskussion, ob sich aus der unbeschränkten Haftung der Gesellschafter der Vor-GmbH eine Beschränkung der Vertretungsmacht des Geschäftsführers (entgegen § 37 II GmbHG) ableiten lässt, siehe hierzu etwa BGH NJW 1981, 1373, 1375; *Baumbach/Hueck/Fastrich*, § 11 GmbHG Rn. 19 f.; siehe auch *Roth/Altmeppen*, § 11 GmbHG Rn. 47; *Rowedder/Schmidt-Leithoff*, § 11 GmbHG Rn. 85.
[1926] Uhlenbruck/Hirte/Vallender/*Hirte*, § 11 Rn. 41.
[1927] Vgl. *Ulmer/Casper*, Erg-Band MoMiG § 64 GmbHG Rn. 31 f.; Uhlenbruck/Hirte/Vallender/*Hirte*, § 11 Rn. 41.

schäftsführer die Antragspflicht nach § 15a I InsO.[1928] Die Strafvorschriften des § 15a IV, V InsO finden auf den Geschäftsführer der Vor-GmbH im Hinblick auf das strafrechtliche Analogieverbot (Art. 103 II GG) keine Anwendung.[1929]

604 e) *Massekostendeckungsprüfung.* Im Rahmen der Massekostendeckungsprüfung ist im Grundsatz – → Rn. 249 ff. – das gesamte Vermögen der Vor-GmbH mit einzubeziehen. Fraglich ist, ob auch die Verlustdeckungshaftung (siehe oben Rn. 354) zu berücksichtigen ist; denn diese entsteht ja der hM zufolge erst mit Eröffnung des Insolvenzverfahrens. Dennoch ist die Verlustdeckungshaftung richtiger Ansicht nach auch im Rahmen der Massekostendeckungsprüfung zu berücksichtigen.[1930]

605 f) *Die Rechtsstellung der Vor-GmbH im eröffneten Verfahren.* Fraglich ist ferner, wer im eröffneten Verfahren Gemeinschuldner[1931] ist und wer die Gesellschaft gegenüber dem Insolvenzverwalter im Insolvenzverfahren vertritt.[1932] Die Frage hängt davon ab, welche Rechtsnatur der Gesellschaft zukommt, wenn das Eintragungsvorhaben wie im Fall der Insolvenz unfreiwillig aufgegeben wird.[1933] Teilweise wird die Ansicht vertreten, dass für diesen Fall auf die Gesellschaft Personengesellschaftsrecht zur Anwendung gelangt[1934] mit der Folge, dass dann die einzelnen Gesellschafter Gemeinschuldner sind[1935] und damit die „Gründerorganisation" gegenüber dem Insolvenzverwalter durch die Gesellschafter und nicht durch den Geschäftsführer vertreten wird.[1936] Richtiger Ansicht nach wird die Vor-GmbH durch den Eröffnungsbeschluss entsprechend § 60 I Nr. 4 GmbHG aufgelöst,[1937] ohne dass dies die Vor-GmbH in ihrem Bestand berührt. Lediglich der Gesellschaftszweck wird dann fortan durch den Abwicklungszweck des Insolvenzrechts überlagert.[1938] Dies hat zur Folge, dass weitgehend die Vorschriften über die GmbH auch in diesem Abwicklungsstadium zur Anwendung kommen.[1939] Damit ist Trägerin der Gemeinschuldnerrolle allein die aufgelöste Vor-GmbH.[1940]

[1928] *Noack,* Rn. 243; *Michalski,* § 11 GmbHG Rn. 69; *Rowedder/Chr. Schmidt-Leithoff/Baumert,* vor § 64 GmbHG Rn. 65; *Uhlenbruck/Hirte/Vallender/Hirte,* § 11 Rn. 41; *Lutter/Hommelhoff/Bayer,* § 11 GmbHG Rn. 39; *Jaeger/Ehricke,* § 11 Rn. 43; aA (im Grundsatz) *Steenken,* Die Insolvenz der Vor-GmbH, S. 109; *Scholz/K. Schmidt,* § 11 GmbHG Rn. 35; *Roth/Altmeppen,* Vor § 64 GmbHG Rn. 10; *Ensthaler/Füller/Schmidt,* § 11 GmbHG Rn. 9.

[1929] *Saenger/Inhester/Kolmann,* vor § 64 GmbHG Rn. 190; HambK-InsO/*Borchardt* § 15a Rn. 43 (wegen Vorbelastungshaftung kein Bedürfnis nach Strafbarkeitsausdehnung); aA *Schäfer* GmbHR 1993, 717.

[1930] *Steenken,* Die Insolvenz der Vor-GmbH, S. 122 f.

[1931] Vgl. *Uhlenbruck/Hirte/Vallender/Hirte,* § 11 Rn. 42.

[1932] Vgl. hierzu BGH NJW 1969, 509, 510; *Kuhn* WM 1969, 1154, 1155.

[1933] Vgl. zum Problem *Rowedder/Schmidt-Leithoff,* § 11 GmbHG Rn. 66, 68 ff.

[1934] *Scholz/Schmidt,* § 11 GmbHG Rn. 82; *Ensthaler/Füller/Schmidt,* § 11 GmbHG Rn. 20 ff.; *Michalski/Barth,* NZG 1998, 525, 530 f.; differenzierend *Roth/Altmeppen,* § 11 GmbHG Rn. 55, 58 ff.; vgl. auch *Uhlenbruck/Hirte/Vallender/Hirte,* § 11 Rn. 39.

[1935] So war wohl die bislang überwiegende Ansicht. Vgl. etwa die Rechtsprechung im Rahmen der gesellschaftsrechtlichen Abwicklung der Vor-GmbH, wonach die Gesellschafter in ihrer Verbundenheit als die Unternehmensträger angesehen wurden, siehe BGH NJW 1969, 509, 510; NJW 1983, 876, 878; so auch *Kühn* WM 1969, 1152, 1155. Anders aber jetzt BGH DB 1998, 302, 303, wonach die Vor-GmbH im Rahmen der gesellschaftsrechtlichen Liquidation „Rechtsträgerin" bleibt. Folgt man dieser Ansicht, dann kann für die insolvenzrechtliche Abwicklung der Vor-GmbH nichts anderes gelten, in diesem Sinne *K. Schmidt* ZGR 1998, 633, 642.

[1936] *Uhlenbruck/Hirte/Vallender/Hirte,* § 11 Rn. 42.

[1937] Vgl. *Scholz/K. Schmidt,* § 11 GmbHG Rn. 55; *Ulmer,* § 11 GmbHG Rn. 53; *Lutter/Hommelhoff/Bayer,* § 11 GmbHG Rn. 20; *Rowedder/Schmidt-Leithoff,* § 11 GmbHG Rn. 66; *Steenken,* Die Vor-GmbH in der Insolvenz, S. 123 f.

[1938] Vgl. BAG NJW 1963, 680, 681.

[1939] Siehe zu den Konsequenzen hieraus *Scholz/K. Schmidt,* § 11 GmbHG Rn. 35, 56; siehe auch *Lutter/Hommelhoff/Bayer,* § 11 GmbHG Rn. 7 ff.; *Rowedder/Schmidt-Leithoff,* § 11 GmbHG Rn. 66, 69; BAG NJW 1963, 680, 681; *Steenken,* Die Insolvenz der Vor-GmbH, S. 125 ff.

[1940] *Scholz/K. Schmidt,* § 11 GmbHG Rn. 35; *Michalski,* § 11 GmbHG Rn. 69.

g) *Insolvenzmasse* (→ Rn. 337 ff.). **aa)** *Haftungsansprüche.* Die Handelndenhaftung nach **606** § 11 II GmbHG gegenüber Gesellschaftsgläubigern kann in der Insolvenz der Vor-GmbH nicht vom Insolvenzverwalter analog § 93 InsO geltend gemacht werden;[1941] denn zum einen ist § 93 InsO auf die Gesellschafterhaftung und zum anderen nur auf eine solche Gesellschafterhaftung zugeschnitten, die unabhängig von der Rechtsnatur der Gesellschaftsverbindlichkeit greift. Den Verlustdeckungsanspruch[1942] gegen die Gründungsgesellschafter macht in der Insolvenz der Vor-GmbH der Insolvenzverwalter geltend.[1943] Folgt man der Ansicht, dass die Verlustdeckungshaftung eine Außenhaftung ist, erfolgt die Geltendmachung zugunsten der Gläubigergesamtheit entsprechend § 93 InsO. Für das Innenhaftungskonzept der Rechtsprechung folgt die Befugnis zur Geltendmachung unmittelbar aus § 80 InsO. In den Fällen, für die auch die Rechtsprechung ausnahmsweise eine Durchgriffshaftung annimmt, führt der Weg nach beiden Ansichten über § 93 InsO analog. Das gilt insbesondere für die Ein-Mann-Vor-GmbH.[1944]

bb) *Verlustdeckungshaftung und Masseverbindlichkeiten.* Ähnlich wie für die Gesellschafter **607** einer OHG stellt sich auch für die Gesellschafter einer insolventen Vor-GmbH die Frage, für welche Schulden der Vor-GmbH die Gesellschafter im Wege der Verlustdeckungshaftung einzustehen haben.[1945] Unstreitig müssen diese für die sogenannten Alt-Verbindlichkeiten, dh für solche Verbindlichkeiten einstehen, die vor dem Zeitpunkt der Insolvenzeröffnung unter ihrem Einfluss begründet wurden (→ § 94 Rn. 75). Fraglich ist, ob die Einstandspflicht auch für solche Verbindlichkeiten greift, die der vorläufige (starke) Insolvenzverwalter eingegangen ist bzw. für sonstige Masseverbindlichkeiten. Die gleiche Frage stellt sich auch im Hinblick auf die Verfahrenskosten (§ 54 InsO). Die Frage kann hier – unabhängig von Unterschieden zwischen Außen- und Innenhaftung – nicht anders beantwortet werden als für die OHG-Gesellschafter (→ § 94 Rn. 45 ff.).

cc) *„Kapitalersatzrecht".* Fraglich ist, ob das „Kapitalersatzrecht" auch in der Vor- **608** GmbH gilt. Diese Frage stellt sich insbesondere dann, wenn man die Rechtsfolgen des neuen „Kapitalersatzrechts" aus dem Prinzip der missbräuchlichen Ausnutzung der Haftungsbeschränkung herleitet;[1946] denn dann wäre die Anwendung des neuen Rechts auf die Vor-GmbH (die ja eine Verlustdeckungshaftung der Gesellschafter für die Schulden der Gesellschaft kennt) unmöglich. In einer Entscheidung, die allerdings noch zum Vor-MoMiG-Recht erging, hat der BGH die bisherigen Grundsätze des Kapitalersatzrechts auch für Gesellschafter einer Vor-GmbH für anwendbar erklärt und dies – recht knapp – damit begründet, dass § 32a I GmbHG aF von der Vorbelastungshaftung verschiedene Rechtsfolgen zeitigt und zudem *„kein Grund besteht, den unmittelbaren oder mittelbaren Gesellschafter einer Vor-GmbH von den Rechtsfolgen zu dispensieren."*[1947] In der Literatur wird diese Rechtsprechung mitunter auch auf das neue Recht übertragen.[1948] Aus der Sicht eines effektiven Gläubigerschutzes (und insbesondere auch in Abstimmung mit der Insolvenzantragspflicht des Geschäftsführers einer Vor-GmbH, → Rn. 602) ist dies sicherlich sinnvoll.[1949] Ob dies allerdings mit § 39 IV 1 InsO vereinbar ist, ist fraglich.

[1941] *Noack*, Rn. 508, § 92 InsO greift ebenfalls nicht, weil es sich nicht um einen Gesamtschaden handelt, siehe *Steenken*, Die Insolvenz der Vor-GmbH, S. 133.
[1942] → Rn. 351.
[1943] *Noack*, Rn. 247.
[1944] Vgl. BGH NJW 1997, 1507, 1509; OLG Hamm ZIP 2012, 338.
[1945] *Steenken*, Die Insolvenz der Vor-GmbH, S. 127 ff.
[1946] So *Goette/Habersack*, Das MoMiG in Wissenschaft und Praxis, Rn. 5.13; *Huber*, FS Priester, 2007, S. 259, 275 ff.; dem folgend *Schmidt/Lüdtke*, § 39 Rn. 19.
[1947] BGH NZG 2009, 782, 784; aA *Ulmer/Habersack*, §§ 32a, 32b GmbHG Rn. 14.
[1948] *Michalski/Dahl*, Anh I §§ 32a, 32b GmbHG aF Rn. 2 sowie Anh II Rn. 8; aA *Goette/Habersack*, Das MoMiG in Wissenschaft und Praxis, Rn. 5.20; *Schmidt/Lüdtke*, § 39 Rn. 25.
[1949] Siehe auch *Haas* ZInsO 2007, 617, 628 f.

Die Bestimmung engt nämlich den rechtsformbezogenen Anwendungsbereich auf solche Gesellschaften ein, die weder eine natürliche Person noch Gesellschaft als persönlich haftenden Gesellschafter haben, bei der ein persönlich haftender Gesellschafter eine natürliche Person ist.

609 **h)** *Stellung des Gesellschafters.* Die Insolvenz der Vor-GmbH kann insbesondere im Hinblick auf die Verlustdeckungshaftung auch weitreichende Auswirkungen auf die finanzielle Situation des Gesellschafters haben. Damit stellt sich die Frage, welchem Verfahrenstypus die Insolvenz des Gesellschafters zuzuweisen ist, wenn es sich bei diesem um eine natürliche Person handelt. Die Frage kann – ungeachtet der Unterschieden zwischen Außen- und Innhaftung – hier nicht anders als für den OHG-Gesellschafter beantwortet werden (→ § 94 Rn. 121 ff.).

XII. Die aufgelöste GmbH

610 Insolvenzfähig ist auch die GmbH, die aus anderen Gründen als demjenigen der Insolvenzeröffnung (§ 60 I Nr. 4 GmbHG) aufgelöst wurde und sich nun in Liquidation befindet.[1950] Voraussetzung ist allerdings, dass die Verteilung des Vermögens der aufgelösten Gesellschaft noch nicht vollzogen ist.[1951] Die Zulässigkeit eines Insolvenzverfahrens über das Vermögen einer aufgelösten GmbH ergibt sich aus § 11 III InsO. Dies gilt auch, wenn der Insolvenzantrag mangels Masse abgewiesen wurde. Stellt der Gläubiger hier aber einen Insolvenzantrag, so hat er glaubhaft zu machen, dass Vermögenswerte vorhanden sind.[1952] Das Insolvenzantragsrecht und die Insolvenzantragspflicht obliegen (einschließlich der haftungsrechtlichen Sanktionen) den Liquidatoren (vgl. § 71 IV GmbHG).[1953] Mit Ausnahme der Auflösungsfolge sind die Wirkungen der Insolvenzeröffnung in diesem Fall identisch mit denen, die eintreten würden, wäre die Gesellschaft bis zur Insolvenzeröffnung werbend tätig gewesen.[1954]

611 Überwiegender Ansicht nach ist auch die bereits im Handelsregister gelöschte GmbH insolvenzfähig, sofern Gesellschaftsvermögen noch vorhanden und der Rechtsträger mithin (nach der Lehre vom Doppeltatbestand)[1955] nicht untergegangen ist.[1956] Aus § 11 III InsO, der ein Insolvenzverfahren nur ausschließt, solange die Verteilung des Vermögens nicht vollzogen, dh abgeschlossen ist,[1957] ergibt sich nichts anderes. Einer entsprechenden Anwendung des § 64 GmbHG bzw. des § 15a InsO bedarf es jedoch nicht, da die Geschäftsführerposition ebenso wie die Rechtsstellung des Liquidators mit Löschung der GmbH beendet ist.[1958] Ist die Gesellschaft hingegen beendet (gelöscht und kein Vermögen mehr vorhanden), dann ist der gegen einen solchen nicht mehr existenten Schuldner ergehende Eröffnungsbeschluss nichtig.[1959]

[1950] Vgl. *Ulmer/Casper*, Erg-Band MoMiG § 64 GmbHG Rn. 33; Uhlenbruck/Hirte/Vallender/*Hirte*, § 11 Rn. 45; *Rowedder/Chr. Schmidt-Leithoff/Baumert*, vor § 64 GmbHG Rn. 20; *Roth/Altmeppen*, Vorb § 64 GmbHG Rn. 10.
[1951] LG Zweibrücken NZI 2005, 397.
[1952] LG Zweibrücken NZI 2005, 397.
[1953] Vgl. hierzu OLG Brandenburg ZIP 2003, 451, 453; OLG Hamm NZI 2002, 437, 438 (dort auch zu entsprechenden Anwendung des § 26 III InsO); OLG Celle GmbHR 1995, 54 f. (und zur Haftung der Liquidatoren aus § 64 GmbH II GmbHG) und LAG Nürnberg BB 1995, 2586 mit Anm. *Gruss*, (zur Haftung nach § 823 II BGB iVm § 64 I GmbHG); *Ulmer/Casper*, Erg-Band MoMiG § 64 GmbHG Rn. 39.
[1954] Vgl. *Ulmer/Casper*, Erg-Band MoMiG § 64 GmbHG Rn. 33.
[1955] → Rn. 270.
[1956] Vgl. *Scholz/K. Schmidt*, Vor § 64 GmbHG Rn. 4; *Rowedder/Chr. Schmidt-Leithoff/Baumert*, vor § 64 GmbHG Rn. 20; Uhlenbruck/Hirte/Vallender/*Hirte*, § 11 Rn. 46.
[1957] Zur Frage, ob und wann die Verteilung des Vermögens abgeschlossen ist, siehe auch *Gundlach/Schmidt/Schirrmeister* DZWiR 2004, 449, 550 ff.
[1958] Siehe auch *Roth/Altmeppen*, § 74 GmbHG Rn. 8.
[1959] BGH NZI 2008, 612, 613.

§ 93. Sonstige Juristische Personen in der Insolvenz

Übersicht

	Rn.
I. Die Aktiengesellschaft	1
1. Rechtstatsächliches	1
2. Die Insolvenzfähigkeit	2
3. Die Insolvenzgründe	3
4. Der Insolvenzantrag	4
a) Das Insolvenzantragsrecht	4
b) Die Insolvenzantragspflicht	8
5. Pflichten des Vorstands und des Aufsichtsrats bis zur Verfahrenseröffnung	11
6. Die Aktiengesellschaft im Schutzschirmverfahren (§ 270b InsO)	14
7. Die Entscheidung über die Verfahrenseröffnung und ihre Folgen	15
a) Die Ablehnung mangels Masse	15
b) Die Verfahrenseröffnung	16
aa) Auswirkungen auf den Rechtsträger	16
bb) Auswirkungen auf die Organverfassung	17
(1) Der Vorstand	18
(2) Der Aufsichtsrat	23
(3) Die Hauptversammlung	28
(4) Sonstige Organe	34
(5) Der Aktionär	35
(6) Aufgabenkreis des Insolvenzverwalters	44
cc) Auswirkungen auf die Finanzverfassung	45
(1) Kapitalmaßnahmen	46
(2) Erwerb eigener Aktien	49
(3) Schuldverschreibungen	50
(4) Wandelschuldverschreibungen und Optionsanleihen	54
(5) Genussrechte	57
dd) Auswirkungen auf die Mitteilungspflichten (§§ 20 f. AktG)	58
8. Die Insolvenzmasse	59
a) Allgemeines	59
b) Ansprüche aus Kapitalaufbringung und -erhaltung	60
c) Ansprüche wegen Missmanagement	65
d) Ansprüche gegen den Abschlussprüfer	70
e) Ansprüche aus Insolvenzverschleppung und -verursachung	71
f) Gesellschafterdarlehen	72
aa) Rechtsquellen	73
bb) Tatbestandsvoraussetzungen	74
cc) Rechtsfolgen	75
g) Ansprüche aus Konzernverhältnissen	76
h) Insolvenzfreies Vermögen	77
9. Insolvente AG und Kapitalmarkt	78
a) Börsennotierte Aktiengesellschaft	79
aa) Börsenzulassung und Widerruf	80
bb) Aussetzung und Einstellung der Notierung	82
cc) Einbeziehung von Wertpapieren in den regulierten Markt	84
dd) Massezugehörigkeit der Börsenzulassung	85
ee) Delisting	86
ff) Downgrading	89
gg) Börsengebühren und Umlagefinanzierung für die BaFin	90
hh) Sonderregeln für börsennotierte Aktiengesellschaften	91
(1) Einberufung der Hauptversammlung	92
(2) Abgabe der Corporate Governance Erklärung	93
b) Kapitalmarktorientierte Aktiengesellschaft	94
aa) Kein Wegfall der Kapitalmarktorientierung durch die Eröffnung des Insolvenzverfahrens	95
bb) Aufgabenteilung zwischen Gesellschaftsorganen und Insolvenzverwalter	96

	Rn.
cc) Insiderhandel und Marktmanipulation	97
dd) Publizitätspflichten	98
(1) Regelpublizität	98
(2) Ad-hoc-Publizität	99
(3) Beteiligungspublizität	102
(4) Pflichten gegenüber Wertpapierinhabern	104
(5) Directors' Dealings	105
ee) Enforcement-Verfahren	106
ff) Sonstige Pflichten	108
c) Zulassung der Aktien zum Freiverkehr	109
d) Übernahmerecht	110
e) Anlegerschutz in der Insolvenz der Aktiengesellschaft	112
10. Die Aktiengesellschaft im Insolvenzplanverfahren	113
11. Die Aktiengesellschaft in der Eigenverwaltung	116
12. Beendigung des Verfahrens	118
13. Besonderheiten bei der KGaA	119
14. Insolvenz des Aktionärs	121
II. Die Genossenschaft	122
1. Rechtstatsächliches	122
2. Die Insolvenzfähigkeit	123
3. Die Insolvenzgründe	124
4. Das Insolvenzantragsrecht	125
5. Die Insolvenzantragspflicht	128
6. Sonstige Pflichten	131
7. Die Genossenschaft im Schutzschirmverfahren (§ 270b InsO)	132
8. Die Entscheidung über die Verfahrenseröffnung und ihre Folgen	133
a) Massedeckungskostenprüfung	133
b) Die Verfahrenseröffnung	134
aa) Auswirkung auf den Rechtsträger	134
bb) Auswirkungen auf die Organstruktur	135
cc) Auswirkungen auf die Rechtsstellung der Mitglieder	138
dd) Auswirkungen auf die Mitgliedschaft im Prüfungsverband	139
9. Die Insolvenzmasse	141
10. Die Nachschusspflicht der Mitglieder	146
a) Nachschusspflichtige Mitglieder	149
b) Umfang der Nachschusspflicht	150
aa) Der Fehlbetrag	151
bb) Die Vorschussberechnung	152
cc) Die Nachschussberechnung	154
dd) Einwendungen	155
c) Rechtsschutz	156
11. Die Genossenschaft im Insolvenzplanverfahren	157
12. Die Genossenschaft in der Eigenverwaltung	159
13. Beendigung des Verfahrens	160
14. Fortsetzung der Genossenschaft	161
15. Insolvenz des Mitglieds	164
III. Der rechtsfähige Verein	165
1. Rechtstatsächliches	165
2. Die Insolvenzfähigkeit	166
3. Die Insolvenzgründe	169
4. Das Insolvenzantragsrecht	172
5. Die Insolvenzantragspflicht	174
6. Der Verein im Schutzschirmverfahren (§ 270b InsO)	180
7. Die Entscheidung über die Verfahrenseröffnung und ihre Folgen	181
a) Die Ablehnung mangels Masse	181
b) Die Verfahrenseröffnung	183
aa) Auswirkungen auf den Rechtsträger	183
(1) Grundsatz	183
(2) Satzungsrechtliche Ausnahmen	184
bb) Auswirkungen auf einen Spartenverein	185
cc) Auswirkungen auf die Mitgliedschaft in einem übergeordneten Verein	186

	Rn.
(1) Der Grundsatz	186
(2) Satzungsrechtliche Ausnahmen	187
dd) Auswirkungen auf wirtschaftliche (Nebenzweck-)Betriebe	191
ee) Auswirkungen auf die Vereinsmitglieder	192
ff) Auswirkungen auf bestehende (Spiel- und Wettkampf-)Lizenzverträge	193
8. Die Insolvenzmasse	194
a) Mitgliedsbeiträge/vereinsrechtliche Nebenpflichten	196
b) Haftungsansprüche/Finanzierungszusagen	198
c) Mitgliedschaften	200
aa) Mitgliedschaftsstellung	200
bb) Aus der Mitgliedschaft fließende Rechte	202
d) (Spiel- und Wettkampf-)Lizenzverträge	206
e) Der Vereinsname	211
f) Das Recht der Gesellschafterdarlehen	212
9. Der Verein im Insolvenzplanverfahren	213
10. Der Verein in der Eigenverwaltung	214
11. Abschluss des Verfahrens und Vollbeendigung des Vereins	215
12. Abschluss des Verfahrens und Fortsetzung des Vereins	220
a) Als rechtsfähiger Verein	220
b) Als nichtrechtsfähiger Verein	221
13. Insolvenz des Mitglieds	224
IV. Der nichtrechtsfähige Verein	225
1. Die Insolvenzfähigkeit	225
2. Die Insolvenzgründe	226
3. Antragsrecht und Antragspflicht	228
4. Die Insolvenzmasse	229
5. Insolvenz des Mitglieds	230
V. Die Stiftung	231
1. Rechtstatsächliches	231
2. Insolvenzfähigkeit	232
3. Insolvenzgründe	233
4. Insolvenzantragsrecht und -pflicht	234
5. Entscheidung über die Verfahrenseröffnung und ihre Folgen	238
6. Insolvenzmasse	239
7. Abschluss des Verfahrens und Vollbeendigung der Stiftung	241
8. Insolvenz des Stifters	242
VI. Supranationale Gesellschaftsformen	243
1. Die Europäische Aktiengesellschaft	243
2. Die Europäische Genossenschaft	244
3. Die Europäische Privatgesellschaft	245
4. Die Europäische Stiftung	246
5. Der Europäische Verein	247
VII. Branchenspezifische Sondervorschriften	248
1. Versicherungsunternehmen	248
2. Kapitalverwaltungsgesellschaften, extern verwaltete Investmentgesellschaften, EU-Verwaltungsgesellschaften oder ausländische AIF-Verwaltungsgesellschaften	249
3. Kreditinstitute und Unternehmen des Finanzsektors	250
VIII. Juristische Personen des öffentlichen Rechts	251

Schrifttum: *Altmeppen,* Das neue Recht der Gesellschafterdarlehen in der Praxis, NJW 2008, 3601; *Bayer/Schmidt,* Die Insolvenzantragspflicht nach § 92 Abs. 2 AktG, 64 Abs. 1 GmbHG, AG 2005, 644; *Binder,* Dogmatik des Aktionärsschutzes in der Krise, ZVerglRWiss 112 (2013), 23; *Bork,* Zum Beginn des Zahlungsverbots gem. § 92 II 1 AktG; NZG 2009, 775; *ders.,* Vinkulierte Namensaktien in Zwangsvollstreckung und Insolvenz des Aktionärs, FS Henckel, 1995, S. 23; *ders.,* Pflichten der Geschäftsführung in Krise und Sanierung, ZIP 2011, 101; *d'Avoine,* Gesellschafterdarlehen und vergleichbare Rechtsgeschäfte gem. § 39 Absatz 1 Nr. 5 InsO – Rangverbesserung in der Insolvenz durch Verkauf und Übertragung der Anleihe, NZI 2013, 321; *Bücker/Petersen,* Kapitalmarkttransparenz bei Restrukturierungen, ZGR 2013, 802; *Decher/Voland,* Kapitalschnitt und Bezugsrechtsausschluss im Insolvenzplan – Kalte Enteignung oder Konsequenz des ESUG, ZIP 2013, 103; *Göcke/Greubel,* Herabsetzung der Vorstandsvergütung in der Insolvenz, ZIP 2009, 2086; *Grub/Streit,* Börsenzulassung und Insolvenz, BB 2004, 1397; *Hasselbach,* Überwachungs- und Beratungspflichten des Aufsichtsrats in der Krise, NZG 2012, 41; *Hauptmann/Müller-Dott,* Pflichten und Haftungsrisiken der Leitungsorgane einer Aktiengesellschaft und ihrer Tochtergesellschaften in der Insolvenz, BB 2003, 2521; *Hirte,* Ad-hoc-Publizität und Krise der Gesellschaft, ZInsO 2006, 1289; *Kebekus/Zenker,* Business Judgment Rule und Geschäftsleiterermessen – auch in Krise und Insolvenz, FS Maier-Reimer, 2010, S. 319; *Klöhn,* Gesellschaftsrecht in der Eigenverwaltung: Die Grenzen des Einflusses auf die Geschäftsführung gemäß § 276a S. 1 InsO, NZG 2013, 81; *ders.,* Kann die Hauptversammlung in der Eigenverwaltung der Aktiengesellschaft nicht den Aufsichtsrat wählen, DB 2013, 14; *Kocher/Widder,* Ad-hoc-Publizität in Unternehmenskrise und Insolvenz, NZI 2010, 925; *Korff,* Der Fall Alemannia Aachen – Die Rechtswirksamkeit der Lösungs- und Insolvenzklauseln in den DFB-Regelwerken, ZInsO 2013, 1277; *Kreymborg/Land/Undritz,* Delisting von Aktien in der Insolvenz, ZInsO 2011, 71; *Lau,* Die börsennotierte Aktiengesellschaft in der Insolvenz, 2008; *Madaus,* Sind Vorzugsaktionäre letztrangige Insolvenzforderungen?, ZIP 2010, 1214; *Maesch,* Corporate Governance in der insolventen Aktiengesellschaft, 2005; *Mock,* Entsprechenserklärung zum DCGK in Krise und Insolvenz, ZIP 2010, 15; *ders.,* Unterbrechung des Klagezulassungsverfahrens (§ 148 AktG) durch die Eröffnung des Insolvenzverfahrens, ZInsO 2010, 2013; *ders.,* Genussrechte in der Insolvenz des Emittenten, NZI 2014, 102; *H. F. Müller,* Die Kapitalerhöhung in der Insolvenz, ZGR 2004, 842; *Noack,* Der Aufsichtsrat in der Insolvenz der Kapitalgesellschaft, 2003; *ders.,* Zur Haftung des Aufsichtsrats für Zahlungen in der Insolvenzkrise der Gesellschaft, FS Goette, 2011, S. 345; *Ott/Brauckmann,* Zuständigkeitsgerangel zwischen Gesellschaftsorganen und Insolvenzverwalter in der börsennotierten Aktiengesellschaft, ZIP 2004, 2117; *Pleister/Kinder,* Kapitalmaßnahmen in der Insolvenz börsennotierter Gesellschaften, ZIP 2010, 503; *Reuter,* Krisenrecht im Vorfeld der Insolvenz – das Beispiel der börsennotierten AG, BB 2003, 1797; *Rubel,* Erfüllung von WpHG-Pflichten in der Insolvenz durch Insolvenzverwalter oder Vorstand, AG 2009, 617; *Schander/Schinogl,* Börsennotierung insolventer Unternehmen, ZInsO 1999, 202; *Schanz,* Wandelanleihen in der Insolvenz des Schuldners, CFL 2012, 26; *K. Schmidt,* Aktienrecht und Insolvenzrecht, AG 2006, 597; *Seiler,* Aktuelle Entwicklungen bei der Befreiung vom Pflichtangebot in Sanierungsfällen, CFL 2010, 102; *Siebel,* Insolvenzverwalter, Gesellschaftsorgane und die Börse, NZI 2007, 498; *Siebert,* Insolvenzeröffnung bei der Kommanditgesellschaft auf Aktien (Teil I und II), ZInsO 2004, 773 und 831; *Simon/Merkelbach,* Gesellschaftsrechtliche Strukturmaßnahmen im Insolvenzplanverfahren nach dem ESUG, NZG 2012, 121; *Strohn,* Organhaftung im Vorfeld der Insolvenz, NZG 2011, 1161; *Thiele/Fedtke,* Mitteilungs- und Veröffentlichungspflichten des WpHG in der Insolvenz, AG 2013, 288; *Thiessen,* Haftung des Aufsichtsrats für Zahlungen nach Insolvenzreife, ZGR 2011, 275; *Undritz/Röger,* Die Vergütung von Vorständen und Geschäftsführern insolventer Kapitalgesellschaften und ihre Herabsetzung durch den Insolvenzverwalter, InsVZ 2010, 123; *Warmer,* Börsenzulassung und Insolvenz der Aktiengesellschaft, 2008; *Weber,* Börsennotierte Gesellschaften in der Insolvenz, ZGR 2001, 422; *Wertenbruch,* Gesellschafterbeschluss für Insolvenzantrag bei drohender Zahlungsunfähigkeit, DB 2013, 1592; *Wieneke/Hoffmann,* Der Erhalt der Börsennotierung beim echten und beim unechten Debt Equity Swap in der Insolvenz der börsennotierten AG, ZIP 2013, 697.

I. Die Aktiengesellschaft

1. Rechtstatsächliches. Die Zahl der existierenden Aktiengesellschaften[1] und Kommanditgesellschaften auf Aktien[2] ist gegenüber der GmbH zwar deutlich kleiner, allerdings hat die Rechtsform der Aktiengesellschaft in den letzten Jahren einen Auf-

---

[1] Die Angaben zu genauen Anzahl schwanken allerdings. Nach jüngeren empirischen Untersuchungen gibt es in Deutschland zwischen 14 000 (so Deutsche Bundesbank, Kapitalmarktstatistik der Deutschen Bundesbank, Dezember 2008, S. 46) und ca 17 000 (so *Bayer/Hoffmann* AG 2010, R 283 ff.) Aktiengesellschaften.

[2] Mitte 2010 waren in Deutschland insgesamt ca 220–230 Kommanditgesellschaften auf Aktien registriert (*Bayer/Hoffmann* AG 2010, R 283, R 284 f.).

schwung erlebt.[3] Die Zahl der deutschen Aktiengesellschaften, deren Aktien an den deutschen Börsen gehandelt werden, ist in den vergangenen Jahren hingegen rückläufig gewesen und betrug Ende 2012 ca 1000.[4] Das ist im Vergleich zur Gesamtzahl der Aktiengesellschaften zu diesem Stichtag ein Anteil von deutlich weniger als 10%. Von den 30 099 Unternehmen, die 2011 in Deutschland einen Insolvenzantrag gestellt haben, waren 224 in der Rechtsform der Aktiengesellschaft bzw. KGaA im Handelsregister eingetragen.[5] Der Anteil an den Unternehmensinsolvenzen entspricht damit ca 0,74% und ist somit in den letzten Jahren gemessen an der Gesamtentwicklung der Unternehmensinsolvenzen weitgehend stabil geblieben.[6] Von den 224 AG-Insolvenzen im Jahr 2011 wurden 166 eröffnet und 58 mangels Masse abgewiesen.[7] Das entspricht einer Eröffnungsquote von ca 74%, die sich damit in den letzten Jahren ebenfalls relativ kaum verändert hat (2008:[8] 72%, 2009:[9] 79%, 2010:[10] 67%).

2. Die Insolvenzfähigkeit. Mit Eintragung ist die Aktiengesellschaft juristische Person (§ 41 I AktG) und als solche nach § 11 I 1 InsO insolvenzfähig. Die Vor-AG ist ein notwendiges Durchgangsstadium bei der Gründung der AG und entsteht mit Feststellung der Satzung (§ 23 AktG) und Übernahme sämtlicher Aktien durch die Gründer (§ 29 AktG).[11] Die Vorgesellschaft endet liquidationslos mit Eintragung der AG. Die Vor-AG ist überwiegender Ansicht nach eine Gesamthandsgemeinschaft eigener Art, die – ohne rechtsfähig zu sein – als überindividuelle Wirkungseinheit am Rechtsverkehr teilnehmen und damit Träger von Rechten und Pflichten sein kann[12] und auch insolvenzfähig ist.[13] Von der Vor-AG zu unterscheiden ist die Vorgründungsgesellschaft (vgl. hierzu → § 92 Rn. 593 ff.). Insolvenzfähig ist nach § 11 III InsO auch die aufgelöste AG, solange ihr Vermögen noch nicht vollständig verteilt ist.[14] Das gilt selbst dann, wenn die Gesellschaft im Handelsregister gelöscht ist und sich nachträglich herausstellt, dass Gesellschaftsvermögen noch vorhanden ist; denn die Eintragung der Löschung im Handelsregister führt – weil nicht konstitutiv – nicht zur Vollbeendigung der Gesellschaft.[15] Für die nach § 275 AktG für nichtig erklärte Aktiengesellschaft, die gemäß

---

[3] So lag die Zahl der Aktiengesellschaften nach Erhebungen der Deutschen Bundesbank 1992 noch bei 2943 (Statistisches Bundesamt, Fachserie 2, Reihe 2.2. für 1992, S. 24). Auch die Anzahl der Kommanditgesellschaften auf Aktien hat sich seitdem verachtfacht (*Bayer/Hoffmann*, AG 2009, R 151 ff.).

[4] Deutsches Aktieninstitut, DAI-Factbook, abrufbar unter www.dai.de.

[5] Statistisches Bundesamt Deutschland, Das statistische Jahrbuch 2012, S. 515 (abrufbar unter www.destatis.de).

[6] Der Anteil der Aktiengesellschaft und der KGaA an den Unternehmensinsolvenzen betrug im Jahr 2008 = 0,72% (Statistisches Jahrbuch für die Bundesrepublik Deutschland 2009, S. 503), 2009 = 0,90% (Statistisches Jahrbuch für die Bundesrepublik Deutschland 2010, S. 501) und 2010 = 0,89% (Statistisches Jahrbuch für die Bundesrepublik Deutschland 2011, S. 497).

[7] Statistisches Bundesamt Deutschland, Das statistische Jahrbuch 2012, S. 515 (abrufbar unter www.destatis.de).

[8] Statistisches Bundesamt Deutschland, Statistisches Jahrbuch für die Bundesrepublik Deutschland 2009, S. 503 (abrufbar unter www.destatis.de).

[9] Statistisches Bundesamt Deutschland, Statistisches Jahrbuch für die Bundesrepublik Deutschland 2010, S. 501 (abrufbar unter www.destatis.de).

[10] Statistisches Bundesamt Deutschland, Statistisches Jahrbuch für die Bundesrepublik Deutschland 2011, S. 497 (abrufbar unter www.destatis.de).

[11] Vgl. *Hüffer*, § 41 AktG Rn. 3.

[12] Vgl. BGHZ 117, 323, 326 f. = NJW 1992, 1824 = ZIP 1992, 689; BGHZ 45, 338, 347 = WM 1966, 571.

[13] Vgl. BGH NZG 2003, 1167 (für die Vor-GmbH); BayObLG NJW 1965, 2254, 2257; OLG Nürnberg AG 1967, 362, 363; Uhlenbruck/Hirte/Vallender/*Hirte*, § 11 Rn. 37; *Hüffer*, § 41 AktG Rn. 10.

[14] → § 92 Rn. 610 (für die aufgelöste GmbH).

[15] → § 92 Rn. 610 (für die aufgelöste GmbH); siehe auch Uhlenbruck/Hirte/Vallender/*Hirte*, § 11 Rn. 103; aA *Hüffer*, § 262 AktG Rn. 4 und Anh § 262 AktG Rn. 4.

§ 277 I AktG wie eine aufgelöste Aktiengesellschaft abzuwickeln ist, gelten die vorstehenden Ausführungen entsprechend.[16]

3. Die Insolvenzgründe. Eröffnungsgründe für ein Insolvenzverfahren über das Vermögen der Aktiengesellschaft sind die allgemeinen Eröffnungsgründe, dh die Zahlungsunfähigkeit (§ 17 I InsO) sowie die drohende Zahlungsunfähigkeit (§ 18 I InsO) und, da die Aktiengesellschaft eine juristische Person ist, der Eröffnungsgrund der Überschuldung (§ 19 I InsO). Bei der Überschuldung können besondere Arten der Fremdkapitalfinanzierung zu berücksichtigen sein. Dies gilt vor allem für Schuldverschreibungen (→ Rn. 50 ff.) oder Genussrechte[17] (→ Rn. 57). Bei letzteren wird aber typischerweise in den Genussrechtsbedingungen ein Nachrang vereinbart, so dass diese im Rahmen der Überschuldungsprüfung unberücksichtigt bleiben.[18]

4. Der Insolvenzantrag. a) *Das Insolvenzantragsrecht.* Nach § 78 I AktG wird die AG durch den Vorstand vertreten. Mehrere Vorstandsmitglieder vertreten, soweit in der Satzung nichts anderes bestimmt ist, die AG nach § 78 II AktG gemeinschaftlich. Unabhängig davon, wie die Vertretungsbefugnis im Kollegialorgan geregelt ist, bestimmt § 15 I 1 InsO, dass jedes Vorstandsmitglied selbstständig und unabhängig von den anderen die Eröffnung des Insolvenzverfahrens beantragen kann.[19] Wird der Antrag nicht von allen Mitgliedern gestellt, so ist er gemäß § 15 II InsO nur zulässig, wenn der Eröffnungsgrund glaubhaft gemacht wird. Nicht antragsberechtigt sind die Hauptversammlung und die einzelnen Aktionäre, soweit letztere nicht auch zugleich Gläubiger der Gesellschaft sind.[20]

Ein Antragsrecht besteht bei Führungslosigkeit der Aktiengesellschaft auch für jedes Mitglied des Aufsichtsrates (§ 15 I 2 InsO). Das Antragsrecht (bei Führungslosigkeit) besteht allerdings nicht für die Aktionäre, da § 15 Abs. 1 S. 2 Halbs. 2 InsO nicht unabhängig von dessen ersten Halbsatz zu lesen ist und nur eine entsprechende Spezialregelung für die GmbH bzw. die Unternehmergesellschaft enthält.[21] Führungslosigkeit ist gegeben, wenn die Aktiengesellschaft keinen Vorstand hat (§ 78 I 2 AktG – → dazu ausführlich § 92 Rn. 73 ff.).

Neben dem Schuldner steht auch den Gläubigern ein Antragsrecht zu. Zu den Insolvenzgläubigern zählen auch die Gläubiger von Schuldverschreibungen (§§ 793 ff. BGB) (zur Stellung von Schuldverschreibungsgläubigern → Rn. 50 ff.) und von Wandelanleihen, sofern diese das Wandelrecht noch nicht ausgeübt haben.[22] Forderungen aus (einfachen) Genussrechten (→ Rn. 57) zählen ebenso zu den Insolvenzforderungen und berechtigen daher zur Insolvenzantragstellung.[23] Dies gilt auch für sogenannte eigenkapitalähnliche Genussrechte,[24] da bei diesen typischerweise nur ein Nachrang vereinbart wird, der eine Insolvenzantragstellung aber nicht ausschließt. Soweit diese mit einer Nachrangabrede versehen sind, → § 92 Rn. 53 ff. Zur Rücknahme des Antrags → § 92 Rn. 61 ff.

---

[16] Uhlenbruck/Hirte/Vallender/*Hirte*, § 11 Rn. 49.
[17] Vgl. dazu *Bork*, FS Röhricht, 2009, S. 47 ff.; MüKoAktG/*Habersack*, § 221 Rn. 353 am Ende; GroßKommAktG/*Hirte*, § 221 Rn. 429 am Ende; *Stadler*, NZI 2003, 579, 581; Uhlenbruck/Hirte/Vallender/*Uhlenbruck*, § 19 Rn. 113.
[18] *Mock*, NZI 2014, 102, 103; zur fehlenden Auswirkung der Nachrangabrede auf den Insolvenzgrund der Zahlungsunfähigkeit vgl. auch *Bock*, ZIP 2014, 997; *Bitter/Ranhut*, ZIP 2014, 1005.
[19] Vgl. nur MüKonsO/*Klöhn*, § 15 Rn. 7.
[20] Vgl. Uhlenbruck/Hirte/Vallender/*Hirte*, § 11 Rn. 59.
[21] HKInsO/*Kirchhof* § 15 Rn. 6; MüKoInsO/*Klöhn*, § 15 Rn. 14; *Thole*, Gesellschaftsrechtliche Maßnahmen in der Insolvenz, 2014, Rn. 29; *Zabel*, DZWiR 2009, 500, 502 f.; aA aber *Barthel*, ZInsO 2010, 1776, 1779; Uhlenbruck/Hirte/Vallender/*Hirte*, § 15 Rn. 2a.
[22] Uhlenbruck/Hirte/Vallender/*Hirte*, § 11 Rn. 197.
[23] Uhlenbruck/Hirte/Vallender/*Hirte*, § 11 Rn. 197.
[24] GroßKommAktG/*Hirte*, § 221 Rn. 429.

Schließlich gilt nach § 18 III InsO für den Eröffnungsgrund der drohenden Zahlungsunfähigkeit, dass nur derjenige antragsberechtigt ist, der die AG auch gesellschaftsrechtlich nach außen vertreten kann. Dies ist aufgrund der alleinigen Leitungsverantwortung des Vorstands (§ 76 AktG) nur dieser selbst, so dass es auf eine etwaige Zustimmung des Aufsichtsrats oder der Hauptversammlung nicht ankommt.[25] Ein solcher im Außenverhältnis wirkender Zustimmungsvorbehalt kann für den Aufsichtsrat auch nicht nach § 111 IV 2 AktG in der Satzung vorgesehen werden,[26] da Zustimmungsvorbehalte die Vertretungsmacht nur im Innenverhältnis beschränken können. Ein im Außenverhältnis wirkender Zustimmungsvorbehalt ergibt sich für die Hauptversammlung auch nicht aus der *Holzmüller/Gelatine*-Rechtsprechung,[27] da auch diese nur das Innenverhältnis betrifft.[28] Von der Frage der Wirksamkeit der Insolvenzantragstellung im Außenverhältnis ist zudem die Problematik einer möglichen Haftung im Innenverhältnis zu unterscheiden. Dabei kann ein generelles Erfordernis eines Hauptversammlungsbeschlusses[29] ebenso wenig wie das Zustimmungserfordernis des Aufsichtsrates[30] angenommen werden. Auch aus § 92 Abs. 1 AktG ergibt sich nichts anderes, da der Verlust der Hälfte des Grundkapitals in keinerlei (zwingendem) Zusammenhang mit einer drohender Zahlungsunfähigkeit steht und sich Rückschlüsse daher verbieten.[31] Die Zustimmung der Hauptversammlung kann zudem schon allein deshalb nicht bestehen, da die Anforderungen an die Einberufung der Hauptversammlung in der Regel zu einer erheblichen Verzögerung führen, die eine mit der Insolvenzantragstellung wegen drohender Zahlungsunfähigkeit meist verbundene Sanierung – vor allem im Rahmen des Schutzschirmverfahrens (→ Rn. 14) – faktisch unmöglich macht.[32] An dieser Betrachtungsweise hat sich auch durch die durch das ESUG erheblich erweiterten Eingriffsmöglichkeiten in Gesellschafterrechte durch das Insolvenzplanverfahren nichts geändert.[33] Das fehlende Zustimmungserfordernis stellt die Aktionäre schließlich auch nicht völlig schutzlos, da eine verfrühte – also ohne das Vorliegen einer tatsächlichen drohenden Zahlungsunfähigkeit – oder eine ungerechtfertige – etwa beim Fehlen von Sanierungschancen – Insolvenzantragstellung eine Pflichtverletzung des Vorstands bzw. der Überwachungspflichten des Aufsichtsrats darstellt und einen entsprechenden Haftungstatbestand auslöst (→ ausführlich § 92 Rn. 154 ff.). Insgesamt werden die Aktionäre bei der Insolvenzantragstellung wegen drohender Zahlungsunfähigkeit somit in gleichem Umfang wie bei (allgemeinen) wirtschaftlichen Fehlentscheidungen des Vorstands geschützt.

b) *Die Insolvenzantragspflicht.* Nach § 15a I 1 AktG ist der Vorstand verpflichtet, bei Eintritt der Überschuldung oder Zahlungsunfähigkeit ohne schuldhaftes Zögern, spätestens aber innerhalb einer Höchstfrist von drei Wochen den Insolvenzantrag zu stellen. Die Pflicht trifft in einem mehrköpfigen Vorstand jedes einzelne Mitglied. Zum Inhalt der Insolvenzantragspflicht und zur Antragspflicht faktischer Vorstände und konzernlei-

---

[25] Ebenso Jaeger/*Müller*, § 18 Rn. 19; ähnlich *Lutter*, ZIP 1999, 641, 642 (mit einer Unterrichtungspflicht gegenüber dem Aufsichtsrat).
[26] So aber K. Schmidt/*K. Schmidt*, § 18 Rn. 31.
[27] BGHZ 159, 30, 44 f.; BGHZ 83, 122, 131; vgl. dazu allgemein Spindler/Stilz/*Hoffmann*, § 119 Rn. 26 ff.
[28] Spindler/Stilz/*Hoffmann*, § 119 Rn. 51 mwN.
[29] Ebenso K. Schmidt/*K. Schmidt*, § 18 Rn. 31; wohl auch *Kebekus/Zenker*, FS Maier-Reimer, S. 319, 335; aA aber *Roth*, Unternehmerisches Ermessen und Haftung des Vorstands, 2001, S. 247 f.; *Thole*, Gesellschaftsrechtliche Maßnahmen in der Insolvenz, 2014, Rn. 75; Uhlenbruck/Hirte/Vallender/*Uhlenbruck*, § 18 Rn. 27; *Wertenbruch*, DB 2013, 1593, 1594.
[30] AA aber K. Schmidt/*K. Schmidt*, § 18 Rn. 31.
[31] AA aber *Wertenbruch*, DB 2013, 1593, 1594.
[32] So auch *Kebekus/Zenker*, FS Maier-Reimer, 2010, S. 319, 334 f.; dahingehend ebenfalls kritisch K. Schmidt/*K. Schmidt*, § 18 Rn. 31.
[33] Darauf aber abstellend *Wertenbruch*, DB 2013, 1593, 1594.

§ 93 9, 10   Kapitel VII. Besonderheiten der Gesellschaftsinsolvenz

tender Unternehmen → § 92 Rn. 42 ff. Aufgrund der Vereinheitlichung der Insolvenzantragspflicht durch § 15a I InsO im Rahmen des MoMiG beginnt auch bei der Aktiengesellschaft die Frist schon bei Vorliegen eines Insolvenzgrundes zu laufen. § 15a I InsO ist Schutzgesetz nach § 823 II BGB,[34] so dass sich der Vorstand gegenüber den Alt- und Neugläubigern der Gesellschaft schadensersatzpflichtig macht, wenn er den Insolvenzantrag verspätet stellt. Zum Inhalt der Schadensersatzpflicht, → § 92 Rn. 96 ff. und → Rn. 102 ff.

9 Fraglich ist, ob in den Schutzbereich des § 15a I InsO auch die Aktionärserwerber einbezogen sind, die ihre Mitgliedschaft erst nach Eintritt der Insolvenzreife erworben haben. Überwiegend wird dies – mit Blick auf § 199 InsO – abgelehnt;[35] denn die Insolvenzantragspflicht dient dem Schutz der Gläubiger. Hierzu zählen Aktionäre aber grundsätzlich nicht.[36] Anders kann die Rechtslage im Hinblick auf Genussrechtsgläubiger sein. Eine gesetzliche Definition des Genussrechts gibt es nicht, die in der Praxis vorkommende Bandbreite der Genussrechtsarten ist groß.[37] Da der Inhaber eines (einfachen) Genussrechts lediglich schuldrechtliche Ansprüche gegen die AG hat und die Rechtsbeziehung jedenfalls nicht mitgliedschaftsrechtlicher Natur ist,[38] sind Genussrechtsinhaber in den persönlichen Schutzbereich des § 15a I InsO einbezogen.[39] Dies gilt allerdings nicht für den Fall der sogenannten eigenkapitalähnlichen Genussrechte, da bei diesen der mitgliedschaftliche Bezug überwiegt. Daneben haftet der Vorstand im Fall der Pflichtverletzung nach § 93 II AktG auch gegenüber der Gesellschaft.[40]

10 Für die Mitglieder des Aufsichtsrats muss hinsichtlich der Insolvenzantragspflicht unterschieden werden. Grundsätzlich sind diese nicht antragsverpflichtet, da diese bereits in der Regel nicht antragsbefugt sind (→ Rn. 4 f.). Der Aufsichtsrat hat aber in der Krise der Gesellschaft auf die Einhaltung der Pflicht zur Stellung eines Insolvenzantrags durch den Vorstand zu achten. Erhält der Aufsichtsrat von dem Eintritt der Zahlungsunfähigkeit oder der Überschuldung Kenntnis, muss er sich nachdrücklich dafür einsetzen (zu den dabei bestehenden Möglichkeiten → Rn. 12), dass der Vorstand spätestens nach fruchtlosem Ablauf der Höchstfrist von drei Wochen einen Antrag auf Eröffnung des Insolvenzverfahrens stellt.[41] Verstößt der Aufsichtsrat schuldhaft gegen diese Pflicht, können die Aufsichtsratsmitglieder nach §§ 116, 93 II AktG zur Verantwortung gezogen werden.[42] Dabei handelt es sich allerdings um eine Innenhaftung, die aber nach § 93 V AktG auch von den Gläubigern geltend gemacht werden kann. Zudem kommt für die Aufsichtsratsmitglieder eine Gehilfenhaftung nach § 830 II BGB in Betracht, soweit die Vorstandsmitglieder schuldhaft ihre Insolvenzantragspflicht verletzt haben.[43] Schließlich besteht für die Mitglieder des Aufsichtsrats bei Führungslosigkeit

---

[34] Uhlenbruck/Hirte/Vallender/*Hirte*, § 15a Rn. 39 ff.
[35] RGZ 159, 211, 234; siehe auch BGHZ 96, 231, 237 f. = NJW 1986, 837 = ZIP 1986, 14; *Noack*, Rn. 369; aA aber KölnKommAktG/*Mertens/Cahn* Anh § 92 Rn. 36; anders dagegen die Ansicht der hM bei der Genossenschaft, siehe unten Rn. 129. Ebenfalls für eine Erfassung von Neugesellschaftern aber öOGH GesRZ 2007, 266; dazu ausführlich *K. Schmidt* GesRZ 2009, 317 ff.
[36] RGZ 81, 404, 412; aA aber *Ekkenga*, FS *Hadding*, 2004, S. 343, 349 ff.; Uhlenbruck/Hirte/Vallender/*Hirte* § 15a Rn. 59.
[37] Vgl. dazu nur MüKoAktG/*Habersack*, § 221 Rn. 63 ff.; GroßKommAktG/*Hirte*, § 221 Rn. 347 ff.
[38] BGHZ 119, 305, 309 = NJW 1993, 57 = ZIP 1992, 1542; BGHZ 120, 141, 147 = NJW 1993, 400 = ZIP 1992, 1728; *Hüffer*, § 221 AktG Rn. 26.
[39] Uhlenbruck/Hirte/Vallender/*Hirte*, § 15a Rn. 59.
[40] Vgl. *Noack*, Rn. 372 f.
[41] Vgl. dazu *Strohn*, NZG 2011, 1161, 1163.
[42] BGH NZG 2009, 550, 551 = ZIP 2009, 860; BGHZ 75, 96, 107 ff. = NJW 1979, 1823; MüKoAktG/*Spindler*, § 92 Rn. 52; *Hüffer*, § 116 AktG Rn. 9; *Noack*, Der Aufsichtsrat in der Insolvenz der Kapitalgesellschaft, S. 45.
[43] BGHZ 164, 50, 57 = NZG 2005, 886; GroßKommAktG/*Hopt/M. Roth*, § 116 AktG Rn. 313.

der Gesellschaft eine Insolvenzantragspflicht nach § 15a III InsO (zu den Voraussetzungen auch → § 92 Rn. 73 ff.). Die für § 15a III InsO notwendige Unkenntnis vom Vorliegen eines Insolvenzgrundes wird bei Aufsichtsratsmitgliedern in der Regel kaum vorliegen, da für diese die Pflicht zur Überwachung der Geschäftsführung besteht (§ 111 I AktG). Zu den Folgen eines Verstoßes gegen das Zahlungsverbot → Rn. 12.

5. Pflichten des Vorstands und des Aufsichtsrats bis zur Verfahrenseröffnung. Mit Eintritt der Überschuldung bzw. Zahlungsunfähigkeit darf der Vorstand nach § 92 II 1 AktG keine Zahlungen mehr leisten, die mit der Sorgfalt eines ordentlichen und gewissenhaften Geschäftsleiters nicht zu vereinbaren sind (§ 92 II 2 AktG).[44] Verstößt er gegen diese Pflicht, macht er sich gegenüber der Gesellschaft nach § 93 III Nr. 6 AktG schadensersatzpflichtig. Maßgeblicher Zeitpunkt ist dabei die Insolvenzreife und nicht erst das Ende der Insolvenzantragsfrist.[45] Sofern die Vorstandsmitglieder vor und während der Krise allerdings permanent qualifizierte externe Beratung in Anspruch genommen haben, schließt dies in der Regel das Verschulden aus.[46] Zum Inhalt des Anspruchs, siehe ausführlich oben § 92 Rn. 96 ff. und Rn. 102 ff. Zu etwaigen Ansprüchen wegen Pflichtverletzungen vor Eintritt eines Insolvenzgrundes → Rn. 60 ff.

Mit Vorliegen eines Insolvenzgrundes (zu Ansprüchen wegen Pflichtverletzungen vor Eintritt eines Insolvenzgrundes → Rn. 60 ff.) trifft auch den Aufsichtsrat ein erhöhter Pflichtenmaßstab. So hat dieser darauf hinzuwirken, dass der Vorstand keine Zahlungen mehr leistet, die mit der Sorgfalt eines ordentlichen und gewissenhaften Geschäftsleiters nicht vereinbar sind (§ 92 II 2 AktG). Zur Durchsetzung dieses Hinwirkens stehen dem Aufsichtsrat neben einem direkten Gespräch mit dem Vorstand, die Anordnung eines Zustimmungsvorbehalts (§ 111 IV 2 AktG), die Einberufung einer Hauptversammlung (§ 111 III AktG) und schließlich die Abberufung des ihm unzuverlässig erscheinenden Vorstandsmitglied zur Verfügung (§ 84 III 2 AktG). Verstoßen die Aufsichtsratsmitglieder gegen diese Pflicht, haften sie nach §§ 116, 93 III Nr. 6 AktG – nicht aber aufgrund des regelmäßigen Fehlens eines Schadens der Gesellschaft nach §§ 116, 92 II AktG[47] – gegenüber der Gesellschaft auf Ersatz der nach Eintritt der Insolvenzreife geleisteten Zahlungen *(Ersatzanspruch eigener Art).*[48] Mit der Verankerung des Anspruchs in §§ 116, 93 III Nr. 6 AktG statt in §§ 116, 92 II AktG durch die höchstrichterliche Rechtsprechung ist zugleich die Folge verbunden, dass das Bestehen eines Schadens vermutet wird und die Aufsichtsratsmitglieder diese Vermutung nur widerlegen können, womit eine nicht unerhebliche Beweislastverschiebung verbunden ist.[49] Der Anspruch gegen die Aufsichtsratsmitglieder setzt zudem aber auch ein Verschulden *(Überwachungsverschulden)* voraus. Die Beweislast hinsichtlich dieses Verschuldens liegt dabei beim Insolvenzverwalter als Anspruchsteller (§ 93 II 2 AktG analog).[50] Der Insolvenzverwalter muss insofern darlegen, warum das betreffende Aufsichtsratsmitglied Veranlassung gehabt hätte, zur Verhinderung des Schadens einzugreifen. Dieser Beweis kann dann nicht schon dadurch entkräftet werden, dass der Vorstand dem Aufsichtsrat unrichtige Unternehmensabschlüsse vorgelegt hat und der Aufsichtsrat sich auf diese ver-

---

[44] Siehe hierzu GroßKomm/*Habersack*, § 92 AktG Rn. 90 ff.; MüKoAktG/*Spindler*, § 92 Rn. 57 ff.
[45] So nunmehr ausdrücklich BGH NZG 2009, 550, 551 = ZIP 2009, 860 (unter Verweis auf die Rechtslage bei § 64 S. 1 GmbHG); vgl. dazu *Bork*, NZG 2009, 775 f. mit umfangreichen weiteren Nachweisen.
[46] LG Lüneburg ZInsO 2013, 1322, 1323.
[47] BGHZ 187, 60, 63 f. *(Doberlug)* = NZG 2010, 1186; OLG Düsseldorf ZInsO 2013, 85, 86 ff.
[48] BGH NZG 2009, 550, 551 = ZIP 2009, 860; BGHZ 187, 60, 64 *(Doberlug)* = NZG 2010, 1186; vgl. dazu *Strohn*, NZG 2011, 1161, 1167.
[49] *Thiessen*, ZGR 2011, 275, 287 f.; vgl. zum Unterschied der beiden Anspruchsgrundlagen Spindler/Stilz/*Fleischer*, § 93 Rn. 258.
[50] Vgl. *Noack*, FS Goette, 2011, S. 345, 350.

lassen hat, wenn die Unternehmensabschlüsse jedenfalls einer offensichtlichen Plausibilität entbehren.[51] Soweit die Aufsichtsratsmitglieder die Ansprüche erfüllen erhalten sie die der Gesellschaft aus der verbotenen Zahlung zustehenden Rechte gegen Dritte (§ 255 BGB analog), bei denen es sich meist um Anfechtungsansprüche handeln wird.[52] Zudem sind die Aufsichtsratsmitglieder mit den Vorstandsmitgliedern Gesamtschuldner, so dass sich bei einem völligen Überwiegen der Verantwortlichkeit der Vorstandsmitglieder ein entsprechender Regress- oder Freistellungsanspruch der Aufsichtsratsmitglieder ergeben kann.

13   Der Vorstand ist bzw. bleibt bei Vorliegen eines Insolvenzgrundes – neben der Insolvenzantragspflicht – Adressat einer Reihe weiterer Pflichten. Hierzu gehören neben der Masseerhaltungspflicht des § 92 II InsO (→ Rn. 11) und die in § 93 I AktG verankerte Pflicht, für ein ordnungsgemäßes Verhalten der Gesellschaft in ihren Außenbeziehungen zu sorgen, wozu auch die Einhaltung der kapitalmarktrechtlichen Vorschriften gehört (→ Rn. 78 ff.). Dies gilt auch für die Zeit nach Insolvenzantragstellung, soweit nicht das Insolvenzgericht das (Regel-)Insolvenzverfahren eröffnet oder aber im Insolvenzeröffnungsverfahren ein allgemeines Verfügungsverbot und die Bestellung eines vorläufigen Insolvenzverwalters angeordnet hat.[53]

14   **6. Die Aktiengesellschaft im Schutzschirmverfahren (§ 270b InsO).** Auch die AG kann von dem durch das ESUG eingeführte Schutzschirmverfahren nach § 270b InsO Gebrauch machen. Beim Schutzschirmverfahren handelt es sich zwar gesetzessystematisch um eine Regelung zur Eigenverwaltung (zur Eigenverwaltung in der Insolvenz der AG → Rn. 116 ff.). Tatsächlich stellt das Schutzschirmverfahren ein eigenständiges Verfahren dar, das dem Insolvenzverfahren vorgelagert ist.[54] Die Beantragung des Schutzschirmverfahrens liegt dabei in der alleinigen Verantwortung des Vorstands, so dass eine Zustimmung der Hauptversammlung – auch im Fall der Beantragung aufgrund drohender Zahlungsunfähigkeit (→ ausführlich Rn. 7) – nicht erforderlich ist. Zentrale gesellschaftsrechtliche Folge der erfolgreichen Beantragung eines Schutzschirmverfahrens ist die befristete Aussetzung der Insolvenzantragspflicht, da der Insolvenzantrag – in Form des Antrags auf Einleitung eines Schutzschirmverfahrens – bereits gestellt ist.[55] Im Übrigen bleibt die Organisationsverfassung der Aktiengesellschaft auch im Schutzschirmverfahren unberührt, da es sich bei dem auch im Schutzschirmverfahren einzusetzenden (vorläufigen) Sachwalter stets um einen sogenannten schwachen Sachwalter handelt (§§ 270b II, 270a I InsO).[56] Etwas anderes ergibt sich auch nicht aus § 276a InsO, da dieser nur auf die Eigenverwaltung im eröffneten Verfahren Anwendung findet.[57] Allerdings erfährt die Organhaftung nach § 93 AktG eine Verschärfung dahingehend, dass in erhöhtem Maße bei beim Schutzschirmverfahren bestehenden Krisensituation der Gesellschaft Rechnung zu tragen ist, wobei aber auch im Schutzschirmverfahren die *business judgment rule* (§ 93 I 2 AktG) zur Anwendung kommt.[58] Zum Schutzschirmverfahren siehe im Übrigen ausführlich → § 88 Rn. 15 ff.

---

[51] OLG Düsseldorf ZInsO 2013, 85, 87 ff.; enger *Noack*, FS Goette, 2011, S. 345, 350 f.
[52] Vgl. *Thiessen*, ZGR 2011, 275, 288 f.
[53] AA zu Unrecht *Grub/Streit* BB 2004, 1397, 1400. Hier gilt nichts anderes wie für die anderen im öffentlichen Interessen liegenden Pflichten (Erfüllung der Arbeitgeberpflichten, der steuerrechtlichen Pflichten, der Buchführungs- und Bilanzierungspflichten, etc).
[54] Vgl. dazu *Hirte/Knof/Mock*, Das neue Insolvenzrecht nach dem ESUG, S. 57.
[55] *Brinkmann*, DB 2012, 1369; Baumbach/Hueck/*Haas*, § 64 Rn. 67a; *Hirte/Knof/Mock*, Das neue Insolvenzrecht nach dem ESUG, S. 57; wohl auch MüKoInsO/*Klöhn*, § 15a Rn. 132; aA aber *Schmidt/Poertzgen*, NZI 2013, 369, 375; *Siemon/Klein*, ZInsO 2012, 2009, 2011, 2013, 2016.
[56] Dazu *Hirte/Knof/Mock*, Das neue Insolvenzrecht nach dem ESUG, S. 59 f.
[57] Vgl. *Klöhn*, NZG 2013, 81, 84; *Zipperer*, ZIP 2012, 1492, 1494.
[58] Vgl. dazu *Brinkmann*, DB 2012, 1369, 1369 f., aA *Jungmann*, NZI 2009, 80, 85 (allgemein für die Eigenverwaltung).

7. Die Entscheidung über die Verfahrenseröffnung und ihre Folgen. a) *Die* 15
Ablehnung mangels Masse. Wird die Eröffnung des Insolvenzverfahrens mangels einer die
Verfahrenskosten deckenden Masse abgelehnt, so gilt die Gesellschaft mit Rechtskraft
des Beschlusses als aufgelöst (§ 262 I Nr. 4 AktG). Sie ist dann nach den §§ 264ff.
AktG abzuwickeln.[59] Auch während der Zeit der Abwicklung gelten grundsätzlich die
Vorschriften für werbende Gesellschaften, soweit die §§ 264ff. AktG nicht ausdrücklich
etwas anderes anordnen (zB Firmenzusatz iL [§ 269 IV AktG], Angaben auf Geschäftsbriefen [§ 268 IV AktG]). Überwiegender Ansicht nach ist eine Fortsetzung der Gesellschaft nicht möglich.[60] Auch auf eine etwaige Börsennotierung hat die Auflösung der
Gesellschaft keinen unmittelbaren Einfluss (→ Rn. 80ff.). Anstelle der Aktien werden
nunmehr die – kraft Gesetzes – aus den Aktien entstandenen Liquidationsanteilscheine
gehandelt.[61]

b) *Die Verfahrenseröffnung.* aa) *Auswirkungen auf den Rechtsträger.* Die Eröffnung des In- 16
solvenzverfahrens über das Vermögen der AG stellt gemäß § 262 I Nr. 3 AktG einen
Auflösungsgrund dar, der – soweit der Beschluss rechtskräftig ist – von Amts wegen in
das Handelsregister einzutragen ist (§ 263 S. 3 AktG). Der Eröffnungsbeschluss beseitigt
nicht die Rechtspersönlichkeit, dh die Fähigkeit der Gesellschaft, Träger von Rechten
und Pflichten zu sein.[62] Die Gesellschaft ist also nicht sogleich beendet. Der Gesellschaftszweck wird jedoch fortan durch den Insolvenzzweck überlagert. Erhalten bleibt
auch die Kaufmannseigenschaft und die Firma der AG, wobei letztere freilich mit dem
Zusatz „i. L." versehen werden muss (§ 269 IV AktG). Beendet ist die Gesellschaft erst
mit vollständiger Vermögensverteilung durch den Insolvenzverwalter und Löschung
(von Amts wegen) im Handelsregister (§ 394 I 2 FamFG). Im Insolvenzverfahren hat
die AG die Stellung der Gemeinschuldnerin und ist als solche Beteiligte des Insolvenzverfahrens.[63] Für die Auswirkungen der Verfahrenseröffnung auf eine Vor-AG siehe die
entsprechenden Ausführungen zur Vor-GmbH (→ § 92 Rn. 593ff.).

bb) *Auswirkungen auf die Organverfassung.* Durch die Verfahrenseröffnung bleibt die 17
Organverfassung der AG unberührt.[64] Die einzelnen Gesellschaftsorgane bestehen auch
nach der Verfahrenseröffnung unverändert fort.[65] Ihre Rechte und Pflichten sind jedoch
im Hinblick auf den Verfahrenszweck und die Verwaltungs- und Verfügungsbefugnisse
des Insolvenzverwalters weitgehend beschränkt.[66]

(1) *Der Vorstand.* Der Vorstand bleibt – wie andere Organe auch – mit Insolvenzer- 18
öffnung im Amt, ohne dass diese dabei nach § 265 AktG zu Abwicklern werden. Seine
Befugnisse beschränken sich aber darauf, die Rechte und Pflichten der AG als Gemein-

---

[59] *Hüffer,* § 262 AktG Rn. 14.
[60] Vgl. jeweils für die GmbH BGHZ 75, 178, 180 = NJW 1980, 233; BayObLGZ 1993, 341, 342ff.
= NJW 1994, 594; BayObLG NJW-RR 1996, 417, KG OLGZ 1994, 162, 163f. = NJW-RR 1994,
229 = ZIP 1993, 1476; *Hüffer,* § 262 AktG Rn. 14 und 274 Rn. 6; aA aber *Hennrichs,* ZHR 159 (1995),
593, 594ff.
[61] *Schander/Schinogl,* ZInsO 1999, 202ff.; *Hirte,* ZInsO 2000, 127, 130.
[62] Vgl. RGZ 78, 91, 93; RGZ 81, 332, 336; RGZ 127, 198, 200; *Hüffer,* § 264 AktG Rn. 8; Uhlenbruck/Hirte/Vallender/*Hirte,* § 11 Rn. 105.
[63] Vgl. Uhlenbruck/Hirte/Vallender/*Hirte,* § 11 Rn. 105.
[64] Vgl. BGH NJW 1981, 1097, 1098 = ZIP 1981, 178; RGZ 81, 332, 336; OLG München AG
1995, 232; LG Dresden ZIP 1995, 1596, 1597 = DB 1995, 1905; *Weber* ZGR 2001, 422, 424; MüKoAktG/*Hüffer,* § 264 Rn. 41; Uhlenbruck/Hirte/Vallender/*Hirte,* § 11 Rn. 120; KölnKommAktG/*Kraft,*
§ 262 Rn. 50.
[65] BVerwGE 123, 203, 206 = NZI 2005, 510 (so auch schon vorgehend VG Frankfurt ZIP 2004,
469, 471 = ZBB 2004, 258); OLG München AG 1995, 232; *Hüffer,* § 264 AktG Rn. 8; *Noack,* Der
Aufsichtsrat in der Insolvenz, S. 12; Uhlenbruck/Hirte/Vallender/*Hirte,* § 11 Rn. 120.
[66] RGZ 127, 198, 200; RGZ 79, 244, 246; vgl. auch Uhlenbruck/Hirte/Vallender/*Hirte,* § 11
Rn. 121; MüKoAktG/*Hüffer,* § 264 Rn. 41ff.; KölnKommAktG/*Kraft,* § 262 Rn. 50.

schuldnerin als deren Vertretungsorgan wahrzunehmen, das insolvenzfreie Vermögen (→ § 92 Rn. 338) zu verwalten sowie – insbesondere – die ihm nach § 101 InsO obliegenden Verfahrenspflichten zu beachten (→ § 92 Rn. 308 ff.).[67] Schließlich nehmen die Vorstandsmitglieder die Aufgabe von Abwicklern erst bei nach Beendigung des Insolvenzverfahrens noch bestehendem Abwicklungsbedarf wahr.[68] Einer nochmaligen Bestellung zum Abwickler bedarf es dabei nicht (§ 265 I AktG).

19 Wenn die Vorstandsmitglieder nach Eröffnung des Insolvenzverfahrens ihr Amt niederlegen, muss der Aufsichtsrat trotz des eingeschränkten Aufgabenbereiches des Vorstands neben dem Insolvenzverwalter neue Vorstandsmitglieder bestellen. Soweit dies nicht erfolgt, kann der Insolvenzverwalter auch eine gerichtliche Bestellung nach § 85 AktG beantragen.[69] Soweit es sich beim Insolvenzschuldner um eine kapitalmarktorientierte Aktiengesellschaft handelt, ist von einer entsprechenden Pflicht des Insolvenzverwalters auszugehen, da anderenfalls die Erfüllung der kapitalmarktrechtlichen Pflichten (§ 11 WpHG, § 43 BörsG) nicht gewährleistet ist (→ Rn. 78 ff.). Ein bereits vor der Eröffnung des Insolvenzverfahrens eingeleitetes Verfahren auf Bestellung eines Notvorstandes wird durch die Insolvenzeröffnung nicht unterbrochen.[70]

20 Hinsichtlich der Vergütung der Vorstandsmitglieder muss zwischen dem Insolvenzeröffnungsverfahren und dem eröffneten Insolvenzverfahren unterschieden werden. Im Insolvenzeröffnungsverfahren erfolgt die Vergütung des Vorstands nach den allgemeinen (aktienrechtlichen) Vorschriften. Eine Insolvenzgeldvorfinanzierung ist dabei allerdings nicht möglich, da es sich bei den Vorstandsmitgliedern nicht um Arbeitnehmer im Sinne von § 165 SGB III handelt.[71] Allerdings scheidet diese Option aufgrund der Höchstgrenze des Insolvenzgeldes (§§ 167 I, 341 IV SGB III iVm Anlage 2 SGB VI) in der Regel aus. Im eröffneten Insolvenzverfahren gelten die §§ 103 ff. InsO mit der Folge, dass der Insolvenzverwalter die Anstellungsverträge mit der nach § 622 BGB maßgeblichen Frist[72] kündigen (§ 113 InsO) und das Vorstandsmitglied dann entsprechend aufgrund der vorzeitigen Vertragsbeendigung Schadenersatz verlangen kann (§ 113 S. 3 InsO). Dabei sieht § 87 III AktG noch zusätzlich vor, dass der Insolvenzverwalter nur den Schaden ersetzt verlangt werden kann, der in einem Zeitraum von zwei Jahren seit Beendigung des Anstellungsverhältnisses entsteht. Diese Beschränkung gilt aber nur für die Bezüge nach § 87 I AktG und erfasst daher insbesondere nicht Ruhegehälter und verwandte Leistungen (§ 87 I 2 AktG).[73] Für den Insolvenzverwalter bleibt freilich noch die Möglichkeit die Anstellungsverträge aus wichtigem Grund (§ 113 InsO) zu kündigen.[74] Keine Option für den Insolvenzverwalter ist hingegen die Herabsetzung der Vergütung nach § 87 II AktG, da diese Kompetenz auch im Insolvenzverfahren beim Aufsichtsrat liegt.[75] Dabei wird der Aufsichtsrat eine entsprechende Herabsetzung in der Regel vornehmen, da sich seine Mitglieder anderenfalls gegenüber der Gesellschaft nach § 116 S. 3 AktG scha-

---

[67] Vgl. *Hauptmann/Müller-Dott*, BB 2003, 2521, 2522 f.; Uhlenbruck/Hirte/Vallender/*Hirte*, § 11 Rn. 122; MüKoAktG/*Hüffer*, § 264 Rn. 66 ff.; KölnKommAktG/*Kraft*, § 262 Rn. 51; *Maesch*, Corporate Governance in der insolventen Aktiengesellschaft, 2005, S. 82 ff.; *Ott/Brauckmann*, ZIP 2004, 2117, 2120; *Siegelmann*, DB 1967, 1029; siehe auch VG Frankfurt ZIP 2004, 469, 471.
[68] MüKoAktG/*Hüffer*, § 264 Rn. 41.
[69] Das Antragsrecht des Insolvenzverwalters als Beteiligter ergibt sich dabei konsequenterweise aus § 80 InsO.
[70] OLG Köln ZInsO 2002, 834, 835 f. = FGPrax 2002, 264 (für den eingetragenen Verein).
[71] Vgl. nur Brand/*Kühl*, SGB III, § 165 Rn. 14 mit weiteren Nachweisen.
[72] Zur Anwendbarkeit von § 622 BGB auf Vorstandsmitglieder vgl. Uhlenbruck/Hirte/Vallender/*Berscheid*, § 113 Rn. 104 f.; *Undritz/Röger*, InsVZ 2010, 123, 128.
[73] Spindler/Stilz/*Fleischer*, § 87 Rn. 77; *Hüffer*, § 87 Rn. 1, 3; MüKoAktG/*Spindler*, § 87 Rn. 119.
[74] Vgl. BGH GmbHR 2008, 256 (zB fristlose Kündigung wegen Verletzung der Insolvenzantragspflicht).
[75] AA aber *Göcke/Greubel*, ZIP 2009, 2086, 2087 f., die von einer alleinigen Zuständigkeit des Insolvenzverwalters ausgehen. Ebenso *Undritz/Röger*, InsVZ 2010, 123, 125.

denersatzpflichtig machen. Dieser Schadenersatzanspruch fällt dabei in die Masse (→ Rn. 67). Mit der Herabsetzung der Vergütung nach § 87 II AktG reduziert sich dann entsprechend auch der sich nach § 87 III AktG ergebende Betrag. Der Streit über die Rechtmäßigkeit oder die Höhe der Herabsetzung kann im eröffneten Insolvenzverfahren erst nach der Forderungsanmeldung und deren Bestreiten durch den Insolvenzverwalter erfolgen (§ 179 InsO).

Soweit das Vorstandsmitglied schließlich im Rahmen seines nach der Eröffnung des Insolvenzverfahrens noch bestehenden Aufgabenkreises (→ Rn. 23 ff.) tätig wird, hat er auch Anspruch auf Vergütung, die dann eine Masseverbindlichkeit (§ 55 I Nr. 2 InsO) darstellt.[76] Die Höhe bestimmt sich nach dem jeweiligen Anstellungsvertrag des Vorstandsmitglieds, wobei der Aufsichtsrat von der Möglichkeit des § 87 II AktG Gebrauch machen kann.[77] Die fortwährende Wahrnehmung der Aufgaben durch den Vorstand ist insbesondere bei kapitalmarktorientierten Aktiengesellschaften von Bedeutung, da der Vorstand nach § 11 WpHG, § 43 BörsG auch im Insolvenzeröffnungs- und im Insolvenzverfahren die kapitalmarktrechtlichen Pflichten erfüllen muss (→ Rn. 78 ff.). Eine etwaige Karenzentschädigung aus einem vertraglichen Wettbewerbsverbot stellt aber keine Masseschuld dar.[78]

21

Weitgehend ungeklärt ist schließlich die Frage, ob Gehaltszahlungen an Vorstandsmitglieder der Insolvenzanfechtung unterliegen können. Eine Anfechtung wegen kongruenter Deckung (§ 130 InsO) scheitert dabei in der Regel schon an dem Bargeschäftsprivileg. Aber auch eine inkongruente Deckung (§ 131 InsO) muss abgelehnt werden und kann sich insbesondere nicht aus einer tatbestandlichen gegebenen, aber vom Aufsichtsrat noch nicht ausgeübten Herabsetzungsmöglichkeit nach § 87 III AktG ergeben, da insofern die tatsächliche Fälligkeit entscheidend ist.[79] Die fehlende Ausübung kann auch nicht unter § 87 II AktG fallen, da anderenfalls das insofern dem Aufsichtsrat zugewiesene Ermessen bei der Herabersetzung entzogen werden würde.[80] Weitaus schwieriger ist aber die Vorsatzanfechtung (§ 133 InsO) zu beurteilen, zumal die Rechtsprechung für § 133 InsO keine Privilegierung für das bei einer Aktiengesellschaft zwingend notwendige Bestehen eines Vorstands anzunehmen scheint.[81] Ausgeschlossen ist schließlich eine Anfechtung nach § 134 InsO, da die Gehaltszahlung auf dem Anstellungsvertrag des Vorstandsmitglieds basieren.[82]

22

(2) *Der Aufsichtsrat.* Der Aufsichtsrat als Organ, aber auch das Amt der einzelnen Aufsichtsratsmitglieder bleiben nach Eröffnung des Insolvenzverfahrens grundsätzlich erhalten.[83] Nach § 102 I AktG können die Aufsichtsratsmitglieder nicht für längere Zeit als bis zur Beendigung der Hauptversammlung bestellt werden, die über die Entlastung für das vierte Geschäftsjahr nach dem Beginn der Amtszeit beschließt. Findet in der Insolvenz der Gesellschaft keine Hauptversammlung statt, verlängert sich das Amt allerdings nicht automatisch. Vielmehr endet die Zugehörigkeit zum Aufsichtsrat spätestens in dem Zeitpunkt, in dem die Hauptversammlung über die Entlastung für das vierte Geschäftsjahr seit seinem

23

---

[76] K. Schmidt/Lutter/*Seibt*, § 87 Rn. 23.
[77] AA aber *Göcke/Greubel*, ZIP 2009, 2086, 2087 f., die von einer Zuständigkeit des Insolvenzverwalters ausgehen.
[78] BGH NZI 2009, 894 = ZInsO 2009, 2150.
[79] Dazu *Thole/Schmidberger*, BB 2014, 1, 4 f.
[80] Tendenziell auch *Thole/Schmidberger*, BB 2014, 1, 5 f.
[81] In diese Richtung BGH NZI 2012, 246 (*„Da sich die Vermögenslage der Insolvenzschuldnerin im Anfechtungszeitraum weiter verschlechterte, war das Interesse der Gläubiger auch nicht darauf gerichtet, dass der Bekl. seine Tätigkeit als Geschäftsführer unverändert fortsetzte, sondern dass er baldigst nach § 18 InsO Insolvenzantrag stellte."*); dem wohl folgend *Thole/Schmidberger*, BB 2014, 1, 5.
[82] Ebenso *Thole/Schmidberger*, BB 2014, 1, 6.
[83] Vgl. RGZ 81, 332, 337; MüKoAktG/*Hüffer*, § 264 Rn. 41, 62; *Noack*, Rn. 342; GroßKommAktG/*Hopt/Roth/Peddinghaus*, § 102 Rn. 36.

Amtsantritt hätte beschließen müssen.[84] Wird ein Nachfolger vom zuständigen Bestellungsorgan bestellt,[85] gehen die Kosten hierfür nicht zu Lasten der Insolvenzmasse. Dies gilt auch für die Wahl der Arbeitnehmervertreter in den Aufsichtsrat. § 20 III 1 MitbestG findet keine Anwendung.[86] Soweit die erforderliche Anzahl von Aufsichtsratsmitgliedern während des Insolvenzverfahrens nicht aufrechterhalten werden kann, ist eine Bestellung im Wege der gerichtlichen Ersatzbestellung nach § 104 AktG durchzuführen.[87] Das Antragsrecht besteht dabei zunächst für den Vorstand, die Aufsichtsratsmitglieder, die Aktionäre und bei einer mitbestimmten Gesellschaften die in § 104 I 3 Nr. 1–7 AktG genannten Personen. Auch dem Insolvenzverwalter kommt ein Antragsrecht zu.[88]

24   Vor Ablauf der in § 102 AktG, § 6 II MitbestG bezeichneten – in der Regel fünfjährigen – Amtszeit kann die Amtsstellung durch Abberufung enden. In der Insolvenz der AG steht das Abberufungsrecht nicht dem Insolvenzverwalter zu.[89] Vielmehr verbleibt das Recht zur Abberufung der Aufsichtsratsmitglieder der Anteilseigner bei der Hauptversammlung (§ 103 I AktG). Ist das Aufsichtsratsmitglied entsandt worden, bleibt der Entsendeberechtigte abberufungsbefugt (§ 103 II 1 AktG). Das Recht zur Abberufung der Aufsichtsratsmitglieder der Arbeitnehmer richtet sich nach § 23 MitbestG. Vor Ablauf der Amtszeit kann das Aufsichtsratsmitglied auch sein Amt in der Insolvenz der Gesellschaft niederlegen. Der Angabe eines wichtigen Grundes bedarf es hierfür nicht.[90] Die Amtsniederlegung in der Insolvenz erfolgt dabei auch nicht *per se* zur Unzeit,[91] da eine Neubestellung von Aufsichtsratsmitgliedern auch im Insolvenzverfahren ohne weiteres möglich ist.

25   Hinsichtlich der Aufsichtsratsvergütung ist zunächst zu beachten, dass es – anders als beim Vorstand (siehe oben Rn. 20) und beim GmbH-Geschäftsführer – neben der Bestellung grundsätzlich keiner weiteren schuldrechtlichen Beziehung bedarf (zB Geschäftsbesorgungs- oder Dienstvertrag), da sich die Vergütung regelmäßig aus der Satzung, der Geschäftsordnung für den Aufsichtsrat oder aber aus einem Beschluss der Hauptversammlung ergibt (§ 113 I 2 AktG).[92] Mithin kommt eine Kündigung der Vergütungsvereinbarung nicht in Betracht.[93] Auch die §§ 115, 116 InsO sind nicht unmittelbar anwendbar.[94] Aufgrund des geschrumpften Aufgabenbereiches besteht jedoch weitgehend Einigkeit darüber, dass die Aufsichtsratsmitglieder für ihre Tätigkeit nach Eröffnung des Verfahrens keine[95] oder jedenfalls nur eine sehr gerin-

---

[84] BGH NZG 2002, 916 f. = ZIP 2002, 1619; OLG München NZG 2009, 1430; siehe auch *Noack*, Der Aufsichtsrat in der Insolvenz der Kapitalgesellschaften, S. 20.

[85] Da sich bei einer Insolvenz die Zahl der beschäftigten Arbeitnehmer mitunter drastisch ändern kann, ändern sich auch die Schwellenwerte für die Größe und Zusammensetzung des Betriebsrats, siehe zu dieser Problematik *Noack*, Der Aufsichtsrat in der Insolvenz der Kapitalgesellschaften, S. 23.

[86] *Noack*, Der Aufsichtsrat in der Insolvenz der Kapitalgesellschaften, S. 21.

[87] KG ZIP 2005, 1553, 1554 = ZInsO 2005, 991; BayObLGE 23 (1924), A 236, 239; aA aber GroßKommAktG/*Hopt/Roth*, § 104 Rn. 42 mit Hinweis auf ein fehlendes Bedürfnis.

[88] Ebenso *Noack*, Der Aufsichtsrat in der Insolvenz der Kapitalgesellschaften, S. 22.

[89] RGZ 81, 332, 336 ff.; GroßKommAktG/*Hopt/Roth/Peddinghaus*, § 102 Rn. 36; *Noack*, Der Aufsichtsrat in der Insolvenz der Kapitalgesellschaft, S. 18.

[90] *Hüffer*, § 103 AktG Rn. 17; KölnKommAktG/*Mertens*, § 103 Rn. 56; *Hauptmann/Müller-Dott*, BB 2003, 2521, 2525.

[91] Zu dieser Einschränkung der Amtsniederlegung vgl. GroßKommAktG/*Hopt/Roth*, § 103 Rn. 85; Spindler/Stilz/*Spindler*, § 103 Rn. 63.

[92] Auszugehen ist damit insoweit von einem einzigen Rechtsverhältnis, siehe GroßKommAktG/*Hopt/Roth*, § 101 Rn. 91 ff.; MüKoAktG/*Hüffer*, § 264 Rn. 63; *ders.*, § 101 AktG Rn. 2; KölnKommAktG/*Mertens*, § 101 Rn. 7 f.

[93] *Noack*, Der Aufsichtsrat in der Insolvenz der Kapitalgesellschaft, S. 18.

[94] MüKoAktG/*Hüffer*, § 264 Rn. 63; aA aber *Weber*, KTS 1970, 73, 84 (zu § 23 II KO).

[95] Vgl. RGZ 81, 332, 338 f.; GroßKommAktG/*Hopt/Roth/Peddinghaus*, § 102 Rn. 36; MüKoAktG/*Hüffer*, § 264 Rn. 63 (ergänzende Satzungsauslegung); *Hauptmann/Müller-Dott*, BB 2003, 2521, 2525; siehe auch *Noack*, Rn. 342; Uhlenbruck/Hirte/Vallender/*Hirte*, § 11 Rn. 188.

ge[96] Vergütung mehr beanspruchen können. Rückständige Bezüge der Aufsichtsratsmitglieder, die sich auf die Zeit vor Insolvenzeröffnung beziehen, begründen einfache Insolvenzforderungen.[97] Für das Schicksal zusätzlicher Dienst-, Werk- oder Geschäftsbesorgungsverträge zwischen einzelnen Aufsichtsratsmitgliedern und der Gesellschaft gelten die allgemeinen insolvenzrechtlichen Bestimmungen in den §§ 103 ff. InsO.[98] Unabhängig von der Vergütung ist schließlich der Auslagenersatz für Aufsichtsratsmitglieder zu beurteilen.[99] Soweit es sich um Ansprüche für Auslagenersatz für die Zeit vor der Eröffnung des Insolvenzverfahrens handelt, sind dies einfache Insolvenzforderungen. Bei den Auslagen, die für Tätigkeiten nach der Eröffnung des Insolvenzverfahrens entstehen, handelt es sich hingegen um Massekosten. Voraussetzung ist dafür allerdings, dass diese Auslagen für die Erbringung der im Insolvenzverfahren beim Aufsichtsrat verbliebenen Aufgaben (→ Rn. 23) auch tatsächlich erforderlich sind, was die Auslagen in der Regel auf einen relativ geringen Betrag reduzieren wird.

Der Aufgabenbereich des Aufsichtsrates wird durch die Eröffnung des Insolvenzverfahrens nachhaltig verändert.[100] Hinsichtlich der Amtsführung durch den Insolvenzverwalter hat der Aufsichtsrat weder ein Mitsprache- oder Zustimmungsrecht nach § 111 IV 2 AktG, noch ein Beratungs- oder ein Kontroll- bzw. Informationsrecht.[101] Allerdings bleibt die Aufsichts- und Kontrollfunktion des Aufsichtsrats hinsichtlich der Aufgaben des Vorstands bestehen, die dieser neben dem Insolvenzverwalter noch ausübt.[102] Zuständig bleibt der Aufsichtsrat auch zur Bestellung und Abberufung von Vorstandsmitgliedern.[103] § 265 AktG, wonach die Bestellungs- und Abberufungskompetenz im gesellschaftsrechtlichen Liquidationsverfahren bei der Hauptversammlung liegt, findet aufgrund des § 264 AktG keine Anwendung. Von der Personalkompetenz des Aufsichtsrats nicht erfasst – weil masserelevant – ist das Anstellungsverhältnis zwischen der Gesellschaft und den einzelnen Vorstandsmitgliedern.[104] Eingriffe in diese Rechtsverhältnisse sind dem Insolvenzverwalter vorbehalten (→ § 92 Rn. 292 ff.). Dies gilt allerdings nicht für eine etwaige Herabsetzung der Vergütung nach § 87 II AktG (→ Rn. 21). Abschließen kann der Aufsichtsrat einen Anstellungsvertrag nur zu Lasten eines evtl. vorhandenen insolvenzfreien Vermögens. § 112 AktG, wonach der Aufsichtsrat die Gesellschaft gegenüber dem Vorstand vertritt, wird weitgehend durch die Zuständigkeiten des Insolvenzverwalters verdrängt. Dies gilt insbesondere für Streitigkeiten aus dem Anstellungsverhältnis. Hinsichtlich der Vertretungsbefugnis bei Beschlussmängelstreitigkeiten ist danach zu differenzieren, ob diese masserelevant sind oder nicht (→ § 92 Rn. 320 ff.).[105] Soweit dies der Fall ist, vertritt der Insolvenzverwalter die Gesellschaft alleine. Hinsichtlich der (Mitwirkungs-)Befugnisse in Bezug auf den Jahresabschluss, → § 92 Rn. 313. Zur Haftung des Aufsichtsrats → Rn. 71 a f.

Nach § 101 InsO finden die Auskunfts- und Mitwirkungspflichten des Schuldners (§ 97 InsO) auf die „Mitglieder des Vertretungs- und Aufsichtsorgans" entsprechende

---

[96] So vor allem *Noack*, Der Aufsichtsrat in der Insolvenz der Kapitalgesellschaft, S. 18 f.
[97] *Noack*, Rn. 67; Uhlenbruck/Hirte/Vallender/*Hirte*, § 11 Rn. 188.
[98] *Noack*, Der Aufsichtsrat in der Insolvenz der Kapitalgesellschaft, S. 18 f.
[99] Dazu ausführlich *Fonk*, NZG 2009, 761 ff.
[100] *Hauptmann*/*Müller-Dott*, BB 2003, 2521, 2525; MüKoAktG/*Hüffer*, § 264 Rn. 72; *Robrecht*, DB 1968, 471, 472.
[101] MüKoAktG/*Hüffer*, § 264 Rn. 45; KölnKommAktG/*Kraft*, § 262 Rn. 41; *Maesch*, Corporate Governance in der insolventen Aktiengesellschaft, 2005, S. 129 ff.; *Noack*, Der Aufsichtsrat in der Insolvenz der Kapitalgesellschaften, S. 27.
[102] *Hauptmann*/*Müller-Dott* BB 2003, 2521, 2525; MüKoAktG/*Hüffer*, § 264 Rn. 72.
[103] OLG Nürnberg NJW-RR 1992, 230 = ZIP 1991, 1020; *Weber*, KTS 1970, 73, 81; GroßKommAktG/*Hopt*/*Roth*/*Peddinghaus*, § 102 Rn. 36; MüKoAktG/*Hüffer*, § 264 Rn. 72; *Noack*, Der Aufsichtsrat in der Insolvenz der Kapitalgesellschaften, S. 24 f.
[104] AA aber GroßKommAktG/*Hopt*/*Roth*/*Peddinghaus*, § 102 Rn. 36.
[105] Siehe auch *Noack*, Der Aufsichtsrat in der Insolvenz der Kapitalgesellschaften, S. 26.

Anwendung. Zum Inhalt der Pflichten → § 92 Rn. 308 ff. Entsprechende Anwendung auf Aufsichtsratsmitglieder finden auch die §§ 98, 99 InsO. Durch Amtsniederlegung im Vorfeld der Insolvenzeröffnung kann sich das Aufsichtsratsmitglied allenfalls der Verpflichtung aus § 97 II und III InsO entziehen (§ 101 I 2 InsO). Für die Erfüllung dieser verfahrensrechtlichen Pflichten kann das Aufsichtsratsmitglied keine Vergütung verlangen. Ob und inwieweit das Aufsichtsratsmitglied für die Erfüllung der Auskunfts- und Mitwirkungspflichten Aufwendungsersatz verlangen kann, ist umstritten (→ Rn. 26).[106]

28 (3) *Die Hauptversammlung.* Auch die Hauptversammlung bleibt im Insolvenzverfahren über das Vermögen der Gesellschaft als Organ bestehen. Für die Einberufung bleibt der Vorstand aufgrund der Masseneutralität zuständig (§ 121 II AktG).[107] Allerdings wird in der Regel eine Abstimmung mit dem Insolvenzverwalter notwendig sein, da nur dieser die Masse für die Kosten der Hauptversammlung heranziehen kann.[108] Etwas anderes gilt nur dann, wenn bei der Aktiengesellschaft insolvenzfreies Vermögen besteht.

29 Die Zuständigkeiten werden durch die des Insolvenzverwalters aufgrund der fehlenden Kompetenz der Hauptversammlung in masserelevanten Angelegenheiten verdrängt (→ § 92 Rn. 325 f.). Dies gilt aber nicht hinsichtlich (masseneutraler) Satzungsänderungen (→ § 92 Rn. 320 ff.).[109] Die Satzungsänderungen dürfen aber nicht dem Zweck des Insolvenzverfahrens zuwiderlaufen, womit insbesondere die Änderung des Unternehmensgegenstandes faktisch ausgeschlossen ist.[110] Unberührt von der Eröffnung des Insolvenzverfahrens bleibt auch die Kompetenz der Hauptversammlung zur Wahl von Aufsichtsratsmitgliedern.[111] Keine Anwendung im Insolvenzverfahren findet allerdings § 179a AktG, da es in der Insolvenz insoweit keines Schutzes der Aktionäre bedarf.[112] Für die Durchführung von Kapitalmaßnahmen → Rn. 46 ff. Hinsichtlich der Kompetenz zur Bestellung des Abschlussprüfers → § 92 Rn. 329.

30 Das Auskunftsrecht des Aktionärs nach § 131 AktG besteht auch bei einer Hauptversammlung während des Insolvenzverfahrens, wobei allerdings die Einschränkung besteht, dass der insofern verpflichtete Vorstand aufgrund des Übergangs der Verwaltungs- und Verfügungsbefugnis auf den Insolvenzverwalter nur einen eingeschränkten Einsichtsbereich hat.[113]

31 Grundsätzlich ist auch die Anordnung einer Sonderprüfung (§§ 142 ff., 258 ff. AktG) und die Bestellung eines besonderen Vertreters zur Geltendmachung von Ersatzansprüchen (§ 147 II 1 AktG) noch möglich, erfordert aufgrund der Begründung von Masseverbindlichkeiten in Form der Vergütung und Auslagenersatz aber die Zustimmung des Insolvenzverwalters, soweit die Kosten nicht von einem Aktionär oder dem insolvenzfreien Vermögen übernommen werden.[114] Da der Insolvenzverwalter zum einen aufgrund des Auskunftsrechts aus § 101 InsO etwaige Vorgänge selbst untersuchen und zum anderen aufgrund von § 80 InsO die Geltendmachung der Ersatzansprüche auch

---

[106] *Noack,* Der Aufsichtsrat in der Insolvenz der Kapitalgesellschaften, S. 36.
[107] OLG Düsseldorf NZI 2013, 504, 505; Uhlenbruck/Hirte/Vallender/*Hirte,* § 11 Rn. 123; *Lau,* Die börsennotierte Aktiengesellschaft in der Insolvenz, S. 108 f.
[108] MüKoAktG/*Hüffer,* § 264 Rn. 71; aA aber *Uhlenbruck,* NZI 2007, 313, 314 f., der anscheinend von einer Masseverbindlichkeit ausgeht.
[109] MüKoAktG/*Hüffer,* § 264 Rn. 79.
[110] Spindler/Stilz/*Holzborn,* § 179 Rn. 25; MüKoAktG/*Stein,* § 179 Rn. 74.
[111] OLG Düsseldorf NZI 2013, 504, 505; MüKoAktG/*Hüffer,* § 264 Rn. 79; *Noack,* Der Aufsichtsrat in der Insolvenz der Kapitalgesellschaften, S. 28; *Maesch,* Corporate Governance in der insolventen Aktiengesellschaft, 2005, S. 133 f.
[112] Spindler/Stilz/*Holzborn,* § 179a Rn. 12; *Maesch,* Corporate Governance in der insolventen Aktiengesellschaft, 2005, S. 141; MüKoAktG/*Stein,* § 179a Rn. 13.
[113] *Lau,* Die börsennotierte Aktiengesellschaft in der Insolvenz, S. 110; *K. Schmidt,* AG 2006, 597, 604.
[114] Spindler/Stilz/*Mock* § 142 Rn. 64; aA aber GroßKommAktG/*Bezzenberger,* § 142 Rn. 22; *Jänig,* WPg 2005, 761, 771 f.

selbst betreiben kann, wird er diesen Maßnahmen regelmäßig nicht zustimmen, zumal er auch selbst Dritte mit diesen Maßnahmen betrauen kann. Der verpflichtende Hauptversammlungsbeschluss nach § 147 I AktG ist zudem ohne Bedeutung, da nur noch der Insolvenzverwalter die Ersatzansprüche geltend machen kann,[115] soweit nicht insolvenzfreies Vermögen vorhanden ist oder eine masseneutrale Form der Prozessfinanzierung gefunden wird.

Die Hauptversammlung kann auch noch eine Entlastung nach § 120 AktG erteilen, da diese keine Auswirkungen auf etwaige Ersatzansprüche hat (§ 120 II 2 AktG). Die Zustimmung zu einem Verzicht oder einem Vergleich nach § 93 IV 3 AktG kann ebenfalls noch erteilt werden, allerdings geht die Kompetenz zur Vornahme eines Verzichts oder Vergleichs mit der Eröffnung des Insolvenzverfahrens auf den Insolvenzverwalters nach § 80 InsO über, der dann insofern tätig werden muss. Aufgrund des Übergang des Gläubigerverfolgungsrechts nach § 93 V 4 AktG auf den Insolvenzverwalter und der dabei fehlenden Beschränkung durch § 93 IV 3 AktG (→ Rn. 68) wird davon allerdings praktisch selten Gebrauch gemacht werden. **32**

Die Insolvenz lässt zudem auch das Beschlussmängelrecht unberührt, so dass Hauptversammlungsbeschlüsse auch während des Insolvenzverfahrens angefochten werden können.[116] Die Klage ist dabei nur dann – in Abweichung von § 246 I AktG – gegen den Insolvenzverwalter zu richten, wenn die Insolvenzmasse durch das Verfahren betroffen ist.[117] Dies ist nicht schon aufgrund der Tatsache anzunehmen, dass die Gesellschaft bei einer erfolgreichen Anfechtungsklage die Kosten des Verfahrens (§ 91 ZPO) tragen muss.[118] Laufende Verfahren werden aufgrund der Stellung der Aktiengesellschaft als Anfechtungsgegner (§ 246 II 1 AktG) durch die Eröffnung des Insolvenzverfahrens nach § 240 ZPO nur unterbrochen, wenn der Hauptversammlungsbeschluss auch die Insolvenzmasse betrifft.[119] Auch in diesem Zusammenhang kann dies nicht schon aufgrund von § 91 ZPO angenommen werden. Ein Betreffen der Insolvenzmasse im Sinne von § 240 ZPO muss dabei sowohl bei einer potentiellen Vergrößerung als auch eine Verringerung der Masse angenommen werden.[120] Von der Frage der Unterbrechung ist die Frage nach dem weiteren Schicksal des Anfechtungsprozesses zu trennen. Die dafür in den §§ 85 f. InsO vorgesehenen Regelungen passen nicht auf das Beschlussmängelrecht, so dass nur eine Aufnahme nach den aktienrechtlichen Regelungen (§ 246 II 2 AktG) im Zusammenhang mit § 80 InsO in Betracht kommt. Daher spielt es auch keine Rolle, ob die Masse durch die Anfechtungsklage vergrößert oder verringert wird.[121] Schließlich gilt bei börsennotierten Aktiengesellschaften die Bekanntmachungspflicht bei Anfechtungsklagen nach § 248a AktG auch im Insolvenzverfahren (§ 11 WpHG analog). **33**

---

[115] *Maesch*, Corporate Governance in der insolventen Aktiengesellschaft, 2005, S. 141.
[116] RGZ 76, 244, 245; BGHZ 32, 114, 121 = NJW 1960, 1006; K. Schmidt/Lutter/*Schwab*, § 246 Rn. 15.
[117] RGZ 75, 244, 249 f.; BGHZ 32, 114, 121 f. = NJW 1960, 1006; MüKoAktG/*Hüffer*, § 264 Rn. 54; MüKoAktG/*ders.*, § 246 Rn. 49; *Thole*, Gesellschaftsrechtliche Maßnahmen in der Insolvenz, 2014, Rn. 91; aA aber K. Schmidt/Lutter/*Schwab*, § 246 Rn. 15, der den Insolvenzverwalter stets als richtigen Beklagten betrachtet.
[118] So aber K. Schmidt/Lutter/*Schwab*, § 246 Rn. 15.
[119] BGH NZG 2011, 1147; OLG Düsseldorf NZG 2013, 875; GroßKommAktG/*K. Schmidt*, § 246 Rn. 90.
[120] OLG Düsseldorf NZG 2013, 875 (Durchführung eines Kapitalschnitts); aA aber BGH NZG 2011, 1147, wonach eine Vergrößerung nicht zur Unterbrechung führen soll.
[121] Im Ergebnis ebenso *Karsten Schmidt*, FS Kreft, S. 503, 518 ff.; wohl auch Karsten Schmidt/Lutter/*Schwab*, AktG, § 246 Rn. 15; aA aber BGH NZG 2011, 1147, der allerdings schon nicht zwischen Unterbrechung und Fortführung unterscheidet. Ebenfalls diese Unterscheidung nicht vornehmend bzw. eine Anwendung der allgemeinen insolvenzrechtlichen Vorschriften präferierend RGZ 76, 244, 249 f.; LG Hamburg ZIP 2009, 686, 687; KPB/*Lüke*, InsO, § 85 Rn. 17a; Uhlenbruck/Hirte/Vallender/*Uhlenbruck*, § 85 Rn. 53; MüKoInsO/*Schumacher*, § 85 Rn. 39; MüKoAktG/*Hüffer*, § 246 Rn. 49.

34 (4) *Sonstige Organe.* Die Rechtsstellung der sonstigen Organe der Aktiengesellschaft wird durch die Eröffnung des Insolvenzverfahrens ebenso wenig berührt. Dies gilt zunächst für den bereits bestellten Sonderprüfer, bei dem allerdings der Insolvenzverwalter durch eine entsprechende Ausübung des Wahlrechts nach § 103 InsO den Prüfungsvertrag beenden kann, wodurch der Sonderprüfer in der Regel auch sein Amt niederlegen wird.[122] Auch die (Organ-)Stellung[123] des besonderen Vertreters nach § 147 I AktG wird durch die Eröffnung des Insolvenzverfahrens nicht berührt, sondern ruht nur für die Dauer des Insolvenzverfahrens.[124] Allerdings wird es auch in diesem Zusammenhang regelmäßig zur Amtsniederlegung durch den besonderen Vertreter kommen. Schließlich wird auch die Rechtsstellung des – für die Geschäftsjahre vor Eröffnung des Insolvenzverfahrens bestellten – Abschlussprüfers durch die Eröffnung des Insolvenzverfahrens nicht berührt (§ 155 III 2 InsO).

35 (5) *Der Aktionär.* Durch die Eröffnung des Insolvenzverfahrens bleibt die Rechtsstellung des Aktionärs im Grundsatz unberührt. Daher kann er auch die ihm zustehenden Verwaltungs- und Vermögensrechte grundsätzlich noch ausüben. Für die sich durch das Insolvenzverfahren dabei ergebenden Einschränkungen muss zwischen beiden Rechten unterschieden werden. Diese Unterscheidung ist insbesondere deshalb notwendig, weil der Aktionär der Aktiengesellschaft im Insolvenzverfahren neben seiner Aktionärsstellung dieser auch als Gläubiger gegenübertreten kann.

36 *(i) Verwaltungsrechte.* Die Aktionäre können daher auch noch nach Eröffnung des Insolvenzverfahrens die Einberufung einer Hauptversammlung nach § 122 AktG verlangen. Bei den dafür anfallenden Kosten nach § 122 IV AktG sowie bei den Gerichtskosten handelt es sich um Masseverbindlichkeiten.[125] Das Auskunftsrecht des Aktionärs gegenüber dem Vorstand auf der Hauptversammlung nach § 131 AktG wird durch die Eröffnung des Insolvenzverfahrens über das Vermögen der Gesellschaft nicht berührt. Allerdings kann die Insolvenzmasse selbst nur insoweit Gegenstand des Auskunftsverlangens sein, als der Vorstand vom Insolvenzverwalter über dieses unterrichtet wird. Die gerichtliche Beantragung einer Sonderprüfung ist während der Dauer des Insolvenzverfahrens nicht möglich (zur Anordnung einer Sonderprüfung durch Beschlussfassung auf der Hauptversammlung siehe oben Rn. 31). Allerdings kann der Aktionär nach Beendigung des Insolvenzverfahrens sowohl in der Hauptversammlung (§ 142 I AktG) als auch gerichtlich (§ 142 II AktG) eine Sonderprüfung beantragen, die sich aber nicht auf die Tätigkeit des Insolvenzverwalters beziehen kann.[126]

37 Ein durch Aktionäre eingeleitetes Klagezulassungsverfahren (§ 148 AktG) wird durch die Eröffnung des Insolvenzverfahrens nicht nach § 240 ZPO unterbrochen, da die Gesellschaft in diesem Verfahren nur Beigeladene ist.[127] Allerdings kann der Insolvenzverwalter selbst Klage erheben (§ 80 InsO) und damit das anhängige Klagezulassungsverfahren unzulässig werden lassen (§ 148 III 1 Hs. 2 AktG). Diese Grundsätze gelten auch für ein durch die Aktionäre angestrengtes Klageverfahren (§ 148 III 1 Hs. 2 AktG).[128] Schließlich ruhen auch die konzernrechtlichen Klagerechte der Aktionäre (§§ 309 IV, 310 IV, 317 IV, 318 IV AktG) während des Insolvenzverfahrens.[129] Soweit es sich um eine börsennotierte Aktiengesellschaft (→ Rn. 79 ff.) handelt, muss der Antrag auf Zu-

---

[122] Spindler/Stilz/*Mock* § 142 Rn. 65.
[123] BGH NZG 2011, 1383; vgl. auch Spindler/Stilz/*Mock* § 147 Rn. 66 mwN.
[124] BGH NJW 1981, 1097, 1098 = ZIP 1981, 178.
[125] OLG Düsseldorf NZI 2013, 504, 506.
[126] Spindler/Stilz/*Mock* § 142 Rn. 66.
[127] Spindler/Stilz/*Mock* § 148 Rn. 110; vgl. ausführlich *Mock*, ZInsO 2010, 2013 ff.
[128] *Mock*, ZInsO 2010, 2013, 2014.
[129] K. Schmidt/Lutter/*Langenbucher*, § 309 Rn. 37.

lassung der Klage und die Verfahrensbeendigung unverzüglich in den Gesellschaftsblättern bekannt gemacht werden (§ 149 I AktG). Diese Verpflichtung gilt auch in der Insolvenz der Aktiengesellschaft (§ 11 WpHG analog).

(ii) Vermögensrechte. Die Vermögensrechte des Aktionärs sind während der Dauer des **38** Insolvenzverfahrens ohne Bedeutung, da diese – etwa in Form des mitgliedschaftlichen Anspruchs auf den Bilanzgewinn – nicht mehr entstehen können. Problematisch ist aber, wie mit bereits entstandenen Vermögensrechten in der Insolvenz der Aktiengesellschaft verfahren werden soll. Dies gilt vor allem für den bereits vor der Eröffnung des Insolvenzverfahrens entstandenen Anspruch auf die Dividende (§ 58 IV AktG). Dabei handelt es sich zwar um eine reguläre Forderung, allerdings kann dieser Anspruch im Insolvenzverfahren nicht als einfache Insolvenzforderung behandelt werden,[130] da es sich letztlich um Ansprüche handelt, die aus dem Eigenkapital der Aktiengesellschaft fließen, das im Insolvenzverfahren vorrangig den Gläubigern zur Verfügung stehen muss (arg. § 199 InsO) Dies ergibt sich zunächst vor allem daraus, dass eine Durchsetzung der Gewinnansprüche gegen die Gesellschaft außerhalb des Insolvenzverfahrens durch die Treuepflicht der Gesellschafter ausgeschlossen sein kann.[131] Wenn die Gesellschaft etwa nach der Beschlussfassung der Hauptversammlung über die Gewinnverwendung massiven Verlusten ausgesetzt ist, kann die Durchsetzung des dann schon bestehenden Gewinnauszahlungsanspruchs ausgeschlossen sein. Dies wird nach herrschender Meinung bereits für den Fall angenommen, dass die Verluste etwaige Rücklagen aufzehren und sogar das Grundkapital angreifen.[132] Auch aus der mit der Begründung des Dividendenanspruchs entstehenden Verkehrsfähigkeit des Anspruchs kann eine Behandlung als einfache Insolvenzforderung nicht abgeleitet werden.[133] Soweit der Gesellschafter seinen Gewinnauszahlungsanspruch abgetreten hat, kann der Durchsetzung als einfaches Gläubigerrecht nichts entgegenstehen. Die Durchsetzung wäre insofern nur ausgeschlossen, wenn der Anspruch noch nicht abgetreten wurde. Aktionäre sind hinsichtlich ihres Dividendenanspruchs daher nur als nachrangige Insolvenzgläubiger am Insolvenzverfahren beteiligt.[134] Diese Grundsätze gelten ebenso für den Vorzugsaktionär hinsichtlich des nachzuzahlenden Vorzugs.[135] Insofern handelt es sich bei den Nachzahlungsansprüchen um letztrangige Insolvenzforderungen (§ 39 I Nr. 5 InsO).[136] Davon unberührt bleibt allerdings das Vorzugsrecht als solches, so dass dieses etwa nach der Beendigung des Insolvenzverfahrens weiterbesteht, soweit der Insolvenzplan dazu keine abweichende Regelung trifft. Zur Behandlung von Vermögensrechten im Insolvenzplan → Rn. 113 ff.

Weiterhin stellt auch das bereits entstandene Bezugsrecht der Aktionäre ein einfaches **39** Gläubigerrecht in Form eines Anspruchs auf Abschluss eines Zeichnungsvertrages dar.[137] Dieses kann allerdings nicht selbst zur Tabelle angemeldet werden, sondern be-

---

[130] So vor allem GroßKommAktG/*Henze*, § 58 Rn. 102; zustimmend MüKoAktG/*Bayer*, § 58 Rn. 118; aA aber KölnKommAktG/*Lutter*, § 58 Rn. 101.

[131] So vor allem GroßKommAktG/*Henze*, § 58 Rn. 102; zustimmend MüKoAktG/*Bayer*, § 58 Rn. 116; aA aber K. Schmidt/Lutter/*Fleischer*, § 58 Rn. 48.

[132] MüKoAktG/*Bayer*, § 58 Rn. 117; GroßKommAktG/*Henze*, § 58 Rn. 101; ebenso – jedenfalls für den Fall der Nichtigkeit des Bilanzfeststellungsbeschlusses und des Gewinnverwendungsbeschlusses beim Verstoß des Jahresabschlusses gegen zwingende Vorschriften des Jahresabschlusses – OLG Hamm AG 1992, 233.

[133] Ebenso MüKoAktG/*Bayer*, § 58 Rn. 116.

[134] MüKoAktG/*Bayer*, § 58 Rn. 118; aA K. Schmidt/Lutter/*Fleischer*, § 58 Rn. 48; KölnKommAktG/*Lutter* § 58 Rn. 101.

[135] Dazu ausführlich Hirte/*Mock*, ZInsO 2009, 1129, 1132 f.; zustimmend BGHZ 185, 206, 210 ff. = NZI 2010, 603; aA *Madaus*, ZIP 2010, 1214 ff.

[136] BGHZ 185, 206, 210 ff. = NZI 2010, 603.

[137] Zur Entstehung des Bezugsrechts als selbstständiges Gläubigerrecht vgl. *Butzke*, liber amicorum Winter, 2011, S. 59, 63 ff.

darf einer vorherigen Umrechnung in einen Geldbetrag (§ 45 InsO). Voraussetzung dafür ist allerdings, dass das Bezugsrecht als Anspruch bereits wirksam entstanden ist, was die Abgabe einer Bezugserklärung erfordert, ohne dass diese dabei aber vor der Eröffnung des Insolvenzverfahrens abgegeben sein worden muss. Die Geltendmachung eines Bezugsrechts wird in der Regel aber nicht stattfinden, da das Bezugsrecht meist einen negativen Wert haben wird. Soweit schließlich vor der Eröffnung des Insolvenzverfahrens bereits ein Zeichnungsvertrag zwischen der AG und dem Aktionär geschlossen, dieser aber noch nicht erfüllt wurde, kann der Insolvenzverwalter das Wahlrecht nach § 103 InsO ausüben, soweit die AG selbst über Aktien verfügt, die zur Erfüllung eingesetzt werden können. Allerdings gilt zu beachten, dass die Aktionäre sich in der Regel mit Eröffnung des Insolvenzverfahrens nach § 313 BGB von den Zeichnungsverträgen lösen können,[138] so dass das Wahlrecht nach § 103 InsO vom Insolvenzverwalter meist nicht ausgeübt werden kann.

40 Eine Sonderproblematik stellt schließlich die Behandlung kapitalmarktrechtlicher Schadenersatzansprüche im Insolvenzverfahren dar (→ Rn. 112).

41 *(iii) Ansprüche aus Konzernverhältnissen.* Für Ansprüche von Aktionären aufgrund von Umwandlungs- und Konzernierungsmaßnahmen muss nach der Art der Ansprüche unterschieden werden. Abfindungsansprüche stellen einfache Insolvenzforderungen dar.[139] Für Ausgleichsansprüche gilt hingegen, dass diese aufgrund der automatischen Beendigung des Unternehmensvertrages bei Eröffnung des Insolvenzverfahrens wegfallen.[140]

42 Hinsichtlich der Auswirkungen eines anhängigen Spruchverfahrens kommt es zunächst darauf an, ob der Insolvenzschuldner überhaupt Partei des Spruchverfahrens ist. Soweit dies – wie etwa bei der Insolvenz eines anhängigen Unternehmens eines Unternehmensvertrages – nicht der Fall ist, hat die Eröffnung des Insolvenzverfahrens keinerlei Auswirkungen. Ist der Schuldner hingegen Anspruchsschuldner des dem Spruchverfahren zugrundeliegenden Anspruchs führt die Eröffnung des Insolvenzverfahrens immer zur Unterbrechung des Spruchverfahrens nach § 240 ZPO.[141] Dies gilt auch für den Fall der Bestimmung von Abfindungs- und Ausgleichsansprüchen im Rahmen von Unternehmensverträgen.[142] Denn auch wenn das Spruchverfahren zu einer rückwirkenden Änderung des Unternehmensvertrages führt, bleibt ein Massebezug – ebenso wie bei jeder anderen Streitigkeit über die Bestimmung der Forderungshöhe eines vertraglichen Anspruchs – dennoch bestehen. Somit wird auch in diesem Fall der Insolvenzverwalter nicht kraft Amtes anstelle der Gesellschaft zum Beteiligten des Spruchverfahrens. Vielmehr wird das Spruchverfahren nur dann aufgenommen, wenn der Insolvenzverwalter oder die Gläubiger der Forderungsanmeldung der jeweils Anspruchsberechtigten widersprechen (§§ 87, 180 II InsO),[143] was für die Abfindungs- und Ausgleichsansprüche im Rahmen eines Unternehmensvertrages in der Regel der Fall sein wird, da die Anspruchsberechtigten die Höhe des (unternehmens-)vertraglich

---

[138] *Götze,* ZIP 2002, 2204, 2207 f.; Uhlenbruck/Hirte/Vallender/*Hirte,* § 11 Rn. 194; K. Schmidt/ Lutter/*Veil,* § 182 Rn. 47; aA *H. F. Müller,* ZGR 2004, 842, 853 ff.; Spindler/Stilz/*Servatius* § 182 Rn. 71.
[139] GroßKommAktG/*Hasselbach/Hirte,* § 305 Rn. 37.
[140] BGHZ 103, 1, 6 f. = NJW 1988, 1326; wohl auch GroßKommAktG/*Hasselbach/Hirte,* § 304 Rn. 61 ff.
[141] Emmerich/Habersack/*Emmerich,* § 11 SpruchG Rn. 17; KölnKommSpruchG/*Puszkajler,* § 11 Rn. 57; *Stürner,* FS Uhlenbruck, 2000, S. 669, 673 ff.; *Wittgens,* Spruchverfahrensgesetz S. 234 ff.; aA OLG Stuttgart AG 2010, 758, 760 f.; OLG Schleswig, AG 2008, 828, 929 = ZInsO 2009, 156; OLG Frankfurt/Main, NZG 2006, 556 = ZIP 2006, 203; Uhlenbruck/Hirte/Vallender/*Hirte,* § 11 Rn. 406.
[142] AA aber OLG Schleswig, AG 2008, 828, 829; BayObLG DB 1978, 2163; BayObLG AG 2001, 594, 595; Uhlenbruck/Hirte/Vallender/*Hirte,* § 11 Rn. 406.
[143] Emmerich/Habersack/*Emmerich,* § 11 SpruchG Rn. 17; *Wittgens,* Spruchverfahrensgesetz S. 234 ff.

festgesetzten Anspruchs nicht akzeptieren werden. Das gegebenenfalls aufgenommene Spruchverfahren richtet sich dann nach den allgemeinen Vorschriften des SpruchG. Das Spruchverfahren kann dann auch durch den Insolvenzverwalter im Wege des Vergleichs beendet werden, bei dem eine Anmeldefrist von einem Monat vereinbart werden kann.[144] Für den Fall der Insolvenz des Anspruchsberechtigten → Rn. 121. Zur Insolvenz im Konzern → § 95 Rn. 1 ff.

(iv) Vinkulierte Namensaktien. Die nach § 68 II 1 AktG ggf. erforderliche Zustimmung **43** der Gesellschaft zur Übertragung von vinkulierten Namensaktien wird im Insolvenzverfahren vom Vorstand erteilt (§ 68 II 2 AktG).[145] Dies gilt auch für den Fall, dass die Leistung der Einlage noch rückständig ist, da durch die Übertragung der Namensaktien die Verpflichtung des veräußernden Aktionärs aufgrund der Haftung von § 65 I AktG nicht berührt wird.[146] Für die Behandlung der Vinkulierung in der Insolvenz des Aktionärs → Rn. 121.

(6) Aufgabenkreis des Insolvenzverwalters. Der Insolvenzverwalter nimmt aufgrund des **44** Übergangs der Verwaltungs- und Verfügungsbefugnis die entsprechenden Befugnisse der Gesellschaftsorgane – insbesondere die des Vorstands – hinsichtlich des zur Insolvenzmasse gehörenden Gesellschaftsvermögens wahr *(Verdrängungsbereich).*[147] Dabei unterliegt der Insolvenzverwalter keinen aktienrechtlichen Bindungen, so dass insbesondere die Kompetenzen der Hauptversammlung (→ Rn. 28 ff.), des Aufsichtsrats (→ Rn. 23 f.) und anderer Organe (→ Rn. 34) gegenüber dem Insolvenzverwalter nicht ausgeübt werden können. Ebenso wenig unterliegt der Insolvenzverwalter dem aktienrechtlichen Gleichbehandlungsgrundsatz (§ 53a AktG).[148] Dies ergibt sich schon daraus, dass der Insolvenzverwalter keine gesellschaftsrechtlichen Kompetenzen ausüben kann. Soweit die Aktionäre auch als Gläubiger auftreten, ergibt sich der Gleichbehandlungsgrundsatz bereits aus dem allgemeinen Grundsatz des *par conditio creditorum*. Schließlich kann sich der Insolvenzverwalter auch nicht auf die *business judgement rule* (§ 93 I 2 AktG) berufen. Insofern bleibt es auch im Rahmen der Insolvenz einer Aktiengesellschaft bei dem allgemeinen Pflichtenmaßstab des § 60 I 2 InsO.[149]

cc) *Auswirkungen auf die Finanzverfassung.* Die Eröffnung des Insolvenzverfahrens hat **45** zunächst keine Auswirkungen auf die Finanzverfassung der Aktiengesellschaft. Allerdings ergeben sich vor allem bei den Fremdfinanzierungsmöglichkeiten bei der Aktiengesellschaft eine Reihe von Besonderheiten (→ Rn. 50 ff.).

(1) *Kapitalmaßnahmen.* Dies gilt grundsätzlich auch für Änderungen der Finanzverfas- **46** sung durch Kapitalmaßnahmen.[150] Ein bei der Eröffnung des Insolvenzverfahrens noch nicht abgeschlossenes Kapitalerhöhungsverfahren wird daher auch nicht automatisch beendet. Der Insolvenzverwalter kann aufgrund von § 80 InsO die Einlageforderungen als Bestandteil der Insolvenzmasse (§ 35 InsO) geltend machen.[151] Vor der Durchfüh-

---

[144] OLG München NZG 2010, 1233, 1234.
[145] GroßKommAktG/*Merkt*, § 68 Rn. 378; MüKoAktG/*Bayer* § 68 Rn. 70; *Thole*, Gesellschaftsrechtliche Maßnahmen in der Insolvenz, 2014, Rn. 91.
[146] AA aber MüKoAktG/*Bayer* § 68 Rn. 70; *Lau*, Die börsennotierte Aktiengesellschaft in der Insolvenz, S. 107 f.; GroßKommAktG/*Merkt*, § 68 Rn. 378.
[147] BayObLGZ NZG 2004, 582, 583; RGZ 127, 198, 200; vgl. auch Uhlenbruck/Hirte/Vallender/*Hirte*, § 11 Rn. 121; MüKoAktG/*Hüffer*, § 264 Rn. 41 ff.; KölnKommAktG/*Kraft*, § 262 Rn. 50.
[148] Offen lassend aber OLG München NZG 2010, 1233, 1234.
[149] Zum Verhältnis von § 60 I 2 InsO zu § 93 I 2 AktG vgl. *Frege/Nicht*, FS Wellensiek, 2011, S. 291, 295 ff.
[150] Siehe zum Ganzen *Pleister/Kindler*, ZIP 2010, 503 ff.; *Thole*, Gesellschaftsrechtliche Maßnahmen in der Insolvenz, 2014, Rn. 100 ff.
[151] *H. F. Müller*, ZGR 2004, 842, 845 ff.; Spindler/Stilz/*Servatius* § 182 Rn. 71; ebenso für die GmbH BGH NJW 1995, 460 = ZIP 1995, 28.

rung einer bereits beschlossenen Kapitalerhöhung kann die Hauptversammlung allerdings den entsprechenden Beschluss noch aufheben und damit das Entstehen der Einlageverpflichtung verhindern.[152] Durch die Eröffnung des Insolvenzverfahrens bleibt das organisationsrechtliche Zuständigkeitsregime der Aktiengesellschaft (→ Rn. 17 ff.) gerade bestehen. Soweit keine Aufhebung des Beschlusses durch die Hauptversammlung erfolgt, hat dieser Bestand, es sei denn, dass der Beschlussinhalt ein gegenteiliges Ergebnis klar indiziert oder ausdrücklich nennt. Zudem können sich auch die Aktionäre von etwaigen bereits abgeschlossenen Zeichnungsverträgen nach § 313 BGB lösen.[153] Zum Schicksal des Bezugsrechts → Rn. 39.

47 Die Hauptversammlung kann auch während des Insolvenzverfahrens noch eine Kapitalerhöhung beschließen.[154] Die im Rahmen der Kapitalerhöhung dann an die Aktiengesellschaft fließenden Leistungen sind Bestandteil der Insolvenzmasse und stehen daher der Gläubigerbefriedigung zur Verfügung.[155] Dies setzt allerdings voraus, dass die Kapitalerhöhung bereits vor der Eröffnung des Insolvenzverfahrens im Handelsregister eingetragen wurde.[156] Die Kapitalerhöhung während des Insolvenzverfahrens spielt vor allem im Rahmen von Insolvenzplänen eine Rolle.

48 Schließlich wird auch die Ermächtigung des Vorstands im Rahmen des genehmigten Kapitals (§ 202 AktG) von der Eröffnung des Insolvenzverfahrens nicht berührt.[157] Daher kann das durch die Hauptversammlung geschaffene Kapital vom Vorstand noch ausgenutzt werden, soweit sich jemand – in der Regel die Aktionäre zur Sanierung der Aktiengesellschaft – zur Zeichnung der Aktien bereit erklärt. Auch in diesem Zusammenhang wird es wieder der Zustimmung des Insolvenzverwalters bedürfen, da der Vorstand die Insolvenzmasse nicht zur Übernahme der entstehenden Kosten verpflichten kann.

49 (2) *Erwerb eigener Aktien*. Der Erwerb eigener Aktien ist während des Insolvenzverfahrens in der Regel weder für die Aktiengesellschaft noch für den Insolvenzverwalter möglich, da dies ein Verstoß gegen den Grundsatz von § 199 S. 2 InsO bedeuten würde, dass die Gesellschafter des Schuldners erst nach den Insolvenzgläubigern befriedigt werden dürfen. Unbeachtlich sind in diesem Zusammenhang die §§ 71 ff. AktG, da die Zielrichtung von deren Ausnahmen vom Verbot des Erwerbs eigener Aktien mit dem Grundsatz nach § 199 S. 2 InsO nicht vereinbar ist.

50 (3) *Schuldverschreibungen*. Schuldverschreibungen, die zwar häufig von Aktiengesellschaft aber nicht ausschließlich von diesen ausgegeben werden können, werden durch die Eröffnung des Insolvenzverfahrens über das Vermögen der Aktiengesellschaft nicht berührt. Allerdings bestehen oftmals in den Anleihebedingungen Kündigungsrechte für die Schuldverschreibungsgläubiger, soweit bestimmte Maßnahmen nicht mehr durchgeführt werden. Da dies nach Eröffnung des Insolvenzverfahrens oftmals der Fall sein wird, werden die Schuldverschreibungen meist gekündigt. Nicht kündbare Anleihen

---

[152] BGH NJW 1995, 460 (zur GmbH); Uhlenbruck/Hirte/Vallender/*Hirte*, § 11 Rn. 194; *Hüffer*, § 182 Rn. 32; *K. Schmidt*, AG 2006, 597, 605; K. Schmidt/Lutter/*Veil*, § 182 Rn. 44 ff.; aA aber *H. F. Müller*, ZGR 2004, 842, 851 ff.; Spindler/Stilz/*Servatius* § 182 Rn. 71.
[153] *Götze*, ZIP 2002, 2204, 2207 f.; Uhlenbruck/Hirte/Vallender/*Hirte*, § 11 Rn. 194; K. Schmidt/Lutter/*Veil*, § 182 Rn. 47; aA *H. F. Müller*, ZGR 2004, 842, 853 ff.; Spindler/Stilz/*Servatius* § 182 Rn. 71.
[154] Ganz hM vgl. nur Spindler/Stilz/*Servatius* § 182 Rn. 72; *Pleister/Kindler*, ZIP 2010, 503, 504.
[155] Uhlenbruck/Hirte/Vallender/*Hirte*, § 11 Rn. 194; *H. F. Müller*, ZGR 2004, 842, 843 f.; MüKoAktG/*Peifer*, § 182 Rn. 78.
[156] OLG Zweibrücken NZG 2014, 472; so schon BGH NJW 1995, 460.
[157] K. Schmidt/Lutter/*Veil*, § 202 Rn. 33; Spindler/Stilz/*Wamser* § 202 Rn. 117; iE auch *Pleister/Kindler*, ZIP 2010, 503, 504; aA aber MüKoAktG/*Bayer*, § 202 Rn. 112; GroßkommAktG/*Hirte*, § 202 Rn. 205.

werden aufgrund von § 41 InsO mit der Eröffnung sofort fällig. Auch wenn es sich bei einer verzinsten Schuldverschreibung um einen gegenseitigen Vertrag handelt, kann der Insolvenzverwalter im Fall der fehlenden Kündigung durch den Schuldverschreibungsgläubiger nicht von seinem Wahlrecht nach § 103 InsO Gebrauch machen, da der Inhaber der Schuldverschreibung seine Leistungspflicht bereits vollständig erfüllt hat.[158] Zu Wandelschuldverschreibungen und Optionsanleihen siehe Rn. 54 ff. Zu Genussrechten → Rn. 57.

Die Ansprüche aus den Schuldverschreibungen sind einfache Insolvenzforderungen. **51** Dies ist auch dann der Fall, wenn die Schuldverschreibungen von einem dem Recht der Gesellschafterdarlehen unterfallenden Gesellschafter (§ 39 I Nr. 5, IV, V InsO – → Rn. 72 ff.) gehalten wurden und später an einen Nichtgesellschaft übertragen wurden, da § 795 BGB dem durch § 39 I Nr. 5 InsO angeordneten Nachrang bzw. § 404 BGB vorgeht.[159] Soweit der Gesellschafter noch Inhaber der Schuldverschreibungen ist, sind die Forderungen allerdings nachrangig. Ob die *Beseitigung* des Nachrangs durch Übertragung auf einen Nichtgesellschafter auch noch nach Eröffnung des Insolvenzverfahrens möglich ist, bleibt allerdings zweifelhaft.

Soweit das 2009 vollständig reformierte Schuldverschreibungsgesetz (SchVG) Anwendung findet,[160] werden die Rechte der Gläubiger ebenfalls nach der InsO bestimmt, soweit § 19 II–IV SchVG keine abweichenden Regelungen enthält. Mit der Eröffnung des Insolvenzverfahrens muss das Insolvenzgericht eine Versammlung der Schuldverschreibungsgläubiger einberufen, auf der dann ein gemeinsamer Vertreter bestellt wird, der die Rechte der Schulverschreibungsgläubiger im Insolvenzverfahren ausschließlich (§ 19 III SchVG) wahrnimmt, soweit ein solcher nicht bereits vor der Verfahrenseröffnung bestellt wurde (§ 19 II 1 SchVG). Insofern ist die Wahrnehmung der Rechte durch den einzelnen Gläubiger beim Bestehen eines gemeinsamen Vertreters nicht möglich. Eine Verpflichtung zur Bestellung eines gemeinsamen Vertreters besteht dabei nicht.[161] Der gemeinsame Vertreter braucht zur Ausübung seines Amtes die Schuldurkunden der Gläubiger nicht vorzulegen (§ 19 III SchVG). Die Kosten für die Durchführung der Versammlung sind wie Gerichtskosten zu behandeln (§ 54 Nr. 1 InsO analog) und von der Insolvenzmasse zu tragen. Die Vergütung des gemeinsamen Vertreters erfolgt nach Stundensätzen und nicht nach der InsVV. **52**

Neben der gemeinsamen Wahrnehmung der Rechte im Insolvenzverfahren können **53** die Gläubiger aber auch bei einer vorinsolvenzlichen Sanierung einbezogen werden, was aufgrund der Möglichkeit der Änderungen der Anleihebedingungen durch Mehrheitsbeschluss – bei Vorliegen einer entsprechenden *collective action clause* in den Anleihebedingungen – umfassend möglich ist (§ 5 SchVG) und einzelnen Gläubiger eine Blockademöglichkeit verwehrt.[162] Soweit das Schuldverschreibungsgesetz keine Anwendung findet, kann sich die Koordinierung der Inhaber der Schuldverschreibungen vor

---

[158] Ebenso *Schanz*, CFL 2012, 26, 27; ebenso allgemein für die Insolvenz des Darlehensnehmers Uhlenbruck/Hirte/Vallender/*Wegener*, § 103 Rn. 29; offenlassend *Cranshaw*, BKR 2008, 504, 510.

[159] Dazu ausführlich *d'Avoine*, NZI 2013, 321 ff.

[160] Dies ist der Fall, wenn es sich um nach deutschem Recht begebene inhaltsgleiche Schuldverschreibungen aus Gesamtemissionen handelt (§ 1 I SchVerschrG) vgl. dazu *Horn* BKR 2009, 446 ff. Zur Frage des intertemporalen Anwendungsbereichs des neuen Schuldverschreibungsrechts vgl. OLG Frankfurt/Main NZG 2012, 593 ff. (kritisch dazu *Meier/Schauenburg*, CFL 2012, 161 ff.).

[161] Begr RegE eines Gesetzes zur Neuregelung der Rechtsverhältnisse bei Schuldverschreibungen aus Gesamtemissionen und zur verbesserten Durchsetzbarkeit von Ansprüchen von Anlegern aus Falschberatung, BT-Drucks. 16/12814, S. 25.

[162] Vgl. dazu etwa *Lürken/Pickerill*, CFL 2011, 352 ff.; *Oulds*, CFL 2012, 353 ff.; *Simon*, CFL 2010, 159 ff.

allem bei einer vorinsolvenzlichen Sanierung als äußerst schwierig erweisen und stellt häufig ein nicht zu unterschätzendes Sanierungsrisiko dar. Daher sollte bei der Emission von Schuldverschreibungen außerhalb des Anwendungsbereichs des SchVG bzw. der Ausgabe von Schuldscheindarlehen[163] eine entsprechende Koordinierung der Inhaber vertraglich nachgezeichnet werden.

54 (4) *Wandelschuldverschreibungen und Optionsanleihen.* Weiterhin wird auch das Wandlungsrecht von Inhabern von Wandelschuldverschreibungen durch die Eröffnung des Insolvenzverfahrens nicht berührt.[164] Dieses stellt sich aufgrund des in der Regel bestehenden geringen Wertes der Aktien für den Inhaber aber meist als wertlos dar und wird daher auch nicht mehr ausgeübt, da sich durch die Anmeldung der Forderung auf Rückzahlung des Nennbetrages und der Zinsen meist ein höherer Betrag realisieren lässt. Diese Betrachtungsweise kann sich allerdings bei einer erfolgreichen Sanierung der AG grundlegend ändern. Auch wenn das Wandlungsrecht durch die Eröffnung des Insolvenzverfahrens nicht berührt wird, kann die sich aus der Schuldverschreibung ergebene Forderung vor allem bei einer Sanierung mittels Insolvenzplan gekürzt oder bei einem *debt to equity swap* (→ Rn. 113) in Aktien umgewandelt werden. Soweit letzteres der Fall ist, erlischt auch das Wandlungsrecht. Werden im Rahmen des Insolvenzplans Kapitalmaßnahmen durchgeführt, sind bei der Ausübung des Wandlungsrecht zusätzlich die Anleihebedingungen zu beachten, da diese typischerweise Anpassungsklauseln enthalten, die auch im Insolvenzplanverfahren zu berücksichtigen sind.[165] Die Ansprüche aus den Wandelschuldverschreibungen sind – vor der Ausübung des Wandlungsrechts – einfache Insolvenzforderungen. Ist der Inhaber der Schuldverschreibung aber mit mehr als 10% am Grundkapital der AG beteiligt, greift der Nachrang des § 39 I Nr. 5 InsO. Diesem Nachrang kann sich der Gläubiger aber grundsätzlich durch die anteilige Ausübung des Wandlungsrechts entziehen, das vom Nachrang nicht beschränkt wird.

55 Diese Grundsätze gelten auch für Pflichtwandelanleihen, die vor allem als Sanierungsinstrument eingesetzt werden können.[166] Da nach § 80 InsO das Verwaltungs- und Verfügungsrecht auf den Insolvenzverwalter übergegangen ist, kann dieser auch das Wandlungsrecht für die AG ausüben. Weil sich damit der Bestand an Verbindlichkeiten der AG reduziert, wird er von dieser Möglichkeit vor allem im Rahmen von Sanierungsbemühungen Gebrauch machen, zumal sich die dann ergebene Beteiligung der Anleihegläubiger in einem Insolvenzplan entsprechend marginalisieren lässt. Dabei kann insbesondere keine Pflicht des Insolvenzverwalters angenommen werden, das Wandlungsrecht nicht auszuüben und die Anleihegläubiger als Gläubiger und nicht als Aktionäre im Insolvenzplan zu berücksichtigen.

56 Diese Grundsätze gelten auch für Optionsanleihen, wobei die Inhaber dieser Anleihen auch dann mit ihrer Anleihekomponente Gesellschaftsgläubiger bleiben, wenn sie ihr Optionsrecht ausgeübt haben.[167]

57 (5) *Genussrechte.* Auch wenn Genussrechte grundsätzlich einer sehr weit gehenden Gestaltungsfreiheit unterliegen, von der in der Praxis auch in großem Umfang Gebrauch gemacht wird, ergeben sich für die Insolvenz des Emittenten (zur Berücksichtigung im Rahmen der Insolvenzgründe siehe Rn. 3) eine Reihe von allgemeinen Grundsätzen.[168] So werden Genussrechte durch die Eröffnung des Insolvenzverfahrens

---

[163] Dazu *Wehrhahn*, BKR 2012, 363 ff.
[164] GroßKommAktG/*Hirte*, § 221 Rn. 206; *Schanz*, CFL 2012, 26, 27 ff.; im Ergebnis ebenso OLG Stuttgart, AG 1995, 329, 330 (für die VerglO).
[165] Im Ergebnis auch *Schanz*, CFL 2012, 26, 28.
[166] Vgl. dazu *Drygala*, WM 2011, 1637 ff.
[167] GroßKommAktG/*Hirte*, § 221 Rn. 206.
[168] Umfassend dazu *Mock*, NZI 2014, 102, 103.

über das Vermögen des Emittenten grundsätzlich nicht berührt. Das Genussrechtsverhältnis wird weder nach § 728 BGB aufgelöst noch unterfallen die Genussrechte § 103 InsO.[169] Allerdings kann der Genussrechtsinhaber dieses in der Regel aufgrund der in den Genussrechtsbedingungen vereinbarten Kündigungsmöglichkeiten oder ansonsten nach § 314 BGB kündigen. Im Insolvenzverfahren selbst sind die Forderungen aus den Genussrechten grundsätzlich einfache Insolvenzforderungen.[170] Allerdings wird meist in den Genussrechtsbedingungen ein Nachrang vereinbart, der sich aber nicht auf etwaige kapitalmarktrechtliche Schadenersatzansprüche erstrecken kann.[171] Die Wahrnehmung der Rechte aus den Genussrechten erfolgt im Rahmen des SchVG. Dieses wird zwar nach dem Wortlaut nur auf Schuldverschreibungen Anwendung (§ 1 I SchVG), wovon aber Genussrechte erfasst sind,[172] soweit es sich bei diesen nicht um sogenannte eigenkapitalähnliche Genussrechte handelt. Schließlich kommt eine analoge Anwendung von § 136 InsO jedenfalls bei denjenigen Genussrechten in Betracht, die sich inhaltlich an einer stillen Gesellschaft orientieren.

dd) *Auswirkungen auf die Mitteilungspflichten (§§ 20f. AktG).* Da durch die Eröffnung des Insolvenzverfahrens die Übertragbarkeit der Aktien der Gesellschaft nicht beeinträchtigt wird, gelten während des Insolvenzverfahrens auch die Mitteilungspflichten der Gesellschaft nach §§ 20f. AktG weiter. Insofern muss der Insolvenzverwalter auch während des Insolvenzverfahrens Veränderungen der Beteiligungsverhältnisse an der Aktiengesellschaft in den Gesellschaftsblättern bekannt geben (§ 20 VI AktG). Die Kompetenzerhaltung nach § 11 WpHG ist trotz der bei kapitalmarktorientierten Aktiengesellschaften vorrangig anzuwendenden §§ 21 ff. WpHG in diesem Zusammenhang nicht anwendbar (→ Rn. 102 f.).

8. Die Insolvenzmasse. a) *Allgemeines.* Zur Insolvenzmasse der AG iS des § 35 InsO zählt das gesamte Vermögen, das der AG zur Zeit der Eröffnung des Verfahrens gehört und dasjenige, was sie während des Verfahrens erlangt. Zur Insolvenzmasse zählen nach § 92 InsO auch die Ansprüche der Gläubiger auf Ersatz ihres Schadens, der ihnen gemeinschaftlich durch die Verminderung des zur Insolvenzmasse gehörenden Vermögens entstanden ist. Auch die Firma zählt zur Insolvenzmasse (→ § 92 Rn. 339 f.).[173]

b) *Ansprüche aus Kapitalaufbringung und -erhaltung.* Zur Insolvenzmasse zählen weiterhin die Ansprüche aus Kapitalaufbringung und -erhaltung. Ein Verstoß gegen die Kapitalaufbringung ist dabei unter anderem anzunehmen, wenn eigene Aktien als Sacheinlage eingebracht wurden oder der Aktionär auf den Anspruch auf Rückerstattung von darlehensweise an die AG überlassenen Aktien verzichtet.[174] Darüber hinaus liegt ein Verstoß gegen die Kapitalerhaltung vor, wenn die AG das Prospekthaftungsrisiko bei der Platzierung von Aktien selbst übernimmt. In diesem Fall entsteht ein Anspruch der AG gegen den Aktionär auf Freistellung.[175] Hinsichtlich der verdeckten Sacheinlage (§ 27 III AktG) und des Hin- und Herzahlens (§ 27 IV AktG) ist die Rechtslage zwischen der AG und der GmbH durch das MoMiG und das ARUG weitgehend angeglichen worden, so dass auf die Ausführungen zur GmbH verwiesen werden kann (→ § 92 Rn. 354 ff.).

---

[169] *Mock*, NZI 2014, 102, 103 f.
[170] GroßKommAktG/*Hirte*, § 221 Rn. 429; *Mock*, NZI 2014, 102, 104.
[171] Ausführlich *Mock*, NZI 2014, 102, 104.
[172] MüKoAktG/*Habersack*, § 221 Rn. 252; GroßKommAktG/*Hirte*, § 221 Rn. 424; *Lorenz/Pospiech*, DB 2009, 2419, 2421; *Mock*, NZI 2014, 102, 104 f.
[173] MüKoAktG/*Hüffer*, § 264 Rn. 50, 57.
[174] BGH NJW-RR 2011, 1670.
[175] BGHZ 190, 7, 19 ff. = NJW 2011, 2719.

61 In die Insolvenzmasse fallen zudem die Ansprüche, die der Gesellschaft gegenüber ihren Aktionären auf rückständige Einlagen zustehen (§§ 63, 54 AktG).[176] Die Geltendmachung erfolgt aufgrund von § 80 InsO durch den Insolvenzverwalter.[177] Soweit für die Geltendmachung ein Aufsichtsratsvorbehalt besteht, ist dieser im Insolvenzverfahren hinfällig.[178] Mit Erfüllung der Einlageschuld hat der Aktionär zwar grundsätzlich einen Anspruch auf Übergabe bzw. Herstellung der entsprechenden Aktienurkunden, dieser Anspruch kann in der Insolvenz allerdings nicht geltend gemacht werden.[179] Aufgrund der üblicherweise in der Satzung vorgesehenen Erstellung einer Globalurkunde (§ 10 V AktG), beschränkt sich der Anspruch des Aktionärs aber nur auf eine einfache Quittierung der Leistung (§ 368 BGB), der auch vom Insolvenzverwalter zu erfüllen ist. Der Anspruch auf Leistung verjährt in zehn Jahren, wobei die Verjährung bei der Eröffnung des Insolvenzverfahrens nicht vor Ablauf von sechs Monaten ab dem Eröffnungszeitpunkt eintreten kann (§ 54 IV 2 AktG). Die Durchführung eines Kaduzierungsverfahrens nach § 64 AktG während des Insolvenzverfahrens ist grundsätzlich denkbar. Allerdings fällt dieses in den Zuständigkeitsbereich des Vorstands und nicht des Insolvenzverwalters, da die Kaduzierung nicht zur Massemehrung beiträgt und letztlich nur die mitgliedschaftliche Beziehung zwischen dem Aktionär und der AG betrifft.[180] Die für die Durchführung des Kaduzierungsverfahrens notwendigen Mittel wird der Insolvenzverwalter dem Vorstand allerdings nur dann zur Verfügung stellen, wenn mit der Kaduzierung ein Interesse des Insolvenzverfahrens verfolgt wird. Dies wird nur dann anzunehmen sein, wenn eine Restrukturierung des schuldnerischen Unternehmens erfolgt, die eine vorherige Kaduzierung erfordert. Zur Kaduzierung im Fall der Insolvenz des Aktionärs → Rn. 121.

62 Zur Insolvenzmasse gehören auch die Ansprüche auf Rückerstattung von Zahlungen, die die Aktionäre unter Verstoß gegen die §§ 57–59 AktG erhalten haben (§ 62 I, II 2 AktG).[181] Da in diesem Fall weder das Verpflichtungs- noch das Erfüllungsgeschäft nichtig ist, beschränkt sich die Rückzahlungspflicht auf einen Anspruch aus § 62 AktG, so dass insbesondere bereicherungsrechtliche Ansprüche oder Aussonderungsansprüche bestehen.[182] Das Verfolgungsrecht der Gläubiger beim Empfang verbotener Leistungen durch Aktionäre nach § 62 II AktG wird im Insolvenzverfahren durch den Insolvenzverwalter ausgeübt (§ 62 II 2 AktG). Soweit ein entsprechendes Verfahren bereits anhängig ist, wird dieses mit Eröffnung des Insolvenzverfahrens unterbrochen (§ 240 ZPO) und kann vom Insolvenzverwalter nach § 325 ZPO als Rechtsnachfolger wieder aufgenommen werden.[183] Die Aktionäre können von ihrer Einlagepflicht auch im Insolvenzverfahren nicht befreit werden (§ 66 AktG).[184] Etwas anderes gilt nur dann, wenn alle Gläubiger zustimmen oder die Eröffnung des Insolvenzverfahrens mangels Masse abgewiesen wird und sich kein Gläubiger bereit erklärt, einen Vorschuss zu leisten.[185] Zudem schließt das Verbot des § 66 I AktG nicht aus, dass sich die Aktionäre und die AG bzw. der Insolvenzverwalter über die entsprechenden Ansprüche vergleichen, soweit ein solcher Vergleich wegen einer tatsächlichen oder rechtlichen Unge-

---

[176] Vgl. RGZ 119, 220, 223; OLG Nürnberg AG 1967, 362, 363; vgl. hierzu Uhlenbruck/Hirte/Vallender/*Hirte*, § 35 Rn. 308; *Noack*, Rn. 386 ff.
[177] RGZ 119, 220, 223; MüKoAktG/*Bayer*, § 63 Rn. 63.
[178] RGZ 45, 153, 155 (für die Liquidation); wohl auch MüKoAktG/*Bayer*, § 64 Rn. 93; K. Schmidt/Lutter/*Fleischer*, § 64 Rn. 44.
[179] RGZ 94, 61, 64; MüKoAktG/*Bayer*, § 63 Rn. 64.
[180] AA Spindler/Stilz/*Cahn*, § 64 Rn. 58; GroßKommAktG/*Gehrlein*, § 64 Rn. 66.
[181] MüKoAktG/*Hüffer*, § 264 Rn. 50.
[182] BGH DStR 2013, 982, 983.
[183] Spindler/Stilz/*Cahn*, § 62 Rn. 42; K. Schmidt/Lutter/*Fleischer*, § 62 Rn. 34.
[184] MüKoAktG/*Bayer*, § 66 Rn. 82; K. Schmidt/Lutter/*Fleischer*, § 66 Rn. 28.
[185] RGZ 156, 23, 26 ff.; K. Schmidt/Lutter/*Fleischer*, § 66 Rn. 28.

wissheit über den Bestand oder Umfang des Anspruchs und nicht aufgrund eines Streits über andere Aspekte geschlossen wurde.[186]

Ebenso gehören die Ansprüche aus der Verlustdeckungshaftung gegen die Gründer zur Insolvenzmasse,[187] die nach Eintragung der AG entsprechend den für die GmbH (→ § 92 Rn. 354 ff.) geltenden Grundsätzen entstehen. Zudem können sich auch (Rückabwicklungs-)Ansprüche im Zusammenhang mit einer Nachgründung (§ 52 AktG) ergeben. Der Insolvenzverwalter kann dabei nach Eröffnung des Insolvenzverfahrens anstelle der Hauptversammlung dem Nachgründungsvertrag zustimmen,[188] auch wenn die ansonsten bestehende Rückabwicklung für die Masse in der Regel wohl oftmals vorteilhafter sein wird. **63**

Schließlich müssen – entgegen der hM[189] – auch die ggf. vereinbarten Nebenleistungspflichten der Aktionäre (§ 55 AktG) zur Insolvenzmasse gezählt werden. Zwar ist es den Aktionären grundsätzlich unzumutbar, die Nebenleistungen auch gegenüber einer in Auflösung befindlichen Aktiengesellschaft zu erbringen.[190] Dies kann auf die Insolvenz der Aktiengesellschaft aber nicht ohne weiteres übertragen werden. Vielmehr ist durch Auslegung zu ermitteln, ob und inwieweit die §§ 103 ff. InsO auf die Nebenleistungspflichten entsprechend anzuwenden sind (zum Ganzen → § 92 Rn. 348 ff.). **64**

c) *Ansprüche wegen Missmanagement.* Zur Insolvenzmasse zählen auch Schadensersatzansprüche der Gesellschaft gegen die Verwaltungsmitglieder,[191] sowie gegen andere Personen bei Pflichtverletzungen im Rahmen des Gründungsvorgangs (§§ 46 ff. AktG), der Nachgründung (§ 53 AktG), bei schädigender Einflussnahme auf die Gesellschaft (§ 117 AktG) oder auch gegen den Abschlussprüfer (§ 323 HGB). **65**

Die Ansprüche wegen Missmanagement richten sich in erster Linie aber gegen den Vorstand der Aktiengesellschaft (§ 93 II AktG). In Betracht kommen dabei neben Ansprüchen wegen Verletzung der Kapitalaufbringungs- und Kapitalerhaltung (→ Rn. 60 ff.) und der Überschreitung des Unternehmensgegenstandes[192] vor allem auch Ansprüche wegen Insolvenzverursachung oder Insolvenzverschleppung (→ Rn. 71 f.). Bei der Bestimmung der Pflichtverletzung bei Ansprüchen gegen Vorstandsmitglieder nach § 93 II AktG spielt vor allem die *business judgment rule* eine Rolle, wonach eine Pflichtverletzung nicht vorliegt, wenn das jeweilige Vorstandsmitglied bei einer unternehmerischen Entscheidung vernünftigerweise annehmen durfte, auf der Grundlage angemessener Informationen zum Wohle der Gesellschaft zu handeln (§ 93 I 2 AktG).[193] **66**

Ansprüche wegen Missmanagement können zudem gegen die Aufsichtsratsmitglieder wegen Verletzung ihrer Überwachungs- und Kontrollfunktion bestehen (§§ 116, 93 AktG). Der Aufsichtsrat muss sich ein genaues Bild von der wirtschaftlichen Situation der Gesellschaft machen und insbesondere in einer Krisensituation Gebrauch von allen ihm zur Verfügung stehenden Erkenntnismitteln (§§ 90 III, 111 II AktG) machen.[194] Soweit der Aufsichtsrat dabei feststellt, dass die Gesellschaft insolvent ist, muss er **67**

---

[186] So jedenfalls für einen Vergleich zwischen Aktionären und der AG BGH DStR 2012, 251.
[187] Vgl. OLG Karlsruhe NZG 1999, 672, 673 f. = ZIP 1998, 1961.
[188] K. Schmidt/Lutter/*Bayer*, § 52 Rn. 36; *Hüffer*, § 52 Rn. 15; GroßKommAktG/*Priester*, § 52 Rn. 72; aA aber BayObLGZ 24 (1925), 183, 186 f. = JW 1925, 1646, 1647.
[189] MüKoAktG/*BungeRoth*, § 55 Rn. 40; K. Schmidt/Lutter/*Fleischer*, § 55 Rn. 35; GroßKommAktG/*Henze*, § 55 Rn. 52.
[190] RGZ 72, 236, 239 (für die Genossenschaft); RGZ 125, 114, 110 (für die GmbH).
[191] Vgl. BGH NJW 1981, 1097, 198 = ZIP 1981, 178; ausführlich hierzu Uhlenbruck/Hirte/Vallender/*Hirte*, § 35 Rn. 323 ff.; *Noack*, Rn. 401 ff.; *Hauptmann/Müller-Dott*, BB 2003, 2521, 2524.
[192] BGH DB 2013, 507, 508 ff.
[193] Vgl. dazu ausführlich etwa Spindler/Stilz/*Fleischer*, § 93 Rn. 59 ff.
[194] BGH NZG 2009, 107 = ZIP 2009, 70.

auf eine rechtzeitige Insolvenzantragstellung und die Einhaltung des Zahlungsverbots hinwirken, wobei auch die Abberufung eines als unzuverlässig erscheinenden Vorstandsmitglieds notwendig sein kann.[195] Nach § 116 S. 3 AktG können sich zudem Ansprüche aufgrund der Festsetzung einer unangemessenen Vergütung für die Vorstandsmitglieder nach § 87 I AktG ergeben. Darüber hinaus können aber auch Ansprüche auf Rückgewähr von Vergütungen gegen die Aufsichtsratsmitglieder selbst bestehen, wenn diese entgegen § 113 bzw. § 114 AktG gezahlt wurden.[196] Ansprüche gegen Aufsichtsratsmitglieder können auch noch während des Insolvenzverfahrens entstehen, wenn der Aufsichtsrat die ihm im Insolvenzverfahren verbleibenden Überwachungs- und Kontrollaufgaben (→ Rn. 26) nicht ordnungsgemäß wahrnimmt.[197]

68 Die Ansprüche wegen Missmanagement können für die Dauer des Insolvenzverfahrens nicht von den Gläubigern nach § 93 V AktG geltend gemacht werden, da der Insolvenzverwalter dieses Recht nach § 93 V 4 AktG ausübt. Dieses Recht tritt neben das allgemeine Verfolgungsrecht für diese Ansprüche, das für den Insolvenzverwalter nach § 80 InsO besteht. Entscheidender Unterschied zwischen diesen beiden Rechten zur Geltendmachung der Ersatzansprüche ist, dass § 93 V 3 AktG nur bei der Geltendmachung nach § 93 V AktG gilt. Darüber hinaus kann der Insolvenzverwalter bei einer Geltendmachung nach § 93 V AktG auf die Ansprüche verzichten oder sich diesbezüglich vergleichen,[198] da er ansonsten den Einschränkungen nach § 93 IV 3 AktG unterliegt.[199] Soweit die Gläubiger bereits eine Geltendmachung nach § 93 V AktG klagweise eingeleitet haben, wird das entsprechende Verfahren nach § 240 ZPO unterbrochen. Der Insolvenzverwalter kann die Ansprüche aber auch freigeben, so dass diese wieder durch alle Gläubiger geltend gemacht werden können.[200] Bei der Geltendmachung der Ansprüche besteht für den Insolvenzverwalter kein Rücksichtnahmegebot oder eine Subsidiarität gegenüber einer Geltendmachung durch Aktionärsminderheiten (→ Rn. 31).

69 Zur Durchsetzung der Ansprüche wegen Missmanagement können die Gläubiger und die Aktionäre, soweit diese das in § 321a II HGB vorgesehene Quorum erreichen, Einsicht in den Prüfungsbericht des Abschlussprüfers nehmen (§ 321a HGB).[201] Die Einsichtnahme kann dabei nicht verweigert werden, wenn der Prüfbericht nur Informationen enthält, die für die in die Insolvenzmasse fallenden Ansprüche von Bedeutung sind, da das Verweigerungsrecht nur bei Geheimnissen gegeben ist, deren Offenlegung der Gesellschaft einen erheblichen Nachteil zufügen könnte (§ 321a III HGB).

70 d) *Ansprüche gegen den Abschlussprüfer.* Zudem können auch Ansprüche gegen den Abschlussprüfer (§§ 316 ff. HGB) in die Insolvenzmasse fallen. Dies gilt aber nur für die Ansprüche, die der Gesellschaft selbst zustehen. Soweit der Abschlussprüfer auch Anlegern oder Gläubigern direkt gegenüber haftet,[202] handelt es sich dabei nicht um Insolvenzforderungen. Insofern findet auch § 92 InsO keine Anwendung.

71 e) *Ansprüche aus Insolvenzverschleppung und -verursachung.* Weiterhin gehören zur Insolvenzmasse auch Ansprüche wegen Insolvenzverursachung und Insolvenzver-

---

[195] BGH NZG 2009, 550, 551 = ZIP 2009, 860; MüKoAktG/*Habersack*, § 111 Rn. 44 ff.; Groß-KommAktG/*Hopt/Roth*, § 111 Rn. 313 ff.
[196] LG Stuttgart ZIP 1998, 1275.
[197] GroßKommAktG/*Hopt/Roth*, § 116 Rn. 16.
[198] RGZ 74, 428, 430; Spindler/Stilz/*Fleischer*, § 93 Rn. 289.
[199] Spindler/Stilz/*Fleischer*, § 93 Rn. 289; MüKoAktG/*Spindler*, § 93 Rn. 251; aA aber wohl Groß-KommAktG/*Hopt/Roth/Peddinghaus*, § 102 Rn. § 93 Rn. 383.
[200] GroßKommAktG/*Hopt*, § 93 Rn. 423.
[201] Dazu ausführlich *Ebke*, FS Wellensiek, 2011, S. 429 ff.
[202] Vgl. dazu nur MünchKommHGB/*Ebke*, § 323 Rn. 85 ff.; *Wöhe/Mock*, Die Handels- und Steuerbilanz, S. 253 ff.

schleppung. Bei den Ansprüchen aus Insolvenzverschleppung handelt es sich zunächst um die Ansprüche wegen verspäteter Insolvenzantragsstellung nach § 823 II BGB iVm § 15a InsO (→ Rn. 8) und um Ansprüche wegen eines Verstoßes gegen das Zahlungsverbot nach § 92 II AktG (→ Rn. 11). Daneben kommen aber auch Ansprüche wegen Insolvenzverursachung in Betracht. Insofern können gegen die Vorstandsmitglieder vor allem Ansprüche bestehen, wenn diese Zahlungen an Aktionäre vorgenommen haben, die zur Insolvenz der Gesellschaft geführt haben. Im Gegensatz zu § 64 S. 1 GmbHG ist der Anspruch aber nicht ausgeschlossen, soweit die Zahlung mit der Sorgfalt eines ordentlichen Geschäftsmannes vereinbar war (→ § 92 Rn. 168 ff.), sondern wenn sich der Vorstand auf die *business judgement rule* des § 93 I AktG berufen kann (§ 92 II 3 Hs 2 AktG). Darüber hinaus kommen aber auch Ansprüche aus § 93 II AktG wegen einer Verletzung der krisen- und sanierungsspezifischen Geschäftsleiterpflichten in Betracht. Dies gilt insbesondere für den Fall, dass die Einrichtung eines Risikofrüherkennungs- und Überwachungssystems (§ 91 II AktG) unterlassen wurde.[203]

Die Ansprüche aus Insolvenzverschleppung und -verursachung können auch die Aufsichtsratsmitglieder treffen (§§ 93, 116 AktG), soweit die umfassenden Informations-, Beratungs- und Überwachungspflichten nicht hinreichend beachtet wurden.[204] Dies gilt insbesondere dann, wenn der Vorstand gegen das Zahlungsverbot des § 92 II AktG verstoßen hat (ausführlich → Rn. 11). Zur Erfüllung dieser Pflichten muss der Aufsichtsrat alle ihm nach §§ 90 III, 111 II AktG zur Verfügung stehenden Erkenntnisquellen ausschöpfen[205] und die geeigneten Maßnahmen ergreifen. Schließlich kann auch der Abwickler wegen Ansprüchen aus Insolvenzverursachung und -verschleppung in Anspruch genommen werden.[206]

f) *Gesellschafterdarlehen.* Das Recht der Gesellschafterdarlehen hat durch das Gesetz zur Modernisierung des GmbH-Rechts und zur Bekämpfung von Missbräuchen (MoMiG) eine vollständige Neuregelung und Vereinfachung erfahren (→ § 92 Rn. 385 ff.).[207]

aa) *Rechtsquellen.* Kern der Neuregelung ist zunächst die Konzentration der Vorschriften zum Recht der Gesellschafterdarlehen in §§ 39 I Nr. 5, IV, V, 135 InsO, womit zugleich die Frage nach der Anwendbarkeit des Rechts der Gesellschafterdarlehen auf die Aktiengesellschaft positiv geklärt wurde.[208] Die bisherigen so genannten Rechtsprechungsregeln[209] sind für die Aktiengesellschaft ausdrücklich nicht mehr anwendbar (§ 57 I 4 AktG). Zudem gelten die §§ 6, 6a AnfG auch für die Aktiengesellschaft.

bb) *Tatbestandsvoraussetzungen.* Durch das Recht der Gesellschafterdarlehen werden grundsätzlich alle Darlehen oder einem solchen wirtschaftlich entsprechende Forderungen erfasst, so dass jede Darlehensgewährung durch einen Aktionär in den Anwendungsbereich fällt (zum Sanierungsprivileg, → § 92 Rn. 440 f.). Das nach altem Recht erforderliche Kriterium des „unternehmerischen" Interesses[210] muss daher nicht mehr

---

[203] Dazu *Bork,* ZIP 2011, 101 ff.
[204] Vgl. dazu *Hasselbach,* NZG 2012, 41 ff.
[205] BGH ZIP 2009, 70.
[206] BGH NZI 2012, 569, 570 f.
[207] Vgl. zur bisherigen Regelung die Ausführungen in der Vorauflage § 93 Rn. 31 ff.
[208] So ausdrücklich Begr RegE MoMiG, BT-Drucks. 16/6140, S. 56.
[209] Vgl. dazu nur Spindler/Stilz/*Cahn/Senger,* § 57 Rn. 103.
[210] Vgl. BGHZ 90, 381, 390 = NJW 1984, 1893 = ZIP 1984, 572; BGH NZG 2005, 713, 714; BGH DB 2010, 1578; OLG Düsseldorf AG 1987, 181, 183; *Junker* ZHR 1992, 394, 403 ff.; vgl. hierzu auch *Bayer,* in von Gerkan/Hommlhoff (Hrsg.) Handbuch des Kapitalersatzrechts, 2. Aufl., Rn. 11.17 ff.

vorliegen.²¹¹ Allerdings sind Darlehen oder einem solchen wirtschaftlich entsprechende Forderungen nicht vom Recht der Gesellschafterdarlehen erfasst, wenn der Aktionär selbst nicht geschäftsführender Gesellschafter ist und mit 10 Prozent oder weniger an der Gesellschaft beteiligt ist (§ 39 V InsO). Dieser Schwellenwert ist dabei absolut, so dass ein Abweichen nach oben oder unten nicht möglich ist.²¹² Daher wird der jenseits der 10%-Schwelle liegende Gesellschafter auch nicht mit dem im früheren Recht geltenden Einwand gehört,²¹³ dass ein von ihm gewährter oder belassener Kredit in keinem Zusammenhang mit seiner Gesellschafterstellung stand,²¹⁴ dass er die Gesellschafterstellung nur treuhänderisch für andere ausübe²¹⁵ oder nur für kurze Zeit inne habe.²¹⁶

Das Recht der Gesellschafterdarlehen findet dabei auch auf institutionelle Kreditgeber Anwendung, da eine nach dem alten Recht bestehende Ausnahme durch das MoMiG gerade nicht geschaffen wurde und das MoMiG darauf ausgerichtet war, rechtsformspezifische Unterschiede zwischen dem GmbH-Recht und dem Aktienrecht in Bezug auf Gesellschafterdarlehen einzuebnen.²¹⁷ Eine solche Ausnahme wurde früher angenommen, wenn die kreditgebende Bank im Rahmen ihres Wertpapiergeschäfts mehr oder weniger zufällig auch einige Aktien des Schuldnerunternehmens im Besitz hatte.²¹⁸ Dies ist insbesondere bei einer Einschaltung eines Kreditinstituts als Emissionsunternehmen (§ 186 Abs. 5 AktG) von Bedeutung. Eine derartige Ausnahme lässt sich auch nicht aus § 37 Abs. 3 S. 1 GWB ableiten, wonach bei der wettbewerblichen (Zusammenschluss-)Kontrolle solche Unternehmenszusammenschlüsse unberücksichtigt bleiben, bei denen Kreditinstitute, Finanzinstitute oder Versicherungsunternehmen Anteile an einem anderen Unternehmen zum Zwecke der Veräußerung erwerben, solange sie das Stimmrecht aus den Anteilen nicht ausüben und sofern die Veräußerung innerhalb eines Jahres erfolgt.²¹⁹ Die für eine analoge Anwendung notwendige vergleichbare Interessenlage ist gerade nicht gegeben, da sich die wettbewerbsrechtlichen Wertungen nicht auf das auf den Gläubigerschutz ausgerichtete Recht der Gesellschafterdarlehen übertragen lassen. Aus den gleichen Erwägungen ist auch eine entsprechende Anwendung der kapitalmarktrechtlichen Regelungen zum Handelsbestand (§ 23 WpHG, § 20 WpÜG) ausgeschlossen.

75 cc) *Rechtsfolgen.* Die Rechtsfolgen des Rechts der Gesellschafterdarlehen bestehen zunächst in einem Nachrang der Forderung auf Rückgewähr des Darlehens oder wirtschaftlich entsprechender Forderungen (§ 39 I Nr. 5 InsO). Soweit der Rückgewähranspruch durch einen Gesellschafter besichert wurde bzw. sich dieser für die Rückzahlung verbürgt hat, kann der Darlehensgläubiger lediglich eine anteilsmäßige Befriedigung aus der Insolvenzmasse in der Höhe verlangen, wie er bei der Inanspruchnahme der Sicherheit oder des Bürgen ausgefallen ist (§ 44a InsO). Weiterhin ist die Rückzahlung des Darlehens oder gleichgestellter Forderungen im Zeitraum von einem Jahr vor dem Eröffnungsantrag anfechtbar (§ 135 I Nr. 2 InsO). Das gleiche gilt für die Gewährung einer entsprechenden Sicherheit (§ 135 I Nr. 1 InsO). Diesen Rechtsfolgen kann sich

---

²¹¹ *Hirte* WM 2008, 1429, 1433; *Habersack* ZIP 2007, 2145, 2149; MüKoAktG/*Bayer*, § 57 Rn. 227; aA aber wohl Spindler/Stilz/*Cahn/v. Spannenberg* § 57 Rn. 106 ff.
²¹² Siehe zu dieser Problematik die Vorauflage Rn. 61.
²¹³ Spindler/Stilz/*Cahn/v. Spannenberg*, § 57 Rn. 122.
²¹⁴ *Ulmer/Habersack*, GmbHG, §§ 32a/b Rn. 70; Hachenburg/*Ulmer*, GmbHG, § 32a, b Rn. 37; siehe auch BGHZ 81, 311, 315.
²¹⁵ BGHZ 105, 168, 174 f.
²¹⁶ Siehe zum Ganzen auch *Ulmer/Habersack*, GmbHG, §§ 32a/b Rn. 52.
²¹⁷ *Wittig*, in FS K. *Schmidt*, 2009, S. 1743, 1749.
²¹⁸ BGHZ 90, 381, 391; dem folgend MüKoAktG/*Bayer*, § 57 Rn. 188; *ders.*, in von Gerkan/Hommelhoff (Hrsg.) Handbuch des Kapitalersatzrechts, 2. Aufl., Rn. 11.21; *Rümker*, in FS Stimpel, 1985, S. 673, 683 f.
²¹⁹ Siehe zum Ganzen auch *Immenga/Mestmäcker/Veelken*, GWB, 4. Aufl. 2007, § 37 Rn. 77 ff.

der Gesellschafter auch nicht durch Abtretung des Darlehensrückzahlungsanspruchs an einen Dritten entziehen.[220] Etwas anderes gilt nur, wenn der Darlehensrückzahlungsanspruch als Schuldverschreibung verbrieft wurde, da dann § 796 BGB zur Anwendung kommt.[221]

g) *Ansprüche aus Konzernverhältnissen.* Schließlich gehören zur Insolvenzmasse auch Ansprüche im Rahmen von Konzernverhältnissen (→ § 95 Rn. 1 ff.). 76

h) *Insolvenzfreies Vermögen.* Das Bestehen von insolvenzfreiem Vermögen ist bei der Aktiengesellschaft grundsätzlich unter den gleichen Voraussetzungen wie bei der GmbH denkbar (→ § 92 Rn. 320 ff.). 77

9. Insolvente AG und Kapitalmarkt. Der Aktiengesellschaft steht aufgrund der grundsätzlich umfassenden Verkehrsfähigkeit ihrer Aktien und anderer von ihr emittierten Finanzinstrumente der Kapitalmarkt offen. Dabei muss auch für den Fall der Eröffnung des Insolvenzverfahrens über das Vermögen der Aktiengesellschaft zwischen der börsennotierten Aktiengesellschaft – also einer Gesellschaft, deren Aktien an einem bestimmten Markt zugelassen sind (→ Rn. 79 ff.) – und der kapitalmarktorientierten Aktiengesellschaft – also einer Gesellschaft, deren sonstige Finanzinstrumente an einem bestimmten Markt zugelassen sind (→ Rn. 94 ff.) – unterschieden werden. Weiterhin kann die Aktiengesellschaft auch nicht organisierte Märkte in Anspruch nehmen (→ Rn. 109). Schließlich können auch Anteile ausländischer Gesellschaften an deutschen Börsen gehandelt werden, was im Fall der Insolvenz dieser Gesellschaften zu einer Überlagerung des jeweils anwendbaren Insolvenz- bzw. Gesellschaftsrechts durch das dann anwendbare deutsche Kapitalmarktrecht führt.[222] 78

a) *Börsennotierte Aktiengesellschaft.* Der Begriff der Börsennotierung ergibt sich aus § 3 II AktG, wonach es auf eine Zulassung von Aktien an einem bestimmten Markt ankommt (für die Zulassung anderer Wertpapiere → Rn. 94 ff.). Davon erfasst wird in Deutschland nur der regulierte Markt nach §§ 32 ff. BörsG, nicht aber der Freiverkehr (§ 48 BörsG (→ Rn. 109)). Bei dem für die Börsennotierung erforderlichen Markt muss es sich auch nicht um eine deutsche Börse handeln, womit insbesondere Auslandsnotierungen an organisierten Märkten (§ 2 V WpHG, Art. 4 I Nr. 14 Finanzmarktrichtlinie) in anderen Mitgliedstaaten in Betracht kommen.[223] 79

aa) *Börsenzulassung und Widerruf.* Die Börsenzulassung ist die Erlaubnis, die Börseneinrichtung für den Handel in zugelassenen Wertpapieren im regulierten Markt zu nutzen. Sie erfolgt durch einen Verwaltungsakt der Zulassungsstelle nach § 32 BörsG, die nach Maßgabe der jeweiligen Börsenordnung bei den Wertpapierbörsen zu bilden ist. Dieser begünstigende Verwaltungsakt erledigt sich nicht durch die Insolvenzantragstellung oder die Insolvenzeröffnung. Das BörsG sieht jedenfalls keine automatische Beendigung der Börsenzulassung für diese Fälle vor (arg § 43 BörsG).[224] Dies gilt auch für den Fall der Masseunzulänglichkeit.[225] 80

Vielmehr ist hierfür – grundsätzlich – ein Widerruf notwendig (von Amts wegen oder auf Antrag (§ 39 I BörsG)). Als Gründe für den Widerruf kommen dabei die auf Dauer fehlende Gewährleistung eines ordnungsgemäßen Börsenhandels oder die feh- 81

---

[220] BGH NZI 2013, 308, 309 ff.
[221] *D'Avoine*, NZI 2013, 321 ff.
[222] Vgl. etwa für die Insolvenz US-amerikanischer Gesellschaften mit Börsennotierung in Deutschland *Schäfer*, FS Schneider, 2011, S. 1097 ff.
[223] Spindler/Stilz/*Drescher*, § 3 Rn. 5; *Hüffer*, AktG, § 3 Rn. 6.
[224] Siehe auch BVerwGE 123, 203 = NZI 2005, 510 = ZIP 2005, 1145; Assmann/Schneider/*Döhmel*, § 11 WpHG Rn. 5; *Grub/Streit* BB 2004, 1397 f. und 1404.
[225] Assmann/Schneider/*Döhmel*, § 11 WpHG Rn. 5; *Lau*, Die börsennotierte Aktiengesellschaft in der Insolvenz, S. 62.

lende Erfüllung der Pflichten des Emittenten in einer angemessenen Frist (§ 39 I BörsG) in Betracht. Ob diese Voraussetzungen zutreffen, hat die Zulassungsstelle nach pflichtgemäßem Ermessen zu entscheiden.[226] Grundsätzlich kann man im Fall der Insolvenzantragstellung oder Insolvenzeröffnung noch nicht unterstellen, dass ein ordnungsgemäßer Börsenhandel ausgeschlossen ist.[227] Anders ist demgegenüber die Rechtslage dann, wenn der Insolvenzantrag mangels Masse abgewiesen wurde oder aber das Vermögen der Gesellschaft im Insolvenzverfahren verteilt ist.[228] Gleiches gilt uU dann, wenn sich nach Eröffnung des Insolvenzverfahrens herausstellt, dass es zu einer Vollabwicklung des Unternehmensträgers kommt. Letzteres ist etwa der Fall, wenn die Gläubigerversammlung die Befriedigung im Wege der Zerschlagung des Unternehmens beschließt (§ 157 InsO) und abzusehen ist, dass die Gläubiger nicht vollständig befriedigt werden.[229] Auch der Fall der fehlenden Erfüllung der Pflichten des Emittenten in einer angemessenen Frist (§ 39 I BörsG) kann mit der Eröffnung des Insolvenzverfahrens nicht ohne Weiteres angenommen werden, da der Insolvenzverwalter den Schuldner bei der Erfüllung der Pflichten aus der Zulassung unterstützen und ihm insbesondere die dafür notwendigen Mittel zur Verfügung stellen muss (§ 43 BörsG).

82   bb) *Aussetzung und Einstellung der Notierung.* Ist der ordnungsgemäße Handel zwar nicht ausgeschlossen, wohl aber zeitweilig gefährdet, kann die Börsengeschäftsführung den Handel aussetzen (§ 25 I Nr. 1 alt 1 BörsG). Darüber hinaus kann die Aussetzung erfolgen, wenn dies zum Schutz des Publikums geboten erscheint (§ 25 I Nr. 1 alt 2 BörsG). Anwendungsfälle dieser in der Praxis relativ selten vorkommenden Handlungsmöglichkeit der Börsenaufsicht sind etwa starke Kursschwankungen ohne sachliche Veranlassung oder Verstöße gegen das Verbot der Kurs- und Marktpreismanipulation (§ 20a WpHG), das Insiderhandelsverbot (§ 14 WpHG) oder die Vorschriften zur Ad-hoc-Publizität (§ 15 WpHG).[230] Durch die Eröffnung des Insolvenzverfahrens wird eine Aussetzung grundsätzlich nicht ermöglicht, es sei denn, dass bei oder nach der Eröffnung die genannten Verstöße vorliegen und eine Aussetzung zum Schutz des Publikums notwendig ist.

83   Eine Einstellung nach § 25 I Nr. 2 BörsG ist – anders als die Aussetzung – eine mittelfristige Maßnahme (jedoch ohne zeitliche Begrenzung).[231] Voraussetzung hierfür ist, dass der ordnungsgemäße Börsenhandel länger als nur zeitweilig nicht mehr gewährleistet erscheint. Die ist im Zusammenhang mit einem Insolvenzverfahren insbesondere dann der Fall, wenn der Emittent gelöscht wird.[232] Die Eröffnung des Insolvenzverfahrens selbst kann nicht ohne Weiteres eine Einstellung rechtfertigen,[233] wie sich letztlich schon im Umkehrschluss aus § 43 BörsG ergibt.

84   cc) *Einbeziehung von Wertpapieren in den regulierten Markt.* Eine Börsennotierung kann sich zudem auch durch die Einbeziehung von Wertpapieren in den regulierten Markt ergeben, wenn die Wertpapiere bereits an einer anderen inländischen Börse im regulierten Markt (§ 33 I Nr. 1a) BörsG), in einem anderen Mitgliedstaat an einem organisierten Markt (§ 33 I Nr. 1b) BörsG) oder in einem Drittstaat an einem dem regulierten

---

[226] Baumbach/Hopt/*Hopt,* § 39 BörsG Rn. 5.
[227] Siehe auch die zahlreichen Fallbeispiele bei *Weber* ZGR 2001, 422, 425 ff. und die Analyse (S. 435), dass es sich bei den am Handel Beteiligten nicht allein um waghalsige Anleger und Glücksritter handelt; vgl. auch *Ott/Brauckmann* ZIP 2004, 2117, 2121.
[228] *Schander/Schinogl* ZInsO 1999, 202, 203; *Grub/Streit* BB 2004, 1397, 1403 f.
[229] Siehe auch *Grub/Streit* BB 2004, 1397, 1407; *Ott/Brauckmann* ZIP 2004, 2117, 2121.
[230] Baumbach/Hopt/*Hopt,* § 25 BörsG Rn. 1.
[231] Ebenso Schwark/Zimmer/*Beck,* § 25 BörsG Rn. 22 ff.; die allerdings als endgültige Maßnahme ansehend Schäfer/Hamann/*Gebhardt,* § 38 BörsG Rn. 25 (zur Vorgängernorm des § 38 BörsG).
[232] Schäfer/Hamann/*Gebhardt,* § 38 BörsG Rn. 29 mit weiteren Beispielen.
[233] Schäfer/Hamann/*Gebhardt,* § 38 BörsG Rn. 29; aA aber Schwark/Zimmer/*Beck,* § 25 BörsG Rn. 24.

Markt vergleichbaren Markt (§ 33 I Nr. 1c) BörsG) zugelassen sind und durch die Einbeziehung keine Beeinträchtigung des Publikums oder allgemeiner Interessen verbunden ist (§ 33 I Nr. 2 BörsG). Auch die Einbeziehung erfordert einen Antrag eines Handelsteilnehmers bei der jeweiligen Börsengeschäftsführung. Die Einzelheiten ergeben sich aus den jeweiligen Börsenordnungen. Die Einbeziehung kann ebenso wie die (originäre) Zulassung widerrufen werden (→ Rn. 80f.). Auch die Aussetzung und die Einstellung der Notierung erfolgt ebenso (→ Rn. 82f.).

dd) *Massezugehörigkeit der Börsenzulassung.* Die Börsenzulassung als solche ist nicht Massebestandteil.[234] Sie ist nicht übertragbar und kann vom Insolvenzverwalter auch nicht verwertet werden. Zwar wird teilweise darauf hingewiesen, dass der Börsenmantel einen monetären Wert darstelle, da er Investoren die Chance biete, sich die Aufwendungen einer Börseneinführung zu ersparen und einen – eventuell vorhandenen – Reputationsvorsprung der notierten AG zu nutzen.[235] Jedoch ist dieser in der Börsenzulassung liegende wirtschaftliche Wert auf die Aktien bezogen, die nicht in die Insolvenzmasse fallen. Der Insolvenzverwalter kann also nicht den im Börsenmantel liegenden Restwert für die Masse nutzbar machen. Eine Ausnahme gilt allenfalls dann, wenn die Aktionäre im Rahmen eines entsprechenden Insolvenzplanes mitwirken;[236] denn nur dann ist ein Eingriff in den Bestand der Mitgliedschaftsrechte möglich. 85

ee) *Delisting.* Im Hinblick auf die im Zusammenhang mit der Kapitalmarktorientierung bestehenden Pflichten (→ Rn. 94ff.) stellt sich für den Insolvenzverwalter die Frage, ob und inwieweit ein Rückzug vom Kapitalmarkt Vorteile verspricht.[237] Das Gesetz lässt einen Börsenrückzug *(Delisting)*[238] grundsätzlich zu (§ 38 II BörsG). Die Zulassungsstelle kann auf Antrag des Emittenten die Zulassung zum regulierten Markt widerrufen (§ 39 II 1 BörsG), sofern dies nicht dem Schutz der Anleger widerspricht (§ 39 II 2 BörsG). Wann dies der Fall ist, ergibt sich aus der jeweiligen Börsenordnung.[239] Je nachdem wie die Börsenordnung ausgestaltet ist, können – zumindest außerhalb des Insolvenzverfahrens – Schutzlücken zu Lasten der Anleger bestehen; denn der Rückzug der Gesellschaft aus dem regulierten Markt bringt für den Aktionär, der allein Anlageinteressen verfolgt, wirtschaftlich gravierende Nachteile mit sich (Fungibilitätsverlust). Der BGH hatte diese Schutzlücke ursprünglich aufgrund gesellschaftsrechtlicher Erwägungen geschlossen,[240] indem er für den Antrag des Vorstandes auf Widerruf der Börsenzulassung einen Hauptversammlungsbeschluss (mit einfacher Mehrheit) sowie ein Kaufangebot an die das *Delisting* nicht betreibenden Aktionäre verlangt hatte.[241] Dieses Konzept wurde in der höchstrichterlichen Rechtsprechung inzwischen allerdings aufgegeben, so dass nunmehr weder ein Hauptversammlungsbeschluss noch eine Abfindungsangebot erforderlich sind.[242] 86

Aufgrund der nicht mehr existierenden gesellschaftsrechtlichen Schutzmechanismen in Form des Erfordernisses eines Hauptversammlungsbeschlusses und der Abgabe eines Pflichtangebotes erübrigt sich auch die bisher geführte Auseinandersetzung um deren 87

---

[234] *Grub/Streit* BB 2004, 1397, 1405; aA BVerwG ZIP 2010, 487, 488. Für sonstige behördliche Genehmigungen, siehe MüKoInsO/*Peters,* § 35 Rn. 511ff.
[235] *Schander* ZInsO 1999, 202, 203.
[236] *Grub/Streit* BB 2004, 1397, 1406.
[237] Siehe allgemein *Habersack,* in: *Habersack/Mülbert/Schlitt,* Unternehmensfinanzierung am Kapitalmarkt, § 40 Rn. 1ff.; *Richard/Weinheimer* BB 1999, 1613, 1619.
[238] Vom Delisting ist das so genannte Downgrading zu unterscheiden, bei dem kein vollständiger Rückzug vom Kapitalmarkt erfolgt (→ Rn. 89).
[239] Vgl. etwa § 58 Börsenordnung Frankfurter Wertpapierbörse.
[240] BGHZ 153, 47, 53ff. = NZG 2003, 280 = ZIP 2003, 387.
[241] Siehe hierzu ausführlich *Habersack,* in: *Habersack/Mülbert/Schlitt,* Unternehmensfinanzierung am Kapitalmarkt, § 40 Rn. 5ff.
[242] BGH NJW 2014, 146; dazu ausführlich *Wieneke,* NZG 2014, 22ff.

Anwendung im Insolvenzverfahren.²⁴³ Daher kann der Insolvenzverwalter selbst die Entscheidung über das *Delisting* treffen.²⁴⁴ Folglich bedarf es im eröffneten Insolvenzverfahren keiner Mitwirkung der Hauptversammlung oder der Abgabe eines Pflichtangebots für den Antrag nach § 39 II BörsG. Schließlich stellt die *Delisting*-Entscheidung in der Regel keine ad-hoc-pflichtige Tatsache dar, da es aufgrund des spätestens seit der Eröffnung des Insolvenzverfahrens eintretenden Kursverfalls an einer Kursrelevanz fehlen wird.²⁴⁵

88   Mit der Abschaffung der gesellschaftsrechtlichen Schutzmechanismen in Form des Erfordernisses eines Hauptversammlungsbeschlusses und der Abgabe eines Pflichtangebotes erübrigt sich nunmehr auch die Diskussion, inwiefern diese Grundsätze im Rahmen eines Insolvenzplanes oder eines kalten *Delistings*²⁴⁶ zu beachten sind.

89   ff) *Downgrading*. Im Gegensatz zum *Delisting* erfolgt beim so genannten *Downgrading* kein vollständiger Rückzug von der Börse, sondern vielmehr lediglich ein Wechsel in ein anderes Marktsegment, bei dem dann typischerweise geringe Pflichten und dadurch ggf. Kosten bestehen. Dieser Schritt kann dabei vor allem im Insolvenzverfahren im Rahmen einer Sanierung von Interesse sein, da die Börsennotierung damit erhalten bleibt, die Kosten für diese aber reduziert werden können.²⁴⁷ Auch wenn es bisher an einer höchstrichterlichen entsprechenden Rechtsprechung zum *Downgrading* fehlt, ist bei diesem in einem Erst-Recht-Schluss davon auszugehen, dass die gesellschaftsrechtlichen Schutzmechanismen in Form des Erfordernisses eines Hauptversammlungsbeschlusses und der Abgabe eines Pflichtangebotes keine Anwendung mehr finden und damit auch für ein im Rahmen eines Insolvenzverfahrens durchgeführten *Downgrading* bedeutungslos sind.

90   gg) *Börsengebühren und Umlagefinanzierung für die BaFin*. Unstreitig sind die vor Insolvenzeröffnung entstandenen, auf der Grundlage von § 17 BörsG iVm der jeweiligen Gebührenordnungen beruhenden Gebühren für die zum regulierten Markt zugelassenen Aktien Insolvenzforderungen. Bei den nach der Eröffnung des Insolvenzverfahrens anfallenden Gebühren handelt es sich aufgrund von § 43 BörsG um Masseverbindlichkeiten.²⁴⁸ Neben den Börsengebühren müssen sich börsennotierte Unternehmen auch an der Finanzierung der BaFin im Rahmen der Umlage nach § 16 FinDAG beteiligen. Bei offenen Umlageforderungen aus der Zeit vor der Eröffnung des Insolvenzverfahrens handelt es sich um einfache Insolvenzforderungen, die Umlageforderungen für die Zeit nach der Eröffnung des Insolvenzverfahrens stellen aber Masseverbindlichkeiten (§ 55 Abs. 1 Nr. 1 InsO) dar.²⁴⁹ Zur gesonderten Umlage für das Enforcement-Verfahren → Rn. 106 ff.

91   hh) *Sonderregeln für börsennotierte Aktiengesellschaften*. Für börsennotierte Aktiengesellschaften (→ Rn. 79) gelten eine Reihe von aktienrechtlichen Sonderregelungen, die auch in der Insolvenz der börsennotierten Aktiengesellschaft von Bedeutung sein können.

---

²⁴³ Gegen eine Anwendung bisher *Grub/Streit* BB 2004, 1397, 1406; *Kreymborg/Land/Undritz*, ZInsO 2011, 71, 72 ff.; *Ott/Brauckmann* ZIP 2004, 2117, 2122; *Fuchs/Schlette/Bouchon*, § 11 WpHG Rn. 15; aA aber *Lau*, Die börsennotierte Aktiengesellschaft in der Insolvenz, S. 59.
²⁴⁴ Ebenso schon zur alten Rechtslage *Kreymborg/Land/Undritz*, ZInsO 2011, 71, 72 ff.; *Lau*, Die börsennotierte Aktiengesellschaft in der Insolvenz, S. 59 (für den Fall der Unmöglichkeit der Sanierung); aA *Siebel*, NZI 2007, 498, 502.
²⁴⁵ Ebenso *Kreymborg/Land/Undritz*, ZInsO 2011, 71, 82 ff.; siehe zur Ad-hoc-Pflichtigkeit insgesamt oben Rn. 99 ff.
²⁴⁶ Vgl. dazu ausführlich *Habersack*, in: *Habersack/Mülbert/Schlitt*, Unternehmensfinanzierung am Kapitalmarkt, § 40 Rn. 27 ff.
²⁴⁷ *Schröder/Hiort*, CFL 2010, 109, 117.
²⁴⁸ BVerwG ZIP 2010, 487, 488 f.; ebenso für den wortgleichen § 11 KölnKommWpHG/*Hirte*, § 11 Rn. 12; so auch schon VG Frankfurt v. 25.8.2005 – 1 E 3922/04 (nicht veröffentlicht).
²⁴⁹ Hessischer VGH NZI 2008, 57 ff. = AG 2007, 877; Hessischer VGH ZIP 2010, 1507.

(1) *Einberufung der Hauptversammlung.* Die für börsennotierte Aktiengesellschaften vorgesehenen Sondervorschriften über die Einberufung der Hauptversammlung (§§ 123 III 2, 125 I 3 AktG) gelten auch in der Insolvenz der börsennotierten Aktiengesellschaft (siehe zur Hauptversammlung allgemein Rn. 28 ff.). Dies gilt allerdings nicht für die Vorschriften über die Auf- und Feststellung des Jahresabschlusses (§§ 171 II, 175 II AktG), da diese Aufgaben im Rahmen des Insolvenzverfahrens durch den Insolvenzverwalter wahrgenommen werden (§ 155 I 2 InsO).

(2) *Abgabe der Corporate Governance Erklärung.* Die nach § 161 I 1 AktG jährlich vom Vorstand und Aufsichtsrat einer börsennotierten Aktiengesellschaft abzugebende Corporate Governance Erklärung muss auch während des Insolvenzverfahren abgegeben werden. Auch wenn der Insolvenzverwalter einen großen Teil der im Deutschen Corporate Governance Kodex adressierten Aufgaben nach der Eröffnung des Insolvenzverfahrens wahrnimmt, ist die Entsprechenserklärung auch nach der Verfahrenseröffnung durch den Vorstand und den Aufsichtsrat abzugeben. Dies ergibt sich in einer Analogie zu § 43 BörsG, § 11 WpHG. Insofern muss der Insolvenzverwalter auch die dafür notwendigen Mittel zur Verfügung stellen.[250] Durch die starke Kompetenzüberlagerung durch den Insolvenzverwalter wird die Entsprechenserklärung in der Regel zahlreiche Abweichungen enthalten.[251] So ist es in der Insolvenz etwa nicht möglich, den Anforderungen von Ziff. 7.2. Corporate Governance Kodex zu entsprechen, da für die Bestellung des Abschlussprüfers nach § 155 III InsO nur die gerichtliche Bestellung möglich ist. Diese Grundsätze gelten auch für eine Gesellschaft, die ausschließlich andere Wertpapiere als Aktien zum Handel an einem organisierten Markt (§ 2 V WpHG) ausgegeben hat und deren ausgegebene Aktien auf eigene Veranlassung über ein multilaterales Handelssystem im Sinn des § 2 III 1 Nr. 8 WpHG gehandelt werden.

b) *Kapitalmarktorientierte Aktiengesellschaft.* Neben einer Börsennotierung kann bei einer Aktiengesellschaft auch eine Kapitalmarktorientierung bestehen, die sich dann insofern von der Börsennotierung unterscheidet, als dass diese dann den regulierten Markt nicht nur für die Aktien, sondern darüber hinaus für Finanzinstrumente allgemein in Anspruch nehmen. Von Bedeutung sind dabei vor allem mit Aktien vergleichbare Anlagewerte und Zertifikate, Schuldtitel, Derivate und Rechte auf Zeichnung von Wertpapieren (§ 2 IIb WpHG).

aa) *Kein Wegfall der Kapitalmarktorientierung durch die Eröffnung des Insolvenzverfahrens.* Soweit andere Finanzinstrumente als Aktien zum Handel an einem Markt zugelassen sind, gelten in der Insolvenz der Aktiengesellschaft die vorgenannten Ausführungen (→ Rn. 80 ff.) weit gehend entsprechend. Dies gilt insbesondere auch für Anleihen, die auch im Fall der Eröffnung des Insolvenzverfahrens nicht ohne Weiteres im Wege des Widerrufs der Börsenzulassung bzw. der Aussetzung oder Einstellung des Handels zwangsdelistet werden können.[252] Ein reguläres Delisting auf Antrag des Emittenten scheidet hingegen in der Regel aus, da dies den meist vereinbarten Anleihebedingungen zuwiderläuft und damit mit dem Anlegerschutz (§ 38 II 2 BörsG) nicht vereinbar ist.[253] Zu Anleihen in der Insolvenz siehe im Übrigen → Rn. 50 ff. Bei Wertpapieren, die

---

[250] Vgl. dazu ausführlich *Mock*, ZIP 2010, 15, 19; zustimmend GroßKommAktG/*Leyens* § 161 Rn. 142; aA aber *Maesch*, Corporate Governance in der insolventen Aktiengesellschaft, 2005, S. 119, der eine alleinige Abgabe durch den Insolvenzverwalter annimmt. Insgesamt keine Verpflichtung annehmend *K. Schmidt*, AG 2006, 597, 601; dem folgend *Lau*, Die börsennotierte Aktiengesellschaft in der Insolvenz, S. 116 f.
[251] Zu den einzelnen Abweichungen vgl. *Mock* ZIP 2010, 15, 18 ff.
[252] AA *Habersack*, in: Habersack/Mülbert/Schlitt, Unternehmensfinanzierung am Kapitalmarkt, § 40 Rn. 32; differenzierender aber *Siebel*, ZGR 2002, 842, 845, der auf den Einzelfall abstellen will, ohne diesen allerdings zu erläutern.
[253] *Habersack*, in: Habersack/Mülbert/Schlitt, Unternehmensfinanzierung am Kapitalmarkt, § 40 Rn. 33.

Bezugsrechte auf andere Wertpapiere oder entsprechende Umtauschrechte verbriefen, gelten die für die Anleihen genannten Grundsätze ebenfalls. Auch diese werden durch die Eröffnung des Insolvenzverfahrens nicht berührt.[254] Allerdings werden diese in der Regel in der Insolvenz der Aktiengesellschaft keine Rolle spielen, da die entsprechenden Rechte aufgrund des mit der Insolvenz typischerweise verbundenen niedrigem Aktienkurses meist nicht ausgeübt werden. Soweit ein entsprechender Gläubiger (mit Spekulationsabsicht) aber seine Optionen ausübt und auf Verschaffung der Aktien der Aktiengesellschaft besteht, besteht für den Insolvenzverwalter das Wahlrecht nach § 103 InsO. Soweit die Insolvenzmasse eigene Aktien umfasst, kann der Insolvenzverwalter im Rahmen der Wahlrechtsausübung von § 103 InsO zur Erfüllung der entsprechenden Wandel- und Optionsanleihen verpflichtet sein, wenn dies für die Masse günstiger ist.

96 bb) *Aufgabenteilung zwischen Gesellschaftsorganen und Insolvenzverwalter.* Neben den aktienrechtlichen Sonderregeln für börsennotierte Aktiengesellschaften ergeben sich noch eine Reihe kapitalmarktrechtlicher Vorschriften, die auch in der Insolvenz der kapitalmarktorientierten Aktiengesellschaft von Bedeutung sind. Dabei gilt im Grundsatz, dass diese durch die Eröffnung des Insolvenzverfahrens über das Vermögen der Gesellschaft nicht berührt werden und daher fortbestehen.[255] Allerdings werden diese aufgrund von § 11 WpHG weit gehend durch die zuständigen Gesellschaftsorgane und nicht vom Insolvenzverwalter wahrgenommen. Dies gilt dabei aufgrund des Wortlauts von § 11 WpHG unabhängig davon, ob diese einen Massebezug hat oder nicht.[256] Der Insolvenzverwalter muss die zuständigen Gesellschaftsorgane bei der Erfüllung dieser Pflichten unterstützen. Dies bedeutet neben einer Bereitstellung der dafür erforderlichen Mittel vor allem, dass der Insolvenzverwalter den zuständigen Organen der Gesellschaft auch rechtzeitigen Zugang zu den Informationen geben muss, die für die Erfüllung der Pflichten notwendig sind.[257] Die Durchsetzung der Unterstützungspflicht des Insolvenzverwalters erfolgt im Rahmen der Aufsicht durch die BaFin (§ 4 II WpHG).[258]

97 cc) *Insiderhandel und Marktmanipulation.* Die Vorschriften über das Verbot des Insiderhandels (§ 14 WpHG) und der Kurs- und Marktpreismanipulation (§ 20a WpHG) finden auch in der Insolvenz der Aktiengesellschaft Anwendung. Der Insolvenzverwalter ist dabei auch Adressat dieser Verbotstatbestände,[259] da sich diese an jedermann richten.[260] Dabei gilt für den Insolvenzverwalter vor allem auch die Pflicht, organisatorische Maßnahmen zu treffen, um dem Verbot der Weitergabe von Insiderinformationen (§ 14 I Nr. 2 WpHG) nachzukommen. Schließlich muss der Insolvenzverwalter und ggf. seine Mitarbeiter in das nach § 15b WpHG anzulegende Insiderverzeichnis aufgenommen werden. Die Führung des Insiderverzeichnisses obliegt aufgrund von § 11 WpHG auch im Insolvenzverfahren den zuständigen Gesellschaftsorganen.[261]

98 dd) *Publizitätspflichten.* (1) *Regelpublizität.* Die Regelpublizität hinsichtlich der Rechnungslegung wird auch bei der kapitalmarktorientierten Aktiengesellschaft durch den Insolvenzverwalter wahrgenommen (§ 155 InsO). Dies gilt allerdings nicht für die nach den §§ 37v ff. WpHG bestehenden zusätzlichen Publizitätspflichten in Form der Erstel-

---

[254] *Siebel,* ZGR 2002, 842, 852.
[255] BVerwGE 123, 203, 206 ff. = NZI 2005, 510 = ZIP 2005, 1145; vgl. auch Assmann/Schneider/*Döhmel,* § 11 WpHG Rn. 4.
[256] AA aber Assmann/Schneider/*Döhmel,* § 11 WpHG Rn. 10 ff.
[257] Begr RegE BT-Drucks. 16/2498, S. 32.
[258] Assmann/Schneider/*Döhmel,* § 11 WpHG Rn. 18.
[259] Eine Strafbarkeit ergibt sich für den Insolvenzverwalter aus § 38 I Nr. 1c) WpHG; zum Adressaten des Verbots der Kurs- und Marktpreismanipulation vgl. KölnKommWpHG/*Mock,* § 20a Rn. 123 f.
[260] Ebenso *Lau,* Die börsennotierte Aktiengesellschaft in der Insolvenz, S. 174.
[261] AA aber *Assmann/Schneider/Döhmel,* § 11 WpHG Rn. 12; ebenso wohl KölnKommWpHG/*Hirte,* § 11 Rn. 20; *Warmer,* Börsenzulassung und Insolvenz der Aktiengesellschaft, S. 124 f.

lung und Veröffentlichung der Halbjahresfinanzberichte (§ 37w WpHG) und der Zwischenmitteilung der Geschäftsleitung (§ 37x WpHG).[262] Für diese Pflichten ist § 11 WpHG *lex specialis*, der insoweit § 155 InsO in seinem Anwendungsbereich verdrängt.[263] Daher müssen die Finanzberichte nach den §§ 37v ff. WpHG von den zuständigen Organen der Aktiengesellschaft erstellt und veröffentlicht werden. Die dafür erforderlichen Mittel hat der Insolvenzverwalter aus der Masse bereitzustellen.

(2) *Ad-hoc-Publizität*. Nach § 15 I 1 WpHG muss eine kapitalmarktorientierte Aktiengesellschaft Insidertatsachen, die sie unmittelbar betreffen, unverzüglich veröffentlichen (*Ad-hoc*-Publizität). Insiderinformationen sind alle öffentlich nicht bekannte Umstände, die sich auf einen oder mehrere Emittenten von Insiderpapieren selbst beziehen und geeignet sind, im Falle ihres öffentlichen Bekanntwerdens den Börsen- oder Marktpreis der Insiderpapiere erheblich zu beeinflussen (§ 13 I 1 WpHG). Dabei ist es auch ausreichend, dass mit hinreichender Wahrscheinlichkeit davon ausgegangen werden kann, dass diese Umstände in Zukunft eintreten werden (§ 13 I 3 WpHG). Wann bei gestreckten Tatbeständen[264] – wie einer Krise – von einer hinreichenden Wahrscheinlichkeit im Sinne des § 13 I WpHG gesprochen werden kann, ist eine Frage des Einzelfalls.[265] Dabei gilt zunächst, dass die Antragstellung und die Eröffnung des Insolvenzverfahrens jedenfalls ad-hoc-pflichtige Insidertatsachen sind.[266] Deutlich schwieriger ist allerdings die Bestimmung der Ad-hoc-Pflichtigkeit von Umständen im Vorfeld der Insolvenz. Eine drohende Insolvenz muss – wenn konkrete und aussichtsreiche Verhandlungen mit einem Investor geführt werden[267] – keine zwingende Insidertatsache im Sinne des § 13 I WpHG sein. Allerdings muss man beim Eintreten bestimmter klarer Krisenzeichen von einer Ad-hoc-Pflichtigkeit ausgehen müssen. Dies trifft zunächst auf die auf formellen Kriterien aufbauenden Ereignisse wie den Verlust der Hälfte des Grundkapitals und den Eintritt der Zahlungsunfähigkeit oder Überschuldung zu.[268] Darüber hinaus können aber bloße materielle Krisenzeichen wie etwa ein *covenant breach* oder die Bestellung eines *chief restructuring officers* eine Ad-hoc-Pflichtigkeit auslösen.[269] Eine Pflicht zur Veröffentlichung besteht nur dann nicht, wenn dies zum Schutz der berechtigten Interessen des Emittenten erforderlich ist, keine Irreführung der Öffentlichkeit zu befürchten ist und der Emittent die Vertraulichkeit der Insiderinformation gewährleisten kann (§ 15 III WpHG). Soweit in der Krise der Aktiengesellschaft noch die Möglichkeit eines erfolgversprechenden, längerfristigen Sanierungskonzeptes besteht, kann die Veröffentlichung nach § 15 III WpHG aufgeschoben werden.[270] Die Möglichkeit der Beantragung der Freistellung bei der BaFin besteht nicht, da es sich bei

---

[262] Soweit es sich bei der insolventen Aktiengesellschaft um eine deutsche Aktiengesellschaft handelt, entfällt das Erfordernis der Erstellung und Veröffentlichung eines Jahresfinanzberichts (§ 37v I 1 WpHG), da bereits eine entsprechende Publizität nach § 325 HGB besteht (KölnKommWpHG/*Mock*, § 37v Rn. 51 ff.).
[263] KölnKommWpHG/*Mock*, § 37v Rn. 66; *von Buttlar*, BB 2010, 1355, 1359; wohl auch *Albrecht/Stein* ZInsO 2009, 1949, 1940 f.; aA aber wohl *Lau*, Die börsennotierte Aktiengesellschaft in der Insolvenz, S. 120 f.
[264] Vgl. dazu ausführlich *Mock*, ZBB 2012, 286 ff.
[265] Vgl. nur Assmann/Schneider/*Assmann*, § 13 WpHG Rn. 23 ff.; zu den maßgeblichen Kriterien bei einer Unternehmenskrise ausführlich *Kocher/Widder*, NZI 2010, 925, 925 f.
[266] *Fuchs/Pfüller*, § 15 WpHG Rn. 209; *Kocher/Widder*, NZI 2010, 925, 927.
[267] Assmann/Schneider/*Assmann*, § 15 WpHG Rn. 139; *Fuchs/Pfüller*, § 15 Rn. 210; *Reuter* BB 2003, 1797, 1800; kritisch *Weber* ZGR 2001, 422, 442.
[268] *BaFin*, Emittentenleitfaden 2009, S. 56; *Grub/Streit* BB 2004, 1397, 1399; *Kocher/Widder*, NZI 2010, 925, 927; *Fuchs/Pfüller*, § 15 WpHG Rn. 211; *Reuter* BB 2003, 1797, 1800; *Schander/Schinogl* ZInsO 1999, 202 f.; *Weber* ZGR 2001, 422, 441.
[269] *Kocher/Widder*, NZI 2010, 925, 927 f.; restriktiver aber *Theiselmann*, CLF 2010, 197, 203.
[270] *Von Buttlar*, BB 2010, 1355, 1358; *Kocher/Widder*, NZI 2010, 925, 928 f.; *Fuchs/Pfüller*, § 15 WpHG Rn. 213.

der Regelung von § 15 III WpHG um eine zeitweilige Selbstbefreiung durch den Emittenten handelt, die freilich mit einem entsprechenden Sanktionsrisiko verbunden ist.

100 Diese Verpflichtung wird nach Eröffnung des Insolvenzverfahrens nicht hinfällig (§ 11 WpHG). Jedoch ist genau zu prüfen, ob spätere Tatsachen noch Insiderinformationen darstellen können, was aufgrund des mit der Insolvenzeröffnung typischerweise einhergehenden massiven Kursverlustes häufig an der fehlenden Kursrelevanz scheitern wird.[271] Nach Eröffnung des Insolvenzverfahrens wird die Pflicht nach § 15 WpHG weiter durch die zuständigen Organe der Aktiengesellschaft und nicht durch den Insolvenzverwalter wahrgenommen (§ 11 I WpHG).[272] Dies gilt auch für das Eröffnungsverfahren (§ 11 II WpHG). Der Insolvenzverwalter muss allerdings die erforderlichen Mittel zur Verfügung stellen. Die Möglichkeit des Aufschubs der Mitteilung nach § 15 III WpHG besteht im eröffneten Insolvenzverfahren nur in äußersten Ausnahmefällen.[273] Eine Pflicht besteht auch nicht für den Gläubigerausschuss.[274]

101 Eine unterlassene Ad-hoc-Mitteilung löst eine Schadenersatzpflicht des Emittenten gegenüber denjenigen Personen aus, die nach der Unterlassung der Mitteilung die Finanzinstrumente erworben hat und bei Bekanntwerden der Insiderinformation auch noch Inhaber ist (§ 37b I Nr. 1 WpHG). Ebenso ist derjenige anspruchsberechtigt, der die Finanzinstrumente vor dem Entstehen der Insiderinformation erworben und nach der Unterlassung der Mitteilung veräußert hat (§ 37b I Nr. 2 WpHG). Darüber hinaus trifft den Emittenten eine Schadenersatzpflicht bei der Veröffentlichung unwahrer Ad-hoc-Mitteilungen, wenn ein Dritter auf die Richtigkeit der Information vertraut. Etwaige Ansprüche Dritter gegen die insolvente Aktiengesellschaft sind einfache Insolvenzforderungen, soweit diese Ansprüche vor der Eröffnung des Insolvenzverfahrens entstanden sind. Beruhen die Ansprüche hingegen auf der Verletzung der Ad-hoc-Publizität nach der Eröffnung des Insolvenzverfahrens handelt es sich um Masseverbindlichkeiten, auch wenn die Pflichtverletzung nicht durch den Insolvenzverwalter begangen wurde. Der Insolvenzverwalter kann Dritten gegenüber selbst nicht unmittelbar wegen unterlassener oder fehlerhafter Ad-hoc-Mitteilungen haftbar gemacht werden, da ihn diese Pflicht nicht trifft. Allerdings können Ansprüche gegen den Insolvenzverwalter nach § 60 InsO bestehen, wenn er die für die rechtzeitige, vollständige oder richtige Ad-hoc-Mitteilung notwendigen Informationen nicht an die zuständigen Gesellschaftsorgane weitergeleitet hat.[275]

102 (3) *Beteiligungspublizität.* Nach § 26 I 1 WpHG hat der Emittent spätestens drei Tage nach dem Zugang der Mitteilung über die Änderung der Schwellenwerte in §§ 21 I, 21 Ia und 25 I 1 WpHG diese zu veröffentlichen und der BaFin mitzuteilen. Darüber hinaus muss der Emittent die von einem Inhaber einer wesentlichen Beteiligung abgegebenen Informationen hinsichtlich dessen Ziele und der Herkunft der für den Erwerb verwendeten Mittel bzw. das Unterlassen der Abgabe dieser Informationen veröffentlichen (§ 27a II WpHG). Im Rahmen einer Restrukturierung gelten diese Pflichten ebenfalls, werden aber typischerweise bei einer bloßen Fremdkapitalinvestition nicht tangiert, auch wenn sich aus dieser im späteren Insolvenzverfahren vor allem durch den *debt to*

---

[271] Vgl. dazu *Kocher/Widder*, NZI 2010, 925, 931.

[272] KölnKommWpHG/*Hirte*, § 11 Rn. 12 ff.; aA aber *Rubel* AG 2009, 615, 617 f., der eine abschließende Zuständigkeitsregelung in § 11 WpHG ablehnt; ähnlich abweichend *von Buttlar*, BB 2010, 1355, 1358; *Kocher/Widder*, NZI 2010, 925, 927, 930 f., die sich für eine Maßgeblichkeit des Massebezugs einsetzen und diesen in § 80 InsO verorten.

[273] *Kocher/Widder*, NZI 2010, 925, 931 f.; einen solchen aber pauschal bei Sanierungsgesprächen annehmend *Rubel* AG 2009, 615, 618.

[274] *Rubel* AG 2009, 617, 618; aA aber *Hirte* ZInsO 2006, 1289, 1297.

[275] Im Ergebnis ebenso Fuchs/*Schlette/Bouchon*, § 11 WpHG Rn. 16; aA aber KölnKommWpHG/ *Hirte*, § 11 Rn. 35.

equity swap (→ Rn. 113 ff.) insofern direkte Einflussnahmemöglichkeiten auf die Gesellschafterstruktur ergeben.[276]

Durch die Eröffnung des Insolvenzverfahrens werden die Pflichten ebenfalls nicht berührt.[277] Nach § 11 WpHG nehmen die Verpflichtung in der Insolvenz der Aktiengesellschaft wieder die zuständigen Gesellschaftsorgane und nicht der (vorläufige) Insolvenzverwalter wahr.[278] Dies gilt allerdings nicht für die aktienrechtlichen Mitteilungspflichten nach §§ 20 ff., 328 AktG (→ Rn. 58). **103**

(4) *Pflichten gegenüber Wertpapierinhabern.* Weiterhin ergeben sich eine Reihe von Pflichten aus den §§ 30a ff. WpHG, die aus dem Gleichbehandlungsgebot (§ 30a I Nr. 1 WpHG), der Gewährung eines ausreichenden Informationszugangs zur Ausübung der Rechte (§ 30a I Nr. 2 WpHG), dem Datenschutz (§ 30a I Nr. 3 WpHG), der Benennung einer Zahlstelle (§ 30a I Nr. 4 WpHG) und der Bereitstellung eines Formulars zur Stimmvertretung (§ 30a I Nr. 6 WpHG) bestehen. Darüber hinaus treffen den Emittenten umfangreiche Publizitätspflichten hinsichtlich der Durchführung der Hauptversammlung und finanzverfassungsrelevanter Umstände (§ 30b WpHG). Schließlich muss der Emittent bei Änderungen seiner Organisations- oder Finanzverfassung mit Auswirkungen auf die Rechte der Wertpapierinhaber die BaFin und die jeweiligen Zulassungsstellen vorab informieren (§ 30c WpHG). Grundsätzlich treffen diese Pflichten im Insolvenzverfahren die zuständigen Gesellschaftsorgane und nicht den (vorläufigen) Insolvenzverwalter (§ 11 WpHG). Da mit § 11 WpHG allerdings eine ausreichende Erfüllung der Verpflichtungen des WpHG sichergestellt werden soll, gelten diese Pflichten trotz § 11 WpHG auch für den Insolvenzverwalter, soweit diese Pflichten nicht ausschließlich durch die zuständigen Gesellschaftsorgane wahrgenommen werden können. Dies betrifft insbesondere die datenschutzrechtlichen Aspekte (§ 30a I Nr. 3 WpHG). Die Erstreckung dieser Pflichten auch auf den Insolvenzverwalter ergibt sich letztlich auch aus einer europarechtskonformen (einschränkenden) Auslegung von § 11 WpHG, da die §§ 30a ff. WpHG auf Art. 16–18, 19 Transparenzrichtlinie zurückgehen und diese keine Ausnahmeregelung für den Fall der Eröffnung des Insolvenzverfahrens enthält. **104**

(5) *Directors'-Dealings.* Nach § 15a I WpHG müssen Personen, die bei einem Emittenten Führungsaufgaben wahrnehmen, eigene Geschäfte mit Aktien des Emittenten oder sich darauf beziehende Finanzinstrumente innerhalb von fünf Tagen der BaFin mitteilen. In der Insolvenz der Aktiengesellschaft gilt diese Meldepflicht fort und ist vom Vorstand wahrzunehmen.[279] Da Sinn und Zweck von § 15a WpHG die Verhinderung von Insidergeschäften ist[280] und der Insolvenzverwalter selbst Leitungs- und Verwaltungsaufgaben wahrnimmt, gilt § 15a WpHG auch für den Insolvenzverwalter,[281] auch wenn dieser für die Ausübung der Insolvenzverwaltertätigkeit ohnehin unabhängig sein muss (§ 56 InsO), was auch die Beteiligung am Insolvenzschuldner ausschließt.[282] **105**

ee) *Enforcement-Verfahren.* Die Unternehmensabschlüsse kapitalmarktorientierter Aktiengesellschaften können im Rahmen des Enforcement-Verfahrens von der *Prüfstelle für* **106**

---

[276] Dazu ausführlich *Bücker/Petersen,* ZGR 2013, 802, 810 ff.
[277] *Grub/Streit* BB 2004, 1397, 1400; KölnKommWpHG/*Hirte,* § 11 Rn. 19.
[278] *BaFin,* Emittentenleitfaden 2009, S. 52; *von Buttlar,* BB 2010, 1355, 1357; KölnKommWpHG/*Hirte* § 11 Rn. 12 ff.; *Schäfer,* in: Marsch-Barner/*Schäfer,* Hdb. börsennotierte AG, § 12 Rn. 3; aA aber *Rubel* AG 2009, 617, 619 f.; *Thiele/Fedtke,* AG 2013, 288, 291 ff.
[279] *Von Buttlar,* BB 2010, 1355, 1359; für eine Fortgeltung im Insolvenzverfahren auch *BaFin,* Emittentenleitfaden 2009, S. 84.
[280] KölnKommWpHG/*Heinrichs,* § 15a Rn. 3 ff.
[281] KölnKommWpHG/*Hirte,* § 11 Rn. 20; *Lau,* Die börsennotierte Aktiengesellschaft in der Insolvenz, S. 152 f.; *Warmer,* Börsenzulassung und Insolvenz der Aktiengesellschaft, S. 116 f.
[282] MüKoAktG/*Graeber,* § 56 Rn. 26.

§ 93   107–109   Kapitel VII. Besonderheiten der Gesellschaftsinsolvenz

Rechnungslegung eV bzw. der BaFin einer Kontrolle unterzogen werden (§§ 342b ff. HGB, §§ 37n ff. WpHG). Dies gilt auch für die vom Insolvenzverwalter nach § 155 InsO aufzustellenden Unternehmensabschlüsse.[283] Eine Ausnahme ist nur für den Fall anzunehmen, dass die Aktiengesellschaft nach § 270 III AktG bereits von der Abschlussprüfung aufgrund der Überschaubarkeit des Geschäftsbetriebs befreit ist.[284] Soweit der jeweilige Jahresabschluss an einem Nichtigkeitsgrund nach § 256 AktG leidet, kann der Insolvenzverwalter die Einleitung eines Enforcement-Verfahrens für die Dauer des Insolvenzverfahrens verhindern, indem er selbst eine Nichtigkeitsklage (§ 80 InsO iVm §§ 249 I, 256 I AktG) erhebt und damit die Sperrwirkung des § 342b III 1 HGB, § 37o II 1 WpHG auslöst.[285]

107 Hinsichtlich der Kosten für die Durchführung der Prüfungen muss danach differenziert werden, für welche Unternehmensabschlüsse diese Kosten anfallen. Wenn die Eröffnung des Insolvenzverfahrens in den Berichtszeitraum des zu prüfenden Unternehmensabschlusses fällt, handelt es sich bei den Prüfungskosten um Masseverbindlichkeiten (§§ 55 I Nr. 1 Alt. 2 InsO).[286] Dies gilt ebenso für die vom Insolvenzverwalter aufzustellenden Unternehmensabschlüsse für die Geschäftsjahre nach Eröffnung des Insolvenzverfahrens sowie die Unternehmensabschlüsse des Rumpfgeschäftsjahres, da diese Kosten durch Rechtsverletzungen des Insolvenzverwalters innerhalb seines Wirkungskreises entstanden sind (§ 55 I Nr. 1 Alt. 1 InsO). Werden die Prüfungen hingegen für Unternehmensabschlüsse durchgeführt, bei denen die Eröffnung des Insolvenzverfahrens nicht in den Berichtszeitraum fällt, handelt es sich bei den Prüfungskosten um Insolvenzforderungen. Hinsichtlich der für das Enforcement-Verfahren gesondert zu entrichtenden Umlage nach § 17d FinDAG muss schließlich auch nach dem Zeitpunkt der Eröffnung des Insolvenzverfahrens unterschieden werden, so dass offene Umlageforderungen aus der Zeit vor der Eröffnung des Insolvenzverfahrens einfache Insolvenzforderungen, die Umlageforderungen für die Zeit nach der Eröffnung des Insolvenzverfahrens aber Masseverbindlichkeiten (§ 55 Abs. 1 Nr. 1 InsO)[287] sind. Zur allgemeinen Umlage nach § 16 FinDAG → Rn. 90.

108 ff) *Sonstige Pflichten.* Nach § 41 BörsG ist unter anderem der Emittent der zugelassenen Wertpapiere verpflichtet, der Börsengeschäftsführung alle Auskünfte zu erteilen, die zur ordnungsgemäßen Erfüllung der Aufgaben im Hinblick auf die Zulassung und die Einführung der Wertpapiere erforderlich sind. Diese Auskunftserteilung obliegt auch im Insolvenzverfahren den zuständigen Gesellschaftsorganen, die dabei aber vom Insolvenzverwalter unterstützt werden müssen (§ 43 BörsG).

109 c) *Zulassung der Aktien zum Freiverkehr.* Neben dem regulierten Markt können die Wertpapiere einer Aktiengesellschaft auch im so genannten Freiverkehr (§ 48 BörsG) gehandelt werden.[288] Im Gegensatz zum regulierten Markt erfolgt die Zulassung dabei nicht durch einen Verwaltungsakt, sondern auf Grundlage eines privatrechtlichen Vertrages, der meist durch standardisierte Allgemeine Geschäftsbedingungen der jeweiligen Handelsplattform konkretisiert wird.[289] In der Insolvenz der Aktiengesellschaft bedeutet dies, dass der Insolvenzverwalter die Zulassung zum Freiverkehr durch die Ausübung

---

[283] OLG Frankfurt/Main, NZG 2013, 264, 266; KölnKommWpHG/*Mock*, § 37n Rn. 90 ff.
[284] KölnKommWpHG/*Mock*, § 37n Rn. 91; für eine solche Befreiungsmöglichkeit vgl. AG München ZIP 2004, 2110; aA aber OLG München NZI 2006, 108 = ZIP 2005, 2068 (zu § 71 III GmbHG).
[285] Ausführlich dazu KölnKommWpHG/*Mock*, § 37o Rn. 94 ff.
[286] So nun auch OLG Frankfurt/Main, NZG 2013, 264, 265; KölnKommWpHG/Mock § 37n Rn. 153.
[287] Hessischer VGH NZI 2008, 57 ff. = AG 2007, 877; vgl. auch KölnKommWpHG/*Mock*, § 37n Rn. 153.
[288] Vgl. dazu Assmann/Schütze/*von Rosen*, § 2 Rn. 216 ff.
[289] Baumbach/Hopt/*Hopt*, § 48 BörsG Rn. 3; Schwark/Zimmer/*Schwark*, § 48 BörsG Rn. 3.

seines Wahlrechts nach § 103 InsO ohne Weiteres beenden kann. Ein Erlöschen nach §§ 115, 116 InsO kommt hingegen nicht in Betracht.[290] Die vor der Eröffnung des Insolvenzverfahrens entstandenen Gebühren sind einfache Insolvenzforderungen. Entscheidet sich der Insolvenzverwalter zur Fortführung der Zulassung, handelt es sich dann hingegen um Masseverbindlichkeiten.[291]

d) *Übernahmerecht.* Die Vorschriften des WpÜG für Erwerbs- und Übernahmeangebote finden grundsätzlich auch in der Insolvenz der Aktiengesellschaft Anwendung. Für Einzelfragen muss dabei allerdings zwischen der Insolvenz des Bieters und der Insolvenz der Zielgesellschaft unterschieden werden. In der Insolvenz des Bieters bleibt dessen Angebot bestehen und kann von den Aktionären der Zielgesellschaft auch noch angenommen werden. Allerdings wird der Insolvenzverwalter dann in der Regel von seinem Wahlrecht nach § 103 InsO Gebrauch machen, womit die Aktionäre ihren Schadenersatz wegen Nichterfüllung (§ 103 II InsO) als Insolvenzgläubiger geltend machen können. Dabei steht den Aktionären in diesen Fällen auch ein Schadensersatzanspruch wegen Nichterfüllung gegen das Wertpapierdienstleistungsunternehmen (§ 13 II WpÜG) zu, das die schriftliche Bestätigung nach § 13 I WpÜG abgegeben hat. In der Insolvenz der Zielgesellschaft kann sich der Bieter nur dann von seinem Angebot lösen, wenn zum Zeitpunkt der Abgabe des Angebots die Insolvenz noch nicht absehbar war oder er sich eine entsprechende Bedingung[292] in dem Angebot – mit Ausschluss des eigenen Insolvenzantragsrechts[293] – vorbehält. Zwar kann dem Bieter das Insolvenzrisiko der Zielgesellschaft nicht vollumfänglich aufgebürdet werden, allerdings ist es aus Gründen des Anlegerschutzes aber auch geboten, eine entsprechende Bindung für den Fall anzunehmen, dass die Insolvenz oder jedenfalls der Eintritt eines Insolvenzgrundes absehbar war.[294]

Nach § 37 II WpÜG iVm § 9 S. 1 Nr. 3 WpÜGAngVO kann die BaFin zudem eine Ausnahme von der Pflicht zur Abgabe eines Pflichtangebots nach § 35 I WpÜG für den Bieter – ggf. mit Nebenbestimmungen[295] – erteilen, wenn die Kontrollerlangung im Zusammenhang mit der Sanierung der Zielgesellschaft erfolgt. Eine solche Sanierungsbedürftigkeit wird schon dann anzunehmen sein, wenn sich die wirtschaftlichen Ergebnisse der Zielgesellschaft im Vergleich zur Vergangenheit signifikant verschlechtert haben und die Kontrollerlangung diese ursprüngliche Leistungsfähigkeit wieder herstellen soll.[296] Insofern ist es nicht erforderlich, dass ein Insolvenzgrund vorliegt oder ein Insolvenzverfahren beantragt wurde. Eine ebenfalls erforderliche Sanierungsfähigkeit ist anzunehmen, wenn der Antragsteller ein durch ein Sanierungsgutachten belegtes Sanierungskonzept vorlegt, das objektiv geeignet ist, den Fortbestand der Zielgesellschaft sicherzustellen.[297] Ein Pflichtangebot ist bei einer Befreiung durch die BaFin auch dann nicht abzugeben, wenn die Sanierung später tatsächlich erfolgreich ist oder aber scheitert.[298]

---

[290] Primary Markets Arbitration Panel, BKR 2002, 410, 412 *(Micrologica)*.
[291] LG Frankfurt BKR 2001, 106, 108 = NZI 2001, 667; Primary Markets Arbitration Panel, BKR 2002, 410, 412 ff. („Micrologica"); Römermann/Schröder, BKR 2001, 83, 84.
[292] Vgl. zur Zulässigkeit derartiger Bedingungen Geibel/Süßmann/*Geibel*, § 18 WpÜG Rn. 51; KölnKommWpÜG/*Hasselbach*, § 18 Rn. 43; Assmann/Pötzsch/Schneider/*Krause/Favoccia*, § 18 Rn. 95 mwN.
[293] Geibel/Süßmann/*Geibel*, § 18 WpÜG Rn. 51.
[294] AA aber Geibel/Süßmann/*Geibel*, § 18 WpÜG Rn. 51; Assmann/Pötzsch/Schneider/*Krause/Favoccia*, § 18 WpÜG Rn. 95 ff.
[295] Vgl. dazu etwa *Kocher*, ZInsO 2010, 2125, 2129 ff.
[296] Haarmann/Schüppen/*Hommelhoff/Witt*, § 37 WpÜG Rn. 22; KölnKommWpÜG/*Versteegen*, Anh. § 37 § 9 WpÜGAngVO Rn. 20; enger aber *BaFin*, Jahresbericht 2004, S. 209 (mit dem Erfordernis bestandsgefährdender Risiken im Sinne des § 322 II HGB); vgl. zum Ganzen *Kocher*, ZInsO 2010, 2125 ff.; *Seiler*, CFL 2010, 102 ff.
[297] Vgl. nur Haarmann/Schüppen/*Hommelhoff/Witt*, § 37 WpÜG Rn. 23.
[298] *Seiler*, CFL 2010, 102, 107; aA aber wohl *Holzborn/Friedhoff*, BKR 2001, 114, 116.

112 e) *Anlegerschutz in der Insolvenz der Aktiengesellschaft.* Die umfangreichen Vorschriften zum Anlegerschutz finden auch in der Insolvenz der Aktiengesellschaft Anwendung. Soweit die Aktiengesellschaft nach der Eröffnung des Insolvenzverfahrens selbst auf dem Kapitalmarkt aktiv wird und etwa eine Kapitalerhöhung durchführt oder aber die Notierung fortgeführt wird, kann diese auch entsprechenden Schadenersatzansprüchen ausgesetzt sein, bei denen es sich dann um Masseverbindlichkeiten handelt. Soweit die entsprechenden anspruchsbegründenden Handlungen allerdings vor der Eröffnung des Insolvenzverfahrens begangen wurden, handelt es sich um einfache Insolvenzforderungen. Dies gilt auch dann, wenn die Aktionäre die Anspruchsinhaber sind. Denn wenn schon diese Ansprüche außerhalb der Insolvenz keinen Verstoß gegen das Gebot der Kapitalerhaltung (§§ 57 III AktG, 58 IV AktG) darstellen,[299] müssen diese im Insolvenzverfahren auch wie einfache Insolvenzforderungen behandelt werden.

113 **10. Die Aktiengesellschaft im Insolvenzplanverfahren.** Die Möglichkeiten der Durchführung eines Insolvenzplanverfahrens (→ § 66 Rn. 1 ff.) bei einer Insolvenz der Aktiengesellschaft sind durch das ESUG deutlich erleichtert worden. Dies ist vor allem auf die nunmehr mögliche Einbeziehung von Anteils- und Mitgliedschaftsrechten (§ 217 InsO) und die Durchführung von Strukturmaßnahmen durch den Insolvenzplan (§ 225a InsO) zurückzuführen. Diese vor allem beim *debt to equity swap* (§ 225a II InsO) bestehende fehlende Einbeziehung der Aktionäre bei der Abstimmung über dessen Durchführung steht dabei auch nicht im Widerspruch zu den Vorgaben der Kapitalschutzrichtlinie[300] (Art. 33 [Bezugsrecht], Art. 29 [Beschlusserfordernis der Hauptversammlung]), da deren Vorgaben jenseits der Eröffnung des Insolvenzverfahrens keine Geltung beanspruchen können.[301] Ebenso wenig wird durch den *debt to equity swap* per se in eine verfassungsrechtlich geschützte Eigentumsposition der Altaktionäre eingegriffen.[302] Allerdings setzt dies voraus, dass die Voraussetzungen für die Eröffnung eines Insolvenzverfahrens auch tatsächlich vorgelegen haben, da nur dann eine entsprechende Bereichsausnahme der Kapitalschutzrichtlinie bzw. eine verfassungsrechtlich nicht geschützte Eigentumsposition angenommen werden kann. Zentrales Rechtsmittel zur individuellen Geltendmachung des Fehlens dieser Voraussetzungen für den einzelnen Aktionär ist dabei der Antrag auf Versagung der Bestätigung des Insolvenzplans nach § 251 I Nr. 2 InsO bzw. die sofortige Beschwerde (§ 253 InsO). Dem sich daraus ergebenden Erpressungspotentials der Altaktionäre kann allerdings durch die Bereitstellung gesonderter Mittel nach § 253 III InsO begegnet werden,[303] die im Fall eines Nachweises der tatsächlichen Schlechterstellung durch den Insolvenzplan auszuzahlen sind, da dann der Antrag nach § 251 I InsO zurückzuweisen (§ 253 III InsO) bzw. die sofortige Beschwerde nach § 253 I InsO schon unzulässig ist (§ 253 II Nr. 3 InsO).

114 Im Zusammenhang mit einem *debt to equity swap* kann im Insolvenzplan insbesondere auch eine Kapitalherabsetzung oder -erhöhung, die Leistung von Sacheinlagen, der

---

[299] Vgl. BGH NJW 2005, 2450, 2451 f. = ZIP 2005, 1270; Spindler/Stilz/*Cahn/v. Spannenberg*, § 57 Rn. 47 ff. mit weiteren Nachweisen; vgl. zu den aktuellen Entwicklungen vor allem vor dem Hintergrund des anhängigen Vorabentscheidungsverfahrens vor dem EuGH *Fleischer/Schneider/Thaten*, NZG 2012, 801 ff.

[300] Richtlinie 2012/30/EU des Europäischen Parlaments und des Rates vom 25. Oktober 2012 zur Koordinierung der Schutzbestimmungen, die in den Mitgliedstaaten den Gesellschaften im Sinne des Artikels 54 Absatz 2 des Vertrages über die Arbeitsweise der Europäischen Union im Interesse der Gesellschafter sowie Dritter für die Gründung der Aktiengesellschaft sowie für die Erhaltung und Änderung ihres Kapitals vorgeschrieben sind, um diese Bestimmungen gleichwertig zu gestalten, ABl EG Nr. L 315 v. 14.11.2012, S. 74 ff.

[301] Ebenso *Binder*, ZVerglRWiss 112 (2013), 23 ff.; *Eidenmüller/Engert*, ZIP 2009, 541, 548; *Spetzler*, KTS 2010, 433, 440; *Verse*, ZGR 2010, 299, 313 f.; aA aber *Madaus*, ZGR 2011, 749, 767 ff.; *Müller*, KTS 2011, 1, 20; *Schuster*, ZGR 2010, 325, 349 ff.

[302] Vgl. dazu *Decher/Voland*, ZIP 2013, 103, 108 ff.

[303] Zu dieser Vorgehensweise *Decher/Voland*, ZIP 2013, 103, 113.

Ausschluss von Bezugsrechten oder die Zahlung von Abfindungen an ausscheidende Anteilsinhaber vorgesehen werden (§ 225a II 3 InsO). Diese Möglichkeit bedeutet allerdings nicht, dass derartige Maßnahmen ohne eine gesellschaftsrechtliche Beschränkung durchgeführt werden dürfen. Insbesondere der Ausschluss des Bezugsrechts bedarf auch im Insolvenzplan nicht zuletzt vor dem Hintergrund von Art. 14 GG einer sachlichen Rechtfertigung, da die §§ 186 III, IV AktG auch im Insolvenzplanverfahren grundsätzlich zur Anwendung kommen.[304]

Bei der Durchführung eines *debt to equity swaps* (§ 225a II InsO) bei einer börsennotierten Aktiengesellschaft gilt zudem die Besonderheit, dass der Erhalt der Börsennotierung nur dann möglich ist, wenn den Altaktionären ein Teil ihrer Anteile belassen wird. Denn soweit dies nicht der Fall ist, kommt es zu einem Fortfall der Börsenzulassung, da die neu emittierten Aktien nicht automatisch zum Handel zugelassen werden und die alten (notierten) Aktien infolge des Kapitalschnitts auf null erloschen sind.[305] Damit ist allerdings sogleich die Gefahr einer fehlenden Zustimmung von bestimmten Gläubigergruppen verbunden, die sich mit dem Obstruktionsverbot (§ 245 I Nr. 2 InsO) nicht sicher bewältigen lassen.[306] Zudem gilt es zu beachten, dass es bei einem *debt to equity swap* zu einem Kontrollwechsel kommen kann, der eine Pflicht zur Abgabe eines Pflichtangebots nach § 35 I WpÜG auslösen kann, wovon die BaFin allerdings Befreiung nach § 37 WpÜG erteilen kann (→ Rn. 111). Zum Insolvenzplan siehe allgemein auch die Erläuterungen bei → § 66 Rn. 1 ff. und → § 66 Rn. 1 ff.).

11. Die Aktiengesellschaft in der Eigenverwaltung. Die Bedeutung der Eigenverwaltung im Rahmen der Insolvenz einer Aktiengesellschaft hat vor allem seit den erheblichen Änderungen durch das ESUG zugenommen (siehe allgemein zur Eigenverwaltung → § 86 Rn. 1 ff.). Dies gilt zunächst für das Eröffnungsverfahren bei einer nicht offensichtlich aussichtslosen Eigenverwaltung, da nach § 270a I InsO in diesem Fall nur noch ein schwacher (vorläufiger) Sachwalter bestellt werden kann. Darüber hinaus wird die aktienrechtliche Zuständigkeitsordnung im eröffneten Insolvenzverfahren mit Eigenverwaltung durch § 276a AktG erheblich modifiziert. Denn danach haben der Aufsichtsrat und die Gesellschafterversammlung keinen Einfluss mehr auf die Geschäftsführung (§ 276a S. 1 InsO). Darüber hinaus bedarf die Bestellung und die Abberufung von Vorstandsmitgliedern der Zustimmung des Sachwalters (§ 276a S. 2 und 3 InsO). Die genaue Reichweite dieser Kompetenzbeschränkung ist allerdings unklar, zumal auch der Regelungszweck der Vermeidung von Kompetenzkonflikten zwischen den insolvenz- und gesellschaftsrechtlichen Überwachungsorganen keinen wirklichen genaueren Aufschluss geben kann.[307] Im Ergebnis können durch § 276a I InsO aber nur die Kompetenzen erfasst sein, die auch bei der Anordnung eines regulären Insolvenzverfahrens dem Insolvenzverwalter zufallen würden *(Grundsatz der Gleichstellung)*, da der Einfluss der Gläubiger bei einer Eigenverwaltung letztlich nicht größer sein kann als bei einem regulären Insolvenzverfahren.[308] Daher erfasst die Regelung zunächst etwaige Zustimmungserfordernisse des Aufsichtsrats oder der Hauptversammlung, soweit es sich dabei nicht um insolvenzfreies Vermögen handelt.[309] Unberührt müssen hingegen die Informations- und Einsichtsrechte des Aufsichtsrats (§ 111 AktG) bleiben, da mit diesen nicht zwangsläufig ein Einfluss auf die Geschäftsführung verbunden ist.[310] Ebenso kön-

---

[304] *Simon/Merkelbach*, NZG 2012, 121, 125; aA aber *Fischer*, NZI 2013, 823, 825 f.
[305] Zum Ganzen ausführlich *Wieneke/Hoffmann*, ZIP 2013, 697 ff.
[306] So aber *Wieneke/Hoffmann*, ZIP 2013, 697, 699 ff.
[307] Vgl. dazu *Hirte/Knof/Mock*, Das neue Insolvenzrecht nach dem ESUG, S. 63 f.
[308] Dazu ausführlich *Klöhn*, DB 2013, 41, 42 ff.; *ders.*, NZG 2013, 81, 84 ff.; *Thole*, Gesellschaftsrechtliche Maßnahmen in der Insolvenz, 2014, Rn. 142 ff.
[309] *Klöhn*, NZG 2013, 81, 85.
[310] AA aber *Klöhn*, NZG 2013, 81, 86.

nen durch § 276a InsO die Kompetenzen der Hauptversammlung wie etwa der Wahl oder der Abberufung von Aufsichtsratsmitgliedern[311] oder die Bestellung eines Sonderprüfers (§ 142 I AktG) oder eines besonderen Vertreters (§ 147 I AktG) nicht erfasst sein, die lediglich masseneutral sind (→ Rn. 31). Ebenfalls unberührt bleiben schließlich die Rechte einzelner Aktionäre wie etwa das Recht auf Durchführung und ggf. Einberufung einer Hauptversammlung (§§ 121 ff. AktG),[312] die gerichtliche Anordnung einer Sonderprüfung (§ 142 II AktG) oder die Bestellung eines besonderen Vertreters (§ 147 II AktG), da es sich dabei schon nicht um Rechte der Hauptversammlung, sondern um solche einzelner Aktionäre bzw. Aktionärsminderheiten handelt. Die Bestellung eines besonderen Vertreters bleibt dabei allerdings ohne Folgen, da dessen Kompetenzen als Organ der AG[313] durch § 276a S. 1 AktG ausgeschlossen werden. Dies gilt allerdings aufgrund der fehlenden Organstellung nicht für den Sonderprüfer.[314]

117 Die sich im Rahmen eines regulären Insolvenzverfahrens stellende Frage der Übernahme der Kosten für die Ausübung dieser aktienrechtlichen Kompetenzen (→ Rn. 16 ff.), ist im Rahmen von § 276a InsO irrelevant, da die regulären Kostentragungsregelungen des Aktienrechts gelten. Keine Bedeutung hat § 276a InsO schließlich im Bezug auf kapitalmarktrechtliche Pflichten, da die § 43 BörsG, § 11 InsO insofern Spezialregelungen darstellen, die § 276a InsO in seinem Anwendungsbereich verdrängen bzw. eine Zustimmungspflicht des Sachwalters begründen.

118 **12. Beendigung des Verfahrens.** Beendet wird das Insolvenzverfahren über das Vermögen der Aktiengesellschaft entweder durch einen Aufhebungs- (§§ 200 I, 258 I InsO) oder aber durch einen Einstellungsbeschluss (§§ 207, 212, 213 InsO). Soweit nach Beendigung des Insolvenzverfahrens keine Anhaltspunkte für das Vorliegen von Vermögen bestehen, ist die Aktiengesellschaft von Amts wegen zu löschen (§ 394 I 2 FamFG).

119 **13. Besonderheiten bei der KGaA.**[315] Die KGaA ist juristische Person und somit nach § 11 I 1 InsO insolvenzfähig. Insolvenzgründe sind die Zahlungsunfähigkeit und die drohende Zahlungsunfähigkeit sowie die Überschuldung. Für die KGaA gelten nach § 278 III AktG die für die AG geltenden Vorschriften entsprechend, soweit sich nicht aus §§ 278 I und 2, 279–290 AktG und dem Umstand, dass es keinen Vorstand gibt, etwas anderes ergibt. Die Eröffnung des Insolvenzverfahrens über das Vermögen der KGaA führt nach § 289 I, §§ 131 I Nr. 3, 161 II HGB zur Auflösung der Gesellschaft. Gleiches gilt für den rechtskräftigen Beschluss, mit dem die Eröffnung des Verfahrens mangels Masse abgewiesen wird (§ 289 II Nr. 1 AktG). Auf die persönlich haftenden Gesellschafter finden gemäß § 283 Nr. 14 AktG die für den Vorstand der Aktiengesellschaften geltenden Vorschriften über den Antrag auf Eröffnung des Insolvenzverfahrens entsprechende Anwendung. Die Antragsberechtigung ergibt sich – grundsätzlich aus § 15 InsO (für Zahlungsunfähigkeit und Überschuldung) und aus § 18 III InsO (für die drohende Zahlungsunfähigkeit).[316] Die Antragspflicht (§§ 283 Nr. 14, 15a InsO) obliegt dem Komplementär. Handelt es sich hierbei – zB – um eine GmbH, stellt sich die Frage, ob § 130a HGB analog anzuwenden ist. Teilweise wird die

---

[311] Ebenso *Klöhn*, DB 2013, 41, 44.
[312] Ebenso *Klöhn*, DB 2013, 41 ff.; *ders.*, NZG 2013, 81 ff.; aA AG Montabaur ZIP 2012, 1307, 1308 (kein Bestehen eines Anordnungsgrunds im Rahmen eines Antrags auf Erlass eines einstweiligen Verfügung nach § 122 III 1 AktG iVm § 375 Nr. 3 FamFG).
[313] Vgl. zur Organstellung BGH NZG 2011, 1383; vgl. auch Spindler/Stilz/*Mock* § 147 Rn. 66 mw Nachw.
[314] Zur fehlenden Organstellung des Sonderprüfers vgl. GroßKommAktG/*Bezzenberger*, § 142 Rn. 41; Spindler/Stilz/*Mock* § 142 Rn. 36 mit weiteren Nachweisen.
[315] Zur rechtstatsächlichen Bedeutung, siehe *Bayer/Hoffmann*, AG 2009, R 151 ff.
[316] *Siebert*, ZInsO 2004, 773, 776.

Ansicht vertreten, dass sich die Antragspflicht des GmbH-Geschäftsführers nicht aus § 130a HGB analog, sondern – entsprechend der alten Rechtslage im Vereinsrecht – aus dem drittschützenden Charakter des Ausstellungsvertrages zwischen GmbH und Geschäftsführer ergibt.[317]

120 Die persönliche Haftung des Gesellschafters kann für die Dauer des Insolvenzverfahrens nach § 93 InsO nur der Insolvenzverwalter geltend machen.[318] Die Haftung des Komplementärs beschränkt sich aber auf die Verbindlichkeiten, die bis zur Eröffnung des Insolvenzverfahrens begründet wurden, so dass der Komplementär nicht für Masseverbindlichkeiten haftet.[319] Wird über das Vermögen eines Kommanditaktionärs das Insolvenzverfahren eröffnet, wird die Gesellschaft nicht aufgelöst (§ 289 III AktG). Wird über das Vermögen des Komplementärsaktionärs das Insolvenzverfahren eröffnet, so führt dies zum Ausscheiden aus der Gesellschaft kraft Gesetzes (§ 289 I AktG; §§ 161 II, 131 III Nr. 2 HGB).[320]

121 **14. Insolvenz des Aktionärs.** Die Aktien des Aktionärs fallen in dessen Insolvenz in die Insolvenzmasse (§ 80 InsO). Dies gilt auch im Fall von vinkulierten Namensaktien, so dass für den Insolvenzbeschlag keine Zustimmung der Gesellschaft oder von deren Organen notwendig ist.[321] Allerdings bedarf der Insolvenzverwalter zur Verwertung der vinkulierten Namensaktien dieser Zustimmung, da er ebenso wie der Aktionär selbst dessen Bindungen unterliegt.[322] § 80 II InsO findet insofern keine Anwendung, da es dabei nicht um ein Veräußerungsverbot handelt. Allerdings wird eine Verweigerung der Zustimmung in der Regel nur möglich sein, soweit ein Interessent nachgewiesen wird, der die vinkulierten Namensaktien zu einem angemessenen Preis erwerben will.[323] Soweit der Aktionär die Einlage noch nicht vollständig erbracht hat, kann die AG ein Kaduzierungsverfahren nach § 64 AktG einleiten. Dabei kann sie entweder erst ein Kaduzierungsverfahren einleiten und dann die Ausfallforderung anmelden oder aber die Einlage als Insolvenzforderung anmelden und für den ungedeckten Restbetrag ein Kaduzierungsverfahren einleiten.[324]

II. Die Genossenschaft

Schrifttum: *Bayer,* Anwendung aktienrechtlicher Regelungen auf die eingetragene Genossenschaft, DStR 1999, 1815; *Beuthien,* Verlustdeckungsbeiträge ausgeschiedener Genossenschaftsmitglieder – besondere Kapitalausstattungslast oder nur vorinsolvenzliche Sicherheitsleistung?, DStR 2009, 275; *ders.,* Wer hat insolvente Genossenschaften zu prüfen?, ZIP 2011, 497; *ders./Friebel,* Kein Geschäftsanteilserwerb mehr nach Insolvenzeröffnung?, NZI 2006, 505; *Beuthien/Titze,* Offene Probleme beim Insolvenzverfahren der eingetragenen Genossenschaft, ZIP 2002, 1116; *Blomeyer/Förstner-Reichenstein,* Übersicht über die Rechtsprechung zum Genossenschaftsgesetz der Jahre 1994–1996, ZfgG 47 (1997), 187; *Geschwandtner,* Haftung der Vorstandsmitglieder einer eG gegenüber den Genossenschaftsmitgliedern wegen Insolvenzverfahrensverschleppung, BB 2010, 2194; *Hirte,* Die Insolvenz der Genossenschaft, FS Uhlenbruck, 2000, S. 637; *Klotz,* Pflichtmitgliedschaft und Prüfungspflicht in der Genossenschaftsinsolvenz, DZWIR 2000, 273; *Scheibner,* Pflichtmitgliedschaft und Prüfungspflicht eingetragener Genossenschaften im Insolvenzverfahren, DZWIR 1999, 454; *Terbrack,* Die Insolvenz der eingetragenen Genossenschaft, 1999.

---

[317] *Siebert,* ZInsO 2004, 773, 777.
[318] *K. Schmidt/Lutter/K. Schmidt,* § 290 Rn. 4.
[319] *K. Schmidt/Lutter/K. Schmidt,* § 290 Rn. 4; so jetzt auch für die oHG BGH NZG 2010, 31.
[320] Zur Frage, wann infolge der Eröffnung des Insolvenzverfahrens der einstige Komplementäraktionär ausscheidet, siehe *Siebert,* ZInsO 2004, 831, 836.
[321] Vgl. *Bork,* FS Henckel, 1995, S. 23, 37 f.; Spindler/Stilz/*Cahn,* § 68 Rn. 36.
[322] OLG Hamburg NJW 1960, 870, 871 (für die GmbH); vgl. auch *Bork,* FS Henckel, 1995, S. 23, 38 f.
[323] *Bork,* FS Henckel, 1995, S. 23, 38.
[324] Spindler/Stilz/*Cahn* § 64 Rn. 57; GroßKommAktG/*Gehrlein,* § 64 Rn. 67.

§ 93 122–124 Kapitel VII. Besonderheiten der Gesellschaftsinsolvenz

122 **1. Rechtstatsächliches.** Die genaue Zahl der Genossenschaften ist aufgrund der fehlenden Erfassung durch das statistische Bundesamt nicht verlässlich zu ermitteln. Insofern liegen nur branchenspezifische Daten vor, wonach es in Deutschland 2011 ca 8100 genossenschaftliche Unternehmen gab. Dabei handelte es sich um 1139 Genossenschaftsbanken, 2413 ländliche Genossenschaften, 2338 gewerbliche Genossenschaften, 31 Konsumgenossenschaft und 1921 Wohnungsgenossenschaften. Mit 353 ist die Zahl der Neugründungen im Jahr 2011 dabei verhältnismäßig gering.[325]

122a Von den 30 099 Unternehmen, die in 2011 einen Insolvenzantrag gestellt haben, waren 11 in der Form der eingetragenen Genossenschaft im Genossenschaftsregister eingetragen.[326] Der Anteil an den Unternehmensinsolvenzen beträgt daher weniger als 0,04 % und ist in den letzten Jahren damit weit gehend stabil geblieben.[327] Damit zählt die Genossenschaft auch gemessen an den von diesen getätigten Umsatzgeschäften zu den insolvenzsichersten Gesellschaftsformen. Von den 11 Insolvenzen eingetragener Genossenschaften im Jahr 2011 wurden acht eröffnet und drei mangels Masse abgewiesen.[328] Das entspricht einer Eröffnungsquote von 73 %,[329] die sich damit in den letzten Jahren nicht zuletzt vor dem Hintergrund der geringen Anzahl von Verfahren ebenfalls kaum nennenswert verändert hat (2008:[330] 80 %, 2009:[331] 61 %, 2010:[332] 78 %).

123 **2. Die Insolvenzfähigkeit.** Die eingetragene Genossenschaft ist mit Eintragung juristische Person (§ 17 GenG) und daher nach § 11 I 1 InsO insolvenzfähig. Gleiches gilt für die bereits errichtete, aber noch nicht eingetragene Vorgenossenschaft,[333] auf die die Regelungen über die eingetragene Genossenschaft entsprechende Anwendung finden, mit Ausnahme derjenigen Vorschriften, die die Eintragung der Gesellschaft voraussetzen,[334] und für die für nichtig erklärte Genossenschaft, wenn die Nichtigkeit in das Genossenschaftsregister eingetragen ist.[335] Für die Vorgründungsgesellschaft, → § 92 Rn. 593 ff.[336] Ist die eingetragene Genossenschaft aufgelöst worden, bleibt sie gemäß § 11 III InsO so lange insolvenzfähig, wie die Verteilung des Vermögens noch nicht vollzogen ist.[337]

124 **3. Die Insolvenzgründe.** Eröffnungsgründe über das Vermögen der eingetragene Genossenschaft sind – ungeachtet einer bestehenden oder fehlenden Nachschusspflicht – die allgemeinen Eröffnungsgründe, nämlich die Zahlungsunfähigkeit (§ 17 InsO) so-

---

[325] *Stappel,* Die deutsche Genossenschaft 2012, S. 28 (abrufbar unter www.dzbank.de).
[326] Statistisches Bundesamt Deutschland, Das statistische Jahrbuch 2012, S. 515 (abrufbar unter www.destatis.de).
[327] Der Anteil der Genossenschaften an den Unternehmensinsolvenzen betrug im Jahr 2008 = 0,088 % (Statistisches Jahrbuch für die Bundesrepublik Deutschland 2009, S. 503), 2009 = 0,055 % (Statistisches Jahrbuch für die Bundesrepublik Deutschland 2010, S. 501) und 2010 = 0,043 % (Statistisches Jahrbuch für die Bundesrepublik Deutschland 2011, S. 497).
[328] Statistisches Bundesamt Deutschland, Das statistische Jahrbuch 2012, S. 515 (abrufbar unter www.destatis.de).
[329] Statistisches Bundesamt Deutschland, Das statistische Jahrbuch 2012, S. 515 (abrufbar unter www.destatis.de).
[330] Statistisches Bundesamt Deutschland, Statistisches Jahrbuch für die Bundesrepublik Deutschland 2009, S. 503 (abrufbar unter www.destatis.de).
[331] Statistisches Bundesamt Deutschland, Statistisches Jahrbuch für die Bundesrepublik Deutschland 2010, S. 501 (abrufbar unter www.destatis.de).
[332] Statistisches Bundesamt Deutschland, Statistisches Jahrbuch für die Bundesrepublik Deutschland 2011, S. 497 (abrufbar unter www.destatis.de).
[333] Vgl. BSGE 85, 200, 205 ff. = NZG 2000, 611; LG Göttingen ZIP 1995, 1104 = EWiR 1995, 991 *(Bayer); Beuthien,* § 98 GenG Rn. 3; Lang/Weidmüller/*Cario,* § 98 GenG Rn. 5; Uhlenbruck/Hirte/Vallender/*Hirte,* § 11 Rn. 37; *Terbrack,* Rn. 73.
[334] BayObLG DB 1990, 2157; *Blomeyer/Förstner-Reichenstein* ZfgG 1997, 187, 188.
[335] Vgl. *Beuthien,* § 98 GenG Rn. 3; Uhlenbruck/Hirte/Vallender/*Hirte,* § 11 Rn. 49.
[336] Vgl. auch *Terbrack,* Rn. 70 ff.; Lang/Weidmüller/*Schulte,* § 13 GenG Rn. 2.
[337] So schon für das alte Recht Lang/Weidmüller/*Cario,* § 98 GenG Rn. 6.

wie die drohende Zahlungsunfähigkeit (§ 18 InsO). Bei der eingetragenen Genossenschaft ohne Nachschusspflicht ist darüber hinaus nach § 98 Nr. 2 GenG auch die Überschuldung (§ 19 II InsO) Auslösetatbestand. Das Gleiche gilt nach § 98 Nr. 3 GenG für den Fall, dass die eingetragene Genossenschaft aufgelöst ist. Im Falle einer beschränkten Nachschusspflicht ist § 19 InsO nach § 98 Nr. 1 GenG mit der Maßgabe anzuwenden, dass das Insolvenzverfahren auszulösen ist, wenn die Überschuldung ein Viertel des Gesamtbetrages der Haftsummen aller Mitglieder übersteigt. Bei einer eingetragene Genossenschaft mit unbeschränkter Nachschusspflicht ist die Überschuldung entgegen § 19 I InsO kein Auslösetatbestand (§ 98 GenG). Da nach Ansicht des BGH die Mitglieder einer Vorgenossenschaft für deren Verbindlichkeiten ebenso haften wie die Gesellschafter einer Vor-GmbH,[338] stellt sich – ebenso wie bei der Vor-GmbH – die Frage, ob § 19 InsO auf die Vorgenossenschaft Anwendung findet. Hier kann freilich schwerlich etwas andere gelten als bei der Vor-GmbH (→ § 92 Rn. 593 ff.).

4. Das Insolvenzantragsrecht. Nach § 13 I InsO ist neben den Gläubigern (zu **125** denen auch die Mitglieder zählen können) auch der Schuldner antragsberechtigt. Ist der Schuldner eine eingetragene Genossenschaft, wird diese gemäß § 24 GenG durch den Vorstand vertreten. Mehrere Vorstandsmitglieder vertreten, soweit in dem Statut nichts anderes bestimmt ist, die eingetragene Genossenschaft nach § 25 I 1 GenG gemeinschaftlich. Unabhängig davon, wie die Vertretungsbefugnis im Kollegialorgan geregelt ist, bestimmt § 15 I 1 InsO, dass jedes Vorstandsmitglied selbstständig und unabhängig von den anderen die Eröffnung des Insolvenzverfahrens beantragen kann.[339] Wird der Antrag nicht von allen Mitgliedern gestellt, so ist er gemäß § 15 II InsO nur zulässig, wenn der Eröffnungsgrund glaubhaft gemacht wird. Die Ankündigung der Insolvenzantragstellung wegen Überschuldung stellt bei tatsächlich bestehender Überschuldung keine Verletzung der Loyalitätspflicht dar und rechtfertigt daher auch keine Kündigung des Vorstandsmitglieds.[340]

Eine Ausnahme von diesem Grundsatz gilt nach § 18 III InsO für den Eröffnungs- **126** grund der drohenden Zahlungsunfähigkeit. Antragsberechtigt ist insoweit nur, wer auch gesellschaftsrechtlich die eingetragene Genossenschaft nach außen vertreten kann. Soweit das Antragsrecht besteht, kann dieses mit Wirkung für das Außenverhältnis nicht beschränkt werden. Für das Innenverhältnis besteht kein Zustimmungsvorbehalt der Generalversammlung. Insofern gelten die bei der AG in → Rn. 4 ff. darstellten Grundsätze entsprechend.

Nicht antragsberechtigt sind die Generalversammlung und das einzelne Mitglied (so- **127** weit ihm daneben nicht die Eigenschaft eines Insolvenzgläubigers zukommt).[341] Ebenfalls kein Antragsrecht hat grundsätzlich der Aufsichtsrat, da die eingetragene Genossenschaft durch den Vorstand gerichtlich vertreten wird (§ 24 I GenG).[342] Bei Führungslosigkeit der eingetragenen Genossenschaft besteht ein Antragsrecht auch für jedes Mitglied des Aufsichtsrates (§ 15 I 2 InsO); nicht aber für die Mitglieder.[343] Für die Frage, wann Führungslosigkeit vorliegt, → § 92 Rn. 73 ff. Ein Insolvenzantragsrecht kommt allerdings dem unbeschränkt nachschusspflichtigen Mitglied zu,[344] da nach § 15 I InsO auch derjenige antragsbefugt, der persönlich und unbeschränkt für die Schulden der Gesellschaft haftet. Für diese Haftung macht es grundsätzlich auch keinen Unterschied, ob

---

[338] BGHZ 149, 273, 274 f. = NJW 2002, 824 = ZIP 2002, 353; OLG Dresden NZG 2001, 664 ff.
[339] HK/*Kirchhof*, § 15 Rn. 5; Uhlenbruck/Hirte/Vallender/*Hirte*, § 15 Rn. 2.
[340] BGH NZG 2007, 396, 397 = ZIP 2007, 674.
[341] Vgl. Lang/Weidmüller/*Cario*, § 99 GenG Rn. 5.
[342] Ganz hM Pöhlmann/Fandrich/Bloehs/*Fandrich*, § 99 GenG Rn. 1.
[343] MüKoInsO/*Klöhn*, § 15 Rn. 22; vgl. zur Parallelproblematik oben Rn. 9.
[344] Siehe auch *Beuthien/Titze* ZIP 2002, 1116 f.; Pöhlmann/Fandrich/Bloehs/*Fandrich*, § 99 GenG Rn. 1; *Hirte*, FS Uhlenbruck, 2000, S. 637, 638; *Noack*, Rn. 591.

diese als Innen- oder Außenhaftung ausgestaltet ist; denn auch die Außenhaftung der Gesellschafter wird in der Insolvenz gemäß § 93 InsO vom Insolvenzverwalter geltend gemacht.[345] In der Vorgenossenschaft finden hinsichtlich der Vertretungsberechtigung die für die eingetragene Genossenschaft geltenden Vorschriften entsprechende Anwendung,[346] so dass sich für das Antragsrecht in der Vorgenossenschaft nichts anderes ergibt.

128   **5. Die Insolvenzantragspflicht.** Nach § 15a I InsO trifft den Vorstand (nicht dagegen auch das unbeschränkt nachschusspflichtige Mitglied, → Rn. 146 ff.) die Pflicht, bei Eintritt der Zahlungsunfähigkeit und der Überschuldung (soweit letztere nach § 98 GenG Grund für die Eröffnung des Insolvenzverfahrens ist) den Insolvenzantrag ohne schuldhaftes Zögern innerhalb einer Höchstfrist von drei Wochen zu stellen.[347] Die Frist ist dabei sowohl bei der Einleitung eines außergerichtlichen Vergleichsverfahrens[348] als auch bei andauernden Sanierungsverhandlungen[349] einzuhalten. Zur Besonderheit bei Kreditinstituten → Rn. 251. Bei einer Mehrheit von Vorstandsmitgliedern ist jeder Einzelne von ihnen Adressat der Pflicht in § 15a I InsO.[350] Der Vorstand kann nicht durch einen Beschluss der Generalversammlung von seiner Antragspflicht befreit werden.[351]

129   Die Insolvenzantragspflicht nach § 15a InsO ist Schutzgesetz iS des § 823 II BGB zugunsten der Gläubiger der eingetragenen Genossenschaft,[352] wovon zunächst auch die Ansprüche der Mitglieder erfasst werden, soweit diese nicht auf dem genossenschaftsrechtlichen Mitgliedschaftsrecht beruhen.[353] Darüber hinaus sind die (nachschusspflichtigen)[354] Mitglieder der Genossenschaft – trotz der Überführung der Insolvenzantragspflicht in § 15a InsO – in den Schutzbereich der Antragspflicht einbezogen.[355] Die Höhe ihres Schadensersatzanspruchs bemisst sich nach der Differenz zwischen dem tatsächlich gezahlten Nachschuss und dem Nachschuss, zu dem die Mitglieder verpflichtet gewesen wären. Ebenso können Mitglieder, die der Genossenschaft erst in einem Zeitpunkt beigetreten sind, in dem ein Mitglied des Vorstands bereits schuldhaft die Insolvenzantragspflicht verletzt hat, ihren durch den Beitritt entstandenen Schaden vom Vorstand ersetzt verlangen,[356] wenn der Insolvenzantrag rechtzeitig gestellt worden wäre. Die Beibehaltung dieser noch zu § 99 I aF GenG entwickelten Ansicht trotz der Überführung der Insolvenzantragspflicht in § 15a InsO im Rahmen des MoMiG rechtfertigt sich im Wesentlichen aus dem Umstand, dass der Gesetzgeber durch die Schaffung von § 15a InsO lediglich das Problem der international-privatrechtlichen Qualifikation regeln wollte,[357] ohne inhaltliche Änderungen hinsichtlich der Insolvenzantragspflicht vorzunehmen.

---

[345] *Noack*, Rn. 591; aA *Terbrack*, Rn. 114 ff.
[346] Vgl. *Lang/Weidmüller/Schulte*, § 13 GenG Rn. 6; *Beuthien*, § 13 GenG Rn. 5.
[347] Zum Inhalt der Pflicht siehe BGH NZG 2007, 396, 398 = ZIP 2007, 674; OLG Brandenburg NZG 2001, 766, 767 = WM 2003, 2470; *Lang/Weidmüller/Cario*, § 99 GenG Rn. 8; *Terbrack*, Rn. 124 ff.; → § 92 Rn. 82 ff.
[348] KG NZG 2000, 1228, 1231 = ZInsO 2001, 79.
[349] BGH NZG 2007, 396, 398 = ZIP 2007, 674.
[350] Vgl. *Beuthien*, § 99 GenG Rn. 2; *Lang/Weidmüller/Cario*, § 99 GenG Rn. 2.
[351] Vgl. *Lang/Weidmüller/Cario*, § 99 GenG Rn. 5.
[352] Zum Umfang des Schadensersatzanspruchs der Gläubiger, → § 92 Rn. 96 ff. und → Rn. 102 ff. und *Terbrack*, Rn. 136.
[353] BGH NZI 2010, 449, 451.
[354] Zur generellen Erfassung von Mitgliedern vgl. *Geschwandtner*, BB 2010, 2194, 2195 f., der dies mit dem Förderungszweck begründet.
[355] Vgl. *Beuthien*, § 99 GenG Rn. 5; *Lang/Weidmüller/Cario*, § 99 GenG Rn. 13; *Geschwandtner*, BB 2010, 2194, 2195; *Terbrack*, Rn. 136; Uhlenbruck/Hirte/Vallender/*Hirte*, § 15a Rn. 59 f.; offen lassend BGH NZI 2010, 449, 451.
[356] *Beuthien* § 99 GenG Rn. 5; *Lang/Weidmüller/Cario*, § 99 GenG Rn. 13; *Terbrack*, Rn. 137; anders die überwiegende Ansicht zur AG, → Rn. 9.
[357] Begr. RegE MoMiG, BT-Drucks. 16/6140, S. 55.

Schließlich ist der Vorstand auch der eingetragenen Genossenschaft nach § 34 II GenG für den durch die verzögerte Antragstellung entstandenen Schaden verantwortlich.[358]

Für die Mitglieder des Aufsichtsrats muss hinsichtlich der Insolvenzantragspflicht unterschieden werden. Grundsätzlich sind diese nicht antragsverpflichtet, da diese bereits in der Regel nicht antragsbefugt sind (→ Rn. 127). Der Aufsichtsrat hat aber in der Krise der eingetragenen Genossenschaft auf die Einhaltung der Pflicht zur Stellung eines Insolvenzantrags durch den Vorstand zu achten. Erhält der Aufsichtsrat von dem Eintritt der Zahlungsunfähigkeit oder der Überschuldung Kenntnis, muss er sich nachdrücklich dafür einsetzen, dass der Vorstand spätestens nach fruchtlosem Ablauf der Höchstfrist von drei Wochen einen Antrag auf Eröffnung des Insolvenzverfahrens stellt. Verstößt der Aufsichtsrat schuldhaft gegen diese Pflicht, können die Aufsichtsratsmitglieder nach §§ 41, 34 GenG zur Verantwortung gezogen werden.[359] Darüber hinaus besteht für die Mitglieder des Aufsichtsrats bei Führungslosigkeit der eingetragenen Genossenschaft eine Insolvenzantragspflicht nach § 15a III InsO. Die für § 15a III InsO notwendige Unkenntnis vom Vorliegen eines Insolvenzgrundes wird bei Aufsichtsratsmitgliedern in der Regel kaum vorliegen, da für diese die Pflicht zur Überwachung der Geschäftsführung besteht (§ 38 GenG).

6. Sonstige Pflichten. Nach Eintritt der Zahlungsunfähigkeit und – soweit dieser Eröffnungsgrund ist (→ Rn. 124) – der Überschuldung darf der Vorstand gemäß § 99 GenG nur solche Zahlungen vornehmen, die mit der Sorgfalt eines gewissenhaften Geschäftsleiters zu vereinbaren sind. Verstößt er gegen diese Pflicht, haftet er gegenüber der eingetragenen Genossenschaft nach § 34 III Nr. 4 GenG auf Schadensersatz.[360]

7. Die Genossenschaft im Schutzschirmverfahren (§ 270b InsO). Auch die Genossenschaft kann von dem durch das ESUG geschaffenen Schutzschirmverfahren Gebrauch machen. Die Kompetenzen des Vorstands und des Aufsichtsrats bleiben davon unberührt, da es sich bei dem Sachwalter im Schutzschirmverfahren immer um einen schwachen Sachwalter handelt (§§ 270b II, 270a I InsO). Zur fehlenden Anwendung von § 276a InsO in diesem Zusammenhang → Rn. 14. Im Übrigen gelten die für die Aktiengesellschaft entwickelten Grundsätze entsprechend (→ Rn. 14). Siehe zum Schutzschirmverfahren ausführlich → § 88 Rn. 15 ff.

8. Die Entscheidung über die Verfahrenseröffnung und ihre Folgen. a) *Massedeckungskostenprüfung.* Der Antrag auf Eröffnung des Insolvenzverfahrens ist nach § 26 I InsO abzuweisen, wenn das Vermögen der eingetragenen Genossenschaft voraussichtlich nicht ausreichen wird, um die Kosten des Verfahrens zu decken. Dabei sind etwaige Nachschusspflichten der Mitglieder (→ Rn. 146 ff.) zu berücksichtigen. Die eingetragene Genossenschaft wird nach § 81a Nr. 1 GenG mit Rechtskraft des Beschlusses, durch den die Eröffnung des Insolvenzverfahrens abgelehnt wird, aufgelöst.

b) *Die Verfahrenseröffnung.* aa) *Auswirkung auf den Rechtsträger.* Die eingetragene Genossenschaft wird mit Eröffnung des Insolvenzverfahrens (§ 101 GenG) aufgelöst.[361] Die Eröffnung des Insolvenzverfahrens ist nach § 102 I GenG von Amts wegen in das Genossenschaftsregister einzutragen. Der Eröffnungsbeschluss beseitigt nicht die Rechtspersönlichkeit, dh die Fähigkeit der eingetragene Genossenschaft, Träger von Rechten und Pflichten zu sein. Der Gesellschaftszweck wird jedoch fortan durch den Insolvenzzweck überlagert. Erhalten bleibt auch die Kaufmannseigenschaft und die Firma der eingetrage-

---

[358] Vgl. Lang/Weidmüller/*Cario*, § 99 GenG Rn. 12.
[359] Pöhlmann/Fandrich/Bloehs/*Fandrich*, § 99 GenG Rn. 1.
[360] OLG Brandenburg NZG 2001, 766, 767 f. = WM 2003, 2470; *Beuthien*, § 99 GenG Rn. 6.
[361] BGH NJW-RR 2004, 900, 902 = ZIP 2004, 407. Siehe zum umgekehrten Fall, dass das Insolvenzverfahren über das Vermögen des Mitglieds eröffnet wird, BGH ZIP 2009, 875.

nen Genossenschaft. Im Insolvenzverfahren hat die (aufgelöste) eingetragene Genossenschaft die Stellung der Gemeinschuldnerin und ist als solche Beteiligte des Insolvenzverfahrens.[362] Für die Auswirkungen der Verfahrenseröffnung auf eine Vorgenossenschaft siehe die entsprechenden Ausführungen zur Vor-GmbH (→ § 92 Rn. 593 ff.).

135 bb) *Auswirkungen auf die Organstruktur.* Durch die Verfahrenseröffnung bleibt die Organisationsverfassung der eingetragenen Genossenschaft unberührt.[363] Die Rechte und Pflichten der einzelnen Organe beschränken sich aber infolge der Verwaltungs- und Verfügungsbefugnisse des Insolvenzverwalters auf den insolvenzfreien Bereich.[364] Die verfahrensrechtlichen Rechte und Pflichten der eingetragenen Genossenschaft als Gemeinschuldnerin nimmt der Vorstand als deren Vertretungsorgan wahr.[365] Für die Anstellungsverträge der Vorstandsmitglieder gilt das zur GmbH Gesagte entsprechend (→ § 92 Rn. 293 ff.).

136 Nach § 104 aF GenG war der Vorstand verpflichtet (§ 44 I GenG), nach Eröffnung des Insolvenzverfahrens die Generalversammlung einzuberufen. Der Zweck der Vorschrift lag darin, dass die Mitglieder der eingetragene Genossenschaft in der Generalversammlung darüber beschließen konnten, ob die Organmitglieder, unter deren Amtsführung es zur Insolvenz gekommen war, in ihrem Amt bleiben sollten oder nicht. Art. 49 Nr. 21 EGInsO hat den § 104 GenG ersatzlos gestrichen. Der Gesetzgeber hat diese Vorschrift im Hinblick auf § 33 III GenG, der eine Pflicht des Vorstands zur Einberufung der Generalversammlung bei Verlust der Hälfte der Geschäftsguthaben und Rücklagen vorsieht, für entbehrlich erachtet, da die Generalversammlung sowohl den Vorstand als auch den Aufsichtsrat zu diesem Zeitpunkt schon zur Diskussion stellen können. Darüber hinaus ist die Einberufung der Generalversammlung mit nicht unerheblichen Kosten verbunden. Diese sollen nicht zu Lasten des den Gläubiger zur Verfügung stehenden Vermögens gehen. Nach neuem Recht zählen daher die Kosten der Einberufung der Generalversammlung eindeutig nicht zu den Kosten des Insolvenzverfahrens.[366]

137 § 102 aF GenG, der in Abweichung von § 87 I KO (jetziger § 67 I InsO) die Bestellung eines Gläubigerausschusses zwingend vorgesehen hat, ist durch Art. 49 Nr. 20 EGInsO ersatzlos gestrichen worden. Damit verbleibt es auch im Insolvenzverfahren über das Vermögen der eingetragenen Genossenschaft bei der allgemeinen Regel des § 68 InsO. Bei eingetragene Genossenschaft mit Nachschusspflichten sollten die Insolvenzgerichte von der Möglichkeit zur Bestellung eines Gläubigerausschusses grundsätzlich schon mit Eröffnung des Verfahrens Gebrauch machen (§ 67 I InsO), um dem Interesse der Mitglieder an einer effektiven Kontrolle des Insolvenzverwalters Rechnung zu tragen.[367] Bei einem Prüfungstermin im Rahmen eines Insolvenzverfahrens über das Vermögen einer eingetragenen Genossenschaft hat der Widerspruch des Schuldners gegen eine angemeldete Forderung eine weitergehende Wirkung als sonst. Anteile auf die Forderungen, die im Prüfungstermin vom Schuldner (vertreten durch den Vorstand) ausdrücklich bestritten wurden, sind bei der Verteilung zurückzuhalten (§ 115 II 1 GenG). Dies gilt jedoch nur, soweit vom Vorstand bestrittene Forderungen aus den Nachschüssen befriedigt werden sollen. Dem Gläubiger bleibt es überlassen, den Widerspruch durch Klage zu beseitigen (§ 115 II 2 GenG). Soweit jedoch eine bestrittene

---

[362] Vgl. Uhlenbruck/Hirte/Vallender/*Hirte*, § 11 Rn. 45.
[363] Vgl. *Beuthien*, § 101 GenG Rn. 6; Lang/Weidmüller/*Cario*, § 101 GenG Rn. 3; Uhlenbruck/Hirte/Vallender/*Hirte*, § 11 Rn. 120; *Robrecht*, DB 1968, 471, 475; *Scheibner* DZWIR 1999, 454; *Terbrack*, Rn. 180 ff.
[364] Vgl. *Beuthien*, § 101 GenG Rn. 6.
[365] Vgl. *Beuthien*, § 101 GenG Rn. 8; Lang/Weidmüller/*Cario*, § 101 GenG Rn. 3; *Robrecht* DB 1968, 471, 475.
[366] *Hirte*, FS Uhlenbruck, 2000, S. 637, 640. Zur Streitfrage nach altem Recht, siehe *Kuhn/Uhlenbruck*,[11] vor § 207 KO Rn. E 20.
[367] *Terbrack*, Rn. 201 ff.

Forderung aus der Insolvenzmasse ohne Berücksichtigung der Nachschüsse befriedigt wird, nimmt sie in vollem Umfang an der Verteilung teil.

cc) *Auswirkungen auf die Rechtsstellung der Mitglieder.* Nach Eröffnung des Insolvenzverfahrens können die (alten) Mitglieder nicht mehr ausscheiden und neue Mitglieder können nicht mehr aufgenommen bzw. weitere Geschäftsanteile von den Mitgliedern nicht mehr übernommen werden.[368] Ein Ausscheiden in den letzten 6 Monaten vor Eröffnung des Insolvenzverfahrens gilt nach Maßgabe der §§ 75, 76 GenG als nicht erfolgt. Insoweit werden die ausgeschiedenen Mitglieder rückwirkend wieder zu Mitgliedern (§§ 101, 75 S. 1 GenG). Die Regelung gilt nicht für Mitglieder, die durch Übertragung ihres Geschäftsanteils als Mitglieder ausgeschlossen sind.[369] Zur Insolvenz des Mitglieds → Rn. 164.

dd) *Auswirkungen auf die Mitgliedschaft im Prüfungsverband.* Gemäß § 54 GenG muss jede eingetragene Genossenschaft einem Prüfungsverband angehören. Dies gilt – grundsätzlich – auch für aufgelöste Gesellschaften (§§ 64c iVm 54 GenG). Fraglich und umstritten ist, ob dies auch für die insolvenzbedingte Auflösung der eingetragenen Genossenschaft zutrifft.[370] Die genossenschaftlichen Prüfungsverbände sind als eingetragener nichtwirtschaftlicher Verein organisiert (§ 63b I GenG). Grundsätzlich bleibt die Mitgliedschaft in einem Verein auch dann bestehen, wenn über das Vermögen eines Vereinsmitglieds das Insolvenzverfahren eröffnet wird (→ Rn. 224).[371] Mitgliedschaften in einem Verein fallen jedoch – überwiegender Ansicht nach – auf Grund des § 36 InsO nicht in die Insolvenzmasse (→ Rn. 224 f.). Infolgedessen erstreckt sich die Verwaltungs- und Verfügungsbefugnis des Insolvenzverwalters nicht hierauf. Er kann mithin die Mitgliedschaft auch nicht kündigen.[372] Dieses Ergebnis könnte uU – mit Blick auf die Zwangsmitgliedschaften in den Industrie- und Handelskammern – in Frage gestellt werden. Die dort bestehenden Zwangsmitgliedschaften werden nämlich als beendet angesehen, wenn das Kammermitglied seine Geschäftstätigkeit eingestellt und sein Gewerbe abgemeldet hat, was in der Regel mit Eröffnung des Insolvenzverfahrens erfolgt.[373] Richtiger Ansicht nach ist jedoch die (privatrechtlich organisierte) Mitgliedschaft in einem Prüfungsverband nicht mit der öffentlich-rechtlichen Zwangsmitgliedschaft vergleichbar.

Von der Frage, ob die Genossenschaft auch nach Insolvenzeröffnung Mitglied im Prüfungsverband bleibt, ist die weitere Frage nach dem Umfang der gesetzlichen Pflichtprüfung (§§ 53 ff. GenG) zu trennen.[374] Dabei ist zwischen der Fortführung und der Einstellung des Geschäftsbetriebs der Genossenschaft zu unterscheiden. Denn im letzteren Fall kann der Zweck der Pflichtprüfungen nicht mehr erreicht werden, so dass das Prüfungsrecht bzw. die -pflicht dann nicht mehr besteht.[375] Dies schließt allerdings – im Fall von § 53 II GenG – nicht aus, dass der jeweilige Prüfungsverband vom Insolvenzverwalter als Abschlussprüfer vorgeschlagen wird (§ 155 III InsO).[376] Aber auch bei

---

[368] Vgl. BGH NJW-RR 2004, 900, 902 = ZIP 2004, 407; *Beuthien,* § 101 GenG Rn. 11; Lang/Weidmüller/*Cario*, § 105 GenG Rn. 7; *Terbrack*, Rn. 193; *Hirte*, FS Uhlenbruck, 2000, S. 637, 639; aA für solche Mitglieder, die keiner Nachschusspflicht unterliegen und hinsichtlich der Aufnahme neuer Mitglieder nach Eröffnung des Verfahrens, *Beuthien/Titze* ZIP 2002, 116, 118; *Beuthien/Friebel*, NZI 2006, 505 ff.

[369] *Terbrack*, Rn. 195.

[370] Siehe hierzu *Beuthien/Titze* ZIP 2002, 1116, 1120 f.

[371] Siehe auch *Scheibner* DZWIR 1999, 454.

[372] *Beuthien/Titze*, ZIP 2002, 1116, 1120.

[373] Siehe hierzu *Klotz*, DZWiR 2000, 273, 275.

[374] *Klotz* DZWIR 2000, 273, 276 f.; aA Lang/Weidmüller/*Cario*, § 101 GenG Rn. 2.

[375] BGH NZI 2011, 742, 743 f.; abweichend noch OLG Brandenburg, NZI 2010, 540 (als Vorinstanz).

[376] BGH NZI 2011, 742, 744.

einer Fortführung des Geschäftsbetriebs der Genossenschaft besteht das Prüfungsrecht bzw. die -pflicht nicht uneingeschränkt fort. Dieses kann sich nur auf den insolvenzfreien, nämlich auf den Aufgabenbereich beziehen, der den Organen der Genossenschaft nach Insolvenzeröffnung verbleibt. Die Ordnungsgemäßheit und Zweckmäßigkeit der „Geschäftsführung" des Insolvenzverwalters ist demgegenüber vom Prüfungsumfang nicht gedeckt;[377] denn der Insolvenzverwalter ist im Rahmen seiner Zuständigkeit allein den Interessen der Gläubiger, nicht aber dem genossenschaftlichen Förderzweck verpflichtet. Daher sind auch die Kosten des Prüfungsverband für die (nach Insolvenzeröffnung erfolgte) Vornahme der Prüfung keine Masseschulden iS des § 55 I Nr. 1 InsO und auch keine Insolvenzforderungen.[378]

141   9. Die Insolvenzmasse. Zur Insolvenzmasse der eingetragene Genossenschaft iS des § 35 InsO zählt das gesamte Vermögen, das der eingetragene Genossenschaft zur Zeit der Eröffnung des Verfahrens gehört und dasjenige, was sie während des Verfahrens erlangt. Zur Insolvenzmasse zählen ua die Firma der eingetragene Genossenschaft[379] und nach § 92 InsO[380] auch die Ansprüche der Gläubiger auf Ersatz ihres Schadens, der ihnen gemeinschaftlich durch die Verminderung des zur Insolvenzmasse gehörenden Vermögens entstanden ist. Zur Insolvenzmasse zählen weiterhin Regressansprüche der eingetragenen Genossenschaft nach §§ 34, 35, 41, 52, 89 GenG[381] und die Ansprüche, die der eingetragenen Genossenschaft gegenüber ihren Mitgliedern zustehen, etwa ausstehende Einlagen auf den Geschäftsanteil (§ 7 Nr. 1 GenG).[382] Der Insolvenzverwalter hat bei Einziehung der ausstehenden Einlagen den Gleichbehandlungsgrundsatz unter den Mitgliedern[383] zu beachten. Verbotswidrig ausbezahltes Geschäftsguthaben (§ 22 IV GenG) haben Mitglieder analog § 62 AktG, § 31 GmbHG an die Masse zurückzuerstatten.[384] Letztere können sich insbesondere bei eingetragenen Genossenschaften ergeben, die von der Möglichkeit der Schaffung eines Mindestkapitals (§ 8a GenG) Gebrauch gemacht und eine Auszahlung an ein ausgeschiedenes Mitglied vorgenommen haben, die das Mindestkapital angegriffen hat.

142   Ebenfalls zur Insolvenzmasse gehören auch die Ansprüche auf Nachzahlung gegenüber ausgeschiedenen Mitgliedern gemäß § 73 II GenG.[385] Bei der Geltendmachung der Verlustdeckungsbeträge gegen die ausgeschiedenen Mitglieder ist die Handelsbilanz maßgeblich, so dass es insofern bei § 73 II 4 GenG nicht auf das Bestehen einer Überschuldung ankommt.[386] Insofern kann der Insolvenzverwalter ohne weiteres anhand der Handelsbilanzen für die Geschäftsjahre vor der Eröffnung des Insolvenzverfahrens die in dieser Zeit ausgeschiedenen Mitglieder in Anspruch nehmen, soweit dies noch nicht

---

[377] Ebenso OLG Jena NZI 2010, 541; zustimmend *Beuthien*, § 64c GenG Rn. 2; *ders.*, ZIP 2011, 497 ff.; *Kreuznacht/Voß/Drill*, ZInsO 2009, 2155 ff.; aA aber OVG Berlin, ZIP 1982, 1338, 1340; Lang/Weidmüller/*Cario*, § 101 GenG Rn. 2; Lang/Weidmüller/*Korte*, § 64c GenG Rn. 2; offen lassend BGH NZI 2011, 742, 743 f.
[378] *Beuthien/Titze* ZIP 2002, 1116, 1121; aA *Scheibner*, DZWIR 1999, 454.
[379] *Terbrack*, Rn. 281.
[380] → § 92 Rn. 532 ff.
[381] BGH NJW-RR 2004, 900, 902 f. = ZIP 2004, 407; vgl. Lang/Weidmüller/*Cario*, § 98 GenG Rn. 16; vgl. zur Frage der Zulässigkeit von Haftungsbeschränkungs- und Regressverzichtsklauseln *Fandrich*, FS Graf von Westphalen, 2010, S. 149, 153 ff.
[382] BGH NZG 2009, 784, 785 = ZInsO 2009, 1211; BGHZ 96, 253, 258; *Beuthien*, § 101 GenG Rn. 2; Lang/Weidmüller/*Cario*, § 98 GenG Rn. 16; *Hirte*, FS Uhlenbruck, 2000, S. 637, 644 f.; Uhlenbruck/Hirte/Vallender/*Hirte*, § 35 Rn. 347; *Terbrack*, Rn. 250 ff.
[383] Vgl. hierzu RGZ 135, 55, 57 f.
[384] BGHZ 141, 372, 379 = NJW 1999, 2524 = ZIP 1999, 1173; *Bayer* DStR 1999, 1815, 1819.
[385] Vgl. BGH ZIP 2008, 2261, 2262; *Beuthien*, § 101 GenG Rn. 2; Lang/Weidmüller/*Cario*, § 101 GenG Rn. 8; Uhlenbruck/Hirte/Vallender/*Hirte*, § 35 Rn. 348; *Hirte*, FS Uhlenbruck, 2000, S. 637, 644; *Terbrack*, Rn. 278 ff.
[386] BGH ZIP 2008, 2261, 2262 = NZG 2009, 118; BGH WuM 2008, 736; kritisch dazu *Beuthien*, DStR 2009, 275 ff.

erfolgt ist. Bei einem Unterlassen der Geltendmachung dieser Ansprüche durch den Vorstand kommen entsprechende Ansprüche gegen den Vorstand (§ 34 II GenG) und ggf. gegen den Aufsichtsrat (§§ 34, 41 GenG) in Betracht.

Die Nachschussansprüche der eingetragene Genossenschaft gegenüber den Mitgliedern sind nicht Vermögen der eingetragenen Genossenschaft und daher weder im Rahmen der Vermögensübersicht (§ 153 InsO) noch in der Überschuldungsbilanz zu aktivieren.[387] **143**

Darlehen von Mitgliedern der eingetragenen Genossenschaft an die Genossenschaft unterfallen den (neuen) Vorschriften über Gesellschafterdarlehen (§§ 39 IV, 135 InsO).[388] Dies wird jedenfalls für die Genossenschaften anzunehmen sein, bei denen keine unbeschränkte Nachschusspflicht (mindestens einer natürlichen Person) besteht, da diese dann nicht über eine natürliche Person als persönlich haftenden Gesellschafter verfügen. Bei der Mehrzahl der Genossenschaften wird dann aber das Kleinbeteiligtenprivileg (§ 39 V InsO) zur Anwendung kommen, da sich jedes Mitglied – bei einer fehlenden Satzungsbestimmung – nur mit einem Geschäftsanteil beteiligen darf (§ 7a I GenG). **144**

Schließlich gehören grundsätzlich auch gesellschaftsrechtliche Nebenleistungen zur Insolvenzmasse, soweit diese mit dem mit Eröffnung des Insolvenzverfahrens geänderten Unternehmenszweck der Auflösung vereinbar sind, was in der Regel nicht der Fall sein wird.[389] **145**

10. Die Nachschusspflicht der Mitglieder. Soweit das Statut der Genossenschaft gemäß § 6 Nr. 3 GenG eine Nachschusspflicht im Falle der Insolvenz der Genossenschaft für die Mitglieder vorsieht,[390] ist diese von dem Insolvenzverwalter geltend zu machen, soweit die Insolvenzmasse zur Befriedigung der Insolvenzgläubiger nicht ausreicht (§ 105 I GenG). Die Nachschusspflicht ist bei der Massekostendeckungsprüfung zu berücksichtigen.[391] Bei der Nachschusspflicht handelt es sich um eine mitgliedschaftliche Beitragspflicht der Mitglieder,[392] die nur gegenüber der Genossenschaft besteht. Die Nachschusspflicht entsteht – eine Insuffizienz der Masse vorausgesetzt – mit Eröffnung des Insolvenzverfahrens über das Vermögen der eingetragenen Genossenschaft.[393] Wirtschaftlich wirkt die Nachschusspflicht wie aufschiebend bedingtes Eigenkapital, das jedoch – anders als die Nachschüsse nach dem GmbH-Recht – allein der Reduzierung des Ausfallrisikos der Gläubiger in der Insolvenz dient.[394] Der Insolvenzverwalter muss sich bei der Geltendmachung der Nachschusspflicht etwaige auf Rückabwicklung der Beteiligung gerichtete Schadensersatzansprüche der Mitglieder gegen die Genossenschaft im Rahmen einer Arglisteinrede *(exceptio doli)* gem. § 242 BGB nicht entgegen halten lassen.[395] **146**

Unterbleibt die Eröffnung des Insolvenzverfahrens wegen Masselosigkeit fällt die Verfügungsgewalt über das Vermögen an die Genossenschaft zurück. Die Gläubiger können dann zwar grundsätzlich die Nachschussverpflichtung pfänden und sich zur Einzie- **147**

---

[387] Vgl. Lang/Weidmüller/*Cario,* § 98 GenG Rn. 16.
[388] Zum Streitstand bei der bisherigen Rechtslage vgl. *Bayer,* in: *von Gerkan/Hommelhoff,* Handbuch des Eigenkapitalersatzrechts, 2. Aufl., Rn. 11.58 ff.; *ders.,* DStR 1999, 1815, 1820 f.
[389] Siehe etwa OLG Oldenburg NZG 1999, 1012 (zum Fortbestehen von Milchlieferpflichten bei iner Molkereigenossenschaft). → § 92 Rn. 348 ff.
[390] Siehe zu der erforderlichen Form einer Beitrittserklärung zu einer Genossenschaft, deren Satzung eine Nachschusspflicht enthält, OLG Schleswig ZIP 2005, 617, 618.
[391] *Terbrack,* Rn. 323.
[392] BGHZ 41, 71, 76 f. = WM 1964, 246; Uhlenbruck/Hirte/Vallender/*Hirte,* § 35 Rn. 350.
[393] Vgl. BGHZ 41, 71, 78 = WM 1964, 246; OLG Oldenburg NJW 1963, 1551 f.; Uhlenbruck/Hirte/Vallender/*Hirte,* § 35 Rn. 350; aA *Beuthien/Titze* ZIP 2002, 1116, 1119; Lang/Weidmüller/*Cario,* § 105 GenG Rn. 10: aufschiebend bedingter Anspruch mit Beitritt.
[394] Vgl. Lang/Weidmüller/*Cario,* § 105 GenG Rn. 10; *Beuthien/Titze* ZIP 2002, 1116, 1119.
[395] HansOLG DB 2008, 1738.

hung überweisen lassen,[396] jedoch ist die Forderung nicht bestimmbar. Denn erst mit Aufstellung des Schlussverzeichnisses ist die konkrete Höhe bezifferbar, das aber durch den (fehlenden) Insolvenzverwalter gerade nicht mehr erstellt wird.[397] Daher entfällt die Nachschusspflicht, wenn es mangels Masse nicht zur Eröffnung des Insolvenzverfahrens kommt.[398]

148 Von der Nachschusspflicht der Mitglieder ist die Zahlungspflicht der Mitglieder nach § 87a II GenG bei der Liquidation zu unterscheiden. Danach kann die Generalversammlung bei der Liquidation im Falle eines Fehlbetrages beschließen, dass die Mitglieder nach dem Verhältnis ihrer Geschäftsanteile bis zur Deckung des Fehlbetrags weitere Zahlungen zu leisten haben. Dies ist allerdings nur dann möglich, wenn eine Nachschusspflicht oder eine entsprechende Regelung in der Satzung vorgesehen ist (§ 87a II 2 GenG).

149 **a)** *Nachschusspflichtige Mitglieder.* Nachschusspflichtig sind die im Zeitpunkt der Eröffnung des Insolvenzverfahrens vorhandenen Mitglieder und frühere Mitglieder, die in den letzten sechs Monaten vor Eröffnung des Insolvenzverfahrens nach Maßgabe der §§ 75, 76 GenG ausgeschieden sind.[399] Soweit das Mitglied durch Übertragung des Geschäftsguthabens ausgeschieden ist, haftet er subsidiär neben dem Erwerber für die Nachschüsse, zu deren Zahlung er ohne sein Ausscheiden verpflichtet gewesen wäre (§ 76 IV GenG). Im Rahmen der §§ 115b, 105 GenG sind auch die ehemaligen Mitgliedern (subsidiär) nachschusspflichtig, die zwar vor Beginn der Sechsmonatsfrist, aber innerhalb der letzten 18 Monate ausgeschieden sind. Im Falle der Vererbung (§ 77 GenG) geht die Nachschusspflicht auf den Erben über.[400]

150 **b)** *Umfang der Nachschusspflicht.* Der Umfang der Nachschusspflicht für das einzelne Mitglied ergibt sich zum einen aus dem Ausfall der Gläubiger bei der Befriedigung aus der Masse (§ 105 I GenG – → Rn. 151) und zum anderen aus dem Schlüssel, wie dieser Fehlbetrag auf die einzelnen nachschusspflichtigen Mitglieder umzulegen ist.[401] Das Gesetz geht in § 105 II GenG davon aus, dass das Beitragsverhältnis nach Köpfen festzusetzen ist, soweit das Statut nicht ein anderes vorsieht. Beiträge, zu deren Leistung einzelne Mitglieder unvermögend sind, werden nach § 105 III GenG auf die übrigen verteilt.[402] Die Nachschusspflicht des einzelnen Mitglieds ist – soweit die Satzung dies vorsieht – insgesamt auf die festgesetzte Höhe der Haftsumme beschränkt (§§ 119, 121 GenG).[403] Die Nachschusshöhe wird im Wege der Vorschussberechnung (§ 106 GenG – → Rn. 152), gegebenenfalls der Zusatzberechnung (§ 113 GenG) sowie der Nachschussberechnung (→ Rn. 154) festgestellt.

151 aa) *Der Fehlbetrag.* Zunächst ist erforderlich, dass ein Fehlbetrag vorliegt. Dieser ergibt sich nach § 105 I GenG immer dann, wenn die Ansprüche der Massegläubiger oder die bei der Schlussverteilung nach § 196 InsO berücksichtigten Forderungen der Insol-

---

[396] *Noack*, Rn. 608; aA *Beuthien/Titze* ZIP 2002, 1116, 1120: „Nachschusspflicht erlischt rückwirkend".

[397] *Terbrack*, Rn. 331 ff.

[398] *Beuthien/Titze* ZIP 2002, 1116, 1120; *Terbrack*, Rn. 341 ff.; aA Uhlenbruck/Hirte/Vallender/*Hirte*, § 35 Rn. 350; *Noack*, Rn. 609.

[399] Uhlenbruck/Hirte/Vallender/*Hirte*, § 35 Rn. 351 f.; *Hirte*, FS Uhlenbruck, 2000, S. 637, 646. Scheidet das Mitglied innerhalb dieses Zeitraums aus und tritt er wieder ein, siehe *Terbrack*, Rn. 310; zu den formellen Anforderungen an einen Beitritt, OLG Schleswig ZIP 2005, 617 = ZInsO 2005, 996 = EWiR 2005, 761, 762 *(Röhricht)*.

[400] Vgl. hierzu *Beuthien*, § 105 GenG Rn. 8; Lang/Weidmüller/*Cario*, § 105 GenG Rn. 17.

[401] Uhlenbruck/Hirte/Vallender/*Hirte*, § 35 Rn. 353; siehe auch *Hirte*, FS Uhlenbruck, 2000, S. 637, 547.

[402] Die in Anspruch genommenen Mitglieder haben kein Rückgriffsrecht gegenüber den unvermögenden Mitgliedern.

[403] BGHZ 41, 71, 79 = WM 1964, 246; *Hirte*, FS Uhlenbruck, 2000, S. 637, 647.

venzgläubiger aus dem vorhandenen Vermögen der Genossenschaft nicht berichtigt werden können. Aus der Bezugnahme auf die Ansprüche der Massegläubiger könnte zunächst geschlossen werden, dass die Kosten des Insolvenzverfahrens selbst nicht einzubeziehen sind (arg § 55 I Nr. 1 InsO). Da § 105 I GenG aber auch auf die Schlussverteilung abstellt, bei der die Kosten des Insolvenzverfahrens bereits berücksichtigt werden, werden diese auch von der Nachschusspflicht erfasst.[404] Bei der Berechnung des Fehlbetrags sind nachrangige Forderungen ebenfalls zu berücksichtigen, so dass sich die Nachschusspflicht auch auf diese bezieht.[405]

bb) *Die Vorschussberechnung.* Nach § 106 I GenG hat der Insolvenzverwalter sofort nachdem die Vermögensübersicht nach § 153 InsO auf der Geschäftsstelle niedergelegt ist, zu berechnen, welchen Betrag die Mitglieder vorschussweise zur Deckung des Fehlbetrags zu erbringen haben. Sind in der Vermögensübersicht für die Wertberechnung Fortführungs- und Stilllegungswerte nebeneinander angeben, wie es die §§ 153 I 2, 151 II InsO vorsehen, dann ist der Fehlbetrag maßgebend, der sich auf der Grundlage der Stilllegungswerte ergibt (§ 106 I 2 GenG). Den einzuziehenden Gesamtbetrag hat der Insolvenzverwalter dabei höher als das bilanzmäßige Defizit anzusetzen, um Zusatzberechnungen infolge von Ausfällen weitestgehend zu vermeiden.[406] Der Insolvenzverwalter hat sodann nach § 106 II InsO den auf den einzelnen namentlich bezeichneten Mitglieder entfallenden Betrag zu berechnen, wobei er jedoch auch den vorauszusehenden Ausfall einzelner Mitglieder zur Leistung der Beiträge zu berücksichtigen hat. Schließlich hat er nach § 106 III GenG die Vorschussberechnung zusammen mit dem Antrag einzureichen, um dieselbe für vollstreckbar zu erklären. Die Fehlerhaftigkeit der Vorschussberechnung kann sich dabei nur aus Umständen ergeben, die vor der Vollstreckbarerklärung der Vorschussberechnung bereits begründet waren.[407]

Das Gericht bestimmt nach § 107 I 1 GenG einen Termin zur Erklärung über die Vorschussberechnung innerhalb einer Höchstfrist von zwei Wochen.[408] Der Termin ist nach § 107 I 2 GenG öffentlich bekannt zu machen und die in der Berechnung aufgeführten Mitglieder mit dem Hinweis, Einwendungen erlangen zu können,[409] besonders zu laden. Dabei muss der zu fordernde Vorschuss in der Ladung zum Erklärungstermin nicht angeben werden.[410] Nicht gesondert zu laden sind der Vorstand und der Aufsichtsrat. Letzteren ist aber in dem Termin rechtliches Gehör zu gewähren.[411] In dem Termin sind sodann die gegen die Vorschussberechnung erhobenen Einwendungen zu hören (§ 108 GenG). Das Gericht entscheidet über die erhobenen Einwendungen und erklärt die Berechnung für vollstreckbar (§ 108 II GenG). Nach Vollstreckbarerklärung hat der Insolvenzverwalter nach § 109 I GenG ohne Verzug die Beiträge von den Mitgliedern einzuziehen. Hierbei muss der Insolvenzverwalter genossenschaftsrechtliche Grundsätze, insbesondere das Gebot der Gleichbehandlung der Mitglieder beachten.[412] Die Beitreibung erfolgt, wenn die Mitglieder die Vorschüsse nicht freiwillig leisten, im Wege der Zwangsvollstreckung (§ 109 II GenG iVm §§ 704 ff. ZPO). Da die der Vorschussberechnung zu Grunde gelegten Aktiv- und Passivwerte auf Schätzungen beruhen, kann der auf die Mitglieder umzulegende und vom Insolvenzverwalter errech-

---

[404] Zur abweichenden Situation bei der persönlichen Haftung der Gesellschafter bei den Personengesellschaften siehe § 94 Rn. 49.
[405] Unklar *Beuthien,* § 114 GenG Rn. 2; Pöhlmann/Fandrich/Bloehs/*Fandrich,* § 105 Rn. 3.
[406] Vgl. Lang/Weidmüller/*Cario,* § 106 GenG Rn. 6.
[407] HansOLG DB 2008, 1738.
[408] Zur Berechnung der Frist, vgl. OLG Schleswig ZIP 2005, 617, 620; Lang/Weidmüller/*Cario,* § 107 GenG Rn. 1.
[409] OLG Schleswig ZIP 2005, 617, 620 = ZInsO 2005, 996 = EWiR 2005, 761, 762 *(Röhrich).*
[410] HansOLG DB 2008, 1738.
[411] OLG Schleswig ZIP 2005, 617, 621 = ZInsO 2005, 996 = EWiR 2005, 761, 762 *(Röhrich).*
[412] Vgl. Lang/Weidmüller/*Cario,* § 109 GenG Rn. 1; aA *Beuthien,* § 109 GenG Rn. 1.

nete Fehlbetrag nur ein vorläufiger sein. Die Verlustberechnung ist daher laufend zu ergänzen, wenn sich im Laufe des Insolvenzverfahrens ergibt, dass die Vorschüsse nicht genügen (§ 113 GenG). Dies gilt bis zur Schlussverteilung, für die dann die Nachschussberechnung nach § 114 GenG und die Nachtragsverteilung nach § 115 GenG durchzuführen ist.[413]

154 cc) *Die Nachschussberechnung.* § 114 I GenG geht davon aus, dass idR erst mit Beginn der Schlussverteilung nach § 196 InsO der tatsächliche Fehlbetrag feststeht, der durch Nachschüsse der Mitglieder auszugleichen ist. Sinn und Zweck der Nachschussberechnung ist es, an die Stelle der der Vorschussberechnung zugrunde liegenden Schätzungen die endgültige Fehlbetragsfeststellung treten zu lassen, die dann für die Beendigung des Insolvenzverfahrens dient.[414] Die Nachschussberechnung ist daher nur dann vorzunehmen, wenn ein ungedeckter Fehlbetrag verbleibt und die Möglichkeit besteht, diesen durch Heranziehen der Mitglieder zu weiteren Nachschüssen zu decken.

155 dd) *Einwendungen.* Die der Nachschusspflicht unterliegenden Mitglieder können gegen diese nur die Aufrechnung nach § 105 V GenG erklären und die Nachschusspflicht entsprechend reduzieren oder ausschließen. Dafür ist es allerdings erforderlich, dass die Mitglieder Inhaber einer einfachen Insolvenzforderung sind, so dass eine Aufrechnung mit dem Geschäftsguthaben nicht möglich ist. Die Aufrechnung nach § 105 V GenG ist auch nicht an die Voraussetzungen von §§ 94 ff. InsO gebunden, da § 105 V GenG insofern eine Spezialregelung darstellt.[415]

156 c) *Rechtsschutz.* Nach § 107 I 1 GenG bestimmt das Gericht zur Erklärung über die Berechnung des Vorschusses einen Termin, der nicht über zwei Wochen hinaus anberaumt werden darf.[416] Der Termin ist öffentlich bekannt zu machen (§ 107 I 2 GenG) und die in der Berechnung aufgeführten Mitglieder gesondert zu laden. Die Berechnung ist spätestens drei Tage vor dem Termin auf der Geschäftsstelle zur Einsicht der Beteiligten niederzulegen (§ 107 II GenG). In dem Termin sind sodann nach § 108 I GenG der Vorstand, der Aufsichtsrat, der Insolvenzverwalter und der Gläubigerausschuss und – soweit Einwendungen erhoben werden – die sonstigen Beteiligten (vor allem die Mitglieder) zu hören. Nach Anhörung entscheidet das Gericht über die Einwendungen (§ 108 II 1 GenG). Soweit erforderlich berichtigt das Gericht die Berechnung bzw. ordnet deren Berichtigung an und erklärt die Berechnung für vollstreckbar. Nach § 111 GenG ist jedes Mitglied berechtigt, die für vollstreckbar erklärte Berechnung im Wege der Klage anzufechten. Die Klage ist gegen den Insolvenzverwalter zu richten (§ 111 S. 2 GenG). Die Klage kann nur innerhalb einer Notfrist von einem Monat seit Verkündung der Entscheidung und nur insoweit erhoben werden, als der Kläger den Anfechtungsgrund bereits im Termin geltend gemacht hat oder aber an der Geltendmachung ohne sein Verschulden verhindert war (§ 111 S. 3 GenG).

157 **11. Die Genossenschaft im Insolvenzplanverfahren.** Für die Genossenschaft sind bei der Erstellung eines Insolvenzplans zunächst die Sondervorschriften der §§ 116 ff. GenG zu beachten. Danach muss ein Insolvenzplan in Abweichung von § 218 I 3 InsO auch dann berücksichtigt werden, wenn er nach dem Schlusstermin aber vor der Beendigung des Nachschussverfahrens beim Insolvenzgericht eingeht (§ 116 Nr. 1 GenG). Weiterhin muss der darstellende Teil des Plans angeben, in welcher Höhe die Mitglieder bereits Nachschüsse geleistet haben und zu welchen Nachschusszahlungen sie noch herangezogen werden können (§ 116 Nr. 2 GenG). Zudem ist im gestal-

---

[413] Vgl. Lang/Weidmüller/*Cario*, § 106 GenG Rn. 2.
[414] Vgl. Lang/Weidmüller/*Cario*, § 114 GenG Rn. 3; siehe auch *Hirte*, FS Uhlenbruck, 2000, S. 637, 649 f. und *Beuthien*, § 114 GenG Rn. 1.
[415] *Beuthien*, § 105 GenG Rn. 13.
[416] Zur Fristberechnung siehe OLG Schleswig EWiR 2005, 761, 762.

tenden Teil des Insolvenzplans bei den Gläubigern eine zusätzliche Differenzierung danach vorzunehmen, ob diese zugleich Mitglieder der Genossenschaft sind oder nicht (§ 116 Nr. 3 GenG). Schließlich muss das Insolvenzgericht vor dem Erörterungstermin den jeweiligen Prüfungsverband dahingehend anhören, ob der Insolvenzplan mit den Interessen der Mitglieder vereinbar ist (§ 116 Nr. 4 GenG). Zur Fortsetzung der Genossenschaft nach Bestätigung des Insolvenzplans → Rn. 161 ff.

158 Zudem wurden auch für die Genossenschaft die Möglichkeiten einer Sanierung im Insolvenzplanverfahren durch das ESUG deutlich erweitert. Somit können auch die Rechte der Mitglieder (§ 217 InsO) im Insolvenzplanverfahren einbezogen und ein *debt to equity swap* (§ 225a II InsO) durchgeführt werden. Dabei ist allerdings zu beachten, dass insbesondere bei einem *debt to equity swap* oftmals eine vorherige Änderung der Satzung erforderlich ist, da sich grundsätzlich jedes Mitglied nur mit einem Geschäftsanteil beteiligen darf, soweit die Satzung keine abweichende Regelung enthält (§ 7a I GenG). Diese Satzungsänderung kann allerdings auch im Rahmen des Insolvenzplans durchgeführt werden (§ 225a III InsO). Unklar ist, ob der Insolvenzplan auch eine Nachschusspflicht der Mitglieder durch eine entsprechende Satzungsänderung (§§ 6 Nr. 3, 16 II Nr. 4 GenG) begründen oder erweitern kann. Da es sich bei der Begründung oder Erweiterung der Nachschusspflicht um eine gesellschaftsrechtlich zulässige Regelung handelt, muss dies grundsätzlich angenommen werden. Dem steht auch nicht entgegen, dass dadurch einzelnen Mitgliedern eine Nachschusspflicht aufgezwungen wird, da diese Möglichkeit bei einer $^3/_4$-Mehrheit der abgegebenen Stimmen auch außerhalb des Insolvenzverfahrens besteht (§ 16 II Nr. 4 GenG). Allerdings dürfte sich die Nachschusspflicht dann immer nur auf ein gegebenenfalls nachfolgendes Insolvenzverfahren beziehen.

159 **12. Die Genossenschaft in der Eigenverwaltung.** Die Genossenschaft kann auch von der Eigenverwaltung Gebrauch machen. Dabei gelten die §§ 105 bis 115d GenG auch in der Eigenverwaltung mit der Maßgabe, dass der Sachwalter an die Stelle des Insolvenzverwalters tritt (§ 115e GenG). Insofern obliegt dem Sachwalter vor allem die Berechnung und Geltendmachung der gegebenenfalls bestehenden Nachschüsse (siehe dazu oben Rn. 154). Darüber hinaus greifen die Beschränkungen von § 276a InsO ein, so dass der Aufsichtsrat und die Generalversammlung keinen Einfluss mehr auf die Geschäftsführung haben (§ 276a S. 1 InsO) und die Abberufung und die Neubestellung von Vorstandsmitgliedern nur noch mit Zustimmung des Sachwalters erfolgen kann (§ 276a S. 2 und 3 InsO). Hinsichtlich der Reichweite dieser Kompetenzverlagerung gelten die für die AG entwickelten Grundsätze (→ Rn. 116f.). Keinen Einfluss hat § 276a InsO allerdings auf die für die Genossenschaften bestehende Pflichtprüfung (→ Rn. 139f.), da der jeweilige Prüfungsverband schon nicht in § 276a S. 1 InsO genannt wird. Ebenfalls unbeachtlich ist § 276a InsO im Rahmen der §§ 105–115d GenG, da es sich bei diesen um Spezialregelungen handelt, die der allgemeinen Regelung des § 276a InsO vorgehen.

160 **13. Beendigung des Verfahrens.** Beendet wird das Insolvenzverfahren über das Vermögen der eingetragene Genossenschaft entweder durch einen Aufhebungs- (§§ 200 I, 258 I InsO) oder aber durch einen Einstellungsbeschluss (§§ 207, 212, 213 InsO). Das Verfahren kann mit Zustimmung der Gläubiger auf Antrag der eingetragenen Genossenschaft schon vor Ablauf der Anmeldefrist eingestellt werden.[417] Für den Nachweis, dass andere Gläubiger nicht bekannt sind, ist die Vorlage eines Gutachtens des Prüfungsverbandes oder der Geschäftsbücher der insolventen eingetragenen Genossenschaft ausreichend.[418]

---

[417] *Terbrack*, Rn. 492.
[418] *Terbrack*, Rn. 492.

161 14. Fortsetzung der Genossenschaft. Die Genossenschaft kann nach § 117 I 1 GenG entweder nach Einstellung des Verfahrens auf Antrag des Schuldners (§ 213 InsO) oder durch Bestätigung eines Insolvenzplanes, der die Fortsetzung der eingetragene Genossenschaft vorsieht, fortgeführt werden. Notwendig ist für eine Fortführung ein Beschluss der Generalversammlung. Dieser bedarf – soweit das Statut nicht ein höheres Quorum vorsieht – der Mehrheit von mindestens ¾ der abgegebenen Stimmen (§ 117 II GenG). Der Fortsetzungsbeschluss kann nach, aber auch schon vor Aufhebung des Verfahrens gefasst werden.[419]

162 Wird eine aufgelöste Genossenschaft fortgesetzt, deren Mitglieder zur Leistung von Nachschüssen verpflichtet sind, entsteht – in einem abermaligen Insolvenzfall – eine neue Verpflichtung der Mitglieder zur Leistung von Nachschüssen. Um den Mitgliedern dieses Risiko deutlich vor Augen zu führen, muss die Generalversammlung zwingend mit dem Beschluss über die Fortsetzung der eingetragene Genossenschaft auch einen Beschluss über die Ausgestaltung der Nachschusspflicht ihrer Mitglieder fassen (§ 117 I 2 iVm § 6 Nr. 3 GenG).[420] Nach §§ 117 II 3, 79a II GenG ist vor der Fortsetzung der eingetragenen Genossenschaft der Prüfverband, dem sie angehört, darüber zu hören, ob die Fortsetzung mit den Interessen der Mitglieder vereinbar ist.[421] Die Fortsetzung der eingetragenen Genossenschaft ist vom Vorstand zur Eintragung in das Genossenschaftsregister anzumelden (§ 117 III GenG).

163 Zum Schutz der überstimmten (oder nicht ordnungsgemäß geladenen) Mitglieder sieht § 118 GenG ein außerordentliches Kündigungsrecht im Falle der Fortsetzung der eingetragenen Genossenschaft vor. Damit wird dem Risiko einer weiteren Nachschusspflicht im Falle einer erneuten Insolvenz und weiterer Zahlungspflichten aus § 87a GenG Rechnung getragen.[422] Kommt es zu einer erneuten Insolvenz, gilt für die infolge § 118 GenG ausgeschiedenen Mitglieder § 75 GenG (→ Rn. 138) nicht.

164 15. Insolvenz des Mitglieds. Die Mitgliedschaft des Mitglieds fällt in dessen Insolvenz in die Insolvenzmasse.[423] Daher kann der Insolvenzverwalter die Mitgliedschaft auch kündigen, ohne dass dies bei der Mitgliedschaft in einer Wohnungsgenossenschaft durch § 109 I 2 InsO ausgeschlossen ist.[424] Diese höchstrichterliche Rechtsprechung wurde allerdings durch die Schaffung der §§ 66a, 66c GenG im Rahmen der Zweiten Stufe der Insolvenzrechtsreform 2013[425] jedenfalls für die Mitgliedschaft bei Wohnungsgenossenschaften überholt, da der Insolvenzverwalter im Fall der Insolvenz des Mitglieds an dessen Stelle das Kündigungsrecht ausüben kann (§ 66a GenG), dieses bei Wohnungsgenossenschaften allerdings ausgeschlossen ist, soweit die Mitgliedschaft Voraussetzung für die Nutzung der Wohnung ist (§ 66c I Nr. 1 GenG) und das Geschäftsguthaben höchstens das Vierfache einer Netto-Kaltmiete bzw. höchstens 2000 EUR beträgt (§ 66c I Nr. 2 GenG). Wird dieser Betrag überschritten, ist eine Kündigung auch dann ausgeschlossen, wenn das Geschäftsguthaben durch Teilkündigung auf diesen Betrag reduziert werden kann (§ 66c II GenG). Da diese Beschränkungen bei Mitgliedschaften in anderen Genossenschaften keine Anwendung finden, können diese ohne weiteres durch den Insolvenzverwalter gekündigt werden, so dass das Geschäftsguthaben in die Insolvenzmasse fällt. Diese Neuregelung gilt dabei allerdings nur in den Insol-

---

[419] *Terbrack*, Rn. 537.
[420] *Noack*, Rn. 644; Uhlenbruck/Hirte/Vallender/*Hirte*, § 11 Rn. 212; *Beuthien*, § 117 GenG Rn. 6.
[421] Siehe hierzu im Einzelnen *Terbrack*, Rn. 540 ff.
[422] Uhlenbruck/Hirte/Vallender/*Hirte*, § 11 Rn. 213; *Terbrack*, Rn. 547 ff.
[423] *Beuthien*, § 65 Rn. 7; Lang/Weidmüller/*Schulte*, § 65 Rn. 8.
[424] BGHZ 180, 185, 188 f.; BGH ZInsO 2009, 2104, 2104 f.
[425] Gesetz zur Verkürzung des Restschuldbefreiungsverfahrens und zur Stärkung der Gläubigerrechte v. 15.7.2013, BGBl. I, S. 2379.

venzverfahren, die nach dem Inkrafttreten der Neuregelung am 18. Juli 2013 eröffnet wurden.[426]

III. Der rechtsfähige Verein

Schrifttum: *Adolphsen*, Lizenz und Insolvenz von Sportvereinen, KTS 2005, 53; *Burgard*, Das Gesetz zur Begrenzung der Haftung von ehrenamtlich tätigen Vereinsvorständen, ZIP 2010, 358; *Ehlers*, Die persönliche Haftung von ehrenamtlichen Vereinsvorständen, NJW 2011, 2689; *Emrich/Pitsch/Papathanassiou*, Die Sportvereine, 2001; *Haas*, Die Haftung des Vereinsvorstands bei Insolvenzverschleppung, SpuRt 1999, 1; *ders.*, Die Teilnahmeberechtigung an Verbandsveranstaltungen in der Insolvenz der Sportvereins, NZI 2003, 177; *ders/Prokop*, Der eingetragene nichtwirtschaftliche Verein und das Kapitalersatzrecht, in FS Röhricht, 2005, S. 1149; *dies.*, Die Autonomie der Sportverbände und die Rechtsstellung des Athleten, JR 1998, 45; *dies.*, Die Athletenvereinbarung – Der Athlet als stilles Mitglied des Verbandes, SpuRt 1996, 109; *König/de Vries*, Nach dem Spiel ist vor dem Spiel?, SpuRt 2006, 96; *Koza*, Haften Vereinsvorstände analog §§ 64 Abs. 2 GmbHG, 93 Abs. 3 Nr. 6 AktG, 34 Abs. 3 Nr. 4 GenG auf Ersatz aller Zahlungen nach Insolvenzreife?, DZWiR 2008, 98; *Kreißig*, Der Sportverein in Krise und Insolvenz, 2004; *Oschütz*, Zur Rechtsstellung der Vereinssparte, SpuRt 2008, 97; *Passarge*, Haftung des Vereinsvorstandes für in der Krise geleistete Zahlungen gem. §§ 92 Abs. 3, 93 Abs. 3, Nr. 6 AktG analog, ZInsO 2005, 176; *Pfister*, Auswirkungen des Insolvenzverfahrens auf Verbandsmitgliedschaft, SpuRt 2002, 103; *Piper*, Die Haftung von ehrenamtlich tätigen Organen und § 31a BGB, WM 2011, 2211; *Poertzgen*, Vorstandshaftung wegen Insolvenzverschleppung (§ 42 II BGB), NZG 2010, 772; *Prokop*, Die Grenzen der Dopingverbote, 2001; *Reichert*, Rechtsfragen beim Konkurs von Sportvereinen mit Profi- und Amateurabteilungen, in Grunsky (Hrsg.) Der Sportverein in der wirtschaftlichen Krise, 1990, S. 1; *Reuter*, Keine Vorstandshaftung für massesschmälernde Leistungen nach Eintritt der Insolvenzreife des Vereins?, NZG 2010, 808; *Roth/Knof*, Verein und Stiftung in Krise und Insolvenz, InsVZ 2010, 190; *Rugullis*, Die Insolvenzantragspflicht beim Verein – Eine Interpretation des § 42 II BGB, NZI 2007, 323; *K. Schmidt*, Erlöschen eines eingetragenen Vereins durch Fortfall aller Mitglieder?, JZ 1987, 394; *Uhlenbruck*, Konkursrechtliche Probleme des Sportvereins, FS Merz, 1992, S. 581; *Walker*, Zur Zulässigkeit von Insolvenzklauseln in den Satzungen der Sportverbände, KTS 2003, 169; *Weber*, Die Verbandsstatuten zur Insolvenz eines deutschen Fußballclubs, NZI 2013, 476; *Wentzel*, Auswirkungen des Insolvenzverfahrens auf das Vereinsregister, Rpfleger 2001, 334; *Wischemeyer*, Die Vorstandshaftung wegen Insolvenzverschleppung in der Insolvenz des Vereins, DZWiR 2005, 230; *Zeuner/Nauen*, Der Lizenzligaverein in der Krise – Auswirkungen und Lösungsansätze in sportlicher und wirtschaftlicher Hinsicht, NZI 2009, 213.

1. Rechtstatsächliches. Die Anzahl von Vereinen in Deutschland lässt sich nur durch Schätzungen ermitteln, da Vereine vom Statistischen Bundesamt nicht erfasst werden. Im Jahr 2011 gab es in Deutschland schätzungsweise ca 580 000 Vereine, so dass die Anzahl der Vereine in Deutschland in den vergangenen Jahren – nach einem leichten Rückgang aufgrund einer Konsolidierung im Rahmen der Umstellung auf das elektronische Vereinsregister (www.handelsregister.de) – wieder leicht steigt.[427] Im Jahr 2011 gab es in der Bundesrepublik Deutschland 30 099 (Unternehmens-) Insolvenzen.[428] Die Rechtsform des eingetragenen Vereins machte davon 0,9 % (ca 300) aus.[429]

Auch wenn sich die real anzutreffenden Vereinstypen erheblich voneinander unterscheiden,[430] so kann doch für bestimmte Lebensbereiche, in denen der Verein als Orga-

---

[426] Ebenso *Grote/Pape*, ZInsO 2013, 1433; aA aber *Semmelbeck*, ZInsO 2013, 1785 *(Erstreckung auf bereits laufende Verfahren).*

[427] Vgl. etwa die Vereinsstatistik der V & M Service GmbH (abrufbar unter http://www.vm-marketing.de).

[428] Statistisches Bundesamt Deutschland, Das statistische Jahrbuch 2012, S. 515 (abrufbar unter www.destatis.de).

[429] *Creditreform*, Insolvenzen in Deutschland (2012), S. 7.

[430] Siehe etwa für Sportvereine die empirische Studie von *Emrich/Pitsch/Papathanassiou*, Die Sportvereine, 2001.

nisationsform weit verbreitet ist (etwa im Sport),[431] eine zunehmende Kommerzialisierung beobachtet werden. Bei diesen Vereinen wird zunehmend die – wohl auch dem Gesetzgeber seinerzeit als Leitbild dienende – „Finanzierungs- und Ausgabekultur" verlassen.[432] Das für kleinere Vereine typische Verhalten, nämlich investive Risiken zu vermeiden und sich an langfristigen Sicherheitsstrategien zu orientieren, wird hier zugunsten einer unternehmerisch ausgerichteten Geschäftsführung verlassen.[433]

166 **2. Die Insolvenzfähigkeit.** Der eingetragene Verein ist mit Eintragung juristische Person (§ 21 BGB) und daher nach § 11 I 1 InsO insolvenzfähig. Gleiches gilt auch für den Vorverein, also den Verein, der nach seiner Satzung die Rechtsfähigkeit anstrebt.[434] Ist der Verein aufgelöst worden, bleibt er gemäß § 11 III InsO so lange insolvenzfähig, wie die Verteilung des Vermögens noch nicht vollzogen ist. Haben Sparten bzw. Abteilungen innerhalb eines (Haupt-)Vereins die Qualität eines nichtrechtsfähigen Vereins,[435] so sind auch die Abteilungen bzw. Sparten insolvenzfähig.

167 Die Insolvenzfähigkeit des Vereins wird auch nicht durch den Fortfall sämtlicher Mitglieder (durch Tod, Austritt oder aus sonstigen Gründen) oder die jahrelange Nichtbetätigung der Vereinsmitglieder berührt.[436] Dies ergibt sich schon daraus, dass eine „Keinmann-GmbH" stets bis zur endgültigen Vermögensabwicklung als GmbH in Liquidation fortbesteht (→ § 92 Rn. 610). Nichts anderes kann letztlich für das Vereinsrecht gelten. Auch hier muss der Verein als rechtsfähiger Träger einer gesonderten Liquidationsmasse erhalten bleiben.[437]

168 Insolvenzfähig ist auch der fehlerhafte Verein.[438] Fehlerhaft ist ein Verein, wenn Teile der Vereinssatzung oder die Vereinssatzung als Ganzes bzw. die Beitrittserklärungen einzelner Gründungsmitglieder nichtig oder anfechtbar sind. Ist der fehlerhaft gegründete (Vor-)Verein erst einmal in Vollzug gesetzt, hat er also eine Tätigkeit im Rechtsverkehr nach außen entfaltet, können eventuelle Gründungs- und Beitrittsmängel nicht mehr rückwirkend zur Nichtigkeit des Gründungsaktes führen.[439] Die Gründungsmängel wirken nur als späterer Auflösungsgrund, der den Verein in die Liquidation führt.[440] Der fehlerhafte Verein ist folglich – ebenso wie die fehlerhafte Gesellschaft allgemein – insolvenzfähig.[441] Erlangt der fehlerhafte Verein später versehentlich die Rechtsfähigkeit durch Eintragung ins Vereinsregister, können Gründungsmängel die Entstehung der

---

[431] Die Zahl – etwa der eingetragenen Sportvereine – hat sich in Deutschland beständig erhöht. Allein in den letzten zehn Jahren stieg die Zahl der dem Deutschen Sport-Bund (DSB) unmittelbar und mittelbar angeschlossenen Vereine von 74 802 auf 87 717.

[432] Möglich gemacht hat dies das so genannte „Nebenzweckprivileg", siehe hierzu RGZ 83, 231, 237; RGZ 154, 343, 354; BGHZ 85, 84, 93 = WM 1983, 394; Soergel/*Hadding*, §§ 21, 22 BGB Rn. 33 ff. Siehe auch die Beobachtung bei *Woltersdorf*, IndatReport 2008, 20 f.

[433] Siehe die Ergebnisse der empirischen Untersuchung in *Emrich/Pitsch/Papthanassiou*, Die Sportvereine, S. 24 ff.; siehe auch *Kreißig*, S. 1 ff.; *Passarge* ZInsO 2005, 176 f.

[434] BGH WM 1978, 115, 116; BayObLGZ 1972, 29, 32 = Rpfleger 1972, 132; MünchHdbGesRV-*Haas/Goetsch*, § 60 Rn. 7; *Kreißig*, S. 75 f.

[435] Zu den Voraussetzungen, wann dies der Fall ist, siehe BGH NZG 2007, 626, 627 f.; BGHZ 90, 331, 333 f. = NJW 1984, 2223; BGH WM 1978, 116, 117; vgl. auch *Oschütz* SpuRt 2008, 97 f.; *Sauter/Schweyer/Waldner*, Rn. 329; *Reichert*, Rn. 42; *ders.*, in: *Grunsky*, Der Sportverein in der wirtschaftlichen Krise, S. 1.

[436] *Böttcher*, Rpfleger 1988, 169, 173; HK/*Kirchhof*, § 11 Rn. 12; MüKoBGB/*Reuter*, § 41 Rn. 5; *K. Schmidt* JZ 1987, 394, 396; aA aber BGHZ 19, 51, 57 = WM 1956, 21; BGH WM 1976, 686, 687; BAG NZA 1986, 826, 827 = ZIP 1986, 1483; BVerwGE 101, 273, 281 = NJW 1997, 474; *Kreißig*, S. 78 ff.; MünchHdbGesRV-*Haas/Goetsch*, § 60 Rn. 6; Soergel/*Hadding*, Vor § 41 BGB Rn. 11; *Stöber*, Rn. 868.

[437] HK/*Kirchhof*, § 11 Rn. 12; siehe auch MüKoBGB/*Reuter*, § 41 Rn. 5.

[438] MünchHdbGesRV-*Haas/Goetsch*, § 60 Rn. 8; *Kreißig*, S. 76 f.

[439] MüKoBGB/*Reuter*, §§ 21, 22 Rn. 61 ff.

[440] Soergel/*Hadding*, § 25 BGB Rn. 30; MüKoBGB/*Reuter*, §§ 21, 22 Rn. 62 ff.; zur fehlerhaften Gesellschaft siehe Soergel/*Hadding*, § 705 BGB Rn. 70 ff.

[441] Uhlenbruck/Hirte/Vallender/*Hirte*, § 11 Rn. 238.

juristischen Person aus Gründen der Rechtssicherheit nicht hindern. Die Eintragung des Vereins hat insofern konstitutive Bedeutung.[442]

3. Die Insolvenzgründe. Eröffnungsgründe für ein Insolvenzverfahren über das Vermögen des Vereins sind die allgemeinen Eröffnungsgründe, dh die Zahlungsunfähigkeit (§ 17 I InsO) sowie die drohende Zahlungsunfähigkeit (§ 18 I InsO) und, da der eingetragene Verein eine juristische Person ist, der Eröffnungsgrund der Überschuldung (§ 19 I InsO).

Ob auch für den nichtwirtschaftlichen Vorverein der Überschuldungstatbestand in § 19 InsO Anwendung findet, ist nicht eindeutig.[443] Dies hängt in erster Linie mit der umstrittenen Haftungsverfassung des (nichtwirtschaftlichen) Vorvereins zusammen.[444] So wird teilweise die Ansicht vertreten, dass die Mitglieder in einem solchen Fall lediglich beschränkt auf ihren Anteil am Vereinsvermögen bzw. auf die Höhe der fälligen, noch nicht geleisteten baren Beitragszahlungen haften.[445] Anderer Ansicht nach haften die Mitglieder für die Verbindlichkeiten des Vereins persönlich und unbeschränkt.[446] Gegen diese letztgenannte Auffassung spricht, dass es schwer nachvollziehbar erscheint, warum es im Interesse des Gläubigerschutzes erforderlich sein soll, die Vereinsmitglieder dann für die Vereinsverbindlichkeiten unbeschränkt einstehen zu lassen, wenn das „Gesellschaftsgebilde" laut Satzung ein notwendiges Durchgangsstadium auf dem Weg zu Erlangung der Rechtsfähigkeit darstellt, eine solche Haftung jedoch entbehrlich ist, wenn das (identisch strukturierte) Gebilde zu keinem Zeitpunkt die Rechtsfähigkeit anstrebt. Haften aber richtiger Ansicht nach die Mitglieder eines Vorvereins nicht für die Verbindlichkeiten des Vereins, findet damit auch der Überschuldungstatbestand auf den Vorverein Anwendung.[447]

Bei der Ermittlung des Überschuldstatus können sich insbesondere bei eingetragenen Vereinen Besonderheiten ergeben. Hinsichtlich immaterieller Vermögensgegenstände kommt eine Aktivierung in der Überschuldungsbilanz nur in Betracht, wenn konkrete Verwertungsmöglichkeiten bestehen, die sich nicht in einer grundsätzlichen Möglichkeit des Erwerbs des jeweiligen immateriellen Vermögensgegenstandes erschöpfen dürfen.[448] Die bei Sportvereinen oftmals bestehenden Spielerwerte können in der Überschuldungsbilanz nur aktiviert werden, wenn wenigstens vorvertragliche Vereinbarungen oder vergleichbare Bedingungen existieren und diese auch insolvenzfest sind.[449] Auch in diesem Zusammenhang reicht die bloße Möglichkeit der Erzielung eines Erlöses auf dem Transfermarkt nicht aus.

4. Das Insolvenzantragsrecht. Antragsberechtigt ist nach § 15 I InsO der Vorstand. Das Antragsrecht steht in einem mehrköpfigen Vorstand jedem einzelnen Mitglied zu, ungeachtet dessen, wie die Vertretungsbefugnis im Kollegialorgan geregelt ist (§ 26 II 1 BGB). Eine Ausnahme von diesem Grundsatz gilt nach § 18 III InsO für den Eröffnungsgrund der drohenden Zahlungsunfähigkeit. Antragsberechtigt ist insoweit

---

[442] *Reichert*, Rn. 264; MüKoBGB/*Reuter*, §§ 21, 22 Rn. 65.
[443] Siehe hierzu MünchHdbGesR V-*Haas/Goetsch*, § 60 Rn. 12; *Kreißig*, S. 93 f.
[444] Siehe für einen Überblick über den Meinungsstand MüKoBGB/*Reuter*, §§ 21, 22 Rn. 97.
[445] Soergel/*Hadding*, Vor § 21 BGB, Rn. 67.
[446] *Reichert*, Rn. 109; MüKoBGB/*Reuter*, §§ 21, 22 Rn. 100; vgl. auch BGHZ 146, 190, 201 ff. (für einen öffentlich-rechtlichen Zweckverband).
[447] *Kreißig*, S. 94; aA MüKoBGB/*Reuter*, §§ 21, 22 Rn. 99. Darüber hinaus ist darauf hinzuweisen, dass der von Reuter konstruierte Zusammenhang zwischen Haftung und Anwendbarkeit des Überschuldungstatbestands so nicht besteht. So findet beispielsweise der Überschuldungstatbestand bei der KGaA Anwendung, auch wenn eine natürliche Person persönlich und unbeschränkt für die Gesellschaftsverbindlichkeiten haftet. Aber auch dort, wo etwa nach §§ 302 f. AktG eine interne oder externe Verlustübernahme- oder Ausgleichspflicht besteht, steht dies der Anwendbarkeit des Überschuldungstatbestands beim abhängigen Unternehmen nicht entgegen, siehe hierzu *Haas* DStR 1999, 985, 987.
[448] MüKoInsO/*Drukarczyk/Schüler*, § 19 Rn. 93.
[449] *König/de Vries*, SpuRt 2006, 96, 97.

nur, wer den eingetragenen Verein auch gesellschaftsrechtlich nach außen vertreten kann. Soweit das Antragsrecht besteht, kann dieses mit Wirkung für das Außenverhältnis nicht beschränkt werden. Für das Innenverhältnis besteht kein Zustimmungsvorbehalt der Mitgliederversammlung. Insofern gelten die bei der AG in Rn. 4ff. darstellten Grundsätze entsprechend.

173 Kein Antragsrecht haben die Vereinsmitglieder auf Grund der Mitgliedschaft. Auch dem faktischen Vorstand steht ein Insolvenzantragsrecht nur zu, soweit dieser fehlerhaft bestellt wurde. Personen, die sich lediglich als Vorstand gerieren, sind nicht antragsberechtigt.[450] Zur Rücknahme des Insolvenzantrags → § 92 Rn. 61 ff.

174 **5. Die Insolvenzantragspflicht.** Nach § 42 II 1 BGB hat der Vereinsvorstand im Falle der Zahlungsunfähigkeit oder der Überschuldung die Eröffnung des Insolvenzverfahrens zu beantragen. Auch wenn es sich beim eingetragenen Verein um eine juristische Person handelt, finden die § 15a I–V InsO aufgrund der nunmehr im Rahmen der Zweiten Stufe der Insolvenzrechtsreform 2013[451] geschaffenen Sonderregelung in § 15a VI InsO keine Anwendung. Dies gilt ausdrücklich auch für die Antragspflicht bei Führungslosigkeit (§ 15a III InsO) und die Strafbarkeit nach § 15a IV, V InsO.

175 § 42 II BGB knüpft für die Antragspflicht an der Organstellung des Vorstands an. Sind mehrere Vorstände vorhanden, so trifft die Pflicht jeden einzelnen von ihnen.[452] Dies gilt ungeachtet einer bestehenden Ressortverteilung innerhalb des Vorstands.[453] Für die faktischen Vorstandsmitglieder gilt (→ Rn. 173), dass diese der Insolvenzantragspflicht unterliegen, wenn ihnen auch ein Insolvenzantragsrecht zusteht, was nur in Fällen der nicht evident unwirksamen Bestellung der Fall ist.[454] Keine Insolvenzantragspflicht besteht für den besonderen Vertreter (§ 30 BGB) oder Mitglieder fakultativer Gremien.[455] Dies gilt insbesondere auch für Mitglieder eines (fakultativen) Aufsichtsrats.[456] Weist die Mitgliederversammlung den Vorstand nach §§ 42 III, 665 BGB an, den Insolvenzantrag nicht zu stellen, entbindet diese rechtswidrige Weisung den Vorstand nicht von seiner Pflicht, mit Eintritt der Überschuldung oder Zahlungsunfähigkeit den Insolvenzantrag zu stellen.[457]

176 Eine Pflichtverletzung iS des § 42 II BGB liegt vor, wenn die Vorstandsmitglieder den Antrag auf Eröffnung des Insolvenzverfahrens verzögert, dh verspätet stellen.[458] Anders als für die übrigen juristischen Personen (§ 15a I InsO) räumt § 42 II BGB dem Vorstand eine Dreiwochenfrist nicht ein.[459] Hieraus darf jedoch nicht geschlossen werden, dass der Vorstand den Insolvenzantrag schon mit Eintritt der Insolvenzgründe zu stellen habe, ohne Sanierungsmöglichkeiten prüfen zu dürfen. Vielmehr hat der Vorstand das Insolvenzverfahren dann zu beantragen, wenn aus der Sicht eines ordentlichen Vereinsvorstandes der Verein nicht sanierungsfähig ist.[460] Für die Frage, ob der Vereinsvorstand die verspätete Antragstellung zu vertreten hat, ist ein objektiver Sorgfaltsmaß-

---

[450] Vgl. ausführlich MünchHdbGesRV/*Haas/Goetsch*, § 60 Rn. 24.
[451] Gesetz zur Verkürzung des Restschuldbefreiungsverfahrens und zur Stärkung der Gläubigerrechte v. 15.7.2013, BGBl. I, S. 2379.
[452] Vgl. *Reichert*, Rn. 3728; *Kreißig*, S. 106; *H. F. Müller*, ZIP 2010, 153, 154; *Haas*, SpuRt 1999, 1, 2.
[453] Siehe oben § 92 Rn. 69.
[454] MünchHdbGesRV/*Haas/Goetsch*, § 60 Rn. 34.
[455] MünchHdbGesRV/*Haas/Goetsch*, § 60 Rn. 35; Soergel/*Hadding*, § 30 Rn. 8.
[456] MünchHdbGesRV/*Haas/Goetsch*, § 60 Rn. 35.
[457] Siehe auch *Stöber*, Rn. 291; *Kreißig*, S. 106.
[458] Vgl. dazu etwa *Poertzgen*, NZG 2010, 772 ff.
[459] Siehe auch Uhlenbruck/Hirte/Vallender/*Hirte*, § 11 Rn. 220; *H. F. Müller*, ZIP 2010, 153, 156; *Kreißig*, S. 108 ff.; *Rugullis*, NZI 2007, 323, 326 f.; *Uhlenbruck*, FS Merz, 1992, S. 582.
[460] Vgl. *Haas* SpuRt 1999, 1 ff.; MünchHdbGesRV/*Haas/Goetsch*, § 60 Rn. 37; *Noack*, Rn. 686; Uhlenbruck/Hirte/Vallender/*Hirte*, § 11 Rn. 220; für eine Orientierung an der Drei-Wochen-Frist, *Kreißig*, S. 110; *H. F. Müller*, ZIP 2010, 153, 156.

stab anzulegen. Dies gilt letztlich auch für ehrenamtlich tätige Vorstandsmitglieder (→ Rn. 178). Wird die Antragstellung verzögert, so sind gemäß § 42 II 2 BGB die Vorstandsmitglieder, denen ein Verschulden zur Last fällt, den Gläubigern für den daraus entstehenden Schaden gesamtschuldnerisch verantwortlich. Insofern können sich bei § 42 II 2 BGB – im Gegensatz zur Haftung aus § 823 II BGB iVm § 15a I InsO (→ § 92 Rn. 91 ff.) – die einzelnen Vorstandsmitglieder individuell exkulpieren, wenn sie an der verspäteten Insolvenzantragstellung kein Verschulden trifft.[461]

Teilweise wird in § 42 II BGB unmittelbar eine Anspruchsgrundlage zugunsten der **177** Gläubiger gesehen.[462] Überwiegender Ansicht nach ergibt sich die Haftung des Vorstands dagegen aus §§ 823 II, 42 II BGB.[463] Inhaltlich ergeben sich aus der unterschiedlichen dogmatischen Verankerung des Schadensersatzanspruchs keine Unterschiede (siehe zu den Gläubigern und der Berechnung des Anspruchs § 92 Rn. 96 ff. und Rn. 102 ff.). Der Anspruch aus § 42 II 2 BGB verjährt als quasi deliktischer Anspruch nach §§ 195, 199 I, III BGB.[464]

Die im Rahmen des Gesetzes zur Begrenzung der Haftung von ehrenamtlich tätigen **178** Vereinsvorständen eingeführte Haftungsbeschränkung des § 31a I BGB findet hinsichtlich des Insolvenzverschleppungshaftung des § 42 II 2 BGB keine Anwendung.[465] Zwar sieht § 31a II BGB vor, dass der Vorstand bei einer bestehenden Ersatzpflicht gegenüber einem Dritten vom eingetragenen Verein eine Freistellung verlangen kann. Dies würde im eröffneten Insolvenzverfahren aber nur bedeuten, dass das jeweilige Vorstandsmitglied eine entsprechende Insolvenzforderung gegen den Verein hätte, die eine eigene Inanspruchnahme aber gerade nicht verhindern kann und darüber hinaus praktisch wertlos ist. An dieser Betrachtungsweise ist auch nach der Neufassung von § 31a BGB durch das Gesetz zur Stärkung des Ehrenamtes (Ehrenamtsstärkungsgesetz) vom 21. März 2013[466] festzuhalten, da durch diese nur andere Personen als der Vorstand in den Genuss der Haftungsbefreiung kommen sollen.

Im Gegensatz zur GmbH (→ § 92 Rn. 168 ff.), zur AktG (→ Rn. 11 ff.) und zur eG **179** (→ Rn. 131) wird im Vereinsrecht die haftungsbewehrte Insolvenzantragspflicht – ebenso wie bei der Stiftung (→ Rn. 237) – nicht durch ein Auszahlungsverbot (§ 64 S. 1 GmbHG bzw. §§ 92 II, 93 III Nr. 6 AktG) flankiert.[467] Dies ergibt sich zum einen aus dem Umstand, dass der Gesetzgeber bei der Umgestaltung des Vereinsrechts und der damit verbundenen Annäherung an das Recht der Kapitalgesellschaften im Rahmen der Schaffung der InsO es unterlassen hat, auch für den rechtsfähigen Verein ein Auszahlungsverbot zu schaffen. Aber selbst wenn man dennoch insoweit eine planwidrige Regelungslücke annehmen will, kann diese aufgrund der jüngsten Reform durch das MoMiG nicht Bestand haben.[468] Der

---

[461] *Rugullis*, NZI 2007, 323, 324.
[462] Vgl. Staudinger/*Weick*, § 42 BGB Rn. 10; *H. F. Müller*, ZIP 2010, 153, 154; *Kreißig*, S. 112 f.; wohl auch OLG Köln NJW-RR 1998, 686 = WM 1998, 1043; OLG Hamm OLGR 2001, 265.
[463] Vgl. MünchHdbGesRV/*Haas/Goetsch*, § 60 Rn. 40; *Kreißig*, S. 113 f.; MüKoBGB/*Reuter*, § 42 Rn. 16; *Uhlenbruck*, FS Merz, 1992, S. 583; aA aber Bamberger/Roth/*Schwarz*, § 42 Rn. 13; Staudinger/*Weick*, § 42 Rn. 17.
[464] MünchHdbGesRV/*Haas/Goetsch*, § 60 Rn. 40.
[465] *Piper*, WM 2011, 2211, 2212; aA aber *Burgard*, ZIP 2010, 358, 363; unklar *Ehlers*, NJW 2011, 2689, 2693 f.; vgl. allgemein zum Regelungszweck von § 31a BGB vgl. *Unger*, NJW 2009, 3269 ff.; *H. F. Müller*, ZIP 2010, 153, 156.
[466] BGBl. I, S. 556.
[467] BGH NZG 2010, 625, 625 f.; BGH NZG 2010, 711; vgl. dazu auch *Klasen*, BB 2009, 690; *Koza*, DZWiR 2008, 98 ff.; Bamberger/Roth/*Schwarz/Schöpflin*, § 42 Rn. 9; aA aber MüKoBGB/*Reuter*, § 42 Rn. 17; *ders.*, NZG 2010, 808; *Passarge*, ZInsO 2005, 176 ff.; *Roth*, EWiR § 42 BGB 1/09, 331; *ders.*, EWiR § 42 BGB 2/10, 555; *Wischemeyer*, DZWiR 2005, 230, 233 f.; tendierend auch *K. Schmidt*, ZHR 168 (2004), 637, 639.
[468] MünchHdbGesRV/*Haas/Goetsch*, § 60 Rn. 41; ebenso *Roth*, EWiR § 42 BGB 1/09, 331; siehe auch *H. F. Müller*, ZIP 2010, 153, 158.

Gesetzgeber hat den eingetragenen Verein im Rahmen dieser Reformen ausdrücklich ausgenommen und gerade nicht in die rechtsformneutrale Ausgestaltung der Insolvenzantragspflicht einbezogen und damit den rechtsfähigen Verein aus dem kapitalgesellschaftsrechtlichen Regelungskontext ausgenommen. Zudem hat der Gesetzgeber durch die Schaffung von § 31a BGB (→ Rn. 178) gerade zum Ausdruck gebracht, die Haftung von Vereinsvorständen begrenzen zu wollen.[469] Aus diesen Gründen kann auch die durch das MoMiG eingeführte Insolvenzverursachungshaftung (§ 64 S. 3 GmbHG, § 92 II 3 AktG) nicht auf den eingetragenen Verein übertragen werden.

180   6. Der Verein im Schutzschirmverfahren (§ 270b InsO). Auch der eingetragene Verein kann von dem durch das ESUG eingeführte Schutzschirmverfahren nach § 270b InsO Gebrauch machen. Dabei gelten die für die Aktiengesellschaft entwickelten Grundsätze entsprechend (→ Rn. 14f.).

181   7. Die Entscheidung über die Verfahrenseröffnung und ihre Folgen. a) *Die Ablehnung mangels Masse.* Der Antrag auf Eröffnung des Insolvenzverfahrens ist abzulehnen, wenn das Vermögen des Schuldners voraussichtlich nicht ausreicht, um die Kosten des Verfahrens zu decken und auch kein ausreichender Geldbetrag vorgeschossen wird, § 26 I InsO.[470] Aufgrund von § 42 I 1 BGB wird der Verein bei Rechtskraft des Beschlusses der Abweisung des Insolvenzantrags mangels Masse aufgelöst. Damit finden dann die §§ 45 I, 47 ff. BGB Anwendung. Die Auflösung ist nach dem ebenfalls reformierten § 75 I 1 BGB von Amts wegen in das Vereinsregister einzutragen.

182   Ist der Beschluss, der einen Eröffnungsantrag mangels kostendeckender Masse abweist, rechtskräftig, hindert dies einen neuen Insolvenzantrag des Gläubigers nicht, wenn glaubhaft gemacht wird, dass inzwischen ausreichend Vermögenswerte vorhanden sind, um die Massekosten zu decken.[471] Der Vorstand ist in einem solchen Fall jedoch nicht verpflichtet, einen erneuten Antrag zu stellen.[472]

183   b) *Die Verfahrenseröffnung.* aa) *Auswirkungen auf den Rechtsträger.* (1) *Grundsatz.* Mit Eröffnung des Insolvenzverfahrens hört der Verein nicht auf zu existieren, sondern er besteht im Verfahren als rechtsfähiger, aber nach § 42 I BGB aufgelöster Verein fort.[473] Damit bleibt der Verein auch im Insolvenzverfahren weiterhin rechtsfähig, dh Träger des Vereinsvermögens, Gläubiger der dazugehörigen Ansprüche, Schuldner seiner Verbindlichkeiten und auch Arbeitgeber.[474] Die Eröffnung des Insolvenzverfahrens ist nach § 75 I 1 BGB in das Vereinsregister von Amts wegen einzutragen. Unberührt von der Eröffnung des Insolvenzverfahrens bleibt die Organisationsverfassung des Vereins und die Mitgliedschaft im Verein.[475] Lediglich die Aufgaben der Organe werden durch den insolvenzrechtlichen Abwicklungszweck überlagert. Die Organe bleiben insoweit nur für den vereinsinternen Bereich sowie für die Verfahrensrechte und -pflichten zuständig

---

[469] So ausdrücklich in diesem Zusammenhang BGH NZG 2010, 625, 625 f.
[470] Inwieweit auch prognostische Gesichtspunkte bei der Kostendeckungsprüfung zu berücksichtigen sind, siehe LG Leipzig ZInsO 2002, 576 f.
[471] BGH NZI 2002, 601, 602 = ZIP 2002, 1695; MünchHdbGesRV/*Haas/Goetsch*, § 60 Rn. 56; HK/*Kirchhof*, § 26 Rn. 31; MüKoInsO/*Haarmeyer*, § 26 Rn. 41.
[472] *Uhlenbruck* ZIP 1996, 1641, 1647.
[473] OLG Köln ZInsO 2002, 834, 835 = FGPrax 2002, 264; *Walker*, KTS 2003, 169, 170.
[474] *Noack*, Rn. 689; *Uhlenbruck*, FS Merz, 1992, S. 581, 589; *Andres*, in: *Grunsky*, Der Sportverein in der wirtschaftlichen Krise, S. 35, 36; *Smid*, § 80 Rn. 3; MüKoInsO/*Ott/Vuia*, § 80 Rn. 11. So schon die überwiegende Ansicht zum alten Recht, wonach für die Zwecke des Insolvenzverfahrens der Verein als fortbestehend erachtet wurde, siehe *Kuhn/Uhlenbruck*[11] § 213 KO Rn. 5; vgl. auch BGHZ 96, 253, 254 = NJW 1986, 1604 = ZIP 1986, 240.
[475] BGHZ 96, 253, 255 f. = NJW 1986, 1604 = ZIP 1986, 240; OLG Köln ZInsO 2002, 834, 835 = FGPrax 2002, 264; *Reichert*, in: *Grunsky*, Der Sportverein in der wirtschaftlichen Krise, S. 1, 7 und 19; *Walker*, KTS 2003, 169, 170; ausführlich *Kreißig*, S. 162 ff.

(→ § 92 Rn. 320 ff.).[476] Zu dem vereinsinternen Bereich zählt etwa der Ausschluss von Mitgliedern im Vereinsausschlussverfahren oder die Entscheidung über eine Vereinsmitgliedschaft.[477] Zu den steuerrechtlichen Folgen der Verfahrenseröffnung bei einem gemeinnützigen Verein → Rn. 191.

(2) *Satzungsrechtliche Ausnahmen.* § 42 I 3 BGB lässt es zu, dass die Satzung für den Fall der Eröffnung des Insolvenzverfahrens den Fortbestand des Vereins als nichtrechtsfähiger Verein vorsieht. Die gesetzliche Regelung scheint auf den ersten Blick die Rechtsprechung des BGH[478] zum alten Recht aufzugreifen. Danach hatte der (durch Satzung oder Beschluss angeordnete) Fortbestand des Vereins als nichtrechtsfähiger Verein eine Doppelexistenz zur Folge, nämlich einerseits als rechtsfähiger dem Insolvenzverfahren unterworfener Verein und andererseits als mit diesem Verein identischer nichtrechtsfähiger „Fortsetzungsverein".[479] Die Mitglieder des Insolvenzvereins wurden/blieben mit Insolvenzeröffnung gleichzeitig auch Mitglieder des werbenden nichtrechtsfähigen Vereins.[480] Diese Konstruktion war im Interesse des Vereins notwendig geworden, um Vereinstraditionen erhalten zu können;[481] denn das alte Recht ordnete seinerzeit mit Eröffnung des Insolvenzverfahrens – hM[482] nach – den Entzug der Rechtsfähigkeit an mit der Folge, dass – entsprechend § 49 II BGB – der Verein nur insoweit als rechtsfähig angesehen wurde, als dies eine engverstandene „konkursmäßige Liquidation" erforderte. Ob diese Konstruktion auch noch nach neuem Recht Bestand haben kann (und muss), ist fraglich.[483] Zum einen ordnet das Gesetz nicht mehr den Wegfall der Rechtsfähigkeit mit Insolvenzeröffnung an, so dass die Rechtsfähigkeit auch nicht mehr in einem engen „konkursrechtlichen" Zweck verstanden werden muss. Zum anderen sieht § 35 InsO – anders als das alte Recht – vor, dass nicht nur das gegenwärtige Vereinsvermögen, sondern auch der Neuerwerb während des Insolvenzverfahrens vom Insolvenzbeschlag erfasst wird. Letzteres hat zur Folge, dass ein nichtrechtsfähiger Fortsetzungsverein während des laufenden Insolvenzverfahrens gar kein eigenes Vermögen (zB durch neue Mitgliedsbeiträge) bilden und mithin auch keine werbende Tätigkeit entfalten kann.[484] Die Konstruktion zweier gleichzeitig existierender identischer Vereine (rechtsfähiger Insolvenzverein und nichtrechtsfähiger werbender Verein) ist damit nicht nur rechtlich fragwürdig, sondern auch wirtschaftlich sinnlos. Die besseren Gründe sprechen daher dafür, § 42 I 3 1. Hs. BGB nicht idS zu verstehen, dass der Verein *mit* Eröffnung des Insolvenzverfahrens als nichtrechtsfähiger Verein fortbesteht.[485] Vielmehr muss die Bestimmung so verstanden werden, dass *für den Fall* der Eröffnung des Insolvenzverfahrens schon in der Satzung Vorsorge für die Zeit nach Abschluss des Verfahrens getroffen werden kann, nämlich diesen in der Rechtsform eines nichtrechtsfähigen Vereins weiter zu führen.[486] Lediglich für die Zeit nach Abschluss des Verfahrens besteht

---

[476] OLG Köln ZInsO 2002, 834, 835 = FGPrax 2002, 264; ausführlich MünchHdbGesRV/*Haas/Goetsch*, § 60 Rn. 69 ff.; *Kreißig*, S. 157 ff.
[477] OLG Köln ZInsO 2002, 834, 835 = FGPrax 2002, 264.
[478] BGHZ 64, 72, 74 = NJW 1975, 1117; siehe auch BGHZ 96, 254, 257 = NJW 1986, 1604 = ZIP 1986, 240.
[479] MüKoBGB/*Reuter*, § 42 Rn. 4.
[480] Siehe hierzu MünchHdbGesRV/*Haas/Goetsch*, § 60 Rn. 60; *Reichert*, Rn. 4404.
[481] Soergel/*Hadding*, § 42 BGB Rn. 10c; in diesem Sinne heute noch *Stöber*, Rn. 858.
[482] Siehe zum Streitstand nach altem Recht, BGH NZI 2001, 360 = ZIP 2001, 889; *Uhlenbruck*, FS Merz, 1992, S. 581, 584 f.; *Reichert*, in: *Grunsky*, Der Sportverein in der wirtschaftlichen Krise, S. 1, 6 ff.
[483] Siehe hierzu *Kreißig*, S. 154 ff.
[484] MüKoBGB/*Reuter*, § 42 Rn. 5.
[485] Eine solche Interpretation ist im Übrigen auch nicht durch den Wortlaut der Vorschrift vorgegeben.
[486] So *Stöber*, Rn. 858 und 859; MüKoBGB/*Reuter*, § 42 Rn. 5; *Wentzel*, Rpfleger 2001, 334, 336; aA dagegen *Reichert*, Rn. 4405, der nach wie vor von einer Doppelexistenz im Insolvenzverfahren ausgeht.

§ 93 185–188   Kapitel VII. Besonderheiten der Gesellschaftsinsolvenz

damit ein Bedürfnis bzw. eine Notwendigkeit zur Aufrechterhaltung von Vereinstraditionen.

185   bb) *Auswirkungen auf einen Spartenverein.* Besteht der Verein aus mehreren selbstständigen (in Form nichtrechtsfähiger Vereine organisierten) Sparten bzw. Abteilungen, so tritt die Rechtsfolge des § 42 I 1 BGB nur bzgl. des Rechtsträgers ein, über dessen Vermögen das Insolvenzverfahren eröffnet wurde. Wird mithin das Insolvenzverfahren nur über eine (selbstständige) Sparte/Abteilung eines Mehrzweckvereins eröffnet, so bleiben Letzterer als Ganzes bzw. andere wirtschaftlich gesunde Abteilungen von der Insolvenzeröffnung unberührt.[487]

186   cc) *Auswirkungen auf die Mitgliedschaft in einem übergeordneten Verein.* (1) *Der Grundsatz.* Vereine sind oftmals – gerade im Sport – in eine Verbandsstruktur eingegliedert, dh selbst wiederum Mitglieder in einem übergeordneten (Verbands-)Verein. Wird über das Vermögen des Vereins das Insolvenzverfahren eröffnet, stellt sich die Frage, welche Auswirkungen dies auf das Mitgliedschaftsverhältnis in dem übergeordneten Verband hat. Das Vereinsrecht enthält keine dem § 728 II BGB oder dem § 131 III Nr. 2 HGB vergleichbare Regelung. Weder wird der (Verbands-)Verein durch Eröffnung des Insolvenzverfahrens aufgelöst, noch scheidet das Vereinsmitglied mit Eröffnung des Insolvenzverfahrens automatisch aus dem (Verbands-)Verein aus. Damit bleibt der infolge der Insolvenzeröffnung aufgelöste Verein – grundsätzlich – für die Dauer des Insolvenzverfahrens Mitglied in dem übergeordneten (Verbands-)Verein.[488] Für die Zeit nach Abschluss des Insolvenzverfahrens kommt es darauf an, ob es zur Vollabwicklung des Rechtsträgers kommt oder nicht (→ Rn. 215 ff.).

187   (2) *Satzungsrechtliche Ausnahmen.* In der Praxis sehen einige Regelwerke der Sportverbände den automatischen Ausschluss eines Mitgliedsvereins vor, wenn über dessen Vermögen das Insolvenzverfahren eröffnet wurde.[489] Sinn und Zweck der satzungsrechtlichen Lösungsklauseln ist es zumeist, die am Sportbetrieb teilnehmenden Vereine, die zwar nicht das organisatorische, wohl aber das finanzielle (Veranstalter-)Risiko des Spiel- und Wettkampfbetriebs tragen, davor zu schützten, dass ein Verein infolge der Insolvenz seinen Verpflichtungen aus der gemeinsamen Zweckverfolgung nicht mehr nachkommen kann.[490] Darüber hinaus soll verhindert werden, dass den Vereinen aus der Insolvenz Wettbewerbsvorteile erwachsen.[491]

188   Zu messen sind diese „satzungsrechtlichen Lösungsklauseln" sowohl an einem vereinsrechtlichen[492] als auch an einem insolvenzrechtlichen Prüfungsmaßstab. Letzteres folgt daraus, dass der Verlust der durch die Mitgliedschaft vermittelten Teilnahmeberechtigung nicht nur einen Eingriff in die Interessen des Mitgliedsvereins darstellt, sondern – etwa wenn eine „Profiabteilung" eines Vereins als Betrieb bzw. Unternehmen geführt wird – auch die Interessen der Vereinsgläubiger berühren kann.[493] So liegt etwa die Entscheidung über die Fortführung bzw. die Einstellung eines Unternehmens im eröffneten Verfahren gemäß § 157 InsO bei der Gläubigerversammlung. Eine Fortführung des Unternehmens wird jedoch hinfällig, wenn das durch die Mit-

---

[487] *Kreißig,* S. 160; *Reichert,* Rn. 3913.
[488] *Haas,* NZI 2003, 177, 178; *Reichert,* Rn. 3930; *Adolphsen,* KTS 2005, 53, 56; siehe auch MüKoInsO/*Peters,* § 35 Rn. 220.
[489] *Uhlenbruck,* in FS Merz, 1992, S. 581, 587; *Pfister,* SpuRt 2002, 103; *Haas,* NZI 2003, 177, 178; siehe auch *Zeuner/Nauen,* NZI 2009, 213, 214; *Korff,* ZInsO 2013, 1277 ff. zum DFB-Regelwerk.
[490] *Pfister,* SpuRt 2002, 103, 104.
[491] Siehe auch *Walker,* KTS 2003, 169, 183; kritisch dazu *Korff,* ZInsO 2013, 1277, 1281.
[492] *Haas,* NZI 2003, 177, 178 ff.; *Walker,* KTS 2003, 169, 179 ff.; siehe auch OLG Köln SpuRt 2004, 110, 111; in diesem Sinne auch *Zeuner/Nauen,* NZI 2009, 213, 215; vgl. auch OLG Oldenburg NdsRpfl 2009, 284 für den Fall des Fortfalls der Voraussetzungen der Mitgliedschaft.
[493] *Noack,* Rn. 692.

gliedschaft vermittelte Teilnahmerecht an Verbandsveranstaltungen und -einrichtungen untergeht.

Ob aus Gläubigersicht eine in der Verbandssatzung enthaltene Lösungsklausel zulässig ist, ergibt sich nicht aus § 119 InsO. Nach dieser Vorschrift sind zwar Vereinbarungen unwirksam, durch die im Voraus die in den §§ 103–118 InsO vorgesehene insolvenzrechtliche Abwicklung von Verträgen ausgeschlossen oder beschränkt wird. Nach ganz hM fallen jedoch Gesellschaftsverträge nicht in den Anwendungsbereich der – auf gegenseitige Verträge zugeschnittenen – §§ 103 ff. InsO.[494] Freilich darf aus der Nichtanwendbarkeit des § 119 InsO nun nicht gefolgert werden, dass mitgliedschaftliche Lösungsklauseln schlechterdings zulässig wären. Vielmehr können Vereinbarungen, welche dem Schuldner für den Fall der Insolvenz Vermögensnachteile (zu Lasten der Gläubiger) auferlegen, die über die gesetzlichen Folgen hinausgehen und nicht zur Erreichung des Vertrags- bzw. Gesellschaftszwecks geboten sind, auch nach allgemeinen Grundsätzen (§ 138 BGB) nichtig bzw. zumindest anfechtbar (§§ 129 ff. InsO) sein.[495]

189

Richtiger Ansicht nach wird man Lösungsklauseln in den Satzungen der übergeordneten Sportverbände nicht ohne weiteres als gläubigerbenachteiligend einstufen können.[496] Zwar knüpfen diese – formal gesehen – ausschließlich an der Insolvenz des Verbandsmitglieds an. Hierin liegt jedoch noch keine Diskriminierung der Gesellschaftergläubiger; denn zum einen kann sich der Verband für den Ausschluss im Insolvenzfall auf ein legitimes, d. h. im Rahmen der Zweckverfolgung liegendes Interesse berufen. Zum anderen sehen die Verbandssatzungen in aller Regel auch – unabhängig von der Vereinsinsolvenz – die Möglichkeit des sofortigen Ausschlusses eines Verbandsmitglieds aus wichtigem Grund vor, wenn dieses den Verbandszweck nachhaltig gefährdet.[497] Ein „Mehr an Rechten" steht mithin dem Verbandsmitglied gegenüber dessen Gläubigern in diesen Fällen überhaupt nicht zu, soweit Raum für eine Einzelabwägung bleibt. Etwas anderes könnte freilich dann gelten, wenn nach der Verbandssatzung das Mitgliedschaftsrecht – ausnahmsweise – übertragbar ausgestaltet ist, für den Fall der Insolvenz des Verbandsmitglieds jedoch das Erlöschen der Mitgliedschaft angeordnet wird. Hierin wird man wohl eine unzulässige und nach § 138 BGB nichtige Diskriminierung im Hinblick auf die unterschiedliche Verwertungsmöglichkeit der Mitgliedschaft durch das Verbandsmitglied einerseits und dessen Gläubiger andererseits sehen müssen.[498]

190

dd) *Auswirkungen auf wirtschaftliche (Nebenzweck-)Betriebe.* Das so genannte wirtschaftliche Nebenzweckprivileg gestattet auch nichtwirtschaftlichen Vereinen in bestimmten Grenzen wie ein Unternehmen am Wirtschaftsverkehr teilzunehmen. Ist eine Abteilung des Vereins (zB Profisportabteilung, Vereinsgaststätte, etc) wie ein Unternehmen aufgezogen, dh auf Gewinnerzielung ausgerichtet, muss der Insolvenzverwalter dieses grundsätzlich bis zum Berichtstermin fortführen. Will er das Unternehmen vorher stilllegen, muss er nach § 158 I InsO hierfür die Zustimmung des Gläubigerausschusses einho-

191

---

[494] MünchHdbGesRV-*Haas/Goetsch,* § 60 Rn. 79; MüKoInsO/*Huber,* § 103 Rn. 115; *Kreißig,* S. 187 f.; *Walker,* KTS 2003, 169, 175.
[495] HK/*Marotzke,* § 119 Rn. 9; *Walker,* KTS 2003, 169, 177 ff.; siehe auch BGHZ 65, 22, 26 ff.; *Schwörer,* Lösungsklauseln in der Insolvenz, Rn. 246 ff.; siehe auch *K. Schmidt,* Gesellschaftsrecht, § 50 IV 2c) aa). Siehe zum Verhältnis von § 138 BGB zu den Anfechtungsvorschriften, BGH NZI 2002, 430, 432 f.; *Bischoff,* GmbHR 1984, 61, 63; *Richter,* Die Abfindung ausscheidender Gesellschafter unter Beschränkung auf den Buchwert, 2002, S. 136 f.
[496] *Haas,* NZI 2003, 177, 179 f.; MünchHdbGesRV-*Haas/Goetsch,* § 60 Rn. 80; im Ergebnis auch *Uhlenbruck,* in FS Merz, 1992, S. 581, 587; siehe auch OLG Köln SpuRt 2004, 110, 112; enger *Walker,* KTS 2003, 169, 184.
[497] Zur Vergleichbarkeit beider Fälle im Rahmen der Prüfung nach, § 138 BGB, siehe BGHZ 65, 22, 28 = WM 1975, 913; siehe auch *Schöne,* in Privatautonomie und Ungleichgewichtslagen, Jahrbuch Junger Zivilrechtswissenschaftler, 1995, S. 117, 129.
[498] Siehe auch *Bischoff,* GmbHR 1984, 61, 68; *Richter,* Die Abfindung ausscheidender Gesellschafter unter Beschränkung auf den Buchwert, 2002, S. 138.

len.[499] Der Vorstand kann in einem solchen Fall nur beim Insolvenzgericht beantragen, die Untersagung der Einstellung der Aktivitäten anzuordnen (§ 158 II 2 InsO).[500]

192 ee) *Auswirkungen auf die Vereinsmitglieder.* Die mitgliedschaftliche Stellung der Vereinsmitglieder wird durch die Eröffnung des Insolvenzverfahrens nicht berührt.[501] Sieht die Satzung mit Insolvenzeröffnung die Fortsetzung des Vereins in nichtrechtsfähiger Form vor (→ Rn. 187 ff.), wandelt sich die Mitgliedschaft erst mit Abschluss des Insolvenzverfahrens (automatisch) in eine solche im nichtrechtsfähigen Verein um.[502] Auch nach Eröffnung des Insolvenzverfahrens kann das Vereinsmitglied – soweit die Satzung nichts anderes bestimmt – jederzeit aus dem Verein austreten (§ 39 I BGB), im Übrigen aber entsprechend den satzungsrechtlichen Vorgaben ordentlich (§ 39 II BGB) bzw. bei Vorliegen eines wichtigen Grundes außerordentlich kündigen. Die Insolvenzeröffnung selbst stellt grundsätzlich keinen Grund zur außerordentlichen Kündigung dar. Letzteres gilt nicht, wenn mit der Insolvenzeröffnung schwere Einschnitte in die mitgliedschaftlichen Genuss- und Vorteilsrechte verbunden sind (zB keine Teilnahme mehr am Spielbetrieb möglich).[503] Zur Insolvenz des Mitglieds → Rn. 224.

193 ff) *Auswirkungen auf bestehende (Spiel- und Wettkampf-)Lizenzverträge.* Insbesondere bei Sportvereinen ist der Erhalt der Lizenz zur weiteren Teilnahme am Spielbetrieb von entscheidender Bedeutung. Dabei gilt zunächst, dass ein Erlöschen oder eine Entziehung der Lizenz in der Insolvenz des Vereins nicht ohne weiteres möglich ist.[504] Zum einen knüpft eine Reihe von Lizenzierungsordnungen nur an einen Entzug der Rechtsfähigkeit für ein Erlöschen der Lizenz an, was aufgrund des Fortbestehens des eingetragenen Vereins bis zur Vollbeendigung gerade nicht der Fall ist. Zum anderen kann von der Insolvenz auf die für den Lizenzentzug meist notwendige fehlende Leistungsfähigkeit nicht zwingend geschlossen werden.[505] Soweit die Lizenz zur Teilnahme an einem Spiel- oder Wettkampfbetrieb nicht übertragbar ist (→ Rn. 206 ff.), fällt diese auch nicht in die Insolvenzmasse, so dass die Kompetenz für die Fortführung des Spielbetriebs beim Vereinsvorstand verbleibt. Da die Teilnahme am Spielbetrieb aber Kosten verursacht, die von der Insolvenzmasse nur mit Zustimmung des Insolvenzverwalters übernommen werden können, bedarf es einer entsprechenden Kooperation zwischen Vereinsvorstand und Insolvenzverwalter.[506] Insofern besteht kein großer (praktischer) Unterschied zu den Lizenzen, die übertragbar sind, die somit in die Insolvenzmasse (→ Rn. 200) fallen und damit allein vom Insolvenzverwalter ausgeübt werden können. Allerdings sehen die Lizenzierungsordnungen statt eines Erlöschen oder eines Entzugs der Lizenz einen Zwangsabstieg oder einen bloßen Punkteabzug im laufenden Spielbetrieb vor, so dass die Sanierungschancen dadurch oftmals noch weiter verringert werden.[507]

194 **8. Die Insolvenzmasse.** Insolvenzmasse ist in erster Linie das im Zeitpunkt der Insolvenzeröffnung vorhandene (pfändbare) Vereinsvermögen.[508] Vom Insolvenzbeschlag

---

[499] *Kreißig*, S. 172; *Noack*, Rn. 692.
[500] *Noack*, Rn. 692.
[501] BGHZ 96, 253, 254 f. = NJW 1986, 1604 = ZIP 1986, 240; OLG Köln ZInsO 2002, 834, 835 = FGPrax 2002, 264; *Kreißig*, S. 181 ff.; *Stöber*, Rn. 852.
[502] *Uhlenbruck*, FS Merz, 1992, S. 581, 589.
[503] *Reichert*, Rn. 3929.
[504] Vgl. etwa § 10 Lizenzierungsordnung der Deutschen Fußballliga GmbH (DFL), abrufbar unter www.dfl.de; vgl. auch BGH NZI 2001, 360, 361 = ZIP 2001, 889 für die Lizenz zur Teilnahme an der ersten Bundesliga des Deutschen Basketball Bundes.
[505] Vgl. zum Ganzen *König/de Vries*, SpuRt 2006, 96, 98 f.
[506] *Andres*, in: *Grunsky*, Der Sportverein in der wirtschaftlichen Krise, S. 35, 39; MünchHdbGesRV/Haas/Goetsch, § 60 Rn. 81; *Noack*, Rn. 692.
[507] Kritisch gegen diese Bestimmungen der Lizenzierungsordnungen *Weber*, NZI 2013, 476 ff.
[508] Uhlenbruck/Hirte/Vallender/*Hirte*, § 35 Rn. 372.

nicht erfasst ist das Vermögen, das anderen Rechtsträgern, zB den Vereinsmitgliedern persönlich zugeordnet ist. Hat ein Verein verschiedene (selbstständige) Sparten oder Abteilungen (→ Rn. 185), so zählt zur Insolvenzmasse nur dasjenige, was dem von der Insolvenzeröffnung betroffenen Rechtsträger gehört. Im Fall eines eingetragenen Vereins und seiner (teilweise) verselbstständigten Untergliederung sind daher beide Vermögenssphären zu unterscheiden und der jeweiligen Organisation die von ihr erworbenen Vermögensgegenstände rechtlich zugeordnet.[509] Befinden sich aber Einrichtungen im Eigentum des Gesamtvereins, begründet deren Nutzung durch eine Abteilung nicht bereits ein zu ihren Gunsten wirkendes Treuhandverhältnis.[510] Sind die Vereinsabteilungen nicht hinreichend verselbstständigt, unterliegen dem Insolvenzbeschlag alle Vermögenswerte auch dann, wenn sie haushaltsmäßig einer „gesunden Abteilung" zugeordnet sind.[511]

Zur Insolvenzmasse zählt nach § 35 InsO nicht nur das im Zeitpunkt der Insolvenzeröffnung vorhandene Vermögen, sondern auch dasjenige, was der Verein während des Insolvenzverfahrens hinzu erwirbt (zB Einnahmen eines (Sport-)Vereins aus der Teilnahme am Spiel- und Wettkampfbetrieb). Darüber hinaus sieht das Gesetz verschiedentlich die Möglichkeit vor, dass auch Vermögenswerte jenseits des Vereinsvermögens im Interesse der Vereinsgläubiger zur Masse gezogen werden können (§§ 129 ff., §§ 92, 93 InsO). **195**

a) *Mitgliedsbeiträge/vereinsrechtliche Nebenpflichten.* Zur Insolvenzmasse zählen die im Zeitpunkt der Insolvenzeröffnung ausstehenden fälligen Mitgliedsbeiträge.[512] Im Übrigen finden auf die Beitragspflichten des Vereinsmitglieds die §§ 103 ff. InsO keine Anwendung, da die Beitragspflichten des Mitglieds einseitige (und zudem keine schuldrechtlichen) Verpflichtungen sind.[513] Nach hM erlischt die Pflicht zur Zahlung (künftiger) Beitragspflichten mit Insolvenzeröffnung, da die Mitgliedsbeiträge ihrem Sinn und Zweck nach auf einen werbenden Verein bezogen sind.[514] Richtiger Ansicht nach sollte die Beitragspflicht so lange bestehen bleiben, wie die Mitglieder die aus der Mitgliedschaft fließenden Vorteils- und Genussrechte in Anspruch nehmen können.[515] Unstreitig kann die Vereinssatzung eine Beitragspflicht auch für Zeiträume nach Insolvenzeröffnung vorsehen.[516] **196**

Das Vereinsmitglied kann gegenüber dem Verein – neben der Verpflichtung zur Leistung von Mitgliedsbeiträgen – auch korporationsrechtlichen Beitragspflichten (Pflicht zur Darlehensgewährung, etc) eingehen.[517] Kennzeichnend für solche Pflichten ist, dass sie unmittelbar auf der Satzung beruhen und dazu dienen, den Verbandszweck zu verwirklichen und darüber hinaus mitgliedschaftlicher Natur sind.[518] Für die Frage, ob und inwieweit diese Pflichten auch nach Insolvenzeröffnung zu erfüllen sind, → § 92 Rn. 348 ff. **197**

---

[509] BGH NZG 2007, 826, 828; *Schaible,* Der Gesamtverein und seine vereinsmäßig organisierte Untergliederung, 1992, S. 89.
[510] BGH NZG 2007, 826, 828; siehe hierzu auch *Oschütz,* SpuRt 2008, 97, 98 f.
[511] Widersprüchlich *Reichert,* siehe einerseits Rn. 3921; *ders.,* in: *Grunsky,* Der Sportverein in der wirtschaftlichen Krise, 1990, S. 1, 15 und andererseits *Reichert,* Rn. 3914 f.
[512] *Noack,* Rn. 690; *Uhlenbruck,* FS Merz, 1992, S. 581; MüKoInsO/*Peters,* § 35 Rn. 225; *Reichert,* Rn. 3918.
[513] RGZ 100, 1, 2 f.; Jaeger/*Henckel,* § 17 KO Rn. 29; Nerlich/Römermann/*Balthasar,* § 103 Rn. 23.
[514] BGHZ 96, 253, 254 = NJW 1986, 1604 = ZIP 1986, 240; *Uhlenbruck,* FS Merz, 1992, S. 581, 593; MüKoInsO/*Peters,* § 35 Rn. 225; Uhlenbruck/Hirte/Vallender/*Hirte,* § 35 Rn. 372.
[515] *Kreißig,* S. 203 f.
[516] BGHZ 96, 253, 255 ff. = NJW 1986, 1604 = ZIP 1986, 240; MünchHdbGesRV-*Haas/Goetsch,* § 60 Rn. 90; *Reichert,* Rn. 3918.
[517] Siehe für einen solchen Fall, BGH ZIP 2008, 1423 ff.
[518] BGH ZIP 2008, 1423, 1424; ZIP 1988, 910; WM 2003, 1021. Zu den (Bestimmtheits-)Anforderungen an die Satzung, siehe BGH ZIP 2008, 1423, 1425 f.

198 **b) *Haftungsansprüche/Finanzierungszusagen.*** Zur Masse gehören auch Haftungsansprüche des Vereins gegen Organmitglieder wegen schuldhafter Verletzung ihrer Organpflichten.[519] Dabei besteht bei eingetragenen Vereinen, bei denen der Vorstand unentgeltlich tätig ist oder nicht mehr als eine Vergütung von 500 EUR jährlich erhält, eine Haftungsbeschränkung im Verhältnis zum Verein (und dessen Mitgliedern) auf Vorsatz und grobe Fahrlässigkeit (§ 31a Abs. 1 BGB).[520] Ebenfalls zur Insolvenzmasse gehören Ansprüche aus Durchgriffshaftung der Gläubiger gegen die Mitglieder (§ 93 InsO), wobei die Grundsätze der Haftung wegen existenzvernichtenden Eingriffs auf den Idealverein nicht übertragbar sind, was freilich eine sonstige Haftung aus § 826 BGB nicht ausschließt.[521] Eine Überschreitung des wirtschaftlichen Nebenzweckprivilegs kann keine Durchgriffshaftung begründen.[522]

199 Zur Insolvenzmasse zählen auch Finanzierungszusagen einzelner Mitglieder oder Organmitglieder. Sagt ein (Organ-)Mitglied gegenüber dem Verein zu, einen evtl. Fehlbetrag zu decken, handelt es sich hierbei zumeist nicht um ein abstraktes Schuldversprechen, dass der Erklärende der Gesellschaft schenkweise abgibt. Vielmehr ist diese Erklärung als Finanzierungszusage *sui generis* einzuordnen, die der Erklärende *causa societatis* (und damit nicht unentgeltlich) dem Verein gegenüber mit dem Hintergrund abgibt, den Verein zu stärken und damit die durch die Mitgliedschaft vermittelte Vermögenslage zu verbessern.[523]

200 **c) *Mitgliedschaften.* aa) *Mitgliedschaftsstellung.*** Mitgliedschaften des Vereins an anderen Gesellschaften fallen – soweit sie nicht mit Insolvenzeröffnung erlöschen (siehe oben Rn. 186 ff.) – in die Insolvenzmasse, wenn sie beschlagsfähig sind (§§ 36 I 1 InsO, 857 ZPO).[524] Daher sind beispielsweise Beteiligungen des Vereins an einer GmbH (§ 15 I GmbHG) ohne weiteres Bestandteil der Insolvenzmasse.[525] Letzteres gilt auch dann, wenn die Veräußerung des GmbH-Anteils satzungsmäßig nur mit Genehmigung der Gesellschaft zulässig ist (→ § 92 Rn. 569 ff.). Ist der insolvente Verein Mitglied in einem anderen Verein (im Sport zB üblicherweise in einem regional übergeordneten Landesverband), dann ist diese Mitgliedschaft nicht Teil der Insolvenzmasse; denn die Vereinsmitgliedschaft ist – soweit die Satzung nichts anderes bestimmt[526] – nicht übertragbar bzw. vererbbar (§ 38 BGB) und auch nicht beschlagsfähig.[527] Fällt das Mitgliedschaftsrecht nicht in die Insolvenzmasse, ist der nach Insolvenzeröffnung entstehende Beitragsanspruch des übergeordneten (Verbands-)Vereins auch keine Masseverbindlichkeit (§ 55 InsO), sondern auf das massefreie Vermögen des insolventen Vereins beschränkt.[528]

201 Fraglich ist, ob der Insolvenzverwalter das Austritts- bzw. Kündigungsrecht gegenüber dem übergeordneten (Verbands-)Verein ausüben kann. Der Insolvenzbeschlag

---

[519] So schon zum alten Recht, *Kuhn/Uhlenbruck*[11] § 213 KO Rn. 4.
[520] Vgl. dazu *Unger*, NJW 2009, 3269 ff.
[521] BGHZ 175, 12, 18 ff. = NZG 2008, 670 = ZIP 2008, 364.
[522] BGHZ 175, 12, 18 ff. = NZG 2008, 670 = ZIP 2008, 364; aA noch die Vorinstanz OLG Dresden NZG 2006, 557 = ZIP 2005, 1680.
[523] BGH ZIP 2008, 453, 454 f.
[524] Siehe hierzu MüKoInsO/*Peters*, § 35 Rn. 179 ff.; zur Frage, inwieweit § 36 bei juristischen Personen im Hinblick auf den Grundsatz der Vollabwicklung des Unternehmensträgers einer einschränkenden Auslegung bedarf, siehe *H. F Müller*, Der Verband in der Insolvenz, S. 29 f.; *Noack*, Rn. 275; MüKoInsO/*Peters*, § 36 Rn. 6.
[525] MünchHdbGesRV/*Haas/Goetsch*, § 60 Rn. 92; MüKoInsO/*Peters*, § 35 Rn. 240.
[526] § 38 BGB ist dispositiv, siehe zu den Grenzen MüKoBGB/*Reuter*, § 38 Rn. 60 ff.; *Adolphsen* KTS 2005, 53, 62. Hat der Verein die Mitgliedschaft übertragbar gestellt, fällt diese in die Insolvenzmasse, es sei denn, die Vereinsatzung sieht für den Fall der Insolvenzeröffnung über das Vermögen des Mitglieds eine „Lösungsklausel" (siehe oben Rn. 187 ff.) vor.
[527] BGHZ 50, 325, 329 = WM 1968, 945; RGZ 113, 125, 135; MüKoInsO/*Peters*, § 35 Rn. 220.
[528] MünchHdbGesRV/*Haas/Goetsch*, § 60 Rn. 92.

des Austritts- bzw. Kündigungsrechts könnte freilich mit dem Abspaltungsverbot (→ Rn. 203) unvereinbar sein. Bei der BGB-Gesellschaft jedenfalls ist umstritten, ob das Kündigungsrecht des Gesellschafters etwa zusammen mit dem Auseinandersetzungsanspruch gepfändet werden kann.[529] Für das Vereinsrecht wird man dies jedoch ablehnen müssen; denn soweit die Pfändbarkeit des Kündigungsrechts bei der BGB-Gesellschaft angedacht wird, dient dies lediglich dazu, auf den unstreitig pfändbaren und daher vom Insolvenzbeschlag erfassten Auseinandersetzungsanspruch zugreifen zu können. An einer vergleichbaren Massebezogenheit des Kündigungsrechts fehlt es aber beim Verein von vornherein; denn zum einen steht dem Mitglied mit seinem Ausscheiden kein Auseinandersetzungsanspruch zu und zum anderen sind die Mitgliedsbeiträge keine Masseverbindlichkeiten (→ Rn. 196 f.). Da der Schuldner nach §§ 97, 101 InsO gegenüber dem Insolvenzverwalter zur Kooperation und Unterstützung verpflichtet ist, wird er sich der Mitgliedschaft durch Ausübung des Kündigungs- bzw. Austrittsrechts nur nach vorheriger Absprache mit dem Insolvenzverwalter entledigen dürfen.

bb) *Aus der Mitgliedschaft fließende Rechte.* Vielfach ist mit der Mitgliedschaft in einem **202** übergeordneten (Verbands-)Verein die Befugnis verbunden, die Verbandseinrichtungen zu nutzen.[530] Handelt es sich hierbei um vermögenswerte Vorteile, so stellt sich die Frage, inwieweit diese Nutzungs-, Vorteils- oder Genussrechte[531] vom Insolvenzbeschlag erfasst werden.[532] Die Frage kann etwa dann eine Rolle spielen, wenn der insolvente (Sport-)Verein eine Profiabteilung unterhält, die an einem Ligawettbewerb teilnimmt, für den wiederum die Mitgliedschaft in einem übergeordneten (Verbands-)Verein Teilnahmevoraussetzung ist.

Ist die Verbandsmitgliedschaft nicht pfändbar, so folgt daraus nicht zwingend, dass **203** gleiches auch für die aus der Mitgliedschaft fließenden Rechte gilt, Verbandseinrichtungen nutzen bzw. an Verbandsveranstaltungen teilnehmen zu können; denn § 38 S. 1 und 2 BGB (und daran anknüpfend die Unpfändbarkeit) gelten in erster Linie für das Mitgliedschaftsrecht als solches, nicht aber für die hier in Frage stehenden, aus der Mitgliedschaft abzuleitenden Nutzungs-, Vorteils- bzw. Genussrechte. Allerdings ist für die aus der Mitgliedschaft fließenden Einzelrechte das in § 717 S. 1 BGB niedergelegte und verallgemeinerungsfähige[533] Abspaltungsverbot zu beachten, wonach bestimmte aus der Mitgliedschaft fließende (Einzel-)Rechte untrennbar mit dieser verbunden und damit – ebenso wie die Mitgliedschaft selbst – nicht übertragbar sind und Dritten auch nicht überlassen werden können. Das Abspaltungsverbot gilt jedoch nicht absolut. Vielmehr werden hiervon nicht – wie ein Blick auf den ebenfalls verallgemeinerungsfähigen § 717 S. 2 BGB zeigt – die so genannten mitgliedschaftlichen Werterechte erfasst. Damit stellt sich die Frage, wie das aus der Mitgliedschaft fließende Teilhabe- bzw. Teilnahmerecht an Verbandseinrichtungen einzuordnen ist.

---

[529] Dafür *K. Schmidt,* Gesellschaftsrecht, § 45 IV 3. c) (S. 1326); aA MüKoZPO/*Smid,* § 859 Rn. 4; MüKoBGB/*Ulmer/Schäfer,* § 725 Rn. 8 ff.

[530] Siehe für einen Überblick Soergel/*Hadding,* § 38 BGB Rn. 18, so zB Nutzung von Vereinsgegenständen (BGH NJW-RR 1992, 507 = DStR 1992, 366), Recht, an Sportwettkämpfen teilzunehmen (OLG Frankfurt NJW 1992, 2576; OLG Frankfurt SpuRt 1998, 37), Recht auf Beratung und Unterstützung bei der Verwirklichung bestimmter Ziele (OLG München NJW 1988, 1030) etc.

[531] Die Terminologie ist uneinheitlich, *Habersack,* Die Mitgliedschaft – subjektives und „sonstiges" Recht, 1996, S. 271 spricht insoweit von einem Genussrecht; Soergel/*Hadding,* § 38 BGB Rn. 16 von einem Vorteilsrecht.

[532] MünchHdbGesRV/*Haas/Goetsch,* § 60 Rn. 94 ff.; *Kreißig,* S. 199 ff.

[533] Zur rechtsformübergreifenden Geltung des § 717 S. 1 BGB, siehe RGZ 82, 167, 169; BGHZ 43, 261, 267 = WM 1965, 422; *Habersack,* Die Mitgliedschaft – subjektives und „sonstiges" Recht, 1996, S. 78 f.; MüKoBGB/*Reuter,* § 38 Rn. 67 f.

§ 93 Kapitel VII. Besonderheiten der Gesellschaftsinsolvenz

204 Da es grundsätzlich dem mutmaßlichen Willen des (Verbands-)Satzungsgebers sowie dem Verbandszweck widersprechen wird, die Nutzung von Verbandseinrichtungen beliebigen Dritten zu eröffnen,[534] spricht auf den ersten Blick einiges dafür, die hier in Frage stehenden Vorteils- und Genussrechte – soweit in der Satzung nicht ausdrücklich etwas anderes geregelt ist bzw. das zuständige (Verbands-)Vereinsorgan keine entsprechende Erlaubnis erteilt hat[535] – als Bestandteile der personenbezogenen Mitgliedschaft zu sehen.[536] Dies hätte zur Folge, dass die Vorteils- und Genussrechte – ebenso wie die Mitgliedschaft selbst – weder einem Dritten überlassen noch einem Dritten übertragen werden könnten. Ob dies jedoch in jedem Fall dem Willen des Verbandssatzungsgebers gerecht wird, erscheint fraglich. Wäre nämlich das Teilnahmerecht wirklich höchstpersönlicher Natur, dann könnte dieses allein der Sportverein, nicht aber ein Dritter ausüben. Da der Sportverein aber als Personengesamtheit das Teilnahmerecht nicht selbst nutzen kann, läge eine – mit der höchstpersönlichen Rechtsnatur allein vereinbare – originäre Ausübung nur dann vor, wenn das gesetzliche Vertretungsorgan für den Sportverein handelt.[537] Dagegen wären als Dritte alle diejenigen anzusehen, die nicht gesetzliche Vertreter des Verbandsmitglieds sind. Sollte das Verbandsmitglied also nicht durch sein Vertretungsorgan handeln, sondern eine andere natürliche Person zur Ausübung des Rechts er- bzw. bevollmächtigen, so wäre hierdurch die Verbindung zwischen höchstpersönlicher Mitgliedschaft und personenbezogenem Recht ebenso aufgelöst, wie wenn eine natürliche Person als Verbandsmitglied das höchstpersönliche Recht durch Vollmacht auf einen Dritten übertragen würde.[538]

205 Eine Ausübung des Teilnahmerechts an Verbandseinrichtungen und -veranstaltungen allein durch die gesetzlichen Vertretungsorgane des Sportvereins wird jedoch aus der Sicht des übergeordneten Verbandes wenig Sinn machen. Vielmehr geht es diesem meist darum, dass die Vorteils- und Genussrechte zwar nicht beliebigen Dritten übertragen, wohl aber unter der Kontrolle des Sportvereins bestimmten Dritten – etwa dessen Mitgliedern – überlassen bzw. weitergeleitet werden. Letztere üben dann die Rechte im Rahmen der Teilnahme am Spiel- und Wettkampfbetrieb im Namen des Sportvereins aus. Zusammenfassend wird man daher sagen können, dass im Regelfall die Satzung des Verbandes die aus der Mitgliedschaft fließenden Vorteils- und Genussrechte zwar nicht übertragbar, wohl aber so ausgestaltet hat, dass sie vom Sportverein (bestimmten) Dritten iSd § 38 S. 2 BGB überlassen werden können. Dann aber sind diese Rechte nicht unselbstständiger Bestandteil einer personenbezogenen Mitgliedschaft. Folgt man der hier vertretenen Ansicht, so ist das Teilnahmerecht des Sportvereins am Spiel- und Wettkampfbetrieb nach Maßgabe des § 857 III ZPO pfändbar.[539] Streitig kann dann allenfalls sein, ob nach § 857 III ZPO nur die Ausübungsbefugnis pfändbar ist[540] oder aber ob – so die hM –[541] das (Vorteils-

---

[534] *Habersack*, Die Mitgliedschaft – subjektives und „sonstiges" Recht, 1996, S. 83 und MüKo-BGB/*Reuter*, § 38 Rn. 67; Soergel/*Hadding*, § 38 BGB Rn. 20.
[535] Zur Zulässigkeit derartiger Satzungsbestimmungen in Bezug auf diese Nutzungs- bzw. Genuss oder Vorteilsrechte, siehe *Habersack*, Die Mitgliedschaft – subjektives und „sonstiges" Recht, 1996, S. 271 f. Siehe auch Soergel/*Hadding*, § 38 BGB Rn. 29.
[536] *Habersack*, Die Mitgliedschaft – subjektives und „sonstiges" Recht, 1996, S. 271 f.; Soergel/*Hadding*, § 38 BGB Rn. 29; MüKoBGB/*Reuter*, § 38 Rn. 67; siehe auch Staudinger/*Weick*, § 38 BGB Rn. 4.
[537] OLG Hamm OLGZ 1990, 257, 260 f. = NJW-RR 1990, 532; Soergel/*Hadding*, § 38 BGB Rn. 20; Staudinger/*Weick*, § 38 BGB Rn. 4.
[538] OLG Hamm OLGZ 1990, 257, 260 f. = NJW-RR 1990, 532; Soergel/*Hadding*, § 38 BGB Rn. 20.
[539] Die Rechtslage ist insoweit durchaus vergleichbar mit der Pfändung des Nießbrauchs. Siehe hierzu Soergel/*Stürner*, § 1059 BGB Rn. 8 ff.
[540] In diesem Sinne etwa – für den Nießbrauch – Soergel/*Stürner*, § 1059 BGB Rn. 9a.
[541] So etwa – für den Nießbrauch – BGHZ 95, 99, 102 = NJW 1985, 2827 = ZIP 1985, 1084; BGHZ 62, 133, 136 = WM 1974, 324; BayObLG ZIP 1997, 1852 = Rpfleger 1998, 69; MüKoZPO/*Smid*, § 857 Rn. 17.

oder Genuss-)Recht als solches pfändbar, aber der Umfang der Pfändungswirkung nach § 857 III ZPO auf die Ausübungsbefugnisse beschränkt ist. Unabhängig davon, wie man diesen Meinungsstreit entscheidet, hat die Anwendbarkeit des § 857 III ZPO vorliegend zur Folge, dass der Insolvenzverwalter zwar die aus der Mitgliedschaft fließenden Vorteils- bzw. Genussrechte nicht durch Veräußerung, wohl aber dadurch verwerten kann, dass er das Teilhaberecht an dem verbandsseitig organisierten Spiel- und Wettkampfbetrieb für die Insolvenzmasse ausübt.[542]

d) *(Spiel- und Wettkampf-)Lizenzverträge.* Mitunter wird die Berechtigung von (Sport-) Vereinen, bestimmte Einrichtungen eines übergeordneten (Verbands-)Vereins nutzen zu können, nicht durch eine Vereinsmitgliedschaft, sondern durch eine rechtsgeschäftliche Vereinbarung vermittelt.[543] Diese Art der Ausgestaltung der rechtlichen Beziehung hat ihre Ursache in dem gerade im organisierten Sport anzutreffenden gestuften hierarchischen Aufbau,[544] bei dem die Vereine in aller Regel keine Mitglieder in dem jeweiligen, die Ligen und Wettkämpfe veranstaltenden nationalen Spitzenverband sind. Die Spielberechtigung für (und die Regelbindung an) derartige (Wettkampf- bzw. Liga-) Veranstaltungen wird dann den dem nationalen Spitzenverband nachgeordneten Vereinen durch rechtsgeschäftliche Vereinbarungen vermittelt.[545] Wie diese Verträge im Hinblick auf ihre insolvenzrechtliche Abwicklung einzuordnen sind, ist umstritten.[546] 206

Ausgangspunkt für eine Lösung ist die schwer zu bestimmende Rechtsnatur dieser Verträge. Kennzeichnend für diese ist nämlich eine Stellung zwischen Schuld- und Gesellschaftsrecht. Inhalt der Verträge ist ua die (uU zeitlich befristete) Einräumung von vereinsrechtlichen Vorteils- und Genussrechten (→ Rn. 202) zugunsten eines Nichtmitglieds im Gegenzug zu der Unterwerfung unter das Verbandsregelwerk. Ob nun der mitgliedschaftliche oder aber der schuldrechtliche Charakter im Rahmen der Vereinbarung überwiegt, wird in der Rechtsprechung – in unterschiedlichen Zusammenhängen – verschieden beurteilt.[547] Die Frage kann aber dahingestellt bleiben, weil beide Ansätze zum selben Ergebnis gelangen. 207

Ordnet man den Vertrag mitgliedschaftsähnlich ein, so ergeben sich gegenüber den Fällen, in denen die Vorteils- und Genussrechte durch eine echte Mitgliedschaft vermittelt werden, keine Unterschiede. In jedem Fall kann der Insolvenzverwalter danach die vertraglich eingeräumten Vorteils- und Genussrechte für den Verein nutzen (→ Rn. 202 f.). Dagegen kann er sie im Wege der Veräußerung nur verwerten, wenn die Parteien die aus dem Vertrag fließenden Forderungen übertragbar gestellt haben (→ Rn. 204). Qualifiziert man den Vertrag dagegen als gegenseitigen (schuldrechtlichen) Vertrag, so handelt es sich hierbei wohl um einen atypischen Vertrag, der Elemente des Kaufs, der Miete und auch der Pacht enthält. Anwendbar wären in jedem Fall die §§ 103 ff. InsO. Folgt man dieser Ansicht, dann gehört jedenfalls der aus dem Vertrag fließende schuldrechtliche Anspruch auf Nutzung der Verbandseinrichtungen zur Masse.[548] Dies ergibt sich nicht zuletzt schon aus § 103 InsO. Der Umstand, dass die 208

---

[542] Siehe auch *Kreißig*, S. 201.
[543] Siehe zB BGH NZI 2001, 360, 361 = ZIP 2001, 889; Soergel/*Hadding*, Vor § 21 BGB Rn. 54; siehe auch *Adolphsen*, KTS 2005, 53, 59 f.
[544] Siehe hierzu etwa Soergel/*Hadding*, Vor § 21 BGB Rn. 54; *Prokop*, Die Grenzen der Dopingverbote, S. 42 ff.
[545] BGH NZI 2001, 360, 361 = ZIP 2001, 889; Soergel/*Hadding*, § 25 BGB Rn. 35.
[546] Siehe hierzu *Haas* NZI 203, 177, 183 ff.; MünchHdbGesRV-*Haas*/*Goetsch*, § 60 Rn. 98 ff.; *Kreißig*, S. 201 f.
[547] Siehe einerseits für eine mitgliedschaftsähnliche Einordnung BGHZ 128, 93, 100 ff. = NJW 1995, 583 = ZIP 1995, 752; siehe auch *Haas*/*Prokop* JR 1998, 45, 46; *dies.* SpuRt 1996, 109, 110; *Reuter* DZWIR 1996, 1, 5; *Westermann*, FS Rittner, 1991, S. 784 ff.; für eine rein schuldrechtliche Einordnung dagegen BGH NZI 2001, 360, 361 = ZIP 2001, 889.
[548] *Cepl*, NZI 2000, 357, 358; siehe auch *Zeuner*/*Nauen*, NZI 2009, 213, 215.

Teilnahmeberechtigung ursprünglich sportvereinsbezogen erteilt wurde, macht diese nicht unpfändbar.[549] Zwar wird es im Regelfall dem Interesse des Sportverbandes entsprechen, dass die Teilnahmeberechtigung nicht übertragbar ist (siehe Rechtsgedanken der §§ 581 Abs. 2, 540 Abs. 1 BGB). Da der Sportverein die Teilnahmeberechtigung jedoch nicht nur durch seine gesetzlichen Organe ausüben können soll, muss grundsätzlich davon ausgegangen werden, dass die Ausübung – wenn auch nur bestimmten – Dritten überlassen werden kann. Dann aber ist die Teilnahmeberechtigung nach Maßgabe des § 857 Abs. 3 ZPO pfändbar und folglich auch insolvenzbefangen. Freilich ist hier dem Insolvenzverwalter eine Verwertung der Teilnahme- bzw. Teilhabeberechtigung im Wege einer Veräußerung verwehrt. Der Insolvenzverwalter kann jedoch die durch den Sportlizenzvertrag vermittelte Teilnahmeberechtigung für die Insolvenzmasse nutzen.

209 Fraglich ist, ob beide Ansichten auch dann zum selben Ergebnis gelangen, wenn die Parteien ausdrücklich oder durch Verweisung auf Bestimmungen im Verbandsregelwerk vereinbart haben, dass der (schuldrechtliche bzw. mitgliedschaftsähnliche) Vertrag mit Insolvenzeröffnung außer Kraft tritt.[550] Qualifiziert man nämlich das Rechtsverhältnis – entgegen der hier vertretenen Ansicht – schuldrechtlich, so schränken die §§ 119, 112 InsO zwar die Möglichkeit von Lösungsklauseln insbesondere für Miet- und Pachtverträge mit der Folge ein, dass auflösende Bedingungen unter der Voraussetzung der Insolvenzeröffnung wohl unwirksam sind.[551] Auf einen atypischen Vertrag, auf den miet- bzw. pachtrechtliche Vorschriften allenfalls entsprechend Anwendung finden, wird man die §§ 119, 112 InsO aber nur mit Bedacht übertragen können.[552] In jedem Fall wird man eine Interessenabwägung vorzunehmen haben, bei der das Interesse des (Verbands-)Vereins an einer insolvenzbedingten Beendigung des Vertragsverhältnisses dem Interesse des Insolvenzvereins an der vorläufigen Aufrechterhaltung des Spielbetriebs gegenüberzustellen ist.[553] Diese Abwägung kann nun aber schwerlich anders ausfallen als die nach allgemeinen insolvenzrechtlichen bzw. vereinsrechtlichen Gesichtspunkten bzw. nach § 315 BGB.[554] In dieselbe Richtung scheint auch der BGH zu tendieren, wenn er den Verlust der Vorteils- und Nutzungsrechte nicht schlechthin in einem Spannungsverhältnis (allein!) zu § 119 InsO sieht, sondern lediglich dann, wenn die Parteien den aus dem Vertrag fließenden Anspruch auf Teilnahme übertragbar gestellt haben.[555] Für diesen Fall verweist der BGH darauf, dass *„die Aufrechterhaltung des Spielbetriebs ... nicht ohne weiteres Vorrang (hat) vor den Forderungen der Gläubiger eines in Konkurs gefallenen Vereins."*[556]

210 Die Nutzung der Lizenz im Rahmen eines Insolvenzplanverfahrens ist grundsätzlich möglich, wobei auch in diesem Zusammenhang die entsprechenden Voraussetzungen für eine Lizenz(erteilung) bestehen müssen.[557] Im Rahmen einer übertragenen Sanierung kann die Lizenz allerdings nur genutzt werden, wenn diese auch übertragbar ist (→ Rn. 204) und nicht als höchstpersönliche Berechtigung ausgestaltet ist.[558]

---

[549] Siehe für so genannte „einfache Lizenzen", MüKoZPO/*Smid*, § 857 Rn. 16; vgl. auch *Adolphsen*, KTS 2005, 53, 63 ff.
[550] Siehe hierzu *Haas*, NZI 2003, 177, 182 f.; *Walker*, KTS 2003, 169, 176; *Kreißig*, S. 188 ff.; vgl. auch *Zeuner/Nauen*, NZI 2009, 213, 214.
[551] Erst-Recht-Schluss, siehe Uhlenbruck/Hirte/Vallender/*Wegener*, § 112 Rn. 12; HK/*Marotzke*, § 112 Rn. 22.
[552] OLG Köln SpuRt 2004, 110, 112.
[553] Siehe in diesem Sinne etwa für Lizenzverträge, *Cepl,* NZI 2000, 357, 361; aA *Adolphsen*, KTS 2005, 53, 71 f.
[554] → Rn. 200 ff.
[555] BGH NZI 2001, 360, 361 = ZIP 2001, 889.
[556] BGH NZI 2001, 360, 361 = ZIP 2001, 889.
[557] *König/de Vries*, SpuRt 2006, 96, 100; siehe zu Restrukturierungen des Vereins im Zusammenhang mit der Nutzung von Lizenzen im Insolvenzplanverfahren auch *Zeuner/Nauen* NZI 2009, 213, 216 ff.
[558] Vgl. auch *König/de Vries*, SpuRt 2006, 96, 100 f.

e) *Der Vereinsname.* Das Namensrecht des Vereins wird durch § 12 BGB geschützt.[559] **211**
Der Vereinsname erfüllt auf den ersten Blick ähnliche Funktionen wie der bürgerliche
Name einer natürlichen Person und ist – ebenso wie dieser – nicht übertragbar.[560] Ob
hieraus gefolgert werden kann, dass der Vereinsname nicht dem Insolvenzbeschlag unterliegt, ist aber nicht eindeutig. Die Zweifel ergeben sich insbesondere bei einem Blick
auf die Rechtsprechungsentwicklung zur (handelsrechtlichen) Firma in der Insolvenz.[561]
Ursprünglich hatte das Reichsgericht sowohl die Sach- als auch die Personalfirma als
Namensrecht des Kaufmanns und damit als reines Persönlichkeitsrecht verstanden mit
der Folge, dass dieses dem Konkursbeschlag entzogen war.[562] Die neuere Rechtsprechung hat demgegenüber den vermögensrechtlichen Gehalt der Firma in den Vordergrund gerückt. Ausdrücklich heißt es in der Entscheidung BGHZ 85, 221 ff., dass es
sich bei der Firma zwar nicht um pfändbares, wohl aber um ein vermögenswertes
Recht handele, das im Falle der Insolvenz – vorbehaltlich einer anzustellenden Interessenabwägung –[563] zur Insolvenzmasse gehöre. Überträgt man diesen Gedanken auf das
Vereinsrecht, so kann für den – grundsätzlichen – Insolvenzbeschlag des Vereinsnamens
nichts anderes gelten. Für die anzustellende Abwägung wird man beachten müssen, dass
– auch wenn der Schutz ähnlich ausgestaltet ist – zwischen dem bürgerlichen Namen
und dem Namen eines Vereins qualitative Unterschiede bestehen.[564] Der bürgerliche
Name weist – so der BGH – in tiefere Lebensbeziehungen des Menschen als die rein
vermögensrechtlichen.[565] Die Beziehung des Vereins zu dem Namen, unter dem er im
Rechtsverkehr auftritt, ist demgegenüber ein rein funktionaler, dh ebenso begrenzt wie
die Zielsetzung des Vereins.[566] Hinzu kommt, dass eine Namensänderung einer natürlichen Person nur unter ungleich schwierigeren Voraussetzungen möglich ist als bei einem Verein. Richtiger Ansicht nach wird man daher auch das Namensrecht des Vereins
– insbesondere wenn es ein vermögenswertes Recht darstellt – als vom Insolvenzbeschlag betroffen ansehen müssen.[567]

f) *Das Recht der Gesellschafterdarlehen.* Anknüpfungspunkt für das Recht der Gesellschafterdarlehen ist neben dem Fehlen einer natürlichen Person als persönlich haftendem Gesellschafter (§ 39 IV 1 InsO) auch eine Beteiligung am Haftkapital der **212**
jeweiligen Rechtsform (§ 39 V InsO). Auch wenn ersteres beim eingetragenen Verein gegeben ist, kann die Beteiligung am Haftkapital nur bei den Personen angenommen werden, an die das Vermögen bei der Auflösung des Vereins fällt (§ 45 I BGB).[568]
Soweit dies also durch die Vereinssatzung nur bestimmten Personen zugewiesen wird,
fallen diese in den Anwendungsbereich des Rechts der Gesellschafterdarlehen (→ § 92
Rn. 385 ff.). Dabei gilt freilich auch das Kleinbeteiligungsprivileg nach § 39 V InsO, so
dass sich der tatsächliche Anwendungsbereich entsprechend reduziert.

9. Der Verein im Insolvenzplanverfahren. Die Möglichkeiten der Durchführung eines Insolvenzplanverfahrens sind durch das ESUG auch für den eingetragenen **213**
Verein deutlich erleichtert worden. Dies ist vor allem auf die nunmehr mögliche Einbeziehung von Anteils- und Mitgliedschaftsrechten (§ 217 InsO) und die Durchfüh-

---

[559] RGZ 74, 114, 115; BGH NJW 1970, 1270; BGH NJW 2005, 1503; MüKoBGB/*Säcker,* § 12 Rn. 21.
[560] Siehe nur RGZ 74, 114, 115; BGH NJW 1970, 1270; MüKoBGB/*Säcker,* § 12 Rn. 76 ff.
[561] Siehe hierzu *H. F. Müller,* Der Verband in der Insolvenz, S. 169 ff.
[562] RGZ 9, 104, 105; RGZ 58, 166, 169; RGZ 70, 226, 229.
[563] Siehe hierzu *H. F. Müller,* Der Verband in der Insolvenz, S. 169 ff.
[564] Siehe auch *H. F. Müller,* Der Verband in der Insolvenz, S. 172.
[565] BGHZ 32, 103, 111 = NJW 1960, 1008.
[566] *H. F. Müller,* Der Verband in der Insolvenz, S. 172.
[567] MünchHdbGesRV-*Haas/Goetsch,* § 60 Rn. 103; *Kreißig,* S. 204 ff.
[568] MünchHdbGesRV-*Haas/Goetsch,* § 60 Rn. 114 ff.

rung von Strukturmaßnahmen durch den Insolvenzplan (§ 225a InsO) zurückzuführen. Grundsätzlich kann auch bei einem eingetragenen Verein ein *debt to equity swap* (§ 225a II InsO) durchgeführt werden. Zwar verfügt der eingetragene Verein nicht über ein Nennkapital, das durch den *debt to equity swap* (§ 225a II InsO) erhöht werden kann. Allerdings ist nach § 225a II InsO die Umwandlung von Gläubigerforderungen in Anteils- oder Mitgliedschaftsrechte möglich, so dass den Gläubigern neben einer Mitgliedschaft in dem eingetragenen Verein auch Sonderrechte (§ 38 BGB) oder etwa Mehrstimmrechte[569] eingeräumt werden können. Die dafür notwendige Satzungsänderung[570] kann dabei auch Gegenstand des Insolvenzplans sein (§ 225a III InsO).

214 **10. Der Verein in der Eigenverwaltung.** Grundsätzlich ist auch die Anordnung einer Eigenverwaltung beim eingetragenen Verein denkbar. Dabei gelten die für die Aktiengesellschaft entwickelten Grundsätze entsprechend (→ Rn. 115 f.).

215 **11. Abschluss des Verfahrens und Vollbeendigung des Vereins.** Stellt sich nach Verfahrenseröffnung heraus, dass die Insolvenzmasse nicht ausreicht, um die Verfahrenskosten zu decken, so stellt das Insolvenzgericht das Verfahren nach § 207 I InsO ein. Der Beschluss ist dem Registergericht mitzuteilen und wird nach § 75 I 2 Nr. 4 BGB von Amts wegen in das Vereinsregister eingetragen. Damit geht jedoch nicht zwingend das Erlöschen des Vereins einher;[571] denn der Insolvenzverwalter ist nach § 207 III 2 InsO nicht verpflichtet, die vorhandenen Massegegenstände zu verwerten. Daher kann von der Masselosigkeit nicht ohne weiteres auf die Vermögenslosigkeit des Vereins geschlossen werden. Letztere wäre jedoch (nach der zutreffenden Lehre vom Doppeltatbestand, → § 92 Rn. 275 ff.) Voraussetzung für ein Erlöschen des Vereins. Mithin schließt sich an die Einstellung des Insolvenzverfahrens die Liquidation nach vereinsrechtlichen Vorschriften an.[572] Erst wenn diese beendet ist, kann es zum Erlöschen des Vereins kommen. Voraussetzung hierfür ist jedoch neben der Vermögenslosigkeit die Löschung im Vereinsregister. Daher ist das Erlöschen des Vereins eintragungspflichtig und von Amts wegen vorzunehmen (§ 75 I 1 BGB). Grundsätzlich kann das Erlöschen des Vereins nicht vor Ablauf des Sperrjahres (§ 51 BGB) eingetragen werden.[573] Das Abwarten des Sperrjahres ist jedoch dann nicht erforderlich, wenn kein verteilungsfähiges Vermögen mehr vorhanden ist; denn der Sinn und Zweck der gläubigerschützenden Vorschrift in § 51 BGB geht bei Vermögenslosigkeit des Vereins ins Leere.[574]

216 Reicht die Insolvenzmasse nicht aus, um die fälligen Masseverbindlichkeiten zu erfüllen, bleibt der Insolvenzverwalter auch nach Anzeige der Masseunzulänglichkeit (§ 208 I InsO) zur Verwaltung und Verwertung der Masse verpflichtet. Die Einstellung des Verfahrens durch das Insolvenzgericht erfolgt erst, wenn der Insolvenzverwalter die Verteilung der Insolvenzmasse iS des § 209 InsO abgeschlossen hat. Ist die Masse restlos verteilt und kein Vereinsvermögen mehr vorhanden, erfolgt die Löschung des Vereins von Amts wegen (§ 75 I 1 BGB). Stellt sich nach Löschung des Vereins heraus, dass Vereinsvermögen (doch) noch vorhanden ist, findet die Nachtragsliquidation gemäß § 211 III InsO entsprechend den insolvenzrechtlichen Vorschriften über die Nachtrags-

---

[569] Zur Zulässigkeit von Mehrstimmrechten im Vereinsrecht vgl. MüKoBGB/*Reuter*, § 32 Rn. 26; *Sauter/Schweyer/Waldner*, Rn. 198; Staudinger/*Weick*, § 32 Rn. 20.
[570] Vgl. zur notwendigen Satzungsänderung bei der Einräumung von Sonderrechten oder Mehrstimmrechten MüKoBGB/*Reuter*, § 35 Rn. 6.
[571] Siehe aber *Stöber*, Rn. 849; *Wentzel*, Rpfleger 2001, 334, 336.
[572] MüKoBGB/*Reuter*, § 42 Rn. 2.
[573] Siehe auch *K. Schmidt*, Gesellschaftsrecht, § 11 V 3b) (S. 320).
[574] *Böttcher*, Rpfleger 1988, 169, 175. So für die entsprechende GmbH-rechtliche Vorschrift in § 73 GmbHG, OLG Naumburg ZIP 2002, 1529, 1530.

verteilung statt (§§ 203 ff. InsO).[575] Eine Liquidation nach vereinsrechtlichen Vorschriften schließt sich hier also an die Einstellung des Verfahrens nicht an.[576]

Liegt keine Massearmut und keine Masseunzulänglichkeit vor, dann wird nach vollzogener Schlussverteilung, bei der ein eventueller Überschuss an die Vereinsmitglieder herauszugeben ist, sofern die Satzung dies bestimmt (§§ 199 S. 2 InsO, 45 I BGB),[577] das Insolvenzverfahren aufgehoben (§ 200 InsO). Das Insolvenzgericht hat dies dem zuständigen Registergericht nach §§ 200 II 3, 31 InsO mitzuteilen. Das Registergericht trägt die Aufhebung des Verfahrens nach § 75 I 2 Nr. 4 BGB von Amts wegen in das Vereinsregister ein. 217

Wird das Insolvenzverfahren auf Antrag des Schuldners wegen Wegfalls des Insolvenzgrundes (§ 212 InsO) oder mit Zustimmung der Gläubiger (§ 213 InsO) eingestellt, so hat dies das Insolvenzgericht dem Registergericht mitzuteilen (§§ 215 I 3, 200 II 3, 31 InsO). Letzteres trägt diesen Umstand dann von Amts wegen in das Vereinsregister (§ 75 I 2 Nr. 4 BGB) ein. 218

Ist ein Insolvenzplanverfahren erfolgreich durchgeführt worden, so hebt das Insolvenzgericht das Insolvenzverfahren nach § 258 InsO auf, sobald die Bestätigung des Insolvenzplans rechtskräftig geworden ist. Dies hat das Registergericht nach § 75 I 2 Nr. 4 BGB von Amts wegen in das Vereinsregister einzutragen. Gleiches gilt gemäß § 75 I 2 Nr. 5 BGB im Hinblick auf die Überwachung und Erfüllung des Insolvenzplans sowie hinsichtlich der Aufhebung der Überwachung. 219

12. Abschluss des Verfahrens und Fortsetzung des Vereins. a) *Als rechtsfähiger Verein.* Ist das Insolvenzverfahren nach §§ 212, 213 InsO eingestellt oder aber nach Bestätigung des Insolvenzplans aufgehoben worden, kann die Mitgliederversammlung, nachdem der Beschluss auf Einstellung oder Aufhebung wirksam geworden ist (§ 9 I 3 InsO), die Fortsetzung des Vereins beschließen (§ 42 I 2 BGB). Der Verein besteht dann als (identischer) rechtsfähiger (werbender) Rechtsträger fort.[578] Ein vor dem Wirksamwerden des Einstellungsbeschlusses gefasster Fortsetzungsbeschluss ist unwirksam.[579] Fraglich ist, welche Mehrheit für den Fortsetzungsbeschluss notwendig ist. Teilweise wird die Ansicht vertreten, dass der Fortsetzungsbeschluss als zum Auflösungsbeschluss (§ 41 BGB) eine entsprechende Mehrheit von drei Vierteln der Mitglieder bedarf.[580] Anderer Ansicht nach soll eine einfache Mehrheit ausreichen (§ 32 I 3 BGB).[581] Die letztere Ansicht stützt sich darauf, dass die Auflösung vorliegend nicht auf einem Beschluss der Mitglieder, sondern auf Gesetz beruhe und daher für einen Rückgriff auf § 41 BGB jeglicher Anhaltspunkt fehle. Da jedoch bei den anderen Kapitalgesellschaften ganz überwiegend auf das entsprechende Quorum für den Auflösungsbeschluss zurückgegriffen wird, sollte auch für den Verein nichts anderes gelten.[582] Die Eintragung der Fortsetzung des Vereins auf Grund Beschlusses der Mitgliederversammlung muss vom Vorstand zur Eintragung angemeldet werden (§ 75 II 1 BGB). Der Anmeldung ist eine Abschrift des Beschlusses beizufügen (§ 75 II 2 BGB). Das Gesetz bestimmt keinen Zeitraum, innerhalb dessen die Mitgliederversammlung über die Fortsetzung beschließen kann bzw. muss.[583] Die Beitragspflicht lebt mit Fortsetzung des Vereins wieder auf. Für die überstimmten Vereinsmitglieder ist dies kein wichtiger 220

---

[575] *Vallender*, NZG 1998, 249, 251.
[576] AA wohl MüKoBGB/*Reuter*, § 42 Rn. 2.
[577] MünchHdbGesRV/*Haas/Goetsch*, § 60 Rn. 124.
[578] Soergel/*Hadding*, Vor § 41 BGB Rn. 4; *Noack*, Rn. 694; *Kollhosser*, ZIP 1984, 1434, 1437 ff.
[579] *Stöber*, Rn. 856; *Wentzel*, Rpfleger 2001, 334, 336.
[580] *K. Schmidt*, Gesellschaftsrecht, § 11 V 5. (S. 323 f.); *Reichert*, in: *Grunsky*, Der Sportverein in der wirtschaftlichen Krise, S. 1, 23.
[581] MüKoBGB/*Reuter*, § 42 Rn. 3; *Stöber*, Rn. 856; Soergel/*Hadding*, § 42 BGB Rn. 10 b.
[582] Siehe für die GmbH oben § 92 Rn. 588 f.
[583] Nach Ansicht von *Wentzel* kann diese Möglichkeit verwirkt werden, Rpfleger 2001, 334, 336.

Grund für den Austritt (soweit eine Bindung an eine satzungsmäßige Kündigungsfrist besteht, § 39 II BGB).[584]

221 **b) Als nichtrechtsfähiger Verein.** Wie oben dargelegt (→ Rn. 184), kann die Satzung gemäß § 42 I 3 BGB vorsehen, dass der Verein nach Abschluss des Verfahrens seine werbende Tätigkeit als nicht rechtsfähiger Verein fortsetzt. Ohne Satzungsgrundlage kommt mithin eine Fortsetzung des Vereins in nichtrechtsfähiger Form nicht in Betracht.[585] Freilich kann – da die Satzungsbestimmung Auswirkungen erst nach Abschluss des Verfahrens zeitigt (→ Rn. 184) – der satzungsändernde Beschluss auch im laufenden Insolvenzverfahren vom zuständigen Vereinsorgan gefasst werden.[586]

222 Sieht die Satzung die Fortsetzung als nichtrechtsfähiger Verein vor, dann werden hiervon auch die Fälle gedeckt, in denen nach § 42 I 2 BGB ein Fortsetzungsbeschluss nicht möglich ist (also auch im Fall der §§ 207, 211, 200 InsO).[587] Soweit vorgesehen (→ Rn. 184), unterbleibt eine Löschung des Vereins mit Verfahrensabschluss. Eine Auskehr nach § 199 S. 2 InsO entfällt, da das noch vorhandene Restvermögen automatisch dem nichtrechtsfähigen Fortsetzungsverein anfällt.[588] Die identitätswahrende Umwandlung vom rechtsfähigen Insolvenzverein zum nichtrechtsfähigen werbenden Verein vollzieht sich mit Einstellung bzw. Aufhebung des Verfahrens.[589] Die Umwandlung nötigt zu einem redaktionellen Anpassungsbedarf hinsichtlich der nach § 57 BGB notwendigen Satzungsbestandteile, nämlich „dass der Verein eingetragen werden soll".[590] Darüber hinaus geht mit der Umwandlung der Wegfall des Namenszusatzes eingetragener Verein einher (§ 65 BGB). Die Satzungsänderungen werden freilich erst mit Eintragung auf die (gegebenenfalls erzwingbare) Anmeldung wirksam. Mit dieser Eintragung ist sodann – weil im Vereinsregister nur rechtsfähige Vereine geführt werden – das Registerblatt zu schließen.[591]

223 Auch wenn die Satzung den Fortbestand als nichtrechtsfähiger Verein vorsieht, kann die Fortsetzung als rechtsfähiger Verein (dann aber nur in den oben genannten Fällen, → Rn. 184) von der Mitgliederversammlung beschlossen werden (§ 42 I 3 2. Hs. BGB).

224 **13. Insolvenz des Mitglieds.** Die Insolvenz des Mitglieds lässt den Verein im Übrigen unberührt. Die Mitgliedschaft fällt allerdings nicht in die Insolvenzmasse, da diese unübertragbar (§ 38 S. 1 BGB) und somit auch nicht pfändbar ist.[592] Da beim Ausscheiden eines Mitglieds auch kein Anspruch auf Auseinandersetzung besteht,[593] fehlt es auch dahingehend an einem Massebezug, so dass die Mitgliedschaft auch nicht durch den Insolvenzverwalter gekündigt werden kann. Allerdings wird der Verein selbst die Mitgliedschaft aufgrund der ausstehenden Beiträge kündigen.

IV. Der nichtrechtsfähige Verein

225 **1. Die Insolvenzfähigkeit.** Der nichtrechtsfähige Verein ist nach § 11 I 2 InsO aufgrund der Gleichstellung mit den juristischen Personen insolvenzfähig. § 54 BGB verweist zwar für den nichtrechtsfähigen Verein auf die Vorschriften über die BGB-

---

[584] *Stöber*, Rn. 857; aA wohl *Uhlenbruck*, FS Merz, 1992, S. 581, 589.
[585] Anders teilweise die Ansicht zum alten Recht, siehe OLG Hamburg HRR 1933 Nr. 1634.
[586] MüKoBGB/*Reuter*, § 42 Rn. 4.
[587] *Wentzel*, Rpfleger 2001, 334, 336.
[588] MüKoBGB/*Reuter*, § 42 Rn. 6.
[589] *Stöber*, Rn. 859a; MüKoBGB/*Reuter*, § 42 Rn. 6.
[590] *Wentzel*, Rpfleger 2001, 334, 336.
[591] *Wentzel*, Rpfleger 2001, 334, 336.
[592] BGHZ 50, 325, 329 (für Gewerkschaften als nicht rechtsfähige Vereine); MüKoInsO/*Peters*, § 35 Rn. 220.
[593] OLG Hamburg BB 1980, 122; Bamberger/Roth/*Schöpflin*, § 39 Rn. 6.

Gesellschaft. Da jedoch der nichtrechtsfähige Verein eine korporationsrechtliche Verfassung hat, finden auf diesen die Vorschriften über den rechtsfähigen Verein weitgehend entsprechende Anwendung, soweit diese nicht die Rechtsfähigkeit voraussetzen.[594] Insolvenzschuldner im Insolvenzverfahren ist der nichtrechtsfähige Verein.[595]

2. Die Insolvenzgründe. Auslösetatbestände für ein Insolvenzverfahren über das Vermögen des nicht rechtsfähigen Vereins sind die Zahlungsunfähigkeit (§ 17 InsO) und die drohende Zahlungsunfähigkeit (§ 18 InsO). Der Insolvenzgrund der Überschuldung (§ 19 II InsO) ist auf den nichtrechtsfähigen Verein nicht anwendbar, da § 19 I InsO ausdrücklich an das Merkmal der juristischen Person anknüpft. Eine Anwendung von § 19 I InsO lässt sich auch nicht über § 11 I 2 InsO ableiten, da sich die insofern vorgenommene Gleichstellung nur auf die Insolvenzfähigkeit bezieht.[596] 226

Der Insolvenzgrund der Überschuldung kann aber auf den nichtrechtsfähigen Verein aufgrund von § 19 III InsO Anwendung finden, soweit dessen Voraussetzungen erfüllt sind. § 54 S. 1 BGB verweist für die Haftungsverfassung des nichtrechtsfähigen Vereins dem Wortlaut nach auf die Vorschriften über die BGB-Gesellschaft. Nach ganz hM haftet jedoch für die Verbindlichkeiten des nichtrechtsfähigen Idealvereins allein dieser selbst und nicht die Mitglieder persönlich.[597] Die Begründung dieses Ergebnisses bereitet freilich Schwierigkeiten.[598] Mit dem Hinweis, dass die Vertretungsmacht des Vorstands darauf beschränkt sei, die Mitglieder nur hinsichtlich ihres Anteils am Vereinsvermögen zu verpflichten,[599] wird man dieses Ergebnis heute wohl nicht mehr rechtfertigen können, hat doch der BGH die so genannte Doppelverpflichtungstheorie für die BGB-Außengesellschaft ausdrücklich aufgegeben.[600] Folgt man aber der hM – unabhängig vom Begründungsansatz – im Ergebnis, dh haften die Vereinsmitglieder eines nichtrechtsfähigen Idealvereins nicht persönlich und unbeschränkt für die Schulden des Vereins, so muss der Überschuldungstatbestand auch auf den nichtrechtsfähigen Verein Anwendung finden.[601] Nichts anderes ergibt sich aus § 54 S. 2 BGB. Die Vorschrift sieht zwar eine Handelndenhaftung des für den Verein auftretenden Vertretungsberechtigten vor. Hierbei handelt es sich jedoch nicht um eine persönliche unbeschränkte Einstandspflicht für die Schulden der Gesellschaft iSd § 19 III InsO; denn die Handelndenhaftung nach § 54 S. 2 BGB ist in mehrfacher Hinsicht beschränkt. Der Handelnde haftet danach nämlich – ausweislich des Gesetzeswortlauts – nur für Verbindlichkeiten aus *Rechtsgeschäften*,[602] die auf dem *Handeln des Betreffenden*[603] beruhen. Damit vermag auch die Handelndenhaftung in § 54 S. 2 BGB nicht, den im Überschuldungstatbestand zum Ausdruck kommenden Gläubigerschutz überflüssig zu machen. 227

---

[594] Vgl. BGHZ 50, 325, 328 = WM 1968, 945; OLG Frankfurt ZIP 1985, 213, 215 = WM 1985, 1466; vgl. dazu ausführlich MünchHdbGesRV/*Gummert*, § 75 Rn. 1.
[595] Uhlenbruck/Hirte/Vallender/*Hirte*, § 11 Rn. 229.
[596] *Noack*, Rn. 683 und 679; aA anscheinend MüKoBGB/*Reuter*, § 54 Rn. 42; Soergel/*Hadding*, § 42 BGB Rn. 2; MünchHdbGesRV-*Gummert*, § 75 Rn. 3 einerseits Rn. 5 aber andererseits.
[597] RGZ 62, 63, 65; BGHZ 50, 325, 329 = WM 1968, 945; *Noack*, Rn. 683; Soergel/*Hadding*, § 54 BGB Rn. 24; MüKoBGB/*Reuter*, § 54 Rn. 41; *K. Schmidt*, Gesellschaftsrecht, § 25 III 2b) (S. 754); siehe zur Unangemessenheit der Verweisung in § 54 BGB auf das Recht der BGB-Gesellschaft auch BGHZ 43, 316, 319 f.
[598] MüKoBGB/*Reuter*, § 54 Rn. 41 f.; Soergel/*Hadding*, § 54 BGB Rn. 24.
[599] BGH NJW 1979, 2304, 2306 = WM 1979, 969; Soergel/*Hadding*, § 54 BGB Rn. 24. Nach früher vertretener Auffassung ergab sich die Beschränkung der Vertretungsmacht aus der Satzung, notfalls auch aus einer ergänzenden Auslegung derselben, siehe hierzu Palandt/*Heinrichs*, § 54 Rn. 12.
[600] Nach nunmehr geänderter Rechtsauffassung des BGH besteht für die Gesellschaft bürgerlichen Rechts eine „gesetzliche" Haftung der Gesellschafter für die im Namen der Gesellschaft begründeten Verbindlichkeiten (BGHZ 142, 315, 319 ff.).
[601] *Noack*, Rn. 683. Im Ergebnis auch Soergel/*Hadding*, § 42 BGB Rn. 2; MüKoBGB/*Reuter*, § 54 Rn. 42; *Uhlenbruck*, FS Merz, 1992, S. 581, 582.
[602] Soergel/*Hadding*, § 54 BGB Rn. 29.
[603] Zum Begriff des Handelnden, siehe Soergel/*Hadding*, § 54 BGB Rn. 28.

228 **3. Antragsrecht und Antragspflicht.** Für das Antragsrecht und die Antragspflicht[604] gelten die gleichen Grundsätze wie für den rechtsfähigen Verein[605] (→ Rn. 172 ff.). Gemeinschuldner im Insolvenzverfahren ist der nicht rechtsfähige Verein als überindividuelle Wirkungseinheit, der durch die Verfahrenseröffnung in einen Abwicklungszustand versetzt wird.[606]

229 **4. Die Insolvenzmasse.** Zur Insolvenzmasse des Vereins iS des § 35 InsO zählt das gesamte Vermögen, das diesem zur Zeit der Eröffnung des Verfahrens gehört und dasjenige, was er während des Verfahrens erlangt. Hierzu zählen auch Ansprüche auf Mitgliedsbeiträge gegen einzelne Mitglieder.[607] Da nach ganz hM eine über den Anteil am Vereinsvermögen hinausgehende persönliche Haftung der Mitglieder eines nicht rechtsfähigen Vereins für die Verbindlichkeiten desselben ausgeschlossen ist,[608] kommt eine Geltendmachung etwaiger Haftungsansprüche durch den Insolvenzverwalter nach § 93 InsO von vornherein nicht in Betracht.[609] Auch die Handelndenhaftung nach § 54 S. 2 BGB kann der Gläubiger unbeschadet des Insolvenzverfahrens persönlich geltend machen. § 92 InsO steht dem nicht entgegen, da hier der Ersatz eines Individualinteresses eines Vereinsgläubigers auszugleichen ist.

230 **5. Insolvenz des Mitglieds.** Für die Insolvenz des Mitglieds eines nicht rechtsfähigen Vereins gelten die für die Insolvenz des Mitglieds eines eingetragenen Vereins entsprechend (→ Rn. 224).

V. Die Stiftung

Schrifttum: *Fritsche,* Die Stiftung des bürgerlichen Rechts im Regelinsolvenzverfahren (Teil 1 und 2), ZSt 2003, 211, 243; *ders.,* Die Stiftung im Insolvenzverfahren; *Werner/Saenger,* Die Stiftung 2008; *Hirte,* Stiftung und Insolvenz, FS Werner, 2009, S. 222; *Kahlert/Eversberg,* Insolvenz und Gemeinnützigkeit, ZIP 2010, 260; *Passarge,* Zur Haftung des Stiftungsvorstands für in der Krise geleistete Zahlungen gem. §§ 92 III, 93 III Nr. 6 AktG analog, NZG 2008, 605; *Roth/Knof,* Die Stiftung in Krise und Insolvenz, KTS 2009, 163; *Sommer,* Die Stiftung in der Krise und in der Insolvenz, ZInsO 2013, 1715.

231 **1. Rechtstatsächliches.** In Deutschland gibt es ca 19 500 rechtfähige Stiftungen bürgerlichen Rechts.[610] Die Zahl der insolventen Stiftungen kann dabei nicht verlässlich ermittelt werden.[611] Die rechtsfähige Stiftung ist als solche grundsätzlich wenig insolvenzgefährdet, da das bei der Gründung der Stiftung aufzubringende Grundstockvermögen nicht nur nicht ausgeschüttet, sondern darüber hinaus nicht einmal zur unmittelbaren Verfolgung des Stiftungszwecks eingesetzt werden darf, soweit das Grundstockvermögen nicht unmittelbar der Zweckverwirklichung dient oder es sich um eine Verbrauchsstiftung handelt.

232 **2. Insolvenzfähigkeit.** Die selbständige Stiftung des privaten Rechts (§§ 80 ff. BGB) ist als juristische Person nach § 11 I 1 InsO insolvenzfähig und bleibt dies auch

---

[604] Dies anzweifelnd im Ergebnis aber eine rechtzeitige Insolvenzantragstellung empfehlend MünchHdbGesRV/*Gummert,* § 75 Rn. 5.
[605] Vgl. MünchHdbGesRV/*Gummert,* § 75 Rn. 4 f.
[606] Vgl. Uhlenbruck/Hirte/Vallender/*Hirte,* § 11 Rn. 229.
[607] Uhlenbruck/Hirte/Vallender/*Hirte,* § 35 Rn. 372.
[608] RGZ 63, 62, 65; BGHZ 50, 325, 329 = WM 1968, 945.
[609] MünchHdbGesRV/*Gummert,* § 75 Rn. 8.
[610] Dabei sind die unselbständigen Stiftungen, die Stiftungsvereine und -gesellschaften sowie die Stiftungen des öffentlichen Rechts noch nicht erfasst (vgl. dazu die Angaben des Bundesverbands deutscher Stiftungen [www.stiftungen.org]).
[611] Vgl. etwa die Dokumentation von *Fritsche,* in: Werner/Saenger, Die Stiftung, Rn. 776; *Hüttemann/Rawert,* ZIP 2013, 2136, 2136 f.; *Passarge,* NZG 2008, 605.

bis zu ihrer Vollbeendigung.⁶¹² Die aufgelöste Stiftung ist bis zur vollständigen Verteilung des Restvermögens insolvenzfähig (§ 11 III InsO).

3. Insolvenzgründe. Bei der Stiftung bürgerlichen Rechts ist neben der Zahlungsunfähigkeit (§ 17 InsO), der drohenden Zahlungsunfähigkeit (§ 18 InsO) auch die Überschuldung (§ 19 InsO) zulässiger Insolvenzgrund. Bei der Bestimmung der Zahlungsunfähigkeit ist die grundsätzliche Unterscheidung ist Grundstock- und Umlaufvermögen unbeachtlich.⁶¹³ Gleiches gilt im Grundsatz auch für die Überschuldungsprüfung. Für die Bestimmung der Überschuldung können schließlich nur die Renditeerwartungen aus der Verwaltung des Grundstockvermögens eingerechnet werden. Andere Zuflüsse wie Spenden, Zuschüsse oder Zustiftungen können erst berücksichtigt werden, wenn sie sich hinreichend konkretisiert haben bzw. sicher sind und diese nicht einer Zweckgebundenheit unterliegen.⁶¹⁴ 233

4. Insolvenzantragsrecht und -pflicht. Das Insolvenzantragrecht kommt bei der Stiftung nur dem Vorstand zu (§ 86 S. 1, 26 I BGB). Dabei ist das Bestehen von Einzel- oder Gesamtvertretung unbeachtlich (§ 15 I InsO). Der Stiftungsaufsicht kommt hingegen kein Antragsrecht zu.⁶¹⁵ Ein Antragsrecht besteht auch nicht für den Stifter im Fall der Verarmung (§ 528 BGB).⁶¹⁶ 234

Die Insolvenzantragspflicht besteht ebenso nur für den Vorstand aufgrund von § 86 S. 1, 42 II 1 BGB. Die rechtsformneutrale Insolvenzantragspflicht des § 15a I InsO findet auf die Stiftung ebenso wenig Anwendung, wie die Regelungen zur Führungslosigkeit (§ 15a III InsO) und der Strafbarkeit wegen Insolvenzverschleppung (§ 15a IV, V InsO). Daher ist bei der Stiftung – ebenso wie beim rechtsfähigen Verein (→ Rn. 176) – die Dreiwochenfrist des § 15a I InsO ohne Bedeutung.⁶¹⁷ Die Haftung wegen verspäteter oder unterlassener Insolvenzantragstellung ergibt sich aus § 42 II 2 BGB.⁶¹⁸ Diese Grundsätze wurden durch die Schaffung von § 15a VI InsO nun im Rahmen der Zweiten Stufe der Insolvenzrechtsreform 2013⁶¹⁹ ausdrücklich klargestellt. Zwar wollte der Gesetzgeber bei der Schaffung von § 15a InsO unter anderem die Stiftung nicht erfassen, allerdings ging vor allem die strafrechtliche Praxis aber von einer Erstreckung des Anwendungsbereichs auf Stiftungen aus.⁶²⁰ 235

Die im Rahmen des Gesetzes zur Begrenzung der Haftung von ehrenamtlich tätigen Vereinsvorständen vom 28. September 2009⁶²¹ eingeführte Haftungsbeschränkung des § 31a BGB findet – trotz seiner Anwendbarkeit auf die Stiftung (§ 86 S. 1 BGB) hinsichtlich des Insolvenzverschleppungshaftung des § 42 II 2 BGB – keine Anwendung.⁶²² Zwar sieht § 31a II BGB vor, dass der Vorstand bei einer bestehenden Ersatzpflicht gegenüber einem Dritten vom eingetragenen Verein bzw. der Stiftung (§ 86 S. 1 BGB) eine Freistellung verlangen kann. Dies würde im eröffneten Insolvenzverfahren aber nur bedeuten, dass das jeweilige Vorstandsmitglied eine entsprechende Insolvenzforderung 236

---

⁶¹² Vgl. *Roth/Knof*, KTS 2009, 163, 165.
⁶¹³ *Roth/Knof*, KTS 2009, 163, 166; *H. F. Müller*, ZIP 2010, 153, 155.
⁶¹⁴ Zum Ganzen *Roth/Knof*, KTS 2009, 163, 168.
⁶¹⁵ *H. F. Müller*, ZIP 2010, 153, 154; MüKoBGB/*Reuter*, § 86 Rn. 25; MünchHdbGesRV/*Richter*, § 116 Rn. 27; *Roth/Knof*, KTS 2009, 163, 197 f.; aA aber *Fritsche*, ZSt 2003, 211, 219; *ders.*, in Werner/Saenger, Die Stiftung Rn. 800 f.
⁶¹⁶ MünchHdbGesRV/*Richter*, § 116 Rn. 25.
⁶¹⁷ AA aber MünchHdbGesRV/*Richter*, § 116 Rn. 34 f.
⁶¹⁸ *Roth/Knof*, KTS 2009, 163, 169 f.; vgl. auch für den eingetragenen Verein → Rn. 174 ff.
⁶¹⁹ Gesetz zur Verkürzung des Restschuldbefreiungsverfahrens und zur Stärkung der Gläubigerrechte v. 15.7.2013, BGBl. I, S. 2379.
⁶²⁰ Vgl. Begr RegE des Gesetzes zur Verkürzung des Restschuldbefreiungsverfahrens und zur Stärkung der Gläubigerrechte, BT-Drucks. 17/11268, S. 21; vgl. dazu *Roth*, ZInsO 2012, 678 ff.
⁶²¹ BGBl. I, S. 3161.
⁶²² Staudinger/*Hüttemann/Rawert*, § 86 Rn. 50.

hätte, die eine eigene Inanspruchnahme aber gerade nicht verhindern bzw. ausgleichen kann. An dieser Betrachtungsweise ist auch nach der Neufassung von § 31a BGB durch das Gesetz zur Stärkung des Ehrenamtes (Ehrenamtsstärkungsgesetz) vom 21. März 2013[623] festzuhalten, da durch diese nur andere Personen als der Vorstand in den Genuss der Haftungsbefreiung kommen sollen. Siehe auch zur Parallelproblematik im Vereinsrecht → Rn. 178.

237 Schließlich kann bei der Stiftung auch kein Zahlungsverbot in einer Analogie zu den entsprechenden kapitalgesellschaftsrechtlichen Vorschriften begründet werden.[624]

238 **5. Entscheidung über die Verfahrenseröffnung und ihre Folgen.** Mit der Eröffnung des Insolvenzverfahrens wird die Stiftung aufgelöst (§ 86 S. 1 BGB iVm § 42 I 1 BGB), ohne dabei aber aufgrund der Überführung ins Liquidationsstadium ihre Rechtsfähigkeit zu verlieren. Allerdings erlischt die Stiftung mit Eintritt der Vermögenslosigkeit oder im Fall der endgültigen Gesamtrechtsnachfolge automatisch (§§ 88 S. 3, 46 BGB).[625] Mit Rechtskraft der Abweisung des Insolvenzantrags mangels Masse wird die Stiftung ebenfalls aufgelöst (§§ 86 S. 1, 42 I BGB). Schließlich enden – hM nach – mit der Eröffnung des Insolvenzverfahrens auch die Gemeinnützigkeit und die damit verbundene Steuerbefreiung, da sich der Zweck von einer selbstlosen Unterstützung der Allgemeinheit auf materiellem, geistigem oder sittlichem Gebiet hin zu einer bloßen Befriedigung der Gläubiger wandelt.[626]

239 **6. Insolvenzmasse.** Zur Insolvenzmasse gehört das zum Zeitpunkt der Eröffnung des Insolvenzverfahrens der Stiftung gehörende Vermögen. Zu diesem Zeitpunkt noch nicht erbrachtes im Stiftungsgeschäft zugesichertes Vermögen kann der Insolvenzverwalter noch einfordern.[627] Die mit der Eröffnung des Insolvenzverfahrens einhergehende Auflösung der Stiftung lässt die Leistungspflicht – im Gegensatz zum rechtsfähigen Verein (→ Rn. 196) – nicht entfallen.[628] Zudem kommen Ansprüche gegen den Stiftungsvorstand in Betracht.[629]

240 Bei Zustiftungen muss hingegen differenziert werden. Soweit die Zustiftung als Auflagenschenkung ausgestaltet ist, steht sie unter dem Vorbehalt des Vollzugs der Auflage (§ 527 I BGB) und wird aufgrund des in der Regel bestehenden Ausbleibens des Vollzugs der Auflage im Insolvenzfall nicht mehr geltend gemacht werden. Zudem kann der Zustifter das bereits geleistete Vermögen nach Bereicherungsrecht in dem Umfang zurückfordern, was zum Auflagenvollzug hätte verwendet werden müssen (§ 527 I BGB). Dabei handelt es sich nur um eine einfache Insolvenzforderung (§ 38 InsO) und nicht um einen Aussonderungsanspruch.[630] Etwas anderes gilt freilich, wenn die Übereignung auslösend bedingt erfolgt.

241 **7. Abschluss des Verfahrens und Vollbeendigung der Stiftung.** Im Gegensatz zum rechtsfähigen Verein kommt eine Fortsetzung der Stiftung nach Einstellung des Insolvenzverfahrens nicht in Betracht, da die Aufsichtsbehörde in der Regel eine Aufhebung wegen Unmöglichkeit der Zweckerfüllung anstrengen wird (§ 87 I BGB). Soweit nach der Schlussverteilung noch Vermögensgegenstände vorhanden sein sollten,

---

[623] BGBl. I, S. 556.
[624] *Sommer*, ZInsO 2013, 1715, 1717; aA aber *Passarge*, NZG 2008, 605, 608; *Roth/Knof*, KTS 2009, 163, 180; siehe dazu auch für das Vereinsrecht → Rn. 179.
[625] Vgl. dazu MüKoBGB/*Reuter*, § 88 Rn. 1; *Roth/Knof*, KTS 2009, 163, 170.
[626] BFHE 217, 381, 383 f. = DStR 2007, 1438; vgl. dazu ausführlich *Wachter*, FS Spiegelberger, 2009, S. 1255 ff.; *Wünsch*, FG Hörnig, 2006, 225 ff.; aA *Kahlert/Eversberg*, ZIP 2010, 260 ff.
[627] *Roth/Knof*, KTS 2009, 163, 172; zum Rechtsverhältnis zur Stiftung, vgl. *Passarge*, NZG 2009, 1421.
[628] *Roth/Knof*, KTS 2009, 163, 172.
[629] Vgl. dazu ausführlich *Sabotta/von Cube*, DB 2009, 2082 ff.
[630] *Roth/Knof*, KTS 2009, 163, 173.

fallen diese dann an die in der Verfassung bestimmten Personen (§ 88 S. 1 BGB) bzw. bei Fehlen eines Anfallberechtigten an den Fiskus des Landes, in dem die Stiftung ihren Sitz hatte (§ 88 S. 2 BGB).

8. Insolvenz des Stifters. In der Insolvenz des Stifters kommt zunächst ein Widerruf der Stiftung nach § 81 II BGB in Betracht, der dann vom Insolvenzverwalter auszuüben ist. Soweit die Stiftung allerdings schon errichtet wurde, scheidet der Widerruf nach § 81 II BGB aus. Darüber hinaus kann die Auflösung der Stiftung in der Insolvenz des Stifters von Bedeutung sein, wenn der Stifter als Anfallsberechtigter in der Satzung genannt ist.[631] Allerdings kommt dem Stifter dabei in der Regel keine Einflussnahmemöglichkeit auf die Einleitung eines Auflösungsverfahrens zu.[632]

VI. Supranationale Gesellschaftsformen

1. Die Europäische Aktiengesellschaft. Der Rat hat am 8. Oktober 2001 die Verordnung über das Statut einer „Europäischen Gesellschaft" (Europäische Aktiengesellschaft) geschaffen.[633] Die Bezeichnung als „Europäische Gesellschaft" geht darauf zurück, dass schon in der amtlichen Überschrift der Verordnung die Abkürzung „SE" und damit der lateinische Name „Societas Europaea" verwendet wird.[634] Die Anzahl der bestehenden Europäischen Aktiengesellschaften bleibt bisher – trotz bestehender prominenter Beispiele – deutlich hinter der Anzahl der bestehenden (deutschen) Aktiengesellschaften zurück. So gab es Mitte 2013 insgesamt ca 1800 Europäische Aktiengesellschaften, von denen aber lediglich 247 – davon viele in Form von Vorratsgesellschaften – ihren Sitz in Deutschland hatten.[635] Auf die Insolvenz einer Europäischen Aktiengesellschaft finden nach Art. 63 SE-VO die „Rechtsvorschriften (Anwendung), die für eine Aktiengesellschaft maßgeblich wären, die nach dem Recht des Sitzstaates der SE gegründet worden ist".[636] Die Insolvenz einer Europäischen Aktiengesellschaft wurde bisher nicht bekannt.

2. Die Europäische Genossenschaft. Nach einem mehr als zehnjährigen Beratungsprozess hat der Rat am 22. Juli 2003, angelehnt an das Statut der Europäischen Gesellschaft (→ Rn. 243), ein Statut für die Europäische Genossenschaft und eine Richtlinie über die Beteiligung der Arbeitnehmer verabschiedet. Die Europäische Genossenschaft kann auf Grund der unmittelbar geltenden Verordnung seit dem 18. August 2006 gegründet werden. Die Verordnung (EG) Nr. 1435/2003[637] steht neben den nationalen Regelungen zur Gründung einer Genossenschaft. Von der Möglichkeit der Gründung einer Europäischen Genossenschaft wurde in Deutschland bisher kaum Gebrauch gemacht. Art. 72 des Statuts bestimmt – in Übereinstimmung zu Art. 63 SE-VO (→ Rn. 243) –, dass hinsichtlich der Auflösung, Liquidation, Zahlungsunfähigkeit, Zahlungseinstellung und ähnlicher Verfahren die Genossenschaft den Rechtsvorschriften unterliegt, die für eine nach dem Recht des Sitzstaates gegründete Genossenschaft maßgebend wären.

3. Die Europäische Privatgesellschaft. Neben der Europäischen Aktiengesellschaft und der Europäischen Genossenschaft soll nach der Vorstellung des europäischen

---

[631] Vgl. zur Bestimmung der Anfallsberechtigten MünchHdbGesRV/*Richter,* § 118 Rn. 41.
[632] Zu dieser Problematik vgl. MünchHdbGesRV/*Richter,* § 118 Rn. 41.
[633] Verordnung (EG) Nr. 2157/2001, ABl Nr. L 294/1 vom 10.11.2001.
[634] *Habersack,* Europäisches Gesellschaftsrecht, Rn. 392.
[635] Vgl. dazu die Erhebung des European Trade Union Institute; Overview of current state of SE founding in Europe, abrufbar unter www.worker-participation.eu/European-Company-SE/Facts-Figures.
[636] Siehe zur Insolvenz der SE im Detail, *Roitsch,* Auflösung, Liquidation und Insolvenz der Europäischen Aktiengesellschaft (SE) mit Sitz in Deutschland, 2006.
[637] Verordnung (EG) Nr. 1435/2003, ABl Nr. L 207 vom 18.8.2003, S. 1 ff.

Gesetzgebers eine Europäische Privatgesellschaft *(Societas Privata Europaea, SPE)* treten. Bisher existiert aber nur ein Vorschlag für eine Verordnung über das Statut der Europäischen Privatgesellschaft,[638] der sich trotz mehrfacher erneuter Anläufe und Kompromissvorschläge nicht durchsetzen konnte. Auch wenn die Europäische Privatgesellschaft weitgehend ohne die (zusätzliche) Anwendung nationalen Rechts auskommen soll, wird im bisherigen Entwurf ähnlich wie bei der Europäischen Aktiengesellschaft und der Europäischen Genossenschaft für die Insolvenz auf das Recht des Sitzstaates bzw. auf die EuInsVO verwiesen (Art. 40 des Entwurfes). Weitgehend ungeklärt bzw. umstritten ist bisher aber vor allem die Ausgestaltung des gesellschaftsrechtlichen und insolvenzrechtlichen Gläubigerschutzes.[639] Aufgrund des mehrfachen Scheiterns der vorgelegten Kompromissvorschläge ist das weitere Schicksal der Europäischen Privatgesellschaft ungewiss.

246 **4. Die Europäische Stiftung.** Weiterhin ist die Schaffung einer Europäischen Stiftung *(Foundatio Europaea* [FE]) geplant, für die die Kommission 2012 einen Vorschlag vorgelegt hat.[640] Im Gegensatz zur Europäischen Aktiengesellschaft, zur Europäischen Genossenschaft und zu den Vorschlägen zur Europäischen Privatgesellschaft verhält sich der Vorschlag nicht zur Insolvenz der Europäischen Stiftung, sondern ordnet insofern lediglich an, dass eine Europäische Stiftung während eines Insolvenzverfahrens ihren Sitz nicht in einen anderen Mitgliedstaat verlegen können soll (Art. 36 III des Vorschlags). Aus diesem Grund dürfte auf diese Aspekte das nationale Recht des Sitzstaates bzw. des Mitgliedstaates der Verfahrenseröffnung zur Anwendung kommen, was - ebenso wie bei den anderen supranationalen Gesellschaftsformen – die Frage nach der Abgrenzung des Gesellschafts- vom Insolvenzstatut aufwerfen wird.[641] Das weitere Schicksal dieses Verordnungsentwurfs ist derzeit nicht abschätzbar.

247 **5. Der Europäische Verein.** Schließlich plant der europäische Gesetzgeber seit den frühen neunziger Jahren die Schaffung der supranationalen Rechtsform des Europäischen Vereins *(Association Européenne* [AE]).[642] Zwar wurde dieses Konzept im Rahmen des Aktionsplans zur Modernisierung des Gesellschaftsrechts und Verbesserung der Corporate Governance in der Europäischen Union von 2003[643] wieder aufgegriffen, hat seitdem allerdings keine Beachtung mehr gefunden. Zu Fragen der Insolvenz verhält sich der vorliegende Vorschlag nicht bzw. beschränkt sich auf das Verbot der Sitzverletzung während des Insolvenzverfahrens (Art. 5 XI des Vorschlags).

VII. Branchenspezifische Sondervorschriften

248 **1. Versicherungsunternehmen.**[644] Für Gesellschaften, die Versicherungsgeschäfte tätigen (AG, SE, VVaG sowie Anstalten des öffentlichen Rechts [§ 7 I VAG]) gelten Sonderregelungen in der Insolvenz. Antragsberechtigt sind weder die Gläubiger noch die Gesellschaft, sondern nach § 88 I VAG nur die Aufsichtsbehörde. Der Sinn und Zweck dieser Konzentration des Antragsrecht liegt darin, dass die Aufsichtsbehörde am

---

[638] KOM (2008), 396 endg.
[639] Vgl. ausführlich dazu *Mock,* Der Konzern 2008, 539 ff.; *ders.,* in: Hirte/Teichmann, The European Private Company, 2013, S. 349 ff.
[640] Proposal for a Council Regulation on the Statute for a European Foundation (FE), COM(2012), 35 final; vgl. dazu *Jakob/Studen,* ZHR 174 (2010), 61 ff.
[641] Vgl. zu diesem Aspekt ausführlich (im Rahmen der Europäischen Privatgesellschaft) *Mock,* in: Hirte/Teichmann, The European Private Company, 2013, S. 349 ff.
[642] Vgl. zuletzt Geänderter Vorschlag für eine Verordnung (EWG) des Rates über das Statut des Europäischen Vereins, KOM(1993), 252 endg.
[643] KOM(2003), 284 endg.
[644] Siehe auch Richtlinie 2001/17/EG von 19.3.2001 über die Sanierung und Liquidation von Versicherungsunternehmen, ABl Nr. L 110 vom 20.4.2001, S. 28 ff.; zur Umsetzung in das deutsche Recht siehe *Heiss* NZI 2006, 1 ff.

besten in der Lage ist, die Voraussetzungen für eine Insolvenz festzustellen und dass etwaige Sanierungsbemühungen der Aufsichtsbehörde (§ 89 VAG) nicht durch einen von dritter Seite gestellten Insolvenzantrag vereitelt werden.[645] Der Antrag wird durch den Präsidenten der Aufsichtsbehörde gestellt und unterliegt einer vollumfänglichen und eigenständigen Prüfung durch das Insolvenzgericht.[646] Insofern ist die Entscheidung der Aufsichtsbehörde auch nicht für das Insolvenzgericht bindend. Der Vorstand der Gesellschaft ist nach § 88 II VAG verpflichtet, die Zahlungsunfähigkeit und die Überschuldung der Aufsichtsbehörde unverzüglich anzuzeigen. Eine Insolvenzantragspflicht nach § 15a InsO besteht nicht. Die Verletzung der Anzeigepflicht ist nach § 141 VAG strafbewehrt und darüber hinaus Schutzgesetz iS des § 823 II BGB.[647] Daneben ist der Vorstand auch gegenüber der Gesellschaft schadensersatzpflichtig (§ 93 II AktG für die Versicherungs-AG und § 34 S. 2 VAG iVm § 93 II AktG für den VVaG). Eröffnungsgründe sind – unabhängig von der Rechtsform – Zahlungsunfähigkeit und Überschuldung, nicht aber die drohende Zahlungsunfähigkeit. Grundsätzlich besteht auch die Versicherungsaufsicht nach § 86 VAG während der Dauer des Insolvenzverfahrens fort. Die Befugnisse der Aufsichtsbehörde werden aber durch die Kompetenzen des Insolvenzverwalters überlagert.[648]

2. Kapitalverwaltungsgesellschaften, extern verwaltete Investmentgesellschaften, EU-Verwaltungsgesellschaften oder ausländische AIF-Verwaltungsgesellschaften. Das Recht der bisherigen Kapitalanlage- und Investmentgesellschaften unterliegt aufgrund der Schaffung des Kapitalanlagegesetzbuches (KaGB) durch das Gesetz zur Umsetzung der Richtlinie 2011/61/EU über die Verwalter alternativer Investmentfonds (AIFM-Umsetzungsgesetz) v. 4. Juli 2013[649] einer umfassenden Neuausrichtung. Hinsichtlich der Krise und Insolvenz gelten die bisherigen Regelungen allerdings weitgehend fort. Soweit bei einer Kapitalverwaltungsgesellschaft der Insolvenzgrund der Zahlungsunfähigkeit, der Überschuldung oder der drohenden Überschuldung vorliegt, gilt die Regelung des § 46b I KWG (§ 43 KaGB). Darüber hinaus erlischt mit Eröffnung des Insolvenzverfahrens bzw. durch Rechtskraft des Beschlusses, durch den die Eröffnung des Insolvenzverfahrens mangels Masse abgelehnt wird, das Recht der Kapitalverwaltungsgesellschaft nach § 99 III 1 KaGB, die Sondervermögen zu verwalten. Letztere gehören gemäß § 99 III 2 KaGB nicht zur Insolvenzmasse. Vielmehr geht nach § 100 I KaGB das Sondervermögen auf die Verwahrstelle über. Die Verwahrstelle muss dann das Sondervermögen abwickeln und an die Anleger verteilen (§ 100 II KaGB).

3. Kreditinstitute und Unternehmen des Finanzsektors. Für Kreditinstitute und Unternehmen des Finanzsektors hat sich vor allem seit dem Beginn der Finanzmarktkrise 2007/2008 in großem Umfang ein Sonderrecht für Fragen der Krise und Insolvenz herausgebildet, dass sich teilweise erheblich von den allgemeinen Vorschriften des Unternehmensinsolvenzrechts unterscheidet (→ ausführlich § 103 Rn. 1 ff.).

VIII. Juristische Personen des öffentlichen Rechts

Schrifttum: *Englsing,* Zahlungsunfähigkeit von Kommunen und anderen juristischen Personen des Öffentlichen Rechts, 1998; *Heeg/Kehbel,* Risiken und Nebenwirkungen der Gesundheitsreform – Droht die Insolvenz von gesetzlichen Krankenkassen?, ZIP 2009, 302 ff.; *Hengst,* Insolvenzfähigkeit von Krankenkassen – Recht- und Zweckmäßigkeit der Neuregelungen in §§ 171b ff. SGB V, 2012; *Kuhl/Wagner,* Das Insolvenzrisiko der Gläubiger kommunaler Eigengesellschaften,

---

[645] Vgl. Prölss/*Kollhosser,* § 88 VAG Rn. 4.
[646] Prölss/*Kollhosser,* § 88 VAG Rn. 4.
[647] Uhlenbruck/Hirte/Vallender/*Hirte,* § 11 Rn. 28; *Noack,* Rn. 700.
[648] Uhlenbruck/Hirte/Vallender/*Hirte,* § 11 Rn. 29; *Noack,* Rn. 703; Prölss/*Kollhosser,* § 86 VAG Rn. 3.
[649] BGBl. I, S. 1981.

ZIP 1995, 433; *Parmentier,* Gläubigerschutz in öffentlichen Unternehmen, 2000; *Uwer,* Der rechtliche Rahmen der Insolvenz von Krankenkassen, GesR 2009, 113.

251 § 12 InsO beinhaltet Einschränkungen des in § 11 InsO niedergelegten Grundsatzes, wonach das Insolvenzverfahren über das Vermögen einer jeden juristischen Person eröffnet werden kann. Über die Anordnung der Unzulässigkeit eines Insolvenzverfahrens für bestimmte Rechtsträger hinaus liegt die Bedeutung der Vorschrift auch darin, dass die fehlende Insolvenzfähigkeit von der Verpflichtung zur Leistung von Beiträgen für die Aufbringung des Insolvenzgeldes nach dem SGB III und der Mittel für die Insolvenzsicherung nach dem BetrVG entbindet.[650]

252 Nicht insolvenzfähig sind nach § 12 I Nr. 1 InsO der Bund und die Länder; denn das Insolvenzrecht ist für den Staatsbankrott weder gedacht noch geeignet.[651] Gleiches gilt nach § 12 I Nr. 2 InsO für eine juristische Person öffentlichen Rechts, die der Aufsicht eines Landes untersteht, wenn das Landesrecht dies bestimmt.[652] Derartige Bestimmungen über die Unzulässigkeit von Insolvenzverfahren enthalten die Gemeindeordnungen der Länder.[653] Mithin kann auch über unselbstständige kommunale Eigen- bzw. Regiebetriebe kein Insolvenzverfahren eröffnet werden.[654] Dasselbe gilt für die Gemeindeverbände entweder kraft ausdrücklicher Regelung in den Landkreisordnungen oder in entsprechender Anwendung der Bestimmungen der Gemeindeordnung.[655]

253 Körperschaften, Stiftungen und Anstalten des öffentlichen Rechts sind grundsätzlich insolvenzfähig, soweit ihre Insolvenzfähigkeit im Einzelfall nicht ausgeschlossen ist.[656] Ein Ausschluss kann sich nach § 12 I Nr. 2 InsO kraft Gesetzes des Bundes oder der Länder[657] oder aber – so die bisherige Rechtsauffassung – ausnahmsweise auch auf Grund der Natur der wahrgenommenen Aufgaben ergeben. Letzteres trifft etwa für Kirchen und ihre Organisationen zu. Nach Auffassung des BVerfG folgt dies unmittelbar aus Art. 140 GG iVm Art. 137 II, IV, VI WRV.[658] Gleiches gilt nach Ansicht des BVerfG für Rundfunkanstalten,[659] da das geltende Insolvenzrecht keine hinreichenden Vorkehrungen zum Schutz der Rundfunkfreiheit enthält oder Landesärztekammern[660] und überwiegender Ansicht nach auch für öffentlich-rechtliche Kreditinstitute,[661] da für letztere der staatliche Träger die Zahlungsfähigkeit absichert.[662] Insolvenzfähig sind dagegen ungeachtet ihres öffentlich-rechtlichen Aufgabenbereiches etwa Sozialversiche-

---

[650] MüKoInsO/*Ott/Vuia,* § 12 Rn. 2.
[651] Vgl. *Kuhl/Wagner,* ZIP 1995, 433, 434; MüKoInsO/*Ott/Vuia,* § 12 Rn. 1; Uhlenbruck/Hirte/Vallender/*Hirte,* § 12 Rn. 2; Jaeger/*Ehricke,* § 12 Rn. 1; siehe auch *Engelsing,* S. 128 ff. Siehe zur Frage, inwieweit § 12 mit dem Beihilfetatbestand in Art 87 I EG vereinbar ist, *Koenig,* BB 2003 Heft 10 „Die erste Seite".
[652] Zur Geschichte der Vorschrift siehe *Engelsing,* S. 147 ff.; für einen Überblick über die landesrechtlichen Vorschriften siehe ebenda S. 150 ff.; Jaeger/*Ehricke,* § 12 Rn. 19 ff.
[653] Vgl. HK/*Kirchhof,* § 12 Rn. 3; *Kuhl/Wagner,* ZIP 1995, 433, 434; Uhlenbruck/Hirte/Vallender/*Hirte,* § 12 Rn. 8; *Parmentier,* S. 44 f.
[654] HK/*Kirchhof,* § 12 Rn. 7.
[655] *Kuhl/Wagner* ZIP 1995, 433, 434.
[656] Vgl. HK/*Kirchhof,* § 12 Rn. 4; ausführlich *Kuhl/Wagner* ZIP 1995, 433, 435 ff.; Jaeger/*Ehricke,* § 12 Rn. 19 ff.
[657] Vgl. so schon die alte Rechtslage BVerfGE 89, 132, 143 = NJW 1994, 1465, 1466; BVerfGE 65, 359, 375 = NVwZ 1984, 641 = ZIP 1984, 344; Beispiele bei *Kuhl/Wagner* ZIP 1995, 433, 434; *Herdt* BB 1977, 1357, 1359.
[658] Vgl. BVerfGE 66, 1, 19 = NJW 1984, 2401, 2402; siehe auch AG Potsdam DZWIR 2001, 526; HK/*Kirchhof,* § 12 Rn. 8; kritisch teilweise Uhlenbruck/Hirte/Vallender/*Hirte,* § 12 Rn. 14 f.; *Engelsing,* S. 160 f.
[659] Vgl. BVerfGE 89, 144, 152 ff. = NJW 1994, 1466.
[660] Vgl. BVerfGE 65, 359, 373 ff. = NVwZ 1984, 641 = ZIP 1984, 344, 345; Jaeger/*Ehricke,* § 12 Rn. 41 f.
[661] Uhlenbruck/Hirte/Vallender/*Hirte,* § 12 Rn. 9; Jaeger/*Ehricke,* § 12 Rn. 46.
[662] Siehe zu dieser finanziellen Einstandspflicht eingehend *Engelsing,* S. 165 ff.

Insolvenz der Personengesellschaften **§ 94**

rungsträger, Rechtsanwaltskammern sowie Industrie- und Handelskammern.[663] Ohne weiteres insolvenzfähig sind kommunale Eigengesellschaften, die in der Form einer juristischen Person des Privatrechts geführt werden.[664] Gleiches gilt, wenn sich juristische Personen des öffentlichen Rechts an Gesellschaften iS des § 11 II Nr. 1 InsO beteiligen. Auch diese Gesellschaften sind dann insolvenzfähig.[665]

Krankenkassen sind allerdings von der Anwendbarkeit des § 12 II InsO ausdrücklich **254** ausgenommen (§ 171b SGB V), da für diese ein gesondertes Insolvenzantragsverfahren existiert.[666] Bei Vorliegen eines Insolvenzgrundes muss der Vorstand der Krankenkasse dies der zuständigen Aufsichtsbehörde mitteilen (§ 171b II 1 SGB V). Der Antrag auf Eröffnung des Insolvenzverfahrens kann zudem nur noch von der jeweiligen Aufsichtsbehörde gestellt werden (§ 171b III 1 SGB V). Dabei muss die Aufsichtsbehörde aber von der Beantragung der Eröffnung eines Insolvenzverfahrens absehen und die Krankenkasse sogleich schließen, wenn die Voraussetzungen für eine Schließung wegen auf Dauer nicht mehr gesicherter Leistungsfähigkeit vorliegen. Vor der Bestellung des Insolvenzverwalters muss das Insolvenzgericht die Aufsichtsbehörde anhören (§ 171b IV 2 SGB V). Der Insolvenzverwalter und das Insolvenzgericht sind für die Dauer des Verfahrens gegenüber der Aufsichtsbehörde und dem jeweiligen Spitzenverband gegenüber zur Auskunft verpflichtet (§ 171b IV 4 SGB V). Mit Eröffnung des Insolvenzverfahrens oder dem Tag der Rechtskraft des Beschlusses, durch den die Eröffnung des Insolvenzverfahrens mangels Masse abgelehnt worden ist, ist die Krankenkasse geschlossen, so dass die Geschäfte nach den Vorschriften der InsO abzuwickeln sind (§ 171b V SGB V).

§ 94. Insolvenz der Personengesellschaften

Übersicht

	Rn.
I. OHG und KG	1
1. Rechtstatsächliches	1
2. Gesetzestypische und kapitalistische Personenhandelsgesellschaften	3
3. Unterscheidung von Gesellschafts- und Gesellschafterinsolvenz	4
4. Die Insolvenz der Gesellschaft	5
a) Die Insolvenzfähigkeit	5
b) Die Eröffnungsgründe	9
c) Das Antragsrecht	11
aa) Das Antragsrecht im Falle der Zahlungsunfähigkeit	11
bb) Das Antragsrecht im Falle der drohenden Zahlungsunfähigkeit	14
cc) Kein Antragsrecht im Falle der Überschuldung	15
d) Keine Antragspflicht	16
e) Sonstige Pflichten bis zur Verfahrenseröffnung	17
f) Die oHG/KG im Schutzschirmverfahren (§ 270b InsO)	18
g) Entscheidung über die Verfahrenseröffnung und Einstellung des Verfahrens	19
aa) Massekostendeckungsprüfung	19
bb) Die Verfahrenseröffnung	20
(1) Auswirkung auf den Rechtsträger	20
(2) Die Gemeinschuldnerrolle der Gesellschaft in der Insolvenz	23
(3) Auswirkungen auf die Organisationsverfassung	24
(4) Vollabwicklung	30
(5) Fortsetzung der Gesellschaft	32

---

[663] Vgl. HK/*Kirchhof*, § 12 Rn. 5; Uhlenbruck/Hirte/Vallender/*Hirte*, § 12 Rn. 11.
[664] *Parmentier*, S. 46 ff. Zum Gläubigerschutz in derartigen Gesellschaften, siehe *Parmentier*, S. 127 ff.
[665] HK/*Kirchhof*, § 12 Rn. 6.
[666] Vgl. zum Ganzen etwa *Heeg/Kehbel*, ZIP 2009, 302 ff.; *Hengst*, Insolvenzfähigkeit von Krankenkassen, 2012; *Uwer*, GesR 2009, 113 ff.

§ 94 Kapitel VII. Besonderheiten der Gesellschaftsinsolvenz

	Rn.
cc) Die Abweisung mangels Masse	33
dd) Masseunzulänglichkeit	35
h) Die Insolvenzmasse	37
aa) Die Insolvenzmasse der oHG	37
(1) Firma	38
(2) Rückständige Einlagen	39
(3) Nachschüsse	40
(4) Sozialansprüche	41
bb) Die Insolvenzmasse der KG	42
(1) Gesplittete Einlagen	43
(2) Gesellschafterdarlehen	44
i) Die Haftung der Gesellschafter	45
aa) Die Gesellschafterhaftung nach § 128 HGB	45
(1) Inhalt der Haftung	46
(2) Umfang der Haftung	47
(3) Geltendmachung der Gesellschafterhaftung	51
bb) Die Kommanditistenhaftung nach § 171 I HGB	70
(1) Inhalt der Haftung	70
(2) Umfang der Haftung	71
(3) Geltendmachung der Haftung	72
cc) Gesellschafterhaftung für die Verbindlichkeiten der Gesellschaft auf nichtgesellschaftsrechtlicher Grundlage	83
dd) Die Haftung der ausgeschiedenen bzw. ehemaligen Gesellschafter	85
5. OHG und KG im Insolvenzplanverfahren	89
6. OHG und KG in der Eigenverwaltung	93
7. Die Insolvenz des Gesellschafters	96
a) Auswirkungen auf die Gesellschaft	96
aa) Gesetzliches Leitbild	97
bb) Abweichende Regelung	98
(1) Antragsrecht und Antragspflicht	99
(2) Verwaltungs- und Verfügungsbefugnis des Insolvenzverwalters	101
b) Kosten des Gesellschafterinsolvenzverfahrens	102
c) Die auf das Gesellschafterinsolvenzverfahren anwendbaren Verfahrensvorschriften	103
d) Die den Gläubigern zur Verfügung stehende Insolvenzmasse	105
8. Die Insolvenz von Gesellschaft und Gesellschafter	106
a) Das Trennungsprinzip	106
b) § 131 III 1 Nr. 2 HGB in der Doppelinsolvenz	107
c) Die Gesellschafterhaftung in der Doppelinsolvenz	111
aa) Ausfallprinzip in der Doppelinsolvenz?	113
bb) Rang der Forderung	116
II. Die Partnerschaftsgesellschaft	117
III. Europäische Wirtschaftliche Interessenvereinigung (EWIV)	119
IV. BGB-Gesellschaft	121
1. Allgemeines	121
2. Insolvenzfähigkeit	122
3. Die Insolvenzgründe	123
4. Antragsrecht und Antragspflicht	124
5. Die GbR im Schutzschirmverfahren (§ 270b InsO)	127
6. Eröffnung, Abwicklung, Beendigung des Insolvenzverfahrens	128
7. Die GbR im Insolvenzplanverfahren und in der Eigenverwaltung	130
8. Gesellschafterinsolvenz	131
V. Die kapitalistische Personengesellschaft (insbesondere Kapitalgesellschaft & Co. KG)	132
1. Die Insolvenzfähigkeit	133
2. Die Eröffnungsgründe	134
3. Der Insolvenzantrag	135
a) Das Antragsrecht	135
aa) Das Antragsrecht im Fall der Zahlungsunfähigkeit	135

	Rn.
bb) Das Antragsrecht im Falle der Überschuldung	141
cc) Das Antragsrecht im Falle der drohenden Zahlungsunfähigkeit	142
b) Die Antragspflicht	144
aa) Der Kreis der antragspflichtigen Gesellschaften	144
bb) Der Adressat der Antragspflicht	146
cc) Inhalt der Pflicht	152
dd) Folgen bei Pflichtverletzung	153
(1) Schadensersatz nach §§ 130a II 1, 177a HGB	154
(2) Schadensersatz nach § 823 II BGB iVm § 15a I InsO	157
(3) Vertragliche Schadensersatzhaftung	158
4. Pflichten der organschaftlichen Vertreter bis zur Verfahrenseröffnung	159
5. Die kapitalistische Personengesellschaft im Schutzschirmverfahren (§ 270b InsO)	161
6. Entscheidung über die Verfahrenseröffnung	162
a) Die Ablehnung mangels Masse	162
b) Die Verfahrenseröffnung	163
7. Die Insolvenzmasse	164
a) Schadensersatzansprüche der oHG/KG gegen die Leitungsorgane der Gesellschafter	165
b) Besonderheiten bei der Aufbringung der Einlage	166
c) Ansprüche der oHG/KG wegen Verletzung der Kapitalerhaltungsvorschriften	167
d) Gesellschafterdarlehen mit gesetzlichem Nachrang (§ 39 I Nr. 5, IV 1 InsO)	168
aa) Rechtsquellen	168
bb) Der Kreis der von § 39 I Nr. 5 InsO betroffenen Gesellschaften	169
cc) Tatbestandsvoraussetzungen	171
dd) Die Rechtsfolgen	176
8. Die kapitalistische Personengesellschaft im Insolvenzplanverfahren	177
9. Die kapitalistische Personengesellschaft in der Eigenverwaltung	178
10. Beendigung des Insolvenzverfahrens	179
VI. Stille Gesellschaft	180
1. Allgemeines	180
2. Die Insolvenz des Geschäftsinhabers	181
a) Die Insolvenzgründe	181
b) Die gesellschaftsrechtliche Stellung des stillen Gesellschafters	182
aa) Gesellschafterstellung	182
bb) Auseinandersetzung	183
c) Die Durchführung der Abwicklung	187
aa) Geltendmachung des Auseinandersetzungsguthabens	188
(1) Berechnung durch den Insolvenzverwalter	189
(2) Berechnung durch den „Stillen"	190
bb) Das passive Einlagekonto	192
d) Vereinbarung eines Nachrangs	193
e) Sonderfall der gesplitteten Einlage	194
f) Recht der Gesellschafterdarlehen	195
g) Die atypische stille Beteiligung	196
h) Die stille Gesellschaft im Insolvenzplanverfahren	197
3. Die mehrgliedrige stille Gesellschaft in der Insolvenz des Inhabers des Handelsgewerbes	198
4. Die Insolvenz des stillen Gesellschafters	199

I. OHG und KG

Schrifttum: *Armbruster,* Die Stellung des haftenden Gesellschafters in der Insolvenz der Personenhandelsgesellschaften nach geltendem Recht und zukünftigem Recht, 1996; *Bitter,* Richterliche Korrektur der Funktionstauglichkeit des § 93 InsO?, ZInsO 2002, 557; *Bitter/Röder,* Insolvenz und Sanierung in Zeiten der Finanz- und Wirtschaftskrise, ZInsO 2009, 1283; *Bork,* Gesamt(schadens)liquidation im Insolvenzverfahren, in Kölner Schrift zur Insolvenzordnung, 3. Aufl. 2009, S. 1021; *ders.,* Die analoge Anwendung des § 93 InsO auf Parallelsicherheiten, NZI 2002, 362; *Bork/Jacoby,* Das Ausscheiden des einzigen Komplementärs nach § 131 III HGB, ZGR 2005, 611;

Brinkmann, Die Bedeutung der §§ 92, 93 InsO für den Umfang der Insolvenz- und Sanierungsmasse, 2001; *Bunke,* Zur Anwendung des § 93 InsO auf konkurrierende Individualhaftungsansprüche gegen persönlich haftende Gesellschafter, KTS 2002, 471; *Freitag,* Finanzverfassung und Finanzierung von GmbH und AG nach den RegE des MoMiG, WM 2007, 1681; *Fuchs,* Die persönliche Haftung des Gesellschafters gemäß § 93 InsO, ZIP 2000, 1089; *Gehrlein,* Die Behandlung von Gesellschafterdarlehen durch das MoMiG, BB 2008, 846; *Gerhardt,* Zur Haftung des ausgeschiedenen Gesellschafters im Rahmen des § 93 InsO, ZIP 2000, 2181; *Gursky,* Risikokumulation für den Kommanditisten mit Sacheinlagepflicht?, DB 1978, 1261; *ders.,* Kommanditistenhaftung und Insolvenzrecht, ZHR 1985, 42; *Haas,* Aktuelle Rechtsprechung zur Insolvenzantragspflicht des GmbH-Geschäftsführers nach § 64 Abs. 1 GmbHG, DStR 2003, 423; *ders.,* Das neue Kapitalersatzrecht nach dem RegE-MoMiG, ZInsO 2007, 617; *ders.,* Die örtliche und internationale Zuständigkeit für Ansprüche des Insolvenzverwalters nach § 128 HGB iVm § 93 InsO, ZInsO 2013, 706; *Haas/Müller,* Zur Reichweite des § 93 InsO, NZI 2002, 366; *Habersack,* Die Erstreckung des Rechts der Gesellschafterdarlehen auf Dritte, insbesondere im Unternehmensverbund, ZIP 2008, 2385; *Heckschen,* Gründungserleichterungen nach dem MoMiG – Zweifelsfragen in der Praxis, DStR 2009, 166; *Hennrichs,* Kapitalschutz bei GmbH, UG (haftungsbeschränkt) und SPE, NZG 2009, 921; *Hirte,* Die Unternehmergesellschaft (UG) nach dem Gesetz zur Modernisierung des GmbH-Rechts und zur Bekämpfung von Missbräuchen (MoMiG), ZInsO 2008, 933; *Jeitner,* Doppelinsolvenz: Anfechtungsrecht bei Insolvenz einer Personengesellschaft und des persönlich haftenden Gesellschafters, NZI 2009, 673; *Keller,* Zur Insolvenz der zweigliedrigen Personengesellschaft, NZI 2009, 29; *Kranz,* § 93 InsO im Fall der Doppelinsolvenz von OHG und persönlich haftendem Gesellschafter, ZInsO 2013, 1119; *Marotzke,* Haften die Gesellschafter einer oHG für die Verfahrenskosten der Gesellschaftsinsolvenz?, ZInsO 2008, 57; *ders.,* Gesellschafterhaftung und Verwalterrisiko bei Masseverbindlichkeiten einer insolventen Personengesellschaft, DB 2013, 621 und 681; *Noack,* InsO-Gesellschaftsrecht, 1999; *Michalski/Barth,* Außenhaftung der Gesellschafter einer Vor-GmbH, NZG 1998, 525; *Oepen,* Massefremde Masse, 1999; *von Olshausen,* Doppelberücksichtigung, Ausfallprinzip und Gesellschafterhaftung in der Insolvenz, ZIP 2003, 1321; *Passarge,* Zum Begriff der Führungslosigkeit – scharfes Schwert gegen Missbrauch oder nur theoretischer Papiertiger?, GmbHR 2010, 295; *Poertzgen,* Die rechtsformneutrale Insolvenzantragspflicht (§ 15a InsO), ZInsO 2007, 574; *Pohlmann,* Die Verfahrenskostendeckung durch Geltendmachung der persönlichen Gesellschafterhaftung über § 93 InsO, ZInsO 2008, 21; *Runkel/Schmidt,* Die Haftungsabwicklung nach § 93 InsO (Teil 2), ZInsO 2007, 578; *K. Schmidt,* Einlage und Haftung der Kommanditisten, 1977; *ders.,* Zur Haftungsverfassung der Vor-GmbH, ZIP 1997, 671; *ders.,* Konsolidierte Abwicklung von Personengesellschaften bei simultaner Gesellschafterinsolvenz?, ZIP 2008, 2337; *ders.,* Persönliche Gesellschafterhaftung in der Insolvenz, ZHR 174 (2010), 163; *ders.,* Insolvenzordnung und Unternehmensrecht – Was bringt die Reform?, in Kölner Schrift zur Insolvenzordnung 2. Aufl. 2000, S. 1199; *ders./Bitter,* Doppelberücksichtigung, Ausfallprinzip und Gesellschafterhaftung in der Insolvenz, ZIP 2000, 1077; *Smid,* Tragung von Massekosten und Masseverbindlichkeiten aus einer Sondermasse, die durch Rechtsverfolgung gem. § 93 InsO erzielt worden ist, ZInsO 2013, 1233; *Uhlenbruck,* Rechtsfolgen der Beendigung des Konkursverfahrens, ZIP 1993, 241; *ders.,* Gesellschaftsrechtliche Aspekte des Insolvenzrechts, in: Kölner Schrift zur Insolvenzordnung, 2. Aufl. 2000, S. 1157; *Wälzholz,* Die Insolvenzrechtliche Behandlung haftungsbeschränkter Gesellschaften nach der Reform durch das MoMiG, DStR 2007, 1914; *Wegener,* Anfechtung in der Doppelinsolvenz – Sperrwirkung des § 93 InsO, NZI 2009, 43; *Wertenbruch,* Die Firma des Einzelkaufmanns und der oHG/KG in der Insolvenz, ZIP 2002, 1931; *ders.,* Gesellschafterbeschluss für Insolvenzantrag bei drohender Zahlungsunfähigkeit, DB 2013, 1592.

1. Rechtstatsächliches. Anfang 2013 gab in der Bundesrepublik Deutschland ca. 245 700 KG.[1] Das entspricht einem Anteil an der Gesamtzahl der Handelsgesellschaften von ca. 17%. Das ist zwar deutlich weniger als im Vergleich zur GmbH (ca. 1 098 000 = 79%), aber ebenso deutlich mehr als bei der oHG (ca. 1,8%) und der AG (ca. 1,2%). Gegenüber dem Vorjahr konnte ein Zuwachs um ca. 1,9% verzeichnet werden; der Bestand an KG ist damit der am größten wachsende unter den Handelsgesellschaften,

---

[1] *Kornblum* GmbHR 2013, 693.

soweit man die deutlich seltener vorkommenden Sonderrechtsformen wie etwa die EWIV oder die SE unberücksichtigt lässt.[2] Der Anteil der gesetzestypischen KG ist gegenüber der GmbH & Co. KG seit langem rückläufig.[3] Zu bemerken ist in diesem Zusammenhang außerdem noch, dass Anfang 2013 neben der GmbH & Co. KG vor allem die UG & Co. KG deutlich zunimmt, während die Ltd. & Co. KG in ihrer Bedeutung nachlässt.[4] So gab es Anfang 2013 in Deutschland ca. 5800 UG & Co. KG und ca. 3200 Ltd & Co. KG, wobei erstere zweistellige jährliche Zuwachsraten zu verzeichnen hat und bei letzterer eine Abnahme von ca. 10% im vergangenen Jahr festzustellen ist.[5] Die oHG, die nach dem gesetzlichen Leitbild den Grundtypus der Handelsgesellschaften darstellt, spielt in der Wirtschaftspraxis nach wie vor eine völlig untergeordnete Rolle. Anfang 2013 wird die Zahl der oHG in der Bundesrepublik Deutschland auf knapp 25 500 geschätzt, wobei dabei seit mehreren Jahren ein Rückgang zu verzeichnen ist.[6]

Die Insolvenzanfälligkeit der Personengesellschaften folgt im Wesentlichen der allgemeinen Wirtschaftsentwicklung und war daher in den vergangenen Jahren teilweise nicht unerheblichen Schwankungen ausgesetzt. Während die Anzahl der Personengesellschaften, gegen die ein Insolvenzantrag gestellt wurde, im Jahr 2005 noch bei 2744[7] lag, ging diese bis zum Jahr 2007 auf 1964[8] zurück, stieg in der Folgezeit allerdings wieder an und lag im Jahr 2011 bei 2134.[9] Der überwiegende Anteil der insolventen Personengesellschaften entfiel dabei im Jahr 2011 mit 69% auf die GmbH & Co. KG. Die GbR machte lediglich 19% und die gesetzestypische oHG/KG schließlich nur 12% der insolventen Personengesellschaften aus.[10] Diese Verteilung ist dabei in den vergangenen Jahren weitgehend stabil geblieben (2010:[11] 69% GmbH & Co. KG, 18% GbR und 13% oHG/KG; 2009:[12] 67% GmbH & Co. KG, 19% GbR und 14% oHG/KG; 2008:[13] 64% GmbH & Co. KG, 21% GbR und 15% oHG/KG und 2007:[14] 60% GmbH & Co. KG, 24% GbR und 16% oHG/KG). Hinsichtlich der Eröffnungsquote bestehen bei den verschiedenen Personenhandelsgesellschaften kaum Unterschiede. So lag der Anteil der eröffneten Verfahren im Jahr 2011 bei der GmbH & Co. KG bei 72,9% bei der GbR bei 65,1% und bei der oHG/KG bei 71,5%.[15] Auffällig ist allerdings, dass die Höhe der angemeldeten Forderungen bei den Personengesellschaften deutlich über dem Durchschnitt der übrigen insolventen Unternehmen liegt. So wur-

---

[2] *Kornblum* GmbHR 2013, 693, 699.
[3] *Hansen* GmbHR 2004, 39, 41; *Meyer* GmbHR 2002, 177, 182.
[4] *Kornblum* GmbHR 2013, 693, 699.
[5] *Kornblum* GmbHR 2013, 693, 701.
[6] *Kornblum* GmbHR 2013, 693, 699.
[7] Statistisches Bundesamt Deutschland, Statistisches Jahrbuch für die Bundesrepublik Deutschland 2006, S. 491 (abrufbar unter www.destatis.de).
[8] Statistisches Bundesamt Deutschland, Statistisches Jahrbuch für die Bundesrepublik Deutschland 2008, S. 502 (abrufbar unter www.destatis.de).
[9] Statistisches Bundesamt Deutschland, Statistisches Jahrbuch für die Bundesrepublik Deutschland 2012, S. 515 (abrufbar unter www.destatis.de).
[10] Statistisches Bundesamt Deutschland, Statistisches Jahrbuch für die Bundesrepublik Deutschland 2012, S. 515 (abrufbar unter www.destatis.de).
[11] Statistisches Bundesamt Deutschland, Statistisches Jahrbuch für die Bundesrepublik Deutschland 2011, S. 497 (abrufbar unter www.destatis.de).
[12] Statistisches Bundesamt Deutschland, Statistisches Jahrbuch für die Bundesrepublik Deutschland 2010, S. 501 (abrufbar unter www.destatis.de).
[13] Statistisches Bundesamt Deutschland, Statistisches Jahrbuch für die Bundesrepublik Deutschland 2009, S. 503 (abrufbar unter www.destatis.de).
[14] Statistisches Bundesamt Deutschland, Statistisches Jahrbuch für die Bundesrepublik Deutschland 2008, S. 502 (abrufbar unter www.destatis.de).
[15] Statistisches Bundesamt Deutschland, Statistisches Jahrbuch für die Bundesrepublik Deutschland 2012, S. 515 (abrufbar unter www.destatis.de).

den im Jahr 2011 im Durchschnitt pro Personengesellschaft Forderungen mit einem Nennwert von ca. 1,5 Millionen EUR angemeldet, während dieser bei der GmbH im gleichen Zeitraum nur 1 Million EUR war. Dabei bestehen auch große Unterschiede zwischen den einzelnen Rechtsformen der Personengesellschaften. Im Jahr 2011 wurden bei der GmbH & Co. KG Forderungen mit einem Nennwert von ca. 1,9 Millionen EUR, bei der GbR mit einem Nennwert von 386 000 EUR und bei der oHG/KG schließlich mit einem Nennwert von ca. 1 Million EUR im Insolvenzverfahren angemeldet.[16]

2. Gesetzestypische und kapitalistische Personenhandelsgesellschaften. Sind Gesellschafter einer oHG oder KG natürliche Personen, spricht man von einer gesetzestypischen oHG/KG. Gesellschafter einer oHG/KG können auch Gesellschaften ohne Rechtspersönlichkeit oder juristische Personen sein. Personengesellschaften, an denen weder unmittelbar noch mittelbar natürliche Personen als unbeschränkt haftende Gesellschafter beteiligt sind (so genannte kapitalistische oHG/KG), unterliegen in zunehmenden Maße besonderen Regelungen. Während diese ursprünglich vor allem durch die Rechtsprechung entwickelt wurden, ist in den vergangenen Jahren im Hinblick auf die unternehmensinsolvenzrechtlichen Gläubigerschutzinstrumente eine zunehmende Erstreckung der jeweiligen kapitalgesellschaftsrechtlichen Tatbestände auf die kapitalistischen Personengesellschaften zu verzeichnen (→ Rn. 136 ff.). Ein typisches Beispiel für eine kapitalistische KG ist die GmbH & Co. KG, bei der der einzige Komplementär die GmbH ist. Als ein weiteres Beispiel muss auch die UG (haftungsbeschränkt) & Co. KG genannt werden, bei der in der Komplementärrolle eine Unternehmergesellschaft iS des § 5a GmbHG steht.[17] Für die Insolvenz der kapitalistischen Personengesellschaft siehe ausführlich Rn. 132 ff.

3. Unterscheidung von Gesellschafts- und Gesellschafterinsolvenz. Die oHG und die KG sind, auch wenn sie im Rechtsverkehr als überindividuelle Wirkungseinheit auftreten können,[18] keine rechtsfähigen juristischen Personen.[19] Ihre Insolvenzfähigkeit richtet sich daher nach § 11 II Nr. 1 InsO. Die Insolvenzfähigkeit dieser Personengesellschaften führt dazu, dass eine Insolvenz über das Gesellschaftsvermögen möglich ist, dh dass das Gesellschaftsvermögen den Gesellschaftsgläubigern unter Ausschluss der Privatgläubiger der Gesellschafter zugewiesen wird.[20] Daraus folgt, dass zwischen der Insolvenz der Personengesellschaft und der Insolvenz der Gesellschafter streng zu unterscheiden ist.[21] Dies gilt selbst dann, wenn Gesellschaften miteinander verwoben sind, wie etwa bei der GmbH & Co. KG, bei der der einzige Komplementär die GmbH ist. Auch hier findet keine einheitliche Unternehmensinsolvenz statt, vielmehr sind die einzelnen

---

[16] Statistisches Bundesamt Deutschland, Statistisches Jahrbuch für die Bundesrepublik Deutschland 2012, S. 515 (abrufbar unter www.destatis.de).

[17] Für eine Komplementärfähigkeit der UG (haftungsbeschränkt) vgl. *Heckschen* DStR 2009, 166, 174; *Hennrichs* NZG 2009, 921, 924; *Hirte* ZInsO 2008, 933, 935; *Kock/Vater/Mraz* BB 2009, 848, 850 f.; *Müller*, ZGR 2012, 81, 102 f.; MünchKommGmbHG/*Rieder*, § 5a GmbHG Rn. 53; Roth/*Altmeppen*, § 5a GmbHG Rn. 13; *Stenzel* NZG 2009, 168, 172; *Weber* BB 2009, 842, 847; vgl. auch und zur fehlenden Dotierungspflicht Röhricht/Graf von Westphalen/Haas/*Haas/Mock*, § 161 Rn. 41.

[18] Vgl. BGH WM 1973, 1291, 1292.

[19] Vgl. BGHZ 34, 293, 296 = NJW 1961, 1022; Röhricht/Graf von Westphalen/Haas/*Haas*, § 105 Rn. 6; Baumbach/Hopt/*Hopt*, § 124 Rn. 1 f.; Staub/*Habersack*, § 124 Rn. 2 für die OHG und BGHZ 110, 127, 128 f. = NJW 1990, 1181; Röhricht/Graf von Westphalen/Haas/*Haas/Mock*, § 161 Rn. 1; Oetker/*Oetker*, § 161 Rn. 3; aA aber *Raiser*, AcP 194 (1994), 495, 510 ff., der von einer juristischen Person ausgeht.

[20] So ausdrücklich Begr RegE InsO, BT-Drucks. 12/2443 S. 112 f.; vgl. auch *Noack*, Rn. 477.

[21] BGHZ 178, 171, 173 ff. = NJW 2009, 225; OLG Rostock NZI 2003, 648, 649; Röhricht/Graf von Westphalen/Haas/*Haas*, § 128 Rn. 23; Staub/*Schäfer*, § 131 Rn. 34; MüKoInsO/*Brandes*, § 93 Rn. 29; E/B/J/S/*Lorz*, § 131 Rn. 22; HaKoInsO/*Wehr/Linker*, § 11 Rn. 21.

Gesellschaften selbstständig abzuwickeln (→ Rn. 132 ff.).[22] Die Behandlung von Gesellschafts- und Gesellschafterinsolvenz als jeweils rechtlich selbstständige Verfahren bedingt etwa, dass in der Insolvenz des Gesellschafters die Ansprüche der Privatgläubiger mit Haftungsansprüchen der Gesellschaftsgläubiger konkurrieren.[23] Umgekehrt können die Gesellschafter wegen ihrer Drittansprüche gegenüber der Gesellschaft als Gläubiger an deren Insolvenzverfahren beteiligt sein.[24] Aufgrund dieses Trennungsprinzips sind im Ergebnis drei verschiedene Szenarien denkbar: Die alleinige Insolvenz der Gesellschaft (vgl. 5 ff.), die alleinige Eigeninsolvenz des Gesellschafters (→ Rn. 96 ff.) und die gleichzeitige Insolvenz von Gesellschaft und Gesellschafter (→ Rn. 106 ff.).

4. Die Insolvenz der Gesellschaft. a) *Die Insolvenzfähigkeit.* oHG und KG sind nach § 11 II Nr. 1 InsO insolvenzfähig. Die Insolvenzfähigkeit beginnt mit Wirksamkeit der Gesellschaft im Verhältnis zu Dritten, dh entweder mit Eintragung der Gesellschaft im Handelsregister (§ 123 I HGB) oder wenn die Gesellschaft den kaufmännischen Geschäftsbetrieb (§ 1 II HGB) aufgenommen hat (§ 123 II HGB). Sobald und solange die oHG bzw. KG im Handelsregister eingetragen ist, kommt es nicht darauf an, ob es sich bei dem betriebenen Gewerbe um ein solches iS des § 1 II HGB handelt (§ 5 HGB).[25] Insolvenzfähig ist nach § 11 III InsO auch die aufgelöste Gesellschaft, solange die Verteilung des Vermögens nicht vollzogen, dh die Gesellschaft noch nicht vollbeendet ist.[26] Dies ist vor allem dann nicht der Fall, wenn die Gesellschaft noch über Aktivvermögen verfügt.[27] Bestehen lediglich noch offene Verbindlichkeiten, steht dies einer Vollbeendigung entgegen, da diese dem Aktivvermögen zuzuordnen sind.[28] Denn richtigerweise bedarf es über die Verteilung des Reinvermögens hinausgehend einer Abwicklung sämtlicher Rechtsbeziehungen der Gesellschaft, wozu auch der Ausgleich noch offener Verbindlichkeiten sowie der hieraus folgenden Ansprüche auf zu zahlende Nachschüsse gem. § 735 BGB im Innenverhältnis der Gesellschaft gehört.[29]

Zu einer liquidationslosen Vollbeendigung der Gesellschaft kommt es indes, wenn in einer zweigliedrigen Gesellschaft einer der Gesellschafter ausscheidet (→ § 131 III HGB) und dadurch das Gesellschaftsvermögen auf den letztverbleibenden Gesellschafter im Wege der Gesamtrechtsnachfolge *(Anwachsung)*[30] übergeht (→ Rn. 97).[31]

---

[22] MünchHdbGesR I-*Butzer/Knof,* § 85 Rn. 3; *Uhlenbruck,* Die GmbH & Co. KG, S. 217; Scholz/ *K. Schmidt/Bitter,* Vor § 64 GmbHG Rn. 141.
[23] BGHZ 178, 171, 173 ff. = NJW 2009, 225; Röhricht/Graf von Westphalen/Haas/*Haas,* § 131 Rn. 31.
[24] E/B/J/S/*Hillmann,* § 128 Rn. 74; Oetker/*Boesche,* § 128 Rn. 73.
[25] Vgl. BGHZ 113, 216, 217 f. = NJW 1991, 922; OLG München DB 1988, 1036, 1037; MüKo-InsO/*Ott/Vuia,* § 11 Rn. 44; Röhricht/Graf von Westphalen/Haas/*Haas,* § 131 Rn. 9.
[26] Siehe hierzu auch AG Lübeck DZWIR 2001, 308; AG Potsdam NZI 2001, 272; HK/*Kirchhof,* § 11 Rn. 26; HaKoInsO/*Wehr/Linker,* § 11 Rn. 50 f.; Röhricht/Graf von Westphalen/Haas/*Haas,* § 131 Rn. 9.
[27] BGH NJW 1979, 1987; BayObLG BB 1983, 82; Röhricht/Graf von Westphalen/Haas/*Haas,* § 155 Rn. 12; MüKoHGB/*K. Schmidt,* § 155 Rn. 12; zur Zulässigkeit eines Gläubigerantrages auf Eröffnung eines Insolvenzverfahrens bei bereits im HR gelöschter Gesellschaft vgl. auch BGH NZG 2005, 278; LG Zweibrücken NZI 2005, 397 (jeweils bezogen auf die GmbH).
[28] AA aber E/B/J/S/*Hillmann,* § 155 Rn. 21, § 145 Rn. 8; Baumbach/*Hopt* § 157 Rn. 1; in diesem Sinne wohl auch LG München I MittBayNot 2009, 59.
[29] Röhricht/Graf von Westphalen/Haas/*Haas,* § 155 Rn. 12; Staub/*Habersack,* § 155 Rn. 34; MüKo-HGB/*K. Schmidt,* § 155 Rn. 52 f., § 157 Rn. 9 f.
[30] Siehe BGH NZI 2005, 287; OLG Hamm GmbHR 2003, 1361, 1362; Röhricht/Graf von Westphalen/Haas/*Haas,* § 131 Rn. 2, 23a; E/B/J/S/*Lorz,* § 131 Rn. 10; Baumbach/Hopt/*Hopt,* § 131 Rn. 35; *K. Schmidt* GmbHR 2003, 1404, 1406; vgl. auch BGHZ 113, 132, 133 f. = NJW 1991, 844, 845; BVerwGE 140, 142, 144 f. = NJW 2011, 3671. Für die GbR mit im Gesellschaftsvertrag vereinbarter Fortsetzungsklausel siehe iÜ BGH NJW 2008, 2992.
[31] BGH NZI 2005, 287, 288; BGH BeckRS 2008, 11777; OLG Köln WM 2002, 1244, 1245 f.; OLG Hamm GmbHR 2003, 1361, 1362; siehe auch AG Potsdam ZIP 2001, 346 f.; für den Fall des Versterbens des vorletzten Gesellschafters vgl. BGH NJW 1991, 844 f.; Für den Fall der Übertragung

7 Da die fehlerhafte oHG (bzw. KG),[32] der ein – wenn auch mangelhafter – Gesellschaftsvertrag zugrunde liegt,[33] für die Vergangenheit wie eine wirksame oHG (bzw. KG) behandelt wird, soweit dies nicht mit gewichtigen Interessen der Allgemeinheit in Widerspruch steht,[34] ist auch diese insolvenzfähig.[35]

8 Eine Scheingesellschaft kann, muss aber nicht notwendig insolvenzfähig sein. Eine Scheingesellschaft liegt vor, wenn ein Zusammenschluss von Personen als offene Handelsgesellschaft auftritt, es aber an einem (auch schlüssig) geschlossenen Gesellschaftsvertrag gänzlich fehlt.[36] Ein derartiger Zusammenschluss von Personen ist als solcher weder parteifähig noch insolvenzfähig; denn es wird allein aufgrund des Rechtsscheins einer Gesellschaft kein Gesellschaftsvermögen gebildet, welches einem Insolvenzverfahren zugeführt werden könnte.[37] Eine Scheingesellschaft liegt jedoch auch dann vor, wenn ein Zusammenschluss von Personen als oHG auftritt, ohne dass der Gesellschaftszweck auf den Betrieb eines Handelsgewerbes gerichtet ist oder die Voraussetzungen des § 105 II HGB vorliegen. Derartige Personenzusammenschlüsse sind BGB-Gesellschaften, die nach § 11 II Nr. 1 InsO – anders als nach altem Recht[38] – grundsätzlich ebenfalls insolvenzfähig sind.[39]

9 **b) *Die Eröffnungsgründe.*** Eröffnungsgründe für die oHG und KG sind die allgemeinen Eröffnungsgründe, dh die Zahlungsunfähigkeit[40] (§ 17 InsO) und die drohende Zahlungsunfähigkeit (§ 18 InsO). Bei der Feststellung, ob die Gesellschaft iS des § 17 InsO zahlungsunfähig ist, ist – auf Grund des Trennungsprinzips[41] – allein auf die Verhältnisse bei der Gesellschaft, nicht aber auf die Leistungsfähigkeit der Gesellschafter abzustellen.[42] Kein Eröffnungsgrund ist grundsätzlich der Tatbestand der Überschuldung. Eine Ausnahme gilt nach § 19 III 1 InsO für die sogenannten kapitalistischen Personengesellschaften (→ Rn. 134).

10 Bei der Feststellung der Eröffnungsgründe sind grundsätzlich auch Verbindlichkeiten der Gesellschaft gegenüber dem Gesellschafter zu berücksichtigen; denn zu den Gläubigern einer oHG/KG können auch die Gesellschafter gehören.[43] Dies gilt ohne weiteres

---

sämtlicher Gesellschaftsanteile auf einen einzigen Gesellschafter durch Abtretung vgl. BGH NJW-RR 2006, 1289, 1290; in Bezug auf die OHG vgl. BGH NVwZ-RR 2008, 674, 675; Für eine GbR mit im Gesellschaftsvertrag vereinbarter Fortsetzungsklausel siehe iÜ BGH NJW 2008, 2992.

[32] Vgl. hierzu Staub/*Ulmer*, § 105 Rn. 315 ff.; Röhricht/Graf von Westphalen/Haas/*Haas*, § 105 Rn. 38 ff.; Röhricht/Graf von Westphalen/Haas/*Haas/Mock*, § 161 Rn. 11.

[33] Siehe zu diesem Erfordernis BGH NZG 2007, 69, 70.

[34] Vgl. BGHZ 44, 235, 236 f. = NJW 1966, 107.

[35] Vgl. BGH NZG 2007, 69; *Häsemeyer*, Insolvenzrecht, Rn. 31.05; Staub/*Schäfer*, § 131 Rn. 31; MünchHdbGesR I-*Butzer/Knof*, § 85 Rn. 5; Uhlenbruck/Hirte/Vallender/*Hirte*, § 11 Rn. 238; MüKoHGB/*K. Schmidt* Anh § 158 Rn. 4; Röhricht/Graf von Westphalen/Haas/*Haas*, § 131 Rn. 9; HaKoInsO/*Wehr/Linker*, § 11 Rn. 23.

[36] BGHZ 11, 190, 191 ff.

[37] Vgl. MüKoHGB/*K. Schmidt*, Anh § 158 Rn. 4; MünchHdbGesR I-*Butzer/Knof*, § 85 Rn. 5; Staub/*Schäfer*, § 131 Rn. 31 Fn 87, Jaeger/*Ehricke*, § 11 Rn. 64, 238; Uhlenbruck/Hirte/Vallender/*Hirte*, § 11 Rn. 239; *Häsemeyer*, Insolvenzrecht, Rn. 31.05 Fn. 7; MüKoInsO/*Ott/Vuia*, § 11 Rn. 47; HK/*Kirchhof*, § 11 Rn. 14; HaKoInsO/*Wehr/Linker*, § 11 Rn. 25.

[38] Nach altem Recht war die BGB-Gesellschaft nicht insolvenzfähig. Eine Ausnahme galt nur insoweit, als das Insolvenzverfahren (fehlerhaft) eröffnet wurde und der Eröffnungsbeschluss unanfechtbar war, vgl. BGHZ 113, 216, 219 ff.

[39] MüKoInsO/*Ott/Vuia*, § 11 Rn. 47; Uhlenbruck/Hirte/Vallender/*Hirte*, § 11 Rn. 239; aA HaKoInsO/*Wehr/Linker*, § 11 Rn. 25; siehe auch BGH DStR 2009, 595, 596 zum häufig unmerklichen Wechsel von BGB-Gesellschaft zu OHG und umgekehrt, vor allem in Abhängigkeit vom Umfang der Geschäfte der Gesellschaft.

[40] Zur Abgrenzung von Zahlungsunfähigkeit gegenüber bloß vorübergehender Zahlungsstockung siehe BGH NZI 2005, 547, 548.

[41] Siehe Rn. 106.

[42] *Armbruster*, S. 21; Röhricht/Graf von Westphalen/Haas/*Haas*, § 131 Rn. 10; E/B/J/S/*Lorz*, § 131 Rn. 22; MünchHdbGesR I-*Butzer/Knof*, § 85 Rn. 8; siehe auch HaKoInsO/*Schröder*, § 17 Rn. 25.

[43] BGH NJW 1981, 2251, 2252; MünchHdbGesR I-*Butzer/Knof*, § 85 Rn. 12; s. Rn. 4.

für solche Ansprüche des Gesellschafters, bei denen dieser vergleichbar einem Dritten der Gesellschaft gegenübertritt (zB Ansprüche aus Kauf, Miete, etc). Aber auch solche Ansprüche des Gesellschafters gegen die Gesellschaft, die auf dem Gesellschaftsverhältnis beruhen, sind bei der Feststellung der Insolvenzauslösetatbestände zu berücksichtigen, etwa Ansprüche auf Ersatz von Aufwendungen, die dem Gesellschafter auf Grund einer Geschäftsbesorgung in Gesellschaftsangelegenheiten angefallen bzw. mit der Geschäftsführung untrennbar verbunden sind (§ 110 I HGB).[44]

c) *Das Antragsrecht.* aa) *Das Antragsrecht im Falle der Zahlungsunfähigkeit.* Das Antragsrecht steht – neben den Gesellschaftsgläubigern (§ 13 I 2 InsO)[45] – auch dem Schuldner zu. **11**

Nach § 15 I 1 InsO steht das Antragsrecht jedem Mitglied des Vertretungsorgans, jedem persönlich haftenden Gesellschafter und jedem Abwickler zu. Soweit § 15 I 1 InsO auch für Personengesellschaften darauf abstellt, ob der Antragsteller „Mitglied des Vertretungsorgans" ist, ist dies insoweit missverständlich, da Personengesellschaften[46] nach herkömmlichem Verständnis auf Grund des Prinzips der Selbstorganschaft kein besonderes Vertretungsorgan haben.[47] Der Begriff „Mitglieder des Vertretungsorgans" ist daher so auszulegen, dass alle die Gesellschafter antragsberechtigt sind, die nicht von der gesellschaftsrechtlichen Vertretung ausgeschlossen sind.[48] Neben denjenigen, die „Mitglied des Vertretungsorgans" sind, erweitert § 15 I 1 InsO den Kreis der Antragsberechtigten auch auf alle persönlich und unbeschränkt haftenden Gesellschafter. Letztere sind antragsbefugt, völlig unabhängig davon wie die Vertretungsbefugnis innerhalb der Gesellschaft ausgestaltet ist.[49] Auch wenn in von einem „Mitglied des Vertretungsorgans" gestellter Insolvenzantrag durch den ordnungsgemäß vertretenen Schuldner wieder zurückgenommen werden kann, auch wenn der Antragsteller sich hieran nicht beteiligt,[50] kann ein von einem Gesellschafter in seiner Eigenschaft als persönlich Haftender gestellter Antrag nur von diesem wieder zurückgenommen werden.[51] Ist die Gesellschaft im Zeitpunkt der Antragstellung schließlich bereits aufgelöst, ist nach § 15 I 1 InsO jeder einzelne Liquidator (§§ 146, 161 II HGB) antragsberechtigt. **12**

Nicht antragsberechtigt – weil nicht Gesellschaftsgläubiger – sind die Eigengläubiger eines Gesellschafters. Ein Antragsrecht kommt auch den Kommanditisten nicht zu, wenn ihnen Vertretungsmacht eingeräumt wurde, da es sich dabei immer nur um eine rechtsgeschäftliche und nicht um eine organschaftliche Vertretungsmacht handelt.[52] Kein Antragsrecht haben – mangels Gesellschaftereigenschaft – die ausgeschiedenen Gesellschafter, auch wenn diese für die bis zu ihrem Austritt begründeten Gesellschaftsschulden **13**

---

[44] BGH NJW 1981, 2251, 2252; vgl. auch Oetker/*Boesche,* § 128 Rn. 73; zur Frage, ob diese Forderungen mit einem gesetzlichen Nachrang belegt sind, siehe Rn. 172 ff.
[45] Auch ein Gesellschafter kann Gläubiger (siehe Rn. 4) sein und in dieser Eigenschaft einen Insolvenzantrag stellen; siehe auch MünchHdbGesRI-*Butzer/Knof,* § 85 Rn. 12.
[46] Anders jedoch bei der EWiV (siehe Rn. 119 f.).
[47] Röhricht/Graf von Westphalen/Haas/*Haas,* § 125 Rn. 1; Röhricht/Graf von Westphalen/Haas/ *Haas/Mock,* § 170 Rn. 1; *Noack,* Rn. 433.
[48] MünchHdbGesRI-*Butzer/Knof,* § 85 Rn. 16; enger *Noack,* Rn. 433, wonach nur die vertretungsberechtigten Gesellschafter antragsberechtigt sind. Dies hat zur Folge, dass im Falle einer angeordneten Gesamtvertretung, die Gesellschafter nur gemeinsam den Antrag stellen könnten. Der Meinungsunterschied ist jedoch im Hinblick auf die 2. Alternative des § 15 I 1 InsO (Antragsbefugnis der persönlich haftenden Gesellschafter) in aller Regel nicht ausschlaggebend.
[49] *Noack,* Rn. 435; KPB/*Pape,* § 15 Rn. 15; MünchHdbGesRI-*Butzer/Knof,* § 85 Rn. 14; HK/*Kirchhof,* § 15 Rn. 11.
[50] Siehe hierzu → § 92 Rn. 61 ff. und AG Potsdam DZWIR 2000, 257 f.; MüKoHGB/*K. Schmidt* Anh § 158 Rn. 36.
[51] *Noack,* Rn. 444; in diesem Sinne wohl auch MünchHdbGesRI-*Butzer/Knof,* § 85 Rn. 24; aA anscheinend MüKoHGB/*K. Schmidt* Anh § 158 Rn. 36.
[52] Röhricht/Graf von Westphalen/Haas/*Haas/Mock,* § 164 Rn. 1.

unbeschränkt haften.⁵³ Ein Antragsrecht kann diesen aber aus einer Gläubigerstellung zukommen, soweit eine solche vorliegt.

14 **bb)** *Das Antragsrecht im Falle der drohenden Zahlungsunfähigkeit.* Im Fall der drohenden Zahlungsunfähigkeit (§ 18 InsO) knüpft das Antragsrecht an die gesellschaftsvertraglichen Vertretungsregeln an, sofern nicht alle Gesellschafter den Antrag stellen (§ 18 III InsO). Etwaige Zustimmungsvorbehalte wirken dabei nur im Innenverhältnis und lassen das Außenverhältnis unberührt. Von der Frage der Wirksamkeit der Insolvenzantragstellung im Außenverhältnis ist aber die Problematik einer möglichen Haftung im Innenverhältnis zu unterscheiden. Dabei kann ein generelles Erfordernis eines Gesellschafterbeschlusses nicht begründet werden,⁵⁴ so dass eine entsprechende Haftung nicht immer schon dann anzunehmen ist, wenn eine Antragstellung ohne entsprechende Beschlussfassung erfolgt. Eine solche kann nur dann bestehen, wenn die Antragstellung wegen drohender Zahlungsunfähigkeit ohne Vorliegen eines Insolvenzgrundes vorgenommen wird oder etwa außerhalb eines Insolvenzverfahrens eindeutig bestehende Sanierungsaussichten beeinträchtigt. An dieser Betrachtungsweise hat sich auch durch die durch das ESUG erheblich erweiterten Eingriffsmöglichkeiten in Gesellschafterrechte durch das Insolvenzplanverfahren (→ Rn. 89 ff.) nichts geändert.

15 **cc)** *Kein Antragsrecht im Falle der Überschuldung.* Mit Eintritt der Überschuldung (§ 19 InsO) wird kein Antragsrecht begründet, da die Überschuldung nur bei der kapitalistischen Personengesellschaft ein Insolvenzgrund ist (→ Rn. 134).

16 **d)** *Keine Antragspflicht.* Eine Antragspflicht besteht für die persönlich haftenden Gesellschafter einer gesetzestypischen oHG bzw. KG nicht.⁵⁵ Siehe aber für die kapitalistische Personengesellschaft → Rn. 144 ff.

17 **e)** *Sonstige Pflichten bis zur Verfahrenseröffnung.* Dem Schuldner obliegen im Insolvenzeröffnungsverfahren eine Reihe von verfahrensrechtlichen Pflichten:⁵⁶ Hierzu zählen die Auskunftspflicht nach § 20 InsO gegenüber dem Insolvenzgericht, die Pflicht zur Gestattung der Amtsermittlung nach § 22 III InsO, die Mitwirkungspflicht nach §§ 97 II, 20, 22 III InsO gegenüber dem vorläufigen Insolvenzverwalter und dem Insolvenzgericht oder die Anwesenheits- und Bereitschaftspflicht (§§ 97 III, 20 InsO). Da der Schuldner bei der gesetzestypischen oHG/KG keine natürliche Person ist, treffen die verfahrensrechtlichen Pflichten nach § 101 I 1 InsO die vertretungsberechtigten persönlich haftenden Gesellschafter des Schuldners.⁵⁷ Bei der oHG treffen die Verpflichtungen daher grundsätzlich alle Gesellschafter, bei der KG hingegen nur den Komplementär, da der Kommanditist nur mit seiner Einlage und damit beschränkt haftet.⁵⁸ Auch der faktische Geschäftsleiter gehört zu den Auskunfts- und Mitwirkungsverpflichteten iS von § 101 I 1 InsO.⁵⁹ Im Falle von Führungslosigkeit gilt überdies § 101 I 2 2. Hs. InsO.⁶⁰ Für die Zwangsmaßnahmen und Durchsetzung der Pflichten sowie der Haftung bei Verletzung der verfahrensrechtlichen Pflichten → § 92 Rn. 303 ff.

---

⁵³ MünchHdbGesR I-*Butzer/Knof*, § 5 Rn. 15; HK/*Kirchhof*, § 15 Rn. 12; *Noack*, Rn. 439; MüKo HGB/*K. Schmidt*, Anh § 158 Rn. 34 f.; *Stahlschmidt*, Die GbR in der Insolvenz, S. 31 f.; aA *Armbruster*, S. 238.
⁵⁴ Ebenso *Wertenbruch*, DB 2013, 1593, 1594, der dies aus der Haftung nach § 128 HGB ableitet; aA *K. Schmidt/K. Schmidt*, § 18 Rn. 31 aE; *Thole*, Gesellschaftsrechtliche Maßnahmen in der Insolvenz, 2014, Rn. 75; Uhlenbruck/Hirte/Vallender/*Uhlenbruck*, § 18 Rn. 27.
⁵⁵ MünchHdbGesR I-*Butzer/Knof*, § 85 Rn. 22.
⁵⁶ → § 92 Rn. 229 ff.
⁵⁷ *Noack*, Rn. 451.
⁵⁸ HK/*Kayser*, § 101 Rn. 6; HaKoInsO/*Wendler*, § 101 Rn. 4; MüKoInsO/*Passauer/Stephan*, § 101 Rn. 14.
⁵⁹ HK/*Kayser*, § 101 Rn. 7; MüKoInsO/*Passauer/Stephan*, § 101 Rn. 19.
⁶⁰ Siehe hierzu HaKoInsO/*Wendler*, § 101 Rn. 3a.

f) Die oHG/KG im Schutzschirmverfahren (§ 270b InsO). Das durch das ESUG neu **18** eingeführte Schutzschirmverfahren (§ 270b InsO) kann auch von der oHG und der KG genutzt werden. Die Beantragung des Schutzschirmverfahrens stellt dabei kein Grundlagengeschäft dar, so dass auch keine Zustimmung aller Gesellschafter notwendig ist (ausführlich → Rn. 14). Im Übrigen bleibt die Organisationsverfassung der oHG/KG auch im Schutzschirmverfahren unberührt, da es sich bei dem auch im Schutzschirmverfahren einzusetzenden (vorläufigen) Sachwalter stets um einen sogenannten schwachen Sachwalter handelt (§§ 270b II, 270a I InsO).[61] Etwas anderes ergibt sich auch nicht aus § 276a InsO, da dieser nur auf die Eigenverwaltung im eröffneten Verfahren Anwendung findet.[62] Zum Schutzschirmverfahren → ausführlich § 88 Rn. 15 ff.

g) Entscheidung über die Verfahrenseröffnung und Einstellung des Verfahrens. aa) Masse- **19** **kostendeckungsprüfung.** Nach § 26 I InsO hat das Gericht zu prüfen, ob das Vermögen des Schuldners voraussichtlich ausreicht, die Verfahrenskosten zu decken. Im Rahmen der Massekostendeckungsprüfung darf das Gericht nur das verwertbare Vermögen des Schuldners berücksichtigen (→ § 92 Rn. 252 ff.). Hierzu gehören – ebenso wie die von § 92 InsO erfassten Ansprüche (→ § 92 Rn. 254 f.) – auch die nach § 93 InsO (→ Rn. 51 ff.) und § 171 II HGB (→ Rn. 72 ff.) geltend zu machende Gesellschafter- bzw. Kommanditistenhaftung, soweit diese durchsetzbar bzw. werthaltig ist.[63] Dies gilt, obwohl die Gesellschafterhaftung nicht Bestandteil des Gesellschaftsvermögens ist, die Einziehungsbefugnis des Insolvenzverwalters erst mit Eröffnung des Insolvenzverfahrens entsteht und die Gesellschafterhaftung nicht zur Verfahrenskostendeckung herangezogen werden kann (→ Rn. 45 ff.). Für die Einbeziehung der von § 93 InsO, § 171 II HGB erfassten Ansprüche spricht insbesondere das mit den Vorschriften verfolgte gesetzgeberische Anliegen, nämlich die Zahl der Verfahren zu verringern, die mangels Masse nicht eröffnet werden.[64] Im Übrigen siehe auch → § 92 Rn. 249 ff.

bb) Die Verfahrenseröffnung. (1) Auswirkung auf den Rechtsträger. Nach §§ 131 I Nr. 3, **20** 161 II HGB wird die oHG/KG durch die Eröffnung des Insolvenzverfahrens über ihr Vermögen aufgelöst. Die Bestimmung ist zwingend und kann im Gesellschaftsvertrag nicht abbedungen werden.[65] Das Abwicklungsverfahren folgt – wie sich aus § 145 I HGB ergibt – nicht dem HGB, sondern den Vorschriften der Insolvenzordnung.[66] Die Auflösung der Gesellschaft und ihr Grund sind nach § 143 I 3 HGB in das Handelsregister von Amts wegen einzutragen. Kenntnis erlangt das Registergericht von der Eröffnung des Insolvenzverfahrens nach § 31 Nr. 1 InsO. Danach übermittelt die Geschäftsstelle des Insolvenzgerichts dem Registergericht eine Ausfertigung des Eröffnungsbeschlusses. Die Auflösung der Gesellschaft führt nicht dazu, dass die Gesellschaft beendet ist. Vielmehr tritt sie in das Abwicklungsstadium nach den insolvenzrechtlichen

---

[61] Dazu *Hirte/Knof/Mock*, Das neue Insolvenzrecht nach dem ESUG, S. 59 f.
[62] Vgl. *Klöhn*, NZG 2013, 81, 84; *Zipperer*, ZIP 2012, 1492, 1494.
[63] AG Hamburg ZInsO 2007, 1283; HK/*Kirchhof*, § 26 Rn. 7; HaKoInsO/*Schröder*, § 26 Rn. 10; *Uhlenbruck*, Kölner Schrift zur Insolvenzordnung, S. 1157 Rn. 19; *J. Uhlenbruck*, Kölner Schrift zur Insolvenzordnung, S. 1187 Rn. 16 f.; *Noack*, Rn. 455; Uhlenbruck/Hirte/Vallender/*Hirte*, § 93 Rn. 3; Pohlmann ZInsO 2008, 21, 22 ff.; aA MüKoHGB/*K. Schmidt*, Anh § 158 Rn. 39; *Brinkmann*, S. 112; *Floeth* EWiR 2008, 281 f.; zweifelnd K. Schmidt/*Keller*, § 26 Rn. 14; offen gelassen in BGH NZI 2009, 841, 843; ob eine Deckung der Verfahrenskosten mit den nach § 93 InsO eingezogenen Mitteln zulässig ist.
[64] MüKoInsO/*Brandes*, § 93 Rn. 10; HaKoInsO/*Pohlmann*, § 93 Rn. 1; Uhlenbruck/Hirte/Vallender/*Hirte*, § 93 Rn. 3.
[65] Röhricht/Graf von Westphalen/Haas/*Haas*, § 131 Rn. 16a; MünchHdbGesR I-*Butzer/Knof*, § 83 Rn. 18.
[66] Röhricht/Graf von Westphalen/Haas/*Haas*, § 131 Rn. 16a, § 145 Rn. 14; MünchHdbGesR I-*Butzer/Knof*, § 83 Rn. 18, § 85 Rn. 26.

§ 94 21–23   Kapitel VII. Besonderheiten der Gesellschaftsinsolvenz

Vorschriften ein und bleibt bis zu dessen Beendigung erhalten.[67] Zu den Auswirkungen auf die Organiationsverfassung → Rn. 24 ff.

21   Gemäß § 80 I InsO geht mit Eröffnung des Insolvenzverfahrens über das Vermögen der Gesellschaft die Verwaltungs- und Verfügungsbefugnis über das zur Insolvenzmasse gehörende Vermögen (→ Rn. 37 ff.) auf den Insolvenzverwalter über. Die Befugnisse der Gesellschafter werden hierdurch weitgehend eingeschränkt. Nicht ausgeschlossen ist, dass die Gesellschafter auch als Gläubiger am Insolvenzverfahren über das Vermögen der Gesellschaft teilnehmen (→ Rn. 4).[68]

22   Eine von der Gesellschaft vor Insolvenzeröffnung erteilte Prokura erlischt gemäß § 117 I InsO.[69] Nach Eröffnung des Insolvenzverfahrens kann im Falle der Betriebsfortführung eine neue Prokura zwar nicht vom Gemeinschuldner, wohl aber vom Insolvenzverwalter erteilt werden.[70] Die Kaufmannseigenschaft des Gemeinschuldners bleibt nicht nur so lange erhalten, wie der Insolvenzverwalter den Gewerbebetrieb fortführt.[71] Vielmehr bleibt die Kaufmannseigenschaft bis zur Beendigung des Insolvenzverfahrens auch dann bestehen, wenn der Insolvenzverwalter den Gewerbebetrieb nicht fortführt, sondern liquidiert.[72]

23   (2) *Die Gemeinschuldnerrolle der Gesellschaft in der Insolvenz*. Umstritten ist, wem die Gemeinschuldnerrolle in der Insolvenz der oHG/KG zukommt. Die bislang überwiegende Meinung vertrat die Ansicht, dass – mangels Rechtsfähigkeit der oHG/KG – allein die persönlich haftenden Gesellschafter (nicht die Kommanditisten) in ihrer Gemeinschaft Träger der Gemeinschuldnerrolle sind.[73] Anderer Ansicht nach ist die oHG/KG als verselbstständigte Einheit – ohne rechtsfähig zu sein – selbst Träger der Gemeinschuldnerrolle. Für die infolge der Insolvenzeröffnung aufgelöste oHG/KG handeln danach die vertretungsberechtigten Gesellschafter, soweit deren Befugnisse nicht durch die des Insolvenzverwalters verdrängt werden.[74] Für die letztgenannte Auffassung sprechen insbesondere der Wortlaut in § 101 I 1 InsO, § 227 II und § 278 II InsO.[75] Die unterschiedlichen Ansichten darüber, wem die Gemeinschuldnerrolle zukommt, können sich bei den dem Gemeinschuldner nach der InsO zustehenden Verfahrensrechten[76] auswirken. Folgt man der Ansicht, dass Träger der Gemeinschuldnerrolle alle persönlich haftenden Gesellschafter in ihrer Gesamtheit sind, so haben diese ihre Rechte grundsätzlich gemeinschaftlich wahrzunehmen. Ausnahmsweise können die persönlich haf-

---

[67] Vgl. BFHE 177, 257, 259 f. = NJW 1995, 3408; MünchHdbGesR I-*Butzer/Knof,* § 83 Rn. 18 f.; *Robrecht* DB 1968, 471, 474.

[68] Röhricht/Graf von Westphalen/Haas/*Haas,* § 131 Rn. 16a; MüKoHGB/*K. Schmidt,* § 128 Rn. 92; E/B/J/S/*Hillmann,* § 128 Rn. 74; Staub/*Habersack,* § 128 Rn. 79; aA *K. Müller* NJW 1968, 230.

[69] Vgl. BGH WM 1958, 430, 431; MüKoHGB/*K. Schmidt,* Anh § 158 Rn. 46; HaKoInsO/*Ahrendt,* § 117 Rn. 3; HK/*Marotzke,* § 117 Rn. 5.

[70] MüKoHGB/*K. Schmidt,* Anh § 158 Rn. 46; MüKoInsO/*Ott/Vuia,* § 117 Rn. 7; HaKoInsO/*Kuleisa,* § 80 Rn. 32; HK/*Marotzke,* § 117 Rn. 5; aA aber noch BGH WM 1958, 430, 431.

[71] Vgl. MüKoInsO/*Ott/Vuia,* § 80 Rn. 99; HK/*Kayser,* § 80 Rn. 51; HaKoInsO/*Kuleisa,* § 80 Rn. 31; dagegen erwirbt der Insolvenzverwalter selbst keine Kaufmannseigenschaft, auch wenn er den Geschäftsbetrieb des Gemeinschuldners fortführt, BGH NJW 1987, 1940, 1941; mit Anm. *K. Schmidt* NJW 1986, 1905 ff.; ebenso HK/*Kayser,* § 80 Rn. 52.

[72] Vgl. MüKoInsO/*Ott/Vuia,* § 80 Rn. 99; HK/*Kayser,* § 80 Rn. 51; HaKoInsO/*Kuleisa,* § 80 Rn. 31.

[73] Vgl. BGHZ 34, 293, 297 = NJW 1961, 1022; BGH NJW 1961, 1066, 1067; BFHE 177, 257, 259 f. = NJW 1995, 3408; *Robrecht* DB 1968, 471, 474; Uhlenbruck/Hirte/Vallender/*Hirte,* § 11 Rn. 236; *Häsemeyer,* Insolvenzrecht, Rn. 31.10; *Armbruster,* S. 22.

[74] Vgl. MüKoHGB/*K. Schmidt* Anh § 158 Rn. 5; Baumbach/Hopt/*Hopt,* § 124 Rn. 46; MüKoInsO/*Ott/Vuia,* § 80 Rn. 113; *Bork,* Kölner Schrift zur Insolvenzordnung, S. 1021 Fn. 78; MünchHdbGesRI-*Butzer/Knof,* § 85 Rn. 29; Staub/*Schäfer,* § 131 Rn. 38.

[75] Röhricht/Graf von Westphalen/Haas/*Haas,* § 131 Rn. 18.

[76] Vgl. hierzu auch *Robrecht* DB 1968, 471, 474.

tenden Gesellschafter die Gemeinschuldnerrechte einzeln ausüben, soweit dies zur Wahrung der gesamthänderischen Befugnisse sowie zur Minimierung der dem Gesellschafter obliegenden persönlichen Haftung erforderlich ist. Ist hingegen die Gesellschaft Gemeinschuldnerin, so bleibt es – im Grundsatz – bei Geschäftsführungs- und Vertretungsregeln nach §§ 114 ff. HGB bzw. §§ 125 ff. HGB.

(3) *Auswirkungen auf die Organisationsverfassung.* Durch die Verfahrenseröffnung bleibt die Organverfassung der oHG/KG unberührt. Die einzelnen Gesellschaftsorgane bestehen auch nach der Verfahrenseröffnung unverändert fort.[77] Ihre Rechte und Pflichten sind jedoch im Hinblick auf den Verfahrenszweck und die Verwaltungs- und Verfügungsbefugnisse des Insolvenzverwalters weitgehend beschränkt.

(i) Der geschäftsführende Gesellschafter. Der geschäftsführende Gesellschafter bleibt – wie andere Organe auch – mit Insolvenzeröffnung im Amt und ist auch weiterhin vertretungsberechtigt.[78] Die Vertretungsmacht kann auch nach der Eröffnung des Insolvenzverfahrens ebenso wie die Geschäftsführungsbefugnis noch entzogen werden (§§ 117, 125 HGB).[79] Die Befugnisse des geschäftsführenden Gesellschafters beschränken sich aber darauf, die Rechte und Pflichten der oHG/KG als Gemeinschuldnerin als deren Vertretungsorgan wahrzunehmen und insbesondere das insolvenzfreie Vermögen zu verwalten.

(ii) Die Gesellschafterversammlung. Auch die Gesellschafterversammlung bleibt im Insolvenzverfahren über das Vermögen der Gesellschaft als Organ bestehen.[80] Die Zuständigkeiten werden durch die des Insolvenzverwalters aufgrund der fehlenden Kompetenz der Gesellschafterversammlung in masserelevanten Angelegenheiten verdrängt. Dies gilt aber nicht hinsichtlich (masseneutraler) Satzungsänderungen. Die Satzungsänderungen dürfen aber nicht dem Zweck des Insolvenzverfahrens zuwiderlaufen, womit insbesondere die Änderung des Unternehmensgegenstandes faktisch ausgeschlossen ist.

(iii) Der Gesellschafter. Durch die Eröffnung des Insolvenzverfahrens bleibt die Rechtsstellung des Gesellschafters im Grundsatz unberührt. Daher kann er auch die ihm zustehenden Verwaltungs- und Vermögensrechte grundsätzlich noch ausüben. Dies gilt vor allem für das Einsichtsrechts des Gesellschafters gegenüber der oHG/KG nach § 118 HGB bzw. § 166 HGB.[81] Auch die *actio pro socio* kann auch nach der Eröffnung des Insolvenzverfahrens noch erhoben werden, da es sich dabei um ein eigenständiges Forderungsrecht des Gesellschafters handelt, über das dieser nicht zu Lasten der Masse verfügen kann.[82] Zudem können die Gesellschafter vom Insolvenzverwalter auch die Vorlage steuerliche Jahresabschlüsse für die Zeit nach der Verfahrenseröffnung verlangen, wobei die Gesellschafter dann einem Ersatzanspruch hinsichtlich der dafür entstehenden Kosten ausgesetzt sein können, soweit die Abschlüsse allein in ihrem Interesse erstellt werden.[83]

Die Vermögensrechte des Gesellschafters sind während der Dauer des Insolvenzverfahrens hingegen ohne Bedeutung, da etwaige Ansprüche grundsätzlich nicht mehr entstehen können. Auch gesellschaftsvertragliche Ansprüche auf jährliche und gewinnunabhängige Verzinsung der Einlage stellen keine Insolvenzforderungen dar.[84] Dies schließt aber nicht aus, dass die Gesellschafter noch über die Gewinnverwendung be-

---

[77] Uhlenbruck/Hirte/Vallender/*Hirte,* § 11 Rn. 287.
[78] Uhlenbruck/Hirte/Vallender/*Hirte,* § 11 Rn. 291.
[79] Uhlenbruck/Hirte/Vallender/*Hirte,* § 11 Rn. 291; *Müller,* Der Verband in der Insolvenz, S. 136 ff.
[80] Uhlenbruck/Hirte/Vallender/*Hirte,* § 11 Rn. 288.
[81] Röhricht/Graf von Westphalen/Haas/*Haas,* § 166 Rn. 14; Uhlenbruck/Hirte/Vallender/*Hirte,* § 11 Rn. 288.
[82] KG DStR 2000, 1617; Uhlenbruck/Hirte/Vallender/*Hirte,* § 11 Rn. 287.
[83] BGH NZI 2010, 956, 957.
[84] AG Charlottenburg NZI 2013, 355.

schließen,[85] was insbesondere für vorangegangene Geschäftsjahre auch im Insolvenzverfahren noch von Bedeutung sein kann.

29 Darüber hinaus werden die Einzelbefugnisse der Gesellschafter einer oHG/KG durch die Eröffnung des Insolvenzverfahrens nicht berührt. Zu den Verfahrensrechten, die – unabhängig von den Vertretungsregeln – im Hinblick auf die persönliche Haftung von den Gesellschaftern einzeln für den Schuldner ausgeübt werden können, zählt das Beschwerderecht gegen den Eröffnungsbeschluss (§ 34 I, II InsO)[86] und die Befugnis, die angemeldeten Forderungen zu bestreiten (§§ 176 S. 2, 178 II, 184 InsO).[87] Für Zustellungen und Erklärungen ist ebenfalls jeder einzelne Gesellschafter zur Entgegennahme befugt (vgl. auch § 125 II 3 HGB).[88] Dagegen müssen von einem vertretungsberechtigten Gesellschafter gestellt werden: der Antrag auf Einstellung des Verfahrens nach § 213 InsO, der Antrag auf Eigenverwaltung (§ 270 II Nr. 1 InsO), der Antrag auf die Durchführung eines Schutzschirmverfahrens (§ 270b I 1 InsO), das Planinitiativrecht (§ 218 I 2 InsO)[89] oder das Widerspruchsrecht gegen den beschlossenen Insolvenzplan (§ 247 InsO).[90]

30 (4) *Vollabwicklung.* Das Insolvenzverfahren führt – grundsätzlich – zur Vollabwicklung des Unternehmensträgers.[91] Ist über das Vermögen einer oHG/KG das Insolvenzverfahren eröffnet worden, führt das Verfahren ebenfalls zur Abwicklung des Unternehmensträgers. Dies ergibt sich aus den insolvenzrechtlichen Vorschriften, die für die gesellschaftsrechtlichen Liquidationsregeln grundsätzlich keinen Raum lassen.[92] Werden etwa nach Einstellung des Verfahrens nach §§ 211, 209 InsO (Masseunzulänglichkeit) Gegenstände der Insolvenzmasse ermittelt, findet keine gesellschaftsrechtliche Liquidation nach den §§ 145 ff. HGB statt; vielmehr wird die Gesellschaft gemäß § 211 III InsO durch eine Nachtragsverteilung nach insolvenzrechtlichen Grundsätzen abgewickelt.[93] Verbleibt im Rahmen des Insolvenzverfahrens ein Überschuss, kommt es ebenfalls zu einer Vollabwicklung des Rechtsträgers nach den insolvenzrechtlichen Vorschriften; denn nach § 199 S. 2 InsO ist der Überschuss, wenn der Schuldner keine natürliche Person ist, an die Gesellschafter und nicht an die Gesellschaft herauszugeben. Ist die Masse restlos verteilt und damit kein Gesellschaftsvermögen mehr vorhanden, erlischt die oHG bzw. KG, weil sie von diesem Zeitpunkt an nicht mehr gewerblich tätig ist.[94]

---

[85] BGH NZG 1998, 548; Uhlenbruck/Hirte/Vallender/*Hirte,* § 11 Rn. 287; aA aber *Müller,* Der Verband in der Insolvenz, S. 111.

[86] Unstreitig, vgl. HaKoInsO/*Schröder,* § 34 Rn. 11; MüKoInsO/*Schmahl/Busch,* § 34 Rn. 39, 44; Uhlenbruck/Hirte/Vallender/*Hirte,* § 11 Rn. 289; *Häsemeyer,* Insolvenzrecht, Rn. 31.10.

[87] BGH NJW 1961, 1066, 1067; Uhlenbruck/Hirte/Vallender/*Hirte,* § 11 Rn. 289; *Häsemeyer,* Insolvenzrecht, Rn. 31.10; MüKoInsO/*Brandes,* § 93 Rn. 31, *Bork,* Kölner Schrift zur Insolvenzordnung, S. 1021 Rn. 32; Baumbach/Hopt/*Hopt,* § 128 Rn. 46.

[88] Vgl. *Robrecht* DB 1968, 471, 475; Uhlenbruck/Hirte/Vallender/*Hirte,* § 11 Rn. 291.

[89] Siehe hierzu auch *Smid* WM 1996, 1249, 1250; *Smid/Rattunde,* Der Insolvenzplan, Rn. 14.1.

[90] Vgl. *Häsemeyer,* Insolvenzrecht, Rn. 31.11; zum Beteiligtenbegriff im Insolvenzplanverfahren eingehend *Smid/Rattunde,* Der Insolvenzplan, Rn. 6.9 ff.

[91] Vgl. BGHZ 148, 252, 258 f. = NJW 2001, 2966; BGHZ 163, 32, 35 ff., = NZI 2005, 387: Das Ziel der Vollbeendigung der Gesellschaft im Insolvenzverfahren hat nur ausnahmsweise dort zurückzutreten, wo es im Widerspruch zu den Gläubigerbelangen steht, da Primärziel des Verfahrens die gemeinschaftliche Befriedigung der Gläubiger des Schuldners darstellt; siehe auch *Göcke,* Wechselwirkungen bei der Insolvenz von Gesellschaft, Gesellschafter und Organwalter, S. 7 f.

[92] Vgl. MünchHdbGesRI-*Butzer/Knof,* § 83 Rn. 18, § 85 Rn. 26; Röhricht/Graf von Westphalen/Haas/*Haas,* § 144 Rn. 4, § 145 Rn. 14; iE auch HaKoInsO/*Kuleisa,* § 80 Rn. 34; zur Ausnahme von diesem Grundsatz Rn. 35 ff.

[93] Siehe hierzu Röhricht/Graf von Westphalen/Haas/*Haas,* § 144 Rn. 4; MüKoInsO/*Hefermehl,* § 211 Rn. 19 ff.

[94] Röhricht/Graf von Westphalen/Haas/*Haas,* § 144 Rn. 4; aA HK/*Kayser,* § 80 Rn. 20 f.: Aus § 199 S. 2 InsO lässt sich nicht der Schluss ziehen, infolge des Insolvenzverfahrens komme es zur Liquidation und Vollabwicklung der Gesellschaft.

Die Eintragung des Erlöschens der Firma der Gesellschaft in das Handelsregister hat lediglich deklaratorischen Charakter.[95]

Da das Insolvenzverfahren die Abwicklung des Unternehmensträgers als solches zur Aufgabe hat, muss der Insolvenzverwalter das Erlöschen zur Eintragung in das Handelsregister (§ 157 I HGB analog) anmelden.[96] Für die Verwahrung der Bücher und Papiere der aufgelösten und beendeten Gesellschaft gilt § 157 II HGB entsprechend. Das Einsichtsrecht in die Papiere und Bücher der Gesellschaft richtet sich nach § 157 III HGB. 31

(5) *Fortsetzung der Gesellschaft.* Die Gesellschafter können eine Fortsetzung der aufgelösten Gesellschaft nach § 144 I HGB beschließen, wenn das Verfahren auf Antrag des Schuldners eingestellt wird (vgl. §§ 212, 213 InsO). Gleiches gilt, wenn das Verfahren nach der Bestätigung des Insolvenzplans, der den Fortbestand der Gesellschaft vorsieht (§ 258 InsO), aufgehoben wird und die Gesellschafter einen entsprechenden Beschluss fassen. Der Beschluss bedarf grundsätzlich der Einstimmigkeit.[97] Voraussetzung für einen Fortsetzungsbeschluss ist in jedem Fall, dass noch unverteiltes Vermögen vorhanden ist,[98] dh die Gesellschaft noch nicht vollabgewickelt bzw. -beendet ist,[99] und dass der Zweck der Gesellschaft auf den Betrieb eines Handelsgewerbes oder einer in § 105 II HGB bezeichneten Tätigkeit gerichtet ist.[100] Die Fortsetzung ist nach § 144 II HGB von sämtlichen Gesellschaftern zur Eintragung in das Handelsregister anzumelden. 32

cc) *Die Abweisung mangels Masse.* Wird der Antrag auf Eröffnung des Insolvenzverfahrens mangels Masse[101] abgelehnt, löst dies nach überwiegender Ansicht die Gesellschaft nicht automatisch auf.[102] Die Auflösung und ihr Grund sind nach § 143 I 3 HGB von Amts wegen in das Handelsregister einzutragen. Kenntnis vom Abweisungsbeschluss erlangt das Registergericht nach § 31 Nr. 2 InsO. Die Abwicklung erfolgt dann nach den §§ 145 ff. HGB.[103] Eine Ausnahme gilt für die sogenannten Publikumskommanditgesellschaften.[104] Auf diese passen die §§ 161 II, 146 ff. HGB nicht immer. Daher wendet die Rechtsprechung mitunter kapitalgesellschaftsrechtliche Grundsätze auf diese Gesellschaften entsprechend an, um dem Umstand Rechnung zu tragen, dass der Publikumskommanditgesellschaft regelmäßig eine unüberschaubare Zahl einander unbekannter Kommanditisten angehören und sich damit dieser Gesellschaftstyp vom gesetzlichen Leitbild einer personalistisch strukturierten Gesellschaft weit entfernt hat.[105] So ist beispielsweise bei einer Publikumskommanditgesellschaft die Durchführung einer 33

---

[95] Siehe BGH WM 1979, 913; LG München MittBayNot 2009, 59; Röhricht/Graf von Westphalen/Haas/*Haas,* § 157 Rn. 6.

[96] MüKoHGB/*K. Schmidt,* § 157 Rn. 4; E/B/J/S/*Hillmann,* § 157 Rn. 2, § 145 Rn. 9; Staub/*Habersack,* § 157 Rn. 4; Röhricht/Graf von Westphalen/Haas/*Haas,* § 157 Rn. 4.

[97] BGH ZIP 2007, 1988; Röhricht/Graf von Westphalen/Haas/*Haas,* § 131 Rn. 5; MünchHdb-GesR I-*Butzer/Knof,* § 85 Rn. 72.

[98] E/B/J/*Lorz,* § 131 Rn. 32; Röhricht/Graf von Westphalen/Haas/*Haas,* § 131 Rn. 4; im Ergebnis auch Baumbach/Hopt/*Hopt,* § 131 Rn. 33.

[99] E/B/J/S/*Lorz,* § 144 Rn. 4; Röhricht/Graf von Westphalen/Haas/*Haas,* § 144 Rn. 4.

[100] Vgl. RGZ 155, 75, 83 f.; Röhricht/Graf von Westphalen/Haas/*Haas,* § 131 Rn. 4; Uhlenbruck/Hirte/Vallender/*Hirte,* § 11 Rn. 307.

[101] Für die Frage aber, ob eine die Kosten deckende Masse vorhanden ist, ist auch auf die Werthaltigkeit der Gesellschafterhaftung abzustellen, die der Insolvenzverwalter nach § 93 zur Masse ziehen kann, → Rn. 19; in diesem Sinne AG Hamburg ZInsO 2007, 1283.

[102] Vgl. BGHZ 75, 178, 179 f. = NJW 1980, 233; BGHZ 96, 151, 154 = NJW 1986, 850; Röhricht/Graf von Westphalen/Haas/*Haas,* § 131 Rn. 20; Baumbach/Hopt/*Hopt,* § 131 Rn. 13; E/B/J/S/*Lorz,* § 131 Rn. 23; kritisch hierzu MüKoHGB/*K. Schmidt,* § 131 Rn. 30.

[103] MüKoHGB/*K. Schmidt,* § 131 Rn. 36.

[104] Vgl. dazu ausführlich Röhricht/Graf von Westphalen/Haas/*Haas/Mock,* § 161 Rn. 107 ff.

[105] BGHZ 155, 121, 123 f. = NJW 2003, 2676; siehe auch BGH NJW 2003, 1729 ff.; E/B/J/S/*Hillmann,* § 146 Rn. 3; Staub/*Habersack,* § 146 Rn. 13; Röhricht/Graf von Westphalen/Haas/*Haas/Mock,* § 161 Rn. 107 ff.

Nachtragsliquidation davon abhängig, dass in entsprechender Anwendung des § 273 IV AktG ein Nachtragsliquidator gerichtlich bestellt wird.[106]

34 Auf die gesellschaftsrechtliche Liquidation der Gesellschaft finden die insolvenzrechtlichen Grundsätze keine Anwendung, so dass es vor allem keinen Grundsatz der Gläubigergleichbehandlung gibt.[107] Die Gläubiger können damit im Wege der Zwangsvollstreckung auf das Vermögen der Gesellschaft zugreifen (→ § 92 Rn. 577 f.).[108] Dies gilt auch für den Anspruch aus § 130a II 1 HGB, der nun durch den einzelnen Gesellschaftsgläubiger ganz und nicht nur in Höhe des auf ihn entfallenden Quotenschadens oder „Schadensanteils" gepfändet werden kann.[109]

35 dd) *Masseunzulänglichkeit.* Stellt sich nach Verfahrenseröffnung heraus, dass die Insolvenzmasse nicht ausreicht, um die Kosten des Verfahrens zu decken, muss das Insolvenzgericht nach § 207 I InsO das Verfahren einstellen, wenn nicht ein ausreichender Geldbetrag vorgeschossen wird. Soweit Barmittel in der Masse vorhanden sind, hat der Insolvenzverwalter nach § 207 III 1 InsO vor Einstellung des Verfahrens die Kosten desselben zu berichtigen. Da er aber nach § 207 III 2 InsO nicht verpflichtet ist, die vorhandenen Massegegenstände zu verwerten, kann es nach Einstellung des Verfahrens noch zu einem Liquidationsverfahren nach den §§ 145 ff. HGB (→ Rn. 33 f.) kommen.

36 Die Gesellschafter können die Fortsetzung der aufgelösten Gesellschaft beschließen. Zwar ist dies nicht ausdrücklich in § 144 I HGB vorgesehen, ergibt sich aber aus dessen analoger Anwendung.[110] Voraussetzung ist allerdings wiederum (→ Rn. 33 f.), dass der Geschäftsbetrieb (gerichtet auf ein Handelsgewerbe oder einer in § 105 II HGB bezeichneten Tätigkeit) nicht eingestellt und das Gesellschaftsvermögen noch nicht restlos verteilt ist.[111] Der Gesellschafterbeschluss bedarf – soweit im Gesellschaftsvertrag nichts anderes vorgesehen ist – nach § 119 HGB der Zustimmung aller Gesellschafter.[112] Erforderlich ist also Einstimmigkeit (→ Rn. 32).[113]

37 h) *Die Insolvenzmasse.* aa) *Die Insolvenzmasse der oHG.* Zur Insolvenzmasse iS des § 35 InsO zählt das gesamte Vermögen, das dem Schuldner zur Zeit der Eröffnung des Verfahrens gehört, sowie dasjenige, das er während des Verfahrens erlangt.[114] Zur Insolvenzmasse zählen insbesondere:

38 (1) *Firma.* Für die Frage, ob der Insolvenzverwalter die Firma in den Grenzen des § 23 HGB verwerten kann, hat die Rechtsprechung und Literatur bislang zwischen Personen- und Kapitalgesellschaften unterschieden.[115] Bei Personengesellschaften be-

---

[106] BGHZ 155, 121, 123 ff. = NJW 2003, 2676; Röhricht/Graf von Westphalen/Haas/*Haas*, § 146 Rn. 3a.

[107] Vgl. BGHZ 75, 178, 180 = NJW 1980, 233; BGHZ 53, 71, 74 = NJW 1970, 469; Staub/*Habersack*, § 145 Rn. 5; *J. Uhlenbruck*, Kölner Schrift zur Insolvenzordnung, S. 1190 Rn. 7 (dort bezogen auf die GmbH); *Uhlenbruck*, ZIP 1993, 241, 242; siehe auch Nachweise für die Mindermeinung („Quasi-Insolvenzverfahren") bei MüKoHGB/*K. Schmidt*, § 131 Rn. 36; → § 92 Rn. 577 f.

[108] MüKoHGB/*K. Schmidt*, Anh § 158 Rn. 39.

[109] BGH NZI 2001, 87, 88 (zu § 64 GmbHG); E/B/J/S/*Hillmann*, § 130a Rn. 3; Staub/*Habersack*, § 130a Rn. 39.

[110] Vgl. Röhricht/Graf von Westphalen/Haas/*Haas*, § 131 Rn. 4; *Häsemeyer*, Insolvenzrecht, Rn. 31.08; Uhlenbruck/Hirte/Vallender/*Hirte*, § 11 Rn. 308; Koller/Roth/Morck, § 144 Rn. 1; E/B/J/S/*Lorz*, § 144 Rn. 6; Baumbach/Hopt/*Hopt*, § 144 Rn. 1; aA MüKoHGB/*K. Schmidt*, § 144 Rn. 3.

[111] Röhricht/Graf von Westphalen/Haas/*Haas*, § 144 Rn. 5.

[112] MüKoHGB/*K. Schmidt*, § 144 Rn. 8; Röhricht/Graf von Westphalen/Haas/*Haas*, § 144 Rn. 6.

[113] BGH ZIP 2007, 1988; Röhricht/Graf von Westphalen/Haas/*Haas*, § 131 Rn. 5; MünchHdbGesRI-*Butzer/Knof*, § 85 Rn. 72.

[114] MünchHdbGesRI-*Butzer/Knof*, § 85 Rn. 33, HaKoInsO/*Lüdtke*, § 35 Rn. 14; HK/*Eickmann*, § 35 Rn. 33 ff.

[115] Siehe dazu die Darstellung bei Röhricht/Graf von Westphalen/Haas/*Ries*, § 17 Rn. 45 ff. und § 92 Rn. 339 f.

durfte der Insolvenzverwalter – anders als bei den Kapitalgesellschaften – zur Veräußerung der Firma (in den Grenzen des § 23 HGB) der Zustimmung des Gesellschafters, dessen Familienname Bestandteil des Firmennamens war. Begründet wurde das Zustimmungserfordernis damit, dass im Rahmen der Firmenbildung bei Personengesellschaften ein Namensüberlassungszwang bestünde und daher eine Verwertung des Firmennamens mit dem Persönlichkeitsrecht des namensgebenden Gesellschafters nicht zu vereinbaren sei.[116] Durch das HRefG[117] hat sich diese Situation geändert. Der Gesetzgeber hat das Firmenrecht dem Markenrecht angepasst und auch für die KG und oHG den Grundsatz der Wahlfreiheit bei der Firmenbildung eingeführt (vgl. § 18 I HGB). Diese Wahlfreiheit hat zur Folge, dass dem namensgebenden Gesellschafter nicht die Möglichkeit genommen wird, eine neue wirtschaftliche Existenz aufzubauen, wenn der Insolvenzverwalter die Firma in den Grenzen des § 23 HGB verwertet.[118] Daher ist – trotz der Bestimmung in § 24 II HGB (→ § 92 Rn. 339f.) – davon auszugehen, dass der Insolvenzverwalter die Firma nicht nur im Rahmen der insolvenzrechtlichen Abwicklung nutzen, sondern ohne Zustimmung des namensgebenden Gesellschafters auch in den Grenzen des § 23 HGB verwerten darf.[119]

(2) *Rückständige Einlagen.* Zur Insolvenzmasse zählen die Ansprüche der Gesellschaft gegen den Gesellschafter auf rückständige Einlagen, soweit diese zur Befriedigung der Gläubiger erforderlich sind.[120] Versprochene, aber noch nicht fällige Beiträge, werden mit Eröffnung des Insolvenzverfahrens fällig.[121] Bei Einforderung der Beträge hat der Insolvenzverwalter auf den Grundsatz der Gleichbehandlung zu achten.[122] Dieser zwingt ihn indes nicht dazu, die Gesellschafter gegebenenfalls anteilig in Anspruch zu nehmen.[123] Der Insolvenzverwalter muss grundsätzlich nicht darlegen, dass er die rückständigen Einlagen zur Befriedigung der Gläubiger benötigt. Es ist vielmehr Sache des in Anspruch genommenen Gesellschafters, darzulegen und zu beweisen, dass eine entsprechende Notwendigkeit nicht besteht und das vorhandene Gesellschaftsvermögen bereits ausreichend ist; es wird also iE zugunsten der Gläubiger vermutet, dass die eingeforderten Einlagen zur Befriedigung erforderlich sind.[124] Der Gesellschafter schuldet ausstehende Einlagen aber nur, wenn er noch der Gesellschaft angehört.[125]

(3) *Nachschüsse.* Die Gesellschafter sind nicht verpflichtet, über ihre vereinbarten Einlagen hinaus Nachschüsse zu leisten (§ 707 II BGB). Von § 707 BGB abweichende Ver-

---

[116] Vgl. BGHZ 32, 103, 106 ff. = NJW 1960, 1008; OLG Koblenz NJW 1992, 2101, 2102.
[117] BGBl. 1998 I 1474, in Kraft getreten am 1.7.1998.
[118] So aber für das alte Recht Kuhn/*Uhlenbruck* § 209 KO Rn. 25.
[119] In diesem Sinne *Noack*, Rn. 475; MünchHdbGesR-*Butzer/Knof*, § 85 Rn. 45; MüKoHGB/*K. Schmidt*, Anh § 158 Rn. 43; MüKoInsO/*Peters*, § 35 Rn. 501 ff.; Röhricht/Graf von Westphalen/Haas/*Ries*, § 17 Rn. 47, § 22 Rn. 33; unter Heranziehung einer anderslautenden Begründung iE auch E/B/J/S/*Zimmer*, § 22 Rn. 43 ff.; aA Baumbach/Hopt/*Hopt*, § 17 Rn. 47; *Wertenbruch* ZIP 2002, 1931, 1936; kritisch HK/*Eickmann*, § 35 Rn. 27 soweit hinter der Namensfirma das Persönlichkeitsrecht des Firmengebers steht; differenzierend nach dem Gründungszeitpunkt (vor oder nach dem HRefG) BerlK-*Amelung/Wagner*, § 35 Rn. 23; Zur Frage, ob die Gesellschafter nach Verfahrenseröffnung die Firma ändern können, → § 92 Rn. 339f.
[120] Vgl. BGH NJW 1981, 2251, 2252; BGHZ 93, 159, 161 = NJW 1985, 1468; BGH WM 1977, 1377, 1379; OLG Köln ZIP 1983, 310, 311; *Noack*, Rn. 467; MüKoHGB/*K. Schmidt*, Anh § 158 Rn. 43; E/B/J/S/*Strohn*, § 171 Rn. 91; HaKoInsO/*Lüdtke*, § 35 Rn. 91; MüKoInsO/*Peters*, § 35 Rn. 196; *Robrecht* DB 1968, 471, 475.
[121] E/B/J/S/*Strohn*, § 171 Rn. 91; Uhlenbruck/Hirte/Vallender/*Hirte*, § 35 Rn. 380; MüKoInsO/*Peters*, § 35 Rn. 196; MünchHdbGesRI-*Butzer/Knof*, § 85 Rn. 34.
[122] Vgl. Uhlenbruck/Hirte/Vallender/*Hirte*, § 35 Rn. 381; MünchHdbGesRI-*Butzer/Knof*, § 85 Rn. 34; MüKoInsO/*Peters*, § 35 Rn. 196.
[123] OLG Köln ZIP 1983, 310, 311 ff.; MünchHdbGesRI-*Butzer/Knof*, § 85 Rn. 34; *Noack*, Rn. 467.
[124] Vgl. BGHZ 93, 159, 161 = NJW 1985, 1468; OLG Köln ZIP 1983, 310, 311; MünchHdbGesRI-*Butzer/Knof*, § 85 Rn. 34; *Noack*, Rn. 467; MüKoInsO/*Peters*, § 35 Rn. 196.
[125] BGHZ 23, 17, 29 = NJW 1957, 591; BGH NJW 1998, 376; OLG Düsseldorf NZG 1999, 876.

einbarungen im Gesellschaftsvertrag sind zulässig und können auch und gerade für den Insolvenzfall vereinbart werden. Der Anspruch auf Leistung der Nachschüsse entsteht jedoch erst mit einem entsprechenden Beschluss der Gesellschafter. Der Insolvenzverwalter kann daher ohne diesen Gesellschafterbeschluss die Nachschüsse nicht einfordern.[126] Eine Nachschusspflicht kann uU für den ausgeschiedenen Gesellschafter nach §§ 105 III HGB, 739 BGB bestehen, wenn und soweit die Gesellschaft in der Zeit seiner Zugehörigkeit im Endergebnis Verluste erlitten hat und diese anteilig auf ihn entfallen. Handelt es sich bei dem Ausgeschiedenen um einen Kommanditisten, ist § 167 III HGB zu beachten. Ggfls. besteht auch eine Nachschusspflicht nach §§ 105 III HGB, 735 BGB. Danach haben die Gesellschafter einer aufgelösten Gesellschaft dieser gegenüber[127] für den Fall, dass das Gesellschaftsvermögen zur Befriedigung aller Gläubiger nicht ausreicht, für den Fehlbetrag aufzukommen. Den Fehlbetrag haben die Gesellschafter entsprechend ihrer vermögensmäßigen Beteiligung am Gesamthandsvermögen zu tragen.[128] Der Anspruch der Gesellschaft gegen den Kommanditisten ist jedoch nach § 167 III HGB beschränkt. Diesem Anspruch der Gesellschaft nach § 735 BGB, dessen Voraussetzungen der Insolvenzverwalter darlegen und notfalls beweisen muss, kommt auf Grund des § 93 InsO, über welchen der Insolvenzverwalter gegenüber den Gesellschaftern Ansprüche nach § 128 HGB geltend machen kann, keine entscheidende Bedeutung zu.[129]

41 (4) *Sozialansprüche.* Zur Insolvenzmasse zählen Ansprüche der Gesellschaft gegen den Gesellschafter zB auf Herausgabe von Ergebnissen einer Geschäftsführung (§§ 105 III HGB, 713, 667 BGB), Ansprüche nach § 111 HGB auf Verzinsung rückständiger Einlagen, Schadensersatzansprüche wegen Verletzung von Gesellschafterpflichten (insbesondere Treuepflichten),[130] Ersatzansprüche wegen fehlerhafter Geschäftsführung, Ansprüche der Gesellschaft wegen Verletzung des Wettbewerbsverbots (§§ 112 f. HGB), etc.

42 bb) *Die Insolvenzmasse der KG.* Für die KG gelten zunächst die für die oHG in Rn. 37 ff. dargestellten Grundsätze entsprechend.

43 (1) *Gesplittete Einlagen.* Hat sich der Kommanditist im Gesellschaftsvertrag neben der Einlage zu weiteren Nebenleistungen (typischerweise einem Darlehen oder einer stillen Beteiligung)[131] gegenüber der Gesellschaft verpflichtet,[132] stellt sich die Frage, ob er mit Eröffnung des Insolvenzverfahrens berechtigt ist, sich unter bestimmten Voraussetzungen von seiner (noch nicht vollständig erbrachten) Verpflichtung loszusagen bzw. ob er die erbrachten Leistungen in der Insolvenz der Gesellschaft zurückfordern kann. Dies ist durch Auslegung der Vereinbarung zu ermitteln.[133] Im Ergebnis kommt es darauf an, ob

---

[126] Vgl. Uhlenbruck/Hirte/Vallender/*Hirte*, § 35 Rn. 381.
[127] *Ensthaler*, § 155 Rn. 8; Staub/*Habersack*, § 155 Rn. 12, 15; Röhricht/Graf von Westphalen/Haas/*Haas*, § 155 Rn. 12; MüKoInsO/*Peters*, § 35 Rn. 196; unterscheide hiervon die Pflicht zum Ausgleich von negativen Kapitalkonten allein unter den Gesellschaftern, BGHZ 26, 126, 129; BB 1966, 844; ZIP 1993, 1307, 1309; BB 2006, 461, 462; siehe auch OLG München BeckRS 2009, 20731; Heymann/*Sonnenschein/Weitemeyer*, § 155 Rn. 10; Uhlenbruck/Hirte/Vallender/*Hirte*, § 35 Rn. 381; *Noack*, Rn. 468 f.; MünchHdbGesRI-*Butzer/Knof*, § 85 Rn. 34 f.; HaKoInsO/*Lüdtke*, § 35 Rn. 93.
[128] *Ensthaler*, § 155 Rn. 7.
[129] So zu Recht *Noack*, Rn. 469; siehe auch MünchHdbGesRI-*Butzer/Knof*, § 85 Rn. 35.
[130] Siehe zur Beachtung des Überlebensinteresses in der Krise der Gesellschaft aus dem Gesichtspunkt der Treuepflicht OLG Karlsruhe GmbHR 2003, 1359, 1360 f.
[131] Vgl. dazu ausführlich MüKoHGB/*K. Schmidt*, §§ 171, 172 Rn. 49; Röhricht/Graf von Westphalen/Haas/*Haas/Mock*, § 161 Rn. 167 ff.; Röhricht/Graf von Westphalen/Haas/*Haas/Mock*, § 230 Rn. 78 ff.
[132] Zur Frage, ob auf diese Verpflichtung zur Erbringung zusätzlicher Leistungen die actio pro socio Anwendung findet, OLG Karlsruhe NZG 1999, 439.
[133] Vgl. BGHZ 142, 116, 121 ff. = NZG 1999, 880; BGHZ 104, 33, 38 ff. = NJW 1988, 1841; BGH NJW 1981, 2251 f.; Röhricht/Graf von Westphalen/Haas/*Haas*, § 161 Rn. 168; MüKoHGB/*K. Schmidt*, §§ 171, 172 Rn. 49; vgl. auch OLG Köln NZI 2009, 128, 130 f.

sich der Gesellschafter zur Leistung einer (zusätzlichen) eigenkapitalgleichen Gesellschaftsausstattung verpflichtet hat oder ob dem Leistungsversprechen die Funktion einer Fremdkapitalausstattung zukommt.[134] Ist ersteres der Fall und die Zusatzleistung noch nicht erbracht, kann der Insolvenzverwalter Leistung an die Gesellschaft verlangen, denn die zusätzlichen Leistungen werden dann einlagegleich, m. a. W. wie haftendes Kapital behandelt. Die Einforderung erfolgt wie bei einer rückständigen Kommanditeinlage (vgl. hierzu Rn. 39).[135] Die allgemeinen insolvenzrechtlichen Grundsätze (§§ 103 ff. InsO) finden insoweit also keine Anwendung. Geleistete, eigenkapitalgleiche Gesellschafterhilfen können in der Insolvenz der Gesellschaft nicht mehr zurückgefordert werden.[136] Zu den Auslegungskriterien zur Bestimmung von Eigenkapital- oder Fremdkapitalcharakter, siehe § 92 Rn. 560 f.

(2) *Gesellschafterdarlehen.* Das Recht der Gesellschafterdarlehen findet bei der gesetzestypischen oHG und der KG seit der umfassenden Reform durch das MoMiG keine Anwendung, da § 39 IV 1 InsO voraussetzt, dass weder eine natürliche Person noch eine Gesellschaft persönlich haftender Gesellschafter ist, bei der ein persönlich haftender Gesellschafter eine natürliche Person ist.[137] Siehe aber für die kapitalistischen Personengesellschaften Rn. 168 ff. **44**

i) *Die Haftung der Gesellschafter.* aa) *Die Gesellschafterhaftung nach § 128 HGB.* Auch in **45** der Insolvenz der Gesellschaft haftet der Gesellschafter grundsätzlich für sämtliche Verbindlichkeiten der Gesellschaft unbeschränkt, unmittelbar und akzessorisch nach § 128 HGB.[138] Zum Problem, wenn der Gesellschafter vor Eröffnung des Insolvenzverfahrens ausgeschieden ist, siehe Rn. 47 ff.

(1) *Inhalt der Haftung.*[139] Fraglich ist, ob die Akzessorietät der Gesellschafterhaftung **46** dazu führt, dass der Gesellschafter nach § 128 HGB in der Insolvenz auf *Erfüllung* der Gesellschaftsschuld in Anspruch genommen werden kann (Erfüllungstheorie). Ungeachtet dessen, welcher Haftungskonzeption man für die oHG außerhalb des Insolvenzverfahrens folgt (Erfüllungs- oder Haftungstheorie),[140] ist für die Dauer des Insolvenzverfahrens jedenfalls zu berücksichtigen, dass der Insolvenzverwalter gegen die Gesellschafter nur die gemäß § 45 InsO umgewandelte Forderung der Gesellschaftsgläubiger geltend machen kann.[141] Hierfür spricht auch der Sinn und Zweck des § 93 InsO, der darin besteht, die Masse zugunsten der Gläubigergesamtheit anzureichern.

---

[134] Vgl. BGHZ 142, 116, 122 f. = NZG 1999, 880; BGHZ 104, 33, 38 ff. = NJW 1988, 1841; BGHZ 93, 159, 161 f. = NJW 1985, 1468; BGH NJW 1981, 2251 f.; siehe auch *Habersack* ZHR 161 (1998), 201, 214; Röhricht/Graf von Westphalen/Haas/*Haas/Mock*, § 161 Rn. 168; Oetker/*Oetker*, § 161 Rn. 142, § 171 Rn. 76 ff.

[135] Vgl. BGHZ 142, 116, 124 f. = NZG 1999, 880; BGHZ 104, 33, 37 f. = NJW 1988, 1841; BGHZ 93, 159, 161 f. = NJW 1985, 1468; BGH NJW 1981, 2251, 2252; Röhricht/Graf von Westphalen/ Haas/*Haas/Mock*, § 161 Rn. 168 f.; MüKoHGB/*K. Schmidt*, §§ 171, 172 Rn. 49; siehe auch OLG Celle NZG 2009, 1075, 1076; OLG Schleswig NZG 2009, 258.

[136] BGHZ 104, 33, 41 f. = NJW 1988, 1841; BGH NJW 1981, 2251, 2252; Röhricht/Graf von Westphalen/Haas/*Haas/Mock*, § 161 Rn. 170; Oetker/*Oetker*, § 171 Rn. 77; etwa für den Fall einer Nebenleistung in Form der „stillen Beteiligung" vgl. auch E/B/J/S/*Gehrlein*, § 236 Rn. 14 ff.

[137] Kritisch zu diesem generellen Ausschluss *Haas*, ZInsO 2007, 617, 628.

[138] Vgl. BGHZ 48, 203 = NJW 1967, 2203, 2204; Röhricht/Graf von Westphalen/Haas/*Haas*, § 128 Rn. 17; Staub/*Habersack*, § 128 Rn. 70; MüKoHGB/*K. Schmidt*, § 128 Rn. 82; Baumbach/Hopt/*Hopt*, § 128 Rn. 46.

[139] Siehe umfassend MünchHdbGesRI-*Butzer/Knof*, § 85 Rn. 56 ff.

[140] Vgl. hierzu BGHZ 23, 302, 305 ff. = NJW 1957, 871; BGHZ 34, 293, 297 = NJW 1961, 1022; BGHZ 73, 217, 223 f. = NJW 1979, 1361; Röhricht/Graf von Westphalen/Haas/*Haas*, § 128 Rn. 6 f.; Staub/*Habersack*, § 128 Rn. 27 ff.; Baumbach/Hopt/*Hopt*, § 128 Rn. 8 ff.

[141] Vgl. Röhricht/Graf von Westphalen/Haas/*Haas*, § 128 Rn. 17; *Wissmann*, Persönliche Mithaft, Rn. 396; MüKoHGB/*K. Schmidt*, § 128 Rn. 86; aA Staub/*Habersack*, § 128 Rn. 71; Uhlenbruck/ Hirte/Vallender/*Hirte*, § 93 Rn. 39; wohl auch E/B/J/S/*Hillmann*, § 128 Rn. 68.

§ 94 47, 48　　　　　　　　　　　Kapitel VII. Besonderheiten der Gesellschaftsinsolvenz

Das Sicherungsinteresse des Gläubigers an der Erfüllung der primären Gesellschaftsschuld tritt dagegen hinter die Gesamtgläubigerinteressen zurück.[142]

47　　(2) *Umfang der Haftung*.[143] Der Gesellschafter haftet für die im Zeitpunkt der Insolvenzeröffnung bestehenden Gesellschaftsverbindlichkeiten (sogenannte Altverbindlichkeiten). Hierzu zählen sämtliche Insolvenzforderungen.[144] Der Gesellschafter haftet auch für die Masseverbindlichkeiten nach § 55 I Nr. 2 InsO; denn diese haben ihren Rechtsgrund in den vor der Eröffnung des Insolvenzverfahrens geschlossenen und nunmehr gemäß §§ 103 ff. InsO zu erfüllenden Verträgen, ungeachtet dessen, wie der Anspruch dogmatisch[145] begründet wird.[146] Das gilt auch für den Schadensersatzanspruch nach § 103 II 1 InsO, wenn der Insolvenzverwalter Nichterfüllung wählt. Strittig ist die Einordnung der Verbindlichkeiten aus einem Sozialplan.[147]

48　　Umstritten ist ebenfalls, ob der Gesellschafter auch für die übrigen Masseverbindlichkeiten nach § 128 HGB haftet. Letzteres wird teilweise mit der Begründung bejaht, dass anderenfalls eine Personengesellschaft mit beschränkter Haftung entstehen würde. Um aber den Gesellschafter vor unbegrenzten Verpflichtungen des Verwalters zu schützen, sollen ungewöhnliche Maßnahmen des Verwalters die Eigenhaftung des Gesellschafters nur begründen, wenn dieser den Maßnahmen zustimmt.[148] Die wohl überwiegende Ansicht lehnt eine Haftung für diese sogenannten „Neuverbindlichkeiten" hingegen zu Recht ab.[149] Der Grund für diese teleologische Reduktion des § 128 HGB liegt in den Folgen der Fremdverwaltung und der damit einhergehenden Einflusslosigkeit der Gesellschafter auf die Geschäftsleitung sowie im Schutz der Privatgläubiger des Gesellschafters.[150] Zum gleichen Ergebnis gelangt der BGH, dem zufolge es einer solchen teleologischen Reduktion des § 128 HGB allerdings nicht bedarf. So scheide eine Haftung des Gesellschafters für Masse- bzw. Neuverbindlichkeiten bereits aus insolvenzrechtlichen Gründen aus, denn die Verwaltungs- und Verfügungsbefugnis des Insolvenzverwalters nach § 80 InsO beziehe sich lediglich auf das Schuldnervermögen, dh die Insolvenzmasse, und nicht auch auf das Privatvermögen des Gesellschafters. Daran, dass der Verwalter demnach den Gesellschafter nicht zugleich über § 128 HGB für Gesellschaftsverbindlichkeiten persönlich verpflichten kann, ändere auch § 93 InsO nichts, denn auch diese Vorschrift enthalte keine gesetzliche Ermächtigung zugunsten des Ver-

---

[142] So auch Röhricht/Graf von Westphalen/Haas/*Haas*, § 128 Rn. 17.
[143] Siehe umfassend MünchHdbGesR I-*Butzer/Knof*, § 85 Rn. 57 ff.
[144] Vgl. HK/*Kayser*, § 93 Rn. 18; HaKoInsO/*Pohlmann*, § 93 Rn. 13; Staub/*Habersack*, § 128 Rn. 72; Röhricht/Graf von Westphalen/Haas/*Haas*, § 128 Rn. 18; MüKoHGB/*K. Schmidt*, § 128 Rn. 78; E/B/J/S/*Hillmann*, § 128 Rn. 68; *K. Schmidt* GmbHR 2002, 1209, 1215; Uhlenbruck/Hirte/Vallender/*Hirte*, § 93 Rn. 36.
[145] Siehe § 34 Rn. 35 ff.
[146] Vgl. MüKoInsO/*Brandes*, § 93 Rn. 11; HaKoInsO/*Pohlmann*, § 93 Rn. 16; Röhricht/Graf von Westphalen/Haas/*Haas*, § 128 Rn. 18; MüKoHGB/*K. Schmidt*, § 128 Rn. 78; Staub/*Habersack*, § 128 Rn. 72; *Noack*, Rn. 491 f.; E/B/J/S/*Hillmann*, § 128 Rn. 68; Uhlenbruck/Hirte/Vallender/*Hirte*, § 93 Rn. 36; *Stahlschmidt*, Die GbR in der Insolvenz, S. 90.
[147] Eine Haftung des Gesellschafters auch für Masseverbindlichkeiten aus einem Sozialplan grundsätzlich bejahend: HaKoInsO/*Pohlmann*, § 93 Rn. 17; HK/*Kayser*, § 93 Rn. 21; MüKoInsO/*Brandes*, § 93 Rn. 11; ebenso BAG NJW 1987, 92, 93 f. (zum Sozialplankonkursgesetz); aA Uhlenbruck/Hirte/Vallender/*Hirte*, § 93 Rn. 37; KPB/*Lüke*, § 93 Rn. 27 ff.; Jaeger/*Müller*, § 93 Rn. 42.
[148] KPB/*Lüke*, § 93 Rn. 28 ff.
[149] OLG Brandenburg NZI 2008, 41; OLG Celle ZIP 2007, 2210, 2211; siehe im Übrigen MüKoInsO/*Brandes*, § 93 Rn. 7 ff.; HaKoInsO/*Pohlmann*, § 93 Rn. 15; HK/*Kayser*, § 93 Rn. 23; MüKoHGB/*K. Schmidt*, § 128 Rn. 81; Röhricht/Graf von Westphalen/Haas/*Haas*, § 128 Rn. 18; Oetker/*Boesche*, § 128 Rn. 70; Uhlenbruck/Hirte/Vallender/*Hirte*, § 93 Rn. 37; MünchHdbGesR I-*Butzer/Knof*, § 85 Rn. 56 ff.
[150] OLG Brandenburg NZI 2008, 41; HK/*Kayser*, § 93 Rn. 16; *Prütting* ZIP 1997, 1725, 1732; MüKoHGB/*K. Schmidt*, Anh § 158 Rn. 47; *K. Schmidt* GmbHR 2002, 1209, 1215; Uhlenbruck/Hirte/Vallender/*Hirte*, § 93 Rn. 37; *Brinkmann*, S. 120.

walters, den Gesellschafter für Verbindlichkeiten der Gesellschaft in die Haftung zu nehmen.[151]

Überwiegender Ansicht in der Lit. nach zählen auch die Kosten des Insolvenzverfahrens (§ 54 InsO) – obwohl für diese die vorgenannte gesellschaftsrechtlich motivierte Reduktion des § 128 HGB nicht greift –[152] zu den Neuverbindlichkeiten, für die der Gesellschafter nicht nach § 128 HGB einzustehen hat.[153] Begründet wird dies etwa damit, dass die Eigenhaftung nach § 128 HGB von der Gesellschaftsinsolvenz nicht berührt werde. Außerdem könne dem Gesellschafter nicht zugemutet werden, die Gesellschaftsinsolvenz, die sich für ihn als Rechtsverfolgungsmaßnahme der Gesellschaftsgläubiger gegen die Gesellschaft – und nicht gegen sich selbst – darstellt, zu finanzieren.[154] Der BGH ordnet die Kosten des Insolvenzverfahrens zwar nicht als Neuverbindlichkeiten ein,[155] verneint aber ebenfalls eine Haftung des Gesellschafters für diese und verweist hierfür auf § 26 I 1 InsO sowie § 207 I 1 InsO, aus denen jeweils abzuleiten sei, dass die Verfahrenskosten allein aus der Masse des insolventen Rechtsträgers zu begleichen sind. Diese vorherrschende Rechtsansicht ist abzulehnen. Ein Grundsatz, wonach § 128 HGB von der Gesellschaftsinsolvenz nicht berührt werde, gilt für das Insolvenzrecht – etwa mit Blick auf § 227 InsO – nicht uneingeschränkt. Auch spricht für eine Gesellschafterhaftung in diesem Kontext der im Zuge der Einführung von § 93 InsO geäußerte gesetzgeberische Wille, wonach die Norm ua einen Beitrag zur Überwindung der Massearmut leisten und insbesondere verhindern soll, dass eine Abweisung des Eröffnungsantrags mangels Masse erfolgt, obgleich ein persönlich haftender Gesellschafter über ausreichendes Vermögen verfügt.[156] Unzweifelhaft erreicht werden kann dieser vom Gesetzgeber ausdrücklich bestimmte Sinn und Zweck von § 93 InsO dadurch, dass der persönlich haftende Gesellschafter über § 128 HGB (iVm § 93 InsO) für die Kosten des Insolvenzverfahrens herangezogen wird.[157]

Für die Frage, ob der Gesellschafter im Falle der Eigenverwaltung für Masseverbindlichkeiten haftet, → § 90 Rn. 57 f. Von der Frage, ob der Gesellschafter für die Kosten des Verfahrens nach § 128 HGB einzustehen hat, ist die weitere zu unterscheiden, ob der Insolvenzverwalter aus dem nach § 93 InsO eingezogenen Betrag, die Kosten

---

[151] BGH NJW 2010, 69, 70; siehe auch *Göcke,* Wechselwirkungen bei der Insolvenz von Gesellschaft, Gesellschafter und Organwalter, S. 128 f., wonach der Insolvenzverwalter durch Handlungen für die Insolvenzmasse lediglich „Masseverbindlichkeiten", demgegenüber keine, von Masseverbindlichkeiten zu differenzierende „Gesellschaftsverbindlichkeiten" iS von § 128 HGB begründet; solche rein insolvenzrechtl. Begründungen zu Recht kritisch u. eine teologische Reduktion von S. 128 HGB als unerlässlich sehend *K. Schmidt,* ZHR 174 (2010), 163, 172 ff., 177.
[152] *Armbruster,* (S. 173) spricht insoweit von Kosten, die von einer Vermögenslage herrühren, die der Gesellschafter durch selbstbestimmtes Handeln herbeigeführt hat; vgl. iÜ BGH NJW 2010, 69, 71.
[153] OLG Celle ZIP 2007, 2210, 2211; MüKoInsO/*Brandes,* § 93 Rn. 10; HaKoInsO/*Pohlmann,* § 93 Rn. 18; HK/*Kayser,* § 93 Rn. 24; MüKoHGB/*K. Schmidt,* § 128 Rn. 81; E/B/J/S/*Hillmann,* § 128 Rn. 69; Uhlenbruck/Hirte/Vallender/*Hirte,* § 93 Rn. 37; *Marotzke* ZInsO 2008, 57, 61; *Stahlschmidt,* Die GbR in der Insolvenz, S. 89 f.; Die Frage, ob der Gesellschafter für die Kosten des Beschlusses, mit welchem die Eröffnung des Insolvenzverfahren mangels Masse abgelehnt wird, aufzukommen hat, wird offen gelassen von OLG Brandenburg NZI 2008, 41, 42.
[154] Vgl. etwa *Marotzke* ZInsO 2008, 57, 60 f.; auch diene § 93 InsO keinem Finanzierungszweck, sondern lediglich der Konzentration der Haftungsansprüche gegen den Gesellschafter in der Hand des Insolvenzverwalters (zu Letzterem siehe Rn. 52).
[155] Die Kosten nach § 54 InsO werden nicht erst durch eine Rechtshandlung des Insolvenzverwalters begründet; ihre Grundlage liegt in der Eröffnung des Insolvenzverfahrens, sodass sie ebenso wenig zu den Altverbindlichkeiten zu zählen sind, vgl. BGH NJW 2010, 69, 71; siehe auch HaKoInsO/*Pohlmann,* § 93 Rn. 18; *K. Schmidt,* ZHR 174 (2010), 163, 182 ff.
[156] Vgl. BT-Drucks. 12/2443 S. 140; Diese Intention des Gesetzgebers lediglich als „gesetzgeberische Hoffnung" ohne Anspruch auf Umsetzung sehend wohl *Floeth,* EWiR 2008, 281, 282.
[157] So vorzugswürdig MünchHdbGesR1-*Butzer/Knof,* § 85 Rn. 60; iÜ siehe Röhricht/Graf von Westphalen/*Haas/Haas,* § 128 Rn. 18.

des Verfahrens (oder aber auch Massegläubiger) befriedigen kann (→ Rn. 19 und Rn. 55).[158]

51 (3) *Geltendmachung der Gesellschafterhaftung.* Nach § 93 InsO kann in einem Verfahren über das Vermögen einer Gesellschaft ohne Rechtspersönlichkeit für die Dauer des Verfahrens die persönliche Haftung eines Gesellschafters für die Verbindlichkeiten der Gesellschaft nur von dem Insolvenzverwalter geltend gemacht werden. § 93 InsO findet Anwendung im Regelinsolvenzverfahren. Für das Verfahren der Eigenverwaltung siehe → § 89 Rn. 1 ff. Die Gesellschafterhaftung wird entsprechend der Schuldnerhaftung durch einen Insolvenzplan vermindert (§ 227 II InsO).

52 (i) *Normzweck des § 93 InsO.* Sinn und Zweck des § 93 InsO ist es, die unbeschränkte Haftung der Gesellschafter der Gesamtheit der Gläubiger zugutekommen zu lassen. Im Interesse der gleichmäßigen Befriedigung der Gesellschaftsgläubiger wirkt die Vorschrift darauf hin, dass sich keiner der Gläubiger in der Insolvenz der Gesellschaft durch einen schnelleren Zugriff auf das Vermögen des persönlich haftenden Gesellschafters Sondervorteile verschafft.[159] Der Rechtscharakter der Gesellschafterhaftung und die Inhaberschaft des Anspruchs werden durch § 93 InsO nicht berührt.[160] Die Vorschrift ordnet überwiegender Ansicht nach keinen Forderungsübergang an. Vielmehr enthält § 93 InsO lediglich eine Sperrwirkung zulasten der Gesellschaftsgläubiger (→ Rn. 53 f.) und eine Ermächtigungswirkung zugunsten des Insolvenzverwalters (→ Rn. 55 ff.), die Haftungsansprüche aus § 128 HGB während der Dauer des Insolvenzverfahrens gebündelt und treuhänderisch einzuziehen; § 93 InsO enthält mithin keine eigenständige Anspruchsgrundlage, sodass – in Konsequenz dessen – der in Anspruch genommene Gesellschafter durch Zahlung an den Insolvenzverwalter konkrete Gläubigerforderungen tilgt.[161] Diese Doppelwirkung betrifft im Grundsatz alle Gesellschaftsgläubiger und damit auch einen Gesellschafter, der Forderungen gegen die Gesellschaft aus einem Drittgeschäft hat. Mit denselben Gründen wie im Rahmen des § 92 InsO (→ § 92 Rn. 550) ist zudem die Freigabe durch den Insolvenzverwalter auch im Rahmen des § 93 InsO zu gestatten.[162]

53 (ii) *Sperrwirkung.* Während der Dauer des Insolvenzverfahrens kann nach § 93 InsO nur der Insolvenzverwalter die persönliche Haftung des Gesellschafters (§ 128 HGB) geltend machen. Damit sind die Gesellschaftsgläubiger während der Dauer des Verfahrens „gesperrt", ihre Ansprüche gegen die persönlich haftenden Gesellschafter – auch

---

[158] So auch MüKoInsO/*Brandes,* § 93 Rn. 10; Uhlenbruck/Hirte/Vallender/*Hirte,* § 93 Rn. 37; AG Hamburg ZInsO 2007, 1283; die Frage der Zulässigkeit einer solchen Mittelverwendung offen gelassen von BGH NJW 2010, 69, 71; s auch OLG Brandenburg NZI 2008, 41, 42.

[159] Vgl. BGH NZI 2009, 841, 842; BGH ZInsO 2007, 35, 36; BGHZ 151, 245, 248 ff. = NJW 2002, 2718; BFHE 197, 1, 4 f. = NZI 2002, 173; OLG Jena NJW-RR 2002, 626; OLG Bremen ZIP 2002, 679; *Bunke* KTS 2002, 471, 476; MüKoInsO/*Brandes,* § 93 Rn. 1; HK/*Kayser,* § 93 Rn. 1; HaKoInsO/*Pohlmann,* § 93 Rn. 1; Uhlenbruck/Hirte/Vallender/*Hirte,* § 93 Rn. 3; *Noack,* Rn. 494; *Bork,* Kölner Schrift zur Insolvenzordnung, S. 1021 Rn. 3; KPB/*Lüke,* § 93 Rn. 16; *Haas* NZI 2002, 366; *Wissmann,* Persönliche Mithaft, Rn. 342; *Fuchs* ZIP 2000, 1089, 1092. Zum Ziel der Massenanreicherung siehe auch Rn. 49.

[160] BGHZ 27, 51, 56 = NJW 1958, 787; BGHZ 42, 192, 193 f. = NJW 1964, 2407; BGH ZInsO 2007, 35, 36; BGH NZI 2009, 841, 842 f.; BAGE 125, 92, 95 ff. = NJW 2008, 1903; *Noack,* Rn. 497; MüKoInsO/*Brandes,* § 93 Rn. 14; Uhlenbruck/Hirte/Vallender/*Hirte,* § 93 Rn. 3, 6; *Armbruster,* S. 146 ff.; *Prütting* ZIP 1997, 1725, 1732.

[161] BGHZ 27, 51, 56 = NJW 1958, 787; BGHZ 42, 192, 193 f. = NJW 1964, 2407; BGH ZInsO 2007, 35, 36; BGHZ 178, 171, 173 ff. = NJW 2009, 225; MüKoInsO/*Brandes,* § 93 Rn. 13 f.; HK/*Kayser,* § 93 Rn. 25, 30 f.; HaKoInsO/*Pohlmann,* § 93 Rn. 25 f., 31; MünchHdbGesR I-*Butzer/Knof,* § 85 Rn. 51.

[162] HaKoInsO/*Pohlmann,* § 93 Rn. 37, HK/*Kayser,* § 93 Rn. 32; aA BGHZ 175, 12, 27 f. = DNotZ 2008, 542; OLG Dresden ZIP 2005, 1680, 1682 ff.; differenzierend *Bork,* Kölner Schrift zur Insolvenzordnung, S. 1333, 1339; dem folgend Uhlenbruck/Hirte/Vallender/*Hirte,* § 93 Rn. 6, der bei einer vollständigen Freigabe eine Zustimmung aller Gläubiger fordert.

Insolvenz der Personengesellschaften 54, 55 § 94

durch Insolvenzantragstellung[163] – zu verfolgen. Dies gilt selbst dann, wenn der Gläubiger seinen Anspruch im Verfahren über das Vermögen der Gesellschaft nicht anmeldet.[164] Aus der Sperrwirkung folgt, dass weder der Gläubiger auf den unbeschränkt und persönlich haftenden Gesellschafter Zugriff nehmen, noch dass der unbegrenzt haftende Gesellschafter die Forderung gegenüber dem Gesellschaftsgläubiger zum Erlöschen bringen kann.[165] Zudem bewirkt die Sperrwirkung, dass der Gläubiger eine tituliert Forderung nicht im Wege der Zwangsvollstreckung durchsetzen kann.[166] Sofern dies dennoch erfolgt, kann der Schuldner die auf § 93 InsO gestützten Einwendungen im Wege der Vollstreckungsabwehrklage (§ 767 ZPO) geltend machen.[167] Die Sperrwirkung erfasst zudem ausschließlich die gesellschaftsrechtliche (persönliche) Haftung des Gesellschafters gegenüber den Gläubigern;[168] haftet der Gesellschafter (zusätzlich) etwa aufgrund einer als Sicherheit gewährten Bürgschaft oder anderer Sicherheit oder aus einem sonstigen – von § 128 HGB verschiedenen Rechtsgrund – können die Gläubiger während des Insolvenzverfahrens insoweit ungehindert gegen diesen vorgehen.[169]

Fraglich ist, ob dem Gläubiger die Möglichkeit der Aufrechnung gegenüber dem Gesellschafter verbleibt, wenn er vor Eröffnung des Insolvenzverfahrens über das Vermögen der Gesellschaft hierzu berechtigt war. Die Gesetzesbegründung und ihr folgend ein Teil des Schrifttums bejahen dies in analoger Anwendung der §§ 406, 412 BGB.[170] § 406 BGB passt jedoch auf den vorliegenden Fall nicht; denn die Vorschrift erhält dem Schuldner der abgetretenen Forderung die Aufrechnungsmöglichkeit. Vorliegend geht es aber um die Frage, ob der Gläubiger der Forderung weiter aufrechnen kann, nachdem die Sperrwirkung des § 93 InsO eingetreten, dh die Zuständigkeit zur Beitreibung der Forderung auf den Insolvenzverwalter übergegangen ist. Richtiger Ansicht nach ist deshalb davon auszugehen, dass dem Gläubiger mit der Sperrwirkung auch die Aufrechnungsbefugnis entzogen ist.[171] 54

(iii) Ermächtigungswirkung. Während der Dauer des Insolvenzverfahrens kann nur der Insolvenzverwalter den Haftungsanspruch nach § 128 HGB geltend machen.[172] § 93 55

---

[163] AG Dresden ZIP 2010, 243, 245.
[164] AG Duisburg NZI 2011, 945, 946; MüKoInsO/*Brandes*, § 93 Rn. 13; HK/*Kayser*, § 93 Rn. 25; HaKoInsO/*Pohlmann*, § 93 Rn. 27.
[165] *Armbruster*, S. 142 f.; KPB/*Lüke*, § 93 Rn. 14; MüKoInsO/*Brandes*, § 93 Rn. 13; Uhlenbruck/Hirte/Vallender/*Hirte*, § 93 Rn. 4; MünchHdbGesR I-*Butzer/Knof*, § 85 Rn. 52.
[166] AG Duisburg NZI 2011, 945, 946.
[167] AG Duisburg NZI 2011, 945, 946.
[168] Vgl. BFHE 197, 1, 4 f. = NZI 2002, 173; MünchHdbGesR I-*Butzer/Knof*, § 85 Rn. 54; HK/*Kayser*, § 93 Rn. 13 f: Aufgrund Akzessorietät der gesetzlichen Gesellschafterhaftung nach § 128 HGB.
[169] BGHZ 151, 245, 248 ff. = NJW 2002, 2718; Röhricht/Graf von Westphalen/Haas/*Haas*, § 128 Rn. 19; MünchHdbGesR I-*Butzer/Knof*, § 85 Rn. 55; *Haas/Müller* NZI 2002, 366 ff.; aA *Bork* NZI 2002, 362, 363 ff.
[170] Begr zu § 105 RegE, BR-Drucks. 1/92, S. 140; siehe auch *Noack*, Rn. 517; der Begründung über eine Analogie zu §§ 406, 412 BGB kritisch gegenüber, iE jedoch mit anderslautender Begründung bejahend: MüKoInsO/*Brandes*, § 93 Rn. 32; HK/*Kayser*, § 93 Rn. 39.
[171] HaKoInsO/*Pohlmann*, § 93 Rn. 49; *Bork*, Kölner Schrift zur Insolvenzordnung, S. 1021 Rn. 30; Uhlenbruck/Hirte/Vallender/*Hirte*, § 93 Rn. 5; KPB/*Lüke*, § 93 Rn. 16; *Fuchs* ZIP 2000, 1089, 1097; aA MüKoInsO/*Brandes*, § 92 Rn. 32 ff.; *Oepen*, Massefremde Masse, Rn. 116 ff.; HK/*Kayser*, § 93 Rn. 38 ff., 40; MünchHdbGesR I-*Butzer/Knof*, § 85 Rn. 72: Dem Rechtsgedanken der §§ 94 ff. InsO, dass eine ursprünglich sichere Rechtsstellung, die aus einer Aufrechnungslage herrührt, im Insolvenzverfahren anzuerkennen ist, ist auch im Rahmen von § 93 InsO Geltung zu verschaffen und somit eine Aufrechnung des Gläubigers entgegen der grundsätzlichen Sperrwirkung zuzulassen.
[172] Ebenso wie im Rahmen des § 92 (→ § 92 Rn. 532 ff.) kann sich auch hier das Problem der unterschiedlichen Rechtswegzuständigkeiten stellen, denn für die Inanspruchnahme des persönlich haftenden Gesellschafters für die Ansprüche etwa aus dem Arbeitsverhältnis ist der Arbeitsgerichtsweg eröffnet, → § 92 Rn. 528 Fn. 1760; ArbG Münster ZIP 2004, 2159 f.; ArbG Düsseldorf ZInsO 2005, 335, 326; vgl. auch HaKoInsO/*Pohlmann*, § 93 Rn. 86 ff.: Entsprechend kann im Einzelfall auch der Sozialrechtsweg oder auch der Finanzrechtsweg eröffnet sein. Um die Handhabung nach § 93 zu erleichtern, sollte eine Zuständigkeitskonzentration analog § 17 II GVG befürwortet werden.

InsO begründet dem überwiegenden Verständnis nach – ebenso wie § 92 InsO (→ § 92 Rn. 549) bzw. § 171 II HGB (→ Rn. 75 ff.) – eine Einziehungs- und Prozessführungsbefugnis zugunsten des Insolvenzverwalters.[173] Daraus folgt auch, dass es dem Gesellschafter nach der Eröffnung des Verfahrens nicht mehr möglich ist, eine negative Feststellungsklage gegen den Gläubiger zu erheben.[174]

56 Für die mit Hilfe von § 93 InsO geltend gemachten Einzelforderungen bedarf es daher jeweils einer substantiierten Darlegung derselben durch den Insolvenzverwalter.[175] Die Forderungen sind nicht Bestandteil der Masse. Die eingezogenen Beträge werden aber vom Insolvenzverwalter zur Insolvenzmasse gezogen.[176] Eine Sondermasse zugunsten der im Zeitpunkt der Insolvenzeröffnung vorhandenen Gesellschaftsgläubiger ist grundsätzlich nicht zu bilden. Nur soweit der Gesellschafter nicht allen Gläubigern gegenüber haftet (→ Rn. 83 f.) oder bei besonderen Fallgestaltungen in der Doppelinsolvenz (→ Rn. 106 ff.), hat der Insolvenzverwalter Sondermassen zu bilden.[177] Die eingezogenen Beträge sind insbesondere nicht Treuhandvermögen zugunsten der von § 93 InsO betroffenen Gläubiger.[178] Aus dem eingezogenen Betrag können daher auch die Verfahrenskosten (→ schon Rn. 47 ff.) und auch sonstige Masseverbindlichkeiten beglichen werden.[179] Fraglich ist, ob dies auch dann gilt, wenn – wie im Falle der Masseunzulänglichkeit – die Insolvenzgläubiger von der Einziehung der Gesellschafterhaftung überhaupt nicht profitieren würden. Richtiger Ansicht nach ist dies zu bejahen; denn insoweit kann nichts anderes gelten als für § 92 InsO (→ § 92 Rn. 532 ff.).[180]

57 Aus Vorgenanntem lassen sich wieder Zweifel daran herleiten, dass § 93 InsO bloß eine Einziehungs- und Prozessführungsbefugnis zugunsten des Insolvenzverwalters begründet. Denn wenn erstens die nach dieser Vorschrift beim Insolvenzverwalter zum „Einzug" gebündelten Haftungsansprüche der Gläubiger bei der Massekostenprüfung (§ 26 InsO) so zu berücksichtigen sind, als stünden sie der Insolvenzmasse zu[181] (→ Rn. 19), zweitens die eingezogenen Beträge nicht zwingend den Gesellschaftsgläubigern zugutekommen müssen, da mit ihnen auch – nach der hier vertretenen Auffassung – Verfahrenskosten und sonstige Masseverbindlichkeiten ausgeglichen werden können (→ Rn. 49), drittens der Insolvenzverwalter Haftungsansprüche sogar im Falle von Masseunzulänglichkeit einziehen kann, die Gläubiger von der Einziehung mithin überhaupt nicht profitieren müssen (→ Rn. 56) und viertens sich der Insolvenzverwalter in den Grenzen objektiver Insolvenzzweckmäßigkeit über die Haftungsansprüche zu Lasten der Gesellschaftsgläubiger auch vergleichen oder diese abtreten kann[182] (siehe hierzu Rn. 67 ff.), dann muss zugestanden werden, dass von dem bei den Gläubigern verbleibenden Rechtsinhaberschaft während der Dauer des Insolvenzverfahrens letzten Endes – jedenfalls praktisch gesehen – nicht mehr viel über bleibt.[183]

58 Erfasst werden von der Einziehungsbefugnis des Insolvenzverwalters – im Gegensatz zur Sperrwirkung (→ Rn. 53 f.) – nur die Forderungen, die die Gläubiger im Insol-

---

[173] HK/*Kayser,* § 93 Rn. 1; KPB/*Lüke,* § 93 Rn. 16; Uhlenbruck/Hirte/Vallender/*Hirte,* § 93 Rn. 3; *Fuchs* ZIP 2000 1089, 1092; *Bork,* Kölner Schrift zur Insolvenzordnung, S. 1021 Rn. 26.
[174] BGH NZI 2012, 858, 859; vgl. auch Röhricht/Graf von Westphalen/Haas/*Haas,* § 128 Rn. 19b.
[175] Vgl. BGH BB 2007, 64 f.; HK/*Kayser,* § 93 Rn. 52; HaKoInsO/*Pohlmann,* § 93 Rn. 63a.
[176] MüKoHGB/*K. Schmidt,* § 128 Rn. 85; MüKoInsO/*Brandes,* § 93 Rn. 22; *Stahlschmidt,* Die GbR in der Insolvenz, S. 124.
[177] Siehe auch MüKoHGB/*K. Schmidt,* § 128 Rn. 88.
[178] So aber MüKoHGB/*K. Schmidt,* § 128 Rn. 85; *Häsemeyer,* Insolvenzrecht, Rn. 31.17.
[179] Röhricht/Graf von Westphalen/Haas/*Haas,* § 128 Rn. 19b.
[180] AA Uhlenbruck/Hirte/Vallender/*Hirte,* § 93 Rn. 37; *Dienstühler* ZIP 1998, 1697, 1706.
[181] Vgl. AG Hamburg ZInsO 2007, 1283.
[182] Vgl. BAGE 125, 92, 96 ff. = NZI 2008, 387.
[183] Entsprechend kritisch auch Röhricht/Graf von Westphalen/Haas/*Haas,* § 128 Rn. 19b.

venzverfahren über das Vermögen der Gesellschaft angemeldet haben.[184] Bei einer Forderung des Gesellschafters gegen die Gesellschaft aus Drittgeschäften richtet sich die Mithaftung der Mitgesellschafter hierfür nach § 128 HGB, so dass auch hier § 93 InsO zur Anwendung kommt. Jedoch ist bei der Einziehung gegen die verschiedenen Gesellschafter der auf den Gesellschafter-Gläubiger entfallende Verlustanteil zu berücksichtigen.[185] Soweit der Gesellschafter für Masseverbindlichkeiten nach § 128 HGB haftet (→ Rn. 47 ff.), stellt sich die Frage, ob diese Haftungsansprüche von § 93 InsO erfasst werden oder ob diese Massegläubiger selbstständig die Gesellschafterhaftung durchsetzen können. Letzteres erscheint – im Hinblick auf den Sinn und Zweck des § 93 InsO (→ Rn. 52) – vorzugswürdig.[186]

(iv) Erweiterter Anwendungsbereich von § 93 InsO. Nach § 93 InsO kann im Gesellschaftsinsolvenzverfahren die persönliche Gesellschafterhaftung nach § 128 HGB während der Dauer des Insolvenzverfahrens allein vom Insolvenzverwalter geltend gemacht werden, um hierdurch einen Wettlauf der Gläubiger bei der Inanspruchnahme des persönlich Haftenden zu verhindern und eine individuelle Bevorteilung einzelner Gläubiger zu unterbinden (→ Rn. 52). Erfasst werden von § 93 InsO die während des Insolvenzverfahrens noch bestehenden und von den Gläubigern angemeldeten Haftungsansprüche (→ Rn. 52). Zu einem unbefriedigenden Ergebnis kommt es dagegen in den Fällen, in denen der Gesellschafter noch unmittelbar vor Eröffnung des Insolvenzverfahrens aufgrund seiner persönlichen Haftung nach § 128 HGB Leistungen an einzelne Gesellschaftsgläubiger erbracht hat und diese damit – entgegen der Intention von § 93 InsO – nun doch einen individuellen Vorteil gegenüber den übrigen (Mit-) Gläubigern erlangt haben. Dem Wortlaut nach wird diese Fallkonstellation von § 93 InsO nicht erfasst, denn die Vorschrift setzt ein bereits eröffnetes Insolvenzverfahren voraus („während der Dauer des Insolvenzverfahrens"). Aus diesem Grunde ist einer in der Literatur vertretenen Auffassung[187] zufolge § 93 InsO in dem Fall entsprechend anwendbar, wenn die Leistungserbringung zwar noch vor Eröffnung des Insolvenzverfahrens, aber bereits „in der Krise" der Gesellschaft – m. a. W. in anfechtungsrelevanten Zeiträumen – erfolgte. Der Anwendungsbereich von § 93 InsO, insbesondere die Ermächtigungswirkung, wird somit auf das Anfechtungsrecht erstreckt.[188] Dieser Auffassung hat sich der BGH nunmehr angeschlossen.[189] Zur Begründung der entsprechenden Anwendung von § 93 InsO ist der Zweck von § 93 InsO, nämlich die Verwirklichung des Gläubigergleichbehandlungsgrundsatzes, heranzuziehen. Durch die in der Gesellschaftsinsolvenz über § 93 InsO geschaffene Bündelung der gegen den persönlich haftenden Gesellschafter gerichteten Haftungsansprüche beim Verwalter werden das Gesellschaftsvermögen und das Gesellschaftervermögen haftungsrechtlich gleichgestellt.[190] Damit steht der Verwirklichung der Gläubigergleichbehandlung grundsätzlich jedwede Leistung an einen einzelnen Gläubiger entgegen, gleich ob diese aus dem Gesellschaftsvermögen oder über § 128 HGB aus dem Gesellschaftervermögen erbracht wird. Es ist zum Zwecke der Erreichung einer Gläubigergleichbehandlung durch § 93 InsO folglich erforderlich, dass nicht strikt auf den Zeitpunkt der Verfahrenseröffnung

---

[184] BAGE 125, 92, 95 = NZI 2008, 387; AG Duisburg NZI 2011, 945, 946; MüKoInsO/*Brandes*, § 93 Rn. 14; HK/*Kayser*, § 93 Rn. 31; HaKoInsO/*Pohlmann*, § 93 Rn. 33; s auch BGH NZI 2009, 108 ff.

[185] BGH NZG 2002, 232; MüKoInsO/*Brandes*, § 93 Rn. 17; MüKoHGB/*K. Schmidt*, § 128 Rn. 12, 18.

[186] MüKoInsO/*Brandes*, § 93 Rn. 20.

[187] Vgl. Überblick bei HaKoInsO/*Pohlmann*, § 93 Rn. 53; siehe auch MüKoInsO/*Brandes*, § 93 Rn. 30.

[188] So schon HaKoInsO/*Pohlmann*, § 93 Rn. 53.

[189] BGHZ 178, 171, 175 ff. = NJW 2009, 225; zustimmend *Wegener*, NZI 2009, 43 f.

[190] MüKoInsO/*Brandes*, § 93 Rn. 30.

abgestellt und ein solcher Gläubiger begünstigt wird bzw. bleibt, dem es gerade noch gelungen ist, den vom Gesetz missbilligten Vorteil in der Krise der Gesellschaft gegenüber dem Gesellschafter durchzusetzen.[191] Somit können auch bereits vor Verfahrenseröffnung, aber schon zu Krisenzeiten bzw. in Zeiten materieller Insolvenz erbrachte Leistungen aufgrund persönlicher Haftung des Gesellschafters (§ 128 HGB) über § 93 InsO analog im Wege der Insolvenzanfechtung vom Verwalter zur Insolvenzmasse der Gesellschaft gezogen werden.[192] Zur diesbezüglichen Befugnis in der Doppelinsolvenz vgl. → Rn. 106.

60 Zu einer weiteren entsprechenden Anwendung von § 93 InsO kommt es im Zusammenhang mit der Insolvenzantragsbefugnis: Erfolgt in der Gesellschaftsinsolvenz über § 93 InsO eine gebündelte Geltendmachung der Gesellschafterhaftung nach § 128 HGB allein durch den Insolvenzverwalter (→ Rn. 51 ff.), stellt sich die Frage, wem das Recht zur Stellung eines Insolvenzantrags gegen den persönlich haftenden Gesellschafter zusteht, wenn dieser infolge dessen seinerseits insolvent wird. Billige man in diesem Falle dem Gläubiger das diesem über § 13 I 2 InsO grundsätzlich eingeräumte Antragsrecht konsequent zu, liefe das der Intention von § 93 InsO, insbesondere der alleinigen Einziehungsbefugnis des Verwalters, zuwider. Daher schließt § 93 InsO kraft seiner Sperrwirkung (→ Rn. 53 f.) einen solchen Gläubigerantrag aus; Insolvenzantrag gegen den persönlich haftenden Gesellschafter kann dann nur der Gesellschafterinsolvenzverwalter stellen.[193] „Gesperrt" ist aber nur der Gläubigerantrag, der auf eine Haftung des Gesellschafters nach § 128 HGB gestützt wird; haftet der Gesellschafter dem Gläubiger (auch) aus anderem Rechtsgrund (→ hierzu Rn. 53), vermag § 93 InsO einen von Letzterem hierauf gestützten Insolvenzantrag nicht zu verhindern.

61 *(v) Mehrheit von Gesellschaftern.* Bei mehreren persönlich haftenden Gesellschaftern, haften die Gesellschafter gesamtschuldnerisch, so dass der Insolvenzverwalter nach pflichtgemäßem Ermessen entscheiden kann, gegen welchen der Gesellschafter er vorgeht. Der Insolvenzverwalter ist insbesondere nicht gehalten, die Beträge gleichmäßig von allen Gesellschaftern einzuziehen.[194] Dies ergibt sich daraus, dass der Insolvenzverwalter an die Stelle der Gläubiger tritt, denen ihrerseits keine Pflicht zur Rücksichtnahme auf die einzelnen Gesellschafter iS einer gleichmäßigen Inanspruchnahme obliegt.[195] Somit darf der Insolvenzverwalter bei der Auswahl des Gesellschafters auch nach Kriterien wie Liquidität und Effektivität der Inanspruchnahme vorgehen, dh den sichersten und schnellsten Weg mit der bestmöglichen Befriedigungsmöglichkeit wählen.[196]

62 *(vi) Umfang der Haftung.* Nach § 128 HGB kann der Gesellschaftsgläubiger gegen den Gesellschafter vorgehen ohne zuvor Befriedigung aus dem Gesellschaftsvermögen zu suchen; denn die Gesellschafterhaftung steht gleichrangig neben der Gesellschaftsschuld.[197] Ob gleiches auch dann gilt, wenn nicht die Gläubiger den Haftungsanspruch geltend machen, sondern der Insolvenzverwalter diesen einzieht, ist fraglich. Da der

---

[191] BGHZ 178, 171, 175 ff. = NJW 2009, 225.

[192] Vgl. MüKoInsO/*Brandes*, § 93 Rn. 30.

[193] Vgl. AG Dresden ZIP 2010, 243, 245; zur Insolvenzantragsbefugnis des Insolvenzverwalters kraft Ermächtigungswirkung des § 93 InsO vgl. *Runkel/Schmidt* ZInsO 2007, 578, 581.

[194] *Noack*, Rn. 516; *Fuchs* ZIP 2000, 1089, 1090; KPB/*Lüke*, § 93 Rn. 20, 52; MüKoInsO/*Brandes*, § 93 Rn. 16; Uhlenbruck/Hirte/Vallender/*Hirte*, § 93 Rn. 20; HaKoInsO/*Pohlmann*, § 93 Rn. 47; Baumbach/Hopt/*Hopt*, § 128 Rn. 46; E/B/J/S/*Hillmann*, § 128 Rn. 70; Zum ähnlich gelagerten Fall bei der Kommanditistenhaftung vgl. BGH NJW 1990, 1109, 1111.

[195] *Noack*, Rn. 516.

[196] So auch MünchHdbGesRI-*Butzer/Knof*, § 85 Rn. 66; HaKoInsO/*Pohlmann*, § 93 Rn. 62.

[197] BGHZ 34, 293, 297 = NJW 1961, 1022; Röhricht/Graf von Westphalen/Haas/*Haas*, § 128 Rn. 5; E/B/J/S/*Hillmann*, § 128 Rn. 18; MüKoHGB/*K. Schmidt*, § 128 Rn. 20; vgl. auch OLG Karlsruhe NZG 2001, 748, 749, wonach der Gläubiger, der zugleich Gesellschafter ist, im Einzelfall aus Treuepflicht zunächst die Gesellschaft in Anspruch nehmen muss, nämlich soweit eine Befriedigung aus deren Vermögen zu erwarten ist.

Insolvenzverwalter einen etwa vorhandenen Überschuss bei der Schlussverteilung an die Gesellschafter herauszugeben hat (§ 199 S. 2 InsO),[198] dürfte unstreitig sein, dass der Gesellschafter die Zahlung gegenüber dem Insolvenzverwalter insoweit aufgrund der *Dolo-agit*-Einrede (§ 242 BGB) verweigern darf, als das vorhandene Gesellschaftsvermögen zur Befriedigung der Gläubiger ausreicht.[199] Die diesbezügliche Darlegungs- und Beweislast trifft grundsätzlich den in Anspruch genommenen Gesellschafter; der Insolvenzverwalter hat allerdings seinerseits die für die Befriedigung der Gläubiger bedeutsamen Verhältnisse der Gesellschaft darzulegen, sofern nur er dazu imstande ist.[200] Fraglich ist aber, ob der Insolvenzverwalter von vornherein im Rahmen des § 93 InsO den Wert der Masse abzuziehen hat. Letzteres wird mitunter gefordert,[201] was jedoch den Insolvenzverwalter in arge Schwierigkeiten bringen kann. Dies gilt zum einen in Bezug auf die Bewertung (Liquidations- oder Fortführungswert)[202] und zum anderen im Hinblick auf den Stichtag.[203] Teilweise wird diesen Schwierigkeiten dadurch Rechnung getragen, dass der Insolvenzverwalter insoweit zur Einziehung befugt sein soll, als das vorhandene Gesellschaftsvermögen „voraussichtlich" die Schulden nicht deckt.[204] Richtiger Ansicht nach dürfen die Anforderungen nicht überspannt werden. Vielmehr sollte die Einziehungsbefugnis nur unter die weite Grenze des Rechtsmissbrauchs gestellt werden.[205] Der Einwand greift mithin nur dann, wenn der Insolvenzverwalter offensichtlich nicht benötigte Beträge geltend macht.[206] Ob und inwieweit diese Grundsätze auch in der Doppelinsolvenz Anwendung finden, siehe Rn. 106 ff.

(vii) Einreden und Einwendungen. Die Gesellschafter werden in dem an den Insolvenzverwalter geleisteten Umfang von ihrer Gesellschafterhaftung frei. Soweit der Insolvenzverwalter aus dem eingezogenen Betrag (teilweise) die Kosten des Verfahrens (oder sonstige Masseverbindlichkeiten) begleicht, bleibt die Gesellschafterhaftung insoweit nicht bestehen, insbesondere kann in Höhe dieses Betrages nach Ende des Insolvenzverfahrens die Gesellschafterhaftung nicht mehr durchgesetzt werden.[207]

Eine Leistung des Gesellschafters an den Gläubiger wirkt nicht haftungsbefreiend,[208] es sei denn der Insolvenzverwalter genehmigt diese. Letzteres kann auch konkludent

---

[198] HaKoInsO/*Pohlmann*, § 93 Rn. 57; HK/*Kayser*, § 93 Rn. 46; Uhlenbruck/Hirte/Vallender/*Hirte*, § 93 Rn. 21; MüKoInsO/*Brandes*, § 93 Rn. 25; *K. Schmidt/Bitter*, ZIP 2000, 1077, 1087.
[199] BGHZ 165, 85, 96 = NZG 2006, 350; OLG Hamm NZI 2007, 584, 590; *Noack*, Rn. 512; Uhlenbruck/Hirte/Vallender/*Hirte*, § 93 Rn. 22; HaKoInsO/*Pohlmann*, § 93 Rn. 57; HK/*Kayser*, § 93 Rn. 46; MüKoInsO/*Brandes*, § 93 Rn. 25; vgl. auch BGHZ 39, 319, 322 = NJW 1963, 1873; BGHZ 109, 334, 337 ff. = NJW 1990, 1109, jeweils im Zusammenhang mit der insoweit gleichgelagerten Kommanditistenhaftung.
[200] MüKoInsO/*Brandes*, § 93 Rn. 25; HK/*Kayser*, § 93 Rn. 34; s hierzu auch BGH WM 1978, 898; BGH NJW 1980, 1522, 1523; BGHZ 109, 334, 343 f. = NJW 1990, 1109.
[201] OLG Hamm NZI 2007, 584, 590; MüKoHGB/*K. Schmidt*, § 128 Rn. 86; MüKoInsO/*Brandes*, § 93 Rn. 25.
[202] Den Abzug des Liquidationswertes der Masse fordernd etwa OLG Hamm NZI 2007, 584, 590; MüKoInsO/*Brandes*, § 93 Rn. 25.
[203] Maßgeblicher Bewertungszeitpunkt soll grundsätzl der Zeitpunkt der Eröffnung des Insolvenzverfahrens sein, vgl. *K. Schmidt/Bitter* ZIP 2000, 1077, 1087; Uhlenbruck/Hirte/Vallender/*Hirte*, § 93 Rn. 25; erforderlichenfalls ist die Eröffnungsbilanz jedoch im Laufe des Verfahrens wiederum anzupassen, vgl. KPB/*Lüke*, § 93 Rn. 23; siehe iÜ auch OLG Hamm NZI 2007, 584, 590.
[204] Uhlenbruck/Hirte/Vallender/*Hirte*, § 93 Rn. 25; MünchHdbGesR I-*Butzer/Knof*, § 85 Rn. 65; iE auch *Fuchs* ZIP 2000, 1089, 1095; insoweit auch von einem „Einschätzungsermessen" des Insolvenzverwalters sprechend OLG Hamm NZI 2007, 584, 590.
[205] HaKoInsO/*Pohlmann*, § 93 Rn. 57 ff.; KPB/*Lüke*, § 93 Rn. 22; wohl auch MüKoInsO/*Brandes*, § 93 Rn. 25; MünchHdbGesR I-*Butzer/Knof*, § 85 Rn. 65; HK/*Kayser*, § 93 Rn. 46; vgl. auch BGH NJW 1963, 1873, 1875, wonach im Zusammenhang mit der insoweit gleichgelagerten Kommanditistenhaftung der Grundsatz von Treu und Glauben zur Anwendung gebracht wird.
[206] So auch OLG Hamm NZI 2007, 584, 590; HaKoInsO/*Pohlmann*, § 93 Rn. 58.
[207] MüKoInsO/*Brandes*, § 93 Rn. 10.
[208] MüKoInsO/*Brandes*, § 93 Rn. 13; HK/*Kayser*, § 93 Rn. 26; HaKoInsO/*Pohlmann*, § 93 Rn. 51.

geschehen, etwa wenn der Insolvenzverwalter vom Gläubiger die Leistung nach § 816 II BGB heraus verlangt.[209] Ausnahmsweise ist die Leistung haftungsbefreiend, wenn der Gesellschafter in Unkenntnis der Verfahrenseröffnung an den Gläubiger geleistet hat. Gestützt wird in diesen Fällen die Haftungsbefreiung auf eine entsprechende Anwendung des § 407 BGB bzw. § 82 InsO.[210] Die Frage dürfte allerdings keine große Rolle spielen; denn der Gesellschafter wird praktisch in jedem Fall Kenntnis von der Verfahrenseröffnung haben. Wird der Gläubiger über § 816 II BGB durch den Insolvenzverwalter in Anspruch genommen, hat er das, was er vom Gesellschafter erhalten hat, bis auf die ihm zustehende Insolvenzquote herauszugeben; dies gilt gleich ob die Leistung haftungsbefreiend war oder nicht.[211] Zum Einwand, dass die eingezogenen Beträge zur Gläubigerbefriedigung nicht erforderlich sind, → Rn. 62.

65 Nach § 129 HGB kann der Gesellschafter, der für eine Gesellschaftsschuld in Anspruch genommen wird, Einwendungen, die nicht in seiner Person begründet sind, nur insoweit geltend machen, als sie von der Gesellschaft erhoben werden können. Wird die Forderung gegen die Gesellschaft im Prüfungstermin nicht ausdrücklich bestritten (§§ 178 II, 201 II InsO), gilt sie gemäß § 178 III InsO als rechtskräftig festgestellt, so dass die Gesellschaft keine Einwendungen und Einreden mehr gegen die Forderung erheben kann.[212] Zur Frage, wer für den Schuldner insoweit vertretungsberechtigt ist, → Rn. 23 ff. Gegenüber dem aktiven Gesellschafter hat dies zur Folge, dass er nach § 129 HGB nur noch in seiner Person begründete Einreden und Einwendungen geltend machen kann (persönliche Einreden/Einwendungen).[213] Letztere kann er aber dem vom Insolvenzverwalter nach § 93 InsO geltend gemachten Haftungsanspruch nur dann entgegenhalten, wenn ihm die persönlichen Einreden/Einwendungen *allen* Gesellschaftsgläubigern gegenüber zustehen.[214] Hatte jedoch der vom Insolvenzverwalter in Haftung genommene Gesellschafter keine Gelegenheit erhalten, sich am Feststellungsverfahren zu beteiligen und mit Wirkung für seine persönliche Haftung für einen rechtzeitigen Widerspruch gegen die Forderungsanmeldung (§ 178 II 2 InsO) zu sorgen, kann ihm die Feststellungswirkung des § 178 III InsO iVm § 129 I HGB nicht entgegen gehalten werden.[215] Im Verhältnis zu dem bei Forderungsanmeldung bereits ausgeschiedenen Gesellschafter, der noch für Altverbindlichkeiten haftet, kann demnach § 178 III InsO keine Wirkung entfalten.[216]

---

[209] Vgl. zur konkludenten Genehmigung BGH NJW-RR 1990, 1200, 1201; NZI 2008, 685 f.; NZI 2009, 244, 245.
[210] *Bork,* Kölner Schrift zur Insolvenzordnung, S. 1021 Rn. 28; MünchHdbGesR I-*Butzer/Knof,* § 85 Rn. 52; MüKoHGB/*K. Schmidt,* § 128 Rn. 85; KPB/*Lüke,* § 93 Rn. 15; *Armbruster,* S. 143; *Noack,* Rn. 517; Uhlenbruck/Hirte/Vallender/*Hirte,* § 93 Rn. 4; MüKoInsO/*Brandes,* § 92 Rn. 30; HK/*Kayser,* § 93 Rn. 28; HaKoInsO/*Pohlmann,* § 93 Rn. 51; aA *Häsemeyer* ZHR 149 (1985), 42, 56.
[211] Vgl. HaKoInsO/*Pohlmann,* § 93 Rn. 52; HK/*Kayser,* § 93 Rn. 28; MüKoInsO/*Brandes,* § 93 Rn. 13.
[212] *Bork,* Kölner Schrift zur Insolvenzordnung, S. 1021 Rn. 32; HK/*Kayser,* § 93 Rn. 35; MüKoInsO/*Brandes,* § 93 Rn. 31; Uhlenbruck/Hirte/Vallender/*Hirte,* § 93 Rn. 41; MünchHdbGesR I-*Butzer/Knof,* § 85 Rn. 69.
[213] Vgl. BGH NJW 1961, 1066, 1067; BGH ZIP 2007, 79, 80; *Bork,* Kölner Schrift, S. 1021 Rn. 32; *Wissmann,* Persönliche Mithaft, Rn. 374 f.; Baumbach/Hopt/*Hopt,* § 128 Rn. 46; Staub/*Habersack,* § 129 Rn. 12; Uhlenbruck/Hirte/Vallender/*Hirte,* § 93 Rn. 41; zur Problematik, wenn nicht der in Anspruch genommene, sondern ein anderer Gesellschafter der Feststellung der Forderung im Prüfungstermin widersprochen hat, siehe BGH NJW 1961, 1066, 1067; *Wissmann,* Persönliche Mithaft, Rn. 374 f.; Baumbach/Hopt/*Hopt,* § 128 Rn. 46.
[214] Vgl. so für die Kommanditistenhaftung BGHZ 113, 216, 221 = NJW 1991, 922; siehe auch Röhricht/Graf von Westphalen/Haas/*Haas,* § 129 Rn. 2; Uhlenbruck/Hirte/Vallender/*Hirte,* § 93 Rn. 41; KPB/*Lüke,* § 93 Rn. 53; MünchHdbGesR I-*Butzer/Knof,* § 85 Rn. 69.
[215] BGH NZG 2006, 350, 353; BGH ZIP 2007, 79, 80; Röhricht/Graf von Westphalen/Haas/*Haas,* § 129 Rn. 8; vgl. auch MüKoInsO/*Brandes,* § 93 Rn. 31, der insoweit anregt, dem persönlich haftenden Gesellschafter ein eigenständiges Widerspruchsrecht einzuräumen; in diesem Sinne auch HK/*Kayser,* § 93 Rn. 35.
[216] OLG Hamm NZI 2007, 584, 588; Röhricht/Graf von Westphalen/Haas/*Haas,* § 129 Rn. 8; MüKoInsO/*Brandes,* § 93 Rn. 31.

Mit Eröffnung des Insolvenzverfahrens gehören gemäß § 36 II Nr. 1 InsO auch die 66
Geschäftsbücher zur Insolvenzmasse und unterliegen damit der Verwaltungs- und Verfügungsbefugnis des Insolvenzverwalters. Gleichwohl hat der Gesellschafter gegenüber dem Insolvenzverwalter einen Anspruch auf Auskunft und/oder Rechenschaftslegung, wenn sich der Gesellschafter über das Bestehen von Gesellschaftsverbindlichkeiten vergewissern muss, um sich gegen eine Inanspruchnahme nach § 128 HGB verteidigen zu können.[217] Der Anspruch geht auf Gestattung der Einsichtnahme in die Geschäftsunterlagen, wenn die Auskunftserteilung für den Insolvenzverwalter mit einem übermäßigen Aufwand verbunden wäre.[218] Siehe zum Einsichtsrecht des Gesellschafters insgesamt Rn. 27.

(viii) Verfügung, Verzicht und Vergleich über die Gesellschafterhaftung. Umstritten ist – 67
ebenso wie im Rahmen des § 92 InsO (→ § 92 Rn. 554) –, ob der Insolvenzverwalter die von § 93 InsO erfassten Ansprüche im Wege einer Verfügung mit Wirkung für die Gesellschaftsgläubiger verwerten kann bzw. ob er sich über die Ansprüche auch (zu Lasten der Insolvenzgläubiger) vergleichen kann.[219] Ebenso wie im Rahmen des § 92 InsO gilt auch in Bezug auf den § 93 InsO, dass die Verfügungsbefugnis über die Haftungsansprüche allein bei den Gläubigern verbleibt.[220] Nur diese können – auch während des Verfahrens – die Forderung abtreten, stunden oder im Wege des Verzichts erlassen. Im Falle von Stundung, vor allem aber bei Verzicht/Erlass ist dann der Insolvenzverwalter (insoweit) gebunden und nicht mehr zur Geltendmachung des Anspruchs ermächtigt.[221] Nicht möglich ist jedoch ein Erlass des Gläubigers gegenüber der Gesellschaft mit der Maßgabe, dass deren Gesellschafter diesem weiterhin nach § 128 HGB persönlich haften soll. Ein solcher Vorbehalt ist unwirksam und führt im Zweifel zur Unwirksamkeit des gesamten Erlasses. Dem betroffenen Gesellschafter bleibt jedoch das Recht eingeräumt, einem solchen zwischen Gläubiger und Gesellschaft vereinbarten Vorbehalt zuzustimmen.[222] Umgekehrt ist es indes stets zulässig und möglich, dass der Gläubiger allein gegenüber dem Gesellschafter auf dessen persönliche Haftung verzichtet vorbehaltlich einer fortbestehenden Möglichkeit der Inanspruchnahme der Gesellschaft.[223]

(ix) Auswirkung auf laufende Prozesse, Zwangsvollstreckung. Ab dem Zeitpunkt der In- 67a
solvenzeröffnung ist eine Zwangsvollstreckung des Gesellschaftsgläubigers gegen den Gesellschafter nicht mehr möglich.[224] Hat der Gesellschaftsgläubiger vor Eröffnung des Verfahrens gegen den Gesellschafter bereits einen Titel erlangt, kann der Gläubiger hie-

---

[217] Vgl. OLG Karlsruhe NJW-RR 1996, 1058, 1059.
[218] Vgl. zum Auskunfts- und Einsichtsrecht des Gesellschafters bzw. der Darlegungspflicht des Verwalters auch BGH WM 1978, 898, 899; BGH NJW 1980, 1522, 1523; BGHZ 109, 334, 343 f. = NJW 1990, 1109.
[219] Hierfür kann insbesondere ein Interesse bestehen, wenn der Gesellschafter anderenfalls Antrag auf Eröffnung eines Verbraucherinsolvenzverfahrens bzw. zusammen mit einem Eigenantrag einen solchen auf Restschuldbefreiung stellt; vgl. auch *Noack*, Rn. 531 f.
[220] HaKoInsO/*Pohlmann*, § 93 Rn. 26; Uhlenbruck/Hirte/Vallender/*Hirte*, § 93 Rn. 6; *Bork*, Kölner Schrift zur Insolvenzordnung, S. 1021 Rn. 13; *Fuchs* ZIP 2000, 1089, 1090 ff.; *Klinck*, NZI 2008, 349, 350 f.; aA KPB/*Lüke*, § 93 Rn. 16: Die Rechtsinhaberschaft verbleibt beim Gläubiger, wohingegen die Verfügungsbefugnis im Gesamten, dh nicht lediglich eine Einziehungsbefugnis, auf den Verwalter übergeht.
[221] Vgl. HaKoInsO/*Pohlmann*, § 93 Rn. 26; MüKoInsO/*Brandes*, § 93 Rn. 15; aA KPB/*Lüke*, § 93 Rn. 16, da jedwede Verfügung über die Forderung zu einer unzulässigen Masseminderung führe.
[222] BGHZ 47, 376, 378 ff. = NJW 1967, 2155; Röhricht/Graf von Westphalen/Haas/*Haas*, § 129 Rn. 5; Baumbach/Hopt/*Hopt*, § 129 Rn. 3.
[223] OLG Hamm NZI 2007, 584, 589; Röhricht/Graf von Westphalen/Haas/*Haas*, § 129 Rn. 5; aA HK/*Kayser*, § 93 Rn. 33, der die Zulässigkeit einer isolierten Verfügung über die Haftungsforderung wegen der Sperr- und Ermächtigungswirkung des § 93 InsO ablehnt.
[224] OLG Jena ZInsO 2002, 134; OLG Stuttgart NZI 2002, 495, 496; LG Gera ZVI 2002, 24, 25; HaKoInsO/*Pohlmann*, § 93 Rn. 90; HK/*Kayser*, § 93 Rn. 51.

raus nach Verfahrenseröffnung nicht mehr vollstrecken. Der Titel kann aber in entsprechender Anwendung des § 727 ZPO iVm § 93 InsO auf den Insolvenzverwalter umgeschrieben werden.[225]

68 Klagt der Gesellschaftsgläubiger gegen die Gesellschaft und macht er gleichzeitig gegen den Gesellschafter als einfachen Streitgenossen die Gesellschafterhaftung geltend, so wird das Verfahren gegen die Gesellschaft nach § 240 ZPO unterbrochen, wenn das Insolvenzverfahren über das Vermögen der Gesellschaft eröffnet wird. Fraglich ist im Hinblick auf § 93 InsO, wie sich die Eröffnung des Insolvenzverfahrens auf das Verfahren gegen den Gesellschafter auswirkt. § 240 ZPO passt auf die Fälle nicht unmittelbar. Die Interessenlage ist insoweit ähnlich wie in § 17 AnfG, auch wenn dort mit Eröffnung des Insolvenzverfahrens nicht nur die Befugnis zur Geltendmachung des Anfechtungsrechts auf den Insolvenzverwalter übergeht, sondern nach herrschender Ansicht auch ein Wechsel bezüglich der Rechtsinhaberschaft eintritt.[226] Der Prozess wird mithin analog § 17 I 1 AnfG unterbrochen, soweit er bei Eröffnung des Insolvenzverfahrens noch rechtshängig ist.[227] Der Prozess kann vom Insolvenzverwalter in der Form des § 250 ZPO aufgenommen werden. Bei verzögerter Aufnahme gelten die § 239 II–IV ZPO.[228]

69 Die Sperrwirkung bezieht sich schließlich auch auf die prozessuale Kostenerstattungsansprüche des Gläubigers aus Verfahren zur Geltendmachung der Haftung aus der Zeit vor der Eröffnung des Insolvenzverfahrens, so dass diese nach der Eröffnung des Insolvenzverfahrens nicht mehr geltend gemacht werden können.[229] Ein noch anhängiges Kostenfestsetzungsverfahren wird nach § 240 ZPO unterbrochen.[230]

70 bb) *Die Kommanditistenhaftung nach § 171 I HGB.* (1) *Inhalt der Haftung.* Nach § 171 I HGB haftet der Kommanditist den Gläubigern der Gesellschaft bis zur Höhe seiner Hafteinlage unmittelbar. Von der Haftung der Kommanditisten nach §§ 128, 171 II HGB zu unterscheiden ist die Haftung derselben gegenüber der Gesellschaft für ausstehende Einlageverpflichtungen (Pflichteinlage).[231] Letztere betrifft die Innenhaftung gegenüber der Gesellschaft, während es bei der Hafteinlage um die sich aus dem Handelsregister ergebende Summe geht, in deren Höhe der Gesellschafter den Gläubigern der Gesellschaft gegenüber einzustehen hat. Im Regelfall werden zwar Haft- und Pflichteinlage einander entsprechen, zwingend ist dies allerdings nicht.[232] Die (hier allein interessierende) Haftung nach §§ 128, 171 I HGB bleibt von der Insolvenzeröffnung unberührt. Zur Unterscheidung zwischen Alt- und Neuverbindlichkeiten, → Rn. 47 ff. Zur

---

[225] OLG Jena NJW-RR 2002, 626; OLG Stuttgart NZI 2002, 495, 496; OLG Dresden ZInsO 2000, 607, 608; LG Gera ZVI 2002, 24, 25; AG Köln DZWIR 2001, 126; HK/*Kayser*, § 93 Rn. 51; HaKoInsO/*Pohlmann*, § 93 Rn. 91; *Stahlschmidt*, Die GbR in der Insolvenz, S. 111.

[226] So auch die Rechtsprechung zu dem vom Sinn und Zweck her vergleichbaren Fall der Kommanditistenhaftung nach § 171 II HGB, BGHZ 82, 209, 216 ff. = NJW 1982, 883; *Häsemeyer*, ZHR 149 (1985), 42, 56.

[227] BGH NZI 2009, 108; BGH NZI 2003, 94, 95; OLG Frankfurt ZInsO 2005, 150, 151; OLG Schleswig ZInsO 2004, 1086; OLG Stuttgart NZI 2002, 495, 496 f.; OLG Dresden ZInsO 2000, 607, 608; OLG Dresden NZG 2012, 1037, 1038; *Noack*, Rn. 520; HaKoInsO/*Pohlmann*, § 93 Rn. 83; HK/*Kayser*, § 93 Rn. 50; MüKoInsO/*Brandes*, § 93 Rn. 41; *Oepen*, Massefremde Masse, Rn. 112 f.; *Stahlschmidt*, Die GbR in der Insolvenz, S. 108 ff.; siehe auch MünchHdbGesR I-*Butzer/Knof*, § 85 Rn. 52; Röhricht/Graf von Westphalen/Haas/*Haas/Mock*, § 171 Rn. 89; aA OLG Koblenz ZIP 2010, 448, das § 240 ZPO unmittelbar anwendet.

[228] Vgl. *Noack*, Rn. 520; HK/*Kayser*, § 93 Rn. 50; MüKoInsO/*Brandes*, § 93 Rn. 41.

[229] LG Saarbrücken NZI 2010, 820, 821; vgl. auch Röhricht/Graf von Westphalen/Haas/*Haas/Mock*, § 171 Rn. 91.

[230] LG Saarbrücken NZI 2010, 820, 821.

[231] → Rn. 81.

[232] BGH NJW 1977, 1820, 1821; siehe hierzu auch Röhricht/Graf von Westphalen/Haas/*Haas/Mock*, § 171 Rn. 9 ff.; Oetker/*Oetker*, § 171 Rn. 7 ff.

Frage, inwieweit § 171 I HGB in der Eigenverwaltung Anwendung findet, → § 90 Rn. 80.

(2) *Umfang der Haftung.* Der Kommanditist haftet für die Schulden der Gesellschaft **71** ebenso wie der Komplementär,[233] nur eben summenmäßig beschränkt in Höhe der Hafteinlage.[234] Diese Haftung besteht jedoch nur insoweit, als der Kommanditist seine Hafteinlage noch nicht erbracht hat (§ 171 I 2. Hs. HGB). Die Einlage ist geleistet, wenn der Gesellschaft ein Vermögenswert in Höhe der Einlage zugeflossen ist. Maßgebend ist insoweit die tatsächliche Wertzuführung, nicht die von den Gesellschaftern vereinbarten Wertbestimmungen.[235] Hat der Kommanditist Leistungen auf seine Hafteinlage erbracht und war insofern seine Haftung gemäß § 171 I 2. Hs. HGB erloschen, so lebt diese Haftung nach § 172 IV 1 HGB wieder auf, wenn dem Kommanditisten seine Einlage wieder zurückbezahlt wird. Die Haftung lebt maximal bis zur Höhe der für den Kommanditisten maßgeblichen Haftsumme wieder auf.[236] Als Rückzahlungen iS des § 172 IV 1 HGB kommen alle Zuwendungen aus dem Vermögen der Gesellschaft in Betracht, denen wirtschaftlich betrachtet keine angemessene Gegenleistung des Gesellschafters gegenübersteht.[237] Dies ist etwa der Fall, wenn der Kaufpreis für Warenlieferungen an die KG oder die Zinsen für ein von ihr gewährtes Darlehen zu niedrig sind oder aber der Kommanditist im Zeitpunkt der Darlehensgewährung schon nicht mehr zahlungsfähig ist.[238] Die Zuwendung muss zudem nicht unmittelbar an den Gesellschafter erfolgen. Vielmehr lebt die Haftung nach § 172 IV 1 HGB auch dann auf, wenn die Zuwendung aus dem Gesellschaftsvermögen dem Gesellschafter mittelbar zugutekommt.[239]

(3) *Geltendmachung der Haftung.* Ist über das Vermögen der KG das Insolvenzverfahren **72** eröffnet, ist nach § 171 II HGB nur der Insolvenzverwalter zur Geltendmachung der Haftungsansprüche befugt. Zweck des § 171 II HGB ist es – ebenso wie im Rahmen des § 93 InsO (→ Rn. 52) – einen Wettlauf der Gläubiger und eine damit einhergehende Ungleichbehandlung derselben zu verhindern.[240] Es stellt sich freilich die Frage, warum der Gesetzgeber die Befugnis zur Geltendmachung der Haftungsansprüche gegen den Kommanditisten im HGB und die Befugnis zur Geltendmachung der unbeschränkten Gesellschafterhaftung (§ 128 HGB) im Insolvenzrecht geregelt hat (§ 93 InsO).[241]

---

[233] → Rn. 45 ff.
[234] Siehe hierzu Röhricht/Graf von Westphalen/Haas/*Haas/Mock*, § 171 Rn. 10; Zur Frage einer unbeschränkten Haftung des Kommanditisten gleich dem Komplementär aufgrund Rechtsformmissbrauchs vgl. BGH NJW 1966, 1309, 1310.
[235] Vgl. BGHZ 95, 188, 195 = NJW 1985, 2947; Röhricht/Graf von Westphalen/Haas/*Haas/Mock*, § 171 Rn. 46; *Koller/Roth/Morck*, §§ 171, 172 Rn. 14; Baumbach/Hopt/*Hopt*, § 171 Rn. 6; E/B/J/S/*Strohn*, § 171 Rn. 56.
[236] Vgl. BGH NJW 2009, 2126, 2127; Röhricht/Graf von Westphalen/Haas/*Haas/Mock*, § 172 Rn. 35; E/B/J/S/*Strohn*, § 172 Rn. 22; Baumbach/Hopt/*Hopt*, § 172 Rn. 5; *Koller/Roth/Morck*, §§ 171, 172 Rn. 23; Heymann/*Horn*, § 172 Rn. 10 f.
[237] BGHZ 39, 319, 331 = NJW 1963, 1873; BGHZ 47, 149, 155 f. = NJW 1967, 1321; BGH NJW 1987, 1194, 1195; Röhricht/Graf von Westphalen/Haas/*Haas/Mock*, § 172 Rn. 20; E/B/J/S/*Strohn*, § 172 Rn. 21; MüKoHGB/*K. Schmidt*, §§ 171, 172 Rn. 66.
[238] OLG Hamm, NZG 2010, 1298, 1299 f.; vgl. dazu *Göb*, NZI 2011, 51, 51 f.
[239] Vgl. BGH NJW 2009, 2378; BGHZ 47, 149, 155 f. = NJW 1967, 1321; Heymann/*Horn*, § 172 Rn. 11; Baumbach/Hopt/*Hopt*, § 172 Rn. 6; *Koller/Roth/Morck*, §§ 171, 172 Rn. 23; Röhricht/Graf von Westphalen/Haas/*Haas/Mock*, § 172 Rn. 30; E/B/J/S/*Strohn*, § 172 Rn. 36.
[240] Vgl. BFHE 141, 477, 479 f. = NJW 1985, 648; BGHZ 113, 216, 220 = NJW 1991, 922; BGHZ 112, 31, 34 f. = NJW 1990, 3145; OLG Karlsruhe NJOZ 2006, 4508, 4509; Röhricht/Graf von Westphalen/Haas/*Haas/Mock*, § 171 Rn. 60; MüKoHGB/*K. Schmidt*, §§ 171, 172 Rn. 100; *Armbruster*, S. 34.
[241] Siehe *Armbruster*, S. 149; insoweit kritisch auch Röhricht/Graf von Westphalen/Haas/*Haas/Mock*, § 171 Rn. 60.

Stimmiger wäre es gewesen, hätte der Gesetzgeber beides[242] in der InsO geregelt, handelt es sich doch sowohl bei § 93 InsO als auch bei § 171 II HGB der Sache nach um Insolvenzrecht,[243] nämlich um die Durchsetzung des insolvenzrechtlichen Gleichbehandlungsgrundsatzes jenseits des beschlagnahmten Schuldnervermögens.[244]

73 Ebenso wie § 93 InsO lässt auch § 171 II HGB die Rechtszuständigkeit in Bezug auf die Forderungen unberührt.[245] Die Vorschrift ordnet lediglich eine Sperrfunktion zu Lasten der Gläubiger und eine Ermächtigungsfunktion zugunsten des Insolvenzverwalters an (→ Rn. 75 ff.).[246] Für die Anwendung des § 171 II HGB in der Eigenverwaltung, → § 89 Rn. 91. Für die Auswirkungen des Insolvenzplanverfahrens auf § 171 I, II HGB → Rn. 53.

74 *(i) Sperrwirkung* (→ Rn. 53 f.). Wird über das Vermögen einer KG das Insolvenzverfahren eröffnet, sind die Gläubiger der Gesellschaft nicht berechtigt, den Kommanditisten aus seiner persönlichen Haftung nach §§ 128, 171 HGB in Anspruch zu nehmen. Nach § 171 II HGB steht dieses Recht mit Eröffnung des Insolvenzverfahrens allein dem Insolvenzverwalter zu. Spiegelbildlich wird dem haftenden Kommanditisten die Möglichkeit genommen, nach Eröffnung des Insolvenzverfahrens haftungsbefreiend an einen der Gesellschaftsgläubiger zu leisten.[247] Zur Frage, ob der Kommanditist haftungsbefreiend leisten kann, wenn er von der Insolvenzeröffnung keine Kenntnis hatte, siehe Rn. 64.

75 *(ii) Ermächtigungswirkung* (→ Rn. 55 ff.). Die Ansprüche, die dem Insolvenzverwalter zur Einziehung zugewiesen sind, gehören zwar nicht zur Insolvenzmasse; der Insolvenzverwalter kann jedoch von den Kommanditisten die Leistung zur Masse fordern.[248] Daher ist nach umstrittener,[249] wohl aber richtiger Ansicht der Insolvenzverwalter befugt, aus den eingezogenen Beträgen die Verfahrenskosten (→ Rn. 47 ff.) oder andere Masseverbindlichkeiten zu begleichen. Darüber hinaus bleibt er auch in den Fällen der Masseunzulänglichkeit befugt, die von § 171 II HGB erfassten Ansprüche einzuziehen. Bei den eingezogenen Beträgen handelt es sich insbesondere nicht um eine Sondermasse, die der Insolvenzverwalter treuhänderisch für die (von § 171 II HGB betroffenen) Gesellschaftsgläubiger verwalten muss.[250] Siehe aber zur Notwendigkeit Sondermassen zu bilden → Rn. 83 f. und → Rn. 106 f.

---

[242] *Noack*, Rn. 596 zufolge hätte auch eine Zusammenfassung in einer Vorschrift erfolgen können, denn sowohl bei der beschränkten Kommanditistenhaftung als auch bei der Gesellschafterhaftung nach § 128 HGB handelt es sich um eine „persönliche Haftung", erstere ist lediglich dem Umfang nach beschränkt. Dennoch ist zu beachten, dass zwischen § 171 II HGB und § 93 InsO Unterschiede bestehen. Während § 93 InsO nämlich ausschließlich dem Gläubigergleichbehandlungsgrundsatz dient, verfolgt § 171 II HGB darüber hinaus auch den Zweck, den oftmals mit dem Haftanspruch konkurrierenden Anspruch der Gesellschaft auf Zahlung der ausstehenden Pflichteinlagen nicht durch einen Haftungswettlauf der Gesellschaftsgläubiger zu entwerten, vgl. zu diesem Aspekt insbesondere BGH NJW 1976, 751, 752; NJW 1990, 3145. Dieser Zusammenhang zwischen Haft- und Pflichteinlage offenbart sich insbesondere, wenn § 171 II HGB und der Anspruch auf ausstehende Pflichteinlagen aufeinander treffen, siehe hierzu Rn. 81. Kritisch hinsichtlich der Zweispurigkeit, *Häsemeyer* ZHR 149 (1985), 42, 46 ff.

[243] Siehe auch BGH NJW 1976, 751, 752: „Hinzu kommt, dass die Befugnis des Konkursverwalters der Sache nach Teil des Konkursrechts ist"; siehe auch *Haas* NZG 1999, 1148, 1152 f.

[244] *Gursky*, DB 1978, 1261, 1262; Röhricht/Graf von Westphalen/Haas/*Haas/Mock*, § 171 Rn. 60.

[245] OLG Karlsruhe NJOZ 2006, 4508, 4509; MüKoHGB/*K. Schmidt*, §§ 171, 172 Rn. 108; insoweit kritisch Röhricht/Graf von Westphalen/Haas/*Haas*, § 171 Rn. 61; → Rn. 52 f.

[246] OLG Karlsruhe NJOZ 2006, 4508, 4509; MüKoHGB/*K. Schmidt*, §§ 171, 172 Rn. 100; E/B/J/S/*Strohn*, § 171 Rn. 94.

[247] *Armbruster*, S. 38 f.; MüKoHGB/*K. Schmidt*, §§ 171, 172 Rn. 107; E/B/J/S/*Strohn*, § 171 Rn. 94; → Rn. 53 f.

[248] Baumbach/Hopt/*Hopt*, § 171 Rn. 12; E/B/J/S/*Strohn*, § 171 Rn. 95.

[249] Siehe hierzu Röhricht/Graf von Westphalen/Haas/*Haas/Mock*, § 171 Rn. 61; *Armbruster*, S. 50; Die Probleme stellen sich hier in gleicher Weise wie bei § 93 bzw. in den Fällen des Anfechtungsrechts, siehe insoweit auch *Häsemeyer*, ZHR 149 (1985), 42, 49.

[250] AA MüKoHGB/*K. Schmidt*, §§ 171, 172 Rn. 112; *Häsemeyer*, Insolvenzrecht Rn. 31.41.

Dem Insolvenzverwalter zur Einziehung zugewiesen sind nach § 171 II HGB nur die **76** Ansprüche gemäß § 171 I HGB. Haftet dagegen der Kommanditist für die Gesellschaftsverbindlichkeiten nach § 176 HGB unbeschränkt, findet § 171 II HGB keine Anwendung.[251] Die überwiegende Ansicht greift insoweit auf § 93 InsO zurück.[252] Dies ist freilich nicht ganz unproblematisch, weil § 93 InsO dem Grundsatz nach nicht auf eine Rechtsscheinhaftung zugeschnitten ist, die nach der Art der Verbindlichkeit[253] und danach unterscheidet, ob dem Gesellschaftsgläubiger die im Gesellschaftsvertrag vereinbarte Beschränkung der Haftung auf die Hafteinlage bekannt war (§ 176 I 2 HGB).[254] Ebenfalls nicht von der Ermächtigungswirkung bzw. Einziehungsbefugnis nach § 171 II HGB erfasst sind offene Ansprüche im Innenverhältnis zwischen Gesellschaft und Gesellschafter etwa auf Erbringung der Pflichteinlage oder von Nachschusszahlungen; solche Ansprüche können vielmehr über §§ 80, 148 InsO vom Insolvenzverwalter eingezogen werden.[255]

Werden nicht alle Haftsummen der verschiedenen Kommanditisten zur Befriedigung **77** der Gläubiger benötigt, entscheidet der Insolvenzverwalter nach pflichtgemäßem Ermessen über die Geltendmachung der Haftung. Insbesondere ist der Insolvenzverwalter nicht zu einer anteiligen Inanspruchnahme der Kommanditisten verpflichtet.[256] Soweit aber die Haftansprüche zur Befriedigung nicht erforderlich sind, hat der Insolvenzverwalter von einer Geltendmachung derselben abzusehen.[257] Hinsichtlich der Frage, wann ein Rechtsmissbrauch vorliegt, wenn der Insolvenzverwalter von den Kommanditisten einen Betrag einzieht, der nicht zur Befriedigung der Gläubiger erforderlich ist, → Rn. 62.

Zur Frage, ob dem Insolvenzverwalter über die Einziehungs- und Prozessführungs- **78** befugnisse hinaus weitere Befugnisse zustehen, → Rn. 59 f. Zu den Auswirkungen der Insolvenzeröffnung auf laufende (Erkenntnis- und Zwangsvollstreckungs-)Verfahren, → Rn. 67 a f.[258]

(iii) Einreden und Einwendungen (→ Rn. 63 ff.). Unter den Voraussetzungen der **79** §§ 94 ff. InsO kann der Kommanditist auch noch nach der Eröffnung des Insolvenzverfahrens gegen die Inanspruchnahme aus §§ 128, 171 HGB aufrechnen.[259] Als Gegen-

---

[251] Vgl. BGHZ 82, 209, 214 = NJW 1982, 883; BGH WM 1983, 1039; MüKoHGB/*K. Schmidt*, §§ 171, 172 Rn. 106; Röhricht/Graf von Westphalen/Haas/*Haas/Mock*, § 171 Rn. 60; MüKoInsO/ *Peters*, § 35 Rn. 204.
[252] MüKoHGB/*K. Schmidt*, §§ 171, 172 Rn. 106; *Noack*, Rn. 523, *Armbruster*, S. 150; Uhlenbruck/Hirte/Vallender/*Hirte*, § 93 Rn. 7; MüKoInsO/*Peters*, § 35 Rn. 204; E/B/J/S/*Strohn*, § 171 Rn. 100; Röhricht/Graf von Westphalen/Haas/*Haas/Mock*, § 171 Rn. 78.
[253] Nach § 176 HGB haftet der Kommanditist grundsätzlich nur für rechtsgeschäftlich begründete Verbindlichkeiten (vgl. Koller/Roth/*Morck*, § 176 Rn. 5; Röhricht/Graf von Westphalen/Haas/*Haas/ Mock*, § 176 Rn. 24; Baumbach/Hopt/*Hopt*, § 176 Rn. 1). Für deliktische oder aber für öffentlich-rechtliche Forderungen haftet der Kommanditist nach § 171 HGB. Es ist daher daran zu denken, ob man nicht den Kommanditisten generell § 171 II HGB unterwirft und evtl darüber hinausgehende „Haftungsspitzen" nach § 176 HGB der Verfolgung durch die Gläubiger überlässt.
[254] Kritisch in diesem Sinne auch Röhricht/Graf von Westphalen/Haas/*Haas/Mock*, § 176 Rn. 23; vgl. zu einer ähnlichen Problematik im Rahmen des § 171 II HGB, BGHZ 113, 216, 128 f. = NJW 1991, 922.
[255] Röhricht/Graf von Westphalen/Haas/*Haas/Mock*, § 171 Rn. 63; MüKoHGB/*K. Schmidt*, §§ 171, 172 Rn. 98; Oetker/*Oetker*, § 171 Rn. 57; MüKoInsO/*Peters*, § 35 Rn. 207; *Noack*, Rn. 529.
[256] Vgl. BGHZ 109, 334, 344 = NJW 1990, 1109; Röhricht/Graf von Westphalen/Haas/*Haas/Mock*, § 171 Rn. 74; zur ähnlich gelagerten Konstellation im Liquidationsverfahren vgl. auch BGH NJW 1980, 1522, 1524.
[257] BGHZ 109. 334, 344 = NJW 1990, 1109; E/B/J/S/*Strohn*, § 171 Rn. 96.
[258] Siehe auch MüKoHGB/*K. Schmidt*, §§ 171, 172 Rn. 115; E/B/J/S/*Strohn*, § 171 Rn. 114.
[259] BGH NJW 1981, 232, 233; OLG Dresden NZG 2004, 1155; Röhricht/Graf von Westphalen/ Haas/*Haas/Mock*, § 171 Rn. 76; E/B/J/S/*Strohn*, § 171 Rn. 111; Uhlenbruck/Hirte/Vallender/*Hirte*; Vallender/*Hirte*, § 35 Rn. 394; Baumbach/Hopt/*Hopt*, § 171 Rn. 13; MüKoHGB/*K. Schmidt*, §§ 171, 172 Rn. 111; Oetker/*Oetker*, § 171 Rn. 62; *Noack*, Rn. 526.

forderungen, die den Kommanditisten zur Aufrechnung gegen den Hafteinlageanspruch berechtigen, kommen Forderungen in Betracht, die ihm außerhalb des Gesellschaftsverhältnisses gegen die Gesellschaft zustehen (sogenannte Drittgläubigerforderungen).[260] Dies gilt, obwohl nur die Befugnis zur Geltendmachung des Haftungsanspruchs, nicht aber die materielle Berechtigung nach § 171 II HGB auf den Insolvenzverwalter übergeht, die von § 387 BGB geforderte Aufrechnungslage somit im Grunde gar nicht besteht.[261] Nicht aufrechnen kann der Kommanditist wegen der Inanspruchnahme aus der Kommanditistenhaftung dagegen mit Forderungen gegen einzelne Gesellschaftsgläubiger.[262]

80 Gegenüber dem Haftungsanspruch des Insolvenzverwalters kann der Kommanditist nur die Einwendungen erheben, die der Gesellschaft zustehen oder die er selbst gegenüber *allen* Gläubigern geltend machen könnte (→ Rn. 63 ff.). Persönliche Einwendungen/Einreden, die er nur einzelnen Gläubigern gegenüber geltend machen könnte, stehen ihm gegenüber dem Insolvenzverwalter nicht zu.[263]

81 *(iv) Das Verhältnis von Einlagepflicht und Haftsumme zueinander.* Das Verhältnis zwischen Haftsumme und Einlage wirft insbesondere in den Fällen Probleme auf, in denen der Kommanditist zum einen gegenüber der Gesellschaft seiner Einlageverpflichtung nicht nachgekommen ist und zum anderen vom Insolvenzverwalter nach § 171 II HGB in Anspruch genommen werden kann. Was Gegenstand des Einforderungsrechts des Insolvenzverwalters ist, ist dann umstritten.[264] Die wohl überwiegende Ansicht billigt dem Insolvenzverwalter ein Wahlrecht zwischen der Einforderung der Einlage und dem Haftungsbetrag zu.[265] Kumulativ sind beide Rechte keinesfalls auszuüben, soweit sie sich der Höhe nach entsprechen.[266]

82 *(v.) Auswirkung auf laufende Prozesse, Zwangsvollstreckung.* Hinsichtlich der Auswirkungen auf laufende Prozesse und die Zwangsvollstreckung gelten die → Rn. 67 a ff. dargestellten Grundsätze.

83 cc) *Gesellschafterhaftung für die Verbindlichkeiten der Gesellschaft auf nichtgesellschaftsrechtlicher Grundlage.* Neben §§ 128, 171 I HGB sind eine Vielzahl von Verpflichtungsgründen denkbar, denen zufolge der Gesellschafter für (bestimmte) Verbindlichkeiten der Gesellschaft einzustehen hat. In Betracht kommen Verpflichtungsgründe auf schuldrechtlicher Grundlage (Schuldbeitritt, Bürgschaft,[267] etc). Denkbar ist aber auch, dass der Gesellschafter kraft Gesetzes für eine Verbindlichkeit der Gesellschaft gegenüber einem Gläubiger einzustehen hat, etwa bei Verletzung der steuerlichen Pflichten nach

---

[260] Vgl. BGHZ 58, 72, 75 ff. = NJW 1972, 480; BGH BB 1974, 1360, 1361.
[261] Vgl. BGHZ 58, 72, 75 ff. = NJW 1972, 480.
[262] Vgl. BGHZ 42, 192, 193 f. = NJW 1964, 2407; BGHZ 58, 72, 75 = NJW 1972, 480; BFHE 141, 477, 479 f. = NJW 1985, 648; MüKoHGB/*K. Schmidt*, §§ 171, 172 Rn. 107; E/B/J/S/*Strohn*, § 171 Rn. 112; Röhricht/Graf von Westphalen/Haas/*Haas/Mock*, § 171 Rn. 71.
[263] BGHZ 113, 216, 221 = NJW 1991, 922; siehe auch MüKoHGB/*K. Schmidt*, §§ 171, 172 Rn. 110; Oetker/*Oetker*, § 171 Rn. 64; E/B/J/S/*Strohn*, § 171 Rn. 97.
[264] Siehe zum Meinungsstand *Armbruster*, S. 44 ff.
[265] Vgl. etwa E/B/J/S/*Strohn*, § 171 Rn. 98; Oetker/*Oetker*, § 171 Rn. 57 f.; HaKoInsO/*Lüdtke*, § 35 Rn. 92; *Häsemeyer*, Insolvenzrecht, Rn. 31.43; Koller/Roth/*Morck*, §§ 171, 172 Rn. 9; Uhlenbruck/Hirte/Vallender/*Hirte*, § 35 Rn. 390; *Bork*, Kölner Schrift, S. 1021 Rn. 6; für einen grundsätzlichen Vorrang der Einlagepflicht MüKoHGB/*K. Schmidt*, §§ 171, 172 Rn. 99; *Noack*, Rn. 530; *Schlitt* NZG 1998, 755, 761. Die unterschiedlichen Ansichten kommen insbesondere dann zu einem abweichenden Ergebnis, wenn im Innenverhältnis, also hinsichtlich der Pflichteinlage, eine Sacheinlage vereinbart ist. Letztere kann nämlich insbesondere dann von Interesse sein, wenn diese zur Unternehmensfortführung erforderlich ist. Ist dagegen die Sacheinlage mit dem Insolvenzzweck nicht vereinbar, kann der Insolvenzverwalter die entsprechende Summe in Geld einfordern.
[266] *Gursky*, DB 1978, 1261, 1263 f.; *Armbruster*, S. 44; E/B/J/S/*Strohn*, § 171 Rn. 99.
[267] Zur Bürgenhaftung in der Insolvenz siehe *Wissmann*, Persönliche Mithaft, Rn. 12 ff.; MüKoInsO/*Brandes*, § 93 Rn. 21.

§§ 34, 69 AO oder im Zusammenhang mit Beiträgen zur gesetzlichen Unfallversicherung nach § 150 IV SGB VII. In allen diesen Fällen stellt sich die Frage, ob auf diese Fälle der Gesellschafterhaftung § 93 InsO Anwendung findet.[268] Letzteres wird teilweise vertreten. Danach soll im Grundsatz jedwede Einstandspflicht eines Gesellschafters für Schulden der Gesellschaft von § 93 InsO erfasst werden.[269]

Die hM lehnt eine derart weite Auslegung des § 93 InsO zu Recht ab.[270] Für die hM spricht der Wortlaut der Vorschrift,[271] die Entstehungsgeschichte,[272] der Vergleich mit § 171 II HGB[273] und ein Blick auf §§ 227 II, 254 II InsO.[274] Weiterhin sprechen gegen eine weite Auslegung des § 93 InsO auch systematische Erwägungen. Sinn und Zweck des § 93 InsO ist es, einen Beitrag zur Verwirklichung des Gläubigergleichbehandlungsgrundsatzes zu leisten.[275] Der Wettlauf der Gläubiger um eine Befriedigung aus dem jenseits der Insolvenzmasse stehenden Privatvermögen des Gesellschafters soll zugunsten einer gleichmäßigen Verteilung durch den Insolvenzverwalter ersetzt werden.[276] Diesen Grundsatz hält der Gesetzgeber jedoch nicht lückenlos durch. Vielmehr lässt das Gesetz zahlreiche Ausnahmen hiervon zu.[277] Soll daher der Gläubigergleichbehandlungsgrundsatz jenseits des Gesellschaftsvermögens verwirklicht werden, bedarf es hierfür einer besonderen Rechtfertigung. Für die gesellschaftsrechtlichen Haftungsansprüche (wie zB §§ 128, 176 HGB, Durchgriffshaftung) lässt sich die Rechtfertigung ohne weiteres finden; denn diese dienen ja als Teil des Gläubigerschutzsystems dem Interesse aller Gläubiger (nicht nur den vertraglichen wie etwa § 11 II GmbHG). Es ist daher nur folgerichtig, dass diese Ansprüche im Zusammenhang mit dem gesellschaftsrechtlichen Haftungssystem einer gleichmäßigen Gläubigerbefriedigung zugeführt werden. Für die anderen Fälle ist dagegen nicht zu erkennen, warum derjenige, der ohne einen Informationsvorsprung auszunutzen, jenseits der jedermann zugutekommenden Haftungsverfassung des Schuldners besondere Vorkehrungen zur Reduzierung seines Risikos getroffen hat, hiervon nicht profitieren soll.[278]

dd) *Die Haftung der ausgeschiedenen bzw. ehemaligen Gesellschafter.* Ist der persönlich haftende Gesellschafter vor Insolvenzeröffnung aus der Gesellschaft ausgeschieden, so haftet er auch weiterhin für die Verbindlichkeiten der Gesellschaft nach § 128 HGB. § 160 HGB regelt die Begrenzung der Haftung des ausgeschiedenen Gesellschafters. Fraglich ist nun, ob § 93 InsO auch die Ansprüche gegen den ausgeschiedenen Gesellschafter erfasst. Die ganz überwiegende Ansicht bejaht dies zu Recht im Hinblick auf den Sinn

---

[268] Siehe zu einem Überblick über den Meinungsstand *Bunke* KTS 2002, 471, 474 ff. sowie HaKoInsO/*Pohlmann*, § 93 Rn. 9.
[269] Für die Bürgschaft und sonstige Personalsicherheiten siehe in diesem Sinne HaKoInsO/*Pohlmann*, § 93 Rn. 10; *Oewen*, Massefremde Masse, Rn. 272; *Bork* ZIP 1999, 1988, 1991; *ders.* NZI 2002, 362, 363 ff.; ablehnend MüKoInsO/*Brandes*, § 93 Rn. 21; für die Haftung des Gesellschafters nach §§ 34, 69 AO siehe etwa OLG Schleswig EWiR 2002, 25 f. *(Graf/Wunsch)*.
[270] BGH NZI 2009, 841, 842; BGH NZI 2003, 94, 95; BGHZ 151, 245, 248 f. = NJW 2002, 2718; BSG NZI 2008, 630; BFHE 197, 1, 4 f. = NZI 2002, 173; LG Bayreuth ZIP 2001, 1782 f.; HK/*Kayser*, § 93 Rn. 13 f.; MüKoInsO/*Brandes*, § 93 Rn. 6; *Bunke*, KTS 2002, 471, 492 ff.; *K. Schmidt/Bitter*, ZIP 2000, 1077, 1082; Staub/*Habersack*, § 128 Rn. 75; *Bitter*, ZInsO 2002, 557, 558 f.; MüKoHGB/ *K. Schmidt*, § 128 Rn. 84; *Haas/Müller*, NZI 2002, 366 ff.; *Bartone*, Insolvenz des Abgabeschuldners, S. 38 f.; Uhlenbruck/Hirte/Vallender/*Hirte*, § 93 Rn. 17 ff.
[271] *Gerhardt* ZIP 2002, 2181, 2183; *Haas/Müller*, NZI 2002, 366 f.
[272] BGHZ 151, 245, 249 f. = NJW 2002, 2718; BFHE 197, 1, 4 f. = NZI 2002, 173; MüKoInsO/ *Brandes*, § 93 Rn 21; *Bunke*, KTS 2002, 471, 480 f.; *K. Schmidt/Bitter*, ZIP 2000, 1077, 1082.
[273] BGHZ 151, 245, 248 f. = NJW 2002, 2718; MüKoInsO/*Brandes*, § 93 Rn. 2.
[274] *Bunke*, KTS 2002, 471, 482.
[275] BGH NZI 2009, 841, 842; *Armbruster*, S. 142; *Wissmann*, Persönliche Mithaft, Rn. 342; *Noack*, Rn. 494; siehe auch BT-Drucks. 12/2443 S. 140.
[276] *Gerhard*, ZIP 2000, 2181; *Bunke*, KTS 2002, 471, 476 f.; siehe auch Rn. 52.
[277] Siehe hierzu BFHE 197, 1, 4 f. = NZI 2002, 173; *Haas* NZI 2002, 366, 367.
[278] Siehe auch BGHZ 151, 245, 251 = NJW 2002, 2718; *Bunke*, KTS 2002, 471, 484 ff.

und Zweck der Vorschrift.[279] Ganz ähnlich ist die Situation im Rahmen der Kommanditistenhaftung. Der Kommanditist haftet weiter gemäß § 171 I HGB nach seinem Ausscheiden, freilich begrenzt nach § 160 HGB. Nach ganz hM findet auch auf diese Haftung der § 171 II HGB Anwendung.[280]

86 Im Rahmen der Einziehung der Ansprüche gegen die ausgeschiedenen Gesellschafter hat der Insolvenzverwalter – soweit der Gesellschafter nicht allen, sondern nur einem Teil der Gesellschaftsgläubiger (so genannte Altgläubiger) gegenüber haftet – darauf zu achten, dass die eingezogenen Beträge nur diesen Gläubigern zugutekommen. Dies gilt unabhängig davon, wie viele Altgläubiger vorhanden sind.[281] Der Insolvenzverwalter hat daher Sondermassen zu bilden.[282] Die Altgläubiger können folglich neben der allgemeinen Insolvenzmasse, die allen Insolvenzgläubigern zur Verfügung steht, auch Befriedigung aus dieser Sondermasse verlangen.[283] Dies gilt sowohl im Hinblick auf die Haftung des ausgeschiedenen persönlich haftenden Gesellschafters als auch für den ausgeschiedenen Kommanditisten.

87 Der in Anspruch genommene ausgeschiedene Kommanditist bzw. persönlich haftende Gesellschafter hat nur so viel zu leisten, wie zur Befriedigung der Altgläubiger erforderlich ist. Sind die Altgläubiger daher aus der Insolvenzmasse bereits voll befriedigt, scheidet eine Inanspruchnahme nach § 171 II HGB bzw. über § 93 InsO aus (siehe auch Rn. 62).[284] Gleiches gilt überwiegender Ansicht nach, wenn die Altgläubiger ihre Forderungen in der Gesellschaftsinsolvenz nicht angemeldet haben.[285] Eine gleichwohl erfolgte Inanspruchnahme durch den Insolvenzverwalter kann im Einzelfall rechtsmissbräuchlich sein.[286]

88 Die vorstehenden Grundsätze für ausgeschiedene Gesellschafter greifen auch dann, wenn die Personengesellschaft durch Umwandlung oder Übernahme erloschen ist, das Insolvenzverfahren über das Vermögen des neuen Rechtsträgers eröffnet wurde und die beschränkte Kommanditistenhaftung eines früheren Kommanditisten bzw. die persönliche Haftung eines früheren Gesellschafters für Insolvenzverbindlichkeiten geltend gemacht werden soll.[287]

---

[279] OLG Hamm NZI 2007, 584, 588; MüKoHGB/*K. Schmidt*, § 128 Rn. 84; MüKoInsO/*Brandes*, § 93 Rn. 6; HaKoInsO/*Pohlmann*, § 93 Rn. 21; HK/*Kayser*, § 93 Rn. 11; Uhlenbruck/Hirte/Vallender/*Hirte*, § 93 Rn. 10 und 31; KPB/*Lüke*, § 93 Rn. 55; *Armbruster*, S. 150.

[280] BGHZ 27, 51, 55 f. = NJW 1958, 787; OLG Hamm NZI 2007, 584, 588; RGZ 86, 60, 61; *Michel*, KTS 1991, 67, 94 ff.; E/B/J/S/*Strohn*, § 171 Rn. 95; Baumbach/Hopt/*Hopt*, § 171 Rn. 14; Röhricht/Graf von Westphalen/Haas/Haas/*Mock*, § 171 Rn. 82; Oetker/*Oetker*, § 171 Rn. 66 f.; KPB/*Lüke*, § 93 Rn. 55; Uhlenbruck/Hirte/Vallender/*Hirte*, § 93 Rn. 31.

[281] Kritisch hinterfragend, ob über § 93 InsO dem Insolvenzverwalter gleichwohl die Einziehungsbefugnis für Nachhaftungsansprüche bei Vorhandensein nur eines Altgläubigers zuzusprechen ist, auch wenn in diesen Fällen ein Gläubigerwettlauf auszuschließen sein wird, MüKoInsO/*Brandes*, § 93 Rn. 14; für § 93 InsO offen gelassen in BGH NZI 2009, 108, 109; demgegenüber für die Nachhaftung des Kommanditisten gegenüber nur einem Altgläubiger eine einschränkende Anwendung von § 171 II HGB angenommen von BGH NJW 1958, 1139.

[282] BGH NZI 2009, 108, 109; *Gerhardt* ZIP 2000, 2181, 2184 ff.; HaKoInsO/*Pohlmann*, § 93 Rn. 22; Uhlenbruck/Hirte/Vallender/*Hirte*, § 93 Rn. 10 und 31; *Armbruster*, S. 238; KPB/*Lüke*, § 93 Rn. 55; MüKoInsO/*Peters*, § 35 Rn. 205; Röhricht/Graf von Westphalen/Haas/Haas/*Mock*, § 171 Rn. 86; E/B/J/S/*Strohn*, § 171 Rn. 95.

[283] Vgl. für § 171 II HGB, BGHZ 27, 51, 55 ff. = NJW 1958, 787; BGHZ 39, 319, 321 = NJW 1963, 1873; BGHZ 42, 192, 194 = NJW 1964, 2407; BGHZ 71, 296, 304 f. = NJW 1978, 1525; Baumbach/Hopt/*Hopt*, § 171 Rn. 14; MüKoHGB/*K. Schmidt*, §§ 171, 172 Rn. 112; Uhlenbruck/Hirte/Vallender/*Hirte*, § 35 Rn. 401; *Noack*, Rn. 525; *Armbruster*, S. 87 f.; aA *Häsemeyer* ZHR 149 (1985), 42, 72.

[284] BGHZ 27, 51, 56 f. = NJW 1958, 787; BGHZ 71, 296, 304 = NJW 1978, 1525; Röhricht/Graf von Westphalen/Haas/Haas/*Mock*, § 171 Rn. 83; E/B/J/S/*Strohn*, § 171 Rn. 107; Baumbach/Hopt/*Hopt*, § 171 Rn. 14.

[285] BGH NJW 1958, 1139; Röhricht/Graf von Westphalen/Haas/Haas/*Mock*, § 171 Rn. 83; Oetker/*Oetker*, § 171 Rn. 67; *K. Schmidt*, Einlage und Haftung, S. 137.

[286] Vgl. BGHZ 39, 319, 326 = NJW 1963, 1873; *Noack*, Rn. 525.

[287] Vgl. BGH NJW 1990, 3145 f.; MüKoHGB/*K. Schmidt*, §§ 171, 172 Rn. 105; HK/*Kayser*, § 93 Rn. 11; E/B/J/S/*Strohn*, § 171 Rn. 103.

5. OHG und KG im Insolvenzplanverfahren. Die Durchführung eines Insol- 89
venzplanverfahrens bei der oHG/KG ist durch das ESUG deutlich erleichtert worden,
wobei sich allerdings vor allem im Bezug auf die oHG/KG eine Reihe von Problemen
ergeben (siehe vor allem Rn. 90 und Rn. 91), die im Rahmen des Gesetzgebungsverfahrens nicht hinreichend berücksichtigt wurden.[288] Unproblematisch ist zunächst die
nunmehr mögliche Einbeziehung von Anteils- und Mitgliedschaftsrechten (§ 217 InsO)
in den Insolvenzplan. Etwaige Veränderungen im Gesellschafterbestand lassen die sich
aus dem Eintritt oder dem Ausscheiden ergebenden Auswirkungen für die persönliche
Haftung aufgrund einer fehlenden anderweitigen Regelung in der InsO unberührt, so
dass die Attraktivität des Beitritts als persönlich haftender Gesellschafter im Rahmen
eines Insolvenzplanverfahrens unter Beibehaltung der Rechtsform der oHG/KG in der
Regel nur sehr gering sein dürfte.

Ungeklärt und zweifelhaft ist, ob die in § 225a III InsO vorgesehene Fortsetzung der 90
aufgelösten Gesellschaft tatsächlich durch eine Regelung im Insolvenzplan getroffen
werden kann. Bedenken ergeben sich dabei vor allem im Hinblick auf die unbeschränkt
persönlich haftenden Gesellschafter, da diese ansonsten nahezu einer unbeschränkten
Haftung – insbesondere bei einem entsprechenden Ausschluss der Vertretungsmacht
(§ 125 I HGB) – ausgesetzt werden könnten. Dem kann der persönlich haftende Gesellschafter auch nicht vollständig durch eine Austrittskündigung entgehen, da die Kündigungsfrist hierfür mindestens sechs Monate beträgt (§§ 131 III Nr. 3, 132 HGB). Diese Problematik kann sich zudem grundsätzlich auch beim Kommanditisten stellen,
soweit dessen Haftsumme seine Einlagepflicht (deutlich) übersteigt.[289] Berücksichtigt
man in diesem Zusammenhang die höchstrichterliche Rechtsprechung zur fehlenden
Erfassung der Kosten des Insolvenzverfahrens und der vom Insolvenzverwalter begründeten Masseverbindlichkeiten durch die persönliche Haftung des Gesellschafters einer
Personengesellschaft,[290] ist eine teleologische Reduktion von § 225a III InsO dahingehend erforderlich, dass die zum Zeitpunkt der Verfahrenseröffnung bestehende persönliche Haftung der Gesellschafter einer Personenhandelsgesellschaft durch den Insolvenzplan nicht erweitert werden kann. Auch wenn diese Rechtsprechung zur Rechtslage
vor dem ESUG ergangen ist, lässt sich die wesentliche Begründung in Form der Beschränkung der Verfügungsmacht des Insolvenzverwalters auf die Insolvenzmasse zum
Zeitpunkt der Eröffnung des Insolvenzverfahrens auch auf diese Problematik übertragen.

Bei einem auch bei den Personenhandelsgesellschaften durchführbaren[291] *debt to* 91
equity swap (§ 225a InsO) kann sowohl die Stellung eines Komplementär als auch eines
Kommanditisten[292] begründet werden, wobei wohl nur von letzterem Gebrauch gemacht werden wird. Denn durch den *debt to equity swap* die Stellung eines persönlich
haftenden Gesellschafters eingeräumt wird, haftet dieser in vollem Umfang auch für die
Altverbindlichkeiten der Gesellschaft. Die Umwandlung der Insolvenzforderungen in
eine Gesellschafterstellung lässt die persönliche Haftung der Gesellschafter gegenüber
den übrigen Gläubigern (§§ 128, 171 f.) im Übrigen unberührt, so dass diese insbesondere nicht anteilig reduziert wird. Ungeklärt ist bisher, welche Folgen die in § 254 IV
InsO ausgeschlossene Differenzhaftung bei einem *debt to equity swap* bei einer oHG/KG
hat. Das Problem besteht dabei in zweifacher Weise. Denn die durch § 254 IV InsO
adressierte Differenzhaftung gegenüber der Gesellschaft gibt es bei der KG bereits

---

[288] Dazu *K. Schmidt*, ZGR 2012, 566, 569 f.
[289] Zur Zulässigkeit einer die Pflichteinlage übersteigenden Haftsumme Röhricht/Graf von West-
phalen/Haas/*Haas/Mock*, § 171 Rn. 10.
[290] BGH NZI 2009, 841; siehe ausführlich Rn. 47 ff.
[291] Dazu *K. Schmidt*, ZGR 2012, 566, 569 f.
[292] Röhricht/Graf von Westphalen/Haas/*Haas/Mock*, § 161 Rn. 32.

nicht,[293] so dass der primäre Anwendungsbereich von § 254 IV InsO ins Leere geht.[294] Der Kommanditist kann bei einer Überbewertung allerdings einer Kommanditistenaußenhaftung nach §§ 171 I, 172 I HGB ausgesetzt sein, so dass sich die Frage stellt, ob § 254 IV InsO dann entsprechend anzuwenden ist. Auch wenn § 254 IV InsO primär auf Kapitalgesellschaften zugeschnitten ist, muss dieser auch auf eine etwaige Kommanditistenaußenhaftung nach §§ 171 I, 172 I HGB ausgeweitet werden,[295] da sich nur auf diese Weise der vom ESUG bei § 254 IV InsO beabsichtigte Schutz der den *debt to equity swap* nutzende Gläubiger erreichen lässt.[296] Bis zur höchstrichterlichen Klärung dieser Frage kann man dem Haftungsrisiko aber durch eine niedrige Haftsummenfestsetzung begegnen.[297] Wenig praktikabel ist hingegen die Umwandlung in einer atypisch stille Beteiligung,[298] da damit kein bilanzsanierender Effekt verbunden ist.

92   Falls der Gesellschaftsvertrag für die Aufnahme neuer Gesellschafter oder für sonstige durch den Insolvenzplan vorgenomme Maßnahmen ein Austrittsrecht eines Gesellschafters vorsieht, gilt für die Berechnung des Auseinandersetzungsguthabens dann vorrangig die Regelung des § 225a Abs. 5 InsO, so dass von einer hypothetischen Abwicklung der oHG/KG auszugehen ist. Insofern wird § 738 BGB als allgemeinere Norm entsprechend überlagert. Zudem kann die Auszahlung über einen Zeitraum von bis zu drei Jahren gestundet werden (§ 225a Abs. 5 S. 2 InsO), ist für diesen Zeitraum allerdings zu verzinsen (§ 225a Abs. 5 S. 3 InsO).

93   **6. OHG und KG in der Eigenverwaltung.** Die durch das ESUG teilweise erheblich ausgebauten Möglichkeiten der Eigenverwaltung können auch für die oHG/KG genutzt werden, bei denen allerdings einige Besonderheiten zu beachten sind. Neue Gestaltungsmöglichkeiten ergeben sich zunächst bei einer fehlenden offensichtlichen Aussichtslosigkeit des Antrags, da in diesem Fall nur noch ein schwacher (vorläufiger) Sachwalter bestellt werden kann (§ 270a I InsO). Zudem wird die Organisationsverfassung der oHG/KG (→ Rn. 24 ff.) im eröffneten Verfahren mit Eigenverwaltung massiv modifiziert, da nach § 276a S. 1 InsO zunächst die Gesellschafterversammlung und soweit vorhanden auch der Aufsichtsrat keinen Einfluss mehr auf die Geschäftsführung des Schuldners haben. Darüber hinaus bedarf die Bestellung und die Abberufung von Mitgliedern der Geschäftsführung der Zustimmung des Sachwalters (§ 276a S. 2 und 3 InsO). Aufgrund des auch im eröffneten Verfahren mit Eigenverwaltung weiter geltenden Grundsatzes der Selbstorganschaft[299] kann (faktisch) eine Zustimmungspflicht des Sachwalters begründet werden, wenn nur eine entsprechende geringe Zahl von Gesellschaftern zur Übernahme der Geschäftsführung bereit ist.

94   Die genaue Reichweite der durch § 276a S. 1 InsO angeordneten Kompetenzbeschränkung ist allerdings unklar, zumal auch der Regelungszweck der Vermeidung von Kompetenzkonflikten zwischen den insolvenz- und gesellschaftsrechtlichen Überwachungsorganen keinen wirklichen genaueren Aufschluss geben kann.[300] Dabei können im Ergebnis im Bezug auf § 276a S. 1 InsO aber nur diejenigen Kompetenzen erfasst sein, die auch bei der Anordnung eines regulären Insolvenzverfahrens dem Insolvenzverwalter zufallen würden *(Grundsatz der Gleichstellung)*, da der Einfluss der Gläubiger

---

[293] Röhricht/Graf von Westphalen/Haas/*Haas/Mock*, § 171 Rn. 17, 46.
[294] Dazu *K. Schmidt*, ZGR 2012, 566, 581 f.
[295] Röhricht/Graf von Westphalen/Haas/*Haas/Mock*, § 161 Rn. 32; zweifelnd *K. Schmidt*, ZGR 2012, 566, 582 f.
[296] Zum Regelungszweck des Gläubigerschutzes bei § 254 IV InsO vgl. Begr RegE ESUG, BT-Drucks. 17/5712, 36.
[297] So etwa Braun/*Frank*, § 225a Rn. 22; ebenso *K. Schmidt*, ZGR 2012, 566, 582.
[298] So aber *K. Schmidt*, ZGR 2012, 566, 582.
[299] Dazu Röhricht/Graf von Westphalen/Haas/*Haas*, § 109 Rn. 5 mwNachw.
[300] → § 93 Rn. 116.

bei einer Eigenverwaltung letztlich nicht größer sein kann als bei einem regulären Insolvenzverfahren.[301] Keine Anwendung findet § 276a InsO auf die individuellen Rechte der Gesellschafter (→ Rn. 27 ff.), so dass diese auch im eröffneten Verfahren mit Eigenverwaltung weiter ausgeübt werden können. Für die vor allem bei der PublikumsKG häufig anzutreffenden gemeinsamen Vertreter[302] bedeutet dies, dass auch diese durch § 276a S. 1 InsO in ihren Kompetenzen nicht beeinträchtigt werden, da es sich bei diesen nicht um ein der Gesellschafterversammlung entsprechendes Organ, sondern vielmehr um ein Instrument der kollektiven Rechtewahrnehmung durch die Kommanditisten handelt.

Für die Haftungsverfassung in der Eigenverwaltung → § 90 Rn. 1 ff. **95**

7. Die Insolvenz des Gesellschafters. a) *Auswirkungen auf die Gesellschaft.* Das Insolvenzverfahren über das Vermögen des Gesellschafters ist nach dem gesetzlichen Leitbild für die Gesellschaft ohne Folgen. Die Gesellschafter können jedoch in dem Gesellschaftsvertrag etwas anderes vereinbaren. **96**

aa) *Gesetzliches Leitbild.* Nach dem gesetzlichen Leitbild führt gemäß § 131 III 1 Nr. 2 HGB die Eröffnung des Insolvenzverfahrens[303] über das Vermögen des Gesellschafters zu dessen Ausscheiden aus der Gesellschaft. Dies gilt im Zusammenhang mit einer KG sowohl für den Komplementär als auch für den Kommanditisten.[304] Die Anwendung von vorläufigen Sicherungsmaßnahmen im Insolvenzeröffnungsverfahren führt hingegen nicht zum Ausscheiden des Gesellschafters.[305] Wird das Insolvenzverfahren eröffnet, später aber eingestellt, bleibt hiervon die Ausscheidensfolge unberührt.[306] Etwas anderes gilt im Falle dessen der Eröffnungsbeschluss im Wege der sofortigen Beschwerde (→ § 6 InsO) aufgehoben wird; dann entfällt auch rückwirkend der Ausscheidensgrund.[307] Umstritten ist, ob § 131 III 1 Nr. 2 HGB auch in einer zweigliedrigen Gesellschaft zur Anwendung kommt; denn fällt infolge des § 131 III 1 Nr. 2 HGB einer der Gesellschafter weg, kommt es zur Gesamtrechtsnachfolge beim verbleibenden Gesellschafter und damit zur liquidationslosen Vollbeendigung der Gesellschaft. Dies gilt auch für die Doppelinsolvenz, wobei dies für die kapitalistische Personengesellschaft teilweise unterschiedlich betrachtet wird (→ Rn. 163). Scheidet also infolge Insolvenzeröffnung beispielsweise der einzige Komplementär aus der Gesellschaft, konkret aus der KG aus, kommt es grundsätzlich zur liquidationslosen Vollbeendigung der Gesellschaft unter Gesamtrechtsnachfolge des verbleibenden Kommanditisten.[308] Dabei haftet dieser für die Verbindlichkeiten der KG nur mit dem ihm zugefallenen Vermögen.[309] Eine weitergehende Haftung kommt nur in Betracht, wenn er das Handelsgeschäft fortführt.[310] Der Gesellschafter scheidet aus der Gesellschaft **97**

---

[301] Dazu ausführlich *Klöhn*, DB 2013, 41, 42 ff.; *ders.*, NZG 2013, 81, 84 ff.; *Thole*, Gesellschaftsrechtliche Maßnahmen in der Insolvenz, 2014, Rn. 142 ff.
[302] Dazu Röhricht/Graf von Westphalen/Haas/*Haas/Mock*, § 161 Rn. 21 ff.
[303] Zu den Folgen der Eröffnung eines Nachlassinsolvenzverfahrens siehe MüKoHGB/*K. Schmidt*, § 131 Rn. 73.
[304] Röhricht/Graf von Westphalen/Haas/*Haas*, § 131 Rn. 29.
[305] Staub/*Schäfer*, § 131 Rn. 91; MüKoHGB/*K. Schmidt*, § 131 Rn. 72; Röhricht/Graf von Westphalen/Haas/*Haas*, § 131 Rn. 23.
[306] Staub/*Schäfer*, § 131 Rn. 90; Röhricht/Graf von Westphalen/Haas/*Haas*, § 131 Rn. 29.
[307] Staub/*Schäfer*, § 131 Rn. 90; Röhricht/Graf von Westphalen/Haas/*Haas*, § 131 Rn. 29.
[308] BGH NZI 2005, 287, 288; BGHZ 113, 132, 133 f. = NJW 1991, 844 f.; Für den umgekehrten Fall des Ausscheidens des bzw. sämtlicher Kommanditisten vgl. BVerwGE 140, 142, 144 = NZI 2011, 871; AG Köln NZG 2009, 1074, 1075; s auch Röhricht/Graf von Westphalen/Haas/*Haas*, § 131 Rn. 23, 29.
[309] BGH NZI 2005, 287, 288; BGH BeckRS 2008, 11777; BGH NJW 1991, 844, 846; s auch Röhricht/Graf von Westphalen/Haas/*Haas*, § 131 Rn. 29a.
[310] BGH NZI 2005, 287, 288; BGH BeckRS 2008, 11777; s auch Röhricht/Graf von Westphalen/Haas/*Haas*, § 131 Rn. 23, 29a; Hierzu bedarf es selbstverständlich, dass ein neuer Komplementär

nicht aus, wenn das Insolvenzverfahren über sein Vermögen mangels Masse abgelehnt wird.³¹¹

98 bb) *Abweichende Regelung.* Nach § 131 III 1 HGB können die Gesellschafter im Gesellschaftsvertrag vom gesetzlichen Leitbild grundsätzlich abweichen. Ob und inwieweit es möglich ist, gesellschaftsvertraglich zu bestimmen, dass die Gesellschafterinsolvenz iS von § 131 III 1 Nr. 2 HGB als solche für die Gesellschaft „folgenlos" bleibt oder statt zum Ausscheiden des Gesellschafters zur Auflösung der Gesellschaft führt, ist umstritten,³¹² iE aber zu bejahen.³¹³ Daher ist durch sorgsame Auslegung des Gesellschaftsvertrages zu ermitteln, ob die Gesellschafter nicht vielleicht (konkludent) von dieser Gestaltungsmöglichkeit Gebrauch machen und von § 131 III 1 Nr. 2 HGB abweichen wollten. Scheidet der Gesellschafter aufgrund entsprechender Vereinbarung im Gesellschaftsvertrag mit Insolvenzeröffnung nicht aus, wird dessen Mitgliedschaft (in der uU aufgelösten) Gesellschaft Bestandteil der Insolvenzmasse (§ 35 InsO).³¹⁴ Die Verwaltungs- und Verfügungsbefugnis über die Mitgliedschaft geht damit grundsätzlich auf den Insolvenzverwalter über.

99 (1) *Antragsrecht und Antragspflicht.* Gerät die (aufgelöste) Gesellschaft in die Krise, stellt sich die Frage, ob der Insolvenzverwalter über das Vermögen des Gesellschafters oder aber der Gesellschafter selbst nach § 15 I 1 InsO antragsbefugt ist.³¹⁵ § 15 I 1 InsO bestimmt, dass alle vertretungsberechtigten Gesellschafter sowie alle Gesellschafter, die für die Schulden der Gesellschaft uneingeschränkt einzustehen haben (→ Rn. 12), antragsberechtigt sind. Da zumindest iS der 2. Alt des § 15 I 1 InsO sowohl der Schuldner als auch der Insolvenzverwalter betroffen sind, sollte richtiger Ansicht nach beiden das Antragsrecht zustehen; denn ob und inwieweit weitere Schulden bei der Gesellschaft auflaufen, hat unmittelbare Auswirkungen auch auf das Insolvenzverfahren über das Vermögen des Gesellschafters.

100 Ist der nicht ausgeschiedene (insolvente) Gesellschafter selbst wiederum eine Gesellschaft, stellt sich die Frage, wem nach § 15 III 1 InsO die Antragsbefugnis zusteht. Ganz überwiegend wird für die Beantwortung der Frage danach unterschieden, ob und inwieweit den Insolvenzverwalter eine uneingeschränkte Pflicht zur Vollabwicklung der (Gesellschafter-)Gesellschaft trifft (→ § 91 Rn. 29 ff.).³¹⁶ Da eine solche uneingeschränkte Pflicht nicht besteht, liegt das Antragsrecht allein beim Vertretungsorgan der Gesellschafter-Gesellschaft und nicht beim Insolvenzverwalter.³¹⁷ Auch wenn § 15 III 1 InsO ausdrücklich an den „organschaftlichen Vertreter" der Gesellschafter-Gesellschaft anknüpft, ist richtiger Ansicht nach auch dem Insolvenzverwalter das Antragsrecht zuzugestehen; denn insoweit ist § 15 III 1 InsO zu eng gefasst.³¹⁸

101 (2) *Verwaltungs- und Verfügungsbefugnis des Insolvenzverwalters.* Da das Mitgliedschaftsrecht in die Insolvenzmasse fällt, gehen die auf die Mitgliedschaft bezogenen Verwaltungs- und Verfügungsrechte auf den Insolvenzverwalter über (§ 146 III HGB). Der

---

hinzutritt; allein unter dem verbleibenden Kommanditisten kann die Gesellschaft nicht fortgeführt werden, da der numerus clausus der Gesellschaftsformen eine Personengesellschaft mit nur einem Gesellschafter nicht zulässt, vgl. OLG Hamm NZI 2007, 584, 586; Staub/*Schäfer*, § 131 Rn. 111.

³¹¹ OLG Hamm NZI 2007, 584, 586; Oetker/*Kamanabrou*, § 131 Rn. 32; Staub/*Schäfer*, § 131 Rn. 91; kritisch MüKoHGB/*K. Schmidt*, § 131 Rn. 74.

³¹² Ablehnend: Baumbach/Hopt/*Hopt*, § 131 Rn. 78; Uhlenbruck/Hirte/Vallender/*Hirte*, § 11 Rn. 255; Staub/*Schäfer*, § 131 Rn. 89.

³¹³ MüKoHGB/*K. Schmidt*, § 131 Rn. 57; Röhricht/Graf von Westphalen/*Haas*, § 131 Rn. 30.

³¹⁴ Röhricht/Graf von Westphalen/*Haas*, § 131 Rn. 30; siehe auch BGHZ 23, 307, 314; OLG Rostock ZIP 2004, 44 f.

³¹⁵ KPB/*Pape*, § 15 Rn. 19.

³¹⁶ AG Dresden ZIP 2003, 1264, 1265; KPB/*Pape*, § 15 Rn. 19.

³¹⁷ AG Dresden ZIP 2003, 1264, 1265; KPB/*Pape*, § 15 Rn. 19.

³¹⁸ HK/*Kirchhof*, § 15 Rn. 13; Uhlenbruck/Hirte/Vallender/*Hirte*, § 15 Rn. 14; vgl. auch AG Hamburg ZIP 2006, 390 f.

Insolvenzverwalter übt fortan – ohne selbst Gesellschafter oder Vertretungsorgan der Gesellschafter-Gesellschaft zu werden – die masserelevanten Verwaltungsrechte iS einer Substituierung anstelle des Gesellschafters aus.[319] Darüber hinaus nimmt er an der Geschäftsführung und Vertretung der Gesellschaft teil. Eine Verfügungsbeeinträchtigung der Gesellschaft ist damit aber nicht verbunden.[320] Gehört daher zum Gesellschaftsvermögen ein Grundstück, ist die Eröffnung des Insolvenzverfahrens über das Vermögen des Gesellschafters nicht im Grundbuch einzutragen.[321] Mit Auflösung der Gesellschaft findet grundsätzlich die Liquidation der Gesellschaft nach §§ 145 ff. HGB statt, sofern nicht eine andere Art der Auseinandersetzung vereinbart wird. Die Auseinandersetzung erfolgt folglich außerhalb des Insolvenzverfahrens (§ 84 I InsO).[322] Nach § 145 II HGB kann eine von §§ 145 ff. HGB abweichende Art der Auseinandersetzung nur mit Zustimmung des Insolvenzverwalters vereinbart werden,[323] sofern das Insolvenzgericht nicht Eigenverwaltung nach den §§ 270 ff. InsO angeordnet hat. Die Auseinandersetzung der Gesellschaft obliegt nach § 146 HGB den Liquidatoren. Ist der insolvente Gesellschafter Liquidator, nimmt nach § 146 III HGB der Insolvenzverwalter das Amt wahr.[324] Er hat das Auseinandersetzungsguthaben bzw. den Liquidationsanteil (§ 155 HGB) des Gesellschafters zur Insolvenzmasse zu ziehen. Nach § 118 InsO nimmt der geschäftsführende Gesellschafter/Liquidator mit Ansprüchen, die ihm aus der Fortführung von Geschäften nach Auflösung der Gesellschaft entstehen, als Insolvenzgläubiger teil, sofern er die Eröffnung des Insolvenzverfahrens ohne sein Verschulden nicht kannte (§ 118 S. 2). Für Ansprüche aus der Fortführung eilbedürftiger Geschäfte ist er Massegläubiger im Gesellschafterinsolvenzverfahren (§ 118 S. 1).[325]

b) *Kosten des Gesellschafterinsolvenzverfahrens.* Wird der Gesellschafter mit Eröffnung des Insolvenzverfahrens über sein Vermögen nach § 131 III Nr. 2 HGB aus der Gesellschaft ausgeschlossen, wird die Personengesellschaft mit den Kosten dieses Verfahrens nicht belastet. Fraglich ist, wie sich die Rechtslage darstellt, wenn der Gesellschaftsvertrag vom gesetzlichen Leitbild des § 131 III Nr. 2 HGB abweicht (siehe Rn. 98 ff.). Dies gilt insbesondere dann, wenn der Gesellschafter im Hinblick auf die unbeschränkte Haftung für die Gesellschaftsschulden (§ 128 HGB) den Insolvenzantrag gestellt hat. In Betracht kommen könnte hier eine Haftung der Gesellschaft für die Verfahrenskosten nach § 110 HGB. Danach ist die Gesellschaft dem Gesellschafter zum Ersatz von Aufwendungen und Verlusten verpflichtet, die diesem in Gesellschaftsangelegenheiten bzw. im Zusammenhang mit der Geschäftsführung entstanden sind. Hat der Gesellschafter aber einen Aufwendungsersatzanspruch nach § 110 HGB gegen die Gesellschaft, wenn er deren Schulden tilgt,[326] liegt es nahe auch die Verfahrenskosten zu den ersatzfähigen Aufwendungen zu zählen.[327] Im Insolvenzverfahren über das Vermögen der Gesellschaft ist der Anspruch auf Ersatz der Verfahrenskosten nur einfache Insolvenzforderung. Eine Rangübertragung findet insoweit nicht statt.[328]

102

---

[319] Siehe auch BGH NJW 1981, 822; MüKoHGB/*K. Schmidt*, § 146 Rn. 45; Röhricht/Graf von Westphalen/Haas/*Haas*, § 146 Rn. 11.
[320] Siehe auch MüKoHGB/*K. Schmidt*, § 146 Rn. 45.
[321] OLG Rostock NZI 2003, 648; OLG Dresden NZI 2002, 687.
[322] OLG Rostock NZI 2003, 648; HaKoInsO/*Kuleisa*, § 84 Rn. 7; HK/*Kayser*, § 84 Rn. 14.
[323] So auch Röhricht/Graf von Westphalen/Haas/*Haas*, § 145 Rn. 10.
[324] *K. Schmidt*, ZHR 153 (1989), 270, 288 f.; MüKoHGB/*K. Schmidt*, § 146 Rn. 45 f., 51 f.; *Noack*, Rn. 485; Röhricht/Graf von Westphalen/Haas/*Haas*, § 146 Rn. 11; HaKoInsO/*Kuleisa*, § 80 Rn. 34; anderer Ansicht nach nimmt der Insolvenzverwalter nicht fremde Befugnisse wahr, sondern ist selbst geborener Liquidator, siehe in diesem Sinne Koller/Roth/*Morck*, § 146 Rn. 4.
[325] *K. Schmidt*, ZGR 1998, 633, 671.
[326] BGHZ 37, 299, 302; 39, 319, 324; 123, 289, 296; Baumbach/Hopt/*Hopt*, § 110 Rn. 10.
[327] *K. Schmidt*, GmbHR 2002, 1209, 1213.
[328] *K. Schmidt*, GmbHR 2002, 1209, 1213.

§ 94 103–105   Kapitel VII. Besonderheiten der Gesellschaftsinsolvenz

103   c) *Die auf das Gesellschafterinsolvenzverfahren anwendbaren Verfahrensvorschriften.* Handelt es sich bei dem Gesellschafter um eine juristische Person oder um eine Gesellschaft ohne Rechtspersönlichkeit, finden auf das Insolvenzverfahren die Vorschriften über das Regelinsolvenzverfahren (oder die Eigenverwaltung, → §§ 86 ff.) Anwendung. Fraglich ist demgegenüber, welche Vorschriften einschlägig sind, wenn der Gesellschafter eine natürliche Person ist.

104   Der persönliche Anwendungsbereich des Verbraucherinsolvenzverfahrens (§ 304 InsO) ist grundsätzlich nur eröffnet, wenn der Schuldner eine natürliche Person ist, die „keine selbstständige wirtschaftliche Tätigkeit ausübt oder ausgeübt hat". Damit stellt sich die Frage, ob die „wirtschaftliche Tätigkeit" der Personenhandelsgesellschaft den Gesellschaftern zuzurechnen ist. Im Handelsrecht wird ganz überwiegend die Kaufmannseigenschaft nicht nur der Personenhandelsgesellschaft, sondern auch ihren persönlich haftenden Gesellschaftern – nicht dagegen den Kommanditisten – zuerkannt.[329] Diese „gesellschaftsrechtlich" motivierte Zurechnung der Kaufmannseigenschaft ist überwiegender Auffassung zufolge auch von Relevanz für den Anwendungsbereich des § 304 InsO; daher ist die Insolvenz jedenfalls des persönlich haftenden Gesellschafters nicht nach den Grundsätzen des Verbraucherinsolvenzverfahrens abzuwickeln.[330] Noch ungeklärt ist, ob für eine Zurechnung der Kaufmannseigenschaft gegenüber dem Gesellschafter mit der vorgenannten Folge auch dort noch Raum ist, wo dem Gesellschafter eine dem Vollkaufmann vergleichbare Kompetenz fehlt, dh wenn er von der Geschäftsführung bzw. Vertretung der Gesellschaft ausgeschlossen ist.[331] Ist dem Gesellschafter die wirtschaftliche Tätigkeit der Gesellschaft zuzurechnen, hat die Gesellschaft aber zwischenzeitlich ihren Geschäftsbetrieb eingestellt, kommt es für die Anwendbarkeit der §§ 304 ff. InsO darauf an, ob die Vermögensverhältnisse des Gesellschafters iS der §§ 304 I 2, II InsO „überschaubar" sind oder nicht.[332] Ist der persönlich haftende Gesellschafter eine natürliche Person, auf den die §§ 304 ff. InsO keine Anwendung finden, kann er gleichwohl nach § 286 InsO Restschuldbefreiung erlangen.[333] Der persönlich haftende Gesellschafter einer oHG bzw. KG teilt den Insolvenzgerichtsstand der Gesellschaft, wenn der Gesellschaftssitz den Mittelpunkt des wirtschaftlichen Daseins des Gesellschafters bildet.[334]

105   d) *Die den Gläubigern zur Verfügung stehende Insolvenzmasse.* Im Insolvenzverfahren über das Vermögen des Gesellschafters nehmen die Gesellschaftsgläubiger wegen der persönlichen Haftung des Gesellschafters mit der vollen Höhe ihrer Forderung teil (vgl. § 43 InsO), soweit über das Vermögen der Gesellschaft das Insolvenzverfahren nicht eröffnet ist.[335] Sind mehrere Gesellschafter, nicht aber die Gesellschaft insolvent geworden, kann der Gesellschaftsgläubiger ebenfalls nach § 43 InsO vorgehen.[336] Freistellungs- und Regressansprüche des Gesellschafters gegen die Gesellschaft und die Mitge-

---

[329] BGHZ 45, 282, 284 = NJW 1966, 1960; BGHZ 34, 293, 296 = NJW 1961, 1022; BGH NJW 2006, 917, 918; aA MüKoHGB/*K. Schmidt*, § 1 Rn. 67; kritisch auch E/B/J/S/*Wertenbruch*, § 105 Rn. 37; Staub/*Schäfer*, § 105 Rn. 79; Baumbach/Hopt/*Hopt*, § 105 Rn. 19; Oetker/*Oetker*, § 161 Rn. 14; Röhricht/Graf von Westphalen/Haas/*Haas*, § 105 Rn. 7: Vielmehr ist zu erwägen, ob nicht Vorschriften, die eine Kaufmannseigenschaft voraussetzen, analog zur Anwendung gelangen müssen.
[330] BGH NJW 2006, 917, 918; HaKoInsO/*Streck*, § 304 Rn. 5; HK/*Landfermann*, § 304 Rn. 6; MüKoInsO/*Ott/Vuia*, § 304 Rn. 56.
[331] Dies ablehnend *Noack*, Rn. 531 f.
[332] Vgl. hierzu Uhlenbruck/Hirte/Vallender/*Hirte*, § 11 Rn. 335; HaKoInsO/*Streck*, § 304 Rn. 7; HK/*Landfermann*, § 304 Rn. 8 f.
[333] Uhlenbruck/Hirte/Vallender/*Hirte*, § 11 Rn. 334.
[334] OLG Düsseldorf KTS 1978, 181, 183; KG NZI 2001, 156, 157; HaKoInsO/*Rüther*, § 3 Rn. 14; HK/*Kirchhof*, § 3 Rn. 13.
[335] HaKoInsO/*Lüdtke*, § 43 Rn. 18; *K. Schmidt/Bitter*, ZIP 2000, 1077, 1081.
[336] *Noack*, Rn. 480; Staub/*Schäfer*, § 131 Rn. 94.

sellschafter werden vom Insolvenzverwalter wahrgenommen.[337] In die Insolvenzmasse fällt – wenn der Gesellschafter mit Insolvenzeröffnung aus der Gesellschaft ausscheidet (→ Rn. 97 ff.) – der Abfindungsanspruch des Gesellschafters (§§ 105 III, 161 II HGB, 738 BGB).[338] Die Gesellschaft kann aber ungeachtet des § 96 Nr. 1 InsO mit Gegenansprüchen aufrechnen, denn der Abfindungsanspruch entsteht zwar erst im Zeitpunkt des Ausscheidens, ist aber bereits zuvor in Gestalt der den Anteilswert repräsentierenden Einlage bzw. als Anspruch auf das zukünftige Auseinandersetzungsguthaben angelegt.[339]

8. Die Insolvenz von Gesellschaft und Gesellschafter. a) *Das Trennungsprinzip.* **106**
Die gleichzeitige Insolvenz von Gesellschaft und Gesellschafter ist nicht zwingend. In der Praxis ist es aber der Regelfall, dass die Insolvenz der Gesellschaft die Insolvenz des unbeschränkt haftenden Gesellschafters nach sich zieht und zwar unabhängig davon, ob letzterer eine natürliche Person oder aber eine Gesellschaft mit oder ohne Rechtspersönlichkeit ist. Beide Insolvenzverfahren sind getrennt durchzuführen. Auch wenn die Gesellschaften eng miteinander verzahnt sind, stellt das Gesetz kein Einheitsinsolvenzverfahren zu Verfügung. Vielmehr sind die miteinander verwobenen einzelnen Gesellschaften getrennt abzuwickeln.[340] Hieraus folgt freilich nicht, dass beide Verfahren völlig isoliert nebeneinander stehen. So kann durchaus (und bei der GmbH & Co KG wird dies die Regel sein) das Insolvenzgericht für beide Verfahren denselben Insolvenzverwalter einsetzen,[341] um eine koordinierte Verfahrensabwicklung zu erleichtern. Darüber hinaus bestehen bei einer GmbH & Co KG auch inhaltlich auf Grund des § 93 InsO enge Verbindungen zwischen beiden Verfahren.

b) *§ 131 III 1 Nr. 2 HGB in der Doppelinsolvenz.* Nach § 131 III 1 Nr. 2 HGB führt **107** die Eröffnung des Insolvenzverfahrens über das Vermögens eines Gesellschafters grundsätzlich zu dessen Ausscheiden aus der Gesellschaft. Die Anwendung von § 131 III 1 Nr. 2 HGB bei einer lediglich zweigliedrigen Gesellschaft führt allerdings zu Schwierigkeiten. Denn wenn aus einer zweigliedrigen KG einer der Gesellschafter aus ausscheidet, so geht – grundsätzlich – die Gesellschaft zufolge liquidationslos unter und es tritt Vollbeendigung ein (→ Rn. 97). Dieser Grundsatz findet auch in der Doppelinsolvenz Anwendung, wobei allerdings die Einschränkung gilt, dass – jedenfalls bei der Insolvenz des Komplementärs – der Kommanditist – vorbehaltlich einer weitergehenden Haftung aus §§ 171 f., 25 bzw. bei Fortführung des Handelsgeschäfts – für die Schulden des Handelsgeschäfts nur mit dem ihm zugefallenen Gesellschaftsvermögen haftet.[342]

---

[337] Sie sind auch bei der Feststellung der Insolvenzreife des Gesellschafters zu aktivieren, sofern sie werthaltig sind.
[338] Zur Frage, ob eine Abfindungsklausel, wonach der Abfindungsanspruch nicht nach dem wirklichen Wert des Gesellschaftsanteils zu berechnen ist, wegen Gläubigerbenachteiligung unwirksam ist, siehe BGHZ 32, 151, 155 f.; 65, 22, 28; OLG München NJOZ 2006, 2198, 2203 f.; MüKoHGB/ *K. Schmidt*, § 131 Rn. 160; *K. Schmidt*, Gesellschaftsrecht, § 50 IV 2c a); Röhricht/Graf von Westphalen/Haas/*Haas*, § 131 Rn. 61, 65; MüKoBGB/*Schäfer*, § 738 BGB Rn. 47; Baumbach/Hopt/*Hopt*, § 131 Rn. 60.
[339] Staub/*Schäfer*, § 131 Rn. 93; MüKoHGB/*K. Schmidt*, § 131 Rn. 129, siehe auch BGH NJW-RR 2003, 1690, 1691; NJW 1989, 453.
[340] *K. Schmidt* ZGR 1996, 209, 218; *ders.* GmbHR 2002, 1209, 1210; *Noack*, Rn. 551.
[341] Siehe hierzu OLG Hamm GmbHR 2003, 1361; Scholz/K. *Schmidt/Bitter*, Vor § 64 GmbHG Rn. 141; *K. Schmidt* GmbHR 2002, 1209, 1210 und 1214. Ist dagegen zu erwarten, dass es zu Interessenkollisionen kommt, wird in aller Regel von der Bestellung desselben Insolvenzverwalters für beide Verfahren abgesehen.
[342] BGH NZG 2004, 611 (für eine GmbH & Co. KG); BGHZ 113, 132, 134 ff. = NJW 1991, 844; dem folgend auch BVerwGE 140, 142, 144 f. = NJW 2011, 3671; Röhricht/Graf von Westphalen/Haas/*Haas*, § 131 Rn. 29a.

108 In der Literatur wird die Ansicht vertreten, dass diese Grundsätze für den vorliegenden Fall einer Doppelinsolvenz keine uneingeschränkte Anwendung finden.[343] Die Erklärungen hierfür weichen im Einzelnen aber stark voneinander ab. Nach Ansicht von *K. Schmidt* findet § 131 III 1 Nr. 2 HGB im Falle der Doppelinsolvenz von vornherein keine Anwendung, wenn dies zum liquidationslosen Untergang der Gesellschaft führen würde. Vielmehr soll für diesen Fall der insolvente Gesellschafter Mitglied der Gesellschaft bleiben, um eine konsolidierte Unternehmensabwicklung zu ermöglichen.[344] *Gundlach/Frenzel/Schmidt* folgen der Ansicht von *K. Schmidt* im Ergebnis. Ihrer Ansicht nach resultiert die Nichtanwendbarkeit des § 131 III 1 Nr. 2 HGB aber nicht aus einer „teleologischen Reduktion", sondern aus dem Rechtsgedanken des § 11 III InsO.[345] Nach *Liebs*[346] findet dagegen § 131 III 1 Nr. 2 HGB auch im Fall der Doppelinsolvenz uneingeschränkte Anwendung. Obwohl aber der Gesellschafter ausscheide, werde das insolvenzrechtliche Abwicklungs- und Verwertungsverfahren anders als das gesellschaftsrechtliche Liquidationsverfahren nicht durch die Gesamtrechtsnachfolge verdrängt.[347] Danach steht die Eröffnung des Insolvenzverfahrens über das Vermögen der Gesellschaft einer Gesamtrechtsnachfolge auf den verbleibenden Gesellschafter (aus Gründen des Insolvenzbeschlags) entgegen. Mithin ist das einmal begonnene Verteilungs- und Verwertungsverfahren dieser Ansicht zufolge nach insolvenzrechtlichen Grundsätzen zu Ende zu führen.[348]

109 Eine andere, aber gleichsam unter den Begriff der Doppelinsolvenz zu fassende Konstellation ist die der gleichzeitigen (oder kurz aufeinander folgenden) Gesellschafterinsolvenz beider Gesellschafter *(Simultaninsolvenz)*.[349] Der BGH hat in einem solchen Falle der Insolvenz beider Gesellschafter einer Zwei-Personen-GbR mit Fortsetzungsklausel, durch welche die rechtliche Behandlung der GbR mit der einer oHG/KG im Hinblick auf § 131 III 1 Nr. 2 HGB gleichgestellt wird, entschieden, dass es zur Anwachsung des Gesellschaftsvermögens beim letzten verbliebenen Gesellschafter im Wege der Gesamtrechtsnachfolge kommt und hierdurch eine liquidationslose Vollbeendigung der Gesellschaft eintritt. Die Durchführung eines Insolvenzverfahrens über das Vermögen dieser dann nicht mehr existenten Gesellschaft ist dann ausgeschlossen; ein Beschluss über die Eröffnung desselben ist nichtig und entfaltet keine Bindungswirkung.[350] Für die oHG/KG muss iE infolge der Anwendung von § 131 III 1 Nr. 2 HGB dasselbe gelten. Nach *K. Schmidt* findet dagegen auch in diesen Fällen einer Doppelinsolvenz die Regelung des § 131 III 1 Nr. 2 HGB erneut keine Anwendung.[351]

---

[343] Siehe MüKoHGB/*K. Schmidt*, § 131 Rn. 75 f.; *K. Schmidt*, GmbHR 2002, 1209, 1214 f.; *Liebs* ZIP 2002, 1716, 1717 f.; siehe auch zunächst OLG Hamm GmbHR 2003, 1361, 1362.
[344] MüKoHGB/*K. Schmidt*, § 131 Rn. 76; *K. Schmidt*, GmbHR 2003, 1404 ff.; *ders.*, GmbHR 2002, 1209, 1214 f.; *ders.*, ZIP 2008, 2337, 2344; dem folgend Staub/*Schäfer*, § 131 Rn. 92.
[345] *Gundlach/Frenzel/Schmidt*, DStR 2004, 1658 ff.
[346] *Liebs*, ZIP 2002, 1716, 1717 f.; ebenso *Albertus/Fischer*, ZInsO 2005, 246 ff.
[347] OLG Hamm GmbHR 2003, 1361, 1362.
[348] Wobei bereits nach *Albertus/Fischer*, ZInsO 2005, 246; *Bork/Jacoby*, ZGR 2005, 611, 630 und im Ansatz auch nach LG Dresden ZIP 2005, 955 davon ausgegangen wird, dass sich das Verfahren als Partikularinsolvenzverfahren über das auf den letztverbliebenen Kommanditisten als Rechtsnachfolger übergegangene Sondervermögen fortsetzt.
[349] Denkbar auch in einer mehrgliedrigen Gesellschaft entsprechend über die Vermögen aller beteiligten Gesellschafter; von *K. Schmidt* als „horizontale" Simultan- oder Doppelinsolvenz bezeichnet, im Gegensatz zur vorbeschriebenen, „vertikalen" Doppelinsolvenz, dh dem Zusammentreffen von Gesellschafter- und Gesellschaftsinsolvenz, siehe *K. Schmidt*, ZIP 2008, 2337, 2344 ff.
[350] BGH NJW 2008, 2992, 2993; siehe auch LG Dresden ZIP 2005, 955; AG Potsdam NZI 2001, 272; aA wohl *Keller*, NZI 2009, 29 ff.
[351] *K. Schmidt*, ZIP 2008, 2337, 2345 ff.; in diesem Sinne wohl auch Oetker/*Kamanabrou*, § 131 Rn. 32, mit der Begründung, dass anderenfalls bei einer zeitgleichen Simultaninsolvenz aller Gesellschafter kein Gesellschafter übrig bleibe; siehe insoweit auch Hesselmann/Tillmann/Mueller-Thuns/*Lüke*, GmbH & Co KG, § 10 Rn. 108.

Wird das Insolvenzverfahren über das Vermögen des Gesellschafters mangels Masse **110** nicht eröffnet, so führt dies nicht zum Ausscheiden desselben aus der Gesellschaft (→ Rn. 97). Das gilt auch für den Fall der Doppelinsolvenz. Wird also über das Vermögen der GmbH & Co. KG das Insolvenzverfahren eröffnet, über das Vermögen der Komplementär-GmbH aber abgelehnt, bleibt die aufgelöste Komplementär-GmbH (§ 50 I Nr. 5 GmbHG) Mitglied in der aufgelösten KG (§ 131 I 1 Nr. 3 HGB).[352]

c) *Die Gesellschafterhaftung in der Doppelinsolvenz.* Auch im Fall einer Doppelinsolvenz **111** muss die Haftung des Gesellschafters für die Gesellschaftsschulden nach § 93 InsO durchgeführt werden.[353] Der Insolvenzverwalter im Gesellschaftsinsolvenzverfahren nimmt dann am Gesellschafterinsolvenzverfahren teil und muss daher die Forderungen sämtlicher Gesellschaftsgläubiger im Insolvenzverfahren über das Vermögen des Gesellschafters anmelden und durchsetzen.[354]

Eine Erstreckung der Wirkungen des § 93 InsO erfolgt nach überwiegender Auffas- **112** sung auch auf bereits vor Eröffnung des Insolvenzverfahrens, aber schon in Zeiten der Krise (materielle Insolvenz) erfolgte Zahlungen des Gesellschafters an Gesellschaftsgläubiger aufgrund von § 128 HGB und damit auf das Anfechtungsrecht (→ ausführlich Rn. 59 f.). Dies gilt grundsätzlich auch in der Doppelinsolvenz. Fraglich ist in diesem Fall allerdings, ob die Insolvenzanfechtung und Rückforderung der Zahlungen über § 93 InsO vom Gesellschafts- oder aber vom Gesellschafterinsolvenzverwalter betrieben werden soll. Richtiger Auffassung nach steht diese Aufgabe und die hierfür erforderliche Befugnis aus § 93 InsO dem Insolvenzverwalter über das Vermögens des Gesellschafters zu.[355] Denn würde dem Verwalter über das Gesellschaftsvermögen in der Insolvenz des Gesellschafters gestattet, von diesem an Gesellschaftsgläubiger erbrachte Leistungen der Anfechtung zu unterwerfen und einzuziehen, würde unzulässigerweise die Masse der Gesellschaft zum Nachteil der Masse des Gesellschafters begünstigt. Die Gesellschaft kann sich dem (Ausfall-)Risiko, dass der Gesellschafter in Insolvenz fällt und Haftungsansprüche nicht mehr voll befriedigt werden, nicht entziehen, indem ihr die Anfechtungsansprüche gegen die Gläubiger des Gesellschafters zugewiesen werden.[356]

aa) *Ausfallprinzip in der Doppelinsolvenz?* Fraglich und umstritten ist allerdings, in wel- **113** cher Höhe der Insolvenzverwalter die Forderungen im Gesellschafterinsolvenzverfahren anmelden kann.[357] Hat der Insolvenzverwalter die Forderungen der Gesellschaftsgläubiger in voller Höhe anzumelden (Grundsatz der Doppelanmeldung)[358] oder aber nur insoweit, als die Gläubiger – bezogen auf einen bestimmten Stichtag – mit ihrer Befriedigung aus dem Gesellschaftsvermögen ausgefallen sind (Ausfallprinzip)?[359]

---

[352] E/B/J/S/*Lorz*, § 131 Rn. 48; *K. Schmidt*, GmbHR 2002, 1209, 1213.
[353] Vgl. *K. Schmidt* ZGR 1998, 633, 669; *Fuchs* ZIP 2000, 1089, 1091; Röhricht/Graf von Westphalen/Haas/*Haas*, § 128 Rn. 23.
[354] Röhricht/Graf von Westphalen/Haas/*Haas*, § 128 Rn. 23; *Noack*, Rn. 518; für den Fall des Verbraucherinsolvenzverfahrens *Fuchs* ZIP 2000, 1089, 1091 f.
[355] Vgl. BGHZ 178, 171, 175 ff. = NJW 2009, 225; *Jeitner* NZI 2009, 673, 674.
[356] BGHZ 178, 171, 177 = NJW 2009, 225; *Jeitner* NZI 2009, 673, 674.
[357] Überblick über den Meinungsstand anhand von Berechnungsbeispielen bei *von Olshausen* ZIP 2003, 1321, 1322 ff.; siehe auch HaKoInsO/*Pohlmann*, § 93 Rn. 67 f.; Uhlenbruck/Hirte/Vallender/ *Hirte*, § 93 Rn. 26; MüKoHGB/*K. Schmidt*, § 128 Rn. 87.
[358] HaKoInsO/*Pohlmann*, § 93 Rn. 70; Röhricht/Graf von Westphalen/Haas/*Haas*, § 128 Rn. 23; *Bitter* ZInsO 2002, 557, 561; *von Olshausen* ZIP 2003, 1321, 1329 f.; *Stahlschmidt*, Die GbR in der Insolvenz, S. 131 ff.
[359] So MüKoHGB/*K. Schmidt*, § 128 Rn. 87; MüKoInsO/*Brandes*, § 93 Rn. 27 f.; *K. Schmidt/Bitter* ZIP 2000, 1077, 1087; wohl auch Uhlenbruck/Hirte/Vallender/*Hirte*, § 93 Rn. 26; MünchHdbGesR-*Butzer/Knof*, § 85 Rn. 79; HK/*Kayser*, § 93 Rn. 46 f.

114 Für das Ausfallprinzip wird geltend gemacht, dass die Privatgläubiger des Gesellschafters im Fall der Doppelinsolvenz eines Schutzes bedürfen; denn sie müssten ihre Haftungsgrundlage den Gesellschaftsgläubigern zur Verfügung stellen, ohne aber ihrerseits auf den Gesellschaftsanteil (der in Insolvenz befindlichen Gesellschaft) zugreifen zu können.[360] Freilich darf nicht übersehen werden, dass diese Besserstellung auf solche „Privatgläubiger" des Gesellschafters nicht passt, die auch auf das Gesellschaftsvermögen zugreifen können; denn diese erfahren hierdurch eine massive Besserstellung.[361] Dies gilt etwa für einen Gesellschaftsgläubiger, dessen Forderung durch eine Gesellschafterbürgschaft besichert ist. Dieser Gläubiger erlangt nämlich – immer im Fall der Doppelinsolvenz – Befriedigung sowohl aus dem Gesellschaftsvermögen als auch aus dem Gesellschaftervermögen. Um diese Besserstellung zu verhindern, wird teilweise die Ansicht vertreten, dass der Gesellschaftsgläubiger dann nicht über § 93 InsO auf das Gesellschaftervermögen zugreifen darf, wenn er im Gesellschafterinsolvenzverfahren seine Bürgschaftsforderung angemeldet hat.[362] Diese (Gerechtigkeits-)Korrektur des Ausfallprinzips hat natürlich ihren Preis; denn sie zwingt zur Bildung von Sondermassen.[363] Hat der Insolvenzverwalter über das Vermögen der Gesellschaft, die – aus dem Gesellschaftervermögen – besicherten Gläubiger aus § 93 InsO heraus zu rechnen, dann darf freilich der über § 93 InsO eingezogene Betrag auch nicht den aus dem Gesellschaftervermögen besicherten Gläubigern zugutekommen.

115 Die teleologische Reduktion des § 93 InsO iS eines Ausfallprinzips für die Fälle der Doppelinsolvenz ist fragwürdig. Zum einen findet sie in der Gesetzgebungsgeschichte und im Wortlaut der Vorschrift keine Grundlage.[364] Zum anderen führt sie (stets) zu einer (je nachdem, welcher Ansicht man folgt – unterschiedlich hohen) Besserstellung der Gesellschaftsgläubiger, die durch eine Gesellschafterbürgschaft besichert sind, gegenüber dem „normalen" Gesellschaftsgläubiger; denn diese erhalten auf wirtschaftlich identische Forderungen aus dem Gesellschaftervermögen eine doppelte Quote. Gerade eine solche Situation will die InsO aber – wie sich aus § 44 InsO ergibt – vermeiden.[365]

Richtiger Ansicht nach ist daher dem Grundsatz der Doppelanmeldung auch im Fall der Doppelinsolvenz zu folgen. Um aber eine doppelte Quote auf wirtschaftlich identische Forderungen zu verhindern, ist die durch eine Gesellschafterbürgschaft besicherte Forderung aus § 93 InsO heraus zu rechnen, wenn der Gläubiger seine Bürgschaftsforderung im Gesellschafterinsolvenzverfahren angemeldet hat.[366] Ist der Gesellschaftsgläubiger aus dem Vermögen des Gesellschafters dinglich besichert, ist die Wertung des § 52 S. 2 InsO zu berücksichtigen mit der Folge, dass zum einen der Insolvenzverwalter im Rahmen des § 93 InsO den Ausfall geltend machen kann und zum anderen der besicherte Gesellschaftsgläubiger in Bezug auf den Ausfall an den durch den Insolvenzverwalter nach § 93 InsO eingezogenen Beträgen partizipiert.[367] Macht der Gesellschaftsgläubiger seine Forderung im Insolvenzverfahren über das Vermögen der Gesellschaft nicht geltend, kann er diese auch nicht im Gesellschafterinsolvenzverfahren anmelden.

---

[360] MünchHdbGesR I-*Butzer/Knof*, § 85 Rn. 79.
[361] Siehe *von Olshausen*, ZIP 2003, 1321, 1328.
[362] MüKoInsO/*Brandes*, § 93 Rn. 27 f.
[363] Siehe *von Olshausen*, ZIP 2003, 1321, 1328 f.
[364] Hierauf berufen sich freilich beide Ansichten, siehe MünchHdbGesR I-*Butzer/Knof*, § 85 Rn. 78.
[365] KPB/*Holzer*, § 44 Rn. 2: *„Die Vorschrift will verhindern, dass ... die wirtschaftlich identische Forderung ... doppelt berücksichtigt wird."*; siehe auch BT-Drucks. 12/2443 S. 124; *von Olshausen*, ZIP 2003, 1321, 1323; Uhlenbruck/Hirte/Vallender/*Knof*, § 44 Rn. 1; *Bitter*, ZInsO 2003, 490, 493.
[366] K. Schmidt/*Bitter*, ZIP 2000, 1077, 1084; *von Olshausen*, ZIP 2003, 1321, 1329 f.
[367] K. Schmidt/*Bitter*, ZIP 2000, 1077, 1085.

bb) *Rang der Forderung.* Mitunter hat der Gesellschafter im Rahmen des § 128 HGB **116** auch für Masseverbindlichkeiten im eröffneten Verfahren über das Vermögen der Gesellschaft einzustehen (→ Rn. 48 f.). Unabhängig von der Frage, ob diese Haftungsansprüche von § 93 InsO erfasst werden (→ Rn. 50), ist zu klären, mit welchem Rang diese Forderungen im Gesellschafterinsolvenzverfahren teilnehmen.[368] Richtiger Ansicht nach handelt es sich hierbei nicht um Masseverbindlichkeiten; denn das Gesellschafterinsolvenzverfahren steht nicht im Dienst des Gesellschaftsinsolvenzverfahrens, vielmehr sind beide Verfahren selbstständig nebeneinander abzuwickeln.[369] Für eine Bevorzugung der Gesellschaftsgläubiger infolge der Rangübertragung auf Kosten der Privatgläubiger des Gesellschafters besteht – grundsätzlich – keine Veranlassung.[370] Anders ist die Rechtslage allenfalls dann zu beurteilen, wenn – etwa in einer GmbH & Co KG – die Komplementär-GmbH keinen anderen Zweck verfolgt, als die Geschäfte der KG zu führen und daher die Gläubiger der Komplementär-GmbH sich nicht von denen der KG unterscheiden. Allein hier kann man überlegen, ob die rechtliche Aufspaltung eines wirtschaftlich einheitlichen Unternehmensträgers auf zwei Gesellschaften eine insolvenzrechtliche Gesamtbetrachtung erfordert, die bei der einen oder anderen Frage auch das Gesellschaftsrecht vornimmt.

II. Die Partnerschaftsgesellschaft

Schrifttum: *Leuering,* Die Partnerschaftsgesellschaft mit beschränkter Haftung, NZG 2013, 1001; *Römermann/Praß,* Die Partnerschaftsgesellschaft mit beschränkter Berufshaftung, NZG 2012, 601.

Die Partnerschaftsgesellschaft[371] ist nach § 11 II Nr. 1 InsO insolvenzfähig. Dies gilt **117** auch für den Fall, dass es sich um eine Partnerschaftsgesellschaft mit beschränkter Berufshaftung (PartG mbH) nach § 8 IV PartGG handelt, denn auch bei dieser Form handelt es sich um eine Personengesellschaft.[372] Auslösetatbestande sind die Zahlungsunfähigkeit (§ 17 InsO) und die drohende Zahlungsunfähigkeit (§ 18 InsO), nicht aber der Tatbestand der Überschuldung (§ 19 InsO), da nach § 8 I PartGG die Partner für die Schulden der Gesellschaft gesamtschuldnerisch haften[373] und Partner nach § 1 I 2 PartGG stets natürliche Personen sein müssen. Dies gilt auch für den Fall, dass es sich um eine Partnerschaftsgesellschaft mit beschränkter Berufshaftung (PartG mbH) nach § 8 IV PartGG handelt, da trotz der Haftungsbeschränkung eine unbeschränkte persönliche Haftung der Partner für die übrigen Verbindlichkeiten fortbesteht.[374] Antragsberechtigt sind im Falle der Zahlungsunfähigkeit nach § 15 I 1 InsO alle Partner, ungeachtet dessen, wie die Vertretungsmacht nach § 7 II PartGG unter ihnen geregelt ist.[375] Im Falle der drohenden Zahlungsunfähigkeit knüpft das Gesetz in § 18 III InsO für die Antragsberechtigung jedoch an die Vertretungsmacht an, soweit der Antrag nicht von allen Partnern gemeinsam gestellt wird. Dabei kann insbesondere auch für die Partnerschaftsgesellschaft mit beschränkter Berufshaftung (PartG mbH) nach § 8 IV PartGG

---

[368] Siehe hierzu auch MünchHdbGesR I-*Butzer/Knof,* § 85 Rn. 81 ff.
[369] Vgl. Röhricht/Graf von Westphalen/Haas/*Haas,* § 128 Rn. 23.
[370] MünchHdbGesR I-*Butzer/Knof,* § 85 Rn. 83; Staub/*Habersack,* § 128 Rn. 80.
[371] Vgl. zur Partnerschaftsgesellschaft im Allgemeinen Röhricht/Graf von Westphalen/Haas/*Haas,* § 105 Rn. 100 f.
[372] *Leuering,* NZG 2013, 1001, 1003; *Römermann/Praß,* NZG 2012, 601, 606.
[373] Vgl. *Henssler,* FS Wiedemann, 2002, S. 907, 931; MüKoInsO/*Ott/Vuia,* § 11 Rn. 58.
[374] So ausdrücklich BegR RegE zu § 8 IV PartGG BT-Drucks. 17/10487, S. 14 f.; *Leuering,* NZG 2013, 1001, 1003; *Römermann/Praß,* NZG 2012, 601, 608.
[375] MüKoInsO/*Klöhn,* § 15 Rn. 51; HK/*Kirchhof,* § 15 Rn. 11; siehe auch Übersicht bei HaKoInsO/*Wehr,* § 15 Rn. 5.

ebenso eine Insolvenzantragspflicht nach § 15a InsO wie eine Anwendung der für die Kapitalgesellschaften bzw. die kapitalistischen Personenhandelsgesellschaft bestehenden Zahlungsverbote angenommen werden, da es sich bei der Partnerschaftsgesellschaft mit beschränkter Berufshaftung (PartG mbH) nach § 8 IV PartGG weder um eine juristische Person handelt oder es an einer natürlichen Person als Vollhafter mangelt.[376] Die Eröffnung des Insolvenzverfahrens über das Vermögen der PartG führt nach § 9 I PartGG iVm § 131 I Nr. 3 HGB zur Auflösung der Gesellschaft.[377] Die Insolvenz eines Partners führt mangels abweichender Vereinbarungen im Partnerschaftsvertrag zu dessen Ausscheiden, nicht hingegen zur Auflösung der PartG (§ 9 I PartGG iVm § 131 III 1 Nr. 2 HGB).[378] Ebenso wie bei der oHG wird die persönliche Haftung der Partner nach § 8 I PartGG im eröffneten Insolvenzverfahren nach § 93 InsO vom Insolvenzverwalter geltend gemacht. Anders als bei der oHG/KG kann der Insolvenzverwalter die Firma der PartG nicht verwerten, wenn sie den Namen einer der Partner enthält, da in der PartG – anders als bei den Personenhandelsgesellschaften – ein Namensüberlassungszwang besteht (vgl. § 2 I PartGG).[379] Im Übrigen wird auf die Ausführungen zur gesetzestypischen oHG verwiesen (→ Rn. 19 ff.).

118 Für die aufgrund des Gesetzes zur Einführung einer Partnerschaftsgesellschaft mit beschränkter Berufshaftung und zur Änderung des Berufsrechts der Rechtsanwälte, Patentanwälte, Steuerberater und Wirtschaftsprüfer vom 15. Juli 2013[380] nun auch in Form der Partnerschaftsgesellschaft mit beschränkter Haftung gestaltbare Partnerschaftsgesellschaft gelten die in den Rn. 117 dargestellten Grundsätze entsprechend, da es sich bei dieser noch immer um eine Partnerschaftsgesellschaft und damit um eine Personengesellschaft handelt.[381] Dabei zeigen sich allerdings vor allem im Hinblick auf die Anwendbarkeit der insolvenzrechtlichen Gläubigerschutzinstrumente aber nicht unerhebliche Schutzlücken. Für die Insolvenzantragspflicht ist von einer fehlenden Anwendbarkeit von § 15a I 2 InsO auszugehen, da sich die Haftungsverfassung der PartG mbH lediglich dadurch von der „regulären" PartG unterscheidet, dass den Gläubigern bei der PartG mbH für die Verbindlichkeiten der Partnerschaft aus Schäden wegen fehlerhafter Berufsausübung nur das Gesellschaftsvermögen haftet (§ 8 IV PartG). Denn damit bleibt es im Grundsatz bei der unbeschränkten Haftung der Gesellschafter, so dass die entsprechende Voraussetzung von § 15a I 2 nicht erfüllt ist.[382] Aus diesem Grund ist auch eine Anwendung des Rechts der Gesellschafterdarlehen (§ 39 I Nr. 5, IV InsO) ausgeschlossen.[383] Aufgrund des Analogieverbots (Art. 103 II GG) scheidet schließlich auch entsprechende Anwendung der Strafvorschriften des § 15a IV, V InsO aus.

III. Europäische Wirtschaftliche Interessenvereinigung (EWIV)

119 In einer EWIV[384] können sich zum gemeinschaftlichen Zwecke wirtschaftlicher Tätigkeit Mitglieder aus mindestens zwei verschiedenen EU-Staaten zusammenschließen. Zahlenmäßig spielt diese Rechtsform in Deutschland nach wie vor keine ausschlaggebende Rolle, auch wenn die Bestandszahlen deutlich angewachsen sind. Gab es etwa im

---

[376] *Römermann/Praß*, NZG 2012, 601, 608.
[377] MüKoInsO/*Ott/Vuia*, § 11 Rn. 59; HaKoInsO/*Wehr/Linker*, § 11 Rn. 39.
[378] MüKoInsO/*Ott/Vuia*, § 118 Rn. 7.
[379] Vgl. zum Problem → Rn. 38.
[380] BGBl. I, S. 2386.
[381] *Römermann/Prass*, NZG 2012, 601, 606.
[382] Begr RegE des Gesetzes zur Einführung einer Partnerschaftsgesellschaft mit beschränkter Berufshaftung und zur Änderung des Berufsrechts der Rechtsanwälte, Patentanwälte, Steuerberater und Wirtschaftsprüfer (PartGG), BT-Drucks. 17/10487, S. 14; ebenso *Römermann/Prass*, NZG 2012, 601, 606.
[383] *Römermann/Prass*, NZG 2012, 601, 606.
[384] Vgl. zur EWIV im Allgemeinen Röhricht/Graf von Westphalen/Haas/*Haas*, § 105 Rn. 103 ff.

Jahr 2001 nur gerade einmal 25 EWIV,[385] sind es heute bereits etwa 300.[386] Die Kooperationsform ist nicht als Unternehmensträgerin ausgerichtet. Ihr Sinn und Zweck ist vielmehr auf Hilfstätigkeiten und kooperative Zwecke beschränkt. Als Gesellschaft ohne Rechtspersönlichkeit ist die EWIV nach § 11 II Nr. 1 InsO insolvenzfähig und dort nun auch namentlich benannt. Eröffnungsgründe sind die Zahlungsunfähigkeit (§ 17 InsO) und die drohende Zahlungsunfähigkeit (§ 18 InsO). Da an einer EWIV auch ausschließlich juristische Personen beteiligt sein können (Art. 4 I lit. a EWIV-VO), kommt nach § 19 III InsO auch der Auslösetatbestand der Überschuldung insoweit in Betracht (→ Rn. 134).

Da die EWIV die Drittorganschaft zulässt (Art. 19, 20 EWIV-VO) steht das Antragsrecht neben den Mitgliedern als persönlich haftende Gesellschafter nach § 11 S. 1 EWIV-Ausführungsgesetz iVm § 15 I 1 InsO auch dem Geschäftsführer zu.[387] Sind die Mitglieder ihrerseits keine natürlichen Personen, richtet sich ihr Antragsrecht nach § 15 III InsO.[388] Handelt es sich um eine kapitalistische EWIV besteht eine Antragspflicht nach § 11 EWIV-Ausführungsgesetz iVm § 15a I 2 InsO.[389] Die Antragspflicht trifft jedoch nur den Geschäftsführer, nicht die Mitglieder, da diese ohnehin nach Art. 24 I EWIV-VO (wenn auch subsidiär, vgl. Abs. 2) unbeschränkt und persönlich für die Verbindlichkeiten der Vereinigung einzustehen haben. Für die Folgen bei einer Verletzung der Antragspflicht, siehe Rn. 144 ff. Die Haftung der Mitglieder wird im Insolvenzverfahren über das Vermögen der EWIV vom Insolvenzverwalter nach § 93 InsO geltend gemacht. Schließlich findet auch § 130a HGB auf die EWIV Anwendung.[390]

IV. BGB-Gesellschaft

Schrifttum: *Neumann,* Der Konkurs der BGB-Gesellschaft, 1986; *Prütting,* Ist die Gesellschaft bürgerlichen Rechts insolvenzfähig?, ZIP 1997, 1725; *K. Schmidt,* Insolvenzordnung und Unternehmensrecht – Was bringt die Reform?, in Kölner Schrift zur Insolvenzordnung 2. Aufl. 2000, S. 1199; *Wellkamp,* Verfahrensprobleme bei der Insolvenz der Gesellschaft bürgerlichen Rechts, KTS 2000, 331.

1. Allgemeines. Die BGB-Gesellschaft kann in den unterschiedlichsten Formen in Erscheinung treten.[391] Gewöhnlich werden folgende Strukturtypen unterschieden, die im Einzelfall jeweils besonderen Regelungen unterworfen werden:[392]
– Die Dauer- und Gelegenheitsgesellschaft: Die Unterscheidung erfolgt nach dem Gesellschaftszweck. Von einer Gelegenheitsgesellschaft spricht man dann, wenn nach dem einverständlichen Willen der Parteien das Gesellschaftsvertragsverhältnis durch Zweckerreichung oder Zweckerledigung enden soll.
– Die Außen- und Innengesellschaft:[393] Maßgebendes Kriterium ist, ob die Gesellschafter nach den zwischen ihnen getroffenen Vereinbarungen als Gesamthand bzw. Einheit am Rechtsverkehr teilzunehmen beabsichtigen (Außengesellschaft), oder ob die

---

[385] *Hansen,* GmbHR 2004, 39, 41.
[386] Vgl. die Erhebung von *Libertas,* EWIV-Statistik des Europäischen EWIV-Informationszentrums, abrufbar unter http://www.libertas-institut.com/de/EWIV/statistik.pdf.
[387] MüKoInsO/*Klöhn,* § 15 Rn. 53; HK/*Kirchhof,* § 15 Rn. 11; siehe auch die Übersicht bei HaKoInsO/*Wehr,* § 15 Rn. 5.
[388] Im Falle von Führungslosigkeit beachte § 15 III 1 InsO iVm § 15 I 2 InsO.
[389] AA aber *K. Schmidt/K. Schmidt/Herchen,* § 15a Rn. 12, die von einer uneingeschränkten Anwendung auch auf die nicht kapitalistische EWIV ausgehen.
[390] Staub/*Habersack,* § 130a Rn. 10.
[391] Vgl. MüKoBGB/*Ulmer/Schäfer,* Vor § 705 BGB Rn. 34 ff.; Jaeger/*Ehricke,* § 11 Rn. 67.
[392] Siehe hierzu und zum Nachfolgenden *K. Schmidt,* Gesellschaftsrecht, § 58 II; MüKoBGB/*Ulmer/Schäfer,* Vor § 705 BGB Rn. 85 ff.
[393] Für Näheres zur Außengesellschaft siehe MüKoBGB/*Ulmer/Schäfer,* § 705 BGB Rn. 253 ff. und zur Innengesellschaft MüKoBGB/*Ulmer/Schäfer,* § 705 BGB Rn. 275 ff.

Verbindung zwischen ihnen sich grundsätzlich auf die Innenbeziehung beschränken soll (Innengesellschaft).
- Gesellschaften mit und ohne Gesamthandsvermögen: Umstritten ist, ob sich die Unterscheidung in solche Gesellschaften mit und ohne Gesamthandsvermögen mit der Einteilung in Innen- und Außengesellschaften deckt. Überwiegender Ansicht nach besteht ein solcher Zusammenhang nicht, vielmehr können auch Innengesellschaften im Einzelfall Gesamthandsvermögen bilden.[394]
- Personalistische und kapitalistische Gesellschaft: Ebenso wie andere Gesellschaftstypen setzt auch eine BGB-Gesellschaft nicht voraus, dass an ihr nur natürliche Personen beteiligt sind. Vielmehr können Gesellschafter der BGB-Gesellschaft wiederum andere Gesellschaften mit und ohne Rechtspersönlichkeit sein.[395] Gehören der BGB-Gesellschaft weder auf der ersten noch auf der zweiten Ebene natürliche Personen an, die für Verbindlichkeiten der Gesellschaft unbeschränkt haften, spricht man von einer kapitalistischen BGB-Gesellschaft (siehe zur personalistischen Personengesellschaft → Rn. 132 ff.
- Erwerbsgesellschaft bzw. unternehmenstragende Gesellschaft: Kennzeichnend für diese Gesellschaften, deren Zweck auf den Betrieb eines Unternehmens gerichtet ist, sind ein regelmäßiges und nachhaltiges Auftreten im Rechts- und Geschäftsverkehr und damit eine Vielzahl namens der Gesellschaft mit Dritten eingegangener Rechtsgeschäfte. Erwerbsgesellschaften bzw. unternehmenstragende Gesellschaften sind mithin stets Außengesellschaften und haben stets ein Gesamthandsvermögen.

122 2. Insolvenzfähigkeit. Die Insolvenzfähigkeit der Gesellschaft des Bürgerlichen Rechts (GbR) ergibt sich aus § 11 II Nr. 1 InsO. Obwohl § 11 II Nr. 1 InsO bezüglich der Insolvenzfähigkeit nicht nach der Erscheinungsform der BGB-Gesellschaft differenziert, kann nicht jede BGB-Gesellschaft von der Vorschrift erfasst werden.[396] Anwendbar ist § 11 II Nr. 1 InsO zunächst für solche BGB-Gesellschaften, die Erwerbs- bzw. Außengesellschaften sind.[397] Letztere nehmen rechtlich und wirtschaftlich wie eine oHG am Rechtsverkehr teil und sind nur deshalb keine Personenhandelsgesellschaft, weil sie den Gewerbebegriff des § 1 I HGB bzw. die Voraussetzungen des § 1 II HGB nicht erfüllen und nicht nach § 105 II HGB im Handelsregister eingetragen sind. Hier macht es Sinn, einer solchen Gesellschaft die Insolvenzfähigkeit zuzuerkennen. Dies sind letztlich auch die Fälle, die der Gesetzgeber mit der Neuregelung erfassen wollte.[398] Keinen Sinn macht hingegen ein Insolvenzverfahren über das Vermögen einer GbR dann, wenn keine Gesamthandsschulden begründet werden bzw. kein Gesellschaftsvermögen vorhanden ist (reine Innengesellschaft).[399] In einem derartigen Fall gibt es keine von den Eigenverbindlichkeiten bzw. vom Eigenvermögen des Gesellschafters zu unterscheidende Eigenverbindlichkeiten bzw. Vermögen, denen durch eine Sonderinsolvenz über das Vermögen der GbR Rechnung zu tragen wäre. Das Interesse an einer Sonderinsolvenz besteht nur dann, wenn eine gesonderte Vermögensmasse mit eigenen Gläubigern vorhanden ist, die ein Interesse an einer gleichmäßigen Befriedigung ihrer For-

---

[394] So auch MüKoBGB/*Ulmer/Schäfer*, § 705 BGB Rn. 280.
[395] Vgl. MüKoBGB/*Ulmer/Schäfer*, § 705 BGB Rn. 76 ff.
[396] Vgl. *K. Schmidt*, Gesellschaftsrecht, § 60 IV 3b; *ders.*, Kölner Schrift zur Insolvenzordnung, S. 1199 Rn. 7 f.; siehe auch AG Köln NZI 2003, 614.
[397] So der Fall des LG Frankfurt/O ZIP 1995, 1211, 1212; HK/*Kirchhof*, § 11 Rn. 16; HaKoInsO/*Wehr/Linker*, § 11 Rn. 33; siehe auch MüKoBGB/*Schäfer*, § 728 BGB Rn. 5.
[398] Vgl. HaKoInsO/*Wehr/Linker*, § 11 Rn. 34; Jaeger/*Ehricke*, § 11 Rn. 69.
[399] Siehe AG Köln NZI 2003, 614; MüKoBGB/*Schäfer*, § 728 BGB Rn. 7; MüKoInsO/*Ott/Vuia*, § 11 Rn. 53; HK/*Kirchhof*, § 11 Rn. 16; HaKoInsO/*Wehr/Linker*, § 11 Rn. 33; *Prütting* ZIP 1997, 1725, 1732; *Häsemeyer*, Insolvenzrecht, Rn. 31.70; Uhlenbruck/Hirte/Vallender/*Hirte*, § 11 Rn. 374; K. Schmidt/*K. Schmidt*, § 11 Rn. 15; Jaeger/*Ehricke*, § 11 Rn. 68; aA KPB/*Prütting*, § 11 Rn. 41; *Wellkamp* KTS 2000, 331 f.

derungen in der Krise der Gesellschaft haben.[400] Weiter sind insolvenzfähig auch fehlerhafte sowie sich in Liquidation befindende Gesellschaften bürgerlichen Rechts.[401]

3. Die Insolvenzgründe. Eröffnungsgründe sind die allgemeinen Eröffnungsgründe, dh die Zahlungsunfähigkeit (§ 17 InsO) und die drohende Zahlungsunfähigkeit (§ 18 InsO). Kein Eröffnungsgrund ist grundsätzlich der Tatbestand der Überschuldung. Eine Ausnahme gilt nach § 19 III InsO für die sogenannte kapitalistische GbR, dh für eine solche Gesellschaft ohne Rechtspersönlichkeit, bei der kein persönlich haftender Gesellschafter eine natürliche Person ist (→ Rn. 134). Allerdings schließt die mittelbare Stellung mindestens einer natürlichen Person als persönlich haftender Gesellschafter auf der zweiten Ebene die Überschuldung als Insolvenzauslösetatbestand wiederum aus (§ 19 III 2 InsO).

4. Antragsrecht und Antragspflicht. Das Antragsrecht steht im Falle der Zahlungsunfähigkeit neben den Gesellschaftsgläubigern (§ 13 I 2 InsO) nach § 15 I 1 InsO jedem Mitglied des Vertretungsorgans und jedem persönlich haftenden Gesellschafter zu ungeachtet dessen, wie die organschaftliche Vertretungsbefugnis innerhalb der Gesellschaft ausgestaltet ist. Die Anknüpfung der Antragsberechtigung an die persönliche Gesellschafterhaftung war, solange der BGH der sogenannten „Doppelverpflichtungstheorie" für die GbR folgte, nicht unproblematisch; denn danach haftete der Gesellschafter einer BGB-Gesellschaft nicht kraft Gesetzes für deren Verbindlichkeiten, sondern auf Grund einer (vermuteten) rechtsgeschäftlichen Doppelverpflichtung.[402] Die Rechtsprechung[403] hat sich aber von der Doppelverpflichtungstheorie abgewandt und sieht in der Gesellschafterhaftung entsprechend § 128 HGB einen Wesenszug der Gesamthand mit der Folge, dass die Gesellschafter nach § 15 I 1 2. Alt InsO antragsberechtigt sind.

Ist bei einer Gesellschaft ohne Rechtspersönlichkeit kein persönlich haftender Gesellschafter eine natürliche Person, steht das Antragsrecht nach § 15 III 1 InsO den natürlichen Personen zu, die als organschaftliche Vertreter den Gesellschafter vertreten. Bei einer mehrstöckigen Gesellschaft ist nach § 15 III 2 InsO die antragsberechtigte Person entsprechend zu ermitteln. Für den Fall einer Führungslosigkeit in der Gesellschafter-Gesellschaft gilt § 15 III 1 InsO iVm § 15 I 2 InsO. Im Fall der drohenden Zahlungsunfähigkeit (§ 18 InsO) knüpft das Antragsrecht an die gesellschaftsvertraglichen Vertretungsregeln an, sofern nicht alle Gesellschafter den Antrag stellen (§ 18 III InsO).

Eine Pflicht zu Lasten der Antragsberechtigten, den Insolvenzantrag zu stellen, besteht grundsätzlich nicht. Etwas anderes gilt bei der kapitalistischen BGB-Gesellschaft, bei der weder auf der ersten noch auf der zweiten Gesellschaftsebene ein für die Gesellschaftsschulden persönlich haftender Gesellschafter vorhanden ist; hier besteht eine Insolvenzantragspflicht gem. § 15a I 2 InsO.[404] Daneben findet auch § 130a HGB Anwendung.[405] → insbesondere Rn. 148 ff.

5. Die GbR im Schutzschirmverfahren (§ 270b InsO). Auch die GbR kann von dem durch das ESUG eingeführten Schutzschirmverfahren (§ 270b InsO) Gebrauch machen. Dies trifft allerdings nur auf die rechtsfähige Außen-GbR zu, da auch nur diese überhaupt insolvenzfähig ist (→ Rn. 122). Für die GbR im Schutzschirmverfahren gelten die für die oHG/KG dargestellten Grundsätze (→ Rn. 18).

---

[400] *Smid,* § 1 GesO Rn. 30; siehe auch *Stahlschmidt,* S. 19 ff.
[401] MüKoBGB/*Schäfer,* § 728 BGB Rn. 6.
[402] → Rn. 129.
[403] BGHZ 146, 341, 358 f. = NJW 2001, 1056; BGHZ 142, 315, 318 ff. = NJW 1999, 3483.
[404] HK/*Kleindiek,* § 15a Rn. 9; HaKoInsO/*Wehr,* § 15a Rn. 13; siehe auch Rn. 144 ff.; zur Frage der Insolvenzantragspflicht analog § 130a HGB aF vor Inkrafttreten von § 15a InsO vgl. MüKoBGB/*Schäfer,* § 728 BGB Rn. 12.
[405] Oetker/*Boesche,* § 130a Rn. 4; Röhricht/Graf von Westphalen/Haas/*Haas,* § 130a Rn. 8.

128 **6. Eröffnung, Abwicklung, Beendigung des Insolvenzverfahrens.** Nach § 728 I 1 BGB führt die Eröffnung des Insolvenzverfahrens über das Vermögen der BGB-Gesellschaft zu deren Auflösung. Die Gesellschafter können aber unter den Voraussetzungen des § 728 I 2 BGB eine Fortsetzung der Gesellschaft beschließen. Wem die Rolle des Gemeinschuldners im eröffneten Verfahren zukommt, ist streitig.[406] Dabei kommt der GbR selbst die Schuldnerrolle zu;[407] denn die (Außen)GbR ist nicht nur Sondervermögen der Gesellschafter, sondern selbst Rechtsträger.[408]

129 Insolvenzmasse ist das Gesellschaftsvermögen und dasjenige, was die aufgelöste Gesellschaft während des Verfahrens hinzuerwirbt.[409] Das Privatvermögen der Gesellschafter wird von dem Insolvenzverfahren nicht unmittelbar, sondern nur mittelbar berührt; denn nach dem Willen des Gesetzgebers soll für die Dauer des Insolvenzverfahrens der Insolvenzverwalter nach § 93 InsO die persönliche Haftung der BGB-Gesellschafter geltend machen.[410] Die Anwendung von § 93 InsO rechtfertigt sich dabei aus der akzessorischen gesetzlichen Haftung entsprechend § 128 HGB[411] als einem Wesenszug der Gesamthand. Das Recht der Gesellschafterdarlehen (§§ 39 I Nr. 5, IV 1, 135 I Nr. 2 InsO) findet auf die gesetzestypische GbR keine Anwendung, da bei dieser die Voraussetzungen des § 39 IV InsO nicht erfüllt sind (für die kapitalistische Personengesellschaft → Rn. 168 ff.).

130 **7. Die GbR im Insolvenzplanverfahren und in der Eigenverwaltung.** Die GbR kann ebenfalls von den durch das ESUG erweiterten Möglichkeiten des Insolvenzplanverfahrens und der Eigenverwaltung Gebrauch machen, soweit es sich um eine rechtsfähige Außen-GbR handelt, da auch nur diese überhaupt insolvenzfähig ist (→ Rn. 122). Dabei gelten die für die oHG/KG dargestellten Grundsätze (→ Rn. 89 ff. und Rn. 93 f.).

131 **8. Gesellschafterinsolvenz.**[412] Wird über das Vermögen eines Gesellschafters das Insolvenzverfahren eröffnet, wird die Gesellschaft nach § 728 II 1 BGB aufgelöst. Diese ist abzuwickeln, wobei sich die Abwicklung nach § 84 I InsO außerhalb des Insolvenzverfahrens vollzieht. Der nach Tilgung der gemeinschaftlichen Schulden (§ 733 BGB) verbleibende Überschuss ist an den Insolvenzverwalter auszuzahlen. Die Gesellschafter können im Gesellschaftsvertrag aber auch vereinbaren, dass die Gesellschaft im Falle der Gesellschafterinsolvenz fortbestehen soll. Dann scheidet der betroffene Gesellschafter mit Eröffnung des Insolvenzverfahrens aus der Gesellschaft aus (§ 736 BGB).[413] Der Abfindungsanspruch nach § 738 BGB fällt in die Insolvenzmasse.

V. Die kapitalistische Personengesellschaft (insbesondere Kapitalgesellschaft & Co. KG)

Schrifttum: *Albertus/Fischer*, Gesellschaftsrechtliche Folgen der Eröffnung des Insolvenzverfahrens über das Vermögen eines Gesellschafters in der zweigliedrigen GmbH & Co KG im Falle der Simultaninsolvenz mit der KG, ZInsO 2005, 246; *Gundlach/Frenzel/Schmidt*, Die Simultaninsolvenz einer GmbH & Co KG und ihrer Komplementär-GmbH, DStR 2004, 1658; *Haas*, Insol-

---

[406] Siehe auch *Smid*, § 1 GesO Rn. 35.
[407] *Noack*, Rn. 36; *Stahlschmidt*, S. 13 f.; MüKoInsO/*Ott/Vuia*, § 80 Rn. 113; HK/*Kirchhof*, § 11 Rn. 13, 16 f.; MüKoBGB/*Schäfer*, § 728 BGB Rn. 13.
[408] BGHZ 142, 315, 318 f. = NJW 1999, 3483; weitere Nachweise bei *Stahlschmidt*, S. 9 f.
[409] Vgl. LG Frankfurt/O ZIP 1995, 1211, 1212 f.
[410] Uhlenbruck/Hirte/Vallender/*Hirte*, § 93 Rn. 7; Jaeger/*Müller*, § 93 Rn. 10; HaKoInsO/*Pohlmann*, § 93 Rn. 3.
[411] Zur akzessorischen gesetzlichen Haftung entsprechend § 128 HGB vgl. BGHZ 146, 341, 358 f. = NJW 2001, 1056; BGHZ 142, 315, 320 ff. = NZG 1999, 1095; grundlegend dazu etwa *Hadding*, ZGR 2001, 712 ff.; vgl. auch MüKoBGB/*Schäfer*, § 714 BGB Rn. 31 ff.
[412] Zu Nachstehendem siehe MüKoBGB/*Schäfer*, § 728 BGB Rn. 31 ff.
[413] Vgl. auch BGH NJW 2008, 2992 ff.

venzantragsrecht und -pflicht in der GmbH insbesondere des „faktischen Geschäftsführers" nach neuem Recht, DStR 1998, 1359; *Kock/Vater/Mraz,* Die Zulässigkeit einer UG (haftungsbeschränkt) & Co KG auch bei Gewinnausschluss zu Lasten der Komplementärin, BB 2009, 848; *Liebs,* Offene Fragen der Insolvenz einer zweigliedrigen GmbH & Co KG, ZIP 2002, 1716; *Löser,* Erstreckt sich die Insolvenzantragspflicht des GmbH-Gesellschafters bei Führungslosigkeit einer Komplementär-GmbH auf das Vermögen der GmbH & Co. KG?, ZInsO 2010, 799; *K. Schmidt,* Insolvenz und Insolvenzabwicklung bei der typischen GmbH & Co KG, GmbHR 2002, 1209; *ders.,* Insolvenzabwicklung bei der Simultaninsolvenz der Gesellschaften in der GmbH & Co KG, GmbHR 2003, 1404; *ders.,* Debt-to-Equity-Swap bei der (GmbH & Co.-)Kommaditgesellschaft – ESUG, „Sanieren oder Ausscheiden" und vor allem: „Fragen über Fragen!", ZGR 2012, 566; *Stenzel,* Die Pflicht zur Bildung einer gesetzlichen Rücklage bei der UG (haftungsbeschränkt) und die Folgen für die Wirksamkeit des Gesellschaftsvertrags einer UG (haftungsbeschränkt) & Co KG, NZG 2009, 168.

Die sogenannten kapitalistischen Personengesellschaften (zur Abgrenzung der gesetzestypischen Personengesellschaft → Rn. 3) nehmen einen beträchtlichen Teil der gesellschaftsrechtlichen Praxis ein (→ Rn. 2) und zeichnen sich vor allem in Hinblick auf das Insolvenzverfahren durch eine Reihe von Sonderregelungen aus, die vor allem im Hinblick auf die unternehmensinsolvenzrechtlichen Gläubigerschutzinstrumente in den vergangenen Jahren teilweise erheblich ausgebaut wurden. Bei den kapitalistischen Personengesellschaften muss es sich dabei nicht zwingend um Personenhandelsgesellschaften handeln, auch wenn diese vor allem in Form der Kapitalgesellschaft & Co am verbreitesten sind. Auch eine *kapitalistische Gesellschaft bürgerlichen Rechts* ist denkbar, bei der sich ebenfalls in der Insolvenz einige Sonderprobleme ergeben. Ebenso wenig beschränkt sich die kapitalistische Personengesellschaft hinsichtlich ihrer Gesellschafter auf bestimmte Arten von Kapitalgesellschaften. Zwar ist die „klassische" GmbH die deutlich häufigste Form der Beteiligung an einer kapitalistischen Personengesellschaft, allerdings gewinnt auch die Unternehmergesellschaft in diesem Zusammenhang an Bedeutung. Die englische *Limited Company Limited by Shares* wird zwar auch als Beteiligungsform an einer kapitalistischen Personengesellschaft verwendet, nimmt in ihrer Bedeutung aber deutlich ab (→ Rn. 1). **132**

1. Die Insolvenzfähigkeit. Die kapitalistische Personengesellschaft ist als Gesellschaft ohne Rechtspersönlichkeit nach § 11 II Nr. 1 InsO insolvenzfähig.[414] Die Insolvenzfähigkeit endet, wenn die Gesellschaft als solche endet, was insbesondere dann der Fall ist, wenn alle Geschäftsanteile an der KG auf die Komplementär-GmbH übergehen.[415] **133**

2. Die Eröffnungsgründe. Eröffnungsgrund ist bei der kapitalistischen Personengesellschaft neben der Zahlungsunfähigkeit (§ 17 InsO) auch die drohende Zahlungsunfähigkeit (§ 18 InsO). Im Gegensatz zur gesetzestypischen Personengesellschaft (→ Rn. 9) ist nach § 19 III InsO auch die Überschuldung ein Insolvenzgrund. Dies ist nur dann nicht der Fall, wenn zu den persönlich haftenden Gesellschaftern eine andere Gesellschaft gehört, bei der ein persönlich haftender Gesellschafter eine natürliche Person ist (§ 19 III 2 InsO). Dieser eingeschränkte Anwendungsbereich des Überschuldungstatbestandes ist mit Recht kritisiert worden.[416] Soweit ausnahmsweise ein Überschuldungsstatus zu erstellen ist, kann die unbeschränkte Haftung eines Gesellschafters gegenüber den Gläubigern nicht aktiviert werden, da der Haftungsanspruch allein den **134**

---

[414] Vgl. nur Uhlenbruck/Hirte/Vallender/*Hirte,* § 11 Rn. 341; MüKoInsO/*Ott/Vuia,* § 11 Rn. 26.
[415] MünchHdbGesRII-*Gummert,* § 55 Rn. 1, vgl. dazu auch BGHZ 71, 296, 299 f. = NJW 1978, 1525.
[416] *K. Schmidt,* Kölner Schrift zur Insolvenzordnung, S. 1199 Rn. 42; *Haas,* in RWS-Forum 10, Insolvenzrecht 1998, 1, 12 f.

Gläubigern, nicht aber der Gesellschaft zusteht.[417] Aus § 93 InsO folgt nichts anderes, da die Vorschrift die Rechtsinhaberschaft bezüglich des Haftungsanspruchs unberührt lässt.[418]

135 **3. Der Insolvenzantrag. a)** *Das Antragsrecht.* aa) *Das Antragsrecht im Fall der Zahlungsunfähigkeit.* Das Antragsrecht steht bei einer kapitalistischen Personengesellschaft den natürlichen Personen zu, die als „organschaftliche Vertreter" den „vertretungsberechtigten Gesellschafter" vertreten (§ 15 III InsO). Bei einer mehrstöckigen Gesellschaft ist nach § 15 III 2 InsO die antragsberechtigte Person entsprechend zu ermitteln.[419] Haftet in der Gesellschaft sowohl eine natürliche Person als auch eine Gesellschaft für die Schulden derselben unbeschränkt, findet § 15 III InsO keine Anwendung. Das Antragsrecht steht hier sowohl der natürlichen Person (als vertretungsberechtigtem Gesellschafter bzw. auf Grund der unbeschränkten Haftung) zu als auch der Gesellschafter-Gesellschaft (als vertretungsberechtigtem Gesellschafter bzw. auf Grund der unbeschränkten Haftung). Die Gesellschafter-Gesellschaft wird insoweit von ihrem vertretungsberechtigten Organ vertreten.[420]

136 **Beispiele:** In einer KG, in der der einzige persönlich haftende Gesellschafter eine GmbH ist, steht das Antragsrecht ausschließlich den Geschäftsführern dieser GmbH zu. Ist eine oHG einzige persönlich haftende Gesellschafterin einer KG, steht das Antragsrecht innerhalb der KG den organschaftlichen Vertretern der oHG zu. Sind Gesellschafter einer oHG wiederum zwei oHG (A-oHG und B-oHG), von denen die A-oHG von der Vertretung der Gesellschaft ausgeschlossen ist (§ 125 II HGB), stellt sich die Frage, ob die Gesellschafter der A-oHG antragsberechtigt sind. Dem Wortlaut nach stellt § 15 III 1 InsO allein auf die organschaftlichen Vertreter des *zur Vertretung* berufenen Gesellschafters ab. Mithin wären die Gesellschafter der A-oHG, die (mittelbar) für sämtliche Schulden der Gesellschaft einzustehen haben, nicht antragsberechtigt. Dies widerspricht jedoch dem Sinn und Zweck des § 15 I InsO. Mithin ist jeder „organschaftliche Vertreter" der Gesellschafter-Gesellschaft antragsberechtigt, der entweder vertretungsberechtigt ist oder aber für die Schulden der Gesellschaft unbeschränkt einzustehen hat.

137 Antragsberechtigt nach § 15 III 1 iVm Abs. 1 S. 1 InsO ist jeder organschaftliche Vertreter des (vertretungsberechtigten oder unbeschränkt haftenden) Gesellschafters unabhängig davon, ob er einzelvertretungsbefugt ist oder aber nur zusammen mit anderen die Gesellschafter-Gesellschaft vertreten kann. § 15 III 1 InsO knüpft dem Wortlaut nach für die analoge Anwendung des Abs. 1 nur an der *organschaftlichen Vertretungsbefugnis* des Gesellschafter-Gesellschafters an. Mithin wäre beispielsweise ein von der Vertretung nach § 125 II HGB ausgeschlossener Gesellschafter einer oHG, die ihrerseits zusammen mit einer weiteren Gesellschaft Gesellschafterin einer insolventen oHG ist, vom Antragsrecht ausgeschlossen. Da aber auch hier der Gesellschafter für die Schulden der insolventen Gesellschaft einzustehen hat, scheint die ausschließliche Bezugnahme in § 15 III 1 InsO auf den organschaftlichen Vertreter nicht gerechtfertigt.[421] Für den Fall, dass die Gesellschafter-Gesellschaft insolvent ist, siehe für das Antragsrecht in der Gesellschaft Rn. 100.

138 Handelt es sich bei dem (einzigen) persönlich haftenden Gesellschafter um eine führungslose Gesellschaft (zB GmbH, § 10 II 2 InsO), dann sind die Gesellschafter derselben befugt, den Insolvenzantrag zu stellen; denn § 15 III InsO verweist auf beide Sätze

---

[417] HaKoInsO/*Schröder*, § 19 Rn. 47; HK/*Kirchhof*, § 19 Rn. 18; vgl. auch OLG Koblenz GmbHR 2008, 658, 660, wonach dasselbe für die Kommanditistenhaftung gem. §§ 172 IV, 171 I HGB gilt; abweichend aber MünchHdbGesRII-*Gummert*, § 55 Rn. 12.
[418] → Rn. 52.
[419] Röhricht/Graf von Westphalen/Haas/*Haas*, § 131 Rn. 13; HK/*Kirchhof*, § 15 Rn. 13; HaKoInsO/*Wehr*, § 15 Rn. 9.
[420] Vgl. Röhricht/Graf von Westphalen/Haas/*Haas*, § 131 Rn. 13.
[421] *Noack*, Rn. 441; iE MünchHdbGesRI-*Butzer/Knof*, § 85 Rn. 20; HaKoInsO/*Wehr*, § 15 Rn. 8.

des § 15 I InsO.[422] Zu beachten ist jedoch, dass eine Führungslosigkeit nicht bereits dann angenommen werden kann, wenn der an sich Antragsberechtigte (bei der GmbH zB der Geschäftsführer als deren organschaftlicher Vertreter) „unbekannten Aufenthaltes" und damit bloß nicht erreichbar ist; ein solcher muss gänzlich in tatsächlicher oder rechtlicher Hinsicht nicht mehr existieren.[423]

Beispiele: Ist eine GmbH einzige Komplementärin einer KG, steht das Antragsrecht jedem einzelnen GmbH-Geschäftsführer unabhängig davon zu, ob die Geschäftsführer einzel- oder lediglich gesamtvertretungsbefugt sind. Keinen Einfluss auf das Antragsrecht hat des Weiteren die Ausgestaltung der Vertretungsbefugnis zwischen den Gesellschaftern der oHG/KG. Sind etwa zwei GmbH einzige Gesellschafterinnen einer oHG, sind die einzelnen Geschäftsführer beider GmbH auch dann jeweils einzeln antragsberechtigt, wenn nach § 125 II HGB innerhalb der oHG eine Gesamtvertretung vereinbart ist. Sind zwei oHG (B-oHG und C-oHG) Gesellschafter der A-oHG, dann sind auch die Gesellschafter der B-oHG antragsbefugt, die von der organschaftlichen Vertretung ausgeschlossen sind, weil sie für die Schulden der A-oHG (mittelbar) einzustehen haben. 139

Kein Antragsrecht haben der Kommanditist oder die Gesellschafter der (nicht führungslosen) Komplementär-GmbH, soweit diese nicht gleichzeitig Gesellschaftsgläubiger sind.[424] Für den Kommanditisten ergibt sich dies aus dem Gesetzeswortlaut; denn unter persönlich haftenden Gesellschaftern versteht das Gesetz nur solche, die für die Gesellschaftsschulden unbeschränkt haften.[425] 140

bb) *Das Antragsrecht im Falle der Überschuldung.* Ist der Eintritt der Überschuldung Auslösetatbestand, richtet sich das Antragsrecht (§ 15 InsO) nach den unter Rn. 134. bezeichneten Grundsätzen. 141

cc) *Das Antragsrecht im Falle der drohenden Zahlungsunfähigkeit.* Im Fall der drohenden Zahlungsunfähigkeit (§ 18 InsO) knüpft das Antragsrecht an die gesellschaftsvertraglichen Vertretungsregeln an, sofern nicht alle Gesellschafter den Antrag stellen (§ 18 III InsO). Ist beispielsweise eine GmbH einzige Komplementärin einer KG, so sind nach dem gesetzlichen Leitbild in der Komplementär-GmbH die Geschäftsführer nur gemeinsam für die KG antragsberechtigt (§ 35 II 1 GmbHG). Haben zwei GmbHs eine oHG gegründet und sind die GmbH nach § 125 II HGB nur gemeinsam zur Vertretung der oHG berechtigt, so können die Geschäftsführer beider GmbH den Antrag nur gemeinsam stellen. Etwaige Zustimmungsvorbehalte wirken nur im Innenverhältnis und lassen die Wirksamkeit der Antragstellung im Außenverhältnis unberührt. 142

Von der Frage der Wirksamkeit der Insolvenzantragstellung im Außenverhältnis ist aber die Problematik einer möglichen Haftung im Innenverhältnis zu unterscheiden. Dabei kann ein generelles Erfordernis eines Gesellschafterbeschlusses nicht begründet werden,[426] so dass eine entsprechende Haftung der verantwortlichen Organe nicht immer schon dann anzunehmen ist, wenn eine Antragstellung ohne entsprechende Beschlussfassung erfolgt. Eine solche besteht nur dann, wenn die Antragstellung ohne Vorliegen eines Insolvenzgrundes erfolgt oder etwa außerhalb eines Insolvenzverfahrens eindeutig bestehende Sanierungsaussichten beeinträchtigt werden. An dieser Betrach- 143

---

[422] HK/*Kirchhof*, § 15 Rn. 13; MüKoInsO/*Klöhn*, § 15 Rn. 62; HaKoInsO/*Wehr*, § 15 Rn. 8a.
[423] AG Hamburg NZG 2009, 157; siehe iÜ auch *Gehrlein* BB 2008, 846, 848; *Wälzholz* DStR 2007, 1914, 1916; aA *Passarge* GmbHR 2010, 295, 297 ff.
[424] Vgl. *Noack*, Rn. 438; Uhlenbruck/Hirte/Vallender/*Hirte*, § 15 Rn. 2 f.; HK/*Kirchhof*, § 15 Rn. 12.
[425] MüKoInsO/*Klöhn*, § 15 Rn. 49 f.; MüKoHGB/*K. Schmidt*, Anh § 158 Rn. 35. Der Kommanditist, der nach § 176 HGB für die Schuldner der Gesellschaft einzustehen hat, ist – soweit seine Haftungsbeschränkung noch nicht im Handelsregister eingetragen ist – nicht antragsberechtigt, *Noack*, Rn. 438; HaKoInsO/*Wehr*, § 15 Rn. 5.
[426] AA OLG München DB 2013, 1596, 1598; *Wertenbruch*, DB 2013, 1592, 1595; K. Schmidt/*K. Schmidt*, § 18 Rn. 31 aE; im Ergebnis auch Uhlenbruck/Hirte/Vallender/*Uhlenbruck*, § 18 Rn. 27 (allerdings ohne Bezug zur kapitalistischen Personengesellschaft).

tungsweise hat sich auch durch die durch das ESUG erheblich erweiterten Eingriffsmöglichkeiten in Gesellschafterrechte durch das Insolvenzplanverfahren nichts geändert.[427]

144 b) *Die Antragspflicht.* aa) *Der Kreis der antragspflichtigen Gesellschaften.* Eine Insolvenzantragspflicht besteht nach § 15a I 2 1. Hs. InsO für auch für die kapitalistische Personengesellschaft.[428] In den Anwendungsbereich der Vorschrift fallen etwa solche Personengesellschaften, an denen ausschließlich Kapitalgesellschaften, Vereine, Genossenschaften, Stiftungen und Personengesellschaften als Gesellschafter beteiligt sind.

145 Ausgenommen vom Anwendungsbereich der Insolvenzantragspflicht sind nach § 15a I 2 2. Hs. InsO jedoch die Fälle, in denen zu den persönlich haftenden Gesellschaftern eine andere Gesellschaft gehört, bei der ein Gesellschafter eine natürliche Person ist, und somit eine natürliche Person mittelbar, dh auf der zweiten Ebene persönlich und unbeschränkt für die Schulden der Gesellschaft einzustehen hat.[429] Teilweise wird der Ausnahmetatbestand in § 15a I 2 2. Hs. InsO als zu eng empfunden und daher auf die Fälle entsprechend angewandt, in denen auf einer höheren Ebene ein „Unbeschränkthafter" für die Verbindlichkeiten der Gesellschaft mittelbar einzustehen hat.[430] Vor dem Hintergrund des § 19 II HGB wäre dies zwar konsequent. Es widerspricht aber dem Verständnis von § 19 III InsO; insoweit ist es aber angezeigt, einen Gleichlauf in der Anwendung beider Vorschriften zu erhalten. Zudem hat der Gesetzgeber im Zuge der Einführung von § 15a InsO in Kenntnis der Streitfrage die Formulierung dieser Ausnahmeregel im Wesentlichen an § 130a I 1 2. Hs. HGB aF orientiert und sich damit an dieser Stelle nicht veranlasst gesehen, stattdessen eine Formulierung entsprechend § 19 II HGB zu wählen. Im Übrigen ist aus Praktikabilitätserwägungen heraus eine erweiterte Anwendung von § 15a I 2 2. Hs. InsO sachlich nicht gerechtfertigt; denn eine zwei- oder mehrfach vermittelte Haftung lässt sich in der Praxis nur schwerlich verwirklichen.[431] Ausgenommen von der Antragspflicht nach § 15a I 2 InsO sind auch solche Personengesellschaften, an denen als Gesellschafter eine KGaA mit einer natürlichen Person als Komplementär beteiligt ist.[432] Gleiches gilt, wenn Gesellschafter eine GbR ist, für deren Schulden eine natürliche Person als Gesellschafter unbeschränkt haftet.[433] Einer analogen Anwendung wie noch im Rahmen von § 130a I 1 2. Hs. HGB bedarf es nicht, weil § 15a InsO nunmehr rechtsformneutral formuliert ist. Ohne Bedeutung ist schließlich, ob der Kommanditist der Gesellschaft eine natürliche Person ist oder nicht, da es für die Anwendbarkeit von § 15a I 2 2. Hs. InsO allein auf die unbeschränkte Haftung ankommt.[434]

146 bb) *Der Adressat der Antragspflicht.* Adressat der Pflicht sind nach § 15a I 2 InsO die organschaftlichen Vertreter der zur Vertretung der Gesellschaft ermächtigten Gesellschafter, zB die Geschäftsführer der GmbH, wenn die GmbH vertretungsberechtigte Gesellschafterin der oHG/KG ist. Ist vertretungsberechtigte Gesellschafterin der oHG/KG eine AG, Stiftung oder ein Verein, so ist deren Vorstand antragsverpflichtet. In einem mehrköpfigen Leitungsorgan trifft die Antragspflicht jedes einzelne Mitglied der Geschäftsleitung.[435]

---

[427] Darauf aber maßgeblich abstellend *Wertenbruch*, DB 2013, 1592, 1595.
[428] HK/*Kleindiek*, § 15a Rn. 4; MünchHdbGesRII-*Gummert*, § 55 Rn. 14; HaKoInsO/*Wehr*, § 15a Rn. 13.
[429] HaKoInsO/*Wehr*, § 15a Rn. 14; HK/*Kleindiek*, § 15a Rn. 4; MüKoInsO/*Klöhn*, § 15a Rn. 49; KPB/*Preuß*, § 15a Rn. 18.
[430] E/B/J/S/*Hillmann*, § 130a Rn. 4; aA Röhricht/Graf von Westphalen/Haas/*Haas*, § 130a Rn. 3.
[431] Röhricht/Graf von Westphalen/Haas/*Haas*, § 130a Rn. 3.
[432] Vgl. Staub/*Habersack*, § 130a Rn. 8; Röhricht/Graf von Westphalen/Haas/*Haas*, § 130a Rn. 3.
[433] Vgl. Staub/*Habersack*, § 130a Rn. 8; Röhricht/Graf von Westphalen/Haas/*Haas*, § 130a Rn. 3.
[434] MüKoInsO/*Klöhn*, § 15a Rn. 49; Staub/*Habersack*, § 130a Rn. 9.
[435] Vgl. Baumbach/Hopt/*Hopt*, § 130a Rn. 7; Staub/*Habersack*, § 130a Rn. 11; E/B/J/S/*Hillmann*, § 130a Rn. 7.

Auch die sogenannten „faktischen" Geschäftsleiter[436] sind in den Kreis der antragspflichtigen Personen einbezogen.[437]

Die zur (Eigen-)Antragstellung verpflichteten Personen werden nicht dadurch von ihrer Verpflichtung frei, dass ein Gläubiger einen (Fremd-)Antrag auf Insolvenzverfahrenseröffnung gestellt hat; vielmehr besteht die Pflicht zur Stellung eines Eigenantrages solange fort, bis das Insolvenzgericht über die Eröffnung des Insolvenzverfahrens entschieden hat.[438]

Für mehrstufige Gebilde, dh wenn die organschaftlichen Vertreter der vertretungsberechtigten Gesellschafter der oHG/KG ihrerseits keine natürliche Personen sind, bestimmt § 15a II InsO wie die antragspflichtigen natürlichen Personen zu bestimmen sind.[439] Ist beispielsweise eine GmbH organschaftlicher Vertreter der Gesellschaft, die an der oHG/KG als Gesellschafter beteiligt ist, so trifft die Insolvenzantragspflicht nach § 15a II, I 2 1. Hs. InsO die Geschäftsführer der GmbH.[440]

Trifft die Antragspflicht nach § 15a I 2 InsO den organschaftlichen Vertreter einer GmbH, als der zur Vertretung etwa einer GmbH & Co KG ermächtigten Gesellschaft und fehlt es an einem Geschäftsführer aufgrund Führungslosigkeit der Gesellschaft (§ 35 I 2 GmbHG), dann ist fraglich, ob die Gesellschafter der Komplementär-GmbH statt diesem nach § 15a III 1. Hs. InsO verpflichtet sind, den Insolvenzantrag für die KG zu stellen.[441] Bejaht man die Anwendbarkeit von § 15a III 1. Hs. InsO auf die kapitalistische Personengesellschaft, sind von der subsidiären Antragspflicht bei Führungslosigkeit wiederum ausgenommen die Personen/Gesellschafter, die von dem Insolvenzgrund oder aber von der Führungslosigkeit keine Kenntnis haben, § 15a III 2. Hs. InsO. Schädlich ist lediglich positive Kenntnis;[442] für die fehlende Kenntnis ist der Antragsverpflichtete jedoch beweispflichtig (vgl. auch die Formulierung „… *es sei denn* …").[443] Die Vorschrift gilt dann gleichermaßen für den Aufsichtsrat im Falle einer führungslosen, an der oHG/KG als vertretungsbefugt beteiligten AG oder Genossenschaft; andere juristische Personen oder Gesellschaften werden von § 15a III InsO indes nicht erfasst.

Grundsätzlich keiner Antragspflicht unterliegen hingegen die Gesellschafter der kapitalistischen oHG/KG, die von der Vertretungsbefugnis ausgeschlossen sind sowie Aufsichtsrats- oder Beiratsmitglieder.[444] Etwas anderes gilt allerdings dann, wenn die Gesellschaft führungslos ist (→ Rn. 149). Für die Aufsichtsrats- oder Beiratsmitglieder kommt daneben noch eine Haftung wegen Verletzung der gesellschaftsrechtlichen Überwachungspflicht in Betracht (→ ausführlich § 93 Rn. 71a).

---

[436] Ein solcher kann nach BGH DStR 2002, 1010, 1012 nur eine natürliche, unbeschränkt geschäftsfähige Person sein.
[437] Siehe etwa BGHZ 104, 44, 46 f. = NJW 1988, 1789; BGHSt 46, 62, 64 ff. = NJW 2000, 2285; OLG Dresden NZG 1999, 438; E/B/J/S/*Hillmann*, § 130a Rn. 10 f.; siehe auch MüKoHGB/ *K. Schmidt*, § 130a Rn. 13; Röhricht/Graf von Westphalen/Haas/*Haas*, § 130a Rn. 12; *Haas* DStR 1998, 1359, 1360; aA Staub/*Habersack*, § 130a Rn. 12, der insoweit zwischen dem fehlerhaft bestellten Organwalter und dem faktischen Organwalter, dem gar keine, auch keine lediglich fehlerhafte Bestellung zugrunde liegt, unterschiedet, wobei Letzterer keiner Antragspflicht unterliegen soll; vgl. hierzu auch HaKoInsO/*Wehr*, § 15 Rn. 14; kritisch auch *Haas* DStR 2003, 423, 424; siehe iÜ auch § 92 Rn. 61 f.
[438] So jedenfalls die strafrechtliche Rspr, vgl. BGH ZIP 2008, 2308, 2309 ff.; siehe auch Hesselmann/ Tillmann/Mueller-Thuns/*Lüke*, GmbH & Co KG, § 10 Rn. 15; ausführlich unter § 92 Rn. 70 f.
[439] Vgl. E/B/J/S/*Hillmann*, § 130a Rn. 9.
[440] HK/*Kleindiek*, § 15a Rn. 9.
[441] So etwa HK/*Kirchhof*, § 15 Rn. 13; *Poertzgen* ZInsO 2007, 574, 577; Hesselmann/Tillmann/ Mueller-Thuns, GmbH & Co KG, § 10 Rn. 156; *Löser* ZInsO 2010, 799, 802; *Thole*, Gesellschaftsrechtliche Maßnahmen in der Insolvenz, 2014, Rn. 33.
[442] HaKoInsO/*Wehr*, § 15a Rn. 26.
[443] HaKoInsO/*Wehr*, § 15a Rn. 28.
[444] K. Schmidt/*K. Schmidt/Herchen*, § 15a Rn. 18.

151 Die Antragspflicht besteht schließlich nicht für den Insolvenzverwalter der Komplementär-GmbH hinsichtlich der kapitalistischen Personengesellschaft. § 15a InsO knüpft für die Antragspflicht an den „organschaftlichen Vertreter" des zur Vertretung der Gesellschaft ermächtigten Gesellschafters an. Der Insolvenzverwalter ist aber nicht Organ der Gesellschafter-Gesellschaft.[445] Gegen eine Antragspflicht des Insolvenzverwalters spricht zudem, dass dieser auf Grund seiner Stellung allein die Interessen der Gläubiger der (Komplementär-)Gesellschaft zu wahren hat, für die er zum Insolvenzverwalter bestellt wurde. Ihn auch zum Wahrer der Gläubigerinteressen der „Tochtergesellschaft" (KG) zu machen, würde demgegenüber zu weit führen. Hinzu kommt, dass dem organschaftlichen Vertreter der Gesellschafter-Gesellschaft die Beachtung des § 15a I 2 1. Hs. InsO infolge der Insolvenzeröffnung über das Vermögen der Gesellschafter-Gesellschaft nicht unmöglich geworden ist; denn über § 118 HGB ist dieser weiterhin jederzeit in der Lage sich umfassend über die wirtschaftliche Situation der Gesellschaft zu informieren.

152 cc) *Inhalt der Pflicht.* Der Inhalt der Antragspflicht ergibt sich aus § 15a I 1 InsO. Danach haben die antragspflichtigen Personen den Insolvenzantrag ohne schuldhaftes Zögern, spätestens aber 3 Wochen nach Eintritt der Zahlungsunfähigkeit (§ 17 InsO) bzw. Überschuldung (§ 19 InsO) zu stellen.[446] Keine Antragspflicht besteht dagegen im Fall des fakultativen Auslösetatbestandes der drohenden Zahlungsunfähigkeit (§ 18 InsO).

153 dd) *Folgen bei Pflichtverletzung.* Verletzt der Antragspflichtige die Insolvenzantragspflicht schuldhaft, können unterschiedliche Schadensersatzansprüche in Betracht kommen:

154 (1) *Schadensersatz nach §§ 130a II 1, 177a HGB.* Nach §§ 130a II 1, 177a HGB ist der Antragspflichtige im Falle einer schuldhaften Pflichtverletzung der Gesellschaft gegenüber zum Schadensersatz verpflichtet. Zu ersetzen ist nach §§ 130a II, 177a HGB der Gesamtgläubigerschaden.[447] Obwohl Gläubiger des Anspruchs die Gesellschaft ist, dient die Vorschrift folglich – vergleichbar dem § 64 S. 1 GmbHG (→ § 92 Rn. 147 ff.) – dem Schutz der Gläubigergesamtheit.[448] Die Haftung nach § 130a II HGB findet dabei nicht nur kraft ausdrücklicher Anordnung auf die kapitalistische KG (§ 177a HGB), sondern auch auf die kapitalistische GbR[449] und die kapitalistische EWIV[450] Anwendung.

155 Fraglich ist, welche Gläubiger in den Schutzbereich der Vorschrift einzubeziehen sind und wie der Gesamtgläubigerschaden zu errechnen ist. Einen Anhaltspunkt hierfür gibt §§ 823 II BGB, 15a I InsO iVm § 92 InsO.[451] Nur auf den ersten Blick unterscheidet sich die Rechtsfolge in §§ 130a II 1, 177a HGB nämlich von der in §§ 823 II BGB, 15a I InsO iVm § 92 InsO. Danach haftet – etwa der GmbH-Geschäftsführer – bei schuldhaft verzögerter Antragstellung unmittelbar den Gesellschaftsgläubigern gegenüber. Jedoch werden die den einzelnen Gläubigern entstandenen Schäden, soweit letztere in einer Minderung des Gesellschaftsvermögens und damit in einer Verkürzung der

---

[445] Vgl. BGH NZG 2007, 384, 386; HK/*Kayser*, § 80 Rn. 51; HaKoInsO/*Kuleisa*, § 80 Rn. 33: Die vertretungsberechtigten Gesellschafter/Organe verlieren nicht ihre Rechtsstellung als solche an den Insolvenzverwalter, sondern lediglich die Verwaltungs- und Verfügungsbefugnis.
[446] Zum Inhalt der Pflicht siehe im Einzelnen § 92 Rn. 68 ff.
[447] BGH NZI 2007, 418, 419; Staub/*Habersack*, § 130a Rn. 34; E/B/J/S/*Hillmann*, § 130a Rn. 24; Röhricht/Graf von Westphalen/Haas/*Haas*, § 130a Rn. 21.
[448] Vgl. Staub/*Habersack*, § 130a Rn. 4 f.; Röhricht/Graf von Westphalen/Haas/*Haas*, § 130a Rn. 21; E/B/J/S/*Hillmann*, § 130a Rn. 24.
[449] Röhricht/Graf von Westphalen/Haas/*Haas*, § 130a Rn. 3; Staub/*Habersack*, § 130a Rn. 10; aA aber wohl MüKoHGB/*K. Schmidt*, § 130a Rn. 27 (Anwendungsbereich bei Handelsgesellschaften).
[450] Staub/*Habersack*, § 130a Rn. 10.
[451] → § 92 Rn. 91 ff.

dem einzelnen Gläubiger zustehenden Quote ihre Ursache haben, für die Dauer des Insolvenzverfahrens nach § 92 InsO allein vom Insolvenzverwalter geltend gemacht.[452] Damit bestehen zwischen §§ 823 II BGB, 15a I InsO, 92 InsO und §§ 130a II 1, 177a HGB lediglich rechtstechnische Unterschiede bei der Liquidation des durch die Insolvenzverschleppung entstandenen Gesamtgläubigerschadens. Im Unterschied zu § 92 InsO entzieht nämlich §§ 130a II 1, 177a HGB den Gläubigern die materielle Rechtsinhaberschaft. Von ihrer Zwecksetzung her (nämlich Prinzip der Gläubigergleichbehandlung in der Insolvenz durch Auffüllen der Masse) entsprechen sich aber beide Arten der Schadensliquidation, so dass für die Berechnung des Gesamtgläubigerschadens auf die bei der GmbH dargestellten Grundsätze (→ § 92 Rn. 532 ff.) verwiesen werden kann. Verfolgen §§ 823 II BGB, 15a I InsO iVm § 92 InsO und §§ 130a II 1, 177a HGB dasselbe Ziel, so folgt daraus, dass in den Schutzzweck des §§ 130a II 1, 177a HGB allein die sogenannten Altgläubiger einbezogen sind (→ § 92 Rn. 89 ff.). Die vertraglichen Neugläubiger hingegen partizipieren an der Auffüllung der Masse nicht (→ § 92 Rn. 107 ff.).

Die Schadensersatzpflicht nach §§ 130a II 1, 177a HGB gegenüber der kapitalistischen Personengesellschaft kann durch Vereinbarung mit den Gesellschaftern weder eingeschränkt noch ausgeschlossen werden (§§ 130a II 4, 177a HGB). Die Gesellschaft kann zu Lasten der Gläubiger auf den Schadensersatzanspruch nur nach Maßgabe des §§ 130a II 5, 177a HGB verzichten bzw. sich über den Anspruch vergleichen. Diese Beschränkungen gelten allerdings zu Lasten des Insolvenzverwalters nicht, → § 92 Rn. 554. 156

(2) *Schadensersatz nach § 823 II BGB iVm § 15a I InsO.* Die Antragspflicht in § 15a I InsO ist Schutzgesetz iS des § 823 II BGB.[453] Einbezogen in den persönlichen Schutzbereich der Insolvenzantragspflicht sind zwar sämtliche (Alt- und Neu-)Gläubiger der Gesellschaft unabhängig davon, ob sie ihren Anspruch durch Vertrag oder kraft Gesetzes erworben haben (→ § 92 Rn. 89 ff.). Aus der Einbeziehung aller Gläubiger in den Schutzbereich der Insolvenzantragspflicht lässt sich jedoch nicht ohne weiteres folgern, dass sämtliche Gläubiger auch einen Anspruch auf Schadensersatz nach § 823 II BGB iVm § 15a I InsO hätten. Nach ständiger Rechtsprechung ist nämlich ein deliktischer Schutz nach § 823 II BGB abzulehnen, soweit die Belange der Geschädigten schon auf andere Weise ausreichend abgesichert sind.[454] Da die Interessen der Altgläubiger im Falle der Insolvenzeröffnung schon ausreichend durch § 130a II 1 HGB geschützt sind, können allein die vertraglichen Neugläubiger einen individuellen Schadensersatzanspruch aus § 823 II BGB iVm § 15a I InsO herleiten, da ihr Schadensersatzanspruch nicht mit dem der Gesellschaft konkurriert.[455] 157

(3) *Vertragliche Schadensersatzhaftung.* Darüber hinaus kommt auch eine vertragliche Schadensersatzhaftung in Betracht (→ Rn. 104). 158

4. Pflichten der organschaftlichen Vertreter bis zur Verfahrenseröffnung. 159
Den organschaftlichen Vertretern der Gesellschafter-Gesellschaft obliegt die Vermögenserhaltungspflicht nach §§ 130a I 1, 177a HGB. Die organschaftlichen Vertreter dürfen nach Eintritt der Zahlungsunfähigkeit bzw. Überschuldung keine Zahlungen mehr aus

---

[452] → § 92 Rn. 532 ff.
[453] Vgl. dazu nur Uhlenbruck/Hirte/Vallender/*Hirte*, § 15a Rn. 39; MüKoInsO/*Klöhn*, § 15a Rn. 140 mit jeweils umfangreichen Nachweisen aus der Rechtsprechung und Literatur.
[454] Vgl. BGHZ 84, 312, 316 = NJW 1982, 2780; BGHZ 100, 19, 24 f. = NJW 1987, 2433; BGHZ 110, 342, 360 = NJW 1990, 1725; BGHZ 125, 366, 376 f. = NJW 1994, 1801; *Larenz/Canaris*, Lehrbuch des Schuldrechts, Bd. II/2, 13. Aufl. 1994, § 77 II 3 a.
[455] Siehe Röhricht/Graf von Westphalen/Haas/*Haas*, § 130a Rn. 42; im Ergebnis auch Staub/*Habersack*, § 130a Rn. 41; aA E/B/J/S/*Hillmann*, § 130a Rn. 32, wonach beide Haftungsansprüche beziehungslos nebeneinander stehen.

dem Vermögen der Gesellschaft leisten, soweit diese nicht mit der Sorgfalt eines ordentlichen Geschäftsleiters zu vereinbaren sind.[456] Sind mehrere organschaftliche Vertreter vorhanden, so trifft jeden einzelnen von ihnen diese Pflicht. Verletzt ein organschaftlicher Vertreter die Pflicht schuldhaft, haftet er nach §§ 130a II 1, 177a HGB gegenüber der Gesellschaft.[457] Anders als in § 64 S. 1 GmbHG handelt es sich bei dem Anspruch nach §§ 130a II 1, 177a HGB dem Wortlaut nach um einen Schadensersatzanspruch. Dieser ist aber dennoch im Sinne von § 64 S. 1 GmbHG auszulegen und daher auf die Erstattung der verbotswidrig geleisteten Zahlungen und nicht bloß auf die durch die masseschmälernde Zahlung bewirkte Quotenschmälerung gerichtet.[458] Daher ist die Quotenschmälerung in Höhe der Auszahlung grundsätzlich (widerleglich) zu vermuten. Für die Frage, ob die Zahlung mit der Sorgfalt eines ordentlichen Geschäftsmannes vereinbar ist (§§ 130a I 2, 177a HGB), für die schuldhafte Verletzung der Masseerhaltungspflicht und für den Inhalt des (Erstattungs-)Anspruchs, → § 92 Rn. 182 ff.

160 Nach §§ 130a I 3, 177a HGB darf das Leitungsorgan keine Zahlungen[459] an die Gesellschafter erbringen, die zur Zahlungsunfähigkeit der Gesellschaft führen mussten. Verstößt das Leitungsorgan hiergegen, haftet es auf Erstattung der Zahlung gegenüber der Gesellschaft (§§ 130a II 1, 177a HGB).[460] Der Anspruch entspricht hinsichtlich des Inhalts und der Voraussetzungen § 64 S. 3 GmbHG (→ ausführlich § 92).

161 **5. Die kapitalistische Personengesellschaft im Schutzschirmverfahren (§ 270b InsO).** Die kapitalistische Personengesellschaft kann von dem durch das ESUG eingeführte Schutzschirmverfahren nach § 270b InsO Gebrauch machen. Beim Schutzschirmverfahren handelt es sich zwar gesetzessystematisch um eine Regelung zur Eigenverwaltung (zur Eigenverwaltung in der Insolvenz der AG → Rn. 116 f.). Tatsächlich stellt das Schutzschirmverfahren ein eigenständiges Verfahren dar, das dem Insolvenzverfahren vorgelagert ist.[461] Die Beantragung des Schutzschirmverfahrens liegt dabei in der alleinigen Verantwortung des Geschäftsführers der Komplementär-GmbH, ohne dass weder einer Zustimmung der Gesellschafterversammlung der Komplementär-GmbH noch einer Zustimmung der Kommanditisten bedarf. Dies gilt auch im Fall der Beantragung aufgrund drohender Zahlungsunfähigkeit (→ ausführlich Rn. 142 f.). Zentrale gesellschaftsrechtliche Folge der erfolgreichen Beantragung eines Schutzschirmverfahrens ist die befristete Aussetzung der Insolvenzantragspflicht (→ Rn. 144 ff.), da der Insolvenzantrag – in Form des Antrags auf Einleitung eines Schutzschirmverfahrens – bereits gestellt ist.[462] Im Übrigen bleibt die Organisationsverfassung der kapitalistischen Personengesellschaft auch im Schutzschirmverfahren unberührt, da es sich bei dem auch im Schutzschirmverfahren einzusetzenden (vorläufigen) Sachwalter stets um einen sogenannten schwachen Sachwalter handelt (§§ 270b II, 270a I

---

[456] Zum Inhalt der Pflicht, die jener aus § 64 S. 1 GmbHG entspricht, → § 92 Rn. 173 ff.; vgl. auch Röhricht/Graf von Westphalen/Haas/*Haas*, § 130a Rn. 18; E/B/J/S/*Hillmann*, § 130a Rn. 20 ff.; MüKoHGB/*K. Schmidt*, § 130a Rn. 25 ff.

[457] Zum Inhalt der Haftung siehe Röhricht/Graf von Westphalen/Haas/*Haas*, § 130a Rn. 19 ff.; zum Umfang der Haftung → § 92 Rn. 182 ff.

[458] So nun ausdrücklich BGH NZI 2007, 418, 419; BGH NZI 2007, 679, 680; zustimmend Röhricht/Graf von Westphalen/Haas/*Haas*, § 130a Rn. 21 f.; ebenso E/B/J/S/*Hillmann*, § 130a Rn. 24; aA aber Staub/*Habersack*, § 130a Rn. 34; MüKoHGB/*K. Schmidt*, § 130a Rn. 39.

[459] Zur Reichweite des Zahlungsbegriffs vgl. etwa BGH NZG 2009, 582, 583.

[460] BGHZ 164, 264 = NJW 2001, 1280; BGH NZG 2007, 678, 679; BGH NZI 2007, 418, 419; vgl. auch Röhricht/Graf von Westphalen/Haas/*Haas*, § 130a Rn. 21; aA aber MüKoHGB/*K. Schmidt*, § 130a Rn. 39 mwNachw.

[461] Vgl. dazu *Hirte/Knof/Mock*, Das neue Insolvenzrecht nach dem ESUG, S. 57.

[462] *Brinkmann*, DB 2012, 1369; Baumbach/Hueck/*Haas*, § 64 Rn. 67a; *Hirte/Knof/Mock*, Das neue Insolvenzrecht nach dem ESUG, S. 57; wohl auch MüKoInsO/*Klöhn*, § 15a Rn. 132; aA aber *Schmidt/Poertzgen*, NZI 2013, 369, 375; *Siemon/Klein*, ZInsO 2012, 2009, 2011, 2013, 2016.

InsO).⁴⁶³ Etwas anderes ergibt sich auch nicht aus § 276a InsO, da dieser nur auf die Eigenverwaltung im eröffneten Verfahren Anwendung findet.⁴⁶⁴ Zum Schutzschirmverfahren → ausführlich § 88 Rn. 15 ff.

6. Entscheidung über die Verfahrenseröffnung. a) *Die Ablehnung mangels Masse.* 162
Die kapitalistische oHG/KG wird mit Rechtskraft des Abweisungsbeschlusses automatisch aufgelöst (§§ 131 II 1 Nr. 1, 161 II HGB). Die Auflösung und ihr Grund sind nach §§ 143 I 3, 161 II HGB von Amts wegen in das Handelsregister einzutragen. Kenntnis vom Abweisungsbeschluss erlangt das Registergericht nach § 31 Nr. 2 InsO. Die Abwicklung erfolgt dann nach den §§ 145 ff., 161 II HGB. Soweit sowohl bei der kapitalistischen oHG/KG als auch bei ihrem Komplementär Vermögenslosigkeit vorliegt, kommt es zur Amtslöschung (§ 394 IV 2 FamFG).

b) *Die Verfahrenseröffnung.* Bei den Folgen der Eröffnung des Insolvenzverfahrens über 163
das Vermögen der Gesellschaft muss zwischen der kapitalistischen Personengesellschaft und der Komplementär-Kapitalgesellschaft unterschieden werden.⁴⁶⁵ Durch die Eröffnung des Insolvenzverfahrens wird die kapitalistische Personengesellschaft aufgelöst (§§ 131 I Nr. 3, 161 II HGB). Soweit die Gesellschafter nicht die Fortsetzung der Gesellschaft beschließen (→ Rn. 32) ist die Gesellschaft nach Beendigung des Verfahrens im Handelsregister zu löschen. Die Löschung erfolgt dabei von Amts wegen (§ 394 IV, I 2 FamFG).⁴⁶⁶ Die Eröffnung des Insolvenzverfahrens über das Vermögen der Komplementär-Kapitalgesellschaft führt zu deren Ausscheiden aus der Gesellschaft (§§ 131 III Nr. 2, 161 II HGB). Zu den Besonderheiten bei der zweigliedrigen GmbH & Co. KG siehe ausführlich → Rn. 97 f.

7. Die Insolvenzmasse. Für die Insolvenzmasse kann grundsätzlich auf die in 164
Rn. 37 ff. gemachten Ausführungen verwiesen werden. Zusätzlich besteht bei einer kapitalistischen Personengesellschaft die Möglichkeit, die Insolvenzmasse durch Schadensersatzansprüche der oHG/KG gegen die Leitungsorgane der Gesellschafter, durch Ansprüche wegen Verletzung der Kapitalerhaltungsregeln oder auf Grund der Regeln über Gesellschafterdarlehen (→ § 92 Rn. 385 ff.) anzureichern.

a) *Schadensersatzansprüche der oHG/KG gegen die Leitungsorgane der Gesellschafter.* Den 165
antragspflichtigen Mitgliedern des Leitungsorgans der an der oHG beteiligten Gesellschaften obliegt es, die Angelegenheiten der von ihnen vertretenen und an der oHG/KG beteiligten Gesellschaft mit der Sorgfalt eines ordentlichen Geschäftsleiters (§ 43 I GmbHG, 93 I AktG, § 34 I GenG) zu besorgen. Verletzen sie diese Organpflicht, haften sie gegenüber „ihrer" Gesellschaft auf Schadensersatz (§ 43 II GmbHG, 93 II AktG, § 34 II GenG). Die gesetzlich geregelte Organpflicht gegenüber der „eigenen" Gesellschaft schließt nicht aus, dass das Organ kraft Drittwirkung des der Organbestellung zugrunde liegenden Rechtsverhältnisses im Falle einer Pflichtverletzung gegenüber der KG vertraglich haftet.⁴⁶⁷ Der BGH hat dies insbesondere für den Fall einer GmbH & Co. KG angenommen, wenn der wesentliche Zweck der GmbH darin besteht, die Geschäfte der KG zu führen. Dann schuldet der Geschäftsführer die ihm nach § 43 I GmbHG obliegenden Pflichten, für ein rechtmäßiges Verhalten der GmbH zu sorgen

---

⁴⁶³ Dazu *Hirte/Knof/Mock*, Das neue Insolvenzrecht nach dem ESUG, S. 59 f.
⁴⁶⁴ Vgl. *Klöhn*, NZG 2013, 81, 84; *Zipperer*, ZIP 2012, 1492, 1494.
⁴⁶⁵ Uhlenbruck/Hirte/Vallender/*Hirte*, § 11 Rn. 358.
⁴⁶⁶ MünchHdbGesRII-*Gummert*, § 55 Rn. 36.
⁴⁶⁷ Vgl. BGHZ 75, 321, 323 ff. = NJW 1980, 589; BGH NJW 1980, 1524, 1526 f.; BGH NJW 1982, 2869; BGHZ 100, 190, 193 ff. = NJW 1987, 2008; BGH NJW-RR 1992, 800; BGH NZG 2002, 568, 569; OLG Hamm NZG 1999, 453; Staub/*Habersack*, § 130a Rn. 5; Baumbach/*Hueck*/Zöllner/Noack, § 43 GmbHG Rn. 66; Röhricht/Graf von Westphalen/Haas/*Haas/Mock*, § 161 Rn. 80 ff.; E/B/J/S/*Henze*, Anh nach § 177a Rn. 81; kritisch hierzu MüKoHGB/*Grunewald*, § 161 Rn. 81 ff.

sowie die Beachtung des in § 43 I GmbHG niedergelegten Sorgfaltsmaßstabs nicht nur gegenüber der GmbH, sondern auch gegenüber der KG. Angereichert werden kann die Insolvenzmasse auch durch Schadensersatzansprüche nach §§ 130a II 1, 177a HGB (→ Rn. 154 ff.).

166 **b)** *Besonderheiten bei der Aufbringung der Einlage.* Sind die Gesellschafter einer Komplementär-GmbH mit den Kommanditisten der GmbH & Co KG identisch, liegt die Versuchung nahe, die Kommanditeinlage durch Einbringung der GmbH-Anteile zu leisten. § 172 VI 1 HGB sieht jedoch vor, dass gegenüber Gläubigern einer Gesellschaft, bei der kein persönlich haftender Gesellschafter eine natürliche Person ist, die Einlage als nicht geleistet gilt, soweit sie aus Anteilen an der persönlich haftenden Gesellschafter-Gesellschaft bestehen.[468] Eine Ausnahme gilt freilich dann, wenn für die Schulden der Gesellschafter-Gesellschaft eine natürliche Person unbeschränkt einzustehen hat (vgl. § 172 VI 2 HGB). Als geleistet gilt schließlich die Einlage des Kommanditisten nur insoweit, als sie zur freien Verfügung der KG erfolgt. Mithin hat ein Kommanditist noch nicht befreiend auf seine Einlage geleistet, wenn diese an die Komplementär-GmbH erbracht wird.[469]

167 **c)** *Ansprüche der oHG/KG wegen Verletzung der Kapitalerhaltungsvorschriften.* Grundsätzlich gelten die gesetzlichen Vorschriften über Kapitalrückzahlungen bei einer kapitalistischen oHG/KG für die jeweiligen Gesellschaftsformen gesondert, je nachdem aus welchem Bereich eine Zahlung erfolgt ist. Sind aber ausschließlich Kapitalgesellschaften als persönlich haftende Gesellschafter an einer oHG/KG beteiligt, kann es zu einer rechtsformübergreifenden Anwendung der Kapitalerhaltungsvorschriften kommen.[470] So sind etwa in der GmbH & Co KG neben § 172 IV HGB, der Auskehrungen aus dem Vermögen der KG an die Kommanditisten betrifft, auch die §§ 30, 31 GmbHG für die Erhaltung der Kapitalgrundlage in der Komplementär-GmbH zu beachten.[471] Der Grund hierfür liegt letztlich darin, dass bei einer kapitalistischen oHG/KG – anders als in einer gesetzestypischen oHG/KG – die von der persönlichen und unbeschränkten Gesellschafterhaftung im Interesse der Gläubiger ausgehende Sicherungs-, Druck- und Disziplinierungsfunktion erheblich eingeschränkt ist.[472] Zusätzlich besteht die Gefahr, dass die gläubigerschützenden Vorschriften in Bezug auf die Kapitalerhaltung in der Gesellschafter-Gesellschaft ausgehöhlt werden. Dies gilt insbesondere dann, wenn Auszahlungen aus dem Vermögen der OHG/KG an jemanden erfolgen, der zugleich Mitglied in der Gesellschafter-Gesellschaft oder aber Kommanditist der KG ist. Auf derartige, übergreifende Leistungen der oHG/KG können nach ständiger Rechtsprechung die Kapitalerhaltungsregeln der Gesellschafter-Gesellschaft Anwendung finden.

(1) *Beispiel:* Ist eine GmbH einzige Komplementärin einer KG und erfolgt eine Auszahlung an einen der GmbH-Gesellschafter nicht aus dem Vermögen der GmbH, sondern aus dem Gesellschaftsvermögen der KG, so kann dies mittelbar, nämlich auf Grund der damit einhergehenden Entwertung und damit zu erfolgenden Wertberichtigung des von der GmbH gehaltenen KG-Anteils, zu einer Auszahlung aus dem zur Erhaltung des Stammkapitals der GmbH erforderlichen Vermögen führen. Derartige Auszahlungen aus dem Vermögen der KG verstoßen gegen § 30 I GmbHG und lösen die entsprechenden Rechtsfolgen[473] zugunsten der KG (!)

---

[468] Vgl. hierzu Röhricht/Graf von Westphalen/Haas/*Haas/Mock*, § 172 Rn. 57 ff.
[469] OLG Hamm NJW-RR 1996, 27.
[470] Vgl. BGHZ 174, 370, 375 ff. = NZG 2008, 143.
[471] BGHZ 60, 324, 328 = NJW 1973, 1036; BGHZ 110, 342, 346 ff. = NJW 1990, 1725; BGHZ 174, 370, 376 ff. = NZG 2008, 143; Röhricht/Graf von Westphalen/Haas/*Haas/Mock*, § 172 Rn. 63 ff.
[472] OLG Celle GmbHR 1998, 1131.
[473] → § 92 Rn. 364 ff.

aus.[474] Dies gilt unabhängig davon, ob der Gesellschafter, der die Leistung erhalten hat, gleichzeitig auch Kommanditist ist[475] oder nicht.[476] Gleiches gilt, wenn die Auszahlung aus dem Vermögen der KG an den Kommanditisten erfolgt ist, der nicht gleichzeitig Gesellschafter der Komplementär-GmbH ist.[477]

(2) *Beispiel:* Haben zwei GmbH eine oHG gegründet und führt die Auszahlung aus dem Vermögen der oHG an einen der GmbH-Gesellschafter zur Überschuldung der oHG, so kann es in den GmbH zu einer Unterbilanz kommen, da einerseits die Verbindlichkeiten der oHG, aus denen die GmbH persönlich in Anspruch genommen werden können, zu passivieren sind, andererseits aber ein aktivierbarer Haftungsfreistellungsanspruch nach § 110 HGB mangels Werthaltigkeit entfällt.[478] Diese mittelbare Minderung des Gesellschaftsvermögens der GmbH hat der GmbH-Gesellschafter dadurch auszugleichen, dass er der oHG die Entnahme entsprechend § 31 GmbHG erstattet und auf diese Weise mittelbar das Vermögen der GmbH wieder auffüllt.[479]

d) *Gesellschafterdarlehen mit gesetzlichem Nachrang (§ 39 I Nr. 5, IV 1 InsO).* aa) *Rechtsquellen.* Durch das MoMiG wurde das „Kapitalersatzrecht" in der InsO (§§ 39 I Nr. 5, IV 1, 44a, 135, 143 III) und dem AnfG neu verortet. Die §§ 129a, 172a HGB wie auch die sog. Novellenregeln der §§ 32a, b GmbHG sind ersatzlos entfallen; ebenso finden die sogenannten Rechtsprechungsregeln keine Anwendung mehr.[480]

bb) *Der Kreis der von § 39 I Nr. 5 InsO betroffenen Gesellschaften.* Bei einer Personengesellschaft, bei der weder unmittelbar eine natürliche Person als persönlich haftender Gesellschafter beteiligt ist, noch persönlich haftender Gesellschafter eine Gesellschaft ist, die ihrerseits eine natürliche Person als „Vollhafter", dh mittelbar auf der zweiten Stufe aufweist, bestimmt § 39 IV 1 InsO, dass die Regel über den gesetzlichen Nachrang von Gesellschafterdarlehen in § 39 I Nr. 5 InsO Anwendung findet. Durch die rechtsformneutrale Formulierung des § 39 IV 1 InsO ist klargestellt, dass es für die Nichtanwendbarkeit der Vorschriften über den gesetzlichen Nachrang nicht darauf ankommt, ob die Gesellschafter-Gesellschaft ihrerseits eine oHG oder KG ist. Es genügt also iS des § 39 IV 1 InsO, wenn eine KGaA oder eine BGB-Gesellschaft beteiligt ist, in der eine natürliche Person als „Vollhafter" Gesellschafter ist, um die Anwendbarkeit von § 39 I Nr. 5 InsO ausschließen zu können.[481] Umgekehrt schließt die Beteiligung einer natürlichen Person als unbeschränkt Haftender auf der dritten oder gar höheren Ebene die Anwendbarkeit von § 39 IV 1 InsO nicht aus.[482]

Fraglich ist auch, ob § 39 IV 1 InsO die Vor-GmbH & Co KG erfasst. Unstreitig ist nach heutiger Ansicht, dass die Vor-GmbH komplementärfähig ist.[483] Dafür, dass die Vor-GmbH & Co KG nicht über § 39 IV 1 InsO zu erfassen und § 39 I Nr. 5 InsO zu

---

[474] BGHZ 60, 324, 328 ff. = NJW 1973, 1036; BGHZ 110, 342, 346 ff. = NJW 1990, 1725; BGHZ 174, 370, 376 ff. = NZG 2008, 143; s auch Röhricht/Graf von Westphalen/Haas/Mock, § 172 Rn. 64; Baumbach/*Hueck*/*Fastrich*, § 30 GmbHG Rn. 68; Scholz/*Verse*, § 30 GmbHG Rn. 131 ff.

[475] Vgl. BGHZ 60, 324, 328 = NJW 1973, 1036; Baumbach/*Hueck*/*Fastrich*, § 30 GmbHG Rn. 68 f.; Lutter/*Hommelhoff*, § 30 GmbHG Rn. 64; unter den Voraussetzungen des § 172 IV HGB lebt überdies die Haftung des Kommanditisten wieder auf, vgl. insoweit auch E/B/J/S/*Strohn*, § 172 Rn. 65.

[476] Vgl. Scholz/*Verse*, § 30 GmbHG Rn. 131; Baumbach/*Hueck*/*Fastrich*, § 30 GmbHG Rn. 70.

[477] Vgl. BGHZ 110, 342, 346, 355 ff. = NJW 1990, 1725; BGH NJW 1991, 1057; OLG Celle NJW-RR 2004, 1040 f.; Baumbach/*Hueck*/*Fastrich*, § 30 GmbHG Rn. 70; Röhricht/Graf von Westphalen/Haas/*Haas*/*Mock*, § 172 Rn. 65; MüKoHGB/*K. Schmidt*, §§ 171, 172 Rn. 128; E/B/J/S/*Strohn*, § 172 Rn. 68; Lutter/*Hommelhoff*, § 30 GmbHG Rn. 64.

[478] Siehe BGHZ 60, 324, 328 = NJW 1973, 1036; BGHZ 69, 274, 280 = NJW 1978, 160; BGHZ 110, 342, 346 = NJW 1990, 1725; OLG Celle GmbHR 1999, 1131; Scholz/*Verse*, § 30 GmbHG Rn. 130.

[479] OLG Celle GmbHR 1998, 1131.

[480] Siehe § 30 I 3 GmbHG.

[481] Vgl. Uhlenbruck/Hirte/Vallender/*Hirte*, § 39 Rn. 59; *K. Schmidt*/*K. Schmidt*/*Herchen*, § 39 Rn. 34 *(vollständig kapitalistisch strukturierte Personengesellschaften)*.

[482] Haas ZInsO 2007, 617, 628; Uhlenbruck/Hirte/Vallender/*Hirte*, § 39 Rn. 59.

[483] BGHZ 80, 129, 133 ff. = NJW 1981, 1373; Baumbach/Hopt/*Hopt*, Anh nach § 177a Rn. 15; Röhricht/Graf von Westphalen/Haas/*Haas*/*Mock*, § 161 Rn. 40.

unterwerfen ist, spricht jedoch die (umstrittene) Haftungsverfassung der Vor-GmbH. Danach müssen die Gesellschafter für die Schulden der Gesellschaft einstehen, der Rechtsprechung[484] zufolge in Form einer Innenhaftung, nach überwiegender Ansicht in der Literatur[485] in Gestalt einer Außenhaftung. Unabhängig davon, ob man der Innen- oder der Außenhaftung als dem besseren Haftungskonzept den Vorrang einräumt, sind die Gesellschafter der Vor-GmbH persönlich haftende Gesellschafter.[486] Sind sie obendrein auch natürliche Personen, ist § 39 IV 1 InsO nicht erfüllt mit der Folge, dass die Vorschriften über den gesetzlichen Nachrang keine Anwendung finden.[487]

171 cc) *Tatbestandsvoraussetzungen.* Hinsichtlich der Tatbestandsvoraussetzungen des Rechts der Gesellschafterdarlehen ergeben sich gegenüber der GmbH keine Besonderheiten. Daher kann insoweit auf die Ausführungen bei der GmbH verwiesen werden (→ § 92 Rn. 397 ff.).

172 Zu den über § 39 I Nr. 5 InsO mit einem gesetzlichen Nachrang belegten Gesellschafterhilfen zählen zunächst Darlehen iS der §§ 488, 607 BGB und zwar unabhängig davon, ob sie – entsprechend der nach dem alten Recht entwickelten Kategorisierung – als einfache oder kapitalersetzende Darlehen einzustufen sind.[488] Denn Finanzierungsentscheidungen des Gesellschafters sind nach neuem Recht im Rahmen von § 39 I Nr. 5 InsO irrelevant.[489] Weiter kommt es nicht (mehr) darauf an, ob das Darlehen in der „Krise der Gesellschaft" (siehe § 32a I GmbHG aF) gewährt oder stehen gelassen wurde.[490] Als eine solche Finanzierungshilfe leistender Gesellschafter ist jeder an der kapitalistischen Personengesellschaft unmittelbar beteiligte Gesellschafter anzusehen, bei der KG unabhängig von seiner Rolle als Komplementär oder Kommanditist.[491]

173 Erfasst werden neben den Gesellschafterdarlehen sodann Forderungen aus Rechtshandlungen, die einem solchen wirtschaftlich entsprechen, denen mithin eine Kreditfunktion zukommt. In persönlicher Hinsicht erweitert sich der Anwendungsbereich außerdem dahingehend, dass auch Kredithilfen lediglich mittelbar an der kapitalistischen Personengesellschaft beteiligter Gesellschafter/Dritter mit einem Nachrang belastet werden, soweit sich das Verhältnis zwischen mittelbarem Gesellschafter/Dritten und der kapitalistischen Personengesellschaft als wirtschaftliche Einheit darstellt.[492]

174 Für den Gesellschafter der Komplementär-GmbH einer GmbH & Co KG bedeutet dies, dass seine Finanzierungshilfen an die KG zunächst grundsätzlich keinem gesetzlichen Nachrang gem. § 39 I Nr. 5 InsO unterliegen. Etwas anderes gilt nur dann, wenn er daneben auch Kommanditist und damit in dieser Funktion zugleich unmittelbarer (KG-)Gesellschafter ist oder aber GmbH und KG – was letztlich regelmäßig der Fall sein wird – in obigem Sinne einer wirtschaftlichen Einheit miteinander verbunden sind.[493]

---

[484] Vgl. BGH NJW 1996, 1210, 1211; BGHZ 134, 333, 338 ff. = NJW 1997, 1507; zuletzt bestätigend BGH NZG 2006, 64; siehe insoweit aber auch BAGE 93, 151, 155 = NJW 2000, 2915; BSGE 85, 192 = NZI 2000, 389; Röhricht/Graf von Westphalen/Haas/*Haas/Mock*, § 161 Rn. 63 ff.; E/B/J/S/*Henze*, Anh nach § 177a Rn. 40 ff: Ausnahmsweise (wenn auch nur anteilige) Außenhaftung in gewissen Durchgriffsfällen.

[485] Vgl. *Flume* DB 1998, 45 ff.; *Michalski/Barth* NZG 1998, 525 ff.; *K. Schmidt* ZIP 1997, 671 ff.; *Altmeppen* NJW 1997, 1509 f.; *Kleindiek* ZGR 1997, 427, 436 ff.; *Beuthien* GmbHR 1996, 309 ff.

[486] BGHZ 134, 333, 338 ff. = NJW 1997, 1507; Röhricht/Graf von Westphalen/Haas/*Haas/Mock*, § 161 Rn. 65; Oetker/*Oetker*, § 161 Rn. 93: Sog. unbeschränkte Verlustdeckungspflicht/-haftung.

[487] *Haas* ZInsO 2007, 617, 628 f.; iE auch Ulmer/Winter/Habersack/*Habersack*, §§ 32a/b GmbHG Rn. 14 iVm § 30 GmbHG Rn. 17; aA BGH NZG 2009, 782, 784 (noch zur Rechtslage vor Inkrafttreten des MoMiG).

[488] HaKoInsO/*Lüdtke*, § 39 Rn. 42.

[489] *Haas* ZInsO 2007, 617, 626; *Gehrlein* BB 2008, 846, 850.

[490] *Freitag* WM 2007, 1681; *Gehrlein* BB 2008, 846, 850.

[491] Vgl. HaKoInsO/*Lüdtke*, § 39 Rn. 30; MüKoHGB/*K. Schmidt*, § 172a Rn. 25.

[492] HaKoInsO/*Lüdtke*, § 39 Rn. 39; eingehend hierzu *Habersack* ZIP 2008, 2385, 2389 ff.

[493] HaKoInsO/*Lüdtke*, § 39 Rn. 40; anders nach alter Rechtslage.

Schließlich sind die Sanierungs- und Kleinbeteiligtenprivilegierungen nach § 39 175
IV 2, V InsO zu beachten. Hinsichtlich der gegenüber der kapitalistischen Personengesellschaft gewährten Darlehen kommt es für die Berechnung der maßgeblichen Schwellenwerte nur auf die Beteiligung an der kapitalistischen Personengesellschaft an.[494] Insofern sind entsprechend höhere Beteiligungen an der Komplementär-Kapitalgesellschaft unbeachtlich.[495]

dd) *Die Rechtsfolgen.* Nach § 39 I Nr. 5 InsO stellen Forderungen des Gesellschafters 176
auf Rückgewähr seiner Gesellschafterhilfen Insolvenzforderungen dar, die mit einem gesetzlichen Nachrang belegt sind. Über die Anfechtungsmöglichkeit nach § 135 InsO kann die Insolvenzmasse um die Beträge wieder angereichert werden, die vor Insolvenzeröffnung aus dem Gesellschaftsvermögen im relevanten Zeitraum ausgeschieden sind. Weitere Rechtsfolgen ergeben sich aus § 44a InsO und § 135 III InsO sowie aus § 6f. AnfG. Siehe zum Ganzen auch → § 92 Rn. 404 ff.

8. Die kapitalistische Personengesellschaft im Insolvenzplanverfahren. Die 177
Durchführung eines Insolvenzplanverfahrens bei der kapitalistischen Personengesellschaft ist durch das ESUG deutlich erleichtert worden, wobei sich allerdings vor allem im Hinblick auf die bei kapitalistischen Personengesellschaft bestehende Notwendigkeit mehrerer paralleler Insolvenzverfahren (→ Rn. 4) eine Reihe von Problemen ergeben, die im Rahmen des Gesetzgebungsverfahrens nicht hinreichend berücksichtigt wurden. Dies gilt zunächst für die nunmehr mögliche Einbeziehung von Anteils- und Mitgliedschaftsrechten (§ 217 InsO) in den Insolvenzplan, da beide Gesellschaften eigenständige Insolvenzpläne erstellt werden müssen, so dass durch den Insolvenzplan bei der Personengesellschaft insbesondere nicht in die Anteils- und Mitgliedschaftsrechte der Gesellschafter der Komplementär-GmbH eingegriffen werden kann. Zudem ergeben sich auch bei der kapitalistischen Personengesellschaft Zweifel daran, ob die in § 225a III InsO vorgesehene Fortsetzung der aufgelösten Gesellschaft tatsächlich durch eine Regelung im Insolvenzplan getroffen werden kann (→ Rn. 89 ff.). Auch für die Durchführung des *debt to equity swap* (§ 225a InsO) ergeben sich eine Reihe von Schwierigkeiten (→ Rn. 91).

9. Die kapitalistische Personengesellschaft in der Eigenverwaltung. Die durch 178
das ESUG teilweise erheblich ausgebauten Möglichkeiten der Eigenverwaltung können auch bei der kapitalistischen Personengesellschaft genutzt werden, bei der allerdings die bestehende Notwendigkeit der Durchführung mehrerer paralleler Insolvenzverfahren zu beachten ist (→ Rn. 4). Dies gilt vor allem im Hinblick auf § 276a InsO, für den es notwendig sein wird, dass sowohl für die Personengesellschaft als auch die Komplementär-GmbH die Eigenverwaltung angeordnet wurde. Unabhängig davon bleibt die genaue Reichweite der durch § 276a S. 1 InsO angeordneten Kompetenzbeschränkung aber unklar, zumal auch der Regelungszweck der Vermeidung von Kompetenzkonflikten zwischen den insolvenz- und gesellschaftsrechtlichen Überwachungsorganen keinen wirklichen genaueren Aufschluss geben kann.[496] Dabei können im Ergebnis im Bezug auf § 276a S. 1 InsO aber nur diejenigen Kompetenzen erfasst sein, die auch bei der Anordnung eines regulären Insolvenzverfahrens dem Insolvenzverwalter zufallen würden *(Grundsatz der Gleichstellung)*, da der Einfluss der Gläubiger bei einer Eigenverwaltung letztlich nicht größer sein kann als bei einem regulären Insolvenzverfahren.[497] Keine An-

---

[494] K. Schmidt/*K. Schmidt/Herchen*, § 39 Rn. 42.
[495] K. Schmidt/*K. Schmidt/Herchen*, § 39 Rn. 42; aA aber E/B/J/S/*Strohn*, § 172a Rn. 48, der (zum alten Eigenkapitalersatzrecht) für eine Zusammenrechnung der Beteiligungen an beiden Gesellschaften plädiert.
[496] → § 93 Rn. 116.
[497] Dazu ausführlich *Klöhn*, DB 2013, 41, 42 ff.; *ders.*, NZG 2013, 81, 84 ff.

wendung findet § 276a InsO auf die individuellen Rechte der Gesellschafter, so dass diese auch im eröffneten Verfahren mit Eigenverwaltung weiter ausgeübt werden können.

179 **10. Beendigung des Insolvenzverfahrens.** Beendet wird das Insolvenzverfahren über das Vermögen der kapitalistischen Personengesellschaft entweder durch einen Aufhebungs- (§§ 200 I, 258 I InsO) oder aber durch einen Einstellungsbeschluss (§§ 207, 212, 213 InsO). Soweit nach Beendigung des Insolvenzverfahrens keine Anhaltspunkte für das Vorliegen von Vermögen bestehen, ist die kapitalistischen Personengesellschaft von Amts wegen zu löschen (§ 394 I 2 FamFG).

VI. Stille Gesellschaft

Schrifttum: *Blaurock,* Handbuch Stille Gesellschaft, 7. Aufl. 2010; *Gehrlein,* Die Behandlung von Gesellschafterdarlehen durch das MoMiG, BB 2008, 846; *Haas/Vogel,* Der atypisch stille Gesellschafter als nachrangiger Insolvenzgläubiger, NZI 2012, 875; *Habersack,* Die Erstreckung des Rechts der Gesellschafterdarlehen auf Dritte, insbesondere im Unternehmensverbund, ZIP 2008, 2385; *Knobbe-Keuk,* Stille Beteiligung und Verbindlichkeiten mit Rangrücktrittsvereinbarungen, ZIP 1983, 127; *Mock,* Stille im MoMiG zur stillen Gesellschaft? – Das neue (Eigen-)Kapitalersatzrecht und seine Auswirkungen auf das Recht der stillen Gesellschaft, DStR 2008, 1645; *K. Schmidt,* Das Vollstreckungs- und Insolvenzrecht der stillen Gesellschaft, KTS 1977, 1 und 65; *Weimar,* Die GmbH & Still im Fortschritt des Gesellschaftsrechts, ZIP 1993, 1509.

180 **1. Allgemeines.** Die stille Gesellschaft[498] ist nicht rechtsfähig, bildet kein Gesellschaftsvermögen[499] und ist auch nicht insolvenzfähig.[500] Ebenso wenig wird ist die so genannte Innen-KG[501] rechts- oder insolvenzfähig, da es sich dabei nur um eine Gestaltungsvariante der stillen Gesellschaft handelt. Die stille Gesellschaft wird aber von dem über das Vermögen des Geschäftsinhabers eröffneten Insolvenzverfahren erfasst; denn zur Insolvenzmasse gehört dessen gesamtes, der Zwangsvollstreckung unterliegendes Vermögen und damit auch die Vermögenseinlage des (typischen)[502] stillen Gesellschafters, die dieser dem Inhaber zu Eigentum übertragen hat.[503] Aufgrund der fehlenden Insolvenzfähigkeit der stillen Gesellschaft kann für diese auch kein Schutzschirmverfahren (§ 270b InsO) oder die Eigenverwaltung insgesamt beantragt werden. Ein solches ist nur beim jeweiligen Inhaber des Handelsgewerbes möglich. Für die Besonderheiten hinsichtlich der Berücksichtigung einer stillen Beteiligung im Insolvenzplan siehe Rn. 197.

181 **2. Die Insolvenz des Geschäftsinhabers. a)** *Die Insolvenzgründe.* Insolvenzauslösetatbestände für den Inhaber des Handelsgeschäfts sind die Zahlungsunfähigkeit (§ 17 InsO) und die drohende Zahlungsunfähigkeit (§ 18 InsO) sowie, wenn dieser eine juristische Person oder aber eine kapitalistische Personengesellschaft (→ Rn. 132 ff.) ist, der besondere Eröffnungsgrund der Überschuldung (§ 19 InsO). In der Überschuldungsbilanz ist die stille Beteiligung grundsätzlich insoweit als Verbindlichkeit auszuweisen und

---

[498] Zu den mit einer stillen Gesellschaft verfolgten Zwecken siehe *Weimar* ZIP 1993, 1509, 1510; zur Abgrenzung vom partiarischen Darlehen siehe OLG Dresden NZG 2000, 302 ff.; BFH BB 2006, 253 ff.
[499] Vgl. Röhricht/Graf von Westphalen/Haas/*Mock,* § 230 Rn. 5; E/B/J/S/*Gehrlein,* § 230 Rn. 4; MüKoHGB/*K. Schmidt,* § 230 Rn. 9; *Weimar* ZIP 1993, 1509, 1515.
[500] Vgl. HaKoInsO/*Wehr/Linker,* § 11 Rn. 30; HK/*Kirchhof,* § 11 Rn. 19; E/B/J/S/*Gehrlein,* § 230 Rn. 4; Baumbach/Hopt/*Hopt,* § 236 Rn. 1; *Blaurock,* Handbuch Stille Gesellschaft, Rn. 17.6; *K. Schmidt* KTS 1977, 1 ff.; *Knobbe-Keuk* ZIP 1983, 127 ff.
[501] Vgl. dazu ausführlich Röhricht/Graf von Westphalen/Haas/*Mock,* § 230 Rn. 67; MüKoHGB/*K. Schmidt,* § 230 Rn. 81.
[502] Zum Begriff der sog. „atypischen stillen Gesellschaft" vgl. MüKoHGB/*K. Schmidt,* § 230 Rn. 77 f.; Röhricht/Graf von Westphalen/Haas/*Mock,* § 230 Rn. 65 ff.
[503] Vgl. BGH NJW 1983, 1855, 1856; HK/*Kirchhof,* § 11 Rn. 19; HaKoInsO/*Wehr/Linker,* § 11 Rn. 30; Röhricht/Graf von Westphalen/Haas/*Mock,* § 236 Rn. 1; *Knobbe-Keuk* ZIP 1983, 127.

zwar unabhängig davon, ob der Stille am Verlust beteiligt ist oder nicht.[504] Soweit die Einlage allerdings wie haftendes Eigenkapital zu behandeln ist oder ein Rangrücktritt vereinbart wurde, erfolgt kein Ausweis in der Überschuldungsbilanz.[505] Dies ist auch bei der Ausgestaltung der stillen Beteiligung als so genannte Innen-KG der Fall.[506] Wenn der stille Gesellschafter zugleich als Gesellschafter oder als atypisch stiller Gesellschafter an einem Geschäftsinhaber in Form einer Gesellschaft ohne persönlich haftenden Gesellschafter beteiligt ist, kommt es ebenfalls nicht zur Berücksichtigung in der Überschuldungsbilanz (§ 19 II 2, § 39 I Nr. 5 InsO).[507]

b) *Die gesellschaftsrechtliche Stellung des stillen Gesellschafters.* aa) *Gesellschafterstellung.* **182** Durch die Eröffnung des Insolvenzverfahrens über das Vermögen des Geschäftsinhabers wird die stille Gesellschaft aufgelöst.[508] Damit erlischt auch die gesellschaftsrechtliche Stellung. Die Beendigung der stillen Gesellschaft führt zu einer Auseinandersetzung iS einer Berechnung der beidseitigen Guthaben und Verbindlichkeiten (vgl. § 235 HGB).[509]

bb) *Auseinandersetzung.* Anders als bei den Personenhandelsgesellschaften haftet in der **183** Insolvenz des Geschäftsinhabers der stille Gesellschafter den Insolvenzgläubigern nicht.[510] Das Risiko, das der stille Gesellschafter in der Insolvenz des Geschäftsinhabers zu tragen hat, ist in § 236 HGB geregelt. Danach wird die Einlage grundsätzlich als Darlehen und nicht wie haftendes Eigenkapital behandelt. Hat der stille Gesellschafter seine Einlage noch nicht erbracht, muss er sie nach Insolvenzeröffnung selbst dann nicht leisten, wenn er vor Insolvenzeröffnung hiermit in Verzug war.[511]

Nur soweit sich der stille Gesellschafter zur Verlustbeteiligung verpflichtet hat, kommt **184** dies den übrigen Insolvenzgläubigern zugute; denn insoweit trägt der stille Gesellschafter den auf ihn entfallenden Anteil am Verlust. Eine Verlustbeteiligung muss nicht ausdrücklich, sondern kann auch konkludent vereinbart werden.[512] Lässt sich ein Parteiwille weder ausdrücklich noch konkludent ermitteln, greift § 231 I HGB, wonach im Zweifel von einem „angemessenen Anteil" am Gewinn und Verlust auszugehen ist.[513]

Ist eine Verlustbeteiligung vereinbart und die Einlage rückständig, ist die Höhe des **185** Verlustanteils zur Insolvenzmasse einzuzahlen (§ 236 II HGB). Zu den Verlusten zählen nicht die Kosten des Insolvenzverfahrens und die vom Insolvenzverwalter im Rahmen der Verwertung und Verteilung eingegangenen Verpflichtungen.[514] War im Gesellschaftsvertrag vereinbart, dass der Inhaber des Handelsgeschäfts zu bestimmten Geschäften der Zustimmung des stillen Gesellschafters bedurfte, so gilt diese Vereinbarung gegenüber dem Insolvenzverwalter nicht.[515] Die Rückgewähr[516] von Einlagen vor

---

[504] K. Schmidt/*K. Schmidt*, § 19 Rn. 36; einschränkend aber; HK/*Kirchhof*, § 19 Rn. 22; *Blaurock*, Handbuch Stille Gesellschaft, Rn. 17.41, die alle eine Verlustbeteiligung fordern.
[505] Röhricht/Graf von Westphalen/Haas/*Mock*, § 236 Rn. 6; aA HaKoInsO/*Schröder*, § 19 Rn. 44, der allein auf den Nachrang abstellt; so bereits OLG Hamm NJW-RR 1994, 672, 673.
[506] K. Schmidt/*K. Schmidt*, § 19 Rn. 36.
[507] Vgl. dazu ausführlich *Mock*, DStR 2008, 1645, 1649; Röhricht/Graf von Westphalen/Haas/*Mock*, § 236 Rn. 6; wohl auch *Blaurock*, Handbuch Stille Gesellschaft, Rn. 17.42.
[508] Vgl. BGHZ 51, 350, 352 = NJW 1969, 1211; BGH NJW 1983, 1855, 1856; *Weimar* ZIP 1993, 1509, 1521; Baumbach/Hopt/*Hopt*, § 236 Rn. 1; E/B/J/S/*Gehrlein*, § 236 Rn. 1; Röhricht/Graf von Westphalen/Haas/*Mock*, § 236 Rn. 1; siehe auch MüKoHGB/*K. Schmidt*, § 236 Rn. 11.
[509] Vgl. hierzu auch Röhricht/Graf von Westphalen/Haas/*Mock*, § 235 Rn. 1, 4 ff.
[510] OLG Celle NZG 2009, 1075, 1076; OLG Schleswig NZG 2009, 256 ff.; Röhricht/Graf von Westphalen/Haas/*Mock*, § 230 Rn. 121.
[511] E/B/J/S/*Gehrlein*, § 236 Rn. 10; MüKoHGB/*K. Schmidt*, § 236 Rn. 21.
[512] Röhricht/Graf von Westphalen/Haas/*Mock*, § 231 Rn. 6 ff.
[513] E/B/J/S/*Gehrlein*, § 231 Rn. 2; Röhricht/Graf von Westphalen/Haas/*Mock*, § 231 Rn. 3.
[514] MüKoHGB/*K. Schmidt*, § 236 Rn. 22.
[515] Vgl. *Blaurock*, Handbuch Stille Gesellschaft, Rn. 17.46.
[516] Zur Frage, wann eine Rückgewähr vorliegt, siehe BGH DStR 2001, 266, 268; Uhlenbruck/Hirte/Vallender/*Hirte*, § 136 Rn. 6.

Insolvenzeröffnung ist unter den Voraussetzungen des § 136 InsO anfechtbar, siehe hierzu § 50.

186 Die Verlustdeckungspflicht kann durch Vereinbarung gänzlich ausgeschlossen werden.[517] Unzulässig ist lediglich ein speziell auf den Insolvenzfall beschränkter Verlustbeteiligungsausschluss.[518] Dem stillen Gesellschafter kann folglich nicht allein für die Auflösung der stillen Gesellschaft durch Insolvenzeröffnung die Leistung der rückständigen Einlagen erlassen werden. Eine derartige Vereinbarung ist dem Insolvenzverwalter gegenüber unwirksam.[519]

187 c) *Die Durchführung der Abwicklung.* Die Durchführung der Auseinandersetzung bzw. Abwicklung erfolgt durch den Insolvenzverwalter, der dem stillen Gesellschafter gegenüber die Rechte und Pflichten wahrzunehmen hat, die bisher dem Geschäftsinhaber zustanden.[520] Die Auseinandersetzung der stillen Gesellschaft erfolgt dabei außerhalb des Insolvenzverfahrens (§ 84 I 1 InsO).[521]

188 aa) *Geltendmachung des Auseinandersetzungsguthabens.* Der Anspruch auf Auszahlung des Auseinandersetzungsguthabens entsteht und wird fällig mit Eröffnung des Insolvenzverfahrens.[522] Maßgebender Stichtag für die Wertberechnung ist der Tag der Insolvenzeröffnung.[523] Danach eintretende Wertänderungen sind jedoch zu berücksichtigen, soweit es sich um schwebende Geschäfte handelt, die der Insolvenzverwalter nach § 103 InsO abzuwickeln hat.[524] Sonstige Wertänderungen, etwa durch die Insolvenzeröffnung verursachte oder sich auf Grund der Durchführung des Insolvenzverfahrens ergebende weitere Entwertungen des Betriebsvermögens, bleiben hingegen unberücksichtigt.[525] Zulässig und gegenüber dem Insolvenzverwalter verbindlich sind gesellschaftsvertragliche Vereinbarungen über die Berechnung des Auseinandersetzungsguthabens.[526] Grundsätzlich gibt es für den stillen Gesellschafter zwei Möglichkeiten, sein Auseinandersetzungsguthaben geltend zu machen.

189 (1) *Berechnung durch den Insolvenzverwalter.* Da die Feststellung des durch Verlustanteile verbrauchten und des sie übersteigenden Teils der Einlage im Einzelfall Schwierigkeiten bereiten kann, kann es für den stillen Gesellschafter vorteilhaft sein, die Berechnung durch den Insolvenzverwalter vornehmen zu lassen. Der stille Gesellschafter kann daher vom Insolvenzverwalter (unverzügliche) Rechnungslegung und Vornahme der Auseinandersetzung verlangen bzw. hierauf klagen.[527] Die Verpflichtung hierzu gilt als Masse-

---

[517] Vgl. BGH NJW 1983, 1855, 1856; *Blaurock,* Handbuch Stille Gesellschaft, Rn. 17.58.
[518] E/B/J/S/*Gehrlein,* § 236 Rn. 2; siehe auch OLG Hamm WM 1997, 2323, 2324 zur Frage, in welchem Rahmen Vereinbarungen in Bezug auf den Insolvenzfall zulässig sind.
[519] Röhricht/Graf von Westphalen/Haas/*Mock,* § 236 Rn. 11; *Blaurock,* Handbuch Stille Gesellschaft, Rn. 17.58.
[520] Vgl. *Blaurock,* Handbuch Stille Gesellschaft, Rn. 17.46; Röhricht/Graf von Westphalen/Haas/ *Mock,* § 236 Rn. 3; E/B/J/S/*Gehrlein,* § 236 Rn. 3.
[521] Vgl. MünchHdbGesRII-*Polzer,* § 93 Rn. 2; *Blaurock,* Handbuch Stille Gesellschaft, Rn. 17.47; Uhlenbruck/Hirte/Vallender/*Hirte,* § 84 Rn. 6; E/B/J/S/*Gehrlein,* § 236 Rn. 3; Röhricht/Graf von Westphalen/Haas/*Mock,* § 236 Rn. 2; KPB/*Lüke,* § 84 Rn. 14 f.; *Wagner* KTS 1979, 56 ff.; Baumbach/Hopt/*Hopt,* § 236 Rn. 1; aA *K. Schmidt,* KTS 1977, 1, 17 ff.; MüKoHGB/*K. Schmidt,* § 236 Rn. 11.
[522] Vgl. BGH NJW 1983, 1855, 1856.
[523] Vgl. *Blaurock,* Handbuch Stille Gesellschaft, Rn. 17.49; Baumbach/Hopt/*Hopt,* § 236 Rn. 1; MüKoHGB/*K. Schmidt,* § 236 Rn. 17; Röhricht/Graf von Westphalen/Haas/*Mock,* § 236 Rn. 4; E/B/ J/S/*Gehrlein,* § 236 Rn. 4.
[524] MüKoHGB/*K. Schmidt,* § 236 Rn. 18; *Häsemeyer,* Insolvenzrecht, Rn. 31.53.
[525] *Weimar* ZIP 1993, 1509, 1521; *Blaurock,* Handbuch Stille Gesellschaft, Rn. 17.49; Röhricht/Graf von Westphalen/Haas/*Mock,* § 236 Rn. 4.
[526] *Blaurock,* Handbuch Stille Gesellschaft, Rn. 17.46.
[527] Vgl. MünchHdbGesRII-*Polzer,* § 43 Rn. 1 f.; Röhricht/Graf von Westphalen/Haas/*Mock,* § 236 Rn. 7; E/B/J/S/*Gehrlein,* § 236 Rn. 4; *Blaurock,* Handbuch Stille Gesellschaft, Rn. 17.52; aA MüKoHGB/*K. Schmidt,* § 236 Rn. 15.

verbindlichkeit (§ 55 I Nr. 2 InsO).[528] Hat der Insolvenzverwalter das Guthaben errechnet und damit anerkannt, können die anderen Insolvenzgläubiger die angemeldete Forderung nicht bestreiten.[529] Die Forderung des stillen Gesellschafters hat den gleichen Rang wie die anderen Insolvenzforderungen und ist mit der sich im Verfahren ergebenden Quote zu bedienen.[530]

(2) *Berechnung durch den „Stillen".* Ausnahmsweise bedarf es einer besonderen Auseinandersetzungsrechnung durch den Insolvenzverwalter nicht, wenn der stille Gesellschafter am Verlust nicht teilnimmt und außer der Forderung auf Rückgewähr der stillen Einlage weitere wechselseitige Ansprüche nicht in Betracht kommen.[531] Der stille Gesellschafter kann auch – ohne die Auseinandersetzungsrechnung durch den Insolvenzverwalter zu fordern oder abzuwarten – ein selbst errechnetes Guthaben als Insolvenzforderung (§ 174 HGB) anmelden.[532]

Meldet der stille Gesellschafter den von ihm errechneten Auseinandersetzungsanspruch als Insolvenzforderung an, setzt er sich der Gefahr aus, dass der Insolvenzverwalter oder die übrigen Insolvenzgläubiger widersprechen (§ 179 I InsO). Der stille Gesellschafter ist dann zur Feststellungsklage gezwungen. Der stille Gesellschafter kann daher auch auf Feststellung klagen, dass der Anspruch in bestimmter Höhe besteht.[533] Er muss dann die Anmeldung erst vornehmen, wenn das Urteil rechtskräftig ist bzw. die Auseinandersetzung vom Insolvenzverwalter vorgenommen wurde.[534] Ist das Guthaben rechtskräftig festgestellt, können der Insolvenzverwalter und die übrigen Insolvenzgläubiger die angemeldete Forderung nicht mehr bestreiten.[535]

bb) *Das passive Einlagekonto.* Weist das Einlagekonto des stillen Gesellschafters im Zeitpunkt der Insolvenzeröffnung einen Passivsaldo auf, so kommt es darauf an, ob der stille Gesellschafter seine Vermögenseinlage voll erbracht hat, oder ob er mit ihr im Rückstand ist. Ist die Einlage voll erbracht, muss der stille Gesellschafter den Passivsaldo nicht ausgleichen.[536] Ist die Einlage hingegen rückständig, muss er sie nach § 236 II HGB bis in Höhe des Betrages in die Insolvenzmasse leisten, der zur Deckung seines Anteils am Verlust erforderlich ist.[537] Die Verlustausgleichspflicht besteht aber nur in Höhe der vereinbarten Einlage. Hat der Stille seine Einlage noch nicht erbracht und auf Grund der getroffenen Vereinbarung keinen Verlust auszugleichen oder wird seine Einlage für einen Verlustausgleich nicht benötigt, schuldet er der Insolvenzmasse selbst dann nichts, wenn er sich mit der Leistung der Einlage in Verzug befunden hat; einer Inanspruchnahme durch den Insolvenzverwalter kann der Stille auch mit der Aufrechnung entgegen treten.[538] Soweit die Einlage zu leisten ist, ist diese Verpflichtung mit Eröffnung des Insolvenzverfahrens abhängig von einer etwaigen Regelung im Gesell-

---

[528] MünchHdbGesRII-*Polzer,* § 93 Rn. 2; Röhricht/Graf von Westphalen/Haas/*Mock,* § 236 Rn. 7.
[529] E/B/J/S/*Gehrlein,* § 236 Rn. 4; *Blaurock,* Handbuch Stille Gesellschaft, Rn. 17.53; MünchHdbGesRII-*Polzer,* § 93 Rn. 5.
[530] *Blaurock,* Handbuch Stille Gesellschaft, Rn. 17.53.
[531] Vgl. BGH NJW 1983, 1855, 1856; K. Schmidt KTS 1977, 1, 15.
[532] Vgl. BGH NJW 1983, 1855, 1856; *Weimar* ZIP 1993, 1509, 1521; K. Schmidt KTS 1977, 1, 15; *Blaurock,* Handbuch Stille Gesellschaft, Rn. 17.52.
[533] *Blaurock,* Handbuch Stille Gesellschaft, Rn. 17.52; Röhricht/Graf von Westphalen/Haas/*Mock,* § 236 Rn. 7; aA MüKoHGB/*K. Schmidt,* § 236 Rn. 15.
[534] E/B/J/S/*Gehrlein,* § 236 Rn. 4; Staub/*Zutt,* § 236 Rn. 5; *Blaurock,* Handbuch Stille Gesellschaft, Rn. 17.52.
[535] Vgl. MünchHdbGesRII-*Polzer,* § 93 Rn. 2; E/B/J/S/*Gehrlein,* § 236 Rn. 4; *Blaurock,* Handbuch Stille Gesellschaft, Rn. 17.53.
[536] *Blaurock,* Handbuch Stille Gesellschaft, Rn. 17.56.
[537] Röhricht/Graf von Westphalen/Haas/*Mock,* § 236 Rn. 11; E/B/J/S/*Gehrlein,* § 236 Rn. 9; *Blaurock,* Handbuch Stille Gesellschaft, Rn. 17.57.
[538] Vgl. *Blaurock,* Handbuch Stille Gesellschaft, Rn. 17.57 und 17.60.

schaftsvertrag fällig.[539] Eine Fälligkeit nach § 41 InsO tritt nicht ein, da § 41 InsO nur auf Forderungen der Insolvenzgläubiger nicht aber des Insolvenzschuldners anwendbar ist.[540] Soweit die Einlage als Sacheinlage zu erbringen ist, muss diese in einen Geldbetrag umgerechnet werden.[541]

193   **d)** *Vereinbarung eines Nachrangs.* Da die §§ 231 ff. HGB weitgehend dispositiv sind, sind unterschiedlich intensive Überlagerungen der Vorschriften auf Grund einer Parteiabrede denkbar. In Betracht kommt beispielsweise, dass die Parteien keine Verlustbeteiligung iS des § 236 II HGB vereinbaren, sondern das Rückforderungsrecht des „Stillen" mit einer Nachrangabrede versehen wird mit der Folge, dass das Guthaben erst nach Befriedigung der übrigen Gläubiger zurückgezahlt werden darf.[542]

194   **e)** *Sonderfall der gesplitteten Einlage.* Denkbar ist aber, dass der Parteiwille auch über die in § 236 II HGB genannte Rechtsfolge hinausgeht, dh dass die vom Stillen hingegebenen Mittel nicht nur in Bezug auf eine eventuelle Verlustbeteiligung, sondern insgesamt wie Eigenkapital behandelt werden sollen.[543] Einen derartigen Parteiwillen hat die Rechtsprechung mitunter in den Fällen der „gesplitteten Einlage"[544] bzw. des „Finanzplankredits"[545] angenommen.[546] Es handelt sich hierbei um die Fallgestaltung, dass der Gesellschafter neben seiner Stammeinlage eine weitere Leistung mit Kreditcharakter erbringt und diese – obwohl sie nach seinem Willen eigenkapitalgleichen Charakter hat – als gewöhnliche „stille Beteiligung" und damit „falsch" etikettiert. Für die Frage, wie eine derartige Gesellschafterleistung in der Insolvenz der Gesellschaft zu behandeln ist, kommt es dann nicht auf die vom Gesellschafter gewählte Bezeichnung, sondern auf den der Gesellschafterleistung zugedachten Charakter an.[547]

195   **f)** *Recht der Gesellschafterdarlehen.* In der Praxis kommt es häufig vor, dass ein Gesellschafter (etwa ein GmbH-Gesellschafter) neben seiner mitgliedschaftlichen Stellung eine stille Beteiligung erwirbt. In diesen Fällen stellt die stille Beteiligung eine Gesellschafterfremdfinanzierung dar mit der Folge, dass der stillen Beteiligung Kreditfunktion zukommt und der Guthabensanspruch in der Insolvenz des Inhabers des Handelsgewerbes nicht als gleichrangige, sondern nur als nachrangige Insolvenzforderung (§ 39 I Nr. 5 InsO) geltend gemacht werden kann; dies gilt jedoch nur in Bezug auf stille Beteiligungen von Gesellschaftern solcher Gesellschaften, die weder auf der ersten noch auf der zweiten Ebene eine natürliche Person als vollhaftenden Gesellschafter aufweisen (siehe § 39 IV 1 InsO).[548] Neben dem Nachrang im Verfahren ist eine Rückzahlung der Einlage nach § 135 I Nr. 2 InsO anfechtbar, soweit sie im Jahr vor oder nach der Insolvenzantragsstellung erfolgt ist. Die Anfechtbarkeit der Rückzahlung nach § 135 I Nr. 2 InsO steht dabei unabhängig neben dem Tatbestand des § 136 InsO (→ Rn. 185).[549]

---

[539] Vgl. *Blaurock*, Handbuch Stille Gesellschaft, Rn. 17.57; MüKoHGB/*K. Schmidt*, § 236 Rn. 22; Staub/*Zutt*, § 236 Rn. 10.
[540] MüKoInsO/*Bitter*, § 41 Rn. 5.
[541] Vgl. Röhricht/Graf von Westphalen/Haas/*Mock*, § 235 Rn. 18; aA Baumbach/Hopt/*Hopt*, § 236 Rn. 4; siehe hierzu auch Staub/*Zutt*, § 236 Rn. 10.
[542] Vgl. BGHZ 156, 38, 44 = NJW 2003, 3412; BGH NJW 1985, 1079; BGH NJW 1983, 1855, 1856; siehe auch MüKoHGB/*K. Schmidt*, § 236 Rn. 29; Röhricht/Graf von Westphalen/Haas/*Mock*, § 236 Rn. 27; E/B/J/S/*Gehrlein*, § 236 Rn. 13.
[543] Röhricht/Graf von Westphalen/Haas/*Mock*, § 236 Rn. 21 f.; E/B/J/S/*Gehrlein*, § 236 Rn. 14 ff.
[544] Dazu ausführlich Röhricht/Graf von Westphalen/Haas/*Mock*, § 161 Rn. 167 ff.
[545] → § 92 Rn. 557 ff.
[546] Vgl. BGH NJW 1980, 1522 f.; BGH NJW 1981, 2251, 2252; BGH NJW 1983, 1855, 1856; BGH NJW 1985, 1079.
[547] Röhricht/Graf von Westphalen/Haas/*Mock*, § 161 Rn. 168.
[548] Röhricht/Graf von Westphalen/Haas/*Mock*, § 236 Rn. 23 ff.; Oetker/*Schubert*, § 236 Rn. 15; ausführlich dazu *Mock*, DStR 2008, 1645, 1647 ff.
[549] Dazu *Mock*, DStR 2008, 1645, 1648.

g) *Die atypische stille Beteiligung.* Bei der atypisch stillen Beteiligung muss differenziert **196** werden. Wenn ein atypisch stiller Gesellschafter an einer Kapitalgesellschaft bzw. einer kapitalistischen Personengesellschaft mit einer (einfachen) stillen Beteiligung hält, unterfällt letztere dem Recht der Gesellschafterdarlehen (§ 39 I Nr. 5, 135 I Nr. 2 InsO).[550] Soweit dies allerdings nicht der Fall ist und lediglich eine atypisch stille Beteiligung besteht, kommt nicht das Recht der Gesellschafterdarlehen zur Anwendung. In diesem Fall nimmt der atypisch stille Gesellschafter als regulärer Gesellschafter des Inhabers des Handelsgewerbes am Insolvenzverfahren teil, so dass er auf seinen Anspruch aus § 199 S. 2 InsO beschränkt ist, soweit es sich um eine Kapitalgesellschaft handelt.[551]

h) *Die stille Gesellschaft im Insolvenzplanverfahren.* Die stille Beteiligung kann in einem **197** Insolvenzplan in der Insolvenz des Geschäftsinhabers auch Gegenstand eines *debt to equity swaps* (§ 225a II InsO – → § 69 Rn. 14 ff.) sein, da es sich um eine einfache Insolvenzforderung handelt (→ Rn. 188 ff.). Dem steht auch nicht entgegen, dass der stille Gesellschafter die Informationsrechte nach § 233 HGB hat, da es beim *debt to equity swaps* auf den bilanzsanierenden Effekt[552] ankommt, der auch bei einer Umwandlung einer stillen Beteiligung in Eigenkapital eintreten kann.[553] Die atypisch stille Beteiligung kann allerdings nicht Gegenstand eines *debt to equity swaps* sein, wohl aber im Insolvenzplan neu geregelt werden (§ 217 S. 2 InsO).[554] Die Umwandlung von einfachen Insolvenzforderungen in eine stille Beteiligung ist im Rahmen eines *debt to equity swaps* ebenfalls denkbar, wobei aufgrund der meist bestehenden Notwendigkeit eines bilanzsanierenden Effekts nur eine Umwandlung in eine typisch stille Beteiligung in Betracht kommt, da nur dies in der Überschuldungsbilanz nicht berücksichtigt wird.[555]

3. Die mehrgliedrige stille Gesellschaft in der Insolvenz des Inhabers des **198** **Handelsgewerbes.** Als eine eigenständige Sonderform der stillen Gesellschaft hat sich in der Praxis die sogenannte mehrgliedrige stille Gesellschaft entwickelt.[556] Die genauen Implikationen für das Insolvenzverfahren über das Vermögen des Inhabers des Handelsgewerbes sind dabei noch nicht abschließend geklärt. Dies gilt vor allem für die Frage einer etwaigen Auflösung der mehrgliedrigen stillen Gesellschaft bzw. einem möglichen Fortbestehen der verbandsrechtlichen Bindung der einzelnen stillen Gesellschafter.[557] Zu beachten ist in jedem Fall aber, dass bei einer mehrgliedrigen stillen Gesellschaft der Inhaber des Handelsgewerbes der Geltendmachung der Abfindungsansprüche einzelner stiller Gesellschafter eine fehlende Leistungsfähigkeit im Bezug auf alle Abfindungsansprüche der übrigen stillen Gesellschafter entgegenhalten kann.[558] Allerdings bleiben die genauen Auswirkungen dieser Rechtsprechung und insbesondere deren praktische Bewältigung weitgehend unklar.[559]

---

[550] Röhricht/Graf von Westphalen/Haas/*Mock*, § 236 Rn. 23; Oetker/*Schubert*, § 236 Rn. 15; ausführlich dazu *Mock*, DStR 2008, 1645, 1647 ff.

[551] Dazu Röhricht/Graf von Westphalen/Haas/*Mock*, § 236 Rn. 24; aA aber BGHZ 193, 378, 384 = NZI 2012, 860, wonach das Recht der Gesellschafterdarlehen zur Anwendung kommen soll. Ebenso abweichend HaKoInsO/*Lüdtke*, § 39 Rn. 37.

[552] Zum Erfordernis eines bilanzsanierenden Effekts vgl. Hirte/Knof/*Mock*, Das neue Insolvenzrecht nach dem ESUG, 2012, S. 29.

[553] Röhricht/Graf von Westphalen/Haas/*Mock*, § 236 Rn. 15.

[554] Röhricht/Graf von Westphalen/Haas/*Mock*, § 236 Rn. 16.

[555] Röhricht/Graf von Westphalen/Haas/*Mock*, § 236 Rn. 16.

[556] Zu diesem Phänomen vgl. Armbrüster/Joos, ZIP 2004, 189, 192 f.; *Konzen*, in: FS *Westermann*, 2008, S. 1133, 1142 f.; Röhricht/Graf von Westphalen/Haas/*Mock*, § 230 Rn. 71 ff.; ders., DStR 2014, 536 ff. und 598 ff.; MüKoHGB/*K. Schmidt*, § 230 Rn. 84.

[557] Dazu ausführlich *Mock*, DStR 2014, 598 ff.

[558] BGH NZG 2014, 598 ff.

[559] Dazu ausführlich *Mock*, DStR 2014, 598 ff.

§ 95   Kapitel VII. Besonderheiten der Gesellschaftsinsolvenz

199   **4. Die Insolvenz des stillen Gesellschafters.** Die Eröffnung des Insolvenzverfahrens über das Vermögen des stillen Gesellschafters löst die stille Gesellschaft entsprechend § 728 II 1 BGB auf[560] und es kommt zu einer Auseinandersetzung nach § 235 HGB. Diese erfolgt in Anwendung des § 84 InsO außerhalb des Insolvenzverfahrens.[561] Das Guthaben ist im Wege einer Auseinandersetzungsbilanz[562] festzustellen und vom Insolvenzverwalter zur Masse zu ziehen.[563] Maßgebender Stichtag ist der Tag der Auflösung der stillen Gesellschaft. Einen sich bei der Auseinandersetzung ergebenden Passivsaldo, zu dessen Abdeckung der stille Gesellschafter verpflichtet ist, kann der Inhaber als Insolvenzforderung anmelden.[564]

§ 95. Konzern und Insolvenz

Übersicht

	Rn.
I. Konzern; Konzernierungen; Grundlegendes	2
II. Konzerninsolvenzen – Der Status quo	5
1. Einführung	5
2. Lösungsvorschläge der Rechtswissenschaft	7
3. Konzerngerichtsstandsbegründungen *de lege lata*	8
4. Insolvenz und Unternehmensverträge	9
a) Das Schicksal von Beherrschungs- und Gewinnabführungsverträgen	10
b) Sonstige Folgen im Insolvenzverfahren des abhängigen Unternehmens	13
aa) Verlustausgleichspflicht	13
(1) Berechnung	14
(2) Liquidationsverluste	15
(3) Auswirkung auf die Insolvenzgründe	16
(4) Gegenansprüche	17
bb) Sicherheitsleistung bzw. Ausfallhaftung	18
cc) Schadensersatzansprüche	19
dd) Doppelinsolvenz	20
c) Sonstige Folgen im Insolvenzverfahren des herrschenden Unternehmens	21
5. Insolvenz und faktische Konzernierungen	22
a) Faktischer Konzern	23
b) Qualifiziert faktischer Konzern	25
aa) Aktiengesellschaft	25
bb) GmbH	26
III. Konzerninsolvenzen – Der Regierungsentwurf 2014	29
1. Einführung	29
2. Die Unternehmensgruppe; Anwendungsbereich	32
3. Der Gruppen-Gerichtsstand	34
a) Überblick	34
b) Die Begründung des Gruppen-Gerichtsstands, § 3a InsO-E	35
c) Der Antrag zur Begründung des Gruppen-Gerichtsstands, § 13a InsO-E	42

---

[560] Vgl. Uhlenbruck/Hirte/Vallender/*Hirte*, § 11 Rn. 393; *K. Schmidt* KTS 1977, 1, 8 f.; MüKoHGB/*K. Schmidt*, § 236 Rn. 43; E/B/J/S/*Gehrlein*, § 236 Rn. 19; Staub/*Zutt*, § 234 Rn. 8; *Blaurock*, Handbuch Stille Gesellschaft, Rn. 17.105; Röhricht/Graf von Westphalen/Haas/*Mock*, § 236 Rn. 28.
[561] E/B/J/S/*Gehrlein*, § 236 Rn. 19; Staub/*Zutt*, § 236 Rn. 20; MüKoHGB/*K. Schmidt*, § 236 Rn. 44; *Blaurock*, Handbuch Stille Gesellschaft, Rn. 17.105; Röhricht/Graf von Westphalen/Haas/*Mock*, § 236 Rn. 28.
[562] Siehe hierzu Baumbach/Hopt/*Hopt*, § 235 Rn. 1.
[563] *K. Schmidt*, KTS 1977, 1, 5 f.
[564] *Blaurock*, Handbuch Stille Gesellschaft, Rn. 17.106; E/B/J/S/*Gehrlein*, § 236 Rn. 19.

§ 95 Konzern und Insolvenz

	Rn.
d) Fortbestehen des Gruppen-Gerichtsstands, § 3b InsO-E	43
e) Verweisung an den Gruppen-Gerichtsstand, § 3d InsO-E	44
f) Zuständigkeitskonzentration, §§ 2 Abs. 3, 3c Abs. 1 InsO-E	45
4. Der Gruppen-Insolvenzverwalter	47
a) Überblick	47
b) Abstimmungspflicht der Gerichte	49
c) Abweichung von § 56a InsO	51
5. Die Kooperationsrechte und -pflichten	52
a) Überblick	52
b) Kooperation der Insolvenzverwalter	53
c) Zwischengerichtliche Kooperation	55
d) Kooperation der Gläubigerausschüsse	56
6. Das Koordinationsverfahren	57
a) Überblick	57
b) Einleitung des Koordinationsverfahrens	59
c) Bestellung des Koordinationsverwalters	61
aa) Anforderungen an die Person; Äußerungsrecht des Gruppen-Gläubigerausschusses	61
bb) Aufgaben	63
cc) Vergütung	65
d) Der Koordinationsplan	66
7. Eigenverwaltung; Inkrafttreten	67
8. Anhang: Die Regelungen des Regierungsentwurfs im Wortlaut	69

Schrifttum: *Altmeppen,* Abschied vom „Durchgriff" im Kapitalgesellschaftsrecht, NJW 2007, S. 2657 ff.; *ders.,* Die Einflussrechte der Gemeindeorgane in einer kommunalen GmbH, NJW 2003, S. 2561 ff.; *ders.,* Zur Entstehung, Fälligkeit und Höhe des Verlustausgleichsanspruchs nach § 302 AktG, DB 1999, S. 2453 ff.; *Andres/Leithaus,* InsO, 3. Auflage 2014; *Andres/Möhlenkamp,* Konzerne in der Insolvenz – Chance auf Sanierung?, BB 2013, S. 579 ff.; *Arbeitskreis für Insolvenzwesen Köln e. V.* (Hrsg.), Kölner Schrift zur Insolvenzordnung, 3. Auflage 2009; *Berthold,* Unternehmensverträge in der Insolvenz, 2004; *Bittmann,* Insolvenzstrafrecht, 2004; *Böcker,* Insolvenz im GmbH-Konzern, GmbHR 2004, S. 1257 ff. und S. 1314 ff.; *Brünkmans,* Entwurf eines Gesetzes zur Erleichterung der Bewältigung von Konzerninsolvenzen: Kritische Analyse und Anregungen aus der Praxis, ZIP 2013, S. 193 ff.; *Cahn,* Verlustübernahme und Einzelausgleich im qualifiziert faktischen Konzern, ZIP 2001, S. 2159 ff.; *Eberl-Borges,* Die Haftung des herrschenden Unternehmens für Schulden einer konzernabhängigen Personengesellschaft, WM 2003, S. 105 ff.; *Ehricke,* Zur gemeinschaftlichen Sanierung insolventer Unternehmen eines Konzerns, ZInsO 2002, S. 393 ff.; *ders.,* Die Zusammenfassung von Insolvenzverfahren mehrerer Unternehmen desselben Konzerns, DZWiR 1999, S. 353 ff.; *ders.,* Zur gemeinschaftlichen Sanierung insolventer Unternehmen eines Konzerns, ZInsO 2002, S. 393 ff.; *Eidenmüller,* Verfahrenskoordination bei Konzerninsolvenzen, ZHR 169 (2005), S. 528 ff.; *ders.,* Der nationale und der internationale Insolvenzverwaltungsvertrag, ZZP 2001, S. 3 ff.; *Eidenmüller/Frobenius,* Ein Regulierungskonzept zur Bewältigung von Gruppeninsolvenzen: Verfahrenskonsolidierung im Kontext nationaler und internationaler Reformvorhaben, ZIP 2013, Beilage zu Heft 22; *Emmerich/Habersack,* Aktien- und GmbH-Konzernrecht, 7. Auflage 2013; *Flöther* (Hrsg.), Handbuch zum Konzerninsolvenzrecht, 1. Auflage 2014; *Fölsing,* Konzerninsolvenz: Gruppen-Gerichtsstand, Kooperation und Koordination, ZInsO 2013, S. 413 ff.; *Freudenberg,* Der Fortbestand des Beherrschungsvertrages in der Insolvenz der Obergesellschaft, ZIP 2009, S. 2037 ff.; *Frind,* Die Überregulierung der Konzerninsolvenz, ZInsO 2013, S. 429 ff.; *ders.,* Gefahren und Probleme bei der insolvenzgesetzlichen Regelung der Insolvenz der „Unternehmensgruppe", ZInsO 2014, S. 927 ff.; *Graf-Schlicker,* Die Entwicklung des ESUG und die Fortentwicklung des Insolvenzrechts, ZInsO 2013, S. 1765 ff.; *dies.,* Mit Blick auf Europa: Ein Konzerninsolvenzrecht schaffen, Anwaltsblatt des DAV 2013, S. 620 f.; *Grunewald,* Verlustausgleichspflicht nach § 302 AktG und reale Kapitalaufbringung, NZG 2005, S. 781 ff.; *Häsemeyer,* Insolvenzrecht, 4. Auflage 2007; *Harder/Lojowski,* Der Diskussionsentwurf für ein Gesetz zur Erleichterung der Bewältigung von Konzerninsolvenzen – Verfahrensoptimierung zur Sanierung von Unternehmensverbänden?, NZI 2013, S. 327 ff.; *Hirsch/Wolter/Brauns* (Hrsg.), FS Kohlmann, 2003, S. 207; *Hirte,* Vorschläge für die Kodifikation eines Konzerninsolvenzrechts, ZIP 2008, S. 444 ff.; *Humbeck,* Plädoyer für ein materielles Konzerninsolvenzrecht, NZI 2013, S. 957 ff.; *Hüffer,* Aktiengesetz, 11. Auflage 2014; *Ipsen,* Völkerrecht, 5. Auflage 2004 und 6. Auflage 2014; *Jaffé/Friedrich,* Verbesserung der Wettbewerbsfähigkeit des Insolvenzstandorts Deutschland, ZIP 2008, S. 1849 ff.; *Kiethe/Groeschke,* Die Ausplünderung des insolventen Unternehmens, BB 1998, S. 1373 ff.; *Kölbl,* Die Haftung wegen existenzvernichtenden Eingriffs: gesicherte Erkenntnisse und Entwicklungen seit Trihotel, BB 2009, S. 1194 ff.; *Kort,* Die konzerngebundene GmbH in der Insolvenz, ZIP 1988, S. 681 ff.; *Kübler* (Hrsg.), Handbuch Restrukturierung in der Insolvenz, 1. Auflage 2012; *Leutheusser-Schnarrenberger,* Dritte Stufe der Insolvenzrechtsreform – Entwurf eines Gesetzes zur Erleichterung der Bewältigung von Konzerninsolvenzen, ZIP 2013, S. 97 ff.; *Lutter,* Der Konzern in der Insolvenz, ZfB 1984, S. 781 ff.; *Lutter/Hommelhoff,* GmbHG, 17. Auflage 2009; *Lutter/Timm,* Zur Verantwortung der Konzernspitze bei der Sanierung von Tochterunternehmen, ZGR 1983, S. 269 ff.; *Lwowski/Groeschke,* Die Konzernhaftung der §§ 302, 303 AktG als atypische Sicherheit, WM 1994, S. 613 ff.; *Mankowski,* Lässt sich eine Konzerninsolvenz durch Insolvency Planning erreichen?, NZI 2008, S. 355 f.; *Meister,* Der Ausgleichsanspruch nach § 302 Abs. 1 AktG bei Beherrschungs- und Gewinnabführungsverträgen als Kreditsicherheit, WM 1976, S. 1182 ff.; *Meyer,* Die GmbH und andere Handelsgesellschaften im Siegel empirischer Forschung, GmbHR 2002, 177 ff. und 242 ff.; *Michalski,* GmbHG, 2. Auflage 2010; MüKoInsO, 3. Auflage 2013 bzw. 2014; MüKoAktG, 3. Auflage 2010; *Palandt,* Bürgerliches Gesetzbuch, 73. Auflage 2014; *Paulus,* Konturen eines modernen Insolvenzrechts – Überlappungen mit dem Gesellschaftsrecht, DB 2008, S. 2523 ff.; *ders.,* Überlegungen zu einem modernen Konzerninsolvenzrecht, ZIP 2005, S. 1948 ff.; *ders.,* Konzernrecht und Konkursanfechtung, ZIP 1996, S. 2141 ff.; *Philippi/Neveling,* Unterjährige Beendigung von Gewinnabführungsverträgen im GmbH-Konzern – Beendigungsgründe und Rechtsfolgen, BB 2003, S. 1685 ff.; *Piepenburg,* Faktisches Konzerninsolvenzrecht am Beispiel Babcock Borsig, NZI 2014, S. 231 ff.; *Prager/Keller,* Der Vorschlag der Europäischen Kommission zur Reform der EuInsVO, NZI 2013, S. 57 ff.; *Priester,* Verlustausgleich nach § 302 AktG – zwingend in Geld?, BB 2005, S. 2483 ff.; *ders.,* Liquiditätsausstattung der abhängigen Gesellschaft und unterjährige Verlustdeckung bei Unternehmensverträgen, ZIP 1989, S. 1301 ff.; *Reuter,* Keine Erfüllung des Verlustausgleichsanspruchs aus § 302 AktG durch Aufrechnung?, DB 2005, S. 2339 ff.; *Römermann,* Die Konzerninsolvenz auf der Agenda des Gesetzgebers – Der Regierungsentwurf eines Gesetzes zur Erleichterung der Bewältigung von Konzerninsolvenzen, ZRP 2013, S. 201 ff.; *Roth/Altmeppen,* Konzernrecht der GmbH, 7. Auflage 2012; *Rowedder/Schmidt-Leithoff,* GmbHG, 5. Auflage 2013; *Rümker,* Probleme der Patronatserklärung in der Kreditsicherungspraxis in Wirtschafts-, Wertpapier- und Bankrecht, WM 1974, S. 990 ff.; *Scheel,* Konzerninsolvenzrecht, 1995; *K. Schmidt,* Konzern-Insolvenzrecht – Entwicklungsstand und Perspektiven, KTS 2010, S. 1 ff.; *ders.,* Gesellschaftsrecht, 4. Auflage 2002; *ders.,* Die konzernrechtliche Konkursübernahmepflicht als gesetzliches Dauerschuldverhältnis, ZGR 1983, S. 513 ff.; *ders.,* Wege zum Insolvenzrecht der Unternehmen, 1990; *Schön* (Hrsg.), Gedächtnisschrift für Brigitte Knobbe-Keuk, 1997; *Schöneberger,* Haftung des Organträgers nach Beendigung des Gewinnabführungsvertrags, BB 1978, S. 1646 ff.; *Sester,* Plädoyer gegen ein materielles Konzerninsolvenzrecht, ZIP 2005, S. 2099 ff.; *Siemon,* Konzerninsolvenzverfahren – wird jetzt alles besser?, NZI 2014, S. 55 ff.; *Siemon/Frind,* Der Konzern in der Insolvenz, NZI 2013, S. 1 ff.; *Stimpel,* Die Rechtsprechung des BGH zur Innenhaftung des herrschenden Unternehmens im GmbH-Konzern, AG 1986, S. 117 ff.; *Theiselmann,* Praxishandbuch des Restrukturierungsrechts, 2. Auflage 2013; *Tschernig,* Haftungsrechtliche Probleme der Konzerninsolvenz, 1995; *Uhlenbruck* (Hrsg.), InsO, 13. Auflage 2010; *ders.,* Konzerninsolvenzrecht über einen Insolvenzplan?, NZI 1999, S. 41 ff.; *Vallender/Deyda,* Brauchen wir einen Konzerngerichtsstand?, NZI 2009, S. 825 ff.; *Verhoeven,* Konzerne in der Insolvenz nach dem RegE – Ende gut, alles gut … und wenn es nicht gut ist, dann ist es noch nicht das Ende!, ZInsO 2014, S. 217 ff.; *ders.,* Konzerninsolvenz: Eine Lanze für ein modernes und wettbewerbsfähiges deutsches Insolvenzrecht – Teil I, ZInsO 2012, S. 1689 ff.; *Wabnitz/Janovsky,* Handbuch des Wirtschafts- und Steuerstrafrechts, 3. Auflage 2007; *Wellensiek,* Risiken von Beteiligungen in (durch) Insolvenzverfahren der Muttergesellschaften, ZIP 1984, S. 541 ff.; *Weller,* Die Neuausrichtung der Existenzvernichtungshaftung durch den BGH und ihre Implikationen für die Praxis, ZIP 2007, S. 1681 ff.; *Wimmer,* Konzerninsolvenzen im Rahmen der EuInsVO – Ausblick auf die Schaffung eines deutschen Konzerninsolvenzrechts, DB 2013, S. 1343 ff.; *Zeidler,* Ausgewählte Probleme des GmbH-Vertragskonzernrechts, NZG 1999, S. 692 ff.; *Zöllner/Noack* (Hrsg.), Kölner Kommentar zum Aktiengesetz, Band 6, 3. Auflage 2004.

Konzern und Insolvenz 1–3 § 95

Konzerne – als Einheit gesehen – sind nicht insolvenzfähig, sondern nur dessen 1
einzelne Rechtsträger, vgl. § 11 Abs. 1 S. 1 InsO.[1] Nichtsdestotrotz wirft die Insolvenz innerhalb eines Unternehmensverbundes gegenüber der Insolvenz einzelner Gesellschaften regelmäßig besondere Fragen auf, denen in diesem Abschnitt nachgegangen werden soll.

I. Konzern; Konzernierungen; Grundlegendes

Ein Konzern – im allgemeinen Sinne – ist ein Zusammenschluss mehrerer Unter- 2
nehmen zu einer wirtschaftlichen Einheit. Als juristische Person kennt das deutsche Recht den Konzern (auch: Unternehmensverbund, Unternehmensgruppe pp.) nicht.[2] Die Zusammenfassung von Personen zu einer rechtlich geregelten Organisation, der die Rechtsordnung (Teil-)Rechtsfähigkeit verliehen und diese dadurch als Träger eigener Rechte und Pflichten verselbständigt hat,[3] erstreckt sich nicht auf den Konzern, sondern lediglich auf dessen einzelne, den Konzern bildenden Rechtsträger. Diesem korrespondiert, dass sich Regelungen zum Konzern nur vereinzelt in verschiedenen Gesetzen finden. Diesen liegen unterschiedliche Konzernbegriffe zugrunde.[4] So führt etwa § 18 AktG einen aktienrechtlichen und § 290 HGB einen handelsrechtlichen, für die Rechnungslegung relevanten Konzernbegriff. Im Rahmen des „Gesetzes zur Erleichterung der Bewältigung von Konzerninsolvenzen"[5] wird nun in § 3e InsO-E aller Voraussicht nach auch eine sehr weit gefasste insolvenzrechtliche Legaldefinition der *Unternehmensgruppe*[6] Eingang in die Rechtsordnung finden.

In der Praxis treten Konzerne auf unterschiedliche Art und Weise in Erscheinung.[7] 3
Inwieweit die einzelnen konzernierten Unternehmen dabei in rechtlicher Hinsicht miteinander verquickt sind, ist jeweils den Inhabern und Architekten des Konzerns überlassen. Denkbar sind alle möglichen Formen von Verflechtungen; das deutsche Recht bietet auf Basis der Privatautonomie eine breite Palette von Gestaltungsmöglichkeiten.[8] Dies reicht strukturell von einer streng hierarchischen Organisation mit einer Zusammenfassung unter der einheitlichen Leitungsmacht der Muttergesellschaft bis zu einer losen Verknüpfung von Unternehmen, die nur gelegentlich miteinander in Wechselwirkung treten.[9] Zu beobachten ist in der hiesigen Praxis, dass sich nicht mehr nur große Unternehmen in Konzernform organisieren, sondern auch zunehmend der Mittelstand.[10] Insbesondere die GmbH-Konzernierung ist häufig anzutreffen.[11] Diese macht im Konzern insgesamt einen erheblichen Anteil aus. Die GmbH kommt vielfach als Konzernspitze oder auch als Holdinggesellschaft vor. Wegen der Weisungsgebundenheit des Geschäftsführers eignet sich die GmbH aber besonders als Rechtsform für Gemeinschaftsunternehmen und als Tochtergesellschaft.[12] Nach neueren Schätzungen sollen – wenn man die Komplementär-GmbH ausnimmt – mehr als die Hälfte aller GmbHs (faktisch) konzernverbunden sein.[13]

---

[1] Der Begriff „Konzern" wird im Folgenden untechnisch iSv § 15 AktG und nicht im Sinn von § 18 AktG gebraucht; erfasst werden alle „verbundenen Unternehmen".
[2] *Thole*, in: Flöther, Handbuch zum Konzerninsolvenzrecht, § 2 Rn. 1; *K. Schmidt*, GesR, § 17 I 2b), S. 490 f.
[3] *Ellenberger*, in: Palandt, BGB, Einf. vor § 21 Rn. 1.
[4] Dazu umfassend *Thole*, in: Flöther, Handbuch zum Konzerninsolvenzrecht, § 2 Rn. 9 ff.
[5] BT-Drucks. 18/407; abrufbar unter www.bmj.de. Eingehend dazu siehe Rn. 29 ff.
[6] So lautet der Terminus technicus nach dem Regierungsentwurf. Dazu Rn. 32 f.
[7] Einblick in Babcock Borsig gibt *Piepenburg* NZI 2004, 231 ff.
[8] Ausführlich *Thole*, in: Flöther, Handbuch zum Konzerninsolvenzrecht, § 2 Rn. 2 ff.
[9] Vgl. *Specovius*, in: Flöther, Handbuch zum Konzerninsolvenzrecht, § 3 Rn. 124.
[10] So auch *Graf-Schlicker*, ZInsO 2013, 1765, 1768.
[11] Siehe auch *Roth/Altmeppen*, Anh § 13 GmbHG Rn. 1.
[12] *Meyer* GmbHR 2002, 177, 181; *Roth/Altmeppen*, Anh § 13 GmbHG Rn. 1.
[13] *Meyer* GmbHR 2002, 177, 181.

4 Konzernen kommt eine immense volkswirtschaftliche Bedeutung zu. Legt man vergleichsweise Daten international agierender Konzerne zugrunde, wird ersichtlich, dass einzelne Konzerne sogar über eine Wirtschaftsleistung verfügen, die die volkswirtschaftliche Gesamtleistung von Staaten übertrifft.[14] Seit den 1960er Jahren ist die Anzahl an multinationalen Konzernen stark angestiegen. Gab es damals noch etwa 10 000 international agierende Konzerne weltweit, erhöhte sich ihre Zahl bis zum Ende des ersten Jahrzehnts des 21. Jahrhunderts auf etwa 82 000.[15] In diesen sind etwa 80 Millionen Menschen beschäftigt.[16] Ca. 4% des Welt-Bruttoinlandsprodukts entfallen auf die 100 größten multinationalen Konzerne.[17] Die Bedeutung auf nationaler Ebene ist durch empirische Daten aus dem Jahr 2007 belegt, nach denen in der Bundesrepublik Deutschland 69,97% des erzielten Umsatzes und 52,75% der Arbeitsplätze auf Unternehmen mit einem Konzernhintergrund entfielen.[18]

II. Konzerninsolvenzen – Der Status quo

5 **1. Einführung.** Nach der derzeit geltenden[19] InsO kann ein Insolvenzverfahren nur über die jeweiligen konzernverbundenen Unternehmen eröffnet werden, nicht aber über die Konzerneinheit als solche. Dies entspricht dem rechtsträgerbezogenen Ansatz des § 11 Abs. 1 S. 1 InsO. Der Grundsatz: „Eine juristische Person, eine Insolvenz, ein Verfahren" gilt auch hier.[20] Es ist also vom Gesetz her vorgesehen, jede Gesellschaft selbständig abzuwickeln: Für jede Gesellschaft sind die Insolvenzeröffnungsgründe und die Insolvenzmasse selbständig festzustellen, der Insolvenzantrag gesondert zu stellen und das Verfahren gesondert durchzuführen. Das Trennungsprinzip wirkt sich auch auf den Gerichtsstand und damit die Verwalterbestellung aus. Seine Zuständigkeit beurteilt das angerufene Gericht danach, ob die jeweilige Gesellschaft ihren allgemeinen Gerichtsstand in dessen Bezirk hat (§ 3 Abs. 1 S. 1 InsO; idR der Sitz, § 4 InsO iVm § 17 ZPO) oder – dies spielt bei konzernangehörigen Gesellschaften die entscheidende Rolle – sich der Mittelpunkt einer selbständigen wirtschaftlichen Tätigkeit in dessen Bezirk befindet (§ 3 Abs. 1 S. 2 InsO).[21] Ein daraus resultierendes Auseinanderfallen der Insolvenzgerichte und der Verwalter ist insofern problematisch für die Wirtschafteinheit Konzern, weil die jeweils ihren Insolvenzverfahren verpflichteten Verwalter für „ihre" Gläubiger jeweils die beste Quote zu erzielen haben bzw. unterschiedliche Sanierungsstrategien verfolgen und damit in der Regel notwendigerweise in Konkurrenz zu Schwestergesellschaften bzw. zur Muttergesellschaft stehen. Die Interessen der Wirtschaftseinheit Konzern müssen demgegenüber zumeist zurücktreten, Synergieeffekte gehen so verloren; im schlimmsten Fall droht ein unkontrolliertes Auseinanderreißen des Konzerns.[22]

6 Verschärft wird die Gefahr einer Konzerninsolvenz auch dadurch, dass, wie eingangs angesprochen, zwischen den einzelnen konzernangehörigen Gesellschaften rechtliche Verbindungen bestehen, die sich im Falle der Insolvenz einer Gesellschaft zu Ungunsten anderer (auch wirtschaftlich gesunder) Gesellschaften auswirken können und letzt-

---

[14] Die Shell-Gruppe erwirtschaftete 1992 mit ca. 100 000 Mitarbeitern in über 100 Staaten einen Gesamtumsatz in Höhe von fast 100 Milliarden $ und damit mehr als das Bruttosozialprodukt von Polen, Finnland oder der Ukraine (*Ipsen*, Völkerrecht, 5. Auflage, S. 108).
[15] *Ipsen*, Völkerrecht, 6. Auflage, S. 384.
[16] *Ipsen*, Völkerrecht, 6. Auflage, S. 384.
[17] *Ipsen*, Völkerrecht, 6. Auflage, S. 384.
[18] XVIII. Hauptgutachten der Monopolkommission 2008/2009, BT-Drucks. 17/2600, S. 80 f.
[19] Nach dem Entwurf des „Gesetzes zur Erleichterung der Bewältigung von Konzerninsolvenzen" soll das Rechtsträgerprinzip nicht angetastet werden; zum Entwurf eingehend Rn. 29 ff.
[20] *Ehricke*, ZInsO 2002, 393; *Hirte*, in: Uhlenbruck, § 11 Rn. 394.
[21] Im Einzelnen dazu etwa *Pape*, in: Uhlenbruck, § 3 Rn. 3 ff.
[22] *Vallender/Deyda*, NZI 2009, 825, 825.

endlich auch deren Insolvenz, ja sogar letztlich die Insolvenz des gesamten Unternehmensverbundes nach sich ziehen können. Dieses Phänomen ist unter der Bezeichnung Dominoeffekt[23] bekannt. Ausgelöst werden kann eine solche Ketteninsolvenz etwa durch die Verlustausgleichspflicht beim Vertragskonzern bzw. die Nachteilsausgleichspflicht beim faktischen Konzern; eingehend zum Vertragskonzern und zum faktischen Konzern in der Insolvenz unter → Rn. 9 ff. Weitere Auslöser können zB schuldrechtliche und/oder dingliche Haftungsverstrickungen zwischen den konzernverbundenen Unternehmen, ein durch eine Insolvenz außer Kraft gesetztes Cash-Pool-System,[24] die insolvenzrechtliche Anfechtung[25] oder steuerliche Haftungstatbestände sein.[26]

2. Lösungsvorschläge der Rechtswissenschaft. Im Schrifttum wird aufgrund der vorgenannten Gründe die Notwendigkeit, spezielle konzerninsolvenzrechtliche Regelungen zu schaffen, einhellig bejaht.[27] Die im Laufe der Zeit vorgeschlagenen Lösungen hierzu sind vielfältig und differenziert; die Anzahl der Publikationen entsprechend kaum mehr überschaubar. Diskutiert wird in der jüngeren Zeit[28] – im Grundsatz –, ob Konzerninsolvenzen *de lege ferenda* im Wege einer materiellen Konsolidierung *("substantive consolidation"),*[29] einer verfahrensmäßigen Konsolidierung,[30] einer Zentralisierung der Verfahren[31] und/oder der Koordinierung der Verfahren[32] beizukommen ist.[33] Die hM dürfte sich wohl für eine Verfahrenskonzentration aussprechen, also dafür, dass für jede konzernangehörige Gesellschaft ein (separates) Insolvenzverfahren, dieses allerdings mit identischen Verfahrensorganen (Gericht, Verwalter) durchgeführt wird. Diskutiert wird hier des Weiteren, welchem Anknüpfungspunkt für einen einheitlichen Gerichtsstand der Vorzug zu geben ist. Das Spektrum der Überlegungen reicht von einer echten Prorogation[34] über einen Wahlgerichtsstand,[35] dem Anknüpfen an den Sitz der Mutter-

---

[23] Eingehend zum Dominoeffekt *Specovius*, in: Flöther: Handbuch zum Konzerninsolvenzrecht, § 3 Rn. 124 ff.; *Siemon/Frind*, NZI 2013, 1 ff.; *Siemon*, NZI 2014, 55 ff.
[24] Dazu *Cahn*, in: Theiselmann, Praxishandbuch des Restrukturierungsrechts, Kapitel 7, Abschnitt A.
[25] Vgl. *Kübler*, in: Kübler, Handbuch Restrukturierung in der Insolvenz, § 18 Rn. 48 ff.
[26] Vgl. *Specovius*, in: Flöther, Handbuch zum Konzerninsolvenzrecht, § 3 Rn. 131 und 158.
[27] Eine Übersicht über den Stand in der Wissenschaft geben u. a. *Brünkmans*, in MüKoInsO, 3. Band, Zwölfter Teil: Konzerninsolvenzrecht, Rn. 14 ff.; *von Wilcken*, in: Flöther, Handbuch zum Konzerninsolvenzrecht, § 4 Rn. 30 ff. sowie *K. Schmidt*, KTS 2010, 1, 18 ff.
[28] Die Diskussion währt insgesamt schon mehrere Jahrzehnte, vgl. nur den Ersten Bericht der Kommission für Insolvenzrecht, 1985, S. 291 f., und ist auch nicht mit dem vorgelegten Entwurf zum „Gesetz zur Erleichterung der Bewältigung von Konzerninsolvenzen", BT-Drucks. 18/407, beendet.
[29] Etwa *Humbeck*, NZI 2013, 957; *Paulus*, ZIP 2005, 1948. Die hM lehnt dies jedoch ab, vgl. *Brünkmans*, in: MüKoInsO, Band 3, Zwölfter Teil: Konzerninsolvenzrecht Rn. 17; *Hirte*, in: Uhlenbruck, § 11 Rn. 394; *Eidenmüller*, ZHR 169 (2005), 528, 532; *Eidenmüller/Frobenius*, ZIP 2013, Beilage zu Heft 22, S. 3; *Hirte*, ZIP 2008, 444, 449; *K. Schmidt*, KTS 2010, 1, 14 f.; *Sester*, ZIP 2005, 2099. Grundlegend zum Instrument der *„substantive consolidation"* nach dem U. S.-amerikanischen Recht: *Scheel*, Konzerninsolvenzrecht, 1995, 241 ff.
[30] *Eidenmüller/Frobenius*, ZIP 2013, Beilage zu Heft 22; nur für die Ebene des Insolvenzplanverfahrens gefordert: *Brünkmans*, in: MüKoInsO, 3. Band, Zwölfter Teil: Konzerninsolvenzrecht Rn. 19.
[31] Vgl. *Brünkmans*, in: MüKoInsO, 3. Band, Zwölfter Teil: Konzerninsolvenzrecht Rn. 20 f., der insgesamt eine stärkere Betonung dieses Regulierungskonzepts als im gegenwärtigen Regierungsentwurf für wünschenswert hält.
[32] *Eidenmüller*, ZHR 169 (2005), 528. Ausführlich zur Koordination verschiedener Insolvenzverfahren *Frege/Nicht*, in: Flöther: Handbuch zum Konzerninsolvenzrecht, § 4 Rn. 222 ff.
[33] Vgl. zu den grundsätzlichen Regulierungskonzepten *Eidenmüller/Frobenius*, ZIP 2013, Beilage zu Heft 22 und *Brünkmans*, in: MüKoInsO, 3. Band, Zwölfter Teil: Konzerninsolvenzrecht, Rn. 14 ff.
[34] Vgl. *K. Schmidt*, KTS 2010, 1, 18 f.; *von Wilcken*, in: Flöther: Handbuch zum Konzerninsolvenzrecht, § 4 Rn. 34.
[35] Vgl. *K. Schmidt*, KTS 2010, 1, 19 f.; sympathisierend am Beispiel der PIN-Gruppe: *Mankowski*, NZI 2008, 355, 356; *Paulus*, DB 2008, 2523, 2524; ablehnend etwa *Siemon*, NZI 2014, 55, 61.

gesellschaft[36] oder an das Prioritätsprinzip[37] bis hin zur von K. Schmidt vorgeschlagenen Sitz- und Verweisungslösung[38]. Die hM dürfte wohl – aus guten Gründen – das Anknüpfen an den Sitz der Muttergesellschaft favorisieren.

8   **3. Konzerngerichtsstandsbegründungen** *de lege lata.* Die Vielzahl der spektakulären Konzerninsolvenzen in der jüngeren Zeit dürfte den grundsätzlichen Bedarf der Rechtspraxis an speziellen konzerninsolvenzrechtlichen Reglungen belegt haben. Man denke hier nur etwa an die Fälle KirchMedia, Babcock,[39] PIN, Arcandor/Quelle, Praktiker/Max Bahr. Eine Verfahrenszentralisierung ist derzeit von Gesetzes wegen begrenzt und nur dann möglich, wenn neben dem Unternehmensverbund besondere Umstände hinzutreten, etwa wenn Tochterunternehmen unter großer und tatsächlich ausgeübter Leistungsdichte der Muttergesellschaft stehen; denn nur dann ist der wirtschaftliche Schwerpunkt der Tätigkeit iS des § 3 Abs. 1 S. 2 InsO am Sitz des Unternehmens, an dem die tatsächliche wirtschaftliche Leitung desselben erfolgt.[40] Fraglich ist freilich, welche Kriterien für eine ausreichende Leistungsdichte sprechen.[41] Ganz überwiegend soll es nicht (nur) darauf ankommen, wo die strategischen Entscheidungen getroffen werden. Maßgebend sind vielmehr die Zuständigkeit für das operative Geschäft und die damit verbundenen Entscheidungen (zB Führung der Bücher, Abwicklung der Finanzen, etc.). Hervorzuheben sind insofern u. a. Entscheidungen des OLG Brandenburg,[42] des AG Essen[43] und des AG Köln.[44] Letzteres hatte seinerzeit für Aufsehen im Fall der *PIN-Gruppe* gesorgt, da es seine Zuständigkeit gemäß § 3 Abs. 1 S. 2 InsO bzw. Art. 3 Abs. 1 S. 1 EuInsVO sowohl für die in Luxemburg ansässige Mutter als auch die in Bremen ansässigen Tochtergesellschaften bejaht hatte. Der Clou hieran war, dass zuvor aktiv Insolvency planning betrieben wurde und das operative Geschäft im Hinblick auf ein dort angestrebtes Insolvenzverfahren kurzfristig nach Köln verlagert worden war.[45] Das AG Köln war der Ansicht, die Verlagerung der Aktivitäten kurz vor Antragstellung sei nicht rechtsmissbräuchlich gewesen, da diese zur Realisierung einer Sanierung des Konzerns und damit im Interesse eines Konzernerhalts erfolgt sei.[46] Soweit also derzeit schon Insolvenzverfahren konzernverbundener Gesellschaften (idR am Sitz der Muttergesellschaft) konzentriert werden, basiert dies auf einem reinen Zufall des Zusammenfalls der Gerichtsstände in einem Gerichtsbezirk, einer strategischen vorinsolvenzlichen Planung und/oder der Tatsache, dass die Auslegung der maßgebenden Normen durch die Richterschaft einmal mehr sanierungsfreundlich ausgefallen ist.[47] Zu den Möglichkeiten, die

---

[36] *Jaffé/Friedrich,* ZIP 2008, 1849; *Vallender/Deyda,* NZI 2009, 825; *Verhoeven,* ZInsO 2014, 217; ders., ZInsO 2012, 1689, 1695.
[37] *Hirte,* ZIP 2008, 444.
[38] *K. Schmidt,* KTS 2010, 1, 22 ff.
[39] Anschaulicher Bericht aus „erster Hand": *Piepenburg* NZI 2004, 231 ff.
[40] Siehe hierzu *Ehricke* DZWIR 1999, 359 ff.; ders. ZInsO 2002, 393, 396 f.; ausführlich *Vallender/Deyda* NZI 2009, 825 ff.; *Ganter/Lohmann,* in: MüKoInsO, § 3 Rn. 14; siehe auch *Böcker,* GmbHR 2004, 1314, 1316.
[41] Vgl. *Ehricke* ZInsO 2002, 393, 397 f.
[42] OLG Brandenburg, Beschluss vom 19.06.2002 – 1 AR 27/02 = NZI 2002, 438 = ZInsO 2002, 767. Auch vor Geltung der InsO war maßgeblich, wo das operative Geschäft abgewickelt wurde, vgl. zu § 1 Abs. 2 GesO und § 71 Abs. 1 KO: LG Dessau, Beschluss vom 30.3.1998 – 7 T 123/98 = ZIP 1998, 1006.
[43] AG Essen, Beschluss vom 1.9.2009 – 166 IN 119/09 = NZI 2009, 810 f.: Insolvenzgerichtsstand am Sitz der Mutter, der Arcandor AG, in Essen auch für die in Fürth ansässigen Töchter, hier (o. g. Az) die Quelle GmbH.
[44] AG Köln, Beschluss vom 1.2.2008 – 73 IN 682/07 = NZI 2008, 254 ff. und AG Köln, Beschluss vom 19.2.2008 – 73 IN 1/08 = NZI 2008, 257 ff.
[45] Dazu etwa *Mankowski,* NZI 2008, 355, 355 f.; *Paulus,* DB 2008, 2523, 2524.
[46] AG Köln, Beschluss vom 19.2.2008 – 73 IN 1/08 = NZI 2008, 257, 260 = ZIP 2008, 423, 423 und 428.
[47] Vgl. auch *Mankowski,* NZI 2008, 355, 355 f.

getrennten Verfahren nach geltendem Recht zusammenzuführen, siehe *Ehricke,* DZWiR 1999, 353, 359 ff. Zu den Möglichkeiten nach dem Insolvenzplan siehe *Uhlenbruck,* NZI 1999, 41, 43.

4. Insolvenz und Unternehmensverträge. Die Zulässigkeit von Unternehmensverträgen auch für andere Unternehmensträger als AG (insbesondere GmbH) steht, obwohl insoweit eine gesetzliche Regelung fehlt, außer Frage.[48] So kann etwa auch eine GmbH sowohl als herrschendes als auch als abhängiges Unternehmen derartige Verträge abschließen. Zwar erfassen die §§ 291 ff. AktG dem Wortlaut nach nur solche Verträge, durch die eine AG bzw. KGaA die Leitung ihrer Gesellschaft einem anderen Unternehmen unterstellt (Beherrschungsvertrag) oder sich verpflichtet, ihren ganzen Gewinn an ein anderes Unternehmen abzuführen (Gewinnabführungsvertrag). Die Vorschriften finden jedoch hM zufolge entsprechende Anwendung, wenn die GmbH als abhängige Gesellschaft derartige Verträge schließt.[49]

a) *Das Schicksal von Beherrschungs- und Gewinnabführungsverträgen.* Welche Auswirkungen die Insolvenzeröffnung über das Vermögen des herrschenden bzw. beherrschten Unternehmens auf den Unternehmensvertrag hat, ist umstritten.[50] Der BGH[51] und die überwiegende Ansicht im Schrifttum[52] sind der Ansicht, dass der Unternehmensvertrag mit Eröffnung des Insolvenzverfahrens, sei es über das Vermögen der Tochter- oder aber das der Muttergesellschaft, automatisch beendet wird. Begründet wird dies überwiegend mit der mit Insolvenzeröffnung eintretenden Zweckänderung der Gesellschaft sowie damit, dass ein Fortbestand des Unternehmensvertrages mit dem Wesen des Insolvenzverfahrens unvereinbar sei. So kann etwa der Insolvenzverwalter der insolvent gewordenen abhängigen Gesellschaft nicht auf Grund eines Beherrschungsvertrages verpflichtet sein, die Weisungen der herrschenden Gesellschaft zu befolgen. Umgekehrt würde der Insolvenzverwalter der insolvent gewordenen herrschenden Gesellschaft in einen unlösbaren Interessenkonflikt gestürzt, wenn er zum einen die Interessen der Gläubiger des herrschenden Unternehmens und andererseits das Konzerninteresse zu wahren hätte. Über die Rechtsnatur der Beendigung hat sich der BGH bislang nicht geäußert. Da sich diese jedoch automatisch und ohne Zutun der Beteiligten vollziehen soll, ist nach dieser Ansicht wohl von einer auflösenden Bedingung auszugehen.[53]

Anderer Ansicht zufolge besteht der Unternehmensvertrag auch für den Fall, dass über das Vermögen einer der Vertragsparteien das Insolvenzverfahren eröffnet wurde, bis zur Vollbeendigung der Gesellschaft fort.[54] Das Konzernorganisationsrecht werde

---

[48] *Lutter/Hommelhoff,* Anh § 13 GmbHG Rn. 40 ff.; *Böcker,* GmbHR 2004, 1257, 1258; *Roth/Altmeppen,* Anh § 13 GmbHG Rn. 18 ff. Zur statistischen Bedeutung von Unternehmensverträgen, *Meyer,* GmbHR 2002, 242, 244 f.

[49] Vgl. BGHZ 105, 324, 330 ff.; BGH NJW 1988, 1326; OLG Jena NZG 2005, 716, 717; *Lutter/Hommelhoff,* Anh § 13 GmbHG Rn. 40 ff.; *Emmerich/Habersack,* § 297 AktG Rn. 3; *Zöllner,* in: Baumbach/Hueck, GmbHG, Schlussanh. I GmbH-Konzernrecht Rn. 25 ff.

[50] Vgl. *Tschernig,* S. 88 ff.; *Böcker,* GmbHR 2004, 1257, 1258; *Hirte,* in: Uhlenbruck, § 11 Rn. 397 f.; *Emmerich/Habersack,* § 297 Rn. 52 f.

[51] BGH NJW 1988, 1326, 1327 (zum alten Recht); siehe auch OLG Frankfurt EWiR 2004, 679 f.

[52] Vgl. *Emmerich/Habersack,* § 297 AktG Rn. 52 ff.; *Altmeppen,* in: MüKoAktG, § 297 Rn. 106 ff.; *Lutter/Hommelhoff,* Anh § 13 GmbHG Rn. 84; *Kort,* ZIP 1988, 681; 682; *Lutter,* ZfB 1984, 781, 782; *Wellensiek,* ZIP 1984, 541, 544; *Paulus,* ZIP 1996, 2141, 2144 mit einer dogmatischen Einordnung dieses Ergebnisses; aA *Hirte,* in: Uhlenbruck, § 11 Rn. 397; differenzierend *Berthold,* Unternehmensverträge in der Insolvenz, Rn. 226 ff., 242 ff., die auf den Unternehmensvertrag die Auftragsvorschriften der §§ 662 ff. BGB anwendet und nur bei der Insolvenz des beherrschenden Unternehmens ein automatisches Erlöschen des Vertrages analog § 115 InsO bejaht.

[53] Vgl. hierzu BGH NJW 1988, 1326, 1327; *Freudenberg,* ZIP 2009, 2037, 2038 f.

[54] Vgl. *K. Schmidt,* in: Wege zum Insolvenzrecht der Unternehmen, S. 288; *Hirte,* in: Uhlenbruck, § 11 Rn. 398; *Koppensteiner,* in: Kölner Kommentar, § 297 AktG Rn. 47 f.; *Meister,* WM 1976, 1182, 1188 f.; *Häsemeyer,* Insolvenzrecht, Rn. 32.09; *Piepenburg,* NZI 2004, 231, 235 f.; *Zeidler,* NZG 1999, 692, 696; so wohl auch AG Duisburg ZIP 2002, 1636, 1640: „Weisungsbefugnisse ruhen". Für die

– wie das gesellschaftsrechtliche Organisationsrecht im Übrigen auch – durch den insolvenzrechtlichen Abwicklungszweck nicht aufgehoben, sondern nur insoweit überlagert, als dies zur insolvenzrechtlichen Zweckerreichung erforderlich ist. Unvereinbar mit der insolvenzrechtlichen Zwecksetzung und daher verdrängt sind danach die Folgepflicht sowie die Konzernleitungspflicht des Insolvenzverwalters sowie die Verlustausgleichspflicht der Muttergesellschaft.[55] Nach dieser Ansicht sind die gegenseitigen Verpflichtungen aus dem Unternehmensvertrag für die Dauer des Insolvenzverfahrens also lediglich suspendiert.[56] Auch wenn dieser Ansicht nach der Unternehmensvertrag grundsätzlich fortbesteht, soll den Vertragspartnern jedoch ein Recht zur außerordentlichen Kündigung im Fall der Insolvenz des anderen Vertragsteils zustehen.[57] Die nach dieser Ansicht vertretene Aufrechterhaltung des organisationsrechtlichen Unternehmensvertrages kann zum Zwecke des Insolvenzplanverfahrens oder uU dann von Vorteil sein, wenn das Verfahren aus anderen Gründen eingestellt wird.[58]

12 Die Unterschiede zwischen den beiden verschiedenen Ansichten sind in der Praxis freilich nicht recht groß. So gewährt auch die Ansicht, die am Fortbestand des Unternehmensvertrages festhält, der einen Partei im Falle der Insolvenz der anderen ein außerordentliches Kündigungsrecht (→ Rn. 11). Weiterhin besteht auch darüber Einigkeit, dass selbst bei einem Fortbestand des Unternehmensvertrages für ein Weisungsrecht der Obergesellschaft gegenüber der insolventen Untergesellschaft kein Raum ist.[59] Unterschiedlich auswirken können sich die verschiedenen Ansichten uU dann, wenn über eine Gesellschaft das Verfahren in Eigenverwaltung eröffnet wurde; denn dann kommt – soweit der Beherrschungs- und Gewinnabführungsvertrag nicht kraft Insolvenzeröffnung beendet wird – eine Überlagerung durch insolvenzrechtliche Beschränkungen grundsätzlich nicht in Betracht.[60]

13 **b)** *Sonstige Folgen im Insolvenzverfahren des abhängigen Unternehmens.* aa) *Verlustausgleichspflicht.* Nach § 302 Abs. 1 AktG besteht eine Verlustausgleichspflicht des herrschenden Unternehmens gegenüber der abhängigen Gesellschaft bei Bestehen eines Beherrschungs- oder eines Gewinnabführungsvertrages.

14 (1) *Berechnung.* Zu ersetzen ist nach § 302 AktG jeder Jahresfehlbetrag, dh der Fehlbetrag, der sich bei der beherrschten Gesellschaft einstellen würde, wenn es die Verlust-

---

uneingeschränkte Fortführung bei Insolvenz der Obergesellschaft hingegen *Freudenberg*, ZIP 2009, 2037, 2039 ff.

[55] *K. Schmidt*, Gesellschaftsrecht, § 31 III 5 (S. 957 f.); aA *Piepenburg*, NZI 2004, 231, 235 f., wonach die Einflussnahmemöglichkeiten bestehen bleiben, weil sie durch die Verlustausgleichspflicht (die dann Masseverbindlichkeit wäre) hinreichend kompensiert würden.

[56] AG Duisburg, ZIP 2002, 1636, 1640; *Freudenberg*, ZIP 2009, 2037, 2039 mwN.

[57] Nach *Piepenburg*, NZI 2004, 231, 236 f. soll jedoch der Insolvenzverwalter der Untergesellschaft hierüber nicht nach freiem Ermessen entscheiden dürfen. Vielmehr treffe diesen die Pflicht, im Interesse der Gläubiger die Chance auf einen im Konzern liegenden Mehrwert zu wahren; *Berthold*, Unternehmensverträge in der Insolvenz, Rn. 344, 347 ff. gesteht dagegen nur der Tochtergesellschaft ein Kündigungsrecht aus wichtigem Grund zu, da § 297 Abs. 1 S. 2 AktG dem Wortlaut nach nur deren Schutz bezwecke.

[58] Kritisch *Hirte*, in: Uhlenbruck, § 11 Rn. 398.

[59] Siehe nur *Hirte*, in: Uhlenbruck, § 11 Rn. 398; nach *Berthold*, Unternehmensverträge in der Insolvenz, Rn. 396, erlischt die Weisungsgebundenheit der Tochtergesellschaft bereits in der Krise der Muttergesellschaft.

[60] *Tschernig*, S. 101; *Hirte*, in: Uhlenbruck, § 11 Rn. 398; für eine Suspendierung des Unternehmensvertrages in diesem Fall *Emmerich/Habersack*, § 297 AktG Rn. 52b; offen gelassen in AG Duisburg ZIP 2002, 1636, 1640: „kommen alle konzernrechtlichen Weisungsbefugnisse des herrschenden Unternehmens gegenüber dem beherrschten Unternehmen *zumindest* (Hervorhebung durch den Verfasser) zum Ruhen."; nach *Berthold*, Unternehmensverträge in der Insolvenz, Rn. 236 soll es dagegen nicht von Bedeutung sein, ob Eigen- oder Fremdverwaltung vorliegen, da der Unternehmensvertrag als Geschäftsbesorgungsverhältnis iSd BGB auch bei der Eigenverwaltung gemäß § 116 InsO erlösche.

Konzern und Insolvenz 15 § 95

übernahmepflicht nach § 302 AktG nicht gäbe.[61] Der Anspruch auf Ausgleich entsteht mit Abschluss des Geschäftsjahres, in dem der Jahresfehlbetrag eingetreten ist und ist mit diesem Zeitpunkt fällig.[62] Die Höhe richtet sich nach der ordnungsgemäß aufgestellten Bilanz der abhängigen Gesellschaft.[63] Der Anspruch verjährt in zehn Jahren ab Eintragung der Beendigung des Vertrages im Handelsregister (siehe § 302 Abs. 4 AktG). Die Verlustübernahmepflicht endet – ungeachtet dessen, welche Wirkung man der Insolvenzeröffnung auf den Bestand des Unternehmensvertrages zuschreibt – nach ganz hM mit Eröffnung des Insolvenzverfahrens. Mit Eröffnung des Insolvenzverfahrens kann der Insolvenzverwalter unstreitig für das abgelaufene (vollständige) Geschäftsjahr den Anspruch auf Verlustausgleich geltend machen, soweit dieser Anspruch noch nicht erfüllt ist. Für das laufende Rumpfgeschäftsjahr, in dem die Verlustübernahme endet (oder suspendiert ist), ist eine Zwischenbilanz zu erstellen. Der bis zu diesem Stichtag entstandene Fehlbetrag ist auszugleichen.[64] Grundsätzlich ist dieser Anspruch durch Barzahlung zu erfüllen. Die herrschende Gesellschaft kann jedoch gegen eine bereits entstandene Forderung der abhängigen Gesellschaft auf Verlustausgleich aufrechnen, sofern die zur Aufrechnung gestellte Forderung werthaltig ist.[65] Die Beweislast für die Werthaltigkeit trägt die herrschende Gesellschaft.[66] Zudem möglich sind – unter der Voraussetzung der Werthaltigkeit – Leistungen der beherrschenden Gesellschaft an Erfüllungs statt, sowie die Befriedigung von Forderungen (dritter) Gläubiger der abhängigen Gesellschaft durch die beherrschende Gesellschaft.[67]

(2) *Liquidationsverluste.* Umstritten ist, ob die bei der Liquidation der abhängigen Gesellschaft eintretenden Abwicklungsverluste mit umfasst sind.[68] Man versteht hierunter die Unterbilanz, die sich nach Auflösung der Gesellschaft bei der Abwicklung ergibt und den endgültigen Vermögensverlust der Aktionäre anzeigt. Zunehmend werden auch die Abwicklungskosten als von § 302 AktG mit umfasst mit der Begründung angesehen, dass diese Verluste letztlich Folge jahrelanger negativer Einflussnahmen des herrschenden Unternehmens seien.[69] Die beherrschte Gesellschaft sei so zu stellen, dass sie bilanziell über die gleiche Vermögensmasse verfüge wie vor Abschluss des Beherrschungsvertrags. Daher müsse die Fortführungsprognose mit in die Berechnung des Verlustausgleichsanspruches einfließen; die beherrschte Gesellschaft müsse also auch nach Beendigung des Beherrschungsvertrags eigenständig lebensfähig sein.[70] Die wohl

15

---

[61] *Emmerich/Habersack,* § 302 AktG Rn. 27; *Hüffer,* § 302 AktG Rn. 11; *Lwowski/Groeschke,* WM 1994, 613, 614.
[62] Vgl. BGH BB 1999, 2524; OLG Jena NZG 2005, 716, 717; *Emmerich/Habersack,* § 302 AktG Rn. 40; *Hüffer,* § 302 AktG Rn. 13; *Roth/Altmeppen,* Anh § 13 GmbHG Rn. 73; aA erst mit Feststellung des Jahresabschlusses bzw. der Zwischenbilanz, OLG Schleswig AG 1988, 382, 383; *Lwowski/Groeschke,* WM 1994, 613, 614; zur unterjährigen Beendigung von Gewinnabführungsverträgen, siehe *Philippi/Neveling,* BB 2003, 1685.
[63] Vgl. LG Hamburg ZIP 1985, 805, 806; *Schöneberger,* BB 1978, 1646.
[64] Vgl. BGH NJW 1988, 1326, 1328; *Kort,* ZIP 1988, 681, 683; *Hüffer,* § 302 AktG Rn. 13; *K. Schmidt,* in: Wege zum Insolvenzrecht der Unternehmen, S. 231; *Hirte,* in: Uhlenbruck, § 11 Rn. 401; *Emmerich/Habersack,* § 302 AktG Rn. 38; *Altmeppen,* in: MüKoAktG, § 302 Rn. 23 ff.; *Roth/Altmeppen,* Anh § 13 GmbHG Rn. 73.
[65] BGH NZG 2006, 664, 665 f.; *Grunewald,* NZG 2005, 781, 782 f.; *Priester,* BB 2005, 2483, 2485 f.; *Reuter,* DB 2005, 2339, 2342; *Emmerich/Habersack,* § 302 AktG Rn. 40 d.
[66] BGH NZG 2006, 664, 666.
[67] BGH NZG 2006, 664, 666.
[68] Vgl. hierzu *Tschernig,* S. 111 ff.
[69] So etwa *Rümker,* WM 1974, 990, 995; *K. Schmidt,* ZGR 1983, 513, 531 ff.; weitergehend *Berthold,* Unternehmensverträge in der Insolvenz, Rn. 402, die einen „globalen Verlustausgleich" befürwortet, der sämtliche Verluste erfasst, die während der Vertragslaufzeit verursacht (wenn auch noch nicht realisiert) werden, solange sie sich im Rahmen der Fortführungsprognose bewerten lassen. Zum Meinungsstand *Altmeppen,* in: MüKoAktG, § 302 Rn. 27 ff.
[70] *Altmeppen,* in: MüKoAktG, § 302 Rn. 39 ff.

überwiegende Ansicht hingegen lehnt einen Ausgleich der Abwicklungsverluste nach § 302 AktG hingegen ab.[71]

16 (3) *Auswirkung auf die Insolvenzgründe.* Der Ausgleichsanspruch entsteht zwar erst mit Ablauf des Geschäftsjahres (und wird dann auch sofort fällig),[72] ist aber schon vorher im Rahmen der Überschuldungsprüfung auf der Aktivseite zu verbuchen, da er der abhängigen Gesellschaft unentziehbar zusteht.[73] Bei Werthaltigkeit der Forderung ist daher eine Überschuldung der abhängigen Gesellschaft nicht denkbar.[74] Ausnahmsweise kann diese dann eintreten, wenn das herrschende Unternehmen insolvent wird und daher der Verlustausgleichsanspruch des abhängigen Unternehmens dementsprechend niedriger zu bewerten ist. Anders als die Überschuldung, schließt der Verlustausgleichsanspruch einen Liquiditätsengpass (oder gar eine Zahlungsunfähigkeit) nicht von vornherein aus.[75] Ist die abhängige Gesellschaft in Liquiditätsschwierigkeiten, wird teilweise die Ansicht vertreten, dass die herrschende Gesellschaft auch schon vor Ende des Geschäftsjahres zu Abschlagszahlungen verpflichtet ist.[76]

17 (4) *Gegenansprüche.* In Bezug auf Forderungen des herrschenden Unternehmens wegen Gewinnabführung für Zeiträume vor Insolvenzeröffnung kommt § 84 Abs. 1 S. 2 InsO nicht (auch nicht entsprechend) zur Anwendung.[77] § 84 Abs. 1 S. 2 InsO will sicherstellen, dass die Mitglieder einer Gemeinschaft oder Personengesellschaft wegen ihrer aus dem Rechtsverhältnis herrührenden Forderungen nicht auf eine Insolvenzforderung angewiesen sind, soweit ein in die Insolvenzmasse fallender Anteil des Schuldners vorhanden ist. Daher soll ihnen der Anteil vorweg zur Befriedigung zur Verfügung stehen. Dies setzt freilich zum einen voraus, dass es einen „Anteil" gibt. Hieran fehlt es aber im Falle eines Gewinnabführungs- und Beherrschungsvertrages; denn gemeinsames Vermögen wird hier nicht gebildet, das auseinanderzusetzen wäre. Zum anderen wird die einer Absonderung „aus dem dabei ermittelten Anteil des Schuldners" (§ 84 Abs. 1 S. 2 InsO) entsprechende Wirkung bereits dadurch erreicht, dass der Verlustausgleichsanspruch lediglich ein bilanzmäßig festgestellter Saldo ist, in den etwaige Gegenansprüche der Muttergesellschaft, derentwegen ein „Absonderungsrecht" iS des § 84 Abs. 1 S. 2 InsO in Betracht kommen könnte, bereits berücksichtigt wurde.[78]

18 bb) *Sicherheitsleistung bzw. Ausfallhaftung.* Nach § 303 Abs. 1 AktG haben die Gläubiger der abhängigen Gesellschaft, die nicht anderweitig ausreichend gesichert sind (vgl. § 303 Abs. 2 AktG), bei Beendigung des Beherrschungs- oder Gewinnabführungsvertrages einen Anspruch auf Sicherheitsleistung gegen den anderen Vertragsteil. Eine Sicherheitsleistung des herrschenden Unternehmens gibt jedoch dann keinen Sinn, wenn die Inanspruchnahme des herrschenden Unternehmens mit Sicherheit feststeht, etwa weil das abhängige Unternehmen insolvent ist und der Antrag auf Eröffnung des Insolvenzverfah-

---

[71] Vgl. BFH WM 1968, 409 ff.; *Koppensteiner,* in: Kölner Kommentar, § 302 AktG Rn. 36; *Hirte,* in: Uhlenbruck, § 11 Rn. 402 (differenzierend); *Lwowski/Groeschke,* WM 1994, 613, 615 f.; vgl. auch *Emmerich/Habersack,* § 302 AktG Rn. 39; *Uhlenbruck,* in Kölner Schrift, S. 1157 Rn. 30.
[72] BGH NJW 2000, 210, 211.
[73] Vgl. *Wellensiek,* ZIP 1984, 541, 542; *Kort,* ZIP 1988, 681, 683.
[74] Vgl. *Lutter/Timm,* ZGR 1983, 269, 279 f.; *Kort,* ZIP 1988, 681, 683; *Lwowski/Groeschke,* WM 1994, 613, 614; *Paulus,* ZIP 1996, 2141, 2143; *Hirte,* in: Uhlenbruck, § 11 Rn. 399; *Altmeppen,* DB 1999, 2453, 2456; *Altmeppen,* in: MüKoAktG, § 302 Rn. 36.
[75] AA *Berthold,* Unternehmensverträge in der Insolvenz, Rn. 138 ff., die nicht den Verlustausgleich heranzieht, sondern in analoger Anwendung des § 669 BGB einen einklagbaren Anspruch der Tochtergesellschaft auf Zuführung von notwendiger Liquidität herleitet.
[76] Vgl. *Priester,* ZIP 1989, 1301, 1307 f.; *Emmerich/Habersack,* § 302 AktG Rn. 41; *Altmeppen,* in: MüKoAktG, § 302 Rn. 36; aA *Lwowski/Groeschke,* WM 1994, 613, 615.
[77] *Bergmann/Gehrlein,* in: MüKoInsO, § 84 Rn. 16, zumindest in Bezug auf Verlustausgleichsansprüche; aA *Paulus,* ZIP 1996, 2141, 2144.
[78] So zu Recht *Bergmann/Gehrlein,* in: MüKoInsO, § 84 Rn. 16.

rens mangels Masse vom Insolvenzgericht abgelehnt wurde. Entsprechend § 322 AktG wandelt sich dann der Anspruch der Gläubiger auf Sicherheitsleistung in eine Schuld der herrschenden Gesellschaft in Höhe der Forderung, für die ansonsten Sicherheit zu leisten wäre. Es besteht dann eine Ausfallhaftung des herrschenden Unternehmens für die Forderungen der Gesellschaftsgläubiger des abhängigen Unternehmens.[79]

cc) *Schadensersatzansprüche.* In die Insolvenzmasse des abhängigen Unternehmens fallen insbesondere Schadensersatzansprüche nach § 310 AktG gegen die Verwaltungsmitglieder des abhängigen Unternehmens wegen Befolgens nachteiliger Weisungen des herrschenden Unternehmens sowie Schadensersatzansprüche gegen die gesetzlichen Vertreter und Inhaber des herrschenden Unternehmens nach § 309 AktG. Auch nach neuerer Rechtsprechung ist jedoch für Schadensersatzansprüche der abhängigen Gesellschaft wegen materieller Unterkapitalisierung weiterhin kein Raum.[80] Nicht in die Insolvenzmasse fallen weiter Haftungsansprüche der Gläubiger der abhängigen Gesellschaft wegen „in Anspruch genommenen Konzernvertrauen".[81] Derartige Ansprüche können auch nicht über § 92 InsO zur Insolvenzmasse gezogen werden, da es sich hierbei nicht um einen Gesamtgläubigerschaden iS der Vorschrift handelt. Ansprüche von Gläubigern der abhängigen Gesellschaft gegen das beherrschende Unternehmen können nur von diesen selbst nach allgemeinen deliktischen Grundsätzen (zB arglistige Täuschung) geltend gemacht werden.[82]

dd) *Doppelinsolvenz.* Ist über das Vermögen der herrschenden Gesellschaft ebenfalls das Insolvenzverfahren eröffnet worden, ist die Verlustausgleichsforderung als Insolvenzforderung anzumelden.[83] Folgt man allerdings der oben genannten Ansicht, dass das herrschende Unternehmen auch für Abwicklungsverluste und damit teilweise auch für Masseschulden einzustehen hat, stellt sich die Frage der „Rangübertragung". Letztere ist jedoch – im Hinblick auf das Trennungsprinzip – abzulehnen. Ist auch die Obergesellschaft insolvent, entfallen Ansprüche von Gläubigern des abhängigen Unternehmens nach § 303 AktG, weil sie auf dasselbe Interesse wie die Verlustausgleichsforderung gerichtet sind und im Insolvenzverfahren wirtschaftlich gleiche Forderungen – wie sich aus § 44 InsO ergibt – nur einmal angemeldet werden können.[84]

c) *Sonstige Folgen im Insolvenzverfahren des herrschenden Unternehmens.* Die Insolvenz des herrschenden Unternehmens erstreckt sich nur auf dessen Vermögen und nicht auch auf das Vermögen der abhängigen Gesellschaften. Freilich verhindert das Trennungsprinzip nicht Ansprüche des abhängigen Unternehmens gegen das herrschende Unternehmen. Im Insolvenzverfahren über das Vermögen des herrschenden Unternehmens bildet der Verlustausgleichsanspruch des abhängigen Unternehmens eine Insolvenzforderung (→ Rn. 20). Der Anspruch kann aber nur geltend gemacht werden, soweit es sich um einen Jahresfehlbetrag handelt, der bis zur Vertragsbeendigung entstanden ist.[85] Erachtet

---

[79] Vgl. BGHZ 95, 330, 347; 105, 168, 193; *Emmerich/Habersack,* § 303 AktG Rn. 24 ff.; *Roth/Altmeppen,* Anh § 13 GmbHG Rn. 75; siehe auch *Hüffer,* § 303 AktG Rn. 7; für eine zusätzliche, wenn auch nicht werthaltige Forderung der Gesellschaft gegen das herrschende Unternehmen, *Berthold,* Unternehmensverträge in der Insolvenz, Rn. 308.
[80] BGH NJW 2008, 2437, 2438 f.
[81] Vgl. hierzu *Lutter,* Gedächtnisschrift Knobbe-Keuk, 1997, S. 229 ff. im Anschluss an schweizerisches BG AG 996, 44.
[82] BGH NJW 2008, 2437, 2440 f.
[83] *Hirte,* in: Uhlenbruck, § 11 Rn. 403; *Stodolkowitz,* in: MüKoInsO, 1. Auflage, § 84 Rn. 16.
[84] AA *Berthold,* Unternehmensverträge in der Insolvenz, Rn. 393, die auf den Sicherstellungsanspruch § 43 mit der Begründung anwendet, dass § 44 allenfalls das herrschende Unternehmen mit einem potentiellen Rückgriffsanspruch gegen die abhängige Gesellschaft im Insolvenzverfahren über deren Vermögen ausschließe.
[85] AA *Berthold,* Unternehmensverträge in der Insolvenz, Rn. 121, die die Bezugnahme des § 302 Abs. 1 AktG auf den Jahresfehlbetrag dahingehend auslegt, das damit lediglich der Bilanzierungspflicht

man den Unternehmensvertrag nicht schon automatisch für beendet, steht der Untergesellschaft im Fall der Insolvenz der Obergesellschaft in jedem Fall ein außerordentliches Kündigungsrecht zu, da sie mit einer vollständigen Realisierung ihres Ausgleichsanspruchs nicht mehr rechnen kann. Mithilfe des außerordentlichen Kündigungsrechts kann sich die Untergesellschaft auch dem Weisungsrecht der Obergesellschaft, das der Insolvenzverwalter für diese ausübt,[86] entziehen.

22   **5. Insolvenz und faktische Konzernierungen.** Eine faktische Konzernierung liegt vor, wenn mehrere Unternehmen unter der Leitung eines herrschenden Unternehmens zusammengefasst sind. Herrschendes Unternehmen kann auch eine natürliche Person sein, die neben ihrer Beteiligung etwa in der AG oder GmbH[87] ein einzelkaufmännisches Unternehmen betreibt oder aber eine anderweitige unternehmerische Beteiligung hält.[88] Auch eine Gebietskörperschaft des öffentlichen Rechts kann als Unternehmen iS des Konzernrechts zu qualifizieren sein.[89] Die Frage der Leitungsmacht ist dabei nicht allein nach Mehrheitsverhältnissen, sondern auch unter wirtschaftlichen Gesichtspunkten zu beurteilen.[90] Als „qualifiziert" bezeichnet man die Konzernierung der GmbH, wenn die Leitung durch das herrschende Unternehmen eine derartige Leitungsdichte aufweist, dass sich ausgleichspflichtige Nachteilszufügungen bei der beherrschten Gesellschaft nicht mehr isolieren lassen.[91] Kennzeichnend ist also, dass der insgesamt zugefügte Nachteil nicht mehr durch Einzelausgleichsmaßnahmen kompensiert werden kann.[92] Die Leitung durch das herrschende Unternehmen muss weder ausdauernd noch umfassend sein. Sie kann sich vielmehr auch in einzelnen Leistungsmaßnahmen erschöpfen.[93]

23   **a)** *Faktischer Konzern.* Beim einfachen faktischen Konzern steuert das Tochterunternehmen seine Vermögens- und Haftungsverhältnisse grundsätzlich selbst und in eigener Verantwortung. Nachteilige Weisungen der Obergesellschaft führen – sofern es sich bei der abhängigen Gesellschaft um eine AG handelt – zu einer Ausgleichspflicht nach §§ 311, 317 AktG. In der Insolvenz der Untergesellschaft macht diesen Anspruch der Insolvenzverwalter geltend (§ 317 Abs. 4, § 318 Abs. 4 iVm §§ 309 Abs. 4, 93 Abs. 5 AktG).[94] Bei Abhängigkeit der GmbH sind die §§ 311 ff. AktG dagegen auf Grund der strukturellen Unterschiede gegenüber der AG nicht anwendbar;[95] vielmehr begegnet die hM hier den mit der Abhängigkeit verbundenen Gefahren für die Gläubiger (und den Minderheitsgesellschaftern) insbesondere über das Kapitalerhaltungsgebot, die mitgliedschaftliche Treuepflicht, den Gleichbehandlungsgrundsatz sowie das Stimmverbot in § 47 Abs. 4 GmbHG.[96] Sowohl im faktischen GmbH-Konzern als auch im fakti-

---

Rechnung getragen werden soll, jedoch nicht Fehlbeträge aus nicht abgeschlossenen Geschäftsjahres ausgenommen werden sollen.

[86] *Hirte,* in: Uhlenbruck, § 11 Rn. 410.
[87] Für eine entsprechende Anwendung der Grundsätze auf einen GmbH & Co KG-Konzern, siehe BAG EWiR 1999, 537 f. *(Bork).*
[88] Vgl. BGH NJW 1997, 943; NJW 1996, 1283, 1284; NJW 1994, 446; ZIP 1993, 589, 593; *Zöllner,* in: Baumbach/Hueck, GmbHG, Schlussanh. GmbH-Konzernrecht Rn. 11. Zu den Einflussrechten der Gemeindeorgane in einer kommunalen GmbH, siehe *Altmeppen,* NJW 2003, 2561 ff.
[89] BGHZ 135, 107, 113 f.; LG Hannover DZWIR 1999, 413, 417; *Roth/Altmeppen,* Anh § 13 GmbHG Rn. 6; siehe auch BGHZ 69, 334, 374.
[90] Vgl. BGHZ 95, 330, 336 ff.; 107, 7, 15; BGH NJW 1996, 1283, 1284.
[91] Vgl. BGHZ 95, 330, 343; 107, 7, 15 f.; 122, 123, 126; OLG Köln NZG 1998, 820, 821; OLG Düsseldorf NZG 1999, 502; Anmerkung *Goette,* DStR 1997, 1937, 1938; *Hüffer,* § 302 AktG Rn. 7.
[92] BGH, NJW 1993, 1200, 1203 zum GmbH-Konzern.
[93] BGHZ 122, 123, 130 f.; BGH NJW 1994, 446; OLG Bremen NZG 1999, 724.
[94] *Emmerich/Habersack,* § 317 AktG Rn. 29; der Insolvenzverwalter ist insoweit nicht an die Beschränkungen des § 309 Abs. 3 S. 2, Abs. 4 S. 4 AktG gebunden, siehe *Emmerich/Habersack,* aaO, Rn. 31.
[95] *Lutter/Hommelhoff,* Anh § 13 GmbHG Rn. 15; *Emmerich/Habersack,* Anh § 318 AktG Rn. 2; *Böcker,* GmbHR 2004, 1257, 1261.
[96] *Emmerich/Habersack,* Anh § 318 AktG Rn. 2, 24 ff.

schen AG-Konzern bilden die Ansprüche der abhängigen Gesellschaft in der Insolvenz der Obergesellschaft einfache Insolvenzforderungen.

Nach teilweise vertretener Ansicht soll mit Eröffnung des Insolvenzverfahrens (gleich ob bei der Ober- oder Untergesellschaft) die faktische Konzernierung enden; denn die Ausübung bzw. Erduldung von Leitungsmacht sei allein den Gesellschaftsorganen zugewiesen.[97] Nach teilweiser vertretener Ansicht soll dies nicht gelten, wenn über das Vermögen der Gesellschaft das Insolvenzverfahren in Form der Eigenverwaltung angeordnet wurde. Hier sollen die Leitungsstrukturen erhalten bleiben mit der Folge, dass – in gewissem Umfang – eine Konzernsanierung (etwa verbunden mit einem Insolvenzplan) möglich erscheint.[98] Richtiger Ansicht nach endet die faktische Konzernierung und die damit einhergehende Leitungsmacht mit Insolvenz der (Ober- oder Unter-) Gesellschaft nicht. Die Beteiligungsverhältnisse werden nämlich durch die Insolvenzeröffnung nicht berührt. Die mit der Beteiligung verbundenen Mitgliedschaftsrechte gehen auf den Insolvenzverwalter über. 24

b) *Qualifiziert faktischer Konzern.* aa) *Aktiengesellschaft.* Der durch das System des Einzelausgleichs bezweckte Schutz der abhängigen Gesellschaft und ihrer Außenseiter kann nur unzureichend verwirklicht werden, wenn das herrschende Unternehmen die abhängige Gesellschaft in einer Weise leitet, dass sich einzelne Nachteilszufügungen nicht mehr isolieren oder in ihren nachteiligen Folgen für die abhängige Gesellschaft bewerten lassen.[99] Im Grundsatz besteht darüber Einigkeit, dass derartige „qualifizierte Nachteilszufügungen" auch einer qualifizierten Grundlage, nämlich eines Beherrschungsvertrages bedürfen. Damit stellt sich aber die Frage, wie zu verfahren ist, wenn es an einer solchen Ermächtigungsgrundlage fehlt. Die wohl überwiegende Ansicht wendet, um das am gesetzlichen Leitbild ausgerichtete Unternehmen nicht zu benachteiligen, insoweit die gegenüber dem Einzelausgleichssystem (§§ 311, 317 AktG, Treuepflichtverletzung) wesentliche schärferen §§ 302 f. AktG entsprechend an.[100] Ob sich an den im qualifiziert faktischen Konzern auf die AG anzuwendenden Grundsätze auf Grund der zur GmbH ergangenen Rechtsprechung zum „existenzvernichtenden Eingriff" etwas geändert hat, wird kontrovers diskutiert. Die wohl überwiegende Ansicht lehnt dies ab[101] und begründet dies damit, dass das Aktienrecht mit den §§ 302 f. AktG bereits ein spezifisches Schutzrecht gegen „existenzgefährdende Maßnahmen" hat. An das Vorliegen eines die entsprechende Anwendung der §§ 302 f. AktG[102] rechtfertigenden existenzgefährdenden Eingriffs legt die hM strenge Anforderungen an. Neben der Abhängigkeit setzt der Tatbestand eine (ohne einen entsprechenden Ausgleich vorgenommene) nachteilige Einflussnahme des herrschenden Unternehmens voraus, die vom Einzelausgleichssystem nicht adäquat erfasst wird.[103] 25

bb) *GmbH.* Die bislang hM hat in Fällen der qualifiziert faktischen Konzernierung im GmbH-Recht einen Schutz der Gläubiger der beherrschten Gesellschaft in Anlehnung an §§ 302, 303 AktG entwickelt, da die für die Gläubiger hiervon ausgehenden Risiken mit einer von einem Unternehmensvertrag ausgehenden Beherrschungsbeziehung ver- 26

---

[97] *Hirte*, in: Uhlenbruck, § 11 Rn. 413; *Ehricke*, ZInsO 2002, 393, 394; siehe auch *Böcker*, GmbHR 2004, 1257, 1259 und 1315; *Kort*, ZIP 1988, 681, 687 f.
[98] *Ehricke*, ZInsO 2002, 393, 395.
[99] *Emmerich/Habersack*, Anh § 317 AktG Rn. 1; *Altmeppen*, in: MüKoAktG, Anh § 317 Rn. 2; siehe auch *Stimpel*, AG 1986, 117, 122.
[100] Siehe nur *Emmerich/Habersack*, Anh § 317 AktG Rn. 1 ff.; aA OLG Düsseldorf, NJW-RR 2000, 1132, 1133.
[101] *Emmerich/Habersack*, Anh § 317 AktG Rn. 5; *K. Schmidt*, Gesellschaftsrecht § 31 IV 4; *Cahn*, ZIP 2001, 2159, 2160; *Eberl-Borges*, WM 2003, 105; aA *Hüffer*, § 302 AktG Rn. 9.
[102] Zu den Rechtsfolgen im Einzelnen siehe *Emmerich/Habersack*, Anh § 317 AktG Rn. 23 ff.
[103] Siehe nur *Emmerich/Habersack*, Anh § 317 AktG Rn. 7 ff.

gleichbar sind.[104] Ob und inwieweit diese Grundsätze fortgelten, ist nicht eindeutig. Der BGH hat mit seiner Rechtsprechung zum „existenzvernichtenden Eingriff" ein eigenständiges (und vom Konzernbegriff unabhängiges) Gläubigerschutzkonzept geschaffen, das dort eingreifen soll, wo das Einzelausgleichssystem bei nachteiligen Einflussnahmen scheitert. Ganz überwiegend wird diese Rechtsprechung als „Abschied vom qualifiziert faktischen GmbH-Konzern" gedeutet.[105] Mit Urteil vom 16.7.2007 (Trihotel) hat der BGH zudem das bisherige Konzept einer eigenständigen Haftungsfigur aufgegeben, und die Haftung wegen „existenzvernichtenden Eingriffs" – unter Beibehaltung des Begriffs – in das allgemeine Deliktsrecht (genauer unter § 826 BGB in Gestalt einer Innenhaftung) integriert.[106] Freilich darf nicht übersehen werden, dass die „alte" Rechtsprechung zum „existenzvernichtenden Eingriff" nur die Ein-Mann-Gesellschaften betraf. Ob das in Trihotel entwickelte Haftungsmodell verallgemeinerungsfähig ist, ist aufgrund der besonderen Umstände des Sachverhalts (die Gesellschafter waren miteinander familiär verbunden und der Beklagte hatte umfassende Vollmachten) fraglich. Letztlich lassen aber die bisher ergangenen Entscheidungen in der Sache keinen Spielraum für eine Differenzierung zwischen Ein-Mann-Gesellschaften und mehrgliedrigen Gesellschaften.[107]

27 Zunehmend eine konzerndimensionale Bedeutung gewinnt auch die Gesellschafterhaftung nach § 823 Abs. 2 BGB iVm § 266 StGB (Untreue). Nach ständiger strafrechtlicher Rechtsprechung obliegt dem (Allein- oder Mehrheits-)Gesellschafter, der sich über das übliche Maß hinaus aktiv und bestimmend am Tagesgeschehen beteiligt, eine Vermögensbetreuungspflicht gegenüber der Gesellschaft.[108] Diese Vermögensbetreuungspflicht verletzt der Gesellschafter in strafrechtlich relevanter Weise, wenn er in einer Art und Weise zum Nachteil der Gesellschaft auf deren Vermögen einwirkt, für die eine haftungsbefreiende Weisung an einen (Fremd-)Geschäftsführer nicht erteilt werden könnte (Verstoß gegen § 30 Abs. 1 GmbHG, Entzug notwendiger Betriebsmittel bzw. Liquidität, Existenzgefährdung).[109] Handelt es sich bei dem Gesellschafter um eine Gesellschafter-Gesellschaft, trifft die Vermögensbetreuungspflicht nach § 14 StGB deren Leitungsorgan. Diese strafrechtliche Rechtsprechung importiert nun der 2. Zivilsenat des BGH über § 823 Abs. 2 BGB in das Gesellschaftsrecht.[110] Über § 823 Abs. 2 BGB iVm §§ 266, 14 Abs. 1 S. 1 StGB kann danach auch der Geschäftsführer der Muttergesellschaft gegenüber der Tochtergesellschaft zur Verantwortung gezogen werden. Die Haftung geht freilich nicht auf Ersatz des Gläubigerausfalls, sondern „nur" auf Ersatz des Gesellschaftsschadens. Diese Rechtsprechung ist in mehrfacher Hinsicht diskussionswürdig. Sie importiert den (weiten) strafrechtlichen Begriff der faktischen Geschäftsführung in das Gesellschaftsrecht. Der strafrechtliche Begriff verlangt nämlich nicht, dass der faktische Geschäftsführer auch nach außen bzw. mit Außenwirkung die Geschicke der Gesellschaft lenkt.[111] Darüber hinaus steht die Anwendung des § 823 Abs. 2 BGB

---

[104] Vgl. BGH DStR 2000, 1065, 1067f.; OLG Köln, NZG 1998, 820, 821; Anmerkung *Goette*, DStR 1997, 1937, 1938; *Kiethe/Groeschke*, BB 1998, 1373, 1374.
[105] *Roth/Altmeppen*, Anh § 13 GmbHG Rn. 151; *Lutter/Hommelhoff*, Anh § 13 GmbHG Rn. 33; *Altmeppen*, in: MüKoAktG, Anh § 317 Rn. 13.
[106] BGH NJW 2007, 2689, 2690; BGH NJW 2008, 2437, 2438 ff., differenzierend nach Außen- und Innenhaftung; BGH NJW 2009, 2127, 2128 ff.; siehe hierzu auch *Lutter/Hommelhoff*, § 13 GmbHG, Rn. 33, 42; kritisch *Altmeppen*, NJW 2007, 2657, 2659; ausführlich *Weller*, ZIP 2007, 1681 ff.
[107] *Emmerich/Habersack*, Anh § 318 AktG Rn. 3: zur alten Rechtsprechung zum „existenzvernichtenden Eingriff".
[108] BGHSt NStZ 1999, 558; NJW 2004, 2248, 2253; NJW 1997, 66, 67; NJW 2009, 3666, 3667 f.; *Bittmann*, Insolvenzstrafrecht, 2004, § 16 Rn. 68; *Ransiek*, FS Kohlmann, 2003, 207, 219 ff.
[109] BGHSt NJW 1989, 112, 113; NJW 2004, 2248, 2254; *Rowedder/Schaal*, vor §§ 82–85 GmbHG Rn. 16 f.; *Bittmann*, Insolvenzstrafrecht, 2004, § 16 Rn. 97 ff.
[110] BGH ZIP 2001, 1874, 1876 f.; ZIP 2002, 848, 850.
[111] *Bittmann/Meyer*, Insolvenzstrafrecht, 2004, § 5 Rn. 76; *Raum*, in: Wabnitz/Janovsky, Handbuch des Wirtschafts- und Steuerstrafrechts, § 4 Rn. 18; *Köhler*, in: Wabnitz/Janovsky, aaO, § 7 Rn. 307.

iVm § 266 StGB auf den Gesellschafter im Spannungsverhältnis mit BGH DB 1999, 1651 f. In dieser Entscheidung hat der BGH seine bisherige Rspr. zur Schadensersatzhaftung der Gesellschafter wegen Treuepflichtverletzung im Zusammenhang mit der Verletzung von Kapitalerhaltungsvorschriften (BGHZ 93, 146, 159) mit der Begründung aufgegeben, dass die §§ 30 f. GmbHG eine abschließende Regelung enthielten. Schließlich führt die Anwendung des § 823 Abs. 2 BGB iVm § 266 StGB auf das Leitungsorgan der Gesellschafter-Gesellschaft zu einer Durchbrechung des Grundsatzes der Haftungskonzentration (§ 43 Abs. 2 GmbHG); denn die Pflicht zur Konzernleitung trifft das Leitungsorgan der Gesellschafter-Gesellschaft nur gegenüber dieser Gesellschaft, nicht aber gegenüber der Tochtergesellschaft unmittelbar.[112]

Offen ist, ob nach der eben aufgezeigten Änderung der Rechtsprechung neben der Haftung nach § 826 BGB überhaupt noch Raum für eine eigenständige Haftung nach § 823 Abs. 2 BGB iVm § 266 StGB ist. Dies erscheint unter mehreren Gesichtspunkten fraglich. Der BGH hat im Rahmen der Neuausrichtung („Trihotel") betont, dass die Haftung – zumindest für existenzvernichtende Eingriffe – in Zukunft ausschließlich nach den Grundsätzen der vorsätzlichen, sittenwidrigen Schädigung nach § 826 BGB zu erfolgen habe.[113] Dies allein lässt zwar keine eindeutigen Rückschlüsse zu, in der Entscheidung selbst und den Folgeentscheidungen „Gamma" und „Sanitary"[114] spielte § 823 Abs. 2 BGB iVm § 266 StGB jedoch keine Rolle. Zudem griff der BGH in der Strafsache „Bremer Vulkan" zur Begründung der Untreue nach § 266 StGB auf den damals geltenden Tatbestand der Existenzvernichtung im Zivilrecht zurück[115] und machte diesen damit – zumindest im konkreten Fall – indirekt zur Voraussetzung für eine Haftung nach § 823 Abs. 2 BGB. Sollte sich der BGH bei der Frage der Untreue nach § 266 StGB in seinen zukünftigen Entscheidungen auf die geänderten Regelungen zum existenzvernichtenden Eingriff beziehen, so ist ein Gleichlauf beider Haftungsinstitute zumindest für die Haftung der Gesellschafter zwingend.[116] Keinen Unterschied zwischen beiden Haftungsinstituten gibt es weiter auf der Verschuldensebene. So lässt § 823 BGB zwar auch Fahrlässigkeit genügen; § 266 StGB erfordert jedoch zumindest bedingten Vorsatz in Bezug auf die Verletzung der im Innenverhältnis gesetzten Grenzen der Verpflichtungs- und Verfügungsbefugnis. Unterschiede kann es nur noch bei der Frage geben, ob auch der Geschäftsführer als (Haupt-)Täter des existenzvernichtenden Eingriffs in Frage kommt. Der BGH konnte in der Trihotel-Entscheidung diese Frage noch offenlassen, da er den beklagten Geschäftsführer zu jeder Zeit zumindest als faktischen Gesellschafter der herrschenden Gesellschaft ansah.[117] Zudem hat die Trihotel-Entscheidung auch die diesbezüglichen früher vorhandenen Unterschiede von existenzvernichtendem Eingriff und § 823 Abs. 2 BGB iVm § 266 StGB nahezu aufgehoben. Der Kritikpunkt an der Rechtsprechung „Bremer Vulkan", dass über den Import der strafrechtlichen Wertungen ins Zivilrecht nunmehr auch der Geschäftsführer einer Gesellschaft für existenzvernichtende Eingriffe haftbar gemacht werden konnte, hat sich faktisch erledigt, da es zu einer solchen Haftung auch unter Anwendung des § 826 BGB kommen kann. Selbst wenn man den „existenzvernichtenden Eingriff" nach § 826 BGB als Sonderdelikt ansieht, das ausschließlich von Gesellschaftern, nicht aber von Geschäftsführern begangen werden kann[118] – wofür indes aufgrund des Umstandes,

---

[112] *Haas/Ziemons*, in: Michalski, GmbHG, § 43 Rn. 142 ff.
[113] BGH NJW 2007, 2689, 2690 „allein in § 826", wohl auch *Roth/Altmeppen*, § 31 GmbHG Rn. 23.
[114] BGH NJW 2008, 2437; BGH NJW 2009, 2127.
[115] BGH NJW 2004, 2248, 2253.
[116] *Weller*, ZIP 2007, 1681, 1688 möchte diesbezüglich eine Strafbarkeit nach § 266 StGB nach der Rechtsprechungsänderung ganz verneinen.
[117] Vgl. hierzu BGH NJW 2007, 2689, 2689 (Rz. 45).
[118] *Weller*, ZIP 2007, 1681, 1687; *Kölbl*, BB 2009, 1194, 1198; *Roth/Altmeppen*, § 13 GmbHG Rn. 102.

dass auch ein Geschäftsführer verpflichtet ist, sich existenzgefährdenden und somit rechtswidrigen Weisungen der Gesellschafter zu verweigern, wenig spricht –, kann eine Haftung über § 830 BGB begründet werden.[119] § 826 BGB ist wie § 823 BGB beteiligungsfähig. Diese Haftung steht allerdings unter der Voraussetzung des „doppelten Vorsatzes", also des Vorsatzes nicht nur in Bezug auf die schädigende Handlung, sondern auch auf die Förderungshandlung.

III. Konzerninsolvenzen – Der Regierungsentwurf 2014

29   **1. Einführung.** Die Bundesregierung der 18. Legislaturperiode hat am 30.1.2014 den „Entwurf eines Gesetzes zur Erleichterung der Bewältigung von Konzerninsolvenzen"[120] (InsO-E) vorgelegt.[121] Dieses Gesetz wird aller Voraussicht nach als dritte Stufe nach dem am 1.3.2012 in Kraft getretenen „Gesetz zur Erleichterung der Sanierung von Unternehmen" (ESUG)[122] und dem am 1.7.2014 in Kraft getretenen „Gesetz zur Verkürzung des Restschuldbefreiungsverfahrens und zur Stärkung der Gläubigerrechte"[123] die derzeitige umfassende Reform des Insolvenzrechts abschließen. Zwar dauert das Gesetzgebungsverfahren noch an, jedoch dürfte den Beobachtungen zufolge von einer zügigen Verabschiedung des Entwurfs auszugehen sein.

30   Mit dem vorgelegten Entwurf sollen erstmals ausdrückliche Regelungen zur Bewältigung von Konzerninsolvenzen unter Berücksichtigung des Konzerns als wirtschaftliche Einheit Eingang in das deutsche Insolvenzrecht finden.[124] *De lege lata* sind gemäß § 11 Abs. 1 S. 1 InsO auch bei Insolvenzen, die mehrere Rechtsträger einer *Unternehmensgruppe*[125] erfassen, die einzelnen Rechtsträger selbständig abzuwickeln. Insbesondere in den Fällen, in denen ein Unternehmensverbund über eine übergreifende Leitung verfügt und betriebswirtschaftlich als Einheit anzusehen ist, bleiben konzernspezifische Interessen bis dato regelmäßig unberücksichtigt. Soweit eine zentralisierte Verfahrensabwicklung durch eine sanierungsfreundliche bzw. pragmatische Auslegung[126] des § 3 Abs. 1 S. 2 InsO – bzw. gemäß Art. 3 EuInsVO im europäischen Kontext[127] – bereits praktiziert wird, herrscht Rechtsunsicherheit vor.[128] Zwar tastet auch der vorlegte Entwurf das Rechtsträgerprinzip nicht an – so wie er im Übrigen auch die InsO in ihrer Struktur nicht ändert, sondern lediglich einzelne Regelungen in das schon vorhandene Regulierungskonzept einfügt. Er ermöglicht jedoch eine (fakultative) Zentralisierung der einzelnen Verfahren durch die Begründung eines einheitlichen *Gruppen-Gerichtsstands*[129] und die Bestellung eines gemeinsamen Verwalters sowie die Koordinierung von dezentralisierten Verfahren durch ein spezielles Koordinationsverfahren.[130] Mit dem so

---

[119] BGH NJW 2007, 2689, 2694.
[120] BT-Drucks. 18/407; abrufbar unter www.bmj.de.
[121] Dabei handelt es sich um den im Wortlaut identischen Entwurf des Bundeskabinetts der 17. Legislaturperiode vom 28.8.2013 (vgl. Beilage 4 zu ZIP 37/2013); lediglich die Begründung weicht zum geringen Teil ab. Dessen Vorlage erfolgte auf Grundlage des und in Reaktion auf den Diskussionsentwurf des Bundesministeriums der Justiz vom 3.1.2013 (vgl. Beilage 1 zu ZIP 02/2013), zu dem die Fachwelt rege Stellung genommen hatte. Zum bisherigen Verfahren *von Wilcken*, in: Flöther, Handbuch zum Konzerninsolvenzrecht, § 4 Rn. 45.
[122] Gesetz vom 7.12.2011, BGBl. I, 2011 Nr. 64, S. 2582.
[123] Gesetz vom 15.7.2013, BGBl. I, 2013 Nr. 38, S. 2379.
[124] Kritisch bezüglich des Regulierungsbedarfs *Frind*, ZInsO 2014, 927.
[125] So lautet der Terminus technicus. Zur Legaldefinition, die in § 3e InsO-E enthalten ist, Rn. 32 f.
[126] Z. B. AG Köln, Beschluss vom 1.2.2008 – 73 IN 682/07 = NZI 2008, 254 ff. und AG Köln, Beschluss vom 19.2.2008 – 73 IN 1/08 = NZI 2008, 257 ff. (PIN).
[127] Zahlreiche Nachweise bei *Brünkmans*, in: MüKoInsO, 3. Band, 12. Teil: Konzerninsolvenzrecht Rn. 7 (dort Fn. 16).
[128] Vgl. BT-Drucks. 18/407, S. 15 f.; *Leutheusser-Schnarrenberger*, ZIP 2013, 97, 98; *Brünkmans*, ZIP 2013, 193, 194.
[129] So lautet der Terminus technicus der InsO für den sog. Konzerngerichtsstand.
[130] Dazu im Einzelnen sogleich.

konstruierten Entwurf wird bezweckt, der überproportionalen Vernichtung wirtschaftlicher Werte, die regelmäßig bei einer Konzerninsolvenz durch die isolierte Verfahrensabwicklung drohen (s. o.), entgegenzuwirken und der Maxime der bestmöglichen Gläubigerbefriedigung nach § 1 S. 1 InsO auch im Konzernkontext zur Geltung zu verhelfen.[131] Sofern zumindest der (Teil-)Erhalt und die Sanierung des Konzerns Ziel ist, sollen mit dem vorgelegten Konzept die Möglichkeiten, die im Rahmen des ESUG für Unternehmen geschaffen worden sind, auch im Konzernkontext verbessert werden.[132] Schließlich soll der Entwurf mit Blick auf die ebenfalls anstehende Überarbeitung der EuInsVO[133] einen Diskussionsbeitrag leisten.[134]

Das Entwurfskonzept setzt an zwei Szenarien an. Zum einen wird eine angestrebte **31** Zentralisierung der Verfahren durch die Eröffnung sämtlicher Verfahren der betroffenen Konzernunternehmen an einem (einzigen) Insolvenzgericht (§ 2 Abs. 3, §§ 3a ff. InsO-E) bzw. durch eine einheitliche Verwalterbestellung (§ 56b InsO-E) ermöglicht. Zum anderen werden etwa für den Fall, dass eine solche gebündelte Verfahrensdurchführung nicht möglich ist oder nicht sinnvoll erscheint, in einem eigenen Teil ausdrückliche Kooperationspflichten für die Verfahrensorgane in §§ 269a ff. InsO-E festgelegt und ein neuartiges Koordinationsverfahren (§§ 269d ff. InsO-E) als ein den einzelnen Insolvenzverfahren übergreifendes harmonisierendes Verfahren eingeführt. Insgesamt stellen diese Regelungen nur Angebote an die Praxis dar; es kommt bei einer Konzerninsolvenz weder zwingend zur Begründung des Gruppen-Gerichtsstands noch zwingend zur Einleitung des Koordinationsverfahrens.[135] Ebenfalls wird von der Einbeziehung solventer Unternehmensteile abgesehen. Konzeptionell wird es bei einer verfahrensrechtlichen Neustrukturierung belassen.[136] Insbesondere bleibt, wie eingangs ausgeführt, das dem deutschen Recht zugrunde liegende Rechtsträgerprinzip beibehalten. Eine Konsolidierung der Massen (wie dies zB in den Vereinigten Staaten von Amerika möglich ist) oder auch der Verfahren wird es auch nach den neuen Regelungen nicht geben.[137] Mit der Implementierung eines Konzerngerichtsstands hat sich das BMJ einerseits von Vorschlägen der Rechtswissenschaft[138] leiten lassen, geht aber andererseits auch neue Wege, wie die Einführung des Koordinationsverfahrens zeigt.[139]

2. Die Unternehmensgruppe; Anwendungsbereich. Die Regelung des § 3e **32** InsO-E ist Dreh- und Angelpunkt des Regierungsentwurfs, da diese den Anwendungsbereich der geplanten Regelungen eröffnet. Dies gilt nicht nur für den Gruppen-Gerichtsstand, wie dessen systematische Stellung auf den ersten Blick vermuten lassen könnte, sondern auch für die einheitliche Verwalterbestellung, die Kooperationspflich-

---

[131] BT-Drucks. 18/407, S. 15 f.
[132] BT-Drucks. 18/407, S. 16. Vgl. auch *Leutheusser-Schnarrenberger*, ZIP 2013, 97, 97 f.; *Graf-Schlicker*, ZInsO 2013, 1765, 1768; *dies.*, Anwaltsblatt des DAV 2013, 620; *Brünkmans*, in MüKoInsO, 3. Band, 12. Teil: Konzerninsolvenzrecht Rn. 1.
[133] Verordnung (EG) Nr. 1346/2000 des Rates der Europäischen Union über Insolvenzverfahren. Zum europäischen Regelungsvorhaben etwa *Undritz*, in: Flöther, Handbuch zum Konzerninsolvenzrecht, § 8 Rn. 81 ff.; *Wimmer*, DB 2013, 1343; *Prager/Keller*, NZI 2013, 57.
[134] *Leutheusser-Schnarrenberger*, ZIP 2013, 97, 102; *Graf-Schlicker*, ZInsO 2013, 1765, 1769; *dies.*, Anwaltsblatt des DAV 2013, 620.
[135] Vgl. BT-Drucks. 18/407, S. 16 f.
[136] Zutreffende Kritik zu fehlenden flankierenden steuerrechtlichen Regelungen etwa *Niering* für den VID, Stellungnahme im Ausschuss Recht und Verbraucherschutz des Deutschen Bundestages vom 2.4.2014, S. 2 und 7 f. sowie *Kahlert*, Stellungnahme im Ausschuss Recht und Verbraucherschutz des Deutschen Bundestages vom 2.4.2014; abrufbar jeweils unter www.bundestag.de.
[137] BT-Drucks. 18/407, S. 2, 17. Vgl. auch *Leutheusser-Schnarrenberger*, ZIP 2013, 97, 98. Kritisch zur ausnahmslosen Ablehnung einer materiellen Konsolidierung *Humbeck*, NZI 2013, 957.
[138] Eine zusammenfassende Darstellung gibt *von Wilcken*, in: Flöther: Handbuch zum Konzerninsolvenzrecht, § 4 Rn. 30.
[139] BT-Drucks. 18/407, S. 17 f., *Leutheusser-Schnarrenberger*, ZIP 2013, 97, 98, 100.

ten zwischen den Verfahrensorganen und das Koordinationsverfahren.[140] Mit der Einführung des § 3e InsO-E wird die Tradition fortgesetzt, ein spezielles Konzernbegriffsverständnis – abgestimmt auf den Bedarf der jeweils zu regelnden Materie – zugrunde zu legen. Der Begriff der *Unternehmensgruppe* ist – bewusst – weit gefasst, weshalb eine Anwendbarkeit der Entwurfsregelungen wohl kaum an § 3e InsO scheitern sollte.

33 Nach § 3e InsO-E besteht eine Unternehmensgruppe aus rechtlich selbständigen Unternehmen, die den Mittelpunkt ihrer hauptsächlichen Interessen im Inland haben und die unmittelbar oder mittelbar verbunden sind durch die Möglichkeit der Ausübung eines beherrschenden Einflusses oder eine Zusammenfassung unter einer einheitlichen Leitung. Die Fassung orientiert sich an Art. 3 Abs. 1 EuInsVO, § 290 Abs. 1 HGB und § 18 Abs. 2 AktG.[141] Im Gegensatz zur Regelung des § 290 Abs. 1 HGB erstreckt sich der Anwendungsbereich gemäß § 3e InsO-E allerdings auch auf Muttergesellschaften, die nicht als Kapitalgesellschaften verfasst sind.[142] Hier wie da reicht hingegen – anders als in § 18 Abs. 1 AktG – die bloße Möglichkeit der Beherrschung durch die Muttergesellschaft. Ob diese davon Gebrauch macht, soll auch im Rahmen des § 3e InsO-E irrelevant sein.[143] Über § 3e Ziff. 2 InsO-E sollen auch Gleichordnungskonzerne in den Anwendungsbereich einbezogen werden.[144] Mit der weiten Fassung soll eine den verfahrensrechtlichen Erfordernissen gerecht werdende einfache und schnelle Prüfung der Anwendbarkeit gewährleistet werden.[145]

34 **3. Der Gruppen-Gerichtsstand. a)** *Überblick.* Schwerpunkt des Entwurfs ist – vor allem aus Praktikersicht – die Einbettung des Gruppen-Gerichtsstands gemäß § 2 Abs. 3, §§ 3a ff., 13a InsO-E in das Gefüge der InsO.[146] Diese Regelungen sollen dem Umstand Rechnung tragen, dass eine effektive Abstimmung von Insolvenzverfahren durch ein (einziges) Insolvenzgericht am besten gewährleistet ist und zugleich einer in der Literatur wiederholt erhobenen Forderung nachkommen.[147] Nach dem vorgelegten Entwurf regelt § 3a InsO-E die Begründung des Gruppen-Gerichtsstands, § 3b InsO-E dessen Fortbestand und § 3d InsO-E die Verweisung an einen solchen bereits begründeten Gerichtsstand. § 2 Abs. 3 und § 3c Abs. 1 InsO-E regeln eine gerichtliche und richterliche Zuständigkeitskonzentration. Die Anforderungen an den Antrag auf Begründung des Gruppen-Gerichtsstands sind in § 13a InsO-E enthalten (nicht zu verwechseln mit dem Antrag auf Eröffnung des Insolvenzverfahrens nach § 13 InsO). Die funktionelle Zuständigkeitsverteilung wird nach § 18 Abs. 1 Ziff. 3 RPflG-E angepasst.

35 **b)** *Die Begründung des Gruppen-Gerichtsstands, § 3a InsO-E.* Die Begründung des Gruppen-Gerichtsstands bestimmt sich nach Maßgabe des § 3a InsO-E. Nach § 3a Abs. 1 S. 1 InsO-E kann sich das angerufene Insolvenzgericht auf Antrag eines Schuldners, der einer Unternehmensgruppe im Sinne von § 3e InsO-E[148] angehört (gruppenangehöriger Schuldner), für die Insolvenzverfahren über die anderen gruppenangehörigen Schuldner (Gruppen-Folgeverfahren) für zuständig erklären, wenn in Bezug auf den Schuldner ein zulässiger Eröffnungsantrag vorliegt und der Schuldner nicht offensichtlich von untergeordneter Bedeutung für die gesamte Unternehmensgruppe ist.

---

[140] BT-Drucks. 18/407, S. 28.
[141] Vgl. BT-Drucks. 18/407, S. 23 f. und 28 f.; *Leutheusser-Schnarrenberger,* ZIP 2013, 97, 98 und 100.
[142] BT-Drucks. 18/407, S. 29.
[143] BT-Drucks. 18/407, S. 28 f.
[144] BT-Drucks. 18/407, S. 29; *Leutheusser-Schnarrenberger,* ZIP 2013, 97, 100. Kritisch dazu *Frind,* ZInsO 2014, 927, 929.
[145] BT-Drucks. 18/407, S. 23 f.; *Leutheusser-Schnarrenberger,* ZIP 2013, 97, 100.
[146] Eingehend zum Gruppen-Gerichtsstand *von Wilcken,* in Flöther: Handbuch zum Konzerninsolvenzrecht, § 4 Rn. 48 ff.; *Brünkmans,* in MüKoInsO, 3. Band, Zwölfter Teil: Konzerninsolvenzrecht Rn. 28 ff.
[147] BT-Drucks. 18/407, S. 19; *Leutheusser-Schnarrenberger,* ZIP 2013, 97, 100.
[148] Zur Legaldefinition der Unternehmensgruppe nach § 3e InsO-E siehe Rn. 32 f.

Der Gruppen-Gerichtsstand wurde als Wahlgerichtsstand ausgestaltet, der neben den 36 ausschließlichen Gerichtsständen des § 3 InsO bestehen soll.[149] Insbesondere soll der Gruppen-Gerichtsstand keine Sperrwirkung gegenüber dem Gerichtsstand des Mittelpunkts der selbständigen wirtschaftlichen Tätigkeit gemäß § 3 Abs. 1 S. 2 InsO entfalten, dieser soll – dann allerdings nicht mehr als ausschließlicher Gerichtsstand – bestehen bleiben.[150] Anknüpfungspunkt für die Zuständigkeitsbegründung ist das Prioritätsprinzip: grundsätzlich soll der Gruppen-Gerichtsstand durch den ersten Antrag begründet werden.[151] Bei einer zeitgleichen Antragstellung mehrerer gruppenangehöriger Schuldner ist gemäß § 3a Abs. 1 S. 3 InsO-E die größere Bilanzsumme maßgebend. Im Schrifttum ist der Anknüpfungspunkt sowohl auf Zustimmung als auch auf Kritik gestoßen.[152] Die wohl hM dürfte sich nach wie vor dafür aussprechen, auf den Sitz der Muttergesellschaft abzustellen.[153] Zwar mag zuzugeben sein, dass ein Anknüpfen an die erste Antragstellung insbesondere unter Sanierungsgesichtspunkten eine größere Handhabe und Planbarkeit des Insolvenzbewältigungsprozesses ermöglicht.[154] Auch mögen die vom Schrifttum bemängelten Folgen einer möglichen inländischen Zuständigkeitserschleichung (sog. Forum Shopping) als gering anzusehen sein, da es letztlich – anders als bei grenzüberschreitenden Sachverhalten – bei einem inländischen Gerichtsstand und damit demselben anwendbaren Recht verbleibt.[155] Bedenklich scheint aber, dass jeder Geschäftsleitung einer konzernangehörigen Gesellschaft damit ein Instrument an die Hand gegeben wird, das ein gewisses Erpressungspotential gegenüber der operativen Konzernleitung aufweist, indem mit dem Antrag auf Eröffnung des Insolvenzverfahrens zugleich der Gerichtsstand für den ganzen Konzern festgelegt werden kann.[156] Diese Missbrauchsgefahr könnte allerdings dadurch eingedämmt werden, dass im weiteren Verlauf des Gesetzgebungsverfahrens die Schwellenwerte im Zusammenhang mit der (nicht) untergeordneten Bedeutung nach § 3a Abs. 1 S. 2 InsO-E erhöht werden und damit zumindest einigen gruppenangehörigen Gesellschaften für ein derartiges Vorgehen die Grundlage entzogen wird.[157] Gravierender scheint allerdings der Einwand der mangelnden Erkennbarkeit des Insolvenzgerichtsstandes aus Gläubigersicht; das Abstellen auf den Sitz der Mutter dürfte aus Gründen der Transparenz nach wie vor sachgerechter sein.[158]

Die Begründung des Gruppen-Gerichtsstands ist nur möglich aufgrund eines Eigenantrags, § 3a Abs. 1 S. 1 InsO-E. Damit soll das Antragsrecht grundsätzlich also dem 37

---

[149] BT-Drucks. 18/407, S. 19 und 20. Vgl. auch § 3c Abs. 2 InsO-E, der als Klarstellung dienen soll.
[150] BT-Drucks. 18/407, S. 20 und 27 f. Dazu auch *von Wilcken*, in: Flöther, Handbuch zum Konzerninsolvenzrecht, § 4 Rn. 49; *Brünkmans*, ZIP 2013, 193, 196.
[151] BT-Drucks. 18/407, S. 19 und 27; *Leutheusser/Schnarrenberger*, ZIP 2013, 97, 100.
[152] Zustimmend etwa *Brünkmans*, in: MüKoInsO, 3. Band, Zwölfter Teil: Konzerninsolvenzrecht Rn. 30 ff.; kritisch *Andres/Möhlenkamp*, BB 2013, 579, 584 f.; *Frind*, ZInsO 2013, 429, 431; *ders.*, ZInsO 2014, 927, 931 f.; *Verhoeven*, ZInsO 2014, 217, 218 f.
[153] Etwa *Andres/Möhlenkamp*, BB 2013, 579, 584 f.; *Verhoeven*, ZInsO 2014, 217, 218; *Frind*, ZInsO 2014, 927, 935. Zum Stand in der wissenschaftlichen Diskussion eingehend *von Wilcken*, in: Flöther: Handbuch zum Konzerninsolvenzrecht, § 4 Rn. 30 ff.
[154] BT-Drucks. 18/407, S. 19; *Leutheusser-Schnarrenberger*, ZIP 2013, 97, 100; *Brünkmans*, in: MüKoInsO, 3. Band, Zwölfter Teil: Konzerninsolvenzrecht Rn. 33.
[155] Vgl. BT-Drucks. 18/407, S. 19; *Leutheusser-Schnarrenberger*, ZIP 2013, 97, 100; *Brünkmans*, in: MüKoInsO, 3. Band, Zwölfter Teil: Konzerninsolvenzrecht Rn. 32. Berechtigter Einwand dagegen von *Römermann*, ZRP 2013, 201, 203. Beachtliche Kritik übt *Frind*, ZInsO 2014, 927, 931 ff.
[156] So auch *Verhoeven*, ZInsO 2014, 217, 219. Schon vor der Gesetzesinitiative so *Jaffé/Friedrich*, ZIP 2008, 1849, 1852.
[157] Vgl. auch die Stellungnahme des Bundesrates vom 11.10.2013, BR-Drucks. 663/13, Ziff. 1 zum Gesetzesentwurf der 17. Legislaturperiode. Hier wird eine Missbrauchsgefahr durch Insolvency planning/Forum Shopping gesehen und zur Vermeidung eine Anhebung der Schwellenwerte empfohlen.
[158] *Frind*, ZInsO 2013, 429, 431; *ders.*, ZInsO 2014, 927, 932 f.; *Verhoeven*, ZInsO 2014, 217, 219.

Schuldner bzw. dessen vertretungsberechtigtem Organ[159] zustehen, unabhängig davon, wer die Eröffnung des Insolvenzverfahrens beantragt hat. Lediglich wenn mit der Eröffnung des Insolvenzverfahrens ein Insolvenzverwalter bzw. ein vorläufiger Insolvenzverwalter bestellt wurde, dem die Verwaltungs- und Verfügungsbefugnis über das Vermögen des Schuldners übertragen wurde, soll das Antragsrecht auf diesen gemäß § 3a Abs. 3 InsO-E übergehen. Dem Gläubiger soll also selbst dann, wenn er die Eröffnung des Insolvenzverfahrens beantragt hat, kein Antragsrecht zur Begründung des Gruppen-Gerichtsstands zustehen. Diesem liegt die Erwägung zugrunde, dass sich erfolgreiche Sanierungen kaum jemals gegen den Willen einer Unternehmensleitung planen und durchführen lassen und diese Planbarkeit des Insolvenzbewältigungsprozesses durch eine unbeschränkte Zulassung von Gläubigeranträgen empfindlich beeinträchtigt werden könnte.[160] Ferner dürfte es den Gläubigern auch oftmals an den erforderlichen Informationen und Unterlagen fehlen.[161]

38   Die Begründung des Gruppen-Gerichtsstands erfordert des Weiteren gemäß § 3a Abs. 1 S. 1 InsO-E einen zulässigen Eröffnungsantrag. Damit ist der Antrag auf Eröffnung des Insolvenzverfahrens gemeint. Nach dem vorgelegten Entwurf hat das angerufene Gericht im Rahmen der Gruppen-Gerichtsstandsprüfung nur festzustellen, ob dieser Antrag zulässig, nicht aber auch, ob dieser begründet ist, dh ob ein Insolvenzeröffnungsgrund vorliegt.[162] Mit dieser Einschränkung soll dem angerufenen Gericht stets eine schnelle Prüfung und Entscheidung ermöglicht werden, die sich anderenfalls etwa durch die erforderliche Einholung der entsprechenden Sachverständigengutachten erheblich verzögern könnte.[163] Freilich kann dies auch dazu führen, dass das Gericht entscheidet, den Gruppen-Gerichtsstand zu begründen und sich die Prüfung des Eröffnungsantrags selbst verzögert bzw. dieser dann abgelehnt wird. In dem letzteren Fall wird mit der Regelung des § 3b InsO-E abgeholfen, nach der der Gruppen-Gerichtsstand fortbestehen bleiben soll.

39   Der antragstellende gruppenangehörige Schuldner darf gemäß § 3a Abs. 1 InsO-E nicht von nicht offensichtlich untergeordneter Bedeutung für die gesamte Unternehmensgruppe sein. Wann eine nicht untergeordnete Bedeutung des antragstellenden gruppenangehörigen Schuldners anzunehmen ist, soll sich nach § 3a Abs. 1 S. 2 InsO-E richten. § 3a Abs. 1 S. 2 InsO-E enthält einen Katalog, in dem mit Schwellenwerten an die Bilanzsumme, Umsatzerlöse und die Anzahl der beschäftigten Arbeitnehmer angeknüpft wird.[164] Um die Gerichte in die Lage zu versetzen, dies prüfen zu können, hat der Antragsteller die entsprechenden Unterlagen gemäß § 13a InsO-E dem Antrag beizufügen. Im Übrigen dürfte wohl keine trennscharfe Prüfung erwartet werden, da etwa für den Fall des Fehlens von Konzernabschlüssen vorgeschlagen wird, das Vorliegen der quantitativen Schwellen anhand untechnischer Zusammenfassungen der Abschlüsse nach freiem richterlichen Ermessen zu schätzen.[165] Auch die Wortwahl („offensichtlich") dürfte dafür sprechen.

---

[159] Dazu *Brünkmans,* in: MüKoInsO, 3. Band, Zwölfter Teil: Konzerninsolvenzrecht Rn. 37.
[160] BT-Drucks. 18/407, S. 20. Zustimmend *Brünkmans,* in: MüKoInsO, 3. Band, Zwölfter Teil: Konzerninsolvenzrecht Rn. 38.
[161] BT-Drucks. 18/407, S. 20. Diese wären gemäß § 13a InsO-E in bestimmtem Umfang beizubringen.
[162] Vgl. auch *von Wilcken,* in: Flöther: Handbuch zum Konzerninsolvenzrecht, § 4 Rn. 55.
[163] Vgl. BT-Drucks. 18/407, S. 26.
[164] Der Begründung zum Kabinettsentwurf der 17. Legislaturperiode zufolge sollte nicht nur auf quantitative Kriterien, sondern auch auf qualitative Kriterien abgestellt werden können. Ausdrücklich aufgeführtes Beispielkriterium waren die von dem Unternehmen übernommenen Aufgaben und Funktionen im Gruppenkontext. Vgl. Regierungsentwurf vom 28.8.2013, Beilage 4 zu ZIP 37/2013, S. 7.
[165] Vgl. BT-Drucks. 18/407, S. 27.

Grundsätzlich hat sich das angerufene Gericht für zuständig zu erklären, wenn die **40** Voraussetzungen für die Begründung des Gruppen-Gerichtsstands gemäß § 3a Abs. 1 InsO-E vorliegen. Eine Ausnahme dazu bildet § 3a Abs. 2 InsO-E. Danach *kann* das Gericht den Antrag ablehnen, wenn Zweifel daran bestehen, dass eine Verfahrenskonzentration im gemeinsamen Interesse der Gläubiger liegt. Abzustellen ist hier auf das Interesse der Gläubiger sämtlicher gruppenangehöriger Schuldner.[166] Dies soll immer dann (positiv) gegeben sein, wenn sich durch eine koordinierte Abwicklung der Einzelverfahren pareto-superiore Koordinationsgewinne erzielen lassen.[167] Der den Antrag nach § 3a InsO-E stellende gruppenangehörige Schuldner hat gemäß § 13a Abs. 1 Ziff. 2 InsO-E anzugeben, aus welchen Gründen eine Verfahrenskonzentration im gemeinsamen Interesse der Gläubiger liegt; diese Angaben soll das Gericht bei seiner Entscheidung zugrunde legen.[168]

Die Entscheidung des Gerichts über den Antrag auf Begründung des Gruppen- **41** Gerichtsstands ergeht durch Beschluss. Ein Rechtsmittel gegen eine diesen Antrag zurückweisende Entscheidung kommt nach dem Regierungsentwurf (bisher) nicht in Betracht.[169]

c) *Der Antrag zur Begründung des Gruppen-Gerichtsstands, § 13a InsO-E.* § 13a InsO-E **42** enthält die formalen Anforderungen an den Antrag auf Begründung des Gruppen-Gerichtsstands. Die dort aufgeführten Kriterien sollen dem Gericht die Prüfung ermöglichen, ob dem Antrag nach § 3a InsO-E zu entsprechen ist.[170] Fehlende oder unvollständige Angaben sollen allerdings nicht zwingend zur Abweisung des Antrags führen.[171] Freilich sollte der antragstellende Schuldner hier dennoch größtmögliche Sorgfalt walten lassen, weil fehlende oder unvollständige Angaben dazu führen können, dass bei dem Gericht Zweifel daran aufkommen können, dass eine Begründung des Gruppen-Gerichtsstands im gemeinsamen Interesse der Gläubiger liegt (vgl. §§ 3a Abs. 2, 13a Abs. 1 Ziff. 2 InsO-E) und infolgedessen den Antrag zurückweist.[172]

d) *Fortbestehen des Gruppen-Gerichtsstands, § 3b InsO-E.* Gemäß § 3b InsO-E bleibt **43** ein nach § 3a InsO-E begründeter Gruppen-Gerichtsstand von der Nichteröffnung, Aufhebung oder Einstellung des Insolvenzverfahrens über den antragstellenden Schuldner unberührt, solange an diesem Gerichtsstand ein Verfahren über einen anderen gruppenangehörigen Schuldner anhängig ist. Mit dieser Regelung wird etwa dem Umstand Rechnung getragen, dass – wie unter → Rn. 38 ausgeführt – der Gruppen-Gerichtsstand, der u. a. lediglich einen *zulässigen* Eröffnungsantrag erfordert, begründet wird und die Eröffnung des (eigentlichen) Insolvenzverfahrens mangels Begründetheit des Antrags abgelehnt wird. Weitere denkbare Konstellation – wenngleich diese in der Praxis eher selten vorkommen dürfte – ist eine nachträgliche Einstellung des Insolvenzverfahrens gemäß §§ 212, 213 InsO des gruppenangehörigen Schuldners, aufgrund dessen Antrag der Gruppen-Gerichtsstand begründet wurde. Insgesamt gilt: wenn der Gruppen-Gerichtsstand einmal begründet wurde, bleibt dieser auch bestehen, solange an diesem Gerichtsstand ein Insolvenzverfahren über einen gruppenangehörigen Schuldner anhängig ist. Auswirkung hat § 3b InsO-E lediglich für Insolvenzverfahren

---

[166] BT-Drucks. 18/407, S. 27.
[167] BT-Drucks. 18/407, S. 27. Eingehend *Brünkmans*, in: MüKoInsO, 3. Band, Zwölfter Teil: Konzerninsolvenzrecht Rn. 47 f.
[168] BT-Drucks. 18/407, S. 27.
[169] *Brünkmans*, in: MüKoInsO, 3. Band, Zwölfter Teil: Konzerninsolvenzrecht Rn. 50.
[170] BT-Drucks. 18/407, S. 29; Leutheusser-Schnarrenberger, ZIP 2013, 97, 101.
[171] BT-Drucks. 18/407, S. 29. Der Normwortlaut des § 13a InsO-E dürfte indes eine Zurückweisung des Antrags bei fehlenden oder unvollständigen Angaben – trotz Nachfristsetzung – nahelegen, vgl. auch *Brünkmans*, in: MüKoInsO, 3. Band, Zwölfter Teil: Konzerninsolvenzrecht Rn. 43; *Frind*, ZInsO 2014, 927, 935.
[172] Vgl. BT-Drucks. 18/407, S. 29.

gruppenangehöriger Schuldner, die *nach* der Nichteröffnung, Aufhebung oder Einstellung des Insolvenzverfahrens des den Antrag nach § 3a InsO-E stellenden Schuldners anhängig geworden sind, weil sich im Übrigen das Fortbestehen schon aus § 4 InsO iVm § 261 Abs. 3 Ziff. 2 ZPO ergibt.[173]

44 e) *Verweisung an den Gruppen-Gerichtsstand, § 3d InsO-E.* § 3d InsO-E regelt die Verweisung des Insolvenzverfahrens über das Vermögen eines gruppenangehörigen Schuldners durch das angerufene Gericht an das Gericht des Gruppen-Gerichtsstands. Nach § 3d Abs. 1 S. 1 InsO-E ist die Verweisung durch das angerufene Gericht ohne Antrag des Schuldners möglich. Im Rahmen der Ermessensentscheidung soll das Gericht zu prüfen haben, ob die Verweisung an den Gruppen-Gerichtsstand im Interesse der Gläubiger des Schuldners liegt.[174] Dagegen besteht nach § 3d Abs. 1 S. 2 InsO-E eine Verweisungspflicht, wenn der Schuldner unverzüglich, nachdem er Kenntnis von dem Fremderöffnungsantrag erlangt hat, einen zulässigen (Eigen-)Eröffnungsantrag bei dem Gericht des Gruppen-Gerichtsstands stellt. Das verweisende Gericht hat sich durch unanfechtbaren Beschluss für unzuständig zu erklären und das Verfahren an das Gericht des Gruppen-Gerichtsstands zu verweisen.[175] Die Verweisung ist für das Gericht, an das verwiesen wird, gemäß § 4 InsO iVm § 281 Abs. 2 S. 4 ZPO bindend.[176]

45 f) *Zuständigkeitskonzentration, §§ 2 Abs. 3, 3c Abs. 1 InsO-E.* Neu aufgenommen[177] in den Entwurfstext des Regierungsentwurfs wurde die Regelung des § 3c Abs. 1 InsO-E. Danach soll sich die Zuständigkeitskonzentration auf gerichtlicher Ebene auch im Hinblick auf die Richterschaft fortsetzen.[178] Diese Regelung trägt dem Umstand Rechnung, dass aufgrund der Geschäftsverteilung unterschiedliche Richter eines Gerichts für mehrere gruppenangehörige Schuldner zuständig sein können.[179] Diese müssten sich ansonsten so abstimmen, als wenn sie an unterschiedlichen Gerichten mit der Konzerninsolvenz befasst wären; dies würde dem Zweck des Gruppen-Gerichtsstands – der Minimierung des Abstimmungsbedarfs – zuwiderlaufen.[180]

46 § 2 Abs. 3 InsO-E ermöglicht eine Zuständigkeitskonzentration auf gerichtlicher Ebene. Nach dieser Vorschrift sollen die Landesregierungen ermächtigt werden, je Bezirk eines Oberlandesgerichts bzw. innerhalb eines Bundeslandes auch über den Bezirk eines Oberlandesgerichtes hinaus ein Insolvenzgericht zu bestimmen, an dem ein Gruppen-Gerichtsstand nach § 3a InsO-E begründet werden kann. Mit dieser Regelung soll für eine Auslastung der insolvenzrechtlichen Dezernate und eine durch wiederholte Behandlung ähnlicher Fälle besondere Erfahrung und Sachkunde der Richter und Rechtspfleger insbesondere in Unternehmensinsolvenzsachen gesorgt werden.[181] Im Schrifttum wird allerdings bezweifelt, dass die Länder dies umsetzen und u. a. auf Erfah-

---

[173] BT-Drucks. 18/407, S. 27.

[174] BT-Drucks. 18/407, S. 28. Es ist jeweils der Verfahrensstand zu berücksichtigen. Während der Entwurfsgeber im Rahmen des § 3d Abs. 1 S. 2 InsO-E davon ausgeht, dass das Verfahren noch nicht in einer Weise gefördert wurde, die im Fall der Verweisung Nachteile für die weitere Verfahrensführung befürchten lassen, hat das verweisende Gericht dies im Rahmen des § 3d Abs. 1 S. 2 InsO-E zu prüfen.

[175] *Brünkmans*, in: MüKoInsO, 3. Band, Zwölfter Teil: Konzerninsolvenzrecht Rn. 56.

[176] BT-Drucks. 18/407, S. 28; *Brünkmans*, in: MüKoInsO, 3. Band, Zwölfter Teil: Konzerninsolvenzrecht Rn. 56 f. *Fölsing*, ZInsO 2013, 413, 416 plädiert für die Möglichkeit der Zurückverweisung.

[177] Gegenüber dem Diskussionsentwurf.

[178] Eingehende Kritik an der Ermöglichung des „Richter-Hoppings": *Frind*, ZInsO 2014, 927, 933 f.

[179] BT-Drucks. 18/407, S. 28. Das Eingreifen in die grundsätzlich den Präsidien der Gerichte obliegende Gestaltungsfreiheit bei der richterlichen Geschäftsverteilung durch eine gesetzliche Zuständigkeitszuweisung sieht der Bundesrat kritisch und hat für den weiteren Verlauf des Gesetzgebungsverfahrens empfohlen zu prüfen, § 3c Abs. 1 InsO-E, der als Ist-Bestimmung gefasst ist, stattdessen als Soll-Vorschrift auszugestalten, vgl. BR-Drucks. 663/13, S. 2. Das Kabinett hat sich in Reaktion darauf für die Beibehaltung des zwingenden Charakters ausgesprochen, vgl. BT-Drucks. 18/407, S. 48.

[180] BT-Drucks. 18/407, S. 28.

[181] BT-Drucks. 18/407, S. 25 f.

rungen im Gesetzgebungsverfahren zum ESUG verwiesen, indem eine Konzentration der Insolvenzgerichte von den Ländern abgelehnt worden war.[182]

4. Der Gruppen-Insolvenzverwalter. a) *Überblick.* Die §§ 3a ff. InsO-E sollen eine Konzentration der einzelnen Insolvenzverfahren gruppenangehöriger Schuldner bei einem Gericht ermöglichen. Damit würde regelmäßig auch die Bestellung eines (einzigen) Insolvenzverwalters für die Verfahren sämtlicher insolventer Gruppengesellschaften einhergehen. Die Bestellung eines personenidentischen Verwalters entspricht schon *de lege lata* einer weit verbreiteten Praxis, soweit Verfahren konzernangehöriger Schuldner bei demselben Insolvenzgericht anhängig sind.[183] Die Beurteilung des Für und Wider einer einheitlichen Verwalterbestellung obliegt hier allein dem mit den Verfahren befassten Richter. Vorteilhaft ist die Bestellung eines personenidentischen Verwalters grundsätzlich, weil auf diese Weise ermöglicht wird, eine Gesamtstrategie zur Bewältigung der Insolvenz der Unternehmensgruppe ohne aufwändige Abstimmungsprozesse zu entwickeln.[184] Mit § 56b InsO-E soll nun eine rechtliche Grundlage für die einheitliche Verwalterbestellung für die Fälle geschaffen werden, in denen Insolvenzverfahren gruppenangehöriger Schuldner an mehreren Gerichten anhängig sind. Indirekt wird mit dieser Regelung auch die Zulässigkeit der Bestellung eines einheitlichen Verwalters bestätigt.[185] Des Weiteren wird mit § 56b InsO-E die Möglichkeit, einen Sonderinsolvenzverwalter bei Interessenkonflikten zu bestellen, nunmehr ausdrücklich gesetzlich verankert.[186]

Im Kern normiert § 56b Abs. 1 InsO-E eine zwischengerichtliche Abstimmungspflicht und formuliert Kriterien hinsichtlich der Frage der Zweckmäßigkeit der Bestellung eines einheitlichen Verwalters. Die Pflicht zur Abstimmung dürfte darüber hinaus auch dann bestehen, wenn innerhalb eines Gerichts verschiedene Richter mit den Verfahren befasst sind.[187] § 56b Abs. 2 InsO-E regelt eine Abweichung von § 56a InsO-E. Über § 21 Abs. 2 Ziff. 1 InsO-E findet § 56b InsO-E im Übrigen auch für die Bestellung eines vorläufigen Verwalters Anwendung.

b) *Abstimmungspflicht der Gerichte.* Die verschiedenen angegangenen Insolvenzgerichte haben sich gemäß § 56b Abs. 1 S. 1 InsO-E darüber abzustimmen, ob es im Interesse der Gläubiger liegt, lediglich eine Person zum Insolvenzverwalter zu bestellen. Gemäß § 56b Abs. 1 S. 2 InsO-E ist bei der Abstimmung insbesondere zu erörtern, ob diese Person alle Verfahren über die gruppenangehörigen Schuldner mit der gebotenen Unabhängigkeit wahrnehmen kann und ob mögliche Interessenkonflikte durch die Bestellung von Sonderinsolvenzverwaltern ausgeräumt werden können.

Die Vor- und Nachteile einer einheitlichen Verwalterbestellung sind einzelfallbezogen nach pflichtgemäßem Ermessen abzuwägen.[188] Mindestanforderung ist eine Abstimmung der Gerichte darüber, ob die Unabhängigkeit des Verwalters gewahrt ist oder ob mögliche Interessenkonflikte über die Einsetzung von Sonderinsolvenzverwaltern

---

[182] *Frind*, ZInsO 2014, 927, 931.
[183] BT-Drucks. 18/407, S. 30; *Leutheusser-Schnarrenberger*, ZIP 2013, 97, 101.
[184] BT-Drucks. 18/407, S. 30; *Leutheusser-Schnarrenberger*, ZIP 2013, 97, 101; ähnlich *Andres/Leithaus*, § 56 Rn. 5. Eingehend *Brünkmans*, in: MüKoInsO, 3. Band, Zwölfter Teil: Konzerninsolvenzrecht Rn. 61.
[185] So auch *Brünkmans*, in: MüKoInsO, 3. Band, Zwölfter Teil: Konzerninsolvenzrecht Rn. 60.
[186] *Andres/Möhlenkamp*, BB 2013, 579, 586.
[187] *Brünkmans*, in: MüKoInsO, 3. Band, Zwölfter Teil: Konzerninsolvenzrecht Rn. 60.
[188] *Brünkmans*, 2013, 193, 197 f. sowie *ders.*, in: MüKoInsO, 3. Band, Zwölfter Teil: Konzerninsolvenzrecht Rn. 63, dem die Einräumung einer Ermessensentscheidung nicht weit genug geht und der eine grundsätzliche Verpflichtung der Gerichte zur Einsetzung eines personenidentischen Verwalters fordert. Vgl. auch *Andres/Möhlenkamp*, BB 2013, 579, 585. Dagegen ist *Frind* [ZInsO 2014, 927, 928 ff.] die Fassung des § 56b Abs. 1 InsO-E – Bestellung des Einheitsverwalters als Regellösung – zu weit geraten.

entschärft werden können.[189] Darüber hinaus soll die Frage geklärt werden, ob eine einheitliche Verwalterbestellung den Zielen der InsO dient. So kann sich etwa eine solche Bestellung rechtfertigen, weil diese geeignet erscheint, die Verluste der Gläubiger durch die Insolvenz ihres Schuldners möglichst gering zu halten.[190] Dagegen ist eine einheitliche Verwalterbestellung als unzweckmäßig anzusehen, wenn dies die Einbindung von Sonderinsolvenzverwaltern in einem Umfang erfordert, der außer Verhältnis zu den Vorteilen der einheitlichen Verwalterbestellung steht.[191] Denkbar ist auch ein Absehen von der Bestellung derselben Person, wenn die einzelnen Konzernunternehmen in ganz unterschiedlichen Geschäftsfeldern tätig sind und keine der gelisteten Personen die für alle Verfahren gemäß § 56 Abs. 1 InsO erforderliche Sachkunde mitbringt[192] oder die gruppenangehörigen Schuldner nur lose miteinander verbunden sind.[193] Die zu gewichtenden Kriterien dürften auch für die in gerichtlich zentralisierten Insolvenzverfahren gruppenangehöriger Schuldner zuständigen Richter zu beachten sein.[194]

51 **c)** *Abweichung von § 56a InsO.* Die Regelung des § 56b Abs. 2 InsO-E löst einen sich aus der Vorschrift des § 56a InsO ergebenden Konflikt auf. § 56a InsO gilt auch im Konzernkontext für die einzelnen Verfahren über die gruppenangehörigen Schuldner. Kommt es nun zu verschiedenen (konkurrierenden) einstimmigen Vorschlägen oder Vorgaben mehrerer vorläufiger Gläubigerausschüsse, wäre das Gericht an einer einheitlichen Verwalterbestellung gehindert. § 56b Abs. 2 InsO-E soll dem Gericht daher das Abweichen von dem Vorschlag oder den Vorgaben des von ihm eingesetzten vorläufigen Gläubigerausschusses ermöglichen, wenn der vorläufige Gläubigerausschuss eines anderen gruppenangehörigen Schuldners einstimmig eine geeignete andere Person als Verwalter vorschlägt.[195]

52 **5. Die Kooperationsrechte und -pflichten. a)** *Überblick.* Für den Fall, dass keine Zentralisierung der Verfahren über einen Gruppen-Gerichtsstand oder einen Gruppen-Insolvenzverwalter stattfindet, soll eine Harmonisierung der Einzelverfahren über die in §§ 269a bis 269c InsO-E neu eingeführten Kooperationsrechte und -pflichten zwischen den Verfahrensorganen erreicht werden. Das Minimum der Kooperation besteht grundsätzlich in der Mitteilung von Informationen. Verwalter und Gerichte bleiben allerdings auch hier vorrangig den Gläubigern ihrer Verfahren verpflichtet.

53 **b)** *Kooperation der Insolvenzverwalter.* Die Pflicht der Insolvenzverwalter zur Zusammenarbeit soll sich künftig aus § 269a InsO-E ergeben. Nach § 269a S. 1 InsO-E sind die Insolvenzverwalter gruppenangehöriger Schuldner untereinander zur Unterrichtung und Zusammenarbeit verpflichtet, soweit hierdurch nicht die Interessen der Beteiligten des Verfahrens beeinträchtigt werden, für das sie bestellt sind. Gemäß § 269a S. 2 InsO-E haben sie auf Anforderung unverzüglich alle Informationen mitzuteilen, die für das andere Verfahren von Bedeutung sein können. Kooperationen zwischen Insolvenzverwaltern von Konzerngesellschaften können bereits nach geltendem Recht begründet werden. Die Pflicht zur Zusammenarbeit kann sich aus § 1 InsO ergeben. Im grenzüberschreitenden Bereich werden die Kooperationspflichten § 357 InsO und Art. 31 EuInsVO entnommen; in der Praxis wird sich u. a. des Instruments der Insolvenzverwaltungsverträge (sog. *protocols*) bedient.[196] Nunmehr werden Kooperationsrechte

---

[189] BT-Drucks. 18/407, S. 31.
[190] BT-Drucks. 18/407, S. 30.
[191] BT-Drucks. 18/407, S. 30.
[192] BT-Drucks. 18/407, S. 30.
[193] *Leutheusser-Schnarrenberger*, ZIP 2013, 97, 101.
[194] *Brünkmans*, in: MüKoInsO, 3. Band, Zwölfter Teil: Konzerninsolvenzrecht Rn. 62.
[195] BT-Drucks. 18/407, S. 31.
[196] Dazu eingehend: *Eidenmüller*, ZZP 2001, 3; *Reinhart*, in: MüKoInsO, 2. Auflage, 3. Band, Art. 31 EuInsVO Rn. 38 ff.

-pflichten ausdrücklich gesetzlich verankert.[197] Über § 21 Abs. 2 Ziff. 1 InsO-E findet § 269a InsO-E auch für einen vorläufig bestellten Insolvenzverwalter Anwendung.

Die Pflicht nach § 269a InsO-E stellt hohe Anforderungen an die danach verpflichteten Insolvenzverwalter. Es besteht ein gewisses Spannungsverhältnis zwischen der Pflicht zur Kooperation und der Wahrung der Interessen der Gläubiger des jeweiligen Verfahrens. Eine Pflicht zur Zusammenarbeit nach § 269a InsO-E soll nun schon dann bestehen, wenn sich diese für die Masse lediglich neutral auswirkt und nicht erst, wenn diese tatsächlich vorteilhaft für die Masse des zur Zusammenarbeit verpflichteten Insolvenzverwalters ist.[198] Die Pflicht zur Mitteilung von Informationen ist ein (besonders wichtiger) Unterfall der Pflicht zur Zusammenarbeit. Auszutauschen haben die Insolvenzverwalter in jedem Fall die Mitteilung, ob jeweils die Sanierung oder die Liquidation des insolventen Unternehmensteils angestrebt ist.[199] Darüber hinaus hat der Insolvenzverwalter jeweils zu beachten, dass er die Interessen der Gläubiger seines Verfahrens nicht beeinträchtigen darf. Er ist deshalb zB nicht verpflichtet, insolvenzanfechtungsbegründende Umstände mitzuteilen.[200]

c) *Zwischengerichtliche Kooperation.* § 269b InsO-E regelt die zwischengerichtliche Kooperation. Gemäß § 269b S. 1 InsO-E sind die Gerichte zur Zusammenarbeit und insbesondere zum Austausch der Informationen verpflichtet, die für das andere Verfahren von Bedeutung sein können, wenn die Insolvenzverfahren über das Vermögen von gruppenangehörigen Schuldnern bei verschiedenen Insolvenzgerichten geführt werden. Konkrete Kooperationsrechte und -pflichten, die sich immer auf besonders bedeutsame gerichtliche Entscheidungen erstrecken, werden in dem nicht abschließenden Katalog des § 269b S. 2 InsO-E formuliert. Soweit verschiedene Gerichte per Informationsaustausch die Möglichkeit einer einheitlichen Verwalterbestellung ausloten, ist primär § 56b InsO-E zu beachten. Die Pflicht zur zwischengerichtlichen Zusammenarbeit findet ihre Grenzen in Verfahrenshandlungen, bei denen den Gläubigern des an diesem Gericht geführten Verfahrens Nachteile drohen. § 269b InsO-E gilt auch, wenn verschiedene Richter desselben Gerichts mit den Verfahren befasst sind[201] sowie unabhängig von der funktionellen Zuständigkeitsverteilung.[202] Die Pflicht zur Zusammenarbeit soll von Amts wegen bestehen, weshalb auf eine Regelung zur Sicherstellung der Zusammenarbeit verzichtet wurde.[203]

d) *Kooperation der Gläubigerausschüsse.* Die Zusammenarbeit der Gläubigerausschüsse ist in § 269c InsO-E geregelt. Nach § 269c Abs. 1 InsO-E bemisst sich, unter welchen Voraussetzungen ein Gruppen-Gläubigerausschuss eingesetzt werden kann und wie sich dieser zusammensetzt. Der Aufgabenkreis wird durch § 269c Abs. 2 InsO-E bestimmt. Zudem ist dem Gruppen-Gläubigerausschuss im Koordinationsverfahren Gelegenheit zur Äußerung zur Person des zu bestellenden Koordinationsverwalters und zu den an diesen zu stellenden Anforderungen gemäß § 269e Abs. 2 InsO-E zu geben. Auch der Koordinationsplan bedarf der Zustimmung eines bestellten Gruppen-Gläubigerausschusses, § 269h Abs. 1 S. 2 InsO-E. Eine Pflicht zur Zusammenarbeit der einzelnen Gläubiger oder Gläubigerausschüsse besteht nach dem Entwurf nicht.[204] Allerdings soll

---

[197] Vgl. BT-Drucks. 18/407, S. 17; *Leutheusser-Schnarrenberger*, ZIP 2013, 97, 98.
[198] BT-Drucks. 18/407, S. 21; *Leutheusser-Schnarrenberger*, ZIP 2013, 97, 101.
[199] BT-Drucks. 18/407, S. 32.
[200] BT-Drucks. 18/407, S. 32; *Brünkmans*, in: MüKoInsO, 3. Band, Zwölfter Teil: Konzerninsolvenzrecht Rn. 79.
[201] *Brünkmans*, in: MüKoInsO, 3. Band, Zwölfter Teil: Konzerninsolvenzrecht Rn. 84.
[202] BT-Drucks. 18/407, S. 33.
[203] *Von Wilcken*, in: Flöther: Handbuch zum Konzerninsolvenzrecht, § 4 Rn. 72.
[204] *Leutheusser-Schnarrenberger*, ZIP 2013, 97, 102; *Graf-Schlicker*, Anwaltsblatt des DAV 2013, 620, 621.

dies nicht als ausdrückliche Entscheidung gegen eine solche verstanden werden.[205] Stattdessen wird die Klärung dieser Frage auch weiterhin durch die Rechtsprechung und die Wissenschaft vorgezogen.[206]

57   **6. Das Koordinationsverfahren. a)** *Überblick.* In dem in §§ 269a ff. InsO-E einzufügenden Komplex sind auch die Regelungen zu dem neu geschaffenen Koordinationsverfahren vorgesehen, dort in §§ 269d bis 269i InsO-E. Dieses Verfahren soll dann über die Figur des Koordinationsverwalters eine Abstimmung der Einzelverfahren der gruppenangehörigen Schuldner bewirken, wenn eine einheitliche Verwalterbestellung entweder aufgrund der Entscheidung des mit den Verfahren befassten Gerichts am Gruppen-Gerichtsstand oder über die Abstimmung mehrerer mit den Verfahren befassten Gerichte nicht gelungen ist und auch die recht allgemein gefassten Kooperationsrechte und -pflichten nach § 269a InsO-E keine zufriedenstellende Harmonisierung herbeiführen können. Indes hat sich seit dem Diskussionsentwurf an diesem Verfahren wohl die meiste Kritik entzündet.[207] Auf diese Kritik wurde teilweise reagiert, beispielsweise dadurch, dass der Koordinationsverwalter regelmäßig nicht mehr dem Kreis der bestellten Insolvenzverwalter entstammen darf. Im Großen und Ganzen wird aber an dem Verfahren festgehalten. Da das Verfahren allerdings recht (zeit-)aufwendig zu betreiben und demgegenüber ein echter Mehrwert nicht erkennbar ist, dürfte dieses Verfahren in der Praxis künftig nur eine untergeordnete Rolle spielen.[208]

58   Die Einleitung des Koordinationsverfahrens ist beim Koordinationsgericht zu beantragen. Dieses bestellt mit der Einleitung einen Koordinationsverwalter, der die Abstimmung zwischen den Einzelverfahren besorgen soll, ohne in deren Eigenständigkeit einzugreifen.[209] Als Instrument dazu dient diesem u. a. der Koordinationsplan.

59   **b)** *Einleitung des Koordinationsverfahrens.* Die Einleitung des Koordinationsverfahrens bedarf eines Antrags, § 269d Abs. 1 InsO-E. Der Antrag ist beim Koordinationsgericht zu stellen. Dies ist gemäß § 269d Abs. 1 InsO-E das für die Eröffnung von Gruppen-Folgeverfahren zuständige Gericht, also das nach § 3a InsO-E zuständige Gericht des Gruppen-Gerichtsstandes. Antragsberechtigt ist gemäß § 269d Abs. 2 InsO-E bzw. § 269d Abs. 2 S. 2 iVm § 3a Abs. 3 InsO-E neben jedem gruppenangehörigen Schuldner und dem (vorläufigen) Insolvenzverwalter auch jeder (vorläufige) Gläubigerausschuss eines gruppenangehörigen Schuldners auf der Grundlage eines einstimmigen Beschlusses. Damit steht das Antragsrecht auch gruppenangehörigen Schuldnern, die von untergeordneter Bedeutung für die gesamte Unternehmensgruppe sind und denen deshalb das Antragsrecht nach § 3a InsO-E versagt wird, zu. Darüber hinaus erstreckt sich das Antragsrecht auch auf die Gläubiger. Dies erscheint angesichts des Umstandes, dass die Gläubiger auch die Mehrkosten für dieses Verfahren zu tragen haben, nur recht und billig. Ein Antragsrecht des ggf. nach § 269c InsO-E eingesetzten Gruppen-Gläubigerausschusses ist dagegen nicht vorgesehen.[210]

---

[205] BT-Drucks. 18/407, S. 22; *Leutheusser-Schnarrenberger*, ZIP 2013, 97, 102.
[206] BT-Drucks. 18/407, S. 22. Vgl. auch *Brünkmans*, in: MüKoInsO, 3. Band Zwölfter Teil: Konzerninsolvenzrecht Rn. 88 mwN.
[207] Vgl. etwa Stellungnahme Nr. 9/2003 des Deutschen Anwaltsvereins von Februar 2013, S. 7; Stellungnahme des Gravenbrucher Kreises vom 15.2.2013, S. 1 und 4; Stellungnahme des VID vom 15.2.2013, S. 6 und vom 28.3.2014, S. 7; Stellungnahme des BAKInsO vom 15.2.2013, S. 8; *Andres/Möhlenkamp*, BB 2013, 579, 586; *Fölsing*, ZInsO 2013, 413, 419 f.; *Harder/Lojowsky*, NZI 2013, 327, 329 f.; *Römermann*, ZRP 2013, 201, 204 f.; *Verhoeven*, ZInsO 2014, 217, 221 f.; *Frind*, ZInsO 2014, 927, 936 f.
[208] *Brünkmans*, in: MüKoInsO, 3. Band, Zwölfter Teil: Konzerninsolvenzrecht Rn. 118 ff., schlägt alternativ die Einführung eines Gruppen-Insolvenzplanverfahrens vor.
[209] *Leutheusser-Schnarrenberger*, ZIP 2013, 97, 98.
[210] Zu Recht kritisch *Brünkmans*, in: MüKoInsO, 3. Band, Zwölfter Teil: Konzerninsolvenzrecht Rn. 93.

Ausweislich des Wortlauts des § 269d InsO-E erfordert eine gerichtliche Entscheidung lediglich den entsprechenden Antrag einer antragsberechtigten Person sowie Anträge auf Eröffnung des Insolvenzverfahrens über die Vermögen (mindestens zweier)[211] gruppenangehöriger Schuldner. Darüber hinaus ist jedoch auch festzustellen, ob die Einleitung des Koordinationsverfahrens im Interesse der Gläubiger liegt.[212] Abzuwägen ist dafür, ob ein Koordinationsverfahren nach den Umständen des konkreten Einzelfalles Vorteile erwarten lässt, die in angemessenem Verhältnis zu den zusätzlichen Kosten stehen.[213] Vorteilhaft dürfte das Koordinationsverfahren zumindest dann sein, wenn sich dieses im Einzelfall als geeignet erweist, Gesamtverwertungs- oder Sanierungsstrategien umzusetzen.[214] Auch eine Antragstellung durch die Mehrheit der Gläubiger der gruppenangehörigen Schuldner dürfte zumindest als Indiz genügen. Nicht erforderlich ist im Übrigen, zuvor den Gruppen-Gerichtsstand nach § 3a InsO-E zu begründen bzw. dessen Begründung zu beantragen.[215] Die Entscheidung des Gerichts über die Einleitung des Koordinationsverfahrens ergeht durch Beschluss, mit dem ggf. zugleich auch der Koordinationsverwalter bestellt wird.

c) *Bestellung des Koordinationsverwalters.* **aa)** *Anforderungen an die Person; Äußerungsrecht des Gruppen-Gläubigerausschusses.* Das Koordinationsgericht bestellt den Koordinationsverwalter nach Maßgabe des § 269e InsO-E mit dem Einleitungsbeschluss. Gemäß § 269e Abs. 1 S. 2 InsO-E *soll* der Koordinationsverwalter unabhängig von einem Insolvenzverwalter oder Sachwalter eines gruppenangehörigen Schuldners sein;[216] die Bestellung eines gruppenangehörigen Schuldners wird durch § 269e Abs. 1 S. 3 InsO-E ausdrücklich ausgeschlossen. Dies gilt auch dann, wenn Eigenverwaltung angeordnet wurde; das stellt § 269e Abs. 1 S. 3 InsO-E ausdrücklich klar.[217] Von dem Gebot der Neutralität des Koordinationsverwalters soll ausnahmsweise dann abgewichen werden können, wenn zu erwartende Nachteile wie etwa die fehlende Akzeptanz desselben nicht zu befürchten sind oder diese durch Vorteile wie beispielsweise eine besondere Expertise und Erfahrung kompensiert werden.[218] Bei der Auswahl der zu bestellenden Person ist der Zweck des Koordinationsverfahrens zu beachten. Geeignet sind daher insbesondere Personen, die Erfahrungen in der Mediation und mit größeren Konzerninsolvenzen vorweisen können.[219]

Einem (vorläufig) bestellten Gruppen-Gläubigerausschuss (vgl. § 269c InsO-E) steht vor der Bestellung ein Äußerungsrecht gegenüber dem Koordinationsgericht nach § 269e Abs. 2 InsO-E zu, das die Person des Koordinationsverwalters und die an ihn zu stellenden Anforderungen umfasst.

bb) *Aufgaben.* Dem Koordinationsverwalter kommt gemäß § 269f Abs. 1 S. 1 InsO-E die Aufgabe zu, für eine abgestimmte Abwicklung der Einzelverfahren zu sorgen, so-

---

[211] Die Begründung geht wohl davon aus, dass über die Mehrzahl der Konzernglieder ein Insolvenzverfahren eröffnet oder anhängig sein müsse (BT-Drucks. 18/407, S. 35; S. 22 aber insoweit: „kann"). Das gibt der Normwortlaut selbst nicht her. Beizupflichten ist vielmehr *Brünkmans,* nach dem die Anzahl der insolvenzbefangenen Konzerngesellschaften lediglich in der Kosten-Nutzung-Abwägung zu berücksichtigen ist (in: MüKoInsO, 3. Band, Zwölfter Teil: Konzerninsolvenzrecht Rn. 96).
[212] Vgl. BT-Drucks. 18/407, S. 35.
[213] BT-Drucks. 18/407, S. 35.
[214] *Brünkmans,* in: MüKoInsO, 3. Band, Zwölfter Teil: Konzerninsolvenzrecht Rn. 95.
[215] AA wohl *Brünkmans,* in: MüKoInsO, 3. Band, Zwölfter Teil: Konzerninsolvenzrecht Rn. 94, der eine Gruppen-Gerichtsstandsbegründung – zumindest der Form halber – für erforderlich hält.
[216] Der Diskussionsentwurf sah noch die Bestellung eines Koordinationsverwalters aus dem Kreis der bereits ernannten oder vorläufigen Insolvenzverwalter vor, weil dieser bereits mit den Vorgängen zumindest in einem Teil des Konzerns vertraut sei (vgl. *Leutheusser-Schnarrenberger,* ZIP 2013, 97, 102). Dieser Ansatzpunkt wurde jedoch vom Schrifttum vielfach kritisiert.
[217] BT-Drucks. 18/407, S. 35.
[218] BT-Drucks. 18/407, S. 35 f.
[219] BT-Drucks. 18/407, S. 36.

weit dies im Interesse der Gläubiger liegt. Dem Koordinationsverwalter kommt damit die Rolle eines Vermittlers zwischen den einzelnen Verfahren der gruppenangehörigen Schuldner zu. Er soll alle Maßnahmen ergreifen, die geeignet sind, die abgestimmte Abwicklung der Einzelverfahren zu fördern.[220] Das können die Einrichtung eines informellen Forums zur multilateralen Erörterung, vertragsrechtliche Instrumente oder die Vorlage eines verfahrensbegleitenden Koordinationsplans (§ 269f Abs. 1 S. 2 InsO-E) sein. Begrenzt wird diese Gestaltungsfreiheit lediglich durch den Grundsatz der Pareto-Effizienz.[221]

64 Gemäß § 269f Abs. 2 InsO-E sind die (vorläufigen) Insolvenzverwalter zur Zusammenarbeit mit dem Koordinationsverwalter verpflichtet. Dies umfasst nicht nur die Unterrichtung, sondern auch unterstützende Leistungen, wie etwa die Gestattung der Teilnahme an Gläubigerversammlungen. Mitwirkungsrechte oder Weisungsrechte bzw. Sanktionsmöglichkeiten hinsichtlich der von ihm vorgelegten Vorschläge wurden dem Koordinationsverwalter trotz entsprechender Kritik[222] des Schrifttums schon zum Diskussionsentwurf aber nicht zugestanden. Insolvenzverwalter, die sich einer Kooperation verweigern, können allerdings nach § 60 InsO haftbar sein, sollten etwa die Vorschläge des Koordinationsverwalters im Vergleich zur Strategie in dem einzelnen Verfahren eine Besserstellung der Gläubiger bedeuten.[223]

65 cc) *Vergütung.* Der Koordinationsverwalter hat Anspruch auf Vergütung für seine Tätigkeit und auf Erstattung angemessener Auslagen. § 269g InsO-E legt fest, wie sich der Regelsatz bemisst und die Vergütung zu berichtigen ist.[224]

66 **d)** *Der Koordinationsplan.* Der Koordinationsplan als wesentliches Koordinierungsinstrument des Koordinationsverwalters ist in §§ 269h und 269i InsO-E geregelt. Dessen Funktion besteht in der Abstimmung der Einzelverfahren und als Referenzplan bzw. Masterplan für die einzelnen Insolvenzverfahren vorzugsweise zum Zwecke der Sanierung des Gesamtkonzerns,[225] aber auch zum Zweck der bestmöglichen Verwertung der Vermögen der gruppenangehörigen Schuldner im Rahmen einer Liquidation. Vorgesehen ist der Plan allerdings nur als kupierter Plan ohne gestaltenden Teil.[226] Inhaltlich kann der Plan nach § 269h Abs. 2 InsO-E alle Maßnahmen enthalten, die für eine abgestimmte Abwicklung sachdienlich sind, insbesondere Vorschläge zur Wiederherstellung der wirtschaftlichen Leistungsfähigkeit, zur Beilegung gruppeninterner Streitigkeiten und zu vertraglichen Vereinbarungen zwischen den Verwaltern. Diesen Plan haben die Insolvenzverwalter gemäß § 269i InsO-E dann im Berichtstermin zu erläutern, wenn dies nicht etwa schon durch den Koordinationsverwalter erfolgt. § 269i InsO-E eröffnet dem Insolvenzverwalter grundsätzlich die Möglichkeit, von diesem abzuweichen. Jedoch hat er dieses dann den Gläubigern seines Verfahrens zu erläutern und zu begründen. Anderenfalls setzt er sich dem Risiko der persönlichen Haftung nach § 60 Abs. 1 InsO aus.[227] Nach § 269i Abs. 2 InsO-E hat wiederum die Gläubigerversammlung die Möglichkeit, „ihren" Insolvenzverwalter bei dem von ihm auszuarbeitenden Insolvenzplan an den Koordinationsplan zu binden.

---

[220] BT-Drucks. 18/407, S. 23.
[221] BT-Drucks. 18/407, S. 37.
[222] Z. B. Stellungnahme des Deutschen Anwaltvereins von Februar 2013, S. 7; *Römermann*, ZRP 2013, 201, 204; *Harder/Lojowski*, NZI 2013, 327, 329; *Andres/Möhlenkamp*, BB 2013, 579, 586.
[223] BT-Drucks. 18/407, S. 22; *Brünkmans*, in: MüKoInsO, 3. Band, Zwölfter Teil: Konzerninsolvenzrecht Rn. 103; *ders.*, ZIP 2013, 193, 201; *Leutheusser-Schnarrenberger*, ZIP 2013, 97, 102.
[224] Weiterführend *Brünkmans*, in: MüKoInsO, 3. Band, Zwölfter Teil: Konzerninsolvenzrecht Rn. 104 ff.
[225] BT-Drucks. 18/407, S. 38.
[226] BT-Drucks. 18/407, S. 39; *Frind*, ZInsO 2014, 927, 937.
[227] *Leutheusser-Schnarrenberger*, ZIP 2013, 97, 102; *Brünkmans*, in: MüKoInsO, 3. Band, Zwölfter Teil: Konzerninsolvenzrecht Rn. 103 und 116. Vgl. auch Rn. 64.

7. Eigenverwaltung; Inkrafttreten. Die Anordnung der (vorläufigen) Eigenverwaltung ist auch bei gruppenangehörigen Schuldnern möglich. § 270d InsO-E stellt klar, dass die Instrumente des Unternehmensgruppeninsolvenzrechts auch in Fällen der (vorläufigen) Eigenverwaltung Anwendung finden. Nach § 270d S. 1 InsO-E unterliegt der (vorläufig) eigenverwaltende Schuldner anstelle des Insolvenzverwalters den Kooperationsrechten und -pflichten des § 269a InsO-E. § 270d S. 2 InsO-E bestimmt, dass die Antragsrechte nach § 3a Abs. 1 InsO-E (Begründung des Gruppen-Gerichtsstands), § 3d Abs. 2 InsO-E (Verweisung an den Gruppen-Gerichtsstand) und § 269d Abs. 2 S. 2 InsO-E (Einleitung des Koordinationsverfahrens) nach Verfahrenseröffnung dem eigenverwaltenden Schuldner zustehen. Dem Sachwalter sollen auch hier nur Kontrollfunktionen zukommen. Im Übrigen ergibt sich die Zulässigkeit der Bestellung eines einheitlichen Sachwalters für mehrere eigenverwaltende gruppenangehörige Schuldner aus den allgemeinen Bestimmungen. Die diesbezügliche Abstimmungspflicht mehrerer mit den Verfahren befassten Gerichte ergibt sich aus § 274 InsO iVm § 56b InsO-E.[228]

Nach Art. 9 des Entwurfs ist das Inkrafttreten ein Jahr nach Verkündung vorgesehen. Diese Frist scheint etwas knapp.[229]

8. Anhang: Die Regelungen des Regierungsentwurfs im Wortlaut

§ 2 Amtsgericht als Insolvenzgericht

(1) (...)

(2) (...)

(3) Rechtsverordnungen nach Absatz 2 sollen je Bezirk eines Oberlandesgerichts ein Insolvenzgericht bestimmen, an dem ein Gruppen-Gerichtsstand nach § 3a begründet werden kann. Die Zuständigkeit des bestimmten Insolvenzgerichts kann innerhalb eines Landes auch über den Bezirk eines Oberlandesgerichts erstreckt werden.

§ 3a Gruppen-Gerichtsstand

(1) Auf Antrag eines Schuldners, der einer Unternehmensgruppe im Sinne von § 3e angehört (gruppenangehöriger Schuldner), erklärt sich das angerufene Insolvenzgericht für die Insolvenzverfahren über die anderen gruppenangehörigen Schuldner (Gruppen-Folgeverfahren) für zuständig, wenn in Bezug auf den Schuldner ein zulässiger Eröffnungsantrag vorliegt und der Schuldner nicht offensichtlich von untergeordneter Bedeutung für die gesamte Unternehmensgruppe ist. Eine untergeordnete Bedeutung ist in der Regel nicht anzunehmen, wenn im vorangegangenen abgeschlossenen Geschäftsjahr

1. die Bilanzsumme des Schuldners mehr als 10 Prozent der zusammengefassten Bilanzsumme der Unternehmensgruppe betrug,

2. die Umsatzerlöse des Schuldners mehr als 10 Prozent der zusammengefassten Umsatzerlöse der Unternehmensgruppe betrugen und

3. die Zahl der vom Schuldner im Jahresdurchschnitt beschäftigten Arbeitnehmer mehr als 10 Prozent der in der Unternehmensgruppe im Jahresdurchschnitt beschäftigten Arbeitnehmer ausmachte.

Haben mehrere gruppenangehörige Schuldner zeitgleich einen Antrag nach Satz 1 gestellt oder ist bei mehreren Anträgen unklar, welcher Antrag zuerst gestellt worden ist, ist der Antrag des Schuldners maßgeblich, der die größere Bilanzsumme aufweist; die anderen Anträge sind unzulässig.

---

[228] BT-Drucks. 18/407, S. 42.
[229] So auch *Frind*, ZInsO 2014, 927, 927, der konkret für eine mindestens zweijährige Frist plädiert und dies mit der vollständigen Umsetzung und der Bewältigung der Probleme der insolvenzgerichtlichen Praxis durch das Inkrafttreten des ESUG, der „Reform der Privatinsolvenz", der Einführung des P-Kontos im Zwangsvollstreckungsrecht und dem Gesetz zur Einführung einer Rechtsbehelfsbelehrung im Zivilprozess begründet.

(2) Bestehen Zweifel daran, dass eine Verfahrenskonzentration am angerufenen Insolvenzgericht im gemeinsamen Interesse der Gläubiger liegt, kann das Gericht den Antrag nach Absatz 1 Satz 1 ablehnen.

(3) Das Antragsrecht des Schuldners geht mit der Eröffnung des Insolvenzverfahrens auf den Insolvenzverwalter und mit der Bestellung eines vorläufigen Insolvenzverwalters, auf den die Verwaltungs- und Verfügungsbefugnis über das Vermögen des Schuldners übergeht, auf diesen über.

§ 3b Fortbestehen des Gruppen-Gerichtsstands

Ein nach § 3a begründeter Gruppen-Gerichtsstand bleibt von der Nichteröffnung, Aufhebung oder Einstellung des Insolvenzverfahrens über den antragstellenden Schuldner unberührt, solange an diesem Gerichtsstand ein Verfahren über einen anderen gruppenangehörigen Schuldner anhängig ist.

§ 3c Zuständigkeit für Gruppen-Folgeverfahren

(1) Am Gericht des Gruppen-Gerichtsstands ist für Gruppen-Folgeverfahren der Richter zuständig, der für das Verfahren zuständig ist, in dem der Gruppen-Gerichtsstand begründet wurde.

(2) Der Antrag auf Eröffnung eines Gruppen-Folgeverfahrens kann auch bei dem nach § 3 Absatz 1 zuständigen Gericht gestellt werden.

§ 3d Verweisung an den Gruppen-Gerichtsstand

(1) Wird die Eröffnung eines Insolvenzverfahrens über das Vermögen eines gruppenangehörigen Schuldners bei einem anderen Insolvenzgericht als dem Gericht des Gruppen-Gerichtsstands beantragt, kann das angerufene Gericht das Verfahren an das Gericht des Gruppen-Gerichtsstands verweisen. Eine Verweisung hat auf Antrag zu erfolgen, wenn der Schuldner unverzüglich nachdem er Kenntnis von dem Eröffnungsantrag eines Gläubigers erlangt hat, einen zulässigen Eröffnungsantrag bei dem Gericht des Gruppen-Gerichtsstands stellt.

(2) Antragsberechtigt ist der Schuldner. § 3a Absatz 3 gilt entsprechend.

(3) Das Gericht des Gruppen-Gerichtsstands kann den vom Erstgericht bestellten vorläufigen Insolvenzverwalter entlassen, wenn dies erforderlich ist, um nach § 56b eine Person zum Insolvenzverwalter in mehreren oder allen Verfahren über die gruppenangehörigen Schuldner zu bestellen.

§ 3e Unternehmensgruppe

Eine Unternehmensgruppe besteht aus rechtlich selbständigen Unternehmen, die den Mittelpunkt ihrer hauptsächlichen Interessen im Inland haben und die unmittelbar oder mittelbar miteinander verbunden sind durch

1. die Möglichkeit der Ausübung eines beherrschenden Einflusses oder
2. eine Zusammenfassung unter einheitlicher Leitung.

§ 21 Anordnung vorläufiger Maßnahmen

(1) (…)

(2) Das Gericht kann insbesondere

1. einen vorläufigen Insolvenzverwalter bestellen, für den § 8 Absatz 3 und die §§ 56 bis 56b, 58 bis 66 und 269a entsprechend gelten;

(…)

§ 13a Antrag zur Begründung eines Gruppen-Gerichtsstands

(1) In einem Antrag nach § 3a Absatz 1 sind anzugeben:

1. Name, Sitz, Unternehmensgegenstand sowie Bilanzsumme, Umsatzerlöse und die durchschnittliche Zahl der Arbeitnehmer des letzten Geschäftsjahres der anderen gruppenangehörigen Unternehmen, die nicht lediglich von untergeordneter Bedeutung für die Unternehmensgruppe

sind; für die übrigen gruppenangehörigen Unternehmen sollen entsprechende Angaben gemacht werden,
2. aus welchen Gründen eine Verfahrenskonzentration am angerufenen Insolvenzgericht im gemeinsamen Interesse der Gläubiger liegt,
3. ob eine Fortführung oder Sanierung der Unternehmensgruppe oder eines Teils davon angestrebt wird,
4. welche gruppenangehörigen Unternehmen Institute im Sinne des § 1 Absatz 1b des Kreditwesengesetzes, Finanzholding-Gesellschaften im Sinne des § 1 Absatz 3a des Kreditwesengesetzes, Kapitalverwaltungsgesellschaften im Sinne des § 17 Absatz 1 des Kapitalanlagegesetzbuches, Zahlungsdienstleister im Sinne des § 1 Absatz 1 des Zahlungsdiensteaufsichtsgesetzes oder Versicherungsunternehmen im Sinne des § 1 Absatz 1 Nummer 1 des Versicherungsaufsichtsgesetzes sind, und
5. die gruppenangehörigen Schuldner, über deren Vermögen die Eröffnung eines Insolvenzverfahrens beantragt oder ein Verfahren eröffnet wurde, einschließlich des zuständigen Insolvenzgerichts und des Aktenzeichens.

(2) Dem Antrag nach § 3a Absatz 1 ist der letzte konsolidierte Abschluss der Unternehmensgruppe beizufügen. Liegt ein solcher nicht vor, sind die letzten Jahresabschlüsse der gruppenangehörigen Unternehmen beizufügen, die nicht lediglich von untergeordneter Bedeutung für die Unternehmensgruppe sind. Die Jahresabschlüsse der übrigen gruppenangehörigen Unternehmen sollen beigefügt werden.

§ 56b Verwalterbestellung bei Schuldnern derselben Unternehmensgruppe

(1) Wird über das Vermögen von gruppenangehörigen Schuldnern die Eröffnung eines Insolvenzverfahrens beantragt, so haben die angegangenen Insolvenzgerichte sich darüber abzustimmen, ob es im Interesse der Gläubiger liegt, lediglich eine Person zum Insolvenzverwalter zu bestellen. Bei der Abstimmung ist insbesondere zu erörtern, ob diese Person alle Verfahren über die gruppenangehörigen Schuldner mit der gebotenen Unabhängigkeit wahrnehmen kann und ob mögliche Interessenkonflikte durch die Bestellung von Sonderinsolvenzverwaltern ausgeräumt werden können.

(2) Von dem Vorschlag oder den Vorgaben eines vorläufigen Gläubigerausschusses nach § 56a kann das Gericht abweichen, wenn der für einen anderen gruppenangehörigen Schuldner bestellte vorläufige Gläubigerausschuss eine andere Person einstimmig vorschlägt, die sich für eine Tätigkeit nach Absatz 1 Satz 1 eignet. Vor der Bestellung dieser Person ist der vorläufige Gläubigerausschuss anzuhören. Ist zur Auflösung von Interessenkonflikten ein Sonderinsolvenzverwalter zu bestellen, findet § 56a entsprechende Anwendung.

§ 269a Zusammenarbeit der Insolvenzverwalter

Die Insolvenzverwalter gruppenangehöriger Schuldner sind untereinander zur Unterrichtung und Zusammenarbeit verpflichtet, soweit hierdurch nicht die Interessen der Beteiligten des Verfahrens beeinträchtigt werden, für das sie bestellt sind. Insbesondere haben sie auf Anforderung unverzüglich alle Informationen mitzuteilen, die für das andere Verfahren von Bedeutung sein können.

§ 269b Zusammenarbeit der Gerichte

Werden die Insolvenzverfahren über das Vermögen von gruppenangehörigen Schuldnern bei verschiedenen Insolvenzgerichten geführt, sind die Gerichte zur Zusammenarbeit und insbesondere zum Austausch der Informationen verpflichtet, die für das andere Verfahren von Bedeutung sein können. Dies gilt insbesondere für:
1. *die Anordnung von Sicherungsmaßnahmen,*
2. *die Eröffnung des Verfahrens,*
3. *die Bestellung eines Insolvenzverwalters,*
4. *wesentliche verfahrensleitende Entscheidungen,*

5. den Umfang der Insolvenzmasse und
6. die Vorlage von Insolvenzplänen sowie sonstige Maßnahmen zur Beendigung des Insolvenzverfahrens.

§ 269c Zusammenarbeit der Gläubigerausschüsse

(1) Auf Antrag eines Gläubigerausschusses, der in einem Verfahren über das Vermögen eines gruppenangehörigen Schuldners bestellt ist, kann das Gericht des Gruppen-Gerichtsstands nach Anhörung der anderen Gläubigerausschüsse einen Gruppen-Gläubigerausschuss einsetzen, in dem die Gläubigerausschüsse der gruppenangehörigen Schuldner, die nicht offensichtlich von untergeordneter Bedeutung für die gesamte Unternehmensgruppe sind, durch jeweils eine Person vertreten sind.

(2) Der Gruppen-Gläubigerausschuss unterstützt die Insolvenzverwalter und die Gläubigerausschüsse in den einzelnen Verfahren, um eine abgestimmte Abwicklung dieser Verfahren zu erleichtern. Die §§ 70 bis 73 gelten entsprechend. Hinsichtlich der Vergütung gilt die Tätigkeit als Mitglied im Gruppen-Gläubigerausschuss als Tätigkeit in dem Gläubigerausschuss, den das Mitglied im Gruppen-Gläubigerausschuss vertritt.

(3) Dem Gläubigerausschuss steht in den Fällen der Absätze 1 und 2 ein vorläufiger Gläubigerausschuss gleich.

§ 269d Koordinationsgericht

(1) Wird über die Vermögen von gruppenangehörigen Schuldnern die Eröffnung von Insolvenzverfahren beantragt oder wurden solche Verfahren eröffnet, kann das für die Eröffnung von Gruppen-Folgeverfahren zuständige Gericht (Koordinationsgericht) auf Antrag ein Koordinationsverfahren einleiten.

(2) Antragsberechtigt ist jeder gruppenangehörige Schuldner. § 3a Absatz 3 findet entsprechende Anwendung. Antragsberechtigt ist auch jeder Gläubigerausschuss oder vorläufige Gläubigerausschuss eines gruppenangehörigen Schuldners auf der Grundlage eines einstimmigen Beschlusses.

§ 269e Koordinationsverwalter

(1) Das Koordinationsgericht bestellt eine von den gruppenangehörigen Schuldnern und deren Gläubigern unabhängige Person zum Koordinationsverwalter. Die zu bestellende Person soll von den Insolvenzverwaltern und Sachwaltern der gruppenangehörigen Schuldner unabhängig sein. Die Bestellung eines gruppenangehörigen Schuldners ist ausgeschlossen.

(2) Vor der Bestellung des Koordinationsverwalters gibt das Koordinationsgericht einem bestellten Gruppen-Gläubigerausschuss Gelegenheit, sich zu der Person des Koordinationsverwalters und den an ihn zu stellenden Anforderungen zu äußern.

§ 269f Aufgaben und Rechtsstellung des Koordinationsverwalters

(1) Der Koordinationsverwalter hat für eine abgestimmte Abwicklung der Verfahren über die gruppenangehörigen Schuldner zu sorgen, soweit dies im Interesse der Gläubiger liegt. Zu diesem Zweck kann er insbesondere einen Koordinationsplan vorlegen. Er kann diesen in den jeweiligen Gläubigerversammlungen erläutern oder durch eine von ihm bevollmächtigte Person erläutern lassen.

(2) Die Insolvenzverwalter und vorläufigen Insolvenzverwalter der gruppenangehörigen Schuldner sind zur Zusammenarbeit mit dem Koordinationsverwalter verpflichtet. Sie haben ihm auf Aufforderung insbesondere die Informationen mitzuteilen, die er für eine zweckentsprechende Ausübung seiner Tätigkeit benötigt.

(3) Soweit in diesem Teil nichts anderes bestimmt ist, gelten für die Bestellung des Koordinationsverwalters, für die Aufsicht durch das Insolvenzgericht sowie für die Haftung und Vergütung § 27 Absatz 2 Nummer 5 und die §§ 56 bis 60, 62 bis 65 entsprechend.

§ 269g Vergütung des Koordinationsverwalters

(1) Der Koordinationsverwalter hat Anspruch auf Vergütung für seine Tätigkeit und auf Erstattung angemessener Auslagen. Der Regelsatz der Vergütung wird nach dem Wert der zusammengefassten Insolvenzmassen der in das Koordinationsverfahren einbezogenen Verfahren über gruppenangehörige Schuldner berechnet. Dem Umfang und der Schwierigkeit der Koordinationsaufgabe wird durch Abweichungen vom Regelsatz Rechnung getragen. Die §§ 64 und 65 gelten entsprechend.

(2) Die Vergütung des Koordinationsverwalters ist anteilig aus den Insolvenzmassen der gruppenangehörigen Schuldner zu berichtigen, wobei im Zweifel das Verhältnis des Werts der einzelnen Massen zueinander maßgebend ist.

§ 269h Koordinationsplan

(1) Zur abgestimmten Abwicklung der Insolvenzverfahren über das Vermögen von gruppenangehörigen Schuldnern können der Koordinationsverwalter und, wenn ein solcher noch nicht bestellt ist, die Insolvenzverwalter der gruppenangehörigen Schuldner gemeinsam dem Koordinationsgericht einen Koordinationsplan zur Bestätigung vorlegen. Der Koordinationsplan bedarf der Zustimmung eines bestellten Gruppen-Gläubigerausschusses. Das Gericht weist den Plan von Amts wegen zurück, wenn die Vorschriften über das Recht zur Vorlage, den Inhalt des Plans oder über die verfahrensmäßige Behandlung nicht beachtet worden sind und die Vorlegenden den Mangel nicht beheben können oder innerhalb einer angemessenen vom Gericht gesetzten Frist nicht beheben.

(2) In dem Koordinationsplan können alle Maßnahmen beschrieben werden, die für eine abgestimmte Abwicklung der Verfahren sachdienlich sind. Insbesondere kann der Plan Vorschläge enthalten:

1. zur Wiederherstellung der wirtschaftlichen Leistungsfähigkeit der einzelnen gruppenangehörigen Schuldner und der Unternehmensgruppe,
2. zur Beilegung gruppeninterner Streitigkeiten,
3. zu vertraglichen Vereinbarungen zwischen den Insolvenzverwaltern.

(3) Gegen den Beschluss, durch den die Bestätigung des Koordinationsplans versagt wird, steht jedem Vorlegenden die sofortige Beschwerde zu. Die übrigen Vorlegenden sind dem Verfahren zuzuziehen.

§ 269i Abweichungen vom Koordinationsplan

(1) Der Insolvenzverwalter eines gruppenangehörigen Schuldners hat im Berichtstermin den Koordinationsplan zu erläutern, wenn dies nicht durch den Koordinationsverwalter oder eine von diesem bevollmächtigten Person erfolgt. Der Insolvenzverwalter hat im Anschluss an die Erläuterung zu begründen, von welchen im Plan beschriebenen Maßnahmen er abweichen will. Liegt zum Zeitpunkt des Berichtstermins noch kein Koordinationsplan vor, so kommt der Insolvenzverwalter seinen Pflichten nach den Sätzen 1 und 2 in einer Gläubigerversammlung nach, für die das Insolvenzgericht alsbald einen Termin bestimmt.

(2) Auf Beschluss der Gläubigerversammlung ist der Koordinationsplan einem vom Insolvenzverwalter auszuarbeitenden Insolvenzplan zugrunde zu legen.

§ 270d Eigenverwaltung bei gruppenangehörigen Schuldnern

Wird die Eigenverwaltung oder die vorläufige Eigenverwaltung bei einem gruppenangehörigen Schuldner angeordnet, unterliegt der Schuldner den Kooperationspflichten des § 269a. Dem eigenverwaltenden Schuldner stehen nach Verfahrenseröffnung die Antragsrechte nach § 3a Absatz 1, § 3d Absatz 2 und § 269d Absatz 2 Satz 2 zu.

Artikel 9 Inkrafttreten

Dieses Gesetz tritt am ... [einsetzen: Datum des Tages, das dem des Verkündungstages im Folgejahr entspricht] in Kraft.

§ 96. Steuerliche Besonderheiten der Gesellschaftsinsolvenz

Übersicht

	Rn.
I. Insolvenz einer juristischen Person	1
II. Insolvenzverfahren über das Vermögen einer Personengesellschaft	12

I. Insolvenz einer juristischen Person

1 Auf die Körperschaftsteuer sind nach § 8 I KStG die Vorschriften des Einkommensteuergesetzes über Einkommensermittlung, Veranlagung und Entstehung der Steuer anzuwenden. Es ergibt sich daher im Insolvenzverfahren über das Vermögen einer juristischen Person gegenüber der Einkommensteuer keine unterschiedliche Behandlung. Die Körperschaftsteuerforderung ist nach dem Zeitpunkt ihres Begründetseins in Insolvenzverordnung und sonstige Masseverbindlichkeit aufzuteilen. Ebenfalls anwendbar sind die Regeln über Vorauszahlungen und Abschlusszahlungen (→ § 122 Rn. 35 ff.).

2 Mit Eröffnung des Insolvenzverfahrens endet regelmäßig die körperschaftsteuerliche Organschaft, da der Gewinnabführungsvertrag nicht mehr durchgeführt werden kann und infolge des Verwaltungs- und Verfügungsrechts des Insolvenzverwalters keine finanzielle Eingliederung mehr besteht.[1] Das gilt mangels einer finanziellen Eingliederung auch für die umsatzsteuerliche Organschaft; zusätzlich entfällt durch die Bestellung eines Insolvenzverwalters die organisatorische Eingliederung.[2] Gleiches gilt bei Bestellung eines „starken" vorläufigen Insolvenzverwalters. Die Bestellung eines „schwachen" vorläufigen Insolvenzverwalters beendet die Organschaft regelmäßig nicht. Die Organschaft endet jedoch, wenn der Schuldner zur Eingehung von Verbindlichkeiten der Zustimmung des vorläufigen Insolvenzverwalters bedarf.[3] Außerdem kann die Bestellung eines „schwachen" vorläufigen Insolvenzverwalters zur Beendigung der organisatorischen Eingliederung und damit der umsatzsteuerlichen Organschaft führen, wenn dieser faktisch für den gesamten noch verbliebenen operativen Geschäftsbereich des Schuldners von dem Willen des Organträgers unabhängige Entscheidungen in der Organgesellschaft treffen und selbständig Verpflichtungen eingehen kann.[4]

3 Der Anspruch auf Vergütung des Körperschaftsteuerguthabens nach § 37 IV KStG entsteht auf den 31.12.2006. Da vor diesem Zeitpunkt der rechtliche Grund des Vergütungsanspruchs noch nicht verwirklicht war, dieser vielmehr von ungewissen Entscheidungen der Körperschaft (Ausschüttungsbeschluss) abhing, ist er insolvenzrechtlich auch erst zu diesem Zeitpunkt begründet.[5] Ohne einen Ausschüttungsbeschluss wäre der Vergütungsanspruch nach Ablauf der Übergangsfrist verfallen, sein Entstehen war also noch nicht so gewiss, dass er insovenzrechtlich begründet gewesen wäre.

War das Insolvenzverfahren vor dem 31.12.2006 eröffnet worden, liegt die Begründung des Vergütungsanspruchs somit nach Eröffnung des Insolvenzverfahrens. Die Finanzbehörde kann somit nach § 96 I Nr. 1 InsO Insolvenzforderungen nicht durch Aufrechnung gegen den Vergütungsanspruch tilgen. Ist das Insolvenzverfahren nach dem 31.12.2006 eröffnet worden, ist der Vergütungsanspruch vor Eröffnung des Insol-

---

[1] Bestr; vgl. *Freudenberg*, ZIP 2009, 2037; vgl. BFH DStR 2014, 793.
[2] BFH BStBl II 2011, 988 = DStR 2010, 323.
[3] BFH DStR 2013, 1883; vgl. *Kahlert*, DStR 2014, 73.
[4] BFH BStBl II 2012, 256, Tz. 29.
[5] BFH BStBl II 2011, 822; BFH BFH/NV 2011, 1298.

venzverfahrens begründet und steht damit für Aufrechnungen gegen Insolvenzforderungen zur Verfügung.[6]

Im Insolvenzverfahren führt diese Regelung zu der Schwierigkeit, dass der Körperschaft bis 30.9.2017 noch Vermögenswerte zufließen. Nachtragsverteilungen können nur durch Abtretung des Anspruchs vermieden werden; § 37 V 9 KStG, wonach § 46 IV AO mit dem Verbot des geschäftsmäßigen Erwerbs von Steuererstattungsansprüchen nicht gilt, erleichtert die Abtretung.[7]

War die Körperschaft nach § 5 I Nr. 9 KStG, § 51 AO wegen Verfolgung steuerbegünstigter Zwecke von der KSt befreit, endet diese Steuerbefreiung mit Eröffnung des Insolvenzverfahrens.[8] Der Abwicklungszweck des Insolvenzverfahrens führt dazu, dass die Körperschaft nicht mehr ausschließlich der Förderung der Allgemeinheit dient, sondern ihre Tätigkeit auf Befriedigung der Gläubiger ausgerichtet ist.

§ 11 KStG enthält eine Sonderregelung für die Besteuerung der Ergebnisse des Liquidationszeitraums. Diese Regelung ist in § 11 VII KStG auf das Insolvenzverfahren einer Kapitalgesellschaft (AG, KGaA, GmbH, SE), einer Genossenschaft (einschließlich SCE) und eines Versicherungsvereins auf Gegenseitigkeit ausgedehnt worden. Für andere Körperschaftsteuersubjekte gilt diese Regelung nicht; es bleibt insoweit bei dem jährlichen Besteuerungszeiträumen. Die Anwendung des § 11 KStG setzt eine Liquidation der Körperschaft voraus. Sie gilt daher nicht, solange das Insolvenzverfahren, zB durch ein Insolvenzplanverfahren, auf Erhalt des Unternehmens gerichtet ist.

Nach § 11 KStG ist der Besteuerung das Ergebnis des Insolvenzzeitraums zugrunde zu legen. Insolvenzzeitraum ist derjenige Zeitraum, in dem die Körperschaft abgewickelt wird. Solange der Gewerbebetrieb der Körperschaft auch nach Eröffnung des Insolvenzverfahrens fortgeführt wird, insbesondere also in Fällen, in denen ein Insolvenzplan nach §§ 217 ff. InsO zum Erhalt des Unternehmens aufgestellt wird, bleibt es bei dem jährlichen Besteuerungszeitraum. Wird dagegen mit der Abwicklung des Unternehmens der Körperschaft begonnen, entsteht im Gegensatz zu den sonst vorgeschriebenen jährlichen Besteuerungszeiträumen ein letzter, bis zum Erlöschen der Körperschaftsteuerpflicht verlängerter Besteuerungszeitraum. Dieser verlängerte Besteuerungszeitraum soll jedoch drei Jahre nicht überschreiten (§ 11 I 2 KStG). Dieser letzte Besteuerungszeitraum wird als ein einheitlicher Besteuerungszeitraum verstanden, für den nur ein Einkommen und nur eine einheitliche Körperschaftsteuerschuld ermittelt wird. Es erfolgt also keine Zuordnung des Einkommens und keine Ermittlung der Körperschaftsteuer für die einzelnen Kalenderjahre. Steuerliche Folge dieses verlängerten Besteuerungszeitraums ist, dass dieser Zeitraum als einheitliches Wirtschaftsjahr behandelt wird. Eine steuerliche Gewinnermittlungsbilanz ist nur auf das Ende dieses Zeitraums aufzustellen. Innerhalb dieses Zeitraums können Gewinne und Verluste ausgeglichen werden, ohne dass es der Regelung des Verlustrücktrags und Verlustvortrags, § 10d EStG, bedarf. Dies bietet Vorteile nach Einführung einer „Mindeststeuer", § 10d EStG. Da der Verlustausgleich der Beschränkung auf 60% des steuerpflichtigen Einkommens nicht unterliegt, wird diese für den Verlustvortrag geltende Regelung durch den dreijährigen verlängerten Besteuerungszeitraum umgangen. Steuererklärungen sind nur für den gesamten verlängerten Besteuerungszeitraum abzugeben.

Dauert das Insolvenzverfahren länger als drei Jahre, ist nach Ablauf des dreijährigen, verlängerten Besteuerungszeitraums wieder zu jährlichen Besteuerungszeiträumen überzugehen. Das bedeutet, dass wieder auf den Schluss jeden Jahres eine steuerliche Gewinnermittlungsbilanz aufzustellen ist und entsprechende Steuererklärungen abzugeben sind.

---

[6] Vgl. hierzu OFD Münster ZInsO 2007, 706; OFD Koblenz DStR 2008, 354.
[7] Zu den damit verbundenen Problemen vgl. *Schmittmann*, ZInsO 2007, 706; *Grashoff/Kleinmann*, ZInsO 2008, 609.
[8] BFH BStBl II 2007, 808 = ZIP 2007, 1570; vgl. hierzu *Dehesselles* DStR 2008, 2050.

8 Nach § 11 IV KStG beginnt der verlängerte Besteuerungszeitraum grundsätzlich mit dem Schluss des letzten vollen Wirtschaftsjahres, das vor der Auflösung der juristischen Person endet. Es ist jedoch zu berücksichtigen, dass nach § 155 II InsO mit Eröffnung des Insolvenzverfahrens ein neues Geschäftsjahr beginnt. Das gilt auch für das steuerliche Wirtschaftsjahr (→ § 22 Rn. 88); § 155 II InsO hat als lex specialis Vorrang vor der allgemeineren Regelung des § 11 IV KStG. Damit wird zwischen das letzte volle Wirtschaftsjahr und dem Zeitpunkt der Auflösung der juristischen Person durch Eröffnung des Insolvenzverfahrens ein Rumpfwirtschaftsjahr eingefügt. Steuerlich kann der Insolvenzverwalter wählen, ob ein normal besteuertes Rumpfwirtschaftsjahr gebildet werden soll, der verlängerte Besteuerungszeitraum also erst mit der Auflösung beginnt, oder ob der verlängerte Besteuerungszeitraum bereits mit dem Ende des letzten vollen Wirtschaftsjahres vor der Auflösung beginnt.[9]

9 Der Besteuerung in dem verlängerten Besteuerungszeitraum ist die während des Insolvenzverfahrens erzielte Vermögensmehrung (Gewinn) zugrunde zu legen. Dazu ist das Insolvenz-Endvermögen dem Insolvenz-Anfangsvermögen gegenüberzustellen (§ 11 II KStG). Das Insolvenz-Endvermögen ist das für die Befriedigung der Masseverbindlichkeiten und Insolvenzforderungen insgesamt zur Verfügung stehende Vermögen. Insolvenz-Anfangsvermögen ist das Vermögen, das in der Schlussbilanz des letzten vollen Wirtschaftsjahres vor Auflösung der juristischen Person, oder in der Schlussbilanz des Rumpfwirtschaftsjahres vor Auflösung, nach steuerlichen Vorschriften ausgewiesen und bewertet worden ist. Das Anfangsvermögen bestimmt sich also nicht nach den Ansätzen der Insolvenz-Eröffnungsbilanz nach § 151 InsO, sondern nach den nach § 155 I InsO bestehen bleibenden steuerrechtlichen Rechnungslegungspflichten (vgl. § 11 IV KStG; das der Veranlagung für das vorangegangene Wirtschaftsjahr zugrunde gelegte Vermögen ist das Betriebsvermögen bewertet nach steuerbilanzlichen Grundsätzen). Durch diesen Ansatz nach den steuerlichen Gewinnermittlungsvorschriften wird die Erfassung etwaiger stiller Reserven durch die Körperschaftsteuer sichergestellt.

10 Der letzte Besteuerungszeitraum (dh entweder der verlängerte, dreijährige Zeitraum oder bei längerer Dauer des Insolvenzverfahrens die dann folgenden einjährigen Besteuerungszeiträume) endet mit der Beendigung des Insolvenzverfahrens. Dieser Zeitpunkt wird regelmäßig nicht mit dem Zeitpunkt der förmlichen Beendigung des Insolvenzverfahrens übereinstimmen. Diese förmliche Beendigung kann nämlich dadurch verzögert werden, dass die letzte Körperschaftsteuerschuld noch nicht feststeht. Das führt dazu, dass der letzte Besteuerungszeitraum nach § 11 KStG schon dann endet, wenn feststeht, dass die Versilberung des Vermögens abgeschlossen ist, also nur noch Körperschaftsteuerzahlung und Schlussverteilung zu erfolgen haben.

11 Materiell richtet sich die Besteuerung während des Insolvenzverfahrens nach den Regeln über die Liquidationsbesteuerung.

II. Insolvenzverfahren über das Vermögen einer Personengesellschaft

12 1. Zum Verfahren und zur Abgabe der Feststellungserklärungen → § 22 Rn. 92.

13 2. Insolvenzrechtlich ist das Schicksal der Personengesellschaft von dem vermögensrechtlichen Schicksal des Gesellschafters getrennt. Das **Insolvenzverfahren über das Vermögen der Personengesellschaft** kann, muss aber nicht, ein Insolvenzverfahren über das Vermögen einzelner oder aller Gesellschafter zur Folge haben oder hiermit zusammentreffen. Wird auch über das Vermögen eines Gesellschafters das Insolvenzverfahren eröffnet, handelt es sich um ein unabhängiges, von dem Insolvenzverfahren über das Vermögen der Personengesellschaft getrenntes Verfahren (→ § 94 Rn. 4).

---

[9] BFH II BStBl 1974, 692; *Frotscher/Maas*, KStG, UmwStG, § 11 KStG Rn. 21; Abschn. 51 I KStR.

Das Insolvenzverfahren über das Vermögen der Personengesellschaft erfasst nur das **14** Gesamthandsvermögen, das über das Vermögen des Gesellschafters dessen Sonderbetriebsvermögen.

Steuerlich wird der insolvenzrechtliche Trennung von Gesellschaft und Gesellschafter, **15** und damit von Gesellschaftsinsolvenz und Gesellschafterinsolvenz, nicht gefolgt. Es bleibt einkommensteuerlich bei der Regelung des § 15 I Nr. 2 EStG, wonach die Ergebnisse der Personengesellschaft steuerlich den Gesellschaftern zuzurechnen sind. Die Personengesellschaft ist für die Einkommensteuer kein Steuersubjekt; die persönlichen Steuern treffen allein den jeweiligen Gesellschafter, und zwar auch, soweit die Besteuerungstatbestände durch die Tätigkeit der Personengesellschaft verwirklicht worden sind. Diese steuerliche Regelung wird durch die Eröffnung eines Insolvenzverfahrens nicht berührt, und zwar weder, wenn über das Vermögen der Personengesellschaft, noch, wenn über das Vermögen des Gesellschafters, noch, wenn über beider Vermögen ein Insolvenzverfahren eröffnet worden ist.[10]

Dem Gesellschafter sind somit auch während des Insolvenzverfahrens alle positiven **16** und negativen Ergebnisse aus der Personengesellschaft zuzurechnen. Für die Zurechnung der positiven Einkünfte sowie der negativen Einkünfte bei unbeschränkt haftenden Gesellschaftern gilt dies ohne Einschränkung; bei der Zurechnung von negativen Einkünften bei beschränkt haftenden Gesellschaftern ist die Einschränkung der Verlustzurechnung nach § 15a EStG zu beachten.

Folge dieser steuerlichen Regelung ist, dass die Gesellschafter die Einkommensteuer **17** für Gewinne (zB Veräußerungsgewinne) zu entrichten haben, die auf Besteuerungsgrundlagen der in Insolvenz gefallenen Personengesellschaft beruhen. Das gilt, obwohl die Einkünfte von dem Insolvenzverwalter der Personengesellschaft erzielt worden und zur Insolvenzmasse geflossen sind, dem Gesellschafter daher für Steuerzahlungen nicht zur Verfügung stehen. Die Einkommensteuer des Gesellschafters kann selbst dann nicht im Insolvenzverfahren über das Vermögen der Personengesellschaft geltend gemacht werden (weder als Insolvenzforderung noch als Masseverbindlichkeit), wenn die Besteuerungsgrundlagen zu der Insolvenzmasse gehören.[11] Umgekehrt kann der Gesellschafter Verluste, die durch die Tätigkeit des Insolvenzverwalters der Personengesellschaft entstanden sind und die daher die Insolvenzmasse gemindert haben, geltend machen; die entsprechenden Steuerminderungen kommen nicht der Insolvenzmasse zugute.

3. Besonders schwerwiegende Konsequenzen hat diese Regelung, wenn das Insol- **18** venzverfahren auch über das Vermögen des Gesellschafters eröffnet worden ist. Dann fließen die entsprechenden Gewinne (Veräußerungsgewinne, Neugeschäfte des Insolvenzverwalters) der Insolvenzmasse der Personengesellschaft zu, die entsprechende Einkommensteuer wäre aber aus der Masse der Gesellschafterinsolvenz zu entrichten. Die Gläubiger der Personengesellschaft wären zu Lasten der persönlichen Gläubiger des Gesellschafters bereichert.

Hinzu kommt, dass diese aus der Insolvenzmasse der Personengesellschaft fließenden **19** Steuerforderungen insolvenzrechtlich im Insolvenzverfahren über das Vermögen des Gesellschafters nicht überzeugend eingeordnet werden können. Masseverbindlichkeiten nach § 55 I Nr. 1 InsO können diese Forderungen im Insolvenzverfahren über das Vermögen des Gesellschafters nicht sein. Die Einkommensteuerschuld beruht auf den Besteuerungsgrundlagen der Insolvenzmasse der Gesellschaftsinsolvenz. Sie hängen damit nicht mit der Verwaltung und Verfügung über die Insolvenzmasse im Insolvenzverfahren über das Vermögen des Gesellschafters zusammen, sondern mit der Verwaltung und Verwertung der Masse in der Gesellschaftsinsolvenz. Gehandelt hat der Insolvenz-

---

[10] BFH BStBl II 2008, 787.
[11] Vgl. BFH BStBl II 1984, 545; BFH BStBl II 2008, 787.

verwalter der Personengesellschaft, nicht der Insolvenzverwalter des Gesellschafters. Eine Einordnung der Steueransprüche in der Gesellschafterinsolvenz als Insolvenzforderung ist möglich, soweit sie vor Eröffnung des Insolvenzverfahrens über das Vermögen des Gesellschafters iS des § 38 InsO begründet worden sind. Dies ist auch gerechtfertigt, da die Beteiligung an der Personengesellschaft zur Insolvenzmasse der Gesellschafterinsolvenz gehört. Sie scheitert aber, wenn die Steueransprüche auf Handlungen des Insolvenzverwalters in dem Insolvenzverfahren über das Vermögen der Personengesellschaft nach diesem Zeitpunkt beruhen, oder für Zeiträume nach diesem Zeitpunkt begründet sind. Andererseits kann diese steuerliche Regelung für das Insolvenzverfahren über das Vermögen des Gesellschafters auch Vorteile bringen, wenn nämlich die Personengesellschaft Verluste erleidet, deren Zurechnung beim Gesellschafter nicht durch § 15a EStG ausgeschlossen ist. Dann ist die Masse im Insolvenzverfahren über das Vermögen des Gesellschafters durch Verluste der Masse im Insolvenzverfahren über das Vermögen der Personengesellschaft durch Minderung der Steuerforderungen auf Grund der Verluste bereichert.

20   Einen Lösungsansatz bietet das (allerdings in anderem Zusammenhang ergangene) Urteil des BFH BStBl II 1984, 602. Danach kann sich eine Einkommensteuerforderung nur dann gegen die Masse richten (als Masseverbindlichkeit oder Insolvenzforderung), wenn die Masse durch die entsprechenden Gewinne, auf denen die Einkommensteuerforderung beruht, bereichert ist. Allerdings hat der BFH[12] an dieser Ansicht, ebenfalls in einem anderen Zusammenhang, ausdrücklich nicht mehr festgehalten. Trotzdem kann m. E. nur die Berücksichtigung der Bereicherung der Masse zu befriedigenden Ergebnissen führen.

21   Überträgt man den Aspekt der Bereicherung der Masse auf den hier in Frage stehenden Fall, bedeutet dies, dass im Insolvenzverfahren über das Vermögen des Gesellschafters nur dann Einkommensteuerforderungen, die auf Besteuerungsgrundlagen der Insolvenzmasse der Personengesellschaft beruhen, geltend gemacht werden können, wenn die Masse im Insolvenzverfahren des Gesellschafters hierdurch bereichert ist.[13] Eine solche Bereicherung läge in folgenden Fällen vor:

22   – Über das Vermögen der *Personengesellschaft* ist *nicht* das Insolvenzverfahren eröffnet worden. Gewinne der Personengesellschaft steigern dann den Wert der zur Insolvenzmasse in der Gesellschafterinsolvenz gehörenden Beteiligung. Die Masse in der Gesellschafterinsolvenz ist also bereichert.[14] Die Steuerforderungen sind nach dem Zeitpunkt ihrer Begründung als Insolvenzforderungen oder Masseverbindlichkeiten geltend zu machen. Die Einordnung als Masseverbindlichkeiten rechtfertigt sich, da die Beteiligung an der Personengesellschaft im Insolvenzverfahren über das Vermögen des Gesellschafters dem Verwaltungsrecht des Insolvenzverwalters unterliegt. „Begründet" ist der Steueranspruch an dem Gewinn der Personengesellschaft mit dem Ende ihres Wirtschaftsjahres.

23   – Über das Vermögen der *Personengesellschaft* ist das *Insolvenzverfahren* eröffnet worden, die Masse reicht aber zur Befriedigung der Gesellschaftsgläubiger aus. Dann kommen Wertsteigerungen des Gesellschaftsvermögens den Gesellschaftern zugute; die Masse des Insolvenzverfahrens über das Vermögen des Gesellschafters ist insoweit bereichert.

24   – Über das Vermögen der Personengesellschaft ist das Insolvenzverfahren eröffnet worden, und der *Gesellschafter,* über dessen Vermögen *ebenfalls* das *Insolvenzverfahren* eröffnet worden ist, haftet für Schulden der Personengesellschaft, entweder unbeschränkt, oder insoweit seine Kommanditeinlage nicht voll eingezahlt worden ist.[15] Gewinne

---

[12] BFH BStBl II 2013, 759.
[13] Vgl. auch BFH BStBl II 2008, 787.
[14] BFH BStBl II 2011, 429 = DStRE 2010, 1081.
[15] Vgl. BFH BStBl II 2008, 787

im Insolvenzverfahren über das Vermögen der Personengesellschaft mindern dann den in der Gesellschafterinsolvenz geltend zu machenden Haftungsbetrag, so dass die Masse im Insolvenzverfahren über das Vermögen des Gesellschafters durch Minderung der Passivmasse bereichert ist, soweit eine Haftung besteht.

Soweit danach die Masse im *Insolvenzverfahren über das Vermögen des Gesellschafters* durch Gewinne der Personengesellschaft *nicht bereichert* ist (zB auf den Kommanditisten entfallende Gewinne, wenn er nicht haftet, weil seine Hafteinlage voll eingezahlt ist), muss die Einkommensteuer als insolvenzfreie Forderung gegen den Gesellschafter persönlich (außerhalb des Insolvenzverfahrens über das Vermögen des Gesellschafters) geltend gemacht werden. Das ist jedoch unbefriedigend, weil der Gesellschafter dann mit seinem insolvenzfreien Vermögen für Steuerschulden in Anspruch genommen wird, die ihren sachlichen Grund in der Masse des Insolvenzverfahrens über das Vermögen der Personengesellschaft haben. Es tritt also eine Vermögensverschiebung von dem insolvenzfreien Vermögen zur Masse im Insolvenzverfahren über das Vermögen der Personengesellschaft ein; hierfür gibt es insolvenzrechtlich keine Rechtfertigung. Andererseits würde die Alternative, die Einkommensteuer insoweit überhaupt nicht zu erheben, gegen steuerrechtliche Grundsätze verstoßen, da dann eine steuerfreie Gewinnrealisierung möglich wäre, für die es im Steuerrecht keine Rechtsgrundlage gibt.

Die Ursache für diese unbefriedigende Situation liegt in einer Unabgestimmtheit von Insolvenzrecht und Steuerrecht. Insolvenzrechtlich ist das (anteilige) Vermögen der Personengesellschaft von dem Vermögen des Gesellschafters separiert. Personengesellschaft und Gesellschafter unterliegen jeweils einem gesonderten Insolvenzverfahren. Steuerrechtlich wird dem jedoch für die Einkommensteuer nicht gefolgt; diese Steuer richtet sich auch dann nicht gegen das Sondervermögen der Personengesellschaft, wenn über das Vermögen der Personengesellschaft das Insolvenzverfahren eröffnet worden ist. Steuerschuldner der Einkommensteuer bleibt auch dann der Gesellschafter.

Soweit sachwidrige Ergebnisse durch diese Unabgestimmtheit drohen, zB von der insolvenzrechtlichen Güterzuordnung nicht gedeckte Vermögensverschiebungen zwischen Masse des Insolvenzverfahrens über das Vermögen der Personengesellschaft, Masse der Gesellschafterinsolvenz und insolvenzfreies Vermögen des Schuldners, können im Einzelfall die Voraussetzungen der sachlichen Unbilligkeit (§§ 163, 227 AO) gegeben sein. Diese sachwidrigen Ergebnisse sind dann durch abweichende Steuerfestsetzung zu vermeiden bzw. durch Erlass zu korrigieren.[16]

4. Sonderbetriebsvermögen. Sonderbetriebsvermögen bei der Personengesellschaft steht im Eigentum des Gesellschafters, dient aber der Tätigkeit der Personengesellschaft (Sonderbetriebsvermögen I) oder der Beteiligung an der Personengesellschaft (Sonderbetriebsvermögen II). Sonderbetriebsvermögen I befindet sich regelmäßig im Besitz der Personengesellschaft, Sonderbetriebsvermögen II (zB vom Gesellschafter aufgenommene Darlehen zur Finanzierung der Beteiligung an der Personengesellschaft) regelmäßig nicht.

Sonderbetriebsvermögen I und II wird auf der Ebene der Personengesellschaft bilanziert, die Ergebnisse aus dem Sonderbetriebsvermögen werden in die Gewinnermittlung der Personengesellschaft einbezogen.

Wird über das Vermögen der Personengesellschaft das Insolvenzverfahren eröffnet, unterliegt das Sonderbetriebsvermögen I nicht der Verwaltung durch den Insolvenzverwalter. Es steht vielmehr in der Verwaltungs- und Verfügungsbefugnis des Gesellschafters bzw., wenn auch über dessen Vermögen das Insolvenzverfahren eröffnet worden ist, in der Verwaltungs- und Verfügungsbefugnis des diesbezüglichen Insolvenzverwalters.

---

[16] Vgl. auch *Benne* BB 2001, 1977.

Der Gesellschafter als Eigentümer kann die Aussonderung, § 47 InsO, betreiben. Ob der Gesellschafter die Vermögensgegenstände des Sonderbetriebsvermögens weiter der Insolvenzmasse zur Nutzung zur Verfügung stellen muss, richtet sich nach §§ 108 ff. InsO.

31 Werden die Wirtschaftsgüter des Sonderbetriebsvermögens I weiter für die Insolvenzmasse genutzt, treten unmittelbar keine besonderen steuerlichen Folgen ein. Wird die Nutzung eingestellt, liegt steuerlich eine Entnahme aus dem Betriebsvermögen der Personengesellschaft vor, § 4 I 1 EStG, die zur Gewinnrealisierung führt. Hat der Gesellschafter selbst einen gewerblichen Betrieb und wird das entnommene Wirtschaftsgut im Rahmen dieses Betriebs genutzt, kann die Entnahme nach § 6 V 2 EStG zum Buchwert erfolgen, wodurch eine Gewinnrealisierung vermieden wird.

Veräußert der Gesellschafter das Wirtschaftsgut, kommt es ebenfalls zu einer Gewinnrealisierung.

32 Die Einkommensteuer auf die laufenden Einkünfte und aus der Gewinnrealisierung bei Entnahme und Veräußerung des Sonderbetriebsvermögens I und auch des Sonderbetriebsvermögens II trifft den Gesellschafter, und zwar auch, wenn über sein Vermögen das Insolvenzverfahren eröffnet ist. Da das Sonderbetriebsvermögen dem Verwaltungs- und Verfügungsrecht des Gesellschafters bzw. dessen Insolvenzverwalter unterliegt, ist die Einkommensteuerforderung, je nach dem Zeitpunkt des Begründetseins als Masseverbindlichkeit oder als Insolvenzforderung einzuordnen (→ § 122 Rn. 1 ff.).

33 Problematisch ist aber die Einordnung der Gewerbesteuer. Schuldner der Gewerbesteuer ist die Personengesellschaft, auch soweit die Gewerbesteuer aus Vorgängen des Sonderbetriebsvermögens I oder II stammt (laufende Gewinne oder Veräußerungsgewinne). Die Gewerbesteuer aus Vorgängen dieses Sonderbetriebsvermögens kann keine Masseforderung sein, weil es nicht der Verwaltung und Verfügung des Insolvenzverwalters der Personengesellschaft unterliegt. Unmittelbar gegen den Gesellschafter kann die Gewerbesteuerforderung nicht geltend gemacht werden, da dieser nicht Steuerschuldner ist, § 5 I 3 GewStG. Andererseits ist die Gewerbesteuer durch Vorgänge und Wirtschaftsgüter begründet, die der Verwaltungs- und Verfügungsbefugnis des Gesellschafters unterliegen. In Betracht kommt eine Belastung des Gesellschafters jedoch nur, wenn ein Haftungstatbestand besteht. Ein spezieller steuerlicher Haftungstatbestand für diese Fälle besteht nicht. In Betracht kommt daher nur die persönliche gesellschaftsrechtliche Haftung, etwa nach § 128 HGB. Dieser Haftungsanspruch kann in der Insolvenz des Gesellschafters zu den Masseverbindlichkeiten zählen, da das Sonderbetriebsvermögen der Verwaltung und Verfügung des Insolvenzverwalters unterliegt.

34 **5. Haftung des Gesellschafters.** Das Insolvenzverfahren ändert nichts an der unbeschränkten Haftung des OHG-Gesellschafters nach § 128 HGB bzw. des Komplementärs einer KG nach §§ 161 II, 128 HGB oder der Haftung des Kommanditisten bis zur Höhe seiner Einlage, § 171 HGB. Im Insolvenzverfahren kann diese Haftung aber nur durch den Insolvenzverwalter geltend gemacht werden (§ 93 InsO, § 171 II HGB; → § 94 Rn. 51 ff.).

35 Davon unabhängig ist die Haftung des Geschäftsführers einer OHG bzw. KG nach §§ 69, 34 AO. Diese Haftung wird auch bei Insolvenz der Personengesellschaft durch die Finanzbehörde durch Haftungsbescheid, nicht durch den Insolvenzverwalter, geltend gemacht. § 93 InsO bzw. § 171 II HGB betreffen nur die Haftung des Gesellschafters nach Gesellschaftsrecht,[17] nicht eine Haftung aus einem von dem gesellschaftsrechtlichen Haftungsbestimmungen unabhängigen Rechtsgrund. Die Haftung nach §§ 69, 34 AO ist aber keine Haftung auf der Grundlage des Gesellschafterstellung, sondern

---

[17] Uhlenbruck/Hirte/Vallender/*Hirte* § 93 Rn. 9a.

eine Haftung, die an die Stellung als Geschäftsführer (nicht als Gesellschafter) anknüpft und eigenes Verschulden des Geschäftsführers voraussetzt. Sie ist daher eine selbstständige eigene Verpflichtung des Geschäftsführers auf Grund einer eigenen Pflichtverletzung. Die Inanspruchnahme des Geschäftsführers wird daher nicht durch § 93 InsO eingeschränkt.[18]

---

[18] BGH NJW 2002, 2718 = ZIP 2002, 1492; BFH BStBl II 2002, 73 = ZIP 2002, 179; BFH BStBl II 2002, 786; *Gundlach/Frenzel/Schmidt* DStR 2002, 406.

Kapitel VIII. Die Stellung der Banken

Übersicht

§ 97. Kreditgeschäft bei Insolvenz
Rn.
- I. Allgemeines 1
- II. Kreditgeschäft in der Krise 2
- III. Kredite im Insolvenzantragsverfahren 31
- IV. Kredite im Insolvenzverfahren 36
- V. Kredite im Planverfahren 38
- VI. Insolvenzgeldvorfinanzierung 41
- VII. Gesellschafterdarlehen 47

§ 98. Auswirkung der Insolvenz auf Bankvertrag und Kontobeziehung
- I. Bankvertrag 1
- II. Einzelkonto 4
- III. Besondere Kontoarten 11
- IV. Schrankfächer, Verwahrstücke, Depots 28
- V. Bankgeheimnis 32

§ 99. Zahlungsverkehr bei Insolvenz
- I. Überweisungsausgänge 1
- II. Überweisungseingänge 13
- III. Einlösung von Schecks 34
- IV. Einzug von Schecks 38
- V. Einzug und Einlösung von Wechseln 41
- VI. Einlösung von Lastschriften 42
- VII. Einzug von Lastschriften 47
- VIII. Zahlungsverkehrssysteme 51

§ 100. Leasing
- I. Allgemeines 1
- II. Insolvenz des Leasing-Nemers 2
- III. Insolvenz des Leasing-Gebers 15

§ 101. Bürgschafts- und Garantiegeschäft
- I. Allgemeines 1
- II. Insolvenz des Auftraggebers 2
- III. Insolvenz des Begünstigten 17

§ 102. Finanzleistungen bei Insolvenz
- I. Arten und Rechtsnatur der Finanzleistungen 3
- II. Optionsgeschäfte in Wertpapieren bei Insolvenz 29
- III. Rahmenverträge über Finanzleistungen 47
- IV. Finanzsicherheiten 50
- V. Verkäufe und Verbriefungen von Kreditforderungen . 64

§ 103. Bankinsolvenzen
- I. Allgemeines 1
- II. Gegenüber allen Kreditinstituten zulässige Maßnahmen der Bankenaufsicht .. 2
- III. Entschädigung durch Sicherungseinrichtungen 52
- IV. Sonderregelungen für systemrelevante Kreditinstitute . 81
- V. Übertragungsverfahren 136
- VI. Reorganisationsplanverfahren 147
- VII. Errichtung eines Restrukturierungsfonds 160

§ 97. Kreditgeschäft bei Insolvenz

Übersicht

	Rn.
I. Allgemeines	1
II. Kreditgeschäft in der Krise	2
1. Neue Kredite	2
2. Kündigung	17
3. Stillhalten	26
III. Kredite im Insolvenzantragsverfahren	31
IV. Kredite im Insolvenzverfahren	36
1. Zugesagte und ausgezahlte Kredite	36
2. Aufnahme neuer Kredite	37
V. Kredite im Planverfahren	38
1. Kredite im eröffneten Verfahren	38
2. Kredite im Antragsverfahren	39
3. Kredite im Schutzschirmverfahren	40
VI. Insolvenzgeldvorfinanzierung	41
VII. Gesellschafterdarlehen	47
1. Allgemeines	47
2. Begriff des Gesellschafterdarlehens	49
3. Begriff des Darlehensgebers	54
4. Betroffene Gesellschaftsformen	60
5. Nachrang im eröffneten Verfahren	65
6. Anfechtung von Leistungen vor Verfahrenseröffnung	75

I. Allgemeines

Für Kreditgeschäfte gelten bereits vor Beginn der Anfechtungsfristen der Insolvenzordnung besondere Grundsätze, die von der Rechtsprechung herausgebildet worden sind. Schon mit Einsetzen der sog. Krise, einem nicht genau abschätzbaren Zeitraum vor Insolvenzeröffnung (→ § 2), können bestimmte Verhaltensweisen von Kreditinstituten nicht nur zu Ansprüchen des Kreditnehmers und späteren Insolvenzschuldners führen, sondern auch Schadensersatzansprüche Dritter auslösen. Letztere Ansprüche können unabhängig davon entstehen, ob später ein Insolvenzverfahren eröffnet oder der Insolvenzantrag mangels Masse abgewiesen oder das Verfahren wieder eingestellt wird. Die Anforderungen, die an ein Kreditinstitut gerichtet werden, sind unterschiedlich je nach dem, ob das Kreditinstitut neue Kredite einräumen oder alte Kredite kündigen will oder ob es lediglich abwartend stillhält. Zeitlich ist zu unterscheiden zwischen Kreditgeschäften in der Krise, während der Fristen für die Anfechtung wegen kongruenter oder inkongruenter Deckung (3 Monate vor Insolvenzantrag), nach Anordnung eines Verfügungsverbots im Insolvenzantragsverfahren und nach Eröffnung eines Insolvenzverfahrens. **1**

II. Kreditgeschäft in der Krise

1. Neue Kredite. Wenn ein Unternehmen zu der Erkenntnis kommt, dass es seine wirtschaftliche Krise nur mit Hilfe neuer Kredite überwinden kann, stellt sich die Frage, ob die Bank in dieser Situation zur Einräumung neuer Kredite berechtigt und verpflichtet ist. **2**

a) Eine Verpflichtung zur Einräumung neuer Kredite besteht für die Bank nicht.[1] Die in der Literatur vertretene Meinung, die Hausbank sei gegenüber einem sanie- **3**

---

[1] OLG München WM 1994, 1028; OLG Frankfurt WM 1992, 1018; OLG Düsseldorf ZIP 1983, 786; OLG Zweibrücken ZIP 1984, 1334; OLG Frankfurt MDR 1986, 849; OLG Düsseldorf EWiR 1989 § 610 BGB 1/89; *Rümker* KTS 1981, 493; *Fleck*, FS Werner 1984, S. 107.

rungsbedürftigen Unternehmen grundsätzlich verpflichtet, im Rahmen vorhandener oder zusätzlich angebotener Sicherheiten den unerlässlichen, kurzfristigen Liquiditätsbedarf zur Verfügung zu stellen,[2] hat sich nicht durchgesetzt.

4 Die Pflicht der Bank, die Inanspruchnahme einer bestehenden, aber nicht voll ausgenutzten *Kreditlinie* zu dulden, bleibt davon unberührt.[3] Insoweit handelt es sich nicht um den Neuabschluss eines Kreditvertrages, sondern um die Erfüllung eines schon existenten Vertrages, von dessen Bindungen die Bank sich nur nach den Regeln über die Kündigung von Krediten (insbes Nr. 19 AGB Banken) lösen kann.

5 **b)** Zum Abschluss und zur Auszahlung neuer Kreditverträge ist die Bank auch in der Krise des Kunden grundsätzlich *berechtigt*. Von einem bestimmten Zeitpunkt an kann sie jedoch verpflichtet sein, auf die Belange anderer Gläubiger Rücksicht zu nehmen. Diese *Rücksichtnahmepflicht* setzt bei der sog. Insolvenzreife ein, ohne dass Rechtsprechung und Literatur eine klare Abgrenzung geschaffen hätten, was unter Insolvenzreife zu verstehen ist. Insolvenzreife liegt mit Sicherheit noch nicht vor, wenn ein Unternehmen unrentabel ist oder mit Verlust arbeitet, tritt aber auch nicht erst dann ein, wenn es schon überschuldet ist oder die Zahlungen eingestellt hat. Vielmehr kann man als Insolvenzreife eine Situation bezeichnen, in der abzusehen ist, dass das Unternehmen im Falle einer Fortsetzung der derzeitigen Entwicklung in gewisser Zeit zahlungsunfähig oder überschuldet sein wird, falls eine rechtzeitige Änderung dieser Entwicklung nicht mit hinreichender Sicherheit zu erwarten ist, oder wenn ohne Stützungsmaßnahmen die für eine erfolgreiche Weiterführung des Betriebs und die Abdeckung der bestehenden Verbindlichkeiten erforderliche Betriebssubstanz nicht erhalten werden kann.[4]

6 **c)** In dieser Situation, die künftig als Krise bezeichnet werden soll, sind der Bank *Grenzen für die Vergabe neuer Kredite* gezogen:

Zulässig sind neue Kredite, die bezwecken, den Schuldner wirklich zu sanieren und zu dieser Sanierung auch geeignet sind.[5]

Unzulässig und sittenwidrig sind Kredite, die den Zusammenbruch des Unternehmens nur hinausschieben und der Bank Gelegenheit geben, sich in der gewonnenen Zeit gegenüber anderen Gläubigern des Unternehmens Vorteile zu verschaffen, insbes sich wegen alter Kredite zu befriedigen, und bei deren Ausreichung die Bank in Kauf genommen hat, dass Dritte über die Kreditwürdigkeit des Schuldners getäuscht werden.[6] Eine solche Handlung kann beispielsweise angenommen werden, wenn die Bank dem Schuldner durch neue Kredite ermöglicht, in dem durch die Wiederherstellung seiner Zahlungsfähigkeit gewonnenen Zeitraum Waren, die der Bank zur Sicherung übereignet sind, fertigzustellen und damit aufzuwerten, oder von dritter Seite Warenlieferungen zu erhalten, die in das Sicherungsgut der Bank übergehen, oder die Voraussetzungen für das Erlöschen von Eigentumsvorbehalten an bereits gelieferten Waren zu schaffen.[7] Dies gilt insb dann, wenn sich die Bank für den neuen Kredit vollwertige Sicherheiten einräumen lässt. Umgekehrt schließt aber der Verzicht auf eine Besicherung des Neukredits eine Insolvenzverschleppung nicht automatisch aus.

7 **Nicht geeignet** für eine Insolvenzverschleppung **und unberührt** von den Regeln über Sanierungskredite sind

---

[2] *Canaris* ZHR 1979, 133.
[3] *Schäffler* BB 2006, 56.
[4] Vgl. *Obermüller*, Rn. 5.104 mwN.
[5] BGH WM 1965, 918; BGHZ 10, 234; OLG Düsseldorf ZIP 1983, 786.
[6] RGZ 136, 253; BGH WM 1962, 962; 1964, 671; 1965, 918; NJW 1975, 1226; OLG Düsseldorf WM 1981, 969; 1981, 960; OLG Düsseldorf ZIP 1983, 786; OLG Schleswig WM 1982, 25.
[7] BGH WM 1964, 671; OLG Köln WM 1981, 1238.

- die **Auszahlung** schon früher zugesagter Kredite oder die volle Inanspruchnahme einer nur teilweise ausgenutzten **Kreditlinie**.[8] Letzteres hätte die Bank nämlich nur über eine Kündigung verhindern können, zu der sie weder gegenüber dem Kunden noch gegenüber Dritten verpflichtet ist;
- die **Wiedereröffnung** einer „gesperrten" oder gekündigten Kreditlinie,[9] sie kann aber eine durch die Kündigung bewirkte Zahlungseinstellung wieder beseitigen;
- die **Überführung** von geduldeten Überziehungen in banküblich vereinbarte Kredite;[10]
- eine **Prolongation**, selbst wenn sie mit einer Änderung der Konditionen oder des Verwendungszwecks verbunden wird.[11] Denn das bloße Unterlassen der Rückforderung bedeutet keine Zuführung eines neuen Vermögenswertes;
- der ausdrückliche oder stillschweigende **Verzicht auf** die Ausübung eines gesetzlichen oder vertraglichen **Kündigungsrechts.**

d) Von dem Vorwurf der Insolvenzverschleppung kann sich die Bank entlasten, wenn sie auf Grund einer sachkundigen und sorgfältigen *Prüfung der wirtschaftlichen Verhältnisse* des Kreditnehmers überzeugt sein durfte, die Sanierung werde Erfolg haben und eine Schädigung Dritter werde letztlich nicht eintreten.[12]

Vom Erfolg der Rettungsaktion darf die Bank überzeugt sein, wenn keine ernsten Zweifel an dem Gelingen des Sanierungsversuchs bestehen und deshalb nicht damit zu rechnen ist, dass der Kredit den Zusammenbruch des notleidenden Unternehmens allenfalls verzögert, ohne ihn auf Dauer zu verhindern.[13] Denn derjenige, der ein notleidendes Unternehmen zu retten versucht und der die Krise den Umständen nach für überwindbar und darum Bemühungen um ihre Behebung für lohnend ansehen darf, verstößt nicht schon deshalb gegen die guten Sitten, weil dieser Versuch die Möglichkeit des Misslingens und damit einer Schädigung nicht informierter Geschäftspartner einschließt.[14]

Ihre Meinung über die Erfolgsaussichten der Sanierung kann die Bank auf einen Sanierungsplan des Unternehmens stützen, der die Ursachen der gegenwärtigen Krise und die Wege zu ihrer Überwindung aufzeigt.[15]

Ernsthafte Sanierungsbemühungen setzen ein schlüssiges, von den tatsächlichen Gegebenheiten ausgehendes Sanierungskonzept voraus, das beim Schuldner die ernsthafte und begründete Aussicht auf Erfolg rechtfertigt.[16] **Mindestens** die folgenden Kriterien müssen erfüllt sein:[17]
- Das Sanierungskonzept muss von den erkannten und erkennbaren Gegebenheiten ausgehen, muss in sich schlüssig und darf nicht offensichtlich undurchführbar sein.
- Das Sanierungskonzept muss die wirtschaftliche Lage des Unternehmens im Rahmen seiner Wirtschaftsbranche erfassen und die Krisenursachen analysieren.

---

[8] *Kiethe* KTS 2005, 179; *Richter* in Langenbucher/Bliesener/Spindler, Bankrechts-Kommentar, 2013, § 5 Rn. 32; *Schäffler* BB 2006, 56.
[9] *Schäffler* BB 2006, 56.
[10] OLG Köln vom 9.1.2002 – 13 U 22/01 – WM 2003, 1070.
[11] AA *Bitter/Alles* WM 2013, 537.
[12] BGH WM 1958, 249; 1965, 918; BGHZ 10, 228 = NJW 1953, 1665.
[13] BGH NJW 1979, 1823; 1979, 1985; OLG Schleswig WM 1982, 25; vgl. auch OLG Köln WM 1981, 1238; OLG Düsseldorf ZIP 1981, 847; 1983, 786; WM 1984, 586.
[14] BGH NJW 1979, 1823; OLG Köln WM 1981, 1238.
[15] S. *Hellge*, Konkursvermeidung, 1982, S. 42, sowie ausführlich *Groß*, Sanierung durch Fortführungsgesellschaften, 2. Aufl. 1988, S. 172 ff.
[16] OLG Düsseldorf vom 25.4.2013 – I-12 U 45/12 – ZInsO 2013, 1195; BGH vom 10.1.2013 – IX ZR 13/12 – ZInsO 2013, 179 Rn. 14.
[17] *Richter* in Langenbucher/Bliesener/Spindler, Bankrechts-Kommentar, 2013, § 5 Rn. 49; OLG Düsseldorf vom 25.4.2013 – I-12 U 45/12 – ZInsO 2013, 1195.

- Das Sanierungskonzept muss die Vermögens-, Ertrags- und Finanzlage des Unternehmens erfassen.
- Das Sanierungskonzept muss objektiv Erfolg versprechende Maßnahmen zur Überwindung der Krise enthalten, die jedenfalls in den Anfängen bereits in die Tat umgesetzt worden sind.
- Zur Analyse der Ausgangslage und hinsichtlich der Prognose der Durchführbarkeit ist auf die Beurteilung durch einen unvoreingenommenen – nicht notwendigerweise unbeteiligten – branchenkundigen Fachmann abzustellen, dem die vorgeschriebenen oder üblichen Buchhaltungsunterlagen zeitnah vorliegen.

Zwingend notwendig ist eine Plausibilitätskontrolle des Gutachtens.[18]

11 Derartige Prüfungen nehmen erhebliche Zeit in Anspruch. Diesen Zeitraum darf die Bank durch neue Kredite überbrücken.[19]

Für einen Kredit, der nach den obigen Grundsätzen (→ Rn. 9) ausgezahlt werden durfte, darf die Bank *Sicherheiten* hereinnehmen.[20] Scheitert die Sanierung und kommt es zur Eröffnung eines Insolvenzverfahrens, so unterliegt diese Sicherheitenbestellung nicht der Insolvenzanfechtung, da es sich um ein Bargeschäft handelt.[21] Soweit diese Sicherheiten auf Grund der üblichen Zweckerklärungen auch zur Deckung bisher nicht oder nicht ausreichend gesicherter Altkredite dienen, kommt eine Teilanfechtung in Betracht.[22] Die Einbeziehung von Altkrediten unter die Deckung von Sicherheiten, die anlässlich der Einräumung neuer Kredite bestellt wurde, erschwert der Bank ihre Argumentation gegenüber dem Vorwurf, sie habe die Sanierungsversuche allein auf das Risiko dritter Gläubiger unternommen. Demgemäss sind an ihre Prüfungspflichten in solchen Fällen strengere Anforderungen zu stellen.

12 e) *Verletzt* die Bank ihre *Prüfungspflichten*, so sind der Kreditvertrag und ein etwaiger Sicherungsvertrag nichtig (§ 138 BGB). Der Insolvenzverwalter kann Rückgewähr der bestellten Sicherheiten verlangen. Darüber hinaus entstehen Schadensersatzansprüche aus § 826 BGB.

13 *Schadensersatzansprüche* wegen eines der Insolvenzschuldnerin oder der Gesamtheit der Insolvenzgläubiger durch die Schmälerung der Insolvenzmasse entstandenen Schadens kann nur der Insolvenzverwalter geltend machen (§ 92 InsO).[23]

14 Schadensersatzansprüche, die nur einzelnen Insolvenzgläubigern gegen Dritte zustehen, kann der Insolvenzverwalter nicht erheben. Diese Schadensersatzansprüche können nur von den betroffenen Gläubigern geltend gemacht werden.[24]

15 Altgläubiger, deren Forderungen schon vor der insolvenzverschleppenden Handlung begründet waren, können als Schaden nur den Unterschiedsbetrag zwischen der Insolvenzquote, die im Fall einer rechtzeitigen Insolvenzeröffnung erzielt worden wäre, und derjenigen Insolvenzquote geltend machen, die tatsächlich gezahlt wurde.[25] Neugläubiger, die ihren Schaden erst dadurch erlitten haben, dass sie während des durch die Insolvenzverschleppung gewonnenen Zeitraums dem Kreditnehmer im Vertrauen auf dessen Kreditwürdigkeit Leistungen auf Kredit erbracht haben, können als Schaden den gesamten Ausfall ersetzt verlangen.[26]

---

[18] BGH ZInsO 2004, 679.
[19] *Uhlenbruck* WPg 1978, 674; OLG Schleswig WM 1982, 25.
[20] Zur Aufklärungspflicht der Bank gegenüber einem mit dem Kreditnehmer nicht identischen Sicherungsgeber s BGH WM 1996, 475.
[21] BGH ZIP 2000, 1061.
[22] Vgl. BGH ZIP 1994, 40; BGH ZIP 1993, 276; Einzelheiten s *Obermüller,* Rn. 6.77 f.
[23] BGH ZIP 2004, 1218; BG NJW 1974, 54; 1984, 1893; WM 1986, 368; RGZ 97, 107; 154, 276; OLG Düsseldorf WM 1985, 1009.
[24] OLG Düsseldorf WM 1985, 1009.
[25] BGH ZIP 1994, 1103.
[26] OLG Düsseldorf WM 1985, 1009.

f) Sollen neue Kredite dazu dienen, dem Unternehmen die stille *Liquidation* zu ermöglichen, so kann in dem Verhalten der kreditgebenden Bank grundsätzlich keine sittenwidrige Insolvenzverschleppung liegen.[27] Einer Bank ist es nämlich nicht verwehrt, tatkräftig mitzuhelfen, den Schuldenstand eines Unternehmens abzubauen und schließlich eine stille Liquidation zu ermöglichen. Sie darf allerdings den dadurch gewonnenen Zeitraum nicht benutzen, um eigene Sicherheiten auf Kosten anderer Gläubiger zu vermehren. 16

2. Kündigung. Die strengen Voraussetzungen, unter denen eine Bank in der Krise des Kunden neue Kredite einräumen darf, legen es nahe, sich aus dem Engagement zurückzuziehen, wenn der Kreditnehmer in wirtschaftliche Schwierigkeiten gerät. Dies kann durch ordentliche und außerordentliche Kündigung geschehen. Die Kündigung kann in der Weise ausgesprochen werden, dass dem Kreditnehmer die Inanspruchnahme noch nicht voll ausgenutzter Kreditlinien untersagt oder dass er zur Rückzahlung bereits ausgereichter Kredite verpflichtet wird. 17

a) Ist für den Kredit keine feste Laufzeit vereinbart, so steht der Bank ein *ordentliches Kündigungsrecht* zu. Dieses Kündigungsrecht folgt – sofern es nicht ausdrücklich in der Kreditvereinbarung niedergelegt ist – für schon ausgezahlte Darlehen aus § 488 III BGB; die Kündigungsfrist beträgt drei Monate. Die Bank kann ihre Kündigung auch auf Nr. 19 AGB stützen. Dabei ist sie nicht an die Frist des § 488 III BGB gebunden, sondern muss eine „angemessene" Frist setzen und auf die berechtigten Belange des Kunden Rücksicht nehmen. 18

b) Auch für den Fall der Vereinbarung einer festen Laufzeit steht der Bank nach Nr. 19 Abs. 3 AGB Banken bzw. Kreditgenossenschaften (Nr. 26 Abs. 2 AGB Sparkassen) ein *außerordentliches Kündigungsrecht* zu, wenn ein wichtiger Grund vorliegt, der der Bank auch unter Berücksichtigung der Belange des Kunden die Fortsetzung der Geschäftsverbindung oder einzelner Geschäftsbeziehungen unzumutbar werden lässt. Dies ist insbesondere dann der Fall, 19
– wenn der Kunde unrichtige Angaben über seine Vermögensverhältnisse gemacht hat, die für die Entscheidung der Bank über eine Kreditgewährung von erheblicher Bedeutung waren,
– wenn eine wesentliche Verschlechterung der Vermögensverhältnisse des Kunden oder der Werthaltigkeit einer Sicherheit eintritt oder einzutreten droht und dadurch die Rückzahlung des Darlehens – auch unter Verwertung einer hierfür bestehenden Sicherheit – gefährdet ist, oder
– wenn der Kunde seiner Verpflichtung zur Bestellung oder Verstärkung von Sicherheiten nach Aufforderung durch die Bank nicht innerhalb angemessener Frist nachkommt.

Die Zulässigkeit der Kündigungsgründe nach Nr. 19 Abs. 3 AGB Banken bzw. Kreditgenossenschaften (Nr. 26 Abs. 2 AGB Sparkassen) ist von der Rechtsprechung allgemein anerkannt.[28] Daran hat auch die Entscheidung des BGH,[29] die besagt, dass **insolvenzabhängige Lösungsklauseln** unwirksam sind, nichts geändert.[30] Eine insolvenzabhängige Lösungsklausel liegt vor, wenn einer der Parteien für den Fall der Zahlungseinstellung, des Insolvenzantrages oder der Insolvenzeröffnung das Recht einge- 20

---

[27] OLG Köln WM 1981, 1238; BGH WuB I C 3–3/86.
[28] BGH vom 10.11.1977 – III ZR 39/76 – WM 1978, 235; BGH vom 30.5.1985 – III ZR 112/84 – WM 1985, 1136 mwN; OLG Frankfurt vom 13.1.1992 – 4 U 80/90 – WM 1992, 1018; OLG Köln vom 15.9.2000 – 11 W 56/00 – NZI 2001, 262.
[29] BGH vom 15.11.2012 – IX ZR 169/11 – ZInsO 2013, 292 mit Anm. *Raeschke-Kessler/Christopeit* WM 2013, 1592.
[30] *Huber* ZIP 2013, 493; *Obermüller* ZInsO 2013, 476.

räumt wird, sich vom Vertrag zu lösen.[31] Solche insolvenzabhängigen Lösungsklauseln sind nämlich anzuerkennen, wenn die Vereinbarung einer **gesetzlich vorgesehenen Lösungsmöglichkeit** entspricht[32] und deren Wirkungen lediglich vorwegnimmt. Letzteres ist hier der Fall: Dieses Kündigungsrecht deckt sich mit den gesetzlichen Kündigungsrechten der §§ 314, 490 I BGB, die im Grundsatz uneingeschränkt nebeneinander bestehen.[33]

Liegen diese Voraussetzungen vor, so können nach dem Gesetzeswortlaut schon ausgezahlte Kredite *in der Regel* und noch nicht ausgezahlte *stets* fristlos gekündigt werden. Aus dem Wortlaut von § 490 BGB und Nr. 19 III AGB Banken bzw. Kreditgenossenschaften (Nr. 26 II AGB Sparkassen) ergibt sich, dass die Bank ihr Recht zur Aufhebung der Geschäftsverbindung nicht aus Umständen herleiten kann, die bereits zum Zeitpunkt der Kreditgewährung vorgelegen haben und der Bank zu diesem Zeitpunkt bekannt gewesen sind.[34]

21 c) Die Bank darf ihr Kündigungsrecht nicht willkürlich ausüben.[35] Vielmehr unterliegt sie gewissen *Schranken*. So darf sie nicht ohne Rücksicht darauf kündigen, ob dem Kunden ein vermeidbarer und durch eigene Interessen der Bank nicht gerechtfertigter Nachteil zugefügt wird.[36] Dies schließt aber eine Kündigung nicht aus, wenn der Kunde vertragliche Verpflichtungen verletzt und zB die fälligen Zinsen und Tilgungen nicht zahlt[37] oder eingeräumte Kreditlinien überschreitet[38] oder sich zu Unrecht weigert, einer Forderung der Bank auf Bestellung zusätzlicher Sicherheiten nachzukommen[39] oder wenn er die Bank durch unrichtige Angaben über seine Vermögensverhältnisse getäuscht hat.

22 So ist die Bank unter keinem rechtlichen Gesichtspunkt verpflichtet, eine trotz wiederholter Abmahnung länger andauernde erhebliche *Kontoüberziehung* hinzunehmen.[40] Wenn die Bank dagegen häufige Überziehungen der Kreditlinie unbeanstandet hingenommen hat, kann sie eine erneute Überziehung nicht ohne weiteres zum Anlass für eine Kündigung nehmen. Vielmehr muss sie den Kunden vorher warnen.[41]

23 Ein Kontokorrentkredit, der für die wirtschaftliche Existenz des Schuldners notwendig ist, kann von der Bank jedenfalls dann fristlos gekündigt werden, wenn objektive Umstände die Annahme rechtfertigen, dass der wirtschaftliche Zusammenbruch des Kreditnehmers durch Zwangsmaßnahmen Dritter unvermeidlich geworden ist.[42] Anders als bei der Kündigung wegen Verschlechterung der wirtschaftlichen Verhältnisse ist die Bank bei der Kündigung wegen Vertragsverletzungen unabhängig davon zur Kündigung berechtigt, ob sie ausreichend besichert ist. Denn eine Bank ist unter keinem rechtlichen Gesichtspunkt verpflichtet, einen wesentlichen Vertragsverstoß des Kunden trotz Gefährdung ihrer eigenen Vermögensinteressen hinzunehmen, weil die von dem Kunden bestellten Sicherheiten ihren Schaden möglicherweise ausgleichen.[43]

24 Ausnahmsweise kann die Bank aber gehalten sein, von der Kündigung *vorübergehend* Abstand zu nehmen. Dies kann dann der Fall sein, wenn die Bank über vollwertige

---

[31] BGH vom 27.5.2003 – IX ZR 51/02 – BGHZ 155, 87, 95.
[32] BGH vom 15.11.2012 – IX ZR 169/11 – ZInsO 2013, 292.
[33] *Mülbert* WM 2002, 465 (473).
[34] BGH WM 2002, 1345.
[35] BGH WM 1956, 530.
[36] BGH NJW 1978, 947; 1980, 399; WM 1987, 921; OLG Zweibrücken ZIP 1984, 1334.
[37] BGH WM 1984, 1273.
[38] BGH NJW 1978, 947.
[39] BGH NJW 1980, 399; 1981, 1363; BGH WM 1985, 769; OLG München WM 1981, 1006; OLG Celle WM 1984, 1175.
[40] BGH NJW 1978, 947; BGH WM 1985, 769; OLG Zweibrücken ZIP 1984, 1334.
[41] *Rümker* KTS 1981, 493; *Hopt* ZHR 143, 139; s auch BGH WM 1983, 1038; 1984, 1273.
[42] BGH EWiR Nr. 17 AGB Banken 2/85, 533.
[43] BGH NJW 1978, 947.

Sicherheiten verfügt, durch Hinausschieben der Kündigung keine Beeinträchtigung ihrer Sicherheiten zu befürchten ist, der Kunde sich bis dahin vertragstreu verhalten hat, die Kündigung dem Kunden unverhältnismäßige Nachteile bringen würde, und seine Sanierungsfähigkeit nicht verneint werden muss.[44]

Ist die Kündigung nach diesen Grundsätzen nicht zulässig, so kann nur der Schuldner ihr entgegentreten. *Schadensersatzansprüche* Dritter sind dagegen ausgeschlossen.[45]

3. Stillhalten. a) Die Bank kann sich in der Krise ihres Kunden grundsätzlich darauf beschränken, abwartend stillzuhalten. Sie ist nicht verpflichtet, den Kredit fällig zu stellen und den Kreditnehmer dadurch zu einem Insolvenzantrag zu zwingen,[46] insb ist sie nicht verpflichtet, selbst den Insolvenzantrag zu stellen. Dritte können der Bank keine sittenwidrige Schädigung vorwerfen. Deren Interessen braucht die Bank bei ihren eigenen Entschließungen über Stillhalten oder Kündigung ihres Kredits nicht zu berücksichtigen.[47] Auch die guten Sitten fordern von einer Bank nicht, die Wahrnehmung ihrer eigenen Interessen hinter die Belange anderer Gläubiger zurücktreten zu lassen.[48] Dies gilt auch dann, wenn der Kreditnehmer während der Zeit, in der die Bank stillhält, Sicherungsgut der Bank zB durch Weiterverarbeitung aufwertet. Denn der Bank kann nicht zugemutet werden, eigene Interessen derart zurückzustellen, dass sie zum eigenen Schaden zur Vergrößerung der Insolvenzmasse beiträgt.[49]

Unter Stillhalten sind der Verzicht auf die Ausübung eines ordentlichen oder außerordentlichen *Kündigungsrechts,* der Verzicht auf die Beitreibung von Forderungen, die ohne Kündigung fällig geworden sind, und die Duldung der Inanspruchnahme eines bisher noch nicht ausgeschöpften Kreditrahmens zu verstehen. Dies gilt jedoch nur, wenn die Bank nicht andere Aktivitäten entfaltet, die ihre Position verbessern. So kann von einem Stillhalten nicht mehr die Rede sein, wenn die Bank zwar an den bestehenden Kreditbeziehungen nichts ändert, aber in die Geschäftsführung ihres Kreditnehmers eingreift oder auf dessen Vertragspartner Einfluss nimmt oder ihre Sicherheiten verstärkt.

b) Eine Bank kann sich *gegenüber dritten Gläubigern schadensersatzpflichtig* machen, wenn sie die Geschäftsführung des Schuldnerunternehmens zu ihrem Vorteil und zu Lasten anderer Gläubiger praktisch entmachtet und sie durch Vertrauensleute übernimmt oder zumindest wesentlich beeinflusst und beispielsweise jede Verfügung über Vermögenswerte an ihre vorherige Zustimmung knüpft.[50] Zwar ist dem Schuldner eine gewisse Kontrolle der Geschäftsführung durch den Kreditgeber zuzumuten, solange ihm noch eine ausreichende wirtschaftliche Bewegungsfreiheit und die Möglichkeit bleiben, auch andere Gläubiger in angemessenem Rahmen zu befriedigen.[51] So darf sich eine Bank beispielsweise das Recht zur Überprüfung der geschäftlichen Unterlagen eines Kunden vorbehalten, sofern sie ihm bedeutende Kredite eingeräumt hat.[52] Sittenwidrig handelt aber eine Bank, „die den Schuldner zu ihrem Strohmann erniedrigt, der nur nach außen hin als Inhaber des Geschäfts erscheint, ihr gegenüber in Wirklichkeit nur noch die Stellung eines abhängigen Verwalters hat, und zwar so, dass der ganze Gewinn des Geschäfts dem Sicherungsnehmer zufließt, ein etwaiger Verlust von ihm nicht getragen und jede Haftung für die Geschäftsschulden auch bei fehlender Deckung von ihm abgelehnt wird".[53]

---

[44] Vgl. OLG Celle ZIP 1982, 942.
[45] BGH NJW 1956, 945; OLG Düsseldorf WM 1984, 586; OLG Köln WM 1985, 1128.
[46] BGH WM 1992, 1083; 1964, 671; 1965, 476; BGH NJW 1970, 657; 1963, 2165.
[47] BGH NJW 1963, 2165.
[48] BGH NJW 1970, 657; 1982, 1520; 1984, 728.
[49] BGH WM 1964, 117.
[50] Vgl. BGH WM 1964, 671.
[51] BGH NJW 1956, 337; 1958, 250; 1962, 102.
[52] BGH WM 1955, 914.
[53] RGZ 136, 253.

29 c) Die Bank darf *Geschäftspartner* ihres Kunden nicht über dessen wirtschaftliche Schwierigkeiten ungefragt *unterrichten*. Versuche des notleidenden Unternehmens zur Überwindung seiner Krise darf sie nicht gefährden. Auch wenn die Geschäftspartner ihres Kreditnehmers selbst zu dem Kundenkreis der Bank gehören, ist sie nicht verpflichtet, sie auf die Risiken des vorgesehenen Geschäfts hinzuweisen.[54] Vielmehr ist es die Aufgabe dessen, der mit dem notleidenden Unternehmen in Geschäftsverbindung treten will oder steht, sich über das damit verbundene Risiko zu informieren.[55]

30 Von diesem Grundsatz gibt es aber Ausnahmen, die Schadensersatzpflichten der Bank gegenüber anderen Gläubigern ihres Kreditnehmers auslösen können. Von einem Stillhalten kann nicht mehr die Rede sein, wenn die Bank, die Hauptgeldgeberin des in der Krise befindlichen Unternehmens und daher an dessen Sanierung wirtschaftlich interessiert ist, sich aktiv in die Bemühungen dieses Unternehmens, neue Geldgeber zu finden, einschaltet, indem sie selbst potentielle Geldgeber anspricht und deren Engagement befürwortet.[56] Auch handelt es sich nicht mehr um ein Stillhalten, wenn die Bank einen *Vertrauensmann* in das Unternehmen entsendet, der seinerseits Geschäftspartner zum Stillhalten bewegt,[57] oder wenn sie weisungsgemäß einen Zahlungsauftrag ihres insolvenzbedrohten Kreditnehmers zur Befriedigung einer fälligen Forderung eines Vertragspartners ausführt, der sich dadurch zu neuen Lieferungen oder Leistungen an den Kunden auf Kredit bewegen lässt.[58] Ein Stillhalten liegt auch nicht mehr vor, wenn die Bank von einer Kündigung oder einer Beitreibung schon fälliger Kredite nur gegen Bestellung oder Verstärkung von Sicherheiten absieht.[59] Solche Verhaltensweisen können eine Schadensersatzpflicht der Bank nach sich ziehen (§ 826 BGB).

III. Kredite im Insolvenzantragsverfahren

31 Zur Fortführung des Unternehmens in dieser Phase, insbesondere zur Bezahlung von Löhnen und Gehältern, kann im Insolvenzantragsverfahren die Aufnahme neuer Kredite notwendig werden. Die Bank wird in dieser Phase neue Kredite nur einräumen, wenn deren Rückzahlung gesichert ist und der vorläufige Insolvenzverwalter in der gebotenen Form mitwirkt.

32 **1. Regelinsolvenzverfahren mit vorläufigem Verwalter.** Die Mitwirkungsrechte des vorläufigen Verwalters unterscheiden sich danach, ob dem Schuldner ein allgemeines Verfügungsverbot auferlegt oder dem vorläufigen Verwalter ein Zustimmungsvorbehalt eingeräumt oder eine sonstige Ermächtigung erteilt wird.

32a Für den Fall der Anordnung eines allgemeinen Verfügungsverbots regelt § 55 II InsO ausdrücklich, dass Verbindlichkeiten, die von einem vorläufigen Insolvenzverwalter begründet worden sind, nach Verfahrenseröffnung als **Masseverbindlichkeiten** gelten.

33 Wenn die Bank einem Kunden nach Einsetzung eines vorläufigen Verwalters ohne Anordnung eines Verfügungsverbots neue Kredite einräumen würde, so würden die daraus entstehenden Verbindlichkeiten im eröffneten Verfahren selbst dann nicht zu Masseschulden führen, wenn das Gericht einen Zustimmungsvorbehalt angeordnet hat und der vorläufige Verwalter der Kreditaufnahme zustimmt.[60]

---

[54] BGH NJW 1978, 2547; 1978, 2145; BGH WM 1983, 1039.
[55] BGH NJW 1963, 2165; ZIP 1982, 545.
[56] BGH NJW 1978, 2547.
[57] BGH NJW 1985, 2584; zur Haftung der Bank gegenüber dem Vertrauensmann vgl. LG Hamburg WuB IV A § 826 BGB 2/85.
[58] OLG Zweibrücken WM 1985, 86.
[59] Zur Sicherheitenbestellung in der Krise vgl. im Einzelnen *Obermüller*, Rn. 6.2 ff.
[60] BGH ZInsO 2002, 819; OLG Köln ZIP 2001, 1422; LAG Frankfurt ZInsO 2001, 562; AG Wuppertal ZIP 2001, 1335; AG Mönchengladbach vom 4.5.2000 – 5 C 12/00 (nicht veröffentlicht).

Das Insolvenzgericht kann den Schuldner jedoch auch ohne begleitendes allgemeines Verfügungsverbot dazu **ermächtigen, einzelne,** im Voraus genau festgelegte Verpflichtungen zu Lasten der späteren Insolvenzmasse einzugehen, soweit dies für eine erfolgreiche Verwaltung nötig ist.[61] Solche Verbindlichkeiten führen zu Masseschulden. Eine pauschale Ermächtigung, mit rechtlicher Wirkung für den Schuldner zu handeln, reicht dazu nicht.[62] Notwendig ist die ausdrückliche Ermächtigung durch das Gericht zur Aufnahme eines bestimmten Kredits, wenn sie mit einer Übertragung der entsprechenden Verfügungsmacht auf den vorläufigen Verwalter verbunden wird.[63]   34

Zusätzlich kann eine Bank starkes Interesse an einer **Besicherung des Neukredits** haben. Denn im Fall der Einstellung des eröffneten Insolvenzverfahrens mangels Masse erhalten die Forderungen aus ihrem Neukredit unter den Masseverbindlichkeiten nur den 3. Rang (§ 209 I Nr. 3 InsO). Zur Stellung von Sicherheiten sind nach Anordnung eines Verfügungsverbots der vorläufige Verwalter, nach Anordnung eines Zustimmungsvorbehalts der Schuldner mit dem vorläufigen Verwalter befugt. Die Besicherung stellt grundsätzlich ein unanfechtbares Bargeschäft dar.[64]   34a

2. Eigenverwaltungsantrag. Ein Schuldner darf zwar im Eigenverwaltungsantragsverfahren neue Kredite aufnehmen; dazu soll er die Zustimmung des vorläufigen Sachwalters einholen (§ 275 Abs. 1 S. 1 InsO). Neue Kredite führen aber auch dann **nicht zu Masseforderungen,** wenn der Sachwalter zustimmt; dafür wäre die Anordnung eines Verfügungsverbots notwendig, die bei der Eigenverwaltung jedoch gerade unterbleiben soll. Ob im Eigenverwaltunsantragsgverfahren überhaupt die Möglichkeit zur Begründung von Masseverbindlichkeiten besteht und ob dies ggfls. durch entsprechende Einzelermächtigung an den Schuldner oder an den Sachwalter geschieht, ist umstritten.[65] Eine **Klarstellung** durch den Gesetzgeber ist nicht zu erwarten.[66] Bis zu einer höchstrichterlichen Klärung dieser Streitfrage ist Banken bei derartigen Finanzierungen höchste Vorsicht anzuraten.   35

IV. Kredite im Insolvenzverfahren

1. Zugesagte und ausgezahlte Kredite. Die *Zusage* eines Kontokorrentkredits, die vor Insolvenzeröffnung erteilt wurde, erlischt mit Eröffnung des Verfahrens. Sonstige Kreditzusagen bleiben durch die Verfahrenseröffnung zwar unberührt, können aber von der Bank widerrufen werden.[67]   36

Ausgezahlte Kredite werden mit Insolvenzeröffnung ohne Kündigung sofort fällig. Für Kontokorrentkredite ergibt sich dies schon aus dem Erlöschen des Girovertrages infolge der Verfahrenseröffnung (§§ 116, 115 I InsO), für sonstige Kredite aus § 41 InsO. Daran ändert auch § 490 BGB nichts; diese Vorschrift bezieht sich nur auf die Modalitäten einer Beendigung von Darlehensverträgen außerhalb einer Insolvenz, während im Fall

---

[61] BGH ZInsO 2002, 819.
[62] BAG ZInsO 2003, 960.
[63] BGH ZInsO 2002, 819; AG Hof NZI 2000, 37; AG Neumünster DZWIR 2002, 305.
[64] BGH ZInsO 2002, 819.
[65] S. die differierenden Entscheidungen AG Fulda vom 12.3.2012 – 93 IN 9/12 – ZIP 2012, 1471 (die eingelegten Rechtsmittel hat der BGH mit Beschluss vom 7.2.2013 – IX ZB 43/12 – ZInsO 2013, 460 als unzulässig zurückgewiesen); AG Köln vom 26.3.2012 – 73 IN 125/12 – ZIP 2012, 788; AG München vom 27.6.2012 – 1506 IN 1851/12 – ZIP 2012, 1470; LG Duisburg vom 29.11.2012 – 7 T 185/12 – ZInsO 2012, 2346; AG Montabaur vom 27.12.2012 – 14 IN 282/12 – ZInsO 2013, 397; Literatur: *Buchalik/Kraus* ZInsO 2012, 2330; *dies.* ZInsO 2013, 815; *Nöll* ZInsO 2013, 745; *Oppermann/Smid* ZInsO 2012, 862; *Vallender* GmbHR 2012, 445; *Ganter* NZI 2012, 433.
[66] *Graf-Schlicker* ZInsO 2013, 1765.
[67] *Schmidt* JZ 1976, 757 ff.; *Canaris*, Rn. 1258.

einer Insolvenz den Bestimmungen der InsO der Vorrang gebührt. Dabei ist es ohne Bedeutung, ob der Kredit gesichert war.[68]

37 **2. Aufnahme neuer Kredite.** Der Insolvenzverwalter kann neue Kredite aufnehmen. Dazu benötigt er die Genehmigung des *Gläubigerausschusses* oder, wenn ein solcher nicht gewählt worden ist, der *Gläubigerversammlung* (§ 160 InsO). Ein Verstoß gegen die Genehmigungspflicht berührt die Wirksamkeit des Kreditvertrages nicht (§ 164 InsO), selbst wenn dies der Bank bekannt war.[69] Der Kredit wird eine Masseforderung (§ 55 I Nr. 2 InsO). Im Fall der Masseunzulänglichkeit gehen ihm lediglich die Verfahrenskosten und die Masseverbindlichkeiten, die nach Anzeige der Masseunzulänglichkeit begründet worden sind, vor (§ 209 I InsO), im Übrigen konkurriert er mit den sonstigen Masseverbindlichkeiten.

Hat die Bank Bedenken, ob die Insolvenzmasse zur Befriedigung der Masseschulden ausreichen wird, so ist sie auf Sicherheiten angewiesen. Der Insolvenzverwalter kann der Bank Sicherheiten bestellen. Er bedarf dazu ebenfalls der Genehmigung des Gläubigerausschusses bzw. der Gläubigerversammlung.

V. Kredite im Planverfahren

38 **1. Kredite im eröffneten Verfahren.** Wenn der Schuldner oder der Insolvenzverwalter einen Insolvenzplan vorlegt, so kann er für Banken, die grundsätzlich bereit sind, auch in dieser Phase mit Krediten zur Verfügung zu stehen, eine Privilegierung dieser Kredite im gestaltenden Teil des Insolvenzplans in der Weise vorsehen, dass die Insolvenzgläubiger nachrangig sind gegenüber Gläubigern mit Forderungen aus Darlehen oder sonstigen Krediten, die der Schuldner neu aufnimmt oder die ein Massegläubiger in die Zeit der Überwachung hinein stehen lässt (§ 264 I 1 InsO). Der Nachrang gilt nur in einem Insolvenzverfahren, das vor Aufhebung der Überwachung eröffnet wird (§ 266 InsO).

38a Der Kreditrahmen darf den Wert der Vermögensgegenstände nicht übersteigen, die in der Vermögensübersicht des Plans (§ 229 InsO) aufgeführt sind (§ 264 I 3 InsO). Der Vorrang besteht nur gegenüber Insolvenzgläubigern, mit denen vereinbart wird, dass und in welcher Höhe der von ihnen gewährte Kredit nach Kapital, Zinsen und Kosten innerhalb des Kreditrahmens liegt und gegenüber denen der Insolvenzverwalter diese Vereinbarung schriftlich bestätigt (§ 264 II InsO).

39 **2. Kredite im Antragsverfahren.** Kredite, die nach Einsetzung eines vorläufigen Verwalters und noch vor der Annahme und Bestätigung des Plans zur Aufrechterhaltung des Geschäftsbetriebes benötigt werden und die bei einer Liquidation zu den Masseschulden gehört hätten (§§ 22, 55 II InsO), erhalten ebenfalls den Vorrang, wenn die Bank sie in die Zeit der Überwachung hinein stehen lässt (§ 264 I InsO). Die Privilegierung erstreckt sich nicht auf kapitalersetzende Gesellschafterdarlehen (§ 264 III InsO).

40 **3. Kredite im Schutzschirmverfahren.** Im Schutzschirmverfahren hat das Insolvenzgericht dem Schuldner auf seinen Antrag hin eine **globale Ermächtigung** wie einem vorläufigen Verwalter[70] oder eine entsprechende Einzelermächtigung[71] zu erteilen, die es ihm ermöglicht, neue Kredite aufnehmen, die nach der Eröffnung des Insolvenzverfahrens Masseforderungen darstellen (§ 270b Abs. 3 InsO). Anstelle einer sol-

---

[68] BGH NJW 1960, 675; aA RGZ 86, 249; 93, 212.
[69] OLG Koblenz KTS 1962, 123.
[70] *Schmittmann/Dannemann* ZIP 2013, 760; zu den Anforderungen an die gerichtliche Prüfung vor der Entscheidung über die Erteilung der Ermächtigung s. *Vallender* GmbHR 2012, 445.
[71] *Klinck* ZIP 2013, 853.

chen allgemeinen Ermächtigung kann sich der Schuldner auch eine auf bestimmte Verbindlichkeiten **beschränkte Ermächtigung** erteilen lassen.

VI. Insolvenzgeldvorfinanzierung

Arbeitnehmer haben Anspruch auf Insolvenzgeld gegen das zuständige Arbeitsamt, wenn ihnen noch *Ansprüche auf Arbeitsentgelt für die letzten drei Monate des Arbeitsverhältnisses* zustehen, die der Insolvenzeröffnung oder der Abweisung des Insolvenzantrags mangels Masse oder der vollständigen Beendigung der Betriebstätigkeit vorausgehen, wenn ein Antrag auf Eröffnung des Insolvenzverfahrens nicht gestellt worden ist und ein Insolvenzverfahren offensichtlich mangels Masse nicht in Betracht kommt.[72] **41**

Das Insolvenzgeld kann erst nach Verfahrenseröffnung ausgezahlt werden. Von der Verfahrenseröffnung bis zur Auszahlung vergeht oft ein gewisser Zeitraum. Dieser Zeitraum kann durch Vorfinanzierung seitens der Kreditinstitute überbrückt werden.

Die Vorfinanzierung vollzieht sich in der Weise, dass die Bank dem Arbeitnehmer seine Lohnforderung gegen den Arbeitgeber zum Nennwert abkauft (Forderungskaufverfahren).[73] Ihr Schuldner ist dann vor Stellung des Antrags auf Insolvenzgeld der insolvenzreife Unternehmer; die Arbeitnehmer haften für die Einbringlichkeit der Forderung nicht. Mit Einreichen des Antrags auf Insolvenzgeld geht die Lohnforderung auf die Bundesanstalt für Arbeit über; die Bank erhält als „Ersatz" den Anspruch auf das Insolvenzgeld. Eine früher auch gebräuchliche Variante, die einen Kredit an den Arbeitnehmer unter Sicherungsabtretung der Lohnforderungen vorsah (Kreditierungsverfahren) ist nach der Rechtsprechung[74] wegen der für den Arbeitnehmer verbleibenden Rückgriffsgefahren nicht mehr zulässig. **42**

Die Insolvenzgeldvorfinanzierung ist mit mehreren *Risiken* behaftet (→ § 108 Rn. 28 ff.): Hat der Arbeitnehmer seine Lohnforderungen schon vorher an einen Dritten abgetreten, so kann nur letzterer und nicht die vorfinanzierende Bank das Insolvenzgeld beanspruchen. Zahlungen, die sie von dem Arbeitsamt erhalten hat, muss sie dem Dritten herausgeben. Sie ist auf einen Rückgriffsanspruch gegen den Arbeitnehmer verwiesen. Der Arbeitnehmer haftet als Verkäufer zwar nicht für die Einbringlichkeit, wohl aber für den Bestand der Forderung. **43**

Ein weiteres Risiko liegt in der Gefahr des Fristablaufs. Das Insolvenzgeld wird nur für Lohnforderungen innerhalb der letzten drei Monate vor der konkreten Beendigung des jeweiligen Arbeitsverhältnisses vor der Verfahrenseröffnung gezahlt. Weder der Zeitpunkt der Verfahrenseröffnung noch derjenige der Beendigung des Arbeitsverhältnisses lassen sich bei der Kreditentscheidung der Bank exakt voraussagen. Dadurch ist es möglich, dass die Arbeitsverhältnisse zwar bis zur Verfahrenseröffnung fortdauern, die Monate, aus denen die der Bank abgetretenen Lohnforderungen stammen, jedoch mehr als drei Monate vor der Beendigung des Arbeitsverhältnisses liegen. Dies kann zB dadurch geschehen, dass sich das Eröffnungsverfahren ungewöhnlich lang hinzieht. Nach dem ausdrücklichen Wortlaut des § 165 I SGB III knüpft die Frist für die letzten 3 Monate des Arbeitsverhältnisses stets an die Insolvenzeröffnung bzw. Abweisung des Insolvenzantrags mangels Masse, nicht jedoch an den Insolvenzantrag an. **44**

Das Insolvenzgeld umfasst nicht die *Zinsen*.[75] Zinszahlungen kann die Bank also nur von dem Unternehmen erhalten, solange dieses dazu in der Lage ist. Nach Ablauf von 6 Monaten seit Eingang des vollständigen Leistungsantrags beim zuständigen Arbeitsamt **45**

---

[72] Zur Auslegung dieser Begriffe vgl. BSG ZIP 1982, 469; vgl. im Übrigen die Durchführungsanweisungen der Bundesanstalt für Arbeit, abgedruckt bei *Breutigam/Blersch/Goetsch*, Berliner Kommentar zur InsO, Stand 2008, Gruppe 2/10 a.
[73] Muster s *Obermüller,* Rn. 5.266.
[74] BSG ZIP 1992, 941; 1995, 935.
[75] BSG ZIP 1985, 626.

können Zinsen in Höhe von 4% verlangt werden (§ 44 SGB I). Dieser Anspruch steht auch dem Zessionar zu.[76]

46 Um einen Missbrauch der Insolvenzgeldfinanzierung zu verhindern, sieht § 170 IV SGB III vor, dass der Zessionar Ansprüche auf Arbeitsentgelt, die einem Dritten vor dem Insolvenzereignis abgetreten wurden, nur dann geltend machen kann, wenn das Arbeitsamt der Übertragung zugestimmt hatte. Das Arbeitsamt darf der Übertragung nur zustimmen, wenn Tatsachen die Annahme rechtfertigen, dass durch die Vorfinanzierung der Arbeitsentgelte ein erheblicher Teil der Arbeitsplätze erhalten bleibt (→ § 108 Rn. 65 ff.).

VII. Gesellschafterdarlehen

47 **1. Allgemeines.** Neben den allgemeinen Grenzen, die bei jeder Einräumung oder Prolongation von Krediten während der Krise des Kreditnehmers zu beachten sind, gelten zusätzliche Schranken, wenn der Kreditgeber an dem Unternehmen des Kreditnehmers beteiligt ist oder sich eine Sicherheit von einem Gesellschafter des Kreditnehmers einräumen lässt. Im Insolvenzverfahren sind nämlich „Forderungen auf Rückgewähr eines Gesellschafterdarlehens oder Forderungen aus Rechtshandlungen, die einem solchen Darlehen wirtschaftlich entsprechen", nachrangig (§ 39 Abs. 1 Nr. 5 InsO).

48 Sonderregelungen für die Behandlung von Krediten des Gesellschafters einer GmbH sind zunächst von der Rechtsprechung[77] aufgestellt worden, die solche Kredite in der Krise und nach Verfahrenseröffnung als sog. **kapitalersetzende Darlehen** mit haftendem Eigenkapital gleichgestellt hat.[78] Zusätzlich hat die Rechtsprechung die Gesellschafterdarlehen den Bestimmungen über die Kapitalerhaltung unterworfen (§§ 30, 31 GmbHG bzw. §§ 57, 62 AktG). Diese Regeln hatte der Gesetzgeber für die GmbH und bestimmte Formen der oHG und KG in der GmbH-Novelle von 1980 weitgehend übernommen. Mit dem MoMiG,[79] das in allen Insolvenzverfahren Anwendung findet, die nach dem 1.11.2008 eröffnet werden, hat der Gesetzgeber das Recht der Gesellschafterdarlehen weitgehend neu konzipiert.

49 **2. Begriff des Gesellschafterdarlehens a)** Der Begriff des Gesellschafterdarlehens bezieht sich nicht nur auf die klassischen Darlehen und Kredite, sondern auch auf Forderungen aus Rechtshandlungen, die einem Darlehen wirtschaftlich entsprechen (§ 39 Abs. 1 Nr. 5 InsO), wobei die Frage, was als Darlehensgewährung gilt, ob also nur Auszahlungen oder auch ausdrückliche oder stillschweigende Verlängerungen dazu zählen, nicht von Bedeutung ist.[80] Einem Darlehen entsprechen alle – etwa aus normalen Austauschgeschäften von Kauf bis Miete und Pacht herrührenden – Forderungen, die der Gesellschaft gestundet wurden, weil jede Stundung wirtschaftlich betrachtet eine Darlehensgewährung bewirkt.[81] Dazu gehören beispielsweise auch Factoring-Geschäfte, die nicht auf den Ankauf der Forderung der Gesellschaft, sondern auf Forderungseinzug unter zwischenzeitlicher Kreditierung der erfüllungshalber abgetretenen Forderung gerichtet sind.[82] Als wirt-

---

[76] SG Düsseldorf ZIP 1989, 1476.
[77] BGH vom 19.11.1959 – VII ZR 209/58 – WM 1960, 41; BGH vom 29.11.1971 – II ZR 121/69 – WM 1972, 74; BGH vom 27.9.1976 – II ZR 162/75 – WM 1976, 1223; BGH vom 24.3.1980 – II ZR 213/77 – WM 1980, 589; BGH vom 21.9.1981 – II ZR 104/80 – WM 1981, 1200; BGH vom 28.9.1981 – II ZR 223/80 – WM 1981, 1270.
[78] Zu Legitimations- und Systemproblemen des Eigenkapitalersatzrechts s. *Karsten Schmidt* GmbHR 2005, 797.
[79] Gesetz zur Modernisierung des GmbH-Rechts und zur Bekämpfung von Missbräuchen vom 23.10.2008 – BGBl. I, 2026; Überblick zum RefE bei Ekkenga WM 2006, 1986; *v. d. Linden* DZWIR 2007, 5; zu den Regeln über die Kapitalaufbringung s. *Maier-Reimer/Wenzel* ZIP 2008, 1449.
[80] *Poepping* BKR 2009, 150.
[81] *Gehrlein* BB 2008, 846; *Habersack* ZIP 2007, 2145.
[82] OLG Köln ZIP 1986, 1585.

schaftlich einem Darlehen entsprechend ist auch die Besicherung des Darlehens eines Dritten – typischerweise eines Bankkredits – anzusehen, wenn die Sicherheit durch einen Gesellschafter gestellt wird.

b) Besonderheiten ergeben sich aber bei **Nutzungs- und Gebrauchsüberlassungen.** Für **rückständige** Mieten und Pachten, die der Grundstückseigentümer gestundet hat, gilt in Insolvenzverfahren falls ebenfalls der Nachrang des § 39 Abs. 1 Nr. 5 InsO.[83] Vor Eröffnung eines Insolvenzverfahrens **bezahlte Mieten** können vom Insolvenzverwalter nur nach den Regeln über die Anfechtung kongruenter Deckungen (§ 130 InsO) heraus verlangt werden. Eine Anfechtung wegen Befriedigung von Gesellschafterdarlehen nach § 135 Abs. 1 InsO scheidet demgegenüber aus.[84] 50

Der Aussonderungsanspruch, also der **Herausgabeanspruch**, der dem Gesellschafter zusteht, wenn er kündigt oder der Verwalter nach §§ 103 bzw. 108 InsO den Miet- oder Pachtvertrag ablehnt,[85] wird während der Dauer des Insolvenzverfahrens, höchstens aber für eine Zeit von 1 Jahr nach der Verfahrenseröffnung suspendiert, wenn der Gegenstand für die Fortführung des Schuldnerunternehmens von erheblicher Bedeutung ist (§ 135 Abs. 3 S. 1 InsO). Das Ziel dieser Beschränkung liegt auf der Hand. Es soll verhindert werden, dass der Gesellschafter in der Insolvenz notwendige Betriebsmittel aus der Gesellschaft herausziehen kann (zB durch Kündigung des Mietvertrags). Dafür kann der Gesellschafter einen vollwertigen Ausgleich verlangen: Der **Ausgleichsanspruch** errechnet sich aus dem Durchschnitt der im letzten Jahr vor der Verfahrenseröffnung geleisteten Vergütung, bei kürzerer Überlassungszeit aus dem Durchschnitt der Leistungen während dieses Zeitraums. Dem Gesellschafter soll also kein Sonderopfer abgefordert werden.[86] Ob der Gegenstand für die Fortführung des Schuldnerunternehmens von erheblicher Bedeutung ist, ist zwar scheinbar eine objektiv feststellbare und damit justiziable Tatsache, praktisch ist es jedoch dem Verwalter überlassen zu entscheiden, ob er den Gegenstand herausgibt oder nicht. Nachteilig ist dies für den Gesellschafter angesichts des Ausgleichsanspruchs nur dann, wenn ihm durch die Verzögerung eine günstige Verkaufsmöglichkeit entgeht. Der Ausgleichsanspruch stellt eine Masseforderung dar.[87] Außerdem kann der Gesellschafter sein gesetzliches Pfandrecht geltend machen. 51

Die Suspendierung des Herausgabeanspruchs kann einen Gläubiger, der durch ein **Grundpfandrecht** gesichert ist, nicht hindern, die Zwangsverwaltung oder Zwangsversteigerung zu betreiben.[88] Denn dritte Gläubiger sollten und sollen durch die Regelungen über Gesellschafterdarlehen nicht benachteiligt werden, insbesondere sollte ihnen die Verantwortung für die Finanzierung der Gesellschaft nicht aufgebürdet, sondern gerade abgenommen werden.[89] Der Insolvenzverwalter kann nur von dem Gesellschafter, dessen Sicherheit verschont wurde, Erstattung und nicht von dem Gläubiger die Rückzahlung verlangen dh die Rückabwicklung findet zwischen Gesellschaft und Gesellschafter statt. 52

c) Hat **nicht der Gesellschafter, sondern eine Bank** ein Darlehen an eine Gesellschaft gegeben und von dem Gesellschafter eine Sicherheit oder seine Bürgschaft erhalten, so handelt es sich nach § 39 Abs. 1 Nr. 5 InsO um ein der Darlehensvergabe 53

---

[83] Gehrlein BB 2008, 846; aA Karsten Schmidt DB 2008, 1727.
[84] Bericht über die Beratungen des Rechtsausschusses des Deutschen Bundestages vom 18.6.2008 – BT-Drucks. 16/9737 S. 106.
[85] Zur Anwendung von §§ 103, 108 InsO s. Karsten Schmidt DB 2008, 1727.
[86] Kind NZI 2008, 475.
[87] Karsten Schmidt DB 2008, 1727.
[88] Poepping BKR 2009, 150.
[89] Jaeger/Henckel, KO, 9. Aufl. 1997, § 32a Rn. 91; so auch Hess in Hess/Kropshofer, KO, 5. Aufl. 1995, § 32a Rn. 58 für die Regelung des § 32a Abs. 2 GmbHG.

durch den Gesellschafter entsprechendes Vorgehen.[90] Die Konsequenzen dieser Gleichsetzung sollen sogar eingreifen, wenn die Sicherung im Verhältnis zum Sicherungsnehmer – etwa wegen Übersicherung – nichtig[91] oder wenn der Gesellschafter vermögenslos ist.[92]

54 3. Begriff des Darlehensgebers. a) Für die Rückstufung von Darlehen genügt schon der Umstand, dass es sich bei dem unmittelbar beteiligten Anteilseigner um eine Gesellschaft handelt, die weder eine natürliche Person noch eine Gesellschaft als persönlich haftenden Gesellschafter hat, bei der ein persönlich haftender Gesellschafter eine natürliche Person ist (§ 39 Abs. 4 InsO). Dies sind die **GmbH**, die **Aktiengesellschaft**, die GmbH & Co, die GmbH & Co KG, die Genossenschaft sowie Körperschaften und Anstalten des öffentlichen Rechts. Gleichfalls einzubeziehen sind auch die im Inland ansässigen ausländischen Kapitalgesellschaften oder Genossenschaften.[93] Damit ist nach dem Gesetzeswortlaut nur eine persönliche Haftung auf der zweiten Ebene für den Ausschluss der Sonderregeln über Gesellschafterdarlehen geeignet, während eine natürliche Person als persönlich Haftender auf höheren Ebenen nichts an dem Nachrang für solche Forderungen ändert.[94]

55 b) Neben den unmittelbar beteiligten Gesellschaftern oder Aktionären können auch solche Darlehensgeber von den Regeln über Gesellschafterdarlehen betroffen werden, die selbst keine Anteile an der Gesellschaft halten, sondern **über Dritte beteiligt** sind:

- Ein mittelbar beteiligter Gesellschafter wird von den Regeln über Gesellschafterdarlehen erfasst, wenn es sich bei der direkt beteiligten Gesellschaft um ein mit ihm **verbundenes Unternehmen** handelt.[95]
- Ein Kreditgeber kann sich der Anwendung der Regeln über Gesellschafterdarlehen nicht dadurch entziehen, dass er die Anteile an dem Schuldnerunternehmen über einen so genannten Strohmann hält.
- Treuhänderisch für einen Gesellschafter gehaltene Gesellschaftsanteile werden auch **dem Treugeber** zugerechnet.[96] Den Treuhänder behandelt die Rechtsprechung[97] selbst dann als Gesellschafter, wenn er bei der Ausübung der Stimmrechte an die Weisungen des Treugebers gebunden ist und das Treuhandverhältnis offenkundig gemacht wurde.[98]
- Ein **Pfandgläubiger** eines Gesellschaftsanteils kann einem Gesellschafter gleichgestellt werden, wenn er sich durch weiter gehende Nebenabreden eine Position ein-

---

[90] OLG Koblenz vom 19.5.2004 – 6 U 963/03 – ZInsO 2004, 1037; *Hirte* in Uhlenbruck/Hirte/Vallender/Hirte/Vallender, InsO, 13. Aufl. 2010, § 135 Rn. 15; *Karsten Schmidt* BB 2008, 1966; *Poepping* BKR 2009, 150.
[91] OLG Stuttgart vom 6.12.2006 – 14 U 55/05 – ZIP 2007, 337.
[92] OLG Düsseldorf vom 3.7.2009 – I-17 U 124/08 – GmbHR 2009, 1099.
[93] *Habersack* ZIP 2007, 2145.
[94] *Hirte* ZInsO 2008, 689; *Haas* ZInsO 2007, 617.
[95] BGH vom 21.9.1981 – II ZR 104/80 – WM 1981, 1200; BGH vom 19.9.1988 – II ZR 255/87 – WM 1988, 1525; BGH vom 22.10.1990 – II ZR 238/89 – WM 1990, 2112 = WuB VI B § 41 KO 1.91 Hess; BGH vom 16.12.1991 – II ZR 294/90 – WM 1992, 270; BGH vom 21.6.1999 – II ZR 70/98 – GmbHR 1999, 916; BGH vom 27.11.2000 – II ZR 179/99 – ZIP 2001, 115; BGH vom 28.2.2005 – II ZR 103/02 – ZIP 2005, 660; LG Hamburg vom 1.4.2005 – 318 O 283/03 – ZInsO 2005, 445; demgegenüber will *Habersack* (ZIP 2008, 2385) nach der Neufassung durch das MoMiG die Regeln über Gesellschafterdarlehen nur noch auf solche Gesellschaften beziehen, die durch einen Unternehmensvertrag verbunden sind, und lässt eine bloße Mehrheitsbeteiligung nicht ausreichen.
[96] BGH vom 14.12.1959 – II ZR 187/57 – WM 1960, 42; BGH vom 26.11.1979 – II ZR 104/77 – WM 1980, 78; BGH vom 14.11.1988 – II ZR 115/88 – WM 1989, 60; BGH vom 22.10.1990 – II ZR 238/89 – WM 1990, 2115; BGH vom 16.12.1991 – II ZR 234/90 – WM 1992, 270; zum sog. faktischen Aktionär s. BGH vom 13.11.2007 – XI ZR 294/07 – BKR 2008, 63.
[97] BGH WM 1988, 1525.
[98] AA *Rümker*, FS *Stimpel* 1985, 688.

räumen lässt, die im wirtschaftlichen Ergebnis der Stellung eines Gesellschafters gleich- oder wenigstens nahe kommt.[99]
- Die Sicherungsübertragung führt anders als die Verpfändung stets zur Anwendung der Regeln über Gesellschafterdarlehen auf den **Sicherungseigentümer**.

c) Kreditinstitute, die nicht Gesellschafter sind, können nicht wegen der Mitgliedschaft von Gesellschaftern im **Konsortium** als Gesellschafter behandelt werden. Nach früherem Recht ergab sich dies aus der Überlegung, aus der Kreditvergabe der übrigen Konsorten könne geschlossen werden, dass das Unternehmen noch in der Lage ist, seinen Kapitalbedarf durch Fremdkredite zu marktüblichen Bedingungen zu decken, und nicht auf Finanzierungen durch Gesellschafter angewiesen ist.[100] Nach heutigem Recht fehlt es an der erforderlichen Nähe zu einem Gesellschafter, für die allein die Bildung eines Kreditkonsortiums nicht ausreicht.

d) Für die Einstufung **abgetretener Forderungen** aus Gesellschafterdarlehen ist zu unterscheiden:
- War der Zedent im Zeitpunkt der Abtretung der Forderung Gesellschafter, so unterliegt die Forderung auch in der Hand des Zessionars grundsätzlich dem Nachrang nach § 39 Abs. 1 Nr. 5 InsO.
- Dies gilt nicht für Zessionare, die die Forderung länger als 1 Jahr vor dem Eröffnungsantrag erworben haben, analog § 135 Nr. 2 InsO.[101]
- Erwirbt der Zedent seinen Gesellschaftsanteil dagegen erst nach der Abtretung, so kann die Forderung von den Regeln über Gesellschafterdarlehen nicht mehr erfasst werden.

e) Ausgeschiedene Gesellschafter müssen ihre vor dem Ausscheiden ausgezahlten Kredite grundsätzlich weiter als nachrangig behandeln lassen.[102] Analog der Regelung des § 135 Abs. 1 Nr. 2 InsO werden davon Gesellschafterdarlehen nicht mehr erfasst, wenn das Zusammentreffen von Gesellschafterstellung und Kreditgeberposition mehr als 1 Jahr vor dem Insolvenzantrag beendet wurde.[103]

f) Neu eingetretene Gesellschafter werden von den Regeln über kapitalersetzende Darlehen auch insoweit erfasst, als sie vorweg Darlehen schon im Hinblick auf den Gesellschaftsbeitritt gewährt haben.

4. Betroffene Gesellschaftsformen a) Die Regeln über Gesellschafterdarlehen gelten grundsätzlich für alle Aktionäre einer **Aktiengesellschaft** (§ 39 Abs. 4 S. 1 InsO). Angesichts der oft breiten Streuung der Aktien von Publikumsgesellschaften gewinnt hier jedoch das sog. Kleinbeteiligungsprivileg[104] besondere Bedeutung. Ausgenommen sind nämlich Darlehen des „nicht geschäftsführenden Gesellschafters", also eines Aktionärs, der nicht dem Vorstand angehört und der mit 10% oder weniger am Kapital beteiligt ist (§ 39 Abs. 4 InsO).

b) Die Regeln über Gesellschafterdarlehen gelten für alle direkt beteiligten Gesellschafter einer **GmbH** grundsätzlich ohne Rücksicht auf die Höhe ihres Anteils (§ 39

---

[99] BGH ZIP 1992, 1300; aA *Altmeppen* ZIP 1993, 1677; zu den Konflikten von Sicherungsinstrumenten und Eigenkapitalersatz bei Projektfinanzierungen durch Banken s. *Hagemeister* WM 1997, 549.
[100] BGH vom 19.9.1988 – II ZR 255/87 – WM 1988, 1525; *Fleck* FS Werner, 1984, 107 (127); *Kühne* NZI 2007, 560.
[101] BGH vom 15.11.2011 – IX ZR 6/11 – ZIP 2012, 86; BGH vom 21.2.2013 – IX ZR 32/12 – ZInsO 2013, 543 mit Anm. *Preuß* ZIP 2013, 1145; *Hirte* WM 2008, 1429; *Habersack* ZIP 2007, 2145; *Gehrlein* BB 2008, 846.
[102] BGH NJW 1981, 2570; BGH NJW 1987, 1080; OLG Stuttgart GmbHR 1998, 235; BGH ZIP 2005, 82; BGH ZInsO 2005, 1168; Einzelheiten s *Castor*, Das Recht der eigenkapitalersetzenden Gesellschafterleistungen, 1997, Kap 5.2.
[103] *Gehrlein* BB 2008, 846.
[104] Siehe dazu auch unten Rn. 73.

Abs. 4 InsO). Davon ausgenommen sind aber durch das sog. Kleinbeteiligungsprivileg Darlehen des nicht geschäftsführenden Gesellschafters,[105] der mit 10% oder weniger am Kapital beteiligt ist (§ 39 Abs. 4 InsO). Dieser Schwellenwert von 10% darf während eines laufenden Kreditengagements nie, also auch nicht kurzfristig überschritten werden.[106] Auch eine Beteiligung unter 10% kann zur Anwendung der Kapitalersatzregeln führen, wenn der Gesellschafter zusammen mit anderen Gesellschaftern in koordinierter Weise der Gesellschaft in der Krise einen Kredit hat geben oder stehen lassen und diese Gesellschafter zusammen die 10%-Grenze überschreiten.[107]

62 c) Bei der **stillen Gesellschaft** muss wie folgt unterschieden werden:
- Handelt es sich um eine typische stille Beteiligung, so können die Sonderregeln über Gesellschafterdarlehen für daneben gewährte Kredite des Stillen keine Anwendung finden.[108]
- Für atypische stille Gesellschafter ist dagegen danach abzugrenzen, wie weit die gesellschaftsrechtlichen Befugnisse des Kapitalgebers ausgedehnt sind.[109] So greifen die Regeln über Gesellschafterdarlehen zB ein, wenn der Stille am Ergebnis, dem Vermögen und den stillen Reserven des Unternehmens beteiligt ist und die Geschäftsführung für bedeutende Maßnahmen die Zustimmung des Stillen benötigt.[110]

63 d) Auf Darlehen eines Gesellschafters einer Gesellschaft bürgerlichen Rechts finden die Regeln über Gesellschafterdarlehen nur dann Anwendung, wenn zu ihren Gesellschaftern weder eine natürliche Person noch eine Gesellschaft gehört, bei der ein persönlich haftender Gesellschafter eine natürliche Person ist (§ 39 Abs. 4 S. 1 InsO).[111]

64 e) **Vereine und Stiftungen** sind dagegen von den Regeln über Gesellschafterdarlehen nicht betroffen, da hier keine vermögensmäßige Beteiligung der Mitglieder besteht, wie sie beim Kleinbeteiligungsprivileg mit dem Begriff „Haftkapital" vorausgesetzt wird.[112]

65 5. Nachrang im eröffneten Verfahren. a) Die Einstufung von **Gesellschafterdarlehen** in den Rang des § 39 Abs. 1 Nr. 5 InsO bedeutet, dass sie im Insolvenzverfahren nur und erst dann befriedigt werden, wenn die Massegläubiger, die Insolvenzgläubiger und die Gläubiger der Nachrangklassen des § 39 Abs. 1 Nr. 1 bis 4 InsO in vollem Umfang bedient sind, was in einem Insolvenzverfahren praktisch nicht vorkommt. Sicherheiten, die aus dem Vermögen der Gesellschaft stammen, dürfen nicht zur Deckung der Forderung des Gläubiger-Gesellschafters verwertet werden.[113] Die Vorschrift des § 39 Abs. 1 Nr. 5 InsO begründet aber nur ein Rückzahlungsverbot und nicht etwa eine Verpflichtung, zugesagte, bisher nicht gewährte Leistungen im Insolvenzfall nachzuschießen.[114]

66 b) Der **Bestand der Forderung** bleibt im Übrigen unberührt. Sie kann nach Beendigung des Insolvenzverfahrens grundsätzlich wieder geltend gemacht werden. Während und nach Beendigung des Insolvenzverfahrens dient sie als Grundlage für die Inanspruchnahme von Sicherheiten, die Dritte gestellt haben.

---

[105] Zum faktischen Geschäftsführer s *Hirte* in *Hommelhoff/Röhricht*, 1997, 145.
[106] *Pichler* WM 1999, 411.
[107] BGH ZIP 2007, 1407; BGH ZIP 2005, 1316.
[108] BGH WM 1983, 594; BGH WM 1989, 14; *Mock* DStR 2008, 1645.
[109] BGH vom 28.6.2012 – IX ZR 191/11 – ZIP 2012, 1869; zur Parallele in steuerlicher Hinsicht s. *Pupeter* GmbHR 2006, 910.
[110] BGH WM 1989, 14; BGH BB 2006, 792; OLG Hamburg WM 1990, 1293; OLG Hamm ZIP 1993, 1321; OLG Hamm ZInsO 2001, 227; LG Potsdam ZIP 2002, 1819; *Mock* DStR 2008, 1645.
[111] *Habersack* ZIP 2007, 2145.
[112] *Gehrlein* BB 2008, 846; *Hirte* ZInsO 2008, 689; *Habersack* ZIP 2007, 2145.
[113] BGH ZIP 1981, 975; 1981, 1200.
[114] BGHZ 133, 299; OLG Hamm GmbHR 1994, 184; *Priester* DB 1993, 1173; *Wiedemann/Hermanns* ZIP 1994, 997.

c) Im Überschuldungsstatus sind Forderungen von Gesellschaftern trotz des gesetzlich angeordneten Nachrangs grundsätzlich zu passivieren. Um eine Passivierung zu vermeiden, ist eine ausdrückliche **Rangrücktrittserklärung** notwendig. Diese muss die Gesellschafterforderungen in den Rang nach § 39 Abs. 1 Nr. 5 InsO versetzen (§ 19 Abs. 2 S. 2 InsO). Der Gesellschafter-Kreditgeber rückt also noch hinter diejenigen Gesellschafter, die keine solche Erklärung abgeben.[115]

Wenn ein **Gesellschafter** eine Forderung einer Bank besichert hat und diese Forderung begleicht, erwirbt er zwar einen Regressanspruch gegen die Gesellschaft, diesen kann er aber nur als nachrangiger Gläubiger geltend machen.[116] Um eine Überschuldung der Gesellschaft durch diesen Regressanspruch auszuräumen, reicht nicht schon eine bloße Rangrücktrittserklärung nach § 19 Abs. 2 S. 3 InsO, sondern es ist zusätzlich eine rechtsgeschäftliche, vollwertige Freistellungsverpflichtung des Gesellschafters gegenüber der Gesellschaft für die Dauer der Krise erforderlich.[117]

d) Die Einstufung von Forderungen aus Rechtshandlungen, die einem Darlehen wirtschaftlich entsprechen, in den Rang des § 39 Abs. 1 Nr. 5 InsO bedeutet, dass eine Bank, die einem Unternehmen ein **Darlehen unter Besicherung durch die Gesellschafter** eingeräumt hat, in der Insolvenz des Unternehmens nur für den Betrag verhältnismäßige Befriedigung verlangen kann, mit dem sie bei der Inanspruchnahme der Sicherheiten ausgefallen ist (§ 44a InsO).[118] Die Bank muss also abweichend von § 43 InsO zunächst aus den Sicherheiten oder Bürgschaften,[119] die die Gesellschafter gestellt haben, Befriedigung suchen und wird dann für die verbleibende Restforderung lediglich mit der Insolvenzquote bedient (§§ 52, 190 InsO). Ihren Anspruch kann sie nur bis zur Höhe ihres Ausfalls zur Tabelle anmelden;[120] dies ist auch schon vor Verwertung der Sicherheit zulässig.[121] Die Quote wird – dem Prinzip des § 52 InsO folgend – auf Basis der Ausfallforderung und nicht etwa der gesamten Forderung berechnet.[122]

Durch nachträglichen Verzicht auf die Sicherheit kann diese Rechtsfolge nicht abgewendet werden. Der Sicherungsgeber kann seinen Rückgriffsanspruch im Insolvenzverfahren nicht geltend machen.

Der Begriff der Sicherheit in diesem Zusammenhang ist weit.[123] Er erfasst die üblichen Real- und Personalsicherheiten (Grundpfandrechte, Sicherungsabtretung bzw. -übereignung, Pfandrechte an Forderungen und Rechten, Bürgschaften und Garantien), darüber hinaus auch harte Patronatserklärungen und Abkaufsverpflichtungen.[124]

Besitzt die Bank auch Sicherheiten aus dem Vermögen der Gesellschaft, so hat sie die Wahl, auf welche Sicherheit sie zugreift bzw. in welcher Reihenfolge sie verwertet.[125] Verwertet sie die Gesellschaftssicherheit, so kann der Insolvenzverwalter bei dem Gesellschafter Rückgriff nehmen.

---

[115] *Hirte* WM 2008, 1429.
[116] *Karsten Schmidt* BB 2008, 1966.
[117] *Karsten Schmidt* BB 2008, 1966
[118] Zur Sicherheitsleistung durch die GmbH für Kredite an ihre Gesellschafter vgl. *Sonnenhol/Stützle* DB 1979, 925; *Barth/Gelsen* DB 1981, 2265; *Meister* WM 1980, 390; BGH WM 1981, 870; OLG Düsseldorf BB 1980, 1343.
[119] Zur Problematik bei Ausfallbürgschaften vgl. *Fastrich* NJW 1983, 260; *Obermüller* WuB II C § 32a GmbHG Nr. 1.85; *K. Schmidt* ZIP 1981, 693; BGH WM 1987, 1488; BGH WM 1988, 1525.
[120] *Marx* ZInsO 2003, 262 mwN.
[121] LG Dortmund ZIP 1986, 855.
[122] BGH vom 28.6.2012 – IX ZR 191/11 – ZIP 2012, 1869 Rn. 13; *Hirte* WM 2008, 1429; *Spliedt* ZIP 2009, 149; aA K/P/*Preuß*, InsO, Stand 2009 § 44a Rn. 17; *Gehrlein* BB 2008, 846; *Jaeger/Henckel*, InsO, 2004, § 43 Rn. 23; HaubKomm/*Lüdtke* Auflage 2009, § 44a Rn. 19.
[123] *Rümker/Westermann*, Kapitalersetzende Darlehen, 1987, S. 58 mwN.
[124] Vgl. *Löser* ZInsO 2010, 28.
[125] BGH WM 1985, 115.

73 e) Eine Ausnahme vom Nachrang gewährt das **Sanierungsprivileg** des § 39 Abs. 4 S. 2 InsO. Erwirbt ein Gläubiger bei drohender oder eingetretener Zahlungsunfähigkeit der Gesellschaft oder bei Überschuldung Anteile zum Zweck ihrer Sanierung, so führt dies bis zur nachhaltigen Sanierung nicht zur Anwendung der Regeln über Gesellschafterdarlehen. Das Sanierungsprivileg gilt aber nur für eine Beteiligung,[126] die „zum Zweck der Sanierung" erworben wird, nicht für Kredite, die ein schon beteiligter Gesellschafter vergibt.[127] Es kommt somit auf einen Anteilserwerb bei drohender oder eingetretener Zahlungsunfähigkeit oder bei Überschuldung der Gesellschaft an. Was unter dem Begriff einer nachhaltigen Sanierung zu verstehen ist, kann weder dem Gesetzestext noch der Gesetzesbegründung entnommen werden. Da die zeitliche Dauer des Sanierungsprivilegs nicht kalkulierbar ist, bleibt es weiterhin für die Praxis unbrauchbar.[128]

74 f) Das sog. **Kleinbeteiligungsprivileg** nimmt das Darlehen des nicht geschäftsführenden Gesellschafters, der mit 10% oder weniger am „Haftkapital" beteiligt ist, von dem Nachranggrundsatz aus. Hierbei ist allein auf die Kapitalbeteiligung und nicht auf ein davon abweichendes Stimmengewicht oder eine Gewinnbeteiligung abzustellen.[129] Bei einer indirekten Beteiligung wie im Fall der GmbH & Co KG ist somit auf die durchgerechnete Beteiligung an der gesamten Gesellschaft abzustellen; zur Kapitalbeteiligung als Kommanditist ist also diejenige an der Komplementärin hinzuzurechnen und in Bezug zum Gesamtkapital zu setzen.[130] Die Grenze von 10% oder weniger kann auch durch die Zusammenrechnung von Anteilen verschiedener Gesellschafter erreicht werden; eine solche Zusammenrechnung ist nur zulässig, wenn diese Gesellschafter oder Aktionäre sich zu einem Konsortium oder Aktienpool mit dem Ziel der Ausübung eines unternehmerischen Einflusses gebunden haben. Ein Poolvertrag, der lediglich Bindungen für die Placierung der Aktien oder Vorkaufsrechte enthält, ohne dass die Aktionäre sich zu gemeinsamer Einflussnahme auf die Geschäftspolitik verpflichtet haben, ist insoweit nicht schädlich. Insbesondere Banken, die größere Unternehmensbeteiligungen, zB im Rahmen der Wertpapierleihe, in ihren Portfolios halten, ohne aber beherrschenden Einfluss ausüben zu können oder zu wollen, werden faktisch von der Kreditvergabe an die betroffenen Gesellschaften ausgeschlossen.[131]

75 **6. Anfechtung von Leistungen vor Verfahrenseröffnung. a)** Hat die Gesellschaft das von einem Gesellschafter gegebene Darlehen innerhalb des letzten Jahres vor Insolvenzeröffnung an den Gesellschafter zurückgezahlt, so kann der Insolvenzverwalter die Anfechtung erklären und Rückgabe des Darlehensbetrages fordern (§§ 135 Abs. 1 Nr. 2, 143 Abs. 1 InsO).[132]

76 Hatte der Gesellschafter für sein Darlehen eine Sicherheit aus dem Gesellschaftsvermögen erhalten, so ist jedoch zu unterscheiden:
- Wenn der Gesellschafter über eine **länger als 10 Jahre** vor Antragstellung begründete unanfechtbare **Sicherheit** verfügt, scheidet eine Anfechtung der Rückzahlung aus.[133] Darlehen von Gesellschaftern, die mehr als 10 Jahre vor dem Insolvenzantrag

---

[126] Zur Anwendung bei gesellschafterähnlichen Stellungen s *Tillmann* DB 2006, 199.
[127] Kritisch zu dieser Beschränkung *Gehrlein* BB 2008, 846; *Bork* 2007, 250; *Burg/Poertzgen* ZInsO 2008, 473.
[128] S. im Einzelnen *Obermüller*, Insolvenzrecht in der Bankpraxis, 8. Aufl. 2011, Rn. 5.623 ff.; *Wittig* FS *Uhlenbruck*, 2000, 685, 694; *Tetzlaff* ZInsO 2005, 644; ebenso auch *Früh* GmbHR 1999, 842 (847).
[129] *Gehrlein* BB 2008, 846; *Hirte* WM 2008, 1429; *Habersack* ZIP 2007, 2145.
[130] *Hirte* ZInsO 2008, 689; *Gehrlein* BB 2008, 846.
[131] *Freitag* WM 2007, 1681; *Poepping* BKR 2009, 150.
[132] Zum Rückgriff auf das Anfechtungsgesetz bei Sitzverlegung ins Ausland und anschließender stiller Liquidation ohne Geltendmachung des Erstattungsanspruchs s BGH ZIP 2006, 243.
[133] BGH vom 18.7.2013 – IX ZR 219/11 – ZInsO 2013, 1573 Rn. 14 mit Anm. *Altmeppen* ZIP 2013, 1745.

besichert wurden, können also auch im letzten Jahr vor Verfahrenseröffnung anfechtungsfrei zurückgezahlt werden.
- Wenn der Gesellschafter über eine **weniger als 10 Jahre** vor Antragstellung begründete **Sicherheit** verfügt, kann der Insolvenzverwalter die Sicherheit anfechten und ihre Rückgabe fordern (§ 135 Abs. 1 Nr. 1, 143 Abs. 1 InsO).[134] Damit eröffnet sich ihm wieder die Möglichkeit, eine Befriedigung, die der Gesellschafter innerhalb des letzten Jahres vor dem Insolvenzantrag erlangt hat, nach § 135 Abs. 1 Nr. 2 InsO ebenfalls anzufechten. Umstritten ist allerdings, ob die Anfechtbarkeit sich nur gegen eine nachträgliche Besicherung richten und der Gesellschafter deshalb bei einer Sicherheitenbestellung Zug um Zug gegen Auszahlung eines Kredits ein nach § 142 InsO unanfechtbares Bargeschäft einwenden kann.[135]
- Hat die Gesellschaft **außerhalb des letzten Jahres** vor dem Insolvenzantrag das Darlehen getilgt, so spielt es keine Rolle, ob das Darlehen besichert war, denn ein besicherter Gläubiger kann außerhalb der Jahresfrist nicht schlechter behandelt werden als ein unbesicherter.[136]
- Hat die Gesellschaft das **Darlehen nicht getilgt,** so kann sich der Gesellschafter sowohl vor als auch nach der Eröffnung des Insolvenzverfahrens aus einer unanfechtbaren Sicherheit abgesondert befriedigen.[137]

b) Hat die GmbH den **von einem Gesellschafter gesicherten Kredit** eines Dritten innerhalb des letzten Jahres vor dem Eröffnungsantrag an den Gläubiger zurückgezahlt,[138] so kann der Insolvenzverwalter von dem Gesellschafter, dessen Sicherheit verschont wurde, Erstattung verlangen (§ 143 Abs. 3 InsO).[139] **77**

c) Hat die GmbH **einem Gesellschafter,** der ihr ein Darlehen gewährt hat, für dieses Darlehen eine **Sicherheit eingeräumt,** so ist diese anfechtbar, wenn die Sicherheitenbestellung in den letzten 10 Jahren vor Insolvenzantrag geschehen ist (§ 135 Abs. 1 Nr. 1 InsO). Wenn eine Gesellschaft innerhalb des letzten Jahres vor dem Insolvenzantrag oder danach ein Darlehen eines Dritten, das durch einen Gesellschafter besichert war, zurückzahlt, ist dies ebenfalls anfechtbar (§ 135 Abs. 1 Nr. 3 InsO). **78**

§ 98. Auswirkung der Insolvenz auf Bankvertrag und Kontobeziehung

Übersicht

	Rn.
I. Bankvertrag	1
1. Allgemeines	1
2. Geschäftsverbindung und Insolvenz	2
3. Neue Geschäftsverbindungen	3
II. Einzelkonto	4
1. Kontokorrent	5
2. Spareinlagen, Termineinlagen	9
3. Fremdwährungskonten	10

---

[134] Zur Kritik an dieser Vorschrift s. *Marotzke* ZInsO 2013, 641.
[135] Übersicht über den Streitstand bei *Henkel* ZInsO 2009, 1577; *Marotzke* ZInsO 2013, 641.
[136] *Spliedt* ZIP 2009, 149.
[137] *Bitter* ZIP 2013, 1497; aA *Altmeppen* ZIP 2013, 1745.
[138] Zur Entsperrung bei zwischenzeitlicher nachhaltiger Überwindung der Krise s *Schoß/Hoffstadt* ZInsO 2005, 571.
[139] Dies gilt nur im Insolvenzfall und nicht im Fall der Gläubigeranfechtung nach dem Anfechtungsgesetz (OLG Hamm ZInsO 2002, 983).

	Rn.
III. Besondere Kontoarten	11
1. Gemeinschaftskonten	11
2. Konten für Gesellschaften bürgerlichen Rechts	13
3. Treuhandkonten und Anderkonten	14
4. Sperrkonten	17
5. Minderjährigenkonten	18
6. Insolvenzkonto	19
7. Pfändungsschutzkonto	22
IV. Schrankfächer, Verwahrstücke, Depots	28
1. Schrankfachmiete	28
2. Verwahrstücke	30
3. Depotgeschäft	31
V. Bankgeheimnis	32
1. Insolvenzverfahren	33
2. Insolvenzantragsverfahren	35

I. Bankvertrag

1 **1. Allgemeines.** Mit Aufnahme der Geschäftsverbindung zwischen der Bank und dem Kunden entsteht ein gesetzliches Schuldverhältnis, das noch keine primären Leistungspflichten schafft, sondern lediglich Verhaltens- und Schutzpflichten begründet.[1] Zu diesen gesetzlichen Pflichten zählen zB die Pflicht der Bank zur Einhaltung des Bankgeheimnisses und die Verpflichtungen zwischen Bank und Kunden, die gegenseitigen Vermögensinteressen zu wahren.

2 **2. Geschäftsverbindung und Insolvenz.** Dieses Schuldverhältnis endet weder mit Eröffnung des Insolvenzverfahrens über das Vermögen des Kunden noch infolge seiner Zahlungsunfähigkeit, dem Antrag auf Eröffnung eines Insolvenzverfahrens und eines allgemeinen Verfügungsverbots, wohl aber ergeben sich Folgen für die einzelnen Geschäftsbeziehungen.

3 **3. Neue Geschäftsverbindungen.** Die Insolvenzeröffnung hindert den Insolvenzschuldner nicht, neue Geschäftsverbindungen einzugehen. Handelt es sich bei ihm um eine natürliche Person, so wird er zB ein neues Konto benötigen, um sich den pfändungsfreien Teil seines Gehalts überweisen zu lassen oder seinen Zahlungsverkehr für seine neuen Geschäfte wie Miete, Telefon etc abzuwickeln. Die Rechte und Pflichten aus diesem Vertrag kann nur der Kunde wahrnehmen; der Insolvenzverwalter hat insofern weder Befugnisse noch Verpflichtungen.

II. Einzelkonto

4 Die Rechtsfolgen der Insolvenz für die Kontobeziehung sind unterschiedlich je nach Kontoart.

5 **1. Kontokorrent. a)** Infolge der *Insolvenzeröffnung* erlischt das Kontokorrentverhältnis, das aus Geschäftsbesorgungsvertrag und Kontokorrentabrede besteht. Der Geschäftsbesorgungsvertrag erlischt gemäß §§ 115, 116 InsO. Die Kontokorrentabrede, nach der sich die Verrechnung am Ende einer jeden Rechnungsperiode automatisch vollzieht, verliert wegen § 91 InsO ihre Wirkung. Für Kontokorrentkonten ist ein außerordentlicher Saldoabschluss durchzuführen.[2] Zinsen können seit Verfahrenseröffnung nur noch als nachrangige Forderungen geltend gemacht (§ 39 I Nr. 1 InsO) und deshalb auch nicht mehr dem Saldo zugeschlagen werden.

6 **b)** Ergibt der außerordentliche Saldo eine Forderung der Bank, so wird diese sofort mit Eröffnung des Verfahrens fällig (§ 41 InsO). Die Forderung muss die Bank als einfa-

---

[1] BGH WM 2002, 2281.
[2] BGH WM 1991, 60; NJW 1978, 538; 1979, 1658.

che Insolvenzforderung anmelden, wenn sie keine Sicherheiten besitzt. Ergibt der außerordentliche Kontoabschluss ein Guthaben für den Kunden, so kann der Insolvenzverwalter die sofortige Auszahlung an sich verlangen.

c) Durch die Anordnung eines *Verfügungsverbots* wird das Kontokorrentverhältnis nicht beendet, insbesondere erlischt die in der Kontokorrentabrede enthaltene antizipierte Verfügungsvereinbarung nicht.[3] § 91 InsO findet im Antragsverfahren keine Anwendung.[4]

d) Im Antragsverfahren bleibt der Kunde über das fortbestehende Konto weiter verfügungsbefugt, sofern keine Verfügungsbeschränkungen angeordnet sind. Der vorläufige Insolvenzverwalter kann dagegen nur dann über das Konto verfügen und zB Auszahlung des Guthabens verlangen, wenn ihm diese Befugnis ausdrücklich vom Gericht übertragen ist. Ist ein allgemeines Verfügungsverbot erlassen, so kann nur noch der Verwalter und zwar ohne die Mitwirkung des Kunden verfügen.

2. Spareinlagen, Termineinlagen. Spareinlagen[5] und Termineinlagen werden durch die Eröffnung eines Insolvenzverfahrens über das Vermögen des Einlegers nicht vorzeitig fällig. Die gesetzliche oder vertragliche Kündigungsfrist bzw. die vereinbarte Festlegungsfrist sind einzuhalten.[6]

3. Fremdwährungskonten. Fremdwährungskonten sind im Insolvenzverfahren über das Vermögen des Kontoinhabers wie Euro-Konten zu behandeln. Die Salden verschiedener Währungskonten können gegeneinander oder gegen Euro-Konten sowohl nach Eintritt der Zahlungsunfähigkeit als auch nach Insolvenzeröffnung aufgerechnet werden.[7]

III. Besondere Kontoarten

1. Gemeinschaftskonten. a) Bei einem Gemeinschaftskonto mit *Einzelverfügungsbefugnis (Oder-Konto)* beendet die Insolvenz eines Mitinhabers das Kontokorrentverhältnis nicht. Denn das Konto gehört nicht zur Insolvenzmasse (§ 84 InsO). Die Anordnung eines Verfügungsverbots gegen einen Mitinhaber zwingt nicht zur sofortigen Saldierung. Eingänge, die für das Gemeinschaftskonto bestimmt sind, können dem Konto weiter gutgeschrieben und ggf. zur Rückführung eines debitorischen Saldos verwendet werden.[8]

Durch die Eröffnung eines Insolvenzverfahrens oder die Anordnung eines Verfügungsverbots verliert nur der davon betroffene Kontoinhaber seine Verfügungsbefugnis. An seine Stelle tritt im Insolvenzverfahren der Insolvenzverwalter; im Antragsverfahren kann der vorläufige Insolvenzverwalter, dem entsprechende Verfügungsbefugnis übertragen wurde, verfügen. Die Verfügungsbefugnis des anderen Kontoinhabers wird dadurch nicht berührt. Die Bank muss also Verfügungen sowohl des von der Insolvenz nicht betroffenen Kontoinhabers als auch des Insolvenzverwalters bzw. vorläufigen Insolvenzverwalters beachten.[9]

b) Bei Gemeinschaftskonten mit gemeinschaftlicher Verfügungsbefugnis *(Und-Konten)* wird das Kontokorrentverhältnis durch die Insolvenz nur eines der Kontoinhaber ebenfalls nicht betroffen.

---

[3] BGH ZIP 1997, 737.
[4] BGH ZIP 2007, 191.
[5] Begriff s *Wallat* NJW 1995, 3236.
[6] LG Rostock ZInsO 2002, 290.
[7] Einzelheiten s *Obermüller*, Rn. 2.26, 2.121.
[8] BGH WM 1985, 1059.
[9] Einzelheiten s *Obermüller*, Rn. 2.124 ff.

Zahlungseingänge können also auch einem Und-Konto noch nach Eröffnung des Insolvenzverfahrens über das Vermögen eines der Kontoinhaber gutgeschrieben und zur Ermäßigung eines debitorischen Saldos verwendet werden. Verfügungen können weiterhin nur durch den oder die Kontoinhaber gemeinsam mit dem Insolvenzverwalter des anderen Kontoinhabers bzw. im Antragsverfahren je nach Maßgabe der Verfügungsbeschränkungen mit dem insolventen Kontoinhaber oder seinem vorläufigen Insolvenzverwalter getroffen werden.[10] Ob und inwieweit der solvente Kontoinhaber Verfügungen des anderen bzw. des Verwalters zustimmen muss, richtet sich nach dem Innenverhältnis der Kontoinhaber.

13   **2. Konten für Gesellschaften bürgerlichen Rechts.** Die Eröffnung eines Insolvenzverfahrens über das Vermögen einer Gesellschaft bürgerlichen Rechts, das anders als im Konkursverfahren zulässig ist (§ 11 II Nr. 1 InsO), oder die Anordnung eines allgemeinen Verfügungsverbots haben die gleichen Folgen für die Kontoführung, wie sie oben (→ Rn. 4) für das Einzelkonto dargestellt wurden.

Wenn ein Insolvenzverfahren nicht über die Gesellschaft, sondern nur über das Vermögen eines Gesellschafters eröffnet wird, hat dies grundsätzlich die Auflösung der Gesellschaft zur Folge (§ 728 BGB). Die Gesellschaft wird von allen Gesellschaftern gemeinschaftlich vertreten; für den insolventen Gesellschafter handelt der Insolvenzverwalter. Die Verfügungsbefugnis über ein Konto der BGB-Gesellschaft steht ab Insolvenzeröffnung nur noch dem Insolvenzverwalter und den übrigen Gesellschaftern als Gesamtvertretungsberechtigten zu, auch wenn vorher Einzelvertretungsmacht bestand.

Die Anordnung eines allgemeinen Verfügungsverbots gegen einen Gesellschafter berechtigt die übrigen Gesellschafter zur Kündigung aus wichtigem Grund. Solange die Gesellschaft fortbesteht, kann der von dem Verfügungsverbot betroffene Gesellschafter über Konten der BGB-Gesellschaft so verfügen, wie es der Gesellschaftsvertrag bzw. die Sondervereinbarungen mit der Bank vorsehen.

14   **3. Treuhandkonten und Anderkonten. a)** Die Eröffnung eines Insolvenzverfahrens über das Vermögen des Inhabers eines *Treuhandkontos* hat auf die Kontobeziehung Wirkungen je nach Kontoart (→ Rn. 4 ff.). Die Verfügungsbefugnis geht auf den Insolvenzverwalter über. Die Bank ist nicht berechtigt, direkten Weisungen des Treugebers zu folgen.[11] Dem Treugeber steht zwar ein Aussonderungsrecht an dem Guthaben zu,[12] dieses Recht muss er jedoch gegenüber dem Insolvenzverwalter geltend machen. Die Insolvenz des Treugebers berührt die Kontobeziehung dagegen nicht. Ihre Auswirkungen beschränken sich auf das Innenverhältnis zwischen Treuhänder und Treugeber.

15   **b)** Wie Treuhandkonten sind auch *Tankstellen-* und sonstige *Agenturkonten* zu behandeln,[13] wie sie vor allem bei Reisebüros und Versicherungsagenten anzutreffen sind. Kontoinhaber ist hier zwar der Tankstellenpächter bzw. Versicherungsagent oder Reisebüroinhaber, durch die Gestaltung der Kontoeröffnungsverträge zwischen der Bank, dem Kontoinhaber und der Mineralölgesellschaft bzw. dem Versicherungsunternehmen oder Reiseveranstalter wird aber eindeutig klargestellt, dass die auf das Konto eingezahlten Gelder Treugut bilden.[14]

16   **c)** *Anderkonten* stellen eine Unterart der offenen Treuhandkonten dar.[15] Ist gegenüber dem Anderkontoinhaber ein allgemeines Verfügungsverbot erlassen, so kann die Bank

---

[10] BGHZ 39, 15; *Karsten Schmidt* FS Hadding, 2004, 1093.
[11] BGH ZIP 2012, 1517.
[12] BGHZ 11, 37; BGH NJW 1958, 1635; 1959, 1223; BGH WM 1964, 1038; → § 41 Rn. 26 f. und *Obermüller,* Rn. 2.85.
[13] *Pleyer/Holschbach* Bank-Betrieb, 1973, 50.
[14] *Sperl* ZKW 1979, 892.
[15] *Hellner,* Liber amicorum Jens Nielsen, 1996, S. 29; BGH WM 1996, 662; zur Pflicht des Anwalts zur Einrichtung eines Anderkontos s. *Johnigk* BRAK-Mitt. 2012, 104.

Verfügungen des Kunden nicht mehr ausführen.[16] Wenn dem Kontoinhaber die Zulassung zur Anwaltschaft entzogen wird, geht gem. Nr. 13 der Anderkontobedingungen die Verfügungsbefugnis kraft Vertrages zugunsten Dritter auf eine von der zuständigen Standesorganisation einzusetzende andere Person über, deren Weisungen nunmehr für die Bank verbindlich sind.

4. Sperrkonten. Die Ansprüche aus einem Konto, das zugunsten eines Dritten gesperrt ist, kann der Insolvenzverwalter des Kontoinhabers nur in demselben Umfang geltend machen, wie sie dem Kontoinhaber zustanden.[17] Inwieweit die Sperrvereinbarung dem Sperrbegünstigten ein Recht verschafft hat, das auch in einem Insolvenzverfahren über das Vermögen des Kontoinhabers wirksam bleibt, hängt von den Vereinbarungen zwischen Kontoinhaber und Sperrbegünstigten ab.[18] Für die Beziehungen zu der Bank kommt es darauf nicht an. Hier sind nur die vertraglichen Vereinbarungen maßgebend, die zwischen Bank, Kontoinhaber und Sperrbegünstigten getroffen worden sind.[19] Danach ist die Bank verpflichtet, Verfügungen nur mit der Einwilligung des Sperrbegünstigten zuzulassen. Wegen dieser eigenen Verpflichtung der Bank gegenüber dem Sperrbegünstigten kann sie Verfügungen des Insolvenzverwalters, denen der Sperrbegünstigte nicht zustimmt, widersprechen.

5. Minderjährigenkonten. Wird über das Vermögen eines Elternteils ein Insolvenzverfahren eröffnet, bleibt dessen Vermögenssorgerecht zunächst unberührt (§ 1666 BGB). Zwar kann das Gericht einem Elternteil das Recht zur Vermögenssorge entziehen oder ihm Beschränkungen auferlegen, wenn es das Kindesvermögen als gefährdet ansieht (§ 1666 Abs. 3 Nr. 5 BGB). Das Gesetz behandelt solche Fälle jedoch nicht als Regel, sondern als Ausnahme und lässt gerichtliche Maßnahmen nur zu, wenn eine gegenwärtige Gefahr, also eine Situation, in der nach den Umständen der Eintritt eines Schadens wahrscheinlich ist oder zumindest als naheliegende Möglichkeit erscheint, vorliegt.[20] Daher muss die Bank, die von der Insolvenz des Elternteils Kenntnis erlangt, nicht davon ausgehen, dass das Familiengericht diesem Elternteil sein Recht zur Vermögensverwaltung für den Minderjährigen entzogen hat.

6. Insolvenzkonto. a) Das durch die Insolvenzeröffnung erloschene Kontokorrent kann der Insolvenzverwalter nicht fortsetzen. Er kann jedoch einen *neuen Kontokorrentvertrag* mit der Bank abschließen. Die Fortführung des Insolvenzschuldnerkontos durch den Insolvenzverwalter stellt auch ohne zusätzliche Vereinbarung den Abschluss eines neuen Girovertrages dar.[21] In der Regel erhält das Konto den Zusatz „i.I.". Als Anderkonto soll es grundsätzlich nicht geführt werden. Die Mitzeichnungs- und Kontrollbefugnisse des Gläubigerausschusses und die Aufgaben der Hinterlegungsstelle sind mit den Besonderheiten des Anderkontos nicht vereinbar.

Geldbeträge auf einem Insolvenzkonto sind so anzulegen, dass sie nicht der Gefahr von Einreden ausgesetzt sind.[22]

b) Beschließt der Gläubigerausschuss oder ordnet das Insolvenzgericht an, wo und unter welchen Bedingungen Gelder verzinslich angelegt werden sollen, so ist das betroffene Kreditinstitut gleichzeitig Hinterlegungsstelle iS von § 149 InsO.[23] Die Gläubigerversammlung kann abweichende Regelungen beschließen (§ 149 II InsO). Bei der

---

[16] Einzelheiten s *Obermüller*, aaO, Rn. 2.150.
[17] BGH WM 1995, 352; *Bork* NJW 1981, 905.
[18] BGH WuB I C 3–3.86; zu Mietkautionskonten s BayObLG ZIP 1988, 789.
[19] *Uhlenbruck*, § 47 Rn. 46.
[20] *Ziegler* in Prütting/Wegen/Weinreich, BGB Kommentar, 8. Auflage 2013, § 1666 Rn. 15.
[21] BGH WM 1991, 60; *Hellner* BankBetrieb 1962, 92.
[22] OLG Köln ZIP 1980, 972.
[23] RGZ 54, 211.

Auswahl der Hinterlegungsstelle haben der Gläubigerausschuss und die Gläubigerversammlung freie Hand.[24] Mündelsicherheit wird zwar nicht verlangt. Es ist aber erforderlich, dass die Hinterlegungsstelle hinsichtlich der Sicherheit und Verzinsung den vernünftigerweise zu stellenden Anforderungen genügt.

21 c) Das zur Hinterlegungsstelle bestimmte Kreditinstitut ist Erfüllungsgehilfe für die Durchführung des Insolvenzverfahrens.[25] Es hat auf Grund dieser besonderen Rechtsstellung darauf zu achten, dass der Insolvenzverwalter seinen Pflichten bei Verfügungen über Guthaben nachkommt.[26] Der Insolvenzverwalter ist nicht berechtigt, weitere Massekonten bei anderen Kreditinstituten einzurichten und zu unterhalten. Dies gilt auch dann, wenn andere Kreditinstitute günstigere Bedingungen bieten.[27] Die Kontrolle des Insolvenzverwalters und die Sicherheit der Gelder gehen einer günstigeren Geldanlage in jedem Falle vor.

22 **7. Pfändungsschutzkonto.** Um natürlichen Personen trotz vorliegender Kontopfändungen die Teilhabe am Wirtschaftsleben im Rahmen ihres Existenzminimums zu ermöglichen, hat der Gesetzgeber mit dem Gesetz zur Reform des Kontopfändungsschutzes[28] versucht, den Kontopfändungsschutz durch die Einrichtung oder Führung eines sog. Pfändungsschutzkontos (**P-Konto**) zu vereinfachen.[29]

23 a) *Bestehendes Pfändungsschutzkonto.* Wenn der Bankkunde **im Zeitpunkt der Eröffnung** des Insolvenzverfahrens schon ein Pfändungsschutzkonto eingerichtet hatte, **bleibt** dieses Konto **bestehen.** Mit Eröffnung des Insolvenzverfahrens erlöschen zwar grundsätzlich alle von dem Kunden erteilten Aufträge und Geschäftsbesorgungsverträge (§ 116 InsO). Bestehende Pfändungsschutzkonten gehören jedoch nicht zur Insolvenzmasse (§§ 36 Abs. 1 S. 2 InsO, 850k ZPO).[30] Sie werden von der Verwaltungs- und Verfügungsmacht des Insolvenzverwalters in Höhe des geschützten Betrages nicht erfasst (§ 850k Abs. 1 S. 1 ZPO).[31] Ebenso bleibt ein Pfändungsschutzkonto bestehen, das der Schuldner schon vor dem Erlass vorläufiger Maßnahmen nach § 21 InsO wie zB der Anordnung eines Verfügungsverbots oder eines Zustimmungsvorbehalts eingerichtet hatte.

24 Dies ist unproblematisch, solange regelmäßig nur die unpfändbaren wiederkehrenden Leistungen auf dem Pfändungsschutzkonto eingehen. Denn dann wird die Masse nicht benachteiligt. Anders ist es aber, wenn noch Zahlungen auf dem Konto eintreffen, die die **Freibeträge überschreiten.** Hier ist unklar, ob der Insolvenzverwalter eigene Ansprüche auf die über den Freibeträgen liegenden Guthaben geltend machen kann oder ob er eine Vollmacht oder Zustimmung des Schuldners als Kontoinhaber benötigt.[32]

25 b) *Neues Pfändungsschutzkonto.* Die Eröffnung eines **neuen Pfändungsschutzkontos** ist vor wie nach Verfahrenseröffnung ohne Mitwirkung des Insolvenzverwalters zulässig. Ein solches Konto stellt ein neues, **eigenständiges Girokonto** dar und ist ein aliud gegenüber dem beendeten früheren Konto, das in die Masse gefallen ist.[33]

26 c) *Umwandlung in ein Pfändungsschutzkonto.* Zwar ist ein Schuldner, dessen Konto in dem Zeitpunkt, in dem es von einem Gläubiger gepfändet wurde, noch nicht als Pfän-

---

[24] AV RJM v. 30.11.1935 = JW 1936, 87.
[25] RGZ 140, 185.
[26] BGH NJW 1962, 869; *Hellner,* Bank-Betrieb 1962, 92, 93; *Obermüller,* Rn. 2.237.
[27] BGH ZInsO 2013, 986; LG Freiburg ZIP 1983, 1098.
[28] Gesetz vom 7.7.2009, BGBl. I, 1707; zu den Zielen des Gesetzgebers s. *Graf-Schlicker/Linder* ZIP 2009, 989; kritisch *Büchel* BKR 2009, 358; *Bitter* WM 2009, 141; *Obermüller* FS Haarmeyer 2013, 191.
[29] Zur Entwicklung s *Schultheiß* ZBB 2013, 114; *Herresthal* WM 2013, 773.
[30] *Remmert* NZI 2008, 70; zur bisherigen Rechtslage s LAG Düsseldorf ZInsO 2012, 1685.
[31] *Büchel* ZInsO 2010, 20; *Bitter* ZIP 2011, 149.
[32] Einzelheiten s *Obermüller* InsBüro 2013, 180.
[33] LG Frankfurt/Main EWiR § 850k 1/11 – 2011, 827.

dungsschutzkonto geführt wurde, nach § 850k Abs. 7 S. 2 ZPO berechtigt, die **Umwandlung** dieses Kontos in ein Pfändungsschutzkonto zu veranlassen. Er kann diesen Schutz sogar bis zu vier Wochen rückwirkend nach Zustellung des Überweisungsbeschlusses in Anspruch nehmen, wenn er in dieser Zeit sein Konto in ein Pfändungsschutzkonto umwandelt (§ 850k Abs. 1 S. 4 ZPO). Dies ist jedoch nach der Eröffnung des Insolvenzverfahrens nicht mehr möglich. Der Girovertrag und das Kontokorrent sind nämlich durch die Eröffnung eines Insolvenzverfahrens anders als durch eine Pfändung beendet, da sie zur Masse gehörten. Übrig geblieben ist nur die Forderung der Bank oder des Schuldners auf den Saldo. Umwandeln kann man aber nur ein Konto, das noch existiert.[34]

Eine Umwandlung, die der Schuldner vor Verfahrenseröffnung vorgenommen hat, kann anfechtbar sein.[35] **27**

IV. Schrankfächer, Verwahrstücke, Depots

1. Schrankfachmiete. Schrankfachmietverträge werden durch die Eröffnung eines **28** Insolvenzverfahrens über das Vermögen des Mieters unmittelbar nicht berührt. Der Schrankfachvertrag unterliegt als Mietvertrag nicht wie der übrige Bankvertrag den Vorschriften über Geschäftsbesorgungsverträge, die mit Insolvenzeröffnung erlöschen (§ 116 InsO), sondern besteht als Mietvertrag über einen unbeweglichen Gegenstand über den Zeitpunkt der Insolvenzeröffnung fort (§ 108 InsO). Er kann jedoch von dem Insolvenzverwalter mit einer Frist von drei Monaten zum Monatsende gekündigt werden, wenn nicht eine kürzere Frist nach dem Schrankfachmietvertrag möglich ist (§ 109 I S. 1 InsO). Die vor der Insolvenzeröffnung entstandenen Forderungen der Bank auf die Schrankfachgebühren sind einfache Insolvenzforderungen, die während des Insolvenzverfahrens bis zur Beendigung des Mietverhältnisses entstehenden Mietforderungen stellen dagegen Masseschuldansprüche (§ 55 I Nr. 2 InsO) dar.

Das allgemeine Verfügungsverbot im Insolvenzantragsverfahren hat ebenso wenig wie **29** die Insolvenzeröffnung eine Beendigung des Schrankfachvertrages zur Folge. Allerdings kann der Kunde seine Ansprüche aus dem Vertrag, insbesondere sein Recht auf Zutritt nicht mehr ausüben.

2. Verwahrstücke. Verträge über Verwahrstücke werden durch die Insolvenzeröff- **30** nung über das Vermögen des Hinterlegers nicht automatisch beendet. Als gegenseitiger Vertrag unterliegt der Verwahrungsvertrag (§§ 688 ff. BGB) dem Wahlrecht des Insolvenzverwalters (§ 103 InsO). Er kann entscheiden, ob er den Vertrag fortdauern lässt und damit dem Vergütungsanspruch der Bank den Rang einer Masseforderung (§ 55 I Nr. 2 InsO) verschafft oder ob er die Fortsetzung ablehnt und die Bank für ihren Vergütungsanspruch auf eine Insolvenzforderung verweist.

Auch das allgemeine Verfügungsverbot im Insolvenzantragsverfahren lässt den Verwahrvertrag bestehen, hindert den Kunden aber an der Ausübung seiner Rechte, so dass er von der Bank nicht die Rückgabe des Verwahrstücks verlangen kann.

3. Depotgeschäft. Der Depotvertrag endet mit Eröffnung des Insolvenzverfahrens **31** über das Vermögen des Kunden unabhängig davon, ob die Wertpapiere sich in Girosammel- oder in Streifbandverwahrung befinden.[36] Im Notfall kann die Bank jedoch

---

[34] Einzelheiten s *Obermüller* InsBüro 2013, 180.
[35] Ebenso für die Umwandlung von Altersrenten nach § 851c ZPO: OLG Naumburg ZInsO 2011, 677; LG München I ZInsO 2013, 352; AG Köln ZIP 2012, 1976; *Ahrens* in Prütting/Gehrlein, ZPO, 4. Aufl. 2012, § 851c ZPO Rn. 47; KPB/*Holzer*, InsO, Stand August 2010, § 36 InsO Rn. 28h; *Smid*, Pfändungsschutz bei Altersrenten, FPR 2007, 443; *Wimmer*, jurisPR-InsR 7/2007 Anm. 5; *Wimmer*, ZInsO 2007, 281; kritisch *Kemperdick* ZInsO 2012, 2193; *Wollmann* ZInsO 2012, 2061.
[36] Str, vgl. *Obermüller,* Rn. 2.216.

§ 99 Kapitel VIII. Die Stellung der Banken

weiter zur Geschäftsbesorgung verpflichtet bleiben (§§ 116, 115 II InsO), zB wenn die Frist für die Ausübung von Bezugsrechten abzulaufen droht, ohne dass der Insolvenzverwalter schon Zeit gefunden hätte, sich der Angelegenheit anzunehmen.

Ein Verfügungsverbot im Insolvenzantragsverfahren hat demgegenüber keine Beendigung des Depotvertrages zur Folge. Der Kunde kann jedoch sein Recht auf Aushändigung der Depotwerte nicht mehr ausüben.

V. Bankgeheimnis

32 Auch nach Eröffnung des Insolvenzverfahrens muss die Bank weiterhin das Bankgeheimnis gegenüber Dritten wahren.[37]

33 **1. Insolvenzverfahren.** Gegenüber dem *Insolvenzverwalter* gilt das Bankgeheimnis grundsätzlich nicht. Verlangt er von der Bank Auskünfte über Geschäfte des Insolvenzschuldners, so ist er dazu auf Grund seiner Verwaltungs- und Verfügungsbefugnis (§ 80 InsO) berechtigt. Soweit die Bank dem Insolvenzschuldner gegenüber zur Auskunft verpflichtet war, besteht ihre Pflicht jetzt gegenüber dem Insolvenzverwalter.

Des Öfteren verlangen Insolvenzverwalter Auskünfte über Kontobewegungen, die schon eine gewisse Zeit zurückliegen und über die die Bank durch Erteilung von Kontoauszügen schon abgerechnet hat. Wenn der Insolvenzverwalter jedoch nicht in der Lage ist, anhand der Unterlagen des Insolvenzschuldners die Geschäftsvorfälle nachzuvollziehen, muss die Bank ausnahmsweise und gegen Kostenerstattung nochmals abrechnen.[38] Der Insolvenzverwalter kann die Bank auch vom Bankgeheimnis freistellen.[39]

34 Demgegenüber erstreckt sich das Bankgeheimnis weiterhin auf Beziehungen zu Dritten, wie zB Gesellschaftern einer insolventen juristischen Person. So ist die Bank beispielsweise nicht verpflichtet, dem Insolvenzverwalter einer GmbH mitzuteilen, ob und welche Sicherheiten ihr ein Gesellschafter für ihre Forderungen gestellt hat.

35 **2. Insolvenzantragsverfahren.** Wird im Insolvenzantragsverfahren ein **vorläufiger Verwalter** eingesetzt und ein allgemeines Verfügungsverbot angeordnet, so ist er berechtigt, von der Bank Auskunft über die bei ihr unterhaltenen Vermögenswerte des Schuldners zu verlangen. Ohne ein solches Verfügungsverbot hängen die Befugnisse des vorläufigen Verwalters davon ab, welche Rechte ihm das Gericht zugebilligt hat.

§ 99. Zahlungsverkehr bei Insolvenz

Übersicht

	Rn.
I. Überweisungsausgänge	1
1. Ausführung von Überweisungen vor Zahlungsunfähigkeit und Insolvenzantrag	2
2. Ausführung von Überweisungen nach Zahlungsunfähigkeit oder Insolvenzantrag	3
3. Überweisungsaufträge nach Anordnung von Verfügungsbeschränkungen	6
4. Überweisungsaufträge nach Insolvenzeröffnung	8
II. Überweisungseingänge	13
1. Berechtigung der Bank zur Gutschrift	15
2. Berechtigung der Bank zur Verrechnung	20

---

[37] BGH BB 1953, 993.
[38] BGH ZIP 1982, 827.
[39] RGZ 59, 85.

	Rn.
III. Einlösung von Schecks	34
1. Zeitpunkt der Einlösung	35
2. Fortdauer der Scheckverpflichtung	37
IV. Einzug von Schecks	38
1. Warnpflicht	39
2. Sicherungseigentum am Scheck	40
V. Einzug und Einlösung von Wechseln	41
VI. Einlösung von Lastschriften	42
1. Zeitpunkt der Einlösung	43
2. Widerspruch gegen die Belastung/Erstattungsanspruch	45
3. Missbräuchliche Widersprüche	46
VII. Einzug von Lastschriften	47
1. Zeitpunkt des Eingangs	48
2. Widerspruch des Zahlungspflichtigen/Erstattungsanspruch	50
VIII. Zahlungsverkehrssysteme	51

I. Überweisungsausgänge

Der Gesetzgeber ist bei der Umsetzung der EU-Zahlungsdiensterichtlinie[1] mit Wirkung v. 1.11.2009[2] zu dem tradierten allgemein auftragsrechtlichen Modell im Überweisungsverkehr zurückgekehrt. Danach bildet der Rahmenvertrag des § 675f II BGB, womit heute der klassische Girovertrag bezeichnet wird, wieder den Ausganspunkt und die Grundlage 1

- sowohl für die Beziehungen zwischen dem Überweisungsauftraggeber und seiner Bank
- als auch für das Verhältnis dieser Bank zu der des Überweisungsempfängers
- und zwischen Überweisungsempfänger und seiner Bank.

Dabei handelt es sich auf jeder Stufe um einen Rahmenvertrag mit geschäftsbesorgungsvertraglichem Zuschnitt (§ 675c I BGB), bei dem die einzelne Überweisung nicht mehr als Vertrag, sondern als einseitige Weisung § 665 BGB verstanden wird, die die Bank zu erfüllen hat, wenn sie die im Rahmenvertrag vereinbarte Bedingungen einhält. Für die Behandlung von Überweisungen kommt es darauf an, in welchem Stadium der Insolvenz sich der Überweisungsauftraggeber befindet.

1. Ausführung von Überweisungen vor Zahlungsunfähigkeit und Insolvenzantrag. Überweisungen, die der Kunde vor Eintritt seiner Zahlungsunfähigkeit oder einem Insolvenzantrag veranlasst, sind auszuführen, auch wenn sich seine Insolvenz schon abzeichnet. Wickelt die Bank diese Aufträge noch vor Eintritt seiner Zahlungsunfähigkeit oder einem Insolvenzantrag ab, so erwirbt sie einen Aufwendungsersatzanspruch,[3] auf Grund dessen sie sein Konto mit dem überwiesenen Betrag belasten kann. 2

2. Ausführung von Überweisungen nach Zahlungsunfähigkeit oder Insolvenzantrag. Die Zahlungsunfähigkeit oder ein Insolvenzantrag hindern den Kunden nicht, seiner Bank einen Überweisungsauftrag zu erteilen. Der Überweisungsauftrag wird wirksam, sobald er der Bank zugeht (§ 675n Abs. 1 S. 1 BGB). Weist das Konto des Kunden ein Guthaben aus – was in der Insolvenz selten ist – und stehen der Bank keine sonstigen Forderungen gegen den Kunden zu, so muss sie die Überweisung ausführen. 3

---

[1] RL 2007/64/EG des Europäischen Parlaments und des Rates v. 13.11.2007 über Zahlungsdienste im Binnenmarkt, ABl EU Nr. L 319.

[2] Art. 11 Abs. 2 des Gesetzes zur Umsetzung der Verbraucherkreditrichtlinie, des zivilrechtlichen Teils der Zahlungsdiensterichtlinie sowie zur Neuordnung der Vorschriften über das Widerrufs- und Rückgaberecht v. 29.7.2009, BGBl. I, S. 2355.

[3] BGH WM 1991, 797.

Hat die Bank Kenntnis von der Zahlungsunfähigkeit oder dem Insolvenzantrag, so wird sie den Auftrag schon aus wirtschaftlichen Gründen nicht ausführen wollen, wenn das Konto des Kunden einen debitorischen Saldo aufweist oder durch die Ausführung der Überweisung debitorisch werden würde.

Die Bank ist ohne einen entsprechend eingeräumten Kredit nicht verpflichtet, die Überweisung auszuführen (§ 675o II BGB iVm Nr. 1.6 der Bedingungen für den Überweisungsverkehr[4]). Wenn eine Kreditlinie eingeräumt war und die Bank aus wirtschaftlichen Gründen deren Inanspruchnahme vermeiden will, muss sie, um die Ausführung der Überweisung verweigern zu dürfen, den Kredit kündigen. Allerdings muss die Kündigung spätestens bis zum Ende des folgenden Geschäftstages ausgesprochen werden (§§ 675o Abs. 1 S. 1, 375s BGB).

4 Mit dem überwiesenen Betrag kann die Bank das Konto des Kunden belasten. Es kommt nicht darauf an, ob der Bank die Zahlungsunfähigkeit oder der Insolvenzantrag bekannt war. Die Aufrechnungsverbote der Insolvenzordnung kommen nicht zum Zuge. Zwar ist eine Aufrechnung ausgeschlossen, wenn ein Insolvenzgläubiger die Aufrechnungslage durch eine anfechtbare Rechtshandlung erlangt hat (§ 96 I Nr. 3 InsO). Die Bank ist jedoch keine Insolvenzgläubigerin, wenn der Kunde bei ihr ein Guthaben unterhält. Somit fehlt es bereits an einer Tatbestandsvoraussetzung des § 96 I Nr. 3 InsO.

Außerdem kann der Insolvenzverwalter die Kontobelastung nicht wegen kongruenter oder inkongruenter Deckung (§§ 130, 131 InsO) anfechten.[5] Denn die Bank erfüllt mit Überweisungsausführung nur ihre Schuld aus dem kreditorischen Konto wie bei einer Barauszahlung.[6] Möglich bleibt eine Anfechtung gegenüber der Bank wegen vorsätzlicher Benachteiligung (§ 133 InsO). An der dafür notwendigen Kenntnis der Bank, dass der Kunde mit der Überweisung vorsätzlich seine Gläubiger benachteiligen wollte, fehlt es aber regelmäßig.[7] Anfechtbar kann deshalb allenfalls die Leistung im Verhältnis zwischen dem Überweisungsauftraggeber und dem Überweisungsbegünstigten sein.

5 Wenn das Konto des Kunden im Zeitpunkt der Erteilung des Überweisungsauftrags debitorisch ist oder betragsmäßig die Überweisung nicht deckt, würde die Bank durch die Ausführung nur eine einfache Insolvenzforderung erwerben. Verfügt sie allerdings über Sicherheiten, so können diese auch zur Deckung des Aufwendungsersatzanspruches aus der Ausführung der Überweisung herangezogen werden. Die Einbeziehung in die Deckung durch die Sicherheiten kann von dem Insolvenzverwalter nicht angefochten werden, da es sich um ein Bargeschäft handelt.[8] Das Gleiche gilt, wenn die Bank bei der Ausführung Kenntnis von der Zahlungsunfähigkeit oder dem Insolvenzantrag hatte.

6 **3. Überweisungsaufträge nach Anordnung von Verfügungsbeschränkungen.** Einen nach der Anordnung eines allgemeinen Verfügungsverbots oder eines Zustimmungsvorbehalts erteilten Überweisungsauftrag des Kunden darf die Bank grundsätzlich nicht ausführen. Ist der Bank die Verfügungsbeschränkung nicht bekannt, weist jedoch das Konto ein Guthaben auf, so wird sie die Überweisungsaufträge des Kunden weiter ausführen, wobei ihre Leistung befreiende Wirkung hat (§§ 21, 24, 82 InsO). Ihre Unkenntnis muss die Bank bei Ausführung nach der öffentlichen Bekanntmachung der Verfügungsbeschränkung beweisen, bei der Ausführung vor der öffentlichen Bekanntmachung wird ihre Unkenntnis vermutet (§§ 24 I, 82 S. 2 InsO); in diesem Fall trifft den Insolvenzverwalter dann die Beweislast.

---

[4] Siehe zB http://www.deutsche-bank.de/pbc/download/ser-agb-bedingungen-ueberweisungsverkehr_pgk.pdf.
[5] RGZ 81, 144; *Uhlenbruck*, § 129 Rn. 89 mwN.
[6] *Bork*, Zahlungsverkehr in der Insolvenz, 2002, Rn. 110.
[7] BGH NJW 2008, 1067.
[8] Vgl. BGH NJW 1978, 758.

7 Handelt es sich um bereits vorliegende, jedoch noch nicht bearbeitete Aufträge, so könnte die Bank dennoch verpflichtet sein, den Überweisungsauftrag auszuführen. Nach §§ 675n I, 675o II BGB kann die Bank einen wirksam zugegangenen Überweisungsauftrag nur dann ablehnen, wenn seine Ausführung „gegen sonstige Rechtsvorschriften verstößt". Nun stellen weder ein Verfügungsverbot noch ein Zustimmungsvorbehalt eine Rechtsvorschrift dar, sondern nur eine gerichtliche Anordnung, die sich gegen den Schuldner und nicht gegen Dritte richtet. Auch war ein Guthaben im Zeitpunkt des Zugangs des Überweisungsauftrags noch frei verfügbar. Jedoch erscheint fraglich, ob der Gesetzgeber diese Lücke gewollt hat. Die Bank kann an sich nur dann zur Ausführung einer Überweisung verpflichtet sein, wenn nicht nur zum Zeitpunkt des Zugangs, sondern auch zum Zeitpunkt der Abwicklung die Ausführungsbedingungen erfüllt sind.[9] Die Bank sollte deshalb in dieser Situation keine Überweisungen mehr durchführen.

Ist die Anordnung eines allgemeinen Verfügungsverbots mit der Einsetzung eines vorläufigen Verwalters verbunden, so geht die Verwaltungs- und Verfügungsbefugnis auf ihn über (§ 22 I InsO). Vorliegende, aber noch nicht bearbeitete Überweisungen, die die Bank nicht von sich aus abbricht, kann der vorläufige Verwalter grundsätzlich nicht mehr widerrufen (§ 675p I BGB, Nr. 1.5 I der Bedingungen für den Überweisungsverkehr). Etwas anderes gilt nur dann, wenn der Kunde mit der Bank eine entsprechend weitergehende Widerrufsmöglichkeit vereinbart hat und es der Bank noch möglich ist, die Überweisungsausführung zu verhindern (§ 675p IV BGB iVm Nr. 1.5 III der Bedingungen für den Überweisungsverkehr). Des Weiteren kann die Bank die neu vom vorläufigen Verwalter erteilten Aufträge ausführen.

4. Überweisungsaufträge nach Insolvenzeröffnung. Nach Insolvenzeröffnung **8** kann der Kunde über sein Konto nicht mehr durch Überweisungen verfügen.

a) Wenn die Bank *versehentlich* eine – *nach Verfahrenseröffnung* eingegangene oder angenommene – Überweisung ausführt, obwohl ihr die Insolvenzeröffnung bekannt war, so wird sie – wenn das Konto des Kunden ein Guthaben aufwies – von ihrer Schuld nicht frei und muss nochmals an den Insolvenzverwalter leisten. War das Konto des Kunden debitorisch, so erwirbt die Bank keinen Aufwendungsersatzanspruch, den sie als Insolvenzforderung geltend machen könnte. Statt dessen ist sie auf einen *Bereicherungsanspruch* gegen den Zahlungsempfänger angewiesen.[10]

b) Wenn die Bank eine – *nach Verfahrenseröffnung* eingegangene – Überweisung ausführt, **9** ohne dass ihr die Insolvenzeröffnung bekannt war, so wird sie im Fall eines kreditorischen Saldos von ihrer Schuld gegenüber dem Kontoinhaber befreit (§ 82 InsO). Fahrlässige Unkenntnis der Insolvenzeröffnung schadet nicht. Wies das Konto des Kunden einen Debetsaldo aus, so kann die Bank ihren Aufwendungsersatzanspruch als Insolvenzforderung geltend machen (§§ 116, 115 III InsO).

Verfügt die Bank über *Sicherheiten,* so kann sie darauf wegen des Aufwendungsersatzanspruches zurückgreifen.[11]

c) Für die Frage, ob und zu welchem Zeitpunkt die Bank, die eine *nach Verfahrenser-* **10** *öffnung* eingegangene oder angenommene Überweisung in Bearbeitung hat, *Kenntnis* von der Insolvenzeröffnung erworben hat, kommt es grundsätzlich auf das Wissen der kontoführenden Stelle an. Hier reicht auf jeden Fall die Kenntnis des Filialleiters oder Zweigstellenleiters. Im Übrigen ist für die Zurechnung des Wissens von Mitarbeitern deren Position in der Bank maßgebend. Entscheidend ist, ob der Mitarbeiter seine Kenntnis in Wahrnehmung einer – wenn auch beschränkten – Befugnis als Vertreter im

---

[9] *Obermüller* ZInsO 2010, 8.
[10] *Canaris,* Rn. 503; *Kübler* BB 1976, 805.
[11] Vgl. im Einzelnen *Obermüller,* Rn. 3.28.

Verhältnis zu dem Kunden für die Bank gewonnen hat.[12] Dementsprechend schadet der Bank die Kenntnis einer anderen Filiale nicht; diese muss ihr Wissen jedoch unverzüglich an die kontoführende Stelle weiterleiten. Das Wissen des Vorstands wird der Bank grundsätzlich zugerechnet, es sei denn, das Vorstandsmitglied war im Aufsichtsrat des Insolvenzschuldners vertreten und hat in dieser Eigenschaft von der Insolvenz erfahren.[13]

11   **d)** Erfährt die Bank von der Insolvenzeröffnung zu einem Zeitpunkt, in dem sich die – *nach Verfahrenseröffnung* eingegangene oder angenommene – Überweisung noch in der Bearbeitung befindet, so ist zu unterscheiden: Durch die Ausführung eines Überweisungsauftrags wird die Bank von einer Guthabenforderung des Kontoinhabers jedenfalls dann befreit, wenn sie im Zeitpunkt der Gutschrift auf dem Empfängerkonto von der Insolvenzeröffnung keine Kenntnis hatte. Die Befreiung kann jedoch auch schon zu einem früheren Zeitpunkt eintreten. Dies hängt von den technischen Besonderheiten des jeweiligen Zahlungsvorgangs ab. Maßgebend ist derjenige Zeitpunkt, in dem die Bank über den Überweisungsauftrag des Kontoinhabers noch nicht disponiert oder zwar schon disponiert hat, die Folgen dieser Verfügung jedoch ohne Eingriff in den Zahlungsverkehr mit Dritten noch rückgängig machen kann.[14] Letzteres ist meist nicht mehr möglich, wenn der Überweisungsträger schon in einer Sammelstelle mit anderen Überweisungsträgern zusammengefasst worden ist. Auch ist die Bank nicht zu einem Rückruf der Überweisung verpflichtet. Dabei ist es ohne Bedeutung, ob es sich um eine außerbetriebliche oder um eine Hausüberweisung handelt.

12   **e)** Überweisungsaufträge, die der Schuldner der Bank *vor Verfahrenseröffnung* eingereicht hat und die der Bank wirksam zugegangen sind, bleiben trotz der Verfahrenseröffnung bestehen (§ 116 S. 3 InsO). Die Bank muss die Überweisung grundsätzlich weiter abwickeln. Wenn für die Überweisung aber ein **Kredit** in Anspruch genommen würde und die Bank sich deshalb von der vertraglichen Verpflichtung zur Durchführung der Überweisung lösen möchte, muss sie den Kreditvertrag kündigen; dazu ist sie wegen der Insolvenzeröffnung berechtigt (§ 490 I BGB). Zur Ausübung des **Kündigungsrechts** ist die Bank jedoch nicht verpflichtet. Verzichtet sie auf die Kündigung, so erwirbt sie aus der Ausführung einen Aufwendungsersatzanspruch, der als Masseforderung zu bedienen ist (§ 116 S. 3 InsO). Dies kann der Insolvenzverwalter nur verhindern, wenn er seinerseits von der Widerrufsmöglichkeit des Schuldners aus § 675p I BGB, Nr. 1.5 III der Bedingungen für den Überweisungsverkehr Gebrauch macht und die Bank den Widerruf akzeptiert.

II. Überweisungseingänge

13   Durch den Girovertrag, den die Bank noch vor der Krise abgeschlossen hat, ist sie auch in der Krise des Kunden zur Ausführung des Überweisungsauftrages verpflichtet.[15] Ein Leistungsverweigerungsrecht steht der Bank nicht zu.

14   Gehen Überweisungen zugunsten eines Kunden ein, dessen Insolvenz droht oder schon eingetreten ist, stellen sich für die Bank die Fragen, ob sie die Überweisung noch durchführen darf und ob sie ggf. den Überweisungsbetrag mit einem debitorischen Saldo verrechnen kann.

15   **1. Berechtigung der Bank zur Gutschrift.** Zu unterscheiden ist zwischen der Überweisung an eine insolvenzreife Bank und der Überweisung an einen insolventen Kunden.

---

[12] BGH ZIP 1984, 809; WM 1989, 1364; 1989, 1368.
[13] BGH NJW 1975, 1412.
[14] LG Kiel ZIP 1981, 501; BGH WM 1988, 321.
[15] *Uhlenbruck*, § 82 Rn. 23; *Pohl*, Der Zahlungsverkehr der Bank mit dem Kunden während der Krise und nach Vergleichseröffnung, Diss Bielefeld, 1982, S. 11.

a) An eine Bank, die ihre Zahlungen eingestellt hat oder über deren Vermögen ein **16** Insolvenzverfahren eröffnet ist, dürfen Überweisungen grundsätzlich nicht weitergeleitet werden.

Vielmehr hat die Überweisungsbank bei dem Überweisungsauftraggeber zurückzufragen bzw. den Auftrag zurückzugeben, falls er nicht durch Einschaltung einer anderen Bank abgewickelt werden kann.[16] Das Gleiche soll gelten, wenn die Empfängerbank zwar noch nicht insolvent ist, aber mit hoher Wahrscheinlichkeit mit ihrem wirtschaftlichen Zusammenbruch gerechnet werden muss.[17] Nach den Anschauungen des redlichen Geschäftslebens darf der Giroverkehr durch Gutschriften auf dem Konto der Bank des Überweisungsbegünstigten nämlich nicht mehr fortgesetzt werden, wenn das gutschreibende Kreditinstitut erfährt, dass der Erfolg der Überweisung, dem Empfänger einen Geldbetrag zukommen zu lassen, wegen der Lage seiner Bank nicht mehr mit Sicherheit erreicht werden kann.[18]

Ausnahmsweise ist die Überweisungsbank zur Durchführung des Auftrages weiterhin **17** verpflichtet, wenn sie weiß, dass Stützungsverhandlungen geführt und Sanierungsversuche unternommen werden[19] oder wenn eine Sicherungseinrichtung eines Verbandes der Kreditinstitute (Einlagensicherungsfonds) es übernommen hat, die Empfänger in vollem Umfang zu befriedigen.

Für die Entscheidung der Überweisungsbank kommt es allein auf ihre Kenntnis von der wirtschaftlichen Situation der Empfängerbank an.[20] Demgegenüber ist sie nicht verpflichtet, zu ermitteln, ob die Überweisung für die Empfängerbank selbst oder für einen Kunden der Empfängerbank bestimmt war. Für etwaige Schäden, die der Empfänger, die Empfängerbank oder der Auftraggeber aus der Verzögerung der Überweisung durch die Rückfrage oder aus der Rückgabe der Überweisung erleidet, haftet die Überweisungsbank nicht.[21]

b) Gehen zugunsten eines insolvenzreifen Kunden bei der Bank Überweisungsaufträge **18** ein, so kann sich aus den Umständen des Einzelfalls eine *Warnpflicht* der Empfängerbank gegenüber dem Überweisungsauftraggeber ergeben.[22] Eine Abwägung zwischen den Interessen der Bank an einem möglichst reibungslosen und schnell abzuwickelnden Zahlungsverkehr, denen des Überweisungsbegünstigten an einer Aufrechterhaltung möglicher Sanierungschancen und denen des Überweisenden führt zu folgender Abgrenzung:

- Hat der Überweisende in erkennbarem Zusammenhang mit dem Überweisungsauftrag eine *Bankauskunft* über die wirtschaftlichen Verhältnisse des Empfängers bei der Bank erbeten, so hat die Bank die Überweisung anzuhalten und zurückzufragen, wenn sich die wirtschaftliche Lage des Empfängers seitdem negativ verändert hat.[23]
- Hat die Bank an dem beabsichtigten Geschäft ihres Kunden ein eigenes Interesse, dh wird sie nicht nur als bloße Zahlungsmittlerin tätig, und bringt dieses Geschäft besondere, der Bank bekannte Risiken für den Überweisungsauftraggeber mit sich, so trifft die Bank eine Warnpflicht.[24]
- Hat die Bank massive Verdachtsmomente dafür hat, dass der Kontoinhaber das Konto für die Sammlung von Kundengeldern zu Anlagezwecken verwendet und die Gelder veruntreut, hat sie den Überweisungsauftraggeber zu warnen.[25]

---

[16] BGH NJW 1987, 317.
[17] BGH aaO.
[18] BGH NJW 1963, 1872; 1978, 1852; 1987, 317; 2008, 2245.
[19] BGH WM 1963, 1872; OLG Hamburg BB 1961, 1075.
[20] BGH NJW 2008, 2245.
[21] BGH NJW 1987, 317; LG Frankfurt WM 1985, 224.
[22] BGH NJW 1961, 169; BGH WM 1961, 511; BGH NJW 1978, 1852; OLG Hamburg WM 1983, 162; *Canaris*, Rn. 495; *Schlegelberger/Hefermehl*, Anh nach § 365 Anm. 22; aA *Meyer-Cording*, S. 19 ff.
[23] *Hellner* ZHR 1981, 124; vgl. auch OLG Zweibrücken WM 1985, 86.
[24] *Kirchherr/Stützle*, Bankgeheimnis und Bankauskunft, 2. Aufl. 1983, S. 64 mwN.
[25] BGH NJW 2008, 2245.

– In allen übrigen Fällen muss die Bank dagegen den Überweisungsauftrag ohne Rückfrage ausführen.[26]

19 c) Nach Eröffnung eines Insolvenzverfahrens über das Vermögen des Überweisungsempfängers eingehende Überweisungen kann die Bank ohne Rückfrage ausführen. Nach der öffentlichen Bekanntmachung der Verfahrenseröffnung kann die Bank davon ausgehen, dass der Überweisende über die Insolvenz unterrichtet ist. Der Bank fehlt es an dem Wissensvorsprung, der die Grundlage für eine auf Treu und Glauben basierende Warnpflicht bildet.[27] Ferner ist von Bedeutung, dass Zahlungen, die dem Überweisungsempfänger erst nach Insolvenzeröffnung gutgeschrieben werden und auf die er keinen Anspruch hatte, zu einer rechtlosen Bereicherung der Masse und damit zu einem bevorrechtigten Anspruch des Überweisungsauftraggebers führen.[28] Dem Überweisungsauftraggeber wird also durch die Ausführung der Überweisung regelmäßig kein Schaden entstehen.

20 **2. Berechtigung der Bank zur Verrechnung.** Überweisungen, die vor der Eröffnung eines Insolvenzverfahrens über das Vermögen des Begünstigten bei der Bank eintreffen, und die die Bank nicht anhalten bzw. zurückgeben muss (→ Rn. 18), hat die Bank dem Konto des Überweisungsbegünstigten gutzuschreiben. Dazu ist sie auf Grund des Girovertrages verpflichtet.[29] Diese Pflicht besteht nach Insolvenzeröffnung fort, wenn der Insolvenzverwalter das Kontokorrent fortsetzt.

21 Zur Verrechnung von Überweisungseingängen, die im Zeitpunkt einer drohenden oder schon eingetretenen Insolvenz des Empfängers eintreffen, mit einem debitorischen Saldo ist die Bank nur beschränkt befugt. Eine Beschränkung liegt in den Aufrechnungsverboten des § 96 I InsO. Falls die Verrechnung nicht schon nach diesen Vorschriften unzulässig ist, können die Anfechtungsbestimmungen (§§ 129 ff. InsO) zum Zuge kommen (§ 96 I Nr. 3 InsO). In Betracht kommen die Anfechtung wegen vorsätzlicher Benachteiligungen (§ 133 III InsO) für Zahlungseingänge innerhalb der letzten zehn Jahre vor dem Eröffnungsantrag und die Anfechtung kongruenter oder inkongruenter Deckungen (§§ 130, 131 InsO) für Zahlungseingänge innerhalb der letzten drei Monate vor dem Eröffnungsantrag. Für die Zulässigkeit der Verrechnung von Zahlungseingängen mit einem debitorischen Saldo ist demgemäß zwischen den verschiedenen Phasen einer Insolvenz zu unterscheiden:

22 a) Überweisungen, die innerhalb der letzten 10 Jahre vor dem Insolvenzantrag eintreffen, dürfen dem Konto gutgeschrieben werden. Eine Anfechtung der Verrechnung ist dann nur möglich, wenn der Kontoinhaber bei Eingang der Überweisung den Vorsatz hatte, seine Gläubiger zu benachteiligen und die Bank davon Kenntnis hatte. Ein *Benachteiligungsvorsatz* ist idR zu verneinen, wenn Schuldner des Kunden durch Überweisung auf sein Bankkonto zahlen.[30] Anders mag es sich verhalten, wenn der Kunde Gelder von einer Bank abzieht und sie der anderen zukommen lässt. Für die Kenntnis der Bank von dem Benachteiligungsvorsatz des Kunden genügt noch nicht der Umstand, dass Zahlungen auf das bei ihr geführte Konto fließen, selbst wenn sich der Zahlungsstrom verstärkt. Für Veränderungen in der Häufigkeit und Höhe von Zahlungseingängen kann es nämlich eine Vielzahl natürlicher Erklärungen geben. Vielmehr ist notwendig, dass der Kunde ihr seinen Willen oder seine Bereitschaft, sie aus seinen Außenständen zu befriedigen, zu erkennen gibt.

Je weiter der Zahlungseingang zurückliegt, desto geringer ist Wahrscheinlichkeit, dass der Kontoinhaber überschuldet war oder schon einen Anlass hatte, mit dem baldigen

---

[26] *Pohl* (Fn 6), S. 32/33; zur Begründung im einzelnen vgl. *Obermüller,* Rn. 3.64 ff.
[27] BGH NJW-RR 2004, 1637.
[28] *Uhlenbruck,* § 55 Rn. 78.
[29] BGH WM 1996, 2250.
[30] BGH WM 1987, 603.

Eintritt einer Insolvenz zu rechnen und eine Benachteiligung seiner Gläubiger als Folge seines Handelns zu erkennen, und die Aussicht für den Insolvenzverwalter, dies und den Umstand, dass die Bank den daraus folgenden Benachteiligungsvorsatz ihres Kunden kannte, nachzuweisen.[31]

b) Fällt der Zahlungseingang in die letzten 2 oder 3 Monate vor dem Eröffnungsantrag, so kann die Verrechnung als kongruente (§§ 96 I Nr. 3, 130 InsO) oder als inkongruente Deckung (§§ 96 I Nr. 3, 131 InsO) anfechtbar und damit unzulässig sein. Die Anfechtung wegen *kongruenter Deckung* durch Zahlungseingänge innerhalb der letzten 2 oder 3 Monate vor dem Eröffnungsantrag ist nur möglich, wenn der Kontoinhaber im Zeitpunkt des Eingangs zahlungsunfähig war und die Bank dies wusste. Die Anfechtung wegen *inkongruenter Deckung* setzt voraus, dass die Bank auf eine Rückführung des debitorischen Saldos in diesem Zeitpunkt keinen fälligen Anspruch hatte, der Kontoinhaber zahlungsunfähig war oder der Bank bekannt war, dass durch die Verrechnung die Insolvenzgläubiger benachteiligt werden. 23

Maßgebend ist also die *Abgrenzung* zwischen kongruenter und inkongruenter Deckung; sie spielt nicht nur innerhalb der letzten drei Monate vor Verfahrenseröffnung als Tatbestandsmerkmal der §§ 130, 131 InsO, sondern auch in den früheren Jahren als Indiz für eine Benachteiligungsabsicht eine wesentliche Rolle. Die Unterscheidung zwischen kongruenter und inkongruenter Deckung ist danach zu treffen, ob die Bank die Rückführung des debitorischen Saldos „nicht oder nicht in der Art oder nicht zu der Zeit zu beanspruchen hatte" (§ 131 I InsO). Da ein debitorischer Saldo der Bank einen Anspruch auf Zahlung und zwar auch durch Zahlung mittels Überweisung gewährt, verbleibt lediglich die Frage, ob ihr die Zahlung auch zu dem betreffenden Zeitpunkt zustand. 24

Ob die Bank einen *fälligen Anspruch* auf Rückführung des Saldos hatte, hängt von der Art ihrer Forderungen gegen den Kunden ab.[32] Einen fälligen Anspruch, der eine Anfechtung wegen inkongruenter Deckung ausschließt, besitzt die Bank auf Grund von Überziehungskrediten und gekündigten Krediten bzw. Krediten, deren vereinbarte Laufzeit beendet ist. 25

Nicht fällig ist dagegen der Anspruch aus ungekündigten Krediten mit fester Laufzeit, insbesondere aus Annuitätendarlehen und sonstigen Ratenkrediten mit Ausnahme der jeweils fälligen Raten. Bei einem Kontokorrentkredit oder einem Wechseldiskont-, Akzept- oder Lombardkredit stellt, solange sich dessen Inanspruchnahme innerhalb der dem Kunden eingeräumten, ungekündigten Linie bewegt, eine Rückführung unter die vereinbarte Linie eine inkongruente Deckung dar, weil die Bank ohne Kündigung nicht die sofortige Reduzierung des Saldos auf einen Betrag unterhalb der Linie fordern kann.[33] 26

Wird ein Zahlungseingang verwendet, um gegen Forderungen der Bank aus solchen Krediten aufzurechnen, so hängt die Anfechtbarkeit davon ab, ob der Kunde zahlungsunfähig war oder der Bank bekannt war, dass durch den Zahlungseingang und die damit verbundene Verrechnung die übrigen Gläubiger benachteiligt werden. Der Kenntnis der Zahlungsunfähigkeit steht die Kenntnis von Umständen gleich, die zwingend auf die Zahlungsunfähigkeit schließen lassen (§ 130 II InsO). 27

c) Überweisungen, die *im letzten Monat vor oder nach einem Insolvenzantrag* für den Kunden eintreffen, müssen zwar dem Konto gutgeschrieben werden, die Verrechnung kann jedoch von dem Insolvenzverwalter nach folgenden Grundsätzen angefochten werden: 28

---

[31] Einzelheiten siehe *Obermüller*, Rn. 3.107 f.
[32] *Canaris*, FS KonkursO S. 81.
[33] BGH ZIP 1999, 1271; OLG München NZI 2002, 204.

- Kongruente Deckungen sind anfechtbar, wenn die Bank zurzeit des Eingangs die Zahlungsunfähigkeit oder den Eröffnungsantrag kannte. Für diese Kenntnis genügt bereits die Kenntnis von Umständen, die zwingend auf die Zahlungsunfähigkeit schließen lassen (§ 130 II InsO); unerheblich ist lediglich, ob die Bank die notwendige Schlussfolgerung tatsächlich auch gezogen hat.
- Kongruente Deckungen, die nach dem Eröffnungsantrag vorgenommen werden, sind nicht anfechtbar, wenn der Eröffnungsantrag auf Überschuldung oder auf drohende Zahlungsunfähigkeit (§§ 18, 19 InsO) gestützt wird, die Zahlungsunfähigkeit aber noch nicht eingetreten ist, und wenn die Bank von dem Eröffnungsantrag nichts wusste.
- Inkongruente Deckungen sind unabhängig davon anfechtbar, ob der Kontoinhaber zu diesem Zeitpunkt bereits zahlungsunfähig oder überschuldet war; auf den Kenntnisstand der Bank kommt es ebenfalls nicht an.

29 **d)** Wenn Überweisungen für den Kunden nach Anordnung eines allgemeinen Verfügungsverbots im Insolvenzantragsverfahren eintreffen, ist die Bank nicht etwa gehindert, sondern weiterhin verpflichtet, die Eingänge seinem Konto gutzuschreiben.[34] Die Anordnung des allgemeinen Verfügungsverbots beendet den Girovertrag nämlich nicht.[35]

30 Die Bank kann die eingegangenen Gelder durch Einstellung in das Kontokorrent zur Verrechnung mit dem debitorischen Saldo bringen. Die dem Kontokorrent zugrundeliegende *Verrechnungsabrede* ist bereits vor dem Verfügungsverbot getroffen und wirkt grundsätzlich als Vorausverfügung. Bestehende Vorausverfügungen werden nicht schon durch ein allgemeines Verfügungsverbot, sondern erst durch die Verfahrenseröffnung unwirksam.[36] Gegen damit verbundene Schmälerungen der künftigen Masse im Eröffnungsverfahren gewähren die Anfechtungsvorschriften angemessenen Schutz, sodass eine Vorverlegung der Wirkungen des Insolvenzbeschlags nicht notwendig ist.

31 **e)** Überweisungen, die nach Eröffnung des Insolvenzverfahrens über das Vermögen des Bankkunden eintreffen, können nicht mehr zur Rückführung des debitorischen Saldos verwendet werden. Das Kontokorrentverhältnis ist erloschen. Eine Aufrechnung ist nach § 96 Nr. 1 InsO ausgeschlossen.

Wenn allerdings die *Forderung,* die der Überweisungsauftraggeber begleichen wollte, der Bank *zur Sicherung abgetreten* war, erhält die Bank die Zahlung als wahre Berechtigte unabhängig von einer etwaigen Offenlegung.[37] In einem solchen Fall ist auch die Verrechnung mit dem debitorischen Saldo zulässig, denn ohne diese hätte der Insolvenzverwalter die Zahlung als Sicherheitenerlös an die Bank herausgeben müssen; er war zwar seit der Eröffnung des Insolvenzverfahrens einziehungsberechtigt, aber auch herausgabeverpflichtet.[38] Unzulässig kann die Verrechnung daher allenfalls in Höhe des Feststellungskostenbeitrags sein, den der Verwalter von der Bank beanspruchen kann.[39]

32 **f)** Von der Anfechtbarkeit der Verrechnung von Überweisungseingängen vor Insolvenzeröffnung (→ Rn. 22 ff.) gibt es zwei wesentliche *Ausnahmen:*

---

[34] BGH WM 1995, 745; LG Bremen ZIP 1982, 201; *Wittig* WM 1995, 865.
[35] Siehe *Obermüller,* Rn. 2.12.
[36] BGH ZInsO 2007, 213; BGH ZIP 1997, 737; OLG Rostock ZIP 2002, 270; OLG Hamburg LZ 1910 Sp. 791; OLG Celle ZInsO 1998, 235; OLG München NZI 2002, 204; LG Rostock ZIP 2002, 270; *Uhlenbruck,* § 82 Rn. 22; *Wischemeyer,* Die Insolvenzanfechtung der Rückführung debitorischer Konten durch Einstellung von Gutschriften in der Krise, 2002, S. 18; *Edelmann* WiB 1995, 992; zurückhaltend *K/P/Pape,* § 24 Rn. 5, 6; aA HK/*Kirchhof,* § 24 Rn. 6, der die Entscheidung des BGH ZIP 1997, 737 als allein auf die KO und das Pfändungspfandrecht bezogen ansieht.
[37] BGH ZIP 2008, 1437.
[38] *Cranshaw* DZWIR 2008, 397.
[39] BGH ZInsO 2003, 1137.

Wenn der Überweisungsempfänger die *Forderung,* die der Überweisende begleichen wollte, der Bank *zur Sicherung abgetreten* hatte, so hat die Bank durch die Verrechnung nur das erhalten, was ihr auf Grund der Sicherungszession ohnehin zugestanden hätte. Damit fehlt es an einer Gläubigerbenachteiligung, also der Grundvoraussetzung für alle Anfechtungstatbestände. Denn die Bank hätte selbst nach Insolvenzeröffnung dem Insolvenzverwalter die Einziehung der Forderung von dem Überweisenden verwehren können. Ob die Zession im Zeitpunkt des Zahlungseingangs bereits aufgedeckt war oder noch still behandelt wurde, ist unerheblich.[40] Daher kann die Verrechnung auch dann nicht angefochten werden, wenn der Bank im Zeitpunkt des Überweisungseingangs die Zahlungsunfähigkeit oder der Insolvenzantrag des Überweisungsempfängers bekannt waren.[41]

An der Gläubigerbenachteiligung fehlt es auch dann, wenn nicht der Überweisungsempfänger als Poolpartner sondern ein anderer Poolpartner dinglicher Inhaber der sicherungshalber abgetretenen Forderung war, der im Austausch für die mit Zahlungseingang erloschene Forderung ein Sicherungsrecht an dem Anspruch auf Gutschrift erlangt. Im Falle einer solchen ununterbrochenen Sicherungskette fehlt es an einer Schmälerung der künftigen Insolvenzmasse.[42]

Eine Anfechtung ist auch dann ausgeschlossen, wenn die Bank den Überweisungsempfänger über die eingegangenen Beträge *im Rahmen einer vereinbarten Kreditlinie wieder hat verfügen lassen.*[43] Die Verrechnung ist schon deshalb nicht anfechtbar, weil weder die Bank objektiv begünstigt noch die übrigen Gläubiger benachteiligt werden.[44] Der Vorgang ähnelt einem Bargeschäft.[45] Entscheidend ist der *enge wirtschaftliche, rechtliche und zeitliche Zusammenhang* zwischen Gut- und Lastschriften, wenn die Bank gemäß ihrer vertraglichen Verpflichtung den Kunden bis zu einer Kreditobergrenze wieder verfügen lässt; hier bedingt die Ausführung von Zahlungsaufträgen zugleich den Eingang ausgleichender wirtschaftlicher Werte, ohne den die Kreditlinie alsbald überschritten und die Bank zu einer Verweigerung weiterer Belastungen berechtigt wäre.[46] Ein enger zeitlicher Zusammenhang ist jedenfalls dann eingehalten, wenn zwischen den kontokorrentmäßigen Soll- und Habenbuchungen weniger als eine[47] oder zwei Wochen[48] vergehen, wobei es nicht darauf ankommt, ob die Deckung früher oder später entsteht als die Forderung der Bank aus der Ausführung der Überweisung.[49]

Damit ist eine Anfechtung der Einstellung dieser Ansprüche in das Kontokorrent jedenfalls insoweit ausgeschlossen, als diese Beträge in der nachfolgenden Verrechnung wegen des nachträglichen Entstehens neuer Sollposten nicht zur Befriedigung der Bank geführt haben und zu Beginn des Zeitraums, in dem die Belastungen angefallen sind, die Kontokorrentlinie bereits *voll ausgeschöpft* war. Eine Anfechtung von Verrechnungen im Kontokorrent kann auch nicht insoweit in Betracht kommen, als sich Eingänge und Ausgänge in dem fraglichen Zeitraum zwar ausgeglichen hätten, die Kreditlinie zu Beginn dieses Zeitraums aber noch nicht ausgeschöpft war.[50] Maßgeblich ist dabei der gesamte

---

[40] BGH ZInsO 2002, 1136; OLG Koblenz ZIP ZIP 1984, 1378; LG Berlin vom 16.12.2002 – 4 O 299/02; *Steinhoff* ZIP 2000, 1141.
[41] BGH WM 1985, 364; ZIP 1983, 961; ZInsO 2000, 101.
[42] *Ganter* NZI 2009, 265.
[43] BGH WM 1999, 781; BGH ZIP 2001, 524; BGH ZInsO 2002, 426; BGH ZInsO 2002, 1136; BGH WM 2003, 580; KG ZInsO 2002, 324.
[44] Einzelheiten s *Obermüller,* Rn. 3.104; *Heublein* ZIP 2000, 161.
[45] Vgl. BGH WM 1999, 781; ZIP 1980, 518.
[46] BGH WM 1999, 781; BGH ZInsO 2002, 426; BGH WM 2003, 580; KG ZInsO 2002, 324.
[47] BGH WM 1999, 781.
[48] BGH ZIP 2001, 524; OLG München NZI 2002, 204.
[49] BGH ZIP 2001, 524; OLG Hamm ZIP 2001, 1683.
[50] BGH ZInsO 2002, 426; BGH WM 2003, 580; KG ZInsO 2002, 324; LG Berlin vom 19.7.2001 – 13 O 130/01; *Joeres,* in *Bork/Kübler,* Insolvenzrecht 2000, RWS-Forum 18, 2001, S. 99, 119; *Zuleger*

Zeitraum, auf den sich die Anfechtung erstrecken kann,[51] es kann also nicht der höchste in diesem Zeitraum einmal erreichte Saldo den Anknüfungspunkt bilden.[52] Anfechtbar bleiben dagegen eine Reduzierung des Anfangssaldos und von Überziehungen.

III. Einlösung von Schecks

34 Für die Einlösung von Schecks angesichts einer drohenden oder schon eingetretenen Insolvenz des Scheckausstellers gelten im Wesentlichen dieselben Grundsätze wie für die Ausführung von Überweisungsaufträgen.[53] Es ergeben sich jedoch folgende Besonderheiten:

35 **1. Zeitpunkt der Einlösung.** Soweit für die befreiende Wirkung einer Leistung der Bank deren Kenntnis von der wirtschaftlichen Lage des Kunden von Bedeutung ist, kommt es auf ihr Wissen in dem Zeitpunkt an, in dem der Scheck eingelöst ist oder als eingelöst gilt.

36 Bei Einlieferung des Schecks über das *örtliche Abrechnungssystem* der Landeszentralbank geschieht dies in dem Zeitpunkt, in dem der Scheck von der Bank spätestens hätte zurückgegeben werden können. Eine nicht fristgemäße Rücklieferung des Schecks gilt nämlich als Einlösung.[54] Bei *anderen Einzugswegen* wird die Einlösung in der Regel erst am zweiten Buchungstag nach der Belastungsbuchung wirksam (Nr. 9 II AGB-Banken).[55] Hat sich der Einlösungswille der Bank jedoch schon vorher manifestiert, so ist dieser Zeitpunkt für die Kenntnis der Zahlungsunfähigkeit, des Insolvenzantrags bzw. der Verfahrenseröffnung entscheidend.

37 **2. Fortdauer der Scheckverpflichtung.** Im Gegensatz zu Überweisungsaufträgen des Insolvenzschuldners, die mit Insolvenzeröffnung erlöschen, behalten vom Insolvenzschuldner vor Insolvenzeröffnung ausgestellte Schecks wegen der Unabhängigkeit von dem Scheckvertrag auch nach Insolvenzeröffnung ihre Gültigkeit. Da die Wirksamkeit des Schecks und die damit verbundene Fortdauer der Verpflichtungen des Ausstellers gegenüber dem Schecknehmer jedoch keinen Einfluss auf die Verpflichtungen der Bank zur Einlösung haben, gelten insoweit die gleichen Grundsätze wie bei der Ausführung von Überweisungsaufträgen (→ Rn. 1 ff.).

IV. Einzug von Schecks

38 Für die Behandlung von Schecks, die der Kunde in einem Zeitpunkt zum Einzug einreicht, in dem seine Insolvenz droht oder schon eingetreten ist, gelten im Wesentlichen dieselben Grundsätze, wie für die Gutschrift von Überweisungseingängen (→ Rn. 18 ff.). Es gibt jedoch einige Besonderheiten:

39 **1. Warnpflicht.** Anders als bei Überweisungsaufträgen zugunsten eines insolventen Kunden, bei denen der Bank uU eine Warnpflicht gegenüber dem Überweisungsauftraggeber obliegt, muss die Bank bei Annahme von Schecks zum Einzug keine Rücksicht auf die Interessen des Scheckausstellers nehmen und ihn auf eine etwa drohende oder schon eingetretene Insolvenz des Einreichers nicht hinweisen. Sorgfaltspflichten, wie sie durch die Erteilung eines Überweisungsauftrages entstehen können, treffen die Bank gegenüber dem Scheckaussteller nicht.[56]

ZInsO 2002, 49; aA *Jaeger/Henckel,* KO, 9. Aufl. 1997, § 30 Rn. 277; *Heublein* ZIP 2000, 161; *Spliedt* ZInsO 2002, 208; LG Bochum ZIP 2001, 87; OLG Hamm ZIP 2001, 1683.
[51] BGH ZInsO 2002, 1136.
[52] *Kirchhof* ZInsO 2003, 149; aA *Rigol/Homann* ZIP 2003, 15.
[53] → Rn. 18 ff.; Einzelheiten s *Obermüller,* Rn. 3.191 ff.
[54] BGH WM 1972, 1379; 1987, 400.
[55] BGH WM 1988, 1328.
[56] OLG Düsseldorf WM 1975, 18.

2. Sicherungseigentum am Scheck. Für die Zulässigkeit der Verrechnung des 40 Scheckbetrages mit einem etwaigen debitorischen Saldo des Kunden kann anstelle des Zeitpunkts, in dem der Gegenwert des Schecks bei der Bank eingeht, der Zeitpunkt der Einreichung des Schecks maßgebend sein. Denn mit Annahme des Auftrags zum Einzug des Schecks erwirbt die Bank das Sicherungseigentum an dem Scheck und sicherungshalber die Forderung gegen den Schuldner aus dem Grundverhältnis, falls ihr bei Einreichung aus den Kontokorrentkonten ihres Kunden oder infolge der Rückbelastung nicht eingelöster Einzugspapiere Forderungen gegen den Kunden zustehen (Nr. 15 IV AGB Banken). Aufgrund des Sicherungseigentums an dem Scheck kann sich die Bank aus dem Gegenwert abgesondert befriedigen.[57] Die Verrechnung über das Konto stellt nur eine besondere Form der Buchung dar, der keine eigene rechtliche Bedeutung zukommt.[58]

Allerdings soll ein Scheck nach Auffassung der Rechtsprechung stets eine inkongruente Deckung darstellen, weil die Bank zwar einen Anspruch auf Zahlung gegen ihren Kunden, nicht aber einen Anspruch gegen denjenigen Kunden habe, der den Scheck ausgestellt hat.[59]

V. Einzug und Einlösung von Wechseln

Nimmt die Bank vom Aussteller oder Remittenten einen Wechsel zum Inkasso her- 41 ein, so kommt ebenso wie beim Scheckeinzug ein Geschäftsbesorgungsvertrag zustande. Außerdem erwirbt die Bank das Sicherungseigentum an dem Wechsel.[60] Die insolvenzrechtliche Problematik beim Wechselinkasso ist damit im Wesentlichen die gleiche wie beim Inkasso von Schecks.[61] Für die Einlösung von Wechseln ergeben sich ebenfalls keine nennenswerten Abweichungen gegenüber der Einlösung von Schecks.

VI. Einlösung von Lastschriften

Mit der Umsetzung der EU-Zahlungsdiensterichtlinie[62] in deutsches Recht zum 42 1.11.2009[63] und der Einführung der neuen SEPA-Lastschriftverfahren kann der Bankkunde nunmehr zwischen vier Verfahrensarten zum Lastschrifteinzug wählen. Die rechtlichen Beziehungen zwischen Zahlungspflichtigem und Zahlstelle sind in den
- Bedingungen für Zahlungen mittels Lastschrift im Abbuchungsauftragsverfahren
- Bedingungen für Zahlungen mittels Lastschrift im Einzugsermächtigungsverfahren
- Bedingungen für Zahlungen mittels Lastschrift im SEPA-Basislastschriftverfahren
- Bedingungen für Zahlungen mittels Lastschrift im SEPA-Firmenlastschriftverfahren

geregelt[64] und richten sich im Übrigen nach dem Zahlungsdiensterahmenvertrag (§ 675f II BGB),[65] womit heute der klassische Girovertrag bezeichnet wird. Für die Einlösung von Lastschriften gelten im Wesentlichen die gleichen Grundsätze wie für die Ausführung von Überweisungsaufträgen (→ Rn. 1 ff.). Besonderheiten ergeben sich jedoch für

---

[57] BGH ZIP 2007, 924, der von einer inkongruente Deckung ausgeht.
[58] BGH WM 1985, 1057.
[59] BGH WM 1992, 1083; BGHSt 16, 279; BGH ZIP 1993, 1653; ebenso für die Abtretung einer Forderung erfüllungshalber OLG Frankfurt ZIP 1997, 598; OLG Brandenburg NZI 2003, 649; aA *Obermüller*, Rn. 3.276 mwN.
[60] BGH DB 1969, 2079; WM 1985, 1057.
[61] → Rn. 37; Einzelheiten s *Obermüller*, Rn. 3.376 ff.; *ders.*, FS Fuchs 1996, 157 ff.
[62] RL 2007/64/EG des Europäischen Parlaments und des Rates v. 13.11.2007 über Zahlungsdienste im Binnenmarkt, ABl EU Nr. L 319.
[63] Art. 11 Abs. 2 des Gesetzes zur Umsetzung der Verbraucherkreditrichtlinie, des zivilrechtlichen Teils der Zahlungsdiensterichtlinie sowie zur Neuordnung der Vorschriften über das Widerrufs- und Rückgaberecht vom 29.7.2009 – BGBl. I, 2355.
[64] Siehe zB http://www.deutsche-bank.de/pbc/ser-rechtliche_hinweise.html.
[65] *Hadding* WM 2006, 1549.

Lastschriften, die auf Grund einer Einzugsermächtigung oder einer SEPA-Basislastschrift eingezogen werden:

43   1. Zeitpunkt der Einlösung. Die Lastschrift ist eingelöst in dem Zeitpunkt, in dem der Lastschriftbetrag auf dem Konto des Zahlungspflichtigen verbucht ist und diese Buchung vom Einlösungswillen der Zahlstelle getragen wird. Dies ist in der Regel erst dann der Fall, wenn die Zahlstelle die Belastung des Kontos nicht am 2. Buchungstag nach der Belastungsbuchung storniert (Nr. 9 II AGB-Banken).[66] Mit der Einlösung entfällt das Recht der Zahlstelle, die Lastschrift etwa wegen fehlender Deckung zurückzugeben.

44   Für die insolvenzrechtliche Zulässigkeit der Verrechnung des Lastschriftbetrages mit einem Guthaben ist der Zeitpunkt der Einlösung maßgebend. Zwar erwirbt die Bank im Verhältnis zu dem Zahlungspflichtigen im Einzugsermächtigungsverfahren einen unbedingten Aufwendungsersatzanspruch erst in dem Zeitpunkt, in dem der Zahlungspflichtige die Belastung genehmigt.[67] Wird über das Vermögen des Zahlungspflichtigen zwischen der Einlösung und der Genehmigung der Belastung das Insolvenzverfahren eröffnet, so kann die Genehmigung wirksam nur noch von dem Insolvenzverwalter erteilt oder verweigert werden. Die Erteilung der Genehmigung durch den Insolvenzverwalter nach Insolvenzeröffnung hat aber nicht zur Folge, dass die Bank erst nach Insolvenzeröffnung einen Aufwendungsersatzanspruch gegen die Masse erwirbt. Denn die Erteilung der Genehmigung hat rückwirkende Kraft,[68] so dass die Belastung des Kontos des Zahlungspflichtigen als vor Insolvenzeröffnung vorgenommen gilt.

45   2. Widerspruch gegen die Belastung/Erstattungsanspruch. Im Einzugsermächtigungsverfahren hat der Zahlungspflichtige die Möglichkeit, der Belastung seines Kontos zu widersprechen (Nr. III 1 des Lastschriftabkommens). Das Widerspruchsrecht geht mit Insolvenzeröffnung auf den Insolvenzverwalter über. Dieser Übergang stellt eine Nachwirkung des Girovertrages dar, der durch die Insolvenzeröffnung im Übrigen erlischt. Übt der Insolvenzverwalter das Widerspruchsrecht aus, so muss die Zahlstelle den Lastschriftbetrag dem Konto des Kunden wieder gutschreiben und kann von der ersten Inkassostelle Vergütung des Lastschriftbetrages verlangen. Entsteht dadurch ein Guthaben auf dem Konto des Kunden, so kann der Insolvenzverwalter darüber verfügen. War das Konto dagegen debitorisch, so kommt der Widerspruch des Insolvenzverwalters der Zahlstelle zugute. Denn der Widerspruch hat zur Folge, dass die auflösende Bedingung, unter der die Belastung des Kundenkontos stand, eintritt und der Saldo wieder seine ursprüngliche Höhe erreicht, dh der Debetsaldo sich entsprechend ermäßigt.[69]

Bei einer SEPA-Basislastschrift kann der Zahlungspflichtigen binnen einer Frist von acht Wochen ab Belastungsbuchung die Rückerstattung des belasteten Betrages verlangen (§ 675x II BGB iVm Nr. 2.5 Bedingungen für SEPA-Basislastschriftverfahren). Dieses Recht geht auf den vorläufiger Insolvenzverwalter mit Verfügungsverbot oder im Falle der Verfahrenseröffnung auf den endgültigen Insolvenzverwalter über. Wenn der (vorläufige) Insolvenzverwalter die Rückerstattung verlangt, muss die Zahlstelle den Lastschriftbetrag dem Konto des Zahlungspflichtigen wieder gutschreiben. Der Verwalter kann die Auszahlung dieses Betrags verlangen. Anders als im Einzugsermächtigungsverfahren handelt es sich nämlich um die Einstellung eines neuen Buchungspostens und nicht um die Berichtigung des Kontostands aufgrund des Eintritts einer auflösenden

---

[66] Vgl. BGH NJW 1981, 1669; WM 1988, 1328.
[67] BGH NJW 1979, 2145.
[68] *Jaeger/Henckel*, § 7 Rn. 26; LG Regensburg WM 1992, 1678.
[69] BGH vom 1.10.2002 – IX ZR 125/02 – NJW-RR 2002, 143; Einzelheiten s *Obermüller*, Rn. 3.555 ff.

Bedingung.⁷⁰ Da das Konto des Zahlungspflichtigen im SEPA-Basislastschriftverfahren aufgrund des SEPA-Mandats berechtigterweise belastet wird, steht dem Zahlungspflichtigen kein Anspruch auf Berichtigung zu.

Der vorläufige Insolvenzverwalter mit Zustimmungsvorbehalt kann den schuldrechtlichen Erstattungsanspruch nicht geltend machen.

3. Missbräuchliche Widersprüche. Die Widerspruchsmöglichkeit beim Einzugsermächtigungsverfahren darf der Zahlungspflichtige nur aus „anerkennenswerten Gründen" ausüben. Was als anerkennenswerter Grund anzusehen ist, muss nach den Umständen des Einzelfalls beurteilt werden. So reicht es zB aus, wenn der Anspruch des Gläubigers entweder nicht besteht oder zwar an sich begründet ist, der Schuldner aber in dem Zeitpunkt, in dem ihm der Kontoauszug mit der Belastungsanzeige zugeht, Leistungsverweigerungs-, Zurückbehaltungs- oder auch Aufrechnungsrechte geltend machen will.⁷¹

46

Der Auffassung, keinesfalls dürfe der Insolvenzverwalter generell das Widerspruchsrecht gegenüber Lastschriften, deren Einlösung der Kunde noch nicht genehmigt hat, ausüben,⁷² hat der BGH⁷³ widersprochen und entschieden, sowohl der vorläufige, mit Zustimmungsvorbehalt oder Verfügungsverbot ausgestattete, als auch der endgültige Insolvenzverwalter sei grundsätzlich befugt, einer Lastschrift, die der Zahlungspflichtige noch nicht genehmigt habe, zu widersprechen. Vor Anordnung eines Zustimmungsvorbehalts oder Verfügungsverbots dürfen jedoch weder der Schuldner noch ein vorläufiger Verwalter, der nur mit Prüfungs- oder Überwachungsaufgaben betraut ist, Lastschriften ohne anerkennenswerten Grund widersprechen; die drohende Insolvenz ist kein solcher Grund.

Ebensowenig darf eine Bank den Zahlungspflichtigen zu einem Widerspruch veranlassen, wenn diesem kein anerkennenswerter Grund zusteht, oder ihm aktiv zB durch Heraussuchen der noch widerrufbaren Lastschriften helfen.⁷⁴ Verstößt die Bank gegen diese Pflicht, so kann sie sich gegenüber dem Gläubiger schadensersatzpflichtig machen.⁷⁵

VII. Einzug von Lastschriften

Für den Einzug von Lastschriften gelten im Wesentlichen die gleichen Grundsätze wie für die Gutschrift von Überweisungen.⁷⁶ Folgende Besonderheiten sind zu beachten:

47

1. Zeitpunkt des Eingangs. Für die Frage der Zulässigkeit der Verrechnung von Lastschrifteingängen mit einem debitorischen Saldo ist der Zeitpunkt maßgebend, in dem die Bank die Lastschrift dem Konto des Kunden gutschreibt. Daran ändert sich auch dadurch nichts, dass die Bank Lastschriften, die der Kunde der Bank einreicht, unter dem Vorbehalt des Eingangs („E v")⁷⁷ gutschreibt (Nr. 9 I AGB Banken); der

48

---

⁷⁰ Einzelheiten s *Lohmann* BuB, Stand 2009, Rn. 20/107.
⁷¹ BGH NJW 1979, 1652; 1979, 2145; 1985, 847.
⁷² LG Erfurt NZI 2002, 667; *Buck* KTS 1980, 96; *Kling* DZWIR 2004, 54; *Knees/Fischer* ZInsO 2004, 5; *Remmerbach,* Auswirkungen des Konkurses des Bankkunden auf den Überweisungs- und Lastschriftverkehr, 1987, S. 155; *Rottnauer* WM 1995, 272; *Sandberger* JZ 1977, 285; aA *Skrotzki* KTS 1974, 136; *Rattunde/Berner* DZWIR 2003, 185.
⁷³ BGH ZInsO 2007, 1216; BGH ZIP 2006, 2046; BGH ZInsO 2005, 40; BGH ZInsO 2004, 1353; aA BGH ZInsO 2008, 1076 (XI. Zivilsenat); zu den umfangreichen Kommentierungen siehe *Obermüller*, Rn. 3.452a ff.
⁷⁴ OLG Frankfurt ZIP 1996, 1824.
⁷⁵ BGH NJW 1985, 2326; OLG Düsseldorf WM 1976, 937; LG Münster WM 1985, 412.
⁷⁶ → Rn. 18 ff.; wegen weiterer Einzelheiten vgl. *Obermüller*, Rn. 3.479 ff.
⁷⁷ OLG Stuttgart WM 1971, 288; LG Frankfurt NJW 1975, 2296.

Vorbehalt entfällt, wenn die Belastung des Ausstellerkontos durch die bezogene Bank endgültig geworden ist, dh in der Regel am 2. Buchungstag nach der Belastung (Nr. 9 II AGB Banken). Bei bedingten Rechten ist nämlich für die Erwerbsvoraussetzungen der Zeitpunkt maßgeblich, in dem das Rechtsgeschäft vorgenommen wurde, und nicht erst der Zeitpunkt, in dem die aufschiebende Bedingung eingetreten bzw. die auflösende Bedingung ausgefallen ist.[78] Danach ist die Anfechtung schon dann nicht zulässig, wenn die Gutschrift noch vor Ausbruch der wirtschaftlichen Krise des Einreichers erteilt wurde.[79] Dies wird bestätigt durch den Gesetzgeber, der durch § 140 II InsO zum Ausdruck gebracht hat, dass für die Anfechtung von Rechten, zu deren Entstehung mehrere Akte notwendig sind, der Kenntnisstand des Anfechtungsgegners im Zeitpunkt der Vornahme des Rechtsgeschäfts entscheidend ist, wenn sich das weitere Zustandekommen unabhängig von seinem Willen vollzieht.

49 Im Lastschriftverkehr kann die Bank auch schon vor der „E v"-Gutschrift Rechte aus dem Vermögen ihres Kunden erwerben. Wird nämlich einer Bank eine Lastschrift zum Einzug eingereicht, so werden ihr nach Nr. 15 II AGB Banken zugleich die Forderungen, die mit der Lastschrift eingezogen werden sollen, zur Sicherung der Ansprüche abgetreten, die der Bank gegen den Kunden bei der Einreichung aus seinen Kontokorrentkonten zustehen oder infolge der Rückbelastung nicht eingelöster Einzugspapiere oder diskontierter Wechsel entstehen (Nr. 15 IV AGB Banken). Mit Übergang der Forderungen aus dem Grundgeschäft auf die Bank ist der Vermögensverlust des Kunden eingetreten, so dass sein Vermögen nicht mehr zusätzlich geschmälert werden und keine Gläubigerbenachteiligung mehr eintreten kann, auch wenn die E v-Gutschrift erst innerhalb der kritischen Zeit erfolgt.[80]

50 **2. Widerspruch des Zahlungspflichtigen/Erstattungsanspruch.** Widerspricht der Zahlungspflichtige der Belastung innerhalb der Sechs-Wochen-Frist gem. Nr. III, 2 des Lastschriftabkommens, so kann die erste Inkassostelle die Gutschrift rückgängig machen. Bei einer SEPA-Basislastschrift beträgt die Frist für die Rückerstattung 8 Wochen ab Belastung. Hat die erste Inkassostelle den Einreicher schon über den Lastschriftbetrag verfügen lassen, so trägt sie grundsätzlich das Insolvenzrisiko. Ausnahmsweise kann sie sich jedoch bei dem Zahlungspflichtigen schadlos halten, wenn dieser die Widerspruchsmöglichkeit oder den Erstattungsanspruch ohne anerkennenswerten Grund ausgenutzt hat.[81]

VIII. Zahlungsverkehrssysteme

51 Die nach Art. 251 EGV verabschiedete „Richtlinie 98/26/EG des Europäischen Parlaments und des Rates vom 19.5.1998 über die Wirksamkeit von Abrechnungen in Zahlungs- sowie Wertpapierliefer- und -abrechnungssystemen",[82] auch **Finalitätsrichtlinie** genannt, verfolgt das Ziel, im Fall des Zusammenbruchs eines Teilnehmers an nationalen und internationalen Zahlungsverkehrs- und Wertpapierabrechnungssystemen, die auf der Grundlage verschiedener Formen der Aufrechnung (netting) von Zahlungsaufträgen arbeiten,[83] andere Teilnehmer, den Betreiber und auch die zugehörige Verrechnungsstelle des Systems zu schützen.[84] Die Richtlinie wurde durch das Gesetz

---

[78] BGH NJW 1953, 1099; RG Gruchot 54 (1910), Nr. 137 = S. 1164; *Canaris*, FS KonkursO, 1977, S. 88.
[79] BGH WM 1978, 133 unter V 2b bb; *Canaris*, FS KonkursO, 1977, S. 88; *Uhlenbruck*, § 130 Rn. 17 f.; *Hadding/Häuser*, Rechtsfragen des Lastschriftverkehrs, 1981, 121.
[80] BGH WM 1978, 133; *Reyher/Terpitz*, Der Lastschriftverkehr, 1982, S. 90; vgl. auch BGH WM 1985, 1057 = WuB VI B § 15 KO 2.85 *Obermüller*.
[81] → Rn. 45 sowie *Obermüller*, Rn. 3.557.
[82] ABl Nr. L 166 S. 45 vom 11.6.1998.
[83] Erwägungsgrund 1 der Richtlinie.
[84] *Keller* WM 2000, 1269.

zur Änderung insolvenzrechtlicher und kreditwesenrechtlicher Vorschriften[85] in nationales Recht[86] umgesetzt. Im Wesentlichen handelt es sich um folgende Punkte:[87]

§ 100. Leasing

Übersicht

	Rn.
I. Allgemeines	1
II. Insolvenz des Leasing-Nehmers	2
1. Mobilien-Leasing	3
2. Immobilien-Leasing	9
3. Leasing als Kauf	14
III. Insolvenz des Leasing-Gebers	15
1. Mobilien-Leasing	15
2. Immobilien-Leasing	20

I. Allgemeines

Leasing-Verträge bilden eine Nahtstelle zwischen Miete und Kauf und sind nur schwer in die vorgegebenen schuldrechtlichen Vertragstypen einzuordnen.[1] Eine erste Unterscheidung kann getroffen werden zwischen dem sogenannten Hersteller-Leasing, bei dem der Hersteller selbst zugleich Leasing-Geber ist, und dem Finanzierungs-Leasing. Beim Finanzierungs-Leasing unterstützt der Leasing-Geber eine Investition in der Weise, dass er ein Investitionsgut von einem Dritten erwirbt und es dem Leasing-Nehmer für eine fest bestimmte Zeit zum Gebrauch und zur Nutzung überlässt.[2] Im Folgenden sollen nur die Insolvenz des Leasing-Nehmers beim Finanzierungs-Leasing und die besondere Problematik der Refinanzierung des Leasing Gebers besprochen werden.

II. Insolvenz des Leasing-Nehmers

Ob bei einem Insolvenzverfahren über das Vermögen des Leasing-Nehmers für das weitere rechtliche Schicksal des noch nicht abgewickelten Leasing-Vertrages ein Wahlrecht des Insolvenzverwalters nach § 103 InsO (Kauf) oder eine Kündigungsbefugnis nach § 108 InsO (Miete) maßgebend ist, hängt in erster Linie von der rechtssystematischen Einordnung des Leasing-Vertrages ab.[3] Grundsätzlich ist von einem Mietvertrag auszugehen,[4] so dass neben § 103 InsO die §§ 108–112 InsO anzuwenden sind, selbst wenn dem Leasing-Nehmer ein Erwerbsrecht bei Vertragsende eingeräumt war.[5] Es

---

[85] Gesetz vom 8.12.1999 – BGBl. I, 2384.
[86] Zur Umsetzung innerhalb der EU s *Einsele* WM 2001, 2415, insbesondere im Hinblick auf Wertpapiere.
[87] Einzelheiten siehe *Obermüller*, Rn. 3.660.
[1] *Engel/Völckers*, Leasing in der Insolvenz, 1999, Rn. 2; zu den Auswirkungen der EU-Verbraucherkreditrichtlinie auf das Leasing-Geschäft s *Peters* WM 2011, 865.
[2] S o § 37 Rn. 41; zur dogmatischen Einordnung des Finanzierungs-Leasing vgl. *Canaris* NJW 1982, 305; zur Abgrenzung s *Livonius* ZInsO 1998, 111.
[3] S. Nachweise bei *Sinz* in Uhlenbruck/Hirte/Vallender/Hirte/Vallender, InsO, 13. Aufl. 2010, § 108 Rn. 65; *Hiddemann* WM 1978, 835; *Baumgarte*, Leasing-Verträge über bewegliche Sachen im Konkurs, 1980, S. 9 ff.; *Walz* WM 1985 Beilage Nr. 10, S. 14, 15; *Livonius* ZInsO 1998, 111.
[4] BGH ZInsO 2013, 1081.
[5] Vgl. BGH NJW 1974, 365; BGH WM 1977, 473, Ergänzung zum Urteil vom 23.2.1977 = WM 1977, 447; BGH NJW 1982, 870; 1982, 873; ZIP 1982, 64; zu dem gleichen Ergebnis kommen *Langheid*, Leasingpraxis 1981, Heft 3, S. 11, und *Seeger* KTS 1974, 12; vgl. auch *Emmerich* JuS 1978, 706; *Merz* WM 1983, 106; krit. dazu *Stoppok*, Die Bank, 1982, 132.

mag zwar Fälle geben, in denen auf Grund besonderer Gestaltung trotz des von den Vertragsschließenden gewollten Mietvertrags ein Kaufvertrag anzunehmen ist,[6] hier soll jedoch von einem Mietvertrag, der den Regelfall bildet, ausgegangen werden. Zu unterscheiden ist zunächst zwischen dem Mobilienleasing und dem Immobilienleasing.

3 **1. Mobilien-Leasing. a)** Nach der Eröffnung eines Insolvenzverfahrens über das Vermögen des Leasing – Nehmers hat der Insolvenzverwalter die Wahl, ob er den Vertrag erfüllen oder die weitere Erfüllung ablehnen will.[7] Ein eigenes Kündigungsrecht steht dem Leasing-Geber dagegen nicht zu, solange der Verwalter die Pflichten aus dem Leasing-Vertrag erfüllt. Eine Kündigung wegen der Verschlechterung der Vermögensverhältnisse des Leasing-Nehmers ist zwar nicht nach § 112 InsO ausgeschlossen, denn diese Vorschrift enthält Kündigungsbeschränkungen nur für die Zeit zwischen dem Insolvenzantrag und der Verfahrenseröffnung;[8] ob vertragliche Auflösungsklauseln allerdings ihre Gültigkeit behalten, ist zweifelhaft.[9]

4 Entscheidet sich der Verwalter für die Erfüllung, so er hat dieselben Rechte und Pflichten wie der Mieter.[10] Die Leasingforderungen bilden Masseforderungen nach § 55 I Nr. 2 InsO.[11] Dies gilt auch für etwa rückständige Leasing-Raten aus der Zeit bis zur Verfahrenseröffnung.[12]

5 Lehnt der Verwalter die Erfüllung ab, so ist der Leasing-Geber wegen des Schadenersatzanspruchs auf eine Insolvenzforderung verwiesen (§ 103 InsO). Der Leasing-Nehmer ist zur Rückgabe des Leasing-Guts und zum Ausgleich des noch nicht getilgten Teils der Gesamtkosten des Leasing-Gebers verpflichtet, der Leasing-Geber muss aber das Leasing-Gut bestmöglich verwerten und den Erlös auf die Ausgleichsforderung anrechnen.[13] Der Verwalter kann kein Verwertungsrecht und auch keine Kostenbeiträge nach §§ 170 ff. InsO beanspruchen,[14] da der Leasing-Geber ein Aussonderungsrecht und kein Absonderungsrecht besitzt.[15]

6 **b)** Im *Antragsverfahren* ergeben sich für den Leasing-Geber Beschränkungen im Hinblick auf sein *Kündigungsrecht:*

Befand sich der Leasing-Nehmer im Zeitpunkt des Insolvenzantrags bereits in Verzug und hatte der Leasing-Geber noch nicht gekündigt, so wird er jetzt an der Ausübung eines vertraglichen oder gesetzlichen Kündigungsrechts gehindert (§ 112 Nr. 1 InsO). Auch die Kündigung wegen wesentlicher Verschlechterung der Vermögensverhältnisse des Leasing-Nehmers ist ausgeschlossen (§ 112 Nr. 2 InsO). Dabei kommt es nicht darauf an, ob dem Leasing-Nehmer das Leasing-Gut schon überlassen ist.[16] Die Kündigung soll auch dann unwirksam bleiben, wenn der Insolvenzantrag nicht zur Verfahrenseröffnung führt.[17] Die Kündigungsrechte wegen sonstiger Vertragsverletzungen des Leasing-Nehmers bleiben demgegenüber unberührt.

---

[6] BGHZ 71, 189 = NJW 1978, 1383; s. o. § 38 Rn. 21.
[7] *Von Wilmowsky* ZInsO 2007, 731; *Marotzke* (JZ 1995, 803) will hier unter bestimmten Voraussetzungen § 107 II InsO anwenden.
[8] LG Karlsruhe ZInsO 2003, 231.
[9] Bejahend *Pape* in *Hess/Pape*, InsO und EGInsO, 1995, Rn. 340, verneinend *Eckert* ZIP 1996, 897.
[10] *Sinz/Uhlenbruck*, § 108 Rn. 87; *Obermüller/Livonius* DB 1995, 27; *Beyer* BB 1951, 546; *Eckert* ZIP 1983, 770; BGH WM 1984, 568.
[11] *Engel/Völckers*, Rn. 307; *Schmidt-Burgk* ZIP 1998, 1022; aA *Tintelnot* ZIP 1995, 616.
[12] Einzelheiten s *Obermüller*, Rn. 7.17.
[13] BGH WM 1985, 860 = WuB I J 2.–9.85 *Stoppok*; BGH WM 1986, 228 = WuB I J 2.–2.86 *von Westphalen*; BGH WM 1987, 288 = WuB I J 2.–6.87 *Emmerich*; BGH WM 1990, 2043 = WuB I J 2.–3.91 *Wiek*; *Braxmaier* WM 1988, Sonderbeilage 1, S. 12; Übersicht über die Schadensersatzregelungen s *Treier* WM 1992 Sonderbeilage 4, S. 18.
[14] *Seifert* FLF 1995 Heft 1 S. 13.
[15] BGH ZIP 1994, 1700; BGHZ 94, 44; *Lieb* DB 1988, 946.
[16] *Eckert* ZIP 1996, 897.
[17] OLG Düsseldorf WM 2008, 2310.

Befand sich der Leasing-Nehmer im Zeitpunkt des Insolvenzantrags bereits in Verzug und hatte der Leasing-Geber schon gekündigt, so bleibt die Kündigung wirksam. Der Herausgabeanspruch richtet sich nur dann gegen den vorläufigen Verwalter, wenn ein allgemeines Verfügungsverbot angeordnet ist, sonst gegen den Leasing-Nehmer.[18]

Dem Herausgabeanspruch kann das Insolvenzgericht im Antragsverfahren begegnen, indem es einen vorläufigen Verwalter einsetzt und nach § 21 Abs. 2 S. 1 Nr. 5 InsO ein **Herausgabe- und Verwertungsverbot** anordnet. Dies hat zur Folge, dass entsprechend § 169 S. 2 InsO für **die ersten 3 Monate** nach der Anordnung kein Nutzungsentgelt, also keine Leasinggebühr, zu entrichten, sondern lediglich ein etwaiger Wertverlust auszugleichen ist.[19] **6a**

Gerät der Leasing-Nehmer zwischen dem Antrag und der Entscheidung über die Eröffnung des Verfahrens mit der Entrichtung der Leasing-Raten in Verzug, so unterliegt das Recht zur Kündigung des Vertrages wegen dieses Verzuges keiner Beschränkung,[20] wohl aber darf der Leasing-Geber – solange die Leasing Raten gezahlt werden – nicht wegen der Verschlechterung der Vermögenslage des Leasing-Nehmers kündigen, selbst wenn er sich dieses Recht im Vertrag ausbedungen hat. Denn insoweit greift die Kündigungssperre des § 112 Nr. 2 InsO. **7**

Ein eigenes Kündigungsrecht kann der Leasing-Nehmer aus seiner Zahlungsunfähigkeit oder dem Insolvenzantrag nicht herleiten. Auch der vorläufige Verwalter kann nur ein vertraglich vereinbartes Kündigungsrecht ausüben. Das Wahlrecht aus § 103 InsO, die weitere Erfüllung gegenseitiger Verträge abzulehnen, erwirbt er erst mit Verfahrenseröffnung.[21] **8**

2. Immobilien-Leasing. Leasingverträge über unbewegliche Gegenstände, dh Grundstücke, Schiffe und Luftfahrzeuge[22] bestehen grundsätzlich mit Wirkung für die Masse fort (§ 108 InsO). Dem Verwalter wird aber die Auflösung dieser Verträge erleichtert. Dabei ist im eröffneten Verfahren zunächst danach zu unterscheiden, ob das Leasing-Gut dem Leasing-Nehmer schon übergeben war oder ob es sich noch im Besitz des Leasing-Gebers befindet. **9**

a) *Insolvenzeröffnung nach Übergabe des Leasing-Gutes.* War dem Leasing- Nehmer das Leasing-Gut vor Insolvenzeröffnung schon überlassen, so kann der Insolvenzverwalter das Mietverhältnis ohne Rücksicht auf die vertraglichen Fristen mit gesetzlicher Kündigungsfrist kündigen (§ 109 InsO). Die gesetzliche Kündigungsfrist richtet sich nach § 580a BGB.[23] **10**

Ein eigenes Kündigungsrecht steht dem Leasing-Geber dagegen nicht zu, solange der Verwalter die Pflichten aus dem Leasing-Vertrag erfüllt. Eine Kündigung wegen der Verschlechterung der Vermögensverhältnisse des Leasing-Nehmers ist nicht nach § 112 InsO ausgeschlossen, denn diese Vorschrift enthält Kündigungsbeschränkungen nur für die Zeit zwischen dem Insolvenzantrag und der Verfahrenseröffnung.[24] **11**

Die vor der Insolvenzeröffnung entstandenen Mietforderungen des Leasing-Gebers sind einfache Insolvenzforderungen. Die während des Insolvenzverfahrens bis zur Beendigung des Mietverhältnisses entstehenden Mietzinsforderungen sind dagegen Masseschuldansprüche nach § 55 I Nr. 2 InsO.[25] **12**

---

[18] LG Lübeck ZInsO 2011, 391.
[19] OLG Braunschweig ZIP 2011, 1275; BGH ZIP 2012, 779; zur Verfassungsmäßigkeit dieser Regelung s. BVerfG ZIP 2012, 1252.
[20] BGH ZInsO 2002, 819; OLG Celle ZInsO 2002, 326; OLG Celle ZInsO 2004, 207.
[21] OLG Düsseldorf CR 2003, 187.
[22] Siehe *Obermüller*, Rn. 7.57.
[23] Zur Auslegung des Begriffs der gesetzlichen Kündigungsfrist s BGH KTS 2003, 237.
[24] LG Karlsruhe ZInsO 2003, 231.
[25] OLG Hamm ZIP 1992, 1563; OLG Düsseldorf ZIP 2010, 2212; LG Kiel ZInsO 2012, 181.

Kündigt der Insolvenzverwalter, so steht dem Leasinggeber ein Aussonderungsrecht[26] an dem Leasing-Gegenstand zu. Der Leasing-Geber ist wegen der Nachteile, die er durch die vorzeitige Vertragsauflösung erleidet, nach § 109 I 2 KO auf eine einfache Insolvenzforderung verwiesen,[27] sofern der Leasing-Geber nicht über Sicherheiten verfügt. Als Sicherheit kommt vor allem das gesetzliche Vermieterpfandrecht an den beweglichen Sachen, die der Leasing-Nehmer auf das Grundstück gebracht hat (§ 562 BGB), in Betracht. Das Verwertungsrecht steht dem Verwalter zu (§ 166 InsO).[28]

13 **b)** *Insolvenzeröffnung vor Übergabe des Leasing-Guts.* War dem Leasing-Nehmer das Leasing-Gut zurzeit der Eröffnung des Insolvenzverfahrens noch nicht überlassen, so können sowohl der Verwalter als auch der Leasing-Geber von dem Vertrag zurücktreten (§ 109 II InsO). Jeder Teil hat dem anderen auf dessen Verlangen innerhalb von 2 Wochen zu erklären, ob er von dem Vertrag zurücktreten will (§ 109 II 2 InsO). Unterlässt er dies, so verliert er das Rücktrittsrecht.

14 **3. Leasing als Kauf.** Handelt es sich ausnahmsweise um einen Leasing-Vertrag, auf den Kaufrecht anzuwenden ist, so gilt § 103 InsO: Der Insolvenzverwalter hat danach die Wahl, ob er den Vertrag erfüllen oder die weitere Erfüllung ablehnen will. Eine Kündigung durch den Leasing-Geber wegen der Verschlechterung der Vermögensverhältnisse des Leasing-Nehmers ist hier möglich, wenn dieses Recht vertraglich vereinbart ist. Die Kündigungssperre des § 112 InsO betrifft nur Leasing-Verträge, die den Charakter von Mietverträgen haben.

III. Insolvenz des Leasing-Gebers

15 **1. Mobilien-Leasing.** Im Mobilien-Leasing hat im Fall der Insolvenz des Leasing-Gebers dessen Verwalter grundsätzlich das Wahlrecht (§ 103 InsO), ob er an dem Vertrag festhalten oder die Erfüllung ablehnen will.[29]

16 **a)** Entscheidet sich der Verwalter für die Auflösung des Vertrages, so entfällt die Pflicht des Leasing-Nehmers zur Zahlung der Leasing-Raten. Dies gilt auch dann, wenn der Leasing-Geber eine Refinanzierung des Leasing-Vertrages durch eine Bank erhalten und dieser seine Ansprüche aus dem Vertrag zur Sicherung abgetreten hat.

17 Entscheidet der Insolvenzverwalter, am Vertrag festzuhalten, so kann er die künftig fälligen Leasing-Raten selbst vereinnahmen; der Leasing-Nehmer muss trotz der Sicherungsabtretung an den Verwalter und nicht an die refinanzierende Bank leisten. Durch die Insolvenzeröffnung ist nämlich das Rechtsverhältnis zwischen dem Gemeinschuldner und seinem Vertragspartner derart umgestaltet worden, dass die Eröffnung des Verfahrens zwar kein Erlöschen der Erfüllungsansprüche im Sinn einer materiell-rechtlichen Umgestaltung bewirkt, sondern dass die noch offenen Ansprüche im Insolvenzverfahren ihre Durchsetzbarkeit verlieren, soweit sie nicht auf die anteilige Gegenleistung für vor Verfahrenseröffnung erbrachte Leistungen gerichtet sind. Wählt der Verwalter die Erfüllung, so erhalten die zunächst nicht durchsetzbaren Ansprüche die Rechtsqualität von originären Forderungen der und gegen die Masse und nur diese und nicht der Zessionar kann für solche Leistungen, welche nach Verfahrenseröffnung aus der Masse erbracht werden, die Gegenleistung beanspruchen.[30] Damit verliert der Refinanzierer seine Sicherheit.

---

[26] BGH ZIP 1994, 1700.
[27] *Seifert* DB 1983 Beilage 1, S. 11; *Eckert* ZIP 1983, 770; zur Schadensberechnung s *von Westphalen* BB 1988, 218 und BGH WM 1991, 1038.
[28] Siehe *Obermüller,* Rn. 6.319.
[29] *Engel/Völckers,* Rn. 307; *Siegelmann* KTS 1968, 213; *Ullrich/Irmen,* Anm. in WuB VI B § 21 KO 1.90; *Zahn* DB 1995, 1597.
[30] BGH ZInsO 2002, 577; s auch Besprechung von *Graf/Wunsch* ZIP 2002, 2117; BGH ZIP 2003, 1208.

b) Ausnahme bei Sicherungsübereignung. Diese Auswirkungen der Rechtsprechung zum **18** Wahlrecht des Verwalters im Zusammenspiel mit den Regelungen der InsO über Mietverhältnisse auf die Leasing-Refinanzierung verhindert § 108 I für Miet- und Pachtverhältnisse, „die der Schuldner als Vermieter oder Verpächter eingegangen war und die sonstige Gegenstände betreffen, die einem Dritten, der ihre Anschaffung oder Herstellung finanziert hat, zur Sicherung übertragen wurden"; diese bestehen mit Wirkung für die Insolvenzmasse fort.

Damit überdauern solche Leasing-Verträge die Eröffnung des Insolvenzverfahrens, für **19** die der Leasing-Geber eine Refinanzierung unter Sicherungsübertragung des Leasing-Guts erhalten hat.[31] Durch den weiten Begriff der Sicherungsübertragung wird nicht nur die Sicherungsübereignung von Sachen, sondern auch die Sicherungsabtretung von Forderungen, insbesondere die Sicherungsübertragung von Rechten einbezogen.

Geschützt wird nicht nur eine Refinanzierung, die sich auf konkrete noch anzuschaffende oder herzustellende Gegenstände bezieht, sondern auch eine allgemeine Refinanzierung von Leasing-Unternehmen unter Sicherungsübertragung von Gegenständen, die bereits angeschafft bzw. hergestellt und verleast worden sind. Ob auch Finanzierungsformen, bei denen die Sicherungsübertragung nachträglich zur Absicherung eines ursprünglich ohne Sicherheiten gewährten und nicht Anschaffungszwecken dienenden Kredits vorgenommen worden ist, erfasst werden, ist streitig.[32] Dazu gehören beispielsweise Betriebsmittelkredite ohne erkennbaren Bezug zu bestimmten Anschaffungen.

2. Immobilien-Leasing. In der Insolvenz des Leasinggebers kommt es darauf **20** an, ob im Zeitpunkt der Verfahrenseröffnung das Leasinggut bereits übergeben ist. Hatte der Leasinggeber vor der Eröffnung des Insolvenzverfahrens über sein Vermögen einen Leasingvertrag über einen unbeweglichen Gegenstand geschlossen, diesen dem Leasingnehmer aber noch nicht überlassen, so unterliegt der Vertrag in gleicher Weise dem Wahlrecht des Verwalters wie ein Leasingvertrag über Mobilien.[33] Nur wenn das Leasinggut bereits übergeben war, **bleibt der Leasingvertrag nach Insolvenzeröffnung bestehen** (§ 108 Abs. 1 InsO).[34] Von diesen Regelungen werden nicht nur Leasing-Verträge über Grundstücke, sondern auch solche über Schiffe[35] und Flugzeuge erfasst. Auch diese sind als unbewegliche Gegenstände im Sinne des Gesetzes anzusehen.[36]

Vorausverfügungen wie zB die Abtretung der künftigen Leasing-Raten sind gegen- **21** über der Insolvenzmasse nur insoweit wirksam, als sich die Abtretung auf die Leasing-Raten für den zZt der Eröffnung des Verfahrens laufenden Kalendermonat beziehen; wird das Insolvenzverfahren nach dem 15. Tage des Monats eröffnet, so ist die Verfügung auch noch für den folgenden Monat wirksam (§ 110 I InsO). Die Leasing-Raten für spätere Zeiträume kann der Insolvenzverwalter einziehen. Soweit die künftigen Leasing-Raten einer refinanzierenden Bank als Sicherheit für Kredite an den Leasing-Geber dienten, fällt diese Sicherung mit Ablauf des Monats der Insolvenzeröffnung bzw. des Folgemonats weg.[37]

---

[31] Zur sog. Doppelstock-Refinanzierung s. Primozic NZI 2008, 465 mwN; *Zahn* DB 2003, 2371.

[32] Ablehnend *Schmid-Burgk/Ditz* ZIP 1996, 1123; aA *Seifert* NZM 1998, 217; *Kusserow/Dittrich* WM 1997, 1786.

[33] So auch jetzt BGH ZInsO 2007, 1111.

[34] Zu dem Sonderfall der Übertragung des mittelbaren Besitzes auf einen Erwerber vor Verfahrenseröffnung s. OLG Hamburg ZInsO 2010, 233; zur Kritik an dieser Gesetzgebung s. *von Wilmowsky* ZInsO 2011, 1473.

[35] Zur Abwicklung notleidender Schiffsfinanzierungen s. *Krone* ZInsO 2012, 1197.

[36] *Schmid-Burgk/Ditz* ZIP 1996, 1123.

[37] Zu alternativen Sicherungsmöglichkeiten s. *Obermüller*, Rn. 7.61.

§ 101. Bürgschafts- und Garantiegeschäft

Übersicht

	Rn.
I. Allgemeines	1
II. Insolvenz des Auftraggebers	2
1. Garantieauftrag vor Insolvenzantrag	2
2. Garantieauftrag nach Insolvenzantrag	9
3. Garantieauftrag nach Anordnung vorläufiger Maßnahmen	10
4. Garantieauftrag nach Insolvenzeröffnung	11
5. Anspruch auf Befreiung von dem Aval	13
6. Missbräuchliche Inanspruchnahme	15
III. Insolvenz des Begünstigten	17

I. Allgemeines

1   Wenn eine Bank eine Bürgschaft oder Garantie übernimmt, so liegt diesem Geschäft in der Regel ein entsprechender Auftrag des Hauptschuldners zugrunde.[1] Die Vereinbarung über die Übernahme einer Garantie ist ein auf Werkleistung gerichteter Geschäftsbesorgungsvertrag (§§ 675, 631 ff. BGB),[2] der die Bank zum Abschluss eines Garantievertrages mit dem Begünstigten sowie zur Zahlung bei Eintritt des Garantiefalles verpflichtet.[3] Für die insolvenzrechtliche Betrachtung ist zu unterscheiden zwischen der Insolvenz des Auftraggebers und der des Begünstigten. Demgegenüber sind die Unterschiede zwischen Bürgschaft und Garantie[4] für die Frage nach der rechtlichen Stellung der Bank nur in Einzelpunkten von Bedeutung, so dass beide Formen im Folgenden gemeinsam behandelt werden können.

II. Insolvenz des Auftraggebers

2   **1. Garantieauftrag vor Insolvenzantrag.** Bis zur Eröffnung des Insolvenzverfahrens kann der Bankkunde der Bank noch wirksam einen Auftrag zur Erstellung von Garantien oder zur Übernahme von Bürgschaften erteilen; durch Annahme seitens der Bank kommt der *Geschäftsbesorgungsvertrag* zustande. Für die Wirkungen ist zu unterscheiden, ob die Bank aus der Bürgschaft bzw. Garantie vor oder nach Anordnung eines Verfügungsverbots bzw. einer Insolvenzeröffnung in Anspruch genommen wird.

3   a) Führt die Bank diesen Auftrag noch vor einem Insolvenzantrag durch Übernahme der Garantie bzw. Bürgschaftsverpflichtungen gegenüber dem Begünstigten aus und wird sie von dem Begünstigten vor dem Insolvenzantrag in Anspruch genommen, so muss sie grundsätzlich bei Inanspruchnahme zahlen. Sie ist dann berechtigt, ihren *Aufwendungsersatzanspruch* in das Kontokorrent einzustellen. In Höhe dieses Aufwendungsersatzanspruchs ermäßigt sich ein etwaiger Guthabensaldo; entsteht oder erhöht sich durch die Zahlung aus der Garantie bzw. Bürgschaft ein Debetsaldo des Auftraggebers, so kann die Bank ihren Anspruch in dem nachfolgenden Insolvenzverfahren als Insol-

---

[1] *Lwowski/Wunderlich*, in *Schimansky/Bunte/Lwowski*, Bankrechts-Handbuch, 4. Aufl. 2011, § 75 Rn. 38.

[2] BGH ZInsO 2006, 1055; *Cranshaw/Steinwachs/Bruhn* ZInsO 2013, 1005; zum Kautionsversicherungsvertrag, der sich nicht vom Bankavalkredit unterscheidet, s. BGH ZInsO 2010, 2391; BGH ZIP 2007, 543; BGH ZInsO 2006, 1055.

[3] BGH ZIP 1984, 1326; BGH WM 1982, 1324; *Pleyer* WM 1973 Beilage 2, S. 21; *Canaris*, Rn. 1107; *Mühl*, FS Zajtay, 1982, S. 389.

[4] Vgl. zur Abgrenzung *Liesecke* WM 1968, 24; *Pleyer* WM 1973 Beilage 2, S. 13; *Mühl*, FS Zajtay 1982, S. 389; *Merz* WM 1980, 230; BGH NJW 1982, 1814; BGH WM 1979, 457; 1982, 1324; OLG Hamburg WM 1983, 188.

venzforderung anmelden.⁵ Hatte der Kunde dem Begünstigten weitere Sicherheiten gestellt, so kann die Bank bei Zahlung aus einer Bürgschaft auf diese Sicherheiten zugreifen (§§ 774, 412, 401 BGB). Das Gleiche gilt bei Zahlung aus einer Garantie, wenn man § 774 BGB analog anwenden kann oder wenn vertragliche Vereinbarungen bestehen, auf Grund deren die Sicherheiten auf den zahlenden Garanten zu übertragen sind.⁶

b) Wird eine Bankgarantie erst nach Erlass eines allgemeinen Verfügungsverbots im Insolvenzantragsverfahren oder nach der Insolvenzeröffnung über das Vermögen des Garantieauftraggebers in Anspruch genommen, so bleibt die Bank im Verhältnis zu dem Garantiebegünstigten zur Zahlung verpflichtet.⁷ Aufgrund dieser Zahlung erwirbt die Bank einen Aufwendungsersatzanspruch.

Auch nach Anordnung eines Verfügungsverbots kann die Bank wegen dieses Anspruchs auf ein etwaiges Guthaben des Garantieauftraggebers zurückgreifen; das Guthaben haftet ihr nämlich als Pfand nach Nr. 14 AGB. In das Kontokorrent kann sie den Aufwendungsersatzanspruch demgegenüber nicht einstellen, da durch das Verfügungsverbot die dem Kontokorrent zugrundeliegende Verrechnungsabrede erloschen ist, wohl aber bleibt sie zur Aufrechnung befugt.⁸

Nach Eröffnung des Insolvenzverfahrens steht der Bank auf Grund des Aufwendungsersatzanspruchs eine Insolvenzforderung zu, mit der sie am Insolvenzverfahren teilnehmen kann,⁹ da der Rückgriffsanspruch des Garanten eine aufschiebend bedingte Forderung darstellt.¹⁰ Handelt es sich um eine Bürgschaft, so tritt der **gesetzliche Forderungsübergang** (§ 774 BGB) hinzu. Beide Anspruchsgrundlagen kann die Bank wahlweise ausnutzen,¹¹ aber die Ansprüche nicht etwa addieren. Denn hier handelt es sich um einen einheitlichen Lebenssachverhalt, dessen Rechtsfolge aus verschiedenen Normen hergeleitet werden kann.¹²

Außerdem haften der Bank etwaige **Sicherheiten.** Verfügt der Kunde über ein Guthaben, so kann die Bank auf dieses als Pfand (Nr. 14 AGB) zurückgreifen.¹³ Eine **Aufrechnung** setzt dagegen voraus, dass der Aufwendungsersatzanspruch der Bank unbedingt wird, bevor die Fälligkeit der Guthabenforderung eintritt (§ 95 I 3 InsO). Wenn dies nicht zu erwarten ist und der Bank ihr Pfandrecht nach Nr. 14 AGB ausnahmsweise nicht zur Verfügung steht, kann sie ihren Anspruch auf Vorschuss (§§ 675, 669 BGB) geltend machen und zur Aufrechnung verwenden.

Für die Deckung der **Avalprovisionen** durch das Pfandrecht oder sonstige Sicherheiten ist zu unterscheiden zwischen den Provisionen für einen Avalrahmen, den die Bank zur Verfügung stellt, und für das einzelne Aval, das die Bank aufgrund ihrer Verpflichtung aus dem Rahmenvertrag übernommen hat.
- Der Rahmengeschäftsbesorgungsvertrag erlischt spätestens mit Verfahrenseröffnung gemäß §§ 115 Abs. 1, 116 S. 1 InsO, wenn er nicht zuvor schon seitens der Bank gemäß Nr. 19 Abs. 3 AGB-Banken gekündigt wurde. Der Bankkunde bzw. der Insolvenzverwalter kann von der Bank die Übernahme weiterer Avale nicht mehr verlangen. Damit entfällt der Anspruch auf die Provision.¹⁴

---

⁵ Vgl. BGH NJW 1985, 1159.
⁶ Vgl. im Einzelnen *Pleyer* WM 1973, Beilage 2, S. 21.
⁷ *Canaris*, Rn. 1147.
⁸ BGH WM 1987, 603.
⁹ BGH WM 1984, 1575 mwN.
¹⁰ *Uhlenbruck*, § 191 Rn. 2 mwN.
¹¹ OLG Köln v. 26.1.1989 – 1 U 97/88 – WM 1989, 1883 = WuB I F1 a.-4.90 Bales.
¹² BGH vom 11.7.1996 – III ZR 133/95 – NJW 1996, 3151.
¹³ OLG Dresden ZIP 2007, 640; *Lorenz* ZInsO 2009, 66; *Obermüller/Kuder* FS Fischer 2008, 385; *Stapper* InVo 2007, 52.
¹⁴ So für Rahmenverträge über Kautionsversicherungen BGH ZInsO 2006, 1055; BGH ZIP 2007, 543; KG ZInsO 2004, 979; aA OLG Frankfurt ZIP 2005, 1245; OLG München ZIP 2006, 677; kri-

- Der Anspruch auf Provision für das einzelne, bereits übernommene Aval besteht dagegen weiter und kann auch unter die Deckung von Sicherheiten genommen werden.[15] Die §§ 116, 115 InsO, die ein Erlöschen von Aufträgen vorsehen, die der Schuldner erteilt hat, wirken nämlich nur für die Zukunft;[16] wenn der Auftrag also bereits ganz oder teilweise ausgeführt ist,[17] entsteht insoweit ein Aufwendungsersatzanspruch.[18] Eine teilweise Ausführung liegt vor, wenn schon eine selbständige Verpflichtung gegenüber dem Dritten entstanden ist.[19] Dies ist mit der Avalübernahme gegenüber dem Begünstigten geschehen, von der sich die Bank nicht mehr ohne weiteres lösen kann.[20]

8 c) Für die **Höhe** der Zahlungsverpflichtung der Bank aus einer Garantie ist es unerheblich, ob der Insolvenzverwalter von seinem Wahlrecht aus § 103 InsO Gebrauch gemacht und die Erfüllung des Grundgeschäfts abgelehnt oder ob er an dem Grundgeschäft festgehalten hat.[21] Denn die im Außenhandel übliche Bankgarantie ist abstrakt.[22] Wird eine Bürgschaft nach Insolvenzeröffnung in Anspruch genommen, so hängt die Höhe des Zahlungsanspruchs wegen der Akzessorietät der Bürgschaft davon ab, ob dem Insolvenzverwalter das Wahlrecht aus § 103 InsO noch zusteht und ob er das Grundgeschäft erfüllen wird oder dessen Erfüllung ablehnt (§ 767 I 2 BGB).[23] Bei Bankbürgschaften ist allerdings idR die Berufung auf Einwendungen aus dem Grundgeschäft, insb auf die Vorschriften der §§ 767, 768, 770 BGB vertraglich ausgeschlossen.

9 **2. Garantieauftrag nach Insolvenzantrag.** Auch nach einem Insolvenzantrag kann der Kunde der Bank noch wirksam Aufträge zur Erstellung von Garantien oder zur Übernahme von Bürgschaften erteilen, solange kein Verfügungsverbot angeordnet und kein vorläufiger Verwalter eingesetzt ist. Hat die Bank Kenntnis von dem Insolvenzantrag, so wird sie den Auftrag allerdings schon aus wirtschaftlichen Gründen nicht annehmen, wenn das Konto des Kunden einen debitorischen Saldo aufweist oder durch die Ausführung des Auftrags debitorisch werden würde.

Allerdings kann der Kunde der Bank ein *Deckungsguthaben* verschaffen bzw. sonstige Sicherheiten stellen. Die Verpfändung des Guthabens bzw. die Einräumung von Sicherheiten kann von dem Insolvenzverwalter nicht angefochten werden. Denn insoweit handelt es sich um ein der Anfechtung entzogenes Bargeschäft. Im Übrigen kann für das Schicksal des Aufwendungsersatzanspruchs, den die Bank auf Grund einer Inanspruchnahme aus dem Aval nach der Anordnung eines Verfügungsverbots oder nach der Eröffnung eines Insolvenzverfahrens erwirbt, auf die obigen Ausführungen (→ Rn. 6, 7) verwiesen werden.

10 **3. Garantieauftrag nach Anordnung vorläufiger Maßnahmen.** Nach der Anordnung eines allgemeinen Verfügungsverbots, die von der Einsetzung eines vorläufigen

---

tisch zur Einordnung des Kautionsversicherungsvertrags als Geschäftsbesorgungsvertrag anstelle eines Versicherungsvertrages *Wendt* ZInsO 2008, 1343.

[15] *Obermüller/Kuder* FS Fischer 2008, 385; aA OLG München vom 25.11.2008 – 25 U 3731/08 – ZInsO 2009, 286.

[16] *K/P/Tintelnot*, InsO, Stand 2009, §§ 115, 116 Rn. 9; ebenso ausdrücklich BGH ZInsO 2006, 1055 unter Nr. [9]; BGH ZIP 2008, 1437.

[17] *Canaris*, Bankvertragsrecht, 3. Bearb 1988, Rn. 1079; *Jaeger/Lent*, KO, 8. Aufl. 1958, § 23 Anm. 2 – diese Vorschrift wurde inhaltlich unverändert als §§ 115, 116 InsO übernommen (Begründung RegE zu §§ 133, 134).

[18] RG LZ 1912 Sp. 326; RG LZ 1912, Sp. 329.

[19] OLG Bamberg ZInsO 2004, 620; OLG Frankfurt ZIP 2005, 1245; OLG München ZIP 2006, 677; *Schäfer* Bank-Archiv 1937/38, 53; *Staub/Koenige*, HGB, 12./13. Aufl. 1926, Anh zu § 363, Anm. 43; *Baumbach/Duden*, HGB, 24. Aufl. 1980, § 406 Anh I Anm. 8 H; *Kuhn/Uhlenbruck*, KO, 11. Aufl. 1994, § 8 Rn. 9c; *Jäger/Henckel*, KO, 9. Aufl. 1977, § 8 Rn. 20.

[20] BGH ZIP 2008, 1380.

[21] *Canaris*, Rn. 1136.

[22] Vgl. *Pleyer* WM 1973, Beilage 2, S. 8.

[23] RG KuT 1936, 7.

Verwalters begleitet wird, kann der Kunde der Bank keine Avalaufträge mehr wirksam erteilen. Dieses Recht geht auf den vorläufigen Verwalter über, der davon Gebrauch machen kann, wenn er zur Fortführung des Betriebs neue Avale benötigt. Bei ihrer Überlegung, ob sie angesichts der wirtschaftlichen Lage des Kunden einen solchen Auftrag annimmt, wird die Bank berücksichtigen, welches Schicksal ihr Aufwendungsersatzanspruch im Insolvenzverfahren erleidet: Verbindlichkeiten, die von einem vorläufigen Insolvenzverwalter begründet werden, auf den die Verfügungsbefugnis über das Vermögen des Schuldners übergegangen ist, gelten nach Verfahrenseröffnung als Masseverbindlichkeiten (§ 55 II InsO). Wenn die Bank mit diesem Vorrang nicht zufrieden ist, kann sie sich zusätzlich Sicherheiten bestellen lassen; auch hierzu ist der vorläufige Verwalter befugt.

4. Garantieauftrag nach Insolvenzeröffnung. Nach Eröffnung des Insolvenzverfahrens kann der Kunde der Bank keine Aufträge zur Ausstellung von Garantien oder Übernahme von Bürgschaften mit Wirkung für die Insolvenzmasse erteilen. Ein derartiger Auftrag würde ein Neugeschäft darstellen, so dass die Bank ihre Forderungen aus der Erfüllung der Garantie nicht mehr gegen die Insolvenzmasse richten kann. Vielmehr kann sie nur aus einem etwaigen insolvenzfreien Vermögen des Insolvenzschuldners Befriedigung suchen.

Hat die Bank vor Insolvenzeröffnung einen Auftrag zur Erstellung einer Garantie oder Übernahme einer Bürgschaft erhalten und angenommen, diesen Auftrag aber noch nicht ausgeführt, ist sie also im Verhältnis zu dem Begünstigten noch keine Verpflichtung eingegangen, so erlischt der Auftrag mit Insolvenzeröffnung (§§ 116, 115 InsO).

5. Anspruch auf Befreiung von dem Aval. Die Verschlechterung der Vermögensverhältnisse des Kunden, die durch den Eintritt seiner Zahlungsunfähigkeit, einen Insolvenzantrag oder die Eröffnung eines Insolvenzverfahrens zum Ausdruck kommt, gibt der Bank gegen ihn einen Anspruch auf Befreiung von Garantien bzw. Bürgschaften, die sie bereits übernommen hat (§§ 775 I Nr. 1 BGB). Wegen dieses Befreiungsanspruchs kann die Bank ihr Pfandrecht nach Nr. 14 AGB an einem etwaigen Guthaben des Kunden geltend machen.

Daneben besteht in Ausnahmefällen angesichts der wirtschaftlichen Situation des Garantieauftraggebers die Möglichkeit für die Bank, eine schon übernommene **Bürgschaft zu kündigen** und so eine Inanspruchnahme rechtzeitig zu verhindern. Voraussetzung ist allerdings, dass die Hauptschuld noch nicht entstanden ist und der Gläubiger sich von seiner Verbindlichkeit gegenüber dem Hauptschuldner ohne erhebliche Opfer lösen kann.[24] Zu lange darf die Bank aber mit ihrer Entscheidung zu kündigen nicht warten, denn der Kunde soll innerhalb angemessener Frist Klarheit darüber bekommen, ob sie von der Kündigungsmöglichkeit Gebrauch macht.[25]

6. Missbräuchliche Inanspruchnahme. Die Inanspruchnahme eines Avals setzt grundsätzlich voraus, dass dem Begünstigten eine Forderung gegen den Hauptschuldner zusteht. Eine solche Forderung kann ua auch dadurch zustandekommen, dass der Insolvenzverwalter von seinem Wahlrecht nach § 103 InsO Gebrauch macht und den Begünstigten auf eine Schadensersatzforderung verweist, deretwegen dieser auf die Bürgschaft zurückgreift. Grundsätzlich ist ein solches Vorgehen des Verwalters nicht zu beanstanden, denn er hat sich von den Interessen des insolventen Unternehmens leiten zu lassen.

Unzulässig ist aber die Ablehnung eines Vertrages, auf die der Vertragspartner eine verbürgte Anzahlung geleistet hat, wenn anschließend dieser Vertrag mit demselben

---
[24] BGH WM 1959, 855; 1985, 969; BGH WM 2002, 2367.
[25] OLG Nürnberg vom 28.12.2012 – 6 U 2035/10 – WM 2013, 979.

Obermüller

Vertragspartner zu den gleichen Konditionen (dh ohne Abzug der geleisteten Anzahlungen) neu abgeschlossen wird und der Vertragspartner seine Anzahlung, um die Masse zu schonen, aus dem Aval zurückfordert. Unter diesen Umständen ist die Bank berechtigt, dem Begünstigten den Einwand des Rechtsmissbrauchs entgegenzuhalten, bzw. wenn sie den Ablauf erst später erkennt, den Insolvenzverwalter auf Schadenersatz in Anspruch zu nehmen.[26]

III. Insolvenz des Begünstigten

17 Wird über das Vermögen des Begünstigten vor Inanspruchnahme der Garantie oder der Bürgschaft das Insolvenzverfahren eröffnet, so kann nur der Insolvenzverwalter die Rechte aus der Garantie bzw. Bürgschaft ausüben (§ 81 InsO); nur an ihn kann die Bank mit befreiender Wirkung leisten. Wenn im Insolvenzantragsverfahren ein allgemeines Verfügungsverbot erlassen wird, kann der Begünstigte die Forderung aus der Garantie oder Bürgschaft nicht mehr einziehen.[27] Die Bank kann die Garantiesumme auch dem Konto des Begünstigten gutschreiben. Damit wird zwar keine Verrechnung, wohl aber eine Aufrechnung möglich. Dem steht der Charakter der Garantie nicht entgegen.[28]

18 Hat die Bank eine Bürgschaft auf erstes Anfordern übernommen,[29] so bedeutet dies, dass sie grundsätzlich auf die bloße Aufforderung des Gläubigers zunächst einmal zahlen muss und etwaige Einwendungen gegen die Hauptschuld erst in einem auf ungerechtfertigte Bereicherung gestützten Rückforderungsprozess geltend machen kann.[30] Nur wenn klar erkennbar, dh offensichtlich oder liquide beweisbar ist, dass es an einer materiellen Berechtigung des Gläubigers fehlt und er somit seine formale Rechtsstellung missbraucht, entfällt die Zahlungspflicht der Bank.[31] Eine solche Bürgschaft ist für den Bürgen, der im Vorfeld einer Insolvenz oder nach Verfahrenseröffnung in Anspruch genommen wird, riskant, da er Gefahr läuft, im Insolvenzverfahren ganz oder teilweise auszufallen. Das allein berechtigt ihn jedoch nicht, die Zahlung zu verweigern, denn bei einer Bürgschaft auf erstes Anfordern haben die Vertragsparteien dieses Risiko gerade dem Bürgen zugewiesen.[32]

19 Hat die Bank von der Eröffnung des Insolvenzverfahrens oder dem Erlass des Verfügungsverbots keine Kenntnis, so wird ihr guter Glaube geschützt (§ 82 InsO), dh sie wird durch Zahlung an den Begünstigten befreit.

---

[26] Einzelheiten s *Obermüller*, Rn. 5.429 ff.
[27] BAG ZInsO 2003, 817; OLG Düsseldorf WM 1986, 626 (zu § 59 VglO); vgl. auch OLG Karlsruhe NJW 1986, 63.
[28] BGH NJW 1985, 1829.
[29] Zur Zulässigkeit solcher Bürgschaften s BGH ZIP 1998, 905; BGH ZIP 1997, 582 mit Abgrenzung zu der einschränkenden Entscheidung des BGH ZIP 1990, 1186; BGH WM 2000, 715; BGH WM 2003, 1876; weitere Nachweise bei *Thode* ZfIR 2000, 165; *Fischer*, FS Sonnenschein 2003, 407.
[30] OLG Brandenburg ZInsO 2002, 882; BGH WM 2003, 870.
[31] BGH vom 20.9.2011 – XI ZR 17/11 – WM 2011, 2216 mwN.
[32] BGH ZInsO 2002, 879; weiterführend *Marx* DZWIR 2003, 312.

§ 102. Finanzleistungen bei Insolvenz

Übersicht

	Rn.
I. Arten und Rechtsnatur der Finanzleistungen	3
1. Edelmetallgeschäfte	4
2. Wertpapiere	5
3. Wertpapieren vergleichbare Rechte	6
4. Geldleistungen in ausländischer Währung	7
5. Fremdbestimmte Geldleistungen	9
6. Optionen	10
II. Optionsgeschäfte in Wertpapieren bei Insolvenz	29
1. Risikoerhöhung	30
2. Optionsgeschäfte vor Verfahrenseröffnung	36
3. Optionsgeschäfte bei Verfahrenseröffnung	45
III. Rahmenverträge über Finanzleistungen	47
1. Anwendungsbereich	47
2. Beendigung der Finanztermingeschäfte	49
IV. Finanzsicherheiten	50
1. Vertragsparteien	51
2. Sicherungszweck	52
3. Sicherungsgut	54
4. Wirksamkeit der Bestellung von Finanzsicherheiten	56
5. Verwertung von Finanzsicherheiten	61
V. Verkäufe und Verbriefungen von Kreditforderungen	64
1. Vertragskonstruktionen	65
2. Insolvenzfestigkeit der Treuhandhaltung von Sicherheiten	68
3. Auswirkungen des Wahlrechts des Insolvenzverwalters	79

Unter den bislang unbekannten Begriff der „Finanzleistungen" will der Gesetzgeber in § 104 InsO alle Formen von Finanz-Derivaten erfassen, für die sich inzwischen vielfältige Gestaltungen finden.[1] Im Zuge der zunehmenden Globalisierung der internationalen Finanzmärkte hat sich nämlich neben den seit Jahrzehnten üblichen Devisentermingeschäften und den Devisen-Swaps eine Vielzahl von Finanztermingeschäften, auch Finanz-Derivate genannt, herausgebildet.[2] Diese Definition ist mit Absicht nicht abschließend, um auch künftigen Entwicklungen auf dem Gebiet der Finanzgeschäfte Rechnung tragen zu können.[3] Vor allem Geschäfte dieser Art haben im Jahr 2009 eine weltweite Wirtschaftskatastrophe ausgelöst, der die Bundesregierung mit dem Finanzmarktstabilisierungsgesetz[4] zu begegnen versucht.

Alle Finanzderivate können letztlich auf zwei Grundtypen, nämlich das *Festgeschäft*, das meist in der Form des Terminskaufs vorkommt, und die *Option* zurückgeführt werden.[5] Für sie enthält die InsO Sonderregelungen, die vor allem aus der Sorge eingeführt wurden, dass dem Insolvenzverwalter durch die Generalklausel des § 103 InsO die Möglichkeit eingeräumt werden könnte, sich von Geschäften zu trennen, die für die Masse ungünstig verlaufen waren, und den Geschäftspartner an Geschäften festzuhalten, die sich für diesen nachteilig entwickelt hatten (→ cherry picking).[6]

---

[1] Uhlenbruck/Hirte/Vallender/*Lüer*, § 104 Rn. 13.
[2] *Bosch* WM 1995, 365/413; *Clouth*, Rechtsfragen der außerbörslichen Finanz-Derivate, 2001.
[3] Bericht des Rechtsausschusses zu § 118 EInsO, BT-Drucks. 12/7302, S. 168.
[4] → § 103 Rn. 81 ff.
[5] Uhlenbruck/Hirte/Vallender/*Lüer*, § 104 Rn. 13.
[6] *Bosch* WM 1995, 365 ff., 413 ff.; *Bosch/Hodgeson*, Butterworths Journal of International Banking and Financial Law 1995, 304; *Nordhues/Benzler* WM 1999, 461; *Wilmowsky* WM 2002, 2264.

I. Arten und Rechtsnatur der Finanzleistungen

3   Die später im Einzelnen darzustellenden Sonderregelungen der InsO gelten für Finanzleistungen, die einen Markt- oder Börsenpreis haben und für deren Erfüllung eine bestimmte Zeit oder eine bestimmte Frist vereinbart ist (§ 104 II 1 InsO). Als Finanzleistung gelten insbesondere:

4   **1. Edelmetallgeschäfte.** Zu den Edelmetallgeschäften (§ 104 II 2 Nr. 1 InsO) gehören hauptsächlich Geschäfte über Gold, Silber und Platin. Im Übrigen ist der Begriff für Marktentwicklungen und daraus folgende Begriffswandlungen offen,[7] die allerdings nicht dazu führen dürfen, dass die Trennung zu den Rohstoffmärkten überwunden wird, denn § 104 II InsO bezieht sich nur auf „Finanzleistungen" und nicht auf Warengeschäfte; für Warengeschäfte gilt § 104 II InsO.

5   **2. Wertpapiere.** Unter den Begriff der Wertpapiere iSd § 104 II 2 Nr. 2 InsO fallen nicht sämtliche Wertpapiere im Rechtssinn, also beispielsweise nicht Wechsel, Schecks, Konnossemente sowie einfache und qualifizierte Legitimationspapiere, denn diese haben nicht den in § 104 II 1 InsO geforderten Börsen- oder Marktpreis. Vielmehr beschränkt der Anwendungsbereich dieser Vorschrift sich auf fungible Wertpapiere des Kapitalmarkts, wie zB Aktien, Kuxe, Investmentzertifikate, Anleihen jeglicher Art wie Staatsanleihen und Kommunalanleihen, Kassenobligationen und Wandelschuldverschreibungen.

6   **3. Wertpapieren vergleichbare Rechte.** Wertpapieren vergleichbare Rechte (§ 104 II 2 Nr. 2 InsO) sind vor allem Beteiligungs- oder Forderungsrechte, die ähnlich wie Wertpapiere gehandelt werden, aber keinen Wertpapiercharakter haben. Beispiele sind unverbriefte oder nur in Beweisurkunden zertifizierte ausländische Namensaktien sowie handelbare Register-, Schuldbuch- oder Schuldschein-Forderungen.

Ausgenommen aus dem Anwendungsbereich des § 104 II 2 Nr. 2 InsO sind Unternehmenskäufe und damit vergleichbare Beteiligungserwerbe, nämlich solche, die der „Herstellung einer dauernden Verbindung" zu dem betreffenden Unternehmen dienen sollen. Solche Geschäfte können eine andere Zielsetzung haben als ein gewöhnliches Finanzmarktgeschäft.

7   **4. Geldleistungen in ausländischer Währung.** Zu den Geldleistungen, die in ausländischer Währung oder einer Rechnungseinheit zu erbringen sind (§ 104 II 2 Nr. 3 InsO), zählen vor allem Devisengeschäfte. Des Weiteren gehören zu den Geldleistungen iSv § 104 InsO Währungs-Swaps des herkömmlichen und des neuen Typs. Bei Währungs-Swaps tauschen die Vertragsparteien jeweils Beträge in unterschiedlichen Währungen aus. Der herkömmliche Währungs-Swap, auch Devisen-Swap genannt,[8] ist ein Devisengeschäft, bei dem eine Vertragspartei der anderen einen Währungsbetrag verkauft und sofort liefert („Anfangstausch") und ihn gleichzeitig zu einem künftigen Termin, in aller Regel zu einem anderen Kurs zurückkauft („Rücktausch").[9] Es handelt sich hier um die Verbindung eines Devisenkassageschäfts mit einem konventionellen Devisentermingeschäft.[10] Der Währungs-Swap neueren Typs ist die Langfristvariante dieser Geschäftsform. Es findet sich vor allem bei Laufzeiten von über zwei Jahren. Bei ihm wird typischerweise vereinbart, dass der Rücktausch zum gleichen Kurs erfolgt, aber zwischenzeitlich periodische Ausgleichszahlungen stattfinden.[11]

8   Käufe ausländischer gesetzlicher Zahlungsmittel (Banknoten oder Münzen, sog. Sorten) zählen ebenfalls zu den Finanzleistungen, werden jedoch meist in der Form des Bargeschäfts abgewickelt, auf das sich § 104 InsO nicht bezieht.

---

[7] *Bosch* WM 1995, 365/413.
[8] *Dreissig* BB 1989, 322; *Decker* WM 1990, 1001.
[9] *Bosch* WM 1995, 365/413; *Decker* WM 1990, 1001.
[10] *Obermüller*, FS Franz Merz, 1992, S. 423 ff.; *Decker* WM 1990, 1001.
[11] *Bosch* WM 1995, 365/413; *Obermüller*, FS Merz, S. 424; *Decker* WM 1990, 1001.

5. Fremdbestimmte Geldleistungen. Geldleistungen, deren Höhe unmittelbar 9
oder mittelbar durch den Kurs einer ausländischen Währung oder einer Rechnungseinheit, durch den Zinssatz von Forderungen oder durch den Preis anderer Güter oder Leistungen bestimmt wird, fallen ebenfalls unter den Begriff Finanzleistungen iSv § 104 II 2 Nr. 4 InsO.

Dies betrifft zwar auch Termingeschäfte in der Form des Differenzgeschäfts, also solche, die Barausgleich statt Lieferung vorsehen, und Index-Swaps im weiteren Sinn, wozu auch die Zinssatz-Swaps gehören.[12] Soweit diese Geschäfte zu einer Leistungspflicht nur einer Partei führen, zählen sie nicht zu den Finanztermingeschäften iSv § 104 II InsO, da dort ein beiderseits nicht oder nicht vollständig erfüllter Vertrag vorausgesetzt wird.

Nr. 4 bezieht auch Warentermingeschäfte, die als Differenzgeschäfte ausgestaltet sind, einschließlich Warenpreisindex-Swaps, in die Regelung ein. Warentermingeschäfte, die effektive Lieferung vorsehen, fallen hingegen nicht darunter. Diese können allerdings Fixgeschäfte sein; in diesem Fall ist § 104 I InsO mit weitgehend den gleichen Rechtsfolgen wie § 104 II InsO anwendbar.

6. Optionen. Verträge über Optionen und andere Rechte auf Lieferungen oder 10
Geldleistungen der oben beschriebenen Art können ebenfalls zu den Finanztermingeschäften zählen (§ 104 II Nr. 5 InsO). Optionsgeschäfte sind *bedingte Termingeschäfte,* wonach eine Partei das Recht erhält, von der anderen Partei innerhalb eines bestimmten Zeitraums oder zu einem bestimmten festgelegten Zeitpunkt eine Leistung, beispielsweise die Lieferung oder Abnahme von Wertpapieren zu einem bestimmten, vorab vereinbarten Kurs („Basispreis") zu verlangen.[13] Für dieses Recht hat der Optionskäufer dem Optionsverkäufer die Optionsprämie zu bezahlen. Der Käufer hofft, dass der Kurs zB der Aktien zum Ausübungszeitpunkt der Option über den Basispreis liegen wird, so dass sein Gewinn aus der Differenz zwischen dem Basispreis und dem Kurs am Ausübungstag – abzüglich der von ihm gezahlten Optionsprämie – besteht. Der Käufer einer Verkaufsoption hat dagegen das Recht, dem Verkäufer („Stillhalter in Geld") zum Ausübungstag die Wertpapiere gegen Zahlung des Basispreises durch den Verkäufer zu verkaufen; er rechnet mit fallenden Kursen, so dass sein Gewinn in der Differenz zwischen dem (niedrigeren) Kurs am Ausübungstag und dem Basispreis besteht. Soweit Optionen keine effektiven Werte, sondern ein Index zugrundeliegt, beschränkt sich das Recht des Käufers auf Erhalt einer Differenzzahlung durch den Verkäufer.

Ist bei Optionen oder optionsähnlichen Geschäften *Barausgleich statt Lieferung* verein- 11
bart wie zB bei Caps und Floors, so kann nur das Geschäft, durch das die Option erworben wird, ein Finanztermingeschäft iSv § 104 II InsO darstellen. Denn diese Vorschrift gilt nur für noch von keiner Partei voll erfüllte Geschäfte. Dazu zählen derartige Optionsgeschäfte jedenfalls nach Zahlung der Prämie durch den Optionskäufer nicht mehr, da später nur noch eine Seite zu leisten hat. Diese würden dem Wahlrecht des Verwalters nach § 103 InsO unterliegen, sofern sie nicht mit anderen Finanzleistungen in einem Rahmenvertrag nach § 104 II 3 InsO zusammengefasst worden sind.[14]

entfallen 12–28

II. Optionsgeschäfte in Wertpapieren bei Insolvenz

Optionsgeschäfte in Wertpapieren an der Eurex Deutschland werden grundsätzlich 29
auf der Basis vertraglicher Absprachen abgeschlossen, die die Folgen einer Erhöhung des Risikos und einer Insolvenz des Bankkunden regeln.

---

[12] MüKoInsO/*Jahn,* § 104 Rn. 64.
[13] *Jahn,* in *Schimansky/Bunte/Lwowski,* Bankrechts-Handbuch, § 114 Rn. 3.
[14] *Jahn,* in *Schimansky/Bunte/Lwowski,* Bankrechts-Handbuch, § 114 Rn. 141.

30 1. Risikoerhöhung. Die Bank kann verlangen, dass der Kunde bei ihr Vermögenswerte unterhält, die ihr im Rahmen des AGB-Pfandrechts und sonstiger Sicherheiten zugleich als *Sicherheit* für alle Ansprüche aus Optionsgeschäften dienen (Nr. 9 Abs. 2 der Sonderbedingungen für Termingeschäfte).[15] Sicherheiten müssen jeweils in der Höhe bestellt werden, die die Bank nach ihrer Einschätzung der Zins-, Kurs- und Preisänderungsrisiken aus den Geschäften mit dem Kunden für erforderlich hält. Ändert sich die Risikoeinschätzung oder der Wert der vorhandenen Vermögenswerte, so kann die Bank jederzeit innerhalb angemessener Frist, die im Hinblick auf die Besonderheiten der Geschäfte sehr kurz bemessen sein kann, verlangen, dass der Kunde weitere Vermögenswerte als Sicherheit stellt bzw. für bislang ungesicherte Risiken erstmals Sicherheiten stellt (sog. Margensicherheit).

31 Für solchermaßen nachträglich bestellte Sicherheiten besteht die Gefahr einer *Insolvenzanfechtung,* wenn es später zur Eröffnung eines Insolvenzverfahrens über das Vermögen des Kunden kommt. Unter welchen Voraussetzungen eine Insolvenzanfechtung möglich ist, hängt von der Art der Sicherheit ab. Zu unterscheiden ist zwischen den klassischen Kreditsicherheiten wie Sicherungszessionen, Sicherungsübereignungen, Grundpfandrechten oder sonstigen Verpfändungen und den Finanzsicherheiten.

32 **a)** *Klassische Kreditsicherheiten.* Soweit der Kunde Sicherheiten nach Abschluss des Optionsgeschäfts gemäß Nr. 9 Abs. 2 der Sonderbedingungen für Termingeschäfte bestellt oder erhöht, kommt eine Anfechtung wegen vorsätzlicher Benachteiligung (§ 133 I InsO) oder wegen inkongruenter Deckung (§ 131 InsO) in Betracht, während Anfechtungen wegen kongruenter Deckung (§ 130 InsO) und unentgeltlicher Leistung (§ 134 InsO) schon tatbestandsmäßig ausscheiden.

33 Die nachträgliche Besicherung von Verbindlichkeiten aus Optionen auf Grund des allgemeinen Nachbesicherungsanspruchs aus Nr. 9 Abs. 2 der Sonderbedingungen für Termingeschäfte stellt stets eine *inkongruente Deckung* dar. Zwar hatte die Bank einen fälligen Anspruch auf die Bestellung oder Verstärkung der Sicherheiten, dieser Anspruch war jedoch nicht von vornherein auf eine bestimmte Sicherheit gerichtet, sondern allgemein auf bankmäßige Sicherheiten, wobei dem Kunden die freie Wahl unter den in Betracht kommenden Sicherungsmitteln geblieben ist.[16] Dies gilt grundsätzlich auch dann, wenn der Nachbesicherungsanspruch auf Barguthaben, Wertpapiere, Geldmarktinstrumente sowie sonstige Schuldscheindarlehen eingeengt wird, denn auch hier gibt es noch eine Auswahl und keinen konkreten Anspruch auf einen bestimmten Sicherungsgegenstand. Anders verhält es sich nur, wenn diese Vermögenswerte sämtliche Anforderungen erfüllen, die notwendig sind, um als Finanzsicherheiten eingeordnet zu werden.

34 **b)** *Finanzsicherheiten.* Soweit der Kunde nach Abschluss des Optionsgeschäfts gemäß Nr. 9 Abs. 2 der Sonderbedingungen für Termingeschäfte Finanzsicherheiten bestellt oder erhöht, kommt nur noch eine Anfechtung wegen vorsätzlicher Benachteiligung (§ 133 I InsO) in Betracht, während Anfechtungen wegen kongruenter oder inkongruenter Deckung (§§ 130, 131 InsO) und unentgeltlicher Leistung (§ 134 InsO) schon tatbestandsmäßig ausscheiden.

35 Die *nachträgliche Besicherung* von Finanzverbindlichkeiten wie zB aus Optionen durch Finanzsicherheiten wie Barguthaben, Wertpapiere, Geldmarktinstrumente sowie sonstige Schuldscheindarlehen gilt kraft inzidenter gesetzlicher Fiktion als kongruente Deckung. § 130 I 2 InsO regelt nämlich Sicherheitenbestellungen, die auf einer Vereinbarung beruhen, die die Verpflichtung enthält, eine Finanzsicherheit, eine andere oder eine zusätzliche Finanzsicherheit im Sinne des § 1 XVII KWG zu bestellen, um das in der Sicherungsvereinbarung festgelegte Verhältnis zwischen dem Wert der gesicherten

---

[15] Abgedruckt bei *Balzer/Siller* BuB 2004 Rn. 7/344.
[16] BGH WM 1981, 150; BGH WM 1969, 968; BGH WM 1968, 684; BGH WM 1961, 28.

Verbindlichkeiten und dem Wert der geleisteten Sicherheiten wiederherzustellen. Nach Auffassung des Gesetzgebers soll für den Fall, dass Finanzsicherheiten wegen inkongruenter Deckung gemäß § 131 InsO angefochten werden, § 131 im Lichte von § 130 I 2 InsO ausgelegt werden.[17] Diese Sicherheiten nimmt § 130 I 2 InsO von der Anfechtbarkeit wegen kongruenter Deckungen aus. Damit ist aber nur die Anfechtung nach §§ 130, 131 InsO ausgeschlossen, während eine Anfechtung nach §§ 133 und 134 InsO statthaft bleibt.[18] So kommt zB eine Anfechtung wegen unentgeltlicher Leistung weiterhin in Betracht, wenn ein Sicherungsgeber, der die Sicherheiten zB für Verbindlichkeiten eines Dritten wie seiner Tochtergesellschaft oder Muttergesellschaft aufgebracht hat, insolvent wird.

2. Optionsgeschäfte vor Verfahrenseröffnung. Der Eintritt der Zahlungsunfähigkeit eines Bankkunden, der Partner eines Optionsgeschäfts ist, oder ein gegen ihn gerichteter oder von ihm gestellter Insolvenzantrag oder vorläufige gerichtliche Maßnahmen im Antragsverfahren würden das Optionsgeschäft grundsätzlich nicht berühren. Die *Sonderbedingungen für Termingeschäfte*[19] sehen jedoch in Nr. 10 Abs. 2 etwas anderes vor: 36

„Im Insolvenzfall enden alle Geschäfte der Bank mit dem Kunden und die Auftragsverhältnisse, die den für den Kunden abgeschlossenen Geschäften zugrunde liegen, ohne Kündigung. Der Insolvenzfall ist gegeben, wenn ein Insolvenzverfahren über das Vermögen einer Partei beantragt wird und diese Partei entweder den Antrag selbst gestellt hat oder zahlungsunfähig oder sonst in einer Lage ist, die die Eröffnung eines solchen Verfahrens rechtfertigt."

a) *Definition des Insolvenzfalls.* Die Beendigung der Verträge tritt nach Nr. 10 II 2 der Sonderbedingungen für Termingeschäfte eindeutig mit Antrag des Kunden auf Eröffnung des Insolvenzverfahrens ein. 37

Der genaue Beendigungszeitpunkt bleibt jedoch oft ungewiss, wenn an die Zahlungsunfähigkeit oder den Insolvenzantrag eines *Dritten* angeknüpft werden soll. Wann „eine Lage, die die Eröffnung eines solchen Verfahrens rechtfertigt" oder eingetreten ist, kann sehr streitig sein. Allein der Antrag eines Dritten gibt keinen Beendigungsgrund.

Eine Lage, die die Eröffnung eines solchen Verfahrens rechtfertigt, wird man annehmen können, wenn das Gericht auf den Insolvenzantrag eines Dritten einstweilige Maßnahmen wie die Einsetzung eines vorläufigen Verwalters mit *Zustimmungsvorbehalt* oder mit *Verfügungsverbot* oder die Einstellung von Zwangsvollstreckungsmaßnahmen angeordnet oder auf den Insolvenzantrag eines Dritten die Eröffnung mangels Masse abgewiesen hat. Anders verhält es sich aber, wenn das Gericht lediglich einen Gutachter oder einen vorläufigen Verwalter ohne Verfügungsbeschränkungen für den Schuldner einsetzt. 38

b) *Wirksamkeit der Lösungsklausel.* Die vertragliche Vereinbarung eines solchen Beendigungsgrundes ist ebenso wie die Vereinbarung eines Kündigungsrechts zulässig. In dem weit bis in die Zeit der Konkursordnung zurückreichenden Meinungsstreit[20] um die Wirksamkeit von Klauseln, die der solventen Partei eine Auflösung des Vertrages in der Insolvenz ihres Vertragspartners ermöglichen wollen, hat der BGH[21] eine teilweise Klärung herbeigeführt. Danach ist für die Wirksamkeit solcher Lösungsklauseln zu differenzieren, ob es sich um eine insolvenzabhängige oder eine insolvenzunabhängige 39

---

[17] Begr RegE Gesetz zur Umsetzung der Finanzsicherheiten-Richtlinie, ZIP 2003, S. 1566, 1570.
[18] *Dauernheim* in Wimmer, Frankfurter Kommentar zur InsO, 7. Auflage 2013, § 130 Rn. 34; *Jaeger/Henckel*, InsO, 1. Aufl. 2008, § 130 Rn. 152; *Hirte* in Uhlenbruck, InsO, 13. Aufl. 2010, § 130 Rn. 31; HK/*Kreft* 6. Aufl. 2011, § 130 Rn. 40; HambKommInsO/*Schmidt* 3. Aufl. 2009, § 130 Rn. 51; *Kollmann* WM 2004, 1012; bezogen nur auf § 133 InsO ebenso *Schlaegel*, Die Finanzsicherheitenrichtlinie und die Umsetzung in das deutsche Recht, 2007, S. 121 f.
[19] Abgedruckt bei *Seyfried*, in *Hopt*, Vertrags- und Formularbuch zum Handels-, Gesellschafts- und Bankrecht, 4. Aufl. 2013, IV R 1 und *Balzer/Siller* BuB 2004 Rn. 7/344.
[20] Einzelheiten s. *Obermüller*, Insolvenzrecht in der Bankpraxis, 8. Aufl. 2011 Rn. 8.201 mwN.
[21] ZInsO 2013, 292.

Lösungsklausel handelt. Eine **insolvenzabhängige Lösungsklausel** liegt vor, wenn eine der Parteien für den Fall der Zahlungseinstellung, des Insolvenzantrages oder der Insolvenzeröffnung das Recht eingeräumt wird, sich vom Vertrag zu lösen,[22] oder wenn der Vertrag unter der auflösenden Bedingung des Eintritts dieser insolvenzbezogenen Umstände steht. Eine insolvenzabhängige Lösungsklausel ist nach § 119 InsO unwirksam, wenn sie im Voraus die Anwendung des § 103 InsO ausschließt. Der Zweck des Erfüllungswahlrechts ist es, die Masse zu schützen und im Interesse einer gleichmäßigen Gläubigerbefriedigung zu mehren.[23] Dieser Zweck könnte vereitelt werden, wenn sich der Vertragspartner des Schuldners allein wegen der Insolvenz von einem für die Masse günstigen Vertrag lösen und damit das Wahlrecht des Insolvenzverwalters nach § 103 InsO unterlaufen kann.[24]

40   Eine insolvenzabhängige **Lösungsklausel ist** dagegen **anzuerkennen,** wenn die Vereinbarung einer gesetzlich vorgesehenen Lösungsmöglichkeit entspricht[25] und deren Wirkungen lediglich vorwegnimmt. Da Optionsgeschäfte unter § 104 Abs. 2 InsO fallen, der ihre Beendigung mit Verfahrenseröffnung vorsieht, ohne dem Insolvenzverwalter ein Wahlrecht einzuräumen (→ Rn. 45), müssen Lösungsklauseln, die diese Wirkung vorwegnehmen, als wirksam anerkannt werden.

41   c) *Abrechnung auf Grund von Lösungsklauseln.* Wenn ein Vertrag im Vorfeld der Insolvenz, sei es wegen Verzug, schon eingetretener oder drohender Zahlungsunfähigkeit oder Überschuldung, Insolvenzantragstellung oder aus sonstigen wichtigen Gründen, beendet worden ist, kommen lediglich *Ausgleichsansprüche* nach Nr. 10 III der Sonderbedingungen für Termingeschäfte in Betracht.[26] Danach können „statt Erfüllung nur Forderungen wegen Nichterfüllung geltend gemacht werden. Diese Forderungen richten sich auf den Unterschied zwischen den vereinbarten Preisen und den Markt- oder Börsenpreisen, die am Tage der Beendigung oder Glattstellung für ein Geschäft mit der vereinbarten Erfüllungszeit maßgeblich sind". Dies führt dazu, dass lediglich der danach verbleibende Saldo je nachdem, wer ihn schuldet, entweder von der Bank als Insolvenzforderung – falls ihr keine Sicherheiten haften – oder von dem Kunden bzw. dessen Verwalter in voller Höhe geltend gemacht werden kann.

42   Derartige schuldrechtliche Saldierungsregelungen sind zulässig.[27] Wenn danach ein Insolvenzverfahren eröffnet wird, muss der Insolvenzverwalter das Ergebnis einer nach den vertraglichen Vereinbarungen korrekt vorgenommenen Saldierung gegen sich gelten lassen.

43   Zwingende Vorschriften der Insolvenzordnung sind nicht verletzt. Die Zulässigkeit von *Aufrechnungsvereinbarungen,* durch die abweichend von den gesetzlichen Vorschriften der §§ 387 ff. BGB die Aufrechnung erleichtert wird, war unter der Geltung der Konkursordnung anerkannt.[28] Die Insolvenzordnung bestätigt diesen Grundsatz durch ausdrückliche Berücksichtigung der Aufrechnungsvereinbarungen in § 94. Dass derartige

---

[22] BGHZ 155, 87, 95.
[23] *Wegener* in Uhlenbruck/Hirte/Vallender, InsO, 13. Aufl. 2010, § 103 Rn. 1 ff.; zu § 17 KO vgl. BGHZ 106, 236, 244.
[24] HK/*Marotzke* 6. Aufl. 2011, § 119 Rn. 4; *Dahl* NJW- Spezial, 2008, 373, 374.
[25] BGH ZInsO 2013, 292; BGHZ 170, 206 Rn. 11; OLG Düsseldorf ZInsO 2007, 152, 154; KP/*Tintelnot* InsO, Stand 1998, § 119 Rn. 16 ff.; HK/*Marotzke* 6. Aufl. 2011, § 119 Rn. 4; Nerlich/Römermann/*Balthasar,* InsO, 1999, § 119 Rn. 11, 15; *Goetsch* in Berliner Kommentar Insolvenzrecht, Stand 2013 § 119 Rn. 5 ff.; Graf-Schlicker/*Breitenbücher,* InsO, 3. Aufl. 2012, § 103 Rn. 11; *Schwörer,* Lösungsklauseln für den Insolvenzfall, 2000 Rn. 269 ff., 298 f., 317, 429; *Gerhardt,* AcP 2000, 426, 443; *Pape* in Kölner Schrift zur Insolvenzordnung, 2. Aufl. 2000, S. 531 Rn. 60 ff.; *Berger* in Kölner Schrift zur Insolvenzordnung, 3. Aufl. 2009, S. 325 Rn. 28; *Abel* NZI 2003, 121, 128; *Dahl,* NJW-Spezial 2008, 373 f.
[26] Vertragliches „Netting"; *Bosch* WM 1995, 365, 413.
[27] MüKoInsO/*Huber* § 119 Rn. 60; FK/*Wegener,* § 104 Rn. 30; *Bosch* WM 1995, 365, 413.
[28] *Jaeger* KO, 8. Aufl. 1958, § 53 Rn. 27 mwN.

Vereinbarungen nicht im Gegensatz zu den Zielen der Insolvenzordnung stehen, wird auch durch die Bezugnahme auf Rahmenverträge in § 104 II 3 InsO und die Abrechnungsregeln in § 104 III InsO bestätigt. Die Begründung zu § 104 InsO[29] nennt die Aufrechterhaltung von vertraglichen Saldierungsmöglichkeiten als eines der Ziele des § 104 II, III InsO.

Nach Eröffnung eines Insolvenzverfahrens kann der Verwalter die vorher vollzogene Saldierung nicht mit Hilfe der *Anfechtungsrechte* aus §§ 129 ff. InsO rückgängig machen, es sei denn, die Bank hat sich in anfechtbarer Weise zur Verrechnung geeignete Gegenforderungen verschafft. Dies wäre zB möglich durch Ankauf von Finanztermingeschäften, die Dritte mit dem Kunden geschlossen haben und die für ihn ungünstig verlaufen sind.[30] 44

3. Optionsgeschäfte bei Verfahrenseröffnung. Der Insolvenzfall führt zur *Beendigung* aller Geschäfte der Bank mit dem Kunden, ohne dass dazu eine Kündigung notwendig wäre (Nr. 10 II der Sonderbedingungen für Termingeschäfte). Diese vertragliche Regelung deckt sich mit § 104 II InsO. Letztere Vorschrift kann unmittelbar nur zum Zuge kommen, wenn der Vertrag nicht schon vor der Verfahrenseröffnung wegen Zahlungseinstellung oder einem Insolvenzantrag beendet wurde; diese Situation kann praktisch nur eintreten, wenn der Insolvenzantrag gleichtägig beschieden wurde. 45

Eine in diesem Zeitpunkt noch nicht ausgeübte Option zum Erwerb von Wertpapieren von dem Kunden kann die Bank jetzt nicht mehr ausnutzen. Ebensowenig kann der Kunde eine Option auf Erwerb von Wertpapieren von der Bank ausüben.

Wenn ein Optionsgeschäft kraft Gesetzes (§ 104 II InsO) beendet wird und lediglich eine Forderung wegen Nichterfüllung geltendgemacht werden kann, richtet sich diese auf den Unterschied zwischen dem vereinbarten Preis und dem Markt- oder Börsenpreis, der zu einem von den Parteien vereinbarten Zeitpunkt, spätestens jedoch am fünften Werktag nach der Eröffnung des Verfahrens am Erfüllungsort für einen Vertrag mit der vereinbarten Erfüllungszeit maßgeblich ist. Treffen die Parteien keine Vereinbarung, ist der zweite Werktag nach der Eröffnung des Verfahrens maßgebend. Damit sind auch hier die Sonderbedingungen für Termingeschäfte grundsätzlich anwendbar. 46

III. Rahmenverträge über Finanzleistungen

1. Anwendungsbereich. Über den Rahmen der Devisentermingeschäfte hinaus ist der Gesetzgeber bestrebt, auch für andere Verträge über Finanzleistungen auf Grund vertraglicher oder gesetzlicher Regelungen die Verrechnung (das sog. „*Netting*")[31] der auf den Zeitpunkt der Verfahrenseröffnung ermittelten Aktiv- und Passivpositionen aus diesen Geschäften in Höhe von deren positiven und negativen Marktwerten zu ermöglichen und dadurch die Risiken der Marktteilnehmer auf den aus der Verrechnung resultierenden Saldo zu beschränken.[32] Wenn nämlich zwischen der Bank und ihrem Kunden mehrere Finanztermingeschäfte bestehen, deren Wert sich im Lauf der Zeit unterschiedlich entwickelt hat, soll vermieden werden, dass in der Insolvenz des Kunden ein Verwalter über § 103 InsO die für den Schuldner ungünstigen Geschäfte zu mit der Folge beenden kann, dass die Bank wegen ihres Schadensersatzanspruchs auf eine einfache Insolvenzforderung verwiesen ist, und an den für die Masse günstigen Geschäften festhalten kann (sog. „cherry-picking").[33] 47

---

[29] BT-Drucks. 12/7302, S. 168.
[30] Sog Unter-Deckung-Nehmen von Forderungen, vgl. dazu *Obermüller*, Insolvenzrecht, Rn. 6.154 ff.
[31] Zum Begriff des Netting s. *Kieper*, Abwicklungssysteme in der Insolvenz, 2004, § 3 IV.
[32] Vgl. etwa *Kieper* § 3 I 3; *Bosch* WM 1995, 365 ff., 413 ff.; *Koch* ÖBA 1995, 495; *Lehnhoff* WM 1994, 41; *Benzler* ZInsO 2000, 1.
[33] *Bosch* WM 1995, 365 ff., 413 ff.; *Bosch/Hodgeson*, Journal of International Banking and Financial Law 1995, 304; *Nordhues/Benzler* WM 1999, 461.

§ 102 48–51

48 Die oben dargestellten Geschäfte fallen nur unter den Begriff der Finanztermingeschäfte, wenn sie einen *Börsen- oder Marktpreis* haben und für ihre Erfüllung eine bestimmte Zeit oder eine bestimmte *Frist* vereinbart ist. Anders als Fixgeschäfte im Sinn von § 376 HGB bzw. § 361 BGB ist es zwar nicht notwendig, dass diese Geschäfte ihren Zweck verfehlen, wenn sie nicht pünktlich erbracht werden. Damit fallen auch solche Geschäfte unter diese Bestimmung, für die vertraglich vorgesehen ist, dass dem säumigen Partner eine – allerdings fest vorgegebene – Nachfrist für die Erfüllung zu setzen ist.

49 **2. Beendigung der Finanztermingeschäfte.** Sofern die Finanztermingeschäfte nicht schon wegen der Zahlungsunfähigkeit, einer Überschuldung oder des Insolvenzantrags durch Ausübung vertraglicher oder gesetzliche Kündigungs- oder Rücktrittsrechte beendet worden sind, enden sie erst durch die Verfahrenseröffnung kraft Gesetzes (§ 104 II InsO). Damit sind die gegenseitigen Erfüllungsansprüche erloschen und es stehen sich nur noch auf Euro gerichtete Ausgleichsansprüche gegenüber. Die Ausgleichsansprüche können gegeneinander verrechnet werden. Die Aufrechnungsvoraussetzungen des § 387 BGB sind erfüllt.

IV. Finanzsicherheiten

50 Neben den klassischen Kreditsicherheiten, nämlich der Sicherungsabtretung von Forderungen und Sicherungsübereignung von beweglichen Sachen (§ 51 Nr. 1 InsO), der Sicherungsübertragung von Rechten und sonstigen Vermögenswerten (§ 51 Nr. 1 InsO), den Eigentumsvorbehaltsrechten (§§ 47, 107 InsO), den Mobiliarpfandrechten (§ 50 InsO) und den Immobiliarsicherungsrechten (§ 49 InsO) hat der Gesetzgeber mit der Umsetzung[34] der *EU-Richtlinie über Finanzsicherheiten*[35] scheinbar eine neue Kategorie von Sicherheiten geschaffen, nämlich die sogenannten Finanzsicherheiten (§ 1 XVII KWG).

Im Prinzip handelt es sich jedoch nur um bereits bekannte Arten von Sicherheiten, die lediglich gewissen Spezifikationen nach der Natur der Vertragsparteien, dem Sicherungszweck und nach der Art des Sicherungsguts unterliegen; daraus wiederum ergeben sich Konsequenzen für die Wirksamkeit der Bestellung von Finanzsicherheiten und für ihre Verwertung.

51 **1. Vertragsparteien.** Als Vertragspartei müssen sowohl Sicherungsnehmer als auch Sicherungsgeber
– ein Kreditinstitut,
– eine Wertpapierfirma,
– ein Versicherungsunternehmen,
– eine zentrale Vertragspartei, Verrechnungsstelle oder Clearingstelle oder vergleichbare Einrichtungen, die einer Aufsicht nach dem Recht eines Mitgliedstaates unterliegen und für Terminkontrakt-, Options- und Derivatemärkte fungieren (so genannter Interbankenverkehr),
– eine öffentlich-rechtliche Körperschaft,
– eine Zentralbank, die Europäische Zentralbank, die Bank für Internationalen Zahlungsausgleich, eine multilaterale Entwicklungsbank, der Internationale Währungsfonds oder die Europäische Investitionsbank,
– eine juristische Person des Privatrechts, eine Personengesellschaft oder ein Einzelkaufmann – diese allerdings mit Einschränkungen hinsichtlich des Sicherungszwecks –
sein.[36] Verbraucher sind damit ausgeschlossen.

---

[34] Gesetz zur Umsetzung der Richtlinie 2002/47/EG über Finanzsicherheiten und zur Änderung des Hypothekenbankgesetzes vom 5.4.2004, BGBl. I, 502.
[35] Richtlinie 2002/47/EG vom 6.6.2002 – ABl EG v. 27.6.2002, Nr. L 168/43.
[36] Weitere Einzelheiten siehe Art. 1 Abs. 2c Finanzsicherheitenrichtlinie.

2. Sicherungszweck. Wenn es sich bei dem Sicherungsgeber um einen Einzelkaufmann, eine Personengesellschaft, eine GmbH, eine Genossenschaft oder eine Aktiengesellschaft handelt, gelten die Sonderregelungen nicht für alle Verbindlichkeiten, sondern nur dann, wenn ein bestimmter Sicherungszweck verfolgt wird, nämlich wenn die Finanzsicherheiten der Besicherung von Verbindlichkeiten aus Verträgen oder aus der Vermittlung von Verträgen über 52

– die Anschaffung und die Veräußerung von Finanzinstrumenten,
– Pensions-, Darlehens- sowie vergleichbare Geschäfte auf Finanzinstrumente oder
– Darlehen zur Finanzierung des Erwerbs von Finanzinstrumenten

dienen (§ 1 XVII KWG). Die Finanzinstrumente sind in § 1 XI KWG definiert als Wertpapiere, Geldmarktinstrumente, Devisen oder Rechnungseinheiten sowie Derivate; im Sinn des § 1 XVII KWG wird der Begriff erweitert auf Termingeschäfte, deren Preis von anderen als den in § 1 XI 4 Nr. 1–5 KWG genannten Basiswerten abhängt.

Selbstverständlich können die oben genannten Verbindlichkeiten auch durch andere Sicherheiten als durch Finanzsicherheiten abgedeckt werden und beispielsweise durch sonstige Sicherheiten, die der Bank nach Nr. 14 AGB-Banken haften oder mit weitem Sicherungszweck bestellt sind, geschützt werden. Allerdings unterliegen diese Sicherheiten dann nicht den Sonderregelungen über Finanzsicherheiten hinsichtlich der Anfechtbarkeit und bei der Verwertung. 53

3. Sicherungsgut. Um die Sorge von Insolvenzverwaltern,[37] dass Mobiliarsicherheiten wie Sicherungsübereignungen von Anlage- und Umlaufvermögen sowie Sicherungszessionen aller Art mit Finanzsicherheiten gleichgesetzt werden, zu beseitigen, hat der Gesetzgeber den Begriff der Finanzsicherheiten, der bisher nur in Art. 1 IVa Finanzsicherheitenrichtlinie konkretisiert war, in das KWG übernommen und präzisiert: Als Sicherungsgut kommen nur Barguthaben, Wertpapiere, Geldmarktinstrumente sowie sonstige Schuldscheindarlehen einschließlich jeglicher damit in Zusammenhang stehender Rechte oder Ansprüche in Betracht, nicht aber die klassischen Kreditsicherheiten wie Sicherungszessionen, Sicherungsübereignungen, Grundpfandrechte oder sonstige Verpfändungen; auch die Bestellung eines Pfandrechts durch einen Einzelkaufmann, eine Personengesellschaft, eine GmbH, eine Genossenschaft oder eine Aktiengesellschaft an Unternehmensbeteiligungen – das Gleiche gilt für Anteile an verbundenen Unternehmen im Sinn von § 290 II HGB – ist von den Sonderregelungen ausgenommen, selbst wenn sich die Aktien – was sehr ungewöhnlich wäre – im Depot bei der Bank befinden. 54

Finanzsicherheiten an den oben beschriebenen Vermögenswerten können nicht nur in Form eines beschränkten dinglichen Sicherungsrechts, hier also der Verpfändung durch das AGB-Pfandrecht oder durch eine individuelle Pfandrechtsvereinbarung, sondern auch – was allerdings nicht gebräuchlich ist – im Wege der *Vollrechtsübertragung*, also der Sicherungsübereignung begründet werden. 55

4. Wirksamkeit der Bestellung von Finanzsicherheiten. Die Sonderregelungen für Finanzsicherheiten wirken sich aus bei der Bestellung und der Anfechtung. 56

a) *Bestellung*. Finanzsicherheiten können auch noch am Tag der Eröffnung des Insolvenzverfahrens über das Vermögen des Sicherungsgebers wirksam bestellt werden, wenn der Sicherungsnehmer nachweist, dass er die Verfahrenseröffnung weder kannte noch kennen musste (§ 81 III 2 InsO). 57

b) *Insolvenzanfechtung*. Die Anfechtung ist nur möglich nach den Regeln der Anfechtung vorsätzlicher Benachteiligungen (§ 133 InsO), während Anfechtungen wegen inkongruenter Deckungen (§ 131 InsO) oder als unmittelbar nachteilige Rechtshandlun- 58

---

[37] *Hölzle* ZIP 2003, 2144; besänftigend *Wimmer* ZInsO 2004, 1; vermittelnd *Ehricke* ZIP 2003, 2141.

gen (§ 132 InsO) schon tatbestandsmäßig ausscheiden und Anfechtungen wegen kongruenter Deckungen (§ 130 InsO) durch § 130 I 2 InsO ausgeschlossen sind.

59 Die Anfechtung nach § 130 I InsO ist bei Finanzsicherheiten auch dann ausgeschlossen, wenn nicht nur der Vertragspartner zur Zeit der Hereinnahme der nachträglich gestellten Sicherheiten bereits zahlungsunfähig oder ein Antrag auf Insolvenzeröffnung gestellt war, sondern die Bank auch von der Zahlungsunfähigkeit oder dem Eröffnungsantrag Kenntnis hatte. Allerdings wird es bei Eintritt solcher Ereignisse nicht mehr zur nachträglichen Bestellung von Sicherheiten kommen können, wenn die Sonderbedingungen für Termingeschäfte[38] oder der Rahmenvertrag für Finanztermingeschäfte[39] vereinbart sind: diese sehen für den Fall der Zahlungsunfähigkeit oder eines Insolvenzantrags nämlich eine Beendigung sämtlicher Termingeschäfte und deren Abrechnung vor.

60 Damit wird der von der Finanzsicherheiten-Richtlinie verlangte Schutz vor automatischen Anfechtungen bzw. Rückschlagsperren (vgl. Art. 8 I, III Finanzsicherheiten-Richtlinie) allerdings nicht eindeutig verwirklicht. Die nachträgliche Besicherung von Finanzverbindlichkeiten wie zB aus Optionen und Finanzterminkontrakten auf Grund des allgemeinen Nachbesicherungsanspruchs aus Nr. 9 Abs. 2 der Sonderbedingungen für Termingeschäfte wäre nach bisheriger Rechtsprechung nämlich als eine inkongruente Deckung anzusehen. Zwar hatte die Bank einen fälligen Anspruch auf die Bestellung oder Verstärkung der Sicherheiten, dieser Anspruch ist jedoch nicht von vornherein auf eine bestimmte Sicherheit gerichtet, sondern allgemein auf bankmäßige Sicherheiten, wobei dem Kunden die freie Wahl unter den in Betracht kommenden Sicherungsmitteln geblieben ist.[40] Dies gilt auch dann, wenn der Nachbesicherungsanspruch auf Finanzsicherheiten eingeengt wird, denn auch hier gibt es – wie oben dargestellt – noch unterschiedliche Arten. Nach Auffassung des Gesetzgebers soll aber für den Fall, dass Finanzsicherheiten wegen inkongruenter Deckung gemäß § 131 InsO angefochten werden, diese Vorschrift im Lichte von § 130 I 2 InsO-E ausgelegt werden.[41] Ob die Rechtsprechung, die hier sehr strenge Maßstäbe anlegt,[42] dem folgt, bleibt abzuwarten. Möglicherweise wird der Gesetzgeber, um den Anforderungen der Richtlinie zu genügen, nachbessern müssen. Auch kommt eine Anfechtung wegen unentgeltlicher Leistung dann weiterhin in Betracht, wenn ein Sicherungsgeber, der die Sicherheiten zB für Verbindlichkeiten eines Dritten wie seiner Tochtergesellschaft oder Muttergesellschaft aufgebracht hat, insolvent wird. Diese Anfechtung wird von der Richtlinie allerdings nicht erfasst und sollte von ihr nicht ausgeschlossen werden.

61 **5. Verwertung von Finanzsicherheiten.** Zur *Verwertung* von Finanzsicherheiten ist sowohl im Antragsverfahren als auch im eröffneten Verfahren stets der Gläubiger und nicht der Insolvenzverwalter berechtigt (§§ 21 II 2, 166 III Nr. 3 InsO); diese Befugnis darf ihm auch nicht durch gerichtliche Anordnung entzogen werden. Kostenbeiträge an die Masse fallen nicht an. Handelt es sich um Barguthaben oder Wertpapiere, die der Bank nach Nr. 14 AGB-Banken haften, ergibt sich dies schon aus § 166 I, II InsO, der nicht für Besitzpfandrechte und Pfandrechte an Forderungen gilt.[43] Die Bedeutung der

---

[38] Abgedruckt bei *Seyffried*, in Hopt, Vertrags- und Formularbuch zum Handels-, Gesellschafts- und Bankrecht, 4. Aufl. 2013, IV R 1 und *Balzer/Siller* BuB 2004 Rn. 7/344.
[39] Abgedruckt bei *Seyffried*, aaO (Fn 59), IV R 1, und *Neuhaus* BuB 2010 Rn. 7/1144.
[40] BGH WM 1981, 150; BGH WM 1969, 968; BGH WM 1968, 684; BGH WM 1961, 28; s im Übrigen *Obermüller*, Insolvenzrecht, Rn. 6.102.
[41] Begr RegE Gesetz zur Umsetzung der Finanzsicherheiten-Richtlinie, ZIP 2003, S. 1566, 1570.
[42] S zB BGH WM 1992, 1083; BGHSt 16, 279; BGH ZIP 1993, 1653; ebenso für die Abtretung einer Forderung erfüllungshalber OLG Frankfurt ZIP 1997, 598.
[43] BGH WM 2002, 1797; BGH ZInsO 2003, 612; *Häcker*, Abgesonderte Befriedigung aus Rechten, 2001, Rn. 619 ff.; *Uhlenbruck*, FS Vieregge, 1996, S. 883.

Verwertungsregelung für Finanzsicherheiten in § 166 III Nr. 3 InsO beschränkt sich auf etwaige Sicherungsübereignungen von Wertpapieren.

Die *Aufrechnungsverbote* der §§ 95 I 3, 96 I InsO stehen einer Verwertung von Finanzsicherheiten nicht entgegen. Die vorzeitige Beendigung von Finanztermingeschäften nach § 104 InsO erstreckt sich auch auf Finanzsicherheiten (§ 104 II Nr. 6 InsO). **62**

Eingriffe in die Sicherungsrechte sind auch im *Insolvenzplanverfahren* nicht zulässig (§ 223 I 2 InsO). **63**

V. Verkäufe und Verbriefungen von Kreditforderungen

Verkauf und Verbriefung vor allem grundpfandrechtlich besicherter Kreditforderungen erfreuten sich in Deutschland lange Zeit zunehmender Beliebtheit,[44] bis sich Ende 2008 die in ihnen verborgenen Risiken offenbarten[45] und zu Notmaßnahmen des deutschen Gesetzgebers in Form des Finanzmarktstabilisierungsgesetzes[46] und Ergänzungen des KWG mit der Einführung eines Selbstbehalts (§ 18a KWG)[47] führten, gefolgt von einem regelrechten Aufsichtsfeuerwerk[48] durch europäische Regulierungen.[49] Solche Transaktionen sind grundsätzlich geeignet, sowohl die **Eigenkapitalposition** als auch die **Risikoposition** der Verkäufer zu verbessern.[50] Die Transaktionen folgen in der Regel einem gemeinsamen Konzept: **64**

1. Vertragskonstruktionen. Bei Verbriefungen (sog. True Sale) verkauft der sogenannte Originator (überwiegend handelt es sich dabei um Banken) Forderungen aus Krediten nebst deren Sicherheiten an eine zu diesem Zweck gegründete Zweckgesellschaft, das so genannte Special-Purpose-Vehicle, die sich durch die Ausgabe von Wertpapieren (Schuldscheinen, Schuldverschreibungen) refinanziert.[51] Die Verbriefungen werden ABS (Asset-Backed Securities) und, wenn grundpfandrechtlich gesicherte Forderungen übertragen werden, MBS (Mortgage-Backed Securities) genannt.[52] Die Verwaltung der abgetretenen Kreditforderungen und der dazugehörigen Sicherheiten behält aufgrund eines Dienstleistungsvertrages der Verkäufer. Handelt es sich bei den Sicherheiten um Grundschulden, so findet keine Übertragung statt, vielmehr bleibt der **65**

---

[44] *Kessler/Schrage* IFLR 2004, September S. 49; *Bomhard/Kessler/Dettmeier* BB 2004, 2085; Überblick bei *Fröhlich* BankPraktiker 2006, 588 und *Zeising* BKR 2007, 311.

[45] Zu strafrechtlichen Konsequenzen s *Schröder* NJW 2010, 1169.

[46] Gesetz zur Umsetzung eines Maßnahmenpakets zur Stabilisierung des Finanzmarktes (Finanzmarktstabilisierungsgesetz – FMStG) vom 17.10.2008, BGBl. I, 1982; Überblick s *Brück/Schalast/Schanz* BB 2008, 2526; *Ewer/Behnsen* NJW 2008, 3457; *Horn* BKR 2008, 452; *Ziemons* DB 2008, 2635; zur Hilfe für Staatsbanken s *Ewer/Behnsen* BB 2008, 2582; zum Schutz durch Verwaltungsgerichte s *Ewer* AnwBl 2008, 809; zu gesellschaftsrechtlichen Problemen s *Roitzsch/Wächter* DZWIR 2009, 1.

[47] Gesetz zur Umsetzung der geänderten Bankenrichtlinie und der geänderten Kapitaladäquanzrichtlinie vom 19.11.2010 – BGBl. I, 1592.

[48] *Prüm/Thomas* BKR 2011, 133.

[49] Gesetz zur Umsetzung der geänderten Bankenrichtlinie und der geänderten Kapitaladäquanzrichtlinie vom 24.11.2010 – BGBl. I, 1592 (CRD-Änderungen-Umsetzungsgesetz); Verordnung zur weiteren Umsetzung der geänderten Bankenrichtlinie und der geänderten Kapitaladaequanzrichtlinie vom 5.10.2010 – BGBl. I, 1330; Zweite Verordnung zur weiteren Umsetzung der geänderten Bankenrichtlinie und der geänderten Kapitaladaequanzrichtlinie vom 26.10.2011; zu weiteren Aktivitäten s. *Prüm/Thomas* BKR 2011, 133.

[50] *Stöcker* Die Bank 2004, 55.

[51] Einzelheiten s *Obermüller*, FS Kreft, 2004, 427; *Baums* WM 1993, 1; *Eichholz/Nelgen* DB 1992, 793; *Früh* BB 1995, 105; *Koberstein-Windpassinger*, WM 1999, 473; *Kusserow/Dittrich* WM 1997, 1786; *Möller*, Sparkasse 1997, 86; *Schneider/Eichholz/Ohl* ZIP 1992, 1452; *Witzani* BB 2000, 2125; zur Auswirkung der Uncitral-Konvention über internationale Forderungsabtretungen auf ABS-Transaktionen s *Danielewsky/Lehmann* WM 2003, 221.

[52] *Stöcker*, Die Bank, 2004, 55.

Originator Inhaber der Grundschulden; die Kaufvertragsparteien vereinbaren ihre treuhänderische Haltung für die Zweckgesellschaft als Käuferin.

66 Verkäufe von Forderungen ohne Verbriefung,[53] insbesondere von notleidenden Krediten (auch „Distressed Debt Investing"[54] genannt) folgen oft dem gleichen Konzept, dh insbesondere bei grundpfandrechtlich gesicherten Krediten beläßt der Käufer die Verwaltung der Kredite dem Verkäufer, die Kreditforderungen werden still abgetreten, aber der Verkäufer hält die Grundschulden treuhänderisch für den Käufer.

67 Durch solche Geschäfte geht das Risiko mangelnder Bonität des Kreditnehmers auf den Forderungskäufer über. Der Forderungskäufer ist jedoch nicht bereit, auch das Bonitätsrisiko des Verkäufers zu übernehmen. Deshalb müssen derartige Transaktionen so konstruiert sein, dass die Insolvenz des Verkäufers die Position der Käufer nicht beeinträchtigt. Schwierigkeiten ergeben sich insofern bei der Treuhandhaltung von Sicherheiten und aus dem Wahlrecht des Insolvenzverwalters.

68 **2. Insolvenzfestigkeit der Treuhandhaltung von Sicherheiten.** Voraussetzung für ein **Aussonderungsrecht** (§ 47 InsO) der Zweckgesellschaft bzw. des Forderungskäufers in der Insolvenz des Verkäufers (Originators) ist eine rechtlich einwandfreie Abwicklung der Übertragung der Sicherheiten. Diese hängt von der Art der verwendeten Sicherheit ab.

69 a) *Vollübertragung von Sicherheiten.* **Akzessorische Sicherheiten** wie Bürgschaften gehen kraft Gesetzes auf den Erwerber der Forderung über, **abstrakte** Sicherheiten wie Garantien und Zessionen müssen eigens übertragen werden. Dies geschieht durch eine (weitere) Abtretung, die individuell oder pauschal in der Dokumentation über die ABS-Transaktion vorgenommen werden kann. Etwas aufwendiger ist die Übertragung von Briefgrundschulden, denn hier ist neben der Einigung und der schriftlichen Abtretungserklärung auch die Übergabe sämtlicher Grundschuldbriefe erforderlich (§§ 1192 Abs. 1, 1154 Abs. 1 BGB).

70 b) *Treuhandverwaltung von Buchgrundschulden.* Bei Buchgrundschulden ist eine Treuhandverwaltung notwendig. Eine Übertragung, für die neben der Einigung eine Eintragung ins Grundbuch und die damit verbundene Verlautbarung erforderlich ist, passt nämlich nicht in das Konzept der ABS-Transaktionen. Bei Transaktionen, in die eine Vielzahl von Krediten einbezogen wird, stellen bereits der mit der Organisation und Überwachung der Eintragung verbundene Arbeitsaufwand und die Kosten ein schwerwiegendes Hindernis dar. Ein Verbriefungssystem kann nur funktionieren, wenn es möglich ist, innerhalb kurzer Zeit Tausende von Forderungen mit ihren Sicherheiten zu übertragen, ohne hierfür einen großen Verwaltungsaufwand oder hohe Gebühren leisten zu müssen.[55]

71 Für ein **Aussonderungsrecht** des Treugebers im Konkurs des Treuhänders wurde jedoch von der Rechtsprechung[56] und Teilen der Literatur[57] grundsätzlich gefordert, dass das Treugut unmittelbar aus dem Vermögen des Treugebers in das des Treuhänders gelangt (sog. Unmittelbarkeitsprinzip). Diese Voraussetzung ist bei ABS-Transaktionen nicht erfüllt, weil die Zweckgesellschaft nicht, auch nicht vorübergehend Inhaberin der Buchgrundschuld wird.

---

[53] Einzelheiten s *Obermüller*, FS Greiner, 2005, 257.
[54] *Paetzmann* ZfgK 2003, 968.
[55] *Stöcker*, Die Bank 2004, 55.
[56] BGH WM 1993, 1524; BGH ZInsO 2003, 797; RGZ 84, 214, 216; RGZ 91, 12, 14; LAG Niedersachsen ZInsO 2003, 143; *Ganter* ZInsO 2004, 1217; die umfassende Darstellung bei *Picherer* Sicherungsinstrumente bei Konsortialfinanzierungen von Hypothekenbanken, 2002.
[57] *Jaeger/Lent*, KO, 8. Aufl. 1958, § 43 Anm. 1; *Kuhn/Uhlenbruck*, KO, 11. Aufl. 1994, § 43 Rn. 13; abgeschwächt bei *Uhlenbruck*, InsO, 12. Aufl. 2003, § 47 Rn. 42; *Siebert*, Das rechtsgeschäftliche Treuhandverhältnis, 2. Aufl. 1933, S. 22 ff., 106 ff.; aA *Obermüller* DB 1973, 1833 mwN.

Für die Anerkennung eines insolvenzfesten Treuhandverhältnisses nach dem obigen 72
Modell gab es zwar gute Argumente,[58] aber bisher keine gesicherte rechtliche Basis.[59]
Sicher ließ sich ein **Aussonderungsrecht** nur wie folgt begründen:
- Der Originator muß die Buchgrundschulden zunächst an die Zweckgesellschaft abtreten und diese sie ihm wieder **zurückabtreten**.[60] Dies ist jedoch einerseits wegen des Arbeits- und Kostenaufwands und andererseits wegen der damit verbundenen Publizität nicht praktikabel.
- Der Originator sorgt für eine Eintragung in ein **Refinanzierungsregister**.

c) *Eintragung in das Refinanzierungsregister*. Durch Art. 4a des Gesetzes zur Neuorganisation der Bundesfinanzverwaltung[61] wurden mit Wirkung vom 27.9.2005 Änderungen des Kreditwesengesetzes vorgenommen, die die Insolvenzfestigkeit bestimmter Treuhandverhältnisse zum Ziel haben. Danach kann auf die Einhaltung des Unmittelbarkeitsprinzips verzichtet und ein Aussonderungsrecht in der Insolvenz des Verkäufers in Anspruch genommen werden, wenn die abgetretenen Forderungen und die dazugehörigen Sicherheiten in einem Refinanzierungsregister verzeichnet sind (§ 22j KWG). Dies setzt voraus, dass der Originator bzw. Verkäufer als ein sogenanntes Refinanzierungsunternehmen oder als Refinanzierungsmittler eingestuft und die Forderungen nebst Sicherheiten in ein ordnungsgemäß geführtes und von einem Verwalter überwachtes Refinanzierungsregister formgerecht eingetragen werden.[62] 73

aa) **Refinanzierungsunternehmen** sind nach der Legaldefinition des § 1 Abs. 17 74
KWG Unternehmen, die zum Zweck der Refinanzierung Gegenstände oder Ansprüche auf deren Übertragung aus ihrem Geschäftsbetrieb an Zweckgesellschaften, Refinanzierungsmittler oder Pfandbriefbanken im Sinn des § 1 Abs. 1 S. 1 Pfandbriefgesetz veräußern. Bei den Refinanzierungsunternehmen, also dem Originator oder Forderungsverkäufer handelt es sich derzeit in der Regel um Kreditinstitute. Andere Unternehmen sind jedoch keineswegs ausgeschlossen. Auch sie können derartige Transaktionen durchführen, müssen sich allerdings bei der Führung des Registers eines Kreditinstituts – dazu gehört kraft ausdrücklicher gesetzlicher Bestimmung auch die Kreditanstalt für Wiederaufbau – als Refinanzierungsmittler bedienen (§ 22b KWG). Der Begriff des Unternehmens ist nicht eingeschränkt, so dass jedenfalls juristische Personen des Privatrechts und des öffentlichen Rechts oder öffentlich-rechtliche Sondervermögen darunter zu fassen sind.

Ob auch **Kreditkonsortien und Sicherheitenpools** als Refinanzierungsunternehmen im Sinn der §§ 22a ff. KWG angesehen werden können, ist zweifelhaft. Dort ist zwar ebenfalls die treuhänderische Haltung von Sicherheiten gebräuchlich. Im Referentenentwurf eines Gesetzes zur Änderung der Insolvenzordnung, des Kreditwesengesetzes und anderer Gesetze vom September 2004,[63] der neben dem Refinanzierungsregister ein Konsortialregister einführen wollte, war ein Aussonderungsrecht in der Insolvenz des Konsortialführers vorgesehen. Der Gesetzgeber hat diesen Vorschlag jedoch nicht übernommen.

Als Refinanzierungsmittler (§ 1 Abs. 25 KWG) zugelassen sind neben Kreditinstituten die Deutsche Bundesbank, die Kreditanstalt für Wiederaufbau, die Sozialversicherungsträger und die Bundesagentur für Arbeit, die öffentliche Schuldenverwaltung des Bundes, eines seiner Sondervermögen, eines Landes oder eines anderen Staates des Europäischen Wirtschaftsraums und deren Zentralbanken.[64] 75

---

[58] → § 40 Rn. 29 ff.
[59] *Stürner* KTS 2004, 259; *Picherer*, Sicherungsinstrumente bei Konsortialfinanzierungen von Hypothekenbanken, 2002.
[60] BAG ZIP 2004, 124.
[61] Gesetz vom 22.9.2005, BGBl. I, 2809 ff.
[62] Einzelheiten s *Obermüller* ZInsO 2005, 1079.
[63] Auszugsweise abgedruckt ZInsO 2004, 1016; s auch Erläuterungen von *Ehricke* ZIP 2004, 2262.
[64] Einzelheiten s *Obermüller* ZInsO 2005, 1079.

76 bb) **Gegenstand der Eintragung** in das Refinanzierungsregister sind Grundpfandrechte. Ob auch für **sonstige Sicherheiten**, für die bisher durch entsprechende Konstruktionen ein Aussonderungsrecht geschaffen werden konnte, die Möglichkeit eröffnet ist, dieses Aussonderungsrecht durch Eintragung in das Refinanzierungsregister zu begründen oder zu untermauern, ist streitig.[65] Der praktische Anwendungsbereich dürfte jedoch minimal sein, da bei sonstigen Sicherheiten ein Aussonderungsrecht in der Insolvenz des Refinanzierungsunternehmens auch ohne die Einschaltung des Refinanzierungsregisters begründet werden kann.

Die Eintragung in das Refinanzierungsregister entbindet Verkäufer und Käufer nicht von der Erfüllung der schuldrechtlichen und sachenrechtlichen Erfordernisse, die zur rechtswirksamen Bestellung der Sicherheit notwendig sind. Es zeigt seine Wirkung nämlich nur in der Insolvenz des Verkäufers.

77 Die Eintragung der verkauften Forderungen nebst Sicherheiten in das Register unterliegt strikten **Formerfordernissen**, die in § 22d KWG ausführlich geregelt sind und bei deren Verletzung kein Aussonderungsrecht zustande kommt.

78 cc) Die **Wirkung der Eintragung** in ein ordnungsgemäß errichtetes Refinanzierungsregister liegt darin, dass in der Insolvenz des Verkäufers (Refinanzierungsunternehmen) dem Käufer (vom Gesetz als Übertragungsberechtigter bezeichnet) ein Aussonderungsrecht nach § 47 InsO zusteht.

Gegenüber den Ansprüchen des Käufers (Übertragungsberechtigten) auf Übertragung der eingetragenen Gegenstände kann der Verkäufer (Refinanzierungsunternehmen) bzw. sein Insolvenzverwalter nicht aufrechnen und keine Zurückbehaltungsrechte geltend machen (§ 22j Abs. 3 S. 1 KWG). Eine Insolvenzanfechtung wird dagegen nicht ausgeschlossen, allerdings wird es sich meist um unanfechtbare Bargeschäfte (§ 142 InsO) handeln.

Auch wird das Verhältnis zum Kreditnehmer durch die Eintragung einer Forderung in das Register nicht berührt. Die Eintragung schränkt seine Einwendungen und Einreden gegen die eingetragenen Forderungen und Rechte nicht ein (§ 22j Abs. 2 KWG). So kann der Kreditnehmer eine ihm gegen den Verkäufer zustehende Forderung auch gegenüber dem Käufer aufrechnen (§ 22j Abs. 2 S. 2 KWG, § 406 BGB) und der Käufer muss eine Leistung, die der Kreditnehmer nach der Abtretung an den Verkäufer bewirkt, gegen sich gelten lassen (§ 22j Abs. 2 S. 2 KWG, § 407 BGB).

79 **3. Auswirkungen des Wahlrechts des Insolvenzverwalters.** Die vor der Insolvenzeröffnung über das Vermögen des Originators vorgenommene Abtretung seiner Forderungen wird durch die spätere Insolvenzeröffnung nicht beeinträchtigt. Daran ändert sich auch nichts durch das Wahlrecht des Verwalters aus § 103 InsO.[66] Nach § 103 InsO hat, wenn ein zweiseitiger Vertrag von dem Schuldner und seinem Vertragspartner bei Insolvenzeröffnung nicht oder nicht vollständig erfüllt[67] ist, der Insolvenzverwalter ab Verfahrenseröffnung das Wahlrecht, ob er den Vertrag erfüllen und die Erfüllung auch von dem Vertragspartner verlangen oder ob er die Vertragserfüllung ablehnen und den Vertragspartner auf eine Schadenersatzforderung wegen Nichterfüllung, die zu den Insolvenzforderungen zählt, verweisen will (§ 103 InsO). Dies könnte für Darlehensverträge bedeuten, dass der Verwalter entscheiden könnte, die Darlehensverträge nicht fortzusetzen. Die Streitfrage,[68] ob § 103 InsO in der Insolvenz des Darlehensgebers und trotz Abtretung der Forderung überhaupt noch Anwendung findet,

---

[65] Zu den Gründen für eine Einbeziehung aller Gegenstände s. *Fleckner* WM 2004, 2051; aA *Tollmann* WM 2005, 2017; *Kokemoor/Küntzer* BB 2006, 1869; zustimmend für Sicherungszessionen, Bürgschaften und Garantien, aber ablehnend für Sicherungseigentum *Schmalenbach/Sester* WM 2005, 2026.
[66] Ebenso im Ergebnis, aber mit anderer Begründung *Engert/Schmidl* WM 2005, 60.
[67] Zum Begriff der Erfüllung s OLG Naumburg ZInsO 2002, 677.
[68] S Übersicht zum Streitstand bei *Obermüller* FS Greiner, 2005, 257.

wurde inzwischen durch das Gesetz zur Vereinfachung des Insolvenzverfahrens vom 13.4.2007[69] gelöst. Dieses enthält eine **Klarstellung**[70] durch Einfügung eines zweiten Absatzes in § 108 InsO mit folgendem Wortlaut:

„Ein vom Schuldner als Darlehensgeber eingegangenes Darlehensverhältnis besteht mit Wirkung für die Masse fort, soweit dem Darlehensnehmer der geschuldete Gegenstand zur Verfügung gestellt wurde."

Im Ergebnis bedeutet dies, dass das Wahlrecht des Verwalters in die Position der Zweckgesellschaft nicht eingreifen kann.[71]   80

§ 103. Bankinsolvenzen

Übersicht

	Rn.
I. Allgemeines	1
II. Gegenüber allen Kreditinstituten zulässige Maßnamen der Bankenaufsicht	2
1. Verbesserung der Eigenmittelausstattung	3
2. Sonderbeauftragter	4
3. Maßnahmen bei Gefahr (§ 46 KWG)	5
4. Wirkung der Schalterschließung	21
5. Einstellung des Bank- und Börsenverkehrs (§ 46g KWG)	22
6. Sanierungsverfahren	26
7. Insolvenzantragsverfahren	33
8. Eröffnung eines Insolvenzverfahrens	40
a) Berechnung von Fristen	41
b) Besonderheiten bei Wertpapierhandel	43
c) Besonderheiten bei Wertpapierverwahrung	46
d) Sondermasse bei Pfandbriefbanken	50
e) Verfahren bei Kapitalverwaltungsgesellschaften	51
III. Entschädigung durch Sicherungseinrichtungen	52
1. Gesetzliche Entschädigungseinrichtungen	55
a) Sicherungspflicht	56
b) Auskunftspflicht	58
c) Entschädigung der Einleger	59
2. Institutssichernde und freiwillige Sicherungssysteme	62
3. Einlagensicherung durch den Bundesverband deutscher Banken eV	64
a) Finanzierung	67
b) Deckungsumfang	68
c) Abwicklung	73
4. Institutssicherung der Sparkassen- und Giroverbände	74
5. Sicherungseinrichtung der Genossenschaftsbanken	78
IV. Sonderregelungen für systemrelevante Kreditinstitute	81
1. Maßnahmen nach den Finanzmarktstabilisierungsgesetzen	86
a) Übernahme von Garantien	88
b) Rekapitalisierung	92
c) Übernahme von Risikopositionen	107
d) Auslagerung von Risikopositionen	111
e) Rettungsübernahmen	120
2. Bedingungen für Stabilisierungsmaßnahmen	121
a) Geschäftspolitische Ausrichtung	124
b) Eigenmittelausstattung	126
3. Schutz von Stabilisierungsmaßnahmen	127
a) Einschränkungen des Aktionärsschutzes	128

---

[69] BGBl. I, 509.
[70] Zur Kritik s *Marotzke* ZInsO 2004, 1063; *Kuder* ZInsO 2004, 1180; *Marotzke* ZInsO 2004, 1273; *Marotzke* ZInsO 2006, 300.
[71] *Fleckner* DB 2005, 2733.

	Rn.
b) Einschränkungen des Gläubigerschutzes	131
c) Einschränkungen vertraglicher Kündigungsrechte	133
V. Übertragungsverfahren	136
1. Verhältnis zum Sanierungs- oder Reorganisationsverfahren	137
2. Gegenstand der Übertragung	139
3. Haftungsverhältnisse	142
4. Gegenleistung	145
5. Schutz der Übertragung	146
VI. Reorganisationsplanverfahren	147
1. Inhalt des Reorganisationsplans	150
2. Verfahren	158
VII. Errichtung eines Restrukturierungsfonds	160

I. Allgemeines

1 Insolvenzen von Kreditinstituten sind zwar im Verhältnis zu Unternehmensinsolvenzen selten, ihre Auswirkungen auf die Gesamtwirtschaft können jedoch groß sein. Deshalb sollen Zusammenbrüche im Bankenbereich durch zahlreiche bankaufsichtsrechtliche Regelungen verhindert und die Anleger vor Vermögensverlusten geschützt werden. So werden bereits lange vor Insolvenzeröffnung **Maßnahmen zur Krisenvermeidung** bzw. -behebung durch die Bundesanstalt für Finanzdienstleistungsaufsicht (BaFin) ermöglicht. Darüber hinaus kann das Kreditinstitut ein Sanierungsverfahren einleiten. Das Reorganisationsverfahren und die Übertragungsanordnung durch die BaFin sind weitere Maßnahmen, die sog. systemrelevanten Banken zumindest eine teilweise Restrukturierung ermöglichen sollen. Daneben besteht ein **System der gesetzlichen und freiwilligen Einlagensicherung,** um die Einleger von Kreditinstituten im Falle einer wirtschaftlichen Notlage oder Insolvenz des Instituts vor dem totalen Vermögensverlust zu schützen.

II. Gegenüber allen Kreditinstituten zulässige Maßnahmen der Bankenaufsicht

2 Die Befugnisse, die das KWG der BaFin zur Krisenabwehr einräumt, steigern sich je nach dem Grad der Gefährdung des Kreditinstituts. Sie gliedern sich in
- Regelungen zur Verbesserung der **Eigenmittelausstattung** und der **Liquidität** (§ 45 KWG),
- Einsetzung eines Sonderbeauftragten (§ 45c KWG),
- Regelungen bei **Gefahr** für das betreffende Institut (§ 46 KWG),
- Maßnahmen bei **schwerwiegenden Gefahren für die Gesamtwirtschaft** (§ 46g KWG).

3 **1. Verbesserung der Eigenmittelausstattung.** Wenn auch nur die **Annahme** gerechtfertigt ist, dass die Vermögens-, Finanz- oder Ertragsentwicklung eines Kreditinstituts die Anforderungen an die Eigenmittelausstattung (§§ 10 Abs. 1, Abs. 1b KWG), an die Liquidität (§ 11 Abs. 1 KWG) oder an eine ordnungsgemäße risikobeschränkende Geschäftsorganisation (§ 45b Abs. 1 Nr. 2 KWG) nicht dauerhaft erfüllen kann, ist die BaFin berechtigt, gegenüber dem Institut **Maßnahmen zur Verbesserung** seiner Eigenmittelausstattung und Liquidität anzuordnen (§ 45 Abs. 1 KWG). Zu diesem Zweck kann die BaFin dem Institut beispielsweise Entnahmen, Gewinnausschüttungen und/oder Kreditgewährungen untersagen und die Entwicklung von Konzepten zur Abwendung einer möglichen Gefahrenlage bis hin zu einem **Restrukturierungsplan** fordern.

2. Sonderbeauftragter. Die Bundesanstalt kann einen Sonderbeauftragten bestellen, diesen mit der Wahrnehmung bestimmter Aufgaben bei einem Institut betrauen und ihm die hierfür erforderlichen Befugnisse übertragen (§ 45c Abs. 1 KWG).

3. Maßnahmen bei Gefahr (§ 46 KWG). Besteht über den Anwendungsbereich des § 45 KWG hinaus bereits eine Gefahr für die Erfüllung der Verpflichtungen eines Instituts gegenüber seinen Gläubigern, insbesondere für die Sicherheit der ihm anvertrauten Vermögenswerte (zB Einlagen, Wertpapierdepots, Inhalte von Schließfächern und gespeicherte Werten auf Geldkarten) oder liegt ein begründeter Verdacht vor, dass eine wirksame Aufsicht über das Institut nicht möglich ist, kann die Bankenaufsicht Maßnahmen (§ 46 Abs. 1 KWG) erlassen.

a) *Maßnahmenkatalog.* So kann die BaFin nach § 46 Abs. 1 KWG zusätzlich zu den oder anstelle der oben dargestellten Maßnahmen nach § 45 KWG
- Anweisungen an die Geschäftsführung erlassen, etwa allgemeine Anordnungen für die Geschäftspolitik und -organisation, zB Erhöhung des Eigenkapitals, Unterlassung risikoreicher Geschäfte, Sicherheitenaufstockung, Verstärkung der Innenrevision,
- ein Verbot der Annahme von Einlagen, Geldern oder Wertpapieren sowie der Kreditvergabe aussprechen,
- die Tätigkeit der Inhaber/Geschäftsleiter beschränken oder untersagen,
- Aufsichtspersonen bestellen.

Darüber hinaus kann die BaFin weitere, meist als **Moratorium** bezeichnete Maßnahmen (nicht zu verwechseln mit § 46g Abs. 1 KWG) verfügen, nämlich
- ein vorübergehendes **Veräußerungs- und Zahlungsverbot** an das Institut erlassen,
- die **Schließung des Instituts** für den Kundenverkehr anordnen,
- die Entgegennahme von Zahlungen, die nicht zur Tilgung von Verbindlichkeiten gegenüber dem Institut dienen, **verbieten,** und
- Zwangsvollstreckungen, Arreste und einstweilige Verfügungen in das Institutsvermögen für die Dauer des Moratoriums **unzulässig** machen.

b) *Ablauf.* Spätestens, wenn das Moratorium länger als sechs Wochen andauert, hat die BaFin den **Entschädigungsfall** (§ 5 Abs. 1 S. 2 EAEG) festzustellen. Ein Verstoß gegen das Veräußerungsverbot kann als Ordnungswidrigkeit geahndet werden (§ 56 Abs. 3 Nr. 12 KWG).

Wenn die BaFin den Insolvenzantrag stellt, hat sie die Moratoriumsmaßnahmen insoweit aufzuheben, wie gleichbedeutende Anordnungen durch das Gericht ergehen.[1] Eine **vollständige Aufhebung** ist erst mit der Eröffnung eines Insolvenzverfahrens geboten, während im Antragsverfahren in der Regel zumindest das Verbot der Entgegennahme von Zahlungen Bestand behalten muss.

c) *Wirkung des Veräußerungs- und Zahlungsverbots.* Das Veräußerungs- und Zahlungsverbot wirkt sich auf bestehende und den Abschluß neuer Geschäfte aus. **Neue Verpflichtungsgeschäfte** werden durch das Veräußerungs- und Zahlungsverbot ebenso wenig wie durch ein Verfügungsverbot im Insolvenzantragsverfahren unterbunden, die Eingehung neuer Geschäfte wird die BaFin jedoch durch entsprechende Anordnungen an die Geschäftsleitung nach §§ 45 ff. KWG verhindern.

aa) *Freigegebene Handlungen.* Freigegeben sind Zahlungen zur **Abwicklung laufender Geschäfte** oder für neue Geschäfte, die zur Abwicklung nötig sind, wenn diese von der zuständigen Einlagensicherungs- oder Anlegerentschädigungseinrichtung besichert sind. Eine dahin gehende Verpflichtungserklärung hat die Wirkung, dass Gläubiger des Kreditinstituts einen unmittelbaren Rechtsanspruch gegen die Sicherungsein-

---

[1] Kieper, Abwicklungssysteme in der Insolvenz, 2004, S. 208; *Lindemann* in Boos/Fischer/Schulte-Mattler, KWG, 4. Aufl. 2012, § 46 Rn. 33.

richtung auf Auszahlung ihrer Einlage erhalten.[2] Sinnvollerweise gesteht die BaFin auch Ausnahmen für Zahlungen zu, die für die **Verwaltung** des Instituts notwendig sind, zB Gehälter und Mieten (§ 46 Abs. 2 S. 3 KWG).

10   bb) *Zahlungsverbot*. Zahlungen darf das insolvenzbedrohte Institut **nicht mehr** tätigen, dh sowohl bare als auch unbare Zahlungsausgänge und Zahlungseingänge sind nicht mehr erlaubt.[3] **Dritte Banken** dürfen die von dem Verbot betroffene Bank in den Zahlungsverkehr grundsätzlich nicht mehr einschalten.

11   cc) *Zahlungs- und Abrechnungssysteme*. Die Wirksamkeit von Abrechnungen in Zahlungs- sowie Wertpapierliefer- und -abrechnungssystemen" wird durch das Veräußerungs- und Zahlungsverbot nicht beeinträchtigt (§ 46 Abs. 2 S. 6 KWG). Trotz des Veräußerungs- und Zahlungsverbots gegen das Institut können von diesem aufgegebene und noch bestehende Überweisungs-, Zahlungs- und Übertragungsaufträge von der Verrechnungsstelle ausgeführt werden.[4] Verrechnungen sind bis zum Ablauf des Tages, an dem das Veräußerungs- und Zahlungsverbot erlassen wurde, wirksam. Für spätere Verrechnungen gelten die allgemeinen Regeln, wonach es auf die Gutgläubigkeit des Gläubigers ankommt.

12   dd) *Auszahlungen von zugesagten Krediten*. Wünsche von Kunden auf Auszahlung von zugesagten Krediten kann das insolvenzbedrohte Institut nicht mehr erfüllen.

13   ee) *Rückzahlungen auf Kredite*. Kredite, die das insolvenzbedrohte Institut aufgenommen hat, darf es nicht mehr zurückzahlen. Die Anordnung des Zahlungsverbots führt zu einem vorübergehenden **Leistungshindernis** für die Erfüllung der Zahlungsansprüche der Gläubiger analog § 275 Abs. 1 BGB.[5] Das erlaubt die Geltendmachung von Verzugszinsansprüchen für die Dauer des Zahlungsverbots, eine Aufrechnung des Gläubigers mit seiner Forderung gegen eine Forderung des Instituts, die Kündigung von Krediten an die Bank und die Verwertung von Sicherheiten.

14   Zwar hatten die meist als herrschend bezeichnete Meinung in der Literatur[6] und das OLG Frankfurt[7] (entgegen der Vorinstanz[8]) unter Hinweis auf die Begründung des Entwurfs des 2. Gesetzes zur Änderung des KWG[9] aus dem Jahre 1976 die Auffassung vertreten, ein behördlich angeordnetes Veräußerungs- und Zahlungsverbot gemäß § 46a Abs. 1 S. 1 Nr. 1 KWG aF entfalte die Wirkung einer Stundung mit der Folge, dass das Kreditinstitut sich weder in Verzug befinde noch schuldhaft handele. Der Gläubiger

---

[2] Pannen, Krise und Insolvenz bei Kreditinstituten, 3. Aufl. 2010 Kap 1 Rn. 120.
[3] Lindemann in Boos/Fischer/Schulte-Mattler, KWG, 4. Aufl. 2012, § 46 Rn. 73.
[4] Kieper, Abwicklungssysteme in der Insolvenz, 2004, S. 204; Lindemann in Boos/Fischer/Schulte-Mattler, KWG, 4. Aufl. 2012, § 46 Rn. 110.
[5] BGH ZInsO 2013, 772.
[6] Beck/Samm/Kokemoor, KWG, Stand 2009, § 46a Rn. 28; Fischer in Schimansky/Bunte/Lwowski, Bankrechts-Handbuch, 4. Aufl. 2011, § 133 Rn. 19; Schwennicke/Haß/Herweg in Schwennicke/Auerbach, KWG, 2013, § 46 Rn. 39 f.; Lehnhoff in Reischauer/Kleinhans, Kreditwesengesetz, Stand 2007, § 46a Rn. 5; Pannen, Krise und Insolvenz bei Kreditinstituten, 3. Aufl. 2010, Kap 1 Rn. 139; Szagunn/Haug/Ergenzinger, KWG, 6. Aufl. 1997, § 46a Rn. 4a; Willemsen in Luz, KWG, 2009, § 46a Rn. 10; Zietsch WM 1997, 954; Kieper, Abwicklungssysteme in der Insolvenz, 2004, S. 203; **aA** Beck WM 2013, 301; Binder, Bankinsolvenzen im Spannungsfeld zwischen Bankaufsichts- und Insolvenzrecht, 2005, S. 314; Geier ZBB 2010, 289; Lindemann in Boos/Fischer/Schulte-Mattler, KWG, 4. Aufl. 2012, § 46 Rn. 90 ff.; Huber, Die Normen des Kreditwesengesetzes zur Verhinderung einer Bankinsolvenz und ihre Auswirkungen auf das Giroverhältnis, 1987, S. 127 ff.; Neeff, Einlagensicherung bei Bankinsolvenzen, Diss. Köln 1980, S. 202 ff.; Obermüller, Insolvenzrecht in der Bankpraxis, 8. Aufl. 2011, Rn. 1/780; Obermüller/Obermüller in Kölner Schrift zur Insolvenzordnung, 3. Aufl. 2009, 1397; Weber, Die insolvenzfeste Refinanzierung von Forderungen durch Asset-Backed Securities, 2011, S. 260 ff.
[7] OLG Frankfurt ZInsO 2013, 388.
[8] LG Frankfurt/Main WM 2012, 403; Beck WM 2013, 301.
[9] Bericht des Finanzausschusses zur KWG-Novelle 1976 BT-Drucks. 7/4631 A II Art. 1 Nr. 17a Abs. 4.

wäre nicht zur Aufrechnung berechtigt gewesen, da die Fälligkeit seiner Forderung wegen der Stundung nicht hätte eintreten können, und hätte etwaige **Sicherheiten** nicht zur Rückführung seiner Kredite verwerten dürfen, sondern abwarten müssen, ob die Maßnahmen aufgehoben werden oder ob der Übergang in ein Insolvenzverfahren stattfindet. Demgegenüber bieten nach Ansicht des BGH weder der Wortlaut des § 46a KWG aF noch allgemeine Vorschriften oder Rechtsgrundsätze des allgemeinen Leistungsstörungsrecht eine Stütze für eine Stundungswirkung. Die hoheitliche Anordnung einer Stundung verkürze einfachgesetzliche Gläubigerrechte in schwerwiegenderer Weise als eine bloße zeitweilige Undurchsetzbarkeit fälliger Forderungen. Denn sie ändere darüber hinaus die vereinbarte Leistungszeit ab und schließe die spätere Geltendmachung von Verzugsschäden aus, obwohl die Kunden des Kreditinstituts für dessen Schieflage keine Veranlassung gegeben haben.

ff) *Wertpapiergeschäfte.* Für Wertpapiergeschäfte ist zu differenzieren: **15**
- Geschäfte, die den **eigenen Bestand** des Instituts berühren, also vornehmlich Eigenhandel, sind nicht mehr erlaubt.
- **Wertpapierkäufe für Kunden** von Dritten dürfen nicht mehr ausgeführt werden, wenn der Kaufpreis zu Lasten eines Kontos des Kunden bei dem notleidenden Institut ausgeführt werden soll. Anderenfalls steht das Veräußerungs- und Zahlungsverbot der Abwicklung eines solchen Geschäfts nicht entgegen, wohl aber eine etwa zugleich angeordnete Schalterschließung.
- **Wertpapierverkäufe für Kunden** an Dritte dürfen ausgeführt werden, wenn das Institut nur Vermittler ist und der Kaufpreis nicht auf ein Konto bei dem Institut gelangt. Aber auch dies ist nicht möglich, wenn eine Schalterschließung angeordnet ist.
- **Übertragungen** von Wertpapieren aus **Kundendepots** an Dritte im Kundenauftrag werden durch ein Veräußerungs- und Zahlungsverbot nicht gehindert, wohl aber durch eine etwa zugleich angeordnete Schalterschließung.

gg) *Kündigungsrechte und sonstige Lösungsklauseln.* Ob der Vertragspartner sich von bestehenden Geschäften mit der insolvenzbedrohten Bank durch **Kündigung oder Rücktritt** lösen kann, hängt von den vertraglichen Vereinbarungen ab, die für das konkrete Geschäft getroffen wurden. Dabei ist zu beachten, dass eine **insolvenzabhängige Lösungsklausel** nach § 119 InsO unwirksam ist, wenn sie im Voraus die Anwendung des § 103 InsO ausschließt.[10] Der Zweck des Erfüllungswahlrechts ist es, die Masse zu schützen und im Interesse einer gleichmäßigen Gläubigerbefriedigung zu mehren.[11] Dieser Zweck könnte vereitelt werden, wenn sich der Vertragspartner des Schuldners allein wegen der Insolvenz von einem für die Masse günstigen Vertrag lösen und damit das Wahlrecht des Insolvenzverwalters nach § 103 InsO unterlaufen kann.[12] Eine insolvenzabhängige Lösungsklausel liegt vor, wenn einer der Parteien für den Fall der Zahlungseinstellung, des Insolvenzantrages oder der Insolvenzeröffnung das Recht eingeräumt wird, sich vom Vertrag zu lösen,[13] oder wenn der Vertrag unter der auflösenden Bedingung des Eintritts dieser insolvenzbezogenen Umstände steht. **16**

Wirksam sind Klauseln, die einer Partei ein Kündigungsrecht für den Fall einer wesentlichen **Verschlechterung der Vermögensverhältnisse** der anderen Partei oder eines Verzugs mit ihren Leistungen oder von **sonstigen Vertragsverletzungen**[14] einräumen. Ein **außerordentliches Kündigungsrecht** steht den Banken nach Nr. 19 Abs. 3 AGB Banken bzw. Kreditgenossenschaften (Nr. 26 Abs. 2 AGB Sparkassen) auch **17**

---
[10] BGH ZInsO 2013, 292.
[11] *Wegener* in Uhlenbruck/Hirte/Vallender/Hirte/Vallender, InsO, 13. Aufl. 2010, § 103 Rn. 1 ff.; zu § 17 KO vgl. BGHZ 106, 236, 244.
[12] HK/*Marotzke*, § 119 Rn. 4; *Dahl* NJW-Spezial, 2008, 373, 374.
[13] BGHZ 155, 87, 95.
[14] HK/*Marotzke*, § 119 Rn. 2; *Löffler* BB 2013, 1283.

für den Fall einer anderweitigen Vereinbarung zu, wenn ein **wichtiger Grund** vorliegt, der der Bank auch unter Berücksichtigung der Belange des Kunden die Fortsetzung der Geschäftsverbindung oder einzelner Geschäftsbeziehungen unzumutbar werden lässt. Dies ist insbesondere dann der Fall, wenn eine wesentliche Verschlechterung der Vermögensverhältnisse des Kunden oder der Werthaltigkeit einer Sicherheit eintritt oder einzutreten droht und dadurch die Rückzahlung des Darlehens – auch unter Verwertung einer hierfür bestehenden Sicherheit – gefährdet ist. Die Anordnung eines Veräußerungs- und Zahlungsverbots deutet darauf hin, dass eine solche Situation eingetreten ist.

18   hh) *Finanztermingeschäfte.* Finanztermingeschäfte werden durch das Veräußerungs- und Zahlungsverbot **nicht beendet.**[15] Der Eröffnung eines Insolvenzverfahrens, die § 104 Abs. 2 InsO für die sofortige Beendigung verlangt, kann das Veräußerungs- und Zahlungsverbot nicht gleichgesetzt werden. Für die **Glattstellungsbefugnis bei Termingeschäften** nach Nr. 10 Abs. 2 der Sonderbedingungen für Termingeschäfte[16] reicht die Anordnung eines Veräußerungs- und Zahlungsverbots für sich allein noch nicht. Wenn aber sonstige, dem solventen Partner bekannte Umstände die Eröffnung eines Insolvenzverfahrens rechtfertigen, kommt es zur Beendigung. Eine insolvenzabhängige Lösungsklausel ist nämlich anzuerkennen, wenn die Vereinbarung einer gesetzlich vorgesehenen Lösungsmöglichkeit entspricht[17] und deren Wirkungen lediglich vorwegnimmt.

19   ii) *Finanzsicherheiten.* Die Wirksamkeit der Verfügung über **Finanzsicherheiten** wird durch die Anordnung eines Moratoriums nicht berührt (§ 21 Abs. 2 S. 2 InsO). Eine zu übertragende Finanzsicherheit kann deshalb auch nach dem Moratorium bestellt werden (§ 81 Abs. 3 S. 2, § 96 Abs. 2 InsO).[18] Dies gilt auch für Aufträge, die nach Anordnung der Maßnahme erteilt und noch an demselben Tage durchgeführt und verrechnet werden.[19]

20   jj) *Wirksamkeit von Leistungen.* Leistungen, die das insolvenzbedrohte Institut **entgegen dem Verbot** erbracht hat, können wirksam sein. Denn es handelt sich um ein relatives Veräußerungsverbot nach §§ 136, 135 BGB,[20] das anders als das Verfügungsverbot des § 21 InsO gutgläubigen Erwerb gestattet. Zu Leistungen der insolvenzbedrohten Bank wird es in einer kritischen Situation weniger im Kreditgeschäft als vielmehr im Bereich der Kapitalmarktgeschäfte kommen. So kann der Vertragspartner der insolvenzbedrohten Bank beispielsweise bei Optionsgeschäften wegen einer Änderung seiner Risikoeinschätzung oder des Wertes der schon vorhandenen Vermögenswerte jederzeit innerhalb angemessener Frist, die im Hinblick auf die Besonderheiten der Geschäfte sehr kurz, gegebenenfalls auch nach Stunden bemessen sein kann, verlangen, dass die insolvenzbedrohte Bank weitere Vermögenswerte als **Sicherheit** stellt bzw. für bislang

---

[15] *Kieper,* Abwicklungssysteme in der Insolvenz, 2004, S. 205.
[16] Abgedruckt bei *Seyfried* in *Hopt,* Vertrags- und Formularbuch zum Handels-, Gesellschafts- und Bankrecht, 4. Aufl. 2013, Bankgeschäfte IV R 1 und *Balzer/Siller* in Hellner/Steuer, Bankrecht und Bankpraxis, Stand: 10/2004, Rn. 7/368.
[17] BGH ZInsO 2013, 292; BGH BGHZ 170, 206 Rn. 11; OLG Düsseldorf ZInsO 2007, 152, 154; K/P/*Tintelnot,* InsO, Stand 1998, § 119 Rn. 16 ff.; HK/*Marotzke,* § 119 Rn. 4; Nerlich/Römermann/*Balthasar,* InsO, 1999, § 119 Rn. 11, 15; *Goetsch* in Berliner Kommentar Insolvenzrecht, Stand 2013 § 119 Rn. 5 ff.; *Graf-Schlicker/Breitenbücher,* InsO, 3. Aufl. 2012, § 103 Rn. 11; *Schwörer,* Lösungsklauseln für den Insolvenzfall, 2000 Rn. 269 ff., 298 f, 317, 429; *Gerhardt,* AcP 2000, 426, 443; *Pape* in Kölner Schrift zur Insolvenzordnung, 2. Aufl. 2000, S. 531 Rn. 60 ff.; *Berger* in Kölner Schrift zur Insolvenzordnung, 3. Aufl. 2009, S. 325 Rn. 28; *Abel* NZI 2003, 121, 128; *Dahl,* NJW-Spezial 2008, 373 f.
[18] *Lindemann* in Boos/Fischer/Schulte-Mattler, KWG, 4. Aufl. 2012, § 46a Rn. 41b; *Obermüller,* Insolvenzrecht in der Bankpraxis, 8. Aufl. 2011, Rn. 8.440.
[19] Einzelheiten s *Obermüller,* Insolvenzrecht in der Bankpraxis, 8. Aufl. 2011, Rn. 8.440.
[20] *Beck/Samm/Kokemoor,* KWG, Stand 2004, § 46a Rn. 29.

ungesicherte Risiken erstmals Sicherheiten stellt (sog. Margensicherheit).²¹ Wegen der schnellen Abläufe solcher Transaktionen kann es durchaus geschehen, dass kurz vor oder während der Abwicklung ein Veräußerungsverbot erlassen wird, ohne dass die insolvenzbedrohte Bank rechtzeitig reagieren könnte und ohne dass der Vertragspartner bereits Kenntnis von dem Verbot erhält.

4. Wirkung der Schalterschließung. Eine **Schließung** des Instituts für den Kundenverkehr bedeutet eine räumliche Schließung, insbesondere der Schalter und Geräte (zB Überweisungsterminal), dadurch wird die Annahme oder Auszahlung von Bareinlagen verhindert.²²

5. Einstellung des Bank- und Börsenverkehrs (§ 46g KWG). Wenn wirtschaftliche Schwierigkeiten bei mehreren Kreditinstituten auf die Gesamtwirtschaft überzugreifen drohen, hat die Bundesregierung die Möglichkeit, sogenannte Notstandsmaßnahmen zu veranlassen, um eine allgemeine Wirtschaftskrise zu verhindern. Nach § 46g Abs. 1 KWG kann sie, nachdem die Deutsche Bundesbank gehört wurde (vgl. § 46g Abs. 2 KWG),

- ein Moratorium, dh den Aufschub für die Erfüllung der Verbindlichkeiten eines Kreditinstitutes oder mehrerer Institute verbunden mit Verboten für Zwangsvollstreckungen, Arresten, einstweiligen Verfügungen sowie dem Verbot der Eröffnung des Insolvenzverfahrens veranlassen,
- alle Kreditinstitute oder bestimmte Arten/Gruppen von Kreditinstituten vorübergehend für den Kundenverkehr schließen (sog. Bankfeiertage) sowie
- die Schließung der Börsen iSd Börsengesetzes vorschreiben.

Nach § 46g Abs. 3 KWG hat die Regierung ebenfalls die Rechtsfolgen der getroffenen Maßnahmen zu bestimmen, die sich für Termine und Fristen auf dem Gebiet des bürgerlichen Rechts, des Handels-, Gesellschafts-, Wechsel-, Scheck- und Verfahrensrechts ergeben.

Nachdem die Schließung von Kreditinstituten und Börsen wieder aufgehoben worden ist, besteht nach § 46h Abs. 1 KWG die Möglichkeit, dass die Regierung nach Anhörung der Deutschen Bundesbank Vorschriften für die Wiederaufnahme des Zahlungs-, Überweisungs- und Börsenverkehrs, insbesondere zeitweilige Beschränkungen für Guthabenauszahlungen erlassen kann. Die Anordnungen der Bundesregierung nach den §§ 46g, 46h KWG treten nach maximal drei Monaten außer Kraft (vgl. § 46h Abs. 2 KWG).²³

6. Sanierungsverfahren. Wenn eine Bank ihre **Sanierungsbedürftigkeit** erkennt, kann sie noch vor dem Eintritt von Insolvenzgründen selbst die Initiative ergreifen und mit Hilfe der BaFin das Sanierungsverfahren nach §§ 2 ff. KredReorgG betreiben.²⁴ Dieses ist nicht allein systemrelevanten Kreditinstituten vorbehalten, sondern steht grundsätzlich allen Kreditinstituten, die sanierungsbedürftig sind, offen. Zu diesem Zweck muss das Kreditinstitut der BaFin seine Sanierungsbedürftigkeit anzeigen, einen Sanierungsplan vorlegen und einen Reorganisationsberater vorschlagen, der den Plan umsetzen soll (§ 2 Abs. 1 S. 1 KredReorgG).

a) *Weitergehende Befugnisse der BaFin.* Die Befugnisse der BaFin nach §§ 45–46f KWG bleiben unberührt (§ 1 Abs. 5 KredReorgG). Damit obliegt es ihr zu entscheiden, ob sie das Sanierungsverfahren nach Maßgabe des KredReorgG zulässt, stattdessen eigene Anordnungen nach §§ 45, 46 KWG trifft oder einen Insolvenzantrag stellen muss.

---

[21] Einzelheiten s *Obermüller* Insolvenzrecht in der Bankpraxis, 8. Aufl. 2011, Rn. 8.84.
[22] Vgl. *Lindemann* in *Boos/Fischer/Schulte-Mattler*, KWG, 4. Aufl. 2012, § 46 Rn. 117.
[23] Vgl. *Lindemann* in *Boos/Fischer/Schulte-Mattler*, KWG, 4. Aufl. 2012 § 47 Rn. 1 ff., § 48 Rn. 1 ff.
[24] Zur Bewertung des Sanierungsverfahrens siehe *Kuder*, Neues Restrukturierungsrecht für Banken, Schriftenreihe der Bankrechtlichen Vereinigung Nr. 33, 2011, 95, 104 ff.

28   **b) Inhalt des Sanierungsplans.** Der Sanierungsplan kann alle Maßnahmen enthalten, die geeignet sind, eine Sanierung des Kreditinstituts zu erreichen (§ 2 Abs. 2 S. 2 KredReorgG). Damit ist ein weiter Spielraum für **geschäftspolitische und organisatorische Veränderungen** eröffnet, die jedoch innerhalb des Kreditinstituts vorzunehmen sind. Eingriffe in Rechte Dritter gegen deren Willen sind nicht zulässig, Aus- und Absonderungsrechte bleiben unberührt.

29   Die Aufnahme neuer Kredite soll dadurch erleichtert werden, dass im Plan ein entsprechender **Kreditrahmen** vorgesehen werden kann und Gläubiger aus diesen Plafondskrediten für den Fall einer anschließenden Insolvenz einen Vorrang gegenüber den Insolvenzgläubigern erhalten (§ 2 Abs. 2 S. 3 KredReorgG).

30   **c) Entscheidung über den Sanierungsantrag.** Die **Entscheidung über den Sanierungsantrag** trifft das **OLG Frankfurt** als das Gericht, das für Klagen gegen die Bundesanstalt zuständig ist, (§ 1 Abs. 3 Finanzdienstleistungsaufsichtsgesetz – FinDAG). Hält die **Bundesanstalt** die Durchführung des Sanierungsverfahrens für zweckmäßig, stellt sie unverzüglich bei diesem OLG einen Antrag auf Durchführung des Verfahrens, übersendet ihre Stellungnahme und schlägt dem OLG die Person des Sanierungsberaters vor.

31   Der **Sanierungsberater** erhält nicht nur umfangreiche Nachforschungs- und Prüfungsbefugnisse, sondern kann darüber hinaus auch der Geschäftsführung des Kreditinstituts Anweisungen erteilen (§ 4 Abs. 1 KredReorgG) und damit Einfluss auf das operative Geschäft des Kreditinstituts nehmen. Wenn die Gefahr besteht, dass das Kreditinstitut seinen Verpflichtungen gegenüber den Gläubigern nicht erfüllen kann, kommen weiter gehende Eingriffe in die Rechtsposition der Geschäftsleiter in Betracht, die von einem Tätigkeitsverbot bis zur Abberufung reichen können (§ 5 Abs. 1 KredReorgG). Sie können nur vom OLG auf Antrag der BaFin angeordnet werden.[25]

32   **d) Fortgang des Verfahrens.** Wird der Sanierungsplan erfolgreich durchgeführt, so ist das Verfahren aufzuheben (§ 6 Abs. 3 S. 2 KredReorgG). **Misslingt** die Umsetzung des Plans, hängt der Fortgang des Verfahrens davon ab, ob es sich um ein systemrelevantes Kreditinstitut handelt.

- Ist das Kreditinstitut **systemrelevant,** so kann der Sanierungsberater mit Zustimmung des Kreditinstituts bei der Bundesanstalt durch eine Anzeige des Scheiterns der Sanierung und unter Vorlage eines Reorganisationsplans als zweite Stufe das Reorganisationsverfahren einleiten (§ 6 Abs. 3 S. 3, 7 Abs. 1 KredReorgG).
- Ist das Kreditinstitut **nicht systemrelevant,** so hat die BaFin zu prüfen, ob erst noch weitere Maßnahmen nach §§ 45, 46 KWG sinnvoll erscheinen oder ob sie unmittelbar einen Insolvenzantrag stellen muss.

33   **7. Insolvenzantragsverfahren.** Sofern sämtliche außergerichtlichen Sanierungsbemühungen nach §§ 45–46 KWG fruchtlos verlaufen sind und ein Insolvenzeröffnungsgrund vorliegt, ist ein Insolvenzantrag zu stellen.[26] Das Insolvenzantragsverfahren ist in § 46b KWG geregelt und gilt grundsätzlich für alle Kreditinstitute rechtsformunabhängig, jedoch mit Ausnahme von Instituten, die lediglich teilweise Bankgeschäfte betreiben oder nur bestimmte Finanzdienstleistungen erbringen (§ 2 Abs. 3, Abs. 6 S. 2, Abs. 7 S. 1 KWG), die von der Aufsicht gem. § 2 Abs. 4 KWG freigestellt sind und solche, die keine Bankerlaubnis besitzen.[27]

34   **a) Antragsgründe und Antragsrecht. Insolvenzgründe** sind Zahlungsunfähigkeit, Überschuldung oder drohende Zahlungsunfähigkeit. Im Gegensatz zu § 19 Abs. 1, 3 InsO,

---

[25] Zum Unterschied zu den Maßnahmen der BaFin nach §§ 36 Abs. 1, 45 Abs. 2 S. 1 Nr. 1 KWG siehe *Kuder,* Neues Restrukturierungsrecht für Banken, Schriftenreihe der Bankrechtlichen Vereinigung Nr. 33, 2011, 95, 104.
[26] Vgl. *Pannen,* Krise und Insolvenz bei Kreditinstituten, 3. Aufl. Kap 3 Rn. 1.
[27] Vgl. *Reischauer/Kleinhans,* KWG, Stand: Mai 2005, § 46b Anm. 2.

wonach die Überschuldung lediglich für juristische Personen ein Insolvenzeröffnungsgrund ist, stellt für Kreditinstitute in jeder Rechtsform die Überschuldung einen Insolvenzeröffnungsgrund dar.

Einen **Insolvenzantrag** gegen ein Kreditinstitut kann **nur die BaFin** stellen. Lediglich bei drohender Zahlungsunfähigkeit ist sie auf die Zustimmung des Instituts angewiesen (vgl. § 46b Abs. 1 S. 4 KWG). Die Geschäftsleiter bzw. bei einem Institut in der Rechtsform des Einzelkaufmanns der Inhaber haben der BaFin unverzüglich **anzuzeigen,** falls Zahlungsunfähigkeit, Überschuldung oder drohende Zahlungsunfähigkeit vorliegen. Diese Anzeigepflicht ersetzt gem. § 46b Abs. 1 S. 2 KWG die Antragspflicht des Instituts. Eine Verletzung der Anzeigepflicht kann nach § 55 KWG als Vorsatztat mit einer Freiheitsstrafe bis zu drei Jahren, als fahrlässige Tat mit einer Freiheitsstrafe bis zu einem Jahr bestraft werden.[28]

Mit dem Insolvenzantrag oder kurz darauf hat die BaFin zudem den **Entschädigungsfall** bei dem Institut nach § 5 Abs. 1 S. 1 EAEG festzustellen.

b) *Gerichtliche Maßnahmen.* Das Insolvenzgericht prüft den Insolvenzantrag der BaFin auf Zulässigkeit und Begründetheit; es ist an die Prüfungsergebnisse der BaFin, die zu dem Antrag geführt haben, nicht gebunden und wird dadurch dieser **Prüfungspflicht** nicht enthoben. Das betroffene Institut ist gem. §§ 14 Abs. 2, 15 Abs. 2 S. 2 InsO vom Gericht nur dann zu hören, wenn dieses den Insolvenzeröffnungsgrund der BaFin nicht angezeigt bzw. nicht alle Mitglieder des Vertretungsorgans, alle persönlich haftenden Gesellschafter oder alle Abwickler die Anzeige gemeinsam vorgenommen haben oder dem Antrag aufgrund drohender Zahlungsunfähigkeit gem. § 46b Abs. 1 S. 5 KWG nicht zugestimmt wurde.

Das Insolvenzgericht hat nach § 21 Abs. 1 S. 1 InsO alle **Maßnahmen** zu treffen, die erforderlich erscheinen, um bis zur Entscheidung über den Antrag eine den Gläubigern nachteilige Veränderung in der Vermögenslage des Schuldners zu verhüten. Dabei gelten Besonderheiten:

- Vor der **Auswahl des vorläufigen Verwalters** ist die BaFin zu dessen Eignung zu hören (§ 46b Abs. 1 S. 6 KWG). An deren Vorschläge ist das Gericht zwar nicht gebunden, darf aber nicht ohne wichtigen Grund abweichen.
- Eine **Fortführung des Unternehmens,** zu der der Insolvenzverwalter nach § 22 Abs. 1 S. 2 Nr. 2 InsO grundsätzlich verpflichtet ist, kommt lediglich im Rahmen der durch die BaFin in einem Moratorium bzw. durch das Insolvenzgericht angeordneten Beschränkungen in Betracht. Ein weiterer Geschäftsbetrieb ist dadurch nicht möglich und die Geschäftstätigkeit ist weitestgehend eingestellt. Der vorläufige Insolvenzverwalter ist auch nicht zu einer Wiederaufnahme verpflichtet.[29]

8. Eröffnung eines Insolvenzverfahrens. Im eröffneten Insolvenzverfahren ergeben sich im Vergleich zum „normalen" Verfahren der Insolvenzordnung nur wenige Abweichungen, nämlich bei der Berechnung von Fristen, im Wertpapierhandel, in der Wertpapierverwahrung und bei Pfandbriefbanken.

a) *Berechnung von Fristen.* Für die Berechnung der Fristen für die **Rückschlagsperre** des § 88 InsO und die **Insolvenzanfechtung** der §§ 129 ff. InsO ist bei Kreditinstituten nicht der Insolvenzantrag maßgebend, sondern der Zeitpunkt der Anordnung des Moratoriums nach § 46 KWG (§ 46c Abs. 1 KWG).

Soweit es für die Anfechtung auf die **Zahlungsunfähigkeit** ankommt, muss deren Vorliegen vom Insolvenzverwalter dargelegt und bewiesen werden. Zahlungsunfähigkeit liegt vor, wenn der Schuldner nicht in der Lage ist, die fälligen Zahlungspflichten zu erfüllen. Gemeint ist damit, dass er wirtschaftlich außerstande ist, die fälligen Zahlungen

---

[28] Vgl. *Lindemann* in Boos/Fischer/Schulte-Mattler, KWG, 4. Aufl. 2012, § 46b Rn. 7b.
[29] Vgl. *Pannen,* Krise und Insolvenz bei Kreditinstituten, 3. Aufl. 2010 Kap 3 Rn. 31.

zu leisten. Ein Moratorium kann aber durchaus schon angeordnet werden, ohne dass Zahlungsunfähigkeit vorliegt. Das Kreditinstitut ist dann zwar aufgrund hoheitlicher Eingriffe an der Zahlung gehindert, aber nicht zahlungsunfähig.

43 **b)** *Besonderheiten bei Wertpapierhandel.* Im Falle einer Insolvenz von Kreditinstituten, die als **Verwahrer, Kommissionär** oder **Eigenhändler** am Markt agieren, können deren Kunden ein **Aussonderungsrecht** geltend machen an

44 • Wertpapieren, die sich im Besitz der Bank befinden und deren Eigentümer oder Miteigentümer die Kunden sind (vgl. § 47 InsO) sowie
  • Forderungen auf Lieferung von Wertpapieren, die der Bank gegen einen Dritten aus einer Effektenkommission zustehen (vgl. § 392 Abs. 2 HGB sowie § 47 InsO).
  • Besonderheiten gelten bei **Teilerfüllung von Wertpapiergeschäften.** Nach § 32 DepG steht den Kunden der insolventen Bank auch dann ein Vorrang durch Befriedigung aus einer **Sondermasse** zu, wenn sie noch nicht oder nicht mehr Eigentümer der Wertpapiere sind, ihrerseits aber bereits Verpflichtungen gegenüber der Bank aus dem Geschäft über die Wertpapiere voll oder mindestens zu 90% erfüllt haben. Andernfalls wäre der Kommittent (Käufer) für die Zeit zwischen der schuldrechtlichen Ausführung des Geschäfts und dem sachenrechtlich zu beurteilenden Geschäft der Lieferung im Falle der Insolvenz des Kommissionärs oder Eigenhändlers auf die Stellung eines gewöhnlichen Insolvenzgläubigers angewiesen und fiele selbst dann nicht unter den depotrechtlichen Schutz des Kommissions- oder Eigenhändlerguts, wenn er bereits Geldmittel für den Kauf eingesetzt hat.[30]

45 Die angesprochene **Sondermasse** wird aus den in der Masse vorhandenen Wertpapieren – derselben Art und aus den Ansprüchen auf Lieferung solcher Wertpapiere – gebildet. Für jede Wertpapiergattung wird eine eigene Sondermasse gebildet und das Befriedigungsrecht eines vorrangigen Gläubigers besteht nur an der jeweiligen Sondermasse. Zu beachten ist, dass, sofern eine Sondermasse zur Befriedigung aller vorrangigen Ansprüche nicht ausreicht, Überschüsse aus einer ggf. vorhandenen anderen Sondermasse nicht verwendet werden können. Stattdessen wird die vorhandene Masse anteilig – nach dem Verhältnis der Forderungsbeträge – an alle an der Sondermasse beteiligten Gläubiger verteilt. Bestehende offene Forderungen können die Gläubiger zur allgemeinen Insolvenzmasse anmelden.[31]

46 **c)** *Besonderheiten bei Wertpapierverwahrung.* In § 33 DepG wird darüber hinaus das sog. **Ausgleichsverfahren** geregelt, das in der Insolvenz eines Verwahrers, der seinen Hinterlegern einen Kredit eingeräumt und sich bei einem anderen Institut unter Verpfändung der Papiere des Hinterlegers refinanziert hat, zur Anwendung kommt. Voraussetzung ist, dass eine Verpfändungsermächtigung des Hinterlegers eingeholt worden ist. Sofern es mehrere Hinterleger gibt, die entsprechende Ermächtigungen erteilt haben, entsteht sodann eine Gefahrengemeinschaft. In der Insolvenz des Verwahrers wird ihnen ein Vorrang eingeräumt. Zu diesem Zweck wird wiederum eine **Sondermasse** gebildet, bestehend aus

47 • den Wertpapieren, die dem Pfandgläubiger verpfändet waren, von diesem aber nicht zur Befriedigung verwertet worden sind,
  • dem Erlös aus den vom Pfandgläubiger verwerteten Wertpapieren, soweit er dem Pfandgläubiger zu seiner Befriedigung nicht gebührt, sowie
  • den Forderungen gegen die am Ausgleichsverfahren beteiligten Hinterleger aus den ihnen eingeräumten Krediten.

48 Die Kommittenten bzw. Hinterleger haben ihren Vorrang nach §§ 32, 33 DepG bei der Anmeldung ihrer Forderung nach § 174 InsO anzugeben (vgl. § 32 Abs. 4 S. 1 DepG). Sofern die Sondermasse zur vollständigen Befriedigung der Gläubiger nicht aus-

---

[30] Vgl. *Opitz*, Der Schutzgedanke im deutschen Depotrecht, 1956, S. 30.
[31] Vgl. *Opitz*, Depotgesetz, 2. Aufl. 1955, § 32 Anm. 14.

reicht, können die Gläubiger ihre noch offenen Forderungen zur Befriedigung aus der allgemeinen Insolvenzmasse anmelden.

Unmittelbare Aussonderung können die Kunden verlangen, deren Wertpapiere sich 49 bereits in Sonderverwahrung befinden oder denen ein Miteigentumsanteil an einem Sammelbestand zusteht. Aufträge zur Veräußerung von Wertpapieren und zur Auszahlung der Erlöse können die Kunden an eine insolvente Bank dann nicht mehr erteilen, wenn die BaFin bereits ein Veräußerungs- und Zahlungsverbot sowie ein Verbot der Annahme von Geldern nach § 46 KWG erlassen hat.[32]

d) *Sondermasse bei Pfandbriefbanken.* Weitere Besonderheiten ergeben sich in der Insol- 50 venz einer **Pfandbriefbank.** Ausschlaggebend für das Insolvenzverfahren ist, ob die Ursachen im allgemeinen Bank- oder Pfandbriefgeschäft liegen. Sind die Insolvenztatbestände im allgemeinen Bankgeschäft begründet, wird über das sonstige Vermögen der Pfandbriefbank ein (Haupt-)Insolvenzverfahren und über das Vermögen der Deckungsmasse – bei im Übrigen gesunder Deckungsmasse – ein sog. **Sachwalterverfahren** eröffnet.[33] Die Deckungsmasse verbleibt als rechtlich unselbständiges Sondervermögen – außerhalb der (Haupt-)Insolvenzmasse – im Vermögen der insolventen Bank und wird im Rahmen des Sachwalterverfahrens abgewickelt. Ziel ist die Befriedigung der Pfandbriefgläubiger entsprechend den jeweiligen Emissionsbedingungen. Im Falle der Zahlungsunfähigkeit oder Überschuldung der Deckungsmasse wird hingegen über diese ein sog. **Sonderinsolvenzverfahren** eröffnet.

e) *Verfahren bei Kapitalverwaltungsgesellschaften.* In der Insolvenz einer Kapitalverwal- 51 tungsgesellschaft erlischt mit Eröffnung eines Insolvenzverfahrens oder Abweisung des Eröffnungsantrags mangels Masse deren Recht, das für die Fonds gebildete Sondervermögen, zu verwalten (§ 99 Abs. 3 KAGB). Wenn das Sondervermögen in ihrem Eigentum stand, geht das Eigentum, wenn es im Miteigentum der Anleger stand, die Verfügungsbefugnis auf die Depotbank über (§ 100 Abs. 1 KAGB).

III. Entschädigung durch Sicherungseinrichtungen

Eine weitere Besonderheit im Falle der Krise und Insolvenz eines Kreditinstitutes ist 52 die Absicherung der ihm anvertrauten Vermögenswerte durch ein umfassendes Einlagensicherungssystem, das auf den ersten Blick etwas unübersichtlich erscheint. Die Notwendigkeit eines wirksamen Einlagenschutzes liegt darin, den Einlegern die Sicherheit zu geben, dass ein Verlust ihrer Vermögenswerte trotz evtl Krise oder Insolvenz ihrer Schuldnerbank verhindert wird. Dadurch soll die Wettbewerbsfähigkeit der Kreditinstitute erhalten sowie ein Run auf die Schalter bei Bekanntwerden einer Krise des Instituts vermieden werden.[34]

Die sogenannte **Basisdeckung** bildet die begrenzte gesetzliche Entschädigung nach 53 dem EAEG, die seit dem Jahr 1998 für alle Institute nach § 1 EAEG verpflichtend ist. Hinzu kommt eine freiwillige, weitergehende **Anschlussdeckung.** Insoweit ist nach Institutsgruppen in privatrechtliche, öffentlich-rechtliche und übrige Institute und zwischen der bloßen Einlagen- und der Institutssicherung zu unterscheiden.[35]

Dem Einlagensicherungssystem vorgeschaltet ist die im Jahr 1974 gegründete **Liqui-** 54 **ditäts-Konsortialbank** GmbH. Sie unterstützt Institute, die an vorübergehender Zahlungsschwäche leiden, mit Liquiditätshilfen.[36] In der Praxis hat sie bisher allerdings nur geringe Bedeutung erlangt.[37]

---

[32] Vgl. LG Darmstadt vom 4.11.2004 – 19 O 2/04 (nicht veröffentlicht).
[33] Einzelheiten s *Koppmann* WM 2006, 305.
[34] Vgl. *Strenge,* Kalkulation von Einlagensicherungsbeiträgen, 2005, S. 10 f.
[35] Vgl. *Pannen,* Krise und Insolvenz bei Kreditinstituten, 3. Aufl. 2010 Kap 4 Rn. 5.
[36] S *Hösch* Die Bank 1985, 580.
[37] *Linden* ZInsO 2008, 583.

55 **1. Gesetzliche Entschädigungseinrichtungen.** Mit dem seit dem 1. August 1998 gültigen Einlagensicherungs- und Anlegerentschädigungsgesetz (EAEG) besteht eine gesetzliche Pflicht zur Einlagensicherung in Deutschland für alle Institute iSd § 1 EAEG,[38] mit Ausnahme von Instituten, die einer institutssichernden Einrichtung angehören (§ 12 EAEG) sowie Zweigniederlassungen von Banken mit Sitz in einem anderen Staat des Europäischen Wirtschaftsraums (§ 13 EAEG). Dem EAEG liegen die EG-Einlagensicherungsrichtlinie und die EG-Anlegerentschädigungsrichtlinie[39] zugrunde, die auf eine europaweite Harmonisierung des Mindestschutzes von Kapitaleinlegern im Insolvenzfall eines Instituts abzielen, um die Stabilität des Bankensystems in der EU und den Gläubigerschutz zu erhöhen.[40]

56 **a)** *Sicherungspflicht.* Die Institute haben die Pflicht, ihre Einlagen und Verbindlichkeiten aus Wertpapiergeschäften[41] bei einer **Entschädigungseinrichtung** zu sichern (§ 2 EAEG). Sie werden nach § 6 EAEG aufgrund ihrer Rechtsform und Geschäftstätigkeit **drei Institutsgruppen** zugewiesen, für die jeweils eine Sicherungseinrichtung bei der Kreditanstalt für Wiederaufbau (KfW) zu errichten ist bzw. nach § 7 EAEG eine juristische Person des Privatrechts als beliehene Entschädigungseinrichtung die Aufgaben der Einlagensicherung wahrnehmen kann. Die privaten Kreditinstitute iSd § 1 Abs. 1 Nr. 1 EAEG gehören der Entschädigungseinrichtung deutscher Banken GmbH (EdB), einer hundertprozentigen Tochter des Bundesverbandes deutscher Banken, an. Die öffentlich-rechtlichen Einlagenkreditinstitute sind der Entschädigungseinrichtung des Bundesverbandes Öffentlicher Banken Deutschlands GmbH (EdVÖB) zugewiesen. Für die sonstigen Institute existiert die Entschädigungseinrichtung der Wertpapierhandelsunternehmen (EdW) bei der KfW.

57 Die **Finanzierung** des Sicherungssystems obliegt den Instituten (8 EAEG) durch Jahresbeiträge und einmalige Zahlungen (zB bei Aufnahme). Über die Höhe der Beiträge entscheidet gem. § 8 Abs. 8 EAEG das Bundesministerium der Finanzen. Derzeit liegt zB der Jahresbeitrag eines Kreditinstituts beim EdB bei 0,016 Prozent der Bilanzposition „Verbindlichkeiten gegenüber Kunden" seines letzten vor dem 1. Juli aufgestellten Jahresabschlusses multipliziert mit dem Bonitätsfaktor dieses Instituts gemäß § 4 Absatz 2 oder 3 EdBBeitrV, mindestens jedoch 15 000 Euro (§ 1 Abs. 1 EdBBeitrV). Eine Obergrenze für die Beiträge sieht das Gesetz nicht vor.

58 **b)** *Auskunftspflicht.* Die Institute haben nach § 23a Abs. 1 KWG ihre Kunden, die nicht selbst Institute sind, über die Zugehörigkeit zu einer Sicherungseinrichtung im Preisaushang sowie vor Aufnahme der Geschäftsbeziehungen in Textform über die für die Sicherung geltenden Bestimmungen einschließlich Höhe und Umfang der Sicherungsleistungen zu informieren. Diese Informationspflicht versuchen die Banken in Nr. 20 AGB auf eine **Auskunftspflicht** auf Verlangen zu reduzieren. Ein Ausscheiden

---

[38] Institute iSd § 1 EAEG sind Einlagenkreditinstitute iSd § 1 Abs. 3d S. 1 KWG mit Erlaubnis gem. § 1 Abs. 1 S. 2 Nr. 1, 2 KWG, Kreditinstitute mit Erlaubnis gem. § 1 Abs. 1 S. 2 Nr. 4, 6, 10 KWG, § 1 Abs. 1a S. 2 Nr. 1 bis 4 KWG sowie Finanzdienstleistungsinstitute mit Erlaubnis nach § 1 Abs. 1a S. 2 Nr. 1 bis 4 KWG.

[39] Vgl. Richtlinie 94/19/EG des Europäischen Parlamentes und des Rates vom 30.5.1994 über Einlagensicherungssysteme (ABl L 135 vom 31.5.1994, S. 5–14), zur geplanten Neufassung s *Schindler* WM 2010, 2384, sowie die Richtlinie 97/9/EG des Europäischen Parlamentes und des Rates vom 3.3.1997 über Systeme für die Entschädigung der Anleger (ABl L 84 vom 26.3.1997, S. 22–31).

[40] Vgl. *Strenge,* Kalkulation von Einlagensicherungsbeiträgen, 2005, S. 22.

[41] Gem § 1 Abs. 2 EAEG zählen zu den gesicherten Einlagen Geldguthaben von Nichtkreditinstituten, zB Sicht-, Spar-, Termineinlagen und Sparbriefe, nicht dazu zählen Inhaber- und Orderschuldverschreibungen, Schuldverschreibungen, die die Voraussetzungen des Art. 22 Abs. 4 der Richtlinie 85/611/EWG vom 20.12.1985 erfüllen, sowie Verbindlichkeiten aus eigenen Wechseln; nach § 1 Abs. 4 EAEG zählen zu Verbindlichkeiten aus Wertpapiergeschäften Gelder oder Instrumente aus Wertpapiergeschäften, die den Anlegern geschuldet werden oder gehören und von der Bank gehalten oder verwahrt werden.

aus der Sicherungseinrichtung ist den Kunden, der BaFin sowie der Deutschen Bundesbank nach § 23a Abs. 2 KWG ebenfalls in Textform mitzuteilen.

c) *Entschädigung der Einleger.* Einleger können erst Entschädigung verlangen, wenn die **59** BaFin den **Entschädigungsfall** festgestellt hat. Dies hat die BaFin
- spätestens innerhalb von fünf Arbeitstagen, nachdem sie davon Kenntnis erlangt hat, dass ein Institut nicht in der Lage ist, Einlagen zurückzuzahlen, und
- spätestens innerhalb von 21 Tagen, nachdem sie davon Kenntnis erlangt hat, dass ein Institut nicht in der Lage ist, Verbindlichkeiten aus Wertpapiergeschäften zu erfüllen und
- wenn Maßnahmen nach § 46 Abs. 1 S. 2 Nr. 4 bis 6 KWG angeordnet worden sind und diese länger als sechs Wochen andauern,

vorzunehmen (§ 5 Abs. 1 EAEG). Daraufhin wird die zuständige Sicherungseinrichtung informiert, die mit der Entschädigungsaktion beginnt. Sie hat die Gläubiger des Instituts sofort über den Entschädigungsfall zu unterrichten und diese aufzufordern, innerhalb eines Jahres schriftlich ihren Entschädigungsanspruch anzumelden (vgl. § 5 Abs. 2, 3 EAEG). Die angemeldeten Ansprüche sind unverzüglich zu prüfen und nach Feststellung des Entschädigungsanspruches fällig.[42] Die Forderungen der Kunden mit allen Nebenrechten gegenüber dem Institut gehen in Höhe der Entschädigung auf die Sicherungseinrichtung über (vgl. § 5 Abs. 5 EAEG). Aus der Insolvenzmasse sind in Höhe der Insolvenzquote schließlich die Ansprüche der Sicherungseinrichtung sowie die nicht entschädigten Forderungen der Kunden zu befriedigen.[43]

Entschädigungsansprüche stehen grundsätzlich allen Gläubigern des Instituts zu, **60** nach § 3 Abs. 2 S. 1 Nr. 1 bis 10 EAEG gelten jedoch einige Ausnahmen für professionelle und institutionelle Bankkunden. Ebenso sind diejenigen Personen von der Entschädigung ausgeschlossen, die aufgrund ihrer Stellung oder besonderen Position selbst zur Krise des Instituts beigetragen haben oder deren Ansprüche mit strafbaren Handlungen zusammenhängen.[44]

Der **Umfang des Entschädigungsanspruches** ist in § 4 EAEG geregelt. Hiernach **61** ist ein Entschädigungsanspruch ausgeschlossen, soweit Einlagen oder Gelder nicht auf Euro oder eine Währung eines EU-Mitgliedstaates lauten. Zudem ist der Entschädigungsanspruch unter Berücksichtigung der Aufrechnungs- und Zurückbehaltungsrechte des Instituts bis zum 29.6.2009 auf jeweils 90% der Einlagen und einen Gegenwert von maximal 20 000 Euro pro Einleger begrenzt; das gleiche galt für Verbindlichkeiten aus Wertpapiergeschäften. Die maximale Entschädigungssumme betrug somit 40 000 Euro.[45] Ab 30.6.2009 ist die Begrenzung auf 90% der Einlagen entfallen und die Entschädigungssumme auf 50 000 Euro (§ 19 EAEG) und ab 1.1.2011 auf 100 000 Euro[46] heraufgesetzt. Im Rahmen der genannten Obergrenzen werden auch Zinsen für den Zeitraum zwischen Feststellung des Entschädigungsfalles und Auszahlung der Entschädigung bzw. Eröffnung des Insolvenzverfahrens, wenn diese vorher erfolgt, entschädigt.[47]

2. Institutssichernde und freiwillige Sicherungssysteme. Nach § 12 Abs. 1 **62** EAEG sind Kreditinstitute, die der **institutsschützenden Sicherungseinrichtung** des Bundesverbandes der Deutschen Volksbanken und Raiffeisenbanken (BVR) oder der regionalen Sparkassen- und Giroverbände angeschlossen sind, vom Mitwirkungszwang

---
[42] BGH ZIP 2011, 2187.
[43] Vgl. *Strenge*, Kalkulation von Einlagensicherungsbeiträgen, 2005, S. 28 f.
[44] Vgl. *Wagner*, Die Einlagensicherung bei Banken nach dem Einlagensicherungs- und Anlegerentschädigungsgesetz, 2004, S. 80.
[45] Vgl. *Pannen*, Krise und Insolvenz bei Kreditinstituten, 2. Aufl. 2006, S. 99 f.
[46] Art. 2 des Gesetzes zur Änderung des Einlagensicherungs- und Anlegerentschädigungsgesetzes und anderer Gesetze vom 25.6.2009 – BGBl. I, 1528.
[47] *Linden* ZInsO 2008, 583.

in einer gesetzlich vorgeschriebenen Entschädigungseinrichtung ausgenommen. Voraussetzung ist, dass diese Sicherungseinrichtungen in der Lage sind, den angeschlossenen Instituten eine Institutssicherung, dh den Schutz der Institute selber, insbesondere deren Liquidität und Solvenz, zu gewährleisten. Dies geschieht in der Regel über Darlehen, Zuschüsse, stille Beteiligungen und/oder Garantien. In der Folge wird die Insolvenz eines Instituts grundsätzlich verhindert, so dass sämtliche Institutsgläubiger unbegrenzt vor Vermögensverlusten geschützt werden.[48]

63 Daneben besteht die Möglichkeit, freiwillig einem **Einlagensicherungfonds** beizutreten, der eine über das gesetzliche Mindestmaß hinausgehende Einlagensicherung gewährleistet. Im Privatbankenbereich geschieht dies seit dem 1. Januar 1976 durch den Einlagensicherungsfonds, der ein unselbständiges Sondervermögen des Bundesverbandes deutscher Banken eV ist. Der Einlagensicherungsfonds wurde in Folge des Zusammenbruchs der Herstatt-Bank als Nachfolgeeinrichtung des sog. Gemeinschafts-/Feuerwehrfonds gegründet, da sich herausstellte, dass das bis dahin vorhandene Sicherungssystem nicht ausreiche und ein entscheidender Wettbewerbsnachteil gegenüber den Institutsgruppen mit Institutsschutz bestand.[49]

64 **3. Einlagensicherung durch den Bundesverband deutscher Banken eV.**
Durch den Bundesverband deutscher Banken e.V. werden die Vermögenswerte der Kunden im Bereich der privaten Bankwirtschaft geschützt. Er vereint unter einem Dach

65 • die **gesetzliche Entschädigungseinrichtung** deutscher Banken, der nach § 6 Abs. 1 S. 1 Nr. 1 EAEG alle privatrechtlichen Einlagenkreditinstitute mit Erlaubnis zum Betreiben des Einlagen- und des Kreditgeschäftes angehören, sowie

• die **freiwillige Anschlussdeckung** durch den **Einlagensicherungsfonds,** dem grundsätzlich alle Mitglieder des BdB angehören.

• den **Prüfungsverband deutscher Banken** (PdB), dessen Tätigkeit darauf gerichtet ist, im Rahmen der Krisenfrüherkennung und -prävention mitzuwirken.

66 Ein komplette Instituts- und damit auch Insolvenzsicherung wird den Mitgliedsinstituten des BdB aber nicht gewährt, vor allem deshalb nicht, da die einzelnen privaten Banken untereinander im Wettbewerb stehen.[50]

67 **a)** *Finanzierung.* Die **Finanzierung** des Einlagensicherungsfonds erfolgt dabei über Beiträge der Mitgliedsinstitute. Der Jahresbeitrag liegt derzeit bei 0,3‰ der im letzten Jahresabschluss bilanzierten Verbindlichkeiten gegenüber Kunden. Erhöhungen (maximal Verdoppelung), Zuschläge oder Sonderumlagen sind möglich, zB wenn die vorhandenen Mittel für notwendige Hilfsmaßnahmen nicht ausreichen, ebenso sind Aussetzungen oder Beitragsreduzierungen möglich, wenn das Vermögen des Einlagensicherungsfonds eine angemessene Höhe erreicht hat (vgl. hierzu § 5 des Statuts).

68 **b)** *Deckungsumfang.* Durch den Einlagensicherungsfonds werden alle **Verbindlichkeiten gegenüber Nichtkreditinstituten,** die unter dem Bilanzposten „Verbindlichkeiten gegenüber Kunden" auszuweisen sind, sowie Verbindlichkeiten gegenüber Kapitalanlagegesellschaften und deren Depotbanken, soweit es sich um Teile des Fondsvermögens handelt, entschädigt (vgl. § 6 Abs. 1 S. 1 des Statuts). Damit sind Unternehmen, Privatpersonen und öffentliche Stellen abgesichert, nicht aber andere Kreditinstitute und mit der betroffenen Bank verbundene Personen.

69 Ausgenommen vom Einlagenschutz sind nach § 6 Abs. 1a, 3 des Statuts zB Verbindlichkeiten, über die eine Bank **Inhaberpapiere** ausgestellt hat, und Verbindlichkeiten aus Wertpapierpensionsverpflichtungen.

---

[48] Vgl. *Strenge,* Kalkulation von Einlagensicherungsbeiträgen, 2005, S. 26, S. 29.
[49] Vgl. *Weber/Nolte,* BuB, 2012, Rn. 1/611, 1/614.
[50] *Linden* ZInsO 2008, 583; vgl. *Weber/Nolte,* BuB, 2012, Rn. 1/611, 1/614f.

Schuldscheine, die von einer deutschen Bank emittiert werden, unterliegen als **70** Schuldscheindarlehen grundsätzlich dem Einlagensicherungsfonds, „sofern sie auf den Namen eines Kunden lauten." Der letzte Halbsatz ist etwas unverständlich, da einem Schuldscheindarlehen immer ein Darlehensvertrag zugrunde liegt, bei dem der Darlehensnehmer mit Namen genannt ist. Wenn im Einzelfall wider Erwarten nicht klar sein sollte, ob die Forderung eines Kunden als Forderung aus einem Schuldscheindarlehen oder einer Inhaberschuldverschreibung anzusehen ist, kann die Passivseite der Bilanz weiterhelfen. Schuldscheindarlehen sind gemäß § 21 Abs. 2 S. 1 RechKredV unter Nr. 2 als Verbindlichkeiten gegenüber Kunden auszuweisen, Inhaberschuldverschreibungen dagegen gemäß § 22 RechKredV unter Nr. 3 als verbriefte Verbindlichkeiten.

Die Sicherung erstreckt sich gem. § 6 Abs. 1 des Statuts je Gläubiger bis zum 31. De- **71** zember 2014 auf 30%, bis zum 31. Dezember 2019 auf 20%, bis zum 31. Dezember 2024 auf 15% und ab dem 1. Januar 2025 auf 8,75% des für die Einlagensicherung maßgeblichen haftenden Eigenkapitals iSd § 10 Abs. 2 KWG[51] des Instituts. Für Einlagen, die nach dem 31. Dezember 2011 begründet oder prolongiert werden, gelten unabhängig vom Zeitpunkt der Begründung der Einlage die neuen Sicherungsgrenzen ab dem vorgenannten Stichtag. Für Einlagen, die vor dem 31. Dezember 2011 begründet wurden, gelten die alten Sicherungsgrenzen bis zur Fälligkeit der Einlage oder bis zum nächstmöglichen Kündigungstermin. Bei der Berechnung des Entschädigungsanspruches wird mit den Gegenforderungen der Bank, auch wenn diese noch nicht fällig sind, gegengerechnet (vgl. § 6 Abs. 4 des Statuts). Nach § 6 Abs. 5 des Statuts sind Zinsansprüche ebenfalls gesichert.

Dieser Schutz gilt **weltweit.** Auf die Währung der Forderung kommt es dabei nicht **72** an.[52] Allerdings besteht im Gegensatz zur gesetzlichen Einlagensicherung nach dem EAEG **kein Rechtsanspruch** der Einleger auf Leistungen des Fonds (vgl. § 6 Abs. 10 des Statuts).

c) *Abwicklung.* Die **Entschädigungsaktion** bei Feststellung des Entschädigungsfalles **73** durch die BaFin erfolgt aus einer Hand, wenn ein Institut sowohl der Entschädigungseinrichtung deutscher Banken als auch dem Einlagensicherungsfonds angehört. Die Forderungen der Einleger gehen auf beide Einrichtungen über, werden im Innenverhältnis aufgeteilt und im Rahmen des Insolvenzverfahrens aus der Insolvenzmasse befriedigt. Soweit die Möglichkeit besteht, wird den Einlegern statt einer Barauszahlung ein entsprechendes Guthaben zu gleichen Konditionen bei einem anderen Institut angeboten.[53]

4. Institutssicherung der Sparkassen- und Giroverbände. Das Sicherungssys- **74** tem der Sparkassenorganisation besteht aus drei Säulen, den Sparkassenstützungsfonds der regionalen Sparkassen- und Giroverbände, der Sicherungsreserve der Landesbanken/Girozentralen und dem Sicherungsfonds der Landesbausparkassen. Die drei Systeme sind satzungsrechtlich miteinander verbunden und bilden einen sog. **Haftungsverbund,** dh sofern die Mittel eines Sicherungssystems für einen Stützungsfall nicht ausreichen, kann auf die Mittel der anderen Systeme zurückgegriffen werden.[54]

Die Sparkassen gehören 11 Regionalverbänden an. Jeder Regionalverband bildet für **75** die angeschlossenen Institute einen Sparkassenstützungsfonds, der durch risikoorientierte Mitgliedsbeiträge[55] gespeist wird. Kommt es zu einem Stützungsfall, dh eine Sparkasse

---

[51] Bei Berechnung des haftenden Eigenkapitals für die Sicherungsgrenze, wird das Ergänzungskapital nach § 10 Abs. 2b KWG nur bis zur Höhe von 25% des Kernkapitals nach § 10 Abs. 2a KWG berücksichtigt, vgl. § 6 Abs. 1 Einlagensicherungsfonds-Statut.
[52] Vgl. *Weber/Nolte,* BuB, 2012, Rn. 1/626.
[53] *Linden* ZInsO 2008, 583; vgl. *Weber,* Bankrecht und Bankpraxis, 2006 Rn. 1/663 ff.
[54] Vgl. *Newiger, Nicolaus:* Die Umsetzung der EG-Einlagensicherungs- und Anlegerentschädigungsrichtlinie. In: Sparkasse Nr. 8, August 1998, S. 349 ff., S. 352 f.
[55] Zur Berechnung der Beitragshöhe siehe „Grundsätze der risikoorientierten Beitragsbemessung der Sicherungseinrichtungen der Sparkassenfinanzgruppe vom 18.12.2003 mit Wirkung zum 1.1.2006."

befindet sich in einer drohenden oder bestehenden wirtschaftlichen Krise, insbesondere dann, wenn eine Zahlungseinstellung oder ein den eigenen Bestand gefährdender Verlustausweis durch das Institut selber nicht vermieden werden kann (vgl. § 3 der Mustersatzung für die Sparkassenstützungsfonds der Regionalverbände), tritt der jeweilige Stützungsfonds des Regionalverbandes ein. Aufgrund des Institutsschutzes wird eine Insolvenz zwar vermieden, an die Stelle des Marktaustritts treten aber gleichwertige Maßnahmen wie zB eine Umgestaltung, die Fusion oder auch personelle Änderungen in der Geschäftsleitung. Falls die Mittel eines Verbandes zur Sicherung nicht ausreichen, findet ein Ausgleich durch die anderen Regionalverbände – **„überregionaler Ausgleich"** – statt. Sofern auch diese Mittel nicht ausreichen, greift schließlich der Haftungsverbund.

76 Ein **Rechtsanspruch** der Institute auf Stützungsmaßnahmen ist in § 20 der Mustersatzung **ausgeschlossen**.

77 Die Sicherung der Landesbanken und Landesbausparkassen verläuft in analoger Weise; weitere Einzelheiten dazu sind den jeweiligen Satzungen zu entnehmen.

78 **5. Sicherungseinrichtung der Genossenschaftsbanken.** Für die genossenschaftlichen Banken besteht bereits seit 1937 ein Institutssicherungssystem, das ursprünglich in vier Systeme aufgeteilt war und 1977 in einer Sicherungseinrichtung beim BVR zusammengefasst wurde. Dieses Sicherungssystem ist nicht auf Maßnahmen zur Institutssicherung beschränkt. Nach § 1 Abs. 3 SE-St werden ausdrücklich die Kundeneinlagen und Schuldverschreibungen geschützt. Die Eröffnung des Insolvenzverfahrens über eine Genossenschaftsbank ist dadurch grundsätzlich möglich, kam bisher aber noch nicht vor. Zudem besteht nach § 105 GenG idR eine Nachschusspflicht der Genossenschaftsmitglieder im Insolvenzfall falls die Insolvenzmasse nicht reicht.[56]

79 Die Sicherungseinrichtung besteht aus einem **Garantiefonds** und einem **Garantieverbund**. Der Garantiefonds als Sondervermögen des BVR wird durch risikoorientierte Beiträge der Mitgliedsbanken, ua auch abhängig vom Klassifikationsergebnis, gespeist (vgl. § 4 des Statuts: mindestens 0,5‰, maximal 2,0‰ der Forderungen an Nichtbanken). Der Garantieverbund besteht aus Garantieerklärungen der Mitgliedsbanken gegenüber dem BVR (vgl. § 5 des Statuts).

80 Ein **Rechtsanspruch** der Banken auf Stützungsmaßnahmen ist wie bei den Sparkassen **ausgeschlossen** (vgl. § 27 des Statuts).

IV. Sonderregelungen für systemrelevante Kreditinstitute

81 Angesichts der weltweiten Finanzkrise im Jahre 2008[57] sah sich der deutsche Gesetzgeber gezwungen, für Unternehmen des Finanzsektors eine Reihe von zum Teil revolutionären Vorschriften einzuführen. Damit sollen nicht nur die Liquiditätsversorgung notleidender Institute sichergestellt und deren Eigenkapitalausstattung verbessert, sondern zugleich auch Wettbewerbsverzerrungen und Begünstigungen der Anteilseigner vermieden werden.

82 Im Einzelnen[58] handelt es sich um
- das Finanzmarktstabilisierungsgesetz **(FMStG)**[59] bestehend aus dem

---

[56] Vgl. *Pannen*, Krise und Insolvenz bei Kreditinstituten, 3. Aufl. 2010, Kap 4 Rn. 120.
[57] Zur Historie s *Jaletzke/Veranneman*, Finanzmarktstabilisierungsgesetz, 2009, Einführung Rn. 1 ff.
[58] Überblick s *Pannen*, Krise und Insolvenz bei Kreditinstituten, 3. Aufl. 2010, Kap 2; *Brück/Schalast/Schanz* BB 2008, 2526; dies. BB 2009, 1306; *Ewer/Behnsen* NJW 2008, 3457; *Horn* BKR 2008, 452; *Spindler* DStR 2008, 2268; *Ziemons* DB 2008, 2635; zur Hilfe für Staatsbanken s *Ewer/Behnsen* BB 2008, 2582.
[59] Gesetz zur Umsetzung eines Maßnahmenpakets zur Stabilisierung des Finanzmarktes vom 17.10.2008 – BGBl. I, 1982; weitere Dokumentationen s ZBB 2009, 82; nicht zu verwechseln mit dem Stabilitätsgesetz (Gesetz zur Förderung der Stabilität und des Wachstums der Wirtschaft vom 8.6.1967 – BGBl. I, 582), s dazu *Greitemann* FS Knorr 1968, 257.

Bankinsolvenzen 83 § 103

- Finanzmarktstabilisierungsfondsgesetz (**FMStFG**)[60] und dem
- Gesetz zur Beschleunigung und Vereinfachung des Erwerbs von Anteilen sowie Risikopositionen von Unternehmen des Finanzsektors durch den Fonds „Finanzmarktstabilisierungsfonds – FMS" (**FMStBG**),[61]
- die Finanzmarktstabilisierungsfonds-Verordnung (**FMStFV**),[62] gefolgt von
- dem Finanzmarktstabilisierungsergänzungsgesetz (**FMStErgG**)[63] mit dem darin ua enthaltenen
- Rettungsübernahmegesetz (**RettungsG**),[64]
- dem Gesetz zur Fortentwicklung der Finanzmarktstabilisierung (**FMStFortG**)[65] und dem
- Gesetz zur Stärkung der Finanzmarkt- und der Versicherungsaufsicht,[66]
- das Gesetz zur Reorganisation von Kreditinstituten (Kreditinstitute-Reorganisationsgesetz – **KredReorgG,** und
- das Gesetz zur Errichtung eines Restrukturierungsfonds für Kreditinstitute (Restrukturierungsfondsgesetz – **RStruktFG**).

Während die Maßnahmen nach den Finanzmarktstabilisierungsgesetzen meist im Volumen oder zeitlich beschränkt und als **Sofortmaßnahme** zur Überwindung der weltweiten Finanzmarktkrise des Jahres **2008** geschaffen, danach aber wieder in gewissem Umfang ermöglicht[67] wurden, sollen das Reorganisationsverfahren, das Übertragungsverfahren und der Einsatz des Restrukturierungsfonds dafür Sorge tragen, dass der Einsatz staatlicher Mittel zur Verhinderung von Störungen des Finanzsystems dauerhaft entbehrlich wird.[68] 83

Mit dem Gesetz zur Abschirmung von Risiken und zur Planung der Sanierung und Abwicklung von Kreditinstituten und Finanzgruppen vom 7.8.2013[69] wurde zudem für systemrelevante Kreditinstitute die Pflicht zur **Aufstellung von Sanierungsplänen** eingeführt (§ 47 Abs. 1 KWG) unabhängig von der konkreten wirtschaftlichen Situation der Bank. Stellt die BaFin bei der Überprüfung des Sanierungsplans potentielle Sanierungshindernisse fest, kann sie von dem Kreditinstitut verlangen, dass diese Hindernisse beseitigt werden (§§ 47a, 47b Abs. 4 KWG). Ziel der Sanierungspläne ist es, dass die Bank in einer konkreten Krise Maßnahmen ergreift, um die finanzielle Solidität nachhaltig wieder herzustellen oder zu sichern (§ 47a Abs. 3 Nr. 1 KWG).

Neben den Sanierungsplänen erstellt die BaFin für jedes systemrelevante Institut wiederum unabhängig von dessen konkreter wirtschaftlicher Lage einen **Abwicklungsplan** (§ 47f KWG) und prüft die hypothetische Abwicklungsfähigkeit des Instituts

---

[60] Gesetz zur Errichtung eines Finanzmarktstabilisierungsfonds = Art. 1 FMStG, zuletzt geändert durch das 3. Finanzmarktstabilisierungsgesetz (Drittes Gesetz zur Umsetzung eines Maßnahmenpakets zur Stabilisierung des Finanzmarktes vom 20.12.2012 – BGBl. I S. 2777 mit Geltung ab 1.1.2013; s. dazu *Brandi/Richters* DB 2013, 2917).
[61] Art. 2 FMStG des Gesetzes zur Errichtung eines Finanzmarktstabilisierungsfonds.
[62] Verordnung zur Durchführung des Finanzmarktstabilisierungsgesetzes (Finanzmarktstabilisierungsfonds-Verordnung – FMStFV) vom 20.10.2008.
[63] Gesetz zur weiteren Stabilisierung des Finanzmarktes (Finanzmarktstabilisierungsergänzungsgesetz – FMStErgG) vom 7.4.2009 – BGBl. I, 725; Kritik s *Marotzke* JZ 2009, 763.
[64] Gesetz zur Rettung von Unternehmen zur Stabilisierung des Finanzmarkts (= Art. 3 FMStErgG); zur verfassungsrechtlichen Problematik s *Engels* BKR 2009, 365.
[65] Gesetz zur Fortentwicklung der Finanzmarktstabilisierung vom 17.7.2009 – BGBl. I, 1980.
[66] Gesetz zur Stärkung der Finanzmarkt- und der Versicherungsaufsicht vom 29.7.2009 – BGBl. I, 2305.
[67] S. Zweites Finanzmarktstabilisierungsgesetz (2. FMStG) vom 24.2.2012 BGBl. I S. 206 (Nr. 10); Drittes Finanzmarktstabilisierungsgesetz (Drittes Gesetz zur Umsetzung eines Maßnahmenpakets zur Stabilisierung des Finanzmarktes vom 20.12.2012 – BGBl. I S. 2777; Geltung ab 1.1.2013 mit Übersicht von *Brandi/Richters* DB 2012, 2917).
[68] RegE zum Restrukturierungsgesetz (BT-Drucks. 17/3024, 17/3362, 17/3407) Einl B 3.
[69] BGBl. I, 3090 ff.

(§ 47d KWG). Zur Beseitigung von potentiellen Abwicklungshindernissen kann die BaFin weitgehende Maßnahmen verlangen bis hin zu einer rechtlichen Umstrukturierung des Instituts oder der ganzen Finanzgruppe (§ 47e KWG). Ziel des Abwicklungsplans ist es, eine Systemgefährdung im Falle des wirtschaftlichen Scheiterns des Kreditinstituts möglichst zu vermeiden (§ 47f Abs. 2 KWG).

84   Auch bei den Finanzmarktstabilisierungsgesetzen beschränken sich die Befugnisse auf die Unterstützung von **Unternehmen des Finanzsektors,** nämlich im Wesentlichen auf Kreditinstitute, Versicherungsunternehmen, Kapitalanlagegesellschaften und die Betreiber von Wertpapier- und Terminbörsen (§ 2 Abs. 1 FMStFG); im Folgenden wird der Einfachheit halber nur von Kreditinstituten gesprochen. Stabilisierungsmaßnahmen dürfen **nur zur Sicherstellung der Finanzmarktstabilität** und nicht etwa im Interesse des Schutzes eines einzelnen Kreditinstituts vor einer Insolvenz ergriffen werden; maßgeblich sind also die zu erwartenden Auswirkungen der Insolvenz eines Kreditinstituts auf andere Institute und die Gesamtwirtschaft und nicht etwa die Folgen für seine Gläubiger und Anteilseigner. Für die Bedeutung des Instituts für die Finanzmarktstabilität ist nach der Beihilfeentscheidung der Europäischen Kommission auf die Bilanzsumme, die Einlagenintensität, die Funktion des Unternehmens für den gesamtwirtschaftlichen Zahlungsverkehr und die allgemeine Bedeutung für das Vertrauen in die Stabilität des Finanzmarkts abzustellen.[70]

85   Eine zentrale Rolle bei diesen Maßnahmen kommt dem Finanzmarktstabilisierungsfonds, der sog. SoFFin zu. Dabei handelt es sich um ein nicht rechtsfähiges Sondervermögen des Bundes, dessen Aufgaben von der Finanzmarktstabilisierungsanstalt (FMSA) wahrgenommen werden und das über eine komplizierte Organstruktur mit einem Leitungsausschuss (§ 3a Abs. 3 FMStFG), einem Lenkungsausschuss (§ 4 Abs. 1 FMStFG) und einem „Gremium zum Finanzmarktstabilisierungsfonds" (§ 10a FMStFG) verfügt.[71] Sie trifft die Entscheidungen über Stabilisierungsmaßnahmen nach dem FMStFG und über die Inanspruchnahme des **Restrukturierungsfonds** nach pflichtgemäßem Ermessen durch Verwaltungsakt (Ausnahmen s § 4 Abs. 1 S. 2 FMStFG).

86   **1. Maßnahmen nach den Finanzmarktstabilisierungsgesetzen.** Die Gesetze stellen eine umfangreiche Palette von Maßnahmen zur Verfügung, die weit über die klassischen außergerichtlichen Sanierungsinstrumente wie Stundungen, Verzichte, Rangrücktritte und neue Kredite durch Gläubiger hinausgehen und für Kapitalmaßnahmen, die meist an zeitlichen Faktoren und manchmal auch am Widerstand „räuberischer Aktionäre"[72] scheitern, vereinfachte Verfahren, teils unter Ausschluss der Hauptversammlung bis hin zur Verstaatlichung vorsehen. Die verschiedenen Maßnahmen können teils mit, teils auch ohne den Willen der Unternehmensführung und ihrer Anteilseigner getroffen werden.

87   Dabei handelt es sich um
- die Übernahme von **Garantien** durch den Finanzmarktstabilisierungsfonds,
- die **Rekapitalisierung** durch Beteiligung des Finanzmarktstabilisierungsfonds am Eigenkapital von Finanzunternehmen, und zwar durch
- die gesetzliche Ermächtigung des Vorstands einer Aktiengesellschaft zur Erhöhung des Kapitals,
- die Vereinfachung der Regeln über die ordentliche Kapitalerhöhung,
- die Ermächtigung des Vorstands einer Aktiengesellschaft zur Ausgabe von **Genussrechten** und Aufnahme stiller Gesellschafter,

---

[70] Europäische Kommission vom 27.10.2008 – Nr. N 512/2008; *Pannen,* Krise und Insolvenz bei Kreditinstituten, 3. Aufl. 2010, Kap 2 Rn. 47.
[71] Ausführliche Darstellung s *Pannen,* Krise und Insolvenz bei Kreditinstituten, 3. Aufl. 2010, Kap 2 Rn. 10 ff.
[72] Zum Begriff s *Butzke,* Die Hauptversammlung der Aktiengesellschaft, 5. Aufl. 2011, Teil A Rn. 22 ff.

- die **Übernahme von Risikopositionen** durch den Finanzmarktstabilisierungsfonds,
- die Auslagerung von Risikopositionen auf sog. Bad-Banks und
- die **Verstaatlichung** im Wege der Enteignung.

a) *Übernahme von Garantien.* Um Liquiditätsengpässe zu beheben und die Refinanzie- **88**
rung von Kreditinstituten am Kapitalmarkt zu unterstützen, kann der Finanzmarktstabilisierungsfonds Garantien für bis zum 31.12.2014 begebene Schuldtitel und übernommene Verbindlichkeiten abgeben; die Laufzeit darf 84 Monate für gedeckte Schuldverschreibungen im Sinn von § 20a KWG und 60 Monate für andere Verbindlichkeiten nicht übersteigen (§ 6 Abs. 1 FMStFG, Art. 1 Nr. 4 FMStErgG). Garantien kann der Fonds nicht nur für Kreditinstitute, sondern auch für Zweckgesellschaften eingehen.

Zweckgesellschaften kommen in den Genuss der Garantien aber nur für Schuldti- **89**
tel, die sie zur Bezahlung für strukturierte Wertpapiere ausgeben, die sie von Kreditinstituten, deren Tochtergesellschaften oder Finanzholding-Gesellschaften übernommen haben (§ 6a Abs. 1 FMStFG).[73] Mit Hilfe dieser Garantien erlangen die Schuldtitel die notwendige Verkehrsfähigkeit, sodass die Refinanzierung der Zweckgesellschaft, für deren Bonität die von ihr gehaltenen Wertpapiere sonst nicht ausgereicht hätte, ermöglicht wird und dem abgebenden Kreditinstitut die Liquidität zufließen kann. Solche Garantien werden grundsätzlich in banküblicher Weise, dh auf erstes Anfordern in Euro ausgestellt und decken neben dem Kapital auch Zinsen und Nebenleistungen (§ 2 Abs. 2 Nr. 2 FMStFV).

Für die Garantie hat das Kreditinstitut ein **Entgelt** nach §§ 6 Abs. 1 S. 3 FMStFG, 2 **90**
Abs. 2 Nr. 1 FMStFV zu entrichten. Darüber hinaus muss es sich auch einer soliden und umsichtigen Geschäftspolitik verpflichten (§§ 10 Abs. 2 Nr. 1 FMStFG, 5 Abs. 1 FMStFV) und mit besonderen Risiken verbundene Geschäfte oder Geschäfte in bestimmten Produkten oder Märkten reduzieren oder aufgeben (§ 5 Abs. 2 Nr. 1 FMStFV).

Stabilisierungsmaßnahmen dieser Art können dem Kreditinstitut nicht aufgezwungen **91**
werden, sondern können nur auf seinen **Antrag** hin bewilligt werden. Der Antrag ist nicht erst bei Zahlungsunfähigkeit, Überschuldung oder drohender Zahlungsunfähigkeit zulässig, sondern bereits bei erkennbaren Liquiditätsengpässen oder Bedarf nach einer Stärkung der Eigenkapitalbasis (§§ 4 Abs. 1, 2 Abs. 1 FMStFG). Dieser recht weite Rahmen ist vertretbar; die Bedingungen, mit denen die Garantieübernahme verbunden werden kann, sind so abschreckend, dass kein Kreditinstitut sie ohne Not in Anspruch nehmen wird. Eine gesetzliche Antragspflicht besteht nicht. Der Antrag kann jedoch bei korrekter Ausübung unternehmerischen Ermessens geboten sein.[74]

b) *Rekapitalisierung.* Um eine angemessene Eigenkapitalausstattung von Unternehmen **92**
des Finanzsektors wiederherzustellen, kann der Finanzmarktstabilisierungsfonds sich bis zum 31.12.2014[75] an dem notleidenden Kreditinstitut beteiligen, indem er als Aktionär oder Gesellschafter **Anteile** übernimmt, eine **stille Beteiligung** eingeht oder sonstige Bestandteile der Eigenmittel übernimmt (§ 7 Abs. 1 FMStFG).[76]

Dies sowie die Übernahme der Beteiligung dürfen nicht an dem Widerstand der bis- **93**
herigen Anteilseigner oder auch nur an gesellschaftsrechtlichen Formerfordernissen scheitern. Zwar kann eine Rekapitalisierung nur **auf Antrag** des Unternehmens vorgenommen werden, die für gesellschaftsrechtliche Veränderungen meist notwendige Mitwirkung der Anteilseigner macht das FMStBG jedoch weitgehend entbehrlich:

---

[73] *Pannen,* Krise und Insolvenz bei Kreditinstituten, 3. Aufl. 2010, Kap 2 Rn. 130.
[74] *Jaletzke/Veranneman,* Finanzmarktstabilisierungsgesetz, 2009, vor §§ 6–8 FMStFG Rn. 21 f.
[75] Aufstockungen bereits übernommener Beteiligungen sind auch nach diesem Stichtag möglich (§ 13 Abs. 1a FMStFG).
[76] Überblick über die gesellschaftsrechtlichen Probleme s *Binder* WM 2008, 2340; *Böckenförde* NJW 2009, 2484; *Hopt/Fleckner/Kumpan/Steffek* WM 2009, 821; *Marotzke* JZ 2009, 763; *Roitzsch/Wächter* DZWIR 2009, 1; *Spindler* DStR 2008, 2268; *Ziemons* DB 2008, 2635.

94 aa) *Ermächtigung zur Erhöhung des Kapitals.* Auch ohne (erneute) Mitwirkung der Hauptversammlung kann der Vorstand einer Aktiengesellschaft das Grundkapital bis zu einem bestimmten Nennbetrag, der die Hälfte des vorhandenen Grundkapitals nicht übersteigen darf, durch Ausgabe neuer Aktien gegen Einlagen und unter Ausschluss des Bezugsrechts der Aktionäre erhöhen, wenn ihn dazu die ursprüngliche Satzung (§ 23 AktG) oder eine von der Hauptversammlung beschlossene Satzungsänderung (§§ 179 ff. AktG) ermächtigt (§ 202 AktG). Üblicherweise ist die Ermächtigung zum Bezugsrechtsausschluss aber auf 10 % des Grundkapitals beschränkt und der Ausgabebetrag der neuen Aktien darf den Börsenkurs nicht wesentlich unterschreiten (§ 186 Abs. 3 S. 4 AktG).[77]

95 Da in einer Krise die Zeit für die Einberufung einer Hauptversammlung meist nicht reichen wird und auch deren Zustimmung nicht sicher sein kann, wurde der Vorstand durch § 3 Abs. 1 FMStBG trotz gewisser Zweifel an der Vereinbarkeit dieser Regelung mit europäischen Vorgaben[78] gesetzlich ermächtigt, **ohne** Zustimmung der **Hauptversammlung,** aber mit Zustimmung des Aufsichtsrats eine Kapitalerhöhung bis zur Hälfte des vorhandenen Grundkapitals durch Ausgabe von Aktien an den Fonds gegen entsprechende Einlagen und unter Ausschluss des Bezugsrechts der Aktionäre vorzunehmen.

96 Die Aktien können zum Börsenkurs oder zu einem niedrigeren Preis ausgegeben und mit einem Gewinnvorzug und bei Liquidation mit einem Vorrang ausgestattet werden; diese **Vorzugsstellung** endet allerdings mit Übertragung der Aktien vom Fonds auf einen Dritten (§ 5 FMStBG).

97 Für die Anpassung der Satzung hat dann der Aufsichtsrat zu sorgen (§ 3 Abs. 6 FMStBG).

98 bb) *Kapitalerhöhung und Kapitalherabsetzung.* Über die Ausnutzung genehmigten Kapitals hinaus kann zur Wiederherstellung einer angemessenen Eigenkapitalausstattung eine Kapitalerhöhung, meist verbunden mit einer Kapitalherabsetzung notwendig sein. Handelt es sich bei dem notleidenden Unternehmen um eine Aktiengesellschaft, so sind Kapitalmaßnahmen schon aus rechtlichen Gründen zur Beseitigung einer bereits eingetretenen Überschuldung nicht geeignet. Denn es ist nicht möglich, innerhalb der Dreiwochenfrist des § 92 AktG die zur Kapitalerhöhung bzw. zum Kapitalschnitt notwendige Hauptversammlung einzuberufen. Für die Einladung gilt nämlich eine Frist von einem Monat (§ 123 AktG).

99 Für Unternehmen des Finanzsektors sind hier aber wesentliche Änderungen eingetreten: So werden die **Fristen** für die Einberufung einer Hauptversammlung zur Beschlussfassung über eine Kapitalerhöhung im Zusammenhang mit einer Rekapitalisierung nach § 7 FMStFG drastisch verkürzt, nämlich auf mindestens 1 Tag und höchstens 20 Tage (§ 7 Abs. 1 FMStBG). Für die Kapitalerhöhung reicht unabhängig von Satzungsbestimmungen die einfache Mehrheit der abgegebenen Stimmen. Für die Kapitalherabsetzung und den Ausschluss des Bezugsrechts der Aktionäre ist grundsätzlich eine Zweidrittelmehrheit erforderlich, aber auch hier reicht die einfache Mehrheit, wenn mindestens die Hälfte des Grundkapitals in der Hauptversammlung vertreten ist.[79]

100 In Verbindung mit einer **Kapitalherabsetzung** kann auf diese Weise dafür gesorgt werden, dass ein Erfolg einer Sanierung nicht den Altaktionären, die keinen zusätzlichen Beitrag mehr leisten, zugute kommt, sondern deren Anteil an dem Unternehmen

---

[77] *Ziemons* DB 2008, 2635.
[78] *Hopt/Fleckner/Kumpan/Steffek* WM 2009, 821 unter Hinweis auf Art. 25 Abs. 1 S. 1, 29 Abs. 4 der Zweiten Richtlinie 77/91/EWG vom 13.12.1976 – ABl EG L 26 vom 31.1.1977 S. 1 (sog. Kapitalrichtlinie); *Waclawik* ZIP 2008, 2339; *Ziemons* DB 2008, 2635.
[79] Zur Verfassungsmäßigkeit der entsprechenden Regelung in §§ 225a, 244 Abs. 3, 245 Abs. 3 InsO s. *Decher/Voland* ZIP 2013, 103.

reduziert wird und der Fonds ein Äquivalent für seinen Einsatz erhält. Auch eine harsche Kapitalherabsetzung, die bewirkt, dass Aktionären mit geringerem Aktienbestand nur „Spitzen" verbleiben, oder eine Herabsetzung auf Null ist zulässig.[80]

Die Vergünstigungen durch § 7 FMStBG sind nicht auf den Fonds beschränkt, sondern können auch Dritten zugute kommen, die sich an einer solchen Rekapitalisierungsmaßnahme beteiligen (§ 7e FMStBG). **101**

cc) *Genussrechte.* Auch Genussrechte sind schon lange ein beliebtes Sanierungsinstrument. Genussrechte gewähren einem Dritten Vermögensrechte, die typischerweise einem Aktionär zustehen.[81] Als wichtigste Merkmale sind Nachrangigkeit, Verlustteilnahme, Dauerhaftigkeit und Verfügbarkeit zu nennen.[82] Zwar dürfen Genussrechte nur aufgrund eines **Hauptversammlungsbeschlusses** ausgegeben werden (§ 221 Abs. 1 S. 1 iVm Abs. 3 AktG). Fehlende Mitwirkung der Hauptversammlung berührt die Wirksamkeit der Genussrechtsausgabe jedoch nicht.[83] Nach einheiliger Meinung schränkt § 221 Abs. 1 S. 1 AktG nämlich nur die Geschäftsführungsbefugnis, nicht aber die Vertretungsbefugnis des Vorstandes ein, so dass die Ausgabe von Genussrechten, die ohne Beachtung dieser Vorschriften vorgenommen wird, wirksam ist. Zwar **haften** der Vorstand (§ 93 Abs. 2 AktG), gegebenenfalls auch der Aufsichtsrat wegen mangelnder Überwachung der Geschäftsführung (§ 116 AktG[84]) der Gesellschaft auf Schadenersatz. Voraussetzung sind ein pflichtwidriges und schuldhaftes Verhalten des Vorstandes und ein Schaden der Gesellschaft. Daran fehlt es bei der Ausgabe von Genussrechten in wirtschaftlichen Notlagen.[85] Da letzteres jedoch nicht völlig unstreitig ist, half § 8 Abs. 2 FMStBG über verbleibende Risiken hinweg: **102**

Der Vorstand war bis 31.12.2009 gesetzlich ermächtigt, mit Zustimmung des Aufsichtsrats, aber ohne Zustimmung der Hauptversammlung Genussrechte unter Ausschluss des Bezugsrechts der Aktionäre an den Fonds auszugeben. **103**

dd) *Stille Gesellschaft.* Der Fonds kann zur Rekapitalisierung auch durch eine Beteiligung als stiller Gesellschafter beitragen. Ein solcher Vertrag wird dann nicht als Unternehmensvertrag angesehen und bedarf nicht der Zustimmung der Hauptversammlung (§ 15 Abs. 1 FMStFG). Dies gilt auch für Dritte, die sich neben dem Fonds beteiligen oder die stille Beteiligung von dem Fonds erwerben (§ 15 Abs. 2 FMStFG). **104**

ee) *Aktienerwerb.* Als große Ausnahme lässt § 5a FMStFG auch den Erwerb von Aktien durch den Fonds von Dritten oder dem Unternehmen zu. Hier ist ein **Antrag** des betroffenen Finanzunternehmens nicht erforderlich.[86] **105**

ff) *Gegenleistung.* Als Gegenleistung hat der Fonds Anspruch auf eine marktgerechte **Vergütung** (§ 3 Abs. 2 Nr. 1 FMStFV). Dabei hat er darauf zu achten, dass dieser Anspruch den Vorrang hat vor den Ansprüchen der bisherigen Anteilseigner, dh er muss sich beispielsweise Vorzugsaktien oder Genussrechte ausbedingen. Außerdem kann der Fonds – wie sich aus der Bezugnahme in § 2 FMStBG ergibt, seine Leistung an die **106**

---

[80] BGH vom 9.2.1998 – II ZR 278/96 – WM 1998, 813.
[81] KölnKommAktG-*Lutter*, 2. Aufl. 1993, § 221 Rn. 21; *Karollus* in *Geßler/Hefermehl*, Großkommentar zum Aktiengesetz, 1994, § 221 Rn. 238.
[82] *Göhrum*, Einsatzmöglichkeiten von Genussrechten bei einer notleidenden GmbH oder AG, 1992, 133 ff.; *Tödtenhöfer*, Die Übertragbarkeit der Grundsätze über Kapitalerhaltung und -aufbringung auf Genussrechte, 1996, S. 22 ff.
[83] *Karollus* in *Geßler/Hefermehl*, Großkommentar zum AktG, 1994, § 221 Rn. 69 mwN; KölnKomm-AktG/*Lutter*, 2. Aufl. 1993, § 221 Rn. 114; *Hüffer*, AktG, 10. Aufl. 2012, § 221 Rn. 52 mwN; *Georgakopoulos* ZHR 120 (1957), 84, 143; *Stadler* NZI 2003, 579.
[84] *Karollus* in *Geßler/Hefermehl*, Großkommentar zum AktG, 1994, § 221 Rn. 70.
[85] *Obermüller, Martin*, Möglichkeiten und Grenzen des Genussrechts als Sanierungsinstrument, 2008, S. 150 ff.
[86] *Pannen*, FMStG, 2010, § 5a Rn. 14.

Erfüllung der noch zu erörternden Bedingungen nach § 10 Abs. 2 FMStFG und § 5 FMStFV knüpfen.

107 c) *Übernahme von Risikopositionen.* Der Fonds kann den Kreditinstituten sog. Risikopositionen, die diese vor dem 1.10.2012 erworben haben, abnehmen oder besichern (§ 8 Abs. 1 FMStFG). Unter Risikopositionen versteht das Gesetz Forderungen, Wertpapiere, derivative Finanzinstrumente, Rechte und Pflichten aus Kreditzusagen oder Gewährleistungen und Beteiligungen jeweils nebst zugehöriger Sicherheiten, kurz gesagt alles, womit der Finanzsektor in der Vergangenheit Handel auf den Kapitalmärkten getrieben hat.[87] Offen bleibt angesichts der unklaren Formulierung des Gesetzes, ob die Übernahme auf Aktiva beschränkt ist oder auch Verbindlichkeiten einbezieht, also einen Schuldnerwechsel oder nur einen Schuldbeitritt ermöglicht.[88]

108 Als **Gegenleistung** hat der Fonds dem Kreditinstitut Schuldtitel des Bundes zu übertragen, die der Höhe nach dem Wert der Risikopositionen entsprechen müssen. Dies ist maximal der im letzten Zwischenbericht oder Jahresabschluss bilanzierte Wert (§ 4 Abs. 2 Nr. 1 FMStFG). Mit Hilfe dieser Papiere kann sich das Kreditinstitut naturgemäß leichter und billiger refinanzieren als mit den übertragenen.[89]

109 Der Fonds kann die Übernahme von der Vereinbarung eines Vor- und Rückkaufsrechts zugunsten und einer **Rückkaufsverpflichtung** zu Lasten des Kreditinstituts abhängig machen, muss aber darauf achten, dass damit das Ziel einer Bilanzentlastung nicht gefährdet wird (§ 4 Abs. 2 Nr. 2 FMStFG). Maßgeblich sind die von dem Kreditinstitut auch bisher angewendeten Bilanzierungsregeln (HGB oder IFRS).[90] Außerdem kann er seine Leistung an die Erfüllung der noch zu erörternden Bedingungen nach § 10 Abs. 2 FMStFG und § 5 FMStFV knüpfen.

110 Für die Übernahme von Risikopositionen ist ein entsprechender **Antrag** des Unternehmens Voraussetzung. Da im Fall der Stattgabe in die Strukturen des Kreditinstituts nicht eingegriffen wird, ist eine Mitwirkung der Anteilseigner entbehrlich.

111 d) *Auslagerung von Risikopositionen.* Während sich die bisher erörterten Maßnahmen noch mehr oder weniger innerhalb derselben Rechtsperson bewegten, stellt die Auslagerung von Risikopositionen eine Änderung der Struktur einer Bank dar. Hier sieht das FMStFG in der durch das FMStFortG ergänzten Fassung verschiedene Varianten vor, nämlich das **Zweckgesellschaftsmodell** (§§ 6a–6d) und die einander sehr ähnlichen Modelle bundesrechtlicher (§ 8a) und landesrechtlicher (§ 8b) **Abwicklungsanstalten**.[91]

112 In den „Genuss" dieser Möglichkeiten können nur deutsche Kreditinstitute und Finanzholding-Gesellschaften sowie deren inländische und ausländische Tochtergesellschaften, nicht aber Versicherungsunternehmen und Pensionsfonds kommen. Dies führt zu einer **Bilanzentlastung** und Bilanzverkürzung, die es dem Kreditinstitut ermöglichen soll, das hierdurch freigesetzte Eigenkapital in Form von Krediten wieder der Wirtschaft zur Verfügung zu stellen.[92]

113 aa) *Zweckgesellschaftsmodell.* Im Zweckgesellschaftsmodell übertragen Kreditinstitute strukturierte Wertpapiere und damit verbundene Absicherungsgeschäfte an Zweckgesellschaften. Der sog. Übertragungswert, also der Wert, zu dem die Papiere übertragen werden, ist in einem komplizierten Verfahren zu ermitteln, das im Einzelnen in § 6 Abs. 2 Nr. 2 und 3 FMStFG geregelt ist. Er beläuft sich auf mindestens 90% des Buch-

---

[87] Vgl. auch Beispiele bei *Roitzsch/Wächter* ZIP 2008, 2301.
[88] *Roitzsch/Wächter* ZIP 2008, 2301.
[89] *Pannen,* Krise und Insolvenz bei Kreditinstituten, 3. Aufl. 2009, Kap 2 Rn. 132.
[90] *Kremer/Beck* in *Jaletzke/Veranneman,* Finanzmarktstabilisierungsgesetz, 2009, § 8 FMStFG Rn. 37.
[91] Weiterführend *Günther,* Bad Banks – Die Bewältigung systemischer Finanzkrisen durch Errichtung staatlicher Abwicklungsanstalten, 2012.
[92] *Pannen,* Krise und Insolvenz bei Kreditinstituten, 3. Aufl. 2010, Kap 2 Rn. 128.

werts oder den tatsächlichen wirtschaftlichen Wert. Das Kreditinstitut erhält von der Zweckgesellschaft im Gegenzug Schuldtitel, also meist Inhaberschuldverschreibungen. Der Fonds übernimmt für die Verpflichtungen des Kreditinstituts aus diesen Schuldtiteln eine auf erstes Anfordern zahlbare banktübliche Garantie über Kapital, Zinsen und Nebenleistungen. Mit diesen Schuldtiteln kann sich die Bank ihrerseits refinanzieren (§ 6a Abs. 1 FMStFG), allerdings nur bei der Bundesbank, da die Schuldtitel nicht gehandelt werden dürfen (§ 6a Abs. 2 Nr. 6 FMStFG).

Als **Gegenleistung** für die Übernahme der Garantie hat der Fonds Anspruch auf eine marktgerechte, nach Maßgabe von § 6a Abs. 5 Nr. 2 FMStFG zu berechnende Vergütung, die nicht nur in Geld, sondern auch durch Ausgabe von Kapitalanteilen des Kreditinstituts geleistet werden kann. Hinzu kommt die Verpflichtung zur jährlichen Zahlung eines Ausgleichsbetrages, der aus den Ausschüttungen an die Anteilseigner zu entnehmen ist. Berechnungsbasis ist die Differenz zwischen dem Übertragungswert nach § 6 Abs. 2 Nr. 2 und 3 FMStFG und dem sog. Fundamentalwert, der sich im aus Abschlägen vom Übertragungswert für Risiken ergibt, die sich nach Auffassung des Fonds bis zum Ende der Laufzeit aus dem übertragenen Portfolio noch realisieren könnten.

Auch hier kann der Fonds seine Leistung an die Erfüllung von Bedingungen nach § 10 Abs. 2 FMStFG und § 5 FMStFV und weitere Bedingungen nach § 6a Abs. 5 Nr. 1, 4 und 5 FMStFG knüpfen.

bb) *Anstaltsmodell*. Das Anstaltsmodell des § 8a FMStFG ermöglicht es Kreditinstituten, nicht nur Risikopositionen, sondern ganze Geschäftsbereiche, die für ihre Geschäftsstrategie nicht mehr notwendig sind, einer Anstalt zu überlassen. Dies kann im Wege
- der Einzelübertragung,
- der Umwandlung durch Ausgliederung oder Spaltung zur Aufnahme (§ 8a Abs. 8 FMStFG, § 123 Abs. 1, 2 UmwG) oder
- durch Absicherung der Risikopositionen bzw. Geschäftsbereiche durch Garantien, Unterbeteiligungen oder auf sonstige Weise

geschehen. Aufnehmendes Institut muss jeweils eine teilrechtsfähige Anstalt des öffentlichen Rechts innerhalb der Finanzmarktstabilisierungsanstalt, also eine sog. AidA (= Anstalt in der Anstalt), an der sich auch die Anteilseigner des abgebenden Kreditinstitut beteiligen können (§ 8a Abs. 8 Nr. 1 FMStFG), oder eine nach Landesrecht errichtete Anstalt (§ 8b Abs. 1 FMStFG) sein.

Eine Gegenleistung der Abwicklungsanstalten für die Übertragung ist nicht vorgesehen; der Vorteil für die übertragende Bank liegt in der Bilanzentlastung.[93]

Verluste der Abwicklungsanstalten sind grundsätzlich von den Anteilsinhabern oder Mitgliedern der übertragenden Gesellschaft als Gesamtschuldner auszugleichen (§ 8a Abs. 4 Nr. 1 S. 1 FMStFG). Diese Pflicht kann den Anteilseignern aber nicht kraft Gesetzes oder Verwaltungsakt auferlegt werden, sondern nur durch eine entsprechende Vereinbarung. Dies funktioniert nur bei einem geschlossenen und leistungsfähigen Kreis von Anteilseignern wie bei öffentlich-rechtlichen Kreditinstituten. Das Modell steht aber auch privaten Kreditinstituten zur Verfügung, sodass es auch im Fall einer breiten Streuung von Aktien im Publikum zum Zuge kommen könnte. Dann kann sich die Verlustbeteiligung etwa bei börsennotierten Aktien auf die Pflicht der übertragenden Gesellschaft beschränken, die Verluste aus dem an die Anteilseigner auszuschüttenden Betrag vorab zu entnehmen (§ 8a Abs. 4 Nr. 2 S. 1 FMStFG).

Die Abwicklungsanstalten werden auf Antrag von Banken errichtet und nicht von der BaFin, sondern von der FMSA beaufsichtigt (§ 8a Abs. 5 FMStFG).

---

[93] *Pannen,* Krise und Insolvenz bei Kreditinstituten, 3. Aufl. 2010, Kap 2 Rn. 160.

120 e) *Rettungsübernahmen.* Hinter dem euphemistischen Wort Rettungsübernahme verbirgt sich nichts anderes als eine Enteignung und Verstaatlichung, die gegenüber den oben dargestellten Maßnahmen, mit denen nahezu das gleiche Ziel erreicht werden kann,[94] stets nachrangig und ultima ratio bleiben muss. Von den Möglichkeiten dieses Gesetzes konnte nur bis zum 30.6.2009 Gebrauch gemacht werden (§ 6 Abs. 1 RettungsG). Da das nicht geschehen ist, kann auf eine weitere Beschreibung verzichtet werden.

121 **2. Bedingungen für Stabilisierungsmaßnahmen.** Auf den Einsatz von Stabilisierungsmaßnahmen durch die FMSA haben die notleidenden Unternehmen keinen Rechtsanspruch (§ 4 Abs. 1 FMStFG). Vielmehr entscheidet das Bundesministerium der Finanzen nach pflichtgemäßem Ermessen unter Berücksichtigung der Bedeutung des antragstellenden Unternehmens für die Finanzmarktstabilität, der Dringlichkeit des Eingreifens und des Grundsatzes möglichst effektiven und wirtschaftlichen Einsatzes der Mittel des Fonds.

122 Neben der Gegenleistung für die Stabilisierungsmaßnahmen muss sich das Kreditinstitut einer Reihe von Bedingungen oder Auflagen unterwerfen, die zum Teil Selbstverständlichkeiten wiedergeben, aber auch tief in die Geschäftspolitik eingreifen können. So verlangt das Gesetz beispielhaft, aber nicht abschließend (§ 10 Abs. 2 Nr. 10 FMStFG), dass gegenüber Kreditinstituten, die Rekapitalisierungsmaßnahmen nach § 7 FMStFG in Anspruch nehmen, Anforderungen zu stellen sind an die
- geschäftspolitische Ausrichtung
- Mittelverwendung
- Vergütungssysteme[95]
- Eigenmittelausstattung
- Dividendenausschüttung
- Wettbewerbsneutralität
- Rechenschaftslegung.

123 Bemerkenswert ist die Forderung nach einer gesonderten Verpflichtungserklärung der Organe der Gesellschaft, also aller Geschäftsleiter und Aufsichtsräte, zur Erfüllung dieser Anforderungen, deren tieferer Sinn sich nicht ohne weiteres erschließt, da es ohnedies zu den Sorgfaltspflichten der Organe gehört, die öffentlich-rechtlichen Pflichten des Unternehmens einzuhalten und umzusetzen (§§ 93, 116 AktG).[96] Der Effekt dürfte vor allem in dem Hinweis auf die in den Treuhandprivatisierungsverträgen entwickelte Praxis von Vertragsstrafen bei der Missachtung bestimmter volkswirtschaftlich motivierter Ziele liegen.[97]

124 **a)** *Geschäftspolitische Ausrichtung.* Kritisch können die von dem Fonds auferlegten Anforderungen an die geschäftspolitische Ausrichtung sein. Solange lediglich eine solide, umsichtige und nachhaltige Geschäftspolitik gefordert wird (§§ 10 Abs. 2 Nr. 1 FMStFG, 5 Abs. 1 FMStFV), handelt es sich um eine Selbstverständlichkeit. Weitergehend, aber noch sinnvoll ist die Auflage, mit besonderen Risiken verbundene Geschäfte oder Geschäfte in bestimmten Produkten oder Märkten zu reduzieren oder aufzugeben (§ 5 Abs. 2 Nr. 1 FMStFV).

125 Bedenklich wird aber die Aufforderung an die Kreditinstitute, „im Rahmen ihrer Kreditvergabe dem Kreditbedarf der inländischen Wirtschaft, insbesondere kleiner und mittlerer Unternehmen, durch marktübliche Konditionen Rechnung zu tragen". Hier könnten Kreditinstitute, die sich aus gutem Grund aus diesem Segment zurückgezogen

---

[94] Dargestellt am Beispiel der HRE von *Böckenförde* NJW 2009, 2484.
[95] Zur Kürzung von Bonuszahlungen in der Bankenkrise s. BAG vom 12.10.2011 – 10 AZR 649/10 – ZIP 2012, 745 („Dresdner Bank").
[96] Zur Rechtsnatur s *Roitzsch/Wächter* DZWIR 2009, 1; *Spindler* DStR 2009, 2268.
[97] *Roitzsch/Wächter* DZWIR 2009, 1.

Bankinsolvenzen 126–131 § 103

haben oder dort gar nicht engagiert waren, aus politischen Erwägungen gezwungen werden, neue Risiken in Bereichen einzugehen, von denen sie sich bisher ferngehalten haben. Der Hinweis auf marktübliche Konditionen deutet darauf hin, dass der Gesetzgeber Beschwerden des Mittelstands über zu teure Kredite aufgegriffen hat, ohne zu berücksichtigen, dass er durch die engen Vorgaben der SolvabilitätsVO – berechtigterweise – gerade dazu beigetragen hat.

b) *Eigenmittelausstattung.* Demgegenüber sind die Anforderungen an die Eigenmittelausstattung geboten, um zu verhindern, dass die Gelder aus den im Interesse der Gesamtwirtschaft geleisteten Stützungsmaßnahmen an die Anteilseigner weitergereicht werden, bevor das Kreditinstitut intern Vorsorge gegen weitere Belastungen und Gefahren durch Stärkung der Eigenkapitalbasis getroffen hat. Dies hindert nicht nur die Ausschüttung von Dividenden, sondern auch andere Leistungen an Gesellschafter wie etwa Aktienrückkaufprogramme. Einbezogen sind auch nicht nur die unmittelbaren Anteilseigner, sondern auch andere Konzernunternehmen. Insoweit wird man sich zur Auslegung an die Rechtsprechung und Literatur zu § 30 GmbHG anlehnen können.[98] 126

3. Schutz von Stabilisierungsmaßnahmen. Fast revolutionär wirken die Vorschriften, mit denen Schutzvorschriften für Aktionäre und Gläubiger, aber auch für Vertragspartner des notleidenden Unternehmens außer Kraft gesetzt werden. 127

a) *Einschränkungen des Aktionärsschutzes.* Die Mitwirkungsbefugnisse der Hauptversammlung wurden beschnitten, die Mehrheitserfordernisse in der Hauptversammlung abgemildert und die Ladungsfristen für die Hauptversammlung drastisch verkürzt.[99] 128

So bedürfen die Ausgabe von Genussrechten und die Aufnahme von stillen Gesellschaftern keiner Zustimmung der Hauptversammlung, der Vorstand erhält die gesetzliche Ermächtigung zur Erhöhung des Kapitals und satzungsmäßige Mehrheitserfordernisse für Kapitalerhöhungen werden reduziert. Die Rechtsgrundsätze der verdeckten Sacheinlage finden auf Rechtsgeschäfte mit dem Fonds keine Anwendung (§ 18 Abs. 4 FMStBG).

Der Bund, der Fonds und ihre Tochtergesellschaften sind von den Veröffentlichungspflichten nach § 35 Abs. 1 WpÜG und dem Pflichtangebot nach § 35 Abs. 2 WpÜG befreit (§ 12 Abs. 1 FMStBG). 129

Hauptversammlungen bilden bekanntlich ein Tummelfeld für sog. räuberische Aktionäre, die mit Anfechtungsklagen Beschlüsse angreifen und damit notwendige Kapitalmaßnahmen verhindern oder ihre Durchführung mehr oder weniger lange blockieren. Abschreckende Beispiele sind die Fälle Girmes[100] – dort verweigerten sich die Aktionäre dem gebotenen Kapitalschnitt mit der Folge der sofortigen Eröffnung eines Insolvenzverfahrens – und „Sachsenmilch"[101] mit jahrelangen gerichtlichen Auseinandersetzungen wegen der Kapitalherabsetzung im Verhältnis 750 : 1. Um missbräuchliche Klagen einzudämmen, droht nunmehr § 7 Abs. 7 FMStBG obstruierenden Aktionären Schadenersatzforderungen an. 130

b) *Einschränkungen des Gläubigerschutzes.* Gegenüber Fonds, dem Bund oder ihm nahe stehenden Einheiten und ihren Rechtsnachfolgern können Stabilisierungsmaßnahmen nach dem FMStFG nicht als Gläubigerbenachteiligung nach den Vorschriften der InsO und des Anfechtungsgesetzes angefochten werden (§ 18 Abs. 1 FMStBG). Auf deren Forderungen oder Sicherheiten finden die Regeln über Gesellschafterdarlehen (§ 39 Abs. 1 Nr. 5 InsO) keine Anwendung (§ 18 Abs. 2 FMStBG). 131

---

[98] *Spindler* DStR 2009, 2268.
[99] Einzelheiten s *Hopt/Fleckner/Kumpan/Steffek* WM 2009, 821; *Ziemons* DB 2008, 2635.
[100] OLG Düsseldorf ZIP 1994, 878; BGHZ 129, 136; Übersicht über die zahlreichen Rechtsstreitigkeiten s *Heermann* ZIP 1994, 1243.
[101] Vgl. auch OLG Dresden ZIP 1996, 1780, 1787; BGH ZIP 2004, 310.

132 Übertragungen von Risikopositionen auf den Fonds sind nicht nur von der Insolvenzanfechtung freigestellt (§ 16 Abs. 1 S. 1 FMStBG), vielmehr werden auch alle zivilrechtlichen vorhandenen und vermeintlichen Hindernisse ausgeräumt, so auch die in der Rechtsprechung geklärte, in der Literatur aber weiter umstrittene Frage, ob das Bankgeheimnis einer Abtretung von Kreditforderungen entgegensteht.[102] Damit werden die Bestrebungen des erst am 19.8.2008 eingeführten Risikobegrenzungsgesetzes,[103] das die Eindämmung derartiger Geschäfte zum Ziel hatte, schon wieder für große Volumina außer Kraft gesetzt.[104]

133 **c)** *Einschränkungen vertraglicher Kündigungsrechte.* Eines der zentralen Probleme bei der Überwindung der Krise eines Kreditinstituts stellen die in der internationalen Vertragspraxis üblichen **Lösungsklauseln** dar. Sie geben einer Vertragspartei im Fall der Insolvenz der anderen Partei ein Recht zur sofortigen Beendigung des Vertragsverhältnisses. Diese Beendigungsrechte bergen die Gefahr, dass dem Institut durch eine breitflächige Kündigung wesentlicher Verträge die Existenzgrundlage endgültig entzogen wird – mit den bekannten Störungen auf den betroffenen Märkten.

134 Die Übernahme einer Beteiligung des Fonds an einem Finanzunternehmen stellt, auch wenn vertraglich etwas anderes vereinbart sein sollte, keinen wichtigen Grund zur Kündigung eines Schuldverhältnisses dar und führt auch nicht zur automatischen Beendigung von Verträgen (§ 19 FMStBG). Dies berührt vor allem Verträge über Derivate. Damit soll entsprechenden Kündigungsrechten, die gerade im internationalen Rechtsverkehr und hier insbesondere bei Finanzierungs- und Derivategeschäften verbreitet sind (sog. „Change of Control" und „Breach of Representation"-Klauseln), entgegengewirkt werden. Erfasst werden damit insbesondere die im Derivategeschäft üblichen **Close-out-Netting** Vereinbarungen. So kann beispielsweise die Übertragung der Aktionärsrechte oder die Übernahme von Anteilen durch den Fonds ein sog. „Credit Event upon Merger" im Sinn von Section 5(b)(iv) des ISDA Master Agreements darstellen, wenn das Unternehmen nach dem Einstieg des Fonds als „materially weaker" angesehen werden könnte, wobei allerdings in der Regel das Gegenteil der Fall sein sollte.

135 Diese Vorschrift ist nur sinnvoll, wenn sie internationale Anerkennung findet. Die Vorschrift verhindert nicht, dass Derivatepartner ihre Geschäftstätigkeit mit der zu rettenden Bank einstellen und ihr damit die Erneuerung oder Ersetzung bestehender Absicherungsgeschäfte unmöglich wird.

V. Übertragungsverfahren

136 Wenn die Bestandsgefährdung des Instituts zu einer Systemgefährdung führt, kann die BaFin im Verwaltungsverfahren nach §§ 48a ff. KWG eingreifen.
- **Bestandsgefährdung** wird vermutet, wenn bestimmte Kapitalrelationen nach § 10 KWG unterschritten werden oder Tatsachen eine Liquiditätsunterdeckung für eine nach § 11 KWG definierte Dauer indizieren (§ 48b Abs. 1 KWG).
- **Systemgefährdung** tritt ein, wenn zu besorgen ist, dass sich die Bestandsgefährdung in erheblicher Weise negativ auf andere Unternehmen des Finanzsektors, auf die Finanzmärkte oder auf das allgemeine Vertrauen in die Funktionsfähigkeit des Finanzsystems auswirkt (§ 48b Abs. 2 KWG).

137 **1. Verhältnis zum Sanierungs- oder Reorganisationsverfahren.** Wenn die BaFin eine solche Bestandsgefährdung und Systemgefährdung zu erkennen glaubt, kann

---

[102] BGH vom 27.2.2007 – XI ZR 195/05 – WM 2007, 643; s Nachweise bei *Nobbe* WM 2005, 1537; *Pannen* ZInsO 2009, 596.
[103] Gesetz zur Begrenzung der mit Finanzinvestitionen verbundenen Risiken vom 12.8.2008 Art. 6 Nr. 8; s dazu auch *Köchling* ZInsO 2008, 848.
[104] Zweifel an der Wirksamkeit s *Roitzsch/Wächter* ZIP 2008, 2301; *Spindler* DStR 2008, 2268.

sie zwar sofort aus eigener Initiative tätig werden, sollte aber, sofern es die Gefahrenlage zulässt, dem Kreditinstitut vor Erlass drastischer Maßnahmen eine Frist für die Vorlage eines sog. **Wiederherstellungsplans,** dh eines tragfähigen Plans, aus dem hervorgeht, auf welche Weise die Bestandsgefährdung abgewendet werden wird, setzen (§ 48c Abs. 1 KWG).

Wenn die insolvenzbedrohte Bank aber schon ein **Sanierungs- oder Reorganisa- 138 tionsverfahren** nach dem KredReorgG eingeleitet hat, richtet sich das Vorgehen der Bundesanstalt danach, ob der übermittelte Sanierungs- oder Reorganisationsplan zur Abwendung der Systemgefährdung geeignet ist und ob der Plan Aussicht darauf hat, angenommen und bestätigt zu werden:
- Die Bundesanstalt darf so lange keine Übertragungsanordnung treffen, wie der Plan erwartungsgemäß verhandelt, angenommen, bestätigt und umgesetzt wird.
- Bestehen daran Zweifel, bleibt es der Bundesanstalt unbenommen, trotz der Anhängigkeit des Sanierungs- oder Reorganisationsverfahrens das Verfahren zur Anordnung einer Übertragung weiterzubetreiben.

2. Gegenstand der Übertragung. Liegt kein Sanierungs- oder Reorganisations- 139 plan vor oder entscheidet die BaFin sich wegen Zweifeln an seinen Erfolgsaussichten, das Verfahren nach §§ 48a ff. KWG fortzusetzen, so kann sie eine **Übertragungsanordnung ("Good Bank"-Modell)** erlassen:[105]
- Die BaFin erhält die Befugnis, die systemrelevanten Unternehmensteile aus einem in Schieflage geratenen Kreditinstitut ähnlich einer **Ausgliederung** herauszulösen und auf eine neue Gesellschaft, die sog. "Good Bank", zu übertragen.
- Nur die auf die **"Good Bank"** übertragenen Unternehmensteile werden nachfolgend saniert und bei Bedarf auch mit den erforderlichen finanziellen Mitteln ausgestattet. Demgegenüber können die beim Institut verbleibenden Teile – ggf. im Rahmen eines Insolvenzverfahrens – abgewickelt werden.

Die BaFin kann auf den übernehmenden Rechtsträger übertragen 140
- das **ganze Vermögen** des Kreditinstituts einschließlich seiner Verbindlichkeiten (§§ 48a Abs. 1, 48e Abs. 1 Nr. 2 KWG) oder
- nur einen Teil des Vermögens, der Verbindlichkeiten und der Rechtsverhältnisse (sog. **partielle Übertragung** § 48k Abs. 1 S. 1 KWG) und
- innerhalb von vier Monaten nach Wirksamwerden der Ausgliederung eine **Rückübertragungsanordnung** bezüglich einzelner Vermögenswerte, Verbindlichkeiten oder Rechtsverhältnisse erlassen (§ 48j Abs. 1 KWG).

Die Ausgliederung wird durch Verwaltungsakt vollzogen und bedarf keiner Zustimmung der Anteilseigner.

Die **Auswahl** der Ausgliederungsgegenstände richtet sich nach deren Bedeutung für 141 eine effektive und kosteneffiziente Abwehr der von dem Kreditinstitut ausgehenden Systemgefährdung (§ 48j Abs. 3 S. 3 KWG). Wenn die Aktiva und Passiva kunstgerecht verteilt worden sind, müsste der Übernehmer in der Lage sein, die Verbindlichkeiten zu erfüllen, so dass diese Haftung keine praktische Bedeutung erlangen sollte.

3. Haftungsverhältnisse. Durch § 48h Abs. 1 KWG wird eine **Haftung des ab- 142 gebenden Instituts** für die auf den übernehmenden Rechtsträger übertragenen Verbindlichkeiten, wie sie § 133 Abs. 1 UmwG für die Ausgliederung vorsieht, begründet, jedoch auf den Betrag beschränkt, den der Gläubiger erlöst hätte, wäre die Ausgliederung unterblieben und das Kreditinstitut abgewickelt worden.

Die den übergegangenen Unternehmensteilen zugeordneten Schuldverhältnisse wer- 143 den mit dem neuen Rechtsträger als **Rechtsnachfolger** fortgesetzt (§ 48g Abs. 2

---

[105] Zur Bewertung der Übertragungsanordnung siehe Kuder, Neues Restrukturierungsrecht für Banken, Schriftenreihe der Bankrechtlichen Vereinigung Nr. 33, 2011, 95, 124 f.

KWG); auch findet der Übergang der Arbeitsverhältnisse nach § 613a BGB statt (§ 48g Abs. 5 KWG). Der Vertragspartner darf die Übertragung nicht zum Anlass nehmen, die Verträge zu kündigen. Die Übertragungsanordnung und die Ausgliederung führen auch nicht zu einer automatischen Beendigung; entgegenstehende vertragliche Bestimmungen sind unwirksam (§ 48g Abs. 7 KWG).[106]

144 Auch eine **Haftung des übernehmenden Rechtsträgers** für Verbindlichkeiten, die von einer Übertragungsanordnung nicht erfasst werden (§ 48k Abs. 1 KWG) oder die von einer Rückübertragungsanordnung betroffen sind, ist vorgesehen, jedoch ebenfalls beschränkt auf den Betrag, den der Gläubiger im Rahmen der Abwicklung des Kreditinstituts erlöst haben würde, wenn die Übertragung unterblieben wäre (§§ 48k Abs. 3, 48j Abs. 4 KWG). Gläubiger der Altbank werden deshalb in deren Insolvenz keine volle Befriedigung erlangen können. Ein Insolvenzverfahren über das Vermögen des Kreditinstituts lässt die Ausgliederung unberührt; sie kann weder innerhalb noch außerhalb eines solchen Insolvenzverfahrens angefochten werden (§ 48h Abs. 2 KWG).

145 **4. Gegenleistung.** Das Unternehmen bzw. die Unternehmensteile dürfen nur auf eine inländische juristische Person oder Anstalt öffentlichen Rechts übertragen werden. Wenn der Wert der zu übertragenden Gegenstände in seiner Gesamtheit positiv ist, erhält das in die Krise geratene Kreditinstitut im Gegenzug eine dem Wert der übertragenen Vermögenswerte **angemessene Beteiligung** an der „Good Bank".[107] Bei der **Bemessung** der angemessenen Beteiligung bleiben staatliche Unterstützungsleistungen unberücksichtigt (§ 48d Abs. 2 S. 2 KWG). Ist der Wert der übertragenen Vermögenswerte negativ, so soll die Übertragungsanordnung einen Ausgleichsanspruch des Übernehmenden vorsehen (§ 48d Abs. 6 KWG). Die Ausgliederung wird durch Verwaltungsakt vollzogen und bedarf keiner Zustimmung der Anteilseigner.[108]

146 **5. Schutz der Übertragung. Anfechtungsklagen** gegen die Übertragungsanordnung kann nur das betroffene Kreditinstitut erheben; die Anteilseigner sind nicht Adressaten des Verwaltungsakts. Zuständig ist in erster und letzter Instanz der Hessische Verwaltungsgerichtshof in Kassel (§ 1 Abs. 3 Finanzdienstleistungsaufsichtsgesetz – FinDAG). Anfechtungsklagen können nicht auf Gründe gestützt werden, die auf Bewertungsfragen beruhen, insoweit ist nur eine Klage auf Anpassung der Gegenleistung zulässig (§ 48r Abs. 2 KWG).

VI. Reorganisationsplanverfahren

147 **Systemrelevante Kreditinstitute** können zunächst das oben dargestellte **Sanierungsverfahren,** das allen Kreditinstituten offensteht, in Anspruch nehmen und im Fall des Scheiterns auf das **Reorganisationsverfahren** zurückgreifen.[109] Das Kreditinstitut kann aber auch ohne ein vorheriges Sanierungsverfahren unmittelbar das Reorganisationsverfahren auslösen, wenn es ein Sanierungsverfahren für aussichtslos hält (§ 7 Abs. 1 KredReorgG).

148 Voraussetzung für die Einleitung des Reorganisationsverfahrens ist immer, dass die erforderliche Gefahrenschwelle, nämlich eine Gefährdung des Kreditinstituts in seinem

---

[106] Zur Kündigungssperre, wenn das Schuldverhältnis einem anderen als deutschem Recht unterliegt, siehe *Kuder,* Neues Restrukturierungsrecht für Banken, Schriftenreihe der Bankrechtlichen Vereinigung Nr. 33, 2011, 95, 123.

[107] Siehe dazu *Kuder,* Neues Restrukturierungsrecht für Banken, Schriftenreihe der Bankrechtlichen Vereinigung Nr. 33, 2011, 95, 122.

[108] Zur Zulässigkeit nach europarechtlichen Vorgaben, insbes. der 2. Kapitalrichtlinie (Richtlinie des Rates 77/91/EWG) vom 13.12.1976 s. *Spetzler* KTS 2010, 433 mwN; *Bork* ZIP 2010, 397; *Bormann* NZI 2011, 892; *Eidenmüller/Engert* ZIP 2009, 541; *Verse* ZGR 2010, 299.

[109] Zur Bewertung des Reorganisationsverfahrens siehe *Kuder,* Neues Restrukturierungsrecht für Banken, Schriftenreihe der Bankrechtlichen Vereinigung Nr. 33, 2011, 95, 117 ff.

Bestand **(Bestandsgefährdung)**, die die Stabilität des Finanzsystems gefährdet **(Systemgefährdung)**, erreicht ist (§ 7 Abs. 2 KredReorgG).[110]

Basis des Reorganisationsverfahrens ist ein vom Reorganisationsberater im Zusammenwirken mit dem betroffenen Kreditinstitut aufgestellter **Reorganisationsplan**, über den die Gläubiger abstimmen. Einem solchen Reorganisationsplan wird nur dann Aussicht auf Erfolg beschieden sein, wenn er nicht erst unmittelbar vor Antragstellung vorbereitet, sondern frühzeitig mit den wesentlichen Beteiligten abgestimmt wird. 149

1. Inhalt des Reorganisationsplans. Der maßgebliche Unterschied zwischen Sanierungs- und Reorganisationsplan liegt darin, dass erst im Reorganisationsplan **Eingriffe in** die Rechte der Gläubiger und der Anteilseigner vorgesehen werden können; unzulässig sind lediglich Eingriffe in Forderungen, für die ein Entschädigungsanspruch gegen eine Sicherungseinrichtung besteht (§ 12 Abs. 2 KredReorgG). 150

a) *Vorrang für Neukredite.* Der Reorganisationsplan ist nicht auf die üblichen **Sanierungsinstrumente** wie Stundungen, Verzichte, Rangrücktritte, gesicherte oder ungesicherte Neukredite beschränkt und von der freiwilligen Mitwirkung der Anteilseigner abhängig. Vielmehr kann er für **neue Kredite einen Vorrang** in einem etwa anschließenden Insolvenzverfahren vorsehen (§§ 8 Abs. 1 S. 2, 2 Abs. 2 S. 3 KredReorgG). 151

b) *Umwandlung von Forderungen in Beteiligungen.* Eine Umwandlung von Forderungen in Beteiligungen (debt-equity-swap) ist nur zulässig, wenn die Gläubiger, deren Forderungen ungewandelt werden, einverstanden sind (§ 9 Abs. 1 S. 2 KredReorgG). Ausgenommen hiervon sind Mehrheitsentscheidungen nach § 5 Abs. 3 SchVG.[111] Um die Risiken einer Umwandlung ihrer Forderungen in Anteile an der Gesellschaft für die betreffenden Gläubiger kalkulierbar zu machen, sollen für ihre etwa verbleibenden Kredite das **Sanierungs- und Minderheitenprivileg** nach § 39 Abs. 4 S. 2 und Abs. 5 InsO entsprechend gelten und eine Nachschusspflicht durch § 21 Abs. 2 KredReorgG ausgeschlossen werden. 152

Die Umwandlung von Forderungen in Beteiligungen vollzieht sich grundsätzlich durch Kapitalherabsetzung mit anschließender Kapitalerhöhung, wobei die Forderungen als Sacheinlage eingebracht und Bezugsrechte der Aktionäre normalerweise ausgeschlossen werden. Den Anteilseignern hat das Kreditinstitut eine angemessene **Entschädigung** zu leisten (§ 9 Abs. 2 KredReorgG).[112] 153

c) *Ausgliederung.* Durch eine Ausgliederung (§ 11 Abs. 1 KredReorgG) können verschiedene Teile des Kreditinstituts mit allen Rechten und Pflichten, insbesondere mit den entsprechenden Vertragsverhältnissen im Wege der Gesamtrechtsnachfolge bzw. partiellen Gesamtrechtsnachfolge[113] auf einen neuen Rechtsträger überführt werden. Dies ermöglicht eine **Aufteilung des Geschäfts** in schlechte und gesunde Teile bzw. nach Geschäftsbereichen. 154

Für die Verbindlichkeiten der übertragenden Gesellschaft haften diese und die aufnehmende bzw. neu gegründete Gesellschaft (§ 133 UmwG, § 10 Abs. 4 KredReorgG) gesamtschuldnerisch. Die **Haftung der aufnehmenden** bzw. neu gegründeten Gesellschaft ist beschränkt auf den Betrag, den die Gläubiger ohne eine Ausgliederung erhalten hätten. 155

Gläubiger, deren Forderungen auf die aufnehmende bzw. neu gegründete Gesellschaft übergehen und die Anteile an dieser neuen Gesellschaft im Rahmen des Planver- 156

---

[110] Regierungsbegründung zum RestruktG Teil A II 1 b
[111] *Schuster/Westphal* Der Betrieb 2011, 221, 227.
[112] Kritisch hierzu *Kuder*, Neues Restrukturierungsrecht für Banken, Schriftenreihe der Bankrechtlichen Vereinigung Nr. 33, 2011, 95, 113.
[113] Dies schließt den Übergang der Bankerlaubnis nach § 32 KWG ein (*Müller* KTS 2011, 1).

fahrens erhalten, können für etwa verbleibende Kredite das **Sanierungsprivileg** des § 39 Abs. 4, 5 InsO bis zum Zeitpunkt einer nachhaltigen Sanierung in Anspruch nehmen.

157   d) *Schuldverhältnisse.* Schuldverhältnisse mit dem Kreditinstitut können ab dem Tag der Einleitung des Reorganisationsverfahrens (= § 7 Abs. 1 KredReorgG) bis zum Ablauf des folgenden Geschäftstages **nicht beendet** werden; entgegenstehende vertragliche Vereinbarungen sind unwirksam (§ 13 KredReorgG). Dies berührt vor allem Verträge über Derivate. Damit soll entsprechenden **Kündigungs- und Lösungsrechten,** die gerade im internationalen Rechtsverkehr und hier insbesondere bei Finanzierungs- und Derivatgeschäften üblich sind (vor allem „Change-of-Control-" und „Breach of Representation"-Klauseln), entgegengewirkt werden. Die Kündigungssperre greift nicht ein, wenn das Schuldverhältnis einem anderen als dem deutschen Recht unterliegt und dieses eine solche Regelung nicht enthält.

158   **2. Verfahren.** Auf das Reorganisationsverfahren sind die **Vorschriften über das Sanierungsverfahren** entsprechend **anwendbar,** soweit das Gesetz keine abweichenden Regelungen vorsieht. Daher obliegt auch im Reorganisationsverfahren die Entscheidung über die Durchführung des Verfahrens und die Bestellung des Reorganisationsberaters dem OLG Frankfurt. Im Übrigen ist das Verfahren insbesondere hinsichtlich der Gruppenbildung (§§ 8 Abs. 2, 17 Abs. 1 KredReorgG), der Kopf- und Summenmehrheit (§ 19 Abs. 1 Nr. 2, 3 KredReorgG), des Obstruktionsverbots (§ 19 Abs. 2 KredReorgG) und des Minderheitenschutzes (§ 20 Abs. 3 Nr. 2 KredReorgG) wie das Insolvenzplanverfahren der Insolvenzordnung ausgestaltet.

159   Für die Annahme des Reorganisationsplans durch die **Anteilseigner** bedarf es einer Hauptversammlung, die mit einer Frist von mindestens 21 Tagen einzuberufen ist, und der einfachen Mehrheit der abgegebenen Stimmen, bei Bezugsrechtsausschluss oder Kapitalherabsetzung einer Zweidrittelmehrheit; außerdem sind Anfechtungsklagen zulässig, deren Wirkung durch das Freigabeverfahren nach § 246a AktG abgemildert werden soll (§ 18 Abs. 5 KredReorgG).

VII. Errichtung eines Restrukturierungsfonds

160   Bei der Bundesanstalt für Finanzmarktstabilisierung ist zur Stabilisierung des Finanzmarkts durch Abwendung von Bestands- und Systemgefährdungen ein Restrukturierungsfonds errichtet worden (§§ 1, 3 des Gesetzes zur Errichtung eines Restrukturierungsfonds für Kreditinstitute – RStruktFG). Der Fonds ist als **Sondervermögen des Bundes** konzipiert. Er ist nicht rechtsfähig, kann aber unter seinem Namen im Rechtsverkehr handeln, klagen und verklagt werden (§ 9 RStruktFG). Für Verbindlichkeiten des Fonds haftet der Bund unmittelbar (§ 10 RStruktFG).

161   Die Mittel des Restrukturierungsfonds können verwendet werden
- zur **Bildung von Brückeninstituten,** auf die die BaFin durch eine Anordnung nach §§ 48a ff. KWG Vermögen oder Vermögensteile eines Kreditinstituts übertragen kann (§ 5 Abs. 1 RStruktFG),
- zum **Erwerb von Anteilen** an anderen Instituten, auf die die BaFin durch eine Anordnung nach §§ 48a ff. KWG Vermögen oder Vermögensteile eines Kreditinstituts übertragen kann (§ 5 Abs. 2 RStruktFG),
- zur Deckung von Verbindlichkeiten aus **Garantien,** die der Fonds bis zu einem Volumen von maximal 100 Mrd Euro übernehmen kann,
- zur Sicherung von Ansprüchen im Zusammenhang mit einer Übertragungsanordnung (§ 6 Abs. 1 RStruktFG),
- für Schuldtitel und Verbindlichkeiten des übernehmenden Rechtsträgers (§ 6 Abs. 2 RStruktFG), oder

- zur **Rekapitalisierung** des übernehmenden Rechtsträgers, insbesondere durch Leistung einer Einlage oder Erwerb einer stillen Beteiligung (§ 7 RStruktFG).

Die Mittel des Restrukturierungsfonds sollen durch „Beiträge", in Wahrheit aber durch eine Sonderabgabe[114] nahezu aller Kreditinstitute aufgebracht werden (§§ 2, 12 RStruktFG); hierbei handelt es sich um die sog. **Bankenabgabe,**[115] die in der Öffentlichkeit vielfach zur Strafe für die Finanzmarktkrise gefordert wurde.

Die **Beitragsbemessung** richtet sich nach dem systemischen Risiko des Kreditinstituts, das anhand seiner Größe und seiner Vernetzung im Finanzmarkt, insbesondere anhand seiner Verbindlichkeiten gegebenenfalls unter Heranziehung weiterer Indikatoren zu bestimmen ist.[116] Die Beiträge sollen so bemessen werden, dass Bankgeschäfte gezielt verteuert werden, die systemische Risiken bergen, um Banken zur Risikoreduzierung anzureizen.[117] Außerdem kann das BMF den Fonds zur Aufnahme von Krediten ermächtigen.

---

[114] *Brandi/Richters* DB 2012, 2917; s dort auch zur Verknüpfung zwischen Finanzmarktstabilisierungsfonds und Restrukturierungsfonds.
[115] Weiterführend *Hanten/München* WM 2011, 1925.
[116] Einzelheiten s. *Helios/Birker* DB 2012, 477; *Brandi/Richters* DB 2012, 2917.
[117] Begründung RegE zum RestruktG (BT-Drucks. 17/3024, 17/3362, 17/3407) Teil B zu Art. 3 § 12 Abs. 1; vgl. auch die Verordnung über die Erhebung der Beiträge zum Restrukturierungsfonds für Kreditinstitute (Restrukturierungsfonds-Verordnung – RStrktFV) vom 26.7.2011 – BGBl. I, 1406.

Kapitel IX. Arbeitsrecht und Insolvenz

Übersicht

§ 104. Grundsätze des Arbeitsrechts in der Insolvenz
	Rn.
I. Überblick	1
II. Der Einfluss der Insolvenz auf bestehende Arbeitsverhältnisse	16
III. In der Insolvenz neu entstehende Arbeitsverhältnisse	96

§ 105. Kündigung und Kündigungsschutz in der Insolvenz
I. Überblick	1
II. Ordentliche Kündigung durch den Insolvenzverwalter	36
III. Allgemeiner Kündigungsschutz	72
IV. Besonderer Kündigungsschutz	106
V. Außerordentliche Kündigung durch den Insolvenzverwalter	131
VI. Die Änderungskündigung	152
VII. Der Weiterbeschäftigungsanspruch	162
VIII. Die Massenentlassung	183
IX. Kündigung durch den Arbeitnehmer	191

§ 106. Betriebsübergang und übertragende Sanierung
I. Betriebsübergang	1
II. Übertragende Sanierung	73

§ 107. Ansprüche der Arbeitnehmer, Geltendmachung und Befriedigung
I. Überblick	1
II. Einzelne Arbeitnehmeransprüche	20
III. Neumasseverbindlichkeiten	131
IV. Sozialversicherungsbeiträge in der Insolvenz	144
V. Insolvenzrechtliche Behandlung der Arbeitnehmeransprüche	150
VI. Arbeitnehmeransprüche in der Gesellschafter-Insolvenz	172

§ 108. Mitbestimmung in der Insolvenz
I. Allgemeine Grundsätze	1
II. Mitbestimmung des Betriebsrats bei Betriebsänderungen	20
III. Unterbrechung und Aufnahme von Beschlussverfahren	162

§ 109. Betriebliche Altersversorgung in der Insolvenz
I. Vorbemerkung	1
II. Insolvenzschutz in der Betrieblichen Altersversorgung	4

§ 110. Soziale Sicherung und Insolvenz
I. Absicherung der Arbeitnehmeransprüche bei Insolvenz des Arbeitgebers	1
II. Insolvenzgeld (Insg)	3
III. Kurzarbeitergeld (Kug)	34
IV. Arbeitslosengeld (Alg)	53

§ 104. Grundsätze des Arbeitsrechts in der Insolvenz

Übersicht

	Rn.
I. Überblick	1
1. Das insolvenzspezifische Arbeitsrecht	1
a) Entwicklung	3
b) Rechtslage ab 1.1.2004	4
c) Insolvenzplanverfahren, Eigenverwaltung	5
d) Uneingeschränkte Geltung des Arbeitsrechts	8
2. Rechtsquellen des Arbeitsrechts	11
II. Der Einfluss der Insolvenz auf bestehende Arbeitsverhältnisse	16
1. Insolvenzeröffnungsverfahren und Insolvenzeröffnung	16
a) Eröffnungsverfahren	16
b) Vorläufiger Insolvenzverwalter	17
c) Vorläufiger Insolvenzverwalter ohne Verwaltungs- und Verfügungsbefugnis	19
d) Vorläufiger Insolvenzverwalter mit begleitendem Verfügungsverbot	22
e) Betriebsstilllegung durch den vorläufigen Insolvenzverwalter	25
f) Zustimmung des Insolvenzgerichts	26
2. Insolvenzverwalter in Wahrnehmung der Arbeitgeberfunktionen	27
a) Ausübung von Rechten und Pflichten des Schuldners	27
b) Ausübung des Direktionsrechts	30
c) Beschäftigungspflicht	31
d) Beschäftigungspflicht bei Kündigung	32
e) Freistellung	33
f) Insolvenzspezifisches Freistellungsrecht?	34
g) Auswahl nach sozialen Gesichtspunkten?	35
h) Freistellung durch den vorläufigen Insolvenzverwalter	36
i) Freistellung und Mitbestimmung	37
j) Beginn der Betriebsänderung durch Freistellung?	38
k) Informationspflicht	39
l) Pflichten nach SGB III und BetrAVG	40
m) Betriebsverfassungsrechtliche Pflichten	41
n) Lohnzahlungspflichten	43
o) Kenntnisstand	44
3. Der Arbeitnehmer in der Insolvenz	45
a) Der Begriff des Arbeitnehmers	45
b) Scheinselbstständigkeit	46
c) Arbeitnehmerähnliche Personen	48
d) Neben- und Teilzeitbeschäftigte	49
e) Leiharbeitnehmer	50
f) Organmitglieder, Geschäftsführer	53
g) Arbeitnehmereigenschaft von Organmitgliedern?	54
h) Geschäftsführer – Anstellungsverhältnis	55
i) Geschäftsführer als Arbeitnehmer iSd InsO	57
j) Vorstandsmitglieder	61
k) Betriebliche Altersversorgung	62
l) Gesellschafter von Personengesellschaften	63
m) Gesellschafter von Kapitalgesellschaften	64
n) Mittelbares Arbeitsverhältnis	65
o) Sonstige Beschäftigungsverhältnisse	66
p) Zweifelsfälle	67
q) Arbeitnehmerähnliche Personen	68
4. Individualarbeitsrechtliche Ansprüche	69
a) Vergütungsanspruch	70
b) Leistungskürzungen	71
c) Freiwillige Lohnzuschläge	73
d) Widerrufsvorbehalt	74
e) Ausübung des Widerrufsrechts	75
f) Betriebliche Übung	76

	Rn.
g) Ruhegeldzusagen	77
h) Ansprüche aus betrieblicher Übung	78
i) Freistellung, Urlaubsansprüche	79
j) Freistellung während der Kündigungsfrist	80
k) Anwartschaften	81
l) Arbeitnehmererfindungen	82
m) Sonstige Ansprüche	83
5. Tarifvertragliche Ansprüche	84
a) Tarifbindung und Verbandszugehörigkeit	85
b) Fortgeltung der Tarifbindung	86
c) Tarifliche Verfallfristen	87
6. Betriebsverfassungsrechtliche Ansprüche	88
a) Ansprüche aus Betriebsvereinbarungen	88
b) Kündigung von Betriebsvereinbarungen	89
c) Anfechtung von Sozialplänen	90
d) Wegfall der Geschäftsgrundlage des Sozialplans	93
e) Neuabschluss eines Sozialplans	94
7. Arbeitskampfrecht	95
III. In der Insolvenz neu entstehende Arbeitsverhältnisse	96

Schrifttum: *Andres/Leithaus,* Insolvenzordnung, 2. Aufl. 2011; *Bauer/Diller/Lorenzen,* Das neue Gesetz zur „Scheinselbständigkeit", NZA 1999, 169; *Belling/Hartmann,* Die Tarifbindung in der Insolvenz, NZA 1998, 57; *Bader,* Das Gesetz zu Reformen am Arbeitsmarkt: Neues im Kündigungsschutzgesetz und im Befristungsrecht, NZA 2004, 65; *Berkowsky,* Das neue Insolvenz-Kündigungsrecht, NZA 1999, 129; *Berscheid,* Stellung und Befugnis des vorläufigen Insolvenzverwalters, ZInsO 1998, 9; *ders.,* Ausgewählte arbeitsrechtliche Probleme im Insolvenzeröffnungsverfahren, NZI 2000, 1; *ders.,* Arbeitgeberstellung und -befugnis im Insolvenzeröffnungsverfahren und im eröffneten Insolvenzverfahren, FS *Hanau* 1999, 701; *ders.,* Drei Jahre Insolvenzordnung aus arbeitsrechtlicher Sicht – Kündigungsbefugnis im Insolvenzeröffnungsverfahren und Freistellung im Zuge der Insolvenz – Insolvenzrecht auf dem Prüfstand: Erfahrungen aus Wissenschaft und Praxis, herausgegeben vom Arbeitskreis für Insolvenz- und Schiedsgerichtswesen Köln 2002, 165; *Bertram,* Die Kündigung durch den Insolvenzverwalter, NZI 2001, 625; *Bichlmeier/Wroblewski,* Das Insolvenzhandbuch für die Praxis, 3. Aufl. 2010; *Blomeyer/Rolfs/Otto,* Gesetz zur Verbesserung der betrieblichen Altersversorgung, 5. Aufl. 2010; *Jürgen Brand,* Das Gesetz zur Bekämpfung der Scheinselbstständigkeit, DB 1999, 1162; *Braun,* Insolvenzordnung, 5. Aufl. 2012; *Buschmann,* Gemeine Marktwirtschaft, ArbuR 1996, 285; *Caspers,* Personalabbau und Betriebsänderung im Insolvenzverfahren, 1998; *Düwell,* Änderungs- und Beendigungskündigung nach dem neuen Insolvenzrecht, in: Kölner Schrift, 2. Aufl. 2000, S. 1433; Erfurter Kommentar zum Arbeitsrecht, 13. Aufl. 2013; *Ganter,* Betriebsfortführung im Insolvenzeröffnungs- und Schutzschirmverfahren, NZI 2012, 433; *Giesen,* Das neue Kündigungsschutzrecht in der Insolvenz, ZIP 1998, 46; *ders.,* Die Betriebsverfassung nach dem neuen Insolvenzrecht, ZIP 1998, 142; *Grunsky/Moll,* Arbeitsrecht und Insolvenz, RWS-Skript 289, 1997; *Hamacher/Wutzke/Förster,* Arbeitsverhältnisse im Insolvenzeröffnungsverfahren und nach Verfahrenseröffnung in: Handbuch zur Insolvenzordnung 3. Aufl. 2001, 571; *Hanau,* Rundschreiben der Spitzenverbände zur Scheinselbständigkeit, ZIP 1999, 252; *Heinrich,* Insolvenzplan „reloaded"; zu den Änderungen im Insolvenzplanverfahren durch das Gesetz zur weiteren Erleichterung der Sanierung von Unternehmen, NZI 2012, 235; *Heinze,* Das Arbeitsrecht der Insolvenzordnung, NZA 1999, 57; *ders.,* Möglichkeiten der Sanierung von Unternehmen durch Maßnahmen im Unternehmens-, Arbeits-, Sozial- und Insolvenzrecht, NJW 1982, 1665; *ders.,* Die betriebsverfassungsrechtlichen Aufgaben des Konkursverwalters, NJW 1980, 145; *ders.,* Die Ausübung von Arbeitgeberfunktionen durch Konkursverwalter und Testamentsvollstrecker, ArbuR 1976, 33; *Henkel,* Zur Anwendbarkeit von § 113 InsO bei Neu-Einstellungen durch den Insolvenzverwalter, ZIP 2008, 1265; *Henssler/Willemsen/Kalb,* Arbeitsrecht, 5. Aufl. 2012; *Kirchhof,* Begründung von Masseverbindlichkeiten im vorläufigen Insolvenzverfahren, ZInsO 2004, 57; *Kolbe,* Stilllegungskündigung durch den starken vorläufigen Insolvenzverwalter, ZIP 2009, 450; *Kraft/Wiese/Kreutz/Oetker/Raab/Weber/Franzen,* BetrVG, Gemeinschaftskommentar, 9. Aufl. 2009; KR-Gemeinschaftskommentar zum Kündigungsschutzgesetz und zu sonstigen kündigungsschutzrechtlichen Vorschriften, 9. Aufl. 2009; *Lakies,* Zu den seit 1.10.1996 geltenden arbeitsrechtlichen Vorschriften der Insolvenzordnung, RdA 1997, 145; *ders.,*

Arbeitsrechtliche Vorschriften der neuen Insolvenzordnung, BB 1998, 2638; *Lauer,* Die Gratwanderung bei der Freistellung der Arbeitnehmer im Insolvenzverfahren, ZIP 2006, 983; *Leube,* Gesetzliche Unfallversicherung und Scheinselbständige als Beschäftigte, SozVers 1999, 61; *Löwisch,* Der arbeitsrechtliche Teil des sogenannten Korrekturgesetzes, BB 1999, 102; *ders.,* Das arbeitsrechtliche Beschäftigungsförderungsgesetz 1996, 1009; *ders.,* Neuregelung des Kündigungs- und Befristungsrechts durch das Gesetz zu Reformen am Arbeitsmarkt, BB 2004, 154; *Marschner,* Gesetzliche Korrekturen des Sozialversicherungs- und Arbeitsrechts, MDR 1999, 208; *ders.,* Gesetzesänderungen für Scheinselbständige und geringfügig Beschäftigte, AuA 1999, 109; *Marotzke,* Die Freistellung von Arbeitnehmern in der Insolvenz des Arbeitgebers, InVO 2004, 301; Münchner Kommentar zur InsO, Band I §§ 1–79, 3. Aufl. 2013, Band II §§ 80 bis 216, 3. Aufl. 2013; Band II § 103 bis 269 2. Aufl. 2008; Band III §§ 270 bis 359 2. Aufl. 2008; *Müller,* Praktische Probleme der seit 1.10.1996 geltenden arbeitsrechtlichen Vorschriften der Insolvenzordnung, NZA 1998, 1315; *Neef/Schrader,* Arbeitsrechtliche Neuerungen im Insolvenzfall, 1998; *Nerlich/Römermann,* InsO, 24. Ergänzungslieferung 2012, 25. Ergänzungslieferung 2013; *Pape/Uhlenbruck/Voigt-Salus,* Insolvenzrecht, 2. Aufl. 2010; *Preis,* Das arbeitsrechtliche Beschäftigungsförderungsgesetz 1996, NJW 1996, 3369; *ders.,* Die „Reform" des Kündigungsschutzrechts, DB 2004, 70; *Reiserer,* „Schluss mit dem Missbrauch der Scheinselbständigkeit", BB 1999, 366; *Schaub,* Arbeitsrecht in der Insolvenz, DB 1999, 217; *ders.,* Das Insolvenzverfahren und betriebsbedingte Kündigungen, AuA 1997, 218; *ders.,* Arbeitsrechts-Handbuch, 15. Aufl. 2013; *Schiefer/Worzalla,* Das arbeitsrechtliche Beschäftigungsförderungsgesetz und seine Auswirkungen auf die betriebliche Praxis, 1996; *Schwedes,* Das arbeitsrechtliche Beschäftigungsförderungsgesetz, BB 1996, Beilage 17, S. 2; *Schrader/Straube,* Die tatsächliche Beschäftigung während des Kündigungsrechtsstreites, RdA 2006, 98; *Seifert,* Die betriebsbedingte Freistellung von Arbeitnehmern durch den Insolvenzverwalter, DZWIR 2002, 407; *Smid,* Der Erhalt von Arbeitsplätzen in der Insolvenz des Arbeitgebers nach neuem Recht, NZA 2000, 113; *Thomas B. Schmidt,* Der Abfindungstarifvertrag im Insolvenzverfahren, ZInsO 2008, 247; *Uhlenbruck,* InsO, 13. Aufl. 2010; *Uhlenbruck,* Die Rechtsstellung des vorläufigen Insolvenzverwalters, in: Kölner Schrift, 2. Aufl. 2000, S. 325; *ders.,* Arbeitsrechtliche Probleme im Insolvenzeröffnungsverfahren, FS *Schwerdtner* 2003, 623; *Waas,* Das sogenannte „mittelbare Arbeitsverhältnis", RdA 1993, 153; *Warrikoff,* Die Stellung der Arbeitnehmer nach der neuen Insolvenzordnung, BB 1994, 2338; *Willemsen,* Arbeitnehmerschutz bei Betriebsänderungen im Konkurs, 1980; *Willemsen/Annuß,* Kündigungsschutz nach der Reform, NJW 2004, 177; *Wroblewski,* Das „ESUG" aus Arbeitnehmersicht – 1. Teil AuR 2012, 188; *ders.,* Das „ESUG" aus Arbeitnehmersicht – 2. Teil, AuR 2012, 298; *Zwanziger,* Das Arbeitsrecht der Insolvenzordnung, 4. Aufl. 2010.

I. Überblick

1. Das insolvenzspezifische Arbeitsrecht. Die am 1.1.1999 in Kraft getretene neue Insolvenzordnung beseitigt den bisherigen Zustand geographischer Rechtszersplitterung in Deutschland. An die Stelle der bisher in den alten Bundesländern geltenden Konkurs- und Vergleichsordnung sowie der in den neuen Bundesländern (sowie Ostteil Berlin) geltenden Gesamtvollstreckungsordnung ist ein einheitliches Gesetzeswerk zur Insolvenz getreten. Kernstücke des neuen Insolvenzrechtes sind Maßnahmen zur Vergrößerung der Insolvenzmasse (insbesondere durch Änderung des Anfechtungsrechtes), erweiterte Beteiligungsrechte der Gläubiger im Verfahren, Gleichstellung der Liquidation mit übertragender Sanierung oder Reorganisation und neue Möglichkeiten zur Restschuldbefreiung natürlicher Personen. Hinzu kommen Maßnahmen, die die Überlebensfähigkeit finanzschwacher Unternehmen verbessern sollen, insbesondere der neu eingeführte – optionale – Insolvenzgrund der „drohenden Zahlungsunfähigkeit" (§ 18 InsO), sowie vor allem das neue Reorganisationsmittel des Insolvenzplanes (§§ 217–269 InsO).[1]

Der Gesetzgeber hat nunmehr auch das bisher nur unvollständig geregelte insolvenzspezifische Arbeitsrecht neu gefasst. Beweggründe hierfür waren die Schließung einiger

---

[1] Vgl. zur neuen InsO die Gesetzesmaterialien BT-Drucks. 12/443, BT-Drucks. 12/3083, BT-Drucks. 12/7302 und BT-Drucks. 12/7303.

Gesetzeslücken sowie die Abstimmung des Arbeitsrechts auf das Ziel der erleichterten Unternehmensreorganisationen.[2] Liquidation, übertragende Sanierung und Schuldnersanierung werden in § 1 InsO als gleichrangige Ziele genannt.[3] Der Reformgeber hat stets betont, dem unter der KO geltenden Regime der zerschlagenden Liquidation Alternativen zur Sanierung und Fortführung des Unternehmens zu bieten, um Arbeitsplätze zu retten.[4] Diesem Ziel dient die Ermöglichung einer frühzeitigen Eröffnung des Verfahrens durch die Einführung des neuen Eröffnungsgrundes der drohenden Zahlungsunfähigkeit gem. § 18 InsO. Die Aussichten, ein angeschlagenes Unternehmen und seine Arbeitsplätze zu erhalten, können durch ein möglichst frühzeitig eröffnetes Insolvenzverfahren gefördert werden.[5] Die wichtigsten arbeitsrechtlichen Elemente sind dabei einheitliche, auf höchstens drei Monate reduzierte Kündigungsfristen, die Straffung des betriebsverfassungsrechtlichen Betriebsänderungsverfahrens gemäß der §§ 111 ff. BetrVG, die Einordnung rückständiger Arbeitnehmerforderungen als Insolvenzforderungen sowie die Berücksichtigung der Arbeitnehmerinteressen im Insolvenzplanverfahren.[6]

3 **a)** *Entwicklung.* Ungeachtet dieses Bemühens des Gesetzgebers hat das Insolvenzarbeitsrecht in den letzten Jahren einige Turbulenzen durchmachen müssen. Im Zeitpunkt der Verabschiedung der Insolvenzordnung im Jahr 1994 war vorgesehen gewesen, das Insolvenzarbeitsrecht in den genannten Punkten als Sonderarbeitsrecht zu kodifizieren, wobei man hieraus resultierende Wettbewerbsvorteile der insolventen Betriebe durchaus in Kauf nahm. Als am 1.10.1996 das arbeitsrechtliche Beschäftigungsförderungsgesetz[7] der damaligen christlich-liberalen Koalition in Kraft trat, wurde diese Schaffung eines eigenen insolvenzspezifischen arbeitsrechtlichen Sonderrechts weitgehend wieder rückgängig gemacht. Zwar blieb es inhaltlich-formal bei den Sondervorschriften für das Arbeitsrecht in der Insolvenzordnung, jedoch ließ sich der Gesetzgeber bei der Änderung des Kündigungsschutzgesetzes sowie des Betriebsverfassungsgesetzes von der Insolvenzordnung „inspirieren". Insbesondere die Vorschriften des § 1 III–V KSchG und zum Teil auch die Fristenregelung des § 113 III S. 2 und S 3 BetrVG 1996 zeichneten inhaltlich Vorschriften der Insolvenzordnung nach. Wenn auch in vielen Einzelpunkten Abweichungen zwischen den genannten „generellen" Regelungen und den parallelen Vorschriften der Insolvenzordnung blieben, waren beide arbeitsrechtlichen Bereiche gleichwohl damit weitenteils nivelliert worden. Hinzu kam, dass der Gesetzgeber des arbeitsrechtlichen Beschäftigungsförderungsgesetzes das Arbeitsrecht der InsO (§§ 113, 120–122, 125–128 InsO) bereits zum 1.10.1996 in Kraft setzte.

4 **b)** *Rechtslage ab 1.1.2004.* Nach zwischenzeitlicher Rücknahme durch das Korrekturgesetz vom 19.12.1998[8] hat der Gesetzgeber die Vorschriften des arbeitsrechtsrechtlichen Beschäftigungsförderungsgesetzes vom 15.9.1996 (BGBl. I S. 1476) ab 1.1.2004

---

[2] Vgl. Allg Begr RegE, *Kübler/Prütting*, Bd 1, S. 121.
[3] MüKoInsO/*Ganter*, § 1 Rn. 45; *Uhlenbruck*, § 1 Rn. 7; *Smid* NZA 2000, 113, 114.
[4] Vgl. im Einzelnen *Smid* NZA 2000, 113, 114; vgl. amtl Begr zum REG EInsO BT-Dr 12/2443, S. 77 f.
[5] MüKoInsO/*Ganter*, § 1 Rn. 22; *Uhlenbruck*, § 1 Rn. 8; *Smid* NZA 2000, 113, 115.
[6] Siehe zum neuen Insolvenzarbeitsrecht *Grunsky/Moll*, Arbeitsrecht und Insolvenz 1997; *Neef/Schrader*, Arbeitsrechtliche Neuerungen im Insolvenzfall, 1998; *Hess/Weis/Wienberg*, Insolvenzarbeitsrecht, 1997; *Heinze* NZA 1999, 57 ff.; *Giesen* ZIP 1998, 46 ff. und 142 ff.; *Müller* NZA 1998, 1315 ff.; *Lakies* RdA 1997, 145 ff.; *Schaub* DB 1999, 217; *Warrikoff* BB 1994, 2338 ff.
[7] „Arbeitsrechtliches Gesetz zur Förderung von Wachstum und Beschäftigung (Arbeitsrechtliches Beschäftigungsförderungsgesetz)", BGBl. 1996 I, S. 1476; s hierzu die Gesetzesmaterialien BT-Drucks. 13/4612, BT-Drucks. 13/5107; *Schiefer/Worzalla*, Das Arbeitsrechtliche Beschäftigungsförderungsgesetz und seine Auswirkungen für die betriebliche Praxis, 1996; *Schwedes* BB 1996/Beilage 17, S. 2 ff.; *Löwisch* NZA 1996, 1009 ff.; *Preis* NJW 1996, 3369 ff.; *Buschmann* AuR 1996, 285 ff.
[8] Gesetz zur Korrektur in der Sozialversicherung und zur Sicherung der Arbeitnehmerrechte vom 19.12.1998, BGBl. I S. 3843.

fast unverändert in Kraft gesetzt[9] und weitere Kündigungserleichterungen geschaffen. Durch die Änderungen des Kündigungsschutzgesetzes werden arbeitgeberseitige Kündigungen durch Änderungen bei der Sozialauswahl, Wiedereinführung eines Interessenausgleichs mit Namensliste und Ausweitung der Kleinbetriebsklausel gemäß § 23 KSchG nF außerhalb der Insolvenz und damit auch im Insolvenzeröffnungsverfahren erleichtert. Insolvenzrechtlich ist die Einführung einer allgemeinen Klagefrist von drei Wochen für die Geltendmachung sämtlicher Unwirksamkeitsgründe gemäß § 4 KSchG im Falle einer Beendigungs- und einer Änderungskündigung von besonderer Bedeutung sein. § 113 II InsO ist ersatzlos gestrichen worden, weil nunmehr § 4 S. 1 KSchG dem gekündigten Arbeitnehmer die Pflicht auferlegt, nicht nur die Sozialwidrigkeit der Kündigung, sondern alle Rechtsunwirksamkeitsgründe durch Erhebung einer fristgebundenen Feststellungsklage innerhalb von drei Wochen nach Zugang der schriftlichen Kündigung beim Arbeitsgericht geltend zu machen. Diese dreiwöchige Klagefrist gilt gleichermaßen für Kündigungen innerhalb und außerhalb der Insolvenz. Dagegen hat der neue § 1a KSchG, der einen Abfindungsanspruch bei betriebsbedingten Kündigungen regelt, in der Insolvenz keine Bedeutung, weil es sich der Insolvenzverwalter gar nicht leisten kann, dem Arbeitnehmer eine Abfindung in Höhe eines halben Monatsverdienstes für jedes Jahr des Bestehens des Arbeitsverhältnisses anzubieten. Außerhalb eines Sozialplans ist der Insolvenzverwalter allerdings nicht an die Abfindungshöchstgrenzen von zweieinhalb Monatsverdiensten gem. § 123 I InsO gebunden. Bei Kündigungen vor Eröffnung des Insolvenzverfahrens können Masseverbindlichkeiten gem. § 55 II InsO nur von einem starken vorläufigen Insolvenzverwalter mit Verwaltungs- und Verfügungsbefugnis begründet werden. Die jetzt wieder mögliche Namensliste gemäß § 1 V KSchG kommt in der Insolvenz ebenfalls nicht zum Tragen, weil die weitergehende Sondervorschrift des § 125 InsO zur Verfügung steht. Der Insolvenzverwalter kann aber im Falle eines Interessenausgleichs mit Namensliste gemäß § 125 Abs. 1 InsO ergänzend eine Auswahlrichtlinie über das Verhältnis der sozialen Gesichtspunkte gemäß § 1 Abs. 4 KSchG vereinbaren. Unverändert geblieben sind die betriebsverfassungsrechtlichen Vorschriften über die Durchführung von Betriebsänderungen gemäß §§ 111 ff. BetrVG. Dem Insolvenzverwalter drohen nach wie vor Nachteilsausgleichsansprüche gemäß § 113 III BetrVG, wenn er die Stilllegung des Betriebes ohne Interessenausgleich mit dem Betriebsrat durchführt. Von der Möglichkeit einer gerichtlichen Zustimmung zur Durchführung einer Betriebsänderung gemäß § 122 InsO wird in der Praxis nur zurückhaltend Gebrauch gemacht.

c) *Insolvenzplanverfahren, Eigenverwaltung.* Zu den bedeutsamen Neuerungen des Insolvenzrechts gehören das im 6. Teil der InsO geregelte Planverfahren (§§ 217–269) und die Eigenverwaltung im 7. Teil der InsO (§§ 270–285). Gem. § 1 InsO dient das Insolvenzverfahren dazu, zur gemeinschaftlichen Befriedigung der Gläubiger des Schuldners dessen Vermögen zu verwerten oder in einem Insolvenzplan abweichende Regelungen insbesondere zum Erhalt des Unternehmens zu treffen. Dies beinhaltet zwei Optionen: Das Regelinsolvenzverfahren mit der Liquidation des schuldnerischen Unternehmens und das freigestellte Insolvenzplanverfahren gem. den §§ 217 ff. InsO.[10] Ob der Erhalt des Unternehmens durch übertragende Sanierung, Reorganisation oder Restrukturierung als gleichrangiges Ziel des Insolvenzverfahrens anzuerkennen ist, ist umstritten.[11] Es kann offen bleiben, ob die Sanierung des Unternehmens ein eigenständiges Verfahrensziel ist oder lediglich als ein Mittel zur Gläubigerbefriedigung dient. Die Fortführung des Unternehmens und der Erhalt von Arbeitsplätzen werden vom

---

[9] Vgl. *Buschmann*, Vorwärts Kameraden, es geht zurück! AuR 2004, 1.
[10] *Pape/Uhlenbruck/Voigt-Salus*, Kapitel 38, Rn. 7.
[11] *Ganter/Lohmann*, MüKoInsO § 1 Rn. 85.

§ 104   6, 7   Kapitel IX. Arbeitsrecht und Insolvenz

Gesetzgeber als erstrebenswerte Ziele des Insolvenzverfahrens anerkannt. Das Insolvenzplanverfahren dient dazu, die Sanierung des Unternehmens zu fördern und eine Betriebsfortführung zu erreichen.[12] Der Erhalt des Unternehmens ist aber kein Selbstzweck und nur sinnvoll, wenn die daraus resultierenden Vorteile höher eingeschätzt werden als die Zerschlagung des Unternehmens.[13] Regelungsinhalt eines Insolvenzplans kann nicht nur die Fortführung des Unternehmens durch Reorganisation, Restrukturierung oder übertragende Sanierung, sondern auch die Liquidation des Unternehmens und seine Verwertung sein.[14] Am Insolvenzplan beteiligt sind die Insolvenzgläubiger, die absonderungsberechtigten Gläubiger und der Schuldner, die eine mehrseitige Verwertungsvereinbarung schließen, die als Vergleich iSd § 779 BGB oder als privatrechtlicher Vertrag eigener Art angesehen werden kann. Der BGH definiert den Insolvenzplan unter Rückgriff auf die Gesetzesmaterialien als ein spezifisch insolvenzrechtliches Instrument, mit dem die Gläubigergesamtheit ihre Befriedigung aus dem Schuldnervermögen organisiert.[15]

6   Die Eigenverwaltung gem. den §§ 270 InsO richtet sich grundsätzlich nach den allgemeinen Vorschriften der InsO. Nach der Vorstellung des Gesetzgebers soll damit das Ziel verfolgt werden, die Eigensanierung der Unternehmen zu unterstützen, indem die Verwaltungs- und Verfügungsbefugnis beim Schuldner bleibt. Dieser führt das Insolvenzverfahren nach den allgemeinen Vorschriften der InsO unter der Aufsicht eines Sachwalters durch. Das Institut der Eigenverwaltung hat die Erwartungen des Gesetzgebers nicht erfüllt. In der Praxis wurde davon nur in wenigen Fällen Gebrauch gemacht.[16]

7   Mit dem am 1.3.2012 in Kraft getretenen Gesetz zur weiteren Erleichterung der Sanierung von Unternehmen (ESUG)[17] hat der Gesetzgeber das Insolvenzplanverfahren und die Eigenverwaltung verändert, um die Sanierung von Unternehmen wesentlich zu erleichtern und beide Institute praxistauglicher zu machen.[18] Aus arbeitsrechtlicher Sicht ist die Rolle der Arbeitnehmer deutlich verstärkt worden. Dem Gläubigerausschuss soll gem. § 67 Abs. 2 S. 2 InsO nF ein Arbeitnehmervertreter angehören. In größeren Betrieben hat das Insolvenzgericht gem. § 22a Abs. 1 InsO einen vorläufigen Gläubigerausschuss einzusetzen, der als unabhängiges Organ gegenüber dem Verwalter und bei Eigenverwaltung Überwachungsaufgaben wahrnimmt.[19] Der vorläufige Gläubigerausschuss hat gem. § 56a InsO ein Mitspracherecht bei der Bestellung des Verwalters. Bei der neu geregelten Eigenverwaltung ist gem. § 270b InsO das sog. „Schutzschirmverfahren" eingeführt worden, wenn der Schuldner wegen drohender Zahlungsunfähigkeit die Eigenverwaltung beantragt hat und die angestrebte Sanierung nicht offensichtlich aussichtslos ist. In diesem Fall bestimmt das Insolvenzgericht zur Vorlage eines Insolvenzplans eine Frist von höchstens sechs Monaten. Bis dahin kann das Insolvenzgericht vorläufige Maßnahmen treffen, um gem. § 21 Abs. 1 und 2 InsO nachteilige Veränderungen der Vermögenslage des Schuldners zu verhüten. Insbesondere kann es gem. § 21 Abs. 2 Nr. 3 InsO Maßnahmen der Zwangsvollstreckung gegen den Schuldner untersagen. Darüber hinaus kann das Insolvenzgericht einen vorläufigen

---

[12] *Zypries,* FD – InsR 2009, 283629; MüKoInsO/*Ganter/Lohmann,* § 1 Rn. 85.
[13] Braun/*Frank,* § 1 Rn. 3; MüKoInsO/*Ganter/Lohmann,* § 1 Rn. 87.
[14] Braun/*Kießner,* § 1 Rn. 9.
[15] BGH 6.10.2005 – IX ZR 36/02, NZI 2006, 100.
[16] Braun/*Riggert,* § 270 Rn. 2; vgl. MüKoInsO/*Wittig/Tetzlaff,* 2. Aufl. 2008 vor §§ 270–285 Rn. 8; Nerlich/Römermann, 25. Ergänzungslieferung 2013, vor §§ 270–285 InsO Rn. 1; *Pape/Uhlenbruck/Voigt-Salus,* Kap. 38 Rn. 1.
[17] BGBl. I, 2582.
[18] Vgl. *Römermann,* Neues Insolvenz- und Sanierungsrecht durch das ESUG, NJW 2012, 645; *Heinrich,* NZI 2012, 235.
[19] *Wroblewski,* AuR 2012, 188, 189.

Gläubigerausschuss einsetzen, dem gem. § 67 Abs. 2 InsO ein Arbeitnehmervertreter angehören soll. Gem. § 270b Abs. 3 InsO nF kann das Insolvenzgericht dem Schuldner die Befugnis einräumen, Masseverbindlichkeiten zu begründen, so dass seine Rechtsstellung mit der eines starken vorläufigen Insolvenzverwalters vergleichbar ist.[20] Der vorläufige Gläubigerausschuss kann gem. § 270b Abs. 4 Nr. 2 InsO nF die Aufhebung des Schutzschirms beantragen. Auch im Schutzschirmverfahren ist die Vorfinanzierung von Insolvenzgeld möglich.[21] Als eigenverantwortlich handelnder Unternehmer bleibt der Eigenverwalter Arbeitgeber im arbeitsrechtlichen Sinne und ist weiterhin kündigungs- und weisungsbefugt. Ihm steht das Sonderarbeitsrecht der InsO zur Verfügung, dh es gelten nicht mehr die tarifvertraglichen oder die einzelarbeitsvertraglichen Kündigungsfristen, sondern die Kündigungsfrist beträgt gem. § 113 S. 2 InsO drei Monate zum Monatsende, wenn nicht eine kürzere Frist maßgeblich ist. Gem. § 279 S. 1 InsO gelten die §§ 103–128 InsO auch für die Eigenverwaltung des Schuldners, der an die Stelle des Insolvenzverwalters tritt.[22] Die daraus resultierenden Rechte soll der Schuldner nur im Einvernehmen mit dem Sachwalter ausüben. Die Befugnisse nach den §§ 120, 122 und 126 InsO kann er gem. § 279 S. 3 InsO wirksam nur mit Zustimmung des Sachwalters ausüben. Im Insolvenzplanverfahren sind Eingriffe in die Rechte der Massegläubiger grundsätzlich nicht zulässig, denn Beteiligte des Insolvenzplanes sind gem. § 217 InsO nur die absonderungsberechtigten Gläubiger, die Insolvenzgläubiger und der Schuldner.[23] Bei angezeigter Masseunzulänglichkeit treten gem. § 210a Nr. 1 InsO an die Stelle der Insolvenzgläubiger die Altmassegläubiger im Rang des § 209 Abs. 1 Nr. 3 InsO.[24] Damit kann durch den Insolvenzplan in die Rechte der Altmassegläubiger eingegriffen werden, nicht aber in die Rechte der Neumassegläubiger, so dass weiterbeschäftigte Arbeitnehmer eine Minderung ihrer Entgeltansprüche nicht befürchten müssen.[25]

d) *Uneingeschränkte Geltung des Arbeitsrechts.* Sieht man von den insolvenzspezifischen arbeitsrechtlichen Vorschriften als Ausnahme ab, folgt aus der uneingeschränkten Geltung des allgemeinen Arbeitsrechts in der Insolvenz, dass dieses prinzipiell nicht in der Lage ist, einer vom Normaltatbestand abweichenden Regelungsweise den Besonderheiten der Insolvenz Rechnung zu tragen. Dies wird oftmals – fälschlicherweise vor allem im Hinblick auf § 613a BGB – von den insolvenzbetroffenen Gläubigern wie von den Insolvenzverwaltern bedauert; gleichwohl würden die zwingenden wirtschaftsrechtlichen Standards in der Bundesrepublik Deutschland sogar gegen die Geltung eines speziellen insolvenzspezifischen Arbeitsrechts, wie durch die InsO realisiert, sprechen. Würde nämlich ein umfassendes insolvenzspezifisches Arbeitsrecht eingreifen, soweit ein Unternehmen „notleidend" geworden ist, dann müsste dies zwangsläufig auf Grund der „insolvenzspezifisch gemilderten" Bedingungen zu einer Wettbewerbsverzerrung führen, die die Marktwirtschaft gerade nicht tolerieren kann.[26] Das in die Insolvenz geratene Unternehmen würde arbeitsrechtlich privilegiert und könnte auf diese Weise ungerechtfertigte Vorteile erringen, da Arbeitsbedingungen eben zugleich Wirtschaftsbedingungen sind. Die angestrebte Marktkonformität des Insolvenzverfahrens wird aber in der Praxis nicht uneingeschränkt durchgeführt, weil im Zuge der Finanz- und Wirt-

---

[20] *Wroblewski,* AuR 2012, 298, 301; *Römermann,* NJW 2012, 645, 650.
[21] *Wroblewski,* AuR 2012, 298, 302; *Buchalik,* ZInsO, 2012, 349.
[22] MüKoInsO/*Caspers,* vor §§ 113–128 Rn. 24; *Wroblewski,* AuR 2012, 298, 302.
[23] *Wroblewski,* AuR 2012, 298, 303; MüKoInsO/*Hefermehl,* § 53 Rn. 63; Braun/*Frank,* § 217 Rn. 7.
[24] Vgl. Braun/*Frank,* § 217 Rn. 9; MüKoInsO/*Madaus,* Bd. 2 3. Aufl. § 201a Rn. 1.
[25] Vgl. im Einzelnen MüKoInsO/*Madaus,* Bd. 2 3. Aufl. § 201a Rn. 11–15; *Wroblewski,* AuR 2012, 298, 303.
[26] *Riesenfeld,* Verhandlungen des 54. DJT 1982 II, Sitzungsberichte, M 66 f.; *Heinze* ZHR 149 (1985), 507, 512 f.; *ders* NJW 1982, 1665, 1672; vgl. auch *Stürner* ZIP 1982, 761, 764 f.; *Karsten Schmidt,* Gutachten D zum 54. DJT 1982, D 80 f.

schaftskrise des Jahres 2008 der Ruf nach staatlicher Unterstützung in Form von Bürgschaften und Subventionen Gehör gefunden hat, um den drohenden Verlust von Arbeitsplätzen zu verhindern oder zumindest abzumildern.[27]

9 Prinzipiell ist es durchaus konsequent, dass das arbeitsrechtliche System der Bundesrepublik Deutschland grundsätzlich keine Rücksicht auf die Insolvenz des Arbeitgebers, des Unternehmens, nimmt und nehmen kann. Denn sieht man von den wenigen insolvenzrechtsspezifischen arbeitsrechtlichen Ausnahmen ab, dann wäre es weithin inkonsequent und nicht plausibel, wenn das Arbeitsrecht seine zwingenden Anforderungen gerade in jenem Fall zurücknehmen würde, in dem es gewissermaßen auf die „Nagelprobe" eben jenes Schutzes zuläuft, nämlich in der Insolvenz des Arbeitgebers.[28] Arbeitsrecht kann und darf kein „Schönwetterrecht" sein, das den funktionierenden Unternehmen Verpflichtungen auferlegt, deren sich das notleidende Unternehmen dagegen unter erleichterten Bedingungen entledigen kann. Auch wenn man das Arbeitsrecht keineswegs auf das Arbeitnehmerschutzrecht reduzieren darf, kann es kein Zwei-Klassen-Arbeitsrecht im Grundsätzlichen geben. Die Regelung der Arbeitsbeziehungen zwischen Arbeitnehmern und Arbeitgebern, die Mitbestimmung im Betrieb und Unternehmen müssen sachgerecht in der Insolvenz des Arbeitgebers respektiert werden, dürfen aber prinzipiell keineswegs eine „preiswerte" Entledigung der übernommenen Verpflichtungen erlauben. Bezeichnenderweise hat der Gesetzgeber bei dem ab 1.1.2004 geltenden Kündigungsschutz insolvenzspezifische Ausnahmen (Interessenausgleich mit Namensliste) in das allgemeine Arbeitsrecht überführt.

10 Anderseits ist nach dem Grundsatz der Gleichbehandlung aller Insolvenzgläubiger[29] eine Privilegierung der Arbeitnehmer gegenüber anderen Gläubigern nicht ohne Weiteres zu rechtfertigen, wobei allerdings nicht verkannt werden darf, dass auch das Insolvenzrecht in einem demokratischen und sozialen Rechtsstaat die Aufgabe hat, einen gerechten Ausgleich zu schaffen, den Schwächeren zu schützen und Frieden zu stiften.[30] Es ist daher ein wesentliches Anliegen der neuen InsO, eine höhere Verteilungsgerechtigkeit für die Gläubiger zu erreichen.[31] Mit Ausnahme des Sozialplanprivilegs wurden daher Vorrechte der Arbeitnehmer beseitigt. Würdigt man zusammenfassend die Neuregelungen der Insolvenzordnung aus arbeitsrechtlicher Sicht, dann lässt sich feststellen, dass der Gesetzgeber der Forderung des Bundesarbeitsgerichtes, dass Interessen und Schutz der Belegschaft im Insolvenzfall nicht geringer geachtet werden dürfen als die Verteilung des arbeitgeberseitigen Vermögens,[32] grundsätzlich nachgekommen ist. Denn die insolvenzspezifischen arbeitsrechtlichen Ausnahmen sind in der Tat durch Gleichstellungsgesichtspunkte der unterschiedlichen Gläubigergruppen gerechtfertigt. Deshalb lässt sich nunmehr mit noch größerem Recht als gegenüber dem früheren Recht der Konkursordnung oder der Vergleichsordnung feststellen, dass der neue Rechtszustand weitaus besser als vorher geeignet ist, auf dem Gebiet des Arbeitsrechts diesen modifizierten Anforderungen gerecht zu werden.

11 **2. Rechtsquellen des Arbeitsrechts.** Eine Einflussnahme des Arbeitsrechts auf die Rechtsbeziehungen zwischen Arbeitnehmer und Arbeitgeber erfolgt innerhalb wie außerhalb der Insolvenz in vierfacher Weise: Vorrangig maßgebend ist nach wie vor das Arbeitsvertragsrecht, dh das durch den Arbeitsvertrag zwischen Arbeitgeber und Arbeitnehmer ausgeformte und eigenverantwortlich gestaltete Arbeitsverhältnis. Auf dieses

---

[27] FK/*Schmerbach*, vor §§ 1 ff. Rn. 65.
[28] *Hanau*, Gutachten E zum 54. DJT 1982, E 11 ff.; *Zeuner,* Referat zum 54. DJT 1982 II, Sitzungsberichte, M 27 ff.; *Flessner* ZIP 1981, 1283 f.; *Henckel* ZIP 1980, 2 ff.
[29] Vgl. MüKoInsO/*Ganter/Lohmann*, § 1 Rn. 52; Uhlenbruck/Hirte/Vallender/*Pape*, § 1 InsO Rn. 2.
[30] FK/*Schmerbach*, vor §§ 1 ff. Rn. 21.
[31] Uhlenbruck/Hirte/Vallender/*Pape*, § 1 InsO Rn. 12.
[32] BAG (GS) AP Nr. 6 zu § 112 BetrVG.

Arbeitsverhältnis wirken aber gewissermaßen als „Unterbau" die Arbeitsschutzgesetze (beispielsweise Jugendarbeitsschutzgesetz, Mutterschutzgesetz, SGB IX, Arbeitszeitgesetz, Kündigungsschutzgesetz usw) ein, während der „Überbau" vor allem durch die Rechts- und Regelungsvorschriften des Betriebsverfassungsrechts und des Tarifrechts gestaltet wird. Hieraus folgt für das Arbeitsrecht in der Insolvenz ganz allgemein, dass die arbeitsvertraglichen Regelungen zwischen den Arbeitsvertragsparteien Arbeitnehmer und Arbeitgeber die Grundlage bilden, allerdings nur auf dem Hintergrund der unverändert eingreifenden arbeitsrechtlichen Schutzgesetzgebung, während die betriebsverfassungsrechtlichen und tarifrechtlichen Vorschriften, insbesondere die Normen von Betriebsvereinbarungen und Tarifverträgen, einerseits den Inhalt der Arbeitsvertragsverhältnisse zusätzlich prägen, andererseits zu organisationsrechtlichen Bindungen führen, ungeachtet dessen, dass sich der verpflichtete Arbeitgeber in der Insolvenz befindet.

Für die Insolvenzpraxis ist deshalb von ausschlaggebender Bedeutung, dass nicht nur die arbeitsvertragsrechtlichen Vereinbarungen und die zwingenden arbeitsgesetzlichen Schutzvorschriften Beachtung verlangen, sondern darüber hinaus der oftmals einschneidende Bereich des Betriebsverfassungsrechts und des Tarifrechts unvermindert – von Ausnahmeregelungen abgesehen – Geltung auch und gerade in der Insolvenz beansprucht. Es lässt sich nicht verkennen, dass dadurch ein rechtliches „Gestrüpp" für den Insolvenzverwalter geschaffen worden ist, das ein „Stolpern" in die rechtlichen „Fallen" des Arbeitsrechts geradezu nahe legt. Umso wichtiger ist für alle am Insolvenzgeschehen Beteiligten, einen sachkundigen Überblick über die einschneidenden, durchaus praktisch relevanten Anforderungen des Arbeitsrechts zu besitzen.

Im Grundsatz bestimmen die vier Grundbausteine des Arbeitsrechts – 1. Arbeitsvertragsrecht, 2. gesetzliches Arbeitnehmerschutzrecht, 3. Betriebsverfassungsrecht und 4. Tarifrecht – die arbeitsrechtlichen Beziehungen folglich auch im insolventen Unternehmen. Ginge man allein von der Rangfolge der Rechtsquellen aus, so würde sich eine absteigende Linie von Verfassung und Gesetz über den Tarifvertrag, über die Betriebsvereinbarung zum Arbeitsvertrag ergeben. Das Arbeitsrecht durchbricht jedoch mittels des Günstigkeitsprinzips die Rangfolge der Rechtsquellen auf die Weise, dass die für den Arbeitnehmer günstigste Regelung Anwendung findet, soweit nicht zwingende Regelungen entgegenstehen; allenfalls korrigiert durch das Ordnungsprinzip, demzufolge auf gleicher Rangebene die jüngere Regelung der älteren vorgeht. Allerdings gilt das Günstigkeitsprinzip nicht in allen Fällen, so wenn eine rangniedere Rechtsquelle eine für den Arbeitnehmer ungünstigere Regelung enthält, die ranghöhere Regelung zugleich aber dispositiv, dh abdingbar ist, oder wenn die ranghöhere Regelung eine Abweichung in einer sogenannten Öffnungsklausel zulässt.[33]

Grundsätzlich lassen sich die Rechtsquellen deshalb wie folgt charakterisieren: Das Gesetz enthält in der Regel die Mindestbedingungen, entfaltet sich aber dafür im umfassendsten Geltungsbereich, in der Bundesrepublik Deutschland. Der Tarifvertrag ist demgegenüber zumeist in seinem Geltungsbereich sowohl räumlich (Land oder Bezirk), sachlich und fachlich (Branche bzw. Firma) und schließlich auch noch in persönlicher Hinsicht (Arbeiter oder Angestellte oder Lehrlinge) beschränkt. Die Betriebsvereinbarung ist wiederum regelmäßig noch enger auf einen Betrieb, ein Unternehmen oder eine Verkaufsniederlassung begrenzt. Der Arbeitsvertrag gilt schließlich jeweils nur für den einzelnen Arbeitnehmer im Verhältnis zu seinem konkreten Arbeitgeber. Für die Praxis bietet sich bei der Prüfung strittiger arbeitsrechtlicher Fragen deshalb nachfolgendes, allerdings nur summarisches Prüfungsschema an:[34]

---

[33] Vgl. §§ 616 II 2, 622 III BGB und für den Bereich des Tarifvertrages § 4 III TVG.
[34] Siehe auch *Hromadka*, Arbeitsrecht, S. 280 ff.

§ 104 14, 15 Kapitel IX. Arbeitsrecht und Insolvenz

a) *Gesetz*. Welche gesetzliche Vorschrift ist einschlägig? Ist die gesetzliche Vorschrift zwingend (einseitig oder zweiseitig zwingend?) oder ist sie dispositiv? Enthält die InsO abweichende Regelungen?

b) *Tarifvertrag*. Enthält der Tarifvertrag einschlägige Regelungen? Ist der betroffene Arbeitnehmer gewerkschaftlich organisiert oder – wenn dies zu verneinen ist – erklärt der Arbeitsvertrag die tariflichen Regelungen für anwendbar? Ist der Geltungsbereich des Tarifvertrages in fachlicher, räumlicher und persönlicher Hinsicht gegeben? Sind die tariflichen Regelungen günstiger als die gesetzlichen Regelungen oder enthält das Gesetz eine Öffnungsklausel? Die Insolvenz tangiert den Tarifvertrag grundsätzlich nicht. Der Insolvenzverwalter bleibt an einem bestehenden Verbandstarifvertrag oder an einen vom Schuldner geschlossenen Haustarifvertrag gebunden.[35] Soweit sich nicht aus der Satzung des Arbeitgeberverbandes etwas anderes ergibt, tritt der Insolvenzverwalter in die Mitgliedschaft des Schuldners in einem Arbeitgeberverband ein.[36]

c) *Betriebsvereinbarung*. Besteht eine einschlägige Betriebsvereinbarung? Ist sie gemäß §§ 77 III, 87 I BetrVG wirksam und enthält sie günstigere Regelungen oder besteht eine tarifliche Öffnungsklausel? Kommt Kündigung der BV in Frage? Aber mögliche Nachwirkung nach § 77 VI BetrVG beachten! Bestehen abweichende insolvenzspezifische Regelungen?

d) *Arbeitsvertrag*. Enthält der Arbeitsvertrag eine einschlägige Regelung, die gegebenenfalls günstiger ist als die entsprechende Regelung nach Gesetz, Tarifvertrag oder Betriebsvereinbarung? Sieht die Insolvenzordnung erleichterte „Lösungsmöglichkeiten" vor?

14 Die Pyramide arbeitsrechtlicher Gestaltungsfaktoren sowie ihre Durchbrechung durch das Günstigkeitsprinzip im Einzelfall ist damit aber noch keineswegs abschließend gekennzeichnet. Darüber hinaus wird das Arbeitsrecht dadurch geprägt, dass die jeweiligen Arbeitsbedingungen noch durch weitere rechtliche Faktoren bestimmt werden können, insbesondere durch die Gesamtzusage, durch die Betriebsübung[37] oder aber auch durch das Weisungsrecht des Arbeitgebers. Zudem ist zu beachten, dass bislang allein von den privatrechtlichen Gestaltungsfaktoren die Rede war; Verwaltungsakte der Arbeitsschutzbehörden, der Sozialversicherungsträger usw sind gleichfalls zu berücksichtigen, da sie ebenfalls oftmals auf das Arbeitsverhältnis rechtsgestaltend einwirken.

15 Arbeitsrecht in der Insolvenz bedeutet kein eingeschränktes oder gemildertes Arbeitsrecht, vielmehr sind prinzipiell alle Bereiche des Arbeitsrechts uneingeschränkt angesprochen, von den modifizierenden Ausnahmeregelungen abgesehen. Die nachfolgende Darstellung kann gleichwohl weder eine umfassende Darstellung des gültigen Arbeitsrechts in der Bundesrepublik Deutschland leisten, noch sich auf die wenigen, modifizierenden Ausnahmeregelungen für den Fall der Insolvenz beschränken. Maßgebender Gesichtspunkt ist vielmehr, für alle am Insolvenzgeschehen Beteiligten (Schuldner, Gläubiger, Insolvenzverwalter, Insolvenzgericht, Beschäftigte usw) die praktisch bedeutsamsten Rechtsfragen darzustellen und die jeweiligen Lösungswege aufzuzeigen. Den mit arbeitsrechtlichen Fragen in der Insolvenz Befassten kann dabei das Nachschlagen in der arbeitsrechtlichen Spezialliteratur, insbesondere auch in den Rechtsprechungssammlungen nicht erspart bleiben. Die Dynamik des Arbeitsrechts vor allem auf Grund der Rechtsprechung zwingt dabei zu aufmerksamer Verfolgung aktueller Entwicklungen in Wissenschaft und Praxis.

---

[35] MüKoInsO/*Caspers*, vor §§ 113–128 Rn. 12.
[36] MüKoInsO/*Caspers*, vor §§ 113–128 Rn. 13; *Löwisch/Rieble*, Tarifvertragsgesetz, 3. Aufl. 2012 § 3 Rn. 160.
[37] *Schaub/Koch*, Arbeitsrechts-Handbuch §§ 110, 111; ErfK/*Preis*, § 611 Rn. 218 ff.

II. Der Einfluss der Insolvenz auf bestehende Arbeitsverhältnisse

1. Insolvenzeröffnungsverfahren und Insolvenzeröffnung. a) *Eröffnungsverfahren.* Liegt ein zulässiger Insolvenzantrag vor, hat das Insolvenzgericht von Amts wegen gemäß § 5 InsO den Sachverhalt zu ermitteln und zu prüfen, ob ein Eröffnungsgrund vorliegt. Bis zur Entscheidung über den Antrag hat das Insolvenzgericht gemäß § 21 Abs. 1 InsO alle erforderlichen Maßnahmen zu treffen, um eine nachteilige Veränderung der Vermögenslage des Schuldners zu verhüten. Im Rahmen der Begründetheit des Antrags prüft das Insolvenzgericht, ob ein Eröffnungsgrund gemäß § 16 InsO vorliegt und eine kostendeckende Masse (§ 26 InsO) vorhanden ist. Im Rahmen der Amtsermittlung gemäß § 5 InsO kann das Insolvenzgericht zur Aufklärung des Sachverhalts einen sog. „isolierten" Sachverständigen bestellen.[38] Erst nach Zulassung des Insolvenzantrags ist das Insolvenzgericht berechtigt, aber auch verpflichtet, die notwendigen Sicherungsmaßnahmen anzuordnen.[39] Der Antrag ist zulässig, wenn er von einem Antragsberechtigten gemäß §§ 13–15 InsO gestellt wird, die allgemeinen Verfahrensvoraussetzungen vorliegen und der Eröffnungsgrund bei dem Antrag eines Gläubigers gemäß § 14 Abs. 1 InsO glaubhaft gemacht worden ist. Die Anordnung von Sicherheitsmaßnahmen kommt allerdings schon in Betracht, bevor die Zuständigkeit des angerufenen Insolvenzgerichts abschließend geprüft und bejaht worden ist.[40] Auf die bestehenden Arbeitsverhältnisse hat die Stellung des Insolvenzantrags zunächst keine Bedeutung.

b) *Vorläufiger Insolvenzverwalter.* Mit der Regelung der vorläufigen Insolvenzverwaltung in §§ 21 II Nr. 1u 2, 22 InsO hat der Gesetzgeber eine gesetzliche Regelung der Verwaltung des Vermögens des Schuldners nach Antragstellung gemäß § 13 I InsO aber noch vor Eröffnung des Insolvenzverfahrens gemäß § 27 InsO geschaffen. Aus arbeitsrechtlicher Sicht ist bei der Bestellung eines vorläufigen Insolvenzverwalters danach zu unterscheiden, ob das Insolvenzgericht gemäß § 21 II Nr. 2 InsO neben der Bestellung des vorläufigen Insolvenzverwalters zugleich dem Schuldner ein allgemeines Verfügungsverbot auferlegt und angeordnet hat, dass Verfügungen des Schuldners nur mit Zustimmung des vorläufigen Insolvenzverwalters wirksam sind oder ob die Bestellung des vorläufigen Insolvenzverwalters ohne die Auferlegung eines allgemeinen Verfügungsverbotes erfolgt ist.

Für beide Fallgestaltungen gilt zunächst, dass die Bestellung eines vorläufigen Insolvenzverwalters die bestehenden Arbeitsverhältnisse grundsätzlich unberührt lässt. Die gesetzlichen, tariflichen, betriebsverfassungsrechtlichen und arbeitsvertraglichen Vorschriften und Regelungen werden durch die Bestellung des vorläufigen Insolvenzverwalters im Prinzip nicht tangiert. Der Insolvenzordnung ist dieser Grundsatz zwar nicht ausdrücklich zu entnehmen; er ergibt sich jedoch mittelbar aus § 113 InsO, der ein Recht zur Kündigung des Arbeitsverhältnisses von Seiten beider Vertragsparteien vorsieht und mithin vom grundsätzlichen Fortbestand des Arbeitsverhältnisses mit unverändertem Inhalt trotz Eröffnungsantrag und Bestellung eines vorläufigen Insolvenzverwalters ausgeht. Ein noch stärkerer Hinweis folgt aus § 108 Abs. 1 S. 1 InsO, der im Fall der Insolvenzeröffnung das Fortbestehen der Arbeitsverhältnisse ausdrücklich anordnet. Die arbeitsrechtlichen Gestaltungsfaktoren gelten – vom Eröffnungsantrag unbeeinflusst – weiter.

c) *Vorläufiger Insolvenzverwalter ohne Verwaltungs- und Verfügungsbefugnis.* Hinsichtlich der arbeitsrechtlichen Stellung des vorläufigen Insolvenzverwalters ist allerdings nunmehr zu unterscheiden: Bestellt das Gericht gemäß § 21 II Nr. 1 InsO einen vorläufi-

---
[38] FK/*Schmerbach*, § 21 Rn. 5, § 22 Rn. 123; vgl. BGH, 4.3.2009, IX ZB 133/03, NZI 2004, 312.
[39] *Uhlenbruck*, InsO § 21 Rn. 2; FK/*Schmerbach*, § 21 Rn. 28; HambKomm/*Schröder*, § 21 Rn. 2; BGH, 22.3.2007 – IX ZB 164/06, ZIP 2007, 878.
[40] BGH, 22.3.2007, IX ZB 164/06, ZIP 2007, 878.

gen Insolvenzverwalter, ohne gemäß § 21 II Nr. 2 InsO dem Schuldner ein allgemeines Verfügungsverbot aufzuerlegen und anzuordnen, dass Verfügungen des Schuldners nur mit Zustimmung des vorläufigen Insolvenzverwalters wirksam sind, dann bleibt der Schuldner alleiniger Arbeitgeber und nach wie vor allein zur Ausübung der Arbeitgeberfunktionen befugt. Dem vorläufigen Insolvenzverwalter steht deshalb weder eine originäre noch eine vom Schuldner abgeleitete Rechtsmacht auf dem Gebiete des Arbeitsrechts zu. Die arbeitsrechtlichen Rechte und Pflichten sowohl im Rahmen des Arbeitsvertragsrechts als auch im Rahmen der Betriebsverfassung und des Tarifrechts treffen allein den Schuldner; nur dieser ist zur Ausübung der Arbeitgeberfunktionen umfassend befugt.[41] Das Insolvenzgericht kann bezüglich des vorläufigen Insolvenzverwalters ohne Verwaltungs- und Verfügungsbefugnis anordnen, dass Verfügungen des Schuldners nur mit Zustimmung des vorläufigen Insolvenzverwalters wirksam sind. Dann bedarf der Schuldner bei Ausübung seiner arbeitgeberseitigen Rechte und Pflichten der Zustimmung des vorläufigen Insolvenzverwalters, wenn es sich bei der Wahrnehmung von Arbeitgeberfunktionen um „Verfügungen" handelt. Das BAG hat dazu entschieden, dass zu den zustimmungspflichtigen Verfügungen des Schuldners über Gegenstände seines Vermögens auch die Kündigung des Arbeitsverhältnisses gehört.[42] Das Insolvenzgericht kann dem Schuldner entweder ein allgemeines Verfügungsverbot auferlegen (§ 21 II 2 1. Alt. InsO) oder einen beschränkten Zustimmungsvorbehalt nach § 21 II 2 2. Alt. InsO anordnen und mit ihm die Pflichten des vorläufigen Insolvenzverwalters näher bestimmen (§ 22 II S. 1 InsO). Die gerichtliche Anordnung eines beschränkten, lediglich bestimmte Teile des Vermögens umfassenden Zustimmungsvorbehalts ist insolvenzrechtlich zulässig.[43] Der vorläufige Insolvenzverwalter kann auf diese Weise wirksame rechtsgeschäftliche Verfügungen des Schuldners verhindern. Eine zustimmungsbedürftige Verfügung kann auch die Kündigung eines Arbeitsverhältnisses sein, denn Gegenstand im Rechtssinne ist alles, was Objekt von Rechten sein kann. Dazu zählen auch Forderungen. Zum Schuldnervermögen gehören daher auch die Ansprüche auf Erbringung der Arbeitsleistungen. Mit der Kündigung wirkt der Kündigende unmittelbar auf die Rechte und Pflichten des Arbeitsverhältnisses ein. Das BAG hat zu Recht und mit überzeugender Begründung die Kündigung eines Arbeitsverhältnisses durch den Schuldner im Eröffnungsverfahren als zustimmungsbedürftige Verfügung angesehen. Dies hat zur Folge, dass der Arbeitnehmer die Kündigung zurückweisen kann, wenn der Schuldner bei Ausspruch der Kündigung nicht die Einwilligung des vorläufigen Insolvenzverwalters schriftlich vorlegt, §§ 182 III, 111 S. 2 u 3 BGB.

20 In der Praxis wird üblicherweise von der Anordnung eines allgemeinen Zustimmungsvorbehalts Gebrauch gemacht. Um die Fortführung des Betriebes unter der Leitung der bisherigen Geschäftsführung nicht unnötig zu erschweren, besteht die Möglichkeit, dem vorläufigen Insolvenzverwalter gemäß § 22 Abs. 2 InsO genau bestimmte Einzelkompetenzen zuzuweisen und ihm die arbeitsrechtliche Befugnis zu übertragen, Kündigungen auszusprechen und mit dem Betriebsrat über einen Interessenausgleich zu verhandeln. Zu beachten ist aber, dass auch in diesem Fall von dem lediglich gemäß § 22 Abs. 2 InsO ermächtigten „schwachen" Insolvenzverwalter keine Masseverbindlichkeiten begründet werden.[44] Der vorläufige Insolvenzverwalter ohne begleitendes

---

[41] Ebenso *Lakies* BB 1998, 2638, 2639; *Berscheid* ZInsO 1998, 9, 11; Uhlenbruck/Hirte/Vallender/*Berscheid*, § 22 Rn. 56.
[42] BAG v. 10.10.2002 – 2 AZR 532/01, NZI 2003, 509; aA *Berscheid* ZInsO 2001, 989, 990; *Uhlenbruck*, Kölner Schrift 325, 342; *ders*, Anmerkung zum Berufungsurteil LAG Düsseldorf v. 24.8.2001 – 18 Sa 621/01 – LAGE InsO § 21 Nr. 1 S. 7.
[43] BGH v. 18.7.2002 – IX ZR 195/01, NJW 2002, 3326; *Berscheid* ZInsO 1998, 9, 11; MüKoInsO/*Haarmeyer*, § 21 Rn. 52; im Einzelnen *Kirchhof* ZInsO 2004, 57.
[44] MüKoInsO/*Haarmeyer*, § 22 Rn. 131; vgl. *Berscheid*, jurisPR-Arbeitsrecht, 27/2005, Anm. 1.

Verfügungsverbot, der lediglich zur Kündigung von Arbeitsverhältnissen ermächtigt worden ist, kann keine Verbindlichkeiten zu Lasten der Masse begründen.[45] Die vorläufige Insolvenzverwaltung gemäß §§ 21 Abs. 2 Nr. 1, 22 Abs. 2 InsO kann die Masse nur dann verpflichten, wenn sie dazu aufgrund klar unterscheidbarer Einzelkompetenzen vom Insolvenzgericht ausdrücklich ermächtigt worden ist.[46] Die Übertragung der Arbeitgeberfunktionen auf den vorläufigen Insolvenzverwalter hat lediglich den Vorteil, dass im Eröffnungsverfahren Kündigungen auch ohne Zustimmungserfordernis ausgesprochen werden können.

Aus § 22 I Nr. 2 InsO folgt im Umkehrschluss, dass dem vorläufigen Insolvenzverwalter ohne Verwaltungs- und Verfügungsbefugnis nicht das Recht zusteht, eine Schließung des schuldnerischen Betriebes – selbst mit Zustimmung des Insolvenzgerichts – vorzunehmen. Eine Schließung des schuldnerischen Betriebes mit Zustimmung des Insolvenzgerichts kommt ausweislich § 22 I InsO nur in Frage, wenn der vorläufige Insolvenzverwalter zugleich die Verwaltungs- und Verfügungsbefugnis gemäß § 21 I Nr. 2 InsO besitzt. Weder dem Schuldner noch dem vorläufigen Insolvenzverwalter steht das Kündigungsrecht mit der Kündigungsfrist des § 113 S. 2 InsO zu;[47] vielmehr verbleibt es nach den obigen Darlegungen insgesamt bei der ungeschmälerten Weitergeltung des allgemeinen Arbeitsrechtes. Der Schuldner hat die vertraglich vereinbarten oder die gesetzlichen Kündigungsfristen des § 622 II S. 1 Nr. 1–7 BGB bis zur Höchstfrist von sieben Monaten zum Monatsende zu beachten.[48]

21

d) *Vorläufiger Insolvenzverwalter mit begleitendem Verfügungsverbot.* Anders gestaltet sich aus arbeitsrechtlicher Sicht die Rechtslage, wenn das Insolvenzgericht mit Bestellung des vorläufigen Insolvenzverwalters zugleich dem Schuldner ein allgemeines Verwaltungsverbot auferlegt und anordnet, dass Verfügungen des Schuldners nur mit Zustimmung des vorläufigen Insolvenzverwalters wirksam sind (§ 21 II Nr. 2 InsO). In diesem Falle wird das Verwaltungs- und Verfügungsrecht nunmehr durch den vom Gericht ernannten vorläufigen Insolvenzverwalter ausgeübt mit der Folge, dass der Schuldner die aus seiner originären, weiter bestehenden Rechtsstellung als Arbeitgeber fließenden Rechte und Pflichten selbst nicht mehr wahrnehmen kann. Die Ausübung der arbeitsrechtlichen Rechte und die Erfüllung der arbeitsrechtlichen Pflichten, so wie sie gesetzlich, tariflich und betriebsverfassungsrechtlich oder einzelvertraglich den Arbeitgeber treffen, obliegt nunmehr dem vorläufigen Insolvenzverwalter; er rückt gemäß §§ 21, 22 InsO in den gesamten Rechts- und Pflichtenkreis des Schuldners als Arbeitgeber ein. Er allein ist gegenüber den Beschäftigten weisungs- und kündigungsbefugt.[49] Insoweit gelten die nachfolgenden Ausführungen zum nach Eröffnung des Insolvenzverfahrens ernannten Insolvenzverwalter uneingeschränkt auch hier.

22

Unstrittig ist demzufolge, soweit die Verwaltungs- und Verfügungsbefugnis über das Vermögen des Schuldners auf den vorläufigen Insolvenzverwalter übergeht, dass der vorläufige Insolvenzverwalter berechtigt ist, falls das Unternehmen mit Zustimmung des Insolvenzgerichts stillgelegt werden soll (§ 22 I Nr. 2 InsO), das Kündigungsrecht des Schuldners gegenüber den Arbeitnehmern wahrzunehmen.[50] Umstritten ist allerdings,

23

---

[45] LAG Hamm, 12.11.2003 – 2 Sa 844/03 u. 2 Sa 1186/03, juris; MüKoInsO/*Haarmeyer*, § 21 Rn. 50; vgl. auch *Berscheid*, jurisPR-Arbeitsrecht, 27/2005, Anm. 1.
[46] BGH v. 18.7.2002 – IX ZR 195/01, NJW 2002, 3326; MüKoInsO/*Haarmeyer*, § 22 Rn. 132.
[47] Ebenso *Schaub* DB 1999, 217, 220; *Uhlenbruck*, Arbeitsrechtliche Probleme im Insolvenzeröffnungsverfahren, Festschrift für *Schwerdtner*, 623, 632; *Bertram* NZI 2001, 626; aA *Kübler/Prütting/Moll*, § 113 InsO Rn. 24–26.
[48] *Lakies* BB 1998, 2638, 2640; *Berscheid* ZInsO 1998, 9, 13; *Haarmeyer/Wutzke/Förster*, Kap. 5 III 6 Rn. 225; Nerlich/Römermann/*Mönning*, § 22 Rn. 12; *Schaub* DB 1999, 217.
[49] MüKoInsO/*Haarmeyer*, § 22 Rn. 110; Uhlenbruck/Hirte/Vallender/*Berscheid*, § 22 InsO Rn. 53.
[50] Vgl. nur *Uhlenbruck*, Kölner Schrift S. 325, 348 f. (Rn. 24); *Lakies* BB 1998, 2638, 2639; *Berscheid*, ZInsO 1998, 9, 11; Bichelmeier/*Wroblewski*, Teil 2 Rn. 15.

§ 104   24, 25   Kapitel IX. Arbeitsrecht und Insolvenz

ob der vorläufige Insolvenzverwalter die Kündigung mit der dreimonatigen Kündigungsfrist des § 113 S. 2 InsO aussprechen kann.[51]

24   *Uhlenbruck* verneint dies mit der Begründung, dass § 113 S. 2 InsO nur für das eröffnete Verfahren gelte. Lasse man ein Kündigungsrecht nach § 113 InsO bereits für das Eröffnungsverfahren zu, bestehe die Gefahr, dass eigentliche Abwicklungshandlungen bereits in das Eröffnungsverfahren vorverlagert würden. Dementsprechend müsste man auch bei gegenseitigen Verträgen dem Vertragspartner gegenüber dem vorläufigen Insolvenzverwalter das Recht nach § 103 II S. 2 InsO einräumen, den vorläufigen Verwalter zur Ausübung seines Wahlrechts aufzufordern. Dies werde aber nirgends vertreten.[52] Gesetzessystematisch bezieht sich § 113 InsO auf das gemäß § 27 InsO eröffnete Verfahren. Die Befugnisse des vorläufigen Insolvenzverwalters gemäß § 22 InsO sind auch für den Fall der Stilllegung des Unternehmens mit Zustimmung des Insolvenzgerichts nicht erweitert worden. Es kommt hinzu, dass die §§ 123, 124 InsO zwischen einem Sozialplan vor und nach der Eröffnung des Insolvenzverfahrens differenzieren und in den §§ 125–128 InsO nur vom Insolvenzverwalter die Rede ist. Eine Bezugnahme auf den vorläufigen Insolvenzverwalter gemäß § 22 InsO fehlt. Deshalb erscheint eine teleologisch begründete Ausdehnung des Anwendungsbereichs der §§ 113, 120–122, 125–128 InsO auf den Fall der Kündigung des vorläufigen Insolvenzverwalters wegen Stilllegung des Betriebes gemäß § 22 I Nr. 2 InsO kaum tragfähig.[53] Es könnte für den Fall, dass der „starke" vorläufige Insolvenzverwalter gem. § 22 I S. 2 Nr. 2 InsO das Unternehmen mit Zustimmung des Insolvenzgerichts ausnahmsweise bereits im Eröffnungsverfahren stilllegen darf,[54] allenfalls eine „sinngemäße" Anwendung allein der kürzeren Kündigungsfristen des § 113 S. 2 InsO in Betracht gezogen werden.[55] Im Übrigen wird überwiegend angenommen, dass auch der vorläufige starke Insolvenzverwalter im Allgemeinen an die einzelvertraglichen, die einschlägigen tariflichen und die gesetzlichen Kündigungsfristen gebunden ist.[56] Das BAG hat sich der herrschenden Auffassung angeschlossen und dem mit Verwaltungs- und Verfügungsbefugnis ausgestatteten starken vorläufigen Insolvenzverwalter nicht die verkürzten Kündigungsfristen gem. § 113 S. 2 InsO zugebilligt.[57] Dem stünden schon die dargelegten systematischen Gründe entgegen. § 113 InsO sei auf die Kündigung des starken vorläufigen Insolvenzverwalters auch nicht analog anzuwenden, weil keine planwidrige Lücke vorliege. Weitergehend hat das BAG den Unterschied zwischen dem Eröffnungsverfahren und dem eröffneten Verfahren hervorgehoben. Schließlich sei es auch zur Entlastung der Insolvenzmasse nicht geboten, dem starken vorläufigen Insolvenzverwalter kürzere Kündigungsfristen einzuräumen.

25   **e)** *Betriebsstilllegung durch den vorläufigen Insolvenzverwalter.* Wird dem Schuldner ein allgemeines Verfügungsverbot auferlegt und ein starker Insolvenzverwalter eingesetzt, ist dieser gemäß § 22 Abs. 1 Nr. 2 InsO zur Fortführung des Unternehmens verpflichtet. Dies geschieht unter der Prämisse, dass mit der vorläufigen Fortführung des Betriebes am ehesten die optimale Befriedigung der Gläubiger im eröffneten Insolvenzverfah-

---

[51] Dafür *Kübler/Prütting/Moll*, § 113 InsO Rn. 22 ff.; für eine analoge Anwendung *Caspers*, Personalabbau, Rn. 519 ff.
[52] *Uhlenbruck*, Kölner Schrift S. 325, 349 (Rn. 24); verneinend auch *Lakies* BB 1998, 2638, 2640.
[53] So aber *Heinze* in der Vorauflage § 102 Rn. 22.
[54] Siehe dazu LAG Düsseldorf v. 8.5.2003 – 10/11 Sa 246/03, NZA 2003, 1096 = NZA-RR 2003, 466.
[55] *Bertram* NZI 2001, 625, 626; *Berscheid/Bertram* InsbürO 2004, 172, 175; *Uhlenbruck/Hirte/Vallender/Berscheid*, § 22 Rn. 70.
[56] MüKoInsO/*Haarmeyer*, § 22 Rn. 63, 120; *Uhlenbruck/Hirte/Vallender/Berscheid*, § 22 InsO Rn. 28, § 113 InsO Rn. 125; *Uhlenbruck*, FS für *Schwerdtner*, 623, 633, 634; *Bertram* NZI 2001, 625, 626.
[57] BAG v. 20.1.2005 – 2 AZR 134/04, ZIP 2005, 1289.

ren zu erreichen ist.[58] Die endgültige Entscheidung hat gemäß § 157 InsO die Gläubigerversammlung zu treffen. War der Geschäftsbetrieb bei der Bestellung des vorläufigen Insolvenzverwalters bereits eingestellt, dürfte es bereits aus tatsächlichen Gründen schwierig sein, ihn wieder aufzunehmen. Nicht gefolgt werden kann der Auffassung, dass von einer Betriebsstilllegung auch dann auszugehen ist, wenn das Unternehmen insgesamt veräußert wird.[59] Im Gegenteil: Nach der Rechtsprechung des BAG schließen sich Betriebsstilllegung und Betriebsveräußerung aus. Eine Stilllegung des Unternehmens findet gerade nicht statt, wenn es von einem neuen Rechtsträger weitergeführt wird. Betriebsveräußerung und Betriebsstilllegung schließen sich systematisch aus.[60] Mit der gesetzlichen Fortführungspflicht wird in Kauf genommen, dass im Falle einer Betriebsfortführung im Eröffnungsverfahren Verluste entstehen und die künftige Masse geschmälert werden könnte. Daher kann die Stilllegung des Betriebes im Interesse der Gläubiger geboten sein, wenn ein Unternehmen bei Fortführung erhebliche Verluste erwirtschaftet und keine Aussicht auf Sanierung besteht.[61] Umstritten ist allerdings, ab wann von einer erheblichen Verminderung des Schuldnervermögens auszugehen ist. Eine feste Grenze von 10% oder 25%[62] wird man nicht ziehen können, sondern es wird fallbezogen zu prüfen sein, ob bei Unternehmensfortführung eine erhebliche Verminderung des Schuldnervermögens droht.[63]

f) *Zustimmung des Insolvenzgerichts.* Gelangt der starke voräufige Insolvenzverwalter zu dem Ergebnis, dass die Stilllegung des Betriebes im Interesse der Gläubiger geboten ist, benötigt er für die Stilllegung des Betriebes oder auch bei Teilstilllegungen gemäß § 22 Abs. 1 S. 2 Nr. 2 InsO die Zustimmung des Insolvenzgerichts. Kündigungsrechtlich ist die vorherige Zustimmung des Insolvenzgerichts zur Unternehmensstilllegung keine Wirksamkeitsvoraussetzung für die Kündigung der Arbeitsverhältnisse durch den starken Insolvenzverwalter gemäß § 22 Abs. 1 Nr. 1 InsO.[64] § 22 Abs. 1 S. 2 Nr. 2 InsO ist keine Kündigungsschutznorm. Es muss unterschieden werden zwischen dem, was der vorläufige Insolvenzverwalter im Außenverhältnis bewirken kann und dem, was er im Innenverhältnis tun darf.[65] Das BAG überträgt seine Rechtsprechung bzgl. der unternehmerischen Entscheidung zur Stilllegung des Betriebes einer GmbH insoweit auf die Kündigung durch den starken Insolvenzverwalter. Die Betriebsstilllegung bei einer juristischen Person bedarf keines Beschlusses des für die Auflösung der gesellschaftszuständigen Organs, weil es kündigungsrechtlich allein darauf ankommt, ob die Entscheidung zur Betriebsstilllegung tatsächlich getroffen worden ist und ob im Zeitpunkt der hierauf gestützten Kündigung des Arbeitsverhältnisses die Prognose einer Umsetzung dieser Entscheidung gerechtfertigt war.[66] Deshalb kommt es kündigungsrechtlich für die Wirksamkeit einer Unternehmerentscheidung nicht auf das gesellschaftsrechtlich-interne Dürfen an. Der vorläufige starke Insolvenzverwalter wird sich wegen seines Haftungsrisikos ohnehin nur dann zur eigenmächtigen Stilllegung des Betriebes entschließen, wenn dafür besondere Gründe vorliegen und eine Genehmigung des Insolvenzgerichts, die gemäß den §§ 182 ff. BGB auch nachträglich erteilt werden kann, zu erwarten ist.[67]

---

[58] MüKoInsO/*Haarmeyer*, § 22 Rn. 85; FK/*Schmerbach*, § 22 Rn. 50.
[59] So aber FK/*Schmerbach*, § 22 Rn. 64a.
[60] BAG, 12.2.1987 – 2 AZR 247/86, NZA 1988, 170; BAG, 26.4.2007 – 8 AZR 695/05, ZIP 2007, 2136.
[61] *Uhlenbruck*, InsO, § 22 Rn. 26; FK/*Schmerbach,* § 22 Rn. 65; HambKomm/*Schröder*, § 22 Rn. 61.
[62] Vgl. dazu HK/*Kirchhof*, § 22 Rn. 24; MüKoInsO/*Haarmeyer*, § 22 Rn. 114.
[63] HambKomm/*Schröder*, § 22 Rn. 62; FK/*Schmerbach*, § 22 Rn. 65.
[64] BAG, 27.10.2005 – 6 AZR 5/05, NZA 2006, 727.
[65] Vgl. *Kirchhof*, ZInsO 1999, 436; *Ries*, ZInsO 2007, 414, 416; aA *Zwanziger*, Das Arbeitsrecht der Insolvenzordnung, Einf Rn. 156.
[66] BAG, 5.4.2001 – 2 AZR 696/99, NZA 2001, 949; BAG, 11.3.1998 – 2 AZR 414/97, NZA 1998, 879.
[67] *Kolbe*, ZIP 2009, 450, 453.

27 **2. Insolvenzverwalter in Wahrnehmung der Arbeitgeberfunktionen. a)** *Ausübung von Rechten und Pflichten des Schuldners.* Fällt ein Arbeitgeber in Insolvenz, so verliert er mit Eröffnung des Insolvenzverfahrens gemäß § 80 InsO die Befugnis, sein zur Insolvenzmasse gehörendes Vermögen zu verwalten und über dasselbe zu verfügen. Sein Verwaltungs- und Verfügungsrecht wird nunmehr durch den vom Gericht ernannten Insolvenzverwalter ausgeübt. Dieser Verlust der Verwaltungs- und Verfügungsbefugnis beinhaltet die rechtlich zwingende Folge, dass der Schuldner die aus seiner originären, weiterbestehenden Rechtsstellung als Arbeitgeber fließenden Rechte und Pflichten selbst in Person nicht mehr wahrnehmen kann. Die Ausübung der arbeitsrechtlichen Rechte und die Erfüllung der arbeitsrechtlichen Pflichten, so wie sie gesetzlich, tariflich, betriebsverfassungsrechtlich oder einzelarbeitsvertraglich den Schuldner gegenüber den Arbeitnehmern treffen, obliegt nunmehr dem Insolvenzverwalter; er rückt gemäß § 80 InsO in den gesamten Rechts- und Pflichtenkreis des schuldnerischen Arbeitgebers ein.[68] Der Insolvenzverwalter wird allerdings nicht selbst Schuldner, sondern er tritt arbeitsrechtlich an die Stelle des früheren Arbeitgebers.[69]

28 Der rechtliche Streit, ob der Insolvenzverwalter durch § 80 InsO eine eigene Arbeitgeberstellung im Sinne des materiellen Arbeitsrechts erlangt oder ob dem Insolvenzverwalter kraft Gesetzes lediglich die Ausübung der nach wie vor beim Schuldner originär verbleibenden Arbeitgeberfunktionen mit allen damit zusammenhängenden Rechten und Pflichten zugewiesen ist, ist bislang unentschieden.[70] Praktische Konsequenzen ergeben sich aus diesem Meinungsstreit insoweit, als eine eigene Arbeitgeberstellung des Insolvenzverwalters dessen originäre Haftung begründen und dazu zwingen würde, den Insolvenzverwalter bei Einstellung neuer Arbeitnehmer während des Insolvenzverfahrens als „alleinigen" Arbeitgeber mit den entsprechenden Konsequenzen anzusehen, wenn das Insolvenzverfahren endet.[71] Einigkeit besteht aber darin, dass der Insolvenzverwalter nicht Rechtsnachfolger des Schuldners ist und dass die Arbeitgeberfunktion nach Beendigung des Insolvenzverfahrens wieder an den Schuldner zurückfällt.[72]

29 Ergänzend ist darauf hinzuweisen, dass der vorstehende dogmatische Streit fälschlicherweise mit einer Stellungnahme zur Vertreter- oder Amtstheorie verbunden wird; fälschlicherweise deshalb, weil es im vorliegenden Zusammenhang allein um die Frage geht, wer Inhaber der berechtigenden wie verpflichtenden Rechtsstellung des Arbeitgebers ungeachtet des gesetzlichen Überganges der Arbeitgeberfunktionen auf den Insolvenzverwalter ist. Im Einklang mit den Ergebnissen der einheitlichen Ansicht in Literatur und Rechtsprechung steht deshalb nur die Rechtsansicht, die „lediglich" eine Zuweisung der schuldnerischen Arbeitgeberfunktionen an den Insolvenzverwalter zur Ausübung bejaht.

30 **b)** *Ausübung des Direktionsrechts.* Der Insolvenzverwalter ist umfassend an die bei Insolvenzeröffnung bestehende und von ihm vorgefundene arbeitsrechtliche Rechtslage gebunden. Ebenso wie er nunmehr zur Leitung des Unternehmens oder des Betriebes im Rahmen des status quo berufen ist und allen unternehmerischen Aufgaben nachkommen muss, tritt er in die arbeitsrechtlichen Bindungen umfassend ein.[73] Er hat die einzelarbeitsvertraglichen Rechte und Pflichten ebenso wahrzunehmen wie diejenigen,

---

[68] *Berkowsky* NZI 1999, 129; *Lakies* BB 1998, 2638, 2639; MüKoInsO/*Ott/Vuia*, § 80 Rn. 21; *Haarmeyer/Wutzke/Förster*, Kap 5 III 6 Rn. 248; *Uhlenbruck*, § 80 Rn. 92 ff.
[69] Vgl. BGH, 16.11.2006 – IX ZB 57/06, ZIP 2007, 94; HambKomm/*Kuleisa*, § 80 Rn. 28.
[70] Ausführlich mwN zum Meinungsstand *Heinze* ArbuR 1976, 33 ff.; *ders*, NJW 1980, 145 ff.; ferner *Uhlenbruck*, § 80 Rn. 92.
[71] Vgl. *Heinze* ArbuR 1976, 33, 36.
[72] *Uhlenbruck*, § 80 Rn. 92; *Berscheid*, Kölner Schrift 1396 Rn. 1; MüKoInsO/*Ott/Vuia* § 80 Rn. 121.
[73] *Berkowsky* NZI 1999, 129; *Lakies* BB 1998, 2639; *Haarmeyer/Wutzke/Förster*, Kap 5 III 6 Rn. 248; MüKoInsO/*Ott*, § 80 Rn. 120 ff.; *Uhlenbruck*, § 80 InsO Rn. 63.

die sich aus den arbeitsrechtlichen Gesetzen, den Betriebsvereinbarungen und Tarifverträgen ergeben. Insbesondere steht ihm nunmehr die Ausübung des Weisungsrechtes des Arbeitgebers (Direktionsrecht) gegenüber den einzelnen Arbeitnehmern zu.[74] Dieses Weisungsrecht wird durch die Insolvenz ebenso wenig wie alle anderen Rechte und Pflichten aus Arbeitsvertrag und Gesetz infolge der Insolvenzeröffnung erweitert oder beschränkt. Der Insolvenzverwalter bleibt bei der Ausübung des Direktionsrechts gemäß § 106 GewO hinsichtlich der Zuweisung von Tätigkeiten, Arbeitsort und Arbeitszeit an das gem. § 315 BGB zu wahrende billige Ermessen gebunden.[75] Die insolvenzbedingte Krise des Unternehmens kann es im Einzelfall rechtfertigen, dem Arbeitnehmer andere Tätigkeiten als bisher zu übertragen oder ihm Versetzungen in einen anderen Arbeitsbereich oder an einen anderen Arbeitsort zuzumuten. Allerdings hat der Insolvenzverwalter die arbeitsvertraglich vereinbarten Grenzen des Weisungsrechts zu beachten und muss ggf. eine Änderungskündigung aussprechen, wenn er dem Arbeitnehmer andere als die vereinbarten Tätigkeiten zuweisen will.[76]

c) *Beschäftigungspflicht.* In einem bestehenden Arbeitsverhältnis muss der Arbeitgeber den Arbeitnehmer grundsätzlich tatsächlich auch beschäftigen. Es würde dem Persönlichkeitsrecht widersprechen, wenn der Arbeitgeber sich darauf beschränken könnte, lediglich die vereinbarte Vergütung zu zahlen, ohne den Arbeitnehmer vertragsgemäß zu beschäftigen. Der aus den §§ 611, 613 iVm § 242 BGB abzuleitende Beschäftigungsanspruch beruht nach Auffassung des BAG unmittelbar auf der sich aus § 242 BGB unter Berücksichtigung der verfassungsrechtlichen Wertentscheidungen der Art. 1 und 2 GG ergebenden arbeitsvertraglichen Pflicht des Arbeitgebers, die Beschäftigungsinteressen des Arbeitnehmers zu fördern. Der Beschäftigungsanspruch muss zurücktreten, wenn überwiegende schutzwerte Interessen des Arbeitgebers an der Nichtbeschäftigung des Arbeitnehmers entgegenstehen.[77] Auch der Insolvenzverwalter ist daher neben der Lohn- und Gehaltszahlung verpflichtet, den Arbeitnehmer tatsächlich vertragsgemäß zu beschäftigen. Es kann sich dabei um eine aufgezwungene Masseverbindlichkeit gemäß § 90 I InsO handeln, soweit nicht die Ausnahmetatbestände gemäß § 90 II InsO greifen.[78]

d) *Beschäftigungspflicht bei Kündigung.* Auch im Falle einer Kündigung ist der Insolvenzverwalter grundsätzlich verpflichtet, den Arbeitnehmer bis zum Ablauf der Kündigungsfrist zu beschäftigen.[79] Der Beschäftigungsanspruch ist ein aus dem Arbeitsvertrag resultierender Anspruch gegen den Arbeitgeber, den Arbeitnehmer entsprechend der vereinbarten Tätigkeit auch tatsächlich zu beschäftigen. Diese Beschäftigungspflicht des Arbeitgebers, die der Insolvenzverwalter erfüllen muss, besteht grundsätzlich im Rahmen eines unangefochten bestehenden Arbeitsverhältnisses und damit auch bis zum Ablauf der Kündigungsfrist.[80] Eine Freistellung des Arbeitnehmers ist nur zulässig, wenn es dafür triftige Gründe gibt, der Arbeitnehmer damit einverstanden ist oder die Möglichkeit der Suspendierung im Arbeitsvertrag rechtswirksam vereinbart worden ist.[81] In der Suspendierungserklärung kann das Angebot eines Erlassvertrages gem. § 397 BGB erblickt werden, welches der Arbeitnehmer gem. § 151 BGB annehmen kann.[82] Erst

---

[74] *Schaub/Linck*, Arbeitsrechts-Handbuch, § 15 Rn. 25; *Uhlenbruck*, § 80 InsO Rn. 63; MüKoInsO/*Ott/Vuia*, § 80 Rn. 121; HambKomm/*Kuleisa*, § 80 Rn. 28.
[75] Vgl. allgemein zum Direktionsrecht *Schaub/Linck*, Arbeitsrechts-Handbuch § 45 Rn. 13 ff.
[76] Vgl. im Einzelnen: *Schaub/Linck*, Arbeitsrechts-Handbuch § 45 Rn. 23 ff.
[77] Grundl BAG 27.2.1985 – GS 1/84, NJW 1985, 2968; ErfKomm/*Preis*, § 611 Rn. 702; *Schaub/Linck*, § 125 Rn. 16.
[78] *Uhlenbruck*, § 90 InsO Rn. 2.
[79] BAG v. 19.8.1976 – 3 AZR 173/75, NJW 1977, 215.
[80] *Schaub/Koch*, § 109 Rn. 11
[81] Vgl. im Einzelnen: *Schaub/Koch*, § 109 Rn. 10 ff.; ErfK/*Preis*, § 611 Rn. 567.
[82] *Schaub/Linck*, § 95 Rn. 15.

nach Ablauf der Kündigungsfrist entsteht zugunsten des Insolvenzverwalters ein überwiegendes Interesse an der Nichtbeschäftigung des Arbeitnehmers.[83] Dies ändert sich wieder, wenn die Unwirksamkeit der Kündigung gerichtlich festgestellt wird. In diesem Fall überwiegt das Beschäftigungsinteresse des gekündigten Arbeitnehmers. Stellt das Arbeitsgericht die Unwirksamkeit der Kündigung fest, ist der gekündigte Arbeitnehmer bis zum rechtskräftigen Abschluss des Kündigungsschutzverfahrens weiterzubeschäftigen.

33 e) *Freistellung.* Von der Beschäftigungspflicht kann sich der Insolvenzverwalter einseitig abgesehen von den Fällen objektiver Leistungsunmöglichkeit nur lösen, wenn er den Arbeitnehmer in Ausübung seines Direktionsrechts von der Verpflichtung zur Arbeitsleistung suspendiert. Eine Freistellung ist nur aus besonderen Gründen möglich, etwa wegen fehlender Einsatzmöglichkeit, Wegfalls der Vertrauensgrundlage, bei zu befürchtenden Auseinandersetzungen unter Arbeitskollegen, der drohenden Begehung von Straftaten oder der Insolvenzverwalter damit rechnen muss, der Arbeitnehmer könnte Geschäfts- oder Betriebsgeheimnisse an Dritte verraten.[84] Generell ist die einseitige Suspendierung des Arbeitnehmers ohne vertragliche Vereinbarung nur bei Vorliegen besonders schutzwürdiger Interessen des Arbeitgebers zulässig.[85]

34 f) *Insolvenzspezifisches Freistellungsrecht?* Für den Insolvenzverwalter gelten keine Freistellungsprivilegien. Aus der besonderen Situation der Insolvenz kann etwa bei Einschränkung der Produktion oder der Stilllegung von Betriebsabteilungen oder auch zur Schonung der Masse ein Freistellungsbedürfnis resultieren. Der Gesetzgeber hat die arbeitsrechtliche Freistellung in der Insolvenz weder erweitert noch eingeschränkt. In den §§ 55 II, 209 II Nr. 3 InsO wird das Schicksal der Vergütungsansprüche geregelt, falls der Insolvenzverwalter die Gegenleistung in Anspruch genommen oder die Freistellung von der Arbeitsleistung gewählt hat. Geregelt sind damit lediglich die insolvenzrechtlichen Rechtsfolgen der Freistellung. Die Anerkennung eines unbeschränkten Freistellungsrechts des Insolvenzverwalters kann daraus nicht abgeleitet werden. Es kann aber insolvenzspezifische Gründe geben, welche den Insolvenzverwalter zur Freistellung veranlassen, weil infolge Einschränkung der Produktion, Stilllegung von Betriebsabteilungen keine Beschäftigungsmöglichkeit besteht oder weil zur Schonung der Masse ein „insolvenzspezifisches"[86] Freistellungsbedürfnis anzuerkennen ist.[87] Die Schonung der Masse ist für sich allein kein triftiger Freistellungsgrund, weil die Vergütung aus dem gem. § 108 InsO fortbestehenden Arbeitverhältnis gem. § 55 Abs. 1 Nr. 2 InsO als Masseschuld weitergezahlt werden muss. Ein anerkennenswerter Freistellungsgrund kann aber bei mangelndem Beschäftigungsbedarf bestehen, weil in diesem Fall überwiegende schutzwürdige Interessen des Insolvenzverwalters vorliegen können, hinter denen der Beschäftigungsanspruch der Arbeitnehmer zurücktreten muss.[88]

35 g) *Auswahl nach sozialen Gesichtspunkten?* Hat der Insolvenzverwalter einen triftigen Freistellungsgrund, ist er bei der Auswahl der freizustellenden Arbeitnehmer nicht frei

---

[83] BAG GS v. 27.2.1985 – GS 1/84, NJW 1985, 2968.
[84] ErfK/*Preis,* § 611 Rn. 567; *Schaub/Koch,* § 109 Rn. 10.
[85] *Schaub/Koch,* § 109 Rn. 10; Münchner Handbuch zum Arbeitsrecht/*Reichold,* § 37 Rn. 23; vgl. auch BAG, 27.2.2002 – 9 AZR 562/00, NZA 2002, 1099; LAG Köln, 20.3.2001 – 6 Ta 46/01, MDR 2001, 1176.
[86] *Bertram* NZI 2001, 625, 627.
[87] LAG Hamm v. 27.9.2000 – 2 Sa 1178/00, NZI 2001, 499 = ZInsO 2001, 333 = ZIP 2001, 435; LAG Hamm v. 6.9.2001 – 4 Sa 1276/01, LAGReport 2001, 22 = ZInsO 2002, 45; zust *Häsemeyer,* Insolvenzrecht, 3. Aufl., Rn. 23.09; Braun/*Bäuerle/Schneider,* § 55 Rn. 59; *Pirscher* ZInsO 2001, 698, 699; *Uhlenbruck,* FS *Schwerdtner,* 623, 635, 636; Uhlenbruck/Hirte/Vallender/*Berscheid,* § 55 Rn. 86f und vor § 113 Rn. 103 ff.; *Weisemann* DZWIR 2001, 151, 152; str. **aA** *Moll* EWiR 2001, 487, 488; *Oberhofer* ZInsO 2002, 21, 22; *Seifert* DZWIR 2002, 407, 409; ausf *Marotzke* InVo 2004, 300 ff., 303.
[88] LAG Hamm, 26.10.2005 – 2 Sa 1682/05; *Schaub/Koch,* § 109 Rn. 10a; *Oberhofer,* ZInsO 2002, 21.

von rechtlichen Schranken, sondern muss gem. § 315 BGB nach billigem Ermessen auswählen. Bei der Auswahl der freizustellenden Arbeitnehmer sind die Kriterien der sozialen Auswahl gemäß § 1 III KSchG unmittelbar nicht anwendbar, denn die Pflicht zur sozialen Auswahl gilt nur bei Kündigungen.[89] Bei der Entscheidung nach billigem Ermessen gemäß § 315 BGB können soziale Aspekte und besondere finanzielle Interessen der betroffenen Arbeitnehmer einfließen und gegeneinander abgewogen werden.

h) *Freistellung durch den vorläufigen Insolvenzverwalter.* Der vorläufige Insolvenzverwalter mit Verwaltungs- und Verfügungsbefugnis ist auf Grund seiner umfassenden Arbeitgeberstellung auch zur Freistellung von Arbeitnehmern befugt. Dies gilt nicht gleichermaßen für den Schuldner, der von einem Zustimmungsvorbehalt des vorläufigen Insolvenzverwalters begleitet wird. Es kommt darauf an, welche Anordnungen das Insolvenzgericht getroffen hat. Unterliegen Verfügungen über Gegenstände des Vermögens der Zustimmung des vorläufigen Insolvenzverwalters, stellt sich die Frage, ob auch die Freistellung, dh die Befreiung von der Arbeitspflicht, eine Vermögensverfügung in diesem Sinne darstellt. Bejaht man dies, könnte der Schuldner nur mit Einwilligung des vorläufigen Insolvenzverwalters freistellen. 36

i) *Freistellung und Mitbestimmung.* Fraglich ist in diesem Zusammenhang, ob der Insolvenzverwalter bei der Freistellung eines bestimmten Teils der Belegschaft und ihrer Auswahl Mitbestimmungsrechte des Betriebsrats zu beachten hat. Die Freistellung selbst ist weder eine Versetzung noch eine Kündigung, so dass der Betriebsrat weder nach § 99 BetrVG noch nach § 102 BetrVG zu beteiligen ist.[90] In Betracht gezogen werden könnte aber das Mitbestimmungsrecht des Betriebsrats in Arbeitszeitfragen gemäß § 87 I Nr. 3 BetrVG. An dem Vorliegen eines kollektiven Tatbestandes kann nicht gezweifelt werden, denn es geht um die Frage, ob und in welchem Umfang Freistellungen erfolgen sollen und nach welchen Kriterien auszuwählen ist. Die Parallele zum Mitbestimmungsrecht des Betriebsrats bei der Einführung von Kurzarbeit ist augenfällig. Bei richtiger Betrachtung darf der kollektive Tatbestand nicht den Blick dafür verstellen, dass es im Kern nicht um eine Arbeitszeitproblematik geht. Mit der Freistellung stellt der Insolvenzverwalter seine zur Erbringung der Arbeitsleistung notwendigen Mitwirkungshandlungen ein und keinen Arbeitsplatz mehr zur Verfügung.[91] Darüber hinaus kann von einer vorübergehenden Arbeitszeitverkürzung keine Rede sein, wenn die Freistellung im Hinblick auf eine bevorstehende betriebsbedingte Kündigung erfolgt.[92] Die Mitbestimmung gemäß § 87 Abs. 1 Nr. 3 BetrVG betrifft nur eine vorübergehende Veränderung der betriebsüblichen Arbeitszeit, nicht eine auf Dauer angelegte Freistellung.[93] Bei einer auf Dauer angelegten Freistellung wird die betriebsübliche Arbeitszeit nicht berührt. Bei der Freistellung handelt es sich auch nicht um eine Versetzung iSd § 95 Abs. 3 S. 1 BetrVG, weil damit nur der bisherige Aufgabenbereich entzogen wird, ohne dass dem Arbeitnehmer neue Tätigkeiten übertragen werden.[94] 37

j) *Beginn der Betriebsänderung durch Freistellung?* Die Mitbestimmungspflichtigkeit der Freistellung kann sich aber unter einem anderen Aspekt ergeben: Schränkt der Insolvenzverwalter die Produktion oder allgemein die betrieblichen Aktivitäten ein oder legt er eine bestimmte Betriebsabteilung still oder will er die Stilllegung des gesamten Betriebes stufenweise durchführen, kann bereits in den Freistellungen der davon betroffenen Arbeitnehmer der Beginn einer Betriebsänderung iSv § 111 BetrVG liegen mit der 38

---

[89] *Seifert* DZWIR 2002, 10; *Weisemann* DZWIR 2001, 151, 152.
[90] BAG v. 22.1.1998, NZA 1998, 699; BAG v. 28.3.2000 – 1 ABR 17/99, NZA 2000, 1355.
[91] BAG v. 11.12.2001 – 9 AZR 80/01, NZI 2002, 449.
[92] *Seifert* DZWIR 2002, 412; *Uhlenbruck*, FS Schwerdtner 623, 636.
[93] LAG Hamm, 20.9.2002 – 10 TaBV 95/02, NZA-RR 2003, 422.
[94] BAG, 28.3.2000 – 1 ABR 17/99, NZA 2000, 1355; Hess LAG, 4.9.2007 – 4/5 TaBV 88/07, AuR 2008, 77; LAG Hamm, 20.9.2002 – 10 TaBV 95/02, NZA-RR 2003, 422.

Folge, dass der Insolvenzverwalter das Entstehen von Nachteilsausgleichsansprüchen gemäß § 113 III BetrVG befürchten muss. Der Anspruch auf Nachteilsausgleich entsteht, wenn der Unternehmer eine geplante Betriebsänderung iSv § 111 BetrVG durchführt, ohne zuvor mit dem Betriebsrat einen Interessenausgleich geschlossen zu haben und infolge der Maßnahme Arbeitnehmer entlassen werden. Eine geplante Betriebsänderung wird durchgeführt, wenn der Arbeitgeber mit ihr beginnt und vollendete Tatsachen schafft, die nicht wieder rückgängig zu machen sind.[95] Der Betriebsrat soll nach § 111 S. 1 BetrVG die Gestaltung der im Einzelfall geplanten Betriebsänderung gezielt beeinflussen können. Dazu muss er zunächst über die geplante Betriebsänderung rechtzeitig unterrichtet werden. Er ist zu beteiligen, bevor der Unternehmer mit der Verwirklichung des von ihm verfolgten Plans beginnt.[96] Mit der widerruflichen Freistellung der Arbeitnehmer von der Arbeitspflicht beginnt der Insolvenzverwalter regelmäßig noch nicht mit der Betriebsänderung, weil er bei widerruflicher Freistellung ebenso wie bei einer bloßen Einstellung der betrieblichen Tätigkeit noch keine irreversiblen Verhältnisse schafft.[97] Anders aber, wenn der Insolvenzverwalter sämtliche Arbeitnehmer unwiderruflich freistellt und unumkehrbare Maßnahmen zur Auflösung der betrieblichen Organisation schafft. In diesem Fall führt er die Betriebsänderung durch, und es entstehen Nachteilsausgleichsansprüche, falls kein unterschriebener Interessenausgleich mit dem Betriebsrat vorliegt oder die angerufene Einigungsstelle nicht das Scheitern der Interessenausgleichsverhandlungen erklärt hat.[98] Deshalb ist dem Insolvenzverwalter anzuraten, die unwiderrufliche Freistellung von Arbeitnehmern in der Arbeitspflicht zu vermeiden und mit der Stilllegung des Betriebes bzw. den in § 111 S. 3 Nr. 1–5 BetrVG genannten Fällen einer Betriebsänderung erst zu beginnen, wenn ein Interessenausgleich mit dem Betriebsrat vorliegt.[99] Im Interessenausgleich gemäß § 112 I S. 1 BetrVG kann geregelt werden, ob, in welchem Umfang und nach welchen Auswahlkriterien Arbeitnehmer freizustellen sind.[100] Bei dem Interessenausgleich, den der Insolvenzverwalter mit dem Betriebsrat zu versuchen hat, geht es nicht nur um die Entscheidung, ob die Betriebsänderung überhaupt erfolgen, sondern auch regelmäßig auch darum, wie sie durchgeführt werden soll. Der Betriebsrat kann im Interesse der Arbeitnehmer auf Modalitäten wie etwa den Zeitpunkt von Entlassungen und die Freistellungen oder die Beschäftigung von Arbeitnehmern mit Abwicklungsarbeiten Einfluss nehmen.[101]

39 **k)** *Informationspflicht.* Sinnvollerweise informiert der Insolvenzverwalter unverzüglich nach Insolvenzeröffnung die Arbeitnehmerschaft des Schuldners über die Situation des Unternehmens und über die insolvenznotwendigen Vorhaben (Betriebsstilllegung, Betriebsteilstilllegung, über Masselosigkeit bzw. Massearmut oder über Möglichkeiten der Unternehmensfortführung)[102] und erläutert der Belegschaft die ihm zugewiesenen Arbeitgeberfunktionen. Im Rahmen des Geltungsbereiches des BetrVG sind die Informationspflichten gegenüber Wirtschaftsausschuss und Betriebsrat gemäß §§ 106, 111 BetrVG wegen der Bußgeldvorschrift des § 121 BetrVG ohnehin zwingend zu beach-

---

[95] BAG v. 22.11.2001 – 1 AZR 11/01, ZInsO 2002, 1153, v. 20.11.2001 – 1 AZR 97/01, NZA 2002, 992 = ZIP 2002, 817 sowie v. 8.4.2003 – 2 AZR 15/02, NZA 2004, 343 = ZIP 2003, 1260.
[96] *Richardi/Annuß,* BetrVG § 111 Rn. 144; GK/*Oetker,* § 111 BetrVG Rn. 144; BAG v. 19.1.1999 – 1 AZR 342/98 AP Nr. 37 § 113 BetrVG 1972.
[97] BAG v. 22.11.2005 – 1 AZR 407/04, NZA 2006, 736; BAG v. 30.5.2006 – 1 AZR 25/05, NZA 2006, 1122.
[98] LAG Berlin-Brandenburg, 2.3.2012 – 13 Sa 2187/11, ZIP 2012, 14239.
[99] Vgl. BAG, 18.12.1984 – 1 AZR 176/82, NZA 1985, 400.
[100] Ähnl. *Uhlenbruck,* FS Schwerdtner, 623, 637; *Bertram* NZI 2001, 625, 627.
[101] BAG, 22.7.2003 – 1 AZR 541/02, NZA 2004, 93; BAG, 18.12.1984 – 1 AZR 176/82, NZA 1985, 400.
[102] *Uhlenbruck,* § 80 Rn. 63.

ten.[103] Darüber hinaus kann der Insolvenzverwalter aufgrund seiner Fürsorgepflicht als Arbeitgeber gehalten sein, die Arbeitnehmer umfassend über das Schicksal ihrer Ansprüche in der Insolvenz zu informieren und aufzuklären. Dies gilt insbesondere für die Unterscheidung zwischen Insolvenz- und Masseforderungen, die Behandlung von Urlaubsansprüchen in der Insolvenz, Weiterbeschäftigung und Freistellung sowie die Folgen einer etwaig drohenden Anzeige der Masseunzulänglichkeit. Grundsätzlich hat zwar jeder Vertragspartner selbst für die Wahrnehmung seiner Interessen zu sorgen und sich kundig zu machen.[104] Andererseits erwachsen aus einem Schuldverhältnis auch Pflichten zur gegenseitigen Rücksichtnahme, wobei im Falle der Insolvenz ein gesteigertes Informations- und Beratungsbedürfnis der Arbeitnehmer nicht von der Hand zu weisen ist. Gerade der Insolvenzverwalter ist in der Lage, die erforderliche Information und Aufklärung zu leisten, weil er üblicherweise auf einer Betriebsversammlung über die Insolvenz sowie eine etwaige Fortführung oder Stilllegung des Betriebes berichtet. Weiterhin kann der Insolvenzverwalter aber auch im Einzelfall verpflichtet sein, beispielsweise bei Abschluss von Aufhebungsverträgen, die Arbeitnehmer durch sachgerechte Aufklärung davor zu bewahren, sich aus Unkenntnis selbst zu schädigen.[105]

l) *Pflichten nach SGB III und BetrAVG.* Vor allem aber obliegt dem Insolvenzverwalter die Berücksichtigung derjenigen insolvenzspezifischen Pflichten, wie sie sich im Rahmen der Ausübung der Arbeitgeberfunktionen ergeben. Hierzu zählen vor allem die Pflichten des schuldnerischen Arbeitgebers nach den Bestimmungen der §§ 165 ff. SGB III (Insolvenzgeld, insbesondere Ausstellen einer Verdienstbescheinigung, ggf. Errechnen und Auszahlen des Insolvenzgeldes). Von großer Bedeutung sind ferner die Pflichten des Insolvenzverwalters nach dem Gesetz zur Verbesserung der betrieblichen Altersversorgung (BetrAVG) im Hinblick auf die insolvenzrechtliche Sicherung von betrieblichen Ruhegeldansprüchen der Arbeitnehmer. In der Insolvenz des Arbeitgebers obliegen hierbei dem Insolvenzverwalter gemäß § 11 BetrAVG wesentliche Mitteilungs- und Auskunftspflichten gegenüber dem Träger der Insolvenzsicherung, dem Pensions-Sicherungs-Verein.[106]

m) *Betriebsverfassungsrechtliche Pflichten.* Weiterhin hat der Insolvenzverwalter inhaltlich unverändert und gegenständlich umfassend die betriebsverfassungsrechtlichen Rechte und Pflichten des schuldnerischen Arbeitgebers wahrzunehmen. Dies bedeutet zunächst, dass die Mitbestimmung und Mitwirkung des Betriebsrates nach dem Betriebsverfassungsgesetz unverändert weiter fortbesteht. Der Insolvenzverwalter hat insbesondere die Rechte und Pflichten des Betriebsrates, die Rechte und Pflichten aus bestehenden Betriebsvereinbarungen – ungeachtet etwaiger Kündigungsmöglichkeiten bestehender Betriebsvereinbarungen gemäß § 120 InsO – zu beachten sowie selbst auch die Durchführung einer neuen Betriebsratswahl im Rahmen der gesetzlichen Vorschriften zu unterstützen und hinzunehmen. Die Mitbestimmung und Mitwirkung des Betriebsrates in sozialen, personellen und wirtschaftlichen Angelegenheiten erfährt rechtlich durch die Insolvenz keinerlei Einschränkung, von Besonderheiten des Sozialplanes gemäß §§ 123, 124 InsO abgesehen. Dies bedeutet vor allem, dass der Insolvenzverwalter unverzüglich einen hinreichend konkreten Überblick über den Bestand gültiger Betriebsvereinbarungen im Unternehmen des Schuldners erhalten muss, um überhaupt Inhalt und Grenzen der arbeitgeberseitigen Verpflichtungen feststellen und erfüllen

---

[103] *Uhlenbruck*, § 80 Rn. 63; Nerlich/Römermann/*Wittkowski*, § 80 Rn. 111, 112; MüKoInsO/*Ott/Vuia* § 80 Rn. 126.
[104] BAG 12.12.2002 – 8 AZR 497/01, NZA 2003, 687; BAG 22.1.2009 – 8 AZR 161/08, NZA 2009, 608.
[105] Vgl. BAG 16.11.2005 – 7 AZR 86/05, NZA 2006, 535.
[106] MüKoInsO/*Ott/Vuia*, § 80 Rn. 130; Blomeyer/Rolfs/*Otto*, § 11 BetrAVG Rn. 51 ff.; *Uhlenbruck*, § 80 InsO Rn. 66.

und um etwaige Kündigungsmöglichkeiten gemäß § 120 InsO wahrnehmen zu können.[107]

42 Darüber hinaus hat der Insolvenzverwalter die Mitwirkung und Mitbestimmung des Betriebsrates einschließlich etwaiger Einigungsstellenverfahren im Rahmen der sozialen Angelegenheiten im Prinzip unverändert so zu beachten und durchzuführen, wie sie dem solventen, am Markt tätigen Unternehmen entsprechen. Gleiches gilt hinsichtlich der Beachtung der Rechte des Betriebsrates in personellen und wirtschaftlichen Angelegenheiten. Besonderes Gewicht kommt dabei den Vorschriften des Betriebsverfassungsgesetzes zum Wirtschaftsausschuss (§§ 106 ff. BetrVG), zum Interessenausgleich, Sozialplan und Nachteilsausgleich bei Betriebsänderungen (§§ 111–113 BetrVG) zu, da diese generell auch und gerade in der Insolvenz des schuldnerischen Unternehmers gelten.[108] Die §§ 121 ff. InsO setzen die Anwendbarkeit der §§ 111 ff. BetrVG voraus.[109]

43 n) *Lohnzahlungspflichten.* Im Rahmen der bestehenden Arbeitsverhältnisse versteht es sich – zumindest bis zum Ablauf der Kündigungsfrist nach erfolgter Kündigung (§ 113 InsO) – von selbst, dass der Insolvenzverwalter zu den Lohn- und Gehaltszahlungen wie bisher verpflichtet ist. Deshalb sollte er den finanziellen Rahmen der ihm obliegenden Lohn- und Gehaltszahlungen entweder sichergestellt (§ 55 I Nr. 2 InsO) oder aber auf insoweit bestehende Risiken (vorübergehende Illiquidität) von vornherein hingewiesen haben. In der Praxis empfiehlt es sich dringend, dass der Insolvenzverwalter anhand des Stellenplanes unter Rückgriff auf die Personalakten unverzüglich einen hinreichenden Überblick erhält, ob und inwieweit welche Arbeitnehmerschutzvorschriften eingreifen, welche finanziellen Belastungen auf Grund von Arbeitnehmeransprüchen zu erfüllen sind und vor allem welche Arbeitnehmerschutzrechte bezüglich welcher Arbeitnehmergruppen hinsichtlich eines etwaigen Kündigungsschutzes zu berücksichtigen sind (Mütter, Schwangere, Arbeitnehmer in Elternzeit, schwerbehinderte Menschen).

44 o) *Kenntnisstand.* Umfassend treffen den Insolvenzverwalter – wie der vorliegende Überblick zeigt – die gesetzlichen, tariflichen, betriebsverfassungsrechtlichen wie einzelarbeitsvertraglichen Pflichten, insbesondere die sozialen Schutzbestimmungen zugunsten der einzelnen Arbeitnehmer. Eine der Hauptaufgaben des Insolvenzverwalters nach Übernahme seines Amtes ist folglich, sich einen Überblick über die arbeitsrechtlichen Verpflichtungen, über Eigenart und Bestand der Belegschaft, über zurückliegende wie aktuelle Forderungen der einzelnen Arbeitnehmer auf Grund Arbeitsvertrages, Betriebsvereinbarung, Tarifvertrag oder Gesetz bis hin zum besonderen oder allgemeinen Kündigungsschutz zu verschaffen.

Gleichwohl überfordert die gegenwärtige Rechtslage bisweilen auch den sachkundigen, gewissenhaften Insolvenzverwalter, wenn man nur an die zeitraubenden, teilweise äußerst schwierigen Ermittlungen in tatsächlicher Hinsicht zum Status quo der vorhandenen Belegschaft denkt. Gerade dieser Kenntnisstand lässt jedoch erst eine Entscheidung des Insolvenzverwalters zwischen Sanierung und Zerschlagung als sinnvoll erscheinen, zumal die anderen Gläubigergruppen ihre Mitwirkung in dem einen wie in dem anderen Sinne regelmäßig von der entsprechenden Einbindung der Arbeitnehmerinteressen abhängig machen.

45 **3. Der Arbeitnehmer in der Insolvenz. a)** *Der Begriff des Arbeitnehmers.* Wenn die Insolvenzordnung in den §§ 113, 123, 124, 125, 126, 127 InsO den Arbeitnehmerbegriff verwendet, so verweist die Insolvenzordnung damit umfassend auf den Arbeit-

---

[107] *Uhlenbruck*, § 80 Rn. 63.
[108] BAG v. 22.7.2003 – 1 AZR 541/02, NZI 2004, 99; BAG v. 18.11.2003 – 1 AZR 30/03, NZI 2004, 161; *Grunsky/Moll*, Rn. 300.
[109] Siehe dazu näher LAG Niedersachsen v. 12.8.2002 – 5 Sa 534/02, LAGE § 122 InsO Nr. 1 m. Anm. *Oetker* = ZInsO 2004, 572; *Berscheid* ZInsO 2004, 542, 545.

nehmerbegriff des Arbeitsrechtes zurück. Es gibt keinen eigenen Arbeitnehmerbegriff der Insolvenz. Soweit die Insolvenzordnung das Dienstverhältnis anspricht (vgl. zB § 113 InsO), gilt nach allgemeinem Zivilrecht der Begriff des Dienstverhältnisses als Oberbegriff, der sowohl selbstständige wie unselbstständige Tätigkeit, also Arbeitnehmertätigkeit im Sinne des Arbeitsrechtes, umfasst.[110] Zur Feststellung der Arbeitnehmereigenschaft sind deshalb die im Arbeitsrecht allgemein anerkannten Kriterien zugrunde zu legen: Arbeitnehmer ist, wer auf Grund eines privatrechtlichen Vertrages (Arbeitsvertrages) unselbstständige, weil fremdbestimmte Arbeit leistet.[111] Die oftmals in Literatur und Rechtsprechung weiterhin genannten Merkmale der fachlichen Weisungsgebundenheit, der Eingliederung in die fremde, arbeitsteilige Organisation des Arbeitgebers, der persönlichen Abhängigkeit oder der fehlenden unternehmerischen Risikotragung besitzen eher ergänzenden, beschreibenden Charakter; sie sind zudem mit der Gefahr belastet, als Leerformeln in Grenzfällen Scheinbegründungen zu liefern.

b) *Scheinselbstständigkeit.* An der Geltung des allgemeinen arbeitsrechtlichen Arbeitnehmerbegriffs ändert sich durch die in § 7 IV SGB IV geregelte „Scheinselbstständigkeit" nichts, da es sich dabei um eine sozialversicherungsrechtliche Sondervorschrift handelt, die keinen eigenen Arbeitnehmerbegriff statuiert, sondern umfassend auf den arbeitsrechtlichen Arbeitnehmerbegriff Bezug nimmt.[112] § 7 IV SGB IV stellt nämlich für die Tatbestandsvoraussetzungen einer nicht selbstständigen Arbeit auf eine Tätigkeit nach Weisungen und eine Eingliederung in die Arbeitsorganisation des Weisungsgebers ab. Die ursprünglich in § 7 IV SGB IV enthaltene Vermutungsregelung für eine Arbeitnehmereigenschaft wurde bereits durch das Zweite Gesetz für moderne Dienstleistungen am Arbeitsmarkt vom 23.12.2002 (BGBl. I S. 4621) aufgehoben. Nach der bis zum 30.6.2009 geltenden Fassung des § 7 IV SGB IV wird für Personen, die für eine selbstständige Tätigkeit einen Zuschuss nach § 421 I SGB III beantragen, widerlegbar vermutet, dass sie in dieser Tätigkeit als Selbstständige tätig sind. Diese Regelung ist ab 1.7.2009 ersatzlos weggefallen. Im Übrigen obliegt es den Sozialversicherungsträgern im Wege der Amtsermittlung aufzuklären, ob nach den gesetzlichen Merkmalen ein sozialversicherungspflichtiges Arbeitsverhältnis vorliegt.[113] 46

Den Arbeitnehmern gleichgestellt sind auch im Insolvenzverfahren die zur Berufsausbildung Beschäftigten im Rahmen des Berufsbildungsgesetzes (§ 3 II BBiG; § 6 BetrVG). Des Weiteren sind auch mit Wirkung für das Insolvenzrecht die in Heimarbeit Beschäftigten in den Arbeitnehmerbegriff einbezogen, wie sich aus § 6 BetrVG in Verbindung mit § 13 SGB III, § 12 II SGB IV ergibt. Demgegenüber sind Hausgewerbetreibende auch insolvenzrechtlich nicht als Arbeitnehmer zu qualifizieren (siehe § 2 II HAG, § 12 I SGB IV). Schließlich fällt auch der erweiterte Personenkreis des § 17 I 2 BetrAVG nicht unter den Arbeitnehmerbegriff im Sinne des Insolvenzrechtes. Für die persönlichen Voraussetzungen des Insolvenzschutzes nach § 17 I 1 BetrAVG ist auf den allgemeinen Arbeitnehmerbegriff abzustellen.[114] 47

c) *Arbeitnehmerähnliche Personen.* Da die Insolvenzordnung im Unterschied zur Konkursordnung keine Berücksichtigung von arbeitnehmerähnlichen Personen mehr kennt, 48

---

[110] *Lakies* RdA 1997, 145; *Schaub* AuA 1997, 218, 219; *Müller* NZA 1998, 1315, 1316; *Düwell*, Kölner Schrift S. 1442.
[111] Zum Arbeitnehmerbegriff vgl. *Schaub/Vogelsang*, Arbeitsrechts-Handbuch § 8 Rn. 1 ff.; ErfK/*Preis*, § 611 BGB Rn. 44 ff.
[112] *J. Brand*, DB 1999, 1162; *Richardi* DB 1999, 958, 959; *Bauer/Diller/Lorenzen* NZA 1999, 169, 174; *Löwisch* BB 1999, 102, 107; *Hanau* ZIP 1999, 252; *Schaub/Vogelsang*, Arbeitsrechts-Handbuch § 8 Rn. 7; aA *Kerschbaumer/Tiefenbacher* ArbuR 1999, 121, 122; *Reiserer* BB 1999, 366, 368.
[113] *Schaub/Vogelsang*, Arbeitsrechts-Handbuch, § 8 Rn. 7; *Brand*, DB 1999, 1162.
[114] Vgl. LAG Köln v. 27.2.2009 – 10 Sa 1031/08; BGH v. 25.7.2005 – II ZR 237/03, NJW-RR 2005, 1621.

ist zu beachten, dass arbeitnehmerähnliche Personen nicht als Arbeitnehmer im Sinne der Insolvenzordnung zu qualifizieren sind. Nach der Legaldefinition des § 12a TVG sind arbeitnehmerähnliche Personen solche „Personen, die wirtschaftlich abhängig und vergleichbar einem Arbeitnehmer sozial schutzbedürftig sind". Die gesetzliche Regelung des § 12a TVG weist zugleich auf den entscheidenden Unterschied der arbeitnehmerähnlichen Personen gegenüber den Arbeitnehmern hin, da die arbeitnehmerähnlichen Personen ihre Leistungen gerade nicht unselbständig, weil weisungsabhängig, sondern selbstständig erbringen. Ihre Leistung erfolgt somit nicht im Rahmen eines Arbeitsvertrages, sondern im Rahmen eines Dienst- oder Werkvertrages. Arbeitnehmerähnliche Personen können deshalb aufgrund eines Dienstverhältnisses gemäß § 113 InsO tätig werden, aber sie sind keine Arbeitnehmer, so dass die arbeitnehmerspezifischen Vorschriften der Insolvenzordnung auf sie keine Anwendung finden.

Dies bedeutet konkret, dass Hausgewerbetreibende und Zwischenmeister (§ 2 HAG) sowie Einfirmenhandelsvertreter mit geringem Einkommen (§ 92a HGB) nicht unter den Arbeitnehmerbegriff der Insolvenzordnung fallen. Dies steht nicht zuletzt auch im Einklang mit der Neuregelung in § 2 Nr. 9 SGB VI, wonach eine Rentenversicherungspflicht für sogenannte arbeitnehmerähnliche Selbstständige vorgesehen ist. Denn der Gesetzgeber hat hierdurch ungeachtet der Arbeitnehmerähnlichkeit die Qualifizierung der in Frage stehenden Personen als Selbstständige nochmals ausdrücklich unterstrichen. Vergleichbares gilt bezüglich der arbeitnehmerähnlichen Personen in § 17 I 2 BetrAVG, die im Geltungsbereich des Insolvenzschutzes betrieblicher Altersleistungen den Arbeitnehmern ausdrücklich gleichgestellt sind, ohne dass dies Auswirkungen auf ihre fehlende Arbeitnehmereigenschaft im Sinne der Insolvenzordnung entfaltet.

49 **d)** *Neben- und Teilzeitbeschäftigte.* Unzweifelhaft sind Neben- und Teilzeitbeschäftigte Arbeitnehmer im Sinne der Insolvenzordnung, zumal sie ebenfalls uneingeschränkt in den Geltungsbereich der §§ 165 ff. SGB III wie auch des § 17 I 1 BetrAVG fallen. Denn die Arbeitnehmereigenschaft ist unabhängig vom Umfang der zu erbringenden Dienstleistungen zu ermitteln. Zwar mag im Einzelfall eine wirtschaftliche Abhängigkeit des Neben- bzw. Teilzeitbeschäftigten nicht gegeben sein; dies steht aber der Arbeitnehmereigenschaft nicht entgegen, wenn insoweit unselbständige, weisungsgebundene Arbeitsleistungen erbracht werden.[115]

50 **e)** *Leiharbeitnehmer.* Schwieriger ist die rechtliche Beurteilung bei den Leiharbeitsverhältnissen, zumal hierunter verschiedene Sachverhalte zusammengefasst werden, die allein durch das Merkmal geprägt sind, „dass ein Arbeitnehmer in arbeitsvertraglichen Beziehungen zu einem Arbeitgeber (dem Verleiher) steht, der ihn einem anderen Arbeitgeber (dem Entleiher) zur Erbringung der Arbeitsleistung überlässt oder zuweist".[116] Wenn somit feststeht, dass der Leiharbeitnehmer stets Arbeitnehmer im Sinne der Insolvenzordnung ist, so ist dadurch jedoch die rechtliche Problematik noch keineswegs erschöpft. Denn zwei Fallgruppen der Leiharbeit sind zu unterscheiden: Bei der sog. echten Leiharbeit (zB Montagepersonal) erbringt der Leiharbeitnehmer kraft seines Arbeitsvertrages seine Arbeitsleistung grundsätzlich dem Verleiher gegenüber und nur gelegentlich oder vorübergehend kommt auch die Erbringung solcher Leistungen gegenüber anderen Arbeitgebern (den Entleihern) in Frage.[117] Das echte Leiharbeitsverhältnis ist folglich durch eine Beschäftigungsbeziehung zwischen Arbeitnehmer und „seinem" Arbeitgeber, dem Verleiher, geprägt. Hiervon sind diejenigen Arbeitnehmer-Überlassungsbeziehungen zu unterscheiden, bei denen kraft Vertrages der Arbeitnehmer seine Arbeitsleistung von vornherein nicht dem Verleiher gegenüber erbringen soll, sondern

---

[115] ErfKomm/*Preis*, § 611 BGB Rn. 62.
[116] ErfKomm/*Wank*, AÜG Einl. Rn. 9.
[117] *Schaub/Koch*, Arbeitsrechts-Handbuch § 120 Rn. 2.

grundsätzlich nur gegenüber dritten Arbeitgebern (den Entleihern). In letzterem Falle spricht man von sog. unechten Leiharbeitsverhältnissen, die im Falle gewerbsmäßiger Arbeitnehmerüberlassung durch das Arbeitnehmerüberlassungsgesetz erfasst werden.

Ein echtes Arbeitsverhältnis besteht in jedem Fall zwischen Arbeitnehmer und Verleiher. Nur im Falle eines gemäß § 9 Nr. 1 AÜG unwirksamen Arbeitsverhältnisses wird gemäß § 10 AÜG ein Arbeitsverhältnis zwischen Arbeitnehmer und Entleiher fingiert.[118] Bei echter Arbeitnehmerüberlassung nimmt der Entleiher bzgl der Ausübung des Direktionsrechts Arbeitgeberfunktionen wahr. Im Falle der Insolvenz des Entleihers scheidet bei echten Leiharbeitsverhältnissen eine Berücksichtigung von Leiharbeitnehmern aus, da die Leiharbeitnehmer allein in arbeitsvertraglichen Beziehungen zum Verleiher stehen. Nur bei sog. unechten Leiharbeitsverhältnissen, die dem Arbeitnehmerüberlassungsgesetz unterfallen, gilt allerdings im Rahmen des Ausnahmetatbestandes des § 10 AÜG anderes, weil hier das Gesetz selbst ein Arbeitsverhältnis zwischen Entleiher und Leiharbeitnehmer fingiert, so dass in diesem Falle der Leiharbeitnehmer in der Insolvenz des Entleihers die Arbeitnehmerrechte wahrnehmen kann, in die kollektiven Vereinbarungen miteinbezogen sein muss und entsprechende Ansprüche auf Insolvenzgeld besitzt.

Für die Praxis ist wichtig, dass die Lohnzahlungspflicht „im Normalfall" allein den Verleiher als Vertragspartner und Arbeitgeber des Leiharbeitnehmers trifft, so dass die arbeitsrechtlichen Ansprüche des Leiharbeitnehmers von der Insolvenz des Entleihers ohnehin nicht berührt werden. Auch wenn sich aus dem Arbeitnehmerüberlassungsvertrag Ansprüche des Verleihers gegen den Entleiher ergeben sollten, finden hierauf die arbeitsrechtsrelevanten Vorschriften der Insolvenzordnung keine Anwendung, obwohl in dieser Vergütung Lohnbestandteile für die Leiharbeitnehmer enthalten sind bzw. enthalten sein können. Denn der Arbeitnehmerüberlassungsvertrag selbst ist kein Arbeitsvertrag und da der Verleiher auch selbst kein Arbeitnehmer ist sondern selbstständiger Unternehmer, scheidet eine Anwendung der auf Arbeitnehmer bezogenen insolvenzrechtlichen Vorschriften aus. Im Insolvenzverfahren des Verleihers bestehen dagegen hinsichtlich der Ansprüche der Leiharbeitnehmer keine Besonderheiten, da diese „normale" Arbeitnehmer des Verleihers sind. Dies gilt gleichermaßen im Rahmen der Fallgruppe der sog. echten wie der sog. unechten Leiharbeitsverhältnisse.

f) *Organmitglieder, Geschäftsführer.* Der Rechtsstellung der Organmitglieder, Geschäftsführer usw liegt in der Regel ein Dienstvertrag zugrunde, so dass die Vorschriften der Insolvenzordnung zu Dienstverträgen bzw. gegenseitigen Verträgen uneingeschränkt Anwendung finden. Die Bestellung zum Organgeschäftsführer wird durch die Insolvenzeröffnung nicht berührt. Die Abberufung des Geschäftsführers obliegt auch in der Insolvenz dem jeweiligen Gesellschaftsorgan (§ 46 Nr. 5 GmbHG, § 83 III AktG).[119] Wohl aber kann das der Organstellung zugrunde liegende Anstellungsverhältnis gem. § 113 InsO ohne Rücksicht auf einen etwaig vereinbarten Kündigungsausschluss, eine längere Kündigungsfrist oder eine Befristung gekündigt werden.[120] Liegt ein Arbeitsverhältnis vor, kommen die Vorschriften über den Kündigungsschutz gem. §§ 1 ff. KSchG, die Anhörung des Betriebsrats gem. § 102 BetrVG und der Anspruch auf Insolvenzgeld gem. § 165 SGB III zur Anwendung. Besonderheiten gelten für den kollektivrechtlichen Arbeitnehmerbegriff, denn Leitende Angestellte sind gem. § 5 III BetrVG vom Geltungsbereich des BetrVG ausgenommen und unterliegen daher auch nicht den §§ 120 ff. InsO.[121]

---

[118] ErfK/*Wank*, AÜG Einl Rn. 23.
[119] HK/*Linck*, § 113 Rn. 4; HambKomm/*Ahrendt*, § 113 Rn. 8; Uhlenbruck/Hirte/Vallender/*Berscheid*, § 113 Rn. 20b.
[120] Uhlenbruck/Hirte/Vallender/*Hirte*, § 11 InsO Rn. 125; MüKoInsO/*Löwisch/Caspers*, § 113 Rn. 80.
[121] MüKoInsO/*Löwisch/Caspers*, § 123 Rn. 10.

§ 104 54–56 Kapitel IX. Arbeitsrecht und Insolvenz

54 **g) *Arbeitnehmereigenschaft von Organmitgliedern*.** Noch nicht restlos geklärt ist der Streit, ob sich auch Organmitglieder und Geschäftsführer auf die arbeitsrechtlichen Vorschriften der Insolvenzordnung beziehen können.[122] Organmitglieder können grundsätzlich nicht als Arbeitnehmer angesehen werden, weil sie nach außen hin insbesondere gegenüber den Arbeitnehmern mit Weisungsbefugnis ausgestattet sind und schuldrechtlich idR aufgrund eines Geschäftsführer-Anstellungsvertrags tätig werden.[123] Werden bisher als Arbeitnehmer Beschäftigte zu Organvertretern bestellt, wird mit dem Abschluss des Geschäftsführer-Dienstvertrages das bisher bestandene Arbeitsverhältnis idR beendet. Mit dem Abschluss eines schriftlichen Geschäftsführer-Dienstvertrages wird grundsätzlich – sofern vertraglich nicht etwas Anderes vereinbart worden ist – ein zuvor mit der GmbH bestandenes Arbeitsverhältnis unter Wahrung der gemäß § 623 BGB zu beachtenden Schriftform aufgelöst.[124] Nur in Ausnahmefällen besteht neben dem Geschäftsführer-Anstellungsverhältnis ein ruhend gestelltes Arbeitsverhältnis, welches bei Aufhebung der Organstellung wieder aufleben könnte, fort. Da Aufhebungsverträge gem. § 623 BGB dem Schriftformzwang unterliegen, muss zumindest der Geschäftsführer-Anstellungsvertrag schriftlich geschlossen werden, um von einer wirksamen Beendigung des bisherigen Arbeitsverhältnisses ausgehen zu können.[125]

55 **h) *Geschäftsführer – Anstellungsverhältnis*.** Hinsichtlich der Rechtsverhältnisse von GmbH-Geschäftsführern ist allerdings zu unterscheiden zwischen der Bestellung zum Organ der Gesellschaft und dem schuldrechtlichen Vertragsverhältnis, welches der Bestellung zugrunde liegt. Die Kündigung des Geschäftsführer-Anstellungsverhältnisses bedarf idR nicht der sozialen Rechtfertigung nach § 1 KSchG.[126] Von der arbeitsrechtlichen Stellung der Organmitglieder ist ihr sozialversicherungsrechtlicher Status zu unterscheiden. Ob der Geschäftsführer einer GmbH der Sozialversicherungspflicht unterliegt, ist nach den zu § 7 SGB IV entwickelten Grundsätzen zu beurteilen.[127] Grundsätzlich wird der GmbH-Geschäftsführer als ein selbstständiger Beschäftigter behandelt, der der Sozialversicherungspflicht unterliegt, weil er als Organ-Geschäftsführer gegenüber der Gesellschaft bzw. den Gesellschaftern abhängig sein kann.[128]

56 Wird der GmbH-Geschäftsführer nach Eröffnung des Insolvenzverfahrens vom Insolvenzverwalter weiterbeschäftigt, kann dies aufgrund besonderer Vereinbarung im Rahmen eines Arbeitsverhältnisses geschehen. Der GmbH-Geschäftsführer wandelt sich aber nicht automatisch zum Arbeitnehmer, wenn er seine Arbeitskraft nach Insolvenzeröffnung im Rahmen der Fortführung des Betriebes zur Verfügung stellt.[129] Zwar geht gemäß § 80 InsO das Recht des Schuldners, das zur Insolvenzmasse gehörende Vermögen zu verwalten und darüber zu verfügen, mit Eröffnung des Insolvenzverfahrens auf den Insolvenzverwalter über. Davon unberührt bleiben aber die Gesellschafter- und die Geschäftsführerstellung. Allerdings kann die Weiterbeschäftigung des GmbH-Geschäftsführers auch als Arbeitsverhältnis ausgestaltet werden. Klare vertragliche Vereinbarungen

---

[122] Vgl. dazu *Preis*, Koordinationskonflikte zwischen Arbeits- und Sozialrecht, NZA 2000, 914; MüKoInsO/*Löwisch/Caspers*, vor §§ 113–128 Rn. 22; ErfKomm/*Preis*, § 611 BGB Rn. 161–164; ErfKomm/*Rolfs*, § 7 SGB IV Rn. 21–23.
[123] *Schaub/Vogelsang*, Arbeitsrechts-Handbuch § 15 Rn. 6; ErfKomm/*Preis*, § 611 BGB Rn. 161.
[124] BAG v. 5.6.2008 – 2 AZR 654/06, NJW 2008, 3514; BAG v. 19.7.2007 – 6 AZR 774/06, NZA 2007, 1095.
[125] BAG v. 3.2.2009 – 5 AZB 100/08, NZA 2009, 669; BAG v. 15.3.2011 – 10 ARB 32/10, NZA 2011, 874; *Schaub/Vogelsang*, § 14 Rn. 4.
[126] BAG v. 25.10.2007 – 6 AZR 1045/06, NZA 2008, 168; BGH v. 8.1.2007 – II ZR 276/05, NZA 2007, 1174.
[127] *Schaub/Vogelsang*, Arbeitsrechts-Handbuch § 14 Rn. 27; BSG v. 18.12.2001 – W 12 KR 10/01 R, NJW-RR 2002, 758.
[128] LSG NRW v. 3.5.2007 – L 16 (14) R 159/06, UV-Recht aktuell 2007, 1468.
[129] Vgl. LAG Rheinland-Pfalz v. 25.9.2008 – 10 Sa 162/08, ZInsO 2009, 679.

sind anzuraten, zumal der Schuldner gemäß § 97 Abs. 2 InsO verpflichtet ist, den Verwalter bei der Erfüllung seiner Aufgaben zu unterstützen.[130] Dies bedeutet aber nicht, dass der Schuldner entgeltliche Tätigkeiten für die Masse leisten muss.[131]

i) *Geschäftsführer als Arbeitnehmer iSd InsO*. Geschäftsführer einer GmbH können folglich durchaus Arbeitnehmer im Sinne der Insolvenzordnung sein. Der Fremdgeschäftsführer einer GmbH kann materiellrechtlich Arbeitnehmer sein, wenn er Mitglied einer Mehrpersonengeschäftsführung ist und arbeitnehmertypisch arbeitsbegleitenden, seine konkrete Arbeitsleistung steuernden Weisungen unterliegt.[132] Zwar ist der Fremdgeschäftsführer im Verhältnis zu den sonstigen Arbeitnehmern das ausführende Organ der Gesellschaft, und er übt somit das Weisungsrecht des Arbeitgebers sowie dessen sonstige Funktionen aus; er ist folglich leitender Angestellter. Andererseits ist er aber regelmäßig selbst von der Gesamtheit der Gesellschafter abhängig und an deren Weisungen gebunden, im Verhältnis zur Gesellschaft also unselbstständig, was seine Unterordnung unter die auf den Arbeitnehmer bezogenen insolvenzrechtlichen Vorschriften rechtfertigen kann.[133] Nach der Rechtsprechung des BGH kann der Geschäftsführer einer GmbH ohne Kapitalbeteiligung insolvenzrechtlich als Arbeitnehmer behandelt werden.[134]

Die Rechtsprechung ist hinsichtlich der sozialversicherungsrechtlichen, arbeitsrechtlichen und insolvenzrechtlichen Einordnung des GmbH-Geschäftsführers nicht einheitlich. Nach der Rechtsprechung des BAG liegt ein freies Dienstverhältnis gem. § 611 BGB vor, wenn der schuldrechtliche Vertrag das Tätigwerden als Organ im Wesentlichen frei von Weisungen Dritter beinhaltet. Das Rechtsverhältnis eines freien Mitarbeiters einerseits und eines Arbeitsverhältnisses andererseits unterscheiden sich nach dem Grad der persönlichen Abhängigkeit bei der Erbringung der Dienstleistung. Arbeitnehmer ist, wer die vertraglich geschuldete Leistung im Rahmen einer von seinem Vertragspartner bestimmten Arbeitsorganisation erbringt. Die Eingliederung in eine fremde Arbeitsorganisation zeigt sich insbesondere darin, dass der Beschäftigte einem umfassenden Weisungsrecht, welches Inhalt, Durchführung, Zeit, Dauer, Ort und sonstige Modalitäten der Tätigkeiten betrifft, unterliegt.[135] Allerdings darf das arbeitsrechtliche Weisungsrecht nicht mit dem unternehmerischen Weisungsrecht verwechselt werden, welches im Innenverhältnis gemäß § 37 I GmbHG seitens der Gesellschaft besteht.[136] Unter Berücksichtigung des unternehmerischen Weisungsrechts der Gesellschaft kann eine Weisungsgebundenheit des Organ-Geschäftsführers, die so stark ist, dass sie auf einen Arbeitnehmerstatus des betroffenen GmbH-Geschäftsführers schließen lässt, allenfalls in Ausnahmefällen in Betracht kommen.[137]

Zu beachten ist ebenfalls die Konstellation, dass der Organ-Geschäftsführer im Rahmen verbundener Unternehmen auf der Grundlage eines Arbeitsvertrages als vertretungsberechtigter Geschäftsführer einer anderen Gesellschaft tätig wird. Für Organmitglieder, die zur gesetzlichen Vertretung der juristischen Person berufen sind, gilt der Kündigungsschutz gemäß § 14 I Nr. 1 KSchG ohne Rücksicht darauf, ob im Einzel-

---

[130] *Uhlenbruck* InsO § 97 Rn. 16; HambKomm/*Wendler*, § 97 Rn. 16 ff.; HK/*Kayser*, § 97 Rn. 25.
[131] MüKoInsO/*Passauer/Stephan*, § 97 Rn. 33; FK/*App*, § 97 Rn. 16.
[132] ErfKomm/*Preis*, § 611 BGB Rn. 163; BAG v. 26.5.1999 – 5 AZR 664/98, NZA 1999, 987; BAG v. 6.5.1998 – 5 AZB 22/98, NZA 1999, 839.
[133] *Schaub/Vogelsang*, Arbeitsrechts-Handbuch § 14 Rn. 27; BSG v. 18.12.2001 – B 12 KR 10/01 R, NZA-RR 2003, 325; BSG v. 14.12.1999 – B 2 u 48/98 R, BB 2000, 674.
[134] Vgl. BGH v. 23.1.2003 – IX ZR 39/02, MDR 2003, 715.
[135] BAG v. 26.5.1999 – 5 AZR 664/98, NZA 1999, 987; BAG v. 6.5.1998 – 5 AZR 247/97, NZA 1999, 205; BAG v. 19.11.1997 – 5 AZR 653/96, NZA 1998, 364; vgl. zur Arbeitnehmereigenschaft eines GmbH-Geschäftsführers insbesondere BAG v. 13.5.1992 – 5 AZR 344/91, ZIP 1992, 1496.
[136] BAG v. 24.11.2005 – 2 AZR 614/04, NJW 2006, 1899; BAG v. 26.5.1999 – 5 AZR 664/98, NZA 1999, 987; *Nägele*, BB 2001, 205.
[137] So ausdr BAG v. 24.11.2005 – 2 AZR 614/04, NJW 2006, 1899 unter B. I c bb der Gründe.

fall ein Arbeitsverhältnis vorliegt, nicht.[138] Das BSG stellt stärker auf die gesellschaftsrechtliche Abhängigkeit ab und bejaht die Versicherungspflicht auch dann, wenn der GmbH-Geschäftsführer am Kapital beteiligt ist, aber dem Weisungsrecht der Gesellschafter unterliegt.[139] Verfügt der Geschäftsführer über eine Mehrheitsbeteiligung von mehr als 50% oder eine im Gesellschaftsvertrag vereinbarte Sperrminorität, ist er nicht Beschäftigter der GmbH, weil er die Möglichkeit hat, Weisungsbeschlüsse der Gesellschafter zu verhindern.[140] Aber auch dann, wenn der geschäftsführende Gesellschafter über keine Mehrheit am Stammkapital und auch über keine Sperrminorität verfügt, kann eine abhängige Beschäftigung ausgeschlossen sein, wenn es ihm sein tatsächlicher Einfluss auf die Willensbildung der Gesellschaft gestattet, nicht genehme Weisungen der Gesellschafterversammlung zu verhindern.[141] Nach der Rechtsprechung des BSG kommt es bei Diensten höherer Art nicht entscheidend darauf an, ob der Geschäftsführer der GmbH seine Arbeit selbst einteilen sowie Zeit, Ort und Art seiner Tätigkeit ohne Weisungen Dritter selbst bestimmen kann. Ein abhängiges Beschäftigungsverhältnis kann bereits vorliegen, wenn die Ordnung des Betriebes und die Unternehmenspolitik maßgeblich von den Gesellschaftern, der Muttergesellschaft oder dem Beirat bestimmt werden.[142] Bei Familiengesellschaften, dh wenn der Geschäftsführer mit den Gesellschaftern familiär verbunden ist, können sich Besonderheiten ergeben. Wird das an sich bestehende Weisungsrecht tatsächlich nicht ausgeübt und bestimmt der Geschäftsführer oder der mitarbeitende Gesellschafter maßgeblich die Geschicke der GmbH, kommt eine selbstständige Tätigkeit in Betracht (Beispiel: Die Ehefrau wird pro Forma als GmbH-Geschäftsführerin eingesetzt, der Ehemann hält die Gesellschaftsanteile und führt die Geschäfte als Leitender Angestellter).[143] Auch der BGH folgt im Wesentlichen diesen Abgrenzungskriterien und betont in Übereinstimmung mit der Rechtsprechung des BAG, dass sich das Geschäftsführer-Anstellungsverhältnis durch Abberufung als Geschäftsführer nicht automatisch in ein Arbeitsverhältnis umwandelt.[144] Die insolvenzrechtliche Arbeitnehmereigenschaft des GmbH-Geschäftsführers wird vom BGH dann bejaht, wenn er als Fremdgeschäftsführer überhaupt nicht oder nur unwesentlich am Gesellschaftsvermögen beteiligt ist.

60   Dieser rechtlichen Beurteilung entspricht auch die bisherige Praxis der Bundesagentur für Arbeit.[145] Bei einer unter 50% liegenden Kapitalbeteiligung ist der GmbH-Gesellschafter-Geschäftsführer allerdings auch nur dann abhängig und infolgedessen als Arbeitnehmer in der Insolvenz zu qualifizieren, wenn er die wesentlichen wirtschaftlichen Entscheidungen tatsächlich nicht mehr allein treffen kann. Nur in diesem Falle sind auch seine rückständigen Bezüge durch Insolvenzgeld gesichert.[146] Denn nur dann können die Tatbestandsmerkmale eines zugleich bestehenden Arbeitsverhältnisses bejaht werden. Ist der Geschäftsführer überhaupt nicht an der in Insolvenz gefallenen GmbH beteiligt, ist er also Fremdgeschäftsführer, so kommt eine insolvenzrechtliche Einordnung als Arbeitnehmer bei Beachtung der zuvor genannten Kriterien gleichwohl nicht

---

[138] BAG v. 25.10.2007 – 6 AZR 1045/06, NZA 2008, 168; BGH v. 3.11.2003 – II ZR 158/01, NJW-RR 2004, 540.
[139] Vgl. BSG v. 14.12.1999 BB 2000, 674; ErfKomm/*Rolfs*, § 7 SGB IV Rn. 20.
[140] BSG v. 11.6.1990 – 2 RU 59/89, BB 1990, 2049; BSG v. 18.4.1991 – 7 RAr 32/90, NZA 1991, 869; ErfKomm/*Rolfs*, § 7 SGB IV Rn. 20.
[141] LSG NRW v. 3.5.2007 – L 16(14) R 159/06, UV-Recht aktuell 2007, 1468.
[142] Im Einzelnen BSG v. 18.12.2001 – B 12 KR 10/01 R, NZA-RR 2003, 325; ablehnend *Preis* NZA 2000, 914, 917 ff.
[143] BSG v. 14.12.1999 – B 2 U 48/98 R, BB 2000, 674; ErfKomm/*Rolfs*, § 7 SGB IV Rn. 23.
[144] BGH v. 23.1.2003 – 9 ZR 39/02, ZIP 2003, 485; BAG NJW 1995, 675, 676; BAG NJW 1999, 3069, 3070.
[145] Vgl. die Durchführungsanweisungen zu den ehemaligen §§ 141a–n AFG, ZIP 1980, 137, 140.
[146] Vgl. BSG ZIP 1983, 103, 104.

in Betracht, wenn die Gesellschaftsanteile der in die Insolvenz gefallenen GmbH von Unternehmen gehalten werden, an denen der Geschäftsführer maßgeblich beteiligt ist. Trotz formaler Fremdgeschäftsführung ist seine Tätigkeit in diesem Fall als eigenwirtschaftlich orientiert anzusehen.[147]

j) *Vorstandsmitglieder.* Vorstandsmitglieder einer insolventen Aktiengesellschaft sind dagegen grundsätzlich keine Arbeitnehmer, weil es kaum vorstellbar ist, dass sie arbeitsbegleitenden Weisungen unterliegen.[148] Die Organstellung der Vorstandsmitglieder von Aktiengesellschaften ist nicht arbeitnehmer-, sondern arbeitgeberähnlich ausgestaltet.[149] Sie sind hinsichtlich ihrer Bezüge nicht durch das Insolvenzgeld geschützt.[150] Aufgrund der Vorschriften des Aktiengesetzes sind sie in ihrer Stellung als Vorstandsmitglieder unternehmerähnlich und deshalb unabhängig ausgestaltet (§§ 78, 82, 84, 88 ff. AktG) und können konsequenterweise – von extremen Ausnahmefällen abgesehen – die Arbeitnehmereigenschaft auf Grund der rechtlichen Tatbestandsvoraussetzungen nicht erfüllen. Demzufolge können die auf Arbeitnehmer bezogenen insolvenzrechtlichen Vorschriften nicht eingreifen, weil Vorstandsmitglieder nicht versicherungspflichtig sind.[151] Auf die Frage einer eventuellen Kapitalbeteiligung, insbesondere deren Umfang kommt es nicht an. Auf der anderen Seite darf in Ausnahmefällen nicht übersehen werden, dass Vorstandsmitglieder – beispielsweise bei Konzerntöchtern – durchaus zugleich Arbeitnehmer der Konzernmutter sein können. Auch hier gilt es zu berücksichtigen, dass die gesellschaftsrechtliche Stellung als Vorstandsmitglied eine zugleich bestehende Arbeitnehmerstellung überlagern kann. Organmitglieder können sich nur dann auf arbeitsrechtliche Vorschriften berufen, wenn sie aus einem Arbeitsverhältnis heraus in das Vorstandsamt berufen worden sind und das Arbeitsverhältnis nach dem Ausscheiden aus dem Vorstand wieder auflebt.[152]

k) *Betriebliche Altersversorgung.* Die oben dargestellten Grundsätze gelten gleichermaßen im Bereich des BetrAVG. Wird die Rechtsstellung eines Organmitgliedes oder Gesellschafters zugleich durch eine Arbeitnehmereigenschaft überlagert, dann greift die Insolvenzsicherung der betrieblichen Altersversorgung bereits gemäß § 17 I 1 BetrAVG ein. Nur wenn nach den bisherigen Grundsätzen eine Arbeitnehmereigenschaft zu verneinen ist, stellt sich die weitergehende Frage einer Insolvenzsicherung gemäß § 17 I 2 BetrAVG. Dabei ist zu berücksichtigen, dass aus Zweck, Entstehungsgeschichte und Systematik als eines Arbeitnehmerschutzgesetzes eine „einschränkende" Auslegung des § 17 I 2 BetrAVG zwingend folgt. Nach der maßgeblichen Rechtsprechung des BGH werden durch diese Normen nicht solche Personen erfasst, die vermögens- und einflussmäßig mit dem Unternehmen, für das sie arbeiten, so stark verbunden sind, dass sie es wirtschaftlich als ihr eigenes betrachten und objektiv auch betrachten können.[153] Liegt eine Arbeitnehmereigenschaft nicht vor, dann folgt hieraus, dass im Geltungsbereich des BetrAVG für die in Kapitalgesellschaften Tätigen zwingend zu fordern ist, dass sie für ein „fremdes" Unternehmen tätig werden. Die Parallele zu den arbeitnehmerähnlichen Personen liegt auf der Hand.[154] Allein- oder Mehrheitsgesellschafter können

---

[147] *Schaub/Vogelsang*, Arbeitsrecht-Handbuch, § 14 Rn. 26.
[148] ErfK/*Rolfs*, § 7 SGB IV Rn. 23; MüKoInsO/*Löwisch/Caspers*, vor §§ 113–128 Rn. 22; vgl. ferner Uhlenbruck/Hirte/Vallender/*Hirte*, § 11 InsO Rn. 125 u 132.
[149] BGH v. 23.1.2003 – 9 ZR 39/02 unter II 2b der Gründe, ZIP 2003, 485, 487.
[150] BSG NZA 1987, 614; *Gagel/Peters-Lange*, AFG § 165 SGB III Rn. 11.
[151] *Schaub/Vogelsang*, Arbeitsrechts-Handbuch § 15 Rn. 27 unter Hinweis auf die §§ 5 SGB V und 1 S. 4 SGB VI; vgl. ferner § 27 I 5 SGB III.
[152] BAG v. 4.7.2001 – 2 AZR 242/00, NZA 2002, 401; BAG v. 23.8.2001 – 5 AZB 9/01, NZA 2002, 52.
[153] BGH v. 28.1.1991, DB 1991, 1231; BGH v. 15.10.2007 – II ZR 236/06, NZA 2008, 648; ErfKomm/*Steinmeyer*, § 17 BetrAVG Rn. 6; *Blomeyer/Otto/Rolfs*, § 17 Rn. 99 ff.
[154] Vgl. *Blomeyer/Otto/Rolfs*, § 17 Rn. 77 ff.

folglich nicht unter § 17 I 2 BetrAVG fallen, weil bei ihnen die Fremdheit des Unternehmens zu verneinen ist. Gleiches gilt für einen mit mindestens 10% beteiligten Minderheitsgesellschafter, der zusammen mit einem oder mehreren anderen Gesellschafter-Geschäftsführern bzw. kapitalbeteiligten Vorstandsmitgliedern über die Mehrheit verfügt, wenn von den anderen keiner eine eindeutige Mehrheitsbeteiligung innehat[155] oder zusammen mit einem anderen Gesellschafter über eine „institutionell verfestigte Mehrheitsmacht" zB infolge eines „Aktienbindungsvertrages", der in wichtigen Angelegenheiten Entscheidungsbefugnisse sichert, verfügt.[156] Entsprechendes gilt für das Vorliegen von Stimmbindungsverträgen. Ist dies allerdings nicht der Fall, so ist die Betriebsrente eines Minderheitsgesellschafters mit beträchtlichem Kapitalanteil – auch bei Fehlen einer Arbeitnehmereigenschaft – im Rahmen des BetrAVG grundsätzlich insolvenzgeschützt,[157] soweit das Unternehmen gegenüber dem durch die Betriebsrentenzusage Begünstigten als „fremdes" zu qualifizieren ist. Dass diese Regelung nicht durch Scheinarbeitsverträge unterlaufen werden kann, bedarf keiner weiteren Begründung.

63   l) *Gesellschafter von Personengesellschaften*. Die persönlich haftenden Gesellschafter von Personengesellschaften sind weder Arbeitnehmer im Sinne der Insolvenzordnung, noch sind sie zum Bezug von Insolvenzgeld berechtigt. Sie unterfallen regelmäßig auch nicht § 17 I 2 BetrAVG. Dies gilt grundsätzlich ohne Rücksicht auf den Umfang ihrer Kapitalbeteiligung. Für den Betriebsrentenschutz lässt der BGH allerdings dann eine Ausnahme zu, wenn der persönlich haftende Gesellschafter nur im Außenverhältnis als Gesellschafter auftritt, im Innenverhältnis aber nur „angestellter Komplementär" ist, worauf eine fehlende oder geringfügige Kapitalbeteiligung in Verbindung mit einer Haftungsfreistellung hindeuten kann.[158] Es kommt darauf an, inwieweit das Ruhegeld durch die Tätigkeit als Arbeitnehmer oder durch eine solche als Unternehmer verdient worden ist.[159] Sind die persönlich haftenden Gesellschafter in der Geschäftsführung der Personengesellschaft tätig, üben sie grundsätzlich mit allen anderen Gesellschaftern eine gleichrangige Leitungsmacht aus und können den Schutz des Gesetzes ohne Rücksicht auf die Höhe ihrer Beteiligung nicht in Anspruch nehmen.[160]

64   m) *Gesellschafter von Kapitalgesellschaften*. Der Alleingesellschafter einer Kapitalgesellschaft wird grundsätzlich vom Anwendungsbereich des BetrAVG nicht erfasst.[161] Er wird als Unternehmer behandelt. Mehrheitsgesellschafter haben nach der Rechtsprechung des BGH ebenfalls infolge ihrer hohen Kapitalbeteiligung und einer entsprechenden Leitungsmacht die Stellung eines Unternehmens, so dass das Gesetz auf sie nicht anzuwenden ist.[162] Eine Mehrheitsbeteiligung liegt vor, wenn jemand mindestens über 50% der Anteile verfügt. Liegt die unmittelbare oder mittelbare Beteiligung unter 50%, können die Versorgungsansprüche des Geschäftsführers einer GmbH & Co. KG insolvenzgeschützt sein.[163] Beträgt der Gesellschaftsanteil exakt 50%, ist eine Mehrheitsbeteiligung an sich nicht mehr gegeben. Sind dem Gesellschafter aber auf Grund besonderer Umstände die Anteile anderer Gesellschafter zuzurechnen, kann schon bei

---

[155] BGH NJW 1980, 2257; *Blomeyer/Otto/Rolfs,* § 17 Rn. 106, 107; ErfKomm/*Steinmeyer,* § 17 BetrAVG Rn. 13.
[156] BGH v. 14.7.1980 – 2 ZR 224/79, BB 1980, 1527; BGH v. 2.6.1997 – 2 ZR 181/96, EWIR 1997, 825.
[157] BGH NJW 1980, 2254.
[158] BGH v. 9.6.1980 – 2 ZR 255/78, NJW 1980, 2257.
[159] BGH v. 1.6.1981 – 2 ZR 140/80, ZIP 1981, 892.
[160] BGH v. 9.6.1980 – 2 ZR 255/78, NJW 1980, 2257; im Einzelnen *Blomeyer/Otto/Rolfs,* § 17 Rn. 124.
[161] ErfKomm/*Steinmeyer,* § 17 BetrAVG Rn. 12; *Blomeyer/Otto/Rolfs,* § 17 Rn. 99.
[162] *Blomeyer/Otto/Rolfs,* § 17 Rn. 102.
[163] BGH v. 28.4.1980 – 2 ZR 254/78, NJW 1980, 2254.

einer Beteiligung unter 50% die Anwendung des BetrAVG verneint werden.[164] Bei Minderheitsgesellschaftern ist zu unterscheiden, ob sie mit oder ohne Leitungsmacht ausgestattet sind. Minderheitsgesellschafter ohne Leitungsmacht können nicht als Unternehmer angesehen werden, so dass für sie gem. § 17 I 2 BetrAVG der Weg in den Schutzbereich des BetrAVG nicht versperrt ist.[165] Voraussetzung ist aber stets, dass der Gesellschafter als Arbeitnehmer für das Unternehmen tätig war und die Altersversorgung „aus Anlass" der Tätigkeit zugesagt worden ist.[166] Dies ist nicht der Fall, wenn die GmbH nur ihren Gesellschaftern eine Versorgung verspricht und die Art und Höhe der Altersversorgung bei Arbeitnehmern, die nicht Gesellschafter sind, nicht vertretbar wäre.[167] Verfügen Minderheitsgesellschafter eine Leitungsmacht über das Unternehmen, bleibt ihnen der Schutz des Gesetzes versagt. Ist ein Minderheitsgesellschafter als Geschäftsführer tätig und hat er gemeinsam mit einem oder weiteren Geschäftsführern die Mehrheit der Gesellschaftsanteile inne und keiner von ihnen allein die Anteilsmehrheit, werden sie als Unternehmer angesehen.[168] Bei einer mehrköpfigen Gesellschafter-Geschäftsführung wird daher regelmäßig eine Mitunternehmerschaft anzunehmen sein, sofern die Geschäftsführer insgesamt über die Mehrheit der Gesellschaftsanteile verfügen.[169]

n) *Mittelbares Arbeitsverhältnis.* Ein mittelbares Arbeitsverhältnis kann vorliegen, wenn ein Unternehmer einen anderen Unternehmer beauftragt, mit dessen Arbeitnehmern Leistungen für sich zu erbringen. In diesem Falle bestehen keine arbeitsvertraglichen Beziehungen zwischen den Arbeitnehmern des beauftragten Unternehmers und dem übergeordneten Unternehmer, weshalb bei Insolvenz des übergeordneten Unternehmers arbeitsrechtliche Ansprüche der Beschäftigten des untergeordneten Unternehmers irrelevant sind. Problematisch ist dagegen die Fallgestaltung, wenn ein Unternehmer mittels Arbeitsvertrages einen Arbeitnehmer einstellt und diesen beauftragt, mit eigenen Arbeitnehmern Leistungen für den Unternehmer zu erbringen. Zwar bestehen auch in diesem Falle keine direkten arbeitsrechtlichen Beziehungen zwischen den Arbeitnehmern des beauftragten Arbeitnehmers und dem Unternehmer, aber die arbeitsrechtliche Rechtsprechung prüft, ob die Konstruktion des mittelbaren Arbeitsverhältnisses zu einer Umgehung zwingenden Gesetzes oder Tarifrechts führt.[170] Ist der Mittelsmann in Bezug auf das Direktionsrecht lediglich Vermittler des mittelbaren Arbeitgebers, kann ein Fall der Arbeitnehmerüberlassung vorliegen.[171] Bei einem mittelbaren Arbeitsverhältnis besteht jedenfalls die Möglichkeit, dass die Vergütungsansprüche des Arbeitnehmers gegen den Mittelsmann im Insolvenzverfahren gegen den übergeordneten Arbeitgeber geltend gemacht werden. 65

o) *Sonstige Beschäftigungsverhältnisse.* Soweit eine Beschäftigung von Personen ausschließlich durch medizinische Gründe (Beschäftigungstherapie) oder beispielsweise durch erzieherische Gründe (Fürsorgezöglinge) oder aus sonstigen pädagogischen Gründen (Schülerpraktika, Studentenpraktika usw) bedingt ist, sind diese beschäftigten 66

---

[164] BGH v. 9.3.1981 – 2 ZR 171/79, ZIP 1981, 898; LG Köln v. 16.8.2001 – 24 O 21/01, ZIP 2001, 1649; im Einzelnen *Blomeyer/Otto/Rolfs*, § 17 Rn. 108–111.
[165] BGH v. 28.4.1980 – 2 ZR 254/78, NJW 1980, 2254; BGH v. 2.6.1997 – 2 ZR 181/96, NZA 1997, 1055; BAG v. 16.4.1997 – 3 AZR 869/95, NZA 1998, 101.
[166] BAG v. 15.8.2000 – 3 AZR 769/98, NZA 2001, 959.
[167] BAG v. 25.8.2000 – 3 AZR 769/98, NZA 2001, 959; *Blomeyer/Rolfs/Otto*, § 1 Rn. 30–31; *Schaub/Vogelsang*, Arbeitsrechts-Handbuch, § 84 Rn. 97.
[168] BGH v. 16.3.1981 – 2 ZR 222/79, BB 1981, 1524; BGH v. 25.9.1989 – 2 ZR 259/88, DB 1989, 2425; *Blomeyer/Rolfs/Otto*, § 17 BetrAVG Rn. 111.
[169] *Blomeyer/Rolfs/Otto*, § 17 BetrAVG Rn. 113.
[170] ErfKomm/*Preis*, § 611 BGB Rn. 198; *Schaub/Koch*, Arbeitsrechts-Handbuch § 183 Rn. 1; BAG v. 20.7.1982 – 3 AZR 446/80, NJW 1983, 645.
[171] ErfKomm/*Preis*, § 611 BGB Rn. 198.

Personen, soweit sie nicht auf Grund eines privatrechtlichen Vertrages tätig sind, nicht als Arbeitnehmer anzusehen.[172] Allerdings ist zu beachten, dass gemäß § 26 BBiG für Praktikanten grundsätzlich die §§ 10–23 und 25 BBiG gelten und damit gemäß § 10 II BBiG die Rechtsvorschriften und Rechtsgrundsätze des allgemeinen Arbeitsrechts. Zu beachten ist insbesondere der zwingende Vergütungsanspruch gemäß § 17 BBiG.[173] Auf Betriebspraktika von Schülern soll § 26 BBiG nicht anwendbar sein.[174] Die Beschäftigung von Praktikanten kann aber, gleichgültig ob dies ohne oder mit Arbeitsentgelt geschieht, sozialversicherungspflichtig gemäß den §§ 20 I 2 SGB XI, 5 I Nr. 10 SGB V sein.[175] Strafgefangene, die aufgrund eines öffentlich-rechtlichen Gewaltverhältnisses zur Arbeit verpflichtet sind, sind keine Arbeitnehmer, weil sie nicht aufgrund eines privatrechtlichen Arbeitsvertrages tätig werden.[176] Strafgefangene können aber auch Arbeitnehmer sein, wenn sie gem. § 39 Nr. 2 StVollzG in einem freien Beschäftigungsverhältnis arbeiten. Sie erhalten eine Vergütung und werden zur Lohnsteuer und zu den Sozialversicherungsbeiträgen herangezogen.[177] Werden von der Agentur für Arbeit Leistungen zur Eingliederung in Arbeit gemäß § 16 SGB II erbracht, kann es sich um reguläre Arbeitsverhältnisse handeln. Werden für erwerbsfähige Hilfsbedürftige, die keine Arbeit finden können, gemäß § 16 III SGB II Arbeitsgelegenheiten geschaffen, ist den erwerbsfähigen Hilfsbedürftigen zzgl zum Arbeitslosengeld II eine angemessene Entschädigung für Mehraufwendungen zu zahlen. Durch diese „Ein-Euro-Jobs" wird gemäß § 16 III SGB II kein Arbeitsverhältnis begründet, sondern es handelt sich um einen öffentlich-rechtlichen Dienstvertrag.[178] Ein Arbeitsverhältnis wird auch nicht begründet, wenn der zuständige Träger einem Hilfebedürftigen als Eingliederungsleistung nach § 16 SGB II eine betriebliche Praxiserprobung bei einem privaten Unternehmen bewilligt.[179]

67 p) *Zweifelsfälle.* In verbleibenden Zweifelsfällen sind Ausgangspunkt der insolvenzrechtlichen Erfassung von Individualansprüchen auf Grund erbrachter Leistungen die rechtlichen Tatbestandsmerkmale der Arbeitnehmereigenschaft. Schon im Hinblick auf die Verpflichtung des Insolvenzverwalters zur Bildung von Gruppen gem. § 222 InsO ist dieser verpflichtet, eine besondere Gruppe der Arbeitnehmer gem. § 222 III 1 InsO festzulegen. Die Bildung einer Arbeitnehmergruppe ist obligatorisch, wenn die Arbeitnehmer als Insolvenzgläubiger mit nicht unerheblichen Forderungen beteiligt sind und keine besonderen Umstände vorliegen, die es rechtfertigen könnten, von der Bildung dieser Gruppe abzusehen.[180]

68 q) *Arbeitnehmerähnliche Personen.* Arbeitnehmerähnliche Personen sind Selbstständige, die sich von Arbeitnehmern durch den Grad der persönlichen Abhängigkeit wegen fehlender oder gegenüber Arbeitnehmern geringeren Weisungsgebundenheit, oft auch wegen einer fehlenden oder geringeren Eingliederung in eine betriebliche Organisation unterscheiden. An die Stelle der persönlichen Abhängigkeit tritt die wirtschaftliche Unselbstständigkeit. Eine wirtschaftliche Abhängigkeit ist regelmäßig gegeben, wenn der

---

[172] Vgl. *Schaub/Vogelsang,* Arbeitsrechts-Handbuch § 16 Rn. 10; ErfKomm/*Preis,* § 611 BGB Rn. 152–157.
[173] *Schaub/Vogelsang,* Arbeitsrechts-Handbuch § 16 Rn. 10.
[174] *Schaub/Vogelsang,* Arbeitsrechts-Handbuch § 16 Rn. 10.
[175] Vgl. *Schaub/Vogelsang,* Arbeitsrechts-Handbuch, § 16 Rn. 11; *Ferme,* AuA 2007, 456.
[176] *Schaub/Linck,* Arbeitsrechts-Handbuch § 29 Rn. 11.
[177] *Schaub/Vogelsang,* Arbeitsrechts-Handbuch § 8 Rn. 19; ErfKomm/*Preis,* § 611 BGB Rn. 156.
[178] BAG v. 8.11.2006 – 5 AZB 36/06, NZA 2007, 53; BAG v. 26.9.2007 – 5 AZR 857/06, NZA 2007, 1422.
[179] BAG v. 19.3.2008 – 5 AZR 435/07, NZA 2008, 760; *Schaub/Vogelsang,* Arbeitsrechts-Handbuch, § 8 Rn. 20.
[180] Uhlenbruck/Hirte/Vallender/*Lüer,* § 22 Rn. 7, 23; MüKoInsO/*Eidenmüller,* § 222 Rn. 110, 114, 115.

Beschäftigte zur Sicherung seiner Existenz auf die Verwertung seiner Arbeitskraft und die Einkünfte aus der Tätigkeit für den Vertragspartner angewiesen ist.[181] Zu den arbeitnehmerähnlichen Personen zählen insbesondere Heimarbeiter, Hausgewerbetreibende und Zwischenmeister, Handelsvertreter und Freie Mitarbeiter.[182] Die arbeitsrechtlichen Vorschriften gelten für arbeitnehmerähnliche Personen im Allgemeinen nicht. Die Tätigkeit von arbeitnehmerähnlichen Personen erfolgt aufgrund von Dienst- oder Werkverträgen. Arbeitnehmerähnliche Personen sind auch dann keine Arbeitnehmer im insolvenzrechtlichen Sinne, wenn sie ausschließlich für das Unternehmen gearbeitet haben.[183] Arbeitsrecht ist auf arbeitnehmerähnliche Personen grundsätzlich nicht anwendbar.[184] Für arbeitnehmerähnliche Personen gelten insbesondere nicht das Kündigungsschutzgesetz und die Sonderkündigungsschutzbestimmungen. Nur in Ausnahmefällen gibt es gesetzliche Regelungen für arbeitnehmerähnliche Personen, die gem. § 2 BUrlG einen Urlaubsanspruch erlangen und Ansprüche auf Feiertagsbezahlung haben können (§§ 1, 2 EFZG). Im Einzelfall kann es gerechtfertigt sein, einzelne arbeitsrechtliche Vorschriften analog anzuwenden.[185] Die insolvenzrechtlichen Vorschriften finden auf arbeitnehmerähnliche Personen weder unmittelbar noch mittelbar Anwendung.[186] Haben die arbeitnehmerähnlichen Personen auf Grund von selbstständigen Dienstverträgen Leistungen für das Unternehmen erbracht, kann das Dienstverhältnis gem. § 113 InsO gekündigt werden, denn diese Vorschrift gilt nicht nur für Arbeitsverhältnisse, sondern allgemein für Dienstverhältnisse. Für die Bezüge aus einem solchen Dienstverhältnis ist § 114 InsO anzuwenden.[187] Da § 165 SGB III nF auf den arbeitsrechtlich vorgegebenen Arbeitnehmerbegriff zurückgreift, können arbeitnehmerähnliche Personen grundsätzlich nicht zum Kreis der Insolvenzgeldberechtigten gezählt werden.[188] Allerdings muss beachtet werden, dass es sozialrechtlich auf das Vorliegen eines abhängigen Beschäftigungsverhältnisses ankommt. Für den Bereich der Arbeitsförderung und damit für den Anspruch auf Insolvenzgeld ist die Definition der Beschäftigung in § 7 SGB IV maßgebend, die sich nicht zwangsläufig mit dem arbeitsrechtlichen Begriff des Arbeitsverhältnisses deckt.[189] Deshalb ist zu beachten, dass die wirtschaftliche Abhängigkeit allein für die Annahme eines Beschäftigungsverhältnisses im sozialversicherungsrechtlichen Sinne nicht ausreicht.[190] Entscheidenes Merkmal ist vielmehr die persönliche Abhängigkeit von fremden Weisungen und die Eingliederung in eine fremdbestimmte Arbeitsorganisation. Heimarbeiter sind zwar selbstständig tätig, aber kraft der Fiktion des § 12 Abs. 2 SGB IV sozialrechtlich als Beschäftigte zu behandeln.[191] Die Bundesagentur für Arbeit ist weder an ein arbeitsgerichtliches Statusurteil noch an einen Bescheid der Krankenkasse als Einzugsstelle für die Sozialversicherungsbeiträge gem. § 28i SGB IV gebunden.[192]

---

[181] BAG 21.12.2010 – 10 AZB 14/10, NZA 2011, 309; BAG 21.2.2007 – 5 AZB 52/06, NJW 2007, 1709.
[182] Vgl. *Schaub/Vogelsang*, Arbeitsrechts-Handbuch, § 10 Rn. 4.
[183] MüKoInsO/*Löwisch/Caspers*, vor §§ 113–128 Rn. 20.
[184] *Schaub/Vogelsang*, Arbeitsrechts-Handbuch § 10 Rn. 6; ErfKomm/*Preis*, § 611 BGB Rn. 136.
[185] *Schaub/Vogelsang*, Arbeitsrechts-Handbuch § 10 Rn. 7; ErfKomm/*Preis*, § 611 BGB Rn. 136.
[186] Uhlenbruck/Hirte/Vallender/*Lüer*, § 222 Rn. 24; MüKoInsO/*Löwisch/Caspers*, vor §§ 113–128 Rn. 20.
[187] MüKoInsO/*Löwisch/Caspers*, vor §§ 113–128 Rn. 20; ders, § 113 Rn. 8 und § 114 Rn. 4; Uhlenbruck/Hirte/Vallender/*Berscheid*, § 113 InsO Rn. 9.
[188] AA möglicherweise Uhlenbruck/Hirte/Vallender/*Berscheid*, § 22 Rn. 104, 105.
[189] ErfK/*Rolfs*, SGB IV § 7 Rn. 2.
[190] ErfK/*Rolfs*, § 7 SGB IV Rn. 15.
[191] *Schaub/Vogelsang*, Arbeitsrechts-Handbuch, § 10 Rn. 12.
[192] *Niesel-Roeder*, § 183 Rn. 19; *Lakies* NZA 2000, 565; vgl. ferner SG Altenburg v. 29.8.2000 – S 7 AL 1023/99, DZWIR 2002, 242 m. Anm. *Scheibner* zum Insolvenzgeldanspruch des Vorstandsmitgliedes einer Genossenschaft.

69 4. Individualarbeitsrechtliche Ansprüche. Aus der grundsätzlichen Vorschrift des § 108 I 1 InsO folgt, dass das Arbeitsverhältnis, gleichgültig ob es bereits angetreten ist oder nicht, unverändert weiterbesteht. Hieraus folgt zwingend, dass die arbeitsvertraglichen Rechte, Ansprüche und Pflichten beider Vertragsparteien (zunächst) unverändert bestehen bleiben. Trotz der Insolvenz ist der Arbeitnehmer daher verpflichtet, seine vertraglich geschuldete Arbeitsleistung zu erbringen; im Gegenzug behält er seinen Anspruch auf die vertraglich vereinbarte Vergütung. Ebenso ist der Arbeitgeber bzw. in Ausübung seiner Rechte und Pflichten der Insolvenzverwalter unverändert verpflichtet, den Arbeitnehmer (weiter) zu beschäftigen, ihm den vereinbarten Lohn zu zahlen und umgekehrt alle Ansprüche auf die Erbringung der Arbeitsleistung durch den Arbeitnehmer geltend zu machen. Bei noch nicht angetretenen Arbeitsverhältnissen wird § 103 InsO durch § 113 InsO gemäß § 108 I 1 InsO verdrängt, dh bis zum Ablauf der Kündigungsfrist bestehen die beiderseitigen Pflichten ungeachtet der Insolvenz. Weiterhin treffen Arbeitnehmer und (Arbeitgeber-)Insolvenzverwalter die sich aus dem Arbeitsverhältnis ergebenden jeweiligen Nebenleistungs- und Nebenpflichten, insbesondere die Treue- und Fürsorgepflicht.

70 a) *Vergütungsanspruch.* Der Vergütungsanspruch umfasst nicht nur den eigentlichen Lohn- und Gehaltsanspruch, sondern ebenso alle sonstigen Geldleistungen und geldwerten Ansprüche wie beispielsweise Gratifikationen, Gewinn- und Umsatzbeteiligungen, Prämien, Provisionen und Auslageerstattungen.[193] Soweit Ansprüche auf Naturalleistungen (wie etwa Verpflegung, Unterbringung oder Nutzung eines Firmenwagens) bestehen, bleiben auch diese erhalten.[194] Gleiches gilt für Ansprüche, die im Zusammenhang mit dem Recht des Arbeitnehmers auf Urlaub stehen, wie die tatsächliche Urlaubsgewährung, Urlaubsentgelt (§ 11 BUrlG), Urlaubsgeld und Urlaubsabgeltung (§ 7 IV BUrlG).[195]

71 b) *Leistungskürzungen.* Die Insolvenz als solche bietet dem Insolvenzverwalter keine Möglichkeit, die seitens des Schuldners den Arbeitnehmern gegenüber geschuldeten Leistungen wegen der Insolvenz einseitig zu kürzen. Allerdings kann die der Insolvenz zugrunde liegende wirtschaftliche Situation des Unternehmens einen insolvenzspezifischen Grund dafür bilden, um unter Wahrung der rechtstechnischen Instrumente Leistungskürzungen durchzusetzen. Unter Ausübung des billigen Ermessens gem. § 315 BGB können unter Vorbehalt gewährte freiwillige Leistungen widerrufen werden.[196] Weitergehend können einvernehmliche Änderungen angestrebt werden, um einzelvertraglich festgelegte Entgelte und sonstige Arbeitgeberleistungen der Insolvenzsituation anzupassen.[197] Gelingt die einvernehmliche Änderung der geschlossenen Arbeitsverträge nicht, kann der Insolvenzverwalter Änderungskündigungen zur Reduzierung der Arbeitsvergütungen in Betracht ziehen, um andernfalls erforderliche Beendigungskündigungen zu vermeiden und den Fortbestand des Unternehmens mit seinen Arbeitsplätzen zu sichern. Der Insolvenzverwalter muss in diesem Fall ein Konzept vorlegen, welches im Falle seiner Umsetzung bezogen auf den gesamten Betrieb oder in einzelnen Betriebsabteilungen Entlassungen zur Folge gehabt hätte.[198] Dabei gilt der Grundsatz, dass geschlossene Verträge einzuhalten sind. Allein der Umstand der Insolvenzeröffnung und die nicht ausreichende

---

[193] MüKoInsO/*Hefermehl*, § 55 Rn. 165, 166; Uhlenbruck/Hirte/Vallender/*Berscheid*, § 55 Rn. 60; Lakies NZA 2001, 521.
[194] MüKoInsO/*Hefermehl*, § 55 Rn. 171.
[195] MüKoInsO/*Hefermehl*, § 55 Rn. 175–179; Uhlenbruck/Hirte/Vallender/*Berscheid*, § 55 Rn. 63.
[196] MüKoInsO/*Löwisch/Caspers*, § 120 Rn. 56.
[197] MüKoInsO/*Löwisch/Caspers*, § 120 Rn. 55.
[198] MüKoInsO/*Löwisch/Caspers*, § 120 Rn. 61; *Schaub/Linck*, Arbeitsrechts-Handbuch § 137 Rn. 48; BAG v. 1.7.1999 – 2 AZR 826/98, NZA 1999, 1336; BAG v. 23.6.2005 – 2 AZR 642/04, NZA 2006, 92; BAG v. 26.6.2008 – 2 AZR 139/07, NZA 2008, 1182.

Liquidität sind für sich genommen keine dringenden betrieblichen Erfordernisse iSv § 1 II 1 KSchG, welche eine betriebsbedingte Änderungskündigung zum Abbau der zugesagten Vergütung rechtfertigen können.[199] Zunächst muss der Insolvenzverwalter darlegen, dass alle anderen Möglichkeiten ausgeschöpft sind und auf Grund eines Sanierungskonzeptes nachvollziehbar ist, dass die angestrebten Einsparungen unumgänglich sind. Maßgebend ist nicht die wirtschaftliche Situation einer Betriebsabteilung, sondern abzustellen ist auf die Verhältnisse des gesamten Betriebes.[200]

Soweit Tarifgebundenheit der betroffenen Arbeitnehmer besteht, kommt darüber hinaus wegen der unmittelbaren und zwingenden Geltung tariflicher Inhaltsnormen eine Änderungskündigung ohnehin nur im Hinblick auf bisher geleistete, übertarifliche Lohnbestandteile in Betracht;[201] ein Verzicht auf entstandene tarifliche Rechte ist nur in einem von den Tarifvertragsparteien gebilligten Vergleich gem. § 4 IV TVG zulässig. Verschiedene Tarifverträge enthalten inzwischen Öffnungsklauseln (sog. Bündnisse für Arbeit), die mit Billigung der Tarifvertragsparteien vorübergehende tarifliche Regelungen zulassen, welche eine Reduzierung der normalen tariflichen Vergütungssätze zulassen und daher einen begrenzten Lohnverzicht der Arbeitnehmer erlauben.[202] Bestehen für den Insolvenzverwalter die Möglichkeiten einer tarifvertraglichen Absenkung der Vergütung nicht, bleibt ihm nur der schmale Grad einer Änderungskündigung, die sich dann nur auf übertarifliche Vergütungsbestandteile beziehen kann, aber wegen ihres Vorrangs vor einer Beendigungskündigung des Arbeitsverhältnisses zunächst in Betracht zu ziehen ist.[203]

c) *Freiwillige Lohnzuschläge*. Es ist zu unterscheiden zwischen Lohn- und Gehaltserhöhungen oder Zuschlägen, die Bestandteil der arbeitsvertraglich zugesagten Vergütung geworden sind und solchen Vergütungszuschlägen, die unter dem ausdrücklichen Vorbehalt ihres jederzeitigen Widerrufs gezahlt worden sind. Werden wiederkehrende Leistungen erbracht, die über die tariflich oder arbeitsvertraglich vorgesehene Vergütungshöhe hinausgehen, ergibt sich aus einem sie begleitenden Freiwilligkeitsvorbehalt noch nicht die Befugnis ihres jederzeitigen Widerrufs.[204] Der Freiwilligkeitsvorbehalt kann lediglich das Entstehen einer betrieblichen Übung verhindern und eröffnet dem Arbeitgeber die Möglichkeit, jederzeit neu über die Gewährung oder Nichtgewährung freiwilliger Leistungen zu entscheiden.

d) *Widerrufsvorbehalt*. Ist ein ausdrücklicher Widerrufsvorbehalt vereinbart worden, eröffnet dies dem Insolvenzverwalter nicht die Befugnis, die Vergütungszulagen schrankenlos nach freiem Ermessen zu widerrufen. Er ist vielmehr bei der Ausübung des Widerrufsrechts an die Grundsätze des billigen Ermessens gem. § 315 BGB gebunden.[205] Der Widerruf einer Leistungszulage unterliegt in vorformulierten Arbeitsverträgen der Inhaltskontrolle gemäß § 308 Nr. 4 BGB. Danach ist eine Klausel, die es dem Arbeitgeber einschränkungslos gestattet, übertarifliche Lohnbestandteile jederzeit zu widerrufen, unwirksam.[206] Die Vereinbarung eines Widerrufsrechts ist grundsätzlich zulässig

---

[199] BAG v. 16.5.2002 – 2 AZR 292/01, NZA 2003, 147; ErfK/*Oetker*, § 2 KSchG Rn. 60.
[200] BAG v. 12.11.1998 – 2 AZR 91/98, NZA 1999, 471; ErfK/*Oetker*, § 2 KSchG Rn. 62; *Schaub/Linck*, Arbeitsrechts-Handbuch § 137 Rn. 48.
[201] MüKoInsO/*Löwisch/Caspers*, § 120 Rn. 64.
[202] ErfK/*Franzen*, § 4 TVG Rn. 27, 30; vgl. *Bauer/Hausmann* NZA 2000, Sonderbeilage Heft 24.
[203] *Schaub/Linck*, Arbeitsrechts-Handbuch § 137 Rn. 4; ErfK/*Oetker*, § 2 KSchG Rn. 62.
[204] BAG v. 23.10.2002 – 10 AZR 48/02, NZA 2003, 557; BAG v. 14.6.1995 – 5 AZR 126/94, NZA 1995, 1194 und v. 6.12.1995 – 10 AZR 198/95, NZA 1996, 1027; ErfKomm/*Preis*, §§ 305–310 BGB Rn. 56 und 70.
[205] BAG v. 13.5.1987 – 5 AZR 125/86, NZA 1988, 95; *Schaub/Linck*, Arbeitsrechts-Handbuch § 69 Rn. 27; ErfKomm/*Preis*, §§ 305–310 BGB Rn. 59.
[206] BAG v. 11.10.2006 – 5 AZR 721/05, NZA 2007, 87; *Schaub/Linck*, Arbeitsrechts-Handbuch § 32 Rn. 84.

und wegen der unsicheren Entwicklung der Verhältnisse als Instrument der Anpassung notwendig. Sie unterliegt aber als allgemeine Geschäftsbedingung der Inhaltskontrolle gemäß den §§ 307, 308 BGB.[207] Voraussetzungen und Umfang der vorbehaltenen Änderungen müssen möglichst konkretisiert werden, damit der Arbeitnehmer erkennen kann, in welchem Umfang und aus welchen Gründen er mit dem Wegfall oder der Kürzung übertariflicher Vergütungsbestandteile rechnen muss.[208] Handelt es sich um zweckgebundene Zulagen, die an bestimmte Voraussetzungen geknüpft sind (Nacht-, Erschwernis-, Wechselschicht, Leistungszulage), kommt ein Widerruf nur in Betracht, wenn sich der Arbeitgeber einen solchen ausdrücklich vorbehalten hat, insoweit keine tarifliche Absicherung besteht und der Zweck der Zulage den Widerruf rechtfertigt. Als weiteres Instrument der Leistungskürzung kommt die Anrechnung übertariflicher Zulagen auf Tariferhöhungen in Betracht. Auch in diesem Fall muss sich der Arbeitgeber eine Anrechnung der Zulage auf spätere Tariflohnerhöhungen ausdrücklich vorbehalten haben.[209] Wird die Zulage zum Ausgleich besonderer Erschwernisse gewährt, scheidet eine Anrechnung auf Tariflohnerhöhungen regelmäßig aus.[210]

75 **e)** *Ausübung des Widerrufsrechts.* Der Insolvenzverwalter hat bei der Ausübung seiner Widerrufs- oder Anrechnungsbefugnis den Gleichbehandlungsgrundsatz und bei Vorliegen eines kollektiven Tatbestandes das Mitbestimmungsrecht des Betriebsrats gem. § 87 I Nr. 10 BetrVG zu beachten.[211] Es ist anerkannt, dass die wirtschaftliche Lage des Unternehmens – wenn die dargestellten formellen Voraussetzungen erfüllt sind – den Widerruf übertariflicher oder übervertraglicher Vergütungsbestandteile rechtfertigen kann.[212] Wird der Betrieb aber ohnehin stillgelegt oder aufgelöst, scheidet ein derartiger Widerruf in der Insolvenz regelmäßig aus, da andernfalls eine unzulässige Verkürzung von Gläubigeransprüchen zugunsten anderer Gläubiger die Folge wäre. Zu beachten ist in diesem Zusammenhang, dass es schon im Vorfeld der Insolvenz zu einem Verzicht der Arbeitnehmer auf Sonderzahlungen oder anderer zusätzlicher Leistungen gekommen sein kann.

76 **f)** *Betriebliche Übung.* Sind die Ansprüche nicht arbeitsvertraglich verbrieft, sondern durch eine betriebliche Übung entstanden, können sie durch eine gegenläufige betriebliche Übung wieder beseitigt worden sein.[213] Dies kann etwa der Fall sein, wenn die Arbeitnehmer einer neuen Handhabung über einen Zeitraum von drei Jahren nicht widersprochen haben. Nicht selten kommt es vor, dass Arbeitnehmer auf bestimmte Leistungen wie Sonderzuwendungen, Gratifikationen, Weihnachts- oder Urlaubsgeld verzichtet haben, um den Bestand des Unternehmens zu sichern und betriebsbedingte Kündigungen zu vermeiden. In diesen Fällen ist bei Insolvenzeröffnung anhand der getroffenen Vereinbarungen zu prüfen, ob die Ansprüche lediglich gestundet worden sind oder ob auf sie mit der Aussicht eines Wiederauflebens verzichtet worden ist.

77 **g)** *Ruhegeldzusagen.* Besonderheiten gelten allerdings hinsichtlich des einseitigen Widerrufs bzw. der Kürzung von Ansprüchen auf Leistungen aus einer Ruhegeldzusage in der Insolvenz. Zwar können derartige Ansprüche widerrufen oder gekürzt werden, wenn der Bestand des Unternehmens gefährdet und der Eingriff geeignet ist, die Sanierung des Unternehmens herbeizuführen.[214] Weil aber der Sicherungsfall der wirtschaft-

---

[207] BAG v. 12.1.2005 – 5 AZR 364/04, NZA 2005, 465.
[208] Vgl. im Einzelnen *Schaub/Linck,* Arbeitsrechts-Handbuch, § 69 Rn. 27.
[209] ErfKomm/*Preis,* §§ 305–310 BGB Rn. 64, 65.
[210] ErfKomm/*Preis,* §§ 305–310 BGB Rn. 67; LAG Köln NZA-RR 2001, 487.
[211] *Schaub/Linck,* Arbeitsrechts-Handbuch § 69 Rn. 30; ErfKomm/*Preis,* §§ 305–310 BGB Rn. 61.
[212] LAG Hamm v. 19.4.1999, NZA-RR 1999, 569; ErfKomm/*Preis,* §§ 305–310 BGB Rn. 60.
[213] BAG v. 4.5.1999 – 10 AZR 290/98, NZA 1999, 1162; BAG v. 18.3.2009 – 10 AZR 281/08, NZA 2009, 601.
[214] *Schaub/Vogelsang,* § 83 Rn. 340; *Blomeyer/Otto,* Anh § 1 Rn. 473; ErfK/*Steinmeyer,* Vorbem BetrAVG Rn. 8, 25, 31; *Boemke,* RdA 2010, 10 unter IV.

lichen Notlage gem. § 7 I 3 Nr. 5 BetrVG aF ab 1.1.1999 entfallen ist, haben Versorgungsempfänger im Falle der Insolvenz Ansprüche aus einer unmittelbaren Versorgungszusage des Arbeitgebers gegen den eintrittspflichtigen Pensionssicherungsverein (§ 7 I 1 BetrAVG). Damit ist der bisherigen Rechtsprechung zum Widerruf einer Versorgungszusage wegen wirtschaftlicher Notlage des Arbeitgebers der Boden entzogen. Dies hat das BAG nunmehr höchstrichterlich ausdrücklich klargestellt und entschieden, dass seit der Streichung des Sicherungsfalles der wirtschaftlichen Notlage die von der Rechtsprechung entwickelten Grundsätze zum Widerruf insolvenzgeschützter betrieblicher Versorgungsrechte wegen wirtschaftlicher Notlage nicht mehr gelten.[215] Mit der Eröffnung des Insolvenzverfahrens über das Vermögen des Unternehmens und der vollständigen Beendigung der Betriebstätigkeit treten die gesetzlich geregelten Sicherungsfälle in Kraft (§ 7 I 1 u 3 Nr. 3 BetrAVG). Die Versorgungsansprüche der Arbeitnehmer werden durch den Träger der Insolvenzsicherung abgesichert. Der Widerruf einer Versorgungsleistung wegen wirtschaftlicher Notlage wird danach nur in Betracht kommen, wenn das Unternehmen saniert und fortgeführt wird. In diesem Fall muss der notleidende Versorgungsschuldner einen Sanierungsplan vorlegen, welcher eine gerechte Verteilung der Sanierungslasten vorsieht und geeignete Wege zur Überwindung der Unternehmenskrise aufzeigt.[216]

h) *Ansprüche aus betrieblicher Übung.* Soweit schließlich Ansprüche der Arbeitnehmer 78 auf vertraglicher Einheitsregelung, Gesamtzusage oder auf betrieblicher Übung beruhen, gilt das zur Änderungskündigung bzw. zum Widerruf Ausgeführte mit der zusätzlichen Möglichkeit, durch eine ablösende Betriebsvereinbarung zwischen Insolvenzverwalter und Betriebsrat eine neue, vom bisherigen Stand abweichende Regelung zu treffen. Aufgrund der Entscheidung des Großen Senates des Bundesarbeitsgerichtes müsste sich die nachfolgende Betriebsvereinbarung allerdings an die Grenzen von Recht und Billigkeit halten und dürfte insgesamt bei kollektiver Betrachtung nicht ungünstiger sein als die alte Regelung (kollektives Günstigkeitsprinzip).[217] Die Kündigungsmöglichkeit gem. § 120 I 2 InsO bezieht sich ausdrücklich auf Betriebsvereinbarungen und kann daher nicht ohne weiteres auf arbeitsvertragliche Einheitsregelungen übertragen werden.[218] Gesamtzusagen oder betriebliche Einheitsregelungen können daher nur durch eine ablösende Betriebsvereinbarung im Rahmen des kollektiven Günstigkeitsprinzips umstrukturiert werden.[219] Damit wird der Insolvenzverwalter das Ziel einer Herabsetzung der Vergütungsleistungen nicht mit Hilfe einer die betriebliche Einheitsregelung ablösenden Betriebsvereinbarung erreichen können. Er ist im Wesentlichen auf die Instrumente Widerruf und Änderungskündigung angewiesen.[220]

i) *Freistellung, Urlaubsansprüche.* Ist der Insolvenzverwalter gezwungen, Arbeitnehmer 79 von ihrer Verpflichtung zur Arbeitsleistung auf Grund fehlender Beschäftigungsmöglichkeiten freizustellen, entsteht Annahmeverzug mit der Folge, dass auch für die Zeiten der Freistellung Ansprüche der Arbeitnehmer auf Arbeitsentgelt unverändert fortbestehen.[221] In einer für die Insolvenzpraxis bedeutsamen Entscheidung hat das BAG im Falle einer unwiderruflichen Freistellung des Arbeitnehmers die Anrechnung anderwei-

---

[215] BAG v. 17.6.2003 – 3 AZR 396/02, ZInsO 2004, 55m Anm. *Schumann*, EWIR 2004, 267; BAG 31.7.2007 – 3 AZR 373/06, ZIP 2007, 2326; BAG 18.11.2008 – 3 AZR 417/07, NZA 2009, 1112; Blomeyer/Rolfs/Otto, Anh § 1 Rn. 524; vgl. *Blomeyer/Otto*, § 7 Rn. 116; *ders*, Anh § 1 Rn. 473; *Schwerdtner*, FS für *Uhlenbruck*, S 799.
[216] BAG v. 24.4.2001 – 3 AZR 402/00, NZA 2001, 1306.
[217] BAG (GS) NZA 1987, 168.
[218] MüKoInsO/*Löwisch/Caspers*, § 120 Rn. 13.
[219] MüKoInsO/*Löwisch/Caspers*, §§ 121, 122 Rn. 63.
[220] MüKoInsO/*Löwisch/Caspers*, § 120 Rn. 63.
[221] Uhlenbruck/Hirte/Vallender/*Berscheid*, § 108 Rn. 48; MüKoInsO/*Hefermehl*, § 55 Rn. 168.

tig erzielten Verdienstes gemäß § 615 S. 2 BGB eingeschränkt.[222] Besteht der Anspruch auf Fortzahlung der geschuldeten Vergütung auch während der Freistellungsphase unverändert fort, kann es sinnvoll sein, etwaige noch bestehende Urlaubsansprüche der Arbeitnehmer in der Zeit der Freistellung zu erfüllen, und zwar notfalls durch einseitige Erklärung des Insolvenzverwalters, kraft derer die Zeit der Freistellung zur Erfüllung noch bestehender Urlaubsansprüche dient. Um die Erfüllungswirkung herbeizuführen, muss der Insolvenzverwalter den Arbeitnehmer unwiderruflich von der Arbeitspflicht freistellen. Eine nur widerrufliche Freistellung des Arbeitnehmers genügt nicht.[223] Der Urlaubsanspruch wird durch die Freistellung nach höchstrichterlicher Rechtsprechung selbst dann wirksam erfüllt, wenn der Insolvenzverwalter entgegen § 11 II BUrlG vor Urlaubsantritt kein Urlaubsentgelt entrichtet, denn die Erfüllung der Lohnfortzahlungspflicht in Form des Urlaubsentgeltes ist selbst nicht Inhalt der Pflicht zur Urlaubserteilung.[224] § 11 II BUrlG verändert lediglich die ansonsten geltende gesetzliche Fälligkeitsregelung und hat daher keinen Einfluss auf die Wirksamkeit der Urlaubserteilung als solche. Zahlt der Insolvenzverwalter folglich das Urlaubsentgelt nicht vor Urlaubsantritt aus, so führt dieses allein dazu, dass er sich hinsichtlich des Urlaubsentgeltes in Verzug befindet.[225] Das BAG verlangt allerdings, dass im Freistellungszeitraum Beginn und Ende des Urlaubs festgelegt werden müssen.[226]

80   **j)** *Freistellung während der Kündigungsfrist.* Nach Ausspruch einer ordentlichen Kündigung kann der Insolvenzverwalter den Arbeitnehmer für die Dauer der Kündigungsfrist unter Anrechnung bestehender Urlaubsansprüche von der Arbeit freistellen. Der Insolvenzverwalter erfüllt den Urlaubsanspruch des Arbeitnehmers, wenn er ihm das Recht einräumt, die konkrete Lage des Urlaubs selbst zu bestimmen.[227] Ist der Arbeitnehmer damit nicht einverstanden, hat er dies dem Insolvenzverwalter unverzüglich mitzuteilen. Unterbleibt eine solche Mitteilung, darf der Insolvenzverwalter davon ausgehen, dass der Arbeitnehmer die Urlaubszeit innerhalb der Kündigungsfrist selbst festlegt.[228] Die zur Erfüllung des Anspruchs erforderliche Erklärung des Insolvenzverwalters muss hinreichend deutlich erkennen lassen, dass eine unwiderrufliche Befreiung von der Arbeitspflicht zur Erfüllung des Anspruchs auf Urlaub gewährt wird. Dies ist nicht der Fall, wenn er den Arbeitnehmer zugleich bittet, ihm die Höhe des während der Freistellung erzielten anderweitigen Verdienstes mitzuteilen.[229] Dem Insolvenzverwalter ist daher anzuraten, bei seiner Erklärung, der Urlaub werde auf die Freistellung angerechnet, die Unwiderruflichkeit und den Beginn und das Ende des Urlaubszeitraums in bestimmbarer Weise zum Ausdruck zu bringen.

81   **k)** *Anwartschaften.* Hat der Arbeitnehmer im Zusammenhang mit dem Arbeitsverhältnis gegenüber dem schuldnerischen Arbeitgeber eine Anwartschaft erlangt, bestehen diese Anwartschaften trotz Insolvenzeröffnung weiter, so dass sie während des Insolvenzverfahrens zu rechtlich durchsetzbaren Positionen erstarken können, falls die jeweiligen Tatbestandsvoraussetzungen, insbesondere die jeweils geltenden Fristen erfüllt sind. So kann beispielsweise die 6-Monatsfrist des Kündigungsschutzgesetzes bei einem erst seit kurzem eingestellten Arbeitnehmer erfüllt werden und folglich zum Eingreifen des

---

[222] BAG v. 19.3.2002 – 9 AZR 16/01, NZA 2002, 1055 = ZInsO 2002, 947 = ZIP 2002, 2186 m. Anm. *Castendiek.*
[223] BAG 19.5.2009 – 9 AZR 433/08, NZA 2009, 154.
[224] BAG NZA 1987, 633.
[225] BAG AP Nr. 15 zu § 7 BUrlG Abgeltung.
[226] BAG v. 23.1.2001 – 9 AZR 26/00, NJW 2001, 1964 m. Anm. *Pirscher* EWiR 2001, 751.
[227] BAG v. 14.3.2006 – 9 AZR 11/05, NZA 2006, 1008.
[228] BAG v. 6.9.2006 – 5 AZR 703/05, NZA 2007, 36; ErfKomm/*Dörner*, § 7 BUrlG Rn. 12.
[229] BAG v. 6.9.2006 – 5 AZR 703/05, NZA 2007, 36; BAG v. 14.3.2006 – 9 AZR 11/05, NZA 2006, 1008; BAG 17.5.2011 – 9 AZR 189/10, NZA 2011, 1032.

Kündigungsschutzes führen, oder eine Anwartschaft auf betriebliches Ruhegeld kann gem. § 1 I BetrAVG unverfallbar werden. Allerdings kann gem. § 3 I 4 BetrAVG der Teil der Anwartschaft, der während eines Insolvenzverfahrens erdient worden ist, auch ohne Zustimmung des Arbeitnehmers abgefunden werden, wenn die Betriebstätigkeit vollständig eingestellt und das Unternehmen liquidiert wird.[230]

l) *Arbeitnehmererfindungen.* Für Arbeitnehmererfindungen gibt das Arbeitnehmererfindungsgesetz[231] einen Vergütungsanspruch von der Eröffnung des Insolvenzverfahrens an gegen den Erwerber, wenn der Insolvenzverwalter die Diensterfindung mit dem Geschäftsbetrieb veräußert (§ 27 Nr. 1 ArbNErfG). Veräußert der Insolvenzverwalter die Diensterfindung ohne den Geschäftsbetrieb, so hat der Arbeitnehmer ein Vorkaufsrecht, wobei er mit seinen Ansprüchen auf Vergütung für die unbeschränkte Inanspruchnahme der Diensterfindung gegen die Kaufpreisforderung aufrechnen kann. Für den Fall, dass der Arbeitnehmer das Vorkaufsrecht nicht ausübt, kann der Insolvenzverwalter mit dem Erwerber vereinbaren, dass sich dieser verpflichtet, dem Arbeitnehmer eine angemessene Vergütung für die weitere Verwertung der Diensterfindung zu zahlen. Ansonsten erhält der Arbeitnehmer eine angemessene Abfindung aus dem Veräußerungserlös (§ 27 Nr. 2 ArbNErfG). Verwertet dagegen der Insolvenzverwalter die Diensterfindung im Unternehmen des Schuldners, so hat er dem Arbeitnehmer eine angemessene Vergütung für die Verwertung aus der Insolvenzmasse zu zahlen (§ 27 Nr. 3 ArbNErfG). Will der Insolvenzverwalter die Diensterfindung weder im Unternehmen des Schuldners verwerten noch veräußern, so ist der Insolvenzverwalter gemäß § 16 ArbNErfG verpflichtet, bei entsprechendem Verlangen des Arbeitnehmers diesem das Recht zu übertragen. Dann kann er mit seinen Ansprüchen auf Vergütung für die unbeschränkte Inanspruchnahme der Diensterfindung gegen den Anspruch auf Erstattung der Kosten der Übertragung aufrechnen (§ 27 Nr. 4 ArbNErfG). Im Übrigen kann der Arbeitnehmer seine Vergütungsansprüche nur als Insolvenzgläubiger geltend machen (§ 27 Nr. 5 ArbNErfG).

m) *Sonstige Ansprüche.* Bestehende Wettbewerbsverbote im Sinne der §§ 74 ff. HGB bleiben durch die Insolvenzeröffnung unberührt. Bei Ausscheiden des Arbeitnehmers aus dem Arbeitsverhältnis bleibt dessen Anspruch auf Zeugniserteilung gem. § 109 GewO ebenfalls mit der Maßgabe unberührt, dass die Pflicht zur Zeugniserteilung nunmehr den Insolvenzverwalter in Wahrnehmung der Arbeitgeberfunktionen trifft, wenn das Arbeitsverhältnis nach Insolvenzeröffnung über einen erheblichen Zeitraum fortgesetzt worden ist und der Arbeitnehmer seine Arbeitsleistung tatsächlich erbracht hat.[232] Endet das Arbeitsverhältnis nach Eröffnung des Insolvenzverfahrens, ist der Insolvenzverwalter für die gesamte Dauer des Arbeitsverhältnisses zur Zeugnisausstellung verpflichtet.[233] Dies gilt auch für einen gem. § 22 I InsO mit Verwaltungs- und Verfügungsbefugnis ausgestatteten starken vorläufigen Insolvenzverwalter. Es kommt nicht darauf an, wie lange er den Arbeitnehmer beschäftigt hat und ob er über eigene Kenntnisse bzgl dessen Arbeitsleistung verfügt. Zur Erfüllung seiner Zeugnisverpflichtung kann sich der Insolvenzverwalter seines Auskunftsanspruchs nach § 97 InsO bedienen.[234] Endet das Arbeitsverhältnis vor Insolvenzeröffnung, bleibt der Schuldner zur

---

[230] *Blomeyer/Rolfs/Otto,* § 3 Rn. 79–82; ErfKomm/*Steinmeyer,* § 3 BetrAVG Rn. 17.
[231] ArbNErfG vom 25.7.1957 (BGBl. I S. 756), zuletzt geändert durch das EGInsO vom 5.10.1994 (BGBl. I S. 2911). Ausführlich zu Arbeitnehmererfindungen in der Insolvenz FK/*Bartenbach/Volz,* Anhang II.
[232] LAG Köln v. 30.7.2001 – 2 Sa 1457/00, NZI 2002, 224; LAG Nürnberg v. 5.12.2002 – 2 Ta 137/03, NZA-RR 2003, 463.
[233] BAG v. 23.6.2004 – 10 AZR 495/03, NZA 2004, 1392 = ZIP 2004, 1474.
[234] BAG v. 30.1.1991 – 5 AZR 32/90, NZA 1991, 599; BAG v. 23.6.2004 – 10 AZR 495/03, NZA 2004, 1392 = ZIP 2004, 1974.

§ 104   84, 85

Ausstellung des Zeugnisses verpflichtet. Ein titulierter Anspruch auf Zeugniserteilung aus einem beendeten Arbeitsverhältnis kann nach Insolvenzeröffnung gegen den Schuldner als früheren Arbeitgeber vollstreckt werden.[235] Ein bereits vor Insolvenzeröffnung anhängiger Rechtsstreit auf Zeugniserteilung wird durch die Insolvenz nicht gem. § 240 ZPO unterbrochen und ist gegen den Schuldner fortzusetzen.[236]

84   **5. Tarifvertragliche Ansprüche.** Ebenso wie die individualarbeitsvertragsrechtlich begründeten Ansprüche bleiben auch diejenigen, die sich aus kollektivrechtlichen Anspruchsgrundlagen ergeben, von der Eröffnung des Insolvenzverfahrens prinzipiell unberührt. Dies gilt insbesondere hinsichtlich der tarifvertraglich begründeten Rechte und Pflichten, obwohl die Insolvenzordnung selbst keine Vorschriften über die Geltung von Tarifnormen innerhalb des Insolvenzverfahrens enthält. Aber es entspricht der allgemeinen Rechtslage, dass der Insolvenzverwalter in Wahrnehmung der Arbeitgeberfunktionen des Schuldners an die vor Insolvenzeröffnung abgeschlossenen Tarifverträge ebenso gebunden ist wie an diejenigen nach Insolvenzeröffnung, soweit der schuldnerische Arbeitgeber selbst seinerseits tarifgebunden ist.[237] Der Insolvenzverwalter rückt gem. § 80 InsO in den gesamten Pflichtenkreis des Schuldners als Arbeitgeber ein. Ihn treffen sämtliche Rechte und Pflichten aus der Arbeitgeberstellung des Insolvenzschuldners, auch die tarif- und betriebsverfassungsrechtlichen.[238] Die durch einen Tarifvertrag geregelten Bedingungen des Arbeitsverhältnisses bleiben auch nach Eröffnung des Insolvenzverfahrens bestehen.[239]

85   a) *Tarifbindung und Verbandszugehörigkeit.* Allerdings kann die Mitgliedschaft des Insolvenzschuldners in einem Arbeitgeberverband kraft Satzung mit der Eröffnung des Insolvenzverfahrens enden, so dass der Insolvenzverwalter nicht automatisch Verbandsmitglied wird.[240] Dies hat aber keine Auswirkungen auf die weiterhin bestehende Tarifbindung, sondern betrifft die Zulässigkeit der Prozessvertretung durch einen Verbandsvertreter.[241] Die Tarifbindung erlischt gem. § 3 Abs. 3 TVG erst mit dem Ende des Tarifvertrages. Es kommt nicht darauf an, ob sich die Tarifbindung kraft Mitgliedschaft des Arbeitgebers im vertragschließenden Arbeitgeberverband oder auf Grund Allgemeinverbindlichkeitserklärung ergibt oder ob es sich um einen Firmentarifvertrag handelt. Tarifverträge sind keine gegenseitigen Verträge iSv § 103 InsO und unterliegen daher nicht dem Wahlrecht des Insolvenzverwalters.[242] Der Tarifvertrag begründet nämlich neben den schuldrechtlichen Verpflichtungen zwischen den Tarifvertragsparteien normative Bestimmungen, die eine unmittelbare und zwingende Wirkung für die tarifbeteiligten Arbeitgeber und Arbeitnehmer schaffen und den Inhalt der einzelnen Arbeitsverhältnisse regeln.[243] Zu beachten ist allerdings, dass Inhalts- und Abschlussnormen gem. § 4 I TVG nur dann unmittelbare und zwingende Wirkung beanspruchen können, wenn sowohl Arbeitgeber als auch Arbeitnehmer tarifgebunden sind, während die Normen über betriebliche Fragen ebenso wie die betriebsverfassungsrechtlichen Normen gem. § 3 II TVG bereits dann gelten, wenn allein der Arbeitgeber tarifgebunden ist. Normen über gemeinsame Einrichtungen der Tarifvertragsparteien gem. § 4 II TVG gelten schließlich unmittelbar und zwingend für die Satzung der entsprechenden ge-

---

[235] LAG Düsseldorf v. 7.11.2003 – 16 Ta 571/03, NZA-RR 2004, 206.
[236] LAG Nürnberg v. 5.12.2002 – 2 Ta 137/02, NZA-RR 2003, 463.
[237] MüKoInsO/*Löwisch/Caspers*, vor §§ 113–128 Rn. 13; *Uhlenbruck*, § 80 InsO Rn. 93.
[238] Vgl. zu § 6 KO BAG v. 20.11.1997 – 2 AZR 52/97, NZA 1998, 334, MüKoInsO/*Caspers*, vor §§ 113–128 Rn. 11, 12; *Zwanziger*, InsO Einführung Rn. 135.
[239] *Zwanziger*, InsO Einführung Rn. 135.
[240] Dazu im Einzelnen BAG v. 20.11.1997 – 2 AZR 52/97, NZA 1998, 334.
[241] MüKoInsO/*Löwisch/Caspers*, vor §§ 113–128 Rn. 14.
[242] Uhlenbruck/Hirte/Vallender/*Wegener*, § 103 Rn. 54; HKInsO/*Marotzke*, § 103 Rn. 12; FK/*Wegener*, § 103 Rn. 34.
[243] *Schaub/Treber*, Arbeitsrechts-Handbuch § 202 Rn. 1, 2.

meinsamen Einrichtung und für das Verhältnis der Einrichtung zu den tarifgebundenen Arbeitgebern und Arbeitnehmern. Der Insolvenzverwalter kann sich folglich in Wahrnehmung der Arbeitgeberfunktionen einer unmittelbaren und zwingenden Wirkung tarifvertraglicher Normen „theoretisch" nur durch rechtswirksame Erklärung des Austritts aus dem Arbeitgeberverband entledigen, bleibt aber gleichwohl solange tarifgebunden, bis der Tarifvertrag endet, § 3 III TVG,[244] von der meist viel längeren Nachwirkung gemäß § 4 V TVG noch abgesehen.

b) *Fortgeltung der Tarifbindung.* Hieraus folgt insbesondere, dass die Tarifbindung des **86** Arbeitgebers und folglich des mit der Wahrnehmung der Arbeitgeberfunktionen betrauten Insolvenzverwalters gerade nicht durch eine infolge der Insolvenzliquidation des Betriebes bedingten Änderung des Betriebszweckes endet. Die Tarifbindung kann entfallen, wenn der Betrieb infolge Umstrukturierung und Änderung des Betriebszwecks aus dem fachlichen Geltungsbereich des Tarifvertrages herausfällt.[245] Mit der Stilllegung des Betriebes und der Durchführung von Abwicklungsarbeiten ist keine Änderung des Betriebszwecks verbunden, so dass die Tarifbindung bis zur Beendigung der Liquidation bestehen bleibt. Für die Tarifbindung ist regelmäßig der Gegenstand der betrieblichen Tätigkeit maßgebend.[246] Im Ergebnis bleibt deshalb festzuhalten, dass Tarifnormen solange gelten, als der tarifgebundene Arbeitgeber – sei es auch im Rahmen untypischer Abwicklungsarbeiten – Arbeitnehmer beschäftigt, die im Rahmen der Inhaltsnormen selbst tarifgebunden sind oder bezüglich derer zumindest im Rahmen der betrieblichen und betriebsverfassungsrechtlichen Normen eine Tarifbindung des Arbeitgebers weiterbesteht. Der Insolvenzverwalter kann in Wahrnehmung der Arbeitgeberfunktionen auch nicht einseitig durch Kündigung eine Lösung von den tarifvertraglichen Pflichten erreichen. Für einen „Blitzaustritt" aus dem Arbeitgeberverband oder einem möglichen Wechsel von einer Voll- in eine OT-Mitgliedschaft müssen die satzungsmäßigen Voraussetzungen vorliegen.[247]

c) *Tarifliche Verfallfristen.* Die Tarifbindung des Insolvenzverwalters beinhaltet die ein- **87** schränkungslose Anwendung der Tarifverträge. Er hat insbesondere auch die tarifvertraglichen Verfallfristen zu beachten. Tarifliche Ausschlussfristen finden in der Insolvenz grundsätzlich sowohl für den Insolvenzverwalter als auch für die Arbeitnehmer Anwendung.[248] Nur die aufgrund eines Urteils ausgezahlten Beträge unterliegen bezüglich der Erstattung nicht den tariflichen Verfallfristen.[249] Tarifvertragliche Verfallfristen können insbesondere zweistufig ausgestaltet sein mit der Verpflichtung zur schriftlichen Geltendmachung und Klageerhebung bei Ablehnung. Durch die tariflichen Ausschlussfristen können allerdings die insolvenzrechtlichen Vorschriften über die Anmeldung von Forderungen zur Insolvenztabelle gemäß den §§ 174 ff. InsO nicht außer Kraft gesetzt werden. Es ist daher zwischen Masse- und Insolvenzforderungen zu unterscheiden. Masseforderungen, zu denen insbesondere die Vergütungsansprüche der weiterbeschäftigten Arbeitnehmer nach Insolvenzeröffnung gehören, sind ggf. form- und fristgerecht geltend zu machen. Insolvenzforderungen müssen nach den Vorschriften der InsO zur Insolvenztabelle angemeldet werden.[250] Ebenso wenig gelten die tariflichen Ausschlussfristen für Anfechtungsansprüche, denn die §§ 129 ff. InsO begründen ohne Rücksicht

---

[244] *Schaub/Treber,* Arbeitsrechts-Handbuch § 206 Rn. 7, 8.
[245] *Schaub/Treber,* Arbeitsrechts-Handbuch § 204 Rn. 21.
[246] Vgl. BAG v. 28.1.1987 – 4 AZR 150/86, NZA 1987, 455.
[247] Vgl. dazu BAG v. 20.2.2008 – 4 AZR 64/07, NZA 2008, 946; BAG v. 4.6.2008 – 4 AZR 419/07, NZA 2008, 1366.
[248] BAG v. 18.12.1984 – 1 AZR 588/82; BAG v. 23.8.1988 – 1 AZR 276/87, NZA 1989, 31; LAG Hamm v. 23.1.2008 – 2 Sa 1333/07.
[249] BAG v. 19.3.2003 – 10 AZR 597/01, ZTR 2003, 567.
[250] *Nerlich/Römermann/Hamacher,* vor § 113 InsO, Rn. 45; *Lakies,* ArbRAktuell 2013, 121.

auf das in der Insolvenz fortbestehende Arbeitsverhältnis ein gesetzliches Schuldverhältnis, welches der Regelungsmacht der Tarifvertragsparteien entzogen ist.[251]

88 **6. Betriebsverfassungsrechtliche Ansprüche. a)** *Ansprüche aus Betriebsvereinbarungen.* Betriebsverfassungsrechtliche Ansprüche der Arbeitnehmer bleiben durch die Insolvenz zumindest zunächst ebenfalls unberührt. Dies versteht sich einerseits hinsichtlich der Mitwirkungs- und Beschwerderechte der Arbeitnehmer gemäß der §§ 81–86 BetrVG von selbst, als es sich insoweit um individualarbeitsvertragliche Ansprüche der Arbeitnehmer handelt, die nur systemwidrig in das Betriebsverfassungsgesetz eingegliedert worden sind. Von besonderem Gewicht für die Praxis sind jedoch diejenigen Ansprüche der Arbeitnehmer aus Betriebsvereinbarungen, die gemäß § 77 IV BetrVG unmittelbar und zwingend auf die Arbeitsverhältnisse einwirken und deshalb den Arbeitnehmern unmittelbare Rechtsansprüche verleihen. Durch die Insolvenzeröffnung werden bestehende Betriebsvereinbarungen nicht tangiert; diese behalten vielmehr unvermindert ihre weitere Gültigkeit.[252] Die Kündbarkeit von Betriebsvereinbarungen gemäß § 120 Abs. 1 InsO setzt deren Anwendbarkeit und die Bindung Insolvenzverwalters daran voraus.[253] Das gilt sowohl für freiwillige Betriebsvereinbarungen als auch für Betriebsvereinbarungen in mitbestimmungspflichtigen Angelegenheiten.[254] Eine Betriebsvereinbarung kann daher vom Insolvenzverwalter in Wahrnehmung der Arbeitgeberfunktion gemäß den §§ 77 V, 120 InsO gekündigt werden. Ist in der Betriebsvereinbarung eine längere Kündigungsfrist vorgesehen, kann der Insolvenzverwalter gemäß § 120 I 2 InsO die Insolvenzmasse belastende Betriebsvereinbarungen mit einer Frist von drei Monaten kündigen.

89 **b)** *Kündigung von Betriebsvereinbarungen.* Abgesehen von der fristgemäßen Kündigung im Sinne des § 77 V BetrVG ist auch die sofortige Kündigung einer Betriebsvereinbarung – ohne Einhaltung der gesetzlichen oder vertraglichen Frist – bei Vorliegen eines wichtigen Grundes zulässig und möglich,[255] wie § 120 InsO bestätigt. Die Eröffnung des Insolvenzverfahrens ist für sich allein jedoch kein wichtiger Grund für eine derartige Kündigung.[256] Vielmehr muss sich der wichtige Grund innerhalb wie außerhalb der Insolvenz gleichermaßen aus den tatsächlichen Verhältnissen im Betrieb oder Unternehmen ergeben. An das Vorliegen eines wichtigen Grundes sind hier wie bei der fristlosen Kündigung generell allerdings strenge Anforderungen zu stellen. Dem Insolvenzverwalter muss eine Bindung an die Betriebsvereinbarung bis zum Ablauf der ordentlichen Kündigungsfrist von drei Monaten unzumutbar sein.[257] Da die Betriebsvereinbarung auch im Falle ihrer fristlosen Kündigung solange nachwirkt, bis sie durch eine andere Regelung oder den Spruch einer Einigungsstelle ersetzt worden ist,[258] dürfte das Instrument der außerordentlichen Kündigung für den Insolvenzverwalter wegen der abgekürzten ordentlichen Kündigungsfrist nur geringe Bedeutung haben. Von besonderer Bedeutung und zudem umstritten ist die Frage, ob und inwieweit der Insolvenzverwalter an einen Sozialplan gebunden ist, der vor Insolvenzeröffnung zwischen Schuldner und Betriebsrat vereinbart worden ist. Zwar kommen Sozialpläne gemäß § 112 I 3 BetrVG als Betriebsvereinbarungen zustande. Gleichwohl ist § 120 InsO auf Sozialpläne nicht anwendbar, weil insoweit die §§ 123, 124 InsO als speziellere Rege-

---

[251] BAG v. 19.11.2003 – 10 AZR 110/03, NZA 2004, 332; HKInsO/*Kreft*, § 146 Rn. 6.
[252] MüKoInsO/*Löwisch/Caspers*, vor §§ 113–128 Rn. 12; GK-BetrVG/*Kreutz* § 77 Rn. 366.
[253] HK/*Linck*, § 120 Rn. 1; Nerlich/Römermann/*Hamacher*, § 120 Rn. 31.
[254] FK/*Eisenbeis, Kania*, § 120 Rn. 2 u 3; HK/*Linck*, § 120 Rn. 2.
[255] ErfKomm/*Kania*, § 77 BetrVG Rn. 117; BAG v. 28.4.1992, NZA 1993, 31.
[256] Uhlenbruck/Hirte/Vallender/*Berscheid/Ries*, § 120 Rn. 20; Nerlich/Römermann/*Hamacher*, § 120 Rn. 45–47; MüKoInsO/*Caspers* § 120 Rn. 40, 41.
[257] *Zwanziger*, § 120 InsO Rn. 11.
[258] BAG v. 10.8.1994 – 10 ABR 61/93, NZA 1995, 314.

lung vorgehen.²⁵⁹ § 120 InsO stellt auf die Kündbarkeit von Betriebsvereinbarungen ab. Da Sozialpläne aber grundsätzlich nicht kündbar sind,²⁶⁰ können sie in den Anwendungsbereich des § 120 InsO nicht einbezogen werden.²⁶¹ Dies bedeutet: Insolvenznahe Sozialpläne, die gemäß § 124 I InsO nicht früher als drei Monate vor dem Eröffnungsantrag aufgestellt worden sind, können widerrufen werden. Nur insolvenzferne Sozialpläne, die vor der Drei-Monats-Frist des § 124 I InsO geschlossen worden sind, können, wenn sie Dauerregelungen enthalten und Abfindungsdotierungen vorsehen, die über die Höchstbegrenzungen des § 123 InsO hinaus gehen, gekündigt werden.

c) *Anfechtung von Sozialplänen.* Unstreitig ist zunächst, dass bei Vorliegen der tatbestandlichen Voraussetzungen der §§ 129–146 InsO der Insolvenzverwalter einen vor Insolvenzeröffnung abgeschlossenen Sozialplan anfechten kann. Diese Insolvenzanfechtung kommt nicht zum Tragen bei nicht früher als drei Monate vor Stellung des Insolvenzantrages aufgestellten Sozialplänen, weil diese gemäß § 124 InsO ohnehin insoweit widerrufen werden können, als die Summe der Forderungen aus einem Sozialplan größer ist als der Gesamtbetrag von 2¹/₂ Monatsverdiensten der von einer Entlassung betroffenen Arbeitnehmer. § 124 InsO geht bei dieser Regelung davon aus, dass der Sozialplan ohne Grund und ohne Nachwirkung widerrufen werden kann. Für die im genannten Zeitraum vor Insolvenzeröffnung vereinbarten oder durch Spruch der Einigungsstelle zustande gekommenen Sozialpläne erübrigt sich somit in der Regel eine Insolvenzanfechtung gemäß der §§ 129 ff. InsO. **90**

Liegt der Zeitpunkt der Vereinbarung des Sozialplanes dagegen länger als drei Monate vor Stellung des Insolvenzantrages zurück, so besteht nach herrschender Ansicht grundsätzlich bei freiwillig zwischen Schuldner und Betriebsrat abgeschlossenen Sozialplänen die Möglichkeit einer insolvenzrechtlichen Anfechtung nach den §§ 129, 132, 133 InsO.²⁶² Die praktische Bedeutung derartiger Anfechtungsmöglichkeiten dürfte gering sein, weil der Insolvenzverwalter den Benachteiligungsvorsatz des Schuldners gem. § 133 InsO nachweisen und darlegen müsste, dass in den insolvenzfernen Sozialplänen überhöhte und unangemessene Leistungen festgesetzt worden sind.²⁶³ Der Insolvenzverwalter trägt auch die Darlegungs- und Beweislast für die allgemeinen Anfechtungsvoraussetzungen gem. § 129 InsO.²⁶⁴ Eine Rechtshandlung iSv § 129 InsO kann auch ein vor Beginn der Dreimonatsfrist gem. § 124 I InsO abgeschlossener Sozialplan sein, obwohl durch ihn nur einfache Insolvenzforderungen begründet werden. Die dadurch bedingte Vermehrung der Passivmasse kann Gläubiger benachteiligen.²⁶⁵ Bei Sozialplänen, die durch den Spruch einer Einigungsstelle zustande gekommen sind, ist auf die gerichtliche Überprüfung im Wege des arbeitsgerichtlichen Beschlussverfahrens gem. § 76 V 4 BetrVG zu verweisen. Die Überschreitung der Grenzen des billigen Ermessens kann aber nur fristgebunden innerhalb von zwei Wochen nach Zuleitung des Beschlusses geltend gemacht werden. Unverzichtbare Verfahrensverstöße, Überschreitungen der Zuständigkeit oder Fehler bei der Rechtsanwendung können auch außerhalb der Zweiwochenfrist gerügt werden.²⁶⁶ Im Übrigen fehlt es bei einem durch die Einigungsstelle verabschiedeten Sozialplan an einer Rechtshandlung des Insolvenzschuldners gem. den §§ 131, 132 InsO. **91**

---

²⁵⁹ *Zwanziger*, InsO, § 120 Rn. 5; GK-BetrVG/*Oetker*, §§ 112, 112a Rn. 190.
²⁶⁰ Vgl. GK-BetrVG/*Oetker*, §§ 112, 112a Rn. 174.
²⁶¹ GK-BetrVG/*Oetker*, §§ 112, 112a Rn. 190; HambKomm/*Ahrendt*, § 120 Rn. 2; Uhlenbruck/Hirte/Vallender/*Berscheid/Ries*, § 120 Rn. 8.
²⁶² MüKoInsO/*Kirchhof*, vor §§ 129–147 Rn. 83; MüKoInsO/*Kayser* § 132 Rn. 7; § 133 Rn. 32.
²⁶³ MüKoInsO/*Kayser*, § 133 Rn. 32.
²⁶⁴ MüKoInsO/*Kayser*, § 129 Rn. 226.
²⁶⁵ MüKoInsO/*Kayser*, Grundsatz § 129 Rn. 13.
²⁶⁶ *Schaub/Koch*, Arbeitsrechts-Handbuch § 232 Rn. 34.

92 Anfechtungsgegner einer Insolvenzanfechtung ist weder der am Sozialplanabschluss beteiligte Betriebsrat noch die Einigungsstelle, sondern der jeweils begünstigte Arbeitnehmer, dem der Sozialplan einklagbare Ansprüche zuweist. Denn im Unterschied zur Anfechtung im Sinne der §§ 119 ff. BGB stellt die Insolvenzanfechtung nicht die Ausübung eines Gestaltungsrechtes, sondern vielmehr die Geltendmachung eines schuldrechtlichen Rückgewähranspruchs dar. Falls die Insolvenzanfechtung daher durchgreift und noch keine Sozialplanleistungen erbracht worden sind, ist der Sozialplananspruch als solcher „zurückzugewähren", dh der Arbeitnehmer hat mit Wirkung gegenüber den Insolvenzgläubigern auf seinen Sozialplananspruch ganz oder teilweise zu verzichten (siehe hierzu allerdings § 124 III InsO). Für die klageweise Durchsetzung des Rückgewähranspruchs sind die ordentlichen Gerichte zuständig. Praktische Bedeutung gewinnt die Insolvenzanfechtung von Sozialplänen aber zumeist eher mittels der Anfechtungseinrede als in der klageweisen Geltendmachung, so dass bei Zahlungsklagen der Arbeitnehmer aus einem Sozialplan die Arbeitsgerichte über die Begründetheit etwaiger Anfechtungseinreden zu entscheiden haben.[267]

93 d) *Wegfall der Geschäftsgrundlage des Sozialplans.* Neben der Widerrufsmöglichkeit, der Anfechtung und der Kündigung, besteht für den Insolvenzverwalter als dem Gesichtspunkt des Wegfalls der Geschäftsgrundlage die Möglichkeit, sich von einem vorinsolvenzlichen Sozialplan zu lösen. Die Anwendbarkeit der Lehre vom Wegfall der Geschäftsgrundlage auf Sozialpläne ist vom Grundsatz her anerkannt.[268] Der Wegfall der Geschäftsgrundlage kommt insbesondere in Betracht bei irriger Vorstellung über die Finanzierbarkeit des Sozialplans, wenn sich die Prognosen für die Sozialplanleistungen aufgrund tatsächlicher Entwicklungen im Nachhinein als unzutreffend herausstellen oder wenn die geplante Betriebsänderung gar nicht durchgeführt wird, weil sich ein Erwerber findet, der den Betrieb fortführt.[269] Vorrangig ist der Sozialplan den veränderten Umständen anzupassen, wenn dem Arbeitgeber oder auch dem Betriebsrat ein weiteres Festhalten an den unveränderten Bedingungen des Sozialplans unzumutbar ist. Dies hat zur Folge, dass jeder Beteiligter unter Berufung auf den Wegfall der Geschäftsgrundlage die Aufnahme von Verhandlungen verlangen kann.[270] Verweigert ein Betriebspartner die Anpassung, kann die Einigungsstelle angerufen werden, die gemäß § 112 IV u V die Einigung zwischen den Betriebspartnern ersetzt. Die Betriebspartner und auch die Einigungsstelle können einen geltenden Sozialplan auch zum Nachteil der betroffenen Arbeitnehmer für die Zukunft ändern. Dabei sind die Grenzen des Vertrauensschutzes und der Verhältnismäßigkeit zu beachten.[271]

94 e) *Neuabschluss eines Sozialplans.* Die Beseitigung eines vorinsolvenzlichen Sozialplans, sei es durch Kündigung, sei es durch Insolvenzanfechtung, führt zwar zunächst zu einer sozialplanfreien Rechtslage, ändert jedoch nichts an der betriebsverfassungsrechtlichen Pflicht des Insolvenzverwalters, mit dem Betriebsrat über den Abschluss eines neuen, den geänderten Verhältnissen angepassten Sozialplans zu verhandeln, allerdings nunmehr im deutlich verminderten Rahmen des § 123 InsO.

95 **7. Arbeitskampfrecht.** Arbeitskampfrechte werden durch die Eröffnung des Insolvenzverfahrens nicht berührt. Die Arbeitnehmer können im Rahmen des geltenden Arbeitskampfrechtes ebenso streiken wie der Insolvenzverwalter das arbeitgeberseitige

---

[267] Vgl. *Willemsen*, Arbeitnehmerschutz, S. 357; LAG Rheinland-Pfalz v. 22.7.2005 – 4 Ta 178/05, NZI 2005, 644.
[268] GK-BetrVG/*Oetker*, §§ 111, 112a Rn. 180; BAG v. 28.8.1996 – 10 AZR 886/95, NZA 1997, 109.
[269] Vgl. GK-BetrVG/*Oetker*, §§ 112, 112a Rn. 181; BAG v. 28.8.1996 – 10 AZR 886/95, NZA 1997, 109; BAG v. 14.3.2000 – 9 AZR 204/99, ZTR 2001, 278; LAG München v. 14.11.1996 – 4 TaBV 67/95.
[270] BAG v. 10.8.1994 – 10 ABR 61/93, NZA 1995, 314; GK-BetrVG/*Oetker*, §§ 112, 112a Rn. 185.
[271] BAG v. 5.10.2000 – 1 AZR 48/00, NZA 2001, 849; GK-BetrVG/*Oetker*, §§ 112, 112a Rn. 187.

Recht zur Aussperrung ausüben kann. Auch Sozialpläne, die dem Ausgleich der durch eine Betriebsänderung entstandenen wirtschaftlichen Nachteile dienen, sind erstreikbar. Die §§ 111, 112 BetrVG, die die Regelung eines Interessenausgleichs und eines Sozialplans an sich den Betriebsparteien überlassen, stehen dem nicht entgegen.[272] Dies wirft die Frage auf, ob diese neue Rechtsprechung des BAG zum Arbeitskampfrecht Auswirkungen auf das Insolvenzverfahren hat, dh ob für einen tariflichen Sozialplan auch die Beschränkungen des § 123 InsO gelten.[273] Dies ist zu verneinen, weil § 123 InsO sich nur auf einen Sozialplan gemäß § 112 BetrVG bezieht.

III. In der Insolvenz neu entstehende Arbeitsverhältnisse

Stellt der Insolvenzverwalter einen Arbeitnehmer neu ein, so schließt er regelmäßig in Wahrnehmung der abgeleiteten Arbeitgeberfunktionen einen Arbeitsvertrag mit dem Arbeitnehmer zu Lasten des schuldnerischen Arbeitgebers. Zu beachten ist jedoch, dass von diesen Arbeitsverhältnissen solche scharf zu trennen sind, die Angestellte und Hilfskräfte des Insolvenzverwalters in Wahrnehmung der Insolvenzverwalteraufgaben betreffen und denen selbstständige Arbeitsverträge zum Insolvenzverwalter, nicht dem Arbeitgeber, zugrunde liegen. Die Löhne und Gehälter dieser Angestellten und Mitarbeiter des Insolvenzverwalters gehören grundsätzlich zu den durch die Insolvenzverwaltervergütung abgegoltenen allgemeinen Geschäftskosten des Insolvenzverwalters, wodurch erneut zum Ausdruck gebracht wird, dass diese Arbeitnehmer in Arbeitsverhältnissen allein zum Insolvenzverwalter stehen, der zugrunde liegende Arbeitsvertrag also seitens des Insolvenzverwalters nicht in Wahrnehmung abgeleiteter Arbeitgeberfunktionen, sondern kraft eigener Arbeitgeberstellung abgeschlossen worden ist. Nur soweit Arbeitnehmer für Rechnung der Insolvenzmasse zur Wahrnehmung von Aufgaben im Geschäftsbetrieb des schuldnerischen Arbeitgebers eingestellt werden, liegen Arbeitsverhältnisse zum Arbeitgeber vor, so dass die entsprechenden Vergütungsansprüche Masseschulden nach § 55 InsO sind.[274]

Soweit diese Arbeitsverhältnisse folglich nicht befristet sind oder gekündigt werden, bleiben sie auch nach Insolvenzbeendigung als „normale" Arbeitsverhältnisse zum früheren Arbeitgeber weiter bestehen. Im Übrigen finden auf die durch den Insolvenzverwalter kraft abgeleiteter Arbeitgeberfunktionen in der Insolvenz neu abgeschlossenen Arbeitsverträge die gesetzlichen, tariflichen und betriebsverfassungsrechtlichen Vorschriften uneingeschränkt Anwendung. Fraglich ist allein, ob auf Arbeitsverhältnisse, die vom Insolvenzverwalter neu mit Wirkung für die Masse begründet worden sind, § 113 InsO anzuwenden ist.[275] Überwiegend wird in der Literatur die Auffassung vertreten, eine Kündigung des Arbeitsvertrages, den der Insolvenzverwalter in seiner Funktion als Arbeitgeber neu geschlossen habe, sei nur nach Maßgabe des § 113 InsO möglich.[276] Dem wird mit beachtlichen Argumenten entgegen gehalten, dass es sich bereits nach dem Wortlaut des § 113 S. 1 InsO um ein bereits mit dem Schuldner bestehendes Dienstverhältnis handeln muss.[277] Nach dem Sinn und Zweck der Vorschrift gehören Arbeitnehmer oder Dienstnehmer, die vom Insolvenzverwalter neu eingestellt worden sind, nicht zu dem durch § 113 InsO geschützten Personenkreis.[278]

---

[272] BAG v. 24.4.2007 – 1 AZR 252/06, NZA 2007, 987.
[273] *Schmidt*, ZInsO 2008, 247.
[274] Uhlenbruck/Hirte/Vallender/*Sinz*, § 55 Rn. 11; Uhlenbruck/Hirte/Vallender/*Berscheid* § 108 Rn. 54.
[275] Vgl. dazu LAG Berlin v. 11.7.2007 – 23 Sa 450/07, ZIP 2007, 2002.
[276] KR/*Weigand*, §§ 113, 120–124 InsO Rn. 19; HambKomm/*Ahrend*, § 113 Rn. 24; Uhlenbruck/Hirte/Vallender/*Berscheid*, § 113 Rn. 8; ErfKomm/*Müller-Glöge*, § 113 InsO Rn. 5.
[277] *Henkel*, ZIP 2008, 1265; im Ergebnis ebenfalls ablehnend: *Zwanziger*, InsO § 113 Rn. 6.
[278] Im Einzelnen *Henkel*, ZIP 2008, 1265.

§ 105. Kündigung und Kündigungsschutz in der Insolvenz

Übersicht

	Rn.
I. Überblick	1
1. Nicht in Vollzug gesetzte Arbeitsverhältnisse	2
a) Fortbestand der Arbeitsverhältnisse gemäß § 108 InsO	3
b) Kündigung	4
2. Nachwirkungen beendeter Arbeitsverhältnisse	5
a) Unterbrechung laufender Kündigungsschutzprozesse	5a
b) Beschäftigungsklage	6
3. In Vollzug gesetzte Arbeitsverhältnisse	8
a) Beendigungstatbestände	8
(1) Aufhebungsvertrag	9
(2) Schriftform	11a
(3) Kein Widerrufsrecht	12
(4) Zeitablauf, Zweckerreichung	13
(5) Vorläufige Weiterbeschäftigung	15a
(6) Entfristungsklage	16
(7) Kündigung	17
b) Zulässigkeitsvoraussetzungen der Kündigung (Überblick)	18
c) Mitwirkung des Betriebsrates bei Kündigungen (Überblick)	20
(1) Mitteilung der Kündigungsgründe	21
(2) Stellungnahme des Betriebsrats	22
d) Anfechtung	26
(1) Anfechtung gem. §§ 119 ff. BGB	27
(2) Rechtsfolge der Anfechtung	29
(3) Anfechtung gem. §§ 129 ff. InsO	30
(4) Anfechtung von Entgeltzahlungen des Schuldners	31
(5) Anfechtung von Arbeitsverträgen	31a
(6) Kenntnis von der Zahlungsunfähigkeit	32
(7) Lohnzahlung als Bargeschäft gemäß § 142 InsO	32a
(8) Auswirkungen auf das Insolvenzgeld	33
(9) Rechtsweg bei Insolvenzanfechtung	34
e) Kündigung durch den vorläufigen Insolvenzverwalter	35
II. Ordentliche Kündigung des Insolvenzverwalters	36
1. Die Kündigungserklärung	37
a) Allgemeine Grundsätze	37
(1) Schriftform	38
(2) Angabe der Kündigungsgründe	40
(3) Vertretung	41
b) Berufsausbildungsverhältnis	42
c) Probearbeitsverhältnis	44
d) Aushilfsarbeitsverhältnis	45
e) Teilzeitarbeitsverhältnis	46
f) Leiharbeitsverhältnis	48
g) Gruppenarbeitsverhältnis	50
h) Mittelbares Arbeitsverhältnis	55
2. Die Kündigungsfristen	57
a) Allgemeine Grundsätze	57
(1) Zugang der Kündigung	57a
(2) Zugang bei Abwesenheit	58a
(3) Schriftform bei Massenentlassung	60
(4) Fristberechnung	61
b) Kündigungsfristen in der Insolvenz – § 113 InsO	63
(1) Das gesetzliche Kündigungsrecht gem. § 113 S. 1 InsO	64
(2) Die gesetzliche Kündigungsfrist gem. § 113 S. 2 InsO	67
(3) Die Regelung des § 113 S. 3 InsO	70
c) Kündigungsfristen im Aushilfsarbeitsverhältnis	71

Kündigung und Kündigungsschutz in der Insolvenz § 105

	Rn.
III. Allgemeiner Kündigungsschutz	72
1. Voraussetzungen	72
a) Betriebsgröße	74
b) Regelmäßige Beschäftigtenzahl	75a
c) Darlegungs- und Beweislast	75b
d) Räumlicher Geltungsbereich	75c
2. Sozialwidrigkeit der Kündigung	76
a) Personen- und verhaltensbedingte Kündigung	77
b) Betriebsbedingte Kündigung	79
(1) Kündigungsgründe	80
(2) Betriebsstilllegung	82
(3) Stilllegungsabsicht	84
(4) Zustimmung der Gläugigerversammlung nicht erforderlich	87
(5) Vorläufiger Insolvenzverwalter	88
(6) Darlegungs- und Beweislast	88a
(7) Soziale Auswahl	89
(8) Entgegenstehende betriebliche Belange	91
(9) Vergleichsgruppenbildung	93
(10) Horizontale Vergleichbarkeit	94a
(11) Leistungsträger	95
(12) Interessenausgleich mit Namensliste gemäß § 1 V KSchG	95a
(13) Sozialwidrigkeitsgründe gem. § 1 II KSchG	96
(14) Weiterbeschäftigung auf einem anderen Arbeitsplatz	99
(15) Vorrang der Änderungskündigung	100a
3. Erhebung der Kündigungsschutzklage in der Insolvenz	103
a) Drei-Wochen-Frist gemäß § 4 KSchG	103
b) Unwirksamkeitsgründe	104
c) Nichteinhaltung der Kündigungsfrist	104a
d) Klagefrist bei behördlicher Zustimmung	105
IV. Besonderer Kündigungsschutz	106
1. Überblick	106
2. Kündigungsschutz im Rahmen der Betriebsverfassung	108
3. Kündigungsschutz der schwerbehinderten Menschen SGB IX	111
a) Unkenntnis der Schwerbehinderteneigenschaft	112
b) Zustimmung des Integrationsamtes	113
4. Kündigungsschutz für Schwangere und Wöchnerinnen	115
a) Fehlende Kenntnis von der Schwangerschaft	116
b) Zustimmung der obersten Landesbehörde	119
5. Kündigungsschutz nach dem Bundeselterngeld- und Elternzeitgesetz (BEEG)	121
a) Sonderkündigungsschutz gemäß § 18 BEEG	122
b) Behördliche Zulässigkeitserklärung	122a
c) Klagefrist gemäß § 4 KSchG	124
6. Weitere Einzelfälle besonderen Kündigungsschutzes	125
a) Kündigungsschutz bei Einberufung zum Wehrdienst und für Zivildienstleistende	125
b) Bergmannsversorgungsscheininhaber	129
c) Weitere Sonderfälle	130
V. Außerordentliche Kündigung durch den Insolvenzverwalter	131
1. Überblick	131
2. Kündigungsgründe	133
a) Vertragswidriges Verhalten	134
b) Verrat von Geschäfts- und Betriebsgeheimnissen	135
c) Ausschluss der ordentlichen Kündigung	136
d) Interessenabwägung	137
3. Die Ausschlussfrist des § 626 II BGB	138
a) Fristbeginn	138
b) Fristberechnung	142
4. Kundgabe und Nachschieben von Kündigungsgründen	147
5. Rechtswirkungen	150
VI. Die Änderungskündigung	152
1. Rechtsformen	152

	Rn.
2. Reaktionen des Arbeitnehmers	154
3. Kündigungsschutz	158
VII. Der Weiterbeschäftigungsanspruch	162
1. Überblick	162
2. Der „betriebsverfassungsrechtliche" Weiterbeschäftigungsanspruch	164
a) Tatbestandsvoraussetzungen	164
b) Rechtsfolge	168
c) Entbindung von der Weiterbeschäftigungspflicht	169
3. Der „allgemeine" Weiterbeschäftigungsanspruch	172
a) Tatbestandsvoraussetzungen	172
b) Rechtsfolge	176
c) Kündigung während des Weiterbeschäftigungsverhältnisses	181
d) Entbindung von der Weiterbeschäftigungspflicht	182
VIII. Die Massenentlassung	183
1. Sinn und Zweck der Massenentlassungsanzeige	183
2. Anwendungsbereich	184
a) Betriebsbegriff	184a
b) Regelmäßige Beschäftigtenzahl	185
3. Anzeigepflichtige Entlassungen	186
4. Beteiligung des Betriebsrats	187
5. Mindest- und Sollangaben der Anzeige	188
a) Soll-Angaben	188a
b) Sonderkündigungsschutz	188b
6. Rechtsfolgen einer unterbliebenen oder fehlerhaften Anzeige	189
7. Entlassungssperre gemäß § 18 KSchG	190
IX. Kündigung durch den Arbeitnehmer	191
1. Kündigungsfrist	191
2. Wichtiger Grund	194
3. Schriftform	195
4. Auflösungsverschulden	196
5. Lemgoer Modell	199

Schrifttum: *Ascheid/Preis/Schmidt* (APS), Kündigungsrecht, Großkommentar zum gesamten Recht der Beendigung von Arbeitsverhältnissen, 4. Aufl. 2012; *Bader,* Das Gesetz zu Reformen am Arbeitsmarkt: Neues im Kündigungsschutzgesetz und im Befristungsrecht, NZA 2004, 65; *Bayreuther,* Aktuelle Entscheidungen zur betriebsbedingten Kündigung, NZA-RR 2007, 169; *Becker/Etzel ua,* Gemeinschaftskommentar zum KSchG und zu sonstigen kündigungsschutzrechtlichen Vorschriften, 9. Aufl. 2009 (KR-Bearbeiter); *Bender/Schmidt,* Neuer Schwellenwert und einheitliche Klagefrist, NZA 2004, 358; *Berkowsky,* Die personen- und verhaltensbedingte Kündigung, 4. Aufl. 2005; *ders.,* Die betriebsbedingte Kündigung, 6. Aufl., 2008; *Berscheid,* Die Kündigung von Arbeitsverhältnissen nach § 113 InsO (Teil I), ZInsO 1998, 115; *ders.,* Die Kündigung von Arbeitsverhältnissen nach § 113 InsO (Teil II), ZInsO 1998, 159; *ders.,* Ausgewählte arbeitsrechtliche Probleme im Insolvenzeröffnungsverfahren, NZI 2000, 1; *Berscheid/Kunz/Brand,* Praxis des Arbeitsrechts, 2. Aufl. 2002; *Bertram,* Die Kündigung durch den Insolvenzverwalter, NZI 2001, 625; *Bitter,* Der kündigungsrechtliche Dauerbrenner: Unternehmerfreiheit ohne Ende? DB 1999, 1214; *ders.,* Zur Unternehmerentscheidung zwecks Personalabbau DB 2000, 1760; *Brill/Schwerdtner,* Aktuelle Rechtsfragen zum Weiterbeschäftigungsanspruch gekündigter Arbeitnehmer, 1986; *Buschmann/Dieball/Stevens-Bartoll* TZA – Das Recht der Teilzeitarbeit 2. Aufl. 2001; *Caspers,* Personalabbau und Betriebsänderung im Insolvenzverfahren, 1998; *Dewender,* Einbeziehung der fehlerhaft berechneten Kündigungsfrist in die Klagefrist nach § 4 S. 1 KSchG? DB 2005, 337; *Düwell,* Änderungs- und Beendigungskündigung nach dem neuen Insolvenzrecht, Kölner Schrift, 2. Aufl., 2000, S. 1433; *Ehmann,* Zur Sozialauswahl bei betriebsbedingter Kündigung, BlStSozArbR 1984, 209; zunächst *Hanau,* Aufhebungsvertrag und Betriebsübergang, ZIP 1999, 324; Henssler/Willemsen/Kalb, Arbeitsrecht-Kommentar, 3. Aufl. 2008 (HWK-Bearbeiter); Erfurter Kommentar zum Arbeitsrecht, 14. Aufl., 2014; *Ernestus,* Handbuch der Insolvenzverwaltung, 7. Aufl., 1996; *Gagel/Vogt,* Beendigung von Arbeitsverhältnissen: sozial- und steuerrechtliche Konsequenzen, 5. Aufl., 1996; *Gaul,* Darlegungs- und Beweislast bei betriebsbedingter Kündigung im Zusammenhang mit Betriebsübergang und Umwandlung, FS Peter Schwerdtner 2003,

653; *Giesen*, Das neue Kündigungsschutzrecht in der Insolvenz, ZIP 1998, 46; *Heinze*, Personalplanung, Einstellung und Kündigung, 1982; *ders.*, Das Arbeitsrecht in der Insolvenzordnung, NZA 1999, 57; *Hess/Schlochauer/Glaubitz*, Kommentar zum Betriebsverfassungsgesetz, 5. Aufl. 1997; *Hess/Weis/Wienberg*, Insolvenzarbeitsrecht, 1997; *Hillebrecht*, Dringende betriebliche Erfordernisse (§ 1 Abs. 2 KSchG) zur Kündigung von Arbeitsverhältnissen durch den Insolvenzverwalter, ZIP 1985, 257; *Kiel/Koch*, Die betriebsbedingte Kündigung 2000; *Lakies*, Zu den seit 1.10.1996 geltenden Vorschriften der Insolvenzordnung, RdA 1997, 145; *ders.*, Arbeitsrechtliche Vorschriften der neuen Insolvenzordnung, BB 1998, 2638; *Löwisch*, Der arbeitsrechtliche Teil des sogenannten Korrekturgesetzes, BB 1999, 102; *ders.*, Das arbeitsrechtliche Beschäftigungsförderungsgesetz, NZA 1996, 1009; *ders.*, Neuregelung des Kündigungs- und Befristungsrechts durch das Gesetz zu Reformen am Arbeitsmarkt, BB 2004, 154; *Marschner*, Gesetzliche Korrekturen des Sozialversicherungs- und Arbeitsrechts, MDR 1999, 208; *Meinel/Heyn/Herms*, Teilzeit- und Befristungsgesetz 3. Aufl. 2009; *Müller, H.*, Möglichkeiten und Grenzen in insolvenzbedrohten Unternehmen zur Vermeidung von Massenentlassungen, NZA 1985, 307; *Müller*, Praktische Probleme der seit 1.10.1996 geltenden Vorschriften der Insolvenzordnung, NZA 1998, 1315; *Neef/Schrader*, Arbeitsrechtliche Neuerungen im Insolvenzfall, 1998; *Preis*, Das arbeitsrechtliche Beschäftigungsförderungsgesetz 1996, NJW 1996, 3369; *ders.*, Die „Reform" des Kündigungsschutzrechts, DB 2004, 70; *Quecke*, Änderungen des KSchG zum 1.1.2004, RdA 2004, 86; *Richardi*, Betriebsverfassungsgesetz 13. Aufl., 2012; *Rolfs*, Kein Sonderkündigungsschutz bei fehlendem Nachweis der Schwerbehinderung – Der neue § 90 Abs. 2a SGB IX, BB 2005, 1678; *Rost*, Die betriebsbedingte Kündigung in der Unternehmenskrise und bei Insolvenz, 1987; *ders.*, Die aktuelle Rechtsprechung des Bundesarbeitsrechts zur Unternehmerentscheidung bei betriebsbedingter Kündigung, Jahrbuch des Arbeitsrechts 2001, 83; *Schaub*, Arbeitsrechts-Handbuch 15. Aufl., 2013; *ders.*, Arbeitsrecht in der Insolvenz, DB 1999, 217; *ders.*, Das Insolvenzverfahren und betriebsbedingte Kündigungen; *Schlachter*, Fristlose Kündigung wegen Entwendung geringwertiger Sachen des Arbeitgebers, NZA 2005, 433; *Schwedes*, Das arbeitsrechtliche Beschäftigungsförderungsgesetz, BB 1996, Beil. 17, S. 2; *Stahlhacke/Preis/Vossen*, Kündigung und Kündigungsschutz im Arbeitsverhältnis, 9. Aufl., 2005; *Tschöpe*, Die krankheitsbedingte Kündigung in der Rechtsprechung des BAG, DB 1987, 1042; *Uhlenbruck*, Die Rechtsstellung des vorläufigen Insolvenzverwalters, Kölner Schrift, 2. Aufl., 2000, S. 325; *ders.*, Arbeitsrechtliche Probleme im Insolvenzeröffnungsverfahren, FS Peter Schwerdtner 2003, 623; *Warrikoff*, Die Stellung der Arbeitnehmer nach der neuen Insolvenzordnung, BB 1994, 2338; *Willemsen/Hohenstatt/Schweibert/Seibt*, Umstrukturierung und Übertragung von Unternehmen, 3. Aufl. 2008; *Willemsen/Annuß*, Kündigungsschutz nach der Reform, NJW 2004, 177; *Zwanziger*, Kommentar zum Arbeitsrecht der Insolvenzordnung, 4. Aufl. 2010; *ders.*, Tarifliche Unkündbarkeit und Sozialauswahl DB 2000, 2166; *ders.* Insolvenzanfechtung und Arbeitsentgelt, BB 2007, 42.

I. Überblick

Mit Insolvenzeröffnung stellt sich für den Insolvenzverwalter in der Praxis zumeist mit besonderer Dringlichkeit die Frage nach Beendigungsmöglichkeiten bestehender Arbeitsverhältnisse.

1. Nicht in Vollzug gesetzte Arbeitsverhältnisse. Soweit Arbeitsverträge seitens des Schuldners noch vor Insolvenzeröffnung abgeschlossen worden sind, die betreffenden Arbeitnehmer ihre Arbeit aber zum Zeitpunkt der Insolvenzeröffnung noch nicht aufgenommen haben, stand dem Konkursverwalter nach alter Rechtslage der KO das Wahlrecht des § 17 KO zu. Der Konkursverwalter konnte auf der einen Seite Nichterfüllung wählen, wodurch die beiderseitigen Erfüllungsansprüche erloschen sind. Auf der anderen Seite konnte der Konkursverwalter auch Erfüllung verlangen und das Arbeitsverhältnis in Vollzug setzen. Lehnte der Konkursverwalter die Erfüllung des noch nicht in Vollzug gesetzten Arbeitsverhältnisses ab, so wurde das Arbeitsverhältnis in der Weise umgestaltet, dass an die Stelle des gegenseitigen Arbeitsverhältnisses der einseitige Anspruch des Arbeitnehmers gegen den Schuldner auf Schadensersatz wegen Nichterfüllung trat.[1] Die

---

[1] Vgl. BGH KTS 1977, 257; BGH KTS 1984, 288; *Kuhn/Uhlenbruck*, § 17 KO Rn. 37.

Erfüllungsablehnung stand somit bei noch nicht in Vollzug gesetzten Arbeitsverhältnissen einer fristlosen Kündigung in ihren Rechtswirkungen gleich.[2] Auf die außerhalb des Konkurses umstrittene Frage, ob das Arbeitsverhältnis bei einer vereinbarten Probezeit bereits vor Arbeitsbeginn gekündigt werden konnte oder ob das Recht zur ordentlichen Kündigung vor Arbeitsantritt gänzlich ausgeschlossen werden kann, kam es daher nicht an.[3]

3   a) *Fortbestand der Arbeitsverhältnisse gemäß § 108 InsO.* Abweichend von § 103 InsO besteht bei Dienstverhältnissen gem. § 108 Abs. 1 S. 1 InsO kein Wahlrecht des Insolvenzverwalters, sondern die Arbeits- und Dienstverhältnisse des Schuldners bestehen nach Eröffnung des Insolvenzverfahrens mit Wirkung für die Insolvenzmasse fort.[4] Mit dem Begriff Dienstverhältnis sind sowohl Arbeitsverhältnisse gemäß § 622 BGB gemeint als auch Dienstverhältnisse, die gemäß § 621 BGB keine Arbeitsverhältnisse sind.[5] § 108 InsO gilt als lex spezialis, aber nur, wenn der Schuldner Berechtigter des Dienstverhältnisses ist, nicht aber für den Fall, dass die Insolvenz beim Dienstverpflichteten eintritt.[6] Fortbestehende Arbeits- und Dienstverhältnisse sind gemäß § 113 InsO unabhängig davon kündbar, ob das Dienst- oder Arbeitsverhältnis bereits angetreten worden ist. Auch bei einem noch nicht angetretenen Dienst- oder Arbeitsverhältnis kann der Insolvenzverwalter nicht das Wahlrecht gemäß § 103 InsO in Anspruch nehmen, sondern muss eine Kündigung aussprechen.[7] Dies folgt aus der Gesetzessystematik, der Entstehungsgeschichte und dem Sinn und Zweck des § 113 InsO. § 113 S. 1 InsO spricht von Dienstverhältnissen, bei denen der Schuldner der Dienstberechtigte ist, ohne danach zu unterscheiden, ob das Dienst- oder Arbeitsverhältnis bereits in Vollzug gesetzt worden ist. Dennoch wird teilweise vertreten, dass dem Insolvenzverwalter gemäß § 103 InsO ein Wahlrecht hinsichtlich aller noch nicht vollständig erfüllter gegenseitiger Verträge zusteht.[8] Dem ist entgegen zu halten, dass die Streichung des Merkmals des angetretenen Dienstverhältnisses für eine Erweiterung des § 113 InsO auf alle Arbeitsverhältnisse, ob angetreten oder nicht, spricht.[9] Dies entspricht der Gesetzesbegründung, die unter Bezugnahme auf § 113 InsO darauf hinweist, dass an die Stelle des Wahlrechts besondere Kündigungs- und Rücktrittsrechte treten.[10] Schließlich ist die Kündigung auch das vom Gesetzgeber zur Beendigung von Arbeitsverhältnissen vorgesehene Mittel. Die Erfüllungsablehnung nach altem Recht war dagegen eine mit dem allgemeinen Prinzip des Arbeitnehmerschutzes nicht zu vereinbarende Beendigungsart.[11] Mangels Sonderregelung erscheint es darüber hinaus systemgerechter, wenn Arbeitgeber und Arbeitnehmer, denen im Fall der Insolvenz alleine das Kündigungsrecht des § 113 InsO zusteht, im Arbeitsverhältnis gleich behandelt werden.[12] Caspers ver-

---

[2] Vgl. *Kuhn/Uhlenbruck*, § 17 KO Rn. 36 f.; *Grunsky*, Arbeitsverhältnis, S. 23; die Erfüllungsablehnung ist aber dogmatisch streng von einer Kündigung zu unterscheiden, so dass der Arbeitnehmer, wenn er die Unwirksamkeit der Erfüllungsablehnung geltend machen will, keine Kündigungsschutzklage erheben muss, vgl. *Rummel*, AR-Blattei SD, Konkurs I, Rn. 41.
[3] Vgl. LAG Hamm v. 15.3.1989, LAGE § 622 BGB Nr. 14; BAG v. 2.11.1978 – 2 AZR 74/77, NJW 1980, 1015; Uhlenbruck/Hirte/Vallender/*Berscheid*, § 108 Rn. 39.
[4] MüKoInsO/*Caspers*, § 113 Rn. 3; Uhlenbruck/Hirte/Vallender/*Berscheid*, § 108 Rn. 46; Nerlich/Römermann/*Balthasar*, § 108 Rn. 10.
[5] MüKoInsO/*Caspers*, § 113 Rn. 6; HK/*Marotzke*, § 108 Rn. 3.
[6] MüKoInsO/*Caspers*, § 113 Rn. 4; ErfK/*Müller-Glöge*, § 113 InsO Rn. 3.
[7] MüKoInsO/*Caspers*, § 113 Rn. 12; FK/*Eisenbeis*, § 113 Rn. 23.
[8] *Lohkemper*, KTS 1996, 1; *Lakies*, RdA 1997, 145.
[9] Nerlich/Römermann/*Hamacher*, § 113 Rn. 8; FK/*Eisenbeis*, § 113 Rn. 23; ErfK/*Müller-Glöge*, § 113 InsO Rn. 7; *Caspers* Rn. 92 ff.; *Grunsky/Moll* Rn. 342; Uhlenbruck/Hirte/Vallender/*Berscheid*, § 113 Rn. 7; *Berscheid*, ZInsO 1998, 115 (116).
[10] Begr RegE zu § 108, *Kübler/Prütting*, Bd I, S. 299.
[11] *Düwell*, Kölner Schrift S. 1444 (Rn. 28).
[12] Nerlich/Römermann/*Hamacher*, § 113 Rn. 10.

weist auch zu Recht darauf, dass das einseitige Wahlrecht des Insolvenzverwalters gemäß § 103 InsO in seinen Wirkungen einer fristlosen Kündigung gleichkommt. Dann lässt sich aber eine Beendigung des Arbeitsverhältnisses in der Insolvenz auf diesem Wege nicht mit dem allgemein anerkannten Grundsatz vereinbaren, dass die Insolvenz den Insolvenzverwalter gerade nicht berechtigt, alleine aus diesem Grund eine außerordentliche Kündigung auszusprechen.[13]

b) *Kündigung.* Will der Insolvenzverwalter ein noch vom Schuldner begründetes Arbeitsverhältnis beenden, kann er die Kündigung auch schon vor dem vorgesehenen Dienstantritt aussprechen.[14] Arbeitsrechtlich ist lediglich zu prüfen, ob eine Kündigung vor Dienstantritt im Arbeitsvertrag ausgeschlossen worden ist und ob die Kündigungsfrist bereits mit dem Ausspruch der Kündigung oder erst zum Zeitpunkt der vereinbarten Arbeitsaufnahme beginnen soll. Grundsätzlich kann ein Arbeitsvertrag unter Einhaltung der ordentlichen Kündigungsfrist oder aus wichtigem Grund bereits vor dem vereinbarten Dienstantritt gekündigt werden, wenn die Parteien dies nicht ausdrücklich ausgeschlossen haben oder sich der Ausschluss der Kündigung aus den Umständen zweifelsfrei ergibt.[15] Bestehen keine Anhaltspunkte für einen abweichenden Parteiwillen, wird der Lauf der Kündigungsfrist mit dem Ausspruch der Kündigung in Gang gesetzt. Einzelvertragliche Vereinbarungen, die dem gesetzlichen Kündigungsrecht des Insolvenzverwalters gemäß § 113 S. 1 InsO entgegenstehen, sind unbeachtlich.[16] Ungeachtet vertraglich abweichender Vereinbarungen über eine längere Kündigungsfrist, den vertraglichen Ausschluss der ordentlichen Kündigung und bei befristeten Vereinbarungen ist die Drei-Monats-Frist gemäß § 113 S. 2 InsO für Arbeitnehmer und Insolvenzverwalter maßgebend. Einschlägige kürzere Kündigungsfristen bleiben unberührt.[17] 4

2. Nachwirkungen beendeter Arbeitsverhältnisse. Bei Arbeitsverhältnissen, die vor Insolvenzeröffnung beendet und abgewickelt worden sind, treten im Rahmen des Insolvenzverfahrens grundsätzlich keine Nachwirkungen ein. Nachvertragliche Wettbewerbsverbote iSd §§ 74 ff. HGB unterfallen dem Wahlrecht des Insolvenzverwalters gemäß § 103 InsO. 5

a) *Unterbrechung laufender Kündigungsschutzprozesse.* Haben sich ausgeschiedene Arbeitnehmer im Rahmen einer Kündigungsschutzklage gegen die Wirksamkeit einer vor Insolvenzeröffnung ausgesprochenen Kündigung gewandt oder die Wirksamkeit einer Befristungsvereinbarung angefochten, wird mit Eröffnung der Insolvenz das Verfahren gemäß § 240 ZPO iVm § 46 II ArbGG unterbrochen, bis es nach den für die Insolvenz geltenden Vorschriften aufgenommen (§ 86 I Nr. 3 InsO) oder das Insolvenzverfahren aufgehoben wird, denn die Insolvenzmasse ist nicht nur bei Leistungsklagen, sondern auch im Falle dieser Feststellungsklagen betroffen, da diese Klagen einen Zahlungsanspruch vorbereiten.[18] Nicht unterbrochen werden dagegen solche Verfahren, die Ansprüche auf Erteilung oder Berichtigung eines Zeugnisses,[19] höchstpersönliche Rechte oder nicht vermögensrechtliche Ansprüche wie etwa Unterlassungspflichten zum Ge- 5a

---

[13] *Caspers,* Rn. 92 ff.; FK/*Eisenbeis,* § 113 Rn. 23.
[14] APS-Preis E Arten der Kündigung Rn. 21, 22; BAG 25.4.2004 – 2 AZR 324/03, NZA 2004, 1089.
[15] BAG v. 25.3.2004 – 2 AZR 324/03, NJW 2004, 3444.
[16] HKInsO/*Linck* Rn. 15, 17; MüKoInsO/*Caspers,* § 113 Rn. 16.
[17] *Schaub/Linck,* Arbeitsrechts-Handbuch, § 93 Rn. 50; MüKoInsO/*Caspers,* § 113 Rn. 16–18; *Uhlenbruck/Berscheid,* § 113 Rn. 101; MüKoInsO/*Caspers,* § 113 Rn. 25; BAG v. 22.5.2003 – 2 AZR 255/02, NZA 2003, 2183; BAG v. 6.7.2000 – 2 AZR 695/99, NJW 2001, 317.
[18] *Uhlenbruck,* § 86 Rn. 14; *Zwanziger,* § 185 Rn. 93; BAG v. 18.10.2006 – 2 AZR 563/05, NZI 2007, 300.
[19] → § 104 Rn. 82.

genstand haben und sich ausschließlich gegen die Person des Schuldners richten.[20] Geht es nur um die Einhaltung der Kündigungsfrist eines vor Insolvenzeröffnung beendeten Arbeitsverhältnisses, müssen die streitigen Vergütungsansprüche zunächst zur Insolvenztabelle angemeldet werden. Danach kann der Feststellungsprozess gegen den Insolvenzverwalter aufgenommen werden.[21]

6   b) *Beschäftigungsklage.* Macht ein Arbeitnehmer auf Grund einer vor Insolvenzeröffnung erfolgten Kündigung Weiterbeschäftigung bis zum rechtskräftigen Abschluss des Kündigungsrechtsstreites entweder gem. § 102 V BetrVG oder auf Grund des allgemeinen Weiterbeschäftigungsanspruchs gerichtlich geltend, dann tritt ebenfalls Unterbrechung gemäß § 240 ZPO ein; das Verfahren kann sowohl von dem Arbeitnehmer als auch vom Insolvenzverwalter aufgenommen werden, da auch in diesen Fällen Masseschulden erwachsen können (§ 86 I InsO). Ist der Schuldner vor Insolvenzeröffnung auf Grund unwirksamer Kündigung rechtskräftig zur Weiterbeschäftigung eines Arbeitnehmers verurteilt worden, kann die zwangsweise Durchsetzung der Weiterbeschäftigungsverpflichtung durch eine Anordnung des Insolvenzgerichts gemäß § 21 II Nr. 3 InsO vereitelt werden. Das Insolvenzgericht wird nämlich im Rahmen der Bestellung eines vorläufigen Insolvenzverwalter idR Zwangsvollstreckungsmaßnahmen gegen den Schuldner einstellen oder untersagen, um dem Bestreben der Gläubiger entgegen zu wirken, sich noch im Eröffnungsverfahren Vorteile zu verschaffen und den Grundsatz, alle Gläubiger gleich zu behandeln, zu unterlaufen.[22]

7   Kommt es während des Insolvenzverfahrens zur Weiterbeschäftigung des gekündigten Arbeitnehmers, sei es infolge entsprechenden Weiterbeschäftigungsurteils, sei es infolge einstweiliger Verfügung, so stellt sich für den Insolvenzverwalter ggf. erneut die Frage nach einer Beendigung eben dieses Weiterbeschäftigungsverhältnisses beispielsweise durch Entbindung von der Weiterbeschäftigungspflicht mittels einstweiliger Verfügung oder durch erneute Kündigung. Dann greifen die nachfolgend dargestellten Grundsätze zur Beendigung des Arbeitsverhältnisses im Rahmen des Insolvenzverfahrens ein.

8   **3. In Vollzug gesetzte Arbeitsverhältnisse. a)** *Beendigungstatbestände.* Die Vorschriften der InsO berühren grundsätzlich weder den Bestand des Arbeitsverhältnisses noch ändern sie die Grundsätze des Arbeitsrechts.[23] Demnach stehen dem Insolvenzverwalter alle dem Arbeitsrecht bekannten Möglichkeiten der Beendigung eines Arbeitsverhältnisses zur Verfügung.[24] Als Beendigungstatbestände des Arbeitsverhältnisses kommen daher

1. Aufhebungsvertrag gemäß §§ 623, 312 BGB,

2. Zeitablauf, wenn eine fest bestimmte Zeit vereinbart ist, oder Zweckerreichung, wenn das Arbeitsverhältnis für einen bestimmten Zweck eingegangen ist, (§ 620 BGB) und

3. Kündigung (§§ 622, 626 BGB) in Frage.

Andere Beendigungsgründe (Tod des Arbeitnehmers, lösende Aussperrung oder Abkehren des Arbeitnehmers nach suspendierender Aussperrung) sind demgegenüber nur selten praxisrelevant. Keine Beendigungstatbestände im eigentlichen Sinne sind dagegen die Anfechtungstatbestände nach §§ 119 ff. BGB einerseits, §§ 129 ff. InsO andererseits; gleichwohl finden sie nachfolgend aus praktischen Gründen kurz Berücksichtigung.

---

[20] *Musielak,* ZPO, § 240 Rn. 5; *Zöller/Greger,* ZPO, § 240 Rn. 8.
[21] *Zwanziger,* § 185 Rn. 93; BAG 18.10.2006 – 2 AZR 563/05, NZI 2007, 300.
[22] *Stepan* NZI 1999, 103, 105; *Uhlenbruck,* § 21 InsO Rn. 5.
[23] Siehe § 104 Rn. 15 ff.
[24] *Nerlich/Römermann/Hamacher,* § 113 Rn. 14.

(1) *Aufhebungsvertrag*. Auch im Insolvenzverfahren kann die Auflösung des Arbeitsverhältnisses mittels Aufhebungsvertrages besonders geprüft werden. Bei hochqualifizierten Arbeitnehmern, die ohne besondere Schwierigkeiten einen anderen Arbeitsplatz finden, wird ein Aufhebungsvertrag in der Regel keine Probleme bereiten. Aber darüber hinaus ist im Hinblick auf alle Arbeitsverhältnisse zu beachten, dass die einverständliche Auflösung des Arbeitsverhältnisses vielfältige vertragliche Gestaltungsformen erlaubt, die von der Einbeziehung der Ausgleichsquittung bis hin zum vorformulierten und in den Aufhebungsvertrag einbezogenen Zeugnis reichen und die für Insolvenzverwalter wie für Arbeitnehmer – richtig genutzt – überaus interessengerechte und flexible Lösungen erlauben. Allerdings kann der Insolvenzverwalter aufgrund seiner Fürsorgepflicht als Arbeitgeber verpflichtet sein, den Arbeitnehmer auf die mit einem Aufhebungsvertrag verbundenen Risiken hinzuweisen.

In der Insolvenz wird zu Recht von dem Abschluss von Aufhebungsverträgen nur zurückhaltend Gebrauch gemacht, weil dem Arbeitnehmer die Verhängung einer Sperrfrist gem. § 159 SGB III oder das Ruhen des Anspruchs auf Arbeitslosengeld wegen der Anrechenbarkeit einer Entlassungsentschädigung gem. § 159 SGB III droht. Ob der Arbeitnehmer wegen der Insolvenz oder der bevorstehenden Insolvenz seines Arbeitgebers zur Eigenkündigung berechtigt ist, hängt von den Umständen des Einzelfalls ab.[25] Die Dauer der Sperrzeit bei Arbeitsaufgabe beträgt gem. § 159 Abs. 3 SGB III zwölf Wochen. Der Arbeitnehmer verhält sich versicherungswidrig, wenn er das Beschäftigungsverhältnis löst, ohne dafür einen wichtigen Grund zu haben, § 159 Abs. 1 SGB III. Ein solcher ist anzunehmen, wenn der Insolvenzfall bereits eingetreten ist oder wenn der Arbeitnehmer mit dem Abschluss eines Aufhebungsvertrages einer sicheren Kündigung des Insolvenzverwalters zuvor kommt und Leistungen wegen Arbeitslosigkeit erst für Zeiten geltend gemacht werden, in denen er unabhängig von seinem Verhalten arbeitslos gewesen wäre.[26]

Der möglichst „massenhafte" Abschluss von Aufhebungsverträgen bietet jedoch dann besondere insolvenzspezifische Vorteile, wenn es dem Insolvenzverwalter gelingt, ein „Vertragspaket" zu schnüren; bestehend zB aus den individualarbeitsrechtlichen Elementen Aufhebungsvertrag, Abfindung mit Anrechnungsklausel, Ausgleichsquittung und Zeugnis einerseits und den kollektivrechtlichen Elementen Interessenausgleichsvereinbarung mit dem Betriebsrat unter namentlicher Erfassung der ausscheidenden Arbeitnehmer sowie entsprechender Sozialplanregelung andererseits. Dann können kostspielige Arbeitsgerichtsprozesse vermieden, Sanierungsbemühungen gezielt und ökonomisch absehbar durchgeführt und auch andere Gläubigergruppen in Vertragslösungen einbezogen werden. Seit dem 1.5.2000 haben die Parteien des Aufhebungsvertrages jedoch bei dessen Abschluss die Formvorschrift des § 623 BGB zu beachten.[27] Danach bedarf die Beendigung des Arbeitsverhältnisses durch Auflösungsvertrag zu ihrer Wirksamkeit der Schriftform. Der in § 623 BGB gebrauchte Begriff des Auflösungsvertrages meint alle einen bestehenden Arbeitsvertrag beendenden Vereinbarungen,[28] worunter insbesondere Aufhebungsverträge und auch Klageverzichtsverträge fallen.[29]

(2) *Schriftform*. Schriftform bedeutet in diesem Zusammenhang nach § 126 II 1 BGB, dass die Unterschriften beider Parteien auf derselben Urkunde erfolgen müssen. Der Austausch einseitiger Erklärungen reicht zur Wahrung der Form nicht aus.[30] Die

---

[25] Vgl. ErfK/*Rolfs*, SGB III § 159 Rn. 33; *Winkler* in *Gagel*, SGB II/SGB III Erg.Lief. 2014, § 159 Rn. 64.
[26] *Gagel/Vogt*, Konsequenzen, Rn. 66 f.
[27] Näher zu § 623 BGB s unten Rn. 36.
[28] *Trittin/Backmeister* DB 2000, 618 (621); *Müller-Glöge/von Senden* AuA 2000, 199 (200).
[29] *Preis/Gotthardt* NZA 2000, 348 (354); *Trittin/Backmeister* DB 2000, 618 (621); ErfKomm/*Müller-Glöge*, § 623 BGB Rn. 12; BAG v. 19.4.2007 – 2 AZR 208/06, NZA 2007, 2266.
[30] *Rolfs* NJW 2000, 1227 (1228).

§ 105 12–15 Kapitel IX. Arbeitsrecht und Insolvenz

Nichtbeachtung der in § 623 BGB vorgeschriebenen Form hat gemäß § 125 S. 1 BGB die Unwirksamkeit des Aufhebungsvertrages zur Folge. Die Rückabwicklung erfolgt dann nach Bereicherungsrecht mit dem Risiko des § 818 III BGB.[31]

Durch die Regelung des § 623 BGB wird das Phänomen der in der Praxis nicht selten anzutreffenden konkludenten Aufhebungsverträge beseitigt. Ferner ist es nun nicht mehr möglich, in den Fällen einer spezialgesetzlich angeordneten Formbedürftigkeit einer Kündigung das Arbeitsverhältnis rechtswirksam durch den Abschluss eines formfreien Aufhebungsvertrages aufzulösen.[32]

12 (3) *Kein Widerrufsrecht.* Die durch die Schuldrechtsreform ausgelöste Diskussion über ein Widerrufsrecht des Arbeitnehmers gemäß § 312 BGB hat durch die Rechtsprechung des BAG ein Ende gefunden. Das Widerrufsrecht nach § 312 I, § 355 BGB nF erstreckt sich nicht auf arbeitsrechtliche Beendigungsvereinbarungen.[33] Der Arbeitnehmer ist zwar Verbraucher iSv § 355 I 1 BGB, aber ein Widerrufsrecht besteht bei Beendigungsvereinbarungen gleichwohl nicht, weil es sich dabei nicht um ein Haustürgeschäft iSv § 312 I 1 Nr. 1 BGB handelt. Das Haustürwiderrufsrecht gemäß den §§ 12 ff. BGB ist ein vertragstypenbezogenes Verbraucherschutzrecht, welches nur „besondere Betriebsformen" erfasst. Arbeitsrechtliche Aufhebungsverträge sind in diesem Sinne keine Vertriebsgeschäfte, so dass das gesetzliche Widerrufsrecht keine Anwendung findet.

13 (4) *Zeitablauf, Zweckerreichung.* Der Insolvenzverwalter hat weiterhin zu prüfen, ob und ggf. wann welche Arbeitsverhältnisse mit Zeitablauf im Falle einer vertraglich vereinbarten Befristung enden oder mit Zweckerreichung, wenn ausweislich des Arbeitsvertrages die Einstellung allein zu einem bestimmten Zweck (Schlussverkauf, Saisonarbeit, Mutterschaftsvertretung usw) erfolgt ist, da die Fortsetzung eines von vornherein befristeten Arbeitsverhältnisses dann als auf unbestimmte Zeit verlängert gilt, wenn es vom Arbeitnehmer mit Wissen des Arbeitgebers (Insolvenzverwalters) fortgesetzt wird, es sei denn, dass der Insolvenzverwalter unverzüglich widerspricht – § 625 BGB. Im Übrigen stellt die Berufung des Insolvenzverwalters auf den Ablauf der vereinbarten Zeit oder auf die Zweckerreichung keine Kündigung dar, so dass die Kündigungsschutzvorschriften keine Anwendung finden, falls die Vereinbarung insoweit wirksam ist.[34]

14 Liegt eine Befristung gemäß § 14 des Gesetzes über Teilzeitarbeit und befristete Arbeitsverträge (Teilzeit- und Befristungsgesetz – TzBfG vom 21.12.2000) vor, muss zwischen der Sachgrundbefristung gemäß § 14 I TzBfG einerseits und der sachgrundlosen Befristung gemäß § 14 II TzBfG andererseits unterschieden werden. Die kalendermäßige Befristung eines Arbeitsvertrages ohne Vorliegen eines sachlichen Grundes ist gemäß § 14 II S 1 TzBfG bis zur Dauer von zwei Jahren zulässig. Innerhalb dieser Gesamtdauer von zwei Jahren kann der befristete Arbeitsvertrag dreimal verlängert werden. Diese sachgrundlose Befristung ist aber unzulässig, wenn mit demselben Arbeitgeber bereits zuvor ein befristetes oder unbefristetes Arbeitsverhältnis bestanden hat.

15 Daneben können gemäß § 14 I TzBfG sachliche Gründe die Befristung eines Arbeitsverhältnisses rechtfertigen. Die aufgezählten Sachgründe (§ 14 I Nrn. 1–8 TzBfG) bilden keinen abschließenden Katalog, sondern werden nur beispielhaft aufgezählt.[35] Die Berücksichtigung anderer Sachgründe und die Entwicklung neuer Befristungstat-

---

[31] *Richardi/Annuß* NJW 2000, 1231 (1233); *Rolfs* NJW 2000, 1227 (1228); *Müller-Glöge/von Senden* AuA 2000, 199 (203).
[32] *Müller-Glöge/von Senden* AuA 2000, 199 (200).
[33] BAG v. 27.11.2003 – 2 AZR 135/03, NZA 2004, 597; BAG v. 22.4.2004 – 2 AZR 281/03, NZA 2004, 1295.
[34] MüKoBGB/*Schwerdtner*, § 620 Rn. 121, 132.
[35] BAG v. 23.1.2002 – 7 AZR 611/00, NJW 2002, 2265; *Meinel/Heyn/Harms*, TzBfG Rn. 5 zu § 14.

bestände werden nicht ausgeschlossen. Formell ist die Schriftform des Arbeitsvertrages gemäß § 14 IV TzBfG zu beachten, die konstitutive Bedeutung hat. Es heißt nämlich in § 14 IV TzBfG ausdrücklich, dass die Befristung eines Arbeitsvertrages zu ihrer Wirksamkeit der Schriftform bedarf. Die Schriftform bezieht sich aber nur auf die Befristungsabrede als solche. Das Schriftformerfordernis erstreckt sich nicht auf die Art der Befristung und die Angabe des sachlichen Grundes.[36]

(5) *Vorläufige Weiterbeschäftigung.* Gemäß § 21 TzBfG gilt das Schriftformerfordernis auch für die Vereinbarung einer auflösenden Bedingung. Besondere Vorsicht ist daher bei der vorläufigen Weiterbeschäftigung während eines Kündigungsschutzprozesses geboten. Wird der Arbeitnehmer während des noch nicht abschließend entschiedenen Kündigungsschutzprozesses zur Vermeidung von Annahmeverzugsansprüchen vorläufig weiterbeschäftigt, kann es sich um einen auflösend bedingten Arbeitsvertrag gemäß § 21 TzBfG handeln, welcher der Schriftform gemäß § 14 IV TzBfG unterliegt.[37] Wird der Arbeitnehmer aufgrund eines arbeitsgerichtlichen Urteils tatsächlich weiterbeschäftigt, geschieht dies idR allein zur Abwendung der Zwangsvollstreckung. Eine derartige, gerichtlich auferlegte Prozessbeschäftigung unterliegt nicht dem Schriftformzwang.[38] Anders aber, wenn eine sog. Prozessbefristung zwischen den Arbeitsvertragsparteien vereinbart wird, um das Annahmeverzugsrisiko des Arbeitgebers zu mindern. Dies beinhaltet die Vereinbarung einer auflösenden Bedingung, denn das Arbeitsverhältnis soll auflösend bedingt bis zur rechtskräftigen Abweisung der Bestandsschutz- oder der Befristungsklage fortgesetzt werden. Liegt über diese rechtsgeschäftliche Abmachung keine schriftliche Vereinbarung gemäß § 14 IV TzBfG vor, droht dem Insolvenzverwalter gemäß den §§ 16, 21 TzBfG die Rechtsfolge eines unbefristeten Fortbestandes des Arbeitsverhältnisses.[39]

(6) *Entfristungsklage.* Die Unwirksamkeit einer Befristung muss vom Arbeitnehmer gemäß § 17 TzBfG innerhalb von drei Wochen nach dem vereinbarten Ende durch Feststellungsklage beim Arbeitsgericht geltend gemacht werden; andernfalls gilt die Befristung wie die nicht innerhalb von drei Wochen gemäß § 4 KSchG angegriffene Kündigung als rechtswirksam. Die dreiwöchige Klagefrist findet keine Anwendung, wenn darüber gestritten wird, ob überhaupt eine Befristungsabrede getroffen wurde.[40] Obwohl das wirksam befristete Arbeitsverhältnis „von selbst" mit Ablauf der Frist bzw. mit Zweckerreichung endet und folglich insoweit die Kündigung ebenso wie einen etwaigen Kündigungsschutz verdrängt, kann gleichwohl ein befristetes oder auflösend bedingtes Arbeitsverhältnis vom Insolvenzverwalter – ebenso wie seitens des Arbeitnehmers – in der Insolvenz auch dann vorzeitig gekündigt werden, wenn während des Laufs der Befristung keine Kündigungsmöglichkeit vereinbart worden ist. Diese Möglichkeit besteht unter Einhaltung der dreimonatigen Kündigungsfrist gemäß § 113 S. 2 InsO, die hier anwendbar ist, weil es sich bei der Befristung gemäß § 620 BGB um eine vertragliche Kündigungsbeschränkung handelt,[41] die gemäß § 113 S. 1 InsO in der Insolvenz unbeachtlich ist. Selbst wenn folglich im Rahmen des befristeten Arbeitsverhältnisses die Möglichkeit einer ordentlichen Kündigung vor Ablauf der Frist nicht ver-

---

[36] Anders noch der Referentenentwurf NZA 2000, 1045; vgl. die Beschlussempfehlung des Ausschusses v. 15.11.2000, BT-Drucks. 14/4625 S 11.
[37] KR-*Lipke*, § 21 TzBfG Rn. 8; LAG Niedersachsen v. 4.9.2006, NZA-RR 2007, 67.
[38] KR-*Lipke*, § 14 TzBfG Rn. 518; LAG Hamm v. 16.1.2003 – 16 Sa 1126/02, DB 2003, 1739.
[39] BAG v. 22.10.2003 – 7 AZR 113/03, NZA 2004, 1275; KR-*Lipke*, § 14 TzBfG Rn. 543; aA KR-*Fischermeier*, § 625 Rn. 34.
[40] BAG v. 20.2.2002 – 7 AZR 622/00, NZA 2002, 1304; APS/*Backhaus* Rn. 10 zu § 17 TzBfG; KR-*Lipke/Bader*, § 17 TzBfG Rn. 5; ErfKomm/*Müller-Glöge*, § 17 TzBfG Rn. 6; Meinel/Heyn/Harms, Rn. 6 zu § 17.
[41] Nerlich/Römermann/*Hamacher*, § 113 Rn. 22; *Zwanziger*, § 113 InsO Rn. 15; BAG v. 6.7.2000 – 2 AZR 695/99, NZI 2000, 611.

einbart ist, erlaubt § 113 InsO den Arbeitsvertragsparteien (Insolvenzverwalter wie Arbeitnehmer) den Ausspruch einer ordentlichen Kündigung unter Zugrundelegung der Kündigungsfrist des § 113 S. 2 InsO.[42] In diesem Fall scheidet ein Rückgriff auf die ansonsten geltenden gesetzlichen Kündigungsfristen gem. § 622 BGB aus.

17 (7) *Kündigung.* Im Regelfall wird sich der Insolvenzverwalter wegen der insolvenzbedingten Stilllegung oder Einschränkung des Betriebes gezwungen sehen, bestehende Arbeitsverhältnisse zu kündigen. Als einseitige empfangsbedürftige Willenserklärung des einen Vertragsteils gegenüber dem anderen mit dem Ziel der Beendigung des Arbeitsverhältnisses ist die Kündigung als Gestaltungsrecht an bestimmte, nachfolgend zu erörternde Voraussetzungen gebunden. Je nachdem, welche dieser Voraussetzungen vorliegen, ist die das Arbeitsverhältnis sofort beendende, fristlose Kündigung (außerordentliche Kündigung) von der befristeten Kündigung (ordentliche Kündigung) zu unterscheiden, bei der erst nach Ablauf einer bestimmten Zeit (Kündigungsfrist) das Arbeitsverhältnis endet. Als dritte Rechtsform der Kündigung hat sich gegenüber diesen beiden Arten der Beendigungskündigung eine weitere Kündigung herausgebildet, die in der Regel gerade nicht zur Beendigung, sondern nur zur inhaltlichen Veränderung des Arbeitsverhältnisses führt, nämlich die Änderungskündigung. Diese ist in Ausnahmefällen als außerordentliche[43] und als ordentliche Änderungskündigung möglich.[44]

18 b) *Zulässigkeitsvoraussetzungen der Kündigung (Überblick).* In § 108 I InsO ist nunmehr ausdrücklich festgelegt, dass Dienstverhältnisse des Schuldners im Insolvenzfall mit Wirkung für die Insolvenzmasse fortbestehen. Da die Eröffnung des Insolvenzverfahrens die bestehenden Arbeitsverhältnisse mit ihrem jeweiligen Inhalt demnach unangetastet lässt,[45] setzt die rechtswirksame Ausübung des Kündigungsrechtes durch den Insolvenzverwalter in Wahrnehmung der abgeleiteten Arbeitgeberfunktionen stets voraus, dass er die kündigungsrechtlichen Zulässigkeitserfordernisse umfassend beachtet.[46] Weder führt die Insolvenz als solche zu erleichterten Kündigungsmöglichkeiten, noch stellt sie selbst einen eigenen, speziellen Kündigungsgrund dar. Des Weiteren gelten in der Insolvenz wie sonst die für eine Beendigung des Arbeitsverhältnisses geltenden Schutzvorschriften für Arbeitnehmer, zB das Kündigungsschutzgesetz, das SGB IX (Rehabilitation und Teilhabe behinderter Menschen vom 19.6.2001), das Mutterschutzgesetz, das Bundeselterngeld- und Elternzeitgesetz (BEEG), das Pflegezeitgesetz und das Heimarbeitsgesetz.

19 Auch der Regelung des § 113 InsO lässt sich – wie auch aus § 108 I InsO – insgesamt gerade die Feststellung entnehmen, dass das Arbeitsverhältnis in der Insolvenz grundsätzlich unverändert fortbesteht und damit auch umfassend die allgemeinen Kündigungsvorschriften und Kündigungsschutzregelungen des Arbeitsrechtes eingreifen. Deshalb muss die Kündigung nicht nur den Erfordernissen der §§ 622, 623, 626 BGB genügen; sie hat auch den Grundsätzen des § 242 BGB gerecht zu werden und darf nicht gegen §§ 134, 138 BGB verstoßen. Des Weiteren ist eine Kündigung durch den Insolvenzverwalter wegen (teilweisen) Betriebsübergangs gemäß § 613a IV BGB unwirksam, wenn der Betriebsübergang den Beweggrund für die Kündigung bildet.

20 c) *Mitwirkung des Betriebsrates bei Kündigungen (Überblick).* Unabhängig davon, welche Kündigungsart (außerordentliche Kündigung, ordentliche Kündigung, Änderungskündigung) der Insolvenzverwalter wählen will, stets ist vor Ausspruch der Kündigung der Betriebsrat gemäß § 102 I BetrVG anzuhören, falls ein solcher im Betrieb besteht, weil anderenfalls die ausgesprochene Kündigung unheilbar nichtig ist – § 102 I S. 3 BetrVG.

---

[42] BAG v. 6.7.2000 – 2 AZR 695/99, NZI 2000, 611.
[43] Vgl. BAG v. 2.3.2006 – 2 AZR 64/05, NZA 2006, 985.
[44] *Schaub/Linck,* Arbeitsrechts-Handbuch, § 137 Rn. 10, 11.
[45] Nerlich/Römermann/*Hamacher,* vor § 113 Rn. 5, 14.
[46] *Düwell,* Kölner Schrift S. 1445 (Rn. 32).

Hieraus folgt, dass der Insolvenzverwalter das Anhörungsverfahren des Betriebsrates gemäß § 102 BetrVG insgesamt einzuhalten hat; auch hier zeitigt die Insolvenzeröffnung als solche keine Änderung der Rechtslage im Vergleich zu derjenigen außerhalb der Insolvenz.[47]

(1) *Mitteilung der Kündigungsgründe.* Eine wirksame Anhörung des Betriebsrates durch den Insolvenzverwalter liegt nur vor, wenn der Insolvenzverwalter vor Ausspruch der Kündigung die Personalien des zu kündigenden Arbeitnehmers, die Kündigungsgründe, die Art der Kündigung, Kündigungsfrist und Kündigungstermin sowie bei betriebsbedingten Kündigungen die wesentlichen Daten für die Sozialauswahl iSd § 1 III S. 1 KSchG dem Betriebsrat mitgeteilt hat.[48] Der Insolvenzverwalter muss stets alle Kündigungsgründe mitteilen, auf die er die Kündigung stützen will. Nicht mitgeteilte Kündigungsgründe kann er später nicht im Kündigungsschutzprozess „nachschieben",[49] es sei denn, dass die Kündigungsgründe dem Insolvenzverwalter bei Ausspruch der Kündigung noch nicht bekannt waren, aber im Zeitpunkt des Kündigungszugangs objektiv vorlagen.[50] Aber selbst dann muss der Insolvenzverwalter nach Kenntniserlangung den Betriebsrat erneut anhören, um die neuen Gründe im Kündigungsschutzprozess geltend machen zu können.[51] Diese erneute Anhörungspflicht ist nach richtiger Auffassung bloßer Formalismus, weil der Betriebsrat bei einer bereits ausgesprochenen Kündigung auf die Willensbildung des Arbeitgebers keinen Einfluss mehr nehmen kann.[52] Die Unterrichtung des Betriebsrates bedarf keiner besonderen Form und kann auch bei komplexen Sachverhalten mündlich erfolgen.[53] Da der Insolvenzverwalter die ordnungsgemäße Unterrichtung des Betriebsrats im Prozess im Streitfall nachweisen muss, empfiehlt sich die schriftliche Anhörung des Betriebsrats, die durch mündliche Informationen, die im Prozess im Streitfall vom Insolvenzverwalter nachzuweisen sind, ergänzt werden können.

(2) *Stellungnahme des Betriebsrats.* Hat der Insolvenzverwalter eine wirksame Anhörung des Betriebsrates gemäß § 102 I BetrVG herbeigeführt, dann ist es Aufgabe des Betriebsrates, sich zu äußern. Hat der Betriebsrat gegen eine ordentliche Kündigung Bedenken, so hat er diese unter Angabe der Gründe dem Insolvenzverwalter spätestens innerhalb einer Woche schriftlich mitzuteilen – § 102 II S. 1 BetrVG. Äußert er sich innerhalb dieser Frist nicht, gilt seine Zustimmung zur Kündigung als erteilt – § 102 II S. 2 BetrVG. Hat der Betriebsrat dagegen hinsichtlich einer außerordentlichen Kündigung Bedenken, so muss er diese unter Angabe der Gründe dem Insolvenzverwalter unverzüglich, spätestens jedoch innerhalb von 3 Tagen, schriftlich mitteilen, andernfalls auch in diesem Fall die Zustimmung zur Kündigung als erteilt gilt (§ 102 II BetrVG). Für die Änderungskündigung gilt das Gleiche, je nachdem ob sie als ordentliche oder als außerordentliche Änderungskündigung ausgesprochen werden soll.[54]

Über die Äußerung von Bedenken iSd § 102 II BetrVG hinaus kann der Betriebsrat gemäß § 102 III BetrVG einer ordentlichen Kündigung innerhalb der Wochenfrist widersprechen, wenn

---

[47] BAG v. 29.3.1977 – 1 AZR 46/75, DB 1977, 1320; BAG v. 28.8.2003 – 2 AZR 377/05, ZIP 2004, 525; *Richardi/Thüsing,* § 102 BetrVG Rn. 40; *Düwell,* Kölner Schrift, S. 1457 (Rn. 74); *Nerlich/Römermann/Hamacher,* § 113 Rn. 65.
[48] *Richardi/Thüsing,* § 102 BetrVG Rn. 40, 56 ff., 61; Nerlich/Römermann/*Hamacher,* § 113 Rn. 66.
[49] BAG v. 1.4.1981 – 7 AZR 1003/78, DB 1981, 2128; Nerlich/Römermann/*Hamacher,* § 113 Rn. 68.
[50] BAG v. 6.9.2007 – 2 AZR 264/06, NZA 2008, 636.
[51] BAG v. 11.4.1985 – 2 AZR 239/84, NZA 1986, 674; *Richardi/Thüsing,* § 102 BetrVG Rn. 126; str.
[52] *Schaub/Linck,* Arbeitsrechts-Handbuch, § 124 Rn. 48.
[53] Nerlich/Römermann/*Hamacher,* § 113 Rn. 71; *Schaub/Linck,* Arbeitsrechts-Handbuch, § 124 Rn. 25; BAG v. 6.2.1997 – 2 AZR 265/96, NZA 1997, 656.
[54] *Schaub/Linck,* Arbeitsrechts-Handbuch, § 124 Rn. 25.

§ 105 24–26   Kapitel IX. Arbeitsrecht und Insolvenz

1. der Arbeitgeber bei der Auswahl des zu kündigenden Arbeitnehmers soziale Gesichtspunkte nicht oder nicht ausreichend berücksichtigt hat,
2. die Kündigung gegen eine Richtlinie nach § 95 BetrVG verstößt,
3. der zu kündigende Arbeitnehmer an einem anderen Arbeitsplatz im selben Betrieb oder in einem anderen Betrieb des Unternehmens weiterbeschäftigt werden kann,
4. die Weiterbeschäftigung des Arbeitnehmers nach zumutbaren Umschulungs- oder Fortbildungsmaßnahmen möglich ist oder
5. eine Weiterbeschäftigung des Arbeitnehmers unter geänderten Vertragsbedingungen möglich ist und der Arbeitnehmer sein Einverständnis hiermit erklärt hat.

24   Äußert der Betriebsrat fristgerecht Bedenken oder erklärt er fristgerecht den Widerspruch, so hindert dies den Insolvenzverwalter nicht, die geplante Kündigung, zu der er den Betriebsrat angehört hat, gleichwohl auszusprechen.[55] Die Äußerung von Bedenken ebenso wie der Widerspruch seitens des Betriebsrates begünstigen allein den betroffenen Arbeitnehmer, wenn dieser im Kündigungsschutzprozess gegen die Kündigung vorgeht, weil dadurch die prozessuale Lage zugunsten des Arbeitnehmers wesentlich „verbessert" sein kann; sie tangieren aber nicht das materielle Kündigungsrecht des Insolvenzverwalters.

25   Wegen dieser Verzahnung des Beteiligungsrechtes des Betriebsrats mit dem individuellen Kündigungsschutz des betroffenen Arbeitnehmers verpflichtet § 102 IV BetrVG den Insolvenzverwalter in Wahrnehmung der abgeleiteten Arbeitgeberfunktionen, bei Widerspruch des Betriebsrates gegen die Kündigung dem Arbeitnehmer mit der Kündigung eine Abschrift der Stellungnahme des Betriebsrates zuzuleiten. Darüber hinaus muss der Insolvenzverwalter bei entsprechendem Verlangen des Arbeitnehmers diesen bis zum rechtskräftigen Abschluss des Kündigungsschutzprozesses bei unveränderten Arbeitsbedingungen weiterbeschäftigen, wenn der Betriebsrat einer ordentlichen Kündigung frist- und ordnungsgemäß widersprochen und der Arbeitnehmer nach dem Kündigungsschutzgesetz Klage auf Feststellung erhoben hat, dass das Arbeitsverhältnis durch die Kündigung nicht aufgelöst worden ist – § 102 V S. 1 BetrVG. Nur unter den engen Voraussetzungen des § 102 V S. 2 BetrVG kann sich der Insolvenzverwalter durch einstweilige Verfügung von der Verpflichtung zur Weiterbeschäftigung entbinden lassen.[56]

26   **d)** *Anfechtung.* Obwohl nicht zu den Beendigungstatbeständen im eigentlichen Sinne gehörend, finden die Anfechtungstatbestände der §§ 119 ff. BGB wie vor allem diejenigen der §§ 129 ff. InsO im Zusammenhang mit der Lösung von Arbeitsverhältnissen zunehmend Beachtung. Die Voraussetzungen und Rechtswirkungen der Anfechtungstatbestände sind dabei völlig unterschiedlich. Die Anfechtung ist keine Kündigung, so dass eine Beteiligung des Betriebsrats nicht erforderlich ist. Es handelt sich bei der Anfechtung einerseits und der Kündigung andererseits um unterschiedliche Rechtsinstitute. Eine Anfechtung ist auch in den Fällen möglich, in denen besondere Kündigungsverbote bestehen. Die Anfechtung des Arbeitsvertrages kann mit dem Recht zur außerordentlichen Kündigung gemäß § 626 BGB konkurrieren. Die tatbestandlichen Voraussetzungen der beiden Rechtsinstitute sind allerdings unterschiedlich geregelt. Die Kündigung aus wichtigem Grund muss gemäß § 626 II BGB innerhalb von zwei Wochen ausgesprochen werden, die Anfechtung wegen Irrtums gemäß § 121 I BGB unverzüglich und die Anfechtung wegen Täuschung oder Drohung gemäß § 123 BGB innerhalb der Jahresfrist des § 124 I BGB erklärt werden. Zur Konkretisierung der Anfechtungsfrist des § 119 BGB

---

[55] Nerlich/Römermann/*Hamacher*, § 113 Rn. 80; *Fitting/Kaiser/Heither/Engels*, § 102 BetrVG Rn. 51.
[56] → Rn. 172–174.

wrid die Zwei-Wochen-Frist des § 626 II BGB herangezogen mit der Folge, dass eine Anfechtung wegen Inhalts- oder Eigenschaftsirrtums gemäß § 119 BGB nur dann ohne schuldhaftes Zögern gemäß § 121 BGB ausgesprochen wird, wenn die Kenntnis des Anfechtungsgrundes nicht länger als zwei Wochen vor Zugang der Anfechtungserklärung zurück liegt.[57] Wird eine Kündigung auf bestimmte Anfechtungsgründe gestützt, können andere Kündigungsgründe nicht nachgeschoben werden.[58]

(1) *Anfechtung gemäß §§ 119ff. BGB.* Die Möglichkeit der Anfechtung eines Arbeitsvertrages durch den Insolvenzverwalter besteht in Fällen des beachtlichen Eigenschafts- oder Motivirrtums gemäß § 119 II BGB. Als verkehrswesentliche Eigenschaften im Sinne des § 119 II BGB kommen beispielhaft Ehrlichkeit und Vertrauenswürdigkeit des Kassierers, sittliche Unbescholtenheit eines Ausbilders, Fehlen von einschlägigen Vorstrafen (Untreue, Urkundenfälschung bei Buchhalter, Kassierer; Trunkenheit im Straßenverkehr bei Kfz-Fahrer usw) in Frage,[59] dagegen nicht die Schwangerschaft. Die Frage des Arbeitgebers nach einer Schwangerschaft beinhaltet eine gem. § 3 Abs. 1 S. 2 AGG unmittelbare Benachteiligung wegen des Geschlechts und ist daher generell unzulässig, unabhängig davon, ob sich nur Frauen oder auch Männer um den Arbeitsplatz bewerben. Nach der Rechtsprechung des EuGH ist die Frage nach der Schwangerschaft auch dann nicht zulässig, wenn die Arbeitnehmerin nur befristet eingestellt werden soll und sie während der Schwangerschaft wegen etwaiger Beschäftigungsverbote keine Arbeit verrichten kann.[60] Die Schwerbehinderung als solche ist keine Eigenschaft, es sei denn, dass der schwerbehinderte Mensch für die vorausgesetzte Arbeit wegen seiner Behinderung nicht geeignet ist.[61] Die Neuregelung des Schwerbehindertenrechts in SGB IX enthält in § 81 II SGB IX ein arbeitsrechtliches Diskriminierungsverbot, so dass der Arbeitgeber bei der Einstellung die Frage nach der Schwerbehinderteneigenschaft nicht mehr stellen dürfte.[62] Unter der Geltung des am 18.8.2006 in Kraft getretenen AGG (BGBl. I S. 1897) ist die Frage nach dem Vorliegen einer Schwerbehinderung im Bewerbungsgespräch grundsätzlich unzulässig, denn sie dient der Vorbereitung eines Verstoßes gegen das Diskriminierungsverbot nach § 7 AGG.[63] In einem Bewerbungsgespräch und während der ersten sechs Monate des Arbeitsverhältnisses ist die Frage generell unzulässig, wenn die Schwerbehinderung für die Ausübung der Tätigkeit keine Bedeutung hat.[64]

Eine Anfechtung des Arbeitsvertrages wegen arglistiger Täuschung kommt dann in Frage, wenn der Arbeitnehmer eine zulässige Frage des Arbeitgebers vor der Einstellung wahrheitswidrig beantwortet oder eine offenbarungspflichtige Tatsache verschwiegen hat.[65] Vorstrafen, Schwangerschaft und vergleichbare Lebenssachverhalte brauchen aber in der Regel vom Arbeitnehmer nicht offenbart zu werden; die Arbeitnehmer dürfen derartige Fragen nach der Rechtsprechung sogar wahrheitswidrig beantworten, es sei denn, dass die Kenntnis des betreffenden Umstandes für den Arbeitgeber im Hinblick auf die zu besetzende Stelle objektiv von unverzichtbarer Bedeutung ist, so zB Vorstrafe wegen Untreue, Unterschlagung usw bei einem Buchhalter oder Kassierer.[66]

---

[57] ErfKomm/*Preis*, § 611 Rn. 356; *Schaub/Linck*, Arbeitsrechts-Handbuch, § 36 Rn. 26; HWK/*Thüsing*, § 119 Rn. 14.
[58] BAG v. 7.11.2007 – 5 AZR 1007/06, NZA 2008, 530.
[59] Vgl. *Schaub*, Arbeitsrechts-Handbuch, § 35 Rn. 21; vgl. *Schaub/Linck*, Arbeitsrechts-Handbuch § 36 Rn. 32; ErfKomm/*Preis*, § 611 BGB, Rn. 350, 351.
[60] EuGH v. 4.10.2001 – R.S.C-109/00, NJW 2002, 123; *Schaub/Linck*, Arbeitsrechts-Handbuch, § 26 Rn. 32; BAG v. 6.2.2003 – 2 AZR 621/01, NZA 2003, 848.
[61] ErfKomm/*Preis*, § 611 BGB Rn. 351; *Schaub/Linck*, Arbeitsrechts-Handbuch, § 36 Rn. 36.
[62] Vgl. *Joussen* NZA 2003, 2857.
[63] *Joussen*, NZA 2007, 174; vgl. auch BAG v. 16.9.2008 – 9 AZR 791/07, NZA 2009, 79.
[64] ErfK/*Preis*, § 611 BGB Rn. 274; LAG Hamm v. 19.10.2006 – 15 Sa 740/06.
[65] *Schaub/Linck*, Arbeitsrechts-Handbuch § 26 Rn. 16.
[66] ErfKomm/*Preis*, § 611 BGB Rn. 354; *Schaub/Linck*, Arbeitsrechts-Handbuch § 36 Rn. 35.

29 (2) *Rechtsfolge der Anfechtung.* Die erfolgreiche Anfechtung führt zwar gemäß § 142 I BGB grundsätzlich rückwirkend zur Nichtigkeit des geschlossenen Arbeitsvertrages. Dies gilt im Arbeitsrecht aber nicht für bereits in Vollzug gesetzte Arbeitsverhältnisse, weil die bereicherungsrechtliche Rückabwicklung den zwingend festgesetzten Sozialschutz nicht in Frage stellen darf.[67] Bereits erbrachte Arbeitsleistungen können nur schwierig rückabgewickelt werden. Ein vollzogenes Arbeitsverhältnis wird daher bei Vorliegen eines Anfechtungsgrundes wie ein fehlerfrei begründetes Arbeitsverhältnis behandelt. Die Ex-tunc-Wirkung gemäß § 142 I BGB kommt nur dann zum Tragen, wenn der Arbeitnehmer infolge krankheitsbedingter Arbeitsunfähigkeit überhaupt nicht gearbeitet hat.[68] Hat der Arbeitnehmer bis zur Anfechtung des Arbeitsvertrages nicht gearbeitet, besteht kein Grund, von dem gesetzlich verankerten Prinzip der Rückwirkung einer Anfechtung abzuweichen.[69]

30 (3) *Anfechtung gemäß §§ 129 ff. InsO.* Bereits § 166 I Nr. 2 SGB III zeigt, dass der Arbeitsvertrag wie jeder andere Vertrag bei Vorliegen der Tatbestandsmerkmale der §§ 129 ff. InsO angefochten werden kann. Das galt bereits nach altem Recht gemäß §§ 29 ff. KO.[70] Von der Insolvenzanfechtung können in vielfältiger Weise auch Arbeitsverhältnisse betroffen sein. Von praktischer Bedeutung ist vor allem die Anfechtbarkeit von benachteiligen Rechtshandlungen des Schuldners innerhalb von drei Monaten vor dem Antrag auf Eröffnung des Insolvenzverfahrens. Rechtshandlung iSd §§ 129, 132 InsO ist der Abschluss von Arbeitsverträgen, die Änderung von Arbeitsverträgen und die Erfüllung von Lohnzahlungen. Von den in § 132 InsO genannten unmittelbar benachteiligenden Rechtsgeschäften werden alle schuldrechtlichen Verpflichtungen erfasst, also auch nachteilige Vertragsänderungen, Vergleiche gemäß § 779 BGB und Betriebsvereinbarungen gemäß § 88 BetrVG.[71] Angefochten werden können auch besondere Vergütungszusagen des Schuldners, Vereinbarungen über die Unkündbarkeit von Arbeitnehmern oder über die Übertragung der Rechte aus einer Direktversicherung.[72]

31 (4) *Anfechtung von Entgeltzahlungen des Schuldners.* Praktisch bedeutsam sind vor allem Entgeltzahlungen durch den Schuldner zur Erfüllung rückständiger Vergütungsforderungen der Arbeitnehmer gegen die Zusage der Weiterarbeit.[73] Die Anfechtung von Lohnzahlungen durch den Insolvenzverwalter ist kein ehrenrühriges Verhalten, sondern es gehört zum Standardrepertoire eines jeden Insolvenzverwalters, Anfechtungsansprüche zu prüfen, um die Verfahrenskosten zu finanzieren und eine Quotenerhöhung zu erreichen.[74] Der erforderliche Arbeitnehmerschutz wird durch das Insolvenzgeld gemäß §§ 165 ff. SGB III gewährleistet. Der Insolvenzverwalter macht sich gegenüber den Insolvenzgläubigern sogar schadensersatzpflichtig, wenn er es unterlässt, werthaltige Anfechtungsansprüche zu verfolgen.[75]

31a (5) *Anfechtung von Arbeitsverträgen.* Das eigentliche Problem einer Insolvenzanfechtung von Arbeitsverträgen liegt jedoch im Nachweis der unmittelbaren oder mittelbaren Gläubigerbenachteiligung, denn der Arbeitnehmer erbringt regelmäßig zugunsten der

---

[67] HWK/*Thüsing*, § 119 BGB Rn. 15; *Schaub/Linck*, Arbeitsrechts-Handbuch, § 36 Rn. 49.
[68] BAG v. 3.12.1998 – 2 AZR 754/97 NZA 1999, 584.
[69] Vgl. aber BAG v. 3.11.2004 – 5 AZR 592/03, NZA 2005, 1409, wonach der Arbeitgeber bei Arbeitsleistungen eines falschen Arztes die Rückzahlung der Arbeitsvergütung gemäß § 812 I 1 BGB verlangen kann.
[70] *Kuhn/Uhlenbruck*, § 22 KO Rn. 7; *Schaub* ZIP 1993, 969.
[71] MüKoInsO/*Kirchhof*, § 132 Rn. 7; LAG München v. 5.9.1996 – 3 Sa 446/86, NZA 1987, 464.
[72] Vgl. BAG v. 19.11.2003 – 10 AZR 110/03, NJW 2004, 190.
[73] *Zwanziger*, InsO, Einf. Rn. 298; *ders* Insolvenzanfechtung und Arbeitsentgelt, BB 2007, 42; vgl. BAG v. 27.10.2004 – 10 AZR 123/04, NJW 2005, 1389; BGH v. 19.2.2009 – IX ZR 62/08, ZIP 2009, 526.
[74] *Bork*, ZIP 2008, 1041; *Laws*, ZInsO 2009, 1465.
[75] *Bork*, ZIP 2007, 2337.

Masse seine Arbeitsleistung, so dass Lohn- und Gehaltszahlungen als zumindest gleichwertige Gegenleistungen zu qualifizieren sind.[76] Der Dienstleistende schuldet nicht die Herbeiführung eines bestimmten Erfolges, sondern nur die Erbringung der versprochenen Dienstleistungen. Deshalb scheidet eine unmittelbare Gläubigerbenachteiligung gemäß § 132 InsO regelmäßig aus, wenn die im Rahmen von vorinsolvenzlichen Sanierungsbemühungen geschlossenen Dienst- oder Arbeitsverträge nicht zu dem gewünschten Ergebnis der Vermeidung einer Insolvenzeröffnung führen.[77] Enthält der vor Insolvenzeröffnung geschlossene Arbeitsvertrag ein in sich noch ausgewogenes Verhältnis von Leistung und Gegenleistung und ist er in nachvollziehbarer Weise zur „Rettung" des sich in der Krise befindlichen Unternehmens geschlossen worden, entfällt eine unmittelbare Gläubigerbenachteiligung.[78] Nur die Erfüllung der Vergütungsansprüche kann unter den Voraussetzungen des § 130 InsO angefochten werden, wenn es sich nicht um ein Bargeschäft iSv § 142 InsO handelt. Arbeitsverträge, die unmittelbar vor dem Antrag auf Eröffnung des Insolvenzverfahrens geschlossen worden sind, können wegen inkongruenter Deckung gemäß § 131 InsO nur angefochten werden, wenn der vereinbarten Vergütung bei nur vorgeschobenen Dienstleistungen objektiv kein gleichwertiger Nutzen gegenüber steht.[79] Da derartige Fallgestaltungen nur ausnahmsweise vorkommen, kommen als mögliche Anfechtungstatbestände eher einzelvertragliche Arbeitsvertragsklauseln, die auf Grund späterer Vertragsänderung oder -ergänzung Eingang in das Vertragswerk gefunden haben wie zB Sonderzusagen von Gratifikationen, Tantiemen, Übertragung der Rechte aus einer Direktversicherung[80] usw in Betracht. Solche Rechtsgeschäfte, die einzelne Arbeitsbedingungen zugunsten des Arbeitnehmers verändern oder ergänzen, sind anfechtbar.[81] Erleichtert wird die Insolvenzanfechtung bei nahe stehenden Familienangehörigen gemäß § 138 InsO. Hier wird gemäß § 131 II 2 InsO vermutet, dass sie die Benachteiligung der Insolvenzgläubiger kannten oder gemäß § 130 III InsO von der Zahlungsunfähigkeit oder von dem Eröffnungsantrag wussten. Grundsätzlich ist jede Rechtshandlung mit gläubigerbenachteiligenden Folgen anfechtbar.[82] Hinsichtlich des Nachweises der Gläubigerbenachteiligung insbesondere bei Arbeitsverhältnissen mit Familienangehörigen sind die Vermutungen der §§ 130 III, 131 II S. 2, 132 III und 138 InsO von besonderer Bedeutung. Nach diesen Vorschriften wird bei nahen Anverwandten und dem Schuldner nahe stehenden Personen die Kenntnis von der Zahlungsunfähigkeit, des Eröffnungsantrages oder der Benachteiligung der Insolvenzgläubiger vermutet.

(6) *Kenntnis von der Zahlungsunfähigkeit.* Den Hauptanwendungsfall der Insolvenzanfechtung bildet die Anfechtung von Lohnzahlungen, die der Schuldner aufgrund von Liquiditätsproblemen verspätet leistet. Hat der Schuldner unmittelbar vor dem Antrag auf Insolvenzeröffnung trotz bereits abzusehender Zahlungsunfähigkeit noch auf rückständige Löhne gezahlt, muss der Insolvenzverwalter prüfen, ob die Lohnzahlungen anfechtbar sind. Wegen des Gebots der Gläubigergleichbehandlung darf der Insolvenzverwalter nicht etwa aus sozialen Gründen von der an sich zu erfolgenden Anfechtung Abstand nehmen.[83] Eine erfolgreiche Anfechtung kann sich in erster Linie auf § 130 InsO stützen, weil es sich um einen Fall der kongruenten Deckung handelt, wenn der

---

[76] Vgl. *Wichmann*, Arbeitnehmer, S. 108 ff.
[77] Vgl. MüKoInsO/*Kirchhof*, § 132 Rn. 14; § 129 Rn. 163 b.
[78] Vgl. MüKoInsO/*Kirchhof*, § 129 Rn. 163a, 163b; § 132 Rn. 14.
[79] Vgl. LAG Hamm v. 12.6.2002 – 2 Sa 1563/01; vgl. auch MüKoInsO/*Kirchhof*, § 132 Rn. 14; LAG Sachsen v. 29.4.2008 – 7 Sa 454/07, ZInsO 2008, 1157.
[80] BAG v. 19.11.2003 – 10 AZR 110/03, ZIP 2004, 229.
[81] Uhlenbruck/Hirte/Vallender/*Hirte*, § 129 InsO Rn. 62 ff.; Nerlich/Römermann/*Hamacher*, § 113 Rn. 27.
[82] MüKoInsO/*Kirchhof*, § 129 Rn. 55, 169.
[83] *Bork*, ZIP 2007, 2337; *Laws*, ZInsO 2009, 1465.

Arbeitgeber seinen Arbeitnehmern die vereinbarten Löhne zahlt. Die Anfechtung wegen inkongruenter Deckung gemäß § 131 InsO kommt allenfalls in Betracht, wenn der Schuldner vorzeitig zahlt oder ihm auf andere Weise eine nicht zu beanspruchende Befriedigung gewährt. Voraussetzung für die Anfechtung gemäß § 130 I InsO ist, dass der Zahlungsempfänger die Zahlungsunfähigkeit des Insolvenzschuldners kannte. Der Insolvenzverwalter muss daher zunächst darlegen und notfalls beweisen, dass der Arbeitgeber bei Zahlung bereits zahlungsunfähig war.[84] Daneben muss die positive Kenntnis des Arbeitnehmers von der Zahlungsunfähigkeit des schuldnerischen Unternehmens vorliegen. Der Kenntnis von der Zahlungsunfähigkeit oder vom Eröffnungsantrag wird gemäß § 130 II InsO gleichgestellt die Kenntnis von Umständen, die zwingend auf die Zahlungsunfähigkeit oder den Eröffnungsantrag schließen lassen. Die Kenntnis einzelner Tatsachen, die für eine Zahlungseinstellung oder Zahlungsunfähigkeit sprechen, genügen dafür nicht, wenn sie nur die ungewisse Möglichkeit einer Zahlungsunfähigkeit befürchten lassen.[85] Der zwingende Schluss auf die Zahlungsunfähigkeit kann nur gezogen werden, wenn die vorliegenden Tatsachen und Umstände bei Anlegung eines objektivierten Maßstabes die Annahme der Zahlungsunfähigkeit des Schuldners zwangsläufig nahe legen. Dafür reicht es nicht aus, wenn der Arbeitnehmer weiß, dass der Schuldner nicht nur ihm, sondern auch anderen Arbeitnehmern, den Lohn schuldig geblieben ist und dass keine Sozialversicherungsbeiträge mehr abgeführt worden sind. Anders kann sich die Lage darstellen für Arbeitnehmer auf einer höheren Hierarchieebene mit Kenntnissen von den wirtschaftlichen Verhältnissen des Unternehmens.[86] Nur bei durchgehend verspäteten Lohnzahlungen und stets nicht eingehaltenen Versprechungen des Schuldners bezüglich der Überwindung der Krise kann die Vermutungswirkung des § 130 II InsO eingreifen, wenn der Arbeitnehmer die Augen vor der offensichtlich vorliegenden Zahlungsunfähigkeit nicht hätte verschließen dürfen.[87] Es besteht daher in der insolvenzrechtlichen Literatur Einigkeit, dass der Nachweis, die Arbeitnehmer hätten die Zahlungsunfähigkeit gekannt, nur schwer zu führen ist.[88] Ein Arbeitnehmer ohne Einblick in die Liquiditäts- oder finanzielle Lage des Unternehmens ist auch nicht verpflichtet, Erkundigungen über die finanzielle Situation des schuldnerischen Unternehmens einzuholen.[89]

32a (7) *Lohnzahlung als Bargeschäft gemäß § 142 InsO.* Außerhalb des Drei-Monats-Zeitraums kommt eine Anfechtung regelmäßig nicht in Betracht, weil die Lohnzahlungen als Bargeschäft gemäß § 142 InsO von der Anfechtung gemäß § 130 InsO ausgenommen sind.[90] Nur wenn es an dem erforderlichen zeitlichen Zusammenhang zwischen Fälligkeit und tatsächlich erfolgter Lohnzahlung fehlt, kann das Vorliegen eines Bargeschäfts nicht mehr angenommen werden. Der erforderliche unmittelbare zeitliche Zusammenhang ist bei einer bis zu einem Monat verspäteten Lohnzahlung noch bejaht worden.[91] Erst wenn die Löhne um mehr als einen Monat verspätet gezahlt werden, wird man die Zahlung nicht mehr als Bargeschäft behandeln können. Nach der neuesten Rechtsprechung des BAG liegt grundsätzlich ein Bargeschäft iSv § 142 InsO vor,

---

[84] *Bork,* ZIP 2007, 2337, 2338; *Laws,* ZInsO 2009, 1465, 1466; *Huber,* NJW 2009, 1928, 1930.
[85] BGH v. 19.2.2009 – 9 ZR 62/08, ZIP 2009, 526; MüKoInsO/*Kirchhof,* § 130 Rn. 33; FK/*Dauernheim,* § 130 Rn. 34.
[86] BGH v. 4.2.2010 – IX ZR 32/09, NZI 2010, 444; vgl. auch BAG v. 6.10.2011 – 6 AZR 731/10.
[87] Vgl. dazu AG Gera v. 9.7.2007 – 4 C 654/07, ZIP 2007, 2231; ArbG Marburg v. 26.9.2008 – 2 Ca 204/08, ZIP 2008, 2432; LAG Sachsen vom 29.4.2008 – 7 Sa 457/07, ZInsO 2008, 1157; LAG Erfurt v. 24.7.2008 – 3 Sa 411/07, m. Anm. *Cranshaw,* jurisPR-InsR 12/2009, Anm. 6.
[88] *Bork,* ZIP 2007, 2337, 2338; *Huber,* NJW 2009, 1928, 1930.
[89] BGH v. 19.2.2009 – IX ZR 62/08, ZIP 2009, 526.
[90] *Zwanziger,* BB 2007, 42, 43; *Bork,* ZIP 2007, 2338.
[91] Vgl. BGH v. 13.4.2006 – IX ZR 158/05, ZIP 2006, 1261.

wenn der Arbeitgeber Arbeitsentgelt für die vom Arbeitnehmer in den vorangegangenen drei Monaten erbrachten Arbeitsleistungen zahlt.[92] Bei Lohnzahlungen außerhalb des Drei-Monats-Zeitraums und auch bei Bargeschäften kann die Anfechtung wegen vorsätzlicher Benachteiligung gemäß § 133 InsO geprüft werden, wenn der Arbeitgeber nicht bloß seine Lohnzahlungsverpflichtungen gegenüber den Arbeitnehmern erfüllen wollte, sondern in der Absicht gehandelt hat, andere Gläubiger zu bevorzugen bzw. zu benachteiligen. Selbst wenn dies im Einzelfall nachgewiesen werden kann, muss hinzu treten, dass der begünstigte Arbeitnehmer diesen Vorsatz des Schuldners kannte. Dies bedeutet im Ergebnis, dass in der Praxis Lohnzahlungen vom Insolvenzverwalter nur selten erfolgreich angefochten werden können.

(8) *Auswirkungen auf das Insolvenzgeld.* Ist die insolvenzrechtliche Anfechtung von Lohnzahlungen ausnahmsweise erfolgreich, brauchen die betroffenen Arbeitnehmer nicht um ihren Anspruch auf Insolvenzgeld gemäß § 165 SGB III zu fürchten. Der Lohnanspruch selbst ist idR nicht anfechtbar erworben worden. Anfechtbar ist nur die Erfüllungshandlung. Der Anspruch des Insolvenzverwalters ist auf Rückgewähr der Lohnzahlung gerichtet, die dem Vermögen des Insolvenzschuldners durch anfechtbare Rechtshandlungen entzogen worden ist. Der vertragliche Lohnanspruch selbst bleibt davon unberührt. Die Anfechtung des Grundgeschäftes einerseits und des Erfüllungsgeschäftes andererseits ist jeweils gesondert zu prüfen.[93] Wird das Grundgeschäft, nämlich der Abschluss des Arbeitsvertrages selbst angefochten, sind die ohne rechtfertigenden Grund erbrachten Leistungen bereicherungsrechtlich zugunsten der Insolvenzmasse zurück zu gewähren. Ist nur das Erfüllungsgeschäft anfechtbar, folgt der Anspruch des Insolvenzverwalters auf Rückgewähr des Erlangten aus § 143 I InsO. Im Falle der Rückzahlung lebt die zunächst durch Zahlung erloschene Forderung wieder auf (§ 362 BGB).[94] Die anfechtbare Erfüllung eines anfechtungsfreien Lohnanspruchs schließt den Anspruch aus Insolvenzgeld gemäß § 166 SGB III nicht aus. Nur für zusätzliche anfechtbare Leistungen und Ansprüche besteht gemäß § 166 I Nr. 2 SGB III kein Anspruch auf Insolvenzgeld. Mit der Erstellung des Antrags auf Insolvenzgeld geht im Übrigen der Anspruch auf Arbeitsentgelt gemäß § 169 SGB III auf die Agentur für Arbeit über. Gemäß § 165 S. 3 SGB III ist die Anfechtung dann gegen die Bundesagentur für Arbeit zu richten.[95]

(9) *Rechtsweg bei Insolvenzanfechtung.* Besonders umstritten war die Frage, ob der Insolvenzverwalter die Rückzahlung einer vom Schuldner vor Insolvenzeröffnung geleisteten Vergütungszahlung wegen Anfechtbarkeit vor den Arbeitsgerichten oder vor den ordentlichen Gerichten geltend machen muss. Das BAG bejaht den Rechtsweg zu den Arbeitsgerichten, weil der Insolvenzverwalter seiner Auffassung nach als Rechtsnachfolger des insolventen Vertragsarbeitgebers iSv § 3 ArbGG handelt.[96] Diese Entscheidung wird in der insolvenzrechtlichen Literatur kritisiert, weil sie die anders lautende Auffassung des BGH außeracht lasse. Der Insolvenzverwalter handle nicht als Rechtsnachfolger des Schuldners, denn der insolvent gewordene Arbeitgeber selbst könne niemals Anfechtungsansprüche gegen seine Arbeitnehmer erheben und ausgezahlten Lohn als anfechtbar erlangt zurückfordern.[97] Der BGH hat sich deswegen veranlasst gesehen, die Rechtsfrage, ob für die Klage des Insolvenzverwalters gegen einen Arbeitnehmer des

---

[92] BAG v. 6.10.2011 – 6 AZR 262/10, NZA 2012, 330.
[93] MüKoInsO/*Kirchhof*, § 129 Rn. 57; HK/*Kreft*, § 129 Rn. 13; vgl. BGH v. 16.11.2007 – IX ZR 194/04, NJW 2008, 655.
[94] *Laws*, ZInsO 2009, 1465, 1474; im Einzelnen *Cranshaw*, ZInsO 2009, 257, 263.
[95] Im Einzelnen *Cranshaw*, ZInsO 2009, 257, 258, 261.
[96] BAG v. 27.2.2008 – 5 AZB 43/07, NZA 2008, 349; BAG v. 31.3.2009 – 5 AZB 98/08, ZIP 2009, 831.
[97] *Kirchhof*, ZInsO 2008, 1293; *Kreft*, ZInsO 2009, 578.

Schuldners aus Insolvenzanfechtung der ordentliche Rechtsweg auch dann gegeben ist, wenn die Anfechtung eine vom Schuldner geleistete Vergütung betrifft, dem gemeinsamen Senat der Obersten Gerichtshöfe des Bundes zur Entscheidung vorgelegt.[98] Dieser hat nunmehr entschieden, dass für die Klage des Insolvenzverwalters gegen einen Arbeitnehmer des Schuldners auf Rückgewähr vom Schuldner geleisteten Vergütung nach § 143 I InsO der Rechtsweg zu den Gerichten für Arbeitssachen gegeben ist.[99] Dies wird mit der Erwägung begründet, der Insolvenzverwalter sei auch Arbeitgeber iSd § 2 Abs. 1 Nr. 1 ArbGG, weil er die Arbeitgeberfunktion als faktischer Arbeitgeber kraft Amtes ausübe und es um die korrigierende Rückabwicklung einer arbeitsrechtlichen Leistungsbeziehung gehe. Die Zuweisung der Streitigkeit an die Arbeitsgerichtsbarkeit sei nach dem Sinn und Zweck des Arbeitsgerichtsverfahrens geboten, weil dieses dem Arbeitnehmer ermögliche, die erhaltene Vergütung schneller, kostengünstiger und unter Nutzung der besonderen Kenntnisse der im Arbeitsleben besonders erfahrenen Ehrenamtlichen Richter zu verteidigen.[100] Allerdings ist zu differenzieren: Handelt es sich um die Rückzahlung zwangsweise beigetriebener Vergütungsforderungen aus dem Arbeitsverhältnis, ist der Rechtsweg zu den ordentlichen Gerichten eröffnet.[101] Die ordentlichen Gerichte sind ferner zuständig, wenn die Insolvenzanfechtung auf die Rückzahlung der von einem Dritten anstelle des Arbeitgebers geleisteten Arbeitsvergütung gerichtet ist.[102]

35 e) *Kündigung durch den vorläufigen Insolvenzverwalter.* Zur Kündigung durch den vorläufigen Insolvenzverwalter und den dabei entstehenden Problemen → § 104 Rn. 16 ff.

II. Ordentliche Kündigung des Insolvenzverwalters

36 Die ordentliche Kündigung eines Arbeitsverhältnisses zwischen dem Schuldner und einem Arbeitnehmer ist in der Insolvenz stets an die Einhaltung der dreimonatigen Kündigungsfrist gemäß § 113 S. 2 InsO gebunden, wenn nicht eine kürzere Frist maßgeblich ist. Falls aber das Kündigungsschutzgesetz eingreift, muss die ordentliche Kündigung über die Einhaltung der Kündigungsfrist hinaus sozial gerechtfertigt sein. Bestimmte Arbeitnehmergruppen genießen weiterhin einen besonders weitgehenden Kündigungsschutz, sei es, dass die ordentliche Kündigung überhaupt ausgeschlossen ist, sei es, dass sie an bestimmte zusätzliche Voraussetzungen gebunden ist. § 113 InsO lässt die arbeitsrechtlichen Voraussetzungen des Kündigungs- und Kündigungsschutzrechtes völlig unberührt; die Vorschrift trifft allein eine Sonderregelung für die bei der ordentlichen Kündigung einzuhaltende Kündigungsfrist in § 113 InsO und erklärt Vereinbarungen über die Vertragsdauer und den Ausschluss des Rechts zur ordentlichen Kündigung als unbeachtlich.

37 **1. Die Kündigungserklärung. a)** *Allgemeine Grundsätze.* Als rechtsgeschäftliche Gestaltungserklärung, die das Arbeitsverhältnis als Dauerschuldverhältnis befristet für die Zukunft beendet, muss sich aus der Kündigungserklärung klar und eindeutig der Wille zur Beendigung des Arbeitsverhältnisses nach Ablauf der Kündigungsfrist ergeben. Das Wort „Kündigung" muss nicht zwingend in der Erklärung auftauchen.

38 (1) *Schriftform.* Bedurfte die Kündigung bislang grundsätzlich keiner Form, soweit nicht eine im Gesetz, Tarifvertrag, Betriebsvereinbarung oder Einzelarbeitsvertrag getroffene Regelung etwas anderes vorgeschrieben hat, ist seit dem 1.5.2000 nach dem

---

[98] BGH v. 2.4.2009 – IX ZB 182/08, NJW 2009, 571.
[99] Gemeinsamer Senat der Obersten Gerichtshöfe des Bundes, Beschluss v. 27.9.2010 – GmS – OGB 1/09, NJW 2011, 1211 = NZA 2011, 534.
[100] Vgl. dazu *Bork*, GmS – OBG, EWIR, § 2 ArbGG, 1/10, 765; *Ries*, ZInsO 2010, 2382.
[101] BGH v. 9.6.2011 – IX ZB 249/09, ZInsO 2011, 1368.
[102] BGH v. 19.7.2012 – IX ZB 27/12, NZA 2012, 1181.

neu eingeführten § 623 BGB für die Kündigung die Schriftform einzuhalten.[103] Das Gesetz zur Vereinfachung und Beschleunigung des arbeitsgerichtlichen Verfahrens[104] hat die seit 1969 unbesetzte Vorschrift mit neuem Leben erfüllt. Nach dem Wortlaut des neuen § 623 BGB bedarf die Beendigung des Arbeitsverhältnisses durch Kündigung und Auflösungsvertrag zu ihrer Wirksamkeit der Schriftform. Auch die Vereinbarung einer Befristung hat diesem Schriftformerfordernis zu genügen. Die Vorschrift des § 623 BGB beansprucht auch in der Insolvenz des Arbeitgebers Geltung und ist daher auch vom Insolvenzverwalter bei Ausspruch einer Kündigung zu beachten.[105]

§ 623 BGB schränkt das Merkmal der Kündigung als einseitiges Rechtsgeschäft nicht ein, so dass alle auf die Beendigung des Arbeitsverhältnisses gerichteten Formen der Kündigung von dieser Vorschrift erfasst werden.[106] Mithin ist die Schriftform unabhängig davon einzuhalten, ob der Arbeitgeber oder der Arbeitnehmer die Kündigung erklärt, die Kündigung als ordentliche oder außerordentliche erklärt wird, ob sie als befristete oder entfristete wirken soll und ob sie das Arbeitsverhältnis unbedingt beenden soll oder die Beendigung vom Verhalten des Gekündigten abhängig macht.[107] Das Schriftformerfordernis bezieht sich allerdings nur auf die Kündigungserklärung als solche; die Notwendigkeit einer schriftlichen Begründung der Kündigung lässt sich daraus nicht ableiten.[108]

Das Schriftformerfordernis des § 623 BGB nimmt auf § 126 S. 1 BGB Bezug, so dass die dort anerkannten Regelungen über schriftlich abzufassende Erklärungen zu beachten sind.[109] Die Kündigung ist eigenhändig durch Namensunterschrift zu unterschreiben. Eine Paraphe reicht nicht aus. Einer Lesbarkeit des Namenszuges bedarf es nicht. Der Aussteller der Urkunde muss aber identifizierbar sein. Die Unterschrift muss daher charakteristische Merkmale aufweisen, welche die Nachahmung erschweren. Der Erklärungsempfänger muss die Möglichkeit haben, zu überprüfen, wer die Erklärung abgegeben hat und ob sie echt ist.[110] § 623 BGB stellt ein konstitutives Schriftformerfordernis auf, dass weder einzelvertraglich, noch durch Tarifvertrag oder Betriebsvereinbarung abbedungen werden kann.[111] Tarifverträge oder Betriebsvereinbarungen können jedoch strengere Formvorschriften vorsehen.[112] Sind allerdings in Sondergesetzen (BBiG, MuSchG) Schriftformerfordernisse enthalten, verdrängen diese nach allgemeinen Spezialitätsgrundsätzen die allgemeine Formvorschrift des § 623 BGB. Der Ausspruch einer Kündigung unter Missachtung der gesetzlichen Formvorschrift des § 623 BGB zieht die Rechtsfolge des § 125 S. 1 BGB nach sich: Die Kündigung ist in diesem Fall unheilbar nichtig.[113] Es kommt alleine die formgerechte Wiederholung der Kündigung in Betracht, die aber erst mit ihrem erneuten Ausspruch ihre Wirksamkeit entfaltet. Für die außerordentliche Kündigung hat dies zur Folge, dass die erneute Kündigung noch innerhalb der Zwei-Wochen-Frist des § 626 II BGB zugehen muss.[114]

---

[103] Näher zu § 623 BGB: *Rolfs* NJW 2000, 1227 ff.; *Richardi/Annuß* NJW 2000, 1231 ff.; *Müller-Glöge/von Senden* AuA 2000, 199 ff.; *Schaub* NZA 2000, 344 ff.; *Schaub/Linck,* Arbeitsrechts-Handbuch § 123 Rn. 55, 56; *Preis/Gotthardt* NZA 2000, 348; *Trittin/Backmeister* DB 2000, 618.
[104] BGBl. I S. 333.
[105] *Müller-Glöge/von Senden* AuA 2000, 199 (199).
[106] *Trittin/Backmeister* DB 2000, 618 (621); *Müller-Glöge/von Senden* AuA 2000, 199 (199).
[107] *Müller-Glöge/von Senden* AuA 2000, 199 (199); *Preis/Gotthardt* NZA 2000, 348 (349f); *Trittin/Backmeister* DB 2000, 618 (621).
[108] *Richardi/Annuß* NJW 2000, 1231 (1233).
[109] *Rolfs* NJW 2000, 1227 (1228); *Schaub* NZA 2000, 344 (347).
[110] Im Einzelnen BAG v. 24.1.2008 – 6 AZR 419/07, NZA 2008, 521; *Schaub/Linck,* Arbeitsrechts-Handbuch, § 123 Rn. 57.
[111] *Richardi/Annuß* NJW 2000, 1231 (1232); *Müller-Glöge/von Senden* AuA 2000, 199 (200).
[112] *Müller-Glöge/von Senden* AuA 2000, 199 (200).
[113] *Richardi/Annuß* NJW 2000, 1231 (1233); *Trittin/Backmeister* DB 2000, 618 (621); *HWK/Bittner,* § 623 BGB Rn. 44.
[114] *Müller-Glöge/von Senden* AuA 2000, 199 (203).

40 (2) *Angabe der Kündigungsgründe.* Die Angabe der Kündigungsgründe gegenüber dem Kündigungsempfänger ist grundsätzlich keine Wirksamkeitsvoraussetzung.[115] Bei der ordentlichen Kündigung besteht eine Mitteilungspflicht auf Verlangen des Kündigungsempfängers nur gem. § 1 III 1 2. Halbsatz KSchG hinsichtlich der vom Arbeitgeber getroffenen sozialen Auswahl; dem Betriebsrat sind die Kündigungsgründe allerdings umfassend vor Ausspruch der ordentlichen Kündigung gem. § 102 I S. 2 BetrVG mitzuteilen. Zu beachten ist aber, dass verschiedene Tarifverträge die Angabe der Kündigungsgründe vorschreiben. Verstößt der Insolvenzverwalter gegen ein tarifvertragliches Begründungserfordernis, ist die Kündigung nichtig, denn die tariflichen Vorschriften zählen zu den gesetzlichen Formvorschriften iSd § 125 S. 1 BGB.[116] Ferner sind die gesetzlichen Begründungspflichten bei der Kündigung von Schwangeren gemäß § 9 III 2 MuSchG und von Auszubildenden gemäß § 22 III BBiG zu beachten.

41 (3) *Vertretung.* Wird die Kündigung nicht vom Insolvenzverwalter selbst, sondern von einem Vertreter ausgesprochen, muss sie einen entsprechenden Vertretungszusatz gemäß § 164 BGB enthalten. Das Vertretungsverhältnis ergibt sich noch nicht allein aus dem Zusatz „i. A.", weil im allgemeinen Sprachgebrauch nicht immer hinreichend deutlich zwischen „Auftrag" einerseits und „Vertretung" andererseits unterschieden wird. Deshalb kann der Zusatz „i. A." auch bedeuten, dass der Erklärende lediglich als Bote gehandelt hat.[117] Wird die Kündigung durch einen Vertreter ausgesprochen, kann die Vollmacht gem. § 167 II BGB formlos erteilt werden, obwohl die Kündigung selbst der Schriftform bedarf.[118] Allerdings kann der Arbeitnehmer die Kündigungserklärung gem. § 174 S. 1 BGB zurückweisen, wenn der Bevollmächtigte dem Kündigungsschreiben keine Vollmachtsurkunde beifügt. Die Kündigung muss aber unverzüglich erfolgen, eine Genehmigung gem. § 180 BGB scheidet aus. Fehlt es an der Vorlage einer Vollmachtsurkunde und wird die Kündigung deswegen unverzüglich zurückgewiesen, ist sie unwirksam.[119]

42 **b)** *Berufsausbildungsverhältnis.* Besonderheiten gelten hinsichtlich der Kündigung eines Berufsausbildungsverhältnisses. Nach Ablauf der mindestens einen und höchstens drei Monate dauernden Probezeit (§ 13 S. 2 BBiG), während derer das Ausbildungsverhältnis von beiden Seiten jederzeit ohne Einhaltung einer Kündigungsfrist zu kündigen ist (§ 15 I BBiG), kann das Berufsausbildungsverhältnis seitens des Insolvenzverwalters nur aus wichtigem Grund (außerordentliche Kündigung) bzw. vom Auszubildenden unter bestimmten Voraussetzungen mit einer Frist von vier Wochen gekündigt werden (§ 15 II BBiG). Da es sich bei § 15 II BBiG um einen gesetzlichen Kündigungsausschluss handelt, findet dieser auch in der Insolvenz Berücksichtigung, da § 113 S. 1 InsO nur den vereinbarten Ausschluss der ordentlichen Kündigung für unbeachtlich erklärt. Daher kann der Insolvenzverwalter nach der Probezeit in der Insolvenz nur eine außerordentliche Kündigung mit Auflauffrist aussprechen.[120]

43 Die Insolvenz alleine bildet jedoch keinen wichtigen Grund iSd § 15 II Nr. 1 BBiG, so lange die Ausbildung noch stattfinden kann.[121] Der zur Sicherung des Ausbildungsziels durch § 15 II BBiG vorgesehene Kündigungsschutz darf im Insolvenzfall nicht in sein Gegenteil verkehrt werden.[122] Solange auf Grund einer (teilweisen) Betriebsfort-

---

[115] *Schaub/Linck,* Arbeitsrechts-Handbuch, § 123 Rn. 66.
[116] BAG v. 10.2.1999 – 2 AZR 176/98, NZA 1999, 602; *Schaub/Linck,* Arbeitsrechts-Handbuch, § 123 Rn. 63.
[117] BAG v. 21.4.2005 – 2 AZR 162/04, NZA 2005, 865; BAG v. 13.12.2007 – 6 AZR 145/07, NZA 2008, 403.
[118] *Schaub/Linck,* Arbeitsrechts-Handbuch, § 123 Rn. 14.
[119] *Schaub/Linck,* Arbeitsrechts-Handbuch, § 123 Rn. 19.
[120] ErfKomm/*Müller-Glöge,* § 113 InsO Rn. 6; Uhlenbruck/Hirte/Vallender/*Berscheid,* § 113 Rn. 49.
[121] BAG DB 1993, 2082.
[122] *Grunsky,* Arbeitsverhältnis, S. 44.

führung in der Insolvenz die Ausbildung noch gewährleistet werden kann, besteht für den Insolvenzverwalter – von § 15 II Nr. 1 BBiG abgesehen – kein Recht zur fristlosen oder fristgebundenen Kündigung. Erst mit dem definitiven Wegfall von Ausbildungsmöglichkeiten infolge Betriebseinschränkung oder -stilllegung erhält der Insolvenzverwalter ein Recht zur außerordentlichen Kündigung, die mit der ordentlichen Kündigungsfrist zum Zeitpunkt der Stilllegung erfolgen kann.[123] Dies ist in der Insolvenz die Frist des § 113 S. 2 InsO.[124]

c) *Probearbeitsverhältnis.* Ist die Probezeit als Teil eines auf unbestimmte Zeit abgeschlossenen Arbeitsverhältnisses vereinbart worden, kann das Probearbeitsverhältnis unter Beachtung der Erfordernisse einer wirksamen Kündigung ohne Anwendung des Kündigungsschutzgesetzes ordentlich gekündigt werden, sofern die Probezeit sechs Monate nicht übersteigt (§ 1 I KSchG). Dazu bestimmt § 622 III BGB, dass ein vereinbartes Probearbeitsverhältnis längstens für die Dauer von sechs Monaten mit einer Frist von zwei Wochen gekündigt werden kann. Der erste Arbeitstag ist bei der Berechnung der Kündigungsfrist gem. §§ 187 II, 188 II BGB selbst dann einzubeziehen, wenn der schriftliche Arbeitsvertrag erst am Tage der Arbeitsaufnahme unterzeichnet worden ist. Einen festen Kündigungstermin bestimmt § 622 III BGB dagegen nicht. Die Zweiwochenfrist kann während eines sechsmonatigen Probearbeitsverhältnisses daher an jedem Tag des Monats auslaufen. In Ermangelung einer gegenteiligen Vereinbarung tritt die Verkürzung der Kündigungsfrist auf das gesetzliche Mindestmaß bei der Vereinbarung einer Probezeit ipso iure, also automatisch ein.[125] Soweit nicht abweichende tarifvertragliche Bestimmungen eingreifen, gilt während einer vereinbarten Probezeit stets eine Kündigungsfrist von zwei Wochen, ohne dass eine einzelfallbezogene Angemessenheitsprüfung der vereinbarten Dauer stattfindet.[126] Wird die Probezeit über den Zeitraum von sechs Monaten hinaus vereinbart, gilt nach Ablauf des sechsten Monates die vierwöchige Grundkündigungsfrist gemäß § 622 I BGB.[127] Soweit durch Tarifvertrag gemäß § 622 IV BGB zulässigerweise noch kürzere Fristen bestimmt sind, sind diese gemäß § 113 S. 2 InsO maßgeblich, wenn der Tarifvertrag für allgemeinverbindlich erklärt worden ist bzw. Schuldner und Arbeitnehmer tarifgebunden sind. Sind die Arbeitsvertragsparteien nicht tarifgebunden, gilt ein solcher Tarifvertrag in dessen Geltungsbereich nur, wenn seine Anwendung vereinbart ist – § 622 IV S. 2 BGB. Entscheidend dafür, ob noch eine Kündigung während der Probezeit vorliegt oder nicht, ist allein der Zeitpunkt des Zugangs der Kündigung, auch wenn die Kündigungsfrist erst nach Ablauf der Probezeit endet.[128] Liegt dagegen ein befristetes Probearbeitsverhältnis vor, so gelten die oben (Rn. 14–16) zur Beendigung von befristeten Arbeitsverhältnissen ausgeführten Grundsätze.

d) *Aushilfsarbeitsverhältnis.* Aushilfsarbeitsverhältnisse, bei denen es von vorneherein um Arbeitsleistung für einen vorübergehenden Zweck, zur Befriedigung eines kurzfristigen Bedarfs usw geht, sind in der Regel befristete oder unter einer auflösenden Bedingung geschlossene Arbeitsverhältnisse. Soweit nicht ausdrücklich zugleich die Möglichkeit einer ordentlichen Kündigung vereinbart ist, enden diese Aushilfsarbeitsverhältnisse allein durch Ablauf der Frist bzw. durch Eintritt der auflösenden Bedingung. Soweit allerdings ein Aushilfsarbeitsverhältnis auf unbestimmte Dauer abgeschlossen

---

[123] *Schaub* DB 1999, 217 (223); Uhlenbruck/Hirte/Vallender/*Berscheid*, § 113 InsO Rn. 48; ErfKomm/*Müller-Glöge*, § 113 InsO Rn. 6.
[124] ErfKomm/*Müller-Glöge*, § 113 InsO Rn. 6; Stahlhacke/Preis/Vossen, Rn. 2152; KR-*Weigand*, §§ 113, 120 InsO Rn. 57.
[125] BAG AP Nr. 11 zu § 620 BGB Probearbeitsverhältnis; ErfK/*Müller-Glöge*, § 622 Rn. 15.
[126] BAG v. 14.1.2008 – 6 AZR 519/07, NZA 2008, 521.
[127] ErfK/*Müller-Glöge*, § 622 BGB Rn. 29; *Schaub/Linck*, Arbeitsrechts-Handbuch, § 126 Rn. 30, 31.
[128] BGB AP Nr. 1 zu § 53 BAT; BAG AP Nr. 30 zu § 133 BGB (für Probezeit eines Angestellten).

ist,[129] bedarf es zu seiner Beendigung grundsätzlich der Kündigung, die sich dann nach den allgemeinen Grundsätzen richtet. Das Kündigungsschutzgesetz greift aber erst dann ein, wenn das Aushilfsarbeitsverhältnis länger als sechs Monate ununterbrochen bestanden hat. Soweit nicht durch Vertrag, Tarifvertrag oder Betriebsvereinbarung kürzere Kündigungsfristen vorgesehen sind, gilt auch hier die dreimonatige Kündigungsfrist gemäß § 113 S. 2 InsO. Innerhalb der ersten drei Monate des Aushilfsarbeitsverhältnisses besteht gemäß § 622 V Nr. 1 BGB die Möglichkeit, die vierwöchige Grundkündigungsfrist des § 622 I BGB unbeschränkt abzukürzen. Dies kann bis hin zur Vereinbarung einer entfristeten ordentlichen Kündigung gehen, ohne dass in diesem Fall die Voraussetzungen des § 626 BGB vorliegen müssen.[130] Obwohl § 622 V Nr. 1 BGB seinem Wortlaut nach nur Kündigungsfristen erfasst, wird auch die Möglichkeit, abweichende Kündigungstermine zu vereinbaren, bejaht.[131]

46   e) *Teilzeitarbeitsverhältnis.* Bei Teilzeitarbeitsverhältnissen, kraft derer der Arbeitnehmer nicht die übliche tägliche oder wöchentliche Arbeitszeit, sondern beispielsweise nur halbtags oder nur einige Tage in der Woche arbeitet, gelten ebenfalls die allgemeinen Vorschriften zur ordentlichen Kündigung eines Arbeitsverhältnisses.[132] Gemäß § 10 TzBfG ist allerdings die Kündigung wegen der Weigerung eines Arbeitnehmers, von einem Vollzeit- in ein Teilzeitarbeitsverhältnis oder umgekehrt zu wechseln, unwirksam. Dagegen bleibt das Recht des Arbeitgebers zur Änderungskündigung wegen des Ausscheidens eines anderen Arbeitnehmers und das Recht zur Kündigung des Arbeitsverhältnisses aus anderen Gründen unberührt – § 11 S. 2 TzBfG.[133]

47   Liegt ein Nebenbeschäftigungs-Arbeitsverhältnis vor, das zumeist ein Teilzeitarbeitsverhältnis bildet, dann gilt zu beachten, dass bei einer betriebsbedingten Kündigung im Rahmen der sozialen Auswahl nach § 1 III KSchG eine Kündigung des nebenbeschäftigten Arbeitnehmers eher in Betracht kommen kann als diejenige eines Arbeitnehmers, der im gleichen Betrieb zum Arbeitgeber in einem Hauptarbeitsverhältnis steht. Grundsätzlich sind Teilzeit- und Vollzeitbeschäftigte miteinander vergleichbar. Dies ergibt sich aus dem Diskriminierungsverbot gem. § 4 I und § 2 I S. 3 TzBfG.[134] Dies gilt jedenfalls dann, wenn der Arbeitgeber lediglich das betriebliche Arbeitszeitvolumen bzw. das benötigte Stundenkontigent reduziert.[135] Die Notwendigkeit einer Sozialauswahl zwischen Teilzeitbeschäftigten und Vollzeitbeschäftigten kann entfallen, wenn der Arbeitgeber die sachlich begründete Organisationsentscheidung getroffen hat, dass in Zukunft nur noch Arbeitnehmer mit einem bestimmten Arbeitszeitvolumen benötigt werden.[136]

48   f) *Leiharbeitsverhältnis.* Bei Leiharbeitsverhältnissen sind zwei völlig unterschiedliche Rechtsformen der Ausgestaltung zu unterscheiden: Im Rahmen sog. echter Leiharbeitsverhältnisse steht der Arbeitnehmer in normalen arbeitsvertraglichen Beziehungen zu seinem Arbeitgeber (dem Verleiher), der ihn im Rahmen seiner arbeitsvertraglich geschuldeten Arbeitsleistung zeitweilig einem anderen Arbeitgeber (dem Entleiher) zur Erbringung der Arbeitsleistung überlässt. Beispiele hierfür sind das Bedienungspersonal einer vermieteten oder verliehenen Maschine, das Montagepersonal beim Aufstellen einer Maschinenanlage im fremden Betrieb usw. Bei den sog. unechten Leiharbeitsver-

---

[129] *Schaub/Linck,* Arbeitsrechts-Handbuch, § 126 Rn. 36, 37; *Schaub/Koch,* Arbeitsrechts-Handbuch, § 41, Rn. 18.
[130] BAG v. 22.5.1986 – 2 AZR 392/85, NZA 1987, 60; *Stahlhacke/Preis/Vossen,* Rn. 561.
[131] *Stahlhacke/Preis/Vossen,* Rn. 561; *Schaub,* Arbeitsrechts-Handbuch, § 41 Rn. 8.
[132] *Schaub,* Arbeitsrechts-Handbuch, § 44 Rn. 47.
[133] *Meinel/Heyn/Harms,* TzBfG § 11 Rn. 7; aA *Korinth* Teilzeit, befristete Arbeitsverträge Rn. 76.
[134] *Stahlhacke/Preis/Vossen,* Rn. 1079; BAG v. 12.8.1999 – 2 AZR 12/99, NZA 2000, 30.
[135] BAG v. 3.12.1998 – 2 AZR 341/98, NZA 1999, 431; BAG v. 22.4.2004 – 2 AZR 244/03, NZA 2004, 1389.
[136] BAG v. 3.12.1998 – 2 AZR 341/98, NZA 1999, 431; BAG v. 22.4.2004 – 2 AZR 244/03, NZA 2004, 1389; *Stahlhacke/Preis/Vossen,* Rn. 1079.

hältnissen handelt es sich dagegen um gewerbsmäßige Arbeitnehmerüberlassung, indem der Arbeitgeber als Verleiher die bei ihm angestellten Arbeitnehmer, ohne dass diese ihm gegenüber mangels eigenen Betriebes überhaupt eine Arbeitsleistung erbringen können, an Dritte als Entleiher gewerbsmäßig überlässt, so dass die Vorschriften des Arbeitnehmerüberlassungsgesetzes eingreifen.[137]

In beiden Fallgruppierungen kann die Kündigung des Arbeitsverhältnisses zum Arbeitnehmer nur vom verleihenden Arbeitgeber, dem Insolvenzverwalter, ausgesprochen werden, während der Entleiher das Arbeitsverhältnis grundsätzlich nicht kündigen kann.[138] Dies gilt in den Fällen der sog. unechten Arbeitnehmerüberlassung allerdings nur insoweit, als es sich um rechtmäßige (erlaubte) Arbeitnehmerüberlassung handelt, weil bei Unwirksamkeit des Vertrages zwischen dem verleihenden Arbeitgeber und dem Leiharbeitnehmer nach § 9 Nr. 1 AÜG ein Arbeitsverhältnis zwischen Entleiher und Leiharbeitnehmer kraft Gesetzes als zustande gekommen gilt (§ 10 I AÜG).

Die ordentliche Kündigung des Leiharbeitsverhältnisses unterliegt den allgemeinen Grundsätzen mit der Besonderheit, dass bei betriebsbedingten Kündigungen nur auf die Verhältnisse im Betrieb des verleihenden Arbeitgebers abzustellen ist, nicht auf den Betrieb des Entleihers.[139]

g) *Gruppenarbeitsverhältnis.* Bei der Kündigung von Gruppenarbeitsverhältnissen gilt es wiederum zwei unterschiedliche Rechtsgestaltungen zu beachten. Denn entweder haben sich die Arbeitnehmer aus eigenem Willen zu einer Gruppe zusammengeschlossen und als Gruppe ihre Arbeitsleistung dem Arbeitgeber angeboten (Eigengruppe) oder aber der Arbeitgeber schließt seinerseits eine Gruppe von Arbeitnehmern zusammen und entlohnt sie entsprechend dem von der Gruppe gemeinsam erzielten Arbeitsergebnis (Betriebsgruppe). Hieraus folgen unterschiedliche Konsequenzen im Falle einer ordentlichen Kündigung durch den Arbeitgeber.

Da der Arbeitgeber bei der von ihm selbst zusammengestellten Betriebsgruppe das Risiko trägt, tangiert die gegenüber einem Arbeitnehmer ausgesprochene Kündigung des Insolvenzverwalters nicht die Arbeitsverhältnisse der übrigen Arbeitnehmer. Im Falle der Betriebsgruppe kann die Kündigung folglich immer nur von oder gegenüber dem einzelnen Arbeitnehmer erklärt werden.[140] Anderes gilt dagegen bei der Eigengruppe, die dem Arbeitgeber als Einheit gegenübertritt. In diesem Fall bedingt die enge Verknüpfung der Einzelarbeitsverträge bei der Eigengruppe, dass Kündigungen im Allgemeinen nur von und gegenüber der gesamten Gruppe ausgesprochen werden können.[141] Entscheidend kommt es insoweit auf die rechtliche Ausgestaltung des Verhältnisses zwischen Arbeitgeber und Eigengruppe an, weil hier sowohl ein Dienst- oder Werkvertrag als auch ein reiner Dienstverschaffungsvertrag vorliegen kann mit der Folge, dass dann das Arbeitsrecht einschließlich des arbeitsrechtlichen Kündigungsrechtes keine Anwendung findet.

In der Regel schließen aber auch bei der Eigengruppe die einzelnen Gruppenmitglieder Arbeitsverträge mit dem Arbeitgeber, so dass dann kein Gruppenarbeitsverhältnis im engeren Sinne vorliegt. Da aber die einzelnen Arbeitsverträge durch die Zweckgemeinschaft der Eigengruppe zusammengebunden sind, kann der Insolvenzverwalter bei der Eigengruppe grundsätzlich nicht einem einzelnen Arbeitnehmer, sondern nur der ganzen Gruppe kündigen, weil er sonst die Gruppe sprengen würde.[142] Dies bedeutet

---

[137] Vgl. *Schaub/Koch,* Arbeitsrechts-Handbuch, § 120 Rn. 1, 5 ff.
[138] KR-*Griebeling* § 1 KSchG Rn. 60.
[139] So auch Nerlich/Römermann/*Hamacher,* § 113 Rn. 38.
[140] KR-*Etzel* § 1 KSchG Rn. 58; *Schaub/Koch,* Arbeitsrechts-Handbuch, § 181 Rn. 24.
[141] BAG AP Nr. 39 zu § 626 BGB; *Stahlhacke/Preis/Vossen,* Rn. 262; ErfKomm/*Ascheid,* § 1 KSchG Rn. 82; *Schaub/Koch,* Arbeitsrechts-Handbuch, § 181 Rn. 25.
[142] *Stahlhacke/Preis/Vossen,* Rn. 262; *Schaub,* Arbeitsrechts-Handbuch § 183 Rn. 21.

jedoch zugleich, dass der Insolvenzverwalter, dem aus der Form des Gruppenarbeitsverhältnisses kein Nachteil entstehen darf, alle zur Eigengruppe gehörenden Arbeitsverhältnisse dann kündigen kann, wenn in der Person nur eines Arbeitnehmers ein Grund zur ordentlichen (oder außerordentlichen) Kündigung besteht. Die einzelnen Gruppenmitglieder müssen sich die Kündigungsgründe des einzelnen Gruppenmitglieds jeweils zurechnen lassen.[143]

53 Problematisch ist allerdings die Frage, ob auch die für ein Gruppenmitglied geltenden Kündigungsverbote oder Kündigungsbeschränkungen den anderen Arbeitnehmern zugute kommen, was insbesondere im Zusammenhang mit dem Mutterschutzgesetz aktuell werden kann. Die Rechtsprechung des Bundesarbeitsgerichtes ist insofern widersprüchlich.[144] Generell wird man eine Drittwirkung des Kündigungsschutzes auf alle Gruppenmitglieder nicht bejahen können, vielmehr wird man den besonderen Kündigungsschutz des einzelnen Gruppenmitglieds zurücktreten lassen müssen[145] mit der wichtigen Modifikation, dass die sozialen Gesichtspunkte des Kündigungsschutzes bezüglich des konkret betroffenen Arbeitnehmers ungeachtet der Kündigung realisiert werden. So muss man den Insolvenzverwalter wohl zur Weiterzahlung der Bezüge an die Schwangere gemäß § 11 MuSchG für verpflichtet halten, auch und gerade wenn die Kündigung des Gruppenarbeitsverhältnisses ungeachtet des Mutterschutzes hinsichtlich des schwangeren Gruppenmitglieds wirkt.

54 Die zur Eigengruppe aufgeführten Besonderheiten der Kündigung gelten auch bei den sogenannten Ehegattenverträgen, sofern diese Arbeitsverträge im Sinne der Eigengruppe zu einer Zweckgemeinschaft der Ehegatten führen und die Erhaltung des einzelnen Vertrages für den Arbeitgeber kein Interesse hat.[146]

55 h) *Mittelbares Arbeitsverhältnis.* Das mittelbare Arbeitsverhältnis, bei dem auf der ersten Stufe ein Arbeitsverhältnis zwischen Arbeitnehmern und einem Arbeitgeber besteht, der wiederum zugleich Arbeitnehmer im Verhältnis zum Arbeitgeber zweiter Stufe ist, setzt hinsichtlich einer wirksamen Kündigung voraus, dass eine solche zwischen den jeweiligen Vertragsparteien ausgesprochen wird. Der Arbeitgeber auf der zweiten Stufe kann folglich das Arbeitsverhältnis gegenüber dem Mittelsmann kündigen, der seinerseits Arbeitgeber der von ihm beschäftigten Arbeitnehmer ist, während der Mittelsmann als Arbeitgeber wiederum allein die Arbeitsverhältnisse der bei ihm beschäftigten Arbeitnehmer kündigen kann. Grundsätzlich sind folglich die hintereinander geschachtelten Arbeitsverhältnisse der ersten und zweiten Stufe strikt zu trennen; entsprechende Kündigungsschutzklagen sind deshalb auch nur gegen den jeweiligen Vertragspartner zu richten.[147]

56 Nur ausnahmsweise und bei Vorliegen bestimmter Umstände kann dem Arbeitgeber zweiter Stufe ein Anspruch aus dem Arbeitsvertrag mit dem Mittelsmann zustehen, dass dieser den Arbeitsvertrag mit einem als untragbar empfundenen Arbeitnehmer auf der ersten Stufe kündigt. Wegen der erheblichen Gefahren, die im Übrigen die Gestaltungsform des mittelbaren Arbeitsverhältnisses hinsichtlich einer Umgehung des Arbeitnehmerschutzes in sich trägt, fordert die ständige Rechtsprechung des Bundesarbeitsgerichtes für die rechtliche Anerkennung der Gestaltungsform des mittelbaren Arbeitsverhältnisses einen sachlich rechtfertigenden Grund.[148] Dieser muss vorliegen, damit ein

---

[143] BAG AP Nr. 39 zu § 626 BGB.
[144] Vgl. BAG AP Nr. 1 zu § 611 BGB Gruppenarbeitsverhältnis m krit. Anm. von *Hanau;* BAG AP Nr. 2 zu § 620 BGB Bedingung.
[145] AA LAG Düsseldorf DB 1965, 399; ArbG Siegburg DB 1968, 855.
[146] *Stahlhacke/Preis/Vossen,* Rn. 264.
[147] KR-*Griebeling,* § 1 KSchG Rn. 62.
[148] BAG AP Nr. 5 zu § 611 BGB Mittelbares Arbeitsverhältnis; vgl. auch KR-*Etzel,* § 1 KSchG Rn. 72.

Missbrauch der Gestaltungsform ausscheidet. Zu berücksichtigen bleibt allerdings, dass die Rechtsfigur des mittelbaren Arbeitsverhältnisses keineswegs stets zwischen dem Arbeitgeber zweiter Stufe und dem Mittelsmann das Vorliegen eines Arbeitsverhältnisses voraussetzt; vielmehr kann hier auch ein Dienst- oder Werkvertrag bzw. ein Dienstverschaffungsvertrag – außerhalb des Arbeitsrechtes – rechtswirksam vorliegen. Dann beschränken sich die arbeitsrechtlichen Kündigungsmöglichkeiten allein auf die Arbeitsverhältnisse der ersten Stufe.

2. Die Kündigungsfristen. a) *Allgemeine Grundsätze.* Die Kündigungsfrist im Sinne des § 113 S. 2 InsO untersteht den Auslegungsvorschriften der §§ 187–193 BGB, wobei das für den Beginn der Kündigungsfrist maßgebende Ereignis im Sinne des § 187 BGB allein der Zugang der Kündigungserklärung beim Kündigungsempfänger ist.[149]

(1) *Zugang der Kündigung.* Eine schriftliche Kündigung wird erst in dem Zeitpunkt wirksam, in dem sie gem. § 130 I BGB dem Kündigungsempfänger zugeht, dh in verkehrsüblicher Art in die tatsächliche Verfügungsgewalt des Empfängers oder eines anderen, der ihn in der Empfangnahme von schriftlichen Mitteilungen vertreten darf, gelangt und dem Kündigungsempfänger dadurch die Möglichkeit der Kenntnisnahme verschafft worden ist. Auf den Zeitpunkt der tatsächlichen Kenntnisnahme kommt es nicht an.[150] Die Kündigung ist nur dann wirksam erklärt, wenn sie dem Arbeitnehmer in der Form des § 623 BGB im Original zugeht. Der Insolvenzverwalter muss nicht nur eine schriftliche Kündigungserklärung erstellen, sondern auch dafür sorgen, dass das schriftliche Original in die tatsächliche Verfügungsgewalt des Kündigungsempfängers gelangt.[151] Das Original der Kündigung muss regelmäßig beim Erklärungsempfänger verbleiben, so dass es nicht ausreicht, wenn das Schriftstück dem Adressaten nur zum Durchlesen überlassen und dann wieder vom Erklärenden oder seinem Vertreter an sich genommen wird. Die bloße Möglichkeit der Kenntnisnahme des Inhalts genügt nicht, sondern der Erklärungsempfänger muss die alleinige Verfügungsgewalt über das Schriftstück erlangt haben.[152] Demgegenüber vertritt das BAG den Standpunkt, für einen Zugang unter Anwesenden sei es nicht erforderlich, dass das Schriftstück dauerhaft beim Empfänger verbleibt. Es reicht vielmehr aus, dass der Empfänger in der Lage ist, das Schriftstück durchzulesen, auch wenn er es anschließend wieder an den Insolvenzverwalter zurückgibt, der ihm sodann die Kopie des Kündigungsschreibens aushändigt.[153]

Durch das Merkmal der Möglichkeit der Kenntnisnahme unter verkehrsüblichen Umständen wollen Rechtsprechung und Rechtslehre eine angemessene Verteilung des Übermittlungsrisikos erreichen, derzufolge dem Erklärenden das Übermittlungsrisiko solange obliegt, bis er den Umständen nach alles Erforderliche getan hat, um dem Kündigungsempfänger die hinreichend sichere Möglichkeit der Kenntnisnahme von der Kündigung zu verschaffen.

(2) *Zugang bei Abwesenheit.* Unter Abwesenden ist die Kündigung zugegangen, wenn sie in der Weise in den Machtbereich des Empfängers gelangt ist, dass dieser unter gewöhnlichen Umständen davon Kenntnis nehmen kann. Beim Einwurf in den Hausbriefkasten ist dies regelmäßig anzunehmen. Bei der Versendung per Einschreiben ist

---

[149] ErfKomm/*Müller-Glöge*, § 622 BGB Rn. 23; Nerlich/Römermann/*Hamacher*, § 113 Rn. 56.
[150] Vgl. hierzu BAG AP Nr. 4, 5, 17 zu § 130 BGB; BAG AP Nr. 9 zu § 18 SchwbG (Einschreiben); BAG AP Nr. 7 zu § 130 BGB (Annahme durch Vermieter); BAG AP Nr. 10 zu § 130 BGB (Wohnungswechsel); *Schaub/Linck*, Arbeitsrechts-Handbuch, § 123 Rn. 17, 19; Nerlich/Römermann/*Hamacher*, § 113 Rn. 61.
[151] Dazu im Einzelnen LAG Hamm v. 4.12.2003 – 4 Sa 900/03, NZA-RR 2004, 189 = ZinsO 2004, 163.
[152] MüKoBGB/*Einsele*, 4. Aufl., § 130 Rn. 27; *Soergel/Hefermehl*, 13. Aufl., § 130 BGB Rn. 20.
[153] BAG v. 4.11.2004 – 2 AZR 17/04, NZA 2005, 513 = NJW 2005, 1533 m. Anm. *Mestwerdt*, jurisPR-ArbR 25/2005.

die Kündigung nicht bereits mit dem Einwurf des Benachrichtigungszettels in den Hausbriefkasten zugegangen, sondern erst mit der Aushändigung des Originalschreibens durch die Post.[154] Während des Urlaubs ist das Kündigungsschreiben auch dann zugegangen, wenn es unter der Wohnungsanschrift des Arbeitnehmers zugestellt bzw. in den Wohnungs- oder Hausbriefkasten gelegt wird. Dies gilt auch dann, wenn dem Arbeitgeber die Urlaubsanschrift des Arbeitnehmers bekannt ist.[155] Versäumt der Arbeitnehmer in diesem Fall die Klagefrist des § 4 KSchG, ist die verspätete Klage regelmäßig gemäß § 5 KSchG nachträglich zuzulassen.[156] Allerdings darf der Arbeitnehmer als potentieller Erklärungsempfänger auch nicht seinerseits schuldhaft den Zugang der Kündigung vereiteln, indem er beispielsweise grundlos die Annahme eines Einschreibebriefs verweigert.[157]

59 Auf der anderen Seite beginnt der Risikobereich des Kündigungsempfängers dort, wo es sich um Hindernisse in seiner Sphäre handelt. Grundsätzlich hat deshalb der Empfänger Sorge dafür zu tragen, dass Mitbewohner seiner Wohnung das Kündigungsschreiben ihm rechtzeitig aushändigen, dass ein Briefkasten vorhanden ist usw oder dass sich seine aktuelle Wohnungsanschrift infolge eines Umzugs verändert hat.[158]

60 (3) *Schriftform bei Massenentlassung.* Die gemäß § 623 BGB einzuhaltende Schriftform gilt ausnahmslos auch bei Massenkündigungen. Es reicht daher nicht aus, die Kündigung im Betrieb durch Aushang am Schwarzen Brett zu veröffentlichen. Eine ohne Beachtung der Schriftform ausgesprochene Kündigung ist gemäß §§ 623, 125 I BGB rechtsunwirksam.[159] Die Schriftform gilt auch dann, wenn der Arbeitnehmer selbst kündigt. Es ist ihm innerhalb der Grenzen von Treu und Glauben nicht verwehrt, sich auf den Mangel der gesetzlichen Schriftform zu berufen.[160]

61 (4) *Fristberechnung.* Da gem. § 187 I BGB der Tag, an dem die Kündigung dem Kündigungsempfänger zugeht, nicht in die Berechnung der Kündigungsfrist einzubeziehen ist, beginnt die Kündigungsfrist erst am nächsten Tag, so dass eine Kündigung bereits einen Tag vor Beginn der Kündigungsfrist zugegangen sein muss, um zum nächstmöglichen Kündigungstermin Wirkung zu entfalten. Soweit der jeweils letzte Tag vor Beginn der Kündigungsfrist ein Samstag, Sonntag oder Feiertag ist, gilt nicht in entsprechender Anwendung des § 193 BGB der darauf folgende Werktag als noch fristgerechter Zugangstermin. Vielmehr muss der Kündigende die volle Kündigungsfrist einhalten und deshalb notfalls den Zugang noch einen Tag vor dem Samstag, Sonntag oder Feiertag bewirken.[161]

62 Das Fristende bestimmt sich nach § 188 BGB, so dass bei einer Wochenfrist die Kündigungsfrist gem. § 188 II BGB mit dem Ablauf desjenigen Tages der letzten Woche endet, der durch seine Bezeichnung dem Tage entspricht, an dem die Kündigung zugegangen ist. Für die Regelfrist von sechs Wochen oder die Mindestfrist von einem Monat ist allerdings § 188 II BGB nicht einschlägig, weil feste Beendigungstermine zum Monats- oder Quartalsende stets einzuhalten sind.[162] Bedeutsam wird § 188 II BGB nur dann, wenn es sich um Fristen handelt, die nach Monaten bemessen werden, die im

---

[154] BAG v. 25.4.1996 – 2 AZR 13/95, NZA 1996, 1227.
[155] BAG v. 24.6.2004 – 2 AZR 461/03, NZA 2004, 1330, 627; *Schaub/Linck,* Arbeitsrechts-Handbuch, § 123 Rn. 20 ff.
[156] BAG v. 16.3.1988, NZA 1988, 875; LAG Köln, BB 1991, 627; *Schaub/Linck,* Arbeitsrechts-Handbuch § 123 Rn. 21; *Stahlhacke/Preis/Vossen,* Rn. 214.
[157] BAG v. 25.4.1996, NZA 1996, 1227.
[158] *Schaub/Linck,* Arbeitsrechts-Handbuch § 123 Rn. 25; *Stahlhacke/Preis/Vossen,* Rn. 213.
[159] MüKoInsO/*Löwisch/Caspers,* § 113 Rn. 50.
[160] BAG v. 16.9.2004 – 2 AZR 628/03, NZA 2005, 162.
[161] BAG AP Nr. 1 zu § 193 BGB; ErfKomm/*Müller-Glöge,* § 622 BGB Rn. 24; unzutreffend insoweit *Stahlhacke/Preis/Vossen,* Rn. 499.
[162] Vgl. MüKoBGB/*Schwerdtner,* § 622 BGB Rn. 22.

Tarifvertrag oder im Aushilfsarbeitsverhältnis unter Aufhebung der gesetzlichen Kündigungstermine vereinbart worden sind. Wie bei Fristbeginn ist es auch für das Fristende des § 188 BGB unbeachtlich, ob der letzte Tag auf einen Samstag, Sonntag oder Feiertag fällt, weil erneut § 193 BGB keine Anwendung auf das Ende der Kündigungsfrist findet.[163]

b) *Kündigungsfristen in der Insolvenz – § 113 InsO.* Seit dem 1.1.1999 ergibt sich die 63 Kündigungsfrist in der Insolvenz ausschließlich aus § 113 InsO.

Um notwendige Kündigungen in der Insolvenz zu beschleunigen, sieht § 113 InsO ein gesetzliches Kündigungsrecht für beide Parteien des Dienstverhältnisses vor. Allerdings schafft § 113 InsO keinen neuen Kündigungsgrund.[164] Es gilt weiterhin, dass die Insolvenz als solche keinen eigenständigen Kündigungsgrund für eine ordentliche oder außerordentliche Kündigung bildet.[165] Darüber hinaus sieht § 113 InsO eine gesetzliche Kündigungsfrist für das Dienstverhältnis vor. Die Vorschrift des § 113 InsO ist gemäß § 119 InsO nicht abdingbar.

(1) *Das gesetzliche Kündigungsrecht gemäß § 113 S. 1 InsO.* § 113 S. 1 InsO eröffnet 64 beiden Parteien des Dienstverhältnisses ab dem Zeitpunkt der Insolvenzeröffnung die Möglichkeit, das Dienstverhältnis ohne Rücksicht auf einen vereinbarten Ausschluss des Rechts zur ordentlichen Kündigung durch Kündigung zu beenden. Gesetzliche Kündigungsbeschränkungen hat der Insolvenzverwalter dagegen zu beachten. Diese Regelung erfasst alle Arten von Dienstverhältnissen iSd § 611 BGB und damit jedenfalls auch Arbeitsverhältnisse. Ferner fallen aber auch Dienstverhältnisse mit Mitgliedern der Organe juristischer Personen unter diese Vorschrift.[166]

Das gesetzliche Kündigungsrecht des Insolvenzverwalters gemäß § 113 S. 1 InsO, 65 wonach der vereinbarte Ausschluss des ordentlichen Kündigungsrechts in der Insolvenz keine Berücksichtigung findet, wird in der Praxis vor allem Arbeitsverhältnisse von Arbeitnehmern mit längerer Betriebszugehörigkeit betreffen, für die oftmals vertragliche Unkündbarkeitsklauseln bestehen. Darüber hinaus gilt das Kündigungsrecht des § 113 S. 1 InsO auch für befristete Arbeitsverhältnisse.[167]

Das Kündigungsrecht des Insolvenzverwalters kann durch einzelvertragliche, tarif- 66 tragliche oder sonstige kollektiv-rechtliche Vereinbarungen nicht ausgeschlossen werden. Tarifvertraglich unkündbare Arbeitsverhältnisse sind daher im Insolvenzverfahren ordentlich kündbar.[168] Ein tariflicher Kündigungsschutz für ältere, langjährig beschäftigte Arbeitnehmer wird bei einer Kündigung durch den Insolvenzverwalter durch die Höchstfrist des § 113 InsO von drei Monaten verdrängt.[169] Gemäß § 113 I InsO kann ein Dienstverhältnis vom Insolvenzverwalter ohne Rücksicht auf eine vereinbarte Vertragsdauer und ohne Rücksicht auf Kündigungsbeschränkungen durch einzelvertragliche, tarifliche oder sonstige kollektiv-rechtliche Vereinbarungen gekündigt werden. Dies gilt auch bei sog. Standortsicherungs-Tarifverträgen, wenn die Arbeitnehmer im Vorfeld der Insolvenz als Sanierungsbeitrag auf Teile ihrer Vergütung verzichtet haben und der Insolvenzschuldner dafür als Gegenleistung den Ausschluss betriebsbedingter Kündigungen versprochen hat.[170] Ausnahmen von der Kündigungsmöglichkeit gemäß

---

[163] ErfKomm/*Müller-Glöge*, § 622 BGB Rn. 24.
[164] Nerlich/Römermann/*Hamacher*, § 113 Rn. 31; *Düwell*, Kölner Schrift, S. 1444 (Rn. 29).
[165] *Stahlhacke/Preis/Vossen*, Rn. 2160; KR-*Weigand*, §§ 113, 120 ff. InsO Rn. 70.
[166] MüKoInsO/*Löwisch/Caspers*, § 113 Rn. 10; Nerlich/Römermann/*Hamacher*, § 113 Rn. 40; *Stahlhacke/Preis/Vossen*, Rn. 2152; *Hess/Weis/Wienberg*, Rn. 355.
[167] BAG v. 6.7.2000, NZA 2001, 23.
[168] BAG v. 17.11.2005 – 6 AZR 107/05, NZA 2006, 661; BAG v. 20.9.2006 – 6 AZR 249/05, NZA 2007, 387.
[169] BAG v. 16.6.2005 – 6 AZR 476/04, ZIP 2005, 1842.
[170] BAG v. 17.11.2005 – 6 AZR 107/05, NZA 2006, 661.

§ 113 InsO sind weder nach dem Wortlaut der Regelung, dem Normzweck und auch nicht aufgrund ihrer Entstehungsgeschichte gerechtfertigt. Es geht um die Gleichbehandlung aller Gläubiger, der es verbietet, zu Lasten anderer Gläubiger Vergütungsansprüche ohne Gegenleistung zu begründen, obwohl kein Beschäftigungsbedarf mehr vorhanden ist.[171] Dieses Verständnis des § 113 InsO ist verfassungskonform.[172]

67 (2) *Die gesetzliche Kündigungsfrist gemäß § 113 S. 2 InsO.* Anders als § 22 I S. 2 KO, der grundsätzlich die gesetzlichen Kündigungsfristen als maßgeblich betrachtete, solange keine kürzeren Fristen einzuhalten waren, enthält § 113 S. 2 InsO nunmehr eine eigene Kündigungsfrist für die ordentliche Kündigung in der Insolvenz. Diese gesetzliche Kündigungsfrist beträgt gemäß § 113 S. 2 InsO drei Monate. Auch diese Frist gilt aber nur mit der Maßgabe, dass keine kürzere Frist maßgeblich ist. Es handelt sich also um eine gesetzliche Kündigungshöchstfrist,[173] so dass Kündigungsfristen, die drei Monate unterschreiten, unberührt bleiben, während längere durch die Dreimonatsfrist gemäß § 113 S. 2 InsO ersetzt werden. Die gesetzliche Regelung geht als lex specialis sowohl allen längeren gesetzlichen als auch allen längeren Kündigungsfristen vor, die sich möglicherweise aus Tarifvertrag, Betriebsvereinbarung oder Arbeitsvertrag ergeben.[174] Dieses Ergebnis ist nur konsequent im Hinblick auf die bisherige Gleichstellung von gesetzlichen und tarifvertraglichen Kündigungsfristen im Konkurs und daher auch verfassungsrechtlich nicht zu beanstanden.[175]

Ist die dreimonatige Frist gemäß § 113 S. 2 InsO einschlägig, so bestimmt die Regelung zugleich den Kündigungstermin, so dass eine Kündigung im Anwendungsbereich des § 113 S. 2 InsO stets zum Monatsende zu erfolgen hat.

68 Ein Sonderfall tritt dann auf, wenn eine vereinbarte Kündigungsfrist zwar kürzer als drei Monate ist, aber dennoch eine gesetzliche Kündigungsfrist übersteigt. Eine solche Konstellation ließe sich beispielsweise im Zusammenhang mit § 622 II S. 1 Nr. 1 oder Nr. 2 BGB denken. In diesem Fall beansprucht die vereinbarte Kündigungsfrist entgegen einiger Stimmen in Rechtsprechung und Literatur[176] sowie der bisherigen Rechtslage zu § 22 I S. 2 KO[177] vollständige Geltung in der Insolvenz.[178] Der Gesetzgeber hat mit § 113 InsO deutlich gemacht, dass bis zu einer Frist von drei Monaten die Interessen der Insolvenzgläubiger keinen Eingriff in einzel- oder kollektivvertragliche Regelungen erfordern.

69 Werden auf Grund der Regelung in § 113 S. 1 InsO einzel- oder kollektivvertraglich unkündbare Arbeitsverhältnisse aufgelöst, findet die dreimonatige Kündigungsfrist gem. § 113 S. 2 InsO Anwendung.[179]

---

[171] Vgl. BAG v. 22.9.2005 – 6 AZR 526/04, NZA 2006, 658; BAG v. 17.11.2005 – 6 AZR 107/05, NZA 2006, 661.

[172] BAG v. 19.1.2000 – 4 AZR 70/99, NZA 2000, 658; BAG v. 22.9.2005 – 6 AZR 526/04, NZA 2006, 658; *Heinze* NZA 1999, 57 (59); *Berkowsky* NZI 1999, 129; *Berscheid*, ZInsO 1998, 115 (125).

[173] LAG Hamm ZInsO 1999, 362; Nerlich/Römermann/*Hamacher*, § 113 Rn. 87; *Stahlhacke/Preis/Vossen*, Rn. 2155.

[174] BAG ZIP 1999, 1933; BAG ZInsO 1999, 714; BAG ZInsO 2000, 351; LAG Hamm ZInsO 1999, 362 (für tarifvertragliche Fristen); Nerlich/Römermann/*Hamacher*, § 113 Rn. 87; *Stahlhacke/Preis/Vossen*, Rn. 2155.

[175] BAG ZIP 1999, 1933; BAG ZInsO 2000, 351; BAG ZIP 2000, 985; LAG Hamburg ZIP 1998, 1404 ff.; *Stahlhacke/Preis/Vossen*, Rn. 1327; ErfKomm/*Müller-Glöge*, § 113 InsO Rn. 19; Nerlich/Römermann/*Hamacher*, § 113 Rn. 92; KR-*Weigand*, § 113 InsO Rn. 17; *Lakies* RdA 1997, 145 (146); *Berscheid* ZInsO 1998, 159 (163).

[176] LAG Köln NZA 1998, 765 (766); LAG Hamm NZA-RR 1998, 538 (539); *Berscheid* ZInsO 1998, 159 (162).

[177] Vgl. BAG EzA Nr. 1 zu § 22 KO.

[178] BAG NZA 1999, 425 (427); Nerlich/Römermann/*Hamacher*, § 113 Rn. 95; *Stahlhacke/Preis/Vossen*, Rn. 2158; ErfKomm/*Müller-Glöge*, § 113 InsO Rn. 19; BAG NZI 2000, 611.

[179] BAG v. 19.1.2000 – 4 AZR 70/99, NZA 2000, 658; *Zwanziger*, § 113 InsO Rn. 4; Nerlich/Römermann/*Hamacher*, § 113 Rn. 96; *Stahlhacke/Preis/Vossen*, Rn. 2154; *Lohkemper* KTS 1996, 1 (7); *Annuß*

(3) *Die Regelung des § 113 S. 3 InsO.* Kündigt der Insolvenzverwalter den Arbeitsvertrag vorzeitig unter Anwendung der Frist des § 113 S. 2 InsO, kann der betroffene Arbeitnehmer nach § 113 S. 3 InsO Schadensersatz verlangen. Ersetzt wird allerdings lediglich der Verfrühungsschaden, der auf der vorzeitigen Beendigung des Dienstverhältnisses beruht. Ein Verschulden des Insolvenzverwalters ist nicht erforderlich.[180] Der verschuldensunabhängige Schadensersatzanspruch greift deshalb nur, wenn das Dienstverhältnis ansonsten ordentlich nicht kündbar oder die Frist des § 113 S. 2 InsO kürzer als die außerhalb des Insolvenzverfahrens maßgebliche Kündigungsfrist ist.[181] Im Falle einer vereinbarten Unkündbarkeit ist der Schadensersatz als Verfrühungsschaden auf die ohne die vereinbarte Unkündbarkeit geltende längste ordentliche Kündigungsfrist beschränkt.[182] Im Gegensatz zu § 22 II KO wird aber ausdrücklich klargestellt, dass der Arbeitnehmer seinen Schadensersatzanspruch lediglich als Insolvenzgläubiger iSd § 38 InsO geltend machen kann.

70

c) *Kündigungsfristen im Aushilfsarbeitsverhältnis.* Bei Aushilfsarbeitsverhältnissen, die in der Regel zur Bewältigung eines vorübergehend auftretenden, zusätzlichen Bedarfs abgeschlossen und in der Form eines befristeten Arbeitsverhältnisses vereinbart werden, können zusätzlich zu der Befristung kürzere als die in § 622 I und II BGB genannten Kündigungsfristen ausnahmsweise einzelvertraglich vereinbart werden, wenn das Aushilfsarbeitsverhältnis über die Zeit von drei Monaten hinaus nicht fortgesetzt wird (§ 622 V Nr. 1 BGB). Die Kündigungsfrist kann auch ganz beseitigt werden mit der Folge, dass das Aushilfsarbeitsverhältnis mit sofortiger Wirkung kündbar ist.[183] Anders als beim Probearbeitsverhältnis gilt nicht automatisch die kürzest mögliche Kündigungsfrist als vereinbart, wenn der Arbeitsvertrag selbst keine Regelung über die Kündigungsfrist enthält.[184] Ist für das Aushilfsarbeitsverhältnis eine verkürzte Kündigungsfrist vereinbart worden, muss sie bis zum Ablauf von drei Monaten genutzt werden, dh die Kündigung muss innerhalb des Drei-Monats-Zeitraums zugehen. Das Ende der Kündigungsfrist kann außerhalb dieses Zeitraums liegen.[185]

71

III. Allgemeiner Kündigungsschutz

1. Voraussetzungen. Das Kündigungsrecht des Arbeitgebers wird durch die Vorschriften des Kündigungsschutzrechtes eingeschränkt, um den Bestandsschutz des Arbeitsverhältnisses, das die wirtschaftliche Existenzgrundlage für den Arbeitnehmer bildet, in angemessener Weise zu gewährleisten. Da der Insolvenzverwalter die abgeleiteten Arbeitgeberfunktionen wahrnimmt, gelten für ihn bei der Ausübung des arbeitgeberseitigen Kündigungsrechtes die Kündigungsschutzvorschriften uneingeschränkt.[186] § 113 InsO begründet zwar ein eigenständiges Kündigungsrecht des Insolvenzverwalters, unterwirft dessen Ausübung aber den allgemeinen Vorschriften des Kündigungsschutzes. Die Insolvenzeröffnung selbst ist kein Kündigungsgrund und auch kein Anlass, den Prüfungsmaßstab zu verändern und eine Kündigung unter erleichterten Voraussetzungen zuzulassen.[187]

72

ZInsO 2001, 344, 349; Uhlenbruck/Hirte/Vallender/*Berscheid*, § 113 InsO Rn. 65; aA *Caspers* Rn. 107; *Berscheid* ZInsO 1998, 115 (128); *Obermüller/Heß*, InsO Rn. 742.
[180] *Stahlhacke/Preis/Vossen*, Rn. 2160; ErfKomm/*Müller-Glöge*, § 113 InsO Rn. 31.
[181] ErfKomm/*Müller-Glöge*, § 113 InsO Rn. 31.
[182] BAG v. 16.5.2007 – 8 AZR 772/06, ZIP 2007, 1829.
[183] BAG v. 22.5.1986 – 2 AZR 392/85 NZA 1987, 60; *Erman/Hanau*, § 622 BGB Rn. 40; *Stahlhacke/Preis/Vossen*, Rn. 561.
[184] ErfK/*Müller/Glöge*, § 622 Rn. 17; *Schaub/Linck*, Arbeitsrechts-Handbuch, § 126 Rn. 37.
[185] ErfK/*Müller/Glöge*, § 622 Rn. 16; *Schaub/Linck*, Arbeitsrechts-Handbuch, § 126 Rn. 37.
[186] ErfK/*Müller-Glöge*, § 113 InsO Rn. 21; Nerlich/Römermann/*Hamacher*, § 113 Rn. 98; FK/*Eisenbeis*, vor §§ 113 ff. Rn. 8, 9; KR-*Weigand*, §§ 113, 120 ff. InsO Rn. 6, 7.
[187] ErfK/*Müller/Glöge*, § 113 Rn. 9; vgl. BAG v. 20.9.2006 – 6 AZR 249/05, NZA 2007, 387; BAG v. 29.9.2005 – 8 AZR 647/04, NZA 2006, 720.

Enthält § 113 InsO keinen selbstständigen Kündigungsgrund der Insolvenz oder Sanierung, hat der Insolvenzverwalter die Vorschriften des KSchG uneingeschränkt zu beachten, wenn es nach seinem persönlichen und betrieblichen Geltungsbereich anzuwenden ist. Die herrschende Meinung begründet dies mit dem allgemeinen Schutzzweck des Kündigungsschutzes, der mittels Beschränkung der arbeitgeberischen Kündigungsmöglichkeit sowohl den Interessen des betroffenen Arbeitnehmers als auch der Allgemeinheit diene, weshalb das gegenwärtige Arbeits- und Insolvenzrecht keine insolvenzspezifischen „Milderungen" des Kündigungsschutzes erlauben könne.[188]

73 Der Kündigungsschutz ist im geltenden Arbeitsrecht in unterschiedlicher Intensität ausgestaltet: Er reicht vom allgemeinen Kündigungsschutz, der die Möglichkeit grundloser Kündigung durch das Erfordernis bestimmter Kündigungsgründe von Gewicht einschränkt, über das Erfordernis der kollektiven Mitwirkung des Betriebsrates im Sinne einer Sperrfunktion für die Kündigung des Arbeitgebers oder der Abhängigkeit der Kündigung von vorheriger behördlicher Genehmigung bis hin zu absoluten Kündigungsverboten, die allerdings in der Regel zeitlich befristet und auf besondere Personengruppen beschränkt sind.

74 a) *Betriebsgröße*. Nach der am 1.1.2004 in Kraft getretenen Neufassung des § 23 I KSchG durch das Gesetz zu Reformen am Arbeitsmarkt vom 24.12.2003[189] ist der Schwellenwert für die Anwendung des Kündigungsschutzgesetzes von fünf auf zehn Beschäftigte angehoben worden. Erst wenn das Unternehmen mehr als zehn Arbeitnehmer beschäftigt, unterliegt es dem Kündigungsschutzgesetz. Dies gilt aber nur für Arbeitnehmer, deren Arbeitsverhältnis nach dem 1.1.2004 begonnen hat. Arbeitnehmer, die am 31.12.2003 einem Betrieb mit mehr als fünf Arbeitnehmern angehörten, behalten ihren nach altem Recht geltenden Kündigungsschutz.[190] Die alte Regelung gilt auch für solche Arbeitnehmer, die vor dem 1.1.2004 eingestellt worden sind, ohne dass sie zu diesem Zeitpunkt bereits die sechsmonatige Wartefrist gemäß § 1 I KSchG erfüllt hatten.[191] Bei der Berechnung des abgesenkten Schwellenwerts gemäß § 23 I S. 1 KSchG zählen nur die Altarbeitnehmer, die bereits am 31.12.2003 im Betrieb beschäftigt waren. Ersatzeinstellungen für ausgeschiedene Altarbeitnehmer werden nicht berücksichtigt.[192] Ist der Arbeitnehmer vor dem 31.12.2003 eingestellt worden, läuft aber die sechsmonatige Wartefrist erst im Jahre 2004 ab, genießt er Kündigungsschutz gemäß § 23 I S. 2 KSchG, wenn zu diesem Zeitpunkt noch mehr als fünf Altarbeitnehmer beschäftigt werden.[193] Sinkt die Anzahl der idR beschäftigten Altarbeitnehmer auf fünf oder weniger, erlischt der Kündigungsschutz auch für diejenigen Beschäftigten, die am 31.12.2003 noch Kündigungsschutz hatten.[194] Ist ein Altarbeitnehmer nach dem 1.1.2004 ausgeschieden, werden Ersatzeinstellungen wie Neueinstellungen behandelt und daher bei der Berechnung nicht berücksichtigt.[195] Teilzeitbeschäftigte Arbeitnehmer mit einer regelmäßigen wöchentlichen Arbeitszeit von nicht mehr als 20 Stunden sind mit 0,5 und mit nicht mehr als 30 Stunden mit 0,75 zu berücksichtigen.

75 Vom Geltungsbereich des KSchG sind in persönlicher Hinsicht diejenigen Arbeitnehmer ausgenommen, die noch nicht länger als sechs Monate demselben Betrieb oder Unternehmen ununterbrochen angehören (§ 1 I KSchG), sowie Repräsentanten des Arbeitgebers: In Betrieben einer juristischen Person folglich die Mitglieder des Organs,

---

[188] BAG AP Nr. 4 zu § 22 KO.
[189] BGBl. Jahrgang 2003 Teil I Nr. 67 S 3002, 3003.
[190] *Preis* DB 2004, 70, 78; *Löwisch* BB 2004, 154, 161.
[191] *Löwisch* BB 2004, 161.
[192] BAG v. 21.9.2006 – 2 AZR 840/05, NZA 2007, 438.
[193] HWK/*Quecke*, § 23 KSchG Rn. 11.
[194] ErfK/*Müller/Glöge*, § 23 Rn. 9.
[195] BAG v. 21.9.2006 – 2 AZR 840/05, NZA 2007, 438; KR-*Weigand*, § 23 KSchG Rn. 33b.

das zur gesetzlichen Vertretung der juristischen Person berufen ist, sowie in Betrieben einer Personengesamtheit die zur Vertretung der Personengesamtheit durch Gesetz, Satzung oder Gesellschaftsvertrag berufenen Personen (§ 14 I KSchG). Leitende Angestellte fallen demgegenüber in den Geltungsbereich des Kündigungsschutzgesetzes, wenn auch mit der Einschränkung, dass der leitende Angestellte im Ergebnis wegen § 5 III BetrVG keine Weiterbeschäftigung nach § 102 V BetrVG, sondern nur eine Abfindung erreichen kann (§ 14 II KSchG).

b) *Regelmäßige Beschäftigtenzahl.* Hinsichtlich der Betriebsgröße ist auf die regelmäßige Beschäftigtenzahl abzustellen, die den Betrieb zum Zeitpunkt des Zugangs der Kündigung kennzeichnet. Dabei kommt es nicht auf die zufälligerweise bei Ausspruch der Kündigung vorhandene Personalstärke an, sondern die regelmäßige Beschäftigtenzahl ergibt sich aus einem Rückblick auf die Betriebsgröße in der Vergangenheit und einen Ausblick auf die zukünftige Beschäftigtenzahl, ohne dass der gekündigte Arbeitnehmer mit zählt, wenn die Kündigung auf einer unternehmerischen Entscheidung beruht, die Anzahl der Arbeitsplätze zu verringern und den Arbeitsplatz des gekündigten Arbeitnehmers nicht neu zu besetzen.[196] Ruhende Arbeitsverhältnisse zählen ebenso mit wie Arbeitsverhältnisse, bei denen die sechsmonatige Wartezeit gem. § 1 Abs. 1 KSchG noch nicht erfüllt ist. Im Betrieb eingesetzte Leiharbeitnehmer sind bei der Bestimmung der Betriebsgröße gem. § 23 I 3 KSchG mitzuzählen, wenn mit ihnen ein regelmäßiger Beschäftigungsbedarf abgedeckt wird. Es kommt darauf an, ob mit den eingesetzten Leiharbeitnehmern ein idR vorhandener Personalbedarf abgedeckt wird.[197]

75a

c) *Darlegungs- und Beweislast.* Umstritten ist die Darlegungs- und Beweislast für das Vorliegen der in § 23 I KSchG geregelten betrieblichen Voraussetzungen für die Geltung des Kündigungsschutzgesetzes. Da es sich um eine Ausnahme vom Grundsatz des allgemeinen Kündigungsschutzes handelt, wird die Auffassung vertreten, dass der Arbeitgeber für die Tatsache beweispflichtig ist, dass der Betrieb nicht mehr als fünf bzw. nicht mehr als zehn Arbeitnehmer beschäftigt.[198] Nach der Rechtsprechung des BAG trägt hingegen der Arbeitnehmer die Darlegungs- und Beweislast für das Vorliegen der betrieblichen Voraussetzungen für eine Geltung des Kündigungsschutzgesetzes.[199] Diese Auffassung hat das BAG auch für die am 1.1.2004 in Kraft getretene Neufassung des § 23 KSchG bestätigt.[200] Dabei ist zu beachten, dass an die Erfüllung der Darlegungslast durch den Arbeitnehmer keine zu hohen Anforderungen gestellt werden dürfen. Da es um den Grundrechtsschutz von Art. 12 GG geht, muss sich der Stellenwert dieses Grundrechts in der Verteilung der Darlegungs- und Beweislast widerspiegeln. Mit der Heraufsetzung des Schwellenwertes auf mehr als zehn Arbeitnehmer durch die ab 1.1.2004 geltende Fassung des § 23 KSchG wird die Darlegungs- und Beweislast von maßgeblichen Stimmen in der Literatur beim Arbeitgeber gesehen.[201] Das BAG folgt einer Mittelmeinung und löst das Problem mit einer abgestuften Darlegungs- und Beweislast. Der Arbeitgeber muss sich aus Gründen der Sachnähe gemäß § 138 II ZPO im Einzelnen erklären. Dies geht sogar soweit, dass er Beweismittel, etwa Zeugen, benennen muss, derer sich der primär darlegungspflichtige Arbeitnehmer bedienen kann.[202]

75b

---

[196] BAG v. 22.1.2004 – 2 AZR 237/03, NZA 2004, 479; *Schaub/Linck,* Arbeitsrechts-Handbuch, § 130 Rn. 12; KR-*Weigand,* § 23 KSchG Rn. 37.
[197] BAG v. 24.1.2013 – 2 AZR 140/12, NZA 2013, 726.
[198] LAG Hamm v. 6.2.2003 – 8 Sa 1614/02, LAGE § 23 KSchG Nr. 22; LAG Berlin v. 28.10.1994 – 6 Sa 95/94 LAGE § 23 KSchG Nr. 11.
[199] BAG v. 18.1.1990 – 2 AZR 355/89, NZA 1990, 977; BAG v. 24.2.2005 – 2 AZR 373/03, NZA 2005, 764.
[200] BAG v. 26.6.2008 – 2 AZR 264/07, DB 2008, 162.
[201] HWK/*Quecke,* § 23 Rn. 17; KR-*Weigand,* § 23 KSchG Rn. 54a; ErfK/*Kiel,* § 23 Rn. 21.
[202] Im Einzelnen BAG v. 26.6.2008 – 2 AZR 264/07, DB 2008, 162.

75c **d) *Räumlicher Geltungsbereich.*** Das Kündigungsschutzgesetz gilt nur für Betriebe, die im Gebiet der Bundesrepublik Deutschland die Voraussetzungen des § 23 I S. 3 KSchG erfüllen.[203] Die im Ausland beschäftigten Arbeitnehmer eines Unternehmens, welches in Deutschland eine Betriebsstätte unterhält, zählen daher nicht mit.[204] Die im Ausland beschäftigten Arbeitnehmer zählen bei der Berechnung des Schwellenwertes auch dann nicht mit, wenn die ausländische Arbeitsstätte zusammen mit einer Deutschen zusammen einen Gemeinschaftsbetrieb bildet.[205] Das BAG hat dies überzeugend mit dem Hinweis begründet, dass mit dem in § 23 I KSchG verwendeten Begriff des „Betriebs" nur in Deutschland gelegene Betriebe bezeichnet würden. Die Beurteilung der Sozialwidrigkeit einer Kündigung erfolgt immer unter Einbeziehung der betrieblichen Gegebenheiten. Deshalb kann bgzl der Geltung des KSchG nur auf Betriebe im Inland abgestellt werden.[206]

76 **2. Sozialwidrigkeit der Kündigung.** Liegen die tatbestandsmäßigen Voraussetzungen zur Anwendung des KSchG vor, dann ist die vom Arbeitgeber ausgesprochene ordentliche Kündigung gegenüber einem Arbeitnehmer, der dem Kündigungsschutz des KSchG unterliegt, gem. § 1 I KSchG rechtsunwirksam, wenn sie „sozial ungerechtfertigt" ist. Dies ist gemäß § 1 II S. 1 KSchG stets dann gegeben, wenn die Kündigung nicht durch Gründe, die (1) in der Person oder (2) in dem Verhalten des Arbeitnehmers liegen oder (3) durch dringende betriebliche Erfordernisse, die einer Weiterbeschäftigung entgegenstehen, bedingt ist oder einer der in § 1 II S. 2 KSchG genannten sogenannten absoluten Unwirksamkeitsgründe vorliegt.

77 **a) *Personen- und verhaltensbedingte Kündigung.*** Als Gründe in der Person des Arbeitnehmers kommen vor allem Krankheit, mangelnde Eignung oder mangelnde Anpassungsfähigkeit, nachlassende Arbeitsfähigkeit usw in Frage.[207] Bei einer krankheitsbedingten Kündigung sind zu unterscheiden die Kündigung wegen häufiger Kurzerkrankungen, die Kündigung wegen lang andauernder Erkrankung, die Kündigung wegen einer krankheitsbedingten Leistungsminderung und die Kündigung wegen dauernder Arbeitsunfähigkeit.[208] Erforderlich ist stets eine negative Gesundheitsprognose. In diesem Zusammenhang gilt eine abgestufte Darlegungs- und Beweislast. Der Insolvenzverwalter kann sich zunächst darauf beschränken, die tatsächlichen Voraussetzungen einer negativen Prognose vorzutragen. Dazu reicht es aus, wenn er auf erhebliche krankheitsbedingte Arbeitsunfähigkeitszeiten innerhalb eines zurückliegenden Zeitraums von drei Jahren verweist. Der Arbeitnehmer muss sich dann gemäß § 138 II ZPO dazu erklären, warum die negative Indizwirkung nicht zutrifft und mit einer baldigen Genesung zu rechnen ist. Es reicht aus, wenn der Arbeitnehmer vorträgt, seine behandelnden Ärzte hätten seine gesundheitliche Entwicklung positiv beurteilt und sie von der ärztlichen Schweigepflicht entbindet.[209] Besondere Bedeutung hat in diesem Zusammenhang die Durchführung eines betrieblichen Eingliederungsmanagements (BEM) gemäß § 84 II SGB IX, welches vor Ausspruch einer krankheitsbedingten Kündigung nicht nur bei schwerbehinderten Arbeitnehmern durchzuführen ist.[210] Unterlässt der Arbeitgeber das gebotene betriebliche Eingliederungsmanagement und kann er auch

---

[203] Vgl. BAG v. 3.6.2004 – 2 AZR 386/03, NZA 2004, 1380; BAG v. 17.1.2008 – 2 AZR 902/06, NZA 2008, 872.
[204] *Schaub/Linck,* Arbeitsrechts-Handbuch, § 130 Rn. 17; KR-*Weigand,* § 23 KSchG Rn. 19a.
[205] BAG v. 26.3.2009 – 2 AZR 883/07, DB 2009, 1904.
[206] AA *Straube,* DB 2009, 1406.
[207] Vgl. *Schaub/Linck,* Arbeitsrechts-Handbuch, § 131 Rn. 1 ff.; KR-*Griebeling,* § 1 KSchG Rn. 265 ff.; HWK-*Quecke* § 1 KSchG Rn. 93 ff.
[208] Vgl. *Schaub/Linck,* Arbeitsrechts-Handbuch, § 131 Rn. 32.
[209] Im Einzelnen *Schaub/Linck,* Arbeitsrechts-Handbuch, § 131 Rn. 38.
[210] BAG v. 12.7.2007 – 2 AZR 716/06, NZA 2008, 173.

nicht vortragen, warum die Kündigung auch bei dessen Durchführung unvermeidbar gewesen wäre, kann die Kündigung allein deswegen unverhältnismäßig und daher sozialwidrig iSv § 1 II S. 1 KSchG sein.[211]

Anknüpfungspunkt für eine verhaltensbedingte Kündigung ist eine im Verhalten des **78** Arbeitnehmers wurzelnde Störquelle. Anders als bei der personenbedingten Kündigung geht es nicht um körperliche und geistige Eigenschaften, sondern um eine vom Arbeitnehmer begangene Vertragspflichtverletzung, die sich auf Hauptleistungspflichten, aber auch auf Nebenpflichten beziehen kann und idR Verschulden, dh Steuerbarkeit oder Verwerfbarkeit des vertragswidrigen Verhaltens voraussetzt.[212] Die verhaltensbedingten Kündigungsgründe brauchen dabei nicht so schwer zu wiegen, dass sie als wichtige Gründe eine außerordentliche Kündigung im Sinne des § 626 I BGB rechtfertigen würden, aber sie müssen immerhin von solchem Gewicht sein, dass sie die Kündigung „bedingen", also ein berechtigtes Bedürfnis des Arbeitgebers nach Auflösung des Arbeitsverhältnisses legitimieren. In der Regel sind deshalb bei verhaltensbedingten Kündigungen eine bzw. mehrere vorherige Abmahnungen erforderlich.[213] Nach früherer Rechtsprechung war eine Abmahnung grundsätzlich nur bei Störungen im Leistungsbereich, nicht aber bei solchen im Vertrauensbereich erforderlich. Mittlerweile hält jedoch das BAG auch im Vertrauensbereich eine Abmahnung für notwendig, wenn es um ein steuerbares Verhalten des Arbeitnehmers geht und eine Wiederherstellung des Vertrauens erwartet werden kann.[214] In der Literatur wird die Abgrenzung nach verschiedenen Bereichen häufig als unbrauchbar abgelehnt, da eine exakte Abgrenzung kaum möglich sei.[215] Eine Abmahnung vor dem Ausspruch einer verhaltensbedingten Kündigung kann ausnahmsweise aber dann entfallen, wenn der Arbeitnehmer zu erkennen gibt, dass es nicht Willens ist, sich vertragsgetreu zu verhalten oder, wenn er weiss oder wissen muss, dass der Arbeitgeber das Verhalten des Arbeitnehmers unter keinen Umständen hinnehmen wird, was insbesondere bei schwerwiegenden und vorsätzlichen Verstößen der Fall ist.[216]

b) *Betriebsbedingte Kündigung.* Aber während in der Regel sowohl personenbedingte **79** wie auch verhaltensbedingte Kündigungen durch den Insolvenzverwalter nur dann in Frage kommen, wenn der Insolvenzverwalter den Betrieb bzw. zumindest Teile des Betriebs weiterführt, stellt sich in der Insolvenzpraxis weitaus häufiger die Frage nach der Zulässigkeit einer betriebsbedingten Kündigung wegen der in der Insolvenz erforderlich werdenden Betriebsstilllegung oder Betriebsänderung.

(1) *Kündigungsgründe.* Als dringende betriebliche Erfordernisse, die eine Kündigung **80** rechtfertigen, kommen vor allem die auf insolvenzspezifischen Entscheidungen des Insolvenzverwalters einschließlich Gläubigerausschuss und Gläubigerversammlung beruhenden Stilllegungen unrentabler Betriebe oder Betriebsabteilungen, Personalabbau, Rationalisierung usw in Frage, darüber hinaus aber auch Entscheidungen des Insolvenzverwalters wegen externer Veränderungen im Produktions- und Absatzbereich, wie beispielsweise Auftragsmangel, Absatzschwierigkeiten, Rohstoffknappheit usw.[217]

---

[211] BAG v. 23.4.2008 – 2 AZR 1012/06, NZA-RR 2008, 515; iE *Schaub/Linck*, Arbeitsrechts-Handbuch, § 131 Rn. 8.
[212] *Berkowsky*, Personen- u verhaltensbedingte Kündigung, 3. Abschnitt; *Stahlhacke/Preis/Vossen*, Rn. 625 ff.; KR-*Griebeling*, § 1 KSchG Rn. 395 ff.; jeweils mwN; *Berscheid/Kunz/Brand*, Teil 4 Rn. 727 ff.
[213] KR-*Griebeling* § 1 KSchG Rn. 402; HWK-*Quecke* § 1 KSchG Rn. 186.
[214] BAG v. 4.6.1997 – 2 AZR 526/96, NJW 1998, 554.
[215] *Stahlhacke/Preis/Vossen*, Rn. 1174; *Hueck/von Hoyningen-Huene*, § 1 KSchG Rn. 283; ErfKomm/*Ascheid*, § 1 KSchG Rn. 154; MüKoBGB/*Schwerdtner*, Anh zu § 622 BGB Rn. 114 ff.; *Preis* DB 1990, 687.
[216] *Stahlhacke/Preis/Vossen*, Rn. 1178; *Hueck/von Hoyningen-Huene*, § 1 KSchG Rn. 285 f.; *Berscheid/Kunz/Brand*, Teil 4 Rn. 761 ff.
[217] *Berkowsky*, Betriebsbedingte Kündigung, § 7 Rn. 18 ff.; KR-*Griebeling* § 1 KSchG Rn. 516; *Schaub/Linck*, Arbeitsrechts-Handbuch, § 134 Rn. 1 ff.; HWK-*Quecke* § 1 KSchG Rn. 260 ff.; speziell zur betriebsbedingten Kündigung durch den Insolvenzverwalter *Hillebrecht* ZIP 1985, 257.

Gleichgültig ist es, ob die dringenden betrieblichen Gründe zur völligen Stilllegung des Betriebes oder aber nur zu einer Teilstilllegung unter gleichzeitiger, zumindest zeitweiliger Fortführung anderer Betriebsteile zwingen.[218] In jedem Falle finden bei einer auf dringende betriebliche Gründe gestützten ordentlichen Kündigung seitens des Insolvenzverwalters die Vorschriften des KSchG zur betriebsbedingten Kündigung Anwendung, wenn die Tatbestandsvoraussetzungen – wie dargestellt – gegeben sind. Die „Insolvenz" als solche ist kein betriebsbedingter Kündigungsgrund. Weder die Insolvenzeröffnung als solche noch die dafür maßgeblichen Insolvenzgründe, entweder Überschuldung oder Zahlungsunfähigkeit (§§ 17 II, 19 II InsO), können aus sich heraus eine betriebsbedingte Kündigung rechtfertigen.[219] Die Insolvenzeröffnung kann aber Anlass sein, Maßnahmen zu treffen, welche zum Wegfall von Arbeitsplätzen führen.

81 Die insolvenzspezifische Entscheidung des Insolvenzverwalters, die in ihrer Umsetzung zu dringenden betrieblichen Erfordernissen iSv § 1 II S. 1 KSchG führen, entzieht sich hinsichtlich ihrer Erforderlichkeit oder wirtschaftlichen Zweckmäßigkeit insgesamt der richterlichen Nachprüfung.[220] Ausnahmsweise findet eine Überprüfung der unternehmerischen Entscheidung im Sinne einer Missbrauchskontrolle dann statt, wenn sie offenbar unsachlich, unvernünftig oder willkürlich erscheint.[221] Von den Arbeitsgerichten kann aber nachgeprüft werden, ob tatsächlich eine unternehmerische Entscheidung vorliegt und ob bei ihrer Umsetzung das Beschäftigungsbedürfnis für einzelne Arbeitnehmer entfällt.[222]

82 (2) *Betriebsstilllegung*. Legt der Insolvenzverwalter den gesamten Betrieb still bzw. alle Betriebe des insolvent gewordenen Unternehmens, so liegt in dieser Stilllegungsentscheidung das dringende betriebliche Erfordernis im Sinne des § 1 KSchG für den Ausspruch ordentlicher betriebsbedingter Kündigungen begründet.[223] Kommt es dem Insolvenzverwalter deshalb auf die möglichst unverzügliche Beendigung aller Arbeitsverhältnisse an, weil eine sukzessive Abwicklung ausscheidet oder Abwicklungsarbeiten ohnehin nicht anfallen, steht der sozialen Rechtfertigung der deshalb ausgesprochenen betriebsbedingten Kündigungen aller Arbeitsverhältnisse des Betriebes bzw. Unternehmens nichts mehr im Wege. Dann muss der Insolvenzverwalter auch nicht die weiteren Kriterien des § 1 II und III KSchG beachten, weil es hier überhaupt keine anderweitigen Arbeitsplätze, die weiterbestehen, mehr gibt und zudem das Erfordernis einer sozialen Auswahl der Grundlage entbehrt, nachdem alle Arbeitnehmer von den Kündigungen auf Grund der Betriebsstilllegung erfasst werden.[224]

83 Der Stilllegungsgrund ist nach der bisherigen Rechtsprechung des BAG kündigungsschutzrechtlich ohne Bedeutung. Es kommt nur darauf an, ob der Insolvenzverwalter tatsächlich beschlossen hat, die Betriebs- und Produktionsgemeinschaft zwischen Arbeitgeber und Arbeitnehmern für einen seiner Dauer nach unbestimmten wirtschaftlich nicht unerheblichen Zeitraum aufzuheben.[225] Eine derartige Unternehmerentscheidung

---

[218] Vgl. *Hillebrecht* ZIP 1985, 257 (261).
[219] Uhlenbruck/Hirte/Vallender/*Berscheid*, vor § 113 InsO Rn. 61; *Hillebrecht* ZIP 1985, 257, 258; *Schaub* ZIP 1993, 969, 970.
[220] St Rspr des BAG, vgl. BAG v. 26.9.1996 – 2 AZR 200/96, NJW 1997, 885; iE HWK-*Quecke* § 1 KSchG Rn. 267; *Schaub/Linck*, Arbeitsrechts-Handbuch, § 134 Rn. 27–29.
[221] Vgl. BAG v. 26.9.2002 – 2 AZR 636/01, NZA 2003, 549; BAG v. 24.10.1979 – 2 AZR 940/77, DB 1980, 1400; iE HWK-*Quecke* § 1 KSchG Rn. 267; *Schaub/Linck*, Arbeitsrechts-Handbuch, § 134 Rn. 29.
[222] BAG v. 17.6.1999 – 2 AZR 522/98, NZA 1999, 1095; BAG v. 6.7.2006 – 2 AZR 442/05, NZA 2007, 139; HWK-*Quecke* § 1 KSchG Rn. 267; *Schaub/Linck*, Arbeitsrechts-Handbuch, § 134 Rn. 27.
[223] Vgl. BAG v. 27.10.2005 – 8 AZR 568/04, NZA 2006, 668; BAG v. 22.5.1986 – 2 AZR 615/85, NZA 1987, 125; BAG v. 5.4.2001 – 2 AZR 696/99, NZA 2001, 949.
[224] Vgl. BAG v. 27.10.2005 – 8 AZR 586/04, NZA 2006, 668; ErfK/*Müller/Glöge*, § 113 Rn. 9; Nerlich/Römermann/*Hamacher*, § 113 Rn. 133.
[225] BAG v. 21.6.2001 – 2 AZR 137/00, NZA 2002, 212.

ist auf ihre Notwendigkeit und Zweckmäßigkeit nicht zu überprüfen.[226] In der Literatur werden gegen die schrankenlose Zulässigkeit einer Stilllegungsentscheidung von Verfassungs wegen Bedenken erhoben.[227] Nicht nur die unternehmerische Freiheit ist von Verfassungs wegen geschützt, sondern Art. 12 I GG gewährt auch den Arbeitnehmern einen Mindestbestandsschutz. Die durch Art. 12 I GG geschützte Berufswahlfreiheit führt aber nicht zu einem Anspruch auf Bereitstellung eines Arbeitsplatzes nach Wahl. Ebenso wenig ist sie mit einer Bestandsgarantie für den einmal gewählten Arbeitsplatz verbunden.[228] Eine willkürliche oder rechtsmissbräuchliche Stilllegungsentscheidung des Insolvenzverwalters, die den verfassungsrechtlich geforderten Bestandsschutz der Arbeitsplätze in unangemessener Weise zurückdrängt, dürfte in der Praxis nicht vorkommen. Die vom BAG zugelassene Missbrauchskontrolle beschränkt sich auf Umgehungsfälle, die beispielsweise dazu dienen, dem Kündigungsschutzrecht zu entfliehen oder trotz unverändertem Beschäftigungsbedarf einen entschädigungslosen Verlust der bisherigen Arbeitsplätze herbeizuführen, um die weiterhin vorhandenen Arbeiten in Zukunft von anderen, schlechter bezahlten Arbeitnehmern verrichten zu lassen.[229]

(3) *Stilllegungsabsicht.* Die Kündigung ist im Falle einer Betriebsstilllegung nicht erst mit der tatsächlichen Einstellung der betrieblichen Aktivitäten zulässig, sondern bereits dann, wenn der ernsthafte und endgültige Entschluss zu dieser Maßnahme vorliegt.[230] Der Insolvenzverwalter muss gemäß § 1 II S. 4 KSchG darlegen, dass er tatsächlich einen endgültigen Stilllegungsbeschluss gefasst und die zu seiner Umsetzung erforderlichen Maßnahmen geplant oder bereits eingeleitet hat.[231] Es ist ratsam, den Stilllegungsbeschluss in einer Sitzung mit den Führungskräften oder der Geschäftsführung des Insolvenzschuldners bekannt zu geben und zu dokumentieren. Dazu gehören auch die Maßnahmen zur Umsetzung des Beschlusses wie beispielsweise die Einstellung des Einkaufs von Materialien und neuer Produktionsmittel, um die Produktion nur noch mit den vorhandenen Rohmaterialien, Halb- und Fertigwaren zu fertigen Produkten fortzusetzen.[232] Der Abschluss eines Interessenausgleichs mit Namensliste (§ 125 InsO), die Entlassung aller Arbeitnehmer und die Erstattung einer Massenentlassungsanzeige gemäß § 17 KSchG lassen Rückschlüsse auf eine geplante Stilllegung zu. Der Insolvenzverwalter kann sich im Prozess gemäß § 495 ZPO nicht selbst als Partei dafür benennen, dass er tatsächlich entschieden hat, den Betrieb stillzulegen. Die ernsthafte und endgültige Stilllegungsabsicht ist nicht deswegen zu verneinen, weil sich der Insolvenzverwalter vorbehält, eine Betriebsveräußerung wahrzunehmen, falls sich eine solche Möglichkeit wider Erwarten in der Zukunft ergibt.[233]

Dieses Ergebnis kann jedoch nicht dadurch erreicht werden, dass der Insolvenzverwalter auch in Fällen lediglich sukzessiver Stilllegung zunächst allen Arbeitnehmern betriebsbedingt kündigt, um dann für Abwicklungsarbeiten benötigte Arbeitnehmer mittels befristeter Arbeitsverträge „neu" einzustellen.[234] Diese „Umgehung" macht die

---

[226] BAG v. 22.5.1996 – 2 AZR 612/85, AP Nr. 4 zu § 1 KSchG Konzern und v. 18.1.2001 – 2 AZR 514/99, NZA 2001, 719.
[227] *Kühling,* Freie Unternehmerentscheidung und Betriebsstilllegung, AuR 2003, 92.
[228] *Rost,* Jahrbuch des Arbeitsrechts 2001, 83, 86; LAG Hamm v. 2.7.2003 – 2 Sa 280/03, nv.
[229] Vgl. *Stein* AuR 2002, 472; BAG v. 26.9.1996 – 2 AZR 200/96, NZA 1997, 202; BAG v. 26.9.2002 – 2 AZR 636/01, NZA 2003, 549.
[230] BAG AP Nr. 41, 53, 81 zu § 1 KSchG 1969 Betriebsbedingte Kündigung; *Nerlich/Römermann/Hamacher* § 113 Rn. 129; *Berkowsky,* Betriebsbedingte Kündigung § 7 Rn. 75; ErfKomm/*Ascheid,* § 1 KSchG Rn. 448.
[231] Zur Darlegungs- und Beweislast *Gaul,* FS Peter Schwerdtner, 653, 661.
[232] BAG v. 27.2.1997 – 2 AZR 160/96, NZA 1997, 757.
[233] BAG DB 1987, 1869; Nerlich/Römermann/*Hamacher,* § 113 Rn. 131; FK/*Eisenbeis,* vor §§ 113 ff. Rn. 14; ausdr BAG v. 7.3.1996 – 2 AZR 298/95, RzK I 5 f. Nr. 22.
[234] *Kuhn/Uhlenbruck* § 22 KO Rn. 15; Nerlich/Römermann/*Hamacher,* § 113 Rn. 142.

betriebsbedingten Kündigungen unwirksam, weil der Grund Stilllegung diese noch nicht rechtfertigt und zudem der Insolvenzverwalter die Grundsätze der sozialen Auswahl (§ 1 III 1 KSchG) außer Acht gelassen hat.[235] Kündigungen wegen (geplanter) Betriebsveräußerung bzw. Betriebsüberganges sind schließlich schon wegen Verstoßes gegen § 613a IV BGB unwirksam.

86 Die betriebsbedingten Kündigungsgründe müssen im Zeitpunkt des Zugangs der Kündigung gegeben sein.[236] Die auf der Insolvenzverwalter-Entscheidung (einschließlich der von Gläubigerausschuss und Gläubigerversammlung) beruhenden innerbetrieblichen Maßnahmen und Umstände müssen deshalb bereits greifbare Formen angenommen haben.[237] Wenn sich aber nachträglich auf Grund neuer Entwicklungen die betrieblichen Verhältnisse wieder ändern, tangiert dies die Wirksamkeit der zuvor ausgesprochenen Kündigungen nicht.[238] Plant der Insolvenzverwalter beispielsweise die umfassende Betriebstilllegung und spricht er deshalb allen Arbeitnehmern betriebsbedingte Kündigungen aus, so bleiben diese Kündigungen auch dann wirksam, wenn sich später – unter Umständen noch während der Kündigungsfrist – die Möglichkeit zu einer Betriebs-(Teil-)-Veräußerung[239] oder zur Fortführung des Betriebes insgesamt ergibt. In diesen Fällen kommt nach der Rechtsprechung allenfalls ein Wiedereinstellungsanspruch der von den Kündigungen betroffenen Arbeitnehmer infrage, soweit dies sachlich möglich und nicht mit betriebsbedingten Schwierigkeiten verbunden ist.[240]

87 (4) *Zustimmung der Gläubigerversammlung nicht erforderlich.* Die auf Betriebsstilllegung gestützte Kündigung des Insolvenzverwalters ist nicht deshalb unwirksam, weil darüber kein Beschluss der Gläubigerversammlung oder des Gläubigerausschusses gemäß §§ 157, 158 InsO vorliegt.[241] Gemäß § 80 InsO geht das Recht des Schuldners, das zur Insolvenzmasse gehörende Vermögen zu verwerten und darüber zu verfügen, mit der Insolvenzeröffnung auf den Insolvenzverwalter über. Dieser ist gemäß § 113 InsO uneingeschränkt befugt, die fortbestehenden Arbeitsverhältnisse zu kündigen. Die im Falle der Stilllegung des Unternehmens erforderliche Zustimmung der Gläubigerversammlung gemäß § 157 InsO bzw. des Gläubigerausschusses gemäß § 158 InsO berührt die Wirksamkeit der vom Insolvenzverwalter ausgesprochenen Kündigungen nicht. Ein schuldhafter Verstoß des Insolvenzverwalters gegen § 158 InsO kann lediglich zu einer Haftung des Insolvenzverwalters gemäß § 60 InsO führen.[242] Hat das Insolvenzgericht keinen Gläubigerausschuss gemäß § 67 InsO eingesetzt, entscheidet der Insolvenzverwalter über die Fortführung des Unternehmens nach eigenem pflichtgemäßen Ermessen. Er hat das Unternehmen gemäß § 158 InsO zwar grundsätzlich bis zur Entscheidung der Gläubigerversammlung fortzuführen, soll aber nicht gezwungen werden, bis

---

[235] KR-*Weigand*, §§ 113, 120–124 InsO Rn. 69.
[236] Vgl. BAG v. 21.5.2008 – 8 AZR 84/07, NZA 2008, 753; BAG v. 18.1.2001 – 2 AZR 514/99, NZA 2001, 719; BAG v. 27.2.1997 – 2 AZR 160/96, NZA 1997, 757.
[237] BAG v. 13.2.2008 – 2 AZR 1041/06, NZA 2008, 819; BAG v. 22.5.1997 – 8 AZR 101/96, NJW 1997, 3188; *Schaub/Linck,* Arbeitsrechts-Handbuch, § 134 Rn. 26; FK/*Eisenbeis,* vor §§ 113 ff. Rn. 14.
[238] BAG v. 27.2.1997 – 2 AZR 160/96, NZA 1997, 757; ErfKomm/*Oetker,* § 1 KSchG Rn. 244; *Schaub/Linck,* Arbeitsrechts-Handbuch, § 134 Rn. 25.
[239] LAG Hamm ZInsO 1999, 302.
[240] BAG NZA 1997, 757; BAG NZA 2000, 531; BAG ZIP 2000, 1781 (1783) mwN; FK/*Eisenbeis* § 113 Rn. 112; *Rost,* Betriebsbedingte Kündigung, S. 71; ErfKomm/*Oetker,* § 1 KSchG Rn. 267; Nerlich/Römermann/*Hamacher,* § 113 Rn. 152, 302; aA *Hillebrecht* ZIP 1985, 257 (263); *Kaiser* ZfA 2000, 205 ff.; *Ricken* NZA 1998, 460 ff.
[241] LAG Hamm v. 16.1.2002 – 2 Sa 1133/01, ZInsO 2002, 644; LAG Hamm v. 7.7.2004 – 2 Sa 175/04, LAG-Report 2005, 56; LAG Köln v. 5.7.2002 – 4 (6) Sa 161/02, AP Nr. 7 zu § 113 InsO; aA LAG Düsseldorf v. 18.6.2002 – 6 Sa 487/02, ZIP 2003, 415.
[242] Nerlich/Römermann/*Balthasar,* Rn. 28 zu § 158; *Kübler/Prütting/Onusseit,* Rn. 6 zu § 158; MüKoInsO/*Görg,* § 158 Rn. 12.

dahin eine wirtschaftlich unsinnige Fortführung zu betreiben.[243] Die Zustimmung der Gläubigerversammlung ist jedenfalls gemäß § 157 InsO keine Wirksamkeitsvoraussetzung für die auf Betriebsstilllegung gestützte Kündigung des Insolvenzverwalters. Nach der Rechtsprechung des BAG kann eine Kündigung auch dann gemäß § 1 II S. 1 KSchG aus dringenden betrieblichen Erfordernissen sozial gerechtfertigt sein, wenn bzgl der Betriebsstilllegung kein wirksamer Beschluss des für die Auflösung der Gesellschaft zuständigen Organs vorliegt.[244] Wenn schon der starke vorläufige Insolvenzverwalter kündigungsrechtlich für seine Entscheidung, den Betrieb ganz oder teilweise stillzulegen, nicht die Zustimmung des Insolvenzgerichts benötigt,[245] bedarf die vom Insolvenzverwalter nach Eröffnung des Insolvenzverfahrens wegen Betriebsstilllegung ausgesprochene Kündigung zu ihrer Wirksamkeit nicht der Zustimmung der Gläubigerversammlung gemäß § 157 InsO oder des Gläubigerausschusses gemäß § 158 InsO.[246]

(5) *Vorläufiger Insolvenzverwalter.* Nur der **vorläufige Insolvenzverwalter** mit Verwaltungs- und Verfügungsbefugnis ist ohne Zustimmung des Insolvenzgerichts nicht berechtigt, eine Kündigung wegen Betriebsstilllegung auszusprechen. Der sog. starke vorläufige Insolvenzverwalter muss das Unternehmen gemäß § 22 I Nr. 2 InsO bis zur Entscheidung über die Eröffnung des Insolvenzverfahrens fortführen, falls nicht das Insolvenzgericht einer Stilllegung zustimmt, um eine erhebliche Verminderung des Vermögens zu vermeiden. Liegt die zuletzt genannte Voraussetzung vor, ist der Insolvenzverwalter verpflichtet, die Zustimmung des Insolvenzgerichts zur vorzeitigen Betriebsstilllegung einzuholen.[247] Die vom vorläufigen starken Insolvenzverwalter ausgesprochene Kündigung ist aber nicht rechtsunwirksam, wenn die Zustimmung des Insolvenzgerichts zur Betriebsstilllegung zum Zeitpunkt des Zugangs der Kündigung nicht vorliegt.[248] **88**

(6) *Darlegungs- und Beweislast.* Der Insolvenzverwalter muss gemäß § 1 II S. 4 KSchG die Tatsachen beweisen, die die Kündigung bedingen. Er ist gemäß § 80 InsO in vollem Umfang in die Rechte und Pflichten des Insolvenzschuldners eingetreten und muss daher die tatbestandlichen Voraussetzungen für das Vorliegen einer betriebsbedingten Kündigung wegen Stilllegung oder Einschränkung des schuldnerischen Betriebes in vollem Umfang darlegen und notfalls beweisen. Beweiserleichterungen kommen ihm nur zugute, wenn es sich um einen Betrieb mit mehr als 20 Beschäftigten iSv § 111 S. 1 BetrVG handelt, ein Betriebsrat vorhanden ist und es ihm gelingt, mit dem Betriebsrat einen Interessenausgleich mit Namensliste zu schließen, welcher das Vorliegen dringender betrieblicher Erfordernisse, die einer Weiterbeschäftigung des gekündigten Arbeitnehmers entgegen stehen, gemäß § 125 I S. 1 Nr. 1 InsO vermuten lässt. Stützt der Insolvenzverwalter die Kündigung auf seine Entscheidung, den Betrieb stillzulegen, muss er die geplante Auflösung der Betriebs- und Produktionsgemeinschaft im Einzelnen darlegen und glaubhaft machen, dass der bisherige Betriebszweck dauernd oder zumindest für unabsehbare Zeit nicht weiterverfolgt wird. Die Stilllegungsabsicht selbst ist eine innere Tatsache, die einer unmittelbaren objektivierten Wahrnehmung nicht zugänglich ist. Äußere Begleitumstände und tatsächliche Entwicklungen lassen aber Rückschlüsse darauf zu, ob die behauptete Stilllegungsabsicht **88a**

---

[243] Nerlich/Römermann/*Balthasar*, § 158 Rn. 5.
[244] BAG v. 11.3.1998 – 2 AZR 414/97, AP Nr. 43 zu § 111 BetrVG 1972; BAG v. 5.4.2001 – 2 AZR 696/99, NZA 2001, 949.
[245] Vgl. § 103 Rn. 22 InsO.
[246] LAG Hamm v. 16.1.2002 – 2 Sa 1133/02, LAG-Report 2002, 246; LAG Hamm v. 7.7.2004 – 2 Sa 175/04, LAG-Report 2005, 56; LAG Köln v. 5.7.2002 – 4 (6) Sa 161/02, AP Nr. 7 zu § 113 InsO; MüKoInsO/*Görg*, § 158 Rn. 9.
[247] Uhlenbruck, § 22 InsO Rn. 26; MüKoInsO/*Haarmeyer*, § 22 Rn. 26.
[248] BAG v. 27.10.2005 – 6 AZR 5/05, NZA 2006, 727; aA LAG Düsseldorf v. 8.5.2003 – 10 (11) Sa 246/03, ZIP 2003, 1811.

zutrifft.²⁴⁹ Zur Begründung seines Stilllegungsentschlusses kann der Insolvenzverwalter insbesondere darauf verweisen, keine neuen Aufträge mehr für den Zeitpunkt nach dem Ende der Kündigungsfristen anzunehmen, die Arbeitsverhältnisse aller Arbeitnehmer zum nächstmöglichen Termin zu kündigen und für die Abarbeitung der vorhandenen Aufträge mit abnehmender Tendenz nur noch einige Arbeitnehmer bis zum Ablauf ihrer jeweiligen Kündigungsfrist einzusetzen.²⁵⁰ Die vom Insolvenzverwalter mit Stilllegungsabsicht begründete Kündigung ist nur dann sozial gerechtfertigt, wenn sich die geplante Maßnahme nicht als Betriebsveräußerung darstellt. Die tatsächliche Entwicklung nach Ausspruch der Kündigung kann Rückschlüsse auf die Ernsthaftigkeit und Plausibilität der behaupteten Stilllegungsabsicht zulassen.²⁵¹ Steht aber fest, dass nach dem geplanten Stilllegungszeitpunkt keinerlei betriebliche Aktivitäten mehr stattgefunden haben, muss ggf. der gekündigte Arbeitnehmer geeignete Tatsachen vortragen, welche die Stilllegungsprognose widerlegen.²⁵²

89 (7) *Soziale Auswahl.* Beabsichtigt der Insolvenzverwalter jedoch nur eine Betriebsteilstilllegung unter zumindest zeitweiliger Fortführung anderer Betriebsteile oder kommt nur eine sukzessive Stilllegung des Betriebes wegen notwendiger Abwicklungsarbeiten infrage, dann reichen die aus der Insolvenzverwalterentscheidung resultierenden dringenden betrieblichen Gründe zur sozialen Rechtfertigung der betriebsbedingten Kündigung allein nicht aus. Vielmehr hat nunmehr der Insolvenzverwalter gem. § 1 III 1 KSchG eine Sozialauswahl vorzunehmen.

90 Nach der ab 1.1.2004 geltenden Neufassung des § 1 III 1 KSchG durch das Gesetz zu Reformen am Arbeitsmarkt vom 24.12.2003²⁵³ ist die Kündigung trotz des Vorliegens dringender betrieblicher Erfordernisse sozial ungerechtfertigt, wenn der Arbeitgeber bei der Auswahl des Arbeitnehmers die Dauer der Betriebszugehörigkeit, das Lebensalter, die Unterhaltspflichten und die Schwerbehinderung des Arbeitnehmers nicht oder nicht ausreichend berücksichtigt hat. Damit lebt das vom 1.10.1996 bis zum 31.12.1998 geltende Arbeitsrechtliche Beschäftigungsförderungsgesetz 1996²⁵⁴ wieder auf: Wegen fehlerhafter Sozialauswahl soll eine betriebsbedingte Kündigung nur dann sozialwidrig sein, wenn der Arbeitgeber bestimmte, ausdrücklich genannte soziale Kriterien nicht oder nicht ausreichend berücksichtigt hat. Die Neufassung unterscheidet sich von ihrer Vorgängerin nur dadurch, dass als viertes Grundkriterium die Schwerbehinderung hinzukommt. Das verfolgte Ziel einer größeren Rechtssicherheit wird durch die Beschränkung der sozialen Auswahl auf die genannten vier sozialen Kriterien erreicht.²⁵⁵ Hat der Insolvenzverwalter die genannten Kriterien ausreichend berücksichtigt, bleibt die Kündigung gemäß § 1 III 1 KSchG auch dann sozial gerechtfertigt, wenn unter sozialen Aspekten weitere Umstände vorliegen, die bei der Auswahl der zu kündigenden Arbeitnehmer eine Rolle spielen könnten. Es ist aber umgekehrt nicht zulässig, ein oder mehrere der vier Grunddaten zu Gunsten anderer sozialer Gesichtspunkte zu vernachlässigen oder zu ersetzen. Nach der Rechtsprechung des BAG sind die Auswahlkriterien Betriebszugehörigkeit, Alter, Unterhaltspflichten und Schwerbehinderung vom Gesetzgeber abschließend benannt worden, so dass weitere Kriterien nicht mehr zu beachten sind.²⁵⁶

---

²⁴⁹ LAG Hamm v. 7.7.2004 – 2 Sa 175/04, LAG-Report 2005, 56; BAG v. 27.11.2003 – 2 AZR 48/03, NZA 2004, 477.
²⁵⁰ Vgl. BAG v. 8.11.2007 – 2 AZR 554/05, DB 2009, 1078.
²⁵¹ Vgl. BAG v. 26.4.2007 – 8 AZR 695/05, ZIP 2007, 2136; BAG v. 27.11.2003 – 2 AZR 48/03, NZA 2004, 477.
²⁵² BAG v. 8.11.2007 – 2 AZR 554/05, AP Nr. 28 zu § 17 KSchG 1969.
²⁵³ BGBl. Jahrgang 2003 Teil I Nr. 67, 3002.
²⁵⁴ Arbeitsrechtliches Gesetz zur Förderung von Wachstum und Beschäftigung v. 25.9.1996 BGBl. I 1996 S. 1476.
²⁵⁵ *Löwisch* BB 2004, 154; ErfKomm/*Oetker*, § 1 KSchG Rn. 329.
²⁵⁶ BAG v. 31.5.2007 – 2 AZR 276/06, NZA 2008, 33.

(8) Entgegenstehende betriebliche Belange. Wiederhergestellt worden ist auch die frühere 91 Fassung des § 1 III 2 KSchG, die den betrieblichen Notwendigkeiten, welche der sozialen Auswahl entgegen stehen können, stärkere Bedeutung verleihen sollen. Es kommt jetzt nicht mehr darauf an, ob betriebstechnische, wirtschaftliche oder sonstige berechtigte betriebliche Bedürfnisse die Weiterbeschäftigung eines oder mehrerer bestimmter Arbeitnehmer **bedingen,** sondern in die soziale Auswahl nach S. 1 sind solche Arbeitnehmer nicht einzubeziehen, deren Weiterbeschäftigung, insbesondere wegen ihrer Kenntnisse, Fähigkeiten und Leistungen oder zur Sicherung einer ausgewogenen Personalstruktur des Betriebes, **im berechtigten betrieblichen Interesse** liegt. Gerade in der Insolvenz kann die Weiterbeschäftigung leistungsstarker und qualifizierter Arbeitnehmer für die Fortführung eines sanierten Unternehmens oder zur Vorbereitung einer übertragenden Sanierung von großer Bedeutung sein. Dies gilt vor allem für Betriebe, in denen kein Betriebsrat gewählt worden ist oder ein Interessenausgleich mit Namensliste gemäß § 125 InsO nicht zu erreichen ist. Der Insolvenzverwalter kann daher gemäß § 1 III 2 KSchG die an sich gebotene soziale Rangfolge stärker als bisher durch die Berücksichtigung betrieblicher Interessen durchbrechen. Insbesondere kann die soziale Auswahl zur **Sicherung einer ausgewogenen Personalstruktur** des Betriebes zurücktreten. Diese Regelung geht nicht so weit wie § 125 I Nr. 2 InsO, wonach mit Hilfe der sozialen Auswahl eine bisher noch nicht vorhandene Personalstruktur erst geschaffen werden kann.[257] Aber auch die Möglichkeit, die bisherige Personalstruktur aufrecht zu erhalten, ermöglicht dem Insolvenzverwalter ohne besondere Begründung die Bildung von Altersgruppen, um die bisherige Leistungsstärke des Betriebes nicht zu beeinträchtigen. Der Insolvenzverwalter kann über § 1 III 2 KSchG allerdings keine Verbesserung der Altersstruktur zu Gunsten jüngerer Mitarbeiter erreichen, sondern lediglich eine Veränderung der bisherigen Personalstruktur zu Gunsten älterer Mitarbeiter verhindern.[258]

Die Zulässigkeit einer Altersgruppenbildung zur Erhaltung der Altersstruktur der Belegschaft ist nunmehr höchstrichterlich anerkannt. Sie verstößt nicht gegen das unionsrechtliche Verbot der Altersdiskriminierung und dessen Ausgestaltung durch die Richtlinie 2000/78/EG vom 27.11.2000.[259] Die Altersgruppenbildung muss aber geeignet sein, das angestrebte Ziel – Sicherung der vorhandenen Altersstruktur – zu erreichen. Das ist nur dann der Fall, wenn innerhalb der zu bildenden Vergleichsgruppen eine proportionale Berücksichtigung aller Altersgruppen stattfindet.[260] Erreicht die Anzahl der Entlassungen innerhalb einer Gruppe vergleichbarer Arbeitnehmer im Verhältnis zur Anzahl aller Arbeitnehmer des Betriebes die Schwellenwerte des § 17 KSchG, ist ein berechtigtes betriebliches Interesse an der Beibehaltung der bisherigen Altersstruktur indiziert.[261] 92

(9) *Vergleichsgruppenbildung*. Der Insolvenzverwalter hat in die soziale Auswahl nicht 93 nur diejenigen Arbeitnehmer einzubeziehen, deren Arbeitsplatz konkret durch die Personaleinschränkung oder die Betriebsteilstilllegung weggefallen sind, sondern in die soziale Auswahl sind alle vergleichbaren Arbeitnehmer einzubeziehen, deren Arbeitsplätze betroffen sind.[262] Dringende betriebliche Erfordernisse iSv § 1 II 1 KSchG

---

[257] Im Einzelnen Uhlenbruck/Hirte/Vallender/*Berscheid*, § 125 Rn. 63–79.
[258] Vgl. zur Problematik LAG Düsseldorf v. 17.3.2000 – 9 (6) Sa 84/00, ZInsO 2001, 92 m Anm. *Berscheid*; BAG v. 23.11.2000 – 2 AZR 533/99, AP Nr. 114 zu § 1 KSchG 1969.
[259] BAG v. 19.7.2012 – 2 AZR 352/11, NZA 2013, 86; BAG v. 15.12.2011 – 2 AZR 42/10, NZA 2012, 1623; BAG v. 22.3.2012 – 2 AZR 167/11, NZA 2012, 1040; BAG v. 28.6.2012 – 6 AZR 682/10, NZA 2012, 1090.
[260] BAG v. 22.3.2012 – 2 AZR 167/11, NZA 2012, 1040; BAG v. 19.7.2012 – 2 AZR 352/11, NZA 2013, 86.
[261] BAG v. 22.3.2012 – 2 AZR 167/11, NZA 2012, 1040.
[262] BAG AP Nr. 23 zu § 1 KSchG soziale Auswahl; BAG AP Nr. 50 zu § 1 KSchG betriebsbedingte Kündigung; *Hueck/von Hoyningen-Huene*, § 1 KSchG Rn. 442.

müssen der Weiterbeschäftigung eines nach sozialen Auswahlkriterien ermittelten Arbeitnehmers entgegen stehen. Deshalb ist die soziale Auswahl grundsätzlich betriebsbezogen, ggf. auch abteilungsübergreifend durchzuführen.

94 Die Vergleichbarkeit der in die soziale Auswahl einzubeziehenden Arbeitnehmer richtet sich in erster Linie nach arbeitsplatzbezogenen Merkmalen,[263] einmal objektiv nach der Berufsgruppe, der ausgeübten Tätigkeit usw, dann aber auch subjektiv nach Qualifikation, Ausbildung usw.[264] Hat der Insolvenzverwalter nach diesen Grundsätzen den Kreis vergleichbarer Arbeitnehmer innerhalb der gesamten Arbeitnehmerschaft des Betriebes ermittelt, dann kann und darf er nur den- oder demjenigen Arbeitnehmer kündigen, der nach seinen Sozialdaten am wenigsten schutzwürdig ist. Als Sozialdaten verlangt die Rechtsprechung eine unabdingbare Berücksichtigung der Dauer der Betriebszugehörigkeit, des Lebensalters, der Unterhaltsverpflichtungen und der Schwerbehinderung. Keines der genannten Kriterien ist vorrangig zu gewichten. Sie sind nur „ausreichend" zu berücksichtigen, so dass dem Insolvenzverwalter ein Wertungsspielraum einzuräumen ist.[265] Eine individuelle Abschlussprüfung, welche es erlaubt, auch noch andere soziale Aspekte wie etwa besondere familiäre Situationen zu berücksichtigen, ist nicht mehr vorgesehen. Die Dauer der Betriebszugehörigkeit hat als betriebsbezogenes Sozialdatum nach wie vor hohes Gewicht, weil darin eine persönliche Bindung zum Unternehmen ihren Ausdruck findet.[266] Das Lebensalter ist bei europarechtskonformer Auslegung des § 1 III S. 1 KSchG nur einschränkend zu berücksichtigen, wenn und soweit damit ein legitimes Ziel iSv Art. 6a der Richtlinie 2000/78/EG verfolgt wird. Eine pauschale Betrachtung in der Weise, dass mit steigendem Lebensalter automatisch die Arbeitsmarktchancen sinken, ist abzulehnen.[267] Bei den Unterhaltspflichten der Arbeitnehmer sind nur die gesetzlichen Unterhaltspflichten (vgl. §§ 1360ff., 1569ff. BGB) zu berücksichtigen. Da die Eheleute einander zu Unterhalt verpflichtet sind, ist es nicht gerechtfertigt, im Falle eines berufstätigen Ehepartners (bei sog. „Doppelverdienst") geminderte Unterhaltspflichten zu berücksichtigen.[268] Nach der Rechtsprechung des BAG ist der Arbeitgeber nicht verpflichtet, den Gesichtspunkt des „Doppelverdienstes" zu Lasten des Arbeitnehmers zu berücksichtigen, weil es wegen Art. 6 I GG mit den Wertentscheidungen des Grundgesetzes unvereinbar wäre, das Arbeitsverhältnis eines verheirateten Arbeitnehmers nur wegen seiner familiären Bindungen kündigen zu müssen.[269]

94a (10) *Horizontale Vergleichbarkeit*. Die soziale Auswahl ist grundsätzlich betriebsbezogen, dh auch abteilungsübergreifend durchzuführen.[270] Die Bildung der Vergleichsgruppen vollzieht sich aber auf derselben Ebene der Betriebshierarchie, sog. horizontale Vergleichbarkeit. Eine Verdrängung von oben nach unten – sog. vertikale Vergleichbarkeit – findet nicht statt.[271] Dh: Arbeitnehmer mit Leitungsfunktionen sind mit anderen Arbeitnehmern ohne Leitungsfunktionen nicht vergleichbar. Keine Vergleichbarkeit be-

---

[263] BAG v. 17.2.2000 – 2 AZR 142/99, NZA 2000, 822; *Schaub/Linck*, Arbeitsrechts-Handbuch, § 135 Rn. 11; KR-*Griebeling*, § 1 KSchG Rn. 614.

[264] MüKoBGB/*Schwerdtner*, Anh zu § 622 BGB Rn. 411 ff.; *Rost*, Betriebsbedingte Kündigung, S. 31 jeweils mwN; *Schaub/Linck*, Arbeitsrechts-Handbuch, § 135 Rn. 4 ff., 11.

[265] BAG v. 5.12.2002 – 2 AZR 549/01, NZA 2003, 791; BAG v. 2.6.2005 – 2 AZR 480/04, NZA 2006, 207; BAG v. 9.11.2006 – 2 AZR 812/05, NJW 2007, 2429.

[266] *Schaub/Linck*, Arbeitsrechts-Handbuch, § 135 Rn. 29.

[267] AA *Schaub/Linck*, Arbeitsrechts-Handbuch, § 135 Rn. 32 mwN.

[268] AA KR-*Griebeling* § 1 KSchG Rn. 677a; HWK-*Quecke* § 1 KSchG Rn. 375; ErfK/*Oetker*, § 1 KSchG Rn. 333; wie hier aber *Fischermeier*, NZA 1997, 1089; *Kaiser*, FS-Birk, 283, 298.

[269] BAG v. 5.12.2002 – 2 AZR 549/01, NZA 2003, 791.

[270] BAG v. 5.5.1994 – 2 AZR 917/93, NZA 1994, 1023.

[271] BAG v. 19.3.1990 – 2 AZR 369/89, NZA 1991, 181; BAG v. 17.9.1998 – 2 AZR 725/97, NZA 1998, 1332.

steht bei verschlechterten Arbeitsbedingungen. Der Facharbeiter, dessen Tätigkeit entfällt, kann nicht mit der Erfolg geltend machen, er sei mit dem Hilfsarbeiter vergleichbar, weil er dessen Tätigkeit übernehmen könnte. Vergleichbar sind nur solche Arbeitnehmer eines Betriebes, deren Tätigkeit dem betroffenen Arbeitnehmer ohne Änderung seines Arbeitsvertrages aufgrund des Direktionsrechts des Arbeitgebers übertragen werden könnte.[272]

(11) *Leistungsträger.* Nur ausnahmsweise konnten nach altem Recht einzelne Arbeitnehmer im Einzelfall trotz ansonsten gegebener Vergleichbarkeit aus dem Kreis der bei der sozialen Auswahl zu berücksichtigenden Arbeitnehmer herausfallen, wenn gemäß § 1 III S. 2 KSchG betriebstechnische, wirtschaftliche oder sonstige berechtigte betriebliche Bedürfnisse die Weiterbeschäftigung eines oder mehrerer bestimmter Arbeitnehmer bedingen und damit der Auswahl nach sozialen Gesichtspunkten entgegenstehen. Bei dringend notwendigen Abwicklungsarbeiten kann sich im Einzelfall für den Insolvenzverwalter die Frage stellen, ob bestimmte Arbeitnehmer ungeachtet ihrer Vergleichbarkeit mit anderen gleichwohl aus dringenden betrieblichen Gründen weiterbeschäftigt werden müssen, um den betrieblichen Erfordernissen angesichts der Zwangslage gerecht zu werden, beispielsweise auf Grund spezieller Fähigkeiten und Kenntnisse, aber auch bei erheblichen, für den Betrieb bedeutsamen Leistungsunterschieden usw. Nach der ab 1.1.2004 geltenden Neufassung des § 1 III S. 2 KSchG genügen berechtigte betriebliche Interessen, um Arbeitnehmer wegen ihrer Kenntnisse, Fähigkeiten und Leistungen aus der sozialen Auswahl heraus zu nehmen. Dies darf vom Insolvenzverwalter aber nicht als unbeschränkte Entscheidungskompetenz missverstanden werden, welche Abwicklungsmannschaft er noch zur Ausproduktion benötigt. Die Nichteinbeziehung bestimmter Arbeitnehmer ist nur legitimiert, wenn es aus der Sicht eines verständigen Arbeitgebers erforderlich ist, sie aus den dargestellten Gründen weiterzubeschäftigen und die soziale Rangfolge zu durchbrechen.[273] Es bleibt beim Regel-Ausnahmeverhältnis. Die betrieblichen Interessen erlauben nur dann eine Suspendierung von der Sozialauswahl, wenn die dafür maßgebenden betrieblichen Bedürfnisse ein bestimmtes Gewicht haben und gegenüber den Schutzinteressen des sozial schwächeren Arbeitnehmers abgewogen werden.[274] Die Möglichkeit der Herausnahme aus der sozialen Auswahl betrifft insbesondere sog. „Leistungsträger", die aber vom Insolvenzverwalter nicht frei bestimmt werden können. Spezialkenntnisse oder besondere Leistungsfähigkeiten können nur dann als berechtigte betriebliche Interessen anerkannt werden, wenn sie dem Betrieb einen nicht unerheblichen Vorteil bringen und deshalb für die Leistungsfähigkeit des Betriebes notwendig sind. Ein bloßer Routinevorsprung reicht ebenso wenig aus wie der Gesichtspunkt, dass die Weiterbeschäftigung eines leistungsstarken Arbeitnehmers allgemein für den Betrieb vorteilhaft ist.[275] Darüber hinaus ist nach der Rechtsprechung des BAG zu prüfen, ob die betrieblichen Gründe für die Herausnahme sog. Leistungsträger so gewichtig sind, dass dahinter die soziale Schutzbedürftigkeit des gekündigten Arbeitnehmers zurücktreten muss.[276] Stets muss das Interesse des sozial schwächeren Arbeitnehmers gegen das betriebliche Interesse an der Herausnahme von Leistungsträgern abgewogen werden.[277]

---

[272] StRsp des BAG, vgl. BAG v. 17.2.2000 – 2 AZR 142/99, NZA 2000, 822; BAG v. 18.10.2006 – 2 AZR 676/05, NZA 2007, 798; iE HWK-*Quecke* § 1 KSchG Rn. 360, 361; *Schaub/Linck,* Arbeitsrechts-Handbuch, § 135 Rn. 8–10.
[273] *Löwisch* BB 2004, 154, 155; *Bader* NZA 2004, 65,73; *Quecke* RdA 2004, 86, 88.
[274] Vgl. dazu BAG v. 12.4.2002 – 2 AZR 706/00, NZA 2003, 42; krit. dazu *Willemsen/Annuß* NJW 2004, 177, 180; *Stahlhacke/Preis/Vossen,* Rn. 1118, 1118a.
[275] KR-*Griebeling,* § 1 KSchG Rn. 629, 630; *Schaub/Linck,* Arbeitsrechts-Handbuch, § 135 Rn. 42, 45.
[276] BAG v. 5.6.2008 – 2 AZR 907/06, NZA 2008, 1120; BAG v. 31.5.2007, NZA 2007, 1362; BAG v. 12.4.2002 – 2 AZR 706/00, NZA 2003, 42.
[277] BAG v. 19.7.2012 – 2 AZR 352/11, NZA 2013, 86.

95a (12) *Interessenausgleich mit Namensliste gemäß § 1 V KSchG.* Erleichterte Kündigungsmöglichkeiten gelten beim Abschluss eines Interessenausgleichs mit Namensliste gemäß § 1 V KSchG. Der Insolvenzverwalter selbst wird regelmäßig die nach Eröffnung des Insolvenzverfahrens geltende Vorschrift des § 125 InsO in Anspruch nehmen. Gleichwohl kann der auf der Grundlage des KSchG vereinbarte Interessenausgleich mit Namensliste Bedeutung erlangen, wenn die Kündigungen aufgrund eines Sanierungskonzeptes von der Insolvenzschuldnerin oder von einem starken vorläufigen Insolvenzverwalter ausgesprochen werden. In diesem Fall greift die gesetzliche Vermutung der Betriebsbedingtheit der Kündigung ein und die soziale Auswahl unterliegt nur einer eingeschränkten Überprüfung, denn die Kündigung ist gemäß § 1 V 2 KSchG nur sozialwidrig, wenn bei der sozialen Auswahl ein grober Fehler festgestellt werden kann. Dieser eingeschränkte Überprüfungsmaßstab der groben Fehlerhaftigkeit gilt nicht nur hinsichtlich der Gewichtung der sozialen Daten gemäß § 1 III 1 KSchG, sondern bezieht sich auf den gesamten Prozess der sozialen Auswahl und daher auch auf die Bildung der Vergleichsgruppen und die Herausnahme von Leistungsträgern.[278] Gemäß § 1 IV KSchG kann mit dem Betriebsrat eine Auswahlrichtlinie über die Gewichtung der sozialen Gesichtspunkte vereinbart werden. Bei der inhaltlichen Gestaltung der Auswahlrichtlinie haben die Betriebsparteien einen erheblichen Spielraum, nicht jedoch bei deren Anwendung. Die Einbeziehung der personellen Auswahlrichtlinie in den individuellen Kündigungsschutz führt zu der Konsequenz, dass die Kündigung gemäß § 1 II Nr. 1a KSchG bei einem Auswahlverstoß sozialwidrig ist, wenn ihr der Betriebsrat widerspricht.[279] Durch die Auswahlrichtlinien können aber nur die vier zu beachtenden Sozialkriterien gemäß § 1 III 1 KSchG verbindlich festgelegt werden. Der Kreis der einzubeziehenden vergleichbaren Arbeitnehmer kann durch eine Auswahlrichtlinie nicht abweichend von den gesetzlichen Vorgaben des § 1 III 1 KSchG geregelt werden. Allerdings soll den Betriebsparteien bei der Festlegung der Gruppe der vergleichbaren Arbeitnehmer ein Beurteilungsspielraum zustehen.[280] Entspricht die Auswahlrichtlinie den Vorgaben des § 1 III 1 KSchG, kann die Bewertung nur auf grobe Fehlerhaftigkeit hin überprüft werden. Eine strenge Anwendungsprüfung mit der Folge, dass die Sozialauswahl automatisch fehlerhaft ist, soll daraus nicht abgeleitet werden können.[281] Die Betriebsparteien können sich einvernehmlich über die in einer Auswahlrichtlinie enthaltene Punktebewertung hinwegsetzen oder eine Auswahlrichtlinie mit dem Abschluss eines Interessenausgleichs mit Namensliste ändern, indem sie abweichend einen anderen Arbeitnehmer in die Namensliste aufnehmen.[282] Eine solche Vorgehensweise sollte aber nur ausnahmsweise gewählt werden. Der Insolvenzverwalter ist gut beraten, sich nach der vorhandenen Auswahlrichtlinie zu richten, weil er anderenfalls Gefahr läuft, gegen eine Betriebsvereinbarung zu verstoßen. Entspricht die Namensliste nicht der Auswahlrichtlinie, sollten die Betriebsparteien die Abweichung und die dafür maßgeblichen Gründe kenntlich machen. Nicht entscheidend ist, ob das Auswahlverfahren ordnungsgemäß durchgeführt worden ist.[283] Deshalb können sich die Betriebsparteien sich auch über eine Auswahlrichtlinie iSv § 1 IV KSchG hinwegsetzen, indem sie beispielsweise einen bestimmten Arbeitnehmer, der an sich unter Zugrundelegung der

---

[278] BAG v. 3.4.2008 – 2 AZR 879/06, NZA 2008, 1060, 1355; vgl. ferner BAG v. 28.8.2003 – 2 AZR 368/02, NZA 2004, 432; *Schaub/Linck*, Arbeitsrechts-Handbuch, § 136 Rn. 10; KR-*Griebeling*, § 1 KSchG Rn. 703o.
[279] KR-*Griebeling*, § 1 KSchG Rn. 712.
[280] KR-*Griebeling*, § 1 KSchG Rn. 696; KR-*Oetker*, § 1 KSchG Rn. 359.
[281] ErfK/*Oetker*, § 1 KSchG Rn. 351; KR-*Griebeling*, § 1 KSchG, Rn. 697; aA *Fischermeier*, NZA 1997, 1089, 1095.
[282] BAG v. 11.12.2011 – 2 AZR 42/10, NZA 2012, 1044; BAG v. 24.10.2013 – 6 AZR 854/11.
[283] BAG v. 15.12.2011 – 2 AZR 42/10, NZA 2012, 1623.

Auswahlrichtlinie nicht zur Kündigung angestanden hätte, in die Namensliste aufnehmen.[284]

(13) *Sozialwidrigkeitsgründe gemäß § 1 II KSchG*. Sind im Rahmen einer sachgerechten sozialen Auswahl die am wenigsten schutzbedürftigen Arbeitnehmer ermittelt, so kann der Insolvenzverwalter gleichwohl noch nicht ohne weiteres den geringst schutzwürdigen Arbeitnehmern wirksam betriebsbedingt kündigen. Der Insolvenzverwalter hat vielmehr noch die Sozialwidrigkeits-Tatbestände des § 1 II KSchG zu prüfen.

Denn sozial ungerechtfertigt ist eine betriebsbedingte ordentliche Kündigung auch gegenüber den sozial am wenigsten schutzbedürftigen Arbeitnehmern, wenn die Kündigung gemäß § 1 II S. 2 KSchG gegen eine Richtlinie nach § 95 BetrVG verstößt oder der Arbeitnehmer an einem anderen Arbeitsplatz in demselben Betrieb oder in einem anderen Betrieb des Unternehmens – mit Einverständnis des Arbeitnehmers ggf. auch nach Umschulung oder zu geänderten Arbeitsbedingungen – weiterbeschäftigt werden kann und wenn der Betriebsrat aus einem dieser Gründe der Kündigung innerhalb der Frist des § 102 II S. 1 BetrVG schriftlich widersprochen hat.

Zunächst hat der Insolvenzverwalter deshalb festzustellen, ob eine gültige Auswahlrichtlinie iSd § 95 BetrVG im Betrieb besteht. Für sie gilt seit dem 1.1.1999 die besondere kündigungsschutzrechtliche Regelung des § 1 IV KSchG. Weiterhin hat der Insolvenzverwalter gemäß § 1 II S. 2 KSchG zu prüfen, ob der Arbeitnehmer bei Wegfall seines Arbeitsplatzes auf einem anderen Arbeitsplatz in demselben Betrieb oder in einem anderen Betrieb des Unternehmens weiterbeschäftigt werden kann. Dies gilt unabhängig davon, ob der Betriebsrat der Kündigung widersprochen hat.[285] Demzufolge ist der Insolvenzverwalter zur Prüfung einer anderweitigen Weiterbeschäftigungsmöglichkeit auch dann verpflichtet, wenn kein Betriebsrat vorhanden ist.[286] Zu prüfen ist auch die anderweitige Weiterbeschäftigungsmöglichkeit nach Durchführung von zumutbaren Umschulungs- oder Fortbildungsmaßnahmen oder zu geänderten Bedingungen gemäß § 1 II S. 3 KSchG. Der Insolvenzverwalter hat daher auch bei nur noch bestehenden Abwicklungsarbeiten von begrenzter Dauer nicht nur eine soziale Auswahl durchzuführen, sondern er muss ggf. bei einer Abwicklung in Etappen noch bestehende Weiterbeschäftigungsmöglichkeiten anbieten.

(14) *Weiterbeschäftigung auf einem anderen Arbeitsplatz*. Das Bundesarbeitsgericht stellt darauf ab, dass der Gesetzgeber bei Neufassung des § 1 II S. 2 und S. 3 KSchG durch das BetrVG 1972 hinsichtlich der Weiterbeschäftigungspflicht den Kündigungsschutz unternehmensbezogen ausgestaltet habe, demzufolge eine betriebsbedingte Kündigung nunmehr dann sozial gerechtfertigt ist, wenn auch eine Weiterbeschäftigung des Arbeitnehmers an einem anderen freien Arbeitsplatz, sei es in einem anderen Betrieb des Unternehmens, nicht möglich ist.[287] Es besteht aber keine Verpflichtung, **konzernweit** Beschäftigungsmöglichkeiten zu prüfen. Das KSchG ist unternehmensbezogen, aber nicht konzernbezogen. Vorbehaltlich vertraglicher Vereinbarungen oder Absprachen sind daher Weiterbeschäftigungsmöglichkeiten außerhalb des Unternehmens kündigungsrechtlich nicht von Bedeutung.[288]

Der Insolvenzverwalter hat folglich vor dem endgültigen Ausspruch der Kündigung zu prüfen, ob im Unternehmen ein freier Arbeitsplatz zur Verfügung steht, an dem eine Weiterbeschäftigung des betroffenen Arbeitnehmers – und sei es auch nur zeitlich

---

[284] BAG v. 24.10.2013 – 6 AZR 854/11.
[285] *Schaub/Linck*, Arbeitsrechts-Handbuch, § 134 Rn. 16; vgl. BAG v. 25.4.2002 – 2 AZR 260/01, NZA 2003, 605; BAG v. 15.12.1994 – 2 AZR 320/94, NZA 1995, 413.
[286] ErfK/*Oetker*, § 1 KSchG Rn. 248; BAG v. 23.11.2004 – 2 AZR 24/04, NZA 2005, 929.
[287] *Schaub/Linck*, Arbeitsrechts-Handbuch, § 134 Rn. 17; ErfK/*Oetker*, § 1 KSchG Rn. 246.
[288] BAG v. 23.3.2006 – 2 AZR 162/05, NZA 2007, 30; BAG v. 23.11.2004 – 2 AZR 24/04, NZA 2005, 929.

befristet auf kurze Dauer – objektiv möglich und zumutbar ist. Einen Anspruch auf Schaffung eines neuen freien Arbeitsplatzes zum Zwecke der Weiterbeschäftigung hat der Arbeitnehmer nicht.[289] Die Weiterbeschäftigungsmöglichkeit bezieht sich nur auf Arbeitsplätze, die zum Zeitpunkt des Zugangs der Kündigung unbesetzt sind.[290] Ein freier Arbeitsplatz ist auch dann anzunehmen, wenn er bis zum Ablauf der Kündigungsfrist frei wird. Dieser Sachverhalt kann vor allem in der Insolvenz größerer Unternehmen bei zumindest zeitweiser Fortführung oder bei sukzessive erfolgender Teilstilllegung unter Aufrechterhaltung der Produktion im Übrigen vorliegen. Wenn einer oder mehrere freie Arbeitsplätze zur Verfügung stehen, muss der betroffene Arbeitnehmer, der auf Grund der sozialen Auswahl am wenigsten schutzbedürftig ist, über diese freien Stellen aufgeklärt werden.

100a (15) *Vorrang der Änderungskündigung.* Der Insolvenzverwalter muss dann von sich aus vor einer ordentlichen Beendigungskündigung dem Arbeitnehmer ein Änderungsangebot unterbreiten, also eine für beide Vertragsparteien zumutbare Weiterbeschäftigung auf einem freien Arbeitsplatz – wenn auch zu geänderten Bedingungen – anbieten. Das Angebot muss vollständig, inhaltlich eindeutig und mit dem Hinweis verbunden sein, dass im Falle der Ablehnung eine Kündigung erfolgt. Akzeptiert der Arbeitnehmer das Änderungsangebot vorbehaltlos, bedarf es keiner Kündigung. Nimmt der Arbeitnehmer nur unter Vorbehalt an, muss der Insolvenzverwalter eine Änderungskündigung aussprechen.[291] Eine Beendigungskündigung darf der Insolvenzverwalter erst aussprechen, wenn der Arbeitnehmer das Änderungsangebot vorbehaltlos und endgültig abgelehnt hat. Aus der Erklärung des Arbeitnehmers muss sich ergeben, dass dieser unter keinen Umständen bereit ist, zu den geänderten Arbeitsbedingungen zu arbeiten.[292]

101 In der Praxis empfiehlt sich spätestens dann, zugleich die Anhörung des Betriebsrates gemäß § 102 I BetrVG sowohl zu einer etwaigen ordentlichen betriebsbedingten Beendigungskündigung wie zu einer ordentlichen betriebsbedingten Änderungskündigung mit entsprechender, umfassender Information einzuleiten, da der Betriebsrat gemäß § 102 II BetrVG ohnehin Frist zur Stellungnahme von einer Woche besitzt. Stimmt dann der Arbeitnehmer nach Ablauf seiner einwöchigen Überlegungsfrist einer einverständlichen Änderung der Arbeitsbedingungen bezüglich eines anderweitigen freien Arbeitsplatzes vorbehaltlos zu, besteht keine Möglichkeit mehr für eine wirksame arbeitgeberseitige Beendigungskündigung, weil dann die Vertragsparteien einvernehmlich eine Änderung des bestehenden Arbeitsverhältnisses vereinbart haben (vgl. unten Rn. 152). Nur wenn der Arbeitnehmer das Änderungsangebot des Arbeitgebers vorbehaltlos ablehnt, kann der Arbeitgeber nach Ablauf der 1-Wochen-Frist des § 102 II BetrVG eine Beendigungskündigung aussprechen (siehe unten Rn. 156).

102 Hat der Arbeitnehmer die Annahme des Änderungsangebotes nur unter dem Vorbehalt der sozialen Rechtfertigung erklärt, muss der Insolvenzverwalter nach Anhörung des Betriebsrats gemäß § 102 I BetrVG eine Änderungskündigung gemäß § 2 KSchG aussprechen, die der Arbeitnehmer dann im Änderungskündigungsschutzprozess gemäß § 4 KSchG überprüfen lassen kann. Ob der Arbeitnehmer die ihm vorgeschlagenen Änderungen billigerweise hinnehmen muss, ist nach dem Grundsatz der Verhältnismäßigkeit zu beurteilen. Die Änderungen müssen geeignet und erforderlich sein, um den Inhalt des Arbeitsvertrages den geänderten Beschäftigungsmöglichkeiten anzupassen. Soll nicht nur die Tätigkeit geändert werden, sondern auch die Vergütung, ist auch die Angemessenheit der angebotenen Vergütung zu prüfen, wenn sich die geänderte

---

[289] ErfK/*Oetker*, § 1 KSchG Rn. 251; *Schaub/Linck*, Arbeitsrechts-Handbuch, § 134 Rn. 22.
[290] BAG v. 1.3.2007 – 2 AZR 650/05, DB 2007, 1540.
[291] *Schaub/Linck*, Arbeitsrechts-Handbuch, § 134 Rn. 21; *Rost*, Betriebsbedingte Kündigung, S. 19 ff.
[292] BAG v. 21.4.2005 – 2 AZR 132/04, NZA 2005, 1289; ErfK/*Oetker*, § 1 KSchG Rn. 254; *Schaub/Linck*, Arbeitsrechts-Handbuch, § 134 Rn. 21.

Vergütung nicht aus einem im Betrieb angewandten Vergütungssystem ergibt („Tarifautomatik").[293] Wird vor Ausspruch einer ordentlichen Beendigungskündigung auf Grund dringender betrieblicher Erfordernisse dagegen vom Insolvenzverwalter kein Änderungsangebot unterbreitet, obwohl zum Zeitpunkt der Beendigungskündigung objektiv ein zumutbarer, freier Arbeitsplatz im Unternehmen – und sei es auch nur noch auf Zeit – zur Verfügung stand, dann ist, wenn der Arbeitnehmer sich im nachfolgenden Kündigungsschutzprozess hierauf beruft, die ausgesprochene Kündigung sozialwidrig.

3. Erhebung der Kündigungsschutzklage in der Insolvenz. a) *Drei-Wochen-Frist gemäß § 4 KSchG.* Will der gekündigte Arbeitnehmer die ihm zugegangene schriftliche Kündigung des Insolvenzverwalters angreifen, muss er gemäß § 4 S. 1 KSchG innerhalb von drei Wochen Klage beim Arbeitsgericht auf Feststellung erheben, dass das Arbeitsverhältnis durch die Kündigung nicht aufgelöst worden ist. § 113 II InsO ist durch das Gesetz zu Reformen am Arbeitsmarkt vom 24.12.2003[294] aufgehoben worden, weil nunmehr § 4 KSchG in der ab 1.1.2004 geltenden Fassung allgemein und nicht nur in der Insolvenz die Einhaltung der dreiwöchigen Klagefrist vorschreibt.[295] Die frühere Diskussion, ob der Arbeitnehmer alle denkbaren Unwirksamkeitsgründe bereits in der Klageschrift benennen muss oder ob er auch Unwirksamkeitsgründe, auf die er sich zunächst nicht gestützt hat, im Laufe des Prozesses nachschieben kann, hat sich erledigt.[296] Bereits unter der Geltung des § 113 II S. 1 InsO hat das BAG bei rechtzeitiger Klageerhebung ein Nachschieben weiterer Kündigungsgründe im Prozess für zulässig erachtet.[297] Gemäß § 6 KSchG nF kann sich der Arbeitnehmer bis zum Schluss der mündlichen Verhandlung erster Instanz zur Begründung der Unwirksamkeit der Kündigung auch auf andere Gründe berufen, die er bisher nicht geltend gemacht hat. Er kann sich daher beispielsweise auf die fehlende oder unzureichende Anhörung des Betriebsrats gemäß § 102 I BetrVG auch dann noch berufen, wenn er in der Klageschrift zunächst nur die Sozialwidrigkeit der Kündigung gerügt hat. Die misslungene Neufassung des § 6 KSchG reduziert sich auf den Regelungsgehalt, dass der Arbeitnehmer bei rechtzeitig erhobener Klage alle Unwirksamkeitsgründe noch bis zum Schluss der mündlichen Verhandlung geltend machen kann, wobei neue Angriffsmittel nach den Regeln des Prozessrechts gem. §§ 61a, 67 ArbGG zurückgewiesen werden können.[298] Nunmehr hat auch das BAG klargestellt, dass es bei § 6 KSchG nicht darum geht, ganz bestimmte Unwirksamkeitsgründe rechtzeitig zu benennen, sondern es ist Sinn und Zweck der misslungenen Gesetzesfassung, die Frist zur Erhebung der Kündigungsschutzklage zu verlängern.[299] Zuvor hatte das BAG noch für Irritationen gesorgt, weil es den Kläger in dem entschiedenen Fall für verpflichtet gehalten hat, den Unwirksamkeitsgrund „Ausschluss der ordentlichen Kündigung" gemäß den §§ 4, 6 KSchG rechtzeitig prozessual geltend zu machen.[300] Der Gesetzgeber wollte mit § 6 KSchG erreichen, dass die Unwirksamkeit einer Kündigung nicht nur durch eine Feststellungsklage innerhalb von drei Wochen nach Zugang der Kündigungserklärung geltend gemacht werden kann, sondern die Klagefrist ist auch dann gewahrt, wenn der Arbeitnehmer auf andere Weise die Unwirksamkeit der Kündigung inzidenter durch

---

[293] BAG v. 29.11.2007 – 2 AZR 338/06, NZA 2008, 523.
[294] BGBl. Jahrgang 2003 Teil I Nr. 67, 3002.
[295] Vgl. *Preis* DB 2004, 77.
[296] Zum Streitstand vgl. Uhlenbruck/Hirte/Vallender/*Berscheid*, § 113 Rn. 130–133.
[297] BAG v. 16.6.2005 – 6 AZR 451/04, NZA 2005, 1109.
[298] *Quecke* RdA 2004, 86, 102; *Löwisch* BB 2004, 154, 160; *Bender/Schmidt* NZA 2004, 358, 365.
[299] BAG v. 23.4.2008 – 2 AZR 699/06, NZA-RR 2008, 466 m Anm. *Ziemann,* jurisPR-ArbR 41/2008 Anm. 2.
[300] BAG v. 8.11.2007 – 2 AZR 314/06, NJW 2008, 1336 m Anm. *Ziemann,* jurisPR-ArbG 30/2008 Anm. 1.

Erhebung einer Lohn- oder einer Beschäftigungsklage geltend macht.[301] Die Drei-Wochen-Frist des § 4 KSchG ist daher bzgl einer nachfolgenden Kündigung eingehalten, wenn der Arbeitnehmer die zuvor ausgesprochene Kündigung mit dem sog. Fortbestandsantrag rechtzeitig angegriffen hat.[302] Das Arbeitsgericht ist gem. § 6 S 1 KSchG gehalten, den Arbeitnehmer darauf hinzuweisen, dass er sich zur Begründung seiner Kündigungsschutzklage auch auf andere, innerhalb der Klagefrist des § 4 KSchG noch nicht geltend gemachte Unwirksamkeitsgründe berufen kann. Unterlässt das Arbeitsgericht diesen Hinweis, ist der Arbeitnehmer mit der Geltendmachung weiterer Unwirksamkeitsgründe nicht präkludiert.[303]

104 b) *Unwirksamkeitsgründe.* Gemäß § 23 I S. 2 KSchG gelten die §§ 4–7 und der § 13 I S. 2 auch für Kleinbetriebe, die auf Grund ihrer Beschäftigtenzahl nicht unter das KSchG fallen. Dies bedeutet: Auch der Arbeitnehmer im Kleinbetrieb muss die Rechtsunwirksamkeit sowohl einer ordentlichen als auch einer außerordentlichen Kündigung innerhalb von drei Wochen nach Zugang der schriftlichen Kündigung gerichtlich geltend machen; andernfalls gilt sie gemäß § 7 KSchG von Anfang an als rechtswirksam. Dies gilt gleichermaßen auch für Kündigungen im Bereich des KSchG vor Ablauf der sechsmonatigen Wartefrist gemäß § 1 I KSchG. Die dreiwöchige Klagefrist gilt nicht nur dann, wenn der Arbeitnehmer die Sozialwidrigkeit der Kündigung geltend machen will, sondern das Fehlen aller sonstigen Wirksamkeitsvoraussetzungen rügt.[304] Nur die fehlende **Schriftform** gemäß § 623 BGB wird von der fristgebundenen Klageerhebung ausgenommen. Will der Arbeitnehmer die Unwirksamkeit einer lediglich mündlich ausgesprochenen Kündigung feststellen lassen, kann er dies auch noch nach Ablauf der dreiwöchigen Klagefrist tun. Dies unterstreicht die besondere Bedeutung der Schriftform einer Kündigung gemäß § 623 BGB. Trotz des an sich eindeutigen Wortlauts findet § 4 S. 1 KSchG nicht einschränkungslos auf sämtliche Unwirksamkeitsgründe Anwendung. Wird die Kündigung von einem Vertreter ohne Vertretungsmacht oder vom falschen Arbeitgeber ausgesprochen, ist die dreiwöchige Anrufungsfrist des § 4 KSchG nicht anzuwenden.[305] Das BAG hat dies für den Fall entschieden, dass der Geschäftsführer der Insolvenzschuldnerin am Tage der Insolvenzeröffnung mit dem Briefkopf der Schuldnerin ein Kündigungsschreiben verfasst und unterschrieben hat. Die dreiwöchige Klagefrist gilt im Übrigen ausnahmslos für alle sonstigen Rechtsunwirksamkeitsgründe, dh auch bei Verstößen gegen das Maßregelungsverbot gemäß § 312a BGB oder gegen das Kündigungsverbot gemäß § 11 TzBfG. Erfasst werden auch die sittenwidrige Kündigung, die Kündigung wegen eines Betriebsübergangs gem. § 613a IV BGB und die Unwirksamkeit der Kündigung wegen nicht rechtzeitiger Massenentlassungsanzeige. Dagegen soll die fehlende Berechtigung des Arbeitgebers zur Kündigung keinen Unwirksamkeitsgrund iSv § 4 S. 1 KSchG darstellen. Dies gilt auch dann, wenn der Arbeitnehmer rügt, es habe ein Vertreter ohne Vertretungsmacht die Kündigung ausgesprochen oder die Bevollmächtigte habe die Vollmachtsurkunde nicht vorgelegt (s § 174 BGB).[306]

104a c) *Nichteinhaltung der Kündigungsfrist.* Umstritten ist, ob die fristgebundene Klageerhebung gem. § 4 I S. 1 KSchG auch gilt, wenn der Arbeitnehmer lediglich die Nichteinhaltung der Kündigungsfrist rügt. Das war bereits für die Regelung in § 103 II InsO aF,

---

[301] HWK-*Quecke* § 6 KSchG Rn. 4–7; *Raab,* RdA 2004, 321, 325.
[302] BAG v. 23.4.2008 – 2 AZR 699/06, NJW 2008, 3517.
[303] BAG v. 28.10.2012 – 2 AZR 845/11, NZA 2013, 900; BAG v. 18.1.2012 – 6 AZR 407/10, NZA 2012, 817.
[304] *Preis* DB 2004, 77.
[305] BAG v. 26.3.2009 – 2 AZR 403/07, NJW-Spezial 2009, 546.
[306] *Stahlhacke/Preis/Vossen,* Rn. 1735a; *Bender/Schmidt* NZA 2004, 358, 362; *Quecke* RdA 2004, 86, 101; ausf *Raab* RdA 2004, 321, 324, 325.

der mit Wirkung zum 1.1.2004 aufgehoben worden ist, streitig.[307] Durch die Neufassung des § 4 I S. 1 KSchG ab 1.1.2004 wird der Streit fortgesetzt. Vielfach wird vertreten, dass die Drei-Wochen-Frist nicht gilt, weil über die Beendigung des Arbeitsverhältnisses kein Streit besteht. Es geht nicht um die Unwirksamkeit der Kündigung, sondern um ihre Auslegung zum nächst zulässigen Termin gem. den §§ 133, 157 BGB.[308] Dem wird zu Recht entgegen gehalten, dass auch eine Kündigung mit einer unrichtigen, weil zu kurzen Kündigungsfrist unwirksam ist und man erst durch Umdeutung gem. § 140 BGB zur richtigen Kündigungsfrist gelangt.[309] Dieser dogmatische Hintergrund darf nicht den Blick für den mit der Neufassung des § 4 KSchG verfolgten Zweck verstellen. Dem Gesetzgeber ging es im Interesse einer raschen Klärung der Frage, ob eine Kündigung das Arbeitsverhältnis beendet hat oder nicht, darum, eine einheitliche Klagefrist von drei Wochen einzuführen.[310] Daher wird man richtigerweise darauf abstellen müssen, dass auch die Nichteinhaltung der Kündigungsfrist ein Unwirksamkeitsgrund iSv § 4 I S 1 KSchG ist, der nur dann geltend gemacht werden kann, wenn der Arbeitnehmer innerhalb von drei Wochen Klage gegen die Kündigung erhoben hat, anderenfalls gilt die wegen Nichteinhaltung der Kündigungsfrist oder des gesetzlichen Kündigungstermins unwirksame Kündigung als wirksam.[311] Das BAG folgt dieser Auffassung nicht und hat entschieden, dass die Nichteinhaltung der Kündigungsfrist auch außerhalb der Klagefrist des § 4 KSchG geltend gemacht werden kann.[312]

d) *Klagefrist bei behördlicher Zustimmung.* Besonderheiten können sich nur gemäß § 4 S. 4 KSchG ergeben. Diese Vorschrift hat der Gesetzgeber nicht geändert. Bedarf die Kündigung der Zustimmung einer Behörde, wird die Frist zur Anrufung des Arbeitsgerichts erst dann in Lauf gesetzt, wenn dem Arbeitnehmer die Entscheidung der Behörde bekannt gegeben worden sei. Einer behördlichen Zulässigkeitserklärung bedürfen insbesondere Kündigungen einer Schwangeren gemäß § 9 III MuSchG, eines sich in der Elternzeit befindlichen Arbeitnehmers gemäß § 18 I S. 2 BEEG oder eines schwerbehinderten Menschen gemäß § 85 SGB IX. Kündigt der Insolvenzverwalter einer in Erziehungsurlaub (jetzt Elternzeit) befindlichen Arbeitnehmerin, kann diese das Fehlen der nach § 18 I S. 2 BEEG erforderlichen Zulässigkeitserklärung jederzeit bis zur Grenze der Verwirkung geltend machen, wenn ihr die entsprechende Entscheidung der zuständigen Behörde nicht bekannt gegeben worden ist.[313] An dieser Rechtsprechung kann wegen der Einfügung des Satzes 2 nach § 5 I S. 1 KSchG bisheriger Fassung nicht festgehalten werden. Danach ist nämlich die verspätet erhobene Klage nachträglich zuzulassen, wenn eine Frau von ihrer Schwangerschaft aus einem von ihr nicht zu vertretenden Grund erst nach Ablauf der Frist des § 4 S. 1 KSchG Kenntnis erlangt hat. Weiß die Arbeitnehmerin nichts von einer Schwangerschaft, kann vom Arbeitgeber die erforderliche behördliche Genehmigung nicht eingeholt worden sein. Die nachträgliche Zulassung macht in diesem Fall nur Sinn, wenn die Frist zur Anrufung des Arbeitsgerichts gemäß § 4 S. 1 KSchG unabhängig von der Bekanntgabe der behördlichen Entscheidung gemäß § 4 S. 4 KSchG läuft.[314] Kannte die Arbeitnehmerin den Umstand ihrer Schwangerschaft im Kündigungszeitpunkt hingegen selbst nicht, hat sie gemäß § 5

---

[307] Vgl. ErfKomm/*Müller-Glöge*, 4. Aufl. § 113 InsO, Rn. 36.
[308] *Quecke* RdA 2004, 86, 100; *Stahlhacke/Preis/Vossen*, Rn. 1736; *Bender/Schmidt* NZA 2004, 358, 363; KR-*Spilger*, § 1a KSchG Rn. 67.
[309] *Bader* NZA 2004, 65, 68; *Schaub/Link*, Arbeitsrechts-Handbuch § 138 Rn. 18; ErfKomm/*Müller-Glöge*, § 622 BGB Rn. 26.
[310] *Dewender* DB 2005, 337, 338 unter Hinweis auf BT-Drucks. 15/1204 S. 9 f.
[311] Wie hier ErfKomm/*Müller-Glöge*, § 622 BGB Rn. 26; *Löwisch* BB 2004, 154, 158; *Bader* NZA 2004, 65, 68; *Schaub/Linck*, Arbeitsrechts-Handbuch § 138 Rn. 18; *Dewender* DB 2005, 337, 334.
[312] BAG v. 6.7.2006 – 2 AZR 215/05, NZA 2006, 1405.
[313] BAG v. 3.7.2003 – 2 AZR 487/02, NZA 2003, 1335; *Kübler/Prütting/Moll*, InsO § 113 Rn. 92.
[314] *Löwisch* BB 2004, 154, 159; *Preis* DB 2004, 70, 77.

I S. 2 KSchG die Möglichkeit, innerhalb von zwei Wochen nach Kenntniserlangung die nachträgliche Zulassung der Klage zu beantragen.[315] Hat der Arbeitgeber dagegen Kenntnis von der Schwangerschaft, beginnt die Drei-Wochen-Frist erst mit der Bekanntgabe der behördlichen Zulässigkeitserklärung. Gleiches gilt auch im Falle der Kündigung des Arbeitsverhältnisses eines schwerbehinderten Menschen gemäß § 85 SGB IX, obwohl in § 5 I S. 2 KSchG nur die Schwangerschaft erwähnt wird.[316] Ist dem Arbeitgeber bei Ausspruch der Kündigung die Schwerbehinderung des Arbeitnehmers bzw. dessen Gleichstellung nicht bekannt und hat er infolge dessen die Zustimmung des Integrationsamtes auch nicht beantragt, muss sich der Arbeitnehmer innerhalb von drei Wochen nach Zugang der Kündigung auf seinen Sonderkündigungsschutz berufen.[317] Voraussetzung für die Anwendbarkeit der Ausnahmeregelung des § 4 S. 4 KSchG ist daher die Kenntnis des Arbeitgebers von den den Sonderkündigungsschutz begründenden Tatsachen zum Zeitpunkt des Zugangs der Kündigung. Wegen der einzuhaltenden Drei-Wochen-Frist kann an der Rechtsprechung des BAG, wonach sich der Arbeitnehmer bei Unkenntnis des Arbeitgebers von der Schwerbehinderteneigenschaft innerhalb eines Monats auf seinen Sonderkündigungsschutz berufen muss, nicht festgehalten werden. Wegen der Neufassung des § 4 KSchG erwägt das BAG deshalb, in Zukunft von einer Regelfrist von drei Wochen auszugehen.[318] Kannte der Arbeitgeber indessen die Schwerbehinderteneigenschaft des Arbeitnehmers, kann dieser das Fehlen der erforderlichen Zustimmung des Integrationsamtes gemäß § 85 SGB IX bis zur Grenze der Verwirkung jederzeit geltend machen, wenn ihm eine entsprechende Entscheidung der zuständigen Behörde gemäß § 4 S. 4 KSchG nicht bekannt gegeben worden ist.[319] Für den Insolvenzverwalter ist zu beachten, dass dieser sich nicht mit Erfolg auf seine Unkenntnis von dem Sonderkündigungsschutz berufen kann.[320] Hat der Insolvenzverwalter beim Integrationsamt die Zustimmung zur Kündigung beantragt, muss das Integrationsamt nach § 88 V S 1 SGB IX seine Entscheidung innerhalb eines Monats bei beantragter fristloser Kündigung gemäß § 91 III S. 1 SGB IX innerhalb von zwei Wochen, treffen. Wird die Frist überschritten, gilt die Zustimmung gemäß §§ 91 III S. 1, 88 V S. 2 SGB IX als erteilt. Diese Zustimmungsfiktion soll an die Stelle der Bekanntgabe der Behördenentscheidung gem. § 4 I S. 4 KSchG treten.[321] Dies kann aber nur dann in Betracht kommen, wenn der Arbeitnehmer von der Antragstellung und der nicht fristgerechten Entscheidung des Integrationsamtes unterrichtet worden ist. Unterbleibt dies, wird der Fristbeginn gem. § 4 I S. 4 KSchG nicht in Lauf gesetzt. Der Arbeitnehmer kann gegen die ordentliche Kündigung auch noch nach Ablauf von drei Wochen bis hin zur Grenze der Verwirkung Klage erheben.[322]

IV. Besonderer Kündigungsschutz

1. Überblick. Während das KSchG in seinem ersten Abschnitt mittels der §§ 1–14 KSchG den allgemeinen Kündigungsschutz normiert, regeln §§ 15, 16 KSchG den besonderen Kündigungsschutz im Rahmen der Betriebsverfassung. Ferner normiert das SGB IX den besonderen Kündigungsschutz der Schwerbehinderten und ihrer Vertrauensleute, das Mutterschutzgesetz den der Schwangeren und Wöchnerinnen, das Bun-

---

[315] BAG v. 19.2.2009 – 2 AZR 286/07, NJW-Spezial 2009, 415.
[316] *Preis* DB 2004, 77; *Löwisch* BB 2004, 159.
[317] BAG v. 20.1.2005 – 2 AZR 675/03, NJW 2005, 2796; BAG v. 13.2.2008 – 2 AZR 864/06, NZA 2008, 1055.
[318] BAG v. 12.1.2006 – 2 AZR 539/05, NZA 2006, 1035.
[319] BAG v. 13.2.2008 – 2 AZR 864/06, NZA 2008, 1055; KR-*Friedrich*, § 4 KSchG Rn. 202b.
[320] Vgl. zum Fall einer im Erziehungsurlaub befindlichen Arbeitnehmerin BAG v. 3.7.2003 – 2 AZR 487/02, NZA 2003, 1335.
[321] *Stahlhacke/Preis/Vossen*, Rn. 815d; KR-*Friedrich*, § 4 KSchG Rn. 202a; aA *Raab* RdA 2004, 321, 331.
[322] *Stahlhacke/Preis/Vossen*, Rn. 1815d.

deselterngeld- und Elternzeitgesetz (BEEG) den Kündigungsschutz bei Anspruch auf Elternzeit, das Arbeitsplatzschutzgesetz den der zum Wehrdienst Einberufenen und der Zivildienstleistenden, das Eignungsübungsgesetz den Schutz der zu einer Übung zwecks Auswahl freiwilliger Soldaten Einberufenen sowie das Gesetz über den Zivilschutz den Kündigungsschutz für Dienstpflichtige im Zivilschutzkorps und das Gesetz über den Katastrophenschutz den Kündigungsschutz für Helfer im Katastrophenfalle. Ein besonderer Kündigungsschutz ist ferner im Pflegezeitgesetz und im Bundes-Immissionsschutzgesetz (BImschG) für den Immissionsschutzbeauftragten verankert.

In Nordrhein-Westfalen und im Saarland dürfen Bergmannsversorgungsscheininhaber **107** nur mit Zustimmung der Zentralstelle ordentlich gekündigt werden. Die außerordentliche Kündigung bedaf keiner Zustimmung.[323] Ist der Bergmannsversorgungsscheininhaber zugleich schwerbehindert, hat die Zentralstelle ihre Entscheidung bis zur Entscheidung des Integrationsamtes gemäß den §§ 88 ff. SGB IX auszusetzen (§ 10 IV BSVG NW bzw. § 11 IV BVSG Saarland). Weitere Sonderregelungen gelten im Seearbeitsrecht für die Kündigung eines Heuerverhältnisses gemäß den §§ 63 ff. SeemG. Für Handelsvertreter sind die §§ 89, 89a HGB einschlägig. Kündigungsschutz genießen ferner die Bundestagsabgeordneten sowie die Mitglieder in den Länder-, Landkreis- und Gemeindeparlamenten. Auch der Datenschutzbeauftragte darf wegen der Erfüllung seiner Aufgaben nicht gekündigt werden.[324]

2. Kündigungsschutz im Rahmen der Betriebsverfassung. Eine ordentliche **108** oder vor Zustimmung des Betriebsrates oder vor Ersetzung der Zustimmung durch das Arbeitsgericht ausgesprochene außerordentliche Kündigung des durch § 15 KSchG geschützten Personenkreises (Mitglied eines Betriebsrates, einer Jugendvertretung, eines Seebetriebsrates bis zum Ablauf eines Jahres nach Beendigung der Amtszeit oder einer Bordvertretung, eines Mitglieds eines Wahlvorstandes oder eines Wahlbewerbers bis zum Ablauf von 6 Monaten vom Zeitpunkt der Beendigung der Amtszeit oder der Bekanntgabe des Wahlergebnisses an) ist nach § 15 I S. 1, III S. 1 KSchG iVm § 103 BetrVG unzulässig und wegen Gesetzesverstoßes gemäß § 134 BGB nichtig.[325] Der Kündigungsschutz des § 15 KSchG gilt auch in der Insolvenz und ist daher vom Insolvenzverwalter zu beachten.[326] Er ist auch bei Massenentlassungen zu beachten. Betriebsratsmitglieder sind wegen ihres besonderen Kündigungsschutzes nicht in die soziale Auswahl einzubeziehen.[327] Die Unwirksamkeit der Kündigung muss gemäß § 4 S. 1 KSchG nF innerhalb von drei Wochen nach Zugang der schriftlichen Kündigung durch Feststellungsklage beim Arbeitsgericht geltend gemacht werden. Zu beachten ist, dass eine Kündigung allein zu dem Zweck, die Wahl eines Arbeitnehmers zum Betriebsrat zu verhindern, gemäß § 20 I BetrVG ebenfalls unzulässig ist mit der Folge des § 134 BGB. Dagegen genießen Ersatzmitglieder, solange sie nicht nachgerückt oder als Stellvertreter tätig geworden sind, ferner Bewerber für den Wahlvorstand, Mitglieder des Wirtschaftsausschusses oder einer Einigungsstelle, einer betrieblichen Beschwerde- oder tariflichen Schlichtungs-Stelle ebenso wenig Kündigungsschutz wie gewerkschaftliche Vertrauensleute in den Betrieben.[328]

---

[323] Vgl. §§ 10, 11 des Gesetzes über einen Bergmannsversorgungsschein im Land NRW vom 20.10. 1983 (GVBl S. 635); Gesetz Nr. 668 über einen Bergmannsversorgungsschein im Saarland vom 11.7.1992 idF v. 16.10.1981 (ABl S. 825).

[324] Vgl. dazu LAG Niedersachsen v. 16.6.2003, NZA-RR 2004, 354.

[325] BAG v. 7.10.2004 – 2 AZR 81/04, NZA 2005, 156; Nerlich/Römermann/*Hamacher*, § 113 Rn. 212.

[326] Nerlich/Römermann/*Hamacher*, § 113 Rn. 211; BAG v. 17.11.2005 – 6 AZR 118/05, NZA 2006, 370.

[327] BAG v. 17.11.2005 – 6 AZR 118/05, NZA 2006, 370.

[328] *Hunnekuhl/Zäh*, NZA 2006, 1022; MüKoBGB/*Schwerdtner*, Anh zu § 622 Rn. 712; Nerlich/ Römermann/*Hamacher*, § 113 Rn. 210.

109 Der Sonderkündigungsschutz des § 15 KSchG endet, wenn der Betrieb stillgelegt wird (§ 15 IV KSchG), die Arbeitsverhältnisse der Betriebsratsmitglieder können frühestens zum Zeitpunkt der Stilllegung gekündigt werden, es sei denn, dass ihre Kündigung zu einem früheren Zeitpunkt infolge zwingender betrieblicher Erfordernisse bedingt ist. Wird der gesamte Betrieb stillgelegt, wird gemäß § 15 IV KSchG eine ordentliche Kündigung für zulässig erklärt. Es handelt sich nicht um eine außerordentliche Kündigung iSd §§ 15 I bis III a KSchG.[329] Deshalb kann der Insolvenzverwalter grundsätzlich gemäß § 113 S. 3 InsO mit einer Frist von drei Monaten zum Monatsende kündigen. Dies gilt auch dann, wenn der Mandatsträger aufgrund einer anzuwendenden tariflichen Vorschrift ordentlich unkündbar ist. In diesem Fall tritt an die Stelle der ordentlichen Kündigung die außerordentliche Kündigung mit Auslauffrist.[330] Die Kündigung ist jedoch frühestens zum Zeitpunkt der endgültigen Stilllegung des Betriebes zulässig, auch wenn die Belegschaft etappenweise abgebaut wird.[331] Die nach § 15 KSchG geschützten Personen dürfen daher erst mit der letzten Gruppe entlassen werden. Abwicklungs- oder Aufräumungsarbeiten können auch noch nach der endgültigen Auflösung der Betriebsorganisation anfallen, so dass Betriebsratsmitglieder nicht ohne weiteres Anspruch auf Weiterbeschäftigung bis zum Abschluss der Abwicklungsarbeiten haben.[332]

110 Wird dagegen lediglich eine Teilstilllegung vorgenommen bzw. eine Betriebsabteilung stillgelegt, so ist die dem Sonderkündigungsschutz unterliegende Person in eine andere Abteilung zu versetzen (§ 15 V S. 1 KSchG). Nur wenn die Übernahme in eine andere Abteilung aus betrieblichen Gründen nicht möglich ist, verbleibt es bei der Kündigung frühestens zum Zeitpunkt der Stilllegung gemäß § 15 IV KSchG. Nach der Rechtsprechung des BAG ist der Arbeitgeber bei Stilllegung einer Betriebsabteilung sogar verpflichtet, die Übernahme eines dort beschäftigten Betriebsratsmitglieds notfalls durch Freikündigung eines anderen geeigneten Arbeitsplatzes sicherzustellen.[333]

111 **3. Kündigungsschutz der schwerbehinderten Menschen SGB IX.** Der besondere Kündigungsschutz der schwerbehinderten Menschen (§ 2 SGB IX) setzt gemäß § 90 I Nr. 1 SGB IX voraus, dass im Zeitpunkt des Zugangs der Kündigung das Arbeitsverhältnis ohne Unterbrechung länger als 6 Monate bestanden hat. Unabhängig von einer etwaig vereinbarten Probezeit beginnt deshalb der Sonderkündigungsschutz erst nach Ablauf von 6 Monaten. Erfolgt der Zugang der Kündigung vor Ablauf der 6-Monats-Wartefrist, greift der besondere Kündigungsschutz nicht ein. Allerdings hat der Insolvenzverwalter in diesem Fall die Kündigung gemäß § 90 III SGB IX innerhalb von vier Tagen dem Integrationsamt anzuzeigen, wobei eine Verletzung dieser Anzeigepflicht nicht die Unwirksamkeit der Kündigung nach sich zieht.[334] Hat das Arbeitsverhältnis mit dem schwerbehinderten Menschen länger als sechs Monate bestanden, muss der Insolvenzverwalter vor Ausspruch einer Kündigung die Zustimmung des Integrationsamtes gemäß den §§ 85 ff. SGB IX einholen. Es handelt sich dabei nicht um eine vereinbarte Vertragsdauer oder einen vereinbarten Ausschluss des Rechts zur ordentlichen Kündigung iSv § 113 I S. 1 InsO.[335]

---

[329] APS/*Linck*, § 15 KSchG Rn. 170; KR-*Etzel*, § 15 KSchG Rn. 73; BAG v. 21.6.2001 – 2 AZR 137/00, NZA 2002, 212.

[330] *Schaub/Linck*, Arbeitsrechts-Handbuch, § 143 Rn. 39; BAG v. 15.2.2007 – 8 AZR 310/06, ZIP 2007, 1618; vgl. BAG v. 16.5.2007 – 8 AZR 772/06, ZIP 2007, 1829.

[331] *Schaub/Linck*, Arbeitsrechts-Handbuch, § 143 Rn. 40; KR-*Etzel*, § 15 Rn. 102.

[332] KR-*Etzel*, § 15 KSchG Rn. 102a; vgl. aber LAG Nürnberg v. 27.11.2007 – 7 Sa 119/06, NZA-RR 2008, 295.

[333] BAG v. 18.10.2000 – 2 AZR 494/99, NZA 2001, 321.

[334] MüKoBGB/*Schwerdtner*, Anh zu § 622 Rn. 643; *Stahlhacke/Preis/Vossen*, Rn. 1473; Nerlich/Römermann/*Hamacher*, § 113 Rn. 229; *Hess/Weis/Wienberg*, Rn. 472.

[335] *Schaub/Linck*, Arbeitsrechts-Handbuch, § 93 Rn. 50.

a) *Unkenntnis der Schwerbehinderteneigenschaft.* Problematisch ist, ob der Kündigungsschutz des schwerbehinderten Menschen von der Kenntnis des Arbeitgebers abhängt oder nicht. Gemäß § 85 SGB IX bedarf die Kündigung eines schwerbehinderten Menschen durch den Arbeitgeber der vorherigen Zustimmung des Integrationsamtes. Dies gilt gem. § 91 I SGB IX auch im Falle einer außerordentlichen Kündigung. Dieses Zustimmungserfordernis findet gem. § 90 Abs. 2a SGB IX keine Anwendung, wenn zum Zeitpunkt des Ausspruchs der Kündigung die Schwerbehinderteneigenschaft nicht nachgewiesen ist oder das Versorgungsamt gem. § 69 SGB IX wegen fehlender Mitwirkung keine Feststellung treffen konnte. Nach der Rechtsprechung des BAG greift der Sonderkündigungsschutz daher grundsätzlich nur ein, wenn der Arbeitnehmer im Zeitpunkt der Kündigung entweder als schwerbehinderter Mensch anerkannt war oder die Anerkennung beantragt hat. Dies gilt unabhängig davon, ob der Arbeitgeber von der Schwerbehinderteneigenschaft oder der Antragstellung Kenntnis hatte. Der Arbeitnehmer ist in diesem Fall aber gehalten, innerhalb einer angemessenen Frist, die idR drei Wochen beträgt, auf den besonderen Kündigungsschutz hinzuweisen.[336] Unterlässt der Arbeitnehmer diese Mitteilung, hat er den besonderen Kündigungsschutz verwirkt. Anders aber, wenn der Arbeitnehmer den Arbeitgeber vor Zugang der Kündigung über die Antragstellung beim Versorgungsamt informiert hat oder der Arbeitgeber die Antragstellung kannte und deshalb damit rechnen musste, dass die Zustimmung des Integrationsamtes erforderlich war.[337] Der Insolvenzverwalter kann sich auf seine Unkenntnis von der Schwerbehinderteneigenschaft nicht berufen, wenn sie der Insolvenzschuldnerin bekannt war. Ebenso muss sich der Betriebsübernehmer die Kenntnis des Betriebsveräußerers von der Schwerbehinderteneigenschaft eines Arbeitnehmers zurechnen lassen.[338]

b) *Zustimmung des Integrationsamtes.* Liegen die Tatbestandsvoraussetzungen des Sonderkündigungsschutzes vor, so bedarf jede ordentliche (und außerordentliche) Kündigung des Insolvenzverwalters gemäß § 85 SGB IX der vorherigen Zustimmung des Integrationsamtes, weshalb eine ohne Zustimmung ausgesprochene Kündigung nach § 134 BGB unheilbar nichtig ist.[339] Die Zustimmung zur ordentlichen Kündigung hat der Insolvenzverwalter gemäß § 87 SGB IX bei dem für den Sitz des Betriebes zuständigen Integrationsamt schriftlich in doppelter Ausfertigung zu beantragen und dabei die Kündigungsgründe einschließlich der Beweismittel ausführlich darzulegen.[340] Das Integrationsamt entscheidet über den Antrag auf Zustimmung grundsätzlich nach freiem pflichtgemäßem Ermessen im Wege des Verwaltungsaktes,[341] wobei die Entscheidung gemäß § 88 I SGB IX binnen Monatsfrist erfolgen soll.

Gemäß § 89 II SGB IX soll das Integrationsamt die Zustimmung zur Kündigung erteilen, wenn dem schwerbehinderten Menschen ein anderer angemessener und zumutbarer Arbeitsplatz gesichert ist. Ist das Insolvenzverfahren eröffnet, ist die Ermessensentscheidung des Integrationsamtes gemäß § 89 III SGB IX eingeschränkt: Es soll die Zustimmung erteilen, wenn

– der schwerbehinderte Mensch in einem Interessenausgleich gemäß § 125 InsO namentlich bezeichnet wird,

---

[336] BAG v. 23.2.2010 – 2 AZR 659/08, NZA 2011, 411; BAG v. 9.6.2011 – 2 AZR 703/09, NZA-RR 2011, 516.
[337] BAG v. 9.6.2011 – 2 AZR 703/09, NZA-RR 2011, 516.
[338] BAG v. 11.12.2008 – 2 AZR 395/07, NZA 2009, 556.
[339] MüKoBGB/*Schwerdtner*, Anh zu § 622 Rn. 653; *Stahlhacke/Preis/Vossen*, Rn. 1474.
[340] KR-*Etzel*, §§ 85–90 SGB IX Rn. 71, 72; es gibt keine Befreiung von der Zustimmungspflicht, vgl. ErfK/*Rolfs* § 85 SGB IX Rn. 11.
[341] BVerwG v. 19.10.1995, NZA-RR 1996, 288 KR-*Etzel*, §§ 85–90 SGB IX Rn. 97; Nerlich/Römermann/*Hamacher*, § 113 Rn. 220; MüKoBGB/*Schwerdtner*, Anh zu § 622 Rn. 664.

– die Schwerbehindertenvertretung beim Zustandekommen des Interessenausgleichs gemäß § 95 II SGB IX beteiligt worden ist,
– der Anteil der nach dem Interessenausgleich zu entlassenen schwerbehinderten Menschen gemessen an der Zahl der beschäftigten schwerbehinderten Menschen nicht größer ist als der Anteil der zu entlassenen übrigen Arbeitnehmer gemessen an der Zahl der beschäftigten übrigen Arbeitnehmer,
– die Gesamtzahl der schwerbehinderten Menschen, die nach dem Interessenausgleich weiterbeschäftigt werden, zur Erfüllung der Pflichtzahlen gemäß § 71 SGB IX ausreicht.

Das Integrationsamt hat in diesem Falle seine Entscheidung innerhalb eines Monats vom Tage des Eingangs des Antrages an zu treffen (§ 88 V S. 1 SGB IX). Wird innerhalb der Monatsfrist eine Entscheidung nicht getroffen, gilt die Zustimmung als erteilt (§ 88 V S. 2 SGB IX). Erteilt das Integrationsamt die Zustimmung zur Kündigung oder gilt sie als erteilt, kann der Insolvenzverwalter sie gemäß § 88 III SGB IX nur innerhalb eines Monats nach Zustellung erklären. Der Arbeitnehmer kann gegen den Zustimmungsbescheid des Integrationsamtes Widerspruch einlegen und Anfechtungsklage erheben. Die Zustimmung des Integrationsamtes hat in diesem Fall gemäß § 88 IV SGB IX keine aufschiebende Wirkung.

Die Zustimmung des Integrationsamtes ist gemäß § 91 SGB IX auch bei einer außerordentlichen Kündigung erforderlich. Sie muss innerhalb von zwei Wochen nach Kenntnis des maßgeblichen Kündigungssachverhalts beantragt werden, § 91 II SGB IX. Das Integrationsamt hat seine Entscheidung gemäß § 91 III SGB IX innerhalb von zwei Wochen nach Eingang des Antrages zu treffen; andernfalls gilt die Zustimmung als erteilt (§ 91 III S. 2 SGB IX).

115 **4. Kündigungsschutz für Schwangere und Wöchnerinnen.** Der besondere Kündigungsschutz des § 9 MuSchG sieht vor, dass Frauen während der Schwangerschaft und bis zum Ablauf von vier Monaten nach der Niederkunft einen besonderen Kündigungsschutz dergestalt genießen, dass die Kündigung überhaupt unzulässig ist (§ 9 I MuSchG). Wird die Frau innerhalb der vier Monate nach der Entbindung erneut schwanger, besteht der Kündigungsschutz weiter bis zum Ablauf der erneuten 4-Monats-Frist nach der 2. Entbindung.[342] Ist dagegen die Kündigung bereits vor Schwangerschaftsbeginn (Zeitpunkt der Befruchtung) der Frau zugegangen, so ist die Kündigung selbst dann wirksam, wenn die Kündigungsfrist erst während der Zeit der Schwangerschaft oder innerhalb der 4-Monats-Frist nach der Entbindung abläuft.[343] Der Kündigungsschutz endet bei Fehlgeburt oder Schwangerschaftsabbruch, nicht dagegen bei Totgeburt oder nachfolgendem Tod des geborenen Kindes.[344] Das Kündigungsverbot wird weiterhin über die Schutzfrist des § 9 MuSchG hinaus erstreckt, wenn die Arbeitnehmerin oder der Arbeitnehmer gemäß §§ 15, 16 BEEG Elternzeit beanspruchen. Die Inanspruchnahme der Elternzeit muss gemäß § 16 I 1 BEEG spätestens sieben Wochen vor Beginn schriftlich beim Arbeitgeber beantragt werden.

116 a) *Fehlende Kenntnis von der Schwangerschaft.* Grundsätzlich setzt der Sonderkündigungsschutz des § 9 MuSchG voraus, dass der Insolvenzverwalter im Zeitpunkt der Kündigung von der Schwangerschaft oder der Entbindung Kenntnis besitzt oder er binnen 2 Wochen nach Zugang der Kündigung hiervon Mitteilung erhält, § 9 I S. 1 MuSchG. Besaß der Insolvenzverwalter von der Schwangerschaft keine Kenntnis, weil beispielsweise die Frau eine Mitteilung nach § 5 MuSchG unterlassen hat, so bleibt

---
[342] KR-*Bader*, § 9 MuSchG Rn. 32; str.
[343] ErfKomm/*Schlachter*, § 9 MuSchG Rn. 5; KR-*Bader*, § 9 MuSchG Rn. 28a.
[344] BAG AP Nr. 2 zu § 9 MuSchG 1968; KR-*Bader*, § 9 MuSchG Rn. 31; ErfKomm/*Schlachter*, § 9 MuSchG Rn. 5.

grundsätzlich der Kündigungsschutz nur erhalten, wenn die Frau innerhalb von 2 Wochen nach Zugang der Kündigung von der Schwangerschaft oder der Entbindung schriftlich bzw. mündlich Mitteilung macht oder ein ärztliches Attest übersendet. Die Frist endet mit Ablauf desjenigen Tages 2 Wochen später, der nach seiner Benennung dem Tag entspricht, an dem die Kündigung zugegangen ist, soweit nicht eine der Ausnahmen des § 193 BGB vorliegt.

Besitzt die Frau folglich Kenntnis von ihrer Schwangerschaft, dann wirkt die 2-Wochen-Frist des § 9 MuSchG als materiell-rechtliche Ausschlussfrist mit der Folge, dass nach Fristablauf der Verlust des Kündigungsschutzes eintritt.[345] Die Schwangere kann aber durch sonstige Umstände unverschuldet an der rechtzeitigen Mitteilung verhindert sein, weil sie beispielsweise bei Zugang der Kündigung im Urlaub war.[346] Unverschuldet ist die Versäumung der 2-Wochen-Frist des § 9 I S. 1 MuSchG auch dann, wenn die Arbeitnehmerin noch während der gesetzlichen Mitteilungsfrist von ihrer Schwangerschaft Kenntnis erlangt hat, jedoch einen gewissen Überlegungszeitraum benötigt, um einen qualifizierten juristischen Rat einzuholen.[347] Bei schuldhafter Versäumung der 2-Wochen-Frist für die nachträgliche Mitteilung tritt der Verlust des mutterschutzrechtlichen Kündigungsschutzes ein, falls die Schwangere die Mitteilung nicht unverzüglich, also ohne schuldhaftes Zögern, nachholt.[348] Ob eine nachträgliche Mitteilung als unverzüglich iSv § 121 BGB und damit als fristwahrend anzusehen ist, hängt von den Umständen des Einzelfalles ab. Ein Zeitraum von einer Woche wurde von der Rechtsprechung gebilligt, 16 Tage nicht mehr.[349] Die schwangere Arbeitnehmerin trägt allerdings die Darlegungs- und Beweislast dafür, dass sie ohne Verschulden die zweiwöchige Frist versäumt hat.[350]

§ 9 MuSchG enthält ein absolutes Kündigungsverbot, das jede gleichwohl ausgesprochene arbeitgeberseitige (ordentliche wie außerordentliche) Kündigung unheilbar rechtsunwirksam macht (§ 134 BGB).[351] Die Kündigung kann auch nicht mit der Maßgabe erklärt werden, dass sie erst nach Ablauf der Schutzfrist wirken soll. Vielmehr ist der Insolvenzverwalter darauf verwiesen, nach Ablauf der Schutzfrist zum nächstzulässigen Termin die Kündigung erneut auszusprechen.[352]

b) *Zustimmung der obersten Landesbehörde.* Nur ausnahmsweise kann nach § 9 III MuSchG die für Arbeitsschutz zuständige oberste Landesbehörde oder die von ihr bestimmte Stelle in besonderen Fällen auf Antrag des Insolvenzverwalters die Kündigung für zulässig erklären. Der besondere Fall iSv § 9 III MuSchG entspricht allerdings nicht dem wichtigem Grund iSv § 626 BGB, sondern die Zulassung der Kündigung durch die Aufsichtsbehörde ist nur bei Vorliegen besonderer gewichtiger Interessen des Arbeitgebers möglich. Dazu zählt die insolvenzbedingte Stilllegung des Betriebes.[353] Die Kündigung darf erst nach Vorliegen der Zulässigkeitsentscheidung der zuständigen Behörde ausgesprochen werden.[354] Zuständig sind entweder die Bezirksregierung/Regierungspräsidenten oder die Gewerbeaufsichtsämter/Landesämter für Verbraucherschutz.

---

[345] KR-*Bader,* § 9 MuSchG Rn. 55.
[346] BAG v. 13.6.1996 – 2 AZR 736/95, NZA 1996, 228.
[347] BAG v. 26.9.2002 – 2 AZR 392/01, DB 2003, 1448.
[348] ErfKomm/*Schlachter,* § 9 MuSchG Rn. 7; KR-*Bader,* § 9 MuSchG Rn. 56.
[349] BAG v. 26.9.2002 – 2 AZR 392/01, DB 2003, 1448; BAG v. 27.10.1983 – 2 AZR 214/82, DB 1984, 1203; im Einzelnen ErfKomm/*Schlachter,* § 9 MuSchG Rn. 7; KR-*Bader,* § 9 MuSchG Rn. 56–57b.
[350] KR-*Bader,* § 9 MuSchG Rn. 58.
[351] Stahlhacke/Preis/*Vossen,* Rn. 1308; Nerlich/Römermann/*Hamacher,* § 113 Rn. 234; ErfKomm/*Schlachter,* § 9 MuSchG Rn. 8.
[352] ErfKomm/*Schlachter,* § 9 MuSchG Rn. 8; KR-*Bader,* § 9 MuSchG Rn. 70.
[353] ErfKomm/*Schlachter,* § 9 MuSchR Rn. 12; VG Hannover NZA-RR 2002, 136.
[354] KR-*Bader,* § 9 MuSchG Rn. 97; ErfKomm/*Schlachter,* § 9 MuSchG Rn. 13.

Das Bundesfamilienministerium informiert im Internet unter „Aufsichtsbehörden Mutterschutz/Kündigungsschutz". Gegen die Entscheidung dieser Verwaltungsbehörden kann binnen Monatsfrist Widerspruch eingelegt werden;[355] nach dem Widerspruchsbescheid ist der verwaltungsgerichtliche Rechtsweg eröffnet. Der Widerspruch gegen die Zulässigkeitserklärung des zuständigen Landesamtes hat keine aufschiebende Wirkung. Allerdings fehlt eine § 88 IV SGB IX entsprechende Vorschrift. § 88 IV SGB IX kann im Falle des § 9 III MuSchG auch nicht analog angewendet werden.[356] Die aufschiebende Wirkung des Widerspruchs nach § 80 I S. 1 VwGO bezieht sich nur auf die Vollziehbarkeit und nicht auf die Wirksamkeit des Verwaltungsaktes. Liegt die erforderliche Zulässigkeitserklärung der zuständigen Behörde nach § 9 III S. 3 MuSchG vor, wird damit die Kündigungssperre des § 9 I MuSchG aufgehoben.[357] Die Zulässigkeitserklärung der zuständigen Behörde zur Kündigung einer schwangeren Arbeitnehmerin nach § 9 III MuSchG muss zum Kündigungszeitpunkt vorliegen, aber noch nicht bestandskräftig sein.

120 Nur außergewöhnliche Umstände lassen die vom Gesetz als vorrangig angesehenen Interessen der Schwangeren hinter denen des Arbeitgebers zurücktreten.[358] In Fällen völliger Stilllegung des Betriebes und bei Massenentlassungen in der Insolvenz kann dies im Einzelfall zu bejahen sein.[359] Erklärt die zuständige Behörde gemäß § 9 III S. 1 MuSchG eine Kündigung ausnahmsweise für zulässig, bedarf die Kündigung gemäß § 9 III S. 2 MuSchG der Schriftform und muss darüber hinaus einen zulässigen Kündigungsgrund angeben. Ferner muss die Kündigung den allgemeinen Voraussetzungen einer Kündigung genügen, so dass zB auch der Betriebsrat gemäß § 102 I BetrVG vor Ausspruch der Kündigung anzuhören ist. Eine Eigenkündigung der Schwangeren ist dagegen ebenso wie ein Aufhebungsvertrag zulässig und wirksam.[360]

121 **5. Kündigungsschutz nach dem Bundeselterngeld- und Elternzeitgesetz (BEEG).** Das Bundeserziehungsgeldgesetz ist mit Wirkung zum 1.1.2007 durch das Bundeselterngeld- und Elternzeitgesetz – BEEG vom 5.12.2006 (BGBl. I S. 2748) abgelöst worden. Durch das Elterngeld soll es Mutter und Vater erleichtert werden, nach der Geburt des Kindes auf eine Erwerbstätigkeit zu verzichten. Es ist Ziel des Gesetzes, die Betreuung und Erziehung der Kinder in den ersten Lebensjahren zu fördern. Derjenige Elternteil, der die Betreuung des Kindes übernimmt, erhält als Einkommen Ersatzleistung einen an seinen Verdienst bemessenen Ausgleich.[361] Der Anspruch auf Elternzeit besteht gemäß § 15 II BEEG bis zur Vollendung des 3. Lebensjahres eines Kindes. Die Mutterschutzfrist gemäß § 6 MuSchG von acht bzw. 12 Wochen wird auf die Dreijahresfrist angerechnet. Der Kündigungsschutz gemäß § 18 I BEEG beginnt unverändert acht Wochen vor Beginn der Elternzeit und erstreckt sich auf die gesamte Dauer der Inanspruchnahme der Elternzeit. Die Inanspruchnahme der Elternzeit ist nicht von der Zustimmung des Arbeitgebers abhängig, sondern die Arbeitnehmerin

---

[355] Hat die oberste Landesbehörde selbst entschieden, so findet kein Widerspruchsverfahren statt, § 68 I Nr. 1 VwGO; hier kann unmittelbar Klage zum Verwaltungsgericht erhoben werden.
[356] So aber LAG Rheinland-Pfalz v. 14.2.1996 – 2 Sa 1081/95, LAGE MuSchG § 9 Nr. 21.
[357] So ausdrücklich nunmehr BAG v. 17.6.2003 – 2 AZR 245/02, NZA 2003, 1329 und v. 17.6.2003 – 2 AZR 404/02, nv.
[358] BVerwG AP Nr. 14, 33 zu § 9 MuSchG; MüKoBGB/*Schwerdtner*, Anh zu § 622 Rn. 622; *Stahlhacke/Preis/Vossen*, Rn. 1405; Nerlich/Römermann/*Hamacher*, § 113 Rn. 238; KR-*Bader*, § 9 MuSchG Rn. 120–122.
[359] BAG AP Nr. 4, 5 zu § 9 MuSchG 1952; BVerwG AP Nr. 14, 33 zu § 9 MuSchG 1952; OVG Lüneburg AP Nr. 19 zu § 9 MuSchG; KR-*Bader*, § 9 MuSchG Rn. 122b; *Meisel/Sowka*, § 9 MuSchG Rn. 112 f.; MüKoBGB/*Schwerdtner*, Anh zu § 622 Rn. 592; ErfKomm/*Schlachter*, § 9 MuSchG Rn. 12; Nerlich/Römermann/*Hamacher*, § 113 Rn. 239; *Düwell*, Kölner Schrift, S. 1465 Rn. 97.
[360] BAG AP Nr. 4 zu § 9 MuSchG; MüKoBGB/*Schwerdtner*, Anh zu § 622 BGB Rn. 626.
[361] Vgl. *Düwell*, FA 2007, 44, 95; *Schaub/Linck*, Arbeitsrechts-Handbuch, § 172 Rn. 2.

oder der Arbeitnehmer muss lediglich die Ankündigungsfrist von sieben Wochen gemäß § 16 I S. 1 BEEG einhalten. Der Arbeitgeber hat die Elternzeit lediglich zu bescheinigen, § 16 I S. 6 BEEG. Wer Elternzeit in Anspruch nehmen will, muss gemäß § 16 I S. 1 BEEG gleichzeitig erklären, für welche Zeiten innerhalb von zwei Jahren Elternzeit genommen werden soll. Ein Anteil von 12 Monaten kann gemäß § 15 II S. 4 BEEG mit Zustimmung des Arbeitgebers auf die Zeit bis zur Vollendung des 8. Lebensjahres des Kindes übertragen werden. Während der Elternzeit ruhen die beiderseitigen Hauptpflichten aus dem Arbeitsverhältnis. Sie leben erst mit dem 3. Geburtstag des Kindes wieder auf. Während der Elternzeit darf der Arbeitnehmer oder die Arbeitnehmerin mit einer Arbeitszeit von bis zu 30 Wochenstunden erwerbstätig sein, § 15 IV S. 1 BEEG. Teilzeitarbeit bei einem anderen Arbeitgeber oder eine selbstständige Tätigkeit bedürfen der Zustimmung des Vertragsarbeitgebers, § 15 IV S. 3 BEEG.

a) *Sonderkündigungsschutz gemäß § 18 BEEG.* Liegen die Voraussetzungen für die Inanspruchnahme von Elternzeit vor, so darf der Insolvenzverwalter gemäß § 18 I S. 1 BEEG das Arbeitsverhältnis ab dem Zeitpunkt, von dem ein Erziehungsurlaub verlangt worden ist, höchstens jedoch acht Wochen vor Beginn des Erziehungsurlaubs, sowie während des bereits angetretenen Erziehungsurlaubs nicht – weder ordentlich noch außerordentlich – kündigen, es sei denn, die für den Arbeitsschutz zuständige oberste Landesbehörde oder die von ihr bestimmte Stelle erklärt die Kündigung in besonderen Fällen ausnahmsweise gem. § 18 I S. 2 und S. 3 BEEG für zulässig. Die Regelung ist damit § 9 MuSchG nachgebildet und erstreckt sich in ihrem persönlichen Geltungsbereich auf voll- wie teilzeitbeschäftigte Arbeitnehmer (§ 18 II BEEG), für die in Heimarbeit sowie zur Berufsausbildung Beschäftigten (§ 20 I und II BEEG). Voraussetzung ist jedoch in jedem Falle, dass gem. § 15 BEEG Anspruch auf Elternzeit besteht. Wie im Falle des § 9 III MuSchG muss die Zulässigkeitserklärung der zuständigen Behörde gemäß § 18 I S. 3 BEEG zum Kündigungszeitpunkt vorliegen, aber noch nicht bestandskräftig sein.[362] § 18 I BEEG statuiert ein gesetzliches Verbot, welches die Nichtigkeit der Kündigungserklärung gemäß § 134 BGB zur Folge hat. Sie kann daher nicht in eine Kündigung umgedeutet werden, die das Arbeitsverhältnis nach Ablauf der Elternzeit beenden soll. Die Kündigung kann vom Insolvenzverwalter erst nach Ablauf der Elternzeit ggf. unter Wahrung der Drei-Monats-Frist des § 113 S. 2 InsO erklärt werden.[363]

b) *Behördliche Zulässigkeitserklärung.* Ist die Kündigungssperre aufgehoben, kann der Insolvenzverwalter bei Vorliegen der Voraussetzungen des § 626 BGB außerordentlich und ggf. auch gem. § 1 II KSchG aus verhaltensbedingten oder betriebsbedingten Gründen ordentlich kündigen. Eine dauerhafte Betriebsstilllegung stellt einen besonderen Fall iSd § 18 I 2 BEEG dar, der es rechtfertigt, die beabsichtigte Kündigung für zulässig zu erklären.[364] Die Prüfung der Frage, ob der Betrieb stillgelegt wird oder ob es zu einem Betriebsübergang gekommen ist, obliegt den Arbeitsgerichten. Die zuständige Behörde darf die Zulässigkeitserklärung gemäß § 18 I 2 BEEG nicht mit der Begründung verweigern, der Betrieb sei gemäß § 613a BGB von einem anderen Inhaber übernommen worden.[365] Die zuständige Behörde entscheidet durch Verwaltungsakt, an dessen Bestandskraft die Arbeitsgerichte gebunden sind. Die Wirksamkeit der Zulässigkeitserklärung kann nur im Widerspruchsverfahren vor den Verwaltungsgerichten nachgeprüft werden. Die Arbeitsgerichte sind an den bestandskräftigen Verwaltungsakt ge-

---

[362] Vgl. BAG v. 17.6.2003 – 2 AZR 245/02, NZA 2003, 1329.
[363] *Schaub/Linck*, Arbeitsrechts-Handbuch, § 172 Rn. 50; ErfK/*Gallner*, § 18 BEEG Rn. 9.
[364] OVG Münster v. 21.3.2000 – 22 A 5137/99, NZA-RR 2000, 406.
[365] OVG Münster v. 21.3.2000 – 22 A 5137/99, NZA-RR 2000, 406; ErfK/*Gallner*, § 18 BEEG Rn. 12.

§ 105 123, 124 Kapitel IX. Arbeitsrecht und Insolvenz

bunden, es sei denn, dass ausnahmsweise dessen Nichtigkeit in Betracht kommt.[366] Nach den einschlägigen allgemeinen Verwaltungsvorschriften wird der Kündigungsschutz gemäß § 18 BEEG nicht erweitert, so dass der Insolvenzverwalter nicht verpflichtet ist, bei Ausspruch einer Kündigung wegen Betriebsstilllegung eine soziale Auslauffrist bis zum Ende der Elternzeit einzuhalten.[367]

123 Der besondere Kündigungsschutz greift nicht erst bei berechtigtem Antritt der Elternzeit ein, sondern gilt bereits, sobald Elternzeit verlangt wird, höchstens jedoch acht Wochen vor Beginn der Elternzeit (§ 18 I S. 1 BEEG).[368] Stets müssen die gesetzlichen Voraussetzungen nach den §§ 15, 16 BEEG vorliegen. Entsprechend findet der besondere Kündigungsschutz sein Ende mit Wegfall einer der Voraussetzungen für den Antritt der Elternzeit oder mit der Beendigung der Elternzeit, gleichgültig ob die Elternzeit regulär oder vorzeitig endet, § 16 III BEEG.[369] Der Kündigungsschutz gilt nur im Verhältnis zu dem Arbeitgeber, demgegenüber die Inanspruchnahme der Elternzeit erfolgt. Macht die Arbeitnehmerin oder der Arbeitnehmer von der Möglichkeit einer anderweitigen Erwerbstätigkeit gemäß § 15 IV BEEG Gebrauch, besteht im Verhältnis zum Zweitarbeitgeber kein Sonderkündigungsschutz.[370] Hingegen greift der Sonderkündigungsschutz ein, wenn mit demselben Arbeitgeber während der Elternzeit ein Teilzeitarbeitsverhältnis begründet worden ist.[371]

124 c) *Klagefrist gemäß § 4 KSchG.* Kündigt der Insolvenzverwalter in Unkenntnis des besonderen Kündigungsschutzes, muss die gekündigte Arbeitnehmerin bzw. der gekündigte Arbeitnehme die Unwirksamkeit der Kündigung gemäß § 4 KSchG innerhalb von drei Wochen durch Anrufung des Arbeitsgerichts geltend machen. Zu beachten ist aber, dass gemäß § 4 S. 4 KSchG der Lauf der Drei-Wochen-Frist erst mit der Bekanntgabe der Entscheidung der Behörde an den Arbeitnehme bzw. die Arbeitnehmerin in Lauf gesetzt wird. Liegt eine behördliche Zulässigkeitserklärung nicht vor, kann die Unwirksamkeit der Kündigung ohne zeitliche Beschränkung geltend gemacht werden. Zu beachten sind lediglich die Grenzen der Verwirkung.[372] Kündigt der Insolvenzverwalter nach Vorliegen der Zulässigkeitserklärung durch die zuständige Behörde, beginnt die Drei-Wochen-Frist des § 4 KSchG nicht mit dem Zugang der Kündigung, sondern mit dem Zugang der Zustimmungserklärung der Behörde beim Arbeitnehmer bzw. bei der Arbeitnehmerin. Wird die behördliche Zustimmung dem Arbeitnehmer bzw. der Arbeitnehmerin vor Zugang der Kündigung zugestellt, bleibt es beim Lauf der Drei-Wochen-Frist ab Zugang der Kündigung gemäß § 4 S. 1 KSchG.[373] § 4 S. 4 KSchG hat bei Vorliegen der behördlichen Zustimmung daher nur dann Bedeutung, wenn die Bekanntgabe erst nach Zugang der Kündigung erfolgt. Wusste der Insolvenzverwalter nichts von der Schwangerschaft der Arbeitnehmerin, muss diese die Unwirksamkeit der Kündigung gemäß § 9 MuSchG auch dann innerhalb von drei Wochen gerichtlich geltend machen, wenn sie dem Insolvenzverwalter ihre Schwangerschaft nach Zugang der Kündigung mitteilt.[374] Dies bedeutet: Auch wenn die Schwangere dem Arbeitgeber ihre Schwangerschaft rechtzeitig innerhalb von zwei Wochen nach Zugang der Kündigung mitteilt, muss sie den gesetzlichen Unwirksamkeitsgrund des § 9 I MuSchG innerhalb

---

[366] BAG v. 20.1.2005 – 2 AZR 500/03, NZA 2005, 687.
[367] BAG v. 20.1.2005 – 2 AZR 500/03, NZA 2005, 687.
[368] ErfKomm/*Gallner*, § 18 BErzGG Rn. 5; *Stahlhacke/Preis/Vossen*, Rn. 1429.
[369] *Schaub/Linck*, Arbeitsrechts-Handbuch, § 172 Rn. 55; *Stahlhacke/Preis/Vossen*, Rn. 1446.
[370] BAG v. 2.2.2006 – 2 AZR 596/04, NZA 2006, 678; *Schaub/Linck*, Arbeitsrechts-Handbuch, § 172 Rn. 54.
[371] *Schaub/Linck*, Arbeitsrechts-Handbuch, § 172 Rn. 54; ErfK/*Gallner*, § 18 BEEG Rn. 7.
[372] BAG v. 3.7.2003 – 2 AZR 487/02, NZA 2003, 1335; *Schaub/Linck*, Arbeitsrechts-Handbuch, § 172 Rn. 50.
[373] KR-*Friedrich*, § 4 KSchG, Rn. 197.
[374] BAG v. 19.2.2009 – 2 AZR 286/07, NZA 2009, 918.

der dreiwöchigen Klagefrist des § 4 S. 1 KSchG vor dem Arbeitsgericht geltend machen.[375]

Liegen sowohl die Voraussetzungen des Kündigungsverbotes nach § 9 I S. 1 MuSchG **124a** als auch die des § 18 BEEG vor, sind beide Vorschriften nebeneinander anwendbar, so dass der Arbeitgeber eine Kündigung nur dann aussprechen kann, wenn die für den Arbeitsschutz zuständige oberste Landesbehörde nach beiden Vorschriften ihre Zustimmung erteilt hat. Diese Situation kann eintreten, wenn die Arbeitnehmerin während der Elternzeit als Teilzeitbeschäftigte tätig ist und erneut schwanger wird.[376] Überschneiden sich Elternzeit und das Kündigungsverbot gem. § 9 I S. 1 MuSchG, hat der Insolvenzverwalter sich die Kündigung sowohl nach § 18 I S. 3 BEEG als auch nach § 9 III MuSchG genehmigen zu lassen. Beide Zulässigkeitserklärungen müssen vor Ausspruch der beabsichtigten Kündigung vorliegen,[377] weil der § 9 MuSchG einen anderen, weitergehenden Schutzzweck verfolgt als § 18 BEEG.[378] Bei unausweichlicher Betriebsstilllegung, Massenkündigung und aus insolvenzspezifischen Gründen sind jedoch im Einzelfall die Voraussetzungen für eine behördliche Zustimmung sowohl gem. § 9 MuSchG als auch gemäß § 18 I S. 2 BEEG gegeben, weil in diesen Fällen der Individualschutz wegen fehlender Beschäftigungsmöglichkeit sein Ende findet.[379]

6. Weitere Einzelfälle besonderen Kündigungsschutzes. a) *Kündigungsschutz bei* **125** *Einberufung zum Wehrdienst und für Zivildienstleistende.* Gemäß § 2 I ArbPlatzSchG darf der Arbeitgeber das Arbeitsverhältnis ab Zustellung des Einberufungsbescheides bis zur Beendigung des Grundwehrdienstes sowie während einer Wehrübung das Arbeitsverhältnis nicht wirksam ordentlich kündigen.[380] Eine während des Kündigungsschutzes ausgesprochene ordentliche Kündigung ist nach § 134 BGB unwirksam; das Recht zur außerordentlichen Kündigung aus wichtigem Grund bleibt dagegen unberührt (§ 2 III S. 1 ArbPlatzSchG). Die Einberufung selber stellt gemäß § 2 III S. 2, 1. Hs. ArbPlatzSchG jedoch grundsätzlich keinen wichtigen Grund iSd § 626 I BGB dar; Ausnahmen sind in § 2 III S. 2, 2. Hs. ArbPlatzSchG geregelt.

Vor oder nach dem Wehrdienst kann das Arbeitsverhältnis durch den Insolvenzverwalter **126** ordentlich wie außerordentlich gekündigt werden, es sei denn, dass die Kündigung aus Anlass des Wehrdienstes erfolgt (§ 2 II S. 1 ArbPlatzSchG). Dann ist die hiergegen verstoßende Kündigung ebenfalls rechtsunwirksam gem. § 134 BGB.[381] Das Gleiche gilt, wenn die Kündigung aus Anlass der Wehrerfassung, der Musterung oder der Ableistung einer Wehrübung erfolgt.[382] Der Insolvenzverwalter hat die Beweislast dafür zu tragen, dass die Kündigung des Arbeitsverhältnisses nicht aus Anlass des Wehrdienstes erfolgt ist (§ 2 II 3 ArbPlatzSchG).

Der Kündigungsschutz des ArbPlatzSchG gilt ebenso für Soldaten auf Zeit (§ 16a I **127** ArbPlatzSchG) sowie für anerkannte Kriegsdienstverweigerer (§ 78 I Nr. 1 ZDG) und für die Angehörigen des Bundesgrenzschutzes (§ 59 I BGSG). Ferner gilt der Kündigungsschutz des ArbPlatzSchG entsprechend für Angehörige eines EG-Mitgliedsstaates,

---

[375] Vgl. zur Schwerbehinderteneigenschaft BAG v. 13.2.2008 – 2 AZR 864/06, NZA 2008, 1055 und zur Schwangerschaft BAG v. 19.2.2009 – 2 AZR 286/07, NZA 2009, 980.

[376] Vgl. LAG Berlin-Brandenburg v. 6.4.2011 – 15 Sa 2454/10, DB 2011, 1587 mit Anm. *Göhle-Sander*, jurisPR-Arbeitsrecht, 12/2012.

[377] BAG v. 31.3.1993, NZA 1993, 646; *Schaub/Linck*, Arbeitsrechts-Handbuch § 172 Rn. 52; ErfKomm/*Bader*, § 18 BEEG Rn. 23d, 40.

[378] *Göhle-Sander*, jurisPR-Arbeitsrecht 12/2012, Anm. 5.

[379] KR-*Bader*, § 18 BEEG Rn. 34b, 34d; OVG Münster v. 21.3.2000 – 22 A 5137/99, NZA-RR 2000, 406.

[380] Die Regelungen des ArbPlatzSchG sind auf Angehörige der EG-Staaten, nicht hingegen auf Ausländer der Nicht-EG-Staaten anwendbar, BAG AP Nr. 23 zu § 123 BGB.

[381] MüKoBGB/*Schwerdtner*, Anh zu § 622 BGB Rn. 702.

[382] MüKoBGB/*Schwerdtner*, Anh zu § 622 BGB Rn. 697.

die zum Wehrdienst in ihrem Heimatland herangezogen werden. Dies folgt aus dem Diskriminierungsverbot des EG-Vertrages, der als Gemeinschaftsrecht Vorrang vor innländischem Recht hat.[383]

128 In gleicher Weise dürfen Arbeitnehmern aus ihrer Verpflichtung zum Dienst im Zivilschutz keine arbeitsrechtlichen Nachteile erwachsen. Vor allem darf ihnen wegen ihres Dienstes im Zivilschutz nicht gekündigt werden (§ 9 II S. 1 ZSchG). Entsprechendes gilt gem. § 9 II S. 1 KatSG für Helfer im Katastrophenschutz. Schließlich sieht § 2 EignÜbG ein Kündigungsverbot für den Arbeitgeber während und aus Anlass der Teilnahme von Arbeitnehmern an einer Eignungsübung vor.

129 b) *Bergmannsversorgungsscheininhaber.* Der Inhaber eines Bergmannversorgungsscheines genießt einen besonderen Kündigungsschutz, der in den einzelnen Ländern unterschiedlich ausgestaltet ist. Während in Nordrhein-Westfalen gem. §§ 10ff. BVSG-NRW und im Saarland gem. § 11 BVSG-S L einem Bergmannversorgungsscheininhaber nur mit Zustimmung der Zentralstelle ordentlich gekündigt werden kann, so dass eine ohne Zustimmung der Zentralstelle[384] ausgesprochene ordentliche Kündigung, gem. § 134 BGB unwirksam ist, sieht § 1 BVSG-Niedersachsen eine Gleichstellung des Bergmannversorgungsscheininhabers mit den Schwerbehinderten vor, so dass insoweit die zum Kündigungsschutz der Schwerbehinderten geltenden Regelungen Anwendung finden. Das außerordentliche Kündigungsrecht aus wichtigem Grund bleibt unberührt.

130 c) *Weitere Sonderfälle.* Besonderen Kündigungsschutz genießen ferner Abgeordnete des Bundestages und der Länderparlamente, Mitglieder in Landkreis- und Gemeindeparlamenten sowie Europaabgeordnete.[385] **Immissionsschutzbeauftragte** dürfen bei der Erfüllung der ihnen übertragenenen Aufgaben nicht benachteiligt werden. Sie sind gemäß § 58 II 2 BImSchG ordentlich nicht kündbar, so dass eine wirksame Kündigung nur bei Vorliegen eines wichtigen Grundes ausgesprochen werden darf. Ist der Arbeitnehmer zum Störfallbeauftragten bestellt worden, was ggf. durch schriftlichen Arbeitsvertrag geschehen kann, ist eine ordentliche Kündigung gemäß §§ 58 II, 58d BImSchG unzulässig.[386] Auch der **Datenschutzbeauftragte** darf wegen der Erfüllung seiner Aufgaben nicht benachteiligt werden. Mit der Bestellung zum Datenschutzbeauftragten gem. § 4f BDSG wird der Arbeitsvertrag um das mit dem Amt verbundenen Aufgaben erweitert.[387] Die Bestellung zum Beauftragten für Datenschutz kann gem. § 4f III S 4 BDSG aus wichtigem Grund widerrufen werden. Der Widerruf ist zulässig, wenn die erforderliche Fachkunde und Zuverlässigkeit nicht oder nicht mehr vorliegt. Zur Sicherung der Unabhängigkeit des Datenschutzbeauftragten rechtfertigen organisatorische Veränderungen der Gestalt, die Aufgaben künftig extern zu vergeben, den Widerruf der Bestellung nicht.[388] Eine Mitgliedschaft im Betriebsrat ist mit der Ausübung des Amtes nicht unvereinbar. Eine **Fachkraft für Arbeitssicherheit** kann ebenso wie ein Betriebsarzt gem. § 9 Abs. 3 ASiG nur mit Zustimmung des Betriebsrats bestellt und abberufen werden. Beachtung verdient ferner der Kündigungsschutz nach dem Pflegezeitgesetz, § 5 PflegeZG.

V. Außerordentliche Kündigung durch den Insolvenzverwalter

131 1. **Überblick.** Im Wege der außerordentlichen Kündigung kann sich jede Vertragspartei von einem unzumutbar gewordenen Arbeitsverhältnis, auch wenn dieses befristet oder auflösend bedingt ist, lösen. Gemäß der Generalklausel des § 626 I BGB kann ein

---

[383] EuGH AP Nr. 2 zu Art. 177 EWG-Vertrag; MüKoBGB/*Schwerdtner,* Anh zu § 622 BGB Rn. 692.
[384] Die Zustimmung ist schriftlich zu beantragen. Zum Verfahren siehe *Schaub,* Arbeitsrechts-Handbuch, § 180 Rn. 13–17.
[385] Vgl. iE *Schaub/Linck,* Arbeitsrechts-Handbuch, § 145.
[386] BAG v. 26.3.2009 – 2 AZR 633/07, DB 2009, 1653.
[387] BAG v. 29.10.2010 – 10 AZR 588/09, NZA 2011, 151.
[388] BAG v. 23.3.2011 – 10 AZR 562/09, NZA 2011, 1036.

Arbeitsverhältnis dann ohne Einhaltung einer Kündigungsfrist von jedem Vertragsteil gekündigt werden, wenn Tatsachen einen wichtigen Grund in der Weise begründen, dass dem Kündigenden unter Berücksichtigung aller Umstände des Einzelfalles und unter Abwägung der Interessen beider Vertragsteile die Fortsetzung des Arbeitsverhältnisses bis zum Ablauf der Kündigungsfrist oder bis zu der vereinbarten Beendigung des Arbeitsverhältnisses nicht zugemutet werden kann. Hieraus folgt, dass im Gegensatz zur ordentlichen Kündigung das Recht zur außerordentlichen Kündigung für beide Vertragsparteien unabdingbar ist, denn Unzumutbares kann weder dem Arbeitnehmer noch dem Arbeitgeber angesonnen werden.[389] Seit dem 1.5.2000 unterliegt die außerordentliche Kündigung dem Schriftformerfordernis des § 623 BGB.[390]

Im Einzelnen setzt § 626 I BGB eine vierstufigen Prüfung voraus: 1. Tatsachen, die 2. unter Berücksichtigung aller Umstände und 3. unter Abwägung der Interessen beider Vertragsteile 4. dem Kündigenden die Fortsetzung des Vertragsverhältnisses unzumutbar machen. **132**

2. Kündigungsgründe. Unter Anlegung eines objektiven Maßstabes ist zunächst zu **133** prüfen, ob ein bestimmter Sachverhalt an sich geeignet ist, einen wichtigen Grund iSv § 626 I BGB zu bilden. Sodann ist unter Einbeziehung aller Umstände des Einzelfalles zu prüfen, ob dem Kündigenden unter Abwägung der Interessen beider Vertragsteile die Einhaltung der ordentlichen Kündigungsfrist nicht mehr zuzumuten ist.[391] Anknüpfungspunkt ist regelmäßig eine schuldhaft begangene Vertragspflichtverletzung des Arbeitnehmers. Das Erfordernis eines Verschuldens, dh der Steuerbarkeit oder Vorwerfbarkeit des vertragswidrigen Verhaltens gilt allerdings nicht ausnahmslos. Nur im Ausnahmefall können auch schuldlose Pflichtverletzungen des Arbeitnehmers einen wichtigen Grund zur verhaltensbedingten Arbeitgeberkündigung darstellen.[392] Neben der fristlosen verhaltensbedingten Kündigung kommt allerdings auch eine fristlose personenbedingte oder sogar eine fristlose betriebsbedingte Kündigung in Betracht.[393]

a) *Vertragswidriges Verhalten.* Hauptanwendungsfall der verhaltensbedingten fristlosen **134** Kündigung sind Verstöße gegen die Hauptleistungspflichten, insbesondere im Bereich der Arbeitsleistung, wenn der Arbeitnehmer ungenügende oder unzureichende Arbeitsleistung erbringt, die sich auf die Qualität der Arbeitsausführung oder das Nichterreichen einer bestimmten Arbeitsmenge beziehen können.[394] Dazu zählen die Nichtbefolgung von Arbeitsanweisungen, unhöfliches Verhalten gegenüber Kunden, unterlassene Qualitätskontrolle, fehlerhafte Eingaben in den PC, Arbeitsverweigerung, unentschuldigtes Fehlen, Unpünktlichkeit, eigenmächtiger Urlaubsantritt oder eigenmächtige Urlaubsüberschreitung.[395] Die Verletzung von Nebenpflichten kann ebenfalls in krassen Fällen nach vorherigen vergeblicher Abmahnung zur fristlosen Kündigung berechtigen. Allerdings müssen sich solche Unterlassungs- und Handlungspflichten aus der Hauptleistungspflicht und dem Zweck der Vertragsbeziehungen zwischen Arbeitnehmer und

---

[389] Ganz hM; vgl. nur BAG NJW 1963, 2341; BAG NZA 1992, 452; ErfKomm/*Müller-Glöge*, § 626 BGB Rn. 234, 238; *Schaub/Linck*, Arbeitsrechts-Handbuch § 125 Rn. 18.
[390] Vgl. dazu näher unter Rn. 36.
[391] Im Einzelnen *Schaub/Linck*, Arbeitsrechts-Handbuch § 125 Rn. 43–45; *Stahlhacke/Preis/Vossen*, Rn. 606–609; ErfKomm/*Müller-Glöge*, § 626 BGB Rn. 33–35; KR-*Fischermeier*, § 626 BGB Rn. 83–85.
[392] BAG v. 21.1.1999, DB 1999, 1400; im Einzelnen *Berscheid/Kunz/Brand/Bertram*, Praxis des Arbeitsrechts 2. Aufl. Teil IV b. III Rn. 728–733.
[393] BAG v. 18.1.2001 – 2 AZR 616/99, NZA 2002, 455; BAG v. 18.10.2000 – 2 AZR 627/99, NZA 2001, 219; BAG v. 27.6.2002 – 2 AZR 367/01, DB 2003, 102; BAG v. 8.4.2003 – 2 AZR 355/02, NZA 2003, 856.
[394] *Berscheid/Kunz/Brand/Bertram*, Praxis des Arbeitsrechts, Teil 4 B Rn. 734.
[395] Im Einzelnen *Stahlhacke/Preis/Vossen*, Rn. 647–660; KR-*Fischermeier*, § 626 BGB Rn. 405–462; *Schaub/Linck*, Arbeitsrechts-Handbuch § 125 Rn. 57–134; ErfKomm/*Müller-Glöge*, § 626 BGB Rn. 85–206.

Arbeitgeber ableiten lassen. Der Arbeitnehmer hat alles zu unternehmen, um den vertraglich vereinbarten Leistungszweck zu fördern, alles zu unterlassen, was diesem zuwider läuft.[396] Zur Sicherung der Leistungserbringung und auch zur Schadensabwendung bestehen verschiedene Anzeige- und Nachweispflichten des Arbeitnehmers, insbesondere im Falle seiner Erkrankung (§ 5 EFZG). Die Verletzung der Anzeigepflicht im Falle der Arbeitsunfähigkeit ist aber idR eine Pflichtverletzung von geringerer Schwere, so dass besondere Umstände hinzukommen müssen, um einen darauf gestützte fristlose Kündigung zu rechtfertigen.[397] Die Treuepflicht verbietet es dem Arbeitnehmer, gegen den Arbeitgeber bei einer staatlichen Stelle Anzeige zu erstatten, ohne zunächst innerbetrieblich versucht zu haben, die Missstände aufzuklären und abzustellen.[398] Außerdienstliches Verhalten des Arbeitnehmers kann nur im Ausnahmefall als wichtiger Grund für eine fristlose Kündigung in Betracht gezogen werden, weil der Arbeitsvertrag den Arbeitnehmer nicht verpflichtet, seine private Lebensführung an den Interessen des Unternehmens auszurichten.[399] Ein außerdienstliches Verhalten kann nur dann ein Grund für eine Kündigung sein, wenn es direkte oder indirekte Auswirkungen auf das Arbeitsverhältnis hat. Anknüpfungspunkt kann nur ein vertragswidriges Verhalten des Arbeitnehmers sein. Durch außerdienstliches Verhalten kann aber die Eignung des Arbeitnehmers für die Ausübung der geschuldeten Tätigkeit in Frage gestellt werden, wenn zB der Bankkassierer außerhalb des Dienstes Vermögens- oder Betrugsdelikte begeht. In diesem Fall sollen die Regeln über die Kündigung aus personenbedingten Gründen anzuwenden sein.[400] Diebstahl oder die **Entwendung auch nur geringwertiger Gegenstände** rechtfertigen idR eine außerordentliche Kündigung ohne vorherige Abmahnung.[401] Rechtswidrige und vorsätzliche Handlungen des Arbeitnehmers, die sich unmittelbar gegen das Vermögen des Arbeitgebers richten, können auch dann eine außerordentliche Kündigung rechtfertigen, wenn es um Sachen von geringem Wert geht und nur ein geringfügiger Schaden des Arbeitgebers eingetreten ist. Stets ist aber eine umfassende Interessenabwägung vorzunehmen, bei der die Einmaligkeit des Pflichtenverstoßes und eine langjährige, beanstandungsfreie Betriebszugehörigkeit zugunsten des Arbeitnehmers zu berücksichtigen sind.[402] Nicht nur nachgewiesene Pflichtenverstöße, sondern auch der Verdacht schwerer Pflichtverletzungen oder strafbarer Handlungen zu Lasten des Arbeitgebers können zu einer außerordentlichen Kündigung berechtigen. Die Verdachtskündigung wird im Arbeitsrecht anerkannt, setzt aber voraus, dass sich auf Grund der vom Arbeitgeber zu beweisenden Tatsachen und Umstände ein dringender Tatverdacht ergibt, welcher das für die Fortsetzung des Arbeitsverhältnisses erforderliche Vertrauen zerstört. Der Arbeitgeber muss alle zumutbaren Anstrengungen zur Aufklärung des Sachverhalts unternommen haben. Wirksamkeitsvoraussetzung ist insbesondere, dass der Arbeitnehmer vorher zu den Verdachtsmomenten angehört worden ist und Gelegenheit zur Stellungnahme hatte. Störungen im Bereich der betrieblichen Verbundenheit können zur fristlosen Kündigung berechtigen, wenn der Arbeitnehmer Vorgesetzte oder Arbeitskollegen beleidigt, sich zu tätlichen Angriffen auf betriebsangehörige Personen hinreißen lässt oder Arbeitnehmerinnen sexuell belästigt.[403]

---

[396] Im Einzelen *Stahlhacke/Preis/Vossen*, Rn. 661–663; KR-*Fischermeier*, § 626 BGB Rn. 425–429.
[397] BAG v. 31.8.1989 und v. 16.8.1991 AP Nrn. 23 und 27 zu § 1 KSchG 1969 Verhaltensbedingte Kündigung; *Stahlhacke/Preis/Vossen*, Rn. 669.
[398] *Berscheid/Kunz/Brand/Bertram*, Praxis des Arbeitsrechts Teil IV B. Rn. 790; vgl. aber BVerfG v. 2.7.2001 NZA 2001, 888.
[399] *Stahlhacke/Preis/Vossen*, Rn. 696.
[400] *Stahlhacke/Preis/Vossen*, Rn. 697, 748.
[401] BAG v. 13.12.1984 NZA 1985, 288; BAG v. 12.8.1999 – 2 AZR 923/98, NJW 2000, 1969.
[402] BAG v. 10.6.2010 – 2 AZR 541/09 (Fall Emely), NZA 2010, 1227 = NJW 2011, 167.
[403] *Stahlhacke/Preis/Vossen*, Rn. 703–705; BAG v. 16.9.1999, NZA 2000, 208; LAG Hamm v. 22.10.1996, DB 1997, 482.

b) *Verrat von Geschäfts- und Betriebsgeheimnissen.* Für den Insolvenzverwalter ist von Bedeutung, dass der Verrat von Geschäfts- und Betriebsgeheimnissen und auch die Konkurrenztätigkeit des Arbeitnehmers als wichtiger Grund für eine außerordentliche Kündigung herangezogen werden könne. Dem Arbeitnehmer ist auch nach Eröffnung des Insolvenzverfahrens jede Form einer Konkurrenztätigkeit verboten. Dies gilt auch dann, wenn der Arbeitnehmer von der Arbeit freigestellt worden ist.[404] Der Arbeitsvertrag schließt für die Dauer seines Bestandes ein Wettbewerbsverbot ein, welches über den persönlichen und sachlichen Anwendungsbereich des § 60 HGB hinausgeht. Deshalb darf ein Arbeitnehmer Dienste oder Leistungen im Marktbereich seines Arbeitgebers nicht gegenüber Dritten erbringen oder anbieten. Störungen wegen einer möglichen Konkurrenztätigkeit entstehen vor allem in einem auslaufenden oder gekündigten Arbeitsverhältnis. Davon zu unterscheiden sind allerdings Vorbereitungshandlungen, die der gekündigte Arbeitnehmer trifft, um sich selbstständig zu machen und einen eigenen Geschäftsbetrieb zu gründen.[405]

135

c) *Ausschluss der ordentlichen Kündigung.* Zu beachten ist, dass die Betriebsstilllegung oder Betriebseinschränkung in der Regel keinen wichtigen Grund im Sinne des § 626 I BGB bildet.[406] Ist jedoch die ordentliche Kündigung tariflich ausgeschlossen, kann ausnahmsweise außerordentlich betriebsbedingt gekündigt werden. Das BAG hat zu den altersgeschützten unkündbaren Arbeitnehmern entschieden, dass deren Arbeitsverhältnisse analog § 15 IV KSchG nur zum Zeitpunkt der Betriebsstilllegung zulässigerweise gekündigt werden dürfen.[407] Nunmehr bejaht das BAG die Möglichkeit einer außerordentlichen betriebsbedingten Kündigung mit Auslauffrist, das ist diejenige Kündigungsfrist, die gelten würde, wenn die ordentliche Kündigung nicht ausgeschlossen wäre.[408] In der Insolvenz ist dies die Dreimonatsfrist gemäß § 113 S. 2 InsO. Zu prüfen ist in jedem Fall, ob betriebliche Gründe für eine außerordentliche Kündigung des Arbeitsverhältnisses vorliegen. Dies ist nur dann der Fall, wenn aufgrund einer im Hinblick auf ihre sachliche Rechtfertigung nicht zu überprüfenden unternehmerischen Entscheidung keinerlei Beschäftigungsmöglichkeit mehr für den betroffenen Arbeitnehmer entsteht und der Arbeitgeber noch über Jahre Vergütungszahlungen erbringen müsste, ohne dass dem eine entsprechende Arbeitsleistung gegenüber stünde.[409] Auch in diesem Fall hat aber eine Sozialauswahl entsprechend § 1 III KSchG stattzufinden.[410]

136

d) *Interessenabwägung.* Liegen Tatsachen vor, die einen wichtigen Grund ergeben, so ist gleichwohl sowohl unter Berücksichtigung aller Umstände des Einzelfalles wie unter Abwägung der Interessen beider Vertragsteile an der Fortsetzung des Arbeitsverhältnisses zu fragen, ob dem Kündigenden die Fortsetzung des Vertragsverhältnisses bis zum Ablauf der Frist des § 113 S. 2 InsO unzumutbar ist. Dabei sind nach der Rechtsprechung in diese Zumutbarkeitsprüfung alle Umstände einzubeziehen, auch wenn sie isoliert nicht als Kündigungsgründe ausreichen würden, sie aber immerhin zum wichtigen Grund in einem sachlichen Zusammenhang stehen.[411] Die Rechtsprechung verlangt

137

---

[404] *Stahlhacke/Preis/Vossen*, Rn. 720; *Berscheid/Kunz/Brand/Bertram*, Praxis des Arbeitsrechts Teil IV B. Rn. 836; KR-*Fischermeier*, § 626 BGB Rn. 460; ErfKomm/*Müller-Glöge*, § 626 BGB Rn. 125; *Schaub/Linck*, Arbeitsrechts-Handbuch § 125 Rn. 134.
[405] Vgl. BAG v. 26.1.1995, RzK I 1a Nr. 113 und BAG v. 28.9.1989, RzK I 6a Nr. 58.
[406] ErfKomm/*Müller-Glöge*, § 626 BGB Rn. 120; *Stahlhacke/Preis/Vossen*, Rn. 769; Staudinger/*Preis*, § 626 BGB Rn. 230.
[407] BAG v. 7.6.1984 – 2 AZR 602/82, NZA 1985, 121 zu § 22 KO; Uhlenbruck/Hirte/Vallender/*Berscheid*, § 113 Rn. 69.
[408] BAG v. 17.9.1998 – 2 AZR 419/97, NZA 1999, 258.
[409] BAG v. 22.11.2012 – 2 AZR 673/11, NZA 2013, 730 mit abl. Entscheidungsbesprechung *Peter Stein*, DB 2013, 1229.
[410] BAG v. 5.2.1998 – 2 AZR 227/97, NZA 1998, 771; BAG v. 15.2.2007 – 8 AZR 310/06, ZIP 2007, 1618.
[411] BAG AP Nr. 3–7 zu § 626 BGB; BAG AP Nr. 5 zu § 1 KSchG 1969; BAG AP Nr. 39 zu § 102 BetrVG.

insoweit ebenso wie bei der ordentlichen Kündigung, dass die außerordentliche Kündigung dem Grundsatz der Verhältnismäßigkeit genügen muss. Deshalb ist zunächst zu fragen, ob mildere Mittel, insbesondere die ordentliche Kündigung, die Abmahnung, die Betriebsbuße oder auch eine Änderungskündigung ausreichen, um die Interessen des Kündigenden zu wahren.[412] Die Insolvenz des Arbeitgebers als solche bildet keinen wichtigen Grund zur außerordentlichen Kündigung des Arbeitsverhältnisses.[413] Im Insolvenzverfahren gelten grundsätzliche keine Kündigungserleichterungen. Die Interessen der Arbeitnehmer müssen nur dort zurückstehen, wo der Gesetzgeber den Interessen der Insolvenzgläubiger Vorrang einräumt.[414]

138 **3. Die Ausschlussfrist des § 626 II BGB. a)** *Fristbeginn.* Liegt ein wichtiger Grund iSd § 626 I BGB vor, so kann gem. § 626 II BGB die außerordentliche Kündigung nur innerhalb einer Ausschlussfrist von zwei Wochen ausgesprochen werden, da der Fristablauf zur Verwirkung des Kündigungsgrundes führt. Nach Fristablauf geht das Gesetz unwiderleglich davon aus, dass dem Kündigungsberechtigten die Fortsetzung des Arbeitsverhältnisses zumutbar ist. Allenfalls zur Rechtfertigung einer ordentlichen Kündigung können die verfristeten außerordentlichen Kündigungsgründe noch herangezogen werden.[415]

139 Die Frist beginnt in dem Zeitpunkt zu laufen, in dem der jeweils Kündigungsberechtigte, also insbesondere der Insolvenzverwalter, von den für die Kündigung maßgebenden Tatsachen des wichtigen Grundes Kenntnis erlangt.[416] Solange nur Vermutungen oder Verdachtsgründe bestehen, wird die Frist nicht in Gang gesetzt; das Gleiche gilt bei verschuldeter, selbst grob fahrlässiger Unkenntnis.[417] Beruht der wichtige Grund auf einem andauernden Zustand, so beginnt die Frist mit der Beendigung des Zustandes;[418] liegt der wichtige Grund allerdings in wiederholten Verfehlungen, so beginnt die Frist nur mit der letzten Verfehlung zu laufen, wenn die Verfehlungen ihrer Art nach gleich sind, weil nur dann die anderen unterstützend berücksichtigt werden können. Sind die Verfehlungen allerdings ungleichartig, so sind die früheren Verfehlungen nach jeweiligem Fristablauf als Kündigungsgründe verfristet.[419]

140 In der Praxis bereitet oftmals große Schwierigkeiten, auf wessen Kenntnis es im Betrieb oder Unternehmen ankommt. Die Rechtsprechung stellte ursprünglich strikt darauf ab, dass Kenntniserlangung des jeweils Kündigungsberechtigten hinsichtlich des konkreten Arbeitnehmers die Frist in Gang setzt.[420] Hierzu zählen der Arbeitgeber

---

[412] BAG AP Nr. 15, 51, 70 zu § 626 BGB; BAG AP Nr. 6 zu § 1 KSchG 1969 Krankheit; BAG AP Nr. 1, 2 zu § 87 BetrVG Betriebsbuße.

[413] KR-*Weigand*, §§ 113, 112 ff. InsO Rn. 70; *Stahlhacke/Preis/Vossen*, Rn. 2160; ErfKomm/*Müller-Glöge*, § 113 InsO Rn. 29; so zur KO: BAG AP Nr. 1 zu § 22 KO; MüKoInsO/*Löwisch/Capsers*, § 113 Rn. 34.

[414] *Stahlhacke/Preis/Vossen*, Rn. 2149.

[415] Vgl. BAG AP Nr. 4 zu Art. 140; KR-*Fischermeier*, § 626 BiB Rn. 315; MüKoBGB/*Schwerdtner*, § 626 Rn. 188, 235 ff.; *Schaub/Linck*, Arbeitsrechts-Handbuch, § 125 Rn. 26; *Stahlhacke/Preis/Vossen*, Rn. 838.

[416] ErfKomm/*Müller-Glöge*, § 626 BGB Rn. 260; FK/*Eisenbeis*, vor §§ 113 ff. Rn. 40; *Stahlhacke/Preis/Vossen*, Rn. 838.

[417] BAG AP Nr. 1, 9 zu § 626 BGB Ausschlussfrist; *Stahlhacke/Preis/Vossen*, Rn. 839; KR-*Fischermeier*, § 626 BGB Rn. 319; idR ist jedoch zur Aufklärung des Kündigungssachverhalts die Anhörung des Arbeitnehmers innerhalb einer Woche erforderlich; BAG AP Nr. 2, 3 zu § 626 BGB Ausschlussfrist; BAG AP Nr. 6 zu § 626 BGB Ausschlussfrist (zweite Anhörung); LAG Frankfurt DB 1980, 1079. Die Anhörung ist aber nicht Voraussetzung für die Wirksamkeit der außerordentlichen Kündigung, anders dagegen bei der Verdachtskündigung, vgl. BAG AP Nr. 9 zu § 103 BetrVG; BAG DB 1986, 1726 (1728).

[418] KR-*Fischermeier*, § 626 BGB Rn. 323.

[419] BAG AP Nr. 7, 14 zu § 626 BGB Ausschlussfrist; LAG Hamm BB 1983, 1473.

[420] BAG AP Nr. 1, 3, 4, 8u 13 zu § 626 BGB Ausschlussfrist; BAG AP Nr. 1 zu § 54 BAT; *Stahlhacke/Preis/Vossen*, Rn. 850.

selbst, sein gesetzlicher oder rechtsgeschäftlicher Vertreter und die Personen, die eine ähnlich selbstständige Stellung wie ein gesetzlicher Vertreter haben.[421] Hat der Insolvenzverwalter in Übernahme der bisherigen Rechts- und Organisationslage dem Personalleiter im Unternehmen die Kündigungsberechtigung belassen oder sie ihm neu übertragen, so kommt es nur auf die Kenntniserlangung dieses Mitarbeiters an.[422] Die ohne hinreichende Vertretungsmacht erklärte außerordentliche Kündigung kann innerhalb der zweiwöchigen Ausschlussfrist vom Vertretenen nachträglich mit rückwirkender Kraft gem. § 184 BGB genehmigt werden.[423] Ist dagegen nur der Insolvenzverwalter kündigungsberechtigt, muss er selbst Kenntnis von dem wichtigen Grund iSd § 626 I BGB erlangen.[424] Fraglich und umstritten ist, ob dem Insolvenzverwalter eine Einarbeitungszeit zu gewähren ist, die den Beginn der Ausschlussfrist verzögert bzw. hemmt.[425]

141 Nach der Rechtsprechung muss sich der Arbeitgeber bzw. Insolvenzverwalter die Kenntnis eines Dritten zurechnen lassen, wenn dessen Stellung im Betrieb nach den Umständen erwarten lässt, er werde den Kündigungsberechtigten über den Kündigungssachverhalt unterrichten.[426] Hinzukommen muss, dass die Organisation des Betriebes zu einer Verzögerung des Fristbeginns geführt hat, obwohl eine andere Organisation sachgemäß und zumutbar gewesen wäre.[427] Beide Voraussetzungen müssen dabei kumulativ vorliegen.

142 b) *Fristberechnung.* Die Fristberechnung gem. § 626 II BGB unterliegt den Vorschriften der §§ 186 ff. BGB, so dass der Tag der Kenntniserlangung gem. § 187 I BGB nicht eingerechnet wird. Vielmehr endet die Frist mit dem Ablauf desjenigen Tages der zweiten Woche, welcher durch seine Benennung dem Tage entspricht, an dem sich die Kenntniserlangung vollzog (§ 188 II 1 BGB), es sei denn, dass dies ein Sonnabend, Sonntag oder ein staatlich anerkannter Feiertag ist, weil in diesem Falle die Frist erst mit dem Ablauf des ersten Werktages endet (§ 193 BGB).

143 Probleme bereitet in der Praxis die Frage nach der Fristwahrung dann, wenn noch eine dritte Stelle vor Ausspruch der Kündigung eingeschaltet werden muss. Denn in diesem Falle droht der Fristablauf des § 626 II BGB, ohne dass der Insolvenzverwalter seinerseits etwas tun kann, um die Frist einzuhalten. Erklärt er aber zur Fristwahrung die Kündigung vor Zustimmung von dritter Seite, dann ist seine Kündigung wegen Gesetzesverstoßes gemäß § 134 BGB in der Regel unwirksam. Bei schwerbehinderten Menschen hat der Insolvenzverwalter gemäß § 91 II SGB IX die Kündigung innerhalb von zwei Wochen nach Kenntnis der für die Kündigung maßgebenden Tatsachen zu beantragen. Wird die Zustimmung erteilt, muss der Insolvenzverwalter die Kündigung unverzüglich erklären, § 91 V SGB IX. Der zwischenzeitlich eingetretene Fristablauf nach § 626 II BGB ist dann unschädlich.

144 Nach der Rechtsprechung findet diese Regelung des Schwerbehindertenrechts auch im Falle der außerordentlichen Kündigung eines Betriebsratsmitglieds entsprechend Anwendung, als nach § 103 I BetrVG die außerordentliche Kündigung der Zustimmung des Betriebsrates bedarf.[428] Der Insolvenzverwalter hat das Beschlussverfahren vor

---

[421] BAG AP Nr. 1 zu § 626 BGB Ausschlussfrist; ErfKomm/*Müller-Glöge*, § 626 BGB Rn. 260.
[422] Vgl. BAG AP Nr. 1, 3 zu § 626 BGB Ausschlussfrist.
[423] *Stahlhacke/Preis/Vossen*, Rn. 851; BAG v. 26.3.1996 AP Nr. 2 § 180 BGB; BAG v. 4.2.1987 AP Nr. 24 § 626 BGB Ausschlussfrist.
[424] Nerlich/Römermann/*Hamacher*, § 113 Rn. 203; *Düwell*, Kölner Schrift, S. 1446 (Rn. 37).
[425] Dafür: OLG Düsseldorf ZIP 1984, 86 (88); *Irschlinger*, S. 41; dagegen: BGH ZIP 1984, 1113 f.; Hess/Weis/Wienberg, Rn. 623; Nerlich/Römermann/*Hamacher*, § 113 Rn. 204.
[426] BAG AP Nr. 11 zu § 626 BGB Ausschlussfrist; *Stahlhacke/Preis/Vossen*, Rn. 851; *Schaub/Linck*, § 125 Rn. 35; vgl. BAG v. 18.5.1994, NZA 1994, 1086.
[427] BAG AP Nr. 11, 13 zu § 626 BGB Ausschlussfrist; BAG AP Nr. 1 zu § 54 BAT.
[428] BAG AP Nr. 3, 10, 24 zu § 103 BetrVG; *Stahlhacke/Preis/Vossen*, Rn. 1666; KR-*Etzel*, § 103 BetrVG Rn. 136.

den Arbeitsgerichten auf Ersetzung der Zustimmung des Betriebsrates gemäß § 103 II BetrVG innerhalb von 2 Wochen nach Kenntnis der maßgebenden Umstände oder nach Verweigerung[429] der Zustimmung durch den Betriebsrat einzuleiten.[430] Wird dann die Zustimmung des Betriebsrates durch das Arbeitsgericht rechtskräftig ersetzt, hat der Insolvenzverwalter die Kündigung unverzüglich auszusprechen;[431] auch hier ist der zwischenzeitlich eingetretene Fristablauf des § 626 II BGB unschädlich. Wird die Zustimmung des Betriebsrats gem. § 103 II BetrVG durch einen Beschluss des LAG ersetzt, in dem die Rechtsbeschwerde nicht zugelassen worden ist, muss der Insolvenzverwalter die Kündigung nicht unmittelbar nach Zustellung des zweitinstanzlichen Beschlusses aussprechen, sondern er kann die Frist zur Einlegung der Nichtzulassungsbeschwerde abwarten.[432] Eine vorher ausgesprochene Kündigung ist nicht nur schwebend unwirksam, sondern unheilbar nichtig.[433] Durch die Anhörung des Betriebsrates vor einer außerordentlichen Kündigung gem. § 102 I BetrVG wird die Ausschlussfrist des § 626 II BGB nicht verlängert.[434]

145 Im Übrigen wird man stets dann, wenn der Arbeitgeber verpflichtet ist, vor Ausspruch der außerordentlichen Kündigung die Zustimmung einer dritten Stelle einzuholen, die Regelung des § 91 V SGB IX entsprechend anwenden müssen, um den Zielvorstellungen des Gesetzgebers im Rahmen des § 626 II BGB gerecht zu werden. Danach muss die Kündigung unverzüglich nach Erteilung der Zustimmung ausgesprochen werden. Dies bedeutet, dass sich die Ausschlussfrist gem. § 626 II BGB nicht verlängert. Der Arbeitgeber kann sie bei vorliegender Zustimmung der Hauptfürsorgestelle (jetzt Integrationsamt) voll ausschöpfen. Nach Ablauf der Zwei-Wochen-Frist des § 626 II BGB muss er dann allerdings unverzüglich kündigen.[435]

146 Hat der Betriebsrat die gem. § 103 BetrVG erforderliche Zustimmung zur außerordentlichen Kündigung eines Betriebsratsmitglieds erteilt, stellt sich die Frage, ob die Zustimmung des Betriebsrats gem. § 182 III BGB dem Kündigungsschreiben beigefügt werden muss.[436] § 182 III BGB verweist auf § 111 S. 2 BGB. Danach ist das Rechtsgeschäft eines Minderjährigen unwirksam, wenn dieser die Einwilligung nicht in schriftlicher Form vorlegt und der andere das Rechtsgeschäft aus diesem Grund unverzüglich zurückweist. Nunmehr hat das BAG klargestellt, dass § 103 BetrVG insoweit eine abschließende Sonderregelung enthält, so dass die Kündigung nicht wegen fehlender Beifügung des zustimmenden Betriebsratsbeschlusses zurückgewiesen werden kann.[437]

147 **4. Kundgabe und Nachschieben von Kündigungsgründen.** In Ausbildungsverhältnissen sieht § 15 III BBiG als Wirksamkeitsvoraussetzung einer außerordentlichen Kündigung die Angabe des Kündigungsgrundes vor.[438] Seit dem 1.1.1997 sieht auch § 9 III 2 MuSchG eine Begründungspflicht gegenüber dem Arbeitnehmer vor. Zwar hat

---

[429] Hat der Betriebsrat nicht innerhalb von drei Tagen zu der beabsichtigten außerordentlichen Kündigung Stellung genommen (§ 102 II 3 BetrVG analog), gilt seine Zustimmung als nicht erteilt, BAG AP Nr. 10 zu § 103 BetrVG; *Stahlhacke/Preis/Vossen*, Rn. 1665.
[430] Die Zwei-Wochen-Frist des § 626 II BGB beginnt nach Verweigerung der Zustimmung nicht erneut zu laufen, BAG AP Nr. 3, 10 zu § 102 BetrVG.
[431] BAG AP Nr. 3, 12 zu § 103 BetrVG; *Stahlhacke/Preis/Vossen*, Rn. 1670; kritisch hierzu ArbG Wiesbaden DB 1978, 796; ebenso *Mareck* BB 1986, 1082.
[432] *Stahlhacke/Preis/Vossen*, Rn. 1669; BAG v. 9.7.1998 – 2 AZR 142/98, NZA 1998, 1273.
[433] LAG Hamm v. 4.8.2000, RzK II 3 Nr. 38; KR-*Etzel*, § 103 BetrVG Rn. 135.
[434] BAG AP Nr. 3, 10, 18 zu § 103 BetrVG 1972; *Stahlhacke/Preis/Vossen*, Rn. 1665; ErfKomm/*Müller-Glöge*, § 626 BGB Rn. 289.
[435] BAG v. 15.11.2001 – 2 AZR 380/00, NZA 2002, 970; ErfKomm/*Müller-Glöge*, § 626 BGB Rn. 289.
[436] So LAG Hamm v. 22.7.1998 – 3 Sa 766/98, NZA-RR 1999, 242.
[437] BAG v. 4.3.2004 – 2 AZR 147/03, NZA 2004, 717.
[438] *Stahlhacke/Preis/Vossen*, Rn. 582; *Schaub*, Arbeitsrechts-Handbuch § 174 Rn. 101.

auch nach § 626 II 3 BGB der Kündigungsempfänger einen mündlich oder schriftlich zu erhebenden Anspruch darauf, dass ihm die Kündigungsgründe unverzüglich iSd § 121 BGB schriftlich mitgeteilt werden. Diese Vorschrift ist jedoch nicht Wirksamkeitsvoraussetzung für eine außerordentliche Kündigung;[439] sie soll lediglich dem Kündigungsempfänger eine Überprüfung ermöglichen, ob eine gerichtliche Auseinandersetzung sinnvoll erscheint. Dies bedeutet zugleich, dass nach Ablauf der Klagefrist gemäß der §§ 4 S. 1, 13 I 2 KSchG der Anspruch auf Mitteilung der Kündigungsgründe bei den dem KSchG unterfallenden Personen erlischt.[440]

Von der Angabe der Kündigungsgründe ist die vielfach diskutierte Problematik des **148** Nachschiebens von Kündigungsgründen zu unterscheiden: Eine außerordentliche Kündigung ist nach der Rechtsprechung stets nur dann gerechtfertigt, wenn sie im Zeitpunkt des Ausspruchs durch einen wichtigen Grund legitimiert ist.[441] Soweit nach dem Ausspruch der Kündigung oder während ihres Zugangs neue Kündigungsgründe entstehen, können sie nur zur Rechtfertigung einer neuen Kündigung herangezogen werden, aber nicht als Gründe für die schon zuvor ausgesprochene außerordentliche Kündigung benutzt werden.[442] Allenfalls im Rahmen der Interessenabwägung können neu entstandene Kündigungsgründe eine (bestätigende) Rolle spielen, wenn sie das beanstandete Verhalten nochmals in besonderer Weise dokumentieren.[443]

Dagegen kann der Insolvenzverwalter alle Kündigungsgründe, die ihm bei Ausspruch **149** der Kündigung noch keine 2 Wochen bekannt waren, zur Stützung der ausgesprochenen außerordentlichen Kündigung „nachschieben";[444] jedoch nur unter Wahrung des Anhörungserfordernisses des Betriebsrates gemäß § 102 I BetrVG. Dies gilt erst recht für solche Kündigungsgründe, die er erst nach Ausspruch der Kündigung erfahren hat, die aber bereits vor Ausspruch der Kündigung entstanden sind.[445] Allerdings ist ein Nachschieben von Kündigungsgründen stets unzulässig, wenn diese Kündigungsgründe dem Kündigenden bei Ausspruch der außerordentlichen Kündigung schon länger als 2 Wochen bekannt waren, weil dann die Verwirkungsfolge des § 626 II BGB eingreift.[446]

5. Rechtswirkungen. Die außerordentliche Kündigung ist in der Regel eine ent- **150** fristete Kündigung, dh, die Kündigungswirkung der Beendigung des Arbeitsverhältnisses tritt mit Zugang der außerordentlichen Kündigungserklärung beim Kündigungsempfänger ein. Darüber hinaus ist anerkannt, dass die außerordentliche Kündigung als „milderes" Mittel auch mit einer sozialen Auslauffrist ausgesprochen werden kann,[447] so dass das Arbeitsverhältnis trotz Vorliegens eines wichtigen Grundes erst mit Ablauf dieser Sozialauslauffrist endet. Der Kündigende muss allerdings dann in seiner Erklärung klarstellen, ob er eine außerordentliche Kündigung mit einer sozialen Auslauffrist oder eine ordentliche Kündigung erklären will, weil anderenfalls der Kündigungsempfänger

---

[439] ErfKomm/*Müller-Glöge*, § 626 BGB Rn. 300; *Schaub/Linck*, Arbeitsrechts-Handbuch § 125 Rn. 21.
[440] BAG AP Nr. 65 zu § 626 BGB; MüKoBGB/*Schwerdtner*, § 626 Rn. 244 ff.
[441] BAG AP Nr. 26, 50, 57 zu § 626 BGB.
[442] BAG AP Nr. 1 zu § 133b GewO; BAG AP Nr. 9 zu § 626 BGB; KR-*Fischermeier*, § 626 BGB Rn. 176; Staudinger/*Preis*, § 626 BGB Rn. 58; *Stahlhacke/Preis/Vossen*, Rn. 602, 603; ErfKomm/*Müller-Glöge*, § 626 BGB Rn. 291.
[443] BAG AP Nr. 1 zu § 67 HGB; BAG AP Nr. 11 zu § 626 BGB; BAG EzA Nr. 9 zu § 626 nF; KR/*Fischermeier*, § 626 BGB Rn. 177.
[444] BAG AP Nr. 1 zu § 67 HGB; BAG AP Nr. 50, 65 zu § 626 BGB; BAG AP Nr. 1 zu § 626 BGB Nachschieben von Kündigungsgründen; *Schaub/Linck*, Arbeitsrechts-Handbuch, § 125 Rn. 24.
[445] BAG AP Nr. 1 zu § 626 BGB Nachschieben von Kündigungsgründen; BAG AP Nr. 65 zu § 626 BGB; zur Anhörung des BRates vgl. BAG AP Nr. 22, 23 zu § 102 BetrVG.
[446] BAG AP Nr. 7 zu § 626 BGB Ausschlussfrist; KR-*Fischermeier*, § 626 BGB Rn. 187; MüKoBGB/*Schwerdtner*, § 626 Rn. 238.
[447] Vgl. nur ErfKomm/*Müller-Glöge*, § 626 BGB Rn. 225.

darauf vertrauen darf, dass nur eine ordentliche Kündigung gewollt ist, selbst wenn ein wichtiger Grund vorliegt.[448]

151 Eine Verpflichtung des Arbeitgebers, auf Grund seiner Fürsorgepflicht die außerordentliche Kündigung mit Auslauffrist auszusprechen, besteht nicht.[449] Im Übrigen verliert die Kündigung auch durch die Gewährung einer sozialen Auslauffrist nicht ihren Charakter als außerordentliche Kündigung, falls eine solche einwandfrei erklärt ist.[450] Eine außerordentliche Kündigung mit sozialer Auslauffrist kommt vor allem dann in Betracht, wenn die ordentliche Kündigung tarifvertraglich ausgeschlossen ist. Allerdings ist es irreführend, mit einem Sonderkündigungsschutz ausgestattete Arbeitnehmer als „unkündbar" zu bezeichnen. Ausgeschlossen ist nur die Möglichkeit einer ordentlichen Kündigung; Der Rückgriff auf eine außerordentliche Kündigung ist nicht versperrt.[451] An dem Vorliegen eines wichtigen Grundes iSv § 626 I BGB sind bei ordentlich nicht mehr kündbaren Arbeitnehmern keine geringeren Anforderungen zu stellen, denn andernfalls würden tariflich unkündbare Arbeitnehmer allein wegen ihres besonderen Schutzes benachteiligt.[452] In besonderen Ausnahmefällen hat die Rechtsprechung daher eine fristlose Kündigung mit Auslauffrist aus krankheitsbedingten und aus betriebsbedingten Gründen zugelassen.[453]

VI. Die Änderungskündigung

152 **1. Rechtsformen.** Eine Änderungskündigung iSd § 2 KSchG liegt vor, wenn der Arbeitgeber das Arbeitsverhältnis kündigt und dem Arbeitnehmer im Zusammenhang mit dieser Kündigung die Fortsetzung des Arbeitsverhältnisses zu geänderten Arbeitsbedingungen anbietet. Aus dieser gesetzlichen Definition der Änderungskündigung folgt, dass sie in zwei verschiedenen Rechtsformen ergehen kann, einerseits als unbedingte Kündigung verbunden mit dem Angebot des Arbeitgebers zur Fortsetzung des Arbeitsverhältnisses unter geänderten Arbeitsbedingungen und andererseits als Beendigungskündigung unter der Bedingung, dass der Arbeitnehmer sich nicht mit den neuen Arbeitsbedingungen einverstanden erklärt. Deshalb ist die Änderungskündigung, ungeachtet in welcher Rechtsform sie erklärt wird, eine echte Kündigung,[454] die insoweit sowohl als ordentliche als auch als außerordentliche[455] Kündigung ergehen kann.

153 Hieraus folgt, dass die Ausführungen zur ordentlichen Kündigung → Rn. 32 ff. einerseits, zur außerordentlichen Kündigung → Rn. 122 ff. andererseits – je nach der gewählten Rechtswirkung – uneingeschränkt auch für die Änderungskündigung gelten. Dies bedeutet insbesondere, dass der Insolvenzverwalter bei der ordentlichen Änderungskündigung die Kündigungsfrist gemäß § 113 I S. 2 InsO von drei Monaten einzuhalten hat, der Betriebsrat gemäß § 102 I BetrVG anzuhören ist und der besondere Kündigungsschutz Beachtung verlangt.[456] Entsprechendes gilt hinsichtlich der außerordentlichen Änderungskündigung, die gem. § 626 I BGB das Vorliegen eines wichtigen

---

[448] BAG AP Nr. 1 zu § 123 GewO; BAG AP Nr. 50 zu § 1 KSchG 1951; BAG AP Nr. 31, 39 zu § 626 BGB; MüKoBGB/*Schwerdtner*, § 626 Rn. 32; ErfKomm/*Müller-Glöge*, § 626 BGB Rn. 226.
[449] BAG AP Nr. 1 zu § 70 HGB.
[450] BAG AP Nr. 1 zu § 123 GewO; BAG AP Nr. 50 zu § 1 KSchG 1951.
[451] *Stahlhacke/Preis/Vossen*, Rn. 790.
[452] BAG v. 12.8.1999 – 2 AZR 632/98, NZA 2000, 106; *Stahlhacke/Preis/Vossen*, Rn. 790; ErfKomm/*Müller-Glöge*, § 626 BGB 74, 75.
[453] Zur krankheitsbedingten außerordentlichen Kündigung BAG v. 18.10.2000 – 2 AZR 627/99, NZA 2001, 219 und v. 18.1.2001 – 2 AZR 616/99, NZA 2002, 455 und zur betriebsbedingten Kündigung BAG v. 5.2.1998 – 2 AZR 227/97, NZA 1998, 771; BAG v. 27.6.2002 – 2 AZR 367/01, DB 2003, 102 sowie BAG v. 8.4.2003 – 2 AZR 355/02, NZA 2003, 856.
[454] KR-*Rost*, § 2 KSchG Rn. 9; Nerlich/Römermann/*Hamacher*, § 113 Rn. 154.
[455] KR-*Rost*, § 2 KSchG Rn. 32; *Stahlhacke/Preis/Vossen*, Rn. 590.
[456] *Stahlhacke/Preis/Vossen*, Rn. 1260; ErfKomm/*Ascheid*, § 2 KSchG Rn. 24.

Grundes und gemäß § 626 II BGB die Einhaltung der Ausschlussfrist verlangt, darüber hinaus aber auch hier die Mitwirkungsrechte des Betriebsrates gemäß der §§ 102, 103 BetrVG sowie – falls einschlägig – die Regelungen des besonderen Kündigungsschutzes zu beachten sind. Für den Insolvenzverwalter ist von Bedeutung, dass die Unrentabilität des Betriebes einer Weiterbeschäftigung des Arbeitnehmers zu unveränderten Bedingungen entstehen kann und ein dringendes betriebliches Erfordernis zur Änderung der Arbeitsbedingungen darstellt, wenn beispielsweise durch Senkung der Personalkosten die Stilllegung des Betriebes oder die Reduzierung der Belegschaft vermieden werden kann.[457] Dabei kann es nicht darum gehen, in das unmittelbare Entgeltgefüge einzugreifen, sondern die Änderungskündigung kann beispielsweise eingesetzt werden, um wirtschaftlich nicht mehr tragbare Sonderzahlungen entfallen zu lassen, um auf diese Weise der konkreten Gefahr einer Betriebsschließung wegen Insolvenz zu begegnen. Für die auf dringende betriebliche Erfordernisse gestützte außerordentliche betriebsbedingte Änderungskündigung gilt die Vermutungswirkung des § 1 V S 1 KSchG nicht, sondern § 1 V KSchG findet nur bei ordentlichen Änderungskündigungen Anwendung.[458] Unabhängig davon, ob es sich um eine ordentliche oder außerordentliche Änderungskündigung handelt, gehört auch die Änderungskündigung zu den nach dem seit dem 1.5.2000 geltenden § 623 BGB der Schriftform bedürfenden Kündigungen.[459] Weiterhin kann das in der Änderungskündigung enthaltene Vertragsangebot zugleich eine Versetzung zum Inhalt haben, was dann wiederum die Mitwirkungs- und Mitbestimmungsrechte des Betriebsrates gemäß der §§ 99 ff. BetrVG zur Geltung bringt.[460]

2. Reaktionen des Arbeitnehmers. Spricht der Insolvenzverwalter eine Änderungskündigung aus, so hat der Arbeitnehmer drei in ihren Rechtswirkungen völlig unterschiedliche Reaktionsmöglichkeiten:

1. Lehnt der Arbeitnehmer die im Zusammenhang mit der Kündigung angebotene Vertragsänderung (vorbehaltlos) ab,[461] so „wandelt" sich die ausgesprochene Änderungskündigung „automatisch" rechtlich in eine Beendigungskündigung und zwar nach Art der zuvor ausgesprochenen Änderungskündigung in eine ordentliche oder in eine außerordentliche Beendigungskündigung. Hat mit anderen Worten der Insolvenzverwalter eine ordentliche Änderungskündigung ausgesprochen und der Arbeitnehmer die angebotene Vertragsänderung abgelehnt, liegt nunmehr allein eine ordentliche Kündigung vor, für die das normale Kündigungsschutzverfahren einschließlich des besonderen Kündigungsschutzes – falls einschlägig – gilt.[462]

Nimmt dagegen 2. der Arbeitnehmer die im Zusammenhang mit der Kündigung angebotene Vertragsänderung vorbehaltlos an, so liegt eine Kündigung überhaupt nicht vor (weder eine Änderungskündigung noch eine ordentliche oder außerordentliche Kündigung), weil durch die vorbehaltlose Annahme der vom Insolvenzverwalter ange-

---

[457] BAG v. 1.3.2007 – 2 AZR 580/05, NZA 2007, 1445; vgl. aber BAG, 12.1.2006 – 2 AZR 126/05, NZA 2006, 587.
[458] BAG v. 19.6.2007 – 2 AZR 304/06, NZA 2008, 103; BAG v. 28.5.2009 – 2 AZR 844/07, NZA 2009, 954.
[459] *Trittin/Backmeister* DB 2000, 618 (621); *Preis/Gotthardt* NZA 2000, 348 (350); *Schaub* NZA 2000, 344 (347), *Müller-Glöge/von Senden* AuA 2000, 199 (199).
[460] KR-*Rost,* § 2 KSchG Rn. 122 ff.; ErfKomm/*Ascheid,* § 2 KSchG Rn. 29, 30; BAG v. 30.9.1993 – 2 AZR 283/93, NZA 1994, 615.
[461] Die verspätete Annahme des Änderungsangebots oder die Annahme unter Änderungen steht gemäß § 150 BGB der Ablehnung gleich.
[462] Vgl. *Herschel/Löwisch,* § 2 KSchG Rn. 45 f.; ErfKomm/*Ascheid,* § 2 KSchG Rn. 37; Beschreitet der Arbeitnehmer den Weg der normalen Kündigungsschutzklage, ist die Sozialwidrigkeit daran zu messen, ob die vorgeschlagene Änderung der Arbeitsbedingungen sozial gerechtfertigt und dem Arbeitnehmer zumutbar ist (hM); vgl. BAG AP Nr. 1 zu § 626 BGB Änderungskündigung; BAG AP Nr. 1 zu § 75 BPersVG; BAG AP Nr. 3 zu § 2 KSchG 1969; *Herschel/Löwisch,* § 2 KSchG Rn. 47; KR-*Rost,* § 2 KSchG Rn. 89 ff. jeweils mwN.

botenen Vertragsänderung durch den Arbeitnehmer die Fortsetzung des Arbeitsverhältnisses zu den geänderten Arbeitsbedingungen zwischen den Arbeitsvertragsparteien bindend vereinbart worden ist.[463]

157 Nur wenn der Arbeitnehmer 3. das zugleich mit der „Änderungskündigung" erklärte Vertragsangebot des Insolvenzverwalters unter dem erklärten Vorbehalt annimmt, dass die Änderungskündigung nicht sozial ungerechtfertigt ist, kann der Arbeitnehmer gemäß der §§ 2, 4 KSchG Änderungskündigungsschutzklage erheben.[464] Durch diese dritte Möglichkeit will das KSchG dem Arbeitnehmer das Risiko abnehmen, dass er Gefahr läuft, einerseits das Vertragsangebot auszuschlagen, andererseits aber das Arbeitsgericht später die soziale Rechtfertigung der Beendigungskündigung bejaht und der Arbeitnehmer damit seinen Arbeitsplatz überhaupt verliert.[465] Zugleich erlaubt die Annahme des Vertragsangebotes unter Vorbehalt, dass der Arbeitnehmer während des Kündigungsschutzprozesses weiter, wenn auch auf dem neuen Arbeitsplatz, arbeiten kann. Allerdings hat der Arbeitnehmer den Vorbehalt ausdrücklich oder zumindest unzweideutig konkludent gegenüber dem Insolvenzverwalter zu erklären, damit die an eine Willenserklärung zu stellenden Anforderungen eingehalten sind. Im Rahmen einer ordentlichen Änderungskündigung muss der Vorbehalt zumindest innerhalb der Kündigungsfrist, spätestens innerhalb von drei Wochen erklärt werden (§ 2 S. 2 KSchG), während bei der außerordentlichen Änderungskündigung die Vorbehaltserklärung unverzüglich erfolgen muss, wenn die Weiterbeschäftigung tatsächlich zu den geänderten Arbeitsbedingungen erfolgt.[466]

158 3. **Kündigungsschutz.** Hat der Arbeitnehmer unter dem Vorbehalt des § 2 KSchG die angebotene Vertragsänderung angenommen, steht unstreitig fest, dass das Arbeitsverhältnis fortbesteht. Es befindet sich deshalb auch nicht der Bestandsschutz des Arbeitsverhältnisses im Streit, sondern allein dessen Inhalt;[467] streitig ist somit nur, ob das Arbeitsverhältnis zu den neuen oder zu den alten Arbeitsbedingungen fortbesteht.[468] Deshalb kann sich auch der Kündigungsschutz im Rahmen einer Änderungskündigungsschutzklage des Arbeitnehmers nicht darauf beziehen, ob das Arbeitsverhältnis durch die Kündigung aufgelöst worden sei, sondern nur darauf, ob das Arbeitsverhältnis zu den geänderten oder zu den alten Bedingungen fortbesteht.

159 Konsequent ist deshalb die Klage des Arbeitnehmers auf die Feststellung gerichtet, dass die Änderung der Arbeitsbedingungen sozial ungerechtfertigt ist und das Arbeitsverhältnis zu den alten, unveränderten Arbeitsbedingungen über den Kündigungstermin hinaus fortbesteht (vgl. § 4 S. 2 KSchG). Der Prüfungsmaßstab der Arbeitsgerichte ist somit darauf gerichtet, ob für die ordentliche Änderungskündigung Gründe iSv § 1 II KSchG oder bei der außerordentlichen Änderungskündigung solche iSd § 626 BGB[469] die neuen Arbeitsbedingungen für den Arbeitnehmer als zumutbar legitimieren. Entscheidend kommt es dabei auf die Interessenabwägung hinsichtlich der Interessen des Arbeitgebers an der Änderung der Arbeitsbedingungen einerseits, der Arbeitnehmerinteressen an der Aufrechterhaltung der alten Vertragsbedingungen andererseits an.[470]

---

[463] Vgl. *Herschel/Löwisch*, § 2 KSchG Rn. 12 ff.; Nerlich/Römermann/*Hamacher*, § 113 Rn. 159.
[464] Auf die außerordentliche Änderungskündigung sind die §§ 2, 4 S. 2 KSchG entsprechend anzuwenden (hM); BAG AP Nr. 3 zu § 55 BAT; BAG AP Nr. 16 zu § 2 KSchG 1969; KR-*Rost*, § 2 KSchG Rn. 32 mwN; aA *Herschel/Löwisch*, § 2 KSchG Rn. 52.
[465] Vgl. *Herschel/Löwisch*, § 2 KSchG Rn. 44; Nerlich/Römermann/*Hamacher*, § 113 Rn. 160.
[466] BAG AP Nr. 16, 20 zu § 2 KSchG 1969; KR-*Rost*, § 2 KSchG Rn. 33.
[467] Nerlich/Römermann/*Hamacher*, § 113 Rn. 160, 162.
[468] *Herschel/Löwisch*, § 2 KSchG Rn. 22; *Schaub/Linck*, Arbeitsrechts-Handbuch, § 137 Rn. 35.
[469] Vgl. BAG AP Nr. 1 zu § 626 BGB Änderungskündigung; BAG AP Nr. 19 zu § 15 KSchG 1969; KR/*Rost*, § 2 KSchG Rn. 31; KR-*Fischermeier*, § 626 BGB Rn. 199 ff.; aA *Herschel/Löwisch*, § 2 KSchG Rn. 53; MüKoBGB/*Schwerdtner*, vor § 620 BGB Rn. 651 ff.
[470] BAG AP Nr. 1 zu § 626 BGB Änderungskündigung; BAG AP Nr. 1 zu § 75 BPersVG; BAG AP Nr. 17 zu § 620 Änderungskündigung.

Die Änderungskündigung muss zunächst (gleichgültig ob es sich um eine ordentliche oder außerordentliche Änderungskündigung handelt) aus personenbedingten, aus verhaltensbedingten oder aus betriebsbedingten Gründen gerechtfertigt sein. Bei der betriebsbedingten Änderungskündigung gilt zudem das Gebot der sozialen Auswahl.[471] Des Weiteren ist eine betriebsbedingte Änderungskündigung ebenfalls dann sozial ungerechtfertigt, wenn die Voraussetzungen von § 1 II S. 2 KSchG in der Modifikation der höchstrichterlichen Rechtsprechung nicht vorliegen, also insbesondere die Kündigung gegen eine Auswahlrichtlinie verstößt oder der Arbeitnehmer an einem anderen Arbeitsplatz weiterbeschäftigt werden könnte, sei es zu den unveränderten Arbeitsbedingungen, sei es zu veränderten Arbeitsbedingungen nach zumutbaren Umschulungs- und Fortbildungsmaßnahmen mit Einverständnis des Arbeitnehmers. Im Insolvenzfalle werden diese Gründe allerdings kaum durchschlagen, weil sich hier eine Änderungskündigung regelmäßig nur dann anbieten wird, wenn Arbeitnehmer entweder nur noch zu Abwicklungsarbeiten eingesetzt werden können oder aber – bei zumindest zeitweiliger Fortführung des Betriebes durch den Insolvenzverwalter – die Überlebenschance des Unternehmens oder des Betriebes unmittelbar mit der Änderung der konkreten Arbeitsbedingungen der betroffenen Arbeitnehmer beweisbar zusammenhängt.

Die materiell-rechtliche Prüfung der Sozialwidrigkeit einer Änderungskündigung erfolgt in zwei Stufen: Zunächst ist festzustellen, ob Gründe in der Person oder in dem Verhalten des Arbeitnehmers oder dringende betriebliche Erfordernisse vorliegen, welche eine Kündigung des Arbeitsverhältnisses sozial rechtfertigen iSv § 1 II KSchG. Sodann ist zu prüfen, ob sich die vorgeschlagene Änderung bei einem an sich anerkennenswerten Anlass auf Bedingungen beschränkt, die der Arbeitnehmer billigerweise hinnehmen muss.[472] Fehlt es an einem hinreichenden Kündigungsgrund, um die angestrebte Änderung zu rechtfertigen, kann die Änderungskündigung schon deshalb sozialwidrig sein.[473] Sie ist aber auch dann sozialwidrig, wenn sich das Änderungsangebot nicht auf ein zumutbares Maß beschränkt.[474] In der Insolvenz kann von Bedeutung sein, dass Änderungskündigungen zur Anpassung vertraglicher Nebenabreden (zB kostenlose Beförderung zum Betriebssitz, Fahrtkostenzuschuss, Mietzuschuss) an geänderte Umstände nicht den gleichen strengen Maßstäben unterliegen wie Änderungskündigungen zur Entgeltabsenkung.[475] Vorrangig wird der Insolvenzverwalter allerdings prüfen müssen, ob er sich auch ohne Änderungskündigung von derartigen Nebenabreden lösen kann, weil ein Widerrufsvorbehalt vereinbart worden ist.[476]

VII. Der Weiterbeschäftigungsanspruch

1. Überblick. Während bei der Änderungskündigung die Annahme des Vertragsangebotes durch den Arbeitnehmer unter Vorbehalt zu dessen Weiterbeschäftigung, wenn auch unter veränderten Arbeitsbedingungen, führt, ist ansonsten der Arbeitnehmer nach Ausspruch einer arbeitgeberseitigen (ordentlichen wie außerordentlichen) Beendigungskündigung darauf verwiesen, die Wirksamkeit der arbeitgeberseitigen Kündigung vor den Arbeitsgerichten anzufechten mit der Folge, dass eine Weiterbeschäftigung erst nach rechtskräftigem Obsiegen des Arbeitnehmers auf Grund der gerichtlichen Feststellung des dann unverändert weiterbestehenden Arbeitsverhältnisses in Frage kommen kann.

---

[471] BAG AP Nr. 6 zu § 1 KSchG 169 Soziale Auswahl; BAG AP Nr. 13 zu § 1 KSchG 1969; Nerlich/Römermann/*Hamacher*, § 113 Rn. 168.
[472] *Stahlhacke/Preis/Vossen*, Rn. 1269, 1270; ErfKomm/*Ascheid*, § 2 KSchG Rn. 45; BAG v. 18.11.1999 – 2 AZR 77/99, DB 1999, 2522.
[473] ErfKomm/*Ascheid*, § 2 KSchG Rn. 47.
[474] Vgl. *Schaub/Linck*, Arbeitsrechts-Handbuch § 137 Rn. 36; ErfKomm/*Ascheid*, § 2 KSchG Rn. 47.
[475] BAG v. 27.3.2003 – 2 AZR 74/02, NZA 2003, 3579.
[476] BAG v. 23.11.2000 – 2 AZR 547/99, NZA 2001, 492.

163 Um den Bestandsschutz des Arbeitsplatzes für den Arbeitnehmer während eines anhängigen Kündigungsrechtsstreites zu erhöhen, hat deshalb der Gesetzgeber in § 102 V BetrVG eine besondere Form des Weiterbeschäftigungsanspruchs normiert. Über diesen „betriebsverfassungsrechtlichen" Weiterbeschäftigungsanspruch hinaus hat der Große Senat des Bundesarbeitsgerichtes für alle Arbeitnehmer einen allgemeinen Weiterbeschäftigungsanspruch unter bestimmten Voraussetzungen anerkannt.[477] Da erneut gilt, dass arbeitsrechtliche Vorschriften und Regelungen in der Insolvenz prinzipiell unverändert zur Geltung kommen, lässt sich nicht verkennen, dass der Weiterbeschäftigungsanspruch in erheblicher Weise der dem Insolvenzverwalter obliegenden Verfolgung der insolvenzspezifischen Ziele entgegenstehen kann.

164 **2. Der „betriebsverfassungsrechtliche" Weiterbeschäftigungsanspruch. a)** *Tatbestandsvoraussetzungen*. Gemäß § 102 V BetrVG, der auch im Insolvenzverfahren Anwendung findet, muss der Insolvenzverwalter auf Verlangen des gekündigten Arbeitnehmers diesen nach Ablauf der Kündigungsfrist bis zum rechtskräftigen Abschluss des Rechtsstreits bei unveränderten Arbeitsbedingungen weiterbeschäftigen, wenn folgende Tatbestandsvoraussetzungen gegeben sind:

1. Der Insolvenzverwalter muss eine ordentliche Kündigung ausgesprochen haben;
2. der Betriebsrat muss der ordentlichen Kündigung frist- und ordnungsgemäß unter substantiierter Berufung auf einen der in § 102 III BetrVG enumerativ aufgeführten Widerspruchsgründe widersprochen haben;
3. der Arbeitnehmer muss nach dem KSchG Klage auf Feststellung, dass das Arbeitsverhältnis durch die Kündigung nicht aufgelöst worden ist, erhoben haben und
4. der Arbeitnehmer muss Weiterbeschäftigung vom Insolvenzverwalter verlangen.

165 Hieraus folgt, dass der Weiterbeschäftigungsanspruch des § 102 V BetrVG nur nach einer ordentlichen Kündigung des Arbeitgebers entstehen kann, während bei einer außerordentlichen Kündigung der Gesetzgeber wegen des Gewichtes des wichtigen Grundes davon ausgeht, dass prinzipiell ein Weiterbeschäftigungsanspruch für den Arbeitgeber unzumutbar ist. Eine Weiterbeschäftigungspflicht kann deshalb auch nicht in Betracht kommen, wenn der Arbeitgeber außerordentlich und hilfsweise ordentlich gekündigt hat,[478] es sei denn, dass im Rahmen des Kündigungsschutzprozesses die außerordentliche Kündigung gegenstandslos wird und nur noch ihre Umdeutung in eine ordentliche Kündigung in Frage steht.[479] Dann kann zu diesem Zeitpunkt der Weiterbeschäftigungsanspruch entstehen. Nach neuester Rechtsprechung des BAG ist § 102 III–V BetrVG auf eine gegenüber einem tariflich unkündbaren Arbeitnehmer erfolgte außerordentliche Kündigung entsprechend anzuwenden.[480]

166 Bei einer Änderungskündigung liegen die Voraussetzungen des § 102 V BetrVG dagegen regelmäßig nur vor, wenn der Arbeitnehmer das Vertragsangebot zu geänderten Arbeitsbedingungen ohne Vorbehalt abgelehnt hat und folglich die Änderungskündigung als normale Beendigungskündigung Wirksamkeit entfaltet.[481] In der Literatur wird darüber hinaus jedoch auch dann ein Weiterbeschäftigungsanspruch bejaht, wenn der

---

[477] BAG (GS) AP Nr. 14 zu § 611 BGB Beschäftigungspflicht.

[478] *Stahlhacke/Preis/Vossen*, Rn. 2092; *Richardi/Thüsing*, § 102 BetrVG Rn. 219; KR-*Etzel*, § 102 BetrVG Rn. 198.

[479] LAG Hamm DB 1982, 1679; LAG Frankfurt EzA Nr. 1 zu § 102 BetrVG Beschäftigungspflicht; *Galperin/Löwisch*, § 102 BetrVG Rn. 106; GK-BetrVG/*Kraft*, § 102 BetrVG Rn. 93; *Heinze*, Personalplanung, Rn. 592; *Hess/Schlochauer/Glaubitz*, § 102 BetrVG Rn. 143; KR-*Etzel*, § 102 BetrVG Rn. 198; aA *Fitting/Kaiser/Heither/Engels*, § 102 BetrVG Rn. 57 mwN.

[480] BAG NZA 1998, 771.

[481] *Richardi/Thüsing*, § 102 BetrVG Rn. 211; *Fitting/Kaiser/Heither/Engels*, § 102 BetrVG Rn. 9; GK-BetrVG/*Kraft*, § 102 BetrVG Rn. 103; KR-*Rost*, § 2 KSchG Rn. 118; KR-*Etzel*, § 102 BetrVG Rn. 199e.

Arbeitnehmer das Vertragsangebot unter Vorbehalt angenommen hat und gleichzeitig ein Mitwirkungs- und Mitbestimmungsrecht des Betriebsrates wegen Umgruppierung oder Versetzung des Arbeitnehmers eingreift.[482] Diese Begründung ist jedoch höchst zweifelhaft, weil das Mitbestimmungsverfahren gem. der §§ 99, 100 BetrVG nicht zu einem individualarbeitsrechtlichen Weiterbeschäftigungsanspruch zu führen vermag.

167 Weiterhin muss der Widerspruch des Betriebsrates sowohl formell wie inhaltlich wirksam sein, sich insbesondere im Rahmen der – abschließenden – Widerspruchsgründe des § 102 III BetrVG halten. Der Widerspruch des Betriebsrats ist nur dann ordnungsgemäß, wenn er sich auf die in § 102 III Nrn. 1–5 BetrVG genannten Gründe bezieht. Will er geltend machen, der Arbeitgeber habe bei der Auswahl des zu kündigenden Arbeitnehmers soziale Gesichtspunkte nicht oder nicht ausreichend berücksichtigt (§ 102 III Nr. 1 BetrVG), muss der Betriebsrat zu erkennen geben, welche konkret zu benennenden Arbeitnehmer er im Hinblick auf ihre soziale Schutzwürdigkeit für vergleichbar hält und warum er andere Arbeitnehmer für sozial weniger schutzwürdig ansieht.[483] Bei Massenentlassungen darf er sich nicht auf in allen Fällen gleich lautende Widerspruchsschreiben beschränken, in denen er lediglich pauschal auf Arbeitnehmer in vergleichbaren Abteilungen hinweist, die nach den maßgeblichen Sozialkriterien weniger schutzwürdig seien. Der Widerspruch iSv § 103 III BetrVG muss so gefasst sein, dass der Insolvenzverwalter die nach Auffassung des Betriebsrats weniger schutzwürdigen Arbeitnehmer jedenfalls identifizieren kann.[484] Die Kündigungsschutzklage des Arbeitnehmers muss ordnungsgemäß erhoben sein, insbesondere muss die Kündigung dem Geltungsbereich des KSchG unterfallen.[485] Hat der Arbeitnehmer die Klagefrist gemäß § 4 KSchG nicht eingehalten, so kann ein Weiterbeschäftigungsanspruch erst mit Rechtskraft des Beschlusses über eine nachträgliche Zulassung der Klage entstehen.[486] Das Verlangen des Arbeitnehmers auf Weiterbeschäftigung ist unabdingbare Voraussetzung; umstritten ist allerdings, bis zu welchem Zeitpunkt der Arbeitnehmer die Weiterbeschäftigung geltend machen muss. Das Bundesarbeitsgericht geht davon aus, dass das Gesetz eine Geltendmachungsfrist nicht enthält und dem Arbeitnehmer ohnehin eine Überlegungsfrist zusteht.[487] Danach kann der Arbeitnehmer das Weiterbeschäftigungsverlangen auch noch am ersten Arbeitstag nach Ablauf der Kündigungsfrist stellen.[488] In Ausnahmefällen können natürlich Gründe zu einer Verwirkung des Weiterbeschäftigungsverlangens führen.[489]

168 b) *Rechtsfolge.* Liegen die Tatbestandsvoraussetzungen des Weiterbeschäftigungsanspruchs gemäß des § 102 V BetrVG vor und hat der Arbeitnehmer die Weiterbeschäftigung verlangt, dann ist der Insolvenzverwalter verpflichtet, den Arbeitnehmer bis zum rechtskräftigen Abschluss des Kündigungsschutzprozesses bei unveränderten Arbeitsbedingungen weiterzubeschäftigen. Die Rechtsfolge führt somit zur Weiterbeschäftigung des Arbeitnehmers im Rahmen und zu den Bedingungen des ungekündigten Arbeits-

---

[482] *Fitting/Kaiser/Heither/Engels*, § 102 BetrVG Rn. 8a; *Herschel/Löwisch*, § 2 KSchG Rn. 64f.; KR-*Rost*, § 2 KSchG Rn. 136ff.; KR-*Etzel*, § 102 BetrVG Rn. 199d; *Schaub/Linck*, Arbeitsrechts-Handbuch, § 123 Rn. 123; aA *Heinze*, Personalplanung, Rn. 595.
[483] BAG v. 9.7.2003 – 5 AZR 305/02, NZA 2003, 1191.
[484] So ausdrücklich BAG v. 9.7.2003 – 5 AZR 305/02, NZA 2003, 1191.
[485] *Stahlhacke/Preis/Vossen*, Rn. 2091.
[486] *Stahlhacke/Preis/Vossen*, Rn. 2091; *Heinze*, Personalplanung, Rn. 594; KR-*Etzel*, § 102 BetrVG Rn. 207; aA *Fitting/Kaiser/Heither/Engels*, § 102 BetrVG Rn. 61; GK-BetrVG/*Kraft*, § 102 BetrVG Rn. 96, die den Weiterbeschäftigungsanspruch bis zur Entscheidung des Arbeitsgerichtes annehmen.
[487] BAG AP Nr. 1 zu § 102 BetrVG Weiterbeschäftigungsanspruch; wie die BAG auch *Richardi/Thüsing*, § 102 BetrVG Rn. 221; *Galperin/Löwisch*, § 102 BetrVG Rn. 107a; *Stahlhacke/Preis/Vossen*, Rn. 2094; aA LAG Hamm BB 1976, 1452; *Hess/Schlochauer/Glaubitz*, § 102 BetrVG Rn. 151; KR-*Etzel*, § 102 BetrVG Rn. 209; enger *Fitting/Kaiser/Heither/Engels*, § 102 BetrVG Rn. 58.
[488] BAG v. 11.5.2000 – 2 AZR 45/99, NZA 2000, 1055.
[489] *Schaub/Linck*, Arbeitsrechts-Handbuch, § 123 Rn. 126.

verhältnisses, also insbesondere Weiterbeschäftigung auf dem alten Arbeitsplatz.[490] Sie ist allerdings auflösend bedingt durch die rechtskräftige Abweisung der Kündigungsschutzklage.[491] Das Recht auf Weiterbeschäftigung beinhaltet die tatsächliche Beschäftigung im Arbeitsverhältnis wie vor Ausspruch der Kündigung zu den bis dahin bestehenden Arbeitsbedingungen. Der Weiterbeschäftigungsanspruch besteht auch dann, wenn letztendlich die Wirksamkeit der Kündigung festgestellt wird. Verweigert der Arbeitgeber die Weiterbeschäftigung, kann der Arbeitnehmer seinen Anspruch auf Weiterbeschäftigung sowohl im Wege der Klage als auch gegebenenfalls mittels einstweiliger Verfügung durchsetzen.[492]

169 c) *Entbindung von der Weiterbeschäftigungspflicht.* Nur unter engen Voraussetzungen kann der Insolvenzverwalter seinerseits durch einstweilige Verfügung im Urteilsverfahren eine gerichtliche Entbindung von der Weiterbeschäftigungspflicht erlangen (§ 102 V S. 2 BetrVG). Das Gesetz knüpft die Entbindung an das alternative Vorliegen einer der drei Tatbestände:

1. Wenn die Klage des Arbeitnehmers keine hinreichende Aussicht auf Erfolg bietet oder mutwillig erscheint;
2. wenn die Weiterbeschäftigung des Arbeitnehmers zu einer unzumutbaren wirtschaftlichen Belastung des Arbeitgebers führen würde; oder
3. wenn der Widerspruch des Betriebsrats offensichtlich unbegründet war.

170 Im Falle der Insolvenz wird deutlich, dass die Entbindung des Insolvenzverwalters von der Weiterbeschäftigungspflicht in der Regel auf Grund unzumutbarer wirtschaftlicher Belastung möglich und zulässig erscheint. Dann muss allerdings der Insolvenzverwalter gemäß § 294 ZPO glaubhaft machen bzw. beweisen, dass die wirtschaftlichen Belastungen infolge der Weiterbeschäftigung so schwerwiegend sind, dass sie eine sinnvolle Realisierung der Insolvenzzwecke unmöglich machen.[493] Dies könnte dann vorliegen, wenn der Wegfall des Arbeitsplatzes unabdingbare Voraussetzung für eine teilweise Betriebsfortführung, für eine Sanierung oder aber für die gesetzeskonforme Verwertung des schuldnerischen Vermögens ist.

171 Dann wird allerdings in der Regel zugleich das Tatbestandsmerkmal zu 1, fehlende Aussicht auf Erfolg der Kündigungsschutzklage, vorliegen bzw. das Tatbestandsmerkmal zu 3. Denn der Wiederspruch des Betriebsrates ist dann offensichtlich unbegründet, wenn beispielsweise eine Weiterbeschäftigung geltend gemacht wird, die aber aus insolvenzspezifischen Gründen gar nicht möglich ist.[494] Zur Kündigung des „Weiterbeschäftigungsverhältnisses" → Rn. 171.

172 3. *Der „allgemeine" Weiterbeschäftigungsanspruch.* a) *Tatbestandsvoraussetzungen.* Mit Entscheidung vom 27.2.1985 hat der Große Senat des Bundesarbeitsgerichtes in einer bis heute noch immer umstrittenen Weise[495] einen allgemeinen Weiterbeschäftigungsanspruch unabhängig von einer Mitwirkung des Betriebsrates – dahingehend anerkannt, dass außerhalb der Regelung der §§ 102 V BetrVG, 79 II BPersVG der gekündigte Arbeitnehmer einen arbeitsvertragsrechtlichen Anspruch auf vertragsgemäße

---

[490] BAG AP Nr. 5 zu § 611 BGB Beschäftigungspflicht; LAG Berlin BB 1976, 1273; *Fitting/Kaiser/Heither/Engels*, § 102 BetrVG Rn. 65; *Brill/Schwerdtner*, Weiterbeschäftigungsanspruch, S. 8 mwN.

[491] BAG NZA 1986, 424; BAG NZA 1996, 930.

[492] *Richardi/Thüsing*, § 102 Rn. 239; *Fitting/Kaiser/Heither/Engels*, § 102 BetrVG Rn. 67; ausführlich KR-*Etzel*, § 102 BetrVG Rn. 222 ff.; LAG Hamm v. 24.1.1994 – 19 Sa 2029/93, RzK III 1f Nr. 12.

[493] Vgl. *Fitting/Kaiser/Heither/Engels*, § 102 BetrVG Rn. 68; *Grunsky*, Arbeitsverhältnis, S. 30; *Schaub*, Arbeitsrechts-Handbuch, § 123 Rn. 131; ausführlich KR-*Etzel*, § 102 BetrVG Rn. 226 ff.

[494] Vgl. hierzu im Allgemeinen *Fitting/Kaiser/Heither/Engels*, § 102 BetrVG Rn. 68; *Hess/Schlochauer/Glaubitz*, § 102 BetrVG Rn. 171 ff.; KR-*Etzel*, § 102 BetrVG Rn. 230 ff.

[495] Vgl. MüKoBGB/*Schwerdtner*, Anh zu § 622 BGB Rn. 503; *Stahlhacke/Preis/Vossen*, Rn. 1296 Fn 61–63.

Beschäftigung über den Ablauf der Kündigungsfrist oder bei der fristlosen Kündigung über deren Zugang hinaus bis zum rechtskräftigen Abschluss des Kündigungsschutzprozesses besitzt, wenn die Kündigung unwirksam ist und überwiegende Schutzwerte sowie die Interessen des Arbeitgebers einer solchen Beschäftigung nicht entgegenstehen.[496] Hierdurch ist klargestellt, dass der allgemeine Weiterbeschäftigungsanspruch des Arbeitnehmers sowohl im Falle einer außerordentlichen als auch einer ordentlichen Kündigung sowie im Falle einer Änderungskündigung, bei der der Arbeitnehmer das Vertragsangebot nur unter Vorbehalt angenommen hat, geltend gemacht werden kann.

Liegt folglich eine arbeitgeberseitige Kündigung vor und macht der Arbeitnehmer den allgemeinen Weiterbeschäftigungsanspruch geltend, so bedarf es nach dieser Rechtsprechung jeweils einer Wertung, ob der Arbeitgeber ein überwiegendes Interesse an der Nichtbeschäftigung gegenüber dem Interesse des Arbeitnehmers an unveränderter Weiterbeschäftigung besitzt oder nicht.[497] Nur wenn die Kündigung offensichtlich unwirksam ist, überwiegt nach dieser Rechtsprechung von vornherein das Interesse des Arbeitnehmers an Weiterbeschäftigung das entgegenstehende Arbeitgeberinteresse.[498]

Sieht man allerdings von diesem Ausnahmefall einer offensichtlich unwirksamen Kündigung ab, so anerkennt die Rechtsprechung, dass die Ungewissheit über den Ausgang des Kündigungsprozesses ein schutzwertes Interesse des Arbeitgebers an der Nichtbeschäftigung des gekündigten Arbeitnehmers für die Dauer des Kündigungsschutzprozesses begründet.[499] Jedoch schließt dieses überwiegende Interesse des Arbeitgebers an der Nichtbeschäftigung des Arbeitnehmers das entgegenstehende Arbeitnehmerinteresse nur bis zu jenem Zeitpunkt aus, in dem im Kündigungsschutzprozess ein die Unwirksamkeit der Kündigung feststellendes, wenn auch noch nicht rechtskräftiges Urteil ergeht.[500] Solange dieses Urteil nicht wieder durch ein entgegengesetztes Urteil aufgehoben worden ist, kann nach der Rechtsprechung die Ungewissheit des Prozessausgangs für sich allein kein überwiegendes Gegeninteresse des Arbeitgebers mehr begründen.[501] Dieses kann sich dann nur durch zusätzliche Umstände ausnahmsweise ergeben, die nachdrücklich ein konkret überwiegendes Interesse des Arbeitgebers an der Nichtbeschäftigung des Arbeitnehmers „ausnahmsweise" belegen.[502]

Ist mit anderen Worten die arbeitgeberseitige Kündigung nicht offensichtlich unwirksam, so braucht der Insolvenzverwalter den Arbeitnehmer in der Regel wegen des überwiegenden Arbeitgeberinteresses an der Nichtbeschäftigung infolge der Ungewissheit des Ausgangs des Kündigungsrechtsstreites nicht zu den unveränderten Arbeitsbedingungen auf dem alten Arbeitsplatz weiterzubeschäftigen. Erzielt der Arbeitnehmer dann ein erstinstanzliches obsiegendes Urteil, so geht nunmehr für die Dauer des Kündigungsrechtsstreites in der zweiten Instanz die Rechtsprechung davon aus, dass jetzt in der Regel ein überwiegendes schutzwürdiges Interesse des Arbeitnehmers an der Weiterbeschäftigung besteht, demgegenüber das Arbeitgeberinteresse an der Nichtbeschäftigung zurücktritt, es sei denn, dass sich zusätzliche, anderweitige Umstände ergeben, die ausnahmsweise gleichwohl ein überwiegendes Gegeninteresse des Arbeitgebers begründen.[503] Ein solcher Umstand kann wiederum entsprechend § 102 V 2 Nr. 2 BetrVG in

---

[496] BAG (GS) AP Nr. 14 zu § 611 BGB Beschäftigungspflicht; vgl. auch die Nachweise bei MüKoBGB/*Schwerdtner*, Anh zu § 622 Fn 1276, 1278.
[497] So bereits die bisherige Rspr des BAG: BAG AP Nr. 4 zu § 611 BGB Beschäftigungspflicht.
[498] BAG AP Nr. 5 zu § 611 BGB Beschäftigungspflicht; BAG (GS) AP Nr. 14 zu § 611 BGB Beschäftigungspflicht; *Stahlhacke/Preis/Vossen*, Rn. 2117.
[499] BAG (GS) AP Nr. 14 zu § 611 BGB Beschäftigungspflicht.
[500] *Stahlhacke/Preis/Vossen*, Rn. 2122; Nerlich/Römermann/*Hamacher*, § 113 Rn. 298.
[501] BAG (GS) AP Nr. 14 zu § 611 BGB Beschäftigungspflicht.
[502] BAG (GS) AP Nr. 14 zu § 611 BGB Beschäftigungspflicht; vgl. hierzu *Brill/Schwerdtner*, Weiterbeschäftigungsanspruch, S. 35 ff.; MüKoBGB/*Schwerdtner*, Anh zu § 622 BGB Rn. 501.
[503] Vgl. BAG (GS) AP Nr. 14 zu § 611 BGB Beschäftigungspflicht.

einer unzumutbaren wirtschaftlichen Belastung des Arbeitgebers zu sehen sein.[504] Erlangt der Arbeitgeber späterhin ein ihm günstiges Urteil zweiter Instanz unter Aufhebung der erstinstanzlichen Entscheidung, so kehrt sich die Rechtslage erneut um: Nunmehr ist wieder im Regelfall von einem Überwiegen des arbeitgeberseitigen Interesses an der Nichtbeschäftigung mit der Folge auszugehen, dass dann ein Weiterbeschäftigungsanspruch des Arbeitnehmers nicht mehr besteht. Bei einer unter Vorbehalt angenommenen **Änderungskündigung** ist der Insolvenzverwalter aufgrund des allgemeinen Weiterbeschäftigungsanspruchs grundsätzlich nicht verpflichtet, den gekündigten Arbeitnehmer vorläufig zu den bisherigen Bedingungen weiterzubeschäftigen.[505]

176 **b)** *Rechtsfolge.* Die Klage auf Weiterbeschäftigung kann der gekündigte Arbeitnehmer neben der Kündigungsschutzklage und einer etwaigen Lohnzahlungsklage im Wege kumulativer Klagehäufung geltend machen (§ 260 ZPO).[506] Das Arbeitsgericht darf allerdings in der Regel auf Grund der oben dargestellten Grundsätze einer Beschäftigungsklage des Arbeitnehmers nur stattgeben, wenn ein Gericht für Arbeitssachen auf die sachlich entsprechende Kündigungsschutzklage des Arbeitnehmers hin festgestellt hat oder gleichzeitig feststellt, dass das Arbeitsverhältnis durch die Kündigung nicht aufgelöst worden ist.

177 Das den Insolvenzverwalter zur Weiterbeschäftigung verurteilende Weiterbeschäftigungsurteil ist regelmäßig vorläufig vollstreckbar. Deshalb ist es in der Praxis von besonderer Wichtigkeit, dass der Insolvenzverwalter bei Vorliegen eines entsprechenden Sachverhaltes unverzüglich glaubhaft macht, dass die Vollstreckung ihm einen nicht zu ersetzenden Nachteil bringen würde, weil nur dann das Arbeitsgericht auf seinen Antrag hin die vorläufige Vollstreckbarkeit im Urteil ausschließen bzw. in den Fällen der §§ 707 I, 719 I ZPO die Zwangsvollstreckung einstellen kann (§ 62 ArbGG). Die Weiterbeschäftigung allein kann aber grundsätzlich keinen dem Insolvenzverwalter nicht ersetzbaren Nachteil bilden, vielmehr muss die Befürchtung sonstiger Schäden glaubhaft gemacht werden, für die aller Wahrscheinlichkeit nach vom Arbeitnehmer kein Ersatz zu erlangen sein wird. Insoweit muss deshalb der Insolvenzverwalter auf die spezifische, insolvenzrechtliche Situation unter wirtschaftlichen Gesichtspunkten Bezug nehmen und diese Schäden und Nachteile im Falle der Weiterbeschäftigung detailliert und sorgfältig begründen.

178 Die rechtliche Beurteilung des Weiterbeschäftigungsverhältnisses hängt vom rechtskräftigen Ausgang des Kündigungsrechtsstreites ab: Hat die Kündigungsgegenklage Erfolg, so stellt das Gericht rechtskräftig fest, dass das Arbeitsverhältnis unverändert weiterbestanden hat. Dann bildet das Weiterbeschäftigungsverhältnis nichts anderes als die unveränderte Fortsetzung des ohnehin weiterbestehenden Arbeitsverhältnisses. Hat dagegen die Kündigungsgegenklage keinen Erfolg, so steht rechtskräftig fest, dass das Arbeitsverhältnis vor Beginn des Weiterbeschäftigungsverhältnisses rechtswirksam beendet worden ist. Dies bedeutet nach überwiegender Meinung, dass dann der Weiterbeschäftigung grundsätzlich kein Rechtsverhältnis zugrundegelegen hat.[507]

179 Etwas anderes kann nur dann gelten, wenn Arbeitgeber und Arbeitnehmer während der Dauer des Weiterbeschäftigungsanspruchs das frühere Arbeitsverhältnis einvernehmlich bis zur rechtskräftigen Entscheidung fortsetzen oder aber einvernehmlich ein auflösend bedingtes Arbeitsverhältnis bis zur Beendigung des Kündigungsrechtsstreites ver-

---

[504] Nerlich/Römermann/*Hamacher*, § 113 Rn. 298.
[505] BAG v. 18.1.1990 – 2 AZR 183/89, NZA 1990, 734; BAG v. 28.5.2009 – 2 AZR 844/07, NZA 2009, 954.
[506] BAG AP Nr. 4 zu § 611 BGB Weiterbeschäftigung; MüKoBGB/*Schwerdtner*, Anh zu § 622 BGB Rn. 525; *Stahlhacke/Preis/Vossen*, Rn. 2128.
[507] BAG (GS) AP Nr. 14 zu § 611 BGB Beschäftigungspflicht; aA MüKoBGB/*Schwerdtner*, Anh zu § 622 BGB Rn. 519.

einbaren.[508] Etwas derartiges kann sich beispielsweise bei betriebsbedingten Kündigungen dann empfehlen, wenn der Arbeitgeber Lohnzahlungsansprüche gemäß § 615 S. 1 BGB ausschließen will, weil der Arbeitnehmer bei Ausschlagen des arbeitgeberseitigen Weiterbeschäftigungsangebotes in der Regel wegen § 615 S. 2 BGB seines Lohnzahlungsanspruches verlustig geht.

Liegt dagegen eine vertragliche Rechtsbeziehung dem Weiterbeschäftigungsverhältnis nicht zugrunde, so geht das Bundesarbeitsgericht davon aus, dass bei Weiterbeschäftigung des Arbeitnehmers ohne einvernehmliche Fortsetzung des Arbeitsverhältnisses der Arbeitnehmer nur Ersatz des Wertes der geleisteten Arbeit gemäß der §§ 812 I, 818 II BGB verlangen kann, wobei sich der Wert der Arbeitsleistung nach der üblichen Vergütung bestimmt.[509] Dadurch werden zeitanteilige Jahressonderzahlungen miterfasst,[510] nicht aber ist der Urlaub zu ersetzen, der dem Arbeitnehmer nicht gewährt worden ist,[511] da dieser keine Gegenleistung des Arbeitgebers für erbrachte Arbeitsleistung darstellt sondern einen gesetzlichen Freistellungsanspruch.[512]

180

c) *Kündigung während des Weiterbeschäftigungsverhältnisses.* Kündigt der Insolvenzverwalter während des Weiterbeschäftigungsverhältnisses erneut, so stellt sich die Frage, ob durch diese erneute Kündigung das Weiterbeschäftigungsverhältnis beendet wird oder nicht. Entscheidend kommt es zunächst wiederum darauf an, ob diese zweite Kündigung offensichtlich unwirksam ist. Ist dies zu bejahen, dann verbleibt es ohnehin bei dem Überwiegen des Arbeitnehmerinteresses gegenüber dem Arbeitgeberinteresse mit der Folge der Fortsetzung des Weiterbeschäftigungsverhältnisses. Das Gleiche gilt nach der Rechtsprechung, wenn die Kündigung des Weiterbeschäftigungsverhältnisses auf dieselben Gründe gestützt wird wie die erste Kündigung bzw. ein und derselbe Lebenssachverhalt zugrunde liegt[513] und die erste Kündigung nicht nur aus formellen Gründen unwirksam war. Wird dagegen die Kündigung des Weiterbeschäftigungsverhältnisses durch den Insolvenzverwalter auf einen völlig neuen Lebenssachverhalt gestützt und ist diese Kündigung nicht offensichtlich unwirksam, so findet mit Zugang dieser zweiten Kündigung das Weiterbeschäftigungsverhältnis (zunächst) sein Ende, bis der Arbeitnehmer erneut eine obsiegende Entscheidung im Kündigungsschutzprozess erlangt hat, weil erst dann wieder sein überwiegendes Interesse an der Weiterbeschäftigung belegt ist.[514]

181

d) *Entbindung von der Weiterbeschäftigungspflicht.* Im Übrigen kann die Weiterbeschäftigungspflicht auch ohne erneute Kündigung enden, wenn der Arbeitgeber zur Suspendierung des Arbeitsverhältnisses berechtigt ist, etwa weil der Arbeitnehmer in den Verdacht einer strafbaren Handlung oder einer sonstigen schweren Arbeitsvertragsverletzung geraten ist.[515] In der Regel müssen allerdings die Gründe so schwer wiegen, dass dem Arbeitgeber eine Weiterbeschäftigung unzumutbar ist, so dass er sich dann ungeachtet einer et-

182

---

[508] *Von Hoyningen-Huene* BB 1988, 264, 265 mwN; *Schaub,* Arbeitsrechts-Handbuch, § 110 Rn. 24; *Stahlhacke/Preis/Vossen,* Rn. 2133; aA MüKoBGB/*Schwerdtner,* Anh zu § 622 BGB Rn. 518; vgl. auch LAG Köln NZA 1987, 158 (160); *Berkowsky* BB 1986, 795 (796); *Lieb* SAE 1986, 48; *Schwerdtner* ZIP 1985, 1361 (1368f.); *Wank* RdA 1987, 129 (157).
[509] BAG NZA 1993, 177; *Stahlhacke/Preis/Vossen,* Rn. 2138, 2139.
[510] BAG NZA 1987, 373; BAG NZA 1990, 696.
[511] BAG AP Nr. 66 zu § 1 LohnFG; BAG AP Nr. 22 zu § 611 BGB Beschäftigungspflicht; *Stahlhacke/Preis/Vossen,* Rn. 2140; aA *Hueck/von Hoyningen-Huene,* § 4 KSchG Rn. 110; *Kreßel* JZ 1988, 1107.
[512] BAG NZA 1993, 28; BAG NZA 1997, 889; BAG NZA 1998, 553; BAG NZA 1999, 80.
[513] BAG NZA 1994, 70; BAG AP Nr. 6 zu § 611 BGB Weiterbeschäftigung; kritisch zu dieser Entscheidung *von Hoyningen-Huene* BB 1988, 264 (266ff.) mwN.
[514] BAG AP Nr. 17 zu § 611 BGB Beschäftigungspflicht; vgl. *Blanke* ArbuR 1987, 257; *Brill/Schwerdtner,* Weiterbeschäftigungsanspruch, S. 13f., 92ff.
[515] BAG AP Nr. 17 zu § 611 BGB Beschäftigungspflicht; ausführlich hierzu MüKoBGB/*Schwerdtner,* Anh zu § 622 Rn. 501.

waigen Suspendierung ohnehin von der Weiterbeschäftigungspflicht – notfalls durch einstweilige Verfügung – entbinden lassen kann. → Rn. 159 f.

VIII. Die Massenentlassung

183 **1. Sinn und Zweck der Massenentlassungsanzeige.** Die §§ 17 bis 22 KSchG enthalten Einschränkungen der individuellen Kündigungsmöglichkeit. Sie dienen nach herkömmlichem Verständnis arbeitsmarktpolitischen Zielsetzungen. Die Arbeitsverwaltung soll in den Stand gesetzt werden, Entlassungen zu verhindern oder sich auf zu erwartende Entlassungen einzustellen. Wegen der arbeitsmarktpolitischen Ausrichtung der Vorschriften ist die Wirksamkeit der Kündigung davon nach bisherigem nationalen Verständnis nicht betroffen. Dies muss unter dem Einfluss des europäischen Rechts revidiert werden. Bereits unter der Geltung der EG-Richtlinie 75/179/EWG vom 17.2.1975 wurde kritisiert, dass die Massenentlassungs-RL nicht in ausreichendem Maße in nationales Recht umgesetzt worden sei.[516] Nach der Richtlinie 98/59/EG vom 20.7.1998 ist der Arbeitgeber vor Massenentlassungen zu einer umfänglichen Information und Konsultation der Arbeitnehmer verpflichtet. Er hat der zuständigen Behörde alle beabsichtigten Massenentlassungen schriftlich anzuzeigen. Das Arbeitsverhältnis soll solange geschützt werden, bis alle Beratungen mit der Behörde über die Möglichkeit zur Vermeidung von Entlassungen und über mögliche soziale Maßnahmen abgeschlossen sind.

183a Nach der Entscheidung des EuGH vom 27.1.2005[517] ist die Kündigungserklärung als Entlassung iSd Art. 2 bis 4 der Richtlinie auszulegen. Das BAG war daher gezwungen, seine anders lautende Rechtsprechung aufzugeben oder auf eine neue Regelung durch den Gesetzgeber zu warten. Im Anschluss an die Entscheidung des EuGH geht das BAG nunmehr davon aus, dass unter Entlassung iSv § 17 I KSchG die Erklärung der Kündigung des Arbeitsverhältnisses zu verstehen ist.[518] Hat die Anzeigepflicht bei Massenentlassungen auch kündigungsschutzrechtliche Bedeutung, führt die unterbliebene Anzeige zur Unwirksamkeit der Kündigung. An sich wäre es Sache des Gesetzgebers gewesen, die arbeitsmarktpolitischen Zielsetzungen der §§ 17 ff. KSchG mit dem individuellen Arbeitnehmerschutz zu harmonisieren. Dies ist jedoch nicht geschehen, so dass die Rechtsprechung unter Beachtung der Vorgaben des EuGH für eine richtlinienkonforme Auslegung der Vorschriften über die Massenentlassungsanzeige Sorge tragen muss. Die aus der richtlinienkonformen Auslegung des § 17 I KSchG folgenden Auswirkungen auf das arbeitsmarktpolitisch konzipierte System der §§ 17, 18 KSchG sind nunmehr weitgehend geklärt.[519]

183b Während das Kündigungsrecht und das Kündigungsschutzrecht grundsätzlich individualistisch ausgestaltet, dh auf das konkrete, individuelle Vertragsverhältnis des Arbeitnehmers und des Arbeitgebers bezogen sind, sehen die §§ 17–22 KSchG eine kollektivrechtliche Einbindung des individuellen Kündigungsrechtes vor, wenn durch die Kumulierung individueller Kündigungen Massenentlassungen erfolgen und damit arbeitsmarktpolitische Zielvorgaben der Arbeitsverwaltung zur effektiven Begegnung von Massenarbeitslosigkeit tangiert werden. Durch den Massenentlassungsschutz der §§ 17 ff. KSchG erfährt folglich das individuelle Kündigungs- und Kündigungsschutzrecht eine kollektivrechtliche „Überhöhung", dergestalt die Schutzvorschriften über Massenentlassungen kumulativ neben die individualarbeitsrechtlichen Kündigungs- und Kündigungsschutzvorschriften treten.[520]

---

[516] *Wißmann*, RdA 1998, 221; ErfK/*Kiel*, § 17 Rn. 2.
[517] EuGH v. 27.1.2005 – C – 188/03, NZA 2005, 213.
[518] BAG v. 23.3.2006 – 2 AZR 343/05, NZA 2006, 971.
[519] BAG v. 20.9.2012 – 6 AZR 155/11, NZA 2013, 32; BAG v. 28.6.2012 – 6 AZR 780/10, ZIP 2012, 1822; BAG v. 21.3.2013 – 2 AZR 60/12, ZIP 2013, 1589; BAG v. 22.11.2012 – 2 AZR 371/11, NZA 2013, 845.
[520] *Birk, Anm.* BAG AP Nr. 4 zu § 611 BGB Beschäftigungspflicht; *Schaub*, Arbeitsrechts-Handbuch, § 142 Rn. 1.

2. Anwendungsbereich. Die Anzeigepflicht gilt für privatwirtschaftlich organisierte **184** Betriebe, in denen mehr als 20 Arbeitnehmer beschäftigt werden. Aus dem Bereich des öffentlichen Rechts werden gemäß § 23 II KSchG nur solche Betriebe erfasst, die zwar von einer öffentlichen Verwaltung geführt werden, aber wirtschaftliche Zwecke verfolgen. Der Begriff „Betrieb" iSd § 17 I KSchG wird herkömmlicherweise im betriebsverfassungsrechtlichen Sinne verstanden, nämlich als organisatorische Einheit, innerhalb derer ein Arbeitgeber allein oder mit seinen Mitarbeitern mit Hilfe sachlicher oder immaterieller Mittel bestimmte arbeitstechnische Zwecke dauerhaft verfolgt, die sich nicht in der Befriedigung von Eigenbedarf erschöpfen.[521]

a) *Betriebsbegriff.* Richtigerweise muss der Begriff des Betriebes den Anforderungen **184a** von Art. I 1a der Richtlinie 98/59/EG angepasst werden. Der Betrieb ist danach gleichzusetzen mit „wirtschaftlicher Einheit", die nicht notwendigerweise über eine eigene Leitung mit Entscheidungskompetenz über die vorzunehmenden Entlassungen verfügen muss.[522] Europarechtlich ist unter „Betrieb" eine wirtschaftliche Einheit zu verstehen, die getrennt vom Hauptbetrieb mit eigener Ausstattung und eigenem Fachpersonal unter der Aufsicht und Kontrolle eines Produktionsleiters bestimmte Arbeiten erledigt.[523] Aus nationaler Sicht ist der Rückgriff auf den betriebsverfassungsrechtlichen Betriebsbegriff systematisch konsequent, weil die Anzeigepflicht mit der Konsultation des Betriebsrats gemäß § 17 II KSchG verbunden ist. Der Betriebsbegriff des § 17 KSchG ist nicht identisch mit dem kündigungsschutzrechtlichen Betriebsbegriff iSd § 23 KSchG, sondern es muss sich um einen Betrieb iSv § 1 BetrVG oder um einen Betriebsteil iSv § 4 BetrVG handeln.[524] Kündigungsschutzrechtlich kommt es auf die einheitliche Leitung des Betriebes an, die auch dezentral erfolgen kann. Für die Frage der Massenentlassungsanzeige ist die räumliche Einheit von entscheidender Bedeutung, so dass es darauf ankommt, ob in der jeweiligen organisatorischen Einheit die Schwellenwerte des § 17 I KSchG überschritten werden. Nebenbetriebe und Betriebsteile, die räumlich weit vom Hauptbetrieb entfernt oder nach Aufgaben und Organisation selbstständig sind, unterliegen der Anzeigepflicht gemäß § 17 I KSchG, wenn in dem Nebenbetrieb oder dem Betriebsteil regelmäßig mehr als 20 Arbeitnehmer beschäftigt werden.[525] Betriebsteile mit mehr als 20 Arbeitnehmern können daher im Hinblick auf die Anzeigepflicht jeweils gesondert zu behandeln sein.[526] Kleinstbetriebe und Betriebsteile, in denen regelmäßig nicht mehr als 20 Arbeitnehmer beschäftigt werden, unterliegen nicht der Anzeigepflicht. Ein Kleinbetrieb, in dem nicht mindestens fünf wahlberechtigte und drei wählbare Arbeitnehmer beschäftigt werden, wird nicht dem Hauptbetrieb zugerechnet, sondern ist als selbstständig anzusehen.[527] § 17 KSchG erfasst aber auch den Gemeinschaftsbetrieb, dh den gemeinsamen Betrieb mehrerer Unternehmen, die eine einheitliche Organisation und Leitung vereinbart haben.[528]

b) *Regelmäßige Beschäftigtenzahl.* Bei der Berechnung der regelmäßig beschäftigten **185** Arbeitnehmer kommt es auf diejenige Personalstärke an, die den Betrieb im Allgemeinen kennzeichnet. Dies kann unter Einbeziehung der bisherigen Beschäftigtenzahl und der künftigen Personalstärke geschehen. Nur vorübergehende, aufgrund eines außerge-

---

[521] KR-*Weigand,* § 17 Rn. 14; KR-*Griebeling,* § 1 KSchG Rn. 132 ff.; ErfKomm/*Kiel,* § 17 Rn. 8.
[522] Vgl. EuGH v. 15.2.2007 – C – 270/05, NZA 2007, 319.
[523] Vgl. *Schaub/Kiel,* Arbeitsrechts-Handbuch, § 142 Rn. 5 unter Hinweis auf EuGH v. 7.12.1995, NZA 1996, 471 und EuGH v. 15.2.2007, NZA 2007, 319.
[524] BAG v. 15.12.2011 – 8 AZR 692/10, NZA-RR 2012, 570.
[525] KR-*Weigand,* § 17 Rn. 16–22; ErfKomm/*Kiel,* § 17 KSchG Rn. 8.
[526] ErfKomm/*Kiel,* § 17 KSchG Rn. 8; APS/*Moll,* § 17 KSchG Anzeigepflicht Rn. 5.
[527] APS/*Moll,* § 17 KSchG Anzeigepflicht Rn. 5.
[528] ErfKomm/*Kiel,* § 17 KSchG Rn. 8; *Schaub/Linck,* Arbeitsrechts-Handbuch, § 142 Rn. 3; APS/*Moll,* § 17 KSchG Anzeigepflicht Rn. 4.

wöhnlichen Geschäftsanfalls eintretende Erhöhungen der Beschäftigtenzahl bleiben außer Betracht. Arbeitnehmer, die sich in Elternzeit nach dem BEEG befinden, zählen mit, nicht aber Vertreter, die für die Dauer eines verhinderten Arbeitnehmers eingestellt worden sind.[529] Arbeitnehmer, die sich aufgrund einer Altersteilzeitvereinbarung in der passiven Freistellungsphase befinden, sollen nicht mitzählen.[530] Personen, die gemäß § 17 V KSchG nicht als Arbeitnehmer gelten, weil sie als Organvertreter, Geschäftsführer, Betriebsleiter oder als Leitende Angestellte mit selbstständiger Befugnis zur Einstellung oder Entlassung von Arbeitnehmern tätig sind, zählen bei der Ermittlung der maßgeblichen Beschäftigtenzahl nicht mit. Nicht mitzurechnen sind arbeitnehmerähnliche Personen, Heimarbeiter und diejenigen, die im Rahmen des Dienstverhältnisses eines freien Mitarbeiters beschäftigt werden. Zu berücksichtigen sind auch solche Arbeitnehmer, deren Arbeitsverhältnis gemäß § 1 I KSchG noch keine sechs Monate bestanden hat.[531] Ist der betriebsverfassungsrechtliche Betriebsbegriff maßgebend, zählen auch Leiharbeitnehmer, die länger als drei Monate im Unternehmen eingesetzt sind, mit.[532] Die Leiharbeitnehmer sind aber nur zu berücksichtigen, wenn sie zu den idR Beschäftigten gehören und die normale Belegschaftsstärke durch sie gekennzeichnet wird. Das BAG hat dies zwar nur für den Fall eines Nachteilsausgleichsanspruchs gem. § 113 III BetrVG entschieden. Weil § 17 I KSchG aber ebenso wie § 111 BetrVG nicht zwingend darauf abstellt, dass neben der Eingliederung in den Betrieb auch ein Arbeitsverhältnis mit dem Betriebsinhaber bestehen muss, ist eine Übertragung der Rechtsprechung auf die Anzeigepflicht gem. § 17 KSchG naheliegend.[533] Gegen die Berücksichtigung von Leiharbeitnehmern bei der Anzeigepflicht spricht allerdings, dass es um vom Arbeitgeber beabsichtigte Entlassungen geht. Dies setzt das Bestehen eines Arbeitsverhältnisses zum Betriebsinhaber voraus.

186 **3. Anzeigepflichtige Entlassungen.** Anzeigepflichtig sind nur Entlassungen, die bezogen auf die jeweilige Betriebsgröße die in § 17 I KSchG genannte Anzahl von Arbeitnehmern erreichen. In Abkehr von seiner bisherigen Rechtsprechung hat das BAG den Begriff „Entlassung" richtlinienkonform mit dem Begriff „Kündigung" gleichgesetzt.[534] Nunmehr geht das BAG davon aus, dass unter „Entlassung" auch die Kündigungserklärung verstanden werden kann, so dass es nunmehr darauf ankommt, ob in Betrieben mit weniger als 60 Arbeitnehmern mindestens sechs Arbeitnehmern gekündigt wird, in Betrieben mit weniger als 500 Arbeitnehmern mindestens 26 Arbeitnehmern und in Betrieben, die 500 Arbeitnehmer oder mehr beschäftigen, wenigstens 30 Arbeitnehmern. Aus welchen Gründen die Kündigung erfolgt, ist unerheblich. Erfasst werden daher alle ordentlichen Kündigungen, die aus verhaltensbedingten, personenbedingten oder betriebsbedingten Gründen ausgesprochen werden.[535] Fristlose Entlassungen werden gemäß § 17 IV S. 2 KSchG ebenso wenig mitgerechnet wie Arbeitnehmer-Eigenkündigungen. Änderungskündigungen zählen mit, weil es um beabsichtigte Kündigungen geht und der Arbeitgeber daher nicht weiß, ob der Arbeitnehmer die angebotene Änderung annimmt.[536] Arbeitnehmer, die unter dem Eindruck der beabsichtigten Kündigungen im Wege eines Aufhebungsvertrages ausscheiden, sind bei der Anzahl der beabsichtigten Entlassungen zu berücksichtigen.[537] Nicht zu berück-

---

[529] APS/*Moll*, § 17 KSchG Anzeigepflicht Rn. 20–22; KR-*Weigand*, § 17 KSchG Rn. 28.
[530] KR-*Weigand*, § 17 KSchG Rn. 28.
[531] ErfKomm/*Kiel*, § 17 KSchG Rn. 9; KR-*Weigand*, § 17 KSchG Rn. 29.
[532] BAG v. 18.10.2011 – 1 AZR 335/10, NZA 2012, 221.
[533] Zur Kritik an der Rechtsprechung des BAG *Hamann*, JurisPR-ArbR 10/2012, Anm. I.
[534] BAG v. 23.6.2006 – 2 AZR 343/05, NZA 2006, 971; BAG v. 6.7.2006 – 2 AZR 570/05, NZA 2007, 266; BAG v. 13.7.2006 – 6 AZR 198/06, NZA 2007, 25.
[535] *Schaub/Linck*, Arbeitsrechts-Handbuch, § 142 Rn. 12; ErfKomm/*Kiel*, § 17 KSchG Rn. 12.
[536] KR-*Weigand*, § 17 Rn. 41; ErfKomm/*Kiel*, § 17 KSchG Rn. 13.
[537] KR-*Weigand*, § 17 Rn. 43; ErfKomm/*Kiel*, § 17 Rn. 14.

Kündigung und Kündigungsschutz in der Insolvenz 187, 188 § 105

sichtigen ist die Reduierung der im Betrieb eingesetzten Leiharbeitnehmer, weil diese ihrem Vertragsarbeitgeber, dem Verleiher, zugeordnet sind.

4. Beteiligung des Betriebsrats. Beabsichtigt der Insolvenzverwalter, anzeige- 187 pflichtige Entlassungen vorzunehmen, hat er den Betriebsrat gemäß § 17 II KSchG die dort genannten Informationen zu erteilen und mit ihm zu beraten, auf welche Weise Entlassungen vermieden, eingeschränkt oder ihre Folgen gemildert werden können. Diese Unterrichtungs- und Konsultationspflicht besteht unabhängig von den interessenausgleichspflichtigen Beratungen gemäß § 111 BetrVG, deckt sich aber teilweise mit der betriebsverfassungsrechtlichen Verpflichtung, den Betriebsrat bei Betriebsänderungen rechtzeitig und umfassend zu unterrichten und die geplanten Betriebsänderungen mit ihm zu beraten. § 17 II KSchG statuiert eine eigenständige Konsultationspflicht. Wird das Konsultationsverfahren nicht durchgeführt, ist die Kündigung wegen Verstoßes gegen ein gesetzliches Verbot iSv § 134 BGB rechtsunwirksam.[538] Dies wird vom BAG mit dem Schutz der Arbeitnehmer im Falle von Massenentlassungen aufgrund der Richtlinie 98/95/EG v. 20.7.1998 (MERL) begründet. Bei einer beabsichtigten Massenentlassung dürfen die Kündigungen erst ausgesprochen werden, wenn das erforderliche Konsultationsverfahren mit dem Betriebsrat durchgeführt worden ist. Will der Insolvenzverwalter im Rahmen einer anzeigepflichtigen Massenentlassung kündigen, muss er daher in dreifacher Hinsicht den Betriebsrat beteiligen: Er hat den Betriebsrat schriftlich über die Entlassungsgründe, die Zahl und die Berufsgruppen der zu entlassenden Arbeitnehmer, die Zahl und die Berufsgruppen der idR beschäftigten Arbeitnehmer, den Zeitraum, in dem die Entlassungen vorgenommen werden sollen, die vorgesehenen Kriterien für die Auswahl der zu entlassenden Arbeitnehmer und die für die Berechnung etwaiger Abfindung vorgesehenen Kriterien zu informieren und muss sodann mit ihm darüber beraten, auf welche Weise Entlassungen vermieden, eingeschränkt oder ihre Folgen abgemildert werden können. Des Weiteren muss der Insolvenzverwalter gem. § 17 III KSchG die Massenentlassung anzeigen und außerdem muss er gem. § 102 BetrVG das Anhörungsverfahren vor jeder einzelnen Kündigung durchführen. Ob die Unterrichtung gem. § 17 II S. 1 KSchG schriftlich iSv § 126 I BGB erfolgen muss, ist noch nicht abschließend geklärt.[539] Ein etwaiger Verstoß gegen das Schriftformerfordernis wird durch eine abschließende Stellungnahme des Betriebsrats geheilt.[540] Damit ist das Konsultationsverfahren dem Ausspruch der Kündigung weit vorgelagert. Die Beratungen mit dem Betriebsrat müssen vor Erstattung der Massenentlassungsanzeige abgeschlossen worden sein. Erst wenn die Stellungnahme des Betriebsrats vorliegt, kann sinnvollerweise die Anzeige gem. § 17 III KSchG erstattet werden.[541] Die Einschaltung eines unparteiischen Dritten bzw. die Anrufung der Einigungsstelle gemäß § 112 II KSchG ist nicht vorgesehen und europarechtlich auch nicht geboten.

5. Mindest- und Sollangaben der Anzeige. Die Anzeige ist gemäß § 17 III 2 188 KSchG schriftlich bei der zuständigen Agentur für Arbeit zu erstatten. Die Anzeige **muss** gemäß § 17 III S. 4 KSchG notwendigerweise folgende Angaben enthalten:
– Den Namen des Arbeitgebers
– Den Sitz und die Art des Betriebes
– Die Gründe für die geplanten Entlassungen
– Die Zahl und die Berufsgruppen der zu entlassenden Arbeitnehmer

---

[538] BAG v. 21.3.2013 – 2 AZR 60/12, NZA 2013, 966; *Schramm/Kuhnke*, NZA 2011, 1071; ErfK/*Kiel* § 17 KSchG Rn. 24.
[539] Vgl. dazu BAG v. 20.9.2012 – 6 AZR 155/11, NZA 2013, 32.
[540] BAG v. 20.9.2012 – 6 AZR 155/11; *Schaub/Linck*, Arbeitsrechts-Handbuch, 15. Aufl. 2013, § 142 Rn. 19a.
[541] *Schaub/Linck*, Arbeitsrechts-Handbuch, 15. Aufl. 2013, § 142 Rn. 19d; ErfK/*Kiel*, § 17 KSchG Rn. 22; anders noch BAG v. 28.5.2009 – 8 AZR 273/08, NZA 2009, 1267.

§ 105 188a, 188b   Kapitel IX. Arbeitsrecht und Insolvenz

– Die Zahl der idR beschäftigten Arbeitnehmer
– Den Zeitraum, in dem die Entlassungen vorgenommen werden sollen
– Die Kriterien für die Auswahl der zu entlassenden Arbeitnehmer.

Der Insolvenzverwalter muss der Agentur für Arbeit ferner nachweisen, dass er den Betriebsrat gemäß § 17 II KSchG unterrichtet hat. Er hat deshalb eine Abschrift der Mitteilung an den Betriebsrat und dessen Stellungnahme dazu der Anzeige beizufügen. Die Beifügung der Stellungnahme des Betriebsrats ist gemäß § 125 II InsO entbehrlich, wenn ein Interessenausgleich mit Namensliste geschlossen und dieser der Anzeige beigefügt worden ist. § 125 II InsO dient dazu, dem Insolvenzverwalter Massenentlassungen zu erleichtern. Um das Verfahren bei Massenentlassungen zu beschleunigen, reicht des deshalb aus, dass der Insolvenzverwalter der Massenentlassungsanzeige eine Ausfertigung des Interessenausgleichs mit Namensliste beifügt. Es reicht aus, wenn der Interessenausgleich mit Namensliste nur vom Betriebsrat unterschrieben worden ist, weil es gem. § 17 III S. 2 KSchG um die Stellungnahme des Betriebsrats geht, die durch die Vorlage des Interessenausgleichs mit Namensliste ersetzt wird. Eine sowohl vom Insolvenzverwalter als auch vom Betriebsrat unterschriebene Ausfertigung muss deshalb nicht zwingend beigefügt werden.[542]

188a   a) *Soll-Angaben*. Von den notwendigen Mindestangaben sind die Soll-Angaben gemäß § 17 III S. 5 KSchG zu unterscheiden. Danach sollen in der Anzeige weitergehende Angaben gemacht werden, nämlich das Alter der zu entlassenden Arbeitnehmer, der Beruf der zu entlassenden Arbeitnehmer, deren Geschlecht und Staatsangehörigkeit. Das Fehlen der Soll-Angaben des § 17 III S. 5 KSchG hat keinen Einfluss auf die Wirksamkeit der Anzeige.[543]

188b   b) *Sonderkündigungsschutz*. Problematisch ist die Anzeige der zu entlassenden Arbeitnehmer, wenn und soweit Sonderkündigungsschutz besteht und der Insolvenzverwalter vor Ausspruch der Kündigung zunächst behördliche Zustimmungen einholen muss. Die Anzeige muss zwar **vor** der geplanten Kündigung angezeigt werden, aber es darf gemäß § 17 I KSchG nur um Kündigungen gehen, die innerhalb von 30 Kalendertagen ausgesprochen werden. Innerhalb dieses Zeitraums sind alle geplanten Kündigungen zusammen zu rechnen. Liegen die behördlichen Zustimmungen innerhalb eines Zeitraums von 30 Kalendertagen nicht vor, muss der Insolvenzverwalter ggf. eine neue Anzeige erstatten. Da es um die Anzeige beabsichtigter Kündigungen geht, ist den Pflichtangaben des § 17 III 4 KSchG genüge getan, wenn der Insolvenzverwalter in der Anzeige zum Ausdruck bringt, dass er zB die Kündigungen der schwerbehinderten Arbeitnehmer nach Vorliegen der Zustimmung des Integrationsamtes aussprechen will. Es ist anerkannt, dass der Arbeitgeber bei der Anhörung des Betriebsrats gemäß § 102 BetrVG nicht bis zum Vorliegen der behördlichen Zustimmung zu warten braucht, sondern er kann den Betriebsrat auch in der Weise anhören, dass er die beabsichtigte Kündigung alsbald nach Erteilung der Zustimmung zum nächstmöglichen Kündigungstermin aussprechen will.[544] Allerdings muss sich die Pflichtangabe gemäß § 17 III S. 4 KSchG über den vorgesehenen Entlassungszeitraum verhalten. Ein bestimmbar angegebener Entlassungszeitraum, der in der Weise umschrieben wird, dass die Kündigung nach Vorliegen der behördlichen Zustimmung mit der Frist von drei Monaten gemäß § 113 S. 2 InsO ausgesprochen wird, sollte genügen. Der sicherere Weg ist indes die erstmalige oder erneute Anzeige der Kündigung nach Vorliegen der behördlichen Genehmigung. Wegen des zu beachtenden Zeitraums von 30 Kalendertagen sind vorsorgliche Anzeigen zulässig.[545]

---

[542] BAG v. 18.1.2012 – 6 AZR 407/10, NZA 2012, 817; vgl. auch BAG v. 7.7.2011 – 6 AZR 248/10, NZA 2011, 1108; *Schaub/Linck*, Arbeitsrechts-Handbuch, 15. Aufl. 2013, § 142 Rn. 22a.
[543] APS/*Moll*, § 17 KSchG Rn. 106; KR-*Weigand*, § 17 KSchG Rn. 85.
[544] BAG v. 11.3.1998 – 2 AZR 401/97; BAG v. 18.5.1994 – 2 AZR 626/93, NZA 1995, 65.
[545] ErfKomm/*Kiel*, § 17 KSchG Rn. 17.

6. Rechtsfolgen einer unterbliebenen oder fehlerhaften Anzeige. Die Anzeige 189 muss vor Ausspruch der Kündigung erstattet worden sein. Es genügt der Eingang der Anzeige bei der zuständigen Agentur für Arbeit. Eine Entscheidung der Agentur für Arbeit gemäß § 20 I KSchG über die Zulässigkeit der geplanten Entlassungen muss vor Ausspruch der Kündigungen nicht vorliegen. Hat der Insolvenzverwalter die Kündigungen ausgesprochen, ohne zuvor die gemäß § 17 I KSchG erforderliche Massenentlassung anzuzeigen, sind die Kündigungen unwirksam. Das folgt aus der neuen Rechtsprechung des BAG, wonach der Begriff „Entlassung" mit dem Begriff „Kündigung" gleichzusetzen ist. Bei der Anzeigepflicht handelt es sich nicht bloß um ein Entlassungshindernis, sondern die in der RL 98/59/EG vorgesehene Massenentlassungsanzeige muss vor Ausspruch der Kündigung erstattet werden, so dass die unterbliebene Anzeige zur Unwirksamkeit der Kündigung führt.[546] Nicht nur die unterbliebene, sondern auch die fehlerhaft erstattete Massenentlassungsanzeige hat die Unwirksamkeit der Kündigung zur Folge.[547] Die Kündigung ist daher unwirksam, wenn der Massenentlassungsanzeige die gem. § 17 III S. 1 KSchG vorgeschriebene Abschrift der Mitteilung an den Betriebsrat nicht beigefügt war oder die Stellungnahme des Betriebsrats gem. § 17 III S. 2 KSchG fehlt.[548] Etwaige Fehler des Arbeitgebers im Anzeigeverfahren werden auch dann nicht geheilt, wenn die Arbeitsverwaltung einen Verwaltungsakt nach § 80 I oder II KSchG erlassen hat und dieser bestandskräftig geworden ist. Ein derartiger Bescheid entfaltet weder gegenüber dem gekündigten Arbeitnehmer noch gegen über der Arbeitsgerichtsbarkeit materielle Bestandskraft.[549] Die Unwirksamkeit der Kündigung wegen unterbliebender Massenentlassungsanzeige muss der Arbeitnehmer gemäß § 4 KSchG innerhalb von drei Wochen gerichtlich beim Arbeitsgericht geltend machen, andernfalls gilt die Kündigung gemäß § 7 KSchG als wirksam.[550] Allerdings ist darauf hinzuweisen, dass der gekündigte Arbeitnehmer allgemein die Unwirksamkeit der Kündigung innerhalb von drei Wochen gerichtlich geltend machen muss, aber im Rahmen der Verspätungsvorschriften nicht gehindert ist, den Unwirksamkeitsgrund der unterbliebenen Anzeige bis zum Schluss der mündlichen Verhandlung nachzuschieben.

7. Entlassungssperre gemäß § 18 KSchG. Infolge des veränderten Verständnisses 190 von dem Begriff „Entlassung" gemäß § 17 I KSchG ist die Frage zu stellen, ob auch die in § 18 KSchG genannten „Entlassungen" richtlinienkonform als „Kündigung" auszulegen sind. § 18 I KSchG bestimmt nämlich, dass die anzeigepflichtigen Entlassungen gemäß § 17 KSchG vor Ablauf eines Monats nur mit Zustimmung der Agentur für Arbeit wirksam werden. Außerdem bedarf es gemäß § 18 IV KSchG einer erneuten Anzeige, wenn die Entlassungen nicht innerhalb von 90 Tagen durchgeführt werden. Einer richtlinienkonformen Auslegung des Begriffs der Entlassung in § 18 KSchG bedarf es aber nicht. Vielmehr ist § 18 I KSchG so zu verstehen, dass es um die Beendigung des Arbeitsverhältnisses vor Ablauf der Monatsfrist geht, nicht aber um den Ausspruch der Kündigung. § 18 I KSchG betrifft daher nur Fälle, bei denen die Kündigungsfrist vor Ablauf eines Monats endet. In diesem Fall kann zwar die Kündigung nach Anzeige der Massenentlassung ausgesprochen werden, das Arbeitsverhältnis endet aber ohne Verkürzung der Sperrfrist durch die Agentur für Arbeit nicht vor Ablauf eines

---

[546] ErfKomm/*Kiel,* § 17 KSchG Rn. 35; KR-*Weigand,* § 17 KSchG Rn. 101; *Riesenhuber/Domröse,* NZA 2005, 568.
[547] BAG v. 28.6.2012 – 6 AZR 780/10, NZA 2012, 1029; BAG v. 22.11.2012 – 2 AZR 371/11, NZA 2013, 845.
[548] BAG v. 22.11.2012 – 2 AZR 371/11, NZA 2013, 845.
[549] BAG v. 28.6.2012 – 6 AZR 780/10, NZA 2012, 1029; BAG v. 21.3.2013 – 2 AZR 60/12, NZA 2013, 966.
[550] ErfKomm/*Kiel,* § 17 KSchG Rn. 36; LAG Niedersachsen v. 6.4.2009 – 9 Sa 1297/08, BB 2009, 1981; KR-*Weigand,* § 17 KSchG Rn. 107.

Monats.⁵⁵¹ Dies bedeutet, dass der Insolvenzverwalter die Kündigung sofort nach Eingang der Anzeige bei der Agentur für Arbeit aussprechen darf. Lediglich die Kündigungsfrist verlängert sich bis zum Ablauf der Sperrfrist. Endet die Kündigungsfrist ohnehin erst danach, ändert sich nichts. Die Kündigung kann nur nicht vor Ablauf einer Mindestfrist von einem Monat vollzogen werden. Ein einheitliches Verständnis des Begriffs „Entlassung" in den §§ 17 und 18 KSchG ist nicht geboten. Deshalb ist auch nicht der Auffassung zu folgen, dass die Sperrfrist der jeweiligen Kündigungsfrist hinzugerechnet werden muss, weil sie erst mit Ablauf der Sperrfrist in Lauf gesetzt wird.⁵⁵² Deshalb werden von § 18 I KSchG nur solche Kündigungen erfasst, deren Kündigungsfrist kürzer als die Sperrfrist ist. Nach § 18 IV KSchG ist eine erneute Anzeige nicht erforderlich, wenn das Arbeitsverhältnis wegen der längeren Kündigungsfrist erst nach Ablauf der Freifrist endet, die Kündigung aber bereits vor Ablauf der Freifrist ausgesprochen worden ist.⁵⁵³ Hat der Insolvenzverwalter nach ordnungsgemäßer Massenentlassungsanzeige gem. § 17 KSchG die Kündigung ausgesprochen, muss er für jede weitere Kündigung unter den Voraussetzungen des § 17 I KSchG eine neue Massenentlassungsanzeige erstatten.⁵⁵⁴ Im Falle einer Nachkündigung ist der Insolvenzverwalter uneingeschränkt an die aus den §§ 17, 18 KSchG resutierenden Verpflichtungen gebunden. Mit dem Ausspruch der Kündigung ist das Kündigungsrecht verbraucht und der Insolvenzverwalter muss eine neue Kündigungsanzeige erstatten, wenn er erneut innerhalb von 30 Tagen kündigen will.⁵⁵⁵

IX. Kündigung durch den Arbeitnehmer

191   **1. Kündigungsfrist.** Wie dem Insolvenzverwalter so steht auch den beim Schuldner beschäftigten Arbeitnehmern das Kündigungsrecht des § 113 InsO unter Einhaltung der Kündigungsfrist des § 113 S. 2 InsO zu, soweit nicht eine kürzere Frist maßgeblich ist. Dies entspricht der bisherigen Rechtslage unter § 22 KO.⁵⁵⁶ Die Ausführungen zu Dauer und Berechnung der Kündigungsfrist im Sinne des § 113 InsO (oben Rn. 52 ff.) gelten uneingeschränkt auch für die Kündigung des Arbeitnehmers.

192   Für einen Auszubildenden gelten die Besonderheiten des § 15 BBiG, demzufolge während der Probezeit der Auszubildende das Berufsausbildungsverhältnis jederzeit ohne Einhaltung einer Kündigungsfrist kündigen kann; nach der Probezeit dagegen nur entweder aus wichtigem Grund oder mit einer gesetzlichen Kündigungsfrist von 4 Wochen, wenn der Auszubildende die Berufsausbildung aufgeben oder sich für eine andere Berufstätigkeit ausbilden lassen will – § 15 II Nr. 1, 2 BBiG. Insbesondere steht die fristlose Kündigung dem Auszubildenden beispielsweise gemäß § 15 II Nr. 1 BBiG dann zu, wenn infolge der wirtschaftlichen Entscheidungen des Insolvenzverwalters eine sinnvolle Ausbildungsmöglichkeit für den Auszubildenden nicht mehr besteht und der Zweck des Ausbildungsverhältnisses infolge Stilllegung des Betriebes nicht mehr erreicht werden kann.⁵⁵⁷

193   Im Übrigen steht dem Arbeitnehmer – wie auch dem Insolvenzverwalter – das Kündigungsrecht gemäß § 113 InsO dann zu, wenn das Arbeitsverhältnis noch gar nicht in Vollzug gesetzt ist. Es ist lediglich anhand der getroffenen Vereinbarungen und der Um-

---

⁵⁵¹ BAG v. 6.11.2008 – 2 AZR 935/07, ZIP 2009, 515; *Bauer/Krieger*, NZA 2009, 174; vgl. insbesondere *Brose*, Anm. zu BAG v. 6.11.2008 – 2 AZR 935/07, AP Nr. 1 § 18 KSchG.
⁵⁵² So aber LAG Berlin-Brandenburg v. 23.2.2007 – 6 Sa 2152/06, BB 2007, 2296.
⁵⁵³ BAG v. 23.2.2010 – 2 AZR 268/08, NZA 2010, 944.
⁵⁵⁴ BAG v. 22.4.2010 – 6 AZR 948/08, NZA 2010, 1057 mit Anm. *Berscheid*, jurisPR-ArbR 1/2011.
⁵⁵⁵ Vgl. iE und ausführlich *Berscheid*, jurisPR-ArbR 1/2011 Anm. 2.
⁵⁵⁶ Vgl. BAG AP Nr. 2 zu § 22 KO; *Grunsky*, Arbeitsverhältnis, S. 46; Uhlenbruck/Hirte/Vallender/*Berscheid*, § 113 Rn. 77; MüKoInsO/*Löwisch/Caspers*, § 113 Rn. 24.
⁵⁵⁷ KR-*Weigand*, §§ 113, 120–124 InsO Rn. 17, Rn. 56; FK/*Eisenbeis*, § 113 Rn. 17; BAG v. 27.5.1993 – 2 AZR 601/92, NZA 1993, 845.

stände zu prüfen, ob die Kündigungsfrist bereits mit ihrem Ausspruch in Lauf gesetzt wird oder erst mit dem vereinbarten Beginn des Arbeitsverhältnisses.

2. Wichtiger Grund. Wie für die Kündigung seitens des Insolvenzverwalters, so bildet für die Kündigung des Arbeitnehmers die Insolvenz als solche weder einen außerordentlichen noch einen ordentlichen Kündigungsgrund;[558] die Insolvenz lässt auch hier die arbeitsrechtlichen Beziehungen prinzipiell unberührt.[559] Weder kommt es darauf an, dass der Schuldner die Insolvenz „verschuldet" hat, noch liegt in der Eröffnung des Insolvenzverfahrens irgendeine Verletzung arbeitsvertraglicher Pflichten durch den Arbeitgeber, auf Grund derer sich ein Kündigungsrecht des Arbeitnehmers ergeben könnte. Allein dann, wenn voraussichtlich die Insolvenzmasse noch nicht einmal ausreicht, um die Ansprüche auf Arbeitsentgelt abzudecken, kommt ein außerordentliches Kündigungsrecht des Arbeitnehmers infrage, da insoweit ein wichtiger Grund iSd § 626 I BGB vorliegen kann.[560]

3. Schriftform. Die Eigenkündigung des Arbeitnehmers bedarf der Schriftform gemäß § 623 BGB, andernfalls ist sie nichtig. Auch die vom Arbeitnehmer ausgesprochene außerordentliche Kündigung bedarf zu ihrer Wirksamkeit eines wichtigen Grundes iSv § 626 I BGB. Es gelten dieselben Maßstäbe wie für die Kündigung des Arbeitgebers.[561] Hat der Arbeitnehmer im Falle einer Eigenkündigung die Schriftform eingehalten, ist es ihm aber idR verwehrt, deren Unwirksamkeit geltend zu machen.[562] Nunmehr hat das BAG aber klargestellt, dass sich der Arbeitnehmer regelmäßig treuwidrig verhält, wenn er sich auf die Unwirksamkeit einer schriftlich erklärten fristlosen Kündigung beruft. Wenn erkennbar eine ernsthafte und endgültige Lösungsabsicht des Kündigenden vorliegt, verhält er sich treuwidrig, wenn er sich im Nachhinein auf die Unwirksamkeit seiner Kündigung beruft.[563] Anders hingegen, wenn der Arbeitnehmer übereilt und im Lauf einer sich zuspitzenden Auseinandersetzung selbst fristlos gekündigt hat. Dieser Schutz vor Übereilung ist durch die Einführung der zwingenden gesetzlichen Schriftform als Wirksamkeitsvoraussetzung für Kündigungserklärungen durch § 623 BGB weitgehend obsolet geworden. Im Falle einer schriftlichen, ohne jedes Drängen des Arbeitgebers abgegebenen Kündigungserklärung ist regelmäßig eine ernsthafte und endgültige Lösungsabsicht anzunehmen. Die Geltendmachung der Unwirksamkeit der schriftlich erklärten Eigenkündigung ist daher in diesen Fällen regelmäßig treuwidrig.[564] Die Eigenkündigung kann aber wegen widerrechtlicher Drohung gem. § 123 BGB oder gem. § 119 BGB wegen Irrtums angefochten werden. Legt der Arbeitgeber dem Arbeitnehmer nahe, wegen der aussichtslosen wirtschaftlichen Lage des Unternehmens eine fristlose Eigenkündigung zu unterschreiben, kann darin noch keine widerrechtliche Drohung iSv § 123 BGB erblickt werden.[565]

4. Auflösungsverschulden. Bei erheblichen Lohnrückständen kann der Arbeitnehmer durch vertragswidriges Verhalten der Insolvenzschuldnerin gemäß § 628 II BGB zur fristlosen Kündigung veranlasst worden sein. Lohnrückstände können jedenfalls dann einen wichtigen Grund für die außerordentliche Kündigung des Arbeitsverhältnisses iSv § 626 I BGB bilden, wenn sie eine nicht unerhebliche Höhe erreicht ha-

---

[558] ErfKomm/*Müller-Glöge*, § 113 InsO Rn. 30; Nerlich/Römermann/*Hamacher*, § 113 Rn. 248; FK/*Eisenbeis*, § 113 Rn. 2.
[559] Vgl. *Hess/Kropshofer*, Anhang I, Rn. 279 f.; KR–*Weigand*, § 22 KO Rn. 30.
[560] ArbG Bayreuth v. 30.1.2002, DZWIR 2002, 282; KR–Weigand, §§ 113, 120–124 InsO Rdn. 81; FK/*Eisenbeis*, § 113 Rn. 3.
[561] BAG v. 12.3.2009 – 2 AZR 894/07, NZA 2009, 840.
[562] Vgl. dazu BAG v. 4.12.1997 – 2 AZR 799/96, NZA 1998, 420.
[563] Vgl. BAG v. 16.1.2003 – 2 AZR 653/01, AP Nr. 2 zu § 67 SeemG.
[564] BAG v. 12.3.2009 – 2 AZR 894/07, NZA 2009, 840.
[565] BAG v. 9.6.2011 – 2 AZR 418/10, NZA-RR 2012, 129.

ben, der Verzug des Arbeitgebers mit der Lohnzahlung sich über einen längeren Zeitraum hinweg erstreckt hat und der Arbeitnehmer deswegen abgemahnt hat. Es spielt keine Rolle, ob der Arbeitgeber leistungsunwillig ist oder aufgrund seiner finanziellen Situation nicht zahlen kann.[566] Die an sich erforderliche vorherige Abmahnung ist entbehrlich, wenn keine Aussicht besteht, dass sich der Arbeitgeber künftig vertragstreu verhält und pünktlich zahlt. Der künftige Anspruch auf Insolvenzgeld gemäß den §§ 183 ff. SGB III lässt das Kündigungsrecht unberührt, weil dadurch das pflichtwidrige Verhalten des Arbeitgebers nicht beseitigt wird.[567]

197 Ist der Arbeitnehmer durch vertragswidriges Verhalten der Insolvenzschuldnerin zur fristlosen Kündigung veranlasst worden, kann er gemäß § 628 II BGB Schadensersatz verlangen. Der Schadensersatzanspruch umfasst nicht nur den Verdienstausfall bis zum Ablauf der fiktiven Kündigungsfrist, sondern auch eine Abfindung für den Verlust des Arbeitsplatzes. Dies gilt auch bei nachfolgender Insolvenz des Arbeitgebers. Der Geltendmachung einer Abfindung als Schaden kann aber entgegengehalten werden, dass der Arbeitgeber zum Zeitpunkt der Arbeitnehmerkündigung bereits selbst entschlossen war, eine sozial gerechtfertigte betriebsbedingte Kündigung auszusprechen. Dies setzt aber den ernstlichen und endgültigen Entschluss des Unternehmers voraus, die Betriebs- und Produktionsgemeinschaft zwischen Arbeitgeber und Arbeitnehmern aufzuheben. Ist dies nicht der Fall, befindet sich der Arbeitnehmer in einem bestandsgeschützten Arbeitsverhältnis und sein Schadensersatzanspruch umfasst auch bei nachfolgender Insolvenz des Arbeitgebers eine Entschädigung für den Verlust des Arbeitsplatzes.[568]

198 Der Schadensersatzanspruch des Arbeitnehmers gemäß § 628 II BGB ist als einfache Insolvenzforderung gemäß § 38 InsO zu berichtigen, wenn er durch ein Verhalten des Insolvenzschuldners ausgelöst worden ist. Dagegen handelt es sich um eine Masseverbindlichkeit gemäß § 55 I Nr. 1 InsO, wenn er durch eine Handlung des Insolvenzverwalters verursacht worden ist.[569] Im Falle einer Eigenkündigung des Arbeitnehmers aus eigenem Entschluss, ohne dazu durch vertragswidriges Verhalten des Arbeitgebers bestimmt worden zu sein, entfällt der Schadensersatzanspruch gemäß § 113 S. 3 InsO.[570] Unberührt bleiben aber andere Anspruchsgrundlagen, so dass der Arbeitnehmer den ihm gemäß § 628 II BGB zustehenden Schadensersatz unter den Voraussetzungen des § 55 I Nr. 1 InsO auch als Masseforderung geltend machen kann. Dies ist aber nicht der Fall, wenn der Arbeitnehmer durch vertragswidriges Verhalten des Insolvenzschuldners zur fristlosen Kündigung veranlasst worden ist, die Kündigungsfrist aber erst nach Insolvenzeröffnung endet.

199 **5. Lemgoer Modell.** Überwiegend kritisch wird das sog. „Lemgoer Modell" beurteilt, wonach die Arbeitnehmer vom Insolvenzschuldner oder vom Insolvenzverwalter zur fristlosen Eigenkündigung veranlasst werden, um anschließend mit dem Betriebserwerber neue Arbeitsverträge mit meistens schlechteren Arbeitsbedingungen zu schließen.[571] Es handelt sich dabei regelmäßig um Umgehungsgeschäfte, um die Rechtsfolgen des gesetzlichen Betriebsübergangs gemäß § 613a I 1 BGB zu vermeiden oder die Sozialauswahl zu umgehen.[572] Rechtsfolge einer derartigen Umgehung ist die Nichtigkeit der Arbeitnehmerkündigung bzw. des Aufhebungsvertrages.[573] § 613a BGB wird umgan-

---

[566] BAG v. 26.7.2001 – 8 AZR 739/00, NZA 2002, 325; BAG v. 17.1.2002 – 2 AZR 494/00, NZA 2003, 816.
[567] Im Einzelnen BAG v. 26.7.2007 – 8 AZR 796/06, NZA 2007, 1419.
[568] BAG v. 26.7.2007 – 8 AZR 796/06, NZA 2007, 1419.
[569] KR-*Weigand*, § 628 BGB Rn. 57.
[570] BAG v. 25.4.2007 – 6 AZR 622/06, NZA 2008, 1135.
[571] APS/*Rolfs*, § 613a BGB Rn. 75; KR-*Pfeiffer*, § 613a Rn. 200.
[572] Vgl. BAG v. 18.8.2005 – 8 AZR 523/04, NJW 2006, 938.
[573] BAG v. 28.4.1987 – 3 AZR 75/86, NZA 1988, 198; BAG v. 12.5.1992 – 3 AZR 247/91, NZA 1992, 1080; vgl. ferner BAG v. 10.12.1998 – 8 AZR 324/97, NZA 1999, 422.

gen, wenn die Eigenkündigung oder der Aufhebungsvertrag die Beseitigung der Kontinuität des bisherigen Arbeitsverhältnisses bei gleichzeitigem Erhalt des Arbeitsplatzes bezweckt.[574]

§ 106. Betriebsübergang und übertragende Sanierung

Übersicht

	Rn.
I. Betriebsübergang	1
1. Allgemeines	1
a) Verhältnis zu gesellschaftsrechtlichen Veränderungen	2
(1) Gesellschafterwechsel bei einer BGB-Gesellschaft	3
(2) Umwandlungsfälle	4
(3) Insolvenzeröffnung	5
b) Singularsukzession	6
2. Die Regelung des § 613a BGB (Überblick)	8
a) Umsetzung europäischen Rechts	8
b) Anwendbarkeit in der Insolvenz	9
c) Eintritt des Betriebserwerbers in die bestehenden Arbeitsverhältnisse	11
3. Die Tatbestandsvoraussetzungen des § 613a I BGB	14
a) Betriebsbegriff	14
(1) Wirtschaftliche Einheit	15
(2) Prüfungskriterien	16
(3) Arbeitsorganisation	18
(4) Übernahme des Personals	19
(5) Übernahme von materiellen Betriebsmitteln	19a
b) Branchenbezogene Typologie	21
(1) Dienstleistungsunternehmen	22
(2) Abgrenzung zur Auftragsnachfolge	26
(3) Handelsunternehmen	27
(4) Produktionsbetriebe	28
c) Betriebsteil	29
(1) Bestehen eines Betriebs im Veräußererbetrieb	30
(2) Zusammenfassung bestehender Betriebsabteilungen	31
(3) Wirtschaftliche Einheit	32
(4) Identität der Einheit im Erwerberbetrieb?	33
d) Rechtsgeschäftlicher Übergang	34
(1) Weit gefasster Begriff „Rechtsgeschäft"	35
(2) Inhalt des Rechtsgeschäfts	36
e) Betriebsinhaberwechsel	38
(1) Sicherungseigentum	39
(2) Zwangsversteigerung	39a
(3) Tatsächliche Fortführung des Betriebes durch den Betriebserwerber	40
(4) Fortführungsabsicht	41
4. Die Rechtsfolgen des § 613a I BGB	42
a) Individualarbeitsvertragliche Rechtsfolgen	42
(1) Zeitpunkt des Eintritts	43
(2) Übergang und Inhalt der Arbeitsverhältnisse	44
(3) Geschäftsführer-Anstellungsverhältnis	47
(4) Erfasste Arbeitsverhältnisse	48
b) Kollektive Rechtsfolgen	50
(1) Tarifverträge	51
(2) Betriebsvereinbarungen	53
5. Die Unwirksamkeit einer Kündigung gem. § 613a IV BGB	55
a) Kündigung aus anderen Gründen	57
b) Umgehung	57a

---

[574] BAG v. 27.9.2012 – 8 AZR 826/11, NZA 2013, 961; BAG v. 18.8.2011 – 8 AZR 312/10, NZA 2012, 152.

§ 106 Kapitel IX. Arbeitsrecht und Insolvenz

	Rn.
6. Haftungsbeschränkungen	58
a) Zur Weiterhaftung des Betriebsveräußerers	58
b) Haftung des Betriebserwerbers	59
c) Haftungsbeschränkungen im Insolvenzfall	60
(1) Betriebliche Altersversorgung	61
(2) Urlaubsansprüche	62
(3) Sonderzahlungen	63
(4) Vergütungsansprüche	64
7. Haftung des Betriebsveräußerers	65
8. Unterrichtung und Widerspruch	66
a) Notwendiger Inhalt der Unterrichtung gemäß § 613a V BGB	68
b) Widerspruchsrecht	70
c) Verwirkung	72
II. Übertragende Sanierung in der Insolvenz	73
1. Erwerberkonzept	74
a) Kündigung des Betriebsveräußerers	75
b) Konzept des Betriebserwerbers	76
c) Keine negative Auslese des Übernahmepersonals	77
2. Soziale Auswahl	79
3. Betriebsteilveräußerung	80
a) Zuordnung der Arbeitnehmer zu einem Betriebsteil	81
b) Soziale Auswahl bei Stilllegung des Restbetriebes	82
4. Einschaltung einer Transfergesellschaft	84
5. Interessenausgleich mit Namensliste	85
a) Grob fehlerhafte Sozialauswahl	86
b) Vermutungswirkung	87
c) Interessenausgleich zwischen den Betriebsparteien des Veräußererbetriebes	89
d) Zusammenfassung	91
6. Betriebsstilllegung	92
a) Beabsichtigte Stilllegung	93
b) Gescheiterte Übernahmeverhandlungen	94
7. Wiedereinstellungsanspruch bei nachträglichem Betriebsübergang?	97
a) Dogmatische Begründung des Wiedereinstellungsanspruchs	98
b) Planwidrige Lücke?	99
c) Wiedereinstellungsanspruch auch bei einem Betriebsübergang in der Insolvenz?	100
d) Europarechtliche Vorgaben	103
e) Erleichterte Kündigungsbedingungen in der Insolvenz?	105
f) Wiedereinstellungsanspruch nur bei einem Betriebsübergang bis zum Ablauf der Kündigungsfrist?	106
g) Inhalt und Grenzen des Wiedereinstellungsanspruchs	107
h) Unverzügliche Geltendmachung	110
i) Prozessuale Durchsetzung	111

Schrifttum: *Annuß,* Der Betriebsübergang in der neuesten Rechtsprechung des BAG, BB 1998, 1582; *ders.,* Der Betriebsübergang in der Insolvenz – § 613a BGB als Sanierungshindernis? ZInsO 2001, 49; *Annuß/Stamer,* Die Kündigung des Betriebsveräußerers auf Erwerberkonzept, NZA 2003, 1247; *Ascheid,* Richtlinie 77/187/EWG: Harmonisierung europäischen und Deutschen Richterrechts, FS für Thomas Dieterich zum 65. Geburtstag, 9 ff.; *Ascheid/Preis/Schmidt* (APS), Kündigungsrecht Großkommentar zum gesamten Recht der Beendigung von Arbeitsverhältnissen, 4. Aufl. 2012 (APS/Bearbeiter); *Bachner/Köstler/Matthießen/Trittin,* Arbeitsrecht bei Unternehmensumwandlung und Betriebsübergang, 2. Aufl. 2003; *Backhaus,* Betriebsübergang nach § 613a BGB bei Erwerb des Betriebsvermögens durch ein Bündel von Rechtsgeschäften mit betriebsfremden Dritten?, DB 1985, 1131; *Bauer/v. Steinau-Steinrück,* Neuregelung des Betriebsübergangs: Erhebliche Risiken und viel mehr Bürokratie!, ZIP 2002, 457; *Becker/Etzel/Bader/Fischermeyer/Friedrich/Lipke/Pfeiffer/Rost/Spilger/Vogt/Wiegand/Wolff,* Gemeinschaftskommentar zum KSchG u. zu sonstigen kündigungsschutzrechtlichen Vorschriften, 9. Aufl. 2009 (KR-Bearbeiter); *Bergwitz,* Betriebsübergang und Insolvenz nach der neuen EG-Richtlinie zur Änderung der Betriebsübergangsrichtlinie, DB 1999, 2005; *Berkowsky,* Insolvenz und Betriebsübergang

– Neue Entwicklungen in der Rechtsprechung, NZI 2007, 204; *Berscheid,* Personalabbau und -anpassung über Interessenausgleich mit Namensliste, BuW 1999, 75; *ders.* Beteiligung des Betriebsrats im Eröffnungsverfahren nach Verfahrenseröffnung und im Insolvenzplanverfahren, ZInsO 1999, 27; *Bertram,* Betriebsveräußerung in der Insolvenz, Handbuch zur Insolvenz, herausgeben von Kraemer, Fach 6 Kap. 3, 2002; *Beseler,* Betriebsübergang, in *Beseler/Düwell/Göttling,* Arbeitsrechtliche Probleme bei Betriebsübergang, Betriebsänderung, Unternehmensumwandlung 2000; *Commandeur/Kleinebrink,* Betriebs- und Firmenübernahme, 2. Aufl. 2002; *dies.,* Gestaltungsoptionen im Anwendungsbereich des § 613a BGB, NZA-RR 2004, 449; *Däubler,* Die Auswirkungen der Schuldrechtsmodernisierung auf das Arbeitsrecht, NZA 2001, 1329; *Diller,* Der Arbeitnehmer der GbR!?, NZA 2003, 401; Erfurter Kommentar zum Arbeitsrecht, 14. Aufl. 2014; *Franzen,* Die Richtlinie 98/50/EG zur Änderung der Betriebsübergangsrichtlinie 77/187/EWG und ihre Auswirkungen auf das Deutsche Arbeitsrecht, RdA 1999, 361; *Fuhlrott,* Erwerberkonzeptkündigung als Alternative zum BEQG-Modell bei Betriebsübergängen, BB 2013, 2042; *Gaul,* Darlegungs- und Beweislast bei betriebsbedingter Kündigung im Zusammenhang mit Betriebsübergang und Umwandlung, FS für Peter Schwerdtner 2003, 653; *Gaul, Björn,* Aktuelles Arbeitsrecht Band 1/2008, Band 2/2008, Band 1/2009; *Grunsky/Moll,* Arbeitsrecht und Insolvenz, 1997; *Hanau,* Zur Kündigung von Arbeitsverhältnissen wegen Betriebsübergangs, ZIP 1984, 141; *ders.,* Perversion und Prävention bei § 613a, ZIP 1998, 1817; *Heinrich,* Das Insolvenzarbeitsrecht – Ein Weg aus der Kriese, Schriftenreihe Insolvenzrecht in Forschung und Praxis, 2004; *Henssler/Willemsen/Kalb,* Arbeitsrecht-Kommentar, 6. Aufl. 2014 (HWK/Bearbeiter); *Heinze,* Der Betriebsübergang in der Insolvenz, FS für Uhlenbruck 2000; *Heither,* Verfahrenskoordination bei der Auslegung der EG-Richtlinie über den Betriebsübergang, RdA 1996, 96; *Hergenröder,* Rechtsgeschäftlicher Betriebsinhaberwechsel, AR-Blattei 81. Lfg Okt. 2000; *Kaiser,* Wegfall des Kündigungsgrundes – Weder Unwirksamkeit der Kündigung noch Wiedereinstellungsanspruch, ZfA 2000, 205; *Kraft/Wiese/Kreutz/Oetker/Raab/Weber,* Gemeinschaftskommentar zum BetrVG, 8. Aufl. 2005 (GK-BetrVG/Bearbeiter); *Kreitner,* Kündigungsrechtliche Probleme beim Betriebsinhaberwechsel 1989; *Langenbucher,* Der Wiedereinstellungsanspruch des Arbeitnehmers beim Betriebsübergang, ZfA 1999, 299; *Lembke,* Besonderheiten beim Betriebsübergang in der Insolvenz, BB 2007, 1333; *Lessner/Klebeck,* Zur Arbeitgeberfähigkeit der GbR, ZIP 2002, 1385; *Lipinski,* Reichweite der Kündigungskontrolle durch § 613a IV 1 BGB, NZA 2002, 75; *Matthes,* Betriebsübergang und Betriebsteilübergang als Betriebsänderung, NZA 2000, 1073; *Moll,* Kollektiv-vertragliche Arbeitsbedingungen nach einem Betriebsübergang, RdA 1996, 275; *ders.,* Betriebsübergang und Betriebsänderung, RdA 2003, 129; *Müller,* Eintritt des Erwerbers in die begonnene Betriebsänderung durch Personalabbau bei der übertragenden Sanierung, NZI 2009, 153; *Müller-Glöge,* Bestandsschutz beim Betriebsübergang nach § 613a BGB, NZA 1999, 449; *Nerlich/Römermann,* InsO, 25. Aufl. 2013, Loseblatt; *Nicolai/Noack,* Grundlagen und Grenzen des Wiedereinstellungsanspruchs nach wirksamer Kündigung des Arbeitsverhältnisses, ZfA 2000, 87; *Oetker,* Der Wiedereinstellungsanspruch des Arbeitnehmers bei nachträglichem Wegfall des Kündigungsgrundes, ZIP 2000, 643; *Oetker/Friese,* Der Interessenausgleich in der Insolvenz, DZWIR 2001, 133 u 177; *Picot/Schnitker,* Arbeitsrecht bei Unternehmenskauf und Restrukturierung 2001; *Pils,* Umgehung von § 613a BGB durch Einsatz einer Transfergesellschaft, NZA 2013, 125; *Plössner,* Der (Teil-)Betriebsübergang im Insolvenzverfahren nach der neueren nationalen wie gemeinschaftsrechtlichen Rechtsprechung, NZI 2003, 401; *Praß/Sämisch,* Transfergesellschaften in der Insolvenzpraxis, ZInsO 2004, 1284; *Preis/Richter,* Grenzen der normativen Fortgeltung von Betriebsvereinbarungen beim Betriebsübergang, ZIP 2004, 925; *Preis/Steffan,* Neue Konzepte des BAG zum Betriebsübergang nach § 613a BGB, DB 1998, 309; *Quecke,* Sozialauswahl und Zuordnung von Arbeitnehmern bei Teilbetriebsübergang und gleichzeitiger Stilllegung des Restbetriebs, BAG-Report 2005, 97; *Raab,* Der Wiedereinstellungsanspruch des Arbeitnehmers bei Wegfall des Kündigungsgrundes, RdA 2000, 147; *Schiefer/Pogge,* Betriebsübergang und dessen Folgen – Tatbestandsvoraussetzungen des § 613a BGB und Fortgeltung kollektiv-rechtlicher Regelungen, NJW 2003, 3734; *Schiefer/Pogge,* Outsourcing, Betriebsübergang, Auftragsvergabe nach aktueller Rechtsprechung, 2. Aufl. 2003; *Schubert,* Der Wiedereinstellungsanspruch des Arbeitnehmers nach betriebsbedingter Kündigung in der Insolvenz, ZIP 2002, 554; *Schumacher-Mohr,* Zulässigkeit einer betriebsbedingten Kündigung durch den Veräußerer bei Betriebsübergang, NZA 2004, 629; *Strathmann,* Wiedereinstellungsanspruch eines wirksam gekündigten Arbeitnehmers: Tendenzen der praktischen Ausgestaltung, DB 2003, 2438; *Tretow,* Die Betriebsveräußerung in der Insolvenz, ZInsO 2000, 309; *Uhlenbruck,* Arbeitsrechtliche Probleme im Insolvenzeröffnungsverfahren, FS für Peter Schwerdtner 2003, 623; *Wank/Börgmann,* Der Übergang „durch Rechtsgeschäft" beim Betriebsübergang, DB 1997, 1229; *Willemsen,* Aktuelles zum Betriebsübergang – § 613a BGB im Spannungsfeld vom deutschem und europäischem Recht, NJW 2007, 2065; *ders.,* Erneute Wende im Recht des Betriebsübergangs – ein „Christel-Schmidt II"-Urteil des EuGH?, NZA 2009, 289; *Willemsen/Lembke,* Die Neuregelungen von Unterrichtung und Widerspruchsrecht der Arbeitnehmer beim Betriebsübergang, NJW 2002, 1159; *Willemsen/Hohenstatt/Schweibert/Seibt,* Umstrukturierung und Übertragung von Unternehmen, 3. Aufl. 2008; (*Willemsen,* Umstrukturierung); Willemsen/Sagan, Der Tatbestand des Betriebsübergangs nach „Klarenberg", ZIP 2010, 1205; *Willemsen,* Aufhebungsverträge bei Betriebsübergang – Ein „Erfurter Roulette"?, NZA 2013, 242; *Ziemann,* Die Klage auf Wiedereinstellung oder Fortsetzung des Arbeitsverhältnisses, MDR 1999, 716; *Zwanziger,* Das Arbeitsrecht der Insolvenzordnung 4. Aufl. 2010.

I. Betriebsübergang

1. Allgemeines. Als Betriebsübergang, Betriebsnachfolge oder Betriebsinhaberwechsel bezeichnet man den Übergang eines Betriebes bzw. Betriebsteiles auf einen anderen, neuen Rechtsträger, entweder aufgrund Gesetzes oder aufgrund Rechtsgeschäftes. Die gesetzlichen Fälle einer Betriebsnachfolge wie beispielsweise Erbfall (§ 1922 BGB) oder die Umwandlung im Sinne des § 1 UmwG bilden stets Fälle einer Gesamtrechtsnachfolge, so dass sich mit der gesetzlichen Betriebsnachfolge zugleich uno actu die Nachfolge in die bestehenden Arbeitsverhältnisse, genauer: die Nachfolge in die Arbeitgeberstellung der bestehenden Arbeitsverhältnisse vollzieht, ohne dass es eines besonderen Übertragungsaktes bedarf.[1] Aus der gesetzlichen Gesamtrechtsnachfolge in die Betriebsinhaberstellung folgt mit anderen Worten, dass der neue Betriebsinhaber in die Arbeitgeber-Rechtsstellung des bisherigen Rechtsträgers einrückt, so dass den neuen Rechtsträger kraft Gesetzes alle arbeitsrechtlichen Rechte und Pflichten des bisherigen Rechtsinhabers als Arbeitgeber treffen.

a) *Verhältnis zu gesellschaftsrechtlichen Veränderungen.* Ein Betriebsübergang gem. § 613a I 1 BGB setzt voraus, dass an die Stelle des bisherigen Betriebsinhabers ein neuer Betriebsinhaber tritt, der den Betrieb in eigener Rechtsträgerschaft fortführt. Es kommt entscheidend auf den Wechsel der Rechtspersönlichkeit des Betriebsinhabers an. An die Stelle des bisherigen Betriebsinhabers muss ein neuer Rechtsträger treten.[2] Deshalb führt ein Gesellschafterwechsel, die Veräußerung von Gesellschaftsanteilen oder der Tausch von Gesellschaftsanteilen für sich genommen nicht zu einem Betriebsübergang gem. § 613a I 1 BGB, weil die Identität des Unternehmensträgers unberührt bleibt.[3] Der Arbeitgeber bleibt derselbe, auch wenn die Veränderungen auf der Gesellschafterebene für den künftigen Bestand der Arbeitsverhältnisse von erheblicher Bedeutung sein können. Es gilt der Grundsatz der Trennung zwischen der gesellschaftsrechtlichen Ebene einerseits und der arbeitsrechtlichen Ebene andererseits. Treten an die Stelle der bisherigen Gesellschafter des Unternehmens andere Gesellschafter, kann sich zwar die Unternehmenspolitik ändern, ein Rechtsträgerwechsel ist damit aber nicht verbunden. Deshalb führt allein der Wechsel in den Personen der Komplementäre und der Kommanditisten einer KG zu keinem Betriebsinhaberwechsel und damit nicht zu einem Betriebsübergang iSd § 613a BGB.[4]

---

[1] MüKoBGB/*Schaub,* § 613a Rn. 197 ff.; *Schaub/Koch,* Arbeitsrechts-Handbuch, § 118 Rn. 1; ErfK/*Preis,* § 613a BGB Rn. 58, 178.
[2] ErfK/*Preis,* § 613a BGB Rn. 42, 43; KR-*Pfeiffer,* § 613a BGB Rn. 26; *Willemsen/Hohenstatt/Schweibert/Seibt,* B Rn. 52 und G Rn. 148.
[3] Im Einzelnen *Willemsen,* Umstrukturierung B Rn. 5, 6.
[4] BAG v. 14.8.2007 – 8 AZR 803/06, NZA 2007, 1428.

(1) *Gesellschafterwechsel bei einer BGB-Gesellschaft*. Nachdem nunmehr der BGH die Rechtsfähigkeit der GbR anerkannt hat,[5] kann an der Arbeitgeberfähigkeit der GbR nicht mehr ernsthaft gezweifelt werden.[6] Dies hat zur Folge, dass die bestehenden Arbeitsverhältnisse bei einem Gesellschafterwechsel unberührt bleiben, wenn der Arbeitsvertrag mit der GbR und nicht ausdrücklich mit einem bestimmten Gesellschafter geschlossen worden ist.[7]

Dass die BGB-Gesellschaft sowohl aktiv als auch passiv parteifähig ist, hat nunmehr auch das BAG anerkannt und sich der Rechtsprechung des BGH angeschlossen.[8] Es kann nach der Rechtsprechung des BAG auch nicht mehr zweifelhaft sein, dass sie sich auch als Arbeitgeberin eines Arbeitsverhältnisses verpflichten kann. Allerdings muss differenziert werden, ob der Arbeitsvertrag mit der BGB-Gesellschaft oder nur mit einem einzelnen Gesellschafter geschlossen worden ist.[9] Für einen Betriebsübergang kommt es darauf an, ob diejenige Person oder Personengruppe, die für den Betrieb der übertragenen Einheit als Inhaber verantwortlich ist, wechselt. Der bisherige Inhaber muss seine wirtschaftliche Tätigkeit einstellen.[10] Unberührt bleibt aber die Nachhaftung des ausscheidenden Gesellschafters gemäß §§ 736 II BGB, 160 I HGB,[11] die durch § 613a II BGB nicht beschränkt werden kann.[12]

(2) *Umwandlungsfälle*. § 613a BGB findet nur Anwendung, wenn der Betriebsübergang aufgrund eines Rechtsgeschäfts stattfindet. Wird der Betriebsübergang von Gesetzes wegen angeordnet, ist § 613a BGB nicht anzuwenden. Das gilt insbesondere bei der Gesamtrechtsnachfolge, die stets einer besonderen gesetzlichen Grundlage bedarf.[13] Um eine Universalsukzession handelt es sich bei der Gesamtrechtsnachfolge nach dem Umwandlungsgesetz und bei dem Anwachsen nach § 738 BGB. Bei den Umwandlungsfällen sind Verschmelzung, Spaltung in der Form von Aufspaltung, Abspaltung oder Ausgliederung, Vermögensübertragung sowie Formwechsel zu unterscheiden.[14] Bei Spaltungs-, Umwandlungs- oder Verschmelzungsvorgängen iSv § 324 UmwG tritt ein Rechtsträgerwechsel ein, wenn sich das tragende Unternehmen spaltet und der Betrieb innerhalb eines Unternehmens auf einen neuen, abgespaltenen Rechtsträger übertragen wird.[15] § 613a BGB gilt gem. § 324 UmwG auch bei gesellschaftsrechtlichen Umwandlungen wie Verschmelzungen, Spaltungen oder Vermögensübertragung. Die gesetzliche Regelung ist sprachlich nicht recht geglückt, zielt aber auf die Klarstellung ab, dass auch bei einer Übertragung des Betriebes infolge Verschmelzung, Spaltung oder Vermögensübertragung ein rechtsgeschäftlicher Betriebsübergang iSv § 613a I 1 BGB vorliegt.[16] Allerdings handelt es sich bei § 324 UmwG um eine Rechtsgrund- und nicht um eine Rechtsfolgenverweisung. Die Umwandlung ist nicht im Verhältnis zu dem Betriebsübergang der speziellere Tatbestand, sondern es muss in jedem Einzelfall geprüft werden, ob im Rahmen eines Umwandlungstatbestandes ein Betrieb oder ein Betriebsteil von einem neuen Rechtsträger fortgeführt wird. § 324 UmwG hat lediglich die Bedeu-

---

[5] BGH v. 29.1.2001 – II ZR 331/00, NJW 2001, 1065 sowie v. 18.2.2002 – II ZR 331/00, ZIP 2002, 614.
[6] *Diller* NZA 2003, 401; *Lessner/Klebeck* ZIP 2002, 1385.
[7] *Diller* NZA 2003, 403; ErfK/*Preis*, § 613a BGB Rn. 43.
[8] BAG v. 1.12.2004 – 5 AZR 597/03, NZA 2005, 318 m. Anm. *Sievers* jurisPR-ArbR 10/2005.
[9] Vgl. BAG v. 21.4.2005 – 2 AZR 162/04, BB 2005, 1627.
[10] BAG v. 21.2.2008 – 8 AZR 77/07, NZA 2008, 825.
[11] Vgl. BAG v. 19.5.2004 – 5 AZR 405/03, NZA 2004, 1045; LAG Hamm v. 1.6.2005 – 9 Sa 1123/04, juris.
[12] ErfK/*Preis*, § 613a BGB Rn. 43.
[13] HWK-*Willemsen*, § 613a BGB Rn. 186.
[14] Vgl. *Schaub/Koch*, Arbeitsrechts-Handbuch, § 116 Rn. 6; HWK-*Willemsen*, § 613a BGB Rn. 187.
[15] ErfK/*Preis*, § 613a BGB Rn. 45; *Willemsen/Hohenstatt/Schweibert/Seibt*, C Rn. 59.
[16] ErfK/*Preis*, § 613a BGB Rn. 178; *Willemsen/Hohenstatt/Schweibert/Seibt*, B Rn. 90, 91; *Kallmeyer/Willemsen*, UmwG 2. Aufl. § 324 Rn. 2; KR-*Friedrich*, §§ 322, 323, 324 UmwG Rn. 28.

tung, dass die Anwendung des § 613a BGB bei Umwandlungsfällen nicht an dem Tatbestandsmerkmal „durch Rechtsgeschäft" scheitert.[17]

5   (3) *Insolvenzeröffnung.* Ein Betriebsinhaberwechsel tritt mit der Eröffnung des Insolvenzverfahrens nicht ein. Ein Betriebsübergang gem. § 613a I 1 BGB auf den Insolvenzverwalter findet nicht statt, sondern dieser erhält kraft Gesetzes die Befugnis, den Betrieb gem. den §§ 80, 148, 159 InsO fortzuführen.[18] Der Insolvenzverwalter ist nicht Rechtsnachfolger des Schuldners, sondern er nimmt an seiner Stelle die Arbeitgeberfunktionen wahr. Die Übernahme der Verfügungsbefugnis über das Vermögen des Schuldners erfolgt auf gesetzlicher Grundlage und nicht durch Rechtsgeschäft.

6   **b)** *Singularsukzession.* Eine rechtsgeschäftliche Betriebsnachfolge tritt ein, wenn durch Einzelrechtsübertragung die zur Fortsetzung der betrieblichen Tätigkeit benötigten Vermögensgüter auf einen Erwerber übergehen (zB asset deal).[19] Es bedarf der Einzelübertragung der zum Betrieb oder Betriebsteil gehörenden beweglichen, unbeweglichen Sachen und Rechte.[20]

7   Ist im Wege vielfältiger Singularsukzessionen der Übergang eines Betriebes oder Betriebsteiles bewirkt, so knüpft daran § 613a I 1 BGB die Rechtsfolge des gesetzlichen Übergangs aller Arbeitsverhältnisse; richtiger gesagt: Den Eintritt des neuen Betriebsinhabers in die – durch den Betriebübergang infolge Übergangs des Arbeitsplatzes betroffenen und gegenständlich bezeichneten – bestehenden Arbeitsverhältnisse kraft Gesetzes. Fälschlicherweise werden die Rechtsfolgen eines Betriebsübergangs damit umschrieben, dass die Arbeitsverhältnisse kraft Gesetzes auf den neuen Betriebsübergang „übergehen". Richtigerweise scheidet der bisherige Betriebsinhaber als Arbeitgeber aus allen arbeitsvertraglich vom Übergang erfassten Arbeitsverhältnissen aus und stattdessen tritt der Betriebsnachfolger kraft Gesetzes als Arbeitgeber und damit als Vertragspartei in die vom Übergang betroffenen Arbeitsverträge ein.[21] Der rechtsgeschäftlichen Singularsukzession bezüglich des Betriebes oder Betriebsteiles entspricht somit arbeitsrechtlich eine Gesamtrechtsnachfolge des neuen Betriebsinhabers in die insoweit umfassend auf ihn übergegangenen arbeitsrechtlichen Rechts- und Pflichtenstellungen des bisherigen Betriebsinhabers als Arbeitgeber. Die rechtsgeschäftliche Singularsukzession führt arbeitsrechtlich zu einer Gesamtrechtsnachfolge des neuen Betriebsinhabers in die Arbeitgeberstellung des bisherigen Betriebsinhabers bzgl der durch den Übergang ihrer Arbeitsplätze betroffenen Arbeitnehmer. Als Gesamtergebnis ist somit festzustellen, dass sowohl die Fälle gesetzlichen Betriebsübergangs nach dem Umwandlungsgesetz als auch die Fälle rechtsgeschäftlichen Betriebsübergangs übereinstimmend den Rechtsfolgen des § 613a BGB unterliegen.

8   **2. Die Regelung des § 613a BGB (Überblick). a)** *Umsetzung europäischen Rechts.* § 613a BGB beendet einerseits einen jahrzehntelangen Streit um die Rechtsfolgen des Betriebsinhaberwechsels, stellt aber andererseits zugleich weitgehend eine Umsetzung von Richtlinien der EG in das deutsche Recht dar. Hieraus folgt, dass die aus den EG-Richtlinien folgenden Schutzzwecke für die Anwendung und Auslegung des § 613a BGB heranzuziehen sind.[22] Auf der anderen Seite ist zu berücksichtigen, dass sich

---

[17] *Schaub/Koch*, Arbeitsrechts-Handbuch, § 116 Rn. 11; HWK-*Willemsen*, § 613a BGB Rn. 188.
[18] ErfK/*Preis*, § 613a BGB Rn. 63; MüKoInsO/*Ott*, § 80 Rn. 41, 111, 121; *Uhlenbruck*, § 80 InsO Rn. 2, 52.
[19] *Willemsen/Hohenstatt/Schweibert/Seibt*, E Rn. 4.
[20] Vgl. *Heinze* DB 1980, 205; *Seiter*, AR-Blattei, Betriebsinhaberwechsel I, B III 2a aa; *Schaub/Koch*, Arbeitsrechts-Handbuch, § 118 Rn. 65 f.
[21] *Heinze*, Der Betriebsübergang in der Insolvenz, FS-*Uhlenbruck*, 751, 756; *Schaub*, Arbeitsrechts-Handbuch § 118 Rn. 65; ErfK/*Preis*, § 613a BGB Rn. 66.
[22] *Schaub/Koch*, Arbeitsrechts-Handbuch, § 118 Rn. 2; ErfK/*Preis*, § 613a BGB Rn. 1; *Commandeur/Kleinebrink*, Rn. 41; *Heither* RdA 1996, 96, 98.

§ 613a BGB keineswegs lediglich in der Übernahme des durch die EG-Richtlinien vorgesehenen Regelungstatbestandes erschöpft, sondern über diese Richtlinien hinausgehend eine eigenständige, dem deutschen bürgerlichen Recht wie dem deutschen Arbeitsrecht entsprechende Lösung beinhaltet.[23] Sinn und Zweck der Norm ist der Schutz der bestehenden Arbeitsverhältnisse, die Kontinuität des Betriebsratsamts, die Regelung der Haftung zwischen Betriebsveräußerer und Betriebserwerber und die Aufrechterhaltung der kollektiv-rechtlich geregelten Arbeitsbedingungen.[24] Die Anwendung und Auslegung des § 613a BGB war zunächst von einem sehr national geprägten Verständnis des Betriebsübergangs geprägt. Das BAG hat erst die Ayse-Süzen-Entscheidung des EuGH vom 11.3.1997[25] zum Anlass genommen, seine Rechtsprechung zur Auslegung und Anwendung des § 613a BGB zu ändern und sich stärker an den europäischen Vorgaben zu orientieren. Maßgebend ist die RL 2001/23/EG vom 12.3.2001,[26] die in Ansehung der bis dahin erfolgten Änderungen neu gefasst worden ist.

b) *Anwendbarkeit in der Insolvenz.* Für den noch immer nicht zur Ruhe gekommenen Streit um die Anwendbarkeit des § 613a BGB bei Betriebsübergang bzw. Betriebsveräußerung in der Insolvenz bedeutet dies einerseits, dass allein mittels der Berufung auf die Normzwecke der EG-Richtlinien eine Anwendbarkeit des § 613a BGB in der Insolvenz nicht gerechtfertigt werden kann; andererseits ist mit dieser Absage die Streitfrage keineswegs entschieden, weil § 613a BGB als eigenständige Rechtsnorm des deutschen Rechtes gleichwohl im Insolvenzfalle Anwendung finden kann. So hat der EuGH im Hinblick auf das entsprechende niederländische Gesetz entschieden, dass sich die EG-Richtlinie nicht auf den konkurs- bzw. insolvenzbedingten Betriebsübergang beziehe, zugleich hat das Gericht jedoch darauf hingewiesen, dass es dem jeweiligen staatlichen Recht überlassen bleibe, unabhängig vom Gemeinschaftsrecht die Grundsätze der EG-Richtlinien auch auf den Betriebsübergang im Konkurs bzw. in der Insolvenz zu erstrecken.[27] Dem widerspricht auch die Entscheidung des EuGH vom 25.7.1991[28] nicht, da sie die Freiheit des nationalen Gesetzgebers nicht tangiert.

Da das BAG in ständiger Rechtsprechung vor allem unter dem Gesichtspunkt des Arbeitsplatzschutzes die Regelung des § 613a BGB uneingeschränkt für anwendbar erklärt,[29] gilt für die Praxis das Gebot, die Regelung des § 613a BGB nach den von der Rechtsprechung entwickelten Grundsätzen strikt zu beachten. Durch das arbeitsrechtliche Beschäftigungsförderungsgesetz vom 25.9.1996[30] hat der Gesetzgeber mit Wirkung ab 1.10.1996 die Rechtsprechung des BAG gesetzlich abgesegnet, denn in dem vorzeitig in Kraft getretenen § 128 II InsO heißt es, dass sich die Vermutungswirkung des Interessenausgleichs nach § 125 I 1 Nr. 1 InsO auch darauf erstreckt, dass die Kündigung der Arbeitsverhältnisse nicht wegen des Betriebsübergangs erfolgt ist. Daraus ergibt sich logisch zwingend, dass der Gesetzgeber von der Anwendung des § 613a BGB auch im Rahmen der Insolvenz ausgeht.[31] Nach der Betriebsübergangsrichtlinie 2001/23/EG[32] ist

---

[23] Vgl. EuGH Rs. 135/83 (Abels), Slg 1985, 469, 485 = ZIP 1985, 824 u 828; BAG AP Nr. 18 u 34 zu § 613a BGB.
[24] *Willemsen/Hochenstatt/Schweibert/Seibt*, Rn. G 1 ff.
[25] EuGH v. 11.3.1997 – RS. C-13/95, NJW 1997, 2039.
[26] ABl EG L 82 v. 22.3.2001.
[27] EuGH Rs 135/83 (Abels), Slg 1985, 469, 485 f. = ZIP 1985, 824 u 828.
[28] Rs C-362/89 (d'Urso ua), Slg 1991, I-4105 ff. = ZIP 1993, 936.
[29] BAG v. 17.1.1980 – 3 AZR 160/79, NJW 1980, 523; BAG v. 11.10.1995 – 10 AZR 984/94, NZA 1996, 432.
[30] BGBl. I 1996, 1476, 1478.
[31] *Annuß*, ZInsO 2001, 49; *Bertram*, Betriebsveräußerung in der Insolvenz Rn. 114; ErfK/*Preis*, § 613a BGB Rn. 142; LAG Hamm v. 4.4.2000 – 4 Sa 1220/99, DZWIR 2000, 240; *Bergwitz* DB 1999, 2005.
[32] ABl EG v. 22.3.2001 – L 82, S. 16 ff.

fraglich geworden, ob der nationale Deutsche Gesetzgeber überhaupt die Möglichkeit hätte, ihre Anwendung für den Fall einer Betriebsveräußerung in der Insolvenz auszuschließen, denn gem. § Art. 5 I der Richtlinie kann ihre Geltung nur für Insolvenzverfahren eingeschränkt werden, deren Ziel die Auflösung des Vermögens ist. Dies ist aber nicht mehr alleiniges Ziel des Insolvenzverfahrens, denn es geht nicht mehr nur um die Zerschlagung und Auflösung des Unternehmens, sondern gleichberechtigt steht daneben der Zweck, in einem Insolvenzplan eine abweichende Regelung insbesondere zum Erhalt des Unternehmens zu treffen.[33] Der Regelungsvorbehalt der Mitgliedsstaaten gem. Art. 5 II der Richtlinie 2001/23/EG vom 12.3.2001 greift nur ein, wenn es um die Zerschlagung des Unternehmens zur gemeinschaftlichen Befriedigung der Gläubiger geht. Häufig ist es aber für die Gläubiger günstiger, wenn das Unternehmen erhalten bleibt und fortgeführt wird.[34] Jeweils hat der deutsche Gesetzgeber von der europarechtlichen Möglichkeit, § 613a BGB im Insolvenzverfahren zu modifizieren, keinen Gebrauch gemacht.[35] § 613a BGB ist daher bzgl seiner Bestandsschutzfunktionen in der Insolvenz in vollem Umfang anzuwenden. Lediglich bei einem Betriebserwerb in der Insolvenz greifen für den Betriebserwerber Haftungsbeschränkungen ein.

11 c) *Eintritt des Betriebserwerbers in die bestehenden Arbeitsverhältnisse.* § 613a BGB sieht in I S. 1 vor, dass bei Betriebsübergang oder bei Übergang eines Betriebsteiles auf einen anderen Inhaber dieser in die Rechte und Pflichten aus den im Zeitpunkt des Übergangs bestehenden Arbeitsverhältnissen eintritt. Dabei muss der Erwerber die in einem Kollektivvertrag (Tarifvertrag oder Betriebsvereinbarung) vereinbarten Arbeitsbedingungen bis zu dessen Kündigung oder Ablauf bzw. bis zum Abschluss eines neuen, inhaltlich entsprechenden Kollektivvertrages aufrecht erhalten; vor Ablauf eines Jahres nach dem Zeitpunkt des Übergangs dürfen die Rechtsnormen der in Frage stehenden Kollektivverträge (Tarifvertrag oder Betriebsvereinbarung) nicht zum Nachteil des Arbeitnehmers geändert werden, es sei denn, dass bei dem neuen Inhaber inhaltlich entsprechende Rechtsnormen eines Tarifvertrages oder einer Betriebsvereinbarung gelten. Die Sätze 3 und 4 des § 613a I BGB sind gerade deshalb von besonderer praktischer Bedeutung, weil sie die Veränderungssperre von S. 2 aufheben. Insolvenzspezifisch sind in diesem Zusammenhang die Kündigung bestehender Betriebsvereinbarungen gem. § 120 InsO sowie im Falle einer Betriebs- oder Betriebsteilveräußerung oder Betriebsänderung über § 128 InsO die §§ 125–127 InsO zu beachten.

12 Gemäß § 613a II BGB haften darüber hinaus der bisherige Arbeitgeber und der neue Inhaber für die vor dem Zeitpunkt des Übergangs entstandenen Verpflichtungen als Gesamtschuldner, soweit diese vor Ablauf von einem Jahr nach dem Zeitpunkt des Übergangs fällig werden. Werden die Verpflichtungen nach dem Zeitpunkt des Übergangs fällig, so haftet der bisherige Arbeitgeber nur anteilig entsprechend dem abgelaufenen Teil des Bemessungszeitraumes, während der neue Betriebsinhaber als Rechtsnachfolger zeitlich unbeschränkt haftet. Die gesamtschuldnerische Haftung gilt jedoch nicht, wenn eine juristische Person oder eine Personenhandelsgesellschaft durch Umwandlung erlischt (§ 613a III BGB).[36]

13 Gemäß § 613a IV BGB ist schließlich die Kündigung des Arbeitsverhältnisses eines Arbeitnehmers durch den bisherigen Arbeitgeber oder durch den neuen Inhaber wegen des Übergangs eines Betriebs oder Betriebsteiles unwirksam. Das Recht zur Kündigung des Arbeitsverhältnisses aus anderen Gründen bleibt unberührt.[37]

---

[33] Vgl. *Smid* NZA 2000, 113; *Zwanziger,* InsO Einrührung Rn. 15; *Bertram,* Betriebsveräußerung in der Insolvenz Rn. 109.
[34] BAG v. 28.10.2004 – 8 AZR 199/04, NZA 2005, 405; *Heinrich,* D II.
[35] *Lembke,* BB 2007, 1333.
[36] Vgl. hierzu ErfK/*Preis,* § 613a BGB Rn. 136.
[37] *Ascheid* NZA 1991, 873; ErfK/*Preis,* § 613a BGB Rn. 150.

3. Die Tatbestandsvoraussetzungen des § 613a I BGB. a) *Betriebsbegriff.* Da **14**
§ 613a I BGB den rechtsgeschäftlichen Übergang eines Betriebes oder Betriebsteiles tatbestandlich voraussetzt, kommt der tatbestandsmäßigen Konkretisierung dieser Begriffe im konkreten Einzelfall vorrangige Bedeutung zu. Nicht einschlägig ist nach ganz einheitlicher Ansicht der betriebsverfassungsrechtliche Betriebs- und Betriebsteilbegriff, vielmehr sind die Begriffe Betrieb und Betriebsteil im Sinne des § 613a BGB aus dem Normzweck zu erschließen, der darin besteht, den Verlust des Arbeitsverhältnisses trotz Fortbestehens des Arbeitsplatzes bei einem neuen Betriebsinhaber zu verhindern.[38] Es geht darum, Arbeitsplatz und Arbeitsverhältnis miteinander zu verknüpfen, um eine sich andernfalls auftuende Lücke im Kündigungsschutz zu schließen. Ohne § 613a BGB wäre der veräußernde Betriebsinhaber bei mangelnder Übernahmebereitschaft des Erwerbers zur betriebsbedingten Kündigung des Arbeitsverhältnisses berechtigt.[39] Der Arbeitnehmer soll nicht deshalb seine Arbeit verlieren, weil sich die Dispositionsbefugnis über seinen Arbeitsplatz ändert.

(1) *Wirtschaftliche Einheit.* Die Rechtsfolgen des § 613a I 1 BGB treten nur ein, wenn **15**
ein Betrieb oder Betriebsteil von einem Betriebserwerber übernommen wird. Ob ein Betriebsübergang vorliegt, hängt daher entscheidend davon ab, wie man den Begriff des Betriebes iSv § 613a BGB definiert. Das BAG hat den Begriff „Betrieb" in der Vergangenheit in Einklang mit der Literatur als eine organisatorische Einheit verstanden, innerhalb derer ein Arbeitgeber in Gemeinschaft mit seinen Mitarbeitern unter Zuhilfenahme von sächliche und immateriellen Mitteln bestimmte arbeitstechnische Zwecke fortgesetzt verfolgt.[40] Diese auf Betriebsmittel fokussierte Definition versagt bei betriebsmittelarmen Dienstleistungsbetrieben und wird den europarechtlichen Vorgaben nicht ausreichend gerecht. Gem Kapitel I Art. 1b der Betriebsübergangsrichtlinie 2001/23/EG vom 12.3.2001 gilt als Übergang im Sinne der Richtlinie „der Übergang einer ihre Identität bewahrenden wirtschaftlichen Einheit im Sinne einer organisatorischen Zusammenfassung von Ressourcen zur Verfolgung einer wirtschaftlichen Haupt- oder Nebentätigkeit". Nach der Rechtsprechung des EuGH bezieht sich der Begriff Einheit auf eine Gesamtheit von Personen und Sachen zur Ausübung einer wirtschaftlichen Tätigkeit mit eigener Zielsetzung.[41] Danach kann die Einheit, deren Identität bewahrt bleiben muss, durch Sachen und Personen gekennzeichnet sein. Der Übergang der Arbeitsverhältnisse ist nicht Rechtsfolge, sondern die Übernahme der Belegschaft durch den Erwerber kann Tatbestandsvoraussetzung eines Betriebsübergangs sein. Dies hat das BAG veranlasst, seine Rechtsprechung zum Betriebsbegriff aufzugeben und der Übernahme des Personals neben anderen möglichen Kriterien einen gleichwertigen Rang bei der Prüfung, ob ein Betriebsübergang vorliegt, einzuräumen.[42]

(2) *Prüfungskriterien.* Danach vollzieht sich die Prüfung, ob eine wirtschaftliche Einheit **16**
übergeht, unter Berücksichtigung der Eigenart der jeweiligen Branche (Produktions-, Handels-, Dienstleistungsunternehmen) anhand folgender Fragestellungen:
1. Welches sind die prägenden Elemente der betreffenden Einheit?
2. Welche Elemente werden auf den Erwerber übertragen?
3. Ergibt sich aus der Verknüpfung der übertragenen Elemente, dass der Erwerber der Einheit sie unter Aufrechterhaltung ihres wirtschaftlichen Zweckes im Wesentlichen unverändert fortführen kann?[43]

---
[38] ErfK/*Preis*, § 613a BGB Rn. 5; *Willemsen/Hohenstatt/Schweibert/Seibt*, G Rn. 20.
[39] Im Einzelnen *Willemsen/Hohenstatt/Schweibert/Seibt*, G Rn. 20; APS/*Steffan*, § 613a BGB Rn. 4.
[40] BAG v. 16.10.1987, ZIP 1988, 48; BAG v. 21.3.1996, DB 1996, 736; KR-*Pfeiffer*, § 613a BGB Rn. 16; ErfK/*Preis*, § 613a BGB Rn. 5.
[41] EuGH v. 11.3.1997 – Rs C-13/95 *Ayse Süzen* NZA 1997, 433.
[42] BAG v. 22.5.1997 – 8 AZR 101/96, NZA 1997, 1050.
[43] *Bertram*, Betriebsveräußerung in der Insolvenz Rn. D 121; *Picot/Schnitker*, Teil I B Rn. 23.

17 Es ist zunächst festzustellen, ob ein Betrieb oder ein Betriebsteil im Sinne einer wirtschaftlichen Einheit beim Betriebsveräußerer vorliegt und ob diese Einheit unter Wahrung ihrer Identität auf den Erwerber übergegangen ist. Die bloße Übernahme eines Auftrags – sog. Funktionsnachfolge – reicht nicht, denn es muss sich um eine auf Dauer angelegte Arbeitsorganisation handeln.[44] Nach nunmehr gefestigter Rechtsprechung des BAG liegt ein Betriebsübergang iSv § 613a BGB vor, wenn ein neuer Rechtsträger die wirtschaftliche Einheit unter Wahrung ihrer Identität fortführt. Dabei sind sämtliche den betreffenden Vorgang kennzeichnenden Umstände einzubeziehen und im Wege einer typologischen Gesamtbetrachtung zu konkretisieren.[45] Bei der Prüfung, ob eine wirtschaftliche Einheit übergegangen ist, müssen sämtliche Tatsachen, die den Vorgang kennzeichnen, berücksichtigt werden. Dazu gehören nach der Rechtsprechung des EuGH insbesondere

1. die Art des betreffenden Unternehmens oder Betriebs,
2. der etwaige Übergang der materiellen Betriebsmittel wie Gebäude und bewegliche Güter sowie deren Werte und Bedeutung,
3. die Übernahme der immateriellen Betriebsmittel im Zeitpunkt des Übergangs,
4. die etwaige Übernahme der Hauptbelegschaft durch den neuen Inhaber,
5. der etwaige Übergang der Kundschaft und der Lieferantenbeziehungen,
6. der Grad der Ähnlichkeit zwischen den vor und nach dem Betriebsübergang verrichteten Tätigkeiten und
7. die Dauer einer evtl Unterbrechung der Betriebstätigkeit.

Es handelt sich dabei um Teilaspekte, die nicht isoliert betrachtet werden, sondern in eine Gesamtbewertung einzubeziehen sind. Es müssen nicht alle Merkmale gleichzeitig vorliegen. Es kann ausreichen, wenn zwei oder drei Merkmale gegeben sind, denen nach der jeweiligen Art des Unternehmens besondere Bedeutung zukommt.[46]

18 (3) *Arbeitsorganisation*. Trotz dieses sehr breit ausgelegten Spektrums kommt dem Merkmal der „Arbeitsorganisation" wesentliche Bedeutung zu, weil erst durch die Übertragung einer wirtschaftlichen Einheit die Fortführung der bisherigen betrieblichen Tätigkeit möglich wird. Ohne Nutzung der vom Betriebsveräußerer geschaffenen Arbeitsorganisation kann von einer Identität der Einheit im Sinne einer funktionsfähigen arbeitstechnischen Organisation nicht gesprochen werden.[47] Allein die Fortsetzung von Aufträgen oder Tätigkeiten des Betriebsveräußerers reicht nicht aus; es muss hinzukommen, dass dies mit Hilfe der vom Vorgänger geschaffenen Arbeitsorganisation geschieht. Bei der Übernahme vorhandener Maschinen und Einrichtungen kann dies eher der Fall sein als bei Handels- oder Dienstleistungsunternehmen. Es kommt darauf, ob sich der Übernehmer die bisher bestehende organisatorische Einheit zu Nutze macht, „sich in ein gemachtes Bett legt".[48]

19 (4) *Übernahme des Personals*. Die Übernahme von Personal ist kein zwingendes konstitutives Element eines Betriebsübergangs. Bei einem durch seine sachlichen Betriebsmittel geprägten Betrieb kann daher ein Betriebsübergang auch dann stattfinden, wenn kein Personal, sondern nur die wesentlichen sachlichen Betriebsmittel und die vorhandene Organisationsstruktur genutzt werden.[49] Andererseits kann allein die Übernahme

---

[44] Im Einzelnen APS-*Steffan*, § 613a BGB Rn. 16; ErfK/*Preis*, § 613a BGB Rn. 32.
[45] ErfK/*Preis*, § 613a BGB Rn. 10; *Moll* RdA 1999, 233, 236; APS-*Steffan*, § 613a BGB Rn. 23.
[46] HWK-*Willemsen*, § 613a BGB Rn. 95; vgl. BAG v. 2.12.1999 – 8 AZR 796/98, NZA 2000, 369.
[47] *Willemsen/Hohenstatt/Schweibert/Seibt*, G Rn. 99; ErfK/*Preis*, § 613a BGB Rn. 6; BAG v. 11.9.1997 – 8 AZR 555/95, NZA 1998, 31; BAG v. 11.12.1997 – 8 AZR 729/96, NZA 1998, 534.
[48] ErfK/*Preis*, § 613a BGB Rn. 5; BAG v. 3.11.1998 – 3 AZR 484/97, juris.
[49] BAG v. 22.7.2004 – 8 AZR 350/03, NZA 2004, 1383 m. Anm. *Hergenröder*, AR-Blattei ES 500 Nr. 182.

der Belegschaft bei Dienstleistungsunternehmen (Reinigungs-, Bewachungsgewerbe, Catering) einen Betriebsübergang auslösen, wenn es sich um eine vom Vorgänger geschaffene organisierte Gesamtheit von Personen und Sachen handelt, die zur dauerhaften Wahrnehmung bestimmter Aufgaben eingesetzt werden kann.[50] Schränkt der Erwerber von Betriebsmitteln den bisherigen Betriebszweck ein oder verändert er ihn, verringert er die bisherigen Kapazitäten und baut eine neue Betriebsorganisation auf, kann dies der Annahme einer Identität der neuen wirtschaftlichen Einheit mit der beim Veräußererbetrieb bestandenen wirtschaftlichen Einheit entgegenstehen.[51]

Auch bei ähnlichen oder teilweise sogar identischen Betriebszwecken kann bei Nutzung der sächlichen Betriebsmittel des früheren Inhabers kein Betriebsübergang vorliegen, wenn der neue Betriebsinhaber einen erheblich eingeschränkten und grundlegend anders organisierten Betrieb führt.[52] Wenn der Erwerber den vorhandenen Betrieb vollständig umstrukturiert, nutzt er nicht die Arbeitsorganisatoin des Vorgängerbetriebes, sondern gründet eine neue Arbeitsorganisation oder gliedert die übernommene Einheit in eine bereits vorhandene Organisation ein.[53]

(5) *Übernahme von materiellen Betriebsmitteln.* In der Insolvenz kommt es häufig vor, dass der Insolvenzverwalter sich genötigt sieht, den Betrieb stillzulegen und die vorhandenen Betriebsmittel/Wirtschaftsgüter zu veräußern, die von einem Dritten erworben werden, der entweder selbst oder durch Gründung einer Gesellschaft an anderer Stelle oder auch in denselben Räumlichkeiten einen neuen Betrieb aufbaut und in ähnlicher Weise wie vorher betriebliche Aktivitäten entfaltet. Geschieht dies mit Übernahme der Kundschaft (Kundenkartei) sowie der Verwendung von Lizenzen oder Patenten des vormals bestandenen Betriebes, ist das Risiko eines Betriebsübergangs besonders hoch.[54] Die Identität der Struktur und Organisation der wirtschaftlichen Einheit wird nicht bereits dadurch ausgeschlossen, dass der Erwerber den Betrieb verlegt oder die betrieblichen Aktivitäten an anderer Stelle und in anderen Räumlichkeiten aufnimmt. Verlagert der Erwerber die Betriebsmittel, um die Produktion an einem anderen Ort mit gleicher Arbeitsorganisation und gleichen Betriebsmethoden weiter zu führen, kann die Identität der wirtschaftlichen Einheit trotz des Ortswechsels gewahrt sein.[55] Für ein IT-Dienstleistungsunternehmen ist es unerheblich, in welchen Räumlichkeiten und von welchem Ort aus die betrieblichen Tätigkeiten angeboten werden. Hingegen sind bei Produktionsbetrieben die Übernahme der für die Produktionstätigkeiten eingesetzten Betriebsmittel wie Gebäude, Maschinenpark, Einrichtungsgegenstände unverzichtbare Elemente eines Betriebsübergangs, so dass ohne den Erwerb dieser materiellen Betriebsmittel ein Betriebsübergang idR ausscheidet.[56]

19a

Generell gewährleisten die vom BAG entwickelten Kriterien eine in der Praxis handhabbare Abgrenzung des Betriebsübergangs von der bloßen Funktionsnachfolge. Wegen der immer erforderlichen Gesamtabwägung können Grenzfälle unklar bleiben.

20

b) *Branchenbezogene Typologie.* Die Art des Unternehmens gewinnt bei der Frage nach den prägenden Merkmalen besondere Bedeutung. Es ist zu ermitteln, was den Gegenstand der betrieblichen Tätigkeit kennzeichnet. Es geht um diejenigen materiellen und

21

---

[50] BAG v. 11.12.1997 – 8 AZR 729/96, NZA 1998, 534; BAG v. 10.12.1998 – 8 AZR 676/97, NZA 1999, 420; BAG v. 11.12.1997, NZA 1998, 534.
[51] BAG v. 23.9.1999 – 8 AZR 614/98, ZInsO 2000, 351 und – 8 AZR 650/98, RzK I 5e Nr. 119.
[52] BAG v. 25.5.2000 – 8 AZR 335/99 u v. 14.12.2000 – 8 AZR 220/00 nv.
[53] BAG v. 6.4.2006 – 8 AZR 249/04, NZA 2006, 1039; HWK-*Willemsen*, § 613a BGB Rn. 106.
[54] Vgl. zum Wert der immateriellen Aktiva ErfK/*Preis*, § 613a BGB Rn. 23; APS-*Steffan*, § 613a BGB Rn. 31.
[55] BAG v. 2.12.1999 – 8 AZR 796/98, NZA 2000, 369; ErfK/*Preis*, § 613a BGB Rn. 34; *Hergenröder*, AR-Blattei SD 500.1 Rn. 185.
[56] HWK-*Willemsen*, § 613a BGB Rn. 111; BAG v. 3.11.1998 – 3 AZR 484/97, juris; vgl. BAG v. 15.12.2005 – 8 AZR 202/05, NZA 2006, 597.

immateriellen Betriebsmittel, welche die Struktur der wirtschaftlichen Einheit kennzeichnen.[57]

22 (1) *Dienstleistungsunternehmen.* In Dienstleistungsunternehmen wird die auf der Rechtsprechung des EuGH fußende Judikatur des BAG am deutlichsten: In Geschäftszweigen, in denen es im Wesentlichen auf die menschliche Arbeitskraft ankommt, kann bereits eine Gesamtheit von Arbeitnehmern, die durch ihre gemeinsame Tätigkeit dauerhaft verbunden ist, eine wirtschaftliche Einheit darstellen. In diesen Fällen ist der Übernahme des Personals ein gleichwertiger Rang neben den anderen möglichen Kriterien zur Annahme eines Betriebsübergangs beizumessen.[58] Auch ohne Übernahme von Betriebsmitteln kann allein die Weiterbeschäftigung eines nach Zahl und Sachkunde wesentlichen Teils des Personals einen Betriebsübergang bewirken, wenn der Übernehmer die betreffende Tätigkeit weiterführt. Handelt es sich um leicht austauschbare Dienstleistungen von geringerer Qualifikation, kann ein Betriebsübergang nicht allein deswegen verneint werden, weil es an der Übernahme von „Know-how-Trägern", die über ein besonderes Fachwissen verfügen, fehlt.[59] Das BAG hat daher angesichts der Übernahme nahezu aller Arbeitnehmer des Vorgängerbetriebes einen Betriebsübergang bejaht. Je niedriger der Qualifikationsgrad, desto höher muss allerdings die Anzahl der übernommenen Arbeitnehmer sein, um die Annahme zu rechtfertigen, eine vom Auftragsvorgänger aufgebaute Arbeitsorganisation bestehe weiter. Bei einem Unternehmen des Reinigungsdienstes hat das BAG die Übernahme von 75 % der Belegschaft nicht genügen lassen.[60]

23 Ist ein Dienstleistungsbetrieb stärker durch Spezialwissen und Qualifikation der Arbeitnehmer geprägt, kann es darauf ankommen, ob der wegen seiner Sachkunde wesentliche Teil der Belegschaft vom Erwerber eingesetzt wird.[61] Entscheidend ist, ob durch die Übernahme von Arbeitnehmern des vorherigen Betriebes die bisher bestandene Arbeitsorganisation und die bisher angewandten Betriebsmethoden bestehen bleiben und fortgesetzt zur Anwendung kommen; dh wenn dieselben Arbeitnehmer dieselben Aufgaben am gleichen Ort unter im Wesentlichen gleichen Bedingungen erledigen.[62] In einem betriebsmittelarmen Betrieb, in dem es im Wesentlichen auf die menschliche Arbeitskraft ankommt, ist ein Betriebsübergang nur dann gegeben, wenn der neue Auftragnehmer nicht nur die betreffende Tätigkeit weiterführt, sondern auch einen nach Zahl und Sachkunde wesentlichen Teil des Personals übernimmt, welches sein Vorgänger gezielt für diese Tätigkeit eingesetzt hat.[63]

24 In solchen Fällen hat es der Übernehmer/Nachfolger in der Hand, die Rechtsfolgen eines Betriebsübergangs zu vermeiden, indem er weitgehend davon absieht, Arbeitnehmer des früheren Arbeitgebers einzusetzen oder weiterzubeschäftigen.[64] Der Verzicht des Auftragsnachfolgers auf die Weiterbeschäftigung jedweder Arbeitnehmer des Vorgängerbetriebes soll die Erfüllung identitätsstiftender Merkmale vermeiden. Dies gelingt aber nur bei Dienstleistungsunternehmen, bei denen die wirtschaftliche Einheit in der Gesamtheit der Arbeitnehmer besteht, die durch organisierte Arbeitsabläufe und eine bestimmte Struktur miteinander verbunden sind.

---

[57] HWK-*Willemsen,* § 613a BGB Rn. 100; *Schaub/Koch,* Arbeitsrechts-Handbuch, § 117 Rn. 22.
[58] BAG v. 22.5.1997 – 8 AZR 101/96, NZA 1997, 1050; BAG v. 11.12.1997 – 8 AZR 729/96, NZA 1998, 540.
[59] BAG v. 11.12.1997 – 8 AZR 729/96, NZA 1998, 540.
[60] BAG v. 10.12.1998 – 8 AZR 676/97, NZA 1999, 420; vgl. auch BAG v. 19.3.1998 – 8 AZR 737/96, wonach die Weiterbeschäftigung von etwa der Hälfte der bisher tätigen Reinigungskräfte nicht ausreicht.
[61] BAG v. 14.5.1998 – 8 AZR 418/96, NZA 1999, 483; ErfK/*Preis,* § 613a BGB Rn. 27; *Willemsen,* Umstrukturierung G Rn. 62, 63.
[62] *Müller-Glöge* NZA 1999, 449, 451; ErfK/*Preis,* § 613a BGB Rn. 28.
[63] BAG v. 25.9.2008 – 8 AZR 607/07, BB 2008, 2233 (Bewachungsunternehmen).
[64] ErfK/*Preis,* § 613a BGB Rn. 39; *Willemsen,* Umstrukturierung G Rn. 134.

Werden die Dienstleistungen unter Zuhilfenahme von Betriebsmitteln eines Dritten – idR des Auftraggebers – erbracht, kommt es darauf an, ob dem Dienstleistungsbetrieb die Betriebsmittel zB der Kantine zur eigenwirtschaftlichen Nutzung überlassen worden sind oder ob Dienstleistungen nur an fremden Geräten und Maschinen erbracht werden, ohne dass der Auftragnehmerbetrieb die Möglichkeit hat, im eigenwirtschaftlichen Interesse über die Nutzung der Betriebsmittel zu entscheiden.[65]

(2) *Abgrenzung zur Auftragsnachfolge.* Für Unruhe hat in jüngster Zeit eine Entscheidung des EuGH zur Neuvergabe der Bewirtschaftung eines Krankenhauses geführt. Es ging um die Frage, ob die Neuvergabe des Catering-Vertrages an einen neuen Caterer auch ohne Übernahme von Arbeitnehmern ein Betriebsübergang iSv Art. 1 1 der Betriebsübergangsrichtlinie sein kann.[66] Eine wirtschaftliche Einheit kann auch dann übergehen, wenn der neue Vertragspartner des Bewirtschaftungsvertrages dieselben Leistungen erbringt und dabei die vom Auftraggeber zur Verfügung gestellten wesentlichen materiellen Betriebsmittel (Küche, Einrichtung, Geschirr, Infrastruktur) weiterhin nutzt. Die Entscheidung rechtfertigt nicht die Einschätzung, dass in Abkehr von der bisherigen Rechtsprechung nunmehr doch die bloße Auftragsnachfolge einen Betriebsübergang auslöst, sondern setzt die bisherige Rechtsprechung der erforderlichen Gesamtbetrachtung der fraglichen Vorgänge fort.[67] Es bleibt wie bisher dabei, die Nutzung einer Gesamtheit von Betriebsmitteln richtig einzuordnen. Zu beantworten ist die Frage, welche Faktoren notwendig sind, um die mit der Tätigkeit verbundene Wertschöpfung zu erzielen:[68] Die künstliche Entkoppelung von Dienstleistungen einerseits und der dafür benötigten Betriebsmittel andererseits funktioniert nicht, wenn die vom Auftraggeber bereit gestellte Kantineneinrichtung einschl Küche und Gerätschaften den identitätsbildenden Kern der wirtschaftlichen Einheit ausmachen. Der EuGH hat im Rahmen der anzustellenden Gesamtbetrachtung die Überlassung der Betriebsmittel zur eigenwirtschaftlichen Nutzung nicht als notwendige Voraussetzung für die Feststellung eines Übergangs dieser Mittel vom ursprünglichen Auftragnehmer auf den neuen Auftragnehmer angesehen.[69] Das BAG hat daraus die Konsequenzen gezogen und erklärt, bei der Prüfung, ob ein Betriebsübergang gegeben ist, sei das Merkmal der eigenwirtschaftlichen Nutzung der sächlichen Betriebsmittel nicht mehr heranzuziehen.[70] Stattdessen kommt es nach der korrigierten Rechtsprechung des BAG entscheidend darauf an, ob der Einsatz bzw. die Nutzung der jeweiligen fremden Betriebsmittel den eigentlichen Kern des zur Wertschöpfung erforderlichen Funktionszusammenhangs ausmacht. Die Eigentumsverhältnisse spielen keine Rolle, sondern es genügt die tatsächliche Nutzung derjenigen materiellen Betriebsmittel, die die wirtschaftliche Einheit in ihrer Identität prägen.[71]

(3) *Handelsunternehmen.* Bei Einzel- und Großhändlern ist darauf abzustellen, ob die bisherigen Verkaufsaktivitäten, die Kundenbeziehungen sowie die Rechtsbeziehungen zu den Abnehmern oder Lieferanten fortgesetzt werden. Der EuGH hat den Vertriebswechsel auf einen anderen Händler als Betriebsübergang angesehen, wenn er einhergeht mit

---

[65] BAG v. 11.12.1997 – 8 AZR 426/94, NZA 1998, 532; *Willemsen,* Umstrukturierung G Rn. 60, 61; vgl. zur Neuvergabe eines Kantinenvertrages BAG v. 25.5.2000 – 8 AZR 337/99, RzK I 5e Nr. 138.
[66] EuGH v. 20.11.2003, Rs C-340/01; EuGHE 2003, I-14023 = ZIP 2003, 2315; *Abler* NZA 2003, 1385.
[67] *Reissner,* Anm. zu EuGH v. 20.11.2003, ZESAR 2004, 138; *Willemsen/Annuß* DB 2004, 134; *Schnitker/Grau* BB 2004, 275.
[68] *Willemsen/Annuß* DB 2004, 135.
[69] EuGH v. 15.12.2005 – C-232/04 und C-233/04 *(Güney-Görres),* NZA 2006, 29.
[70] BAG v. 6.4.2006 – 8 AZR 222/04, NJW 2006, 2138 m. Anm. *Hamann,* jurisPR-ArbR 32/2006 Anm. 1.
[71] BAG v. 15.2.2007 – 8 AZR 431/06, NZA 2007, 793; HWK-*Willemsen,* § 613a BGB Rn. 53a.

der Übernahme der Vertriebsberechtigung, einer entsprechenden Werbung bei der Kundschaft und der Übernahme eines Teils der Belegschaft.[72] Wichtig ist in diesem Zusammenhang, dass eine vorherige Stilllegung des Betriebes einen nachfolgenden Betriebsübergang ausschließt. Dies kann bei Insolvenzfällen einschlägig sein, wenn der Insolvenzverwalter alle Arbeitnehmer des bisherigen Betriebes entlässt, das Anlagevermögen und die vorhandenen Waren verwertet und dann erst nach einer mehrmonatigen Umbauphase eine neue Filiale an gleicher Stätte eröffnet wird.[73] Ob bei Schließung und Neueröffnung von Einzelhandelsgeschäften die Identität der wirtschaftlichen Einheit gewahrt wird, hängt vornehmlich von der Geschäftslage, dem Warensortiment und den durch die Betriebsform geprägten Kundenbeziehungen ab.[74] Sind die Warenbestände ohne Weiteres verfügbar und die Lieferanten am Markt vertreten, kommt diesen beiden Faktoren keine ausschlaggebende Bedeutung zu. Nutzt der neue Betreiber des Geschäftes hingegen die Fachkenntnisse der eingearbeiteten Mitarbeiter in der bisherigen Weise, kann dies zusammen mit anderen Umständen für das Vorliegen eines Betriebsübergangs sprechen. Es kommt entscheidend darauf an, ob die Betriebsform (Warenhaus, Fachgeschäft, Supermarkt) und das Sortiment im Wesentlichen unverändert bleiben.[75] Allein die Anmietung der nackten Räumlichkeiten und die Nutzung des immateriellen Vorteils einer günstigen Geschäftslage erfüllen noch nicht die Merkmale einer wirtschaftlichen Einheit.[76] Im Rahmen der immer anzustellenden Gesamtwürdigung wird ein Einzelhandelsgeschäft in erster Linie durch diejenigen immateriellen und materiellen Mittel sowie organisatorischen Konzepte geprägt, die dem Zweck des Einzelhandelsgeschäftes in besonderer Weise dienen.[77] Der Grad der Ähnlichkeit zwischen dem Vorgängerbetrieb und dem von einem neuen Rechtsträger fortgeführten Verkaufsbetrieb kann vorzugsweise an der Aufrechterhaltung der Kundenbeziehungen sowie Ausnutzung/Übernahme der bisher bestandenen Betriebsorganisation festgestellt werden.[78] Von der Theorie der bloßen Fortführungsmöglichkeit hat das BAG Abschied genommen.[79] Der Betrieb muss vielmehr tatsächlich von dem neuen Betriebsinhaber unter Wahrung seiner früheren Identität fortgeführt werden.[80] Der Rückfall des verpachteten Betriebes an den Verpächter löst daher keinen Betriebsübergang aus, wenn dieser den Betrieb nicht weiterführt, sondern die Räumlichkeiten lediglich instandsetzt und vermietet.[81]

28 (4) *Produktionsbetriebe.* Im produzierenden Gewerbe wird die wirtschaftliche Einheit von den eingesetzten Betriebsmitteln geprägt, so dass dem Gebäude, den vorhandenen Maschinen, den Geräten, Werkzeugen, Rohstoffen, Halb- und Fertigfabrikaten und den Transportmitteln besondere Bedeutung beizumessen ist. Der Erwerb einzelner Betriebsmittel reicht idR nicht aus, sondern es ist zu prüfen, ob der Erwerber die beim Veräußerer gebildete betriebliche Organisation übernimmt oder die Produktion gegebenenfalls an anderer Stelle unter Fortführung der vorhandenen Arbeitsorganisation bewerkstelligt.[82] Führt ein anderer Unternehmer einen erheblich eingeschränkten und

---

[72] EuGH v. 7.3.1996 – Rs. C 171 u 172/94 Slg 1996, 1253.
[73] BAG v. 22.5.1997 – 8 AZR 101/96, NZA 1997, 1050.
[74] BAG v. 2.12.1999 – 8 AZR 796/98, NZA 2000, 369.
[75] APS-*Steffan*, § 613a BGB Rn. 31.
[76] BAG v. 22.5.1997 – 8 AZR 101/96, NZA 1997, 1050.
[77] *Schiefer/Pogge*, Outsourcing Rn. 25.
[78] BAG v. 22.5.1997 – 8 AZR 101/96, NZA 1997, 1050; BAG v. 2.12.1999 – 8 AZR 796/98, NZA 2000, 369; *Willemsen*, Umstrukturierung G Rn. 50 und 105.
[79] BAG v. 18.3.1999 – 8 AZR 196/98, NZA 1999, 869.
[80] BAG v. 18.3.1999 – 8 AZR 196/98, NZA 1999, 869 sowie v. 27.4.2000 – 8 AZR 260/99, RzK I 5e Nr. 135; *Willemsen*, Umstrukturierung G Rn. 75 und 88; APS-*Steffan*, § 613a BGB Rn. 38.
[81] BAG v. 18.3.1999 – 8 AZR 159/98, NZA 1999, 704; *Willemsen*, Umstrukturierung G Rn. 75.
[82] BAG v. 16.5.2002 – 8 AZR 319/01, NZA 2003, 93; ErfK/*Preis*, § 613a BGB Rn. 18; APS-*Steffan*, § 613a BGB Rn. 30.

grundlegend anders organisierten Betrieb mit den sächlichen Betriebsmitteln eines früheren Betriebsinhabers, kann dieser Vorgang nicht ohne Weiteres als ein mit einer Betriebsänderung verbundener Betriebsübergang gewertet werden.[83] Das Substrat eines Produktionsbetriebes wird durch seine Räume, Maschinen und sonstigen Einrichtungsgegenstände geprägt. Es müssen so viele Produktionsmittel übergehen, dass eine sinnvolle Fortführung der bisherigen Produktion möglich ist. Ändert sich der Betriebszweck, weil statt der ursprünglichen Massenproduktion nunmehr eine handwerklich ausgerichtete Musterfertigung im Vordergrund steht, kann dieser Umstand der Annahme eines Betriebsübergangs entgegen stehen.[84] Auch hier wird dem Fortbestehen der bisherigen organisatorischen Strukturen Bedeutung beizumessen sein. Allerdings muss unterschieden werden, ob der neue Rechtsträger eine Änderung des übernommenen Betriebes durchführt oder ob sich die Übernahme von vorn herein auf eine eingeschränkte und anders organisierte Betriebstätigkeit bezieht. Wird der bisherige Betrieb nur verkleinert und beschäftigt der neue Betrieb bei im Übrigen unverändert fortbestehender Betriebs- und Arbeitsorganisation lediglich wesentlich weniger Arbeitnehmer, kann zweifelhaft sein, ob es an der notwendigen Wahrung der betrieblichen Identität fehlt.[85]

c) *Betriebsteil*. Nicht nur der Übergang eines kompletten Betriebes, sondern auch die Übernahme eines Betriebsteils löst die Rechtsfolgen des § 613a BGB aus. Auch bei dem Erwerb eines Betriebsteils ist es erforderlich, dass die betreffende wirtschaftliche Einheit ihre Identität bewahrt.[86] Betriebsteile werden definiert als selbstständige abtrennbare organisatorische Einheiten, die innerhalb des betrieblichen Gesamtzwecks einen Teilzweck erfüllen. Das Merkmal des Teilzwecks dient dabei nur zur Abgrenzung der organisatorischen Einheit, so dass im Teilbetrieb nicht andersartige Zwecke als im übrigen Betrieb verfolgt werden müssen. Bei den übertragenden sächlichen und immateriellen Betriebsmitteln muss es sich aber um eine abgrenzbare organisatorische Untergliederung des Betriebes handeln, mit der Teilzwecke des Betriebes verfolgt werden, auch wenn sie nur die Bedeutung einer untergeordneten Hilfsfunktion haben.[87] Diese Teileinheit muss als solche bereits bei dem früheren Betriebsinhaber bestanden haben; sie darf also nicht erst anlässlich eines Betriebsübergangs vom Erwerber geschaffen werden.[88] Die organisatorische Selbstständigkeit eines Betriebsteils kann durch seine räumliche Trennung, seine eigenständige Leitung und Arbeitsorganisation (Schichtsystem/ Arbeitszeiten) oder auch durch unterscheidbare betriebliche Aktivitäten (zB andere Produktpalette) gekennzeichnet sein.[89] Bei der Übernahme eines Betriebsteils ist es iSv § 613a BGB nicht erforderlich, dass der beim Veräußerer verbliebene Teilbetrieb fortgesetzt werden könnte; es kann auch aus einem im Übrigen stillgelegten Betrieb ein einziger Betriebsteil herausgelöst und auf einen anderen Betriebsinhaber übertragen werden.[90] Der Schutzzweck des § 613a BGB wird nicht verletzt, wenn nur bestimmte Teilbetriebe übertragen, dabei aber andere Betriebsteile ausgenommen werden. Ob der

---

[83] BAG v. 25.5.2000 – 8 AZR 335/99, RzK I 5e Nr. 137; BAG v. 11.9.1997 – 8 AZR 555/95, NZA 1998, 31; BAG v. 18.3.1999 – 8 AZR 159/98, NZA 1999, 704 sowie BAG v. 23.9.1999 – 8 AZR 750/98, nv.
[84] BAG v. 16.5.2002 – 8 AZR 319/01, NZA 2002, 93; ErfK/*Preis*, § 613a BGB Rn. 18, 33.
[85] So LAG Hamm v. 30.3.1998 – 16 Sa 942/97, MDR 1998, 1485; aA ErfK/*Preis*, § 613a BGB Rn. 29; vgl. dazu BAG v. 23.9.1999 – 8 AZR 650/98, RzK I 5e Nr. 119; BAG v. 25.5.2000 – 8 AZR 335/99, RzK I 5e Nr. 137.
[86] BAG v. 26.8.1999 – 8 AZR 718/98, NZA 2000, 144.
[87] BAG v. 26.8.1999 – 8 AZR 718/98, NZA 2000, 144; BAG v. 16.5.2002 – 8 AZR 319/01, NZA 2002, 93 und v. 8.8.2002 – 8 AZR 583/01, NZA 2003, 315.
[88] BAG v. 24.4.1997 – 8 AZR 848/94, NZA 1998, 253; BAG v. 11.9.1997 – 8 AZR 555/95, NZA 1998, 31; BAG v. 18.4.2002 – 8 AZR 346/01, NZA 2002, 1207; *Willemsen*, Umstrukturierung G Rn. 104.
[89] ErfK/*Preis*, § 613a BGB Rn. 7, 8.
[90] BAG v. 13.11.1997 – 8 AZR 375/96, NZA 1998, 249.

verbleibende Restbetrieb wirtschaftlich überlebensfähig ist, spielt keine Rolle, denn der Betriebsübergang folgt aus der Wahrung der Identität des Betriebes beim Erwerber und nicht aus dem Untergang der Identität des früheren Gesamtbetriebes.[91]

30 (1) *Bestehen eines Betriebsteils im Veräußererbetrieb.* Dies eröffnet dem Insolvenzverwalter einen erheblichen Gestaltungsspielraum, denn er kann attraktive und wirtschaftlich überlebensfähige Teilstrukturen aus dem Gesamtbetrieb herauslösen und im Wege eines asset-deals mit den dazu gehörigen materiellen und immateriellen Betriebsmitteln an einen Erwerber veräußern, welcher den übernommenen Betriebsteil als neuen Betrieb unter neuer Betriebsinhaberschaft weiterführt oder die teilbetriebliche Organisationsstruktur in einen bestehenden Betrieb integriert.[92] Voraussetzung ist allerdings stets, dass die selbstständige Betriebsteilstruktur bereits im Veräußererbetrieb als eine wirtschaftliche Einheit vorhanden war und nicht erst anlässlich des Betriebsübergangs gebildet wird. Nur wenn der Insolvenzverwalter auf eine bestehende Organisationsstruktur zurückgreift und diese fortgesetzt wird, wird der Tatbestand des § 613a Abs. 1 S 1 BGB verwirklicht.

31 (2) *Zusammenfassung bestehender Betriebsabteilungen.* Der Insolvenzverwalter kann bestehende Betriebsabteilungen, die jeweils die Qualität eines Betriebsteils erreichen, zusammenfassen. Die auf diese Weise verbundenen Aktivitäten können von dem neu gebildeten Erwerberbetrieb als Einheit fortgeführt werden. Es muss nur die Möglichkeit bestehen, die bisher im Veräußererbetrieb bestandenen Organisationsstrukturen in ihrer bisherigen arbeitstechnischen Zielsetzung im Wirtschaftsleben einzusetzen.[93] Kann die betriebliche Einheit Gegenstand einer rechtsgeschäftlichen Veräußerung sein, spricht dies objektiv für das Vorhandensein einer vom übrigen Betrieb unterscheidbaren, selbstständigen teilbetrieblichen Organisation.[94]

32 (3) *Wirtschaftliche Einheit.* Abzugrenzen ist der Betriebsteil von der Veräußerung einzelner Wirtschaftsgüter. Von entscheidender Bedeutung ist, ob die fragliche Einheit sowohl organisatorisch als auch hinsichtlich des von ihr verfolgten Zweckes vom übrigen Betrieb abgrenzbar ist.[95] Eine einzelne Anlage oder Maschine kann regelmäßig nicht als Betriebsteil angesehen werden.[96] Eine eigenständige Leitung und Koordination der Personaleinsätze kann für eine arbeitsorganisatorische Selbstständigkeit sprechen.[97] Werden die übernommenen Betriebsmittel und das Personal aber nicht nur innerhalb der in Rede stehenden Teileinheit eingesetzt, sondern innerhalb sind des Betriebes austauschbar, kann dies gegen eine teilbetrieblich abgrenzbare Organisationsstruktur sprechen.[98] Daher liegt kein Betriebsteilübergang iSv § 613a BGB vor, wenn ein Spediteur von einem anderen Frachtunternehmer lediglich mehrere LKW-Züge übernimmt. Anders könnte es aber sein, wenn der Übernehmer auch die Tourenpläne und den Kundenkreis übernimmt.[99] Dem abgrenzbaren Teil der Arbeitsorganisation müssen bestimmte Arbeitsplätze zugeordnet werden können, die im Rahmen einer arbeitsteiligen Arbeitsorganisation aufeinander angewiesen sind.[100] Da es nach der Rechtsprechung des

---

[91] BAG v. 18.4.2002 – 8 AZR 346/01, NZA 2002, 1207; BAG v. 13.11.1997 – 8 AZR 375/96, NZA 1998, 249; ErfK/*Preis*, § 613a BGB Rn. 9.
[92] Vgl. dazu *Commandeur/Kleinebrink* NZA-RR 2004, 449.
[93] *Richardi/Annuß*, § 613a BGB Rn. 52.
[94] AA *Richardi/Annuß*, § 613a BGB Rn. 50; wie hier aber BAG AP Nr. 69 zu § 613a BGB.
[95] HWK § 613a Rn. 33; BAG v. 13.10.2011 – 8 AZR 455/10, NZA 2012, 504.
[96] APS-*Steffan*, § 613a BGB Rn. 20.
[97] HWK § 613a Rn. 34; BAG v. 13.10.2011 – 8 AZR 455/10, NZA 2012, 504.
[98] BAG v. 21.6.2012 – 8 AZR 181/11, NZA-RR 2013, 6.
[99] Vgl. BAG v. 26.8.1999, NZA 2000, 144; APS-*Steffan*, § 613a BGB Rn. 20 sowie *Steffan* NZA 2000, 687.
[100] Ähnl *Richardi/Annuß*, § 613a BGB Rn. 49.

BAG entscheidend darauf ankommt, ob der verbleibende Restbetrieb als solcher fortgesetzt wird,[101] darf auf die Gestaltung der vorhandenen Betriebsstrukturen nur begrenzt Einfluss genommen werden.[102] Ob ein selbstständiger, abgrenzbarer Betriebsteil vorliegt, beurteilt sich dadurch, ob er mit den vorhandenen Strukturen im Wesentlichen unverändert identitätswahrend und herausgelöst aus dem Restbetrieb fortgesetzt werden kann.[103]

(4) *Identität der Einheit im Erwerberbetrieb?* Erneut zwingt der EuGH das BAG zu einer Korrektur seiner Rechtsprechung. Bisher hatte das BAG angenommen, dass ein Betriebsübergang iSv § 613a BGB nicht vorlag, wenn der Betrieb vollständig in die Organisationsstruktur des Erwerbers eingegliedert wurde.[104] Bei einer vollständigen Eingliederung des Betriebs oder des Betriebsteils in die vorhandene Organisationsstruktur des übernehmenden Unternehmens, besteht die Identität der übernommenen Einheit nach Auffassung des BAG nicht fort, so dass in einem solchen Fall kein Betriebsübergang vorliegt. Abweichend davon hat nunmehr der EuGH auf den Vorlagebeschluss des LAG Düsseldorf entschieden, dass die Betriebsübergangsrichtlinie auch dann angewandt werden kann, wenn der übertragene Unternehmens- oder Betriebsteil seine organisatorische Selbstständigkeit nicht bewahrt, sofern die funktionelle Verknüpfung zwischen den übertragenen Produktionsfaktoren beibehalten wird und sie es dem Erwerber erlauben, diese Faktoren zu nutzen, um derselben oder einer gleichartigen wirtschaftlichen Tätigkeit nachzugehen.[105] Dies bedeutet für die Praxis einen Verlust von Gestaltungsmöglichkeiten, denn allein durch die Eingliederung des erworbenen Betriebsteils in die vorhandene Betriebsorganisation des Erwerberbetriebes kann ein Betriebsübergang nicht mehr vermieden werden.[106] Deshalb wird es unter dem Einfluss dieser Rechtsprechung des EuGH in Zukunft darauf ankommen, ob die wirtschaftliche Einheit beim Veräußererbetrieb bereits die Qualität eines Betriebsteils hatte und ob die vom Erwerber übernommenen Ressourcen und Personen derart miteinander verknüpft sind, dass sie von bereits bestehenden Organisationsstrukturen abgegrenzt werden können. Es kommt nicht auf die Beibehaltung der organisatorischen Selbstständigkeit an, sondern auf die funktionelle Verknüpfung zwischen den übertragenen Produktionsfaktoren, die es dem Erwerber erlauben, diese Faktoren in seinem Sinne zu nutzen.[107] Das BAG hält in Auseinandersetzung mit dem Klarenberg-Urteil des EuGH daran fest, dass allein eine funktionelle Verknüpfung von Wertschöpfungsfaktoren für die Konstituierung einer übertragungsfähigen selbstständigen, abgrenzbaren organisatorischen Einheit nicht ausreicht. Werden daher nur Teile einer Abteilung übernommen, liegt kein Betriebsteilübergang vor.[108] Allerdings räumt das BAG ein, dass die organisatorische Selbstständigkeit eines Betriebsteils nicht in vollem Umfang beim Betriebsteilerwerber erhalten bleiben muss.

d) *Rechtsgeschäftlicher Übergang.* Als drittes Tatbestandsmerkmal setzt § 613a I BGB voraus, dass der Übergang des Betriebs oder Betriebsteiles rechtsgeschäftlich erfolgt, so dass der gesetzliche Übergang im Rahmen einer Gesamtrechtsnachfolge durch § 613a I BGB nicht erfasst wird. Bei einer Gesamtrechtsnachfolge geht das Vermögen ein-

---

[101] BAG v. 8.8.2002 – 8 AZR 583/01, NZA 2003, 315.
[102] *Commandeur/Kleinebrink* NZA-RR 2004, 449, 450.
[103] Zum Merkmal einer „auf Dauer" angelegten Teileinheit vgl. BAG v. 8.8.2002 – 8 AZR 583/01, NZA 2003, 315 und v. 18.4.2002 – 8 AZR 346/01, NZA 2002, 1207.
[104] BAG v. 24.4.2008 – 8 AZR 268/07, NZA 2008, 1314; BAG v. 30.10.2008 – 8 AZR 855/07, NZA 2009, 723.
[105] EuGH v. 12.2.2009 – C-466/07, NZA 2009, 251.
[106] *Muentefering*, BB 2009, 1135; *Willemsen*, NZA 2009, 289; *Wißmann/Schneider*, BB 2009, 1126.
[107] Ähnl *Willemsen*, NZA 2009, 289, 294.
[108] BAG v. 13.10.2011 – 8 AZR 455/10, NZA 2012, 504; vgl. im Einzelnen *Willemsen*, ZIP 2010, 1209 ff.; ferner BAG v. 7.4.2011 – 8 AZR 730/09, NZA 2011, 1231.

schließlich der Verbindlichkeiten von dem bisherigen Rechtsträger kraft Gesetzes auf den neuen Rechtsträger über. Gehört zu dem Vermögen ein Betrieb, bedarf es insoweit keiner besonderen Übertragungshandlung, sondern der neue Betriebsinhaber tritt automatisch in die Rechtsposition des bisherigen Betriebsinhabers ein.[109] Im Unterschied zur Gesamtrechtsnachfolge erstreckt sich die Sonderrechtsnachfolge gem. § 613a BGB nicht auf alle Vermögenspositionen, sondern beschränkt die Eintrittspflicht des neuen Betriebsinhabers auf die durch ein Arbeitsverhältnis begründeten Rechte und Pflichten. Weitergehende Folgen können sich beispielsweise aus einer daneben anwendbaren Firmenfortführung gem. § 25 HGB ergeben.[110] Für den besonderen Fall einer Unternehmensumwandlung ordnet das Gesetz gem. § 324 UmwG an, dass bei einer übertragenden Umwandlung, also bei einer Verschmelzung, Spaltung oder Vermögensübertragung, § 613a I u IV–VI BGB unberührt bleiben. Der Gesetzgeber wollte damit die arbeitsrechtlichen Folgen übertragender Unternehmensumwandlungen mit denen eines rechtsgeschäftlichen Betriebsübergangs gleichstellen.[111] Auch in den Umwandlungsfällen ist aber immer zu prüfen, ob der Tatbestand des § 613a I BGB erfüllt ist und die Umwandlung mit einem Rechtsträgerwechsel verbunden ist. Die Vermögensübertragung für sich allein löst noch keinen Betriebsübergang aus, sondern ein neuer Rechtsträger muss die wirtschaftliche Einheit unter Wahrung ihrer Identität fortführen.[112] Ein Betriebsübergang iSv § 613a BGB soll nicht daran scheitern, dass er im Zusammenhang mit einer Verschmelzung, Spaltung oder Vermögensübertragung (Gesamtrechtsnachfolge) stattfindet. Eine rechtsgeschäftliche Grundlage kann allenfalls in dem Spaltungs- oder Verschmelzungsvertrag erblickt werden.[113]

35 (1) *Weit gefasster Begriff „Rechtsgeschäft".* Der Begriff „durch Rechtsgeschäft" ist von der Rechtsprechung weit interpretiert worden. Dies folgt aus dem Schutzzweck der Betriebsübergangslinie und ist durch die Rechtsprechung des EuGH vorgegeben.[114] Durch dieses Tatbestandsmerkmal werden die Fälle der Gesamtrechtsnachfolge und der Übertragung aufgrund eines Hoheitsaktes von der Anwendbarkeit des § 613a BGB ausgeschlossen. Die Betriebsübergangsrichtlinie (Richtlinie 2001/23/EG v. 12.3.2001 im Anschluss an die Richtlinie 98/50/EG v. 29.6.1998) findet in allen Fällen Anwendung, in denen die für den Betrieb des Unternehmens verantwortliche natürliche oder juristische Person „im Rahmen vertraglicher Beziehungen" wechselt. Die Art des Rechtsgeschäfts ist unerheblich. Insbesondere ist ein Kaufvertrag zwischen Betriebsveräußerer und Betriebserwerber nicht erforderlich.[115] Es genügt, dass der Wechsel in der Person des Inhabers des Betriebes rechtsgeschäftlich vermittelt wird. Das Merkmal „Rechtsgeschäft" muss objektiv vorliegen, so dass es ohne Bedeutung ist, ob überhaupt ein Betriebsübergang herbeigeführt werden sollte.[116] Danach genügt es beispielsweise, wenn ein Auftragnehmer auf vertraglicher Grundlage vom Auftraggeber eine im Wesentlichen unveränderte Auftragsaufgabe übernimmt und eine wesentliche Anzahl von Arbeitnehmern infolge rechtsgeschäftlicher Einigung, nämlich durch Einstellung, weiterbeschäftigt, ohne dass ein rechtsgeschäftlicher Kontakt mit dem früheren Auftrag-

---

[109] APS-*Steffan*, § 613a BGB Rn. 67; ErfK/*Preis*, § 613a BGB Rn. 58; *Willemsen*, Umstrukturierung B Rn. 88 und G Rn. 18.
[110] *Willemsen*, Umstrukturierung G Rn. 18.
[111] *Bachner/Köstler/Mattießen/Trittin*, A Rn. 3; APS-*Steffan*, § 613a BGB Rn. 67; *Willemsen*, Umstrukturierung G Rn. 18; ErfK/*Preis*, § 613a BGB Rn. 58.
[112] BAG v. 25.5.2000 – 8 AZR 416/99, ZIP 2000, 1630; *Kallmeyer/Willemsen*, Umwandlungsgesetz § 324 Rn. 2; KR-*Friedrich*, §§ 322, 323, 324 UmwG Rn. 28.
[113] Im Einzelnen APS-*Steffan*, unter Hinweis auf die Rspr. des EuGH.
[114] Im Einzelnen *Wank/Börgmann* DB 1997, 1229.
[115] BAG v. 25.5.2000 – 8 AZR 416/99, NZA 2000, 1115.
[116] *Schiefer/Pogge* NJW 2003, 3734, 3737; *Annuß* BB 1998, 1582, 1585; vgl. BAG v. 11.12.1997 – 8 AZR 426/94, NZA 1998, 532.

nehmer stattgefunden hat.[117] Es kommt vielmehr darauf an, dass der Betriebserwerber ggf. über eine Vielzahl von Rechtsgeschäften auch mit Dritten sich die Möglichkeit verschafft, das Betriebsvermögen aufgrund einer rechtsgeschäftlich gesicherten Stellung zu unternehmerischen Zwecken einzusetzen.[118] Einer besonderen Übertragung einer Leitungsmacht bedarf es nicht, wenn nur der bisherige Betrieb identitätswahrend fortgeführt wird. Die rechtsgeschäftliche Veranlassung eines Betriebsübergangs kann auch dann vorliegen, wenn dem Erwerber die nötigen Betriebsmittel zur eigenwirtschaftlichen Nutzung bloß überlassen werden.[119] Es reicht aus, wenn der Erwerber im Einvernehmen mit dem Veräußerer in die Arbeitsorganisation des Betriebes eintritt und tatsächlich dessen Leitungsmacht übernimmt.[120]

36 (2) *Inhalt des Rechtsgeschäfts*. Die weit gefasste Interpretation des Begriffs „durch Rechtsgeschäft" darf aber nicht im Sinne einer Beliebigkeit der rechtsgeschäftlichen Beziehungen missverstanden werden. Es muss schon eine auf das Substrat des Betriebes gerichtete rechtsgeschäftliche Disposition auszumachen sein, um ein rein wettbewerbsorientiertes Verhalten von Konkurrenten, die den bisherigen Betriebsinhaber die Arbeitnehmer oder die Aufträge ausspannen, von einem Betriebsübergang gem. § 613a BGB auszuschließen.[121] Der Inhalt des Rechtsgeschäfts muss dem Erwerber die Fortführung des Betriebes und die Übernahme der Organisations- und Leitungsmacht ermöglichen.[122]

37 In den Fällen der Verpachtung eines Betriebes können sowohl der Pachtvertrag als auch der Rückfall der Pachtsache an den Verpächter einen rechtsgeschäftlichen Betriebsübergang auslösen.[123] Nach der geänderten Rechtsprechung des BAG führt der Rückfall der Pachtsache aber nicht automatisch zu einem Betriebsübergang, sondern der Verpächter muss den Betrieb auch tatsächlich weiterführen. Die bestehende Fortführungsmöglichkeit reicht nicht, sondern die Betriebsübernahme setzt die tatsächliche Wahrnehmung der Identität der wirtschaftlichen Einheit voraus.[124] Die tatsächliche Weiterführung oder Wiederaufnahme der Geschäftstätigkeit ist ein wesentliches Kriterium für den Betriebsübergang.[125]

38 e) *Betriebsinhaberwechsel*. An die Stelle des bisherigen Betriebsinhabers muss ein anderer den Betrieb im eigenen Namen tatsächlich weiterführen. Es ist erforderlich, dass die natürliche oder juristische Person, die für den Betrieb als Arbeitgeberin verantwortlich ist, wechselt und ein neuer Rechtsträger die wirtschaftliche Einheit unter Wahrung ihrer Identität fortführt.

39 (1) *Sicherungseigentum*. In diesem Zusammenhang ist von Bedeutung, dass eine Sicherungsübereignung für sich genommen keinen Betriebsübergang bewirkt, weil sich an der Nutzungsberechtigung des bisherigen Eigentümers nichts ändert.[126] Das gilt auch dann, wenn ein kompletter Geschäftsbetrieb umfassend zur Sicherung übertragen wird. Ändert sich an der Nutzungsmöglichkeit des bisherigen Inhabers nichts, tritt kein Be-

---

[117] BAG v. 13.11.1997 – 8 AZR 295/95, NZA 1998, 251 und v. 11.12.1997 – 8 AZR 426/94, NZA 1998, 532; *Annuß* BB 1998, 1585.
[118] *Wank/Börgmann* DB 1997, 1234; ErfK/*Preis*, § 613a BGB Rn. 59.
[119] BAG v. 12.11.1998 – 8 ZR 282/97, NZA 1999, 310; BAG v. 20.6.2002 – 8 AZR 459/01, NZA 2003, 318.
[120] HWK § 613a BGB Rn. 197; BAG v. 25.10.2007 – 8 AZR 917/06, NZA-RR 2008, 367 = NZI 2008, 450.
[121] Im Einzelnen *Willemsen*, Umstrukturierung G Rn. 44–46; ErfK/*Preis*, § 613a BGB Rn. 59.
[122] BAG v. 26.3.1996 – 3 AZR 965/94, NZA 1997, 94.
[123] BAG v. 26.2.1987 – 2 AZR 321/86, NZA 1987, 589 und v. 27.4.1995 – 8 AZR 197/94, NZA 1995, 1155.
[124] BAG v. 18.3.1999 – 8 AZR 196/98, NZA 1999, 869 und – 8 AZR 159/98, NZA 1999, 704.
[125] *Willemsen*, Umstrukturierung G Rn. 75, 76.
[126] BAG v. 20.3.2003 – 8 AZR 312/02, NZA 2003, 1338.

triebsinhaberwechsel ein. Nur wenn der bisherige Betriebsinhaber seine wirtschaftliche Betätigung einstellt und an seine Stelle eine neue Person tritt, die nunmehr für den Betrieb als Inhaber verantwortlich ist, kann ein Betriebsübergang vorliegen. Verantwortlich in diesem Sinne ist derjenige, der den Betrieb im eigenen Namen führt.[127] Endet die Nutzungsberechtigung, weil der Sicherungsfall eingetreten ist, und fällt das Nutzungsrecht nunmehr an den Sicherungsgeber zurück, kann dieser nur dann als neuer Betriebsinhaber angesehen werden, wenn er die Sicherungsgegenstände tatsächlich zur Fortführung des Betriebes nutzt und sie nicht bloß zur Rückführung etwaiger Darlehn verwertet.

39a (2) *Zwangsversteigerung.* Gegenstand der Zwangsversteigerung ist nicht der Betrieb selbst, sondern zwangsversteigert werden können einzelne Betriebsmittel und Teile des beweglichen und unbeweglichen Vermögens. Der Zuschlag im Rahmen der Zwangsversteigerung ist kein Rechtsgeschäft iSv § 613a BGB, sondern ein staatlicher Hoheitsakt.[128] Nur wenn der Erwerber nicht sämtliche Betriebsgegenstände ersteigert, sondern weitergehend auch noch rechtsgeschäftlich vom Veräußerer Gegenstände des Betriebsvermögens erwirbt oder einen wesentlichen Teil der Belegschaft übernimmt, kann es zu einem Betriebsübergang gem. § 613a BGB kommen.[129] Führt der Zwangsverwalter den auf dem beschlagnahmten Grundstück bestehenden Betrieb im Einvernehmen mit dem Schuldner fort, ist § 613a BGB dagegen anwendbar.[130]

40 (3) *Tatsächliche Fortführung des Betriebes durch den Betriebserwerber.* Die bloße Möglichkeit, den Betrieb selbst unverändert fortführen zu können, erlaubt noch nicht die Annahme eines Betriebsübergangs, wenn der Betrieb tatsächlich nicht weitergeführt wird.[131] Der Abschluss eines Kaufvertrages über die wesentlichen Betriebsmittel reicht nicht aus, wenn der Käufer davon alsbald Abstand nimmt, ohne dass es zu einer Besitzübertragung und tatsächlichen Nutzung der Betriebsmittel gekommen ist.[132] Der Kaufvertrag muss tatsächlich in der Weise vollzogen worden sein, dass die bisherige Geschäftstätigkeit durch diejenige natürliche oder juristische Person weitergeführt wird, die nunmehr für den Betrieb als Inhaber verantwortlich ist.

41 (4) *Fortführungsabsicht.* Umstritten und höchstrichterlich noch nicht geklärt ist die Frage, ob es für die Fortführungsabsicht ausreicht, wenn sich der Betriebserwerber gegenüber dem Insolvenzverwalter zur Fortführung des Betriebes und Übernahme der Arbeitsverhältnisse verpflichtet. Entscheidend ist, dass der Erwerber den Betrieb in der Absicht übernimmt, die betrieblichen Aktivitäten wie bisher weiter zu verfolgen. Richtigerweise kommt es dann nicht darauf an, ob der Betriebserwerber den Betrieb auch tatsächlich fortführt. Insoweit muss es bei den vom BAG zunächst entwickelten Grundsätzen über die tatsächliche Fortführungsmöglichkeit bleiben.[133] Die Übernahme der betrieblichen Organisations- und Leitungsmacht im eigenen Namen hat insbesondere Bedeutung bei Beendigung eines Betriebspachtvertrages, wenn der Pächter den Betrieb an den Verpächter zurück gibt, so dass dieser an sich nahtlos in die Position des Betriebsinhabers einrückt, tatsächlich aber gar nicht den Willen hat, die verpachtete Gaststätte im eigenen Namen weiterzuführen. In diesem Fall reicht die uneingeschränkte

---

[127] BAG v. 20.3.2003 – 8 AZR 312/02, NZA 2003, 1338 unter II 3b bb der Gründe; ErfK/*Preis*, § 613a BGB Rn. 46.
[128] HWK § 613a BGB Rn. 208; ErfK/*Preis*, § 613a BGB Rn. 64.
[129] HWK § 613a BGB Rn. 208; vgl. dazu ErfK/*Preis*, § 613a BGB Rn. 64.
[130] ErfK/*Preis*, § 613a BGB Rn. 65.
[131] BAG v. 13.7.2006 – 8 AZR 331/05, NZA 2006, 1357; BAG v. 4.5.2006 – 8 AZR 299/05, NZA 2006, 1096.
[132] LAG Hamm v. 13.6.2007 – 2 Sa 1252/06; BAG v. 15.12.2005 – 8 AZR 202/05, NZA 2006, 597.
[133] BAG v. 19.11.1996 – 3 AZR 394/95, NZA 1997, 722; ErfK/*Preis*, § 613a BGB Rn. 51; aA BAG v. 21.2.2008 – 8 AZR 77/07, NZA 2008, 825.

zivilrechtliche Nutzungsbefugnis für die Annahme eines Betriebsübergangs nicht aus.[134] Die Inhaberschaft an den Betriebsmitteln – den Assets – einerseits und die Betriebsinhaberschaft andererseits sind zu unterscheiden. Dies wirft die Frage auf, ob es allein auf die tatsächliche Betriebsfortführung ankommt oder auf die Absicht des Erwerbers der Betriebsmittel. Beispiel: Der Käufer eines Hotels oder einer Gaststätte will zunächst nur den Grundstückswert realisieren, entscheidet sich aber nach geraumer Zeit doch noch zur Fortführung des Hotelbetriebes.[135] Umgekehrt kann der Erwerber eines KFZ-Betriebes zunächst durchaus die Absicht haben, den Betrieb fortzuführen. Kommt es trotzdem in der Folgezeit nicht zur tatsächlichen Betriebsfortführung, weil gewerberechtliche Schranken, Auflagen der Umweltbehörde oder Nutzungsrechte des Verpächters der Halle ihn daran hindern, ist der Erwerber an seinen nach außen hin getretenen Willen zur Fortführung des Betriebes gebunden, und es ist ein Betriebsübergang gemäß § 613a BGB anzunehmen. Es muss nämlich richtig gesehen werden, dass der Betriebserwerber den Betrieb auch übernehmen kann, um ihn tatsächlich stillzulegen. Diese Stilllegungsabsicht zu vollziehen, ist erst durch die Übernahme der tatsächlichen Leitungs- und Organisationsmacht möglich.[136]

4. Die Rechtsfolgen des § 613a I BGB. a) *Individualarbeitsvertragliche Rechtsfolgen.* 42 Ist ein Betrieb oder Betriebsteil durch Rechtsgeschäft auf einen neuen Inhaber übergegangen, tritt dieser in die Rechte und Pflichten aus die im Zeitpunkt des Übergangs bestehenden Arbeitsverhältnisse ein. Das Arbeitsverhältnis zum bisherigen Betriebsinhaber erlischt. An die Stelle des bisherigen Arbeitgebers tritt der neue Betriebsinhaber. Der gesetzlich angeordnete Vertragspartnerwechsel lässt den Inhalt der bestehenden Arbeitsverhältnisse unberührt.[137] Das Gesetz ordnet für die rechtsgeschäftliche Singularsukzession eine arbeitsrechtlich beschränkte Universalsukzession an.[138]

(1) *Zeitpunkt des Eintritts.* Der Zeitpunkt des Eintritts der Rechtsnachfolge bestimmt 43 sich danach, wann der Erwerber mit Erlangung der Organisationsgewalt über den Betrieb bzw. Betriebsteil regelmäßig in die Lage versetzt ist, sein Direktionsrecht gegenüber den Arbeitnehmern auszuüben und damit seine arbeitsorganisatorischen Befugnisse als Arbeitgeber zu konkretisieren. Mit dem Zeitpunkt der Erlangung dieser Organisationsgewalt, der Manifestation seiner Arbeitgeberstellung ist somit der Eintritt der Rechtsfolge des § 613a I BGB genau bestimmt.[139]

(2) *Übergang und Inhalt der Arbeitsverhältnisse.* Der kraft Gesetzes vollzogene Eintritt des 44 neuen Betriebsinhabers in die bestehenden Arbeitsverhältnisse auf Arbeitgeberseite bedeutet zugleich, dass er die Arbeitsverhältnisse in dem Zustand übernehmen muss, in dem sie sich – hinsichtlich des früheren Betriebsinhabers – zum Zeitpunkt des Betriebsüberganges befunden haben.[140] Mit Betriebsübergang besitzt der neue Betriebsinhaber die volle Arbeitgeberstellung, derzufolge er das Weisungsrecht kraft der bestehenden, auf ihn übergegangenen Arbeitsverträge ausüben kann. Die Arbeitnehmer haben nunmehr alle Haupt- und Nebenpflichten ihm gegenüber zu erfüllen; die Arbeitsverhältnisse gelten – vom Betriebsübergang zunächst völlig unberührt – inhaltlich unverändert weiter. Der neue Betriebsinhaber ist deshalb zur Zahlung eben derjenigen Löhne einschließlich aller Nebenleistungen verpflichtet, wie sie vor dem Betriebsübergang rechts-

---

[134] BAG v. 18.3.1999 – 8 AZR 159/98, NZA 1999, 1318; im Einzelnen HWK-*Willemsen*, § 613a BGB Rn. 64ff.
[135] Beispiel nach HWK-*Willemsen*, § 613a BGB Rn. 84.
[136] HWK-*Willemsen*, § 613a BGB Rn. 85, 86; ErfK/*Preis*, § 613a BGB Rn. 51, 52.
[137] ErfK/*Preis*, § 613a BGB Rn. 66.
[138] *Heinze*, FS Uhlenbruck, 751, 755, 756.
[139] BAG AP Nr. 44u 148 zu § 613a BGB; BAG AP Nr. 12 u 15 zu § 1 BetrAVG Betriebsveräußerung; ausführlich *Heinze* DB 1980, 205, 207f.; KR-*Pfeiffer*, § 613a BGB Rn. 48.
[140] ErfK/*Preis*, § 613a BGB Rn. 73; *Schaub*, Arbeitsrechts-Handbuch, § 118 Rn. 65.

wirksam begründet worden sind. Die beim bisherigen Betriebsinhaber zurückgelegte Betriebszugehörigkeit läuft ohne Einschränkung und insbesondere ohne Unterbrechung beim neuen Betriebsinhaber weiter. Deshalb hat der neue Betriebsinhaber auch alle Pflichten zu erfüllen, die von der Dauer der Betriebszugehörigkeit abhängen, beispielsweise Kündigungsfristen, Wartezeiten usw.[141]

45 Soweit kraft betrieblicher Übung, Gesamtzusage oder arbeitsvertraglicher Einheitsregelung vertragliche Bindungen des Betriebsvorgängers bereits erwachsen sind, treffen die entsprechenden arbeitsvertraglichen Pflichten den neuen Betriebsinhaber ohne Einschränkung.[142] Zu den Verbindlichkeiten aus einem Arbeitsverhältnis können auch sonstige Leistungen gehören wie zB Arbeitgeberdarlehn, Aktienoptionspläne, Nutzungsrechte von Wohnung und dergl. Derartige Leistungen werden nur dann nicht von einem Betriebsübergang erfasst, wenn sie Gegenstand einer besonderen, vom Arbeitsverhältnis unabhängigen arbeitsvertraglichen Vereinbarung sind.[143]

46 Werden die Arbeitnehmer des Veräußererbetriebes in den Erwerberbetrieb eingegliedert, können sie freilich umgekehrt keine Anpassung ihrer Arbeitsbedingungen an die möglicherweise besseren Entgelte der Stammarbeitnehmer des Erwerberbetriebes verlangen.[144]

47 (3) *Geschäftsführer-Anstellungsverhältnis.* Vom Betriebsübergang erfasst werden nur Arbeitsverhältnisse. Der Anstellungsvertrag eines GmbH-Geschäftsführers geht daher nicht auf den Betriebserwerber über.[145] Besteht neben der Organstellung ein Arbeitsverhältnis, welches ggf. geruht hat und wieder aufgelebt ist, kann dieses Arbeitsverhältnis gem. § 613a I 1 BGB auf den Betriebserwerber übergehen.[146]

48 (4) *Erfasste Arbeitsverhältnisse.* Nur Arbeitsverhältnisse, die zum Zeitpunkt des Betriebsübergangs bestehen, können übergehen. Ist der Arbeitnehmer vor dem Betriebsübergang in den Ruhestand getreten, wird sein Ruhestandsverhältnis von dem Betriebsübergang nicht erfasst, so dass der Erwerber nicht zur Erfüllung der Versorgungsansprüche verpflichtet ist.[147] Ist das Arbeitsverhältnis vor dem Betriebsübergang gekündigt worden, kann die Kündigungsfrist nach dem Betriebsübergang beim Erwerber ablaufen.[148]

49 Übergehen kann auch ein ruhendes Arbeitsverhältnis, wenn sich die Arbeitnehmerin gem. § 15 BEEG in der Elternzeit befindet.[149] Umstritten ist, ob der Betriebserwerber auch in die Rechte und Pflichten eines Altersteilzeitarbeitsverhältnisses eintritt. Nach der Rechtsprechung findet § 613a BGB auch auf Altersteilzeitverhältnisse in der Freistellungsphase Anwendung.[150] Es kommt danach nicht darauf an, dass dem Arbeitnehmer während der Freistellungsphase kein Arbeitsplatz mehr zur Verfügung steht, denn § 613a setzt nur die Zuordnung des Arbeitnehmers zu dem übertragenen Betrieb oder Betriebsteil voraus. Es ist zu unterscheiden, ob der Betriebsübergang noch während der Arbeitsphase stattfindet oder erst zu einem Zeitpunkt, in dem sich der Arbeitnehmer

---

[141] Palandt/*Weidenkaff,* § 613a Rn. 23; MüKoBGB/*Schaub,* § 613a Rn. 96ff.
[142] MüKoBGB/*Schaub,* § 613a Rn. 99; KR–*Pfeiffer,* § 613a BGB Rn. 79; ErfK/*Preis,* § 613a BGB Rn. 74.
[143] ErfK/*Preis,* § 613a BGB Rn. 73; *Willemsen,* Umstrukturierung G Rn. 62189, 195ff.; BAG v. 12.2.2003 – 10 AZR 299/02, NZA 2003, 487.
[144] *Willemsen,* Umstrukturierung G Rn. 188.
[145] BAG v. 13.2.2003 – 8 AZR 654/01, NZA 2003, 552.
[146] ErfK/*Preis,* § 613a BGB Rn. 67; *Willemsen,* Umstrukturierung G Rn. 153, 154.
[147] ErfK/*Preis,* § 613a BGB Rn. 69.
[148] ErfK/*Preis,* § 613a BGB Rn. 68; BAG v. 22.2.1978 – 5 AZR 800/76, AP Nr. 11, BGB § 613a.
[149] BAG v. 2.12.1999 – 8 AZR 796/98, NZA 2000, 369.
[150] LAG Düsseldorf v. 22.10.2003 – 12 Sa 1202/03, ZIP 2004, 272; ErfK/*Rolfs,* § 8 ATG Rn. 9; Staudinger/*Richardi/Annuß,* § 613a Rn. 110; aA *Hanau* RdA 2003, 231.

bereits in der Freistellungsphase befindet. Der neue Betriebsinhaber tritt gem. § 613a I 1 BGB in die Rechte und Pflichten aus den im Zeitpunkt des Übergangs bestehenden Arbeitsverhältnisses ein. Auch bei den Rechtsbeziehungen, denen eine Altersteilzeitvereinbarung zugrunde liegt, handelt es sich um ein Arbeitsverhältnis, so dass die allgemeinen arbeitsrechtlichen Regeln anzuwenden sind, soweit sich aus dem Recht der Altersteilzeit nichts anderes ergibt.[151] Ist es während der Arbeitsphase zu einem Betriebsübergang gekommen, muss der Erwerber ohne weiteres die Verpflichtungen aus der Altersteilzeitvereinbarung übernehmen.[152] Nunmehr ist entschieden, dass auch Altersteilzeit-Verhältnisse in der „Freistellungsphase" einer nach dem Blockmodell ausgestalteten Altersteilzeitarbeit gemäß § 613a I 1 BGB auf den Betriebserwerber übergehen.[153] Dies wird mit Art. 3 I der RL 2001/23/EG begründet, wonach bestehende Arbeitsverhältnisse auf den Erwerber übergehen. Während der Freistellungsphase im Blockmodell ruhen die beiderseitigen Hauptpflichten aus dem Arbeitsverhältnis nicht vollständig, weil die Vergütungspflicht des Arbeitgebers fortbesteht.

b) *Kollektive Rechtsfolgen.* Gem. § 613a I 2 BGB gelten die beim bisherigen Betriebsinhaber bestehenden kollektiven Regelungen – Tarifverträge oder Betriebsvereinbarungen – nicht beim Betriebserwerber weiter. Sie verlieren ihre Rechtsnatur als Tarifvertrag oder Betriebsvereinbarung und werden lediglich individualrechtlich Inhalt der bestehenden Arbeitsverhältnisse. Damit verbunden ist die Befreiung vom Günstigkeitsprinzip gem. § 4 I TVG; die unmittelbar normative Wirkung von Betriebsvereinbarungen gem. § 77 IV BetrVG entfällt. Die Regelungen einer Betriebsvereinbarung wirken nicht mehr unmittelbar normativ auf die Arbeitsverhältnisse ein, sondern das Gesetz ordnet eine Transformation der sich aus Betriebsvereinbarungen ergebenden Rechte und Pflichten in das Einzelarbeitsverhältnis an.[154] Dieses individualrechtliche Modell beinhaltet lediglich eine einjährige Veränderungssperre zugunsten der betroffenen Arbeitnehmer. Der Grundsatz der individualrechtlichen Weitergeltung kollektivrechtlicher Normen lässt die Frage unbeantwortet, ob und unter welchen Voraussetzungen bestehende kollektivrechtliche Regelungen unmittelbar im Erwerberbetrieb weitergelten. Nur wenn die normative Wirkung entfällt, greift § 613a I 2 BGB zur Sicherung des vorgegebenen Bestandschutzes als Auffangtatbestand ein, wenn und soweit die kollektivrechtliche Fortgeltung betriebsverfassungsrechtlich nicht in Betracht kommt.[155] Die einjährige Veränderungssperre bedeutet, dass erst nach Ablauf eines Jahres abweichende Individualvereinbarungen auch zum Nachteil der Arbeitnehmer zulässig sind. Da die Kollektivnormen für die Dauer eines Jahres individualrechtlich verankert sind, unterliegen sie auch nicht mehr dem Gestaltungsspielraum der Betriebspartner. In Betracht kommt allerdings gem. § 613a I 3 BGB der Abschluss einer ablösenden neuen Betriebsvereinbarung bei gleichem Regelungsgegenstand.[156]

(1) *Tarifverträge.* Tarifverträge gelten gem. § 613a I 2 BGB individualrechtlich beim Betriebserwerber fort, sofern keine unmittelbare Tarifbindung des Betriebserwerbers besteht. Die kollektivrechtliche Fortgeltung eines Verbandstarifvertrages kommt nur in Betracht, wenn der neue Betriebsinhaber und die übernommenen Arbeitnehmer tarif-

---

[151] BAG v. 27.4.2004 – 9 AZR 18/03, NZA 2005, 245; BAG v. 19.10.2004 – 9 AZR 647/03, NZA 2005, 408 = ZIP 2005, 475 m. Anm. *Flitsch/Hinkel* DZWIR 2005, 245.
[152] BAG v. 19.10.2004 – 9 AZR 647/03, NZA 2005, 408 = ZIP 2005, 457.
[153] BAG v. 31.1.2008 – 8 AZR 27/07, NZA 2008, 705; BAG v. 30.10.2008 – 8 AZR 54/07, NZA 2009, 432.
[154] ErfK/*Preis*, § 613a BGB Rn. 108; *Willemsen*, Umstrukturierung E Rn. 2; *Beseler*, Betriebsübergang S. 61.
[155] GK-BetrVG/*Kreutz*, § 77 Rn. 390; ErfK/*Preis*, § 613a BGB Rn. 109; *Willemsen*, Umstrukturierung E Rn. 2.
[156] BAG v. 14.8.2001 – 1 AZR 760/00, NZA 2002, 276; *Willemsen*, Umstrukturierung E Rn. 2; *Beseler*, Betriebsübergang S. 64.

gebunden sind.¹⁵⁷ Findet der Tarifvertrag lediglich aufgrund einer Bezugnahmeklausel im Arbeitsvertrag Anwendung, kommt § 613a I 2 BGB nicht zur Anwendung, sondern das Arbeitsverhältnis geht gem. § 613a I 1 BGB mit seinem bestehenden Inhalt auf den Betriebserwerber über. Ob die beim Erwerber geltenden Tarifverträge durch die Bezugnahmeklausel im Arbeitsvertrag abgelöst werden können, richtet sich danach, ob es sich bei der Klausel im Arbeitsvertrag um eine Gleichstellungsabrede oder um eine Tarifwechselvereinbarung handelt, wonach die jeweils geltenden Tarifverträge zur Anwendung kommen sollen.¹⁵⁸

52 Der bisher beim Betriebsveräußerer geltende Verbandstarifvertrag gilt kollektivrechtlich nur dann fort, wenn der Arbeitnehmer tarifgebunden bleibt und der Betriebserwerber ebenfalls dem zugehörigen Arbeitgeberverband angehört oder ihm beitritt.¹⁵⁹ Der Erwerber tritt auch in die Arbeitsbedingungen eines nachwirkenden Tarifvertrages gem. § 4 V TVG ein.¹⁶⁰ § 613a I 3 BGB kommt aber nicht zum Zuge, wenn nur der Arbeitgeber tarifgebunden ist. Die Fortgeltung der alten beim Betriebsveräußerer zur Anwendung kommenden Tarifverträge wird nur dann verhindert, wenn beim neuen Betriebsinhaber eine beiderseitige Tarifbindung besteht, dh der Arbeitnehmer muss Mitglied derjenigen Gewerkschaft sein, die mit dem Verband des Betriebserwerbers den Tarifvertrag abgeschlossen hat.¹⁶¹ Die beiderseitige kongruente Tarifbindung kann auch bei Abschluss eines Firmentarifvertrages hergestellt werden. Ein Firmentarifvertrag des Betriebsveräußerers wirkt kollektivrechtlich nur bei der Gesamtrechtsnachfolge in ein Unternehmen fort. Ein Betriebsübergang allein reicht dafür nicht aus.¹⁶²

53 (2) *Betriebsvereinbarungen.* Die kollektivrechtliche Bindung des Betriebserwerbers an im Betrieb des Veräußerers bestehende Betriebsvereinbarungen hängt davon ab, ob die Identität des Betriebes bei dem neuen Betriebsinhaber im Wesentlichen erhalten bleibt. In diesem Fall geht auch der Betriebsrat nicht unter, sondern bleibt nach dem Betriebsinhaberwechsel weiterhin im Amt.¹⁶³ Unter Hinweis auf das Übergangsmandat des Betriebsrats gem. § 21a BetrVG hat das BAG sogar die Fortgeltung von Betriebsvereinbarungen auch für den Fall angenommen, dass nur ein Betriebsteil übergeht, dieser aber beim neuen Inhaber als selbstständiger Betrieb fortgeführt wird.¹⁶⁴ Im Gegensatz zur herrschenden Meinung in der Literatur trifft das BAG die Aussage, dass Gesamtbetriebsvereinbarungen im Falle eines Betriebsübergangs in den übertragenen Teilen des Unternehmens ihren Status als Rechtsnormen auch dann behalten, wenn nur einer oder mehrere Betriebe übergehen. Dies gilt jedenfalls dann, wenn die übertragenden Betriebe ihre Identität beibehalten. Wird nur **ein** Betrieb übernommen, bleiben die Gesamtbetriebsvereinbarungen als Einzelbetriebsvereinbarung bestehen. Führt der Erwerber einen übernommenen Betriebsteil als selbstständigen Betrieb fort, gelten in ihm die im ursprünglichen Betrieb bestehenden Einzel- und Gesamtbetriebsvereinbarungen normativ weiter.

54 Im Gegensatz dazu hat der Siebte Senat des BAG entschieden, dass der Fortbestand des bei dem übertragenden Unternehmen errichteten Gesamtbetriebsrats ausscheidet, wenn sämtliche Betriebe eines Unternehmens auf zwei andere, bisher betriebsratslose

---

[157] *Preis/Richter* ZIP 2004, 925.
[158] BAG v. 20.2.2002 – 4 AZR 741/00, NZA 2002, 634; BAG v. 25.9.2002 – 4 AZR 294/01, NZA 2003, 617; vgl. dazu *Schiefer/Pogge* NJW 2003, 3734, 3738.
[159] *Willemsen,* Umstrukturierung E Rn. 110.
[160] BAG v. 1.8.2001 – 4 AZR 82/00, NZA 2002, 42; *Schiefer/Pogge* NJW 2003, 3738.
[161] BAG v. 21.2.2001 – 4 AZR 18/00, NZA 2001, 1318; *Willemsen,* Umstrukturierung E Rn. 136; *Schiefer/Pogge* NJW 2003, 3739.
[162] BAG v. 20.6.2001 – 4 AZR 295/00, NZA 2002, 517; ErfK/*Preis,* § 613a BGB Rn. 109; APS-*Steffan,* § 613a BGB Rn. 119.
[163] ErfK/*Preis,* § 613a BGB Rn. 110; BAG v. 27.7.1994 – 7 ABR 37/93, NZA 1995, 222.
[164] BAG v. 18.9.2002 – 1 ABR 54/01, NZA 2003, 670; dazu krit. *Preis/Richter* ZIP 2004, 925.

Unternehmen übertragen werden.[165] Diese Entscheidung passt nicht recht zum Beschluss des Ersten Senats vom 18.9.2002, denn § 613a BGB sichert nach allgemeiner Meinung die Betriebsratskontinuität. Solange der Betrieb nicht untergeht, endet auch nicht das Betriebsratsamt. Es wäre aber eine erhebliche Beeinträchtigung der Aufgaben des Betriebsrats, wenn Betriebsvereinbarungen bei einem Betriebsinhaberwechsel ihre kollektivrechtliche Geltung verlieren würden.[166] Demzufolge ist grundsätzlich von einem Gleichklang zwischen Fortgeltung einer Betriebsvereinbarung und dem Fortbestand des Betriebsrats im Erwerberbetrieb auszugehen.[167] Im Mittelpunkt der Überlegung steht der Gesichtspunkt der Betriebsidentität. Diese ist gegeben, wenn die anspruchsberechtigten Arbeitnehmer, die Organisationseinheit „Betrieb" iSd §§ 1, 4 BetrVG und der Betriebsrat als originärer Vertragspartner auch nach dem Betriebsübergang bestehen.[168] In diesem Fall gelten die bisherigen Betriebsvereinbarungen auch beim neuen Betriebsinhaber weiter. Fraglich ist aber, ob von einer Betriebsidentität auch dann noch gesprochen werden kann, wenn nur ein Betriebsteil übergeht, oder wenn unter der Geltung einer Gesamtbetriebsvereinbarung nicht alle Betriebe eines Unternehmens übernommen werden. Durch die Abspaltung eines Betriebsteils hat der bisherige Betrieb seine Identität auch dann eingebüßt, wenn dieser als selbstständiger Betrieb von einem neuen Inhaber weitergeführt wird.[169] Für das BAG ist demgegenüber ausschlaggebend, dass im Betrieb mit dem Betriebsrat eine funktionsfähige Organisationseinheit erhalten bleibt, um die aus der Betriebsvereinbarung sich ergebenden Rechte und Pflichten wahrzunehmen.

5. Die Unwirksamkeit einer Kündigung gem. § 613a IV BGB: Generell erklärt § 613a IV BGB die Kündigung eines Arbeitsverhältnisses wegen eines Betriebsübergangs durch den bisherigen und durch den neuen Betriebsinhaber für rechtsunwirksam, ohne gem. § 613a IV 2 BGB die Wirksamkeit einer Kündigung aus anderen Gründen auszuschließen. Der mit § 613a BGB bezweckte Bestandsschutz der Arbeitsverhältnisse würde leer laufen, wenn die Arbeitnehmer trotz Übergang ihres Arbeitsverhältnisses mit der Kündigung des Betriebsveräußerers oder des Betriebserwerbers rechnen müssten.[170] § 613a IV 1 BGB enthält ein eigenständiges Kündigungsverbot iSd §§ 13 III KSchG, 134 BGB und ist deshalb auch dann anzuwenden, wenn das Arbeitsverhältnis gem. § 1 I KSchG noch keine sechs Monate bestanden hat oder es sich um einen Kleinbetrieb handelt, der gem. § 23 KSchG nicht unter das KSchG fällt.[171] § 613a IV BGB erfüllt eine Präventivfunktion, denn die Regelung soll Betriebsveräußerer und Betriebserwerber davon abhalten, den Betriebsinhaberwechsel zum Anlass zu nehmen, sich von bestimmten Arbeitnehmern zu trennen.[172]

Unwirksam sind auch Kündigungen, die der Insolvenzverwalter nach Eröffnung des Insolvenzverfahrens wegen eines bevorstehenden Betriebsübergangs ausspricht.[173] Das Kündigungsverbot gilt auch für den Erwerber des vom Insolvenzverwalter veräußerten Betriebes.[174] Das Kündigungsverbot greift immer dann ein, wenn es um nichts anderes

---

[165] BAG v. 5.6.2002 – 7 ABR 17/01, NZA 2003, 336.
[166] GK-BetrVG/*Kreutz*, § 77 Rn. 391; MüKoBGB/*Schaub*, § 613a BGB Rn. 145.
[167] ErfK/*Preis*, § 613a BGB Rn. 114.
[168] Im Einzelnen *Preis/Richter* ZIP 2004, 928; *Willemsen/Hohenstatt/Schweibert/Seibt*, E Rn. 16.
[169] Dazu im Einzelnen *Willemsen/Hohenstatt/Schweibert/Seibt*, E Rn. 17, 18; *Preis/Richter* ZIP 2004, 930 ff.; *Schiefer/Pogge* NJW 2003, 3740; *Richardi/Kortstock*, Anm. zu BAG v. 18.9.2002 – 1 ABR 54/02, RdA 2004, 173, 175.
[170] ErfK/*Preis*, § 613a BGB Rn. 149; APS-*Steffan*, § 613a BGB Rn. 171.
[171] BAG v. 31.1.1985 – 2 AZR 530/83, NZA 1985, 593; ErfK/*Preis*, § 613a BGB Rn. 149; APS-*Steffan*, § 613a BGB Rn. 172.
[172] APS-*Steffan*, § 613a BGB Rn. 173.
[173] BAG v. 26.5.1983 – 2 AZR 477/81, NJW 1984, 627.
[174] ErfK/*Preis*, § 613a BGB Rn. 149.

geht als um eine negative Personalauslese nach den Wünschen eines bereits vorhandenen oder interessierten Betriebserwerbers.[175] Ein Auswahlrecht des Erwerbers, der sich die Namen derjenigen Arbeitnehmer, die er übernehmen will, aussucht, wird vom Gesetz nicht anerkannt.

57 (a) *Kündigung aus anderen Gründen gem. § 613a IV 2 BGB.* Dies schließt Kündigungen im Zusammenhang mit einer Betriebsveräußerung nicht aus. Gem § 613a IV 2 BGB ist eine Kündigung aus anderen Gründen, die nicht allein im Betriebsübergang wurzeln, möglich. Bei der Anwendung des § 613a IV BGB ist stets zu prüfen, ob es neben dem Betriebsübergang einen sachlichen Grund gibt, der aus sich selbst heraus die Kündigung rechtfertigt und der Übergang des Betriebes sich nur als begleitender Umstand, nicht als tragender Grund für die Kündigung darstellt.[176] § 613a BGB schützt nicht vor Risiken, die sich jederzeit unabhängig vom Ereignis eines Betriebsübergangs aktualisieren können. In Betracht kommen in erster Linie betriebsbedingte Gründe iSd § 1 II KSchG.[177]

57a (b) *Umgehung des Kündigungsverbots.* Unzulässig sind Aufhebungsvereinbarungen oder vom Arbeitgerber/Insolvenzverwalter veranlasste Eigenkündigungen, wenn sie dazu dienen, den Bestands- und Vertragsinhaltsschutz des § 613a BGB zu umgehen.[178] In gleicher Weise sind Befristungen und auflösende Bedingungen unwirksam, wenn sie darauf gerichtet sind, den Schutz des § 613a BGB zu vermeiden.[179] Unwirksam sind insbesondere Aufhebungsverträge, zu denen der Arbeitnehmer mit dem Hinweis veranlasst worden ist, vom Betriebserwerber neu – regelmäßig zu schlechteren Arbeitsbedingungen – eingestellt zu werden. Aufhebungsverträge oder Eigenkündigungen sind unwirksam, wenn sie nicht auf das endgültige Ausscheiden des Arbeitnehmers gerichtet sind, sondern dazu dienen, mit dem neuen Betriebsinhaber einen neuen Arbeitsvertrag zu schließen.[180] Will der potentielle Erwerber eines notleidenden Betriebes nicht alle Arbeitnehmer oder nur die Leistungsträger übernehmen, wird in der insolvenzrechtlichen Praxis von der Möglichkeit Gebrauch gemacht, Arbeitsverhältnisse in eine Transfer- oder Beschäftigungs- und Qualifizierungsgesellschaft (BEQG) überzuleiten. Dies geschieht durch den Abschluss dreiseitiger Verträge, welche das Ausscheiden des Arbeitnehmers aus dem Betrieb des bisherigen Betriebsinhabers und seinen Wechsel in die Transfergesellschaft zum Inhalt haben. Derartige Aufhebungsverträge sind wegen objektiver Gesetzesumgehung unwirksam, wenn mit dem Abschluss des Aufhebungsvertrages gleichzeitig ein neues Arbeitsverhältnis mit demjenigen vereinbart wird, der den Betrieb fortführen will oder wenn ein solches Arbeitsverhältnis zumindest in Aussicht gestellt wird.[181] Ein Umgehungsgeschäft ist insbesondere dann anzunehmen, wenn der Arbeitnehmer nur für kurze Zeit in eine Beschäftigungs- und Qualifizierungsgesellschaft wechselt und bei von vornherein geplanter Betriebsfortführung der neue Betriebsinhaber zeitgleich ein neues Arbeitsverhältnis anbietet.[182]

58 6. Haftungsbeschränkungen: a) *Zur Weiterhaftung des Betriebsveräußerers.* Die durch § 613a I 1 BGB angeordnete Rechtsfolge führt dazu, dass der bisherige Betriebsinhaber

---

[175] *Willemsen,* Umstrukturierung H Rn. 92.
[176] Ständige Rspr d BAG, vgl. BAG v. 18.7.1996 – 8 AZR 127/94, NZA 1997, 148; APS-*Steffan,* § 613a BGB Rn. 175; ErfK/*Preis,* § 613a BGB Rn. 151; BAG v. 16.5.2002 – 8 AZR 319/01, NZA 2003, 93, 99.
[177] Vgl. iE ErfK/*Preis,* § 613a BGB Rn. 156.
[178] BAG v. 18.8.2005 – 8 AZR 523/04, ZIP 2006, 148; BAG v. 10.12.1998 – 8 AZR 324/97, NZA 1999, 422.
[179] ErfK/*Preis,* § 613a BGB Rn. 157; BAG v. 15.2.1995 – 7 AZR 680/94, NZA 1995, 987.
[180] BAG v. 25.10.2007 – 8 AZR 917/06, NZA-RR 2008, 367.
[181] Vgl. HWK-*Willemsen,* § 613a BGB Rn. 311; BAG v. 25.10.2012 – 8 AZR 575/11, NZA 2013, 203; BAG v. 18.8.2011 – 8 AZR 312/10, NZA 2012, 152; ErfK/*Preis,* § 613a BGB Rn. 159.
[182] Vgl. LAG Köln v. 7.3.2012 – 9 Sa 1310/11, BeckRS 2012, 71553; krit. HWK § 613a BGB Rn. 311; vgl. iE *Pils,* NZA 2013, 125.

nur für die noch nicht erfüllten Ansprüche derjenigen Arbeitnehmer haftet, deren Arbeitsverhältnis bereits vor dem Betriebsübergang beendet war. Ohne die abgestufte Haftungsregelung gem. § 613a würde die Haftung für Ansprüche derjenigen Arbeitnehmer, deren Arbeitsverhältnis auf den Betriebserwerber übergegangen sind, nicht erfasst.[183] Für die übernommenen Arbeitnehmer bestünde daher die Gefahr, dass der neue Betriebsinhaber die rückständig gebliebenen Ansprüche aus der Zeit vor dem Betriebsübergang mangels finanzieller Leistungsfähigkeit nicht erfüllen könnte. Deshalb war es für den Gesetzgeber geboten, den früheren Betriebsinhaber zwar nicht aus jeglicher Haftung zu entlassen, andererseits aber auch eine unbegrenzte Weiterhaftung des Betriebserwerbers einzuschränken. Deshalb enthält § 613a II BGB eine abgestufte Haftungsregelung für den bisherigen Betriebsinhaber.

b) *Haftung des Betriebserwerbers.* Mit dem Zeitpunkt des Betriebsübergangs tritt der Betriebserwerber in vollem Umfang gem. § 613a I 1 BGB in die Rechte und Pflichten aus dem Arbeitsverhältnis mit dem bisherigen Betriebsinhaber ein. Voraussetzung für die Haftung des Betriebserwerbers ist, dass das Arbeitsverhältnis zum Zeitpunkt der Übernahme des Betriebes noch bestand. Auf Arbeitsverhältnisse, die zu diesem Zeitpunkt bereits beendet waren, findet § 613a BGB keine, auch nicht analoge Anwendung.[184] Es kommt maßgeblich auf das rechtliche Ende des Arbeitsverhältnisses an, nicht auf den Ausspruch der Kündigung. Die Arbeitsverhältnisse gehen in dem Zustand über, wie sie beim Betriebsveräußerer bestanden haben. Ist ein Aufhebungsvertrag geschlossen worden, kann es sein, dass der Ablauf der vereinbarten Beendigung des Arbeitsverhältnisses erst nach Übernahme beim Betriebserwerber eintritt. Gleiches gilt im Falle einer vom Betriebsveräußerer ausgesprochenen Kündigung, wenn die Kündigungsfrist in einem Zeitraum nach Übernahme des Betriebes durch einen neuen Betriebsinhaber fällt. Der Betriebserwerber kann daher auch noch für Sozialplanansprüche und Abfindungen haften, die an sich vom Betriebsveräußerer geschuldet werden.[185] **59**

c) *Haftungsbeschränkungen im Insolvenzfall.* Bereits unter der Geltung der KO ist die haftungsrechtliche Regelung des § 613a BGB nur modifiziert zur Anwendung gekommen. Ist der Betriebsübergang nach Eröffnung des Konkursverfahrens erfolgt, haftet der Betriebserwerber nach § 613a BGB nicht für solche Ansprüche, die vor Eröffnung des Konkursverfahrens entstanden sind.[186] Dies ist mit dem Grundsatz der Gläubigergleichbehandlung begründet worden. Würden die vom Betriebserwerber übernommenen Arbeitnehmer einen neuen zahlungskräftigen Haftungsschuldner für bereits entstandene Ansprüche erhalten, wären sie im Verhältnis zu anderen Konkursgläubigern unangemessen bevorzugt. Dieser Vorteil müsste von den übrigen Konkursgläubigern finanziert werden, weil der Betriebserwerber den an die Masse zu zahlenden Kaufpreis mit Rücksicht auf die übernommene Haftung mindern würde. Daher sind die Verteilungsgrundsätze des Konkursverfahrens vorrangig und § 613a BGB insoweit teleologisch zu reduzieren.[187] An dieser Rechtsprechung hält das BAG auch unter der Geltung der InsO fest.[188] Die Haftung des Betriebserwerbers ist aber nicht eingeschränkt, wenn er den Betrieb vor Eröffnung des Insolvenzverfahrens unter der Regie eines vorläufigen Insolvenzverwalters erworben hat.[189] **60**

---

[183] ErfK/*Preis*, § 613a BGB Rn. 129; APS-*Steffan*, § 613a BGB Rn. 157.
[184] *Willemsen*, Umstrukturierung G Rn. 212.
[185] *Willemsen*, Umstrukturierung G Rn. 212; ErfK/*Preis*, § 613a BGB Rn. 71, 130.
[186] BAG v. 17.1.1980 – 3 AZR 160/79, NJW 1980, 1124 und v. 26.3.1996 – 3 AZR 965/94, NZA 1997, 94; ErfK/*Preis*, § 613a BGB Rn. 142.
[187] BAG v. 17.1.1980 unter II 3c der Gründe, NJW 1980, 1124.
[188] BAG v. 20.6.2002 – 8 AZR 459/01, NZA 2003, 318; BAG v. 30.10.2008 – 8 AZR 54/07, NZA 2009, 432.
[189] BAG v. 20.6.2002 – 8 AZR 459/01, NZA 2003, 318; ErfK/*Preis*, § 613a BGB Rn. 142.

§ 106 61–64 Kapitel IX. Arbeitsrecht und Insolvenz

61 (1) *Betriebliche Altersversorgung.* Für den Bereich der betrieblichen Altersversorgung ist eine teleologische Reduktion der Haftungsnachfolge des Betriebserwerbers weitgehend überflüssig. Gem § 9 II BetrAVG gehen Ansprüche und Anwartschaften der Arbeitnehmer gegen den Arbeitgeber auf Leistungen der betrieblichen Altersversorgung mit der Eröffnung des Insolvenzverfahrens auf dessen Träger, den Pensions-Sicherungs-Verein, über.[190] Der Betriebserwerber tritt zwar in die Versorgungsanwartschaften der begünstigten Arbeitnehmer ein, schuldet im Versorgungsfall aber nur die bei ihm erdiente Versorgungsleistung. Dies gilt unabhängig davon, ob es sich um eine bei Insolvenzeröffnung noch verfallbare oder bereits unverfallbar gewordene Anwartschaft handelt.[191] Für die beim Veräußerer bis zur Eröffnung des Insolvenzverfahrens erdienten unverfallbaren Anwartschaften haftet der Pensions-Sicherungs-Verein nach § 7 II BetrAVG zeitanteilig.[192]

62 (2) *Urlaubsansprüche.* Für bestehende und noch nicht erfüllte Urlaubsansprüche gelten keine Haftungseinschränkungen. Die besonderen Verteilungsgrundsätze des Insolvenzrechts greifen nur ein, wenn es sich um Forderungen handelt, die als Insolvenzforderungen gem. den §§ 38, 174 InsO geltend gemacht werden. Masseverbindlichkeiten, die sich gegen die Insolvenzmasse richten, sind gem. § 53 InsO ohne Beschränkungen vorweg zu berichtigen. Daher bezieht sich die insolvenzrechtliche Beschränkung der Haftung gem. § 613a I 1 BGB nur auf Insolvenz-, nicht auf Masseforderungen.[193] Der Urlaubsanspruch ist Masseforderung, wenn er als Abgeltungs- oder Entgeltanspruch nach Insolvenzeröffnung zu erfüllen ist.[194] Urlaubsabgeltungsansprüche entstehen erst mit der Beendigung des Arbeitsverhältnisses und können daher nicht zeitanteilig einem früheren Zeitraum zugeordnet werden. Dies gilt auch dann, wenn es nicht nur um den im Jahr der Insolvenzeröffnung entstandenen Urlaub geht, sondern auch um solche Urlaubsansprüche, die auf Grund einer vertraglichen Vereinbarung aus dem Vorjahr in das folgende Urlaubsjahr übertragen worden sind.[195] Der Insolvenzverwalter hat daher die Urlaubsansprüche aus der Masse ohne Einschränkungen zu erfüllen, wenn es sich um einen übernommenen Betrieb handelt. Gleiches gilt für den Betriebserwerber, der den Betrieb vom Insolvenzverwalter erwirbt.

63 (3) *Sonderzahlungen.* Entsteht ein Anspruch auf eine tarifliche Sonderzahlung erst nach Betriebsübernahme, schuldet der Betriebserwerber die volle tarifliche Sonderzahlung auch dann, wenn er den Betrieb aus der Insolvenzmasse erworben hat und das Insolvenzverfahren im Laufe des Bezugszeitraums eröffnet worden ist.[196] Eine gesamtschuldnerische Haftung des Betriebsveräußerers scheidet aus. Die Rechtslage ist nicht anders wie beim Urlaubsanspruch zu beurteilen. Erfüllt der Betriebserwerber einen Urlaubsanspruch, der anteilig beim Betriebsveräußerer entstanden ist, hat er die Urlaubsvergütung für die Zeit der Freistellung von der Arbeit in vollem Umfang allein zu zahlen.[197]

64 (4) *Vergütungsansprüche.* Rückständige Vergütungsansprüche für die drei der Eröffnung des Insolvenzverfahrens vorausgehenden Monate gehen mit Antragstellung gem. § 187

---

[190] *Heinze,* FS Uhlenbruck 751, 763, 764.
[191] BAG v. 29.10.1985 – 3 AZR 585/83, DB 1986, 1779; ErfK/*Preis,* § 613a BGB Rn. 144.
[192] BAG v. 16.2.1993 – 3 AZR 347/92, NZA 1993, 643; ErfK/*Preis,* § 613a BGB Rn. 144; APS-*Steffan,* § 613a BGB Rn. 238.
[193] BAG v. 4.12.1986 – 2 AZR 246/86, NZA 1987, 460; BAG v. 18.11.2003 – 9 AZR 95/03, NZA 2004, 651.
[194] BAG v. 25.3.2003 – 9 AZR 174/02, NZA 2004, 43.
[195] BAG v. 18.11.2003 – 9 AZR 95/03, NZA 2004, 651.
[196] BAG v. 11.10.1995, NZA 1996, 432; APS-*Steffan,* § 613a BGB Rn. 242; *Hergenröder,* 500.1 Rn. 865.
[197] APS-*Steffan,* § 613a BGB Rn. 242.

SGB III im Wege des gesetzlichen Forderungsübergangs auf die Bundesagentur für Arbeit über. Kommt es erst nach Antragstellung zu einem Betriebsübergang iSv § 613a BGB, kann die gesetzliche Sonderrechtsnachfolge die bereits zuvor auf die Bundesagentur für Arbeit übergegangenen Lohnansprüche nicht mehr erfassen, da diese zum Zeitpunkt des Eintritts der Rechtsnachfolge nicht mehr zum Inhalt des bestehenden Arbeitsverhältnisses gehören.[198]

7. Haftung des Betriebsveräußerers. Die umfassende Haftung des Betriebserwerbers gilt nicht gleichermaßen für die Haftung des früheren Betriebsinhabers. Dieser wird zunächst nicht für Ansprüche zur Verantwortung gezogen, die erst nach dem Betriebsübergang entstehen. Gem. § 613a II BGB bleibt aber die Haftung des Betriebserwerbers für Verpflichtungen nach Abs. 1 bestehen, soweit sie vor dem Zeitpunkt des Betriebsübergangs entstanden sind und vor Ablauf von einem Jahr nach diesem Zeitpunkt fällig werden. Die Haftung greift ein, wenn sich der Betriebsveräußerer mit der Erfüllung zum Zeitpunkt des Betriebsübergangs in Verzug befindet, die Fälligkeit der Ansprüche also vor Betriebsübergang eingetreten sind.[199] Der Wortlaut des Gesetzes gibt Anlass zu Missverständnissen. Erfasst werden auch Verbindlichkeiten, die vor Betriebsübergang bereits fällig waren. Der ehemalige Betriebsinhaber haftet neben dem Betrieberwerber gem. § 613a II 1 BGB als Gesamtschuldner (§§ 421 ff. BGB). Die volle gesamtschuldnerische Mithaftung trifft den früheren Inhaber nur für Forderungen, die vor dem Betriebsübergang entstanden sind und fällig waren. Sind sie bereits vor dem Betriebsübergang entstanden, aber erst danach fällig geworden, haftet der alte Betriebsinhaber gem. § 613a I 2 BGB nur anteilig. Er soll nur für diejenigen Ansprüche einstehen, für die er auch die Gegenleistung, nämlich die Arbeitsleistung des Arbeitnehmers, erhalten hat. Es geht dabei vor allem um Jahressonderzahlungen, Weihnachtsgratifikation oder das 13. Monatsgehalt. Findet der Betriebsübergang beispielsweise am 1.7. statt, haftet der bisherige Arbeitgeber zur Hälfte, der neue Betriebsinhaber kann bzgl des gesamten Umfangs in Anspruch genommen werden.[200] 65

8. Unterrichtung und Widerspruch. Nach dem ab 1.4.2002 geltenden § 613a V BGB müssen entweder der bisherige Betriebsinhaber oder der Betriebserwerber die vom Übergang betroffenen Arbeitnehmer über den Betriebsübergang in Textform und zwar über den Zeitpunkt des Übergangs, den Grund sowie über die rechtlichen, wirtschaftlichen und sozialen Folgen des Übergangs und die hinsichtlich der Arbeitnehmer in Aussicht genommenen Maßnahmen unterrichten. Die Arbeitnehmer, deren Arbeitsverhältnisse kraft Gesetzes gem. § 613a I 1 BGB auf den Betriebserwerber übergehen, sollen eine qualifizierte Entscheidung darüber treffen können, ob sie den Arbeitgeberwechsel hinnehmen oder ihr Recht ausüben, dem Betriebsübergang zu widersprechen und somit bei ihrem alten Arbeitgeber zu bleiben. Die Ausübung des Widerspruchsrechts kann mit dem Risiko verbunden sein, dass der Betriebsveräußerer das Arbeitsverhältnis betriebsbedingt wegen Wegfalls des Arbeitsplatzes kündigt. Nach ordnungsgemäßer Unterrichtung kann der Arbeitnehmer dem Übergang des Arbeitsverhältnisses gem. § 613a V BGB nur innerhalb eines Monats schriftlich widersprechen. Unterbleibt die Unterrichtung, beginnt die Widerspruchsfrist erst ab Kenntniserlangung vom Betriebsübergang zu laufen. Der Arbeitnehmer kann in diesem Fall sein Widerspruchsrecht auch noch nach dem stattgefundenen Betriebsübergang ausüben.[201] 66

---

[198] *Heinze,* FS Uhlenbruck, S. 764; *ders.* NZA 1999, 57, 63.
[199] *Willemsen,* Umstrukturierung G Rn. 215; *Staudinger/Richardi/Annuß,* § 613a BGB Rn. 212.
[200] *Hergenröder,* 500.1 Rn. 893; *Willemsen,* Umstrukturierung G Rn. 216; *ErfK/Preis,* § 613a BGB Rn. 132; BAG v. 22.6.1978 – 3 AZR 832/76, DB 1978, 1795.
[201] *Willemsen,* Umstrukturierung G Rn. 224; APS-*Steffan,* § 613a BGB Rn. 215.

67 Es besteht ein einklagbarer Auskunftsanspruch und damit eine Unterrichtungspflicht, nicht nur eine bloße Obliegenheit.[202] Wird die Unterrichtungspflicht nicht erfüllt, können sowohl der bisherige Betriebsinhaber als auch der Betriebserwerber gemäß § 280 I BGB zum Ersatz des Schadens verpflichtet sein, den der Arbeitnehmer durch die unterlassene oder unzulängliche Unterrichtung erlitten hat. Das Verschulden wird gemäß § 280 I 2 BGB vermutet.[203]

68 **a)** *Notwendiger Inhalt der Unterrichtung gemäß § 613a V BGB.* Die Unterrichtung der Arbeitnehmer hat **vor** dem Betriebsübergang stattzufinden. Das Gesetz legt Wert auf eine zuverlässige Information. Schriftlichkeit gem. § 126 BGB ist nicht vorgeschrieben, den Arbeitnehmern muss aber ein schriftlich verfasster Text dauerhaft zur Verfügung gestellt werden.[204] Adressat der Unterrichtungsverpflichtung ist jeder Arbeitnehmer, der vom Betriebsübergang betroffen ist. Er muss also entweder dem übergehenden Betrieb angehören, oder sein Arbeitsverhältnis muss dem Betriebsteil zugeordnet werden können, der auf den neuen Inhaber übergeht. Der Inhalt der Unterrichtung richtet sich nach dem Planungsstadium.[205] Neben der Unterrichtung über den voraussichtlichen Zeitpunkt des Betriebsübergangs und der Information über den neuen Betriebsinhaber müssen die am Betriebsübergang beteiligten Parteien die Arbeitnehmer auch über die rechtlichen, wirtschaftlichen und sozialen Folgen des Übergangs in Kenntnis setzen. Anzugeben sind die individual- und kollektiv-rechtlichen Folgen für das Arbeitsverhältnis. Den Arbeitnehmern ist nachvollziehbar zu erläutern, ob die bestehenden tariflichen und betriebsverfassungsrechtlichen Regelungen bestehen bleiben oder ob sie sich ändern. Insbesondere kann von Bedeutung sein, ob und an welche Tarifverträge der Übernehmer gebunden ist, welche Auswirkungen sich bzgl der tarif- und betriebsverfassungsrechtlichen Regelungen gem. § 613a I 2–4 BGB ergeben und mit welchen Arbeitsbedingungen nach Ablauf der einjährigen Veränderungssperre im Falle der individualrechtlichen Fortgeltung des Tarifvertrages zu rechnen ist.[206]

69 Die ordnungsgemäße Unterrichtung erfordert insbesondere Angaben über

1. den Zeitpunkt oder den geplanten Zeitpunkt des Übergangs,
2. den Grund für den Übergang,
3. die rechtlichen, wirtschaftlichen und sozialen Folgen des Übergangs für den Arbeitnehmer und
4. die hinsichtlich der Arbeitnehmer in Aussicht genommenen Maßnahmen.

Zunächst muss der neue Arbeitgeber, auf den der Betrieb übergehen soll, vollständig und hinreichend deutlich benannt werden, dh es muss der Name oder der Firmenname nebst kompletter Anschrift genannt werden. Es ist nicht ausreichend, wenn in dem Unterrichtungsschreiben lediglich von einer Übertragung auf eine „neue GmbH" die Rede ist.[207] Bzgl der rechtlichen, wirtschaftlichen und sozialen Folgen des Übergangs muss der Arbeitnehmer inhaltlich zutreffend und ausführlich genug informiert werden, um ihm eine ausreichende Wissensgrundlage für die Ausübung oder Nichtausübung seines Widerrufsrechts zu vermitteln. Ob dies im Einzelfall geschehen ist, unterliegt der gerichtlichen Kontrolle. Zwar müssen die Arbeitnehmer nicht im Einzelnen über die wirtschaftliche und finanzielle Lage des Betriebsübernehmers informiert werden. Wenn

---

[202] *Willemsen*, Umstrukturierung G Rn. 224; APS-*Steffan*, § 613a BGB Rn. 203; *Willemsen/Lemke* NJW 2002, 1159, 1161; *Gaul/Otto* DB 2002, 634, 639; aA *Bauer/von Steinau-Steinrück* ZIP 2002, 457, 458.
[203] BAG v. 13.7.2006 – 8 AZR 382/05, NZA 2006, 1406; BAG v. 31.1.2008 – 8 AZR 1116/06, NZA 2008, 642.
[204] APS-*Steffan*, § 613a BGB Rn. 205.
[205] *Willemsen*, Umstrukturierung G Rn. 226; APS-*Steffan*, § 613a BGB Rn. 207.
[206] APS-*Steffan*, § 613a BGB Rn. 209; *Willemsen*, Umstrukturierung G Rn. 230.
[207] BAG v. 21.8.2008 – 8 AZR 407/07, NZA-RR 2009, 62.

sich aber infolge des Betriebsübergangs die für Forderungen aus dem Arbeitsverhältnis zur Verfügung stehende Haftungsmasse in erheblichem Umfang verringert, muss der Arbeitnehmer darüber in Kenntnis gesetzt werden. Beispiel: In dem Übernahmevertrag wird vereinbart, dass der Betriebserwerber nur die beweglichen Anlageteile des Betriebes, nicht aber das Betriebsgrundstück übernimmt.[208] Darüber hinaus muss dargestellt werden, dass nach § 613a I 1 BGB der neue Betriebsinhaber in die Rechte und Pflichten aus den im Zeitpunkt des Übergangs bestehenden Arbeitsverhältnisse kraft Gesetzes eintritt und es muss auf die begrenzte gesamtschuldnerische Nachhaftung gemäß § 613a II BGB hingewiesen werden.[209]

b) *Widerspruchsrecht.* Will der Arbeitnehmer dem Betriebsübergang widersprechen, muss er gemäß § 613a VI die gesetzliche Schriftform des § 126 I BGB beachten. Ein sachlicher Grund für die Ausübung des Widerspruchsrechts muss nicht vorliegen. Ebenso wenig ist eine Begründung des Widerspruchs von nöten. ES handelt sich um ein Gestaltungsrecht in der Form eines Rechtsfolgenverweigerungsrechts, das durch eine einseitige empfangsbedürftige Willenserklärung ausgeübt wird.[210]

Unterbleibt die Unterrichtung oder erfolgt sie nicht ordnungsgemäß oder unvollständig, wird die einmonatige Frist zur Ausübung des Widerspruchsrechts gem. § 613a VI 1 BGB nicht in Gang gesetzt. Die Frist beginnt unabhängig vom Zeitpunkt des Betriebsübergangs mit der Unterrichtung, so dass der bisherige Betriebsinhaber und der Erwerber die Möglichkeit haben, die Arbeitnehmer bereits rechtzeitig vor dem Betriebsübergang zu unterrichten. Erfolgt die Unterrichtung erst nach dem Betriebsübergang, wird die Widerspruchsfrist erst mit der vollständigen Unterrichtung in Gang gesetzt.[211] Kündigt der Betriebserwerber, ohne zuvor den betroffenen Arbeitnehmer über den Betriebsübergang ordnungsgemäß unterrichtet zu haben, kann dieser dem Übergang des Arbeitsververhältnisses rückwirkend widersprechen mit der Folge, dass die Kündigung des Betriebserwerbers ins Leere geht.[212] Jedenfalls wird der Betriebserwerber sich bei unterbliebener Unterrichtung zeitlich nicht eingrenzbaren Weiterbeschäftigungsansprüchen von Arbeitnehmern gegenüber sehen, deren Arbeitsverhältnisse gekündigt worden sind, obwohl in Wirklichkeit ein Betriebsübergang stattgefunden hat oder ihre Arbeitsverhältnisse dem übernommenen Betriebsteil zugeordnet werden müssen. Allein auf die Kenntniserlangung der den Betriebsübergang ausmachenden Tatsachen wird man nicht abstellen können, denn § 613a V BGB fordert eine qualifizierte Unterrichtung über Grund und die voraussichtlichen Folgen des Übergangs.

c) *Verwirkung.* Auch bei einer fehlerhaften oder unterbliebenen Unterrichtung gemäß § 613a V BGB können die betroffenen Arbeitnehmer dem Betriebsübergang nach Ablauf der Monatsfrist nur innerhalb der Grenzen der unzulässigen Rechtsausübung widersprechen. Das Recht zur Ausübung des Widerspruchs ist aber nur dann verwirkt, wenn neben dem Zeitmoment ein Umstandsmoment hinzu tritt. Eine Höchstgrenze für die Ausübung des Widerspruchsrechts wird nicht anerkannt.[213] In Abhängigkeit von den Umständen kann das Widerspruchsrecht auch nach mehr als einem Jahr noch nicht verwirkt sein.[214] Im Rahmen des Umstandsmoments wird darauf abgestellt, ob der Arbeitnehmer durch sein Verhalten beim neuen Arbeitgeber ein Vertrauen erweckt hat, dass er trotz fehlerhafter oder unterbliebener Unterrichtung von seinem Widerspruchs-

---

[208] BAG v. 31.1.2008 – 8 AZR 1116/06, NZA 2008, 642.
[209] BAG v. 20.3.2008 – 8 AZR 1016/06, NZA 2008, 1354.
[210] Vgl. BAG v. 15.2.2007 – 8 AZR 431/06, NZA 2007, 793; ErfK/*Preis*, § 613a BGB Rn. 97.
[211] ErfK/*Preis*, § 613a BGB Rn. 100.
[212] Vgl. dazu BAG v. 24.5.2005 – 8 AZR 398/04, NZA 2005, 1302.
[213] BAG v. 15.2.2007 – 8 AZR 431/06, NZA 2007, 793.
[214] BAG v. 18.3.2010 – 8 AZR 840/08, NZA-RR 2011, 280; BAG v. 12.11.2009 – 8 AZR 751/07, DB 2010, 789.

recht keinen Gebrauch machen wird.[215] Die bloße Weiterarbeit des Arbeitnehmers im Erwerberbetrieb reicht nicht aus;[216] ebenso wenig die Änderung einzelner Arbeitsbedingungen. Dagegen ist das Umstandsmoment erfüllt, wenn das Arbeitsverhältnis durch eine neue Vereinbarung umgestaltet wird.[217]

II. Übertragende Sanierung in der Insolvenz

73   Kein Betriebsübergang gem. § 613a I BGB liegt vor, wenn der Insolvenzverwalter nach Verfahrenseröffnung den Betrieb fortführt. Es handelt sich dabei nicht um eine rechtsgeschäftliche Übertragung von Betriebsmitteln, sondern um eine Betriebsführungsbefugnis kraft Gesetzes.[218] Veräußert er den Betrieb durch Rechtsgeschäft, wird die Betriebsveräußerung von § 613a BGB erfasst. Die immer wieder geäußerte Befürchtung, der Schutzzweck des § 613a BGB werde in sein Gegenteil verkehrt, weil potentielle Betriebserwerber von der Übernahme eines maroden Betriebes wegen der damit verbundenen Altlasten abgeschreckt würden,[219] trifft in Wirklichkeit nicht zu. Bei sachgerechter Anwendung beinhaltet § 613a BGB keine insolvenzspezifischen Erschwerungen weder im Hinblick auf die Liquidation noch im Hinblick auf die Sanierung des Insolvenzschuldnerbetriebes. Die Rechtsprechung bietet Gestaltungsmöglichkeiten, die zum Erhalt von Arbeitsplätzen beitragen können, ohne dass – wie in der Praxis verbreitet – nach Umgehungsmöglichkeiten gesucht werden muss.[220] Es wäre wünschenswert, wenn die Insolvenzpraxis den § 613a BGB neu entdecken und mit Hilfe intelligenter Konzepte bewältigen würde. Neue Entwicklungen in der Rechtsprechung schaffen für Sanierungsbemühungen im Zusammenhang mit einem Betriebsübergang die erforderlichen Gestaltungsmöglichkeiten. Wichtige Faktoren sind die Zulässigkeit der Kündigung des Betriebsveräußerers aufgrund eines Erwerberkonzepts, die Möglichkeit einer Betriebsteilveräußerung, die erleichterten Kündigungen mit Hilfe eines Interessenausgleichs mit Namensliste und der gem. § 128 II InsO gewährleistete Schutz vor den Folgen des § 613a IV BGB.

74   **1. Erwerberkonzept.** Auch in der Insolvenz darf gem. § 613a IV BGB nicht wegen eines Betriebsübergangs gekündigt werden. Diese Vorschrift enthält ein eigenständiges Kündigungsverbot iSd §§ 13 III KSchG, 134 BGB und betrifft nicht bloß den besonderen Fall der Sozialwidrigkeit einer Kündigung.[221] Das Kündigungsverbot greift nicht ein, wenn ein Grund vorhanden ist, der aus sich heraus trotz des Inhaberwechsels die Kündigung rechtfertigt.[222] Wegen eines Betriebsübergangs wird nur gekündigt, wenn die den Betriebsübergang ausmachenden Tatsachen im Zeitpunkt des Zugangs der Kündigung bereits feststehen oder zumindest greifbare Formen angenommen haben. Dies ist nicht der Fall, wenn der Insolvenzverwalter Personal abbaut, den Betrieb verkleinert, eine unrentable Betriebsabteilung oder ein Werk schließt oder andere Sanierungsmaßnahmen ergreift, um das Kerngeschäft des Betriebes verkaufsfähig zu machen.[223] Neben dieser auf der subjektiven Ebene angesiedelten Differenzierung lässt das BAG eine übertragende Sanierung ohne die Rechtsfolgen des § 613a BGB auch dann

---

[215] BAG v. 15.2.2007 – 8 AZR 431/06, NZA 2007, 793; BAG v. 24.7.2008 – 8 AZR 205/07, NZA 2008, 1294.
[216] BAG v. 21.8.2008 – 8 AZR 407/07, NZA-RR 2009, 62.
[217] BAG v. 26.5.2011 – 8 AZR 18/10, NZA 2011, 1448.
[218] ErfK/*Preis*, § 613a BGB Rn. 63.
[219] *Hanau* ZIP 1998, 1817.
[220] *Heinze*, FS Uhlenbruck, 751, 768.
[221] BAG v. 31.1.1985 – 2 AZR 530/83, NZA 1985, 593 und v. 5.12.1985 – 2 AZR 3/85, NZA 1986, 522.
[222] BAG v. 18.7.1996 – 8 AZR 127/94, NZA 1997, 148; BAG v. 16.5.2002 – 8 AZR 319/01, NZA 2002, 93; ErfK/*Preis*, § 613a BGB Rn. 151.
[223] BAG v. 18.7.1996 – 8 AZR 127/94, NZA 1997, 148.

zu, wenn der Übernehmer einen kleineren, mit weniger Personal neu organisierten Betrieb fortführt.[224]

a) *Kündigung des Betriebsveräußerers.* In Übereinstimmung mit der herrschenden Meinung in der Literatur ist das BAG nunmehr einen Schritt weiter gegangen und bejaht die Zulässigkeit einer Veräußererkündigung nach einem vom Betriebserwerber entwickelten Sanierungskonzept.[225] Diese Entscheidung hat für die Betriebsveräußerung in der Insolvenz besondere Bedeutung, denn sie ermöglicht Betriebsübertragungen bei gleichzeitiger Sanierung, Umstrukturierung oder Reorganisation des insolventen Betriebes. Gelingt es dem Insolvenzverwalter, einen Übernahmeinteressenten zu finden, wird dies regelmäßig mit Überlegungen zur Reorganisation/Sanierung des Betriebes einhergehen, weil dieser in seiner bisherigen Form wirtschaftlich nicht mehr erfolgversprechend am Markt teilnehmen kann. Aus diesem Grund entwickelte Umstrukturierungsmaßnahmen können darin bestehen, bestimmte Aufgaben auszugliedern und extern zu vergeben, die Produktion auf das Kerngeschäft zu reduzieren oder die angebotenen Dienstleistungen zu verändern, Aufgaben zusammenzufassen, die personellen Hierarchien zu straffen und bestimmte Leitungsebenen wegfallen zu lassen. Kündigungsschutzrechtlich kann ein Sanierungskonzept entwickelt werden, dessen Umsetzung den Wegfall von Arbeitsplätzen zur Folge hat.[226] Die auf eine künftige Entwicklung gerichtete Planung muss zur Legitimation einer sozial gerechtfertigten Kündigung gem. § 1 II 1 KSchG greifbare Formen angenommen haben, dh sie muss das Stadium einer Verbindlichkeit erreicht haben und rechtlich durch einen Kauf- oder sonstigen Übernahmevertrag abgesichert sein.[227]

b) *Konzept des Betriebserwerbers.* Sieht das Konzept des Betriebserwerbers eine geringere Anzahl von Arbeitsplätzen als bisher vor, stellt sich die Frage, ob bereits der Betriebsveräußerer im Vorgriff auf den erst beim Erwerber eintretenden Wegfall von Beschäftigungsmöglichkeiten die Kündigung aussprechen darf. Eine solche Veräußererkündigung aufgrund eines Erwerberkonzepts wird überwiegend anerkannt.[228] In einem solchen Fall ist die Kündigung nicht gem. § 613a IV 1 BGB unwirksam, denn eine Kündigung wird nur dann wegen des Betriebsübergangs ausgesprochen, wenn dieser der tragende Grund, aber nicht bloß der äußere Anlass für die Kündigung ist. Das Kündigungsverbot greift nicht ein, wenn es unbeschadet des Betriebsübergangs sachliche Gründe gibt, welche für sich genommen die Kündigung rechtfertigen. § 613a IV BGB gebietet nicht die Statuierung eines erweiterten Kündigungsschutzes, weil anlässlich eines Rechtsträgerwechsels eine Betriebsänderung durchgeführt wird, die den Wegfall von Arbeitsplätzen zur Folge hat.[229]

c) *Keine negative Auslese des Übernahmepersonals.* Allerdings kann der Betriebserwerber nicht einfach verlangen, dass er bestimmte, besonders geschützte ältere Arbeitnehmer und schwerbehinderte Menschen oder solche, die ihm zu teuer sind, nicht übernimmt. § 613a BGB will gerade verhindern, dass der Erwerber sich die Belegschaft, mit der er

---

[224] *Bertram*, Betriebsveräußerung Rn. 164; BAG v. 23.9.1999 – 8 AZR 614/98, ZInsO 2000, 351 und – 8 AZR 650/98, RzK I 5e Nr. 119.
[225] BAG v. 20.3.2003 – 8 AZR 97/02, NZA 2003, 1027m zust Anm. v. *Schnitker/Grau*, EWIR § 613a BGB 9/03, 909 sowie *Annuß/Stamer* NZA 2003, 1247.
[226] Im Einzelnen *Willemsen*, Umstrukturierung H Rn. 62 ff.
[227] *Willemsen*, Umstrukturierung H Rn. 117; KR-*Pfeiffer*, § 613a BGB Rn. 189; KR-*Griebeling*, § 1 KSchG Rn. 577; *Lipinski* NZA 2002, 75, 79; APS-*Steffan*, § 613a BGB Rn. 191.
[228] BAG v. 26.5.1983 – 2 AZR 477/81, NJW 1984, 627; BAG v. 20.3.2003 – 8 AZR 97/02, NZA 2003, 1027; ErfK/*Preis*, § 613a BGB Rn. 165; APS-*Steffan*, § 613a BGB Rn. 189; *Willemsen*, Umstrukturierung H Rn. 107 ff., *Kreitner*, 110 f.
[229] BAG v. 18.7.1996 – 8 AZR 127/94, NZA 1997, 148 und v. 20.3.2003 – 8 AZR 97/02, NZA 2003, 1027.

weiterhin zusammen arbeiten will, aussucht und eine negative Auslese treffen kann. Deshalb liegt eine Kündigung durch den bisherigen Arbeitgeber wegen des Betriebsübergangs iSv § 613a IV BGB vor, wenn sie damit begründet wird, der neue Betriebsinhaber habe die Übernahme eines bestimmten Arbeitnehmers, dessen Arbeitsplatz erhalten bleibt, abgelehnt, weil der „ihm zu teuer sei".[230] § 613a BGB verpflichtet den Erwerber aber nicht, das Arbeitsverhältnis bei einer aufgrund betriebswirtschaftlicher Gesichtspunkte voraussehbar fehlenden Beschäftigungsmöglichkeit solange zu verlängern, bis der Erwerber selbst die Kündigung ausspricht. Dafür muss aber ein verbindliches Konzept oder ein Sanierungsplan des Erwerbers vorliegen, dessen Durchführung im Zeitpunkt des Zugangs der Kündigungserklärung bereits greifbare Formen angenommen hat und daher als hinzunehmende unternehmerische Entscheidung in einem bestimmten objektivbaren Umfang Beschäftigungsbedürfnisse entfallen lässt.[231]

78 Mit Hilfe eines Erwerberkonzepts kann der Insolvenzverwalter daher kündigen, wenn der Betriebserwerber nur einen verkleinerten und mit erheblich weniger Personal ausgestatteten Betrieb weiterführen will. Der Insolvenzverwalter kann sich auch darauf beschränken, nur einen wirtschaftlich interessanten Betriebsteil zu veräußern. Denkbar ist auch die Zusammenlegung mit einem oder die Eingliederung in einen beim Erwerber bereits vorhandenen Betrieb.[232] Das BAG hat nunmehr sogar im Hinblick auf einen beabsichtigten Betriebsübergang ein eigenes, die Kündigung rechtfertigendes Konzept des veräußernden Betriebes anerkannt.[233]

79 **2. Soziale Auswahl.** Problematisch bleibt die Frage, ob bei der Prüfung einer anderweitigen Beschäftigungsmöglichkeit gem. § 1 II 1b KSchG und bei der sozialen Auswahl gem. § 1 III 1 KSchG nur auf die Verhältnisse des Veräußererbetriebes oder auch auf die des Erwerberbetriebes abzustellen ist. Letzteres wird teilweise abgelehnt mit der Begründung, bei der Einbeziehung der Arbeitnehmer des Erwerberbetriebes käme es zu einer ungerechtfertigten Besserstellung der vom Betriebsübergang erfassten Arbeitnehmer.[234] Dem ist jedoch entgegenzuhalten, dass die soziale Auswahl zwar betriebsbezogen stattfindet, aber die bei Ausspruch der Kündigung absehbare künftige Entwicklung nicht außer Betracht bleiben darf. Spricht der Veräußerer die Kündigung aus und geht der Betrieb noch während des Laufs der Kündigungsfrist auf den Erwerber über, sind die Auswirkungen bei einer eingliedernden Betriebsübernahme absehbar. Lässt man die Kündigung einer sich selbst tragenden Kündigung aufgrund eines Erwerberkonzepts[235] zu, müssen die übernommenen Arbeitnehmer, wenn es um die kündigungsrechtliche Realisierung von Einsparungsmöglichkeiten oder die Umsetzung von Rationalisierungsmaßnahmen geht, unter Anerkennung ihres sozialen Besitzstandes in vollem Umfang mit der Stammbelegschaft des Erwerberbetriebes gleichbehandelt werden.[236] Es kann materiell-rechtlich keinen Unterschied machen, ob unter Zugrundelegung eines Sanierungskonzepts bereits der Veräußerer die Kündigungen ausspricht oder dies erst durch den Erwerber geschieht. Ist die Kündigung des Veräußerers in Wirklichkeit als eine solche des Erwerbers zu behandeln, muss es auch in Bezug auf die Sozialauswahl gem. § 1 III KSchG und für die Berücksichtigung von Versetzungsmöglichkeiten auf andere freie Arbeitsplätze auf die beim neuen Rechtsträger vorhandenen

---

[230] BAG v. 20.9.2006 – 6 AZR 249/05, NZA 2007, 387.
[231] So ausdr BAG v. 20.3.2003 – 8 AZR 97/02, NZA 2003, 1027 unter II 1c bb der Gründe sowie ErfK/*Preis*, § 613a BGB Rn. 165; APS-*Steffan*, § 613a BGB Rn. 191; *Lipinski* NZA 2002, 75, 79; KR-*Griebeling*, § 1 KSchG Rn. 577.
[232] Vgl. dazu das Beispiel bei *Willemsen*, Umstrukturierung H Rn. 112.
[233] BAG v. 20.9.2006 – 6 AZR 249/05, NZA 2007, 387.
[234] *Lipinski* NZA 2002, 75, 79.
[235] Zum Begriff vgl. *Willemsen*, Umstrukturierung H Rn. 110.
[236] HWK-*Willemsen*, § 613a BGB Rn. 314; aA APS-*Steffan*, § 613a BGB Rn. 194; ErfK/*Preis*, § 613a Rn. 172.

maßgeblichen betrieblichen und unternehmensbezogenen Verhältnisse ankommen.[237] Alle vergleichbaren Arbeitnehmer des neuen Betriebes sind in ihrer Gesamtheit in die Sozialwahl einzubeziehen mit der Konsequenz, dass der Erwerber zur Umsetzung der Rationalisierungsmaßnahme die Arbeitsverhältnisse eigener Arbeitnehmer kündigen muss und dafür Arbeitnehmer des übernommenen Betriebsteils weiterbeschäftigt werden.[238] Andernfalls würde die Zulässigkeit einer vorgezogenen Veräußererkündigung zu einer ungerechtfertigten Einschränkung der sozialen Auswahl führen.[239] Es kann nichts anderes gelten als wenn der Erwerber selbst nach Übernahme des Betriebes die Kündigungen aussprechen würde.[240] Davon zu unterscheiden ist die Frage, ob bei Übertragung eines Betriebsteils auch diejenigen Arbeitnehmer des Veräußererbetriebes einzubeziehen sind, die anderen nicht zu übertragenden Betriebsbereichen angehören. Spricht der Erwerber nach eingliedernder Übernahme des Betriebsteils betriebsbedingte Kündigungen zum Abbau eines Personalüberhangs aus, erstreckt sich die soziale Auswahl nicht auf die im Veräußererbetrieb verbliebenen Arbeitnehmer, weil die übernommenen Arbeitnehmer nur noch arbeitsvertragliche Beziehungen mit dem Erwerber haben und nicht mehr dem Betrieb des Veräußerers angehören.[241]

3. Betriebsteilveräußerung. Ist der Betrieb des Insolvenzschuldners teilbetrieblich organisiert, kann auch die Veräußerung von Betriebsteilen in Betracht kommen. Es kommt nicht darauf an, ob der verbliebene Restbetrieb noch überlebensfähig ist und fortgeführt wird.[242] Gelingt es dem Insolvenzverwalter, wesentliche Betriebsteile zu veräußern, kann er andere, unrentable Betriebsteile stilllegen. Wird aus einem Betrieb eine wirtschaftliche Einheit übernommen, die die Voraussetzungen eines Betriebsteils iSv § 613a I 1 BGB erfüllt, tritt der Erwerber nur in die Rechte und Pflichten der Arbeitsverhältnisse derjenigen Arbeitnehmer ein, die in dieser Einheit tätig waren. Der Erwerber von Teileinheiten eines Betriebes übernimmt nicht alle Arbeitnehmer, sondern nur diejenigen, die dem betreffenden Betriebsteil zugeordnet sind. Die Betriebsteilveräußerung kann mit Umstrukturierungsmaßnahmen nach einem Erwerberkonzept verbunden werden, so dass der Insolvenzverwalter nicht nur die Möglichkeit hat, die sanierende Übertragung auf einen Betriebsteil zu beschränken, sondern er kann gleichzeitig bezogen auf den übertragenen Betriebsteil Rationalisierungsmaßnahmen durchführen und das Personal nach den Vorstellungen des Erwerbers reduzieren.

a) *Zuordnung der Arbeitnehmer zu einem Betriebsteil.* Beschränkt sich die Übernahme auf eine abgrenzbare Teileinheit, zB auf die Produktion, können Arbeitnehmer anderer Bereiche zB der Verwaltung, des Vertriebes, der Spedition, § 613a BGB nicht in Anspruch nehmen. Die Arbeitsplätze der von einem Betriebsteilübergang erfassten Arbeitnehmer müssen in dem betreffenden Betriebsteil angesiedelt sein. Es reicht nicht aus, wenn der Beschäftigte einer Verwaltungsabteilung lediglich Tätigkeiten für den übertragenen Teil des Unternehmens verrichtet hat.[243] In der Praxis ergeben sich Abgrenzungsschwierigkeiten und Streitfälle, wenn Arbeitnehmer abteilungsübergreifend eingesetzt oder in Zentralbereichen des Unternehmens tätig sind. Es kann nicht allein darauf ankommen, in welcher Weise sich Betriebsveräußerer und Erwerber über die Zuord-

---

[237] *Willemsen*, Umstrukturierung H Rn. 116; *Staudinger-Richardi/Annuß*, § 613a BGB Rn. 253; KR-*Pfeiffer*, § 613a BGB Rn. 189; *Gaul*, I. 7d dd, S. 562; aA *Kreitner*, 112.
[238] AA APS-*Steffan*, § 613a BGB Rn. 194.
[239] *Kreitner*, 110 ff.; *Schnitker-Grau*, EWIR 2003, 909.
[240] APS-*Kiel*, § 1 KSchG Rn. 675.
[241] Vgl. dazu *Stahlhacke/Preis/Vossen*, Rn. 1066.
[242] BAG v. 13.11.1997 – 8 AZR 375/96, NZA 1998, 249; BAG v. 18.4.2002 – 8 AZR 346/01, NZA 2002, 1207 u BAG v. 8.8.2002 – 8 AZR 583/01, NZA 2003, 315.
[243] BAG v. 11.9.1997 – 8 AZR 555/95, NZA 1998, 31; BAG v. 8.8.2002, NZA 2003, 315; *Willemsen*, Umstrukturierung G Rn. 104; APS-*Steffan*, § 613a BGB Rn. 194.

nung der Arbeitnehmer einigen.²⁴⁴ Dem ist entgegenzuhalten, dass der gesetzlich angeordnete Übergang der Arbeitsverhältnisse nicht der Parteidisposition unterliegt.²⁴⁵ Es müssen daher objektive Kriterien herangezogen werden. Es reicht nicht aus, dass der Arbeitnehmer auch für den Betriebsteil Tätigkeiten verrichtet hat. Dies kann auf Arbeitnehmer zutreffen, die in Zentralfunktionen, in der Verwaltung oder allgemein im Overhead-Bereich tätig waren. Erforderlich ist vielmehr, dass die betroffenen Arbeitnehmer in den übertragenen Betriebsteil tatsächlich eingegliedert waren.²⁴⁶ Steht ein Organigramm zur Verfügung, kann sich daraus ergeben, welche Arbeitsplätze zu dem Betriebsteil gehören. Abgestellt werden kann auch auf einen bestimmten Stichtag, denn es muss vermieden werden, dass Zuordnungs- und Versetzungsoptionen im Vorfeld nach Gutdünken ausgeschöpft werden, um dem Erwerber den Weg für die Übernahme nur der ihm geeignet erscheinenden Arbeitnehmer zu ermöglichen. Wird ein Arbeitnehmer mit dieser Zielsetzung aus einem Betriebsteil versetzt, kann unter Umständen ein Anspruch auf Rückversetzung bestehen.²⁴⁷ Es bestehen keine Bedenken, die beispielsweise bei Insolvenzantragstellung bestehenden tatsächlichen Verhältnisse zugrunde zu legen.²⁴⁸

82   b) *Soziale Auswahl bei Stilllegung des Restbetriebes.* Wird lediglich ein Betriebsteil übertragen, sind die Arbeitnehmer, die in den übrigen Betriebsteilen des Veräußererbetriebes beschäftigt sind, in die soziale Auswahl gem. § 1 III KSchG nicht einzubeziehen. Nur die dem übertragenen Betriebsteil angehörenden Arbeitnehmer begründen arbeitsvertragliche Beziehungen mit dem Erwerberbetrieb.²⁴⁹ Ist das Arbeitsverhältnis unter Zugrundelegung von objektiven Kriterien einem stillgelegten Betriebsteil zuzuordnen, ist die auf Stilllegung gestützte Kündigung auch dann sozial gerechtfertigt, wenn ein anderer selbstständiger Betriebsteil von einem neuen Rechtsträger fortgeführt oder in den bereits bestehenden Betrieb des Erwerbers eingegliedert wird.²⁵⁰ Weil § 613a I 1 BGB ausdrücklich den Übergang eines Betriebsteils zulässt, gebietet sein Schutzzweck nicht den Übergang von Arbeitsverhältnissen, die dem übergegangenen Bereich nicht angehören. Sie verbleiben vielmehr auch dann in ihrem Betriebsteil, wenn dieser stillgelegt wird oder wenn sie dem Übergang ihres Arbeitsverhältnisses widersprochen haben.²⁵¹ Dies gilt zweifelsfrei jedenfalls dann, wenn die Ausgliederung eines Betriebsteils vor der Stilllegung des Restbetriebes stattgefunden hat.

83   Etwas anderes kann gelten, wenn aufgrund einer einheitlichen Entscheidung ein Betriebsteil veräußert und der Restbetrieb stillgelegt wird. Spricht der Insolvenzverwalter die Kündigungen erst nach Vollziehung der Betriebsteilveräußerung aus, kann sich die soziale Auswahl nur auf die Arbeitnehmer des verbliebenen Restbetriebes erstrecken, weil die soziale Auswahl betriebsbezogen durchzuführen ist und die auf den Betriebsteilerwerber übergegangenen Arbeitnehmer dem Betrieb der Insolvenzschuldnerin nicht mehr angehören. Ist der Teilbetriebsübergang bei Ausspruch der Kündigungen nur geplant oder beabsichtigt, ist eine auf den gesamten Betrieb bezogene Gesamtauswahl durchzuführen, die sich auch auf den später übergehenden Betriebsteil

---

²⁴⁴ So aber BAG v. 20.7.1982, DB 1983 und v. 25.6.1985, NZA 1986, 93.
²⁴⁵ ErfK/*Preis,* § 613a BGB Rn. 71.
²⁴⁶ BAG v. 8.8.2000 – 8 AZR 583/01, NZA 2003, 315u v. 13.2.2003 – 8 AZR 102/02, NZA 2003, 1111; ErfK/*Preis,* § 613a BGB Rn. 72; *Quecke,* BAG-Report 2005, 97, 99.
²⁴⁷ *Bichlmeier,* Anm. zu BAG v. 25.9.2003 – 8 AZR 446/02, DZWIR 2004, 114; *Commandeur/Kleinebrink* NZA-RR 2004, 454.
²⁴⁸ LAG Hamm v. 18.2.2004 – 2 Sa 1372/03; *Commandeur/Kleinebrink* NZA-RR 2004, 454.
²⁴⁹ APS-*Steffan,* § 613a BGB Rn. 194.
²⁵⁰ BAG v. 13.2.2003 – 8 AZR 102/02, NZA 2003, 111; BAG v. 25.9.2003 – 8 AZR 446/02, DZWIR 2004, 113 m. Anm. *Bichlmeier.*
²⁵¹ LAG Hamburg v. 27.3.2003 – 2 Sa 109/02, ZInsO 2004, 56; LAG Hamm v. 18.2.2004 – 2 Sa 1372/03.

erstreckt.[252] Das BAG begründet dies mit dem Schutzzweck der Sozialauswahl, die sich grundsätzlich auf alle vergleichbaren Arbeitnehmer eines Betriebes erstreckt. Dem ist entgegen zu halten, dass es kündigungsschutzrechtlich keinen Unterschied machen kann, ob bei Zulässigkeit einer Veräußererkündigung nach einem Erwerberkonzept der Erwerber oder der Veräußerer die Kündigung ausspricht. Aus wirtschaftlichen Gründen kann es für den Insolvenzverwalter wichtig sein, den nicht übertragungsfähigen Restbetrieb möglichst rasch stillzulegen, um Belastungen der Masse zu reduzieren. Ist das Konzept eines beabsichtigten Betriebsteilübergangs in einem Interessenausgleich mit Namensliste gem. § 125 I S 1 InsO festgehalten, ist die Betriebsbedingtheit der Kündigung zu vermuten und die soziale Auswahl nur noch eingeschränkt überprüfbar. Soll der beabsichtigte Betriebsteilübergang noch während der Kündigungsfristen tatsächlich vollzogen werden, kann bezogen auf den Ausspruch der Kündigung die Prognose gerechtfertigt sein, dass die Arbeitnehmer des übergehenden Betriebsteils dem Betrieb bei Ablauf der Kündigungsfristen nicht mehr angehören.[253] Schließlich gilt bei der sozialen Auswahl bei Vorliegen eines Interessenausgleichs gem. § 125 I S 1 Nr. 2 InsO nur der Prüfungsmaßstab der groben Fehlerhaftigkeit, der sich nicht nur auf die sozialen Indikatoren, sondern auch auf die Vergleichbarkeit und damit auf die Bildung der auswahlrelevanten Gruppen erstreckt.[254] Es muss daher in Betracht gezogen werden, dass der Insolvenzverwalter in einem Interessenausgleich die dem übergehenden Betriebsteil zuzuordnenden Arbeitnehmer festlegt und sie von der Vergleichbarkeit mit den Arbeitnehmern des stillzulegenden Restbetriebes ausnimmt. Schließlich kann der Insolvenzverwalter § 1 III S 2 KSchG ins Feld führen, wonach berechtigte betriebliche Interessen die Herausnahme bestimmter Arbeitnehmer aus der Sozialauswahl rechtfertigen können.[255] Dies könnte der Fall sein, wenn der Insolvenzverwalter den Restbetrieb aus wirtschaftlichen Gründen alsbald stilllegen muss, der Erwerber aber nur an einem bestimmten Betriebsteil mit der dazu gehörigen eingespielten Mannschaft interessiert ist. Der Insolvenzverwalter muss aber richtig einschätzen, dass er mit einem solchen Konzept unsicheres Terrain betritt, weil das BAG an einer betriebsteilübergreifenden Sozialauswahl festhält.[256] Der Insolvenzverwalter ist daher grundsätzlich besser beraten, die Kündigungen erst nach Übergang des Teilbetriebes auszusprechen.[257]

4. Einschaltung einer Transfergesellschaft. Neben dem Erwerberkonzept erfolgt 84 die Restrukturierung eines notleidenden Betriebes in der Insolvenz auch mit Hilfe einer Transfergesellschaft iSd §§ 110, 111 SGB III. Es handelt sich dabei um ein in der insolvenzrechtlichen Praxis übliches Gestaltungsmittel, um die Rechtsfolgen eines Betriebsübergangs zu vermeiden.[258] Der bezweckte Personalabbau geschieht dann in der Weise, dass ein Teil der Belegschaft in eine Transfergesellschaft wechselt, in der die betroffenen Arbeitnehmer qualifiziert und möglichst effektiv weitervermittelt werden. Dafür können entweder auf dem Markt vorhandene Beschäftigungsgesellschaften oder auch neu gegründete Transfergesellschaften genutzt werden. Dieses sog. BEQG-Modell ist für den Insolvenzverwalter attraktiv, weil die Agentur für Arbeit für die Dauer eines Jahres Transferkurzarbeitergeld zahlt und andere Zuschüsse gewährt. Die Höhe des Kurzarbeitergel-

---

[252] BAG v. 28.10.2004 – 8 AZR 391/03, NZA 2005, 285 = ZIP 2005, 412; aA LAG Hamm v. 5.5.2004 – 2 Sa 1863/03, LAG-Report 2005, 13.
[253] APS-*Steffan*, § 613a BGB Rn. 194.
[254] BAG v. 28.8.2003 – 2 AZR 368/02, NZA 2004, 432; LAG Köln v. 10.5.2005 – 1 Sa 1510/04, ZIP 2005, 1524.
[255] Vgl. dazu *Quecke*, BAG-Report 2005, 97, 100, 101.
[256] BAG v. 28.10.2004 – 8 AZR 391/03, NZA 2005, 285 = ZIP 2005, 412 m. Anm. *Richter* EWiR 2005, 263; BAG v. 3.6.2004 – 2 AZR 577/03, NZA 2005, 175.
[257] Vgl. dazu *Richter* EWiR 2005, 263; LAG Hamm v. 5.5.2004 – 2 Sa 2182/03, ArbRB 2005, 38 u – 2 Sa 1863/03, ArbRB 2005, 39 m. Anm. *Mues*.
[258] *Fuhlrott*, FA 2013, 165; *Pils*, NZA 2013, 125.

des beträgt 67% bzw. 60% des Nettogehalts und kann durch den Arbeitgeber/Insolvenzverwalter aufgestockt werden. Rechtstechnisch wird ein dreiseitiger Vertrag zwischen dem Arbeitnehmer, dem Arbeitgeber und der Transfergesellschaft geschlossen, der zur Folge hat, dass der Arbeitnehmer aus dem Betrieb des bisherigen Betriebsinhabers ausscheidet. Der Wechsel in die Transfergesellschaft begründet nicht den Tatbestand eines Betriebsübergangs gem. § 613a BGB, weil die Beschäftigungsgesellschaft einen eigenen Betriebszweck verfolgt und keineswegs den Betrieb des bisherigen Betriebsinhabers fortführt. Die in der Transfergesellschaft geparkten Arbeitnehmer können dann von dem Betriebserwerber nach Wunsch und Bedarf übernommen werden.[259] Dieses Modell funktioniert, wenn die Fortsetzung des Arbeitsverhältnisses bei einem potentiellen Betriebserwerber ungewiss ist und dem betroffenen Arbeitnehmer nicht in einem unmittelbaren zeitlichen Zusammenhang ein neues Arbeitsverhältnis mit dem betriebsfortführenden Erwerber versprochen oder verbindlich in Aussicht gestellt wird. Anders ist die Situation aber, wenn die Überführung in eine Transfergesellschaft lediglich dem Zweck dient, die soziale Auswahl gem. § 1 Abs. 3 KSchG zu vermeiden. In der Praxis ist dies häufig der Fall, weil der potentielle Betriebserwerber idR nicht daran interessiert ist, das gesamte Personal zu übernehmen, sondern nur die Leistungsträger. Deshalb ist die übertragende Sanierung mit Hilfe einer Transfergesellschaft mit erheblichen Risiken verbunden. Wenn der Aufhebungsvertrag bei gleichzeitigem Erhalt des Arbeitsplatzes dazu dient, die Kontinuität des Arbeitsverhältnisses zu beseitigen, handelt es sich um ein Umgehungsgeschäft.[260] Anhaltspunkte für eine Umgehung sind die kurze Verweildauer in der Beschäftigungsgesellschaft, das Angebot eines neuen Arbeitsverhältnisses durch den Betriebserwerber oder das gleichzeitige Inaussichtstellen eines neuen Arbeitsverhältnisses. Die Grenzen der Zulässigkeit dieses Modells sind ferner überschritten, wenn alle beschäftigten Arbeitnehmer veranlasst werden, in eine Transfergesellschaft zu wechseln, weil der Betrieb stillgelegt werde, in einem sich unmittelbar anschließenden Zeitraum aber ein neu gegründetes Unternehmen den Betrieb dann doch fortführt und aus der Transfergesellschaft ausgewählte Arbeitnehmer übernimmt. Der Schutzzweck des § 613a IV BGB erstreckt sich auch auf die Durchführung einer sozialen Auswahl.[261] Das Argument, im Rahmen der Vertragsfreiheit könne der Arbeitnehmer selbst entscheiden, ob er aus dem bisherigen Betrieb ausscheidet, hat in der Insolvenz zweifelhafte Bedeutung, weil den Arbeitnehmern in erster Linie daran gelegen ist, ihren Arbeitsplatz zu retten, so dass sie gern bereit sind, auf alle möglichen Konstruktionen einzugehen. Die Ausübung der Wahlfreiheit setzt voraus, dass ihnen reiner Wein eingeschenkt wird und sie darüber informiert werden, welche Konsequenzen in dem einen oder in dem anderen Fall eintreten.

85   **5. Interessenausgleich mit Namensliste.** Ein Interessenausgleich mit Namensliste gem. § 125 InsO erleichtert in der Insolvenz die Kündigung im Zusammenhang mit einer Betriebsveräußerung, denn gem. § 128 II InsO erstreckt sich die Vermutung der Betriebsbedingtheit der Kündigung auch darauf, dass sie nicht wegen eines Betriebsübergangs ausgesprochen worden ist. Diese Regelung unterstreicht zunächst, dass der Bestandsschutz nach § 613a I und IV BGB zugunsten der Arbeitnehmer auch bei einer Betriebsveräußerung durch den Insolvenzverwalter eingreift.[262] Allein die Insolvenzeröffnung ist für sich genommen kein anderer, unberührt bleibender Kündigungsgrund iSv § 613a IV 2 BGB.[263] Plant der Insolvenzverwalter eine Betriebsänderung, kann er

---

[259] Vgl. dazu die *Dörries/Scharmann*-Entscheidung des BAG v. 11.12.1997 – 8 AZR 654/95, NZA 1999, 262.
[260] BAG v. 27.9.2012 – 8 AZR 826/11, NZA 2013, 961; BAG v. 25.10.2012 – 8 AZR 572/11, ZInsO 2013, 946; ErfK/*Preis*, § 613a BGB Rn. 159; *Willemsen*, NZA 2013, 242.
[261] AA *Fuhlrott*, NZA 2012, 549; *Pils*, NZA 2013, 125.
[262] So ausdr BAG v. 20.3.2003 – 8 AZR 97/02, NZA 2003, 1027.
[263] APS-*Steffan*, § 613a BGB Rn. 243; Uhlenbruck/Hirte/Vallender/*Berscheid*, vor § 113 Rn. 61.

darüber gem. § 125 I InsO einen Interessenausgleich schließen, in dem die zu kündigenden Arbeitnehmer namentlich bezeichnet sind. In diesem Fall wird vermutet, dass die Kündigungen der im Interessenausgleich aufgeführten Arbeitnehmer durch betriebsbedingte Gründe gem. § 1 II 1 KSchG sozial gerechtfertigt sind.

a) *Grob fehlerhafte Sozialauswahl.* Die soziale Auswahl beschränkt sich gem. § 125 I 2 InsO auf die drei Grunddaten, nämlich die Dauer der Betriebszugehörigkeit, das Lebensalter und die Unterhaltspflichten und kann insoweit auch nur auf grobe Fehlerhaftigkeit überprüft werden. Im Gegensatz zur Kündigung außerhalb der Insolvenz dient die Sozialauswahl nicht nur der Erhaltung der vorhandenen Personalstruktur, sondern es kann auf diese Weise eine ausgewogene Personalstruktur erst geschaffen werden.[264] Diese Privilegien kommen gem. § 128 II InsO auch dem Betriebserwerber zugute, der nicht befürchten muss, dass gem. § 613a IV BGB unwirksam gekündigte Arbeitsverhältnisse auf ihn übergehen.

b) *Vermutungswirkung.* Die gemäß § 125 I Nr. 1 InsO zu vermutende Betriebsbedingtheit der Kündigung gilt auch bei einer Betriebsänderung, die mit einem Betriebsübergang zusammen hängt. Gemäß § 128 II InsO erstreckt sich die Vermutungswirkung darauf, dass die Kündigung nicht wegen eines Betriebsübergangs erfolgt ist. § 128 II InsO nennt zwar ausdrücklich nur den Betriebsübergang, es lässt sich aber weder gesetzessystematisch noch teleologisch rechtfertigen, den Betriebsteilübergang auszunehmen. Näher liegend ist vielmehr, dass alle Fälle einer übertragenden Sanierung erfasst werden sollten und auf die Sachverhalte des § 613a I 1 BGB umfassend Bezug genommen wird.[265] Deshalb kann die Vermutungswirkung des § 125 InsO auch dann in Anspruch genommen werden, wenn der Insolvenzverwalter lediglich einen Betriebsteil mit begleitenden Umstrukturierungsmaßnahmen ausgliedert und auf einen Erwerber übertragen will.[266]

Die Vermutungswirkung greift aber nur dann ein, wenn der Insolvenzverwalter eine Betriebsänderung plant.[267] Keine Betriebsänderung iSv § 125 I 1 InsO liegt vor, wenn lediglich ein Betriebsübergang oder ein Betriebsteilübergang stattfindet.[268] Wohl aber kann die einem Betriebsteilübergang notwendig vorausgehende Spaltung des Betriebes gem. § 111 S. 2 Nr. 3 BetrVG eine Betriebsänderung sein.[269] Es kann auch der Tatbestand der Einschränkung und Stilllegung des ganzen Betriebes oder von wesentlichen Betriebsteilen gem. § 111 I 3 Nr. 2 BetrVG vorliegen, wenn der Insolvenzverwalter einen zu übertragenden Betriebsteil ausgliedert und den Restbetrieb stilllegt.

Die Vermutungswirkung des § 125 InsO beschränkt sich gem. § 128 I InsO nicht auf Kündigungen des Insolvenzverwalters, sondern erstreckt sich auch auf die Kündigungen, die von einem Erwerber nach einem stattgefundenen Betriebsübergang ausgesprochen werden.[270] Der Erwerber kann bereits beim Abschluss des Interessenausgleichs gem. § 125 InsO beteiligt werden und daran mitwirken, denn er ist gem. § 128 I 2 InsO auch bei einem Beschlussverfahren zum Kündigungsschutz gem. § 126 InsO zu beteiligen. Für die Kündigung nach einem Erwerberkonzept ist es gerade geboten, der Verbindlichkeit der betriebsbedingten Maßnahmen durch Aufnahme des Erwerberkonzepts in den Interessenausgleich Ausdruck zu verleihen.

---

[264] Uhlenbruck/Hirte/Vallender/*Berscheid*, § 125 InsO Rn. 60; *Zwanziger*, § 125 InsO Rn. 55.
[265] Uhlenbruck/Hirte/Vallender/*Berscheid*, § 128 InsO Rn. 24; *Kübler/Prütting/Moll*, § 128 InsO Rn. 20; *Zwanziger*, § 128 Rn. 6.
[266] *Zwanziger*, § 128 Rn. 6.
[267] MüKoInsO/*Löwisch/Caspers*, § 125 Rn. 5; LAG Düsseldorf v. 23.1.2003 – 11 (12) Sa 1057/02, ZIP 2003, 817, BAG v. 28.8.2003 – 2 AZR 377/02, ZIP 2004, 525 = DB 2004, 937; BAG v. 16.5.2002 – 8 AZR 319/01, NZA 2003, 93.
[268] BAG v. 28.8.2003 – 2 AZR 377/02, ZIP 2004, 525; *Matthes*, Betriebsübergang und Betriebsteilübergang als Betriebsänderung, NZA 2000, 1073; KR-*Weigand*, § 125 Rn. 7.
[269] BAG v. 10.10.1996 – 1 ABR 32/96, NZA 1997, 898; *Matthes* NZA 2000, 1073, 1074.
[270] *Heinrich*, S. 74; MüKoInsO/*Löwisch/Caspers*, § 128 Rn. 33.

89 c) *Interessenausgleich zwischen den Betriebsparteien des Veräußererbetriebes.* Allerdings kann der Interessenausgleich gem. § 125 I 1 InsO nicht unmittelbar mit dem Erwerber geschlossen werden, denn er muss zwischen den in § 125 I 1 InsO genannten Betriebsparteien, dem Insolvenzverwalter und dem Betriebsrats des Insolvenzschuldnerbetriebes, zustande kommen. Kommt es nach einer Stilllegungsentscheidung des Insolvenzverwalters doch noch zu einem Betriebsübergang auf einen Erwerber, welcher den verkleinerten oder restrukturierten Betrieb mit weniger Personal fortführt, kann zur Vermeidung unkalkulierbarer Wiedereinstellungsansprüche von entlassenen Arbeitnehmern von den Betriebsparteien des Erwerberbetriebes ein neuer Interessenausgleich gem. § 111 S. 3 Nr. 1 oder Nr. 4 BetrVG geschlossen werden, für den zwar nicht die Vermutungswirkung gem. § 125 InsO gilt, wohl aber die des § 1 V KSchG. Eine vom Erwerber ausgesprochene Kündigung kann nicht dadurch abgesichert werden, dass Insolvenzverwalter und Betriebsrat nachträglich einen Interessenausgleich mit Namensliste vereinbaren.[271] Dem steht bereits entgegen, dass der Interessenausgleich mit Namensliste **vor** Ausspruch der Kündigungen zustande gekommen sein muss.[272] Der Insolvenzverwalter hat durch den Betriebsübergang seine Arbeitgeberstellung verloren, die auf den Erwerber übergegangen ist, so dass er schon deshalb nicht mehr Betriebspartner des Betriebsrats sein kann.

90 Durch § 128 II InsO wird die Betriebsbedingtheit einer Kündigung gem. § 125 I 1 InsO nicht ausgedehnt, sondern es wird dadurch nur klargestellt, was sich aus § 613a IV BGB ohnehin ergibt.[273] Der Interessenausgleich gem. § 125 I InsO muss vom Veräußerer abgeschlossen worden sein. Eine Regelung dergestalt, dass auch der Betriebserwerber den Interessenausgleich nach § 125 InsO abschließen kann, wenn der Betriebsübergang nach Einleitung der Verhandlungen mit dem Betriebsrat stattfindet, kann § 128 I InsO nicht entnommen werden.[274] Die eigentliche Bedeutung des § 128 I InsO liegt darin, dass sich auch der Betriebserwerber nach dem Betriebsübergang auf die Vermutungswirkung des § 125 I 1 InsO berufen kann.[275]

91 d) *Zusammenfassung.* Zusammenfassend lässt sich feststellen, dass die kollektiven Regelungen der §§ 125, 128 InsO eine bedeutsame Einschränkung des Kündigungsschutzes zur Folge haben, die dem Insolvenzverwalter einerseits Betriebsänderungen und Betriebsübergänge erleichtern, andererseits von den Arbeitnehmervertretungen ein hohes Maß an sozialer Verantwortung voraussetzen. Ist ein Interessenausgleich mit Namensliste zustande gekommen, wird es den betroffenen Arbeitnehmern wegen der auf sie übergegangenen Darlegungs- und Beweislast schwerlich gelingen, die fehlende Betriebsbedingtheit der Kündigung oder die grobe Fehlerhaftigkeit der Sozialauswahl gem. § 1 III 3 KSchG nachzuweisen. In voller Schärfe zeigen sich die kündigungsschutzrechtlichen Auswirkungen bei einem Betriebsteilübergang: Nur die dem übergegangenen Betriebsteil zugeordneten Arbeitnehmer behalten ihren Arbeitsplatz; eine sich auf den gesamten Betrieb erstreckende Sozialauswahl findet nicht statt. Das Instrument eines Interessenausgleichs mit Namensliste gem. § 125 I 1 InsO erlaubt es, den übergangsfähigen Betriebsteil nicht komplett mit allen dort angesiedelten Arbeitsplätzen auf den Betriebserwerber übergehen zu lassen, sondern es kann gleichzeitig auch noch ein Sanierungskonzept entwickelt werden, bei dessen Umsetzung Beschäftigungsmöglichkeiten in dem betreffenden Betriebsteil entfallen und darauf gegründete betriebsbedingte Kündigungen ausgesprochen werden.

---

[271] *Kübler/Prütting/Moll,* § 128 Rn. 29.
[272] MüKoInsO/*Löwisch/Caspers,* § 125 Rn. 67; *Kübler/Prütting/Moll,* § 128 Rn. 29.
[273] *Oetker/Friese* DZWIR 2001, 185; ErfK/*Gallner,* § 128 InsO Rn. 2; MüKoInsO/*Löwisch/Caspers,* § 128 Rn. 33.
[274] *Oetker/Friese* DZWIR 2001, 184; *Zwanziger,* § 128 Rn. 2; aA *Tretow* ZInsO 2000, 309, 310.
[275] *Oetker/Friese* DZWIR 2001, 184; ErfK/*Gallner* InsO § 128 Rn. 2.

6. Betriebsstilllegung. Ein Betriebsinhaberwechsel und damit ein Betriebsübergang 92
gem. § 613a I S 1 BGB ist zu verneinen, wenn der Betrieb zuvor vom Insolvenzverwalter stillgelegt worden war. Ein aufgelöster und zerschlagener Betrieb kann nicht mehr fortgeführt werden. Deshalb schließen sich nach der Rechtsprechung des BAG Betriebsstillllegung und Betriebsübergang aus.[276] Dem liegt die Vorstellung zugrunde, dass von einer Kontinuität der betrieblichen Identität nicht mehr ausgegangen werden kann, wenn die betriebliche Produktions- oder Dienstleistungsgemeinschaft einschließlich der damit verbundenen Arbeitsorganisation vollständig aufgelöst worden ist. Hat der Insolvenzverwalter einen Betrieb vollständig zerschlagen und stillgelegt, kann der Erwerb von Betriebsmitteln durch einen Dritten, der damit einen neuen, anders gearteten Betrieb rekonstruiert, nicht zu einem Betriebsübergang führen.[277]

a) *Beabsichtigte Stilllegung.* Die Kündigung wegen Betriebseinstellung setzt nicht voraus, 93
dass die betrieblichen Aktivitäten bereits eingestellt worden sind. Der Insolvenzverwalter kann auch wegen beabsichtigter Betriebsstilllegung kündigen, wenn absehbar ist, dass der wesentliche Teil der Ausproduktion bei Ablauf der Kündigungsfristen abgeschlossen sein wird und ein darüber hinaus gehendes Beschäftigungsbedürfnis nicht mehr besteht. Dies erfordert allerdings den ernstlichen und endgültigen Entschluss des Insolvenzverwalters, die Betriebs- und Produktionsgemeinschaft auf Dauer aufzugeben.[278] In der Praxis bestehen Schwierigkeiten, die ernsthafte und endgültige Stilllegungsabsicht des Insolvenzverwalters nachzuweisen und gerichtlich zu überprüfen. Nimmt der Insolvenzverwalter keine neuen Aufträge mehr an, kündigt er die Arbeitsverhältnisse sämtlicher Arbeitnehmer und beschränkt er sich darauf, nur noch die vorhandenen Aufträge während der Kündigungsfrist abzuarbeiten, können dies gewichtige Anhaltspunkte für eine tatsächlich getroffene Stilllegungsentscheidung sein.[279] Die Stilllegung ist eine die Arbeitsgerichte bindende unternehmerische Entscheidung, die nur daraufhin überprüft werden kann, ob sie tatsächlich getroffen und umgesetzt worden ist. Die nach einer kurzen Unterbrechungsphase alsbaldige Wiedereröffnung oder Fortführung des Betriebes kann gegen eine ernsthafte und endgültige Stilllegungsabsicht ins Feld geführt werden.[280] Es muss auch richtig gesehen werden, dass eine bloße Betriebsunterbrechung einem möglichen Betriebsübergang nicht entgegensteht. Das BAG fordert für die prognostizierte Betriebsstilllegung konkrete und greifbare Formen, so dass bei vernünftiger, betriebswirtschaftlicher Betrachtung die Prognose gerechtfertigt ist, der Arbeitnehmer könne bis zum Ablauf der Kündigungsfrist entbehrt werden. Nachträgliche Entwicklungen können die Richtigkeit der bei Ausspruch der Kündigung angestellten Prognose bestätigen.[281]

b) *Gescheiterte Übernahmeverhandlungen.* Von einer Kündigung wegen eines Betriebs- 94
übergangs gem. § 613a IV BGB kann nur gesprochen werden, wenn die den Betriebsübergang ausmachenden Tatsachen im Zeitpunkt des Zugangs der Kündigung bereits feststehen oder zumindest greifbare Formen angenommen haben.[282] Der bevorstehende Betriebsübergang muss die überwiegende Ursache für den Ausspruch der Kündigung gewesen sein. Sind die Verhandlungen des Insolvenzverwalters mit potentiellen Erwerbern erfolglos geblieben und besteht keine Möglichkeit einer wirtschaftlich sinnvollen

---

[276] BAG v. 19.11.1996 – 3 AZR 394/95, NZA 1997; BAG v. 16.5.2002 – 8 AZR 319/01, NZA 2003, 93.
[277] BAG v. 11.7.2006 – 8 AZR 331/05, NZA 2006, 2181; vgl. dazu auch LAG Hamm v. 7.7.2004 – 2 Sa 175/04, LAG-Report 2005, 56.
[278] BAG v. 18.1.2001 – 2 AZR 514/99, NZA 2001, 719; BAG v. 5.4.2001 – 2 AZR 696/99, NZA 2001, 949.
[279] *Stahlhacke/Preis/Vossen*, Rn. 971; BAG v. 7.3.2002 – 2 AZR 147/01, NZA 2002, 1111.
[280] BAG v. 27.9.1984 – 2 AZR 309/83, NZA 1985, 493.
[281] BAG v. 27.11.2003 – 2 AZR 48/03, NZA 2004, 477; *Stahlhacke/Preis/Vossen*, Rn. 972.
[282] BAG v. 13.11.1997 – 8 AZR 295/95, NZA 1998, 251; BAG v. 19.5.1988 – 2 AZR 596/87, NZA 1989, 461.

Fortführung des Betriebes, ist seine Stilllegung und Zerschlagung unausweichlich. Diese Situation kommt in der Praxis nicht selten vor, weil interessierte Erwerber den Kaufpreis drücken und die Insolvenzsituation für günstige Kaufbedingungen nutzen wollen. Der bloße Vorbehalt des Insolvenzverwalters, eine sich evtl. doch noch bietende Veräußerungsmöglichkeit zu nutzen, steht der Annahme seiner endgültigen Stilllegungsabsicht nicht entgegen.[283] Maßgeblich sind die Verhältnisse bei Ausspruch der Kündigung. Solange noch keine Verhandlungen mit möglichen Erwerbern aufgenommen worden sind, kann ein nachfolgender Betriebsübergang für die Kündigungen nicht ursächlich geworden sein. Schon im Interesse der Gläubiger darf sich der Insolvenzverwalter einem nachfolgenden Übernahmeangebot nicht verschließen. Sind Gespräche hinsichtlich der Übernahme des ganzen Betriebes gescheitert und spricht der Insolvenzverwalter deshalb Kündigungen aus, sind diese selbst dann zulässig, wenn er in der Folgezeit versucht, Betriebsteile zu veräußern, hierfür aber Erfolg versprechende greifbare Anhaltspunkte bei Ausspruch der Kündigung noch nicht vorlagen.[284] Es ist sogar unschädlich, wenn ein derartiger Vorbehalt in den Interessenausgleich gem. § 125 InsO mit aufgenommen wird, oder wenn die Gläubigerversammlung nachträglich die Stilllegungsentscheidung des Insolvenzverwalters billigt, ihm aber gleichzeitig nahe legt, den Betrieb oder wenigstens Betriebsteile zu veräußern, falls entsprechende Angebote an ihn herangetragen werden.

95 Für die endgültige Stilllegungsabsicht des Insolvenzverwalters kommt es darauf an, ob dieser seine Bemühungen, den Betrieb als Einheit zu veräußern, als gescheitert ansehen durfte.[285] Wenn aber bei Ausspruch der Kündigung ein Übernahmekonzept vorliegt und darüber alsbald verhandelt wird, sind die Vermutungsregeln der §§ 125, 128 InsO nicht anzuwenden. Dies gilt insbesondere dann, wenn der Interessenausgleich eine Verpflichtung zu Neuverhandlungen festlegt, falls der Betrieb von einem Interessenten übernommen wird.[286]

96 Hat bereits der Insolvenzschuldner vor Eröffnung des Insolvenzverfahrens gekündigt, weil er eine wirtschaftlich sinnvolle Fortführung des Unternehmens nicht mehr für möglich gehalten hat, ist der Insolvenzverwalter nicht gehindert, eine neue Kündigung, die auf denselben Kündigungsgrund gestützt wird, nachzuschieben.[287] Für die Nachkündigung des Insolvenzverwalters gelten die kürzeren Kündigungsfristen gem. § 113 I 2 InsO. Das gesetzliche Nachkündigungsrecht eröffnet dem Insolvenzverwalter die Möglichkeit, die Insolvenzmasse zu schützen und ihrer Schmälerung durch weitergehende Vergütungsansprüche der Arbeitnehmer entgegenzuwirken.

97 **7. Wiedereinstellungsanspruch bei nachträglichem Betriebsübergang?** Übertragende Sanierungen werden dadurch erschwert, dass der Betriebserwerber das Risiko eines Wiedereinstellungsanspruchs der vom Veräußerer wegen Betriebsstilllegung gekündigten Arbeitnehmer befürchten muss. Das BAG und mit ihm der überwiegende Teil des Schrifttums bejahen einen Wiedereinstellungsanspruch des betriebsbedingt gekündigten Arbeitnehmers, wenn der Kündigungsgrund nachträglich wegfällt. Es geht dabei um Kündigungen, die auf Grund einer vom Arbeitgeber angestellten Beschäftigungsprognose ausgesprochen werden, die sich im Nachhinein als unzutreffend herausstellt. In diesen Fällen ist der Arbeitgeber regelmäßig zur Wiedereinstellung entlassener Arbeitnehmer verpflichtet, wenn sich noch während der Kündigungsfrist herausstellt, dass

---

[283] BAG v. 7.3.1996 – 2 AZR 298/95, RzK I 5f Nr. 22; BAG v. 16.5.2002 – 8 AZR 319/01, NZA 2003, 93, 99 unter B III 1b der Gründe.
[284] BAG v. 7.3.1996 – 2 AZR 298/95, RzK I 5f Nr. 22; BAG v. 16.5.2002 – 8 AZR 319/01, NZA 2003, 93; ErfK/*Oetker*, § 1 KSchG Rn. 281; *Stahlhacke/Preis/Vossen*, Rn. 979.
[285] *Zwanziger*, InsO § 125 Rn. 29.
[286] BAG v. 29.9.2005 – 8 AZR 647/04, NZA 2006, 720.
[287] BAG v. 22.5.2003 – 2 AZR 255/92, ZIP 2003, 1670; BAG v. 13.5.2004 – 2 AZR 329/03, NZA 2004, 1037.

der Beschäftigungsbedarf doch nicht in dem bei Ausspruch der Kündigung prognostizierten Ausmaß wegfällt. Bei der Auswahl der wieder einzustellenden Arbeitnehmer hat der Arbeitgeber soziale Gesichtspunkte wie Alter, Betriebszugehörigkeit, Unterhaltspflichten zu berücksichtigen.[288] Das BAG billigt dem betriebsbedingt gekündigten Arbeitnehmer einen Wiedereinstellungsanspruch nicht nur dann zu, wenn der eigentliche Kündigungsgrund nachträglich wegfällt, sondern auch dann, wenn sich bis zum Ablauf der Kündigungsfrist unvorhergesehen eine Weiterbeschäftigungsmöglichkeit ergibt.[289] Dem Wiedereinstellungsanspruch können aber berechtigte Interessen des Arbeitgebers entgegenstehen, wenn dieser beispielsweise den in Betracht kommenden Arbeitsplatz bereits wieder besetzt hat. Auf die Neubesetzung des Arbeitsplatzes kann er sich nicht berufen, wenn er hierdurch den Wiedereinstellungsanspruch treuwidrig vereitelt.[290]

a) *Dogmatische Begründung des Wiedereinstellungsanspruchs.* Die dogmatische Begründung des durch richterliche Rechtsfortbildung geschaffenen Instituts eines Wiedereinstellungsanspruchs nach Wegfall des Kündigungsgrundes ist noch nicht überzeugend herausgearbeitet worden.[291] Es geht um die Verpflichtung zum Neuabschluss eines Arbeitsvertrages unter Übernahme des bisherigen Besitzstandes. Ein derartiger Kontrahierungszwang ist im Gesetz nicht vorgesehen und bedarf daher einer fundierten auch verfassungsrechtlich abgesicherten Legitimation. Aus der durch Art. 2 I GG geschützten Vertragsfreiheit folgt, dass der Arbeitgeber grundsätzlich frei entscheiden kann, ob er dem bisherigen Arbeitnehmer ein neues Angebot zum Abschluss eines Arbeitsvertrags macht oder dessen Angebot annimmt.[292] Auf der anderen Seite stehen die berechtigten Interessen der Arbeitnehmer auf Bestandsschutz nach den Vorgaben des KSchG und die staatliche Verpflichtung zum Schutz der Berufsausübungsmöglichkeit nach Art. 12 I GG. Wegen der Vorverlagerung der Prüfung einer betriebsbedingten Kündigung wegen beabsichtigter Betriebsstilllegung auf den Zeitpunkt des Ausspruchs der Kündigung sei es im Falle einer nachträglichen Änderung des Willensentschlusses des Arbeitgebers geboten, einen Wiedereinstellungsanspruch als Korrektiv anzuerkennen. In diesen Fällen wäre die Abschlussfreiheit des Arbeitgebers durch einen Kontrahierungszwang eingeschränkt. Die vertragliche Nebenpflicht zum erneuten Abschluss eines Arbeitsvertrages konkretisiere die Pflicht, auf die berechtigten Interessen des Vertragspartners Rücksicht zu nehmen.[293] Auch nach Ausspruch einer rechtlich begründeten Kündigung hat der Arbeitnehmer regelmäßig noch ein Interesse daran, seinen Arbeitsplatz nicht mit Ablauf der Kündigungsfrist zu verlieren. Dieses Interesse ist durch Art. 12 I GG nicht nur bis zum Ausspruch einer Kündigung, sondern auch noch danach bis zur Beendigung des Arbeitsverhältnisses geschützt. Dies führt zu dem nicht recht einleuchtenden Ergebnis, dass aus der Verletzung von Nebenpflichten die Pflicht zur Wiederherstellung des Schuldverhältnisses mit seinen Hauptleistungspflichten folgt. Der Begründung des Wiedereinstellungsanspruchs mit vertragsrechtlichen Kategorien wird daher mit beachtlichen Argumenten entgegen gehalten, dass der Wiedereinstellungsanspruch nur das Ergebnis einer systemimmanenten Rechtsfortbildung sein kann, um unter Berücksichtigung der Wertentscheidung des KSchG eine im Gesetz enthaltene verdeckte Regelungslücke zu schließen.[294]

---

[288] BAG v. 27.2.1997 – 2 AZR 160/96, NZA 1997, 757; BAG v. 2.12.1999 – 2 AZR 757/98, NZA 2000, 531; BAG v. 28.6.2000 – 7 AZR 904/98, NZA 2000, 1097.
[289] BAG v. 28.6.2000 – 7 AZR 904/98, NZA 2000, 1097.
[290] Im Einzelnen zum Wiedereinstellungsanspruch APS-Kiel, § 1 KSchG, 799 ff.; *Oetker* ZIP 2000, 643; *Raab* RdA 2000, 147; *Boewer* NZA 1999, 1121 ff. und 1177 ff.
[291] *Nicolai/Noack* ZfA 2000, 87, 88, 89 ff.
[292] BAG v. 16.9.2004 – 2 AZR 447/03, AP Nr. 44 zu § 611 BGB Kirchendienst.
[293] BAG v. 28.6.2000 – 7 AZR 904/98, NZA 2000, 1097 unter II B 2 der Gründe im Anschluss an *Oetker* ZIP 2000, 643, 646, 647; BAG v. 15.10.2007 – 8 AZR 989/06, NZA 2008, 357.
[294] *Raab* RdA 2000, 151, 152.

§ 106 99–101 Kapitel IX. Arbeitsrecht und Insolvenz

99 **b)** *Planwidrige Lücke?* Fraglich ist aber, ob das KSchG überhaupt eine planwidrige Lücke enthält, weil auf die Verhältnisse bei Ausspruch der Kündigung abzustellen ist und nachfolgende Entwicklungen nicht berücksichtigt werden. Die Kündigung ist eine empfangsbedürftige Willenserklärung, die gem. § 130 I BGB in dem Zeitpunkt wirksam wird, in dem sie dem zuständigen Adressaten zugeht. Mit dem Zugang entfaltet sie ihre Gestaltungswirkung. Nachträgliche Veränderungen haben auf die Wirksamkeit der Erklärung keinen Einfluss.[295] Bei einer Fehlprognose soll der Arbeitgeber auf Grund der aus § 242 BGB abzuleitenden Treuepflicht und zur Vermeidung des Vorwurfs, er verhalte sich widersprüchlich, zum Abschluss eines Anschlussarbeitsvertrages verpflichtet sein.[296] Wegen der Vielzahl der in Betracht gezogenen Begründungsansätze ist die Kritik nicht verstummt.[297] Den Kritikern ist zuzugeben, dass der richterrechtlich begründete Anspruch auf Wiedereinstellung weniger auf einem tragfähigen dogmatischen Fundament als vielmehr auf allgemeinen Billigkeitserwägungen beruht. Vor allem mangelt der richterlichen Rechtsfortbildung die notwendige verfassungsrechtliche Unterstützung. Hinsichtlich der Tatbestandsvoraussetzungen und der Rechtsfolgen fehlt es an einem verlässlichen, dem Gebot der Rechtssicherheit genügenden Regelwerk, welches zu schaffen vorrangig der Gesetzgeber aufgerufen wäre.

100 **c)** *Wiedereinstellungsanspruch auch bei einem Betriebsübergang in der Insolvenz?* Im Falle eines Betriebsübergangs in der Insolvenz ist heftig umstritten, ob ein Wiedereinstellungsanspruch besteht, wenn der Insolvenzverwalter den Betrieb stilllegt, sämtliche Arbeitnehmer entlässt, es aber dann doch noch zur Übernahme des Betriebes durch einen Erwerber kommt. Das BAG schließt einen Wiedereinstellungsanspruch in der Insolvenz nur für den Fall aus, dass der Betriebsübergang nach Ablauf der Kündigungsfrist stattfindet.[298] Ein Wiedereinstellungsanspruch kann aber dann bestehen, wenn es noch während des Laufs der Kündigungsfrist infolge eines Betriebsübergangs zur Fortsetzung der betrieblichen Aktivitäten kommt.[299] Infolge dessen kann der Insolvenzverwalter durch Vereinbarung mit dem Betriebserwerber den Übergang der Leitungsmacht auf einen Zeitpunkt nach Ablauf der Kündigungsfrist verlagern. Eine rechtsmissbräuchliche Strategie zur Vermeidung des Wiedereinstellungsanspruchs wird sich in der Praxis kaum nachweisen lassen. Die Rechtsprechung der Instanzgerichte ist gespalten. Teilweise wird ein Wiedereinstellungsanspruch in der Insolvenz verneint,[300] teilweise wird ein Wiedereinstellungsanspruch bis zum Ablauf der Kündigungsfrist gem. § 113 I 2 InsO bejaht.[301] Ein Fortsetzungsanspruch wird verneint, wenn der Insolvenzverwalter den Betrieb vollständig zerschlagen und stillgelegt hat und ein Dritter durch den Erwerb von Betriebsmitteln die Möglichkeit zur Rekonstruktion des Betriebes nutzt.[302]

101 Die gesetzlichen Kündigungserleichterungen gem. den §§ 125–128 InsO lassen eine durch richterliche Rechtsfortbildung zu schließende Lücke des individuellen Kündigungsschutzes nicht erkennen. Dies wäre nur dann der Fall, wenn es um „Wertvorstellungen, die der verfassungsmäßigen Rechtsordnung immanent, aber in den Texten der geschriebenen Gesetze nicht oder nur unvollkommen zum Ausdruck gelangt sind" geht.[303] Nach dem Willen des Gesetzgebers soll die Sanierung insolventer Unterneh-

---

[295] *Raab* RdA 2000, 151 mwN.
[296] Vgl. dazu *vom Stein* RdA 1991, 85, 91; BAG v. 27.2.1997 – 2 AZR 160/96, NZA 1997, 757.
[297] Vgl. *Nicolai/Noack*, ZfA 2000, 87; *Kaiser* ZfA 2000, 205; *Langenbacher*, ZfA 1999, 299.
[298] BAG v. 13.5.2004 – 8 AZR 198/03 u BAG v. 28.10.2004 – 199/04, NZA 2005, 405.
[299] BAG v. 25.10.2007 – 8 AZR 989/06, NZA 2008, 357.
[300] LAG Frankfurt/Main v. 25.1.2001 – 11 Sa 908/99, ZInsO 2002, 48; LAG Hamburg v. 20.3.2002 – 5 Sa 3/02, ZInsO 2003, 244.
[301] LAG Hamm v. 4.6.2002 – 4 Sa 593/02, ZInsO 2003, 52; LAG Köln v. 20.12.2002 – 13 Sa 593/02, ZIP 2003, 592.
[302] LAG Köln v. 2.5.2005 – 2 (5) Sa 1607/04, ZIP 2005, 1433.
[303] BVerfGE 34, 269, 287.

men durch Kündigungserleichterungen gefördert werden. Deshalb ist der individuelle Kündigungsschutz zugunsten einer kollektiv-rechtlichen Regelungsbefugnis der Betriebsparteien eingeschränkt worden (§§ 125, 128 InsO). So hat das BAG den eingeschränkten Prüfungsmaßstab nach § 125 I 1 Nr. 2 InsO auf den gesamten Vorgang der sozialen Auswahl erstreckt und ihn nicht auf die sozialen Indikatoren und deren Gewichtung beschränkt.[304] Ohne dass sich dies zwingend dem Wortlaut oder der Gesetzessystematik entnehmen lässt, hat das BAG nach Sinn und Zweck der gesetzlichen Regelung eine weite Anwendung des eingeschränkten Prüfungsmaßstabs bei der Sozialauswahl für richtig erhalten. Es argumentiert zutreffend mit dem gerade im Insolvenzfall bestehenden Bedürfnis nach einer zügigen Durchführung einer Betriebsänderung und eines größeren Personalabbaus. Die Vermutung der Betriebsbedingtheit der Kündigung und die eingeschränkte Überprüfung der sozialen Auswahl gem. § 125 InsO dienen dem Ziel, Sanierungen insolventer Unternehmen zu fördern und im Insolvenzfall zusätzliche Kündigungserleichterungen zu schaffen. Die vom Insolvenzverwalter ausgesprochenen Kündigungen sollen weniger leicht angreifbar sein und ihn vor langwierigen und schwer kalkulierbaren Kündigungsschutzprozessen schützen.[305]

Ist aber der individuelle Kündigungsschutz in der Insolvenz bei Vorliegen eines mit dem Betriebsrat vereinbarten Interessenausgleichs nebst Namensliste eingeschränkt, kann den gesetzlichen Wertungen ein dringendes Bedürfnis für die Anerkennung eines Wiedereinstellungsanspruchs nicht entnommen werden.[306] Die Rechtsprechung des BAG zum Wiedereinstellungsanspruch lässt sich auf einen Betriebsübergang nach vorausgehender Kündigung des Insolvenzverwalters mit der insolvenzspezifischen Interessenlage nicht vereinbaren. Die Perfektion des individuellen Kündigungsschutzes ist in der Insolvenz gerade nicht gewährleistet. Ein effektiver Bestandsschutz kann auch bei Bejahung eines Wiedereinstellungsanspruchs bis zum Ablauf der Kündigungsfrist nicht erreicht werden, weil der Insolvenzverwalter unter Fortsetzung der Ausproduktion mit dem Erwerber die Übernahme des Betriebes auf einen Zeitpunkt nach Ablauf der Kündigungsfristen vereinbaren kann. Es wäre ein Wertungswiderspruch, die zu vermutende soziale Rechtfertigung der Kündigung durch eine nachfolgende Entwicklung wieder aufzuheben. Eine Änderung der Sachlage ist gem. § 125 I S 2 InsO nur zu berücksichtigen, wenn sie nach Zustandekommen des Interessenausgleichs bis zum Ausspruch der Kündigung stattgefunden hat.[307]

d) *Europarechtliche Vorgaben.* Europarechtliche Vorgaben stehen der Ablehnung eines Wiedereinstellungsanspruchs bei einem Betriebsübergang in der Insolvenz nicht entgegen. Die Betriebsübergangsrichtlinie 2001/23/EG v. 12.3.2001 stellt in ihrem Art. 5 I den Bestandsschutz unter einen Insolvenzvorbehalt. Es bleibt den Mitgliedsstaaten überlassen, den Kündigungsschutz bei einem Betriebsübergang zu suspendieren, wenn über das Vermögen des Betriebsveräußerers ein Insolvenzverfahren eröffnet worden ist. Davon hat der Deutsche Gesetzgeber keinen Gebrauch gemacht, denn aus § 128 II InsO folgt die Anwendung des § 613a BGB auch in der Insolvenz.[308] Ein über das nationale Recht hinausgehender Wiedereinstellungsanspruch in der Insolvenz lässt sich aus der Betriebsübergangsrichtlinie nicht ableiten.[309] Kann der nationale Gesetzgeber den Be-

---

[304] BAG v. 28.8.2003 – 2 AZR 368/02, NZA 2004, 432.
[305] BAG v. 7.5.1998 – 2 AZR 536/97, NZA 1998, 933.
[306] KR-*Weigand*, §§ 113, 120 ff. InsO Rn. 71a; LAG Hamburg v. 14.6.2002 – 6 Sa 18/02, ZInsO 2003, 100; *Hanau* ZIP 1998, 1817, 1819 ff.
[307] MüKoInsO/*Löwisch/Caspers*, § 125 Rn. 94; Uhlenbruck/Hirte/Vallender/*Berscheid*, § 125 Rn. 82; BAG v. 21.2.2001 – 2 AZR 39/00, ZInsO 2001, 1072 = ZIP 2001, 1825.
[308] ErfK/*Preis*, § 613a BGB Rn. 142; *Bergwitz* DB 1999, 2005; LAG Hamm v. 4.4.2000 – 4 Sa 1220/99, DZWIR 2000, 244 mit Anm. *Franzen*.
[309] *Hanau*, Anm. zu BAG v. 10.12.1998 – 8 AZR 324/97, ZIP 1999, 324, 325; BAG v. 13.5.2004 – 8 AZR 198/03, ZIP 2004, 1610.

standsschutz im Falle eines Betriebsübergangs in der Insolvenz gänzlich aufheben, kann er ihn auch modifizieren wie dies durch die §§ 125–128 InsO geschehen ist.

104 Freilich hat der EuGH entschieden, dass der Zeitpunkt des Übergangs des Unternehmens nicht nach Gutdünken zwischen Veräußerer und Erwerber festgelegt werden kann.[310] Dies kann bei einer übertragenden Sanierung im Insolvenzfall zutreffen, wenn nach einer Stilllegungsentscheidung des Insolvenzverwalters doch noch ein Interessent bereit ist, den Betrieb zu übernehmen und auf Grund einer vertraglichen Vereinbarung mit ihm aber der Zeitpunkt des tatsächlichen Übergangs der Leitungsmacht durch den Betriebserwerber auf einen Zeitpunkt nach Ablauf der Kündigungsfrist verlegt wird. Das BAG meint dazu, einer derartigen Vorgehensweise sei durch den Einwand des Rechtsmissbrauchs zu begegnen.[311] Es wird argumentiert, dass sich die Richtlinie nur auf bestehende Arbeitsverhältnisse bezieht und demzufolge der Übergang eines wirksam gekündigten Arbeitsverhältnisses nicht mehr stattfinden kann.[312] Die Wirksamkeit der Kündigung folgt aber aus einer Besonderheit des nationalen Rechts, nämlich der bei Ausspruch der Kündigung angestellten Beschäftigungsprognose. Ob dieses Verständnis eines „bestehenden Arbeitsverhältnisses" auf Art. 3 Nr. 1 der Richtlinie 2001/23/EG v. 12.3.2001 übertragen werden kann, erscheint nicht so selbstverständlich.[313] Die Übernahme einer unternehmerischen Einheit soll nicht zu einem Wegfall der Arbeitsplätze derjenigen Arbeitnehmer führen, die dem Betrieb angehören.[314] Deshalb kann die Richtlinie auch so verstanden werden, dass sie sich auf weiter bestehende Arbeitsplätze bezieht. Trotzdem würde eine richtlinienkonforme Auslegung des nationalen Rechts nicht zu der Notwendigkeit führen, ein besonderes Bestandsschutzinstrument in Gestalt des Wiedereinstellungsanspruchs zu schaffen, um eine sonst zwischen dem nationalen und dem europäischen Recht klaffende Lücke auszufüllen. Der Gesetzgeber kann in der Insolvenz das Ziel verfolgen, die Kündigungen des Insolvenzverwalters weitgehend unangreifbar zu machen und für ihn mehr Rechtssicherheit zu schaffen, um das Scheitern einer übertragenden Sanierung nicht zu gefährden. Dieses Ziel wäre in Frage gestellt, wenn der Erwerber Wiedereinstellungsansprüchen der durch den Insolvenzverwalter wirksam gekündigten Arbeitnehmer ausgesetzt wäre.[315]

105 e) *Erleichterte Kündigungsbedingungen in der Insolvenz?* Der Rechtsprechung des BAG wird entgegengehalten, dass es keinen insolvenzbedingten Kündigungsgrund gibt und deshalb auch irgendwelche Einschränkungen des anzuerkennenden Wiedereinstellungsanspruchs für den Fall einer Betriebsübernahme in der Insolvenz nicht gerechtfertigt seien.[316] Die allgemeinen Grundsätze des Arbeitsrechts seien in der Insolvenz nicht suspendiert, so dass dem gekündigten Arbeitnehmer auch bei einer zunächst bestehenden Stilllegungsabsicht des Insolvenzverwalters ein Wiedereinstellungsanspruch zuzubilligen sei, wenn es nachträglich nicht zur geplanten Stilllegung des Betriebes komme.[317] Eine insolvenzbedingte Kündigung setzt wie bei einer betriebsbedingten Kündigung außerhalb der Insolvenz eine unternehmerische Entscheidung voraus, die zum Wegfall des Beschäftigungsbedürfnisses führt. Die Gesetzmäßigkeiten des Marktes sollen auch die gerichtliche Insolvenzabwicklung steuern.[318] Deshalb könne entgegen der Auffassung des BAG keine Rede davon sein, dass es gesetzlich intendiert sei, für Kündigungen des

---

[310] EuGH v. 14.11.1996 – Rs. C-305/94, EuGHE 1996, I-5927; *de Hertaing* EuroAS 1996, 205.
[311] BAG v. 13.5.2004 – 8 AZR 198/03, ZIP 2004, 1610.
[312] *Hanau*, Anm. zu BAG v. 10.12.1998 – 8 AZR 324/97, ZIP 1999, 324, 325.
[313] *Ascheid*, FS Dietrich, 9, 26.
[314] *Nicolai/Noack*, ZfA 2000, 98.
[315] *Hanau* ZIP 1998, 1817, 1820; LAG Hamm v. 4.6.2002 – 4 Sa 593/02, ZInsO 2003, 52.
[316] *Bichlmeier*, DZWIR 2006, 89.
[317] Vgl. dazu *Zwanziger*, AiB 2005, 429.
[318] Siehe zur Begründung des RegE *Bichlmeier*, DZWIR 2006, 89, 92.

Insolvenzverwalters erleichterte Bedingungen zu schaffen. Ebenso wenig sei es gerechtfertigt, § 613a BGB als Hindernis für übertragende Sanierungen zu begreifen. Es müsse nämlich richtig gesehen werden, dass möglichen Interessenten daran gelegen sei, die Gunst der Stunde zu nutzen und die Rechte der zu übernehmenden Arbeitnehmer abzuändern und zu verschlechtern.

f) *Wiedereinstellungsanspruch nur bei einem Betriebsübergang bis zum Ablauf der Kündigungsfrist?* Bereits in seiner Entscheidung vom 13.5.2004[319] hat das BAG von einem missbräuchlichen Hinausschieben des Betriebsübergangs auf einen Zeitpunkt nach Ablauf der Kündigungsfrist gesprochen. Nunmehr hat das BAG einen Wiedereinstellungsanspruch anerkannt, wenn sich im Anschluss an den Ausspruch einer Kündigung bis zum Ablauf der Kündigungsfrist herausstellt, dass die ursprüngliche Prognose falsch war und die Möglichkeit einer weiteren Beschäftigung gegeben ist.[320] Ergibt sich der Wegfall des Kündigungsgrundes erst nach Ablauf der Kündigungsfrist, kommt nur ausnahmsweise ein Wiedereinstellungsanspruch in Betracht. Wenn es aber darauf ankommt, ob sich die der betriebsbedingten Kündigung zugrunde liegende Vorstellung des Arbeitgebers über die Weiterbeschäftigungsmöglichkeit nachträglich, dh während des Laufs der Kündigungsfrist, als unzutreffend herausstellt, dann kann es nicht ausschließlich auf den Zeitpunkt der tatsächlichen Fortführung des Betriebes ankommen. Wird bei einer Stilllegungskündigung des Insolvenzverwalters noch während des Laufs der Kündigungsfrist ein Kaufvertrag oder eine Vereinbarung über die Nutzung der wesentlichen Betriebsmittel mit einem potentiellen Betriebserwerber geschlossen, dann steht zu diesem Zeitpunkt fest, dass der Arbeitsplatz nicht wegfällt, sondern es eine Weiterbeschäftigungsmöglichkeit gibt, auch wenn der Betriebsübergang selbst auf einen Zeitpunkt nach Ablauf der Kündigungsfrist festgelegt wird.[321]

g) *Inhalt und Grenzen des Wiedereinstellungsanspruchs.* Kann derzeit aufgrund der noch nicht abschließend gebildeten höchstrichterlichen Rechtsprechung ein Wiedereinstellungsanspruch bei einer Betriebsveräußerung in der Insolvenz nicht ausgeschlossen werden, sind seine Voraussetzungen und Grenzen wie folgt zu definieren: Voraussetzung ist zunächst die Wirksamkeit der vom Insolvenzverwalter ausgesprochenen Kündigung und die nachträgliche Änderung des bei Ausspruchs der Kündigung zugrunde gelegten Kündigungssachverhalts. Es muss ferner ein fortdauerndes, im KSchG wurzelndes Bestandsschutzinteresse des Arbeitnehmers bestehen. Daran kann es fehlen, wenn der gekündigte Arbeitnehmer bereits neue Arbeit gefunden hat. Finanziell schlechtere Bedingungen oder ein geringerer Bestandsschutz im neuen Arbeitsverhältnis, weil die Wartezeit gem. § 1 I KSchG noch nicht erfüllt ist oder es sich um einen Kleinbetrieb gem. § 23 I KSchG handelt, lassen das Bestandsschutzinteresse des Arbeitnehmers und seinen möglichen Anspruch auf Wiedereinstellungsanspruch beim alten Arbeitgeber nicht ohne Weiteres entfallen. Als weitere wichtige Voraussetzung muss aber hinzukommen, dass dem neuen Arbeitgeber – idR dem Betriebserwerber – die Fortsetzung des Arbeitsverhältnisses zumutbar ist. Dem Anspruch können berechtigte Interessen des neuen Betriebsinhabers entgegenstehen, wenn dieser den Arbeitsplatz des gekündigten Arbeitnehmers bereits wieder besetzt hat oder wenn einen verkleinerten Betrieb mit geringerer Belegschaftsstärke fortführt.[322]

Steht nur eine geringere Anzahl von Arbeitsplätzen zur Verfügung, stellt sich die Frage, nach welcher Reihenfolge die verbliebenen Arbeitsplätze zu besetzen sind. Dabei

---

[319] 8 AZR 198/03, ZIP 2004, 1610.
[320] BAG v. 25.10.2007 – 8 AZR 989/06, NZA 2008, 357.
[321] *Oberhofer*, jurisPR-ArbR 19/2008, Anm. 1 zu BAG v. 25.10.2007 – 8 AZR 989/06; vgl. dazu *Gaul*, Aktuelles Arbeitsrecht I/2009, 349.
[322] BAG v. 27.2.1997 – 2 AZR 160/96, NZA 1997, 757 und BAG v. 28.6.2000 – 7 AZR 904/98, NZA 2000, 1097; im Einzelnen APS-*Kiel*, § 1 KSchG Rn. 799 ff., 811.

kann auch von Bedeutung sein, wieviele Arbeitnehmer überhaupt von einem möglichen Anspruch auf Wiedereinstellung Gebrauch machen und sich beim Betriebserwerber zur Wiedereinstellung melden. Ist die Stelle bereits besetzt, erlischt der Wiedereinstellungsanspruch, es sei denn, der Arbeitgeber hat den Wegfall der Beschäftigungsmöglichkeit durch Besetzung der Stelle treuwidrig herbeigeführt. Das BAG zieht hier den Rechtsgedanken aus § 162 BGB heran, wonach niemand aus einer von ihm selbst herbeigeführten Bedingung Vorteile erlangen darf.[323] Bei mehreren Bewerbern muss der neue Betriebsinhaber in Abwägung betrieblicher Belange und sozialer Gesichtspunkte eine den §§ 242, 315 BGB genügende sachgerechte Auswahlentscheidung treffen. § 1 III KSchG findet keine unmittelbare Anwendung.[324]

109 Leitet man den Wiedereinstellungsanspruch aus dem Fortbestehen arbeitsvertraglicher Nebenpflichten ab, gehört zur Rücksichtnahme auf die Interessen der gekündigten Arbeitnehmer konsequenterweise auch die Information über die sich unvorhergesehen ergebenden Beschäftigungsmöglichkeiten.[325] Der gekündigte Arbeitnehmer wird nämlich idR von dem nachfolgenden Betriebsübergang keine Kenntnis haben oder davon erst mit zeitlicher Verzögerung erfahren. Deshalb gebietet es schon der Grundsatz der Gleichbehandlung aller gekündigten Arbeitnehmer, diese über die veränderte Beschäftigungssituation zu unterrichten und die Wiedereinstellungen nicht nach einer zufälligen zeitlichen Priorität der Wiedereinstellungsgesuche vorzunehmen.

110 h) *Unverzügliche Geltendmachung.* Voraussetzung für die materiell-rechtliche Durchsetzung des Wiedereinstellungsanspruchs ist die unverzügliche Geltendmachung durch den Arbeitnehmer, nachdem dieser von den den Betriebsübergang ausmachenden tatsächlichen Umständen Kenntnis erlangt hat. Das Fortsetzungsverlangen des Arbeitnehmers kann auch auf einen rückwirkenden Abschluss eines Arbeitsvertrages gerichtet sein. Jedoch ist der Anspruch auf Wiedereinstellung oder Fortsetzung des Arbeitsverhältnisses verwirkt, wenn er nicht binnen einer Frist von einem Monat nach Kenntniserlangung gegenüber dem Betriebserwerber geltend gemacht worden ist.[326] In Übereinstimmung mit der Ausübung des Widerspruchsrechts gemäß § 613a VI BGB muss auch das Wiedereinstellungsverlangen innerhalb der kurzen Frist von einem Monat geltend gemacht werden, um Phasen der Ungewissheit über das Zustandekommen eines Arbeitsverhältnisses zu vermeiden.

111 i) *Prozessuale Durchsetzung.* Die prozessuale Durchsetzung des Wiedereinstellungsanspruchs geschieht durch Klage auf Abgabe einer Willenserklärung gem. § 894 ZPO, die mit dem Eintritt der Rechtskraft eines dem Klageantrag stattgebenden Urteils als abgegeben gilt.[327] Der Antrag ist hinreichend bestimmt iSv § 253 II 2 ZPO, wenn er auf den Abschluss eines Arbeitsvertrages mit einem ganz bestimmten Inhalt gerichtet ist. Schwierigkeiten bereitet die Einbeziehung des Zeitablaufs. Der Arbeitgeber kann nicht dazu verurteilt werden, für die Vergangenheit ein Arbeitsverhältnis einzugehen.[328] Auch das BAG vertritt die Auffassung, niemand könne zum Abschluss eines in der Vergangenheit liegenden Arbeitsvertrages verurteilt werden, weil der Arbeitnehmer für die Vergangenheit keine arbeitsvertraglichen Dienste erbringen könnte und ein auf eine

---

[323] BAG v. 28.6.2000 – 7 AZR 904/98, NZA 2000, 1097; APS-*Kiel,* § 1 KSchG Rn. 812.
[324] APS-*Kiel,* § 1 KSchG Rn. 814.
[325] *Boewer* NZA 1999, 1177, 1180; *Raab* RdA 2001, 243, 251; APS-*Kiel,* § 1 KSchG Rn. 816; BAG v. 28.6.2000 – 7 AZR 904/98, NZA 2000, 1097.
[326] BAG v. 21.8.2008 – 8 AZR 201/07, NZA 2009, 29; BAG v. 25.10.2007 – 8 AZR 989/06, NZA 2008, 357.
[327] BAG v. 6.8.1997 – 7 AZR 557/96, NZA 1998, 254; BAG v. 2.12.1999 – 2 AZR 757/98, NZA 2000, 531; APS-*Kiel,* § 1 KSchG Rn. 817; *Boewer* NZA 1999, 1177, 1182.
[328] *Ziemann* MDR 1999, 716, 718; *Boewer* NZA 1999, 1182; BAG v. 28.6.2000 – 7 AZR 904/98, NZA 2000, 1097.

unmögliche Leistung gerichteter Vertrag nach § 306 BGB nichtig sei.[329] Nach dem Inkrafttreten der Schuldrechtsreform ist diese Auffassung nicht aufrechterhalten worden, denn gem. § 311a I BGB bleibt ein Vertrag auch bei anfänglicher objektiver Unmöglichkeit wirksam. Es ist daher unerheblich, ob das Leistungshindernis schon bei Vertragsabschluss besteht oder erst später eintritt.[330] Es ist ohnehin keine unmögliche Leistung, wenn der Arbeitgeber dazu verurteilt wird, das Bestehen eines Arbeitsverhältnisses für die Vergangenheit anzuerkennen. Der Klageantrag kann daher auf Abschluss eines Arbeitsvertrages zu den früher bestandenen Arbeitsbedingungen gerichtet sein und die Übernahme des Besitzstandes einschließen.[331]

§ 107. Ansprüche der Arbeitnehmer, Geltendmachung und Befriedigung

Übersicht

	Rn.
I. Überblick	1
1. Grundsätze	1
a) Verfügungsansprüche vor und nach Insolvenzeröffnung	2
b) Masseansprüche	5
2. Ansprüche aus der Zeit vor Insolvenzeröffnung	6
a) Einfache Insolvenzforderungen gem. § 38 InsO	6
b) Masseverbindlichkeiten gem. § 55 II 2 InsO	7
3. Ansprüche aus der Zeit nach Insolvenzeröffnung	10
a) Masseverbindlichkeiten gem. § 55 I Nr. 1 InsO	10
b) Masseverbindlichkeiten gem. § 55 I Nr. 2 InsO	14
4. Zeitliche Bestimmung	19
II. Einzelne Arbeitnehmeransprüche	20
1. Bonuszahlungen	20
2. Gratifikationen	21
3. Gewinnbeteiligungen	26
4. Urlaubsentgelt/Urlaubsgeld	27
5. Urlaubsabgeltung	32
a) Urlaubsabgeltung bei Arbeitsunfähigkeit	33
b) Insolvenzgeld	34
c) Rang	35
d) Maßgeblicher Zeitpunkt	36
6. Abfindungen	37
a) Vertragliche Abfindungen	38
b) Gerichtliche Auflösung	39
7. Schadensersatzansprüche	40
a) Auflösungsverschulden	42
b) Umfang	44
c) Verfrühungsschaden	45
8. Sozialplanansprüche	46
a) Überblick	46
b) Ansprüche aus Sozialplänen nach Insolvenzeröffnung (§ 123 InsO)	48
c) Nur Entlassungssozialpläne?	50
d) Erfasste Personen	51
e) Gesamtvolumen/Obergrenze	53
f) Monatsverdienst	55
g) Rechtsfolgen bei Überschreitung der Obergrenze	58
h) Relative Verteilungsgrenze	60

---

[329] BAG v. 28.6.2000 – 7 AZR 904/98, NZA 2000, 1097.
[330] *Däubler* NZA 2001, 1330, 1331; BAG v. 25.10.2007 – 8 AZR 989/06, NZA 2008, 357; BAG v. 21.8.2008 – 8 AZR 201/07, NZA 2009, 29.
[331] APS-*Kiel*, § 1 KSchG Rn. 818; *Gotthardt,* Anm. zu BAG, EzA § 1 KSchG Wiedereinstellung Nr. 6 S. 7; *Raab* RdA 2000, 147, 157 und RdA 2001, 243, 249.

§ 107 Kapitel IX. Arbeitsrecht und Insolvenz

Rn.

- i) Abschlagszahlungen 63
- j) Ausschluss der Zwangsvollstreckung 64
- k) Ansprüche aus insolvenznahen Sozialplänen (§ 124 InsO) 65
- l) Widerruf 67
- m) Rang 69
- n) Rechtsfolgen bei Widerruf 71
- o) Mehrere Sozialpläne 73
- p) Verzicht – tarifliche Ausschlussfrist 74
- q) Störung der Geschäftsgrundlage 76
- r) Altsozialpläne 78
- 9. Nachteilsausgleichsansprüche 80
  - a) § 113 I BetrVG 81
  - b) § 113 II BetrVG 85
  - c) § 113 III BetrVG 86
  - d) Obligatorischer Interessenausgleich 87
- 10. Ansprüche aus betrieblicher Altersversorgung 91
  - a) Rückständige Ansprüche aus betrieblicher Altersversorgung 92
  - b) Die Versorgungsanwartschaft aus betrieblicher Altersversorgung 96
- 11. Altersteilzeit 100
  - a) Rang der Vergütungsansprüche 102
  - b) Betriebsbedingte Kündigung 103
- 12. Ansprüche auf Entschädigung aus einer Wettbewerbsabrede 104
  - a) Wahlrecht 105
  - b) Erfüllungswahl 106
  - c) Ablehnung der Erfüllung 107
  - d) Kündigungsrecht 109
- 13. Ansprüche des Arbeitnehmererfinders 114
- 14. Ansprüche der in Land- und Forstwirtschaft Beschäftigten 122
- 15. Aufwendungen des Betriebsrates 124
- 16. Kosten der Einigungsstelle 129

III. Neumasseverbindlichkeiten 131
  1. Definition der Neumasseverbindlichkeiten 132
  2. Arbeitnehmer als Massegläubiger 133
     - a) Zum Begriff des „Könnens" iSv § 209 II 2 InsO 135
     - b) Frühest mögliche Kündigung 137
     - c) Inanspruchnahme der Gegenleistung gem. §§ 209 II, 90 InsO 138
     - d) Freistellungsrecht des Insolvenzverwalters? 139
     - e) Urlaubsansprüche und Entgeltfortzahlung 141
     - f) Berechnung der Urlaubsvergütung 142
     - g) Nachteilsausgleichsansprüche gem. § 113 III BetrVG 143

IV. Sozialversicherungsbeiträge in der Insolvenz 144
  1. Sozialversicherungsbeiträge für den Zeitraum vor Insolvenzeröffnung .. 144
  2. Sozialversicherungsbeiträge für den Zeitraum nach Insolvenzeröffnung . 145
  3. Anfechtung 149

V. Insolvenzrechtliche Behandlung der Arbeitnehmeransprüche 150
  1. Anmeldepflichtige Forderungen 150
  2. Nichtanmeldepflichtige Forderungen 153
  3. Arbeitnehmer als Massegläubiger 154
  4. Verfahren bei Masseunzulänglichkeit 156
     - a) Bindende Wirkung der Anzeige 157
     - b) Vollstreckungsverbot 158
     - c) Neumassegläubiger 159
     - d) Haftung bei verspäteter Anzeige der Masseunzulänglichkeit 160
  5. Aufnahme unterbrochener Verfahren 161
     - a) Eintritt der Unterbrechung gemäß § 240 ZPO 161
     - b) GbR 163
     - c) Aufnahme gemäß §§ 85, 86 InsO 164
     - d) Kündigungsschutzprozess 165
     - e) Insolvenzforderung 168
  6. Arbeitnehmer als Insolvenzgläubiger 169

VI. Arbeitnehmeransprüche in der Gesellschafter-Insolvenz 172

Schrifttum: *Andres/Leithaus*, Insolvenzordnung, 2. Aufl. 2011; *Berscheid*, Stellung und Befugnis des vorläufigen Insolvenzverwalters aus arbeitsrechtlicher Sicht, ZInsO 1998; *ders.*, Arbeitsverhältnisse in der Insolvenz, 1999; *Berscheid/Ries*, Ansprüche auf Entgeltzahlung ohne Arbeitsleistung nach angezeigter Masseunzulänglichkeit, Teil 1, ZInsO 2008, 1161; *dies.*, Teil 2, ZInsO 2008, 1233; *Bichlmeier/Wroblewski*, Das Insolvenzhandbuch für die Praxis, 3. Aufl. 2010; *Boemke/Tietze*, Insolvenzarbeitsrecht und Sozialplan, DB 1999, 1389; *Braun*, Insolvenzordnung, 5. Aufl. 2012; *Braun/Wierzioch*, Arbeitsentgeltansprüche, Rangrücktritt und Haftung des vorläufigen Insolvenzverwalters nach der Insolvenzordnung, DB 1998, 2217; *Breuer*, Das Regelinsolvenzverfahren, NJW 1999, 1; *Düwell/Pulz*, Urlaubsansprüche in der Insolvenz, NZA 2008, 786; Gemeinschaftskommentar zum Kündigungsschutzgesetz und zu sonstigen kündigungsschutzrechtlichen Vorschriften, 9. Aufl. 2009 (KR-Bearbeiter); *Eisenbeis/Mues*, Arbeitsrecht in der Insolvenz, 1999; Erfurter Kommentar zum Arbeitsrecht, 14. Aufl. 2014; *Häsemeyer*, Die Systemwidrigkeit der insolvenzrechtlichen Sozialplanregelung (§§ 123, 124 InsO) und ihre Folgen, ZIP 2003, 229; *Knickenberg*, Die Sicherung der Arbeitnehmerrechte in der Insolvenz des Arbeitgebers 2000; *Kraft/Wiese/ Kreutz/Oetker/Raab/Weber/Franzen*, Gemeinschaftskommentar zum BetrVG Bd 1 und 2, 8. Aufl. 2005 (GK-BetrVG/Bearbeiter); *Jaeger/Henckel*, Konkursordnung, 9. Aufl. 1997; *Lakies*, Arbeitsrechtliche Vorschriften der neuen Insolvenzordnung, BB 1998, 2638; *ders.*, Die Vergütungsansprüche der Arbeitnehmer in der Insolvenz, NZA 2001, 521; *ders.*, Die Durchsetzung von Insolvenzforderungen, ArbAktuell 2013, 121; *ders.*, Die Durchsetzung von Masseverbindlichkeiten, ArbAktuell 2013, 148; Münchener Kommentar zur Insolvenzordnung, Bd. II, §§ 80–216, 3. Aufl. 2013; Münchener Kommentar zur Insolvenzordnung, Bd. II, §§ 103–269, 2. Aufl. 2008; *Nagel*, Die Stellung der Arbeitnehmer im neuen Insolvenzrecht 1999; *Neef/Schrader*, Arbeitsrechtliche Neuerungen im Insolvenzfall, 1998; *Niesel*, SGB III 4. Aufl. 2007; *Oberhofer*, Ansprüche von Altersteilzeit-Beschäftigten in der Insolvenz, ZInsO 2003, 591; *Oetker/Friese*, Der Sozialplan in der Insolvenz DZWiR 2001, 246; *Pape*, Die Berücksichtigung der Anzeige der Masseinsuffizienz im Erkenntnisverfahren ZInsO 2001, 60; *Peters-Lange*, Die Betriebsfortführung im Insolvenzeröffnungsverfahren, ZIP 1999, 421; *Reinfelder*, Arbeitsgerichtliche Streitigkeiten und die Insolvenz des Arbeitnehmers, NZA 2009, 124; *Richter/Völksen*, Persönliche Haftung des Insolvenzverwalters wegen unterbliebener Freistellung von Arbeitnehmern bei späterer Anzeige der Masseunzulänglichkeit, ZIP 2011, 1800; *Ries*, Der Insolvenzverwalter – Arbeitgeber oder nur Organ der (Insolvenz-)Rechspflege? ZInsO 2007, 414; *Schrader/Straube*, Die Behandlung von Entgeltansprüchen aus einem Altersteilzeitverhältnis nach Insolvenzeröffnung und nach einem Betriebsübergang, ZInsO 2005, 184, 234; *Seifert*, Die insolvenzrechtliche Einordnung der Entgeltansprüche von Altersteilzeitarbeitnehmern in der Freistellungsphase, DZWIR 2004, 103; *Steindorf*, Die Durchsetzung arbeitsrechtlicher Ansprüche in der Insolvenz in *Steindorf/Regh*, Arbeitsrecht in der Insolvenz, 2002, 437; *Schaub*, Arbeitsrecht in der Insolvenz, DB 1999, 217; *ders.*, Arbeitsrechts-Handbuch, 15. Aufl. 2013; *Schwerdtner*, Der Sozialplan im Eröffnungsverfahren und nach der Verfahrenseröffnung, Kölner Schrift 2. Aufl. 2000, S. 1605; *Spinti*, Die Ansprüche aus Sozialplan (§ 112 BetrVG 1972) und Nachteilsausgleich (§ 113 BetrVG 1972) bei Insolvenz des Arbeitgebers, 1989; *Uhlenbruck*, Das neue Insolvenzrecht, 1994; *ders.*, Die Auswirkungen des Sozialplangesetzes für die Praxis der Konkurs- und Vergleichsverwaltung, KTS 1985, 199; *ders.*, Gesetzesunzulänglichkeit bei Masseunzulänglichkeit, NZI 2001, 408; *ders.*, Insolvenzordnung, Kommentar, 13. Aufl. *Warrikoff*, Die Stellung der Arbeitnehmer nach der neuen Insolvenzordnung, BB 1994, 2338; *Wiester*, Die Fortführungspflicht des vorläufigen Insolvenzverwalters und ihre Auswirkungen auf die Vorfinanzierung des Insolvenzgeldes, ZInsO 1998, 99; *Wroblewski*, „Recht auf Arbeit" in der Insolvenz – Freistellung, Beschäftigung und die Folgen, NJW 2011, 347; *Zwanziger*, Das Arbeitsrecht in der Insolvenz, 4. Aufl. 2010; *ders.*, Insolvenzrechtliche Einordnung von Entgeltforderungen, AuR 2013, 199.

I. Überblick

1. Grundsätze. Arbeitnehmeransprüche erfahren in der Insolvenz des Arbeitgebers in vielfacher Hinsicht eine andere rechtliche Einordnung als sonstige Gläubigeransprüche. Auch wenn die Privilegierungen für rückständige Lohnforderung durch die §§ 59, 61 KO in der Insolvenzordnung abgeschafft wurden, bleibt mit den Vorschriften über das Insolvenzgeld eine Insolvenzausfallversicherung, also ein zusätzlicher sozialversicherungsrechtlicher Schutz von Arbeitnehmerbezügen bestehen. Dieser entfaltet selbst dann Wirkung, wenn die insolvenzrechtlichen Privilegierungen für die Arbeitnehmer mangels Durchführung eines Insolvenzverfahrens überhaupt nicht zur Geltung kommen. Entsprechendes gilt hinsichtlich der Privilegierung von Arbeitnehmeransprüchen aus betrieblicher Altersversorgung, insoweit über die Vorschriften der Insolvenzordnung hinaus das BetrAVG eine besondere Insolvenzsicherung bereithält.

2   a) *Vergütungsansprüche vor und nach Insolvenzeröffnung.* Im Insolvenzverfahren sind bei arbeitnehmerseitigen Lohnansprüchen die Zeiten vor und nach Insolvenzeröffnung zu unterscheiden. Hinsichtlich der Bezüge für Zeiten vor Insolvenzeröffnung differenziert die Insolvenzordnung zudem in zweifacher Weise. Grundsätzlich können Ansprüche aus einem Arbeitsverhältnis für die Zeit vor der Eröffnung des Insolvenzverfahrens nur als einfache Insolvenzforderung nach § 38 InsO geltend gemacht werden.

3   Anderes gilt jedoch gem. § 55 II 2 InsO für Verbindlichkeiten aus einem Dauerschuldverhältnis, soweit ein vorläufiger Insolvenzverwalter, auf den die Verfügungsbefugnis über das Vermögen des Schuldners übergegangen ist, für das von ihm verwaltete Vermögen die Gegenleistung vor Insolvenzeröffnung in Anspruch genommen hat. Diese Verbindlichkeiten gelten nach Eröffnung des Insolvenzverfahrens als Masseverbindlichkeiten.

4   Zudem sind die in den letzten drei Monaten vor Insolvenzeröffnung entstandenen Ansprüche der Arbeitnehmer durch den Anspruch auf Zahlung von Insolvenzgeld gem. §§ 165 ff. SGB III gesichert. Soweit der Arbeitnehmer Insolvenzgeld beantragt hat, gehen die Ansprüche der Arbeitnehmer auf Arbeitsentgelt gem. § 169 SGB III auf die Bundesagentur für Arbeit über. Der Regressanspruch der Bundesagentur für Arbeit ist nach der Gesetzesänderung vom 26.10.2001 (BGBl. I 2710, 2711) gem. § 55 III 1 InsO nur einfache Insolvenzforderung, die gem. § 174 I InsO schriftlich beim Insolvenzverwalter anzumelden ist.

5   b) *Masseansprüche.* Für die Zeit **nach** der Verfahrenseröffnung sind Ansprüche aus dem Arbeitsverhältnis Masseverbindlichkeiten gem. § 55 I InsO. Nach § 55 I Nr. 1 InsO gehören darunter die Ansprüche aus Arbeitsverhältnissen, die nach Insolvenzeröffnung durch den Insolvenzverwalter begründet wurden. Unter § 55 I Nr. 2 InsO fallen hingegen die Ansprüche aus Arbeitsverhältnissen, die schon bei Insolvenzeröffnung bestanden. Hierbei ist nicht zu unterscheiden, ob der Insolvenzverwalter die Erfüllung des Arbeitsvertrages zur Insolvenzmasse verlangt oder ob der Insolvenzverwalter die Arbeitsleistungen nicht mehr in Anspruch nehmen will und die Arbeitnehmer nach Kündigung bis zum Wirksamwerden der Kündigung freistellt.[1] Unterschieden werden muss jedoch im Falle der Masseunzulänglichkeit, dh, wenn die Masse nicht ausreicht, um die Masseverbindlichkeiten zu decken. Dann gelten die Sonderregelungen der §§ 208 ff. InsO.[2] Nach § 209 II Nr. 3 iVm I Nr. 2 sind die Ansprüche der Arbeitnehmer, deren Dienste der Insolvenzverwalter in Anspruch nimmt, in den zweiten Rang der Masseverbindlichkeiten einzuordnen. Hingegen fallen die Forderungen der freigestellten Arbeitnehmer nach § 209 I Nr. 3 InsO in den dritten Rang der Masseverbindlichkeiten. Die Regelung der Insolvenzordnung passt sich insoweit der Gesamtvollstreckungsordnung an, die für die neuen Bundesländer galt.[3]

6   **2. Ansprüche aus der Zeit vor Insolvenzeröffnung. a)** *Einfache Insolvenzforderungen gem.* § *38 InsO.* Lohnansprüche sowie sonstige Ansprüche der Arbeitnehmer, deren Entstehungsgrund vor Insolvenzeröffnung liegt, können gem. § 108 III InsO nur als Insolvenzforderungen geltend gemacht werden.[4] Eine Differenzierung zwischen

---

[1] *Lakies* BB 1998, 2638.
[2] *Lakies* BB 1998, 2638; *Berscheid/Ries,* ZInsO 2008, 1161.
[3] *Neef/Schrader,* Rn. 411; *Haarmeyer/Wutzke/Förster,* Gesamtvollstreckungsordnung, 4. Aufl. 1998, § 13 Rn. 29.
[4] *Breuer* NJW 1999, 1, 14; *Lakies* BB 1998, 2638; *ders.,* ArbAktuell 2013, 121.

sonstigen Ansprüchen und Ansprüchen auf rückständige Bezüge, wie sie die KO vorsah, ist demnach nicht mehr von Nöten.

b) *Masseverbindlichkeiten gem. § 55 II 2 InsO.* Ansprüche aus einem Arbeitsverhältnis sind nach hM gem. § 55 II 2 InsO dann Masseverbindlichkeiten, wenn ein vorläufiger Insolvenzverwalter, auf den die Verfügungsbefugnis über das Vermögen des Schuldners übergegangen ist, für das von ihm verwaltete Vermögen die Gegenleistung in Anspruch genommen hat.[5] § 55 II 2 InsO beinhaltet damit eine Sonderregelung zu § 108 III InsO, wonach Ansprüche für die Zeit vor Insolvenzeröffnung nur als Insolvenzforderungen geltend gemacht werden können. Die systemwidrige Bevorzugung der rückständige Entgeltansprüche für die letzten sechs Monate vor Verfahrenseröffnung nach § 59 I 3 KO ist aufgehoben.[6] Die Diskussion über den Rang der auf die Bundesagentur übergegangenen Vergütungsansprüche der von einem starken Insolvenzverwalter nicht freigestellten Arbeitnehmer[7] hat sich durch die gesetzliche Änderung des § 55 III InsO erledigt. Bereits vorher hatte sich das BAG zu einer teleologischen Reduktion des § 55 II aF veranlasst gesehen, weil es nicht dem Sinn und Zweck der InsO entsprechen könne, einen Großteil der zur Verfügung stehenden Masse durch den Vorrang zugunsten der Bundesagentur aufzuzehren zu lassen.[8] Um die Fortführungsmöglichkeiten für das Unternehmen zu verbessern, hat der Gesetzgeber auch im Interesse der betroffenen Arbeitnehmer die Rechtsprechung nachvollzogen und durch gesetzliche Regelung der Gefahr einer übermäßigen Belastung der Masse durch übergeleitete Entgeltansprüche der Bundesagentur entgegengewirkt.

Voraussetzung für die Erlangung einer Masseverbindlichkeit ist der Übergang der Verwaltungs- und Verfügungsbefugnis auf den vorläufigen Insolvenzverwalter. Nach § 21 InsO hat das Insolvenzgericht im Eröffnungsverfahren Sicherungsmaßnahmen zu treffen, um eine den Gläubigern nachteilige Veränderung in der Vermögenslage des Schuldners zu verhüten. Dazu gehört insbesondere nach § 21 II Nr. 1 InsO, dass das Gericht einen vorläufigen Insolvenzverwalter bestellt. Dann kann das Gericht dem Schuldner nach § 21 II Nr. 2, 1. Alt. InsO ein allgemeines Verfügungsverbot auferlegen. Dies führt nach § 22 I S. 1 InsO dazu, dass die Verwaltungs- und Verfügungsbefugnis über das Vermögen des Schuldners auf den vorläufigen Insolvenzverwalter übergeht. Andererseits bleibt die Verfügungsbefugnis beim Schuldner, wenn das Gericht nach § 21 II Nr. 2, 2. Alt. InsO anordnet, dass Verfügungen des Schuldners nur mit Zustimmung des vorläufigen Insolvenzverwalters wirksam sind. Nur in dem erstgenannten Fall, in dem die Verwaltungs- und Verfügungsbefugnis auf den vorläufigen Insolvenzverwalter übergegangen ist, gelten Verbindlichkeiten aus einem Dauerschuldverhältnis und damit die Ansprüche der Arbeitnehmer aus den Arbeitsverträgen als Masseverbindlichkeiten gem. § 55 II InsO.[9] Jedoch gem. § 55 II 2 InsO nur, sofern der Insolvenzverwalter auch die Gegenleistung in Anspruch genommen hat.[10] Hat er die Gegenleistung nicht in Anspruch genommen, zB im Fall der Freistellung des Arbeitnehmers während des Laufs einer Kündigungsfrist, bleiben die Ansprüche der Arbeitnehmer einfache Insolvenzforderungen gem. § 38 InsO.[11]

---

[5] LAG Köln ZIP 2000, 805, 807; FK/*Wimmer*, § 55 Rn. 16; Braun/*Wierzioch* DB 1998, 2217, 2218; *Schaub* DB 1999, 217, 219; Nerlich/Römermann/*Andres*, § 55 Rn. 133 ff. und Nerlich/Römermann/*Balthasar*, § 108 Rn. 15; *Peters-Lange* ZIP 1999, 421, 423; Uhlenbruck/Hirte/Vallender/*Berscheid*, § 55 Rn. 83; MüKoInsO/*Hefermehl*, § 55 Rn. 167.
[6] MüKoInsO/*Hefermehl*, § 55 Rn. 167.
[7] Im Einzelnen Uhlenbruck/Hirte/Vallender/*Berscheid*, § 55 Rn. 89.
[8] BAG v. 3.4.2001 – 9 AZR 143/00, BAGReport 2002, 9 = ZInsO 2001, 1174, und v. 3.4.2001 – 9 AZR 301/00, NJW 2002, 1364 = NZA 2002, 90 = NZI 2002, 118.
[9] FK/*Wimmer*, § 55 Rn. 17.
[10] *Schaub* DB 1999, 217, 219.
[11] *Hess*, § 55 Rn. 198; Braun/*Wierzioch* DB 1998, 2217; Uhlenbruck/Hirte/Vallender/*Berscheid*, § 55 Rn. 85.

9 Das Gleiche gilt in dem Fall, in dem zwar ein vorläufiger Insolvenzverwalter gem. § 21 II Nr. 1 vom Gericht bestellt worden ist, der Schuldner/Arbeitgeber jedoch die Verfügungsbefugnis über sein Vermögen behält. Auch hier bleiben die Ansprüche der Arbeitnehmer gegen den Arbeitgeber einfache Insolvenzforderungen nach § 38 InsO.[12]

10 **3. Ansprüche aus der Zeit nach Insolvenzeröffnung. a)** *Masseverbindlichkeiten gem. § 55 I Nr. 1 InsO.* Zu Masseverbindlichkeiten gem. § 55 I Nr. 1 InsO führen diejenigen Ansprüche, die durch Handlungen des Insolvenzverwalters oder in anderer Weise durch die Verwaltung, Verwertung und Verteilung der Insolvenzmasse begründet werden, ohne zu den Kosten des Insolvenzverfahrens zu gehören. Hierzu gehören vor allem die Arbeitnehmeransprüche aus einem mit dem Insolvenzverwalter selbst abgeschlossenen Arbeitsvertrag.[13] Die Löhne und Gehälter von Angestellten bzw. sonstigen Hilfskräften, die der Insolvenzverwalter für eigene Rechnung zur Abwicklung des Insolvenzverfahrens einstellt, gehören dagegen gem. § 4 I 1, 2 InsVV zu den durch die Insolvenzverwaltervergütung abgegoltenen, allgemeinen Geschäftskosten des Insolvenzverwalters, so dass diese nicht in den Kreis der Masseverbindlichkeiten des § 55 I Nr. 1 InsO einbezogen werden dürfen.[14] Das Gleiche gilt bei Einschaltung einer rechtlich formal selbstständigen Gesellschaft, die Hilfsleistungen für den Insolvenzverwalter erbringt, insoweit diese wiederum durch die Insolvenzverwaltervergütung abgegolten sind.

11 Allein Vergütungsansprüche der Hilfs- und Arbeitskräfte, die der Insolvenzverwalter für Rechnung der Insolvenzmasse einstellt, können gem. § 4 I 3 InsVV Masseverbindlichkeiten nach § 55 I Nr. 1 InsO neben denjenigen Lohnansprüchen der weiterbeschäftigten Arbeitnehmer im Rahmen des Insolvenzverfahrens begründen.[15]

12 Bisweilen wird in der Praxis zu wenig beachtet, dass der Insolvenzverwalter beim Abschluss neuer, unbefristeter Arbeitsverträge den Schuldner bindet, eben weil der Insolvenzverwalter nur die abgeleiteten Arbeitgeberfunktionen des Schuldners wahrnimmt, so dass nach Beendigung des Insolvenzverfahrens der vormalige Schuldner uneingeschränkt Arbeitgeber der vom Insolvenzverwalter eingestellten Arbeitskräfte ist und bleibt. Da aber die Verwaltungs- und Verfügungsbefugnis des Insolvenzverwalters auf die Masse beschränkt ist, kann dieser den Schuldner nicht über den Massebestand hinaus verpflichten, so dass nach Beendigung des Insolvenzverfahrens der vormalige Schuldner den vom Insolvenzverwalter neu eingestellten Arbeitnehmern gegenüber nur im Rahmen der verbliebenen Insolvenzmasse haftet[16] und folglich in der Regel die Haftung leer läuft. Allerdings sind dabei die arbeitsrechtlichen Regelungen zur Beendigung der Arbeitsverhältnisse strikt einzuhalten; „Nachlässigkeiten" des Schuldners können deshalb eine weitergehende, eigenständige Haftung begründen. Beschäftigt dagegen der vormalige Schuldner die vom Insolvenzverwalter neu eingestellten Arbeitnehmer weiter, dann unterscheidet sich die Rechtslage nicht von der außerhalb der Insolvenz.

13 Die Inanspruchnahme der Arbeitsleistung aus den nach Insolvenzeröffnung fortbestehenden Arbeitsverhältnissen ist keine Rechtshandlung des Insolvenzverwalters iSv § 55 I Nr. 1 InsO. Es handelt sich um aufgezwungene Masseverbindlichkeiten, denn der Verwalter hat auf das Entstehen der Vergütungsansprüche der Arbeitnehmer und deren

---

[12] *Berscheid* ZInsO 1998, 9, 12; *Schaub* DB 1999, 217, 219; Uhlenbruck/Hirte/Vallender/*Berscheid*, § 55 Rn. 81; vgl. BGH v. 18.7.2002 – 9 ZR 195/01, ZInsO 2002, 819 m. Anm. *Haarmeyer/Pape* ZInsO 2002, 845.

[13] Nerlich/Römermann/*Andres*, § 55 Rn. 5.

[14] BGHZ 113, 262; Nerlich/Römermann/*Andres*, § 55 Rn. 12; MüKoInsO/*Hefermehl*, § 55 Rn. 37.

[15] *Kübler/Prütting/Pape*, § 54 Rn. 41; FK/*Schumacher*, § 55 Rn. 5–7; *Uhlenbruck* KTS 1976, 35; BGH NJW 1971, 1564; BGH ZIP 1991, 324; Uhlenbruck/Hirte/Vallender/*Sinz*, § 55 Rn. 11.

[16] Uhlenbruck/Hirte/Vallender/*Sinz*, § 53 Rn. 11; *Kübler/Prütting/Pape*, § 53 Rn. 32; MüKoInsO/ *Hefermehl*, § 53 Rn. 34.

Höhe keinen Einfluss. Mit seiner Bestellung tritt der Insolvenzverwalter in die Rechte und Pflichten des Arbeitgebers ein. Er ist zur Erfüllung der sich aus dem Arbeitsverhältnis ergebenden Ansprüche, insbesondere zur Abrechnung und Erfüllung der fälligen Vergütungsforderungen verpflichtet.[17]

b) *Masseverbindlichkeiten gem. § 55 I Nr. 2 InsO.* § 55 I Nr. 2 InsO umfasst Ansprüche aus gegenseitigen Verträgen, deren Erfüllung zur Insolvenzmasse verlangt wird oder für die Zeit nach der Eröffnung des Verfahrens erfolgen muss. Hierzu zählen folglich insbesondere die Ansprüche derjenigen Arbeitnehmer, die ihr Arbeitsverhältnis noch nicht angetreten haben, bezüglich derer der Insolvenzverwalter aber gem. § 103 InsO die Erfüllung des Arbeitsvertrages verlangt. Da der Insolvenzverwalter dann in den gesamten Vertrag eintreten muss, sind Masseverbindlichkeiten nicht nur die Ansprüche auf Bezüge für die Zeit ab Arbeitsantritt, sondern auch etwaige vor Arbeitsaufnahme und selbst vor Insolvenzeröffnung entstandene Ansprüche wie zB auf Ersatz von Umzugs- und Reisekosten.[18] Zu Ansprüchen aus § 55 I Nr. 2 InsO zählen des Weiteren die Ansprüche der Arbeitnehmer aus weiterbestehenden Arbeitsverhältnissen gem. § 108 I 1 InsO. Beim bereits angetretenen Arbeitsverhältnis hingegen findet § 103 InsO und folglich § 55 I Nr. 2, 1. Alt. InsO keine Anwendung.[19]

Soweit das Arbeitsverhältnis vom Insolvenzverwalter fortgesetzt wird, sind die Ansprüche des betroffenen Arbeitnehmers aus dem Arbeitsverhältnis Masseverbindlichkeiten gem. § 55 I Nr. 2, 2. Alt. InsO.[20] Erfolgt dann die Kündigung seitens des Insolvenzverwalters, sind die Ansprüche von der Insolvenzeröffnung bis zur Beendigung des Arbeitsverhältnisses ebenso Masseverbindlichkeiten. Für die Zuordnung ist es dabei gleichgültig, ob die Dienste des Arbeitnehmers vom Insolvenzverwalter angenommen werden oder nicht, ob Annahmeverzug des Insolvenzverwalters beispielsweise wegen Betriebsschließung vorliegt oder nicht.[21]

Stellt der Insolvenzverwalter den Arbeitnehmer von der Arbeit frei, so muss sich der Arbeitnehmer allerdings gem. § 615 S. 2 BGB den Wert anrechnen lassen, den er infolge des Unterbleibens der Arbeitsleistung erspart oder durch anderweitige Verwendung seiner Dienste erwirbt oder zu erwerben böswillig unterlässt.[22] Erfolgt die Freistellung auf vertraglicher Grundlage durch Abschluss eines Erlassvertrages gem. § 397 BGB oder eines Änderungsvertrages gem. § 311 I BGB, greift § 615 S. 2 BGB nicht ohne weiteres ein, sondern die Anrechnung des anderweitigen Verdienstes muss ausdrücklich vereinbart werden.[23]

Im Rahmen des § 55 I Nr. 2 InsO sind alle nach Insolvenzeröffnung aus dem Arbeitsverhältnis entstehenden Ansprüche privilegiert, dh alle Lohn- und Gehaltsansprüche unabhängig von ihrem Inhalt und ihrer Berechnungsweise einschließlich aller weiteren aus dem Arbeitsverhältnis resultierenden Ansprüche, wie Zulagen, Auslösung, Fahrgeld, Überstundenvergütung, Sonderzahlungen und dergleichen.[24]

Stellt das Arbeitsgericht hinsichtlich eines Arbeitnehmers, der vom Schuldner vor Insolvenzeröffnung zu Unrecht entlassen worden ist, die Unwirksamkeit der Kündigung fest und bejaht es folglich die weitere Fortdauer des Arbeitsverhältnisses, so sind die daraus resultierenden Ansprüche für die Zeit ab Insolvenzeröffnung als Masseverbind-

---

[17] BAG v. 1.6.2006 – 6 AZR 59/06, NZA 2007, 94; *Uhlenbruck,* InsO § 61 Rn. 5; LAG Hamm v. 27.5.2009 – 2 Sa 331/09.
[18] MüKoInsO/*Hefermehl,* § 55 Rn. 114–116; Uhlenbruck/Hirte/Vallender/*Sinz,* § 55 Rn. 62.
[19] Uhlenbruck/Hirte/Vallender/*Wegener,* § 103 Rn. 53u § 108 Rn. 42; ErfK/*Müller-Glöge,* § 113 InsO Rn. 14; *Kübler/Prütting/Pape,* § 103 Rn. 26; *Schaub* DB 1999, 217, 218.
[20] BAG AP Nr. 1 zu § 59 KO.
[21] *Lakies,* ArbRAktuell 2013, 148.
[22] MüKoInsO/*Hefermehl,* § 55 Rn. 170; Nerlich/Römermann/*Andres,* § 55 Rn. 102.
[23] BAG v. 23.1.2001 – 9 AZR 26/00, NJW 2001, 1964 = NZA 2001, 597.
[24] FK/*Mues,* Anh zu § 113 Rn. 8 ff.

lichkeiten gem. § 55 I Nr. 2 InsO zu qualifizieren.[25] Dies führt zu dem Ergebnis, dass es für den Arbeitnehmer dann regelmäßig vorteilhafter sein wird, von einem Auflösungsantrag gem. § 9 KSchG abzusehen, weil die Abfindung gem. §§ 9, 10 KSchG bei Auflösung des Arbeitsverhältnisses vor Insolvenzeröffnung nur als einfache Insolvenzforderung einzuordnen ist, während die Ansprüche aus dem bestehenden Arbeitsverhältnis ab Insolvenzeröffnung gemäß § 55 I 2 InsO Masseverbindlichkeiten sind.[26] Wird das Arbeitsverhältnis erst nach Insolvenzeröffnung durch gerichtliches Urteil aufgelöst, ist die zugesprochene Abfindung im Falle einer noch vom Schuldner ausgesprochenen Kündigung als Insolvenzforderung einzustufen.[27]

19   **4. Zeitliche Bestimmung.** Für die insolvenzrechtliche Einordnung der arbeitnehmerseitigen Ansprüche ist grundsätzlich der Zeitpunkt ihres Entstehens ausschlaggebend. Dabei kommt es richtigerweise nicht auf die Fälligkeit der Ansprüche an, sondern allein darauf, wann die Tatbestandsmerkmale des Entstehungsgrundes der jeweiligen Arbeitnehmeransprüche vorliegen.[28] Die Rechtsprechung stellt deshalb auf den Zeitpunkt der erbrachten Arbeitsleistung seitens des Arbeitnehmers als Entstehungsgrund für die entsprechenden Arbeitnehmeransprüche ab.[29] Fällt zB die Insolvenzeröffnung in einen laufenden Lohnabrechnungszeitraum – etwa einen Monat –, so ist nur der auf den Monatsabschnitt nach Insolvenzeröffnung entfallende Lohnanteil Masseverbindlichkeit, auch dann, wenn der gesamte Monatslohn erst am Monatsende fällig ist. Die Abgrenzung erfolgt danach, wann die Arbeitsleistung, die den Ansprüchen zugrunde liegt, erbracht worden ist.[30] Soweit Ansprüche der Arbeitnehmer aus Annahmeverzug gem. § 615 BGB in Frage stehen, ist auf den entsprechenden Zeitraum des arbeitgeberseitigen Annahmeverzuges abzustellen; Stundungen wirken sich nicht auf die Fristberechnung aus. Der Zeitpunkt der Geltendmachung ist regelmäßig abgesehen von tariflichen Verfallfristen ebenso wenig beachtlich wie derjenige der gerichtlichen Geltendmachung.

II. Einzelne Arbeitnehmeransprüche

20   **1. Bonuszahlungen.** Bonuszahlungen, die auf Zielvereinbarungen beruhen und Entgelt für geleistete Arbeit sind, sind für Zeiten nach Insolvenzeröffnung Masseforderungen gem. § 55 I 2 InsO; für Zeiten vor Insolvenzeröffnung Insolvenzforderungen nach § 108 III InsO.[31] Das BAG stellt insolvenzrechtlich allein darauf ab, welchem Zeitraum die arbeitsleistungsbezogene Sonderzuwendung zuzuordnen ist, für den sie als Gegenleistung geschuldet ist. Liegt dieser Zeitraum vor Insolvenzeröffnung, kann die Forderung nur als Insolvenzforderung geltend gemacht werden. Geht es aber um die Vergütung von Arbeitsleistungen, die nach Insolvenzeröffnung erbracht worden sind, werden Masseforderungen begründet. Für einen ratierlichen Erwerb genügt es, wenn der Anspruch kontinuierlich an die Arbeitsleistung des Arbeitnehmers anknüpft. Eine Bonuszahlung setzt die Festlegung von Zielen in einer Zielvereinbarung voraus. Ist eine Zielvereinbarung unterblieben, kann ein Schadensersatzanspruch bestehen, dessen insolvenzrechtliche Einordnung sich nach den ihm zugrunde liegenden Vergütungsanspruch richtet.

---

[25] Vgl. zur Aufnahme der Kündigungsschutzklage BAG v. 18.10.2006 – 2 AZR 563/05, NZA 2007, 745; zur Kündigung des Geschäftsführer-Anstellungsvertrages vor Insolvenzeröffnung BGH v. 20.6.2005 – II ZR 18/03, NJW 2005, 3069; ferner LAG Hamm v. 25.4.2007 – 2 Sa 945/06, NZA-RR 2008, 198.
[26] FK/*Schumacher*, § 55 Rn. 28; MüKoInsO/*Hefermehl*, § 55 Rn. 159.
[27] MüKoInsO/*Hefermehl*, § 55 Rn. 175.
[28] Uhlenbruck/Hirte/Vallender/*Berscheid*, § 55 Rn. 66; *Wichmann*, Arbeitnehmer, S. 177; MüKoInsO/*Hefermehl*, § 55 InsO Rn. 16 u Rn. 164.
[29] BAG v. 19.10.2004 – 9 AZR 647/03, NZA 2005, 408.
[30] BAG v. 24.9.2003 – 10 AZR 640/02, NZA 2004, 980.
[31] BAG v. 14.12.2012 – 10 AZR 3/12, NZA 2013, 327 m. Anm. *Henssen*, jurisPR-Arbeitsrecht, 29/2013.

2. Gratifikationen. Als Gratifikationen sind Sonderzuwendungen zu qualifizieren, **21** die der Arbeitgeber aus bestimmten Anlässen, beispielsweise Weihnachten, Urlaub, Geschäfts- und Dienstjubiläen usw zusätzlich zur Arbeitsvergütung gewährt.[32] Seit langem hat die Rechtsprechung den Entgeltcharakter dieser Sonderzuwendungen anerkannt, soweit auf sie ein Rechtsanspruch besteht, so dass sie zu den Ansprüchen aus dem Arbeitsverhältnis zu rechnen sind und im zeitlichen Rahmen des § 183 SGB III durch Insolvenzgeld geschützt sind.[33]

Der Gratifikationsanspruch des Arbeitnehmers wird durch die Insolvenzeröffnung **22** grundsätzlich nicht tangiert. Möglich ist ein freiwilliger Verzicht, um zumindest einen Teil der sonst gefährdeten Arbeitsplätze erhalten zu können. Beruht der Gratifikationsanspruch auf einem Tarifvertrag, ist eine auch nur teilweise Kürzung rechtlich gemäß § 4 III und IV TVG ausgeschlossen.[34] Zu den vertraglich gesicherten Sonderleistungen zählen auch diejenigen, welche durch betriebliche Übung des Arbeitgebers, dh durch mehrjährige, vorbehaltlose Zahlungen des Arbeitgebers begründet worden sind.

Hinsichtlich der Gratifikationen muss bei der Frage der rechtlichen Einordnung im **23** Insolvenzverfahren anhand der Auslegung des Arbeitsvertrages ermittelt werden, ob die Ansprüche auf die Gratifikationen anteilig der Arbeitsleistung mehrerer Lohnzahlungszeiträume zuzuordnen sind und nur insgesamt zu einem bestimmten Zeitpunkt fällig werden oder ob der Anspruch lediglich an einen bestimmten Zeitpunkt geknüpft ist. Es ist daher zu prüfen, ob beispielsweise das Weihnachtsgeld Entgelt für geleistete Dienste oder eine stichtagsabhängige Sonderleistung ist. Sonderleistungen sind, wenn sie Gegenleistung für geleistete Arbeit darstellen, insolvenzrechtlich dem Zeitraum zuzuordnen, für den sie als Gegenleistung geschuldet sind.[35] Gratifikationen, Jahresleistungen oder Sonderzuwendungen, mit denen eine zusätzliche Vergütung für die im Bezugsraum geleistete Arbeit bezweckt wird, sind in der Insolvenz als Arbeitsentgelt für denjenigen Zeitraum zu behandeln, in dem die Dienste geleistet wurden.[36] Liegt der Fälligkeitstermin vor Insolvenzeröffnung, können anteilige Masseansprüche entstehen, wenn durch die Sonderleistung die nach Insolvenzeröffnung geleistete Arbeit mit abgegolten werden soll. Fällt der Stichtag auf einen Zeitpunkt nach Insolvenzeröffnung, kann es sich gem. § 55 I 2 InsO um Masseschulden handeln.[37]

Wird die Weihnachtsvergütung bezogen auf den Jahresrhythmus der Arbeitsleistung **24** gezahlt, ist rückblickend für jeden Monat der Fortdauer des Arbeitsverhältnisses $^1/_{12}$ der vollen Weihnachtsvergütung in Anrechnung zu bringen. Wird dagegen die Weihnachtsvergütung unabhängig von der Tätigkeit im vergangenen Kalenderjahr als einmaliger Beitrag geleistet, scheidet eine verhältnismäßige Aufteilung prinzipiell aus, weil es sich um eine Sonderzuwendung anlässlich des Weihnachtsfestes handelt.[38]

Ergibt die Auslegung des Arbeitsvertrages, dass die Ansprüche auf die Gratifikationen **25** weder der Arbeitsleistung bestimmter Kalendertage noch anteilig der Arbeitsleistung mehrerer Lohnzahlungszeiträume zuzuordnen ist (zB Jubiläumszuwendung), müssen diese nur dann als Masseverbindlichkeiten berücksichtigt werden, wenn die Anspruchs-

---

[32] Vgl. Uhlenbruck/Hirte/Vallender/*Berscheid*, § 55 Rn. 64; MüKoInsO/*Hefermehl*, § 55 Rn. 172; *Schaub*/*Linck*, Arbeitsrechts-Handbuch § 78 Rn. 1.
[33] Uhlenbruck/Hirte/Vallender/*Berscheid*, § 22 Rn. 117; BSG vom 2.11.2000 – B 11 AL 87/99 R, EWiR 2001, 637.
[34] Uhlenbruck/Hirte/Vallender/*Berscheid*, § 55 Rn. 65.
[35] BAG v. 21.5.1980 – 5 AZR 441/78, NJW 1981, 79; *Hess*/*Weis*/*Wienberg*, § 55 InsO Rn. 146; *Nerlich*/*Römermann*/*Andres*, § 55 InsO Rn. 104 sowie BAG v. 11.12.2001 – 9 AZR 459/00, NZA 2002, 975.
[36] *Berscheid*, Arbeitsverhältnisse in der Insolvenz Rn. 763.
[37] BAG v. 23.5.1967, NJW 1967, 1926; Uhlenbruck/Hirte/Vallender/*Berscheid*, § 55 Rn. 64.
[38] Vgl. LAG Schleswig-Holstein v. 12.3.2008 – 6 Sa 411/07, NZA-RR 2008, 594 mit Anm. *Oesterle*, juris-PR – ArbR 37/2008 Anm. 5.

voraussetzung, der Bestand des Arbeitsverhältnisses zum maßgeblichen Stichtag, in den Zeitraum nach Verfahrenseröffnung fällt.[39] Hat die Sonderleistung Mischcharakter, indem sie sowohl eine Sonderzuwendung darstellt als auch eine pauschale Vergütung für Mehr- und Überstunden, kann ein anteiliger Anspruch auf die Pauschalvergütung für nach Insolvenzeröffnung geleistete Dienste bestehen.[40] Nunmehr hat das BAG seine Rechtsprechung geändert und entschieden, dass eine Sonderzahlung, die jedenfalls auch Vergütung für erbrachte Arbeitsleistung darstellt, nicht vom ungekündigten Bestand des Arbeitsverhältnisses zu einem Zeitpunkt außerhalb des Bezugszeitraums, in dem die Arbeitsleistung erbracht wurde, abhängig gemacht werden kann. Über eine Stichtagsklausel kann der Anspruch des Arbeitnehmers auf das vereinbarte Arbeitsentgelt nicht verloren gehen, wenn der vorleistungsverpflichtete Arbeitnehmer die geschuldete Arbeitsleistung erbracht hat.[41]

26 **3. Gewinnbeteiligungen.** Der Anspruch eines Arbeitnehmers auf Gewinnbeteiligung, Tantieme, Provision fällt unter die in den §§ 38, 55 InsO geregelten Ansprüche. Da sich jedoch der Gewinnbeteiligungsanspruch auf einen längeren Zeitraum, in der Regel auf ein Jahr, bezieht, ist eine Quotelung entsprechend der unterschiedlichen Zeiträume vor dem Eröffnungsverfahren und nach der Verfahrenseröffnung vorzunehmen.

Ergibt die Auslegung der Vereinbarung, dass die der Gewinnbeteiligung oder Tantieme zugrunde liegenden Leistungen vor Eröffnung des Insolvenzverfahrens liegen, sind die anteiligen Ansprüche lediglich einfache Insolvenzforderungen iSd § 38 InsO, wovon der Anspruchsanteil für die letzten drei Monate vor Insolvenzeröffnung durch Insolvenzgeld gesichert ist. Es kommt nicht darauf an, wann die Gewinnbeteiligung zu zahlen ist.[42] Soweit sich der Gewinnbeteiligungsanspruch auf die Zeit nach Eröffnung des Insolvenzverfahrens bezieht, liegt eine Masseverbindlichkeit iSd § 55 I InsO vor.

27 **4. Urlaubsentgelt/Urlaubsgeld.** Während Urlaubsentgelt die während des Erholungsurlaubs fortzuzahlende Vergütung bezeichnet, bei der gem. § 11 I 1 BUrlG der durchschnittliche Arbeitsverdienst des Arbeitnehmers in den letzten 13 Wochen vor Urlaubsbeginn zugrundezulegen ist, versteht man unter Urlaubsgeld die zusätzlich zum Urlaubsentgelt seitens des Arbeitgebers gewährte Vergütung, die allerdings nur bei Bestehen eines besonderen Rechtsgrundes (beispielsweise einzelvertraglich, tarifrechtlich oder betriebsvereinbarungsrechtlich geschuldet) gefordert werden kann.[43] Die Rechtsprechung behandelt Urlaubsentgelt – und Urlaubsgeldansprüche, die nach Eröffnung des Insolvenzverfahrens entstanden sind, insolvenzrechtlich gleich.[44] Das Urlaubsgeld muss nämlich als eine über das Urlaubsentgelt iSd §§ 1, 11 BUrlG hinausgehende akzessorische Arbeitgeberleistung für die Dauer des Urlaubs verstanden werden, mit der urlaubsbedingte Mehraufwendungen ausgeglichen werden sollen und deshalb als Teil der Urlaubsvergütung ausgestaltet ist.[45]

28 Ansprüche auf Urlaubsentgelt und Urlaubsgeld bilden, wenn sie die Zeit zwischen Insolvenzeröffnung und Urlaubsende betreffen, Masseverbindlichkeiten iSv § 55 I Nr. 2 InsO, sei es, dass die Erfüllung des Arbeitsverhältnisses verlangt wird, sei es, dass der Insolvenzverwalter den Arbeitnehmer (weiter-)beschäftigt und die zeitliche Vorausset-

---

[39] MüKoInsO/*Hefermehl*, § 55 Rn. 168.
[40] Vgl. dazu BAG v. 21.5.2003 – 10 AZR 408/02, EzA § 611 BGB 2002, Gratifikation, Prämie Nr. 8.
[41] BAG v. 18.1.2012 – 10 AZR 612/10, NZA 2012, 561.
[42] BAG v. 21.5.1980, NJW 1981, 77.
[43] *Schaub/Linck*, § 102 Rn. 137.
[44] BAG v. 21.6.2005 – 9 AZR 295/04, NZA 2006, 512; *Düwell/Pulz*, NZA 2008, 786.
[45] BAG v. 15.4.2003 – 9 AZR 137/02, NZA 2004, 47; *Düwell/Pulz*, NZA 2008, 786.

zung des Urlaubsanspruchs damit nach Insolvenzeröffnung entsteht.[46] Der Urlaubsanspruch beinhaltet die Freistellung von der Arbeit unter Fortzahlung der geschuldeten Vergütung. Dieser Freistellungsanspruch bleibt von der Eröffnung des Insolvenzverfahrens unberührt. Gewährt der Insolvenzverwalter dem Arbeitnehmer nach Insolvenzeröffnung Urlaub, ist das Urlaubsentgelt als Masseverbindlichkeit nach § 55 I Nr. 2 Alt. 2 InsO zu begleichen.[47]

Ist dagegen der Urlaub bereits vor Insolvenzeröffnung angetreten, setzt er sich nur nach Insolvenzeröffnung fort, so ist eine Aufteilung vorzunehmen nach der Zahl der Urlaubstage vor Insolvenzeröffnung bzw. vor der Bestellung eines vorläufigen Insolvenzverwalters mit Verfügungsbefugnis und nach Insolvenzeröffnung bzw. nach Weiterbeschäftigung durch einen vorläufigen Insolvenzverwalter mit Verfügungsbefugnis. Die Ansprüche auf Urlaubsentgelt und Urlaubsgeld sind für die Zeit ab Insolvenzeröffnung bzw. ab Weiterbeschäftigung durch einen vorläufigen Insolvenzverwalter mit Verfügungsbefugnis Masseverbindlichkeiten gem. § 55 I Nr. 2 InsO bzw. § 55 II InsO,[48] die Ansprüche für die Zeit vor Insolvenzeröffnung bzw. vor Bestellung eines vorläufigen Insolvenzverwalters mit Verfügungsbefugnis dagegen einfache Insolvenzforderungen gem. § 38 InsO.[49]

Freigestellte Arbeitnehmer unterliegen hinsichtlich ihres Anspruchs auf Urlaubsentgelt oder Urlaubsgeld im Rahmen des § 55 I Nr. 2 InsO den gleichen Grundsätzen.[50] In der Praxis kann es sich für den Insolvenzverwalter deshalb empfehlen, die freigestellten Arbeitnehmer zur Wahrnehmung ihres Urlaubs anzuhalten. Der Insolvenzverwalter kann den Urlaubsanspruch des gekündigten Arbeitnehmers durch unwiderrufliche Freistellung von der Arbeitspflicht erfüllen. Behält er sich bei Urlaubserteilung den Widerruf vor, fehlt die zur Erfüllung des Urlaubsanspruchs notwendige Freistellungserklärung.[51] Der Erfüllung des Urlaubsanspruchs steht nicht entgegen, dass der Insolvenzverwalter vor Urlaubsbeginn weder das Urlaubsgeld noch das Urlaubsentgelt zahlt.[52] Für eine wirksame Freistellung zur Erfüllung noch offener Urlaubsansprüche verlangt das BAG allerdings, dass im Freistellungszeitraum Beginn und Ende des Urlaubs festgelegt werden müssen.[53] Es reicht aber aus, wenn der Insolvenzverwalter darauf hinweist, während der Kündigungsfrist die noch offen Urlaubstage zu nehmen und der Arbeitnehmer dem nicht widerspricht.[54]

Erhält der Arbeitnehmer durch die Freistellung die Möglichkeit, Arbeitslosengeld gem. § 157 III SGB III zu beziehen, so geht der Anspruch des Arbeitnehmers auf Arbeitsentgelt einschließlich der Ansprüche auf Urlaubsentgelt und Urlaubsgeld auf die Bundesagentur für Arbeit gem. § 115 SGB X über. Insoweit hat dann die Bundesagentur für Arbeit auch die Kranken- und Rentenversicherungsbeiträge gem. § 335 III, IV SGB III zu entrichten. Gleichwohl behält der Arbeitnehmer ungeachtet des Bezuges von Arbeitslosengeld bis zur Beendigung seines Arbeitsverhältnisses den Anspruch auf die Differenz zwischen seinem Nettoeinkommen und dem Arbeitslosengeld einschließlich der dadurch nicht abgegoltenen Ansprüche auf Urlaubsentgelt und Urlaubsgeld.

---

[46] MüKoInsO/*Hefermehl*, § 55 Rn. 169; Nerlich/Römermann/*Andres*, § 55 Rn. 106; Uhlenbruck/*Berscheid*, § 55 Rn. 63.
[47] Vgl. BAG v. 25.3.2003 – 9 AZR 174/02, NZA 2004, 43; *Düwell/Pulz*, NZA 2008, 786.
[48] BAG v. 21.6.2005 – 9 AZR 295/04, NZI 2006, 309.
[49] LAG Hamm v. 7.10.2009 – 2 Sa 955/09.
[50] BAG v. 22.10.1998 – 8 AZR 688/97, KTS 1999, 543, 545.
[51] BAG v. 14.3.2006 – 9 AZR 11/05, NZA 2006, 1008.
[52] BAG v. 18.12.1986 – 8 AZR 481/84, NZA 1987, 633; vgl. BAG v. 19.9.2000 – 9 AZR 504/99, NZA 2002, 221; Uhlenbruck/Hirte/Vallender/*Berscheid*, § 55 Rn. 67.
[53] BAG v. 23.1.2001 – 9 AZR 26/00, NJW 2001, 1964 = NZA 2001, 597.
[54] BAG v. 14.8.2007 – 9 AZR 934/06, NZA 2008, 473; BAG v. 6.9.2006 – 5 AZR 703/05, NZA 2007, 36.

Diese Ansprüche sind bei Urlaub nach Insolvenzeröffnung stets Masseverbindlichkeiten gem. § 55 I Nr. 2 InsO.

32 **5. Urlaubsabgeltung.** Kann der Urlaub dem Arbeitnehmer wegen Beendigung des Arbeitsverhältnisses ganz oder teilweise nicht mehr gewährt werden, ist er gem. § 7 IV BUrlG in Geld „abzugelten". Der Urlaubsabgeltungsanspruch tritt als Surrogat an die Stelle des Urlaubsanspruchs und muss deshalb unter denselben Voraussetzungen wie der Urlaub gewährt werden.[55] Der Abgeltungsanspruch besteht unabhängig vom Grund der Beendigung des Arbeitsverhältnisses, also nicht nur bei Kündigungen, sondern auch bei Aufhebungsverträgen, Beendigungen infolge Befristung usw. Voraussetzung ist aber stets ein zum Zeitpunkt der Beendigung des Arbeitsverhältnisses noch bestehender Urlaubsanspruch. Es muss geprüft werden, ob der Arbeitnehmer den Urlaub in Natur hätte nehmen können, wenn er nicht aus dem Arbeitsverhältnis ausgeschieden wäre.[56]

33 a) *Urlaubsabgeltung bei Arbeitsunfähigkeit.* War der Arbeitnehmer zu diesem Zeitpunkt arbeitsunfähig krank, kann er nicht freigestellt werden, weil keine Arbeitspflicht bestand. Die Urlaubsabgeltung wird nur dann geschuldet, wenn der Arbeitnehmer bei Fortdauer des Arbeitsverhältnisses seine vertraglich geschuldete Arbeitsleistung hätte erbringen können. War er bei der Beendigung des Arbeitsverhältnisses arbeitsunfähig krank und dauerte die Arbeitsunfähigkeit bis zum Ablauf des Übertragungszeitraums fort, teilt der Abgeltungsanspruch das Schicksal des Urlaubsanspruchs und erlischt. Der gesetzliche Übertragungszeitraum endet gem. § 7 III S. 3 BUrlG am 31.3. des folgenden Kalenderjahres. Diese Rechtsprechung hat das BAG aufgrund des Urteils des EuGH v. 20.1.2009[57] inzwischen aufgegeben. Danach erlischt der Anspruch auf Urlaubsabgeltung nicht, wenn der Arbeitnehmer bis zum Ende des Urlaubsjahres und/oder des Übertragungszeitraums erkrankt und deshalb arbeitsunfähig war. Durch gemeinschaftsrechtskonforme Rechtsfortbildung hat das BAG die Auslegung von § 7 III und IV BUrlG entsprechend modifiziert, so dass nun in Fällen andauernder Arbeitsunfähigkeit der Urlaubs- und Urlaubsabgeltungsanspruch nicht verfallen kann.[58] Allerdings bezieht sich diese neue Rechtsprechung des BAG nur auf den gesetzlichen Mindesturlaub. Das Schicksal der darüber hinausgehenden Urlaubsansprüche können die Parteien des Arbeitsvertrages frei regeln.

34 b) *Insolvenzgeld.* Vom Anspruch auf Insolvenzgeld wird der Urlaubsabgeltungsanspruch gemäß § 166 I Nr. 1 SGB III nicht erfasst. Durch § 166 I Nr. 1 SGB III ist gesetzlich geregelt, dass der Urlaubsabgeltungsanspruch keinen Anspruch auf Insolvenzgeld begründet.[59] Hat der Arbeitslose wegen Beendigung des Arbeitsverhältnisses eine Urlaubsabgeltung zu beanspruchen, so ruht zwar im Allgemeinen der Anspruch auf Arbeitslosengeld für die Zeit des abzugeltenden Urlaubs (§ 157 II SGB III), jedoch führt die Existenz des Urlaubsabgeltungsanspruchs dann nicht zum Ruhen des Anspruchs auf Arbeitslosengeld, wenn und soweit der Arbeitslose in der Insolvenz die Urlaubsabgeltung tatsächlich nicht erhält; in diesen Fällen wird das Arbeitslosengeld im Rahmen der sog. Gleichwohlgewährung auch für die Zeit geleistet, in der der Anspruch auf Arbeitslosengeld nach § 157 III S. 1 SGB III ruht.[60] Mithin besteht kein

---

[55] BAG v. 17.1.1995 – 9 AZR 664/93, NZA 1995, 531.
[56] BAG v. 5.12.1995 – 9 AZR 871/94, BB 1996, 1559.
[57] C-350/06 und C-520/06 – *Schultz-Hoff*, NZA 2009, 135.
[58] BAG v. 20.3.2009 – 9 AZR 983/07, NZA 2009, 538 m. Anm. *Kohte/Beetz*, jurisPR-ArbR 25/2009 Anm. 1; BAG v. 19.6.2012 – 9 AZR 652/10, NZA 2012, 1087.
[59] FK/*Mues,* Anhang zu § 113 Rn. 114; *Eisenbeis/Mues,* Rn. 211f; *Kittner/Zwanziger/Lakies,* ArbR § 123 Rn. 26; *Niesel,* § 184 Rn. 4; BSG v. 20.2.2002 – B 11 AL 71/01 R, NZA-RR 2003, 209 = NZI 2002, 506 = NZS 2002, 551; aA *Gagel* ZIP 2000, 257, 258.
[60] Siehe dazu *Berscheid* ZInsO 2000, 134, 136; Uhlenbruck/Hirte/Vallender/*Berscheid,* § 22 InsO Rn. 138.

Bedürfnis, die Insg-Versicherung mit Urlaubsabgeltungsansprüchen zu belasten. Zu den Ansprüchen, die wegen der Beendigung des Arbeitsverhältnisses gezahlt werden und deshalb von dem Anspruchsausschluss des § 166 SGB III erfasst werden, gehört auch der Schadensersatzanspruch auf Ersatzurlaubsgewährung.[61]

c) *Rang.* Ist das Arbeitsverhältnis nach Insolvenzeröffnung beendet worden, ist der **35** Urlaubsabgeltungsanspruch gemäß § 7 IV BUrlG als Masseverbindlichkeit iSv § 55 I Nr. 2 Alt. 2 InsO zu berichtigen.[62] Materiell-rechtlich entsteht der Urlaubsabgeltungsanspruch, wenn er wegen der Beendigung des Arbeitsverhältnisses nicht mehr gewährt werden kann (§ 7 IV BUrlG). Der Insolvenzverwalter schuldet die Erfüllung des bei der Verfahrenseröffnung noch nicht gewährten Urlaubs.[63] Der gem. § 108 InsO angeordnete Fortbestand des Arbeitsverhältnisses führt zu der Konsequenz, dass die nach Insolvenzeröffnung entstehenden Ansprüche als Masseforderungen zu berichtigen sind. Das BAG weicht richtigerweise von dem sog. Rückrechnungsprinzip ab und verhindert das Entstehen eines besonderen Urlaubsrechts in der Insolvenz.[64] Für den Urlaubsabgeltungsanspruch ist mithin allein auf den Tag der Beendigung des Arbeitsverhältnisses abzustellen.[65] Endet das Arbeitsverhältnis vor dem Tag der Insolvenzeröffnung, ist der Urlaubsabgeltungsanspruch als Insolvenzforderung gem. § 38 InsO zu berichtigen und kann im Streitfall nur im Wege der Insolvenzfeststellungsklage gem. § 179 InsO durchgesetzt werden.[66] Ist das Arbeitsverhältnis nach Eröffnung des Insolvenzverfahrens beendet, handelt es sich um eine Verbindlichkeit aus einem gegenseitigen Vertrag, deren Erfüllung für die Zeit nach Eröffnung des Insolvenzverfahrens erfolgen muss.[67] Es kommt nicht darauf an, ob die Dauer des Arbeitsverhältnisses nach Insolvenzeröffnung bis zur Beendigung des Arbeitsverhältnisses ausgereicht hätte, um den Freizeitanspruch zu erfüllen, denn der Abgeltungsanspruch entsteht erst mit Beendigung des Arbeitsverhältnisses und kann nicht einem früheren Zeitraum zugeordnet werden. Gleichgültig ist, für welchen Zeitraum der Tätigkeit die Abgeltung an Stelle des Urlaubs gewährt wird.[68] Deshalb sind auch Urlaubsansprüche, die aus dem Vorjahr stammen und infolge rechtzeitiger Geltendmachung nach den tariflichen Vorschriften nicht mit Ablauf des 31. 3. verfallen sind, als Masseverbindlichkeiten zu erfüllen.[69] Auch eine anteilige Kürzung scheidet gem. § 5 I BUrlG aus, wenn der Arbeitnehmer nicht in der Ersten, sondern in der zweiten Hälfte eines Kalenderjahres aus dem Arbeitsverhältnis ausgeschieden ist.[70]

d) *Maßgeblicher Zeitpunkt.* Bei Entgeltansprüchen der Arbeitnehmer ist – von der Re- **36** gelung des § 55 II InsO abgesehen[71] – für ihre Einordnung als Insolvenzforderung (§ 38 InsO) oder als Masseverbindlichkeit (§ 55 I InsO) im Übrigen allein maßgeblich, ob sie aus der Zeit *vor* oder *nach* der Eröffnung des Insolvenzverfahrens herrühren (§ 108 Abs. 2 ZPO). Dieser Grundsatz gilt auch für den Urlaubabgeltungsanspruch. Liegt der

---

[61] LSG-NRW v. 25.2.2008 – L 19 AL 64/07 m. Anm. *Henssen,* jurisPR-ArbR 6/2009 Anm. 4; Bayr. LSG v. 26.3.2009 – L 8 AL 200/08; LSG Niedersachsen-Bremen v. 18.4.2008 – L 12 AL 273/05; ZInsO 2009, 1128; BSG v. 20.2.2002 – B 11 AL 71/01 R, NZA-RR 2003, 209.
[62] BAG v. 25.3.2003 – 9 AZR 174/02, NZA 2004, 43.
[63] MüKoInsO/*Hefermehl,* § 55 Rn. 175.
[64] Vgl. dazu *Bichlmeier,* Anm. zu BAG v. 25.3.2003 – 9 AZR 174/02, DZWIR 2003, 464, 465.
[65] BAG v. 15.2.2005 – 9 AZR 78/04, NZA 2005, 1124; *Bichlmeier/Wroblewski,* Teil 3 Rn. 92.
[66] Vgl. BAG v. 15.2.2005 – 9 AZR 78/04, AP InsO § 108 Nr. 4 m. Anm. *Windel.*
[67] BAG v. 15.2.2005 – 9 AZR 78/04, NZA 2005, 1124.
[68] MüKoInsO/*Hefermehl,* § 55 Rn. 185.
[69] LAG Hamm v. 27.6.2002 – 4 Sa 468/02, NZA-RR 2002, 538 = NZI 2003, 47.
[70] BAG v. 25.6.1996 – 9 AZR 182/95, NZA 1996, 1153; BAG v. 21.2.1995 – 9 AZR 166/94, NZA 1995, 839; BAG v. 8.3.1994 – 9 AZR 49/93, DB 1994, 1528.
[71] BAG v. 3.4.2001 – 9 AZR 143/00, BAGReport 2002, 9 = ZInsO 2001, 1174; BAG v. 3.4.2001 – 9 AZR 301/00, NJW 2002, 1364 = NZA 2002, 90 = NZI 2002, 118.

letzte Tag des Arbeitsverhältnisses vor der Insolvenzeröffnung, ist der Anspruch auf Urlaubsabgeltung mithin als einfache Insolvenzforderung gem. § 38 InsO zu qualifizieren.

37   **6. Abfindungen.** Es muss unterschieden werden zwischen vertraglich vereinbarten Abfindungen vornehmlich in Aufhebungsverträgen einerseits und den gerichtlich zugesprochenen Kündigungsschutzabfindungen gem. den §§ 9, 10 KSchG. Zwischen Insolvenzschuldner und Arbeitnehmer vereinbarte Abfindungszahlungen begründen auch dann keine Masseverbindlichkeit, wenn das Arbeitsverhältnis erst nach Eröffnung des Insolvenzverfahrens beendet wird.[72] Ein schuldrechtlicher Anspruch entsteht grundsätzlich mit dem Abschluss des Rechtsgeschäfts.[73] Den Arbeitsvertragsparteien steht es allerdings frei, das Entstehen des Abfindungsanspruchs auf einen späteren Zeitpunkt festzulegen.[74] Fehlen besondere Umstände oder Anhaltspunkte, entsteht der Abfindungsanspruch idR mit dem Abschluss des Aufhebungsvertrages, auch wenn die Zahlung erst bei Beendigung des Arbeitsverhältnisses fällig wird.[75] Wird die Abfindung allerdings in einem Vergleich in einem vom Insolvenzverwalter fortgesetzten Kündigungsschutzprozess nach Verfahrenseröffnung vereinbart, handelt es sich bei dem Abfindungsanspruch des Arbeitnehmers in der Regel um eine Masseschuld.[76] Eine Abfindung ist weder Lohn noch Gehalt und stellt auch keine andere Vergütungsform dar. Sie dient im Normalfall nicht dazu, vom Arbeitnehmer erbrachte Leistungen zu entgelten, sondern sie bezweckt, ähnlich wie die Sozialplanabfindung gem. § 112 BetrVG, zukunftsbezogen den Ausgleich oder die Milderung der Nachteile, die dem Arbeitnehmer durch die Entlassung entstehen.[77] Allerdings kann es vorkommen, dass die Abfindung für die vorzeitige Aufgabe des Arbeitsplatzes ohne Einhaltung der vertraglichen Kündigungsfrist gewährt wird. Dann hängt ihre insolvenzrechtliche Einordnung von dem Zeitraum ab, für den die Abfindung als Entgelt für fingierte Dienste des Arbeitnehmers gezahlt werden soll. Die Abfindung kann daher Masseverbindlichkeit nach § 55 I 2 InsO sein, wenn sie für Arbeitsleistungen nach Verfahrenseröffnung zu zahlen ist.[78]

38   **a)** *Vertragliche Abfindungen.* Unumstritten ist allerdings, dass vertragliche Abfindungen ebenso wie Kündigungsschutzabfindungen dann uneingeschränkt Masseverbindlichkeiten gem. § 55 I Nr. 1 InsO sind, wenn der Insolvenzverwalter eine entsprechende Verpflichtung zur Zahlung einer vertraglichen Abfindung eingegangen ist[79] oder wenn der Kündigungsschutzabfindungs-Anspruch des Arbeitnehmers gem. der §§ 9, 10 KSchG aus einer vom Insolvenzverwalter ausgesprochenen sozialwidrigen Kündigung resultiert.[80] Die Kündigungserklärung ist dann insoweit die von § 55 I Nr. 1 InsO vorausgesetzte Handlung.

39   **b)** *Gerichtliche Auflösung.* Die zum früheren Recht bestandene Kontroverse, hinsichtlich der Behandlung nach den §§ 9, 10 KSchG vom Arbeitsgericht festgesetzten Abfindung[81] macht nach neuem Recht keinen Sinn mehr. Es kommt nicht mehr darauf an, den Anspruch nach fingiertem Entgelt einerseits und Entschädigung für den Verlust des sozialen Besitzstandes aufzuteilen.[82] Ist die Kündigung vor Insolvenzeröffnung ausgesprochen

---

[72] Nerlich/Römermann/*Andres,* § 55 Rn. 111; Uhlenbruck/Hirte/Vallender/*Sinz,* § 55 InsO Rn. 77.
[73] Vgl. BAG NZA 1987, 458 und BAG v. 26.8.1997 – 9 AZR 227/96, NZA 1998, 643.
[74] Vgl. BAG v. 26.5.2000 – 9 AZR 277/99, NZA 2000, 1236.
[75] BAG 7.2.1985 – 2 AZR 46/84, ZIP 1985, 1510, 1511.
[76] BAG 12.6.2002 – 10 AZR 180/01, NJW 2002, 3045 = NZA 2002, 973 = NZI 2003, 109.
[77] BAG v. 30.10.2001 – 1 AZR 65/01, NZA 2002, 449.
[78] Nerlich/Römermann/*Andres,* § 55 Rn. 112.
[79] Nerlich/Römermann/*Andres,* § 55 Rn. 113; BAG v. 12.6.2002 – 10 AZR 180/01, NJW 2002, 3045 = NZA 2002, 973 = NZI 2003, 109.
[80] Nerlich/Römermann/*Andres,* § 55 Rn. 113.
[81] Vgl. dazu *Kuhn/Uhlenbruck,* KO 11. Aufl. § 61 Rn. 38.
[82] Vgl. *Kuhn/Uhlenbruck,* KO 11. Aufl. § 61 Rn. 37a.

worden, ist der Anspruch nach den §§ 9, 10 KSchG insgesamt Insolvenzforderung. Hat der Insolvenzverwalter sozialwidrig gekündigt, handelt es sich bei der Abfindung um eine Masseschuld gem. § 55 I 1 InsO.[83] Sieht ein Tarifvertrag bei einer Kündigung aufgrund von Rationalisierungsmaßnahmen oder bei einem Ausscheiden des Arbeitnehmers aufgrund einer Altersteilzeitvereinbarung eine Abfindung vor, handelt es sich bei dem Abfindungsanspruch auch dann um eine bloße Insolvenzforderung gemäß § 38 InsO, wenn die Kündigung erst nach Eröffnung des Insolvenzverfahrens vom Insolvenzverwalter erklärt wird.[84] Der Abfindungsanspruch gemäß § 1a KSchG ist ebenfalls bloße Insolvenzforderung, wenn noch der Insolvenzschuldner betriebsbedingt mit Abfindungsangebot gekündigt hat. Nur wenn der Insolvenzverwalter selbst nach Eröffnung des Insolvenzverfahrens eine Kündigung ausspricht und dies mit einem Abfindungsangebot gemäß § 1a KSchG verbindet, handelt es sich um eine Masseverbindlichkeit gemäß § 55 I InsO.[85]

7. Schadensersatzansprüche. Schadensersatzansprüche der Arbeitnehmer gegen den Arbeitgeber, die ihren Rechtsgrund in der Zeit vor Insolvenzeröffnung finden, sind grundsätzlich – ungeachtet ihres Rechtsgrundes – einfache Insolvenzforderungen iSd § 38 InsO.[86] Liegt der Rechtsgrund für den Schadensersatzanspruch des Arbeitnehmers dagegen nach Insolvenzeröffnung, so sind die Schadensersatzansprüche regelmäßig Masseschulden nach § 55 I Nr. 1 oder Nr. 2 InsO, je nachdem, ob durch ein dem Insolvenzverwalter zurechenbares Handeln bedingt oder nicht.

Schadensersatzansprüche des Arbeitnehmers gem. § 628 II BGB, wenn ein Arbeitnehmer das Arbeitsverhältnis fristlos aufkündigt, weil der Arbeitgeber die Arbeitsvergütung nicht mehr bezahlen kann, sind – weil vor Insolvenzeröffnung entstanden – einfache Insolvenzforderungen gem. § 38 InsO.[87] Resultiert der wichtige Grund zu einer berechtigten Arbeitnehmerkündigung aus einem Verhalten des Insolvenzverwalters, kann der Schadensersatzanspruch gem. § 628 II BGB Masseverbindlichkeit nach § 55 I 1 InsO sein.[88] Es kommt daher darauf an, ob die Kündigung des Arbeitnehmers durch ein vertragswidriges Verhalten des Insolvenzverwalters veranlasst worden ist oder ob sich der Schadensersatzanspruch auf einen Zeitraum nach Insolvenzeröffnung erstreckt.

a) *Auflösungsverschulden.* Das Auflösungsverschulden des Insolvenzverwalters muss die Voraussetzungen eines wichtigen Grundes iSv § 626 I BGB erfüllen. Der Schadensersatzanspruch gem. § 628 II BGB hängt nicht davon ab, dass der Arbeitnehmer eine fristlose Kündigung mit sofortiger Wirkung erklärt hat, sondern die Vorschrift ist auch anwendbar, wenn das Arbeitsverhältnis auf andere Weise beispielsweise durch fristlose Kündigung mit Auslauffrist beendet worden ist.[89] Es kommt entscheidend auf ein Auflösungsverschulden an, dh der Insolvenzverwalter muss dem Arbeitnehmer durch vertragswidriges schuldhaftes Verhalten Anlass für die Beendigung des Arbeitsverhältnisses gegeben haben. Wird ein Aufhebungsvertrag über die Beendigung des Arbeitsverhältnisses mit sofortiger Wirkung geschlossen, entfällt der Schadensersatzanspruch gem. § 628 II BGB. Er bleibt nur dann erhalten, wenn sich der Kündigungsberechtigte diesen Anspruch in der Vereinbarung ausdrücklich vorbehalten hat.[90]

---

[83] Nerlich/Römermann/*Andres*, § 55 Rn. 113; MüKoInsO/*Hefermehl*, § 55 Rn. 175.
[84] BAG v. 27.4.2006 – 6 AZR 364/05, NZA 2006, 1282.
[85] MüKoInsO/*Hefermehl*, § 55 Rn. 175.
[86] *Uhlenbruck*, § 38 Rn. 11; MüKoInsO/*Ehricke*, § 38 Rn. 26 und 72.
[87] MüKoInsO/*Ehricke*, § 38 Rn. 72.
[88] MüKoInsO/*Hefermehl*, 2. Aufl., § 55 Rn. 191; *Schaub/Linck*, Arbeitsrechts-Handbuch § 127 Rn. 59.
[89] BAG v. 8.8.2002 – 8 AZR 574/01, NZA 2002, 1323; *Schaub/Linck*, Arbeitsrechts-Handbuch § 125 Rn. 9; ErfK/*Müller-Glöge*, § 628 BGB Rn. 55.
[90] ErfK/*Müller-Glöge*, § 628 BGB Rn. 56; *Schaub/Linck*, Arbeitsrechts-Handbuch § 125 Rn. 10; BAG NJW 1971, 2092.

43 Der Schadensersatzanspruch des Arbeitnehmers gem. § 628 II BGB setzt ein gravierendes vertragswidriges Verhalten des Insolvenzverwalters und die Einhaltung der Zwei-Wochen-Frist durch den Arbeitnehmer gem. § 626 II BGB voraus.[91] Ein Auflösungsverschulden des Insolvenzverwalters iSv § 628 II BGB kann gegeben sein, wenn dieser dem Arbeitnehmer die Vergütung über einen erheblichen Zeitraum vorenthält oder ihn unter Hinweis auf Leistungen der Agentur für Arbeit gem. § 143 III SGB III unberechtigt von der Arbeit freistellt.

44 **b)** *Umfang.* Der ersatzfähige Schaden ist auf die Vergütungsansprüche bis zum Ablauf der fiktiven Kündigungsfrist beschränkt.[92] Der anspruchsberechtigte Arbeitnehmer ist so zu stellen wie er bei Fortbestand des Arbeitsverhältnisses stehen würde. Maßgeblich ist das Erfüllungsinteresse bei Fortbestand des Dienstverhältnisses.[93] Neben dem Vergütungsausfall kann eine Entschädigung wegen des Verlustes des Arbeitsplatzes entsprechend den §§ 9, 10 KSchG in Betracht kommen.[94]

45 **c)** *Verfrühungsschaden.* Kündigt dagegen der Insolvenzverwalter, sind entstehende Schadensersatzansprüche des betroffenen Arbeitnehmers nicht als Masseverbindlichkeiten, sondern als einfache Insolvenzforderungen iSd § 113 S. 3 InsO zu qualifizieren, wobei diese Schadensersatzansprüche jedoch nur die ab Beendigung des Arbeitsverhältnisses entgangene Vergütung erfassen.[95] Der Verfrühungsschaden betrifft nur den Zeitraum zwischen dem Ende der Kündigungsfrist gem. § 113 S. 2 InsO und der vertraglichen Beendigung des Arbeitsverhältnisses. Anders ausgedrückt: Es geht um den Schaden, welcher dem Arbeitnehmer durch die vorzeitige Beendigung des Arbeitsverhältnisses entstanden ist, aber nicht um den durch den Verlust des Arbeitsplatzes entstehenden Schaden.[96] Ist der Arbeitnehmer vertraglich oder tarifvertraglich unkündbar, kann es bei der Berechnung des Schadens nicht nur um die Verkürzung einer sonst einzuhaltenden fiktiven Kündigungsfrist gehen, sondern zu berücksichtigen ist auch, dass die Kündigung gem. § 113 InsO erst ermöglicht wird.[97] Dem soll durch die Zuerkennung einer Abfindung entsprechend §§ 9, 10 KSchG Rechnung getragen werden.[98] Dies kann aber dann nicht gelten, wenn eine außerordentliche Kündigung mit Auslauffrist beispielsweise wegen Stilllegung des gesamten Betriebes zulässig gewesen wäre.[99] Die Lohn- und Gehaltsansprüche ab Insolvenzeröffnung bis zum Ablauf der Kündigungsfrist sind Masseverbindlichkeiten gem. § 55 I Nr. 2 InsO.[100]

46 **8. Sozialplanansprüche. a)** *Überblick.* Mit dem Inkrafttreten der neuen Insolvenzordnung werden nunmehr die Vorschriften des Gesetzes über den Sozialplan im Konkurs (SozplKonkG) gestrichen. Jedoch halten die Neuregelungen der §§ 123, 124 InsO am Grundgedanken des SozplG fest.[101] Es bleibt bei der Unterscheidung von drei verschiedenen Sozialplänen je nach dem Zeitpunkt ihrer Aufstellung. Aufgestellt ist ein Sozialplan iSd BetrVG dann, wenn Arbeitgeber bzw. Insolvenzverwalter und Betriebsrat

---

[91] ErfK/*Müller-Glöge,* § 628 BGB Rn. 51; *Schaub/Linck,* Arbeitsrechts-Handbuch § 125 Rn. 10; BAG v. 22.6.1989 NZA 1990, 106.
[92] BAG v. 26.7.2001 – 8 AZR 739/00 NZA 2002, 325.
[93] ErfK/*Müller-Glöge,* § 628 BGB Rn. 64; *Schaub/Linck,* Arbeitsrechts-Handbuch § 125 Rn. 11.
[94] BAG v. 26.7.2001 – 8 AZR 739/00, NZA 2002, 325; BAG v. 26.7.2007 – 8 AZR 796/06, NZA 2007, 1419.
[95] MüKoInsO/*Löwisch/Caspers,* § 113 Rn. 30; Uhlenbruck/Hirte/Vallender/*Berscheid,* § 113 InsO Rn. 107.
[96] Uhlenbruck/Hirte/Vallender/*Berscheid,* § 113 Rn. 159; *Zwanziger,* InsO, § 113 Rn. 39.
[97] Uhlenbruck/Hirte/Vallender/*Berscheid,* § 113 InsO Rn. 158; MüKoInsO/*Löwisch/Caspers,* § 113 Rn. 32.
[98] *Zwanziger,* InsO, § 113 Rn. 40.
[99] ErfK/*Müller-Glöge,* § 113 InsO Rn. 31; MüKoInsO/*Löwisch/Caspers,* § 113 Rn. 32.
[100] *Steindorf,* Rn. 45; MüKoInsO/*Hefermehl,* § 55 Rn. 165; *Lakies* NZA 2001, 521, 524.
[101] Nerlich/Römermann/*Hamacher,* § 123 Rn. 2.

sich über den Sozialplan geeinigt haben oder die Einigung durch den Spruch der Einigungsstelle ersetzt worden ist.[102] Maßgeblicher Zeitpunkt ist somit der Tag der Einigung bzw. der Tag des Spruchs der Einigungsstelle.[103]

Demzufolge ist für die insolvenzrechtliche Beurteilung von Sozialplanansprüchen **47** zunächst zu unterscheiden zwischen Sozialplänen, die nach Eröffnung des Insolvenzverfahrens aufgestellt wurden, gegenüber solchen Sozialplänen, die bis zu drei Monate vor dem Antrag auf Eröffnung des Insolvenzverfahrens aufgestellt worden sind. Während die InsO nur diese beiden Arten von Sozialplanansprüchen erfasst, sind hiervon nochmals solche Sozialplanansprüche zu unterscheiden, die auf einem Sozialplan beruhen, der früher als drei Monate vor dem Antrag auf Eröffnung des Insolvenzverfahrens aufgestellt worden ist; hinsichtlich der hieraus resultierenden Sozialplanansprüche trifft die InsO keine Regelung, vielmehr verbleibt es hier bei der allgemeinen insolvenzrechtlichen Einordnung der Sozialplanansprüche als einfache Insolvenzforderungen gem. § 38 InsO.[104]

b) *Ansprüche aus Sozialplänen nach Insolvenzeröffnung (§ 123 InsO).* Gem § 123 I InsO **48** kann in einem Sozialplan, der nach der Eröffnung des Insolvenzverfahrens aufgestellt ist, für den Ausgleich oder die Milderung der wirtschaftlichen Nachteile, die den Arbeitnehmern infolge der geplanten Betriebsänderung entstehen, ein Gesamtbetrag für jeden von einer Entlassung betroffenen Arbeitnehmer von bis zu 2½ Monatsverdiensten (§ 10 III KSchG) vorgesehen werden. Die Vorschrift will dadurch das Volumen des Sozialplanes im Interesse der übrigen Insolvenzgläubiger gesetzlich begrenzen, denn zudem darf gem. § 123 II 2 für die Berichtigung dieser Forderungen nicht mehr als ein Drittel der für die Verteilung an die Insolvenzgläubiger zur Verfügung stehenden Insolvenzmasse aufgewendet werden.[105]

Diese Sozialplanforderungen sind gem. § 123 II 1 InsO Masseverbindlichkeiten. Die **49** Rechtsstellung der Arbeitnehmer wird auf Grund der Einordnung der Sozialplanforderungen als Masseverbindlichkeit im Gegensatz zur bisherigen Einordnung in § 4 I SozplKonKG als bevorrechtigte Konkursforderungen jedoch nur formell verbessert.[106] Denn die Vorschrift über die relative Begrenzung des Sozialplanvolumens bewirkt, dass die Sozialplangläubiger grundsätzlich nur befriedigt werden, wenn die übrigen Masseverbindlichkeiten voll erfüllt werden können.[107] Somit stehen die Sozialplanforderungen trotz Höherstufung im Nachrang zu den herkömmlichen Masseforderungen.[108] Die Einordnung der Sozialplangläubiger als Massegläubiger hat lediglich den praktischen Vorteil, dass eine Anmeldung und Feststellung der Sozialplanforderungen entfällt.[109] Kommt der Sozialplan nach Eröffnung des Insolvenzverfahrens zustande, geht er aber auf eine noch vom Insolvenzschuldner durchgeführte Betriebsänderung zurück, handelt es sich bei den Sozialplananprüchen um Masseverbindlichkeiten iSv § 123 II 1 InsO.[110]

---

[102] *Schwerdtner*, Kölner Schrift S. 1648. Es muss sich also in jedem Fall um einen Sozialplan iSd BetrVG handeln. Eine entsprechende Anwendung auf anderweitige als Sozialplan bezeichnete Vereinbarungen kommt nicht in Betracht, vgl. dazu BAG ZIP 2000, 846.

[103] *Schwerdtner*, Kölner Schrift, S. 1648.

[104] Nerlich/Römermann/*Hamacher*, § 124 Rn. 8.

[105] FK/*Wimmer*, § 123 Rn. 2.

[106] Vgl. Begr RegE, *Balz/Landfermann*, S. 354; Nerlich/Römermann/*Hamacher*, § 123 Rn. 37; *Schaub* DB 1999, 217, 227.

[107] Vgl. Begr RegE, *Balz/Landfermann*, S. 354; Nerlich/Römermann/*Hamacher*, § 123 Rn. 37; *Schaub* DB 1999, 217, 227.

[108] Vgl. Begr RegE, *Balz/Landfermann*, S. 354; Nerlich/Römermann/*Hamacher*, § 123 Rn. 37; *Schaub* DB 1999, 217, 227.

[109] Vgl. Begr RegE, *Balz/Landfermann*, S. 354; Nerlich/Römermann/*Hamacher*, § 123 Rn. 37.

[110] LAG Hamm v. 30.4.2010 – 10 TaBV 7/10, ZIP 2010, 2315 m. Anm. *Berscheid*, jurisPR-Arbeitsrecht 5/2011.

50 c) *Nur Entlassungssozialpläne?* Ob mit § 123 InsO nur die Sozialpläne gemeint sind, die sich mit den wirtschaftlichen Folgen der entlassenen Arbeitnehmer befassen, muss bezweifelt werden.[111] Dem ist entgegenzuhalten, dass § 123 InsO, der dem Wortlaut nach mit § 2 SozplKonkG übereinstimmt,[112] einschränkungslos auf die wirtschaftlichen Nachteile abstellt, die den Arbeitnehmern infolge der geplanten Betriebsänderung entstehen. Dazu gehören nicht nur die von Entlassung betroffenen Arbeitnehmer, sondern auch solche, die etwa durch Versetzung in einen anderen Betrieb oder Betriebsteil, Wegfall von Zulagen oder einer sonstigen Verschlechterung ihrer Arbeitsbedingungen Nachteile erleiden. Systematisch und dem Wortlaut nach übernimmt § 123 InsO den betriebsverfassungsrechtlichen Gegenstand des Sozialplans gem. § 112 I S. 2 BetrVG. Der Gesamtbetrag von bis zu 2½ Monatsverdiensten ist der Höchstbetrag an Geld, der für den Ausgleich oder die Milderung von Nachteilen zur Verfügung steht. Ein anderes Verständnis der Vorschrift würde darauf hinaus laufen, den Gesetzeswortlaut dergestalt umzudeuten, dass nur den von einer Entlassung betroffenen Arbeitnehmern ein Ausgleich gewährt werden soll.[113] Dies ist gesetzessystematisch nicht tragfähig, weil überzeugende Anhaltspunkte für ein differenzierendes Sozialplanverständnis fehlen. § 123 InsO ist daher auf Sozialpläne, die andere wirtschaftliche Nachteile als Entlassungen ausgleichen, anwendbar.[114]

51 d) *Erfasste Personen.* Erfasst werden alle Arbeitnehmer, die dem betriebsverfassungsrechtlichen Arbeitnehmerbegriff unterliegen, also auch Teilzeitbeschäftigte, befristet eingestellte Arbeitnehmer und die zur Heimarbeit Beschäftigten, wenn sie in der Hauptsache für den in Betracht kommenden Betrieb tätig sind (§ 5 I, § 6 BetrVG).[115] Dagegen fallen die in § 5 II und III BetrVG aufgeführten Personen aus, da für sie kein Sozialplan gem. der §§ 112, 112a BetrVG aufgestellt wird.[116] Zur Ermittlung der Obergrenze sind daher Leitende Angestellte iSv § 5 III BetrVG, Geschäftsführer und Vorstände nicht einzubeziehen.

52 Von der Entlassung betroffen sind nicht nur diejenigen Arbeitnehmer, denen der Insolvenzverwalter kündigt, sondern auch die auf Grund von Aufhebungsverträgen ausscheiden oder die mit Rücksicht auf die geplante Betriebsstilllegung ihr Arbeitsverhältnis selbst kündigen, wenn der Arbeitgeber bzw. Insolvenzverwalter das Ausscheiden der Arbeitnehmer aus Gründen der Betriebsänderung veranlasst hat.[117] Zutreffend spricht das Gesetz deshalb nicht von gekündigten Arbeitnehmern, sondern nur von solchen, die von einer Entlassung betroffen sind. Eine Differenzierung bei der Entlassungsbetroffenheit muss einer Überprüfung gem. § 75 BetrVG standhalten. Nach der Rechtsprechung ist es zulässig, anspruchsmindernd zu berücksichtigen, dass ältere Arbeitnehmer vorgezogenes Altersruhegeld beziehen oder nach Beendigung des Arbeitsverhältnisses Arbeitslosengeld und danach im unmittelbaren Anschluss Altersrente erhalten können.[118]

---

[111] So aber *Heinze* in der Vorauflage § 105 Rn. 48; ebenso *Fitting/Kaiser/Heither/Engels*, 19. Aufl. § 2 SozplKonkG Rn. 7; *Balz*, Sozialplan S. 55 ff.; zweifelnd *Uhlenbruck*, KTS 1985, 199, 204.
[112] Gesetz über den Sozialplan im Konkurs- und Vergleichsverfahren v. 20.2.1985, BGBl. I S. 369.
[113] Vgl. im Einzelnen GK-BetrVG/*Fabricius*, 4. Aufl. 1989, §§ 112, 112a BetrVG Rn. 161–165; MüKoInsO/*Löwisch/Caspers*, § 123 Rn. 26; *Annuß* NZI 1999, 344, 349.
[114] GK-BetrVG/*Oetker*, § 112 Rn. 291; MüKoInsO/*Löwisch/Caspers*, § 123 Rn. 27.
[115] *Fitting/Kaiser/Heither/Engels*, § 2 SozplKonkG Rn. 10.
[116] GK-BetrVG/*Oetker*, § 112 Rn. 107, 108.
[117] BAG v. 9.11.1994 – 10 AZR 281/94, NZA 1995, 1003; BAG v. 19.7.1995 – 10 AZR 885/94, NZA 1996, 274; ErfK/*Kania*, §§ 112, 112a BetrVG Rn. 20, 25; *Fitting/Kaiser/Heither/Engels*, § 2 SozplKonkG Rn. 11; *Heither* ZIP 1985, 518.
[118] Zur Altersdifferenzierung vgl. BAG v. 26.5.2009 – 1 AZR 198/08, NZA 2009, 894; zur Rentennähe BAG v. 20.1.2009 – 1 AZR 740/07, NZA 2009, 495; BAG v. 11.11.2008 – 1 AZR 475/07, NZA 2009, 210.

e) *Gesamtvolumen / Obergrenze*. Der Berechnung des zulässigen Gesamtvolumens des 53
Sozialplanes gem. § 123 I InsO ist der individuelle Arbeitsverdienst eines jeden von der
geplanten Entlassung betroffenen Arbeitnehmers zugrunde zu legen, nicht dagegen der
Durchschnittsverdienst aller im Betrieb beschäftigten Arbeitnehmer.[119] Strittig ist der
Bemessungszeitraum: Während eine Literaturmeinung auf den Zeitpunkt abstellen will,
zu dem die Mehrzahl der betroffenen Arbeitnehmer entlassen wird,[120] wird andererseits
der Zeitpunkt der Aufstellung des Sozialplanes als maßgeblich angesehen, wobei strittig
ist, ob die mit Sicherheit zu erwartenden Änderungen in der Lohnhöhe bis zur Betriebsänderung zu berücksichtigen sind oder nicht. Auch wenn dieser Streit nur selten
praktische Relevanz gewinnen wird, ist festzustellen, dass schon aus Rechtsgründen auf
den Zeitpunkt des Entstehens des Anspruchs und damit auf den Zeitpunkt des Zustandekommens der Einigung oder des Spruchs der Einigungsstelle abzustellen ist.[121]

Bei Abschluss des Sozialplans muss die Obergrenze feststehen oder bestimmbar sein. 54
Spätere Entwicklungen bleiben unberücksichtigt. Dies hat nichts mit der Frage zu tun,
nach welchen Bemessungsfaktoren die im Einzelfall zu zahlende Abfindung zu ermitteln ist. Auch bei einer etappenweise durchgeführten Betriebsstilllegung ist bezüglich
der Ermittlung des Sozialplanvolumens einheitlich auf den Zeitpunkt des Zustandekommens des Sozialplans abzustellen. Der Hinweis auf § 10 III KSchG steht dem nicht
entgegen, weil es sich dabei um den gem. § 9 II KSchG gerichtlich festgesetzten Zeitpunkt der Beendigung des Arbeitsverhältnisses handelt.

f) *Monatsverdienst*. Zunächst ist die Höhe des Monatsverdienstes eines jeden betroffe- 55
nen Arbeitnehmers nach den Grundsätzen des § 10 III KSchG zu ermitteln, wonach als
Monatsverdienst das bei der praktizierten Arbeitszeit in dem maßgebenden Monat erzielte Gehalt einschließlich der Sachbezüge gilt. Entscheidend ist die individuelle Arbeitszeit des jeweils betroffenen Arbeitnehmers, nicht die regelmäßige betriebsübliche
Arbeitszeit, was besonders für Teilzeitbeschäftigte von Bedeutung ist. Vorübergehende
Schwankungen der Arbeitszeit infolge von Kurzarbeit, Erkrankungen oder Überstunden sind unbeachtlich.[122]

Mit dem Monatsverdienst sind alle Bestandteile des Arbeitsentgelts gemeint. Daher 56
sind neben der monatlichen Grundvergütung auch Zulagen, der Wert von Naturalleistungen, Tantiemen, ein 13. und 14. Monatsgehalt sowie Gratifikationen und zusätzliche
Urlaubsgelder mit zu berücksichtigen.[123] Nicht einzubeziehen sind dagegen Leistungen,
die reinen Aufwendungsersatz darstellen und keinen Entgeltcharakter haben, wie etwa
Spesen, Fahrtkostenzuschüsse und dergl. Weihnachtsgeld, Jahresabschlussvergütungen
usw, die als Gegenleistung für die erbrachte Arbeitsleistung geschuldet werden, müssen
ebenso wie das tariflich oder vertraglich vereinbarte Urlaubsgeld anteilig auf den Monat
der Festsetzung umgerechnet werden.[124] Als in Geld umzurechnende Sachbezüge sind
weiterhin die Deputate der Landwirtschaft, des Bergbaus, Werkswohnungen usw einzubeziehen. Der Monatsverdienst setzt sich aus allen Geld- und Sachbezügen mit Entgeltcharakter zusammen. Insgesamt ist es für die Ermittlung des Monatsverdienstes unbeachtlich, ob der Arbeitnehmer zu dem fraglichen Zeitpunkt freigestellt ist, sich in
Urlaub befindet oder infolge längerer Krankheit arbeitsunfähig ist.[125]

---

[119] *Fitting/Kaiser/Heither/Engels*, § 2 SozplKonkG Rn. 12; Nerlich/Römermann/*Hamacher*, § 123, Rn. 19.
[120] So *Fitting/Kaiser/Heither/Engels*, § 2 SozplKonkG Rn. 13; *Irschlinger*, Probleme, S. 23.
[121] Vgl. *Balz*, Sozialplan, S. 54 f.; *Spinti*, S. 67.
[122] MüKoInsO/*Löwisch/Caspers*, § 123 Rn. 56, 57.
[123] MüKoInsO/*Löwisch/Caspers*, § 123 Rn. 56; ErfK/*Kiel*, § 10 KSchG Rn. 3.
[124] *Boemke/Tietze* DB 1999, 1389, 1391; MüKoInsO/*Löwisch/Caspers*, § 123 Rn. 62; FK/*Eisenbeis*, § 123 Rn. 11.
[125] *Fitting/Kaiser/Heither/Engels*, § 2 SozplKonkG Rn. 16; FK/*Eisenbeis*, § 123 Rn. 11.

57 Der Gesamtbetrag des nach § 123 I InsO zulässigen Gesamtvolumens ergibt sich, wenn die individuellen Monatsverdienste aller betroffenen Arbeitnehmer mit 2,5 multipliziert werden, ohne dass dadurch zugleich schon die individuelle Höhe des jeweiligen Sozialplananspruchs festgelegt ist. Die im Einzelfall vorgesehene Abfindung kann auch über der Grenze von 2½ Monatsverdiensten liegen. Aus dem Gesamtvolumen können die Sozialplanleistungen nach den Gegebenheiten des Einzelfalls, insbesondere unter Berücksichtigung sozialer Härten, festgelegt werden.[126] Falls kein oder nur ein geringes Ausgleichsbedürfnis besteht, weil der entlassene Arbeitnehmer beispielsweise sofort einen Anschlussarbeitsplatz gefunden hat, kann auch von Sozialplanleistungen gänzlich abgesehen werden.

58 g) *Rechtsfolgen bei Überschreiten der Obergrenze.* Verstößt ein Sozialplan wegen Überschreitung des Höchst-Gesamtbetrages von 2½ Monatsverdiensten der von einer Entlassung betroffenen Arbeitnehmer gegen § 123 I InsO, so stellt sich die Frage nach der Rechtsfolge. Da § 123 I InsO keine eigenständige Regelung trifft, müsste es an sich bei der umfassenden Nichtigkeit des Sozialplanes gem. § 134 BGB verbleiben.[127] Andererseits hat auch der Sozialplan in der Insolvenz gem. § 112 I 3 die Wirkung einer Betriebsvereinbarung, so dass die Regeln über die Behandlung einer teilweise unwirksamen Betriebsvereinbarung zur Anwendung kommen. Nach der Rechtsprechung des BAG wird die gesamte Betriebsvereinbarung abweichend von § 139 BGB nur dann unwirksam, wenn der nichtige Teil mit den übrigen Bestimmungen in einem unlösbaren Zusammenhang steht und die Betriebsvereinbarung ohne die unwirksamen Bestimmungen einen anderen Inhalt gewinnt.[128] Danach führt die Teilunwirksamkeit eines Sozialplans grundsätzlich nicht zu dessen Nichtigkeit. Etwas anderes gilt nur, wenn der verbleibende Teil ohne den unwirksamen Teil keine sinnvolle und in sich geschlossene Regelung mehr darstellt.[129] Dies leitet das BAG aus dem Normalcharakter von Betriebsvereinbarungen ab, der es ebenso wie bei Gesetzen und Tarifverträgen im Interessen der Kontinuität und Rechtsbeständigkeit gebiete, eine gesetzte Ordnung solange aufrecht zu erhalten, als sie auch ohne den unwirksamen Teil ihre Ordnungsfunktion noch erfülle.[130] Dies kann bei einem Sozialplan, welcher die Obergrenze gem. § 123 I InsO überschreitet, dann der Fall sein, wenn unter Zugrundelegung der erkennbaren Verteilungsmaßstäbe eine anteilige Kürzung möglich ist (§ 123 II S. 3 InsO analog).[131]

59 Im Übrigen kann die (Teil-)Nichtigkeit der Vereinbarung oder die (Teil-)Nichtigkeit des Spruchs der Einigungsstelle vom Insolvenzverwalter jederzeit, dh ohne Einhaltung der Frist des § 76 V 4 BetrVG geltend gemacht werden, weil eine Kompetenzüberschreitung der Einigungsstelle in vollem Umfang und zeitlich unbefristet der gerichtlichen Rechtskontrolle unterliegt.[132] Die Folge eines nichtigen Sozialplans ist nicht der endgültige Wegfall von Arbeitnehmeransprüchen wegen der vorgenommenen Betriebsänderung, sondern allein der Abschluss einer neuen Vereinbarung oder ein neues Tätigwerden der Einigungsstelle gem. der §§ 111, 112, 112a BetrVG. Der Insolvenzverwalter kann die Ansprüche der begünstigten Arbeitnehmer nicht in dem nach der InsO vorgesehenen Verfahren berichtigen, vielmehr muss das betriebsverfassungsrechtliche Verfahren dann – erneut – eingehalten werden.[133]

---

[126] MüKoInsO/*Löwisch/Caspers*, § 123 Rn. 58; *Kübler/Prütting/Moll*, §§ 123, 124 Rn. 56 ff.
[127] Vgl. *Fitting*, §§ 112, 112a Rn. 271; *Boemke/Tietze*, DB 1991, 1391.
[128] BAG v. 30.8.1995, NZA 1996, 218; *Schaub/Koch*, Arbeitsrechts-Handbuch § 231 Rn. 8.
[129] BAG v. 18.12.1990 – 1 ABR 11/90, NZA 1991, 484; BAG v. 25.1.2000 – 1 ABR 1/99, NZA 2000, 1069; BAG v. 21.10.2003 – 1 AZR 407/02, AP Nr. 163 zu § 112 BetrVG 1972.
[130] BAG v. 18.12.1990 – 1 ABR 11/90, NZA 1991, 484.
[131] *Annuß* NZI 1999, 344, 350; *Oetker/Friese* DZWIR 2001, 265, 271; MüKoInsO/*Löwisch/Caspers*, § 123 Rn. 65.
[132] *Richardi*, BetrVG § 76 Rn. 128; *Fitting*, § 76 Rn. 107.
[133] Vgl. *Fitting/Kaiser/Heither/Engels*, § 2 SozplKonkG Rn. 19; vgl. *Schaub/Koch*, Arbeitsrechts-Handbuch § 244 Rn. 61a.

h) *Relative Verteilungsgrenze.* Selbst wenn aber die Bemessungsgrenze des § 123 I InsO **60** eingehalten worden ist, sieht § 123 II 2, 3 InsO, wie schon § 4 SozplKonkG, die Einhaltung einer relativen Verteilungsgrenze vor,[134] derzufolge nicht mehr als ein Drittel der Masse verwendet werden darf, die ohne einen Sozialplan für die Verteilung an die Insolvenzgläubiger zur Verfügung stünde. Neben der absoluten Bemessungsgrenze des Sozialplans gem. § 123 I InsO hat der Gesetzgeber diese zusätzliche Schranke als Verteilungssperre vorgesehen, um das Sozialplanvolumen der jeweilig konkreten Insolvenzsituation unter Berücksichtigung der anderen Gläubigerinteressen anzupassen.[135] Lediglich bei der Verteilung der Masse auf Grund eines Insolvenzplans iSd §§ 217 ff. InsO muss diese relative Grenze gem. § 123 II 2 nicht beachtet werden.[136] Hingegen muss die absolute Obergrenze gem. § 123 I InsO eingehalten werden, auch wenn § 217 InsO Abweichungen von den Vorschriften der InsO gestattet. Dies folgt gesetzessystematisch daraus, dass sich die Ausnahme des § 123 II 2 InsO nur auf den Insolvenzplan bezieht.[137]

Die Insolvenzmasse iSv § 123 II 2, 3 InsO ist die sogenannte freie Teilungsmasse, also der **61** Erlös des Schuldnervermögens nach Berücksichtigung der Aus- und Absonderungsrechte sowie der Masseverbindlichkeiten.[138] Ferner handelt es sich bei der nur relativ wirkenden Begrenzung des Sozialplanvolumens iS von § 123 II 2, 3 InsO nicht um eine Schranke der Wirksamkeit bzw. Insolvenzwirksamkeit des Sozialplans, sondern lediglich um eine verfahrensrechtliche Verteilungssperre, die nicht auf die im Zeitpunkt der Aufstellung des Sozialplanes erkennbare Teilungsmasse bezogen ist, sondern auf den Gesamtbetrag der Teilungsmasse, so wie er sich im Zeitpunkt der Verteilung der Insolvenzmasse iSd §§ 187 ff. InsO bestimmt.[139] Liegt nämlich ein Verstoß gegen die relative Verteilungsgrenze vor, so werden die einzelnen Sozialplanforderungen gem. § 123 II 3 InsO anteilig gekürzt.[140]

Die durch die Kürzung ausgefallenen Forderungen bleiben allerdings Insolvenzforderungen; **62** sie können nicht außerhalb des Insolvenzverfahrens gegenüber dem Schuldner geltend gemacht werden. Erst nach Abschluss des Insolvenzverfahrens ist gem. § 201 I InsO ein weiteres Vorgehen gegen den Schuldner möglich. Die betroffenen Arbeitnehmer, deren Forderungen zur Tabelle festgestellt und nicht vom Schuldner im Prüfungstermin ausdrücklich bestritten worden sind bzw. für die ein erhobener Widerspruch beseitigt worden ist, können aus der Eintragung in die Tabelle die Zwangsvollstreckung gem. § 201 II InsO gegen den Schuldner betreiben.

i) *Abschlagszahlungen.* Da Sozialplanansprüche auf Grund des gesetzgeberisch vorgegebenen **63** Schutzgedankens idR dringend einer Vorausberichtigung bedürfen, hat der Gesetzgeber nun mit der Regelung des § 123 III 1 InsO ausdrücklich bestimmt, dass der Insolvenzverwalter, sooft hinreichende Barmittel in der Masse vorhanden sind, mit Zustimmung des Insolvenzgerichts Abschlagszahlungen auf die Sozialplanforderungen leisten soll.[141] Sowohl Insolvenzverwalter als auch Gläubiger können beim Insolvenzgericht Abschlagszahlungen beantragen. Bei den Abschlagszahlungen haben der Insolvenzverwalter und das Insolvenzgericht die Grenzen des § 123 InsO zu beachten. Deshalb kann jeweils ein Drittel der vorhandenen Teilungsmasse an die Sozialplangläubiger ausgezahlt werden, um eine Überschreitung der Grenzen und eine Haftung des Insol-

---

[134] Nerlich/Römermann/*Hamacher*, § 123 Rn. 27.
[135] MüKoInsO/*Löwisch/Caspers*, § 123 Rn. 5; *Oetker/Friese*, DZWIR 2001, 265.
[136] Nerlich/Römermann/*Hamacher*, § 123 Rn. 28; MüKoInsO/*Löwisch/Caspers*, § 123 Rn. 67; *Oetker/Friese* DZWIR 2001, 273.
[137] MüKoInsO/*Löwisch/Caspers*, § 123 Rn. 68; *Kübler/Prütting/Moll*, §§ 123, 124 Rn. 60; *Oetker/Friese* DZWIR 2001, 271; GK-BetrVG/*Oetker*, § 112 Rn. 149.
[138] *Caspers*, Rn. 438, 32 f.; *Balz* DB 1985, 689, 693; *Irschlinger*, Probleme, S. 26.
[139] Nerlich/Römermann/*Hamacher*, § 123 Rn. 31.
[140] *Oetker/Friese* DZWIR 2001, 273; *Kübler/Prütting/Moll*, §§ 123, 124 Rn. 80.
[141] *Schwerdtner*, Kölner Schrift S. 1644; MüKoInsO/*Löwisch/Caspers*, § 123 Rn. 65; *Oetker/Friese* DZWIR 2001, 273.

venzverwalters zu vermeiden. Falls die Sozialplanforderungen weniger als ein Drittel der vorhandenen Teilungsmasse ausmachen, kann der Insolvenzverwalter idR risikolos den restlichen Teil der baren Teilungsmasse gem. § 187 InsO an die Insolvenzgläubiger auszahlen.[142] Schwierigkeiten können sich ergeben, wenn die Höhe der Teilungsmasse noch nicht feststeht. Zur Vermeidung einer Haftung nach § 60 InsO wird der Insolvenzverwalter daher von der Möglichkeit, Abschlagszahlungen auszuzahlen, nur zurückhaltend Gebrauch machen.[143] Andererseits hat der einzelne Arbeitnehmer Anspruch auf Auszahlung eines Abschlags, wenn ausreichende Barmittel vorhanden sind und das Insolvenzgericht der beabsichtigten Abschlagszahlung zugestimmt hat.[144]

64 **j)** *Ausschluss der Zwangsvollstreckung.* Gem § 123 III 2 InsO ist eine Zwangsvollstreckung in die Masse wegen einer Sozialplanforderung unzulässig. Dies ist erforderlich, um die Einhaltung der relativen Obergrenze zu gewährleisten. Obwohl die Ansprüche aus einem nach Insolvenzeröffnung geschlossenen Sozialplan gem. § 123 II InsO zu Masseverbindlichkeiten hochgestuft worden sind, sind die anspruchsberechtigten Arbeitnehmer in Wirklichkeit nur nachrangige Massegläubiger. Wegen der Verteilungssperre werden die Sozialplangläubiger erst nach den übrigen Massegläubigern bedient.[145] Da Sozialplanforderungen Masse- und nicht bloß Insolvenzforderungen sind, müssen sie nicht zur Tabelle angemeldet werden. Strittige Sozialplanansprüche können wegen des Vollstreckungsverbots nur im Wege der Feststellungsklage geltend gemacht werden.[146]

65 **k)** *Ansprüche aus insolvenznahen Sozialplänen (§ 124 InsO).* Der Gesetzgeber geht davon aus, dass Sozialpläne, die kurz vor der Eröffnung des Insolvenzverfahrens aufgestellt werden, bereits Nachteile ausgleichen sollen, die mit dem Eintritt der Insolvenz in Zusammenhang stehen.[147] Da es des Weiteren oft von Zufällen abhängt, wann ein Sozialplan infolge einer Betriebsänderung aufgestellt wird, beabsichtigt der Gesetzgeber mit der Regelung des § 124 InsO die durch insolvenznahe Sozialpläne begünstigten Arbeitnehmer mit den Arbeitnehmern, denen Forderungen aus einem Sozialplan zustehen, die der Insolvenzverwalter im Insolvenzverfahren aufgestellt hat, weitgehend gleichzustellen.[148] Dieser Grundgedanke bestand bereits beim SozplKonkG, so dass § 4 S. 1 SozplKonkG die Forderungen aus einem bis zu drei Monate vor Konkurseröffnung aufgestellten Sozialplan mit dem gleichen Konkursvorrecht versehen hatte wie Forderungen aus im Verfahren aufgestellten Plänen. Des Weiteren durch § 3 SozplKonkG, der eine den Konkursgläubigern gegenüber wirkende, relative Unwirksamkeit vorsah, als der Gesamtbetrag der Forderung aus dem Sozialplan größer war als der Gesamtbetrag von 2,5 Monatsverdiensten der von einer Entlassung betroffenen Arbeitnehmer.

66 Der Gesetzgeber versucht nun mit der Regelung des § 124 InsO dieses Ziel auf einem anderen Weg zu erreichen. So bestimmt § 124 I InsO, dass ein Sozialplan, der vor der Eröffnung des Insolvenzverfahrens, jedoch nicht früher als drei Monate vor dem Eröffnungsantrag aufgestellt worden ist (insolvenznaher Sozialplan), widerrufen werden kann. Dabei erfasst § 124 InsO ebenfalls Sozialpläne, die zwischen Eröffnungsantrag und Eröffnungsbeschluss aufgestellt werden.[149] Dies gilt unabhängig davon, ob ein vorläufiger Insolvenzverwalter an der Aufstellung beteiligt war.[150]

---

[142] Nerlich/Römermann/*Hamacher,* § 123 Rn. 39.
[143] Vgl. MüKoInsO/*Löwisch/Caspers,* § 123 Rn. 71; *Oetker/Friese* DZWIR 2001, 273.
[144] *Oetker/Friese* DZWIR 2001, 273; *Kübler/Prütting/Moll,* §§ 123, 124 Rn. 85.
[145] Uhlenbruck/Hirte/Vallender/*Berscheid,* §§ 123, 124 InsO Rn. 39.
[146] *Zwanziger,* InsO § 123 Rn. 37; BAG v. 21.1.2010 – 6 AZR 758/08, NZA 2010, 413.
[147] Vgl. Begr RegE, *Kübler/Prütting,* Bd I, S. 324.
[148] Vgl. Begr RegE, *Balz/Landfermann,* S. 355.
[149] Nerlich/Römermann/*Hamacher,* § 124 Rn. 7.
[150] Vgl. Nerlich/Römermann/*Hamacher,* § 124 Rn. 7; *Caspers,* Rn. 479; MüKoInsO/*Löwisch/Caspers,* § 124 Rn. 3.

Ansprüche der Arbeitnehmer 67–70 § 107

l) *Widerruf.* Widerrufsberechtigt sind gem. § 124 I InsO beide Betriebsparteien, also 67
Insolvenzverwalter und Betriebsrat. Des Weiteren ist das Recht zum Widerruf des insolvenznahen Sozialplans an keine weiteren Voraussetzungen geknüpft. Es bedarf folglich keines Widerrufsgrundes.[151]

Gem. § 124 I InsO liegt es im Ermessen der Betriebsparteien, den insolvenznahen 68
Sozialplan zu widerrufen oder dies zu unterlassen. Allerdings kann sich der Insolvenzverwalter persönlich nach § 60 InsO schadensersatzpflichtig machen, wenn er einen insolvenznahen Sozialplan nicht widerruft, der für die Insolvenzmasse ungünstig ist.[152] Der Betriebsrat sollte sein Widerrufsrecht grundsätzlich dann ausüben, wenn die Leistungen vom Schuldner im Wesentlichen noch nicht erbracht worden sind, damit die Arbeitnehmer auf Grund eines neu aufgestellten Sozialplans Masseforderungen erlangen.[153]

m) *Rang.* Wird der insolvenznahe Sozialplan nicht widerrufen, bleibt er wirksam. 69
Fraglich ist allerdings, ob die Ansprüche aus dem Sozialplan dann als einfache Insolvenzforderungen gem. § 38 InsO oder als Masseverbindlichkeiten gem. § 55 I InsO zu qualifizieren sind. Die Meinung im Schrifttum, die die Ansprüche der Arbeitnehmer aus dem nicht widerrufenen, insolvenznahen Sozialplan als Masseverbindlichkeiten gem. § 55 I InsO einstuft, begründet dies damit, dass auch ein Unterlassen durch den Insolvenzverwalter eine Masseschuld begründen kann.[154] Dieser Ansicht ist jedoch nicht zu folgen. Das BAG hat nunmehr den Streit dergestalt entschieden, dass Abfindungsansprüche aus einem vor Insolvenzeröffnung aufgestellten Sozialplan nur als Insolvenzforderungen iSv § 38 InsO einzustufen sind, falls der Abschluss nicht durch einen vorläufigen Insolvenzverwalter mit Verfügungsbefugnis iSv § 55 II InsO erfolgt.[155] Anders als die Konkursordnung differenziert die Insolvenzordnung nur zwischen Insolvenzforderungen, die vor Eröffnung des Insolvenzverfahrens entstanden sind, und Masseforderungen, welche gem. § 55 I InsO nach Eröffnung des Insolvenzverfahrens begründet werden. § 123 II S. 1 InsO ordnet daher an, dass nur ein nach Eröffnung des Insolvenzverfahrens geschlossener Sozialplan Masseverbindlichkeiten begründet. In § 124 InsO fehlt eine ausdrückliche gesetzliche Bestimmung, dass Sozialpläne, die vor Verfahrenseröffnung zustande kommen, wie Sozialpläne gem. § 123 InsO zu behandeln sind. Die Ansprüche aus insolvenznahen Sozialplänen können auch nicht deshalb als Masseforderungen nach § 55 I 1 InsO eingestuft werden, weil sie iSv § 55 I 1 InsO auf einer Handlung bzw. einem Unterlassen des Insolvenzverwalters beruhen, der den Sozialplan gem. § 124 I InsO nicht widerrufen hat. Zutreffend weist das BAG darauf hin, dass die Forderungen bereits durch Abschluss des Sozialplans vor Eröffnung des Insolvenzverfahrens begründet worden sind. Bereits entstandene Forderungen können nicht durch Unterlassen eines Widerrufs nach § 124 I InsO neu begründet werden. Ein nicht erfolgter Widerruf kann dem Insolvenzverwalter iSv § 55 I 1 InsO nur zugerechnet werden, wenn ihn eine Rechtspflicht zum Handeln trifft.[156]

Man kann die insolvenzrechtliche Sozialplanregelung der §§ 123, 124 InsO zwar für 70
systemwidrig und vom Ergebnis her für bedenklich halten,[157] allein das geltende Recht bietet keine tragfähige Interpretationsgrundlage für die Gleichstellung der insolvenznahen mit den nach Verfahrenseröffnung geschlossenen Sozialplänen. Dass dies zu recht-

---

[151] FK/*Wimmer*, § 124 Rn. 5; Nerlich/Römermann/*Hamacher*, § 124 Rn. 9; MüKoInsO/*Löwisch/Caspers*, § 124 Rn. 6.
[152] FK/*Wimmer*, § 124 Rn. 6.
[153] Vgl. Nerlich/Römermann/*Hamacher*, § 124 Rn. 11; *Uhlenbruck*, Das neue Insolvenzrecht, S. 54.
[154] *Warrikoff* BB 1994, 2338, 2344; ErfK/*Hanau/Kania*, § 112a BetrVG Rn. 48.
[155] BAG v. 31.7.2002 – 10 AZR 275/01, NJW 2003, 989 = NZA 2003, 1332 = NZI 2003, 45.
[156] Kübler/Prütting/*Moll*, §§ 123, 124 InsO Rn. 105; MüKoInsO/*Löwisch/Caspers*, § 124 Rn. 15.
[157] *Häsemeyer* ZIP 2003, 229.

lich und praktisch unhaltbaren Differenzierungen führt und vor dem Gleichbehandlungsgebot keinen Bestand haben dürfte,[158] kann nicht ohne weiteres geteilt werden. Problematisch bleibt freilich die Unterscheidung, ob der Insolvenzschuldner mit Zustimmung des vorläufigen Insolvenzverwalters oder ob ein starker Insolvenzverwalter mit Verfügungsbefugnis den Sozialplan abgeschlossen hat. Für die betroffenen Arbeitnehmer ergeben sich daraus Unklarheiten und Unsicherheiten. Auch der von einem vorläufigen Insolvenzverwalter mit Verfügungsbefugnis abgeschlossene Sozialplan kann gem. § 124 I InsO widerrufen werden.

71   **n)** *Rechtsfolgen bei Widerruf.* Wird der insolvenznahe Sozialplan von einer Betriebspartei widerrufen, so sind grundsätzlich die in diesem begünstigten Arbeitnehmer gem. § 124 II InsO in dem Sozialplan zu berücksichtigen, der nach Verfahrenseröffnung aufgestellt wird. Sind den begünstigten Arbeitnehmern auf Grund des widerrufenen Sozialplans bereits Leistungen ausgezahlt worden, so können diese gem. § 124 III 1 InsO nicht zurückgefordert werden. Die bereits empfangenen Leistungen sind jedoch auf die individuellen Forderungen anzurechnen, wenn die Arbeitnehmer, die bereits auf Grund des widerrufenen Sozialplans Leistungen empfangen haben, in einem im Insolvenzverfahren neu aufgestellten Sozialplan wiederum berücksichtigt werden.[159] Im Übrigen sind die bereits erfolgten Leistungen gem. § 124 III 2 InsO bei der Berechnung des Gesamtbetrags nach § 123 I InsO zu berücksichtigen, indem das Gesamtvolumen entsprechend niedriger festzusetzen ist.[160]

72   Sozialplanforderungen gelten jedoch gem. § 55 II InsO nach Verfahrenseröffnung als Masseverbindlichkeiten, wenn der Sozialplan vor Eröffnung des Insolvenzverfahrens von einem vorläufigen Insolvenzverwalter aufgestellt worden ist, auf den gem. § 22 I InsO die Verwaltungs- und Verfügungsbefugnis übergegangen ist.[161]

73   **o)** *Mehrere Sozialpläne.* Kommt es wegen aufeinander folgender Betriebsänderungen zu mehreren Sozialplänen, so ist zu unterscheiden: Sozialpläne, die länger als drei Monate vor Insolvenzeröffnung abgeschlossen sind, führen ohnehin nur zu einfachen Insolvenzforderungen gem. § 38 InsO. Darüber hinaus sind Forderungen aus solchen Sozialplänen unbeachtlich, die bereits vor Insolvenzeröffnung erfüllt worden sind. Nur soweit mehrere Insolvenzpläne iSd §§ 123, 124 InsO in Frage stehen, sind die Forderungen aus diesen Sozialplänen wie schon im SozplKonkG zusammenzurechnen. Der Insolvenzverwalter hat dann die Summe der Sozialplanforderungen zu ermitteln und diese Summe (= die Gesamtheit dieser Forderungen) mit der verteilungsfähigen Insolvenzmasse gem. § 123 II 2 InsO zu vergleichen. Aufgrund dieses Vergleichs ergibt sich das Verhältnis, in dem die einzelnen Forderungen der aus den verschiedenen Sozialplänen berechtigten Arbeitnehmer anteilig gekürzt werden müssen.[162]

74   **p)** *Verzicht – tarifliche Ausschlussfrist.* Ein Sozialplan hat gem. § 112 I S. 3 BetrVG die Wirkung einer Betriebsvereinbarung. Ein Verzicht auf einen Sozialplananspruch ist daher gem. § 77 IV S. 2 BetrVG grundsätzlich nur mit Zustimmung des Betriebsrats wirksam. Für die erforderliche Zustimmung gelten die §§ 182 ff. BGB. Sie kann vorher als Einwilligung (§ 183 BGB) oder nachträglich als Genehmigung (§ 184 BGB) erteilt werden. Formvorschriften bestehen insoweit nicht, der Betriebsrat muss aber unmissverständlich zum Ausdruck bringen, dass er mit dem Verzicht einverstanden ist.[163] Die Zu-

---

[158] So ausdr *Häsemeyer* ZIP 2003, 229.
[159] Nerlich/Römermann/*Hamacher*, § 124 Rn. 19.
[160] Nerlich/Römermann/*Hamacher*, § 124 Rn. 14; *Hess,* § 124 Rn. 8; MüKoInsO/*Löwisch/Caspers,* § 124 Rn. 16.
[161] Nerlich/Römermann/*Hamacher,* § 124 Rn. 23; MüKoInsO/*Löwisch/Caspers,* § 124 Rn. 8; BAG v. 31.7.2002 – 10 AZR 275/01, NJW 2003, 989 = NZA 2003, 1332 = NZI 2003, 45.
[162] *Warrikoff* BB 1994, 2338, 2344; *Schwerdtner,* Kölner Schrift S. 1655.
[163] BAG v. 3. 6. 1997 – 3 AZR 25/96, AP § 77 BetrVG 1972 Nr. 69.

stimmung setzt einen ordnungsgemäßen Beschluss des Betriebsrats gem. § 33 BetrVG voraus und kann grundsätzlich nur jeweils für den einzelnen konkreten Verzicht des Arbeitnehmers erteilt werden.[164] Auch bei einem individualvertraglichen Verzicht auf einen Sozialplananspruch findet das Günstigkeitsprinzip Anwendung. Der Arbeitnehmer kann auf einen Sozialplananspruch auch ohne Zustimmung des Betriebsrats wirksam verzichten, wenn die abweichende Regelung für ihn objektiv günstiger ist. Ist nicht zweifelsfrei feststellbar, dass die Abweichung für den Arbeitnehmer günstiger ist, bleibt es bei der zwingenden Geltung des Sozialplans. Bei dem Günstigkeitsvergleich ist auf den Zeitpunkt abzustellen, zu dem sich der Sozialplan und die einzelvertragliche Abrede erstmals konkurrierend gegenüberstehen.[165]

Sozialplanansprüche unterliegen gemäß § 77 IV 4 BetrVG tariflichen Ausschlussfristen und können daher verfallen, wenn sie nicht rechtzeitig und formgerecht geltend gemacht worden sind.[166] Ausschlussfristen für die Geltendmachung von Sozialplanansprüchen greifen im Übrigen nur ein, wenn dies in einer Betriebsvereinbarung enthalten ist. Durch den Einzelarbeitsvertrag können daher Ausschlussfristen für Ansprüche aus einer Betriebsvereinbarung ebenso wenig wirksam vereinbart werden wie die Verkürzung der gesetzlichen Verjährungsfristen.[167] Auf Sozialplanansprüche nicht tarifgebundener Arbeitnehmer finden tarifvertragliche Ausschlussfristen Anwendung, wenn ein Tarifvertrag einzelvertraglich insgesamt in Bezug genommen ist.[168]

q) *Störung der Geschäftsgrundlage.* Trotz Einführung der Insolvenzordnung ist weiterhin fraglich, ob einem vorinsolvenzlichen Sozialplan durch den Eintritt der Insolvenz die Geschäftsgrundlage entzogen werden könnte.[169] Dies ist nun nicht mehr möglich bei Sozialplänen, die drei Monate vor Eröffnung des Insolvenzverfahrens entstanden sind, da diese gem. § 124 InsO widerrufen werden können. Besondere Probleme ergeben sich, wenn Arbeitnehmer im Wege der Individualklage vor den Arbeitsgerichten im Urteilsverfahren geltend machen, dass ihnen nach Recht und Billigkeit in einem Sozialplan, in dem sie nicht oder nur unzulänglich Berücksichtigung gefunden haben, eine bzw. eine höhere als im Sozialplan vorgesehene Abfindung hätte zugebilligt werden müssen.[170] Obwohl es den Arbeitsgerichten auf Grund der individuellen Billigkeitskontrolle gerade nicht zusteht, den ausgehandelten finanziellen Gesamtrahmen eines Sozialplans zu überprüfen, kann gleichwohl nicht ausgeschlossen werden, dass die Billigkeitskontrolle im Ergebnis doch zu einer Ausweitung der Leistungspflicht zu Lasten der Insolvenzmasse führt, weil Arbeitnehmer gem. § 75 BetrVG zu Unrecht ausgeschlossen worden sind.[171] Dies kann bspw. der Fall sein, wenn Elternzeiten nicht berücksichtigt, ältere Arbeitnehmer im Hinblick auf die bevorstehende Möglichkeit, Altersruhegeld zu beziehen, von Abfindungen gänzlich ausgeschlossen werden[172] oder eine mittelbare Benachteiligung jüngerer Arbeitnehmer iSv § 3 II AGG stattfindet.[173]

---

[164] BAG v. 27.1.2004 – 1 AZR 148/03, NZA 2004, 667.
[165] BAG v. 27.1.2004 – 1 AZR 148/03, NZA 2004, 667.
[166] Vgl. BAG v. 13.2.2007 – 1 AZR 184/06, NZA 2007, 825; BAG v. 27.3.1996 – 10 AZR 668/95, NZA 1996, 986.
[167] GK-BetrVG/*Kreutz*, § 77 Rn. 288; *Richardi*, § 77 Rn. 188.
[168] BAG v. 27.1.2004 – 1 AZR 148/03, NZA 2004, 667.
[169] Vgl. FK/*Eisenbeis*, § 124 Rn. 26; verneinend *Boemke/Tietze* DB 1999, 1389, 1395.
[170] BAG v. 17.2.1981 – 1 AZR 290/78, NZA 1982, 82; BAG v. 26.6.1990 – 1 AZR 263/88, NZA 1991, 111; BAG v. 12.12.2002 – 1 AZR 58/02, NZA 2003, 1287.
[171] *Balz* DB 1985, 689, 694; ErfK/*Kania*, §§ 112, 112a BetrVG Rn. 47.
[172] Vgl. BAG v. 12.12.2002 – 1 AZR 58/02, NZA 2003, 1287, und v. 21.10.2003 – 1 AZR 407/02, NZA 2004, 559.
[173] Vgl. dazu BAG v. 26.5.2009 – 1 AZR 198/08, NZA 2009, 849 m. Anm. *Bertzbach*, jurisPR-ArbR 37/2009 Anm. 1.

77 Des Weiteren kann die Billigkeitskontrolle nicht dazu führen, die Sozialplanlast über das in § 123 I, II InsO festgelegte Maß hinaus auszudehnen. Ferner ist zu berücksichtigen, dass die Arbeitsgerichte nicht anderen Sozialplangläubigern die Insolvenzwirksamkeit ihrer Forderungen nachträglich entziehen können. Die verfahrensrechtliche Teilungssperre des § 123 I, II InsO darf in keinem Falle überschritten werden. Ist folglich das verfügbare Drittel der Insolvenzmasse bereits verteilt, so können „Nachzügler" ungeachtet der Feststellung ihrer Forderungen jedenfalls keine Berücksichtigung bei der Verteilung mehr erlangen. Allenfalls vermag die arbeitsgerichtliche Billigkeitskontrolle in den Fällen praktische Relevanz erlangen, wo einerseits der höchstzulässige Gesamtbetrag des Sozialplanvolumens nach § 123 I InsO noch nicht erreicht und andererseits die relative Verteilungssperre des § 123 II InsO noch nicht überschritten ist.[174]

78 *r) Altsozialpläne.* Der Insolvenzverwalter ist an Sozialpläne, die früher als in den letzten drei Monaten vor Eröffnung des Insolvenzverfahrens aufgestellt worden sind, gebunden. Für sie gilt die Widerrufsmöglichkeit gem. § 124 I InsO nicht.[175] Abfindungsansprüche aus insolvenzfernen Altsozialplänen sind gem. § 38 InsO als Insolvenzforderungen zu berichtigen, wenn es sich um eine bereits abgeschlossene Maßnahme handelt.[176] Die zum früheren Recht ergangene Rechtsprechung des BAG zur Einordnung von Sozialplanabfindungen als Konkursforderungen[177] lässt sich unter der Geltung der Insolvenzordnung nicht aufrechterhalten. Danach begründete Abfindungsansprüche aus einem vor Konkurseröffnung geschlossenen Sozialplan sind auch dann nur Konkursforderungen, wenn der Abfindungsanspruch erst nach Konkurseröffnung mit der Beendigung des Arbeitsverhältnisses entstand. Dies kann unter der Geltung der Insolvenzordnung nicht gleichermaßen übertragen werden auf Sozialpläne, welche eine Dauerregelung über das Ausscheiden von Arbeitnehmern enthalten oder sich auf Zeiträume nach Eröffnung des Insolvenzverfahrens erstrecken. Enthalten früher abgeschlossene Sozialpläne Regelungen für die Zeit ab Eröffnung des Insolvenzverfahrens, indem sie beispielsweise Leistungen für versetzte oder ausgeschiedene Arbeitnehmer vorsehen, stellt sich die Frage, ob derartige Sozialpläne gem. § 120 I 2 InsO gekündigt werden können. Dies ist im Ergebnis zu bejahen.[178] Es muss zunächst richtig gesehen werden, dass es sich gem. § 112 I 3 BetrVG bei einem Sozialplan um eine Betriebsvereinbarung iSv § 77 BetrVG handelt. Die Widerrufsmöglichkeit gem. § 124 I schließt gesetzessystematisch die Kündigungsmöglichkeit nach § 120 I InsO für Sozialpläne, die vor Beginn des Dreimonatszeitraums abgeschlossen worden sind, nicht aus. Es ist nicht überzeugend, eine Kündigungsmöglichkeit im Hinblick auf § 77 V BetrVG auszuschließen.[179] Sozialpläne sind nicht deshalb generell unkündbar, weil sie sich untrennbar und zweckgebunden auf eine bestimmte Betriebsänderung beziehen. Die Dotierung eines Sozialplans richtet sich gem. § 112 V 1 nach der wirtschaftlichen Vertretbarkeit für das Unternehmen. Deshalb kann bei veränderten Umständen die Geschäftsgrundlage eines Sozialplans wegfallen, wenn den Betriebspartnern das Festhalten am Sozialplan mit dem bisherigen Inhalt nach Treu und Glauben nicht mehr zugemutet werden kann und die Regelungen des Sozialplans den veränderten Umständen angepasst werden müssen. Verweigert ein Betriebspartner die Anpassung, liegt die verbindliche Entscheidungs-

---

[174] Vgl. *Balz* DB 1985, 689, 694; *ders.,* Sozialplan, S. 118.
[175] MüKoInsO/*Löwisch*/*Caspers,* § 124 Rn. 4.
[176] MüKoInsO/*Löwisch*/*Caspers,* § 125 Rn. 21; Uhlenbruck/Hirte/Vallender/*Berscheid,* §§ 123, 124 Rn. 32.
[177] BAG v. 27.10.1998 – 1 AZR 94/98, NZA 1999, 719.
[178] MüKoInsO/*Löwisch*/*Caspers,* § 125 Rn. 23; Uhlenbruck/Hirte/Vallender/*Berscheid,* §§ 123, 124 Rn. 33; aA *Oetker*/*Friese* DZWIR 2001, 274, 275.
[179] So aber *Oetker*/*Friese* DZWIR 2001, 275.

kompetenz bei der Einigungsstelle.[180] Darauf stellt § 120 I 1 InsO ab, welcher den Betriebsparteien die Verpflichtung auferlegt, bei Leistungen, welche die Insolvenzmasse belasten, über eine einvernehmliche Herabsetzung der Leistungen zu beraten. Gelingt dies nicht, können derartige Betriebsvereinbarungen gem. § 120 I 2 InsO mit einer Frist von drei Monaten gekündigt werden. Eine Einschränkung dieser Vorschrift dergestalt, dass eine Kündigungsmöglichkeit nur bestehen soll, wenn die Betriebsvereinbarung überhaupt kündbar ist, kann weder dem Wortlaut noch dem Sinn und Zweck der Norm zwingend entnommen werden. Näherliegend ist vielmehr, dass der Gesetzgeber generell die Möglichkeit der Kündigung von insolvenzbelastenden Betriebsvereinbarungen schaffen wollte, falls den Betriebsparteien eine einvernehmliche Anpassung nicht gelingt.

Im Übrigen dürfte es sich bei einer Betriebsänderung oder Betriebsstilllegung nach Insolvenzeröffnung regelmäßig um eine neue Betriebsänderung iSv § 111 BetrVG handeln, die mit dem in dem Altsozialplan getroffenen Regelungsgegenstand nicht identisch ist. Ein identischer Regelungsgegenstand wäre nur dann gegeben, wenn der Insolvenzverwalter die in der Vergangenheit beschlossene Betriebsänderung wie vorgesehen fortsetzt. Der für eine ganz bestimmte Betriebsänderung vereinbarte Sozialplan kann – wenn nichts anderes vereinbart worden ist – nicht ordentlich gekündigt werden.[181] Dauerregelungen in einem Sozialplan, welche sich auf zukünftige Entwicklungen beziehen, sind als freiwillige Betriebsvereinbarungen zulässig.[182] Im Falle der Kündigung einer freiwilligen Betriebsvereinbarung entsteht keine Nachwirkung gem. § 77 VI BetrVG.[183] Die Kündigungsmöglichkeit einer freiwilligen Betriebsvereinbarung lässt das Mitbestimmungsrecht des Betriebsrats gem. den §§ 111, 112 BetrVG unberührt, weil es an die jeweilige konkrete Betriebsänderung anknüpft und der Betriebsrat nur dafür einen Sozialplan durchsetzen kann. Die Kündigungsmöglichkeit einer Abfindungsdauerregelung in einem Altsozialplan nach § 120 I 2 InsO schränkt daher die Mitbestimmungsrechte des Betriebsrats nicht in unzulässiger Weise ein. Dieser kann mit dem Insolvenzverwalter die konkret anstehende Betriebsänderung beraten und unter den Bedingungen der Insolvenzordnung einen Sozialplan schließen.

9. Nachteilsausgleichsansprüche. Entgegen der früheren Rechtsprechung des BAG[184] sind Nachteilsausgleichsansprüche gem. § 113 BetrVG Sozialplanansprüchen in der Insolvenz gerade nicht gleichgestellt, vielmehr geht der Gesetzgeber der InsO davon aus, dass es hinsichtlich der Nachteilsausgleichsansprüche bei den allgemeinen insolvenzrechtlichen Qualifizierungen verbleibt. Demzufolge ist es für die insolvenzrechtliche Einordnung der Nachteilsausgleichsansprüche ausschlaggebend, ob diese vor oder nach Verfahrenseröffnung tatbestandsmäßig begründet worden sind. Sind die Nachteilsausgleichsansprüche vor Verfahrenseröffnung entstanden, sind sie einfache Insolvenzforderungen nach § 38 InsO. Dies gilt auch dann, wenn ein vorläufiger Insolvenzverwalter mit Zustimmungsvorbehalt bestellt worden ist und der Insolvenzschuldner die Kündigungen in Absprache mit dem vorläufigen Insolvenzverwalter und mit dessen Zustimmung ausgesprochen hat.[185] Dagegen sind die nach Eröffnung des Verfahrens begründeten Nachteilsausgleichsansprüche Masseverbindlichkeiten nach § 55 I Nr. 1 InsO.[186]

---

[180] Schaub/Koch, Arbeitsrechts-Handbuch § 244 Rn. 61a; BAG v. 10.8.1994 – 10 ABR 61/93, NZA 1995, 314; BAG v. 28.8.1996 – 10 AZR 886/95, NZA 1997, 109.
[181] BAG v. 10.8.1994 – 10 ABR 61/93, NZA 1995, 314.
[182] BAG v. 26.8.1997 – 1 ABR 12/97, NZA 1998, 371.
[183] Vgl. BAG v. 28.4.1998 – 1 ABR 43/97, NZA 1998, 1348.
[184] BAG (GS) AP Nr. 6 zu § 112 BetrVG.
[185] BAG v. 4.12.2002 – 10 AZR 16/02, NJW 2003, 1964 = NZA 2003, 665; BAG v. 8.4.2003 – 2 AZR 15/02, NZA 2004, 343.
[186] MüKoInsO/Hefermehl, § 55 Rn. 178; Uhlenbruck/Hirte/Vallender/Berscheid, § 55 Rn. 12; Düttmann/Kehrmann/Muff AiB 1985, 35; Hess NZA 1985, 205; Hess, § 55 Rn. 72 ff.; Nerlich/Römermann/Hamacher, vor 121 Rn. 86; Lakies BB 1998, 2638, 2639; Warrikoff BB 1994, 2338, 2345.

Dies gilt auch für die Ansprüche der Arbeitnehmer auf Nachteilsausgleich, die zwar vor Verfahrenseröffnung entstanden sind, jedoch durch den vorläufigen Insolvenzverwalter mit Verwaltungs- und Verfügungsbefugnis begründet wurden. Diese sind Masseverbindlichkeiten nach § 55 II InsO.[187]

81 **a) § 113 I BetrVG.** Soweit Arbeitgeber/Schuldner oder Insolvenzverwalter von einem mit dem Betriebsrat vereinbarten Interessenausgleich ohne zwingenden Grund abweichen, haben Arbeitnehmer, die infolge dieser Abweichung entlassen werden, Anspruch auf Nachteilsausgleich gem. § 113 I BetrVG, dessen Höhe § 10 I KSchG entsprechend bestimmt. Entscheidend ist somit, wer die Abweichung von dem mit dem Betriebsrat vereinbarten Interessenausgleich vornimmt, der Arbeitgeber und spätere Schuldner vor Insolvenzeröffnung, der Insolvenzverwalter in Wahrnehmung der abgeleiteten Arbeitgeberfunktionen nach Insolvenzeröffnung oder der vorläufige Insolvenzverwalter mit Verwaltungs- und Verfügungsbefugnis vor Insolvenzeröffnung. Beruht die Abweichung auf einem Verhalten des Arbeitgebers vor Insolvenzeröffnung, so sind die daraus resultierenden Nachteilsausgleichsansprüche einfache Insolvenzforderungen nach § 38 InsO. Dies gilt auch dann, wenn die den Nachteilsausgleichsanspruch festsetzende Entscheidung des Arbeitsgerichtes erst nach Insolvenzeröffnung ergeht.[188]

82 Hinsichtlich des Insolvenzverwalters bzw. vorläufigen Insolvenzverwalters mit Verwaltungs- und Verfügungsbefugnis sind dagegen folgende Fallgestaltungen zu unterscheiden: Hat der Arbeitgeber und spätere Schuldner noch den Interessenausgleich vereinbart, weicht jedoch der Insolvenzverwalter bzw. vorläufige Insolvenzverwalter mit Verwaltungs- und Verfügungsbefugnis ohne zwingenden Grund, insbesondere ohne Einhaltung des Neufestsetzungsverfahrens nach § 124 InsO, hiervon ab, indem er Arbeitnehmer infolge dieser Abweichung entlässt, so sind die Ansprüche der infolge der Abweichung nunmehr von einer Entlassung betroffenen Arbeitnehmer Masseverbindlichkeiten iSd § 55 I Nr. 1 InsO bzw. Masseverbindlichkeiten nach § 55 II InsO. Das Gleiche gilt, wenn der Insolvenzverwalter bzw. der vorläufige Insolvenzverwalter mit Verwaltungs- und Verfügungsbefugnis den Interessenausgleich selbst vereinbart hat und er nunmehr selbst von diesem abweicht;[189] „erst recht" sind dann diese Ansprüche der infolge der Abweichung nunmehr von einer Entlassung betroffenen Arbeitnehmer Masseverbindlichkeiten iSd § 55 I Nr. 1 InsO bzw. Masseverbindlichkeiten nach § 55 II InsO.

83 Beiden Fallgestaltungen ist gemeinsam, dass die Nachteilsausgleichsansprüche der Arbeitnehmer auf einer Handlung des Insolvenzverwalters, nämlich der Entlassung, beruhen, die unter Verstoß gegen einen vorhandenen Interessenausgleich vorgenommen wird. Allerdings entstehen Nachteilsausgleichsansprüche der betroffenen Arbeitnehmer dann nicht, wenn die Abweichung aus zwingenden Gründen erfolgt. Ein solch zwingender Grund liegt zwar nicht in der (formalen) Eröffnung des Insolvenzverfahrens selbst,[190] kann allerdings in den der Insolvenzeröffnung zugrunde liegenden, wirtschaftlichen Sachverhalten begründet sein, die aus sachgemen Gründen den Insolvenzverwalter zu einer abweichenden Entlassung legitimieren.[191] Hierfür ist dann allerdings der Insolvenzverwalter darlegungs- und beweispflichtig.[192]

84 Wenn aber die vom Insolvenzverwalter geplante Abweichung vom Interessenausgleich – trotz Vorliegens eines zwingenden Grundes iSd § 113 I BetrVG – ihrerseits

---

[187] Nerlich/Römermann/*Hamacher,* vor § 121 Rn. 86; MüKoInsO/*Hefermehl,* § 55 Rn. 177.
[188] Vgl. BAG v. 8.4.2003 – 2 AZR 15/02, NZA 2004, 343.
[189] MüKoInsO/*Löwisch/Caspers,* § 122 Rn. 21.
[190] BAG AP Nr. 1 zu § 113 BetrVG; Nerlich/Römermann/*Hamacher,* vor § 121 Rn. 81.
[191] *Fitting/Kaiser/Heither/Engels,* § 113 BetrVG Rn. 7; Uhlenbruck/Hirte/Vallender/*Berscheid,* §§ 121, 122 Rn. 109.
[192] Nerlich/Römermann/*Hamacher,* vor § 121 Rn. 81.

wiederum die Kriterien einer der in § 111 BetrVG enumerativ aufgeführten Betriebsänderungsformen erfüllt, ist der Insolvenzverwalter seinerseits verpflichtet, mit dem Betriebsrat in Verhandlungen über einen neuen Interessenausgleich einzutreten. Verletzt der Insolvenzverwalter diese ihm obliegende betriebsverfassungsrechtliche Pflicht, können sich Nachteilsausgleichsansprüche der Arbeitnehmer zwar nicht aus § 113 I BetrVG, wohl aber aus § 113 III BetrVG ergeben.

b) *§ 113 II BetrVG.* Gem § 113 II BetrVG haben Arbeitnehmer, die auf Grund einer Abweichung gem. § 113 I BetrVG andere wirtschaftliche Nachteile erleiden, gesonderte Ausgleichsansprüche, die zeitlich jedoch auf 12 Monate begrenzt sind. Hinsichtlich der insolvenzrechtlichen Einordnung dieser Ansprüche gilt nichts anderes als das oben zu a) Ausgeführte, so dass es auch hier darauf ankommt, auf wessen Verhalten (vor oder nach Insolvenzeröffnung) die Abweichung beruht. **85**

c) *§ 113 III BetrVG.* Weiterhin entstehen Ansprüche der Arbeitnehmer auf Nachteilsausgleich gem. § 113 III BetrVG, wenn eine Betriebsänderung ohne vorherigen Versuch eines Interessensausgleichs gem. § 112 BetrVG durchgeführt wird und infolge dessen Arbeitnehmer entlassen werden oder andere wirtschaftliche Nachteile erleiden. Aufgrund der Rechtsprechung des Bundesarbeitsgerichtes ist es zur Vermeidung von solchen Nachteilsausgleichsansprüchen insbesondere notwendig, nach gescheiterten Verhandlungen mit dem Betriebsrat über den Abschluss eines Interessenausgleichs gleichwohl – ohne dass es auf eine weitere Mitwirkung des Betriebsrates ankäme – die Einigungsstelle anzurufen.[193] **86**

d) *Obligatorischer Interessenausgleich.* Das Bundesarbeitsgericht fordert seitens des Arbeitgebers/Insolvenzverwalters eine solche verfahrensmäßige Vorgehensweise mit der Begründung, dass nur diese den Interessen der von einer Betriebsänderung betroffenen Arbeitnehmer gerecht werde. Falls folglich der Arbeitgeber/Insolvenzverwalter keine Einigung über einen Interessenausgleich mit dem Betriebsrat erzielt, müsse die Einigungsstelle angerufen werden. Diese kann zwar keinen Interessenausgleich erzwingen, sichert aber den Beratungsanspruch des Betriebsrats. Gegenstand des Interessenausgleichs ist die Frage, ob, wann und in welcher Form die geplante Betriebsänderung durchgeführt wird.[194] Der Unterschied zwischen einem Sozialplan und einem Interessenausgleich besteht dabei darin, dass der Interessenausgleich nicht entstandene wirtschaftliche Nachteile ausgleichen, sondern nach Möglichkeit deren Entstehung verhindern bzw. abmildern soll.[195] Der Interessenausgleich regelt die Modalitäten der Betriebsänderung, der Sozialplan den Ausgleich der dadurch entstehenden Nachteile. Die Rechtsprechung verlangt seitens des Arbeitgebers/Insolvenzverwalters die volle Ausschöpfung des verfahrensmäßigen Weges bis zur Einigungsstelle, ohne dass es darauf ankommen soll, ob der Betriebsrat seinerseits die Einigungsstelle anruft.[196] Hat das Unternehmen idR mehr als 20 wahlberechtigte Arbeitnehmer, muss der Insolvenzverwalter in jedem Fall und von sich aus den Versuch eines Interessenausgleichs mit dem Betriebsrat unternehmen. Diese Verpflichtung entfällt auch dann nicht, wenn die Stilllegung des Betriebes die unausweichliche Folge einer wirtschaftlichen Zwangslage war.[197] Die Nichteinhaltung des Verfahrens löst in jedem Fall die Haftung des Nachteilsausgleichs aus. Die Nachteilsausgleichsansprüche können zu den Neumasseverbind- **87**

---

[193] BAG AP Nr. 11, 13 zu § 113 BetrVG; ErfK/*Kania,* § 113 Rn. 8; *Schaub/Koch,* Arbeitsrechts-Handbuch § 244 Rn. 87.
[194] ErfK/*Kania,* §§ 112, 112a BetrVG Rn. 1.
[195] ErfK/*Kania,* §§ 112, 112a BetrVG Rn. 1; BAG v. 17.9.1991 – 1 ABR 23/91, NZA 1992, 227.
[196] BAG AP Nr. 11, 13 zu § 113 BetrVG.
[197] BAG v. 22.7.2003 – 1 AZR 541/02, NJW 2004, 875 = NZA 2004, 93 = NZI 2004, 99.

lichkeiten iSv §§ 209 I 2, 55 I 1 InsO zählen, wenn der Insolvenzverwalter eine Betriebsänderung nach der Anzeige der Masseunzulänglichkeit beschließt und durchführt, ohne zuvor mit dem Betriebsrat den Versuch eines Interessenausgleichs unternommen zu haben.[198] Es kommt entscheidend darauf an, wann Insolvenzverwalter mit der Betriebsänderung beginnt, ohne dass zu diesem Zeitpunkt ein formgültiger Interessenausgleich vorliegt. Der Insolvenzverwalter macht sich bereits schadensersatzpflichtig gem. § 113 III BetrVG, wenn er Kündigungen ausspricht oder sämtliche Arbeitnehmer von der Arbeitsleistung freistellt, ohne dass zu diesem Zeitpunkt die Interessenausgleichsverhandlungen abgeschlossen waren.[199]

88 Wird die Betriebsänderung ohne jede Interessenausgleichsverhandlung oder ohne einen das Verfahren bis zur Einigungsstelle ausschöpfenden Versuch der Herbeiführung eines Interessenausgleiches durchgeführt, so stehen den davon betroffenen Arbeitnehmern die Nachteilsausgleichansprüche des § 113 III BetrVG zu. Dabei ist nicht zu verkennen, dass hierdurch unmittelbar der Betriebsrat ein möglicherweise kostspieliges Instrumentarium zur Verzögerung erlangt, da allein die Bestellung des Einigungsstellenvorsitzenden geraume Zeit in Anspruch nehmen kann. Die durch diese zeitliche Verzögerung entstehenden wirtschaftlichen Schäden können die Höhe etwaiger Nachteilsausgleichsansprüche der Arbeitnehmer bei weitem übersteigen;[200] andererseits kann hierdurch die Verhandlungsposition des Betriebsrates hinsichtlich des Sozialplanvolumens „außerrechtlich" gestärkt sein. Nachdem § 113 III BetrVG in einer diese Situation verhindernden Fassung nur vom 1.10.1996 bis zum 31.12.1998 galt, bleibt dem Verwalter nun nur die Möglichkeit, zur Beschleunigung des Verfahrens den Antrag nach § 122 InsO zu stellen.[201]

89 Sind die Entlassungen oder das Entstehen anderer wirtschaftlicher Nachteile iSv § 113 II BetrVG noch vom Arbeitgeber/Schuldner vor Insolvenzeröffnung veranlasst, so sind – wie ausgeführt – die Nachteilsausgleichsansprüche der Arbeitnehmer gem. § 113 III BetrVG wiederum insoweit nicht privilegierte Insolvenzforderungen gem. § 38 InsO.[202] Entsprechendes gilt, wenn die Entlassung noch vom vorläufigen Insolvenzverwalter ohne Verwaltungs- und Verfügungsbefugnis vor Insolvenzeröffnung veranlasst worden ist. Die Ausübung des allgemeinen Zustimmungsvorbehalts durch den schwachen vorläufigen Insolvenzverwalter löst keine Masseverbindlichkeiten aus.[203] Liegt dagegen die tatbestandsmäßige Begründung der Nachteilsausgleichsansprüche in einem Handeln des Insolvenzverwalters nach Insolvenzeröffnung bzw. einem Handeln eines vorläufigen Insolvenzverwalters mit Verwaltungs- und Verfügungsbefugnis, so handelt es sich um Masseverbindlichkeiten gem. § 55 I Nr. 1 InsO bzw. § 55 II InsO.[204]

90 Die sich aus dieser Rechtslage ergebende Divergenz der insolvenzrechtlichen Qualifizierung von Nachteilsausgleichsansprüchen im Verhältnis zu den Sozialplananspüchen, soweit diese zumindest innerhalb des Zeitraumes von drei Monaten vor Insolvenzeröffnung begründet sind, muss als wenig sinnvoll erscheinen, wenn man berücksichtigt, dass Ansprüche infolge Verlust des Arbeitsplatzes insolvenzrechtlich unterschiedlich behandelt werden, je nachdem, ob sie auf einem Sozialplan beruhen oder von Gesetzes wegen gem. § 113 BetrVG zu gewähren sind. Eine Korrektur dieser sinnwidrigen Divergenz hat sich auch nicht im Rahmen der Insolvenzrechtsreform sachadäquat vollzogen.

---

[198] BAG v. 18.11.2003 – 1 AZR 30/03, NZA 2004, 220 = NZI 2004, 161.
[199] LAG Berlin-Brandenburg v. 2.3.2012 – 13 Sa 2187/11, ZIP 2012, 1429.
[200] Kritisch zur Rspr des BAG *Irschlinger*, Arbeitsrechtliche Probleme im Konkurs.
[201] Siehe im Einzelnen hierzu Nerlich/Römermann/*Hamacher*, § 122 Rn. 2 ff.
[202] BAG v. 4.12.2002 – 10 AZR 16/02, NJW 2003, 1964 = NZA 2003, 665; BAG v. 8.4.2003 – 2 AZR 15/02, NZA 2004, 343.
[203] BAG v. 4.12.2002 – 10 AZR 16/02, NJW 2003, 1964 = NZA 2003, 665; BGH v. 18.7.2002 – 9 ZR 195/01, NJW 2002, 3326.
[204] MüKoInsO/*Löwisch/Caspers*, §§ 121, 122 Rn. 18; *Lakies* NZA 2001, 521, 525.

10. Ansprüche aus betrieblicher Altersversorgung. Der Sinn und Zweck der gesetzlichen Insolvenzsicherung (§§ 7 bis 15 BetrVG) besteht darin, Arbeitnehmer und Rentner vor dem Verlust ihrer betrieblichen Altersversorgung zu schützen. Geschützt werden die Versicherungsberechtigten vor der Zahlungsunfähigkeit des Arbeitgebers. Tritt einer der Sicherungsfälle des § 7 BetrAVG ein, so findet ein Schuldner- und Gläubigerwechsel statt (§§ 7 I 1; 9 II BetrAVG). Der Pensions-Sicherungs-Verein Versicherungsverein auf Gegenseitigkeit (PSVaG) wird als Träger der Insolvenzsicherung Schuldner der Versorgungsansprüche, und er wird zugleich Gläubiger der Ansprüche gegen den ursprünglichen Versorgungsschuldner.[205]

a) *Rückständige Ansprüche aus betrieblicher Altersversorgung.* Rückständige Ansprüche aus betrieblicher Altersversorgung sind nun, nach der Abschaffung des § 59 I Nr. 3d KO, lediglich noch einfache Insolvenzforderungen gem. § 38 InsO. Darüber hinaus besteht jedoch der Insolvenzschutz des § 7 BetrAVG. Der durch das Rentenreformgesetz 1999 eingefügte Absatz 1a, der ab dem 1.1.1999 wirksam ist, regelt nun ausdrücklich den Insolvenzschutz für rückständige Versorgungsleistungen. Danach sind vom PSVaG die rückständigen Versorgungsleistungen zu sichern, die bis zu sechs Monate vor dem Entstehen der Leistungspflicht des PSVaG entstanden sind. Dieser Vorschrift kommt große praktische Bedeutung zu, denn in aller Regel sind im Zeitpunkt des Eintritts des Sicherungsfalles Versorgungsleistungen schon rückständig. Bei der Bemessung der Sechs-Monats-Frist hat der Gesetzgeber dabei nicht auf den Tag der Eröffnung des Insolvenzverfahrens abgestellt, sondern auf das Entstehen der Leistungspflicht und damit auf das Entstehen des Anspruchs iSv § 7 I a 1 BetrAVG. So entsteht gem. § 7 I a 1 der Anspruch gegen den PSVaG mit dem Beginn des Kalendermonates, der auf den Eintritt des Sicherungsfalles folgt. Der Eintritt des Sicherungsfalles liegt vor, wenn das Insolvenzverfahren eröffnet worden ist (§ 7 I BetrAVG), wenn die Abweisung des Antrags auf Eröffnung des Insolvenzverfahrens mangels Masse erfolgt ist (§ 7 I Nr. 1 BetrAVG), wenn ein außergerichtlicher Vergleich des Arbeitgebers mit seinen Gläubigern zur Abwendung eines Insolvenzverfahrens vorliegt und diesem der Träger der Insolvenzsicherung (PSVaG) zustimmt (§ 7 I Nr. 2 BetrAVG) oder bei vollständiger Beendigung der Betriebstätigkeit im Geltungsbereich dieses Gesetzes, wenn ein Antrag auf Eröffnung des Insolvenzverfahrens nicht gestellt worden ist und ein Insolvenzverfahren mangels Masse nicht in Betracht kommt (§ 7 I Nr. 3 BetrAVG). Die Arbeitnehmer sind folglich auf Grund der gesetzlichen Eintrittspflicht des PSVaG wegen der rückständigen Ansprüche aus betrieblicher Altersversorgung bereits hinsichtlich des Zeitraumes von sechs Monaten vor dem Beginn des Monats, der auf den Eintritt des Sicherungsfalles folgte, insolvenzgesichert.

Soweit allerdings der PSVaG für rückständige Leistungen aus einer betrieblichen Altersversorgung während des 6-Monats-Zeitraumes aufkommen muss, gehen die Ansprüche der Arbeitnehmer als einfache Insolvenzforderungen gem. § 38 InsO auf diesen gem. § 9 II BetrAVG über.[206]

Hat ein Arbeitnehmer allerdings für die letzten sechs Monate vor dem Beginn des Monats, der auf den Eintritt des Sicherungsfalles folgte, rückständige Ansprüche aus einer betrieblichen Versorgungszusage, so ist allein entscheidend, ob diese Ansprüche gem. § 9 II BetrAVG auf den PSVaG übergegangen sind oder nicht.

Falls der Übergang zu bejahen und eine Rückübertragung zu verneinen ist, kann der Versorgungsberechtigte von sich aus nicht mehr die entsprechenden Ansprüche gegenüber dem Insolvenzverwalter geltend machen, weil er nicht mehr Anspruchsinhaber ist. Der Versorgungsberechtigte kann nach Forderungsübergang auch seine rückständigen

---

[205] ErfK/*Steinmeyer*, § 9 BetrAVG Rn. 8.
[206] ErfK/*Steinmeyer*, § 9 BetrAVG Rn. 13; MüKoInsO/*Ehricke*, § 38 Rn. 72.

Ansprüche nur noch gegenüber dem PSV geltend machen.[207] Nur wenn der PSVaG die entsprechenden Ansprüche auf den Arbeitnehmer rücküberträgt oder diesen im Rahmen einer gewillkürten Prozessstandschaft bei bestehendem eigenem Interesse des Arbeitnehmers zur Geltendmachung bevollmächtigt, kann dieser Arbeitnehmer die in Frage stehenden Ansprüche als Insolvenzforderungen gegenüber dem Insolvenzverwalter geltend machen.[208]

96 **b)** *Die Versorgungsanwartschaft aus betrieblicher Altersversorgung.* Hinsichtlich der Versorgungsanwartschaften aus betrieblicher Altersversorgung ist zu unterscheiden, ob es sich um eine unverfallbare Versorgungsanwartschaft gem. § 1 BetrAVG handelt oder ob im Zeitpunkt des Eintritts des Sicherungsfalles noch eine verfallbare Anwartschaft vorliegt. Inhaber von im Zeitpunkt des Eintritts des Sicherungsfalles unverfallbaren Anwartschaften erhalten (ebenso wie ihre Hinterbliebenen) bei Eintritt des Versorgungsfalles einen Anspruch gegen den Träger der Insolvenzsicherung, gegen den PSVaG gem. § 7 II BetrAVG. Zugleich gehen gem. § 9 II BetrAVG mit Eröffnung des Insolvenzverfahrens bzw. in den übrigen Sicherungsfällen dann, wenn der Träger der Insolvenzsicherung dem Berechtigten die ihm zustehenden Ansprüche oder Anwartschaften mitteilt, die Anwartschaften auf den PSVaG über.

97 Folglich scheidet dann der Arbeitnehmer als Inhaber einer unverfallbaren Versorgungsanwartschaft als etwaiger Insolvenzgläubiger aus, während der PSVaG als einfacher Insolvenzgläubiger gem. § 38 InsO am Insolvenzverfahren teilnimmt; mit der Möglichkeit des Rechtes der freien Nachforderung nach Beendigung der Insolvenz gem. § 201 InsO.[209]

98 Mit Übergang der unverfallbaren Anwartschaft auf den Träger der Insolvenzsicherung kann der Versorgungsberechtigte diese nicht mehr in der Insolvenz geltend machen.[210] Die auf den PSVaG übergegangene, unverfallbare Anwartschaft wandelt sich in einen Zahlungsanspruch um, deren angewachsener Wert gem. § 45 InsO zu schätzen und zu kapitalisieren ist.[211] Mit dieser Forderung nimmt der PSVaG als einfacher Insolvenzgläubiger am Insolvenzverfahren teil.

99 Verfallbare Versorgungsanwartschaften erlöschen dagegen mit dem (insolvenzbedingten) Ausscheiden des Arbeitnehmers aus dem Betrieb. Für sie besteht kein Insolvenzschutz.[212] Dauert das Arbeitsverhältnis des Inhabers einer verfallbaren Anwartschaft allerdings während des Insolvenzverfahrens fort, so kann die verfallbare Anwartschaft des Arbeitnehmers im Laufe des Insolvenzverfahrens mit Erfüllung der Voraussetzungen zur unverfallbaren Anwartschaft erwachsen. Diese dann unverfallbare Anwartschaft ist aber wiederum keine insolvenzgeschützte Anwartschaft, da sie nach dem maßgeblichen Zeitpunkt des § 7 II BetrAVG eintritt. Der Wert dieser unverfallbaren Versorgungsanwartschaft ist gem. § 45 InsO zu schätzen und zu kapitalisieren.[213] Der sich dann ergebende Anspruch dürfte entsprechend den Zeiträumen, in denen der Rechtsgrund für die Entstehung der Anwartschaft gelegt worden ist, aufzuteilen sein, mit der Folge, dass der auf die Zeit vor Insolvenzeröffnung entfallende Teil einfache Insolvenzforderung gem. § 38 InsO, der auf die Zeit nach Insolvenzeröffnung entfallende Teil hingegen Masseverbindlichkeit gem. § 55 I Nr. 2 InsO ist.

100 **11. Altersteilzeit.** Umstritten ist der Rang der Vergütungsansprüche aus einer vor Insolvenzeröffnung geschlossenen Altersteilzeitvereinbarung. Mit dem Abschluss eines

---

[207] ErfK/*Steinmeyer*, § 9 BetrAVG Rn. 14.
[208] BAG AP Nr. 2 zu § 9 BetrAVG; vgl. auch *Kuhn/Uhlenbruck*, KO § 59 Rn. 15r.
[209] LAG Rheinland-Pfalz BB 1981, 1952; Nerlich/Römermann/*Hamacher*, vor § 113 Rn. 134.
[210] *Blomeyer/Rolfs/Otto*, § 9 Rn. 50.
[211] *Blomeyer/Rolfs/Otto*, § 9 Rn. 51.
[212] FK/*Griebeling*, Anh II Rn. 46.
[213] FK/*Schumacher*, § 45 Rn. 8.

Altersteilzeitvertrages gem. § 2 ATG wird ein bisher unbefristetes Arbeitsverhältnis in ein befristetes Arbeitsverhältnis umgewandelt, welches sich zumindest auf die Zeit erstrecken muss, bis eine Rente wegen Alters erstmals beansprucht werden kann, § 2 I 2 ATG. Gleichzeitig wird die individuelle Arbeitszeit auf die Hälfte der bisherigen wöchentlichen Arbeitszeit reduziert, § 2 I 2 ATG. Der Arbeitgeber zahlt einen Aufstockungsbetrag von 20% des Regelarbeitsentgelts (§ 6 I ATG) und der Arbeitgeber muss auf der Basis des um 80% aufgestockten Regelarbeitsentgelts Beiträge zur gesetzlichen Rentenversicherung abführen.[214] Gem § 2 I 1 ATG darf in einem Zeitraum von sechs Jahren die Hälfte der bisherigen Arbeitszeit nicht überschritten werden. Dies wird in der Praxis ganz überwiegend dazu genutzt, ein sog. Blockmodell zu vereinbaren. Danach beginnt die Altersteilzeitarbeit zunächst mit einer Arbeitsphase mit Arbeitsleistungen im bisherigen Umfang und einer sich anschließenden Freistellungsphase.[215]

Grundsätzlich lassen sich drei Modelle unterscheiden: Einmal das Blockmodell, bei dem die Altersteilzeitarbeit in zwei gleich lange Perioden der Vollarbeit und der Freistellung aufgeteilt wird. Des Weiteren kann die Arbeitszeit gleichmäßig vom Anfang bis zum Ende der Altersteilzeit um die Hälfte herabgesetzt werden. Schließlich kann auch eine nach Zeitabschnitten oder sich fortlaufend reduzierende Arbeitszeit vereinbart werden, wenn nur im Durchschnitt von sechs Jahren nicht mehr als die Hälfte der bisherigen Arbeitszeit gearbeitet wird. Allen Modellen ist gemeinsam, dass eine gleich bleibend hohe monatliche Vergütung gezahlt wird.

a) *Rang der Vergütungsansprüche.* Dies wirft die Frage auf, ob die Vergütungsansprüche während der Freistellungsphase als Masseverbindlichkeiten nach § 55 I 2 InsO einzustufen sind oder lediglich als einfache Insolvenzforderungen gem. § 38 InsO zu behandeln sind. Das BAG ordnet die in der Freistellungsphase geschuldeten Vergütungsansprüche insolvenzrechtlich nicht als Masseforderungen, sondern als Insolvenzforderungen ein.[216] Das BAG begründet dies mit § 108 III InsO und § 55 I Nr. 2 InsO. Ansprüche aus dem Arbeitsverhältnis sind gem. § 108 III InsO Insolvenzforderungen, wenn sie der Zeit vor Eröffnung des Insolvenzverfahrens zuzuordnen sind.[217] Werden die Vergütungsansprüche nicht für die Zeit vor Eröffnung des Insolvenzverfahrens geschuldet, handelt es sich bei den Forderungen aus dem laufenden Arbeitsverhältnis um Masseforderungen gem. § 55 I Nr. 2 InsO. Nach dieser Bestimmung können aus einem fortbestehenden Arbeitsverhältnis Masseverbindlichkeiten erwachsen, wenn es sich um Ansprüche aus einem gegenseitigen Vertrag handelt, deren Erfüllung für die Zeit nach der Eröffnung des Insolvenzverfahrens erfolgen muss. Damit ist nach Auffassung des BAG die Erfüllung durch den Arbeitnehmer, nicht durch den Insolvenzverwalter gemeint. Deshalb kommt es darauf an, ob die Arbeitsleistung in der Zeit vor Eröffnung des Insolvenzverfahrens oder erst danach erbracht worden ist. Von diesem Zeitpunkt hängt ab, ob und in welchem Umfang die Arbeitsleistung der Masse zugute kommt. Nicht entscheidend ist, wann der Arbeitnehmer die Zahlungen verlangen kann. Dem liegt die Vorstellung zugrunde, dass der Altersteilzeitarbeitnehmer im Blockmodell während der Arbeitsphase Vorleistungen erbringt. Die angesparte Vergütung wird dann später während der Freistellungsphase ausgezahlt. Der Vergütungsanspruch während der Freistellungsphase wird als Gegenleistung für die über die verringerte Arbeitszeit hinausgehende Arbeitszeit angesehen.[218] Dieser

---

[214] ErfK/*Rolfs*, § 3 ATG Rn. 1.
[215] ErfK/*Rolfs*, § 2 ATG Rn. 9; im Einzelnen *Ahlbrecht/Ickenroth* BB 2002, 2440.
[216] BAG v. 19.10.2004 – 9 AZR 647/03, NZA 2005, 408 = ZIP 2005, 457; BAG v. 23.2.2005 – 10 AZR 600/03, FA 2005, 215.
[217] Vgl. zum Urlaubsanspruch BAG v. 18.11.2003 – 9 AZR 95/03, NZA 2004, 651 und – 9 AZR 347/03, NZA 2004, 654.
[218] Im Einzelnen BAG v. 18.10.2004 – 9 AZR 647/03, NZA 2005, 408m Anm. *Berscheid*, jurisPR-InsR 8/2005.

Rechtsprechung des Neunten Senats hat sich mittlerweile der Zehnte Senat des BAG angeschlossen, so dass die anders lautenden Entscheidungen der Insolvenzgerichte[219] keinen Bestand mehr hat.[220] Diese Rechtsprechung ist aber nur einschlägig für Arbeitnehmer, die eine Altersteilzeitvereinbarung nach dem Blockmodell getroffen haben. Haben die Arbeitnehmer das kontinuierliche Modell gewählt und ihre Arbeitszeit vor und nach Insolvenzeröffnung gleichmäßig um 50% verringert, kommt die reduzierte Arbeitsleistung der Insolvenzmasse zugute und ist als Masseforderung gem. § 55 I Nr. 2 InsO zu berichtigen.[221] Schließlich hat sich der Insolvenzschutz der Altersteilzeit-Beschäftigten durch den ab 1.7.2004 eingefügten § 8a ATG verbessert, weil der Arbeitgeber dem Arbeitnehmer nunmehr die zur Sicherung des Wertguthabens ergriffenen Maßnahmen in besonderer Weise nachweisen muss. Geschieht dies nicht oder sind die nachgewiesenen Maßnahmen nicht geeignet, kann der Arbeitnehmer gem. § 8a IV S. 1 ATG verlangen, dass in Höhe des bestehenden Wertguthabens Sicherheit geleistet wird.

103 b) *Betriebsbedingte Kündigung.* Während der Freistellungsphase ist der Altersteilzeit-Beschäftigte allerdings vor einer betriebsbedingten Kündigung des Insolvenzverwalters geschützt. Im Rahmen der dringenden betrieblichen Erfordernisse gem. § 1 II 1 KSchG stellt das BAG maßgeblich auf den Wegfall der Beschäftigungsmöglichkeit ab: Der mit einer Betriebsstilllegung verbundene Wegfall aller Beschäftigungsmöglichkeiten im Betrieb hat für das Arbeitsverhältnis eines bereits in der Freistellungsphase befindlichen Arbeitnehmers keine Bedeutung mehr.[222] Die vom Arbeitgeber während der Freistellungsphase zu erbringende Leistung bestehe allein noch in der Gehaltszahlung. Das Fehlen ausreichender finanzieller Mittel kann den Schuldner jedoch nicht entlasten. Befindet sich der im Blockmodell arbeitende Arbeitnehmer noch in der Arbeitsphase, können sich dringende betriebliche Erfordernisse ergeben, die seiner Weiterbeschäftigung entgegenstehen und die Kündigung seines Arbeitsverhältnisses rechtfertigen. § 8 I ATG, welcher eine Schlechterstellung des bereits in Altersteilzeit arbeitenden Arbeitnehmers verbietet, steht dem nicht entgegen.[223] Nach gefestigter Rechtsprechung des BAG kann im Falle einer Betriebsstilllegung die Kündigung des Arbeitsverhältnisses eines Arbeitnehmers, der sich aufgrund einer Altersteilzeitvereinbarung in der Arbeitsphase nach dem Blockmodell befindet, gemäß § 1 II 1 KSchG sozial gerechtfertigt sein.[224]

104 **12. Ansprüche auf Entschädigung aus einer Wettbewerbsabrede.** Haben Arbeitgeber und Arbeitnehmer rechtswirksam ein Wettbewerbsverbot des Arbeitnehmers für die Zeit nach Beendigung des Arbeitsverhältnisses gem. der §§ 74 ff. HGB vereinbart, so kann der Arbeitnehmer, dessen Wettbewerbsverbot zum Zeitpunkt der Insolvenzeröffnung abgelaufen ist, seine rückständigen Ansprüche auf Karenzentschädigung lediglich als einfache Insolvenzforderung gem. § 38 InsO geltend machen.[225]

105 a) *Wahlrecht.* Das einem Arbeitnehmer, einem Handlungsgehilfen oder einem Handelsvertreter auferlegte Verbot, nach Beendigung des Dienst- oder Arbeitsverhältnisses zu dem Unternehmen nicht in Wettbewerb zu treten, ist ein gegenseitiger Vertrag iSv § 103 InsO, dessen Erfüllung oder Nichterfüllung der Insolvenzverwalter wahlweise verlangen kann.[226] Nach § 74 II HGB ist ein Wettbewerbsverbot nur verbindlich, wenn

---

[219] LAG Düsseldorf v. 22.10.2003 – 12 Sa 1202/03, ZIP 2004, 222 und v. 17.9.2003 – 4 (5) Sa 684/03, ZIP 2003, 2039 mit zust Anm. *Moll/Henke* EWiR 2004, 77.
[220] Vgl. BAG v. 23.2.2005 – 10 AZR 600/03, FA 2005, 215 und – 10 AZR 602/03, NZA 2005, 408 = ZIP 2005, 873.
[221] *Berscheid*, Anm. zu BAG v. 19.10.2004 – 9 AZR 645/03, jurisPR-InsR 8/2005.
[222] BAG v. 5.12.2002 – 2 AZR 571/01 II 1 der Gründe, NZA 2003, 789.
[223] LAG Düsseldorf v. 27.5.2003 – 16 Sa 1439/02, NZA 2004, 46.
[224] BAG v. 16.6.2005 – 6 AZR 476/04, NZA 2006, 270.
[225] Nerlich/Römermann/*Andres*, § 55 Rn. 114.
[226] Nerlich/Römermann/*Hamacher*, vor § 113 Rn. 33; MüKoInsO/*Hefermehl*, § 55 Rn. 186.

es die Zusage einer Karenzentschädigung enthält. Sie ist die Gegenleistung für die Verpflichtung des Arbeitnehmers, Wettbewerb zu unterlassen. Fehlt eine Entschädigungsverpflichtung des Arbeitgebers völlig, ist das Wettbewerbsverbot nichtig.[227] Gem § 74 II HGB muss als Entschädigung für jedes Jahr des Verbots mindestens die Hälfte der zuletzt bezogenen vertragsmäßigen Leistungen gezahlt werden. Erreicht die Wettbewerbsabrede diesen Mindestbetrag nicht, ist das Wettbewerbsverbot unverbindlich. In diesem Fall kann der Arbeitnehmer wählen, ob er sich mit der zu geringen Entschädigung begnügt. Tut er dies, ist er an das Wettbewerbsverbot gebunden. Er kann sich aber auch für die Nichteinhaltung des Wettbewerbsverbots entscheiden und enthält dann keine Karenzentschädigung.[228]

b) *Erfüllungswahl.* Wählt der Insolvenzverwalter gem. § 103 I InsO die Erfüllung der Wettbewerbsvereinbarung, wird der Anspruch des Arbeitnehmers auf Karenzentschädigung für die Zeit ab Insolvenzeröffnung Masseverbindlichkeit gem. § 55 I 2 InsO mit der weiteren Folge, dass er weiterhin zur Einhaltung des Wettbewerbsverbots verpflichtet bleibt.[229] Fraglich ist, ob auch die rückständigen Entschädigungsansprüche als Masseverbindlichkeiten aus Erfüllungswahl gem. § 55 I 2 InsO eingestuft werden können. Dagegen spricht, dass es sich bei der Einhaltung des Wettbewerbsverbots nicht um eine teilbare Leistung iSv § 105 InsO handelt, so dass der Insolvenzverwalter sämtliche Ansprüche aus der Wettbewerbsabrede einschließlich der rückständigen Ansprüche vor Verfahrenseröffnung als sonstige Masseverbindlichkeit nach § 55 I 2 InsO zu erfüllen hat.[230] Das Erfüllungsverlangen des Insolvenzverwalters kann sich nicht nur auf die Zeit nach Verfahrenseröffnung beschränken, weil es sich um einen einheitlichen, nicht in einzelne Zeitabschnitte teilbaren Vertrag handelt[231] und der Arbeitnehmer durch seine Vertragstreue bereits Vorleistungen zugunsten der Insolvenzmasse erbracht hat. Etwas anderes könnte sich ergeben, wenn der Insolvenzverwalter die Einhaltung des Wettbewerbsverbots lediglich für die Zeit nach Eröffnung des Insolvenzverfahrens verlangen könnte.[232]

c) *Ablehnung der Erfüllung.* Lehnt dagegen der Insolvenzverwalter die Erfüllung gem. § 103 InsO ab, so sind die Rechtsfolgen wegen der rechtlichen Qualifizierung der Ablehnungserklärung des Insolvenzverwalters umstritten. Billigt man der Ablehnungserklärung Gestaltungswirkung zu, so wird der Arbeitnehmer von seiner Verpflichtung zur Einhaltung des Wettbewerbsverbotes befreit; zugleich verliert er allerdings auch seinen Anspruch auf die Karenzentschädigung für die Zukunft und ist auf die Geltendmachung eines Schadensersatzanspruchs gem. § 103 II InsO verwiesen, der einfache Insolvenzforderung ist.[233] Die Ansprüche auf Entschädigung hinsichtlich der vor Insolvenzeröffnung liegenden Zeiträume bleiben ebenfalls einfache Insolvenzforderungen gem. § 38 InsO; während die in dem Zeitraum zwischen Insolvenzeröffnung und Erfüllungsablehnung angefallene Karenzentschädigung Masseverbindlichkeit gem. § 55 I Nr. 2 InsO ist.[234]

Die eine Gestaltungswirkung der Ablehnungserklärung verneinende Ansicht verweist demgegenüber auf das fristlose Kündigungsrecht des Arbeitnehmers, da es diesem nicht

---

[227] BAG NJW 1970, 626.
[228] ErfK/*Schaub,* § 74 HGB Rn. 35, 36.
[229] MüKoInsO/*Hefermehl,* § 55 Rn. 186; Uhlenbruck/Hirte/Vallender/*Berscheid,* § 55 Rn. 61.
[230] MüKoInsO/*Hefermehl,* § 55 Rn. 186; aA FK/*Eisenbeis,* § 113 Rn. 103; vgl. im Übrigen ErfK/Müller/*Glöge,* § InsO Einführung Rn. 46.
[231] MüKoInsO/*Hefermehl,* § 55 Rn. 186.
[232] Uhlenbruck/Hirte/Vallender/*Berscheid,* § 55 Rn. 48.
[233] MüKoInsO/*Huber,* § 103 Rn. 185–193.
[234] *Grunsky,* Wettbewerbsverbote, S. 136; *Wichmann,* Arbeitnehmer, S. 149; aA die hM vgl. Uhlenbruck/*Berscheid,* § 103 Rn. 33; MüKoInsO/*Kreft,* § 103 Rn. 25.

mehr zumutbar ist, an dem Wettbewerbsverbot festgehalten zu sein, wenn seine Entschädigungsansprüche nur als einfache Insolvenzforderungen befriedigt werden.[235] Falls der Arbeitnehmer gleichwohl an der Wettbewerbsvereinbarung festhalten will, muss die eine Gestaltungswirkung der Ablehnungserklärung des Insolvenzverwalters verneinende Ansicht von dem weiteren Entstehen der Ansprüche des Arbeitnehmers auf Karenzentschädigung während des Insolvenzverfahrens ausgehen, die dann aber nach dieser Ansicht lediglich einfache Insolvenzforderungen gem. § 38 InsO sind.[236] Der praktische Unterschied zwischen beiden Ansichten ist deshalb gering.

109 **d)** *Kündigungsrecht.* Grundsätzlich kann der Arbeitnehmer nach Insolvenzeröffnung die Wettbewerbsvereinbarung aus wichtigem Grunde fristlos kündigen, wenn die vorhandene Insolvenzmasse voraussichtlich nicht ausreicht, seine Ansprüche auf die Karenzentschädigung zu befriedigen.[237] Ein wichtiger Kündigungsgrund liegt insbesondere dann vor, wenn der Anspruch auf die Gegenleistung iSd § 321 BGB gefährdet ist. Soweit durch den wichtigen Grund, der zur fristlosen Kündigung durch den Arbeitnehmer führt, Schaden entsteht, kann der Arbeitnehmer diesen mittels Schadensersatzanspruchs gem. § 103 II InsO als einfache Insolvenzforderung geltend machen. Die fristlose Kündigung wird insbesondere praktisch, wenn der Insolvenzverwalter untätig bleibt, weil der Arbeitnehmer dann anstelle der Aufforderung gem. § 103 II S. 2 InsO sofort aus wichtigem Grunde fristlos kündigen kann, um nicht unnötige Zeit zu verlieren.[238] Ein außerordentliches Kündigungsrecht des Arbeitnehmers besteht insbesondere dann, wenn die Masse voraussichtlich nicht ausreicht, um den Anspruch auf Karenzentschädigung zu erfüllen.[239]

110 Falls das Arbeitsverhältnis mit der Wettbewerbsverbotsvereinbarung dagegen erst nach Insolvenzeröffnung beendigt wird, sei es wegen vertragswidrigen Verhaltens des Schuldners durch Kündigung des Arbeitnehmers, sei es durch Kündigung des Insolvenzverwalters gem. § 113 InsO oder fristlos aus wichtigem Grund, greift hinsichtlich des Wettbewerbsverbotes § 75 I und II HGB mit der Folge ein, dass das Wettbewerbsverbot unwirksam wird, wenn der Arbeitnehmer vor Ablauf eines Monats nach der Kündigung schriftlich erklärt, dass er sich an die Vereinbarung nicht gebunden erachtet.[240]

111 Die so herbeigeführte Unwirksamkeit des Wettbewerbsverbotes scheidet allerdings bei Kündigung durch den Insolvenzverwalter dann aus, wenn für die Kündigung ein erheblicher Anlass in der Person des Arbeitnehmers liegt oder wenn der Insolvenzverwalter sich bei der Kündigung bereit erklärt hat, während der Dauer des Wettbewerbsverbotes dem Arbeitnehmer die vollen zuletzt von ihm bezogenen vertragsmäßigen Leistungen zu gewähren (§ 75 II HGB). Gibt der Insolvenzverwalter eine solche Erklärung ab, so begründet er eine Masseverbindlichkeit gem. § 55 I Nr. 2 InsO. Löst sich dagegen der Arbeitnehmer wirksam durch seine schriftliche Erklärung vor Ablauf eines Monats nach der Kündigung von der Wettbewerbsvereinbarung, so entfallen alle beiderseitigen Verpflichtungen bezüglich des Wettbewerbsverbotes.

112 Unklar erscheint die Rechtslage, wenn der Arbeitnehmer dagegen nicht binnen eines Monats nach der Kündigung die Erklärung, dass er sich an die Vereinbarung nicht gebunden erachtet, abgibt. Gemäß § 103 InsO kann der Insolvenzverwalter die Erfüllung des Wettbewerbsverbotes ablehnen, worauf die beiderseitigen Erfüllungsansprüche hinsichtlich des Wettbewerbsverbotes erlöschen und dem Arbeitnehmer lediglich ein Schadensersatzanspruch wegen Nichterfüllung als einfache Insolvenzforderung gem. der

---

[235] *Jaeger/Henckel,* § 17 Rn. 224.
[236] FK/*Eisenbeis,* § 113 Rn. 98.
[237] Uhlenbruck/Hirte/Vallender/*Berscheid,* § 103 Rn. 33; *Jaeger/Henckel,* § 17 Rn. 222.
[238] *Oehlerking,* Zahlungsunfähigkeit, S. 118.
[239] ErfK/Müller/*Glöge,* InsO Einführung Rn. 46.
[240] *Jaeger/Henckel,* § 17 Rn. 229.

§§ 103 II, 38 InsO zusteht. Falls der Insolvenzverwalter dagegen Erfüllung wählt, ist der Anspruch des Arbeitnehmers auf die Karenzentschädigung als Masseverbindlichkeit gem. § 55 I Nr. 2 InsO zu qualifizieren; allerdings bleibt dann der Arbeitnehmer auch an das Wettbewerbsverbot gebunden.

Fraglich ist aber, ob die herrschende Ansicht zur Anwendung des § 103 InsO in diesem Falle vereinbar ist mit dem Rechtsgedanken und dem Regelungsinhalt der §§ 74 ff. HGB, insbes der §§ 75, 75a HGB, zumal § 75a HGB den Prinzipal bei einem Verzicht auf das Wettbewerbsverbot erst nach Ablauf eines Jahres von der Entschädigungspflicht befreit.

13. Ansprüche des Arbeitnehmererfinders. Im Zusammenhang mit der Insolvenzrechtsreform hat der Gesetzgeber über Art. 56 EGInsO die Bestimmung des § 27 ArbEG neu gefasst.

Entsprechend der Zielsetzung der Insolvenzrechtsreform, Konkursvorrechte zu beseitigen, sind nunmehr gem. § 27 V ArbErfG die vor Insolvenzeröffnung begründeten Vergütungsansprüche einfache Insolvenzforderungen nach § 38 InsO, weil der Masse kein Gegenwert zufließt.[241] Dazu zählen alle Vergütungsansprüche für die früheren Nutzungshandlungen des Schuldners, soweit diese noch nicht erfüllt sind, sei es aus einer Eigenverwertung, aus Lizenzvergabe oder sonstigem Einsatz der Erfindung einschließlich etwaiger Vergütungsansprüche als Vorratspatent.[242] Nicht unter § 27 ArbErfG fallen die Vergütungsansprüche aus einer beschränkten Inanspruchnahme einer Diensterfindung (§ 10 ArbErfG) oder aus der Verwertung eines technischen Verbesserungsvorschlages (§ 20 ArbErfG). Bei diesen Ansprüchen folgt aus den allgemeinen insolvenzrechtlichen Grundsätzen, dass es sich um Insolvenzforderungen handelt, solange die Nutzung oder Verwertung schon vor Verfahrenseröffnung erfolgte.[243]

Bei der unbeschränkten Inanspruchnahme nach Verfahrenseröffnung sind die Vergütungsansprüche des Arbeitnehmers ebenfalls nach den allgemeinen Grundsätzen aus der Insolvenzmasse zu erfüllen.[244] Gleiches gilt für Vergütungsansprüche aus einer beschränkten Inanspruchnahme einer Diensterfindung oder aus der Verwertung eines technischen Verbesserungsvorschlags. Es ergibt sich wiederum aus den allgemeinen insolvenzrechtlichen Grundsätzen, dass derartige Ansprüche Masseverbindlichkeiten nach § 55 InsO sind, soweit der Insolvenzverwalter die Nutzungs- oder Verwertungshandlungen nach der Verfahrenseröffnung vornimmt.[245]

Vergütungsansprüche aus einer beschränkten oder unbeschränkten Inanspruchnahme einer Diensterfindung oder aus der Verwertung eines technischen Verbesserungsvorschlags vor Eröffnung des Insolvenzverfahrens sind jedoch dann Masseverbindlichkeiten nach § 55 II InsO, wenn sie von einem vorläufigen Insolvenzverwalter, auf den die Verwaltungs- und Verfügungsbefugnis über das Vermögen des Schuldners übergegangen ist, begründet wurden.

Der Arbeitnehmer hat auch weiterhin gem. § 27 Nr. 2 ArbEG ein Vorkaufsrecht hinsichtlich der von ihm gemachten und vom Arbeitgeber unbeschränkt in Anspruch genommenen Diensterfindung, falls der Insolvenzverwalter diese ohne den Geschäftsbetrieb veräußert. Dadurch soll der Arbeitnehmer die Möglichkeit erhalten, die Erfindung wieder zu übernehmen und selbst eine vorteilhaftere Verwertung zu versuchen. Liegt allerdings ein Geschäftsbetrieb vor, der aus mehreren Betriebsteilen besteht, dann ist eine Veräußerung „ohne den Geschäftsbetrieb" iSd § 27 Nr. 2 ArbEG bereits gegeben, wenn die an der Auswertung der Betriebserfindung beteiligten Betriebsteile nicht mit-

---

[241] MüKoInsO/*Ott/Vuia*, § 80 Rn. 123.
[242] FK/*Bartenbach/Volz*, Anhang I Rn. 117.
[243] Nerlich/Römermann/*Hamacher*, vor § 113 Rn. 34; FK/*Bartenbach/Volz*, Anhang I Rn. 105.
[244] Nerlich/Römermann/*Hamacher*, vor § 113 Rn. 34; FK/*Bartenbach/Volz*, Anhang I Rn. 98.
[245] Nerlich/Römermann/*Hamacher*, vor § 113 Rn. 35; FK/*Bartenbach/Volz*, Anhang I Rn. 101.

veräußert werden. Das Vorkaufsrecht in der Insolvenz gem. § 27 Nr. 2 ArbEG bezieht sich jedoch nur auf vom Arbeitgeber unbeschränkt in Anspruch genommene Diensterfindungen und somit weder auf die Fälle beschränkter Inanspruchnahme noch auf technische Verbesserungsvorschläge.

119 Anstelle des Vorkaufsrechts kann der Insolvenzverwalter gem. § 27 Nr. 2 S. 3 ArbEG mit dem Erwerber vereinbaren, dass sich dieser verpflichtet, dem Arbeitnehmer eine angemessene Vergütung für die weitere Verwertung der Diensterfindung zu zahlen. Ansonsten steht dem Arbeitnehmererfinder eine angemessene Abfindung aus dem Veräußerungserlös nach § 27 Nr. 2 S. 4 ArbEG zu.

120 Macht ein Arbeitnehmer nach Insolvenzeröffnung Erfindungen und technische Verbesserungsvorschläge iSd ArbEG, dann steht es dem Insolvenzverwalter frei, ob er eine beschränkte oder unbeschränkte Inanspruchnahme erklärt, ob er technische Verbesserungsvorschläge gem. § 20 ArbEG verwertet, ob er bei freien Erfindungen des Arbeitnehmers dessen Angebot gem. § 19 ArbEG annimmt oder nicht. Erklärt der Insolvenzverwalter die Inanspruchnahme, die Annahme des Angebots hinsichtlich der freien Erfindung oder verwertet er die technischen Verbesserungsvorschläge, so sind die Vergütungsansprüche des Arbeitnehmererfinders Masseverbindlichkeiten gem. § 55 I Nr. 1 InsO.

121 Hat ein nach den Vorschriften des AÜG überlassener Leiharbeitnehmer während der Dauer der Tätigkeit bei dem Entleiher eine Erfindung oder einen technischen Verbesserungsvorschlag gemacht, so gilt gem. § 11 VII AÜG der Entleiher als Arbeitgeber iSd Arbeitnehmererfindungsgesetzes, so dass insoweit der Leiharbeitnehmer wie ein betriebszugehöriger Arbeitnehmer des Entleihers in der Insolvenz des entleihenden Arbeitgebers nach § 27 ArbEG – wie dargestellt – geschützt ist.

122 **14. Ansprüche der in Land- und Forstwirtschaft Beschäftigten.** Gem der §§ 10 I Nr. 2, 13 I ZVG besitzen land- und forstwirtschaftliche Arbeitnehmer für die laufenden und die aus dem letzten Jahr rückständigen Bezüge ein Recht auf abgesonderte Befriedigung aus dem land- oder forstwirtschaftlichen Grundstück. Zu dem danach privilegierten Personenkreis können auch „hausangehörige Kinder" iSd § 1619 BGB gehören, falls ein über diese Bestimmung hinausgehender Sachverhalt vorliegt,[246] nicht dagegen freiberuflich Tätige wie etwa der Steuerberater eines Landwirts.[247]

123 Das Recht auf abgesonderte Befriedigung aus dem Grundstück steht neben den Rechten hinsichtlich der Lohnansprüche aus § 38 InsO sowie neben § 183 I SGB III.[248] Hinsichtlich der Insolvenzforderungen ist § 52 InsO zu berücksichtigen. Gem § 187 SGB III geht das Recht auf abgesonderte Befriedigung mit Stellung des Antrags auf Insolvenzgeld auf die Bundesanstalt für Arbeit über.

124 **15. Aufwendungen des Betriebsrates.** Da die Kosten, die durch die Tätigkeit des Betriebsrates entstehen, gem. § 40 BetrVG der Arbeitgeber zu tragen hat, stellt sich in der Arbeitgeberinsolvenz die Frage nach ihrer insolvenzrechtlichen Einordnung. Die Ansprüche können zunächst die sog. Geschäftsführungskosten des Betriebsrates für Betriebsratstätigkeit betreffen, dann jedoch auch die Aufwendungen der einzelnen Betriebsratsmitglieder, die diese im Rahmen und in Erfüllung ihrer Betriebsratsaufgaben machen. Schließlich gehören hierher die Schulungs- und Bildungskosten, die durch die Teilnahme von Betriebsratsmitgliedern an solchen Schulungsveranstaltungen entstehen, welche die für die Betriebsratsarbeit erforderlichen Kenntnisse vermitteln.

125 Der Kostenanspruch des Betriebsrates stellt eine Masseverbindlichkeit gem. § 55 I Nr. 1 InsO dar, wenn der Verpflichtungsgrund in einem Handeln oder Unterlassen des

---

[246] Vgl. BGH KTS 1973, 254.
[247] BGH NJW 1955, 1147.
[248] *Kuhn/Uhlenbruck,* § 61 Rn. 47d.

Insolvenzverwalters nach Verfahrenseröffnung liegt.[249] Darüber hinaus ist zu beachten, dass das Betriebsverfassungsrecht ein gesetzliches Dauerschuldverhältnis zwischen Betriebsrat und Arbeitgeber/Insolvenzverwalter ausbildet, das über den Zeitpunkt der Insolvenzeröffnung hinaus unverändert fortbesteht und durch die Insolvenzeröffnung überhaupt nicht tangiert wird. Hieraus folgt, dass die Kostenansprüche des Betriebsrates gem. § 40 BetrVG nach Insolvenzeröffnung als Masseverbindlichkeiten gem. § 55 I Nr. 2 InsO zu qualifizieren sind, weil die Erfüllung der Ansprüche aus diesem gesetzlichen Schuldverhältnis für die Zeit nach der Eröffnung des Verfahrens erfolgen muss.

Die vor Insolvenzeröffnung entstandenen Aufwendungsansprüche sind dagegen einfache Insolvenzforderungen nach § 38 InsO. Daher sind Honoraransprüche eines Beraters des Betriebsrats nach § 111 S. 2 BetrVG für Tätigkeiten, die vor Insolvenzeröffnung erbracht worden sind, einfache Insolvenzforderungen.[250] Anderes gilt nur für die Kostenerstattungsansprüche, die der vorläufige Insolvenzverwalter mit Verwaltungs- und Verfügungsbefugnis vor Insolvenzeröffnung begründet hat. Diese sind wiederum Masseverbindlichkeiten nach § 55 II InsO. Hat der Insolvenzverwalter ein Wahlanfechtungsverfahren aufgenommen, sind die Rechtsanwaltskosten des Betriebsrats auch dann Masseschulden, wenn die Gebühren des Verfahrensbevollmächtigten des Betriebsrats bereits vor Eröffnung des Insolvenzverfahrens entstanden sind.[251] **126**

Kommt es zu einem Betriebsübergang gem. § 613a BGB, tritt der Übernehmer materiell-rechtlich in die betriebsverfassungsrechtliche Rechtsposition des Betriebsveräußerers ein. Der neue Betriebsinhaber haftet daher für nicht erfüllte Freistellungsansprüche des Betriebsrats gem. § 40 BetrVG.[252] Findet der Betriebsübergang nach Eröffnung des Insolvenzverfahrens statt, haftet der Betriebserwerber nur für Masseverbindlichkeiten gem. § 55 InsO, aber nicht für Insolvenzforderungen gem. § 38 InsO. Wurde bereits vor Eröffnung des Insolvenzverfahrens vom Betriebsrat ein Berater hinzugezogen, haftet der Betriebserwerber nur für den Teil der Honoraransprüche, der danach entstanden ist. Der Honoraranspruch des Anwalts ist in die jeweiligen honorarauslösenden Einzelleistungen aufzuteilen.[253] **127**

Keine Kostenerstattungsansprüche iSd § 40 BetrVG bilden Ansprüche des Betriebsratsmitglieds auf Fortzahlung des Arbeitsentgeltes bei Arbeitsbefreiung zur Durchführung von Betriebsratsaufgaben gem. § 37 II BetrVG, bei Teilnahme an Schulungs- und Bildungsveranstaltungen gem. § 37 VI und VII BetrVG oder auf Mehrarbeitsvergütung bei Durchführung notwendiger Betriebsratsaufgaben außerhalb der Arbeitszeit gem. § 37 III BetrVG, weil es sich um individualarbeitsrechtliche Ansprüche des Betriebsratsmitglieds in seiner Arbeitnehmereigenschaft handelt, die aber deshalb wie Lohnansprüche ebenso den Vorschriften der §§ 55, 38 InsO unterliegen. **128**

16. Kosten der Einigungsstelle. Nach herrschender Ansicht sind Honoraransprüche des Vorsitzenden und der Beisitzer einer betriebsverfassungsrechtlichen Einigungsstelle als Masseverbindlichkeiten gem. § 55 I Nr. 1 InsO zu qualifizieren, wenn das Einigungsstellenverfahren nach Insolvenzeröffnung durch Spruch der Einigungsstelle abgeschlossen wird. Dies gilt auch dann, wenn das Einigungsstellenverfahren bereits vor Insolvenzeröffnung begonnen hat.[254] Dagegen werden die Honoraransprüche des Vorsitzenden und der Beisitzer der Einigungsstelle, die vor Insolvenzeröffnung den Eini- **129**

---

[249] Uhlenbruck/Hirte/Vallender/*Berscheid*, § 55 Rn. 14; BAG v. 17.8.2005 – 7 ABR 56/04, FA 2005, 348.
[250] LAG München v. 10.5.2007 – 2 TaBV 36/06, ZIP 2008, 35.
[251] BAG v. 17.8.2005 – 7 ABR 56/04, NZA 2006, 109.
[252] BAG v. 9.12.2009 – 7 ABR 90/09, NZA 2010, 461.
[253] BAG v. 9.12.2009 – 7 ABR 90/07, NZA 2010, 461; vgl. dazu *Berkowksy*, NZI 2010, 515.
[254] BAG AP Nr. 7 § 76 BetrVG; Uhlenbruck/Hirte/Vallender/*Berscheid*, § 55 InsO Rn. 14.

gungsstellenspruch gefällt haben, grundsätzlich als einfache Insolvenzforderungen gem. § 38 InsO qualifiziert.[255]

130 Wird das Einigungsstellenverfahren durch einen vorläufigen Insolvenzverwalter mit Verwaltungs- und Verfügungsbefugnis begründet, dann sind die Honoraransprüche auch dann Masseverbindlichkeiten nach § 55 II InsO, wenn der Spruch der Einigungsstelle vor Insolvenzeröffnung liegt.

III. Neumasseverbindlichkeiten

131 Die Unterscheidung zwischen Altmasseschulden einerseits und Neumasseverbindlichkeiten andererseits gewinnt bei angezeigter Masseunzulänglichkeit Bedeutung. Hat der Verwalter beim Insolvenzgericht die Unzulänglichkeit der Masse gem. § 208 I 1 InsO angezeigt, richtet sich die Befriedigung der Massegläubiger nach § 209 I InsO. Es kommt nicht mehr auf die Feststellung der Masseunzulänglichkeit an, sondern nur noch auf die Anzeige der Masseunzulänglichkeit. Dem Gesetzgeber ging es darum, die Unzulänglichkeiten des früheren § 60 KO zu vermeiden und die Abwicklung masseloser und massearmer Verfahren gesetzlich zu regeln. Da den Neumasseschulden nach früherem Recht kein Vorrang eingeräumt war, war die Abwicklung masseunzulänglicher Verfahren unter der Geltung des § 60 KO weitgehend unmöglich.[256] Nunmehr ist das Insolvenzverfahren gem. § 208 III InsO nach angezeigter Masseunzulänglichkeit fortzuführen. Es gilt die Rangordnung des § 209 InsO für sämtliche Masseverbindlichkeiten. Die Massegläubiger sind in der gesetzlich vorgegebenen Reihenfolge zu befriedigen. An erster Stelle stehen gem. § 209 I 1 InsO die Kosten des Insolvenzverfahrens. An zweiter Stelle stehen die Neumassegläubiger gem. § 209 I 2 InsO. Die Altmassegläubiger gehören gem. § 209 I 3 InsO zur Rangklasse 3 und erhalten nur dann Zahlungen, wenn die vorrangigen Neumassegläubiger der Rangklasse 2 vollständig befriedigt werden.[257]

132 **1. Definition der Neumasseverbindlichkeiten.** Zu den Neumasseverbindlichkeiten gem. § 209 I 2 InsO gehören alle Massenansprüche, die nach Anzeige der Masseunzulänglichkeit entstanden sind. Der anspruchsbegründende Tatbestand muss nach Eingang der Masseunzulänglichkeitsanzeige beim Insolvenzgericht geschaffen worden sein.[258]

133 **2. Arbeitnehmer als Massegläubiger.** Ansprüche aus einem fortbestehenden Arbeitsverhältnis sind für die Zeit nach Verfahrenseröffnung sonstige Masseverbindlichkeiten gem. § 55 I 2 InsO. Dies gilt auch für solche Arbeitnehmer, die vom Insolvenzverwalter von ihrer Verpflichtung, die vertraglich geschuldete Arbeitsleistung zu erbringen, freigestellt worden sind und deshalb aus dem Gesichtspunkt des Annahmeverzuges gem. § 615 BGB oder auf Grund eines Erlassvertrages gem. §§ 311, 397 BGB Anspruch auf Fortzahlung ihrer Vergütung haben.[259] Masseverbindlichkeiten gem. § 55 I 1 InsO sind ferner die Vergütungsansprüche derjenigen Arbeitnehmer, welche der Insolvenzverwalter neu eingestellt hat. Masseverbindlichkeiten gem. § 55 II InsO sind die Lohn- und Gehaltsansprüche derjenigen Arbeitnehmer, deren Arbeitsleistung der vorläufige Insolvenzverwalter mit Verfügungsbefugnis in Anspruch genommen hat. Die genannten Ansprüche sind nach Anzeige der Masseunzulänglichkeit Altmasseverbindlichkeiten gem. § 209 I 3 InsO, sofern nicht die Voraussetzungen des § 209 I 2 InsO gegeben sind.

---

[255] LAG Niedersachsen ZIP 82, 488; *Fitting/Kaiser/Heither/Engels*, § 76a Rn. 34; *Hess*, § 55 Rn. 22.
[256] *Uhlenbruck*, Konkurs im Konkurs, 50 Jahre BGH, 2000 S. 803 f.; MüKoInsO/*Hefermehl*, § 209 Rn. 5; *Uhlenbruck*, § 209 InsO Rn. 1.
[257] Im Einzelnen *Berscheid/Ries*, ZInsO 2008, 1161.
[258] *Uhlenbruck*, § 209 Rn. 10; MüKoInsO/*Hefermehl*, § 209 Rn. 20; *Kübler/Prütting/Pape*, § 209 Rn. 10; HK/*Landfermann*, § 209 Rn. 6.
[259] *Lakies* NZA 2001, 521, 524, 525; BAG vom 23.1.2001 – 9 AZR 26/00, NJW 2001, 1964 = NZA 2001, 597.

Als Neumasseverbindlichkeiten, die mit dem zweiten Rang zu berichtigen sind, gelten gem. § 209 II InsO die Ansprüche aus einem gegenseitigen Vertrag, dessen Erfüllung der Verwalter nach Anzeige der Masseunzulänglichkeit gewählt hat, die Ansprüche für die Zeit nach dem ersten Termin, zu dem der Verwalter hätte kündigen können und die Ansprüche aus einem Dauerschuldverhältnis, soweit der Verwalter die Gegenleistung für die Insolvenzmasse in Anspruch genommen hat (§ 209 II 1–3 InsO). Nimmt der Verwalter nach Anzeige der Masseunzulänglichkeit die Arbeitsleistung des Arbeitnehmers in Anspruch, weil er ihn weiterbeschäftigt oder die Freistellung widerruft, entstehen Neumasseverbindlichkeiten gem. § 209 II 3 InsO. Neumasseverbindlichkeiten können auch dann begründet werden, wenn der Insolvenzverwalter es gem. § 209 II 2 InsO versäumt, das Arbeitsverhältnis nach Anzeige der Masseunzulänglichkeit zum erstmöglichen Termin zu kündigen. Die Anzeige der Masseunzulänglichkeit nach § 208 I InsO gibt dem Insolvenzverwalter aber kein außerordentliches Kündigungsrecht, sondern er ist auch in diesem Fall an die allgemeinen Kündigungsfristen gem. § 113 InsO gebunden.[260] Problematisch ist die Behandlung derjenigen Arbeitnehmer, die der Insolvenzverwalter bereits vor Anzeige der Masseinsuffizienz von der Arbeit freigestellt hat.[261]

a) *Zum Begriff des „Könnens" iSv § 209 II 2 InsO.* Der Insolvenzverwalter darf es auf keinen Fall versäumen, Dauerschuldverhältnisse sofort nach Anzeige der Masseinsuffizienz zu kündigen, wenn er den Vertragsgegenstand für die Abwicklung des masseunzulänglichen Verfahrens nicht mehr benötigt. Unterlässt er dies, kann er sich gem. § 61 InsO schadensersatzpflichtig machen.[262]

Fraglich ist, wann für den Insolvenzverwalter frühestens die Möglichkeit besteht, das Arbeitsverhältnis unter Einhaltung der Kündigungsfrist gem. § 113 I S. 2 InsO aufzulösen. Auf seinen subjektiven Kenntnis- oder Erkenntnisstand kommt es nicht an, so dass der Insolvenzverwalter nicht einwenden kann, ihm müsse zunächst eine Überlegungsfrist eingeräumt werden, um beispielsweise zu prüfen, ob eine Anhörung des Betriebsrats nach § 102 BetrVG entbehrlich sein könnte, weil es sich bei dem Arbeitnehmer möglicherweise um einen leitenden Angestellten handele. Mit dem Begriff des „Könnens" iSv § 209 II 2 InsO ist das rechtliche Dürfen gemeint, dh der Insolvenzverwalter kann kündigen, sobald die dafür maßgeblichen rechtlichen Zulässigkeitsvoraussetzungen vorliegen. Zulässig ist eine Kündigung erst dann, wenn der Insolvenzverwalter den Betriebsrat angehört oder im Falle eines schwerbehinderten Arbeitnehmers die Zustimmung des Integrationsamtes eingeholt hat. Der Verwalter darf auch solange nicht kündigen, wie er verpflichtet ist, wegen einer beabsichtigten Betriebsstilllegung einen Interessenausgleich gem. § 112 I S. 1 BetrVG herbeizuführen.[263]

b) *Frühest mögliche Kündigung.* Auch in einem massearmen Verfahren hängt der frühest mögliche Zeitpunkt zum Ausspruch einer Kündigung nicht davon ab, wann die Kündigungsvoraussetzungen gemäß § 1 II KSchG vorliegen.[264] Kann in dem Ausspruch der Kündigung der Beginn einer Betriebsänderung iSv § 111 S. 3 BetrVG erblickt werden, führt die Verletzung der Unterrichts- und Beratungspflichten gem. § 111 S. 1 BetrVG zwar nicht unmittelbar zur Unwirksamkeit der Kündigung, kann aber Nachteilsausgleichsansprüche gem. § 113 III BetrVG auslösen. Der Insolvenzverwalter kann bzw. darf eine Kündigung auch dann nicht gem. § 209 II 2 InsO aussprechen, wenn er

---

[260] *Uhlenbruck*, § 209 Rn. 14; *Dienstühler* ZIP 1998, 1697, 1703; *Kübler/Prütting/Pape*, § 209 Rn. 15.
[261] Vgl. HK/*Landfermann*, § 209 Rn. 9; *Kübler/Prütting/Pape*, § 209 Rn. 16; *Uhlenbruck*, § 209 Rn. 16; *Berscheid*, FS Rheinland-Pfalz S 453, 482; *Schaub* DB 1999, 217, 219.
[262] MüKoInsO/*Hefermehl*, § 209 Rn. 32; *Kübler/Prütting/Pape*, § 209 Rn. 15; vgl. dazu auch *Oetker*, Anm. zu BAG v. 31.3.2004 – 10 AZR 253/03, DZWIR 2005, 108, 112.
[263] BAG v. 4.6.2003 – 10 AZR 586/02, NZA 2003, 1087 = NZI 2003, 619.
[264] BAG v. 21.7.2005 – 6 AZR 592/04, NZA 2006, 199.

dadurch die Masse mit einem Nachteilsausgleich belasten würde.[265] Im Falle der Kündigung von Betriebsratsmitgliedern muss zunächst gem. § 103 I BetrVG die Zustimmung des Betriebsrats vorliegen oder die fehlende Zustimmung des Betriebsrats muss auf Antrag des Insolvenzverwalters gem. § 103 II BetrVG durch das Arbeitsgericht ersetzt worden sein. Handelt es sich um eine schwangere Arbeitnehmerin, muss gem. § 9 III MuSchG die Zustimmung der für den Arbeitsschutz zuständigen obersten Landesbehörde vorliegen. Gleiches gilt für eine Kündigung während der Elternzeit gem. § 18 I S. 3 BEEG. Demgegenüber kommt es nicht darauf an, ob und wann die Kündigung nach Einschätzung des Insolvenzverwalters gem. § 1 Abs. 2 KSchG sozial gerechtfertigt ist.[266] Der Insolvenzverwalter kann daher nicht geltend machen, er habe wegen der von ihm befürchteten Erfolgsaussichten einer etwaigen Kündigungsschutzklage des Arbeitnehmers von der an sich gegebenen Kündigungsmöglichkeit abgesehen. Der Insolvenzverwalter muss alles unternehmen, um das Arbeitsverhältnis nach Anzeige der Masseunzulänglichkeit zum frühest möglichen Termin aufzulösen.[267] Lässt er diesen Termin verstreichen, entstehen nach Ablauf der frühest möglichen Kündigungsfrist Neumasseverbindlichkeiten gem. § 209 II Nr. 2 InsO. Der Insolvenzverwalter kann also den frühest möglichen Kündigungstermin nicht wegen einer noch nicht getroffenen Stilllegungsentscheidung hinausschieben. Das Entstehen von Neumasseverbindlichkeiten kann der Insolvenzverwalter dadurch verhindern, dass er zum frühest möglichen Termin kündigt und den Arbeitnehmer gleichzeitig von der Arbeit freistellt.

138 c) *Inanspruchnahme der Gegenleistung gem. §§ 209 II 2, 90 InsO.* Umstritten ist die Beantwortung der Frage, ob § 209 II 2 InsO auch für bereits freigestellte Arbeitnehmer gilt. Entstehen Neumasseverbindlichkeiten auch dann, wenn der Insolvenzverwalter es unterlässt, das Arbeitsverhältnis eines bereits freigestellten Arbeitnehmers, dessen Arbeitsleistung er also nicht in Anspruch nimmt, rechtzeitig zu kündigen? Dies hätte zur Folge, dass der weiterbeschäftigte, aber nach Anzeige der Masseunzulänglichkeit unwirksam gekündigte Arbeitnehmer für die Zeit nach Ablauf der Kündigungsfrist Altmasseverbindlichkeiten erwerben würde, hingegen Arbeitnehmer, deren Arbeitsleistung der Insolvenzverwalter nicht in Anspruch genommen hat, für die Zeit nach dem frühest möglichen Kündigungstermin wie Neumassegläubiger zu behandeln wären. Die Parallele zum Vollstreckungsverbot gem. § 90 I InsO ist augenfällig: Die gewillkürten Masseverbindlichkeiten, deren Entstehen der Insolvenzverwalter beeinflussen oder verhindern kann, werden vom Vollstreckungsverbot des § 90 I InsO ausgenommen.[268] Davon zu unterscheiden sind die oktroyierten Masseschulden, zu denen die Ansprüche aus den gem. § 108 I 2 InsO fortbestehenden Arbeitsverhältnisse zählen. Die Vergütungs- und Beschäftigungsansprüche der Arbeitnehmer aus fortbestehenden Arbeitsverhältnissen können in den ersten sechs Monaten ab Insolvenzeröffnung gerichtlich nicht durchgesetzt werden, weil insoweit Vollstreckungsschutz besteht. Das ändert sich nur dann, wenn der Insolvenzverwalter es gem. § 90 II Nr. 2 InsO unterlässt, das Arbeitsverhältnis zum frühest möglichen Termin zu kündigen. Die danach entstehenden Vergütungs- und Beschäftigungsansprüche können gerichtlich geltend gemacht und im Falle ihrer Titulierung im Wege der Zwangsvollstreckung durchgesetzt werden.[269] Sieht der Insolvenzverwalter von einer sofortigen Kündigung des Arbeitsverhältnisses gem. § 113 InsO ab, ist der Vollstreckungsschutz für die Zeit nach dem frühest möglichen Beendigungstermin aufgehoben. Fraglich und umstritten ist,

---

[265] So ausdr BAG v. 4.6.2003 – 10 AZR 586/02, NZA 2003, 1087 = NZI 2003, 619, S 10 der Gründe.
[266] BAG v. 31.3.2004 – 10 AZR 253/03, NZA 2004, 1039 = ZIP 2004, 2059 m. Anm. *Bertram/Berscheid* jurisPR 94/2004 und *Oetker* DZWIR 2005, 105.
[267] *Oetker,* Anm. zu BAG v. 31.3.2004 – 10 AZR 253/03, DZWIR 2005, 112.
[268] *Uhlenbruck,* § 90 Rn. 8.
[269] *Uhlenbruck* InsO § 90 Rn. 15; MüKoInsO/*Breuer,* § 90 Rn. 18.

ob dies nur für tatsächlich weiterbeschäftigte Arbeitnehmer oder auch für solche Arbeitnehmer gilt, die der Insolvenzverwalter von der Verpflichtung zur Arbeitsleistung freigestellt hat. Herkömmlich wird aus § 90 II 3 InsO der Schluss gezogen, dass bei Nichtinanspruchnahme der Arbeitsleistung das Vollstreckungsverbot gem. § 90 I InsO gilt.[270] Dabei wird nicht näher hinterfragt, was arbeitsrechtlich unter Inanspruchnahme der Arbeitsleistung iSv § 90 II 3 InsO und § 209 II 3 InsO zu verstehen ist.

d) *Freistellungsrecht des Insolvenzverwalters?* Ein arbeitsrechtlich abgesichertes Freistellungsrecht des Arbeitgebers iS einer von bestimmten Voraussetzungen abhängigen Gestaltungsbefugnis gibt es nicht. Das Arbeitsverhältnis ist durch die synallagmatische Verknüpfung zwischen Arbeitsleistung, Vergütung und Beschäftigung gekennzeichnet. Der Arbeitgeber kann lediglich unter bestimmten Umständen ein überwiegendes Interesse an der Nichtbeschäftigung des Arbeitnehmers haben und deshalb nicht gezwungen werden, dessen Arbeitsleistung tatsächlich in Anspruch zu nehmen.[271] Ohne vertragliche Vereinbarung ist die einseitige Suspendierung von der Beschäftigungspflicht grundsätzlich nicht möglich.[272] Will sich der Arbeitgeber von der Beschäftigungspflicht lösen, muss er das Arbeitsverhältnis gem. § 626 BGB bei Vorliegen eines wichtigen Grundes außerordentlich oder unter Einhaltung der Kündigungsfrist gem. §§ 622 BGB, 1 II KSchG kündigen. Auch der Insolvenzverwalter ist daher nicht nur zur Lohn- und Gehaltszahlung aus dem gem. § 108 I 2 InsO fortbestehenden Arbeitsverhältnis verpflichtet, sondern auch gehalten, den Arbeitnehmer tatsächlich zu beschäftigen. Mit der Eröffnung des Insolvenzverfahrens entsteht keine eigenständige, von den allgemeinen arbeitsrechtlichen Grundsätzen losgelöste Befugnis des Insolvenzverwalters, die beschäftigten Mitarbeiter von der Pflicht zur Arbeitsleistung widerruflich oder unwiderruflich freizustellen. Die Vorschriften der InsO geben für ein eigenständiges, originäres Freistellungsrecht des Insolvenzverwalters nichts her, denn in den §§ 55 II, 209 II 3 InsO wird lediglich der Rang der Vergütungsansprüche geregelt. Die Anerkennung eines Freistellungsrechts des Insolvenzverwalters kann daraus nicht abgeleitet werden, weil eine Aussage darüber, ob und unter welchen Voraussetzungen der Insolvenzverwalter freistellen darf, nicht getroffen wird.[273] Der Insolvenzverwalter kann dem Arbeitnehmer iS eines Erlassvertrages gem. § 397 BGB nur anbieten, auf die Erbringung der Arbeitsleistung zu verzichten.[274] Bei fortbestehenden Dauerschuldverhältnissen muss der Insolvenzverwalter zwar von sich aus alles tun, um die weitere Inanspruchnahme der Gegenleistung zu verhindern.[275] Die Nichtinanspruchnahme der Gegenleistung muss sich aber im Rahmen dessen bewegen, was rechtlich zulässig ist. Es kann von ihm nicht verlangt werden, die Beschäftigungspflicht vertragswidrig nicht zu erfüllen.[276]

Trotz Freistellung durch den Insolvenzverwalter – richtig: Nichtannahme der Arbeitsleistung – können daher bei Anzeige der Masseunzulänglichkeit Neumasseverbindlichkeiten gem. § 209 I 2 InsO entstehen.[277] In diesem Sinne hat auch das BAG Neumasseansprüche des freigestellten Arbeitnehmers bejaht, wenn der Insolvenzverwalter die frühest mögliche Kündigung gem. § 209 II 2 InsO unterlassen hat.[278] Anders nur, wenn sich der Arbeitnehmer auf das Angebot des Insolvenzverwalters, die Beschäftigungspflicht zu suspendieren, eingelassen hat. Allerdings wird der Insolvenzverwalter

---

[270] MüKoInsO/*Breuer*, § 90 Rn. 19; Braun/*Kroth*, InsO, § 90 Rn. 6; *Uhlenbruck*, InsO § 90 Rn. 15.
[271] Vgl. BAG GS v. 27.2.1985, NZA 702; ErfK/*Preis*, § 611 Rn. 567.
[272] ErfK/*Preis*, § 611 BGB Rn. 567.
[273] Vgl. *Ries*, NZI 2002, 521.
[274] So zutreffend *Wroblewski*, NJW 2011, 347.
[275] BGH v. 3.4.2003 – IX ZR 101/02, ZIP 2003, 914.
[276] Vgl. dazu BAG v. 15.11.2012 – 6 AZR 321/11, NJW 2013, 2303 Rn. 33.
[277] *Wroblewski*, NJW 2012, 347, 349.
[278] BAG v. 31.3.2004 – 10 AZR 253/03 m. Anm. *Oetker*, DZWIR 2005, 106.

den Arbeitnehmer auf die Risiken eines Rangsverlustes hinweisen müssen, wenn er mit ihm vereinbaren will, den Beschäftigungsanspruch aufzuheben.[279] Die Erklärung zur Befreiung von der Arbeitspflicht kann auf insolvenzspezifische Gründe – mangelnde Beschäftigungsmöglichkeit – gestützt werden. Der Beschäftigungsanspruch entfällt, wenn dem Arbeitgeber die tatsächliche Entgegennahme der Arbeitsleistung nicht möglich ist.[280] Bei Einschränkung des Betriebes, der Stilllegung von Betriebsabteilungen oder fehlender Aufträge kann ein insolvenzspezifisches Freistellungsbedürfnis anerkannt werden.[281] Mögliche Schadensersatzansprüche wegen Nichtbeschäftigung werden regelmäßig daran scheitern, dass die Arbeitnehmer während der Freistellung im Wege der Gleichwohlgewährung Arbeitslosengeld beziehen.[282] Ein Schaden kann aber durch die Verkürzung der Anspruchsdauer auf Arbeitslosengeld entstehen, wenn die Agentur für Arbeit im Rahmen der Gleichwohlgewährung gem. § 157 III SGB III Arbeitslosengeld leistet. Eine Minderung des Arbeitslosengeldzeitraums tritt nicht ein, wenn der Agentur für Arbeit die Leistungen später erstattet werden.[283] Wenn also der Insolvenzverwalter der Agentur für Arbeit das Arbeitslosengeld später erstattet, mindert sich für den Arbeitnehmer die Anspruchsdauer für den Bezug von Arbeitslosengeld nicht. Es kommt darauf an, dass der Erstattungsanspruch tatsächlich realisiert wird.[284] Deshalb kann ein Schadensersatzanspruch nur entstehen, wenn der Insolvenzverwalter es unterlässt, der Arbeitsagentur die übergegangenen Vergütungsansprüche zu erstatten und deswegen für den Arbeitnehmer eine Verkürzung der Anspruchsdauer auf Arbeitslosengeld eintritt.

141   e) *Urlaubsansprüche und Entgeltfortzahlung.* Der Insolvenzverwalter nimmt die Gegenleistung iSv § 209 II Nr. 3 InsO nicht in Anspruch, wenn er den Arbeitnehmer unwiderruflich unter Anrechnung auf seinen Urlaub freistellt. Der von der Arbeitsleistungspflicht freigestellte Arbeitnehmer erbringt keine Gegenleistung, die der Masse zugute kommt. Eine Privilegierung seiner Ansprüche ist nur gerechtfertigt, wenn der Arbeitnehmer durch tatsächliche Arbeitsleistung zur Anreicherung der Masse beiträgt.[285] Die Besonderheiten des Urlaubsrechts gebieten es nicht, von diesen allgemeinen Grundsätzen abzuweichen, denn mit der Freistellung von der Arbeitspflicht wird der Urlaubsanspruch erfüllt. Hingegen können Urlaubsansprüche als Neumasseverbindlichkeiten entstehen, wenn der Insolvenzverwalter den Arbeitnehmer nach Anzeige der Masseunzulänglichkeit zur Arbeitsleistung heranzieht und die aktive Zeit der Beschäftigung durch Urlaubsgewährung unterbrochen wird.[286] Ebenso können Entgeltfortzahlungsansprüche im Krankheitsfall gem. § 3 EFZG Neumasseschulden sein, wenn der nach Masseunzulänglichkeitsanzeige zur Arbeitsleistung herangezogene Arbeitnehmer arbeitsunfähig krank wird. Problematisch kann die Abgrenzung zwischen Neumasse- und Altmasseschulden sein, wenn der Insolvenzverwalter den Arbeitnehmer zunächst weiterbeschäftigt, ihn dann aber freistellt, weil er ihn nicht mehr zur Abwicklung benötigt oder weil er andere Arbeitnehmer heranziehen oder den erkrankten Arbeitnehmer durch einen anderen ersetzen will. Grundsätzlich ist der Insolvenzverwalter nicht gehindert, die Inanspruchnahme der Gegenleistung abzubrechen. Er ist sogar gehalten, die Begründung von Neumasseverbindlichkeiten soweit wie möglich zu vermeiden und deshalb Arbeit-

---

[279] IE *Wroblewski*, NJW 2011, 347, 349.
[280] Vgl. BAG v. 18.3.1999 – 8 AZR 344/98, ZTR 1999, 516; BAG v. 13.6.1990 – 5 AZR 350/89, EzA § 611 BGB Beschäftigungspflicht; BAG v. 4.9.1985 – 5 AZR 90/84.
[281] Vgl. *Seifert*, DZWIR 2002, 407, 409.
[282] *Wroblewski*, NJW 2011, 347, 351.
[283] *Gagel/Striebinger*, SGB III 2014, § 148 Rn. 17; *Niesel/Brand*, SGB III 4. Aufl. § 128 Rn. 4.
[284] BSG v. 29.1.2008 – B 7/7a 58/06 R, NZS 2009, 239.
[285] BAG v. 8.12.1998 – 9 AZR 622/97, NZA 1999, 596 und v. 15.6.2004 – 9 AZR 431/03, NZA 2005, 354.
[286] Vgl. *Bertram/Berscheid*, Unterscheidung von Altmasse- und Neumasseverbindlichkeiten beim Urlaubsanspruch, Anm. zu BAG v. 15.6.2004 – 9 AZR 431/03, jurisPR-ArbR 49/2004.

nehmer von ihrer Arbeitsleistungspflicht freizustellen, sobald auf ihre Arbeitsleistungen verzichtet werden kann.[287] Hat der Insolvenzverwalter die Arbeitsleistung in Anspruch genommen, können nicht nur die Vergütungsansprüche selbst, sondern auch die dazu gehörenden Urlaubs- und Entgeltfortzahlungsansprüche Masseverbindlichkeiten sein.

f) *Berechnung der Urlaubsvergütung.* Hat der Insolvenzverwalter dem nach Anzeige der Masseunzulänglichkeit weiterbeschäftigten Arbeitnehmer Urlaub gewährt, sollen die Ansprüche auf Urlaubsvergütung und Urlaubsabgeltung anteilig als Neumasseverbindlichkeiten zu berichtigen sein und zwar in dem Umfang, der rechnerisch auf den Zeitraum des aktiven Beschäftigungsverhältnisses nach Anzeige der Masseunzulänglichkeit im Verhältnis zum Urlaubsjahr entfällt.[288] Dies begründet das BAG mit der Erwägung, Neumasseverbindlichkeiten würden nur begründet, soweit die Gegenleistung zur Masse gelange. Bei einem Nachziehen des gesamten Urlaubs würde die Masse mit zusätzlichen Kosten belastet. Deshalb sei abweichend von der Konzeption des gesetzlichen Urlaubsrechts im Anwendungsbereich des § 209 II Nr. 3 InsO der auf die Dauer der tatsächlichen Inanspruchnahme der Arbeitsleistung entfallende anteilige Geldwert des Urlaubs als Neumasseverbindlichkeit zu berichtigen. Als Berechnungsformel legt das BAG das Verhältnis der möglichen Arbeitstage im Jahr zu den vom Arbeitnehmer nach Anzeige der Masseunzulänglichkeit geleisteten Arbeitstage zugrunde.[289] Dem BAG ist zuzugestehen, dass es nicht vertretbar ist, die Masse mit dem gesamten Urlaubsanspruch des weiterbeschäftigten Arbeitnehmers zu belasten. Indes wird die Unzulänglichkeit der Berechnungsformel wegen ihrer fehlenden Abstimmung mit dem Zwölfelungsprinzip kritisiert.[290]

g) *Nachteilsausgleichsansprüche gem. § 113 III BetrVG.* Führt der Insolvenzverwalter eine geplante Betriebsänderung durch, ohne zuvor den Betriebsrat darüber zu informieren und mit ihm zu verhandeln, können Nachteilsausgleichsansprüche gem. § 113 III InsO begründet werden, die als Masseverbindlichkeiten iSv § 209 I 3 InsO zu berichtigen sind. Durchgeführt wird eine geplante Betriebsänderung bereits dann, wenn der Insolvenzverwalter mit ihr beginnt und damit vollendete Tatsachen schafft.[291] Entsteht der Nachteilsausgleichsanspruch nach Anzeige der Masseunzulänglichkeit, weil der Insolvenzverwalter erst danach betriebsverfassungswidrig eine Betriebsänderung durchführt, ohne zuvor einen Interessenausgleich mit dem Betriebsrat versucht zu haben, werden Neumasseverbindlichkeiten gem. § 209 I 2 InsO begründet.[292] Der Insolvenzverwalter löst bereits dann Nachteilsausgleichsansprüche gem. § 113 III BetrVG im Range von Neumasseverbindlichkeiten gem. § 209 I 2 InsO aus, wenn er nach Anzeige der Masseunzulänglichkeit ohne vorherige Beteiligung des Betriebsrats eine Betriebsänderung beschließt,[293] oder mit der Betriebsänderung beginnt, indem er Entlassungen durchführt oder Arbeitnehmer unwiderruflich von der Arbeitsleistung freistellt.[294]

IV. Sozialversicherungsbeiträge in der Insolvenz

1. Sozialversicherungsbeiträge für den Zeitraum vor Insolvenzeröffnung.
Rückständige Beiträge einschließlich Säumniszuschlägen und Umlagen zu den Sozial-

---

[287] Vgl. *Bertram/Berscheid* jurisPR-ArbR 49/2004.
[288] BAG v. 21.11.2006 – 9 AZR 97/06, NZA 2007, 696 m. Anm. *Berscheid/Bertram* jurisPR-ArbR 31/2008, Anm. 2.
[289] BAG v. 21.11.2006 – 9 AZR 97/06, NZA 2007, 696; vgl. dazu *Berscheid/Ries*, ZInsO 2008, 1161, 1166, 1167; *Düwell/Pulz*, NZA 2008, 786, 788.
[290] *Berscheid/Ries*, ZInsO 2008, 1161, 1167, 1168.
[291] BAG v. 4.12.2002 – 10 AZR 16/02, NJW 2003, 1964 = NZA 2003, 665; BAG v. 4.6.2003 – 10 AZR 586/02, NZA 2003, 1087 = NZI 2003, 619.
[292] BAG v. 22.7.2003 – 1 AZR 541/02, NJW 2004, 875 = NZA 2004, 93 = NZI 2004, 99.
[293] BAG v. 18.11.2003 – 1 AZR 30/03, NZA 2004, 220 = NZI 2004, 161.
[294] LAG Berlin-Brandenburg v. 2.3.2012 – 13 Sa 2187/11, ZIP 2012, 1429.

§ 107 145–149   Kapitel IX. Arbeitsrecht und Insolvenz

versicherungen und der Bundesanstalt für Arbeit sind vor Insolvenzeröffnung einfache Insolvenzforderungen nach § 38 InsO. Die in der Konkursordnung durch § 59 II KO erfolgte Rückstufung dieser Ansprüche, soweit sie gem. 141m I AFG oder nach § 9 III 1 Vorruhestandsgesetz auf die Bundesanstalt (jetzt Bundesagentur) übergegangen waren, ist demnach nicht mehr von Nöten.

145   **2. Sozialversicherungsbeiträge für den Zeitraum nach Insolvenzeröffnung.** Sozialversicherungsbeiträge für die vom Insolvenzverwalter auf Rechnung der Masse beschäftigten Arbeitnehmer sind Masseverbindlichkeiten gem. § 55 I Nr. 2 InsO, falls ihr Rechtsgrund nach Insolvenzeröffnung liegt.[295] Soweit die Bundesagentur für Arbeit während der Dauer der gesetzlichen Kündigungsfrist den freigestellten Arbeitnehmern Arbeitslosengeld gewährt, werden die Beiträge zur Krankenversicherung an die Sozialversicherungsträger bzw. Krankenversicherungsträger gem. § 157 III 1 SGB III (§ 115 SGB X) geleistet.

146   Da der Arbeitgeber der Bundesagentur für Arbeit die danach geleisteten Beiträge zur Krankenversicherung zu erstatten hat, soweit er für dieselbe Zeit Beiträge zur Krankenversicherung des Arbeitnehmers zu entrichten hatte, haben die übergegangenen Ansprüche den gleichen Rang wie die ursprünglichen Bruttolohnansprüche der Arbeitnehmer. Dies bedeutet, dass die Bundesagentur für Arbeit die Entgeltansprüche der Arbeitnehmer in Höhe des Arbeitslosengeldes einschl der abzuführenden Sozialversicherungsbeiträge (§ 78d SGB IV) gegen den Insolvenzverwalter wiederum als Masseverbindlichkeiten nach § 55 I Nr. 2 InsO geltend machen kann.[296] Der Differenzbetrag zwischen Bruttolohnanspruch und Arbeitslosengeld fließt an die Arbeitnehmer. Die restlichen Vergütungsansprüche der Arbeitnehmer und die gem. § 115 I SGB X übergegangenen Entgeltansprüche genießen den gleichen Rang, so dass die Bundesagentur für Arbeit bei Masseunzulänglichkeit gem. § 209 I 3 InsO zu befriedigen ist.[297]

147   Hinsichtlich der Beitragsansprüche zur gesetzlichen Rentenversicherung gelten die obigen Ausführungen entsprechend, da nach § 335 III, IV SGB III die Beitragserstattungspflicht des Arbeitgebers ebenfalls gilt. Die Bundesagentur für Arbeit ist folglich berechtigt, den Anspruch im gleichen Rang geltend zu machen wie die ursprüngliche Verpflichtung zur Abführung von Beiträgen im Rahmen einer eröffneten Insolvenz, also als Masseverbindlichkeit gem. § 55 I Nr. 2 InsO.[298]

148   Strittig ist, ob Beiträge zur Arbeitslosenversicherung auch dann vom Insolvenzverwalter geschuldet werden, wenn er Zahlungen an bereits freigestellte Arbeitnehmer leistet. Nunmehr ist geklärt, dass eine Versicherungspflicht in der gesetzlichen Rentenversicherung und in der Arbeitslosenversicherung auch dann vorliegen kann, wenn der Arbeitnehmer bei fortlaufender Zahlung des Arbeitsentgelts einvernehmlich und unwiderruflich bis zum Ende des Arbeitsverhältnisses von der Arbeitsleistung freigestellt ist.[299] Die Spitzenverbände der Sozialversicherung haben sich mit ihrer gegenteiligen Auffassung nicht durchsetzen können. Dagegen kommt es nach der Rechtsprechung des BSG hinsichtlich der Beiträge zur Berufsgenossenschaft auf die Wirkung der Freistellung an. Aufgrund der Zielrichtung der Unfallversicherungsbeiträge ist allein für die Arbeitnehmer, deren Arbeitsverhältnis nicht nur rechtlich, sondern auch tatsächlich nach Insolvenzeröffnung weiterbesteht, ein Beitrag zur Berufsgenossenschaft zu entrichten.[300]

149   **3. Anfechtung.** Die Abführung von Sozialversicherungsbeiträgen durch den Insolvenzschuldner unterliegt der insolvenzrechtlichen Anfechtung gemäß den §§ 129 ff.

---

[295] MüKoInsO/*Hefermehl*, § 55 Rn. 197.
[296] BSG ZIP 1980, 201; BSG ZIP 1986, 835; Uhlenbruck/Hirte/Vallender/*Sinz*, § 55 Rn. 72.
[297] Uhlenbruck/Hirte/Vallender/*Sinz*, § 55 Rn. 72.
[298] MüKoInsO/*Hefermehl*, § 55 Rn. 197; Uhlenbruck/Hirte/Vallender/*Berscheid*, § 55 Rn. 68.
[299] BSG v. 24.9.2008 – B 12 KR 22/07 R, ZInsO 2009, 782.
[300] BSG v. 30.7.1981, ZIP 1981, 1106.

InsO. Die Sozialversicherungsträger genießen insoweit keine Privilegien. Nach der bis zum 31.12.2007 geltenden Rechtslage sind die Arbeitnehmeranteile der Sozialversicherungsbeiträge kein zugunsten der Sozialversicherungsträger aussonderungsfähiges Treugut, weil sie in vollem Umfang aus dem Vermögen des Arbeitgebers geleistet werden.[301] Hat der Insolvenzschuldner daher im Vorfeld der Insolvenz die laufenden Sozialabgaben unregelmäßig oder verspätet gezahlt, kann dies auf eine Zahlungsunfähigkeit hindeuten, so dass innerhalb des Drei-Monats-Zeitraums die Anfechtung wegen kongruenter Deckung gemäß § 130 oder wegen inkongruenter Deckung gemäß § 131 InsO in Betracht kommt.[302] Mit Wirkung zum 1.1.2008 ist aber § 38e I SGB IV dahingehend erweitert worden, dass die Zahlung des vom Beschäftigten zu tragenden Teils des Gesamtversicherungsbeitrags als aus dem Vermögen des Beschäftigten erbracht gilt. Diese neue Regelung gilt nur für Sozialversicherungsbeiträge, die nach dem 1.1.2008 abgeführt worden sind.[303] Fraglich geblieben ist aber, ob die Neufassung des § 28e I SGB IV im Falle der Insolvenz des Arbeitgebers eine Anfechtung geleisteter Sozialversicherungsbeiträge durch den Insolvenzverwalter ausschließt.[304]

V. Insolvenzrechtliche Behandlung der Arbeitnehmeransprüche

1. Anmeldepflichtige Forderungen. Von der Eröffnung des Insolvenzverfahrens an richtet sich die Geltendmachung von Entgeltansprüchen aus dem Arbeitsverhältnis ausschließlich nach den Vorschriften der Insolvenzordnung und nicht mehr nach tariflichen Ausschlussfristen, wenn es sich um Insolvenzforderungen iSd § 38 InsO handelt,[305] jedoch dürfen diese Ansprüche zurzeit der Verfahrenseröffnung noch nicht verfallen sein.[306] Alle Insolvenzforderungen sind nach § 174 I 1 InsO nicht beim Insolvenzgericht, sondern beim Insolvenzverwalter anzumelden, gleichgültig ob es sich um streitbefangene, nicht streitbefangene oder um rechtskräftig festgestellte Forderungen handelt. Keine Insolvenzforderungen sind allerdings diejenigen Arbeitnehmeransprüche, die sich – ohne Bezug oder Zusammenhang mit einer vermögensrechtlichen Streitigkeit – gegen den Schuldner persönlich als Arbeitgeber richten, wie insbesondere der Anspruch auf Zeugniserteilung oder auf Ausfertigung von Bescheinigungen.[307] Bei der Anmeldung sind anzugeben der Grund und die Höhe des Anspruchs, § 174 II InsO. Vergütungsansprüche sind als Bruttoforderungen anzumelden.[308] Schadensersatzansprüche sind mit ihrem Schätzwert geltend zu machen, § 45 S. 1 InsO. Bei der Anmeldung sollen gem. § 174 I InsO Ablichtungen der Urkunden, aus denen sich die Forderung ergibt, beigefügt werden. Dies betrifft insbesondere vorhandene Lohn- oder Gehaltsabrechnungen.

Der Insolvenzverwalter hat gem. § 175 I InsO jede angemeldete Forderung mit Grund und Höhe in eine Tabelle einzutragen, die in der Geschäftsstelle des Insolvenzgerichts zur Einsicht der Beteiligten niederzulegen ist. Im Prüfungstermin werden die angemeldeten Forderungen nach ihrem Betrag und ihrem Rang geprüft, § 176 I 1 InsO. Gem § 177 InsO sind im Prüfungstermin auch diejenigen Forderungen zu prüfen, die erst nachträglich, dh nach Ablauf der Anmeldefrist, angemeldet worden sind. Die angemeldete Forderung gilt als festgestellt, soweit gegen sie im Prüfungstermin

---

[301] BGH v. 8.12.2005 – IX ZR 182/01, NJW 2006, 1348.
[302] St Rspr d BGH, vgl. BGH v. 8.12.2005 – IX ZR 182/01, NJW 2006, 1348.
[303] BGH v. 27.3.2008 – IX ZR 210/07, NZA 2008, 550.
[304] Vgl. dazu *Leithaus/Krings*, NZI 2008, 393.
[305] So zum Konkurs BAG v. 18.12.1984 – 1 AZR 588/82, NZA 1985, 396.
[306] LAG Hamm v. 18.5.2000 – 4 Sa 1963/99, BuW 2001, 440 = ZInsO 2000, 570.
[307] Vgl. LAG Nürnberg v. 5.12.2002 – 2 Ta 137/02, ZInsO 2003, 194; BAG v. 30.1.1991 – 5 AZR 32/90, NZA 1991, 599.
[308] *Lakies* NZA 2001, 521, 523; *Förster* ZInsO 2000, 266.

oder im schriftlichen Prüfungsverfahren gem. § 177 I 2 InsO weder vom Insolvenzverwalter noch von einem Insolvenzgläubiger ein Widerspruch erhoben worden ist, § 178 I 1 InsO. Ist eine Forderung bestritten worden, kann der Gläubiger sie im Wege der Forderungsfeststellungsklage gerichtlich feststellen lassen, § 179 I InsO. Handelt es sich um eine arbeitsrechtliche Forderung iSv § 2 ArbGG, für die die ordentlichen Gerichte nicht zuständig sind, ist die Forderungsfeststellungsklage gem. § 185 S. 1 InsO beim zuständigen Arbeitsgericht zu erheben.

152 Die ordnungsgemäße Anmeldung der Forderung ist Sachurteilsvoraussetzung für die Feststellungsklage.[309] Zur ordnungsgemäßen Anmeldung einer Forderung gehört die schlüssige Darlegung des Lebenssachverhalts, aus dem der Gläubiger seinen Zahlungsanspruch herleitet. Sowohl Grund als auch Höhe der Forderung müssen angegeben werden.[310] Mit anderen Worten: Die Insolvenzfeststellungsklage ist nur zulässig, wenn die Forderung zuvor ordnungsgemäß angemeldet, geprüft und bestritten worden ist. Lag bei Klageerhebung noch keine Anmeldung vor, kann dieser Mangel im Laufe des Verfahrens behoben und die zunächst erhobene Leistungsklage auf eine Feststellungsklage umgestellt werden.[311] Streitgegenstand ist die Feststellung, dass dem Gläubiger gegen den Schuldner die Forderung so, wie er sie zur Tabelle angemeldet oder im Prüfungstermin bezeichnet hat, als Insolvenzforderung gem. § 181 InsO zusteht. Die Klage auf Feststellung einer zur Tabelle angemeldeten Forderung ist unzulässig, wenn sie auf einen anderen als den in der Anmeldung angegebenen Anspruchsgrund gestützt wird. Das ist beispielsweise der Fall, wenn die Forderung als Sonderleistung angemeldet, im Rahmen der Forderungsfeststellungsklage aber auf Urlaubsabgeltung gestützt wird.[312] Die Feststellungsklage hat nicht die Unwirksamkeit des Widerspruchs zum Inhalt, sondern der Klageantrag ist auf Feststellung der streitigen Forderung zur Insolvenztabelle zu richten.[313] Der Streitwert der Feststellungsklage richtet sich nicht nach dem Nominalwert der Forderung, sondern orientiert sich gem. § 182 InsO an der zu erwartenden Quote.

153 **2. Nichtanmeldepflichtige Forderungen.** Soweit Arbeitnehmeransprüche Masseverbindlichkeiten darstellen, sind sie nicht anzumelden, weil sie aus der Insolvenzmasse vorweg zu befriedigen sind. Masseschuldansprüche gem. § 55 I, II InsO sind folglich anmeldefrei. Das Gleiche gilt, falls Arbeitnehmer einen Anspruch auf Absonderung besitzen.[314] Die vorzugsweise Befriedigung eines Arbeitnehmeranspruchs aus einem zur Insolvenzmasse gehörenden Gegenstand, wie sie dem land- und forstwirtschaftlichen Personal gem. § 10 Nr. 2 ZVG für die laufenden und die aus dem letzten Jahr rückständigen Beträge ihrer Bezüge aus dem Grundstück zusteht, erfolgt unabhängig vom Insolvenzverfahren. Das Recht auf abgesonderte Befriedigung aus dem Grundstück steht neben dem ebenfalls nichtanmeldepflichtigen Masseschuldanspruch gem. § 55 I, II InsO und neben dem anmeldepflichtigen Anspruch des § 38 InsO.

154 **3. Arbeitnehmer als Massegläubiger.** Als Massegläubiger sind die Arbeitnehmer am Insolvenzverfahren nicht beteiligt, weil ihre Ansprüche gem. § 53 InsO aus der Insolvenzmasse vor den übrigen Insolvenzgläubigern und unabhängig vom Gang des Verteilungsverfahrens zu befriedigen sind.[315] Masseverbindlichkeiten können formlos gegenüber dem Insolvenzverwalter geltend gemacht bzw. durch Klage und nachfolgende

---

[309] BAG v. 21.9.1999 – 9 AZR 912/98, DB 2000, 1230; BGH vom 21.2.2000 – II ZR 231/98, ZIP 2000, 705.
[310] Vgl. BGH v. 22.1.2009 – IX ZR 3/08, NZI 2009, 242.
[311] LAG Hamm v. 22.11.1999 ZInsO 2000, 55; *Lakies* NZA 2001, 521, 524.
[312] BGH ZIP 2001, 2099.
[313] *Uhlenbruck*, § 179 Rn. 11; MüKoInsO/*Schumacher*, § 179 Rn. 6.
[314] MüKoInsO/*Ganter*, § 47 Rn. 473 und vor §§ 49–52 Rn. 138.
[315] *Schaub* DB 1999, 217, 219.

Zwangsvollstreckung in Massegegenstände ebenso wie in das insolvenzfreie Vermögen des Schuldners realisiert werden.[316]

Dieses Recht der Arbeitnehmer, als Massegläubiger ihre Ansprüche unabhängig vom Insolvenzverfahren gegen den Insolvenzverwalter geltend zu machen, endet jedoch gem. § 209 InsO, wenn sich herausstellt, dass die Insolvenzmasse zur vollständigen Befriedigung aller Massegläubiger nicht ausreicht. Dann nehmen die Kosten des Insolvenzverfahrens den ersten Rang ein. Diejenigen Masseverbindlichkeiten, die der Insolvenzverwalter nach Anzeige der Masseunzulänglichkeit „begründet" hat, genießen als sogenannte Neumasseverbindlichkeiten die zweite Rangstufe nach § 209 I Nr. 2 InsO. Die Vorschrift ist dabei in Zusammenhang mit § 209 II InsO zu lesen, der die Abgrenzung von Neu- zu Altmasseverbindlichkeiten bei gegenseitigen Verträgen präzisiert. Als letztes sind gem. § 209 I Nr. 3 die übrigen Masseverbindlichkeiten zu befriedigen. Falls die Masse zur Befriedigung sämtlicher Masseverbindlichkeiten einer Rangstufe nicht ausreicht, sind gem. § 209 I InsO diese nach dem Verhältnis ihrer Beträge zu berichtigen. Der Masseschuldcharakter einer arbeitnehmerseitigen Forderung bleibt auch dann erhalten, wenn die Forderung infolge Rechtsnachfolge auf einen anderen Rechtsinhaber übergeht. 155

4. Verfahren bei Masseunzulänglichkeit. Hat der Insolvenzverwalter gem. § 208 I InsO Masseunzulänglichkeit angezeigt, hat das Insolvenzgericht gem. § 208 II InsO dies öffentlich bekannt zu machen und die Anzeige der Masseunzulänglichkeit den Massegläubigern besonders zuzustellen, § 208 II S. 2 InsO. Gleiches gilt bei drohender Masseunzulänglichkeit gem. § 208 II S. 2 InsO. Der Insolvenzverwalter hat einen Finanzstatus zu erstellen, aus dem sich ergibt, dass der Eintritt der Masseunzulänglichkeit wahrscheinlicher ist als ihr Ausbleiben.[317] Die Finanzplanrechnung muss ergeben, dass die Masse voraussichtlich nicht ausreicht, um die bestehenden sonstigen Masseverbindlichkeiten im Zeitpunkt ihrer Fälligkeit zu erfüllen.[318] Eine Überprüfung der drohenden Masseunzulänglichkeit durch das Insolvenzgericht findet nicht statt. Ein Rechtsmittel gegen die Feststellung der eingetretenen oder drohenden Masseunzulänglichkeit durch den Insolvenzverwalter ist nicht gegeben.[319] Hat bereits der vorläufige Insolvenzverwalter in seinem Gutachten gem. § 22 I Nr. 3 InsO die Masseunzulänglichkeit festgestellt, kann davon ausgegangen werden, dass er an seiner verfrühten Anzeige festhalten will, wenn das Gericht ihn im Eröffnungsbeschluss zum Insolvenzverwalter bestellt. Es wäre eine bloße Förmelei, in diesem Fall eine nochmalige Anzeige zu verlangen. Die Anzeige wird vielmehr mit der Verfahrenseröffnung und der Ernennung mit der Folge des § 210 InsO wirksam.[320] 156

a) *Bindende Wirkung der Anzeige.* Die ordnungsgemäße Anzeige der Masseunzulänglichkeit gem. § 208 InsO ist für das Prozessgericht bindend.[321] Die Anzeige der Masseunzulänglichkeit soll es dem Insolvenzverwalter ermöglichen, die noch vorhandene Insolvenzmasse gem. § 208 III InsO auf rechtlich gesicherter Grundlage abzuwickeln. Nach § 319 RegE sollte die Feststellung der Masseunzulänglichkeit durch einen Beschluss des Insolvenzgerichts erfolgen. Stattdessen hat der Bundestag auf Grund entsprechender Vorschläge der Praxis und Rechtslehre schon der Anzeige der Masseunzuläng- 157

---

[316] MüKoInsO/*Hefermehl,* § 53 Rn. 46, 58; Uhlenbruck/Hirte/Vallender/*Berscheid,* § 53 Rn. 4, 5.
[317] *Kübler/Prütting/Pape,* § 208 Rn. 16; MüKoInsO/*Hefermehl,* § 208 Rn. 21.
[318] Kölner Schrift-*Kübler,* S. 974 Rn. 26.
[319] *Uhlenbruck,* § 208 Rn. 8; MüKoInsO/*Hefermehl,* § 208 Rn. 38.
[320] BAG v. 23.2.2005 – 10 AZR 602/03, NZA 2005, 694 = ZIP 2005, 873 unter II 3 der Gründe; *Kübler/Prütting/Pape,* § 208 Rn. 2f und 2g; zur Bindung des Insolvenzgerichts an die Anzeige des Insolvenzverwalters *Kübler/Prütting/Pape,* § 208 Rn. 2f; MüKoInsO/*Hefermehl,* § 208 Rn. 35.
[321] BAG v. 11.12.2001 – 9 AZR 459/00, NZA 2002, 975; BGH v. 3.4.2003 – IX ZR 101/02, NJW 2003, 2454 = NZI 2003, 369 m. Anm. *Uhlenbruck.*

lichkeit durch den Insolvenzverwalter eine konstitutive Wirkung beigemessen. Er allein ist für die Feststellung der Masseunzulänglichkeit verantwortlich.[322] Der Insolvenzverwalter hat daher vorauszuplanen, wie er die vorhandene Masse am Besten abwickeln kann. Es wäre kontraproduktiv, wenn auf Grund von Klagen von Altmassegläubigern jederzeit und immer wieder neu die Frage der Masseunzulänglichkeit durch unterschiedliche Prozessgerichte überprüft werden könnte.[323] Die Altmassegläubiger geraten zwar durch die Anzeige der Masseunzulänglichkeit zu einer nachrangigen Befriedigungsmöglichkeit gem. § 209 I 3 InsO. Dafür ist aber die Haftung des Insolvenzverwalters für nicht erfüllbare Masseverbindlichkeiten gem. § 61 InsO verschärft worden. Allerdings neigen die Insolvenzverwalter dazu, Masseunzulänglichkeit bereits prophylaktisch anzuzeigen, ohne genaue und gesicherte Erkenntnisse über den finanziellen Status der Masse zu haben.[324] Gleichwohl kommt eine gerichtliche Prüfung, ob tatsächlich Masseunzulänglichkeit oder drohende Masseunzulänglichkeit gem. § 208 I vorliegen, nicht in Betracht. Unverbindlich könnte die Anzeige allenfalls dann sein, wenn eine entsprechende Feststellung des Insolvenzgerichts nichtig wäre.[325]

158 b) *Vollstreckungsverbot*. Die Anzeige der Masseunzulänglichkeit hat verfahrensrechtlich zur Folge, dass das Vollstreckungsverbot gem. § 210 InsO eingreift. Nunmehr ist die Vollstreckung wegen einer Altmasseverbindlichkeit iSd § 209 I 3 InsO unzulässig. Der materiell-rechtliche Bestand der Masseforderung bleibt unberührt.[326] Wichtiger sind die prozessualen Folgen: Da der Gläubiger einer Masseforderung nach § 209 I 3 InsO keine Vollstreckungsmöglichkeit mehr besitzt, kann der Insolvenzverwalter auch nach angezeigter Masseunzulänglichkeit nicht mehr zur Leistung verurteilt werden. Einer gleichwohl erhobenen Leistungsklage fehlt das Rechtsschutzbedürfnis.[327] Dies begründet das BAG überzeugend mit der Erwägung, dass ein Leistungsurteil, welches gem. § 210 InsO nicht vollstreckt werden könnte, keine über die Feststellung der Forderung hinausgehenden Wirkungen erzeugen könnte. Der Insolvenzverwalter ist gesetzlich verpflichtet, bei der Verteilung der Masse auch einem Feststellungsurteil Folge zu leisten.

159 c) *Neumassegläubiger*. Da sich das Vollstreckungsverbot nur auf Verbindlichkeiten nach § 209 I 3 InsO bezieht, ist daraus der Gegenschluss zu ziehen, dass Neumassegläubiger ihre Masseforderungen nach § 209 I 2 InsO im Wege der Leistungsklage durchsetzen können. Gesetzlich nicht geregelt ist die Frage, welche Rechtsfolgen eintreten, wenn nach Anzeige der Masseunzulänglichkeit gem. § 208 I InsO auch die neu zu erwirtschaftende Insolvenzmasse nicht ausreicht, um alle fälligen Neumasseverbindlichkeiten zu erfüllen. In der Literatur wird auch in diesem Fall vorgeschlagen, nur noch eine Feststellungsklage zuzulassen.[328] In diesem Fall müsste der Insolvenzverwalter analog § 208 InsO erneut die Unzulänglichkeit der Masse auch bzgl der Neumasseverbindlichkeiten anzeigen. Nach anderer Auffassung ist der Insolvenzverwalter auf die Möglichkeit einer Vollstreckungsgegenklage gem. § 767 ZPO zu verweisen.[329] Der BGH hat die Frage der Zulässigkeit einer erneuten Anzeige und öffentlichen Bekanntmachung der Masseunzulänglichkeit zwar offen gelassen, aber andererseits festgestellt, dass es in Fällen einer erneuten Masseunzulänglichkeit geboten sei, nur noch Feststellungsklagen der

---

[322] *Uhlenbruck*, § 208 Rn. 4.
[323] BGH v. 3.4.2003 – IX ZR 101/02, ZIP 2003, 914, 915.
[324] *Uhlenbruck* NZI 2001, 408; *Kübler/Prütting/Pape*, § 208 Rn. 12.
[325] BGH v. 3.4.2003 – IX ZR 101/02, ZIP 2003, 914, 915.
[326] *Uhlenbruck/Hirte/Vallender/Ries*, § 208 Rn. 1; aA MüKoInsO/*Hefermehl*, § 208 Rn. 62; *Dienstühler* ZIP 1998, 1697, 1710; *Pape* ZInsO 2001, 60.
[327] BAG v. 11.12.2001 – 9 AZR 459/00, NZA 2002, 975; BGH NZI 2001, 539.
[328] MüKoInsO/*Hefermehl*, § 210 Rn. 23; HK/*Landfermann*, § 210 Rn. 5; *Kübler/Prütting/Pape*, § 210 Rn. 8; Nerlich/Römermann/*Westphal*, § 209 Rn. 19.
[329] *Uhlenbruck*, § 210 Rn. 5.

Neumassegläubiger zuzulassen.[330] Die Rechtsprechung hält grundsätzlich bei Neumasseverbindlichkeiten eine Leistungsklage für möglich, aber auch eine Feststellungsklage für zulässig, wenn der Insolvenzverwalter die weitere Masseunzulänglichkeit im Prozess einwendet und sie auch veröffentlicht.[331]

d) *Haftung bei verspäteter Anzeige der Masseunzulänglichkeit?* Beschäftigt der Insolvenzverwalter die Arbeitnehmer nach Insolvenzeröffnung zunächst weiter und kommt es danach wegen ausbleibender Aufträge zur Anzeige der Masseunzulänglichkeit, stellt sich die Frage, ob die Arbeitnehmer, die für die erbrachten Arbeitsleistung tatsächlich keine Vergütung und auch kein Arbeitslosengeld erhalten, Schadensersatzansprüche gegen den Insolvenzverwalter geltend machen können. Dies ist zu verneinen, denn eine insolvenzspezifische Pflicht, im Interesse der Gläubiger von Dauerschuldverhältnissen die Anzeige zu einem bestimmten Zeitpunkt abzugeben, um diesen eine nach § 209 I 2 InsO bevorrechtigte Masseforderung zu verschaffen, besteht nicht.[332] § 61 InsO ist nicht einschlägig, weil sich die persönliche Haftung des Insolvenzverwalters nach dieser Vorschrift auf Forderungen von Neumassegläubigern beschränkt, die erst durch seine Rechtshandlung zu Massegläubigern geworden sind. Es führt zu keiner Haftung, wenn der Insolvenzverwalter die Masseverbindlichkeiten aus dem fortbestehenden Arbeitsverhältnis lediglich bestehen lässt.[333] Der Schadensersatzanspruch kann sich auch nicht mit Erfolg auf § 60 I InsO stützen, denn es besteht keine insolvenzspezifische Pflicht, Arbeitnehmer zu einem bestimmten Zeitpunkt freizustellen, um ihnen zu ermöglichen, die Anspruchsvoraussetzungen für den Bezug von Arbeitslosengeld zu erfüllen.[334] Wenn es schon zweifelhaft ist, ob der Insolvenzverwalter überhaupt durch einseitige Erklärung zur Freistellung der Arbeitnehmer von ihrer Arbeitspflicht befugt ist, wird man umso weniger von einer Freistellungspflicht ausgehen können.[335]

5. Aufnahme unterbrochener Verfahren. a) *Eintritt der Unterbrechung gemäß § 240 ZPO.* Wird während eines anhängigen gerichtlichen Verfahrens das Insolvenzverfahren über das Vermögen des Schuldners eröffnet, wird der Prozess gem. § 240 ZPO unterbrochen. Die Unterbrechung beginnt mit dem Eröffnungsbeschluss gem. § 27 InsO. Die Unterbrechungswirkung tritt unabhängig davon ein, ob die Parteien oder das Gericht Kenntnis von der Insolvenzeröffnung haben. Erfolgt die Unterbrechung nach Schluss der mündlichen Verhandlung, aber vor Verkündung des Urteils, ist das Gericht gem. § 249 III ZPO an der Verkündung der zu erlassenden Entscheidung nicht gehindert. Die Unterbrechung tritt auch ein, wenn das Insolvenzgericht einen starken vorläufigen Insolvenzverwalter mit Verwaltungs- und Verfügungsbefugnis bestellt.[336] Der Rechtsstreit wird auch dann unterbrochen, wenn das Insolvenzgericht keinen Insolvenzverwalter bestellt, sondern die Eigenverwaltung durch den Schuldner anordnet.[337] Zwar findet in diesem Fall kein Wechsel der Prozessführungsbefugnis statt, weil der Insolvenzschuldner berechtigt bleibt, die Insolvenzmasse zu verwalten und über sie zu verfügen (§ 270 I 1 InsO). Der Sinn und Zweck des § 240 ZPO fordert aber eine Unterbrechung, weil es nunmehr um die Abwicklung des Insolvenzverfahrens im Interesse

---

[330] BGH v. 3.4.2003 – IX ZR 101/02, ZIP 2003, 914, 917, 918; vgl. dazu die Anm. von *Tetzlaff* EWiR § 208 InsO I/03, 651.
[331] BAG v. 31.3.2004 – 10 AZR 253/03, NZA 2004, 1039 = ZIP 2004, 2079 und v. 15.6.2004 – 9 AZR 431/03, NZA 2005, 254 = ZIP 2004, 1660; MüKoInsO/*Hefermehl*, § 210 Rn. 23; *Oetker*, Anm. zu BAG v. 31.3.2004 – 10 AZR 253/03, DZWIR 2005, 108, 109.
[332] BGH v. 21.10.2010 – 9 ZR 220/09, ZIP 2010, 2356; BAG v. 15.11.2012 – 6 AZR 321/11, NZI 2013, 284 = ZIP 2013, 638 m. Anm. *Oberhofer*, jurisPR-Arbeitsrecht, 18/2013.
[333] BAG v. 1.6.2006 – 6 AZR 59/06, NZI 2007, 124.
[334] LAG Hamm v. 27.5.2009 – 2 Sa 331/09, NJW-spezial 2009, 678.
[335] So zu Recht *Oberhofer*, jurisPR-Arbeitsrecht, 18/2013 Anm. 3.
[336] ErfK/Müller/*Glöge*, Einführung InsO Rn. 22.
[337] BGH v. 7.12.2006 – V ZB 93/06, NJW-RR 2007, 629.

der Gläubiger geht, eine Abstimmung mit dem Sachwalter zu erfolgen hat und der Insolvenzschuldner eigene Interessen am Ausgang des Rechtsstreits zurückstellen muss.[338]

162 Das anhängige Verfahren muss gem. § 240 S. 1 ZPO die Insolvenzmasse betreffen. Der Begriff der Insolvenzmasse ist iSv § 35 InsO zu verstehen und umfasst das gesamte Vermögen, das dem Schuldner zurzeit der Eröffnung des Insolvenzverfahrens gehört mit Ausnahme der unpfändbaren Gegenstände gem. § 36 I S. 1 InsO.[339] Die Unterbrechungswirkung betrifft nicht etwa nur Prozesse, die eine Masseverbindlichkeit iSd §§ 86 I 3, 55 InsO zum Gegenstand haben. Die Voraussetzungen der Unterbrechung gem. § 240 ZPO sind nicht identisch mit den Bedingungen, die zur Aufnahme eines unterbrochenen Prozesses erfüllt sein müssen. Betrifft das Ausgangsverfahren eine Insolvenzforderung, ist der Insolvenzverwalter nicht berechtigt, den unterbrochenen Prozess aufzunehmen. Der Gläubiger kann seine Forderung zur Insolvenztabelle anmelden und im Falle ihres Bestreitens durch den Insolvenzverwalter die Feststellung gem. § 179 I InsO betreiben.[340]

163 **b)** *GbR.* Das Insolvenzverfahren kann gem. § 11 InsO über das Vermögen jeder natürlichen und jeder juristischen Person eröffnet werden. Insolvenzfähig ist gem. § 11 II 1 InsO auch die BGB-Gesellschaft. Die Insolvenz eines BGB-Gesellschafters führt nicht notwendig zur Unterbrechung eines Verfahrens, welches das Gesellschaftsvermögen betrifft.[341] Nachdem der BGH nunmehr die Rechtsfähigkeit der GbR anerkannt hat,[342] kann sie im Zivilprozess aktiv und passiv parteifähig sein. Sie wird organschaftlich gem. § 15 InsO durch ihre vertretungsberechtigten Gesellschafter vertreten, die neben den Gläubigern die Eröffnung eines Insolvenzverfahrens beantragen können.[343] Richtet sich der Prozess gegen das Gesellschaftsvermögen oder handelt es sich um einen Aktivprozess der GbR, wird ein anhängiger Prozess durch die Eröffnung des Insolvenzverfahrens über das Vermögen eines Mitgesellschafters nicht unterbrochen.[344] Anders aber, wenn neben der GbR auch die Gesellschafter verklagt werden, weil die Haftung der Gesellschafter während des Insolvenzverfahrens über das Vermögen der Gesellschaft gem. § 83 InsO nur vom Insolvenzverwalter geltend gemacht werden kann.[345] Richtet sich die Zahlungsklage nur gegen die Gesellschafter der GbR als Gesamtschuldner, sind die Gesellschafter einfache Streitgenossen. Die Eröffnung des Insolvenzverfahrens über das Vermögen eines einfachen Streitgenossen unterbricht das gegen die übrigen Streitgenossen gerichtete Verfahren nicht.[346]

164 **c)** *Aufnahme gemäß §§ 85, 86 InsO.* Die Aufnahme eines unterbrochenen Prozesses richtet sich nach den §§ 85, 86, 180 II InsO. Aktivprozesse des Schuldners können gem. § 85 I S. 1 InsO vom Insolvenzverwalter aufgenommen werden. Lehnt der Insolvenzverwalter die Aufnahme des Rechtsstreits ab, bleibt die Unterbrechungswirkung bestehen. Nunmehr können sowohl der Insolvenzschuldner als auch der Gegner gem. § 85 II InsO den Prozess aufnehmen. Verfahren, die gegen den Schuldner anhängig waren – sog. Passivprozesse – können sowohl vom Insolvenzverwalter als auch vom Kläger aufgenommen werden, wenn sie gemäß § 86 I InsO

1. die Aussonderung eines Gegenstandes aus der Insolvenzmasse,
2. die abgesonderte Befriedigung oder
3. eine Masseverbindlichkeit

---

[338] *Uhlenbruck,* InsO § 270 Rn. 18; BAG v. 8.5.2008 – 6 AZR 517/07, NZA 2008, 1148.
[339] *Zwanziger,* InsO § 185 Rn. 8; *Diller/Yalcin,* FA 2006, 98, 100; FK/*App* § 85 Rn. 4.
[340] BAG v. 15.5.2013 – 5 AZR 252/12, ZInsO 2013, 1475.
[341] *Uhlenbruck,* § 85 Rn. 5.
[342] BGH v. 29.1.2001 – II ZR 331/00, NJW 2001, 1065.
[343] Vgl. *Carsten Schmidt* NJW 2001, 993, 1001.
[344] *Uhlenbruck,* § 85 Rn. 5.
[345] *Uhlenbruck,* § 93 Rn. 3.
[346] MüKoInsO/*Schumacher,* Rn. 17 vor §§ 85–87; *Kübler/Prütting/Lüke,* § 85 Rn. 22.

betreffen. Insolvenzgläubiger können ihre Forderungen gemäß § 87 InsO nur im Wege der Insolvenzfeststellungsklage gemäß den §§ 179, 180 InsO geltend machen.

d) *Kündigungsschutzprozess.* Gemäß § 4 KSchG ist der Arbeitnehmer gehalten, innerhalb von drei Wochen nach Erhalt der Kündigung beim Arbeitsgericht Feststellungsklage zu erheben, wenn er die Kündigung für unwirksam hält. Dies gilt für alle Unwirksamkeitsgründe. Die anhängige Feststellungsklage wird gemäß § 240 S. 1 ZPO mit Eröffnung des Insolvenzverfahrens oder Bestellung eines starken vorläufigen Insolvenzverwalters unterbrochen, denn die Insolvenzmasse ist zumindest mittelbar betroffen. Vom Ausgang der Feststellungsklage sind nämlich vermögensrechtliche Ansprüche des Arbeitnehmers wie Vergütungs-, Entgeltfortzahlungs- oder Urlaubsansprüche abhängig. Deshalb wird der Kündigungsschutzrechtsstreit durch die Eröffnung des Insolvenzverfahrens unterbrochen und kann gemäß § 86 I InsO vom Arbeitnehmer aufgenommen werden, wenn eine Masseverbindlichkeit betroffen ist.[347] Eine Masseverbindlichkeit ist betroffen, wenn es bei einer noch vom Insolvenzschuldner ausgesprochenen Kündigung um den Bestand des Arbeitsverhältnisses über den Zeitpunkt der Eröffnung des Insolvenzverfahrens hinausgeht.[348] Betrifft die Bestandsschutzstreitigkeit aber nur den Zeitraum vor Insolvenzeröffnung, kann der Rechtsstreit erst nach Durchführung des insolvenzrechtlichen Feststellungsverfahrens wieder aufgenommen werden.[349] Diese Auffassung des BAG überzeugt nicht, weil es sich bei der Feststellungsklage, die auf Umwandlung der vom Insolvenzschuldner ausgesprochenen fristlosen Kündigung in eine fristgemäße gerichtet ist, um einen anderen Streitgegenstand geht als bei der Insolvenzfeststellungsklage.[350] Es ist nicht Sinn und Zweck der §§ 85, 86 InsO, die Fortführung von Prozessen nach Insolvenzeröffnung zu verhindern, sondern es geht darum, dass der Schuldner gemäß § 80 I InsO seine Prozessführungsbefugnis verliert und nunmehr an seine Stelle der Insolvenzverwalter tritt, dem durch die Unterbrechung Gelegenheit gegeben werden soll, sich ein eigenes Bild über die Erfolgsaussichten und Finanzierbarkeit des Prozesses zu machen.[351] Die Aufnahmevorschriften sollen eine geregelte Geltendmachung von Insolvenzforderungen einerseits und Masseforderungen andererseits sicherstellen.[352] Deshalb muss die Aufnahme der unterbrochenen Feststellungsklage des Arbeitnehmers unabhängig von den Voraussetzungen der §§ 85, 86 InsO auch dann möglich sein, wenn lediglich der Bestand des Arbeitsverhältnisses bis zu einem Zeitpunkt vor Insolvenzeröffnung festgestellt werden soll und es dem klagenden Arbeitnehmer darum geht, den Makel einer vom Insolvenzschuldner ausgesprochenen fristlosen Kündigung zu beseitigen.

Durch die Eröffnung des Verbraucherinsolvenzverfahrens über das Vermögen des Arbeitnehmers wird der Kündigungsschutzprozess nicht gem. § 240 S 1 ZPO unterbrochen, weil der Streit um den Bestand des Arbeitsverhältnisses in der Insolvenz des Arbeitnehmers ein höchst persönliches Recht betrifft.[353] Dies wird damit begründet, dass die Arbeitsleistung höchstpersönlich zu erbringen ist und die Arbeitspflicht des Schuldners nicht zur Masse gehört. Der Arbeitnehmer bleibt Herr des Kündigungsschutzverfahrens, er kann einen Vergleich schließen oder einen Auflösungsantrag gem. §§ 9, 10 KSchG stellen.[354]

---

[347] ErFK/*Müller/Glöge,* Einführung InsO Rn. 18; BAG v. 18.10.2006 – 2 AZR 563/05, NZI 2007, 300.
[348] LAG Hamm v. 25.4.2007 – 2 Sa 945/06, NZA-RR 2008, 198.
[349] BAG v. 18.10.2006 – 2 AZR 563/05, ZIP 2007, 745.
[350] Vgl. BGH v. 23.6.1988 – IX ZR 172/87, NJW 1989, 170.
[351] FK/*App,* § 85 Rn. 1; MüKoInsO/*Schumacher,* § 85 Rn. 1; *ders.* vor §§ 85–87 Rn. 1 und 2.
[352] Vgl. FK/*App,* § 85 Rn. 8b, 8 c.
[353] *Reinfelder,* NZA 2009, 124, 127; BAG v. 5.11.2009 – 2 AZR 609/08, NZA 2010, 277; *Zwanziger,* InsO § 185 Rn. 100.
[354] *Reinfelder,* NZA 2009, 124, 127; *Zwanziger,* InsO § 185 Rn. 101.

§ 107 167–171

167 Die Aufnahme eines unterbrochenen Prozesses geschieht gem. § 250 ZPO durch Einreichung eines entsprechenden Schriftsatzes, der dem Gegner zugestellt werden muss. Die Aufnahmeerklärung unterliegt keinen besonderen Anforderungen; Es muss sich daraus jedoch zweifelsfrei der Wille zur Fortsetzung des Prozesses ergeben. Die bloße Aufforderung an den Insolvenzverwalter, er möge den Prozess aufnehmen, genügt im Allgemeinen nicht.

168 e) *Insolvenzforderung.* Handelt es sich um eine Insolvenzforderung, erfolgt die Aufnahme gem. § 180 II durch Umstellung auf eine Forderungsfeststellungsklage. Die Umstellung der Leistungsklage zu einer Insolvenzfeststellungsklage ist keine Klageänderung iSv § 263 ZPO.[355] Voraussetzung ist aber die Anmeldung der Forderung beim Insolvenzverwalter gem. § 174 I S. 1 InsO. Die Insolvenzfeststellungsklage ist nur statthaft, wenn die Klageforderung im Insolvenzverfahren angemeldet, geprüft und bestritten worden ist. Es handelt sich um eine in jeder Lage des Verfahrens von Amts wegen zu prüfende Sachurteilsvoraussetzung.[356] Streitgegenstand ist die Feststellung, dass dem Gläubiger gegen den Schuldner die Forderung, wie sie zur Tabelle angemeldet oder im Prüfungstermin bezeichnet worden ist, als Insolvenzforderung gemäß § 181 InsO zusteht.[357] Die gemäß § 264 Nr. 3 ZPO zulässige Umstellung des Klageantrags von der Zahlungsklage zu einer Feststellungsklage setzt daher als weitere prozessuale Zulässigkeitsvoraussetzung die ordnungsgemäße Anmeldung der Klageforderung voraus.

169 **6. Arbeitnehmer als Insolvenzgläubiger.** Die Arbeitnehmer nehmen mit ihren Forderungen an der Gläubigerselbstverwaltung teil.[358] Insbesondere gehören sie der Gläubigerversammlung an und entscheiden folglich mit über die Wahl des Insolvenzverwalters gem. § 57 InsO, über die endgültige Bestellung eines Gläubigerausschusses und die Wahl seiner Mitglieder gem. §§ 67, 68 InsO, über die zB in §§ 157, 66 InsO aufgeführten weiteren Maßnahmen der Schließung oder der Fortführung des Geschäfts sowie darüber, in welcher Weise und in welchen Zeiträumen der Verwalter der Gläubigerversammlung oder einem Gläubigerausschuss über die Verwaltung und Verwertung der Masse Bericht erstatten und Rechnung legen soll usw.[359]

170 Die Arbeitnehmer als Insolvenzgläubiger haben neben dem Insolvenzverwalter das Recht, einer angemeldeten Insolvenzforderung im Prüfungstermin gem. § 178 I InsO zu widersprechen. Die Arbeitnehmer sind als Insolvenzgläubiger weiterhin bei der Schlussrechnungslegung durch den Insolvenzverwalter gem. § 66 I InsO infolge der Beendigung seines Amtes in der Gläubigerversammlung berechtigt, Einwendungen gegen die Rechnung gem. § 66 II InsO zu erheben. Falls die Arbeitnehmer dem Gläubigerausschuss angehören, haben sie weitere Möglichkeiten, auf das Insolvenzverfahren gem. den §§ 67, 68, 160, 187 III, 195, 232, 248 II InsO einzuwirken.

171 Nach Aufhebung des Insolvenzverfahrens können die Arbeitnehmer ihre Forderungen gegen den vormaligen Arbeitgeber und Schuldner „theoretisch" unbeschränkt wieder gem. § 201 I InsO geltend machen, wobei gem. § 201 II InsO hinsichtlich der festgestellten Forderungen die Eintragung in die Insolvenztabelle als Vollstreckungstitel dient, falls nicht der Schuldner diese im Prüfungstermin ausdrücklich bestritten hat.[360]

---

[355] OLG Koblenz v. 24.4.2008 – 5 U 1126/03, GmbHR 2008, 658; *Kübler/Prütting/Pape*, § 180 Rn. 5; *Uhlenbruck*, § 180 Rn. 12; MüKoInsO/*Schumacher*, § 180 Rn. 23.
[356] BGH v. 23.10.2003 – IX ZR 165/02, ZIP 2003, 2379; BAG v. 16.6.2004 – 5 AZR 521/03, NJW 2004, 3588.
[357] *Uhlenbruck* InsO § 179 Rn. 11.
[358] *Warrikoff* BB 1994, 2338, 2346.
[359] *Oehlerking*, Zahlungsunfähigkeit, S. 63.
[360] *Uhlenbruck*, § 201 Rn. 6; MüKoInsO/*Hintzen*, § 201 Rn. 7.

VI. Arbeitnehmeransprüche in der Gesellschafter-Insolvenz

Kommt es zu einem Zusammentreffen von Gesellschafts- und Gesellschafterinsolvenz, was dann praktisch wird, wenn sich eine OHG oder KG und einer oder mehrerer ihrer persönlich haftenden Gesellschafter gleichzeitig in der Insolvenz befinden oder bei gleichzeitiger Insolvenz über das Vermögen einer GmbH & Co KG sowie deren Komplementär-GmbH, war strittig, ob die Arbeitnehmeransprüche in beiden Insolvenzverfahren den gleichen konkursmäßigen Rang einnahmen, so dass das Vorrecht einer Konkursforderung sowohl im Konkurs der Gesellschaft als auch im Konkurs über das Vermögen des persönlich haftenden Gesellschafters galt. 172

Mit der Einführung der InsO ist dieser Streit überholt, da nun alle Insolvenzforderungen gleichmäßig berücksichtigt werden. Demgegenüber ist sich allerdings die herrschende Ansicht in Literatur und Rechtsprechung weiterhin darin einig, dass Masseverbindlichkeiten nach § 55 I Nr. 1 und 2 InsO im Rahmen der Gesellschaftsinsolvenz nicht Masseverbindlichkeiten in der Eigeninsolvenz des Gesellschafters sein können.[361] Es lässt sich nämlich nicht rechtfertigen, die Masseverbindlichkeiten aus der Gesellschaftsinsolvenz in die Insolvenz des persönlich haftenden Gesellschafters „durchschlagen" zu lassen. Stattdessen ist jede Forderung für jedes Insolvenzverfahren gesondert festzustellen. 173

§ 108. Mitbestimmung in der Insolvenz

Übersicht

	Rn.
I. Allgemeine Grundsätze	1
1. Überblick	1
2. Beteiligung des Betriebsrats bei Einleitung des Insolvenzverfahrens	5
a) Insolvenzantrag seitens des Arbeitgebers	5
b) Insolvenzantrag seitens der Gläubiger	8
c) Kein Antragsrecht für den Betriebsrat	9
d) Information der Belegschaft	10
e) Informations- und Beteiligungsrechte des Betriebsrats	11
f) Bestehen eines Betriebsrats	12
3. Beteiligung des Betriebsrats bei Durchführung des Insolvenzverfahrens	15
a) Bindung des Insolvenzverwalters an das BetrVG	16
b) Personelle Angelegenheiten	17
c) Wirtschaftliche Angelegenheiten	18
d) Betriebsänderung	19
II. Mitbestimmungsrecht des Betriebsrats bei Betriebsänderungen in der Insolvenz	20
1. Betriebsgröße	21
a) Das Unternehmen als Bezugsgröße	22
b) Regelmäßige Beschäftigtenzahl	22a
c) Gemeinschaftsbetrieb	23
d) Sozialauswahl im Gemeinschaftsbetrieb	25a
e) Sozialpläne im Gemeinschaftsbetrieb	26
2. Planung einer Betriebsänderung	28
a) Die gesetzlichen Tatbestände einer Betriebsänderung	29
b) Stilllegung	30
c) Betriebsveräußerung	31
d) Änderungen der Unternehmensstruktur	34
e) Personalabbau	36
f) Spaltung und Ausgliederung	39
g) Betriebsänderung im Kleinbetrieb	42

---

[361] Uhlenbruck/Hirte/Vallender/*Berscheid*, § 55 Rn. 4; MüKoInsO/*Hefermehl*, § 55 Rn. 196.

	Rn.
h) Stilllegung eines Betriebsteils	43
i) Betriebsratsamt	44
j) Sonstige Betriebsänderungen	45
3. Unterrichtung und Beratung	47
a) Qualifizierte Unterrichtung	48
b) Zeitpunkt der Unterrichtung	49
4. Schriftform des Interessenausgleichs	52
5. Beschleunigtes Einigungsstellenverfahren	53
6. Gerichtliche Zustimmung zur Durchführung von Betriebsänderungen	54
a) Ausreichende Unterrichtung des Betriebsrats	56
b) Zustimmungsvoraussetzungen	58
c) Verfahren	61
d) Rechtsmittel	63
e) Einstweilige Verfügung?	64
f) Rechtsfolgen	65
7. Nachteilsausgleich	66
a) Tatbestandliche Voraussetzungen	67
aa) Abweichen vom Interessenausgleich	69
bb) Änderung der geplanten Abwicklung	71a
cc) Missachtung der Beteiligungsrechte des Betriebsrats	72
dd) Bildung eines Betriebsrats nach Verfahrenseröffnung	73
ee) Pflicht zum Interessenausgleich trotz wirtschaftlicher Zwangslage	75
ff) Wann beginnt der Insolvenzverwalter mit der Betriebsänderung?	76
gg) Beginn der Betriebsänderung durch Freistellung?	76a
hh) Kausalität	77
b) Rang der Nachteilsausgleichsansprüche	79
c) Neumasseverbindlichkeit des Nachteilsausgleichsanspruchs	80
d) Persönliche Haftung des Insolvenzverwalters	81
e) Höhe	84
f) Keine Unabdingbarkeit	87
8. Interessenausgleich mit Namensliste	88
a) Betriebsänderung iSd § 111 BetrVG	90
b) Wirksames Zustandekommen eines Interessenausgleichs mit Namensliste	92
c) Inhalt des Interessenausgleichs	93
d) Zeitpunkt	94
e) Vermutungswirkung	96
aa) Gesetzliche Vermutung der Betriebsbedingtheit	97
bb) Eingeschränkte Überprüfung der sozialen Auswahl	99
cc) Gewichtung der sozialen Kriterien	100
dd) Altersdiskriminierung	101
ee) Vergleichsgruppenbildung	102
ff) Altersgruppenbildung und Herausnahme von Leistungsträgern	105
gg) Verkennung des Betriebsbegriffs	106
f) Darlegungs- und Beweislast	107
g) Auskunftspflicht	108
h) Spätere Änderung der Sachlage	109
i) Zuordnung zu einem Betriebsteil	112
9. Beschlussverfahren zum Kündigungsschutz	115
a) Tatbestandliche Voraussetzungen	117
b) Umfang der arbeitsgerichtlichen Prüfung	119
c) Kündigungsbefugnis	122
d) Kündigung wegen eines Betriebsübergangs	124
e) Bindungswirkung des Beschlusses	125
f) Rechtsmittel	128
g) Praktische Bedeutung und Darlegungslast des Insolvenzverwalters	129
10. Anhörung des Betriebsrats	132
a) Anhörungspflicht auch bei Massenentlassungen	134
b) Anhörungspflicht auch bei Interessenausgleich mit Namensliste	137
11. Konsultations- und Anzeigepflicht bei Massenentlassungen	139
12. Der Sozialplan in der Insolvenz	142
a) Zulässiges Gesamtvolumen	147

	Rn.
b) Insolvenzplanverfahren	150
c) Erfasst § 123 InsO nur Entlassungssozialpläne?	151
d) Insolvenzrechtliche Einordnung der Sozialplanansprüche	152
e) Sozialpläne vor Verfahrenseröffnung	153
f) Inhaltlicher Gestaltungsspielraum	155
aa) Stichtagsregelungen	156
bb) Sachliche Differenzierungsgründe	157
cc) Betriebsübergang	159
dd) Kündigungsschutzklage	161
III. Unterbrechung und Aufnahme von Beschlussverfahren	162

Schrifttum: *Annuß,* Mitwirkung und Mitbestimmung der Arbeitnehmer im RegE eines Gesetzes zur Reform des BetrVG, NZA 2001, 367; *ders./Hohenstatt,* Betriebsidentität und Sozialauswahl beim gemeinsamen Betrieb, NZA 2004, 420; *Bayreuther,* Altersgruppenbildung und Ausschluss rentennaher Arbeitnehmer aus Sozialplänen, NJW 2011, 19; *Berscheid,* Arbeitgeberstellung und -befugnis im Insolvenzeröffnungsverfahren und im eröffneten Insolvenzverfahren, FS Hanau 1999, S. 701; *ders.,* Gerichtliche Zustimmung zur Durchführung einer Betriebsänderung, ZInsO 1999, 52; *ders.,* Nachteilsausgleichsansprüche in der Insolvenz, ZInsO 2004, 542; *Bichlmeier/Wroblewski,* Das Insolvenzhandbuch für die Praxis, 3. Aufl. 2010; *Boemke/Tietze,* Insolvenzarbeitsrecht und Sozialplan, DB 1999, 1389; *Bonanni,* Der gemeinsame Betrieb mehrerer Unternehmen, 2003; *Caspers,* Personalabbau und Betriebsänderung im Insolvenzverfahren, 1998; Erfurter Kommentar zum Arbeitsrecht, 14. Aufl. 2014 (ErfK/Bearbeiter); *Ennemann,* Interessenausgleichsverhandlungen und arbeitsgerichtliche Beschlussverfahren in der Insolvenz, KS zur Insolvenzordnung 2. Aufl. 2000, 1473; *Fischer,* Unternehmensbezogener Interessenausgleich und Namensliste nach § 1 Abs. 5 KSchG, BB 2004, 1001; *Fitting/Engels/Schmidt/Trebinger/Linsenmaier,* BetrVG 24. Aufl. 2008 (Fitting); *Fleddermann,* Vermutung der Betriebsbedingtheit einer Kündigung aufgrund eines Interessenausgleichs mit Namensliste, ZInsO 2004, 793; *ders.,* Grob fehlerhafte Sozialauswahl bei Kündigung über einen Interessenausgleich mit Namensliste, ZInsO 2004, 316; *ders.,* Kündigung durch den Insolvenzverwalter wegen einer Stilllegung des Betriebes, ZInsO 2004, 735; *Gaul,* Betriebsbedingte Kündigung mit Namensliste nach § 1 Abs. 5 KSchG, BB 2004, 2686; *Gaul/Bonanni,* Altersdiskriminierung im Rahmen der Sozialauswahl? BB 2008, 218; Gemeinschaftskommentar zum KSchG und zu sonstigen kündigungsschutzrechtlichen Vorschriften, 9. Aufl. 2009 (KR-*Bearbeiter*); *Giesen,* Die Betriebsverfassung nach dem neuen Insolvenzrecht, ZIP 1998, 142; *ders.,* Die Sozialauswahl bei betriebsbedingten Kündigungen nach neuem Recht, ZfA 1997, 145; *Griese,* Allgemeine Mitbestimmungsregelungen in der Insolvenz, Kölner Schrift 2. Aufl. 2000, S. 1513; *Hanau,* Probleme der Neuregelung der Betriebsverfassung, ZIP 2001, 1981; *ders.,* Neues vom Alter im Arbeitsverhältnis, ZIP 2007, 2381; *Heinze,* Nichtsozialplanpflichtige Betriebsänderung, NZA 1987, 41; *ders.,* Das Arbeitsrecht der Insolvenzordnung, NZA 1999, 57; *Häsemeyer,* Die Systemwidrigkeit der insolvenzrechtlichen Sozialplanregelung (§§ 123, 124 InsO) und ihre Folgen, ZIP 2003, 229; *Hohenstatt,* Der Interessenausgleich in einem veränderten rechtlichen Umfeld, NZA 1998, 846; *Janzen,* Interessenausgleich mit Namensliste, AuR 2013, 203; *Kaiser/Dahm,* Sozialauswahl ohne Lebensalter! NZA 2010, 473; *Kohte,* Die vertrackte Namensliste – der qualifizierte Interessenausgleich im neuen Kündigungsrecht, BB 1998, 946; *Konzen,* Der Missbrauch betrieblicher Beteiligungsrechte, FS Zöllner 1998, Bd II, S. 799; *ders.,* Rechtsfragen bei der Sicherung der betrieblichen Mitbestimmung, NZA 1995, 865; *Kraft/Wiese/Kreutz/Oetker/Raab/Weber,* Gemeinschaftskommentar zum BetrVG, 8. Aufl. 2005, Band 1 und Band 2 (GK-BetrVG/*Bearbeiter*); *Krieger/Reinecke,* Betriebsbedingte Kündigung: Schutz von Leistungsträgern und Altersgruppen, DB 2013, 1906; *Lakies,* Insolvenz und Betriebsänderung, BB 1999, 206; *ders.,* Das Beschlussverfahren zum Kündigungsschutz nach § 126 ZInsO, NZI 2000, 346; *Lingemann/Beck,* Auswahlrichtlinie, Namensliste, Altersgruppenbildung und Altersdiskriminierung, NZA 2009, 577; *Löwisch,* Probleme des Interessenausgleichs, RdA 1989, 216; *ders.,* Verfahrensbeschleunigung und -vereinfachung in der Betriebsverfassung, RdA 1996, 352; *ders.,* Änderungen der Betriebsverfassung durch das Betriebsverfassungs-Reformgesetz – Teil I: Die neuen Regelungen im organisatorischen Teil, BB 2001, 1734; *ders.,* Änderung der Betriebsverfassung durch das Betriebsverfassungs-Reformgesetz – Teil II: Die neuen Regelungen zur Mitwirkung und Mitbestimmung, BB 2001, 1790; *Löwisch, Röder, Krieger,* Punkteschemata für die Sozialauswahl bei betriebsbedingten Kündigungen im Zeitalter von Diskriminierungsverboten, BB 2008, 610; *Moll,* Betriebsübergang und Betriebsänderung, RdA 2003, 129; *Müller,* Das arbeitsrechtliche Beschlussverfahren nach der Insolvenzordnung, DZWIR 1999, 221; *Müller-Limbach,* Arbeitsgerichtliche Überprüfung betriebsbedingter Kündigungen durch den Insolvenzverwalter (§§ 126–128 InsO), 2001; Münchner Kommentar zur Insolvenzordnung, Bd. 2, 3. Aufl. 2013; Band 2 §§ 103–269 2. Aufl. 2008; *Neef,* Die Neuregelung des Interessenausgleichs und ihre praktischen Folgen, NZA 1997, 65; *Neef/Schrader,* Arbeitsrechtliche Neuerungen im Insolvenzfall, 1998; *Oetker/Friese,* Der Sozialplan in der Insolvenz, DZWIR 2001, 265; *ders.* Der Interessenausgleich in der Insolvenz (I), DZWIR 2001, 133 und der Interessenausgleich in der Insolvenz (II), DZWIR 2001, 177; *Pakirnus,* Kündigung in der Insolvenz: Sozialauswahl und ausgewogene Personalstruktur nach § 125 I 1 Nr. 2 InsO, DB 2006, 2742; *Piehler,* Rechtsfolgen einer „Teil-Namensliste" nach § 1 V KSchG, NZA 1998, 970; *Prütting,* Unterlassungsanspruch und einstweilige Verfügung in der Betriebsverfassung, RdA 1995, 257; *Reichold,* Die reformierte Betriebsverfassung, NZA 2001, 857; *Richardi,* BetrVG, 13. Aufl. 2012; *Ries/Zobel,* Der Sozialplan in der Insolvenz, Kölner Schrift zur Insolvenzordnung, 3. Aufl. 2009, 1140; *Schiefer,* Betriebsbedingte Kündigung: „Anti-Diskriminierungskündigungsschutz", Namensliste, Punkteschema und Altersgruppenbildung, DB 2009, 733; *Schrader/Straube,* Der Interessenausgleich mit Namensliste: Wann ist die Sozialauswahl grob fehlerhaft? ZInsO 2004, 432; *Schwerdtner,* Der Sozialplan im Eröffnungsverfahren und nach der Verfahreneröffnung, Kölner Schrift 2. Aufl. 2000, S. 1127; *Uhlenbruck,* Die Mitwirkung des Betriebsrates im Konkurs- und Vergleichsverfahren nach dem BetrVG 1972, KTS 1973, 81; *Walker,* Zum Unterlassungsanspruch des Betriebsrates bei mitbestimmungswidrigen Maßnahmen des Arbeitgebers, DB 1995, 1961; *Warrikoff,* Die Stellung der Arbeitnehmer nach der neuen Insolvenzordnung, BB 1994, 2338; *Weller,* Zum Problem von Sozialplänen im Konkurs, BB 1977, 599; *Willemsen,* Arbeitnehmerschutz bei Betriebsänderungen im Konkurs, 1980; *ders.,* Arbeitsrecht im UmwG – 10 Fragen aus der Sicht der Praxis, NZA 1996, 791; *Willemsen/Hohenstatt/Schweibert,* Umstrukturierung und Übertragung von Unternehmen 3. Aufl. 2008; *Willemsen/Tiesler,* Interessenausgleich und Sozialplan in der Insolvenz, 1995; *Wissmann,* Die Suche nach dem Arbeitgeber in der Betriebsverfassung, NZA 2001, 409; *ders.,* Leitlinien aktueller Rechtsprechung zur Betriebsverfassung, NZA 2003, 1; *Zwanziger,* Das Arbeitsrecht der Insolvenzordnung, 4. Aufl. 2010.

I. Allgemeine Grundsätze

1. Überblick. Das betriebsverfassungsrechtliche Schuldverhältnis zwischen Arbeitgeber und Betriebsrat, ausgestaltet durch die Vorschriften des BetrVG, wird durch die Insolvenz nicht tangiert. Der Betriebsrat bleibt durch die Eröffnung des Insolvenzverfahrens völlig unberührt im Amt, solange seine Amtszeit andauert; darüber hinaus sind auch während des Insolvenzverfahrens Neuwahlen möglich, soweit ein betriebsratsfähiger Betrieb besteht. Die Mitwirkungs- und Mitbestimmungsrechte des Betriebsrates erleiden durch die Insolvenzeröffnung ebenfalls keine Einschränkung, sondern sie beziehen sich auf die im Lauf der Insolvenz eintretenden betriebsverfassungsrechtlich relevanten Sachverhalte.[1]

Während des Insolvenzverfahrens bleibt der Arbeitgeber betriebsverfassungsrechtliche Partei kraft Gesetzes. Da er aber mit der Eröffnung des Insolvenzverfahrens gemäß § 80 I InsO die Befugnis, sein zur Insolvenzmasse gehörende Vermögen zu verwalten und darüber zu verfügen, verliert, hat die aus der materiellrechtlichen Arbeitgeberstellung resultierenden, betriebsverfassungsrechtlichen Rechte und Pflichten des Arbeitgebers allein der Insolvenzverwalter wahrzunehmen.[2] Dabei ist der Insolvenzverwalter an die betriebsverfassungsrechtliche Rechtslage gebunden, so wie er sie mit Insolvenzeröffnung vorfindet. Ordnet dagegen das Insolvenzgericht die Eigenverwaltung an, behält der Schuldner weitgehend seine Arbeitgeberstellung.[3]

---

[1] Vgl. Nerlich/Römermann/*Hamacher,* vor § 113 InsO Rn. 47 ff.; *Uhlenbruck* KTS 1973, 81 ff.; *Uhlenbruck,* § 157 Rn. 12.

[2] *Berscheid,* FS Hanau, S. 703 ff.; MüKoInsO/*Löwisch/Caspers,* vor §§ 113–128 Rn. 12.

[3] *Neef/Schrader,* Arbeitsrechtliche Neuerungen im Insolvenzfall, Rn. 12; *Uhlenbruck,* § 279 Rn. 4; MüKoInsO/*Wittig,* § 279 Rn. 11, 12; *Lakies* BB 1999, 1759, 1761.

Der Insolvenzverwalter hat die bestehenden Betriebsvereinbarungen unter Beachtung ihrer Kündigungsmöglichkeit gemäß § 77 V BetrVG iVm § 120 I 2 InsO einzuhalten und durchzuführen (§ 77 I BetrVG). Soweit die Kündigung einer Betriebsvereinbarung in Frage kommt, ist der Nachwirkung des § 77 VI BetrVG zu beachten, wobei die InsO für die Kündigung einer belastenden Betriebsvereinbarung in § 120 I 2 InsO eine Sonderkündigungsfrist von drei Monaten vorsieht, wenn eine längere Frist vereinbart ist. Er muss weiterhin die allgemeinen Grundsätze für die Zusammenarbeit mit dem Betriebsrat gemäß der §§ 74 ff. BetrVG sowie die speziellen Mitwirkungs- und Mitbestimmungstatbestände in sozialen, personellen und wirtschaftlichen Angelegenheiten der §§ 87 ff., 92 ff., 106 ff. BetrVG beachten. Deshalb wird – abgesehen von den insolvenzrechtlichen Sondervorschriften zur Betriebsänderung – auch die gesetzliche oder vertraglich vereinbarte Zuständigkeit der Einigungsstelle gemäß § 76 BetrVG durch die Insolvenzeröffnung nicht berührt.[4]

Wird für den Zeitraum von der Antragstellung bis zur Insolvenzeröffnung ein vorläufiger Insolvenzverwalter gemäß § 21 II Nr. 1 InsO bestellt, so verbleiben während dieses Zeitraums Ausübung und Erfüllung der betriebsverfassungsrechtlichen Rechte wie Pflichten nur dann beim schuldnerischen Arbeitgeber, wenn die Verwaltungs- und Verfügungsbefugnis nicht auch auf den vorläufigen Insolvenzverwalter übergeht. Wird dem Schuldner ein Verfügungsverbot auferlegt, ist der vorläufige Insolvenzverwalter gem. § 22 I InsO berechtigt und verpflichtet, bereits im Eröffnungsverfahren die erforderlichen betriebsverfassungsrechtlichen Maßnahmen einzuleiten oder zu treffen.[5] Deshalb muss der vorläufige Insolvenzverwalter damit rechnen, dass ihn ebenfalls die Ordnungswidrigkeiten-Sanktion des § 121 BetrVG trifft, wenn die Aufklärungs- und Auskunftspflichten gegenüber Wirtschaftsausschuss und Betriebsrat gemäß der §§ 106, 111 BetrVG nicht ordnungsgemäß erfüllt werden.

2. Beteiligung des Betriebsrats bei Einleitung des Insolvenzverfahrens.
a) *Insolvenzantrag seitens des Arbeitgebers.* Soweit die Stellung des Insolvenzantrages durch den Arbeitgeber selbst in Frage steht, löst dies in der Regel zeitgleich unterschiedliche betriebsverfassungsrechtliche Mitwirkungstatbestände aus. Beschäftigt das Unternehmen (nicht der Betrieb) in der Regel mehr als 100 Arbeitnehmer und besteht ein Wirtschaftsausschuss, so ist dieser von dem Arbeitgeber vor Antragstellung auf Eröffnung des Insolvenzverfahrens hierüber rechtzeitig und umfassend zu unterrichten.[6] Der Arbeitgeber hat darüber hinaus die zum Insolvenzantrag führende wirtschaftliche, insbesondere auch finanzielle Lage des Unternehmens umfassend und vollständig mit dem Wirtschaftsausschuss zu beraten, damit dieser noch seine Vorstellungen, Bedenken und Gegenvorschläge einbringen kann (§ 106 BetrVG). Weiterhin hat der Wirtschaftsausschuss von sich aus den Betriebsrat über die vom Arbeitgeber erhaltenen Informationen in Kenntnis zu setzen.

Im unmittelbaren Verhältnis von Arbeitgeber und Betriebsrat bildet demgegenüber weder die beabsichtigte noch die tatsächlich durchgeführte Insolvenzantragsstellung einen mitwirkungs- und mitbestimmungsrechtlich relevanten Tatbestand. Demzufolge scheidet auch ein Beteiligungsrecht des Betriebsrates gemäß der §§ 111 ff. BetrVG bei der Einleitung des Insolvenzverfahrens formal aus.[7]

Steht aber bereits zum Zeitpunkt der beabsichtigten Insolvenzantragsstellung die Einschränkung oder Stilllegung des Betriebes, zumindest wesentlicher Betriebsteile, in Fra-

---

[4] *Fitting*, § 76 Rn. 10; GK-BetrVG-*Fabricius/Oetker*, §§ 112, 112a Rn. 216; MüKoInsO/*Löwisch/Caspers*, § 123 Rn. 20.
[5] *Neef/Schrader*, Arbeitsrechtliche Neuerung im Insolvenzfall, Rn. 28 f; Uhlenbruck/Hirte/Vallender/*Berscheid*, § 22 Rn. 87; KS-*Ennemann*, 1473, 1479 Rn. 14.
[6] *Fitting*, § 106 BetrVG Rn. 38; *Richardi*, § 106 BetrVG, Rn. 41; GK-BetrVG-*Oetker*, § 106 Rn. 52.
[7] GK-BetrVG-*Oetker*, § 111 Rn. 129; *Fitting*, § 111 Rn. 39; *Richardi/Annuß*, § 111 Rn. 36.

§ 108 8–10   Kapitel IX. Arbeitsrecht und Insolvenz

ge, kann schon zu diesem Zeitpunkt von „geplanten Betriebsänderungen" iSd § 111 BetrVG ausgegangen werden. Dies bedeutet konkret, dass der Arbeitgeber spätestens mit Antragsstellung auf Eröffnung des Insolvenzverfahrens wegen der nunmehr notwendig werdenden Betriebsänderungen den Betriebsrat unmittelbar gemäß § 111 BetrVG zu unterrichten und etwaige geplante Betriebsänderungen mit diesem zu beraten hat. Ob der Insolvenzverwalter gem. § 80 II BetrVG verpflichtet ist, den Betriebsrat unabhängig von einer etwaig bevorstehenden Betriebsänderung von der Insolvenzantragstellung zu unterrichten, erscheint zweifelhaft.[8] Gegenüber den speziellen Informationspflichten des Arbeitgebers im Zusammenhang mit der Durchführung einer Betriebsänderung tritt die Generalklausel des § 80 II 1 BetrVG zurück.[9] Allerdings besteht eine Unterrichtungspflicht schon dann, wenn der Betriebsrat prüfen will, ob sich für ihn Aufgaben ergeben und ob er zur Wahrnehmung dieser Aufgaben tätig werden will oder muss.[10] Das kann insbesondere der Fall sein, wenn sich für ihn aus bestehenden Betriebsvereinbarungen Handlungsbedarf ergeben kann, um zB Arbeitszeitkonten, die im Rahmen einer flexiblen Arbeitszeitgestaltung vereinbart worden sind, zu sichern.

8 **b)** *Insolvenzantrag seitens der Gläubiger.* Wird seitens eines Gläubigers der Insolvenzantrag gestellt, so gelten die dargestellten Grundsätze entsprechend. Die Stellung des Insolvenzantrages wird dem Insolvenzschuldner meist jedoch nicht angekündigt werden, so dass dieser seinen Unterrichtungs- und Informationspflichten erst nach Kenntnisnahme von der erfolgten Antragstellung nachkommen kann. Zwar wird zu diesem Zeitpunkt regelmäßig bereits ein vorläufiger Insolvenzverwalter bestellt sein. Nur soweit dieser nicht über die entsprechende Verwaltungs- und Verfügungsbefugnis verfügt, bleibt zwischen Antragstellung und Insolvenzeröffnung allein der Insolvenzschuldner betriebsverfassungsrechtlich berechtigt und verpflichtet.

9 **c)** *Kein Antragsrecht für den Betriebsrat.* Ein eigenes Recht zur Beantragung der Eröffnung des Insolvenzverfahrens kommt dem Betriebsrat nicht zu. Gem § 13 I InsO sind antragsberechtigt nur die Gläubiger und der Schuldner. Ein eigenes Antragsrecht ist dem Betriebsrat gerade nicht eingeräumt worden.[11]

10 **d)** *Information der Belegschaft.* Auf Grund der durch das eröffnete Insolvenzverfahren ohnehin entstehenden wirtschaftlichen und arbeitsrechtlichen Konsequenzen empfiehlt sich in der Praxis dringlich, dass bereits vor Insolvenzeröffnung der Arbeitgeber, uU gemeinsam mit dem vorläufigen Insolvenzverwalter, oder nach Insolvenzeröffnung der Insolvenzverwalter unverzüglich eine Unterrichtung der Arbeitnehmer – neben und unabhängig von der Information des Betriebsrates und des Wirtschaftsausschusses – vornimmt. Ob als Rechtsgrundlage dafür § 80 II oder § 110 BetrVG in Betracht kommt, kann hier offen bleiben. Die Information liegt idR im Interesse beider Seiten, da auch der Insolvenzverwalter zumeist noch hinsichtlich der Abwicklungsarbeiten oder wegen einer zumindest zeitlich begrenzten Fortführung des Betriebes auf die (weitere) Mitwirkung der Arbeitnehmer angewiesen ist. Zudem ist zu berücksichtigen, dass der schuldnerische Arbeitgeber oder nach Insolvenzeröffnung der Insolvenzverwalter in Wahrnehmung der Arbeitgeberfunktionen gegenüber den Arbeitnehmern mittels seiner Informationspflicht gem. § 110 BetrVG über die wirtschaftliche Lage und Entwicklung des Unternehmens zugleich der vertraglich obliegenden Fürsorgepflicht insoweit nachkommt, als er die Arbeitnehmer auf das sozialrechtliche Sicherungssystem (Insolvenzgeld, Arbeitslosenversicherung usw) rechtzeitig verweisen kann.

---

[8] So aber Nerlich/Römermann/*Mönning*, § 13 Rn. 50.
[9] ErfK/*Kania*, § 80 BetrVG Rn. 17; GK-BetrVG-*Kraft*, § 80 Rn. 53; aA *Fitting*, § 80 Rn. 48; *Richardi/Thüsing*, § 80 Rn. 50.
[10] *Fitting*, § 80 Rn. 51; GK-BetrVG-*Kraft*, § 80 Rn. 59, 60.
[11] Vgl. dazu MüKoInsO/*Schmahl*, 2. Aufl. § 13 Rn. 9 mit Hinweis auf die Entstehungsgeschichte.

e) Informations- und Beteiligungsrechte des Betriebsrats. Fallen Betriebsänderungen iSd **11**
§ 111 BetrVG mit dem Insolvenzantrag bzw. mit der Insolvenzeröffnung zusammen, werden die Beteiligungsrechte des Betriebsrates gemäß der §§ 111 ff. BetrVG, insbesondere zum Interessenausgleich und zum Sozialplan, ausgelöst. Der Arbeitgeber bzw. der Insolvenzverwalter haben unverzüglich die Informations- und Beteiligungsrechte des Betriebsrates zu wahren, ihn über die Betriebsänderung umfassend zu unterrichten sowie über Interessenausgleich und Sozialplan zu verhandeln.

f) Bestehen eines Betriebsrats. Der Betriebsrat bleibt auch nach Insolvenzeröffnung weiterhin im Amt. Auch bei vollständiger Betriebseinstellung ist der Betriebsrat auf Grund seines „Restmandats" gem. § 21b BetrVG selbst dann weiterhin im Amt, wenn allen Betriebsratsmitgliedern (vgl. § 15 IV und V KSchG) wirksam gekündigt worden ist bzw. der Betrieb insgesamt auf Grund der Stilllegung nicht mehr existiert.[12] Führt der Insolvenzverwalter den Betrieb zumindest zeitweilig oder in reduzierter Form weiter oder legt er nur einen Betriebsteil still, hat dies keinen Einfluss auf den Fortbestand des Betriebsratsmandats, solange nicht die Mindestzahl von fünf ständig wahlberechtigten Arbeitnehmern unterschritten wird.[13] Es muss also unterschieden werden zwischen dem bei Fortbestand des Betriebes bestehenden Vollmandat und dem Restmandat gem. § 21b, wenn der Betrieb wie bei der Spaltung und Zusammenlegung aufgelöst wird.[14] **12**

Die Mitgliedschaft im Betriebsrat erlischt, wenn der Betriebsteil, dem das betreffende **13**
Betriebsratsmitglied angehört, ausgegliedert und als selbstständiger Betrieb fortgeführt oder mit dem Betrieb eines anderen Unternehmens vereinigt wird.[15] Das Betriebsratsamt erlischt ferner mit der Beendigung des Arbeitsverhältnisses, sei es durch Kündigung, Aufhebungsvertrag oder Eigenkündigung.[16] Es lebt auch dann nicht wieder auf, wenn das ausgeschiedene Betriebsratsmitglied später wieder eingestellt wird, weil die Arbeitsvertragsparteien über die zwingenden Vorschriften des Gesetzes hinsichtlich der Mitgliedschaft im Betriebsrat nicht disponieren können.[17] Dies gilt selbst dann, wenn im Falle einer vom Insolvenzverwalter veranlassten Eigenkündigung die Wiedereinstellung der Betriebsratsmitglieder geplant oder gar zugesichert war.[18]

Ferner kann das Betriebsratsamt durch Amtsniederlegung erlöschen, die gegenüber **14**
dem Betriebsratsgremium, dem Betriebsratsvorsitzenden oder den verbliebenen Mitgliedern des Betriebsrats zu erklären ist. Gibt es im Falle einer Betriebsstilllegung nur noch ein einziges Betriebsratsmitglied, übt dieses das Restmandat aus. Das einzig verbliebene Betriebsratsmitglied kann seine Erklärung über die Niederlegung des Amtes ausnahmsweise gegenüber dem Arbeitgeber bzw. dem Insolvenzverwalter abgeben.[19] Die Amtsniederlegung bewirkt die Beendigung der Mitgliedschaft im Betriebsrat zu dem Zeitpunkt, zu dem die Erklärung zugegangen ist, es sei denn, dass das sein Amt niederlegende Betriebsratsmitglied einen anderen Zeitpunkt nennt. Wegen der damit verbundenen gesetzlich angeordneten Folge des Erlöschens der Mitgliedschaft gem. § 24 Nr. 2 BetrVG kann die Erklärung weder zurückgenommen noch widerrufen werden.[20]

---

[12] Fitting, § 21b Rn. 7; ErfK/Eisemann, § 21b BetrVG Rn. 2.
[13] Richardi/Thüsing, § 21b Rn. 3; Fitting, § 21b Rn. 9; GK-Kreutz, § 21b Rn. 14.
[14] Richardi/Thüsing, § 21b Rn. 4; Fitting, § 21b Rn. 7.
[15] Fitting, § 24 Rn. 36; Richardi/Thüsing, § 24 Rn. 22; GK-BetrVG-Oetker, § 24 Rn. 41.
[16] Fitting, § 24 Rn. 13.
[17] Fitting, § 24 Rn. 23; GK-BetrVG-Oetker, § 24 Rn. 36; Richardi/Thüsing, § 24 Rn. 19; ErfK/Eisemann, § 24 Rn. 5.
[18] Fitting, § 24 Rn. 23; LAG v. 14.10.2004 – 4 Sa 1102/04, LAG-Report 2005, 182.
[19] BAG v. 12.1.2000 – 7 ABR 61/98, NZA 2000, 669; Fitting, § 24 Rn. 10.
[20] Fitting, § 24 Rn. 11; GK-BetrVG-Oetker, § 24 Rn. 15; Richardi/Thüsing, § 24 Rn. 10; ErfK/Eisemann, § 24 Rn. 3.

15 **3. Beteiligung des Betriebsrats bei Durchführung des Insolvenzverfahrens.** Der Eintritt der Insolvenz und die Eröffnung des Insolvenzverfahrens berühren die Geltung des BetrVG nicht. Gerade in der Insolvenz des Unternehmens bedürfen die Arbeitnehmer des kollektiven Schutzes.[21] Der Leitgedanke des BetrVG erschöpft sich allerdings nicht in der Erfüllung von Schutzfunktionen, sondern gewährleistet Mitwirkung und Teilhabe der Arbeitnehmer an der Gestaltung der sie unmittelbar berührenden betrieblichen Ordnung. Die Beteiligung der Arbeitnehmervertreter an der Willensbildung und an Entscheidungen und Maßnahmen des Arbeitgebers ist Ausdruck des Demokratisierungsprinzips und beansprucht Geltung auch in der Insolvenz. Mit der Eröffnung des Insolvenzverfahrens tritt betriebsverfassungsrechtlich der Insolvenzverwalter an die Stelle des bisherigen Arbeitgebers.[22] Daher ist der Insolvenzverwalter von Gesetzes wegen verpflichtet, die Mitbestimmungsrechte des Betriebsrats umfassend zu beachten und die Arbeitnehmer an seiner Willensbildung, seinen Entscheidungen und Maßnahmen zu beteiligen. Dies kann die Entscheidungsfindung verzögern und zu einer geringeren wirtschaftlichen Effektivität führen. Dem steht als Vorteil entgegen, dass die Betroffenen sie nach Anhörung und Einbeziehung ihrer Argumente mittragen. Mitbestimmen bedeutet nicht bloß einmischen, sondern die Übernahme von Verantwortung. Der Betriebsrat muss dafür sorgen, dass die gemeinsam getroffenen Entscheidungen und Maßnahmen von der Belegschaft akzeptiert werden und ihre Umsetzung zur Stärkung des sozialen Friedens erleichtert und befördert wird. Dies setzt allerdings voraus, dass der Insolvenzverwalter die Arbeitnehmervertretungen nicht vor vollendete Tatsachen stellt, sondern seine Konzepte begründet und besseren Argumenten gegenüber zugänglich ist.[23]

16 a) *Bindung des Insolvenzverwalters an das BetrVG.* Der Insolvenzverwalter hat mit dem ersten Tage der Übernahme des Amtes alle betriebsverfassungsrechtlichen Rechte und Pflichten des Arbeitgebers wahrzunehmen. Er ist an die Grundsätze der vertrauensvollen Zusammenarbeit gem. § 74 BetrVG gebunden und hat gem. § 74 I BetrVG das monatliche Gespräch mit dem Betriebsrat zu führen. Er hat die bestehenden Betriebsvereinbarungen und Regelungsabreden gem. § 77 I BetrVG weiterhin durchzuführen. Ihn treffen die Unterrichtungs- und Beratungspflichten gem. §§ 80, 81 und 90 BetrVG. Besondere Bedeutung hat die Beachtung der Mitbestimmungsrechte gem. §§ 87, 91 BetrVG. Will der Insolvenzverwalter die Arbeitszeit ändern, einen Teil der Belegschaft freistellen, Kurzarbeit oder Betriebsurlaub anordnen oder Überstunden verfahren, muss er dafür die Zustimmung des Betriebsrats einholen oder ggf. in den Fällen des § 87 II BetrVG die Einigungsstelle entscheiden lassen.

17 b) *Personelle Angelegenheiten.* Von besonderem Gewicht sind die Mitbestimmungsrechte des Betriebsrates in personellen Angelegenheiten während des Insolvenzverfahrens, weil es regelmäßig um eine Änderung der Personalplanung, vor allem aber um Kündigungen geht.[24] Versetzungen iSv § 95 III BetrVG unterliegen der Mitbestimmung bei personellen Einzelmaßnahmen gem. § 99 BetrVG. Bei der Versetzung geht es um die Zuweisung eines anderen Tätigkeitsbereichs, die entweder voraussichtlich länger als einen Monat dauern wird oder bei kürzerer Dauer mit einer erheblichen Änderung der Umstände verbunden ist, unter denen die Arbeit zu leisten ist. Liegen die Voraussetzungen einer Versetzung iSv § 95 III 3 BetrVG vor, ist der Betriebsrat stets zu beteiligen und zwar unabhängig davon, ob der Arbeitsvertrag eine Versetzungsklausel enthält

---

[21] *Oetker/Friese* DZWIR 2001, 133 unter Hinweis auf die Begründung des RegE einer Insolvenzordnung.
[22] *Richardi,* Einleitung Rn. 123; *Richardi/Thüsing,* § 21b Rn. 3; *Fitting,* § 1 Rn. 239; *Heinze* NZA 1999, 57; *Schaub* DB 1999, 217; *Lakies* BB 1999, 206.
[23] Vgl. dazu *Fitting,* § 1 Rn. 4.
[24] Ausführlich § 105.

und die Zuweisung eines neuen oder geänderten Arbeitsbereichs daher individualrechtlich zulässig ist. Auch bei einer individualrechtlich zulässigen Versetzung entfällt die Beteiligung des Betriebsrats nicht.[25] Keine Versetzung ist die bloße Freistellung des Arbeitnehmers, dh die Suspendierung von seinen Arbeitspflichten. In diesem Fall wird dem Arbeitnehmer kein neuer Arbeitsbereich zugewiesen, sondern er wird lediglich von der Ausübung seiner in dem bisherigen Bereich geschuldeten Arbeitsleistung freigestellt.[26] Der Betriebsrat muss über die Versetzung vorher unterrichtet werden und hat ein auf die in § 99 II BetrVG genannten Gründe beschränktes Zustimmungsverweigerungsrecht. Verweigert der Betriebsrat seine Zustimmung, kann der Insolvenzverwalter gem. § 99 IV BetrVG bei einem Arbeitsgericht beantragen, die Zustimmung zu ersetzen. Bei Kündigungen ist vorher der Betriebsrat gem. § 102 BetrVG anzuhören. Dies gilt auch dann, wenn ein Interessenausgleich mit Namensliste vereinbart worden ist.[27]

c) *Wirtschaftliche Angelegenheiten.* In wirtschaftlichen Angelegenheiten hat der Insolvenzverwalter vor allem den Wirtschaftsausschuss regelmäßig gemäß § 108 BetrVG über die wirtschaftlichen Angelegenheiten, mögen sie auch insolvenzspezifisch bedingt sein, umfassend und rechtzeitig zu unterrichten sowie die einschlägigen Angelegenheiten mit ihm zu beraten. Besondere Bedeutung ist den Mitwirkungs- und Mitbestimmungstatbeständen des Betriebsrates bei geplanten Betriebsänderungen beizumessen, auch wenn diese Betriebsänderungen selbst notwendiger Ausfluss insolvenzrechtlicher Entscheidungen sind. Betriebsverfassungsrechtlich ist es unerheblich, ob es sich um Betriebsänderungen, Personalabbau oder Stilllegung von Betriebsteilen im Zusammenhang mit einer Insolvenz handelt.[28]

18

d) *Betriebsänderung.* Beabsichtigt der Insolvenzverwalter im Rahmen des Insolvenzverfahrens eine Betriebsänderung gemäß § 111 BetrVG, insbesondere Einschränkung oder Stilllegung des ganzen Betriebs oder von wesentlichen Betriebsteilen, so hat er rechtzeitig und umfassend dem Betriebsrat hierüber zu unterrichten und die geplanten Betriebsänderungen mit dem Betriebsrat zu beraten. Über die Art und Weise der Betriebsänderung hat er den Abschluss eines Interessenausgleichs mit dem Betriebsrat zu versuchen, wobei hier das Inkrafttreten der InsO zu einer erheblichen Neuerung geführt hat. Prinzipiell bleibt der Insolvenzverwalter an die Vorschriften der §§ 111–113 BetrVG gebunden, dh er hat nicht nur einen Interessenausgleich aufzustellen und einen Sozialplan abzuschließen, sondern ihn können auch Nachteilsausgleichsansprüche gem. § 113 BetrVG treffen.

19

II. Mitbestimmungsrecht des Betriebsrats bei Betriebsänderungen in der Insolvenz

Das Mitbestimmungsrecht des Betriebsrats bei Betriebsänderungen gewinnt in der Insolvenz besondere Bedeutung, weil es regelmäßig darum geht, den Betrieb stillzulegen, einzuschränken oder zu restrukturieren. Auch die Fortführung des Betriebes der Insolvenzschuldner kann mit Personalanpassungsmaßnahmen, Veräußerungen von Betriebsteilen oder einer Verkleinerung des Betriebes einhergehen.

20

1. Betriebsgröße. Die Pflicht zu Verhandlungen über einen Interessenausgleich und Abschluss eines Sozialplans gilt nur dann, wenn es sich um ein Unternehmen mit idR mehr als 20 wahlberechtigten Arbeitnehmern handelt, § 111 S. 1 BetrVG.

21

---

[25] Im Einzelnen *Fitting,* § 99 Rn. 97–100.
[26] BAG v. 28.3.2000 – 1 ABR 17/99, NZA 2000, 1355; *Fitting,* § 99 Rn. 113.
[27] BAG v. 28.8.2003 – 2 AZR 377/02, ZIP 2004, 525 = ZInsO 2004, 288 = DB 2004, 937.
[28] BAG v. 13.12.1978, NJW 1979, 774; *Lakies* BB 1999, 206; *Oetker/Friese* DZWIR 2001, 133.

§ 108 22–23   Kapitel IX. Arbeitsrecht und Insolvenz

22   **a)** *Das Unternehmen als Bezugsgröße.* Nach der am 28.7.2001 in Kraft getretenen Neufassung des BetrVG[29] ist hinsichtlich der erforderlichen Personalstärke nicht auf den Betrieb, sondern auf das Unternehmen abzustellen. Allein entscheidend ist die Gesamtzahl der Arbeitnehmer des Unternehmens ohne Rücksicht darauf, ob diese in einer oder in mehreren Betriebseinheiten tätig sind.[30] Zur Vermeidung von Wertungssprüchen hatte das BAG bereits zu § 111 aF BetrVG entschieden, dass auch dann ein Mitbestimmungsrecht gem. § 111 BetrVG bestehen kann, wenn von der Betriebsänderung ein Kleinbetrieb iSd § 111 S. 1 BetrVG betroffen ist, der einem größeren Unternehmen angehört und sich die wirtschaftliche Maßnahme betriebsübergreifend auf mehrere Betriebe des Unternehmens erstreckt. Nach dem Schutzzweck der Vorschrift sei in einem solchen Fall für die Berechnung des Schwellenwertes auf die Anzahl der Arbeitnehmer des Unternehmens abzustellen.[31] Deshalb ist auch für kleinere Betriebe ein Interessenausgleich zu versuchen und ein Sozialplan zu vereinbaren, wenn ein Betriebsrat besteht oder wenn der Gesamtbetriebsrat nach § 50 I BetrVG zuständig ist.[32] Es muss lediglich gewährleistet sein, dass das Unternehmen idR mehr als 20 wahlberechtigte Arbeitnehmer beschäftigt.

22a   **b)** *Regelmäßige Beschäftigtenzahl.* Die Pflicht zur Herbeiführung eines Interessenausgleichs mit der Folge von Nachteilsausgleichsansprüchen gemäß § 113 III BetrVG besteht für den Insolvenzverwalter nur dann, wenn das Unternehmen gemäß § 111 S. 1 BetrVG idR mehr als 20 wahlberechtigte Arbeitnehmer beschäftigt. Bei der Ermittlung dieser Zahl ist von dem Zeitpunkt auszugehen, in dem die Beteiligungsrechte des Betriebsrats entstehen. Dies ist im Falle der Betriebsstilllegung der Stilllegungsentschluss. Dabei ist nicht entscheidend, wie viele Arbeitnehmer zufällig dem Betrieb zu diesem Zeitpunkt angehören, sondern es ist auf die Personalstärke abzustellen, die für das Unternehmen im Allgemeinen kennzeichnend ist. Deshalb ist im Falle der Betriebsstilllegung ein Rückblick auf die bisherige Belegschaftsstärke zu werfen.[33] Werden Arbeitnehmer nicht ständig, sondern nur zeitweilig beschäftigt, kommt es darauf an, ob sie normalerweise während des größten Teils des Jahres tätig sind. Die nur vorübergehend für einen bestimmten Zeitraum eingestellten Arbeitnehmer zählen nicht zu den idR Beschäftigten.[34] Bei einer stufenweise durchgeführten Betriebsänderung, die auf eine einheitliche unternehmerische Entscheidung zurückzuführen ist, genügt es, wenn der maßgebliche Schwellenwert von mehr als 20 Arbeitnehmern vor Beginn der ersten Maßnahme vorlag,[35] die Streitfrage, ob auch Leiharbeitnehmer mit zählen, ist nunmehr durch das BAG geklärt. Bei der Ermittlung er maßgeblichen Unternehmensgröße in § 111 S. 1 BetrVG sind auch Leiharbeitnehmer zu berücksichtigen, wenn sie zu den „in der Regel" Beschäftigten gehören. Das ist der Fall, wenn sie länger als drei Monate im Unternehmen eingesetzt worden sind.[36]

23   **c)** *Gemeinschaftsbetrieb.* Betreiben mehrere Unternehmen einen Gemeinschaftsbetrieb und beschäftigen die daran beteiligten Unternehmen nicht mehr als 20 wahlberechtigte Arbeitnehmer, ist umstritten, ob hinsichtlich der maßgeblichen Beschäftigtenzahl auf den Gemeinschaftsbetrieb oder auf das einzelne Unternehmen abzustellen ist. Ein Teil

---

[29] BGBl. I 2001, Nr. 39, 1852.
[30] *Fitting*, § 111 Rn. 19; GK-BetrVG-*Oetker*, § 111 Rn. 12; *Annuß* NZA 2001, 367, 369; vgl. BT-Drucks. 14/5741, S. 51.
[31] BAG v. 8.6.1999 – 1 AZR 831/98, NZA 1999, 1168 = ZIP 1999, 1898 und v. 23.9.2003 – 1 AZR 576/02, NZA 2004, 440 = ZIP 2004, 627.
[32] GK-BetrVG-*Oetker*, § 111 Rn. 12, 24; *Fitting*, § 111 Rn. 19; *Richardi/Annuß*, § 111 Rn. 29.
[33] BAG v. 16.11.2004 – 1 AZR 642/03, NZA-RR 2005, 615 = ZIP 2005, 500.
[34] BAG v. 16.11.2004 – 1 AZR 642/03, NZA-RR 2005, 615 = ZIP 2005, 500; vgl. GK-*Oetker*, § 111 Rn. 18, 19.
[35] BAG v. 9.5.1995 – 1 ABR 51/94, NZA 1996, 166; GK-BetrVG-*Oetker*, § 111 Rn. 20.
[36] BAG v. 18.10.2011 – 1 AZR 335/10, NZA 2012, 221 m. Anm. *Hamann*, jurisPR-ArbR 10/2012.

des Schrifttums verneint ein Beteiligungsrecht des für den Gemeinschaftsbetrieb gebildeten Betriebsrats, wenn es um die Stilllegung eines Unternehmens mit nicht mehr als 20 wahlberechtigten Arbeitnehmern geht.[37] Dies wird mit dem Zweck des Schwellenwertes begründet, weniger leistungsstarke Unternehmen vor den finanziellen Belastungen eines Sozialplans zu schützen. Dem ist entgegen zu halten, dass der Gesetzgeber mit der Neufassung des Gesetzes nicht die Absicht hatte, hinter den Stand der bisherigen Rechtsprechung zurückzufallen und die Beteiligungsrechte zum Nachteil der Arbeitnehmer zu verändern.[38] In der alten Fassung des § 111 S. 1 BetrVG hieß es: „Der Unternehmer hat in Betrieben mit idR mehr als 20 wahlberechtigten Arbeitnehmern den Betriebsrat ... rechtzeitig und umfassend zu unterrichten ..." Dazu hat das BAG bei Vorliegen eines Gemeinschaftsbetriebes entschieden, dass auf die Gesamtzahl aller im gemeinsamen Betrieb beschäftigten Arbeitnehmer abzustellen sei.[39] Entscheidendes Merkmal eines gemeinsamen Betriebes mehrerer Unternehmen ist die Einheitlichkeit der Entscheidung in personellen und sozialen Fragen. Dies bezieht sich nicht nur auf die Mitbestimmungstatbestände der §§ 87ff. und 92ff. BetrVG, sondern einheitlich auf das gesamte BetrVG und damit auch auf die wirtschaftlichen Angelegenheiten.

Es ist daher näher liegend, auch nach der Neufassung des Gesetzes auf die Beschäftigten des Gemeinschaftsbetriebes insgesamt abzustellen und nicht nur die Beschäftigtenzahl des Vertragsarbeitgebers heranzuziehen. Mit Untenehmen iSd § 111 S. 1 BetrVG ist richtigerweise das Gemeinschaftsunternehmen als Rechtsträger des Gemeinschaftsbetriebes gemeint.[40] Dies gilt jedenfalls für die Beteiligungsrechte des Betriebsrats im Rahmen einer Betriebsänderung. Dafür bedarf es keiner entsprechenden Anwendung des § 111 BetrVG,[41] sondern ergibt sich aus dem richtigen Verständnis des Unternehmensbegriffs. Für den maßgeblichen Schwellenwert soll auf die Unternehmensgröße und damit auf den Rechtsträger des Betriebes abgestellt werden, in dem die Betriebsänderung durchgeführt wird.[42] Schließen sich mehrere Unternehmen zusammen, um einen gemeinsamen Betrieb zu führen, sind Rechtsträger des Gemeinschaftsbetriebes die daran beteiligten Unternehmen, die sich regelmäßig in Form einer BGB-Gesellschaft zusammengeschlossen haben. Wurde für den Gemeinschaftsbetrieb ein eigenes Gemeinschaftsunternehmen errichtet, welches zugleich Rechtsträger des Gemeinschaftsbetriebes ist, ist bzgl der Anzahl der Beschäftigten auf das Gemeinschaftsunternehmen als Rechtsträger abzustellen.

Im Falle der Insolvenz hat diese Frage insbesondere dann Bedeutung, wenn über das Vermögen eines der an einem Gemeinschaftsbetrieb beteiligten Unternehmen das Insolvenzverfahren eröffnet worden ist und der Insolvenzverwalter sich entschließt, den Insolvenzschuldnerbetrieb stillzulegen. Ist eine BGB-Gesellschaft gegründet worden, führt die Insolvenz eines Gesellschafters zur Auflösung des bis dahin geführten gemeinsamen Betriebes.[43] Für die Frage der Betriebsänderung iSv § 111 BetrVG kommt es aber nicht allein auf den Wegfall der für die Führung eines gemeinsamen Betriebes maßgeblichen Rechtsgrundlage an, sondern auf die Änderung der betrieblichen Organisation.[44] An der vorhandenen Organisationsstruktur ändert sich erst dann etwas, wenn der Insolvenzverwalter eine ändernde Organisationsentscheidung trifft. Die Auflösung

---

[37] *Annuß* NZA 2001, 367, 369; *Löwisch*, BB 2001, 1790, 1797; *Reichold*, NZA 2001, 857, 864; *Richardi/Annuß*, § 111 Rn. 26; ErfK/*Kania*, § 111 BetrVG Rn. 5.
[38] *Fitting*, § 111 Rn. 22.
[39] BAG v. 11.11.1997 – 1 ABR 6/97, NZA 1998, 723 = ZIP 1998, 1320.
[40] GK-BetrVG-*Oetker*, § 111 Rn. 11; *Hanau* ZIP 2001, 1981; *Willemsen/Hohenstatt/Schweibert/Seibt*, C Rn. 10, 11; *Wißmann* NZA 2001, 409, 410.
[41] So aber *Däubler* AuR 2001, 1790, 1797.
[42] GK-BetrVG-*Fabricius/Oetker*, § 111 Rn. 10; *Fitting*, § 111 Rn. 23.
[43] BAG v. 5.3.1987 – 2 AZR 623/85, NZA 1988, 32 = ZIP 1987, 1588.
[44] BAG v. 11.11.1997 – 1 ABR 6/97, NZA 1998, 723 = ZIP 1998, 1320 unter II 2 der Gründe.

des Gemeinschaftsbetriebes tritt nicht automatisch mit Insolvenzeröffnung ein, sondern die mitbestimmungspflichtigen organisatorischen Änderungen werden erst durch die Entscheidung ausgelöst, ob der Betrieb ganz oder teilweise stillgelegt wird.[45]

25a **d)** *Sozialauswahl im Gemeinschaftsbetrieb.* Hier muss auf den Unterschied zur Sozialauswahl im Gemeinschaftsbetrieb hingewiesen werden: Wird durch die Insolvenzeröffnung eine einheitliche Leitung in sozialen und personellen Angelegenheiten aufgelöst,[46] entfällt die Verpflichtung zu eine übernehmensübergreifenden Sozialauswahl, wenn der Gemeinschaftsbetrieb im Zeitpunkt der Kündigung nicht mehr besteht.[47] Zur Versetzung im Gemeinschaftsbetrieb hat das BAG nunmehr entschieden, dass § 99 I 1 BetrVG analog auch auf einen von mehreren Unternehmen geführten Gemeinschaftsbetrieb anzuwenden ist. Versetzungen sind danach mitbestimmungspflichtig, auch wenn das einzelne am Gemeinschaftsbetrieb beteiligte Unternehmen (der Vertragsarbeitgeber) weniger als 20 Arbeitnehmer beschäftigt. Betriebsverfassungsrechtlich ist die zusammengerechnete Anzahl aller im Gemeinschaftsbetrieb beschäftigten Arbeitnehmer maßgebend.[48] Zu Recht argumentiert das BAG mit dem Willen des Gesetzgebers, durch das BetrVG-Reformgesetz 2001 den auf Unternehmensebene beobachteten Tendenzen zur Dezentralisierung und Schaffung kleinerer Einheiten zu begegnen. Die betriebliche Mitbestimmung werde dadurch außer kraft gesetzt, dass größere Unternehmen ihre Mitarbeiter in einer Vielzahl kleinerer Organisationseinheiten einsetzten. Deshalb sei es sachgerecht, bei der Arbeitnehmergrenzzahl an das Unternehmen anzuknüpfen.[49] Diese Grundsätze gelten in gleicher Weise für das richtige Verständnis des Begriffs „Unternehmen" iSv § 111 S. 1 BetrVG.[50] Die Insolvenzverwalter sind daher bei Beteiligung des Schuldnerunternehmens an einem Gemeinschaftsbetrieb auch zur Vermeidung von Nachteilsausgleichsansprüchen gem. § 113 III BetrVG gut beraten, vor einer Stilllegung des Betriebes oder einer sonstigen Betriebsänderung einen Interessenausgleich mit dem Betriebsrat herbeizuführen.

26 **e)** *Sozialpläne im Gemeinschaftsbetrieb.* Diese Grundsätze gelten nicht gleichermaßen beim Aufstellen von Sozialplänen gem. § 112 BetrVG. Eine gesetzliche Verpflichtung, dass alle an einem Gemeinschaftsbetrieb beteiligten Unternehmen gesamtschuldnerisch auch für Sozialplanansprüche eintreten müssen, besteht nicht.[51] Bei einem Sozialplan geht es gem. § 112 I S. 2 BetrVG um den Ausgleich oder die Milderung der wirtschaftlichen Nachteile, welche den einzelnen Arbeitnehmern entstehen. Deshalb kommt es beim Abschluss eines Sozialplans auf die Beschäftigtenzahl des Vertragsarbeitgebers an.[52] Der Insolvenzverwalter hätte auch gar nicht die Befugnis, in einem Sozialplan zugunsten der abfindungsberechtigten Arbeitnehmer eines anderen Arbeitgebers mit Wirkung für die Masse gesamtschuldnerische Verbindlichkeiten zu begründen.[53]

27 Es ist daher nach dem Gegenstand der Beteiligungsrechte zu differenzieren. Geht es um die Unterrichtungs- und Beratungsrechte und die Verpflichtung des Insolvenzver-

---

[45] BAG v. 22.3.2005 – 1 ABR 64/03; BAG v. 19.11.2003 – 7 AZR 11/03, NZA 2004, 435 = ZIP 2004, 426 m. Anm. *Annuß/Hohenstatt* NZA 2004, 420 sowie BAG v. 11.11.1997 – 1 ABR 6/97, NZA 1998, 723 unter II 2 der Gründe.
[46] BAG v. 5.3.1987 – 2 AZR 623/85, NZA 1988, 32.
[47] BAG v. 24.2.2005 – 2 AZR 214/04, NZA 2005, 867 = ZIP 2005, 1189; BAG v. 27.11.2003 – 2 AZR 48/03, NZA 2004, 477 = ZIP 2004, 966; BAG v. 13.9.1995 – 2 AZR 954/94, NZA 1996, 307.
[48] BAG v. 29.9.2004 – 1 ABR 39/03, NZA 2005, 420 m. Anm. *Reichold* NZA 2005, 622 sowie BAG v. 29.9.2004 – 1 AZR 473/03 ArbuR 2005, 164.
[49] BAG v. 29.9.2004 – 1 ABR 39/03, NZA 2005, 420 unter III 2c der Gründe.
[50] AA *Döring/Grau* EWiR 2005, 373.
[51] BAG v. 12.11.2002 – 1 AZR 632/01, NZA 2003, 676.
[52] So ausdr und mit überzeugender Begründung *Fitting,* § 111 Rn. 23; vgl. dazu BAG v. 12.11.2002 – 1 AZR 632/01, NZA 2003, 676.
[53] BAG v. 12.11.2002 – 1 AZR 632/02 unter II 2e bb der Gründe, NZA 2003, 676, 679.

walters zum Versuch eines Interessenausgleichs, ist auf die Anzahl der im gemeinsamen Betrieb beschäftigten Arbeitnehmer abzustellen. Dies gilt auch für die Nachteilsausgleichsansprüche gem. § 113 III BetrVG. Da ein Interessenausgleich auch über die Einigungsstelle nicht erzwingbar ist, kann von einer wirtschaftlichen Überforderung kleinerer Unternehmen nicht ausgegangen werden. Wirtschaftliche Belastungen ergeben sich in erster Linie durch die Verpflichtung zum Abschluss eines Sozialplans. Deshalb erscheint die Auffassung sachgerecht, bei Vorliegen eines Gemeinschaftsbetriebes hinsichtlich der maßgeblichen Personalstärke zwischen der geplanten Betriebsänderung gem. § 111 S. 1 BetrVG einerseits und der nur den Vertragsarbeitgeber treffenden Sozialplanpflichtigkeit zu unterscheiden.[54]

2. Planung einer Betriebsänderung. Der Unternehmer hat den Betriebsrat gem. 28 § 111 BetrVG bei geplanten Betriebsänderungen zu beteiligen. Die Eröffnung des Insolvenzverfahrens über das Vermögen des Unternehmers ist als solche keine Betriebsänderung. Der Betriebsrat hat daher kein Beteiligungsrecht, wenn der Schuldner gem. § 13 I InsO den Antrag auf Eröffnung des Insolvenzverfahrens stellt.[55] Der Insolvenzverwalter ist aber verpflichtet, den Betriebsrat nach den §§ 111 ff. BetrVG zu beteiligen, wenn er nach Eröffnung des Insolvenzverfahrens die Durchführung einer Betriebsänderung iSd § 111 BetrVG beabsichtigt. Die insolvenzrechtlichen Sonderregelungen der §§ 121 und 122 InsO verdrängen die betriebsverfassungsrechtlichen Vorschriften über Interessenausgleich, Sozialplan und Nachteilsausgleich bei Betriebsänderungen (§§ 111–113 BetrVG) nicht, sondern setzen deren Anwendbarkeit voraus.[56] Es ist unerheblich für die Beteiligungspflicht, ob die Betriebsänderung, insbesondere eine Stilllegung des Betriebes, zwangsläufig aus der wirtschaftlichen Notlage des Unternehmens resultiert oder mehr oder weniger durch die wirtschaftliche Situation diktiert wird.[57] Der Betriebsrat ist immer dann zu beteiligen, wenn eine Betriebsänderung bevorsteht oder durch eine Insolvenz des Unternehmers veranlasst wird. Das Wort „geplant" soll sicherstellen, dass der Betriebsrat schon im Vorfeld bei der Planung einer Betriebsänderung zu beteiligen ist.[58]

a) *Die gesetzlichen Tatbestände einer Betriebsänderung.* Die Fälle einer Betriebsänderung 29 werden in § 111 S. 3 BetrVG aufgezählt. Als Betriebsänderung gelten

1. die Einschränkung und Stilllegung des ganzen Betriebes oder von wesentlichen Betriebsteilen,
2. die Verlegung des ganzen Betriebes oder von wesentlichen Betriebsteilen,
3. der Zusammenschluss mit anderen Betrieben oder die Spaltung von Betrieben,
4. die grundlegende Änderung der Betriebsorganisation, des Betriebszwecks oder der Betriebsanlagen,
5. die Einführung grundlegend neuer Arbeitsmethoden und Fertigungsverfahren.

Eine eigenständige Definition des Begriffs „Betriebsänderung" enthält das Gesetz nicht. Umstritten ist, ob § 111 S. 3 BetrVG eine abschließende Aufzählung der mitbestimmungspflichtigen Tatsachen enthält oder ob auch mitbestimmungspflichtige Betriebsänderungen denkbar sind, die nicht unter S. 3 fallen.[59] Der Streit hat eher theore-

---

[54] *Fitting*, § 111 Rn. 23; vgl. dazu BAG v. 12.11.2002 – 1 AZR 632/01, NZA 2003, 676.
[55] *Richardi/Annuß*, § 111 Rn. 36; GK-BetrVG-*Oetker*, § 111 Rn. 27; *Fitting*, § 111 Rn. 39.
[56] BAG v. 22.7.2003 – 1 AZR 541/01, NZI 2004, 99 = ZIP 2003, 2216; *Fitting*, § 111 Rn. 37; GK-BetrVG-*Oetker*, § 111 Rn. 27.
[57] *Richardi/Annuß*, § 111 Rn. 34; BAG v. 22.7.2003 – 1 AZR 541/02, NZI 2004, 99 = ZIP 2003, 2216; BAG v. 9.7.1985 – 1 AZR 323/83, NZA 1986, 100.
[58] *Richardi/Annuß*, § 111 Rn. 34; *Fitting*, § 111 Rn. 108.
[59] Für eine erschöpfende Aufzählung *Richardi/Annuß*, § 111 Rn. 41; dagegen *Fitting*, § 111 Rn. 44; GK-BetrVG-*Oetker*, § 111 Rn. 36.

§ 108   30–33   Kapitel IX. Arbeitsrecht und Insolvenz

tische Bedeutung und kann daher an dieser Stelle vernachlässigt werden. Die praktischen Fälle einer Betriebsänderung werden von der Aufzählung in § 111 S. 3 BetrVG erfasst.

30   **b)** *Stilllegung.* Wichtigster Fall einer Betriebsänderung in der Insolvenz ist die Stilllegung des Schuldnerbetriebes oder eines Betriebsteils. Nach der Rechtsprechung des BAG wird die Betriebsstilllegung definiert als die Auflösung der zwischen Arbeitgeber und Arbeitnehmern bestehenden Betriebs- und Produktionsgemeinschaft, die ihre Veranlassung und zugleich ihren unmittelbaren Ausdruck darin findet, dass der Arbeitgeber die wirtschaftliche Betätigung in der ernstlichen Absicht einstellt, den bisherigen Betriebszweck dauernd oder für eine ihrer Dauer nach unbestimmte, wirtschaftlich nicht unerhebliche Zeitspanne nicht weiter zu verfolgen.[60] Die bloße Einstellung der Produktion ist noch keine Betriebsstilllegung, auch wenn damit die endgültige Aufgabe des Betriebszwecks verbunden ist. Hinzutreten muss die Auflösung der dem Betriebszweck dienenden konkreten Organisation. Daher genügt es nicht, dass keine Arbeitnehmer mehr beschäftigt werden, sondern es ist erforderlich, dass der Unternehmer die rechtlich erforderlichen Maßnahmen ergriffen hat, um die von ihm organisierte Zusammenarbeit der Arbeitnehmer im Betrieb zu beenden.[61] Eine vorübergehende Unterbrechung der betrieblichen Aktivität spricht gegen eine ernsthafte Stilllegungsabsicht, wenn der Betrieb danach alsbald wieder eröffnet wird.[62] Die Freistellung von Arbeitnehmern kann noch nicht als Beginn einer Betriebsänderung angesehen werden, auch wenn sie mit der Einstellung oder einer Einschränkung der Produktion einhergeht. Erst mit der Kündigung der Arbeitsverhältnisse werden die notwendigen rechtlichen Maßnahmen ergriffen, um die organisierte Zusammenarbeit der Arbeitnehmer im Betrieb zu beenden.[63]

31   **c)** *Betriebsveräußerung.* Die Betriebsveräußerung ist keine Betriebsänderung und als solche nicht nach § 111 BetrVG mitbestimmungspflichtig.[64] Wird der Betrieb an einen neuen Rechtsträger verkauft, bleibt die betriebliche Organisation aufrecht erhalten. Es treten die Rechtsfolgen des § 613a BGB ein. Bestand und Inhalt der Arbeitsverhältnisse bleiben unverändert. Der Betriebsübernehmer tritt an die Stelle des Betriebsveräußerers in die Arbeitsverhältnisse ein. Die Organisationseinheit Betrieb ändert sich nicht. Der Betriebsinhaberwechsel ist daher keine der Mitbestimmung des Betriebsrats unterliegende Betriebsänderung.[65]

32   Umgekehrt kann ein Betriebsübergang nicht mehr stattfinden, wenn der Betrieb bereits stillgelegt worden ist. Nach herkömmlicher Auffassung schließen sich Betriebsstilllegung und Betriebsübergang aus, weil ein bereits aufgelöster Betrieb nicht mehr Gegenstand einer Übertragung sein kann.[66]

33   Der Tatbestand einer Betriebsänderung wird aber bei Vorliegen eines Betriebsübergangs nicht ausgeschlossen. Im Zusammenhang mit Betriebsübergangstatbeständen können gleichzeitig Betriebsänderungssachverhalte verwirklicht werden, weil der Betrieb eingeschränkt oder Betriebsteile ausgegliedert werden. Aus Anlass eines Betriebsübergangs können Eingriffe in die betriebliche Struktur vorgenommen werden, die

---

[60] BAG v. 21.6.2001 – 2 AZR 137/00, NZA 2002, 212; *Fitting,* § 111 Rn. 65; *Richardi/Annuß,* § 111 Rn. 56.
[61] *Richardi/Annuß,* § 111 Rn. 60; GK-BetrVG-*Oetker,* § 111 Rn. 49, 50; *Fitting,* § 111 Rn. 65.
[62] *Fitting,* § 111 Rn. 65; *Richardi/Annuß,* § 111 Rn. 61.
[63] *Richardi/Annuß,* § 111 Rn. 60; BAG v. 8.4.2003 – 2 AZR 15/02, ZIP 2003, 1260 = ZInsO 2003, 960; BAG v. 20.11.2001 – 1 AZR 97/01, NZA 2002, 992; BAG v. 30.5.2006 – 1 AZR 25/05, NZA 2006, 1122.
[64] *Fitting,* § 111 Rn. 67; *Richardi/Annuß,* § 111 Rn. 67; *Moll* RdA 2003, 129, 131.
[65] *Richardi/Annuß,* § 111 Rn. 124; *Fitting,* § 111 Rn. 67; *Moll* RdA 2003, 129, 130.
[66] *Moll* RdA 2003, 129, 131; GK-BetrVG-*Oetker,* § 111 Rn. 52; BAG v. 16.5.2002 – 8 AZR 319/01, NZA 2003, 93.

ungeachtet des Rechtsträgerwechsels den Tatbestand einer Betriebsänderung iSv § 111 S. 3 Nr. 1 BetrVG erfüllen können.[67] Organisations- oder Strukturveränderungen des Betriebes können sich ergeben, wenn die Betriebsmittel des Betriebes auf eine Besitzgesellschaft und die betriebliche Leitungsmacht einer anderen Gesellschaft übertragen werden.[68] Ein Betriebsübergang kann auch dadurch vonstatten gehen, dass aus einem bisher von mehreren Unternehmen betriebenen Gemeinschaftsbetriebs ein Unternehmen ausscheidet und der bisherige Gemeinschaftsbetrieb entweder nur noch von einem Unternehmen oder von den verbleibenden Unternehmen fortgeführt wird. Ändert sich in diesem Fall die betriebliche Organisation nicht, weil der bisherige Betriebszweck und die Arbeitsabläufe erhalten bleiben und die bisherige Belegschaft unverändert weiterbeschäftigt wird, liegt keine Betriebsänderung vor.[69]

d) *Änderungen der Unternehmensstruktur.* Auch die Aufteilung in eine Besitz- und Produktionsgesellschaft führt nicht notwendigerweise zu einer Betriebsänderung, wenn die betriebliche Organisation unverändert erhalten bleibt. Dagegen kann die Ausgliederung von Betriebsteilen eine Betriebsänderung iSv § 111 S. 3 Nr. 1 BetrVG sein. Es kann sich dabei gleichzeitig auch um eine Betriebsspaltung iSv § 113 S. 3 Nr. 3 BetrVG handeln.[70] Schließlich kann eine mitbestimmungspflichtige Betriebsänderung vorliegen, wenn ein oder mehrere Betriebsteile veräußert und der Restbetrieb stillgelegt werden. 34

Wird die Vertriebsorganisation eines Zeitungsverlages aufgeteilt und in ihren Einzelteilen auf jeweils selbstständig tätig werdende Führungskräfte übertragen, kann in der Aufteilung des Vertriebes zum Zwecke des Betriebsübergangs eine Spaltung iSv § 111 S. 3 Nr. 3 BetrVG oder eine grundlegende Änderung der Betriebsorganisation gem. § 111 S. 3 Nr. 4 BetrVG erblickt werden.[71] Die Betriebsorganisation kann sich bei Maßnahmen der Zentralisierung oder Dezentralisierung von Zuständigkeiten, bei der Umorganisation von Sparten oder der Neugliederung von Betriebsabteilungen ändern, aber auch schon beim Auslagern von Aufgaben auf selbstständige Handelsvertreter.[72] Eine grundlegende Änderung der Betriebsorganisation iSv § 111 S. 3 Nr. 4 BertVG liegt vor, wenn die Betriebsabläufe bzgl Verantwortung und Zuständigkeiten in erheblichem Umfang umgewandelt werden[73] und dies einschneidende Auswirkungen auf den Betriebsablauf, die Arbeitsweise oder die Arbeitsbedingungen der Arbeitnehmer hat.[74] 35

e) *Personalabbau.* Eine mitbestimmungspflichtige Einschränkung des Betriebes liegt vor, wenn die betrieblichen Leistungskapazitäten quantitativ oder qualitativ verringert werden. Auch ein bloßer Personalabbau kann eine Betriebseinschränkung iSv § 111 S. 3 Nr. 1 BetrVG sein.[75] Es muss aber eine größere Anzahl von Arbeitnehmern betroffen sein. Es zählen nur diejenigen Arbeitnehmer, deren Arbeitsplätze wegfallen. Dazu gehören auch diejenigen Arbeitsverhältnisse, die nur deshalb gekündigt werden müssen, weil die Arbeitnehmer dem Übergang auf einen Teilbetriebserwerber (§ 613a BGB) widersprochen haben und eine Beschäftigungsmöglichkeit im Restbetrieb nicht mehr besteht.[76] Der Personalabbau muss eine relevante Zahl von Arbeitnehmern erfassen. Maß- 36

---

[67] Im Einzelnen *Moll* RdA 2003, 129, 130.
[68] *Fitting*, § 111 Rn. 49, 86; *Moll* RdA 2003, 130.
[69] *Moll* RdA 2003, 130.
[70] *Richardi/Annuß*, § 111 Rn. 133; *Fitting*, § 111 Rn. 52; ErfK/*Kania*, § 111 BetrVG Rn. 10.
[71] BAG v. 25.1.2000 – 1 ABR 1/99, NZA 2000, 1069; *Wißmann* NZA 2003, 5.
[72] BAG v. 18.11.2003 – 1 AZR 637/02, NZA 2004, 741; *Fitting*, § 111 Rn. 92; ErfK/*Kania*, § 111 BetrVG Rn. 15.
[73] BAG v. 26.10.2004 – 1 AZR 493/03, NZA 2005, 237 = ZIP 2005, 272; BAG v. 18.11.2003 – 1 AZR 637/02, NZA 2004, 741.
[74] BAG v. 18.3.2008 – 1 ABR 77/06, NZA 2008, 957.
[75] *Fitting*, § 111 Rn. 71, 72, 73; GK-BetrVG-*Oetker*, § 111 Rn. 59, 65.
[76] BAG v. 10.12.1996 – 1 AZR 290/96, NZA 1997, 787 = ZIP 1997, 1471; *Fitting*, § 111 Rn. 73, 74; GK-BetrVG-*Oetker*, § 111 Rn. 68.

geblich sind die Zahlen und Prozentangaben bei anzeigepflichtigen Massenentlassungen gem. § 17 I KSchG.[77] Danach gilt für die Frage, ob eine Betriebsänderung vorliegt, als Richtschnur folgende Staffel:

Betriebe mit 21 bis 59 Arbeitnehmern	6 Arbeitnehmer
Betriebe 60 bis 499 Arbeitnehmern	entweder 10% der Arbeitnehmer oder mehr als 25 Arbeitnehmer
Betriebe 500 bis 599 Arbeitnehmern	30 Arbeitnehmer
Betriebe mit über 600 Arbeitnehmern	5% der Arbeitnehmer[78]

37 Die vorstehenden Zahlenangaben dürften nicht verwechselt werden mit der Sozialplanpflicht gem. § 112a BetrVG. Ein sozialplanpflichtiger Personalabbau liegt gem. § 112a I nur vor, wenn folgende Entlassungszahlen erreicht werden:
- in Betrieben mit 21 bis 29 Arbeitnehmern müssen 20%, mindestens aber 6 Arbeitnehmer ausscheiden,
- in Betrieben mit einer Beschäftigtenzahl zwischen 60 und 249 Arbeitnehmern müssen 20% der Arbeitnehmer, mindestens aber 37 Arbeitnehmer ausscheiden,
- in Betrieben mit einer Belegschaft zwischen 250 bis 499 Arbeitnehmern müssen 15% der Arbeitnehmer, mindestens aber 60 Arbeitnehmer ausscheiden,
- in Betrieben mit 500 Arbeitnehmern oder mehr müssen 10%, mindestens aber 60 Arbeitnehmer ausscheiden.[79]

38 Mehrere Entlassungswellen können zusammengerechnet werden, wenn sie auf einer einheitlichen unternehmerischen Planung beruhen.[80] Einzubeziehen sind auch diejenigen Arbeitnehmer, deren Arbeitsverhältnisse infolge eines Aufhebungsvertrages oder einer Eigenkündigung aufgelöst worden sind, wenn der Unternehmer diese Beendigungstatbestände veranlasst hat.[81] Der Aufhebungsvertrag oder die Eigenkündigung sind vom Arbeitgeber veranlasst, wenn dieser bei dem Arbeitnehmer den Eindruck vermittelt hat, sein Arbeitsverhältnis werde andernfalls betriebsbedingt gekündigt.[82]

39 f) *Spaltung und Ausgliederung.* Die Spaltung eines Betriebes führt idR zu einer Änderung seiner Betriebsorganisation.[83] Der Tatbestand der Spaltung eines Betriebes gem. § 111 S. 3 Nr. 3 BetrVG ist erfüllt, wenn es sich um Betriebsteile handelt, die gem. § 4 BetrVG als selbstständige Betriebe gelten.[84] Es muss sich um eine betriebliche Einheit handeln, die durch Aufgabenbereich und Organisation eigenständig ist, § 4 I 2 BetrVG. Eine Betriebsänderung iSv § 111 S. 3 Nr. 3 BetrVG liegt vor, wenn der Insolvenzverwalter einen Betriebsteil ausgliedert, um ihn gem. § 613a I 1 BGB auf ein anderes Unternehmen zu übertragen.[85] Wird ein Betriebsteil aus dem bisher einheitlichen Betrieb ausgegliedert und einer eigenständigen organisatorischen Leitung unterstellt, ändert sich die bisherige betriebliche Organisation. Dies könnte bereits eine Betriebsänderung iSv § 111 S. 3 Nr. 1 BetrVG sein, daneben aber auch ein Spaltungsvorgang gem. § 111 S. 3 Nr. 3 BetrVG. Ein Betrieb kann innerhalb des Unternehmens gespalten werden; der Spaltung können Unternehmensänderungen zugrunde liegen, die entweder einen Tat-

---

[77] BAG v. 2.8.1983 – 1 AZR 516/81, NJW 1984, 1781 und v. 7.8.1990 – 1 AZR 495/89, NZA 1991, 113.
[78] *Fitting,* § 111 Rn. 75.
[79] Vgl. die Übersicht bei Uhlenbruck/Hirte/Vallender/*Berscheid,* §§ 121, 122 Rn. 23.
[80] GK-BetrVG-*Oetker,* § 111 Rn. 74; *Fitting,* § 111 Rn. 76.
[81] GK-BetrVG-*Oetker,* § 111 Rn. 26; *Fitting,* § 111 Rn. 78.
[82] BAG v. 25.3.2003 – 1 AZR 335/02, NZA 2004, 64.
[83] *Fitting,* § 111 Rn. 92; *Richardi/Annuß,* § 111 Rn. 109; GK-BetrVG-*Fabricius/Oetker,* § 111 Rn. 110.
[84] GK-BetrVG-*Oetker,* § 111 Rn. 100; ErfK/*Kania,* § 111 BetrVG Rn. 13; *Fitting,* § 111 Rn. 85.
[85] BAG v. 10.12.1996 – 1 ABR 32/96, NZA 1997, 898; *Fitting,* § 111 Rn. 87; GK-BetrVG-*Oetker,* § 111 Rn. 106.

bestand des Umwandlungsgesetzes erfüllen oder bei denen es sich um Veräußerung eines von § 613a BGB erfassten Betriebsteils handelt.[86]

Ist ein erheblicher Teil der Arbeitsplätze von der Ausgliederung betroffen, kann der Tatbestand der Betriebseinschränkung gem. § 111 S. 3 Nr. 1 BetrVG erfüllt sein. Die Erheblichkeit der Anzahl der betroffenen Arbeitnehmer richtet sich nach den Schwellenwerten des § 17 KSchG, wobei mindestens 5% der Belegschaft dem ausgegliederten Betriebsteil angehören müssen.[87] Hat der Betriebsteil für den Gesamtbetrieb wirtschaftlich oder technisch eine besondere Bedeutung, kann eine Betriebseinschränkung iSv § 111 S. 3 Nr. 1 BetrVG vorliegen, ohne dass der genannte Schwellenwert erreicht wird.[88]

Zu beachten ist, dass in den Ausgliederungsfällen, die mit einem rechtsgeschäftlichen Betriebsübergang gem. § 613a BGB verbunden sind, der Betriebsrat grundsätzlich auch die Aufstellung eines Sozialplans verlangen kann. Zu den wirtschaftlichen Nachteilen, die infolge der geplanten Betriebsänderung eintreten, gehören aber nicht eine etwaige Verringerung der Haftungsmasse beim Betriebserwerber sowie dessen befristete Befreiung von der Sozialplanpflicht nach § 112a BetrVG für neu gegründete Unternehmen.[89]

g) *Betriebsänderung im Kleinbetrieb.* Umstritten ist, ob und unter welchen Voraussetzungen der Personalabbau in einem Kleinbetrieb eine interessenausgleichpflichtige Betriebsänderung darstellen kann. Dies betrifft beispielsweise Unternehmen mit mehreren Niederlassungen. Da das BetrVG an die Unternehmens- und nicht mehr an die Betriebsgröße anknüpft, hat der Arbeitgeber im Falle einer Betriebsänderung auch in kleineren Betrieben mit bis zu 20 Arbeitnehmern einen Interessenausgleich zu versuchen, sofern im Unternehmen mehr als 20 Arbeitnehmer beschäftigt sind. Eine Betriebsänderung in der Form einer Betriebseinschränkung kann durch bloßen Personalabbau unter Beibehaltung der sächlichen Betriebsmittel erfolgen, wenn hiervon ein erheblicher Teil der Belegschaft betroffen ist. In Kleinbetrieben mit bis zu 20 Arbeitnehmern kann nicht ohne weiteres auf die Zahlenangaben des § 17 I KSchG zurückgegriffen werden. Nach der Rechtsprechung des BAG ist bei Kleinbetrieben eine Betriebsänderung durch alleinigen Personalabbau nur dann anzunehmen, wenn die Mindestzahl von sechs Arbeitnehmern gem. § 112a I S. 1 Nr. 1 BetrVG erreicht wird.[90]

h) *Stilllegung eines Betriebsteils.* Eine Spaltung gemäß § 111 S. 3 Nr. 3 BetrVG setzt voraus, dass mindestens zwei neue Einheiten enstehen. Dieses Erfordernis liegt vor, wenn der abgespaltene Betriebsteil anschließend in einen anderen Betrieb des Erwerbers eingegliedert wird und dadurch untergeht. Erschöpft sich der Vorgang hingegen darin, die Tätigkeit in einem Betriebsteil vollständig und auf Dauer einzustellen, dann handelt es sich insoweit um die Stilllegung eines Betriebsteils und nicht um die Spaltung des Betriebs.[91] Die Stilllegung eines Betriebsteils ist gemäß § 111 S. 3 Nr. 1 BetrVG nur dann eine mitbestimmungspflichtige Betriebsänderung, wenn es sich um einen wesentlichen Betriebsteil handelt. Wenn also die technische Anzeigenproduktion (Satzherstellung) mit zwei Arbeitnehmern im Wege eines Werkvertrages von einem externen Dritten übernommen wird, dann liegt weder eine Betriebsänderung iSv § 111 S 3 Nr. 1 BetrVG noch eine Spaltung gemäß § 111 S. 3 Nr. 3 BetrVG vor. Von einem wesent-

---

[86] BAG v. 10.12.1996 – 1 ABR 32/96, NZA 1997, 898; *Fitting*, § 111 Rn. 87; GK-BetrVG-*Oetker*, § 111 Rn. 106; *Richardi/Annuß*, § 111 Rn. 102; aA ErfK/*Kania*, § 111 BetrVG Rn. 14, wonach der abgespaltene Betriebsteil eine gewisse Bedeutung haben muss und in ihm wenigstens fünf Arbeitnehmer beschäftigt werden.
[87] *Willemsen/Hohenstatt/Schweibert/Seibt*, C Rn. 115.
[88] *Willemsen/Hohenstatt/Schweibert/Seibt*, C Rn. 57, 115.
[89] BAG v. 10.12.1996, NZA 1997, 898.
[90] BAG v. 9.11.2010 – 1 AZR 708/09, NZA 2011, 466 m. Anm. *Bissels*, jurisPR-ArbR 18/2011.
[91] BAG v. 19.3.2008 – 1 ABR 77/06, NZA 2008, 1444.

lichen Betriebsteil gemäß § 111 S. 3 Nr. 1 BetrVG kann nur gesprochen werden, wenn die Abteilung zumindest annähernd den Zahlenwert des § 17 I KSchG erreicht.[92]

44 **i)** *Betriebsratsamt.* Wird der Ursprungsbetrieb in Fällen der echten Aufspaltung aufgelöst, behält der Betriebsrat unter den Voraussetzungen des § 21a I 1 BetrVG ein zeitlich befristetes Übergangsmandat für die abgespaltenen Betriebsteile. Für den Ursprungsbetrieb verbleibt ein Restmandat des Betriebsrats gemäß § 21b BetrVG. Das Übergangsmandat ist längstens auf sechs Monate begrenzt. Dieses Übergangsmandat ist ein Vollmandat, welches allein durch die Verpflichtung beschränkt ist, unverzüglich die Schritte einzuleiten, um von einem durch die Belegschaft des neu entstandenen Betriebs gewählten Betriebsrats abgelöst zu werden.[93] Hingegen ist das Übergangsmandat kein Vollmandat, sondern ein nachwirkendes Mandat, welches darin besteht, die mit der Abwicklung des Betriebes verbundenen betriebsverfassungsrechtlichen Rechte wahrzunehmen.[94] Handelt es sich lediglich um eine Abspaltung, bleibt der gewählte Betriebsrat im Amt und hat hinsichtlich der Abspaltung die Rechte gemäß §§ 111 ff. BetrVG wahrzunehmen. Für die abgespaltenen Teile hat er ein zeitlich befristetes Übergangsmandat.[95]

45 **j)** *Sonstige Betriebsänderungen.* Die in § 111 S. 3 Nr. 4 u 5 genannten Änderungen des Betriebszweckes, der Betriebsanlagen oder die Einführung grundlegend neuer Arbeitsmethoden, dürften in der Insolvenz keine besondere Rolle spielen. Von Bedeutung sind aber die Änderung der Betriebsorganisation, die dann vorliegt, wenn sich der Betriebsaufbau oder die Organisation des Leitungsapparates ändern, beispielsweise bei der Dezentralisierung von Zuständigkeiten, der Umorganisation von Sparten oder der Neugliederung von Betriebsabteilungen. Von § 111 S. 3 Nr. 4 BetrVG werden auch erfasst der Übergang zur Gruppenarbeit und die Übertragung von Aufgaben auf selbstständige Handelsvertreter.[96] Eine mitbestimmungspflichtige Neuorganisation kann auch bei Abschaffung oder der Straffung von Hierarchieebenen vorliegen, wenn beispielsweise die Ebene der Regionalleiter vollständig beseitigt und die Außendienstmitarbeiter unmittelbar dem Außendienstleiter unterstellt werden.[97]

46 Die Änderung der Betriebsorganisation, des Betriebszwecks oder der Betriebsanlagen muss grundlegend sein, so dass nur geringfügige Änderungen ausscheiden. Die qualitativen oder technischen Veränderungen müssen mit dem Eintritt wesentlicher Nachteile verbunden sein können.[98] Dies bedeutet allerdings nicht, dass die wesentlichen Nachteile iSv § 111 S. 1 BetrVG selbstständig zu prüfen sind. Liegt eine Betriebsänderung iSv § 111 S. 3 BetrVG vor, wird das Vorliegen wesentlicher Nachteile für die Belegschaft oder erhebliche Teile der Belegschaft vermutet.[99]

47 **3. Unterrichtung und Beratung.** Plant der Insolvenzverwalter eine Betriebsänderung, hat er gem. § 111 S. 1 BetrVG den Betriebsrat davon rechtzeitig zu unterrichten und sie mit ihm zu beraten. Anders als beim Sozialplan gem. § 112 BetrVG hat der Betriebsrat bei der Frage, ob, wann und in welcher Form die Betriebsänderung durchgeführt werden soll, kein volles erzwingbares Mitbestimmungsrecht, sondern lediglich ein Beteiligungsrecht am Verfahren. Er kann die Durchführung der Betriebsänderung

---

[92] BAG v. 28.3.2006 – 1 ABR 5/05, NZA 2006, 932; BAG v. 18.3.2008 – 1 ABR 77/06, NZA 2008, 1444.
[93] *Richardi/Thüsing,* § 21a Rn. 16; BAG v. 18.3.2008 – 1 ABR 77/06, NZA 2008, 1444.
[94] *Richardi/Thüsing,* § 21b Rn. 7; *Fitting,* § 21b Rn. 16.
[95] *Fitting,* § 21a Rn. 9a; § 21b Rn. 10, 11.
[96] *Fitting,* § 111 Rn. 92; *GK-BetrVG-Oetker,* § 111 Rn. 109; BAG v. 18.11.2003 – 1 AZR 637/02, NZA 2004, 741.
[97] BAG v. 26.10.2004 – 1 AZR 493/03, NZA 2005, 237 = ZIP 2005, 272.
[98] *GK-BetrVG-Oetker,* § 111 Rn. 119; *Fitting,* § 111 Rn. 95.
[99] HM vgl. *GK-BetrVG-Oetker,* § 111 Rn. 41 mwN; *Fitting,* § 111 Rn. 42.

nicht verhindern und auch keine andere als die vom Arbeitgeber für richtig gehaltene Umgestaltung des Betriebes erzwingen.¹⁰⁰ Die Einigungsstelle entscheidet gem. § 112 IV BetrVG nur über den Sozialplan. Allerdings kann die Einigungsstelle auch angerufen werden, wenn es zwischen Betriebsrat und Arbeitgeber Meinungsverschiedenheit über die durchzuführende Betriebsänderung gibt. Das Verfahren vor der Einigungsstelle hat aber nur den Charakter einer obligatorischen Verhandlungspflicht. Betriebsrat und Arbeitgeber müssen sich mit den jeweils unterschiedlichen Vorstellungen über die Betriebsänderung befassen und die dafür maßgeblichen Gründe austauschen. Erst wenn auch unter Vermittlung eines neutralen Einigungsstellenvorsitzenden keine Einigung gelingt, kann der Vorsitzende der Einigungsstelle das Zustandekommen eines Interessenausgleichs für gescheitert erklären.¹⁰¹ Erst dann ist für den Arbeitgeber der Weg für die Durchführung der Betriebsänderung nach dem von ihm für richtig gehaltenen Konzept frei. Der Versuch eines Interessenausgleichs ist zur Vermeidung von Nachteilsausgleichsansprüchen gem. § 113 III BetrVG auch dann erforderlich, wenn es sich nicht um eine sozialplanpflichtige Betriebsänderung handelt, weil bei einem bloßen Personalabbau die Zahlen des § 112a I 1 BetrVG nicht erreicht werden oder eine Neugründung iSv § 112a II BetrVG vorliegt.¹⁰²

a) *Qualifizierte Unterrichtung.* Der Insolvenzverwalter ist in gleicher Weise wie der Arbeitgeber verpflichtet, den Betriebsrat rechtzeitig und umfassend über die geplante Betriebsänderung und ihre Auswirkungen zu unterrichten. § 122 InsO enthält insoweit keine Abweichungen oder Einschränkungen.¹⁰³ Es ist eine qualifizierte Unterrichtung vorgesehen, die den Betriebsrat in die Lage versetzt, auf das Ob und Wie der geplanten Betriebsänderung Einfluss nehmen zu können.¹⁰⁴ Es reicht also nicht aus, wenn der Insolvenzverwalter lediglich auf den Antrag auf Eröffnung des Insolvenzverfahrens oder auf den Eröffnungsbeschluss verweist. Er muss vielmehr die Gründe nennen, warum die Stilllegung des Betriebes erforderlich ist oder welche Umstrukturierungsmaßnahmen geboten erscheinen, um den Betrieb mit eingeschränkten Aktivitäten fortzuführen. Gleiches gilt für die beabsichtigte Übertragung von Betriebsteilen und einer etwaig anstehenden Stilllegung des Restbetriebes. Er hat den Betriebsrat insbesondere auch über das Sanierungskonzept des potentiellen Betriebserwerbers zu informieren. Seine Unterrichtung muss umfassend sein und er muss die geplanten Maßnahmen und deren Gründe sowie die zu erwartenden Auswirkungen auf die Belegschaft darstellen.¹⁰⁵

48

b) *Zeitpunkt der Unterrichtung.* Eine rechtzeitige Information liegt nicht mehr vor, wenn sich der Insolvenzverwalter auf ganz bestimmte Maßnahmen in allen Einzelheiten festgelegt oder mit der Durchführung von Maßnahmen bereits begonnen hat.¹⁰⁶ Andererseits besteht die Pflicht zur Unterrichtung erst, sobald die Planungen des Insolvenzverwalters abgeschlossen sind und ein bestimmtes, beratungsfähiges Konzept vorliegt. An Vorüberlegungen bei Aufstellung des Sanierungskonzepts muss der Betriebsrat nicht beteiligt werden. Es kann im Einzelfall schwierig sein, die genaue Grenze für das Vorliegen einer unterrichtungspflichtigen Planungsreife auszumachen. Rechtzeitig ist die Unterrichtung jedenfalls dann, wenn das Planungsstadium zwar abgeschlossen ist, aber noch sinnvoll über einen Interessenausgleich und Sozialplan verhandelt werden kann.¹⁰⁷

49

---

¹⁰⁰ *Fitting*, § 111 Rn. 102; *Richardi/Annuß*, § 111 Rn. 140, 141; *GK-BetrVG-Oetker*, § 111 Rn. 129, 130.
¹⁰¹ *Fitting*, §§ 112, 112a Rn. 48; *ErfK/Kania*, §§ 112, 112a Rn. 8.
¹⁰² *Fitting*, §§ 112, 112a Rn. 13; *ErfK/Kania*, §§ 112, 112a Rn. 4.
¹⁰³ *Oetker/Friese*, DZWIR 2001, 133, 135; *Willemsen/Hohenstatt/Schweibert/Seibt*, C Rn. 125; *Fitting*, §§ 112, 112a Rn. 54; *Richardi/Annuß*, Anhang zu § 113 Rn. 18.
¹⁰⁴ *Fitting*, § 111 Rn. 107; *ErfK/Kania*, § 111 Rn. 20; *Richardi/Annuß*, § 111 Rn. 150.
¹⁰⁵ *Richardi/Annuß*, § 111 Rn. 150; *Fitting*, § 111 Rn. 111; *GK-BetrVG-Oetker*, § 111 Rn. 143.
¹⁰⁶ *Fitting*, § 111 Rn. 109, 110; *ErfK/Kania*, § 111 Rn. 20; *Richardi/Annuß*, § 111 Rn. 144.
¹⁰⁷ *Fitting*, § 111 Rn. 107, 109; *Richardi/Annuß*, § 111 Rn. 145; *GK-BetrVG-Oetker*, § 111 Rn. 147–149.

§ 108   50–53   Kapitel IX. Arbeitsrecht und Insolvenz

50   Handelt es sich um ein Unternehmen mit mehr als 300 Arbeitnehmern, kann der Betriebsrat gem. § 111 S. 2 BetrVG einen Berater zu seiner Unterstützung hinzuziehen. Bei einem Gemeinschaftsbetrieb mehrerer Unternehmen ist nicht jeweils auf die Belegschaftsstärke des Vertragsarbeitgebers abzustellen, sondern auf die Gesamtzahl der in dem gemeinsamen Betrieb beschäftigten Arbeitnehmer.[108] Die Bedeutung der Regelung liegt darin, dass der Betriebsrat abweichend von dem zeitaufwendigen Verfahren nach § 80 III BetrVG im Falle einer Betriebsänderung einen externen Berater auch ohne vorherige Vereinbarung mit dem Arbeitgeber beauftragen kann. Die dadurch entstehenden Kosten hat der Arbeitgeber zu tragen.

51   Die Beteiligung des Betriebsrats im Vorfeld der durchzuführenden Betriebsänderung beschränkt sich nicht auf die Erteilung der erforderlichen Informationen, sondern der Insolvenzverwalter ist weitergehend verpflichtet, die geplante Betriebsänderung mit dem Betriebsrat zu beraten. Die Verhandlungspflicht bezieht sich darauf, ob die Betriebsänderung überhaupt durchgeführt werden muss, ob es Alternativen gibt und in welcher zeitlichen Abfolge sie verwirklicht werden soll.[109]

52   **4. Schriftform des Interessenausgleichs.** Die betriebsinternen Beratungen über einen Interessenausgleich sind erst dann abgeschlossen, wenn ein solcher schriftlich niedergelegt und sowohl vom Insolvenzverwalter als auch vom Betriebsrat unterschrieben worden ist. Es genügt die Unterschrift einer Person, die kraft rechtsgeschäftlich erteilter Vertretungsmacht berechtigt ist, Erklärungen mit Wirkung für und gegen den Insolvenzverwalter abzugeben. Für den Betriebsrat hat nach § 26 II 1 BetrVG der Vorsitzende oder bei dessen Verhinderung sein Stellvertreter zu unterschreiben. Dies setzt einen entsprechenden Beschluss des Betriebsratsgremiums voraus, welches dem Interessenausgleich zugestimmt haben muss. Es ist aber nicht erforderlich, dass alle Mitglieder des Betriebsrats den Interessenausgleich unterschreiben. Es ist idR davon auszugehen, dass der Vorsitzende des Betriebsrats im Rahmen der vom Betriebsrat gefassten Beschlüsse handelt. Dafür spricht eine allerdings widerlegbare Vermutung.[110] Bei Nichtbeachtung der Schriftform liegt kein gültiger Interessenausgleich vor. Ein nur mündlich vereinbarter Interessenausgleich ist unverbindlich und schließt den Anspruch auf Nachteilsausgleich gem. § 113 III BetrVG nicht aus.[111] Der Arbeitgeber und damit auch der Insolvenzverwalter wird auch dann nicht von der Pflicht zur Wahrung der Schriftform des Interessenausgleichs gem. § 112 I S. 1 BetrVG entbunden, wenn der Betriebsratsvorsitzende keine Notwendigkeit sieht, über einen Interessenausgleich oder Sozialplan zu verhandeln.[112]

53   **5. Beschleunigtes Einigungsstellenverfahren.** Kommt zwischen den Betriebsparteien ein Interessenausgleich über die geplante Betriebsänderung nicht zustande, können sowohl der Arbeitgeber als auch der Betriebsrat gem. § 112 II 1 den Vorstand der Bundesagentur für Arbeit um Vermittlung ersuchen. Bleibt der Vermittlungsversuch ergebnislos oder wird von dieser Möglichkeit kein Gebrauch gemacht, können sowohl der Unternehmer als auch der Betriebsrat die Einigungsstelle anrufen, die gem. § 76 BetrVG nach den dort festgelegten allgemeinen Grundsätzen gebildet wird. Um das Beteiligungsverfahren im Interesse einer zügigen Durchführung des Insolvenzverfahrens zu beschleunigen, ist dieser Vermittlungsversuch gem. § 121 InsO zwar auch im Insol-

---

[108] *Fitting*, § 111 Rn. 118; GK-BetrVG-*Oetker*, § 111 Rn. 157.
[109] BAG v. 17.9.1991 – 1 ABR 23/91, NZA 1992, 227; *Fitting*, § 111 Rn. 114, 115; *Richardi/Annuß*, § 111 Rn. 154, 155.
[110] BAG v. 24.2.2000 – 8 AZR 180/99, NZA 2000, 785; GK-BetrVG-*Oetker*, §§ 112, 112a Rn. 36.
[111] GK-BetrVG-*Oetker/Friese*, §§ 112, 112a Rn. 40; *Fitting*, §§ 112, 112a Rn. 27.
[112] BAG v. 26.10.2004 – 1 AZR 493/03, NZA 2005, 237 = ZIP 2005, 272 m abl Anm. *Rieble/Bitta*, BAG-Report 2005, 124.

venzverfahren möglich, aber nur, wenn Insolvenzverwalter und Betriebsrat die Bundesagentur für Arbeit gemeinsam um Vermittlung ersuchen.[113] Damit wird die Möglichkeit des Betriebsrats, den Interessenausgleich hinauszuzögern, eingeschränkt. Will der Insolvenzverwalter die mit dem Vermittlungsverfahren verbundene zeitliche Verzögerung vermeiden, kann er sofort nach dem Scheitern der Verhandlungen mit dem Betriebsrat die Einigungsstelle anrufen.[114] Können sich Insolvenzverwalter und Betriebsrat nicht über die Zusammensetzung der Einigungsstelle, insbesondere nicht über den Vorsitzenden verständigen, wird die Einigungsstelle auf Antrag vom Arbeitsgericht eingesetzt. Die Entscheidung über die Besetzung der Einigungsstelle gem. § 98 I ArbGG geschieht in einem beschleunigten Verfahren mit Abkürzung der Einlassungs- und Ladungsfristen auf 48 Stunden, § 98 I S. 4 ArbGG, so dass die Einigungsstelle in kürzester Zeit eingesetzt und tätig werden kann.

6. Gerichtliche Zustimmung zur Durchführung von Betriebsänderungen. 54
Will der Insolvenzverwalter sowohl den Vermittlungsversuch unter Einschaltung der Bundesagentur für Arbeit als auch das Einigungsstellenverfahren im Interesse einer gebotenen beschleunigten Durchführung der Betriebsänderung vermeiden, kann er gem. § 122 I InsO die Zustimmung des Arbeitsgerichts beantragen, um die Betriebsänderung wie geplant durchzuführen. In diesem Fall braucht er nicht den Weg über die Beratung eines Interessenausgleichs in der Einigungsstelle gem. § 112 II BetrVG zu gehen. Das Arbeitsgericht kann den Insolvenzverwalter ermächtigen, die Betriebsänderung ohne vorherige Anrufung der Einigungsstelle durchzuführen.[115] Für die Erteilung der Zustimmung müssen zunächst folgende formelle Voraussetzungen erfüllt sein:
– Es muss eine Betriebsänderung geplant sein.
– Es liegt kein schriftlich niedergelegter Interessenausgleich vor.
– Seit Beginn der Verhandlungen oder der schriftlichen Aufforderung zur Verhandlungsaufnahme sind mindestens drei Wochen verstrichen.
– Der Insolvenzverwalter hat den Betriebsrat rechtzeitig und umfassend über Umfang und Inhalt der Betriebsänderung unterrichtet.

Der Insolvenzverwalter kann die gerichtliche Zustimmung nicht ohne vorherige Beteiligung des Betriebsrats beantragen, sondern er muss ihn zuvor rechtzeitig und umfassend über die geplante Betriebsänderung und ihre Auswirkungen unterrichten und ihn schriftlich zur Aufnahme von Verhandlungen aufgefordert haben. Es muss bezweifelt werden, ob es sich bei diesen Tatbestandsmerkmalen um Zulässigkeitsvoraussetzungen handelt mit der Folge, dass der an das Arbeitsgericht gerichtete Antrag als unzulässig zurückgewiesen werden müsste, wenn die Antragsvoraussetzungen nicht erfüllt sind.[116] Allerdings unterscheidet das Gesetz zwischen den Antragsvoraussetzungen und den vom Arbeitsgericht gem. § 122 II InsO zu prüfenden Zustimmungsvoraussetzungen. Die genannten Antragsvoraussetzungen müssen nicht zwingend bereits bei der Einreichung des Antrags beim Arbeitsgericht vorliegen. Maßgeblich für die Entscheidung des Arbeitsgerichts ist die Tatsachenlage bei Schluss der mündlichen Anhörung gem. § 83 IV ArbGG. Deshalb ist eine vorzeitige Antragstellung nicht ausgeschlossen, wenn im Laufe des Verfahrens die Voraussetzungen gem. § 122 I InsO erfüllt werden, insbesondere nach Ablauf der Drei-Wochen-Frist noch kein Interessenausgleich vorliegt.[117] Jedenfalls wird der Insolvenzverwalter den Antrag auch schon vor Ablauf der Drei-Wochen-Frist

---

[113] *Oetker/Friese* DZWIR 2001, 133, 134 unter Hinweis auf die Begründung des RegE einer Insolvenzordnung, BT-Drucks. 12/2443, S. 153.
[114] *Oetker/Friese* DZWIR 2001, 133, 134; *Fitting*, §§ 112, 112a Rn. 55.
[115] GK-BetrVG-*Oetker*, §§ 112, 112a Rn. 247; Nerlich/Römermann/*Hamacher*, § 122 Rn. 2.
[116] So aber *Kübler/Prütting/Moll*, § 122 Rn. 25; KS-*Ennemann*, S. 1473; *Zwanziger*, § 122 Rn. 37.
[117] *Oetker/Friese* DZWIR 2001, 133, 137; GK-BetrVG-*Oetker*, §§ 112, 112a Rn. 258; *Kübler/Prütting/Moll*, § 122 Rn. 25; aA *Zwanziger*, § 122 Rn. 19.

beim Arbeitsgericht einreichen können, wenn der Betriebsrat zuvor erklärt hat, er sei zu Verhandlungen über einen Interessenausgleich nicht bereit.[118]

56 **a)** *Ausreichende Unterrichtung des Betriebsrats.* Von besonderer Bedeutung dürfte die Frage sein, ob der Insolvenzverwalter den Betriebsrat gem. § 111 S. 1 BetrVG rechtzeitig und umfassend über die geplante Betriebsänderung unterrichtet hat. Die Darlegungslast dafür trägt grundsätzlich der Insolvenzverwalter.[119] Die erforderliche umfassende Unterrichtung ist nicht deshalb zu verneinen, weil der Betriebsrat geltend macht, er fühle sich nicht hinreichend informiert und weitere Unterlagen anfordert. Es kommt darauf an, ob der Insolvenzverwalter den Betriebsrat unter Anlegung eines objektiven Maßstabs umfassend unterrichtet hat.[120] Der Betriebsrat wird nicht erst im Laufe des arbeitsgerichtlichen Beschlussverfahrens geltend machen können, er sei nicht hinreichend informiert worden, sondern er muss zuvor gegenüber dem Insolvenzverwalter zum Ausdruck bringen, dass er ggf. weitere Informationen und Unterlagen benötige, um Inhalt und Ausmaß der geplanten Betriebsänderung zuverlässig beurteilen zu können.[121]

57 Der Lauf der Drei-Wochen-Frist gem. § 122 I InsO wird in Gang gesetzt, sobald Betriebsrat und Insolvenzverwalter nach umfassender und rechtzeitiger Unterrichtung des Betriebsrats Beratungen über einen Interessenausgleich aufnehmen. Das Mitwirkungsrecht des Betriebsrats soll nicht vereitelt, sondern es soll nur ein beschleunigtes Verfahren durchgeführt werden. Verhandelt der Insolvenzverwalter gar nicht ernsthaft, sondern bleibt passiv, um nur die Frist verstreichen zu lassen, wird die Drei-Wochen-Frist nicht in Lauf gesetzt.[122] Verhandeln setzt voraus, dass der Betriebsrat Gelegenheit hatte, seine Vorstellungen zu der geplanten Betriebsänderungen zu erläutern; seine Gegenvorschläge entgegen genommen und erörtert wurden.

58 **b)** *Zustimmungsvoraussetzungen.* Das Arbeitsgericht erteilt die Zustimmung, wenn es die wirtschaftliche Lage des Unternehmens auch unter Berücksichtigung der sozialen Belange der Arbeitnehmer erfordert, dass die geplante Betriebsänderung ohne vorangegangenes Einigungsstellenverfahren durchgeführt wird.[123] Die Prüfung ist zweistufig angelegt: Zunächst ist zu fragen, ob die wirtschaftliche Lage des Unternehmens die Durchführung der geplanten Betriebsänderung besonders eilbedürftig erscheinen lässt. Wird dies bejaht, ist zu prüfen, ob die sozialen Belange der betroffenen Arbeitnehmer die Durchführung eines Einigungsstellenverfahrens dennoch gebieten.[124] Es geht zunächst um die Erhaltung der Insolvenzmasse. Die Eilbedürftigkeit der Betriebsänderung hängt davon ab, wie sich die Einhaltung des Verfahrens nach § 112 II auf die Insolvenzmasse und deren Verwertbarkeit auswirkt.[125] Es ist allein von Bedeutung, welche Nachteile für die Insolvenzmasse infolge einer zeitlich verzögerten Durchführung der Betriebsänderung entstehen. Eilbedürftig kann die Betriebsänderung insbesondere dann sein, wenn der Betrieb nicht mehr in der Lage ist, die Betriebskosten einschließlich der Personalkosten aus den laufenden Einnahmen zu decken. Noch gravierender ist die Situation, wenn die Gefahr der Masseunzulänglichkeit oder der Einstellung des Verfahrens mangels einer kostendeckenden Masse besteht.[126]

---

[118] Nerlich/Römermann/*Hamacher,* § 122 Rn. 22; GK-BetrVG-*Oetker,* §§ 112, 112a Rn. 254.
[119] *Oetker/Friese* DZWIR 2001, 133, 135.
[120] *Zwanziger,* § 122 Rn. 16; *Oetker/Friese* DZWIR 2001, 133, 135; KS-*Ennemann,* Rn. 27.
[121] *Oetker/Friese* DZWIR 2001, 133, 135; KS-*Ennemann,* Rn. 27; *Kübler/Prütting/Moll,* § 122 Rn. 17.
[122] *Oetker/Friese* DZWIR 2001, 133, 136; *Annuß* NZI 1999, 344; ArbG Lingen ZIP 1999, 1892, 1895.
[123] *Zwanziger,* § 122 Rn. 22; *Lakies* BB 1999, 206; MüKoInsO/*Löwisch/Caspers,* §§ 121, 122 Rn. 35.
[124] MüKoInsO/*Löwisch/Caspers,* §§ 121, 122 Rn. 36; *Lakies* BB 1999, 206; *Zwanziger,* § 122 Rn. 10.
[125] *Oetker/Friese* DZWIR 2001, 133, 137; GK-BetrVG-*Oetker,* §§ 112, 112a Rn. 158; MüKoInsO/*Löwisch/Caspers,* 2. Aufl. §§ 121, 122 Rn. 38.
[126] *Oetker/Friese* DZWIR 2001, 133, 137; *Kübler/Prütting/Moll,* § 122 Rn. 14; MüKoInsO/*Löwisch/Caspers,* 2. Aufl. §§ 121, 122 Rn. 40; GK-BetrVG-*Oetker,* §§ 112, 112a Rn. 260.

Besteht die Befürchtung einer nicht unerheblichen Belastung der Masse, werden die 59
sozialen Belange der Arbeitnehmer nur im Ausnahmefall eine Zustimmungsverweigerung legitimieren. Die Abweisung des Antrags gem. § 122 II InsO käme nur in Betracht, wenn hinreichende Aussicht bestünde, im Einigungsstellenverfahren sozial verträglichere Lösungen zu finden.[127] Es muss nämlich berücksichtigt werden, dass eine etwaige Verringerung der Masse sich auch zum Nachteil der Arbeitnehmer auswirken kann, weil dann die Sozialplandotierung geringer ausfällt.[128]

Konkurrenzprobleme können entstehen, wenn der Insolvenzverwalter das Unternehmen 60
vor dem Berichtstermin stilllegen will. Die Entscheidung über die Stilllegung oder die vorläufige Fortführung des Unternehmens ist gem. § 157 InsO der Gläubigerversammlung vorbehalten. Vor dem Berichtstermin darf der Insolvenzverwalter das Schuldnerunternehmen nur stilllegen, wenn er dafür gem. § 158 I InsO die Zustimmung des Gläubigerausschusses eingeholt hat. Auf Antrag des Schuldners kann das Insolvenzgericht die Stilllegung gem. § 158 II S. 2 InsO untersagen. Daran ist das Arbeitsgericht gebunden. Darf der Insolvenzverwalter die beabsichtigte Stilllegung gar nicht durchführen, weil ihm das Insolvenzgericht dies untersagt hat, ist für das arbeitsgerichtliche Zustimmungsverfahren gem. § 122 InsO kein Raum mehr. Weist das Insolvenzgericht den Antrag des Schuldners zurück, hat dies für die Frage der Eilbedürftigkeit der Betriebsänderung gem. § 122 II InsO keine präjudizielle Bedeutung. Die Entscheidungen des Arbeitsgerichts gem. § 122 II InsO und des Insolvenzgerichts gem. § 158 II InsO sind unabhängig voneinander zu treffen und können daher auch unterschiedlich ausfallen.[129] Das Arbeitsgericht entscheidet nämlich nicht darüber, ob die geplante Betriebsänderung, sei es in Form der Betriebsstilllegung oder der Betriebseinschränkung im Hinblick auf die Auswirkungen auf die Masse sinnvoll ist oder nicht, sondern es geht darum, ob das Einigungsstellenverfahren abgewartet werden kann. Hält das Insolvenzgericht einen Aufschub bis zum Berichtstermin nicht für geboten, bleibt es bei der auch vom Arbeitsgericht zu respektierenden Entscheidung des Insolvenzverwalters. Die arbeitsgerichtliche Prüfung der wirtschaftlichen Verhältnisse des Unternehmens gem. § 122 II InsO unter Abwägung der sozialen Belange der Belegschaft ist eine andere als die des Insolvenzgerichts im Rahmen des Untersagungsverfahrens.

c) *Verfahren.* Das Arbeitsgericht entscheidet gem. §§ 122 II S. 2 InsO, 80 ArbGG im 61
Beschlussverfahren und erforscht den Sachverhalt gem. § 83 ArbGG im Rahmen der gestellten Anträge von Amts wegen. Zu beteiligen sind gem. § 83 ArbGG der Insolvenzverwalter und der Betriebsrat, nicht aber die von der Betriebsänderung betroffenen Arbeitnehmer.[130] Es hat ein beschleunigtes Verfahren stattzufinden, denn gem. § 122 II S. 3 InsO finden die Vorschriften über die besondere Prozessförderung in Kündigungsverfahren (§ 61a III bis VI ArbGG) Anwendung. Gem § 80 II S. 2 ArbGG kann ein Güteverfahren durchgeführt werden. Scheitert die Güteverhandlung, können vom Vorsitzenden Fristen zur schriftlichen Stellungnahme gesetzt werden, bei deren Nichtbeachtung Angriffs- und Verteidigungsmittel zurückgewiesen werden können.

Auch wenn der Insolvenzverwalter das Zustimmungsverfahren gem. § 122 InsO betreibt, 62
kann er parallel weiterhin mit dem Betriebsrat verhandeln oder auch das Einigungsstellenverfahren nach § 112 II BetrVG aufnehmen oder fortführen.[131]

---

[127] MüKoInsO/*Löwisch/Caspers*, §§ 121, 122 Rn. 41.
[128] MüKoInsO/*Löwisch/Caspers*, §§ 121, 122 Rn. 41, 42.
[129] *Oetker/Friese* DZWIR 2001, 133, 138; *Kübler/Prütting/Moll*, § 122 Rn. 34; aA Uhlenbruck/Hirte/Vallender/*Berscheid*, §§ 121, 122 Rn. 76.
[130] *Oetker/Friese* DZWIR 2001, 133, 138; KS-*Ennemann*, Rn. 43; *Kübler/Prütting/Moll*, § 122 Rn. 39.
[131] *Oetker/Friese* DZWIR 2001, 133, 138; *Kübler/Prütting/Moll*, § 122 Rn. 24; Uhlenbruck/Hirte/Vallender/*Berscheid*, §§ 121, 122 Rn. 79.

§ 108   63–66

63 d) *Rechtsmittel.* Abweichend von dem normalen Beschlussverfahren findet gegen den Beschluss des Arbeitsgerichts gem. § 122 III S. 1 InsO die Beschwerde an das Landesarbeitsgericht nicht statt, sondern gem. § 122 III S. 2 InsO nur die Rechtsbeschwerde an das Bundesarbeitsgericht, wenn das Arbeitsgericht sie zugelassen hat. Hat das Arbeitsgericht die Rechtsbeschwerde nicht zugelassen, besteht keine Möglichkeit, über die Nichtzulassungsbeschwerde die Zulassung der Rechtsbeschwerde zum Bundesarbeitsgericht zu erreichen.[132]

64 e) *Einstweilige Verfügung?* Da § 122 II S. 2 InsO auf § 85 II ArbGG Bezug nimmt, ist grundsätzlich auch der Erlass einer einstweiligen Gestattungsverfügung möglich.[133] Allerdings muss bedacht werden, dass in betriebsverfassungsrechtlichen Angelegenheiten ein Anspruch auf Schadenersatz gem. § 945 ZPO bei nachträglicher Aufhebung der einstweiligen Verfügung gem. § 85 II S. 2 ArbGG ausgeschlossen ist. Entfällt diese nachträgliche Kompensationsmöglichkeit, kann der Erlass einer einstweiligen Verfügung nur in seltenen Ausnahmefällen in Betracht kommen, weil es sich um eine nicht wieder rückgängig zu machende Vorwegnahme der Hauptsacheentscheidung handeln würde. Wäre dem Insolvenzverwalter durch einstweilige Verfügung gestattet, die Betriebsänderung einstweilen durchzuführen, könnte das Interessenausgleichsverfahren nicht mehr nachgeholt werden. Der Betriebsrat stünde dann vor vollendeten Tatsachen. Es muss auch richtig gesehen werden, dass der Gesetzgeber zwar generell den Erlass einer einstweiligen Verfügung nicht ausschließen wollte, andererseits das Zustimmungsverfahren gem. § 122 InsO als Eilverfahren mit beschleunigter und vorrangiger Erledigung ausgestattet hat. Deshalb kommt eine einstweilige Verfügung nur in Betracht, wenn beispielsweise ohne die sofortige Durchführung der Betriebsänderung eine Einstellung des Insolvenzverfahrens nach § 207 I InsO droht oder andernfalls eine Sanierung gänzlich vereitelt werden würde.[134]

65 f) *Rechtsfolgen.* Erteilt das Arbeitsgericht die Zustimmung, kann der Insolvenzverwalter die Betriebsänderung ohne Anrufung der Einigungsstelle durchführen und ohne Gefahr zu laufen, sich Ansprüchen der Arbeitnehmer auf Nachteilsausgleich gem. § 113 III InsO auszusetzen. Die Verpflichtung des Insolvenzverwalters zur Aufstellung eines Sozialplans bleibt von der gerichtlichen Zustimmung zur Durchführung der Betriebsänderung unberührt.[135] Der Insolvenzverwalter kann auch nicht mehr vom Betriebsrat auf Unterlassung der Betriebsänderung in Anspruch genommen werden.[136] Lehnt das Arbeitsgericht die beantragte Zustimmung ab, muss der Insolvenzverwalter gem. § 112 II S. 2 BetrVG die Einigungsstelle anrufen und dort den Versuch eines Interessenausgleichs unternehmen oder das Scheitern des Interessenausgleichs feststellen lassen.[137]

66 **7. Nachteilsausgleich.** Unterlässt der Insolvenzverwalter den Versuch eines Interessenausgleichs oder weicht er von einem zustande gekommenen Interessenausgleich ab, können den betroffenen Arbeitnehmern Nachteilsausgleichsansprüche gem. § 113 I und III BetrVG zustehen. Besteht ein Betriebsrat und will der Insolvenzverwalter eine Betriebsänderung durchführen, trifft ihn die Pflicht, mit dem Betriebsrat über einen

---

[132] BAG v. 14.8.2001 – 2 ABN 20/01, ZInsO 2001, 1071; Uhlenbruck/Hirte/Vallender/*Berscheid,* §§ 121, 122 Rn. 85; *Kübler/Prütting/Moll,* § 122 Rn. 41; MüKoInsO/*Löwisch/Caspers,* §§ 121, 122 Rn. 50; *Zwanziger,* § 122 Rn. 32.

[133] *Zwanziger,* § 122 Rn. 39; Uhlenbruck/Hirte/Vallender/*Berscheid,* §§ 121, 122 Rn. 90; GK-BetrVG-*Oetker,* §§ 112, 112a Rn. 267.

[134] *Annuß* NZI 1999, 344, 397; Nerlich/Römermann/*Hamacher,* § 122 Rn. 80; *Kübler/Prütting/Moll,* § 122 Rn. 43; GK-BetrVG-*Oetker,* §§ 112, 112a Rn. 267; aA Uhlenbruck/Hirte/Vallender/*Berscheid,* §§ 121, 122 Rn. 92, wonach eine einstweilige Verfügung uneingeschränkt zuzulassen ist.

[135] *Fitting,* §§ 112, 112a Rn. 61; MüKoInsO/*Löwisch/Caspers,* 2. Aufl. §§ 121, 122 Rn. 58; GK-BetrVG-*Oetker,* §§ 112, 112a Rn. 269.

[136] Uhlenbruck/Hirte/Vallender/*Berscheid,* §§ 121, 122 Rn. 93.

[137] *Fitting,* §§ 112, 112a Rn. 61.

Interessenausgleich zu verhandeln oder zumindest im Sinne des Gesetzes einen Interessenausgleich zu versuchen. Insolvenzspezifische Ausnahmen von dieser Verpflichtung sind nicht zulässig.[138] Es handelt sich um eine Sanktion für betriebsverfassungswidriges Verhalten. Verstößt der Unternehmer gegen seine betriebsverfassungsrechtlichen Pflichten, folgt daraus ein individualrechtlicher Ausgleichsanspruch, der dazu dient, die Einhaltung der Beteiligungsrechte des Betriebsrates bei Betriebsänderungen abzusichern.[139] Als Sanktionsmittel dienen individualrechtliche Ausgleichsansprüche, die unabhängig von einem Verschulden des Arbeitgebers entstehen und grundsätzlich auch nicht davon abhängen, ob die betroffen Arbeitnehmer Abfindungsansprüche aus einem Sozialplan haben. Der Nachteilsausgleichsanspruch hat sowohl Sanktions- und als auch Kompensationscharakter.[140]

a) *Tatbestandliche Voraussetzungen.* Es sind zwei Fälle zu unterscheiden: Das Abweichen von einem Interessenausgleich gem. § 113 I BetrVG und der unterbliebene Versuch eines Interessenausgleichs gem. § 113 III BetrVG. Die Verpflichtung zum Nachteilsausgleich gem. § 113 I BetrVG setzt voraus, dass über die geplante Betriebsänderung ein Interessenausgleich iSv § 112 I S. 1 BetrVG zustande gekommen ist. Dieser Interessenausgleich muss sich über eine geplante Betriebsänderung iSv § 111 BetrVG verhalten. Liegen die Voraussetzungen einer Betriebsänderung nicht vor, weil beispielsweise weniger als 20 wahlberechtigte Arbeitnehmer beschäftigt werden, können Nachteilsansprüche nicht entstehen.[141] § 113 I BetrVG stellt auf einen Interessenausgleich ab, nicht auf einen Sozialplan. Hält sich der Insolvenzverwalter nicht an seine in einem Sozialplan festgelegten Pflichten, greift § 113 BetrVG nicht ein.[142] Der Interessenausgleich hat nicht die Wirkungen eines Sozialplans, der gem. § 112 I S. 3 BetrVG wie eine Betriebsvereinbarung zu behandeln ist. Nur Betriebsvereinbarungen gelten gem. § 77 IV S. 1 BetrVG unmittelbar und zwingend. Die Arbeitnehmer können daraus unmittelbar Ansprüche herleiten. **67**

Allerdings wird in der Praxis nicht sorgfältig zwischen einem Interessenausgleich und einem Sozialplan unterschieden. Auf die Bezeichnung allein kommt es nicht an. In einem Interessenausgleich wird geregelt, ob, wann und in welcher Form die Betriebsänderung durchgeführt wird. Inhalt eines Sozialplans ist demgegenüber der Ausgleich der wirtschaftlichen Nachteile, welche die von der Betriebsänderung betroffenen Arbeitnehmer erleiden.[143] Die Betriebsparteien können anlässlich einer Betriebsänderung Kündigungsverbote, Versetzungs- oder Umschulungspflichten und ähnliches vereinbaren, um das Eintreten wirtschaftlicher Nachteile für die von der Betriebsänderung betroffenen Arbeitnehmer zu verhindern. Derartige Maßnahmen können jedoch nicht Inhalt des Spruchs einer Einigungsstelle über einen Sozialplan gem. § 112 IV BetrVG sein.[144] **68**

aa) *Abweichen vom Interessenausgleich.* Der Insolvenzverwalter weicht von einem vereinbarten Interessenausgleich ab, wenn er die Betriebsänderung nicht so wie vereinbart durchführt und sich beispielsweise nicht an den verabredeten zeitlichen Ablauf hält. Eine Abweichung von dem Interessenausgleich liegt nicht nur dann vor, wenn sich der **69**

---

[138] *Richardi/Annuß*, Anhang zu § 113 Rn. 18, 19; Uhlenbruck/Hirte/Vallender/*Berscheid*, §§ 121, 122 Rn. 105 ff.; GK-BetrVG-*Fabricius/Oetker*, § 113 Rn. 11.
[139] *Fitting*, § 113 Rn. 2; GK-BetrVG-*Fabricius/Oetker*, § 113 Rn. 3; ErfK/*Kania*, § 113 Rn. 1; *Willemsen/Hohenstatt/Schweibert/Seibt*, C Rn. 291.
[140] *Willemsen/Hohenstatt/Schweibert/Seibt*, C Rn. 291; *Fitting*, § 113 Rn. 1, 2; GK-BetrVG-*Oetker*, § 113 Rn. 3.
[141] GK-BetrVG-*Oetker*, § 113 Rn. 14.
[142] GK-BetrVG-*Oetker*, § 113 Rn. 14; *Fitting*, § 113 Rn. 12; *Richardi/Annuß*, § 113 Rn. 12.
[143] BAG v. 17.9.1991 – 1 ABR 23/91, NZA 1992, 227; *Fitting*, §§ 112, 112a Rn. 14; GK-BetrVG-*Oetker*, §§ 112, 112a Rn. 9.
[144] BAG v. 17.9.1991 – 1 ABR 23/91, NZA 1992, 227.

Insolvenzverwalter überhaupt nicht daran hält, sondern auch dann, wenn er lediglich einzelne Teile des Interessenausgleichs unbeachtet lässt oder sich nicht an die vereinbarten Modalitäten bzgl der freizustellenden Arbeitnehmer oder des Ausspruchs der Kündigungen hält.[145] Dabei kann der Interessenausgleich eine noch nicht konkret festgelegte Planung beinhalten oder dem Insolvenzverwalter Ermessens- oder Gestaltungsspielräume einräumen. Nutzt er diese Spielräume innerhalb der vorgegebenen Grenzen aus, bleibt ihm die Sanktion eines Nachteilsausgleichs erspart.

70 Der Insolvenzverwalter muss sich sowohl dem Betriebsrat gegenüber als auch gegenüber den Arbeitnehmern an das halten, was im Interessenausgleich bzgl der Durchführung der Betriebsänderung vereinbart worden ist. Nur aus zwingenden nachträglich entstandenen oder erst später erkennbar gewordenen Umständen darf er davon abweichen.[146] Vom Standpunkt eines verständigen Unternehmers aus ist zu beurteilen, ob der Insolvenzverwalter aus zwingenden wirtschaftlichen Gründen berechtigt war, sich über die im Interessenausgleich vorgesehenen Modalitäten hinwegzusetzen. Als Beispiele werden genannt die Entziehung eines wichtigen Bankkredits, der überraschende Verlust von Großaufträgen, die Insolvenz eines Hauptkunden oder ein schwerwiegender Rohstoff- oder Energiemangel.[147] Der zwingende Grund ähnelt einem nachträglichen Wegfall der Geschäftsgrundlage.[148]

71 Weicht der Insolvenzverwalter vom Interessenausgleich ab, muss damit keine neue wiederum interessenausgleichspflichtige Betriebsänderung verbunden sein. Anders aber, wenn der Insolvenzverwalter zunächst eine sanierende Übertragung beabsichtigt und deshalb Umstrukturierungsmaßnahmen in Form einer Betriebsänderung durchführt, die als Betriebseinschränkung gem. § 111 S. 3 Nr. 1 BetrVG zu definieren ist. Scheitert die Übertragung und will der Insolvenzverwalter nunmehr den Betrieb insgesamt stilllegen, handelt es sich um eine neue Betriebsänderung, an der der Betriebsrat gem. § 111 S. 1 BetrVG erneut zu beteiligen ist.[149] Gleiches hat zu gelten, wenn der Insolvenzverwalter statt eines auf den gesamten Betrieb vollzogenen Personalabbaus einen Betriebsteil ausgliedern und für den Restbetrieb Restrukturierungsmaßnahmen durchführen will.[150] Dagegen handelt es sich um einen Fall von § 113 I BetrVG, wenn der Insolvenzverwalter die etappenweise geplante Durchführung der Stilllegung des Betriebes aus zwingenden wirtschaftlichen Gründen nicht einhalten kann, sondern den Betrieb komplett früher als geplant schließen muss.

71a bb) *Änderung der geplanten Abwicklung.* Plant der Insolvenzverwalter die Stilllegung des Betriebes mit der Durchführung von Abwicklungsarbeiten bis zum Ablauf der Kündigungsfristen, stellt sich die Frage, ob er den Betriebsrat erneut gemäß § 111 BetrVG beteiligen muss, wenn die Ausproduktion nicht wie vorgesehen durchgeführt werden kann, weil Masseunzulänglichkeit angezeigt werden muss und die für die Durchführung der Abwicklungsarbeiten bestimmten Arbeitnehmer freigestellt werden. In dem vom LAG Hamm entschiedenen Fall[151] hatte der Insolvenzverwalter die restlichen Abwicklungsarbeiten an eine Leiharbeitsfirma vergeben. Wegen der bereits beschlossenen und endgültig geplanten Betriebsstilllegung handelte es sich bei dieser Maßnahme aber nicht mehr um eine grundlegende Änderung der Betriebsorganisation gemäß § 111 S. 3 Nr. 4 BetrVG.

---

[145] GK-BetrVG-*Oetker*, § 113 Rn. 18; ErfK/*Kania*, § 113 BGB Rn. 4.
[146] *Fitting*, § 113 Rn. 7; *Richardi/Annuß*, § 113 Rn. 152; GK-BetrVG-*Fabricius/Oetker*, § 113 Rn. 25; ErfK/*Kania*, § 113 BGB Rn. 4.
[147] *Fitting*, § 113 Rn. 8; ErfK/*Kania*, § 113 BGB Rn. 4.
[148] GK-BetrVG-*Oetker*, § 113 Rn. 25; *Willemsen/Hohenstatt/Schweibert/Seibt*, C Rn. 294.
[149] *Fitting*, § 113 Rn. 10; *Richardi/Annuß*, § 113 Rn. 10.
[150] LAG Hamm v. 26.8.2004 – 4 Sa 1853/03, nv.
[151] LAG Hamm v. 26.2.2007 – 10 TaBVGa 3/07.

cc) *Missachtung der Beteiligungsrechte des Betriebsrats.* Einschneidender und bedeutsamer **72** für den Insolvenzverwalter ist der Nachteilsausgleichsanspruch gem. § 113 III BetrVG. Hat der Betrieb mehr als 20 wahlberechtigte Arbeitnehmer und existiert ein Betriebsrat, ist der Insolvenzverwalter vor Durchführung von Stilllegungsmaßnahmen verpflichtet, den Betriebsrat darüber zu unterrichten und mit ihm die geplante, aber noch nicht begonnene Betriebsstilllegung zu beraten. Erst wenn der Interessenausgleich gem. § 112 I S. 1 BetrVG schriftlich niedergelegt und von beiden Seiten unterschrieben worden ist, darf er mit der geplanten Betriebsänderung beginnen. Unterlässt der Insolvenzverwalter den Versuch eines Interessenausgleichs, haben die Arbeitnehmer gem. § 113 III iVm I einen Anspruch auf Nachteilsausgleich, ohne dass sich der Insolvenzverwalter darauf berufen könnte, die Beteiligung des Betriebsrats sei wegen der schlechten wirtschaftlichen Situation ausnahmsweise entbehrlich gewesen.[152] Das BAG hat ausdrücklich hervorgehoben, dass die Vorschriften des BetrVG über Interessenausgleich, Sozialplan und Nachteilsausgleich bei Betriebsänderungen auch in der Insolvenz des Unternehmens Geltung beanspruchen. Die §§ 121 ff. InsO setzen die Anwendbarkeit der §§ 111 ff. BetrVG voraus. Die Zahlungsunfähigkeit des Schuldners steht der Verpflichtung des Insolvenzverwalters, den Versuch eines Interessenausgleichs zu unternehmen, nicht entgegen. Gem § 122 I S. 1 und 2 InsO ist der Umkehrschluss zu ziehen, dass § 113 III BetrVG auch im Insolvenzverfahren anwendbar ist.[153]

dd) *Bildung eines Betriebsrats nach Verfahrenseröffnung.* Die Verpflichtung des Insolvenz- **73** verwalters, den Betriebsrat über eine geplante Betriebsänderung zu unterrichten, diese mit ihm zu beraten und den Versuch eines Interessenausgleichs zu unternehmen, besteht auch dann, wenn erst nach Eröffnung des Insolvenzverfahrens ein Betriebsrat gebildet worden ist.[154] Die Beteiligungsrechte des Betriebsrats gem. den §§ 111 ff. BetrVG hängen nicht davon ab, dass dieser bereits bei Eröffnung des Insolvenzverfahrens bestand. Es kommt lediglich darauf an, ob zum Zeitpunkt der erforderlichen Unterrichtung und Beratung über eine geplante Betriebsänderung ein Betriebsrat im Amt ist. Die Insolvenzeröffnung steht der Wahl eines Betriebsrats nicht entgegen. Hat der Insolvenzverwalter den Betrieb zunächst fortgeführt und ist es in dieser Zeit zur Wahl eines Betriebsrats gekommen, nimmt dieser die gesetzlichen Mitbestimmungsbefugnisse in vollem Umfang wahr. Der Insolvenzverwalter darf daher den Betrieb erst stilllegen, wenn er zuvor das Beteiligungsverfahren gem. den §§ 111, 112 BetrVG ordnungsgemäß durchgeführt hat.[155]

Der Insolvenzverwalter ist vom Versuch eines Interessenausgleichs nur dann befreit, **74** wenn sich erst nach Einleitung der Betriebsänderung ein Betriebsrat gebildet hat. Ein erstmals während einer schon im Vollzug begriffenen Betriebsänderung gewählter Betriebsrat kann die unternehmerische Entscheidung über die Betriebsänderung nicht mehr beeinflussen.[156] Dies gilt selbst dann, wenn der Insolvenzverwalter bei der Planung der Betriebsänderung mit der Wahl eines Betriebsrats rechnen musste. Beteiligungsrechte des Betriebsrats und damit die Pflicht des Arbeitgebers, den Betriebsrat zu beteiligen, entstehen erst in dem Moment, in dem sich der Tatbestand für das Beteiligungsrecht verwirklicht. Im Rahmen des § 111 BetrVG ist dies die geplante Betriebsänderung. Sie liegt vor, wenn der Insolvenzverwalter auf Grund abgeschlossener Prüfungen und Vorüberlegungen entschieden hat, den Betrieb stillzulegen, im Rahmen eines Sanierungskonzeptes zu veräußern, Betriebsteile auszugliedern oder ganz allgemein eine Restruk-

---

[152] BAG v. 22.7.2003 – 1 AZR 541/02, NZA 2004, 93 = ZIP 2003, 2216 = NZI 2004, 99.
[153] BAG v. 22.7.2003 – 1 AZR 541/02, unter B I 1 der Gründe, NZA 2004, 94.
[154] BAG v. 18.11.2003 – 1 AZR 30/03, NZA 2004, 220 = NZI 2004, 161 = ZIP 2004, 235.
[155] BAG v. 18.11.2003 – 1 AZR 30/03, BZA 2004, 220 = ZIP 2004, 235 = NZI 2004, 161.
[156] BAG v. 20.4.1982 – 1 ABR 3/80, NJW 1982, 2334 = ZIP 1982, 982 und v. 28.10.1992 – 10 ABR 75/91, NZA 1993, 420 = ZIP 1993, 289.

turierung des Betriebes durchzuführen. Besteht zu diesem Zeitpunkt kein Betriebsrat, können auch Beteiligungsrechte des Betriebsrats bezüglich einer geplanten Betriebsänderung nicht erwachsen.[157]

75   ee) *Pflicht zum Interessenausgleich trotz wirtschaftlicher Zwangslage.* Der Insolvenzverwalter wird von seiner Verpflichtung, den Betriebsrat über die geplante Stilllegung des Betriebes zu unterrichten und mit ihm den Versuch eines Interessenausgleichs zu unternehmen, auch dann nicht befreit, wenn der Betrieb des Insolvenzschuldners in einer wirtschaftlichen Zwangslage steckt.[158] Der Insolvenzverwalter kann sich nicht darauf berufen, die Beteiligung des Betriebsrats sei wegen der schlechten wirtschaftlichen Situation ausnahmsweise entbehrlich gewesen. Zur beschleunigten Durchführung einer aus wirtschaftlichen Gründen unausweichlichen Betriebsänderung hat der Gesetzgeber nämlich das Verfahren gem. § 122 InsO zur Verfügung gestellt. Davon kann der Insolvenzverwalter Gebrauch machen, wenn sich der Versuch eines Interessenausgleichs über die Einrichtung einer Einigungsstelle als zu zeitaufwendig erweist. Weitere Einschränkungen oder Ausnahmen von der Verpflichtung zum Versuch eines Interessenausgleichs bestehen nicht. Das BAG verweist insofern auf die Gesetzesbegründung, wonach das Beteiligungsverfahren auch dann einzuhalten ist, wenn eine unverzügliche Einstellung der Unternehmenstätigkeit erforderlich ist, um weitere Verluste zu vermeiden.[159] Auch bei der Abwicklung eines notleidenden Unternehmens verbleibt dem Insolvenzverwalter ein gewisser Gestaltungsspielraum, der die Beteiligung des Betriebsrats nicht als sinnlose Formalität erscheinen lässt.[160] Es ist auch nicht ausschlaggebend, ob finanzielle Mittel für einen Sozialplan vorhanden sind. Die Verhandlungen über einen Interessenausgleich und Sozialplan müssen nicht zwangsläufig miteinander verbunden werden. Das Zustandekommen eines Interessenausgleichs einerseits und eines Sozialplans andererseits ist von unterschiedlichen Voraussetzungen abhängig. Vereinbarungen über die Art und Weise der Durchführung einer Betriebsänderung sind unabhängig davon sinnvoll, ob finanzielle Mittel für einen Sozialplan zur Verfügung stehen.

76   ff) *Wann beginnt der Insolvenzverwalter mit der Betriebsänderung?* Der Nachteilsausgleichsanspruch wird ausgelöst, wenn der Insolvenzverwalter mit der Betriebsänderung beginnt, ohne zuvor darüber einen Interessenausgleich mit dem zuständigen Vertretungsorgan versucht zu haben. Die Betriebsänderung beginnt nicht schon mit der Reduzierung oder der Einstellung der Produktion, sondern mit dem Ausspruch der Kündigungen, die zur Auflösung der betrieblichen Arbeitsorganisation führen.[161] Daher kann nicht bereits die Freistellung von Arbeitnehmern als Beginn der Betriebsänderung angesehen werden. Erst mit dem Ausspruch der Kündigungen beginnt der Insolvenzverwalter mit der Betriebsstilllegung.[162] Eine geplante Betriebsänderung wird durchgeführt, wenn der Insolvenzverwalter mit ihr beginnt und damit vollendete Tatsachen schafft. Dies ist der Fall, wenn der Insolvenzverwalter noch vor dem Abschluss der Verhandlungen mit dem Betriebsrat rechtsgeschäftliche Handlungen vornimmt, die das Ob

---

[157] So ausdr BAG v. 28.10.1992 – 10 ABR 75/91, NZA 1993, 420; *Fitting*, § 111 Rn. 34; GK-BetrVG-*Oetker*, § 111 Rn. 23; *Richardi/Annuß*, § 111 Rn. 27; ErfK/*Kania*, § 111 Rn. 6.

[158] So ausdr BAG v. 22.7.2003 – 1 AZR 541/02, NZA 2004, 93 = ZIP 2003, 2216 = NZI 2004, 99.

[159] BAG v. 22.7.2003 – 1 AZR 541/02, ZIP 2003, 2216 unter B I 2b aa der Gründe, NZA 2004, 93 unter Hinweis auf BT-Drucks. 12/2443 S. 153.

[160] Vgl. dazu BAG v. 23.1.1979, DB 1979, 1139 zum Fall der Abweisung des Konkursverfahrens mangels Masse.

[161] BAG v. 20.11.2001 – 1 AZR 97/01, NZA 2002, 992 = ZIP 2002, 817; BAG v. 4.12.2002 – 10 AZR 16/02, NZA 2003, 665 = ZIP 2003, 311; BAG v. 23.9.2003 – 1 AZR 576/02, NZA 2004, 440 = ZIP 2004, 627.

[162] *Fitting*, § 111 Rn. 110; BAG v. 8.4.2003 – 2 AZR 15/02, ZIP 2003, 1260 = ZInsO 2003, 960.

und das Wie der Betriebsänderung vorwegnehmen. Dies geschieht insbesondere dadurch, dass der Insolvenzverwalter die Belegschaft entlässt.[163]

gg) *Beginn der Betriebsänderung durch Freistellung?* Umstritten ist, ob der Insolvenzverwalter mit der Betriebsänderung bereits beginnt, wenn er die Produktion weitgehend einstellt und den überwiegenden Teil der Belegschaft oder alle Arbeitnehmer eines bestimmten Betriebsteils freistellt. Die Auflösung der betrieblichen Organisation kann bereits darin bestehen, dass der Insolvenzverwalter einen großen Teil des Führungspersonals freistellt und diese wegen anderweitiger Arbeitsaufnahme nicht wieder zurückgerufen werden können. Dann hätte er irreversible Tatsachen geschaffen, die iSd Rechtsprechung des BAG als unumkehrbare Maßnahmen den Beginn der Auflösung der betrieblichen Organisation darstellen. Die widerrufliche Freistellung von Arbeitnehmern von der Arbeitspflicht stellt dagegen regelmäßig noch keine Durchführung der Betriebsstilllegung dar.[164] Der Insolvenzverwalter beginnt mit der Durchführung einer Betriebsänderung erst, wenn er unumkehrbare Maßnahmen ergreift und damit vollendete Tatsachen schafft.[165] Die bloße Einstellung der betrieblichen Tätigkeit stellt daher noch keinen Beginn der Betriebsstilllegung dar, wenn sie rückgängig gemacht werden kann, dh wenn die betriebliche Organisation als solche erhalten bleibt. Ebenso ist die Freistellung keine unumkehrbare Maßnahme, wenn sie bei Fehlen anderslautender Vereinbarungen widerruflich erfolgt und der Arbeitnehmer jederzeit in den Betrieb zurückgerufen werden könnte, um die Produktion oder allgemein die betriebliche Tätigkeit wieder aufzunehmen. Anders aber, wenn der Insolvenzverwalter vor Abschluss eines Interessenausgleichs mit der Entlassung von Arbeitnehmern beginnt oder sämtliche Arbeitnehmer unwiderruflich freistellt.[166]

hh) *Kausalität.* Der Anspruch auf Nachteilsausgleich gem. § 113 III BetrVG setzt voraus, dass infolge der Missachtung der Beteiligungsrechte des Betriebsrats Arbeitnehmer entlassen werden oder andere wirtschaftliche Nachteile erleiden. Es muss daher ein Ursachenzusammenhang zwischen der Betriebsänderung und dem Ausscheiden aus dem Arbeitsverhältnis bestehen.[167] Eine mittelbare Kausalität reicht aus. Es ist daher unerheblich, ob die Nachteile auch dann eingetreten wären oder die Kündigung auch dann ausgesprochen worden wäre, wenn der Insolvenzverwalter den Versuch eines Interessenausgleichs unternommen hätte.[168] Der nur erforderliche mittelbare Zusammenhang ist bereits dann zu bejahen, wenn durch Ausgliederung eines Betriebsteils der Tatbestand einer Betriebsänderung erfüllt wird und der dem Betriebsteil angehörende Arbeitnehmer dem Übergang seines Arbeitsverhältnisses auf den Erwerber widerspricht und dadurch wegen fehlender Beschäftigungsmöglichkeit vom Veräußerer eine Kündigung ausgesprochen wird.[169] Der Anspruch auf Nachteilsausgleich gem. § 113 III BetrVG verfolgt nämlich das Ziel, ein bestimmtes betriebsverfassungswidriges Verhalten des Arbeitgebers durch Kostenbelastung zu sanktionieren.[170]

Die Entlassung muss nicht auf einer Kündigung des Insolvenzverwalters beruhen, sondern es kommen auch andere Beendigungstatbestände in Betracht. Eine Entlassung iSv § 113 III BetrVG liegt auch dann vor, wenn der Arbeitgeber den Arbeitnehmer zwecks Durchführung der Betriebsänderung zum Abschluss eines Aufhebungsvertrages

---

[163] BAG v. 23.8.1988 – 1 AZR 276/87, NZA 1989, 31; BAG v. 20.11.2001 – 1 AZR 97/01, NZA 2002, 992 und v. 8.4.2003 – 2 AZR 15/02, ZIP 2003, 1260 = ZInsO 2003, 960.
[164] BAG v. 30.5.2006 – 1 AZR 25/05, NZA 2006, 1122.
[165] Vgl. BAG v. 4.6.2003 – 10 AZR 586/02, NZA 2003, 1087.
[166] LAG Berlin v. 2.3.2012 – 13 Sa 2187/11, ZIP 2012, 1425.
[167] *Fitting*, § 113 Rn. 26; *Richardi/Annuß*, § 113 Rn. 22; GK-BetrVG-*Oetker*, § 113 Rn. 54.
[168] ErfK/*Kania*, § 113 Rn. 9; *Fitting*, § 113 Rn. 26; GK-BetrVG-*Oetker*, § 113 Rn. 55.
[169] BAG v. 19.1.1999 – 1 AZR 342/98, NZA 1999, 949; GK-BetrVG-*Oetker*, § 113 Rn. 55.
[170] BAG v. 10.12.1996 – 1 AZR 290/96, NZA 1997, 787.

veranlasst hat.[171] Daher kann auch die vom Arbeitgeber veranlasste Eigenkündigung des Arbeitnehmers eine Entlassung iSv § 113 III BetrVG sein. An dem erforderlichen Kausalzusammenhang fehlt es, wenn das Arbeitsverhältnis während der Durchführung der Betriebsänderung aus personen- oder verhaltensbedingten Gründen gekündigt wird oder ein befristetes Arbeitsverhältnis wegen Zeitablaufs endet. In diesem Fall beruht der Eintritt des Nachteils auf Gründen, die mit dem Interessenausgleich nicht zusammenhängen.[172]

79   b) *Rang der Nachteilsausgleichsansprüche.* Der Nachteilsausgleichsanspruch gem. § 113 III BetrVG ist eine Masseverbindlichkeit gem. § 55 I InsO, wenn der Insolvenzverwalter den Versuch eines Interessenausgleichs unterlässt.[173] Für die insolvenzrechtliche Einordnung ist maßgebend, ob die Nachteilsausgleichsansprüche vor oder nach Verfahrenseröffnung begründet worden sind. Führt der Schuldner vor Insolvenzeröffnung eine geplante Betriebsänderung durch, ohne den Betriebsrat darüber in der gesetzlich vorgeschriebenen Weise zu informieren und einen Interessenausgleich mit ihm zu versuchen, sind die Nachteilsausgleichsansprüche der entlassenen Arbeitnehmer einfache Insolvenzforderungen.[174] Dies gilt selbst dann, wenn die vom Schuldner ausgesprochenen Kündigungen den Arbeitnehmern erst nach Eröffnung des Insolvenzverfahrens zugehen und der Schuldner in Absprache mit dem vorläufigen Insolvenzverwalter und mit dessen Zustimmung die Kündigungen ausgesprochen hat.[175] Der Arbeitgeber führt eine geplante Betriebsänderung durch, wenn er mit ihr beginnt und damit vollendete Tatsachen schafft. Es kommt darauf an, ob der Arbeitgeber rechtsgeschäftliche Handlungen vornimmt, die das Ob und das Wie der Betriebsänderung vorwegnehmen. Kündigt der Arbeitgeber im Zuge einer geplanten Betriebsstilllegung seiner Belegschaft, beginnt er damit die Durchführung der Betriebsänderung.[176] Für die insolvenzrechtliche Einordnung des Abfindungsanspruchs kommt es nicht auf den Zeitpunkt der Entlassung an, denn § 113 BetrVG schützt die Beachtung der gesetzlichen Beteiligungsrechte des Betriebsrats. Maßgeblich ist daher der Zeitpunkt, zu dem die geplante Betriebsänderung durchgeführt und der Verhandlungsanspruch des Betriebsrats vereitelt wird. Der Nachteilsausgleichsanspruch ist nur dann als Masseschuld zu berichtigen, wenn die Betriebsänderung nach Insolvenzeröffnung beschlossen und durchgeführt wird.[177]

80   c) *Neumasseverbindlichkeit des Nachteilsausgleichsanspruchs.* Missachtet der Insolvenzverwalter die Beteiligungsrechte des Betriebsrats gem. § 111 BetrVG nach Anzeige der Masseunzulänglichkeit, handelt es sich bei dem Nachteilsausgleichsanspruch um eine Neumasseverbindlichkeit gem. § 209 I Nr. 2 InsO.[178] Entsteht der Nachteilsausgleichsanspruch vor Anzeige der Masseunzulänglichkeit, ist er als Altmasseverbindlichkeit zu berichtigen und unterliegt dem Vollstreckungsverbot gem. § 210 InsO.[179] Bei der Abgrenzung von Insolvenzforderungen gem. § 38 InsO zu Masseverbindlichkeiten gem.

---

[171] BAG v. 23.9.2003 – 1 AZR 576/02, NZA 2004, 440 = ZIP 2004, 627 und v. 23.8.1988 – 1 AZR 276/87, NZA 1989, 31; *Fitting*, § 113 Rn. 22; GK-BetrVG-*Oetker*, § 113 Rn. 48; *Richardi/Annuß*, § 113 Rn. 42; ErfK/*Kania*, § 113 Rn. 5.
[172] GK-BetrVG-*Oetker*, § 113 Rn. 54.
[173] BAG v. 22.7.2003 – 1 AZR 541/02, NZA 2004, 93; Uhlenbruck/Hirte/Vallender/*Berscheid*, § 55 InsO Rn. 12; MüKoInsO/*Hefermehl*, § 55 Rn. 184.
[174] BAG v. 4.12.2002 – 10 AZR 16/02, NZA 2003, 665 = ZIP 2003, 311 = NZI 2003, 271; *Uhlenbruck/Berscheid*, § 55 InsO Rn. 12; MüKoInsO/*Hefermehl*, § 55 Rn. 183.
[175] BAG v. 4.12.2002 – 10 AZR 16/02, NZA 2003, 665.
[176] BAG v. 23.8.1988 – 1 AZR 276/87, NZA 1989, 31 und v. 20.11.2001 – 1 AZR 97/02, NZA 2002, 992.
[177] BAG v. 3.4.1990 – 1 AZR 150/89, NZA 1990, 619 und v. 4.12.2002 – 10 AZR 16/02, NZA 2003, 665; GK-BetrVG-*Oetker*, § 113 Rn. 64; *Fitting*, § 113 Rn. 41.
[178] BAG v. 18.11.2003 – 1 AZR 30/03, NZA 2004, 220 = NZI 2004, 161 = ZIP 2004, 235.
[179] Vgl. dazu LAG Nürnberg v. 17.10.2003 – 9 (2) Sa 43/03 nv und dazu die Anm. von *Berscheid*, jurisPR-ArbR 38/2004 v. 22.9.2004.

§ 55 I InsO ist die Insolvenzeröffnung der entscheidende Stichtag. Hat der vorläufige Insolvenzverwalter vor Insolvenzeröffnung mit der Durchführung einer Betriebsänderung begonnen, sind die Nachteilsausgleichsansprüche gem. § 113 III BetrVG als Insolvenzforderungen zu berichtigen. Hat der Insolvenzverwalter die interessenausgleichspflichtigen Kündigungen nach Insolvenzeröffnung ausgesprochen, entstehen Masseverbindlichkeiten. Hat der Insolvenzverwalter Masseunzulänglichkeit angezeigt, sind die Nachteilsausgleichsansprüche Altmasseverbindlichkeiten gem. § 209 I Nr. 3 InsO, wenn der Insolvenzverwalter die interessenausgleichspflichtigen Kündigungen bereits vor Anzeige der Masseunzulänglichkeit ausgesprochen hat; es handelt sich um Neumasseverbindlichkeiten gem. § 209 I Nr. 2 InsO, wenn er dies erst danach getan hat.[180] Beginnen die maßgeblichen Handlungen des Insolvenzverwalters, die den Beginn der Betriebsänderung darstellen, nach Anzeige der Masseunzulänglichkeit, werden die Nachteilsausgleichsansprüche als Neumasseverbindlichkeiten begründet und können im Wege der Leistungsklage durchgesetzt werden.[181]

d) *Persönliche Haftung des Insolvenzverwalters.* Bei Masseunzulänglichkeit kommt die persönliche Haftung des Insolvenzverwalters gem. den §§ 60, 61 InsO in Höhe des ausgefallenen Betrages in Betracht. Seine Inanspruchnahme gem. § 60 InsO dürfte ausscheiden, weil es sich bei der Verpflichtung, den Betriebsrat vor Durchführung einer Betriebsänderung gem. § 111 S. 1 BetrVG zu beteiligen, nicht um eine insolvenzspezifische Pflicht iSv § 60 I 1 InsO handelt. Der Insolvenzverwalter rückt zwar gem. § 80 InsO in die Arbeitgeberstellung ein und hat demzufolge die ihm als Arbeitgeber aus arbeits- und sozialrechtlichen Vorschriften erwachsenen Pflichten zu erfüllen.[182] Die Haftung gem. § 60 InsO greift aber nur bei Verletzung solcher Pflichten ein, die ihm nach der InsO auferlegt worden sind.[183] Die Beteiligung des Betriebsrats ist ebenso wenig wie der Ausspruch von Kündigungen eine sog. insolvenztypische Rechtshandlung, weil sie auch außerhalb des Insolvenzverfahrens möglich sind.[184] Es handelt sich nicht um insolvenzspezifische Aufgaben und Verpflichtungen, weil sie auch außerhalb der Insolvenz bestehen.

Dies schließt die Haftung des Insolvenzverwalters nach allgemeinen Grundsätzen nicht aus. Der Insolvenzverwalter haftet für alle Fehler, die ihm bei der Ausübung der Arbeitgeberbefugnisse unterlaufen.[185] Bei schuldhafter Verletzung nicht insolvenzspezifischer Pflichten haftet der Insolvenzverwalter Dritten gegenüber nach allgemeinen Grundsätzen, die betriebsverfassungsrechtlich durch § 113 III BetrVG konkretisiert werden.[186] Die Haftung des Insolvenzverwalters nach § 61 I InsO kommt nur zum Zuge, wenn es sich bei dem Nachteilsausgleichsanspruch um eine Masseverbindlichkeit handelt. Dies setzt voraus, dass die betriebsändernde Maßnahme nach Insolvenzeröffnung beschlossen und durchgeführt wird.[187] Ob die Freistellung sämtlicher Arbeitnehmer am Tage vor der Verfahrenseröffnung bereits den Beginn der Betriebsänderung markiert, bleibt zweifelhaft, weil durch § 111 BetrVG der vorzeitige Ausspruch von Kündigungen geschützt wird. Andernfalls könnte dem Insolvenzverwalter durch eine Unterlassungs-

---

[180] LAG Hamm v. 26.8.2004 – 4 Sa 1853/03, EzA-SD 2004, Nr. 24; BAG v. 30.5.2006 – 1 AZR 25/05, NZA 2006, 1122.
[181] BAG v. 18.11.2003 – 1 AZR 30/03, NZA 2004, 220; BAG v. 30.5.2006 – 1 AZR 25/05, NZA 2006, 1122.
[182] Nerlich/Römermann/*Abeltshauser,* § 60 Rn. 40.
[183] Nerlich/Römermann/*Abeltshauser,* § 60 Rn. 50.
[184] Zur Abgrenzung vgl. Uhlenbruck/Hirte/Vallender/*Berscheid,* § 103 Rn. 64.
[185] *Uhlenbruck,* § 60 Rn. 53.
[186] *Berscheid,* jurisPR-ArbR 38/2004 v. 22.9.2004 Anm. zu LAG Nürnberg v. 17.10.2003 – 9 (2) Sa 43/03 nv.
[187] LAG Nürnberg v. 17.10.2003 – 9 (2) S. 43/03 nv; BAG v. 4.12.2002 – 10 AZR 16/02, NZA 2003, 665 und v. 8.4.2003 – 2 AZR 15/02, ZIP 2003, 1260 = ZInsO 2003, 960 = NZA 2004, 343.

verfügung untersagt werden, die Produktion zu drosseln oder einzustellen. Bei Dienstleistungs- oder Handelsunternehmen könnte er zur Fortsetzung der betrieblichen Aktivitäten gezwungen werden. Aus dem Kontext mit § 112 I S. 2 und § 113 III BetrVG ergibt sich vielmehr, dass es um die Beendigung der Arbeitsverhältnisse geht. Die Freistellung von der Arbeitspflicht ist noch keine rechtlich verbindliche Maßnahme zur Auflösung der bestehenden Arbeitsorganisation.[188] Anders aber, wenn die Freistellungen sämtliche Arbeitnehmer betreffen und unwiderruflich erfolgen.[189]

83   Wird die betriebsändernde Maßnahme nach Insolvenzeröffnung beschlossen und durchgeführt, entsteht eine Schadensersatzpflicht des Insolvenzverwalters gem. § 61 InsO nur, wenn er Masseverbindlichkeiten auf Grund vorwerfbarer unzutreffender Einschätzung des Masseumfangs begründet.[190] Dies setzt zunächst voraus, dass der Insolvenzverwalter den Umfang der Nachteilsausgleichsansprüche hätte erkennen und abschätzen können. Sodann muss ihm iS eines Verschuldens die Erkenntnis zugerechnet werden könnten, dass die Masse nicht ausreichen würde, um die Nachteilsausgleichsansprüche in vollem Umfang erfüllen zu können.

84   e) *Höhe.* Die Höhe der Nachteilsausgleichsansprüche bemisst sich gem. § 113 I BetrVG nach den Grundsätzen des § 10 I und II KSchG. Die Abfindungen sind nicht etwa analog § 123 I InsO auf $2^{1}/_{2}$ Monatsverdienste begrenzt.[191] Nach Auffassung des BAG fehlt es für eine analoge Anwendung des § 123 I InsO bereits an einer Regelungslücke. Der Fall des unterbliebenen Versuchs eines Interessenausgleichs ist hinsichtlich der Höhe der Nachteilsausgleichsansprüche durch die Verweisung auf § 10 KSchG gesetzlich ausdrücklich geregelt. Außerdem stehen die individuellen Ansprüche der Arbeitnehmer auf Nachteilsausgleich nicht in einer Relation zum Gesamtvolumen der Monatsverdienste. Demzufolge können bis zu 15 Monatsverdienste festgesetzt werden, wenn der Arbeitnehmer das 50. Lebensjahr vollendet und das Arbeitsverhältnis mindestens 15 Jahre bestanden hat. Hatte der Arbeitnehmer bereits das 55. Lebensjahr vollendet und eine Betriebszugehörigkeit von mindestens 20 Jahren aufzuweisen, kann die Abfindung sogar 18 Monatsverdienste betragen.[192]

85   Bei der Festsetzung der Höhe der Abfindung soll die Insolvenzsituation unberücksichtigt bleiben.[193] Das BAG rechtfertigt dies mit der Funktion des Nachteilsausgleichs, der auch eine Sanktion für das betriebsverfassungswidrige Verhalten des Arbeitgebers darstellt.[194] Bei der Festsetzung der Höhe des Nachteilsausgleichs hat das Gericht deshalb die wirtschaftlichen Verhältnisse des Arbeitgebers außeracht zu lassen. Nach Auffassung des BAG gilt dies auch in der Insolvenz, weil der Nachteilsausgleich hier ebenfalls die Aufgabe hat, den Insolvenzverwalter zur Beachtung der Beteiligungsrechte des Betriebsrats nach § 111 I 1 BetrVG anzuhalten und sein betriebsverfassungswidriges Verhalten zu sanktionieren.[195] Dem ist entgegen zu halten, dass der Nachteilsausgleichsanspruch auch Kompensationscharakter hat und deshalb die wirtschaftlichen Verhältnisse des Unternehmens nicht völlig außer Betracht bleiben können. Immerhin können

---

[188] BAG v. 14.12.2004 – 1 AZR 504/03, NZA 2005, 818 = ZIP 2005, 1174.
[189] LAG Berlin-Brandenburg v. 2.3.2012 – 13 Sa 2187/11, ZIP 2012, 1429.
[190] BGH v. 6.5.2004 – 9 ZR 48/03, ZIP 2004, 1107 = NZI 2004, 435; LAG Hamm v. 4.12.2003 – 4 Sa 1116/03, ZInsO 2004, 564.
[191] BAG v. 22.7.2003 – 1 AZR 541/02, NZA 2004, 93 = NZI 2004, 99; *Berscheid,* ZInsO 2004, 542, 544; LAG Hamm v. 4.12.2003 – 4 Sa 1407/03, ZInsO 2004, 824 und v. 26.8.2004 – 4 Sa 1853/03, EZA-SD 2004 Nr. 24; aA LAG Niedersachsen v. 12.8.2002 – 5 Sa 534/02, ZInsO 2004, 573.
[192] Im Einzelnen *Berscheid* ZInsO 2004, 542, 544.
[193] So ausdr BAG v. 22.7.2003 – 1 AZR 541/02, NZA 2004, 93 = NZI 2004, 99; BAG v. 22.11.2001 – 1 AZR 11/01, ZInsO 2002, 1153.
[194] BAG v. 20.11.2001 – 1 AZR 97/01, NZA 2002, 992.
[195] BAG v. 22.7.2003 – 1 AZR 541/02 unter B II 3a bb der Gründe, NZA 2004, 93 = NZI 2004, 99; *Berscheid* ZInsO 2004, 542, 545.

die Ansprüche der übrigen Massegläubiger dadurch geschmälert werden. In Betracht zu ziehen ist auch das Ausmaß des betriebsverfassungswidrigen Verhaltens des Insolvenzverwalters. Hat er die Beteiligungsrechte des Betriebsrats gänzlich ignoriert, kann eine härtere Sanktion geboten sein als im Falle einer Verzögerung der Verhandlungen über einen Interessenausgleich, nachdem zunächst eine ordnungsgemäße Information des Betriebsrats stattgefunden hat.[196]

Trotz seines Sanktionscharakters ist der Nachteilsausgleichsanspruch auf Sozialplanansprüche anrechenbar.[197] Dies rechtfertigt das BAG mit der Überlegung, dass die Arbeitnehmer eine gewisse Entschädigung dafür erhalten sollen, dass eine im Gesetz vorgesehene Beteiligung unterblieben und damit eine Möglichkeit nicht genutzt worden ist, einen Interessenausgleich zu finden, der Entlassungen vermeidet oder wirtschaftliche Nachteile abmildert. Dieser Ausgleichsfunktion dient auch die Abfindung aus einem Sozialplan. Wegen der insoweit bestehenden Zweckidentität folgt die Anrechenbarkeit einer Sozialplanabfindung auf den gesetzlichen Nachteilsausgleich.[198]

f) Keine Unabdingbarkeit. Der Arbeitnehmer kann auf Nachteilsansprüche verzichten, indem er beispielsweise einen Aufhebungsvertrag mit einer entsprechenden Ausgleichsklausel unterzeichnet.[199] Er wird zunächst von einer Klausel erfasst, in der es heißt, dass alle Ansprüche aus dem Arbeitsverhältnis und dessen Beendigung – gleich aus welchem Rechtsgrund, ob bekannt oder unbekannt – erledigt sein sollen. Aus § 77 IV BetrVG kann eine Unverzichtbarkeit des Nachteilsausgleichsanspruchs nicht abgeleitet werden, denn § 77 IV S. 1 BetrVG bezieht sich nur auf Betriebsvereinbarungen. Ein Verzicht auf Rechte aus einer Betriebsvereinbarung ist gem. § 77 IV S. 2 BetrVG nur mit Zustimmung des Betriebsrats zulässig. Nachteilsausgleichsansprüche gem. § 113 III BetrVG beruhen demgegenüber nicht auf einer zu schützenden Betriebsvereinbarung. Ein Interessenausgleich, dessen Zustandekommen durch § 113 BetrVG befördert werden soll, ist keine Betriebsvereinbarung. Auch der Normzweck des § 113 führt nicht zu einer Unabdingbarkeit der Nachteilsausgleichsansprüche.[200]

8. Interessenausgleich mit Namensliste. Von großer praktischer Bedeutung ist der Interessenausgleich mit Namensliste gem. § 125 InsO, der dem Insolvenzverwalter den Ausspruch betriebsbedingter Kündigungen wesentlich erleichtert, weil ihre soziale Rechtfertigung gesetzlich vermutet wird und die Erfolgsaussichten der von den Arbeitnehmern erhobenen Kündigungsschutzklagen wesentlich eingeschränkt. Dem Insolvenzverwalter muss deshalb daran gelegen sein, mit dem Betriebsrat eine Einigung zu erzielen. Wegen der Folgewirkungen muss der Betriebsrat sorgfältig bedenken, ob und mit welchem Inhalt er eine Betriebsänderung mit Interessenausgleich und Namensliste im Interesse der Gesamtbelegschaft verantworten kann. Die Erfahrung lehrt, dass der Betriebsrat unter dem Eindruck der Insolvenz eher bereit ist, sich auf Sanierungskonzepte und Stilllegungsentscheidungen des Insolvenzverwalters einzulassen.

Die insolvenzspezifische Regelung des § 125 InsO schränkt den individuellen Kündigungsschutz gem. § 1 KSchG zugunsten einer kollektiven Regelungsbefugnis der Betriebsparteien ein. Der Sinn und Zweck der Regelung liegt darin, dem Insolvenzverwalter langwierige Kündigungsschutzverfahren zu ersparen und beabsichtigte Sanierungsmaßnahmen zu befördern.[201] Die Wahrnehmung der sozialen Schutzinteressen der

---

[196] *Berscheid* ZInsO 2004, 542, 545.
[197] BAG v. 20.11.2001 – 1 AZR 97/01, NZA 2002, 992 = ZIP 2002, 817.
[198] BAG v. 20.11.2001 – 1 AZR 97/01, NZA 2002, 992; *Richardi/Annuß*, § 112 Rn. 203; aA GK-BetrVG-*Oetker*, § 113 Rn. 68; ErfK/*Kania*, § 113 Rn. 2.
[199] BAG v. 23.9.2003 – 1 AZR 576/02, NZA 2004, 440 = ZIP 2004, 627.
[200] BAG v. 23.9.2003 – 1 AZR 576/02 unter II 3b und c der Gründe, NZA 2004, 440 = ZIP 2004, 627.
[201] KR-*Weigand*, § 125 Rn. 1; *Oetker/Friese* DZWIR 2001, 178; vgl. die Begr des RegE einer InsO BT-Drucks. 12/2443, S. 149.

Arbeitnehmer wird in die Hände von Insolvenzverwalter und Betriebsrat gelegt, die sie mit dem Interesse an einer Sanierung des Unternehmens in Einklang bringen müssen.

90 **a)** *Betriebsänderung iSd § 111 BetrVG.* § 125 InsO ist nur anwendbar bei geplanten Betriebsänderungen iSv § 111 BetrVG. Ein freiwilliger Interessenausgleich, der sich nicht auf eine Betriebsstillegung oder Betriebseinschränkung gem. § 111 S. 3 BetrVG bezieht, kann die gesetzliche Vermutungswirkung nicht für sich in Anspruch nehmen.[202] Der Insolvenzverwalter kann daher die gesetzliche Vermutungswirkung nicht dadurch herstellen, dass er mit dem Betriebsrat eine betriebsbedingte Kündigungsliste vereinbart, ohne dass die erforderliche Zahl von Entlassungen gem. § 17 I KSchG erreicht wird. Ebenso wenig kann der Insolvenzverwalter über den Weg des § 125 InsO Kündigungen aus anderen Gründen aussprechen.[203] Da § 125 ausdrücklich auf § 111 BetrVG verweist, kommt ein Interessenausgleich mit Namensliste nur bei einer bestimmten Betriebsgröße in Betracht. Der Betrieb des Insolvenzschuldners muss mehr als 20 wahlberechtigte Arbeitnehmer beschäftigen.[204] Dem wird entgegen gehalten, dass § 125 InsO zwar auf § 111 BetrVG verweist und daher auf die dort in Satz 3 genannten Tatbestände abzielt. Eine bestimmte Unternehmensgröße sei nach dem Sinn und Zweck der Regelung aber nicht erforderlich, weil der Schwellenwert des § 111 S. 1 BetrVG dazu diene, kleinere Unternehmen vor den finanziellen Belastungen eines Sozialplans zu schützen. Sein Zweck sei es aber nicht, in der Insolvenz größere Unternehmen gegenüber kleineren Unternehmen zu privilegieren. Deshalb könne der Insolvenzverwalter auch in Unternehmen mit idR weniger als 20 wahlberechtigten Arbeitnehmern mit dem Betriebsrat einen Interessenausgleich iSv § 125 InsO vereinbaren.[205] Nach ganz herrschender Meinung löst ein freiwilliger Interessenausgleich in einem Betrieb, in dem nicht mehr als 20 wahlberechtigte Arbeitnehmer gemäß § 111 S. 1 BetrVG beschäftigt werden, nicht die Wirkungen des § 125 InsO aus, so dass der Insolvenzverwalter in Kleinbetrieben die kündigungsrechtlichen Privilegien des § 125 InsO trotz ähnlicher Interessenlage nicht in Anspruch nehmen kann.[206]

91 Dem vorläufigen Insolvenzverwalter im Eröffnungsverfahren kommt die Regelung des § 125 InsO ebenso wenig zugute wie dem Insolvenzschuldner, der vor Eröffnung des Insolvenzverfahrens eine Betriebsänderung durchführen und darüber einen Interessenausgleich mit dem Betriebsrat schließen will. Der vorläufige Insolvenzverwalter ist ohnehin nicht berufen, eine Betriebsänderung zu planen und durchzuführen. Hat das Insolvenzgericht dem Schuldner ein allgemeines Verfügungsverbot gem. § 21 II 2 InsO auferlegt, geht zwar die Verwaltungs- und Verfügungsbefugnis über das Vermögen des Schuldners gem. § 22 I InsO auf den vorläufigen Insolvenzverwalter über. Dieser ist aber verpflichtet, das Unternehmen des Schuldners bis zur Entscheidung über die Eröffnung des Insolvenzverfahrens fortzuführen. Zu einer Stilllegung ist er gem. § 22 I 2 InsO nur mit Zustimmung des Insolvenzgerichts berechtigt. Das Zustimmungserfordernis erstreckt sich nicht nur auf die Stilllegung des gesamten Betriebes, sondern auch auf Betriebsteilstilllegungen.[207]

92 **b)** *Wirksames Zustandekommen eines Interessenausgleichs mit Namensliste.* Die Vermutungswirkung greift nur ein, wenn der Insolvenzverwalter eine Betriebsänderung plant und darüber zwischen ihm und dem Betriebsrat eine schriftliche Vereinbarung geschlos-

---

[202] *Oetker/Friese* DZWIR 2001, 177; Uhlenbruck/Hirte/Vallender/*Berscheid*, § 125 Rn. 16, 17; MüKoInsO/*Löwisch/Caspers*, § 125 Rn. 64.
[203] Uhlenbruck/Hirte/Vallender/*Berscheid*, § 125 Rn. 17; MüKoInsO/*Löwisch/Caspers*, § 125 Rn. 64.
[204] KR-*Weigand*, § 125 Rn. 6; ErfK/*Ascheid*, § 125 Rn. 2; *Kübler/Prütting/Moll*, § 125 Rn. 28.
[205] *Kappenhagen*, NZA 1998, 968.
[206] GK-*Oetker*, § 112, 112a Rn. 13; ErfK/*Gallner*, § 125 Rn. 3; MüKoInsO/*Caspers*, § 125 Rn. 67; KR-*Weigand*, § 125 InsO Rn. 6; HK/*Linck*, § 125 Rn. 3; Uhlenbruck/Hirte/Vallender/*Berscheid*, § 125 Rn. 18.
[207] *Richardi/Annuß*, Anhang zu § 113 Rn. 28; *Annuß* NZI 1999, 344, 351; KR-*Weigand*, § 125 Rn. 2; LAG Hamm v. 22.5.2002 – 2 Sa 1560/01, NZA-RR 2003, 378 = ZInsO 2002, 1104.

sen wird, die gem. § 112 I 1 BetrVG als Interessenausgleich bezeichnet werden kann. Diesem Interessenausgleich muss eine Namensliste der zu kündigenden Arbeitnehmer beigefügt sein. Das gesetzliche Schriftformerfordernis erstreckt sich auch auf die Namensliste. Wird die Namensliste getrennt vom Interessenausgleich erstellt, muss sie von den Betriebsparteien unter Bezugnahme auf den Interessenausgleich gesondert unterschrieben werden. Ist die Namensliste dem Interessenausgleich als Anhang beigefügt, muss sie mit diesem verbunden und paraphiert worden sein.[208] Die Namensliste muss Bestandteil des Interessenausgleichs sein. Dies ist nur der Fall, wenn sich die Unterschriften auf einen mit dem Hauptdokument verbundenen Anhang beziehen. Die bloße Bezugnahme auf eine lose dem Interessenausgleich beigefügte Namensliste, die nicht von den Betriebsparteien unterschrieben worden ist, genügt daher nicht.[209] Die nicht unterschriebene Namensliste wird nur dann Bestandteil des Interessenausgleichs, wenn darauf im Text des Interessenausgleichs Bezug genommen wird und sie mit Hilfe einer Heftmaschine mit dem Interessenausgleich fest verbunden ist.[210] Interessenausgleich und Namensliste müssen im Augenblick ihrer Unterzeichnung als einheitliche Urkunde zusammengefasst worden sein, dh die Namensliste darf nicht erst später erstellt und nachträglich mit dem Interessenausgleich zusammengeheftet werden.[211]

c) *Inhalt des Interessenausgleichs.* Keine Anforderungen stellt das Gesetz an den notwendigen Inhalt des Interessenausgleichs. Er muss sich lediglich auf eine Betriebsänderung beziehen und regeln, ob, wann und in welcher Form sie durchgeführt werden soll. Wegen der gesetzlichen Vermutungswirkung sollte die Betriebsänderung im Interessenausgleich möglichst konkret beschrieben werden, um feststellen zu können, ob und welche Arbeitnehmer davon erfasst werden. Im Falle eine Einschränkung der Produktion, eines Personalabbaus oder bei Restrukturierungsmaßnahmen sollte erkennbar sein, welche Arbeitsplätze in welchen Bereichen wegfallen. Die innerbetriebliche Neuorganisation der Arbeitsabläufe mit einer verringerten Belegschaft kann im Interessenausgleich dargestellt werden, um den Zusammenhang zwischen der geplanten Betriebsänderung und den beabsichtigten Kündigungen deutlich und schlüssig zu machen.[212] Der Interessenausgleich muss sich auf eine konkrete Betriebsänderung beziehen und schließt eine vorweggenommene Regelung für künftige, in ihren Einzelheiten noch nicht absehbare Maßnahmen, aus.[213] Der Interessenausgleich darf nicht so allgemein gehalten sein, dass er Vorratskündigungen zulässt.[214] Andernfalls ließe sich nicht feststellen, ob sich die dem Interessenausgleich zugrunde gelegte Sachlage nach seinem Zustandekommen wesentlich geändert hat (§ 125 I 3 InsO). Anlass und Inhalt der Betriebsänderung sollten in dem Interessenausgleich insbesondere dann konkret beschrieben werden, wenn die Betriebsratsanhörung mit den Verhandlungen über den Interessenausgleich verbunden werden soll.

d) *Zeitpunkt.* Der Interessenausgleich entfaltet nur dann die Vermutungswirkung, wenn er **vor** Ausspruch der Kündigungen zustande gekommen ist.[215] Die vom Insolvenzverwalter und dem Betriebsrat vorzunehmende Sozialauswahl bei der Aufstellung

---

[208] KR-*Weigand*, § 125 Rn. 11; BAG v. 21.2.2002 – 2 AZR 581/00, NZA 2002, 1360; BAG v. 7.5.1998 – 2 AZR 55/98, NZA 1998, 1110 = ZIP 1998, 1885; BAG v. 20.5.1999 – 2 AZR 278/98, ZInsO 2000, 351.
[209] Uhlenbruck/Hirte/Vallender/*Berscheid*, § 125 Rn. 28; Oetker/*Friese* DZWIR 2001, 178; ErfK/*Gallner*, § 125 Rn. 5.
[210] BAG v. 7.5.1998 – 2 AZR 55/98, NZA 1998, 1110 und v. 6.12.2001 – 2 AZR 422/00, NZA 2002, 999 = ZInsO 2002, 1104.
[211] BAG v. 6.7.2006 – 2 AZR 520/05, NZA 2007, 266.
[212] Vgl. dazu Oetker/*Friese* DZWIR 2001, 179.
[213] BAG v. 19.1.1999 – 1 AZR 342/99, NZA 1999, 949.
[214] Oetker/*Friese* DZWIR 2001, 177, 178.
[215] Oetker/*Friese* DZWIR 2001, 178; ErfK/*Ascheid*, § 125 Rn. 10; MüKoInsO/*Löwisch/Caspers*, § 125 Rn. 75; BAG v. 21.2.2001 – 2 AZR 39/00, ZIP 2001, 1825 = ZInsO 2001, 1072.

der Namensliste kann ihren Schutzzweck nur erfüllen, wenn die Kündigungen noch bevorstehen und entschieden werden muss, welche Arbeitnehmer miteinander vergleichbar sind und nach welchen sozialen Kriterien die Auswahl vorgenommen werden soll. Eine erst nachträglich aufgestellte Namensliste kann die zu vermutende soziale Rechtfertigung der Kündigungen nicht rückwirkend herstellen.

95 Wesentlicher Bestandteil des Interessenausgleichs ist die namentliche Individualisierung der zu entlassenden Arbeitnehmer. Es kann daher zweckmäßig sein, neben der Angabe von Namen und Vornamen auch das Geburtsdatum, den Familienstand und die übrigen betriebsbezogenen Daten, insbesondere die Betriebszugehörigkeit, aufzunehmen. Dieses Erfordernis gilt insbesondere dann, wenn mit dem Interessenausgleich die Anhörung des Betriebsrats gem. § 102 BetrVG verbunden wird. Eine komplette Namensliste ist auch dann nicht entbehrlich, wenn wegen der bereits vollzogenen oder erst beabsichtigten Stilllegung des Betriebes alle Arbeitnehmer entlassen werden sollen.[216] Ausnahmen können nicht zugelassen werden, weil die gesetzlichen Mindestvoraussetzungen gewahrt sein müssen, um die Vermutungswirkung zu erzeugen.[217] Enthält der Interessenausgleich keine Namensliste, greift die gesetzliche Vermutung nicht ein.

96 e) *Vermutungswirkung.* Liegt ein ordnungsgemäß zustande gekommener Interessenausgleich mit Namensliste vor, wird gem. § 125 I 1 InsO vermutet, dass die Kündigung der Arbeitsverhältnisse der im Interessenausgleich bezeichneten Arbeitnehmer durch dringende betriebliche Erfordernisse, die einer Weiterbeschäftigung in dem Betrieb oder einer Weiterbeschäftigung zu unveränderten Arbeitsbedingungen entgegen stehen, bedingt ist. Es handelt sich um eine gesetzliche, gem. § 292 ZPO widerlegbare Vermutung. Sie erstreckt sich im Falle eines Betriebsübergangs gem. § 128 II InsO auch darauf, dass die Kündigung der Arbeitsverhältnisse nicht wegen des Betriebsübergangs ausgesprochen worden ist.[218] Ferner ist die Nachprüfung der sozialen Auswahl gem. § 125 I 2 InsO eingeschränkt: Die Nachprüfung beschränkt sich auf die drei sozialen Grunddaten, nämlich die Dauer der Betriebszugehörigkeit, das Lebensalter und die Unterhaltspflichten. Diese Begrenzung wird noch mal eingeschränkt durch den Prüfungsmaßstab der groben Fehlerhaftigkeit. Abweichend von § 1 III KSchG kann mit dem Instrument der sozialen Auswahl eine ausgewogene Personalstruktur erhalten oder erst geschaffen werden, § 125 I 2 2. Hs InsO. In diesem Zusammenhang hat sich ein gesetzgeberisches Defizit aufgestaut, weil bei den sozialen Kriterien anders als in § 1 III KSchG die Schwerbehinderung des Arbeitnehmers nicht genannt wird. Mit dem am 1.1.2004 in Kraft getretenen Gesetz zu Reformen am Arbeitsmarkt sind die sozialen Auswahlkriterien gem. § 1 III KSchG nF auf die Betriebszugehörigkeit, das Lebensalter, die Unterhaltspflichten und die Schwerbehinderung beschränkt worden. Der Gesetzgeber hat es versäumt, § 125 InsO entsprechend anzupassen und § 125 I 2 InsO um das Kriterium der Schwerbehinderung zu ergänzen.

97 aa) *Gesetzliche Vermutung der Betriebsbedingtheit.* Die Vermutung der Betriebsbedingtheit der Kündigung erstreckt sich auf alle Voraussetzungen der betriebsbedingten Kündigung gem. § 1 II KSchG. Es ist daher auch zu vermuten, dass anderweitige Weiterbeschäftigungsmöglichkeiten im Betrieb oder Unternehmen nicht bestehen.[219] Die Vermutung bezieht sich sowohl auf den Wegfall des Arbeitsplatzes als auch auf das Fehlen

---

[216] Uhlenbruck/Hirte/Vallender/*Berscheid*, § 125 Rn. 25; Nerlich/Römermann/*Hamacher*, § 125 Rn. 25.

[217] AA *Kübler/Prütting/Moll*, § 125 Rn. 27, wonach es ausreichen soll, wenn der Interessenausgleich den Satz enthält, dass alle Arbeitnehmer des Betriebes entlassen werden; ebenso Oetker/Friese DZWIR 2001, 179; wie hier Uhlenbruck/Hirte/Vallender/*Berscheid*, § 125 Rn. 25.

[218] KR-*Weigand*, § 125 Rn. 15; Oetker/Friese DZWIR 2001, 181; MüKoInsO/*Löwisch/Caspers*, § 125 Rn. 76.

[219] MüKoInsO/*Löwisch/Caspers*, § 125 Rn. 77; Oetker/Friese DZWIR 2001, 181; Uhlenbruck/*Berscheid*, § 125 Rn. 30, 31.

anderweitiger Beschäftigungsmöglichkeiten.[220] Die zu vermutende Betriebsbedingtheit der Kündigung erstreckt sich auch auf das Fehlen einer anderweitigen Beschäftigungsmöglichkeit in einem anderen Betrieb des Unternehmens.[221] Gegen die Vermutungswirkung ist nur der Beweis des Gegenteils gem. § 292 ZPO zulässig. Der klagende Arbeitnehmer muss deshalb darlegen und im Bestreitensfall beweisen, dass sein Arbeitsplatz trotz der Betriebsänderung noch vorhanden ist und wo er sonst im Betrieb oder Unternehmen weiterbeschäftigt werden könnte.[222] Diese Einschränkung des Kündigungsschutzes begegnet keinen verfassungsrechtlichen Bedenken, denn der durch Art. 12 I GG gebotene Arbeitnehmerschutz ist in zulässiger Weise auf die betriebliche Interessenvertretung der Arbeitnehmer verlagert worden.

Die zu vermutende Betriebsbedingtheit der Kündigung setzt voraus, dass zwischen der Betriebsänderung und der Kündigung ein sachlicher Zusammenhang besteht. Nur die von der Betriebsänderung betroffenen Arbeitnehmer werden von der Vermutungswirkung erfasst.[223] Werden die Betriebseinschränkung oder der Personalabbau im Interessenausgleich nicht konkret beschrieben, ergibt sich der notwendige sachliche Zusammenhang idR aus der dem Interessenausgleich beigefügten Namensliste. Die Vermutungswirkung bezieht sich aber nicht automatisch auf das Vorliegen einer Betriebsänderung, sondern setzt diese voraus. Lässt der Interessenausgleich zusammen mit der Namensliste nicht schlüssig erkennen, dass die Kündigung aus der Umsetzung der dem Interessenausgleich zugrunde liegenden Betriebsänderung resultiert, kann die Vermutungswirkung insoweit nicht eingreifen.[224]

bb) *Eingeschränkte Überprüfung der sozialen Auswahl.* Steht fest, dass eine Kündigung gem. § 1 II 1 KSchG an sich aus dringenden betrieblichen Erfordernissen wegen weggefallener Beschäftigungsmöglichkeit berechtigt ist, ist sie trotzdem sozial ungerechtfertigt, wenn der Arbeitgeber gem. § 1 III KSchG bei der Auswahl der zu entlassenen Arbeitnehmer die Dauer der Betriebszugehörigkeit, das Lebensalter, die Unterhaltspflichten und die Schwerbehinderung nicht oder nicht ausreichend berücksichtigt hat. In der Insolvenz kann die soziale Auswahl bei Vorliegen eines Interessenausgleichs mit Namensliste gerichtlich nur eingeschränkt auf grobe Fehlerhaftigkeit überprüft werden. Die eingeschränkte Überprüfungsmöglichkeit gilt nicht nur für die Abwägung der sozialen Kriterien gem. § 1 III 1 KSchG, sondern erstreckt sich auf den gesamten Prozess der sozialen Auswahl und daher auch auf die Vergleichsgruppenbildung und die Einbeziehung entgegenstehender betrieblicher Interessen gem. § 1 III 2 KSchG.[225] Weitergehend lässt § 125 I 2 2. Hs InsO eine soziale Auswahl zu, die sanierungsbedingt nicht bloß die Möglichkeit eröffnet, durch Altersgruppenbildung die bestehende Personalstruktur zu erhalten, sondern eine neue Personalstruktur mit einer ausgewogenen Verteilung der Altersgruppen zu schaffen. Die kollektiven Regelungsmöglichkeiten in der Insolvenz gehen über die Gestaltungsmöglichkeiten mit Hilfe einer Auswahlrichtlinie gem. § 1 IV KSchG noch hinaus. Es geht darum, Fehlentwicklungen bei der Bildung der Personalstruktur zu korrigieren und bezüglich der Zusammensetzung der Belegschaft ein nach Alter und Qualifikation ausgewogenes Verhältnis herzustellen.[226]

---

[220] BAG v. 7.5.1998 – 2 AZR 536/97, NZA 1998, 933; BAG v. 15.12.2011 – 2 AZR 42/10, NZA 2012, 1623.
[221] BAG v. 6.9.2007 – 2 AZR 715/06, NZA 2008, 633.
[222] BAG v. 27.9.2012 – 2 AZR 516/11, NZA 2013, 559.
[223] Oetker/Friese DZWIR 2001, 179.
[224] Vgl. dazu Uhlenbruck/Hirte/Vallender/*Berscheid*, § 125 Rn. 39, wonach es Sache des Insolvenzverwalters ist, den Zusammenhang zwischen der Betriebsänderung und der Entlassung darzulegen; dazu *Berscheid* MDR 1998, 816, 818.
[225] BAG v. 10.6.2010 – 2 AZR 420/09, NZA 2010, 1352; BAG v. 12.3.2009 – 2 AZR 418/07, NZA 2009, 1023; ErfK/*Gallner*, § 125 InsO Rn. 4.
[226] *Zwanziger*, InsO § 125 Rn. 68, 69; *Janzen*, AuR 2013, 203, 208.

100 cc) *Gewichtung der sozialen Kriterien.* Die Gewichtung der abschließend aufgezählten drei sozialen Kriterien ist grob fehlerhaft, wenn sie jede Ausgewogenheit vermissen lässt. Dies ist der Fall, wenn einzelnen Sozialdaten eine völlig überhöhte Bedeutung beigemessen wird und andere überhaupt nicht oder nur ganz unzureichend berücksichtigt werden.[227] Allerdings schreibt das Gesetz den Betriebspartnern eine bestimmte Reihenfolge oder Priorität bei der Gewichtung der sozialen Kriterien nicht vor. Der Regelungsspielraum ist daher weit gefasst. Es ist zulässig, bei der Gewichtung der Sozialkriterien das Schwergewicht auf die Unterhaltspflichten der betroffenen Arbeitnehmer zu legen und dafür Betriebszugehörigkeit und Alter zu vernachlässigen.[228] Die Betriebsparteien können daher schon über die vorrangige Berücksichtigung von Unterhaltspflichten die Altersstruktur der verbliebenen Belegschaft steuern. Wird ein Punktschema verwendet, ist davor zu warnen, für jedes Jahr der Betriebszugehörigkeit und für jedes volle Lebensjahr gleichermaßen einen Punkt vorzusehen.[229] Auch wenn das BAG den Betriebsparteien im Normalfall einen relativ weiten Wertungsspielraum zubilligt, kann nicht übersehen werden, dass eine ungerechtfertigte Privilegierung des Lebensalters stattfindet, wenn der Arbeitnehmer regelmäßig die meisten Punkte für das Lebensalter erhält, weil schon das erste Lebensjahr mit einem Punkt bewertet wird. Richtigerweise sollte das Lebensalter erst nach dem Erreichen einer bestimmten Lebensaltersstufe mit einem Punktwert Berücksichtigung finden, der nicht unbedingt das gleiche Gewicht haben muss wie jedes Jahr der Betriebszugehörigkeit. Aus § 10 KSchG lässt sich nämlich entnehmen, dass der Gesetzgeber für die rechtlich relevante Schutzbedürftigkeit der Betriebszugehörigkeit noch vor dem Lebensalter Priorität einräumt.[230] Um das Fehlen eines notwendigen Mindestmaßes an Ausgewogenheit feststellen zu können, ist von den im Normalfall ohne Vorliegen eines Interessenausgleichs mit Namensliste geltenden Regeln der sozialen Auswahl gem. § 1 III KSchG auszugehen.

101 dd) *Altersdiskriminierung.* Unter der Geltung des AGG stellt sich die Frage, ob und mit welcher Gewichtung das Alter im Rahmen der sozialen Auswahl gemäß § 1 III S. 1 KSchG noch berücksichtigt werden kann. Einigkeit besteht, dass § 2 IV AGG der Anwendung der materiellen Diskriminierungsverbote gemäß den §§ 1–10 AGG nicht entgegensteht. Dies wird zum Teil damit begründet, dass das AGG zur Umsetzung der europarechtlichen Antidiskriminierungsrichtlinien verabschiedet worden sei. Wenn § 2 IV AGG die Anwendung der gesetzlichen Regelungen im AGG für den Bereich des Kündigungsschutzes ausschließe, sei die Vorschrift aus europarechtlichen Gründen unanwendbar.[231] Das BAG vertritt den Standpunkt, § 2 IV AGG müsse ebenso wie das Kündigungsschutzrecht richtlinienkonform ausgelegt werden und eröffne die Möglichkeit der Anwendung der europarechtlichen Diskriminierungsverbote im Kündigungsschutzrecht.[232] Müssen also die Diskriminierungsverbote des AGG im Rahmen des Kündigungsschutzes berücksichtigt werden, sind Punkteschemata, die eine automatisch anwachsende Bedeutung des Alters beinhalten, kaum vertretbar.[233] Begünstigende Senioritätsregelungen, die an das Lebensalter anknüpfen, diskriminieren wegen dieses Merk-

---

[227] BAG v. 17.11.2005 – 6 AZR 107, 05, NZA 2006, 661; KR-*Weigand*, § 125 Rn. 22; *Oetker/Friese* DZWIR 2001, 181, 182.
[228] BAG v. 2.12.1999 – 2 AZR 757/98, NZA 2000, 531 = ZIP 2000, 676 und v. 21.1.1999 – 2 AZR 624/98, RzK I 5d Nr. 26.
[229] Vgl. BAG v. 18.1.1990 – 2 AZR 357/98, NZA 1990, 729 und v. 5.12.2002 – 2 AZR 549/01, NZA 2003, 791.
[230] So ausdr BAG v. 16.5.1991 – 2 AZR 93/91 nv.
[231] *Thüsing*, BB 2007, 1506; *Düwell*, FA 2007, 107, 109; *Däubler/Bertzbach/Däubler*, AGG 2. Aufl. § 2 Rn. 256 ff.
[232] BAG v. 6.11.2008 – 2 AZR 523/07, NZA 2009, 361; ebenso ErfK/*Schlachter*, § 2 AGG Rn. 17; HWK-*Annuß/Rupp*, § 2 AGG Rn. 13.
[233] Im Einzelnen *Kaiser/Dahm*, NZA 2010, 473.

mals jüngere Arbeitnehmer unmittelbar. Sie müssen daher gemäß § 10 AGG gerechtfertigt sein. Zu prüfen ist die Notwendigkeit der unterschiedlichen Behandlung und die Verhältnismäßigkeit. Sollen Treue und Erfahrung des Arbeitnehmers honoriert werden, geschieht dies bereits durch die Berücksichtigung der Betriebszugehörigkeit. Der Schutz vor Arbeitslosigkeit hängt von der Tätigkeit, dem jeweiligen Arbeitsmarkt, persönlicher Qualifikation und Konstitution ab, folgt aber nicht automatisch aus dem höheren Lebensalter. Nach der Rechtsprechung des EuGH kann Art. 6 I RL/2000/78 EG eine Altersdiskriminierung nur legitimieren, wenn mit der jeweiligen Maßnahme Ziele des Allgemeinwohls verfolgt werden. Individuelle, auf die Situation des Arbeitgebers bezogene Beweggründe, können eine Altersdiskriminierung nicht rechtfertigen.[234] Das BAG hat sich nunmehr mit dem unionsrechtlichen Verbot der Altersdiskriminierung im Einzelnen auseinandergesetzt und ist zu dem Ergebnis gekommen, dass sowohl die gesetzliche Vorgabe in § 1 III 1 KSchG, das Lebensalter neben anderen Kriterien bei der Sozialauswahl zu berücksichtigen, als auch die durch § 1 III 2 KSchG eröffnete Möglichkeit, die soziale Auswahl zum Zwecke der Sicherung einer ausgewogenen Personalstruktur innerhalb von Altersgruppen vorzunehmen, durch § 10 S. 1 AGG bzw. Art. 6 I der Richtlinie 2000/78/EG des Rates vom 27.11.2000 gerechtfertigt sind.[235] Das BAG hat die Altersgruppenbildung auch in einem gem. § 125 InsO geschlossenen Interessenausgleich abgesegnet, weil die Allgemeinheit ein Interesse an der Sanierung von Betrieben in der Insolvenz und dem Erhalt von Arbeitsplätzen habe. Dies gilt nicht nur für die Erhaltung, sondern auch zur Schaffung einer ausgewogenen Personalstruktur.[236]

ee) *Vergleichsgruppenbildung.* Der einschränkende Prüfungsmaßstab der groben Fehlerhaftigkeit bezieht sich nicht nur auf die Gewichtung der sozialen Kriterien, sondern auf den gesamten Komplex der sozialen Auswahl, dh insbesondere auch auf die Bildung der Vergleichsgruppen. Viel wichtiger als die Gewichtung der sozialen Daten ist in der Praxis nämlich die Frage, welche Arbeitnehmer überhaupt miteinander vergleichbar, dh austauschbar sind. Die betriebliche Auswahl erstreckt sich zunächst nur auf die Arbeitnehmer des Betriebes, nicht auf solche des Unternehmens. Dies bedeutet umgekehrt, dass die soziale Auswahl nicht auf eine Betriebsabteilung, einen bestimmten betrieblichen Bereich oder einen Betriebsteil beschränkt werden darf.[237] Die Sozialauswahl erfolgt nach der ständigen Rechtsprechung des BAG betriebsbezogen und daher nicht abteilungsbezogen und auch nicht unternehmensbezogen. Dies gilt grundsätzlich auch dann, wenn sich der Arbeitgeber ein betriebsübergreifendes Versetzungsrecht vorbehalten hat.[238] In die Sozialauswahl einzubeziehen sind alle Arbeitnehmer, die nach ihrem Arbeitsvertragsinhalt vergleichbar, dh austauschbar sind. Maßgebend ist die sog. horizontale Vergleichbarkeit, dh Arbeitnehmer, die einer anderen hierarchischen Ebene angehören, sind grundsätzlich nicht miteinander vergleichbar. Es ist festzustellen, ob der Arbeitnehmer, dessen Arbeitsplatz weggefallen ist, die Aufgaben eines anderen Arbeitnehmers übernehmen kann. Die Arbeitsplätze müssen nicht identisch sein. Austauschbarkeit kann auch dann vorliegen, wenn der Arbeitnehmer auf Grund seiner Fähigkeiten und Ausbildung eine andersartige aber gleichwertige Tätigkeit ausführen kann. Mit diesen Kriterien vollzieht sich die Vergleichbarkeit auf derselben Ebene der Betriebshie-

---

[234] EuGH v. 5.3.2009 – C-388/07, NZA 2009, 305 m. Anm. v. *Roetteken,* jurisPR-ArbR 22/2009 Anm. 1.
[235] BAG v. 15.12.2011 – 2 AZR 45/11, NZA 2012, 1044; ebenso BAG v. 28.6.2012 – 6 AZR 682/10, NZA 2012, 1090 m. Anm. *Witt,* jurisPR-InsR 2/2013.
[236] BAG v. 19.12.2013 – 6 AZR 790/12, AuR 2014, 39.
[237] BAG v. 22.5.1986 – 2 AZR 612/85, NZA 1987, 125 und v. 26.2.1987 – 2 AZR 177/86, NZA 1987, 775 zu B III 1 der Gründe.
[238] BAG v. 2.6.2005 – 2 AZR 158/04, NZA 2005, 1175; BAG v. 15.12.2005 – 6 AZR 199/05, NZA 2006, 590.

rarchie.²³⁹ Die Berufsausbildung und die berufliche Erfahrung eines Arbeitnehmers können bei der Vergleichbarkeit ebenso eine Rolle spielen wie die tarifliche Eingruppierung.²⁴⁰ An der Vergleichbarkeit fehlt es, wenn der Arbeitgeber den Arbeitnehmer nicht einseitig auf einen anderen Arbeitsplatz um- oder versetzen kann.²⁴¹

103 Diese Differenzierungen und Schwierigkeiten kann der Insolvenzverwalter vermeiden, wenn es ihm gelingt, mit dem Betriebsrat einen Interessenausgleich mit Namensliste zu schließen. In diesem Fall unterliegt auch die Frage, welche Mitarbeiter überhaupt miteinander vergleichbar sind, nur einer Überprüfung im Hinblick auf grobe Fehlerhaftigkeit. Diese umfassende Einschränkung ergibt sich zwar nicht unmittelbar aus dem Wortlaut des § 125 I S. 1 Nr. 2 InsO, wohl aber aus seinem Sinn und Zweck. Danach ist eine weite Anwendung des eingeschränkten Prüfungsmaßstabs bei der Sozialauswahl geboten, denn § 125 InsO dient der Sanierung insolventer Unternehmen. Gerade im Insolvenzfall besteht zumeist ein Bedürfnis nach einer zügigen Durchführung einer Betriebsänderung und eines größeren Personalabbaus. Mit der gesetzlichen Regelung wird bezweckt, die erfolgreiche Sanierung insolventer Unternehmen zu fördern und im Insolvenzfall zusätzliche Kündigungserleichterungen zu schaffen.²⁴² Das BAG begründet dies richtigerweise mit der Erwägung, dass im Insolvenzfall der individuelle Kündigungsschutz nach § 1 KSchG zugunsten einer kollektiv-rechtlichen Regelungsbefugnis der Betriebsparteien eingeschränkt wird. Der Gesetzgeber hat für den Regelfall unterstellt, dass im Konflikt zwischen Sanierungsbedürfnis und Schutz des Arbeitsplatzes der Betriebsrat seiner Verantwortung gegenüber den von ihm vertretenen Arbeitnehmern gerecht wird und nur unvermeidbaren Entlassungen zustimmt. Dabei wird er darauf achten, dass bei der Auswahl der ausscheidenden Arbeitnehmer soziale Gesichtspunkte ausreichend berücksichtigt werden.²⁴³

104 Unterliegt auch die Vergleichbarkeit der Arbeitnehmer nur einer eingeschränkten Nachprüfung, bedarf es für die Zulässigkeit einer Gruppenbildung lediglich des Vorliegens eines sachlichen, nachvollziehbaren Grundes.²⁴⁴ Von grober Fehlerhaftigkeit kann nur die Rede sein, wenn der auswahlrelevante Personenkreis der austauschbaren Arbeitnehmer willkürlich bestimmt oder nach unsachlichen Gesichtspunkten gebildet wird.²⁴⁵ Wegen des Erfahrungsvorsprungs oder der Vermeidung von Einarbeitungszeiten können die Vergleichsgruppen bei im Wesentlichen gleicher oder ähnlicher Tätigkeit daher auch unter Zugrundelegung von Arbeitsbereichen oder Abteilungen gebildet werden. Jedenfalls hat das BAG unter dem Gesichtspunkt der sofortigen Substituierbarkeit eine grob fehlerhafte Vergleichsgruppenbildung verneint, wenn die Betriebsparteien wegen der sonst anfallenden Einarbeitungszeiten nur Arbeitnehmer bestimmter Geschäftsbereiche für vergleichbar gehalten haben.²⁴⁶ Ebenso können vielseitigere Verwendbarkeit oder Qualifikationsunterschiede eine Gruppenbildung rechtfertigen. Jedenfalls wird man die Bildung der auswahlrelevanten Personengruppen nicht deshalb als grob fehlerhaft bezeichnen können, weil die Betriebsparteien die Vergleichbarkeit auf Grund von sonst notwendigen Einarbeitungszeiten verneint haben. Dem wird entgegen gehalten,

---

[239] BAG v. 29.3.1990 – 2 AZR 369/89, NZA 1991, 181.
[240] BAG v. 15.6.1989 – 2 AZR 580/88, NZA 1990, 226 sowie v. 17.9.1998 – 2 AZR 725/97, NZA 1998, 1332.
[241] BAG v. 15.6.1989 – 2 AZR 580/88, NZA 1990, 226 und v. 29.3.1990 – 2 AZR 369/89, NZA 1991, 181; im Einzelnen KR-*Griebeling*, § 1 KSchG Rn. 621, 621a.
[242] BAG v. 28.8.2003 – 2 AZR 368/02, NZA 2004, 432 und v. 7.5.1998 – 2 AZR 536/97, NZA 1998, 933; KR-*Weigand*, § 125 Rn. 22.
[243] BAG v. 28.8.2003 – 2 AZR 368/02, NZA 2004, 432 unter Hinweis auf die Regierungsbegründung BT-Drucks. 12/2443 S. 149.
[244] LAG Hamm v. 12.11.2003 – 2 Sa 1232/03 nv.
[245] LAG Hamm v. 5.6.2003 – 4 (16) Sa 1976/02, ZInsO 2003, 1060.
[246] BAG v. 17.11.2005 – 6 AZR 107/05, NZA 2006, 661; krit. dazu *Bichlmeier*, DZWIR 2006, 287.

dass die Grundbedingungen der sozialen Auswahl durch § 125 I 1 Nr. 2 InsO nicht verändert werden, sondern nur die Einschätzung der tatsächlichen Verhältnisse und ihre Bewertung dem Gestaltungsspielraum der Betriebsparteien unterliegt, so dass immer dann ein offenkundiger Auswahlfehler vorliegt, wenn die soziale Auswahl nicht betriebsbezogen durchgeführt worden ist.[247]

ff) *Altersgruppenbildung und Herausnahme von Leistungsträgern.* Gilt der eingeschränkte Prüfungsmaßstab für den gesamten Komplex der Sozialauswahl, kann auch die Herausnahme von Leistungsträgern gem. § 1 III S. 2 KSchG und die Bildung von Altersgruppen zur Sicherung einer ausgewogenen Personalstruktur des Betriebes nur auf grobe Fehlerhaftigkeit nachgeprüft werden.[248] Es muss aber gewährleistet sein, dass die betrieblichen Interessen an der Beschäftigung bestimmter Arbeitnehmer wegen ihrer Kenntnisse, Fähigkeiten und Leistungen gegenüber den sozialen Belangen des schutzwürdigen Arbeitnehmers abgewogen werden.[249] Eine Altersgruppenbildung muss zur Erhaltung der bisherigen Altersstruktur der Belegschaft geeignet sein. Sind mehrere Gruppen vergleichbarer Arbeitnehmer von der Entlassung betroffen, muss eine proportionale Berücksichtigung aller Altersgruppen innerhalb der jeweiligen Vergleichsgruppe stattfinden. Die proportionale Beteiligung der Altersgruppen an den Entlassungen innerhalb der einzelnen Vergleichsgruppen muss darauf gerichtet sein, die bestehende Altersstruktur des Betriebes zu sichern.[250] Unter der Geltung des AGG ist umstritten, ob die Bildung von Altersgruppen mit dem Ziel einer ausgewogenen Altersstruktur gegen das Verbot der Altersdiskriminierung verstößt. Teilweise wird die Bildung von Altersgruppen ohne Weiteres für zulässig erachtet,[251] teilweise wird sie mit höheren Anforderungen verbunden;[252] andere halten die Altersgruppenbildung für diskriminierend, ohne dass sachliche Gründe sie rechtfertigen können und lehnen sie daher grundsätzlich ab.[253] Nach der Judikatur des BAG ist die Bevorzugung älterer und die unmittelbare Benachteiligung jüngerer Arbeitnehmer aber durch § 10 S. 1, S. 2 AGG und durch Art. 6 I der Richtlinie 2000/78/EG vom 27.11.2000 gerechtfertigt.[254]

gg) *Verkennung des Betriebsbegriffs.* Umstritten ist, ob auch für eine fehlerhafte Sozialauswahl wegen Verkennung des Betriebsbegriffs der Maßstab der groben Fehlerhaftigkeit gilt. Dem wird entgegengehalten, dass der Begriff des Betriebs und die Notwendigkeit, die soziale Auswahl auf den gesamten Betrieb zu erstrecken, nicht zur Gestaltungsbefugnis der Betriebsparteien gehört.[255] Die Betriebsparteien können den Betriebsbegriff nicht enger ziehen als er den gesetzlichen Vorgaben entspricht und sind daher nicht befugt, die Sozialauswahl auf bestimmte Geschäftsbereiche oder Abteilungen einzuschränken. Allerdings können die tatsächlichen Verhältnisse bezüglich der Frage, ob ein eigenständiger Filialbetrieb, ein Gemeinschaftsbetrieb oder eine einheitliche Leitung iSv § 23 KSchG vorliegt, schwierig zu beurteilen sein. Das BAG hat es als einen noch vom Maßstab der groben Fehlerhaftigkeit gedeckten Auswahlfehler angese-

---

[247] ErfK/*Gallner*, § 125 InsO Rn. 10.
[248] LAG Köln v. 10.5.2005 – 1 Sa 1510/04, ZIP 2005, 1524, 1525; BAG v. 28.8.2003 – 2 AZR 368/02, NZA 2004, 432 = ZIP 2004, 1271; BAG v. 10.6.2010 – 2 AZR 420/09, NZA 2010, 1352; ErfK/*Gallner*, § 125 InsO, Rn. 9.
[249] BAG v. 22.3.2012 – 2 AZR 167/11, NZA 2012, 1040; ErfK/*Gallner*, § 125 InsO, Rn. 13.
[250] BAG v. 22.3.2012 – 2 AZR 167/11, NZA 2012, 1040; BAG v. 19.7.2012 – 2 AZR 352/11, NZA 2013, 86.
[251] *Bauer/Krieger*, NZA 2007, 674; *Nupnau*, DB 2007, 1202.
[252] *Kamanabrou*, RdA 2007, 199; KR-*Griebeling*, § 1 KSchG Rn. 645b; *Kothe*, jurisPR-ArbR 31/2007, Anm. 1.
[253] *Däubler/Bertzbach/Brors*, AGG § 10 Rn. 109; *Bertelsmann*, AuR 2007, 369, 372.
[254] BAG v. 15.12.2011 – 2 AZR 42/10, NZA 2012, 1044; ebenso BAG v. 28.6.2012 – 6 AZR 682/10, NZA 2012, 1090.
[255] *Janzen*, AuR 2013, 203, 206.

hen, wenn die Betriebsparteien die tatsächlichen Verhältnisse bei der Abgrenzung, ob ein eigenständiger Betrieb gegeben ist, in nachvollziehbarer und ersichtlich nicht auf den Missbrauch zielender Weise verkannt haben.[256] Etwaige Fehler des Auswahlverfahrens sind unbeachtlich, wenn im Ergebnis eine vertretbare Auswahlentscheidung getroffen worden ist.[257] Dies kann sogar gelten, wenn sich die Betriebsparteien bei der Festlegung der Namensliste über eine Auswahlrichtlinie iSv § 1 IV KSchG hinwegsetzen.[258]

107 **f)** *Darlegungs- und Beweislast.* Die Vermutungswirkung hat unmittelbare Auswirkungen auf die Darlegungs- und Beweislast. Die Beweislastregel des § 1 II S. 4 KSchG wird aufgehoben: Nicht der Insolvenzverwalter muss beweisen, dass der Arbeitsplatz, auf dem der Arbeitnehmer bislang beschäftigt war, weggefallen ist, sondern der gekündigte Arbeitnehmer hat darzulegen und ggf. zu beweisen, dass keine dringenden betrieblichen Erfordernisse für die Kündigung vorliegen.[259] Der Insolvenzverwalter hat nur darzulegen und ggf. zu beweisen, dass er eine Betriebsänderung plant und darüber mit dem Betriebsrat ein ordnungsgemäß zustande gekommener Interessenausgleich mit Namensliste vorliegt. Seine Darlegungspflicht beschränkt sich auf die gesetzliche Basis der Vermutungswirkung. Es reicht nicht aus, pauschal auf den Interessenausgleich zu verweisen, weil sich daraus die geplante Betriebsänderung ergäbe. Für die tatbestandlichen Voraussetzungen der Vermutungswirkung ist der Insolvenzverwalter vielmehr in vollem Umfang darlegungs- und beweispflichtig.[260] Ergibt sich die geplante Betriebsänderung hinreichend konkret aus dem Text des niedergelegten Interessenausgleichs, kann der Insolvenzverwalter im Prozess zunächst darauf verweisen. Für den Nachweis einer geplanten Stilllegung des Betriebes kann es ausreichen, wenn der Insolvenzverwalter diesen Entschluss öffentlich gegenüber der Belegschaft bekannt gibt, eine Ausproduktion plant, der Agentur für Arbeit die Massenentlassung anzeigt und die Arbeitsverhältnisse sämtlicher Arbeitnehmer kündigt. Der Insolvenzverwalter darf den Interessenausgleich aber nicht dazu missbrauchen, Sanierungskonzepte durchzusetzen, indem er beispielsweise unmittelbar nach dem Zustandekommen des Interessenausgleichs mit Namensliste wieder Verhandlungen mit potentiellen Betriebserwerbern aufnimmt und es kurze Zeit nach Ausspruch der Kündigungen doch noch zu einem Betriebsübergang mit reduzierter Belegschaft kommt. Der ernsthaften und endgültigen Stilllegungsabsicht des Insolvenzverwalters kann entgegenstehen, dass er die Verhandlungen mit dem Betriebserwerber in Wirklichkeit nicht aufgibt, sondern lediglich unterbricht, um sie erfolgreicher nach dem Zustandekommen eines Interessenausgleichs wieder aufzunehmen.[261] Macht der gekündigte Arbeitnehmer geltend, es habe in Wirklichkeit keine Betriebsstilllegung stattgefunden, sondern ein Betriebsübergang, muss der Insolvenzverwalter seine bei Ausspruch der Kündigung bestehende ernstliche und endgültige Stilllegungsabsicht zur Überzeugung des Gerichts nachweisen. Zweifel an der endgültigen Stilllegungsabsicht können insbesondere durch nachträgliche Entwicklungen genährt werden, wenn die betrieblichen Aktivitäten durch einen Dritten ganz oder teilweise fortgeführt werden. Es kommt darauf an, ob die begleitenden Umstände die Schlussfolgerung nahe liegend erscheinen lassen, dass in Wirklichkeit eine übertragende Sanierung gewollt war, so dass von vornherein die Absicht bestand, den Betrieb ggf. in veränderter Form durch einen

---

[256] BAG v. 20.9.2012 – 6 AZR 483/11, NZA 2013, 94; vgl. auch LAG Hamm v. 11.11.2009 – 2 Sa 992/09, NZA-RR 2010, 410.
[257] BAG v. 7.7.2011 – 2 AZR 476/10, AP Nr. 26 zu § 1 KSchG 1969 Wartezeit; BAG v. 14.3.2013 – 8 AZR 155/12.
[258] BAG v. 24.10.2013 – 6 AZR 854/11, ZIP 2013, 2476.
[259] BAG v. 7.5.1998 – 2 AZR 536/97, NZA 1998, 933; BAG v. 2.12.1999 – 2 AZR 757/98, NZA 2000, 531 = ZIP 2000, 676; Uhlenbruck/Hirte/Vallender/*Berscheid*, § 125 Rn. 32, 33.
[260] BAG v. 28.8.2003 – 2 AZR 377/02, ZIP 2004, 525; BAG v. 29.9.2005 – 8 AZR 647/04, NZA 2006, 720; LAG Hamm v. 19.9.2007 – 2 Sa 1844/06, AuA 2008, 434.
[261] Vgl. BAG v. 29.9.2005 – 8 AZR 647/04, NZA 2006, 720.

anderen Rechtsträger fortzuführen.[262] Will der Arbeitnehmer geltend machen, sein Arbeitsplatz sei nicht weggefallen, oder er könne woanders weiterbeschäftigt werden, muss er dies im Einzelnen darlegen und im Bestreitensfall beweisen. Gegen die Vermutung des § 1 V KSchG ist nur der Beweis des Gegenteils gem. § 292 ZPO zulässig.[263]

g) *Auskunftspflicht.* Will der in einer Namensliste aufgeführte gekündigte Arbeitnehmer die grobe Fehlerhaftigkeit der Sozialauswahl geltend machen, kann er im Kündigungsschutzprozess gem. § 1 III S. 1 2. Hs KSchG verlangen, dass der Insolvenzverwalter ihm die Gründe mitteilt, die zu der getroffenen Sozialauswahl geführt haben. Dazu gehören Angaben über die Bildung der auswahlrelevanten Personengruppen und ggf. die Herausnahme vergleichbarer Arbeitnehmer aus den in § 1 III S. 2 KSchG genannten Gründen.[264] Einen Anspruch auf die vollständige Auflistung der Sozialdaten aller objektiv vergleichbaren Arbeitnehmer hat er nicht.[265] Erst wenn der Insolvenzverwalter seiner Auskunftspflicht nachgekommen ist, muss der gekündigte Arbeitnehmer die seiner Auffassung nach sozial wenig schutzbedürftigen Arbeitnehmer namentlich benennen. Der Arbeitnehmer trägt dann gem. § 1 III S. 3 KSchG die volle Darlegungslast für die Fehlerhaftigkeit der vorgenommenen Sozialauswahl.[266] **108**

h) *Spätere Änderung der Sachlage.* Gem § 125 I S. 2 InsO gelten die Vermutung der Betriebsbedingtheit und die beschränkte Nachprüfung der sozialen Auswahl nicht, wenn sich die Sachlage nach Zustandekommen des Interessenausgleichs wesentlich geändert hat. Die Änderung muss so wesentlich sein, dass von einem Wegfall der Geschäftsgrundlage auszugehen ist und die Betriebsparteien den Interessenausgleich nicht oder nicht mit diesem Inhalt geschlossen hätten.[267] Nach der Entstehungsgeschichte war an den Fall gedacht, dass ein Interessenausgleich über eine Betriebsstilllegung vereinbart wurde, nach Ausspruch der Kündigungen aber ein Erwerber den Betrieb übernimmt.[268] Demgegenüber kommt es nach der Rechtsprechung für die Beurteilung, ob sich die Sachlage geändert hat, auf den Zeitpunkt des Zugangs der Kündigung an. Bei späteren Änderungen soll nur ein Wiedereinstellungsanspruch in Betracht kommen.[269] Diese Auffassung erscheint nicht unproblematisch, wenn Kündigungen bereits vor dem Eintritt der geänderten Entwicklung ausgesprochen werden. Ist eine in Etappen mit mehreren Kündigungswellen durchzuführende Betriebsstilllegung geplant und kommt es dann doch noch zu einer Fortführung des Betriebes – ggf. durch einen Betriebs- oder Betriebsteilerwerber –, könnte für einen Teil der entlassenen Arbeitnehmer die Vermutungswirkung eingreifen, für andere aber nicht. Richtigerweise ist nicht streng auf den Zeitraum zwischen dem Abschluss des Interessenausgleichs mit Namensliste und dem Zugang der Kündigungen abzustellen, sondern darauf, ob die dem Interessenausgleich zugrunde liegende Betriebsänderung wie geplant durchgeführt wird oder nicht. Der Beschleunigungszweck des § 125 I InsO steht dem nicht zwingend entgegen, denn es ist zwischen den Sanierungs- und Fortführungsinteressen einerseits und den Bestands- **109**

---

[262] Vgl. dazu BAG v. 26.4.2007 – 8 AZR 695/05, ZIP 2007, 2136; BAG v. 27.11.2003 – 2 AZR 48/03, NZA 2004, 477.
[263] BAG v. 27.9.2012 – 2 AZR 516/11, DB 2013, 880.
[264] BAG v. 10.2.1999 – 2 AZR 716/98, NZA 1999, 702; KR-*Weigand,* § 125 Rn. 23; *Uhlenbruck/Berscheid,* § 125 Rn. 45.
[265] BAG v. 27.9.2012 – 2 AZR 516/11, DB 2013, 880.
[266] BAG v. 10.2.1999 – 2 AZR 716/98, NZA 1999, 702; Uhlenbruck/Hirte/Vallender/*Berscheid,* § 125 Rn. 45.
[267] BAG v. 21.2.2001 – 2 AZR 39/00, ZIP 2001, 1875 = ZInsO 2001, 1071; LAG Köln v. 1.8.1997 – 11 Sa 355/97, NZA-RR 1998, 160; Uhlenbruck/Hirte/Vallender/*Berscheid,* § 125 Rn. 80.
[268] BT-Drucks. 12/7302, S. 172; Oetker/Friese DZWIR 2001, 183; *Zwanziger,* § 125 Rn. 43 unter Hinweis auf *Schmidt-Räntsch,* § 125 InsO Rn. 6.
[269] BAG v. 21.2.2001 – 2 AZR 39/00 unter II 3 der Gründe, ZIP 2001, 1825; ebenso *Löwisch* RdA 1997, 80, 82 und *Fischermeier* NZA 1997, 1089, 1098; GK-BetrVG-*Oetker,* §§ 112, 112a Rn. 83.

schutzinteressen der zu kündigenden Arbeitnehmer andererseits abzuwägen.[270] Es ist systematisch unzutreffend, allein auf den Zeitpunkt für die Beurteilung der Wirksamkeit der Kündigung abzustellen und nachträgliche Veränderungen für unerheblich anzusehen.[271] Das Gesetz spricht nur von einer Änderung der Sachlage nach dem Zustandekommen des Interessenausgleichs. Handelt es sich bei der wesentlichen Änderung der Sachlage um eine dem Wegfall der Geschäftsgrundlage gleichzusetzende Kategorie, kann die Vermutungswirkung nicht eingreifen, wenn sich nachträglich herausstellt, dass sich die Annahmen und Umstände, die Grundlage der Interessenausgleichsvereinbarung waren, erheblich geändert haben (vgl. § 313 BGB nF). Bei einer gestörten Geschäftsgrundlage kann gem. § 313 BGB entweder die Anpassung des Vertrages verlangt werden oder der benachteiligte Teil kann vom Vertrag zurücktreten, § 313 III S. 1 BGB. Im Ergebnis kann dies nur eine Suspendierung der Vermutungswirkung bedeuten. Schließlich wird der herrschenden Meinung[272] mit beachtlicher Argumentation entgegengehalten, dass es nach dem Normzweck des § 125 I S. 1 InsO darum geht, ob aufgrund eingetretener Veränderungen die Vermutungswirkung für den einzelnen Arbeitnehmer noch eingreifen kann.[273] Das BAG ist aber bei seinem Standpunkt geblieben, dass § 1 V 3 KSchG nur solche Änderungen erfasst, die bis zum Zugang der Kündigung eingetreten sind. Bei späteren Änderungen kommt nach Auffassung des BAG allenfalls ein Wiedereinstellungsanspruch in Betracht.[274]

110 Eine wesentliche Änderung der Sachlage ist nicht gegeben, wenn sich lediglich die Anzahl der zu entlassenen Arbeitnehmer verringert, weil andere Arbeitnehmer durch Aufhebungsvertrag oder Eigenkündigung ausgeschieden sind.[275] Handelt es sich bei der Betriebsänderung um einen Personalabbau iSv § 112a BetrVG, sind die Größenordnung und Prozentangaben des § 17 I KSchG maßgebend.[276] Bleibt der Personalabbau hinter den Zahlen des § 112a BetrVG zurück, liegt in Wirklichkeit keine Betriebsänderung vor, so dass auch die Vermutungswirkung gem. § 125 I InsO nicht eingreifen kann.[277] Eine wesentliche Änderung der Sachlage iSv § 125 I S. 3 InsO ist immer dann anzunehmen, wenn die Betriebsänderung nicht wie geplant durchgeführt wird oder die Planung geändert und statt der Einschränkung die Stilllegung des Betriebes beschlossen wird. Gleiches muss gelten, wenn die geplante Betriebsteilveräußerung scheitert oder es umgekehrt doch noch zu einer übertragenden Sanierung des Betriebes auf einen Erwerber kommt. Dies entspricht dem Willen des Gesetzgebers und kann mit Wortlaut und Systematik der Vorschrift in Einklang gebracht werden.

111 Keine wesentliche Änderung der Sachlage stellt es dar, wenn der Insolvenzverwalter im Falle einer beabsichtigten Stilllegung des Betriebes den Zeitraum der Ausproduktion verlängert, um eine bessere Verwertung der Masse zu erreichen. Die nach Ablauf der Kündigungsfrist vereinbarte Anschlussbefristung kann aber als Einstellung gem. § 99 BetrVG mitbestimmungspflichtig sein.[278] Wenn der Insolvenzverwalter also wie in der Praxis üblich dem gekündigten Arbeitnehmern über den Ablauf der Kündigungsfrist

---

[270] So zutreffend *Oetker/Friese* DZWIR 2001, 183; aA *Kübler/Prütting/Moll*, § 125 Rn. 75; *Grunsky/Moll*, Rn. 369; Uhlenbruck/Hirte/Vallender/*Berscheid*, § 125 Rn. 82.

[271] So aber *Grunsky/Moll*, Rn. 369.

[272] Vgl. zuletzt BAG v. 22.1.2004 – 2 AZR 111/02, FA 2004, 227; *Gaul*, BB 2004, 2686, 2691.

[273] HWK/*Annuß*, § 125 InsO Rn. 13; aA *Kübler/Prütting/Moll*, § 125 Rn. 70; vgl. zur Problematik LAG Hamm v. 25.11.2004 – 4 Sa 1120/03, ZInsO 2005, 616 m. Anm. *Fleddermann* ZInsO 2005, 580.

[274] BAG v. 15.12.2011 – 2 AZR 42/10, NZA 2012, 1044.

[275] Uhlenbruck/Hirte/Vallender/*Berscheid*, § 125 Rn. 81; *Oetker/Friese* DZWIR 2001, 182; aA MüKoInsO/*Löwisch/Caspers*, § 125 Rn. 104.

[276] Uhlenbruck/Hirte/Vallender/*Berscheid*, § 125 Rn. 81.

[277] Uhlenbruck/Hirte/Vallender/*Berscheid*, § 125 Rn. 81; Nerlich/Römermann/*Hamacher*, § 125 Rn. 62; aA *Kübler/Prütting/Moll*, § 125 Rn. 12.

[278] BAG v. 7.8.1990 – 1 ABR 68/89, NZA 1991, 150; *Fitting*, § 99 Rn. 38; Richardi/*Thüsing*, § 99 Rn. 41; ErfK/*Kania*, § 99 Rn. 6.

hinaus eine befristete Weiterbeschäftigung anbietet, handelt es sich um eine mitbestimmungspflichtige Einstellung, welche der Zustimmung des Betriebsrats bedarf.

i) *Zuordnung zu einem Betriebsteil.* Besteht die Betriebsänderung darin, dass ein Betriebsteil ausgegliedert oder veräußert wird, stellt sich die Frage, ob mit Hilfe eines Interessenausgleichs mit Namensliste in Zweifelsfällen auch Zuordnungsentscheidungen getroffen werden können, die nur der eingeschränkten Nachprüfung auf grobe Fehlerhaftigkeit unterliegen. Gem § 613a I S. 1 BGB gehen im Falle eines Betriebsteilübergangs nur die Arbeitsverhältnisse derjenigen Arbeitnehmer über, die dem betreffenden Betriebsteil angehören.[279] Probleme bereiten diejenigen Arbeitnehmer, die wechselnd in verschiedenen Abteilungen tätig sind und Arbeitnehmer mit Stabs- und Leitungsfunktionen, die Tätigkeiten für den gesamten Betrieb oder für mehrere Betriebsabteilungen erbringen. Es gibt Arbeitnehmer, die als Springer in verschiedenen Betriebsabteilungen eingesetzt werden oder die in Stabs- oder Querschnittsfunktionen wie zB im Einkauf, Vertrieb, in der Buchhaltung oder im Personalwesen für den gesamten Betrieb oder für mehrere Betriebsteile arbeiten.[280] Es kommt maßgebend darauf an, ob der Arbeitsplatz in die Struktur des jeweiligen Betriebsteils eingebunden ist, andernfalls nimmt er an der Betriebsteilausgliederung nicht teil, sondern verbleibt beim Restbetrieb. **112**

In den Umwandlungsfällen, dh bei Verschmelzung, Spaltung oder Vermögensübertragung, kann gem. § 323 II UmwG ein Interessenausgleich vereinbart werden, in dem diejenigen Arbeitnehmer namentlich bezeichnet werden, die nach der Umwandlung einem bestimmten Betrieb oder Betriebsteil zugeordnet werden sollen. In diesem Fall kann die Zuordnung wie in § 125 I S. 1 Nr. 2 InsO nur auf grobe Fehlerhaftigkeit nachgeprüft werden. Ungelöst ist aber das Verhältnis zu § 613a BGB, dessen bindende Wirkung von § 323 II UmwG unberührt bleibt.[281] Überwiegend wird angenommen, dass keine Regelungsbefugnis besteht, die Arbeitsverhältnisse im Spaltungsvertrag abweichend von § 613a BGB zuzuordnen, vielmehr die Betriebsparteien an die Wertungen des § 613a BGB gebunden sind.[282] **113**

Wird ein bisher organisatorisch einheitlicher Betrieb gespalten, kann es sich bei der Ausgliederung eines abgespaltenen Betriebsteils um eine Betriebsänderung iSv § 111 S. 3 Nr. 3 BetrVG handeln.[283] Daneben kann eine Einschränkung des Betriebes gem. § 111 S. 3 Nr. 1 BetrVG vorliegen oder die Verringerung der Anzahl der Arbeitnehmer des Betriebes kann die maßgebliche Zahl von Entlassungen gem. § 112a I BetrVG erreichen.[284] In diesen Fällen bedarf es keines Rückgriffs auf § 323 II UmwG,[285] sondern § 125 InsO findet unmittelbar Anwendung. Die Betriebsparteien können den Kreis der vergleichbaren Arbeitnehmer festlegen, sind dabei aber an die gesetzlichen Vorgaben gem. § 613a BGB gebunden. Bei nicht eindeutiger Zuordnung muss es zulässig sein, dass die Betriebsparteien nach sachlichen Gesichtspunkten festlegen, welche Arbeitnehmer dem übertragenden Betriebsteil angehören und welche im Restbetrieb verbleiben. Derartige sachliche Gesichtspunkte können bei einer Stichtagsregelung oder im **114**

---

[279] BAG v. 13.11.1997 – 8 AZR 375/96, NZA 1998, 249, v. 18.4.2002 – 8 AZR 346/01, NZA 2002, 1207, v. 13.2.2003 – 8 AZR 102/02, NZA 2003, 111 und v. 25.9.2003 – 8 AZR 446/02, DZWIR 2004, 113 = ZInsO 2004, 55.

[280] Vgl. dazu *Willemsen/Hohenstatt/Schweibert/Seibt*, G Rn. 157.

[281] Zur Problematik vgl. im Einzelnen *Willemsen/Hohenstatt/Schweibert/Seibt*, G Rn. 161, 162; GK-BetrVG-*Fabricius/Oetker*, §§ 112, 112a Rn. 22; ErfK/*Preis*, § 613a Rn. 179.

[282] ErfK/*Preis*, § 613a Rn. 179; *Willemsen/Hohenstatt/Schweibert/Seibt*, G Rn. 162; *Willemsen* NZA 1996, 791, 799.

[283] *Fitting*, § 111 Rn. 87; GK-BetrVG-*Fabricius/Oetker*, §§ 111 Rn. 106, 129; ErfK/*Kania*, § 111 Rn. 14.

[284] Vgl. dazu BAG v. 24.2.2000 – 8 AZR 180/99, NZA 2000, 785.

[285] So aber Uhlenbruck/Hirte/Vallender/*Berscheid*, § 125 Rn. 23.

Falle einer überwiegenden Tätigkeit anerkannt werden.[286] Es wäre aber grob fehlerhaft, bisher in einem bestimmten Betriebsteil tätige Arbeitnehmer einem anderen Betriebsteil oder dem Restbetrieb zuzuordnen, um auf diese Weise den Übergang ihrer Arbeitsverhältnisse auf den Betriebsteilerwerber zu verhindern.[287]

115 **9. Beschlussverfahren zum Kündigungsschutz.** Die mit der Sanierung eines insolventen Unternehmens verbundenen Personalanpassungsmaßnahmen sollen nicht durch langwierige Kündigungsschutzprozesse verzögert werden. Stilllegungen und Personalanpassungen sind regelmäßig Betriebsänderungen iSv § 111 BetrVG und dürfen daher erst durchgeführt werden, wenn darüber gem. § 112 I BetrVG ein schriftlich niedergelegter Interessenausgleich zustande gekommen ist. Ist in dem Betrieb des Insolvenzschuldners kein Betriebsrat vorhanden, kann es nicht zu einem Interessenausgleich gem. § 125 InsO kommen. Deshalb hat der Gesetzgeber dem Insolvenzverwalter gem. § 126 InsO ein besonderes Verfahren zur Verfügung gestellt, um vom Arbeitsgericht in einem einheitlichen Beschlussverfahren die soziale Rechtfertigung der Kündigungen feststellen zu lassen. Dieses Verfahren soll durch eine beschleunigte und einheitliche Klärung der Zulässigkeit eines Personalabbaus beitragen, ohne dabei in den Kündigungsschutz einzugreifen.[288] Die gebündelte Überprüfung der sozialen Rechtfertigung betriebsbedingter Kündigungen des Insolvenzverwalters ist ein neu geschaffenes Instrument ohne Vorbild. Der an das KSchG und die einschlägigen kündigungsschutzrechtlichen Bestimmungen gebundene Insolvenzverwalter kann beim Arbeitsgericht auf seinen Antrag hin feststellen lassen, dass die Kündigung der Arbeitsverhältnisse bestimmter im Antrag bezeichneter Arbeitnehmer durch dringende betriebliche Erfordernisse bedingt und sozial gerechtfertigt ist. Die rechtskräftige Entscheidung im Verfahren nach § 126 InsO ist gem. § 127 InsO für den Kündigungsschutzprozess des Arbeitnehmers bindend.

116 Da § 126 I InsO nicht ausdrücklich auf eine Betriebsänderung iSv § 111 BetrVG verweist, ist das Beschlussverfahren zum Kündigungsschutz auch dann zulässig, wenn der Betrieb weniger als 20 Mitarbeiter zählt.[289] Die Vorschrift erfasst daher alle Fälle von betriebsbedingten Kündigungen und setzt keine Betriebsänderung iSv § 111 BetrVG oder einen Personalabbau iSv § 112a BetrVG voraus.[290]

117 a) *Tatbestandliche Voraussetzungen.* Der Antrag nach § 126 I S. 1 InsO setzt voraus, dass im Betrieb entweder kein Betriebsrat gewählt worden ist oder die Verhandlungen über einen Interessenausgleich iSv § 125 I InsO erfolglos geblieben sind. Ist ein Interessenausgleich mit Namensliste gem. § 125 InsO zustande gekommen, ist der Antrag nach § 126 InsO unzulässig.[291] In diesem Fall ist das besondere Beschlussverfahren nach § 126 InsO nicht erforderlich, weil schon durch den Interessenausgleich mit Namensliste zugunsten des Insolvenzverwalters die Vermutung erreicht wird, dass die Kündigung durch dringende betriebliche Erfordernisse, die einer Weiterbeschäftigung entgegen stehen, bedingt ist.

118 Hat der Betrieb keinen Betriebsrat, kann der Insolvenzverwalter den Antrag nach § 126 I InsO sofort ohne Einhaltung einer bestimmten Frist stellen. Der Insolvenzverwalter ist in betriebsratslosen Betrieben nicht verpflichtet, vor der Antragstellung zu-

---

[286] Vgl. dazu *Commandeur/Kleinebrink* NZA-RR 2004, 449, 454.
[287] *Willemsen/Hohenstatt/Schweibert/Seibt*, G Rn. 162.
[288] *Müller-Limbach*, S. 14 unter Hinweis auf die Entstehungsgeschichte.
[289] KR-*Weigand*, § 126 Rn. 3; ErfK/*Gallner*, § 126 Rn. 1; aA *Kübler/Prütting/Moll*, § 126 Rn. 11, 12.
[290] AA Uhlenbruck/Hirte/Vallender/*Berscheid*, §§ 126, 127 Rn. 8; *Zwanziger*, § 126 Rn. 8; wie hier MüKoInsO-*Löwisch/Caspers*, § 126 Rn. 6; *Stahlhacke/Preis/Vossen*, Rn. 2181; ErfK/*Gallner*, § 126 InsO Rn. 1; *Kübler/Prütting/Moll*, § 126 Rn. 11.
[291] *Lakies* NZI 2000, 345, 346; Nerlich/Römermann/*Hamacher*, § 126 Rn. 5.

nächst einen Versuch zu unternehmen, sich mit der Belegschaft über ein freiwilliges Ausscheiden zu einigen.[292] Ist ein Betriebsrat vorhanden, kann der Antrag erst nach Ablauf von drei Wochen gestellt werden, wenn innerhalb dieser Frist ein Interessenausgleich trotz ordnungsgemäßer Unterrichtung des Betriebsrats nicht zustande gekommen ist. Dies setzt voraus, dass der Insolvenzverwalter den Betriebsrat schriftlich zur Aufnahme von Verhandlungen zu einem Interessenausgleich aufgefordert und ihn rechtzeitig und umfassend über die geplante Betriebsänderung unterrichtet hat. Erklären beide Seiten die Verhandlungen vor Ablauf der Drei-Wochen-Frist für gescheitert, kann der Antrag nach § 126 I InsO ab diesem Zeitpunkt gestellt werden.[293]

b) *Umfang der arbeitsgerichtlichen Prüfung.* Die Arbeitsgerichte überprüfen gem. § 126 I **119** S. 1 InsO, ob die Kündigung durch dringende betriebliche Erfordernisse bedingt und sozial gerechtfertigt ist. Die Betriebsbedingtheit der Kündigung ist uneingeschränkt nachprüfbar, während die soziale Auswahl wie in § 125 I S. 1 Nr. 2 InsO nur im Hinblick auf die drei sozialen Auswahlkriterien, nämlich Dauer der Betriebszugehörigkeit, Lebensalter und Unterhaltspflichten nachgeprüft werden kann. Anders als bei dem Interessenausgleich mit Namensliste gem. § 125 I InsO gilt aber nicht der eingeschränkte Prüfungsmaßstab der groben Fehlerhaftigkeit, sondern es wird nur die Einbeziehung anderer sozialer Gesichtspunkte ausgeschlossen. Der Insolvenzverwalter kann sich bei der Darstellung der erforderlichen Sozialdaten darauf beschränken, den Eintritt der Arbeitnehmer in den Betrieb, ihr Lebensalter und ihre Unterhaltspflichten mitzuteilen. Das Arbeitsgericht überprüft dann nur, ob die vom Insolvenzverwalter getroffene soziale Auswahl gemessen an diesen Kriterien nicht mehr ausreichend iSv § 1 III S. 1 KSchG ist.[294]

Umstritten ist, ob der Insolvenzverwalter Abweichungen von den vorgegebenen Kri- **120** terien durch Schaffung einer ausgewogenen Altersstruktur rechtfertigen kann. Dies wird mit der Begründung verneint, in § 126 I S. 2 InsO fehle ein entsprechender Verweis auf § 125 I S. 1 Nr. 2 InsO. Nur bei einem Interessenausgleich mit Namensliste sei es gestattet, eine soziale Auswahl nicht als grob fehlerhaft anzusehen, wenn eine ausgewogene Personalstruktur erhalten oder geschaffen werde.[295] Dem wird entgegen gehalten, dass § 126 InsO den nicht zustande gekommenen Interessenausgleich ersetzen soll.[296] Dabei wird übersehen, dass das Beschlussverfahren zum Kündigungsschutz gem. § 126 InsO auch für betriebsratslose Betriebe gilt. Der Gesetzgeber geht davon aus, dass der Betriebsrat im Sinne eines kollektiven Kündigungsschutzes die Interessen der betroffenen Arbeitnehmer wahrnimmt und deshalb ein vom Betriebsrat mitgetragener Interessenausgleich gem. § 125 InsO weitergehende Wirkungen entfalten kann.[297] Gerade deshalb sind die §§ 125 und 126 InsO nicht kongruent. Kommt ein Interessenausgleich nicht zustande oder ist in dem Betrieb kein Betriebsrat gewählt, kann von einer Wahrnehmung oder einem Ausgleich der schutzwürdigen sozialen Interessen der betroffenen Arbeitnehmer nicht ausgegangen werden. Fehlt die durch den Betriebsrat gewährleistete Legitimität der Kündigungen, beschränkt sich die Überprüfung im Rahmen des § 126 InsO auf den im Normalfall anzuwendenden Prüfungsmaßstab bei einer betriebsbedingten Kündigung. Lediglich bei der sozialen Auswahl gelten gem. § 126 I S. 2 InsO Erleichterungen, indem sie auf die drei Grundkriterien beschränkt wird. Deshalb kann

---

[292] BAG v. 29.6.2000 – 8 ABR 44/99, NZA 2000, 1180; KR-*Weigand*, § 126 Rn. 4.
[293] KR-*Weigand*, § 126 Rn. 7; Uhlenbruck/Hirte/Vallender/*Berscheid*, §§ 126, 127 Rn. 13.
[294] *Lakies* NZI 2000, 346, 347; Uhlenbruck/Hirte/Vallender/*Berscheid*, §§ 126, 127 Rn. 25; MüKoInsO/*Löwisch/Caspers*, § 126 Rn. 23.
[295] *Lakies* NZI 2000, 346.
[296] Uhlenbruck/Hirte/Vallender/*Berscheid*, §§ 126, 127 Rn. 28; *Ennemann* KS 1473, 1506, 1507.
[297] Nerlich/Römermann/*Hamacher*, § 125 Rn. 1 unter Hinweis auf die Begründung des RegE und die Begründung im Rechtsausschuss.

der Insolvenzverwalter im Verfahren nach § 126 I InsO nicht mit Erfolg geltend machen, die soziale Auswahl diene dazu, eine ausgewogene Personalstruktur zu erhalten oder zu schaffen.[298]

121   Stellt das Gericht im Beschlussverfahren die soziale Rechtfertigung der Kündigung fest, ist diese Entscheidung für die daneben immer noch möglichen Individualklagen gem. § 127 InsO bindend. Die Bindungswirkung bezieht sich in vollem Umfang auf die soziale Rechtfertigung der Kündigung aus betriebsbedingten Gründen gem. § 1 II und III KSchG. Deshalb können im Rahmen des § 126 I S. 1 InsO auch die Vergleichbarkeit der Arbeitnehmer und die Herausnahme einzelner Arbeitnehmer aus der sozialen Auswahl aus betriebstechnischen, wirtschaftlichen oder sonstigen berechtigten betrieblichen Bedürfnissen gem. § 1 III S. 2 KSchG geprüft werden.[299]

122   c) *Kündigungsbefugnis.* Der Insolvenzverwalter braucht mit dem Ausspruch der Kündigungen nicht bis zum Abschluss des Verfahrens nach § 126 InsO zu warten, sondern er kann die Kündigungen bereits vor Einleitung des Beschlussverfahrens, während des Beschlussverfahrens oder nach Abschluss des Beschlussverfahrens aussprechen. Das erforderliche Rechtsschutzbedürfnis für die Einleitung eines Beschlussverfahrens gem. § 126 I InsO besteht auch dann, wenn die Kündigungen bereits ausgesprochen worden sind.[300]

123   Der Antrag nach § 126 I InsO kann auch vom vorläufigen Insolvenzverwalter gestellt werden. In diesem Fall überprüft das Arbeitsgericht nicht isoliert die Betriebsbedingtheit der Kündigung und ihre soziale Rechtfertigung gem. § 126 I S. 2 InsO, sondern auch, ob der vorläufige Insolvenzverwalter überhaupt zum Ausspruch der Kündigungen berechtigt war. Hierbei handelt es sich nicht um einen sonstigen Unwirksamkeitsgrund, der im Beschlussverfahren nach § 126 InsO an sich nicht zu prüfen ist, sondern der Antrag kann nach Wortlaut, Sinn und Zweck des Gesetzes nur dann begründet sein, wenn er von dem kündigungsberechtigten Insolvenzverwalter gestellt wird.[301] Ist die Kündigung schon mangels Kündigungsberechtigung unheilbar unwirksam, braucht sie auf ihre soziale Rechtfertigung nicht überprüft zu werden. Der Antrag kann daher von einem vorläufigen Insolvenzverwalter nur dann erfolgversprechend gestellt werden, wenn das Insolvenzgericht dem Insolvenzschuldner gem. § 21 II Nr. 2 InsO ein allgemeines Verfügungsverbot auferlegt hat. Nur in diesem Fall geht gem. § 22 I InsO die Verwaltungs- und Verfügungsbefugnis über das Vermögen des Schuldners auf den vorläufigen Insolvenzverwalter über.

124   d) *Kündigung wegen eines Betriebsübergangs.* Gem § 128 II erstreckt sich die gerichtliche Feststellung nach § 126 I S. 1 InsO auch darauf, dass die Kündigung der Arbeitsverhältnisse nicht wegen des Betriebsübergangs erfolgt ist. Demzufolge wird im Beschlussverfahren zum Kündigungsschutz auch geprüft, ob überhaupt ein Betriebsübergang gem. § 613a BGB stattgefunden hat und ob der Betriebsübergang die überwiegende Ursache für den Ausspruch der Kündigung war. Ein bevorstehender Betriebsübergang führt nur dann zur Unwirksamkeit der Kündigung gem. § 613a IV BGB, wenn die den Betriebsübergang ausmachenden Tatsachen im Zeitpunkt des Zugangs der Kündigung bereits feststehen oder zumindest greifbare Formen angenommen haben.[302] Die Regelung in § 128 II InsO darf aber nicht dahin missverstanden werden, dass im Rahmen des Beschlussverfahrens nach § 126 InsO eine gesonderte Prüfung stattfindet, ob das Arbeits-

---

[298] KR-*Weigand*, § 126 Rn. 14; ErfK/*Ascheid*, § 126 Rn. 4; aA Uhlenbruck/Hirte/Vallender/*Berscheid*, §§ 126, 127 Rn. 28.
[299] ErfK/*Gallner*, § 126 Rn. 5; Nerlich/Römermann/*Hamacher*, § 126 Rn. 40; MüKoInsO/*Löwisch/Caspers*, § 126 Rn. 23.
[300] BAG v. 29.6.2000 – 8 ABR 44/99, NZA 2000, 1180 = NZI 2000, 495 = ZIP 2000, 1588.
[301] So ausdr BAG v. 29.6.2000 – 8 ABR 44/99 unter IV 2a der Gründe, NZA 2000, 1180.
[302] BAG v. 26.8.1999 – 8 AZR 827/98, NZA 2000, 371 = ZIP 2000, 286.

verhältnis wegen eines Betriebsübergangs oder eines Betriebsteilübergangs ausgesprochen worden ist. Die gerichtliche Feststellung erstreckt sich nur auf die soziale Rechtfertigung der Kündigung. Wird gerichtlich festgestellt, dass die Kündigung aus betriebsbedingten Gründen ausgesprochen worden und die soziale Auswahl nicht zu beanstanden ist, steht damit ein in sich tragfähiger Kündigungsgrund gem. § 613a IV S. 2 BGB fest; das Kündigungsverbot gem. § 613a IV S. 1 BGB wird nicht tangiert.[303]

e) *Bindungswirkung des Beschlusses.* Der rechtskräftige Feststellungsbeschluss hat für die Kündigungsschutzklagen der betroffenen Arbeitnehmer präjudizierende Wirkung. Die Bindungswirkung tritt nicht nur bei einer positiven Entscheidung zugunsten des Insolvenzverwalters ein, sondern gilt gleichermaßen auch dann, wenn der Antrag des Insolvenzverwalters als unbegründet zurückgewiesen worden ist.[304] **125**

Wird dem Feststellungsantrag stattgegeben, müssen die immer noch möglichen Kündigungsschutzklagen der betroffenen Arbeitnehmer ohne sachliche Prüfung erfolglos bleiben. Von der Rechtskraft des Beschlusses nach § 126 I S. 1 InsO werden aber nur diejenigen Arbeitnehmer fasst, die am Verfahren beteiligt worden sind. Die Bindungswirkung erstreckt sich umfassend auch auf die Richtigkeit der sozialen Auswahl. Allerdings hat es der Gesetzgeber versäumt, die §§ 126, 127 InsO an die Neufassung des § 1 III KSchG anzupassen. **126**

Von der Bindungswirkung ausgenommen bleiben andere Unwirksamkeitsgründe, wie beispielsweise die fehlerhafte Betriebsratsanhörung, die fehlende vorherige Zustimmung des Integrationsamtes bei schwerbehinderten Menschen gem. § 85 SGB IX oder die nicht eingehaltene Schriftform gem. § 623 BGB oder die fehlende Vorlage einer Vollmacht gem. § 174 BGB.[305] **127**

f) *Rechtsmittel.* Gegen den Beschluss des Arbeitsgerichts ist anders als im allgemeinen Beschlussverfahren gem. § 83 ArbGG die Beschwerde an das Landesarbeitsgericht nicht eröffnet. § 126 II S. 2 InsO verweist nämlich auf die entsprechende Geltung des § 122 S. 3 und III InsO. Wie in dem Verfahren auf gerichtliche Zustimmung zur Durchführung einer Betriebsänderung ist aus Gründen der Verfahrensbeschleunigung nur die Rechtsbeschwerde an das BAG gegeben, wenn das Arbeitsgericht sie in seinem Beschluss zugelassen hat. Das Arbeitsgericht muss in seinem Beschlusstenor ausdrücklich aufnehmen, ob es die Rechtsbeschwerde zulässt oder nicht (§§ 64 III a, 72 I, 92 I S. 2 ArbGG). Hat das Arbeitsgericht die Rechtsbeschwerde nicht zugelassen, findet dagegen die Nichtzulassungsbeschwerde an das BAG nicht statt.[306] **128**

g) *Praktische Bedeutung und Darlegungslast des Insolvenzverwalters.* Die praktische Bedeutung des Beschlussverfahrens zum Kündigungsschutz darf nicht überschätzt werden. Das erstrebte Ziel, die Wirksamkeit der Kündigungen möglichst rasch und einheitlich zu klären und langwierige Kündigungsschutzverfahren zu vermeiden, kann schwerlich erreicht werden.[307] Die Verfahren können sich hinziehen, wenn das Arbeitsgericht nicht rasch entscheidet oder die Rechtsbeschwerde zulässt. Ist der Sachverhalt nicht hinreichend aufgeklärt, muss das BAG an die erste Instanz zurückverweisen.[308] **129**

Den Insolvenzverwalter trifft eine umfangreiche Vortrags- und Darlegungslast. Sein Antrag muss enthalten: **130**
– die Namen und Anschriften der betroffenen Arbeitnehmer, die am Verfahren als Beteiligte teilnehmen,

---

[303] *Müller-Limbach,* S. 99, 100.
[304] *Müller-Limbach,* S. 120; Nerlich/Römermann/*Hamacher,* § 127 Rn. 4; ErfK/*Gallner,* § 127 Rn. 2; Uhlenbruck/Berscheid, §§ 126, 127 Rn. 42.
[305] *Lakies* NZI 2000, 347.
[306] BAG v. 14.8.2001 – 2 ABN 20/01, ZInsO 2001, 1071 = BB 2001, 2535.
[307] *Picot/Schnitker,* Teil VII Rn. 47; *Müller-Limbach,* S. 149, 150.
[308] So geschehen durch Beschl. des BAG v. 20.1.2000 – 2 ABR 30/99, NZI 2000, 498.

- die Kündigungsbefugnis des vorläufigen Insolvenzverwalters,
- die dringenden betrieblichen Erfordernisse,
- die sozialen Daten der betroffenen Arbeitnehmer, nämlich ihre Betriebszugehörigkeit, das Lebensalter und ihre Unterhaltspflichten,
- die im Rahmen der Sozialauswahl vergleichbaren Arbeitnehmer, dh die Bildung von Arbeitnehmergruppen, die nach ihren Tätigkeiten, Fähigkeiten und Anforderungen des Arbeitsplatzes als untereinander austauschbar und daher als vergleichbar angesehen werden.

131 Ist ein Betriebsrat vorhanden, muss der Insolvenzverwalter zusätzlich darlegen:
- die geplante Betriebsänderung iSv § 111 BetrVG,
- die rechtzeitige und umfassende Unterrichtung des Betriebsrats,
- das Nichtzustandekommen eines Interessenausgleichs gem. § 125 InsO innerhalb von drei Wochen nach Verhandlungsbeginn oder schriftlicher Aufforderung,
- ggf das mit dem Betriebserwerber vereinbarte Sanierungskonzept und seine Auswirkungen auf die betroffenen Arbeitsplätze.[309]

132 **10. Anhörung des Betriebsrats.** Der Insolvenzverwalter muss gem. § 102 I BetrVG vor jeder Kündigung den Betriebsrat anhören. Der Insolvenzverwalter tritt in vollem Umfang in die Rechte und Pflichten des Arbeitgebers ein und ist daher wie dieser verpflichtet, das Anhörungsverfahren gem. § 102 BetrVG ordnungsgemäß durchzuführen. Er ist insbesondere verpflichtet, dem Betriebsrat gem. § 102 I S. 2 BetrVG die Gründe der beabsichtigten Kündigung mitzuteilen. Eine ausgesprochene Kündigung ist gem. § 102 I S. 3 BetrVG nicht nur dann unwirksam, wenn der Betriebsrat überhaupt nicht beteiligt worden ist, sondern auch dann, wenn der Arbeitgeber seiner Informationspflicht nicht richtig, insbesondere nicht ausführlich genug nachgekommen ist. Dies gilt unabhängig davon, ob der Betriebsrat der Kündigung zugestimmt hat oder nicht.[310] Der Insolvenzverwalter muss dem Betriebsrat die aus seiner Sicht maßgeblichen Kündigungsgründe in ihrem wesentlichen Kern mitteilen. Die pauschale Angabe von Werturteilen wie beispielsweise unzureichende Arbeitsleistung, Störung des Vertrauensverhältnisses oder Kundenbeschwerden genügen idR nicht. Der Kündigungssachverhalt muss so beschrieben werden, dass der Betriebsrat ohne zusätzliche eigene Nachforschungen in die Lage versetzt wird, die Stichhaltigkeit der Kündigungsgründe zu prüfen und sich über eine Stellungnahme schlüssig zu werden.

133 Im Falle der Stilllegung des Betriebes kann sich der Insolvenzverwalter im Wesentlichen darauf beschränken, dem Betriebsrat mitzuteilen, dass der Betrieb zu einem bestimmten Zeitpunkt stillgelegt wird und für etwaige Abwicklungsarbeiten noch eine bestimmte Anzahl von Arbeitnehmern benötigt wird. Bei betriebsbedingten Kündigungen ist der Insolvenzverwalter gehalten, dem Betriebsrat unaufgefordert auch die Gründe der von ihm getroffenen sozialen Auswahl mitzuteilen, dh welche Arbeitnehmer er für vergleichbar hält und wie er die sozialen Kriterien Betriebszugehörigkeit, Lebensalter, Unterhaltspflichten und Schwerbehinderung gewichtet hat.[311]

134 **a)** *Anhörungspflicht auch bei Massenentlassungen.* Auch bei Massenentlassungen iSv § 17 KSchG ist der Insolvenzverwalter nicht von seiner Verpflichtung befreit, ein für jeden Arbeitnehmer individualisiertes Anhörungsverfahren gem. § 102 BetrVG einzuleiten.[312] In Abänderung seiner Rechtsprechung hat das BAG die Anforderungen an die Mitteilungspflicht gegenüber dem Betriebsrat im Falle einer Stilllegung des gesamten Betriebes erleichtert. Kommt eine Sozialauswahl nicht in Betracht, weil alle Arbeitnehmer

---

[309] Im Einzelnen *Lakies* NZI 2000, 347.
[310] Ständige Rechtspr des BAG, vgl. BAG v. 15.11.1995 – 2 AZR 974/94, NZA 1996, 419.
[311] BAG v. 16.9.1993 – 2 AZR 267/93, NZA 1994, 311.
[312] BAG v. 16.9.1993 – 2 AZR 267/93, NZA 1994, 311; *Fitting*, § 102 Rn. 5.

entlassen werden, braucht der Insolvenzverwalter den Betriebsrat gem. § 102 BetrVG nicht über Betriebszugehörigkeit, Familienstand und Unterhaltspflichten zu unterrichten.[313]

In allen anderen Fällen einer betriebsbedingten Kündigung mit sozialer Auswahl sind dem Betriebsrat die Sozialkriterien Alter, Dauer der Betriebszugehörigkeit, Unterhaltspflichten und Schwerbehinderung mitzuteilen. Die Einhaltung des Anhörungsverfahrens ist Wirksamkeitsvoraussetzung jeder Kündigung, ohne Rücksicht darauf, um welche Art von Kündigung es sich handelt, ob der Arbeitnehmer unter das KSchG fällt oder ob sie im Rahmen einer Massenentlassung ausgesprochen wird.[314] Hat der Betriebsrat gegen eine geplante ordentliche Kündigung Bedenken, muss er diese innerhalb von einer Woche nach Einleitung des Anhörungsverfahrens schriftlich formulieren. Bei Massenkündigungen tritt nicht automatisch eine Verlängerung der Wochenfrist ein; es kann aber eine Fristverlängerung zwischen den Betriebsparteien vereinbart werden.[315]

Bei anzeigepflichtigen Entlassungen gem. § 17 KSchG trifft den Insolvenzverwalter eine doppelte Verpflichtung: Er muss den Betriebsrat zunächst gem. § 17 II KSchG über die Gründe für die geplanten Entlassungen, die Zahl und die Berufsgruppen der zu entlassenden Arbeitnehmer und ihre Aufschlüsselung sowie über die vorgesehenen Kriterien für die soziale Auswahl unterrichten. Unabhängig davon trifft ihn weiterhin die Verpflichtung, den Betriebsrat gem. § 102 I BetrVG anzuhören. Beide Verfahren können miteinander verbunden werden.[316]

b) *Anhörungspflicht auch bei Interessenausgleich mit Namensliste.* Die Anhörung des Betriebsrats gem. § 102 BetrVG wird nicht dadurch entbehrlich, dass der Insolvenzverwalter mit dem Betriebsrat einen Interessenausgleich mit Namensliste vereinbart hat.[317] Weil es in § 125 II InsO ausdrücklich heißt, dass der Interessenausgleich die Stellungnahme des Betriebsrats nach § 17 III S. 2 KSchG ersetzt, ist daraus der Gegenschluss zu ziehen, dass die übrigen den Betriebsrat betreffenden Verfahrensvorschriften unberührt bleiben. Nur die der Massenentlassungsanzeige beizufügende Stellungnahme des Betriebsrats erübrigt sich, wenn der Interessenausgleich vorgelegt wird.[318] Die Verpflichtung des Insolvenzverwalters, neben den Verhandlungen über den Interessenausgleich mit Namensliste den Betriebsrat auch noch gem. § 102 BetrVG zu den auszusprechenden Kündigungen anzuhören, ist keine bloße Förmelei. Der Betriebsrat muss prüfen können, ob der Insolvenzverwalter die getroffenen Vereinbarungen umgesetzt hat. § 102 BetrVG stellt auf die Einzelbetrachtung jeder Kündigung ab, so dass die Anhörung sicherstellen soll, ob und in welcher Weise der Betriebsrat von seinen Widerspruchsrechten nach § 102 III BetrVG Gebrauch macht. Es können sich nach dem Zustandekommen des Interessenausgleichs Änderungen ergeben, weil beispielsweise Mitarbeiter selbst gekündigt haben oder per Aufhebungsvertrag ausgeschieden sind.

Das Anhörungsverfahren nach § 102 BetrVG kann mit den Verhandlungen über den Interessenausgleich verbunden werden.[319] In der schriftlichen Vereinbarung über den Interessenausgleich kann zum Ausdruck gebracht werden, dass der Insolvenzverwalter gleichzeitig das Anhörungsverfahren bzgl der in der Namensliste angegebenen Arbeitnehmer einleitet und der Betriebsrat hinsichtlich aller Kündigungen eine abschließende

---

[313] BAG v. 13.5.2004 – 2 AZR 329/03, NZA 2004, 1037.
[314] *Fitting,* § 102 Rn. 57.
[315] *Fitting,* § 102 Rn. 64; BAG v. 14.8.1986 – 2 AZR 561/85, NZA 1987, 601.
[316] *Fitting,* § 102 Rn. 134; BAG v. 14.8.1986 – 2 AZR 561/85, NZA 1987, 601.
[317] BAG v. 20.5.1999 – 2 AZR 148/99 – und – 2 AZR 532/98, NZA 1999, 1039 und 1101.
[318] BAG v. 28.8.2003 – 2 AZR 377/02, ZIP 2004, 525 = DB 2004, 937; BAG v. 21.2.2002 – 2 AZR 581/00, NZA 2002, 1360 = ZInsO 2002, 1103.
[319] BAG v. 20.5.1999 – 2 AZR 532/98, NZA 1999, 1101.

§ 108   139, 140   Kapitel IX. Arbeitsrecht und Insolvenz

Stellungnahme abgibt.[320] Bzgl der Pflicht, die Kündigungsgründe gem. § 102 I S. 2 BetrVG mitzuteilen, gelten keine Erleichterungen.[321] Ist dem Betriebsrat der Kündigungssachverhalt, beispielsweise die Stilllegung des Betriebes oder das Sanierungskonzept, aus den Verhandlungen über den Interessenausgleich mit Namensliste bekannt, braucht der Insolvenzverwalter dem Betriebsrat die Kündigungsgründe nicht erneut mitzuteilen, muss aber im Prozess ggf. darlegen und beweisen, dass der Betriebsrat über die notwendigen Vorkenntnisse verfügt.[322] Ergeben sich die Kündigungsgründe aus dem Text des Interessenausgleichs, weil dort Anlass und Inhalt der Betriebsänderung im Einzelnen beschrieben worden ist, muss der Insolvenzverwalter diese Gründe dem Betriebsrat nicht erneut mitteilen. Es reicht aus, wenn der Betriebsrat durch die Verhandlungen über den Interessenausgleich über den erforderlichen Kenntnisstand verfügt, um zu den konkret beabsichtigten Kündigungen eine sachgerechte Stellungnahme abgeben zu können. Erst wenn der klagende Arbeitnehmer im Kündigungsschutzprozess die Vorkenntnisse des Betriebsrats bestreitet, muss der Insolvenzverwalter diese substanziiert darlegen und ggf. beweisen. Trägt der Insolvenzverwalter im Prozess vor, zur Sozialauswahl seien dem Betriebsrat schon bei den Verhandlungen über den Interessenausgleich die nach § 102 BetrVG erforderlichen Angaben über die Gruppe der für vergleichbar gehaltenen Arbeitnehmer und deren Sozialdaten gemacht worden, genügt er zunächst seiner Darlegungslast. Erst wenn der Arbeitnehmer diesen Sachvortrag konkret bestreitet, muss der Insolvenzverwalter dazu näher vortragen.[323]

139   **11. Konsultations- und Anzeigepflicht bei Massenentlassungen.** Will der Insolvenzverwalter in einem Betrieb mit mehr als 20 Arbeitnehmern einen Personalabbau durchführen, muss er der Agentur für Arbeit die geplanten Entlassungen anzeigen, wenn einer bestimmten Anzahl von Arbeitnehmern gekündigt werden soll. Die anzeigepflichtige Anzahl der Entlassungen richten sich nach der Größenordnung des Betriebes. Werden zB 25 Arbeitnehmer beschäftigt, ist der Insolvenzverwalter anzeigepflichtig, wenn er mindestens sechs Arbeitnehmer entlassen will. Dies gilt unabhängig davon, ob ein Interessenausgleich mit Namensliste gem. § 125 InsO zustande gekommen ist. Nach dem gewandelten Verständnis ist unter dem Begriff „Entlassung" die Kündigungserklärung zu verstehen. Es kommt daher darauf an, ob der Insolvenzverwalter innerhalb von 30 Kalendertagen eine bestimmte Anzahl von Kündigungen ausspricht und die Anzahl der Kündigungen die in § 17 I KSchG genannten Schwellenwerte erreicht. Es zählen nicht nur die geplanten Kündigungen, sondern auch Aufhebungsverträge und Eigenkündigungen von Arbeitnehmern sind zu berücksichtigen, wenn sie vom Insolvenzverwalter veranlasst worden sind.

140   Mit „Betrieb" iSd § 17 KSchG ist der betriebsverfassungsrechtliche Betriebsbegriff gem. §§ 1, 4 BetrVG gemeint, dh es muss sich um eine selbstständige organisatorische Einheit handeln, die nicht notwendig über eine eigene Leitung, die zur Massenentlassung befugt ist, verfügen muss.[324] Gilt ein Betriebsteil gem. § 4 I BetrVG wegen seiner räumlichen Entfernung vom Hauptbetrieb als selbstständig, kommt es darauf an, ob in diesem Betriebsteil mehr als 20 Arbeitnehmer beschäftigt werden und ob davon eine bestimmte Anzahl von Arbeitnehmern entlassen werden soll. Bei den Entlassungen sind nur diejenigen Arbeitnehmer mitzuzählen, die aus dem Betrieb ausscheiden und deren

---

[320] Vgl. dazu die Formulierungsbeispiele bei *Bertram* NZI 2001, 625, 629; *B. Preis* DB 1998, 1614.
[321] BAG v. 28.8.2003 – 2 AZR 377/02, ZIP 2004, 525 = DB 2004, 937.
[322] BAG v. 28.8.2003 – 2 AZR 377/02, ZIP 2004, 525 = DB 2004, 937; BAG v. 22.1.2004 – 2 AZR 111/02, NZA 2006, 64; insb BAG v. 23.10.2008 – 2 AZR 163/07, BB 2009, 1758.
[323] BAG v. 21.2.2002 – 2 AZR 581/00, NZA 2002, 1360 = ZInsO 2002, 1103; vgl. dazu BAG v. 16.3.2000 – 2 AZR 75/99, NZA 2000, 1332.
[324] BAG v. 15.12.2011 – 8 AZR 692/10, NZA-RR 2012; BAG v. 13.12.2012 – 6 AZR 348/11, NZA 2013, 669; ErfK/*Kiel*, § 17 KSchG Anzeigepflicht Rn. 7.

Arbeitsverhältnis durch Kündigung, Aufhebungsvertrag oder Eigenkündigung endet. Will der Insolvenzverwalter die Anzahl der Leiharbeitnehmer reduzieren, zählen diese nicht mit, weil die Leiharbeitnehmer zum Verleiherbetrieb gehören und das Arbeitsverhältnis zu ihrem Vertragsarbeitgeber nicht automatisch endet, wenn sie aus dem Entleihbetrieb abberufen werden.[325] Die Entlassungen müssen bei der für den Betrieb oder den Betriebsteil örtlich zuständigen Agentur für Arbeit angezeigt werden. Wird die Massenentlassungsanzeige bei einer örtlich unzuständigen Agentur für Arbeit eingereicht, führt dies zur Unwirksamkeit der Kündigung.[326] Die Anzeige muss schriftlich erfolgen und die in § 17 III genannten Angaben enthalten.

Die Unterrichtung und Konsultation des Betriebsrats gem. § 17 II KSchG bleibt davon unberührt. Es handelt sich um ein selbstständiges Konsultationsverfahren, welches auch durch den Abschluss eines Interessenausgleichs mit Namensliste nicht ersetzt werden kann. Kommt der Insolvenzverwalter seinen Unterrichtungs- und Beratungspflichten gem. § 17 II KSchG nicht nach, führt dies zur Unwirksamkeit der Kündigung.[327] Das Konsultationsverfahren muss auch dann durchgeführt werden, wenn der Betrieb stillgelegt und alle Arbeitnehmer entlassen werden. Erst wenn eine schriftliche Stellungnahme des Betriebsrats zu den beabsichtigten Entlassungen vorliegt, die der Insolvenzverwalter der zuständigen Agentur für Arbeit in Abschrift zuleiten muss, darf die Massenentlassungsanzeige eingereicht werden. Äußert sich der Betriebsrat nicht innerhalb von zwei Wochen, muss der Insolvenzverwalter glaubhaft machen, dass er den Betriebsrat mindestens zwei Wochen vorher gem. § 17 II 1 KSchG unterrichtet hat. Eine Verbindung des Unterrichtungs- und Beratungsverfahrens gem. § 17 II KSchG mit den Interessenausgleichsverhandlungen ist zulässig, setzt aber voraus, dass der Insolvenzverwalter gegenüber dem Betriebsrat deutlich macht, nicht nur Interessenausgleichsverhandlungen führen zu wollen, sondern gleichzeitig auch seiner Unterrichtungs- und Beratungspflicht nach § 17 II KSchG nachzukommen.[328]

12. Der Sozialplan in der Insolvenz. Anders als der Interessenausgleich gem. § 111 BetrVG ist ein Sozialplan auch in der Insolvenz über die Einigungsstelle gem. § 112 IV BetrVG erzwingbar. Der Insolvenzverwalter ist als Träger der Arbeitgeberrechte und -pflichten nicht nur zur Durchführung eines Interessenausgleichs verpflichtet, sondern in der Insolvenz finden auch die gesetzlichen Regelungen über einen Sozialplan Anwendung, allerdings mit insolvenzspezifischen Modifizierungen in Gestalt der §§ 123, 124 InsO.[329] Die Höhe des Sozialplanvolumens ist gem. § 123 InsO durch eine absolute und eine relative Obergrenze beschränkt: Der Gesamtbetrag des Sozialplans darf gem. § 123 I InsO die Summe von 2,5 Monatsverdiensten aller von einer Entlassung betroffenen Arbeitnehmer nicht überschreiten. Gem § 123 II InsO dürfen für die Sozialplanforderungen nicht mehr als $1/3$ der Masse verwendet werden.

Nach dem Zeitpunkt ihres Zustandekommens sind drei Arten von Sozialplänen zu unterscheiden:
– die Sozialpläne nach Eröffnung des Insolvenzverfahrens gem. § 123 I InsO,
– die im Zeitraum von drei Monaten vor Eröffnung des Insolvenzverfahrens oder vor dem Antrag auf Eröffnung des Insolvenzverfahrens aufgestellten Sozialpläne gem. § 124 I InsO,
– und die sog. Altsozialpläne, die aus der Zeit davor stammen.

---

[325] ErfK/*Kiel*, § 17 KSchG Anzeigepflicht, Rn. 10.
[326] KR/*Weigand*, 10. Aufl. § 17 KSchG, Rn. 74; APS-*Moll*, § 17 KSchG Rn. 96; ErfK/*Kiel*, § 17 KSchG Rn. 28.
[327] BAG v. 13.12.2012 – 6 AZR 772/11; *Schaub/Linck*, ArbR-Handbuch § 142 Rn. 19.
[328] ErfK/*Linck*, § 142 Rn. 24; BAG v. 18.1.2012 – 6 AZR 407/10, NZA 2012, 817 m. Anm. *Moll/Krahforst*, EWIR 2012, 569.
[329] *Fitting*, §§ 112, 112a Rn. 254; *Oetker/Friese* DZWIR 2001, 265.

§ 108 144–149 Kapitel IX. Arbeitsrecht und Insolvenz

144 In einem Sozialplan geht um den Ausgleich der Belange der Arbeitnehmer mit den Interessen der übrigen Insolvenzgläubiger.[330] Der Gegenstand eines Sozialplans darf nicht mit dem Gegenstand eines Interessenausgleichs verwechselt werden. Ein Sozialplan dient gem. § 112 I 1 BetrVG dem Ausgleich oder der Milderung der wirtschaftlichen Nachteile, die den Arbeitnehmern infolge der geplanten Betriebsänderung entstehen. Der Sozialplan hat gem. § 112 I 3 BetrVG die Wirkung einer Betriebsvereinbarung. Über den Rechtscharakter und die Wirkung eines Interessenausgleichs trifft das Gesetz keine Aussage. Im Umkehrschluss aus § 112 I 3 BetrVG ergibt sich lediglich, dass ein Interessenausgleich nicht die Wirkung einer Betriebsvereinbarung hat.[331] Das BAG bezeichnet den Sozialplan in ständiger Rechtsprechung als „Betriebsvereinbarung besonderer Art".[332]

145 Durch den Charakter einer Betriebsvereinbarung gelten die Bestimmungen eines Sozialplans für die von seinem Geltungsbereich erfassten Arbeitnehmer gem. § 77 IV 1 BetrVG unmittelbar und zwingend. Sie begründen normativ unmittelbare Ansprüche der Arbeitnehmer gegen den Insolvenzverwalter.[333]

146 Der Sozialplan unterscheidet sich von einer Betriebsvereinbarung gem. § 77 BetrVG vor allem dadurch, dass gem. § 112 I 4 BetrVG der Tarifvorbehalt des § 77 III nicht gilt. Die Betriebsparteien können daher in einem Sozialplan Regelungen treffen, die von einem für den Betrieb geltenden Tarifvertrag abweichen.[334] Weicht der Sozialplan von einer tarifvertraglichen Regelung ab, gilt das Günstigkeitsprinzip gem. § 4 III TVG.[335]

147 **a)** *Zulässiges Gesamtvolumen.* § 123 I InsO begrenzt das zulässige Gesamtvolumen eines vom Insolvenzverwalter abgeschlossenen Sozialplans auf einen Gesamtbetrag von bis zu 2,5 Monatsverdiensten der von Entlassungen betroffenen Arbeitnehmer. Maßgeblich ist der betriebsverfassungsrechtliche Arbeitnehmerbegriff. Es zählen daher nur Arbeitnehmer iSv § 5 I BetrVG. Organvertreter und Leitende Angestellte bleiben unberücksichtigt.[336]

148 Von einer Entlassung betroffen sind nicht nur diejenigen Arbeitnehmer, deren Arbeitsverhältnisse der Insolvenzverwalter kündigt, sondern auch diejenigen, die auf Veranlassung des Insolvenzverwalters auf Grund einer Eigenkündigung oder durch Abschluss eines Aufhebungsvertrages aus dem Betrieb ausscheiden.[337]

149 Hinsichtlich des zugrunde zu legenden Monatsverdienstes verweist § 123 I InsO auf § 10 III KSchG. Danach gilt als Monatsverdienst, was dem Arbeitnehmer bei der für ihn maßgebenden regelmäßigen Arbeitszeit in dem Monat, in dem das Arbeitsverhältnis endet, an Geld und Sachbezügen zusteht. Wenn in diesem Zusammenhang diskutiert wird, die Errechnung der Obergrenze sei problematisch, weil bei Aufstellung des Sozialplans vielfach noch nicht feststehe, wann das Arbeitsverhältnis endet,[338] wird verkannt, dass auf den regelmäßigen Arbeitsverdienst abzustellen ist. Der Sinn und Zweck dieser Regelung liegt darin, diejenige Vergütung zugrunde zu legen, die dem Arbeitnehmer bei regelmäßiger individueller Arbeitszeit im Normalfall zusteht. Vorübergehende Schwankungen infolge Kurzarbeit oder Überstunden sollen außer Betracht blei-

---

[330] Begründung des RegE einer InsO, BT-Drucks. 12/2443, S. 98.
[331] *Fitting,* §§ 112, 112a Rn. 49; ErfK/*Kania,* §§ 112, 112a BetrVG Rn. 9.
[332] Vgl. etwa BAG v. 12.11.2002 – 1 AZR 632/01, NZA 2003, 676 und v. 25.3.2003 – 1 AZR 335/02, NZA 2004, 64.
[333] *Fitting,* §§ 112, 112a Rn. 175; GK-BetrVG-*Oetker,* §§ 112, 112a Rn. 113.
[334] *Fitting,* §§ 112, 112a Rn. 178; GK-BetrVG-*Oetker,* §§ 112, 112a Rn. 120.
[335] *Fitting,* §§ 112, 112a Rn. 79; GK-BetrVG-*Oetker,* §§ 112, 112a Rn. 126.
[336] *Fitting,* §§ 112, 112a Rn. 262; *Boemke/Tietze* DB 1999, 1389, 1391; *Oetker/Friese* DZWIR 2001, 269; Kübler/Prütting/*Moll,* §§ 123, 124 Rn. 39.
[337] *Fitting,* §§ 112, 112a Rn. 263; GK-BetrVG-*Oetker,* §§ 112, 112a Rn. 290.
[338] *Oetker/Friese* DZWIR 2001, 269; *Fitting,* §§ 112, 112a Rn. 265.

ben.³³⁹ Im Übrigen stehen Methoden zur Verfügung, um den Gesamtbetrag des Sozialplans nach Punktwerten abstrakt festzulegen und gleichzeitig eine Kappungsgrenze zu bestimmen.³⁴⁰ Zum Monatsverdienst gehören die Grundvergütungen und Zulagen, die vom Arbeitgeber geschuldeten Sachbezüge sowie die vertraglich oder tariflich vorgesehenen Sonderzahlungen. Sie alle haben Entgeltcharakter und werden als Gegenleistung für die erbrachte Arbeitsleistung oder für die Betriebstreue geschuldet. Derartige Sonderzahlungen, zu denen auch das tarifliche zusätzliche Urlaubsgeld gehört, können anteilig auf einen Monat umgerechnet werden.³⁴¹

b) *Insolvenzplanverfahren.* Im Insolvenzplanverfahren sind die Ansprüche aus Insolvenzsozialplänen ebenfalls Masseschulden. Nur die Begrenzung des Sozialplanvolumens auf ein Drittel der Masse gilt gem. § 123 II 2 InsO nicht. Es besteht vielmehr ein Gestaltungsspielraum nach oben oder nach unten. Die Gläubiger entscheiden im Insolvenzplanverfahren über die Annahme des Sozialplans unter Berücksichtigung der wirtschaftlichen Vertretbarkeit. Es kann eine relative Obergrenze vereinbart werden. Eine Schlechterstellung der Insolvenzgläubiger sollte wegen der Widerspruchsmöglichkeiten gem. §§ 245 und 251 InsO vermieden werden.³⁴² Die absolute Obergrenze, dh der Gesamtbetrag von bis zu zweieinhalb Monatsverdiensten der von Entlassungen betroffenen Arbeitnehmer gem. § 123 I bleibt unangetastet.³⁴³

c) *Erfasst § 123 InsO nur Entlassungssozialpläne?* Die absolute Obergrenze gem. § 123 I InsO hängt von der Anzahl der entlassenen Arbeitnehmer ab. Ein wörtliches Verständnis dieser Vorschrift könnte die Annahme nahe legen, dass ein Sozialplan gem. § 123 I InsO nicht geschlossen werden kann, wenn die Betriebsänderung nicht zur Entlassung von Arbeitnehmern führt, sondern nur zu einer Verlegung des Betriebes oder zu Versetzungen von Arbeitnehmern. Handelt es sich um eine Betriebsänderung, die sowohl den Abbau von Arbeitsplätzen vorsieht als auch Umstrukturierungsmaßnahmen, die mit der Veränderung von Arbeitsplätzen und damit einhergehenden personellen Maßnahmen iSv § 99 BetrVG verbunden sind, wird die Schlussfolgerung gezogen, dass nur diejenigen Arbeitnehmer zu berücksichtigen sind, die entlassen werden.³⁴⁴ Dem kann nicht beigepflichtet werden. Die Obergrenze gem. § 123 I InsO gilt nicht nur für Abfindungszahlungen an entlassene Arbeitnehmer, sondern für alle Leistungen zum Ausgleich oder zur Milderung von wirtschaftlichen Nachteilen, die die Arbeitnehmer infolge der geplanten Betriebsänderung erleiden. Die absolute Obergrenze dient dazu, den Gesamtbetrag zu begrenzen, der zum Ausgleich der wirtschaftlichen Nachteile eingesetzt werden darf. Es ist aber nicht Sinn und Zweck der gesetzlichen Regelung, die auszugleichenden Nachteile auf Abfindungsansprüche für entlassene Arbeitnehmer zu beschränken.³⁴⁵ Richtigerweise sind daher auch solche Sozialpläne, die keine Entlassungen zum Gegenstand haben, in vollem Umfang in das System des § 123 InsO einzubeziehen. Bei Betriebsänderungen, die sowohl Entlassungen als auch andere Maßnahmen zum Gegenstand haben (Fahrtkostenerstattungen, Versetzungen und dergl), sind bei der Berechnung des Gesamtvolumens alle betroffenen Arbeitnehmer zu berücksichtigen. Es liegt dann im Regelungsermessen der Betriebsparteien, ob sie das ihnen gem. § 123 I InsO zur Verfügung stehende Gesamtvolumen komplett ausschöpfen.

---

³³⁹ ErfK/*Kiel,* § 10 KSchG Rn. 2; *Fitting,* 19. Aufl. § 2 SozplKonkG Rn. 14.
³⁴⁰ *Zwanziger,* § 123 Rn. 29; *Fitting,* §§ 112, 112a Rn. 265.
³⁴¹ *Fitting,* §§ 112, 112a Rn. 267; *Boemke/Tietze* DB 1999, 1391.
³⁴² Im Einzelnen *Niering,* NZI 2010, 285.
³⁴³ MüKoInsO/*Caspers,* § 123 Rn. 73.
³⁴⁴ *Boemke/Tietze* DB 1999, 1389, 1392.
³⁴⁵ GK-BetrVG-*Fabricius/Oetker,* §§ 112, 112a Rn. 282, 291; *Fitting,* §§ 112, 112a Rn. 277; *Zwanziger,* § 123 Rn. 31.

§ 108 Kapitel IX. Arbeitsrecht und Insolvenz

152 **d)** *Insolvenzrechtliche Einordnung der Sozialplanansprüche.* Gem § 123 II S. 1 InsO sind Verbindlichkeiten aus einem nach Eröffnung des Insolvenzverfahrens aufgestellten Sozialplan Masseverbindlichkeiten. Gem § 123 III S. 2 InsO ist die Zwangsvollstreckung in die Masse wegen einer Sozialplanforderung unzulässig. Prozessual können Sozialplanansprüche daher nur im Wege der Feststellungsklage verfolgt werden. Eine Leistungsklage ist idR unzulässig.[346] Die Stellung der Sozialplangläubiger wird jedoch durch § 123 II S. 2 InsO im Verhältnis zu den übrigen Massegläubigern eingeschränkt. Falls kein Insolvenzplan zustande gekommen ist, darf für die Berichtigung der Sozialplanforderungen nicht mehr als $1/3$ der Masse verwendet werden, die ohne Sozialplan für die Verteilung zur Verfügung stünde.[347] Dies läuft im Ergebnis darauf hinaus, dass es sich bei den Sozialplanansprüchen um nachrangige Masseverbindlichkeiten handelt. Die Sozialplanforderungen können erst dann erfüllt werden, wenn nach Berichtigung der übrigen Masseverbindlichkeiten noch eine verteilungsfähige Masse übrig bleibt. Da der Umfang der Insolvenzmasse regelmäßig erst im Schlusstermin feststeht, soll der Insolvenzverwalter aus den vorhandenen Barmitteln mit Zustimmung des Insolvenzgerichts Abschlagszahlungen leisten.[348] Übersteigt der Gesamtbetrag der aus dem Sozialplan fließenden Leistungen die relative Grenze von einem Drittel der freien Masse, sind die einzelnen Forderungen gem. § 123 II S. 3 InsO anteilig zu kürzen. Bei Masseunzulänglichkeit werden keine Sozialplanforderungen berichtigt, denn sie sind gegenüber sonstigen Masseverbindlichkeiten nachrangig.[349] Bei Masseunzulänglichkeit fehlt es an einer Teilungsmasse, so dass die Sozialplanansprüche der Arbeitnehmer bei der nach § 209 InsO vorzunehmenden Verteilung keine Berücksichtigung finden können, denn zunächst müssen alle anderen Masseansprüche erfüllt werden.[350]

153 **e)** *Sozialpläne vor Verfahrenseröffnung.* Gem § 124 I InsO können Sozialpläne, die vor Eröffnung des Insolvenzverfahrens, jedoch nicht früher als drei Monate vor dem Eröffnungsantrag aufgestellt worden sind, sowohl vom Betriebsrat als auch vom Insolvenzverwalter widerrufen werden. Wird von der Widerrufsmöglichkeit Gebrauch gemacht, können anspruchsberechtigte Arbeitnehmer gem. § 124 II InsO beim Abschluss eines Sozialplans nach Verfahrenseröffnung berücksichtigt werden. Unterschiedliche Auffassungen gibt es zu der Frage der insolvenzrechtlichen Einordnung nicht widerrufener insolvenznaher Sozialpläne. Ein Teil der Literatur vertritt die Auffassung, die Ansprüche aus diesen Sozialplänen seien wie Forderungen aus einem Sozialplan zu behandeln, der nach Insolvenzeröffnung abgeschlossen worden sei und daher Masseverbindlichkeiten gem. § 123 II InsO.[351] Dem hat sich das BAG richtigerweise nicht angeschlossen. Nach überwiegend vertretener Auffassung sind Sozialplanansprüche aus nicht widerrufenen insolvenznahen Sozialplänen als Insolvenzforderungen nach § 38 InsO zu behandeln.[352] Die InsO unterscheidet nur zwischen Insolvenzforderungen, die vor der Eröffnung des Insolvenzverfahrens entstanden sind, und Masseforderungen, die nach Maßgabe von § 55 I InsO nach der Eröffnung des Insolvenzverfahrens begründet werden. Deshalb bestimmt § 123 II S. 1 InsO, dass die aus einem nach Eröffnung des Insolvenzverfahrens geschlossenen Sozialplans resultierenden Ansprüche Masseverbindlichkeiten sind. Eine

---

[346] BAG v. 11.12.2001 – 9 AZR 459/00, NZA 2002, 975 und v. 31.7.2002 – 10 AZR 275/01, NZA 2002, 1332 sowie v. 29.10.2002 – 1 AZR 80/02, NZA 2003, 879.
[347] *Oetker/Friese* DZWIR 2001, 272.
[348] *Oetker/Friese* DZWIR 2001, 265, 273; Uhlenbruck/Hirte/Vallender/*Berscheid*, §§ 123, 124 Rn. 21.
[349] MüKoInsO/*Löwisch/Caspers*, § 123 Rn. 63.
[350] *Uhlenbruck*, § 209 Rn. 19; *Kübler/Prütting/Pape*, § 209 Rn. 19; Nerlich/Römermann/*Westphal*, § 209 Rn. 13.
[351] Uhlenbruck/Hirte/Vallender/*Berscheid*, §§ 123, 124 Rn. 30; *Lakies* DB 1999, 206, 210.
[352] BAG v. 31.7.2002 – 10 AZR 275/01, NZA 2002, 1332 = NZI 2003, 45; *Kübler/Prütting/Moll*, §§ 123, 124 Rn. 104; MüKoInsO/*Löwisch/Caspers*, § 124 Rn. 15; Nerlich/Römermann/*Hamacher*, § 124 Rn. 22; *Fitting*, §§ 112, 112a Rn. 302; *Zwanziger*, § 124 Rn. 12.

gesetzliche Regelung, die den aus einem vorher geschlossenen Sozialplan resultierenden Ansprüchen den Rang von Masseverbindlichkeiten einräumt, fehlt. Für solche Ansprüche verbleibt es vielmehr bei der Regelung des § 38 InsO.

Nur ein starker Insolvenzverwalter, auf den gem. § 22 I InsO die Verwaltungs- und Verfügungsbefugnis über das Vermögen des Schuldners übergegangen ist, kann gem. § 55 II InsO Masseverbindlichkeiten begründen. Sozialpläne, die ein starker Insolvenzverwalter vor der Eröffnung des Insolvenzverfahrens abschließt, sind deshalb Masseverbindlichkeiten.[353] Dagegen lässt sich nicht mit Erfolg argumentieren, die Ansprüche aus insolvenznahen, nicht widerrufenen Sozialplänen seien deshalb Masseforderungen nach § 55 I Nr. 1 InsO, weil sie dadurch begründet worden seien, dass der Insolvenzverwalter von seiner Widerrufsmöglichkeit keinen Gebrauch gemacht habe. Der unterlassene Widerruf ist keine Handlung, durch die Ansprüche begründet werden, denn die Sozialplanforderungen sind bereits bei Abschluss des Sozialplans entstanden. Unterlassungen des Insolvenzverwalters könnten nur dann Masseverbindlichkeiten begründen, wenn ihn eine Rechtspflicht zum Handeln träfe.[354] Eine derartige Amtspflicht besteht aber nicht. Es ist nicht Aufgabe des Insolvenzverwalters, insolvenznahe Sozialpläne zu widerrufen, um Abfindungsansprüche im Rahmen eines nach Eröffnung des Insolvenzverfahrens aufgestellten Sozialplans zu Masseforderungen aufzuwerten.[355] 154

f) *Inhaltlicher Gestaltungsspielraum.* Bei der inhaltlichen Gestaltung des Sozialplans haben Insolvenzverwalter und Betriebsrat einen weiten Spielraum, müssen aber höherrangiges Recht beachten. Dazu gehört insbesondere § 75 BetrVG, der allgemein die Beachtung der Grundsätze von Recht und Billigkeit vorschreibt. Wegen seiner besonderen Bedeutung wird in § 75 I 1 BetrVG der Grundsatz der Gleichbehandlung besonders hervorgehoben. Er verbietet eine sachfremde Schlechterstellung einzelner Arbeitnehmer gegenüber anderen Arbeitnehmern in vergleichbarer Lage.[356] Grundsätzlich können die Betriebsparteien frei darüber entscheiden, ob, in welchem Umfang und in welcher Weise sie die entstandenen wirtschaftlichen Nachteile ausgleichen oder mildern wollen. Sie können von einem Ausgleich gänzlich absehen und bei ihrer Regelung nach der Vermeidbarkeit der Nachteile unterscheiden.[357] Dabei ist die Funktion eines Sozialplans zu beachten, der darin besteht, dem Ausgleich oder der Überbrückung von Nachteilen zu dienen, die durch eine geplante Betriebsänderung entstehen können. Je nach dem Maß der Betroffenheit kann zwischen einzelnen Gruppen differenziert werden. Wie schwer der Verlust des Arbeitsplatzes wiegt, hängt regelmäßig mit dem Lebensalter, der Anzahl von Unterhaltsberechtigten, der Höhe des Verdienstes und der Schwierigkeit einer Vermittlung auf dem Stellenmarkt zusammen.[358] 155

aa) *Stichtagsregelungen.* Der Wahrung einer besonderen Einzelfallgerechtigkeit sind die Betriebsparteien nicht verpflichtet. Sie können daher nach abstrakten Kriterien Gruppen bilden und Stichtagsregelungen festlegen.[359] Bei der Ausgestaltung von Sozialplänen haben die Betriebsparteien einen Beurteilungs- und Gestaltungsspielraum, welcher Typisierungen und Pauschalierungen einschließt.[360] Die mit Stichtagsregelungen verbundenen Härten müssen im Interesse der Rechtssicherheit hingenommen werden, wenn die Wahl 156

---

[353] So ausdr. BAG v. 31.7.2002 – 10 AZR 275/01, NZA 2002, 1332 unter II 1b cc der Gründe; ebenso Nerlich/Römermann/*Hamacher*, § 124 Rn. 23.
[354] *Kübler/Prütting/Moll,* §§ 123, 124 Rn. 105.
[355] MüKoInsO/*Löwisch/Caspers,* § 124 Rn. 15; *Oetker/Friese* DZWIR 2001, 275.
[356] *Fitting,* §§ 112, 112a Rn. 153 und § 75 Rn. 23–25; im Einzelnen BAG v. 19.7.1995 – 10 AZR 85/94, NZA 1996, 271 und BAG v. 12.11.2002 – 1 AZR 58/02, NZA 2003, 1287.
[357] BAG v. 14.8.2001 – 1 AZR 760/00, NZA 2002, 451.
[358] BAG v. 12.11.2002 – 1 AZR 58/02, NZA 2003, 1287.
[359] BAG v. 24.1.1996 – 10 AZR 155/95, NZA 1996, 834 und v. 5.10.2000 – 1 AZR 48/00, NZA 2001, 849.
[360] BAG v. 11.11.2008 – 1 AZR 475/07, NZA 2009, 210.

§ 108 157 Kapitel IX. Arbeitsrecht und Insolvenz

des Zeitpunkts am gegebenen Sachverhalt orientiert und sachlich vertretbar ist.[361] Es verstößt daher nicht gegen § 75 BetrVG, wenn ein Sozialplan Arbeitnehmer von seinem Geltungsbereich ausnimmt, die vor dem Inkrafttreten des Sozialplans ihr Arbeitsverhältnis im Hinblick auf eine bevorstehende Betriebsstilllegung selbst beendet haben. Es ist mit dem Gleichbehandlungsgrundsatz vereinbar, wenn zwischen Arbeitnehmern unterschieden wird, denen infolge der Betriebsänderung gekündigt worden ist und solchen, die ihr Arbeitsverhältnis selbst durch eine Eigenkündigung oder einen Aufhebungsvertrag beendet haben.[362] Nur wenn die Eigenkündigung oder der Aufhebungsvertrag vom Arbeitgeber veranlasst worden sind, müssen diese Arbeitnehmer mit den gekündigten gleichbehandelt werden.[363] Eine Veranlassung zur Eigenkündigung liegt vor, wenn der Arbeitgeber den Arbeitnehmer im Hinblick auf eine konkret geplante Betriebsänderung bestimmt, selbst zu kündigen oder einen Aufhebungsvertrag zu schließen, um auf diese Weise eine sonst notwendig werdende Kündigung zu vermeiden. Ob diese Voraussetzungen vorliegen, hängt von den Umständen des Einzelfalls ab. Wird die Betriebsänderung erst nach Eröffnung des Insolvenzverfahrens durchgeführt, bestehen keine Bedenken, von dem Geltungsbereich des Sozialplans solche Arbeitnehmer auszunehmen, die ihr Arbeitsverhältnis vor Insolvenzeröffnung selbst gekündigt haben.[364]

157 bb) *Sachliche Differenzierungsgründe.* Arbeitnehmer, die vorgezogenes Ruhegeld in Anspruch nehmen können, können von Leistungen selbst dann ausgeschlossen werden, wenn sie dadurch Einbußen bei der Rentenhöhe erleiden.[365] Nunmehr hat das BAG auch Altersdifferenzierungen im Sozialplan zugelassen und es gemäß § 10 S. 3 Nr. 6 AGG für gerechtfertigt gehalten, für rentenberechtigte Arbeitnehmer Sozialplanleistungen zu reduzieren oder ganz auszuschließen.[366] Das BAG hatte sich erstmals mit einem Sozialplan zu befassen, der nach dem am 18.8.2006 in Kraft getretenen AGG geschlossen worden war. Unter Verwertung der Rechtsprechung des EuGH gelangt das BAG allerdings zu der Feststellung, dass das automatische Ansteigen der Abfindungen mit zunehmender Betriebszugehörigkeit regelmäßig zu einer mittelbaren Benachteiligung jüngerer Arbeitnehmer iSv § 3 II AGG führt. Diese mittelbare Benachteiligung jüngerer Arbeitnehmer ist aber gemäß § 10 S. 3 Nr. 6 AGG zulässig, weil ein legitimes sozialpolitisches Ziel damit verfolgt wird. Die Vorschrift des § 10 S. 3 Nr. 6 AGG ist auch insoweit gemeinschaftskonform, als sie den Ausschluss von Sozialplanleistungen für Arbeitnehmer ermöglicht, die ggf. nach dem Bezug von Arbeitslosengeld gesetzliche Altersrente in Anspruch nehmen können.[367] Generell dürfen die auszugleichenden wirtschaftlichen Nachteile aufgrund einer pauschalisierenden Betrachtungsweise ermittelt werden.[368] Umgekehrt können die Betriebsparteien auch von einer abstrakten Regelung Abstand nehmen und die Höhe der Abfindung unter Berücksichtigung der individuellen Verhältnisse der einzelnen Arbeitnehmer festlegen.[369] Inzwischen hat das BAG die Altersgruppenbildung in einem Sozialplan mit altersabhängigen abgestuften Abfindungshöhen ebenso anerkannt wie die Minderung oder sogar Halbierung der Abfindungsansprüche für rentennahe Arbeitnehmer.[370]

---

[361] BAG v. 30.9.2008 – 1 AZR 684/07, NZA 2009, 386; BAG v. 26.5.2009 – 1 AZR 212/08.
[362] BAG v. 19.7.1995 – 10 AZR 885/94, NZA 1996, 274.
[363] BAG v. 20.4.1994 – 10 AZR 323/93, NZA 1995, 489.
[364] LAG Hamm v. 7.7.2004 – 2 Sa 163/04, LAG-Report 2005, 116.
[365] BAG v. 31.7.1996 – 10 AZR 45/96, NZA 1997, 165; *Fitting*, §§ 112, 112a Rn. 125; ErfK/*Kania*, §§ 112, 112a Rn. 25; GK-BetrVG-*Oetker*, §§ 112, 112a Rn. 276.
[366] BAG v. 26.5.2009 – 1 AZR 198/08, NZA 2009, 849.
[367] Im Einzelnen BAG v. 26.5.2009 – 1 AZR 198/08, NZA 2009, 849.
[368] BAG v. 5.10.2000 – 1 AZR 48/00, NZA 2001, 849 und v. 14.8.2001 – 1 AZR 760/00, NZA 2002, 451.
[369] BAG v. 12.2.1985 – 1 AZR 40/84, NZA 1985, 717; *Fitting*, §§ 112, 112a Rn. 122.
[370] BAG v. 12.4.2011 – 1 AZR 764/09, NZA 2011, 988; BAG v. 26.3.2013 – 1 AZR 813/11, NZA 2013, 921; BAG v. 23.4.2013 – 1 AZR 25/12 m. Anm. *Bertzbach*, jurisPR-ArbR 42/2013.

Bei teilzeitbeschäftigten Arbeitnehmern darf die Abfindung im Verhältnis zur Arbeitszeit eines Vollzeitbeschäftigten gemindert werden. Haben die Betriebsparteien in einem Sozialplan für die Höhe der Abfindung auf die Dauer der Beschäftigung abgestellt, verstößt es allerdings gegen den Grundsatz von Recht und Billigkeit, wenn sie davon Zeiten des Erziehungsurlaubs ausnehmen.[371] Ebenso wenig dürfen Ausländer schlechter gestellt oder Gewerkschaftsmitglieder bevorzugt werden.[372]

cc) *Betriebsübergang.* Von besonderer Bedeutung ist die Befugnis der Betriebsparteien, in einem Sozialplan zu regeln, dass sich die daraus ergebenden Ansprüche ganz oder teilweise entfallen, wenn es nicht oder nicht in vollem Umfang zu der vorgesehenen Betriebsänderung kommt. Ebenso kann vorsorglich vereinbart werden, was gelten soll, wenn es entgegen der Annahme der Betriebsparteien nicht zu einem Betriebsübergang kommt.[373] Ändern sich die bei Abschluss des Sozialplans angenommenen Verhältnisse, können die Betriebsparteien den Sozialplan nachträglich wegen Wegfalls der angenommenen Geschäftsgrundlage anpassen.[374] Kommt es nachträglich und unvorhergesehen doch noch zu einem Betriebsübergang, können die Betriebsparteien für diesen Fall vorsehen, dass die Abfindungsansprüche entfallen oder niedriger ausfallen. In Betracht kommt auch die nachträgliche Anpassung des Sozialplans. Allerdings können die Betriebsparteien von dem gekündigten Arbeitnehmer nicht verlangen, dass er den potentiellen Übernehmer wegen eines möglicherweise vorliegenden Betriebsteilübergangs verklagen muss, um in den Genuss der Abfindung zu kommen.[375] Wohl können die Betriebsparteien in einem Sozialplan Abfindungsansprüche für die Fälle ausschließen, dass ein Arbeitsverhältnis nach § 613a I 1 BGB auf einen Betriebs- oder Betriebsteilerwerber übergeht. Es liegt auch in ihrer Regelungsmacht, Mitarbeiter von Sozialplanansprüchen auszunehmen, falls diese dem Übergang ihres Arbeitsverhältnisses auf einen Betriebs- oder Betriebsteilerwerber widersprechen.[376] Eine Klausel, die Arbeitnehmer von Sozialplanansprüchen ausschließt, die den potentiellen Betriebserwerber nicht auf Übergang ihres Arbeitsverhältnisses gerichtlich in Anspruch genommen haben, ist indes unzumutbar und verstößt gegen das Gebot, die Grundsätze von Recht und Billigkeit zu beachten.

Schließlich kann der Arbeitnehmer individualvertraglich auf Ansprüche aus einem Sozialplan verzichten, ohne dass dafür die nach § 77 IV S. 2 BetrVG an sich erforderliche Zustimmung des Betriebsrats vorliegt. Anzuwenden ist das Günstigkeitsprinzip. Der Wechsel in eine betriebsorganisatorische Einheit für die Dauer eines Jahres mit Kurzarbeit Null gem. § 175 SGB III kann günstiger sein als die Sozialplanleistungen.[377]

dd) *Kündigungsschutzklage.* Leistungen aus einem Sozialplan dürfen nicht von einem Verzicht der Arbeitnehmer auf Erhebung einer Kündigungsschutzklage abhängig gemacht werden.[378] Durch § 1a KSchG hat sich nichts daran geändert, so dass es gegen den betriebsverfassungsrechtlichen Gleichbehandlungsgrundsatz gemäß § 75 I 1 BetrVG verstößt, wenn die Betriebsparteien Sozialplanleistungen vom Verzicht des Arbeitnehmers auf die Erhebung einer Kündigungsschutzklage abhängig machen.[379] Die Fälligkeit der Abfindung kann aber auf einen Zeitpunkt bis zum rechtskräftigen Abschluss des

---

[371] BAG v. 12.11.2002 – 1 AZR 58/02, NZA 2003, 1287.
[372] *Fitting,* §§ 112, 112a Rn. 165, 166; ErfK/*Kania,* §§ 112, 112a Rn. 26.
[373] Vgl. dazu BAG v. 1.4.1998 – 10 ABR 17/97, NZA 1998, 768.
[374] BAG v. 10.8.1994 – 10 ABR 61/93, NZA 1995, 314; BAG v. 28.8.1996 – 10 AZR 886/95, NZA 1997, 109 und v. 5.10.2000 – 1 AZR 48/00, NZA 2001, 849.
[375] BAG v. 22.7.2003 – 1 AZR 575/02, DB 2003, 2658.
[376] BAG v. 5.2.1997 – 10 AZR 553/96, NZA 1998, 158.
[377] BAG v. 27.1.2004 – 1 AZR 148/03, NZA 2004, 667.
[378] BAG v. 20.12.1983 – 1 AZR 442/82, NZA 1984, 53 = ZIP 1984, 476; *Fitting,* §§ 112, 112a Rn. 169; ErfK/*Kania,* §§ 112, 112a BetrVG Rn. 23, *Richardi/Annuß,* § 112 BetrVG Rn. 112.
[379] BAG v. 31.5.2005 – 1 AZR 254/04, NZA 2005, 997.

Kündigungsschutzverfahrens hinausgeschoben werden. Ebenso kann geregelt werden, dass vereinbarte oder gerichtlich zugesprochene Abfindungen gem. den §§ 9, 10 KSchG auf die Sozialplanabfindung anzurechnen sind.[380] Die Betriebsparteien sind aber nicht gehindert, im Interesse des Insolvenzverwalters an einer alsbaldigen Planungssicherheit zusätzlich zu einem Sozialplan in einer freiwilligen Betriebsvereinbarung Leistungen für den Fall vorzusehen, dass der Arbeitnehmer von der Möglichkeit zur Erhebung einer Kündigungsschutzklage keinen Gebrauch macht.[381] Solche freiwilligen Leistungen müssen aber nach Zweck und Umfang derart moderat bemessen werden, dass das Verbot, Sozialplanabfindungen von einem Klageverzicht abhängig zu machen, nicht umgangen wird.

III. Unterbrechung und Aufnahme von Beschlussverfahren

162 Beim Arbeitsgericht anhängige Beschlussverfahren über Angelegenheiten gemäß § 2a ArbGG, bei denen es um die Klärung oder Ausübung von Mitbestimmungsrechten des Betriebsrats geht, werden durch die Eröffnung des Insolvenzverfahrens gemäß §§ 80 II ArbGG, 240 ZPO unterbrochen. In die Zuständigkeit der Arbeitsgerichte fallen gemäß § 2a Nr. 1 ArbGG alle Angelegenheiten aus dem BetrVG. Diese umfassende Zuständigkeit der Arbeitsgerichte in betriebsverfassungsrechtlichen Angelegenheiten ist eröffnet, wenn es um die im BetrVG geregelte Ordnung des Betriebes und die gegenseitigen Rechte und Pflichten der Betriebsparteien geht. Auch betriebsverfassungsrechtliche Angelegenheiten, die aus einem Tarifvertrag resultieren, fallen in die Zuständigkeit der Arbeitsgerichte und werden im Beschlussverfahren gemäß §§ 80 ff. ArbGG ausgetragen. Der Eintritt der Unterbrechung folgt aus dem Sinn und Zweck des § 240 ZPO. Mit der Eröffnung des Insolvenzverfahrens verliert der Insolvenzschuldner nicht nur seine Prozessführungsbefugnis, sondern umfassend seine Arbeitgeberstellung im eingerichteten und ausgeübten Gewerbebetrieb. An seine Stelle tritt nunmehr der Insolvenzverwalter mit der Befugnis, das zur Insolvenzmasse gehörende Vermögen zu verwalten und darüber zu verfügen.[382] Der Insolvenzverwalter rückt gemäß § 80 InsO in den gesamten Rechts- und Pflichtenkreis des schuldnerischen Arbeitgebers ein. Er nimmt auch gegenüber dem Betriebsrat in vollem Umfang die betriebsverfassungsrechtlichen Rechte und Pflichten wahr und gehört gemäß § 83 III ArbGG zu den notwendigen Beteiligten eines Beschlussverfahrens, in dem es um Angelegenheiten aus dem BetrVG geht. Die Beschlussverfahren gemäß § 2a ArbGG betreffen keinesfalls vermögensmäßig neutrale Rechtsstreite oder höchst persönliche Ansprüche, die nur vom Insolvenzschuldner selbst erfüllt werden könnten.[383] Vielmehr ist die vom Insolvenzverwalter zu verwaltende Insolvenzmasse unmittelbar betroffen.[384] Dies gilt insbesondere dann, wenn Regelungsgegenstand des Beschlussverfahrens die vom Arbeitgeber gemäß § 40 BetrVG zu erstattenden Kosten des Betriebsrats sind.[385]

163 Die Unterbrechung und die Möglichkeit der Aufnahme gemäß den §§ 85, 86 InsO folgt aus dem Normzweck, denn mit dem Verlust der Verfügungsmacht über sein Vermögen soll der Schuldner auch nicht mehr in der Lage sein, durch Prozesshandlungen auf schwebende Verfahren einzuwirken. Vielmehr ermöglicht es die Unterbrechung dem Insolvenzverwalter, sich zunächst ein Bild über die laufenden Beschlussverfahren zu machen und zu entscheiden, ob und mit welcher Zielsetzung die Verfahren weitergeführt werden. Der Insolvenzverwalter ist nicht Rechtsnachfolger des Schuldners iSv

---

[380] BAG v. 20.6.1985 – 2 AZR 427/84, NZA 1986, 258.
[381] BAG v. 31.5.2005 – 1 AZR 254/04, DB 2005, 1744.
[382] Vgl. § 104 Rn. 23.
[383] Vgl. zur Betroffenheit der Insolvenzmasse *Musielak*, ZPO, 7. Aufl. 2009, § 240 Rn. 5.
[384] Vgl. LAG Berlin-Brandenburg v. 25.3.2012 – 6 Ta 675/12, NZI 2012, 624.
[385] Vgl. BAG v. 17.8.2005 – 7 ABR 56/04, NZA 2006, 109.

§ 613a I 1 BGB, so dass er nicht automatisch in die prozessuale Rechtsstellung des bisherigen Arbeitgebers eintritt.[386] Auch bei Anordnung der Eigenverwaltung gemäß § 270 InsO werden die anhängigen Verfahren unterbrochen, um eine Überlegungsfrist einzuräumen, denn die Fortsetzung der Verfahren ist nunmehr ausschließlich an den Interessen der Gläubiger auszurichten und zwingt dazu, eigene Interessen zurückzustellen.[387] Deshalb erfordert Sinn und Zweck des § 240 ZPO die Unterbrechung der laufenden Beschlussverfahren. Sie können sowohl vom Insolvenzverwalter als auch vom Betriebsrat gemäß den §§ 85, 86 InsO aufgenommen werden. Die Masse ist iSv § 86 I Nr. 3 InsO betroffen, weil die Klärung betriebsverfassungsrechtlicher Rechte und Pflichten nicht vermögensneutral ist, sondern sich unmittelbar oder mittelbar auf die Mehrung oder Verkürzung der Masse auswirken kann.[388] Die Durchführung personeller Einzelmaßnahmen gemäß § 99 BetrVG, die Ausübung von Mitbestimmungsrechten in Arbeitszeitfragen gemäß § 87 I Nr. 2 und 3 BetrVG oder in Angelegenheiten der betrieblichen Lohngestaltung gemäß § 87 I Nr. 10 und 11 BetrVG oder auf § 23 III BetrVG gestützte Unterlassungsklagen haben unmittelbaren Einfluss auf die Führung des Betriebes durch den Insolvenzverwalter. Ist das Beschlussverfahren auf Antrag des Arbeitgebers eingeleitet worden, kann der Insolvenzverwalter das Verfahren gemäß § 85 InsO aufnehmen. Auch der Betriebsrat kann gemäß § 86 InsO aufnehmen, wenn seine Rechtsstellung im Zusammenhang mit der Ausübung oder Wahrnehmung von Arbeitgeberrechten oder Pflichten durch den Insolvenzverwalter betroffen ist.

§ 109. Betriebliche Altersversorgung in der Insolvenz

Übersicht

	Rn.
I. Vorbemerkung	1
II. Insolvenzschutz der Betrieblichen Altersversorgung	4
1. Betriebliche Altersversorgung	4
2. Umfang des Insolvenzschutzes	5
a) Gesicherter Personenkreis	6
(1) Arbeitnehmer, arbeitnehmerähnliche Personen, Unternehmer	7
(2) Geschützter Personenkreis bei Personen- und Kapitalgesellschaften	9
(3) Versorgungszusage aus Anlass eines Beschäftigungsverhältnisses	12
(4) Hinterbliebene und dritte Personen	13
b) Gesicherte Versorgungsleistung	16
(1) Unmittelbare Versorgungszusage	17
(2) Direktversicherung	19
c) Störfälle der Direktversicherung	20
d) Widerruf	22
(1) Pensionskassen	23
(2) Unterstützungskassen	24
(3) Entgeltumwandlung, beitragsorientierte Leistungszusage	25
e) Gesicherte Anwartschaften	26
(1) Unverfallbarkeit	27
(2) Unmittelbare Versorgungszusage, Direktversicherung	30
(3) Widerrufliches Bezugsrecht	31
(4) Eingeschränkt unwiderrufliches Bezugsrecht	34
(5) Pensionskassen, Unterstützungskassen	35
f) Sicherungsfälle	38
(1) Grundsatz	38
(2) Neuregelung ab 1999	40

---

[386] Vgl. BAG v. 9.12.2008 – 1 ABR 75/07, NZA 2009, 254.
[387] BGH v. 7.12.2006 – V ZB 93/06, NZI 2007, 188.
[388] Vgl. dazu *Kübler/Prütting/Lüke,* InsO Stand 08/01, § 86 Rn. 9; zur wettbewerbsrechtlichen Unterlassungsklage OLG Köln v. 31.8.2007 – 6 U 80/02, ZIP 2008, 518.

		Rn.
(3) Eröffnung des Insolvenzverfahrens		41
(4) Abweisung der Eröffnung des Insolvenzverfahrens mangels Masse		42
(5) Außergerichtlicher Vergleich		43
(6) Vollständige Beendigung der Betriebstätigkeit		48
g) Die Versicherungsleistung		56
(1) Anspruchsumfang		57
(2) Versorgungsanwartschaften		58
(3) Direktversicherung		59
(4) Gruppenversicherung		60
(5) Unterstützungskassen		61
(6) Allgemeine Höchstgrenze des Versicherungsanspruchs		62
(7) Rückstände		64
(8) Anpassung		65
(9) Minderung des Versicherungsanspruchs		67
(10) Ausschluss des Versicherungsanspruchs		71
h) Das Schicksal der Altersversorgungsansprüche bei einem Betriebsübergang in der Insolvenz des Arbeitgebers		77
i) Verfahrensfragen		81
(1) Mitteilungs- und Auskunftspflichten		81
(2) Im Insolvenzfall		84
(3) Merkblätter des PSV		87
j) Rechtsweg		88
k) Rechtsübergang auf den PSV		90
(1) Zeitpunkt des Forderungsübergangs		91
(2) Gegenstand des Forderungsübergangs		92
(3) Umfang des Forderungsübergangs		93
(4) Forderungsberechtigung des PSV		94
l) Rechtsstellung des Arbeitgebers		95
m) Rechtsstellung des Versorgungsberechtigten		96

Schrifttum: *Ahrend/Förster/Rühmann,* Gesetz zur Verbesserung der betrieblichen Altersversorgung, 10. Aufl. 2005; *Arteaga,* Insolvenzschutz der betrieblichen Altersversorgung mitarbeitender Gesellschafter, 1995; *Berenz,* Überblick über die neue Insolvenzordnung – Auswirkungen auf die betriebliche Altersversorgung, BetrAV 1999, 149; *ders.,* Insolvenzsicherung der betrieblichen Altersversorgung: Systematik des Anspruchsübergangs nach § 9 II BetrAVG auf den PSV aG, DB 2004, 1098; *ders.,* Übergang des Vermögens einer Unterstützungskasse auf den PSV aG bei Insolvenz des Trägerunternehmens – Systematik des § 9 Abs. 3 BetrAVG, DB 2006, 1006; *Blomeyer,* Änderungen des Betriebsrentengesetzes zum 1.1.1999 – Neue Lösungen – Neue Probleme, NZA 1998, 911; *ders.,* Die wichtigste betriebsrentenrechtliche Rechtsprechung der Jahre 1996 bis 1998, NZA-RR 1999, 337; *ders.,* Flexibilisierung des Betriebsrentenrechts durch Beitragszusagen, DB 1997, 1921; *ders.,* Novellierung des Betriebsrentengesetzes, NZA 1997, 961; *Blomeyer/Rolfs/Otto,* Gesetz zur Verbesserung der betrieblichen Altersversorgung, 5. Aufl. 2010; *Blumenstein/Krekeler,* Auswirkungen des neuen Betriebsrentenrechts auf die Praxis, BetrAV 1999, 52; *Verena Boehm,* Direktversicherung in der Insolvenz des Arbeitgebers, BB 2007, 1502; *Boemke,* Wirtschaftliche Notlage und Widerruf von Zusagen der betrieblichen Altersversorgung, NJW 2006, 2491; *Cisch/Bleeck,* Rechtsprechung des BAG zur betrieblichen Altersversorgung 2008/2009, DB 2009, 1070; *Diller,* Insolvenzvermeidung durch außergerichtliche Übernahme von Betriebsrenten durch den PSV, ZIP 1997, 765; *Doetsch/Förster/Rühmann,* Änderungen des Betriebsrentengesetzes durch das Rentenreformgesetz 1999, BetrAV 1998, 65; *dies,* Änderungen des Betriebsrentengesetzes durch das Rentenreformgesetz 1999, DB 1998, 258; Erfurter Kommentar zum Arbeitsrecht, 14. Aufl. 2014; *Flitsch/Herbst,* Lebensverträge in der Insolvenz des Arbeitgebers, BB 2003, 317; *Ganter,* Die Betriebliche Altersversorgung in der Unternehmensinsolvenz, NZI 2013, 769; *Grub,* Der Einfluss des PSVaG auf das Insolvenzverfahren, DZWIR 2000, 223; *Hanau/Arteaga,* Gehaltsumwandlung zu betrieblicher Altersversorgung, 1999; *Hanau/Kessel/Arteaga,* Änderungsvorschläge zur Neufassung des Betriebsrentengesetzes, DB 1997, 1401; *Heinze,* Das Arbeitsrecht in der Insolvenzordnung, NZA 1999, 57; *Höfer,* Gesetz zur Verbesserung der betrieblichen Altersversorgung, 8. Aufl. Loseblatt, Stand 2008; *Kießling,* Entgeltfinanzierte Direktversicherungen in der Insolvenz des Arbeitgebers, NZI 2008, 469; *Langohr-Plato,* Neue Chancen für Betriebsrenten, AuA 1998, 299; *Lembke,* Besonderheiten beim Betriebsübergang in der Insolvenz, BB 2007, 1333; *Müller-*

Betriebliche Altersversorgung in der Insolvenz   1–4 § 109

Feldhammer, Die Lebensversicherung in der Insolvenz des Versprechungsempfängers, NZI 2001, 343; *Neufeld,* Besonderheiten der betrieblichen Altersversorgung bei der übertragenden Sanierung, BB 2008, 2346; *Paulsdorff,* Kommentar zur Insolvenzsicherung der betrieblichen Altersversorgung, 2. Aufl. 1996; *Reinecke,* Neue Rechtsprechung des Bundesarbeitsgerichts zum Betriebsrentenrecht (2002–2005), DB 2005, 1963; *Rieger,* Verpflichtungen aus betrieblicher Altersversorgung in Insolvenzplänen, NZI 2013, 671; *Rolfs,* Die betriebliche Altersversorgung beim Betriebsübergang, NZA-Beilage 2008, Nr. 4, 164–172; *Rößler,* Das Bezugsrecht aus Direktversicherungsverträgen in der Insolvenz des Arbeitgebers, NZI 2007, 631; *Rüger,* Das Doppeltreuhandmodell zur Insolvenzsicherung von Altersteilzeitentgelten im Blockmodell, NZI 2012, 488; *Schaub,* Arbeitsrechts-Handbuch, 15. Aufl. 2013; *Westhelle/Micksch,* Die insolvenzrechtliche Abwicklung der Direktversicherung, ZIP 2003, 2054; *Willemsen/Hohenstatt/Schweibert/Seibt,* Umstrukturierung und Übertragung von Unternehmen, 3. Aufl. 2008.

I. Vorbemerkung

Durch das Gesetz zur Verbesserung der betrieblichen Altersversorgung vom 19.12.1974[1] wurde mit den §§ 7–15 BetrAVG ein Insolvenzschutz für Leistungen der betrieblichen Altersversorgung eingeführt. Träger der Insolvenzsicherung ist der Pensions-Sicherungs-Verein auf Gegenseitigkeit, PSV. Der Insolvenzschutz wird erbracht durch eine Zwangsinsolvenzversicherung, der sämtliche Arbeitgeber angeschlossen sein müssen, die Anwartschaften auf Leistungen der betrieblichen Altersversorgung gewähren. Der PSV ist ein aufsichtspflichtiges Versicherungsunternehmen, Aufsichtsbehörde ist die Bundesanstalt für Finanzdienstleistungsaufsicht, die wiederum der Dienstaufsicht des Bundesministeriums für Finanzen untersteht.[2] Bei Auflösung des PSV tritt an seine Stelle gem. § 14 II BetrVG die Kreditanstalt für Wiederaufbau als Ersatzträger der Insolvenzsicherung. 1

Der PSV ist zwar als privatrechtlicher Verein ausgestaltet, verfügt jedoch im Hinblick auf den Zwangscharakter der Insolvenzversicherung über hoheitliche Befugnisse gegenüber den zum Anschluss verpflichteten Arbeitgebern (§ 10 BetrAVG).[3] Vom Insolvenzschutz werden Arbeitnehmer und Ruheständler erfasst. Gegen das Risiko einer Zahlungsunfähigkeit des Arbeitgebers sind nur Versorgungsansprüche sowie unverfallbare Versorgungsanwartschaften gesichert.[4] 2

Der Insolvenzschutz ist als Vermögensschadensversicherung konstruiert. Demzufolge ist ausschließlich der Vermögensschaden des Versorgungs- bzw. Anwartschaftsberechtigten versichert.[5] Der Arbeitgeber wird von seiner Verpflichtung nicht frei, wenn der Träger der Insolvenzsicherung leistet, vielmehr geht die Forderung gegen den Arbeitgeber auf den Träger der Insolvenzsicherung kraft Gesetzes gem. § 9 II BetrAVG über. Deshalb ist die Haftung des Insolvenzsicherungsträgers als Ausfallhaftung konstruiert, derzufolge der Insolvenzsicherungsträger im Insolvenzfalle auch nur in dem Umfange haftet, in dem der Arbeitgeber zur Leistung verpflichtet wäre. Die Insolvenzsicherung ist folglich gerade kein Sanierungsinstrument der deutschen Wirtschaft.[6] Es geht ausschließlich um den Schutz der Versorgungsberechtigten und nicht darum, den Arbeitgeber von den Risiken der betrieblichen Altersversorgung zu entlasten.[7] 3

II. Insolvenzschutz der Betrieblichen Altersversorgung

1. Betriebliche Altersversorgung. Arbeitgeber sind gesetzlich nicht zur Gewährung einer betrieblichen Altersvorsorge an ihre Arbeitnehmer verpflichtet. Ein An- 4

---

[1] BGBl. I 3610.
[2] *Blomeyer/Rolfs/Otto,* § 14 Rn. 33, 34; *Höfer,* § 14 Rn. 5087.
[3] *Blomeyer/Rolfs/Otto,* Vorb § 7 Rn. 2.
[4] ErfK/*Steinmeyer,* § 7 BetrAVG Rn. 6.
[5] *Blomeyer/Rolfs/Otto,* Vorb § 7 Rn. 3 f.
[6] *Blomeyer/Rolfs/Otto,* Vorb § 7 BetrAVG Rn. 7.
[7] *Blomeyer/Rolfs/Otto,* § 7 Rn. 4; *Paulsdorff,* § 7 Rn. 12.

spruch der Arbeitnehmer auf Leistungen einer vom Arbeitgeber eingeführten betrieblichen Altersversorgung, kann sich aus dem Einzelarbeitsvertrag, arbeitsvertraglicher Einheitsregelung, Gesamtzusage, betrieblicher Übung, Betriebsvereinbarung, Tarifvertrag oder der Gleichbehandlungspflicht ergeben.[8] Die betriebliche Altersversorgung ist vor allem aufgrund der langen Bindungszeit störungsanfällig. Deshalb schützt das BetrAVG die Ansprüche der Arbeitnehmer gegenüber dem Arbeitgeber (Unverfallbarkeit, Auszehrungsverbot, Anpassungsprüfung) besonders in der Insolvenz des Arbeitgebers, ohne selbst Ruhegeldansprüche zu begründen.

5 **2. Umfang des Insolvenzschutzes.** Der Schutz von Arbeitnehmeransprüchen aus der betrieblichen Altersversorgung in der Insolvenz des Arbeitgebers ist in §§ 7–15 BetrAVG geregelt. Dabei ist zu beachten, dass nicht alle Versorgungsansprüche gesichert sind. Es muss sich um Leistungen der betrieblichen Altersversorgung iSd Legaldefinition von § 1 BetrVG handeln.[9] Einen Anspruch gegen den Träger der Insolvenzsicherung haben nur Versorgungsempfänger, deren Ansprüche aus einer unmittelbaren Versorgungszusage des Arbeitgebers resultieren, und es muss sich um eine Leistung der betrieblichen Altersversorgung handeln. Sonstige Leistungen wie Übergangs- oder Überbrückungsgelder, die bis zum Erreichen der Altersgrenze oder bis zur Übernahme einer anderweitigen zumutbaren Tätigkeit gezahlt werden, fallen nicht darunter, denn sie dienen nicht der Versorgung im Ruhestand.[10] Der Pensionssicherungsverein hat nur für Ansprüche aus einer betrieblichen Altersversorgung gem. § 1 I 1 BetrAVG einzustehen. Dazu gehören nur Leistungen, mit denen die besonderen Risiken „Langlebigkeit", Tod oder Invalidität abgesichert werden.[11] Deshalb ist beispielsweise eine Werksrente, die dem Arbeitnehmer wegen Umstrukturierungen wegen des Verlustes seines Arbeitsplatzes gezahlt wird und an das Risiko der Arbeitslosigkeit anknüpft, keine insolvenzgeschützte Versorgungsleistung. Es kommt darauf an, welches Ereignis den Versorgungsfall auslöst, ohne dass ein vollständiger Gleichklang mit den gesetzlichen Voraussetzungen der Renten- oder der Invaliditätsversicherung vorliegen muss. Dagegen können tariflich verankerte Hausbrandleistungen betriebliche Altersversorgung iSv § 1 I BetrAVG sein, wenn als Leistungsvoraussetzungen Tatbestände genannt werden, die an biometrische Risiken iS des Betriebsrentengesetzes anknüpfen.[12]

6 **a)** *Gesicherter Personenkreis.* Gesicherte Anspruchsberechtigte sind gem. § 7 I 1 BetrAVG Versorgungsempfänger und ihre Hinterbliebenen. § 7 BetrAVG verweist auf diejenigen Personen die gemäß § 17 I BetrAVG entweder Arbeitnehmer, einschließlich der zu ihrer Berufsausbildung Beschäftigten sind, oder Personen die nicht Arbeitnehmer sind, wenn ihnen Leistungen der Alters-, Invaliditäts- oder Hinterbliebenenversorgung aus Anlass ihrer Tätigkeit für ein Unternehmen zugesagt worden sind.[13]

7 (1) *Arbeitnehmer, arbeitnehmerähnliche Personen, Unternehmer.* Geschützt sind folglich Arbeiter und Angestellte, die auf Grund eines privatrechtlichen Arbeitsvertrages, nicht eines Werkvertrages, tätig werden. Ein sogenanntes fehlerhaftes Arbeitsverhältnis kann ausreichen.[14] Unter den Anwendungsbereich des § 17 I BetrAVG fallen auch solche Personen, die zwar keine Arbeitnehmer sind, denen aber aus Anlass ihrer Tätigkeit für das Unternehmen Leistungen der betrieblichen Altersversorgung zugesagt worden sind und die als vergleichbar sozial schutzbedürftig angesehen werden können.[15] Dagegen

---

[8] *Schaub/Vogelsang*, § 85 Rn. 3 ff.
[9] *Schaub/Vogelsang*, § 84 Rn. 81 ff.; § 87 Rn. 115.
[10] BAG v. 10.5.1978 – 4 AZR 740/76, DB 1978, 1988; BAG v. 3.11.1998 – 3 AZR 454/97, NZA 1999, 594; *Schaub/Vogelsang*, § 87 Rn. 115; *Blomeyer/Rolfs/Otto*, § 1 Rn. 67.
[11] BAG v. 16.3.2010 – 3 AZR 594/09, NZA-RR 2011, 146 = ZIP 2010, 1867.
[12] Im Einzelnen BAG v. 16.3.2010 – 3 AZR 594/09, NZA-RR 2011, 146 = ZIP 2010, 1867.
[13] Zum Arbeitnehmerbegriff s § 103 Rn. 36–39.
[14] *Höfer*, § 17 Rn. 5526, 5527; *Blomeyer/Rolfs/Otto*, § 17 Rn. 8 ff.
[15] BGH v. 28.4.1980 – II ZR 254/78, DB 1980, 1434.

werden Personen, die selbst Unternehmer sind, im Hinblick auf den sozialen Schutzzweck nicht erfasst. Den Unternehmern sind diejenigen Personen gleichzustellen, die das Unternehmen leiten und an dessen Gewinn und Verlust sie durch Einsatz ihres eigenen Vermögens teilhaben. Zu diesem Personenkreis zählen bei Personengesellschaften idR die persönlich haftenden Gesellschafter mit Geschäftsführungs- und Vertretungsbefugnis und bei Kapitalgesellschaften die geschäftsführenden Allein- oder Mehrheitsgesellschafter.[16]

Arbeitnehmerähnliche Personen, die in einigen arbeitsrechtlichen Bestimmungen den Arbeitnehmern gleichgestellt werden (vgl. § 5 I 2 ArbGG; §§ 2, 12 BUrlG), werden gem. § 17 I 2 BetrAVG in vollem Umfang vom Schutz des Gesetzes erfasst. Arbeitnehmerähnlich sind solche Personen, die wirtschaftlich abhängig und einem Arbeitnehmer vergleichbar sozial schutzbedürftig sind.[17] Es kann sich dabei typischerweise um freie Mitarbeiter, frei schaffende Künstler, Angehörige der freien Berufe wie selbstständige Handwerker, Architekten, Ingenieure, Statiker, Ärzte, Unternehmensberater, Rechtsanwälte, Wirtschaftsprüfer, Steuerberater, Handelsvertreter usw handeln.[18]

(2) *Geschützter Personenkreis bei Personen- und Kapitalgesellschaften.* Besonders umstritten ist, ob Organmitglieder juristischer Personen und Unternehmergeschäftsleute in den Schutzbereich des § 17 I 2 BetrAVG einbezogen sind. Ausgangspunkt ist, dass nach dem Wortlaut des § 17 I Satz 2 BetrAVG auch Versorgungszusagen an Unternehmer und Gesellschafter aus Anlass ihrer Tätigkeit für das eigene Unternehmen erfasst werden.[19] Deshalb ist man zunächst davon ausgegangen, dass Versorgungszusagen an Mitglieder der Gesellschaftsorgane unbeschränkt den arbeitsrechtlichen Vorschriften unterliegen. Dabei ist aber zu berücksichtigen, dass § 17 I BetrVG nicht allein oder auch nur vorrangig die Insolvenzsicherung im Auge hat, sondern für sämtliche Regelungen der §§ 1–16 BetrVG gilt. Die Regelungen über die Unverfallbarkeit, das Auszehrungsverbot, die flexible Altersgrenze und die Anpassungspflicht sind als Schutzvorschriften aber unverkennbar in erster Linie auf Arbeitnehmer zugeschnitten, deren wirtschaftliche Abhängigkeit sich auf die Gestaltung und Bestandskraft betrieblicher Versorgungszusagen nachhaltig auswirken kann. Aus der Entstehungsgeschichte des Gesetzes, seiner Systematik und dem mit ihm verfolgten Zweck soll die Geltung des § 17 BetrVG daher auf Personen begrenzt bleiben, deren Lage im Falle einer Pensionsvereinbarung mit der eines Arbeitnehmers annähernd vergleichbar ist.[20] Deshalb hat der BGH den Geltungsbereich einschränkend dahin interpretiert, dass nur die Tätigkeit für ein fremdes Unternehmen die Voraussetzungen des § 17 I 2 BetrAVG erfüllt.[21] Problematisch ist damit die Abgrenzung zwischen der Tätigkeit für ein „eigenes" oder ein „fremdes" Unternehmen. Leitbildcharakter für erstgenanntes kommt dem Einzelunternehmer zu, der damit grundsätzlich nicht § 17 I Satz 2 BetrAVG unterfällt.[22] Bei Personalgesellschaften gehören die persönlich haftenden Gesellschafter mit organschaftlicher Geschäftsführungs- und Vertretungsbefugnis unabhängig von ihrer Beteiligung wegen ihrer unbeschränkten persönlichen Haftung nicht zu dem gem. § 17 I 2 BetrAVG geschützten Personenkreis.[23] Allen-

---

[16] BGH v. 1.2.1999 – II ZR 276/97, NZI 1999, 154 = ZIP 1999, 398; *Ganter*, NZI 2013, 769, 771.
[17] BAG v. 21.2.2007 – 5 AZB 52/06, NJW 2007, 1709; BAG v. 15.2.2012 – 10 AZR 111/11, NZA 2012, 733.
[18] *Höfer*, § 17 Rn. 5574–5579; *Blomeyer/Rolfs/Otto*, § 17 Rn. 89–92.
[19] *Blomeyer/Rolfs/Otto*, § 17 Rn. 99.
[20] Im Einzelnen BGH v. 28.4.1980 – II ZR 254/78, DB 1980, 1434 = NJW 1980, 2254; *Blomeyer/Rolfs/Otto*, § 17 Rn. 100.
[21] BGH v. 28.4.1980 – II ZR 254/78, DB 1980, 1434 = NJW 1980, 2254 und v. 9.6.1980 – II ZR 255/78, DB 1980, 1588 = NJW 1980, 2257; *Blomeyer/Rolfs/Otto*, § 17 Rn. 95.
[22] BGH v. 28.4.1980 – II ZR 254/78, DB 1980, 1434; *Blomeyer/Rolfs/Otto*, § 17 Rn. 96; *Höfer*, § 17 Rn. 5583.
[23] BGH v. 4.5.1981 – II ZR 100/80, DB 1981, 1716; *Blomeyer/Rolfs/Otto*, § 17 Rn. 124.

falls kann dann eine Ausnahme gelten, wenn der Gesellschafter zwar im Außenverhältnis als Gesellschafter auftritt, im Innenverhältnis jedoch nur eine einem Angestellten vergleichbare Position bekleidet.[24] Andererseits ist ein Kommanditist „ausnahmsweise" wie ein Unternehmer zu behandeln, wenn er eine mehrheitliche Kapitalbeteiligung und eine entsprechende Leitungsmacht besitzt.[25] Indizien dafür können ein hoher Kapitalanteil und ein gewichtiges Stimmrecht sein.[26] Als Mehrheitsgesellschafter gilt nach der Rechtsprechung, wer zumindest 50% der Geschäftsanteile besitzt.[27]

10 In der Kapitalgesellschaft fallen Allein- oder Mehrheitsgesellschafter von vornherein nicht unter § 17 I 2 BetrAVG.[28] Dies gilt entsprechend für einen Minderheitsgesellschafter, wenn dieser zusammen mit einem oder mehreren Organvertretern über die Mehrheit verfügt und keiner der Organvertreter seinerseits eine Mehrheitsbeteiligung besitzt.[29] In diesem Falle können die Organvertreter eine gemeinsame Leitungsmacht ausüben und der Gesellschaft ihren Willen aufzwingen. Ist dies nicht der Fall, kann selbst ein Minderheitsgesellschafter mit beträchtlichem Kapitalanteil gem. § 17 I 2 BetrAVG in den Schutzbereich fallen; entscheidend ist die Leitungsmacht.[30]

11 Durch § 17 I 2 BetrAVG erfasst sind die Mitglieder gesellschaftsrechtlicher Organe ohne Unternehmensbeteiligung („Fremdorganschaft").[31] Zu den Personen, die für ein Unternehmen tätig sind, zählen auf jeden Fall die Mitglieder der geschäftsführenden Organe, das sind die Geschäftsführer der GmbH und der GmbH & Co KG, die Vorstandsmitglieder der Aktiengesellschaften, der Kommanditgesellschaften auf Aktien, der eingetragenen Genossenschaften, der Versicherungsvereine auf Gegenseitigkeit sowie der eingetragenen und nicht eingetragenen Vereine.[32] Sie sind zwar keine Arbeitnehmer iSv § 17 I 1 BetrAVG, weil sie auf Grund ihrer gesetzlichen Vertretungsmacht Arbeitgeberfunktionen ausüben. Sie werden aber durch § 17 I 2 BetrAVG in den Geltungsbereich der arbeitsrechtlichen Vorschriften des Gesetzes einbezogen, weil die zugesagte Altersversorgung idR Existenz sichernde Funktion hat und insoweit eine dem Arbeitnehmer vergleichbare soziale Schutzbedürftigkeit besteht.[33] Für den Eintritt der gesetzlichen Unverfallbarkeit ist es unerheblich, ob der Berechtigte die erforderliche Dienstzeit zunächst als Arbeitnehmer erbracht hat und danach als Minderheitsgesellschafter gemäß § 17 I 2 BetrAVG tätig geworden ist.[34]

12 (3) *Versorgungszusage aus Anlass eines Beschäftigungsverhältnisses.* Der Insolvenzschutz tritt nur ein, wenn es sich um eine Versorgungszusage handelt, die aus Anlass eines bestehenden Arbeitsverhältnisses oder einer arbeitnehmerähnlichen Beschäftigung erteilt worden ist. Ist der Gesellschafter einer Kapitalgesellschaft für die Gesellschaft in Gestalt eines Arbeitsverhältnisses oder eines Beschäftigungsverhältnisses tätig, muss zwischen dem Beschäftigungsverhältnis und der Versorgungszusage ein ursächlicher Zusammenhang bestehen. Handelt es sich in Wahrheit um Unternehmerlohn, besteht kein Insolvenzschutz. Ob ein in diesem Sinne legitimer Grund für die Versorgungszusage besteht und sie deshalb als betriebliche Altersversorgung qualifiziert werden kann, hängt von den Umständen des

---

[24] BGH v. 9.6.1980 – II ZR 255/78, DB 1980, 1588; *Blomeyer/Rolfs/Otto*, § 17 Rn. 125.
[25] *Blomeyer/Rolfs/Otto*, § 17 Rn. 129; BGH v. 1.2.1999 – II ZR 276/97, ZIP 1999, 398 = NZA 1999, 380; BGH v. 25.2.1999 – III ZR 53/98, NJW 1999, 1407.
[26] BGH v. 1.2.1999 – II ZR 276/97, NZI 1999, 154 = NJW 1999, 1263.
[27] *Blomeyer/Rolfs/Otto*, § 17 Rn. 123; *Ganter*, NZI 2013, 769, 771.
[28] BGH v. 28.4.1980 – II ZR 254/78, DB 1980, 1434; *Blomeyer/Rolfs/Otto*, § 17 Rn. 102.
[29] Vgl. BGH v. 14.7.1980 – II ZR 224/79, DB 1980, 1527; *Blomeyer/Rolfs/Otto*, § 17 Rn. 103 ff.
[30] BGH v. 28.4.1980 – II ZR 254/78, DB 1980, 1434.
[31] *Blomeyer/Rolfs/Otto*, § 17 Rn. 90.
[32] *Blomeyer/Rolfs/Otto*, § 17 Rn. 90.
[33] *Blomeyer/Rolfs/Otto*, § 17 Rn. 90; BGH v. 1.2.1999 – II ZR 276/97, NZI 1999, 154 = ZIP 1999, 398.
[34] BAG v. 20.4.2004 – 3 AZR 297/03, NZA 2005, 927.

Einzelfalls ab. Dabei kann es eine Rolle spielen, ob die zugesagte Versorgung nach Art und Höhe auch bei Fremdkräften wirtschaftlich vernünftig und üblich gewesen wäre und ob eine bereits während des Beschäftigungsverhältnisses zu finanzierende Direktversicherung oder eine Direktzusage vorliegt, bei der die Belastungen erst entstehen, wenn der Versorgungsfall eintritt.[35] Handelt es sich um eine Versorgungszusage, die ausschließlich gegenüber den Gesellschaftern des Unternehmens besteht, ist sie indiziell nicht aus Anlass eines Beschäftigungsverhältnisses gegeben worden, sondern ist allein durch die Gesellschafterstellung veranlasst und wird daher nicht durch das BetrAVG geschützt.[36]

13 (4) *Hinterbliebene und dritte Personen.* Zu dem geschützten Personenkreis des § 7 BetrAVG zählen die Hinterbliebenen solcher Personen, denen im Sinne des § 17 I BetrAVG eine Hinterbliebenenversorgung zugesagt worden ist. Wieweit die Hinterbliebenenversorgung geht, richtet sich nach dem Inhalt der Versorgungsvereinbarung. Zu den Hinterbliebenen zählen grundsätzlich der überlebende Ehegatte und die Abkömmlinge, aber unter Umständen je nach Vereinbarung auch sonstige Angehörige oder Lebensgefährten.[37] Allerdings hat der BGH einen Verstoß gegen § 7 AGG verneint, wenn Lebenspartner nach dem LPartG anders als Verheiratete im Versorgungswerk von der Hinterbliebenenversorgung ausgeschlossen werden.[38] Fraglich ist aber, ob diese Rechtsprechung europarechtlich Bestand haben kann, denn der EuGH hat die Herausnahme von Lebenspartnerschaften aus der Hinterbliebenenversorgung als Verstoß gegen Art. 1 iVm Art. 2 der Richtlinie 2000/78/EG angesehen.[39] Das BAG ist nunmehr dem EuGH gefolgt und hat bei europarechtskonformer Auslegung des AGG entschieden, dass die eingetragene Lebenspartnerschaft – auch die gleichgeschlechtliche – betriebsrentenrechtlich der Hinterbliebenenversorgung bei Eheleuten gleichzustellen ist.

14 Sind Leistungen nur an die „Witwe" vorgesehen, zählt die frühere Ehefrau des verstorbenen Ruhegeldempfängers nicht zu den insolvenzgeschützten Personen.[40] Ist allerdings der berechtigte Personenkreis nicht bezeichnet, wird man entsprechend §§ 46, 48 SGB VI davon ausgehen müssen, dass Witwen, Witwer, Waisen gemeint sind.[41] Um „Versorgungsehen" auszuschließen, kann für Leistungen an Witwen bzw. Witwer eine gewisse Mindestdauer der Ehe vorausgesetzt werden. Möglich sind auch „Spätehenklauseln", die Ansprüche ausschließen, wenn die Ehe erst nach Beendigung des Arbeitsverhältnisses, nach einem bestimmten Höchstlebensalter des Arbeitnehmers oder nach Eintritt des Versorgungsfalles geschlossen wird.[42]

15 Dritte Personen sind grundsätzlich nicht in den Insolvenzschutz des § 7 BetrAVG einbezogen, es sei denn, dass der Versorgungsempfänger seine insolvenzgesicherten Versorgungsansprüche wirksam an einen Dritten abgetreten hat. In diesem Falle ist die Ausdehnung des Insolvenzschutzes durch den Normzweck des § 7 BetrAVG geboten, da ein insolvenzbedingter Ausfall der Leistungen den ursprünglichen Versorgungsempfänger aufgrund entstehender Schadensersatzansprüche ebenso rechtlos, weil insolvenzgeschädigt, stellen würde wie ohne Abtretung.[43] Zutreffend weist Blomeyer darauf hin, dass das Abtretungsverbot des § 4 VI der vom PSV erlassenen AIB[44] allein Ansprüche

---

[35] BAG v. 25.1.2000 – 3 AZR 769/98, NZA 2001, 959; BAG v. 19.1.2010 – 3 AZR 42/08, NZA 2010, 1066.
[36] BAG v. 19.1.2010 – 3 AZR 42/08, NZA 2010, 1066.
[37] LAG Hamm v. 17.8.1993 – 6 (10) Sa 19/93, DB 1993, 2190; *Blomeyer/Rolfs/Otto,* Anh § 1 Rn. 200.
[38] BGH v. 4.2.2007 – IV ZR 267/04, NJW-RR 2007, 1441.
[39] EuGH v. 1.4.2008 – C-267/06, NZA 2008, 459.
[40] BAG v. 21.10.1966 – 3 AZR 119/66, DB 1966, 132; *Blomeyer/Rolfs/Otto,* Anh § 1 Rn. 199.
[41] *Blomeyer/Rolfs/Otto,* Anh § 1 Rn. 198.
[42] *Blomeyer/Rolfs/Otto,* Anh § 1 Rn. 201, 202.
[43] Vgl. *Blomeyer/Rolfs/Otto,* § 7 Rn. 46.
[44] Abgedruckt bei *Blomeyer/Rolfs/Otto,* S. 1579.

auf die „Versicherungsleistung", nicht aber auf die „Versorgungsleistung" betrifft.[45] Ein derartiges Abtretungsverbot wäre ohnehin rechtswidrig. Allerdings kann der PSV weiterhin trotz Abtretung an den ursprünglichen Versorgungsempfänger leisten, da nur der Anspruch auf die Versorgungsleistung, nicht jedoch der Versicherungsanspruch wirksam abgetreten worden ist. Der Empfänger muss dann die Beträge im Rahmen der internen Abtretungsvereinbarung bzw. notfalls im Wege der Schadensersatzleistung an den Abtretungsempfänger weiterleiten.

16 b) *Gesicherte Versorgungsleistung.* Die Insolvenzsicherung des § 7 BetrAVG erfasst keineswegs prinzipiell jede Versorgungszusage einer im BetrAVG vorgesehen Art, weil der Gesetzgeber zwischen insolvenzfesten und insolvenzgefährdeten Versorgungszusagen unterscheidet und damit das Insolvenzrisiko in die gesetzliche Abwägung mit einbezieht.[46] Die Abgrenzung der sicherungsbedürftigen Zusagen von den insolvenzgefährdeten Zusagen richtet sich danach, ob die für die Erfüllung der Zusage erforderlichen Mittel infolge der Insolvenz des Arbeitgebers ausfallen.[47] Gegen den Träger der Insolvenzsicherung besteht kein Anspruch, wenn es der alleinige oder der überwiegende Zweck der Versorgungszusage war, den Träger der Insolvenzversicherung in Anspruch zu nehmen.[48] Der Nachweis einer derartigen Annahme bereitet Schwierigkeiten. Das Gesetz hilft mit Vermutungen: Der Versicherungsmissbrauch ist anzunehmen, wenn bei Erteilung oder Verbesserung der Versorgungszusage wegen der wirtschaftlichen Lage des Arbeitgebers nicht zu erwarten war, dass die Zusage erfüllt werden konnte.[49] Gem. § 7 V 3 BetrAVG wird bei Versorgungszusagen, die innerhalb der letzten beiden Jahre vor dem Eintritt des Insolvenzfalles begründet oder verbessert wurden, ein Leistungsausschluss angeordnet.[50] Es kommt nicht darauf an, ob dem Berechtigten eine Missbrauchsabsicht fehlte.[51]

17 (1) *Unmittelbare Versorgungszusage.* Grundtatbestand der Insolvenzsicherung gem. § 7 BetrAVG bildet die unmittelbare Versorgungszusage (vgl. § 1 I BetrAVG), die nicht nur die noch immer am weitesten verbreitete Versorgungsform ist, sondern auch die insolvenzgefährdeste Lösung darstellt, da eine Isolierung des notwendigen Deckungskapitals nicht vorliegt. Die Versorgungszusage muss vom Arbeitgeber des Versorgungsempfängers erteilt worden sein und sie ist nur dann insolvenzversichert, wenn derjenige Arbeitgeber, der die Zusage erteilt hat, insolvent geworden ist.[52] Ist die Ruhegeldverpflichtung auf einen Dritten übergegangen, greift der Insolvenzschutz des § 7 BetrAVG nur dann ein, wenn die Anwartschaft im Wege der Gesamtrechtsnachfolge (§ 1922 BGB) oder infolge eines Betriebsübergangs gem. § 613a BGB auf den Betriebserwerber übergegangen ist oder wenn eine wirksame Schuldübernahme im Sinne des § 4 BetrAVG erfolgt ist.[53] Dabei sind Wartezeiten mit anspruchsausschließender Funktion zulässig. Deshalb können durch Betriebsvereinbarung oder sonstige Regelung beim Veräußerer zurückgelegte Wartezeiten ausgeschlossen werden mit der Folge, dass im Rahmen der Unverfallbarkeit gem. § 1b BetrVG nur die beim Betriebserwerber erworbenen Anwartschaften zählen.[54]

18 Öffentlich-rechtlich strukturierte Arbeitgeber, bei denen das Insolvenzverfahren nicht zulässig ist oder für deren Zahlungsfähigkeit ein anderweitiger öffentlich-rechtlicher

---

[45] *Blomeyer/Rolfs/Otto*, § 7 Rn. 47.
[46] *Blomeyer/Rolfs/Otto*, § 7 Rn. 47.
[47] *Blomeyer/RolfsOtto,* § 7 Rn. 51.
[48] BAG v. 24.11.1998 – 3 AZR 423/97, ZIP 1999, 892; *Schaub/Vogelsang*, § 84 Rn. 147.
[49] *Schaub/Vogelsang*, § 87 Rn. 156; BAG v. 19.2.2002 – 3 AZR 137/01, NZA 2003, 282.
[50] *Schaub/Vogelsang*, § 87 Rn. 157; BAG v. 2.6.1987 – 3 AZR 764/85, NZA 1988, 19; BAG v. 24.11.1998 – 3 AZR 423/97, NZA 1999, 650.
[51] *Schaub/Vogelsang*, § 87 Rn. 157; BAG v. 26.4.1994 – 3 AZR 981/93, NZA 1995, 73.
[52] *Blomeyer/Rolfs/Otto*, § 7 Rn. 50.
[53] *Blomeyer/Rolfs/Otto*, § 7 Rn. 51.
[54] BAG v. 19.4.2005 – 3 AZR 469/04, NZA 2005, 840.

Träger (Bund, Land, Gemeinde) kraft Gesetzes einzustehen hat, sind gem. § 17 II BetrAVG vom Insolvenzschutz ausgenommen.

(2) *Direktversicherung.* Ob die Rechte aus einer Direktversicherung dem Arbeitnehmer oder der Masse zustehen, richtet sich danach, ob das Bezugsrecht noch widerrufen werden kann. Der Insolvenzverwalter tritt gem. § 80 I InsO mit der Eröffnung des Insolvenzverfahrens in die Rechtsstellung des Schuldners ein. Konnte das Bezugsrecht zu diesem Zeitpunkt noch widerrufen werden, gehören die Rechte aus dem Versicherungsvertrag zum Vermögen des Schuldners, über welches nunmehr der Insolvenzverwalter verfügen kann. Nur wenn ein unwiderrufliches Bezugsrecht vorliegt, stehen die Rechte aus dem Versicherungsvertrag dem Arbeitnehmer zu und dieser hat diesbezüglich ein Aussonderungsrecht.[55] Hat der Arbeitgeber dagegen dem versicherten Arbeitnehmer nur ein widerrufliches Bezugsrecht im Versicherungsfall eingeräumt, ist er befugt, die bezugsberechtigte Person jederzeit zu ersetzen. In der Insolvenz fallen deshalb die Rechte aus der Lebensversicherung in das Vermögen des Arbeitgebers und gehören daher zur Insolvenzmasse.[56] Ist das an sich unwiderrufliche Bezugsrecht von bestimmten Voraussetzungen abhängig, bleibt das Widerrufsrecht nach Eröffnung des Insolvenzverfahrens bestehen. Der Insolvenzverwalter kann davon Gebrauch machen, wenn die Voraussetzungen des Widerrufsvorbehalts vorliegen und den Rückkaufswert zur Masse ziehen. Liegen die Voraussetzungen für das vertragliche Widerrufsrecht nicht vor, kann der Insolvenzverwalter nicht widerrufen und der Arbeitnehmer hat bezüglich seiner Rechte aus der Versicherung ein Aussonderungsrecht.[57] Diese Rechtslage ändert sich nicht, wenn der Direktversicherung eine Entgeltumwandlung zugrunde liegt. Vermögensansprüche der Arbeitnehmer können im übrigen nur über ein besonderes Treuhandverhältnis gesichert werden, aufgrund dessen die Rechte aus dem Versicherungsvertrag vom sonstigen Vermögen des Arbeitgebers ausreichend getrennt werden mit der Folge, dass ein Aussonderungsrecht der Arbeitnehmer besteht.[58]

c) *Störfälle der Direktversicherung.* Im Falle der Direktversicherung (vgl. § 1 II BetrAVG) erlangt der Versorgungsempfänger ab Eintritt des Versorgungs- und Versicherungsfalles einen unmittelbaren Leistungsanspruch gegen den Lebensversicherer gem. § 335 BGB. Eines Insolvenzschutzes bedarf es insoweit nicht. Ein Insolvenzschutz ist nur dann erforderlich, wenn der Arbeitgeber das Bezugsrecht vor Eintritt des Versicherungsfalles beeinträchtigt hat, indem er Ansprüche aus der Direktversicherung abgetreten oder beliehen hat und seiner Verpflichtung, nach Eintritt der Unverfallbarkeit, diese wieder herzustellen, wegen des Insolvenzverfahrens nicht nachkommt.[59] Deshalb bestimmt § 7 I 2 BetrAVG, dass Insolvenzschutz eintritt, wenn Leistungen aus einer Direktversicherung nicht gezahlt werden, weil der Arbeitgeber die Ansprüche aus dem Versicherungsvertrag abgetreten oder beliehen hat oder seiner Verpflichtung gem. § 1 II 3 BetrAVG nicht nachgekommen ist. Neben Abtretung oder Beleihung ist auch die Verpfändung des Bezugsrechtes einbezogen.[60]

Die Beeinträchtigung des Bezugsrechtes des Arbeitnehmers muss bereits vor Eintritt des Versorgungs- bzw. Versicherungsfalles eingetreten sein und darf nicht bis zum Sicherungsfall selbst wieder entfallen sein. Weitere Voraussetzung ist, dass der Sicherungsfall den Arbeitgeber daran hindert, seine gesetzliche Wiederherstellungspflicht zu erfüllen. Es muss ein doppelter Kausalzusammenhang bestehen: Zunächst muss der Ar-

---

[55] BAG v. 15.6.2010 – 3 AZR 334/06, NZI 2011, 30 = ZIP 2010, 1915.
[56] BGH v. 18.7.2002 – IX ZR 264/01, NJW 2002, 3253; BAG v. 15.6.2010 – 3 AZR 334/06, NZI 2011, 30.
[57] BAG v. 15.6.2010 – 3 AZR 334/06, NZI 2011, 30.
[58] Vgl. *Ganter*, NZI 2013, 769, 772.
[59] *Blomeyer/Rolfs/Otto*, § 7 Rn. 57; *Schaub/Vogelsang*, § 87 Rn. 121.
[60] *Blomeyer/Rolfs/Otto*, § 7 Rn. 57; *Schaub/Vogelsang*, § 87 Rn. 121.

beitgeber infolge des Sicherungsfalles seiner Pflicht zur Wiederherstellung nicht nachgekommen sein. Infolge der unterbliebenen Wiederherstellung des Anspruchs muss ferner der Ausfall der Versicherungsleistung verursacht worden sein.[61]

22   **d)** *Widerruf.* Problematisch ist die Insolvenzsicherung von Versorgungsberechtigten, deren Bezugsrecht der Arbeitgeber vor Eintritt des Versicherungs- bzw. Versorgungsfalles widerrufen hat. Der Arbeitgeber ist, wenn er gem. § 1 II 1 BetrAVG verpflichtet war, wegen der Unverfallbarkeit der Anwartschaft das Bezugsrecht nicht zu widerrufen, dem Arbeitnehmer ersatzpflichtig.[62] Dieser Ersatzanspruch wiederum ist wie eine unmittelbare Versorgungszusage zu behandeln, die uneingeschränkt dem Insolvenzschutz des § 7 BetrAVG unterliegt.[63] Von einem eingeschränkt widerruflichen Bezugsrecht wird gesprochen, wenn sich der Arbeitgeber die Versicherungsleistungen bis zum Eintritt der Unverfallbarkeit vorbehält, dem Arbeitnehmer aber ein unwiderrufliches Bezugsrecht zugesagt hat. Derart eingeschränkt widerrufliche Bezugsrechte können uneingeschränkt unwiderruflichen Bezugsrechten gleichstehen.[64] Bei einem eingeschränkt unwiderruflichen Bezugsrecht aus einer Direktversicherung verliert der Arbeitnehmer den Insolvenzschutz noch nicht deshalb, weil er der Beleihung zugestimmt hat.[65] Kein Insolvenzschutz besteht aber, wenn nur ein widerrufliches Bezugsrecht eingeräumt worden ist, dh der Versorgungsempfänger die Leistung nur solange erwirbt, wie sie der Unternehmer nicht widerruft oder ändert. Der Insolvenzverwalter kann in diesem Fall den Versicherungsvertrag kündigen, das Bezugsrecht des Arbeitnehmers widerrufen und den Rückkaufswert der Versicherung zur Masse ziehen.[66] Durfte der Arbeitgeber gem. § 1b II 1 BetrAVG das Bezugsrecht wegen der Unverfallbarkeit der Anwartschaften nicht widerrufen, bleibt der Arbeitnehmer anspruchsberechtigt. Er erlangt jedenfalls einen Schadensersatzanspruch, der aus dem Vermögen des Arbeitgebers zu befriedigen ist. Dieser Schadensersatzanspruch steht einer unmittelbaren Versorgungszusage gleich und unterliegt dem Insolvenzschutz.[67] Nicht insolvenzgesichert sind hingegen Einbußen bei einer Direktversicherung nach § 1 II BetrAVG, die dem durch ein unwiderrufliches Bezugsrecht begünstigten Arbeitnehmer deshalb entstanden sind, weil der Arbeitgeber die Beiträge an den Versicherer nicht vertragsgemäß entrichtet hat.[68]

23   (1) *Pensionskassen.* Nicht insolvenzgesichert brauchen dagegen Leistungen der Pensionskassen (vgl. § 1 III BetrAVG) zu sein, da der Arbeitnehmer selbst Versicherungsnehmer ist und damit verfügungsbefugt bleibt. Eine Beeinträchtigung des Bezugsrechtes, insbesondere eine abweichende Nutzung seitens des Arbeitgebers ist rechtlich nicht möglich, es sei denn, dass der Arbeitnehmer ausdrücklich die Zustimmung im Sinne des § 185 BGB hierzu erteilt, dann jedoch auch insoweit auf den ihm zustehenden Schutz wirksam verzichtet.[69]

24   (2) *Unterstützungskassen.* Dagegen beziehen § 7 I 2, II 2 BetrAVG Leistungen der Unterstützungskassen in die Insolvenzsicherung ein, obwohl aus § 1 IV BetrAVG die Verneinung eines Rechtsanspruchs auf eben diese Leistungen folgt. Die Regelung stellt auf die Insolvenz des Arbeitgebers und nicht auf die der Unterstützungskasse ab, ohne dadurch eine Durchgriffshaftung auf den Arbeitgeber zu bezwecken. Fällt die vorgese-

---

[61] *Blomeyer/Rolfs/Otto*, § 7 Rn. 63.
[62] *Schaub/Vogelsang*, § 87 Rn. 125; *ErfK/Steinmeyer*, § 7 BetrAVG Rn. 18.
[63] Dazu *Blomeyer/Rolfs/Otto*, § 7 Rn. 64.
[64] OLG Karlsruhe v. 15.3.2001 – 12 U 299/00, VersR 2001, 1501.
[65] *Schaub/Vogelsang*, § 87 Rn. 52.
[66] BAG v. 17.10.1995 – 3 AZR 622/94, DB 1996, 1240 = ZIP 1996, 965.
[67] *Schaub/Vogelsang*, § 87 Rn. 56; *Blomeyer/Rolfs/Otto*, § 7 Rn. 64.
[68] BAG v. 17.11.1992 – 3 AZR 51/92, NZA 1993, 843 = ZIP 1993, 696; *Blomeyer/Rolfs/Otto*, § 7 Rn. 65; aA *Höfer*, § 7 Rn. 4413–4415.
[69] *Blomeyer/Rolfs/Otto*, § 7 Rn. 66.

hene Leistung der Unterstützungskasse wegen der Insolvenz des Arbeitgebers aus, dann ist der Leistungsausfall durch die Insolvenz des Arbeitgebers verursacht, da der Arbeitgeber nicht mehr in der Lage ist, die Unterstützungskasse mit den nötigen Mitteln zu versorgen.[70] Das Vermögen der deutschen Unterstützungskasse eines ausländischen Trägerunternehmens geht gem. § 9 III 1 BetrAVG auf den Träger der gesetzlichen Insolvenzsicherung über, wenn über das inländische Vermögen des Trägerunternehmens das Insolvenzverfahren eröffnet worden ist. Die Insolvenzsicherung greift auch dann ein, wenn die Unterstützungskasse selbst noch über hinreichende finanzielle Mittel verfügt, um die bestehenden Versorgungsverbindlichkeiten zu erfüllen.[71]

(3) *Entgeltumwandlung, beitragsorientierte Leistungszusage.* Nach der ausdrücklichen Neuregelung des BetrAVG liegen Leistungen der betrieblichen Altersversorgung auch vor, wenn künftige Entgeltansprüche in eine wertgleiche Anwartschaft auf Versorgungsleistungen umgewandelt werden (Entgeltumwandlung, vgl. § 1 V BetrAVG) oder wenn der Arbeitgeber sich verpflichtet, bestimmte Beiträge in eine Anwartschaft auf Alters-, Invaliditäts-, oder Hinterbliebenenversorgung umzuwandeln (Beitragsorientierte Leistungszusage, vgl. § 1 VI BetrAVG).[72] Werden bei einer betrieblichen Altersversorgung in Form einer Direktversicherung die Prämien der Versicherung vereinbarungsgemäß anstelle einer Vergütung gezahlt (Versicherung nach Gehaltsumwandlung), ist davon auszugehen, dass der Arbeitgeber dem Arbeitnehmer eine von vornherein unentziehbare Rechtsposition einräumen und damit die Unverfallbarkeit der Anwartschaft zusagen wollte.[73] Der Gesetzgeber hat mit dem zum 1.1.1999 in Kraft getretenen § 1 V BetrAVG die Entgeltumwandlung als betriebliche Altersversorgung anerkannt. Da sich die Entgeltumwandlung auf künftige Entgeltansprüche bezieht, muss im Umwandlungszeitpunkt bereits eine Rechtsgrundlage für den betroffenen Entgeltanspruch bestanden haben.[74] Da nach § 1b BetrAVG nur unverfallbare Versorgungsanwartschaften insolvenzgesichert sind, kann der Insolvenzverwalter uU das Bezugsrecht des Insolvenzschuldners versicherungsvertraglich wirksam widerrufen.[75] Ist die Anwartschaft bereits unverfallbar, verstößt der Insolvenzverwalter mit seinem Widerruf nicht gegen das Widerrufsverbot gem. § 1b II BetrAVG, denn dessen Anwendungsbereich bezieht sich nach seinem Wortlaut allein auf den Widerruf des Bezugsrechts „wegen Beendigung des Arbeitsverhältnisses". Nicht ausgeschlossen wird der Fall des Widerrufs zur Liquidation des in die Insolvenzmasse fallenden Rechts auf die Versicherungsleistung.[76]

e) *Gesicherte Anwartschaften.* Nicht alle Versorgungsverpflichtungen sind insolvenzgeschützt. In § 7 II BetrAVG werden die gesicherten Versorgungsleistungen enumerativ aufgezählt. Geschützt sind nur laufende Leistungen und unverfallbare Anwartschaften. Es muss sich aber um Anwartschaften auf Leistungen der betrieblichen Altersversorgung im Sinne der Legaldefinition gem. § 1 I 1 BetrAVG handeln. Dabei werden Versorgungsempfänger und Versorgungsanwärter nicht gleichgestellt. Gem § 7 II BetrAVG erhalten Anwartschaftsberechtigte und ihre Hinterbliebenen bei Eintritt des Versorgungsfalles einen Versorgungsanspruch, dessen Höhe nach so berechnet wird, als ob der Anwartschaftsberechtigte im Zeitpunkt des Insolvenzverfahrens ausgeschieden wäre.[77]

---

[70] Vgl. BAG v. 12.2.1991 – 3 AZR 30/90, NZA 1991, 723 = ZIP 1991, 1022; *Blomeyer/Rolfs/Otto*, § 7 Rn. 70.
[71] BAG v. 12.2.1991 – 3 AZR 30/90, NZA 1991, 723 = ZIP 1991, 1022; *Blomeyer/Rolfs/Otto*, § 7 Rn. 72.
[72] Vgl. *Blomeyer* NZA 1997, 961, 961 ff.; *Blomeyer* DB 1997, 1921, 1921 ff.; *Hanau/Arteaga*, Rn. 84 ff.
[73] BAG v. 8.6.1993 – 3 AZR 670/92, NZA 1994, 507.
[74] BAG v. 8.6.1999 – 3 AZR 136/98, NZA 1999, 1103.
[75] *Westhelle/Micksch* ZIP 2003, 2054, 2056.
[76] BAG v. 26.2.1991 – 3 AZR 213/90, NZA 1991, 2242 = ZIP 1991, 1295; *Westhelle/Micksch* ZIP 2003, 2056.
[77] *Blomeyer/Rolfs/Otto*, § 7 Rn. 147.

Die Versorgungsempfänger genießen einen weitergehenden Insolvenzschutz als die Versorgungsanwärter.[78] Der Insolvenzschutz der Versorgungsanwärter ist durch die Veränderungssperre gem. § 7 II 3 begrenzt. Für Versorgungsempfänger fehlt eine derartige Einschränkung. Sie haben nach § 7 I BetrAVG einen Insolvenzsicherungsanspruch in Höhe derjenigen Leistung, die der Arbeitgeber aufgrund seiner Versorgungszusage zu erbringen hätte, wenn der Sicherungsfall nicht eingetreten wäre.[79]

27 (1) *Unverfallbarkeit.* Indem § 7 II 1 BetrAVG die nach § 1 BetrAVG unverfallbaren Versorgungsanwartschaften erfasst, nimmt das Gesetz auf den Begriff der Anwartschaft im Sinne des § 1 BetrAVG Bezug und verweist auf die gesetzlichen Vorschriften zur Unverfallbarkeit. Versorgungsanwartschaften sind unverfallbar, wenn die Unverfallbarkeitsvoraussetzungen des § 1 I BetrAVG bei Eintritt des Sicherungsfalles erfüllt sind. Seit dem 1.1.2001 gelten neue Unverfallbarfristen. Danach sind Versorgungszusagen nur dann unverfallbar, wenn der Versorgungsberechtigte bei Beendigung des Arbeitsverhältnisses mindest das 30. Lebensjahr vollendet und die Versorgungszusage mindestens fünf Jahre bestanden hat, § 1b I 1 BetrAVG. Das Mindestalter wurde von der Vollendung des 35. Lebensjahres auf die Vollendung des 30. Lebensjahres abgekürzt und die Dauer der Zusage von zehn auf fünf Jahre. Die Unverfallbarkeitsalternative einer Betriebszugehörigkeit von zwölf Jahren und einer mindestens seit drei Jahren bestehenden Versorgungszusage ist entfallen.

28 Gemäß § 7 II BetrAVG müssen die gesetzlichen Unverfallbarkeitsvoraussetzungen erfüllt sein, denn das Gesetz verweist auf eine nach § 1b BetrAVG unverfallbare Versorgungsanwartschaft. Dies bedeutet, dass lediglich vertraglich unverfallbare Anwartschaften nicht insolvenzgeschützt sind.[80] Bei rechtlichen Unterbrechungen des Arbeitsverhältnisses muss die gesetzliche Unverfallbarkeit nach § 1 I BetrAVG neu erworben werden; auf Grund und Dauer der Unterbrechung kommt es nicht an. Allerdings kann eine vertragliche Anrechnung von Vordienstzeiten ausnahmsweise auch zum Erwerb einer unverfallbaren und insolvenzgeschützten Versorgungsanwartschaft führen.[81] Vertragliche Vereinbarungen über die Anrechnung von Vordienstzeiten, die auf diese Weise zu einem früheren Eintritt der Unverfallbarkeit führen, werden von der Rechtsprechung anerkannt, wenn der Arbeitnehmer schon während des anzurechnenden Zeitraums über eine Versorgungsanwartschaft verfügte und die anzurechnende Vordienstzeit sich unmittelbar an das neue Arbeitsverhältnis anschloss.[82] Über die Anrechnung von Vordienstzeiten lässt sich ein Insolvenzschutz dann nicht erreichen, wenn das erste Arbeitsverhältnis gar nicht von einer Versorgungszusage begleitet war.[83]

29 In jedem Fall müssen die Unverfallbarkeitsvoraussetzungen des § 1 BetrAVG vor Eintritt des Sicherungsfalles erfüllt sein, um zum Insolvenzschutz des § 7 BetrAVG zu führen. Erfüllt ein Arbeitnehmer die Fristen des § 1 BetrAVG erst im Laufe des Insolvenzverfahrens, so ist kein Insolvenzschutz gem. § 7 BetrAVG gegeben. Zwar ist die Anwartschaft dann unverfallbar, aber nicht insolvenzgeschützt.[84]

30 (2) *Unmittelbare Versorgungszusage, Direktversicherung.* Die aus einer unmittelbaren Versorgungszusage folgenden gesetzlich unverfallbaren Anwartschaften sind gem. § 7 II

---

[78] BAG v. 26.1.1999 – 3 AZR 464/97, NZA 1999, 711 = ZIP 1999, 1018 und v. 8.6.1999 – 3 AZR 39/98, NZA 1999, 1215 = ZIP 1999, 1689.
[79] BAG v. 8.6.1999 – 3 AZR 39/98, NZA 1999, 1215 = ZIP 1999, 1689.
[80] BAG v. 22.2.2000 – 3 AZR 4/99, NZA 2001, 1310.
[81] BAG v. 3.8.1978 – 3 AZR 19/77, NJW 1979, 446, und v. 24.6.1998 – 3 AZR 97/97 nv; *Blomeyer/Rolfs/Otto*, § 7 Rn. 137.
[82] BAG v. 24.6.1998 – 3 AZR 97/97, nv; BAG v. 13.3.1990 – 3 AZR 506/88 nv; *Blomeyer/Rolfs/Otto*, § 7 Rn. 137.
[83] BAG v. 22.2.2000 – 3 AZR 4/99, NZA 2001, 1310.
[84] *Blomeyer/Rolfs/Otto*, § 7 Rn. 143, 144; *Höfer*, § 7 Rn. 4332.

BetrAVG ausnahmslos insolvenzgesichert.[85] Nicht insolvenzgeschützt sind hingegen Einbußen bei einer Direktversicherung, die dem durch ein unwiderrufliches Bezugsrecht begünstigten Arbeitnehmer entstanden sind, weil der Arbeitgeber die Beiträge an den Versicherer nicht vertragsgemäß entrichtet hat.[86] Dies kann der Fall sein, wenn es der Arbeitgeber unterlassen hat, die Versicherungsprämien rechtzeitig einzuzahlen, so dass die Versicherungsleistung geringer ausfällt als sie dem Arbeitnehmer zugesagt worden ist. Im Fall einer Direktversicherung bestehen Sonderregelungen, denn § 7 II Satz 1 Nr. 2 BetrAVG nimmt auf die Tatbestände des § 1b II 3 BetrAVG Bezug. Danach ist für den Insolvenzschutz maßgeblich, ob der Arbeitnehmer hinsichtlich der Leistungen des Versicherers widerruflich bezugsberechtigt ist oder die Ansprüche aus dem Versicherungsvertrag abgetreten oder beliehen worden sind. Das Gesetz nennt aber nicht als versichertes Risiko die Beeinträchtigung der Direktversicherung durch Prämienrückstände.[87]

(3) *Widerrufliches Bezugsrecht.* Insolvenzgesichert sind dagegen die gesetzlich unverfallbaren, wenn auch widerruflichen Bezugsrechte des Arbeitnehmers im Rahmen der Direktversicherung, da der Arbeitgeber die Verfügungsmacht über die Rechte aus dem Versicherungsvertrag weiterhin besitzt und diese daher in die Insolvenzmasse fallen.[88] Ist das Bezugsrecht des Arbeitnehmers durch seinen Arbeitgeber weder beeinträchtigt noch entzogen worden, behält der Arbeitnehmer bei Eintritt des Versicherungsfalles die vorgesehenen Versicherungsleistungen vom Versicherer und ein Insolvenzschutz ist nicht erforderlich.[89] Gleiches gilt, wenn das Bezugsrecht des Arbeitnehmers weder durch Abtretung, Beleihung oder Verpfändung beeinträchtigt worden ist.[90]

Hat der Arbeitgeber dem Arbeitnehmer nach dem Inhalt der Zusage lediglich ein widerrufliches Bezugsrecht eingeräumt, gehört der Anspruch auf die Versicherungsleistung zur Insolvenzmasse. Der Insolvenzverwalter kann von der Widerrufsmöglichkeit Gebrauch machen und den Rückkaufswert der Lebensversicherung gem. § 148 InsO zur Insolvenzmasse ziehen, weil in diesem Fall kein Aussonderungsrecht des Arbeitnehmers gemäß § 47 InsO besteht.[91] War die Anwartschaft des Arbeitnehmers bereits unverfallbar, weil der Arbeitnehmer das 30. Lebensjahr vollendet und die Direktversicherung mindestens fünf Jahre bestanden hat, darf der Insolvenzverwalter das Bezugsrecht gem. § 1b II 1 BetrAVG nicht mehr widerrufen. Wird die Direktversicherung über eine Gehaltsumwandlung finanziert, ist die Anwartschaft des Arbeitnehmers gem. § 1b V BetrAVG bereits mit dem Abschluss des Direktversicherungsvertrages unverfallbar. Es müssen aber das Versicherungsverhältnis einerseits und das arbeitsrechtliche Versorgungsverhältnis andererseits getrennt betrachtet werden.[92] Das Widerrufsverbot gem. § 1b II 1 BetrAVG ist kein gesetzliches Verbot iSv § 134 BGB, sondern stellt eine das Arbeitsverhältnis betreffende schuldrechtliche Verpflichtung dar, deren Verletzung allenfalls Schadensersatzansprüche auslösen kann.[93] Gegenüber dem Versicherer kann der

---

[85] *Blomeyer/Rolfs/Otto*, § 7 Rn. 54.
[86] BAG v. 17.11.1992 – 3 AZR 51/92, NZA 1993, 843 = ZIP 1993, 696; *Blomeyer/Rolfs/Otto*, § 7 Rn. 159.
[87] So ausdrücklich BAG v. 17.11.1992 – 3 AZR 51/92, NZA 1993, 843; im Einzelnen *Blomeyer/Rolfs/Otto*, § 7 Rn. 159, 160, 158 sowie Rn. 65.
[88] *Blomeyer/Rolfs/Otto*, § 7 Rn. 151; *Uhlenbruck*, § 35 Rn. 86; BAG v. 26.2.1991 – 3 AZR 213/90, NZA 1991, 845 = ZIP 1991, 1295; BAG v. 17.10.1995 – 3 AZR 622/94, ZIP 1996, 965 = NZA-RR 1996, 343.
[89] *Blomeyer/Rolfs/Otto*, § 7 Rn. 151; *Schaub/Vogelsang*, § 84 Rn. 113.
[90] *Blomeyer/Rolfs/Otto*, § 7 Rn. 153.
[91] *Uhlenbruck*, § 35 Rn. 86; BAG v. 8.6.1999 – 3 AZR 136/98, NZA 1999, 1103; LAG München v. 29.6.2007 – 11 Sa 1226/06 m. Anm. *Henssen*, jurisPR-ArbR 1/2008.
[92] BAG v. 26.2.1991 – 3 AZR 213/90, NZA 1991, 845 = ZIP 1991, 1295 und v. 28.3.1995 – 3 AZR 373/94, NZA 1996, 36 = ZIP 1995, 2012.
[93] *Westhelle/Micksch* ZIP 2003, 2054, 2055; *Blomeyer/Rolfs/Otto*, § 1b Rn. 215; *Höfer* § 1b Rn. 2985, 3004; MüKoInsO/*Ganter* § 47 Rn. 318.

Insolvenzverwalter das Bezugsrecht wirksam widerrufen.[94] Der Lebensversicherungsvertrag ist ein gegenseitiger, noch nicht erfüllter Vertrag iSv § 103 InsO, so dass der Insolvenzverwalter sein Wahlrecht ausüben kann. Hat er an der Fortsetzung des Versicherungsverhältnisses kein Interesse, ist eine Kündigung des Versicherungsvertrages gem. § 165 VVG nicht erforderlich, sondern die Umwandlung in ein Abwicklungsverhältnis vollzieht sich von Gesetzes wegen gem. § 103 InsO.[95] Ist die Anwartschaft des Arbeitnehmers bereits unverfallbar, besteht Insolvenzschutz gem. § 7 II BetrAVG, dh der Arbeitnehmer kann seine Versorgungsansprüche gegenüber dem PSV geltend machen.[96] Hat der Arbeitgeber dem Arbeitnehmer ein unwiderrufliches Bezugsrecht eingeräumt, kann der Insolvenzverwalter die zugesagte Versorgung nicht mehr widerrufen. Dem Bezugsberechtigten steht im Falle der Insolvenz ein Aussonderungsrecht an der Direktversicherung zu.[97]

33   Die Beeinträchtigung des Versicherungsanspruchs muss vor Eintritt des Versicherungsfalles gegeben sein. Eine Ausnahme gilt hinsichtlich des Ergänzungsanspruchs des vor dem Sicherungsfall mit unverfallbarer Versorgungsanwartschaft ausgeschiedenen Arbeitnehmers, wenn der Arbeitgeber statt der versicherungsrechtlichen Lösung die arbeitsrechtliche Lösung, die ratierliche Berechnung gem. § 2 II 1 BetrAVG, gewählt hat. Scheidet der Arbeitnehmer vorzeitig aus dem Arbeitsverhältnis aus, kann in den ersten Jahren des Versicherungsverhältnisses eine nur geringe Kapitalbildung stattgefunden haben. Gemäß § 2 II 1 BetrAVG soll der Begünstigte einer Direktversicherung aber nicht schlechter gestellt werden als ein Arbeitnehmer mit unmittelbarer Versorgungszusage. Der Arbeitgeber ist deshalb verpflichtet, die Differenz bis zur Höhe des ratierlich zu berechnenden Anspruchs auszugleichen.[98] Dieser Auffüll- oder Ergänzungsanspruch ist als Versorgungszusage im Sinne des § 7 II 1 Nr. 2 BetrAVG zu werten.[99]

34   (4) *Eingeschränkt unwiderrufliches Bezugsrecht.* Hat der Arbeitgeber dem Arbeitnehmer ein unwiderrufliches Bezugsrecht zugewendet, sich aber vorbehalten, alle Versicherungsleistungen für sich in Anspruch zu nehmen, wenn das Arbeitsverhältnis vor Unverfallbarkeit der Versorgungsanwartschaft endet, spricht man von einem eingeschränkt unwiderruflichen Bezugsrecht.[100] Mit dem eingeschränkt unwiderruflichen Bezugsrecht wird der Zweck verfolgt, die Verpflichtung des Arbeitgebers zur Entrichtung eines Insolvenzsicherungsbeitrags zu begrenzen. Bei widerruflichen Bezugsrechten tritt die Beitragspflicht des Arbeitgebers mit der Unverfallbarkeit der Versorgungsanwartschaft ein. Bei unwiderruflichen Bezugsrechten entsteht die Beitragspflicht erst dann, wenn der Arbeitgeber die Ansprüche aus dem Versicherungsvertrag abtritt oder beleiht.[101] Strittig ist die Frage der Behandlung des eingeschränkt unwiderruflichen Bezugsrechts in der Insolvenz, wenn in dem Versicherungsvertrag der Vorbehalt aufgenommen worden ist, die Versicherung bis zum Erreichen der gesetzlichen Unverfallbarkeit „für den Fall einer insolvenzbedingten Beendigung des Arbeitsverhältnisses zum Versicherungsnehmer" zu widerrufen. Der BGH ist der Auffassung, dass der Widerrufsvorbehalt für den Fall einer insolvenzbedingten Beendigung des Arbeitsverhältnisses zum Versicherungsnehmer nicht gilt mit der Folge, dass die Rechte aus dem Versicherungsvertrag, idR der

---

[94] *Westhelle/Micksch* ZIP 2003, 2054, 2055; *Blomeyer/Rolfs/Otto,* § 1b Rn. 214.
[95] *Westhelle/Micksch* ZIP 2003, 2054, 2055; Uhlenbruck/Hirte/Vallender/*Berscheid,* § 103 Rn. 20; vgl. BAG v. 26.6.1990 – 3 AZR 651/88, NZA 1991, 60; *Nerlich/Römermann,* § 103 Rn. 17.
[96] *Westhelle/Micksch* ZIP 2003, 2054, 2056.
[97] BAG v. 26.6.1990 – 3 AZR 651/88, ZIP 1991, 49 = NJW 1991, 717.
[98] *Blomeyer/Rolfs/Otto,* § 2 Rn. 131 ff.
[99] *Blomeyer/Rolfs/Otto,* § 7 Rn. 158; vgl. auch *Höfer,* § 7 Rn. 3165, der in der Auffüllverpflichtung des Arbeitgebers eine durch das Gesetz auferlegte unmittelbare Versorgungszusage erblickt.
[100] BAG v. 23.10.1990 – 3 AZR 305/89, NZA 1991, 848.
[101] *Schaub/Vogelsang,* § 87 Rn. 45.

Rückkaufswert, nicht in die Insolvenzmasse fällt.[102] Das BAG hat inzwischen klargestellt, dass sich die Frage, ob die Rechte aus einem Versicherungsvertrag zur Durchführung einer betrieblichen Altersversorgung in der Insolvenz dem Arbeitnehmer oder der Masse zustehen, nach den Regelungen im Versicherungsvertrag zu beurteilen ist. Enthält der Versicherungsvertrag ein eingeschränkt unwiderrufliches Bezugsrecht, ist bei dessen Auslegung auf die betriebsrentenrechtlichen Wertungen abzustellen.[103]

(5) *Pensionskassen, Unterstützungskassen.* Das Bezugsrecht des Versorgungsempfängers bei Pensionskassen bleibt ungesichert, weil dafür kein Bedürfnis besteht, denn der Arbeitnehmer ist selbst Versicherungsnehmer und damit verfügungsbefugt. Der Arbeitgeber kann das Bezugsrecht ohne Zustimmung des Arbeitnehmers weder widerrufen noch anderweitig wirtschaftlich nutzen.[104] Hat der Arbeitgeber insolvenzbedingt keine Prämien gezahlt, ist der daraus folgende Ersatzanspruch des Arbeitnehmers gegen den Arbeitgeber als unmittelbare Versorgungszusage zu behandeln und daher insolvenzgeschützt.[105] **35**

Voraussetzung für den Insolvenzschutz ist, dass zwischen der Insolvenz des Arbeitgebers und dem Ausfall der versprochenen Leistung durch die Unterstützungskasse ein Zusammenhang besteht. Dies wird rechtstechnisch dadurch gelöst, dass § 7 BetrAVG auf die Insolvenz des Arbeitgebers, nämlich des Trägerunternehmens, abstellt und deswegen die Unterstützungskasse die in ihrer Versorgungsordnung vorgesehenen Leistungen nicht erbringt.[106] Trägerunternehmen ist derjenige Arbeitgeber, der gegenüber der Unterstützungskasse gem. § 7 I S. 2 Nr. 2 BetrAVG Zuwendungen erbringt.[107] **36**

Die durch das Altersvermögensgesetz (AVmG) eingeführten Pensionsfonds sind ebenfalls insolvenzgesichert. Allerdings ist der Pensionsfonds kein Versicherungsunternehmen und der Arbeitnehmer nicht Versicherungsnehmer. Gleichwohl hat der Gesetzgeber diese Form einer Versorgungszusage in die Insolvenzsicherungspflicht einbezogen, weil eine betriebliche Altersversorgung über Pensionsfonds auch im Wege einer Leistungszulage oder aufgrund einer Beitragszusage mit Mindestleistung möglich ist, so dass die Versorgungsverpflichtung vom wirtschaftlichen Schicksal des Arbeitgebers abhängen kann.[108] **37**

f) *Sicherungsfälle.* (1) *Grundsatz.* Das Entstehen einer Leistungspflicht des PSV setzt das Eintreten eines sogenannten Sicherungsfalles voraus. Diese Sicherungsfälle hat der Gesetzgeber in § 7 I und II BetrAVG enumerativ aufgeführt. Dabei ist eine Anlehnung an die Regelungen zum Insolvenzgeld gemäß den §§ 133 ff. SGB III unverkennbar. Es sind vier Fälle zu unterscheiden: Die Eröffnung des Insolvenzverfahrens über das Vermögen des Arbeitgebers, der Abweisung des Antrags auf Eröffnung des Insolvenzverfahrens mangels Masse, der außergerichtliche Vergleich und die vollständige Beendigung der Betriebstätigkeit. **38**

Der Sicherungsfall muss stets in der Person des Arbeitgebers eintreten. Wird ein Dritter insolvent, der ohne Arbeitgeber zu sein eine Versorgungszusage gegeben oder der durch Schuldübernahme Verpflichtungen aus Anwartschaften oder Ansprüchen übernommen hat, besteht kein Insolvenzschutz. Im Grundsatz ist dabei der Arbeitgeberbe- **39**

---

[102] BGH v. 8.6.2005 – IV ZR 30/04, NJW-RR 2005, 1412; BGH v. 3.5.2006 – IV ZR 134/05, DB 2006, 1488 sowie BGH v. 22.9.2005 – IX ZR 85/04, ZIP 2005, 1836.
[103] BAG v. 15.6.2010 – 3 AZR 334/06, NZI 2011, 30.
[104] *Blomeyer/Rolfs/Otto*, § 7 Rn. 66; *Schaub/Vogelsang*, § 84 Rn. 66; *ErfK/Steinmeyer*, § 7 BetrAVG Rn. 24.
[105] *Blomeyer/Rolfs/Otto*, § 7 Rn. 66; *ErfK/Steinmeyer*, § 7 BetrAVG Rn. 22.
[106] *Blomeyer/Rolfs/Otto*, § 7 Rn. 70, 71; *ErfK/Steinmeyer*, § 7 BetrAVG Rn. 25, *Schaub/Vogelsang*, ArbR-Handbuch § 87 Rn. 133.
[107] BAG v. 11.2.1992 – 3 AZR 138/91; NZA 1992, 931 = ZIP 1992, 1498.
[108] *ErfK/Steinmeyer*, § 7 BetrAVG Rn. 26; vgl. dazu *Höfer*, § 7 Rn. 4591 sowie *Blomeyer/Rolfs/Otto*, § 7 Rn. 71.

§ 109 40–42 Kapitel IX. Arbeitsrecht und Insolvenz

griff des allgemeinen Arbeitsrechts zugrunde zu legen.[109] Arbeitgeber sind diejenigen, die als die in § 17 BetrAVG genannten Personen tätig geworden sind. Arbeitgeber im Sinne des § 7 BetrAVG ist derjenige, der selbst oder über Versorgungseinrichtungen Leistungen der betrieblichen Altersversorgung zusagt oder erbringt.[110] Auch der Rechtsnachfolger des ursprünglichen Arbeitgebers, welcher der betriebliche Altersversorgung zugesagt hatte, wird als Versorgungsschuldner vom Insolvenzschutz erfasst.[111] Um eine betriebliche Altersversorgung handelt es sich auch dann, wenn nicht der Vertragsarbeitgeber Schuldner der Versorgungszusage ist, sondern die Konzernmutter, über deren Vermögen das Insolvenzverfahren eröffnet worden ist. Arbeitgeber kann auch derjenige sein, der gem. §§ 4 BetrAVG, 613a BGB Versorgungsverpflichtungen übernommen hat. Gehen Versorgungsverbindlichkeiten auf einen neuen Arbeitgeber über, ist nur noch dieser verpflichtet, so dass der PSV einzustehen hat, wenn über das Vermögen des übernehmenden Arbeitgebers das Insolvenzverfahren eröffnet worden ist. Der frühere Betriebsinhaber haftet für die von ihm begründeten Versorgungsanwartschaften im Falle eines Betriebsübergangs gemäß § 613a II S. 1 BGB nur noch für die innerhalb eines Jahres nach dem Betriebsübergang fällig werdenden Betriebsrentenansprüche.[112]

40 (2) *Neuregelung ab 1999.* Mit dem Inkrafttreten der Insolvenzrechtsreform sind die Sicherungsfälle ab 1.1.1999 sprachlich angepasst worden, ohne dass inhaltlich wesentliche Änderungen erfolgt sind.[113] Der Sicherungsfall der wirtschaftlichen Notlage des Arbeitgebers (Nr. 6) ist entfallen, da ein eigenständiger Anwendungsbereich nach Auffassung des Gesetzgebers kaum bestand.[114] Konsequenterweise hat das BAG nunmehr bestätigt, dass seit der Streichung des Sicherungsfalls der wirtschaftlichen Notlage die von der Rechtsprechung entwickelten Grundsätze für das Recht zum Widerruf insolvenzgeschützter betrieblicher Versorgungsrechte wegen wirtschaftlicher Notlage nicht mehr gelten können.[115] Auch in sog. Übergangsfällen kann ein Widerruf von Leistungen einer Unterstützungskasse nicht mehr auf triftige wirtschaftliche Gründe gestützt werden.[116]

41 (3) *Eröffnung des Insolvenzverfahrens* (§ 7 I 1, 2 und II BetrAVG). Der für den Zeitpunkt des Eintritts des Sicherungsfalles maßgebliche Zeitpunkt ist der gem. § 27 II Nr. 3 InsO im Eröffnungsbeschluss bezeichnete Zeitpunkt; wenn diese Bezeichnung unterbleibt, gem. § 27 III die Mittagsstunde des Tages an dem der Beschluss erlassen worden ist. Gegen den Eröffnungsbeschluss stehen dem Schuldner (§ 34 II InsO) und dem PSV (§ 9 V BetrAVG) die sofortige Beschwerde zu. Die spätere Einstellung des Verfahrens mangels Masse nach § 207 InsO beseitigt den Sicherungsfall nicht ohne weiteres.[117] Nur wenn der Eröffnungsbeschluss mit rückwirkender Kraft im Rechtsmittelverfahren aufgehoben wird, entfällt ebenfalls rückwirkend der Sicherungsfall.[118]

42 (4) *Abweisung der Eröffnung des Insolvenzverfahrens mangels Masse* (§ 7 I 4 Nr. 1 BetrAVG). Das Insolvenzverfahren wird grundsätzlich nur dann eröffnet, wenn das Vermögen des Schuldners voraussichtlich ausreicht, die Kosten des Verfahrens zu decken (§ 26 I 1 InsO). tritt der Sicherungsfall der Abweisung des Antrags auf Eröffnung des Insolvenzverfahrens durch Beschluss ein, ist die Befriedigung der Versorgungsansprüche und

---

[109] *Blomeyer/Rolfs/Otto*, § 7 Rn. 77.
[110] BAG v. 8.6.1985 – 3 AZR 185/83, DB 1986, 131 = ZIP 1985, 1520.
[111] BAG v. 17.3.1987 – 3 AZR 605/85, NZA 1988, 21.
[112] BGH v. 19.3.2009 – III ZR 106/08, NZA 2009, 848; BAG v. 25.4.2006 – 3 AZR 50/05, NZA-RR 2007, 310.
[113] ErfK/*Steinmeyer*, § 7 BetrAVG Rn. 38.
[114] BT-Drucks. 12/3803 S. 109, 110.
[115] BAG v. 17.6.2003 – 3 AZR 396/02, DB 2004, 324 = ZInsO 2004, 55 m. Anm. *Schumann*, EWiR 2004, 267; vgl. ErfK/*Steinmeyer*, § 7 BetrAVG Rn. 40.
[116] BAG v. 18.11.2008 – 3 AZR 417/07, DB 2009, 1079.
[117] *Blomeyer/Rolfs/Otto*, § 7 Rn. 92.
[118] Vgl. Nerlich/Römermann/*Mönning*, § 34 Rn. 39; *Blomeyer/Rolfs/Otto*, § 7 Rn. 92.

Versorgungsanwartschaften faktisch nicht möglich. Auch dieser Sicherungsfall tritt mit Verkündung des Beschlusses ein.[119] Soweit die Entscheidung im Beschwerdeverfahren (vgl. § 34 I InsO) aufgehoben und das Insolvenzverfahren eröffnet wird, ist stattdessen dieser Sicherungsfall gegeben.[120]

(5) *Außergerichtlicher Vergleich (§ 7 I 4 Nr. 2 BetrAVG).* Ein weiterer Sicherungsfall ist gem. § 7 I 4 Nr. 2 BetrAVG der außergerichtliche Vergleich des Arbeitgebers mit seinen Gläubigern, gleichgültig ob es sich um einen Stundungs-, Quoten- oder Liquidationsvergleich handelt. Ein außergerichtlicher Vergleich besteht aus einer Vielzahl von Einzelverträgen zwischen dem Schuldner und seinen Gläubigern. Er dient der Sanierung des Unternehmens. Die Gläubiger müssen ebenso wenig zustimmen wie die Versorgungsempfänger und -anwärter. Der PSV hat weder eine gesetzliche Vertretungsmacht noch eine Verfügungsbefugnis für den Abschluss außergerichtlicher Vergleiche über Versorgungsrechte der Arbeitnehmer.[121] Allerdings muss der Träger der Insolvenzsicherung einbezogen werden, denn der PSV muss gem. § 7 I S. 4 Nr. 2 BetrAVG zustimmen. Ein Rechtsanspruch des Versorgungsschuldners gegen den PSV auf Zustimmung zu einem außergerichtlichen Vergleich besteht nicht.[122] Für die Zustimmung des PSV wird es darauf ankommen, ob die geplante Sanierung geeignet ist, spätere höhere Insolvenzleistungen zu ersparen.[123]

43

Voraussetzung des Sicherungsfalls ist, dass der Vergleich zur Abwendung eines Insolvenzverfahrens geschlossen wird, also ein sogenannter „Insolvenzzusammenhang" besteht. Da § 18 InsO bereits die drohende Zahlungsunfähigkeit als Eröffnungsgrund anerkennt, besteht ein Insolvenzzusammenhang bereits durch einen vor diesem Zeitpunkt geschlossenen Vergleich.[124]

44

Die Zustimmung des PSV ist eine rechtsgeschäftliche Erklärung, auf deren Erteilung grundsätzlich kein Rechtsanspruch besteht.[125] Der PSV hat eine sachgerechte Abwägung vorzunehmen, um die Versorgungsansprüche und -anwartschaften zu sichern und etwaige höhere Belastungen der Insolvenzsicherung durch die Eröffnung eines Insolvenzverfahrens zu vermeiden. Andererseits kann der PSV, schon aufgrund seiner Beitragsfinanzierung, nicht als Sanierungsfonds der Wirtschaft agieren.[126] Es geht darum, den Schuldner zu entlasten, um zusätzliche Mittel für die Befriedigung der sonstigen Gläubiger zur Verfügung stellen zu können.[127] Bei seiner Entscheidung ist der PSV nur im Rahmen des VVG und unter Berücksichtigung des versicherungsrechtlichen Gleichbehandlungsgrundsatzes gebunden.[128]

45

Als maßgeblichen Zeitpunkt für den Eintritt des Sicherungsfalles hat das BAG den Zeitpunkt akzeptiert, in dem der Arbeitgeber seine Zahlungsunfähigkeit sämtlichen Gläubigern bekannt gibt; zugleich jedoch eine Verständigung von Arbeitgeber und PSV im Interesse der Rechtsklarheit und Rechtssicherheit als sinnvoll anerkannt.[129] Da die eingetretene Zahlungsunfähigkeit nicht länger Voraussetzung des Sicherungsfalles ist, kann auf die Vereinbarung zwischen Arbeitgeber und PSV abgestellt werden.[130]

46

---

[119] *Blomeyer/Rolfs/Otto*, § 7 Rn. 96.
[120] *Blomeyer/Rolfs/Otto*, § 7 Rn. 96.
[121] BAG v. 9.11.1999 – 3 AZR 361/98, NZA 2000, 1290; *Blomeyer/Rolfs/Otto*, § 7 Rn. 97.
[122] *Blomeyer/Rolfs/Otto*, § 7 Rn. 103.
[123] *Blomeyer/Rolfs/Otto*, § 7 Rn. 104–106.
[124] ErfK/*Steinmeyer*, § 7 BetrAVG Rn. 31; *Blomeyer/Rolfs/Otto*, § 7 Rn. 100.
[125] Ganz hM: *Paulsdorff*, § 7 Rn. 253; *Blomeyer/Otto*, § 7 Rn. 99; aA *Diller* ZIP 1997, 765, 773 f.
[126] Vgl. ErfK/*Steinmeyer*, § 7 BetrAVG Rn. 31.
[127] ErfK/*Steinmeyer*, § 7 BetrAVG Rn. 31.
[128] *Blomeyer/Rolfs/Otto*, § 7 Rn. 105.
[129] BAG v. 14.12.1993 – 3 AZR 618/93, NZA 1994, 554; ErfK/*Steinmeyer*, § 7 BetrAVG Rn. 32; *Blomeyer/Rolfs/Otto*, § 7 Rn. 108.
[130] BAG v. 14.12.1993 – 3 AZR 618/93, NZA 1994, 554.

§ 109 47–53

47 Teilweise wird angenommen, dass ein einseitiger Widerruf von Versorgungsansprüchen durch den Arbeitgeber unwirksam ist, wenn dieser nicht zuvor dem PSV einen außergerichtlichen Vergleich vorgeschlagen und dessen Zustimmung hierzu beantragt hat.[131]

48 (6) *Vollständige Beendigung der Betriebstätigkeit* (§ 7 I 4 Nr. 3 BetrAVG). Vierter Sicherungsfall ist die vollständige Beendigung der Betriebstätigkeit im Geltungsbereich des BetrAVG, wenn ein Antrag auf Eröffnung des Insolvenzverfahrens nicht gestellt worden ist und ein Insolvenzverfahren offensichtlich mangels Masse nicht in Betracht kommt (§ 7 I 4 Nr. 3 BetrAVG). Dieser Sicherungsfall bildet einen Auffangtatbestand, damit der Versorgungsberechtigte keine Nachteile dadurch erleidet, dass der Arbeitgeber in Folge der Überschuldung jegliche Zahlungen eingestellt hat und keine Bestrebungen erkennen lässt, ein förmliches Verfahren einzuleiten.[132] Voraussetzungen dieses Sicherungsfalles sind die vollständige Einstellung der Betriebstätigkeit und eine offensichtlich unzureichende Masse.

49 Da wirtschaftlicher Träger der Altersversorgung der Arbeitgeber und nicht ein Betrieb ist, kann nur maßgeblich sein, dass der Arbeitgeber jede unternehmerische Tätigkeit einstellt und nicht nur einen oder mehrere Betriebe stilllegt.[133] Die Betriebstätigkeit ist vollständig beendet, wenn der mit dem Unternehmen verfolgte arbeitstechnische und unternehmerische Zweck eingestellt und die Auflösung der die Einheit des Unternehmens gestaltenden Organisation vorgenommen worden ist.[134]

50 Die Änderung des Betriebs- beziehungsweise Unternehmenszwecks genügt nicht, da sie die Tätigkeit des Unternehmens nicht beendet.[135] Bei konzernabhängigen Unternehmen kommt es wegen der Verschiedenheit der haftenden Rechtssubjekte nicht darauf an, ob andere Konzernunternehmen ihre Betriebstätigkeit fortsetzen.[136]

51 Unschädlich ist, wenn ein Unternehmen mit Sitz im Ausland dort noch unternehmerisch tätig ist (auch wenn dann die Masselosigkeit zweifelhaft sein wird), da nach dem Gesetzeswortlaut die Tätigkeit nur im Geltungsbereich des BetrAVG beendet sein muss. Ein im Inland ansässiger Unternehmer, der die Leitungsmacht über Betriebe im Ausland ausübt, ist jedoch bereits dadurch noch unternehmerisch tätig.[137]

52 Ähnlich der Regelung über das Insolvenzgeld entfällt durch § 7 I 4 Nr. 3 BetrAVG die Notwendigkeit, einen Antrag auf Eröffnung des Insolvenzverfahrens zu stellen. Die übrigen Voraussetzungen des Insolvenzverfahrens, mit Ausnahme der erforderlichen Masse, müssen jedoch gegeben sein.[138]

53 Die offensichtliche Masselosigkeit ist anspruchsbegründende Tatbestandsvoraussetzung.[139] Das Insolvenzverfahren kommt dann mangels Masse nicht in Betracht, wenn das Vermögen des Schuldners, einschließlich ausländischer Vermögensbestandteile,[140] voraussichtlich nicht ausreicht, die Kosten des Verfahrens zu decken (§§ 26, 54 InsO). Für die offensichtliche Masselosigkeit ist grundsätzlich der Versorgungsempfänger beweispflichtig. Das Merkmal der offensichtlichen Masselosigkeit muss objektiv vorliegen, um den Sicherungsfall des § 7 I S. 3 Nr. 4 BetrAVG eintreten zu lassen. Es kommt weder auf die Kenntnisse der betroffenen Betriebsrentner noch auf die Kenntnisse des PSV

---

[131] *Diller* ZIP 1997, 765, 773.
[132] ErfK/*Steinmeyer*, § 7 BetrAVG Rn. 33; *Blomeyer/Rolfs/Otto*, § 7 Rn. 109.
[133] *Paulsdorff*, § 7 Rn. 163; *Blomeyer/Rolfs/Otto*, § 7 Rn. 110.
[134] BAG v. 20.11.1984 – 3 AZR 444/82, NZA 1996, 156 = ZIP 1985, 764; *Blomeyer/Rolfs/Otto*, § 7 Rn. 111.
[135] *Paulsdorff*, § 7 Rn. 162; *Blomeyer/Rolfs/Otto*, § 7 Rn. 111.
[136] *Blomeyer/Rolfs/Otto*, § 7 Rn. 112.
[137] *Blomeyer/Rolfs/Otto*, § 7 Rn. 114.
[138] *Blomeyer/Rolfs/Otto*, § 7 Rn. 116.
[139] BAG v. 19.12.1997 – 3 AZR 429/96, NZA 1998, 941; *Blomeyer/Rolfs/Otto*, § 7 Rn. 118.
[140] Nerlich/Römermann/*Andres*, § 35 Rn. 12; *Blomeyer/Rolfs/Otto*, § 7 Rn. 119.

an. Abzustellen ist vielmehr auf die objektiven Verhältnisse, so wie sie sich für einen entsprechend unterrichteten, unvoreingenommenen Betrachter darstellen.[141]

Die Einstandspflicht des PSV entsteht in dem Zeitpunkt, in dem alle Tatbestandsvoraussetzungen erfüllt sind. Ein später gestellter Antrag auf Eröffnung des Insolvenzverfahrens lässt den Insolvenzschutz nicht rückwirkend entfallen. Die Masselosigkeit muss nicht schon bei der Betriebseinstellung vorliegen und offensichtlich sein.

Ansprüche, die nicht gegen den Arbeitgeber oder sonstige Versorgungsträger, sondern gegen Dritte gerichtet sind, wie etwa Schadensersatzansprüche wegen verspäteter Insolvenzanmeldung, berühren die Insolvenzsicherung nicht. Es ist Sache des PSV, sich diese Ansprüche abtreten zu lassen und dann durchzusetzen.

g) *Die Versicherungsleistung*. Liegen die tatbestandsmäßigen Voraussetzungen des Sicherungsfalles zum maßgeblichen Zeitpunkt vor, so erlangt gem. § 7 BetrAVG der Versorgungsempfänger einen Anspruch auf die Versicherungsleistung gegen den PSV. Für den Anwartschaftsberechtigten entsteht ein aufschiebend bedingter Anspruch.[142] In beiden Fällen handelt es sich um gesetzlich begründete versicherungsrechtliche Ansprüche. Der Versicherungsanspruch ist kraft Gesetzes vom Bestehen und vom Umfang des Versorgungsanspruchs nach den vom Arbeitgeber zugesagten Regeln abhängig. Der Versorgungsberechtigte soll in dem Maße geschützt werden, wie er mit Leistungen vom Arbeitgeber hätte rechnen dürfen, wenn die Insolvenz nicht eingetreten wäre.[143] § 7 I a BetrAVG regelt nunmehr ausdrücklich, dass der Anspruch gegen den PSV mit Beginn des auf den Eintritt des Sicherungsfalles folgenden Monat entsteht.

(1) *Anspruchsumfang*. Der Versicherungsanspruch gegen den Träger der Insolvenzversicherung besteht gem. § 7 I 1 BetrAVG „in Höhe der Leistung, die der Arbeitgeber aufgrund der Versorgungszusage zu erbringen hätte, wenn das Insolvenzverfahren nicht eröffnet worden wäre". Dies bedeutet, dass der PSV die bereits laufenden Rentenleistungen in gleicher Höhe weiterzuzahlen hat.[144] Prinzipiell richtet sich der Umfang der Versicherungsleistung nach dem Inhalt der Versorgungszusage. Der Arbeitnehmer soll so gestellt werden, wie er stehen würde, wenn das Insolvenzverfahren nicht eröffnet worden wäre. Anderweitige Versorgungsleistungen können angerechnet bzw. berücksichtigt werden, wenn dies in der Versorgungszusage vorgesehen ist.[145] Ein vollständiger Schutz wird dem bereits aus dem Arbeitsverhältnis ausgeschiedenen Versorgungsempfänger gewährleistet. Dies kann nicht gleichermaßen für Anwartschaftsberechtigte gelten, die stets mit einer vorzeitigen Beendigung des Arbeitsverhältnisses vor Eintritt des Versorgungsfalles rechnen müssen. Der Insolvenzschutz deckt nur bereits entstandene Rechte und Anwartschaften ab, nicht aber die durch die Insolvenz verloren gegangenen.[146]

(2) *Versorgungsanwartschaften*. Bei Versorgungsanwartschaften richtet sich der insolvenzgesicherte Umfang gem. § 2 I, V BetrAVG nach dem Umfang, in dem die Anwartschaft bei vorzeitigem Ausscheiden des Arbeitnehmers aus dem Betrieb aufrechterhalten wird. Die Versorgungsanwartschaft muss bei Eintritt des Sicherungsfalles gemäß § 1b BetrAVG bereits unverfallbar gewesen sein. Sind vertraglich günstigere Vereinbarungen getroffen worden, erstreckt sich der Insolvenzschutz gleichwohl nur auf den nach § 2 I BetrAVG berechneten Anwartschaftsteil.[147] Die Begrenzung der Insolvenzsicherung auf den gesetzlichen Mindestschutz ist verfassungsrechtlich nicht zu beanstan-

---

[141] BAG v. 9.11.1997 – 3 AZR 429/06, NZA 1998, 941.
[142] *Blomeyer/Rolfs/Otto*, § 7 Rn. 187.
[143] *Blomeyer/Rolfs/Otto*, § 7 Rn. 93.
[144] BAG v. 22.11.1994 – 3 AZR 767/93, DB 1995, 582; *Blomeyer/Rolfs/Otto*, § 7 Rn. 194.
[145] *Blomeyer/Rolfs/Otto*, § 7 Rn. 195.
[146] *Blomeyer/Otto*, § 7 Rn. 187.
[147] *Blomeyer/Rolfs/Otto*, § 7 Rn. 214.

den.[148] Wird der Arbeitnehmer nach dem Sicherungsfall noch weiter beschäftigt, ist dies für die Berechnung ebenfalls unerheblich, da insoweit kein Insolvenzschutz besteht.[149] Die vom Insolvenzverwalter weiterbeschäftigten Arbeitnehmer erwerben keine insolvenzgeschützte Steigerung ihrer Versorgungsansprüche, denn sie werden vom Gesetz so behandelt, als wenn sie mit dem Sicherungsfall ausgeschieden wären.[150] Veränderungen der Bemessungsgrundlagen bleiben bei der Berechnung der Anwaltschaftshöhe außer Betracht.[151] § 7 II 1 begrenzt die Insolvenzsicherung in Verbindung mit § 2 I BetrAVG auf diejenige Betriebsrente, die der Versorgungsanwärter bis zum Eintritt des Sicherungsfalls zeitanteilig erdient hat. Die Verweisung auf § 2 I, II und V BetrAVG dient dazu, die von der Unternehmensinsolvenz betroffenen Arbeitnehmer den vorzeitig ausgeschiedenen Arbeitnehmern gleichzustellen.[152]

59 (3) *Direktversicherung.* Bei der Direktversicherung richtet sich gem. § 7 II BetrAVG der Insolvenzschutz nach dem Umfang der Beeinträchtigung, die das Bezugsrecht des Versicherten erleidet. Entscheidend ist die zwischen Arbeitgeber und Arbeitnehmer vereinbarte Versicherungsleistung. Die Soll-Leistung ist der Ist-Versicherungsleistung gegenüberzustellen, wobei im Rahmen der Soll-Versicherungsleistung die vereinbarte Versicherungssumme auf den Sicherungsstichtag zurückzurechnen ist.[153] Die am Sicherungsstichtag weiter beschäftigten Arbeitnehmer besitzen bezüglich des weitergehenden Beschäftigungszeitraumes keinen insolvenzgesicherten Ergänzungsanspruch.[154] Die Ist-Versicherungsleistung ergibt sich aus dem bei Eintritt des Sicherungsfalles tatsächlich noch vorhandenen Deckungskapital, so dass nur in Höhe der Differenz zwischen der Soll- und der Ist-Versicherungssumme eine Versicherungsanwartschaft gegenüber dem PSV besteht. Grundlage der Berechnung ist die auf den Zeitpunkt des Insolvenzstichtages zurückgerechnete Soll-Versicherungsleistung. Überschussanteile sind der Versicherungssumme nur dann hinzuzurechnen, wenn der Arbeitnehmer darauf nach dem Inhalt der Versorgungszusage einen Anspruch hat. Überschüsse, die im Falle der Fortführung der Lebensversicherung erst nach dem Insolvenzfall entstehen könnten, sind nicht insolvenzgeschützt.[155] Fällt die Ist-Leistung aufgrund von Beitragsrückständen geringer aus, besteht insoweit keine Einstandspflicht des Trägers der Insolvenzversicherung, wenn der Arbeitgeber während des Verzuges insolvent geworden ist und die Versicherung die Direktversicherung ruhend gestellt hat.[156]

60 (4) *Gruppenversicherung.* Bei Gruppenversicherungsverträgen kann der Arbeitgeber nach dem Umfang der von ihnen geleisteten Arbeitszeit Gruppen mit Versorgungsleistungen in unterschiedlicher Höhe bilden. In diesem Fall kann vor der Berechnung der Ist-Versicherungsleistung eine Aufteilung des noch vorhandenen Deckungskapitals in verfallbare und unverfallbare Anwartschaften stattfinden. Der den verfallbaren Anwartschaften zuzurechnende Teil des Deckungskapitals kann der Insolvenzverwalter selbst verwerten.[157]

61 (5) *Unterstützungskassen.* Bei Unterstützungskassenleistungen richtet sich die Höhe des Anspruchs gegen den PSV nach dem ratierlichen Verfahren des § 2 I BetrAVG.

---

[148] BAG v. 4.4.2000 – 3 AZR 458/98, DZWIR 2002, 146.
[149] *Blomeyer/Rolfs/Otto,* § 7 Rn. 222, BAG v. 22.11.1994 – 3 AZR 767/93, NZA 1995, 887.
[150] BAG v. 14.12.1999 – 3 AZR 722/98, DB 2000, 1924; *Blomeyer/Rolfs/Otto,* § 7 Rn. 222.
[151] BAG v. 9.11.1999 – 3 AZR 361/98, NZA 2000/1290 und v. 22.11.1994 – 3 AZR 767/93, DB 1995, 582.
[152] *Blomeyer/Rolfs/Otto,* § 7 Rn. 222.
[153] *Blomeyer/Rolfs/Otto,* § 7 Rn. 226; *Paulsdorff,* § 7 Rn. 391 ff.
[154] *Höfer,* § 7 Rn. 4469; *Blomeyer/Rolfs/Otto,* § 7 Rn. 224.
[155] *Blomeyer/Rolfs/Otto,* § 7 Rn. 228.
[156] BAG v. 17.11.1992 – 3 AZR 51/92, NZA 1993, 843; *Schaub/Vogelsang,* § 84 Rn. 42.
[157] *Blomeyer/Rolfs/Otto,* § 7 Rn. 232; vgl. im Einzelnen: *Westhelle/Micksch* ZIP 2003, 2054.

Maßgeblich ist das Verhältnis der Dauer der Betriebszugehörigkeit bis zum Versicherungs-Stichtag im Vergleich zurzeit vom Beginn der Betriebszugehörigkeit bis zur Erreichung der in der Versorgungsregelung vorgesehenen festen Altersgrenze (§ 7 II 3 BetrAVG). Abweichend von § 2 I BetrAVG gilt die Vollendung des 65. Lebensjahres nicht als Höchstgrenze, denn die vereinbarte feste Altersgrenze gem. § 7 II S. 3 BetrAVG kann im Einzelfall vor oder nach Vollendung des 65. Lebensjahres liegen.[158] Soweit aber Arbeitnehmer, die vor dem Sicherungsfall mit unverfallbaren Anwartschaften ausgeschieden sind, Einbußen erleiden, weil die Günstigkeitsregelung gem. § 2 I 1 BetrAVG fehlt, kann eine teleologische Korrektur der Vorschrift erforderlich sein.[159]

(6) *Allgemeine Höchstgrenze des Versicherungsanspruchs.* Die vom PSV monatlich zu zahlenden laufenden Versicherungsleistungen sind gem. § 7 III BetrAVG auf das Dreifache der Bezugsgröße gem. § 18 SGB IV begrenzt. Es ist zunächst der Umfang der Versorgungsleistung zu ermitteln, der sich aus der Versorgungszusage des Arbeitgebers ergibt, § 7 I BetrAVG. Der so ermittelte Betrag ist gemäß § 7 III BetrAVG begrenzt auf höchstens das Dreifache der im Zeitpunkt der ersten Fälligkeit maßgeblichen Bezugsgröße iSv § 18 SGB IV.[160] Bei Kapitalzahlungen werden 10 % des Kapitalbetrages als Jahresbetrag einer laufenden Leistung angesehen. Entscheidend ist der Zeitpunkt der ersten Fälligkeit des Anspruchs, wobei unklar ist, ob die Fälligkeit des Versorgungs- oder des Versicherungsanspruchs durch das Gesetz bezeichnet ist. Richtigerweise ist allein die Fälligkeit des Versicherungsanspruchs entscheidend, die sich aber grundsätzlich nach der Fälligkeit des Versorgungsanspruches richtet, so dass der Tag maßgeblich ist, an dem die periodische Rentenleistung nach Eintritt des Sicherungsfalles erstmals fällig wird.[161]

Bei den insolvenzgesicherten Versorgungsanwartschaften gilt entsprechend, dass die erste Fälligkeit des aus der Anwartschaft resultierenden Versorgungsanspruches nach Eintritt des Versorgungsfalles entscheidend ist.[162] Bei Hinterbliebenenleistungen ist ebenfalls die erste Fälligkeit des Versicherungsanspruches maßgebend.[163] Soweit Anpassungsklauseln zu Leistungsverbesserungen führen, die insolvenzgesichert sind, können diese nur entsprechend der Versorgungszusage und den darin vorgesehenen Abständen fällig werden. Wird dadurch die Höchstgrenze überschritten, ist zunächst der hinterbliebene Versorgungsanspruch gegen den ehemaligen Arbeitgeber des Verstorbenen zu ermitteln. Die sich daraus ergebende Höhe wird auf das Dreifache der im Zeitpunkt der ersten Fälligkeit maßgeblichen Bezugsgröße begrenzt.[164]

(7) *Rückstände.* Nach dem ab 1.1.1999 eingefügten § 7 I a BetrAVG umfasst der Ansprüche gegen den PSV auch rückständige Versorgungsleistungen, soweit diese in den letzten sechs Monaten vor dem Eintritt des Sicherungsfalls entstanden sind. Der Sicherungszeitraum umfasst die letzten sechs Monate vor dem Entstehen der Leistungspflicht. Für die Fristberechnung ist nicht der Tag der Insolvenzeröffnung maßgebend, sondern der erste Tag des darauf folgenden Monats.[165] Die 6-Monats-Grenze gilt sowohl bei Insolvenz, bei der Einstellung des Insolvenzverfahrens mangels Masse, bei der Abweisung des Insolvenzantrages mangels Masse als auch bei Betriebseinstellung gem. § 7 I S 4 Nr. 3 BetrAVG.

(8) *Anpassung.* Zu einer Anpassung der Versorgungsleistungen gem. § 16 BetrAVG ist der Träger der Insolvenzversicherung nicht oder nur unter besonderen Voraussetzungen

---

[158] *Blomeyer/Rolfs/Otto,* § 7 Rn. 241.
[159] *Blomeyer/Rolfs/Otto,* § 7 Rn. 241.
[160] BGH v. 11.10.2004 – II ZR 369/02, NZI 2005, 51 m. Anm. *Schumann,* EWIR 2005, 5.
[161] *Blomeyer/Rolfs/Otto,* § 7 Rn. 252; *Paulsdorff* § 7 Rn. 405 f.
[162] *Blomeyer/Rolfs/Otto,* § 7 Rn. 253.
[163] Vgl. *Blomeyer/Rolfs/Otto,* § 7 Rn. 264; *Paulsdorff,* § 7 Rn. 407.
[164] BGH v. 11.10.2004 – II ZR 403/02, NZA 2005, 113 und II ZR 369/02, NZA 2005, 144.
[165] *Blomeyer/Rolfs/Otto,* § 7 Rn. 212.

§ 109 66–69   Kapitel IX. Arbeitsrecht und Insolvenz

verpflichtet. Der PSV muss nur für diejenigen Leistungen einstehen, die der Arbeitgeber gem. § 7 I 1 BetrAVG zu erbringen hätte. Deshalb kommt eine Anpassungsüberprüfung für den PSV grundsätzlich nicht in Betracht. Wegen der Insolvenz des Arbeitgebers wäre sie ohnehin ausgeschlossen.[166] Eine Verpflichtung zur Dynamisierung kann sich aber ergeben, wenn die Anpassung Bestandteil der Versorgungszusage ist.[167] Dies gilt allerdings nur für Renten, die bei Eintritt des Sicherungsfalles bereits fortlaufend gezahlt werden. Versorgungsanwärter genießen einen geringeren Insolvenzschutz als die Versorgungsempfänger. Für sie gelten die Berechnungsgrundsätze des § 7 II BetrAVG, die nicht zur Disposition der Vertragspartner des Arbeitsverhältnisses stehen.[168]

66 Eine Anpassungsverpflichtung des PSV kann sich aus betrieblicher Übung ergeben, wenn der Arbeitgeber die laufenden Rentenzahlungen in regelmäßigen Abständen überprüft hat, um sie der Lohn- und Preisentwicklung anzupassen, ohne dass dies in der Versorgungszusage selbst enthalten war.[169] Besteht dagegen eine Anpassungsüberprüfung nur nach den Regeln des § 16 BetrAVG, ist der PSV nicht zur Anpassung verpflichtet.[170]

67 (9) *Minderung des Versicherungsanspruchs.* Bei Versorgungsempfängern, die gem. 17 I S. 2 BetrAVG keine Arbeitnehmer sind, kann eine Leistungskorrektur erforderlich sein, wenn es sich um unangemessen hohe Versorgungsleistungen handelt, die als verdeckte Gewinnausschüttungen angesehen werden müssen.[171] Sie sind auf ein angemessenes Maß zu reduzieren. Die Angemessenheit richtet sich objektiven Gesichtspunkten. Es ist ein Vergleich der zugesagten Versorgung mit der Höhe des Gehaltes und mit dem Umfang vergleichbarer Versorgungszusagen an Fremdgeschäftsführer oder leitender Angestellte anzustellen.[172]

68 Bei vorgezogener Inanspruchnahme der erreichbaren Betriebsrente ist der erdiente unverfallbare nach § 2 I BetrAVG berechnete Versorgungsbesitzstand als Mindestrente insolvenzgeschützt. Es erfolgt weiterhin eine zeitratierliche Kürzung des vorgezogen in Anspruch genommenen Betriebsrentenanspruchs.[173]

69 Schließlich vermindert sich der Anspruch auf Insolvenzsicherungsleistungen in dem Umfang, in dem der Arbeitgeber oder sonstige Träger der Versorgungen die zugesagten Leistungen der betrieblichen Altersversorgung tatsächlich erbringen. Wenn beispielsweise der Versicherer einen Teil der Altersversorgungsleistungen aus einer Direktversicherung leistet, hat der PSV nur in Höhe der Differenz zu den zugesagten Leistungen einzustehen.[174] Werden vom Arbeitgeber Versorgungsleistungen tatsächlich erbracht, führen sie gem. § 362 BGB zum Erlöschen des Versorgungsanspruchs, und zwar auch dann, wenn er gem. § 9 II S. 1 BetrAVG im Wege des Forderungsübergangs auf den Träger der Insolvenzsicherung übergegangen ist. Gem § 9 II S. 2 BetrAVG darf der Forderungsübergang vom PSV nicht zum Nachteil des Versorgungsberechtigten geltend gemacht werden. Dies hat praktische Bedeutung bei der Verwertung von Sicherungsrechten. Sind beispielsweise die vom PSV zu erbringenden Versorgungsleistungen wegen der Höchstbegrenzung gemäß § 7 III BetrAVG geringer als sie nach der Zusage geschuldet werden, darf der PSV Sicherungsrechte nur bis zur Abdeckung der von ihm erbrachten Leistungen verwer-

---

[166] *Blomeyer/Rolfs/Otto,* § 7 Rn. 200.
[167] BAG v. 15.2.1994 – 3 AZR 705/93, ZIP 1994, 795 und v. 22.11.1994 – 3 AZR 767/93, DB 1995, 582.
[168] BAG v. 9.11.1999 – 3 AZR 361/98, NZA 2000, 556.
[169] BAG v. 3.12.1985 – 3 AZR 577/83, DB 1986, 2551; *Blomeyer/Rolfs/Otto,* § 7 Rn. 203.
[170] BAG v. 22.3.1983 – 3 AZR 574/81, DB 1983, 1982; *Blomeyer/Rolfs/Otto,* § 7 Rn. 203.
[171] *Blomeyer/Rolfs/Otto,* § 7 Rn. 205.
[172] *Blomeyer/Rolfs/Otto,* § 7 Rn. 206.
[173] Vgl. im Einzelnen BAG v. 21.3.2000 – 3 AZR 93/99, NZA 2001, 387; BAG v. 18.3.2003 – 3 AZR 221/02, DB 2003, 2794.
[174] *Blomeyer/Rolfs/Otto,* § 7 Rn. 273–275.

ten.[175] Weiterhin können die Versorgungsleistungen dadurch gemindert werden, dass der Arbeitgeber gegen den Versorgungsberechtigten mit Gegenforderungen aufrechnet. Hingegen wird der Anspruch gegen den PSV nicht durch Leistungen Dritter reduziert, die sich verpflichtet hatten, für die Versorgungszusage einzustehen.[176] Nicht zu einer Minderung führen Leistungen, die andere Personen aus einem besonderen Rechtsgrund, beispielsweise aufgrund ihrer Haftung als ausgeschiedene Gesellschafter einer oHG oder einer KG gemäß §§ 128, 171 HGB erbringen müssen.[177]

Gem § 7 IV S. 3 BetrAVG kann in einem Insolvenzplan eine Aufteilung der Versorgungsverpflichtungen vorgesehen werden. Der Arbeitgeber kann beispielsweise zeitlich befristet von seinen Versorgungsverpflichtungen entbunden werden. Nach Ablauf der Frist entfällt auch der Anspruch auf Leistungen gegenüber dem PSV. Der Insolvenzplan kann auch vorsehen, dass vom Arbeitgeber bei nachhaltiger Verbesserung seiner wirtschaftlichen Lage die auf den PSV übergegangenen Ansprüche ganz oder teilweise im Wege sogenannter Besserungsscheine wieder zurück übernommen werden.[178]

(10) *Ausschluss des Versicherungsanspruchs.* Bei Versicherungsmissbrauch entfällt gem. § 7 V BetrAVG ein Anspruch gegen den Träger der Insolvenzsicherung, wenn nach den Umständen des Falles die Annahme gerechtfertigt ist, dass es der alleinige oder überwiegende Zweck der Versorgungszusage oder ihrer Verbesserung, der Beleihung oder Abtretung eines Anspruchs aus einer Direktversicherung gewesen ist, den Träger der Insolvenzsicherung in Anspruch zu nehmen. Das Gesetz geht von einem Missbrauch besonders dann aus, wenn bei Erteilung oder Verbesserung der Versorgungszusage wegen der wirtschaftlichen Lage des Arbeitgebers zu erwarten war, dass dieser die Zusage nicht erfüllen werde (§ 7 V 2 BetrAVG). Verbesserungen der Versorgungszusage sind bei der Bemessung der Leistungen des PSV ohnehin nicht zu berücksichtigen, wenn sie in den letzten beiden Jahren vor dem Eintritt des Sicherungsfalles vereinbart worden sind (§ 7 V 3 BetrAVG).

Eine Reduzierung des Versicherungsanspruches ist grundsätzlich nur gerechtfertigt ist, wenn der Versorgungsberechtigte an der missbräuchlichen Handlung seines Arbeitgebers selbst beteiligt war. Die aus dem Missbrauchstatbestand resultierende Rechtsfolge trifft den Versorgungsberechtigten. Deshalb muss der begünstigte Arbeitnehmer nach dem Normzweck des § 7 V 1 BetrAVG an der missbräuchlichen Maßnahme mitgewirkt haben. Dies ist der Fall, wenn sich für ihn die Erkenntnis aufdrängen musste, dass er wegen der wirtschaftlichen Lage des Arbeitgebers mit der Erfüllung der Zusage nicht ernsthaft rechnen konnte.[179] Die schlechte wirtschaftliche Lage des Unternehmens allein reicht nicht aus, wenn sie dem Arbeitnehmer zwar bekannt war, er aber aus vertretbaren Gründen angenommen hat, dass die vorgesehene Sanierung Erfolg haben würde.[180] Es muss sich ferner um eine Maßnahme handeln, die geeignet ist, eine Inanspruchnahme des PSV zu bewirken. Dies kann durch die Erteilung einer Versorgungszusage geschehen, aber auch durch Verbesserung einer bestehenden Versorgungsleistung. Es muss alleiniger oder doch überwiegender Zweck der Maßnahme sein, den Träger der Insolvenzsicherung in Anspruch zu nehmen.[181]

Im Falle einer Direktversicherung ist der Missbrauchstatbestand zu prüfen, wenn ein unwiderrufliches Bezugsrecht mit Zustimmung des Berechtigten beliehen worden ist.

---

[175] *Blomeyer/Rolfs/Otto,* § 9 Rn. 48.
[176] Vgl. BGH v. 8.3.1982 – II ZR 86/81, NJW 1983, 120; *Blomeyer/Rolfs/Otto,* § 7 Rn. 273.
[177] *Blomeyer/Rolfs/Otto,* § 7 Rn. 275.
[178] *Blomeyer/Rolfs/Otto,* § 7 Rn. 274, 278.
[179] BAG v. 17.10.1995 – 3 AZR 420/94, NZA 1996, 880 = ZIP 1996, 1052 und v. 19.2.2002 – 3 AZR 137/91, NZA 2003, 282; *Blomeyer/Rolfs/Otto,* § 7 Rn. 283.
[180] ErfK/*Steinmeyer,* § 7 Rn. 72; *Blomeyer/Rolfs/Otto,* § 7 Rn. 283.
[181] ErfK/*Steinmeyer,* § 7 Rn. 74; *Blomeyer/Rolfs/Otto,* § 7 Rn. 289.

Ist dem Arbeitnehmer ein sog. eingeschränktes unwiderrufliches Bezugsrecht eingeräumt, kann der Arbeitgeber den Versicherungsvertrag ohne weiteres beleihen. Die Zustimmung des Arbeitnehmers zur Beleihung der Ansprüche aus dem Versicherungsvertrag führt nicht zum Wegfall des Insolvenzschutzes.[182] Der Insolvenzschutz geht nur dann verloren, wenn der Arbeitnehmer mit dem Arbeitgeber missbräuchlich mit dem Ziel der Inanspruchnahme des PSV zusammen wirkt. Ein Missbrauchstatbestand kann insbesondere dann vorliegen, wenn ein unwiderrufliches Bezugsrecht mit Zustimmung des Berechtigten beliehen worden ist.[183]

74 Ist die Versorgungszusage innerhalb der letzten beiden Jahren vor dem Eintritt des Sicherungsfalls verbessert worden, ordnen § 7 V 3 BetrAVG insoweit einen Leistungsausschluss an. Der PSV braucht in diesem Fall nur nachzuweisen, dass die Verbesserung innerhalb des 2-Jahres-Zeitraums vereinbart worden ist. Erfasst werden nicht nur Leistungserhöhungen, sondern alle Änderungen, die den Versorgungsberechtigten gegenüber dem bisherigen Inhalt der Versorgungszusage besser stellen und begünstigen.[184] Auch die erstmalige Erteilung einer Versorgungszusage fällt darunter, denn wenn schon eine Verbesserung der Versorgungszusage in den letzten beiden Jahren vor Eintritt des Sicherungsfalles den Insolvenzschutz ausschließt, muss dies erst recht gelten, wenn innerhalb dieses Zeitraums eine neue Leistung der betrieblichen Altersversorgung versprochen wird.[185]

75 Gem § 7 V S. 3 2. Hs. gilt der Leistungsausschluss nicht für Zusagen, die ab 1.1.2002 erteilt worden sind, wenn sie auf einer Entgeltumwandlung beruhen und dabei die 4%-Marke der Beitragsbemessungsgrenze der gesetzlichen Rentenversicherung nach § 1a I 1 BetrAVG nicht überschritten wird. Anders ausgedrückt: Ab 1.1.2002 erteilte Entgeltumwandlungszusagen genießen Insolvenzschutz, wenn die Entgeltumwandlung nicht mehr als 4% der Beitragsbemessungsgrenze der gesetzlichen Rentenversicherung ausmacht.[186]

76 Bei außergewöhnlichen Risiken, die sich durch Katastrophen oder kriegerische Ereignisse verwirklichen können, kann der PSV gem. § 7 VI BetrAVG mit Zustimmung des Bundesaufsichtsamtes für das Versicherungswesen seine Leistungen abweichend von den Absätzen I bis V nach billigem Ermessen festsetzen.

77 h) *Das Schicksal der Altersversorgungsansprüche bei einem Betriebsübergang in der Insolvenz des Arbeitgebers.* Wird der Betrieb nach Eröffnung des Insolvenzverfahrens an einen Dritten veräußert, gehen die Rechte und Pflichten der bestehenden Arbeitsverhältnisse gem. § 613a I 1 BGB auf den Erwerber über. Der Betriebserwerber tritt in die vom Betriebsveräußerer individualvertraglich zugesagten Versorgungsansprüche ohne Rücksicht darauf ein, ob die Ansprüche auf betriebliche Altersversorgung auf betrieblicher Übung oder auf dem Gleichheitsgrundsatz beruhen. Erfasst werden aber nur bestehende Arbeitsverhältnisse; nicht aber ausgeschiedene Arbeitnehmer, so dass der Erwerber nicht einzustehen hat für die Altersversorgungsansprüche solcher Personen, die zum Zeitpunkt des Betriebsübergangs nicht mehr in einem Arbeitsverhältnis zum Betriebsveräußerer standen, sondern bereits Ruheständler waren.[187] Wird nicht der gesamte Betrieb, sondern nur ein Betriebsteil übernommen, kommt es bzgl der Übernahme der Alters-

---

[182] BAG v. 17.10.1995 – 3 AZR 420/94, NZA 1996, 880.
[183] Vgl. BAG v. 26.6.1990 – 3 AZR 641/88, NZA 1991, 144.
[184] *Blomeyer/Rolfs/Otto*, § 7 Rn. 297 ff.
[185] BAG v. 24.11.1998 – 3 AZR 423/97, NZA 1999, 650 = ZIP 1999, 892; *Blomeyer/Rolfs/Otto*, § 7 Rn. 300.
[186] *Blomeyer/Rolfs/Otto*, § 7 Rn. 305; *Höfer*, § 7 Rn. 4573; ErfK/*Steinmeyer*, § 7 BetrAVG Rn. 78.
[187] BAG v. 23.3.2004 – 3 AZR 151/03, NZA 2005, 711 = ZIP 2004, 1227 und v. 24.3.1987 – 3 AZR 384/85, NZA 1988, 246; Nerlich/Römermann/*Hamacher*, vor § 113 Rn. 138.

versorgungsansprüche darauf an, ob der Arbeitnehmer dem übertragenen Betriebsteil angehört.[188]

Bei einer Betriebsveräußerung nach Insolvenzeröffnung schuldet der Betriebserwer- **78** ber im Versorgungsfall aber nur die bei ihm erdienten Versorgungsleistungen; für die bis zur Insolvenzeröffnung erdienten unverfallbaren Anwartschaften haftet der PSV.[189] Um die Versorgungsanwärter nicht besser zu stellen als die übrigen Gläubiger, hat das BAG im Hinblick auf die Insolvenzsicherung der entstandenen unverfallbaren Anwartschaften eine insolvenzrechtlich begründete Einschränkung des § 613a vorgenommen. Der Erwerber tritt zwar in die Versorgungsanwartschaften der begünstigten Arbeitnehmer ein, hat im Versorgungsfall aber nur die bei ihm erworbenen Ansprüche zu erfüllen. Nur die ab Insolvenzeröffnung bis zum Betriebsübergang zeitanteilig erdienten Versorgungsansprüche sind Masseverbindlichkeiten.[190] Beschäftigt der Insolvenzverwalter Arbeitnehmer nach Insolvenzeröffnung weiter, entstehen bzgl der weiter anwachsenden Versorgungsanwartschaften Masseschulden, die aus der Insolvenzmasse befriedigt werden müssen[191] und unter den Voraussetzungen des § 3 IV BetrAVG vom Insolvenzverwalter abgefunden werden können.[192] Handelt es sich um verfallbare Anwartschaften, können sie nur als Insolvenzforderungen iSv § 38 InsO geltend gemacht werden.[193] Der Lauf der gesetzlichen Unverfallbarkeitsfristen wird durch den Betriebsübergang nicht unterbrochen.[194]

Die Berechnung der insolvenzgesicherten Anwartschaften erfolgt wie bei einem vor- **79** zeitigen Ausscheiden des Arbeitnehmers gem. § 2 I bzw. II BetrAVG. Führt der Insolvenzverwalter den Betrieb zunächst fort und kommt es im Laufe der Betriebsfortführung zu einem Betriebsübergang gem. § 613a BGB, tritt der Betriebserwerber für den Teil der Anwartschaften auf betriebliche Altersversorgung ein, die nach Eröffnung des insolvenzrechtlichen Verfahrens erdient worden sind.[195] Maßgeblich für die insolvenzrechtliche Einschränkung der Erwerberhaftung nach § 613a BGB ist allein der Zeitpunkt der Eröffnung des Insolvenzverfahrens. Die Haftungsbeschränkung für den Betriebserwerber in der Insolvenz des Veräußerers bezieht sich nur auf Ansprüche und Anwartschaften, die bis zum Zeitraum der Insolvenzeröffnung entstanden sind.[196] Eine Ausnahme gilt nur für Ansprüche auf Zahlung von Betriebsrenten, die im Jahr nach dem Betriebsübergang fällig werden. Für diese Ansprüche hat die Masse gem. § 613a II BGB neben dem Betriebserwerber zu haften.[197]

Die eingeschränkte Geltung des § 613a BGB wird von dem Gedanken des Insolvenz- **80** schutzes getragen. Dieser greift nicht ein für Arbeitnehmer mit noch verfallbaren Anwartschaften, die nach Eröffnung des Insolvenzverfahrens vom Insolvenzverwalter weiterbeschäftigt werden. War der Versorgungsfall zum Zeitpunkt des Betriebsübergangs bereits eingetreten, wurde aber trotzdem ein geringfügiges Beschäftigungsverhältnis im Rahmen der sozialversicherungsrechtlichen Hinzuverdienstmöglichkeiten fortgesetzt, ist ein den Versorgungsanspruch vermittelndes Rechtsverhältnis nicht kraft

---

[188] BAG v. 13.2.2003 – 8 AZR 102/02, NZA 2003, 1111; BAG v. 21.1.1999 – 8 AZR 287/98 nv und v. 13.11.1997 – 8 AZR 375/96, NZA 1998, 249.
[189] *Blomeyer/Rolfs/Otto*, § 7 Rn. 175; BAG v. 19.5.2005 – 3 AZR 649/03, ZIP 2005, 1706; BAG v. 23.7.1991 – 3 AZR 366/90, NZA 1992, 217.
[190] BAG v. 15.12.1987 – 3 AZR 420/87, NZA 1988, 396; BAG v. 22.12.2009 – 3 AZR 814/07, NZA 2010, 897.
[191] BAG v. 20.10.1987 – 3 AZR 200/86, NZA 1988, 396; BGH v. 6.12.2007 – IX ZR 284/03, ZIP 2008, 279.
[192] BAG v. 22.12.2009 – 3 AZR 814/07, NZA 2010, 897.
[193] Nerlich/Römermann/*Hamacher*, vor § 113 Rn. 138.
[194] BAG v. 20.7.1993 – 3 AZR 99/93, NZA 1994, 121.
[195] BAG v. 19.5.2005 – 3 AZR 649/03, ZIP 2005, 1706.
[196] Vgl. BAG v. 20.6.2002 – 8 AZR 459/01, NZA 2003, 318; *Blomeyer/Rolfs/Otto*, § 7 Rn. 175.
[197] BAG v. 19.5.2005 – 3 AZR 649/03, ZIP 2005, 1706.

§ 109   81–84   Kapitel IX. Arbeitsrecht und Insolvenz

Gesetzes gem. § 613a BGB auf den Erwerber übergegangen. Der Betriebsübergang erfasst nur aktive Arbeitsverhältnisse, nicht aber „technische Rentner", die sich bereits in einem Ruhestandsverhältnis befinden.[198] Für die Ruhestandsansprüche haftet der frühere Firmeninhaber. Daneben kommt gem. §§ 25, 26 HGB die Haftung des Betriebserwerbers in Betracht.[199] Die Enthaftung gem. § 613a II BGB tritt nur im Falle eines Betriebsübergangs ein, nicht aber, wenn die ursprüngliche Firma fortgeführt wird. Sind vom Betriebsveräußerer Versorgungsanwartschaften der Arbeitnehmer begründet worden, haftet dieser im Falle eines Betriebsübergangs gemäß § 613a II BGB nur für die innerhalb eines Jahres nach dem Betriebsübergang fällig werdenden Betriebsrentenansprüche.[200]

81   i) *Verfahrensfragen.* (1) *Mitteilungs- und Auskunftspflichten.* i) *Bei Versorgungszusagen.* Da die Mittel zur Insolvenzsicherung von denjenigen Arbeitgebern aufgebracht werden, die insolvenzgesicherte Versorgungsleistungen gewähren, sieht § 11 I 1 BetrAVG vor, dass jeder Arbeitgeber dem PSV eine betriebliche Altersversorgung für seine Arbeitnehmer innerhalb von drei Monaten nach Erteilung der unmittelbaren Versorgungszusage, nach Abschluss einer Direktversicherung oder nach Errichtung einer Unterstützungskasse mitzuteilen hat.

82   Der Arbeitgeber, die sonstigen Träger der Versorgung, der Insolvenzverwalter sowie die nach § 7 BetrAVG berechtigten Versorgungsempfänger und ihre Hinterbliebenen sind verpflichtet, dem PSV alle Auskünfte zu erteilen, die zur Durchführung seiner im BetrAVG geregelten Aufgaben erforderlich sind, sowie alle Unterlagen vorzulegen, aus denen die erforderlichen Angaben ersichtlich sind (§ 11 I 2 BetrAVG). Entsprechende Unterstützungspflichten bestehen für Kammern und Berufsverbände, denen der Arbeitgeber angehört (§ 11 VI BetrAVG). Ebenso sind die Finanzämter in die Erfassung eingeschaltet (§ 11 VIII BetrAVG). Zur Vereinfachung hat der PSV Vordrucke geschaffen, mittels derer die Auskünfte und Informationen zu erteilen sind.

83   Gem § 11 II BetrAVG hat ein beitragspflichtiger Arbeitgeber dem PSV spätestens bis zum 30.9. eines jeden Kalenderjahres die Höhe des gem. § 10 III BetrAVG für die Bemessung des Beitrages maßgebenden Betrages bei unmittelbaren Versorgungszusagen aufgrund eines versicherungsmathematischen Gutachtens, bei Direktversicherungen aufgrund einer Bescheinigung des Versicherers und bei Unterstützungskassen aufgrund einer nachprüfbaren Berechnung mitzuteilen.

84   (2) *Im Insolvenzfall.* Der Insolvenzverwalter muss den PSV über die Eröffnung des Insolvenzverfahrens, die Namen und Anschriften der Versorgungsempfänger sowie die Höhe ihrer Versorgung gem. § 7 BetrAVG unverzüglich informieren. Insbesondere hat er Namen und Anschriften der Personen, die bei Eröffnung des Insolvenzverfahrens eine gem. § 1 BetrAVG unverfallbare Versorgungsanwartschaft haben, sowie die Höhe ihrer Anwartschaft gem. § 7 BetrAVG mitzuteilen (§ 11 III BetrAVG). Der Insolvenzverwalter muss die Höhe der gesetzlich unverfallbaren Versorgungsanwartschaften gem. § 7 II BetrAVG errechnen. Der Insolvenzschuldner, der sonstige Träger der Versorgung und die gem. § 7 BetrAVG Berechtigten (Versorgungsberechtigte, Anwartschaftsberechtigte, Hinterbliebene) müssen dem Insolvenzverwalter Auskünfte über alle Tatsachen erteilen, auf die sich die Mitteilungspflicht des Insolvenzverwalters bezüglich Namen und Anschriften der Personen, die bei Eröffnung des Insolvenzverfahrens eine unverfallbare Anwartschaft haben, einschließlich der Höhe bezieht (§ 11 IV BetrAVG).[201]

---

[198] BAG v. 18.3.2003 – 3 AZR 313/02, NZA 2004, 848.
[199] BAG v. 24.3.1987 – 3 AZR 384/85, NZA 1988, 246 sowie v. 23.3.2004 – 3 AZR 151/03, ZIP 2004, 1227 = DB 2004, 1324.
[200] BGH v. 19.3.2009 – III ZR 106/08, NZA 2009, 848.
[201] *Blomeyer/Rolfs/Otto,* § 11 Rn. 56; *Paulsdorff,* § 11 Rn. 21; *Höfer,* § 11 Rn. 5023.

Soweit ein Insolvenzverfahren nicht eröffnet wird oder gem. § 207 InsO eingestellt 85
ist, sind die Pflichten des Insolvenzverwalters gem. § 11 III BetrAVG vom Arbeitgeber
oder dem sonstigen Träger der Versorgung zu erfüllen (§ 11 V BetrAVG).

Auf Grund der umfassenden Information teilt der PSV dem Berechtigten die ihm 86
gem. der §§ 7, 8 BetrAVG zustehenden Ansprüche oder Anwartschaften schriftlich mit
(§ 9 I 1 BetrAVG). Der Berechtigte kann zunächst diese Mitteilung abwarten. Bleibt sie
aus, so hat der Berechtigte spätestens ein Jahr nach dem Sicherungsfall seine Rechte bei
dem PSV anzumelden. Erfolgt die Anmeldung später, beginnen die Leistungen frühestens mit dem Ersten des Anmeldungsmonats, es sei denn, dass der Berechtigte an der
rechtzeitigen Anmeldung ohne sein Verschulden verhindert war (§ 9 I BetrAVG).[202]
Die Ausschlussfrist bezieht sich nicht nur auf bestehende Versorgungsansprüche, sondern auch auf Anwartschaften. Auf den Eintritt des Versorgungsfalles kommt es nicht
an.[203] Die Ansprüche des Arbeitnehmers gegen den PSV bestehen unabhängig davon,
ob der Arbeitgeber seine Beitragspflicht bzw. der Arbeitgeber oder der Insolvenzverwalter seine Anzeige- und Auskunftspflichten erfüllt hat oder nicht.

(3) *Merkblätter des PSV.* Der PSV hält sog. Merkblätter vor.[204] Auf diesen Merkblättern sind unter Hinweis auf die höchstrichterliche Rechtsprechung die wesentlichen 87
Informationen und Grundsätze zur Insolvenzsicherung der betrieblichen Altersversorgung bezüglich des Sicherungsfalles, des gesicherten Personenkreises und der gesicherten Versorgungsformen enthalten. Ein weiteres Merkblatt zum Begriff der „Betriebszugehörigkeit" als Voraussetzung für den Eintritt der insolvenzgesicherten Unverfallbarkeit
sieht Angaben und Hinweise zu Beginn und Ende der Betriebszugehörigkeit, Unterbrechung der Betriebszugehörigkeit, Fortbestand der Betriebszugehörigkeit und zum Sonderfall des Konzerns vor. Der Arbeitgeber erhält darüber hinaus vom PSV den erforderlichen Erhebungsbogen mit Erläuterungen.

j) *Rechtsweg.* Das Verhältnis des PSV zum einzelnen beitragspflichtigen Arbeitgeber ist 88
öffentlich-rechtlich konzipiert (§ 10 I 1 BetrAVG), weshalb der PSV Beitragsbescheide
erlässt und diese für vollstreckbar erklärt mit der Folge, dass gegen seine Bescheide nach
Abschluss des Vorverfahrens der Arbeitgeber gemäß § 40 I 1 VwGO den Rechtsweg zu
den Verwaltungsgerichten beschreiten muss.[205] Gem § 10 IV BetrAVG ist es dem PSV
aber nicht erlaubt, Beiträge nach den verwaltungsvollstreckungsrechtlichen Vorschriften
beizutreiben, sondern die Vollstreckung aus den Beitragsbescheiden findet in entsprechender Anwendung der einschlägigen Vorschriften der ZPO statt.[206] Die vollstreckbare
Ausfertigung des Beitragsbescheides, welcher dem Beitragspflichtigen gem. § 750 I
ZPO zugestellt worden sein muss, erteilt der Träger der Insolvenzsicherung. Für
Rechtsbehelfe gegen die Erteilung der Vollstreckungsklausel, für den Antrag auf Einstellung der Zwangsvollstreckung und die Vollstreckungsabwehrklage gem. § 767 ZPO
sind die Verwaltungsgerichte zuständig.[207]

Rechtsstreitigkeiten zwischen dem Arbeitnehmer und dem Pensionssicherungsverein 89
sind vor den Arbeitsgerichten gem. § 2 I Nr. 5, 6 ArbGG auszutragen, wenn es darum
geht, ob und in welchem Umfang der Träger der Insolvenzsicherung Altersversorgungsleistungen, die ihren Grund im Arbeitsverhältnis haben, zu erbringen hat.[208] Dies
gilt auch für Klagen von Hinterbliebenen der versorgungsberechtigten Arbeitnehmer.

---

[202] Zu Einzelheiten: *Blomeyer/Rolfs/Otto*, § 7 Rn. 19 ff.; vgl. auch BAG v. 21.3.2000 – 3 AZR 72/99, NZA 2000, 835 = ZIP 2000, 935.
[203] BAG v. 21.3.2000 – 3 AZR 72/99, NZA 2000, 835; *Blomeyer/Rolfs/Otto*, § 9 Rn. 22 ff.
[204] Siehe im Anhang bei *Paulsdorff.*
[205] *Blomeyer/Rolfs/Otto*, § 10 Rn. 49; *Paulsdorff*, § 10 Rn. 9.
[206] *Blomeyer/Rolfs/Otto*, § 10 Rn. 181.
[207] *Blomeyer/Rolfs/Otto*, § 10 Rn. 185; *Höfer*, § 10 Rn. 4937, 4938.
[208] ErfK/*Koch*, § 2 ArbGG Rn. 27; *Blomeyer/Rolfs/Otto*, § 7 Rn. 314.

Für Rechtsstreitigkeiten gegen den PSV, die Versorgungsansprüche von Organmitgliedern, Gesellschaftern oder anderen Personen gem. § 17 I 2 BetrAVG, die keine Arbeitnehmer sind, zum Gegenstand haben, sind die ordentlichen Gerichte zuständig.[209] Zuständig für arbeitsrechtliche Klagen gegen den PSV ist das Arbeitsgericht am Sitz des PSV in Köln (§§ 46 II ArbGG, 12, 13 ZPO). Ebenso sind die Arbeitsgerichte zuständig für Ansprüche des PSV gem. § 9 III BetrAVG, soweit es um den Vermögensübergang einer Unterstützungskasse geht.[210] Bei einer Direktversicherung iS der betrieblichen Altersversorgung ist das Rechtsverhältnis des Arbeitgebers zu der Versicherungsgesellschaft von dem Versorgungsverhältnis zwischen dem Arbeitgeber und dem Arbeitnehmer zu unterscheiden. Für Streitigkeiten aus dem Versorgungsverhältnis ist der Rechtsweg zu den Arbeitsgerichten auch dann eröffnet, wenn der Insolvenzverwalter aufgrund einer insolvenzrechtlichen Anfechtung die Rückzahlung der an den Arbeitnehmer ausgezahlten Beträge verlangt.[211]

90 **k)** *Rechtsübergang auf den PSV.* § 9 II BetrAVG ordnet an, dass Ansprüche oder Anwartschaften des Berechtigten gegen den Arbeitgeber auf Leistungen der betrieblichen Altersversorgung, die den Anspruch gegen den Träger der Insolvenzsicherung begründen, im Falle eines Insolvenzverfahrens mit dessen Eröffnung, in den übrigen Sicherungsfällen dann auf den Träger der Insolvenzsicherung, den PSV, übergehen, wenn dieser nach § 9 I 1 BetrAVG dem Berechtigten die ihm zustehenden Ansprüche oder Anwartschaften mitteilt. Der Gesetzgeber hat folglich die Ansprüche und Anwartschaften trotz der Insolvenz des Arbeitgebers nicht gänzlich für wertlos erachtet. Der PSV soll aufgrund seiner Ausfallhaftung zumindest den Restwert nutzen können. Zu seinen Gunsten soll gewährleistet sein, dass er an etwaigen Insolvenzverfahren teilnehmen und die Ansprüche weiterverfolgen kann. Konsequent ordnet § 9 III BetrAVG an, dass das Vermögen einer Unterstützungskasse auf den PSV übergeht, wenn das Trägerunternehmen selbst insolvent geworden ist, ohne dass sich dieser Rechtsübergang zum Nachteil des Berechtigten auswirkt.[212]

91 (1) *Zeitpunkt des Forderungsübergangs.* In dem Sicherungsfall der Insolvenz ist die Eröffnung des Insolvenzverfahrens der maßgebliche Zeitpunkt des Rechtsüberganges, der wiederum dem PSV eine rechtzeitige Geltendmachung der auf ihn übergegangenen Ansprüche als Insolvenzgläubiger (§ 38 InsO) ermöglicht (§§ 174 ff. InsO).[213] In den übrigen Sicherungsfällen des § 7 BetrAVG tritt dagegen der Forderungsübergang erst mit Zugang der Mitteilung des PSV an den Berechtigten ein, um zu verhindern, dass der Forderungsübergang ohne Kenntnis des Berechtigten erfolgt.[214]

92 (2) *Gegenstand des Forderungsübergangs.* Vom Forderungsübergang werden alle Versorgungsansprüche des Versorgungsempfängers bzw. des Versorgungsanwärters gegen den Arbeitgeber einschließlich der Ersatzansprüche erfasst. Neben Leistungsansprüchen betrifft der Forderungsübergang alle insolvenzgesicherten Anwartschaften im Sinne von § 7 II BetrAVG. Er erfasst ferner die mit der Forderung akzessorisch verbundenen Sicherungsrechte gem. der §§ 412, 401 I BGB.[215] Dazu gehören alle mit der Forderung auf betriebliche Altersversorgung verbundenen Rechte, die der Verstärkung der Forderung dienen. Gem § 9 II 1 BetrAVG gehen danach auf den PSV über Pfandrechte, Hypotheken, Bürgschaften, die zur Absicherung der Ansprüche aus betrieblicher Altersversorgung eingeräumt werden, Schuldbeitritte eines Dritten zur Absicherung der

---

[209] *Blomeyer/Rolfs/Otto,* § 7 Rn. 314.
[210] BAG v. 11.11.1986 – 3 AZR 228/86, ZIP 1987, 871; ErfK/*Koch,* § 3 ArbGG Rn. 2.
[211] LAG Hamm v. 4.6.2013 – 2 Ta 616/12, ZInsO 2013, 2174.
[212] *Berenz* DB 2004, 1098, 1099.
[213] *Blomeyer/Rolfs/Otto,* § 9 Rn. 39; *Höfer,* § 9 Rn. 4694.
[214] *Blomeyer/Rolfs/Otto,* § 9 Rn. 40; *Höfer,* § 9 Rn. 4693.
[215] *Blomeyer/Rolfs/Otto,* § 9 Rn. 45; *Höfer,* § 9 Rn. 3048.

Ansprüche aus betrieblicher Altersversorgung, Forderungen gegenüber einem früheren Einzelunternehmer nach § 28 HGB und Forderungen gegen ausgeschiedene persönlich haftende Gesellschafter.[216]

(3) *Umfang des Forderungsübergangs.* Der Forderungsübergang erfasst Ansprüche und Anwartschaften unabhängig vom Umfang der Befriedigung durch den PSV. Denn der Forderungsübergang findet bereits mit Eintritt des Sicherungsfalles bzw. der entsprechenden Mitteilung seitens des PSV statt, um ein rasches Handeln zu ermöglichen. Hieraus erklärt sich das Fehlen einer Begrenzung auf künftig fällig werdende Ansprüche. So betrifft der Forderungsübergang auch rückständige Versorgungsansprüche der letzten sechs Monate vor Eröffnung des Insolvenzverfahrens, für die der PSV einzustehen hat. Ein Forderungsübergang findet immer insoweit statt, als der PSV nach § 7 BetrAVG Leistungen zu gewähren hat.[217] Der Forderungsübergang bezieht sich kongruent auf den Umfang der Insolvenzsicherung. Soweit der PSV nicht einzutreten hat, richten sich die Ansprüche des Versorgungsberechtigten gegen die Insolvenzmasse.[218]

(4) *Forderungsberechtigung des PSV.* Der gesetzliche Forderungsübergang des § 9 II BetrAVG führt zum Übergang der Forderungen des Berechtigten auf den PSV, so dass nur dieser sie jetzt geltend machen kann. In der Insolvenz des Arbeitgebers hat der PSV die rückständigen Versorgungsansprüche der Rentner voll und übergegangene Anwartschaften als unbedingte Insolvenzforderungen nach § 45 InsO geltend zu machen.[219]

l) *Rechtsstellung des Arbeitgebers.* Der Arbeitgeber haftet im Rahmen des Insolvenzschutzes nur dem PSV, nicht mehr dem Versorgungsberechtigten. Uneingeschränkt kann der Arbeitgeber die vor dem Forderungsübergang begründeten Einwendungen gem. §§ 404, 412 BGB gegenüber dem PSV geltend machen ohne sich jedoch auf die Nichtabtretbarkeit der Forderung berufen zu können.[220] Grundsätzlich geltend machen kann er nach den allgemeinen schuldrechtlichen Regelungen Einwendungen, die nach dem Forderungsübergang begründet worden sind.[221] Gestaltungsrechte des Arbeitgebers wie etwa die Möglichkeit des Widerrufs bei Treuepflichtverletzung des Arbeitnehmers, bleiben durch den Forderungsübergang unberührt.[222] Eine inhaltliche Veränderung des Versorgungsverhältnisses findet nicht statt; die Rechtsstellung der Versorgungsberechtigten bleibt unverändert.[223]

m) *Rechtsstellung des Versorgungsberechtigten.* Der Forderungsübergang auf den PSV tritt nicht erst mit der tatsächlichen Befriedigung des Versorgungsberechtigten ein, darf aber gem. § 9 II 2 BetrAVG nicht zum Nachteil des Berechtigten geltend gemacht werden. Dies führt im Ergebnis zu der Konsequenz, dass schon bei Bestehen einer Eintrittspflicht des PSV der gesetzliche Forderungsübergang nach § 9 II 1 BetrAVG stattfindet. Werden die Ansprüche auf betriebliche Altersversorgung vom PSV nicht voll befriedigt, hat der Versorgungsberechtigte ein vorrangiges Zugriffsrecht auf werthaltige Sicherungsrechte bzw. auf Teilhabe an dem aus der Verwertung des Rechts erzielten Erlös.[224] Der Versorgungsberechtigte soll nicht schlechter stehen als er stehen würde, wenn der Arbeitgeber selbst geleistet hätte.[225] Dies kann Bedeutung erlangen, wenn die

---

[216] IE *Berenz* DB 2004, 1098, 1099; *Blomeyer/Rolfs/Otto,* § 9 Rn. 55.
[217] BAG v. 9.11.1999 – 3 AZR 361/98, NZA 2000, 1290; *Blomeyer/Rolfs/Otto,* § 9 Rn. 48; *Höfer,* § 9 Rn. 4692.
[218] *Berenz* DB 2004, 1098; BAG v. 9.11.1999 – 3 AZR 361/98, NZA 2000, 1290.
[219] *Blomeyer/Rolfs/Otto,* § 9 Rn. 52; *Höfer,* § 9 Rn. 4698.
[220] *Blomeyer/Rolfs/Otto,* § 9 Rn. 57.
[221] *Blomeyer/Rolfs/Otto,* § 9 Rn. 57; *Höfer,* § 9 Rn. 4705.
[222] *Blomeyer/Rolfs/Otto,* § 9 Rn. 62; *Höfer,* § 9 Rn. 4706.
[223] BGH v. 23.1.1992 – IX ZR 94/91, NZA 1992, 653.
[224] *Berenz* DB 2004, 1098, 1099.
[225] *Blomeyer/Rolfs/Otto,* § 9 Rn. 64; *Paulsdorff,* § 9 Rn. 14; *Höfer,* § 9 Rn. 4708.

vom PSV befriedigte Forderung gegen den Arbeitgeber dinglich gesichert ist, der PSV den Versorgungsanspruch aber beispielsweise wegen der Höchstgrenzen des § 7 III BetrAVG nur teilweise befriedigt. Der PSV kann insoweit verpflichtet sein, das Sicherungsrecht teilweise in Höhe der Differenz auf den Versorgungsberechtigten zurückzuübertragen. In diesem Fall ist zu berechnen, welche Leistungen der betrieblichen Altersversorgung dem Anspruchsberechtigten bei Eröffnung des Insolvenzverfahrens zugestanden hätten. Anwartschaftszuwächse nach Eröffnung des Insolvenzverfahrens sind ausschließlich gegen die Insolvenzmasse zu richten.[226] Dem auf diese Weise ermittelten Anspruch des Versorgungsberechtigten sind die Leistungen der PSV, die dieser auf Grund der Insolvenz zu erbringen hat, gegenüber zu stellen. Lehnt der PSV nach Eröffnung des Insolvenzverfahrens den Insolvenzschutz ganz oder teilweise ab oder hat der Berechtigte seine Ansprüche verspätet angemeldet oder widerruft der Arbeitgeber berechtigterweise den Versorgungsanspruch, kann es nicht zu einem gesetzlichen Forderungsübergang gem. § 9 II BetrAVG kommen. Etwaig in Anspruch genommene Sicherheiten muss der PSV zurückgeben.[227]

§ 110. Soziale Sicherung in der Insolvenz

Übersicht

	Rn.
I. Absicherung der Arbeitnehmeransprüche bei Insolvenz des Arbeitgebers	1
1. Vergütungsansprüche vor Insolvenzeröffnung	1
2. Vergütungsansprüche nach Insolvenzeröffnung	2
II. Insolvenzgeld (Insg)	3
1. Zweck und Bedeutung des Insolvenzgeldes	3
2. Anspruchsvoraussetzungen	6
a) Das Bestehen eines Arbeitsverhältnisses	10
b) Arbeitnehmerbegriff	12
c) Organmitglieder	13
d) Leiharbeitnehmer	15
e) Rückständige Ansprüche auf Arbeitsentgelt	16
f) Höhe des Anspruchs	18
g) Jahressonderzahlungen	18a
h) Urlaub	21
i) Durchsetzbare Arbeitsentgeltansprüche	22a
j) Arbeitszeitkonten und Altersteilzeit	23
3. Höhe des Insolvenzgeldes	25
4. Europarechtliche Einflüsse	27
5. Vorfinanzierung von Insolvenzgeld	28
6. Auskunftspflichten und Insg-Bescheinigung	33
III. Kurzarbeitergeld (Kug)	34
1. Zweck	34
2. Anspruchsvoraussetzungen	36
a) Erheblicher Arbeitszeitausfall mit Entgeltausfall	37
b) Betriebliche Voraussetzungen	40
c) Persönliche Voraussetzungen	41
d) Anzeige bei der Agentur für Arbeit	42
3. Leistungsumfang	44
4. Antrag	45
5. Transfermaßnahmen/Transferkurzarbeitergeld	46
IV. Arbeitslosengeld (Alg)	53
1. Überblick	53
2. Die Anspruchsvoraussetzungen im Einzelnen	54

---

[226] *Berenz* DB 2004, 1098, 1099; BAG v. 9.11.1999 – 3 AZR 361/98, NZA 2000, 1290.
[227] *Blomeyer/Rolfs/Otto*, § 9 Rn. 47, 69.

Soziale Sicherung in der Insolvenz 1 § 110

Rn.
3. Persönliche Meldepflicht 56
4. Höhe des Arbeitslosengeldes 59
5. Ruhen des Anspruchs auf Arbeitslosengeld und „Gleichwohlgewährung" 62
6. Aufhebungsvertrag und Sperrzeit 65

Schrifttum: *Bauer/Krieger,* Das Ende der außergerichtlichen Beilegung von Kündigungsstreitigkeiten? NZA 2004, 640; *ders.,* Kündigungsrecht Reformen 2004; *Beck/Deprè,* Praxis der Insolvenz, 2. Aufl. 2010; *Berscheid,* Die Leistungen der Bundesanstalt für Arbeit bei der Sanierung von Unternehmen, DZWIR 2000, 133; *ders.,* Antrag auf Insolvenz-Eröffnung als EG-rechtlich maßgebender Zeitpunkt für den Insolvenzgeld-Anspruch, ZInsO 2003, 498; *Bichlmeier/Wroblewski,* Das Insolvenzhandbuch für die Praxis, 3. Aufl. 2010; *Braun/Wierzioch,* Neue Entwicklungen beim Insolvenzgeld, ZIP 2003, 2001; *Dendorfer/Krebs,* Kurzarbeit und Kurzarbeitergeld – Überblick unter Berücksichtigung des Konjunkturpaketes II, BB 2009, 902; ErfKommentar zum Arbeitsrecht, 14. Aufl. 2014; *Gagel,* SGB II/III 51. ErgLfg 2014; *Gagel,* Sozialrechtliche Behandlung von Urlaubsabgeltungen, insbesondere ihre Berücksichtigung beim Insolvenzgeld, ZIP 2000, S 257; *Geiger,* Neues zu Aufhebungsvertrag und Sperrzeit, NZA 2003, 838; *Grub,* Insolvenzgeld nur noch bis Insolvenzantragstellung? DZWIR 2002, 327; *Hamm,* Insolvenzschutz von Arbeitszeitkonten, AiB 2005, 92; *Hanau,* Entgeltverzicht, Entgeltstundung, Arbeitszeitkonten und Altersteilzeit in der Insolvenz, ZIP 2002, 2028; *Hase,* In welchen Punkten unterscheidet sich die Insolvenzausfallversicherung von der Konkursausfallversicherung? DZWIR 1999, 190; *Heuchemer/Insam,* Keine Bevorzugung von Abwicklungsverträgen gegenüber Aufhebungsverträgen bei der Verhängung von Sperrzeiten, BB 2004, 1679; *Lakies,* Der Anspruch auf Insolvenzgeld (§ 183 SGB III), NZA 2000, 565; *ders.* Der Anspruch auf Insolvenzgeld – Neuregelung zum 1. April 2012, ArbRAktuell 2012, 134; *Lembke,* Aufhebungsverträge: Neues zur Sperrzeit, DB 2008, 293; *Lembke,* Umstrukturierung in der Insolvenz unter Einschaltung einer Beschäftigungs- und Qualifizierungsgesellschaft, BB 2004, 773; *Meier, Cord,* Erzwingbarkeit von Eingliederungsmaßnahmen nach SGB III im Sozialplan, DB 2003, 206; *Niesel,* SGB III 4. Aufl. 2007; *Nimscholz,* Altersteilzeit in der Insolvenz, ZIP 2002, 1936; *Oberhofer,* Ausgewählte Probleme des Insolvenzgeldes, DZWIR 1999, 317; *Panzer,* Sozialversicherungsrechtliche Auswirkungen der Beendigungen von Arbeitsverhältnissen, NJW 2010, 11; *Peters-Lange,* Konsequenzen der EuGH-Rechtsprechung für den Insg-Anspruch nach §§ 183 ff. SGB III, ZIP 2003, 1877; *Podewin,* Die Insolvenzsicherung von Zeitguthaben bei der Altersteilzeit im Blockmodell, FA 2004, 107; *Praß/Sämisch,* Transfergesellschaften in der Insolvenzpraxis, ZInsO 2004, 1284; *Preis,* Koordinationskonflikte zwischen Arbeits- und Sozialrecht, NZA 2000, 914; *Ries,* Sanierung über Beschäftigungs- und Qualifizierungsgesellschaften – Kosten, Nutzen, Risiken, NZI 2002, 521; *Schaub,* Arbeitsrechtshandbuch, 15. Aufl. 2013; *Schaub/Schindele,* Kurzarbeit, Massenentlassung, Sozialplan, 2. Aufl. 2005; *Schiefer/Worzalla,* Agenda 2010 – Gesetz zu Reformen am Arbeitsmarkt – GK-SGB III – aktuell, Sonderausgabe 2004; *Seifert,* Die insolvenzrechtliche Einordnung der Entgeltansprüche von Altersteilzeitarbeitnehmern in der Freistellungsphase, DZWIR 2004, 103; *Smid,* Der Erhalt von Arbeitsplätzen in der Insolvenz des Arbeitgebers nach neuem Recht, NZA 2000, 113; *Valgolio,* Gleichwohlgewährung und Kündigungsschutzprozess, FA 2001, 322; *von Steinau-Steinrück/Hurek,* Aus für die sperrzeitneutrale Beendigung von Arbeitsverhältnissen? ZIP 2004, 1486; *Werner,* Urlaubsabgeltungsansprüche und drohende Insolvenz des Arbeitgebers, NZI 2003, 184; *Zwanziger,* Das Arbeitsrecht der Insolvenzordnung, 4. Aufl. 2010.

I. Absicherung der Arbeitnehmeransprüche bei Insolvenz des Arbeitgebers

1. Vergütungsansprüche vor Insolvenzeröffnung. Die wichtigsten sozialrechtlichen Absicherungen der Arbeitnehmeransprüche bei Insolvenz ihres Arbeitgebers beziehen sich auf die betriebliche Altersversorgung und die Vergütungsansprüche aus den letzten drei Monaten vor Eröffnung des Insolvenzverfahrens durch den Anspruch auf Insolvenzgeld gem. § 165 SGB III. Durch Art. 2 des Gesetzes zur Verbesserung der Eingliederungschancen am Arbeitsmarkt vom 20.12.2011 (BGBl. I S. 2854) ist das SGB III neu gefasst worden. Dadurch ändert sich die Paragraphenreihenfolge, ohne dass wesentliche Änderungen stattgefunden haben. Die Vorschriften über das Insolvenzgeld 1 sind ab 1.4.2012 nunmehr inhaltlich unverändert in den §§ 165–172 SGB III zu finden. Die Arbeitsentgeltansprüche werden durch die Zahlung von Insolvenzgeld durch die Bundesagentur für Arbeit gesichert. Der Anspruch auf Insolvenzgeld ist aber beschränkt auf die letzten drei Monate vor Eröffnung des Insolvenzverfahrens. Rückständige Vergütungsansprüche aus davor liegenden Zeiträumen können nur als einfache Insolvenzforderungen gemäß § 38 InsO geltend gemacht werden. Vergütungsansprüche, die aus einer Zeit vor Eröffnung des Insolvenzverfahrens resultieren, können gemäß § 55 II InsO nur dann als Masseverbindlichkeiten geltend gemacht werden, soweit ein vorläufiger Insolvenzverwalter mit Verwaltungs- und Verfügungsbefugnis gemäß § 22 I InsO die Arbeitsleistung eines Arbeitnehmers in Anspruch genommen hat. Die Sicherung der Betriebsrenten und der unverfallbaren Anwartschaften erfolgt durch den Pensions-Sicherungsverein.

2. Vergütungsansprüche nach Insolvenzeröffnung. Arbeitsentgeltansprüche, die für die Zeit nach Eröffnung des Insolvenzverfahrens geschuldet werden, sind Masseansprüche nach § 55 I 2 InsO. Zu beachten ist das Vollstreckungsverbot für oktroyierte Masseverbindlichkeiten für die Dauer von sechs Monaten seit der Eröffnung des Insolvenzverfahrens gem. § 90 I InsO. Es kommt darauf an, ob der Arbeitnehmer freigestellt war oder tatsächlich gearbeitet hat. Wird der Arbeitnehmer vom Insolvenzverwalter weiterbeschäftigt, greift das Vollstreckungsverbot gem. § 90 II 3 InsO nicht ein, weil er die Gegenleistung in Anspruch genommen hat.[1] Kündigt der Insolvenzverwalter die Arbeitsverhältnisse der Arbeitnehmer des Schuldnerunternehmens nach Verfahrenseröffnung gem. § 113 InsO und beschäftigt er sie im Rahmen der einstweiligen Betriebsfortführung bis zum Ablauf ihrer Kündigungsfristen weiter, hat er die Löhne und Gehälter als Masseverbindlichkeiten zu begleichen. Zahlt er nicht, können die betroffenen Arbeitnehmer die rückständigen Vergütungsansprüche einklagen und aus den vorläufigen vollstreckbaren Urteilen der ersten Instanz unbeschränkt in die Insolvenzmasse vollstrecken.[2] Stellt er die Arbeitnehmer von der Arbeitsleistung frei, nimmt er die Gegenleistung nicht in Anspruch, und es greift der Vollstreckungsschutz gem. § 90 I InsO in vollem Umfang ein. Kündigt der Insolvenzverwalter das Arbeitsverhältnis nicht zum ersten frühest möglichen Termin, greift das Vollstreckungsverbot gemäß § 90 II Nr. 2 InsO nicht ein, so dass der Arbeitnehmer in diesem Fall bestehende Vergütungsansprüche zwangsweise durchsetzen kann.[3]

II. Insolvenzgeld (Insg)

1. Zweck und Bedeutung des Insolvenzgeldes. Das Insg dient der insolvenzbedingten Sicherung rückständiger Lohnansprüche und verwirklicht somit den Schutz von Arbeitnehmereinkünften, auf deren Gewährung die Arbeitnehmer existentiell angewiesen sind. Das Insg ersetzt als steuerfreie Sozialleistung der Agentur für Arbeit das tatsächlich erarbeitete Arbeitsentgelt im Umfang der auszuzahlenden Nettovergütung.[4] Dies fördert die Betriebsfortführung durch den vorläufigen Insolvenzverwalter, denn die Arbeitnehmer sind wegen des Insolvenzgeldes eher zur Weiterbeschäftigung bereit und ungeachtet der ausbleibenden Lohnzahlungen im Stande, ihre Arbeitsleistungen im Voraus zu erbringen. Weil aber über das Insg nur die rückständigen letzten drei Monate abgesichert sind, muss der Antrag auf Eröffnung des Insolvenzverfahrens rechtzeitig gestellt werden. Bei verspäteter Insolvenzantragstellung können Schadensersatzansprüche der Bundesagentur für Arbeit erwachsen.[5]

---

[1] *Uhlenbruck*, § 90 Rn. 8; *Gagel/Peters-Lange*, vor § 165 SGB III Rn. 16.
[2] *Uhlenbruck*, § 90 Rn. 8.
[3] MüKoInsO/*Breuer*, § 90 Rn. 19; *Uhlenbruck*, § 90 Rn. 8.
[4] *Niesel/Roeder*, § 183 Rn. 4.
[5] Vgl. BGH v. 18.12.2007 – VI ZR 231/06, NZI 2008, 242.

Die Abtretbarkeit der Ansprüche auf Insg ermöglicht die notwendigen Kreditaufnahmen zur Weiterführung des Betriebes und Abarbeitung der vorhandenen Halbfabrikate. Es darf aber nicht übersehen werden, dass das Insg vorrangig der Sicherung der Arbeitnehmeransprüche dient und nicht als Sanierungsinstrument gedacht ist.[6] Um Missbräuchen vorzubeugen, macht § 170 IV SGB III den Einsatz des Insg zur Vorfinanzierung des Arbeitsentgelts von der Zustimmung der Bundesagentur für Arbeit abhängig. Diese darf die Zustimmung nur erteilen, wenn die Annahme gerechtfertigt ist, dass durch die Vorfinanzierung der Arbeitsentgelte ein erheblicher Teil der Arbeitsplätze erhalten bleibt.[7] Nach der Dienstanweisung der Bundesagentur zum Insg soll die Zustimmung an eine positive Prognoseentscheidung über den Erhalt von Arbeitsplätzen im Rahmen eines Sanierungsversuchs geknüpft sein.[8]

Der Anspruch auf Insg entsteht nicht nur bei Eröffnung des Insolvenzverfahrens, sondern auch bei Abweisung des Antrags mangels Masse und bei vollständiger Beendigung der Betriebstätigkeit, wenn ein Insolvenzverfahren mangels Masse nicht in Betracht kommt, § 165 I 1, 2 u 3 SGB III.

2. Anspruchsvoraussetzungen. Ein Insg-Anspruch besteht bei
1. Insolvenz des Arbeitgebers oder einem der Insolvenz gleichstehenden Ereignis, wenn
2. dadurch Arbeitsentgelt des Arbeitnehmers ausfällt und
3. ein Antrag rechtzeitig gestellt ist.

Das aus der Insg-Umlage finanzierte Insg (§§ 358–362 SGB III) wird in Höhe des um die gesetzlichen Abzüge bereinigten Arbeitsentgelts gezahlt und ist gem. § 3 II EStG steuerfrei.

Das Insg wird gezahlt für die dem Insolvenzereignis vorausgehenden drei Monate des Arbeitsverhältnisses (§ 165 I 1 SGB III). Insolvenzereignisse sind
1. die Eröffnung des Insolvenzverfahrens über das Vermögen des Arbeitgebers,
2. die Abweisung des Antrags auf Eröffnung des Insolvenzverfahrens mangels Masse oder
3. die vollständige Beendigung der Betriebstätigkeit, ohne dass ein Antrag auf Eröffnung des Insolvenzverfahrens gestellt worden ist und ein Insolvenzverfahren offensichtlich mangels Masse nicht in Betracht kommt.

Bei Einstellung der Betriebstätigkeit gem. § 165 I 3 SGB III muss gleichzeitig auch die offensichtliche Masselosigkeit vorliegen.[9] Der Einstellung der betrieblichen Tätigkeit steht nicht entgegen, dass noch Abwicklungsarbeiten, Rest- oder Liquidationsarbeiten durchgeführt werden.[10] Die gesetzlich aufgeführten Insolvenzereignisse lösen zunächst den Insg-Anspruch aus. Fallen sie später weg, bleibt der Insg-Anspruch davon unberührt.[11] Die Eröffnung des Insolvenzverfahrens erfolgt gem. § 27 InsO durch gerichtlichen Beschluss, der gem. § 30 I öffentlich bekannt zu machen und auszugsweise im Bundesanzeiger zu veröffentlichen ist. Nach Erlass des Eröffnungsbeschlusses kann der Antrag gem. § 13 II InsO nicht mehr zurückgenommen werden. Der Eröffnungsbeschluss wird mit seiner Unterzeichnung und förmlichen Verkündung wirksam.[12]

---
[6] Uhlenbruck/Hirte/Vallender/*Berscheid*, § 22 Rn. 147; *Gagel/Peters-Lange*, § 170 SGB III Rn. 5.
[7] MüKoInsO/*Löwisch/Caspers*, vor §§ 113–128 Rn. 38; Uhlenbruck/Hirte/Vallender/*Berscheid*, § 22 Rn. 148, 149; *Gagel/Peters-Lange*, § 170 SGB III Rn. 69.
[8] 3.1 der Insolvenzgeld-DA der Bundesagentur für Arbeit, abgedruckt bei *Gagel/Peters-Lange*, Anhang zu § 170 SGB III.
[9] Uhlenbruck/Hirte/Vallender/*Berscheid*, § 22 Rn. 92; *Niesel/Krodel*, § 183 Rn. 47.
[10] Uhlenbruck/Hirte/Vallender/*Berscheid*, § 22 Rn. 92; *Niesel/Krodel*, § 183 Rn. 42; BSG, ZIP 1981, 1112.
[11] *Gagel/Peters-Lange*, § 165 SGB III Rn. 34; *Niesel/Krodel*, § 183 Rn. 35.
[12] *Gagel/Peters-Lange*, § 165 SGB III Rn. 37; MüKoInsO/*Schmahl*, §§ 27–29 Rn. 41.

8 Im Falle der Abweisung des Antrags auf Eröffnung des Insolvenzverfahrens mangels Masse fehlt es an einer der Insolvenzeröffnung vergleichbaren Publizität und an einem geordneten Abwicklungsverfahren. Gem § 26 II InsO wird die Abweisung lediglich in das Schuldnerverzeichnis eingetragen. Mit der vollständigen Einstellung der Betriebstätigkeit ist die vollständige Einstellung der betrieblichen Aktivitäten des Arbeitgebers gemeint, so dass es nicht allein auf die Einstellung eines von mehreren Betrieben ankommt.[13] Da das Gesetz auf den Betrieb abstellt, kann nicht die Aufgabe jeglicher unternehmerischer Tätigkeit des Arbeitgebers verlangt sein. Die Beteiligung an anderen Unternehmen steht dem Insolvenzereignis iSv § 165 I 3 SGB III nicht entgegen.[14] Da die Insolvenzausfallversicherung Schutz vor der Zahlungsunfähigkeit des Arbeitgebers gewährleistet und nicht auf den Fortbestand des Betriebes abstellt, ist die Übernahme des Betriebes im Wege eines Betriebsübergangs gem. § 613a BGB für den Tatbestand der Beendigung der Betriebstätigkeit iSv § 165 I 3 SGB III unbeachtlich. Es kommt nur darauf an, ob ein ganz bestimmter Arbeitgeber seine betriebliche Tätigkeit einstellt,[15] so dass auch Veräußerung, Verpachtung und Pächterwechsel Formen der Betriebseinstellung sein können.[16] Die Haftung des Betriebserwerbers nach § 613a BGB hat für die Frage der Einstellung der Betriebstätigkeit keine Bedeutung. Deshalb können sowohl bei der Insolvenz des Veräußerers als auch bei einer nachfolgenden Insolvenzeröffnung über das Vermögen des Übernehmers Insg-Ansprüche entstehen.[17]

9 Die gesetzlichen Insolvenzereignisse stehen grundsätzlich gleichrangig nebeneinander, der Insg-Anspruch wird aber allein durch das zeitlich früheste Ereignis ausgelöst. War die Betriebstätigkeit bereits vollständig eingestellt, bedeutet ein später gestellter und mangels Masse zurückgenommener Antrag kein neues Insolvenzereignis und kann daher keine Insg-Ansprüche auslösen.[18] Führt der Insolvenzverwalter den Betrieb nach Eröffnung des Verfahrens zunächst über längere Zeit weiter, ist die spätere Betriebseinstellung kein neues Insolvenzereignis.[19] Ein neues Insolvenzereignis iSv § 165 I SGB III kann nur dann ausgelöst werden, wenn der Arbeitgeber zwischenzeitlich seine Zahlungsfähigkeit wieder erlangt hat.[20]

10 **a)** *Das Bestehen eines Arbeitsverhältnisses.* Zum Arbeitnehmerbegriff vgl. → § 104 Rn. 38. Anspruchsberechtigt sind nur inländisch beschäftigte Arbeitnehmer.[21] Ein Wohnsitz im Inland ist entgegen § 30 I SGB I nicht erforderlich, denn gem. § 167 II SGB III kommt es nicht darauf an, ob der Arbeitnehmer im Inland einkommensteuerpflichtig ist oder nicht.[22] Die Ausstrahlung deutscher Rechtsvorschriften auf vorübergehende Auslandsbeschäftigungen gilt aber auch für den Bereich der Insolvenzausfallversicherung und darüber hinaus für alle Arbeitsverhältnisse, die wegen einer fehlenden gängigen Inlandsbeschäftigung nicht sämtliche Voraussetzungen einer Entsendung iSv § 4 I SGB IV erfüllen.[23] Auch ins Ausland entsandte Arbeitnehmer sind insolvenzgeld-

---

[13] BSG v. 29.2.1984, SozR 4100, § 141b Nr. 30; *Gagel/Peters-Lange*, § 165 SGB III Rn. 39.
[14] *Gagel/Peters-Lange*, § 165 SGB III Rn. 39.
[15] BSG v. 30.4.1981, SozR 4100, § 141b Nr. 18; *Gagel/Peters-Lange*, § 165 SGB III Rn. 40.
[16] *Niesel/Krodel*, § 183 Rn. 31.
[17] BSG v. 28.6.1983 – 10 RAr 26/81, SozR 4100, § 141b Nr. 27; *Gagel/Peters-Lange*, § 165 SGB III Rn. 24–27.
[18] BSG v. 30.10.1991 – 10 RAr 3/91, NZA 1992, 1151; Uhlenbruck/Hirte/Vallender/*Berscheid*, § 22 Rn. 92; *Gagel/Peters-Lange*, § 165 SGB III Rn. 34.
[19] BSG v. 17.5.1989, NZA 1989, 773; Uhlenbruck/Hirte/Vallender/*Berscheid*, § 22 Rn. 92.
[20] BSG v. 1.12.1978, SozR 4100, § 141b Nr. 6; v. 30.10.1991, NZA 1992, 1151; *Gagel/Peters-Lange*, § 165 SGB III Rn. 52.
[21] Uhlenbruck/Hirte/Vallender/*Berscheid*, § 22 Rn. 93.
[22] *Gagel/Peters-Lange*, § 165 SGB III Rn. 61.
[23] BSG v. 29.7.1982 – 10 RAr 9/81, SozR 4100, § 141b Nr. 24; BSG v. 27.5.1986 – 2 RU 12/85, SozR 2100, § 4 Nr. 3; *Gagel/Peters-Lange*, § 165 SGB III Rn. 61; Uhlenbruck/Hirte/Vallender/*Berscheid*, § 22 Rn. 93.

geschützt.[24] Danach besteht ein Leistungsanspruch, wenn es sich um die Entsendung im Rahmen eines inländischen Beschäftigungsverhältnisses handelt und die Dauer der Beschäftigung im Ausland im Voraus zeitlich begrenzt ist. Der Schwerpunkt der rechtlichen und tatsächlichen Merkmale des Arbeitsverhältnisses muss im Inland liegen und damit Anknüpfungspunkt für den Insg-geschützten Arbeitsentgeltanspruch sein.[25] Durch Art. 1 Nr. 54a Job-AQtiv-Gesetz v. 10.12.2001[26] hat der Gesetzgeber mit Wirkung vom 1.1.2002 klargestellt, dass es für den Anspruch auf Insg darauf ankommt, ob der Arbeitnehmer in Deutschland beschäftigt war, § 165 I 1 SGB III.[27]

Der Insg-Anspruch ist grundsätzlich auf inländische Insolvenzereignisse begrenzt. Insolvenzereignisse im Ausland können nur dann zu einem Anspruch auf Insg führen, wenn Arbeitnehmer der inländischen Niederlassung eines ausländischen Unternehmens betroffen sind, § 165 I 2 SGB III. Die genannte Vorschrift bezieht sich auf alle Insolvenzereignisse iSv § 165 I 1 SGB III und daher auch auf die Einstellung der Betriebstätigkeit gem. Nr. 3. In allen Fällen begründet ein ausländisches Insolvenzereignis immer dann einen Insg-Anspruch, wenn eine Inlandsbeschäftigung vorliegt.[28]

b) *Arbeitnehmerbegriff.* Zu den anspruchsberechtigten Personen gehören allein Arbeitnehmer. Es kann auf den arbeitsrechtlichen Begriff des Arbeitsverhältnisses verwiesen werden, vgl. § 104 Rn. 45 ff. Dazu zählen Leitende Angestellte, Familienangehörige des Insolvenzschuldners, Volontäre, Praktikanten und Auszubildende.[29] Maßgebend ist, ob Arbeitsleistungen erbracht worden sind. Arbeitnehmerähnliche Personen sind Selbstständige, stehen aber nicht in einem Arbeitsverhältnis und können daher auch kein Insg beanspruchen. Zu beachten ist, dass der arbeitsrechtliche Arbeitnehmerbegriff nicht ohne weiteres mit dem arbeitsförderungsrechtlichen Begriff des abhängig Beschäftigten gleichzusetzen ist. Ein arbeitsgerichtliches Urteil bindet die Bundesagentur für Arbeit nicht.[30] Zu den Arbeitnehmern iSd SGB III gehören aber gem. § 13 iVm § 12 II SGB IV auch Heimarbeiter. Heimarbeiter sind nach der Legaldefinition des § 12 II SGB IV Personen, die in eigener Arbeitsstätte im Auftrag und für Rechnung von Gewerbetreibenden, gemeinnützigen Unternehmen oder öffentlich-rechtlichen Körperschaften erwerbsmäßig arbeiten, auch wenn sie Roh- oder Hilfsstoffe selbst beschaffen. Da § 13 SGB III nur auf § 12 II SGB IV verweist, sind die in § 12 I SGB IV genannten Hausgewerbetreibenden keine Arbeitnehmer iSd SGB III. Bei ihnen handelt es sich um Selbstständige, die in eigener Arbeitsstätte im Auftrag und für Rechnung von Gewerbetreibenden und anderen Auftraggebern gewerblich arbeiten, auch wenn sie Roh- oder Hilfsstoffe selbst beschaffen oder vorübergehend für eigene Rechnung tätig sind. Die Unterscheidung zwischen Heimarbeitern und Hausgewerbetreibenden kann im Einzelfall schwierig sein. Ein wichtiges Indiz für den Status des Hausgewerbetreibenden kann der Einsatz von Hilfskräften oder Heimarbeitern sein.[31] Demgegenüber arbeiten Heimarbeiter idR allein oder nur zusammen mit Familienangehörigen; sie beschäftigen idR keine eigenen Hilfskräfte. Festzuhalten ist jedenfalls, dass Zwischenmeister und Hausgewerbetreibende Selbstständige sind und damit keinen Anspruch auf Insg haben.

c) *Organmitglieder.* Sozialversicherungsrechtlich kommt es – durchaus divergierend zum Arbeitsrecht – auf das Vorliegen eines abhängigen Beschäftigungsverhältnisses an.

---

[24] *Niesel/Krodel,* § 183 Rn. 20.
[25] Uhlenbruck/Hirte/Vallender/*Berscheid,* § 22 Rn. 93; *Gagel/Peters-Lange,* § 165 SGB III Rn. 61 mwN.
[26] BGBl. I S 3443.
[27] *Niesel/Krodel,* § 183 Rn. 20.
[28] *Gagel/Peters-Lange,* § 165 SGB III Rn. 64; Uhlenbruck/Hirte/Vallender/*Berscheid,* § 22 Rn. 97.
[29] Uhlenbruck/Hirte/Vallender/*Berscheid,* § 22 Rn. 104.
[30] *Preis* NZA 2000, 914, 918 ff.; *Niesel/Krodel,* § 183 Rn. 19.
[31] *Niesel,* § 13 Rn. 5.

Daher sind Vorstandsmitglieder einer AG auf Grund ihrer unternehmerähnlichen Stellung nicht als Arbeitnehmer iSd Insolvenzausfallversicherung anzusehen.[32] Auch der Alleingesellschafter einer GmbH steht nicht in einem abhängigen Beschäftigungsverhältnis zur GmbH.[33] Gleiches gilt für den Mehrheitsgesellschafter bis zu einer Beteiligung an der Hälfte des Stammkapitals, wenn dieser beispielsweise als Geschäftsführer der Komplementär-GmbH entscheidenden Einfluss auf die Geschäfte der KG nehmen kann;[34] vgl. § 104 Rn. 53 ff. Dagegen können Geschäftsführer einer GmbH, die ohne Beteiligung am Gesellschaftskapital im Rahmen eines Geschäftsführer-Anstellungsverhältnisses tätig werden, als abhängige Beschäftigte angesehen werden, wenn sie bzgl Gestaltung und Ausübung der Geschäftsführung auf Grund gesellschaftsinterner Regelung weisungsgebunden und damit abhängig sind.[35] Der Geschäftsführer einer GmbH ist abhängiger Beschäftigter, wenn er weder über die Mehrheit der Gesellschaftsanteil noch über eine Sperrminorität verfügt und der Kontrolle durch die Gesellschafter unterliegt.[36] Der sozialrechtlich geprägte Begriff einer abhängigen Beschäftigung ist nicht bereits dadurch ausgeschlossen, dass der Geschäftsführer nicht nur zur Alleinvertretung befugt war, sondern über einen Geschäftsanteil von einem Drittel verfügt.[37]

14 Auch Mitglieder einer OHG oder BGB-Gesellschaft können in einem abhängigen Beschäftigungsverhältnis zur Gesellschaft stehen.[38] Es muss sich aber um mitarbeitende Gesellschafter handeln, die zur weisungsgebundenen Arbeitsleistung verpflichtet sind; vgl. § 104 Rn. 57. Wird der mitarbeitende Gesellschafter vom Unternehmerrisiko nicht getroffen, kann es sich um ein abhängiges Beschäftigungsverhältnis zur Gesellschaft handeln.[39]

15 d) *Leiharbeitnehmer.* Bei einem Leiharbeitsverhältnis im Rahmen erlaubter Arbeitnehmerüberlassung ist Arbeitgeber der Verleiher. Für den Anspruch auf Insolvenzgeld kommt es daher darauf an, ob über das Vermögen des Verleihers das Insolvenzverfahren eröffnet worden ist. Der Entleiher haftet lediglich für die Entrichtung der Sozialversicherungsbeiträge gem. § 28e II SGB IV wie ein selbstschuldnerischer Bürger. Bei grenzüberschreitender Leiharbeit kommt es für die Erlaubnispflicht auf Deutsches Recht an. Danach können Verträge zwischen Verleiher und Leiharbeitnehmer gem. § 9 I AÜG unwirksam sein, wenn der Verleiher nicht die erforderliche Erlaubnis besitzt. In diesem Fall gilt gem. § 10 I 1 AÜG kraft gesetzlicher Fiktion ein Arbeitsverhältnis zwischen Leiharbeitnehmer und Entleiher als zustande gekommen. Bei unerlaubter Arbeitnehmerüberlassung ist daher auf das Insolvenzereignis bei der inländischen Entleihfirma abzustellen.[40]

16 e) *Rückständige Ansprüche auf Arbeitsentgelt.* Der Anspruch besteht nur für die letzten drei Monate des Arbeitsverhältnisses vor Verfahrenseröffnung oder einem diesem gleichgestellten Insolvenzereignis. Im Falle der Verfahrenseröffnung ist für die Berechnung der Frist maßgeblich der im Eröffnungsbeschluss nach § 27 I InsO angegebene Zeitpunkt. Das Ende der rückwirkend zu berechnenden Drei-Monats-Frist erfolgt nach den §§ 187, 188 BGB. Gem § 187 I BGB ist der Tag des Insolvenzereignisses nicht mitzu-

---

[32] BSG v. 22.4.1987 – 10 RAr 5/86, NZA 1987, 614; *Gagel/Peters-Lange*, § 165 SGB III Rn. 11.
[33] BSG v. 9.11.1989 – 11 RAr 39/89, SozR 4100, § 104 Nr. 19; *Gagel/Peters-Lange*, § 165 SGB III Rn. 12.
[34] Im Einzelnen *Gagel/Peters-Lange*, § 165 SGB III Rn. 12.
[35] Vgl. BSG v. 14.12.1999, BB 2000, 674 u v. 18.12.2001, NZA-RR 2003, 325.
[36] BSG v. 6.3.2003 – B 11 AL 25/02 R, SozR 4–2400 § 7 Nr. 1 = FA 2003, 286 und v. 12.11.2001 – B 12 KR 10/01 R, SozR 3–2400 § 7 Nr. 20.
[37] BSG v. 4.7.2007 – B 11a AL 5/06 R, ZIP 2007, 2185.
[38] BSG v. 20.7.1988 – 12 RK 23/87, SozR 7610, § 705 Nr. 3; *Gagel/Peters-Lange*, § 165 SGB III Rn. 14.
[39] *Niesel/Brand*, § 25 Rn. 23.
[40] *Gagel/Peters-Lange*, § 165 SGB III Rn. 21; *Niesel/Krodel*, § 183 Rn. 30.

zählen.[41] Nach der Rechtsprechung des BSG sind die Arbeitsstunden am Insolvenztag vor dem Insolvenzereignis in den Insg-Bezugszeitraum nicht einzubeziehen.[42] Bei Abweisung des Eröffnungsantrags mangels Masse ist maßgeblich der Tag, an dem der Beschluss unterzeichnet wurde. Die gem. § 34 InsO zulässige sofortige Beschwerde hat keine aufschiebende Wirkung.[43] Da der Abweisungsbeschluss nicht öffentlich bekannt gegeben wird, ist der Arbeitgeber gem. § 165 IV SGB III verpflichtet, den Beschluss dem Betriebsrat oder, wenn ein Betriebsrat nicht besteht, den Arbeitnehmern unverzüglich bekannt zu geben. Im Falle einer Betriebseinstellung gem. § 165 I 1 3 SGB III kommt es auf den Tag an, an dem die Betriebstätigkeit endet. Dieser im Einzelfall schwierig festzustellende Tatbestand wird von der Bundesagentur für Arbeit von Amts wegen festgestellt.

War das Arbeitsverhältnis bei Insolvenzeröffnung bereits beendet, beginnt die Frist mit dem Ende des letzten Tages des Arbeitsverhältnisses, dh der letzte Tag zählt mit.[44] Es ist nicht erforderlich, dass das Arbeitsverhältnis am Tag des Insolvenzereignisses noch besteht, sondern es kann auch schon vorher beendet sein. Resultieren aus den letzten drei Monaten des früher beendeten Arbeitsverhältnisses noch Arbeitsentgeltansprüche, besteht insoweit Anspruch auf Insg. Anzuknüpfen ist an die rechtliche und nicht an die tatsächliche Beendigung des Arbeitsverhältnisses.[45] Für Zeiten nach Eintritt des Insolvenzereignisses besteht keine Insg-Absicherung. Arbeitet der Arbeitnehmer nach Eintritt des Insolvenzereignisses weiter, trägt er das Risiko des Entgeltausfalls. Hat der Arbeitnehmer in Unkenntnis eines Insolvenzereignisses weitergearbeitet, besteht der Anspruch gem. § 165 II SGB III für die dem Tag der Kenntnisnahme vorausgehenden drei Monate des Arbeitsverhältnisses. Von einer Unkenntnis des Arbeitnehmers ist auszugehen, wenn ausreichende Anhaltspunkte für seine Kenntnis fehlen. Die Information darüber, dass das Insolvenzgericht die Eröffnung des Verfahrens abgelehnt hat, reicht nicht aus, solange der Arbeitnehmer nicht den Grund für den abweisenden Beschluss kennt.[46] Hatte der Arbeitnehmer keine Kenntnis, verschiebt sich die zweimonatige Antragsfrist gem. § 324 III SGB III und beginnt erst mit der Kenntnis vom Insolvenzereignis zu laufen.[47] Der Begriff „weiterarbeiten" ist nicht in dem Sinne zu verstehen, dass tatsächlich Arbeitsleistungen erbracht worden sein müssen, sondern es geht um die weitere Aufrechterhaltung des Arbeitsverhältnisses. Auch wenn keine Arbeitsleistungspflicht bestand, weil der Arbeitnehmer vor Kenntniserlangung erkrankt war oder Urlaub hatte oder freigestellt war, besteht Anspruch auf Insg, wenn der Arbeitnehmer von der Abweisung des Antrags auf Eröffnung des Insolvenzverfahrens erst später Kenntnis erhält. Dies gilt jedenfalls bis zur endgültigen Betriebseinstellung.[48] Der Insg-Anspruch ist keine Entschädigung dafür, dass der Arbeitnehmer ohne Gegenleistung gearbeitet hat, sondern eine Ersatzleistung für den ausgefallenen Anspruch auf Vergütung.[49] Auch wenn der Arbeitnehmer die Weiterarbeit ablehnt und der Arbeitgeber gem. den §§ 615, 295, 296 BGB in Annahmeverzug geraten ist, besteht für das ausgefallene Arbeitsentgelt aus Annahmeverzug Anspruch auf Insg.[50] Der Arbeitnehmer muss sich aber gem. § 615 S. 2 die durch die anderweitige Verwertung seiner Arbeitskraft erzielten Einkünfte anrechnen lassen.

---

[41] *Gagel/Peters-Lange,* § 165 SGB III Rn. 69; *Lakies,* NZA 2000, 567; *Niesel/Krodel,* § 183 Rn. 54.
[42] BSG v. 22.3.1995 – 10 RAr 1/94, EWiR 1995, 729 = KTS 1996, 183.
[43] *Gagel/Peters-Lange,* § 165 SGB III Rn. 67 mwN; *Lakies* NZA 2000, 566.
[44] *Gagel/Peters-Lange,* § 165 SGB III Rn. 71; *Lakies* NZA 2000, 567; *Niesel/Krodel,* § 183 Rn. 56.
[45] *Niesel/Krodel,* § 183 Rn. 57.
[46] BSG v. 22.9.1993 – 10 RAr 5/91, SozR 3–4100, § 141b Nr. 8; *Gagel/Peters-Lange,* § 165 SGB III Rn. 78.
[47] BSG v. 27.8.1998 – B 10 AL 7/97 R, NZA 1999, 166 = NZI 1999, 166.
[48] BSG v. 3.10.1989 – 10 RAr 7/89, ZIP 1990, 63.
[49] *Gagel/Peters-Lange,* § 165 SGB III Rn. 79.
[50] *Gagel/Peters-Lange,* § 165 SGB III Rn. 80; *Niesel/Krodel,* § 183 Rn. 66.

§ 110 18–19   Kapitel IX. Arbeitsrecht und Insolvenz

18   f) *Höhe des Anspruchs.* Zu den Ansprüchen auf Arbeitsentgelt gehören gem. § 165 I 3 SGB III alle Ansprüche auf „Bezüge aus dem Arbeitsverhältnis". Zu berücksichtigen sind alle Ansprüche aus dem Arbeitsverhältnis mit Entgeltcharakter, dh alle Geld- und auch alle Naturalleistungen. Anzurechnen sind Zuschläge und Zulagen, Provisionen, Gewinnanteile, Auslösungen, Mankogelder, Urlaubs- und Weihnachtsgeld, 13. Monatsgehalt, Jahressonderzahlungen, Jubiläumszuwendungen und auch der geldwerte Vorteil für die private Nutzung eines Firmenfahrzeugs. Die Vergütungsforderungen werden aber nur dann durch Insg ausgeglichen, wenn sie dem Insolvenzzeitraum zugeordnet werden können. Tariferhöhungen, die in Form einer Nachzahlung innerhalb des Insg-Zeitraums für frühere Lohnperioden gezahlt werden, sind nicht zu berücksichtigen.[51] Problematisch sind Lohnbestandteile, die aufgrund einer tariflichen Regelung im Insolvenzgeldzeitraum neu entstehen, weil die Arbeitnehmer darauf als Sanierungsbeitrag verzichtet haben. Haben die Arbeitnehmer auf tarifliche Ansprüche verzichtet, ohne dass der beabsichtigte Erfolg einer Sanierung des Unternehmens eingetreten ist, können im Wege von Besserungsscheinen oder tariflichen Regelungen die ursprünglich bestandenen Forderungen in voller Höhe wieder aufleben. In diesen Fall sind sie auch bei der Berechnung des Insolvenzgeldes zu berücksichtigen. Das Wiederaufleben der Ansprüche führt nicht zu einer unangemessenen Belastung der Versichertengemeinschaft, denn andernfalls wären die Arbeitnehmer in doppelter Weise „bestraft".[52]

18a   g) *Jahressonderzahlungen.* Ob Sonderleistungen wie Urlaubsgeld und Gratifikation bei der Insg-Berechnung einzubeziehen sind, hängt davon ab, ob sie den letzten drei Monaten des Arbeitsverhältnisses vor dem Insolvenzereignis zugeordnet werden können. Bei Jahressonderzahlungen ist zu differenzieren, ob sie für geleistete Arbeit und zur Belohnung für die Betriebstreue erbracht werden oder ausschließlich als Belohnung für die im Bezugsjahr tatsächlich erbrachte Arbeitsleistung.[53] Ist die Sonderzuwendung daran geknüpft, dass der Arbeitnehmer an einem bestimmten Stichtag noch in einem Arbeitsverhältnis zu seinem Arbeitgeber steht, wird dadurch idR die Belohnung vergangener Betriebstreue sicher gestellt. Kann die Sonderzahlung einer Gegenleistung für einen bestimmten Zeitraum nicht zugeordnet werden, kommt es darauf an, ob der Anlass oder der Stichtag in den Insolvenzgeldzeitraum fällt.[54] Die Belohnung künftiger Betriebstreue ist von dem rechtlichen Fortbestand des Arbeitsverhältnisses über einen bestimmten Stichtag hinaus abhängig.

19   Schwierigkeiten der Einordnung bilden vor allem tarifliche Sondervergütungen mit Mischcharakter, die sowohl die im Bezugsjahr erbrachte Arbeitsleistung honorieren als auch die in Zukunft geleistete Betriebstreue bzw. Betriebszugehörigkeit belohnen sollten. Eine bloße Fälligkeitsregelung rechtfertigt noch keine zeitanteilige Anrechnung, sondern es ist die Zweckbestimmung der Sonderzahlung zu ermitteln.[55] Lässt sich die Jahressondervergütung nicht einzelnen Monaten zurechnen, ist sie beim Insg in voller Höhe zu berücksichtigen, wenn sie in den letzten drei Monaten des Arbeitsverhältnisses vor dem Insolvenzereignis hätte ausgezahlt werden müssen. Liegt der Tag der Auszahlung außerhalb dieses Zeitraums, spielt sie für die Bemessung des Insg keine Rolle.[56] Nicht selten findet sich bei tariflichen Sonderzahlungen die Bestimmung, dass der Auszahlungstag durch eine Betriebsvereinbarung festgelegt werden kann. Wird nach Eintritt

---

[51] Lakies, NZA 2000, 567; *Gagel/Peters-Lange,* § 165 SGB III Rn. 106; Uhlenbruck/Hirte/Vallender/*Berscheid,* § 22 Rn. 118.
[52] Vgl. dazu BSG v. 4.3.2009 – B 11 AL 8/08 R, m. Anm. *Raab,* jurisPR-InsR 18/09, Anm. 2.
[53] ErfK/*Preis,* § 611 BGB Rn. 670; Uhlenbruck/Hirte/Vallender/*Berscheid,* § 22 Rn. 117, 118.
[54] *Lakies,* ArbR aktuell 2012, 134.
[55] *Gagel/Peters-Lange,* § 165 SGB III Rn. 107; Uhlenbruck/Hirte/Vallender/*Berscheid,* § 22 Rn. 118, 119.
[56] BSG v. 2.11.2000 – B 11 AL 87/99 R, EWiR 2001, 637 = ZInsO 2002, 94.

der Zahlungsunfähigkeit des Arbeitgebers eine Betriebsvereinbarung geschlossen, welche den Fälligkeitszeitpunkt einer Jahressonderzahlung in den Insg-Zeitraum vorverlegt, kann diese Bestimmung wegen Verstoßes gegen die guten Sitten nichtig sein mit der Folge, dass allein der tarifvertraglich festgelegte Stichtag maßgebend ist. Liegt dieser außerhalb des Insg-Zeitraums, ist die Jahressonderzahlung bei der Insg-Gewährung nicht zu berücksichtigen.[57] Trifft der Tarifvertrag eine Aussage dergestalt, dass ausgeschiedene Arbeitnehmer einen anteiligen Anspruch entsprechend ihrer Beschäftigungszeit haben, handelt es sich um ein zusätzliches Entgelt für die geleistete Arbeit. In diesem Fall besteht nur ein anteiliger Anspruch, so dass dem Insg-Zeitraum $3/_{12}$ der Jahressonderzahlung zugeordnet werden können, selbst wenn sie innerhalb des Zeitraums von drei Monaten vor dem Insolvenzereignis in vollem Umfang fällig wird.[58] Kann die Jahressonderzahlung nicht einzelnen Monaten zugeordnet werden, kommt es maßgeblich darauf an, ob der vorgesehene Auszahlungszeitraum im maßgeblichen Insolvenzgeldzeitraum liegt. Wird der Fälligkeitszeitpunkt verschoben oder im Sinne einer dem Arbeitgeber gewährten Stundung verändert, ist die Jahressonderzahlung bei der Bemessung des Insolvenzgeldes nicht zu berücksichtigen, wenn der eigentliche Fälligkeitszeitpunkt außerhalb des Insolvenzgeldzeitraums liegt.[59]

Bei Provisionen der Einfirmenvertreter gem. § 92a HGB und sonstiger Außendienstmitarbeiter sind die Anspruchsvoraussetzungen zu dem Zeitpunkt erfüllt, zu dem der Abschluss des Geschäfts erfolgt. Die durch den Abschluss des Geschäfts entstandene Anwartschaft auf die Provision ist insolvenzgeldfähig, auch wenn die Ausführung des Geschäfts erst nach dem Insolvenzereignis erfolgt oder wegen der Insolvenzeröffnung unterbleibt.[60] Die Arbeitsleistung des Arbeitnehmers wird dem Zeitpunkt zugeordnet, in dem der provisionspflichtige Vertrag abgeschlossen, also der Auftrag erteilt und damit hereingebracht wird.[61] Bei einer Erfolgsprämie ist maßgeblich, ob das Arbeitsverhältnis bei Eintritt des Erfolgsereignisses noch besteht und ob dieses Ereignis in den Insg-Zeitraum fällt.[62]

h) *Urlaub.* Urlaubsentgelt – damit ist die Fortzahlung der Arbeitsvergütung während der Urlaubsfreistellung gemeint – und Urlaubsgeld werden dem Zeitraum zugeordnet, für den sie bestimmt sind. Fallen die Urlaubstage in den Drei-Monats-Zeitraum, ist die dafür zu zahlende Vergütung durch das Insg abgesichert.[63] Das Urlaubsentgelt ist wie Arbeitsentgelt zu behandeln, weil es sich dabei um den fortbestehenden Anspruch auf Arbeitsvergütung bei Arbeitsbefreiung handelt.[64]

Der Arbeitnehmer hat nach § 166 I SGB III keinen Anspruch auf Insg für Ansprüche auf Arbeitsentgelt, die er
– wegen der Beendigung des Arbeitsverhältnisses oder für die Zeit nach der Beendigung des Arbeitsverhältnisses hat,
– er durch eine nach der InsO angefochtene Rechtshandlung oder eine Rechtshandlung erworben hat, die im Falle der Eröffnung des Insolvenzverfahrens anfechtbar wäre oder
– der Insolvenzverwalter wegen eines Rechts zur Leistungsverweigerung nicht erfüllt.

Umstritten ist, ob der Anspruch auf Urlaubsabgeltung wegen der Beendigung des Arbeitsverhältnisses geschuldet und daher vom Ausschluss des § 166 I 1 SGB III erfasst

---

[57] BSG v. 18.3.2004 – B 11 AL 57/03 R, ZIP 2004, 1376 m. Anm. *Berscheid,* jurisPR-ArbR 35/04.
[58] Uhlenbruck/Hirte/Vallender/*Berscheid,* § 22 Rn. 119; *Gagel/Peters-Lange,* § 165 SGB III Rn. 108.
[59] BSG v. 21.5.2005 – B 11a/11 AL 53/05 R, NZA-RR 2006, 437.
[60] *Gagel/Peters-Lange,* § 165 SGB III Rn. 112; Uhlenbruck/Hirte/Vallender/*Berscheid* § 22 Rn. 120; *Niesel/Krodel,* § 183 Rn. 81.
[61] *Niesel/Krodel,* § 183 Rn. 81.
[62] BSG v. 9.5.1995 – 10 RAv 3/94, KTS 1996, 195; *Gagel/Peters-Lange,* § 165 SGB III Rn. 110.
[63] *Gagel/Peters-Lange,* § 165 SGB III Rn. 113.
[64] *Niesel/Roeder,* § 183 Rn. 100.

wird. Das BSG hat neuerdings den Ausschluss angenommen, weil zwischen der Beendigung des Arbeitsverhältnisses und dem Anspruch ein ursächlicher Zusammenhang bestehe.[65] Dem wird entgegen gehalten, dass es sich um einen in der Zeit des Arbeitsverhältnisses erdienten, als Surrogat des Urlaubsanspruchs nur anlässlich der Beendigung erfüllbaren Anspruch handelt.[66] Die Konsequenz aus der Entscheidung des BSG lautet, Urlaubsansprüche noch vor Beendigung des Arbeitsverhältnisses tatsächlich zu realisieren.[67] Unbefriedigend ist die Situation, wenn der Antrag auf Eröffnung des Insolvenzverfahrens mangels Masse gem. § 165 I 2 SGB III abgewiesen wird oder die vollständige Beendigung der Betriebstätigkeit erfolgt und ein Insolvenzverfahren offensichtlich mangels Masse nicht in Betracht kommt, § 165 I 3 SGB III. Sind Urlaubsansprüche bis zu diesem Zeitpunkt noch nicht realisiert worden und werden entstehende Urlaubsabgeltungsansprüche vom Arbeitgeber nicht erfüllt, bleiben sie bei der Bemessung des Insg unberücksichtigt.[68] Zusätzliches Urlaubsgeld, welches außerhalb des Insolvenzgeldzeitraums zu einem bestimmten Zeitpunkt auszuzahlen ist, kann auch bei nachträglich vereinbarter Verschiebung des Auszahlungszeitraums nicht im Insolvenzgeldzeitraum zugeordnet werden.[69]

22a i) *Durchsetzbare Arbeitsentgeltansprüche.* Nur für einen durchsetzbaren Anspruch wird Insolvenzgeld gezahlt. Ist die Forderung von den Arbeitsgerichten rechtskräftig abgewiesen worden, kann dafür kein Insovelnzgeld beansprucht werden.[70] Nicht mehr durchsetzbar sind Ansprüche, die nach den einschlägigen tariflichen Vorschriften verfallen sind oder bereits erfüllte Ansprüche. Hat der Insolvenzschuldner die Arbeitsvergütung in den letzten drei Monaten vor Insolvenzeröffnung ganz oder teilweise gezahlt, besteht insoweit kein Anspruch auf Insolvenzgeld, auch wenn der Insolvenzverwalter die Zahlung angefochten hat.[71] Hat der Arbeitnehmer das Arbeitsentgelt aufgrund der Anfechtung des Insolvenzverwalters tatsächlich zurückgezahlt, kann nunmehr ein Insolvenzgeldanspruch bestehen. Hat der Arbeitnehmer es versäumt, das Insolvenzgeld innerhalb einer Ausschlussfrist von zwei Monaten gem. § 324 III 1 SGB III zu beantragen, kann der Antrag noch innerhalb von zwei Monaten nach Wegfall des Hindernisses gestellt werden.

23 j) *Arbeitszeitkonten und Altersteilzeit.* Bei Wertguthaben auf einem Arbeitszeitkonto kommt es maßgeblich darauf an, wann der gutgeschriebene Anspruch erarbeitet worden ist.[72] Allerdings geht der Gesetzgeber gem. § 7d I 1 SGB IV davon aus, dass auch sog. Wertguthaben iSd § 7 Ia SGB IV grundsätzlich Insolvenzschutz durch die Insolvenzausfallversicherung genießen. Dies gilt aber nur, wenn es sich um Arbeitsentgeltansprüche handelt, die in den letzten drei Monaten vor Insolvenzeröffnung erarbeitet worden sind.[73] Arbeitszeitguthaben aus einer flexiblen Arbeitszeitgestaltung sind grundsätzlich insolvenzgeldfähig. Dies ergibt sich aus § 7d I SGB IV.[74] Bei einer betrieblich geregelten flexiblen Arbeitszeitgestaltung, die einem unterschiedlichen Arbeitsanfall Rechnung tragen soll, kann bei einem monatlich verstetigten Arbeitseinkommen das Arbeitszeitguthaben durch Freizeit ausgeglichen werden. In diesem Fall wird für den

---

[65] BSG v. 20.2.2002 – B 11 AL 71/01 R, NZA 2002, 786 = NZI 2002, 506; aA *Gagel* ZIP 2000, 258; *Gagel/Peters-Lange,* § 165 SGB III Rn. 114.
[66] *Gagel* ZIP 2000, 257; *Gagel/Peters-Lange,* § 166 SGB III Rn. 9a.
[67] Im Einzelnen *Werner,* NZI 2003, 184, 185.
[68] Vgl. dazu *Werner* NZI 2003, 185.
[69] BSG v. 23.3.2006 – B 11a AL 65/05 R, ZIP 2006, 1882.
[70] *Lakies,* ArbRAktuell 2012, 134.
[71] LSG NRW v. 22.8.2013 – L 9 AL 133/13 B, ZInsO 2013, 2324.
[72] BSG v. 9.12.1997, RaR 5/97, ZIP 1998, 481 u v. 25.6.2002, B 11 AL 80/01 R, DZWIR 2002, 460; *Gagel/Peters-Lange,* § 165 SGB III Rn. 121.
[73] BSG v. 25.6.2002 – B 11 AL 80/01 R, DZWIR 2002, 460.
[74] *Niesel/Krodel,* § 183 Rn. 67.

Dreimonatszeitraum Insolvenzgeld gezahlt, auch wenn der Arbeitnehmer in dieser Zeit vorher geleistete Arbeitszeiten durch Freizeit ausgleicht.[75] Wird keine verstetigte Vergütung iS eines monatlichen Arbeitsentgelts in gleichbleibender Höhe gezahlt, kommt es darauf an, ob die zu vergütenden Arbeitsstunden im dreimonatigen Insg-Zeitraum erarbeitet worden sind.[76] Überstunden, die ohne zeitlichen Bezug dokumentiert sind, können nicht ohne weiteres dem Insolvenzgeldzeitraum zugeordnet werden.[77] Weitere Absicherungen der Wertguthaben für den Fall der Insolvenz sind den Arbeits- oder Tarifparteien, die eine Vereinbarung über eine flexible Arbeitszeitgestaltung getroffen haben, gem. § 7d I SGB IV vorbehalten.

24 Eine ähnliche Problematik ergibt sich bei den Vergütungsansprüchen auf Grund einer vertraglichen Regelung über Altersteilzeit. Es geht dabei vor allem um die Einordnung der Entgeltansprüche von Altersteilzeitarbeitnehmern im Blockmodell, die sich bereits in der Freistellungsphase befinden.[78] Geht man vom Erarbeitungsprinzip aus, kommt es darauf an, ob sie in den dem Insolvenzereignis vorausgehenden drei Monaten erdient worden sind.[79] Zum 1.7.2004 ist mit der Neuregelung im Altersteilzeitgesetz auch eine neue Insolvenzsicherungspflicht für Arbeitszeitguthaben aus der Altersteilzeit im Blockmodell in Kraft getreten.[80] Der neue § 8a ATZG trifft Regelungen zur besseren Absicherung des Wertguthabens und verpflichtet den Arbeitgeber gem. § 8a III ATZG, dem Arbeitnehmer die zur Sicherung des Wertguthabens ergriffenen Maßnahmen mit der ersten Gutschrift und danach alle sechs Monate in Textform nachzuweisen. Grundsätzlich haben auch Altersteilzeitarbeitnehmer Anspruch auf Insg und zwar nicht nur in Höhe des für die Teilzeitarbeit geschuldeten Nettoentgelts, sondern auch unter Einbeziehung des Aufstockungsbetrages. Dies entspricht jedenfalls der bisherigen Verwaltungspraxis der Bundesagentur für Arbeit.[81] Im Rahmen sog. Blockzeitmodelle mit verstetigtem Monatsentgelt kann Insg nur insoweit beansprucht werden, als es sich um rückständige Arbeitsentgeltansprüche für den Insg-Zeitraum handelt. Dies kann dazu führen, dass bei Eintritt des Insolvenzereignisses ohne Rücksicht darauf, ob sich der Arbeitnehmer in der Vollarbeitsphase oder in der Freistellungsphase befindet, nur das abgesenkte monatliche Arbeitsentgelt insolvenzgeldgeschützt ist.[82] Nach dem zum 1.1.2009 in Kraft getretenen Flexi-II-Gesetz ist die Wertguthabenvereinbarung gesetzlich neu definiert worden. Bezüglich der Insolvenzsicherung ist es gem. § 7e I Nr. 1 SGB IV bei der Dauer von drei Monaten geblieben. Wegen § 7e I S. 4 SGB IV ist Insolvenzgeld nur zu zahlen, wenn die Freistellungsphase in den Insolvenzgeldzeitraum der letzten drei Monate fällt.[83]

25 **3. Höhe des Insolvenzgeldes.** Gem § 167 I SGB III wird Insg in Höhe des Nettoarbeitsentgelts gezahlt. Der Bruttolohn vermindert sich daher um die im Lohnsteuerabzugsverfahren abzuführenden Steuern, die Kirchensteuer und die Beiträge zur Kranken- und Pflegeversicherung, Rentenversicherung und die Beiträge zur Arbeitslosenversicherung. Dies bezieht sich aber nur auf diejenigen Beiträge, die der Arbeitgeber abzuführen hat. Beiträge, die der Versicherte selbst abführen muss – dazu gehört auch der Arbeitgeberzuschuss zur Krankenversicherung gem. § 257 SGB V – können ebenso wenig abgezogen werden wie diejenigen Beiträge, die der Arbeitgeber bei früheren

---

[75] BSG v. 25.6.2002 – B XI AL 80/01 R, DZWIR 2002, 460; *Gagel/Peters-Lange*, § 165 SGB III Rn. 123.
[76] *Niesel/Krodel*, § 183 Rn. 67.
[77] LSG Niedersachsen-Bremen v. 18.4.2008 – L 12 AL 273/05, ZInsO 2009, 1128.
[78] Vgl. zur insolvenzrechtlichen Einordnung der Entgeltansprüche von Altersteilzeitarbeitnehmern in der Freistellungsphase *Seifert* DZWIR 2004, 103.
[79] *Gagel/Peters-Lange*, § 165 SGB III Rn. 125.
[80] BGBl. I 2848, 2911; vgl. dazu *Podewin* FA 2004, 107.
[81] *Nimscholz* ZIP 2002, 1936, 1938.
[82] Uhlenbruck/Hirte/Vallender/*Berscheid*, § 22 Rn. 124; *Niesel/Krodel*, § 183 Rn. 65.
[83] *Gagel/Peters-Lange*, § 165 SGB III Rn. 121.

Abrechnungszeiträumen nicht abgezogen hat und die er gem. § 28g SGB IV nicht mehr abziehen darf.[84] Nach der ab 1.1.2004 geltenden Neufassung des Gesetzes ist der Anspruch der Höhe nach auf die monatliche Beitragsbemessungsgrenze beschränkt. Es wird höchstens der Betrag gezahlt, der sich aus dem um die gesetzlichen Abzüge verminderten monatlichen Bruttoarbeitsentgelt im Rahmen der Beitragsbemessungsgrenze gem. § 341 IV SGB III ergibt. § 341 IV SGB III nimmt auf die Beitragsbemessungsgrenze der Rentenversicherung der Arbeiter und Angestellten Bezug. Ist das Insolvenzereignis vor dem 1.1.2004 eingetreten, ist nach der Übergangsregelung des § 434j XII Nr. 5 SGB III § 185 aF anzuwenden, dh für diese Fälle gilt die Beitragsbemessungsgrenze nicht. Die Höhe der abzuziehenden Lohnsteuer ergibt sich nicht aus dem Ergebnis des Lohnsteuerjahresausgleichs (§§ 42b, 39 II 7 EStG), sondern kann anhand der Monatslohnsteuertabellen ermittelt werden.[85] Die Bezugnahme auf die monatliche Beitragsbemessungsgrenze rechtfertigt die Schlussfolgerung, dass das normale monatliche Bruttoarbeitsentgelt zugrunde zu legen ist und nicht etwa einschließlich der für die Jahresbeitragsbemessungsgrenze umgelegten Sonderzahlungen und sonstigen Einmalzahlungen des Arbeitgebers zu ermitteln ist.[86]

26 Gem § 169 SGB III gehen die Ansprüche auf Arbeitsentgelt, die einen Anspruch auf Insg begründen, mit dem Antrag auf Insg auf die Bundesagentur für Arbeit über. Eine etwaige Differenz zwischen dem mit dem Insg abgegoltenen Nettoanteil des Arbeitsentgelts und dem Bruttolohn steht nicht dem Arbeitnehmer zu, sondern der Bundesagentur als Inhaberin der Lohnforderung des Arbeitnehmers.[87] Es besteht kein Anspruch des Arbeitnehmers gegen die Bundesagentur für Arbeit auf Rückübertragung der steuerlichen Bruttorestlohnforderung.[88] Hat der Arbeitnehmer während des Insg-Zeitraums im Rahmen der Gleichwohlgewährung gem. § 157 III SGB III Arbeitslosengeld bezogen, führt dies zum Übergang des in dieser Höhe entstandenen Arbeitsentgeltanspruchs auf die Bundesagentur für Arbeit gemäß § 115 SGB X, so dass insoweit ein Insolvenzgeldanspruch des Arbeitnehmers nicht besteht.[89]

27 **4. Europarechtliche Einflüsse.** Einschlägig ist die Richtlinie des Rates vom 22.10. 1980 zur Angleichung der Rechtsvorschriften der Mitgliedsstaaten über den Schutz der Arbeitnehmer bei Zahlungsunfähigkeit des Arbeitgebers (RL 80/987/EWG).[90] Gem Art. 3 II der Insolvenzschutz-Richtlinie muss Insg für einen Zeitraum von drei Monaten vor Eintritt der Zahlungsunfähigkeit des Arbeitgebers liegen. Dazu hat der EuGH entschieden, dass der maßgebliche Zeitpunkt für die Zahlungsunfähigkeit nicht die Insolvenzeröffnung, sondern der Insolvenzantrag ist.[91] Danach kommt es auf den Zeitpunkt der Einreichung des Antrags auf Eröffnung des Verfahrens zur gemeinschaftlichen Gläubigerbefriedigung an. Diese Auffassung hat der EuGH nunmehr bekräftigt und § 165 I SGB III, der den Zeitpunkt des Eintritts der Zahlungsunfähigkeit des Arbeitgebers als den Zeitpunkt der Entscheidung über den Antrag auf Eröffnung des Insolvenzverfahrens definiert, für europarechtswidrig erklärt.[92] Der Garantiezeitraum der Richtli-

---

[84] *Gagel/Peters-Lange*, § 167 SGB III Rn. 5.
[85] *Gagel/Peters-Lange*, § 167 SGB III Rn. 6.
[86] *Gagel/Peters-Lange*, § 167 SGB III Rn. 7a.
[87] BAG v. 11.2.1998 – 5 AZR 159/97, ZIP 1998, 868; BSG v. 20.6.2001 – B 11 AL 97/00 R, EWiR 2002, 455 m. Anm. *Peters-Lange*.
[88] BSG v. 20.6.2001 – B 11 AL 97/00 R, EWiR 2002, 455 = ZInsO 2002, 152; aA *Gagel/Peters-Lange*, § 167 SGB III Rn. 14.
[89] *Niesel/Kordel*, § 185 Rn. 5; *Niesel/Krodel*, § 183 Rn. 110.
[90] ABl L 283 v. 28.10.1980, S. 23.
[91] EuGH v. 10.7.1997, RS C-373/95 *(Maso)*, NZA 1997, 988 und RS. C-94, 95/95 *(Bonifaci)*, NZA 1997, 985.
[92] EuGH v. 15.5.2003 – C-160/01 *(Karin Mau)*, ZInsO 2003, 514 = NZI 2003, 394; dazu im Einzelnen *Berscheid*, ZInso 2003, 498; *Grub*, DZWIR 2002, 3002 sowie *Andres/Motz*, NZI 2003, 396.

nie 80/987/EWG, dh der Zeitraum, für den Insg gezahlt wird, wird vorverlagert. Für die Rückrechnung des Drei-Monats-Zeitraums gem. § 165 I 1 SGB III ist der Zeitpunkt der Antragstellung heranzuziehen. Daraus ergeben sich für die Praxis folgende Konsequenzen: Unproblematisch sind die Fälle, in denen der Insolvenzschuldner die Arbeitsvergütung bis zum Zeitpunkt der Antragstellung erfüllt hat. Keine Divergenz mit dem Europarecht besteht ferner, wenn das Insolvenzverfahren am Tag der Antragstellung eröffnet wird.[93] Stehen dagegen Löhne aus der Zeit vor Antragstellung aus, ist der Garantiezeitraum nach den Europarechtlichen Vorgaben so zu berechnen, dass die drei Monate vor Antragstellung erfasst werden. Da das nationale Recht dies aber nicht vorsieht, kommt insoweit ein Staatshaftungsanspruch wegen fehlerhafter Umsetzung einer den Einzelnen begünstigenden Richtlinie in Betracht.[94] Die Richtlinie 80/987/EWG ist inzwischen durch die Richtlinie 2002/74/EG v. 23.9.2002 geändert worden. Dazu wird die Auffassung vertreten, dass der gesetzgeberische Handlungsbedarf nunmehr als gering zu veranschlagen sei. Gem Art. III 2 der geänderten Richtlinie bleibt es nämlich den Mitgliedsstaaten überlassen, den Garantiezeitraum festzulegen.[95] Entspricht das Deutsche Recht mit der alternativen Anknüpfung an unterschiedliche Insolvenzereignisse den Vorgaben der Richtlinie in ihrer Neufassung, besteht kein drängender Anpassungsbedarf.

5. Vorfinanzierung von Insolvenzgeld. Gem § 168 SGB III kann die Agentur für Arbeit einen Vorschuss auf das Insg leisten, wenn

1. die Eröffnung des Insolvenzverfahrens über das Vermögen des Arbeitgebers beantragt ist,
2. das Arbeitsverhältnis beendet ist und
3. die Voraussetzungen für den Anspruch auf Insg mit hinreichender Wahrscheinlichkeit erfüllt werden.

Damit wird den Erfahrungen in der Praxis Rechnung getragen, dass zwischen dem Antrag auf Eröffnung des Insolvenzverfahrens und dem Eröffnungsbeschluss häufig ein längerer Zeitraum liegen kann. In diesem Fall sollen wenigstens diejenigen Arbeitnehmer, für die der Insg-Zeitraum bereits feststeht, einen Vorschuss auf das Insg erhalten können.

Neben dem Antrag auf Eröffnung des Insolvenzverfahrens muss das rechtliche Ende des Arbeitsverhältnisses feststehen. Das Arbeitsverhältnis kann durch Kündigung des Insolvenzschuldners oder durch eine Kündigung des vorläufigen Insolvenzverwalters mit den Befugnissen gem. § 22 I InsO beendet werden. Da der vorläufige Insolvenzverwalter die kurzen Kündigungsfristen gem. § 113 InsO noch nicht nutzen kann, wird seine Kündigung nur bei kurzen gesetzlichen Kündigungsfristen gem. § 622 I und V BGB die Auflösung des Arbeitsverhältnisses bereits vor Eröffnung des Insolvenzverfahrens herbeiführen können.

Die Voraussetzungen für den Anspruch auf Insg müssen mit hinreichender Wahrscheinlichkeit erfüllt sein. Dafür hat der Arbeitnehmer der Agentur für Arbeit die letzte Arbeitsentgeltabrechnung und eine schriftliche Erklärung des Arbeitgebers oder des Insolvenzverwalters vorzulegen, für welchen Zeitraum und in welchem Umfang die Arbeitsentgeltansprüche nicht erfüllt worden sind.[96] Die Entscheidung darüber, ob und in welcher Höhe ein Vorschuss geleistet wird, steht im pflichtgemäßen Ermessen der Agentur für Arbeit. Als Rechtsgrundlage für eine Vorschussleistung kommen neben § 168 SGB III auch die allgemeinen Vorschriften gem. § 42 SGB I in Betracht. Gem

---

[93] *Andres/Motz,* Anm. zu EuGH v. 15.5.2003, NZI 2003, 397.
[94] *Gagel/Peters-Lange,* § 165 SGB III Rn. 85.
[95] *Peters-Lange* ZIP 2003, 1877, 1879; entgegen *Berscheid* ZInsO 2003, 498, 502.
[96] *Gagel/Peters-Lange,* § 168 SGB III Rn. 10.

§ 328 SGB III kann über die Erbringung einer Geldleistung vorläufig entschieden werden. Dies wird durch § 168 SGB III als spezialgesetzliche Regelung jedenfalls dann nicht verdrängt, wenn es sich um eine vorläufige Entscheidung **nach** Eintritt des Insolvenzereignisses handelt.[97]

31 Deshalb versuchen vorläufige Insolvenzverwalter mit Vollmacht der betroffenen Arbeitnehmer, die vorläufige Zahlung von Insg für rückständige Vergütungsansprüche gestützt auf § 328 I 3 SGB III zu erreichen. Dieser Weg ist nicht Erfolg versprechend, denn Vorschüsse können nur bei bereits fälligen Ansprüchen geleistet werden.[98] Vor dem tatsächlichen Eintritt des Insolvenzereignisses – das ist gem. § 165 I 1 SGB III die Eröffnung des Insolvenzverfahrens – kommt weder die Zahlung von Insg noch eine Gewährung im Wege der vorläufigen Entscheidung nach § 328 I 3 SGB III in Betracht. Die Vorschrift dient nicht dazu, einen Anspruch, der voraussichtlich in Zukunft entstehen und fällig sein wird, vorzufinanzieren. Ebenso wenig wie über § 328 SGB III Arbeitslosengeld vor Eintritt der Arbeitslosigkeit verlangt werden kann, kann Insg vor Eintritt des Insolvenzereignisses begehrt werden. § 328 SGB III kann nicht erweiternd dahingehend ausgelegt werden, dass das bei der vorläufigen Betriebsfortführung durch den Insolvenzverwalter noch nicht entstandene und fällige Insg zur Sicherung des Verfahrenserfolges vorzeitig gezahlt wird.[99]

32 Daher bleibt nur der Weg, über eine Abtretung des künftigen Insg-Anspruchs einen Bankkredit aufzunehmen, um auf diese Weise einen Beitrag zur Betriebsfortführung und sanierenden Übertragung zu leisten.[100] Da der Anspruch auf Arbeitsvergütung mit dem Antrag auf Insg auf die Agentur für Arbeit gem. § 169 SGB III übergeht, kann der Arbeitnehmer von diesem Zeitpunkt an nur noch seinen Anspruch auf Insg abtreten oder verpfänden. Mit Zustimmung der Agentur für Arbeit kann über § 170 SGB III durch Abtretung des Insg-Anspruchs eine Kreditfinanzierung ermöglicht werden. Dies wird in der Praxis vielfach dazu genutzt, um mit Hilfe der Arbeitnehmer für eine begrenzte Zeit die Aufrechterhaltung oder Fortführung der Produktion zu ermöglichen.[101] Um einer missbräuchlichen Inanspruchnahme der Insg-Versicherung entgegen zu wirken,[102] hat der Gesetzgeber gem. § 170 IV 2 SGB III die Übertragung oder Verpfändung von der Zustimmung der Agentur für Arbeit abhängig gemacht. Diese darf die Zustimmung nur dann erteilen, wenn Tatsachen die Annahme rechtfertigen, dass durch die Vorfinanzierung der Arbeitsentgelte ein erheblicher Teil der Arbeitsplätze erhalten bleibt. Es muss eine positive Prognose über den erheblichen Erhalt von Arbeitsplätzen im Rahmen eines Sanierungsversuchs getroffen werden können.[103] Die zustimmende Entscheidung der Agentur für Arbeit zum Zwecke der Vorfinanzierung muss im Grundsatz vor Abtretung der Lohnansprüche vorliegen; eine nachträgliche Genehmigung wird nicht ausgeschlossen.[104]

33 **6. Auskunftspflichten und Insg-Bescheinigung.** Gem § 165 IV SGB III ist der Arbeitgeber verpflichtet, einen Beschluss des Insolvenzgerichts über die Abweisung des Antrags auf Insolvenzeröffnung mangels Masse dem Betriebsrat oder den Arbeitnehmern unverzüglich bekannt zu geben. Darüber hinaus sind der Arbeitgeber, der Insolvenzverwalter, die Arbeitnehmer sowie sonstige Personen gem. § 316 I SGB III ver-

---

[97] *Gagel/Peters-Lange*, § 168 SGB III Rn. 16, 18; *Niesel/Krodel*, § 186 Rn. 3.
[98] LSG, NRW v. 12.4.2000 – L 12 AL 164/99, ZIP 2000, 1119; *Gagel/Peters-Lange*, § 168 SGB III Rn. 18.
[99] LSG, NRW v. 12.4.2000 – L 12 AL 164/99, ZIP 2000, 1119 m. Anm. *Peters-Lange*, EWiR 2000, 785.
[100] Im Einzelnen Uhlenbruck/Hirte/Vallender/*Berscheid*, § 22 Rn. 147.
[101] *Gagel/Peters-Lange*, § 170 SGB III Rn. 5.
[102] *Gagel/Peters-Lange*, § 170 SGB III Rn. 66, 67.
[103] *Hase* DZWIR 1999, 190; *Oberhofer* DZWIR 1999, 317; *Smid* NZA 2000, 113, 116.
[104] Uhlenbruck/Hirte/Vallender/*Berscheid*, § 22 Rn. 149; *Gagel/Peters-Lange*, § 170 SGB III Rn. 72.

pflichtet, der Agentur für Arbeit auf Verlangen alle Auskünfte zu erteilen, die für die Gewährung von Insg nach den Vorschriften der §§ 165 ff. SGB III erforderlich sind. Der Insolvenzverwalter hat insbesondere gem. § 314 I SGB III auf Verlangen der Agentur für Arbeit für jeden Arbeitnehmer, für den ein Anspruch auf Insg in Betracht kommt, eine Bescheinigung über die Höhe des Arbeitsentgelts für die letzten der Eröffnung des Insolvenzverfahrens vorausgehenden drei Monate des Arbeitsverhältnisses einschl der Höhe der gesetzlichen Abzüge auszustellen. Zum Inhalt der Bescheinigung gehört auch die Information, ob und inwieweit Ansprüche auf Arbeitsentgelt gepfändet, verpfändet oder abgetreten worden sind. Der Insolvenzverwalter hat dabei den von der Bundesagentur vorgesehenen Vordruck zu benutzen. Die Insg-Bescheinigung hat nicht die Bedeutung eines Anerkenntnisses der darin angegebenen Lohnansprüche, weil die Information des Insolvenzverwalters idR auf den Angaben dritter Personen beruht.[105] Da die Insg-Bescheinigung gem. § 314 I SGB III der Agentur für Arbeit und nicht etwa wie im Falle der Arbeitsbescheinigung gem. § 312 I SGB III dem Arbeitnehmer zu erteilen ist, soll für die Klage auf Erteilung einer Insg-Bescheinigung nicht das Arbeitsgericht, sondern das Sozialgericht zuständig sein.[106] Die Weiterleitung der Formulare zur Beantragung von Insolvenzgeld an die Bundesanstalt für Arbeit gehört nicht zum insolvenzspezifischen Pflichtenkreis eines Insolvenzverwalters, so dass bei verspäteter Weiterleitung ein Schadensersatzanspruch nicht besteht, wenn der Arbeitnehmer die Ausschlussfrist von zwei Monaten gemäß § 324 III SGB III versäumt und deswegen kein Insolvenzgeld erhält.[107]

III. Kurzarbeitergeld (Kug)

1. Zweck. Das Kurzarbeitergeld ist nach der gesetzlichen Neufassung ab 1.4.2012 nunmehr in den §§ 95–111 SGB III geregelt. Kurzarbeitergeld wird von der Bundesagentur für Arbeit bei vorübergehender Kürzung der betriebsüblichen Arbeitszeit gezahlt, wenn nicht genügend Arbeit vorhanden ist, um alle oder einen Teil der Belegschaft kontinuierlich zu beschäftigen. Kug soll als Sozialleistung den Arbeitsentgeltausfall bei wirksamer Anordnung von Kurzarbeit teilweise kompensieren. Hierdurch werden die arbeitsrechtlichen Regelungen, wonach der Arbeitgeber im Arbeitsverhältnis das Wirtschaftsrisiko trägt, modifiziert. Mit diesem Instrument können in Krisensituationen betriebsbedingte Kündigungen uU vermieden und Arbeitslosigkeit verhütet werden. Allerdings geht es in erster Linie um die Überbrückung konjunkturell bedingter Umsatzeinbrüche. Kurzarbeitergeld ist eine Leistung der aktiven Arbeitsförderung gem. § 3 I Nr. 9 SGB III. Die dafür benötigten Mittel werden gem. den §§ 341 ff. SGB III durch Beiträge von Arbeitnehmern und Arbeitgebern aufgebracht.

Da das Insolvenzverfahren nach der neuen InsO ebenfalls zur Überwindung wirtschaftlicher Krisen von Unternehmen und zu deren Sanierung beitragen soll, entstehen hierfür Verknüpfungsmöglichkeiten. Besteht die Chance einer Unternehmenssanierung, kann damit uU in der Insolvenz eine mögliche Kündigung durch eine Reduzierung der Arbeitszeit bis auf Null vermieden werden. Dies kommt jedoch nur in Betracht, wenn der Betrieb des Insolvenzschuldners an sich eine gesicherte Beschäftigung der Arbeitnehmer zulässt und mit einer schnellen Sanierung gerechnet werden kann. Kug dient dazu, den kurzarbeitenden Betrieb weiterführen zu können. Es handelt sich dabei nicht um eine Subventionierung, sondern die Kug-Vorschriften grenzen das geschützte gegenüber dem vom Arbeitgeber zu tragenden Betriebsrisiko ab.[108] Das Kug soll den na-

---

[105] LAG Köln v. 17.3.2004 – 3 Sa 1288/03 nv.
[106] LAG Schleswig-Holstein v. 28.10.2003 – 2 Sa 324/03, NZA-RR 2004, 375.
[107] OLG Hamm v. 12.2.2008 – 27 U 122/07, NZI 2008, 500 m Anm. *Laws*, ZInsO 2009, 57.
[108] *Niesel/Krodel*, § 169 Rn. 6.

türlichen Ausleseprozess in der Wirtschaft nicht stören und nicht zu Wettbewerbsverzerrungen beitragen. Da die Lohnkosten weiterhin anfallen, kann es nur darum gehen, bei gesicherter Beschäftigung in der Zukunft eine vorübergehende Überbrückung zu schaffen. Bei realistischer Einschätzung wird daher Kug in der Insolvenz des Unternehmens nur in seltenen Fällen in Betracht zu ziehen sein.

2. Anspruchsvoraussetzungen. Der Anspruch der Arbeitnehmers auf Kug setzt gem. § 95 SGB III voraus, dass 1.) ein erheblicher Arbeitsausfall mit Entgeltausfall vorliegt, 2.) bestimmte betriebliche und 3.) persönliche Voraussetzungen erfüllt sind sowie 4.) der Arbeitsausfall dem Arbeitsamt angezeigt wird. Die genannten Voraussetzungen müssen kumulativ erfüllt sein. Der Anspruch auf Kug ist ein Rechtsanspruch und keine Ermessensleistung, § 3 V SGB III.[109]

a) *Erheblicher Arbeitszeitausfall mit Entgeltausfall.* Die Voraussetzungen, unter denen ein Arbeitsausfall erheblich ist, sind in § 96 SGB III benannt. Die dort in Abs. 1 genannten Voraussetzungen müssen kumulativ erfüllt sein. Arbeitsausfall ist ein Zurückbleiben des tatsächlichen betrieblichen Arbeitsvolumens hinter dem potentiellen betrieblichen Gesamtarbeitsvolumen auf der Grundlage der individuell maßgeblichen Arbeitszeit aller Arbeitnehmer. Der Arbeitsausfall muss durch wirtschaftliche Gründe oder ein unabwendbares Ereignis verursacht, vorübergehend, nicht vermeidbar sein und mindestens ein Drittel der Arbeitnehmer mit mindestens 10 Prozent ihres Bruttoentgelts betreffen, wobei Auszubildende nicht mitzuzählen sind. Der Arbeitsausfall muss gem. § 96 II SGB III auf wirtschaftlichen Gründen beruhen oder Folge eines unabwendbaren Ereignisses sein, § 96 III SGB III. Ein erheblicher Arbeitsausfall aus wirtschaftlichen Gründen liegt nur vor, wenn die dafür maßgeblichen Ursachen konjunkturell bedingt sind oder auf strukturellen Störungen der Gesamtwirtschaftslage beruhen. Es muss sich um Einflüsse handeln, die von außen auf den Betrieb einwirken und deren Eintritt der Betrieb bzw. die für ihn verantwortlich Handelnden nicht beeinflussen können.[110] Bei einer Konkurrenz mehrerer Ursachen muss die wirtschaftliche Ursache überwiegen und wesentlich sein.[111]

Die Ursachen für den Arbeitsausfall können auch in einem unabwendbaren Ereignis liegen. Dabei muss es sich um von außen auf den Betrieb einwirkende Umstände handeln, welche auch bei äußerster Sorgfalt nicht vermeidbar gewesen wären. Dazu zählen etwa ungewöhnliche Witterungsverhältnisse wie etwa Hochwasser oder sonstige Unglücksfälle, die die Funktionsfähigkeit des Betriebes einschränken.[112] Vermeidbar ist der Arbeitsunfall, wenn zur Überbrückung flexible Arbeitszeitregelungen herangezogen werden können. Vorhandene Arbeitszeitkonten müssen gem. § 96 IV S. 3 SGB III nicht aufgelöst werden, wenn die im Einzelnen genannten Voraussetzungen vorliegen (§ 96 IV S. 3 Nr. 1–5 SGB III).[113] Nach dem neu eingefügten Paragraphen 421t SGB III brauchen im Rahmen einer flexiblen Arbeitszeitregelung aber keine Minusstunden gemacht zu werden, um Kurzarbeit und die Inanspruchnahme von Kurzarbeitergeld zu vermeiden. Dies galt aber nur bis zum 31.12.2011. Ab 1.1.2012 muss die Möglichkeit, Minusstunden zu machen, wieder genutzt werden.[114]

Durch den Arbeitsausfall muss kausal ein Entgeltausfall verursacht worden sein, dh der Arbeitgeber darf nicht aufgrund gesetzlicher oder tarifvertraglicher Regelungen zur Lohnzahlung verpflichtet sein. Nicht ausreichend ist, wenn Lohnansprüche lediglich nicht realisierbar sind. Ein Anspruch auf Kug kann bei insolvenzbedrohten Unterneh-

---

[109] *Niesel/Krodel*, § 169 Rn. 2.
[110] *Niesel/Krodel*, § 170 Rn. 16, 17.
[111] *Schaub/Schindele*, § 23 Rn. 666.
[112] *Niesel/Krodel*, § 170 Rn. 21, 22; *Gagel/Bieback*, § 96 Rn. 58.
[113] Vgl. im Einzelnen *Gagel/Bieback*, § 96 Rn. 155, 163 ff.
[114] *Gagel/Bieback*, § 96 Rn. 160.

men insbesondere deshalb fraglich sein, weil er nur bei vorübergehendem Arbeitsausfall besteht. War der Arbeitgeber bereits zum Ausspruch von Kündigungen entschlossen und hat er entsprechende Interessenausgleichsverhandlungen geführt, kann von einem vorübergehenden Arbeitsausfall nicht mehr die Rede sein.[115]

b) *Betriebliche Voraussetzungen.* Gem § 97 SGB III muss in dem Betrieb regelmäßig mindestens ein Arbeitnehmer beschäftigt werden. Dem Betrieb sind Betriebsabteilungen gleichgesetzt. Der Betriebsbegriff ist arbeitsrechtlich auszulegen, dh es muss sich um eine organisatorische Einheit handeln, innerhalb derer ein Unternehmen allein oder in Gemeinschaft mit Hilfe sachlicher und sonstiger Mittel bestimmte arbeitstechnische Zwecke fortgesetzt verfolgt.[116] Gleichgestellt ist gemäß Satz 2 eine Betriebsabteilung, was eine gewisse organisatorische, insbesondere personalpolitische Selbständigkeit, sowie in der Regel, nicht jedoch zwingend, die Verfolgung eines eigenständigen Betriebszweckes voraussetzt.[117] 40

c) *Persönliche Voraussetzungen.* Kug-berechtigt sind gem. § 98 IV SGB III im Wesentlichen nur Arbeitnehmer, die nach Beginn des Arbeitsausfalls in einem versicherungspflichtigen Beschäftigungsverhältnis stehen, damit auch Teilzeitbeschäftigte und Aushilfskräfte. Gem § 98 III SGB III sind Teilnehmer einer beruflichen Weiterbildungsmaßnahme, Bezieher von Krankengeld, Übergangsgeld, Unterhaltsgeld sowie Arbeitnehmer, die in bestimmten Gewerbegruppen arbeiten (Schaustellergewerbe, Theater-, Lichtspiel- oder Konzertunternehmen). Ausgeschlossen sind ferner solche Arbeitnehmer, die gem. § 172 III SGB III nicht zur Arbeitsvermittlung bereit sind.[118] 41

d) *Anzeige bei der Agentur für Arbeit.* Die Anzeige des Arbeitsausfalls bei der Agentur für Arbeit ist gem. § 99 SGB III materielle Anspruchsvoraussetzung des Kug.[119] Sie kann nur vom Arbeitgeber oder vom Betriebsrat erstattet werden. Der Anzeige des Arbeitgebers ist die Stellungnahme des Betriebsrats beizufügen. Die Zahlung von Kug ist frühestens mit Beginn desjenigen Kalendermonats zulässig, in dem die Anzeige bei der Agentur für Arbeit eingegangen ist, § 99 II SGB III. Der einzelne Arbeitnehmer ist nicht anzeigeberechtigt.[120] Im Anzeigeverfahren sind der erhebliche Arbeitsausfall und die betrieblichen Voraussetzungen im Sinne einer überwiegenden Wahrscheinlichkeit glaubhaft zu machen.[121] 42

Die Agentur für Arbeit hat gem. § 99 III SGB III unverzüglich einen schriftlichen Bescheid darüber zu erteilen, ob auf Grund der vorgetragenen und glaubhaft gemachten Tatsachen ein erheblicher Arbeitsausfall vorliegt und die betrieblichen Voraussetzungen erfüllt sind. Bei Erlass eines Anerkennungsbescheides wird dem Arbeitgeber und den Arbeitnehmern des Betriebes damit grundsätzlich die Zusicherung gegeben, dass bei Vorliegen der persönlichen Voraussetzungen gem. § 172 SGB III und nach fristgerechter Antragstellung den Beschäftigten für die Zeit des Arbeitsausfalls Kug gewährt wird.[122] 43

3. Leistungsumfang. Kug wird gem. § 104 I S. 3 SGB III längstens für sechs Monate gewährt. Das Kug beträgt gem. § 105 Nr. 1 für Arbeitnehmer, die beim Arbeitslosengeld den erhöhten Leistungssatz beanspruchen können, 67% der Nettoentgeltdifferenz im Anspruchszeitraum; für die übrigen Arbeitnehmer 60%, § 105 Nr. 2 SGB III. Bei der Bemessung des Kug wird jetzt gem. § 106 I SGB III auf die Entgelteinbuße des 44

---

[115] *Bonanni/Naumann*, ArbRB 2009, 172.
[116] *Gagel/Bieback*, § 97 Rn. 4.
[117] *Niesel/Krodel*, § 171 Rn. 7.
[118] *Niesel/Krodel*, § 172 Rn. 15; *Schaub/Koch*, Arbeitsrechts-Handbuch § 48 Rn. 10.
[119] *Niesel/Krodel*, § 173 Rn. 4; *Schaub/Koch*, Arbeitsrechts-Handbuch § 48 Rn. 11.
[120] *Schaub/Koch*, Arbeitsrechts-Handbuch § 48 Rn. 11; *Niesel/Krodel*, § 173 Rn. 8.
[121] *Niesel/Kordel*, § 173 Rn. 10.
[122] *Niesel/Krodel*, § 173 Rn. 14.

Arbeitnehmers infolge des erheblichen Arbeitsausfalls im Anspruchszeitraum abgestellt und zwar unabhängig von der Zahl der Ausfallstunden. Die Berechnung des Kug richtet sich nach dem Unterschiedsbetrag zwischen dem pauschalierten Nettoentgelt aus dem Sollentgelt und dem pauschalierten Nettoentgelt aus dem Istentgelt, § 106 I SGB III. Bei dem Sollentgelt handelt es sich um das Bruttoarbeitsentgelt, welches der Arbeitnehmer ohne den Arbeitsausfall erzielt hätte. Istentgelt ist das in dem Anspruchszeitraum tatsächlich erzielte Bruttoarbeitsentgelt. Dies erhöht sich, wenn der Arbeitnehmer aus einer anderweitigen Beschäftigung, die er während des Bezuges von Kug aufgenommen hat, eine Vergütung erzielt, § 106 III SGB III. Da das Kug nur den durch Arbeitsausfall verursachten Verdienstausfall ausgleichen soll, sind Entgeltausfälle, die auf anderen Gründen beruhen, zu neutralisieren. Dies geschieht dadurch, dass das Istentgelt um das ohne den Arbeitsausfall erzielte Arbeitsentgelt erhöht wird, § 179 II SGB III.[123]

45   **4. Antrag.** Die Leistungen der Arbeitsförderung und damit auch das Kug werden gem. § 323 I 1 SGB III nur auf Antrag erbracht. Kug muss gem. § 323 II S. 1 SGB III vom Arbeitgeber schriftlich unter Beifügung einer Stellungnahme der Betriebsvertretung beantragt werden. Der Antrag muss gem. § 325 III SGB III innerhalb einer Ausschlussfrist von drei Monaten gestellt werden. Die Erstattung der Anzeige über den Arbeitsausfall gem. § 99 SGB III ersetzt den Antrag nicht.[124] Kug ist schriftlich vom Arbeitgeber unter Beifügung einer Stellungnahme des Betriebsrates oder vom Betriebsrat (§ 323 II SGB III) nachträglich (§ 324 II SGB III) innerhalb einer Ausschlussfrist von drei Kalendermonaten ab Ablauf des Anspruchszeitraumes, für den Kug beantragt wird (§ 325 III SGB III), bei dem Arbeitsamt zu beantragen, in dessen Bezirk die für den Arbeitgeber zuständige Lohnabrechnungsstelle liegt (§ 327 III SGB III). Bei der dreimonatigen Ausschlussfrist handelt es sich um eine materiell-rechtliche Frist, so dass gegen deren Versäumung eine Wiedereinsetzung in den vorigen Stand nicht möglich ist.[125] Der Antrag umfasst neben der endgültigen Ausfallzeit und der Bezugsfrist vor allem die persönlichen Anspruchsvoraussetzungen der betroffenen Arbeitnehmer.[126] Der Kug-Antrag wird durch die Erstattung der Anzeige nach § 99 SGB III nicht ersetzt.[127] Die betroffenen Arbeitnehmer selbst sind nicht antragsberechtigt.[128] Antragsbefugt ist aber gemäß § 323 II S. 2 SGB III die zuständige Betriebsvertretung. Der Antrag muss mindestens Angaben über den erheblichen Arbeitsausfall und die betrieblichen Voraussetzungen für das Kurzarbeitergeld gemäß § 99 SGB III enthalten. Die Verwendung des entsprechenden Vordrucks der Bundesanstalt ist keine Wirksamkeitsvoraussetzung.[129] Für den jeweiligen Anspruchszeitraum (§ 177 SGB III) ist Kug innerhalb von drei Monaten zu beantragen.[130]

46   **5. Transfermaßnahmen/Transferkurzarbeitergeld.** In den §§ 110, 111 SGB III sind nunmehr die Transfermaßnahmen zur Eingliederung von Arbeitnehmerinnen und Arbeitnehmern in den Arbeitsmarkt und der Wechsel in eine betriebsorganisatorisch eigenständige Einheit oder Transfergesellschaft geregelt. Von der Agentur für Arbeit geförderte Transfermaßnahmen sollen bei drohender Arbeitslosigkeit den nahtlosen Übergang in ein neues Arbeitsverhältnis unterstützen. Anspruchsberechtigt sind Arbeitnehmer, die aufgrund einer Betriebsänderung von Arbeitslosigkeit bedroht sind. Vor-

---

[123] *Niesel/Krodel*, § 179 Rn. 16; *Schaub/Koch*, Arbeitsrechts-Handbuch § 48 Rn. 13.
[124] *Niesel*, § 325 Rn. 8.
[125] *Niesel*, § 325 Rn. 9; BSG v. 5.2.2004 – B 11 AL 47/03 R, NZS 2005, 38.
[126] *Niesel*, § 323 Rn. 23; *Roeder* NZS 1997, 359, 360.
[127] *Gagel/Hünecke*, § 323 Rn. 36; *Niesel*, SGB III, § 323 Rn. 23, gegebenenfalls kommt eine Auslegung in Betracht.
[128] *Niesel*, § 323 Rn. 23.
[129] *Niesel*, § 323 Rn. 24.
[130] *Niesel*, § 325 Rn. 8; *Gagel/Hünecke*, § 325 SGB III Rn. 15.

aussetzung ist, dass zuvor eine Beratung durch die Agentur für Arbeit stattgefunden hat. Die Beratung ist darauf gerichtet, über die Transfermaßnahmen und ihre Auswirkungen, über die Aussichten auf dem regionalen Arbeitsmarkt und die individuellen Vermittlungschancen des anspruchsberechtigten Arbeitnehmers zu informieren.[131] Um die Förderung von bis zu 2500,00 Euro gem. § 110 II SGB III zu erhalten, muss die Maßnahme von einer sog. Transferagentur durchgeführt werden. Der Arbeitgeber muss sich an den Kosten beteiligen, denn die Agentur für Arbeit leistet nur einen Zuschuss von 50% der erforderlichen und angemessenen Maßnahmekosten, § 110 II SGB III. Unter den Voraussetzungen des § 111 SGB III wird Transferkurzarbeitergeld gewährt, wenn

1. die Arbeitnehmer von einem dauerhaften unvermeidbaren Arbeitsausfall betroffen sind,
2. in den Betrieben müssen Personalanpassungsmaßnahmen auf Grund einer Betriebsänderung durchgeführt werden, wobei die vom Arbeitsausfall betroffenen Arbeitnehmer zur Vermeidung von Entlassungen und zur Verbesserung ihrer Eingliederungschance in einer eigenständigen betriebsorganisatorischen Einheit zusammengefasst werden,
3. die betroffenen Arbeitnehmer vor der Überleitung in die betriebsorganisatorische Einheit an einer arbeitsmarktlich zweckmäßigen Maßnahme zur Feststellung der Eingliederungsaussichten teilgenommen haben,
4. der Agentur für Arbeit der dauerhafte Arbeitsausfall angezeigt worden ist.

§ 111 SGB III beinhaltet eine Sonderform des Kug zur sozialen Abfederung betrieblicher Restrukturierungsprozesse.[132] Das Kug wird gem. § 111 I S. 2 SGB III längstens für 12 Monate gewährt. Zwingend ist die vorherige Beratung der Betriebsparteien gem. § 111 I Nr. 4 SGB III. Diese Beratung kann insbesondere im Rahmen von Interessenausgleichs- und Sozialplanverhandlungen iSd §§ 111, 112 BetrVG stattfinden. Betriebsrat oder auch der Arbeitgeber können die Agentur für Arbeit einladen und diese fertigt idR ein Protokoll über die stattgefundene Beratung an.

Im Unterschied zur früheren Rechtslage stellt § 111 SGB III nicht mehr auf strukturelle Veränderungen des gesamten Wirtschaftszweiges ab, dem der Betrieb angehört, sondern auf die Situation des jeweiligen Betriebes. Ein Mindestumfang des Arbeitsausfalls ist nicht mehr erforderlich. Es muss sich aber um einen dauerhaften Arbeitsausfall aufgrund einer Betriebsänderung iSd § 111 BetrVG handeln, so dass der bloße Personalabbau nicht ausreicht.[133] Ein dauerhafter Arbeitsausfall liegt gem. § 111 II SGB III nämlich nur dann vor, wenn aufgrund einer Betriebsänderung iSd § 110 I 3 SGB III die Beschäftigungsmöglichkeiten nicht nur vorübergehend entfallen. § 110 I S. 3 SGB III nimmt wiederum auf eine Betriebsänderung iSd § 111 BetrVG Bezug. Eine bloße Verringerung des Personals unter Beibehaltung der sächlichen Betriebsmittel scheidet daher aus. Wichtig ist die Zusammenfassung der betroffenen Arbeitnehmer in einer betriebsorganisatorischen Einheit. Es muss sich dabei nicht um einen Betrieb oder eine Betriebsabteilung iSd BetrVG handeln. Die betriebsorganisatorische Einheit wird durch die Zusammenfassung der betroffenen Arbeitnehmer als Auffangfunktion für eine vorübergehende Weiterbeschäftigung gekennzeichnet.[134] Allerdings muss eine Unterscheidbarkeit von den Arbeitnehmern, die im Ursprungsbetrieb verbleiben, gegeben sein. Dies bedeutet, dass die betroffenen Arbeitnehmer auf Dauer nicht auf ihren alten Arbeitsplätzen eingesetzt werden dürfen.[135] Die betriebsorganisatorische Einheit muss dar-

---

[131] Vgl. dazu ErfK/*Rolfs*, § 110 SGB III Rn. 19; *Gagel/Bepler*, § 216a Rn. 51.
[132] PR-DRS.15/1550.
[133] *Gagel/Bieback*, § 111 SGB III Rn. 49.
[134] *Niesel/Krodel*, § 216b Rn. 11; *Schaub/Schindele*, § 33 Rn. 908.
[135] *Niesel/Krodel*, 216b Rn. 11.

§ 110 48–51   Kapitel IX. Arbeitsrecht und Insolvenz

auf gerichtet sein, Entlassungen zu vermeiden und die Eingliederungschancen der betroffenen Arbeitnehmer zu verbessern. Dies kann nicht nur durch eine Beschäftigungseinheit innerhalb des Betriebes geschehen, sondern auch durch Inanspruchnahme einer externen Transfergesellschaft.[136]

48   Rechtstechnisch vollzieht sich dies idR dadurch, dass die von der Betriebsänderung betroffenen Arbeitnehmer aus dem bisherigen Betrieb durch einen dreiseitigen Vertrag ausscheiden, den sie mit ihrem Arbeitgeber/Insolvenzverwalter und der aufnehmenden Transfergesellschaft schließen. Die Transferbedingungen können in einem Sozialplan, einer Betriebsvereinbarung oder in einem Tarifvertrag geregelt werden.[137] Bei einem erzwingbaren Sozialplan muss die Einigungsstelle gemäß § 112 V Nr. 2a BetrVG auch die Förderungsmöglichkeiten zur Vermeidung von Arbeitslosigkeit berücksichtigen. Dazu gehört auch die Einrichtung einer Beschäftigungs- und Qualifizierungsgesellschaft.[138]

49   Zu den besonderen persönlichen Voraussetzungen gehört gem. § 111 IV 4 Nr. 4 SGB III die Teilnahme an einer Maßnahme zur Feststellung der Eingliederungsaussichten. Dieses Profiling dient dazu, mögliche Vermittlungshindernisse festzustellen und die Eingliederungschancen zu verbessern.[139]

50   Der Arbeitgeber und damit auch der Insolvenzverwalter ist gem. § 111 VII SGB III verpflichtet, bei der Vermittlung und Eingliederung der betroffenen Mitarbeiter mitzuwirken. Hat das Profiling ergeben, dass der Arbeitnehmer Qualifizierungsdefizite aufweist, soll der Arbeitgeber gem. § 111 VII S. 2 SGB III geeignete Maßnahmen zur Verbesserung der Eingliederungsaussichten anbieten. Dazu gehört auch die Teilnahme an einer Qualifizierungsmaßnahme bis zur Dauer von sechs Monaten bei einem anderen Arbeitgeber, § 111 VII S. 3 Nr. 2 SGB III. Bleibt diese Verpflichtung unbeachtet, kann dies zur Aufhebung des Transferkurzarbeitergeldes führen. Die Betriebsparteien sind daher gehalten, die Qualitätsstandards der in Anspruch genommenen Beschäftigungs- und Qualifizierungsgesellschaft zu prüfen und für deren Leistungsfähigkeit zur Verbesserung der Eingliederungsaussichten der betroffenen Arbeitnehmer zu sorgen.[140]

51   Da das Transferkurzarbeitergeld gem. § 111 SGB III nicht auf einen nur vorübergehenden Arbeitsausfall abstellt, scheidet im Ergebnis ein Mitbestimmungsrecht des Betriebsrats gem. § 87 I 3 BetrVG aus.[141] Damit dürfte auch kein Initiativrecht des Betriebsrats bestehen, so dass Transferkurzarbeit nicht gegen den Willen des Insolvenzverwalters durchgesetzt werden kann.[142] Zu beteiligen ist der Betriebsrat allerdings bei den erforderlichen Personalanpassungsmaßnahmen auf Grund einer Betriebsänderung, also bei dem Versuch eines Interessenausgleichs gem. § 111 BetrVG und der Verabschiedung eines Sozialplans gem. § 112 BetrVG. Umstritten ist allein, ob die Eingliederungsmaßnahmen gem. §§ 110, 111 SGB III durch den Spruch einer Einigungsstelle auch gegen den Willen des Arbeitgebers oder des Insolvenzverwalters erzwungen werden können. Der über eine Einigungsstelle erzwingbare Sozialplan muss im Rahmen der nach billigem Ermessen zu treffenden Entscheidung gem. § 112 V S. 2 Nr. 2a BetrVG auch die im SGB III vorgesehenen Förderungsmöglichkeiten zur Vermeidung von Arbeitslosigkeit berücksichtigen. Daher können Transferleistungen iSd §§ 110, 111 SGB III ggf. auch Inhalt des Spruchs einer Einigungsstelle gem. § 112 IV BetrVG sein.[143] Dem wird entgegengehalten, dass die Einrichtung einer betriebsorganisatorisch selbstständigen

---

[136] *Gagel/Deinert*, § 111 SGB III Rn. 112.
[137] *Schaub/Schindele*, § 33 Rn. 910; *Niesel/Roeder*, § 216b Rn. 16.
[138] *Niesel/Krodel*, § 216b Rn. 16; *Richardi/Annuß*, BetrVG, § 112 Rn. 163.
[139] *Schaub/Schindele*, § 33 Rn. 914, 915; *Niesel*/Krodel, § 216b Rn. 22.
[140] *Schaub/Schindele*, § 33 Rn. 917.
[141] *Schaub/Schindele*, § 33 Rn. 922.
[142] *Schaub/Schindele*, § 33 Rn. 922.
[143] *Schaub/Schindele*, § 33 Rn. 925, 926; vgl. dazu auch *Meyer* DB 2003, 206.

Einheit in die unternehmerische Freiheit eingreife, weil dem Arbeitgeber nicht vorgeschrieben werden könne, wie er seinen Betrieb organisiere und die geplante Betriebsänderung durchführe.[144] Es muss aber richtigerweise differenziert werden zwischen einer betriebsorganisatorisch eigenständigen Einheit iSv § 111 III Nr. 2 SGB III und der Inanspruchnahme einer externen Transfergesellschaft gem. § 111 III S. 2 SGB III. Es beeinträchtigt die unternehmerische Freiheit nicht, wenn die Einigungsstelle im Rahmen der wirtschaftlichen Vertretbarkeit des Sozialplanvolumens einen bestimmten Betrag für die Finanzierung einer Transfergesellschaft vorsieht.[145]

Werden Arbeitnehmer von einem insolventen Unternehmen in eine Beschäftigungs- und Qualifizierungsgesellschaft transferiert, löst dieser Vorgang keinen Betriebsübergang gem. § 613a I 1 BGB aus. Die Beschäftigungs- und Qualifizierungsgesellschaft übernimmt nämlich außer den Arbeitnehmern keine materiellen und immateriellen Betriebsmittel und verfolgt mit der Qualifizierung, Fortbildung und Vermittlung der Arbeitnehmer andere Betriebszwecke als der frühere Arbeitgeber. Es fehlt an der notwendigen Identität des Betriebes des Insolvenzschuldners mit dem Betrieb der Beschäftigungs- und Qualifizierungsgesellschaft.[146] Der Aufhebungsvertrag mit dem gleichzeitigen Wechsel in eine Beschäftigungs- und Qualifizierungsgesellschaft sollte allerdings einhergehen mit einer umfassenden Information der betroffenen Arbeitnehmer, weil das Risiko einer unzulässigen Umgehung der Rechtsfolgen des § 613a IV BGB besteht.[147]

IV. Arbeitslosengeld (Alg)

1. Überblick. Das Arbeitslosengeld sichert den Arbeitnehmer gegen das Risiko der Arbeitslosigkeit. Es handelt sich um die wichtigste Lohnersatzleistung durch die Bundesanstalt für Arbeit. Nach der ab 1.4.2012 geltenden gesetzlichen Neufassung sind die Vorschriften über das Arbeitslosengeld nunmehr in den §§ 136–162 SGB III geregelt. Durch das „Dritte Gesetz für moderne Dienstleistungen am Arbeitsmarkt" vom 23.12. 2003 (Hartz III)[148] sind die Regelvoraussetzungen für das Arbeitslosengeld gemäß § 136 SGB III mit Wirkung am 1.1.2005 neu gefasst worden. Gemäß der ab 1.1.2008 gültigen Neufassung des § 136 II SGB III haben Arbeitnehmer mit dem Erreichen der Regelaltersgrenze keinen Anspruch auf Arbeitslosengeld. Arbeitslosengeld und Unterhaltsgeld sind zu einer einheitlichen Leistung zusammengefasst worden. Danach haben Arbeitnehmer sowohl bei Arbeitslosigkeit als auch bei beruflicher Weiterbildung Anspruch auf Arbeitslosengeld, § 136 I SGB III. Die Voraussetzungen für den Anspruch auf Arbeitslosengeld sind in den §§ 137 ff. SGB III geregelt. Davon zu unterscheiden sind die Anspruchsvoraussetzungen bei beruflicher Weiterbildung gemäß § 144 SGB III. Gem § 137 SGB III hat Anspruch auf Arbeitslosengeld wegen Arbeitslosigkeit, wer arbeitslos ist, sich arbeitslos meldet und eine Anwartschaft besitzt.

2. Die Anspruchsvoraussetzungen im Einzelnen. Anspruch auf Arbeitslosengeld besteht nur bei Arbeitslosigkeit. Arbeitslosigkeit besteht nur dann, wenn sich der Arbeitslose gem. § 144 SGB III persönlich bei der zuständigen Agentur für Arbeit arbeitslos meldet. Er darf nicht in einem Beschäftigungsverhältnis stehen, muss bemüht sein, seine Beschäftigungslosigkeit zu beenden und den Vermittlungsbemühungen der Agentur für Arbeit zur Verfügung stehen (Verfügbarkeit). Beschäftigungslos ist der Ar-

---

[144] *Meyer*, DB 2003, 206; *Richardi/Annuß*, BetrVG 14. Aufl. § 112 Rn. 120–133.
[145] *Gagel/Deinert*, SGB III § 111 Rn. 148; vgl. iE *Schütte*, NZA 2013, 249.
[146] *Lembke* BB 2004, 773, 776; *Ries* NZI 2002, 521, 528; *Zwanziger*, Einführung Rn. 333.
[147] Vgl. BAG v. 18.8.2005 – 8 AZR 523/04, NZA 2006, 145; BAG v. 25.10.2007 – 8 AZR 917/06, NZI 2008, 450.
[148] BGBl. I S. 2848.

beitslose dann, wenn er in keinem Beschäftigungsverhältnis mehr steht oder dieses unterbrochen ist. Entscheidend sind die tatsächliche Nichtbeschäftigung des Arbeitnehmers und die fehlende Zahlung von Arbeitsentgelt.[149] Der Arbeitnehmer gilt auch dann als beschäftigungslos, wenn er entlassen wird und einen Kündigungsschutzprozess führt, auch wenn sich nachträglich herausstellt, dass die Kündigung unwirksam war und das Arbeitsverhältnis nicht beendet hat.[150] Die Verpflichtung des Arbeitnehmers, sich darum zu bemühen, seine Arbeitslosigkeit zu beenden, stellt eine echte Rechtspflicht dar, deren Nichterfüllung nach der Neufassung des § 138 SGB III ab 1.1.2005 zum Eintritt einer Sperrzeit gem. § 159 I 3 SGB III führen kann.[151]

55 Gem. § 138 SGB III ist ein Arbeitnehmer nur dann arbeitslos iSd Anspruchsvoraussetzungen für den Bezug von Arbeitslosengeld, wenn er verfügbar und erreichbar ist. Verfügbarkeit bedeutet Arbeitsfähigkeit und Arbeitsbereitschaft. Gem. § 138 V 1 SGB III setzt die Verfügbarkeit voraus, dass der Arbeitnehmer eine versicherungspflichtige zumutbare Beschäftigung unter den üblichen Bedingungen von mindestens 15 Stunden wöchentlich ausüben kann und darf. Zumutbar sind gem. § 140 I SGB III alle Beschäftigungen, soweit nicht allgemeine oder personenbezogene Gründe entgegenstehen. Sonderfälle der Verfügbarkeit sind in § 139 SGB III geregelt. Danach wird die Verfügbarkeit durch die Teilnahme des Leistungsberechtigten an einer Maßnahme der beruflichen Weiterbildung nicht ausgeschlossen, wenn die Agentur für Arbeit der Teilnahme zugestimmt und der Leistungsberechtigte seine Bereitschaft erklärt hat, die Maßnahme abzubrechen, sobald eine berufliche Eingliederung in Betracht kommt, § 139 III 1 und 2 SGB III. Gleiches gilt, wenn der Leistungsberechtigte an einer Maßnahme der Eignungsfeststellung, an einer Trainingsmaßnahme teilnimmt oder sich an einer Arbeitserprobung beteiligt. Ist der Leistungsberechtigte nur zu einer Teilzeitbeschäftigung bereit, schließt dies die Verfügbarkeit gem. § 139 IV SGB III nF nicht aus, wenn es sich um eine versicherungspflichtige Tätigkeit mit mindestens 15 Stunden wöchentlich handelt.[152] Die objektive Verfügbarkeit iSv § 138 I 3 SGB III verlangt, dass der Arbeitslose den Vorschlägen zur beruflichen Eingliederung zeit- und ortsnah folgen kann. Er darf nicht gehindert sein, ohne Verzögerung eine zumutbare Beschäftigung aufzunehmen. Die einschlägige Erreichbarkeitsanordnung der Bundesagentur für Arbeit ist ab 1.1.2002 geändert worden.[153] Danach muss der Arbeitslose bereit und in der Lage sein, Vorschläge der Agentur für Arbeit unverzüglich zur Kenntnis zu nehmen, die Agentur aufzusuchen, mit einem potentiellen Arbeitgeber oder einem in Betracht kommenden Träger einer beruflichen Eingliederungsmaßnahme Kontakt aufzunehmen und erforderlichenfalls mit diesem persönlich zusammen zu treffen. Der Arbeitslose muss an jedem Werktag an seinem Wohnsitz oder gewöhnlichen Aufenthaltsort unter der von ihm anzugebenden Anschrift postalisch erreichbar sein. Rechnung getragen wird mit dieser Änderung der Rechtsprechung des BSG zur Erreichbarkeit eines Arbeitslosen an Wochenenden.[154]

56 **3. Persönliche Meldepflicht.** Gem. § 141 SGB III hat sich der Arbeitslose persönlich bei der zuständigen Agentur für Arbeit arbeitslos zu melden. Er kann sich dabei durch Vertreter oder Familienangehörige nicht vertreten lassen; Ausnahmen gelten gem. § 145 I S. 3 SGB III bei gesundheitlichen Einschränkungen. Gem § 38 SGB III ist der Arbeitnehmer frühzeitig verpflichtet, sich bei der Arbeitsverwaltung als Arbeitsuchen-

---

[149] *Schaub/Koch,* Arbeitsrechts-Handbuch § 23 Rn. 6; *Niesel/Brand,* § 119 Rn. 10, 13.
[150] *Schaub/Koch,* Arbeitsrechts-Handbuch § 23 Rn. 7.
[151] *Schaub/Koch,* Arbeitsrechts-Handbuch § 23 Rn. 8; *Niesel/Brand,* § 119 Rn. 22.
[152] *Niesel/Brand,* § 119 Rn. 57.
[153] Abgedr in *Niesel/Brand,* § 119 Rn. 76.
[154] BSG v. 3.5.2001 – B 11 AL 71/00 R, NZA-RR 2002, 36; vgl. im Einzelnen *Schaub/Koch,* Arbeitsrechts-Handbuch § 23 Rn. 11.

der zu melden, sobald er von dem bevorstehenden Ende des Arbeitsverhältnisses erfährt. Bei einem befristeten Arbeitsverhältnis hat sich der Arbeitsuchende frühestens drei Monate vor Fristablauf zu melden. Dies gilt unabhängig davon, ob die Unwirksamkeit der Kündigung oder der Befristung gerichtlich geltend gemacht wird. Bei einem unbefristeten Arbeitsverhältnis entsteht die Meldepflicht unverzüglich nach Zugang der Kündigung durch den Insolvenzverwalter oder nach Abschluss eines Aufhebungsvertrages.[155] Es kommt nicht darauf an, ob der Arbeitnehmer von der Unwirksamkeit der Kündigung ausgegangen ist oder sich diese später in einem Kündigungsschutzprozess als unwirksam erweist. Maßgebend ist allein, dass die Meldepflicht nach Kenntnis des Beendigungszeitpunktes einsetzt.[156] Bei einer Änderungskündigung geht es nicht zwangsläufig um die Beendigung des Arbeitsverhältnisses, sondern um dessen Fortsetzung zu geänderten Bedingungen. Erst wenn der Arbeitnehmer das Angebot innerhalb von drei Wochen ablehnt, kommt es zur Beendigung des Arbeitsverhältnisses. Spätestens zu diesem Zeitpunkt muss sich der Arbeitnehmer unverzüglich arbeitslos melden.[157] Eine fernmündliche Meldung reicht zur Fristwahrung gemäß § 38 I SGB III aus, wenn die persönliche Meldung nachgeholt wird.

Hat sich der Arbeitnehmer entgegen § 38 SGB III nicht unverzüglich arbeitsuchend gemeldet, handelt es sich um ein versicherungswidriges Verhalten, welches zu einer Sperrzeit führt, § 159 VI SGB III.[158] Die Dauer der Sperrfrist beträgt gem. § 159 VI SGB III eine Woche.

Bedeutung erlangt in diesem Zusammenhang die gem. § 2 SGB III bestehende Verpflichtung des Insolvenzverwalters zur Zusammenarbeit mit den Agenturen für Arbeit. Der Arbeitgeber und damit auch der Insolvenzverwalter ist gem. § 2 Abs. 2 Nr. 3 SGB III gehalten, Arbeitnehmer vor der Beendigung des Arbeitsverhältnisses frühzeitig über die Notwendigkeit eigener Aktivitäten bei der Suche nach einer anderen Beschäftigung sowie über die Verpflichtung, sich unverzüglich bei der Agentur für Arbeit zu melden, zu informieren. Die betroffenen Arbeitnehmer sind hierfür freizustellen und ihnen ist die Teilnahme an erforderlichen Qualifizierungsmaßnahmen zu ermöglichen. Unterlässt es der Insolvenzverwalter, den Arbeitnehmer über seine unverzügliche Meldepflicht gem. § 38 SGB III zu informieren und mindert sich dadurch das Arbeitslosengeld, muss der Insolvenzverwalter damit rechnen, deswegen auf Schadensersatz in Anspruch genommen zu werden. Nach der Rechtsprechung des BAG ist eine Schadensersatzpflicht des Arbeitgebers wegen Verletzung seiner Informationsobliegenheit gem. § 2 II S. 2 Nr. 3 SGB III verneint worden.[159] Sozialrechtlich ist zu klären, ob die Anwendung der §§ 38, 159 SGB III ein Verschulden des Arbeitnehmers voraussetzt.[160] Das BSG hat eine Minderung des Arbeitslosengeldes bei unverschuldeter Unkenntnis von der Obliegenheitspflicht abgelehnt.[161] Unter Anwendung eines subjektiven Maßstabes ist aber zu prüfen, ob der Leistungsempfänger zumindest fahrlässig in Unkenntnis war.[162]

4. Höhe des Arbeitslosengeldes. Die Höhe des Arbeitslosengeldes richtet sich nach dem wöchentlichen Bruttoarbeitsverdienst, welches der Berechtigte im Durchschnitt des letzten Jahres verdient hat (Bemessungsentgelt). Innerhalb der Rahmenfrist von zwei Jah-

---

[155] *Schaub/Koch*, Arbeitsrechts-Handbuch § 23 Rn. 25, 26.
[156] *Schaub/Koch*, Arbeitsrechts-Handbuch § 23 Rn. 26.
[157] *Schaub/Koch*, Arbeitsrechts-Handbuch § 23 Rn. 26.
[158] *Schaub/Koch*, Arbeitsrechts-Handbuch, § 23 Rn. 28.
[159] BAG v. 29.9.2005 – 8 AZR 571/04, NZA 2005, 1406 m. Anm. *Voelzke*, jurisPR-SozR 3/2006 Anm. 2.
[160] Vgl. dazu *Voelzke*, JURIS Praxisreport-SozR 50/2004 und *Decruppe*, JURIS-Praxisreport-ArbR 50/2004; *Niesel/Brand*, § 37b Rn. 10; LSG NRW v. 21.9.2004 – L 1 AL 51/04, AuR 2005, 158.
[161] BSG v. 25.5.2005 – B 11a/11 AL 81/04 R, ArbRB 2005, 226 m. Anm. *Gabke*, AuR 2005, 270.
[162] BSG v. 18.8.2005 – B 7a 4/05 R, NZA-RR 2006, 215.

ren gem. § 143 SGB III muss der Arbeitslose mindestens 12 Monate lang in einem Versicherungsverhältnis gestanden haben. Die Anwartschaftszeiten können auch durch den Bezug von Mutterschaftsgeld, Krankentagegeld oder bei Rente wegen Erwerbsminderung begründet werden.[163] Ab 1.2.2006 können sich Personen, die einen Angehörigen wenigstens 14 Stunden wöchentlich pflegen oder eine selbstständige Tätigkeit mit einem Umfang von mindestens 15 Stunden wöchentlich aufnehmen und ausüben, gem. § 28a SGB III freiwillig in der Arbeitslosenversicherung weiter versichern.[164] Die Berechnung des Arbeitslosengeldes erfolgt auf der Grundlage des erzielten Nettoentgelts, dh nach dem Bruttoverdienst abzgl Steuern und Sozialversicherungsbeiträgen. Der maßgebliche Leistungssatz beträgt bei Arbeitslosen mit Unterhaltspflichten gem. § 149 Nr. 1 SGB III 67% und im Übrigen gem. § 149 Nr. 2 SGB III 60%. Der Bemessungsrahmen umfasst gem. § 150 I S. 2 SGB III ein Jahr. Der Bemessungsrahmen wird gem. § 150 III Nr. 1 SGB III auf zwei Jahre erweitert, wenn in dem letzten Jahr vor Beginn der Arbeitslosigkeit keine 150 Tage mit Anspruch auf beitragspflichtigem Entgelt enthalten sind. Der Bemessungsrahmen kann ferner bei schwankendem Einkommen verlängert werden, wenn es gem. § 150 III Nr. 3 SGB III unbillig hart wäre, nur von dem letzten Jahr des Beschäftigungsverhältnisses auszugehen. Dies kann der Fall sein, wenn der Arbeitnehmer im letzten Jahr vor der Beendigung seines Beschäftigungsverhältnisses mindestens 25% weniger verdient hat als im Jahr zuvor.[165] Maßgeblich für die Berechnung des Arbeitslosengeldes ist der abgerechnete versicherungspflichtige Verdienst. Das Arbeitsentgelt muss abgerechnet und ausgezahlt worden sein. Das Arbeitsentgelt gilt auch dann als verdient, wenn die Auszahlung wegen Zahlungsunfähigkeit des Arbeitgebers unterbleibt.[166]

60 Kann auch innerhalb des erweiterten Bemessungszeitraums ein Arbeitsentgeltanspruch für 150 Tage nicht festgestellt werden, ist gem. § 152 I SGB III als Bemessungsentgelt ein fiktives Arbeitsentgelt zugrunde zu legen. Wichtig ist in diesem Zusammenhang, dass der Insolvenzverwalter bzw. der Insolvenzschuldner die dem Arbeitnehmer zustehende sozialversicherungspflichtige Vergütung ordnungsgemäß abgerechnet und ausgezahlt hat. Es kommt nicht mehr nur auf die dem Arbeitnehmer tatsächlich zugeflossene Arbeitsvergütung an,[167] sondern es sind auch Arbeitsentgelte zu berücksichtigen, auf die der Arbeitslose beim Ausscheiden aus dem Beschäftigungsverhältnis Anspruch hatte, die ihm aber wegen Zahlungsunfähigkeit des Arbeitgebers nicht zugeflossen sind, § 151 I S. 2 SGB III. Der Arbeitnehmer kann also nicht berücksichtigte Tariferhöhungen oder andere vorenthaltende Arbeitsvergütungsansprüche einklagen. Ist er erfolgreich, muss der ursprüngliche Leistungsbescheid gem. § 48 SGB X korrigiert werden.[168] Hat der Arbeitgeber oder der Insolvenzschuldner dem Arbeitnehmer rechtswidrig Teile seines Arbeitsentgelts vorenthalten, später aber nachgezahlt, kann dieser Arbeitnehmer nicht schlechter gestellt werden, als diejenigen, die ihre Vergütung rechtzeitig und in vollem Umfang erhalten haben.[169] Das BSG schließt die Korrektur einer vertragswidrigen Lohnabrechnung nicht aus. Deshalb muss der Insolvenzverwalter alle notwendigen Informationen einholen, um eine korrekte Arbeitsbescheinigung gem. § 312 SGB III auszustellen.

61 Die Dauer des Anspruchs auf Arbeitslosengeld hängt von der Dauer des zurückgelegten Versicherungspflichtverhältnisses ab. Hat das Versicherungsverhältnis mindestens

---

[163] *Schaub/Koch*, Arbeitsrechts-Handbuch § 23 Rn. 31.
[164] Vgl. dazu *Niesel/Brand*, § 124 Rn. 8.
[165] *Schaub/Koch*, Arbeitsrechts-Handbuch § 23 Rn. 38; *Niesel/Brand*, § 130 Rn. 16.
[166] *Schaub/Koch*, § 23 Arbeitsrechts-Handbuch § 23 Rn. 41; BSG v. 5.12.2006 – B 11a APL 43/05 R, SozR 4–4300 § 134 Rn. 3 m. Anm. *Behrend*, jurisPR-SozR 23/2007 Anm. 2.
[167] BSG v. 28.6.1995 – 7 RAr 102/94, NZA-RR 1996, 187.
[168] Im Einzelnen *Schaub/Koch*, Arbeitsrechts-Handbuch § 23 Rn. 41.
[169] *Niesel/Brand*, § 131 Rn. 11.

12 Monate bestanden, kann nach § 147 III SGB III für die Dauer von sechs Monaten Arbeitslosengeld beansprucht werden. Hat das Versicherungsverhältnis mindestens 16 Monate bestanden, erhöht sich der Arbeitslosengeldanspruch auf acht Monate, nach einem Versicherungspflichtverhältnis von 20 Monaten auf zehn Monate. Weitere Steigerungen ergeben sich nach einer Dauer von mindestens 24 und 30 Monaten. Hat der Arbeitnehmer zusätzlich das 50. Lebensjahr vollendet, beträgt die Arbeitslosenbezugsdauer 15 Monate. Nach Vollendung des 55. Lebensjahres erhöht sich der Arbeitslosengeldanspruch auf 18 Monate und nach Vollendung des 58. Lebensjahres auf 24 Monate, sofern ein Versicherungspflichtverhältnis von 36 bzw. 48 Monaten nachgewiesen werden kann.

5. Ruhen des Anspruchs auf Arbeitslosengeld und „Gleichwohlgewährung". Zur Vermeidung von Doppelsicherungen von Arbeitnehmern ruht der Anspruch auf Alg gem. § 156 SGB III grundsätzlich für die Zeit, für die bereits Anspruch auf anderweitige öffentlich-rechtliche Sozialleistungen besteht und gem. § 157 II SGB III für die Zeit, für die der Arbeitslose Ansprüche auf Arbeitsentgelt oder Urlaubsabgeltung hat. Letzteres führt dann zu Problemen, wenn zwar ein Anspruch gegen den Arbeitgeber besteht, der Arbeitgeber diesen Anspruch aber tatsächlich nicht erfüllt, zB wegen Zahlungsunfähigkeit. Der Anspruch auf Arbeitslosengeld ruht, wenn der Arbeitslose eine Berufsausbildungsbeihilfe erhält, Krankengeld, Mutterschaftsgeld oder Übergangsgeld, Rente wegen voller Erwerbsminderung oder Altersrente aus der gesetzlichen Rentenversicherung bezieht, § 156 I SGB III.

Für die Insolvenzpraxis besonders wichtig sind deshalb die Ansprüche auf Arbeitslosengeld derjenigen Arbeitnehmer, deren Arbeitsverhältnis zwar im Rechtssinne noch nicht beendet ist, die aber der Arbeitsvermittlung bereits zur Verfügung stehen.[170] Arbeitslosengeld ist auch dann zu gewähren, wenn zwar ein Anspruch auf Arbeitsentgelt besteht, dieses aber tatsächlich nicht gezahlt wird. Die Gleichwohlgewährung gem. § 157 III SGB III kommt insbesondere dann in Betracht, wenn der Insolvenzverwalter eine Kündigung ausspricht und Arbeitnehmer von der Arbeitspflicht freistellt. Hinzu kommen muss, dass der Arbeitnehmer die ihm zustehende Arbeitsvergütung tatsächlich nicht erhält. Dies kann insbesondere dann der Fall sein, wenn der Insolvenzverwalter mangels Masse nicht in der Lage ist, alle Arbeitnehmer des Betriebes ordnungsgemäß zu vergüten. Die Gleichwohlgewährung steht nicht im Ermessen der Arbeitsverwaltung, sondern bei Erfüllung der gesetzlichen Voraussetzungen besteht ein Anspruch auf Arbeitslosengeld.[171] Es ist sozialversicherungsrechtlich ohne Bedeutung, ob das Arbeitsverhältnis zu diesem Zeitpunkt noch besteht. Auch während eines noch bestehenden Arbeitsverhältnisses kann der Arbeitnehmer beschäftigungslos werden, weil ihn der Insolvenzverwalter von der Arbeit freistellt und keine Vergütung mehr zahlt. Die Gleichwohlgewährung gem. § 157 III SGB III nimmt den sozialrechtlichen Anspruch aus der Ruhenswirkung heraus und verpflichtet die Agentur für Arbeit, die Existenzgrundlage des Arbeitslosen zügig sicherzustellen.[172] Es handelt sich nicht um eine vorläufige Leistung der Agentur für Arbeit, sondern die Arbeitsverwaltung zahlt endgültig und rechtmäßig Arbeitslosengeld aus dem durch beitragspflichtige Beschäftigung erworbenen Stammrecht des Arbeitnehmers aus.[173] Dies bedeutet, dass sich die Dauer des Anspruchs auf Arbeitslosengeld um den Zeitraum der Gleichwohlgewährung mindert.[174]

In den Fällen der Gleichwohlgewährung erfolgt gem. § 115 I SGB X ein Forderungsübergang auf die Agentur für Arbeit. Soweit der Arbeitgeber oder der Insolvenz-

---

[170] Kasseler Handbuch-*Voelzke*, § 12 Rn. 60; *Niesel/Düe*, § 143 Rn. 7; *Schaub/Koch*, Arbeitsrechts-Handbuch § 23 Rn. 98.
[171] *Schaub/Koch*, Arbeitsrechts-Handbuch § 23 Rn. 98; *Niesel/Düe*, § 143 Rn. 30.
[172] *Valgolio* FA 2001, 322.
[173] *Valgolio* FA 2001, 322.
[174] LSG NRW v. 19.9.2011 – L 16 AL 142/11, juris.

verwalter den Anspruch des Arbeitnehmers auf Arbeitsvergütung nicht erfüllt und deshalb die Agentur für Arbeit Arbeitslosengeld zahlt, geht der Anspruch des Arbeitnehmers gegen den Arbeitgeber bis zur Höhe der vom Leistungsträger erbrachten Leistungen auf diesen über.[175] Der Forderungsübergang vollzieht sich kraft Gesetzes, einer Mitwirkung des Arbeitnehmers oder eines Überleitungsbescheides der Agentur für Arbeit bedarf es nicht. Mit der tatsächlichen Zahlung verliert der Arbeitnehmer seine Verfügungsbefugnis in Höhe des übergegangenen Arbeitsentgeltanspruchs. An seine Stelle tritt nach zivilrechtlichen Grundsätzen (§§ 412, 404 BGB) die Bundesagentur für Arbeit. Das rechtliche Ausgleichssystem ist bei der Gleichwohlgewährung in der Weise konzipiert, dass sich die Agentur für Arbeit an den Arbeitgeber hält und von ihm in Höhe der übergegangenen Ansprüche Erstattung verlangen kann. Hat der Arbeitgeber mit befreiender Wirkung an den Arbeitnehmer geleistet, ist gem. § 157 III S. 2 SGB III ein Rückgriff auf den Arbeitslosen möglich.[176] Der Erstattungsanspruch kann nur dann gegen den Arbeitnehmer geltend gemacht werden, wenn die Agentur für Arbeit die ohne befreiende Wirkung geleisteten Zahlungen gem. § 185 BGB nachträglich genehmigt.[177]

65 **6. Aufhebungsvertrag und Sperrzeit.** Der Anspruch auf Arbeitslosengeld ruht, wenn der Arbeitslose gem. § 158 I S. 1 SGB III wegen der Beendigung des Arbeitsverhältnisses eine Entlassungsentschädigung erhalten hat, ohne dass das Arbeitsverhältnis unter Einhaltung der ordentlichen Kündigungsfrist beendet worden ist. Mit einer Sperrzeit von 12 Wochen hat der Arbeitnehmer gem. § 144 SGB III zu rechnen, wenn er sich ohne wichtigen Grund versicherungswidrig verhalten hat. Eine Sperrzeit wegen Arbeitsaufgabe wird ausgelöst, wenn der Arbeitslose gem. § 159 I S. 2 Nr. 1 SGB III das Beschäftigungsverhältnis gelöst oder durch ein arbeitsvertragswidriges Verhalten Anlass für die Lösung des Beschäftigungsverhältnisses gegeben und dadurch vorsätzlich oder grob fahrlässig die Arbeitslosigkeit herbeigeführt hat. Daher kann insbesondere auch der Abschluss eines Aufhebungsvertrages zu einer Sperrzeit von 12 Wochen führen. Auch bei Abschluss eines Abwicklungsvertrages nach Arbeitgeberkündigung muss nach neuester Rechtsprechung des BSG mit einer Sperrzeit gerechnet werden.[178] Allerdings ist der gekündigte Arbeitnehmer nicht verpflichtet, sich zur Vermeidung einer Sperrzeit gegen eine rechtswidrige Kündigung zu wehren.[179] Allein die fehlende Bereitschaft, sich gegen den Willen des Arbeitgebers im Beschäftigungsverhältnis zu behaupten, rechtfertigt den Eintritt einer Sperrzeit nicht.[180] Allerdings beteiligt sich der Arbeitnehmer an der Beendigung seines Beschäftigungsverhältnisses, wenn er sich auf einen Abwicklungsvertrag einlässt.[181] Nach Auffassung des BSG entspricht es dem Zweck der Sperrzeitregelung, den Arbeitnehmer davon abzuhalten, sich an der Beendigung des Beschäftigungsverhältnisses aktiv zu beteiligen. Ein Auflösungsverschulden des Arbeitnehmers ist nicht anzunehmen, wenn er sich bzgl seiner Mitwirkung an der Beendigung des Beschäftigungsverhältnisses durch Abschluss eines Aufhebungsvertrages auf einen wichtigen Grund berufen kann. Dieser liegt vor, wenn ihm eine objektiv rechtmäßige betriebsbedingte Arbeitgeberkündigung droht und es ihm nicht zumutbar ist, den Ausspruch der Arbeitgeberkündigung abzuwarten. Die bisherige Unterscheidung zwischen angeblich sperrzeitneutralen Abwicklungsverträgen einerseits und Aufhe-

---

[175] ErfK/Rolfs, § 143a SGB III Rn. 40; Valgolio FA 2001, 322.
[176] Valgolio FA 2001, 322.
[177] Valgolio FA 2001, 322; Niesel/Düe, § 143 Rn. 43.
[178] BSG v. 18.12.2003 – B 11 AL 35/03 R, ZIP 2004, 1517.
[179] ErfK/Rolfs, § 144 SGB III Rn. 9; BSG v. 18.12.2003 – B 11 AL 35/03 R, ZIP 2004, 1517, 1519.
[180] So ausdr. BSG v. 18.12.2003 – B 11 AL 35/03 R, ZIP 2004, 1517, 1519.
[181] BSG v. 25.4.2002 – B 11 AL 89/01 R, NZA-RR 2003, 162.

bungsverträgen andererseits ist damit obsolet geworden.[182] Die Verhängung einer Sperrzeit kann bei einer wie auch immer gearteten Vereinbarung vermieden werden, wenn die Kündigungsfrist eingehalten wird und von einer objektiv rechtmäßigen Arbeitgeberkündigung auszugehen ist.[183] Eine Sperrzeit tritt nämlich nur ein, wenn der Arbeitnehmer durch Abschluss eines Auflösungsvertrages seine Arbeitslosigkeit herbeigeführt hat, ohne dass dafür ein wichtiger Grund vorlag. Der Arbeitnehmer hat einen wichtigen Grund, wenn die Beendigung des Arbeitsverhältnisses andernfalls durch eine sozial gerechtfertigte betriebsbedingte Kündigung eingetreten wäre und er sich gegen diese Kündigung arbeitsrechtlich nicht hätte erfolgreich wehren können. Ein wichtiger Grund kann auch dann gegeben sein, wenn die Fortsetzung des Arbeitsverhältnisses mit der Beschäftigung auf einem geringerwertigen Arbeitsplatz und einer Minderung des Arbeitsentgelts verbunden gewesen wäre.[184]

---

[182] *Heuchemer/Insam* BB 2004, 1679; *von Steinau-Steinrück/Hurek* ZIP 2004, 1486; *Bauer/Krieger* NZA 2004, 640.
[183] BSG v. 18.12.2003 – B 11 AL 35/03 R, ZIP 2004, 1517, 1520; vgl. zu den möglichen Vertragsgestaltungen *Geiger* NZA 2003, 838.
[184] LSG NRW v. 9.12.2009 – L 12 AL 6/09, juris.

Kapitel X. Die Nachlassinsolvenz

Übersicht

Rn.

§ 111. Allgemeines
I. Wesen und Zweck 1
II. Rechtsgrundlagen 5
III. Nachlassinsolvenz und Insolvenzrechtsreform 6
IV. Bedeutung der Nachlassinsolvenz in der Praxis 7
V. Verhältnis zu anderen Mitteln der Haftungsbeschränkung 10
VI. Analoge Anwendung der §§ 315 ff. InsO bei vollbeendeten Personengesellschaften? 13

§ 112. Die Beteiligten und ihre Rechtsstellung
I. Erbe als Schuldner 1
II. Weitere Beteiligte auf Schuldnerseite 10
III. Insolvenzverwalter 16
IV. Gläubiger 21

§ 113. Eröffnung des Insolvenzverfahrens über einen Nachlass
I. Zulässigkeit der Eröffnung 1
II. Antragsbefugnis 5
III. Antragspflicht 11
IV. Anforderungen an einen Antrag 14
V. Eröffnungsgründe 16
VI. Beschwerdeberechtigung 21
VII. Insolvenzkostenhilfe 22
VIII. Eigenverwaltung 23
IX. Überleitung einer Regelinsolvenz in eine Nachlassinsolvenz 24
X. Zuständiges Insolvenzgericht 27
XI. Nachlassinsolvenz über das Vermögen eines für tot Erklärten .. 29
XII. Auswirkungen der Eröffnung des Nachlassinsolvenzverfahrens auf anhängige Prozess-, Vollstreckungsmaßnahmen und Verfahren nach dem FamFG 30
XIII. Nachlassinsolvenz und Restschuldbefreiung 31

§ 114. Masse der Nachlassinsolvenz
I. Umfang der Insolvenzmasse 1
II. Erweiterung der Anfechtbarkeit 37
III. Einschränkung der Absonderungsrechte 41
IV. Zurückbehaltungsrecht und Aufrechnung 51
V. Freigabe aus der (Nachlass-)Insolvenzmasse 53

§ 115. Befriedigung der Nachlassgläubiger
I. Masseverbindlichkeiten 1
II. Erbe als Nachlassinsolvenzgläubiger 6
III. Anmeldung der Nachlassinsolvenzforderungen 13
IV. Rangordnung bei der Befriedigung von Nachlassverbindlichkeiten ... 14
V. Beschränkung bei der Befriedigung bestimmter nachrangiger Nachlassverbindlichkeiten 32
VI. Befriedigung von Nachlassverbindlichkeiten außerhalb des Insolvenzverfahrens? 36

§ 116. Insolvenzplan
I. Abschluss des Insolvenzplans 1
II. Wirkungen des Insolvenzplans 9

§ 117. Beendigung des Nachlassinsolvenzverfahrens
I. Einstellung und Aufhebung 1
II. Haftung des Erben nach Beendigung des Nachlassinsolvenzverfahrens ... 3

Allgemeines **vor §§ 111–119**

Rn.
§ 118. Besondere Fälle
    I. Nacherbfolge 1
    II. Erbschaftskauf 8

§ 119. Verhältnis der Nachlassinsolvenz zur Erben- und zur Gesamtvermögensinsolvenz
    I. Insolvenzverfahren mit und ohne Einbeziehung des Nachlasses 1
    II. Zusammentreffen von Nachlass- und Erbeninsolvenz 9
    III. Nachlassgläubiger bei einem zum Gesamtgut gehörenden Nachlass 17

Schrifttum: *Albertus/Fischer,* Gesellschaftsrechtliche Folgen der Eröffnung eines Insolvenzverfahrens über das Vermögen eines Gesellschafters in der zweigliedrigen GmbH & Co. KG im Fall der sog. „Simultaninsolvenz" mit der KG, ZInsO 2005, 246; *Balz,* Die Ziele der Insolvenzordnung, Kölner Schrift, 2. Aufl. 2000, S. 3; *Baur,* Der Testamentsvollstrecker als Unternehmer, FS Dölle I, S. 249; *Bestelmeyer,* Löschung einer Zwangssicherungshypothek infolge Eröffnung der Gesamtvollstreckung?, DtZ 1997, 274; *Baltzer,* Die Vermächtnislösung lebt!, ZEV 2008, 116; *Bredemeyer/Tews,* Erbteilung durch dingliche Abschichtung, ZEV 2012, 352; *Brox/Walker,* Erbrecht, 25. Aufl. 2012; *Brüggehagen,* Der Konkurs über den Nachlass eines Gesellschafters einer Personenhandelsgesellschaft, Diss Göttingen, 1985; *Büttner,* Erteilung der Restschuldbefreiung für die Erben, ZInsO 2013, 588; *Busch,* Schnittstellen zwischen Insolvenz- und Erbrecht, ZVI 2011, 77; *Dauner-Lieb,* Zwangsvollstreckung bei Nachlassverwaltung und Nachlasskonkurs, FS Gaul, 1997, S. 93; *Drukarczyk/Schüler,* Zahlungsunfähigkeit, drohende Zahlungsunfähigkeit und Überschuldung als Insolvenzauslöser, Kölner Schrift, 2. Aufl. 2000, S. 95; *du Carrois,* Der Insolvenzplan im Nachlassinsolvenzverfahren, 2009; *Fischinger,* Die Beschränkung der Erbenhaftung in der Insolvenz, 2013; *ders.,* Zur Stellung der Nachlassgläubiger, wenn der Erbe beim Erbfall insolvent ist, ZInsO 2013, 365; *Flume,* Die Erbennachfolge in den Anteil an einer Personengesellschaft und die Zugehörigkeit des Anteils zum Nachlass, NJW 1988, 161; *ders.,* Die Nachlasszugehörigkeit der Beteiligung an einer Personengesellschaft in ihrer Bedeutung für Testamentsvollstreckung, Nachlassverwaltung und Nachlasskonkurs und Surrogatserwerb, ZHR 155 (1991), 501; *Geitner,* Der Erbe in der Insolvenz, Diss Regensburg 2006; *Goebel,* Probleme der treuhänderischen und der echten Testamentsvollstreckung über ein vermächtnisweise erworbenes Einzelunternehmen, ZEV 2003, 261; *Graf,* Möglichkeiten der Haftungsbeschränkung für Nachlassverbindlichkeiten, ZEV 2000, 125; *Grziwotz,* (Risiko-)Lebensversicherung und Nachlassinsolvenz – kritische dogmatische Fragen, ZIP 2012, 715; *Haegele,* Der Testamentsvollstrecker bei Konkurs, Vergleich und Anfechtung außerhalb des Konkurses, KTS 1969, 158; *Hanisch,* Grenzüberschreitende Nachlassinsolvenzverfahren, ZIP 1990, 1241; *ders.,* Nachlassinsolvenzverfahren und materielles Erbrecht, FS Henckel, S. 369; *Hartmann,* Das Vorvermächtnis mit Vorerbschaftswirkung, ZEV 2007, 458; *Helwich,* Neuordnung der Zuständigkeitsregelungen im künftigen Insolvenzrecht, MDR 1997, 13; *Herzog,* Nachlasshaftung und Nachlassinsolvenz, ErbR 2013, 70; *Heydn,* Die erbrechtliche Nachfolge in Anteile an Partnerschaftsgesellschaften, ZEV 1998, 161; *Heyrath/Jahnke/Kühn,* Der Tod des Schuldners im Insolvenz- und Restschuldbefreiungsverfahren, ZInsO 2007, 1202; *Hillebrand,* Die Nachlassverwaltung – unter besonderer Berücksichtigung der Verwaltungs- und Verfügungsrechte des Nachlassverwalters, 1998 (zugl Diss Bochum 1998); *Holzer,* Redaktionsversehen in der Insolvenzordnung?, NZI 1999, 44; *Hüsemann,* Das Nachlassinsolvenzverfahren, Diss Münster 1997; *Joachim,* Die Haftung des Erben, ZEV 2005, 99; *Joachim/Lange,* Haftungsbeschränkung des Erben für bodenrechtliche Sanierungspflichten, ZEV 2011, 53; *Johanssen,* Die Nachfolge in kaufmännische Unternehmen und Beteiligungen an Personengesellschaften beim Tode ihres Inhabers, FamRZ 1980, 1074; *Jülicher,* Auswirkungen der neuen Insolvenzordnung auf die Vermögensnachfolge, ZEV 1998, 370; *Jünemann,* Nachlassinsolvenz, ZErb 2011, 59; *ders.,* Praktische Konsequenzen der Abschichtung von Miterben, ZEV 2012, 65; *Kipp/Coing,* Erbrecht, 14. Aufl. 1990; *Klose,* Berücksichtigung von Steuerberatungskosten anlässlich und gelegentlich des Erbfalls, ZEV 2006, 150; *Kohte,* Die Behandlung von Unterhaltsansprüchen nach der Insolvenzordnung, Kölner Schrift, 2. Aufl. 2000, S. 781; *Kuchinke,* Die Firma in der Erbfolge, NJW 1987, 681; *Kuleisa,* Der insolvente Nachlass – Die Haftung der Erben und die Befugnisse des Testamentsvollstreckers, ZVI 2013, 173; *Lange/Kuchinke,* Lehrbuch des Erbrechts, 5. Aufl. 2001; *Leipold,* Miniatur oder Bagatelle: das internationale Insolvenzrecht im deutschen Reformwerk 1994, FS Henckel, S. 533; *Liersch,* Deutsches Internationales Insolvenz-

§ 111 Kapitel X. Die Nachlassinsolvenz

recht, NZI 2003, 302; *Löhnig*, Die Verjährung der im fünften Buch des BGB geregelten Ansprüche, ZEV 2004, 267; *Lüer*, Deutsches internationales Insolvenzrecht nach der Insolvenzordnung, Kölner Schrift, 2. Aufl. 2000, S. 297; *ders.*, Art. 102 Abs. 3 EGInsO – eine verpasste Chance, FS Uhlenbruck, S. 843; *Mankowski*, Konkursgründe beim inländischen Partikularkonkurs, ZIP 1995, 1650; *ders.*, Internationale Nachlassinsolvenzverfahren, ZIP 2011, 1501; *Marotzke*, Sonderinsolvenz und Nachlassverwaltung über das Vermögen einer erloschenen Personengesellschaft, ZInsO 2009, 590; *Messner*, Dissonanzen zwischen Insolvenz- und Erbrecht, ZVI 2004, 433; *Michalski*, Nachfolgeklauseln in der GmbH-Satzung, NZG 1995, 301; *Mückenberger*, Gehört das vom Erben fortgeführte Handelsgeschäft des Erblassers zum Nachlasskonkurs?, KTS 1936, 100; *Muscheler*, Die Haftungsordnung der Testamentsvollstreckung, Tübingen 1994; *Nöll*, Nachlassinsolvenzverwaltung in der (Liquiditäts-)Krise: Aufrechnungsverbot für Massegläubiger des § 324 I InsO und andere Hinweise zur Überwindung der notorischen Massearmut, ZInsO 2010, 1866; *Rauscher*, Die erbrechtliche Stellung nicht in einer Ehe geborener Kinder nach Erbrechtsgleichstellungsgesetz und Kindschaftsrechtsreformgesetz, ZEV 1998, 41; *Robrecht*, Prozessunterbrechung durch Eröffnung des Nachlassinsolvenzverfahrens, KTS 2003, 385; *Roth*, Die Eröffnungsgründe im Nachlassinsolvenzverfahren, ZInsO 2009, 2265; *ders.*, Umfang der Insolvenzmasse im Nachlassinsolvenzverfahren, ZInsO 2010, 118; *ders.*, Haftung von Nachlasspflegern und Amtshaftung bei Missbrauch der Nachlasspflegschaft, ZInsO 2013, 1567; *Rugullis*, Nachlassverwaltung und Nachlassinsolvenzverfahren – ein verfahrensrechtlicher Vergleich, ZEV 2007, 117; *ders.*, Nachlassverwaltung und Nachlassinsolvenzverfahren: ein Rechtsfolgenvergleich, ZEV 2007, 156; *ders.*, Das Konkurrenzverhältnis zwischen Nachlassverwaltung und Nachlassinsolvenzverfahren, ZErb 2008, 35; *Schick*, Der Konkurs des Freiberuflers – Berufsrechtliche, konkursrechtliche und steuerrechtliche Aspekte, NJW 1990, 2359; *Schindler*, Pflichtteil und (Nachlass-)Insolvenz, ZInsO 2007, 484; *Schmerbach*, Tod des Schuldners im Verbraucherinsolvenzverfahren, NZI 2008, 353; *K. Schmidt*, Nachlassinsolvenzverfahren und Personengesellschaft – Überlegungen zu den §§ 131 HGB, 315 ff. InsO –, FS Uhlenbruck, S. 655; *Schwartmann/Vogelheim*, Die bodenschutzrechtliche Zustandshaftung für geerbte Grundstücke, ZEV 2001, 343; *M. Siegmann*, Zur Fortbildung des Rechts der Anteilsvererbung, NJW 1995, 481; *G. Siegmann*, Ungereimtheiten und Unklarheiten im Nachlassinsolvenzrecht, ZEV 2000, 221; *ders.*, Der Tod des Schuldners im Insolvenzverfahren, ZEV 2000, 345; *Stein*, Nachlassverwaltung und Zwangsvollstreckung, ZEV 1998, 178; *Stodolkowitz*, Nachlasszugehörigkeit von Personengesellschaften, FS Kellermann, S. 439; *Tetzlaff*, Die überschuldete Fiskalerbschaft, NJ 2004, 485; *Thiel*, Die Anfechtung der (Um-)Benennung des Bezugsberechtigten für die Todesfallversicherung gemäß § 134 Abs. 1 InsO, ZIP 2002, 1232; *Uhlenbruck*, Die Möglichkeit der Haftungsbeschränkung des Erben durch Nachlasskonkurs oder Nachlassvergleich, ZAP 1991, 185; *ders.*, Unterhaltsansprüche in einem Restschuldbefreiungsverfahren nach dem Entwurf einer Insolvenzordnung, FamRZ 1993, 1026; *ders.*, Aktuelle Fragen des Insolvenzrechts in der notariellen Praxis – unter besonderer Berücksichtigung des Insolvenzrechtsreformgesetzes, MittRhNotK 1994, 305; *ders.*, Gesellschaftsrechtliche Aspekte des Insolvenzrechts, Kölner Schrift, 2. Aufl. 2000, S. 1157; *ders.*, Familienrechtliche Aspekte der Insolvenzordnung, KTS 1999, 413; *ders.*, Die Firma als Teil der Insolvenzmasse, ZIP 2000, 401; *Ulmer/Schäfer*, Die Zugriffsmöglichkeit der Nachlass- und Privatgläubiger auf den durch Sondervererbung übergegangenen Anteil an einer Personengesellschaft, ZHR 160 (1996), 413; *Vallender*, Allgemeine Anforderungen an Anträge im Insolvenzverfahren, MDR 1999, 280; *ders.*, Doppelinsolvenz: Erben- und Nachlassinsolvenz, NZI 2005, 318; *Vallender/Fuchs/Rey*, Der Antrag auf Eröffnung eines Nachlassinsolvenzverfahrens und seine Behandlung bis zur Eröffnungsentscheidung, NZI 1999, 355; *W. Zimmermann*, Die angemessene Testamentsvollstreckervergütung, ZEV 2001, 33; *ders.*, Probleme der Nachlassverwaltervergütung, ZEV 2007, 519.

§ 111. Allgemeines

Übersicht

	Rn.
I. Wesen und Zweck	1
1. Besonderes Insolvenzverfahren	1
2. Einheitliches Verfahren trotz Erbenmehrheit	2
3. Mittel zur Haftungsbeschränkung der Erben	4

Allgemeines 1–4 **§ 111**

	Rn.
II. Rechtsgrundlagen	5
III. Nachlassinsolvenz und Insolvenzrechtsreform	6
IV. Bedeutung der Nachlassinsolvenz in der Praxis	7
1. Wirtschaftliche Bedeutung	7
2. Bedeutung als Mittel der Haftungsbeschränkung	8
V. Verhältnis zu anderen Mitteln der Haftungsbeschränkung	10
1. Nachlassverwaltung	10
2. Einrede der Unzulänglichkeit des Nachlasses	12
VI. Analoge Anwendung der §§ 315 ff. InsO bei vollbeendeten Personengesellschaften?	13

I. Wesen und Zweck

1. Besonderes Insolvenzverfahren. Über den Nachlass eines Verstorbenen kann 1 die Nachlassinsolvenz als Sonderinsolvenzverfahren eröffnet werden (§ 11 II Nr. 2 InsO). Sie erstreckt sich auf das ererbte Vermögen als abgesonderte Vermögensmasse und klammert das Eigenvermögen des Erben aus. Insolvenzgläubiger können damit lediglich die Gläubiger des Erblassers sein (§ 325 InsO). Für das Nachlassinsolvenzverfahren gelten die Vorschriften des Regelinsolvenzverfahrens, sofern sich aus §§ 315 ff. InsO keine Besonderheiten ergeben.

2. Einheitliches Verfahren trotz Erbenmehrheit. a) Auch wenn mehrere Perso- 2 nen zu Erben berufen sind, findet ein einheitliches Insolvenzverfahren statt. Es handelt sich dann um ein Insolvenzverfahren über ein Gesamthandsvermögen. Dies ist auf die erbrechtlichen Regelungen zurückzuführen, wonach gemäß § 2032 BGB alle Erben eine Erbengemeinschaft als Gesamthandsgemeinschaft bilden und für Nachlassverbindlichkeiten als Gesamtschuldner haften (§ 2058 BGB). Die Erbengemeinschaft als solche ist hingegen nicht insolvenzfähig (vgl. § 11 Abs. 2 Nr. 2 InsO),[1] selbst wenn ein Unternehmen Teil des Nachlasses ist und die Erben dieses fortführen.

b) Obwohl auf den Anteil eines Miterben im Wege der Zwangsvollstreckung Zugriff 3 genommen werden kann (§ 859 II ZPO), ist ein selbstständiges Insolvenzverfahren über einzelne Erbteile nicht möglich (§ 316 III InsO).

3. Mittel zur Haftungsbeschränkung der Erben. Die Eröffnung der Nachlassin- 4 solvenz bewirkt eine Nachlasssonderung. Mit Hilfe der Nachlassinsolvenz kann der beschränkbar haftende Erbe seine infolge der Universalsukzession eingetretene unbeschränkte Haftung für Nachlassverbindlichkeiten (§ 1967 BGB) wieder aufheben und auf das Nachlassvermögen beschränken (§ 1975 BGB).[2] Die Nachlassgläubiger können nicht mehr auf das Eigenvermögen des Erben zugreifen. Dies kommt auch den Gläubigern des Erben zugute. Aus diesem Grunde macht auch bei einem bereits unbeschränkt haftenden Erben das Nachlassinsolvenzverfahren einen Sinn. Zugleich schützt die Nachlassinsolvenz die Nachlassgläubiger, indem sie dem Erben die Berechtigung zur Verwaltung, Verfügung und Verwertung entzieht, den Nachlass unter amtliche Verwaltung stellt und ausschließlich zur Befriedigung der Nachlassgläubiger reserviert. Dadurch lässt sich verhindern, dass ein Zugriff der Gläubiger des Erben das bereits für die

---

[1] HM: HK/*Kirchhof*, § 11 Rn. 21; MüKoInsO/*Siegmann*, § 316 Rn. 6 mwN; Uhlenbruck/*Hirte*/Vallender/*Lüer*, § 316 InsO Rn. 8; HambKommInsO/*Böhm*, § 316 Rn. 6; AG Duisburg NZI 2004, 97; aA *Nerlich*/*Römermann*/*Riering*, § 315 Rn. 15; *K. Schmidt* NJW 1985, 2785.

[2] Zur vollstreckungsrechtlichen Sicherung der Haftungsbeschränkung s *Dauner-Lieb*, FS Gaul, S. 93 (101 ff.). Allgemein zur Haftungsbeschränkung *App* DGVZ 1996, 136 ff. und *Uhlenbruck* ZAP 1991, 185 ff. Überblick über die weiteren Möglichkeiten der Haftungsbeschränkung für Nachlassverbindlichkeiten bei *Graf* ZEV 2000, 125 ff. und *Joachim* ZEV 2005, 99 ff.

Befriedigung der Nachlassgläubiger unzureichende Vermögen des Erblassers noch weiter schmälert. Außerdem gewährleistet die Nachlassinsolvenz im Interesse aller Nachlassgläubiger eine weitgehend gleichmäßige und gerechte Verteilung der nicht ausreichenden Nachlasswerte entsprechend der gesetzlichen Rangfolge.

II. Rechtsgrundlagen

5   Die besonderen Bestimmungen über die Nachlassinsolvenz finden sich in den §§ 315 bis 331 InsO. Soweit in diesen Normen keine Besonderheiten geregelt sind und die Eigenart des Verfahrens nicht entgegensteht, gelten die Bestimmungen der Regelinsolvenz auch für das Insolvenzverfahren über einen Nachlass. Ergänzt werden diese Regelungen der Insolvenzordnung durch weitere die Nachlassinsolvenz betreffende Vorschriften des BGB (§§ 1975 bis 1980, §§ 1988 bis 1992, §§ 2000, 2013, 2060 Nr. 3 BGB).

III. Nachlassinsolvenz und Insolvenzrechtsreform

6   Die Kommission für Insolvenzrecht hatte in ihrem Zweiten Bericht[3] noch vorgeschlagen, den Anwendungsbereich der Nachlassinsolvenz zu beschränken und nur noch solche insolventen Nachlässe nach diesen Regeln abzuwickeln, zu denen ein Unternehmen gehört. Überschuldete Privatnachlässe sollten dagegen der kostengünstigeren Nachlassverwaltung zugewiesen werden. Der Gesetzgeber beschränkte sich jedoch darauf, die bisherigen Regeln des Nachlasskonkurses an die Struktur des neuen Insolvenzrechts anzupassen.[4] Insbesondere tragen die Regelungen der Insolvenzordnung auch im Bereich der Nachlassinsolvenz der Zusammenfassung von Konkurs- und Vergleichsverfahren zu einem einheitlichen Verfahren Rechnung. Das Nachlassvergleichsverfahren wurde daher ersatzlos gestrichen. Die Normen der Nachlassinsolvenz waren im Gegensatz zu anderen Vorschriften im Rahmen des Gesetzgebungsverfahrens unumstritten. Aus diesem Grunde ist das Nachlassinsolvenzverfahren im Vergleich zu den ursprünglichen Entwürfen während des Gesetzgebungsverfahrens mit Ausnahme einzelner weniger, überwiegend redaktionell bedingter Anpassungen unverändert geblieben.

IV. Bedeutung der Nachlassinsolvenz in der Praxis

7   **1. Wirtschaftliche Bedeutung.** Da es sich bei den insolventen Nachlässen überwiegend um kleinere Vermögensmassen handelt,[5] spielte der Nachlasskonkurs bisher gesamtwirtschaftlich betrachtet eine untergeordnete Rolle. Daran hat sich durch die Nachlassinsolvenz in der Fassung der InsO nichts geändert, auch wenn die (drohende) Zahlungsunfähigkeit als weiterer Eröffnungsgrund für ein Nachlassinsolvenzverfahren Aufnahme in das Gesetz fand. Die Bedeutung der Nachlassinsolvenz sei an folgenden Zahlen[6] verdeutlicht:

---

[3] LS 6.4.1 und 6.4.2, S. 164 ff.
[4] Begr RegE, BR-Drucks. 1/92, Vor § 358, S. 229. Vgl. auch MüKoInsO/*Siegmann*, vor §§ 315 bis 331 Rn. 1.
[5] Vgl. *Doehring* KTS 1970, 288 (291); *ders.* KTS 1981, 139 (142); *ders.* KTS 1985, 645 (648); *ders.* KTS 1991, 55 (64).
[6] Statistisches Bundesamt, Fachserie 2, Reihe 4.1, Tabelle 5, Insolvenzen nach Art des Verfahrens Höhe der Forderungen, Rechtsformen, Alter und Zahl der Beschäftigten.

Allgemeines

	voraussichtliche Forderungen in Nachlassinsolvenzverfahren in 1000 Euro	voraussichtliche Forderungen insgesamt in 1000 Euro
2008	446 340	33 495 230
2009	517 813	85 028 812
2010	455 433	38 998 210
2011	488 758	31 544 350
2012	508 128	51 707 334

Weitere Zahlen, wie groß die Teilungsmasse, wie hoch der gesamte Verlust der Gläubiger sowie wie hoch die Deckungsquote für die bevorrechtigten Gläubiger und für die nicht bevorrechtigten Gläubiger waren, existieren für die letzten Jahre nicht.[7]

2. Bedeutung als Mittel der Haftungsbeschränkung. Welch wichtige Funktion die Nachlassinsolvenz als Mittel zur Haftungsbeschränkung des Erben in der Praxis spielt und auch in der Zukunft spielen wird, zeigt die Gesamtzahl der Nachlassinsolvenzen, die in der Vergangenheit betrug:[8]

	Nachlassinsolvenzen	davon eröffnet	Gesamtzahl aller Insolvenzen	davon eröffnet
1999	2 354	782	34 038	12 255
2000	2 416	821	42 259	19 698
2001	2 299	886	49 326	25 230
2002	2 367	1 015	84 427	61 691
2003	2 393	1 021	100 723	77 237
2004	2 450	1 010	118 274	95 035
2005	2 630	1 097	136 554	115 470
2006	2 333	1 014	161 430	143 781
2007	2 230	986	164 597	149 489
2008	2 255	991	155 202	140 979
2009	2 808	1 200	162 907	147 974
2010	2 783	1 271	168 458	153 549
2011	2 873	1 382	159 418	145 702
2012	2 808	1 410	150 298	137 653
2013	2 913	1 432	141 332	129 269

[7] Derartige Zahlen sind nur für die Jahre 1994 und 1995 verfügbar, vgl. Statistisches Bundesamt, Fachserie 2, Reihe 4.2 Finanzielle Abwicklung der Insolvenzverfahren 1994 und 1995, S. 14 f. und 24 f. und die Vorauflage. Für die Zeit danach existieren nur Zahlen für die Jahre 1996, 1997 und 1998; dabei sind in den Statistiken nur die Zahlen für natürliche Personen, Nachlässe und sonstige Gemeinschuldner zusammen als einheitliche Gruppe ausgewiesen und können daher kein genaues Bild vermitteln.
[8] Kritisch hierzu MüKoInsO/*Siegmann,* vor §§ 315 bis 331 Rn. 16, der die Berufung auf §§ 1990 ff. BGB als das wichtigste Mittel der Haftungsbeschränkung ansieht. Die geringe Anzahl der Nachlassinsolvenzen im Vergleich zur Gesamtzahl der Sterbefälle, auf die *Siegmann,* aaO abstellt, darf jedoch bei der Beurteilung der Bedeutung des Nachlassinsolvenzverfahrens als Mittel zur Haftungsbeschränkung nicht herangezogen werden. In den meisten Fällen der überschuldeten Nachlässe schlagen die Erben die Erbschaft bereits aus und benötigen daher keine Haftungsbeschränkung mehr. Das Argument *Siegmanns,* aaO, die Erbschaftsausschlagung verschiebe das Problem nur auf die nachfolgenden Erben, überzeugt in diesem Zusammenhang nicht, da diese ebenfalls das Recht zur Erbschaftsausschlagung haben und dieses Recht in der Praxis auch wahrnehmen.

Döbereiner

9 Die hohe Zahl von mangels Masse nicht eröffneten Verfahren steht nicht in Widerspruch zur Bedeutung der Nachlassinsolvenz als Mittel zur Haftungsbeschränkung; denn bei unzulänglichem Nachlass ist die Ablehnung der Eröffnung mangels Masse im Hinblick auf § 1990 I BGB (→ Rn. 12) für den Erben das sicherste Mittel zur Haftungsbeschränkung.[9]

V. Verhältnis zu anderen Mitteln der Haftungsbeschränkung

10 **1. Nachlassverwaltung. a)** Ebenso wie die Nachlassinsolvenz bewirkt die Nachlassverwaltung (§§ 1975 bis 1979, §§ 1981 bis 1988 BGB)[10] eine Sonderung des Nachlasses vom Eigenvermögen des Erben. Die Insolvenzrechtsreform hat die Wirkungen und Voraussetzungen der Nachlassverwaltung unverändert gelassen. Durch sie wird den Nachlassgläubigern der Zugriff auf das Eigenvermögen des Erben verwehrt. Im Gegenzug steht der nunmehr amtlich verwaltete Nachlass ausschließlich zur Befriedigung der Nachlassgläubiger zur Verfügung. Während die Nachlassinsolvenz bei Zahlungsunfähigkeit oder Überschuldung durchzuführen ist (§§ 1980, 1985 II BGB), um dem Grundsatz der Gleichbehandlung aller Gläubiger Geltung zu verschaffen, ist die Nachlassverwaltung bei einem zur Befriedigung der Gläubiger ausreichenden Nachlass das geeignete Verfahren, wenn zu befürchten ist, dass das Verhalten des Erben oder dessen Vermögenslage die Befriedigung der Nachlassgläubiger gefährdet.[11] Der Erbe kann die Nachlassverwaltung aber auch dann beantragen, wenn der Umfang des hinterlassenen Vermögens unbekannt ist. Allerdings ist der Nachlassverwalter verpflichtet, unverzüglich nach Kenntnis der Zahlungsunfähigkeit oder Überschuldung Antrag auf Durchführung des Nachlassinsolvenzverfahrens zu stellen (§ 1985 II BGB iVm § 1980 BGB).

11 **b)** Im Verhältnis zwischen Nachlassverwaltung und Nachlassinsolvenz ist letztere das vorrangige Verfahren. Aus diesem Grunde endet die Nachlassverwaltung und damit auch das Amt des Nachlassverwalters automatisch kraft Gesetzes (§ 1988 I BGB) mit der Eröffnung der Nachlassinsolvenz. Ein aufhebender Beschluss durch das Nachlass- oder Insolvenzgericht ist daher entbehrlich.

12 **2. Einrede der Unzulänglichkeit des Nachlasses.** Können die Nachlassinsolvenz oder Nachlassverwaltung mangels einer die Verfahrenskosten deckenden Masse nicht durchgeführt werden (vgl. §§ 26, 207 InsO, § 1988 II BGB), verbleibt dem Erben als letztes Mittel zur Haftungsbeschränkung, die Unzulänglichkeit des Nachlasses einredeweise geltend zu machen. Der Erbe kann die Befriedigung der Nachlassgläubiger insoweit verweigern, als der Nachlass zur Deckung der Verbindlichkeiten nicht ausreicht, und auf diese Weise seine Haftung auf den vorhandenen Nachlass beschränken (§§ 1990 I 1, 1992 BGB). Obwohl eine Nachlasssonderung weder rechtlich noch tatsächlich eintritt, wird eine solche fingiert und damit der Erbe so behandelt, als ob er dem Nachlass als Dritter gegenübergestanden wäre. Des Nachweises der Dürftigkeit des Nachlasses bedarf es nicht mehr. Die Ablehnung der Eröffnung der Nachlassinsolvenz oder ihre Einstellung mangels Masse hat für das Gericht im Zivilprozess eines Nachlassgläubigers gegen den Erben bindende Wirkung dahingehend, dass eine kostendeckende Masse nicht vorhanden ist.[12]

VI. Analoge Anwendung der §§ 315 ff. InsO bei vollbeendeten Personengesellschaften?

13 Scheidet der vorletzte Gesellschafter einer Personengesellschaft – je nach Rechtsform und Ausgestaltung des Gesellschaftsvertrages infolge der Eröffnung des Insolvenzverfah-

---

[9] Vgl. auch *Uhlenbruck* ZAP 1991, 185 (188 f.) und *App* DGVZ 1996, 136.
[10] S auch die vergleichende Darstellung von *Rugullis* ZEV 2007, 117 ff.; *ders.* ZEV 2007, 156 ff.
[11] S hierzu auch BGH ZEV 2006, 405 ff.; *Rugullis* ZEV 2007, 117 (119).
[12] Vgl. auch *Kuleisa* ZVI 2013, 173 (176).

rens über dessen Vermögen, durch Kündigung, durch Tod oder aus anderen Gründen[13] – aus der Gesellschaft aus und vereinigen sich dadurch unter Vollendigung der Gesellschaft und Übergang aller Aktiva und Passiva alle Gesellschaftsanteile in der Hand des verbleibenden Gesellschafters, haftet dieser, gleichgültig ob er bisher bereits unbeschränkt, beispielsweise als Gesellschafter bürgerlichen Rechts, oder beschränkt als Kommanditist haftete, in voller Höhe persönlich für sämtliche Gesellschaftsverbindlichkeiten. Wird über das Vermögen dieser Gesellschaft das Insolvenzverfahren durchgeführt, wird von Teilen der Literatur,[14] aber auch von Ober- und Untergerichten[15] die Ansicht vertreten, dass die Anwachsung nicht automatisch zur Beendigung des Insolvenzverfahrens führe, sondern das Insolvenzverfahren über das Vermögen der Gesellschaft in entsprechender Anwendung der §§ 315 ff. InsO als Partikularinsolvenzverfahren, dh beschränkt auf das Vermögen der ehemaligen Gesellschaft, fortzuführen sei, ohne dass es eines Fortsetzungsantrags bedarf.[16] Auch wenn der BGH[17] dieser Auffassung eine Absage erteilt zu haben scheint, dürfte in dieser Frage noch nicht das letzte Wort gesprochen sein, zumal der BGH auf die Thematik eines Partikularverfahrens unter analoger Anwendung der §§ 315 ff. InsO mit keinem Wort eingegangen ist.

§ 112. Die Beteiligten und ihre Rechtsstellung

Übersicht

	Rn.
I. Erbe als Schuldner	1
1. Alleinerbe	1
2. Mehrheit von Erben	7
3. Vorerbe und Nacherbe	8
4. Erbschaftskauf	9
II. Weitere Beteiligte auf Schuldnerseite	10
1. Nachlasspfleger	10
2. Testamentsvollstrecker	13
III. Insolvenzverwalter	16
1. Auswahl des Nachlassinsolvenzverwalters	16
2. Rechtsstellung	17
3. Besonderheiten	18
IV. Gläubiger	21
1. Verfahrensbeteiligte Gläubiger	21
2. Kreis der Nachlassverbindlichkeiten	22
3. Nachlassverbindlichkeiten als Masse- oder Insolvenzforderungen	23

I. Erbe als Schuldner

1. Alleinerbe. a) Auch in der Nachlassinsolvenz muss es einen Schuldner geben. Obwohl gemäß § 315 InsO das Insolvenzverfahren „über einen Nachlass" durchgeführt wird und dieses Verfahren der Bereinigung der vom Erblasser stammenden Verbindlichkeiten dient, kommt als Schuldner nur der Erbe in Betracht. Denn er setzt infolge der durch den Erbfall eingetretenen Universalsukzession die „vermögensrechtliche Persön-

---

[13] Vgl. zu den möglichen Konstellationen *Marotzke* ZInsO 2009, 590 (591 f.).
[14] HK/*Marotzke*, Vor §§ 315 ff. Rn. 12 (einschränkend insoweit, wie sich aus den Unterschieden von Erb- und Gesellschaftsrecht nichts anderes ergibt); K. *Schmidt*, Vor § 315 Rn. 31 f.; *Hess*, § 315 Rn. 7 f. mwN; *Albertus/Fischer* ZInsO 2005, 246 (249 f.); *Marotzke* ZInsO 2009, 590 ff.
[15] OLG Hamm ZIP 2007, 1233 mit Anm. *Herchen* EWiR § 93 InsO 2/07, 527; LG Dresden ZInsO 2005, 384; AG Hamburg ZInsO 2005, 837; AG Hamburg ZInsO 2005, 838; AG Köln NZI 2009, 621.
[16] AG Köln NZI 2009, 621.
[17] BGH NZI 2008, 612.

lichkeit des Erblassers unmittelbar fort"[1] und ist Träger „der in der Masse vereinten Vermögenswerte und Nachlassverbindlichkeiten".[2] Im Insolvenzverfahren wird der Nachlass deshalb mit dem Namen des Erblassers bezeichnet.

2 **b)** Im Insolvenzverfahren stehen dem Erben alle Rechte des Schuldners zu (zB Einlegen der sofortigen Beschwerde gegen den Eröffnungsbeschluss, § 34 II InsO, und die Abweisung des Antrags mangels Masse, § 26 InsO; Teilnahme an der Gläubigerversammlung, § 74 I 2 InsO; Bestreiten der angemeldeten Forderungen im Prüfungstermin, § 176 S. 2 InsO). Ihn treffen aber auch alle Pflichten (zB Auskunfts- und Mitwirkungspflicht gemäß den §§ 20, 97 InsO; Offenbarungspflicht, § 98 InsO; Pflicht zur eidesstattlichen Versicherung über die Richtigkeit des Vermögensverzeichnisses des Verwalters, § 153 II InsO) und Einschränkungen (zB Einschränkung der Bewegungsfreiheit, § 97 III InsO; Postsperre, § 99 InsO).

3 Der Eröffnung der Nachlassinsolvenz steht es nicht entgegen, dass der Erbe die Erbschaft noch nicht angenommen hat, § 316 I InsO. Da die Erbschaft rückwirkend ausgeschlagen werden kann (§ 1953 BGB) und der vorläufige Erbe bis zur Annahme der Erbschaft noch keine endgültige Rechtsposition innehat,[3] obliegen ihm die Schuldnerpflichten bis dahin nicht. Dies lässt sich der auch in der Zwangsvollstreckung zu beachtenden erbrechtlichen Regelung entnehmen, wonach der als Erbe Berufene die Prozessführungslast bis zur Annahme der Erbschaft nicht zu tragen hat (§ 1958 BGB, §§ 239 V, 778 I, 779 II ZPO). Nachdem für den Nachlasspfleger oder den nachlassverwaltenden Testamentsvollstrecker der Grundsatz des § 1958 BGB nicht gilt, können diese anstelle des endgültigen Erben die Rechte und Pflichten des Schuldners ausüben (→ Rn. 10 und → Rn. 14), ohne selbst Schuldner zu sein. Macht der vorläufige Erbe von seinem Recht zur Ausschlagung der Erbschaft nach Eröffnung des Nachlassinsolvenzverfahrens Gebrauch, entfällt rückwirkend seine Stellung als Schuldner wieder.

4 **c)** Während die Regelinsolvenz für den Schuldner Beschränkungen in den staatsbürgerlichen Rechten (zB §§ 33 Nr. 5, 109 III GVG) oder der Berufsausübung (zB 34b IV 1 Nr. 2 GewO, §§ 7 Nr. 9, 14 II Nr. 7 BRAO, §§ 6, 50 I Nr. 6 BNotO) zur Folge hat, gelten diese Vorschriften nach ihrem Sinn und Zweck nicht für den Erben als Schuldner des Nachlassinsolvenzverfahrens. Der Erbe hat nämlich nicht durch sein Verhalten oder seine Vermögensverhältnisse den Insolvenzgrund gesetzt. Ihm ist die Stellung des Schuldners nur zugewiesen, weil er den Erblasser beerbt hat. Aus diesem Grunde führt die Eröffnung des Nachlassinsolvenzverfahrens auch nicht zur Auflösung einer Gesellschaft bürgerlichen Rechts (auf Grund § 728 II BGB), einer offenen Handelsgesellschaft (auf Grund § 131 Nr. 5 HGB) oder einer Kommanditgesellschaft (auf Grund der §§ 131 Nr. 5, 161 II HGB), wenn der Erbe bereits vor dem Anfall der Erbschaft Gesellschafter war.

5 Der strafrechtlichen Verantwortlichkeit nach den §§ 283 ff. StGB ist der Erbe dagegen für die für Rechnung des Nachlasses vorgenommenen Handlungen ebenso uneingeschränkt unterworfen wie in der Regelinsolvenz.

6 **d)** Soweit die Insolvenzordnung in Vorschriften von Schuldner spricht, ist im Rahmen der Nachlassinsolvenz zu differenzieren: Beziehen sie sich auf Handlungen, Verpflichtungen oder Rechtsbeziehungen vor dem Erbfall (zB im Rahmen der Insolvenzanfechtung, §§ 129 ff. InsO), ist als Schuldner der Erblasser anzusehen, für die Zeit nach dem Erbfall der Erbe.[4]

---

[1] KG OLG Rspr 1, 446.
[2] BGH NJW 1969, 1349.
[3] Vgl. MüKoBGB/*Leipold*, § 1943 Rn. 1.
[4] BGH NJW 1969, 1349.

2. Mehrheit von Erben. Aufgrund der gesamthänderischen Bindung aller Mitglieder **7** einer Erbengemeinschaft sind alle Erben Träger der Schuldnerrolle.[5] Folglich treffen jeden einzelnen Miterben die Pflichten des Schuldners, stehen ihm aber auch alle Rechte und Befugnisse zu. So kann jeder einzelne Miterbe Rechtsbehelfe einlegen oder im Prüfungstermin angemeldete Forderungen bestreiten. Allerdings genügt der Widerspruch eines einzelnen Miterben nicht, um für die übrigen nicht bestreitenden Miterben die rechtskräftige Feststellung einer Nachlassverbindlichkeit gemäß den §§ 201 II, 215 II, 257 II InsO auszuschließen; Miterben bilden nämlich als Gesamtschuldner (§ 2058 BGB) keine notwendigen Streitgenossen iSd § 62 ZPO. Das Gesamthandprinzip der §§ 2038, 2040 BGB gilt auch beim Einstellungsantrag nach § 212 InsO oder nach § 213 InsO, so dass insoweit Miterben auch nur gemeinsam tätig werden können.

3. Vorerbe und Nacherbe. Schuldner ist bis zum Eintritt des Nacherbfalls der Vor- **8** erbe, ab diesem Zeitpunkt der Nacherbe (→ § 118 Rn. 1 ff.).

4. Erbschaftskauf. Der Erbschaftskäufer tritt mit Abschluss des Erbschaftskaufes **9** (§ 2382 BGB) an die Stelle des Erben. Ab diesem Zeitpunkt ist er der Schuldner (→ § 118 Rn. 8 ff.).

II. Weitere Beteiligte auf Schuldnerseite

1. Nachlasspfleger. a) Auch nach der Eröffnung des Nachlassinsolvenzverfahrens **10** kann ein Bedürfnis für die Bestellung eines Nachlasspflegers bestehen. Als gesetzlicher Vertreter des noch nicht feststehenden oder unbekannten Erben nimmt er im Rahmen des Verfahrens dessen Rechte und Pflichten als Schuldner wahr (→ Rn. 3).[6] Seine Rechtshandlungen stehen denjenigen des endgültigen Erben gleich und können unter den Voraussetzungen der §§ 129 ff. InsO wie die des Schuldners anfechtbar sein.

Die Eröffnung der Nachlassinsolvenz führt nicht automatisch zur Beendigung der **11** Nachlasspflegschaft. Auch zwingt sie nicht zu deren Aufhebung.

b) Nachlasspfleger und Insolvenzverwalter haben unterschiedliche Aufgabenkreise. **12** Soweit sich diese berühren oder überschneiden, verdrängt der Insolvenzverwalter den Nachlasspfleger. Insbesondere obliegt dem Insolvenzverwalter die Verwaltung des Nachlasses (vgl. § 80 InsO). Der Nachlasspfleger als gesetzlicher Vertreter des noch nicht feststehenden oder unbekannten Erben kann nicht gleichzeitig Insolvenzverwalter über den Nachlass sein.

2. Testamentsvollstrecker. a) Die Eröffnung des Nachlassinsolvenzverfahrens be- **13** endet auch das Amt des nachlassverwaltenden Testamentsvollstreckers nicht. Allerdings gehen die ihm nach § 2205 BGB zustehenden Verwaltungs- und Verfügungsbefugnisse auf den Insolvenzverwalter über (§ 80 InsO). Der Vollzug von Anordnungen des Erblassers, die sich auf Nachlassgegenstände beziehen, die nicht dem Insolvenzbeschlag unterfallen, ist aber weiterhin Aufgabe des Testamentsvollstreckers, ebenso die Verwaltung der unpfändbaren und damit nicht zur Nachlassinsolvenzmasse gehörenden Vermögensgegenstände des Nachlasses. Nach Beendigung des Nachlassinsolvenzverfahrens stehen dem Testamentsvollstrecker seine Befugnisse wieder uneingeschränkt zu. Soweit der Testamentsvollstrecker Verbindlichkeiten nach der Eröffnung der Nachlassinsolvenz auf Grund § 2206 BGB eingegangen ist, steht deren Gläubigern der Nachlass (Insolvenzmasse) nicht als Haftungsobjekt zur Verfügung.

b) Im Rahmen der Nachlassinsolvenz kann der Testamentsvollstrecker kraft seines Am- **14** tes zahlreiche Befugnisse des Erben wahrnehmen und wie ein Schuldner tätig werden,

---

[5] BGH ZInsO 2014, 37 (39) mwN: Schuldner ist mangels Rechtsfähigkeit nicht die Erbengemeinschaft. Str., so wie hier *K. Schmidt*, Vor § 315 Rn. 9 mwN auch zur Gegenmeinung.
[6] Vgl. auch LG Wuppertal ZIP 1999, 1536.

ohne dass ihm selbst die Stellung des Schuldners zugewiesen ist. Abgesehen von dem Recht, die Eröffnung des Nachlassinsolvenzverfahrens zu beantragen (→ § 113 Rn. 5), kann er gegen den Eröffnungsbeschluss Beschwerde einlegen, da seine Befugnisse durch die Nachlassinsolvenz nicht unerheblich eingeschränkt werden. Auch kann er – unabhängig vom Schuldner – Forderungen im Prüfungstermin bestreiten. Nur das Bestreiten des Testamentsvollstreckers bewirkt, dass nach Abschluss des Nachlassinsolvenzverfahrens wegen der bestrittenen Forderung nicht in Nachlassgegenstände vollstreckt werden kann, auch wenn die Forderung in die Insolvenztabelle eingetragen ist. Das Bestreiten durch den Erben (Schuldner) allein reicht hierfür wegen § 2213 BGB, § 748 ZPO nicht aus.

15   c) Soweit der Testamentsvollstrecker vor der Eröffnung der Nachlassinsolvenz Handlungen vorgenommen hat, unterliegen diese in gleicher Weise der Insolvenzanfechtung wie Handlungen des Erben (Schuldners).[7]

III. Insolvenzverwalter

16   **1. Auswahl des Nachlassinsolvenzverwalters.** Für die Auswahl des Nachlassinsolvenzverwalters gilt mangels einer Sonderregelung die allgemeine Vorschrift des § 56 InsO (ausreichende Geschäftskunde und Unabhängigkeit). Bei einem Nachlass, zu dem ein Wirtschaftsbetrieb gehört, muss die zum Nachlassinsolvenzverwalter zu bestellende Person vor allem über ausreichende juristische und betriebswirtschaftliche Kenntnisse verfügen. Gehört zum Nachlass kein Unternehmen können insoweit geringere Anforderungen gestellt werden. Aufgrund des Gebots der Unabhängigkeit kann der Nachlassverwalter nur dann zum Nachlassinsolvenzverwalter bestellt werden, wenn es sich bei ihm um einen in jeder Beziehung unbefangenen Dritten handelt, bei dem keine Anhaltspunkte für eine Interessenskollision vorliegen. Aus diesem Grunde ist der zum Nachlassverwalter bestellte Miterbe als Nachlassinsolvenzverwalter ungeeignet.[8] Auch wenn durch die Eröffnung des Nachlassinsolvenzverfahrens die Nachlasspflegschaft nicht automatisch endet, kann ein Nachlasspfleger zum Nachlassinsolvenzverwalter berufen werden; ggf. muss aber das Nachlassgericht einen anderen Nachlasspfleger bestellen. Der Ernennung des Testamentsvollstreckers zum Nachlassinsolvenzverwalter steht ebenfalls nichts im Wege, sofern er die Voraussetzungen des § 56 InsO erfüllt. An der notwendigen Unabhängigkeit fehlt es jedoch in der Regel, wenn die Nachlassinsolvenz auf die Fortführung eines zum Nachlass gehörenden Unternehmens durch den Testamentsvollstrecker zurückzuführen ist.[9]

17   **2. Rechtsstellung.** Auch in der Nachlassinsolvenz ist der Insolvenzverwalter Partei kraft Amtes. Seine Rechtsstellung, insbesondere seine Aufgaben, Pflichten und Befugnisse, entsprechen denjenigen in der Regelinsolvenz. Hinsichtlich der Vergütung des Nachlassinsolvenzverwalters bestehen gegenüber dem Regelinsolvenzverfahren ebenfalls keine Besonderheiten.[10]

18   **3. Besonderheiten.** Benötigt der Nachlassinsolvenzverwalter für die Geltendmachung von in die Insolvenzmasse fallenden Rechten und sonstigen Vermögenswerten einen Erbschein, kann er diesen auf den Namen des Erben beantragen. Eine etwa erforderliche eidesstattliche Versicherung gemäß § 2356 II BGB ist von ihm abzugeben.[11] Gegen die Verfügung, mit dem ein Erbschein erteilt werden soll, der sein Recht beeinträchtigt, den gesamten Nachlass in Besitz zu nehmen, ist er beschwerdeberechtigt.[12]

---

[7] Uhlenbruck/Hirte/Vallender/*Hirte*, § 129 Rn. 81; *Haegele* KTS 1969, 158 (161).
[8] Ebenso MüKoInsO/*Siegmann*, § 315 Anh Rn. 38.
[9] Ausführlich MüKoInsO/*Siegmann*, § 315 Anh Rn. 38.
[10] OLG Zweibrücken NZI 2001, 209.
[11] Staudinger/*Herzog*, § 2356 Rn. 58.
[12] BayObLGZ 21, 318; Staudinger/*Schilken* (13. Auflage 2002), § 2353 Rn. 93.

Auf Grund der Verfügungsbefugnis über den zur Insolvenzmasse gehörenden Nach- **19** lass kann der Nachlassinsolvenzverwalter anstelle des Erben Kündigungsrechte für vom Erblasser begründete Miet- oder Pachtverhältnisse (§§ 569 I, 581 II BGB) geltend machen, ohne dadurch eine Schadensersatzpflicht der Insolvenzmasse wie bei § 109 I 2 InsO auszulösen.[13]

Betreibt der Nachlassinsolvenzverwalter auf der Grundlage des Eröffnungsbeschlusses **20** die Herausgabevollstreckung gegen den Erben (Schuldner) wegen eines Gegenstandes, den er für die Insolvenzmasse beansprucht, steht dem Schuldner die Drittwiderspruchsklage nach § 771 ZPO zu, wenn dieser sich auf die Zugehörigkeit dieses Gegenstands zum Eigenvermögen beruft. Der Schuldner kann sein Recht aber auch mittels der Erinnerung nach § 766 ZPO geltend machen.[14]

IV. Gläubiger

1. Verfahrensbeteiligte Gläubiger. Im Insolvenzverfahren über einen Nachlass **21** können nur Nachlassverbindlichkeiten geltend gemacht werden, § 325 InsO. Am Verfahren sind daher nur Gläubiger von Nachlassverbindlichkeiten beteiligt, nicht dagegen Gläubiger des Erben (Schuldners) (→ § 111 Rn. 1). Am Verfahren zu beteiligende Nachlassverbindlichkeiten sind aber nur solche, welche bereits im Zeitpunkt der Verfahrenseröffnung vorhanden waren gleichgültig, ob es sich um ein originäres oder übergeleitetes Nachlassinsolvenzverfahren handelt. § 325 InsO verdrängt insoweit die allgemeine Regelung des § 38 InsO nicht.[15]

2. Kreis der Nachlassverbindlichkeiten. Welche Forderungen Nachlassverbind- **22** lichkeiten sind, regelt das Erbrecht in § 1967 II BGB; demnach gehören zu den Nachlassverbindlichkeiten die Erblasserschulden, dh die vom Erblasser herrührenden und nach seinem Tode fortbestehenden Schulden, und die Schulden, die den Erben als solchen treffen.[16] Zu Letzteren sind die durch den Erbfall ausgelösten und auf den Nachlass sich beziehenden Verbindlichkeiten zu rechnen (Erbfallschulden), insbesondere Verpflichtungen aus Pflichtteilsrechten, Vermächtnissen oder Auflagen. Aber auch die nach dem Erbfall entstehenden Nachlasskosten- und Erbschaftsverwaltungsschulden zählen hierzu, also Kosten der Sicherung, Verwaltung oder Abwicklung des Nachlasses sowie Verbindlichkeiten aus der Tätigkeit eines Nachlasspflegers, Nachlassverwalters oder verwaltenden Testamentsvollstreckers. Schulden aus Rechtsgeschäften des Erben in Verwaltung und für Rechnung des Nachlasses („Nachlasserbenschulden"), etwa bei der Fortführung eines zum Nachlass gehörenden Unternehmens, begründen schließlich ebenfalls Nachlassverbindlichkeiten, soweit sie „vom Standpunkt eines sorgfältigen Beobachters in ordnungsgemäßer Verwaltung des Nachlasses eingegangen wurden".[17] Im Falle der Fortführung eines Handelsgeschäfts durch den Testamentsvollstrecker liegen Nachlassverbindlichkeiten nur vor, wenn der Testamentsvollstrecker als Bevollmächtigter handelt, nicht jedoch im Falle des Tätigwerdens als Treuhänder.[18] Hat der Erbe bei

---

[13] So schon zur Konkursordnung *Jaeger/Weber*, § 214 KO Anm. 35.
[14] Str, so wie hier *Häsemeyer*, Rn. 33.14. Zur vollstreckungsrechtlichen Sicherung der Haftungssonderung allgemein s *Dauner-Lieb*, FS Gaul, S. 93 (107 f.).
[15] BGH ZInsO 2014, 40 (41 f.) mwN auch zur Gegenmeinung.
[16] Zur Einordnung öffentlich-rechtlicher Verbindlichkeiten und Lasten einschließlich Steuerschulden als Nachlassverbindlichkeiten vgl. MüKoInsO/*Siegmann*, § 325 Rn. 13 f. Zur öffentlich-rechtlichen Altlastenhaftung bei Grundstücken s *Schwartmann/Vogelheim* ZEV 2001, 343 (345 f.) und *Joachim/Lange* ZEV 2011, 53. Zu den Steuerberatungskosten s *Klose* ZEV 2006, 150 ff.
[17] RGZ 90, 91 (95); 112, 129 (131); BGHZ 32, 60 (64); 38, 186 (193); aA *Dauner-Lieb*, Unternehmen in Sondervermögen, S. 212 f., 220 bei einer Fortführung über die Frist des § 27 HGB hinaus.
[18] Im letztgenannten Fall ist Nachlassverbindlichkeit jedoch der Befreiungsanspruch des Testamentsvollstreckers gegen den Erben nach §§ 670, 257 BGB. Ausführlich hierzu MüKoInsO/*Siegmann*, § 325 Rn. 9.

§ 113   Kapitel X. Die Nachlassinsolvenz

Eingehung der Verpflichtung seine persönliche Haftung nicht für den Gläubiger erkennbar ausgeschlossen und haftet er daher neben dem Nachlass persönlich, steht dies der Zuordnung zu den Nachlassverbindlichkeiten dennoch nicht entgegen.[19] Nachdem neben dem Erwerber iSd § 20 I ErbStG auch der ungeteilte Nachlass für die Erbschaftsteuer haftet, § 20 III ErbStG, ist die Erbschaftsteuer ebenfalls Nachlassverbindlichkeit.[20]

23 **3. Nachlassverbindlichkeiten als Masse- oder Insolvenzforderungen.** Die Nachlassverbindlichkeiten sind je nach ihrem Entstehungsgrund und ihrer Rechtsnatur in Masseverbindlichkeiten und Masseschulden (→ § 115 Rn. 1 ff.) und Insolvenzforderungen (→ § 115 Rn. 13 ff.) zu unterscheiden.

§ 113. Eröffnung des Insolvenzverfahrens über einen Nachlass

Übersicht

	Rn.
I. Zulässigkeit der Eröffnung	1
1. Eröffnung vor Erbschaftsannahme	1
2. Eröffnung trotz unbeschränkter Erbenhaftung	2
3. Eröffnung trotz Nachlassteilung	4
II. Antragsbefugnis	5
1. Antragsberechtigung auf Schuldnerseite	5
2. Antragsberechtigte auf Gläubigerseite	8
III. Antragspflicht	11
1. Erbe und Nachlassverwalter	11
2. Keine Antragspflicht für Nachlasspfleger und Testamentsvollstrecker	13
IV. Anforderungen an einen Antrag	14
1. Schuldnerantrag	14
2. Gläubigerantrag	15
V. Eröffnungsgründe	16
1. Erweiterung der Eröffnungsgründe durch die Insolvenzordnung	16
2. Überschuldung	17
3. Zahlungsunfähigkeit und drohende Zahlungsunfähigkeit	19
VI. Beschwerdeberechtigung	21
VII. Insolvenzkostenhilfe	22
VIII. Eigenverwaltung	23
IX. Überleitung einer Regelinsolvenz in eine Nachlassinsolvenz	24
1. Tod des Schuldners vor Eröffnung des Regelinsolvenzverfahrens	24
2. Tod des Schuldners nach Eröffnung des Regelinsolvenzverfahrens	25
3. Tod des Schuldners vor oder nach Eröffnung des Verbraucherinsolvenz- oder Kleinverfahrens	26
X. Zuständiges Insolvenzgericht	27
1. Örtliche und sachliche Zuständigkeit	27
2. Internationale Zuständigkeit	28
XI. Nachlassinsolvenz über das Vermögen eines für tot Erklärten	29
XII. Auswirkungen der Eröffnung des Nachlassinsolvenzverfahrens auf anhängige Prozesse, Vollstreckungsmaßnahmen und Verfahren nach dem FamFG	30
XIII. Nachlassinsolvenz und Restschuldbefreiung	31
1. Tod des Schuldners während des Insolvenzverfahrens	31
2. Tod des Schuldners während und nach der Wohlverhaltensperiode	32
3. Widerruf der Restschuldbefreiung nach dem Tod des Schuldners	33

---

[19] Schuldverhältnis mit doppeltem Haftungsgrund. Vgl. auch MüKoBGB/*Küpper*, § 1967 Rn. 15 ff. mit weiteren Beispielen; MüKoInsO/*Siegmann*, § 325 Rn. 8; *Kipp/Coing*, § 93 III; *Lange/Kuchinke*, § 47 V.
[20] BFH NJW 1993, 350; BGH NZI 2014, 73 (76); Graf-Schlicker/*Busch*, § 325 Rn. 2; *Troll*, Erbschaftsteuer- und Schenkungsteuergesetz, 45. Aufl. 2013 (Stand: 31.1.2013), § 20 Rn. 50; aA *Meincke*, ErbStG, 16. Aufl. 2012, § 20 Rn. 12; OLG Hamm MDR 1990, 1014.

Eröffnung des Insolvenzverfahrens über einen Nachlass 1–4 **§ 113**

I. Zulässigkeit der Eröffnung

1. Eröffnung vor Erbschaftsannahme. Die Eröffnung des Nachlassinsolvenzverfahrens ist nicht dadurch ausgeschlossen, dass der Erbe die Erbschaft noch nicht angenommen hat und damit die Person des endgültigen Erben noch ungewiss ist, § 316 I, 1. Alt. InsO. Da bei Überschuldung oder (drohender) Zahlungsunfähigkeit des Nachlasses Eile geboten ist, ist die Sonderung des Nachlasses bereits zu einem Zeitpunkt möglich, zu dem die Ausschlagungsfrist (§§ 1943, 1944 BGB) oder die Frist zur Anfechtung der Annahme oder des Versäumens der Ausschlagung (§§ 1954, 1956 BGB) noch nicht abgelaufen ist. Dem vorläufigen Erben können hieraus keine Nachteile erwachsen. Auch wenn er selbst die Eröffnung der Nachlassinsolvenz beantragt oder die Rechte und Befugnisse des Schuldners wahrnimmt, ist darin nicht notwendig die Annahme der Erbschaft zu sehen.[1] Die Nachlassgläubiger können trotz fehlender Passivlegitimation des Erben vor der Erbschaftsannahme ihre Forderungen im Rahmen des Insolvenzverfahrens uneingeschränkt geltend machen. § 316 I, 1. Alt. InsO geht § 1958 BGB vor. Schlägt der vorläufige Erbe nach Eröffnung des Nachlassinsolvenzverfahrens die Erbschaft aus, bleibt der Eröffnungsbeschluss dennoch wirksam. Einem Antrag des vorläufigen Erben auf Feststellung der Erledigung fehlt jedoch das Rechtsschutzbedürfnis.[2] Ist ungewiss, ob der zum Erben Berufene die Erbschaft annimmt, ist ggf. durch das Nachlassgericht ein Nachlasspfleger für das Nachlassinsolvenzverfahren zu bestellen (→ § 112 Rn. 10). Die Möglichkeit des Erben, die Einrede nach §§ 2014 ff. BGB zu erheben, steht der Eröffnung des Nachlassinsolvenzverfahrens ebenfalls nicht entgegen. Eine Verlängerung der Fristen nach § 2014 BGB bis zur Eröffnung des Nachlassinsolvenzverfahrens ist nach § 782 S. 2 ZPO möglich. 1

2. Eröffnung trotz unbeschränkter Erbenhaftung. Da die Nachlassinsolvenz auch die Nachlassgläubiger gegenüber dem Zugriff der Eigengläubiger des Erben schützen soll (→ § 111 Rn. 4), muss die Sonderung des Nachlasses auch nach Eintritt der unbeschränkten Erbenhaftung möglich sein. Aus diesem Grunde kann die Nachlassinsolvenz noch eröffnet werden, nachdem der Erbe die Möglichkeit der Haftungsbeschränkung gegenüber einzelnen oder allen Nachlassgläubigern verloren hat (§ 316 I, 2. Alt. InsO).[3] Die Nachlassgläubiger ihrerseits sind trotz der laufenden Nachlassinsolvenz nicht gehindert, wegen ihrer Forderungen in das Eigenvermögen des Erben zu vollstrecken. § 89 InsO steht dem nicht entgegen, solange nicht ein Insolvenzverfahren gleichzeitig auch über das Eigenvermögen des Erben eröffnet wird;[4] denn die Nachlassinsolvenz hat keine Auswirkungen auf das nunmehr abgesonderte Eigenvermögen des Erben. 2

Unter dem Gesichtspunkt der Entlastung der Justiz hat § 316 I, 2. Alt. InsO den Vorteil, dass er die in der Praxis häufig schwierige und zeitaufwändige Prüfung entbehrlich macht, ob der Erbe bereits unbeschränkt haftet oder nicht. Er ermöglicht somit eine rasche Eröffnung der Nachlassinsolvenz. 3

3. Eröffnung trotz Nachlassteilung. Die abgeschlossene Teilung des Nachlasses schließt die Eröffnung der Nachlassinsolvenz ebenfalls nicht aus, § 316 II InsO. Dies dient dem Interesse der Nachlassgläubiger, dass zur Befriedigung ihrer Forderungen der 4

---

[1] Allgemeine Meinung, vgl. nur MüKoBGB/*Leipold*, § 1943 Rn. 5; Bamberger/Roth/*Siegmann/Höger*, § 1943 Rn. 6.
[2] OLG Koblenz Rpfleger 1989, 510; FKInsO/*Schallenberg/Rafiqpoor*, § 317 Rn. 10; *Hess*, § 317 Rn. 19.
[3] Die unbeschränkte Erbenhaftung kann auf einen Verzicht des Erben, auf §§ 1994 I 2, 2005 I BGB oder auf § 2006 III BGB, § 780 ZPO, §§ 27, 139 HGB zurückzuführen sein.
[4] Zu den Besonderheiten hierbei s § 331 InsO (dazu → § 119 Rn. 11 ff.); vgl. ferner § 326 II, III InsO und dazu s. u. § 115 Rn. 10 ff.

§ 113   5   Kapitel X. Die Nachlassinsolvenz

Nachlass als einheitliche Vermögensmasse zur Verfügung steht. Dem Insolvenzverwalter kommt die Aufgabe zu, die Insolvenzmasse wieder zu sammeln (§§ 80, 148 InsO).[5] Die Miterben trifft hierbei gemäß §§ 1978 I 2, 666, 667 BGB eine Auskunfts- und Herausgabe bezüglich desjenigen, was sie bei der Teilung erhalten haben, auch wenn nur ein Miterbe gegen Zahlung eines Ausgleichsbetrages den gesamten Nachlass übernommen hat.[6]

II. Antragsbefugnis

5   **1. Antragsberechtigung auf Schuldnerseite. a)** Das Antragsrecht ist eingeräumt (§ 317 I InsO): dem Erben, unabhängig davon, ob er beschränkt oder unbeschränkt haftet; der vorläufige Erbe (→ Rn. 1); bei einer Erbengemeinschaft jedem Miterben einzeln[7] bezüglich des gesamten Nachlasses (§ 316 III InsO), auch wenn der Antrag auf die drohende Zahlungsunfähigkeit gestützt wird,[8] und auch dem Miterben, der aufgrund einer Abschichtung aus der Erbengemeinschaft ausgeschieden ist, da er die formelle Stellung als Erbe hierdurch nicht verliert;[9] dem Erbeserben;[10] dem Vorerben bis zum Eintritt des Nacherbfalls,[11] erst ab diesem Zeitpunkt dem Nacherben[12] (→ § 118 Rn. 2 ff.); dem Erbschaftskäufer nach dem formgültigen Erwerb des Nachlasses[13] (→ § 118 Rn. 11 ff.); dem Insolvenzverwalter des insolventen Erben (→ § 119 Rn. 5), dem Nachlasspfleger (§ 1960 II BGB) und -verwalter (§§ 1975, 1981 ff. BGB) sowie einem Testamentsvollstrecker über den Nachlass als ganzen (§§ 2197, 2205, 2209, 2216 BGB);[14] nicht aber wenn sich die Verwaltung des Testamentsvollstreckers nur auf einzelne Nachlassgegenstände oder einen Erbteil bezieht[15] und nicht bei einer lediglich beaufsichtigenden Testamentsvollstreckung iSd § 2208 II BGB. Mehrere Nachlasspfleger bzw. mehrere Testamentsvollstrecker können den Antrag regelmäßig nur gemeinsam stellen; bei Meinungsverschiedenheiten entscheidet das Nachlassgericht (§§ 1797 I, 1915, 1962 bzw. § 2224 BGB). Die Zulässigkeit des Antrags des Nachlassverwalters kann nicht in analoger Anwendung des § 317 II 1 InsO von der Glaubhaftmachung des Eröffnungsgrundes abhängig gemacht werden.[16] Demjenigen, der die Ausschlagungsfrist wegen Versäumung angefochten hat, steht das Antragsrecht nicht mehr zu, da es bereits an der Behauptung der Erbenstellung fehlt; ihm bleibt als Mittel zur Haftungsbeschränkung nur noch die Beantragung der Nachlasspflegschaft.[17]

---

[5] BGH NZI 2014, 73 (74 f.); Nerlich/Römermann/*Riering*, § 316 Rn. 7; Uhlenbruck/Hirte/Vallender/*Lüer*, § 316 Rn 5 f.
[6] MüKoInsO/*Siegmann*, § 316 Rn. 4.
[7] Muster eines Eigenantrages bei *Wimmer/Dauernheim/Wagner/Weidekind-Silcher*, Kap 17 Rn. 116.
[8] Str, so wie hier MüKoInsO/*Siegmann*, § 317 Rn. 3; aA HK/*Kirchhof*, § 18 Rn. 18; *Haarmeyer/Wutzke/Förster*, Kap 10 Rn. 99.
[9] So auch *Bredemeyer/Tews* ZEV 2012, 352 (355); aA *Jünemann* ZEV 2012, 65 (70).
[10] So auch Braun/*Bauch*, § 317 Rn. 3, da andernfalls ein Wertungswiderspruch zu § 330 Abs. 1 InsO bestünde; *Küpper* ZEV 2011, 549; aA AG Dresden ZEV 2011, 548; *Hess*, § 317 Rn. 5.
[11] Str, ebenso wie hier Andres/Leithaus/*Andres*, §§ 317–319 Rn. 2; Braun/*Bauch*, § 317 Rn. 3; FKInsO/*Schallenberg/Rafiqpoor*, § 317 Rn. 12, 14 ff.; *Hess*, § 317 Rn. 20; HK/*Marotzke*, § 317 Rn. 4; *K. Schmidt*, § 317 Rn. 3; aA (Antragsbefugnis des Vorerben, solange er im Nachlassbesitz ist) Nerlich/Römermann/*Riering*, § 317 Rn. 2; BerlK-*Breutigam/Blersch/Haas*, § 317 Rn. 4; *Vallender* MDR 1999, 280 (284).
[12] AA *Frege/Keller/Riedel*, Rn. 2358, die dem Nacherben bereits vor dem Eintritt des Nacherbfalls das Antragsrecht gewähren wollen.
[13] Vgl. OLG Köln NZI 2001, 98.
[14] LG München ZVI, 2011, 339; *Geitner*, Der Erbe in der Insolvenz, S. 56.
[15] Vgl. *Jaeger/Weber*, §§ 217–220 KO Anm. 11; *Haegele* KTS 1969, 158; FKInsO/*Schallenberg/Rafiqpoor*, § 317 Rn. 21.
[16] *Hess*, § 317 Rn. 29; Uhlenbruck/Hirte/Vallender/*Lüer*, § 317 Rn. 7.
[17] BGH NZI 2011, 653; Graf-Schlicker/*Busch*, § 317 Rn. 2.

Das Antragsrecht des Nachlasspflegers, -verwalters oder Testamentsvollstreckers er- 6
setzt dasjenige des Erben nicht, sondern tritt zusätzlich hinzu (arg § 317 III InsO).[18]

b) Gehört der Nachlass im Zeitpunkt der Antragstellung gemäß § 1416 I 2 BGB 7
(Ausnahme: Vorbehalts- oder Sondergut, §§ 1418 II Nrn. 1, 2, 1417 BGB) zum Gesamtgut einer Gütergemeinschaft eines Ehepaares oder einer Lebenspartnerschaft iSd LPartG (§ 318 III InsO), erweitert § 318 InsO die Antragsberechtigung: Auch ohne Zustimmung des Erben kann dessen Ehegatte/Lebenspartner den Insolvenzantrag stellen, wenn er das Gesamtgut allein oder zusammen mit dem Erben verwaltet. Auf diese Weise kann er im Hinblick auf § 1975 BGB verhindern, dass das Gesamtgut (§§ 1437 I, 1438, 1439, 1459 I, 1460, 1461 BGB) und sein persönliches Vermögen (§§ 1437 II, 1459 II BGB) für Nachlassverbindlichkeiten haften. Das Ende der Gütergemeinschaft ändert nichts an der Antragsbefugnis (§ 318 I 3 InsO). Obliegt dem Ehegatten/Lebenspartner, der Erbe ist, das alleinige Verwaltungsrecht, steht dem anderen Ehegatten/Lebenspartner dagegen das Antragsrecht nicht zu.[19]

2. Antragsberechtigte auf Gläubigerseite. a) Die Antragsbefugnis steht jedem 8
Nachlassgläubiger zu, auch wenn es sich um einen nachrangigen oder den einzigen Gläubiger handelt.[20] Auch solche Gläubiger, deren Anspruch nicht auf eine Geldzahlung gerichtet ist und keine persönliche Verpflichtung des Erben beinhaltet, zB Ansprüche auf Wegnahme, auf Vornahme einer vertretbaren Handlung oder auf Abgabe einer Willenserklärung wie einer Auflassungserklärung sind antragsberechtigt.[21] Allerdings muss für den Antrag des Gläubigers ein rechtliches Interesse gegeben sein, das auf der Grundlage des § 14 I InsO zu prüfen ist.[22] Dieses Rechtsschutzbedürfnis lässt sich für Nachlassgläubiger – unabhängig davon, ob es sich um Gläubiger von Insolvenzforderungen oder um Massegläubiger handelt – grundsätzlich daraus herleiten, dass die Nachlassinsolvenz bei einem überschuldeten oder zahlungsunfähigen Nachlass das einzige Mittel ist, um eine Sonderung des Nachlasses zu bewirken und den Zugriff der Eigengläubiger des Erben auf den Nachlass zu verhindern. Hat der Gläubiger jedoch Ansprüche nicht gegen den gesamten Nachlass sondern nur gegen einen oder einzelne Miterben (§ 2046 II BGB, zB Auflagen oder Vermächtnis, die nur einzelne Erben betreffen), steht ihm kein Antragsrecht zu.

b) Die in § 219 KO enthaltenen Beschränkungen des Antragsrechts finden sich in 9
der Insolvenzordnung nicht mehr. Sie waren Ausdruck eines fehlenden Rechtsschutzbedürfnisses, da die nachrangigen Gläubiger bei einem überschuldeten Nachlass unter Berücksichtigung der Verfahrenskosten keine Aussicht auf Befriedigung hatten (§ 226 KO). Nachdem die Insolvenzordnung die Eröffnung der Nachlassinsolvenz auch bei Zahlungsunfähigkeit oder drohender Zahlungsunfähigkeit zulässt (→ Rn. 19f.), trifft dieser Gedanke auf die Nachlassinsolvenz nicht mehr zu.[23]

c) Der Eröffnungsantrag eines Nachlassgläubigers ist unzulässig, wenn seit der An- 10
nahme der Erbschaft, bei mehreren Erben seit der Annahme durch den letzten, zwei Jahre verstrichen sind, § 319 InsO. Im Falle der Nacherbfolge beginnt eine neue Frist

---

[18] Der Testamentsvollstrecker hat auch ein eigenes Antragsrecht im Rahmen der §§ 212, 216 InsO, vgl. LG München ZVI 2011, 339.
[19] Ausführlich hierzu MüKoInsO/*Siegmann*, § 318 Rn. 1.
[20] Ebenso BGH NJW-RR 2006, 1061; HK/*Marotzke*, § 316 Rn. 3; *Wimmer/Dauernheim/Wagner/Weidekind-Silcher*, Kap 17 Rn. 20; aA AG Tübingen DZWir 2003, 307.
[21] Insolvenzforderungen sind dagegen nicht vom Erben persönlich zu erfüllende Ansprüche auf Unterlassung, auf Auskunft und Rechnungslegung oder auf Herausgabe nicht zur Masse gehörender Gegenstände und begründen daher kein Antragsrecht; vgl. auch MüKoInsO/*Siegmann*, § 317 Rn. 5 und § 325 Rn. 2.
[22] Begr RegE InsO, BR-Drucks. 1/92, zu § 360, S. 230.
[23] Begr RegE InsO, BR-Drucks. 1/92, zu § 360, S. 230.

zu laufen (arg § 2144 I BGB); diese wird mit der Annahme der Nacherbschaft in Lauf gesetzt. Ist die Annahme bereits vor dem Nacherbfall erfolgt, kommt es auf den Zeitpunkt des Nacherbfalls an. Aufgrund des eindeutigen Wortlauts der Vorschrift beginnt die Frist auch im Falle der Testamentsvollstreckung mit der Annahme und nicht erst mit dem Ende der Testamentsvollstreckung.[24] Bei der Antragsfrist handelt es sich um eine Ausschlussfrist, die von Amts wegen zu beachten ist. Sie dient der Rechtssicherheit und Rechtsklarheit. Für den Erben, den Nachlasspfleger und -verwalter, den Testamentsvollstrecker und den nichterbenden Ehegatten/Lebenspartner im Falle des § 318 InsO gilt sie nicht.

III. Antragspflicht

11 **1. Erbe und Nachlassverwalter. a)** Nach § 1980 I BGB bzw. §§ 1985 II, 1980 I BGB sind jeder endgültige Erbe (auch der Vorerbe und der Fiskalerbe,[25] aber nicht der Erbe, der die Erbschaft noch ausschlagen kann) und der Nachlassverwalter[26] verpflichtet, unverzüglich, nachdem sie von der Überschuldung oder Zahlungsunfähigkeit des Nachlasses Kenntnis erlangt haben, die Eröffnung des Nachlassinsolvenzverfahrens zu beantragen. Ein schwebender Erbprätendentenstreit und eine deshalb angeordnete Nachlasspflegschaft entbinden den Erben nicht von der Antragspflicht.[27] Die drohende Zahlungsunfähigkeit löst dagegen die Antragspflicht nicht aus (vgl. § 1980 BGB). Der Kenntnis der Zahlungsunfähigkeit oder Überschuldung steht die auf Fahrlässigkeit beruhende Unkenntnis gleich (§ 1980 II 1 BGB). Eine verspätete Stellung des Insolvenzantrages durch den Nachlasspfleger ist dem Erben aber im Rahmen des § 1980 BGB nicht über §§ 166 I, 278 BGB zuzurechnen,[28] auch wenn dieser als gesetzlicher Vertreter des Erben anzusehen ist. Die Antragspflicht trifft jedoch nicht den vorläufigen Erben[29] und den bereits unbeschränkt haftenden Erben (§ 2013 BGB). Kommen der Erbe oder der Nachlassverwalter ihrer Antragspflicht schuldhaft nicht nach, müssen sie den Nachlassgläubigern den dadurch verursachten Schaden (zu ermitteln durch den Vergleich der tatsächlich erhaltenen Quote mit der fiktiven Quote, die bei rechtzeitiger Stellung des Insolvenzantrages den Gläubigern zugeflossen wäre)[30] ersetzen. Hierbei handelt es sich um einen zur Insolvenzmasse gehörenden Anspruch (vgl. § 328 II InsO), den der Insolvenzverwalter im Verfahren geltend machen muss (→ § 114 Rn. 8 f.). Die Beschränkbarkeit seiner persönlichen Haftung verliert der Erbe trotz Verletzung der Antragspflicht jedoch nicht. § 26 III InsO ist weder unmittelbar noch analog auf den Erben anzuwenden, da der Erbe bei unterlassener Antragstellung nicht gegen gesellschaftsrechtliche Verpflichtungen verstoßen haben kann.[31]

12 **b)** § 1980 I 3 BGB lässt die Antragspflicht wegen Überschuldung des Nachlasses allerdings entfallen, wenn die Überschuldung lediglich auf Vermächtnisse und Auflagen zurückzuführen ist. Entsprechendes gilt, wenn die Überschuldung nur auf ausgeschlossenen oder diesen gleichstehenden Ansprüchen (§§ 1973, 1974 BGB) beruht, da anzunehmen ist, dass die Gläubiger dieser Ansprüche bei einem überschuldeten Nachlass im Hinblick auf § 327 III InsO leer ausgehen werden und ihnen deshalb aus der unterlas-

---

[24] MüKoInsO/*Siegmann*, § 319 Rn. 4, HambKommInsO/*Böhm*, § 319 Rn. 2; str., aA HK/*Marotzke*, § 319 Rn. 3; Graf-Schlicker/*Busch*, § 319 Rn. 3; *Leonhardt/Smid/Zeuner/Fehl*, § 319 Rn. 3; Uhlenbruck/Hirte/Vallender/*Lüer*, § 319 Rn. 3; *Muscheler*, S. 134 ff.
[25] *Tetzlaff* NJW 2004, 485 (486, 490).
[26] Vgl. auch BGH ZEV 2011, 544.
[27] BGH ZEV 2005, 109 mit krit. Anm. *Marotzke* ZEV 2005, 111 f.
[28] BGH ZEV 2005, 109 (110 f.).
[29] HM; vgl. BGH ZEV 2005, 109.
[30] OLG Köln NZI 2012, 1030 (1032).
[31] MüKoInsO/*Siegmann*, § 317 Rn. 8; HambKommInsO/*Böhm*, § 317 Rn. 7.

Eröffnung des Insolvenzverfahrens über einen Nachlass 13, 14 § 113

senen Antragstellung kein Schaden entstehen kann.³² Die gesetzliche Begründung zur Streichung von § 219 KO und die Aufnahme der Zahlungsunfähigkeit bzw. drohenden Zahlungsunfähigkeit als weitere Eröffnungsgründe (→ Rn. 19 f.) rechtfertigen keine andere Bewertung, denn in diesem Zusammenhang geht es lediglich um die Antragspflicht bei Überschuldung des Nachlasses. Die Antragspflicht entfällt auch dann, wenn eine die Verfahrenskosten deckende Masse von vornherein nicht vorliegt (arg §§ 1990 f. BGB).³³ Lösen dagegen Pflichtteilsansprüche oder ein pflichtteilsvertretendes Vermächtnis die Überschuldung des Nachlasses aus, besteht die Antragspflicht uneingeschränkt.

2. Keine Antragspflicht für Nachlasspfleger und Testamentsvollstrecker. Eine Antragspflicht des Nachlasspflegers oder des Testamentsvollstreckers gegenüber den Nachlassgläubigern in analoger Anwendung der §§ 1980, 1985 II BGB ist zu verneinen.³⁴ Aus diesem Grund lässt das Vorhandensein eines Testamentsvollstreckers die Antragspflicht des Erben unberührt. § 2215 BGB erleichtert dem Erben lediglich die Erfüllung dieser Verpflichtung. Nachlasspfleger oder Testamentsvollstrecker kann die Antragstellung jedoch im Interesse des Erben auf Grund ihrer Pflicht zur ordnungsgemäßen Verwaltung obliegen.³⁵ Sie können sich deshalb im Rahmen ihres Aufgabenkreises dem Erben gegenüber schadenersatzpflichtig machen (§§ 1833, 1915 I BGB, § 2219 BGB), wenn sie trotz erkennbarer Zahlungsunfähigkeit oder Überschuldung keinen Eröffnungsantrag stellen.³⁶ **13**

IV. Anforderungen an einen Antrag

1. Schuldnerantrag. Stellen der Alleinerbe, alle Miterben, der Nachlasspfleger, Nachlassverwalter oder der Testamentsvollstrecker den Eröffnungsantrag, bedarf es keiner Glaubhaftmachung des Eröffnungsgrundes.³⁷ Der Antrag ist bereits zulässig, wenn eine Überschuldung des Nachlasses in substanziierter, nachvollziehbarer Form dargelegt wird; eine Schlüssigkeit im technischen Sinne ist nicht erforderlich.³⁸ Der Eröffnungsgrund ist jedoch glaubhaft (§ 4 InsO, § 294 ZPO) zu machen, wenn der Antrag bei einer Mehrheit von Erben nicht von allen gestellt wird. Entsprechendes gilt, wenn in den Fällen des § 318 I InsO nur ein Ehegatte die Nachlassinsolvenz beantragt (§ 318 II 1 InsO). Ist dem Insolvenzgericht die Erbeneigenschaft oder die Bestellung zum Nachlasspfleger, -verwalter oder Testamentsvollstrecker nicht bekannt, ist dies nachzuweisen (zB durch Erbschein³⁹ oder Testament mit Eröffnungsprotokoll bzw. Bestal- **14**

---

³² Ausführlich zu dieser im Gesetz nicht ausdrücklich vorgesehenen Ausnahme MüKoBGB/*Küpper*, § 1980 Rn. 6.
³³ Vgl. hierzu auch MüKoBGB/*Küpper*, § 1980 Rn. 4, 13; Wimmer/Dauernheim/Wagner/Weidekind-Silcher, Kap 17 Rn. 5; str., aA Andres/Leithaus/*Andres*, §§ 317–319 Rn. 8; Nerlich/Römermann/Riering, § 317 Rn. 6.
³⁴ BGH ZEV 2005, 109 (110); KG KTS 1975, 230; MüKoBGB/*Küpper*, § 1980 Rn. 12; MüKoInsO/*Siegmann*, § 317 Rn. 7; aA für Testamentsvollstrecker *Haegele* KTS 1969, 158; *K. Schmidt*, § 320 Rn. 14; *Uhlenbruck* ZAP 1991, 185 (186); *ders.* MittRhNotK 1994, 305 (308). Ausführlich hierzu *Muscheler*, S. 230 ff.
³⁵ Uhlenbruck/Hirte/Vallender/*Lüer*, § 317 Rn. 7 f.; *Roth* ZInsO 2013, 1567 (1570) mwN.
³⁶ BGH ZEV 2005, 109 (110). Strittig, ob dieser Anspruch unmittelbar zum Nachlass gehört, bejahend: RGZ 138, 132; MüKoInsO/*Siegmann*, § 317 Rn. 7; *Häsemeyer*, Rn. 33.29; aA (vorherige Pfändung notwendig) FKInsO/*Schallenberg/Rafiqpoor*, § 317 Rn. 20. Ausführlich hierzu *Muscheler*, S. 230 ff.
³⁷ Ebenso Baur/*Stürner*, Zwangsvollstreckungs-, Konkurs- und Vergleichsrecht Bd II, 12. Aufl. 1990, Rn. 32.4; *Vallender* MDR 1999, 280 (284); aA für den Nachlassverwalter und Testamentsvollstrecker *Jaeger/Weber*, §§ 217–220 KO Anm. 29 unter Berufung auf § 217 II 1 KO (entspricht § 317 II 1 InsO).
³⁸ So auch für den Nachlasspfleger BGH ZEV 2007, 587 f.
³⁹ Vgl. BGH ZIP 2003, 1005; BGH ZEV 2007, 587 f.; LG Köln NZI 2003, 501, wonach der Amtsermittlungsgrundsatz für das Insolvenzgericht erst nach Vorliegen eines zulässigen Antrages gilt; Graf-Schlicker/*Busch*, § 317 Rn. 2. AA HK/*Marotzke*, § 317 Rn. 3; *Marotzke* ZEV 2005, 112: Glaubhaftmachung ausreichend, insbesondere wenn der vorläufige Erbe sich das Recht zur Ausschlagung der

lungsurkunde oder Testamentsvollstreckerzeugnis). Glaubhaftmachung genügt insoweit nicht.[40] Zur Anhörung des Testamentsvollstreckers und des/der Erben bzw. der übrigen Erben vgl. § 317 II 2, III InsO sowie zur Anhörung des anderen Ehegatten vgl. § 318 II 2 InsO.[41] Im Übrigen gilt die allgemeine Regelung des § 10 InsO.

15 **2. Gläubigerantrag.** Für den Antrag des Gläubigers gelten die Vorschriften der Regelinsolvenz (§ 14 InsO). Der Antrag ist daher nur zulässig, wenn der Gläubiger ein rechtliches Interesse an der Durchführung des Nachlassinsolvenzverfahrens hat. Dieses kann gerade beim unbeschränkt haftenden Erben fehlen. Ferner hat er seine Forderung sowie den Eröffnungsgrund glaubhaft zu machen. Für die Glaubhaftmachung reicht es aus, wenn der Gläubiger die Vergeblichkeit der Vollstreckung beispielsweise durch ein Gerichtsvollzieherzeugnis darlegt. Die Glaubhaftmachung entbindet das Insolvenzgericht aber nicht davon, gemäß § 5 InsO zusätzlich von Amts wegen zu ermitteln, ob die Voraussetzungen für die Eröffnung des Nachlassinsolvenzverfahrens vorliegen.

V. Eröffnungsgründe

16 **1. Erweiterung der Eröffnungsgründe durch die Insolvenzordnung.** Abweichend von der Konkursordnung sind im Rahmen der Nachlassinsolvenz Eröffnungsgründe nunmehr wie bei der Regelinsolvenz neben der Überschuldung auch die Zahlungsunfähigkeit und die drohende Zahlungsunfähigkeit (§ 320 InsO). Die Insolvenzordnung geht davon aus, dass der Nachlass kein abgeschlossenes, statisches Vermögen darstellt, sondern sich ständig verändern und sogar aktiv am Wirtschaftsleben teilnehmen kann, insbesondere wenn zum Nachlass ein Unternehmen gehört. Die Anerkennung weiterer Eröffnungsgründe für die Nachlassinsolvenz soll daneben eine schnellere Eröffnung des Verfahrens ermöglichen, da nicht mehr in jedem Fall die zeitaufwändige Feststellung der Überschuldung zu erfolgen hat. Schließlich soll die Aufnahme einheitlicher Eröffnungsgründe für die Regel- und Nachlassinsolvenz praktische Schwierigkeiten vermeiden helfen, vor allem beim Übergang von der Regelinsolvenz zur Nachlassinsolvenz, wenn Eröffnungsgrund die Zahlungsunfähigkeit des Schuldners war und der Schuldner nach der Eröffnung des Verfahrens verstirbt.[42]

17 **2. Überschuldung. a)** Ein Nachlass ist überschuldet, wenn im Zeitpunkt der Insolvenzeröffnung (nicht bereits zurzeit des Erbfalls) das Aktivvermögen des Nachlasses die bestehenden Verbindlichkeiten nicht mehr deckt (vgl. § 19 II 1 InsO; zu den Einzelheiten → § 6 Rn. 22 ff.). Maßgeblich ist die Überschuldung des gesamten Nachlasses, nicht einzelner Erbteile. Bei der Ermittlung des Aktivvermögens sind ua die Ansprüche des Nachlasses gegen den Erben (→ § 114 Rn. 3 f.) zu berücksichtigen, auch wenn diese Ansprüche erst durch die Eröffnung des Nachlassinsolvenzverfahrens entstehen oder als nicht erloschen gelten (§§ 1976 ff. BGB). Die bei Unternehmensinsolvenzen bedeutsame Frage, ob das Aktivvermögen auf der Grundlage von Fortführungs- oder Liquidationswerten zu bewerten ist (vgl. § 19 II 2 InsO),[43] spielt im Rahmen einer Nachlassinsolvenz eine Rolle, wenn Bestandteil des Nachlassvermögens ein Unterneh-

---

Erbschaft noch vorbehalten will, da das Stellen eines Erbscheinsantrages als Annahme der Erbschaft angesehen wird; *Marotzke* ZEV 2011, 545.

[40] Kritisch hierzu MüKoInsO/*Siegmann*, § 317 Rn. 2.

[41] Zur Anhörung der Erben bei einem Antrag durch den Nachlasspfleger s LG Köln KTS 1986, 362. Für Anhörung des Nachlassverwalters bei einem Antrag der Erben analog § 317 III InsO: HK/*Marotzke*, § 317 Rn. 9, 11. Ausführlich hierzu MüKoInsO/*Siegmann*, § 317 Rn. 4.

[42] Begr RegE InsO, BR-Drucks. 1/92, zu § 363, S. 230 f.

[43] Vgl. hierzu *Drukarczyk/Schüler*, Kölner Schrift, S. 95 (127 ff.); *W. Uhlenbruck*, Kölner Schrift, S. 1157 (1166 ff.).

men ist. Dabei ist von den Fortführungswerten auszugehen, falls die Fortführung des Unternehmens überwiegend wahrscheinlich ist,[44] wobei die positive Fortführungsprognose nicht nur für die Frage von Bedeutung ist, ob die Bewertung des Schuldnervermögens nach Fortführungs- oder Liquidationswerten erfolgt, sondern gemäß § 19 II InsO auch eine rechnerische Überschuldung als Insolvenzgrund ausschließt.[45] Als Nachlassverbindlichkeiten sind neben den Masseschulden (§§ 54, 55, 324 InsO) alle in den §§ 325 bis 327 InsO aufgeführten Verbindlichkeiten anzusetzen. Damit sind neben Ansprüchen des Erben gegen den Nachlass (→ § 114 Rn. 5 ff.) und Pflichtteilsansprüchen auch auf Vermächtnissen oder Auflagen beruhende Verpflichtungen in Ansatz zu bringen, sofern sie nicht lediglich einzelne Miterben beschweren.[46] § 1980 I 3 BGB steht dem nicht entgegen, da diese Vorschrift lediglich die Frage der Antragspflicht behandelt, zum Vorliegen einer Überschuldung aber keine Aussage trifft. Bedingte, noch nicht fällige, ungewisse oder wiederkehrende Verbindlichkeiten sind entsprechend den §§ 41, 42, 45, 46 InsO unter Berücksichtigung des § 2313 BGB zu bewerten.[47] Künftig entstehende Verfahrenskosten sind dagegen nicht zu berücksichtigen.[48]

b) In einem Partikularinsolvenzverfahren (Art. 3 II, IV, 27 EuInsVO,[49] §§ 354 ff. InsO) über lediglich den inländischen Nachlass sind bei der Feststellung der Überschuldung auf der Passivseite alle Nachlassverbindlichkeiten ohne Rücksicht auf Wohnsitz und Staatsangehörigkeit des Gläubigers anzusetzen. Entsprechendes gilt für die Aktiva. Es sind also nicht nur die im Inland belegenen Vermögensgegenstände anzusetzen, da es an der Rechtfertigung für ein Insolvenzverfahren als Verfahren der Gesamtvollstreckung fehlt, wenn bei einer Gesamtschau ausreichendes Vermögen festzustellen ist.[50]

3. Zahlungsunfähigkeit und drohende Zahlungsunfähigkeit. a) Wie in der Regelinsolvenz ist der Nachlass zahlungsunfähig, wenn der Erbe nicht mehr in der Lage ist, den fälligen Zahlungspflichten aus dem Nachlass nachzukommen (vgl. § 17 II InsO). Maßgeblich sind ausschließlich die Verbindlichkeiten des Nachlasses. Die Vermögensverhältnisse des Erben bleiben außer Betracht. Bei der Frage, ob aus dem Nachlass die Verbindlichkeiten erfüllt werden können, sind lediglich die flüssigen Mittel des Nachlasses zu berücksichtigen.[51] Ausführlich zum Eröffnungsgrund der Zahlungsunfähigkeit → § 6 Rn. 4 ff.

---

[44] Ebenso HK/*Marotzke*, § 320 Rn. 3; MüKoInsO/*Siegmann*, § 320 Rn. 5; Graf-Schlicker/*Busch*, § 320 Rn. 4; MAHErbrecht-*Scherer/Wiester*, § 25 Rn. 16; *Jünemann* ZErb 2011, 59 (60); *Vallender/Fuchs/Rey* NZI 1999, 355; aA *Hüsemann*, S. 63; *Leonhardt/Smid/Zeuner/Fehl*, § 320 Rn. 2; Uhlenbruck/Hirte/Vallender/*Lüer*, § 320 Rn. 3; nicht eindeutig *Haarmeyer/Wutzke/Förster*, Kap 10 Rn. 100, die davon sprechen, dass die Fortführungsperspektive berücksichtigt werden kann, wenn ein Unternehmen zum Nachlass gehört.

[45] Vgl. → § 6 Rn. 27. Zur Überschuldung bis Oktober 2008 s. o. § 6 Rn. 28.

[46] MüKoInsO/*Siegmann*, § 320 Rn. 4; Uhlenbruck/Hirte/Vallender/*Lüer*, § 320 Rn. 23; *Frege/Keller/Riedel*, Rn. 2356; Graf-Schlicker/*Busch*, § 320 Rn. 5; *Häsemeyer*, Rn. 33.08 Fn 23; str., aA *Haarmeyer/Wutzke/Förster*, Kap 10 Rn. 100; MAHErbrecht-*Scherer/Wiester*, § 25 Rn. 17.

[47] Uhlenbruck/Hirte/Vallender/*Lüer*, § 320 Rn. 3.

[48] AG Göttingen ZInsO 2002, 944; HambKommInsO/*Böhm*, § 320 Rn. 4; Uhlenbruck/Hirte/Vallender/*Lüer*, § 320 Rn. 3; *Wimmer/Dauernheim/Wagner/Weidekind-Silcher*, Kap 17 Rn. 28.

[49] Im Verhältnis zu den Mitgliedsstaaten darf ein Partikularinsolvenzverfahren nur dann durchgeführt werden, wenn sich eine gewerbliche Niederlassung des Erblassers in Deutschland befindet (Art. 3 II, 27 EuInsVO). Ein bloßer Vermögensgerichtsstand genügt nicht. Einzelheiten hierzu s. u. 130 Rn. 41 ff., § 131 Rn. 15, MüKoInsO/*Siegmann*, § 315 Rn. 9 sowie HK/*Marotzke*, § 315 Rn. 11 f. und § 317 Rn. 23.

[50] Wie hier *Mankowski* ZIP 1995, 1652 (1658 f.); *Lüer*, Kölner Schrift, S. 297 (315); aA 1. Auflage. S auch u § 131 Rn. 23, 113 f.

[51] Kritisch hierzu MüKoInsO/*Siegmann*, § 320 Rn. 2, der bei der Frage des Vorliegens des dauernden Unvermögens des Schuldners, seine Verbindlichkeiten zu erfüllen, eine genaue, Einzelfall bezogene Überprüfung fordert; MAHErbrecht-*Scherer/Wiester*, § 25 Rn. 15; Uhlenbruck/Hirte/Vallender/*Lüer*, § 320 Rn. 2.

20 b) Drohende Zahlungsunfähigkeit ist gegeben, wenn der Erbe voraussichtlich außerstande sein wird, die bestehenden Verbindlichkeiten im Zeitpunkt der Fälligkeit zu begleichen (vgl. § 18 II InsO). Um zu vermeiden, dass Gläubiger den Erben schon im Vorfeld durch einen Insolvenzantrag unter Druck setzen, können nur der Erbe, ein Nachlassverwalter oder -pfleger sowie ein Testamentsvollstrecker ihren Eröffnungsantrag auf die drohende Zahlungsunfähigkeit stützen (§ 320 S. 2 InsO). Zu den Einzelheiten dieses Eröffnungsgrundes → § 6 Rn. 17 ff.

VI. Beschwerdeberechtigung

21 Mangels ausdrücklicher Sonderregelungen gelten auch im Nachlassinsolvenzverfahren für die Beschwerdeberechtigung die Bestimmungen der Regelinsolvenz. Danach besteht eine Beschwerdeberechtigung nur bei ausdrücklicher Zulassung im Gesetz, § 6 InsO. Aus diesem Grunde kann bei Ablehnung der Eröffnung des Nachlassinsolvenzverfahrens jeder Antragsteller (§ 34 I 1. Alt. InsO), im Falle der Abweisung mangels Masse jeder Schuldner (§§ 34 I 2. Alt., 26 InsO) sofortige Beschwerde einlegen. Gegen den Eröffnungsbeschluss steht jedem Schuldner gemäß § 34 II InsO die sofortige Beschwerde offen, also auch jedem Miterben, selbst wenn er keinen Antrag gestellt hat. Allerdings kann der Schuldner mangels schutzwürdigen Interesses seine Beschwerde nicht auf die Begründung stützen, der Antrag hätte nach § 26 InsO abgewiesen werden müssen.[52] Die Beschwer lässt sich auch nicht damit begründen, der Eröffnungsgrund sei weggefallen.[53] Der Nachlasspfleger kann den Beschwerdeweg für die unbekannten Erben beschreiten.[54] Nachlassverwalter und Testamentsvollstrecker können ihre Beschwerdeberechtigung hingegen nur auf § 34 I 1. Alt. InsO stützen, nicht dagegen auf § 34 I 2. Alt. oder § 34 II InsO, da sie nicht Schuldner sind. Sie müssen in diesen Fällen ihre Rechte im Rahmen der Anhörung nach § 317 III InsO geltend machen. Nach der Eröffnung des Nachlassinsolvenzverfahrens steht dem Nachlassverwalter schon deshalb kein Beschwerderecht zu, weil mit der Eröffnung sein Amt endet (§ 1988 I BGB).

VII. Insolvenzkostenhilfe

22 Seit dem 1.12.2001 sieht die Insolvenzordnung die Möglichkeit der Insolvenzkostenhilfe für den Schuldner mittels Stundung vor, wenn er einen Antrag auf Restschuldbefreiung gestellt hat und dieser nicht offensichtlich zu versagen ist (§ 4a InsO). Nachdem dem Nachlass im Rahmen des Nachlassinsolvenzverfahrens keine Restschuldbefreiung gewährt werden kann (→ Rn. 31 f.), ist dem Schuldner in der Nachlassinsolvenz auch keine Insolvenzkostenhilfe zuzugestehen;[55] lediglich in der Eigeninsolvenz ist diese dem Erben grundsätzlich eröffnet. Auf die Begründung, der Erbe wolle die Dürftigkeit des Nachlasses durch die Abweisung des Eröffnungsantrages nachweisen,[56] lässt sich die Bewilligung von Insolvenzkostenhilfe nicht stützen.[57] Der Schuldner kann diesen Nachweis auch anderweitig, zB über die Inventarerrichtung (§ 2009 BGB) oder die Vorlage

---

[52] *Hess*, § 34 Rn. 32; MüKoInsO/*Siegmann*, § 317 Rn. 13.
[53] Str; so wie hier LG Düsseldorf NZI 2002, 60; MüKoInsO/*Siegmann*, § 317 Rn. 13 mwN auch zur Gegenmeinung.
[54] LG Wuppertal ZInsO 1999, 601.
[55] So auch LG Kassel NZI 2014, 697 f.
[56] So LG Göttingen Rpfleger 2001, 95 zur Rechtslage vor dem 1.12.2001.
[57] LG Berlin ZInsO 2004, 626; LG Neuruppin ZInsO 2004, 1090; AG Flensburg ZInsO 1999, 422; AG Bielefeld ZIP 1999, 1223; AG Hildesheim ZInsO 2004, 1154; vgl. auch BGH NZI 2000, 260 (261). Ebenso Braun/*Bauch*, § 315 Rn. 13; Graf-Schlicker/*Busch*, § 317 Rn. 2; MüKoInsO/*Siegmann*, § 317 Rn. 14 mwN; Uhlenbruck/Hirte/Vallender/*Lüer*, § 317 Rn. 5; *Geitner*, Der Erbe in der Insolvenz, S. 75 f. AA LG Göttingen Rpfleger 2001, 95; LG Fulda ZVI 2007, 129; *Hess*, § 315 Rn. 6. Kritisch zur hM auch *Runkel-Fliegner*, § 19 Rn. 114.

Eröffnung des Insolvenzverfahrens über einen Nachlass 23–25 § 113

von Protokollen über erfolglose Vollstreckungsversuche, erbringen. Möglich ist allerdings, dem antragstellenden Gläubiger auch in der Nachlassinsolvenz Insolvenzkostenhilfe zu gewähren, sofern keine Massearmut vorliegt.[58]

VIII. Eigenverwaltung

Die Eigenverwaltung kann auf Antrag des Erben oder aller Miterben auch im Rahmen des Nachlassinsolvenzverfahrens angeordnet werden, wenn die das Nachlassinsolvenzverfahren betreibenden Gläubiger dem zustimmen. Die Eigenverwaltung darf jedoch nicht zu Nachteilen für die Gläubiger führen (§ 270 II Nr. 3 InsO). Aus diesem Grunde kommt die Eigenverwaltung nicht in Betracht, wenn Ersatzansprüche der Insolvenzmasse gegen den Erben aus § 1980 BGB oder sonstige wechselseitige Ansprüche (§§ 1978, 1979 BGB) bestehen.[59] Das Vorhandensein von Masseverbindlichkeiten nach § 324 I Nrn. 2 bis 4 InsO hindert jedoch nicht die Eigenverwaltung.[60] War im Regelinsolvenzverfahren Eigenverwaltung angeordnet, führt die Überleitung in das Nachlassinsolvenzverfahren beim Tod des Schuldners nicht automatisch zur Fortführung der Eigenverwaltung. Es ist zunächst ein Nachlassinsolvenzverwalter zu bestellen; die Eigenverwaltung muss durch den/die Erben neu beantragt werden.[61] 23

IX. Überleitung einer Regelinsolvenz in eine Nachlassinsolvenz

1. Tod des Schuldners vor Eröffnung des Regelinsolvenzverfahrens. Ein Insolvenzverfahren, das vor dem Tod des Schuldners beantragt wurde, aber erst nach dessen Tod eröffnet wird, ist von Anfang an als Nachlassinsolvenz zu behandeln. Es tritt keine Unterbrechung des Verfahrens ein, sondern wird mit dem/den Erben als Schuldner nach den Vorschriften der §§ 315 ff. InsO abgewickelt.[62] Die Erweiterung der Eröffnungsgründe auch auf die Zahlungsunfähigkeit und drohende Zahlungsunfähigkeit erleichtert die Überleitung zum Nachlassinsolvenzverfahren (→ Rn. 16).[63] Die Insolvenzmasse besteht nur aus dem Nachlass, auch wenn der Erbe bereits unbeschränkt haftet. Allerdings sind der antragstellende Gläubiger oder im Falle eines Eigenantrages des Schuldners der Erbe vorab zu hören, um zu klären, ob der Gläubiger auf Grund der geänderten Verhältnisse den Antrag zurücknehmen oder der Erbe aus Eigenmitteln die Insolvenz abwenden will.[64] 24

2. Tod des Schuldners nach Eröffnung des Regelinsolvenzverfahrens. Stirbt der Schuldner nach Eröffnung der Regelinsolvenz, wird das Verfahren weder beendet noch unterbrochen. Das Verfahren ist als Nachlassinsolvenz in dem Stand fortzuführen, in dem es sich zurzeit des Erbfalls befindet. Eine Verweisung an das nach § 315 InsO zuständige Gericht erfolgt nicht. Der Erbe als Träger des von der Insolvenz betroffenen Vermögens ist nunmehr der Schuldner und nimmt dessen Rechte und Pflichten wahr. Ist der Erbe unbekannt, ist – soweit erforderlich – ein Nachlasspfleger zu bestellen. Das Vermögen des ursprünglichen Schuldners unterliegt weiterhin dem Insolvenzbeschlag. Auch wenn sich im Nachlassinsolvenzverfahren die Massezugehörigkeit nach der Person des Erben richtet, bestimmen bei einem aus der Regelinsolvenz übergeleiteten Verfah- 25

---

[58] MüKoInsO/*Siegmann*, § 317 Rn. 15 mwN.
[59] MüKoInsO/*Siegmann*, vor §§ 315 bis 331 Rn. 9; MAHErbrecht-*Scherer/Wiester*, § 25 Rn. 58; *K. Schmidt*, Vor § 315 Rn. 18.
[60] MüKoInsO/*Siegmann*, vor §§ 315 bis 331 Rn. 9.
[61] HK/*Marotzke*, vor §§ 315 ff. Rn. 3; MüKoInsO/*Siegmann*, vor §§ 315 bis 331 Rn. 9; *Nerlich/Römermann/Riering*, § 315 Rn. 26; Staudinger/*Marotzke*, § 2013 Rn. 4; *G. Siegmann* ZEV 2000, 345 (347); *Heyrath/Jahnke/Kühn* ZInsO 2007, 1202 (1203); *Kuleisa* ZVI 2013, 173 (177).
[62] Vgl. auch BGH NJW 2004, 1444 (1445). *Heyrath/Jahnke/Kühn* ZInsO 2007, 1202 (1203 f.).
[63] Zu diesem Problemkreis ausführlich *Jaeger/Weber*, § 214 KO Anm. 21 ff.
[64] Ausführlich MüKoInsO/*Siegmann*, vor §§ 315 bis 331 Rn. 4.

Döbereiner

ren weiterhin §§ 35, 36 InsO und der bereits ergangene Eröffnungsbeschluss den Umfang der Insolvenzmasse. Zur Insolvenzmasse gehört daher auch der zwischen der Eröffnung des Regelinsolvenzverfahrens und dem Erbfall angefallene Neuerwerb. Soweit der Erbe bereits Insolvenzgläubiger war, verliert er diese Stellung nicht (vgl. §§ 38, 326 I InsO). Der durch § 38 InsO festgelegte Kreis der Insolvenzgläubiger wird wegen des dort statuierten Stichtages nicht um die in § 327 I Nrn. 1 und 2 InsO genannten Gläubiger erweitert.[65] Lediglich die Masseverbindlichkeiten nach § 324 I Nr. 2 bis 4 InsO können zusätzlich hinzukommen.[66] Soweit Insolvenzforderungen durch den Tod des Schuldners erlöschen (vgl. zB § 39 I Nr. 3 InsO), ist dies zu berücksichtigen.

26   **3. Tod des Schuldners vor oder nach Eröffnung des Verbraucherinsolvenz- oder Kleinverfahrens.** Das Verbraucherinsolvenz- oder Kleinverfahren nach §§ 304ff. InsO hat den Zweck, natürlichen Personen eine Schuldenbereinigung und damit einen wirtschaftlichen Neubeginn zu ermöglichen. Dem Erben kommt es hingegen darauf an, durch das Nachlassinsolvenzverfahren eine Vermögenssonderung und damit verbunden eine Haftungsbeschränkung herbeizuführen. Diese unterschiedlichen Verfahrensziele lassen sich nicht in Einklang bringen. Besonders deutlich wird dies daran, dass mit der Annahme des Schuldenbereinigungsplans der Insolvenzantrag gemäß § 308 II InsO als zurückgenommen gilt; dadurch ist dem Erben aber die von ihm erstrebte Haftungsbeschränkung verbaut. Mit dem Tod des Schuldners ist dem Verbraucherinsolvenz- oder Kleinverfahren somit die Grundlage entzogen; es kann nicht mehr unverändert als Verbraucherinsolvenz- oder Kleinverfahren weitergeführt werden,[67] gleichgültig ob es sich im Stadium der Schuldenbereinigung oder bereits im vereinfachten Insolvenzverfahren nach §§ 311ff. InsO befindet. Das Verfahren wird vielmehr ohne Unterbrechung automatisch als normales Nachlassinsolvenzverfahren fortgesetzt, ohne dass es hierfür eines Änderungsantrages des Erben bedürfte.[68] Der Erbe muss daher für das Nachlassinsolvenzverfahren die Zulässigkeitsvoraussetzungen des § 304 InsO nicht erfüllen. Lag keine verfahrenskostendeckende Masse vor und wurden diese Kosten im eröffneten Verbraucherinsolvenzverfahren gestundet, entfällt diese Stundung wieder mit dem Tod des Schuldners, da die Stundung von der Restschuldbefreiung abhängt, welche nunmehr nicht mehr gewährt werden kann (→ Rn. 31). Eine Überleitung in das Nachlassinsolvenzverfahren kommt in diesem Fall nicht in Betracht; das Verfahren ist nach Anhörung des Treuhänders und der Gläubiger gemäß § 207 I 1 InsO einzustellen, es sei denn die Erben leisten einen Verfahrenskostenvorschuss (§ 207 I 2 InsO).[69] Sollte der bisherige Treuhänder nicht zum Nachlassinsolvenzverwalter bestellt werden,[70] erhält er lediglich die reguläre Treuhändervergütung, es sei denn er hat nach dem Tode des Schuldners Tätigkeiten entfaltet, die typischerweise zum Aufgabenbereich des Nachlassinsolvenzverwalters gehören.[71]

---

[65] MüKoInsO/*Siegmann,* vor §§ 315 bis 331 Rn. 3; *G. Siegmann* ZEV 2000, 345 (347).
[66] *G. Siegmann* ZEV 2000 345 (347) mwN; *Heyrath/Jahnke/Kühn* ZInsO 2007, 1202 (1204).
[67] So auch BGH NZI 2008, 382 f.
[68] BGHZ 157, 350 (354); BGH ZInsO 2014, 40 (41) mwN; Braun/*Bauch,* § 315 Rn. 16; Nerlich/Römermann/*Becker,* § 1 Rn. 11; FKInsO/*Ahrens,* § 286 Rn. 36; Graf-Schlicker/*Busch,* § 315 Rn. 8; HK/*Marotzke,* Vor §§ 315ff. Rn. 9, § 320 Rn. 8; *K. Schmidt,* Vor § 315 Rn. 25; *Busch* ZVI 2011, 77 (78); *Floeth* EWiR § 315 InsO 1/08, 573f.; *M. Siegmann* WuB VI A § 304 InsO 1.08. Str, aA die 3. Auflage sowie die bisher herrschende Meinung der Literatur: vgl. MüKoInsO/*Siegmann,* 1. Auflage, vor §§ 315 bis 331 Rn. 5; MAHErbrecht-*Scherer/Wiester,* § 25 Rn. 57; Nerlich/Römermann/*Riering,* § 315 Rn. 57; Pape/*Uhlenbruck,* Rn. 877; *G. Siegmann* ZEV 2000, 345 (347). Kritisch *Schmerbach* NZI 2008, 353 (354).
[69] *Schmerbach* NZI 2008, 353 (354); str., aA *Heyrath/Jahnke/Kühn* ZInsO 2007, 1202 (1205): automatische Überleitung in ein Nachlassinsolvenzverfahren auch in diesem Fall.
[70] Für automatischen Übergang der Treuhänderstellung zur Funktion des Nachlassinsolvenzverwalters *M. Siegmann* WuB VI A § 304 InsO 1.08.
[71] BGH NJW NZI 2008, 382 (383f.).

X. Zuständiges Insolvenzgericht

1. Örtliche und sachliche Zuständigkeit. Örtlich zuständiges Insolvenzgericht ist 27 gemäß § 315 S. 1 InsO grundsätzlich das Insolvenzgericht, in dessen Bezirk der Erblasser im Zeitpunkt seines Todes seinen allgemeinen Gerichtsstand (§ 13 ZPO, §§ 7 ff. BGB) hatte.[72] War jedoch der Erblasser im Zeitpunkt seines Todes oder unmittelbar davor[73] selbstständig wirtschaftlich tätig, ist der Ort des Mittelpunktes dieser Tätigkeit für die örtliche Zuständigkeit maßgeblich (§ 315 S. 2 InsO). Für eine selbstständige wirtschaftliche Tätigkeit genügt bereits die Geschäftsführung einer Personen- oder Kapitalgesellschaft, wenn hierin das Schwergewicht der Tätigkeit lag; die bloße Verwaltung eigenen oder des Familienvermögens reicht nicht aus.[74] Durch die Regelung des § 315 S. 2 InsO soll erreicht werden, dass das Insolvenzverfahren über den Nachlass eines unternehmerisch tätigen Erblassers am Sitz des Unternehmens durchgeführt werden kann. Dass die örtliche Zuständigkeit des Nachlassinsolvenzgerichts und die des Nachlassgerichts dadurch unterschiedlich geregelt sind, hat der Gesetzgeber in Kauf genommen.[75] Bestehen mehrere Gerichtsstände, gilt die allgemeine Regelung des § 3 II InsO. Zur sachlichen Zuständigkeit s § 2 InsO, zur funktionellen → § 17 Rn. 13 ff. § 315 InsO legt ausschließliche Zuständigkeiten fest.[76]

2. Internationale Zuständigkeit. Das deutsche Internationale Privatrecht enthält 28 auch nach seiner Neuregelung in den §§ 335 ff. InsO keine Regelung der internationalen Zuständigkeit.[77] Aus diesem Grunde sind die Kriterien des § 315 InsO auch maßgeblich für die Bestimmung der internationalen Insolvenzzuständigkeit in- oder ausländischer Gerichte.[78] Das für die internationale Zuständigkeit deutscher Nachlassgerichte geltende Gleichlaufprinzip ist trotz der engen Verknüpfung der Regelungen der Nachlassinsolvenz mit dem materiellen Erbrecht nicht auf die internationale Zuständigkeit für Nachlassinsolvenzverfahren übertragbar.[79] Im Verhältnis zu den Mitgliedsstaaten ist jedoch vorrangig die EuInsVO maßgeblich, die das Nachlassinsolvenzverfahren zwar nicht ausdrücklich erwähnt, aber auch nicht in den Bereichsausnahmen des Art. 1 II EuInsVO aufführt, so dass davon auszugehen ist, dass zu den in Anhang A zur EuInsVO aufgeführten Insolvenzverfahren auch das Nachlassinsolvenzverfahren zählt.[80] Die EuInsVO enthält in Art. 3 I 2 EuInsVO eine spezielle Regelung der internationalen Zuständigkeit. Danach sind in erster Linie die Gerichte des Vertragsstaates zuständig, in

---

[72] Einzelheiten bei MüKoInsO/*Siegmann*, § 315 Rn. 5 f., insbesondere zu den Fällen des Aufenthalts in einem Krankenhaus, der Unterbringung in einer psychiatrischen Anstalt, einer dauernden Anstalts- und Heimunterbringung und des Aufenthalts in einem Sterbehospiz.
[73] Für diese Einschränkung ebenfalls HK/*Marotzke*, § 315 Rn. 3; Uhlenbruck/Hirte/Vallender/*Lüer*, § 315 Rn. 16; HambKommInsO/*Böhm*, § 315 Rn. 2; *Vallender/Fuchs/Rey* NZI 1999, 355; aA MüKoInsO/*Siegmann*, § 315 Rn. 3.
[74] KG NZI 2001, 156; ausführlich MüKoInsO/*Siegmann*, § 315 Rn. 2 und 4 mwN.
[75] Begr RegE InsO, BR-Drucks. 1/92, zu § 358, S. 229.
[76] Bei Nachlassinsolvenzen mit Auslandsbezug verweist Art. 102 § 1 EGInsO zwar ausschließlich auf § 3 Abs. 1 InsO, jedoch ist in diesen Fällen Art. 102 § 1 EGInsO für die Bestimmung der örtlichen Zuständigkeit teleologisch dahingehend zu reduzieren, dass die Verweisung auch auf die Spezialnorm des § 315 InsO erfolgt. Mankowksi ZIP 2011, 1501 (1503) mwN.
[77] Vgl. *Liersch* NZI 2003, 302 (304) und s. u. § 131 Rn. 11 ff.
[78] S u § 131 Rn. 11 ff. und BGH ZEV 2010, 528; HK/*Marotzke*, § 315 Rn. 10 Fn 12; *Mankowski* ZIP 2011, 1501 (1505). Vgl. LG Stuttgart Rpfleger 2000, 235 und *Hanisch*, FS Henckel S. 369 (376) Fn 16. Zur fehlenden gesetzlichen Regelung der internationalen Zuständigkeit bei Partikularinsolvenzverfahren in Art. 102 III EGInsO aF vgl. *Leipold*, FS Henckel S. 533 (539); Uhlenbruck/Hirte/Vallender/*Lüer*, § 315 Rn. 16; *Lüer*, Kölner Schrift, S. 297 (311 ff.); *Lüer*, FS Uhlenbruck, S. 843 (845 ff.) sowie LG Stuttgart Rpfleger 2000, 235.
[79] Str.; so wie hier *Hanisch* ZIP 1990, 1241 (1243 f.); *Mankowski* ZIP 2011, 1501 (1505).
[80] AG Köln NZI 2011, 159; AG Düsseldorf ZInsO 2012, 1278; Braun/*Bauch*, § 315 Rn. 9a; FKInsO/*Schallenberg/Rafiqpoor*, § 315 Rn. 8b; HK/*Marotzke*, § 315 Rn. 9; ausführlich *Mankowski* ZIP 2011, 1501 mwN.

dessen Gebiet der Erblasser[81] den Mittelpunkt seines hauptsächlichen Interesses (Centre of Main Interests – COMI) hatte.[82] Daher ist bei Selbständigen auf den Ort der beruflichen Tätigkeit abzustellen.[83]

XI. Nachlassinsolvenz über das Vermögen eines für tot Erklärten

29   Wurde über das Vermögen einer nach dem Verschollenheitsgesetz für tot erklärten Person das Nachlassinsolvenzverfahren eröffnet, endet dieses Verfahren nicht automatisch, sobald der Verschollene wieder auftaucht. Vielmehr ist das Verfahren als Regelinsolvenz fortzuführen. Der fälschlich für tot Erklärte ist ab dem Zeitpunkt seines Wiederauftauchens als Schuldner anzusehen. Ihm allein steht das Recht zu, gegen den Eröffnungsbeschluss Beschwerde nach § 34 II InsO zu erheben, zB mit der Begründung es fehle an der Zahlungsunfähigkeit und damit am Eröffnungsgrund. Trotz des Versäumens der Frist der §§ 34 II, 6 InsO ist die Beschwerde gemäß § 577 II 2 ZPO iVm § 4 InsO zulässig, da der zu Unrecht für tot Erklärte als nicht ordnungsgemäß vertreten gilt (§ 579 I Nr. 4 ZPO).[84] Im Rahmen des Beschwerdeverfahrens ist das Vorliegen eines Eröffnungsgrundes erneut zu prüfen. Der Beschwerde ist stattzugeben, wenn das Nachlassinsolvenzverfahren wegen drohender Zahlungsunfähigkeit eröffnet wurde, da hierauf nur der Schuldner den Insolvenzantrag stützen kann. Ist die Frist des § 586 ZPO verstrichen, entfällt auch die Beschwerdemöglichkeit für den fälschlich für tot Erklärten.

XII. Auswirkungen der Eröffnung des Nachlassinsolvenzverfahrens auf anhängige Prozesse, Vollstreckungsmaßnahmen und Verfahren nach dem FamFG

30   Mit der Eröffnung des Nachlassinsolvenzverfahrens verliert der Erbe die Verfügungsbefugnis und somit auch die Prozessführungsbefugnis für die die Nachlassinsolvenzmasse betreffenden Prozesse. Diese sind gemäß § 240 S. 1 ZPO zu unterbrechen, unabhängig davon, ob sie sich in der ersten oder zweiten Instanz befinden. Dies gilt bereits bei der vorläufigen Insolvenzverwaltung nach § 22 I InsO (§ 240 S. 2 ZPO). Auch die Vollstreckbarerklärung eines ausländischen Urteils gemäß § 722f ZPO zählt zu den Verfahren im Sinne des § 240 S. 1 ZPO.[85] Ebenso sind allgemeine Zahlungsklagen der Nachlassgläubiger gegen den Erben, Verfahren iSd FamFG mit vermögensrechtlichem Bezug[86] und Kostenfestsetzungsverfahren[87] von der Unterbrechung betroffen.[88] Bereits anhängige Aktivprozesse kann der Nachlassinsolvenzverwalter jederzeit wieder aufnehmen, der Gegner nur, wenn der Verwalter die Aufnahme verzögert oder ablehnt (§§ 85 I 2, 85 II InsO). Die Möglichkeit der Aufnahme von Passivprozessen richtet sich nach § 86 InsO. Das Vollstreckungsverbot des § 89 I InsO gilt auch für das Nachlassinsolvenzverfahren.[89] Zur Frage der Geltendmachung der unbeschränkten Erbenhaftung unter Verzicht auf die Ansprüche gegen den Nachlass s. u. § 115 Rn. 36. Auch in

---

[81] HK/*Marotzke*, § 315 Rn. 10; *Mankowski* ZIP 2011, 1501 (1502) mwN.
[82] Zum anwendbaren Recht s *Mankowski* ZIP 2011, 1501 (1503 f. und 1505).
[83] AG Köln NZI 2011, 159.
[84] So wie hier Nerlich/Römermann/*Riering*, § 316 Rn. 10; KPB/*Holzer*, § 315 Rn. 33; zweifelnd MüKoInsO/*Siegmann*, vor §§ 315 bis 331 Rn. 8.
[85] BGH ZEV 2008, 445 (446 ff.).
[86] OLG Köln NZI 2005, 472; MüKoInsO/*Siegmann*, § 325 Rn. 10.
[87] BGH NZI 2006, 128.
[88] OLG Köln NZI 2002, 686; *Jaeger/Henckel*, § 10 Rn. 45; MüKoZPO/*Feiber*, § 240 Rn. 18; *Robrecht* KTS 2003, 385.
[89] Nach der Rechtsprechung des BGH werden jedoch nicht das Zwangsvollstreckungsverfahren in Bezug auf Pfändungsmaßnahmen (BGH NJW 2007, 3132) und das Zwangsvollstreckungsverfahren vorbereitende oder sie ermöglichende Verfahren wie die Erteilung der Vollstreckungsklausel (BGH NJW 2008, 918) im Falle der Eröffnung des Insolvenzverfahrens nach § 240 ZPO unterbrochen.

FamFG-Verfahren gehen dem Erben mit der Eröffnung des Nachlassinsolvenzverfahrens die Verfahrensführungs- und die Beschwerdeführungsbefugnis verloren. Eine vom Erben nach der Eröffnung eingelegte Beschwerde ist unzulässig.[90]

XIII. Nachlassinsolvenz und Restschuldbefreiung

1. Tod des Schuldners während des Insolvenzverfahrens. Strebt der Schuldner mit dem Insolvenzverfahren die Restschuldbefreiung an, stirbt er aber, bevor über den Antrag auf Gewährung der Restschuldbefreiung entschieden ist, wird das Insolvenzverfahren ganz normal in ein Nachlassinsolvenzverfahren überführt (→ Rn. 25). Dem Erben wird im Anschluss an das Nachlassinsolvenzverfahren allerdings keine Restschuldbefreiung mehr gewährt.[91] Die Restschuldbefreiung setzt ihrem Sinn und Zweck nach einen uneingeschränkt persönlich haftenden redlichen Schuldner voraus; dieser soll sich von seinen Restschulden befreien (vgl. § 1 S. 2 InsO) und wirtschaftlich neu beginnen können, nachdem er sein Eigenvermögen zur Gläubigerbefriedigung eingesetzt hat. Der beschränkbar haftende Erbe kann hingegen seine Haftung bereits durch das Nachlassinsolvenzverfahren auf den Nachlass beschränken, ohne sein Eigenvermögen einsetzen zu müssen. Auf ein Entschuldungsverfahren ist der Erbe nicht angewiesen. Selbst wenn der Erbe bereits unbeschränkt haftet, ist keine andere Sichtweise gerechtfertigt. Im Nachlassinsolvenzverfahren können gemäß § 325 InsO lediglich Nachlassverbindlichkeiten geltend gemacht werden, so dass die Eigenverbindlichkeiten des Erben von einer Restschuldbefreiung gar nicht betroffen wären. Die Erfassung über § 301 I 2 InsO ist ebenfalls nicht möglich, da Eigengläubiger ihre Forderungen im Nachlassinsolvenzverfahren nicht anmelden können. Dem Erben verbleibt nur der Weg des Insolvenzverfahrens über sein Eigenvermögen. Der noch vom Schuldner gestellte Antrag auf Gewährung der Restschuldbefreiung wird somit mit dessen Tod gegenstandslos; stellt erst der Erbe den Antrag auf Restschuldbefreiung, ist dieser von vornherein unzulässig.[92]

2. Tod des Schuldners während und nach der Wohlverhaltensperiode. Stirbt der Schuldner während der Wohlverhaltensperiode, hat dies auf das abgeschlossene Insolvenzverfahren keine Auswirkungen; die Überleitung in ein Nachlassinsolvenzverfahren ist nicht möglich und auch nicht erforderlich. Das Restschuldbefreiungsverfahren wird nicht mit dem/den Erben fortgeführt, es endet vielmehr entsprechend § 299 InsO.[93] Sollte die Wohlverhaltensperiode aber bereits abgelaufen sein, die Entscheidung über die Restschuldbefreiung gemäß § 300 InsO jedoch noch ausstehen, kann die Restschuldbefreiung noch erteilt werden. Das Insolvenzgericht hat somit trotz des Todes des Schuldners noch über die Erteilung der Restschuldbefreiung zu entscheiden.[94]

---

[90] OLG Köln NZI 2005, 472.
[91] BGH NZI 2005, 399 (400), HK/*Landfermann*, § 286 Rn. 2; Nerlich/Römermann/*Römermann*, § 299 Rn. 11; *Hess*, § 286 Rn. 65; MAHErbrecht-*Scherer/Wiester*, § 25 Rn. 57; MüKoInsO/*Siegmann*, vor §§ 315 bis 331 Rn. 6 mwN; Frege/Keller/Riedel, Rn. 2377; *Fischinger*, Die Beschränkung der Erbenhaftung in der Insolvenz, S. 5f.; *G. Siegmann* ZEV 2000, 345 (348); *Heyrath/Jahnke/Kühn* ZInsO 2007, 1202 (1206); str., aA HK/*Marotzke*, vor §§ 315 ff. Rn. 4 (abhängig vom erreichten Verfahrensstand); *Hüsemann*, S. 215, 219.
[92] MüKoInsO/*Siegmann*, vor §§ 315 bis 331 Rn. 6; *K. Schmidt*, Vor § 315 Rn. 26.
[93] BGH NJW-RR 2005, 1363; MüKoInsO/*Siegmann*, vor §§ 315 bis 331 Rn. 7 mwN; Andres/Leithaus/*Andres*, vor §§ 315–331 Rn. 15; Frege/Keller/Riedel, Rn. 2377; *K. Schmidt*, Vor § 315 Rn. 27; *Döbereiner*, Die Restschuldbefreiung nach der Insolvenzordnung, S. 219f.; *Fischinger*, Die Beschränkung der Erbenhaftung in der Insolvenz, S. 6f.; *G. Siegmann* ZEV 2000, 345 (348); *Heyrath/Jahnke/Kühn* ZInsO 2007, 1202 (1206f.); *Messner* ZVI 2004, 433 (440); str., aA FKInsO/*Ahrens*, § 286 Rn. 41; *Hess*, § 286 Rn. 65.
[94] AG Duisburg, NZI 2009, 659; Braun/*Bauch*, § 315 Rn. 16; *K. Schmidt*, Vor § 315 Rn. 27; *Heyrath/Jahnke/Kühn* ZInsO 2007, 1202 (1207); *Messner* ZVI 2004, 433 (440); aA AG Leipzig ZInsO 2013, 615; *Fischinger*, Die Beschränkung der Erbenhaftung in der Insolvenz, S. 7f.; *Büttner* ZInsO 2013, 588 (592f.); *Busch* ZVI 2011, 77 (84).

33 **3. Widerruf der Restschuldbefreiung nach dem Tod des Schuldners.** Auch nach dem Tod des Schuldners kann noch der Widerruf der Restschuldbefreiung gemäß § 303 InsO erfolgen. Das Widerrufsverfahren ist gegenüber dem/den Erben durchzuführen.[95] Diese sind nach erfolgtem Widerruf nicht der unbeschränkten Nachhaftung ausgesetzt; ihnen verbleibt die Haftungsbeschränkung auf den Nachlass nach den allgemeinen Regeln.

§ 114. Masse der Nachlassinsolvenz

Übersicht

	Rn.
I. Umfang der Insolvenzmasse	1
1. Nachlass	1
2. Geschäftsbetrieb als Massebestandteil	15
3. Gesellschaftsanteil an Kapitalgesellschaft und Nachlassinsolvenz	20
4. Personengesellschaftsanteil und Nachlassinsolvenz	21
II. Erweiterung der Anfechtbarkeit	37
1. Anwendung der allgemeinen Vorschriften	37
2. Erweiterte Anfechtbarkeit	38
III. Einschränkung der Absonderungsrechte	41
1. Keine abgesonderte Befriedigung auf Grund einer Vollstreckungsmaßnahme	41
2. Grund der Einschränkung	44
3. Materiell-rechtlicher Gehalt des § 321 InsO	45
4. Keine Rückgabe des Vollstreckungserlöses	48
5. Vollstreckung auf Grund vertraglicher oder gesetzlicher Pfandrechte	50
IV. Zurückbehaltungsrecht und Aufrechnung	51
1. Zurückbehaltungsrecht	51
2. Aufrechnung	52
V. Freigabe aus der (Nachlass-)Insolvenzmasse	53

I. Umfang der Insolvenzmasse

1 **1. Nachlass. a)** Der Zeitpunkt der Eröffnung des Nachlassinsolvenzverfahrens, nicht der des Erbfalls bestimmt den Umfang der Masse der Nachlassinsolvenz. Der Zeitpunkt der Verfahrenseröffnung ist auch dann maßgeblich, wenn der Schuldner nach Eröffnung des Verfahrens stirbt und das Insolvenzverfahren in das Nachlassinsolvenzverfahren übergeleitet wird.[1] In die Insolvenzmasse fallen damit alle zu diesem Zeitpunkt noch vorhandenen wirtschaftlich verwertbaren Sachen, Rechte und Rechtspositionen, die auf den Erben übergegangen sind (§ 35 InsO). Gehört zur Insolvenzmasse Grundbesitz, ist auch ohne Voreintragung des Erben auf Ersuchen des Insolvenzgerichts ein Insolvenzvermerk gemäß § 32 InsO im Grundbuch einzutragen.[2] Aufgrund einer Gleichbehandlung mit dem Nachlassverwalter gilt in entsprechender Anwendung des § 40 GBO der grundbuchrechtliche Voreintragungsgrundsatz auch nicht für vom Nachlassinsolvenzverwalter bewilligte Rechte.[3] Hat der Erbe Vermögensgegenstände in der Zeit zwischen dem Erbfall und der Verfahrenseröffnung veräußert, sind diese der Insolvenzmasse nicht mehr zuzurechnen, es sei denn die Veräußerung unterliegt der Insolvenzanfech-

---

[95] FKInsO/*Ahrens*, § 286 Rn. 41; MüKoInsO/*Siegmann*, vor §§ 315 bis 331 Rn. 7; *Fischinger*, Die Beschränkung der Erbenhaftung in der Insolvenz, S. 8 f.; *Heyrath/Jahnke/Kühn* ZInsO 2007, 1202 (1207); *Messner* ZVI 2004, 433 (440).
[1] BGH ZInsO 2014, 40 (41).
[2] OLG Düsseldorf ZEV 1998, 313.
[3] LG Mainz NotBZ 2007, 226.

tung.[4] Dass zur Insolvenzmasse auch das während des Verfahrens erworbene Vermögen gehört (§ 35, 2. Alt. InsO), dürfte in der Nachlassinsolvenz kaum praktische Bedeutung erlangen, nachdem Gegenstände, die der Insolvenzverwalter mit Mitteln der Insolvenzmasse erworben hat, bereits kraft Surrogation zur Masse gehören. Auch ein sonstiger Erwerb durch Erbschaft oder Schenkung ist ausgeschlossen bzw. nur schwer denkbar.[5]

b) Vermögensgegenstände, die nicht der Zwangsvollstreckung unterliegen, also ohne Rücksicht auf die Person des Schuldners absolut unpfändbare Sachen und höchstpersönliche Rechte, zB Nießbrauchsrecht (§ 1061 BGB), Wohnungsrecht (§§ 1090, 1093 BGB), beschränkte persönliche Dienstbarkeiten (§§ 1090 II, 1061 BGB), Urlaubs- und Urlaubsabgeltungsansprüche, selbst wenn diese Rechte/Ansprüche übertragbar, aber unpfändbar sind (zB das Recht auf Erbausschlagung,[6] Pflichtteilsrechte oder Zugewinnausgleichsansprüche, sofern sie zurzeit der Verfahrenseröffnung noch nicht vertraglich anerkannt oder rechtshängig sind),[7] gehören jedoch nicht zur Insolvenzmasse (§ 36 I InsO; Ausnahmen in § 36 II, III InsO). Soweit es sich um relativ unpfändbare Gegenstände handelt, die dem Schuldner eine menschenwürdige Existenz oder die Berufsausübung gewährleisten sollen oder deren Gebrauch als schutzwürdig anzuerkennen ist (vgl. zB § 811 ZPO), kommt es nicht auf die Person des Erblassers, sondern auf die des Erben an, da dieser der Schuldner ist. Die Pfändungsbeschränkungen des § 863 I ZPO zu Gunsten eines durch eine Nacherbschaft oder Testamentsvollstreckung beschränkten Erben für Erbschaftsnutzungen entfalten im Rahmen des Nachlassinsolvenzverfahrens keine Wirkungen (§ 863 II ZPO iVm § 327 InsO). Auf Grund des Umstandes dass die Einkünfte des Erben nicht zur Insolvenzmasse gehören, haben die §§ 850, 850a, 850c, 850e, 850f I bzw. §§ 850g bis 850i ZPO, die durch das InsOÄndG für entsprechend anwendbar erklärt wurden, im Nachlassinsolvenzverfahren keine praktische Relevanz.

c) Zwischen dem Erbfall und der Eröffnung des Nachlassinsolvenzverfahrens kann eine geraume Zeitspanne liegen. Während dieser Zeit befindet sich das vom Erblasser hinterlassene Vermögen im Besitz des Erben oder einer anderen Person, zB eines Nachlasspflegers. Es kann durch deren Verfügungen erheblichen Veränderungen unterliegen. Um den Gläubigern des Erblassers dennoch den Nachlass wertmäßig möglichst ungeschmälert zur Befriedigung ihrer Forderungen zu erhalten, macht § 1978 I, II BGB den beschränkbar haftenden Erben, sobald die Nachlassinsolvenz eröffnet ist[8] für seine Verwaltungsmaßnahmen verantwortlich: Er haftet persönlich mit seinem gesamten Vermögen für Verwaltungsmaßnahmen vor der Annahme der Erbschaft nach den Regeln der Geschäftsführung ohne Auftrag (§ 1978 I 2 BGB), für die Zeit von der Annahme bis zur Nachlasssonderung wie wenn er als Beauftragter der Nachlassgläubiger die Verwaltung zu besorgen gehabt hätte (§ 1978 I 1 BGB). Allerdings haben diese Ansprüche rein schuldrechtlichen Charakter, was für die Nachlassinsolvenzmasse nachteilig ist, da sie in der Erbeninsolvenz kein Aussonderungsrecht gewähren, sondern bloße Insolvenzforderungen darstellen. § 1978 BGB bewirkt im Einzelnen:[9]

Der Erbe als Schuldner hat dem Insolvenzverwalter Auskunft über den Stand des Nachlasses zu geben (§ 666 bzw. §§ 666, 681 S. 2 BGB), insbesondere Rechnung zu

---

[4] OLG Köln ZIP 1988, 1203.
[5] AA *Hüsemann*, S. 97, 103 f.
[6] Vgl. hierzu auch MüKoInsO/*Siegmann*, § 315 Anh Rn. 26.
[7] AA MüKoInsO/*Siegmann*, § 315 Anh Rn. 27 mwN unter Berufung auf die neuere Rechtsprechung zur Pfändbarkeit des Pflichtteilsanspruchs, aber mit dem Hinweis, dass die Verwertung der Mitwirkung des Erben bedarf, welche dieser verweigern darf, ohne dadurch gegen die Vorschriften der Insolvenzanfechtung zu verstoßen.
[8] Im Prozess des Insolvenzverwalters gegen den Erben ist das Gericht an die rechtskräftige Eröffnung des Nachlassinsolvenzverfahrens gebunden, BGH NZI 2014, 73 (74).
[9] MüKoBGB/*Küpper*, § 1978 Rn. 5 ff.

legen und ein Nachlassverzeichnis zu erstellen, den Nachlass nebst allen Nutzungen herauszugeben, für verbrauchte Nachlassgegenstände Ersatz zu leisten sowie verbrauchtes Geld zurückzuerstatten und zu verzinsen (§§ 667, 668 bzw. §§ 667, 668, 681 S. 2 BGB). Der Herausgabepflicht steht es nicht entgegen, dass der Erbe einzelne Nachlassgegenstände bereits seinem Vermögen einverleibt hat. Einen Vermögenszuwachs aus dem Nachlass heraus, also ohne Zutun des Erben, sowie Surrogate, die an die Stelle von Erbschaftsgegenständen getreten sind, hat der Erbe ebenfalls an den Insolvenzverwalter abzuliefern. Ferner sind Ersatzansprüche des Erben wegen Schädigung oder Minderung des Nachlasses der Insolvenzmasse zuzurechnen. Hierzu zählen insbesondere: Schadensersatzansprüche gegen Dritte wegen Entziehung, Beschädigung oder Zerstörung von Erbschaftsgegenständen oder wegen der Nichterfüllung von Nachlassforderungen, Ersatzansprüche gegen den Nachlasspfleger (§§ 1960, 1915 I, 1833 BGB) oder Testamentsvollstrecker (§§ 2216, 2219 BGB) wegen schuldhaften Pflichtverletzungen und Ansprüche des endgültigen Erben gegen den Erbschaftsbesitzer (§§ 2018 ff. BGB) oder den vorläufigen Erben (§§ 1959, 677 ff. BGB).

5 **d)** Für rechtsgeschäftliche Verfügungen des Alleinerben vor der Eröffnung der Nachlassinsolvenz sieht das Erbrecht keine dingliche Surrogation vor.[10] Hat der Erbe einen Nachlassgegenstand veräußert, wird der Anspruch auf die Gegenleistung nicht kraft Gesetzes Massebestandteil. Der Insolvenzverwalter muss vielmehr die Abtretung des Entgeltanspruches an sich verlangen. Erfolgte der Verkauf unter Wert, muss der Erbe zusätzlich den Mindererlös ausgleichen.[11] Hat der Erbe aus Mitteln des Nachlasses Anschaffungen getätigt, muss er Ersatz für die entnommenen Mittel leisten. Schließt der Erbe jedoch für den Vertragspartner erkennbar das Rechtsgeschäft unmittelbar für Rechnung des Nachlasses ab, ist das Erworbene unmittelbar dem Nachlass und damit der Insolvenzmasse zuzurechnen (zB Reparatur eines zum Nachlass gehörenden Gebäudes).[12]

6 Anders verhält es sich bei einem unter der gemeinschaftlichen Verwaltung von Miterben stehenden Nachlass. Für diesen gilt kraft gesetzlicher Anordnung (§ 2041 S. 1 BGB) der Grundsatz der dinglichen Surrogation. Aus diesem Grunde fällt in einem solchen Fall der Erwerb aus einem Rechtsgeschäft für Rechnung des Nachlasses unmittelbar in den Nachlass und damit bei Eröffnung der Nachlassinsolvenz in die Insolvenzmasse. Für Rechtsgeschäfte des Nachlasspflegers, -verwalters oder Testamentsvollstreckers gilt gleiches, da sich die gesetzliche Vertretungsmacht bzw. Verwaltungsbefugnis nur auf den Nachlass bezieht.[13]

7 **e)** Wird eine Verfügung des Erben über einen Gegenstand durch Konvaleszenz gemäß § 185 II 3. Fall BGB wirksam, geht dieser Gegenstand mit dem Erbfall in das Vermögen des Erwerbers über; er ist nicht Bestandteil des Nachlasses. Zur Nachlassinsolvenzmasse gehören lediglich die Ansprüche gemäß § 1978 BGB.

8 **f)** Ist der Erbe nach der Erbschaftsannahme der Nachlassverwaltung nur nachlässig nachgekommen, hat er für daraus entstandene Schäden wie ein Beauftragter einzuste-

---

[10] Allgemeine Meinung, vgl. Palandt/*Weidlich*, § 1978 Rn. 3; MüKoBGB/*Küpper*, § 1978 Rn. 6 mwN; Uhlenbruck/Hirte/Vallender/*Lüer*, § 315 Rn. 8; *Geitner*, Der Erbe in der Insolvenz, S. 85 f.; *Roth* ZInsO 2010, 119.
[11] OLG Braunschweig OLGE 19, 231 (234).
[12] RGZ 134, 257 (258 f.); MüKoBGB/*Küpper*, § 1978 Rn. 6; Uhlenbruck/Hirte/Vallender/*Lüer*, § 315 Rn. 8; *Jaeger/Weber*, § 214 KO Anm. 26 auch zu der umstrittenen, aber zu bejahenden Frage, ob der Wille ausreicht, für den Nachlass zu erwerben. S auch *Muscheler*, S. 257 ff., 349.
[13] MüKoInsO/*Siegmann*, § 315 Anh. Rn. 18; für unmittelbare Anwendung des § 2041 S. 1 BGB auf Verfügungen des Testamentsvollstreckers MüKoBGB/*Gergen*, § 2041 Rn. 3; Palandt/*Edenhofer* § 2041 Rn. 1. Ablehnend bei Verfügungen des Nachlasspflegers oder des Nachlassverwalters, dh weder unmittelbare noch analoge Anwendung des § 2041 S. 1 BGB, MüKoBGB/*Gergen*, § 2041 Rn. 4.

hen (§§ 1978 I 1, 276, 662 BGB).[14] Ebenso hat er die aus der Verletzung seiner Insolvenzantragspflicht resultierenden Schäden zu ersetzen (§ 1980 BGB, → § 113 Rn. 11). Soweit Nachlassverbindlichkeiten zu regulieren waren, richtet sich seine Haftung nach § 1979 BGB (→ § 115 Rn. 9). Für diese Verbindlichkeiten hat der Erbe mit seinem persönlichen Vermögen einzustehen. § 1978 II BGB fingiert diese Ansprüche gegen den Erben als zum Nachlass und damit zur Nachlassinsolvenzmasse gehörend.

g) Ansprüche gegen den Nachlassverwalter, die auf Verwaltungsmaßnahmen während der Nachlassverwaltung beruhen (§§ 1978 II, 1979, 1980, 1985 II BGB), fallen ebenfalls in die Insolvenzmasse.

h) Die Haftung nach den §§ 1978 bis 1980 BGB gilt nicht für den unbeschränkbar haftenden Erben (§ 2013 I BGB). Die Nachlassinsolvenzmasse besteht in diesem Fall nur aus den im Zeitpunkt der Eröffnung der Nachlassinsolvenz vorhandenen Nachlassgegenständen. Daneben haftet der Erbe den Nachlassgläubigern selbst während des Nachlassinsolvenzverfahrens mit seinem persönlichen Vermögen. Der nur vorläufige, die Erbschaft ausschlagende Erbe kann ebenfalls nicht gemäß den §§ 1978 bis 1980 in Anspruch genommen werden. Er hat für die Verbindlichkeiten lediglich nach § 1959 BGB einzustehen.

i) Nicht nur Ansprüche gegen den Erben aus der Zeit nach dem Erbfall sondern auch Ansprüche und Rechte, die dem Erblasser gegen den Erben zustanden, fallen in die Nachlassinsolvenzmasse. Waren diese Forderungen oder Rechte mit dem Erbfall infolge Konfusion bzw. Konsolidation untergegangen, gelten sie mit der Eröffnung des Nachlassinsolvenzverfahrens rückwirkend als nicht erloschen (§ 1976 BGB), damit den Nachlassgläubigern die Befriedigung aus dem ungeschmälerten Nachlass möglich bleibt. § 1976 BGB bewirkt somit eine Anreicherung der Nachlassinsolvenzmasse. Eine Aufrechnung des Nachlassgläubigers vor der Eröffnung der Nachlassinsolvenz ist gemäß § 1977 BGB rückwirkend unwirksam.

j) Die Versicherungssumme aus einem vom Erblasser abgeschlossenen Vertrag steht der Insolvenzmasse zu, wenn sie dem Erben auf Grund Erbfolge und nicht in seiner Eigenschaft als Bezugsberechtigtem zugeflossen ist.[15]

k) Anders als in der Regelinsolvenz fallen Urheberrechte auch ohne Einwilligung der Erben in die Nachlassinsolvenzmasse, wenn das Werk erschienen ist (§ 115 S. 2 UrhG). Nutzungsrechte sind uneingeschränkt Bestandteil der Insolvenzmasse; lediglich bei der Verwertung durch den Nachlassinsolvenzverwalter ist § 34 UrhG zu beachten.

l) Der Insolvenzmasse ist auf Grund des Universalitätsprinzips[16] auch im Ausland belegenes Nachlassvermögen zuzurechnen, sofern für die deutschen Insolvenzgerichte eine internationale Zuständigkeit gegeben ist. Tritt bei Auslandsberührung auf Grund der erbrechtlichen Kollisionsnormen Nachlassspaltung ein, bildet jeder abgespaltene Nachlassteil eine eigenständige Insolvenzmasse, da das jeweilige maßgebliche Erbrecht die Haftung des Erben und die Schuldnerstellung unterschiedlich bestimmen kann.[17] Soweit in entsprechender Anwendung von § 315 InsO ein Anknüpfungspunkt in Deutschland liegt, steht die Aufspaltung in mehrere Insolvenzmassen der deutschen internationalen Insolvenzzuständigkeit nicht entgegen.[18]

---

[14] Beispiele bei MüKoBGB/*Küpper,* § 1978 Rn. 10.
[15] Ausführlich MüKoInsO/*Siegmann,* § 315 Anh Rn. 35. Zur Anfechtbarkeit → Rn. 37. Zur Frage, ob gegen den Begünstigten bereicherungsrechtliche Ansprüche bestehen vgl. OLG Karlsruhe ZInsO 2000, 674.
[16] BGHZ 88, 147 (150); 95, 256 (264); 118, 151 (159).
[17] *Hanisch* ZIP 1990, 1241 (1246 f.); *ders.,* FS Henckel, S. 369 (376); *Mankowski* ZIP 2011, 1501 (1504).
[18] *Hanisch,* FS Henckel, S. 369 (376).

2. Geschäftsbetrieb als Massebestandteil. a) Ein (einzelkaufmännisches) Handelsgeschäft, ein Handwerks- oder landwirtschaftlicher Betrieb fallen einschließlich der zum Geschäftsvermögen gehörenden Gegenstände (Maschinen, Einrichtungen, Waren, Forderungen) und des good wills in die Insolvenzmasse. Der Insolvenzverwalter kann das Geschäft nach Eröffnung des Verfahrens für Rechnung der Masse fortführen, stilllegen (§ 158 InsO) oder veräußern (§§ 160 II Nr. 1, 159 InsO). Will er es unter Einbeziehung der Firma veräußern, bedarf er hierzu nicht der Zustimmung des Erben, unabhängig davon ob dieser Namensträger ist oder nicht.[19] Die Fortführung der Kanzlei oder Praxis eines Freiberuflers (Rechtsanwalt, Steuerberater, Arzt) durch den Erben oder den Insolvenzverwalter ist dagegen ausgeschlossen, da die berufliche Tätigkeit mit der Person des Erblassers so eng verbunden war, dass mit dem Tode des Inhabers das Geschäft untergegangen ist.[20] Den wirtschaftlichen zur Insolvenzmasse gehörenden Gesamtwert der Kanzlei bzw. Praxis hat der Insolvenzverwalter – auch ohne Zustimmung des/der Erben oder der Angehörigen – durch einen Verkauf für diese zu realisieren, sofern dem nicht die einschlägigen berufsrechtlichen Vorschriften entgegenstehen.[21] Ist der Geschäftsbetrieb der Insolvenzmasse zuzurechnen, gelten die oben (→ Rn. 3 ff.) zu § 1978 BGB dargelegten Grundsätze entsprechend. Zu beachten ist dabei, dass der Eintritt der unbeschränkten handelsrechtlichen Haftung des Erben für einzelne Geschäftsverbindlichkeiten des Erblassers (§§ 25, 27 HGB) die Ansprüche der Nachlassinsolvenzmasse nach § 1978 I, II BGB nicht ausschließt, da die handelsrechtliche Haftungsbeschränkung nur gegenüber einzelnen bestimmten Nachlassgläubigern gilt.[22]

b) Die Zugehörigkeit des Geschäftsbetriebes zum Nachlass und damit zur Insolvenzmasse kann nur bejaht werden, wenn die Identität des Geschäfts mit dem vom Erblasser geführten noch gegeben ist. Hat der Alleinerbe das ererbte Geschäft bis zur Insolvenzeröffnung fortgeführt, kann zweifelhaft sein, ob diese Identität noch gewahrt ist. Die Beantwortung dieser Frage hat unter einer umfassenden Würdigung der Umstände des Einzelfalls zu erfolgen. Neben der Dauer der Fortführung und dem Personalbestand im Zeitpunkt der Verfahrenseröffnung im Vergleich zum Erbfall sind dabei die Eigenart der Geschäftstätigkeit und die sonstigen Umstände zu berücksichtigen, die für den Fortbestand des Geschäfts von Bedeutung sind: Besonderer persönlicher Einsatz des Alleinerben, Beruhen der Kundenbeziehung auf den Kenntnissen und Fähigkeiten des Alleinerben sowie dem Vertrauen zu diesem, erheblicher Einsatz eigener Betriebsmittel durch den Alleinerben. Ist im Ergebnis eine Identität des Geschäfts mit dem ererbten zu verneinen, gehört es zum Eigenvermögen des Alleinerben. Dieser muss die aus seiner Geschäftstätigkeit noch offenen Forderungen nicht an den Insolvenzverwalter abtreten bzw. dafür keinen Ersatz leisten, wenn er sie bereits eingezogen hat.[23] Allerdings steht der Insolvenzmasse gegen den Alleinerben ein Anspruch auf Erstattung des Wertes des Geschäftsbetriebes[24] einschließlich good will im Zeitpunkt des Erbfalls zu, da der Alleinerbe dem Nachlass diesen Wert durch die Fortführung und die daraus resultierende Umwandlung in ein eigenes Geschäft entzogen hat (§ 1978 BGB).[25]

---

[19] So wie hier *K. Schmidt,* Vor § 315 Rn. 15 mwN; MüKoInsO/*Siegmann,* § 315 Anh Rn. 15 mwN; *Uhlenbruck* ZIP 2000, 401 (402 ff.); aA *Kuchinke* ZIP 1987, 681 (686); KPB/*Holzer,* § 315 Rn. 13; differenzierend *Baumbach/Hopt,* § 17 Rn. 47.
[20] So die hM; aA *Kilger/K. Schmidt,* § 1 KO Anm. 2 D a) bb).
[21] Für Rechtsanwälte vgl. BGHZ 43, 46 (48 ff.); BGH BRAK-Mitt 1986, 109; für Ärzte BGH NJW 1974, 602; für Steuerberater BFH ZIP 1994, 1283 (1284); vgl. auch MüKoBGB/*Leipold,* § 1922 Rn. 53 und *Schick* NJW 1990, 2359 (2360).
[22] Vgl. auch *K. Schmidt* ZHR 157 (1993), 601 (603 f.).
[23] OLG Braunschweig OLGE 19, 231 (235).
[24] Zur Bewertung eines Handelsgeschäfts vgl. *Baumbach/Hopt,* Einl v. § 1 Rn. 34 ff.
[25] *Mückenberger* KTS 1936, 100 (101); *Jaeger/Weber,* § 214 KO Anm. 29 aE.

c) Betreibt eine (ungeteilte) Erbengemeinschaft das Geschäft nach dem Tode des **17** Erblassers weiter,[26] ohne sich als Gesellschaft zu organisieren, gehören die während der Zeit der Geschäftsführung der Miterben erworbenen Gegenstände kraft dinglicher Surrogation (§ 2041 BGB) zum Nachlass. Damit besteht das Geschäft als wirtschaftliche Einheit fort und bleibt der Insolvenzmasse anders als beim Alleinerben erhalten.

Führen die Miterben das Geschäft dagegen im Zeitpunkt der Insolvenzeröffnung auf **18** der Grundlage eines zwischen ihnen ausdrücklich oder stillschweigend geschlossenen Gesellschaftsvertrages in der Form einer Gesellschaft fort, ist es aus dem Nachlass ausgeschieden. Es kann daher nicht mehr der Insolvenzmasse zugeordnet werden. Dieser steht lediglich ein Anspruch auf Erstattung des Geschäftswertes zu.

d) Verwalten ein Nachlasspfleger, -verwalter oder Testamentsvollstrecker das Geschäft, **19** gehören zum Nachlass und damit bei der Eröffnung des Nachlassinsolvenzverfahrens zur Insolvenzmasse neben dem Geschäft selbst die während der Geschäftsführung des Nachlasspflegers, -verwalters oder Testamentsvollstreckers erworbenen Gegenstände des Geschäftsvermögens. Denn deren gesetzliche Vertretungsmacht bzw. Verfügungsbefugnis bezieht sich nur auf den Nachlass, nicht auf das persönliche Vermögen des Erben. Außerdem kann in diesen Fällen der Grundsatz der dinglichen Surrogation herangezogen werden, wenn der Erwerb aus Mittel des Nachlasses erfolgt.[27] Bei einem Handelsgeschäft ist allerdings auf Grund des Konflikts der handels- und erbrechtlichen Haftungsnormen umstritten, ob der Testamentsvollstrecker kraft seines Amtes und seiner Verfügungsbefugnisse das Geschäft fortführen darf. Die hM verneint dies,[28] bietet jedoch auf der Grundlage der Testamentsauslegung Ersatzlösungen (Testamentsvollstrecker als Bevollmächtigter der Erben oder treuhänderischer Geschäftsinhaber) an.[29] Aber auch die von der herrschenden Meinung vorgeschlagenen Lösungswege bejahen die Zugehörigkeit des Geschäfts als ganzes zur Insolvenzmasse.

3. Gesellschaftsanteil an Kapitalgesellschaft und Nachlassinsolvenz.
Die Ver- **20** erblichkeit von Aktien kann durch die Satzung nicht ausgeschlossen werden (beachte aber § 237 AktG). Selbst wenn sie vinkuliert sind, fallen Aktien daher in den Nachlass und damit in die Insolvenzmasse. Das Gleiche gilt für Geschäftsanteile an einer GmbH (vgl. § 15 I GmbHG). Der Gesellschaftsvertrag kann jedoch vorsehen, dass der Anteil durch die Erben an die Gesellschaft oder an Dritte abzutreten ist, – mit oder ohne Abfindung – eingezogen werden kann oder ein Ausschluss analog § 21 GmbHG statthaft ist.[30] Dies ändert jedoch nichts an der Zugehörigkeit zum Nachlass und damit zur Insolvenzmasse. Soweit der Erbe der Verpflichtung zur Übertragung bereits nachgekommen ist, gelten für seine Haftung die §§ 1978 I, 1979 BGB. Die Übertragung des Anteils kann ferner anfechtbar sein.

4. Personengesellschaftsanteil und Nachlassinsolvenz.
a) War der Erblasser als **21** persönlich haftender Gesellschafter an einer OHG oder KG beteiligt, ist die Regelung der Unternehmensnachfolge Ausgangspunkt für die Beantwortung der Frage, ob der Gesellschaftsanteil als Inbegriff aller personen- und vermögensrechtlichen Beziehungen, die sich aus dem Gesellschaftsverhältnis für den Gesellschafter ergeben, oder lediglich

---

[26] Die Fortführung eines Handelsgeschäfts durch eine Erbengemeinschaft ist zulässig; vgl. BGHZ 92, 259 = NJW 1985, 136 mit Anm. *K. Schmidt* (dazu BVerfGE 72, 155 (168) = NJW 1986, 1859); *Baumbach/Hopt*, § 1 Rn. 37.
[27] So schon zur Konkursordnung *Jaeger/Weber*, § 214 KO Anm. 31; *Baur* JZ 1958, 465 (467).
[28] Die Haftung des Testamentsvollstreckers ist beschränkt (§ 2206 BGB), während die Führung einer Einzelfirma eine unbeschränkte Haftung voraussetzt. Vgl. RGZ 138, 132 (141 f.); BGHZ 12, 100 (102); 35, 13 (15 f.); aA *Jaeger/Weber*, § 214 KO Anm. 31 mwN.
[29] Kritisch zu diesen Ersatzlösungen *Baur*, FS Dölle I, S. 249 ff.
[30] Hierzu vgl. BGHZ 105, 213 (218 ff.); MüKoBGB/*Leipold*, § 1922 Rn. 58. Zu den Gestaltungsmöglichkeiten allgemein s *Michalski* NZG 1998, 301 f.

Ersatzansprüche in die Nachlassinsolvenzmasse fallen. Die gesellschaftsvertraglichen Regelungen bestimmen, ob der Gesellschaftsanteil vererblich und dem Nachlass zuzurechnen ist sowie ob und inwieweit Auseinandersetzungs- oder Abfindungsansprüche bestehen. Dabei ist im Einzelnen zu differenzieren:

22   **b)** Enthält der Gesellschaftsvertrag keine Regelung über die Auflösung der Gesellschaft bzw. die Nachfolge beim Ableben eines Gesellschafters oder bestimmt er ausdrücklich das Fortbestehen der Gesellschaft unter den überlebenden Gesellschaftern,[31] scheidet der verstorbene Gesellschafter mit seinem Tod aus der Gesellschaft aus (§ 131 II Nr. 1 HGB). Sein Anteil wächst den übrigen Gesellschaftern an (§§ 105 III, 161 II HGB, § 738 I 1 BGB). Neben der Rückgewähr der zur Nutzung überlassenen Gegenstände (§§ 105 III, 161 II HGB, §§ 738 I 2, 732 BGB) kann der Erbe eine Abfindung beanspruchen (§§ 105 III, 161 II HGB, § 738 I 2 BGB), deren Höhe nach § 155 I HGB oder den im Gesellschaftsvertrag festgelegten Bewertungsregeln zu bestimmen ist. Dieser Abfindungsanspruch, der im Gesellschaftsvertrag jedoch ausgeschlossen werden kann,[32] gehört zur Insolvenzmasse, ebenso der Anspruch der Erben auf Freistellung von Gesellschaftsverbindlichkeiten (§§ 105 III, 161 II HGB, § 738 I 2 BGB).[33]

23   **c)** Bestimmt der Gesellschaftsvertrag dagegen, dass der Tod eines persönlich haftenden Gesellschafters die Auflösung der Gesellschaft zur Folge hat, besteht die aufgelöste OHG bzw. KG zunächst als Liquidationsgesellschaft fort, welcher der Alleinerbe bzw. die Miterben (vgl. § 146 I 2 HGB) als Mitglieder angehören. Nach Eröffnung der Nachlassinsolvenz tritt an ihre Stelle der Insolvenzverwalter (§ 146 III HGB). Das auf den Anteil des Erblassers entfallende Auseinandersetzungsguthaben und sonstige Vermögenswerte stehen der Insolvenzmasse zu. Das Gleiche gilt für Gegenstände, die der Erblasser der Gesellschaft zur Benutzung überlassen hat und nunmehr zurückzugewähren sind (§§ 155, 105 III, 161 II HGB, § 732 BGB). Ungedeckte Schulden der Gesellschaft, auch wenn sie erst während der Abwicklung entstehen, sind Nachlassverbindlichkeiten,[34] für die der Erbe nicht mit seinem persönlichen Vermögen einzustehen hat (§§ 1967, 1975 BGB). Die persönlichen unübertragbaren Mitgliedschaftsrechte, zB das Stimmrecht, stehen weiterhin dem Erben zu.

24   **d)** Der Gesellschaftsvertrag kann auch in der Weise eine Regelung treffen, dass die Gesellschaft mit den Erben fortzusetzen ist (§§ 139, 161 II HGB, einfache Nachfolgeklausel). In diesem Fall wird der Gesellschaftsanteil vererblich gestellt. Sobald der Erbfall eintritt, geht der Gesellschaftsanteil kraft Erbrechts auf die zum Erben bestimmte Person über.[35] Sind mehrere Personen als Erben berufen, kann wegen der Strukturverschiedenheit von Gesellschafts- und Erbrecht eine Erbengemeinschaft nicht Gesellschafter einer Personengesellschaft sein. Während die Erbengemeinschaft auf Auseinandersetzung angelegt ist und ihre Haftung auf den Nachlass beschränken kann, ist die Personengesellschaft auf eine werbende Tätigkeit ausgerichtet und bildet eine Haftungsgemeinschaft. Diesen Konflikt entscheidet die hM zugunsten des Gesellschaftsrechts: Das Prinzip der Gesamtrechtsnachfolge wird durchbrochen. Die einzelnen Erben treten im Wege einer Sonderrechtsnachfolge in die Gesellschaft ein und werden nach Maßgabe der gesellschaftsvertraglich vorgesehenen Quote, ansonsten entsprechend ihres Erbteils Mitglied der Gesellschaft.[36]

---

[31] Zur Rechtslage vor Inkrafttreten des Handelsrechtsreformgesetzes vom 22.6.1998, nach der gemäß § 131 Nr. 4 HGB aF der Tod eines Gesellschafters zur Auflösung der Gesellschaft führte, s 1. Auflage.
[32] BGHZ 22, 186 (194); BGH WM 1971, 1338 (1339); *Baumbach/Hopt*, § 131 HGB Rn. 62. Vgl. hierzu auch MüKoInsO/*Siegmann*, § 315 Anh Rn. 34.
[33] Zu Einzelfragen vgl. *Brüggehagen*, S. 9 ff.
[34] HM: RGZ 72, 119 (121); MüKoBGB/*Küpper*, § 1967 Rn. 45 mwN.
[35] BGHZ 22, 186 (190 ff.); 68, 225 (229); 98, 48 (50).
[36] BGHZ 22, 186 (192); 58, 316 (317); 68, 225 (237); 108, 187 (194); BGH NJW 1983, 2376.

Mit der hM ist dennoch die Nachlasszugehörigkeit des im Wege der Sonderrechts- 25
nachfolge übergegangenen Gesellschaftsanteils zu bejahen. Ein unmittelbarer Übergang
des Anteils gleichsam „am Nachlass vorbei" in das Eigenvermögen des Erben ist abzulehnen. Folglich ist der Gesellschaftsanteil auch der Insolvenzmasse zuzurechnen.[37]

Auch wenn der Gesellschaftsanteil zum Nachlass gehört, führt die Eröffnung des In- 26
solvenzverfahrens über den Nachlass eines persönlich haftenden Gesellschafters – vorbehaltlich einer abweichenden Regelung im Gesellschaftsvertrag – nicht gemäß § 131 II
Nr. 2 bzw. den §§ 131 II Nr. 2, 161 II HGB zum Ausscheiden des Erben aus der Gesellschaft.[38] Denn die Nachlassinsolvenz erfasst nicht das gesamte Vermögen des Erben
und ist daher nicht der Gesellschafterinsolvenz gleichzustellen. Dem Nachlassinsolvenzverwalter stehen damit nur die mit dem Geschäftsanteil verbundenen Vermögensrechte
wie Gewinnansprüche, Anspruch auf das Auseinandersetzungsguthaben zu; er kann den
Wert des Anteils auch mittels Kündigung analog § 725 BGB der Insolvenzmasse zuführen. Das Risiko, dass der Nachlassinsolvenzverwalter die Gesellschaft kündigt, kann der
Gesellschafter-Erbe abwenden, indem er einen Betrag an die Insolvenzmasse zahlt, der
dem Auseinandersetzungs- bzw. Abfindungsguthaben entspricht.

e) Sieht der Gesellschaftsvertrag vor, dass der Gesellschaftsanteil auf einen der Miter- 27
ben übergehen soll (qualifizierte Nachfolgeklausel), geht der gesamte[39] Gesellschaftsanteil automatisch mit dem Erbfall unter Ausschluss der übrigen Erben im Wege der Sonderrechtsnachfolge auf den zum Nachfolger berufenen Miterben über. Sind mehrere
Miterben als Nachfolger vorgesehen, erwerben diese den Anteil aufgespalten in jeweils
einen Anteil für jeden berufenen Erben. Die Frage der Zugehörigkeit des übergegangenen Gesellschaftsanteils zum Nachlass und der Auswirkungen der Eröffnung des Nachlassinsolvenzverfahrens ist hier genauso zu beantworten wie bei der einfachen Nachfolgeklausel. Selbst wenn man mit der ganz hM die Zugehörigkeit des gesamten
Gesellschaftsanteils zum Nachlass (auch wenn der Anteil aufgespalten auf mehrere Miterben übergeht) bejaht, bewirkt die Eröffnung der Nachlassinsolvenz nicht nach
§ 131 II Nr. 2 bzw. den §§ 131 II Nr. 2, 161 II HGB das Ausscheiden des bzw. der als
Nachfolger berufenen Erben aus der Gesellschaft.

Hat der Gesellschaftererbe durch den Erwerb des Gesellschaftsanteils mehr erhalten, 28
als ihm auf Grund der Erbquote zusteht, ist er den übrigen Miterben zum Ausgleich
verpflichtet (§ 2048 BGB analog). Es handelt sich insoweit um einen Anspruch, der
zum persönlichen Vermögen der Miterben gehört und deshalb nicht in die Insolvenzmasse fällt.[40]

f) Außer einer erbrechtlichen Nachfolgeklausel ist auch eine rein rechtsgeschäftliche 29
Regelung der Nachfolge denkbar. Der Gesellschafter kann seinen Gesellschaftsanteil
einer Person – unabhängig davon, ob sie Erbe oder Mitgesellschafter ist – unter Lebenden aufschiebend bedingt auf seinen Todesfall wirksam übertragen. Da mit der Gesellschafterstellung neben Rechten auch Pflichten verbunden sind (Vertrag zu Lasten Drit-

---

[37] BGHZ 98, 48 (56 f.) = NJW 1986, 2431 (IV a. Senat); BGHZ 108, 187 (192) = NJW 1989, 3152 ff. (II. Senat); *Flume* ZHR 155 (1991), 501 (504 ff.); *M. Siegmann* NJW 1995, 481 (484); vgl. auch BGH NJW 1996, 1284 ff. und *K. Schmidt*, FS Uhlenbruck, S. 655, (658 ff.).

[38] Zu einem anderen Ergebnis dürften diejenigen Autoren kommen, die zur Rechtslage vor Inkrafttreten des Handelsrechtsreformgesetzes vom 22.6.1998 die Auflösung der Gesellschaft bei Eröffnung des Nachlasskonkurses bejahten → Rn. 34 f.

[39] BGHZ 68, 225 (237 f.) = NJW 1977, 1339 (1342 f.), also nicht lediglich in einem der Erbquote entsprechenden Teil, während der Rest des Anteils den übrigen Gesellschaftern anwächst, die jedoch gesellschaftsvertraglich verpflichtet sind, diesen an den Gesellschaftererben zu übertragen. Im Gesellschaftsvertrag kann jedoch Abweichendes vereinbart werden; hierzu und zu evtl Ausgleichspflichten vgl. MüKoBGB/*Leipold*, § 1922 Rn. 75, MüKoBGB/*Gergen*, § 2032 Rn. 60 und *Brüggehagen*, S. 86 ff.

[40] Str, vgl. *Brüggehagen*, S. 93 ff. mwN; *Johanssen* FamRZ 1980, 1074 (1081); GroßkommHGB-*Ulmer*, § 139 Anm. 187 f.

ter, vgl. §§ 128, 130, 161 II HGB), kann eine solche Verfügung nur wirksam sein, wenn die zur Nachfolge berufene Person an dem Rechtsgeschäft mitgewirkt hat. Dem ist bereits Genüge getan, wenn die als Nachfolger vorgesehene Person als Mitgesellschafter den Gesellschaftsvertrag mitabgeschlossen hat. Handelt es sich um eine rechtsgeschäftliche Übertragung unter Lebenden, kann der Gesellschaftsanteil nicht in den Nachlass fallen. Die Eröffnung der Nachlassinsolvenz kann daher auch nicht zum Ausscheiden des Nachfolgers aus der Gesellschaft führen. Der Inhalt der rechtsgeschäftlichen Nachfolgeklausel bestimmt außerdem, ob und inwieweit Abfindungspflichten der Gesellschaft oder der zur Nachfolge Berufenen gegenüber dem Erben bestehen. Bestehen derartige Abfindungsansprüche des Erben, sind sie Bestandteil des Nachlasses und somit auch der Insolvenzmasse. In der Praxis wird nach dem Sinn und Zweck der Regelung ein Abfindungsanspruch gegen den Nachfolger im Gesellschaftsvertrag jedoch regelmäßig ausgeschlossen sein. In diesem Fall sind Abfindungspflichten der Gesellschaft ebenfalls zu verneinen. Soweit es sich deshalb um eine unentgeltliche Zuwendung des Gesellschaftsanteils handelt, kann eine insolvenzrechtliche Anfechtung der Verfügung in Betracht kommen.[41]

30 g) Häufig sind die rechtsgeschäftlichen Nachfolgeklauseln so ausgestaltet, dass einer oder mehreren Personen die (schuldrechtliche) Befugnis eingeräumt wird, an Stelle des verstorbenen Gesellschafters in die Gesellschaft einzutreten. Der Eintritt des neuen Gesellschafters vollzieht sich dadurch, dass dieser mit den verbliebenen Gesellschaftern, denen der Anteil des Verstorbenen zunächst angewachsen ist, einen Aufnahmevertrag abschließt. Bei entsprechender Ausgestaltung des Eintrittsrechts kann dieses bereits als Angebot auf Abschluss eines Aufnahmevertrages verstanden werden, das der Eintretende durch einseitige Erklärung annehmen kann. Eine Mitwirkung der als Nachfolger vorgesehenen Person ist bei der Begründung eines derartigen Eintrittsrechts nicht erforderlich, da der Eintritt nur wirksam wird, wenn der neue Gesellschafter eine darauf gerichtete Willenserklärung abgibt. Das Eintrittsrecht ist durch Vertrag zugunsten Dritter auf den Todesfall (§§ 328, 331 BGB), also rechtsgeschäftlich eingeräumt. Deshalb fallen in die Nachlassinsolvenzmasse weder der Gesellschaftsanteil selbst noch das Eintrittsrecht. Ihr können jedoch die Abfindungsansprüche der nicht eintrittsberechtigten (Mit-)Erben gegen die Gesellschafter zustehen, denen der Anteil angewachsen ist (§§ 138, 161 II HGB, § 738 I 2 BGB), sofern diese nicht gesellschaftsvertraglich oder erbrechtlich ausgeschlossen sind (dazu siehe im Folgenden).

31 Durch die Aufnahme in die Gesellschaft erhält der neue Gesellschafter nicht automatisch auch den Kapitalanteil des verstorbenen Gesellschafters. Will er diesen erwerben, muss er grundsätzlich eine dem Abfindungsanspruch der (Mit-)Erben entsprechende Geldeinlage erbringen. Gegen diese für den Eintrittsberechtigten ungünstige Rechtslage lässt sich erbrechtlich oder gesellschaftsvertraglich Vorsorge treffen, wobei sich je nach Fallgestaltung für die Nachlassinsolvenzmasse unterschiedliche Auswirkungen ergeben: Ist der Eintrittsberechtigte Alleinerbe, kann er mit der Einlageverpflichtung den ihm zustehenden Abfindungsanspruch verrechnen und somit in einen Kapitalanteil umwandeln. Der Insolvenzmasse kann dann aber ein Anspruch entsprechend § 1978 I, II BGB gegen den eingetretenen Gesellschafter zustehen. Ist der als Nachfolger Vorgesehene dagegen nur Miterbe oder Nichterbe, ist eine Verrechnung mit der Einlageverpflichtung und damit eine Umwandlung in einen Kapitalanteil nur möglich, wenn ihm der Abfindungsanspruch beispielsweise in Erfüllung eines Vermächtnisses vom Erben bzw. der Erbengemeinschaft abgetreten wurde. In diesem Falle können der oder die Erben der Insolvenzmasse zur Erstattung nach den §§ 1978, 1979, 1967 II, 2013 I 1 BGB verpflichtet sein. Außerdem kann die Abtretung gemäß den §§ 322, 134 InsO anfechtbar

---

[41] *Brüggehagen*, S. 39 f.; vgl. auch MüKoBGB/*Leipold*, § 1922 Rn. 83 aE.

sein. Der Vermögenswert des Gesellschaftsanteils kann dem Eintrittsberechtigten auch dadurch verschafft werden, dass der Gesellschaftsvertrag bereits den Ausschluss der Abfindungsansprüche vorsieht und sich die übrigen Gesellschafter nach den §§ 328, 331 BGB verpflichten, die mit dem Anteil verbundenen Vermögensrechte für den Eintrittsberechtigten treuhänderisch zu halten und bei dessen Eintritt auf ihn zu übertragen. Bei dieser Fallgestaltung kann jedoch eine Insolvenzanfechtung der unentgeltlichen Zuwendung des Eintrittsrechts gemäß § 134 InsO in Betracht kommen.[42]

h) Beim Tod eines Kommanditisten wird die Gesellschaft mangels anderweitiger gesellschaftsvertraglicher Regelungen mit den Erben fortgesetzt (§ 177 HGB). Der Anteil des Kommanditisten ist damit vererblich gestellt, er geht auf den Erben über, bei mehreren im Wege der Sonderrechtsnachfolge entsprechend ihrer Erbteile.[43] Der Kommanditanteil zählt damit zum Nachlass und fällt in die Insolvenzmasse.[44] Falls der Gesellschaftsvertrag keine anderweitige Regelung enthält, führt die Eröffnung der Nachlassinsolvenz wie beim Komplementär (→ Rn. 24) nicht zum Ausscheiden des bzw. der Erben aus der Gesellschaft (§§ 161 II, 131 II Nr. 2 HGB). Der Nachlassinsolvenzverwalter hat nur die Möglichkeit, den Kommanditanteil im Wege der Kündigung analog § 725 BGB für die Insolvenzmasse zu realisieren.

i) Die Regelungen der §§ 723 bis 728 BGB haben dagegen durch das Handelsrechtsreformgesetz vom 22.6.1998 keine Veränderungen erfahren. Deshalb führt der Tod eines Gesellschafters weiterhin zur Auflösung der Gesellschaft bürgerlichen Rechts, sofern der Gesellschaftsvertrag nichts anderes vorsieht oder die verbleibenden Gesellschafter nicht die Fortsetzung beschließen. Bestandteil des Nachlasses und damit der Insolvenzmasse ist vor allem der auf den Anteil des Erblassers entfallende Teil des Auseinandersetzungsguthabens (→ Rn. 23).

Beinhaltet der Gesellschaftsvertrag eine (einfache oder qualifizierte) Nachfolgeklausel, gehört der Gesellschaftsanteil nach nunmehr ganz hM zum Nachlass und deshalb auch zur Insolvenzmasse. Umstritten bleibt jedoch, ob die Eröffnung der Insolvenz über den Nachlass eines persönlich haftenden Gesellschafters entsprechend § 728 BGB – bei Fehlen einer Fortsetzungsklausel für den Insolvenzfall oder eines Fortsetzungsbeschlusses der übrigen Gesellschafter – auch die Auflösung der Gesellschaft zur Folge hat. Bejahte man dies, würden das Auseinandersetzungsguthaben, ein angemessener Anteil an den nach dem Erbfall erzielten Gewinnen, soweit sie nicht dem persönlichen Einsatz des Gesellschaftererben zuzuschreiben sind, sowie die der Gesellschaft zur Nutzung überlassenen und nunmehr zurückzugewährenden Gegenstände in die Insolvenzmasse fallen.[45]

Das Nachlassinsolvenzverfahren erfasst jedoch nicht das gesamte Vermögen des Erben. Die Nachlassinsolvenz lässt sich aus diesem Grund nicht der Gesellschafterinsolvenz gleichsetzen. In der Eröffnung der Nachlassinsolvenz ist deshalb kein Auflösungsgrund iSd § 728 BGB zu sehen. Dem Nachfolger-Erben bleibt es vielmehr vorbehalten, das Risiko der Gesellschaftskündigung durch den Insolvenzverwalter analog § 725 BGB abzuwenden, indem er einen dem Auseinandersetzungs- oder Abfindungsguthaben entsprechenden Betrag aus seinem Privatvermögen an die Insolvenzmasse bezahlt.[46]

---

[42] *Brüggehagen,* S. 45 ff.; *Johannsen* FamRZ 1980, 1074 (1078); vgl. auch MüKoBGB/*Schäfer,* § 727 Rn. 53 ff.
[43] BGHZ 58, 316 (317). Durch die Neufassung des § 177 HGB aufgrund des Handelsrechtsreformgesetzes vom 22.6.1998 haben sich keine inhaltlichen Änderungen ergeben.
[44] Anders jedoch bei rechtsgeschäftlichen Nachfolgeklauseln → Rn. 30 und BayObLG DB 2000, 2012 f.
[45] Vgl. hierzu BGHZ 98, 48 (56 f.) = NJW 1986, 2431 (IV a. Senat).
[46] MüKoBGB/*Schäfer,* § 728 Rn. 35; MüKoInsO/*Siegmann,* § 315 Anh Rn. 21; *Hess,* § 315 Rn. 29; Staudinger/*Habermeier,* (13. Auflage 2002), § 728 Rn. 20; Uhlenbruck/Hirte/Vallender/*Lüer,* § 315

Im Übrigen gelten die Ausführungen zu den einzelnen Gestaltungsvarianten der Nachfolge bei OHG und KG für die Gesellschaft bürgerlichen Rechts entsprechend.

36 **j)** Bei der Partnerschaftsgesellschaft ist die Beteiligung grundsätzlich unvererblich (§ 9 IV 1 PartGG). Im Falle des Todes eines Partners besteht die Gesellschaft unter den übrigen fort. Der Anteil des Verstorbenen wächst den verbleibenden Partnern an (§ 1 IV PartGG iVm § 738 I BGB). In den Nachlass und somit in die Insolvenzmasse fallen insbesondere der Abfindungsanspruch des Erben, sofern er im Gesellschaftsvertrag nicht ausgeschlossen ist, sowie der Anspruch auf Rückgewähr von Gegenständen, die der Gesellschaft zur Verfügung gestellt wurden. Allerdings kann der Gesellschaftsvertrag die Vererblichkeit des Anteils anordnen, wobei aber nur Personen Erben des Anteils werden können, welche die persönlichen und berufsrechtlichen Voraussetzungen eines Partners erfüllen (§ 1 I, II iVm III PartGG). Machen die Partner von dieser Möglichkeit Gebrauch, ergeben sich im Vergleich zur qualifizierten Nachfolgeklausel bei einer OHG oder KG für die Partnerschaftsgesellschaft keine Besonderheiten.[47] Entsprechendes gilt für rechtsgeschäftliche Eintrittsklauseln, sofern die eintrittsberechtigte Person partnerschaftsfähig ist.

II. Erweiterung der Anfechtbarkeit

37 **1. Anwendung der allgemeinen Vorschriften.** Masseschädigende Rechtshandlungen vor Eröffnung des Verfahrens sind auch im Rahmen der Nachlassinsolvenz nach den allgemeinen Regeln (§§ 129 ff. InsO, insbesondere §§ 133, 134 InsO) anfechtbar. Soweit diese Bestimmungen von Schuldner sprechen, ist dies bei Handlungen vor dem Erbfall der Erblasser, bei Handlungen nach dem Erbfall der Erbe bzw. der Nachlasspfleger, -verwalter oder Testamentsvollstrecker (→ § 112 Rn. 6, 10, 15).[48] Wird die Anfechtung auf den Tatbestand des § 134 InsO gestützt, lässt sich die Unentgeltlichkeit nicht mit der Begründung verneinen, der Empfänger habe die Zuwendung auszugleichen (§§ 2050 ff. BGB) oder müsse sie sich auf Ausgleichsansprüche anrechnen lassen (§ 2315 BGB).[49] Die Auszahlung einer Lebensversicherung mit widerruflichem Bezugsrecht an den Begünstigten selbst begründet dagegen grundsätzlich kein Anfechtungsrecht.[50] Bei der Einräumung des Bezugsrechts auf die Versicherungsleistung ist hinsichtlich der Anfechtbarkeit zu unterscheiden:[51] Hat der Erblasser ein unwiderrufliches Bezugsrecht bereits bei Vertragsabschluss oder vor der 4-Jahres-Frist des § 134 InsO eingeräumt, sind nur die Prämienzahlungen während der Anfechtungsfrist anfechtbar,[52] nicht dagegen die Zuwendung des unwiderruflichen Bezugsrechts selbst.

Rn. 22; *Baur/Stürner,* Insolvenzrecht Rn. 33.13; *Flume* NJW 1988, 161 (162); *Geitner,* Der Erbe in der Insolvenz, S. 19 f.; *Stodolkowitz,* FS Kellermann S. 439 (454) und *Ulmer/Schäfer* ZHR 160 (1996), 413 (438) mwN; ebenso *Baumbach/Hopt,* § 131 HGB Rn. 22; GroßkommHGB-*Ulmer,* § 139 Anm. 37 ff. zu § 131 Nr. 5 HGB aF und BGHZ 91, 132 = NJW 1984, 2104, allerdings unter Berufung auf die fehlende Nachlasszugehörigkeit des Gesellschaftsanteils; vgl. auch OLG Hamm ZEV 1999, 234 (236), das im Hinblick auf die Nachlassgläubiger vom Fortbestand der Gesellschaft im Falle der Nachlassinsolvenz ausgeht, auch wenn der Erbe alle Gesellschaftsanteile aufgrund des Erbfalls erworben hat. AA *K. Schmidt,* Vor § 315 Rn. 29; KPB/*Holzer,* § 315 Rn. 19 f.; Nerlich/Römermann/*Riering,* § 315 Rn. 43; Staudinger/*Keßler,* (12. Auflage 1979) § 728 Rn. 4; MAHErbrecht-*Scherer/Wiester,* § 25 Rn. 35; *K. Schmidt,* FS Uhlenbruck, S. 655 (664 ff.).

[47] Zu Einzelheiten vgl. MüKoBGB/*Schäfer,* § 9 PartGG Rn. 24 ff.; *Henssler,* Partnerschaftsgesellschaftsgesetz, 2. Auflage 2008, § 9 Rn. 79; *Heydn* ZEV 1998, 161 ff.

[48] Zum Bevollmächtigten aufgrund postmortaler Kontovollmacht vgl. OLG Köln ZIP 1988, 1203.

[49] Einzelheiten, auch zum Ausgleichsanspruch nach § 1380 BGB, bei *Jaeger/Weber,* § 222 KO Anm. 2–6.

[50] OLG München ZIP 1991, 1505.

[51] Zur Auskunftspflicht des Lebensversicherers gegenüber dem Nachlassinsolvenzverwalters s OLG Saarbrücken ZEV 2010, 420 und LG Saarbrücken ZEV 2009, 398.

[52] BGH ZEV 2013, 272; MüKoInsO/*Siegmann,* § 315 Anh Rn. 35; *Thiel* ZIP 2002, 1232 (1235 f.).

Erfolgte die Zuwendung der unwiderruflichen Bezugsberechtigung nach Vertragsabschluss und während der Frist des § 134 InsO, ist auch die Einräumung des Bezugsrechts anfechtbar. Handelte es sich um ein widerrufliches Bezugsrecht, ist dessen Einräumung stets anfechtbar, gleichgültig, ob diese bereits bei Vertragsabschluss oder danach erfolgte, da erst mit dem Versicherungsfall, also dem Erbfall, ein unentziehbares Recht entsteht.[53] In der Konsequenz ist im Falle der Anfechtung die gesamte Versicherungssumme an die Insolvenzmasse zu zahlen, nicht lediglich die Prämienzahlungen in der Anfechtungsfrist.[54]

2. Erweiterte Anfechtbarkeit. a) Durch § 322 InsO werden die Anfechtungstatbestände dahingehend erweitert, dass die Erfüllung von Pflichtteilsansprüchen, Vermächtnissen (einschließlich der gesetzlichen, wie dem Voraus des Ehegatten, § 1922 BGB, und dem Dreißigsten, § 1969 BGB) oder Auflagen vor der Eröffnung des Nachlassinsolvenzverfahrens unentgeltlichen Leistungen gleichsteht, auch wenn damit Nachlassverbindlichkeiten beglichen wurden.[55] Ererbte Rechte dieser Art werden von § 322 InsO jedoch nicht erfasst.[56] § 322 InsO setzt voraus, dass der Erbe bzw. der Nachlasspfleger, -verwalter oder Testamentsvollstrecker diese Ansprüche aus Mitteln des Nachlasses erfüllt hat und es zu einer Gläubigerbenachteiligung gekommen ist. Für die Erfüllung der ersten Voraussetzung ist es ausreichend, dass der beschränkbar haftende Erbe die Deckung aus seinem Eigenvermögen vorgenommen hat, den Nachlass aber für zulänglich halten durfte, da er auch in diesem Falle für Rechnung des Nachlasses geleistet hat (arg § 1979 BGB, § 324 I Nr. 1 InsO).[57] Eine Erfüllung iSd § 322 InsO liegt nicht nur bei der bloßen Leistungsbewirkung nach § 362 BGB vor, sondern erfasst sind auch die Annahme an Erfüllungs Statt (§ 364 BGB), die wirksame Hinterlegung (§§ 372 ff. BGB), die Aufrechnung und die Erfüllung im Wege der Zwangsvollstreckung. Soweit Sicherungsrechte gewährt wurden, erfüllen diese – auch wenn sie nur erfüllungshalber sind – als Vorstufe der Erfüllung die Voraussetzungen des § 322 InsO. Beim unbeschränkt haftenden Erben erfüllen Leistungen aus dem eigenen Vermögen die Voraussetzungen des § 322 InsO dagegen nicht.

b) Die Erweiterung der Anfechtbarkeit im Rahmen der Nachlassinsolvenz soll dem Umstand Rechnung tragen, dass die in § 322 InsO aufgeführten Ansprüche nachrangig sind (§ 327 I InsO, vgl. auch §§ 1973 I 2, 1991 IV BGB), sie also nur aus dem Nachlassrest getilgt werden dürfen, der nach Berichtigung der Erblasserschulden, der Nachlasskosten und der Erbschaftsverwaltungsschulden (→ § 112 Rn. 22) verbleibt. Dieses Rangverhältnis kann jedoch nicht mehr gewahrt werden, wenn der Erbe bereits vor Eröffnung der Nachlassinsolvenz Pflichtteilsansprüche, Vermächtnisse oder Auflagen aus Mitteln des Nachlasses erfüllt hat. Hinzukommt dass der Erbe der Insolvenzmasse hierfür keinen Ersatz zu leisten braucht, wenn er den Umständen nach davon ausgehen durfte, dass der Nachlass für die Befriedigung der Nachlassverbindlichkeiten ausreicht (§ 1979 BGB). Um die Nachlassgläubiger dennoch vor Verlusten zu schützen, können der Pflichtteilsberechtigte, Vermächtnisnehmer oder Auflagenempfänger im Wege der Insolvenzanfechtung angehalten werden, das zu Lasten der Nachlassgläubiger Empfangene an die Insolvenzmasse zurückzugewähren. Die Anfechtbarkeit erfasst aber auch Leistungen, für die der Erbe nach § 1978 I BGB erstattungspflichtig ist. Voraussetzung wie bei jeder Anfechtung ist jedoch, dass es zu einer Verkürzung der Insolvenzmasse

---

[53] BGH NJW 2004, 214 (215); BGH ZIP 2010, 1964; MüKoInsO/*Siegmann*, § 315 Anh Rn. 35; Grziwotz ZIP 2012, 715 (716).
[54] MüKoInsO/*Siegmann*, § 315 Anh Rn. 35; kritisch hierzu *Grziwotz* ZIP 2012, 715 (716 ff.).
[55] Entsprechendes gilt bei Altfällen (dazu → § 115 Rn. 23) für Erbersatzansprüche, da sie den Pflichtteilsansprüchen gleichzusetzen sind (§ 1934b II 1 BGB).
[56] Uhlenbruck/Hirte/Vallender/*Lüer*, § 322 Rn. 2; *K. Schmidt*, § 322 Rn. 2.
[57] MüKoInsO/*Siegmann*, § 322 Rn. 3; Graf-Schlicker/*Busch*, § 322 Rn. 4.

gekommen ist. Dies ist beispielsweise dann der Fall, wenn sich der Ersatzanspruch gegen den Erben nicht durchsetzen lässt.[58]

40 **c)** Aufgrund der Gleichstellung mit unentgeltlichen Leistungen gelten für die Anfechtung nach § 322 InsO auch die Zeitschranke des § 134 I InsO, die Verjährungsfrist des § 146 I InsO und die Beschränkung des Rückgewähranspruchs zugunsten eines gutgläubigen Erwerbers nach § 143 II InsO. Die Anfechtung erfolgt durch den Nachlassinsolvenzverwalter, der einen vor der Eröffnung des Nachlassinsolvenzverfahrens anhängig gemachten Anfechtungsprozess aufnehmen kann (§ 17 I 2 AnfG). Zur Einschränkung der Anfechtbarkeit durch § 328 InsO → § 115 Rn. 32f.

III. Einschränkung der Absonderungsrechte

41 **1. Keine abgesonderte Befriedigung auf Grund einer Vollstreckungsmaßnahme. a)** Der Nachlass steht Nachlassgläubigern seit Eintritt des Erbfalls und Eigengläubigern nach Annahme der Erbschaft als Haftungsobjekt zur Verfügung. Sie können daher Zwangsvollstreckungsmaßnahmen in den Nachlass erwirken (vgl. §§ 778, 928 ZPO).

42 **b)** Kommt es zum Nachlassinsolvenzverfahren, gewähren Vollstreckungsmaßnahmen in einen Nachlassgegenstand (Pfändung einschließlich einer auf die Vorpfändung gestützten Vollpfändung,[59] Anordnung der Zwangsversteigerung oder Zwangsverwaltung, Eintragung einer Zwangs- oder Arresthypothek), die Nachlass- oder Eigengläubiger nach Anfall der Erbschaft bzw. deren Annahme durch den Erben erwirkt haben, kein Recht zur abgesonderten Befriedigung (§ 321 InsO). § 321 InsO erfasst gleichermaßen Vollstreckungsmaßnahmen des Finanzamtes (§§ 281 ff. AO).[60] Auf Vollstreckungsmaßnahmen gegen den Erblasser ist § 321 InsO dagegen nicht anwendbar; für diese gilt lediglich die Rückschlagsperre des § 88 InsO. Selbst wenn § 321 InsO im Gegensatz zu § 221 KO Maßnahmen der Arrestvollziehung nicht mehr ausdrücklich erwähnt, ergeben sich im Vergleich zur Rechtslage nach der Konkursordnung keine Änderungen; denn auch ohne eine Klarstellung erfasst der Begriff „Zwangsvollstreckung" als Oberbegriff im Sinne der Terminologie der Zivilprozessordnung den Arrest.[61] § 321 InsO enthält damit eine Erweiterung der Regelungen der §§ 88, 89 InsO, insbesondere ordnet er eine Rückschlagsperre über die zeitlichen Grenzen des § 88 InsO hinaus auf den Zeitpunkt des Erbfalls an. § 88 InsO hat aber dann eigenständige Bedeutung, wenn der Insolvenzantrag innerhalb eines Monats nach dem Erbfall gestellt wird.

43 **c)** Hatte § 221 II KO noch eine nach dem Erbfall im Wege der einstweiligen Verfügung erlangte Vormerkung ausdrücklich für unwirksam erklärt, fehlt eine entsprechende Regelung in § 321 InsO. Aus den bereits oben aufgeführten Gründen (→ Rn. 42) beinhaltet der Begriff „Maßnahme der Zwangsvollstreckung" auch eine auf der Grundlage einer einstweiligen Verfügung eingetragene Vormerkung. § 321 InsO erfasst daher auch derartige Vormerkungen.[62] Für die Anwendbarkeit des § 321 InsO ist es dabei ohne Bedeutung, ob die Vormerkung einen Anspruch sichert, der zur Aus- oder Absonderung geführt hätte oder auf eine Nachlass- oder Eigenverbindlichkeit des Erben zurückzuführen ist. Auf Vormerkungen, denen eine Bewilligung des Erben bzw. Nachlasspflegers, -verwalters oder Testamentsvollstreckers zugrunde liegt, ist § 321 InsO je-

---

[58] Vgl. auch *Jaeger/Weber*, § 222 KO Anm. 8 zu dem mit § 322 InsO inhaltlich identischen § 222 KO.
[59] Maßgeblicher Zeitpunkt ist die Zustellung des gerichtlichen Beschlusses für Vollpfändung; vgl. auch Braun/*Bauch*, § 321 Rn. 8.
[60] Vgl. auch BayObLG ZEV 2001, 408 (410).
[61] Vgl. Beschlussempfehlung des Rechtsausschusses, BT-Drucks. 12/7302, zu § 12, S. 156.
[62] LG Stuttgart ZEV 2002, 370 mit zustimmender Anm. von *G. Siegmann*; vgl. auch Braun/*Bauch*, § 321 Rn. 3; HK/*Marotzke*, § 321 Rn. 4; MüKoInsO/*Siegmann*, § 321 Rn. 1, 7; Leonhardt/Smid/*Zeuner/Fehl*, § 321 Rn. 6; *G. Siegmann* ZEV 2000, 221.

doch nicht anzuwenden. Hierzu zählt jedoch nicht die Vormerkung zur Sicherung des Anspruchs auf Eintragung von Bauhandwerkersicherungshypotheken.[63]

2. Grund der Einschränkung. Mit Hilfe des § 321 InsO sollen die Rechtsverhältnisse wieder so hergestellt werden, wie sie zurzeit des Erbfalls waren. Um die Trennung des Nachlasses vom Eigenvermögen des Erben zu gewährleisten, darf der Nachlass den Eigengläubigern des Erben als Haftungsobjekt nicht mehr zur Verfügung stehen. Außerdem ist eine Einschränkung der Wirksamkeit von Vollstreckungsmaßnahmen geboten, um dem insolvenzrechtlichen Grundsatz der gleichmäßigen Befriedigung aller Nachlassgläubiger im Verhältnis zum Prioritätsprinzip der Zwangsvollstreckung Geltung zu verschaffen. 44

3. Materiell-rechtlicher Gehalt des § 321 InsO. a) § 321 InsO hat trotz seines anscheinend eindeutigen Wortlauts nicht nur verfahrensrechtliche Bedeutung, sondern während des Nachlassinsolvenzverfahrens und ggf. darüber hinaus auch einen materiell-rechtlichen Gehalt. Vollstreckungsmaßnahmen sind der Nachlassinsolvenzmasse gegenüber nach der bisher herrschenden Meinung[64] relativ unwirksam. Für die Konkursordnung wurde dies ua aus § 221 II KO abgeleitet. Obwohl § 321 InsO eine vergleichbare Vorschrift nicht mehr enthält, wollte der Gesetzgeber im Vergleich zur Konkursordnung keine andere Rechtslage schaffen.[65] Denn es hätte keinen Sinn, den Gläubigern ein Absonderungsrecht zu versagen, wenn der Insolvenzverwalter den Gegenstand nicht zugunsten der Insolvenzmasse verwerten könnte.[66] Nach einer im Vordringen befindlichen Meinung sind Vollstreckungsmaßnahme gegenüber jedermann absolut, aber schwebend unwirksam;[67] dieser Schwebezustand endet entweder durch die Aufhebung bzw. Einstellung des Nachlassinsolvenzverfahrens oder mit der Verwertung bzw. Freigabe des betroffenen Vermögensgegenstandes aus dem Insolvenzbeschlag durch den Insolvenzverwalter. Große praktische Auswirkungen ergeben sich aus der unterschiedlichen dogmatischen Einordnung jedoch nicht. 45

b) Aufgrund der relativen bzw. absoluten schwebenden Unwirksamkeit der Vollstreckungsmaßnahmen kann der Insolvenzverwalter den betroffenen Nachlassgegenstand vollwirksam und lastenfrei an einen Dritten veräußern. Eingetragene Zwangshypotheken oder Vormerkungen auf der Grundlage einer einstweiligen Verfügung kann er wegen Grundbuchunrichtigkeit nach § 22 GBO auch ohne Bewilligung des Berechtigten löschen lassen, ohne dass es des Nachweises der beabsichtigten Verwertung bedarf.[68] Die Verwertung durch den Insolvenzverwalter macht das im Rahmen der Zwangsvollstreckung erworbene Recht auf Dauer unwirksam. Eine Verwertung des gepfändeten Gegenstandes durch den Pfändungspfandgläubiger kann der Insolvenzverwalter mit der Vollstreckungserinnerung nach § 766 ZPO abwenden. 46

c) Die relative bzw. absolute schwebende Unwirksamkeit der Vollstreckungsmaßnahme beschränkt sich jedoch auf die Dauer des Nachlassinsolvenzverfahrens. Unterbleibt die Verwertung im Insolvenzverfahren, sei es wegen Freigabe des betroffenen 47

---

[63] OLG Dresden ZIP 1998, 215 (zu § 7 III GesO); G. Siegmann ZEV 2002, 371 f.
[64] Braun/*Bauch*, § 321 Rn. 10; Graf-Schlicker/*Busch*, § 321 Rn. 1; *Leonhardt/Smid/Zeuner/Fehl*, § 321 Rn. 6.
[65] Begr RegE InsO, BR-Drucks. 1/92, zu §§ 364, 365, S. 231.
[66] RGZ 157, 294 (295 ff.).
[67] So MüKoInsO/*Siegmann*, § 321 Rn. 3, der unter Berufung auf die Entscheidung des BGH NJW 2006, 1286 zur Rückschlagsperre des § 88 InsO davon ausgeht, dass die betroffenen Rechte mit der Eröffnung des Verfahrens absolut, aber schwebend unwirksam werden. Nunmehr ebenso FKInsO/*Schallenberg/Rafiqpoor*, § 321 Rn. 15 ff.
[68] OLG Düsseldorf ZInsO 2003, 804 (805); LG Stuttgart ZEV 2002, 370. Vgl. zu dem von der Ausgangslage vergleichbaren § 7 III GesO *Bestelmeyer* DtZ 1997, 274 ff. Weitere Beispiele bei RG JW 1907, 207 und *Jaeger/Weber*, § 221 KO Anm. 8, zu dem § 321 InsO entsprechenden § 221 KO.

Gegenstandes durch den Insolvenzverwalter oder wegen Einstellung des Verfahrens auf Grund Verzichts oder mangels Masse, bestehen die durch die Zwangsvollstreckung erworbenen Rechte uneingeschränkt wirksam fort.[69] Hat der Insolvenzverwalter eine Zwangshypothek während des Insolvenzverfahrens im Grundbuch zur Löschung gebracht, muss er diese vor Beendigung des Insolvenzverfahrens zu Lasten des nicht verwerteten Grundstücks wieder eintragen lassen.

48 **4. Keine Rückgabe des Vollstreckungserlöses. a)** § 321 InsO ist jedoch unanwendbar, wenn die Vollstreckungsmaßnahme bereits vor der Insolvenzeröffnung zur Befriedigung des Gläubigers geführt hat. Der Gläubiger darf das Erlangte behalten, kann aber der Insolvenzanfechtung nach den §§ 129 ff. InsO ausgesetzt sein. Hat ein Eigengläubiger des Erben auf Grund einer Vollstreckungsmaßnahme aus dem Nachlass Befriedigung erlangt, ist er so zu behandeln, als wäre er nicht von seinem Gläubiger sondern von einem Dritten (dem Nachlass) befriedigt worden, so dass sich für die Insolvenzmasse ein Anspruch aus ungerechtfertigter Bereicherung gegen ihn ergibt.[70]

49 **b)** Erfolgte die Zwangsvollstreckung auf der Grundlage eines vorläufig vollstreckbaren Titels, ist § 321 InsO ebenfalls nicht anwendbar. Dem beschränkbar haftenden Erben (§ 2016 I BGB) stehen jedoch die Einreden der §§ 2014, 2015 BGB zu, die er mit der Vollstreckungsabwehrklage (§§ 305, 782, 785, 767 ZPO) geltend machen kann bzw. bei Besorgnis der Unzulänglichkeit des Nachlasses sogar muss. Auf diese Weise kann er verhindern, dass der Gläubiger das Vollstreckungsverfahren zum Abschluss bringt und so § 321 InsO ausschaltet.

50 **5. Vollstreckung auf Grund vertraglicher oder gesetzlicher Pfandrechte.** Hat der Gläubiger nach dem Erbfall auf Grund eines gesetzlichen (zB Vermieterpfandrecht) oder eines bereits früher begründeten rechtsgeschäftlichen Pfandrechts (zB Grundpfandrechte) vollstreckt (§§ 49, 50 InsO), gilt § 321 InsO nicht. Der Gläubiger behält das Recht auf abgesonderte Befriedigung. Wie ein vertragliches Pfandrecht wird eine Sicherungshypothek behandelt, die auf der Grundlage einer einstweiligen Verfügung zur Sicherung des Anspruchs auf Eintragung einer Bauhandwerkersicherungshypothek mit anschließender Verurteilung zur Abgabe der Eintragungsbewilligung gemäß § 894 ZPO eingetragen wurde.[71]

IV. Zurückbehaltungsrecht und Aufrechnung

51 **1. Zurückbehaltungsrecht.** Soweit dem Erben Aufwendungen, die er vor der Eröffnung des Nachlassinsolvenzverfahrens während der Nachlassverwaltung getätigt hat, aus dem Nachlass zu erstatten sind (§§ 1978 III, 1979 iVm § 670 bzw. §§ 683, 684 BGB), handelt es sich um erstrangige Masseverbindlichkeiten (§ 324 I Nr. 1 InsO). Diese Einstufung bietet dem Erben gute Befriedigungsaussichten. Aus diesem Grunde ist es gerechtfertigt, dem Erben wegen seiner Aufwendungen kein Zurückbehaltungsrecht nach § 273 BGB zu gewähren, um die Abwicklung des Verfahrens und die Verwertung der Insolvenzmasse nicht zu verzögern.[72] § 323 InsO schließt das Zurückbe-

---

[69] LG Stuttgart ZEV 2002, 370; MüKoInsO/*Siegmann*, § 321 Rn. 3.
[70] FKInsO/*Schallenberg/Rafiqpoor*, § 321 Rn. 8; Nerlich/Römermann/*Riering*, § 321 Rn. 7; Uhlenbruck/Hirte/Vallender/*Lüer*, § 321 Rn. 2; HambKommInsO/*Böhm*, § 321 Rn. 5; *K. Schmidt*, § 321 Rn. 9; Graf-Schlicker/*Busch*, § 321 Rn. 3. Vgl. auch *Häsemeyer*, Rn. 33.05 f.; aA (Bereicherungsanspruch gegen den Erben) *Dauner-Lieb*, FS Gaul, S. 93 (97); HK/*Marotzke*, § 321 Rn. 8; KPB/*Holzer*, § 321 Rn. 8 ff.; MüKoInsO/*Siegmann*, § 321 Rn. 5; HambKommInsO/*Böhm*, § 321 Rn. 5 (sowohl gegen Eigengläubiger als auch gegen den Erben).
[71] MüKoInsO/*Ganter*, § 50 Rn. 106 mwN; MüKoInsO/*Siegmann*, § 321 Rn. 3; *G. Siegmann* ZEV 2002, 370.
[72] So die Begr zur Konkursnovelle vom 17.5.1898, S. 49 f. zu dem nach dem Regelungsgehalt mit § 323 InsO identischen § 223 KO.

haltungsrecht umfassend aus. Der Ausschluss erfasst alle Ansprüche des Nachlasses gegen den Erben (zB Schadensersatzansprüche wegen der Nachlassverwaltung des Erben, §§ 1978 I, II BGB), gilt also nicht nur dann, wenn der Insolvenzverwalter vom Erben Nachlassgegenstände herausverlangt. § 323 InsO ist analog auf den Nachlassverwalter anzuwenden.[73] Der Geltendmachung von Zurückbehaltungsrechten auf vertraglicher Grundlage steht § 323 InsO dagegen nicht entgegen.

2. Aufrechnung. Der Ausschluss des Zurückbehaltungsrechts wirkt nicht zugleich als Ausschluss der Aufrechnung, sondern lässt diese unberührt. Die Vorschriften der Regelinsolvenz zur Aufrechnung (§§ 94 bis 96 InsO) gelten auch in der Nachlassinsolvenz. Zusätzlich ist zu beachten: Nach Eröffnung des Verfahrens kann der Erbe nicht mehr mit Forderungen, die zur Nachlassinsolvenzmasse gehören, aufrechnen; ihm fehlt hierfür die Verfügungsbefugnis, § 80 I InsO. Aufgrund der mit der Eröffnung des Nachlassinsolvenzverfahrens gemäß § 1975 BGB eintretenden Vermögenstrennung ist auch die Aufrechnung von Nachlassgläubigern gegen Eigenforderungen des beschränkt haftenden Erben nach Eröffnung[74] des Nachlassinsolvenzverfahrens selbst bei Zustimmung des Erben (vgl. § 80 I InsO) unwirksam. Das Gleiche gilt für die Aufrechnung des Erben mit Eigenforderungen gegen Forderungen gegen den Nachlass. Die Möglichkeit des Erben, mit seinen Eigenforderungen gegen Forderungen von Nachlassgläubigern aufzurechnen, besteht jedoch trotz der Vermögensseparation uneingeschränkt fort; der beschränkt haftende Erbe erwirbt in diesem Fall einen Aufwendungsersatzanspruch gegen die Nachlassinsolvenzmasse, §§ 1978 III, 683, 684 BGB. Mit dieser Forderung kann der Erbe – als Masseverbindlichkeit nach § 324 I Nr. 1 InsO unterliegt sie nicht den Aufrechnungsbeschränkungen der §§ 95, 96 InsO, → § 45 Rn. 110 – gegen Forderungen der Insolvenzmasse, zB Ansprüche auf Geldersatz nach § 668 BGB aufrechnen. Richtet sich der Aufwendungsersatzanspruch des Erben lediglich auf die Befreiung von Verbindlichkeiten, scheidet eine Aufrechnung mangels Gleichartigkeit der Ansprüche aus. Für sonstige Ansprüche des Erben gelten die Aufrechnungsbeschränkungen der §§ 95 und 96 InsO,[75] die der Insolvenzverwalter aber nur innerhalb der Frist des § 146 InsO geltend machen kann.[76]

V. Freigabe aus der (Nachlass-)Insolvenzmasse

Im Hinblick darauf, dass auch im Nachlassinsolvenzverfahren die allgemeinen insolvenzrechtlichen Regelungen gelten, ist die Zulässigkeit der Freigabe von Vermögenswerten der (Nachlass-)Insolvenzmasse durch den Insolvenzverwalter anzuerkennen.[77] Ob jedoch der freigegebene Vermögenswert trotz der Freigabe Nachlassgegenstand mit der Konsequenz bleibt, dass er den Nachlassgläubigern weiterhin als Haftungsobjekt zur Verfügung steht, oder ob er aufgrund der Freigabe Eigenvermögen des Erben wird und damit nicht mehr dem Zugriff der Nachlassgläubiger ausgesetzt ist, ist bisher noch nicht entschieden. Es ist jedoch im letztgenannten Sinne zu entscheiden.[78] Bewirkt die Eröffnung des Nachlassinsolvenzverfahrens eine Vermögensseparation, steht deshalb den Nachlassgläubigern nur noch die (Nachlass-)Insolvenzmasse als Haftungsmasse zur Verfügung. Scheidet durch die Freigabe der freigegebene Vermögenswert aus der Insol-

---

[73] HK/*Marotzke*, § 323 Rn. 3.
[74] Vor Eröffnung des Nachlassinsolvenzverfahrens erklärte Aufrechnungen durch Nachlassgläubiger gegen Eigenforderungen des Erben bzw. durch Eigengläubiger des Erben gegen zum Nachlass gehörende Forderungen sind nur nach Maßgabe des § 1977 BGB wirksam.
[75] Ausführlich hierzu MüKoInsO/*Siegmann*, § 323 Rn. 4.
[76] BGH ZIP 2007, 1467.
[77] Ausführlich hierzu *Reul/Heckschen/Wienberg/Reul*, Teil P Rn. 33; die Zulässigkeit der Freigabe voraussetzend MüKoInsO/*Siegmann*, § 326 Rn. 13.
[78] *Reul/Heckschen/Wienberg/Reul*, Teil P Rn. 35 f.

venzmasse aus und wird insolenzfrei, kann dies in der Konsequenz nur bedeuten, dass dies auch den Haftungszugriff der Nachlassgläubiger auf den freigegeben Vermögenswert beseitigt. Dabei macht es keinen Unterschied, ob die Freigabe gegen Zahlung eines Entgelts oder unentgeltlich erfolgte.[79]

§ 115. Befriedigung der Nachlassgläubiger

Übersicht

	Rn.
I. Masseverbindlichkeiten	1
1. Die gleichen Masseverbindlichkeiten wie in der Regelinsolvenz	1
2. Erweiterung des Kreises der Masseverbindlichkeiten	2
3. Reihenfolge	4
4. Rechtliche Stellung	5
II. Erbe als Nachlassinsolvenzgläubiger	6
1. Ansprüche auf Grund des Wiederauflebens erloschener Rechtsverhältnisse	6
2. Ansprüche wegen der Berichtigung von Nachlassverbindlichkeiten	9
III. Anmeldung der Nachlassinsolvenzforderungen	13
IV. Rangordnung bei der Befriedigung von Nachlassverbindlichkeiten	14
1. Teilnahme aller Nachlassgläubiger	14
2. Voll- und minderberechtigte Nachlassgläubiger	16
3. Im Aufgebotsverfahren ausgeschlossene Nachlassgläubiger als minderberechtigte Insolvenzgläubiger	24
4. Rang der für minderberechtigte Forderungen aufgelaufenen Zinsen	28
5. Die minderberechtigten Nachlassgläubiger im Nachlassinsolvenzverfahren	29
V. Beschränkung bei der Befriedigung bestimmter nachrangiger Nachlassverbindlichkeiten	32
1. Beschränkung bei der Rückgewähr auf Grund Anfechtung	32
2. Beschränkung der Ersatzleistungen des Erben	34
VI. Befriedigung von Nachlassverbindlichkeiten außerhalb des Nachlassinsolvenzverfahrens?	36
1. Beschränkt haftender Erbe	36
2. Unbeschränkt haftender Erbe	38

I. Masseverbindlichkeiten

1. Die gleichen Masseverbindlichkeiten wie in der Regelinsolvenz. Nachlassverbindlichkeiten (→ § 112 Rn. 22) sind auch in der Nachlassinsolvenz in Masse- und einfache Insolvenzforderungen zu unterteilen (→ § 112 Rn. 23). Welche Forderungen zu den Masseverbindlichkeiten zählen, wird zunächst auch für die Nachlassinsolvenz durch die §§ 53 bis 55 InsO festgelegt. Wie in der Regelinsolvenz sind daher Masseverbindlichkeiten: die Kosten des Insolvenzverfahrens (§ 54 InsO), die Kosten der Verwaltung, Verwertung und Verteilung der Insolvenzmasse (§ 55 I Nr. 1 InsO), Verbindlichkeiten aus gegenseitigen Verträgen, soweit deren Erfüllung zur Nachlassinsolvenzmasse verlangt wird oder für die Zeit nach der Eröffnung des Insolvenzverfahrens erfolgen muss (§ 55 I Nr. 2 InsO) sowie Verbindlichkeiten aus einer ungerechtfertigten Bereicherung der Masse (§ 55 I Nr. 3 InsO). Obwohl sie auf Grund eines redaktionellen Versehens des Gesetzgebers in § 324 I InsO nicht ausdrücklich angesprochen sind, sind die in §§ 100, 123 InsO aufgeführten Verbindlichkeiten auch im Nachlassinsolvenzverfahren Masseverbindlichkeiten.[1]

---

[79] Ebenso *Reul/Heckschen/Wienberg/Reul*, Teil P Rn. 36; aA MüKoInsO/*Siegmann*, Anh. § 315 Rn. 37: Der freigegebene Gegenstand wird nur im Falle der erkauften Freigabe Eigenvermögen des/der Erben.

[1] HK/*Marotzke*, § 324 Rn. 5 f.; MüKoInsO/*Siegmann*, § 324 Rn. 2 mit weiteren Beispielen; MAHErbrecht-*Scherer/Wiester*, § 25 Rn. 136; Nerlich/Römermann/*Riering*, § 327 Rn. 12; *Geitner*, Der

2. Erweiterung des Kreises der Masseverbindlichkeiten. a) Für die Nachlassinsolvenz wird jedoch der Kreis der Masseverbindlichkeiten durch § 324 I InsO erweitert, um die Wirkungen der Eröffnung des Nachlassinsolvenzverfahrens so weit wie möglich auf den Zeitpunkt des Erbfalls zurückzubeziehen und so eine ungerechtfertigte Bereicherung der Insolvenzmasse zu vermeiden. Den Masseverbindlichkeiten werden daher Ansprüche aus Geschäften zugerechnet, die der Erbe, dessen gesetzlicher Vertreter, zB Betreuer, Eltern, oder mit der Verwaltung des Nachlasses befasste Personen vor der Eröffnung der Nachlassinsolvenz im Interesse des Nachlasses abgeschlossen haben. Hierzu zählen im Einzelnen: die dem beschränkbar haftenden Erben aus dem Nachlass nach den §§ 1978, 1979 BGB zu ersetzenden Aufwendungen (Nr. 1), sofern es sich nicht um solche für werbende Tätigkeiten im Rahmen einer Unternehmensfortführung handelt;[2] Verbindlichkeiten aus vom Nachlasspfleger, Nachlassverwalter[3] oder Testamentsvollstrecker vorgenommenen Rechtsgeschäften, falls sie der ordnungsgemäßen Verwaltung des Nachlasses entsprechen,[4] einschließlich damit zusammenhängender Steuerforderungen und der Kosten der Prozessführung für den Nachlass[5] (Nr. 5), es sei denn der Testamentsvollstrecker hat lediglich als Bevollmächtigter des Erben gehandelt (dann bloße Insolvenzforderung);[6] Ansprüche des vorläufigen Erben, Nachlasspflegers, -verwalters oder Testamentsvollstreckers, die diesen auf Grund ihrer Geschäftsführung gegen den endgültigen Erben erwachsen sind, wenn die Geschäftsbesorgung dem Interesse und dem mutmaßlichen Willen des endgültigen Erben (§§ 670, 677 BGB) entsprochen hat (Nr. 6), zB im Falle der Fortführung eines zum Nachlass gehörenden Handelsgeschäfts. Unter Nr. 6 fallen insbesondere die Ansprüche des Nachlasspflegers, -verwalters oder Testamentsvollstreckers auf Aufwendungsersatz (§ 670 BGB iVm §§ 1960 II, 1975, 1915, 1835 bzw. iVm § 2218 BGB) und eine angemessene Vergütung des Testamentsvollstreckers.[7] Bei einer unangemessen hohen Vergütung stellt nur der angemessene Teil eine Masseverbindlichkeit dar, während der Restbetrag als Vermächtnis nach § 327 I Nr. 2 InsO zu befriedigen ist. Nr. 6 ist jedoch nicht einschlägig, wenn der Testamentsvollstrecker ein Handelsgeschäft des Erblassers als Treuhänder oder als Bevollmächtigter des Erben führt; er kann dann seine Vergütung nur nach §§ 2218, 2221 BGB geltend machen.[8] Hat der Erbe diese Ansprüche bereits erfüllt, kommen Nr. 1 oder § 326 II InsO zur Anwendung. Da Nr. 6 eine abschließende nachlassbezogene Aufzählung enthält, ist Nr. 6 auch nicht auf die Verbindlichkeiten eines Kanzleiabwicklers anwendbar.[9]

b) Außerdem gehören zu den Masseverbindlichkeiten die Kosten der Beerdigung des Erblassers einschließlich Traueranzeigen, Danksagung sowie kirchlicher und weltlicher Trauerfeierlichkeiten (Nr. 2). Auch wenn dies der Gesetzeswortlaut im Gegensatz zur

---

Erbe in der Insolvenz, S. 109 f.; *G. Siegmann* ZEV 2000, 221 (222); aA HK/*Eickmann*, § 100 Rn. 2; *Hess*, § 315 Rn. 34; KPB/*Holzer*, § 315 Rn. 6.

[2] *Häsemeyer*, Rn. 33.18; *Goebel* ZEV 2003, 261 (263).
[3] Da § 324 I InsO keinen anderen Regelungsgehalt als § 224 I KO hat und die Konkursordnung die Nachlassverwaltung als besonderen Fall der Nachlasspflegschaft verstand (vgl. *Jaeger/Weber*, § 224 KO Anm. 10), ist auch der Nachlaßverwalter erfasst, wenn § 324 I InsO von Nachlasspfleger spricht.
[4] RGZ 60, 30 (31 f.); MüKoInsO/*Siegmann*, § 324 Rn. 10; *K. Schmidt*, § 324 Rn. 7; *Muscheler*, S. 149 f.; aA Braun/*Bauch*, § 324 Rn. 7; FKInsO/*Schallenberg/Rafiqpoor*, § 324 Rn. 20 f.
[5] Vgl. auch OLG Stuttgart Rpfleger 1990, 312: Ein gegen den Nachlasspfleger ergangener Kostenfestsetzungsbeschluss kann auf den Insolvenzverwalter umgeschrieben werden.
[6] So schon *Jaeger/Weber*, § 224 KO Anm. 13; aA *Muscheler*, S. 138, 318.
[7] AG Göttingen NZI 2013, 188 f. Zur Angemessenheit der Vergütung des Testamentsvollstreckers s *W. Zimmermann* ZEV 2001, 334 ff. Die Vergütung des Nachlasspflegers oder -verwalters fällt unter Nr. 4. → Rn. 3.
[8] MüKoInsO/*Siegmann*, § 324 Rn. 12; vgl. auch *Goebel* ZEV 2003, 261 (263).
[9] Braun/*Bauch*, § 324 Rn. 8; aA OLG Köln NZI 2009, 851; FKInsO/*Schallenberg/Rafiqpoor*, § 324 Rn. 23.

Konkursordnung nicht mehr zum Ausdruck bringt, gilt dies nur für eine der Lebensstellung des Verstorbenen angemessene Bestattung. Unter Nr. 2 fallen jedoch nicht die Kosten der Instandhaltung und Pflege des Grabes.[10] Massegläubiger iSd § 324 I Nr. 2 InsO sind neben dem Erben (§ 1968 BGB) nur solche Gläubiger, die wie beispielsweise der Bestattungsunternehmer auf Grund eines Vertrages einen unmittelbaren Anspruch gegen den Erben und damit als Nachlassverbindlichkeit auch gegen den Nachlass haben.[11] Daneben sind die Kosten der Todeserklärung des Erblassers gemäß § 13 VerschG, § 22 I GNotKG, Nr. 15210 KV (Nr. 3) und der Abwicklung des Nachlasses (Nr. 4), zB die Kosten der Testamentseröffnung (§§ 2260, 2300 BGB, § 24 Nr. 1 GNotKG, Nr. 12101 KV), der gerichtlichen Nachlasssicherung (§ 1960 BGB, § 24 Nr. 2 GNotKG, Nr. 12310ff. KV), der Inventarerrichtung (§§ 1993ff., § 24 Nr. 4 GNotKG, Nr. 12410ff. KV) oder des Aufgebots der Nachlassgläubiger (§ 1970 BGB, §§ 454ff. FamFG, § 22 II GNotKG, Nr. 15212 KV) als Masseverbindlichkeiten berücksichtigt. Von Nr. 4 werden auch die Kosten der Nachlasspflegschaft bzw. -verwaltung einschließlich Aufwendungsersatz und Vergütung (§§ 1915, 1836, 1835 iVm § 3 VBVG) erfasst.[12]

4   3. Reihenfolge. Für den Fall, dass die Insolvenzmasse zur Befriedigung aller Masseverbindlichkeiten nicht ausreicht, weist § 324 II InsO den Masseverbindlichkeiten des § 324 I InsO die gleiche Rangstelle zu wie den in § 209 I Nr. 3 InsO aufgeführten übrigen Masseverbindlichkeiten. Aufgrund der Verweisung auf § 209 I Nr. 3 InsO gilt auch § 210 InsO, so dass Massegläubiger nach Anzeige der Masseunzulänglichkeit keine Vollstreckung mehr betreiben können. Eine dennoch erhobene Leistungsklage ist mangels Rechtsschutzbedürfnis unzulässig. Die Möglichkeit, im Wege der Feststellungsklage den Grund und die Höhe des Anspruchs feststellen zu lassen, bleibt den Gläubigern jedoch unbenommen.[13]

5   4. Rechtliche Stellung. Die Masseverbindlichkeiten des § 324 InsO haben die gleiche Rechtsstellung wie die allgemeinen Masseverbindlichkeiten nach § 55 InsO. Ihre Gläubiger sind vor allem nicht zur Anmeldung der Forderungen verpflichtet, sie werden vom Planverfahren nach §§ 218ff. InsO nicht betroffen, sie unterliegen weder prozessualen noch Aufrechnungsbeschränkungen.[14] Die Massegläubiger des § 324 InsO können Prozesskostenhilfe beantragen, sofern dies zur Durchsetzung ihrer Forderungen erforderlich ist.[15] Im Falle der Masseinsuffizienz kommen insbesondere die §§ 94 bis 96 InsO entsprechend zur Anwendung. Die Nachrangigkeit nach § 209 InsO schließt die Aufrechung nicht aus,[16] es sei denn es handelt sich um Neumasseforderungen, die erst nach der Anzeige der Unzulänglichkeit der Masse entstanden sind. Andererseits haben die Gläubiger nach § 324 InsO kein Recht zur Teilnahme an der Gläubigerversammlung. Vollstrecken sie wegen ihrer Masseverbindlichkeiten, gilt für sie jedoch die sechs-

---

[10] OLG Oldenburg DNotZ 1993, 135; *Märker* MDR 1992, 217.
[11] Vgl. auch MüKoInsO/*Siegmann*, § 324 Rn. 6 und MüKoBGB/*Küpper*, § 1968 Rn. 3. Keine Massegläubiger sind nichterbende Angehörige oder der Scheinerbe, welche die entsprechenden Anordnungen im eigenen Namen treffen und damit dem Vertragspartner persönlich haften. Sie können lediglich vom Erben gemäß § 1968 BGB Befreiung von diesen Verbindlichkeiten oder Ersatz ihrer Aufwendungen verlangen. Diese Schuld des Erben ist wiederum Masseverbindlichkeit nach § 324 I Nr. 2 InsO.
[12] MüKoInsO/*Siegmann*, § 324 Rn. 8. Zur Vergütung des Nachlasspflegers bei Stellen des Antrages auf Eröffnung des Nachlassinsolvenzverfahrens s OLG Schleswig ZInsO 2013, 1707. Zur Vergütung des Nachlassverwalters s *W. Zimmermann* ZEV 2007, 519 f.
[13] MüKoInsO/*Siegmann*, § 324 Rn. 13.
[14] Kritisch hierzu *Nöll* ZInsO 2010, 1866 (1869).
[15] Einzelheiten hierzu MüKoInsO/*Siegmann*, § 324 Rn. 15.
[16] Ebenso MüKoInsO/*Siegmann*, § 324 Rn. 14; HambKommInsO/*Böhm*, 324 Rn. 10b; aA AG Ottweiler ZInsO 2000, 520; Braun/*Bauch*, § 324 Rn. 9; *Nöll* ZInsO 2010, 1866 (1869ff.): Aufrechnungsausschluss aufgrund analoger Anwendung des § 323 InsO, jedenfalls Aufrechnungsverbot gemäß § 394 BGB iVm § 210 InsO bzw. § 90 InsO).

monatige Vollstreckungssperre des § 90 I InsO.[17] Der Möglichkeit für Massegläubiger, gegen den Schuldner persönlich zu klagen und zu vollstrecken,[18] steht bei der Nachlassinsolvenz § 1975 BGB entgegen, sofern der Erbe nicht bereits allgemein oder dem betreffenden Gläubiger unbeschränkt haftet.[19]

II. Erbe als Nachlassinsolvenzgläubiger

1. Ansprüche auf Grund des Wiederauflebens erloschener Rechtsverhältnisse. a) Waren durch den Erbfall Ansprüche, die dem Erben gegen den Erblasser zugestanden hatten, infolge der durch die Universalsukzession eingetretenen Konfusion untergegangen, gelten diese mit der Eröffnung des Nachlassinsolvenzverfahrens und der damit verbundenen Separation von Nachlass und Eigenvermögen des Erben mit rückwirkender Kraft als nicht erloschen (§ 1976 BGB). Auch Nebenrechte (zB Pfandrechte) gelten als fortbestehend. Eine Hypothek verwandelt sich von einer Eigentümergrundschuld wieder in eine forderungsbekleidete Fremdhypothek. Wurde die Hypothek zwischenzeitlich im Grundbuch gelöscht und zugunsten eines Dritten ein neues Grundpfandrecht bestellt, kann die Hypothek allerdings nur die Rangstelle nach dem neu bestellten Grundpfandrecht erhalten. Auch lebt eine zwischenzeitlich auf Grund der Konfusion untergegangene Auflassungsvormerkung wieder auf.

b) Diese nicht als untergegangen fingierten Forderungen gegen den Erblasser samt ihren Nebenrechten kann der Erbe im Rahmen der Nachlassinsolvenz geltend machen, auch wenn er gleichzeitig die Stellung des Schuldners innehat (→ § 112 Rn. 1 ff.). § 326 I InsO stellt dies nochmals ausdrücklich klar. Unerheblich ist dabei, ob der Erbe unbeschränkt oder beschränkt haftet, denn § 2013 I 1 BGB nimmt § 1976 BGB von der Anwendbarkeit nicht aus. Die Vermögenssonderung durch die Eröffnung der Nachlassinsolvenz kann damit neben der Vermehrung der Aktiva (→ § 114 Rn. 4 ff.) auch zu einer Erhöhung der Passiva führen.

c) Entsprechend ihrer Rechtsnatur kann der Erbe die wiederauflebenden Rechte als Masseverbindlichkeiten oder nicht bevorrechtigte Insolvenzforderungen geltend machen, sofern sie nicht sogar ein Aus- oder Absonderungsrecht gewähren. Der Umstand, dass diese Rechte nur als nicht erloschen fingiert werden, ändert an ihrer Stellung im Nachlassinsolvenzverfahren nichts.

2. Ansprüche wegen der Berichtigung von Nachlassverbindlichkeiten. a) Tilgt der Erbe Nachlassverbindlichkeiten, tätigt er ein Geschäft des Nachlasses, gleich ob er eigene Mittel oder Mittel aus dem Nachlass verwendet. Im letzteren Fall ist der beschränkbar haftende Erbe hierfür nach § 1978 BGB verantwortlich, wenn es zur Eröffnung des Nachlassinsolvenzverfahrens kommt. Dabei ist zu differenzieren: Durfte der Erbe den Umständen nach annehmen, der Nachlass reiche zur Befriedigung aller Nachlassverbindlichkeiten aus, müssen die Nachlassgläubiger die Berichtigung der Forderung als für Rechnung des Nachlasses erfolgt gegen sich gelten lassen, soweit dafür Nachlassmittel aufgewendet wurden. Hat der Erbe Eigenmittel eingesetzt, steht ihm ein Aufwendungsersatzanspruch zu, der Masseverbindlichkeit ist (§§ 1978 III, 1979 BGB, § 324 I Nr. 1 InsO). Kannte der Erbe die Unzulänglichkeit des Nachlasses oder kannte er sie infolge Fahrlässigkeit nicht (§ 1980 II BGB), muss er der Insolvenzmasse für die aus Mitteln des Nachlasses geleisteten Zahlungen Ersatz leisten, § 1978 I, II BGB. Aufgewendete Eigenmittel bekommt er nicht ersetzt. Die Zahlung gilt außerdem nicht als für Rechnung des Nachlasses erfolgt.

---

[17] MüKoInsO/*Siegmann*, § 324 Rn. 14; Nerlich/Römermann/*Wittkowski*, § 90 Rn. 3.
[18] Hierzu s. o. § 58 Rn. 15 und HK/*Eickmann*, § 90 Rn. 15.
[19] Ausführlich hierzu MüKoInsO/*Siegmann*, § 324 Rn. 14.

10 b) Ist der Erbe der Insolvenzmasse nach § 1978 I, II BGB ersatzpflichtig oder erhält er aus dieser keinen Ersatz für die von ihm eingesetzten Eigenmittel, würden die gleich- oder nachrangigen Nachlassgläubiger durch das Ausscheiden des befriedigten Gläubigers zu Lasten des Erben um den Betrag bereichert werden, der im Falle der Beteiligung des ausgeschiedenen Gläubigers am Verfahren auf dessen Forderung entfallen würde.[20] Dieses Ergebnis vermeidet § 326 II InsO dadurch, dass der Erbe als Kompensation die Forderung des befriedigten Gläubigers im Nachlassinsolvenzverfahren geltend machen kann, wenn er seiner Ersatzpflicht gemäß § 1978 I BGB nachgekommen ist. Entsprechendes gilt, wenn er aus der Insolvenzmasse keinen Ersatz für seine aufgewendeten Eigenmittel erhält. Der Erbe erwirbt die Forderung kraft Gesetzes so (§§ 412, 401, 404 BGB), wie sie dem Nachlassgläubiger selbst zustand: zum Nennbetrag – auch wenn er an den Gläubiger einen niedrigeren Betrag bezahlt hat –, als Masseforderung oder als einfache Insolvenzforderung, mit allen Nebenrechten und Sicherheiten (Hypothek, Bürgschaftsrechten), aber auch mit allen Einwendungen, die er gegen den ursprünglichen Gläubiger geltend machen hätte können.[21] § 326 II InsO ist allerdings nicht auf den unbeschränkbar haftenden Erben anwendbar; denn in diesem Falle besteht nicht die Gefahr, dass sich Nachlassgläubiger auf Grund des Ausscheidens des befriedigten Gläubigers zu Lasten des Erben bereichern.

11 c) Haftet der Erbe nicht allen sondern nur einzelnen Nachlassgläubigern gegenüber unbeschränkt,[22] liegt eine dem § 326 II InsO vergleichbare Ausgangslage vor. Zu Lasten des Erben und zugunsten der Gläubiger, denen gegenüber der Erbe beschränkbar haftet, würde die Insolvenzmasse entlastet, wenn der Nachlassgläubiger seine Forderung im Nachlassinsolvenzverfahren nicht durchzusetzen versucht, weil er sich auch aus dem Eigenvermögen des Erben befriedigen kann. Aus diesem Grund darf der Erbe die Forderung dieses Gläubigers auf eigene Rechnung als Fremdforderung, dh die in der Person des Nachlassgläubigers begründeten Einwendungen können weiterhin erhoben werden, geltend machen, wenn der Gläubiger nicht im Insolvenzverfahren ihre Realisierung betreibt (§ 326 III InsO). Hierfür muss der Erbe den betreffenden Gläubiger vorher nicht aus seinem Vermögen befriedigt haben. Da das Recht des Erben, den Gläubigeranspruch im Insolvenzverfahren zu verfolgen, aufschiebend bedingt ist, gilt für die vom Erben gemäß § 326 III InsO angemeldeten Forderungen bis zur Schlussverteilung § 191 InsO.[23]

12 Hat der Erbe vor oder nach der Eröffnung des Nachlassinsolvenzverfahrens den Gläubiger befriedigt, dem gegenüber er das Recht zur Haftungsbeschränkung verwirkt hat, ist nicht § 326 III InsO sondern § 326 II InsO anzuwenden. Der Erbe kann ohne Rücksicht darauf, ob der Gläubiger seine Forderung im Insolvenzverfahren anmeldet oder nicht,[24] uneingeschränkt an dessen Stelle treten.

III. Anmeldung der Nachlassinsolvenzforderungen

13 Die Nachlassgläubiger müssen ihre Forderungen schriftlich beim Insolvenzverwalter anmelden, nachrangige nur nach Aufforderung durch das Insolvenzgericht. Handelt es sich dabei um Ansprüche aus Auflagen, sind diese durch denjenigen anzumelden, der ihre Vollziehung verlangen kann. Für die Anmeldung ergeben sich im Vergleich zur Regelinsolvenz (→ § 63 Rn. 1 ff.) keine Besonderheiten (vgl. §§ 174, 175 InsO). Es

---

[20] Uhlenbruck/Hirte/Vallender/*Lüer*, § 326 Rn. 3 f.; Nach OLG Düsseldorf ZEV 2000, 236 (237) kommt 326 II InsO nur zur Anwendung, wenn der Erbe die Nachlassverbindlichkeiten aus Eigenmitteln befriedigt hat. S auch *Küpper* ZEV 2000, 238 mwN zum Meinungsstand.
[21] RGZ 55, 157 (161 f.).
[22] Wegen Beispielen → § 113 Fn 3.
[23] *K. Schmidt*, § 326 Rn. 6; Uhlenbruck/Hirte/Vallender/*Lüer*, § 326 Rn. 5; MüKoInsO/*Siegmann*, § 326 Rn. 7.
[24] Str; wie hier *Jaeger/Weber*, § 225 KO Anm. 7, 11.

sind – anders als nach § 229 KO – auch Forderungen anzumelden, die Nachlassgläubiger in einem Aufgebotsverfahren zum Zwecke der Ausschließung bereits angemeldet haben und nicht ausgeschlossen wurden. Dies ist darauf zurückzuführen, dass die von § 229 KO vorausgesetzte Identität von Nachlass und Insolvenzgericht durch die Neufassung der örtlichen Zuständigkeit in § 315 InsO vielfach nicht mehr gegeben ist.[25]

IV. Rangordnung bei der Befriedigung von Nachlassverbindlichkeiten

1. Teilnahme aller Nachlassgläubiger. a) Mit dem Nachlassinsolvenzverfahren sollen alle Nachlassverbindlichkeiten (→ § 112 Rn. 21) umfassend und endgültig bereinigt werden, zumal den Nachlassgläubigern – sofern sie kein Aussonderungs- oder Absonderungsrecht (§ 47 bzw. §§ 49, 50 InsO) haben – auf Grund der durch die Nachlassinsolvenz bewirkten Vermögenssonderung nur noch der Nachlass als Haftungsobjekt zur Verfügung steht. Aus diesem Grunde nehmen alle Nachlassgläubiger am Verfahren teil, unabhängig davon um welche Art von Insolvenzforderung es sich handelt. Nachdem die für den Nachlasskonkurs bisher geltende Ausnahmevorschrift des § 226 I KO für alle Insolvenzverfahren zur Regel erhoben wurde,[26] stellt § 325 InsO nur noch klar, dass lediglich Nachlassverbindlichkeiten im Gegensatz zu den reinen Eigenverbindlichkeiten des Erben geltend gemacht werden dürfen.

b) Im Interesse einer umfassenden Bereinigung aller Nachlassverbindlichkeiten können die familienrechtlichen Unterhaltsansprüche und die familienrechtlichen Erstattungsansprüche der Mutter eines nichtehelichen Kindes auch für die Zeit nach der Eröffnung des Nachlassinsolvenzverfahrens geltend gemacht werden, soweit diese Verpflichtungen auf den Erben übergegangen sind (§ 40 InsO).[27] Dies trifft auf den Unterhalt des geschiedenen oder ihm gleichgestellten Ehegatten (§ 1586b I 1 BGB), den öffentlich-rechtlichen Versorgungsausgleich (§ 1587e IV BGB)[28] und die Erstattungsansprüche der nichtehelichen Mutter gegen den Vater (§§ 1615l III 5, 1615n BGB) zu. Diese allgemein für das Insolvenzverfahren geltende Regelung ist in der Nachlassinsolvenz von besonderer Bedeutung (→ § 19 Rn. 30).

2. Voll- und minderberechtigte Nachlassgläubiger. a) Für die Befriedigungsaussicht der einzelnen Nachlassgläubiger ist auch in der Nachlassinsolvenz die Reihenfolge entscheidend, in der ihre Forderungen nach Berichtigung der Masseverbindlichkeiten aus der Insolvenzmasse bedient werden. Die Insolvenzordnung will den Grundsatz der gleichmäßigen Befriedigung aller Gläubiger stärker betonen. Sie schafft deshalb die Konkursvorrechte ab. Soweit jedoch Rangunterschiede zivilrechtlich zu rechtfertigen sind, werden diese statt durch den Ausschluss von der Verfahrensteilnahme (vgl. § 63 KO)[29] nunmehr dadurch berücksichtigt, dass § 39 InsO nachrangige Forderungsklassen festlegt.[30] Diese für die Regelinsolvenz angeordnete Befriedigungsreihenfolge gilt auch für die Nachlassinsolvenz. Im Nachlassinsolvenzverfahren wird der Kreis der nachrangigen Forderungen durch § 327 I InsO sogar noch erweitert.

b) Diese in § 39 und § 327 I InsO aufgeführten minderberechtigten Forderungen werden erst befriedigt, wenn die Berichtigung der vollberechtigten Nachlassverbindlichkeiten die vorhandene Insolvenzmasse nicht vollständig erschöpft hat. Innerhalb der

---

[25] Begr RegE InsO, BT-Drucks. 1/92, zu § 358, S. 230.
[26] Hierzu → § 19 Rn. 35 ff.; vgl. auch Begr RegE InsO, BR-Drucks. 1/92, zu § 46, S. 123.
[27] Vgl. zu § 40 InsO auch Uhlenbruck/Hirte/Vallender/*Lüer*, § 325 Rn. 4; *Uhlenbruck* FamRZ 1993, 1026 ff.; *ders.* KTS 1999, 413 (417); *Kohte*, Kölner Schrift, 2. Aufl. 2000, S. 781 ff.
[28] Der Anspruch auf den schuldrechtlichen Versorgungsausgleich geht dagegen mit dem Tode des Verpflichteten unter: BVerfG NJW 1986, 1321; BGH FamRZ 1989, 950.
[29] Hierzu vgl. Begr RegE InsO, BR-Drucks. 1/92, zu § 46, S. 123.
[30] Vgl. *Balz*, Kölner Schrift, 2. Aufl. 2000, S. 3 (9 f.).

Klasse der nachrangigen Nachlassverbindlichkeiten legen § 39 und § 327 I InsO ihrerseits wiederum eine Rangfolge fest.

18 Die minderberechtigten Nachlassverbindlichkeiten sind demnach wie folgt zu berichtigen: Der erste Rang ist den seit der Eröffnung des Insolvenzverfahrens aufgelaufenen Zinsen aus den Nachlassverbindlichkeiten zugewiesen (§ 39 I Nr. 1 InsO), die folgenden den Kosten der Teilnahme am Nachlassinsolvenzverfahren (§ 39 I Nr. 2 InsO) und den Nebenfolgen einer Straftat oder Ordnungswidrigkeit, die zu einer Geldzahlung verpflichten (§ 39 I Nr. 3 InsO). Die in § 39 I Nr. 3 InsO ebenfalls genannten Geldstrafen und Geldbußen sowie Ordnungs- und Zwangsgelder sind höchstpersönlich, so dass sie im Nachlassinsolvenzverfahren gar nicht mehr geltend gemacht werden können. Die Verweisung auf § 39 InsO in § 327 I InsO ist daher mit dieser Einschränkung zu lesen.[31] Dahinter sind die Forderungen auf eine unentgeltliche Leistung des Schuldners (§ 39 I Nr. 4 InsO), beispielsweise aus notariell beurkundeten Schenkungsversprechen oder Rentenversprechen nach § 520 BGB, und Ansprüche auf Rückgewähr eines kapitalersetzenden Gesellschafterdarlehens oder gleichgestellte Forderungen (§ 39 I Nr. 5 InsO)[32] eingeordnet.

19 Die folgende Rangstelle nehmen die Verbindlichkeiten gegenüber Pflichtteilsberechtigten ein (§ 327 I Nr. 1 InsO), wozu neben den Vermächtnisnehmern nach § 2307 BGB (→ Rn. 21) auch die Inhaber von Pflichtteilsergänzungsansprüchen gemäß § 2325 BGB[33] zählen. Nicht in diese Rangklasse fallen jedoch der Anspruch nach § 1586b BGB und die Ausgleichsansprüche des überlebenden Ehegatten nach den §§ 1371 II, 1373 ff. BGB; insoweit handelt es sich um vollberechtigte Insolvenzforderungen.[34]

20 Den nächsten Rang weist die Insolvenzordnung den Ansprüchen aus den vom Erblasser angeordneten Vermächtnissen und Auflagen (§ 327 I Nr. 2 InsO) zu;[35] gesetzliche Vermächtnisse (§ 1932 BGB: Voraus des überlebenden Ehegatten; § 1969 BGB: Recht des Dreißigsten) stehen den vom Erblasser angeordneten gleich. Ein Vorausvermächtnis zu Gunsten des Erben ist wie ein Vermächtnis zugunsten eines Dritten zu behandeln. Da das Gesetz keine Differenzierung zwischen freigebigen und entlohnenden Vermächtnissen vorsieht, kommt es alleine auf die Rechtsnatur an; daher sind auch entlohnende Vermächtnisse in die Rangklasse des § 327 I Nr. 2 InsO einzuordnen. Auf das Nachvermächtnis in der Insolvenz über den Nachlass des Vorvermächtnisnehmers ist § 327 I Nr. 2 InsO nicht anzuwenden, da es sich um kein vom Erblasser angeordnetes Vermächtnis handelt; der Nachvermächtnisanspruch stellt vielmehr eine vollberechtigte Insolvenzforderung dar.[36] Der Unterhaltsanspruch der Mutter des werdenden Erben nach § 1963 BGB ist ebenfalls eine vollberechtigte Insolvenzforderung, nachdem es sich hierbei nicht um ein Vermächtnis handelt.

21 Der Nachrang der beiden letztgenannten Gruppen von Verbindlichkeiten ist bereits durch das Erbrecht vorgegeben; denn Pflichtteilsansprüche sowie Vermächtnisse und Auflagen dürfen nicht zu Lasten der übrigen Nachlassgläubiger gehen.[37] Diese Recht-

---

[31] MüKoInsO/*Siegmann*, § 327 Rn. 3; *Lange/Kuchinke*, § 47 VII 2e; Uhlenbruck/Hirte/Vallender/*Lüer*, § 327 Rn. 1; *Holzer* NZI 1999, 44 (45); *G. Siegmann* ZEV 2000, 221 (222).

[32] Nr. 5 hat in der Nachlassinsolvenz keine praktische Bedeutung, da er als Schuldner eine GmbH, eine Handelsgesellschaft oder eine mit einer Gesellschafterstellung verbundene stille Beteiligung voraussetzt. Vgl. MüKoInsO/*Siegmann*, § 327 Rn. 1; MAHErbrecht-*Scherer/Wiester*, § 25 Rn. 17; *G. Siegmann* ZEV 2000, 221 (222).

[33] Da sich der Pflichtteilsergänzungsanspruch nach § 2329 BGB gegen einen Dritten richtet, ist § 327 I Nr. 1 InsO nicht auf derartige Ansprüche anzuwenden.

[34] Uhlenbruck/Hirte/Vallender/*Lüer*, § 327 Rn. 3 mwN.

[35] Bei der Eigeninsolvenz des beschwerten Erben handelt es sich jedoch um normale Insolvenzforderungen.

[36] Ausführlich *Baltzer* ZEV 2008, 116 (117) mwN; *Hartmann* ZEV 2007, 458 (461 f.).

[37] Vgl. §§ 1973, 1974, 1991 IV, 1992 BGB; *Kipp/Coing*, § 95 III 1b.

fertigung besteht jedoch nicht, wenn es sich um Pflichtteilsansprüche, Ansprüche aus Vermächtnissen oder Auflagen handelt, mit denen der Erblasser als Erbe belastet war; in diesem Fall handelt es sich um vollberechtigte Insolvenzforderungen. Das Rangverhältnis der beiden Klassen des § 327 InsO untereinander ist darauf zurückzuführen, dass Vermächtnisse oder Auflagen Pflichtteilsansprüche nicht verkürzen dürfen (arg §§ 2306, 2318 BGB). Aus diesem Grund fallen Vermächtnisse, die das Pflichtteilsrecht des Bedachten ausschließen (vgl. § 2307 BGB), in Höhe des Pflichtteilsanspruchs unter § 327 I Nr. 1 InsO, im Übrigen unter § 327 I Nr. 2 InsO (§ 327 II 1 InsO). Deshalb muss der mit dem Vermächtnis bedachte Pflichtteilsberechtigte nicht zunächst das Vermächtnis ausschlagen, um den Rang des § 327 I Nr. 1 InsO zu erlangen.

Vermächtnissen und Auflagen untereinander steht der gleiche Rang zu. Reicht die **22** Insolvenzmasse nicht zur Befriedigung aller in diese Rangklasse fallenden Vermächtnisse und Auflagen aus, werden sie anteilig befriedigt. Hat der Erblasser in seiner letztwilligen Verfügung jedoch eine anderweitige Rangfolge bestimmt (§§ 2189, 2279 BGB), ist diese auch im Nachlassinsolvenzverfahren zu beachten (§ 327 II 2 InsO).

Mit dem Inkrafttreten des Erbrechtsgleichstellungsgesetzes[38] zum 1.4.1998 und der **23** Abschaffung der Erbersatzansprüche nichtehelicher Kinder wurde § 327 I Nr. 3 InsO ersatzlos gestrichen. Für den Fall, dass in einem Insolvenzverfahren über den Nachlass eines vor dem 1.4.1998 verstorbenen Erblassers Erbersatzansprüche (vgl. Art. 225 I EGBGB) geltend gemacht werden, enthält das Erbrechtsgleichstellungsgesetz infolge eines gesetzgeberischen Versehens[39] keine Übergangsregelung. Dennoch ist für die Abwicklung dieser Altfälle entsprechend dem Rechtsgedanken des Art. 225 I EGBGB, wonach für Erbfälle vor dem 1.4.1998 die bisherigen Gesetzesregelungen fortgelten, § 327 I Nr. 3 InsO weiterhin anzuwenden.[40] Die Erbersatzberechtigten iSd §§ 1934a ff. BGB müssen sich daher mit der letzten Rangstelle begnügen. Dies lässt sich damit rechtfertigen, dass der Erbersatzanspruch an die Stelle des Miterbenanteils tritt. Der Miterbe kann seinerseits aus der Nachlassinsolvenzmasse nur etwas erlangen, nachdem alle sonstigen Nachlassgläubiger befriedigt worden sind. Um eine vollberechtigte Insolvenzforderung handelt es sich jedoch, wenn der Erblasser mit dem nichtehelichen Kind eine wirksame Vereinbarung über den vorzeitigen Erbausgleich getroffen oder ein rechtskräftiges Urteil den Erbausgleichsanspruch zuerkannt hat. Steht in diesen Altfällen dem nichtehelichen Kind statt des Erbersatzanspruches nur ein Pflichtteilsanspruch nach § 2338a BGB zu, ist dieser nicht den Erbersatzansprüchen gleichgestellt, sondern fällt wie die übrigen Pflichtteilsrechte in die Rangklasse des § 327 I Nr. 1 InsO.[41]

3. Im Aufgebotsverfahren ausgeschlossene Nachlassgläubiger als minderbe- 24 rechtigte Insolvenzgläubiger. a) Sind Gläubiger mittels des Aufgebotsverfahrens ausgeschlossen (§§ 1970 bis 1973 BGB) oder stehen sie diesen gleich (§ 1974 BGB), kann der Erbe die Befriedigung dieser Gläubiger insoweit verweigern, als der Nachlass durch die Befriedigung der nicht ausgeschlossenen Gläubiger erschöpft wird, dh seine Haftung auf den Überschuss beschränken; ihre Ansprüche verlieren die ausgeschlossenen Gläubiger jedoch nicht. Verbindlichkeiten aus Pflichtteilsrechten, Vermächtnissen

---

[38] BGBl. I 1997, 2968 f.
[39] Art. 7 § 1 RegE ErbGleichG enthielt eine Übergangsregelung, die auch die verfahrensrechtlichen Vorschriften erfasste. Als auf Anregung des Bundesrates die Übergangsvorschrift in das EGBGB eingestellt wurde, übersah der Gesetzgeber offensichtlich, eine gesonderte Übergangsregelung für die verfahrensrechtlichen Vorschriften zu schaffen.
[40] Im Ergebnis ebenso *Rauscher* ZEV 1998, 41 (45); HK/*Marotzke*, § 327 Rn. 12 und Uhlenbruck/Hirte/Vallender/*Lüer*, § 27 Rn. 1. Vgl. auch Begründung des RegE ErbGleichG, BT-Drucks. 13/4183, S. 14.
[41] BGH NJW 1988, 136 (137) zu § 226 II Nr. 6 KO.

oder Auflagen darf der Erbe nicht vorrangig befriedigen, sofern der Gläubiger seine Forderung nicht erst nach deren Berichtigung geltend gemacht hat.

25 **b)** Diese materielle Rechtslage wirkt sich auch auf die Nachlassinsolvenz aus. Ausgeschlossene oder ihnen gleichstehende Gläubiger nehmen mit ihren Forderungen am Nachlassinsolvenzverfahren teil, allerdings gehören sie zur Gruppe der minderberechtigten Gläubiger. Um den Gleichlauf mit § 1973 I 2 BGB herzustellen, bestimmt § 327 III 1, 1. Alt. InsO, dass die ausgeschlossenen oder als ausgeschlossen geltenden Gläubiger im Rang nach den unter § 39 InsO aufgeführten Verbindlichkeiten, aber im Rang vor den Pflichtteilsrechten, Vermächtnissen und Auflagen zu befriedigen sind.

26 **c)** Gelten Pflichtteilsberechtigte, Vermächtnisnehmer oder Vollzugsberechtigte bei Auflagen mit ihren Ansprüchen als ausgeschlossen,[42] ändert dies nichts an ihrem Rang entsprechend § 327 I Nr. 1 und 2 InsO. Innerhalb der betreffenden Rangklasse wird diese Forderung allerdings erst nach den nicht als ausgeschlossen geltenden Ansprüchen aus der Insolvenzmasse befriedigt (§ 327 III 1, 2. Alt. InsO).

27 **d)** Das Verhältnis der ausgeschlossenen oder ihnen gleichstehenden Forderungen untereinander bleibt unberührt (§ 327 III 2 InsO). Jede Forderung behält daher den Rang, der ihr nach den §§ 38, 39, 327 I und II InsO ohne den Ausschluss zukäme.

28 **4. Rang der für minderberechtigte Forderungen aufgelaufenen Zinsen.** Wie in der Regelinsolvenz teilen die Zinsen aus den Forderungen nachrangiger Insolvenzgläubiger und die Kosten, die diesen Gläubigern durch die Verfahrensteilnahme entstanden sind, den Rang der Hauptforderung (§ 39 III InsO). Aufgrund der pauschalen Verweisung auf § 39 InsO gilt dies auch für gemäß § 327 InsO nachrangige Forderungen. Für die Zinsen macht es dabei keinen Unterschied, ob sie aus der Zeit vor der Eröffnung des Nachlassinsolvenzverfahrens oder aus der Zeit danach stammen.

29 **5. Die minderberechtigten Nachlassgläubiger im Nachlassinsolvenzverfahren. a)** Für die Teilnahme der minderberechtigten Nachlassgläubiger am Verfahren gelten die Vorschriften über die Regelinsolvenz, insbesondere § 174 III InsO (Forderungsanmeldung nur auf Aufforderung durch das Gericht), § 187 III InsO (keine Berücksichtigung bei Abschlagszahlungen) und § 77 I 2 InsO (kein Stimmrecht in der Gläubigerversammlung).

30 Minderberechtigte Nachlassgläubiger können auf der Grundlage der §§ 94 ff. InsO gegen Ansprüche aufrechnen, die dem Nachlass zustehen. Bei der Gegenforderung, mit welcher der Nachlassgläubiger aufrechnet, darf es sich jedoch wegen § 390 BGB nicht um einen Anspruch iSd § 327 I Nr. 1 und 2, III InsO handeln, da dieser einredebehaftet ist (vgl. §§ 1973 I 1, 1974, 1990 I 1, 1991 IV, 1992 BGB).

31 **b)** Ob es sich bei der angemeldeten Nachlassverbindlichkeit um eine nachrangige handelt und welchen Rang sie einnimmt, ist im Rahmen der Prüfung der Insolvenzforderungen zu erörtern, festzustellen und in die Tabelle einzutragen (§§ 175 ff. InsO). Hat der Insolvenzverwalter oder ein anderer Insolvenzgläubiger die Forderung bestritten, kann der betroffene Gläubiger seine Forderung auch im Nachlassinsolvenzverfahren gemäß den §§ 179 ff. InsO feststellen lassen.

V. Beschränkung bei der Befriedigung bestimmter nachrangiger Nachlassverbindlichkeiten

32 **1. Beschränkung bei der Rückgewähr auf Grund Anfechtung. a)** Die Insolvenzanfechtung im Rahmen der Nachlassinsolvenz – gleich ob durch den Nachlassin-

---

[42] Im Hinblick auf § 1972 BGB kann bei diesen Ansprüchen grundsätzlich (Ausnahme § 2060 Nr. 1 BGB) nur eine Gleichstellung mit Forderungen in Betracht kommen, die nach § 1974 BGB als ausgeschlossen gelten. Praktische Relevanz dürfte § 327 III 1, 2. Alt. BGB nur selten erlangen, da dem Erben in der Regel diese Ansprüche bekannt sein werden (§ 1974 I 2, 2. Halbs. BGB).

solvenzverwalter oder durch Nachlassgläubiger – soll die Insolvenzmasse um solche Vermögensgegenstände anreichern, die den Nachlassgläubigern bereits auf Grund Rechtshandlungen durch oder gegenüber dem Erblasser verloren gegangen sind. Sie soll aber nicht den Pflichtteilsberechtigten, den Vermächtnisnehmern oder den aus Auflagen Begünstigten zugute kommen.[43] Deshalb dürfen diese aus Vermögensgegenständen, die infolge einer Insolvenzanfechtung der Masse zurückzugewähren sind, keine Befriedigung erlangen (§ 328 I InsO). § 328 I BGB bewirkt somit eine weitere Zurücksetzung der nachrangigen Insolvenzforderungen iSd § 327 I Nr. 1 und 2 InsO. Auch wenn der Wortlaut des § 328 I InsO etwas anderes auszusagen scheint, gilt diese Vorschrift nach ihrem Sinn und Zweck nicht für Verbindlichkeiten iSd § 39 InsO.[44]

b) Eine Insolvenzanfechtung kommt nur insoweit in Betracht, als diese für die Befriedigung der vorrangigen Verbindlichkeiten erforderlich ist. Reicht bereits die ohne die Anfechtung vorhandene Insolvenzmasse aus, um alle Ansprüche zu befriedigen, die den in § 327 I InsO aufgeführten Verbindlichkeiten im Rang vorgehen, fehlt es an einer Benachteiligung der Insolvenzgläubiger. Ein Anfechtungsrecht scheidet in diesen Fällen aus. Stellt sich erst nach der Rückgewähr des anfechtbar erlangten Vermögensgegenstandes heraus, dass auch ohne eine Anfechtung eine zur Befriedigung der vorrangigen Insolvenzgläubiger ausreichende Insolvenzmasse vorhanden ist, muss der Insolvenzverwalter den Gegenstand oder dessen Wert dem Anfechtungsgegner zurückerstatten. Sie stehen weder den Pflichtteilsberechtigten, den Vermächtnisnehmern und den aus einer Auflage Begünstigten noch dem Erben (Schuldner) zu, da das Anfechtungsergebnis diesem Personenkreis auch nicht mittelbar zugute kommen darf.[45]

2. Beschränkung der Ersatzleistungen des Erben. a) In § 328 II InsO findet § 1973 II 1 BGB seine insolvenzrechtliche Ergänzung. Soweit der Erbe der Insolvenzmasse für seine Nachlassverwaltung bis zur Eröffnung der Nachlassinsolvenz ersatzpflichtig ist (§§ 1978 bis 1980, → § 114 Rn. 3 ff.), darf dies den ausgeschlossenen oder diesen gleichstehenden Nachlassgläubigern nicht uneingeschränkt zugute kommen. Andernfalls würde die Eröffnung des Nachlassinsolvenzverfahrens die Haftung des Erben gegenüber diesen Gläubigern erhöhen und so ein Widerspruch zu dem außerhalb der Nachlassinsolvenz geltenden § 1973 II 1 BGB entstehen. Daher können die ausgeschlossenen oder diesen gleichstehenden Nachlassgläubiger aus den Ersatzleistungen des Erben an die Insolvenzmasse nur insoweit Berichtigung ihrer Forderungen verlangen, als der Erbe nach den Vorschriften über die ungerechtfertigte Bereicherung zum Ersatz verpflichtet ist. Was den ausgeschlossenen oder diesen gleichstehenden Gläubigern vorenthalten bleibt, kommt den Angehörigen der nachfolgenden Rangklassen zugute, also beispielsweise den nicht ausgeschlossenen Pflichtteilsberechtigten, Vermächtnisnehmern oder Berechtigten aus Auflagen (vgl. § 327 I InsO). Nimmt der ausgeschlossene Gläubiger unter den Nachlassverbindlichkeiten dagegen die letzte Rangstelle ein, gebührt der die Bereicherung übersteigende Betrag dem Erben.[46]

b) § 1973 II 1 BGB findet nur auf den beschränkt haftenden Erben Anwendung (§ 2013 BGB). § 328 II InsO ist daher in einem Nachlassinsolvenzverfahren nicht heranzuziehen, wenn der Erbe unbeschränkt haftet.

---

[43] Vgl. Begründung zur Konkursnovelle vom 17.5.1898, S. 53 zu dem vom Regelungsgehalt identischen § 228 I KO. Siehe auch *K. Schmidt*, § 328 Rn. 2; Uhlenbruck/Hirte/Vallender/*Lüer*, § 328 Rn. 2.
[44] HK/*Marotzke*, § 328 Rn. 3; MüKoInsO/*Siegmann*, § 328 Rn. 1; *G. Siegmann* ZEV 2000, 221 (222 f.).
[45] Den Einwand, er müsse aus diesem Grunde nicht oder nicht im vollen Umfang zurückgewähren, kann der Anfechtungsgegner einredeweise bereits im Anfechtungsprozess geltend machen; er ist hierfür jedoch beweispflichtig. Vgl. Nerlich/Römermann/*Riering*, § 328 Rn. 3 und Uhlenbruck/Hirte/Vallender/*Lüer*, § 328 Rn. 2.
[46] Einzelheiten bei MüKoInsO/*Siegmann*, § 328 Rn. 4.

§ 116 Kapitel X. Die Nachlassinsolvenz

VI. Befriedigung von Nachlassverbindlichkeiten außerhalb der Nachlassinsolvenzverfahrens?

36 **1. Beschränkt haftender Erbe.** Die Eröffnung des Nachlassinsolvenzverfahrens hindert Eigengläubiger des Erben nicht, die Befriedigung ihrer Forderungen durch Zugriff auf das Eigenvermögen des Erben zu suchen. Nachlassinsolvenzgläubiger können dagegen nicht gegen den Erben vorgehen, selbst wenn sie auf die Teilnahme am Insolvenzverfahren verzichten. Dem stehen der eindeutige Wortlaut des § 87 InsO und die amtliche Begründung hierzu entgegen.[47] Der Nachlassinsolvenzgläubiger kann seine Ansprüche somit nur über die Teilnahme am Nachlassinsolvenzverfahren realisieren. Sollte der Gläubiger bereits Prozesse anhängig gemacht haben, sind diese gemäß § 240 ZPO zu unterbrechen.

37 **b)** Vollstreckungsmaßnahmen der Nachlassinsolvenzgläubiger in das Eigenvermögen des Erben sind nach Eröffnung des Nachlassinsolvenzverfahrens unzulässig, § 89 I InsO, § 1975 BGB.[48] Die Ausnahmeregelung des § 89 II 2 InsO findet im Nachlassinsolvenzverfahren keine Anwendung. Leiten Nachlassinsolvenzgläubiger dennoch Zwangsvollstreckungsmaßnahmen in das Eigenvermögen des Erben ein, muss dieser unter Berufung auf § 1975 BGB mittels der Vollstreckungsgegenklage (§§ 785, 767 ZPO) die Aufhebung der Vollstreckungsmaßnahme geltend machen. Das Eigenvermögen des Erben unterliegt jedoch der Zwangsvollstreckung, wenn der Gläubiger auf Grund eines gegen den Erben persönlich ausgestellten Titels (Urteil ohne Vorbehalt des § 780 ZPO,[49] persönliche Haftung des Erben für eine Nachlassverbindlichkeit, persönliche Haftung auf Grund Haftungsverzichts oder nach §§ 1994, 2005, 2006 BGB) vollstreckt.

38 **2. Unbeschränkt haftender Erbe.** Haftet der Erbe bereits unbeschränkt, ergeben sich durch § 87 InsO, § 1975 BGB keine Beschränkungen bei der Befriedigung von Ansprüchen der Nachlassinsolvenzgläubiger aus dem Eigenvermögen des Erben. Die Nachlassinsolvenzgläubiger unterliegen hierbei auch keinem Einzugsvorbehalt analog §§ 93, 334 InsO.[50]

§ 116. Insolvenzplan

Übersicht

	Rn.
I. Abschluss des Insolvenzplans	1
1. Zulässigkeit des Insolvenzplans	1
2. Planinitiativrecht	2
3. Beteiligte	5
II. Wirkungen des Insolvenzplans	9
1. Haftung des Erben entsprechend des Insolvenzplans	9
2. Haftung gegenüber den nicht vom Insolvenzplan betroffenen Gläubigern	11

---

[47] Vgl. Begründung zum RegEInsO, BR-Drucks. 1/92, Zu § 98, S. 137. Str, aA Staudinger/*Marotzke*, Vorbem §§ 1967–2017 Rn. 32.

[48] BayObLG ZEV 2001, 408 (410); Hüsemann, S. 154; MüKoInsO/*Siegmann*, § 325 Rn. 11 mwN; MAHErbrecht-*Scherer/Wiester*, § 25 Rn. 55; str., aA Staudinger/*Marotzke*, Vorbem §§ 1967–2017 Rn. 29, 31; HK/*Marotzke*, § 325 Rn. 7, der Vollstreckungsmaßnahmen gegen den Erben in dessen Eigenvermögen bereits während des Nachlassinsolvenzverfahrens aus der Tabelle bejaht. Vgl. auch Stein ZEV 1998, 178 (180 f.) für die vergleichbare Situation bei der Zwangsverwaltung.

[49] Vgl. auch *Joachim* ZEV 2005, 99 (101).

[50] MüKoInsO/*Siegmann*, § 325 Rn. 12 mit ausführlicher Begründung.

I. Abschluss des Insolvenzplans

1. Zulässigkeit des Insolvenzplans. Ein Insolvenzplan ist auch im Nachlassinsolvenzverfahren zulässig,[1] da zwischen Schuldner und Gläubiger getroffene Vereinbarungen auch in der Nachlassinsolvenz für beide Seiten zu günstigeren Ergebnissen führen können als die Durchführung des Insolvenzverfahrens. Ein Insolvenzplan bietet sich insbesondere an, wenn zum Nachlass ein Unternehmen gehört, das saniert werden soll, um aus den Erträgen des fortgeführten Unternehmens die Gläubiger zu befriedigen. Er beschränkt sich aber nicht nur auf das Unternehmen, sondern erfasst den gesamten Nachlass.[2] Anders als noch nach § 113 I Nr. 3 VglO schließen die unbeschränkte Erbenhaftung oder die Nachlassteilung die Durchführung des Insolvenzplanverfahrens nicht aus.

2. Planinitiativrecht. a) Die Vorlage des Insolvenzplans kann vom Erben als Schuldner ausgehen. Er kann die Planvorlage mit dem Eröffnungsantrag verbinden (§ 218 I 1, 2 InsO). Der Insolvenzplan muss bei einer Erbengemeinschaft von allen Erben gemeinsam (vgl. § 2038, § 2040 I BGB) vorgelegt werden. Ein Planinitiativrecht einzelner Erben oder von Erben mit einer bestimmten Erbquote besteht nicht.[3] Lehnt auch nur ein Miterbe die Vorlage eines Insolvenzplans ab, ist der Planvorschlag unzulässig.

b) Obgleich § 218 I InsO nur von „Schuldner" spricht, steht das Planinitiativrecht auch dem Nachlasspfleger als gesetzlichem Vertreter der Erben zu.[4] Der Testamentsvollstrecker kann ebenfalls den Planvorschlag machen, wenn er den gesamten Nachlass verwaltet, da der Testamentsvollstrecker durch die Eröffnung des Insolvenzverfahrens außer der Verfügungs- und Verwaltungsbefugnis seine weiteren Befugnisse nicht verliert.[5]

c) Daneben ist der Verwalter wie in der Regelinsolvenz zur Vorlage eines Insolvenzplans zumindest im Auftrag der Gläubigerversammlung berechtigt (§ 218 I 1, II InsO).[6]

3. Beteiligte. a) Anders als beim Zwangsvergleich nach der Konkursordnung (vgl. § 173 KO) werden in das Insolvenzplanverfahren die absonderungsberechtigten Gläubiger und alle – also auch die nachrangigen – Insolvenzgläubiger eingebunden (vgl. §§ 217, 222 InsO). Nicht beteiligt sind jedoch die aussonderungsberechtigten Gläubiger und die Gläubiger von Masseverbindlichkeiten.

b) Durch die Einbeziehung nachrangiger Gläubiger können im Insolvenzplan auch die Rechte der Gläubiger von Nachlassverbindlichkeiten im Sinne des § 327 I, III InsO geregelt werden. Sofern im Insolvenzplan nichts anderes bestimmt ist, gelten ihre Forderungen jedoch als erlassen (§ 225 I, II InsO). Andernfalls stimmen sie in der Gruppe der nachrangigen Insolvenzgläubiger (§ 222 I Nr. 3 InsO) über den Plan ab. Kann nach § 225 III InsO die Haftung des Schuldners für die in § 39 I Nr. 3 InsO aufgeführten

---

[1] Ausführlich zu dieser Thematik *du Carrois*, Der Insolvenzplan im Nachlassinsolvenzverfahren, 2009. Ein noch nicht abgeschlossenes Insolvenzplanverfahren über das Vermögen einer natürlichen Person kann nach deren Ableben nicht mehr abgewickelt werden, vgl. Braun/*Bauch*, § 316 Rn. 16a.
[2] *K. Schmidt*, Vor § 315 Rn. 20.
[3] Siehe auch *Häsemeyer*, Rn. 33.10 und *G. Siegmann* ZEV 2000, 345 (347). Zur Streichung des § 372 RegE InsO, der ein Planinitiativrecht einzelner Miterben vorsah, vgl. Begr der Beschlussempfehlung des Rechtsausschusses, BT-Drucks. 12/7302, zu § 372, S. 194.
[4] So wie hier zum vergleichbaren Zwangsvergleich im Rahmen des Nachlasskonkurses *Jaeger/Weber* § 230 KO Anm. 10; *Kilger/K. Schmidt*, § 230 KO Anm. 1; aA *Hess*, § 230 KO Rn. 3 ff.; *Kuhn/Uhlenbruck*, § 230 KO Rn. 4.
[5] *Häsemeyer*, Rn. 33.12; aA MüKoInsO/*Siegmann*, vor §§ 315 bis 331 Rn. 10 und § 317 Rn. 4.
[6] Zur streitigen Frage, ob dem Verwalter ein eigenständiges Initiativrecht zusteht, → § 67 Rn. 12 f. und *Schiessler*, Der Insolvenzplan, S. 87 ff.

Verbindlichkeiten im Insolvenzplan weder ausgeschlossen noch eingeschränkt werden kann, hat diese Regelung im Nachlassinsolvenzverfahren lediglich für die Nebenfolgen einer Straftat oder Ordnungswidrigkeit, die zu einer Geldzahlung verpflichten, praktische Relevanz; Geldstrafen, Geldbußen, Ordnungs- und Zwangsgelder sind höchstpersönlich und können daher im Nachlassinsolvenzverfahren nicht geltend gemacht werden. Da die Gläubiger von Verbindlichkeiten iSd § 327 I, III InsO im Rang nach den in § 39 InsO aufgeführten Ansprüchen befriedigt werden, also Rang hinter § 39 I Nr. 3 InsO haben, ist auf sie § 246 I Nr. 2 InsO anzuwenden. Ihre Zustimmung zum Insolvenzplan gilt daher als erteilt, wenn sie keine größeren Einschränkungen hinnehmen müssen als nicht nachrangige Insolvenzgläubiger.

7 c) Ist der Erbe selbst Nachlassgläubiger (vgl. § 326 InsO, → § 115 Rn. 6 ff.), schränkt dies seine Stimmberechtigung nicht ein. Bei der Abstimmung über den Insolvenzplan sind seine Stimme und seine Forderung voll zu berücksichtigen. Der Gegenauffassung, die bisher zum Zwangsvergleich unter Berufung auf den Rechtsgedanken des § 183 KO vertreten wurde, ist für den Insolvenzplan die Grundlage entzogen, nachdem in der Insolvenzordnung eine dem § 183 KO entsprechende Regelung fehlt.

8 d) Die Schuldnerzustimmung zum Insolvenzplan müssen bei einer Erbengemeinschaft alle Miterben erteilen (§ 2038, § 2040 I BGB). Widerspricht nur einer der Erben rechtzeitig dem Plan, kann die Zustimmungsfiktion des § 247 I InsO nicht mehr eingreifen. Der Widerspruch ist dann lediglich unter den Voraussetzungen des § 247 II InsO unbeachtlich.

II. Wirkungen des Insolvenzplans

9 1. **Haftung des Erben entsprechend des Insolvenzplans. a)** Beschließt das Insolvenzgericht nach der Annahme und der Bestätigung des Insolvenzplans die Aufhebung des Nachlassinsolvenzverfahrens (§ 258 I InsO), bestimmt allein dieser die Verpflichtungen des Erben gegenüber den betroffenen Nachlassgläubigern. Er legt ferner fest, ob der Erbe über den Nachlass hinaus zur Gläubigerbefriedigung auch sein Eigenvermögen einsetzen muss. Fehlt eine entsprechende Regelung im Plan, ist im Zweifel die Haftung des Erben im Hinblick auf § 1989 BGB gegenüber den vom Insolvenzplan betroffenen Gläubigern beschränkt.[7]

10 b) Der Insolvenzplan ändert grundsätzlich nichts an der persönlichen Haftung eines unbeschränkt haftenden Erben. Dieser ist daher an einem Insolvenzplan nur interessiert, wenn seine persönliche Haftung durch die darin getroffenen Vereinbarungen ausgeschlossen oder zumindest beschränkt wird oder im Insolvenzverfahren über sein Eigenvermögen ein auf den Nachlassinsolvenzplan abgestimmter Insolvenzplan abgeschlossen wird.

11 2. **Haftung gegenüber den nicht vom Insolvenzplan betroffenen Gläubigern. a)** Unstreitige Masseverbindlichkeiten (§§ 54, 55 InsO, § 324 InsO) hat der Insolvenzverwalter vor Aufhebung des Verfahrens zu berichtigen, für streitige muss er Sicherheit leisten (§ 258 II InsO). Hat der Insolvenzverwalter die Berichtigung oder die Sicherheitsleistung unterlassen, ist die Haftung des Erben gegenüber diesen Nachlassgläubigern – unbeschadet einer Haftung des Insolvenzverwalters nach § 60 InsO – dennoch auf den Nachlassrest (§§ 1989, 1973 BGB) beschränkt.

12 b) Da der Insolvenzplan auch nicht in die Rechte der Aussonderungsberechtigten eingreifen darf, gilt das Gleiche für die aussonderungsberechtigten Gläubiger.

---

[7] Staudinger/*Marotzke*, § 1989 Rn. 15 mwN; Palandt/*Weidlich*, § 1989 Rn. 1; ebenso *Kipp/Coing*, § 98 IV 2b; str.

c) Anders als in der Regelinsolvenz entfaltet der Insolvenzplan keine Wirkungen gegenüber den Nachlassinsolvenzgläubigern, die ihre Forderungen nicht angemeldet haben.[8] Der Erbe kann sich diesen gegenüber auf die Haftungsbeschränkung nach den §§ 1989, 1973 BGB berufen. § 254 I 3 InsO ist insoweit in der Nachlassinsolvenz nicht anwendbar, da sonst der Erbe mit seinem Eigenvermögen für Forderungen haften müsste, mit denen er nicht zu rechnen brauchte. Die Nachlassinsolvenz liefe als Mittel zur Haftungsbeschränkung ins Leere und könnte die Ausschlussfunktion des Aufgebotsverfahrens nicht übernehmen (vgl. § 1989 BGB, § 933 II ZPO). Für diejenigen Nachlassgläubiger, die dem Insolvenzplan widersprochen haben, gilt § 254 I 3 InsO jedoch auch in der Nachlassinsolvenz uneingeschränkt. 13

§ 117. Beendigung des Nachlassinsolvenzverfahrens

Übersicht

	Rn.
I. Aufhebung und Einstellung	1
1. Geltung der allgemeinen Vorschriften	1
2. Haftungsrechtliche Besonderheit	2
II. Haftung des Erben nach Beendigung des Nachlassinsolvenzverfahrens	3
1. Aufhebung des Eröffnungsbeschlusses	3
2. Beendigung durch Verteilung der Masse	4
3. Einstellung mit Zustimmung der Gläubiger	11
4. Einstellung oder Ablehnung mangels Masse oder infolge Masseunzulänglichkeit	12

I. Aufhebung und Einstellung

1. Geltung der allgemeinen Vorschriften. Für die Aufhebung und die Einstellung des Nachlassinsolvenzverfahrens ergeben sich im Vergleich zum Regelinsolvenzverfahren keine Besonderheiten. Dies gilt sowohl für die Gründe (§ 200 I, §§ 212, 213, § 258 I InsO), für die Form und das Verfahren (§ 200 II, §§ 214, 215 I, § 258 II, III InsO) als auch für die Wirkungen (§ 201, § 215 II, § 259 InsO).[1] 1

2. Haftungsrechtliche Besonderheit. Für Nachlassverbindlichkeiten erfährt der im Insolvenzrecht geltende Grundsatz des freien Nachforderungsrechts (§ 201 InsO) durch das materielle Erbrecht (§ 1975 BGB) eine Einschränkung. Der beschränkt haftende Erbe wird nach Durchführung des Nachlassinsolvenzverfahrens von der Haftung in weitem Umfang befreit. 2

II. Haftung des Erben nach Beendigung des Nachlassinsolvenzverfahrens

1. Aufhebung des Eröffnungsbeschlusses. Eine Haftungsbeschränkung für den Erben tritt nicht ein, wenn das Gericht den Eröffnungsbeschluss auf die sofortige Beschwerde hin aufhebt, § 34 II, III InsO. Die Wirkungen der Verfahrenseröffnung entfallen ex tunc. Der Erbe kann seine Haftung aber noch nach den allgemeinen Grundsätzen beschränken, sofern er diese Möglichkeit nicht bereits verloren hat. 3

2. Beendigung durch Verteilung der Masse. a) Endete das Nachlassinsolvenzverfahren durch die Verteilung der Insolvenzmasse,[2] müssen sich die Gläubiger der un- 4

---

[8] MüKoBGB/*Küpper*, § 1989 Rn. 7; Bamberger/Roth/*Lohmann*, § 1989 Rn. 4; so auch die hM zu § 193 KO für den Zwangsvergleich: vgl. nur *Jaeger/Weber*, § 230 KO Anm. 21; str., zweifelnd Staudinger/*Marotzke*, § 1989 Rn. 18.
[1] Vgl. auch *Rugullis* ZEV 2007, 156 (159); *ders.* ZErb 2008, 35 (38 ff.).
[2] Zur Haftung des Erben nach Beendigung des Nachlassinsolvenzverfahrens auf Grund eines bestätigten Insolvenzplans → § 116 Rn. 9 ff.

befriedigt gebliebenen Forderungen[3] wie Gläubiger behandeln lassen, die in einem Aufgebotsverfahren ausgeschlossen wurden; denn auch das Insolvenzverfahren enthält ein Aufgebotsverfahren (vgl. §§ 28, 30 InsO). Der beschränkbar haftende Erbe hat daher für diese Ansprüche lediglich mit dem ihm zugeflossenen Rest des Nachlasses nach den Grundsätzen der ungerechtfertigten Bereicherung einzustehen (§§ 1989, 1973 II BGB). Dies gilt unabhängig davon, ob der Gläubiger seine Forderungen angemeldet hat oder nicht[4] und ob es sich um Masse- oder Insolvenzgläubiger handelt. Eine bestimmte Reihenfolge, in der die Forderungen zu berichtigen sind, ist ebenfalls nicht einzuhalten. Da im Nachlassinsolvenzverfahren der Nachlass regelmäßig vollständig an die Gläubiger verteilt wird, kann sich der Erbe den unbefriedigt gebliebenen Nachlassgläubigern gegenüber einredeweise darauf berufen, die Schlussverteilung habe den Nachlass vollständig erschöpft. Im praktischen Ergebnis führt die Haftungsbeschränkung daher dazu, dass der Erbe jegliche Leistung an diese Gläubiger verweigern kann. Ein Zugriff auf das Eigenvermögen des Erben ist den Gläubigern ebenfalls verwehrt. Nachdem eine Inventarisierung bereits im Rahmen des Nachlassinsolvenzverfahrens erfolgt ist (§ 153 InsO, vgl. auch § 2000 S. 3 BGB), können die Gläubiger auch über das Setzen einer Inventarfrist (§§ 1994 I 2, 2005 I BGB) keine unbeschränkte Haftung des Erben mehr herbeiführen. Diese kommt lediglich bei einem Verzicht des Erben auf die Haftungsbeschränkung in Betracht.

5 **b)** Hat der Erbe jedoch bereits vor der Eröffnung des Nachlassinsolvenzverfahrens sein Recht zur Haftungsbeschränkung verloren, kann er sich nicht auf § 1989 BGB berufen. Er haftet auch nach der Beendigung der Nachlassinsolvenz unbeschränkt. Gilt die unbeschränkte Haftung nur gegenüber einzelnen Nachlassgläubigern, kann der Erbe nur diesen nicht entgegenhalten, der Nachlass sei erschöpft.

6 **c)** Werden Nachlassgegenstände erst nachträglich ermittelt oder verfügbar, ist eine Nachtragsverteilung (§ 203 InsO) anzuordnen. Auf diese Nachlassgegenstände ist § 1989 BGB ebenfalls nicht anzuwenden.[5]

7 **d)** Bei einer Erbenmehrheit hat die Beendigung des Nachlassinsolvenzverfahrens durch Verteilung der Insolvenzmasse darüber hinaus zur Folge, dass jeder der Erben für Nachlassverbindlichkeiten statt als Gesamtschuldner nur noch zu dem Anteil haftet, der seiner Erbquote entspricht (§ 2060 Nr. 3 BGB). Auch wenn ein Mitglied der Erbengemeinschaft sein Recht zur Haftungsbeschränkung bereits verwirkt hat, steht dies der Anwendbarkeit des § 2060 Nr. 3 BGB nicht entgegen.[6] Aus diesem Grund kann die Durchführung des Nachlassinsolvenzverfahrens auch für einen unbeschränkt haftenden Erben von Interesse sein.

8 Soweit § 2060 BGB die Teilung des Nachlasses voraussetzt, ist diesem Erfordernis Genüge getan, wenn der Nachlass durch die insolvenzmäßige Verteilung den Gläubigern zugeführt ist; denn für eine Teilung unter den Erben bleibt dann kein Raum mehr. Wird das Nachlassinsolvenzverfahren dagegen erst eröffnet, nachdem der Nachlass unter den Miterben verteilt wurde, kann § 2060 Nr. 3 BGB nicht mehr zur Anwendung kommen.[7]

---

[3] Beispiele der in Betracht kommenden Gläubigergruppen bei MüKoInsO/*Siegmann*, vor §§ 315 bis 331 Rn. 14; MüKoBGB/*Küpper*, § 1989 Rn. 6; Staudinger/*Marotzke*, § 1989 Rn. 10.

[4] Staudinger/*Marotzke*, § 1989 Rn. 9; aA *Kipp/Coing*, § 98 IV 2a, wonach der Erbe denjenigen Gläubigern gegenüber, die ihre Forderungen angemeldet und am Verfahren teilgenommen haben, entsprechend den §§ 1978 ff. BGB haftet.

[5] MüKoBGB/*Küpper*, § 1989 Rn. 5. Zur Möglichkeit der Vollstreckung in diese Gegenstände s Staudinger/*Marotzke*, § 1989 Rn. 8.

[6] MüKoBGB/*Ann*, § 2060 Rn. 14; Staudinger/*Marotzke*, § 2060 Rn. 60.

[7] Str; so wie hier MüKoBGB/*Ann*, § 2060 Rn. 15; Bamberger/Roth/*Lohmann*, § 2060 Rn. 6; Palandt/*Weidlich*, § 2060 Rn. 2; aA Staudinger/*Marotzke*, § 2060 Rn. 84.

e) Wegen ihrer unbefriedigt gebliebenen Forderungen können die Nachlassgläubiger 9 auf der Grundlage des Auszuges aus der Tabelle wie aus einem vollstreckbaren Urteil die Einzelvollstreckung betreiben, sofern der Erbe als Schuldner der Forderung im Prüfungstermin nicht widersprochen hat (§ 201 II InsO).[8] Da die Eintragung in die Tabelle lediglich einen Titel gegen den Nachlass gibt, kann der Erbe einer Vollstreckungsmaßnahme in sein Eigenvermögen die erbrechtliche Haftungsbeschränkung des § 1975 BGB entgegenhalten. Dies hat im Wege der Vollstreckungsgegenklage zu erfolgen (§§ 781, 785 iVm § 767 ZPO). Des Vorbehalts der beschränkten Erbenhaftung bedarf es nicht, denn § 780 ZPO ist auf die Eintragung in die Tabelle unanwendbar.[9]

Auch bei der Anwendung des § 1973 II 3 BGB (ggf. iVm § 1989 BGB) ist der voll- 10 streckbare Auszug aus der Tabelle einer rechtskräftigen Verurteilung gleichzustellen. Aus diesem Grunde sind bei der Ermittlung des an ausgeschlossene Gläubiger abzuführenden Überschusses (§ 1973 II 1 BGB) auch die in der Tabelle aufgeführten Forderungen anderer ausgeschlossener Gläubiger als befriedigt anzusehen und vom Aktivbestand abzuziehen.[10]

3. Einstellung mit Zustimmung der Gläubiger. Wird das Nachlassinsolvenzver- 11 fahren auf Grund Verzichts der Nachlassgläubiger eingestellt (§ 213 InsO), entfallen ex tunc die Wirkungen der Insolvenzeröffnung und damit auch die Haftungsbeschränkung des § 1975 BGB. Der Erbe haftet wieder unbeschränkt wie vor der Eröffnung der Nachlassinsolvenz.[11] Eine Haftungsbeschränkung kann er lediglich herbeiführen, indem er selbst die Nachlassinsolvenz oder die Nachlassverwaltung beantragt. Liegt der Einstellung des Nachlassinsolvenzverfahrens auf Grund Verzichts jedoch eine Vereinbarung zwischen dem Erben als Schuldner und den Nachlassgläubigern zu Grunde, richtet sich die Haftungslage nach den darin enthaltenen Abreden.

4. Einstellung oder Ablehnung mangels Masse oder infolge Masseunzuläng- 12 **lichkeit. a)** Stellt das Insolvenzgericht das Verfahren mangels einer die Kosten deckenden Masse gemäß § 207 InsO wieder ein, kommt eine Haftungsbeschränkung auf den Nachlass gemäß § 1975 BGB ebenfalls nicht in Betracht. Auch § 2060 Nr. 3 BGB ist unanwendbar. Der beschränkbar haftende Erbe kann lediglich die Unzulänglichkeit des Nachlasses nach § 1990 I 1 BGB einredeweise geltend machen.[12] Ausgeschlossenen oder säumigen Nachlassgläubigern gegenüber bestimmt sich die Haftung nach den §§ 1973, 1974 BGB.

b) Das Gleiche gilt, wenn bereits die Eröffnung des Verfahrens nach § 26 InsO man- 13 gels Masse abgelehnt wird (§ 1990 I 1 BGB). Hat das Insolvenzgericht nach Anzeige der Masseunzulänglichkeit durch den Nachlassinsolvenzverwalter das Verfahren nach § 211 InsO eingestellt, ist § 1990 BGB lediglich entsprechend anzuwenden.[13]

§ 118. Besondere Fälle

Übersicht

	Rn.
I. Nacherbfolge	1
1. Eintritt der Nacherbfolge nach Eröffnung der Nachlassinsolvenz	1
2. Eintritt der Nacherbfolge vor Eröffnung der Nachlassinsolvenz	4
3. Stellung des Vorerben nach dem Nacherbfall	5

---

[8] Zum Widerspruch durch eine Erbengemeinschaft → § 112 Rn. 7 sowie durch den Testamentsvollstrecker s. o. § 112 Rn. 14.
[9] MüKoBGB/*Küpper*, § 1989 Rn. 8.
[10] Staudinger/*Marotzke*, § 1989 Rn. 26.
[11] Ebenso MüKoBGB/*Küpper*, § 1989 Rn. 3; Uhlenbruck/Hirte/Vallender/*Lüer*, § 331 Rn. 8 mwN; str.
[12] Vgl. auch *Graf* ZEV 2000, 125 (129).
[13] MüKoInsO/*Siegmann*, vor §§ 315 bis 331 Rn. 13; *Rugullis* ZErb 2008, 35 (38).

	Rn.
II. Erbschaftskauf	8
1. Erbschaftskauf	8
2. Materiell-rechtliche Wirkung des Erbschaftskaufs	9
3. Nachlassinsolvenz nach Erbschaftskauf	11
4. Verwandte Verträge	18

I. Nacherbfolge

1 **1. Eintritt der Nacherbfolge nach Eröffnung der Nachlassinsolvenz. a)** Hat der Erblasser Vor- und Nacherbschaft angeordnet, ist der Vorerbe bis zum Eintritt des Nacherbfalls der Rechtsnachfolger des Erblassers. Daher ist der Vorerbe bis zum Anfall der Nacherbschaft der Schuldner. Der Vorerbe hat die gleiche Stellung wie der Vollerbe; ihm stehen ua die Rechte aus § 324 I Nr. 1, § 326 InsO zu. Nachdem § 2113 BGB nur im Verhältnis zwischen Vorerbe und Nacherbe gilt, unterliegt der Nachlassinsolvenzverwalter nicht dieser Verfügungsbeschränkung. Er ist auch nicht durch § 83 II InsO in seiner Verfügungsbefugnis beschränkt, da diese Regelung nur gilt, wenn zum Vermögen des Schuldners eine Vorerbschaft gehört.

2 **b)** Mit Eintritt des Nacherbfalls hört der Vorerbe auf, Erbe zu sein, und die Erbschaft fällt dem Nacherben an (§ 2139 BGB). Aus diesem Grunde wird für die Folgezeit der nicht ausschlagende[1] Nacherbe auch der Schuldner. Er tritt in das Verfahren mit allen Rechten, aber auch belastet mit allen Versäumnissen in dem Stand ein, in dem es sich befindet. Allerdings entstehen dem Nacherben keine Nachteile, wenn der Vorerbe den Schuldnerwiderspruch gegen die Feststellung einer angemeldeten Forderung unterlassen hat. In entsprechender Anwendung des § 326 I ZPO kann nämlich die Feststellung einer Forderung zur Tabelle gegenüber dem Nacherben ebenso wenig Wirkung entfalten wie ein Urteil gegen den Vorerben. Eine Vollstreckung gegen den Nacherben aus dem Tabelleneintrag kann daher nicht stattfinden.[2] § 326 II ZPO steht dem nicht entgegen. Diese Vorschrift gilt lediglich für Urteile über Nachlassgegenstände, über die der Vorerbe auch ohne Zustimmung des Nacherben verfügen kann.

3 **c)** Endet das Nachlassinsolvenzverfahren durch Verteilung der Masse oder durch Insolvenzplan, noch bevor der Nacherbfall eintritt, wird der Nacherbe zu keinem Zeitpunkt Schuldner. Dennoch kann auch er sich auf § 1989 BGB berufen.

4 **2. Eintritt der Nacherbfolge vor Eröffnung der Nachlassinsolvenz.** Kommt es zum Anfall der Nacherbschaft, bevor das Nachlassinsolvenzverfahren eröffnet wurde, ist Schuldner nur der Nacherbe. Der gesamte noch vorhandene Nachlass fällt in die Insolvenzmasse. Hinzukommen die dem Nacherben gegen den Vorerben zustehenden Ansprüche (§ 2144 I, 2. Hs BGB) und die Surrogate nach § 2111 BGB. Rechtshandlungen des Vorerben können solchen des Schuldners gleichzusetzen und deshalb im Rahmen der Insolvenzanfechtung von Bedeutung sein. Nachdem eine Verurteilung des Vorerben nicht gegen den Nacherben wirkt (§ 326 I ZPO), löst sie auch keine Zugriffsreife iSd § 176 II InsO aus.

5 **3. Stellung des Vorerben nach dem Nacherbfall.** Auch wenn der Vorerbe mit Eintritt des Nacherbfalls seine Erbenstellung verliert, ergeben sich aus § 329 InsO gewisse Nachwirkungen der Erben- und Schuldnerstellung. § 329 InsO findet auch dann Anwendung, wenn das Nachlassinsolvenzverfahren erst nach dem Nacherbfall eröffnet wurde und der Vorerbe niemals Schuldner war. Im Einzelnen gilt:

---

[1] Zur Ausschlagung der Erbschaft durch den Nacherben (§ 2142 BGB) s. o. § 112 Rn. 3.
[2] HM: Uhlenbruck/Hirte/Vallender/*Lüer*, § 329 Rn. 1 mwN; *Hess*, § 329 Rn. 7; Nerlich/Römermann/*Riering*, § 329 Rn. 5.

Der Vorerbe kann, wie wenn er noch Erbe wäre, die Forderung des nach § 1979 BGB **6** befriedigten Gläubigers in der Nachlassinsolvenz geltend machen, sofern er nicht unbeschränkt[3] haftet (§§ 326 II, 329 InsO, dazu → § 115 Rn. 9 f.). Haftet der Vorerbe nur einem einzelnen Gläubiger gegenüber unbeschränkt, gilt dies ebenfalls, wenn dieser Gläubiger die Forderung nicht geltend macht (§§ 326 III, 329 InsO, dazu → § 115 Rn. 11 f.). Der Anspruch des Vorerben auf Aufwendungsersatz gegen den Nachlass nach den §§ 1978, 1979 BGB ist außerdem Masseschuld (§§ 324 I Nr. 1, 329 InsO). Andererseits kann sich der Vorerbe in der Nachlassinsolvenz wegen der ihm aus dem Nachlass zu ersetzenden Aufwendungen nicht auf ein Zurückbehaltungsrecht berufen (§§ 323, 329 InsO).

Obwohl § 326 I InsO in § 329 InsO nicht ausdrücklich aufgeführt ist, kann der Vorerbe **7** auch Ansprüche geltend machen, die mit dem Eintritt des Nacherbfalls wieder aufleben (§ 2143 BGB); denn er ist nicht mehr Erbe und darf wie jeder Dritte – nicht erst auf Grund § 326 I InsO – für seine noch offenen Forderungen gegen den Erblasser Befriedigung suchen.

II. Erbschaftskauf

1. Erbschaftskauf. Die Regelungen des § 330 InsO gelten lediglich für den Kauf **8** einer Erbschaft, dh des Vermögens des Erblassers mit sämtlichen Aktiva und Passiva (§§ 2371 ff. BGB). Hierzu zählen ebenso der Verkauf eines Erbanteils durch den Miterben – gleich ob an einen anderen Miterben oder an einen Dritten – oder eines Bruchteils einer Alleinerbschaft oder eines Miterbenanteils wie der Verkauf der Vorerbschaft oder der Anwartschaft des Nacherben. Nicht erfasst sind jedoch die Veräußerung der gesamten Nachlassaktiva durch den Nachlassinsolvenzverwalter, die Erbauseinandersetzung unter den Miterben und die Abschichtung (das bloße Ausscheiden eines Miterben aus der Erbengemeinschaft).

2. Materiell-rechtliche Wirkung des Erbschaftskaufs. a) Veräußert der Allein- **9** erbe die ihm zugefallene Erbschaft, macht die in Erfüllung des Kaufvertrages vorgenommene Übertragung der Erbschaftsgegenstände den Käufer nicht zum Erben. Dieser kann auf Grund des Kaufvertrages lediglich verlangen, so gestellt zu werden, als ob er anstelle des Veräußerers Erbe wäre. Daher ist der Erbe weiterhin Schuldner der Nachlassverbindlichkeiten. Ab dem Abschluss des Kaufvertrages haftet der Käufer neben dem verkaufenden Erben für diese Verbindlichkeiten als Gesamtschuldner (§ 2382 BGB), allerdings beschränkbar (§ 2383 BGB). Im Innenverhältnis ist der Käufer dem Verkäufer gegenüber verpflichtet, die Nachlassverbindlichkeiten aus Nachlassmitteln zu berichtigen (§ 2378 I BGB), sofern der verkaufende Erbe nicht nach § 2376 BGB haftet oder ein Fall des § 2379 BGB vorliegt.

b) Verkauft ein Miterbe seinen Erbanteil und wird der Kaufvertrag durch Übertra- **10** gung des Erbteils erfüllt (§ 2033 I 1 BGB), tritt der Käufer anstelle des Erben in die Erbengemeinschaft ein; Erbe wird der Käufer auch in diesem Falle nicht.

3. Nachlassinsolvenz nach Erbschaftskauf. a) Gegenstand der Nachlassinsolvenz **11** ist auch nach dem Verkauf der Erbschaft der Nachlass als solcher. Die Insolvenzordnung verzichtet im Interesse der Nachlassgläubiger darauf, das Nachlassinsolvenzverfahren über den Kaufpreisanspruch oder dasjenige durchzuführen, was der Erbe als Gegenleistung erhalten hat.

b) Damit die Insolvenzmasse nicht weitestgehend aus Ansprüchen des verkaufenden **12** Erben gegen den Käufer (Gegenleistung, Aufwendungsersatz) besteht, nachdem sich die

---

[3] Zur Haftung des Vorerben vgl. § 2145 BGB. Haftete der Vorerbe bereits vor dem Nacherbfall unbeschränkt, dauert seine Haftung ohne eine Beschränkungsmöglichkeit fort. So *Lange/Kuchinke*, § 51 Fn 24; MüKoBGB/*Grunsky*, § 2145 Rn. 2 mwN; str., aA *Kipp/Coing*, § 52 vor I.

Nachlassgegenstände idR bereits beim Käufer befinden, sieht die Insolvenzordnung davon ab,[4] dem Erben die Schuldnerrolle zuzuweisen. Anstelle des Erben wird der Käufer Schuldner, im Falle des Verkaufs eines Erbanteils Mitschuldner (§ 330 I InsO). Diesen treffen alle Rechte (zB Widerspruchsrecht – § 176 S. 2 InsO) und Pflichten (zB Antragspflicht – § 1980 BGB, Auskunftspflicht – §§ 20, 97 InsO) eines Schuldners. Maßgeblicher Zeitpunkt für den Eintritt in die Schuldnerstellung ist der wirksame Abschluss des Verpflichtungsgeschäftes; denn von da ab besteht die Mithaftung des Käufers für Nachlassverbindlichkeiten. Der Ermittlung des richtigen Schuldners dient auch die Verpflichtung des Verkäufers, den Verkauf der Erbschaft und den Namen des Käufers dem Nachlassgericht anzuzeigen (§ 2384 BGB).

13 **c)** Gehen alle Befugnisse und Pflichten auf den Erbschaftskäufer über, ist nach Abschluss des Erbschaftskaufs nur noch der Eröffnungsantrag des Käufers als Schuldnerantrag zulässig. Im Falle des Verkaufs eines Miterbenanteils kann der Käufer den Antrag auch nach der Teilung stellen (§§ 330, 316 InsO). Da der Erbe für Nachlassverbindlichkeiten weiterhin als Gesamtschuldner einstehen muss, hat er ein eigenes Interesse daran, die Haftung auf den Nachlass zu beschränken. Aus diesem Grunde gewährt § 330 II 2 InsO dem Erben das Recht, die Eröffnung der Nachlassinsolvenz zu beantragen, vorausgesetzt er hat das Recht zur Haftungsbeschränkung noch nicht verwirkt und es ist bisher keine Nachlassverwaltung angeordnet. Haftet der Erbe bereits unbeschränkt, steht ihm die Antragsbefugnis nur wegen solcher Nachlassverbindlichkeiten zu, die der Käufer im Verhältnis zum Verkäufer zu tragen hat (§ 330 II 1 InsO). Dies sind, soweit keine anderweitige vertragliche Abrede getroffen wurde, alle Nachlassverbindlichkeiten mit Ausnahme insbesondere von Pflichtteilsansprüchen, Vermächtnissen, Teilungsanordnungen und Auflagen (vgl. §§ 2376, 442 BGB) sowie den Ertragslasten für die Zeit vor dem Verkauf. Die Rechtfertigung für eine Antragsbefugnis des unbeschränkt haftenden Erben ist in diesem Fall in der Erstattungspflicht des Käufers gegenüber dem Erben zu sehen, wenn der Erbe die Nachlassverbindlichkeiten aus seinem Vermögen berichtigt.[5] Gewährt § 330 II InsO dem Erben das Antragsrecht „wie einem Nachlassgläubiger", muss dieser neben dem Eröffnungsgrund auch eine Nachlassverbindlichkeit glaubhaft machen, für die er einem Nachlassgläubiger noch haftbar ist, sowie die Antragsfrist des § 319 InsO wahren.

14 **d)** Die Insolvenzmasse umfasst die gesamten Nachlassgegenstände, unabhängig davon, ob sie der Erbe dem Käufer bereits übertragen hat oder sie sich noch in der Hand des Erben befinden.[6] Auch Ersatzansprüche der Nachlassgläubiger gegen den Erben und/oder Käufer aus deren Geschäftsführung in der Zeit vor der Eröffnung der Nachlassinsolvenz sind Bestandteil der Masse (§§ 1978 bis 1980, §§ 2013, 2383 I 1 BGB). Hinzukommen schließlich die Ansprüche des Käufers gegen den beschränkt haftenden Erben aus dem Kaufvertrag (§ 2383 I 3 BGB), zB auf Herausgabe von Erbschaftsgegenständen und deren Surrogaten (§ 2374 BGB) sowie auf Wert- oder Schadensersatz (§ 2375 BGB). Der Kaufpreisanspruch des Erben aus dem Erbschaftskaufvertrag gehört dagegen nicht zur Insolvenzmasse.

15 **e)** Ob und inwieweit der Käufer durch die Eröffnung des Nachlassinsolvenzverfahrens seine Haftung auf den Nachlass beschränken kann, richtet sich gemäß § 2383 I 2 BGB danach, ob der Erbe im Zeitpunkt des Abschlusses des Erbschaftskaufvertrages noch beschränkbar haftete. Hatte der Erbe zu diesem Zeitpunkt die Möglichkeit der

---

[4] Begr RegE InsO, BT-Drucks. 1/92, zu § 374 und § 375, S. 232.
[5] Vgl. MüKo/*Siegmann*, § 330 Rn. 6. Ausführlich *Jaeger/Weber*, §§ 232, 233 KO Anm. 8 zu der mit der Insolvenzordnung identischen Rechtslage nach der Konkursordnung.
[6] Zur Unwirksamkeit oder Anfechtbarkeit von Verfügungen des Erben über Nachlassgegenstände vgl. *Jaeger/Weber*, §§ 232, 233 KO Anm. 16.

Haftungsbeschränkung bereits verwirkt, muss auch der Käufer dies gegen sich gelten lassen. Er kann lediglich einen Anspruch auf Freistellung von der unbeschränkten Haftung oder auf Gewährleistung gegen den Erben geltend machen (§ 2376 BGB).

f) Obwohl der Erbe im Nachlassinsolvenzverfahren nicht mehr Schuldner ist, ordnet § 330 II 3 InsO an, dass die §§ 323, 324 I Nr. 1 InsO und 326 InsO für den Erben auch nach dem Verkauf der Erbschaft gelten. Durch die Bezugnahme auf § 324 I Nr. 1 InsO und § 326 I InsO kann der Erbe selbst Nachlassgläubiger sein und auch in dieser Eigenschaft den Insolvenzantrag stellen. Dies gilt selbst dann, wenn erst die Nachlassinsolvenz den Anspruch wieder aufleben lässt (vgl. § 2377 BGB). Da § 330 II InsO dem Erben nicht mehr als ein Antragsrecht gewährt, kann er die Nachlassverbindlichkeiten, die ihm das Recht zur Antragstellung verschaffen, selbst nicht anmelden.[7]

16

g) Ohne Rücksicht darauf, ob der Käufer oder noch der Erbe Partei des Rechtsstreits ist, unterbricht die Eröffnung der Nachlassinsolvenz Prozesse, welche die Insolvenzmasse iSd § 240 ZPO betreffen. Dasselbe gilt für einen Prozess gegen den Käufer wegen Nachlassverbindlichkeiten. Ist ein Rechtsstreit gegen den Erben (Verkäufer) anhängig, tritt die Prozessunterbrechung dagegen nicht ein.[8]

17

4. Verwandte Verträge. a) Gemäß § 2385 BGB gelten die Regeln des Erbschaftskaufs auch für verwandte Verträge wie den Weiterverkauf der Erbschaft durch den Käufer oder sonstige Verträge, die auf die Übertragung einer dem Veräußerer angefallenen oder anderweitig von ihm erworbenen Erbschaft gerichtet sind (zB Tausch; Schenkung; Hingabe an Erfüllungs Statt; Vereinbarung, durch die ein Erbschaftskauf rückabgewickelt wird). Beruht dagegen die Pflicht zur Übertragung auf einer gesetzlichen Verpflichtung oder Obliegenheit, zB § 295 I Nr. 2 InsO,[9] gelten § 2385 BGB, § 330 III nicht.[10]

18

b) In Übereinstimmung mit der materiellen Rechtslage erklärt § 330 III InsO die Regelungen des § 330 I, II InsO auf diese Verträge für entsprechend anwendbar. Demgemäß ist Schuldner in einem Nachlassinsolvenzverfahren der Dritterwerber bzw. der Beschenkte. Der veräußernde Erbschaftskäufer nimmt bei der Anwendung des § 330 II InsO die Stellung des Erben ein. Im Falle einer Schenkung ist dabei zusätzlich § 2385 II 2 BGB zu beachten.

19

§ 119. Verhältnis der Nachlassinsolvenz zur Erben- und zur Gesamtvermögensinsolvenz

Übersicht

	Rn.
I. Insolvenzverfahren mit und ohne Einbeziehung des Nachlasses	1
1. Nachlassinsolvenz und Erbeninsolvenz	1
2. Gesamtvermögensinsolvenz	2
3. Eigeninsolvenz über das Vermögen eines Miterben	7
II. Zusammentreffen von Nachlass- und Erbeninsolvenz	9
1. Rechtliche Selbstständigkeit der getrennten Verfahren	9
2. Einschränkung der Nachlassgläubiger in der Erbeninsolvenz	11
3. Erbeninsolvenz und Nachlassverwaltung	15
4. Erbeninsolvenz und Testamentsvollstreckung	16

---

[7] MüKoInsO/*Siegmann*, § 330 Rn. 6.
[8] KPB/*Holzer*, § 330 Rn. 5; MüKoInsO/*Siegmann*, § 330 Rn. 8; Nerlich/Römermann/*Rüring*, § 330 Rn. 4; Uhlenbruck/Hirte/Vallender/*Lüer*, § 330 Rn. 4; str.
[9] Vgl. hierzu *Döbereiner*, Die Restschuldbefreiung nach der Insolvenzordnung, S. 161.
[10] MüKoInsO/*Siegmann*, § 330 Rn. 3.

	Rn.
III. Nachlassgläubiger bei einem zum Gesamtgut gehörenden Nachlass	17
1. Allgemeine Voraussetzungen für die entsprechende Anwendung des § 331 I InsO	17
2. Einzelheiten der Anwendbarkeit des § 331 II InsO	19

I. Insolvenzverfahren mit und ohne Einbeziehung des Nachlasses

1 **1. Nachlassinsolvenz und Erbeninsolvenz.** Gleichzeitig mit dem Nachlassinsolvenzverfahren kann ein eigenständiges Insolvenzverfahren über das Vermögen des Erben, das dieser anders als durch den Erbfall erworben hat (Erbeninsolvenz), zur Abwicklung gelangen. In beiden Verfahren ist der Erbe Schuldner, aber jeweils bezogen auf eine andere Insolvenzmasse (Nachlass – Eigenvermögen ohne Nachlass).

2 **2. Gesamtvermögensinsolvenz. a)** Von dieser „Doppelinsolvenz"[1] ist die „Gesamtvermögensinsolvenz" zu unterscheiden. Letztere bezieht sich auf das gesamte Vermögen des Erben, das durch die Vereinigung von Nachlass und Eigenvermögen entstanden ist und weder durch Nachlassverwaltung noch durch eine Nachlassinsolvenz wieder in zwei Vermögensmassen aufgeteilt wurde. Eine Gesamtvermögensinsolvenz liegt auch vor, wenn der Schuldner nach Eröffnung des Insolvenzverfahrens über sein eigenes Vermögen Erbe wird. Bei dieser Konstellation fallen die Nachlass-Aktiva als Neuerwerb in die Masse, während die Nachlass-Passiva wie Pflichtteils- und Vermächtnisansprüche Neuverbindlichkeiten sind und deshalb im Verfahren nicht zu berücksichtigen sind.[2]

3 **b)** Da es sich bei der Gesamtvermögensinsolvenz um ein Regelinsolvenzverfahren über das Vermögen des Erben handelt, gelten die Bestimmungen der Nachlassinsolvenz für dieses Verfahren nicht. Eigengläubiger und Nachlassgläubiger nehmen gleichermaßen am Verfahren teil und stehen untereinander in Konkurrenz. Minderberechtigte Forderungen iSd § 326 InsO gibt es nicht. Ansprüche aus Pflichtteilsrechten, Vermächtnissen und Auflagen sind daher gewöhnliche Insolvenzforderungen. Andererseits erfolgt keine Erweiterung des Kreises der Masseverbindlichkeiten durch § 324 InsO.[3]

4 **c)** Die Eröffnung der Gesamtvermögensinsolvenz steht der Durchführung eines Nachlassinsolvenzverfahrens nicht entgegen. Die bisherige Gesamtvermögensinsolvenz wird zur reinen Erbeninsolvenz und beschränkt sich auf das Eigenvermögen des Erben ohne den Nachlass. Wurde die Nachlassinsolvenz bereits zeitlich früher eröffnet, ist eine Gesamtvermögensinsolvenz von vornherein nicht mehr denkbar. Es ist von Anfang an nur noch eine Erbeninsolvenz möglich.

5 **d)** Ist die Gesamtvermögensinsolvenz bereits eröffnet, steht das Recht, ein Nachlassinsolvenzverfahren zu beantragen, neben den Nachlassgläubigern[4] ausschließlich dem Insolvenzverwalter zu (§ 80 InsO), da es sich hierbei um eine Maßnahme der Verwaltung der Insolvenzmasse handelt.[5] Ist der Nachlass überschuldet, entsteht aus diesem Antragsrecht eine Antragspflicht für den Insolvenzverwalter.[6] Der Erbe hat neben ihm kein eigenständiges Antragsrecht. Ist eine selbstständig insolvenzfähige Gesellschaft (§ 11 I, II Nr. 1 InsO) Bestandteil des Nachlasses, steht das Recht, Insolvenzantrag zu stellen, nur dem Vertretungsorgan der Gesellschaft zu, nicht jedoch dem Insolvenzver-

---

[1] Vgl. hierzu *Fischinger*, Die Beschränkung der Erbenhaftung in der Insolvenz, S. 10 f.
[2] MüKoInsO/*Siegmann*, § 331 Rn. 8 mwN. Diese Konsequenz mag jedoch viele Insolvenzschuldner, die nachträglich Erbe werden, dazu veranlassen, die Erbschaft auszuschlagen. Ausführlich hierzu *Fischinger*, Die Beschränkung der Erbenhaftung in der Insolvenz, S. 46 ff.
[3] Vgl. auch *Vallender* NZI 2005, 318.
[4] Vgl. hierzu auch *Fischinger* ZInsO 2013, 365 (366).
[5] *Häsemeyer*, Rn. 33.06; *Kuleisa* ZVI 2013, 173 (177).
[6] *Vallender* NZI 2005, 318 (319) mwN.

walter. Bereits im Rahmen der Gesamtvermögensinsolvenz erfolgte Verteilungen bleiben unangetastet und sind durch die Kürzung des bei der Verteilung des Nachlasses zu berücksichtigenden Schuldenbetrages auszugleichen. Der Verwalter kann auch die Unzulänglichkeit des Nachlasses (§§ 1990 ff., 2013 BGB) geltend machen und so eine Haftungsbeschränkung des Erben herbeiführen.[7] Eine vom Erblasser angeordnete Testamentsvollstreckung wird durch die Eröffnung der Gesamtvermögensinsolvenz nicht berührt.[8]

e) Im Falle der Gesamtvermögensinsolvenz des Vorerben ist der Nachlassinsolvenzverwalter zusätzlich durch § 83 II InsO in seiner Verfügungsbefugnis beschränkt. Tritt während der Gesamtvermögensinsolvenz der Nacherbfall ein, kann der Nacherbe die Aussonderung des zur Vorerbschaft gehörenden Nachlasses verlangen.

3. Eigeninsolvenz über das Vermögen eines Miterben. a) Auch wenn im Zeitpunkt der Eröffnung eines Insolvenzverfahrens über das Eigenvermögen eines Miterben ein Nachlassinsolvenzverfahren anhängig ist, handelt es sich um eine Eigeninsolvenz des Miterben. Der Umstand, dass der Erbanteil zur Insolvenzmasse der Eigeninsolvenz gehört (§§ 35, 36 InsO iVm § 859 II ZPO), ändert daran nichts. Die Verwertung und Verteilung des gesamten Nachlasses im Nachlassinsolvenzverfahren macht aber die Auseinandersetzung der Miterbengemeinschaft entbehrlich.

b) Wurde der Nachlass bereits auseinandergesetzt, hindert dies die Eröffnung der Nachlassinsolvenz nicht (§ 316 II InsO, → § 113 Rn. 4). Es handelt sich auch in diesem Fall bei der Insolvenz über das Vermögen eines Miterben um eine Eigeninsolvenz.[9]

II. Zusammentreffen von Nachlass- und Erbeninsolvenz

1. Rechtliche Selbstständigkeit der getrennten Verfahren. a) Selbst wenn Eigen- und Nachlassinsolvenz gleichzeitig stattfinden, werden sie rechtlich selbstständig abgewickelt. Daher ist für jedes Verfahren ein Insolvenzverwalter zu bestellen, der im jeweils anderen Verfahren Forderungen (zB Ansprüche der Nachlassgläubiger gegen den Erben aus der Verwaltung des Nachlasses; Ansprüche des Erben auf Aufwendungsersatz nach den §§ 1978, 1979 BGB) anmelden und Rechte (zB Aussonderungsrechte) geltend machen kann. Die Sonderregelungen der Nachlassinsolvenz (§ 324 InsO – Erweiterte Anerkennung von Masseverbindlichkeiten; § 327 InsO – Festlegung weiterer nachrangiger Verbindlichkeiten) sind auf die Eigeninsolvenz des Erben nicht anzuwenden.

b) Die Eigengläubiger des Erben können im Nachlassinsolvenzverfahren keine Befriedigung für ihre Forderungen suchen und umgekehrt. Soweit der Erbe jedoch einzelnen oder allen Nachlassgläubigern gegenüber unbeschränkt und damit mit seinem Eigenvermögen haftet, können diese auch an der Erbeninsolvenz teilnehmen.

2. Einschränkung der Nachlassgläubiger in der Erbeninsolvenz. a) Haftet der Erbe Nachlassgläubigern gegenüber unbeschränkt, könnten diese in jedem der beiden Insolvenzverfahren ihre Forderungen bis zur vollständigen Befriedigung geltend machen (vgl. § 43 InsO). Dies ginge zu Lasten der Gläubiger des Erben, die dessen Eigenvermögen dem Zugriff der Nachlassgläubiger nicht entziehen können, denen aber zugleich der Nachlass als Haftungsobjekt nicht zur Verfügung steht. Um eine Privilegierung derartiger Nachlassgläubiger zu verhindern, behandelt § 331 I InsO diese so, wie wenn sie zur abgesonderten Befriedigung aus dem Nachlass berechtigt wären.

---

[7] Vgl. auch MüKoInsO/*Siegmann*, § 331 Rn. 7.
[8] Wegen der in diesem Zusammenhang auftretenden, nach Inkrafttreten der Insolvenzordnung identischen Probleme s *Jaeger/Weber*, § 234 KO Anm. 6 ff.
[9] Zu den Einzelheiten und Problemen einer Gesamtvermögensinsolvenz eines Miterben, die auch im Geltungsbereich der Insolvenzordnung fortbestehen, s *Jaeger/Weber*, § 235 KO Anm. 4 ff.

12 **b)** Ein Nachlassgläubiger, dem der Erbe unbeschränkt haftet, kann daher in der Erbeninsolvenz seine Forderung zwar anmelden, aber Befriedigung nur in Höhe eines Betrages verlangen, mit dem er auf die Befriedigung aus dem Nachlass verzichtet hat oder im Nachlassinsolvenzverfahren ausgefallen ist (§§ 52, 331 I InsO). Bei einer Abschlagsverteilung oder der Schlussverteilung kann der Nachlassgläubiger deshalb nur dann Berücksichtigung finden, wenn er seinen Verzicht oder Ausfall in der Nachlassinsolvenz nachweist (§§ 190 I, 331 I InsO). Steht bei der Abschlagsverteilung die Höhe des Ausfalls in der Nachlassinsolvenz noch nicht fest, ist der mutmaßliche, vom Gläubiger glaubhaft gemachte Ausfall zu berücksichtigen (§§ 190 II 1, 331 I InsO). Der auf die Forderung entfallende Teil wird jedoch zurückbehalten, bis der tatsächliche Ausfall feststeht (§§ 190 II 2, 198, 331 InsO). Danach wird der zurückbehaltene Anteil für die Schlussverteilung frei (§ 190 II 3 InsO). Für das Stimmrecht in der Gläubigerversammlung oder im Rahmen eines Insolvenzplanes gilt § 237 I 2 InsO.

13 **c)** § 331 I InsO greift allerdings nur ein, wenn es zu einer Sonderbefriedigung aus dem Nachlass kommt. Deshalb liegen die Voraussetzungen des § 331 I InsO nicht vor, wenn das Nachlassinsolvenzverfahren mangels Masse oder auf Grund eines Verzichts der Nachlassgläubiger wieder eingestellt wird.

14 **d)** Soweit die Nachlassgläubiger Forderungen geltend machen, die sowohl Nachlass- als auch Eigenverbindlichkeit des Erben sind, kommt die Beschränkung des § 331 I InsO ebenfalls nicht zur Anwendung, da es sich um eine originäre Schuld des Erben handelt. Es bleibt für diese Verbindlichkeiten beim Grundsatz des § 43 InsO. Das Gleiche gilt im Falle der Haftung nach § 27 HGB auf Grund der Fortführung eines Handelsgeschäfts des Erblassers und bei einer Eigenhaftung des Erben aus einem besonderen Rechtsgrund wie einer Bürgschaft oder Schuldmitübernahme oder bei der Erbschaftsteuerschuld.

15 **3. Erbeninsolvenz und Nachlassverwaltung.** Die Anordnung der Nachlassverwaltung führt ebenso wie die Nachlassinsolvenz zur Sonderung des Nachlasses vom Eigenvermögen des Erben, so dass der Nachlass ausschließlich zur Berichtigung der Nachlassverbindlichkeiten verwendet werden kann (§§ 1975 ff. BGB). Auf Grund der Gleichartigkeit der Rechtslage sind im Falle der Nachlassverwaltung die Nachlassgläubiger in der Erbeninsolvenz nur nach dem Ausfallprinzip zu berücksichtigen (entsprechend den §§ 52, 331 I InsO).

16 **4. Erbeninsolvenz und Testamentsvollstreckung.** Ist Testamentsvollstreckung angeordnet, können die Eigengläubiger des Erben nicht auf den Nachlass zugreifen. Dieser bildet ein Sondervermögen (vgl. § 2214 BGB)[10] und ist de facto für die Nachlassgläubiger reserviert, so dass ihre Stellung derjenigen der absonderungsberechtigten Insolvenzgläubiger entspricht. Auf Grund der vergleichbaren Interessenlage ist auf Nachlassgläubiger in der Erbeninsolvenz bei angeordneter Testamensvollstreckung § 331 I InsO entsprechend anzuwenden,[11] so dass sie nur dann als Insolvenzgläubiger am Insolvenzverfahren über das Vermögen des Erben teilnehmen können, wenn der Erlös aus der Nachlassverwertung nicht zur vollständigen Befriedigung führt oder auf die Verwertung des Nachlasses verzichtet wird.[12]

III. Nachlassgläubiger bei einem zum Gesamtgut gehörenden Nachlass

17 **1. Allgemeine Voraussetzungen für die entsprechende Anwendung des § 331 I InsO. a)** Das Ausfallprinzip des § 331 I InsO greift gemäß § 331 II InsO auch ein, wenn

---

[10] Eingehend BGH ZEV 2006, 405 (406 f.); vgl. auch *Kuleisa* ZVI 2013, 173 (178 f.).
[11] BGH ZEV 2006, 405 (406); OLG Köln NZI 2005, 268 (270); MüKoInsO/*Siegmann*, § 331 Rn. 7; HK/*Marotzke*, § 331 Rn. 7; *M. Siegmann* ZEV 2006, 408; *Schindler* ZInsO 2007, 484 (486); aA Graf-Schlicker/*Busch*, § 331 Rn. 1.
[12] Vgl. *Kuleisa* ZVI 2013, 173 (179).

der Erbe in Gütergemeinschaft lebt, der Nachlass zum Gesamtgut gehört (§ 1416 I 2 BGB, Ausnahmen: § 1418 II Nrn. 1, 2 BGB) und damit die Nachlassverbindlichkeiten auch Gesamtgutsverbindlichkeiten sind (§§ 1437 I, 1438 I, 1439 BGB bzw. §§ 1459 I, 1460, 1461 BGB). Weitere Voraussetzung ist, dass die Nachlassinsolvenz (Nachlassverwaltung) mit einem Insolvenzverfahren über das Vermögen des nicht erbenden Ehegatten/Lebenspartner iSd LPartG[13] oder über das Gesamtgut zusammentrifft.

b) Wird das weitere Insolvenzverfahren über das Eigenvermögen des Ehegatten/Lebenspartner durchgeführt, der Erbe ist, gilt § 331 I InsO bereits unmittelbar. Dabei spielt es keine Rolle, ob eine gemeinsame Verwaltung des Gesamtgutes durch die Ehegatten/Lebenspartner erfolgt oder der erbende Ehegatte/Lebenspartner es allein verwaltet und deshalb das weitere Insolvenzverfahren auch das Gesamtgut erfasst (vgl. § 37 I 1 InsO).

2. Einzelheiten der Anwendbarkeit des § 331 II InsO. a) Um eine unbillige Doppelbefriedigung bestimmter Nachlassgläubiger zu vermeiden, sind die §§ 52, 190, 192, 198 und 237 I 2 InsO entsprechend anzuwenden, wenn der Ehegatte/Lebenspartner, der nicht Erbe ist, das Gesamtgut allein verwaltet und die Voraussetzungen des § 331 II InsO vorliegen. Eröffnet das Insolvenzgericht die Nachlassinsolvenz, wird der Nachlass vom Vermögen des erbenden Ehegatten/Lebenspartner und vom Gesamtgut gesondert. In einem Insolvenzverfahren über das Vermögen des verwaltenden Ehegatten/Lebenspartners ist das Gesamtgut Bestandteil der Insolvenzmasse (§ 37 I 1 InsO). Haftet der Ehegatte/Lebenspartner für die Nachlassverbindlichkeiten unbeschränkt, hat für diese neben dem Nachlass sowohl das Gesamtgut einzustehen als auch das sonstige persönliche Vermögen des allein verwaltenden Ehegatten/Lebenspartner (§ 1437 I BGB iVm §§ 1438 bis 1440 BGB). Daher nehmen am Insolvenzverfahren über das Vermögen (einschließlich Gesamtgut) des verwaltenden Erben auch die Nachlassgläubiger teil, denen der Erbe gegenüber unbeschränkt haftet. Dadurch würde die Befriedigungsquote der sonstigen Gläubiger des verwaltenden Ehegatten/Lebenspartners geschmälert, obwohl diesen der Nachlass als Haftungsobjekt entzogen ist. Die Ausgangslage ist damit vergleichbar mit der bei der Eigeninsolvenz des Erben (→ Rn. 11 f.). Dies rechtfertigt zum Schutz dieser sonstigen Gläubiger die Anwendung des Ausfallprinzips des § 331 I InsO. Daher können Nachlassgläubiger in der Insolvenz über das Vermögen des verwaltenden Ehegatten/Lebenspartners mit ihren Forderungen nur insoweit Berücksichtigung finden, als sie in der Nachlassinsolvenz ausgefallen sind oder auf eine Befriedigung verzichtet haben.

b) Obliegt die Verwaltung des Gesamtgutes beiden Ehegatten/Lebenspartnern gemeinsam, findet über dieses ein eigenständiges Insolvenzverfahren statt (§ 37 II InsO iVm §§ 333, 334 InsO). Auch für dieses Verfahren ordnet § 331 II InsO die Anwendung des Ausfallprinzips auf diejenigen Nachlassgläubiger an, denen der mitverwaltende erbende Ehegatte/Lebenspartner unbeschränkt haftet. Denn durch die parallele Eröffnung der Nachlassinsolvenz wird auch hier der Nachlass abgesondert und zur Masse der Nachlassinsolvenz, die ausschließlich zur Befriedigung der Nachlassgläubiger zur Verfügung steht.

c) Trifft die Nachlassinsolvenz mit einem Insolvenzverfahren über das sonstige Vermögen des Ehegatten/Lebenspartners zusammen, der das Gesamtgut mitverwaltet und nicht Erbe ist, aber dennoch auch für die Nachlassverbindlichkeiten als Gesamtgutsschuldner haftet (§ 1459 I BGB), gilt das Ausfallprinzip ebenfalls.

---

[13] Anders als in § 318 III InsO fehlt in § 331 InsO eine entsprechende Gleichstellungsklausel, wonach dessen Regelungen auch für Lebenspartner gelten. Dennoch ist von einer Anwendung der Regelungen in § 331 InsO auch auf Lebenspartner auszugehen, die gemäß § 6 LPartG Gütergemeinschaft vereinbart haben.

Kapitel XI. Steuerrecht

Übersicht

	Rn.
§ 120. Verhältnis des Steuerrechts zum Insolvenzrecht	1

§ 121. Allgemeine insolvenzrechtliche Regelungen
 I. Übersicht 1
 II. Pflichtverletzungen im Vorfeld einer Insolvenz 2
 III. Anfechtbare Rechtshandlungen der Finanzbehörde 6
 IV. Besteuerung bei internationalen Insolvenzen 16

§ 122. Einkommensteuer im Insolvenzverfahren
 I. Das einheitliche Einkommen in der Insolvenz 1
 II. Zurechnung des Einkommens und der Verluste 7
 III. Insolvenzrechtliche Einordnung und Aufteilung der Einkommensteuerschuld 15
 IV. Versteuerung der stillen Reserven 29
 V. Einkommensteuer bei Absonderungsrechten 34
 VI. Vorauszahlungen und Abschlusszahlung 35
 VII. Veranlagung von Ehegatten 44

§ 123. Lohnsteuer im Insolvenzverfahren
 I. Insolvenzverfahren über das Vermögen des Arbeitnehmers 1
 II. Insolvenzverfahren über das Vermögen des Arbeitgebers 4
 III. Übergang der Lohnsteuerforderung auf die Bundesanstalt für Arbeit 14
 IV. Lohnsteuer bei vorläufiger Insolvenzverwaltung 17

§ 124. Umsatzsteuer im Insolvenzverfahren
 I. Die Einordnung der Umsatzsteuerforderung 1
 II. Fragen des Vorsteuerabzugs 13
 III. Umsatzsteuerliche Probleme beim Werkvertrag 26
 IV. Freigabe von Massegegenständen 33
 V. Umsatzsteuer bei Absonderungsrechten 36
 VI. Ermittlung der Umsatzsteuerschuld 37

§ 125. Sonstige Steuerarten im Insolvenzverfahren
 I. Gewerbesteuer 1
 II. Grunderwerbsteuer 8
 III. Grundsteuer 11
 IV. Kraftfahrzeugsteuer 13
 V. Erbschaftsteuer 17
 VI. Investitionszulage 20
 VII. Zölle und andere Grenzabgaben 22
 VIII. Verbrauchsteuern 26

§ 126. Die verfahrensmäßige Behandlung der Steuerforderungen
 I. Insolvenzantrag der Finanzbehörde 1
 II. Beteiligung von Steuerforderungen an dem Insolvenzverfahren 4
 III. Durchsetzung gegenüber dem Schuldner 30
 IV. Steuererstattungsansprüche 32
 V. Steueransprüche nach Beendigung des Insolvenzverfahrens 42
 VI. Steueransprüche bei der Restschuldbefreiung 45
 VII. Steueransprüche im Verbraucherinsolvenzverfahren 53

Schrifttum §§ 120–125: *Abenheimer,* Steuerliche Pflichten und Haftungsrisiken des Geschäftsführers und Insolvenzverwalters in Krise bzw. Insolvenz der GmbH, GmbHR 2005, 869; *App,* Akteneinsichtsrecht des Finanzamt im Insolvenzverfahren – Kurzüberblick, DStZ 2001, 83; *ders.,*

Die Anfechtung der Zahlung gesicherter Steuerforderungen durch den Insolvenzverwalter, DStZ 2005, 81; *ders.*, Unrichtige oder unvollständige Angaben als Handhabe des Finanzamts für einen Antrag auf Versagen der Restschuldbefreiung, DStZ 2012, 594; *Arens*, Steuerforderungen im Zusammenhang mit dem Neuerwerb nach Neuregelung des § 35 InsO, DStR 2010, 446; *Bächer*, Umsatzsteuer als Masseverbindlichkeit bei Istversteuerung? ZInsO 2009 S. 1634; *Bartone*, Ausgewählte Fragen des steuerlichen Verfahrensrechts in der Insolvenz der GmbH, GmbHR 2005, 865; *Beck*, Auskunftsanspruch des Insolvenzverwalters gegenüber der Finanzverwaltung, ZIP 2006, 2009; *ders.*, Zur Umsatzsteuerpflicht der Verwertungskostenpauschale und eines vereinbarten Masseanteils bei Grundstücksveräußerungen, ZInsO 2006, 244; *ders.*, Ertragsteuerliches Fiskusprivileg im vorläufigen Insolvenzverfahren – Mögliche Auswirkungen des neuen § 55 Abs. 4 InsO, ZIP 2011, 551; *Benne*, Einkommensteuerliche und steuerverfahrensrechtliche Probleme bei Insolvenzen im Zusammenhang mit Personengesellschaften, BB 2001, 1977; *Birk*, Umsatzsteuer im Insolvenzverfahren, ZInsO 2007, 743; *Boochs*, Steuerliche Auswirkungen des RegE-ESUG, BB 2011, 857; *Bork*, Die „kalte Zwangsverwaltung" – ein heißes Eisen, ZIP 2013, 2129; *Brand/Klein/Ligges*, Risiko Restschuldbefreiung? ZInsO 2005, 978; *Brete/Thomsen*, Zahlungsunfähigkeit nach § 17 InsO und streitige Steuerfestsetzungen als Haftungs- und Strafbarkeitsfalle für Geschäftsführer und nun auch für Gesellschafter, GmbHR 2008, 912; *Bunke*, Keine Durchsetzungssperre nach § 93 InsO für konkurrierende Steueransprüche aus §§ 69, 34 AO, NZI 2002, 591; *Casse*, Einkommensteuer als Masseverbindlichkeit? ZInsO 2008, 795; *Crezelius*, Friktionen zwischen Insolvenzrecht und Steuerrecht, NZI 2005, 583; *Dahms*, Steuerpflicht des insolvenzrechtlichen Neuerwerbs, ZInsO 2005, 794; *Debus/Schartl*, Masseschonende Handhabung des § 55 Abs. 4 InsO bei der Umsatzsteuer, ZIP 2013, 350; *Dehesselles*, Gemeinnützige Körperschaften in der Insolvenz, DStR 2008, 2050; *Eisolt*, Auskunftsklagen des Insolvenzverwalters gegen das Finanzamt, DStR 2012, 930; *Eisolt*, Nutzung der Informationsfreiheitsgesetze für Auskunftsansprüche des Insolvenzverwalters gegen das Finanzamt – Aktueller Stand der Rechtsprechung, DStR 2013, 439; *Farr*, Der Fiskus als Steuer- und Insolvenzgläubiger im Restschuldbefreiungsverfahren, BB 2003, 2324; *ders.*, Die Reichweite rechtsfehlerhafter Feststellungsbescheide, DStZ 2003, 345; *ders.*, Haftung nach § 25d UStG im vorläufigen Insolvenzverfahren, DStR 2007, 706; *ders.*, Insolvenzbehaftete Zusammenveranlagung – Ein Hauen und Stechen? BB 2006, 1302; *Fett*, Die Aufrechnung eines nach § 37 Abs. 5 KStG entsandenen Erstattungsanspruchs mit Insolvenzforderungen, DStZ 2008, 768; *Fett/Barten*, Verzicht auf Steuer- und Abgabenansprüche nach Inkrafttreten der Insolvenzordnung am 1.1.1999, DStZ 1998, 885; *Fett/Geißdorf*, Die Bearbeitung von Wiedersprüchen und die Aufnahme unterbrochener Rechtsbehelfs- und Rechtsmittelverfahren im Insolvenzverfahren, DStZ 2001, 659; *Fischer*, Verbindlichkeiten des Insolvenzschuldners aus dem Steuerschuldverhältnis, DB 2012, 885; *Fischer-Böhnlein/Körner*, Rechnungslegung von Kapitalgesellschaften im Insolvenzverfahren, BB 2001, 191; *Freudenberg*, Der Fortbestand des Beherrschungs- und Gewinnabführungsvertrages in der Insolvenz der Konzernobergesellschaft, ZIP 2009, 2037; *Frotscher*, Besteuerung bei Insolvenz, 8. Aufl. 2014; *Fu*, Rechtsschutz gegen Insolvenzanträge des Finanzamtes, DStR 2010, 1411; *Ganter/Brünink*, Insolvenz und Umsatzsteuer aus zivilrechtlicher Sicht, NZI 2006, 257; *Gerke/Sietz*, Reichweite des Auslagenbegriffs gem. § 54 InsO und steuerrechtliche Pflichten des Verwalters im massearmen Verfahren, NZI 2005, 373; *Geurts*, Umsatzsteuerliche Aspekte bei Insolvenzverfahren nach dem 1.1.1999, DB 1999, 818; *v. Gleichenstein*, Der Steuererstattungsanspruch als Bestandteil der Insolvenzmasse? NZI 2006, 624; *Grashoff/Kleinmanns*, Vorsicht Falle: Die Abtretung von Körperschaftsteuerguthaben in der Insolvenz, ZInsO 2008, 609; *Grönwoldt*, Insolvenzrechtliche Aufrechnung – Aktuelle BFH-Rechtsprechung und kohärente BGH-Rechtsprechung, DStR 2008, 18; *Gundlach/Frenzel/Schirrmeister*, Der Erlass eines Abgabenbescheides im Insolvenzverfahren, DStR 2004, 318; *dies.*, Der Insolvenzverwalter als Adressat eines Abgabenbescheids, DStR 2004, 1008; *dies.*, Die Aufrechnung gegen Steuererstattungsansprüche in der Insolvenz, DStR 2005, 1412; *Gundlach/Frenzel/Schmidt*, Die Grenzen des abgabenrechtlichen Feststellungsbescheids in der Insolvenz, DStR 2002, 406; *dies.*, Die Bedeutung des § 93 InsO für die Finanzbehörde, DStR 2002, 1095; *Gundlach/Rautmann*, Aufrechnung des Finanzamts mit dem Erstattungsanspruch gemäß § 37 Abs. 5 KStG in der Insolvenz, DStR 2011, 1404; *Haase*, COMI und Forderungsverzicht – Internationales Insolvenz- und Steuerrecht im Spannungsfeld, IStR 2013, 192; *Hobelsberger*, Umsatzsteuerpflicht und -haftung in der vorläufigen Eigenverwaltung, DStR 2013, 2545; *Hölzle*, Umsatzsteuerliche Organschaft und Insolvenz der Organgesellschaft, DStR 2006, 1210; *ders.*, Konkurrenz von Steuerrecht und Insolvenzrecht, BB 2012, 1571; *Jäger*, Eröffnung eines Insolvenzverfahrens während eines Finanzgerichtsverfahrens, DStR 2008, 1272; *Jatzke,* Die Haftung des (vorläufigen) Insolvenzverwalters nach §§ 69, 34 (35) AO, ZIP 2007, 1977; *ders.,* Einschränkung der Aufrechnungsbefugnis der Finanzbehörden in der Insolvenz des Steuerschuldners durch Änderung der BFH-Rechtsprechung, DStR 2011, 919; *Johann,* Qualifiziert die „freihändige Verwertung von Grundpfandrechten" in der Insolvenz als umsatzsteuerpflichtige Geschäftsbesorgung? DStZ 2012, 127; *Kahlert,* Steuerentlastung nach § 53 MinölStDV bzw. § 60 EnergieStG an der Schnittstelle zwischen Steuerrecht und Insolvenzrecht, ZIP 2008, 1363; *ders.,* „Wiedereinführung" des Fiskusvorrechts im Insolvenzverfahren? – Die Fiskusvorrechte sind schon lange da! ZIP 2010, 1274; *ders.,* Die Wahl der Steuerklasse im Insolvenzverfahren, DB 2011, 2516; *ders.,* Der V. Senat des BFH als Schöpfer von Fiskusvorrechten im Umsatzsteuerrecht, DStR 2011, 921; *ders.,* Zur Dogmatik der Umsatzsteuer im Insolvenzverfahren, DStR 2011, 1973; *ders.,* Kalte Zwangsverwaltung von Grundstücken im Insolvenzverfahren und Einkommensteuer, DStR 2013, 97; *ders.,* Die Neugeburt eines Fiskusprivilegs im Insolvenzverfahren nach Art. 3 Nr. 2 und 3 des HBeglG 2011-E, ZIP 2010, 1887; *ders.,* Fiktive Masseverbindlichkeiten im Insolvenzverfahren, ZIP 2011, 401; *ders.,* Umsatzsteuerfolgen von Vereinbarungen über Insolvenzanfechtung, ZIP 2012, 1433; *ders.,* Steuerzahlungspflicht im Eröffnungsverfahren der Eigenverwaltung? ZIP 2012, 2089; *ders.,* Insolvenzrechtliche Aufrechnungsverbote im Umsatzsteuerrecht – Aktuelle Entwicklungen und Auswirkungen auf die Insolvenzpraxis, ZIP 2013, 493; *ders.,* Beendigung der ertragsteuerlichen Organschaft mit dem vorläufigen Insolvenzverfahren, DStR 2014, 73; *Kahlert/ Eversberg,* Insolvenz und Gemeinnützigkeit, ZIP 2010, 260: *Kahlert/Onusseit,* Der V. Senat des BFH legt nach – Neue Entwicklungen im Umsatzsteuerinsolvenzrecht, DStR 2012, 334; *Kahlert/ Rühland,* Die Auswirkungen des BMF-Schreibens v. 8.9.2006 auf Rangrücktrittsvereinbarungen, ZInsO 2006, 1009; *Kahlert/Rühland,* Sanierungs- und Insolvenzsteuerrecht, 2. Aufl. 2011; *Kahlert/Schmidt,* Umsatzsteuerinsolvenzrecht im Lichte des BMF-Schreibens vom 9.12.2011, DB 2012, 197; *Kelterborn,* Die große dreistufige Insolvenzrechtsreform und deren steuerliche Auswirkungen, BB 2012, 1579; *Keuk,* Die Lohnsteuer im Konkurs des Arbeitgebers, DB 1973, 2029; *Klenk/Kronthaler,* Die Rechtsprechung des V. (Umsatzsteuer-)Senats des Bundesfinanzhofs, NZI 2006, 369; *Kling,* Die Sperrwirkung des § 93 InsO bei insolvenzsteuerlicher Betrachtung, ZIP 2002, 881; *Knof,* Rangrücktritt in der Steuerfalle? ZInsO 2006, 192; *Kußmaul/Ruiner/Pfeifer,* Vorsteuerberichtigungsansprüche aus uneinbringlichen Forderungen bei Insolvenz der Organgesellschaft, Ubg 2012, 239; *Ladiges,* Der Auszahlungsanspruch nach § 37 Abs. 5 KStG – Probleme bei Aufrechnung und Insolvenz, DStR 2008, 2041; *Lechner/Johann,* Qualifiziert die umsatzsteuerliche Leistungserbringung als Rechtshandlung i. S. der insolvenzrechtlichen Anfechtungsvorschriften? DB 2011, 1131; *Leipold,* Insolvenz von Beteiligten während eines finanzgerichtlichen Verfahrens unter besonderer Berücksichtigung von Personengesellschaften, DStZ 2012, 103; *Looff,* Kraftfahrzeugsteuerschuld im Insolvenzverfahren nach neuester BFH-Rechtsprechung, ZInsO 2008. 75; *Loose,* Die Rolle der Finanzverwaltung im Insolvenzverfahren nach der Insolvenzordnung, StuW 1999, 20; *Marchal,* Aufrechnung mit Umsatzsteuerforderungen in der Insolvenz, BB 2013, 33; *Maus,* Umsatzsteuerrechtliche Folgen der Sicherheitenverwertung in der Insolvenz, ZIP 2000, 339; *ders.,* Die Steuerzahlungspflicht des Insolvenzverwalters bei Neuerwerb des Schuldners, ZInsO 2001, 493; *ders.,* Umsatzsteuer bei Sicherheitenverwertung durch den Gläubiger im Insolvenzverfahren, ZInsO 2005, 82; *ders.,* Aufrechnung des Finanzamts mit Insolvenzforderungen gegen den Vorsteuervergütungsanspruch der Masse aus der Rechnung des vorläufigen Insolvenzverwalters, ZInsO 2005, 583; *Mertzbach,* Aktuelle steuerliche Praxis-Probleme im Insolvenzplanverfahren von Kapitalgesellschaften, GmbHR 2013, 75; *Meyer/Verfürth,* Einkommensteuer- und insolvenzrechtliche Behandlung von Aufgabegewinnen in der Insolvenz des Personengesellschafters, BB 2007, 862; *Mitlehner,* Umsatzsteuer bei Immobiliarverwertung in der Insolvenz, NZI 2002, 534; *Mork/ Heß,* Das Veranlagungswahlrecht nach §§ 26 ff. EStG im Insolvenzverfahren, ZInsO 2007, 314; *Mösbauer,* Die Haftung des Insolvenzverwalters im Steuerrecht, DStZ 2000, 443; *Müller,* Die steuerrechtliche Haftung des GmbH-Geschäftsführers in der Krise, GmbHR 2003, 389; *Obermair,* Die Aufrechnung mit Steuerforderungen in der Insolvenz, BB 2004, 2610; *ders.,* Der Neuerwerb – eine unendliche Geschichte, DStR 2005, 1561; *Olbrich,* Zur Umsatzsteuerpflicht des Verwalters bei Neuerwerb des Schuldners, ZInsO 2005, 860; *Onusseit,* Umsatzsteuer im Konkurs, 1988; *ders.,* Die steuerrechtlichen Rechte und Pflichten des Insolvenzverwalters in den verschiedenen Verfahrensarten nach der InsO, ZInsO 2000, 363; *ders.,* Die insolvenzrechtlichen Kostenbeiträge unter Berücksichtigung ihrer steuerrechtlichen Konsequenzen sowie Massebelastungen durch Grundstückseigentum, ZIP 2000, 777; *ders.,* Umsatzsteuerrechtliche Aufrechnungslagen und Vorsteuer in der Insolvenz, ZIP 2002, 22; *ders.,* Die umsatzsteuerliche Organschaft in der Insolvenz, ZIP 2003, 743; *ders.,* Aufrechnung des Finanzamts in der Insolvenz, ZInsO 2005, 638; *ders.,* Die umsatzsteuerlichen Folgen der in der Insolvenz steckengebliebenen Bauvorhaben, ZIP 2009, 2180; *Rhein/Matthies,* Gemeindesteuern und Insolvenz, ZKF 2009, 265; *Roth,* Insolvenz-Steuerrecht, 2011; *ders.,* Aufdeckung stiller Reserven im Insolvenzverfahren, FR 2013, 441; *Rüsken,* Aufrechnung von Steuern im Insolvenzverfahren in der neueren Rechtsprechung des Bundesfinanzhofs, ZIP 2007, 2053; *Schallehn,* Umsatzsteuer in der Insolvenz – Gestaltungsmöglichkeiten für den Verwalter, ZIP 1998, 1993; *Schlie,* Die Steuerhinterziehung als Fallstrick der Restschuldbefreiung? ZInsO 2006, 1126; *Schmittmann,* Anm. zu OFD Münster v. 20.4.2007, ZInsO 2007, 706; *ders.,* Umsatzsteuerliche Probleme bie Immobilienverkäufen in der Insolvenz, ZInsO 2006, 1299; *ders.,* Umsatzsteuer aus Einzug von Altforderungen nach Insolvenzeröffnung, ZIP 2011, 1125; *ders.,* Das Bundesfinanzministerum, der V. Senat des BFH und die Umsatzsteuer in der Insolvenz, ZIP 2012, 249; *Schöler,* Verlustvortrag und Zusammenveranlagung in der Insolvenz eines Ehegatten, DStR 2013, 1453; *Schuster,* Die neuere BFH-Rechtsprechung zur Steuer in der Insolvenz, DStR 2013, 1509; *Siebert,* Die Verwertung sicherungsübereigneter beweglicher Gegenstände einer Organgesellschaft und Dritter im Umsatzsteuerrecht, NZI 2005, 665; *ders.,* Verwertung von Pfändern im Umsatzsteuerrecht, NZI 2007, 17; *ders.,* Die Verwertung der unter Eigentumsvorbehalt gelieferten Gegenstände im Umsatzsteuerrecht, NZI 2008, 529; *Siebert/Abenheimer/Schnurr,* German Fiscal Law in the Context of International Reorganisaion and Insolvency: Selected Issues, International Corporate Rescue 2008, 273; *Sinz/Oppermann,* § 55 Abs. 4 InsO und seine Anwendungsprobleme in der Praxis, DB 2011, 2185; *Stahlschmidt,* Das Schicksal der Einkommenerstattung im Insolvenzverfahren, ZInsO 2006, 629; *Sterzinger,* Probleme bei der Auszahlung des Körperschaftsteuerguthabens im Insolvenzverfahren, BB 2008, 1480; *ders.,* Fiskusprivileg im Insolvenzverfahren, BB 2011, 1367; *Take,* Der Vorsteuerberichtigungsanspruch des Finanzamts in Folge einer Grundstücksveräußerung im Insolvenzverfahren, ZInsO 2001, 546; *Thouet/Baluch,* Ist die Restschuldbefreiung wirklich einkommensteuerpflichtig? DB 2008, 1595; *Uhländer,* Aktuelle Besteuerungsfragen in der Insolvenz, ZInsO 2005, 1192; *Uhlenbruck,* Der ordnungsmäßige Konkursantrag des Finanzamts gegen den Steuerschuldner, DStZ 1986, 39; *Undritz,* Ermächtigung und Kompetenz zur Begründung von Masseverbindlichkeiten beim Antrag des Schuldners auf Eigenverwaltung, BB 2012, 1551; *Urban,* Verfassungsrechtliche Überlegungen zur Insolvenzanfechtung und zum Lastschrifteinzug von Gemeinschaftssteuern, DStZ 2010, 922; *v. Usslar,* Das Verbraucherinsolvenzrecht und seine Bedeutung für den Erlass von Steuerschulden, ZInsO 2009, 242; *Welte/Friedrich-Wache,* Masseverbindlichkeiten bei Entgeltvereinnahmung für vorinsolvenzlich ausgeführte Leistungen: Chancen und Risiken der geänderten Rechtsprechung des BFH, ZIP 2011, 1595; *Waclawik,* Vorsteuerberichtigung nach § 15a UStG in der Insolvenz, ZIP 2010 S. 1465; *ders.,* Die steuerliche Verlustnutzung unter Eheleuten in der Insolvenz eines Ehegatten, DStR 2011, 480; *Wäger,* Insolvenz und Umsatzsteuer, DStR 2011, 1925; *ders.,* Insolvenzforderung und Masseverbindlichkeit bei der Umsatzbesteuerung im Insolvenzfall, ZInsO 2012, 520; *ders.,* Vorsteuer- und Steuerberichtigung aufgrund Uneinbringlichkeit in der Insolvenz des Unternehmers, DB 2012, 1460; *Walter/Stümper,* Überraschende Gefahren nach Beendigung einer Organschaft, GmbHR 2006, 68; *Waza/Uhländer/Schmittmann,* Insolvenzen und Steuern, 10. Aufl. Herne/Berlin 2014; *de Weerth,* Umsatzsteuerhaftung nach § 13c UStG und Insolvenzrecht, NZI 2006, 501; *ders.,* Haftung für nicht abgeführte Umsatzsteuer, ZInsO 2008, 613; *ders.,* Aktuelle insolvenzrechtliche Problembereiche der Umsatzsteuer, ZinsO 2008, 1252; *ders.,* Umsatzsteuerliche Organschaft und Insolvenz, DStR 2010, 590; *Werth,* Die Besteuerung des Neuerwerbs im Insolvenzverfahren, DStZ 2009, 760; *Werth,* Insolvenzaufrechnung von Forderungen aus dem Steuerschuldverhältnis – aktuelle Entwicklungen auf Grund der neueren Rechtsprechung des BGH, DStZ 2010, 572; *Weisang,* Zur Rechnungslegung nach der neuen Insolvenzordnung, BB 1998, 1149; *Zimmer,* Die Abtretung von Einkommensteuererstattungen in der Wohlverhaltensphase, ZInsO 2009 S. 2372.

§ 120. Verhältnis des Steuerrechts zum Insolvenzrecht

1 Das Verhältnis des Insolvenzrechts zum Steuerrecht ist nach der Insolvenzrechtsreform gesetzlich nur unvollkommen geregelt.[1] In der Insolvenzordnung werden nur einzelne Probleme angesprochen, die bei der Teilnahme von Steuerforderungen am Insolvenzverfahren entstehen, so die Zuständigkeit für den Streit über die angemeldete Insolvenzforderung, § 185 InsO, oder die umsatzsteuerliche Behandlung von Absonderungsrechten, §§ 170, 171 InsO. Die Insolvenzrechtsreform hat damit eine Reform des „Insolvenzsteuerrechts" ausgespart und lediglich einige rechtspolitisch umstrittene Fragen geklärt, wie den Wegfall der Vorrechte der Steuerforderungen und Einzelfragen der umsatzsteuerlichen Behandlung (→ § 42 Rn. 224 ff.).

2 Das Steuerrecht enthält, neben der Erwähnung des Insolvenzverfahrens in einigen Vorschriften (zB § 75 II, § 171 XIII, § 282 AO), eine grundsätzliche Aussage über das Verhältnis des Insolvenzrechts zum Steuerrecht in § 251 II 1 AO. Danach bleiben die Vorschriften der Insolvenzordnung unberührt. Es fehlen jedoch eingehende gesetzliche Vorschriften sowohl über die Wirkungen der Eröffnung des Insolvenzverfahrens auf die materielle Besteuerung als auch darüber, wie die Steuerforderungen in einem Insolvenzverfahren verfahrensmäßig zu behandeln sind.

3 Da nach § 251 II 1 AO die Vorschriften der Insolvenzordnung unberührt bleiben, ihre Anwendung also auch bei Bestehen von Steuerforderungen gegen den Insolvenzschuldner nicht beeinträchtigt wird, ist Ausgangspunkt für die Bestimmung des Verhältnisses von Insolvenzrecht zum Steuerrecht § 1 InsO. Nach dieser Vorschrift ist Zweck des Insolvenzverfahrens die Befriedigung der persönlichen Gläubiger, die einen zurzeit der Eröffnung des Insolvenzverfahrens begründeten Vermögensanspruch gegen den Schuldner haben, der Erhalt des Unternehmens des Schuldners und die Befreiung des redlichen Schuldners von seinen Verbindlichkeiten. Dieser Zweck des Insolvenzverfahrens führt zu dem grundlegenden Prinzip, dass die Insolvenzgläubiger in einem einheitlichen (Insolvenz-)Verfahren zusammengefasst und bestimmten Beschränkungen unterworfen werden. Ohne diese Zusammenfassung der Gläubiger in einem einheitlichen Verfahren wäre weder die gleichmäßige Befriedigung der Gläubiger noch der Erhalt des Unternehmens oder die Restschuldbefreiung des Schuldners durchführbar. Gleichzeitig erfordert dieser insolvenzmäßige Zweck die Teilnahme der Steuerforderungen am Insolvenzverfahren, soweit der Steuergläubiger „persönlicher" Gläubiger ist.

4 Persönliche Gläubiger nach § 38 InsO sind solche Gläubiger, die einen zurzeit der Eröffnung des Insolvenzverfahrens begründeten Vermögensanspruch gegen den Schuldner haben. Außerdem werden von dem Grundsatz der gleichmäßigen Befriedigung nur solche Gläubiger erfasst, denen keine dinglichen Rechte an Gegenständen zustehen, die in die Insolvenzmasse einbezogen worden sind. Dingliche Berechtigte erfahren im Insolvenzverfahren eine Behandlung außerhalb der Regelung des § 38 InsO. Es sind dies die Aussonderungsrechte, mit denen geltend gemacht wird, dass der Vermögensgegenstand nicht zur Insolvenzmasse gehört. Der Aussonderungsberechtigte ist nach § 47 InsO nicht Insolvenzgläubiger. Weiter fallen hierunter Absonderungsrechte nach §§ 49 ff. InsO. Absonderungsberechtigte sind zwar nach § 52 InsO grundsätzlich Insolvenzgläubiger im Sinne des § 38 InsO, aber nur insoweit, als sie keine abgesonderte Befriedigung erlangt haben, also nur mit der Ausfallforderung. Soweit das Absonderungsrecht reicht und zur Befriedigung führt, sind sie keine Insolvenzgläubiger. Die Funktion des Insolvenzrechts, eine gleichmäßige Befriedigung der Insolvenzgläubiger in

---

[1] Die Sicht der Finanzverwaltung wird umfangreich im AO-Anwendungserlass, idF v. 31.1.2013, BStBl. I 2013, 118, zu § 251 AO, sowie in Abschn. 57 ff. der Vollstreckungsanweisung (VollStrA) v. 22.1.2008, BStBl. I 2008, 274, dargestellt.

einem einheitlichen Verfahren zu ermöglichen, erfordert eine Einbeziehung aller ihrem Wesen nach schuldrechtlichen Forderungen, ohne Rücksicht darauf, in welchem Rechtsgebiet ihr Rechtsgrund liegt. Forderungen aus dem Schuldverhältnis nach §§ 37 ff. AO sind schuldrechtliche, dh persönliche Forderungen, auch wenn ihr Rechtsgrund im öffentlichen Recht wurzelt.

Hieraus folgt für Steuergläubiger, dass sie insoweit „persönliche Gläubiger" iSd § 38 InsO, und damit Insolvenzgläubiger sind, als ihnen kein Aussonderungsrecht (für Steuergläubiger kaum denkbar; erwähnenswert sind lediglich Sachverhalte, die die §§ 215, 216 AO betreffen) und kein Absonderungsrecht zusteht (zu Steuergläubigern als Absonderungsberechtigte → § 42 Rn. 220 ff.). Mit allen anderen Forderungen sind Steuergläubiger „persönliche Gläubiger" und nehmen daher nach § 38 InsO als Insolvenzgläubiger am Insolvenzverfahren teil. Insbesondere unterliegen Steuerforderungen dem Vollstreckungsverbot nach § 89 InsO; sie sind nach §§ 174 ff. InsO zur Tabelle anzumelden. Die Art der Teilnahme der Steuerforderungen am Insolvenzverfahren richtet sich also nach Insolvenzrecht.

Diese Regelung ist systematisch und rechtspolitisch zutreffend. Würde der Steuergläubiger mit seinen persönlichen Forderungen nicht den Beschränkungen durch das Insolvenzverfahren unterliegen, würden die von ihm ergriffenen Einzelvollstreckungsmaßnahmen ein geordnetes Insolvenzverfahren unmöglich machen. Systematisch unzutreffend und rechtspolitisch bedenklich ist daher die Regelung des § 55 IV InsO, die den Steuergläubiger gegenüber anderen persönlichen Gläubigern bevorzugt; → § 60 Rn. 6 ff.

Andererseits geht das Insolvenzrecht dem Steuerrecht nur insoweit vor, als der Zweck des Insolvenzverfahrens, ein einheitliches Verfahren zur gleichmäßigen Befriedigung der Insolvenzgläubiger aus der Insolvenzmasse durchzuführen, dies erfordert. Das Insolvenzrecht regelt, von Ausnahmen abgesehen, nicht, ob und in welcher Höhe eine Forderung entstanden ist; insoweit folgt das Insolvenzrecht dem jeweiligen Rechtsgebiet, in dessen Regelungen der Rechtsgrund der Forderung wurzelt. Das gilt auch für das Steuerrecht. Auch im Insolvenzverfahren bestimmt sich daher nach Steuerrecht, auf Grund welchen Sachverhalts und in welcher Höhe ein Steueranspruch entstanden ist. Das Insolvenzrecht wirkt nicht auf Entstehung und Höhe des Steueranspruchs ein, auch nicht, wenn dieser Steueranspruch als Insolvenzforderung im Insolvenzverfahren geltend gemacht wird.

Als Ergebnis ist daher festzuhalten, dass das Insolvenzrecht nur regelt, ob und in welcher Form öffentlichrechtliche (steuerrechtliche) Ansprüche im Insolvenzverfahren durchgesetzt werden können, nicht jedoch das Entstehen und die Höhe dieser öffentlichrechtlichen Ansprüche. Das Insolvenzrecht enthält also, von Ausnahmen abgesehen, nur formellrechtliche Regelungen, keine materiellrechtlichen Bestimmungen; für das materielle Recht bleibt das Steuerrecht maßgebend. Das Insolvenzrecht verdrängt daher nur das Verwaltungsverfahrensrechts, es tritt nicht an die Stelle des materiellen Steuerrechts.[2]

Die schlagwortartige Beschreibung des Verhältnisses des Insolvenzrechts zum Steuerrecht mit „Insolvenzrecht (Konkursrecht) geht vor Steuerrecht"[3] beschreibt daher das Verhältnis der zwei Rechtsgebiete zueinander nicht richtig; sie bringt mehr Verwirrung als Klarheit. Es handelt sich nicht um den grundsätzlichen Vorrang eines Rechtsgebiets vor dem anderen, sondern um eine Abgrenzung der jeweiligen spezifischen Regelungsbereiche gegeneinander. Die Durchsetzung von Steuerforderungen, die von dem Insolvenzverfahren betroffen sind, darf nicht mehr nach den Vorschriften der Abgabenordnung, sondern nur noch nach der Insolvenzordnung erfolgen, wohingegen die Be-

---

[2] HM seit RFH 19, 355; vgl. BFH BStBl. III 1965, 298; *Frotscher*, S. 20; *Hübschmann/Hepp/Spitaler*, AO § 251 Anm. 14 f.; *Neumann*, in: *Beermann*, Steuerliches Verfahrensrecht, zu § 251 AO Rn. 7; *Schwarz*, AO § 251 Rn. 45; *Tipke/Kruse*, AO § 251 Rn. 6.
[3] Vgl. *Liebisch*, Vierteljahresschrift für Steuer- und Finanzrecht, 1929, S. 212.

§ 121 1–3   Kapitel XI. Steuerrecht

stimmung der Entstehung und Höhe der Steuerforderungen allein den steuerrechtlichen Vorschriften vorbehalten bleibt.

§ 121. Allgemeine insolvenzrechtliche Regelungen

Übersicht

	Rn.
I. Übersicht	1
II. Pflichtverletzungen im Vorfeld einer Insolvenz	2
III. Anfechtbare Rechtshandlungen der Finanzbehörde	6
IV. Besteuerung internationaler Insolvenzen	16

I. Übersicht

1   Auf die Teilnahme von Steuerforderungen sind die allgemeinen insolvenzrechtlichen Bestimmungen anwendbar. Zu erwähnen sind insbesondere folgende Bestimmungen:
- Der Insolvenzverwalter hat auch die steuerlichen Pflichten zu erfüllen, insbesondere hat er die Steuererklärungen abzugeben. Vgl. hierzu → § 22 Rn. 89. Das gilt auch für den vorläufigen Insolvenzverwalter; vgl. → § 22 Rn. 102.
- Steuerforderungen können, je nach dem Zeitpunkt ihres Begründetseins, Insolvenzforderungen oder sonstige Masseverbindlichkeiten sein. Vgl. hierzu § 62 (Insolvenzforderungen) und § 60 (Masseverbindlichkeiten).
- Für bestimmte Steueransprüche bestehen Absonderungsrechte. Vgl. hierzu → § 42 Rn. 220 ff.
- Für Steueransprüche gelten in der Insolvenz die allgemeinen Aufrechnungsbeschränkungen der Insolvenzordnung. Vgl. hierzu → § 45 Rn. 114 ff.
- Besondere Fragen entstehen im Insolvenzverfahren über das Vermögen einer Personen- oder Kapitalgesellschaft; diese sind in § 96 dargestellt.
- Der Schuldner kann durch Insolvenzplan und Restschuldbefreiung entlastet werden. Zu den steuerlichen Folgen → § 69 Rn. 27 ff. (Insolvenzplan) und → § 126 Rn. 45 ff. (Restschuldbefreiung).

II. Pflichtverletzungen im Vorfeld einer Insolvenz

2   Eine besondere Frage stellt sich bei Erfüllung von bestehenden Steueransprüchen im Vorfeld einer Insolvenz durch einen Geschäftsführer einer Kapitalgesellschaft oder einen sonstigen gesetzlichen Vertreter. Der gesetzliche Vertreter hat nach § 34 I AO die steuerlichen Pflichten des Vertretenen zu erfüllen, für ihre vorsätzliche oder grob fahrlässige Verletzung haftet er nach § 69 AO. Zu diesen Pflichten gehört auch die Zahlung fälliger Steueransprüche, insbesondere der Lohnsteuer und der Umsatzsteuer, aber auch anderer Steuern wie Körperschaft- und Gewerbesteuer. Entrichtet der gesetzliche Vertreter fällige Steuern innerhalb von 3 Monaten vor dem Antrag auf Eröffnung des Insolvenzverfahrens, kann diese Zahlung als kongruente Deckung nach § 130 I 1 Nr. 1 InsO anfechtbar sein. Entrichtet er die fälligen Zahlungen jedoch nicht, um keine anfechtbaren Rechtshandlungen vorzunehmen, läuft er Gefahr der Haftungsinanspruchnahme.

3   Der BFH[1] hat entschieden, dass gegenüber der realen Pflichtverletzung durch Nichtentrichtung der fälligen Steuern bei Vorhandensein der erforderlichen Zahlungsmittel

---

[1] BFH BStBl. II 2008, 273 = ZIP 2007, 1856. Ähnlich BGH BB 2007, 1801, wonach die Erfüllung von sozial- und steuerrechtlichen Ansprüchen im Vorfeld einer Insolvenz durch den Geschäftsführer bzw. Vorstand, um der persönlichen Haftung zu entgehen, mit dem Maßstab der Sorgfalt eines ordentlichen und gewissenhaften Geschäftsleiters vereinbar ist und daher nicht zur Erstattungspflicht nach § 92 III AktG, § 64 II GmbHG führt. Ebenso OLG Frankfurt GmbHR 2010, 90.

ein hypothetischer Geschehensablauf in Form einer möglichen Anfechtung durch den Insolvenzverwalter in den Hintergrund trete. Da nicht feststehe, ob es überhaupt zu einer Eröffnung des Insolvenzverfahrens komme,[2] ob die Voraussetzungen einer Anfechtung gegeben seien, insbesondere ob der Gläubiger die Zahlungsunfähigkeit kannte,[3] und auch nicht, ob der Insolvenzverwalter die Anfechtung erklären würde, wäre ein ordnungsgemäßes Verwaltungsverfahren durch die Berücksichtigung hypothetischer Geschehensabläufe unangemessen behindert. Die Möglichkeit der Anfechtung der Zahlung schließt daher die Haftungsinanspruchnahme des Vertreters nicht aus. Das Finanzamt braucht die (mögliche) Anfechtbarkeit auch nicht bei der Ermessensentscheidung über die Haftungsinanspruchnahme zu berücksichtigen.

Dies gilt sogar nach Stellung des Insolvenzantrags;[4] auch die Gefahr der Anfechtung nach § 130 I Nr. 2 InsO befreit den Vertreter nicht von der steuerrechtlichen Haftung. Solange der Geschäftsleiter in seiner Verfügungsbefugnis nicht beschränkt ist, dh solange nicht ein „starker" vorläufiger Insolvenzverwalter bestellt ist, muss der gesetzliche Vertreter die Steueransprüche zur Vermeidung einer eigenen Haftung erfüllen. Die Bestellung eines „schwachen" vorläufigen Insolvenzverwalters befreit ihn demgegenüber von diesen Verpflichtungen regelmäßig nicht. Der Geschäftsführer bzw. Verfügungsberechtigte handelt aber nicht pflichtwidrig, wenn er auf Grund von Handlungen des vorläufigen Insolvenzverwalters seine Pflichten nicht erfüllen kann. Das ist der Fall, wenn der „schwache" vorläufige Insolvenzverwalter mit Zustimmungsvorbehalt seine Zustimmung zur Zahlung von Steueransprüchen nicht erteilt, wenn er Lastschriften widerruft oder wenn er eine Kontensperre veranlasst und dadurch dem Schuldner die Möglichkeit nimmt, fällige Steueransprüche zu befriedigen.[5]

Sehr weitgehend hat BFH BStBl. II 2009, 342 eine Kausalität und damit auch eine Haftung des Geschäftsführers angenommen, wenn dieser in anfechtbarer Weise die Steuern verspätet entrichtet hatte, diese Zahlung dann erfolgreich angefochten wurde und eine fristgerechter Zahlung außerhalb der Anfechtungsfrist gelegen hätte, also nicht anfechtbar gewesen wäre.

III. Anfechtbare Rechtshandlungen der Finanzbehörde

Gegenüber der Finanzbehörde gelten auch die Regeln über die Insolvenzanfechtung, §§ 129 ff. InsO. Der Ansicht, die Regelungen der Finanzverfassung, Art. 106 GG, und der Grundsatz der Gleichmäßigkeit der Besteuerung mache eine Einschränkung des Anfechtungsrechts gegenüber Steueransprüchen erforderlich,[6] ist nicht zu folgen. Weder die Finanzverfassung noch der Grundsatz der Gleichmäßigkeit der Besteuerung erfordern es, Steueransprüche anders, dh günstiger, im Insolvenzverfahren zu behandeln als andere Ansprüche. Der Grundsatz der Gleichmäßigkeit der Besteuerung ist nicht verletzt, wenn Steueransprüche unter Anwendung der bestehenden rechtlichen Vorschriften, dh auch der Insolvenzordnung, nicht beigetrieben werden können. Stehen dem Schuldner keine Geldmittel zur Verfügung, um Steueransprüche zu begleichen, muss der Fiskus dies, auch unter Berücksichtigung der Finanzverfassung und des Grundsatzes der Gleichmäßigkeit der Besteuerung hinnehmen.

---

[2] Hierzu BFH BStBl. II 2009, 622 = ZIP 2007, 1659.
[3] Hierzu BFH BStBl. II 2009, 348 = ZIP 2007, 1604.
[4] BFH BStBl. II 2009, 129.
[5] BFH, 5.6.2007, BFH/NV 2007 S. 2225; FG Münster, 2.7.2009, EFG 2009 S. 1616. Unklar insoweit BFH 30.12.2004, BFH/NV 2005 S. 665, wonach der Zustimmungsvorbehalt des vorläufigen Insolvenzverwalters den Geschäftsführer des Schuldners nicht entlaste. Nach dem Tatbestand ist aber unklar, ob der vorläufige Insolvenzverwalter seine Zustimmung verweigert hatte (dann keine Haftung) oder nicht (dann Haftung).
[6] So *Urban*, DStZ 2010, 922.

7 Bei der Frage, ob eine kongruente Deckung anfechtbar ist, ist von Bedeutung, dass die Finanzbehörde häufig Kenntnis von der Zahlungseinstellung des Schuldners hat, insbesondere wenn von der Finanzbehörde Vollstreckungsmaßnahmen eingeleitet wurden.

8 Inkongruente Deckung nach § 131 InsO liegt beispielsweise vor, wenn die Finanzbehörde eine Sicherheit durch Zwangsvollstreckung erwirbt (vgl. § 141 InsO); der Gläubiger hat Anspruch auf Befriedigung, nicht aber auf Sicherheitsleistung.[7] Gleiches gilt, wenn die Finanzbehörde Stundung gegen Sicherheitsleistung gewährt.[8] Zur Anfechtung bei Aufrechnung → § 45 Rn. 119.

9 Für die Frage der Kenntnis oder das Kennenmüssen der Zahlungsunfähigkeit kommt es auf die Kenntnis desjenigen Finanzamts an, das die Steuerforderung verwaltet; Kenntnis anderer Finanzbehörden schadet nicht.[9] Innerhalb des Finanzamts ist maßgebend die Kenntnis des mit der Verwaltung der Steuerforderung betrauten Sachbearbeiters, seines Sachgebietsleiters und des Vorstehers; Kenntnis anderer Personen (zB Vollziehungsbeamte) ist nicht maßgebend.[10]

10 Eine Anfechtung nach § 131 InsO kommt nur in Betracht, wenn die Finanzbehörde Insolvenzgläubiger des Schuldners war. Das ist auch der Fall, wenn eine Organgesellschaft die Umsatzsteueransprüche des Organträgers begleicht. Für diese Umsatzsteuerforderungen ist die Organgesellschaft zwar nicht primärer Schuldner, da sie aber die Haftung nach § 73 AO trifft, ist die Finanzbehörde im Insolvenzverfahren über das Vermögen der Organgesellschaft Insolvenzgläubiger. Damit sind die Voraussetzungen des § 131 InsO für eine Anfechtung erfüllt.[11]

11 Für die Finanzbehörde bestehen keine gegenüber der InsO gesteigerten Auskunftspflichten. Der Insolvenzverwalter hat daher keinen Anspruch auf Auskunft, ob anfechtbare Zahlungen an die Finanzbehörde geleistet wurden. Die Finanzbehörde braucht auch von sich aus Anfechtungsmöglichkeiten nicht zu prüfen.[12] → § 22 Rn. 84.

12 Über die Frage, ob die Finanzbehörde eine Leistung zurückzuzahlen hat, weil sie sie in anfechtbarer Weise erhalten hat, ist nicht durch Abrechnungsbescheid, § 218 II AO, zu entscheiden. Ein Abrechnungsbescheid kann nur über Ansprüche aus dem Steuerschuldverhältnis, § 37 AO, ergehen. Der Anspruch aus einem Anfechtungsrecht ist jedoch kein Anspruch aus dem Steuerschuldverhältnis. In Betracht käme nur ein Erstattungsanspruch nach § 37 II AO. Ein solcher Anspruch liegt aber nicht vor, da die anfechtbare Zahlung nicht „ohne rechtlichen Grund" geleistet wurde. Vielmehr wurde sie auf eine bestehende Steuerforderung geleistet, die auch bei erfolgreicher Anfechtung bestehen bleibt und im Insolvenzverfahren geltend gemacht werden kann. Der Anspruch auf Rückzahlung einer anfechtbar geleisteten Zahlung ist daher ein eigenständiger insolvenzrechtlicher Anspruch, dessen Rechtsnatur sich nicht aus dem zugrunde liegenden Steuerrechtsverhältnis ableiten lässt. Zuständig sind damit die ordentlichen Gerichte;[13] das Verwaltungsverfahren nach der AO ist nicht anwendbar. Entsprechend ist eine Rückforderung durch die Finanzbehörde der auf den Anfechtungsanspruch des Insolvenzverwalters hin erstatteten Steuer vor den ordentlichen Gerichten, nicht durch Bescheid, geltend zu machen.[14]

---

[7] BGH DStR 2003, 51; BGH NJW 2004, 1444; BGH DB 2009, 842; FG Brandenburg EFG 2006, 1480 für eine Sicherung auf Grund der Drohung mit der Vollstreckung; Uhlenbruck/Hirte/Vallender/*Hirte*, InsO, zu § 131 Rn. 20.
[8] BGH BB 2005, 2544.
[9] Schlesw.-Holst. FG EFG 2007, 89.
[10] Vgl. Uhlenbruck/Hirte/Vallender/*Hirte*, InsO, zu § 130 Rn. 63.
[11] BGH DStR 2012, 527 gegen BFH BStBl. II 2010, 215.
[12] BFH BFH/NV 2010, 1637; BFH BFH/NV 2011, 1296.
[13] BFH BStBl. II 2012, 854 = DStR 2012, 10; BFH BStBl. II 2014, 359.
[14] Vgl. BFH BStBl. II 2013, 109 = DStR 2012, 10; BFH BStBl. II 2014, 359; zum Verfahren vgl. § 51 Rn. 1 ff.

Ist eine Steuerzahlung an die Finanzbehörde erfolgreich angefochten worden, hat der Fiskus auch aus der angefochtenen Zahlung gezogene Nutzungen herauszugeben. Dazu gehören auch erhaltene Zinsen oder ersparte Schuldzinsen. Dabei ist davon auszugehen, dass die angefochtene Zahlung zu einer Verminderung der sonst erforderlichen Kassenkredite geführt hat. Auf die Ertragshoheit stellt die Rechtsprechung dabei nicht ab.[15]

Hat das Finanzamt vor Eröffnung des Insolvenzverfahrens den Anfechtungsanspruch nach dem AnfG durch Duldungsbescheid, § 191 I 2 AO, geltend gemacht, wird das Verfahren mit Eröffnung des Insolvenzverfahrens nach § 17 I 1 AnfG unterbrochen. Zuständig für die Verfolgung des Anfechtungsanspruchs ist ab diesem Zeitpunkt nach § 16 I 1 AnfG der Insolvenzverwalter. Er kann das Verfahren nach § 17 I 2 AnfG aufnehmen und tritt dann an die Stelle des Finanzamtes. War zu diesem Zeitpunkt das Einspruchsverfahren gegen den Duldungsbescheid anhängig, kann der Insolvenzverwalter dieses Verfahren mE nicht an Stelle des Finanzamts weiterführen. Der Duldungsbescheid ist in seinem Inhalt erledigt. Stattdessen hat der Insolvenzverwalter den Anfechtungsanspruch vor den ordentlichen Gerichten geltend zu machen.

Schwebte bei Eröffnung des Insolvenzverfahrens bereits eine Klage gegen den Duldungsbescheid bzw. die Einspruchsentscheidung vor dem Finanzgericht, tritt der Insolvenzverwalter ebenfalls in das Verfahren ein. Zwar handelt es sich jetzt um eine insolvenzrechtliche, nicht mehr steuerrechtliche Rechtsstreitigkeit, jedoch bestimmt § 17 I 1 GVG, dass die bei Klagerhebung gegebene Zuständigkeit des Finanzgerichts sich durch später eintretende Umstände nicht mehr ändert; dies gilt auch für die Eröffnung des Insolvenzverfahrens. Nimmt der Insolvenzverwalter den Rechtsstreit auf, wandelt sich die Anfechtungsklage des Adressaten des Duldungsbescheids in eine Leistungsklage, in der der Insolvenzverwalter die Stellung des Klägers, der Anfechtungsgegner die Stellung des Beklagten innehat. Das Finanzgericht entscheidet dann endgültig über den insolvenzrechtlichen Anfechtungsanspruch.[16]

IV. Besteuerung internationaler Insolvenzen

Eine Insolvenz ist „international", wenn ein inländischer Schuldner ausländisches Vermögen besitzt, oder wenn ein im Ausland ansässiger Schuldner über Vermögen im Inland verfügt. Insolvenzrechtlich sind diese Fälle in §§ 335 ff. InsO und, für den Bereich der EU, durch die EG-Verordnung über Insolvenzverfahren[17] geregelt. Besondere steuerrechtliche Regelungen für diese Fälle bestehen nicht.

Grundsätzlich richten sich die Wirkungen des Insolvenzverfahrens nach § 335 InsO bzw. Art. 4 EUInsVO nach dem Recht desjenigen Staates, in dem das Insolvenzverfahren eröffnet worden ist. Für die Zuständigkeit stellt Art. 3 I EUInsVO auf den „Mittelpunkt der hauptsächlichen Interessen" des Schuldners ab („center of main interests – COMI"). Soweit dies als der Ort ausgelegt wird[18], an dem der Schuldner gewöhnlich der Verwaltung seiner Interessen nachgeht, wird dieser Mittelpunkt steuerlich regelmäßig die Geschäftsleitungsbetriebsstätte des Schuldners darstellen und zur unbeschränkten Steuerpflicht in diesem Staat führen. Soweit „COMI" in der Bundesrepublik liegt, wird daher im Inland unbeschränkte Steuerpflicht bestehen.[19]

Ein in Deutschland eröffnetes Insolvenzverfahren erfasst auch im Ausland belegenes Vermögen des Schuldners, und zwar nach den Regeln der InsO.[20] Ein im Ausland er-

---
[15] BGH DStR 2012, 1668.
[16] Vgl. hierzu BFH BStBl. II 2013, 128 = DStR 2013, 11.
[17] Verordnung (EG) Nr. 1346/2000 des Rates vom 29.5.2000 über Insolvenzverfahren, ABl EG Nr. L 160 S. 1 – EUInsVO.
[18] Vgl. hierzu § 131 Rn. 23 ff.
[19] Vgl. auch *Haase*, IStR 2013, 192.
[20] Davon unabhängig ist natürlich die Frage, ob der ausländische Staat die Regeln des deutschen Insolvenzrechts anerkennt; das ist nur für den Bereich der EUInsVO sichergestellt.

öffnetes Verfahren wird, auch wenn es nicht in einem EU-Staat eröffnet worden ist, nach § 343 InsO anerkannt, wenn es in den wesentlichen Grundsätzen einem deutschen Insolvenzverfahren entspricht und wenn das ausländische Gericht nach deutschem Insolvenzrecht für das Verfahren zuständig ist. Ist das der Fall, richten sich die Wirkungen nach den Regeln des ausländischen Insolvenzrechts, sofern dieses nicht gegen den ordre public verstößt.

19 Ist eine Zuständigkeit eines deutschen Gerichtes für ein Insolvenzverfahren über das Vermögen eines Schuldners nicht gegeben, hat der Schuldner jedoch eine Niederlassung oder sonstiges Vermögen im Inland, kann nach § 354 InsO bzw. Art. 3 IV EUInsVO ein in seinen Wirkungen auf das inländische Vermögen beschränktes Partikularverfahren von einem deutschen Insolvenzgericht eröffnet werden. Ist in einem ausländischen Staat ein Hauptinsolvenzverfahren eröffnet, kann nach § 356 InsO, Art. 27 EUInsVO über das im Inland belegene Vermögen ein Sekundärinsolvenzverfahren eröffnet werden, nach Art. 27 EUInsVO jedoch nur bei Vorliegen einer inländischen Niederlassung, nicht bei sonstigem inländischen Vermögen.

Einzelheiten zur insolvenzrechtlichen Regelung vgl. §§ 130 ff.

20 Wie auch ein nationales Insolvenzverfahren hat auch ein Insolvenzverfahren mit grenzüberschreitenden Wirkungen keinen Einfluss auf die Entstehung von Steueransprüchen. Die Entstehung der Steueransprüche richtet sich weiterhin nach nationalem materiellem Steuerrecht. Für die Durchsetzung der Steuerforderungen gilt jedoch Insolvenzrecht, und zwar das für das jeweilige Insolvenzverfahren geltende Recht.

21 Liegt die Zuständigkeit für das Hauptinsolvenzverfahren nach § 3 InsO, Art. 3 EUInsVO nicht bei einem deutschen Gericht, werden die inländischen Gerichts- und Verwaltungsverfahren unterbrochen (vgl. § 352 InsO, Art. 15 EUInsVO). Gleiches gilt, soweit in diesem Fall im Inland ein Partikular- oder Sekundärverfahren eröffnet worden ist.

22 Die Steuerforderungen sind in Masseforderungen und Insolvenzforderungen einzuteilen. Insolvenzforderungen sind durch Anmeldung geltend zu machen. Nach Art. 39 EUInsVO gilt das ausdrücklich auch für Steuerforderungen. Die Anmeldung kann kumulativ in dem Hauptverfahren und den Sekundärverfahren erfolgen, vgl. Art. 32 EUInsVO.

23 Für die deutsche Besteuerung wird die Insolvenzmasse nicht als selbständiges steuerpflichtiges Zweckvermögen angesehen. Der Schuldner bleibt nach deutschem Steuerrecht zumindest wirtschaftlicher Eigentümer der Insolvenzmasse, auch wenn sie nach ausländischem Steuerrecht auf einen Trustee übertragen wird. Die Eröffnung des Insolvenzverfahrens führt also nicht zu einer Gewinnrealisation.[21] Der Schuldner bleibt weiterhin Steuerpflichtiger, auch wenn er das Verwaltungs- und Verfügungsrecht verliert. Ein ausländischer Insolvenzverwalter, Trustee oder ähnliche Person ist Vermögensverwalter nach § 34 III AO oder zumindest Verfügungsberechtigter nach § 35 AO, so dass er die steuerlichen Pflichten wie Steuererklärungspflichten zu erfüllen hat und nach § 69 AO für die Erfüllung der Steuerzahlungspflichten im Rahmen der insolvenzrechtlichen Regelungen haftet.

24 Auch umsatzsteuerlich gelten die materiellen steuerlichen Regelungen, soweit der Umsatz im Inland steuerbar ist. Die Eröffnung des Insolvenzverfahrens führt nicht zu einem steuerbaren Umsatz, auch wenn das Vermögen nach ausländischem Recht auf einen Trustee oder eine ähnliche Person übergeht. Die Verwertung von Sicherheiten kann zu einem Doppelumsatz (→ § 42 Rn. 232 ff.) oder einem Dreifachumsatz (→ § 42 Rn. 236) führen.[22]

---

[21] Vgl. *Siebert/Abenheimer/Schnurr*, International Corporate rescue, 2008, 273, 279.
[22] *Siebert/Abenheimer/Schnurr*, International Corporate rescue, 2008, 273, 279.

§ 122. Einkommensteuer im Insolvenzverfahren

Übersicht

	Rn.
I. Das einheitliche Einkommen in der Insolvenz	1
II. Zurechnung des Einkommens und der Verluste	7
III. Insolvenzrechtliche Einordnung und Aufteilung der Einkommensteuerschuld	15
IV. Versteuerung der stillen Reserven	29
V. Einkommensteuer bei Absonderungsrechten	34
VI. Vorauszahlungen und Abschlusszahlung	35
VII. Veranlagung von Ehegatten	44

I. Das einheitliche Einkommen in der Insolvenz

Steuerlich gilt auch in der Insolvenz des Steuerpflichtigen § 2 EStG. Nach § 2 I sowie VII EStG werden in dem zu versteuernden Einkommen eines Besteuerungszeitraums alle Besteuerungsgrundlagen zusammengefasst; das Einkommen ist ein einheitlicher, aus verschiedenen Quellen fließender Betrag (synthetischer Einkommensbegriff). Der Steuerpflichtige kann für den gleichen Besteuerungszeitraum nicht verschiedene zu versteuernde Einkommen haben. Das zu versteuernde Einkommen wird nach § 2 IV EStG gebildet aus dem Gesamtbetrag der Einkünfte (§ 2 III EStG), vermindert um Sonderausgaben, außergewöhnliche Belastungen (§ 2 IV EStG) und die tariflichen Freibeträge (§ 2 V EStG). Hieraus folgt, dass zur Ermittlung des einheitlichen zu versteuernden Einkommens die genannten Besteuerungsgrundlagen für den Besteuerungszeitraum zusammenzufassen sind (synthetischer Einkommensbegriff). Steuerlich beachtliche Faktoren außerhalb des einheitlichen zu versteuernden Einkommens kann es daher nicht geben. 1

Die Eröffnung des Insolvenzverfahrens spaltet das Gesamtvermögen des Schuldners (dh Aktiv- und Passivvermögen) nach verschiedenen insolvenzrechtlichen Kriterien auf. Die Insolvenzmasse als Aktivvermögen besteht nach § 35 InsO aus dem gesamten pfändbaren Vermögen des Schuldners zum Zeitpunkt der Eröffnung des Insolvenzverfahrens sowie dem pfändbaren Neuerwerb nach diesem Zeitpunkt. Es wird also unterschieden zwischen Insolvenzmasse und dem (wenn auch nur in beschränktem Umfang möglichen) insolvenzfreien Vermögen (zB unpfändbarem Arbeitseinkommen). Bei den Verbindlichkeiten (Passivmasse) erfolgt eine Dreiteilung in zum Zeitpunkt der Eröffnung des Insolvenzverfahrens begründete Verbindlichkeiten, von dem Insolvenzverwalter begründete Verbindlichkeiten und außerhalb des Insolvenzverfahrens begründete Verbindlichkeiten. 2

Das einheitliche zu versteuernde Einkommen beruht auf Einkunftsquellen, die sich entweder in einem Vermögen manifestieren (Gewinneinkünfte, aber auch bei den Einkünften aus Kapitalvermögen und Vermietung und Verpachtung), oder auf zeitbezogenen Tätigkeiten beruhen (nichtselbständige Arbeit). Damit wäre an sich eine Aufspaltung des Einkommens eines Besteuerungszeitraums entsprechend der insolvenzrechtlichen Aufspaltung möglich, je nachdem, ob das Vermögen oder der Vermögensteil, bzw. die Tätigkeit, die die Einkunftsquelle bilden, zur Insolvenzmasse oder zum insolvenzfreien Vermögen gehören. Jedoch hält § 2 V EStG an dem Prinzip des einheitlichen Einkommens fest. Diese Regelung wird durch keine Vorschrift des Insolvenzrechts verändert, bleibt also auch für das Insolvenzverfahren gültig. 3

Aus dem Prinzip der Ermittlung eines einheitlichen Einkommens für den Besteuerungszeitraum folgt aber noch nicht, dass der Besteuerungszeitraum trotz Eröffnung des 4

Insolvenzverfahrens unverändert bleibt. Die Eröffnung des Insolvenzverfahrens könnte zu einer Beendigung des Besteuerungszeitraums und Beginn eines neuen Besteuerungszeitraums führen. Auch hierfür bieten jedoch weder die Insolvenzordnung noch das Einkommensteuerrecht eine Grundlage. Die Insolvenzordnung enthält keine Vorschrift, die eine Abkürzung des Besteuerungszeitraums rechtfertigen würde. Steuerrechtlich bestimmt § 2 VII EStG, dass der Besteuerungszeitraum für die Einkommensteuer als Jahressteuer das Kalenderjahr ist; für diesen Zeitraum werden die Besteuerungsgrundlagen auch ermittelt (Ermittlungszeitraum). Nach § 25 I EStG wird die Einkommensteuer auch für das Kalenderjahr festgesetzt (Veranlagungszeitraum). Diese Regelung gilt unabhängig von der Eröffnung des Insolvenzverfahrens und ist auch in der Insolvenz als vorrangige steuerrechtliche Regelung zu beachten. Hieran ändert auch die Regelung des § 155 II 1 InsO nichts. Nach dieser Vorschrift beginnt mit der Eröffnung des Insolvenzverfahrens ein neues Geschäftsjahr (Wirtschaftsjahr). Dies hat aber nicht zur Folge, dass auch ein neuer Besteuerungs- bzw. Veranlagungszeitraum beginnt. Die einzige Folge ist, dass möglicherweise in dem Veranlagungszeitraum (Kalenderjahr) zwei Geschäftsjahre (Wirtschaftsjahre) enden, deren Ergebnisse dann in diesem Veranlagungszeitraum steuerlich zu erfassen sind.

5   Die steuerrechtlichen Regelungen über das einheitliche Einkommen und über Besteuerungs-, Ermittlungs- und Veranlagungszeitraum bleiben also auch im Insolvenzverfahren unverändert gültig. Für den Steuerpflichtigen, über dessen Vermögen das Insolvenzverfahren eröffnet worden ist, ist daher ein einheitliches Einkommen für das Kalenderjahr unabhängig von dem Insolvenzverfahren zu ermitteln und der Steuerberechnung zugrunde zu legen. Die Einkommensteuerforderung entsteht damit als einheitliche Forderung für das Kalenderjahr. Da mit der Eröffnung des Insolvenzverfahrens nach § 155 II 1 InsO ein neues Geschäftsjahr beginnt, führt dies nach § 4a I 2 Nr. 2 EStG steuerlich zum Beginn eines neuen Wirtschaftsjahres. Es entsteht also für die Zeit zwischen Ende des letzten regulären Wirtschaftsjahres und dem mit Eröffnung des Insolvenzverfahrens beginnenden Wirtschaftsjahr ein Rumpfwirtschaftsjahr; da dies kraft Gesetzes erfolgt, ist eine Zustimmung der Finanzbehörde nach § 4a I 2 Nr. 2 EStG nicht erforderlich (→ § 22 Rn. 88). Es kann sich ein weiteres Rumpfwirtschaftsjahr anschließen für die Zeit zwischen der Eröffnung des Insolvenzverfahrens und dem regelmäßigen Abschlusszeitpunkt.

6   Die Ergebnisse aller (Rumpf-)Wirtschaftsjahre sind in dem Kalenderjahr zu erfassen, in dem sie enden. In diesem Kalenderjahr können also die Ergebnisse mehrerer Wirtschaftsjahre zu erfassen sein. Diese Ergebnisse werden zu dem einheitlichen Einkommen dieses Veranlagungszeitraums zusammengefasst. Allerdings gilt diese Einheitlichkeit der Einkommensteuerforderung nur für ihre Ermittlung. Für die Teilnahme dieser Einkommensteuerforderung am Insolvenzverfahren gilt nicht mehr Steuerrecht, sondern Insolvenzrecht. Diese Teilnahme richtet sich danach, ob die Steuerforderung vor der Eröffnung des Insolvenzverfahrens begründet ist, ob es sich um Forderungen handelt, die auf die Verwaltung, Verwertung und Verteilung der Insolvenzmasse zurückgeht, oder ob sie an das insolvenzfreie Vermögen anknüpft. Je nachdem ist die steuerrechtlich einheitliche Einkommensteuerforderung in Insolvenzforderung, § 38 InsO, Masseverbindlichkeit, § 55 Nr. 1 InsO, oder insolvenzfreie Forderung aufzuteilen. → Rn. 15 ff.

II. Zurechnung des Einkommens und der Verluste

7   Wenn auch im Insolvenzverfahren das dem Schuldner zuzurechnende Einkommen sowie die sich daraus ergebende Einkommensteuerschuld einheitlich zu ermitteln sind, ist damit noch nicht die Frage beantwortet, welche positiven oder negativen Einkünfte

bzw. Einkommensteile dem Schuldner im Insolvenzverfahren zuzurechnen sind. Die Eröffnung des Insolvenzverfahrens über das Vermögen des Schuldners ändert die bürgerlich-rechtliche Güterzuordnung nicht. Der Insolvenzschuldner bleibt Inhaber der zu seinem Vermögen gehörenden Rechte und Pflichten; lediglich sein Verwaltungs- und Verfügungsrecht wird durch § 80 InsO beschränkt und durch den Insolvenzverwalter ausgeübt (→ § 22 Rn. 80 ff.).

Das Steuerrecht folgt grundsätzlich dieser bürgerlichrechtlichen Güterzuordnung. Die Einkünfte sind dem bürgerlichrechtlichen Eigentümer derjenigen Vermögensgegenstände zuzurechnen, aus denen sie als Einkunftsquelle fließen. Das ist auch nach Eröffnung des Insolvenzverfahrens der Schuldner. Der Steuerpflichtige ist deswegen weiterhin Steuersubjekt. Die Verwaltung und Verfügung durch den Insolvenzverwalter wird auf Rechnung des Schuldners durchgeführt; sie führt daher nicht dazu, dass steuerlich die Vermögensgegenstände der Insolvenzmasse dem Schuldner nach den Grundsätzen des wirtschaftlichen Eigentums (§ 39 AO) nicht mehr zugerechnet werden könnten (→ § 18 Rn. 3). Steuerrechtlich bleibt daher, trotz Eröffnung des Insolvenzverfahrens, der Schuldner der Steuerpflichtige; ihm ist das Einkommen steuerlich zuzurechnen.[1]

Die Eröffnung des Insolvenzverfahrens führt auch nicht dazu, dass die Verbindlichkeiten des Schuldners nicht mehr passiviert werden dürften, weil sie voraussichtlich uneinbringlich sind. Nach den Grundsätzen ordnungsmäßiger Bilanzierung darf eine Verbindlichkeit nicht allein deshalb ausgebucht werden, weil sie voraussichtlich nicht beglichen wird.[2] Dies gilt auch für Verbindlichkeiten, für die ein einfacher oder qualifizierter Rangrücktritt vereinbart ist. Der Rangrücktritt bedeutet nicht, dass die Verbindlichkeit „nur aus künftigen Einnahmen oder Gewinnen" iSd § 5 II a EStG zu erfüllen ist.[3]

Diese Grundsätze gelten auch für die Zurechnung von Verlusten. Vermögensminderungen (Verluste), die aus einem dem Steuerpflichtigen zuzurechnenden Vermögen fließen, sind bei ihm auch dann steuerlich zu berücksichtigen, wenn dieses Vermögen Insolvenzvermögen ist. Die Tatsache, dass das Vermögen infolge der Eröffnung des Insolvenzverfahrens den Bindungen der Insolvenzordnung unterworfen ist, ändert nicht die bürgerlich-rechtliche, und damit auch die nicht steuerrechtliche Zuordnung der positiven und negativen Einkünfte.

Da somit dem Steuerpflichtigen, über dessen Vermögen das Insolvenzverfahren eröffnet worden ist, auch Verluste mit steuerlicher Wirkung zuzurechnen sind, kann er *Verlustausgleich* und *Verlustabzug* (§ 10d EStG, Verlustrücktrag, Verlustvortrag) in Anspruch nehmen.[4]

Ist im Zeitpunkt der Eröffnung des Insolvenzverfahrens ein Verlust vorhanden oder entsteht er im Laufe des Insolvenzverfahrens, ist er steuerlich auch nach Abschluss des Insolvenzverfahrens abzugsfähig. Er steht dem Schuldner für Einkünfte nach dem Insolvenzverfahren zum Ausgleich zur Verfügung.

Eine besondere Situation besteht bei Eröffnung des Insolvenzverfahrens über einen Nachlass. Mit dem Tode des Erblassers kann allein der Erbe Einkünfte aus dem Nachlass erzielen, unabhängig davon, ob seine Haftung durch Eröffnung des Insolvenzverfahrens über den Nachlass nach § 1975 BGB beschränkt wird oder nicht. Der Nachlass kann nicht Steuerschuldner sein, weil er kein Steuersubjekt ist. Die Einkommensteuerschuld des Erben aus Einkünften des Nachlasses entsteht als Eigenverbindlichkeit des Erben und unterliegt damit nicht den Beschränkungen des Nachlassinsolvenzverfahrens; die Haftung des

---

[1] HM; vgl. RFH RStBl 1938, 669; BFH III BStBl. 1951, 192; BStBl. III 1964, 70.
[2] Vgl. zB BFH BStBl. II 1985, 44.
[3] BFH BStBl. II 2006, 618; BMF BStBl. I 2006, 497; *Kahlert/Rühland*, ZInsO 2006, 1009.
[4] Vgl. BFH BStBl. III 1964, 70; BStBl. II 1969, 726; BStBl. II 1972, 621 für Verlustausgleich bei Nachlassinsolvenz.

Erben hierfür ist unbeschränkbar (Nachlasserbenschulden, für die der Erbe persönlich haftet).[5]

14 Verluste des Erblassers kann der Erbe nicht geltend machen.[6] Er kann also auch die Einkünfte aus der Erbmasse im Falle einer Nachlassinsolvenz nicht mit vortragsfähigen Verlusten des Erblassers verrechnen.

III. Insolvenzrechtliche Einordnung und Aufteilung der Einkommensteuerschuld

15 1. Positive und negative Einkünfte der Insolvenzmasse sind dem Schuldner zuzurechnen; aus ihnen wird ein einheitliches Einkommen für den Veranlagungszeitraum, ohne Rücksicht auf die zwischenzeitliche Eröffnung des Insolvenzverfahrens, ermittelt. Die Einkommensteuerforderung entsteht steuerrechtlich also als einheitliche Forderung. Für Zwecke des Insolvenzverfahrens ist diese Forderung aber in die insolvenzrechtlichen Kategorien einzuordnen und zu diesem Zweck erforderlichenfalls aufzuteilen.

16 Insolvenzgläubiger sind nach § 38 InsO nur diejenigen persönlichen Gläubiger, die einen zurzeit der Eröffnung des Insolvenzverfahrens begründeten Vermögensanspruch gegen den Schuldner haben. Danach können Forderungen, die vor dem Jahr der Eröffnung des Insolvenzverfahrens begründet sind, nur Insolvenzforderungen sein (zum Begriff der Begründung iSd § 38 InsO → § 19 Rn. 14 ff.).

17 Einkommensteuerforderungen, die nach dem Kalenderjahr der Eröffnung des Insolvenzverfahrens begründet sind, können auf Handlungen des Insolvenzverwalters oder des Schuldners (außerhalb des Insolvenzverfahrens) beruhen. Geht die Einkommensteuerforderung auf Sachverhalte zurück, die der Insolvenzverwalter nach Eröffnung des Insolvenzverfahrens mit Bezug auf die Insolvenzmasse verwirklicht hat, gehört die Einkommensteuer zu den sonstigen Masseverbindlichkeiten nach § 55 I Nr. 1 InsO; die Einkommensteuer ist Folge von Verwaltungs- und Verwertungshandlungen des Insolvenzverwalters.[7] Die Einkommensteuer entsteht kraft Gesetzes auf Einkünfte, die der Insolvenzverwalter aus der Insolvenzmasse erzielt und die dem Schuldner zugerechnet werden; sie hat daher den Charakter von Verbindlichkeiten, die durch Handlungen des Insolvenzverwalters hervorgebracht werden. Wird der Sachverhalt nach Eröffnung des Insolvenzverfahrens von dem Schuldner ohne Bezug auf die Insolvenzmasse verwirklicht (zB pfändungsfreies Arbeitseinkommen), ist die Einkommensteuerforderung insoweit *insolvenzfreie Forderung,* die sich gegen das nicht von der Insolvenz befangene Vermögen des Schuldners richtet.

18 Für das Kalenderjahr, in das die Eröffnung des Insolvenzverfahrens fällt, ist zu berücksichtigen, dass mit der Eröffnung des Insolvenzverfahrens ein neues Geschäftsjahr beginnt. Die Regelungen über das Geschäftsjahr gelten nach § 4a I 2 Nr. 2 EStG auch für das steuerliche Wirtschaftsjahr; mit der Eröffnung des Insolvenzverfahrens beginnt also ein neues Wirtschaftsjahr. Für die einkommensteuerliche Zuordnung des Ergebnisses eines Wirtschaftsjahres zu dem Kalenderjahr als Veranlagungszeitraum bestimmt § 4a II Nr. 2 EStG, dass das Ergebnis eines Wirtschaftsjahres in dem Kalenderjahr als Veranlagungszeitraum steuerlich zu erfassen ist, in dem das Wirtschaftsjahr endet. Das bedeutet, dass die Einkünfte desjenigen Wirtschaftsjahres, das mit Eröffnung des Insolvenzverfahrens endet, in demjenigen Kalenderjahr steuerlich erfasst werden, in das die Eröffnung des Insolvenzverfahrens fällt. Die steuerliche Erfassung des Ergebnisses desjenigen Wirtschaftsjahres, das mit der Eröffnung des Insolvenzverfahrens beginnt, hängt davon ab, wann dieses Wirtschaftsjahr endet. Endet es mit dem Ende des Kalenderjahres, in das die Eröffnung des Insolvenzverfahrens fällt (wird also der Abschluss trotz der

---

[5] BFH BStBl. II 1998, 705, 7.
[6] BFH BStBl. II 2008, 608.
[7] Grundlegend hierzu § 60 Rn. 1; BFH BStBl. II 1984, 602; BFH/NV 1996, 117.

Umstellung des Geschäftsjahres durch die Eröffnung des Insolvenzverfahrens auf den Schluss eines Kalenderjahres aufgestellt), ist auch das Ergebnis dieses Wirtschaftsjahres im Kalenderjahr der Eröffnung des Insolvenzverfahrens zu versteuern. In diesem Fall sind in dem Kalenderjahr der Eröffnung des Insolvenzverfahrens die Ergebnisse von zwei Wirtschaftsjahren zu versteuern, nämlich das des Wirtschaftsjahres, das mit Eröffnung des Insolvenzverfahrens endet, und das des darauf folgenden, mit dem Schluss des Kalenderjahres endenden Wirtschaftsjahres. Endet das mit Eröffnung des Insolvenzverfahrens begonnene Wirtschaftsjahr jedoch nicht mit dem Ende des Kalenderjahres, sondern wird es als abweichendes Wirtschaftsjahr fortgeführt, ist das Ergebnis dieses Wirtschaftsjahres erst in dem folgenden Kalenderjahr steuerlich zu erfassen.

2. Für das Jahr der Eröffnung des Insolvenzverfahrens und die folgenden Kalenderjahre ergibt sich die Notwendigkeit, die für das Kalenderjahr einheitliche Einkommensteuerschuld aufzuteilen. Es kann sein, dass sich die steuerrechtlich einheitliche Einkommensteuerschuld auf insolvenzrechtlich verschiedene Vermögensmassen bezieht. Die für das Kalenderjahr der Eröffnung des Insolvenzverfahrens einheitlich entstandene Einkommensteuerforderung kann Elemente enthalten, die nach insolvenzrechtlichen Kriterien mit dem Vermögen vor Eröffnung des Insolvenzverfahrens (Insolvenzforderung) oder mit der Insolvenzmasse nach Insolvenzeröffnung (Masseverbindlichkeit) sachlich zusammenhängen. Möglich ist auch, dass der Schuldner schon im Kalenderjahr der Eröffnung des Insolvenzverfahrens insolvenzfreie Einkünfte erzielt. Für die Abgrenzung der Einkünfte im Jahr der Eröffnung des Insolvenzverfahrens bietet das Ende und der Neubeginn des Geschäftsjahres nach § 155 II InsO zwar eine zuverlässige bilanzrechtliche Abgrenzung, macht aber eine Aufteilung der Einkommensteuerschuld nicht überflüssig. Außerdem wirkt diese Abgrenzung nur für Einkünfte vor und nach Eröffnung des Insolvenzverfahrens, nicht für insolvenzfreie Einkünfte.

In den Kalenderjahren nach dem der Eröffnung des Insolvenzverfahrens kann die (einheitliche) Einkommensteuerforderung auf Einkünften aus der Insolvenzmasse und auf insolvenzfreien Einkünften beruhen.

3. Es stellt sich damit die Notwendigkeit, die einheitliche Einkommensteuerforderung zum Zweck der Teilnahme am Insolvenzverfahren entsprechend der jeweiligen Beziehung zu den insolvenzrechtlichen Vermögensmassen aufzuteilen.

Diese **Aufteilung** hat nach dem Verhältnis zu erfolgen, in dem die einzelnen Einkommensteuerbeträge zueinander stehen würden, wenn jeweils für das Vermögen vor Eröffnung des Insolvenzverfahrens, für die Insolvenzmasse und das insolvenzfreie Vermögen des Steuerpflichtigen eine (fiktive) Steuerberechnung durchgeführt würde.[8] Dabei sind Sonderausgaben, außergewöhnliche Belastungen und Freibeträge demjenigen Vermögensteil zuzuordnen, zu dem sie sachlich gehören. Diese Aufteilungsmethode hat weiter zur Folge, dass die auf Grund der Progression bei Zusammenfassung der einzelnen Einkommensteile höhere Steuer nicht linear allen Einkommensteilen zugeordnet wird, sondern dass eine progressive Verteilung dieser höheren Einkommensteuer auf die einzelnen Einkommensteile erfolgt, dass also die höheren Einkünfte einen progressiv höheren Teil der Einkommensteuer zu tragen haben.

4. Im Einzelnen gelten folgende **Aufteilungsgrundsätze:**[9]

a) *Betriebsausgaben* und *Werbungskosten* sind von den Einkünften derjenigen Vermögensmasse abzusetzen, zu der sie sachlich gehören.

---

[8] BFH BStBl. II 1984, 602; BFH/NV 1994, 477.
[9] Vgl. hierzu sowie zu einem Beispiel *Frotscher*, S. 141 ff.; im Ergebnis ebenso *Beermann*, in: *Hübschmann/Hepp/Spitaler*, AO, Rn. 152; *Tipke/Kruse*, AO, § 251 Rn. 72; *Neumann*, in: *Beermann*, Steuerliches Verfahrensrecht, § 251 AO Rn. 72; vgl. auch *Waza/Uhländer/Schmittmann*, Insolvenzen und Steuern, Rn. 1176 ff.

25 **b)** *Sonderausgaben* und *außergewöhnliche Belastungen,* mit Ausnahme der Pauschbeträge, sind derjenigen Vermögensmasse zuzuordnen, aus der die entsprechenden Aufwendungen gezahlt worden sind.

26 **c)** *Pauschbeträge* und *Freibeträge* sind zeitanteilig aufzuteilen. Soweit Freibeträge nur bei einer bestimmten Einkunftsart gewährt werden, oder sich die Pauschbeträge erhöhen, wenn eine bestimmte Einkunftsart vorliegt (zB Vorsorgepauschale nach § 10c II EStG bei Einkünften aus nichtselbstständiger Arbeit bis Vz 2009), ist dieser Freibetrag bzw. der Erhöhungsbetrag nur den Einkünften dieser Einkunftsart zuzurechnen.

27 **d)** *Verluste* mindern das einheitliche Einkommen, wobei es ohne Bedeutung ist, ob sie aus dem Vermögen vor Eröffnung des Insolvenzverfahrens, der Insolvenzmasse oder dem insolvenzfreien Vermögen fließen *(steuerlicher Verlustausgleich).* Aus der Insolvenzmasse fließende Verluste kommen steuerlich also dem Vermögen vor Eröffnung des Insolvenzverfahrens und dem insolvenzfreien Vermögen zugute, und umgekehrt. Entsprechendes gilt für den *Verlustrücktrag* nach § 10d EStG. Der Antrag auf Durchführung des Verlustrücktrages ist von dem Insolvenzverwalter zu stellen, wenn und soweit die Verluste vor Eröffnung des Insolvenzverfahrens begründet sind oder aus der Insolvenzmasse stammen, und vom Schuldner, wenn ihre Grundlage das insolvenzfreie Vermögen ist. Wird der Antrag auf Verlustrücktrag gestellt, ist er durchzuführen ohne Rücksicht darauf, ob die Verluste aus der Insolvenzmasse oder dem insolvenzfreien Vermögen stammen. Dabei ist, soweit wie möglich, die „Vermögensgleichheit" zu berücksichtigen, dh Verluste aus der Insolvenzmasse mindern im Rücktragsjahr in erster Linie die Einkünfte aus der Insolvenzmasse, dann die Einkünfte vor Eröffnung des Insolvenzverfahrens, erst dann die insolvenzfreien Einkünfte. Entsprechend vermindern Verluste aus dem insolvenzfreien Vermögen im Rücktragsjahr in erster Linie die insolvenzfreien Einkünfte, erst dann anteilig die Einkünfte aus der Insolvenzmasse und die Einkünfte vor Eröffnung des Insolvenzverfahrens. Entsprechend ist der *Verlustvortrag* zu behandeln. Ein Verlustvortrag in ein späteres Jahr darf erst vorgenommen werden, wenn im früheren Jahr alle positiven Einkünfte ausgeglichen sind. Bei der Reihenfolge des Ausgleichs der Verluste aus den verschiedenen Vermögensmassen ist ebenfalls auf „Vermögensgleichheit" zu achten.

28 **e)** Im Zweifel hat eine *zeitanteilige Aufteilung* zu erfolgen.

IV. Versteuerung der stillen Reserven

29 Veräußert der Insolvenzverwalter Vermögensgegenstände aus der Insolvenzmasse, können Gewinne durch Aufdeckung von stillen Reserven entstehen. Diese Gewinnrealisierung beruht darauf, dass der Bilanzansatz dieses Vermögensgegenstandes in der Gewinnermittlungsbilanz des Steuerpflichtigen auf Grund von Abschreibungen oder zwischenzeitlichen Wertsteigerungen niedriger war als der Veräußerungspreis (Verkehrswert). Ebenfalls ein Gewinn wird ausgewiesen, wenn eine vor Eröffnung des Insolvenzverfahrens gebildete Rückstellung aufgelöst wird.

30 Soweit die Wertsteigerungen, die zur Bildung dieser stillen Reserven geführt haben, nach Eröffnung des Insolvenzverfahrens eingetreten sind, gehört die hieraus resultierende Einkommensteuer zu den „sonstigen Masseverbindlichkeiten" nach § 55 I Nr. 1 InsO.

31 Aber auch, soweit diese stillen Reserven vor Eröffnung des Insolvenzverfahrens entstanden sind, soll die hieraus resultierende Einkommensteuer nach der hM in der steuerrechtlichen Literatur zu den sonstigen Masseverbindlichkeiten nach § 55 I Nr. 1 InsO, gehören.[10] Die Insolvenzordnung hat diese Frage nicht geregelt. Zwar beginnt mit Er-

---

[10] BFH BStBl. III 1964, 70; BStBl. II 1984, 602; BFH BStBl. II 1998, 705; BFH/NV 1994, 477; jeweils noch zum gleichgelagerten Problem nach der KO; BFH BStBl. II 2011, 429 = DStRE 2010, 1081; BFH BStBl. II 2013, 759; *Beermann,* in: *Hübschmann/Hepp/Spitaler,* AO, § 251 Rn. 153; *Neumann,* in: *Beermann,* Steuerliches Verfahrensrecht, § 251 AO Rn. 36; *Tipke/Kruse,* AO, § 251 Rn. 72.

öffnung des Insolvenzverfahrens nach § 155 II 1 InsO ein neues Geschäftsjahr und damit auch ein neues steuerliches Wirtschaftsjahr. Für die Schlussbilanz auf das mit Eröffnung des Insolvenzverfahrens ablaufende Wirtschaftsjahr gelten jedoch keine besonderen insolvenzrechtlichen Vorschriften. Daher sind in dieser Schlussbilanz, und damit nach dem Grundsatz des Bilanzzusammenhangs auch in der Anfangsbilanz des neuen Wirtschaftsjahres, die Buchwerte anzusetzen. Eine Aufdeckung der stillen Reserven kann nur bei Eintritt eines Realisierungstatbestandes erfolgen, der nicht vorliegt. Die Eröffnung des Insolvenzverfahrens und die Aufstellung der Eröffnungsbilanz iSd § 151 InsO sind steuerrechtlich keine Gewinnrealisierungstatbestände. Die stillen Reserven werden daher auch in der Insolvenz erst bei Veräußerung des Vermögensgegenstandes, und damit nach Eröffnung des Insolvenzverfahrens, realisiert. Die hM, die die Einkommensteuer auf die stillen Reserven als Masseverbindlichkeiten nach § 55 I Nr. 1 InsO einordnet, stützt sich darauf, dass die Veräußerungshandlung, die als Akt der Gewinnrealisierung zu der Gewinnverwirklichung führt, von dem Insolvenzverwalter vorgenommen worden ist. Zwar beruhe die Möglichkeit der Gewinnverwirklichung auf Wertsteigerungen aus der Zeit vor der Eröffnung des Insolvenzverfahrens; maßgebend für die insolvenzrechtliche Einordnung sei aber nicht die Möglichkeit der Gewinnrealisierung, sondern allein, wer durch sein Handeln den Gewinn tatsächlich realisiert hat.

Meines Erachtens sprechen jedoch die gewichtigeren Gründe für eine Einordnung der Einkommensteuerforderung als *Insolvenzforderung*.[11] Der Akt der Gewinnrealisierung ist maßgebend nur für das steuerrechtliche Entstehen der Einkommensteuerforderung. Insolvenzrechtlich entscheidend ist aber nicht dieser Zeitpunkt, sondern nur, ob die Vermögensmehrung eine sachliche Beziehung zu dem Vermögen vor oder nach Eröffnung des Insolvenzverfahrens aufweist. Soweit die stillen Reserven bei Eröffnung des Insolvenzverfahrens bereits vorhanden waren, gehörten diese Vermögensmehrungen bereits zu dem Vermögen des Schuldners; die Handlung des Insolvenzverwalters hat darüber hinaus die Insolvenzmasse nicht vermehrt. Nach Eröffnung des Insolvenzverfahrens tritt lediglich die steuerliche Gewinnrealisierung hinzu, aber keine Mehrung der Insolvenzmasse.[12]

Nach der hier vertretenen Ansicht kann es vorkommen, dass bei einem mehrjährigen Insolvenzverfahren Vermögensgegenstände veräußert werden, bei denen die Wertsteigerungen teils vor, teils nach Eröffnung des Insolvenzverfahrens entstanden sind. Zur Abgrenzung kann die Vermögensübersicht nach § 153 InsO, in der nach § 152 II InsO die tatsächlichen Werte anzugeben sind, herangezogen werden.

V. Einkommensteuer bei Absonderungsrechten

→ § 42 Rn. 220.

VI. Vorauszahlungen und Abschlusszahlung

Die Vorauszahlungspflichten zur Einkommensteuer entstehen nach § 37 I 2 EStG jeweils mit dem Beginn des Kalendervierteljahres; dieser Zeitpunkt ist identisch mit dem des Begründetseins nach § 38 InsO. Liegt dieser Zeitpunkt nach Eröffnung des Insolvenzverfahrens, handelt es sich bei der Vorauszahlungsschuld um sonstige Masseverbindlichkeiten nach § 55 I Nr. 1 InsO, liegt er vor der Eröffnung des Insolvenzverfahrens, handelt es sich um eine Insolvenzforderung. Im Zeitpunkt der Eröffnung des Insolvenzverfahrens bereits entstandene, aber noch nicht fällige Vorauszahlungen

---

[11] Ebenso *Waza/Uhländer/Schmittmann*, Rn. 1191; *Meyer/Verfürth*, BB 2007, 862.
[12] So *Frotscher*, S. 153 ff.; Uhlenbruck/Hirte/Vallender/*Sinz*, § 38 Rn. 73 mwN; *Waza/Uhländer/Schmittmann*, Rn. 1189.

sind nach § 41 II InsO mit einem abgezinsten Betrag zur Tabelle anzumelden (→ § 62 Rn. 4).

36 Die Vorauszahlungen bilden zwar eine Steuerschuld, die selbstständig neben die Jahressteuerschuld tritt, sie ist jedoch nur eine vorläufige Steuerschuld. Mit Entstehen der Jahressteuerschuld (Ende des Veranlagungszeitraums, dh des Kalenderjahres) ist sie mit der Jahressteuerschuld zu verrechnen; soweit die Vorauszahlungen die Jahressteuerschuld übersteigen, sind sie zu erstatten.

37 Grundsätzlich hat auch dann eine Verrechnung der Vorauszahlungen mit der Jahressteuerschuld zu erfolgen, wenn zwischenzeitlich über das Vermögen des Schuldners das Insolvenzverfahren eröffnet worden ist. Diese Verrechnung hat nach den Grundsätzen der Aufrechnung, §§ 94 ff. InsO, zu erfolgen.[13] Das bedeutet, dass die Aufrechnung (Verrechnung) nicht möglich ist, soweit die Jahressteuerforderung nach Eröffnung des Insolvenzverfahrens entstanden ist und sich gegen den Schuldner persönlich richtet (insolvenzfreie Forderung, vgl. § 96 I Nr. 4 InsO). Des Weiteren ist die Aufrechnung (Verrechnung) nicht möglich, soweit die Jahressteuerschuld Insolvenzforderung iS des § 38 InsO ist, die Vorauszahlungen aber erst nach Eröffnung des Insolvenzverfahrens aus der Insolvenzmasse geleistet wurden (vgl. § 96 I Nr. 1 InsO). In beiden Fällen hat anstelle einer Verrechnung mit der Jahressteuerschuld eine Erstattung an die Masse zu erfolgen. Vgl. zur Aufrechnung weiterhin → § 45 Rn. 114 ff.

38 Entsprechende Grundsätze gelten für die Anrechnung von Steuerabzugsbeträgen (Kapitalertragsteuer, Lohnsteuer, Bauabzugssteuer nach § 48 EStG). Steuerrechtlich haben die Steuerabzugsbeträge den Charakter von Vorauszahlungen.[14] Sie sind daher nach den für Vorauszahlungen geltenden Grundsätzen (→ Rn. 35) den einzelnen insolvenzrechtlichen Vermögensmassen zuzuordnen. Die insolvenzrechtliche Zuordnung führt dazu, dass Kapitalerträge zur Masse gehören, wenn der Zufluss nach Eröffnung des Insolvenzverfahrens erfolgt ist. Die hierdurch entstehende Kapitalertragsteuer gehört zu den Masseverbindlichkeiten; die Erhebung der Kapitalertragsteuer ist trotz Eröffnung des Insolvenzverfahrens zulässig, da die Geltendmachung von Masseverbindlichkeiten nicht eingeschränkt ist.[15] Diese Kapitalertragsteuer darf nur mit Masseschulden verrechnet werden. Entsprechendes gilt für die Bauabzugssteuer nach § 48 EStG.

39 Sind die Einkünfte dagegen vor Eröffnung des Insolvenzverfahrens begründet, ist die darauf entfallende Steuer Insolvenzforderung. Steuerabzugsbeträge, die auf diese Einkünfte entfallen, kann die Finanzbehörde nur in Höhe der Insolvenzquote vereinnahmen; der überschießende Betrag ist an die Masse zu erstatten. Steuerabzugsbeträge dürfen von der Finanzbehörde nicht außerhalb des Insolvenzverfahrens vereinnahmt werden und berechtigen daher nicht zu einer besseren Befriedigung.[16]

40 Die Steuerabzugsbeträge (insbesondere Kapitalertragsteuer) sind von dem Schuldner der Vergütung einzubehalten, auch wenn über das Vermögen des Gläubigers als Insolvenzschuldner das Insolvenzverfahren eröffnet worden ist. Das gilt auch dann, wenn zB auf Grund von Verlustvorträgen feststeht, dass für die Insolvenzmasse kein positives Einkommen entstehen wird; der Tatbestand des § 44a V EStG, der ein Absehen von dem Kapitalertragsteuerabzug ermöglicht, ist im Falle der Insolvenz des Empfängers der Kapitalerträge nicht erfüllt.[17] Auch im Billigkeitswege nach § 163 AO ist ein Absehen von dem Steuerabzug nicht möglich.

---

[13] Einzelheiten vgl. § 45 Rn. 114 ff.; BFH BStBl. II 1984, 602; *Beermann*, in: *Hübschmann/Hepp/Spitaler*, AO, § 251 Rn. 154.
[14] Dagegen ist der Steuerabzug nach § 50a EStG wegen der Abgeltungswirkung eine endgültige Zahlung, keine Vorauszahlung.
[15] BFH BStBl. II 1995, 255.
[16] BFH BStBl. II 2003, 716; BMF BStBl. I 2003, 431.
[17] BFH BFH/NV 1996, 665.

Bei Vorliegen der Voraussetzungen ist die Erteilung einer Freistellungsbescheinigung möglich.[18]

Ist Gläubiger der Kapitalerträge eine Personengesellschaft, über deren Vermögen das Insolvenzverfahren eröffnet worden ist, ist die Kapitalertragsteuer auf der Ebene der Gesellschafter anzurechnen bzw. ihnen zu erstatten; die Kapitalertragsteuer kommt also nicht der Insolvenzmasse der Personengesellschaft zugute. Dies Ergebnis ist systematisch richtig, da die Kapitalerträge auf der Ebene der Gesellschafter, nicht der Personengesellschaft, steuerlich erfasst werden.[19] **41**

Die Einkommensteuerabschlusszahlung ist, wie in → Rn. 15 ff. dargestellt, danach aufzuteilen, ob sie Insolvenzforderung, Masseverbindlichkeit oder insolvenzfreie Forderung ist. Die Einkommensteuerabschlusszahlung für den Veranlagungszeitraum, in den die Eröffnung des Insolvenzverfahrens fällt, entsteht mit Ende des Veranlagungszeitraums. Sie ist daher bei Eröffnung des Insolvenzverfahrens noch nicht entstanden. Soweit sie Insolvenzforderung ist, ist sie wie eine aufschiebend bedingte Forderung zu behandeln. Sie ist zur Tabelle anzumelden und nimmt nach § 191 InsO an der Verteilung teil, allerdings wird der auf sie entfallende Anteil bis zum Eintritt der Bedingung zurückbehalten. **42**

War die Abschlusszahlung bei Eröffnung des Insolvenzverfahrens bereits entstanden (zB für einen Veranlagungszeitraum, der bei Eröffnung des Insolvenzverfahrens bereits abgelaufen war), handelt es sich um eine Insolvenzforderung, die uU noch nicht fällig ist. Die Fälligkeit hängt von der Bekanntgabe des Steuerbescheids ab, da sie nach § 36 IV 1 EStG einen Monat nach Bekanntgabe des Bescheids eintritt. War die Forderung bei Eröffnung des Insolvenzverfahrens noch nicht fällig, ist sie nach § 41 II InsO mit einem abgezinsten Betrag zur Tabelle anzumelden. **43**

VII. Veranlagung von Ehegatten

Die Einkommensteuer der Ehegatten wird auch dann nach den gewöhnlichen einkommensteuerlichen Regeln ermittelt, wenn über das Vermögen eines der Ehegatten das Insolvenzverfahren eröffnet worden ist. Es ist also, je nach Ausübung des Wahlrechts, getrennte Veranlagung oder Zusammenveranlagung durchzuführen. Dieses Wahlrecht ist kein höchstpersönliches Recht, sondern gehört zur Vermögenssphäre, unterliegt also dem Verwaltungsbereich des Insolvenzverwalters.[20] Da die Art der Veranlagung aber auch Auswirkungen auf die Besteuerung etwaiger insolvenzfreier Einkünfte des Schuldners hat, steht das Wahlrecht auch dem Schuldner persönlich zu.[21] Im Insolvenzverfahren über das Vermögen eines Ehegatten kann es daher nur dann zu einer Zusammenveranlagung kommen, wenn Insolvenzverwalter, Schuldner und Ehegatte die Zusammenveranlagung wählen. Widerspricht einer von ihnen der Zusammenveranlagung, kommt es zur getrennten Veranlagung.[22] Der Anspruch auf Zustimmung zur Zusammenveranlagung richtet sich auch gegen den Insolvenzverwalter; dieser ist zur Zustimmung verpflichtet, wenn der andere Ehegatte die Insolvenzmasse von etwaigen Nachteilen freistellt. Eine darüber hinausgehende Vergütung für die Erteilung der Zustimmung kann der Insolvenzverwalter nicht verlangen.[23] **44**

Die *Zusammenveranlagung* wird nach den allgemeinen steuerrechtlichen Regeln durchgeführt. Die Besteuerungsgrundlagen, die aus der Insolvenzmasse entstehen, werden mit **45**

---

[18] BFH BStBl. II 2003, 262.
[19] *Frotscher*, S. 181 f.; vgl. BFH/NV 1996, 112; aA *Neumann*, in: *Beermann*, Steuerliches Verfahrensrecht, § 251 AO Rn. 38.1; *Waza/Uhländer/Schmittmann*, Rn. 1278.
[20] BGH Beilage BFH/NV 2007, 459 = NZI 2007, 455; vgl. auch *Mork/Heß*, ZInsO 2007, 314; zu Problemen bei der Zusammenveranlagung vgl. *Farr*, BB 2006, 1302.
[21] Insoweit aA BGH DB 2011, 50; BGH DB 2011, 1749.
[22] Vgl. hierzu BFH BStBl. III 1963, 597; BStBl. III 1965, 86; *Frotscher*, S. 128 f.
[23] BGH DB 2011, 1749.

§ 123 1, 2   Kapitel XI. Steuerrecht

den Besteuerungsgrundlagen aus dem insolvenzfreien Vermögen des Schuldners sowie mit denen des Ehegatten zusammengerechnet. Daraus ergibt sich ein einheitliches Einkommen und eine einheitliche Steuerschuld, die entsprechend den geschilderten Grundsätzen (→ Rn. 15 ff.) aufzuteilen ist. Sind Verluste zu berücksichtigen, gelten ebenfalls die dargestellten Regeln (→ Rn. 27); dabei sind die Einkünfte des Ehegatten zu behandeln wie insolvenzfreie Einkünfte des Schuldners. Auf Antrag kann eine Aufteilung der Steuerschuld nach §§ 268 ff. AO zwischen den Ehegatten erfolgen.

Soweit mit der Veranlagung verbunden ist, dass der Insolvenzverwalter Kenntnis von den Vermögensverhältnissen des nicht in Insolvenz befindlichen Ehegatten erhält, ist diese Einschränkung des Steuergeheimnisses durch § 30 II Nr. 1 Buchst a, IV Nr. 1 AO gerechtfertigt.[24]

46   Bei der *getrennten Veranlagung* sind nach § 26a EStG jedem Ehegatten diejenigen Einkünfte, die er erzielt hat, zuzurechnen. Es entsteht also kein einheitliches Einkommen und keine einheitliche Steuerschuld; die Frage einer Aufteilung ergibt sich insoweit nicht.

47   Die Ehegatten müssen sich jedoch nach § 26a II, III EStG über die Verteilung der Sonderausgaben und außergewöhnlichen Belastungen einigen. Dies erfordert die Zustimmung des Insolvenzverwalters. Erfolgt keine Einigung, werden Sonderausgaben und außergewöhnliche Belastungen jeweils zur Hälfte den Ehegatten zugeordnet. Der Verlustabzug nach § 10d EStG kann nach § 62d I EStDV nur von demjenigen Ehegatten geltend gemacht werden, der ihn erlitten hat. Ein Verlust aus der Insolvenzmasse kann also nicht dem Ehegatten des Schuldners, ein Verlust des Ehegatten kann nicht der Insolvenzmasse zugutekommen.

§ 123. Lohnsteuer im Insolvenzverfahren

Übersicht

                                                                                                                             Rn.

    I. Insolvenzverfahren über das Vermögen des Arbeitnehmers 1
   II. Insolvenzverfahren über das Vermögen des Arbeitgebers 4
  III. Übergang der Lohnsteuerforderung auf die Bundesagentur für Arbeit 14
  IV. Lohnsteuer bei vorläufiger Insolvenzverwaltung 17

I. Insolvenzverfahren über das Vermögen des Arbeitnehmers

1   Wird über das Vermögen des Arbeitnehmers das Insolvenzverfahren eröffnet, hat der Arbeitgeber weiterhin die Lohnsteuer einzubehalten und an das Finanzamt abzuführen. Die Arbeitnehmertätigkeit des Schuldners nach Eröffnung des Insolvenzverfahrens führt nur insoweit zu insolvenzfreien Einkünften des Schuldners, als sie unpfändbar sind; soweit die Einkünfte darüber hinausgehen, gehören sie nach § 35 InsO zu der Insolvenzmasse. Die Lohnsteuer für eine nichtselbständige Tätigkeit während des Insolvenzverfahrens führt nicht zu einer Masseverbindlichkeit, da die Arbeitskraft des Schuldners nicht zur Masse gehört; → § 60 Rn. 16. Da die Masse nicht belastet wird, steht dem Insolvenzverwalter auch das Recht zur Wahl der Lohnsteuerklasse nicht zu; dieses wird vom Schuldner ausgeübt.[1]

2   Bei der Anrechnung der Lohnsteuer auf die Einkommensteuer darf, ebenso wie bei der Anrechnung von Vorauszahlungen, die Zuordnung zu Vermögen vor Eröffnung des Insolvenzverfahrens, Insolvenzmasse und insolvenzfreiem Vermögen nicht verändert

---

[24] BFH BStBl. II 2000, 431.
[1] BFH BFH/NV 2011, 2111; *Kahlert*, DB 2011, 2516.

werden (→ § 122 Rn. 35 f.). Ist im Insolvenzverfahren des Arbeitnehmers eine Lohnsteuerforderung gegen ihn geltend zu machen, so ist diese Forderung begründet iSd § 38 InsO mit der Leistung der Arbeit, nicht erst mit dem Zufließen von Arbeitslohn.

Wird der Schuldner vom Insolvenzverwalter im Interesse der Insolvenzmasse beschäftigt und erhält er hierfür aus der Insolvenzmasse eine Vergütung, ist er nicht als Arbeitnehmer der Insolvenzmasse einzuordnen. Träger der Insolvenzmasse ist trotz Eröffnung des Insolvenzverfahrens der Schuldner; Zahlungen an ihn können also nur Entnahmen, nicht Arbeitslohn sein. Der Insolvenzverwalter hat also keine Lohnsteuer einzubehalten.[2]

II. Insolvenzverfahren über das Vermögen des Arbeitgebers

1. Lohnsteuerabzug durch den Insolvenzverwalter. Wird über das Vermögen des Arbeitgebers das Insolvenzverfahren eröffnet, hat der Insolvenzverwalter während des Insolvenzverfahrens die Pflichten des Arbeitgebers zu erfüllen (vgl. § 155 I 2 InsO), und zwar auch für die Zeit vor Eröffnung des Insolvenzverfahrens. Er hat insbesondere die Lohnsteuer einzubehalten und abzuführen und die Lohnsteueranmeldungen abzugeben.[3]

Das Insolvenzausfallgeld nach §§ 183 ff. SGB III ist nach § 3 Nr. 2 EStG steuerfrei, so dass eine Lohnsteuerproblematik nicht entsteht. Lohnzahlungen liegen auch dann nicht vor, wenn es von einer Bank vorfinanziert wird.[4] Zum Übergang der Lohnforderung auf die Bundesagentur für Arbeit und ihre steuerlichen Konsequenzen → Rn. 14 ff.

Grundsätzlich trifft den Arbeitgeber, und damit auch den Insolvenzverwalter, gegenüber der Finanzbehörde keine Geldzahlungspflicht, sondern eine besondere Dienstleistungspflicht, die Pflicht nämlich, Lohnsteuer einzubehalten und abzuführen.[5] In dieser Phase des Lohnsteuerabzugs schuldet der Arbeitgeber nur dem Arbeitnehmer, nicht der Finanzbehörde, Geld. Diese *Geldzahlungsverpflichtung* gegenüber dem Arbeitnehmer auf Zahlung des Bruttoarbeitslohns erfüllt der Arbeitgeber gegenüber dem Arbeitnehmer, indem er diesem den Nettolohn auszahlt und die Lohnsteuer an das Finanzamt abführt. Der materielle Zahlungsanspruch des Finanzamts richtet sich in dieser Phase gegen den Arbeitnehmer; diese Verpflichtung erfüllt der Arbeitnehmer durch die Lohnsteuerabführung des Arbeitgebers. Die Abführung der Lohnsteuer stellt also Zahlung des Arbeitnehmers an das Finanzamt dar.

Erst, wenn der Arbeitgeber bzw. der Insolvenzverwalter seine Dienstleistungsverpflichtung auf Einbehaltung und Abführung der Lohnsteuer nicht erfüllt, entsteht ein Anspruch der Finanzbehörde gegen ihn auf Geldzahlung. Dieser Anspruch ist nach § 42d EStG ein *Haftungsanspruch* und tritt grundsätzlich kumulativ neben den primären Zahlungsanspruch des Finanzamts gegen den Arbeitnehmer. Grundlage dieses Haftungsanspruchs ist nicht die lohnsteuerpflichtige Tätigkeit des Arbeitnehmers, sondern die eigenständige Verletzung der besonderen Dienstleistungspflicht durch den Arbeitgeber bzw. den Insolvenzverwalter. Für die insolvenzrechtliche Einordnung dieses Haftungsanspruchs ist maßgebend, wer zu welchem Zeitpunkt den Haftungstatbestand verwirklicht hat.

Hat der Schuldner vor Eröffnung des Insolvenzverfahrens die Lohnsteuer nicht einbehalten und abgeführt, ist der Haftungstatbestand des § 42d EStG vor Eröffnung des

---

[2] *Frotscher,* S. 194 f.; *Waza/Uhländer/Schmittmann,* Rn. 1317; zweifelnd BFH II BStBl. 1977, 393.
[3] BFH BStBl. 1951 III 212; *Frotscher,* S. 195 ff.
[4] FG Sachsen-Anhalt, EFG 2009, 302.
[5] Grundlegend hierzu *Keuk* (Knobbe-Keuk) DB 1973, 2029; ebenso *Frotscher,* S. 195 ff.; *Dißars,* in: Schwarz, AO, § 251 Rn. 102 ff.; *Beermann,* in: Hübschmann/Hepp/Spitaler, AO, § 251 Rn. 37; *Uhlenbruck/Sinz,* § 38 Rn. 76; vgl. auch BFH BStBl. II 1975, 621.

§ 123 9–12

9 Insolvenzverfahrens verwirklicht worden. Die Haftungsschuld ist daher Insolvenzforderung nach § 38 InsO. Sie ist mit Auszahlung der Löhne, also vor Eröffnung des Insolvenzverfahrens, entstanden, sie ist aber, wenn noch kein Haftungsbescheid ergangen ist, noch nicht fällig und daher nach § 41 InsO zu behandeln (→ § 62 Rn. 4). Zur Verpflichtung der Abführung der Lohnsteuer trotz Anfechtbarkeit → § 121 Rn. 2.

9 Erfüllt der Insolvenzverwalter Lohnrückstände aus der Zeit vor der Eröffnung des Insolvenzverfahrens, haben zum Zeitpunkt der Eröffnung des Insolvenzverfahrens keine Zahlungsansprüche der Finanzbehörde gegen den Arbeitgeber bestanden, sondern nur der Dienstleistungsanspruch für den Fall der Auszahlung der Löhne. Dem Arbeitnehmer steht gegen den Arbeitgeber eine Insolvenzforderung nach § 38 InsO zu. Diese Forderung besteht in der Form des Anspruchs des Arbeitnehmers auf Auszahlung des Nettolohnes an ihn und der Lohnsteuer an die Finanzbehörde (sowie der Sozialversicherungsbeiträge an die Sozialversicherungsträger). Es handelt sich um Ansprüche des Arbeitnehmers; die Finanzbehörde selbst hat auf dieser Stufe gegen den Arbeitgeber/Insolvenzverwalter keinen Geldzahlungsanspruch, sondern nur einen Dienstleistungsanspruch. Die Erfüllung des Anspruchs des Arbeitnehmers hat durch Auszahlung des Nettolohnes an den Arbeitnehmer und Abführung der Lohnsteuer an das Finanzamt zu erfolgen.[6]

10 Erfüllt der Insolvenzverwalter seine steuerrechtliche Dienstleistungspflicht auf Einbehaltung und Abführung der Lohnsteuer nicht, entsteht mit dem Lohnsteuerhaftungsanspruch eine Geldforderung des Finanzamts gegen die Insolvenzmasse. Bei diesem Anspruch handelt es sich nicht mehr um einen Lohn-(steuer-)anspruch, sondern um einen neben die Lohnsteuerforderung tretenden Haftungsanspruch auf Grund des eigenen, haftungsrechtlich relevanten Verhaltens des Insolvenzverwalters (Verletzung der Dienstleistungspflicht). Der Anspruch gehört damit zu den sonstigen Masseverbindlichkeiten nach § 55 I Nr. 1 InsO.[7]

11 Zahlt der Insolvenzverwalter Löhne für die Zeit nach Eröffnung des Insolvenzverfahrens, gelten die gleichen Grundsätze. In der ersten Stufe hat wiederum nur der Arbeitnehmer einen Anspruch gegen die Insolvenzmasse auf Zahlung des Arbeitslohns in Form der Auszahlung des Nettolohnes an ihn und Abführung der Lohnsteuer an das Finanzamt. Erfüllt der Insolvenzverwalter bei Auszahlung des Lohns an den Arbeitnehmer seine Dienstleistungsverpflichtung auf Einbehaltung und Abführung der Lohnsteuer nicht, so verwirklicht er den Haftungstatbestand des § 42d EStG. Der hieraus fließende Geldzahlungsanspruch der Finanzbehörde gegen den Insolvenzverwalter beruht auf einer Handlung des Insolvenzverwalters bei der Verwaltung der Masse und ist daher sonstige Masseverbindlichkeit nach § 55 I Nr. 1 InsO.[8]

Daneben trifft den Insolvenzverwalter die weitere Haftung des § 69 AO, sofern er Lohnsteuer für die Weiterbeschäftigung der Arbeitnehmer nach Insolvenzeröffnung nicht abführt.

12 **2. Pauschalierung der Lohnsteuer, §§ 40 ff. EStG.** Im Falle der Pauschalierung ist der Arbeitgeber (Insolvenzschuldner) selbst Steuerschuldner der Steuerforderung. Die insolvenzrechtliche Einordnung dieser Steuerforderung erfolgt danach, wann die Arbeitsleistung erbracht wurde, da die pauschale Lohnsteuer zu diesem Zeitpunkt „begründet" ist iS des § 38 InsO. Wurde die Leistung des Arbeitnehmers vor Eröffnung des Insolvenzverfahrens erbracht, ist die pauschale Lohnsteuer Insolvenzforderung, auch wenn erst der Insolvenzverwalter die Löhne auszahlt. Wurde die Tätigkeit des Arbeitnehmers nach Eröffnung des Insolvenzverfahrens erbracht, handelt es sich bei der pauschalen Lohnsteuer um „sonstige Masseverbindlichkeiten" nach § 55 I Nr. 1 InsO.

---

[6] BFH BStBl. II 1975, 1047.
[7] Vgl. *Keuk (Knobbe-Keuk)* DB 1973, 2029; *Frotscher*, S. 198 f.
[8] *Frotscher*, S. 200.

Ohne Bedeutung für die insolvenzrechtliche Einordnung der pauschalen Lohnsteuer ist, in welchem Zeitpunkt der Pauschalierungsantrag gestellt wurde.[9] Der Pauschalierungsantrag hat nur Bedeutung für das steuerrechtliche Entstehen der pauschalen Lohnsteuerforderung, nicht für ihr insolvenzrechtliches Begründetsein. Entsteht die pauschale Lohnsteuerforderung jedoch erst nach Eröffnung des Insolvenzverfahrens, ist sie als aufschiebend bedingte Forderung nach § 191 InsO zu behandeln.

III. Übergang der Lohnsteuerforderung auf die Bundesagentur für Arbeit

Erhält der Arbeitnehmer im Insolvenzverfahren des Arbeitgebers Arbeitslosengeld oder Insolvenzausfallgeld, gehen die entsprechenden Lohnansprüche gegen den Arbeitgeber kraft Gesetzes auf die Bundesagentur für Arbeit über (§ 187 SGB III; vgl. § 115 I SGB X). Da sich die Leistungen der Bundesagentur an dem Nettolohnanspruch des Arbeitnehmers orientieren, erfasst dieser Übergang der Ansprüche nur den dem Nettolohn entsprechenden Betrag. Bezahlt der Arbeitgeber die auf die Bundesagentur übergegangene Nettolohnforderung an diese, geht die Rechtsprechung davon aus, dass es sich um Zahlung von Arbeitslohn handelt und daher der Lohnsteuerabzug vorzunehmen sei. Diese Lohnsteuer könne sich der Arbeitnehmer erstatten lassen.[10] Dies ist steuerrechtlich mE jedoch unrichtig.

Eine Verpflichtung des Arbeitgebers/Insolvenzverwalters zur Einbehaltung und Abführung der Lohnsteuer an das Finanzamt besteht nach § 38 II EStG nur, wenn dem Arbeitnehmer Arbeitslohn zufließt. Für eine Lohnsteuerabzugsverpflichtung des Insolvenzverwalters bei Zahlung an die Bundesagentur für Arbeit genügt also nicht, dass es sich bei der kraft Gesetzes übergegangenen Forderung um eine Forderung auf Arbeitslohn handelt. Es müsste hinzukommen, dass die Zahlung an die Bundesagentur für Arbeit bei dem Arbeitnehmer zu einem Zufluss nach § 11 EStG führt. Das ist jedoch nicht der Fall. Steuerlich wird dem Arbeitnehmer kein Arbeitslohn zugerechnet, sondern Arbeitslosengeld oder Insolvenzausfallgeld, das nach § 3 Nr. 2 EStG steuerfrei ist. Da dem Arbeitnehmer somit kein Arbeitslohn zufließt,[11] kann für den Arbeitgeber auch keine Verpflichtung zum Lohnsteuerabzug bestehen.

Der Arbeitnehmer hat jedoch seinerseits, unabhängig davon, ob der Arbeitgeber den auf die Bundesagentur für Arbeit übergegangenen Anspruch erfüllt, einen Anspruch gegen den Arbeitgeber auf Zahlung der Differenz zwischen dem auf die Bundesagentur übergegangenen Nettolohnanspruch und der Bruttolohnforderung.[12] Werden auf diesen Anspruch von dem Arbeitgeber Zahlungen an den Arbeitnehmer geleistet, fließt dem Arbeitnehmer insoweit Arbeitslohn zu; der Arbeitgeber hat hierauf Lohnsteuer einzubehalten.[13]

IV. Lohnsteuer bei vorläufiger Insolvenzverwaltung

Der vorläufige Insolvenzverwalter, auf den das Verwaltungs- und Verfügungsrecht des Schuldners übergegangen ist, hat nach § 34 III AO auch die lohnsteuerlichen Pflichten des Arbeitgebers zu erfüllen.

Sind Löhne vor Anordnung des vorläufigen Insolvenzverfahrens ohne Einbehaltung und Abführung der Lohnsteuer ausgezahlt worden, ist in der Person des Schuldners die Haftungsschuld nach § 42d EStG entstanden. Da diese Forderung vor Eröffnung des In-

---

[9] *Frotscher*, S. 201 f.
[10] BAG NZA 1986, 191; BAG DB 1990, 278; LAG Baden-Württemberg EWiR § 59 KO 5/86; BFH BStBl. II 1993, 507.
[11] Vgl. *Waza/Uhländer/Schmittmann*, Rn. 1324 ff.; aA jedoch BFH BStBl. II 2008, 375.
[12] BAG NJW 1986, 1623.
[13] Ebenso *Waza/Uhländer/Schmittmann*, Rn. 1326.

solvenzverfahrens, und auch vor Anordnung der vorläufigen Insolvenzverwaltung, begründet ist, handelt es sich um eine Insolvenzverbindlichkeit nach § 38 InsO. Der vorläufige Insolvenzverwalter darf diese Verbindlichkeit nicht erfüllen, da er zur Begleichung von Insolvenzforderungen nicht berechtigt ist.[14]

19 Zahlt der vorläufige Insolvenzverwalter Löhne aus, hat er die Lohnsteuer einzubehalten und abzuführen, und zwar sowohl, wenn es sich für Lohnzahlungszeiträume der vorläufigen Insolvenzverwaltung handelt, als auch, wenn es sich um davor liegende Lohnzahlungszeiträume handelt.

20 Es gelten die für den endgültigen Insolvenzverwalter geltenden Grundsätze entsprechend.

21 Verletzt der vorläufige Insolvenzverwalter seine Dienstleistungspflicht zur Einbehaltung und Abführung der Lohnsteuer, haftet er hierfür nach § 42d EStG iVm § 69 AO. Diese Verpflichtung ist in dem anschließenden Insolvenzverfahren, obwohl vor Eröffnung des Insolvenzverfahrens begründet, Masseverbindlichkeit nach § 55 II InsO.

§ 124. Umsatzsteuer im Insolvenzverfahren

Übersicht

	Rn.
I. Die Einordnung der Umsatzsteuerforderung	1
II. Fragen des Vorsteuerabzugs	13
III. Umsatzsteuerliche Probleme beim Werkvertrag	26
IV. Freigabe von Massegegenständen	33
V. Umsatzsteuer bei Absonderungsrechten	36
VI. Ermittlung der Umsatzsteuerschuld	37

I. Die Einordnung der Umsatzsteuerforderung

1 Die Umsatzsteuerforderung ist nach der Rechtsprechung[1] iS des § 38 InsO begründet in dem Zeitpunkt, in dem der Tatbestand, aus dem sich der Anspruch ergibt, vollständig abgeschlossen ist; der Anspruch muss daher, abgesehen von dem Ablauf des Voranmeldungszeitraums, vollständig begründet sein. Diese Ansicht gibt der steuerlichen Tatbestandsverwirklichung Priorität vor den insolvenzrechtlichen Kriterien; ihr ist daher nicht zu folgen. Maßgebend für das „Begründetsein" nach § 38 InsO ist nicht die steuerrechtliche Tatbestandsverwirklichung, sondern der insolvenzrechtliche Bezug auf die Masse vor oder nach der Eröffnung des Insolvenzverfahrens (→ § 62 Rn. 1). Dieser Bezug ist, entgegen der Ansicht des BFH aaO, nicht nach steuerrechtlichen, sondern nach insolvenzrechtlichen Kriterien zu bestimmen. Eine Umsatzsteuerforderung kann daher auch dann Insolvenzforderung sein, wenn die Tatbestandsmerkmale nach Eröffnung des Insolvenzverfahrens verwirklicht wurden, wenn nur die steuerschuldrechtliche Beziehung, aus der später der Anspruch entsteht, vor Eröffnung des Insolvenzverfahrens von dem Schuldner geschaffen wurde.[2]

2 Soweit der Zeitpunkt der Begründung der Steuerforderung vor Eröffnung des Insolvenzverfahrens liegt, ist die Umsatzsteuerforderung Insolvenzforderung. Wird eine nach

---

[14] Vgl. Uhlenbruck/Hirte/Vallender/*Maus* § 22 Rn. 192g.
[1] BFH BStBl. II 1979, 639; BStBl. II 1987, 741; BFH BStBl. II 2009, 682; BFH BStBl. II 2010, 138; BFH BStBl. II 2011, 1000 = DStR 2011, 1128; BFH BStBl. II 2012, 298 = ZIP 2011, 2481; BFH BStBl. II 2013, 36.
[2] So auch BFH BStBl. II 1994, 83; *Waza/Uhländer/Schmittmann*, Rn. 1585f.; *Kahlert*, DStR 2011, 1973.

dem Gesetz nicht entstandene Umsatzsteuer nur in einer Rechnung ausgewiesen und wird sie daher geschuldet, entsteht der entsprechende Vergütungsanspruch mit Berichtigung der Rechnung. Liegt dieser Zeitpunkt vor Eröffnung des Insolvenzverfahrens, können die beiden Forderungen gegeneinander aufgerechnet werden.[3]

Eine Umsatzsteuerforderung, die durch Umsätze begründet ist, die der „starke" vorläufige Insolvenzverwalter ausgeführt hat, ist nach § 55 II InsO Masseverbindlichkeit.

Verfahrensrechtlich beendet die Eröffnung des Insolvenzverfahrens den Voranmeldungszeitraum;[4] die bis dahin begründeten Umsatzsteuerforderungen sind Insolvenzforderungen. Konsequenterweise muss auch die Bestellung eines „starken" Insolvenzverwalters den Voranmeldungszeitraum beenden, da ab diesem Zeitpunkt Masseverbindlichkeiten entstehen. Mit Eröffnung des Insolvenzverfahrens bzw. mit Bestellung eines „starken" Insolvenzverwalters beginnt ein neuer Voranmeldungszeitraum. Die in diesem Zeitraum begründeten Umsatzsteuerforderungen sind Masseverbindlichkeiten. Besteuerungszeitraum bleibt aber das Kalenderjahr; zu den Folgen für die Steuerberechnung → Rn. 37ff.

Die insolvenzrechtliche Einordnung der Umsatzsteuerforderung als Insolvenzforderung oder Masseforderung ist unabhängig davon, ob die Besteuerung nach vereinbarten oder vereinnahmten Entgelten erfolgt. Die Rechtsprechung[5] sieht die Steuerforderung bei der Besteuerung nach vereinnahmten Entgelten erst mit der „Vereinnahmung" als „begründet" an und ordnet die Steuerforderung bei Vereinnahmung nach Insolvenzeröffnung als Masseverbindlichkeit ein. Darüber hinaus ordnet der BFH auch bei der Besteuerung nach vereinbarten Entgelten die Umsatzsteuerforderung als Masseverbindlichkeit ein, wenn der Kunde des Schuldners das Entgelt für die Lieferung oder Leistung nach Eröffnung des Insolvenzverfahrens gezahlt hat.[6] Begründet wird dies damit, dass auch die Forderung des Schuldners (der späteren Insolvenzmasse) gegen den Abnehmer der Lieferung oder Leistung mit Eröffnung des Insolvenzverfahrens (vorläufig) uneinbringlich werde. Der BFH aaO leitet dies aus der Aufteilung des einheitlichen Unternehmens des Schuldners in einen vorinsolvenzlichen Unternehmensteil und einen Unternehmensteil ab, der aus der Insolvenzmasse besteht. Damit könne der Schuldner ab Eröffnung des Insolvenzverfahrens die Forderung gegen den Empfänger der Lieferungen oder Leistungen im vor-insolvenzlichen Unternehmensteil nicht mehr einziehen. Damit trete mit Eröffnung des Insolvenzverfahrens auch für Forderungen des Schuldners eine Änderung der Bemessungsgrundlage nach § 17 UStG ein. Das habe zur Folge, dass die Rechnung mit Vorsteuerausweis zu berichtigen sei. Werde dann später das Entgelt an die Masse entrichtet, trete erneut eine Änderung der Bemessungsgrundlage nach § 17 UStG ein. Der sich daraus ergebende Umsatzsteueranspruch sei durch die Änderung der Bemessungsgrundlage und damit nach Insolvenzeröffnung begründet. Die Umsatzsteuerforderung gehöre damit zu den Masseverbindlichkeiten.

M. E. kann dieser Ansicht nicht gefolgt werden. Es kommt nicht auf Formalismen wie die Änderung der Bemessungsgrundlage an, sondern allein darauf, ob die Lieferung oder Leistung vor oder nach Eröffnung des Insolvenzverfahrens durchgeführt wurde. Daher liegen sowohl bei der Versteuerung nach vereinbarten als auch bei der nach vereinnahmten Entgelten Insolvenzforderungen vor, wenn die zugrunde liegenden Lieferungen oder Leistungen vor dem Zeitpunkt der Eröffnung des Insolvenzverfahrens ausgeführt wurden. Die Forderung des Schuldners wird auch mit Eröffnung des Insolvenzverfahrens nicht „uneinbringlich". Dass ab diesem Zeitpunkt keine Leistung in die vorinsolvenzliche Vermögensmasse mehr erfolgen kann, liegt allein daran, dass die Ab-

---

[3] BFH BStBl. II 2010, 55 = DStR 2005, 865.
[4] BFH BStBl. II 2012, 298= ZIP 2011, 2481, Tz. 12, wodurch die gegenteilige ältere Rechtsprechung aufgegeben wurde.
[5] BFH BStBl. II 2009, 682; vgl. *Bächer,* InsO 2009, 1634.
[6] BFH BStBl. II 2011, 996 = ZIP 2011, 782; Abschn. 17.1 XI UStR.

grenzung insoweit zeitlich erfolgt und nach dem Zeitpunkt der Eröffnung des Insolvenzverfahrens ein „vorinsolvenzliches Vermögen" nicht mehr existiert, sondern dieses in die Insolvenzmasse überführt wurde. Mit der gleichen Berechtigung könnte argumentiert werden, dass bei Forderungen, die am Jahresende noch nicht entrichtet sind, eine Änderung der Bemessungsgrundlage eintrete, weil die Forderung nicht mehr in das Vermögen bis zum Jahresende gezahlt werden könne. Auf die umsatzsteuerliche Aufteilung der Besteuerungszeiträume (hierzu → Rn. 3) abzustellen, ist formalistisch und hat mit der insolvenzrechtlichen Begründetheit der Umsatzsteuerforderung nach § 38 InsO nichts zu tun.

6   Ist die Umsatzsteuer Insolvenzforderung, weil sie vor Insolvenzeröffnung nicht entrichtet wurde (zB weil der „schwache" vorläufige Insolvenzverwalter nicht zustimmt), kann den Abnehmer eine Haftung nach § 25d UStG treffen. Es kann in diesen Fällen aber nicht generell davon ausgegangen werden, dass der Schuldner die Absicht hatte, die in der Rechnung ausgewiesene Umsatzsteuer nicht zu entrichten, und dass der Abnehmer davon Kenntnis hatte oder hätte haben müssen.[7]

7   Die Einordnung der Umsatzsteuerforderung richtet sich nach der hier vertretenen Auffassung auch dann nach dem Zeitpunkt der Ausführung der Leistung, wenn von dem Leistungsempfänger Abschlagszahlungen (Vorauszahlungen) an den Leistenden gezahlt worden sind. Erfolgt die Vereinnahmung der Vorauszahlung vor Eröffnung des Insolvenzverfahrens, ist die Umsatzsteuer hierauf nur dann Insolvenzforderung, wenn auch die entsprechende Leistung vor Eröffnung des Insolvenzverfahrens ausgeführt wird. Wird die Leistung dagegen nach Eröffnung des Insolvenzverfahrens von dem Insolvenzverwalter ausgeführt, ist die Umsatzsteuerforderung, trotz Vereinnahmung der Vorauszahlung vor Eröffnung des Insolvenzverfahrens, Masseverbindlichkeit nach § 55 InsO. Umsatzsteuer auf Vorauszahlungen auf eine vor Eröffnung des Insolvenzverfahrens erbrachte gesondert abrechenbare Leistung ist auch dann Insolvenzforderung, wenn die Vorauszahlung nach Eröffnung des Insolvenzverfahrens erbracht wird.

8   Umsatzsteuer auf unentgeltliche Wertabgabe (§ 3 Ia, IXa UStG) ist Insolvenzforderung, wenn der Schuldner vor Eröffnung des Insolvenzverfahrens die Entnahme oder Leistung vorgenommen hat. Es handelt sich entsprechend um sonstige Masseverbindlichkeiten nach § 55 I Nr. 1 InsO, wenn der Insolvenzverwalter den Tatbestand nach Eröffnung des Insolvenzverfahrens verwirklicht hat.

9   Bei der Umsatzsteuer wegen zu hohem (§ 14c I UStG) oder unrichtigen oder unberechtigten Vorsteuerausweises (§ 14c II UStG) ist maßgebend, wer die unrichtige Rechnung ausgestellt hat. Ist dies der Schuldner vor Eröffnung des Insolvenzverfahrens, liegt Insolvenzforderung nach § 38 InsO vor, ist es der Insolvenzverwalter, handelt es sich um eine sonstige Masseverbindlichkeit nach § 55 I Nr. 1 InsO.

Die Einordnung der Einfuhrumsatzsteuer, § 1 I Nr. 4 UStG, erfolgt danach, wer die Gegenstände in das Zollgebiet eingeführt hat. Die Einfuhrumsatzsteuer ist in dem Zeitpunkt begründet, in dem die Einfuhr erfolgt.

Entsprechend der Einfuhrumsatzsteuer ist die Umsatzsteuer auf den innergemeinschaftlichen Erwerb, § 1 I Nr. 5 UStG, in dem Zeitpunkt begründet, in dem der innergemeinschaftliche Erwerb stattfindet.

10   Die Geltendmachung der Umsatzsteuerforderung als Insolvenzforderung richtet sich nach den allgemeinen Regeln (vgl. § 62). War die Umsatzsteuerforderung im Zeitpunkt der Eröffnung des Insolvenzverfahrens bereits entstanden, aber noch nicht fällig, ist sie nach § 41 InsO mit einem abgezinsten Betrag zur Tabelle anzumelden. War die Umsatzsteuerforderung in einer Voranmeldung angemeldet, tritt Fälligkeit am 10. Tag nach Ablauf des Voranmeldungszeitraums ein. War die Umsatzsteuerforderung nicht ange-

---

[7] BFH BStBl. II 2008, 586; *de Werth*, ZInsO 2008, 613.

meldet worden, tritt Fälligkeit einen Monat nach Bekanntgabe des Festsetzungsbescheides ein (§ 18 IV UStG).

Die Umsatzsteuerschuld entsteht nach § 13 I Nr. 1 UStG bei der Versteuerung nach vereinbarten Entgelten mit Ablauf des Voranmeldungszeitraums, in dem die Leistung ausgeführt, bei Versteuerung nach vereinnahmten Entgelten mit Ablauf des Voranmeldungszeitraums, in dem das Entgelt vereinnahmt worden ist. Die Umsatzsteuerjahresschuld entsteht mit Ablauf des Kalenderjahres. Ist die Forderung bei Geltendmachen als Insolvenzforderung noch nicht fällig, tritt Fälligkeit nach § 41 InsO ein (→ § 62 Rn. 4). Soweit die Umsatzsteuer als Insolvenzforderung im Zeitpunkt der Eröffnung des Insolvenzverfahrens noch nicht entstanden, wohl aber begründet nach § 38 InsO war, ist sie wie eine aufschiebend bedingte Forderung nach § 191 InsO zu behandeln (→ § 62 Rn. 7). 11

Führt der Insolvenzverwalter steuerpflichtige Umsätze aus, gehört die Umsatzsteuer zu den „sonstigen Masseverbindlichkeiten" nach § 55 I Nr. 1 InsO. Der Insolvenzverwalter kann grundsätzlich umsatzsteuerpflichtige Geschäfte vornehmen, auch wenn er nicht sicher ist, die entstehende Umsatzsteuer aus der Masse entrichten zu können. Er handelt auch nicht rechtsmissbräuchlich iSd § 42 AO, wenn er für die Umsatzsteuerpflicht nach § 9 UStG optiert, auch wenn er nicht sicher ist, die durch die Option entstehende Umsatzsteuerschuld aus der Masse begleichen zu können. Er kann die Entscheidung über die Option danach treffen, ob sie für die Insolvenzmasse günstig ist oder nicht. Eine zur Haftung nach §§ 69, 34 AO führende Pflichtverletzung des Insolvenzverwalters liegt jedoch vor, wenn er in einer solchen Weise über den Bruttokaufpreis (dh inkl USt) verfügt, dass die Umsatzsteuerschuld nicht mehr aus der Insolvenzmasse beglichen werden kann.[8] 12

II. Fragen des Vorsteuerabzugs

Der Schuldner bleibt auch nach Eröffnung des Insolvenzverfahrens mit seinem zur Insolvenzmasse gehörenden Unternehmen Unternehmer. Daher kann zu Gunsten der Masse weiterhin die offen in Rechnung gestellte Vorsteuer abgezogen werden. Das gilt sowohl für vor als auch nach Eröffnung des Insolvenzverfahrens in Rechnung gestellte Vorsteuer. 13

Vorsteuer auf Leistungen, die vor Eröffnung des Insolvenzverfahrens in Rechnung gestellt wurde, mindert in erster Linie die als Insolvenzforderung anzusetzende Umsatzsteuerschuld; ein hiernach verbleibender Überschuss mindert die als Masseverbindlichkeit anzusetzende Umsatzsteuer des gleichen Veranlagungszeitraums; danach hat eine Erstattung zur Masse zu erfolgen. Diese Verrechnung der Vorsteuer mit der Umsatzsteuer hat nach Aufrechnungsgrundsätzen, §§ 94 ff. InsO (→ § 45 Rn. 116 ff.) zu erfolgen. Die Vorsteuer aus Lieferungen und Leistungen, die vor Eröffnung des Insolvenzverfahrens an den Schuldner erbracht worden sind, ist dabei vor Eröffnung des Insolvenzverfahrens begründet.[9] Das gilt auch für die Aufrechnung gegen den Vorsteuervergütungsanspruch aus der Rechnung des vorläufigen Insolvenzverwalters.[10] 14

Zu der für die Insolvenzmasse abzuziehenden Vorsteuer gehört auch die Vorsteuer auf die Vergütung des Insolvenzverwalters, soweit sie offen in Rechnung gestellt wird. Der Insolvenzverwalter unterhält ein eigenständiges Unternehmen und erbringt seine Leistungen gegenüber der Insolvenzmasse.[11] Für den Vorsteuerabzug muss der Insolvenzverwalter dem Schuldner eine Rechnung stellen. Der Beschluss des Insolvenzgerichts über die Festsetzung des Vergütungsanspruchs des Insolvenzverwalters ist keine 15

---

[8] BFH BStBl. II 2003, 337.
[9] BFH BStBl. II 2005, 195.
[10] BFH BStBl. II 2006, 183.
[11] BFH BStBl. II 1986, 579.

Rechnung iSd § 14 II 4 UStG und berechtigt daher nicht zum Vorsteuerabzug. Begründet wird dies damit, dass die Entscheidung des Insolvenzgerichts keine Abrechnung gegenüber dem Schuldner ist, sondern lediglich eine Bewilligung des Vergütungsanspruchs.[12]

16 Soweit der Insolvenzverwalter Leistungen mit Wirkung für die Masse ausführt, kann er die entstehende Umsatzsteuer offen in Rechnung stellen und dem Leistungsempfänger damit den Vorsteuerabzug ermöglichen.

17 Ist an den Schuldner vor Eröffnung des Insolvenzverfahrens eine Leistung erbracht worden, konnte er die von dem Leistenden offen in Rechnung gestellte Umsatzsteuer als Vorsteuer abziehen. Wird das Insolvenzverfahren über das Vermögen des Schuldners eröffnet, kann der Gläubiger seine Forderung (vorläufig) nicht mehr geltend machen. Umsatzsteuerrechtlich wird diese Forderung als „uneinbringlich" behandelt; → Rn. 21. Daher hat der Leistungsempfänger (Insolvenzschuldner) den Vorsteuerabzug nach § 17 UStG rückgängig zu machen.[13] Dies führt zu einer Forderung der Finanzbehörde gegen den Schuldner, über dessen Vermögen das Insolvenzverfahren eröffnet worden ist. Der Vorsteuerabzug ist nicht für den Veranlagungszeitraum zu berichtigen, in dem er vorgenommen wurde, sondern für den Veranlagungszeitraum, in dem die Forderung uneinbringlich geworden ist. Die dadurch entstehende Forderung des Finanzamts ist Insolvenzforderung, wenn der Tatbestand des Uneinbringlichwerdens spätestens mit Eröffnung des Insolvenzverfahrens verwirklicht worden ist.[14] Liegt der Zeitpunkt des Uneinbringlichwerdens nach der Eröffnung des Insolvenzverfahrens, gehört die Forderung der Finanzbehörde zu den Masseverbindlichkeiten, und zwar nach der Rechtsprechung auch dann, wenn der Umsatz, dessen Umsatzsteuer berichtigt wird, vor Eröffnung des Insolvenzverfahrens ausgeführt worden war.[15] Verfahrensrechtlich kann diese Berichtigung des Vorsteuerabzugs durch Anmeldung der entsprechenden Forderung zur Insolvenztabelle erfolgen, da Steuerbescheide ab Eröffnung des Insolvenzverfahrens nicht mehr ergehen können. Rechtsfolge ist, dass der Rechtsgrund der Vergütung der Vorsteuer wegfällt. Dies wirkt auch gegen einen Zessionar, an den der spätere Insolvenzschuldner den Vorsteuervergütungsanspruch vor Eröffnung des Insolvenzverfahrens abgetreten hat. Der Zessionar muss daher bei Uneinbringlichkeit des Anspruchs gegen den Insolvenzschuldner die Vorsteuer an das Finanzamt zurückzahlen.[16]

18 Diese Grundsätze gelten auch bei einem nicht vollständig erfüllten gegenseitigen Vertrag.[17] Der Umstand, dass der Insolvenzverwalter Erfüllung verlangen kann und dann die Gegenleistung vollständig zu erbringen hat, ändert nichts daran, dass die Forderung des Vertragspartners im Zeitpunkt der Insolvenzeröffnung nicht mehr durchsetzbar und daher uneinbringlich ist. Lehnt der Insolvenzverwalter die Erfüllung ab und werden geleistete Anzahlungen zurückgezahlt, entsteht der Anspruch aus der Vorsteuerberichtigung im Zeitpunkt der Rückzahlung der Anzahlungen.

19 Ist der Umsatz an eine Organgesellschaft erbracht worden und besteht bei Berichtigung des Vorsteuerabzugs die Organschaft noch oder endet sie gleichzeitig mit dem Uneinbringlichwerden durch Eröffnung des Insolvenzverfahrens, hat die Vorsteuerberichtigung gegenüber dem Organträger zu erfolgen.[18] Hat die Organschaft vor dem

---

[12] BFH BStBl. II 2013, 346.
[13] BFH BStBl. II 2003, 953.
[14] BFH BStBl. II 2009, 90; BFH BStBl. II 2013, 36 = DStR 2012, 2278; BFH BFH/NV 2006, 369; zum Uneinbringlichwerden vgl. Rn. 21.
[15] BFH BStBl. II 2013, 36 = DStR 2012, 2278.
[16] BFH BStBl. II 2010, 257 = DStR 2010, 161.
[17] BFH BStBl. II 2011, 992 = DStR 2010, 2623, wodurch die gegenteilige ältere Rechtsprechung aufgegeben wurde.
[18] BFH BStBl. II 2011, 988 = DStR 2010, 323.

Uneinbringlichwerden geendet, hat die Berichtigung bei der (früheren) Organgesellschaft zu erfolgen, obwohl der Organträger den Vorsteuerabzug vorgenommen hatte.[19]

Ist vor Eröffnung des Insolvenzverfahrens eine Lieferung oder sonstige Leistung an den Insolvenzschuldner erfolgt und berichtigt der Leistende nach Eröffnung des Insolvenzverfahrens den Umsatzsteuerausweis in der Rechnung, ist der Vorsteuerrückforderungsanspruch des Finanzamts Insolvenzforderung, da der ursprüngliche Vorsteuerabzug vor Eröffnung des Insolvenzverfahrens, und zwar zu Unrecht,[20] erfolgt ist; der Rückforderungsanspruch ist zwar erst nach Eröffnung des Insolvenzverfahrens durch die Berichtigung nach §§ 14c, 17 I UStG entstanden, aber vor Eröffnung des Insolvenzverfahrens begründet. **20**

Uneinbringlich im umsatzsteuerlichen Sinne ist eine Forderung, wenn sie, zumindest zeitweise, rechtlich und tatsächlich nicht mehr durchgesetzt werden kann. Die Uneinbringlichkeit in diesem Sinne tritt mit Eröffnung des Insolvenzverfahrens ein, da dann der Gläubiger die Forderung (vorläufig) nicht mehr durchsetzen kann. Dies betrifft die ganze Forderung, unabhängig von der Höhe der Insolvenzquote.[21] Mit Eröffnung des Insolvenzverfahrens ist also der Vorsteuerabzug aus allen offenen Forderungen rückgängig zu machen. Diese Forderung ist Insolvenzforderung nach § 38 InsO, da der Vorteil des Vorsteuerabzugs vor Eröffnung des Insolvenzverfahrens zur (späteren) Insolvenzmasse geflossen ist. Der Anspruch der Finanzbehörde war also bei Eröffnung des Insolvenzverfahrens bereits begründet iS des § 38 InsO.[22] Der Vorsteuerrückforderungsanspruch ist daher in voller Höhe, ohne Berücksichtigung einer Insolvenzquote, zur Insolvenztabelle anzumelden. Es handelt sich regelmäßig um eine nicht fällige, nach § 41 InsO als fällig geltende Forderung; zur Behandlung → § 62 Rn. 4. Werden später Zahlungen auf die Forderungen des Leistenden erbracht, wird der entsprechende Teil der Vorsteuer abziehbar; die Vorsteuer ist abermals nach § 17 UStG zu berichtigen. Dieser Anspruch der Masse ist vor Eröffnung des Insolvenzverfahrens begründet iS des § 38 InsO. Daher kann das Finanzamt diesen Vorsteueranspruch durch Aufrechnung mit dem Vorsteuerrückforderungsanspruch tilgen. § 96 I Nr. 1 InsO steht dieser Aufrechnung nicht entgegen, da das Finanzamt vor Eröffnung des Insolvenzverfahrens „etwas (dh den Vorsteueranspruch) zur Masse schuldig geworden" ist.[23] **21**

Kündigt der Insolvenzverwalter ein Dauerschuldverhältnis nach § 109 InsO (umsatzsteuerpflichtiger Mietvertrag, Leasingvertrag), für den das Entgelt vorausgezahlt und der Vorsteuerabzug vor Eröffnung des Insolvenzverfahrens vorgenommen worden war, ist der Vorsteuerrückforderungsanspruch der Finanzbehörde Insolvenzforderung.[24] Der Vorsteuerabzug ist vor Eröffnung des Insolvenzverfahrens erfolgt; zu diesem Zeitpunkt ist der entsprechende Rückforderungsanspruch begründet nach § 38 InsO. Das Handeln des Insolvenzverwalters ist eine Liquidationshandlung, die nicht zu Masseverbindlichkeiten nach § 55 I Nr. 1 InsO führt. Entsprechendes gilt, wenn der Vorsteuerabzug aus einer Rechnung vor Eröffnung des Insolvenzverfahrens vorgenommen wurde und diese Rechnung nach Eröffnung des Insolvenzverfahrens nach § 14c I UStG, und damit auch der Vorsteuerabzug, berichtigt wird. **22**

Hatte der Schuldner vor Eröffnung des Insolvenzverfahrens eine Sache unter Eigentumsvorbehalt gekauft, war er zum Vorsteuerabzug aus der Rechnung berechtigt. Wird **23**

---

[19] BFH, BFH/NV 2002, 1267; BFH BStBl. II 2007, 848.
[20] Vgl. BFH BStBl. II 1998, 695; BFH DStR 2005, 865.
[21] BFH BStBl. II 1987, 226; BFH BStBl. II 2000, 704; BFH BStBl. II 2003, 210; BFH BStBl. II 2011, 988 = DStR 2010, 323.
[22] BFH BStBl. II 1987, 226; BStBl. II 1998, 70; vgl. auch BGH DB 2007, 1860; FG Berlin-Brandenburg EFG 2008, 277; *Frotscher*, S. 232; *Tipke/Kruse*, AO, § 251 Rn. 81.
[23] Vgl. FG Berlin-Brandenburg EFG 2008, 518.
[24] AA BFH BStBl. II 1995, 33, wo Masseverbindlichkeiten nach § 58 Nr. 2 KO (§ 55 I Nr. 1 InsO) angenommen wurden.

die unter Eigentumsvorbehalt gelieferte Sache im Insolvenzverfahren über das Vermögen des Vorbehaltskäufers von dem Verkäufer zurückgenommen (Aussonderung nach § 47 InsO), ist der aus der Rechnung über das Vorbehaltsgut geltend gemachte Vorsteuerabzug nach § 17 II Ziff 3 UStG zum Zeitpunkt der Rücknahme rückgängig zu machen. Dieser Rückforderungsanspruch ist Insolvenzforderung nach § 38 InsO, da die Grundlage der Rückforderung in dem vor Eröffnung des Insolvenzverfahrens abgeschlossenen Vorbehaltskauf liegt.[25]

24 Ein Rückgängigmachen des Vorsteuerabzugs kann bei Insolvenz des Schuldners auch nach § 15a UStG notwendig werden. Das ist der Fall, wenn ein Wirtschaftsgut ursprünglich dazu bestimmt war, für umsatzsteuerpflichtige Umsätze zu dienen, dann die Bestimmung aber so geändert wird, dass es nunmehr mit umsatzsteuerfreien Umsätzen zusammenhängt. Dann ist nach § 15 II UStG der Vorsteuerabzug ausgeschlossen. Nach der Rechtsprechung[26] soll dieser Rückforderungsanspruch zu den sonstigen Masseverbindlichkeiten nach § 55 I Nr. 1 InsO, gehören. ME ist aber auch in diesem Fall der Rückforderungsanspruch Insolvenzforderung, da der jetzt rückgängig zu machende Vorsteuerabzug an den Erwerb des Wirtschaftsgutes anknüpft, also an einen Vorgang vor Eröffnung des Insolvenzverfahrens.[27] § 15a UStG knüpft nicht an einen selbstständigen, neuen umsatzsteuerbaren Vorgang an; es wird vielmehr die Art der Besteuerung des ursprünglichen Vorgangs (Erwerb oder Herstellung) geändert. Durch § 15a UStG wird daher kein von dem Insolvenzverwalter, sondern ein von dem Schuldner vor Eröffnung des Insolvenzverfahrens begründeter Vorgang besteuert. Der Vorsteuerrückforderungsanspruch ist daher Insolvenzforderung.

25 Ist eine Organgesellschaft Eigentümer des Wirtschaftsgutes und erfolgt die Vorsteuerberichtigung nach Ende der Organschaft, hat die Berichtigung bei der (früheren) Organgesellschaft zu erfolgen, obwohl der Vorsteuerabzug bei dem Organträger vorgenommen wurde.

III. Umsatzsteuerliche Probleme beim Werkvertrag

26 **1. Unternehmerinsolvenz.** Wird über das Vermögen eines Unternehmers, der eine Bauleistung (Bau auf einem dem Besteller gehörenden Grundstück) oder eine Werkleistung (zB Reparatur) zu erbringen hat, vor vollständiger Erstellung des Werks das Insolvenzverfahren eröffnet und lehnt der Insolvenzverwalter nach § 103 InsO die Erfüllung des Vertrages ab, liegt in diesem Zeitpunkt eine umsatzsteuerbare und pflichtige Werklieferung vor, da das unfertige Werk zu diesem Zeitpunkt in die uneingeschränkte Verfügungsmacht des Bestellers übergeht.[28] Diese Fälle sind dadurch gekennzeichnet, dass das Material bei der Verbindung mit dem dem Besteller gehörenden Grund und Boden bzw. bei Verbindung mit der dem Besteller gehörenden Hauptsache nach §§ 946 ff. BGB in das Eigentum des Bestellers übergeht. Insolvenzrechtlich erlöschen die gegenseitigen Erfüllungsansprüche; an ihre Stelle tritt ein Schadensersatzanspruch. Jedoch bleibt das Austauschverhältnis als Grundlage des Schadensersatzanspruches bestehen. Der Empfänger enthält die (Teil-)Leistung nicht unentgeltlich, sondern gegen einen Schadensersatzanspruch in Höhe der bis zu diesem Zeitpunkt angefallenen Vergütung.

---

[25] BFH BStBl. II 1987, 226; *Frotscher*, S. 238 ff.; *Beermann*, in: *Hübschmann/Hepp/Spitaler*, AO, § 251 Rn. 173.

[26] BFH BStBl. II 2011, 1000 = DStR 2011, 1128; BStBl. II 2012, 466 = DStRE 2012, 749; vgl. zu § 58 Nr. 2 KO BFH BStBl. II 1987, 527; BStBl. II 1991, 817; *Beermann*, in: *Hübschmann/Hepp/Spitaler*, AO, § 251 Rn. 174.

[27] Vgl. *Frotscher*, S. 240 ff.; im Ergebnis ist auch BFH (VII. Senat) BStBl. II 1994, 83 der hier vertretenen Ansicht gefolgt.

[28] BFH BStBl. II 1978, 483; BStBl. II 1980, 541. Zur insolvenzrechtlichen Wirkung des § 103 InsO vgl. §§ 34, 35.

Der Übergang des Eigentums ist also entgeltlich und bildet eine umsatzsteuerbare (und in der Regel auch umsatzsteuerpflichtige) Lieferung. Es handelt sich somit um steuerbaren unechten, nicht um nicht der Umsatzsteuer unterliegenden echten Schadensersatz. Soweit der insolvenzrechtliche Schadensersatzanspruch der Höhe nach über den anteiligen Vergütungsanspruch hinausgeht, liegt jedoch nicht steuerbarer „echter" Schadensersatz vor.[29]

Die Ablehnung der Erfüllung durch den Insolvenzverwalter ist keine (Rechts-)Handlung iSd § 55 I Nr. 1 InsO, sondern nur die Erklärung, dass es bei der durch Eröffnung des Insolvenzverfahrens gestalteten Rechtslage (Unerfüllbarkeit des Vertrages) verbleiben soll. Die Umsatzsteuerforderung kann mangels einer Handlung des Insolvenzverwalters daher keine Masseverbindlichkeit nach § 55 I Nr. 1 InsO sein.

Die Umsatzsteuerforderung ist somit Insolvenzforderung nach § 38 InsO, da sie mit dem Erbringen der Bau- oder sonstigen Werkleistung durch den Werkunternehmer vor Eröffnung des Insolvenzverfahrens zusammenhängt; sie ist also vor Eröffnung des Insolvenzverfahrens begründet.[30]

Wählt der Insolvenzverwalter des Werkunternehmers nach § 103 InsO Erfüllung, so beruht die Umsatzsteuerforderung auf der Fertigstellung des Werks und der Verschaffung der Verfügungsmacht hieran durch das Erfüllungsverlangen des Insolvenzverwalters. Die Umsatzsteuerforderung ist daher erst nach Eröffnung des Insolvenzverfahrens durch den Insolvenzverwalter begründet und daher sonstige Masseverbindlichkeit nach § 55 I Nr. 1 InsO.[31] Das gilt auch für die anteilige Umsatzsteuer auf diejenigen Teile des Werks, die vor Eröffnung des Insolvenzverfahrens erstellt worden sind. Die Lieferung des (ganzen) Werks ist ein einheitlicher Akt, der nach Eröffnung des Insolvenzverfahrens erfolgt. Insolvenzforderungen können nur vorliegen, soweit es sich nach dem Werkvertrag um selbstständige, gesondert vor Eröffnung des Insolvenzverfahrens abrechenbare Teilleistungen handelt. Das Erfüllungsverlangen des Insolvenzverwalters gestaltet den Werkvertrag nicht dergestalt um, dass statt des einheitlichen Werks Teilleistungen geschuldet werden. Das Entstehen von Masseverbindlichkeiten kann in diesen Fällen dadurch vermieden werden, dass der Insolvenzverwalter die Erfüllung des Werkvertrages ablehnt und einen neuen Werkvertrag über die Fertigstellung des Werks abschließt. Dann ist die Umsatzsteuer für die bis zur Eröffnung des Insolvenzverfahrens erfolgte Erstellung des Werks Insolvenzforderung, die Umsatzsteuer für die Fertigstellung des Werks ist Masseverbindlichkeit.

Handelt es sich dagegen um eine Werklieferung, die nicht Bauleistung ist, oder um die Erstellung eines Bauwerks auf einem nicht dem Besteller, sondern dem Unternehmer gehörenden Grundstück (soweit es sich dann überhaupt um einen Werkvertrag handelt), bleibt das nicht fertiggestellte Werk in der Rechtszuständigkeit des Unternehmers. Wird über das Vermögen des Unternehmers das Insolvenzverfahren eröffnet und lehnt der Insolvenzverwalter die Erfüllung ab, liegt hierin kein steuerbarer Umsatz; die Verfügungsmacht über das nicht fertiggestellte Werk geht nicht auf den Besteller über, sondern verbleibt bei dem Unternehmer. Es entsteht also auch keine Umsatzsteuer.[32]

Wählt der Insolvenzverwalter nach § 103 InsO Erfüllung, liegt in der Ablieferung des fertigen Werk ein steuerbarer Umsatz; im Insolvenzverfahren über das Vermögen des

---

[29] BFH BStBl. II 2003, 953.
[30] BFH BStBl. II 1978, 483; *Frotscher*, S. 245 f.; *Beermann*, in: *Hübschmann/Hepp/Spitaler*, AO, § 251 Rn. 169.
[31] BFH BStBl. II 2010, 138; *Frotscher*, S. 202 f. mwN; *Onusseit*, ZIP 2009, 2180.
[32] Handelt es sich nicht um einen Werkvertrag, sondern einen Kaufvertrag, und lehnt der Insolvenzverwalter die Erfüllung ab, ist die Lieferung rückgängig zu machen und eine etwaige Umsatzsteuer zu berichtigen. Entsteht eine Schadensersatzverpflichtung gegen die Masse, handelte es sich nicht um eine Gegenleistung im umsatzsteuerlichen Sinn, so dass keine Umsatzsteuer entsteht. BFH BFH/NV 2003, 1505.

Unternehmers gehört die Umsatzsteuer zu den sonstigen Masseverbindlichkeiten nach § 55 I Nr. 1 InsO.

32 **2. Bestellerinsolvenz.** Wird über das Vermögen des Bestellers das Insolvenzverfahren eröffnet, gilt grundsätzlich das Gleiche. Lehnt der Insolvenzverwalter die Erfüllung nach § 103 InsO ab, geht zu diesem Zeitpunkt die Verfügungsmacht über das unfertige Werk auf den Besteller über, der Unternehmer hat den Umsatz mit der tatsächlich erhaltenen Gegenleistung als Bemessungsgrundlage zu versteuern.[33] Tatsächlich erhaltene Gegenleistung sind die vor Eröffnung des Insolvenzverfahrens erhaltenen Anzahlungen und die Insolvenzquote, wobei jeweils die Umsatzsteuer herauszurechnen ist.

IV. Freigabe von Massegegenständen

33 Bei der Freigabe von Massegegenständen ist zwischen der echten Freigabe und der modifizierten Freigabe zu unterscheiden. Bei der echten Freigabe verliert der freigegebene Gegenstand die Eigenschaft als Massegegenstand; er wird insolvenzfreies Vermögen des Schuldners. Ein etwaiger Verwertungserlös fließt nicht zu der Masse (Freigabe der Substanz und des wirtschaftlichen Werts). Bei der modifizierten Freigabe erfolgt die Verwertung des Gegenstandes zwar durch den Schuldner, der Erlös fließt aber zu der Masse. Vgl. zu insolvenzrechtlichen Grundlagen der Freigabe → § 27 Rn. 7. Bei der echten Freigabe geht das Verwaltungs- und Verfügungsrecht über den Gegenstand wieder auf den Schuldner über. Umsatzsteuerlich handelt es sich jedoch, trotz der damit verbundenen Verschaffung der Verfügungsmacht, nicht um eine Lieferung, weil umsatzsteuerlich die Masse und das insolvenzfreie Vermögen des Schuldners eine Einheit bilden. Da der Schuldner Unternehmer bleibt, ist die Freigabe allein auch kein steuerpflichtiger Eigenverbrauch nach § 1 I Nr. 2 UStG, da der freigegebene Gegenstand den Bereich des umsatzsteuerlichen Unternehmens nicht verlässt.

34 Veräußert der Schuldner den freigegebenen Gegenstand oder überführt er ihn in das Privatvermögen, liegt hierin ein umsatzsteuerbarer und regelmäßig auch umsatzsteuerpflichtiger Vorgang (Lieferung bzw. Wertabgabe). Die Umsatzsteuer ist insolvenzfreie Forderung; sie kann gegen die Insolvenzmasse weder als Insolvenzforderung noch als Masseforderung geltend gemacht werden.[34]

Dagegen ändert die modifizierte Freigabe den umsatzsteuerlichen Status des Gegenstandes als zur Masse gehörenden Gegenstand nicht. Die Verwertung durch den Schuldner nach Eröffnung des Insolvenzverfahrens ist dem Insolvenzverwalter zuzurechnen. Die dadurch entstehende Umsatzsteuerforderung ist daher Masseverbindlichkeit nach § 55 I Nr. 1 InsO.[35]

35 Entstehen aus den modifiziert freigegebenen Vermögen Forderungen (zB Vorsteuererstattungsansprüche), gehören diese zur Insolvenzmasse; sie sind erst nach Eröffnung des Insolvenzverfahrens durch die Masse erworben. Das Finanzamt kann daher hiergegen nicht mit Insolvenzforderungen aufrechnen, § 96 I Nr. 1 InsO.[36] Zur Einordnung von Steuerforderungen aus einer unternehmerischen Tätigkeit des Schuldners außerhalb des Insolvenzverfahrens → § 60 Rn. 17.

V. Umsatzsteuer bei Absonderungsrechten

36 → § 42 Rn. 220 ff.

---

[33] BFH BStBl. II 1980, 541.
[34] AA jedoch BFH BStBl. II 2003, 208, der auch bei der Verwertung auf Grund einer echten Freigabe eine Masseverbindlichkeit nach § 55 I Nr. 1 InsO annimmt. Es liegt jedoch eine Handlung des Insolvenzschuldners vor, nicht des Insolvenzverwalters, so dass mE Masseverbindlichkeiten nicht vorliegen können.
[35] BFH BStBl. II 1987, 873.
[36] FG Rheinland-Pfalz, EFG 2007, 328.

VI. Ermittlung der Umsatzsteuerschuld

Nach dem umsatzsteuerlichen Grundsatz der Unternehmereinheit hat der Schuldner auch bei Eröffnung des Insolvenzverfahrens nur ein einheitliches Unternehmen. Daraus folgt, dass für dieses Unternehmen nur einheitlich auf die Kleinunternehmerregelung des § 19 UStG verzichtet werden kann. Das Recht zum Verzicht auf die Kleinunternehmerregelung steht für das gesamte Unternehmen, dh einheitlich für alle Unternehmensteile, des Schuldners dem Insolvenzverwalter zu.[37]

Allerdings wird dieses einheitliche Unternehmen aufgespalten in verschiedene Teil-Unternehmen, und zwar den Unternehmensteil vor Eröffnung des Insolvenzverfahrens, in den Unternehmensteil Insolvenzmasse und ggf. in einen außerinsolvenzlichen Unternehmensteil, wenn der Schuldner eine außerinsolvenzliche unternehmerische Tätigkeit aufgenommen hat.[38] Welche Unternehmensteile bestehen, richtet sich danach, welchen unterschiedlichen Verwaltungs- und Verfügungsrechten das Vermögen des Schuldners unterliegt. Die Insolvenzmasse unterliegt dem Verwaltungs- und Verfügungsrecht des Insolvenzverwalters, das Vermögen vor Eröffnung des Insolvenzverfahrens unterliegt bis zu diesem Zeitpunkt, ebenso wie das außerinsolvenzrechtliche Vermögen, demjenigen des Schuldners und Grundstücke und Zubehör unterliegen ggf. dem des Zwangsverwalters.[39] Daraus folgt, dass gegen Insolvenzverwalter, Schuldner und Zwangsverwalter jeweils gesonderte Umsatzsteuerbescheide für die jeweils ihrem Verwaltungs- und Verfügungsrecht unterliegenden Unternehmensteile zu richten.[40]

Die Umsatzsteuer ist innerhalb des jeweiligen Unternehmensteils zu ermitteln. Das bedeutet, dass Umsatzsteuer und Vorsteuern nur innerhalb desselben Unternehmensteils verrechnet werden können. Daraus können sich Steueransprüche und Vorsteuererstattungsansprüche des einzelnen Unternehmensteils ergeben, die nicht mit gegenläufigen Ansprüchen eines anderen Unternehmensteils verrechnet werden können. Dem Grundsatz der Unternehmereinheit genügt es, wenn sich saldiert die „richtige" Jahressteuerschuld ergibt. Diese Jahressteuerschuld wird durch das Abstellen auf die einzelnen Unternehmensteile entsprechend ihrer insolvenzrechtlichen Zugehörigkeit in Insolvenzforderung, Masseverbindlichkeit und insolvenzfreie Forderung aufgespalten und geltend gemacht. Innerhalb des jeweiligen Unternehmensteils ist die Umsatzsteuer für das Kalenderjahr zu berechnen, für den Zeitraum der Eröffnung des Insolvenzverfahrens entsprechend § 16 III UStG für den Zeitraum bis zur Insolvenzeröffnung und den Zeitraum von der Insolvenzeröffnung bis zum Jahresende. Die für die insolvenzrechtliche Einordnung der Umsatzsteuerschuld maßgebenden Besteuerungszeiträume sind daher nicht die Voranmeldungszeiträume, die als Vorauszahlungen gegenüber der jeweiligen Jahressteuerschuld keine selbständige Bedeutung haben. Das bedeutet, dass Insolvenzforderung und Masseforderung jeweils nur die einheitliche Jahressteuerschuld des jeweiligen Unternehmensteils ist, nicht die jeweilige Vorauszahlungsschuld. Die Ermittlung dieser jeweiligen Jahressteuerschuld des jeweiligen Unternehmensteils und die darin liegende Verrechnung von Umsatzsteuerschuld und Vorsteuer bzw. von Umsatzsteuerschuld und Vorsteuererstattungsanspruch der verschiedenen Vorauszahlungszeiträume innerhalb des jeweiligen Unternehmensteils ist keine Aufrechnung und unterliegt daher nicht den Einschränkungen der §§ 94 ff. InsO. Diese Ermittlung dieser Jahressteuerschuld des jeweiligen Unternehmensteils ist auch keine Rechtshandlung, so dass sie

---

[37] BFH BStBl. II 2013, 334.
[38] BFH BStBl. II 2011, 996 = ZIP 2011, 782, womit die gegenteilige ältere Rechtsprechung des BFH aufgegeben wurde; BFH BStBl. II 2012, 298 = ZIP 2011, 2481; Abschn. 17.1 XI UStR.
[39] Zur Zwangsversteigerung und -verwaltung vgl. auch BFH BStBl. II 2013, 131 = DStR 2012, 11.
[40] BFH BStBl. II 1988, 820; BStBl. II 1997, 552.

nicht der Insolvenzanfechtung, §§ 129 ff. InsO, unterliegt.[41] Diese Verrechnung ist auch nicht von dem Ergehen eines Steuerbescheids abhängig. Kann ein Steuerbescheid nicht mehr ergehen, weil das Insolvenzverfahren eröffnet worden ist, vollzieht sich diese Verrechnung trotzdem nach § 16 II 1 UStG kraft Gesetzes. Zur Insolvenztabelle ist daher nur der Saldo aus Umsatzsteuer und Vorsteuer anzumelden.[42]

40 Diese Grundsätze gelten entsprechend für die Zeit, für die ein starker vorläufiger Insolvenzverwalter eingesetzt worden ist. Da ihm das Verwaltungs- und Verfügungsrecht zusteht, tritt die Uneinbringlichkeit der Forderungen zu diesem Zeitpunkt ein. Gleichzeitig erfolgt die Aufspaltung des Vermögens des Schuldners in einen Vermögensteil für die Zeit bis zum Übergang der Verwaltungs- und Verfügungsbefugnis auf den starken vorläufigen Insolvenzverwalter, in einen Vermögensteil, der dieser Verwaltungs- und Verfügungsbefugnis unterliegt, sowie ggf. in einen außerhalb dieses Verwaltungs- und Verfügungsbereichs liegenden Vermögensteil des Schuldners.[43] Die Eröffnung des Insolvenzverfahrens führt nicht zusätzlich zum Uneinbringlichwerden von Verbindlichkeiten, die der starke vorläufige Insolvenzverwalter begründet hat, oder zu einer weiteren Aufspaltung des Vermögens des Schuldners.

Zur Beendigung eines Organschaftsverhältnisses → § 96 Rn. 2.

41 Vorsteuern sind grundsätzlich demjenigen Teil der Umsatzsteuerforderung zuzuordnen, zu der sie sachlich gehören. Übersteigen Vorsteuern eines Unternehmensteils die Umsatzsteuer, ist eine negative Umsatzsteuerschuld (also eine Vorsteuererstattung) festzusetzen. Das bedeutet, dass in einzelnen Teilsteuerfestsetzungen (der Insolvenzverwaltung unterliegendes Unternehmen; insolvenzfreies Unternehmen des Insolvenzschuldners) positive oder negative (Teil-)Umsatzsteuerschulden festgesetzt werden können. Wesentlich ist nur, dass die Summe der positiven und negativen (Teil-)Umsatzsteuerfestsetzungen der insgesamt für das einheitliche Unternehmen des Insolvenzschuldners entstandene Umsatzsteuer entspricht. Es ist deshalb zwischen dem Entstehen der Steuer (die nur insgesamt positiv oder negativ sein kann) und den Zahlungsansprüchen, die je nach der einzelnen Vermögensmasse positiv oder negativ sein können, zu unterscheiden.[44]

42 Für die Anrechnung der Sondervorauszahlung nach § 47 UStDV gilt die Regelung des § 48 IV UStDV. Sie ist mit der letzten Vorauszahlung des Veranlagungszeitraums zu verrechnen. Im Veranlagungszeitraum der Insolvenzeröffnung wird die Sondervorauszahlung daher regelmäßig mit einer Umsatzsteuerschuld verrechnet, die aus der Masse zu entrichten wäre, selbst wenn die Sondervorauszahlung vor Eröffnung des Insolvenzverfahrens geleistet worden ist. In zweiter Stufe ist die Sondervorauszahlung dann mit der restlichen noch nicht beglichenen Jahressteuerschuld zu verrechnen. Soweit die Jahressteuerschuld aus Insolvenzforderungen und Masseverbindlichkeiten besteht, hat dabei eine Verrechnung zuerst mit den Insolvenzforderungen zu erfolgen, wenn die Sondervorauszahlung vor Eröffnung des Insolvenzverfahrens geleistet wurde.[45] Verbleibt danach ein Überschuss an Sondervorauszahlung, ist er zur Masse zu erstatten.[46]

43 Eine vor Eröffnung des Insolvenzverfahrens geleistete Sondervorauszahlung kann dagegen nicht mit einer gegen das insolvenzfreie Vermögen des Insolvenzschuldners gerichtete Umsatzsteuerforderung verrechnet werden. Ebenso kann eine aus dem insolvenzfreien Vermögen des Insolvenzschuldners geleistete Sondervorauszahlung nicht mit einer gegen die Masse gerichtete Umsatzsteuerschuld verrechnet werden.

---

[41] Eingehend hierzu BFH BStBl. II 2012, 298 = ZIP 2011, 2481; BFH BStBl. II 2013, 33 = DStR 2012, 12.
[42] Vgl. BFH BStBl. II 2013, 33 = DStR 2012, 12.
[43] Vgl. hierzu Abschn. 17.1 XII UStR.
[44] BFH BStBl. II 2000, 639; *Onusseit*, ZIP 2002, 22.
[45] BFH BFH/NV 2005, 2005; FG Berlin EFG 2005, 327.
[46] Dazu BFH BStBl. II 2002, 705; BStBl. II 2003, 39.

Die Fristverlängerung kann bei Eröffnung des Insolvenzverfahrens nach § 46 S. 2 UStDV widerrufen werden. Die Sondervorauszahlung ist dann mit der Umsatzsteuerschuld des letzten Monats, für den noch die Fristverlängerung galt, zu verrechnen. Dies kann ein Voranmeldungszeitraum sein, der vor Eröffnung des Insolvenzverfahrens liegt; die Sondervorauszahlung wird dann mit einer Insolvenzforderung verrechnet.[47]

44

§ 125. Sonstige Steuerarten im Insolvenzverfahren

Übersicht

	Rn.
I. Gewerbesteuer	1
II. Grunderwerbsteuer	8
III. Grundsteuer	11
IV. Kraftfahrzeugsteuer	13
V. Erbschaftsteuer	17
VI. Investitionszulage	20
VII. Zölle und andere Grenzabgaben	22
VIII. Verbrauchsteuern	26

I. Gewerbesteuer

Nach § 4 II GewStDV berührt die Eröffnung des Insolvenzverfahrens über das Vermögen eines Einzelunternehmers, einer Personen- oder Kapitalgesellschaft die Gewerbesteuerpflicht nicht. Die Steuerpflicht endet nur, wenn Umstände eintreten, die auch ohne Eröffnung des Insolvenzverfahrens die Beendigung der Gewerbesteuerpflicht zur Folge hätte.

1

Bei **Einzelgewerbetreibenden** und **Personengesellschaften** endet die Gewerbesteuerpflicht, wenn der Betrieb (dh die werbende Tätigkeit) eingestellt wird. Solange der Insolvenzverwalter den Gewerbebetrieb noch weiterführt, also zB vorhandene Warenvorräte veräußert, ist die werbende Tätigkeit noch nicht eingestellt. Dagegen stellt die Versilberung der vorhandenen Vermögensgegenstände des Anlagevermögens keine werbende Tätigkeit mehr dar. Die Gewerbesteuerpflicht des Einzelgewerbetreibenden und der Personengesellschaft endet daher zu dem Zeitpunkt, in dem die werbende Tätigkeit (Produktion, Verkauf der Waren) eingestellt wird und nur noch Anlagevermögen zu veräußern ist.

2

Übt der Insolvenzverwalter überhaupt keine werbende Tätigkeit aus, sondern veräußert er lediglich Anlagevermögen, endet die Gewerbesteuerpflicht mit der Eröffnung des Insolvenzverfahrens.

3

Demgegenüber erlischt die Gewerbesteuerpflicht bei Kapitalgesellschaften und anderen gewerblich tätigen Körperschaften (wie Erwerbs- und Wirtschaftsgenossenschaften und VVaG; vgl. § 2 II GewStG) erst mit der Einstellung *jeglicher* Tätigkeit. Die Gewerbesteuerpflicht knüpft hier allein an die Rechtsform an. Solange somit in der Körperschaft noch Vermögen vorhanden ist, besteht auch Gewerbesteuerpflicht. Das gilt allerdings nicht für Vermögen, das zurückbehalten wird, um die letzte Gewerbesteuerschuld zu bezahlen; da diese erst nach Erlöschen der Gewerbesteuerpflicht festgesetzt werden kann, wird die gewerbesteuerliche Beendigung der Gesellschaft nicht dadurch gehindert, dass Vermögen zur Begleichung der Gewerbesteuerschuld zurückbehalten wird.

4

---

[47] OFD Cottbus DStZ 2003, 321.

5 Die Gewerbesteuer ist auch nach Eröffnung des Insolvenzverfahrens nach den Vorschriften des Gewerbesteuergesetzes zu ermitteln. Die Gewerbeertragssteuer ist ebenso wie die Einkommensteuer aufzuteilen, und zwar im Verhältnis der vor und nach Eröffnung des Insolvenzverfahrens erzielten Erträge (→ § 122 Rn. 15 ff.). Ist die Gewerbesteuerforderung danach Insolvenzforderung, ist sie, soweit sie entstanden, aber noch nicht festgesetzt ist, nach § 41 II InsO mit dem abgezinsten Betrag anzumelden. Soweit sie noch nicht entstanden ist, ist sie wie eine aufschiebend bedingte Forderung nach § 191 InsO zu behandeln. Dies gilt insbesondere für die Gewerbesteuer des Zeitraums, in den die Eröffnung des Insolvenzverfahrens fällt.

6 Zur Anrechnung der Vorauszahlungen auf die Jahressteuerschuld gilt ebenfalls das zur Einkommensteuer Gesagte (→ § 122 Rn. 35 ff.).

7 Die nach Eröffnung des Insolvenzverfahrens begründete Gewerbesteuer gehört zu den sonstigen Masseverbindlichkeiten nach § 55 I Nr. 1 InsO.

II. Grunderwerbsteuer

8 Die Grunderwerbsteuer für Grundstücksgeschäfte, die der Schuldner vor Eröffnung des Insolvenzverfahrens abgeschlossen hat, ist Insolvenzforderung nach § 38 InsO. Das gilt auch, wenn der Insolvenzverwalter nach § 103 InsO Erfüllung des von dem Schuldner abgeschlossenen Grundstückskaufvertrages verlangt, da die Grunderwerbsteuer durch den Vertragsschluss, und damit vor Eröffnung des Insolvenzverfahrens, nach § 38 InsO begründet ist.[1]

9 Wird die Erfüllung des Grundstücksvertrages von dem Insolvenzverwalter nach § 103 InsO abgelehnt, ist eine bereits gezahlte Grunderwerbsteuer zur Insolvenzmasse zu erstatten; entsprechendes gilt, wenn die andere Partei (Verkäufer) wegen eines Rücktrittvorbehalts in dem Grundstückkaufvertrag von dem Vertrag zurücktritt, sowie nach einer erfolgreichen Insolvenzanfechtung des Grundstücksgeschäftes nach §§ 129 ff. InsO.[2] Der Erstattungsanspruch gehört zwar zu der Insolvenzmasse, ist aber durch die vor Eröffnung des Insolvenzverfahrens erfolgte Zahlung der GrErwSt „begründet" und ermöglicht daher die Aufrechung mit Insolvenzforderungen.[3]

10 Die Grunderwerbsteuer für ein vom Insolvenzverwalter abgeschlossenes Grundstücksgeschäft gehört zu den sonstigen Masseverbindlichkeiten nach § 55 I Nr. 1 InsO.

III. Grundsteuer

11 Die Grundsteuer wird nach § 9 I GrStG nach den Verhältnissen zu Beginn des Kalenderjahres festgesetzt. Die Grundsteuer für das Kalenderjahr, in dessen Lauf die Eröffnung des Insolvenzverfahrens fällt, ist zeitanteilig als Insolvenzforderung und als Masseverbindlichkeiten geltend zu machen.[4] Die Grundsteuer bezieht sich sachlich auf das ganze Kalenderjahr; Insolvenzforderung kann daher nur der Teil sein, der auf die Zeit bis zur Eröffnung des Insolvenzverfahrens entfällt.

12 Die Grundsteuer für das Kalenderjahr, das dem der Eröffnung des Insolvenzverfahrens vorausgeht, ist Insolvenzforderung, die Grundsteuer für das Kalenderjahr, das dem der Eröffnung des Insolvenzverfahrens nachfolgt, ist Masseverbindlichkeit.

IV. Kraftfahrzeugsteuer

13 Die Kraftfahrzeugsteuer entsteht nach § 6 KfzStG zu Beginn des jeweiligen Entrichtungszeitraums, dh nach § 11 KfzStG regelmäßig des Kalenderjahrs, und wird dann

---

[1] So auch FG Brandenburg EFG 2000, 1198.
[2] BFH BStBl. II 1979, 639; II 1980, 363.
[3] BFH BStBl. II 2009, 589.
[4] *Frotscher*, S. 283 f.; aA *Tipke/Kruse*, AO, § 251 Rn. 75, die in vollem Umfang Insolvenzforderung annehmen.

gemäß § 14 I KfzStG auch fällig. Verpflichtet ist der Halter des Fahrzeugs; das ist regelmäßig derjenige, auf den das Fahrzeug zugelassen worden ist.

Die Kraftfahrzeugsteuer für ein Kraftfahrzeug, das auf den Schuldner zugelassen ist und für das er daher Halter ist, ist für die Zeit bis zur Eröffnung des Insolvenzverfahrens Insolvenzforderung. Für die Zeit ab Eröffnung des Insolvenzverfahrens handelt es sich um eine Masseverbindlichkeit nach § 55 I Nr. 1 InsO. Es hat insoweit eine Aufteilung nach Tagen zu erfolgen.[5] Maßgeblich ist, dass das Fahrzeug Teil der Insolvenzmasse ist, also dem Verwaltungs- und Verfügungsrecht des Insolvenzverwalters unterliegt.[6] Das gilt unabhängig davon, ob das Kraftfahrzeug tatsächlich nicht zur Masse gelangt ist, weil es sich nicht im Besitz des Schuldners befindet, nach § 35 I InsO aber Teil der Insolvenzmasse ist. Das gilt auch, wenn der Insolvenzverwalter keine Kenntnis von dem Fahrzeug hat.[7] Eine Freigabe führt nur dann dazu, dass die Kraftfahrzeugsteuer nicht mehr zu den Masseverbindlichkeiten gehört, wenn es sich um eine „echte" Freigabe handelt, das Fahrzeug dadurch also aus dem Insolvenzbeschlag ausscheidet. Dagegen ist die Kraftfahrzeugsteuer weiterhin Masseverbindlichkeit, wenn der Insolvenzverwalter dem Schuldner die Nutzung des Fahrzeugs für eine Tätigkeit außerhalb des Insolvenzverfahrens gestattet. Die Entscheidung des Insolvenzverwalters, ob Vermögen aus dieser Tätigkeit zur Insolvenzmasse gezogen werden soll, betrifft nur den Neuerwerb, nicht die zur Nutzung freigegebenen Massegegenstände. Gehört ein Kraftfahrzeug zum insolvenzfreien Vermögen und wird es zur Erzielung von Neuerwerb genutzt, gehört die Kraftfahrzeugsteuer auch dann nicht zu den Masseverbindlichkeiten, wenn der Insolvenzverwalter den Neuerwerb nach § 35 II InsO zur Masse zieht, da die Kraftfahrzeugsteuer nicht auf der „Tätigkeit" des Insolvenzschuldners, die zum Neuerwerb führt, beruht.[8]

Es hat eine zeitanteilige Aufteilung zu erfolgen, wenn das Insolvenzverfahren im Laufe eines Entrichtungszeitraums eröffnet wird.[9] Ist die Steuer für Zeiten nach Insolvenzeröffnung bereits bezahlt, entsteht für die Masse ein im Zeitpunkt der Eröffnung des Insolvenzverfahrens begründeter Erstattungsanspruch, gegen den das Finanzamt aufrechnen kann.

Die Kraftfahrzeugsteuerpflicht endet auch bei Eröffnung des Insolvenzverfahrens erst mit der Abmeldung des Fahrzeugs.[10]

V. Erbschaftsteuer

Hat der Schuldner vor Eröffnung des Insolvenzverfahrens Vermögen durch Erbanfall erworben, entsteht die Erbschaftsteuer nach § 9 I ErbStG mit dem Erbanfall; sie ist daher Insolvenzforderung nach § 38 InsO.

Gehört zu dem übergegangenen Vermögen inländisches Betriebsvermögen, inländisches land- und fortwirtschaftliches Vermögen oder Anteile an einer inländischen Kapitalgesellschaft von mehr als 25 %, wird die Erbschaftsteuer bei Erbanfällen bis zum 31.12.2008 durch einen Freibetrag und einen verminderten Wertansatz dieser Vermögensteile vermindert, § 13a II, III ErbStG. Jedoch entfällt diese Steuervergünstigung, wenn der Betrieb innerhalb von 5 Jahren aufgegeben bzw. das Vermögen veräußert wird, § 13a V ErbStG.

---

[5] BFH BStBl. II 2005, 309.
[6] BFH BStBl. II 2012, 149 = DStRE 2012, 120; BFH BStBl. II 2011, 944, wodurch die ältere Rechtsprechung, wonach es auf die Haltereigenschaft ankomme, aufgegeben wurde.
[7] BFH BFHE 218, 435; BFH BStBl. II 2008, 322; BFH BFH/NV 2008, 250; BFH BFH/NV 2008, 112; vgl. *Looff,* ZInsO 2008, 75; *Roth,* ZInsO 2008, 304.
[8] BFH BStBl. II 2012, 149 = DStRE 2012, 120.
[9] BFH/NV 1997, 86; BFH BStBl. II 2005, 309 = NZI 2005, 279; *Beermann,* in: *Hübschmann/Hepp/Spitaler,* AO, § 251 Rn. 38.
[10] BFH BStBl. II 2005, 309 = NZI 2005, 279; FG München EFG 2002, 53.

Für Erbanfälle ab 1.1.2009 bleiben diese Vermögensteile bei der Erbschaftsteuer unter bestimmten Voraussetzungen insgesamt (Verschonungsabschlag, § 13a I ErbStG) oder teilweise (Abzugsbetrag, § 13a II ErbStG) außer Ansatz, § 13a ErbStG 2009; zu dem begünstigen Vermögen vgl. § 13b ErbStG 2009. Beide Steuervergünstigungen entfallen, wenn der Betrieb innerhalb von 7 Jahren aufgegeben bzw. das Vermögen veräußert wird, § 13a V ErbStG.

18 Veräußerung des Betriebs bzw. der einzelnen Wirtschaftsgüter im Insolvenzverfahren oder die Verringerung der Belegschaft, sodass die für den Verschonungsabschlag erforderliche Lohnsumme unterschritten wird, führen zur Nachversteuerung und damit zur Nacherhebung der Erbschaftsteuer. Diese Erbschaftsteuer ist durch den Erbanfall begründet und daher, wenn dieser vor Eröffnung des Insolvenzverfahrens erfolgt ist, Insolvenzforderung nach § 38 InsO.[11] Eine sachliche Unbilligkeit nach §§ 163, 227 AO liegt in der Nachversteuerung nicht.[12]

19 Erfolgt der Erbanfall nach Eröffnung des Insolvenzverfahrens, ist die Erbschaftsteuer Masseforderung, wenn der Schuldner die Erbschaft annimmt (vgl. § 83 I InsO).

VI. Investitionszulage

20 Ist eine gewährte Investitionszulage zurückzufordern, weil infolge der Eröffnung des Insolvenzverfahrens das Wirtschaftsgut nicht die erforderliche Zeit dem begünstigten Zweck gewidmet bleibt, ist der Rückforderungsanspruch der Finanzbehörde Insolvenzforderung nach § 38 InsO.[13] IS des § 38 InsO begründet ist diese Forderung mit der Gewährung der Investitionszulage, und damit vor Eröffnung des Insolvenzverfahrens.

21 Der Rückforderungsanspruch ist nicht ab Eröffnung des Insolvenzverfahrens, sondern erst ab Nichteinhaltung der Verbleibensfrist (die ein rückwirkendes Ereignis darstellt) zu verzinsen (§ 6 InvZulG). Für den Zeitraum zwischen Eröffnung des Insolvenzverfahrens und Beginn des Zinslaufes hat daher eine Abzinsung nach § 41 II InsO zu erfolgen.

VII. Zölle und andere Grenzabgaben

22 Der Zollkodex (VO-EWG Nr. 2913/92 v. 12.10.1992, VSF Z 0200) enthält keine Bestimmungen für die Behandlung von Grenzabgaben im Insolvenzverfahren. Es gelten daher, mangels vorrangiger gemeinschaftsrechtlicher Vorschriften, die nationalen Regelungen.

23 Zölle und andere Grenzabgaben sind mit der Einfuhr der Waren begründet iS von § 38 InsO; die Einordnung als Insolvenzforderung nach § 38 InsO oder sonstige Masseverbindlichkeit nach § 55 I Nr. 1 InsO richtet sich also danach, ob die Einfuhr vor oder nach Eröffnung des Insolvenzverfahrens erfolgt.

24 Zu berücksichtigen ist allerdings, dass für die Zollschuld nach § 76 AO ein Absonderungsrecht nach § 51 Nr. 4 InsO an den eingeführten Waren besteht. Insolvenzforderung ist daher die Zollschuld nur insoweit, als keine abgesonderte Befriedigung erlangt werden kann. → § 42 Rn. 240.

25 Rückforderungsansprüche bezüglich Ausfuhrerstattungen usw sind begründet iS des § 38 InsO im Zeitpunkt der Gewährung der Vergünstigung. Liegt dieser Zeitpunkt vor Eröffnung des Insolvenzverfahrens, handelt es sich um Insolvenzforderungen, sonst um sonstige Masseverbindlichkeiten nach § 55 I Nr. 1 InsO.

---

[11] BFH BFH/NV 2007, 1321.
[12] BFH BStBl. II 2010, 1160.
[13] BFH BStBl. II 1978, 204; *Tipke/Kruse*, AO, § 251 Rn. 76; *Beermann* in: *Hübschmann/Hepp/Spitaler*, AO, § 251 Rn. 58.

VIII. Verbrauchsteuern

Die Einordnung der Verbrauchsteuerforderung als Insolvenzforderung nach § 38 InsO oder sonstige Masseverbindlichkeit nach § 55 I Nr. 1 InsO richtet sich danach, wann diese Forderung begründet iS des § 38 InsO ist. Dies ist wiederum davon abhängig, welcher Lebenssachverhalt der Verbrauchsteuer unterliegt. Dies gilt auch, soweit es sich um eine bedingte Verbrauchsteuer nach § 50 AO handelt. Da es sich um eine auflösende Bedingung handelt, ist sie nach § 42 InsO wie eine unbedingte Forderung zu behandeln. Der *Kaffeesteuer* unterliegt nach § 1 des KaffeeStG die Einfuhr; die Steuer ist daher im Zeitpunkt der Einfuhr der Ware begründet iS des § 38 InsO. Der *Mineralölsteuer* unterliegt die Entfernung aus einem Herstellungsbetrieb oder der Verbrauch in einem Herstellungsbetrieb zu einem nicht steuerbefreiten Zweck. Begründet nach § 38 InsO ist die Mineralölsteuer daher im Zeitpunkt des Entfernens bzw. des Verbrauchs. 26

Ist die Verbrauchsteuer danach vor Eröffnung des Insolvenzverfahrens begründet nach § 38 InsO, ist sie Insolvenzforderung; ist sie nach diesem Zeitpunkt begründet, handelt es sich um eine sonstige Masseverbindlichkeit nach § 55 I Nr. 1 InsO. Eine bedingte Verbrauchsteuerforderung ist, da sie noch nicht fällig und unverzinslich ist, nach § 41 II InsO mit einem abgezinsten Betrag zur Tabelle anzumelden. Zu berücksichtigen ist, dass für die Verbrauchsteuerschuld nach § 76 AO ein Absonderungsrecht nach § 51 Nr. 4 InsO an den belasteten Waren besteht. Insolvenzforderung ist daher die Verbrauchsteuerschuld nur insoweit, als keine abgesonderte Befriedigung erlangt werden kann. Vgl. → § 42 Rn. 240. 27

Nach § 60 EnergieStG ist die Vergütung der Mineralölsteuer bei Uneinbringlichkeit der Kaufpreisforderung davon abhängig, dass der Verkäufer seinen Kaufpreisanspruch gegen den Käufer gerichtlich geltend gemacht hat. Diese Voraussetzung ist auch zu erfüllen, wenn für das Vermögen des Käufers ein „schwacher" vorläufiger Insolvenzverwalter bestellt worden ist.[14] 28

§ 126. Die verfahrensmäßige Behandlung der Steuerforderungen

Übersicht

	Rn.
I. Insolvenzantrag der Finanzbehörde	1
II. Beteiligung von Steuerforderungen an dem Insolvenzverfahren	4
III. Durchsetzung gegenüber dem Schuldner	30
IV. Steuererstattungsansprüche	32
V. Steueransprüche nach Beendigung des Insolvenzverfahrens	42
VI. Steueransprüche bei Restschuldbefreiung	45
VII. Steueransprüche im Verbraucherinsolvenzverfahren	53

I. Insolvenzantrag der Finanzbehörde

Die Finanzbehörde hat wie jeder andere Gläubiger das Recht, nach § 14 InsO Antrag auf Eröffnung des Insolvenzverfahrens zu stellen.[1] Der Antrag ist kein Verwaltungsakt, da er selbst keine unmittelbaren Rechtswirkungen entfaltet. Er setzt zwar das insolvenzrechtliche Verfahren in Gang, dies tut aber auch der Antrag eines privatrechtlichen Gläubigers, so dass es sich hier nicht um spezifische, nur einem öffentlich-rechtlichen 1

---

[14] BFH BFH/NV 2003, 84; BFH BFH/NV 2006, 1159; BFH BFH/NV 208, 621; kritisch *Kahlert*, ZIP 2008, 1363.
[1] Zum Inhalt des Insolvenzantrags vgl. § 9.

Akt beigelegte Rechtswirkungen handelt. Die unmittelbaren Rechtswirkungen treten vielmehr erst auf Grund der von dem Insolvenzgericht ergriffenen Maßnahmen ein.[2] Rechtsschutz wird daher durch Leistungsklage nach § 40 I FGO (Klage auf Unterlassen bzw. Rücknahme des Insolvenzantrags) gewährt, für die das FG zuständig ist.[3] Diese Klage ist zulässig bis zur Eröffnung des Insolvenzverfahrens, da die Finanzbehörde nur bis zu diesem Zeitpunkt in der Lage ist, den Antrag zurückzunehmen. Ein finanzgerichtlicher Rechtsschutz ist neben dem insolvenzrechtlichen Prüfungsverfahren notwendig, da nur durch das Finanzgericht die Ermessensausübung des Finanzamts nachgeprüft werden kann.[4] Ab Eröffnung des Insolvenzverfahrens ist der Rechtsstreit erledigt. Der Schuldner kann die Klage jedoch bei Bestehen eines rechtlichen Interesses in eine Fortsetzungsfeststellungsklage umstellen.[5] Mittel des vorläufigen Rechtsschutzes ist die einstweilige Anordnung nach § 114 FGO, nicht Aussetzung der Vollziehung nach § 361 AO[6]; Auch dieses Verfahren ist mit Eröffnung des Insolvenzverfahrens erledigt.[7]

2 Die Stellung des Insolvenzantrages steht im Ermessen der Finanzbehörde. Die Finanzbehörde muss das Interesse der Einziehung der Steuern abwägen gegen den Schaden, der dem Schuldner durch die mögliche Vernichtung der wirtschaftlichen Existenz zugefügt wird.[8] Besonders zu berücksichtigen ist, wenn die Eröffnung des Insolvenzverfahrens berufsrechtliche Folgen für den Schuldner nach sich zieht (zB bei Rechtsanwälten), berufsrechtliche Folgen machen den Insolvenzantrag aber nicht schlechthin unzulässig.[9] Ein Insolvenzantrag wird danach nur zulässig sein, wenn nicht unerhebliche Steuerforderungen bestehen und keine realistische Möglichkeit besteht, dass der Schuldner die Forderungen in absehbarer Zeit abträgt. Die Finanzverwaltung muss entsprechend des Grundsatzes der Verhältnismäßigkeit ernstlich die Beitreibung der Rückstände versucht haben.[10] Das Verfahren über eine eidesstattliche Versicherung ist aber nicht vorrangig.[11] Andererseits brauchen Ratenzahlungsvereinbarungen nicht formell gekündigt zu werden, wenn der Schuldner mit den Raten in Rückstand ist und das Finanzamt bereits Einstellung der Vollstreckung nach § 258 AO und Herabsetzung der Raten abgelehnt hat.[12] Ermessensfehlerhaft ist ein Antrag auf Eröffnung des Insolvenzverfahrens auch dann, wenn dem Finanzamt von vornherein bekannt ist, dass keine die Kosten deckende Masse vorhanden ist, da der Antrag dann nur auf die Vernichtung der wirtschaftlichen Existenz des Schuldners gerichtet wäre.[13]

Ermessensfehlerhaft ist die Benutzung eines Insolvenzeröffnungsantrags, um Druck auf den Schuldner auszuüben.[14]

3 Die Finanzbehörde muss das Bestehen der Steuerforderungen glaubhaft machen. Dazu sind dem Antrag die Steueranmeldungen bzw. Steuerbescheide beizufügen. Eine Liste der

---

[2] Vgl. BSG NJW 1978, 318; BFH BFH/NV 1990, 710; *Frotscher,* S. 292; *Tipke/Kruse,* AO, § 251 Rn. 18.
[3] BFH BFH/NV 2011, 2104; BFH BFH/NV 2011, 2105; FG Saarland EFG 2004, 759; FG Berlin EFG 2005, 11; FG Sachsen-Anhalt, EFG 2013, 1782.
[4] A. A. *Fu,* DStR 2010, 1411.
[5] BFH BFH/NV 2010, 1122.
[6] FG Bremen EFG 1999, 1245; FG Münster EFG 2000, 634; FG Köln EFG 2009, 870.
[7] BFH BFH/NV 2011, 1071.
[8] Vgl. hierzu BFH BFH/NV 1991, 787; BFH BFH/NV 2007, 1270; FG Köln EFG 2005, 372; LG Hildesheim ZIP 2008, 325, wonach zuerst über einen nicht aussichtslosen Erlassantrag zu entscheiden ist; *Frotscher,* S. 294 ff.
[9] FG Saarland EFG 2004, 1021.
[10] FG Berlin EFG 2005, 11; FG Köln EFG 2008, 870.
[11] BFH BFH/NV 2006, 900; BFH BFH/NV 2007, 1270.
[12] BFH BFH/NV 2011, 763.
[13] BFH BFH/NV 2004, 464; BFH BFH/NV 2006, 900; BFH BFH/NV 2011, 763.
[14] BFH BFH/NV 2005, 1002.

Rückstände reicht nicht aus.[15] Eine Vorlage der Steuerbescheide kann ausnahmsweise entbehrlich sein, wenn die ausstehenden Steuern genau beschrieben werden und der Steuerpflichtige die Rückstände anerkennt. Ein Insolvenzantrag kann auch gestellt werden, wenn die Steuerforderung noch nicht bestandskräftig ist, nicht jedoch, wenn ernstliche Zweifel bestehen.[16] Das ist der Fall, wenn der Steuerpflichtige Einspruch gegen die Steuerfestsetzung eingelegt und substantiiert Einwendungen vorgebracht hat. Unsubstantiiertes Vorbringen des Schuldners genügt jedoch nicht.[17] Entsprechendes gilt, wenn der Steuerpflichtige einen nicht aussichtslosen Erlassantrag gestellt hat.

II. Beteiligung von Steuerforderungen an dem Insolvenzverfahren

1. Insolvenzforderungen. Für die Durchsetzung von Steuerforderungen, die Insolvenzforderungen sind, gelten die allgemeinen insolvenzrechtlichen Regeln (vgl. § 87 InsO, § 251 II 1 AO). Das gilt nach § 1 II Nr. 5 AO auch für die Realsteuern und auf Grund der Verweisungen auf die AO in den Kommunalsteuergesetzen der Länder für die übrigen Kommunalsteuern.[18]

Eine Befriedigung, die der Steuergläubiger vor Eröffnung des Insolvenzverfahrens erlangt, kann wie die Befriedigung privatrechtlicher Forderungen nach §§ 129 ff. InsO anfechtbar sein.[19] Dies gilt auch für die Pfändung zur Befriedigung fälliger Lohnsteueransprüche während der in § 131 I InsO genannten Zeitspanne.

Steuerforderungen müssen wie privatrechtliche Insolvenzforderungen nach § 174 I InsO durch Anmeldung zur Tabelle geltend gemacht werden. Ein Steuerbescheid kann nicht mehr ergehen.[20] Ebenso ist ein Haftungsbescheid über Insolvenzforderungen gegen den Insolvenzschuldner unzulässig.[21]

Die Steuerfestsetzungsverfahren werden mit Eröffnung des Insolvenzverfahrens unterbrochen;[22] Steuerbescheide über Steuerforderungen, die Insolvenzforderungen sind, können ab diesem Zeitpunkt nicht mehr ergehen. Dennoch ergangene Bescheide sind unwirksam. Entsprechendes gilt auch für Bescheide über Steuererstattungen.[23]

Das gilt auch für Feststellungsbescheide und Messbescheide, die für Steuerforderungen, die Insolvenzforderungen sind, bindend sind, da mit Eröffnung des Insolvenzverfahrens die Insolvenzmasse bindende Entscheidungen nur noch im insolvenzrechtlichen Verfahren ergehen können (vgl. § 87 InsO).[24] Dies ist unabhängig davon, welche Auswirkungen die Bescheide im konkreten Insolvenzverfahren haben. Dies gilt auch für Einheitswert- und Grundsteuermessbescheide;[25] wenn die Finanzbehörde eine „dingliche" Wirkung gegenüber Erwerbern des Grundstücks erlangen will, muss sie die Bescheide gegen den Erwerber erlassen, nicht gegen die Insolvenzmasse.

Ist das Insolvenzverfahren gegen das Vermögen einer Personengesellschaft eröffnet worden, können Gewinnfeststellungsbescheide gegen die Gesellschafter ergehen, wenn

---

[15] BGH Beilage BFH/NV 2006, 193; BGH Beilage BFH/NV 2007, 125; BGH BFH/NV 2011, 1998; BGH DB 2012, 572.
[16] Vgl. BFH BFH/NV 2004, 464, BFH BFH/NV 2005, 1002.
[17] BGH BFH/NV 2010, 591.
[18] *Rhein/Matthias,* ZKF 2009, 265.
[19] BGH DStR 2003, 521; vgl. *Brete/Thomsen,* GmbHR 2008, 912.
[20] BFH BStBl. II 2012, 256, Tz. 19.
[21] BFH BFH/NV 2013, 82.
[22] Vgl. BFH BFHE 183, 365; BMF BStBl. I 1998, 1500. Nicht unterbrochen werden nicht vermögensrechtliche Verfahren, wie ein Steuerstrafverfahren; diese werden gegen den Insolvenzschuldner persönlich fortgesetzt.
[23] Sächs FG EFG 2008, 99.
[24] BFH BFHE 183, 365, wodurch die gegenteilige ältere Rechtsprechung aufgegeben wurde; BFH BStBl. II 2003, 630; BFH BStBl. II 2005, 246; FG Düsseldorf EFG 2001, 61.
[25] AA FG Brandenburg, EFG 2007, 708 wegen der „dinglichen" Wirkung dieser Bescheide gegenüber Erwerbern.

und soweit kein Insolvenzverfahren gegen sie eröffnet worden ist. Das Feststellungsverfahren wird durch die Eröffnung des Insolvenzverfahrens über die Personengesellschaft nicht unterbrochen. Für das Verfahren über die Feststellungsbescheide wird die Personengesellschaft von den für eine insolvenzfreie Abwicklung der Gesellschaft vorgesehenen Liquidatoren vertreten.[26] Das gilt auch, wenn Liquidator eine Kapitalgesellschaft ist (zB bei einer GmbH & Co KG), über die ebenfalls das Insolvenzverfahren eröffnet worden ist. Die Aufgaben des Liquidators der Personengesellschaft sind dann von dem Insolvenzverwalter der Kapitalgesellschaft wahrzunehmen.

In diesen Fällen sind die Bescheide den Gesellschaftern bekannt zugeben, wenn keine Bekanntgabevollmacht erteilt worden ist; § 183 I 2 AO gilt wegen der Eröffnung des Insolvenzverfahrens nicht mehr; vgl. § 183 II AO.

9   Eine Unterbrechung der Verfahren tritt auch dann ein, wenn die Verwaltungs- und Verfügungsbefugnis auf einen vorläufigen Insolvenzverwalter übergeht, nicht aber, wenn dem vorläufigen Insolvenzverwalter, ohne allgemein verwaltungs- und verfügungsberechtigt zu sein, ein Zustimmungsvorbehalt für Handlungen des Schuldners zusteht.[27]

10   Rechtsbehelfs- und Rechtsmittelverfahren, mit Ausnahme der Verfahren über die gesonderten Feststellungen, werden ebenfalls unterbrochen, § 4 InsO iVm § 240 ZPO.[28] Einsprüche können nicht mehr eingelegt, Klagen nicht mehr erhoben werden. Die Unterbrechung des Verfahrens gilt auch für Nebenverfahren, wie das Verfahren über die Aussetzung der Vollziehung[29] und das Beschwerdeverfahren.[30] Die Unterbrechung dauert an, bis das Insolvenzverfahren formell beendet ist. Ab Eröffnung des Insolvenzverfahrens können auch keine Kostenentscheidungen mehr ergehen. Das FG muss die bis zur Unterbrechung entstandene Kosten als Insolvenzforderung anmelden.[31]

11   Mit der Eröffnung des Insolvenzverfahrens können Steuerforderungen, die Insolvenzforderungen sind, nicht mehr vollstreckt werden (vgl. § 89 I InsO).[32] Pfändungspfandrechte, die innerhalb eines Monats vor dem Insolvenzantrag entstanden sind, werden nach § 88 InsO unwirksam. Bei einer Pfändung künftiger Forderungen entsteht das Pfändungspfandrecht in diesem Sinne mit der (späteren) Entstehung der Forderung, nicht mit der Zustellung der Pfändungsverfügung an den Drittschuldner.[33]

12   Steuerforderungen, die Insolvenzforderungen sind, sind zur Insolvenztabelle anzumelden. Die Anmeldung zur Tabelle hat üblicherweise den Inhalt eines Steuerbescheids; es handelt sich aber nicht um einen Steuerbescheid, sondern um eine schlichte Berechnung der Steuerforderung. In der Anmeldung müssen die Steueransprüche so konkretisiert sein, dass feststeht, welche Forderungen angemeldet worden sind. Bei laufend veranlagten Steuern genügt dazu die Angabe von Steuerart, Jahr und Zeitraum.[34] Bei der Umsatzsteuer genügt die Anmeldung der Jahressteuer; die Steuerschuld des jeweiligen Voranmeldungszeitraums hat nur Vorauszahlungscharakter und hat gegenüber der Jahressteuerschuld keine eigenständige Bedeutung.[35] Bei einmaligen Steuern (wie Grunderwerbsteuer, Erbschaftsteuer) muss der Besteuerungsvorgang so genau beschrieben sein, dass er zweifelsfrei identifiziert werden kann. Außerdem müssen nach § 174 II InsO die Tatsachen angegeben werden, aus denen sich nach Einschätzung der

---

[26] BFH BStBl. II 1979, 780; BFH BStBl. II 2005, 246; BFH BStBl. II 2009, 772.
[27] BFH BFH/NV 2003, 645; BFH BFH/NV 2008, 1497.
[28] § 155 FGO iVm § 240 ZPO. Vgl. BFH BStBl. II 1970, 665; BStBl. II 1974, 208; BStBl. II 1976, 506; BStBl. II 1978, 165; BStBl. II 1978, 472; *Jäger*, DStR 2008, 1272.
[29] BFH BFH/NV 2012, 2013.
[30] BFH BStBl. II 2003, 667.
[31] BFH BFH/NV 2012, 1638; BFH BStBl. II 2013, 585 = DStR 2013, 10.
[32] Vgl. Sächs FG EFG 2007, 1308.
[33] BFH BStBl. II 2005, 543 = NZI 2005, 569.
[34] BFH BStBl. II 1988, 124; BStBl. II 2012, 256, Tz. 21.
[35] BFH BStBl. II 2012, 298 = DStRE 2012, 233, Tz. 15.

Finanzbehörde ergibt, dass die Steuerforderung auf einer Steuerstraftat nach §§ 370, 373 oder 374 AO beruht.

Diese Steuerberechnung ist weder der Bestandskraft fähig, noch kann sie mit dem Einspruch nach der AO angegriffen werden. An die Stelle der abgabenrechtlichen Rechtsbehelfe tritt das Bestreiten nach der InsO.

Dieses Anmeldeverfahren ist durchzuführen ohne Rücksicht darauf, ob ein (bestandskräftiger) Steuerbescheid vorliegt oder nicht.

Wird die Anmeldung nicht bestritten, gilt die Feststellung zur Tabelle nach § 178 III InsO wie ein rechtskräftiges Urteil. Insolvenzverwalter und andere Gläubiger können dann keine Einwendungen mehr gegen die angemeldete Forderung vorbringen. Der BFH[36] wendet auf Steuerforderungen diese Vorschrift jedoch nicht an. Er sieht einen Unterschied zu zivilrechtlichen Forderungen darin, dass diese üblicherweise durch Klage und der Rechtskraft fähiges Urteil geltend gemacht werden; der unbestrittene Eintrag in die Insolvenztabelle habe dann die gleiche Wirkung. Steuerforderungen werden aber im Insolvenzverfahren durch Feststellungsbescheid nach § 251 III AO geltend gemacht. Dieser Bescheid sei nur eingeschränkt der Rechtskraft fähig. Die Eintragung in die Tabelle könne daher auch nur diese eingeschränkte Wirkung haben. ME ist dem nicht zu folgen. Wenn schon auf den Vergleich mit § 251 III AO abgestellt wird, muss auch berücksichtigt werden, dass sich daran ein finanzgerichtliches Verfahren anschließen kann, und ein in diesem Verfahren erlassenes Urteil Rechtskraftwirkung entfaltet. Es muss auch im Insolvenzverfahren möglich sein, eine rechtskräftige Entscheidung über die Steuerforderung zu erzielen; dem dient § 178 III InsO. Es besteht daher kein Grund, die Feststellungswirkung der Tabelle für Steuerforderungen zu verringern.

Wird mit dem BFH aaO der Feststellung zur Tabelle nur eine einem Bescheid nach § 251 III AO entsprechende Bestandskraft zuerkannt, kann die Anmeldung der Steuerforderung ebenso wie ein Bescheid nach § 251 III AO nach § 130 AO geändert werden. Die Änderung liegt im Ermessen der Finanzbehörde. Dabei hat die Finanzbehörde zwischen den Prinzipien der Gesetzmäßigkeit der Verwaltung und der Gerechtigkeit im Einzelfall und denen des Rechtsfriedens und der Rechtssicherheit abzuwägen. Dabei ist die Schwere des in der unrichtigen Anmeldung liegenden Rechtsverstoßes zu berücksichtigen sowie, aus welchen Gründen die Forderung ohne Widerspruch zur Tabelle festgestellt wurde. Es ist i. d. R. nicht ermessensfehlerhaft, wenn die Finanzbehörde eine Änderung ablehnt, wenn die Änderungsgründe durch Widerspruch hätten geltend gemacht werden können.[37]

War vor Eröffnung des Insolvenzverfahrens noch kein Steuerbescheid ergangen und wird der Anmeldung der Steuerforderung als Insolvenzforderung zur Tabelle von dem Insolvenzverwalter oder einem Gläubiger widersprochen, ist das Bestehen der Steuerforderung und ihre Fälligkeit durch Bescheid nach § 251 III AO festzustellen. Zum Widerspruch des Schuldners → Rn. 30.

Festgestellt werden können nur diejenigen Steuerforderungen, die auch angemeldet worden sind; eine Auswechselung der Steuerforderungen ist nicht möglich.[38] Über jede Steuerforderung ergeht ein eigenständiger Feststellungsbescheid. Auf diesen Feststellungsbescheid sind die Vorschriften über die Steuerfestsetzung, §§ 155 ff. AO, nicht anwendbar, sondern die allgemeinen Regeln der §§ 118 ff. AO. Adressat und Empfänger des Feststellungsbescheids ist nach § 179 I InsO der Widersprechende. Der Erlass des Feststellungsbescheides liegt nicht im Ermessen der Finanzbehörde; er hat auch unabhängig davon zu erfolgen, ob und in welcher Höhe eine Quote zu erwarten ist.[39]

---

[36] BFH BStBl. 2012, 298 = DStRE 2012, 233, Tz. 41 ff.; BFH BFH/NV 2012, 711.
[37] Hierzu eingehend BFH BStBl. 2012, 298 = DStRE 2012, 233, Tz. 41 ff.
[38] BFH BStBl. II 1984, 545; BStBl. II 1987, 471; BStBl. II 1988, 199; BStBl. II 2012, 256, Tz. 20.
[39] FG Brandenburg EFG 1999, 593.

Rechtsbehelf ist nach § 347 I AO der Einspruch, danach ist der Finanzrechtsweg gegeben. Für die Änderung des Feststellungsbescheids gelten §§ 130, 131 AO, nicht §§ 172 ff. AO.[40] Die Rücknahme des Feststellungsbescheids liegt im Ermessen der Finanzbehörde.[41]

18 Ist die Feststellung nach § 251 III AO von einem Feststellungsbescheid nach §§ 179 ff. AO abhängig (zB Feststellung der Einkommensteuerforderung von einer vorherigen Feststellung des Gewinns), ist im Falle des Bestreitens auch das (vorrangige) Feststellungsverfahren nach §§ 179 ff. AO durchzuführen. Entsprechendes gilt für Realsteuern; hier ist vorrangig das Messbetragsverfahren durchzuführen.[42]

19 Nach bestandskräftigem Abschluss des Feststellungsverfahrens nach § 251 III AO hat ein entsprechender Eintrag durch das Insolvenzgericht nach § 183 Abs. 2 InsO in die Tabelle zu erfolgen; zu einer Steuerfestsetzung nach § 155 AO kommt es nicht mehr.

20 War vor Eröffnung des Insolvenzverfahrens bereits ein Steuerbescheid über die bestrittene Steuerforderung oder ein Feststellungsbescheid über eine Besteuerungsgrundlage ergangen, auf der die bestrittene Steuerforderung beruht, handelt es sich um eine „titulierte Forderung" iSd § 179 II InsO. In diesem Fall hat der Widersprechende den Widerspruch zu verfolgen. Dazu ist die Berechtigung des Widerspruchs durch Fortsetzung des unterbrochenen Rechtsbehelfs- oder Rechtsmittelverfahrens zu klären,[43] nicht durch einen Feststellungsbescheid nach § 251 III AO. Da bereits ein Steuerbescheid vorliegt, hätte der erneute Erlass eines Bescheides (Feststellungsbescheid) keine zusätzlichen Rechtswirkungen.[44] Im Einspruchsverfahren kann keine Verböserung erfolgen, weil dies einer erstmaligen Festsetzung der Steuer durch die Einspruchsentscheidung bedeuten würde. Das ist nach Eröffnung des Insolvenzverfahrens nicht möglich. Stattdessen ist der zusätzliche Steuerbetrag zur Tabelle anzumelden.[45] Erforderlichenfalls kann das Einspruchsverfahren in das Feststellungsverfahren nach § 251 III AO überführt werden.[46]

21 Entsprechendes gilt, wenn der Insolvenzschuldner Haftender ist und vor Eröffnung des Insolvenzverfahrens bereits ein Haftungsbescheid ergangen ist.[47]

22 War vor Eröffnung des Insolvenzverfahrens die Rechtsbehelfsfrist noch nicht abgelaufen, ist der Lauf dieser Frist durch die Eröffnung des Insolvenzverfahrens unterbrochen worden. Der Rechtsbehelf kann dann nach Eröffnung des Insolvenzverfahrens zur Klärung des Widerspruchs von dem Widersprechenden eingelegt werden;[48] eine Frist hierfür besteht nicht. War vor Eröffnung des Insolvenzverfahrens bereits Einspruch eingelegt worden, hat der Widersprechende das unterbrochene Rechtsbehelfsverfahren zur Klärung des Widerspruchs aufzunehmen und in dem Stand fortzuführen, in dem es sich bei Eröffnung des Insolvenzverfahrens befand;[49] Gleiches gilt für ein unterbrochenes gerichtliches Verfahren. Das ursprüngliche Verfahren über die Anfechtung des Steuerbescheids wandelt sich um in ein Insolvenzfeststellungsverfahren, mit dem das Finanzamt die Feststellung der Forderung zur Insolvenztabelle begehrt.[50] Der Schuldner ist an

---

[40] FG Rheinland-Pfalz EFG 2008, 918.
[41] BFH BFH/NV 2014, 598.
[42] BFH v. 24.8.2004, BFHE 207, 10; aA VGH Kassel NJW 1987, 971.
[43] BFH BStBl. II 1978, 472; BFH BStBl. II 2005, 591 = ZInsO 2005, 810; BFH BFH/NV 2013, 1451; vgl. auch *Gundlach/Frenzel/Schmidt* DStR 2002, 406.
[44] BFH BStBl. II 2005, 591 = ZInsO 2005, 810; BFH BStBl. II 2010, 562, Tz. 12.
[45] BMF BStBl. I 2013, 118, Tz. 5.3.1.2.2.
[46] Vgl. BFH BFH/NV 2013, 773.
[47] BFH BStBl. II 2006, 573.
[48] BFH BStBl. II 1997, 464.
[49] Vgl. § 85 InsO; BFH BFH/NV 2004, 642.
[50] BFH BStBl. II 2008, 790.

dem Gerichtsverfahren nicht beteiligt, auch nicht als Beigeladener.[51] Er hat dementsprechend auch kein eigenes Recht auf Einsichtnahme in die Gerichtsakten.[52]

War der Steuerbescheid vor Eröffnung des Insolvenzverfahrens bestandskräftig geworden, kann der Widersprechende nur in dem gleichen Rahmen gegen den Bescheid vorgehen, wie dies auch der Schuldner ohne Eröffnung des Insolvenzverfahrens gekonnt hätte, dh nach §§ 164, 165, 172 ff. AO oder durch einen Antrag auf Wiedereinsetzung in den vorigen Stand nach § 110 AO.[53] Weitergehend lässt der BFH[54] es zu, dass das Finanzamt einen Feststellungsbescheid nach § 251 III AO erlässt, um die Berechtigung des Widerspruchs zu klären. M. E. verstößt dies gegen § 179 II InsO; ein erneuter Bescheid mit erneutem Rechtsbehelfsverfahren erzeugt keine zusätzlichen Wirkungen. 23

2. Masseverbindlichkeiten. Soweit Steuerforderungen Masseverbindlichkeiten nach § 55 I Nr. 1 InsO sind, gelten für sie nicht die insolvenzrechtlichen Einschränkungen für Insolvenzforderungen. Sie sind daher durch Steuerbescheid gegen den Insolvenzverwalter in seiner Eigenschaft als Verwalter der Masse festzusetzen.[55] Das Vollstreckungsverbot des § 89 InsO gilt nur für Insolvenzforderungen, nicht für Masseverbindlichkeiten. Allerdings gilt das Vollstreckungsverbot nach § 90 I InsO für die Dauer von 6 Monaten seit Eröffnung des Insolvenzverfahrens; die Steuerforderung als Masseverbindlichkeit fällt unter keinen der Ausnahmetatbestände des § 90 II InsO, für die dieses Vollstreckungsverbot nicht gilt. 24

Mit Beendigung des Insolvenzverfahrens kann der Insolvenzverwalter ein Einspruchs- oder Klageverfahren gegen einen Steuerbescheid über Massekosten nicht fortsetzen. Das Verfahren wird unterbrochen, bis es von dem Schuldner aufgenommen wird.[56] 25

Reicht die Masse nicht zur Befriedigung der Masseverbindlichkeiten aus, greift die Befriedigungsreihenfolge des § 209 I InsO ein. Dabei ist zwischen Masseverbindlichkeiten, die vor Anzeige der Masseunzulänglichkeit begründet sind, und solchen, die nach diesem Zeitpunkt begründet wurden, zu unterscheiden. 26

Steuerforderungen, die nach der Anzeige der Masseunzulänglichkeit begründet sind, gehören nicht zu den Kosten des Verfahrens im Rang des § 209 I Nr. 1 InsO; sie können aber zu dem Rang nach § 209 I Nr. 2 InsO gehören (zur Begründung von Steuerforderungen → § 62 Rn. 1). Diese Masseverbindlichkeiten können weiterhin durch Steuerbescheid festgesetzt werden, das Vollstreckungsverbot des § 210 InsO gilt für sie nicht. 27

Steuerforderungen, die Masseverbindlichkeiten sind, aber vor der Anzeige der Masseunzulänglichkeit begründet sind, gehören zu dem Rang nach § 209 I Nr. 3 InsO. Diese „übrigen" Masseverbindlichkeiten können weiterhin durch Steuerbescheid festgesetzt werden, jedoch entfallen bestehende Vollstreckungsmöglichkeiten nach § 210 InsO.[57] Eine trotzdem durch Vollstreckung erhaltene Befriedigung der Steueransprüche ist an die Masse zurückzugewähren. 28

Eine Aufrechnung durch den Massegläubiger ist nur möglich, wenn sowohl Forderung als auch Gegenforderung jeweils vor oder jeweils nach dem Zeitpunkt der Anzeige der Masseunzulänglichkeit begründet wurden; es gelten die Aufrechnungsverbote des § 96 InsO entsprechend.[58] 29

---

[51] BFH BFH/NV 2009, 1449; BFH BFH/NV 2009, 1149.
[52] BFH BFH/NV 2010, 56.
[53] BFH BStBl. II 1976, 506.
[54] BStBl. II 2010, 562.
[55] BStBl. II 2012, 256, Tz. 18.
[56] BFH BFH/NV 2012, 10.
[57] BFH BStBl. II 1996, 511; BFH BStBl. II 2001, 525; BFH BStBl. II 2008, 322.
[58] Vgl. § 45 Rn. 114 ff.; Uhlenbruck/Hirte/Vallender/*Ries* § 208 Rn. 22.

III. Durchsetzung gegenüber dem Schuldner

30 Eine Fortsetzung der steuerlichen Verfahren gegen den Schuldner hinsichtlich der Insolvenzforderungen ist nur möglich, wenn der Schuldner der Anmeldung zur Tabelle widerspricht. Wirkungen für das Insolvenzverfahren hat dieser Widerspruch nicht, insbesondere erfolgt keine Feststellung des Steueranspruchs gegenüber dem Insolvenzverwalter, wenn dieser nicht widersprochen hat. Der Schuldner kann ein unterbrochenes Gerichtsverfahren nicht nach § 85 II InsO aufnehmen, da bei Steuerforderungen ein Passivprozess, kein Aktivprozesse gegeben ist.[59] Der Widerspruch hat nur die Wirkung, dass aus der Tabelle keine Vollstreckung gegen den Schuldner erfolgen kann, § 201 II 1 InsO. Um diese Wirkungen des Widerspruchs zu beseitigen, kann der Steuergläubiger noch während des Insolvenzverfahrens die Feststellung der Steuerforderung nach § 251 III AO gegenüber dem Schuldner betreiben.[60] Lag bei Eröffnung des Insolvenzverfahrens bereits ein Steuerbescheid vor, bildet dieser einen vollstreckbaren Schuldtitel.[61] Gemäß § 184 II InsO hat daher der Schuldner binnen eines Monats nach dem Bestreiten den Widerspruch durch Aufnahme des Verwaltungs- oder Gerichtsverfahrens zu verfolgen. Tut er dies nicht, gilt sein Widerspruch als nicht erhoben; nach Beendigung des Insolvenzverfahrens kann die Vollstreckung aus dem Tabelleneintrag erfolgen (→ Rn. 43).

31 Steuerforderungen, die insolvenzfreie Forderungen sind, können ohne insolvenzrechtliche Einschränkungen gegen den Schuldner geltend gemacht werden.

IV. Steuererstattungsansprüche

32 „Begründet" sind Steuererstattungsansprüche in dem Zeitpunkt, in dem die Steuer, die später zu erstatten ist, gezahlt worden ist. In diesem Zeitpunkt ist der Rechtsgrund für die spätere Erstattung gelegt.[62] Steuererstattungsansprüche, die erst nach Aufhebung des Insolvenzverfahrens entstanden, aber vor diesem Zeitpunkt begründet sind, unterliegen dem Insolvenzbeschlag, wenn eine Nachtragsverteilung angeordnet oder vorbehalten worden ist. Für diese Ansprüche gelten weiterhin die Aufrechnungsverbote des § 96 InsO.[63]

33 Gehört ein Steuererstattungsanspruch zur Insolvenzmasse, gilt ebenfalls der Grundsatz, dass über die Zeit vor Eröffnung des Insolvenzverfahrens keine Leistungsbescheide ergehen können. Zur Masse gehört auch ein Lohnsteuererstattungsanspruch, da auch Neuerwerb in die Masse fällt. Ein Lohnsteuererstattungsanspruch ist kein unpfändbarer Lohnanspruch.[64]

34 Unklar ist, ob dies auch gilt, wenn der Erlass des Verwaltungsaktes für die Insolvenzmasse günstig wirkt, weil er zu einer Erstattung führt. Hierbei sind zwei Fallkonstellationen zu unterscheiden, nämlich einmal der Erlass eines Steuerbescheids, der eine Steuererstattung bzw. Steuervergütung ausweist (zB ein Umsatzsteuerbescheid mit einem Vorsteuerüberschuss), und zweitens eine Abrechnungsverfügung, mit der Vorauszahlungen und Steuerabzugsbeträge angerechnet werden, wenn dies zu einer Erstattung führt.

35 Nach § 240 ZPO, der nach § 155 FGO auch für das finanzgerichtliche Verfahren gilt, werden alle gerichtlichen Verfahren unterbrochen, ohne Unterschied, ob es sich um Aktiv- und Passivprozesse handelt. Unterbrochen werden daher sowohl Verfahren über Steuerfestsetzungen (entspricht den Passivprozessen), als auch über Steuererstattungen

---

[59] BFH BStBl. II 2006, 573.
[60] BFH BStBl. II 2007, 55.
[61] Vgl. BFH BStBl. 2006, 573.
[62] BFH, BStBl. II 2012, 451 = DStRE 2012, 829.
[63] BFH, BStBl. II 2012, 451 = DStRE 2012, 829.
[64] BFH BFH/NV 2010, 1243; BFH BFH/NV 2012, 1856.

(entspricht den Aktivprozessen). Entsprechend gilt dies auch für Verwaltungsverfahren. Ab der Eröffnung des Insolvenzverfahrens muss es dem Insolvenzverwalter überlassen bleiben, ob er Erstattungsansprüche verfolgt oder nicht.

Insolvenzrechtlich handelt es sich bei Erstattungsansprüchen der Masse um Verfahren, die mit Aktivprozessen vergleichbar sind. Daher ist § 85 InsO anzuwenden. Danach kann das Verfahren von dem Insolvenzverwalter aufgenommen werden. Lehnt er die Aufnahme ab, kann das Verfahren sowohl vom Schuldner als auch von der Finanzbehörde aufgenommen werden.

Der gegenteiligen Rechtsprechung des BFH[65] ist nicht zu folgen. Die Entscheidung ist nur auf § 87 InsO gestützt; dabei wird § 85 InsO nicht berücksichtigt.

Allenfalls dann, wenn ein Ertragssteuerbescheid mit einer Steuer von 0 erlassen wird, wäre es vertretbar, eine Unterbrechung des Verfahrens abzulehnen. Ein Steuerbescheid von 0 enthält weder die Festsetzung eines Steueranspruchs noch den einer Erstattung, also insoweit keine bindende Regelung.[66] Der Erstattungsanspruch ergibt sich dann erst aus der Abrechnungsverfügung, der einen gesonderten Verwaltungsakt bildet. Für Umsatzsteuerbescheide gilt dies aber nicht, da ein Umsatzsteuerbescheid von 0 einen Vorsteuerüberschuss und damit eine Erstattung bindend ablehnt; insoweit muss daher die Unterbrechung der Verfahren eingreifen.

Daraus ergibt sich die folgende Abwicklung von Erstattungsansprüchen im Insolvenzverfahren:

Nach Eröffnung des Insolvenzverfahrens ist eine Fortsetzung des Erstattungsverfahrens entsprechend § 85 InsO von der Aufnahme des Verfahrens durch den Insolvenzverwalter abhängig. Nimmt er dies Verfahren auf, und ist vor Eröffnung des Insolvenzverfahrens noch kein Steuerbescheid ergangen, tritt an dessen Stelle die formlose Errechnung der Steuerschuld, die kein Steuerbescheid ist, aber den Inhalt einer Steuerfestsetzung hat. Auf dieser Grundlage kann ein Abrechnungsbescheid nach § 218 Abs. 2 S. 2 AO ergehen, in dem der Erstattungsanspruch durch Gegenüberstellen des Steueranspruchs und der Zahlungen ermittelt wird. Dieser Abrechnungsbescheid ist ein der Bestandskraft fähiger Verwaltungsakt.

Ist eine Steuerfestsetzung nicht Voraussetzung für die Erstattung, wie bei Doppelzahlungen, gilt Entsprechendes. Es ist erforderlichenfalls ein Abrechnungsbescheid zu erteilen.

War vor Eröffnung des Insolvenzverfahrens bereits ein Steuerbescheid ergangen, erfordert die Erstattung die Festsetzung der Steuer, auf deren Grundlage dann im Abrechnungsteil die Höhe des Erstattungsanspruchs errechnet und die Erstattung durchgeführt wird. Ist dieser Steuerbescheid vor Eröffnung des Insolvenzverfahrens angefochten worden, kann der Insolvenzverwalter das durch die Eröffnung des Insolvenzverfahrens unterbrochene Rechtsbehelfs- oder Gerichtsverfahren entsprechend § 85 InsO aufnehmen. Auf der Grundlage der Entscheidung in diesem Verfahren erfolgt dann die Erstattung.

Gehörte die überzahlte Steuer zu den Masseverbindlichkeiten nach § 55 Abs. 1 Nr. 1 InsO, kann das Erstattungsverfahren ohne insolvenzrechtliche Einschränkungen durchgeführt werden.

Gehörte der Steuererstattungsanspruch zur Masse, weil der Anspruch vor Insolvenzeröffnung oder während des Insolvenzverfahrens begründet worden war, besteht der Insolvenzbeschlag auch nach Aufhebung des Insolvenzverfahrens weiter, wenn in dem Be-

---

[65] BFH, BStBl. II 2010, 11 = DStR 2009, 1644 zu einem Umsatzsteuerbescheid mit negativer Zahllast infolge eines Vorsteuerüberschusses; BFH, BStBl. II 2013, 36 = DStR 2012, 2278, Tz. 19; AO-Anwendungserlass, zu § 251 Tz. 4.3.1.; Uhlenbruck/Hirte/Vallender/*Maus*, InsO, zu § 80 Rn. 28.

[66] So BFH BFH/NV 2009, 719 für einen auf 0 lautenden Körperschaftsteuerbescheid mit dem Hinweis, dass ab der Aufgabe des Anrechnungsverfahrens ein Körperschaftsteuerbescheid keinen Erstattungs- oder Vergütungsanspruch mehr ausweisen kann.

schluss des Insolvenzgerichts die Nachtragsverteilung hinsichtlich des Steuererstattungsanspruchs vorbehalten worden ist. In diesem Fall entsteht der Insolvenzbeschlag nicht erst mit der Anordnung der Nachtragsverteilung. Der Insolvenzverwalter ist auch nach Aufhebung des Insolvenzverfahrens berechtigt, den Steuererstattungsanspruch geltend zu machen. Der Anspruch ist nach § 96 InsO gegen Aufrechnungen durch das Finanzamt geschützt.[67]

V. Steueransprüche nach Beendigung des Insolvenzverfahrens

42 Nach Beendigung des Insolvenzverfahrens sind Steueransprüche, die im Insolvenzverfahren nicht befriedigt worden sind, im Verwaltungswege nach §§ 259 ff. AO beizutreiben (vgl. § 251 II AO). Der Insolvenzverwalter verliert das Verwaltungs- und Verfügungsrecht und damit auch das Recht zur Prozessführung mit der Einstellung des Insolvenzverfahrens.[68] Verwaltungs- und Verfügungsrecht sowie Prozessführungsrecht stehen dann uneingeschränkt dem Schuldner zu. Soweit Steuererklärungen für die Zeit des Insolvenzverfahrens noch nicht abgegeben wurden, vertritt die Finanzverwaltung die Auffassung, dass der Insolvenzverwalter weiterhin zur Abgabe der Erklärungen verpflichtet bleibt, soweit er dieser Verpflichtung tatsächlich noch nachkommen kann.[69] M.E. ist dem nicht zuzustimmen, da der Insolvenzverwalter mit Aufhebung des Insolvenzverfahrens das Recht zur Verwaltung der Masse verliert und daher nicht mehr für den Insolvenzschuldner bzw. die Masse handeln kann.

43 Sofern der Schuldner dem Tabelleneintrag nicht widersprochen hat, ist Grundlage der verwaltungsmäßigen Vollstreckung der Tabelleneintrag, der nach § 201 II InsO wie ein rechtskräftiges Urteil wirkt.[70] Entsprechendes gilt für die Vollstreckung aus einem Insolvenzplan nach § 257 I InsO (→ § 69 Rn. 23 ff.). Hatte der Schuldner der Anmeldung zur Tabelle widersprochen, oder ist die Forderung nicht in die Tabelle eingetragen worden, ist das unterbrochene Verwaltungsverfahren während oder nach Beendigung des Insolvenzverfahrens gegen den Schuldner aufzunehmen. Grundlage der Steuererhebung bzw. der Vollstreckung bilden dann die in diesem Verfahren ergangenen Steuerbescheide. Ein vor Eröffnung des Insolvenzverfahrens ergangener bestandskräftiger Steuerbescheid ist dabei ein Schuldtitel iSd § 179 Abs. 2 InsO.[71] Sofern noch keine Steuerbescheide vorliegen, also noch Steuerbescheide nach Beendigung des Insolvenzverfahrens erlassen werden müssen, sieht § 171 XIII AO eine Hemmung der Festsetzungsfrist bis zu 3 Monaten nach Beendigung des Insolvenzverfahrens vor. Bei Steuerzahlungsansprüchen sieht § 231 AO eine Unterbrechung der Zahlungsverjährung durch Anmeldung der Steuerforderung im Insolvenzverfahren, durch Aufnahme der Forderung in einen Insolvenzplan oder gerichtlichen Schuldenbereinigungsplan vor. Dabei dauert die Unterbrechung bis zur Erfüllung des Insolvenzplanes oder gerichtlichen Schuldenbereinigungsplanes oder bis zu dem Zeitpunkt, zu dem der Plan hinfällig wird. Gleiches gilt bei Einbeziehung der Forderung in das Verfahren der Restschuldbefreiung; in diesem Fall dauert die Unterbrechung bis zur Wirksamkeit der Restschuldbefreiung bzw. bis zur Beendigung des Verfahrens.

44 Die Stellung des Insolvenzantrags hat diese Wirkung nicht, da die Aufzählung in § 231 AO abschließend ist.[72] Insoweit tritt die Unterbrechung durch Anmeldung der Forderung zur Tabelle ein. Mit Beendigung des Insolvenzverfahrens beginnt dann der Lauf einer neuen Verjährungsfrist von 5 Jahren.[73]

---

[67] Vgl. hierzu BFH BStBl. II 2012, 451.
[68] BFH BFH/NV 2008, 187.
[69] AO-Anwendungserlass, zu § 251 Tz. 4.2. aE.
[70] Vgl. BFH BFH/NV 2001, 144; vgl. Rn. 14.
[71] BFH BFH/NV 2007, 855.
[72] FG Münster EFG 2009, 1890.
[73] BFH BStBl. II 1988, 865.

VI. Steueransprüche bei Restschuldbefreiung

Allgemein zur Restschuldbefreiung vgl. § 79. **45**

Steueransprüche nehmen, wie andere Forderungen, an dem Verfahren über Restschuldbefreiung, §§ 286 ff. InsO, teil. Die Entscheidung über die Restschuldbefreiung wirkt nach § 301 I InsO gegen alle Insolvenzgläubiger, also auch gegen den Steuergläubiger. Ausgenommen sind für Verfahren, die ab dem 1.7.2014 beantragt worden sind, nach § 302 Nr. 1 InsO Steueransprüche, derentwegen der Schuldner rechtskräftig wegen einer Steuerstraftat nach §§ 370, 373 oder 374 verurteilt worden ist.[74] Für Verfahren, die vor diesem Zeitpunkt eröffnet worden waren, enthielt § 302 Nr. 1 InsO u.a. Ausnahmen für Forderungen aus einer vorsätzlich begangenen unerlaubten Handlung. Steueransprüche fallen jedoch nicht unter diese Vorschrift. Eine Steuerhinterziehung ist keine „unerlaubte Handlung", der Steueranspruch ist kein Schadensersatzanspruch. Die Steuerforderung aus einer Steuerhinterziehung fällt weder unter § 823 I BGB noch unter § 823 II BGB, da § 370 AO kein Schutzgesetz iSd § 823 II AO ist.[75]

Da Zinsansprüche akzessorisch zu dem Hauptanspruch sind, fallen auch Hinterziehungszinsen unter § 302 Nr. 1 InsO, wenn dies für die Hauptforderung der Fall ist.[76] **46**

Mit Anordnung der Restschuldbefreiung bleiben die von ihr erfassten Steuerforderungen vorläufig bestehen, sie sind aber nur entsprechend den Regelungen des Restschuldbefreiungs-Planes durchsetzbar. Diese Rechtswirkung beruht auf §§ 286 ff. InsO; daneben sind §§ 222, 258 AO nicht anwendbar. **47**

Mit der Gewährung der Restschuldbefreiung nach § 300 InsO werden die erfassten Forderungen zu unvollkommenen Verbindlichkeiten, die nicht mehr vollstreckbar sind.[77] Aufrechnungsmöglichkeiten bleiben jedoch bestehen.[78]

Diese Wirkung beruht auf den insolvenzrechtlichen Vorschriften; daneben sind die steuerlichen Regelungen über Billigkeitsmaßnahmen, §§ 163, 227 AO nicht anwendbar, ihre Voraussetzungen brauchen also für eine Restschuldbefreiung nicht vorzuliegen.

Im Rahmen der Restschuldbefreiung hat der Schuldner nach § 287 II 1 InsO für die Dauer von sechs Jahren nach Aufhebung des Insolvenzverfahrens seine pfändbaren Bezüge an einen Treuhänder abzutreten. Die Abtretung kann nur die Nettobeträge der Bezüge, dh nach Begleichung der damit verbundenen Steuerforderungen, erfassen. **48**

Die Abtretung von Forderungen aus einem Dienstverhältnis erfasst nicht die Erstattung von Einkommensteuer, die auf Einkünfte aus diesem Dienstverhältnis gezahlt wurden. Die Erstattungsforderung ist eine öffentlich-rechtliche Forderung, kein Anspruch auf Bezüge aus einem Dienstverhältnis.[79]

Die Restschuldbefreiung kann nach § 290 I Nr. 2 InsO auf Antrag eines Gläubigers durch das Insolvenzgericht versagt werden, wenn der Schuldner in den letzten drei Jahren vor dem Antrag auf Eröffnung des Insolvenzverfahrens oder danach vorsätzlich oder grob fahrlässig unrichtige oder unvollständige Angaben gemacht hat, um Leistungen an öffentliche Kassen zu vermeiden. Damit werden auch Fälle der vorsätzlich oder grob fahrlässig unvollständigen oder unrichtigen Steuererklärung erfasst sowie ein Vorsteuerabzug auf **49**

---

[74] § 302 Nr. 1 InsO idF des Gesetzes v. 15.7.2013, BGBl. I 2013, 2379.
[75] BFH BStBl. II 2008, 947; Uhlenbruck/Hirte/Vallender/*Vallender* InsO, § 302 Rn. 12; *Schlie,* ZInsO 2006, 1126.
[76] BFH BStBl. II 2012, 491.
[77] Vgl. Uhlenbruck/Hirte/Vallender/*Vallender,* InsO, § 301 Rn. 10.
[78] Vgl. Hess. FG EFG 2005, 331; Schlew-Holst FG 2005, 333; FG Düsseldorf EFG 2005, 845, wonach auch die Aufrechnungsverbote des § 96 InsO nicht gelten; FG Hamburg EFG 2007, 86; Nds FG EFG 2010, 311.
[79] BGH BGHZ 163, 391; BFH BStBl. II 2008, 272; BFH BFH/NV 2007, 1066; FG Münster EFG 2005, 251; Hess. FG EFG 2005, 331; FG Düsseldorf EFG 2005, 845; FG Hamburg EFG 2007, 86; FG Sachsen-Anhalt EFG 2009, 1269; vgl. *v. Gleichenstein,* NZI 2006, 624; *Stahlschmidt,* ZInsO 2006, 629.

Grund unzutreffender Rechnungen.[80] Ebenfalls zur Versagung der Restschuldbefreiung können unrichtige Angaben in Anträgen auf Stundung, Erlass oder Vollstreckungsaufschub führen. Bei einem persönlich haftenden Gesellschafter einer Personengesellschaft genügen auch unrichtige Angaben über die Verhältnisse der Personengesellschaft.[81] Es muss zur Überzeugung des Gerichts feststehen, dass die Angaben unrichtig waren. Allein die Tatsache, dass das Finanzamt die Besteuerungsgrundlagen abweichend von den Steuererklärungen geschätzt hat, beweist nicht die Unrichtigkeit der Steuererklärung.[82]

50   Nicht unter diese Vorschrift fällt es jedoch, wenn der Schuldner überhaupt keine Steuererklärung abgegeben hat. § 290 I Nr. 2 InsO behandelt nur die pflichtwidrige falsche oder unvollständige schriftliche Erklärung, nicht die Nichtabgabe einer erforderlichen schriftlichen Erklärung.[83] Die in § 290 InsO aufgeführten Gründe für die Versagung der Restschuldbefreiung sind abschließend; die für eine steuerliche Billigkeitsmaßnahme nach §§ 163, 227 AO erforderliche Würdigkeit und Bedürftigkeit brauchen nicht vorzuliegen.

Zu den Anforderungen für eine Glaubhaftmachung nach § 290 II InsO von unrichtigen oder unvollständigen Angaben bei Steuerhinterziehung vgl. BGH Beilage BFH/NV 2004, 326.

51   Stellt die Finanzbehörde in dem Verfahren nach § 289 InsO oder nach § 300 InsO den Antrag, die Restschuldbefreiung zu versagen, handelt es sich um schlichtes Verwaltungshandeln, nicht um einen Verwaltungsakt. Die Finanzbehörde hat nach pflichtgemäßem Ermessen zu entscheiden. Sofern sich der Schuldner während der Wohlverhaltensphase redlich iSd § 1 S. 2 InsO verhalten hat und auch sonst keine Versagungsgründe gegeben sind, verdichtet sich das Ermessen der Steuerbehörde auf eine einzige ermessensfehlerfreie Entscheidung, nämlich dem Antrag zu entsprechen. Rechtsschutz wird durch Leistungsklage gewährt, auf Grund derer die Ermessensausübung nachgeprüft werden kann. Vorläufiger Rechtsschutz wird durch § 114 FGO gewährt.

52   Werden bei einer Restschuldbefreiung betriebliche Forderungen erlassen, stellt sich die Frage, ob die damit zusammenhängende Vermögensmehrung zu einem steuerpflichtigen Gewinn führt. Hierbei ist zu unterscheiden. Hat der Schuldner das Unternehmen nach dem Insolvenzverfahren weitergeführt, ist das Unternehmen also nicht liquidiert worden, sind die Verbindlichkeiten weiterhin betriebliche Verbindlichkeiten, ihr Erlöschen führt daher zu einem steuerpflichtigen Gewinn. Möglich ist nur ein Erlass der Steuerforderung nach dem Sanierungserlass; allerdings ist dabei die Verrechnung mit einem vorhandenen Verlustvortrag vorrangig.[84] Ist das Unternehmen jedoch im Rahmen des Insolvenzverfahrens eingestellt worden, ist auf diesen Zeitpunkt ein „Aufgabeergebnis" nach § 16 EStG zu ermitteln. Danach noch bestehende Verbindlichkeiten gehen in das Privatvermögen über; ihr Erlass führt nicht zu einer steuerlichen Belastung.[85]

VII. Steueransprüche im Verbraucherinsolvenzverfahren

53   Ebenso wie an anderen insolvenzrechtlichen Verfahren nimmt die Finanzbehörde mit ihren Steuerforderungen auch am Verbraucherinsolvenzverfahren teil.[86]

---

[80] BGH BFH/NV 2010, 591; BGH BFH/NV 2011, 958.
[81] BGH Beilage BFH/NV 2004, 326.
[82] BGH Beilage BFH/NV 2006, 99.
[83] OLG Köln ZIP 2001, 466. Der Vorschlag eines neuen § 290 I Nr. 1a InsO, wonach die Restschuldbefreiung auch bei Verurteilung zu einer erheblichen Strafe, und damit auch bei einer Verurteilung wegen Steuerhinterziehung, auf Antrag zu versagen ist, ist bisher nicht Gesetz geworden.
[84] BMF BStBl. I 2003, 240. Vgl. auch BMF BStBl. I 2010, 18.
[85] Insoweit ebenso *Thouet/Baluch,* DB 2008, 1595; vgl. auch *Brand/Klein/Ligges,* ZInsO 2005, 978. Allerdings dürfte die Finanzverwaltung die Ansicht vertreten, dass insoweit „nachträgliches Betriebsvermögen" vorliegt, und entsprechend Steuer festsetzen.
[86] Allgemein hierzu BMF AEAO, zu § 251 Tz. 12.

54 Vor einem Verbraucherinsolvenzverfahren ist eine **außergerichtliche Schuldenbereinigung** zu versuchen. Ob die Finanzbehörde der außergerichtlichen Schuldenbereinigung zustimmen kann, hängt davon ab, ob die die Voraussetzungen des § 227 AO bzw. § 163 AO gegeben sind. Das außergerichtliche Schuldenbereinigungsverfahren ist kein Verfahren nach der InsO, so dass die Regeln der InsO die allgemeinen abgabenrechtlichen Vorschriften nicht verdrängen.[87]

55 Die außergerichtliche Schuldenbereinigung setzt als Billigkeitsmaßnahme nach §§ 163, 227 AO Erlassbedürftigkeit und Erlasswürdigkeit des Schuldners voraus.[88] Hierüber hat die Finanzbehörde nach pflichtgemäßen Ermessen anhand einer umfassenden Abwägung unter Berücksichtigung steuerlicher Belange und den Zielen des Insolvenzverfahrens zu entscheiden. Entscheidungskriterien sind etwa, ob Abtretungen zugunsten der Finanzbehörde vorliegen, mit welchem Zahlungsvolumen voraussichtlich während der Planlaufzeit gerechnet werden kann, ob sich Zinsvorteile bei angebotenen Einmalzahlungen ergeben und ebenso, ob sich eine Arbeits- und Kostenersparnis durch die Zustimmung ergibt. Bei der Prüfung ist zu bedenken, dass eine angemessene Schuldenbereinigung nicht allein deshalb ausgeschlossen ist, weil der außergerichtliche Schuldenbereinigungsplan keine Zahlung des Schuldners („Null-Plan") oder nur eine einmalige Zahlung vorsieht.

An der Erlasswürdigkeit wird es fehlen, wenn der Schuldner die Insolvenz selbst herbeiführt oder gegen die Interessen der Allgemeinheit verstoßen hat.

56 Scheitert die außergerichtliche Schuldenbereinigung, wird das Verfahren als vereinfachtes Insolvenzverfahren fortgesetzt, § 311 InsO. Hierfür gelten im Wesentlichen die allgemeinen Bestimmungen der Insolvenzordnung. Zur Behandlung der Steuerforderungen wird auf §§ 122 ff. verwiesen.

---

[87] BFH BFH/NV 2012, 552; *Fett/Barten* DStZ 1998, 20, 28; aA *Tipke/Kruse*, AO, zu § 251 Rn. 126; *Loose* StuW 1999, 20, 20.
[88] BMF, BStBl. I 2002, 132; vgl. *von Usslar* DStZ 2009, 242.

Kapitel XII. Insolvenzstrafrecht

Schrifttum: *Achenbach/Ransiek* (Hrsg.), Handbuch Wirtschaftsstrafrecht, 3. Auflage 2012; *Baumbach/Hopt* (Hrsg.), Handelsgesetzbuch, 35. Auflage 2012; *Beckemper,* Straffreiheit wegen Unvermögens bei Verletzung der Bilanzierungspflicht und Bankrott?, JZ 2003, S. 806 ff.; *Bernsmann,* Alles Untreue? Skizzen zu Problemen der Untreue, GA 2007, S. 229 ff.; *Beukelmann,* Der Untreuenachteil, NJW-Spezial 2008, S. 600 ff.; *Bieneck,* Strafrechtliche Relevanz der Insolvenzordnung und aktueller Änderungen des Eigenkapitalersatzrechts, StV 1999, S. 43 ff.; *Biletzki,* Strafrechtlicher Gläubigerschutz bei fehlerhafter Buchführung durch den GmbH-Geschäftsführer, NStZ 1999, S. 537 ff.; *Bittmann* (Hrsg.), Insolvenzstrafrecht, Handbuch für die Praxis, 2004; *ders.,* Zahlungsunfähigkeit und Überschuldung nach der Insolvenzordnung, wistra 1998, S. 321 ff.; *ders./Volkmer,* Zahlungsunfähigkeit bei (mindestens) 3-monatigem Rückstand auf Sozialversicherungsbeiträge, wistra 2005, S. 167 ff.; *Böcker/Poertz,* Finanzmarkt-Rettungspaket ändert Überschuldungsbegriff (§ 19 InsO) GmbHR 2008, S. 1289 ff.; *Bork,* Zahlungsunfähigkeit, Zahlungsstockung und Passiva II, ZIP 2008, S. 1749 ff.; *Brähler/Krenzin/Scholz,* Bürokratieabbau durch das BilMoG, StuW 2013, S. 173 ff.; *Brand,* Zur Strafbarkeit von Maßnahmen zur sog. Firmenbestattung nach § 238 Abs. 1 Nr. 8 StGB, Anmerkung zum Urteil des BGH v. 15.12.2012 – 3 StR 199/12 (NZG 2013, 397), NZG 2013, S. 400 ff.; *ders.,* Abschied von der Interessentheorie – und was nun? – Besprechung von BGH, Beschl. v. 10.2.2009 – 3 StR 372/08 (NStZ 2009, 437) –, NStZ 2010, S. 9 ff.; *ders./Brand,* Die insolvenzrechtliche Führungslosigkeit und das Institut des faktischen Organs, NZI 2010, S. 712 ff.; *ders./Reschke,* Die Firmenbestattung im Lichte des § 283 Abs. 1 Nr. 8 StGB, zugleich Besprechung BGH v. 24.3.2009 – 5 StR 353/08 (ZIP 2010, 471), ZIP 2010, S. 2134 ff.; *ders./Sperling,* Die Bedeutung des § 283d StGB im GmbH-Strafrecht, ZStW 121 (2009), S. 281 ff.; *Bröker,* § 89 BörsG in der neueren Rechtsprechung – Ein Überblick, Zugleich eine Anmerkung zu den beiden Urteilen des OLG Bremen vom 10. August 1992, Az Ss 45/90 und 46/90, wistra 1993, S. 161 ff.; *Dannecker,* Zur Strafbarkeit verdeckter Gewinnausschüttungen: Steuerhinterziehung, Untreue, Bilanzfälschung, in: Festschrift für Erich Samson zum 70. Geburtstag, 2010, S. 257 ff.; *ders./Knierim/Hagemeier,* Insolvenzstrafrecht, 2. Auflage 2012; *Dehne-Niemann,* Ein Abgesang auf die Interessentheorie bei der Abgrenzung von Untreue und Bankrott – zugleich Anmerkung zu BGH wistra 2009, 275 –, wistra 2009, S. 417 ff.; *Dierlamm,* Der faktische Geschäftsführer im Strafrecht – ein Phantom?, NStZ 1996, S. 153 ff.; *Dohmen,* Verbraucherinsolvenz und Strafrecht, 2007; *Doster,* Verspätete beziehungsweise unterlassene Bilanzierung im Insolvenzstrafrecht – Anmerkung zu BGH, Beschluss vom 5.11.1997, 2 StR 462/97, wistra 1998, S. 326 ff.; *Ebner,* Insolvenzstrafrechtliche Konsequenzen der Einführung der §§ 241a, 242 Abs. 4 HGB zum 29.5.2009, wistra 2010, S. 92 ff.; *Erdmann,* Die Krisenbegriffe der Insolvenzstraftatbestände (§ 283 ff. StGB), 2007; *Erbs,* (Begr.)/Kohlhaas (Hrsg.), Strafrechtliche Nebengesetze mit Straf- und Bußgeldvorschriften des Wirtschafts- und Verwaltungsrechts, Losebl.-Ausg., Stand 195, Lieferung Juli 2013; *Fischer,* Kommentar zum Strafgesetzbuch, 61. Auflage 2014; *Fischer,* Krisenbewältigung durch Insolvenzrecht, ZGR 2006, S. 403 ff.; *Floeth,* Zu § 283 Abs. 1 Nr. 8 StGB, EwiR 2010, S. 265 f.; *Frystatzki,* Die insolvenzrechtliche Fortführungsprognose – Zahlungsfähigkeits- oder Ertragsfähigkeitsprognose?, NZI 2011, S. 173 ff.; *ders.,* Ungeklärte Probleme bei der Ermittlung der Zahlungsunfähigkeit und der neue IDW PS 800, NZI 2010, S. 389 ff.; *Fuhst,* Das neue Insolvenzrecht – Ein Überblick, DStR 2012, S. 418 ff.; *Gallandi,* Straftaten im Bankrott – Normprogramm und komplexe Vorgänge, Bedarf es einer Ausweitung oder Einschränkung der strafrechtlichen Erfassung von Insolvenzdelikten?, wistra 1992, S. 10 ff.; *Graf/Jäger/Wittig* (Hrsg.), Wirtschafts- und Steuerstrafrecht 2011; *Grube/Röhm,* Überschuldung nach dem Finanzmarktstabilisierungsgesetz, wistra 2009, S. 81 ff.; *Habetha,* Bankrott und strafrechtliche Organhaftung, 2014; *Hagemeier,* Zur Unmöglichkeit der Erfüllung der Pflichten zur Buchführung und Bilanzaufstellung nach § 283 Abs 1 Nrn. 5 und 7b StGB, NZWiSt 2012, S. 105 ff.; *dies.,* Zur Auslegung des Tatbestandes des Bankrotts gemäß § 283 Abs. 1 StGB im Kontext von Firmenbestattungen, in: Steinberg/Valerius/Popp. (Hrsg.), Das Wirtschaftsstrafrecht des StGB, 2011, S. 129 ff.; *dies.,* Bankrott durch „Firmenbestattung"/Konkursverschleppung, StV 2010, S. 26 ff.; *Hartung,* Probleme bei der Feststellung der Zahlungsunfähigkeit – Kritische Bemerkungen eines Wirtschaftsstaatsanwalts, wistra 1997, S. 1 ff.; *Hefendehl*/Hohmann (Bandred.), Münchener Kommentar zum Strafgesetzbuch, Band 5 (§§ 263–358), 2. Auflage 2014; *Helmrich*, Zur Abkehr von der Interessentheorie bei Insolvenzstraftaten (§§ 283–283c StGB), zugleich eine Besprechung von BGH, Beschl. v. 10.2.2009 – 3 StR 372/08 (LG Oldenburg), ZInsO 2009, S. 1475 ff.; *Hillenkamp*, Impossibilium nulla obligatio – oder doch? Anmerkungen zu § 283 Abs. 1 Nrn. 5 und 7 StGB, in: Festschrift für Klaus Tiedemann, 2008, S. 949 ff.; *Hirte/Knof/Mock*, Überschuldung und Finanzmarktstabilisierungsgesetz, ZInsO 2008, S. 1217 ff.; *Hölzle*, Nochmals – Zahlungsunfähigkeit – Nachweis und Kenntnis im Anfechtungsprozess, Zugleich Besprechung BGH v 12.10.2006 – IX ZR 228/03, ZIP 2007, S. 613 ff.; *Holtz*, Aus der Rechtsprechung des Bundesgerichtshofs in Strafsachen, MDR 1981, S. 452 ff.; *Jäger*, Die Zahlungsunfähigkeit nach geltendem und nach geplantem Insolvenzrecht, DB 1986, S. 1441 ff.; *Jahn*, Untreue durch die Führung „schwarzer Kassen" – Fall Siemens/ENEL, JuS 2009, S. 173 ff.; *Joecks* (Hrsg.) Münchener Kommentar zum Strafgesetzbuch, Nebenstrafrecht II, 2010; *Kasiske*, Strafbare Existenzgefährdung der GmbH und Gläubigerschutz, JR 2011, S. 235 ff.; *Kindhäuser/Neumann/Paeffgen*, Strafgesetzbuch Besonderer Teil, Bd. III (§§ 232–358), 4. Auflage 2013; *Knauer*, Zur Frage der Bildung verdeckter Kassen als Untreue, Anmerkung zu BGH v. 29.8.2008 – 2 StR 587/07 (NStZ 2009, 95), NStZ 2009, S. 151 ff.; *ders.*, Zur Berücksichtigung „beiseitegeschaffter" Vermögenswerte bei der Feststellung der Zahlungsunfähigkeit im Rahmen des § 283 II StGB, NStZ 1999, S. 161 ff.; *Kring*, Insolvenzschleppung: Jahre in der Überschuldung und Fortsetzung nach Verurteilung – beides straflos?. zugleich Anmerkung zu OLG München v. 14.6.2012 – 3 Ws 493/12 (wistra 2013, 75), wistra 2013, S. 257 ff.; *Krüger*, Zur Anwendbarkeit des Bankrottdelikts beim Privatkonkurs, wistra 2002, S. 52 ff.; *Kübler*, Handbuch Restrukturierung in der Insolvenz, 1. Auflage 2012; *Kümmel*, Zur strafrechtlichen Einordnung der „Firmenbestattung" wistra 2012, 165 ff.; *Lackner/Kühl*, Kommentar zum Strafgesetzbuch, 27. Auflage 2011; *Lang*, Schadensersatzpflicht des Steuerberaters wegen Beihilfe zur Insolvenzverschleppung eines GmbH-Geschäftsführers, DStR 2007, S. 954 ff.; *Laufhütte/Rissing-van Saan/Tiedemann* (Hrsg.), Leipziger Kommentar, Einleitung, Band 1 §§ 1 bis 31, 12. Auflage 2007; Band 9/1 §§ 263 bis 266b, 12. Auflage 2012, Band 9/2 §§ 267–283d, 12. Auflage 2009; *Leipold/Schaefer*, Vermögensverschiebung des GmbH-Geschäftsführers in der Krise – Bankrott oder Untreue?, NZG 2009, S. 937 ff.; *Liebl*, Insolvenzkriminalität und Strafverfolgung, Probleme einer Transfergesellschaft, europäische Strategien und Ergebnisse einer Replikationsuntersuchung, 2011; *ders.*, „Bankrott" der Strafverfolgung bei Insolvenzkriminalität?, Ergebnisse einer Replikationsuntersuchung – Teil 1, Kriminalistik 2011, S. 297 ff.; *Maurer*, Der „innere Zusammenhang" im Bankrottstrafrecht – zugleich Anmerkung zu BayObLG, wistra 2003, 30 ff. –, wistra 2003, S. 253 f.; *ders.*, Strafbewehrte Handlungspflichten des GmbH-Geschäftsführers in der Krise – Anmerkung zu KG Berlin wistra 2002, 313 –, wistra 2003, S. 174 ff.; *Michalski* (Hrsg.), Kommentar zum Gesetz betreffend die Gesellschaften mit beschränkter Haftung (GmbH-Gesetz), Band 2 (§§ 35–86 GmbHG), 2. Auflage 2010; *Moosmayer*, Auswirkungen der Insolvenzordnung 1999 auf das Insolvenzstrafrecht, 1997; *Müller-Gugenberger*, Wirtschaftsstrafrecht, 5. Auflage 2011; *Natale/Bader*, Der Begriff der Zahlungsunfähigkeit im Strafrecht – unter Beachtung der Entscheidung des BGH vom 23.5.2007 (1 StR 88/07) –, wistra 2008, S. 413 ff.; *Ogiermann*, Die Strafbarkeit des systematischen Aufkaufs konkursreifer Unternehmen, wistra 2000, S. 250 ff.; *dies./Weber*, Insolvenzstrafrecht in Deutschland – status quo and Perspektiven, wistra 2011, S. 206 ff.; *Otto*, Konzeption und Grundsätze des Wirtschaftsstrafrechts (einschließlich Verbraucherschutz), ZStW 96 (1984), S. 339 ff.; *Pape*, Zum Fortgang der Arbeiten auf der Dauerbaustelle InsO, ZInsO 2011, S. 1 ff.; *ders.*, Zahlungsunfähigkeit in der Gerichtspraxis, WM 2008, S. 1949 ff.; *Park* (Hrsg.), Kapitalmarktstrafrecht, 3. Auflage 2013; *Pelz*, Strafrecht in Krise und Insolvenz, 2. Auflage 2011; *Penzlin*, Kritische Anmerkungen zu den Insolvenzeröffnungsgründen der drohenden Zahlungsunfähigkeit und der Überschuldung (§§ 18 und 19 InsO), NZG 2000, S. 464 ff.; *Pohl*, Strafbarkeit nach § 283 Abs. 1 Nr. 7b) StGB auch bei Unvermögen zur Bilanzaufstellung?, wistra 1996, S. 14 ff.; *Radtke*, Die strafrechtliche Organ- und Vertreterhaftung (§ 14 StGB) vor der Neuausrichtung?, Zugleich Besprechung von BGH v. 10.2.2009 – 3 StR 372/08, JR 2010, S. 233 ff.; *Ranft*, Täuschungshandlung und Vermögensschaden beim Eingehungsbetrug, JR 1994, S. 523 ff.; *Ransiek*, Verstecktes Parteivermögen und Untreue, NJW 2007, S. 1727 ff.; *ders.*, Risiko, Pflichtwidrigkeit und Vermögensnachteil bei der Untreue, ZStW 116 (2004), S. 634 ff.; *Reck*, Auswirkungen der Insolvenzordnung auf die GmbH aus strafrechtlicher Sicht, GmbHR 1999, S. 267 ff.; *Renzikowski*, Strafbarkeit nach § 266a Abs. 1 StGB bei Zahlungsunfähigkeit wegen Vorverschuldens?, in: Festschrift für Ulrich

Weber zum 70. Geburtstag, 2004, S. 333 ff.; *Richter,* Das Fehlen der positiven Fortführungsprognose als strafrechtliche Grenze von Unternehmenssanierungen, in: Lüderssen/Volk/Wahle, Festschrift für Wolf Schiller, 2014, S. 547 ff.; *ders.,* Strafbarkeit des Insolvenzverwalters, NZI 2002, S. 121 ff.; *ders.,* Der Konkurs der GmbH aus der Sicht der Strafrechtspraxis (II), GmbHR 1984, S. 137 ff.; *Röhm,* Zur Abhängigkeit des Insolvenzstrafrechts von der Insolvenzordnung, 2002; *ders.,* Verbraucherbankrott, ZInsO 2003, S. 535 ff.; *Römermann,* Neues Insolvenz- und Sanierungsrecht durch das ESUG, NJW 2012, S. 645 ff.; *Rönnau,* Untreue als Wirtschaftsdelikt, ZStW 119 (2007), S. 887 ff.; *ders.,* Rechtsprechungsüberblick zum Insolvenzstrafrecht, NStZ 2003, S. 525 ff.; *ders./Kirch-Heim,* Das Vorenthalten von Arbeitgeberbeiträgen zur Sozialversicherung gern § 266a Abs. 2 StGB nF – eine geglückte Regelung?, wistra 2005, S. 321 ff.; *Rowedder* (Begr.)/Schmidt-Leithoff (Hrsg.), Kommentar Gesetz betreffend die Gesellschaften mit beschränkter Haftung (GmbHG), 5. Auflage 2013; *Rudolphi/Horn/ Samson/Günther,* (Hrsg), Systematischer Kommentar zum Strafgesetzbuch, Loseblatt-Ausgabe, Band V, §§ 267–358, Stand 137, Lieferung, Februar 2013; *Saliger,* Rechtsprobleme des Untreuetatbestandes, JA 2007, S. 326 ff.; *ders.,* Parteiuntreue durch schwarze Kassen und unrichtige Rechenschaftsberichte, NStZ 2007, S. 545 ff.; *Satzger,* „Schwarze Kassen" zwischen Untreue und Korruption, Eine Besprechung des Urteils BGH – 2 StR 587/07 (Siemens-Entscheidung), NStZ 2009, S. 297 ff.; *ders./Schluckebier/Widmaier,* Kommentar zum Strafgesetzbuch, 2. Auflage 2014; *Schäfer,* Die Verletzung der Buchführungspflicht in der Rechtsprechung des BGH, wistra 1986, S. 200 ff.; *Schlüchter,* Zu Fragen des Konkursstrafrechts, Anmerkung zu BGH, 20.12.1978, 3 StR 408/78, JR 1979, S. 513 ff.; *dies.,* Tatbestandsmerkmal der Krise – überflüssige Reform oder Versöhnung des Bankrottstrafrechts mit dem Schuldprinzip?, MDR 1978, S. 977 ff.; *dies.,* Die Krise im Sinne des Bankrottstrafrechts, MDR 1978, S. 265 ff.; *Schmerbach,* Leitlinien einer Reform der Insolvenzverfahren natürlicher Personen, NZI 2011, S. 131 ff.; *Schmidt-Hieber,* Verfolgung von Subventionserschleichungen nach Einführung des § 264 StGB, NJW 1980, S. 322 ff.; *Schönke* (Begr.)/Schröder (Forts.), Strafgesetzbuch, Kommentar, 28. Auflage 2010; *Schramm,* Kann ein Verbraucher einen Bankrott (§ 283 StGB) begehen?, wistra 2002, S. 55 f.; *Schumann,* Zur Strafbarkeit wegen Bankrotts und Untreue bei einer ausländischen Kapitalgesellschaft, wistra 2008, S. 229 ff.; *Sowada,* Der begünstigte Gläubiger als strafbarer „notwendiger" Teilnehmer im Rahmen des § 283c StGB?, GA 1995, S. 60 ff.; *Sternal,* Die Rechtsprechung zum Verbraucherinsolvenz- und Restschuldbefreiungsverfahren im Jahr 2009, NZI 2010, S. 457 ff.; *ders.,* Die Rechtsprechung zum Verbraucherinsolvenz- und Restschuldbefreiungsverfahren im Jahre 2008, NZI 2009, S. 537 ff.; *Staub,* Kommentar zum Handelsgesetzbuch, Band 7/2, 5. Auflage 2012; *Tiedemann,* Objektive Strafbarkeitsbedingungen und die Reform des deutschen Konkursstrafrechts, ZRP 1975, S. 129 ff.; *Trüg/Habetha,* § 283 Abs. 6 StGB und der „tatsächliche Zusammenhang", wistra 2007, S. 365 ff.; *Tsambikakis,* Aktuelles zum Insolvenzstrafrecht bei GmbH und GmbH & Co, GmbHR 2005, S. 838 ff.; *Uhlenbruck,* Insolvenzordnung, Kommentar, 13. Auflage 2010; *ders.,* Der Insolvenzgrund im Verbraucherinsolvenzverfahren, NZI 2000, S. 15 ff.; *ders.,* Strafrechtliche Aspekte der Insolvenzrechtsreform 1994, wistra 1996, S. 1 ff.; *Wabnitz/Janovsky,* Handbuch Wirtschafts- und Steuerstrafrechts, 3. Auflage 2007; *Wessing,* Insolvenz und Strafrecht – Risiken und Rechte des Beraters und Insolvenzverwalters, NZI 2003, S. 1 ff.; *Weyand/Diversy,* Insolvenzdelikte, Unternehmenszusammenbruch und Strafrecht, 9. Auflage 2013; *Wimmer,* Frankfurter Kommentar zur InsO, 7. Auflage 2013.

§ 127. Das Insolvenzstrafrecht

Übersicht

	Rn.
I. Einführung	1
1. Praktische Bedeutung des Insolvenzstrafrechts	2
2. Gegenstand des Insolvenzstrafrechts	3
3. Insolvenzstraftaten im engeren und im weiteren Sinne	6
II. Entstehungsgeschichte	8
III. Unternehmenssanierung und Insolvenzstrafrecht	10
IV. Die Insolvenzdelikte der §§ 283 ff. StGB – allgemeine Strafbarkeitsvoraussetzungen	12
1. Täterkreis	13

Das Insolvenzstrafrecht 1 § 127

	Rn.
2. Die wirtschaftliche Krise	27
3. Objektive Strafbarkeitsbedingung	47
4. Verbraucherinsolvenzen	54
V. Die Straftatbestände der §§ 283 ff. StGB	55
1. Die bestandsbezogenen Delikte: § 283 Abs. 1 Nr. 1–4 StGB	57
2. Die Buchführungsdelikte: § 283 Abs. 1 Nrn. 5–7 und § 283b StGB	85
3. Der Auffangtatbestand des § 283 Abs. 1 Nr. 8 StGB	113
4. Fahrlässigkeitsstrafbarkeit nach § 283 Abs. 4 und 5 StGB	119
5. Besonders schwere Fälle des Bankrotts gemäß § 283a StGB	121
6. Gläubigerbegünstigung gemäß § 283c StGB	132
7. Schuldnerbegünstigung gemäß § 283d StGB	137
VI. Insolvenzverschleppung gemäß § 15a InsO	143
VII. Insolvenzbegleitende Straftaten	146
1. Untreue	147
2. Betrug	152
3. Kredit- und Subventionsbetrug	155
4. Sozialversicherungsdelikte	156
5. Geheimnisverrat	157
VIII. Rechtsfolgen der Straftaten	159
IX. Strafprozessrechtliches	160

I. Einführung

Das Insolvenzstrafrecht, das primär im Strafgesetzbuch in den §§ 283 ff. StGB normiert ist und deshalb nicht zum Nebenstrafrecht, sondern zum Kernstrafrecht gehört, sanktioniert bestimmte Verhaltensweisen eines Schuldners, der sich in einer wirtschaftlichen Krise befindet (§ 283 Abs. 1 StGB) oder durch ein den wirtschaftlichen Anforderungen widersprechendes Verhalten die Krise auslöst (§ 283 Abs. 2 StGB).[1] Eine *wirtschaftliche Krise* liegt vor, wenn der Schuldner überschuldet ist oder Zahlungsunfähigkeit droht oder bereits eingetreten ist.[2] Hintergrund der strafrechtlichen Sanktionierung ist, dass in einer wirtschaftlichen Schräglage spezifische Anforderungen an das unternehmerische Wirtschaften des Schuldners gestellt werden: Er darf keine übermäßig riskanten Geschäfte mehr tätigen, keine Gegenstände, die zur möglichen Insolvenzmasse gehören, entfernen oder verheimlichen und so seinen Vermögensstand verringern, keine erdichteten Forderungen anerkennen etc. Ihm wird vor dem Hintergrund der wirtschaftlichen Krise eine *Pflicht zur gesteigerten Vermögensfürsorge* auferlegt, die ihren Grund darin findet, dass der Schuldner im Zustand der Überschuldung oder (drohenden) Zahlungsunfähigkeit bereits mit dem Geld seiner Gläubiger wirtschaftet, die ihm Vertrauen (Kredit) entgegengebracht haben und deren Vermögensinteressen er nicht durch riskante und erst recht nicht durch gezielt masseschmälernde Verhaltensweise weiter gefährden darf.[3] Auch hat er dafür Sorge zu tragen, dass die Übersicht über sein Vermögen sowohl für ihn selber als auch für seine Gläubiger durch die Erfüllung der ihn treffenden Buchführungspflichten gewahrt bleibt.

Ist der Schuldner bereits zahlungsunfähig oder überschuldet, so trifft ihn weiterhin die *Pflicht zur Stellung eines Insolvenzantrages* nach § 15a InsO. Eine Verletzung dieser Pflicht ist in § 15a Abs. 4 InsO strafbewehrt.[4] Diese wohl bekannteste Strafvorschrift im Kontext der Insolvenz dient der möglichst frühzeitigen Sicherung der (verbleibenden) Insolvenzmasse zur Befriedigung der Gläubiger.

---

[1] Dazu → Rn. 55 ff.
[2] Zu den Krisenbegriffen → Rn. 27 ff.
[3] Vgl. LK/*Tiedemann* Vor § 283 Rn. 59.
[4] Dazu → Rn. 143 ff.

1. Praktische Bedeutung des Insolvenzstrafrechts. Das Insolvenzstrafrecht ist ein Bereich des Strafrechts, der vielen Juristen nahezu unbekannt ist, erscheint es doch nicht selten als ein wenig relevantes „Anhängsel" zum Insolvenzrecht, über dessen Bedeutung man sich keine großen Gedanken macht. Dies steht im Gegensatz zur praktischen Relevanz des Insolvenzstrafrechts, das eingreifen kann, sobald ein Unternehmen in eine wirtschaftliche Schieflage geraten ist: Die bei Unternehmenszusammenbrüchen begangenen Straftaten machen einen beträchtlichen Teil der von den Strafverfolgungsbehörden zu verfolgenden Fälle aus. Diese *große praktische Relevanz* der Insolvenzdelikte bei der Strafverfolgung ist vor allem darauf zurückzuführen, dass die Insolvenzgerichte nach den Anordnungen über Mitteilungen in Zivilsachen (MiZi), 3. Abschnitt, der Staatsanwaltschaft Beschlüsse über Insolvenz- und Vergleichseröffnungen sowie über Antragsabweisungen mangels Masse mitteilen müssen,[5] damit die Staatsanwaltschaft überprüfen kann, ob Anhaltspunkte für Straftaten vorliegen.[6] Das bedeutet konkret, dass die Staatsanwaltschaften über jedes Insolvenzverfahren unterrichtet werden. Die „Ausbeute" an aufgedeckten Insolvenzstraftaten ist dabei nicht unerheblich: Es wird geschätzt, dass 50 bis 80% aller Unternehmenszusammenbrüche von Insolvenzstraftaten begleitet werden.[7] Die Polizeiliche Kriminalstatistik (PKS) weist für das Jahr 2013 entsprechend 11 087 Insolvenzstraftaten nach dem StGB und den Nebengesetzen auf.[8]

Die *Aufklärungsquote* ist bei den Insolvenzdelikten mit 99,6% sehr hoch;[9] die *Gefahr einer Strafverfolgung* erweist sich insofern als nicht unerheblich. Insbesondere unsachgemäße Aktivitäten zur Abwendung oder zum Hinauszögern der Krise oder aber die Scheu vor der Stellung eines Insolvenzantrages führen stets in den strafrechtlichen Risikobereich.

2. Gegenstand des Insolvenzstrafrechts. Schutzgut der §§ 283 ff. StGB sind unstreitig die *Vermögensinteressen der Gläubiger* an einer größtmöglichen, ihrem jeweiligen insolvenzrechtlichen Rang entsprechenden Befriedigung aus dem Vermögen des Schuldners.[10] Ob dies allein zum Nachteil der Gesamtgläubigerschaft oder möglicherweise auch nur zum Nachteil eines einzigen Gläubigers möglich ist, ist in Rechtsprechung und Literatur umstritten.[11] Existieren mehrere Gläubiger, so kommt es auf die Gesamtheit der Gläubiger und ihre Befriedigung an;[12] nur so macht der Straftatbestand der Gläubigerbegünstigung gemäß § 283c StGB[13] Sinn. Der Schutz der Gläubiger ist vor allem unter dem Gesichtspunkt des zivilrechtlichen Schadensersatzes von Bedeutung. Denn bei § 283 StGB handelt es sich nach der zivilrechtlichen Rechtsprechung um ein *Schutzgesetz im Sinne des § 823 Abs. 2 BGB*.[14] Angesichts des Charakters des § 283 StGB als abstraktes Gefährdungsdelikt ist für den zivilrechtlichen Schadensersatzan-

---

[5] Im Einzelnen hierzu *Weyand/Diversy* Rn. 167 ff.
[6] Zur Empirie der Strafverfolgung bei Insolvenzdelikten *Liebl* Kriminalistik 2011, 297, 298 ff.
[7] NK/*Kindhäuser* Vor §§ 283–283d Rn. 4 mwN; LK/*Tiedemann* Vor § 283 Rn. 24; *Beck* in Wabnitz/Janovsky 8. Kapitel Rn. 83; *Liebl,* Insolvenzkriminalität und Strafverfolgung, 2011, S. 7; *Rönnau* NStZ 2003, 525 mwN.
[8] PKS 2013, S. 81.
[9] PKS 2013, S. 81
[10] BGHSt 28, 371 (373); BGH NStZ 1987, 23; OLG Frankfurt NStZ 1997, 552; NK/*Kindhäuser* Vor §§ 283–283d Rn. 19, 29 mwN; *Lackner/Kühl* § 283 Rn. 1; SK/*Hoyer* Vor § 283 Rn. 3 mwN; MüKoStGB/*Radtke/Petermann* Vor § 283 ff. Rn. 1 mwN sowie Rn. 8 mwN; aA *Fischer* Vor § 283 Rn. 3; vgl. auch *Krüger* wistra 2002, 52; LK/*Tiedemann* Vor § 283 Rn. 2 und Rn. 45.
[11] Vgl. BGH NStZ 2001, 485 mit Anm. *Krause* NStZ 2002, 42 f.; Schönke/Schröder/*Petermann/Heine* Vor §§ 283 ff. Rn. 2; MüKoStGB/*Radtke/Petermann* Vor §§ 283 ff. Rn. 11.
[12] Vgl. BGHSt 28, 371 (373); Schönke/Schröder/*Heine* Vor §§ 283 ff. Rn. 2; MüKoStGB/*Radtke/Petermann* Vor §§ 283 ff. Rn. 11; LK/*Tiedemann* Vor § 283 Rn. 45.
[13] Hierzu → Rn. 132 ff.
[14] RGZ 74, 224 (226); BGHZ 126, 181 (190 ff.) zu § 64 Abs. 1 GmbHG; offen gelassen von BGHZ 125, 366 (378); BGH ZIP 1985, 29 (30); OLG Düsseldorf NJW-RR 1994, 424 (425); noch einschränkend auf den Quotenschaden BGH NJW 1964, 1960 (1961); verneinend für § 283 Abs. 1 Nrn. 5–7 StGB *Sorgenfrei* in Park, Teil 3 Kap 5, § 283 StGB Rn. 75.

spruch über die Erfüllung der Voraussetzungen der Strafbarkeit hinaus ein konkret eingetretener Schaden erforderlich. Dabei kommen dem Geschädigten keine Darlegungs- oder Beweiserleichterungen zu Gute.

Von der herrschenden Meinung[15] wird auch ein überindividuelles Interesse am *Schutz des gesamtwirtschaftlichen Systems* bejaht. Für die Annahme dieses Schutzgutes spricht, dass die Insolvenz infolge der wirtschaftlichen Verflechtung der Gläubiger untereinander typischerweise einen Dominoeffekt auslöst, mit der Folge der Schädigung weiterer Wirtschaftssubjekte weit über den Kreis der eigentlichen (aktuellen) Gläubiger hinaus.[16] Die Tatsache, dass die §§ 283ff. StGB – anders als reine Vermögensdelikte – ein bloß abstrakt gefährliches Verhalten schon bei einfacher Fahrlässigkeit als strafwürdig einstufen (vgl. etwa § 283b Abs. 2 StGB), ließe sich zudem ansonsten schwerlich rechtfertigen.[17] Außerdem werde das Vertrauen in das Wirtschaftssystem insgesamt – zumindest aber sektoral – durch solche Delikte verletzt, was dieses in seiner Bestandskraft beeinträchtige und allein schon aus diesem Grund eine erhöhte Schutzwürdigkeit aufweise.[18] Soweit Bankrotthandlungen börsennotierte Unternehmen betreffen, ist zwar über das individuelle Gläubiger- (und Fremdkapitalgeber-)Interesse hinaus auch das *Interesse an einem funktionierenden Kapitalmarkt* von praktischer Bedeutung, der durch bilanzmanipulative Verhaltensweisen nicht unerheblichen Schaden nehmen kann. Eine derartige kapitalmarktorientierte Schutzzweckausrichtung weist § 283 StGB jedoch nicht auf.[19]

Darüber hinaus wird teilweise die Auffassung vertreten, Rechtsgut der §§ 283ff. StGB sei auch der *Schutz der* (etwaigen[20]) *Insolvenzmasse* vor unwirtschaftlicher Verringerung, Verheimlichung und ungerechter Verteilung.[21] Diese Ansicht überzeugt nicht, weil ein solches Rechtsgut zum Zeitpunkt der Tathandlung noch gar nicht existieren muss, sondern erst durch die jeweilige Tathandlung hervorgebracht werden kann. Ansonsten müsste der Gläubiger – insbesondere bei einem Handeln, das die Krise erst herbeiführt (vgl. § 283 Abs. 2 StGB) – als Träger eines Rechtsguts eingestuft werden, das nicht nur im Eigentum des Täters steht, sondern bis zur Eröffnung des Insolvenzverfahrens auch dessen alleiniger Verfügungsberechtigung unterliegt.[22] Die Insolvenzmasse ist somit nicht Rechtsgut, sondern vielmehr das *Tatobjekt der §§ 283ff. StGB*.[23] Gegen die Anerkennung der Insolvenzmasse als Schutzgut spricht im Übrigen, dass danach der Rechtsgutsbezug der informationsbezogenen Insolvenzdelikte unklar erscheint.[24]

3. Insolvenzstraftaten im engeren und im weiteren Sinne. Der Begriff der Insolvenzstraftaten umfasst diejenigen Vorschriften, die mit den Mitteln des Strafrechts die Gesamtvollstreckung sämtlicher Gläubiger im Insolvenzverfahren sichern, das gegen einen Schuldner im Interesse einer gleichzeitigen und quotenmäßigen Befriedigung

---

[15] BGH NJW 2001, 1874 (1875); NJW 2003, 974 (975); NStZ 2010, 637; *Fischer* Vor § 283 Rn. 3; SK/*Hoyer* Vor § 283 Rn. 5; Schönke/Schröder-*Heine* Vor §§ 283ff. Rn. 2; *Lackner/Kühl* § 283 Rn. 1; LK/*Tiedemann* Vor § 283 Rn. 53; *Röhm* S. 63f.; *Schlüchter* JR 1979, 513 (515).
[16] SK/*Hoyer* Vor § 283 Rn. 5 mwN; *Lackner/Kühl* § 283 Rn. 1; LK/*Tiedemann* Vor § 283 Rn. 54.
[17] SK/*Hoyer* Vor § 283 Rn. 5 mwN; LK/*Tiedemann* Vor § 283 Rn. 54; *Schlüchter* JR 1979, 513 (514).
[18] LK/*Tiedemann* Vor § 283 Rn. 54ff.; *Otto* ZStW 96 (1984), 339 (343).
[19] *Sorgenfrei* in Park, Teil 3 Kap 5, § 283 StGB Rn. 75.
[20] BGHSt 28, 371 (373); BGH NStZ 2008, 401 (402); NStZ 2010, 637; LK/*Tiedemann* Vor § 283 Rn. 46.
[21] So *Fischer* Vor § 283 Rn. 3; *Gallandi* wistra 1992, 10; *Krause* NStZ 1999, 161 (162); aA NK/*Kindhäuser* Vor §§ 283–283d Rn. 30; *Bieneck* in Müller-Gugenberger/Bieneck, § 75 Rn. 94f. mwN.
[22] NK/*Kindhäuser* Vor §§ 283–283d Rn. 30; MüKoStGB/*Radtke/Petermann* Vor §§ 283ff. Rn. 13; LK/*Tiedemann* Vor § 283 Rn. 46.
[23] MüKoStGB/*Radtke/Petermann* Vor §§ 283ff. Rn. 13.
[24] NK/*Kindhäuser* Vor §§ 283–283d Rn. 30; ausführlich zur Rechtsgutsdebatte *Dannecker/Hagemeier* in Dannecker/Knierim/Hagemeier, Rn. 36ff.

durchgeführt wird.²⁵ Üblicherweise differenziert man zwischen Insolvenzstraftaten im engeren und solchen im weiteren Sinne.²⁶

Zu den Insolvenzstraftaten *im engeren Sinne* zählen zunächst die vom Gesetzgeber im 24. Abschnitt des Besonderen Teils des Strafgesetzbuchs eingegliederten §§ 283 bis 283d StGB. Innerhalb dieser Bankrotttatbestände kann zwischen bestandsbezogenen und informationsbezogenen Bankrotthandlungen unterschieden werden.²⁷ Darüber hinaus wird die Insolvenzverschleppung gemäß § 15a InsO den Insolvenzstraftaten im engeren Sinne zugerechnet. Näher dazu → Rn. 143 ff.

7 Zu den Insolvenzstraftaten *im weiteren Sinne* werden regelmäßig all jene Straftatbestände gezählt, die im Zusammenhang mit der bevorstehenden oder eingetretenen Insolvenz zum Nachteil von Staat, Gläubigern und Dritten begangen werden.²⁸ Sie werden daher auch *insolvenzbegleitende Tatbestände* genannt. Dies sind etwa der einfache Betrug gemäß § 263 StGB (insbesondere gegenüber Lieferanten, einschließlich dem Wechsel- und Scheckbetrug),²⁹ der Kreditbetrug gemäß §§ 263, 265b StGB, der Subventionsbetrug gemäß §§ 263, 264 StGB, der Versicherungsbetrug gemäß §§ 263, 265 StGB, die Untreue gemäß § 266 StGB,³⁰ das Vorenthalten und Veruntreuen von Arbeitsentgelt gemäß § 266a StGB, die falsche Versicherung an Eides Statt gemäß § 156 StGB, die Steuerhinterziehung gemäß § 370 AO, das Unterlassen der Einberufung der Gesellschafterversammlung bei Verlusten in Höhe der Hälfte des Grund- oder Stammkapitals gemäß § 401 Abs. 1 AktG, § 84 Abs. 1 GmbHG, § 148 Abs. 1 iVm § 33 Abs. 3 GenG sowie weitere Formen des Betruges und der Unterschlagung, beispielsweise durch Veräußerung von zur Sicherheit übereigneten Gegenständen, durch mehrfache Sicherungsübereignungen oder durch Verpfändung fremder Sachen.³¹

II. Entstehungsgeschichte

8 Die Lozierung der Insolvenzstrafrechtstatbestände im StGB ist noch verhältnismäßig jung: Die Vorschriften über Konkursstraftaten waren seit 1879 der Konkursordnung (KO) zugewiesen; erst im Rahmen des *Ersten Gesetzes zur Bekämpfung der Wirtschaftskriminalität* vom 29.7.1976 (1. WiKG)³² wurden die Vorschriften in das Strafgesetzbuch überführt. Die zunehmenden Bedenken³³ gegen die Vereinbarkeit der innerhalb der damaligen Konkursordnung kodifizierten Strafvorschriften mit dem Schuldstrafrecht³⁴ und die Beweisschwierigkeiten rund um die Gläubigerbenachteiligungsabsicht in § 239 aF KO dürften ein wesentlicher Auslöser für diese Gesetzesreform gewesen sein.³⁵ Darüber hinaus erhoffte man sich ausweislich der Gesetzgebungsmaterialien eine von der Lozierung im StGB ausgehende generalpräventive Wirkung der Strafnormen. Zugleich wurden die Tatbestände neu gefasst und präzisiert. Ziel der Gesetzesreform³⁶ war es, ausschließlich gefährliche Verhaltensweisen zu erfassen, weshalb sämtlichen Bankrottalternativen das Erfordernis einer wirtschaftlichen Krise³⁷ hinzugefügt wurde.

---

[25] LK/*Tiedemann* Vor § 283 Rn. 2; NK/*Kindhäuser* Vor §§ 283–283d Rn. 1.
[26] *Weyand/Diversy* Rn. 9; im Einzelnen → Rn. 55 ff.
[27] NK/*Kindhäuser* Vor §§ 283–283d Rn. 5 ff.; näher → Rn. 55 ff., 85 ff.
[28] Vgl. NK/*Kindhäuser* Vor §§ 283–283d Rn. 1.
[29] Hierzu *Dannecker* in Graf/Jäger/Wittig § 263 Rn. 482 ff., 349 ff.; → Rn. 152 ff.
[30] Siehe → Rn. 147 ff.
[31] LK/*Tiedemann* Vor § 283 Rn. 2 und 27.
[32] BGBl. I, S. 2034.
[33] Vgl. dazu die amtliche Begründung BT-Drucks. 7/3441, S. 19, 470 ff.; *Tiedemann* ZRP 1975, 129, 130; *Schlüchter* MDR 1978, 977 ff.
[34] So verlangte der Wortlaut der §§ 209 ff. aF KO keine Gefährdung der Gläubigerinteressen und konnte somit auch rechtlich neutrale Handlungen zu strafrechtlich relevantem Unrecht aufwerten.
[35] NK/*Kindhäuser* Vor §§ 283–283d Rn. 14.
[36] Zu Ziel und Inhalt siehe auch NK/*Kindhäuser* Vor §§ 283–283d Rn. 15 f.
[37] Zu den Krisenbegriffen → Rn. 27 ff.

Zudem wurde die zentrale Norm des Insolvenzstrafrechts – der Bankrotttatbestand des § 283 StGB – um eine Vielzahl von Alternativen modifiziert und eine umfassende Fahrlässigkeitshaftung normiert (§ 283 Abs. 4 und 5 StGB). Darüber hinaus wurde die Generalklausel des § 283 Abs. 1 Nr. 8 StGB[38] eingeführt. Mit ihr wollte der Gesetzgeber sich neu entwickelnde, noch nicht typisierte sozialschädliche Verhaltensweisen aus dem Umfeld der Insolvenzen strafrechtlich erfassen.[39]

Durch Art. 60 Nr. 1 des *Einführungsgesetzes zur Insolvenzordnung* (EGInsO)[40] erfolgte zum 1. 1. 1999 die Umbenennung der Konkursstraftaten des 24. Abschnittes des StGB in Insolvenzstraftaten. Außerdem wurden die entsprechenden sprachlichen Angleichungen in den §§ 283 ff. StGB vorgenommen. Obwohl inhaltliche Änderungen des Insolvenzstrafrechts mit diesen sprachlichen Anpassungen an die nunmehr geltende InsO nicht vorgesehen waren, wirkten sich die Änderungen im Insolvenzrecht sehr wohl auf das Insolvenzstrafrecht aus. So wurde durch die neue Möglichkeit der Eröffnung des Insolvenzverfahrens bereits bei drohender Zahlungsunfähigkeit der Zeitpunkt einer möglichen Strafbarkeit wegen eines Bankrottdeliktes deutlich vorverlagert, da die drohende Zahlungsunfähigkeit nun ein Krisenmerkmal darstellt, dh der Schuldner handelt bereits bei drohender Zahlungsunfähigkeit in der Krise und kann damit die tatbestandlichen Voraussetzungen für die Strafbarkeit wegen eines Bankrottdeliktes erfüllen.

III. Unternehmenssanierung und Insolvenzstrafrecht

Die Ziele von Insolvenzrecht und Insolvenzstrafrecht sind nicht überall deckungsgleich. Ein erstes Problem stellt die Vorverlagerung der Strafbarkeit bei *drohender Zahlungsunfähigkeit* dar: Bei drohender Zahlungsunfähigkeit ist gemäß § 18 Abs. 1 InsO allein der Schuldner berechtigt, einen Insolvenzantrag zu stellen. Mit diesem Antrag führt der Schuldner allerdings zugleich die objektive Strafbarkeitsbedingung des § 283 Abs. 6 StGB herbei, da im Zweifel das Insolvenzverfahren eröffnet wird. Damit wird eine Vorverlagerung einer möglichen Strafbarkeit wegen eines Bankrottdeliktes bewirkt, an welcher der Schuldner naturgemäß keinerlei Interesse hat. Die insolvenzrechtliche Intention der möglichst frühen Antragsstellung schon bei drohender Zahlungsunfähigkeit zur Sicherung einer hinreichenden Insolvenzmasse dürfte durch die Vorverlagerung der Strafbarkeit in diesem Fall konterkariert werden.[41]

Ein weiteres Problem stellt die *Unternehmenssanierung* dar, die der Gesetzgeber durch die Einführung des Gesetzes zur Erleichterung der Sanierung von Unternehmen (ESUG)[42] erleichtern wollte:[43] Das Insolvenzstrafrecht enthält die wichtigsten strafrechtlichen Vorgaben, die die Unternehmer zu beachten haben, wenn ihr Unternehmen in die Krise gerät. Je früher das Insolvenzstrafrecht dem wirtschaftlichen Handeln Grenzen setzt und spezifische Anforderungen an das Wirtschaften stellt, desto schärfer begrenzt das Insolvenzstrafrecht den wirtschaftlichen Handlungsspielraum. Jedoch sollte das Insolvenzstrafrecht nicht zum Wirtschaftshemmnis werden und einer noch möglichen Sanierung der Unternehmen entgegenstehen. Die gesetzlichen Vorgaben einschließlich der Reichweite der Insolvenzstraftatbestände begrenzen für die Unternehmen, die in die Krise geraten sind, den Handlungsspielraum, der zu Sanierungszwecken genutzt werden kann. In diesem Zusammenhang hat der Gesetzgeber mit dem ESUG

---

[38] Vgl. LK/*Tiedemann* Vor § 283 Rn. 42.
[39] Siehe BT-Drucks. 7/5291, S. 18.
[40] BGBl. I 1994, S. 2911.
[41] Vgl. *Fischer* Vor § 283 Rn. 11; Schönke/Schröder-*Heine* § 283 Rn. 53; *Lackner/Kühl* § 283 Rn. 8.
[42] BGBl. I 2011, S. 2582. Näher dazu Rn. 42.
[43] *Fuhst* DStR 2012, 418 ff.; *Römermann* NJW 2012, 645 ff.; *Merten*, Die neue Insolvenzrechtsreform 2012 (ESUG); *Wimmer* Das neue Insolvenzrecht nach der ESUG-Reform, 2012.

die Fortführung von sanierungsfähigen Unternehmen erleichtert, um so den Erhalt von Arbeitsplätzen zu ermöglichen.[44]

Zu nennen ist insbesondere das *Schutzschirmverfahren* bei drohender Zahlungsunfähigkeit oder Überschuldung (§ 270b InsO).[45] Es handelt sich um ein eigenständiges, dem Insolvenzverfahren vorgeschaltetes Sanierungsverfahren, in dem ein Sanierungsplan zu erarbeiten ist. Im Vordergrund des modernen Insolvenzrechts steht damit eine Verbesserung der Verteilungsgerechtigkeit, die Stärkung der Gläubigerautonomie und die Verbesserung der Sanierungschancen für sanierungswürdige, im Kern intakte Unternehmen und damit die Aufhebung der Zerschlagungsautomatik. Neben die Gläubigerbefriedigung durch Abwicklung ist also die Fortführung und der „Erhalt des Unternehmens" als neues Ziel der Insolvenz hinzugetreten, um der bekannten Kettenreaktion von Zusammenbrüchen entgegen zu wirken. Die Fortführung des Unternehmens kann dabei als Mittel der Gläubigerbefriedigung verstanden werden. Die Befriedigung der Gläubiger bleibt also weiter das eigentliche Anliegen des Insolvenzverfahrens. Damit ist das *Insolvenzstrafrecht auch im Sanierungsverfahren* anwendbar und setzt dem Insolvenzschuldner Schranken, die dieser einzuhalten hat. Die Ausweitung des rechtspolitischen Blickwinkels vom Gläubiger-Schuldner-Verhältnis auf sonstige Belange und Postulate der Wirtschaftsordnung kann und muss auch das Strafrecht mit vollziehen und entsprechende Verhaltensweisen straffrei stellen, jedoch nur, soweit sie einer ordnungsgemäßen Wirtschaft entsprechen. Dabei kann es nicht darauf ankommen, ob das Bemühen um Unternehmensfortführung und Sanierung durch den Unternehmer letztendlich erfolgreich sein wird.

IV. Die Insolvenzdelikte der §§ 283 ff. StGB – allgemeine Strafbarkeitsvoraussetzungen

12   Die §§ 283–283d StGB stellen durchweg *abstrakte Gefährdungsdelikte* dar, eine konkrete Gefährdung der Gläubigerinteressen wird nicht vorausgesetzt. Wenn § 283 Abs. 1 StGB ebenso wie die §§ 283b, 283c und 283d StGB bereits die Vornahme einer Bankrotthandlung unter Strafe stellen, so liegt dies in der Schwierigkeit begründet, die kausale und schuldhafte Verursachung einer Insolvenz durch den Täter nachträglich zu beweisen. Die dogmatische Rechtfertigung der abstrakten Gefährdungsdelikte stellt darauf ab, dass solche Handlungen typischerweise insolvenzträchtig sind. Allerdings muss als *objektive Strafbarkeitsbedingung* (§§ 283 Abs. 6, 283a, 283b Abs. 3, 283c Abs. 3, 283d Abs. 4 StGB) hinzukommen, dass der Täter oder das von ihm vertretene Unternehmen seine Zahlungen einstellt, oder dass über das Vermögen das Insolvenzverfahren eröffnet oder der Eröffnungsantrag mangels Masse abgewiesen wird. Erst von diesem Zeitpunkt an besteht ein *Strafbedürfnis*.[46] Dabei ist ein Kausalzusammenhang zwischen Bankrotthandlung und Strafbarkeitsbedingung nicht erforderlich,[47] jedoch muss ein gewisser zeitlicher und tatsächlicher Zusammenhang bestehen.[48] Es reicht hierfür aus, wenn Forderungen, die zur Zeit der Bankrotthandlungen bestanden, bis zur Zahlungseinstellung noch nicht getilgt waren. Wurde die Unternehmenskrise zwischenzeitlich überwunden oder beruht der Unternehmenszusammenbruch auf anderen Gründen, so entfällt das Strafbedürfnis. Zweifel gehen insoweit zu Lasten des Täters.[49]

13   **1. Täterkreis.** Dem Gesetzeswortlaut könnte man wegen der Verwendung des Wortes „wer" entnehmen, dass als Täter jedermann in Frage kommt. In Wirklichkeit ist

---

[44] Im Einzelnen hierzu *Undritz* in Kübler (Hrsg.), HRI § 2 Rn. 8 ff.
[45] Ausführlich *Koch* in Kübler (Hrsg.), HRI § 7 Rn. 7 ff.
[46] So die amtliche Begründung BT-Drucks. 7/3441, S. 3.
[47] BGHSt 28, 231 ff.; BayObLG NStZ 2003, 214 f. mit abl Bespr *Maurer* wistra 2003, 253 f.
[48] Hierzu → Rn. 50.
[49] LK/*Tiedemann* Vor § 283 Rn. 98.

aber bis auf § 283d StGB der Täterkreis rechtlich auf den *Schuldner* oder die *für ihn gemäß § 14 StGB Tätigen* beschränkt. Die §§ 283 Abs. 1 Nrn. 5 und 7, 283b StGB erfordern zusätzlich die Eigenschaft eines Vollkaufmanns. Eine weitere Einschränkung ergibt sich aus dem Krisenerfordernis (§ 283 Abs. 1 StGB) und der Voraussetzung der objektiven Strafbarkeitsbedingung. Die §§ 283–283c StGB stellen somit ausnahmslos *Sonderdelikte* dar. Der Täterkreis ist auf Schuldner beschränkt, dh auf Personen, die für die Erfüllung einer Verbindlichkeit haften.[50] Diese Pflichtenstellung des Täters ist ein besonderes persönliches Merkmal iSd § 28 Abs. 1 StGB; für mögliche Teilnehmer der Tat ist daher die Strafe nach §§ 28 Abs. 1, 49 Abs. 1 StGB zu mildern.[51] Die Schuldnereigenschaft muss zum Zeitpunkt der Tatbegehung, jedoch nicht mehr bei Eintritt der objektiven Strafbarkeitsbedingung gegeben sein.

Schuldner kann jedermann sein: Grundsätzlich kommen nicht nur Kaufleute, sondern auch *Privatpersonen* als Schuldner in Betracht.[52] Eine Ausnahme hierzu bilden die §§ 283 Abs. 1 Nrn. 5 und 7, 283b StGB, die zur Erfüllung des Tatbestandes auf Seiten des Täters zusätzlich die Eigenschaft eines *Kaufmanns* erfordern, da nur einen solchen die dort genannten handelsrechtlichen Pflichten treffen.

a) *Schuldnereigenschaft der juristischen Person und Überwälzung auf natürliche Personen gemäß § 14 StGB.* In der Regel handelt es sich bei dem Schuldner nicht um eine natürliche, sondern um eine *juristische Person.* Da die Straftatbestände der §§ 283 ff. StGB aber an das Handeln einer natürlichen Person anknüpfen, bedarf es einer Zurechnungsnorm, um die Täter, die dann ja nicht Schuldner iSd § 283 StGB sind, strafrechtlich zur Verantwortung ziehen zu können. Diese Möglichkeit bietet § 14 StGB: Diese Norm erweitert allgemein den Anwendungsbereich von Tatbeständen, die ausdrücklich den Kreis der Täter durch personenbezogene Merkmale einschränken.[53] Im Falle der §§ 283–283c StGB ist die Schuldnereigenschaft das limitierende persönliche Merkmal. Dieses bei der juristischen Person vorliegende Merkmal wird auf die für die juristische Person handelnden natürlichen Personen übergewälzt.

Die Voraussetzung für eine strafrechtliche Verantwortlichkeit des Handelnden ist nach § 14 StGB, dass der Täter *als Vertreter oder Organ oder aufgrund eines Auftrages* handelt. Die Tätereigenschaft kann sich entsprechend daraus ergeben, dass der Handelnde als Schuldner tätig wird. Täter kann ferner sein, wer für den Schuldner handelt. Deshalb können auch Angehörige der steuer- und wirtschaftsberatenden Berufe nach § 14 Abs. 2 Nr. 2 StGB Täter sein, wenn sie zB zur Bilanzerstellung beauftragt waren und die Bilanz nicht in der vorgeschriebenen Zeit aufgestellt haben (§§ 283 Abs. 1 Nr. 7b, 283b Abs. 1 Nr. 3b StGB). Der Täter muss also *für* den Schuldner (in Gestalt der juristischen Person) handeln. Erforderlich ist, dass er bei der Tatausführung in seiner Funktion als Organ handelt, also Pflichten der juristischen Person wahrnimmt, und nicht nur die sich bei dieser Gelegenheit eröffneten Zugriffsmöglichkeiten ausnutzt.[54]

Zur Qualifizierung dieser Voraussetzung hat der Bundesgerichtshof lange Jahre auf ein subjektives Merkmal beim Täter abgestellt: Nach ständiger höchstrichterlicher

---

[50] So bereits RGSt 68, 108 (109).
[51] Str.; zust. LK/*Tiedemann* § 283 Rn. 228; NK/*Kindhäuser* § 283 Rn. 111; SK/*Hoxer* § 283 Rn. 107; MüKoStGB/*Radtke/Petermann* § 283 Rn. 80; BGH NZI 2013, 663 (664); aA Schönke/Schröder-*Heine* § 283 Rn. 65; *Lackner/Kühl* § 283 Rn. 25.
[52] BGH NStZ 2001, 485 (486) mit Anm. *Krause* NStZ 2002, 42 f.; *Bieneck* StV 1999, 43; zur Problematik der Geltung der InsO für Privatpersonen *Uhlenbruck* NZI 2000, 15 ff.; *Schramm* wistra 2002, 55 f.; *Röhm* ZInsO 2003, 535 ff.; Rechtsprechungsübersicht bei *Sternal* NZI 2009, 537 ff. und NZI 2010, 457 ff.; näher dazu Rn. 54. Zu Reformvorhaben *Pape* ZInsO 2011, 1 ff.; *Schmerbach* NZI 2011, 131 ff.; für eine Gesetzesänderung plädierend *Dohmen* S. 190 ff.; *Moosmayer* S. 82; *Penzlin* S. 208 ff.; *Röhm* S. 303 ff.
[53] NK/*Böse* § 14 Rn. 2 mwN.
[54] BGH wistra 2012, 346 (348); *Bieneck* in Müller-Gugenberger/Bieneck § 77 Rn. 24.

Rechtsprechung[55] kam es für eine Verurteilung eines Organs einer juristischen Person wegen eines Bankrottdeliktes darauf an, dass der nach § 14 Abs. 1 Nr. 1 StGB vertretungsberechtigte Täter zumindest auch im wirtschaftlichen Interesse des Schuldners gehandelt hat (so genannte *Interessenformel*).[56] War dies nicht der Fall, handelte der Täter also ausschließlich aus Eigennutz oder im Interesse einer anderen juristischen Person, beispielsweise einer neu gegründeten GmbH, so handelte er nach Ansicht des BGH nicht *als* Organ und auch nicht für den Schuldner und es kam infolgedessen keine Verurteilung wegen eines Bankrottdelikts in Frage.[57] Der Täter konnte allenfalls wegen eines Vermögensdelikts, in aller Regel wegen Untreue gemäß § 266 StGB, bestraft werden. Wegen der in der Literatur immer wieder dargestellten Unzulänglichkeiten der Interessenformel, insbesondere deren Inkompatibilität bei den Buchdelikten und weiterer dadurch entstehender Strafbarkeitslücken,[58] sowie wegen der Inkonsistenz in der Anwendung dieser Theorie in der eigenen Rechtsprechung – eine Anwendung der Interessentheorie hat der BGH aus „Gründen des Gläubigerschutzes" in den Fällen abgelehnt, in denen das Handeln des Organs zwar vom Einverständnis der Gesellschafter gedeckt war, dieses Einverständnis jedoch als rechtsmissbräuchlich und damit unwirksam angesehen wurde[59] – hat der BGH, angestoßen durch eine Entscheidung des 3. Senats vom 10.2.2009,[60] Abstand von dieser faktischen Einschränkung des § 14 StGB genommen.[61] Diese Entscheidung ist in der Literatur auf ein breites und überwiegend begeistertes Echo gestoßen.[62]

17 Als Alternative zur Interessentheorie hat der 3. Strafsenat die Möglichkeit einer Abgrenzung danach, „ob der Vertreter im Sinne des § 14 StGB *im Geschäftskreis des Vertretenen* tätig geworden ist",[63] anklingen lassen.[64] Dies sei dann der Fall, wenn der Vertreter entweder im Namen des Vertretenen auftrete oder Letzteren wegen der bestehenden Vertretungsmacht wenigstens im Außenverhältnis die Rechtswirkungen des Geschäfts unmittelbar träfen. Gleiches gelte, wenn sich der Vertretene zur Erfüllung seiner außerstrafrechtlichen, aber gleichwohl strafbewehrten Pflichten eines Vertreters bediene.[65] Ebenso müsse dem Vertretenen bei einem von seiner Zustimmung gedeckten faktischen Handeln selbiges zugerechnet werden.[66] Damit verweist der BGH (zumindest in Teilen)[67] auf das in der Literatur vertretene so genannte *Zurechnungsmodell*.[68]

18 In der Praxis wird die Abkehr von der Interessentheorie vermutlich deutlich mehr Verurteilungen wegen *Bankrotts in Tateinheit mit Untreue oder einem Eigentumsdelikt* zur Folge haben,[69] was sich auch auf die zu erwartende *Sanktionshöhe* spürbar auswirken kann.[70]

---

[55] Vgl. nur BGHSt 28, 371; 30, 127 (129 f.).
[56] Im Einzelnen *Dehne-Niemann* wistra 2009, 417 (419 ff.) mwN; Schönke/Schröder-*Heine* § 283 Rn. 4a mwN.
[57] *Weyand/Diversy* Rn. 69 mwN.
[58] Vgl. SK/*Hoyer* § 283 Rn. 103; LK/*Tiedemann* Vor § 283 Rn. 80; *Wegner* in Achenbach/Ransiek VII 1 Rn. 14.
[59] BGHSt 34, 221 (224) = StV 1988, 14 (15); vgl. auch BGHSt 3, 32 (39 f.); BGHSt 34, 379 (384 ff.) = NJW 1988, 1397 (1398) zum rechtsmissbräuchlichen Einverständnis bei der Untreue; offen gelassen: BGHSt 28, 371 (372 f.).
[60] BGH wistra 2009, 275 ff.
[61] Im Einzelnen *Dannecker/Hagemeier* in Dannecker/Knierim/Hagemeier, Rn. 1022 f. mwN.
[62] Siehe statt vieler *Dehne-Niemann* wistra 2009, 417 ff.; *Helmrich* ZInsO 2009, 1475 ff.; *Brand* NStZ 2010, 9 ff.; *Radtke* JR 2010, 233 ff.; *Kasiske* JR 2011, 235 ff.
[63] BGH wistra 2009, 275 (277).
[64] Ablehnend *Brand* NStZ 2010, 9 (11 ff.).
[65] BGH wistra 2009, 275 (277).
[66] BGH wistra 2009, 275 (277).
[67] *Radtke* JR 2010, 233 (238).
[68] Siehe *Fischer* Vor § 283 Rn. 22; SK/*Hoyer* § 283 Rn. 104 f.; Schönke/Schröder-*Heine* § 283 Rn. 4b f.; MüKoStGB/*Radtke/Petermann* Vor § 283 Rn. 60 f.; *Ogiermann/Weber* wistra 2011, 206 (207 f.).
[69] So BGH wistra 2009, 275 (277 f.); *Brand* NStZ 2010, 9 (11); *Helmrich* ZInsO 2009, 1475 (1478).
[70] *Helmrich* ZInsO 2009, 1475 (1478); *Leipold/Schaefer* NZG 2009, 937 (938 f.).

Entsprechend kommen gemäß § 14 StGB als taugliche Täter bei der GmbH der *Geschäftsführer*,[71] bei der Aktiengesellschaft, der Genossenschaft, dem rechtsfähigen Verein und der rechtsfähigen Stiftung der *Vorstand* bzw. jedes Vorstandsmitglied,[72] bei der offenen Handelsgesellschaft und der Vorgesellschaft einer GmbH[73] jeder vertretungsberechtigte Gesellschafter in Betracht. Im Zusammenhang mit einer Kommanditgesellschaft und einer Kommanditgesellschaft auf Aktien können als Täter nur die persönlich haftenden Gesellschafter, nicht hingegen die Kommanditisten strafbar sein. Bei der GmbH und Co KG wird der GmbH-Geschäftsführer als tauglicher Täter angesehen, sofern er auch die Geschäfte der KG führt.[74] Bei den Buchführungs- und Bilanzdelikten (§§ 283 Abs. 1 Nrn. 5–7, 283b StGB) kommen als Täter auch *rechtsgeschäftlich bestellte Vertreter und Beauftragte* in Frage, so zB Steuerberater bei der Übernahme der Buchführung oder Angestellte von Kreditinstituten bei der Übernahme des Zahlungsverkehrs des Schuldners. Auch der *Insolvenzverwalter* gilt als gesetzlicher Vertreter iSd § 14 Abs. 1 Nr. 3 StGB und kann sich deshalb, wenn er Pflichten des Insolvenzschuldners wahrnimmt, insbesondere nach den §§ 283, 266, 266a StGB und nach § 370 AO wegen Steuerhinterziehung strafbar machen.[75]

Letztlich muss nach der Abkehr der Rechtsprechung von der Interessentheorie darauf abgestellt werden, dass alle Handlungen eines Organs oder Vertreters, die dem Schuldner rechtsgeschäftlich zuzurechnen sind, auch als Handlungen für den Schuldner anzusehen sind. Dies gilt erst recht, wenn der Vertreter gesetzlich vorgesehenen Pflichten des Schuldners, die er für diesen zu erfüllen hat, nicht nachkommt. Bei nur faktischem Handeln soll eine Zurechnung lediglich dann in Betracht kommen, wenn eine Zustimmung der Gesellschafter vorliegt, str., vgl. *Fischer* § 14 Rn. 5b.

b) *Faktischer Geschäftsführer.* Ein weiterer Problembereich neben der Problematik der Zurechnung der Schuldnereigenschaft über § 14 StGB ist der im Kontext von Insolvenzstraftaten nicht selten auftauchende so genannte *faktische Geschäftsführer,* bzw. in der relevanten Konstellation der Firmenbestattung der *faktische Liquidator.*[76] So ist es nicht ungewöhnlich, dass ein Strohmann als Geschäftsführer eingetragen wird, klassischerweise die mit den Dingen des Unternehmens nicht betraute Ehefrau oder auch ein dafür bezahlter, quasi „hauptberuflicher" Strohmann in Gestalt von mit geschäftlichen Dingen nicht vertrauten Rentnern oder auch einkommensschwachen Personen wie ALG-II-Empfängern.[77] Die tatsächliche Leitung der Gesellschaft wird jedoch von einem Hintermann, dem faktischen Geschäftsführer, wahrgenommen,[78] der zwar intern und auch nach außen hin die Aufgaben eines Geschäftsführers wahrnimmt,[79] aber offiziell, dh im Handelsregister nicht als solcher in Erscheinung tritt, und der mit dem Einverständnis der Gesellschafter tätig wird.[80] Nicht selten handelt es sich hierbei um den ehemaligen eingetragenen Geschäftsführer der Gesellschaft, wenn in dessen Person Ausschlussgründe für eine Bestellung zum Geschäftsführer vorliegen,[81] beispielsweise aufgrund einer Verurteilung wegen einer entsprechenden Straftat gemäß § 6 Abs. 2 S. 2 Nr. 3 GmbHG.[82]

---

[71] BGH NJW 1969, 1494, zum ehem. § 50a Abs. 1 StGB.
[72] LK/*Tiedemann* Vor § 283 Rn. 62f.
[73] BGHSt 3, 23 ff.
[74] BGHSt 19, 174 ff.
[75] Dazu *Richter* NZI 2002, 121 (124 ff.); *Wessing* NZI 2003, 1 ff.
[76] Vgl. BGH NZI 2013, 365 (367) m. Anm. *Köllner.*
[77] Siehe hierzu BGH NZI 2013, 365 (366) m. Anm. *Köllner.*
[78] Zu den verschiedenen Konstellationen *Dierlamm* NStZ 1996, 153 ff.
[79] Vgl. BGHSt 46, 62 (64).
[80] BGHSt 31, 118 (122); *Fischer* Vor § 283 Rn. 23.
[81] Siehe zB BGHSt 31, 118 (119).
[82] Hierzu im Einzelnen *Fastrich* in Baumbach/Hueck, § 6 Rn. 13.

22 Das Reichsgericht war in seiner Rechtsprechung noch davon ausgegangen, dass eine Strafbarkeit des Täters als faktischer Geschäftsführer nur dann in Betracht kam, wenn ein förmlicher, aber *unwirksamer Bestellungsakt* zugrunde lag.[83] Diese Auffassung ist unter dem Gesichtspunkt des Art. 103 Abs. 2 GG unproblematisch.

Der BGH hat diese restriktive Handhabung der Figur der faktischen Geschäftsführung in der Folge „aufgeweicht", indem er auf einen förmlichen Bestellungsakt verzichtet[84] und nunmehr konstatiert, dass die grundsätzliche Möglichkeit besteht, dass auch Geschäftsführer ist, „wer ohne förmliche Bestellung die Stellung des Geschäftsführers tatsächlich einnimmt".[85] Unabdingbare Voraussetzung hierfür sei allerdings eine „faktische Bestellung", dh das Einverständnis oder die Duldung der faktischen Geschäftsführung durch die Mehrheit der Gesellschafter.[86] Der Strafbarkeit des faktischen Geschäftsführers steht es nach Ansicht des BGH auch nicht entgegen, dass er neben einem ordnungsgemäß bestellten Geschäftsführer im Unternehmen tätig wird.[87] Die denkbaren Fälle einer faktischen Geschäftsführung beschränken sich also nicht auf die klassischen Strohmann-Fälle, sondern umfassen auch die Konstellation der so genannten *faktischen Mitgeschäftsführung,* in der ein faktischer Geschäftsführer neben einem wirksam bestellten Geschäftsführer agiert. Erforderlich sei allerdings eine „überragende Stellung in der Geschäftsführung"[88] bzw. ein „Übergewicht"[89] oder „deutliches Übergewicht"[90] des faktischen gegenüber dem bestellten Geschäftsführer oder ein „überragender Einfluss" des faktischen auf den bestellten Geschäftsführer.[91]

23 Wenn ein Geschäftsführer nicht im Handelsregister eingetragen ist, ist eine Qualifizierung als faktischer Geschäftsführer nicht ganz unproblematisch. Insbesondere in den Fällen einer faktischen Mitgeschäftsführung ist fraglich, welche Aktivitäten der faktische Geschäftsführer (neben dem bestellten) entfalten muss, damit eine faktische Geschäftsführung angenommen werden kann. In der höchstrichterlichen Rechtsprechung[92] hat sich für die Feststellung von Fällen der faktischen Organschaft ein *Katalog an Voraussetzungen* herausgebildet. Eine faktische Geschäftsführung liegt jedenfalls dann vor, wenn eine Person die Geschicke der Gesellschaft allein bestimmt, eine „überragende Stellung" in der Geschäftsleitung einnimmt[93] oder die Geschäfte in weitergehendem Umfang als der formell festgelegte Geschäftsführer vornimmt und bestimmenden Einfluss auf alle Geschäftsvorgänge hat.[94]

24 In der Literatur wird die Auffassung vertreten, dass eine faktische Geschäftsführung immer dann vorliege, wenn mindestens sechs von den acht *klassischen Merkmalen im Kernbereich der Geschäftsführung* erfüllt sind:[95]
– Bestimmung der Unternehmenspolitik,
– Unternehmensorganisation,

---

[83] RGSt 16, 269 (271); 34, 412 (413); 43, 407 (413 f.); 64, 81 (84); 71, 112 (113); dazu *Dannecker* in: Staub, HGB, § 331 Rn. 37.
[84] BGHSt 3, 32 (37 ff.); 21, 101 (103 ff.).
[85] Zuletzt BGH wistra 2013, 272 (273) mwN; aA *Wegner* in Achenbach/Ransiek, VII 1 Rn. 12, der eine „faktische Betrachtungsweise" ohne den Versuch eines wirksamen Bestellaktes ablehnt.
[86] Vgl. BGHSt 3, 32 (38); 31, 118 (122); BGH NStZ 2000, 34 (35); BGHSt 46, 62 (65).
[87] BGHSt 31, 118 (121 f.); aA noch das RG, RGSt 72, 187 (191 f.).
[88] BGHSt 31, 118 (122).
[89] So relativierend BGH StV 1984, 461 m abl Anm. *Otto*.
[90] BGHSt 46, 62 (65); BGH NJW 2013, 624 (625).
[91] BGH NStZ 1998, 568 (569).
[92] Vgl. BGHSt 3, 32 (37) zum bestellten, aber nicht eingetragenen Geschäftsführer; BGHSt 21, 101 (103) im Falle eines weder bestellten noch eingetragenen Vorstandsmitgliedes.
[93] So BGHSt 31, 118 (120).
[94] Zusammenfassend *Bröker* wistra 1993, 161 ff.; BGH NJW 1997, 66 (68); BayObLG NJW 1997, 1936 mwN; einschränkend *Dannecker* in Michalski, § 82 Rn. 47.
[95] So *Dierlamm* NStZ 1996, 153 (156); siehe auch BayObLG NJW 1997, 1936.

- Einstellung von Mitarbeitern,
- Gestaltung der Geschäftsbeziehungen zu Vertragspartnern,
- Verhandlung mit Kreditgebern,
- Gehaltshöhe,
- Entscheidung der Steuerangelegenheiten,
- Steuerung der Buchhaltung.

Allerdings ist fraglich, ob das Vorliegen einer faktischen Geschäftsführung anhand einer Checkliste mit einer Mindestzahl an erfüllten Voraussetzungen bejaht werden kann.[96] Vielmehr erscheint eine *Bewertung der Gesamtumstände* notwendig. Die Übernahme solcher Pflichten im Außenverhältnis, die typischerweise mit der Stellung eines Geschäftsführers verbunden sind, oder das Bestehen einer Bankvollmacht für den Täter sprechen in diesem Sinne für eine faktische Geschäftsführung;[97] fehlen die entsprechenden Kompetenzen, so spricht dies gegen eine faktische Organstellung.[98]

Ein möglicher Fall der faktischen Geschäftsführung kann vorliegen, wenn, wie es in der Praxis vorkommt, bei einer wirtschaftlichen Krise eines Unternehmens deren *Bank* Teile des operativen Geschäfts übernimmt. Die Bank eines Unternehmens ist durch die umfassende Information über die Kontendaten des Unternehmens in aller Regel sehr gut und sehr frühzeitig über eine etwaige wirtschaftliche Krise informiert, nicht selten dürfte sie sogar Mitverursacher der Krise sein, so wenn Kredite des Schuldners „zurückgeführt" werden. Die in der Praxis genutzte Möglichkeit, einen Mitarbeiter der Bank in das krisenbefangene Unternehmen zu entsenden, der dort entscheidenden Einfluss auf die Zahlungs- und sonstigen Vorgänge nimmt, kann folglich auf der Gegenseite die Gefahr einer strafrechtlich relevanten faktischen Geschäftsführung durch den Bankmitarbeiter im Sinne einer faktischen Mitgeschäftsführung bergen.

Gleiches gilt für *Unternehmenssanierer,* die in der Krise Geschäftsführungsaufgaben übernehmen, so dass diese den durch das Insolvenzstrafrecht gesetzten Grenzen unterliegen. Diese Straftatbestände gelten auch im Schutzschirmverfahren.[99]

Die Voraussetzungen der Stellung eines Angeklagten als faktischer Geschäftsführer sind im *Strafurteil* jedenfalls mit Leben zu füllen, und zwar dergestalt, dass die die Annahme einer faktischen Geschäftsführung begründenden Tatsachen dargestellt werden müssen. Es reicht hingegen nicht aus, sich auf die allgemeinen Formeln zu berufen, dass der Angeklagte die „Geschicke der Firma im Wesentlichen allein bestimmt" habe[100] oder er „im Einvernehmen mit der Gesellschafter-GmbH von Anfang an die Stellung des Geschäftsführers eingenommen" habe.[101] Eine Revision dürfte, wenn sich die Annahme der faktischen Geschäftsführung im Strafurteil auf dergestalt allgemeine Formulierungen beschränkt, also aussichtsreich sein.

2. Die wirtschaftliche Krise. Die Insolvenzdelikte der §§ 283 ff. StGB weisen als charakteristische Gemeinsamkeit auf, dass ein strafbares Verhalten stets das Handeln im Kontext einer wirtschaftlichen Krise des Schuldners voraussetzt,[102] es handelt sich um krisenbezogene[103] Delikte. So knüpft die Strafbarkeit in diesem Deliktsfeld – mit Ausnahme der Verletzung der Buchführungspflicht in § 283b StGB – stets an ein wirtschaftlich verantwortungsloses bzw. insolvenzträchtiges und in diesem Sinne *pflichtwidri-*

---

[96] So auch *Schmid* in Müller-Gugenberger/Bieneck § 30 Rn. 58.
[97] BGH NJW 2013, 624 (625).
[98] BGH NZG 2005, 755 (755 f.); NJW 2013, 624 (625).
[99] Siehe dazu oben Rn. 11.
[100] BGH wistra 2013, 272 (273 f.).
[101] Vgl. BGH NJW 2013, 624 (625).
[102] Vgl. dazu NK/*Kindhäuser* Vor §§ 283–283d Rn. 91; *Pelz* in Wabnitz/Janovsky 9. Kapitel Rn. 4 f.; *Wegner* in Achenbach/Ransiek VII 1 Rn. 15.
[103] MüKoStGB/*Radtke/Petermann* Vor §§ 283 ff. Rn. 63.

ges Verhalten in einer Krisensituation des Unternehmens (§ 283 Abs. 1 StGB) bzw. an die pflichtwidrige Herbeiführung einer solchen Schieflage an (§ 283 Abs. 2 StGB).[104] Aus der Verbindung einer wirtschaftlichen Krise mit dem nicht mehr ordnungsgemäßen Wirtschaften ergibt sich das tatbestandliche Unrecht.[105] An die insolvenzrechtlichen Krisenbegriffe der §§ 17–19 InsO – *Zahlungsunfähigkeit, drohende Zahlungsunfähigkeit und Überschuldung* – knüpfen auch die Insolvenzdelikte des StGB an. Ob die strafrechtlichen Krisenbegriffe insolvenzrechtsakzessorisch oder eigenständig strafrechtlich auszulegen sind, ist Gegenstand andauernder dogmatischer Auseinandersetzungen in der Literatur[106] und noch immer nicht abschließend geklärt. Im Gegensatz zur wohl überwiegenden Literaturmeinung, die von einer nur funktionalen, nicht aber strengen Akzessorietät der strafrechtlichen Krisenbegriffe ausgeht,[107] nimmt die Rechtsprechung eine *Insolvenzrechtsakzessorietät der Krisenbegriffe* an,[108] so dass die Auslegung für den Praktiker als geklärt angesehen werden kann. Allerdings muss dennoch hervorgehoben werden, dass die entsprechenden strafrechtlichen Besonderheiten wie der In-dubio-pro-reo-Grundsatz zu berücksichtigen sind.[109]

28 Zu beachten ist, dass die tatbestandsmäßigen Krisenvoraussetzungen innerhalb der §§ 283 ff. StGB variieren: *§ 283 Abs. 1 StGB* und entsprechend die Tatbestandsvarianten in § 283 Abs. 4 Nr. 1 und Abs. 5 Nr. 1 StGB setzen ein tatbestandsmäßiges Handeln des Schuldners voraus, das im Zustand der Überschuldung oder der drohenden oder eingetretenen Zahlungsunfähigkeit vorgenommen wird. Dasselbe gilt für die Regelbeispiele nach § 283a StGB, die eine Strafrahmenerhöhung bewirken.[110]

Abweichend hiervon erfordert *§ 283 Abs. 2 StGB,* bei dem noch keine Krise zum Handlungszeitpunkt vorliegen muss, sondern diese erst durch die Bankrotthandlungen herbeigeführt werden muss, als Folge der tatbestandlichen Handlung eine Überschuldung oder (eingetretene) Zahlungsunfähigkeit – eine nur drohende Zahlungsunfähigkeit reicht hingegen nicht aus.

Die *Gläubigerbegünstigung* setzt gemäß § 283c StGB die eingetretene Zahlungsunfähigkeit voraus, während die *Schuldnerbegünstigung* nach § 283d StGB bereits bei einer drohenden Zahlungsunfähigkeit eingreift.

29 Das *Handeln in der Krise* ist als zeitliches Zusammentreffen von der Bankrotthandlung und dem Vorliegen der Überschuldung oder der (drohenden) Zahlungsunfähigkeit zu verstehen. Eine Kausalität ist nicht erforderlich. Demgegenüber setzt das *Herbeiführen der Krise* durch die Bankrotthandlung (§ 283 Abs. 2, Abs. 4 Nr. 2, Abs. 5 Nr. 2 StGB) Kausalität voraus. Diesbezüglich muss der Täter auch schuldhaft handeln. In diesen Fällen liegen die Bankrotthandlungen zeitlich vor der Krise.

30 a) *Überschuldung.* Nach Inkrafttreten der InsO war die Überschuldung gemäß § 19 Abs. 2 InsO zunächst folgendermaßen definiert:

---

[104] Schönke/Schröder/*Heine* Vor §§ 283 ff. Rn. 1; *Wegner* in Achenbach/Ransiek VII 1 Rn. 15.

[105] NK/*Kindhäuser* Vor §§ 283–283d Rn. 91.

[106] Siehe nur *Erdmann,* Die Krisenbegriffe der Insolvenzstraftatbestände (§§ 283 ff. StGB), 2007, passim; *Penzlin,* Strafrechtliche Auswirkungen der Insolvenzordnung, 2000, S. 69 ff.; *Röhm,* Zur Abhängigkeit des Insolvenzstrafrechts von der Insolvenzordnung, 2001, S. 82 ff. mwN.

[107] *Fischer* Vor § 283 Rn. 6; Schönke/Schröder-*Heine* § 283 Rn. 50a; *Dannecker/Hagemeier* in Dannecker/Knierim/Hagemeier Rn. 62, 71, 85, jeweils mwN; aA SK/*Hoyer* § 283 Rn. 8 ff.; *Wegner* in Achenbach/Ransiek VII. 1. Rn. 16, der unter Hinweis auf die von der Rechtsprechung vertretene Zivilrechtsakzessorietät konstatiert, dass „dieser Streit gegenwärtig nur noch von akademischen Interesse" sei.

[108] BGH wistra 2010, 219 m. Anm. *Wegner* wistra 2010, 438 (439); zustimmend *ders.* in Achenbach/Ransiek VII 1 Rn. 16; *Sorgenfrei* in Park, Teil 3 Kap 5, § 283 StGB Rn. 78. Näher dazu unten Rn. 31, 39, 43.

[109] So LK/*Tiedemann* Vor § 283 Rn. 155; *Lackner/Kühl* § 283 Rn. 5; *Dannecker/Hagemeier* in Dannecker/Knierim/Hagemeier Rn. 85.

[110] Im Einzelnen hierzu *Weyand/Diversy* Rn. 117.

„*Überschuldung liegt vor, wenn das Vermögen des Schuldners die bestehenden Verbindlichkeiten nicht mehr deckt. Bei der Bewertung des Vermögens des Schuldners ist jedoch die Fortführung des Unternehmens zugrunde zu legen, wenn diese nach den Umständen überwiegend wahrscheinlich ist.*"[111]

Diese Definition hat mit der Änderung des Gesetzeswortlauts des § 19 Abs. 2 InsO durch das Finanzmarktstabilisierungsgesetz (FMStG)[112] seit dem 18.10.2008 eine Modifizierung erfahren: Demnach liegt Überschuldung nur noch vor, „wenn das Vermögen des Schuldners die bestehenden Verbindlichkeiten nicht mehr deckt, *es sei denn, die Fortführung des Unternehmens ist nach den Umständen überwiegend wahrscheinlich*". Diese Einschränkung des Überschuldungsbegriffs galt zunächst nur bis zum 31.12.2010; gemäß Artikel 6 Abs. 3 FMStG sollte der neue Wortlaut nämlich ab dem 1.1.2011 wieder in den alten Wortlaut „zurückgeändert" werden. Diese Befristung wurde durch das Gesetz zur Erleichterung der Sanierung von Unternehmen vom 24.9.2009[113] bis zum 31.12.2013 verlängert[114] und ist schließlich durch das Gesetz zur Einführung einer Rechtsbehelfsbelehrung im Zivilprozess und zur Änderung anderer Vorschriften vom 5.12.2012[115] aufgehoben worden. Der im Zuge der Finanzkrise geänderte und damit zunächst als *Zeitgesetz* konstruierte Überschuldungstatbestand besteht nunmehr unbefristet. War bisher bei der Feststellung einer Überschuldung die Fortführungsprognose[116] für den *Wertansatz* des Vermögens in der Überschuldungsbilanz bestimmend,[117] so ist nunmehr eine Überschuldung nach § 19 Abs. 2 InsO bereits ausgeschlossen, wenn eine positive Fortführungsprognose vorliegt.[118] Eine Überschuldungsbilanz erübrigt sich in diesem Fall also. Bei negativer Fortführungsprognose sind bei der Bewertung der einzelnen Bilanzposten im Überschuldungsstatus Liquidationswerte zugrunde zu legen.[119]

Für den *strafrechtlichen Überschuldungsbegriff* ergeben sich angesichts der erwähnten in der Rechtsprechung konsentierten Insolvenzrechtsakzessorietät in der Praxis keine wesentlichen Abweichungen. Zu beachten ist für das Strafrecht allerdings, dass gemäß § 2 Abs. 3 StGB das mildere Gesetz dem Täter zugute kommt, auch wenn er unter der Geltung des alten Gesetzes gehandelt und sich strafbar gemacht hat. Zwar sieht § 2 Abs. 4 StGB für Zeitgesetze vor, dass die während der Geltung des Gesetzes begangenen Straftaten weiterhin bestraft werden. Dadurch soll für Zeitgesetze, weil deren Außerkrafttreten vorhersehbar ist, die faktische Geltungskraft der Norm sichergestellt werden, so dass dem Täter die Erwartung einer späteren Folgenlosigkeit des Rechtsbruchs genommen wird. In diesen Fällen muss es aus Gründen, die mit der Natur des Zeitgesetzes und den vom Gesetzgeber in dieser Hinsicht verfolgten Regelungszwecken zusammenhängen, bei der Anwendung des Tatzeitrechts bleiben. Wenn aber ein Zeitgesetz durch ein nicht zeitlich begrenztes Gesetz ersetzt wird, wie dies im vorliegenden Zusammenhang der Fall ist, kommt das *Milderungsgebot* wiederum zur Anwendung. Dies bedeutet, dass allen strafrechtlichen Verurteilungen der neue Überschuldungsbegriff, der eine negative Fortsetzungsprognose erfordert, zugrunde zu legen ist.

---

[111] Zu den Einzelheiten MüKoInsO/*Kiethe/Hohmann* § 15a Rn. 46 ff.; zur historischen Entwicklung des Überschuldungsbegriffs *Dannecker/Hagemeier* in Dannecker/Knierim/Hagemeier Rn. 55 ff.; *Weyand/Diversy* Rn. 34 ff.; *Grube/Röhm* wistra 2009, 81 ff.; *Hirte/Knof/Mock* ZInsO 2008, 1217 (1219 f.).
[112] FMStG vom 17.10.2008, BGBl. I, S. 1982 ff.
[113] BGBl. I, S. 3151.
[114] Zur Begründung vgl. BT-Drucks. 16/13927, S. 4.
[115] BGBl. I, S. 2418 ff.
[116] Zum Inhalt der Fortführungsprognose *Beck* in Wabnitz/Janovsky 8. Kap. Rn. 136; *Frystatzki* NZI 2011, 173 ff.
[117] Im Einzelnen *Grube/Röhm* wistra 2009, 81 (82).
[118] *Grube/Röhm* wistra 2009, 81 (83); *Böcker/Poertzgen* GmbHR 2008, 1289; MüKoInsO/*Kiethe/Hohmann* § 15a InsO Rn. 51; detailliert hierzu *Richter* in Festschrift Schiller S. 547 (551).
[119] *Weyand/Diversy* Rn. 39; MüKoInsO/*Kiethe/Hohmann* § 15a Rn. 51; aA wohl *Grube/Röhm* wistra 2009, 81 (83); im Einzelnen hierzu *Wegner* in Achenbach/Ransiek VII 1 Rn. 24 ff.

32 Entsprechend kommt diese gesetzliche Änderung gemäß § 2 Abs. 3 StGB auch auf Fälle zur Anwendung, die unter Geltung der früheren Rechtslage, also unter Geltung der alten Überschuldungsdefinition, begangen worden sind. Die ursprünglich als Zeitgesetz ausgestaltete Regelung hat durch den Wegfall der Befristung den Charakter als Zeitgesetz verloren, so dass § 2 Abs. 4 StGB der Anwendung des nunmehr geltenden *milderen Gesetzes* nicht mehr entgegensteht.

33 In der strafrechtlichen Praxis spielt das Krisenmerkmal der Überschuldung, deren Feststellung nicht nur mit einer (negativen) Fortführungsprognose belastet ist, aufgrund des damit verbundenen ermittlungstechnischen Aufwands eine eher untergeordnete Rolle. Infolge der *schwierigen Beweiswürdigung* ist es für die Strafverfolgungsbehörden einfacher, sich auf das Merkmal der *Zahlungsunfähigkeit*[120] zu konzentrieren.[121] Dieser Insolvenzgrund zeichnet sich insbesondere dadurch aus, dass er wesentlich leichter nachweisbar ist. Bereits bei Vorliegen *eines* Krisenmerkmals kann das Merkmal der Krise angenommen werden.

34 **b)** *Zahlungsunfähigkeit.* Nach § 17 Abs. 2 S. 1 InsO ist der Schuldner zahlungsunfähig, wenn er nicht in der Lage ist, seine *fälligen Zahlungspflichten* zu erfüllen. Damit ist die Zahlungsunfähigkeit zunächst als stichtagsbezogenes Liquiditätsdefizit zu verstehen, das durch die Tatsache des Nichtzahlenkönnens einer Verbindlichkeit mangels verfügbarer finanzieller Mittel feststellbar ist.[122] Es geht also um eine Geldilliquidität; vorhandene liquidierbare Vermögensgegenstände sind hierfür ohne Belang.[123] Nach § 17 Abs. 2 S. 2 InsO ist Zahlungsunfähigkeit *in der Regel* anzunehmen, wenn der Schuldner seine Zahlungen eingestellt hat. D.h. eine Zahlungseinstellung[124] begründet eine *insolvenzrechtliche* gesetzliche Vermutung für eine Zahlungsunfähigkeit, die entsprechend im Prozess widerlegt werden muss.[125] Diese gesetzliche Vermutung ist im Strafverfahren wiederum irrelevant, da mit dem Grundsatz „in dubio pro reo" nicht vereinbar.

35 aa) *Inhalt der Zahlungsunfähigkeit.* Die Definition der Zahlungsunfähigkeit in § 17 Abs. 2 S. 1 InsO lässt einige Fragen offen, unter anderem die nach der Dauer des Unvermögens, fällige Forderungen zu begleichen, sowie nach dem tatbestandsrelevanten Anteil der Forderungen, die nicht befriedigt werden können, im Verhältnis zu den gesamten Zahlungsverpflichtungen.

36 Im Gegensatz zur früheren Rechtslage nach der KO kommt es nach dem eindeutigen Wortlaut des § 17 Abs. 2 S. 1 InsO hinsichtlich des Unvermögens des Schuldners, fällige Zahlungspflichten zu erfüllen, nicht mehr darauf an, dass die schuldnerischen Zahlungspflichten auf Dauer und im Wesentlichen unbefriedigt bleiben,[126] ebenso wenig darauf, dass der Gläubiger deren Erfüllung ernstlich einfordert.[127] Erhalten bleibt

---

[120] → Rn. 40 ff.
[121] *Dannecker/Hagemeier* in Dannecker/Knierim/Hagemeier Rn. 62 mwN; *Wegner* in Achenbach/Ransiek VII 1 Rn. 26; Entsprechendes gilt auch für die Insolvenzverfahren, siehe *Böcker/Poertzgen* GmbHR 2008, 1289 (1293).
[122] Hierzu *Dannecker/Hagemeier* in Dannecker/Knierim/Hagemeier Rn. 63 ff.
[123] Im Einzelnen FKInsO/*Schmerbach* § 17 Rn. 31 ff.; Uhlenbruck/Hirte/Vallender/*Uhlenbruck* § 17 Rn. 7 mwN; *Weyand/Diversy* Rn. 49.
[124] Detailliert hierzu *Pape* WM 2008, 1949 (1956 f.) mwN.
[125] BGH NZI 2007, 36 (37); NZI 2007, 517 (519); *Beck* in Wabnitz/Janovsky 8. Kap. Rn. 107; *Pape* WM 2008, 1949 (1951).
[126] So BGH wistra 2005, 432 (433) mwN aus der Literatur; BGH NStZ 2007, 643 (644); auf die alte Definition (wohl irrtümlich) abstellend aber der 5. Strafsenat BGH NStZ 2008, 415; hierzu auch *Natale/Bader* wistra 2008, 413; Uhlenbruck/Hirte/Vallender/*Uhlenbruck* § 17 Rn. 4 mwN; *Weyand/Diversy* Rn. 50.
[127] BGH NStZ 2007, 643 (644); *Weyand/Diversy* Rn. 49; zu diesem Merkmal auch *Pape* WM 2008, 1949 (1949 f.).

dennoch die Notwendigkeit, die Zahlungsunfähigkeit von einer nicht tatbestandsmäßigen *temporären Zahlungsstockung* abzugrenzen.[128]

Was die Dauer der ausbleibenden Zahlungen durch den Schuldner angeht, so versteht es sich ausweislich der Gesetzesbegründung „von selbst, dass ein Schuldner, dem in einem bestimmten Zeitpunkt liquide Mittel fehlen (…), der sich die Liquidität aber kurzfristig wieder beschaffen kann", nicht zahlungsunfähig iSd § 17 Abs. 2 InsO ist.[129] Der BGH hat unter Hinweis auf die Insolvenzantragsfrist des § 64 Abs. 1 S. 1 GmbHG aF für die Annahme von Zahlungsstockungen grundsätzlich *maximal 3 Wochen*[130] zugelassen, weil sich in dieser Zeit eine kreditwürdige Person die erforderlichen Mittel zur Zahlung fälliger Verbindlichkeiten beschaffen könne;[131] dieser Grenze hat der 1. Strafsenat zugestimmt.[132] 37

Was den Anteil der nicht zu befriedigenden Forderungen angeht, so ist der Gesetzgeber davon ausgegangen, dass „ganz geringfügige Liquiditätslücken außer Betracht bleiben müssen".[133] Hiervon geht auch der BGH aus[134] und nimmt, um dieses Kriterium in der Praxis handhaben zu können, eine Unterdeckung von *10 % der insgesamt bestehenden Verbindlichkeiten* als angemessenen Schwellenwert an.[135] Allerdings ist dieser Wert aufgrund der Tatsache, dass der Gesetzgeber sich explizit gegen die Einführung einer starren prozentualen Grenze der unerfüllten Schuldnerverbindlichkeiten zur Feststellung der Zahlungsunfähigkeit entschieden hat,[136] nur als ein *Indiz* zur Operationalisierung der als tatbestandsmäßig zu qualifizierenden Liquiditätslücke anzusehen. 38

Zahlungsunfähigkeit im Sinne der §§ 283 ff. StGB liegt somit nur bei Ermittlung einer *wesentlichen Liquiditätslücke* vor.[137] Die strafrechtliche Rechtsprechung des BGH und große Teile der Literatur folgen mittlerweile unter Annahme einer strengen Zivilrechtsakzessorietät der zivilrechtlichen Rechtsprechung,[138] obwohl aufgrund der unterschiedlichen Ziele von Insolvenzrecht und Insolvenzstrafrecht einiges dafür spricht, diese Akzessorietät zwecks Vermeidung einer Ausweitung der Strafbarkeit abzulehnen.[139] Zu beachten ist aber jedenfalls, dass die zivilrechtliche Beweislastregelung[140] beim Kriterium einer zehnprozentigen Liquiditätslücke im Strafrechtprozess keine Geltung beanspruchen kann und zudem dem Grundsatz *„in dubio pro reo"* bei verbleibenden Zweifeln Rechnung getragen werden muss.[141] 39

---

[128] BGH NStZ 2007, 643 (644); vgl. auch *Dannecker/Hagemeier* in Dannecker/Knierim/Hagemeier Rn. 66 mwN; *Erdmann* S. 131 ff.; *Röhm* S. 114 f.; aA *Moosmayer* S. 155 ff., 159, der für eine strenge Zeitpunktilliquidität plädiert.
[129] Begründung zum Regierungsentwurf InsO, BT-Drucks. 12/2443, S. 114.
[130] Zur Ausnahme einer an Sicherheit grenzenden Wahrscheinlichkeit der Beseitigung der Liquiditätslücke in überschaubarer Zeit *Hölzle* ZIP 2007, 613 (614); *Frystatzki* NZI 2010, 389 (392); *Fischer* ZGR 2006, 403 (408).
[131] BGHZ 163, 134 (139); BGH ZIP 2006, 2223 (2224).
[132] BGH NStZ 2007, 643 (644).
[133] Begründung zum Regierungsentwurf zur InsO, BT-Drucks. 12/2443, S. 114.
[134] Vgl. BGH NJW 2002, 515 (517).
[135] BGH wistra 2005, 432 (435); vgl. auch *Beck* in Wabnitz/Janovsky 8. Kap. Rn. 105; *Natale/Bader* wistra 2008, 413 (414); kritisch *Hölzle* ZIP 2007, 613 (614 f.).
[136] Vgl. BT-Drucks. 12/2443, S. 114.
[137] Näher hierzu *Dannecker/Hagemeier* in Dannecker/Knierim/Hagemeier, Rn. 63 ff. mwN.
[138] BGH NStZ 2007, 643 (644) in ausdrücklicher Ablehnung der Entscheidung des 5. Strafsenates vom 19.4.2007, NStZ 2008, 415; ebenso LK/*Tiedemann* Vor § 283 Rn. 125 f.; *Bieneck* in Müller-Gugenberger/Bieneck § 76 Rn. 51, jeweils mwN; vgl. auch *Bittmann/Völkmer* wistra 2005, 167 ff.; *Tsambikakis* GmbHR 2005, 838; *Maurer* wistra 2003, 174; *Natale/Bader* wistra 2008, 413 (414 f.) mwN.
[139] Eingehend *Dannecker/Hagemeier* in Dannecker/Knierim/Hagemeier Rn. 71 ff. mwN.
[140] Siehe BGH wistra 2005, 432 (435).
[141] Hierzu *Natale/Bader* wistra 2008, 413 (415); ebenso *Beck* in Wabnitz/Janovsky 8. Kap. Rn. 115.

40 bb) *Feststellung der Zahlungsunfähigkeit*. Die Feststellung der Zahlungsunfähigkeit kann durch die Erstellung eines so genannten *stichtagsbezogenen Liquiditätsstatus*,[142] also einer stichtagsbezogenen Gegenüberstellung der fälligen Forderungen und der zu ihrer Befriedigung zur Verfügung stehenden Mittel, erfolgen.[143] Auf dieser Grundlage kann in einem ersten Schritt eruiert werden, ob eine Liquiditätslücke vorliegt. Ist dies der Fall und überschreitet die Deckungslücke 10%, so kann in einem zweiten Schritt anhand einer so genannten Liquiditätsbilanz,[144] in der über die am Stichtag bestehenden Aktiva und Passiva hinaus die innerhalb eines 3-Wochen-Zeitraums fällig werdenden Verbindlichkeiten den vorhandenen bzw. noch zu erwartenden Mittel gegenüber gestellt werden[145], festgestellt werden, ob der Schuldner innerhalb der nächsten drei Wochen in der Lage sein wird, die fälligen Verbindlichkeiten überwiegend[146] zu bedienen. Bejahendenfalls liegt keine Überschuldung vor.

41 Eine *justizpraxistauglichere,* da einfachere und weniger kostenintensive *Möglichkeit* zur Feststellung der Zahlungsunfähigkeit besteht darin, vom Zeitpunkt des Insolvenzantrages ausgehend die älteste von der Höhe her maßgebliche offene Forderung zu ermitteln. Wenn diese Forderung über drei Wochen vor der Insolvenzantragsstellung fällig war, wird Zahlungsunfähigkeit angenommen.[147]

Auch die Auswertung so genannter *kriminalistischer Beweiszeichen*[148] erfreut sich in der Praxis aufgrund ihres verhältnismäßig geringen Aufwandes einiger Beliebtheit und wird auch von der Rechtsprechung für zulässig gehalten. So sieht der BGH[149] wichtige Indizien für das Vorliegen einer Zahlungsunfähigkeit darin, dass die Schuldnerin nicht in der Lage ist, die Sozialversicherungsleistungen, Löhne oder sonst fälligen Verbindlichkeiten binnen 3 Wochen zu bezahlen.[150] Dadurch wird die Einstellung der Zahlungen mangels erforderlicher Geldmittel nach außen erkennbar, da die Nichtzahlung bei diesen Verbindlichkeiten typischerweise nur deshalb erfolge. Dabei sei zu beachten, dass auch beträchtliche Zahlungen die Zahlungsunfähigkeit nicht ausschließen, wenn sie nicht den wesentlichen Teil der fälligen Verpflichtungen ausmachen.

42 c) *Drohende Zahlungsunfähigkeit*. Ein weiterer strafrechtlicher Krisenbegriff ist die drohende Zahlungsunfähigkeit. Sie liegt nach der Definition des § 18 Abs. 2 InsO dann vor, wenn der Schuldner voraussichtlich nicht in der Lage sein wird, die bestehenden Zahlungspflichten im Zeitpunkt der Fälligkeit zu erfüllen. An diesem Krisenmerkmal wird die Differenz zwischen Insolvenzrecht und Insolvenzstrafrecht in der Zielsetzung offenbar: Es handelt sich um einen im Jahre 1999 neu geschaffenen insolvenzrechtlichen Eröffnungsgrund. Die hinter der neuen Regelung stehende Intention war es, dem Schuldner bei einer sich abzeichnenden Insolvenz eine rechtzeitige Antragstellung zu ermöglichen[151] und so möglicherweise das Unternehmen erhalten zu

---

[142] FKInsO/*Schmerbach* § 17 Rn. 22 mwN; *Frystatzki* NZI 2010, 389 (390).

[143] *Fischer* Vor § 283 Rn. 9b mwN; vgl. auch BGH wistra 2003, 232, allerdings noch mit Verweis auf die „eingeforderten" Mittel.

[144] Hierzu im Einzelnen *Bork* ZIP 2008, 1749 (1750 ff.).

[145] *Frystatzki* NZI 2010, 389 (391); FKInsO/*Schmerbach* § 17 Rn. 22: 4-Wochen-Zeitraum; im Einzelnen *Pape* WM 2008, 1949 (1951 f.); *Bork* ZIP 2008, 1749 (1750 ff.).

[146] So explizit unter Aufweichung der o. g. Voraussetzungen BGH wistra 2005, 432 (434 f.), der eine Erfüllung der Verbindlichkeiten zu 100% binnen drei Wochen für nicht erforderlich hält; zu dieser Figur der „kleinen Bugwelle" *Frystatzki* NZI 2010, 389 (391).

[147] *Natale/Bader* wistra 2008, 413 (415); *Pape* WM 2008, 1949 (1951).

[148] Siehe dazu BGH wistra 2003, 232; eine Aufzählung möglicher Krisensignale findet sich bei *Pape* WM 2008, 1949 (1951); *Weyand/Diversy* Rn. 51; *Wegner* in Achenbach/Ransiek VII 1 Rn. 78, 92 ff.; *Hartung* wistra 1997, 1 (11); *Dannecker/Hagemeier* in Dannecker/Knierim/Hagemeier Rn. 77.

[149] BGH NZI 2007, 36 (37); BGH NStZ 2014, 107 (108).

[150] Anders allerdings BGH ZInsO 2008, 1019, der das Nichtabführen von Sozialbeiträgen „über einige Monate" als wichtiges Indiz für die Zahlungsunfähigkeit einer Gesellschaft ansieht.

[151] BT-Drucks. 12/2443, S. 114.

können.¹⁵² Antragsberechtigt ist daher nur der Schuldner selber; eine Antragspflicht besteht hingegen nicht.¹⁵³ Gleichzeitig aber macht sich der im Zustand der drohenden Zahlungsunfähigkeit Handelnde unter Umständen wegen eines Bankrottdeliktes nach § 283 Abs. 1 StGB strafbar, da dieses Krisenmerkmal gleichberechtigt neben der eingetretenen Zahlungsunfähigkeit und der Überschuldung steht. Die Strafbarkeit wird also deutlich *vorverlagert*.¹⁵⁴ Dies dürfte der vom Gesetzgeber intendierten, möglichst frühen Antragsstellung des Schuldners zugunsten der Sicherung der Insolvenzmasse und damit der Befriedigung der Gläubiger nicht zuträglich sein.¹⁵⁵

Der *Begriff der Zahlungsunfähigkeit* ist identisch mit dem des § 17 Abs. 2 InsO. Entsprechend sind auch im Rahmen des § 18 Abs. 2 InsO vorübergehende Zahlungsstockungen und geringfügige Liquiditätslücken ohne Relevanz.¹⁵⁶

Das *Merkmal des Drohens* bedeutet in diesem Kontext nach hM die *nahe liegende Wahrscheinlichkeit* des Eintritts der Zahlungsunfähigkeit.¹⁵⁷ Dies bedingt wiederum die Notwendigkeit einer Prognose hinsichtlich der zukünftigen Liquidität und damit eine Unsicherheit, die strafrechtlich wegen der Geltung von „in dubio pro reo" nicht zulasten des Täters gewertet werden darf.¹⁵⁸ Nach § 18 Abs. 2 InsO geht es also um die *voraussichtliche* Unfähigkeit des Schuldners, seine Verbindlichkeiten zu erfüllen. Ausweislich der Gesetzesbegründung muss der Eintritt der Zahlungsunfähigkeit wahrscheinlicher sein als deren Ausbleiben;¹⁵⁹ erforderlich ist eine Wahrscheinlichkeit des Eintritts der Zahlungsunfähigkeit von über 50%.¹⁶⁰ Dabei ist die gesamte finanzielle Entwicklung im Unternehmen zu berücksichtigen. Dies kann im Rahmen eines Finanz- oder Liquiditätsplans geschehen.¹⁶¹

Schwierigkeiten ergeben sich hier sowohl hinsichtlich des Prognosezeitraums als auch hinsichtlich der in die *Prognose* einzustellenden Zahlungsverpflichtungen.¹⁶² Unstreitig ist zumindest, dass es, ebenso wie bei § 17 Abs. 2 InsO, um eine Zeitraumilliquidität geht.¹⁶³ Nach § 18 Abs. 2 InsO sind die bereits bestehenden Zahlungspflichten des Schuldners zu berücksichtigen, und zwar im Gegensatz zur eingetretenen Überschuldung nach § 17 Abs. 2 InsO auch dann, wenn sie noch nicht fällig sind.

Der *Prognosezeitraum* bestimmt sich nach hM *grundsätzlich* durch den spätesten Fälligkeitszeitpunkt der zum Feststellungszeitpunkt bestehenden Zahlungspflichten.¹⁶⁴ Allerdings herrscht weitgehend Einigkeit darüber, dass mit Blick auf die Handhabbarkeit auch in den Fällen, in denen aufgrund langjähriger Zahlungsverpflichtungen, zB bei einem Kredit, der Prognosezeitraum auf ein für die Praxis handhabbares Maß reduziert

---

¹⁵² So FKInsO/*Schmerbach* § 18 Rn. 1.
¹⁵³ Uhlenbruck/Hirte/Vallender/*Uhlenbruck* § 18 Rn. 2.
¹⁵⁴ So auch *Wegner* in Achenbach-Ransiek VII 1 Rn. 101.
¹⁵⁵ So auch *Röhm* S. 155, der von „funktionaler Inkongruenz" spricht.
¹⁵⁶ BT-Drucks. 12/2443, S. 114; FKInsO/*Schmerbach* § 18 Rn. 5.
¹⁵⁷ Vgl. BT-Drucks. 12/2443, S. 114 f.; Lackner/*Kühl* § 283 Rn. 8; Schönke/Schröder-*Heine* § 283 Rn. 53 mwN; SK/*Hoyer* § 283 Rn. 24 mwN; NK/*Kindhäuser* Vor § 283 Rn. 99 f. mwN; MüKo-StGB/*Radtke*/*Petermann* Vor §§ 283 ff. Rn. 87, 90 mwN; LK/*Tiedemann* Vor § 283 Rn. 135 ff. mwN; *Erdmann* S. 139.
¹⁵⁸ *Dannecker*/*Hagemeier* in Dannecker/Knierim/Hagemeier Rn. 85.
¹⁵⁹ BT-Drucks. 12/2443, S. 115.
¹⁶⁰ Uhlenbruck/Hirte/Vallender/*Uhlenbruck* § 18 Rn. 11 mwN; missverständlich FKInsO/*Schmerbach* § 18 Rn. 22, „mindestens 50%".
¹⁶¹ Im Einzelnen Uhlenbruck/Hirte/Vallender/*Uhlenbruck* § 18 Rn. 12 ff.
¹⁶² Zur zumindest missverständlichen Gesetzesbegründung, die die Einbeziehung noch nicht begründeter Zahlungspflichten des Schuldners vorsieht, *Erdmann* S. 140; *Penzlin* NZG 2000, 464 (468).
¹⁶³ FKInsO/*Schmerbach* § 18 Rn. 12; Uhlenbruck/Hirte/Vallender/*Uhlenbruck* § 18 Rn. 3.
¹⁶⁴ *Bittmann* wistra 1998, 321 (325); *Reck* GmbHR 1999, 267 (270); Uhlenbruck/Hirte/Vallender/*Uhlenbruck* § 18 Rn. 18; ders. wistra 1996, 1 (4); FKInsO/*Schmerbach* § 18 Rn. 12; *Penzlin* NZG 2000, 464 (468).

werden muss.[165] Über die genaue Länge des unter diesem Aspekt zu bestimmenden Prognosezeitraums herrscht Uneinigkeit; es werden Zeiträume von wenigen Monaten bis zu drei Jahren für vertretbar gehalten.[166] Andere Autoren möchten die Länge des Prognosezeitraums davon abhängig machen, ob es sich bei dem Unternehmen um eines mit kurz- oder langfristiger Produktion oder auch um ein so genanntes Saisonunternehmen handelt.[167] Je länger aber der Prognosezeitraum ist, desto höher muss der Grad der Wahrscheinlichkeit der Zahlungsunfähigkeit sein.[168]

46 Für die Bestimmung des *Beginns der drohenden Zahlungsunfähigkeit* können außer den betriebswirtschaftlichen Kriterien der Finanzplanung wiederum auch Beweisanzeichen herangezogen werden.[169] Diese *Insolvenzindikatoren* sind infolge ihrer Unsicherheiten strafrechtlich jedoch nur dann von Bedeutung, wenn sie zu einem eindeutigen Ergebnis führen.[170] In Relation zur konkreten Liquiditätslage kommen unter anderem folgende Indikatoren für eine drohende Zahlungsunfähigkeit in Frage:
- der rapide Verfall der Ertragslage bei fehlenden Reserven,
- Wechselproteste und Nichteinlösung von Schecks durch die Hausbank,
- die Zunahme von Mahnbescheiden und erfolglosen Vollstreckungsmaßnahmen,
- Fehlschläge bei Kreditverhandlungen,
- die (drohende) Kündigung von Bankkrediten,
- schleppende Begleichung laufender Verbindlichkeiten zur Aufrechterhaltung des Betriebes (Löhne, Unterhaltungskosten, Zinsen),
- Rückstände bei Sozialversicherungsbeiträgen,
- zu erwartende hohe Schadensersatzforderungen oder Steuernachforderungen,
- der wirtschaftliche Zusammenbruch eines wichtigen Kunden.[171]

47 **3. Objektive Strafbarkeitsbedingung.** § 283 Abs. 6 StGB wird nach wohl mittlerweile einhelliger Ansicht als eine objektive Strafbarkeitsbedingung[172] verstanden. Das bedeutet zum einen, dass, wenn der Täter in der Situation der wirtschaftlichen Krise eine tatbestandsmäßige Bankrotthandlung[173] vorgenommen bzw. eine entsprechende Handlung die Krise hervorgerufen hat, er nur strafbar ist, wenn zusätzlich gemäß § 283 Abs. 6 StGB entweder seitens des Täters eine *Zahlungseinstellung* vorliegt oder über dessen Vermögen das *Insolvenzverfahren eröffnet oder die Eröffnung mangels Masse abgewiesen* worden ist. Mit dieser Einschränkung der Strafbarkeit soll dem Umstand Rechnung getragen werden, dass eine Bestrafung des Schuldners trotz Vornahme der tatbestandlichen Handlung in einer Krisensituation nicht angemessen erscheint, wenn zwischenzeitlich eine *Konsolidierung* seiner wirtschaftlichen Verhältnisse gelungen ist.[174] Es ist nicht erforderlich, dass die objektive Strafbarkeitsbedingung bereits bei der Bankrotthandlung vorliegt; es genügt vielmehr auch, wenn sie dieser erst nachfolgt.[175] Der Vorsatz des Täters muss sich nicht auf die objektive Strafbarkeitsbedingung beziehen, da diese kein Tatbestandsmerkmal ist, dh der Täter muss bezogen auf deren Eintritt nicht

---

[165] Uhlenbruck/Hirte/Vallender/*Uhlenbruck* § 18 Rn. 18; FKInsO/*Schmerbach* § 18 Rn. 13.
[166] Nachweise bei Uhlenbruck/Hirte/Vallender/*Uhlenbruck* § 18 Rn. 19; FKInsO/*Schmerbach* § 18 Rn. 15; *Andres/Leithaus* § 18 Rn. 5.
[167] So Braun/*Bußhardt* § 18 Rn. 8; für einen flexiblen Zeitrahmen ebenfalls *Erdmann* S. 143 mwN.
[168] So *Bittmann* wistra 1998, 321 (325).
[169] Vgl. dazu NK/*Kindhäuser* Vor § 283 Rn. 100; *Jäger* DB 1986, 1441 (1445).
[170] LK/*Tiedemann* Vor § 283 Rn. 141; *Schlüchter* MDR 1978, 265 (269).
[171] So auch NK/*Kindhäuser* Vor § 283 Rn. 100.
[172] Vgl. nur BGHSt 28, 231 (234); *Fischer* Vor § 283 Rn. 12; LK/*Tiedemann* Vor § 283 Rn. 89 ff.; Schönke/Schröder/*Heine* § 283 Rn. 59 mwN; SK/*Hoyer* Vor § 283 Rn. 11.
[173] Das gilt ebenfalls für die entsprechenden Tathandlungen der §§ 283a-d StGB, wobei § 283b StGB allerdings, wie bereits erwähnt (Rn. 27), keine Krise erfordert.
[174] BGHSt 28, 231 (233); LK/*Tiedemann* Vor § 283 Rn. 90; *Pelz* in Wabnitz/Janovsky 9. Kapitel Rn. 102 mwN; aA *H. Schäfer* wistra 1990, 81 (86 f.).
[175] Hierzu unten Rn. 51 ff.

mit Wissen und Wollen gehandelt haben. Ob also der Täter in Kauf genommen hat, dass er seine Zahlungen einstellt oder das Insolvenzverfahren eröffnet bzw. die Eröffnung mangels Masse abgelehnt wird, ist für die Strafbarkeit unerheblich.

Die objektive Strafbarkeitsbedingung der *Zahlungseinstellung* darf nicht mit dem Krisenbegriff der *Zahlungsunfähigkeit* verwechselt werden. Denn Zahlungseinstellung bedeutet zunächst schlicht die Einstellung jeglicher Zahlungstätigkeit, das heißt, der Schuldner muss aufhören, fällige und eingeforderte Schulden zu begleichen, was nicht zwingend aus dem Umstand resultieren muss, dass er dazu wirtschaftlich nicht in der Lage ist.[176] Die Zahlungsunfähigkeit hingegen beschreibt die wirtschaftliche Lage des Schuldners.[177] Ausreichend für eine Zahlungseinstellung ist allerdings – ebenso wenig wie bei der Zahlungsunfähigkeit – weder allein die Tatsache, dass einzelne Schulden nicht beglichen werden,[178] noch eine vorübergehende Zahlungsstockung.[179]

a) *Feststellung der objektiven Strafbarkeitsbedingung.* Was die Feststellung der objektiven Strafbarkeitsbedingung angeht, so haben die Ermittlungsbehörden und Strafgerichte die Zahlungseinstellung selbst festzustellen, bezüglich der Eröffnung oder Ablehnung des Insolvenzverfahrens kommt ihnen hingegen keine Nachprüfungskompetenz zu.[180] Sie sind vielmehr insoweit an die *rechtskräftigen Beschlüsse der Insolvenzgerichte* gebunden. Wenn ein Eröffnungsbeschluss auf sofortige Beschwerde hin aufgehoben wird (§ 34 InsO), entfällt dadurch die objektive Bedingung der Strafbarkeit. Hingegen ist die spätere Einstellung des Insolvenzverfahrens oder seine Aufhebung ohne Bedeutung.

b) *Das Verhältnis von Bankrotthandlung und objektiver Strafbarkeitsbedingung.* Das Verhältnis, in dem die Bankrotthandlung und der Eintritt der objektiven Strafbarkeitsbedingung stehen müssen, ist nicht abschließend geklärt.[181] Einigkeit besteht darüber, dass keine Kausalität erforderlich ist, es aber einen *irgendwie gearteten Zusammenhang* geben muss.[182]

Der BGH sieht, anknüpfend an die Rechtsprechung des RG, das einen Kausalzusammenhang abgelehnt[183] und teils auf einen zeitlichen Zusammenhang,[184] teils auf eine „*tatsächliche Beziehung*" zwischen der Konkurseröffnung und der Bankrotthandlung abgestellt hat,[185] einen „rein äußerlichen Zusammenhang" zwischen Bankrotthandlung und objektiver Strafbarkeitsbedingung als ausreichend an.[186] Der Verzicht auf ein Kausalitätserfordernis wird dabei vielfach unter Hinweis darauf begründet, dass schon aus einem Umkehrschluss aus § 283 Abs. 2 StGB folge, dass bei § 283 Abs. 1 StGB eine kausale Herbeiführung der Insolvenz durch die Bankrotthandlung nicht erforderlich sei.[187] Im

---

[176] Hierzu *Weyand/Diversy* Rn. 57; NK/*Kindhäuser* Vor § 283 Rn. 104.
[177] *Fischer* Vor § 283 Rn. 13; zur Konstellation der ohne Zahlungsunfähigkeit vorliegenden Zahlungseinstellung LK/*Tiedemann* Vor § 283 Rn. 144.
[178] So *Fischer* Vor § 283 Rn. 13; SK/*Hoyer* Vor § 283 Rn. 13.
[179] Vgl. Schönke/Schröder-*Heine* § 283 Rn. 60; *Bieneck* StV 1999, 43 (44); zur Abgrenzung der vorübergehenden Zahlungsstockung von der Zahlungseinstellung vgl. SK/*Hoyer* Vor § 283 Rn. 14; LK/*Tiedemann* Vor § 283 Rn. 145.
[180] *Lackner/Kühl* § 283 Rn. 28; Schönke/Schröder-*Heine* § 283 Rn. 61 f.
[181] Detailliert hierzu *Hagemeier* in Steinberg/Valerius/Popp S. 129, 134 ff.; vgl. auch *Lackner/Kühl* § 283 Rn. 29 mwN; *Weyand/Diversy* Rn. 59.
[182] Vgl. BGH 1, 191; 28, 232; BGH NStZ 2008, 401 (402); *Fischer* Vor § 283 Rn. 17; *Lackner/Kühl* § 283 Rn. 29; Schönke/Schröder-*Heine* § 283 Rn. 59; SK/*Hoyer* Vor § 283 Rn. 19; LK/*Tiedemann* Vor § 283 Rn. 91 ff.; eine „tatsächliche Beziehung" forderte das BayObLG wistra 2003, 30 (31) und wistra 2003, 357; aA *Trüg/Habetha* wistra 2007, 365 (370).
[183] So RGSt 6, 94 (97); 29, 222 (225); 45, 88 (91); 55 (30).
[184] RGSt 29, 222 (225); 45, 88 (91).
[185] So RGSt 9, 134 (135); 55, 30.
[186] So schon BGHSt 1, 185 (191); 28, 231 (234); BGH NJW 2001, 1874 (1876); BGH NStZ 2008, 401 (402).
[187] So zB BGH NStZ 2008, 401 (402) mit Verweis auf BGHSt 1, 186 (191); *Fischer* Vor § 283 Rn. 17; *Bittmann* in Bittmann § 12 Rn. 315; *Weyand/Diversy* Rn. 59; krit. dazu *Hagemeier* in Steinberg/Valerius/Popp S. 129 (134 f.) mwN.

Ergebnis besteht jedenfalls weitgehende Einigkeit, dass der Zusammenhang zwischen Bankrotthandlung und objektiver Strafbarkeitsbedingung nicht kausaler Natur sein muss.[188] Wenn externe oder interne Sanierungsmaßnahmen zur *Überwindung der Krise* führen, tritt Straflosigkeit ein,[189] und zwar auch dann, wenn die Sanierung nur mit fremder Hilfe gelungen ist.[190]

51 c) *Buchführungsdelikte und objektive Strafbarkeitsbedingung.* Eine besondere einschränkende Wirkung wird der objektiven Strafbarkeitsbedingung im Fall der Buchführungsdelikte nach § 283 Abs. 1 Nrn. 5–7 StGB[191] von der Rechtsprechung zugesprochen. Insbesondere bei der unterlassenen Bilanzierung nach § 283 Abs. 1 Nr. 7b StGB wird die Notwendigkeit eines Zusammenhangs zwischen der Bankrotthandlung und der objektiven Strafbarkeitsbedingung besonders häufig thematisiert. Obwohl auch hier die Notwendigkeit eines Kausalzusammenhanges zwischen Bankrotthandlung und Krise im Allgemeinen abgelehnt wird, wird davon ausgegangen, dass das Verhältnis zumindest *zeitlich bestimmt* sei: In einer Vielzahl von Urteilen findet sich die Ansicht, dass eine mangelnde Bilanzierung nur dann eine Strafbarkeit nach § 283 Abs. 1 Nr. 7b StGB nach sich ziehen kann, wenn die versäumte Frist zur Bilanzierung *vor* dem Eintritt der objektiven Strafbarkeitsbedingung lag.[192] Bemerkenswerterweise wird dieses Erfordernis allerdings nicht begründet.

52 Dasselbe gilt für die Literatur, die diese Ansicht rezipiert hat,[193] sich aber ebenfalls größtenteils einer Begründung enthält. Eine Erweiterung des dergestalt eingeengten strafrechtlich relevanten Zeitrahmens wird allein für die Fälle angenommen, in denen das Fristende für die Bilanzerstellung kurz nach dem Eintritt der objektiven Strafbarkeitsbedingung lag und der Täter bis dahin noch keinerlei Vorbereitungen für die Bilanzierung getroffen hat.[194]

53 Diese Ansicht vermag aber aus folgenden Gründen nicht zu überzeugen: Der Eintritt der objektiven Strafbarkeitsbedingung gemäß § 283 Abs. 6 StGB ist zwar Voraussetzung für die Strafbarkeit der begangenen Bankrotthandlung, er muss aber grundsätzlich *nicht* der Bankrotthandlung zeitlich nachfolgen; denkbar und allgemein anerkannt ist auch, dass die *objektive Strafbarkeitsbedingung bereits vor der Bankrotthandlung* eingetreten sein kann.[195] Abgesehen davon, dass der Wortlaut des § 283 StGB dies ohne Weiteres zulässt, spricht auch der Schutzzweck der Norm für diese wohl unstreitige Ansicht: Der Gläubigerschutz durch § 283 StGB würde ad absurdum geführt, wenn der Schuldner nach Zahlungseinstellung zur Insolvenzmasse gehörige Gegen-

---

[188] BGHSt 1, 191; 28, 232; aA wohl *Trüg/Habetha* wistra 2007, 365 (370).
[189] Näher dazu LK/*Tiedemann* § 283 Rn. 171 ff. mwN.
[190] LK/*Tiedemann* § 283 Rn. 176.
[191] Zum anders zu beurteilenden Fall des § 283b StGB → Rn. 111.
[192] Siehe BGH MDR 1991, 1023 = NJW 1991, 2917 (2918) = BGHR § 283 Abs. 1 Nr. 7b Zeit; BGH NStZ 1992, 182; BGH wistra 1998, 105 m abl Anm. *Doster* wistra 1998, 326 (327); zuletzt BGH NStZ 2009, 635 (636) = StV 2010, 25 m. Anm. *Hagemeier.*
[193] Siehe Schönke/Schröder-*Heine* § 283 Rn. 47; zust. wohl auch *Fischer* § 283 Rn. 29; *Ogiermann* wistra 2000, 250 (251); *Rönnau* NStZ 2003, 525 (530), mit der Begründung, dass sich die erst nachfolgende Bankrotthandlung nicht mehr auf den wirtschaftlichen Zusammenbruch auswirken könne; siehe auch *Wegner* in Achenbach/Ransiek VII 1 Rn. 166.
[194] BGH GA 1956, 356 (357); BGH NStZ 1992, 182; *Fischer* § 283 Rn. 29; Schönke/Schröder/*Heine* § 283 Rn. 47; SK/*Hoyer* § 283 Rn. 90; kritisch NK/*Kindhäuser* § 283 Rn. 87; aA LK/*Tiedemann* § 283 Rn. 151, der in diesem Fall Versuch annimmt.
[195] *Fischer* Vor § 283 Rn. 16 mwN; *Lackner/Kühl* § 283 Rn. 29; NK/*Kindhäuser* Vor § 283 Rn. 103; Schönke/Schröder-*Heine* § 283 Rn. 59; SK/*Hoyer* Vor § 283 Rn. 19 explizit zur Buchführungspflicht nach bereits vollzogener Zahlungseinstellung; LK/*Tiedemann* Vor § 283 Rn. 96; *Weyand/Diversy* Rn. 60; RGSt 6, 94 (97) hinsichtlich Zahlungseinstellung; RGSt 11, 386; 45, 88 (89); 65, 416 (417); BGHSt 1, 185 (191); zum allgemeinen Problem des Zusammenhangs zwischen Bankrotthandlung und objektiver Strafbarkeitsbedingung siehe auch LK/*Tiedemann* Vor § 283 Rn. 91 ff.; *Hagemeier* in Steinberg/Valerius/Popp, S. 129 (134 ff.).

stände verschleudern oder Bücher beseitigen dürfte, ohne sich dadurch strafbar zu machen.[196]

Dass für die unterlassene Bilanzierung nach § 283 Abs. 1 Nr. 7b StGB etwas anderes gelten soll, erscheint nicht plausibel.[197] Ein Grund, warum die Strafbewehrung der unterlassenen Bilanzierung also entfallen sollte, wenn der Schuldner bereits im Vorfeld seine Zahlungen eingestellt hat, ist nicht ersichtlich.[198]

4. Verbraucherinsolvenzen. Ein weiteres Problem, das sich aus der Tatsache ergeben hat, dass der Gesetzgeber bei der Reform der InsO die strafrechtlichen Implikationen nur unzureichend berücksichtigt hat, ist die Geltung der insolvenzstrafrechtlichen Vorschriften des StGB nicht nur für Unternehmen, sondern, über die in den §§ 304 ff. InsO normierten Vorschriften zur Privatinsolvenz, auch für *Privatpersonen*.[199] So sind zum einen nur Teile der möglichen Insolvenzstraftaten für Verbraucher einschlägig, und auch der Maßstab für die Anforderungen an eine ordnungsgemäße Wirtschaft nach § 283 Abs. 1 StGB erscheint bei Tathandlungen von Nicht-Kaufleuten ungeklärt.[200] Zum anderen steht die recht hohe Strafandrohung der §§ 283 ff. StGB, zT schon bei fahrlässiger Verwirklichung eines Insolvenzdelikts, der ursprünglich verfolgten gesetzgeberischen Intention, den insolventen Privatmann nicht für den Rest seines Lebens mit den Folgen mangelhaften wirtschaftlichen Verhaltens zu belasten, entgegen.[201]

Eine *Einschränkung der Strafbarkeit* bei Privatinsolvenzen wird allerdings über die Notwendigkeit der objektiven Strafbarkeitsbedingung (§ 283 Abs. 6 StGB) geschaffen: Da es mit der in § 305 Abs. 1 Nr. 4 InsO zeitgleich mit dem Insolvenzantrag vorgesehenen Vorlage eines Schuldenbereinigungsplans des Schuldners zu einem Ruhen des Eröffnungsverfahrens nach § 306 Abs. 1 Nr. 1 InsO kommt und eine Verfahrenseröffnung nur in Frage kommt, wenn mit den Gläubigern kein Einvernehmen über den Schuldenbereinigungsplan erzielt werden kann (vgl. § 308 Abs. 1 InsO), dürfte die Strafbarkeit wegen eines Insolvenzdelikts zumindest praktisch in den meisten Fällen unwahrscheinlich sein.[202]

V. Die Straftatbestände der §§ 283 ff. StGB

Die Insolvenzdelikte des StGB befinden sich in den §§ 283 ff. StGB. Sie sind – im Hinblick auf ihren Regelungsgegenstand und ihren Normzweck – grob in zwei Kategorien aufzuteilen: *bestandsbezogene Bankrotthandlungen,* verwirklicht durch die Verringerung des Vermögensbestands, der im Falle einer Insolvenz zur Insolvenzmasse zählt, und *informationsbezogene Bankrottdelikte,* durch die der Täter unrichtige Informationen über seinen Vermögensbestand gibt oder die ihm obliegende Darstellung seines Vermögensbestands unrichtig oder überhaupt nicht ausführt.

Von den im StGB normierten Insolvenzdelikten dürfte dem Bankrotttatbestand die größte Relevanz zukommen. Unglücklicherweise zeichnet sich § 283 StGB aufgrund der vielen normierten Bankrotthandlungen durch eine große Unübersichtlichkeit aus, die durch die oben erörterten dogmatischen Probleme beim Täterkreis, der Auslegung der Krisenbegriffe und weitere Unklarheiten im Bereich der objektiven Strafbarkeitsbedingung ergänzt wird, so dass die Anwendung des § 283 StGB mit erheblichen Schwie-

---

[196] So auch *Weyand/Diversy* Rn. 60 mwN.
[197] *Hagemeier* in Steinberg/Valerius/Popp, S. 129 (137); *Maurer* wistra 2003, 174; *Bittmann* in Bittmann § 12 Rn. 242; LK/*Tiedemann* Vor § 283 Rn. 96, jeweils mwN.
[198] Zur ggf. abweichenden Beurteilung bei wirtschaftlicher Unmöglichkeit, die Buchführungspflicht zu erfüllen, → Rn. 92 ff.
[199] BGHR StGB § 283 Abs. 1 Anwendungsbereich 1; BGHSt 55, 107 (112).
[200] MüKoStGB/*Radtke/Petermann* § 283 Rn. 22 mwN; *Pelz* Rn. 91, 277; 162 mwN.
[201] So auch *Weyand/Diversy* Rn. 30; ausführlich zu den einzelnen Implikationen *Röhm* S. 252 ff.
[202] Vgl. *Weyand/Diversy* Rn. 30.

rigkeiten verbunden ist.²⁰³ Es sollen hier lediglich die Essentialia der Insolvenzdelikte kurz erläutert werden – zu den einzelnen Tatbestandsmerkmalen sei auf die einschlägige Kommentarliteratur verwiesen.

57   **1. Die bestandsbezogenen Delikte: § 283 Abs. 1 Nrn. 1–4 StGB.** Bestandsbezogene Bankrotthandlungen sind zunächst die in § 283 Abs. 1 Nrn. 1–4 StGB geregelten Handlungsweisen des Schuldners, durch die dieser in einer bereits bestehenden Krise die Insolvenzmasse schmälert, indem er Teile des dazugehörigen Vermögens direkt im weitesten Sinne beeinträchtigt (Nr. 1), durch unwirtschaftliche Geschäfte verliert (Nrn. 2 und 3) oder indem er nicht bestehende Rechte anderer an Teilen der Masse behauptet (Nr. 4).

58   a) *Bestandteile der Insolvenzmasse.* In § 283 Abs. 1 Nr. 1 StGB geht es um die Schmälerung der Insolvenzmasse durch Beiseiteschaffen, Verheimlichen oder Zerstörung, Beschädigen oder Unbrauchbarmachen von Vermögensbestandteilen. Taugliche Tatobjekte iSd § 283 Abs. 1 Nr. 1 StGB sind nur die *Vermögensbestandteile des Schuldnervermögens*, die im Falle eines Insolvenzverfahrens nach § 35 Abs. 1 InsO zur Masse gehören. Darunter fallen auch Gegenstände, die erst während des laufenden Insolvenzverfahrens erworben worden sind. Vermögensbestandteile sind somit alle geldwerten beweglichen und unbeweglichen Sachen, Forderungen und Rechte, wenn diese nicht gänzlich wertlos sind.²⁰⁴ Hierbei ist zu beachten, dass auch eine erhebliche Belastung der Sache, zB durch ein Pfandrecht, die Tatobjektsqualität nicht beseitigt.²⁰⁵

Die *Vermögensgegenstände* müssen vom Schuldner nicht auf rechtmäßige Art und Weise erworben worden sein;²⁰⁶ so sollen beispielsweise auch Sachen, die der Schuldner mittels Betruges erlangt hat, Vermögensbestandteile iSd § 283 Abs. 1 Nr. 1 StGB sein.²⁰⁷ Zur Insolvenzmasse gehören auch vom Schuldner unter Eigentumsvorbehalt gelieferte Sachen sowie verpfändete oder sicherungsübereignete Gegenstände.²⁰⁸ Wenn grenzüberschreitend Vereinbarungen über Pfand- und Sicherungsrechte getroffen worden sind, ist das anzuwendende Zivilrecht zu bestimmen und ggf. eine ausländische Rechtsordnung anzuwenden; in diesen Fällen wird in der Regel für das Strafverfahren ein Sachverständigengutachten eingeholt werden müssen. Auch *Anfechtungsrechte* gehören zur Masse,²⁰⁹ weiterhin Patente und sonstige *gewerbliche Schutzrechte* einschließlich des schriftlich niedergelegten Know-how.²¹⁰

Ebenso gehören nach § 36 Abs. 2 Nr. 1 InsO die *Geschäftsbücher* wie auch die Kundenkartei zur Insolvenzmasse.²¹¹ Dies gilt gleichermaßen für *Unterlagen* über den Kundenkreis, das Vertriebsnetz und sonstige vermögenswerte Geschäftsbeziehungen sowie Vorteile, die sich aus der Schulung und Zusammensetzung des Personals ergeben.²¹²

59   b) *Beiseiteschaffen iSd § 283 Abs. 1 Nr. 1 Alt.. 1 StGB.* Ein Schuldner schafft Vermögensbestandteile beiseite, wenn er sie in eine „veränderte rechtliche oder tatsächliche Lage" verbringt, in der den Gläubigern der baldige Zugriff auf diese erschwert oder

---

²⁰³ Vgl. *Hagemeier* in Steinberg/Valerius/Popp, S. 129.
²⁰⁴ BGHSt 5, 119 (121); zust. LK/*Tiedemann* § 283 Rn. 16 f.; *Fischer* § 283 Rn. 3a.
²⁰⁵ LK/*Tiedemann* § 283 Rn. 17 mwN.
²⁰⁶ *Fischer* § 283 Rn. 3a; Schönke/Schröder-*Heine* § 283 Rn. 3; MüKoStGB/*Radtke/Petermann* § 283 Rn. 12.
²⁰⁷ So BGH GA 1955, 149 (150); LK/*Tiedemann* § 283 Rn. 20.
²⁰⁸ Vgl. *Pelz* Rn. 252 mwN; *Dannecker/Hagemeier* in Dannecker/Knierim/Hagemeier Rn. 1025, 1028.
²⁰⁹ RGSt 66, 152 (153).
²¹⁰ LK/*Tiedemann* § 283 Rn. 19; zustimmend ohne das Erfordernis der schriftlichen Niederlegung *Weyand/Diversy* Rn. 64.
²¹¹ LK/*Tiedemann* § 283 Rn. 19; SK/*Hoyer* § 283 Rn. 27.
²¹² Vgl. auch *Bieneck* in Müller-Gugenberger/Bieneck § 78 Rn. 5 mwN.

Das Insolvenzstrafrecht 60–62 § 127

unmöglich gemacht wird.[213] Erfasst sind alle Tätigkeiten des Schuldners, die seine Vermögensteile in tatsächlicher oder rechtlicher Hinsicht dem *Zugriff seiner Gläubiger entziehen* oder den Zugriff *wesentlich erschweren*.[214] Mögliche tatbestandsmäßige Verhaltensweisen sind zB das Verschenken oder das Wegschaffen von Vermögensbestandteilen,[215] das Abheben von Guthaben[216] oder das Transferieren von Geldern auf fremde, ggf. ausländische Konten.[217] Bei Rechten oder Forderungen ist die Abtretung oder heimliche Einziehung, zB über das Bankkonto eines Dritten, als Möglichkeit der Tatbegehung zu berücksichtigen.[218]

Es ist evident, dass nach der oben genannten Definition ebenfalls Handlungen als tatbestandlich angesehen werden können, die *normalen betrieblichen Abläufen entsprechen,* so etwa der Verkauf von Gegenständen. Durch den Abschluss eines wirtschaftlich ausgeglichenen Rechtsgeschäfts wird aber das Vermögen des Schuldners nicht verringert, die Bestandteile werden also nicht der Masse entzogen, sondern durch ein Äquivalent ersetzt. Der Abschluss wirtschaftlich ausgeglichener Rechtsgeschäfte kann nach Sinn und Zweck der Regelung demnach nicht als Beiseiteschaffen von Vermögensbestandteilen strafbar sein. Die herrschende Meinung[219] löst diesen Konflikt dadurch, dass sie auf das in § 283 Abs. 1 Nr. 1 a. E. StGB genannte Tatbestandsmerkmal der Verletzung der *„Anforderungen einer ordnungsgemäßen Wirtschaft"* nicht nur, wie es der Wortlaut nahe legt, auf die Tatbestandsalternativen des Zerstörens, Beschädigens oder Unbrauchbarmachens anwendet. Sie greift vielmehr darauf auch für die Tathandlung des Beiseiteschaffens zurück und schafft so ein Korrektiv, mit dem ein ausgeglichenes Rechtsgeschäft, da es den Anforderungen einer ordnungsgemäßen Wirtschaft entspricht, nicht tatbestandsmäßig nach § 283 Abs. 1 Nr. 1 StGB ist. 60

Weitere *typische Fälle des Beiseiteschaffens* von Vermögensbestandteilen sind Veräußerungen entweder ohne Zufluss eines Gegenwerts oder unter dessen Vorenthaltung,[220] die Schenkung von Vermögensbestandteilen an Ehepartner[221] sowie im Allgemeinen Transaktionen, bei denen dem Schuldnervermögen kein äquivalenter Gegenwert zufließt.[222] Dies kann auch dann der Fall sein, wenn zwar eine gleichwertige Gegenleistung vereinbart wird, diese jedoch uneinbringbar ist.[223] 61

c) *Verheimlichen iSd § 283 Abs. 1 Nr. 1 Alt. 2 StGB.* Verheimlichen iSd § 283 Abs. 1 Nr. 1 Alt. 2 StGB bedeutet jedes Verhalten des Schuldners, durch das entweder der Vermögensbestandteil selbst oder aber dessen Zugehörigkeit zur Insolvenzmasse der Kenntnis des Insolvenzverwalters, des Sequestors, des Insolvenzgerichts oder der Gläu- 62

---

[213] So BGH NJW 2010, 2894 (2896); OLG Frankfurt NStZ 1997, 551 in Anlehnung an RGSt 66, 130 (131 f.); LK/*Tiedemann* § 283 Rn. 25 mwN; Schönke/Schröder-*Heine* § 283 Rn. 4; *Fischer* § 283 Rn. 4; SK/*Hoyer* § 283 Rn. 30 mwN.
[214] Vgl. BGH NJW 2010, 2894 (2896) mit Anmerkung *Brockhaus.*
[215] Vgl. BGH NStZ 1991, 432 (433).
[216] Vgl. BGH NStZ 1984, 118 (119).
[217] *Weyand/Diversy* Rn. 66; einschränkend BGH NJW 2010, 2894 (2896), der bei Überweisungen von Geld auf Liechtensteiner Konten nur dann ein Beiseiteschaffen annimmt, wenn der Zugriff des Insolvenzverwalters auf dieses Geld dadurch tatsächlich wesentlich erschwert wird; aA wohl *Bittmann* in Bittmann § 12 Rn. 103, der im Verbringen des Geldes in ein Land außerhalb der EU den Zugriff der Gläubiger als „regelmäßig erschwert" ansieht.
[218] Detailliert *Dannecker/Hagemeier* in Dannecker/Knierim/Hagemeier Rn. 1029 ff.
[219] BGHSt 34, 309 (310); Schönke/Schröder-*Heine* § 283 Rn. 4 mwN; *Lackner/Kühl* § 283 Rn. 10; NK/*Kindhäuser* § 283 Rn. 15; aA SK/*Hoyer* § 283 Rn. 31 ff.; LK/*Tiedemann* § 283 Rn. 26 ff., zust. MüKoStGB/*Radtke/Petermann* § 283 Rn. 15, die eine teleologische Reduktion des Tatbestandes annehmen.
[220] So BGH NJW 1953, 1152 (1153).
[221] Vgl. BGH NJW 2001, 1874 (1875).
[222] Siehe MüKoStGB/*Radtke/Petermann* § 283 Rn. 13 mwN.
[223] So Schönke/Schröder-*Heine* § 283 Rn. 4; *Dannecker/Hagemeier* in Dannecker/Knierim/Hagemeier Rn. 1032.

biger entzogen wird.²²⁴ Wie schon der Wortlaut nahe legt, kann dies sowohl durch ein aktives Tun *(Ableugnen)* als auch durch ein Unterlassen *(Schweigen)* geschehen, Letzteres zB in der Konstellation, dass der Schuldner eine ihm nach §§ 20 Abs. 1, 22 Abs. 3, 97 InsO obliegende Auskunftspflicht verletzt und einen zur Masse gehörigen Gegenstand verschweigt.²²⁵

Allein das *auf ein Verheimlichen gerichtete Verhalten* des Schuldners reicht für eine vollendete Tat allerdings noch nicht aus, vielmehr muss den Betreffenden die Kenntnis über den Gegenstand oder seine Zugehörigkeit zur Insolvenzmasse entzogen sein.²²⁶ Ob eine vollendete Tat auch dann anzunehmen ist, wenn der Schuldner erst zu einem späteren Zeitpunkt die verheimlichten Vermögenswerte dem Insolvenzverwalter preisgibt, ist umstritten, wird aber überwiegend bejaht.²²⁷

63 Die Nichtangabe eines Vermögensgegenstands gegenüber dem Insolvenzverwalter, der in den Unterlagen des Unternehmens zur Insolvenzeröffnung nicht verzeichnet war,²²⁸ das Vorschützen eines den Gläubigerzugriff hindernden Rechtsverhältnisses²²⁹ und die falsche Auskunft an den Insolvenzverwalter, der ein Anfechtungsrecht klären will,²³⁰ sind von der *Rechtsprechung* als tatbestandsmäßiges Verheimlichen iSd § 283 Abs. 1 Nr. 1 Alt. 2 StGB angesehen worden.

64 **d)** *Zerstören, Beschädigen oder Unbrauchbarmachen unter Verstoß gegen die Anforderungen einer ordnungsgemäßen Wirtschaft iSd § 283 Abs. 1 Nr. 1 Alt. 3–5.* Die letzten 3 Alternativen des § 283 Abs. 1 Nr. 1 StGB, das Zerstören, Beschädigen oder Unbrauchbarmachen von Vermögensbestandteilen, beziehen sich naturgemäß nur auf *sächliche Dinge im Vermögen des Schuldners.*²³¹ Die tatbestandlichen Handlungen des Zerstörens und Beschädigens bedeuten gleichermaßen die *Einwirkung auf die Sachsubstanz*, beim Beschädigen dergestalt, dass die Sache für ihren Verwendungszweck nur noch beschränkt brauchbar ist;²³² in der Alternative des Zerstörens ist die Einwirkung auf die Substanz so groß, dass ein völliger Verlust der Funktionstauglichkeit eintritt.²³³ Im Gegensatz dazu bedarf es bei der Alternative des Unbrauchbarmachens keiner Substanzeinbuße, vielmehr ist ausreichend, dass „nur" eine Funktionseinbuße verursacht wird.²³⁴

65 Diese Tathandlungen müssen außerdem im Widerspruch zu den Anforderungen einer ordnungsgemäßen Wirtschaft stehen. Der *Maßstab der ordnungsgemäßen Wirtschaft* bestimmt sich für Kaufleute gemäß § 347 Abs. 1 HGB nach den entsprechenden handelsrechtlichen Anforderungen.²³⁵ Unklar ist allerdings, welcher Maßstab für Privatpersonen (in der Konstellation einer Privatinsolvenz) angelegt werden soll,²³⁶ da es im Gegensatz zu Kaufleuten an Rechtsnormen zur Qualifizierung einer ordnungsgemäßen „Privatwirtschaft" fehlt.

---

[224] RGSt 64, 138 (140); Schönke/Schröder-*Heine* § 283 Rn. 5.
[225] BGHSt 11, 145 (146); *Fischer* § 283 Rn. 5; *Bittmann* in Bittmann § 12 Rn. 110.
[226] So LK/*Tiedemann* § 283 Rn. 38; SK/*Hoyer* § 283 Rn. 36; NK/*Kindhäuser* § 283 Rn. 24; aA *Bieneck* in Müller-Gugenberger/Bieneck, § 78 Rn. 31.
[227] Bejahend *Fischer* § 283 Rn. 5; zustimmend mit der Möglichkeit einer Strafmilderung Schönke/Schröder-*Heine* 258 Rn. 5; auf das Erfordernis eines subjektiv-finalen Elementes beim Täter abstellend LK/*Tiedemann* § 283 Rn. 28, 38.
[228] BGH GA 1956, 123.
[229] RG JW 1936, 3006; RGSt 64, 138 (141).
[230] RGSt 66, 152.
[231] *Fischer* § 283 Rn. 6; *Wegner* in Achenbach/Ransiek VII 1 Rn. 123.
[232] Vgl. BGHSt 13, 207 (208).
[233] Vgl. MüKoStGB/*Radtke*/*Petermann* § 283 Rn. 20.
[234] Siehe SK/*Hoyer* § 283 Rn. 38; Schönke/Schröder-*Heine* § 283 Rn. 6.
[235] So LK/*Tiedemann* Vor § 283 Rn. 111; SK/*Hoyer* § 283 Rn. 39; *Fischer* § 283 Rn. 6.
[236] Für dieselben Maßstäbe wie bei Kaufleuten plädierend SK/*Hoyer* § 283 Rn. 40; NK/*Kindhäuser* Vor § 283 Rn. 69; ablehnend hingegen unter Hinweis auf die Notwendigkeit von gesetzlichen Vorgaben Schönke/Schröder-*Heine* § 283 Rn. 7a.

Letztlich ist zu beachten, dass der Schuldner subjektiv mit dem *Willen* handeln muss, entgegen den Anforderungen an eine ordnungsgemäße Wirtschaft zu handeln, womit bei lebensnaher Betrachtung nur mutwillige Handlungen erfasst werden.[237] Ob ein ordnungsgemäßes Wirtschaften realiter von einem Schuldner in der wirtschaftlichen Krise zu erwarten ist, erscheint zumindest zweifelhaft.[238]

e) *Dem ordnungsgemäßen Wirtschaften widersprechende Verlust-, Spekulations- und Differenzgeschäfte gemäß § 283 Abs. 1 Nr. 2 StGB.* § 283 Abs. 1 Nr. 2 StGB bestraft Verlust- und Spekulationsgeschäfte sowie Differenzgeschäfte mit Waren oder Wertpapieren des Schuldners unter der Voraussetzung, dass diese Geschäfte den Anforderungen einer ordnungsgemäßen Wirtschaft widersprechen. **66**

Verlustgeschäfte sind Rechtsgeschäfte, die von *vornherein* darauf ausgelegt sind, das Vermögen des Schuldners zu mindern und die infolgedessen nach ihrer Erfüllung einen Negativsaldo in der Masse hinterlassen.[239] Nicht erfasst sind hingegen solche Geschäfte, die sich erst im Nachhinein als verlustträchtig herausstellen,[240] zumal diese zum Zeitpunkt der Tathandlung einer ordnungsgemäßen Wirtschaft nicht widersprechen. **67**

Spekulationsgeschäfte sind gewagte Geschäfte,[241] bei denen ein hohes wirtschaftliches Risiko eingegangen wird, um im Falle eines Erfolges, der vom Zufall abhängt, einen verhältnismäßig hohen Gewinn zu erzielen.[242] Der erforderliche Widerspruch zu den Grundsätzen ordnungsgemäßen Wirtschaftens ist zu bejahen, wenn das Geschäft in hohem Grade gewagt und gefährlich, für den Schuldner also nicht zu beherrschen ist. Beispielhaft hierfür ist die Beteiligung an unseriösen Unternehmen oder die Kreditgewährung an ein hoch überschuldetes Unternehmen.[243] In dem Umstand, dass der Erfolg eines solchen Geschäftes vom Zufall abhängt und damit unkalkulierbar für den Schuldner ist, liegt wiederum die Gefährlichkeit der Tat für das Schuldnervermögen, worauf die Strafwürdigkeit eines solchen Verhaltens in der Krise beruht.[244] **68**

Differenzgeschäfte wurden in § 764 BGB aF legaldefiniert. Sie beziehen sich auf die Lieferung von Waren (einschließlich ausländischer Geldsorten) oder von Wertpapieren, wobei es weniger um die Lieferung der Waren oder Wertpapiere geht als darum, dass die Differenz zwischen dem vereinbarten Ankaufspreis für die Waren und dem realisierbaren Verkaufspreis zur Zeit der Lieferung gewonnen oder auch verloren werden kann.[245] Umstritten ist, ob zu den Differenzgeschäften auch Börsentermingeschäfte gehören.[246] **69**

Nach wohl allgemeiner Ansicht entfällt die Strafbarkeit wegen eines Spekulations- oder Differenzgeschäftes im Hinblick auf den Schutzzweck der Norm trotz zunächst tatbestandlicher Handlung dann, wenn die *Geschäfte* für den Schuldner *erfolgreich verlaufen* sind,[247] da damit die Position der Gläubiger verbessert und nicht verschlechtert wird. **70**

f) *Unwirtschaftliche Ausgaben, Spiel und Wette gemäß § 283 Abs. 1 Nr. 2 StGB.* § 283 Abs. 1 Nr. 2 StGB sanktioniert in der 2. Alternative das Verbrauchen oder Schuldig- **71**

---

[237] So LK/*Tiedemann* § 283 Rn. 49; SK/*Hoyer* § 283 Rn. 41 mwN; *Fischer* § 283 Rn. 6 unter Hinweis auf die mangelnde praktische Relevanz dieser Alternativen.
[238] So *Weyand/Diversy* Rn. 68; *Fischer* § 283 Rn. 6.
[239] Siehe *Fischer* § 283 Rn. 7.
[240] So Schönke/Schröder/*Heine* § 283 Rn. 9 mwN; *Wegner* in Achenbach/Ransiek VII 1 Rn. 126.
[241] So MüKoStGB/*Radtke/Petermann* § 283 Rn. 25.
[242] Vgl. LK/*Tiedemann* § 283 Rn. 55; Schönke/Schröder-*Heine* § 283 Rn. 10.
[243] Hierzu LK/*Tiedemann* § 283 Rn. 57 mwN.
[244] Hierzu SK/*Hoyer* § 283 Rn. 44.
[245] Vgl. Schönke/Schröder-*Heine* § 283 Rn. 11 mwN.
[246] Dies bejahend mit ausführlicher Begründung SK/*Hoyer* § 283 Rn. 46; *Fischer* § 283 Rn. 9; NK/*Kindhäuser* § 283 Rn. 32; aA LK/*Tiedemann* § 283 Rn. 59.
[247] BGHSt 22, 360 (361); SK/*Hoyer* § 283 Rn. 43; *Fischer* § 283 Rn. 10.

werden übermäßiger Beträge vom Schuldner durch unwirtschaftliche Ausgaben, Spiel und Wette.

Ausgaben sind als unwirtschaftlich anzusehen, wenn sie das *Maß des Notwendigen und Üblichen,* gemessen an der wirtschaftlichen Lage des Schuldners, überschreiten und zum Gesamtvermögen des Schuldners im Zeitpunkt der Handlung in keinem angemessenen Verhältnis stehen.[248] Nach dem Schutzgut des § 283 StGB muss wiederum auf das Vermögen abgestellt werden, das zur Insolvenzmasse gehört. Ob die Ausgaben privat oder geschäftlich veranlasst sind, ist unerheblich.[249] Die Sinn- oder Erfolgslosigkeit der Ausgaben muss aber für einen objektiven Beobachter eindeutig feststehen. Dazu zählen beispielsweise aussichtslose (nicht nur erfolgsunsichere) Investitionen oder Sanierungsbemühungen, überhöhte Spesen sowie maßloser Werbeaufwand und Luxusinvestitionen.[250] Nach wohl überwiegender Meinung werden dem Schuldner im Sinne einer Unterlassensstrafbarkeit auch Ausgaben zugerechnet, die Angestellte oder auch Familienangehörige getätigt haben, wenn der Schuldner eine hinreichende Beaufsichtigung unterlassen hat.[251]

72 Die tatbestandliche Übermäßigkeit der verbrauchten Beträge liegt nur dann vor, wenn die Beträge die *wirtschaftliche Leistungsfähigkeit* des Schuldners bzw. der Gesellschaft *in unvertretbarem Maß* übersteigen.[252] Entscheidend ist die Vermögenslage zum Tatzeitpunkt, nicht etwa das aktuelle Einkommen des Schuldners.[253] Es muss sinnvoller Weise auf das *gesamte Vermögen* des Schuldners abgestellt werden. Wenn der Schuldner beispielsweise Inhaber mehrerer voneinander unabhängiger Betriebe ist, von denen einer wirtschaftlich günstig dasteht, muss die Entnahme von Beträgen aus diesem Betrieb dennoch im Verhältnis zu der gesamten wirtschaftlichen Situation aller Betriebe stehen, das heißt, der Schuldner kann die Entnahme hoher Summen nicht auf die gute wirtschaftliche Lage des einzelnen Betriebes stützen.[254]

73 *Beispiele für unwirtschaftliche Ausgaben* sind: ein extrem kostspieliger Lebenswandel, der sich in luxuriösen Barbesuchen und Anschaffungen[255] oder teuren Reisen[256] ausdrückt, darüber hinaus auch Ausgaben geschäftlicher Art wie aussichtslose Investitionen,[257] übermäßige Kosten für Werbung[258] sowie überhöhte Spesen.[259] Ein weiteres Beispiel für unwirtschaftliche Ausgaben ist ein hoher wirtschaftlicher Aufwand zu Repräsentationszwecken; dies kann auch dann der Fall sein, wenn die Ausgaben dazu dienen sollten, die Kreditwürdigkeit des Unternehmens zum Zweck der Weiterführung nach außen hin plausibel zu machen.[260] Auch bei Ausgaben für Angestellte muss Rücksicht auf die wirtschaftlichen Gegebenheiten genommen werden: Eine *(Neu-)Anstellung von Familienmitgliedern* in der Krise erfüllt auch dann den Tatbestand des § 283 Abs. 1 Nr. 2 StGB, wenn eine der Bezahlung entsprechende Arbeitsleistung erbracht wird.[261]

---

[248] Siehe BT-Drucks. 7/3441, S. 34.
[249] BGHSt 3, 23 (26); Schönke/Schröder-*Heine* § 283 Rn. 17; SK/*Hoyer* § 283 Rn. 52 mwN.
[250] Ausführlich dazu *Bittmann* in Bittmann § 12 Rn. 28 mwN.
[251] RGSt 31, 151 (152); *Fischer* § 283 Rn. 11; einschränkend LK/*Tiedemann* § 283 Rn. 70; Schönke/Schröder-*Heine* § 283 Rn. 17; aA SK/*Hoyer* § 283 Rn. 49.
[252] So BGHSt 3, 23 (26).
[253] *Weyand/Diversy* Rn. 75 mwN.
[254] RGSt 70, 260 (261); LK/*Tiedemann* § 283 Rn. 66; Schönke/Schröder-*Heine* § 283 Rn. 14.
[255] BGH NJW 1953, 1480 (1481) zur Ausstattung eines „Herrenzimmers" für 14 000 DM.
[256] BGH MDR 1981, 510 (511).
[257] BGH GA 1954, 308 (311).
[258] *Lackner/Kühl* § 283 Rn. 13 mwN.
[259] Vgl. *Fischer* § 283 Rn. 11 mwN.
[260] So Schönke/Schröder-*Heine* § 283 Rn. 17 mwN; *Dannecker/Hagemeier* in Dannecker/Knierim/Hagemeier Rn. 1048.
[261] LK/*Tiedemann* § 283 Rn. 67; *Weyand/Diversy* Rn. 75.

Auch das *Verbrauchen oder Schuldigwerden übermäßiger Beträge durch Spiel oder Wette* ist 74
tatbestandsmäßig. Die Begriffe „Spiel" und „Wette" sind nicht nur im Sinne des § 762
BGB zu verstehen, sondern tatbestandsmäßig sind auch Lotteriespiele[262] sowie die Teilnahme an Kettenbriefaktionen und Kundenwerbung nach dem so genannten Schneeballsystem.[263] Das Verbrauchen übermäßiger Beträge bedeutet das tatsächliche Ausgeben derselben,[264] Schuldigwerden beinhaltet das Eingehen von Verbindlichkeiten.[265] Mit Letzterem muss ein klagbarer Anspruch, bzw. die Möglichkeit der Geltendmachung dieses Anspruchs im Insolvenzverfahren verbunden sein,[266] der Anspruchsinhaber muss also die Möglichkeit haben, auf das Vermögen des Schuldners zwecks Befriedigung seines Anspruchs zuzugreifen. Das Eingehen einer Naturalobligation, die nicht einklagbar ist, erfüllt dieses Tatbestandsmerkmal folglich nicht;[267] entsprechend liegt erst mit der tatsächlichen Erfüllung der Naturalobligation durch den Schuldner ein Verbrauch vor.[268]

Auf den Zusatz, dass diese Tathandlungen den *Anforderungen einer ordnungsgemäßen* 75
Wirtschaft widersprechen müssen, wird in dieser Tatbestandsalternative verzichtet, da die
Handlungen dies bereits per se enthalten.

g) *Verschleudern von Waren oder Wertpapieren gemäß § 283 Abs. 1 Nr. 3 StGB.* Eine wei- 76
tere Bankrotthandlung ist der so genannte *Schleuderverkauf.* Zwar sind Verlustgeschäfte
des Schuldners in der Krise bereits durch § 283 Abs. 1 Nr. 2 StGB erfasst. Mit der separaten Normierung des Schleuderverkaufs soll jedoch der einfachen wie strafwürdigen Möglichkeit, auf Kredit erlangte Waren ohne Bezahlung weiter zu veräußern, um damit im Falle einer wirtschaftlichen Krise kurzfristig an Geld zu gelangen, und damit der Gefahr für Lieferanten, die auf Kredit Waren liefern, Rechnung getragen werden.[269]

Die tatbestandliche Handlung beinhaltet ein *zweistufiges Vorgehen des Täters:* Zunächst 77
muss der Schuldner sich Waren oder Wertpapiere auf Kredit beschaffen, um sie dann im
zweiten Schritt unter Wert und entgegen den Anforderungen einer ordnungsgemäßen
Wirtschaft weiter zu verkaufen. Waren im tatbestandlichen Sinne sind alle beweglichen
Gegenstände, mit denen gehandelt werden kann.[270] Wertpapiere iSd § 283 Abs. 1 Nr. 3
StGB sind nur solche, die übertragen werden können, wie zum Beispiel Schecks und
Inhaberaktien, nicht hingegen Namenspapiere, die das in ihnen beschriebene Recht
ausschließlich für eine bestimmte Person verbriefen.[271]

Das Merkmal des *Beschaffens* beinhaltet ein Rechtsgeschäft[272] sowie notwendiger- 78
weise, dass der Schuldner tatsächlich über die Waren verfügen kann.[273] Es ist dabei
unerheblich, ob er bereits Eigentum an diesen Waren erlangt hat oder, was in der
Praxis häufiger der Fall sein wird, sie vom Verkäufer unter Eigentumsvorbehalt geliefert wurden.[274] Waren sind auf Kredit beschafft, wenn sie nicht sofort bei Lieferung
bezahlt werden müssen, sondern eine spätere Zahlung des Kaufpreises vereinbart

---

[262] RGSt 27, 180 (181); Schönke/Schröder-*Heine* § 283 Rn. 18.
[263] SK/*Hoyer* § 283 Rn. 51; NK/*Kindhäuser* § 283 Rn. 35; MüKoStGB/*Radtke/Petermann* § 283 Rn. 29; *Bittmann* in Bittmann § 12 Rn. 125.
[264] SK/*Hoyer* § 283 Rn. 48; *Pelz* Rn. 304.
[265] Lackner/*Kühl* § 283 Rn. 13 mwN.
[266] BGHSt 22, 360 (361).
[267] H. M., siehe nur LK/*Tiedemann* § 283 Rn. 69; Schönke/Schröder-*Heine* § 283 Rn. 15; SK/*Hoyer* § 283 Rn. 48; NK/*Kindhäuser* § 283 Rn. 38.
[268] SK/*Hoyer* § 283 Rn. 48; MüKoStGB/*Radtke/Petermann* § 283 Rn. 30 mwN.
[269] *Wegner* in Achenbach/Ransiek VII 1 Rn. 135.
[270] SK/*Hoyer* § 283 Rn. 54 mwN.
[271] LK/*Tiedemann* § 283 Rn. 74.
[272] Lackner/*Kühl* § 283 Rn. 14 mwN.
[273] RGSt 62, 257 (258).
[274] Schönke/Schröder/*Heine* § 283 Rn. 20; *Lackner/Kühl* § 283 Rn. 14.

Dannecker/Hagemeier

wird.²⁷⁵ Auch ein *kurzzeitiger Zahlungsaufschub,* der dem Schuldner gewährt wird, ist ausreichend. Wichtig ist also nur, dass der Schuldner zum Zeitpunkt des Schleuderverkaufs die Waren noch nicht bezahlt hat, sondern ihm ein Kredit gewährt wurde, dessen Rückzahlung noch aussteht.²⁷⁶

79 Nach der Beschaffung muss der Täter die Waren oder Wertpapiere *„verschleudern",* also erheblich unter Wert weitergeben. Die Erheblichkeit ist immer dann zu bejahen, wenn ein für einen sachkundigen Dritten *offenkundiges Missverhältnis* zwischen Wert und Veräußerungspreis besteht.²⁷⁷ Maßstab ist der Marktwert zum Zeitpunkt der Handlung des Schuldners.²⁷⁸ Weitgehend unbeachtlich ist es hingegen, ob er die Waren zu einem besonders günstigen Preis gekauft hat.²⁷⁹

Es erscheint zunächst fraglich, warum auch hier ein *Handeln gegen die Anforderungen einer ordnungsgemäßen Wirtschaft* verlangt wird. Der Verkauf von Waren unter ihrem Wert erscheint grundsätzlich geeignet, dieses Tatbestandsmerkmal per se zu erfüllen und es damit überflüssig zu machen. Dies ist allerdings nicht immer der Fall: Ein Verkauf unter Wert muss nicht zwingend gegen den Wirtschaftlichkeitsgrundsatz verstoßen. Ein solcher Verkauf kann beispielsweise bei drohendem Verderb der Ware sinnvoll sein,²⁸⁰ ebenso wenn ein baldiger Preissturz droht²⁸¹ oder wenn sich der Verkauf trotz des niedrigen Preises günstig auf die Vermögenslage des Schuldners auswirkt, wie es bei Lockangeboten oder allgemein beim Preiskampf mit den Konkurrenten der Fall sein kann.²⁸² Derartige Handlungen sind, wenn sie im Bereich des im Geschäftsverkehr Üblichen liegen, nicht nach § 283 Abs. 1 Nr. 3 StGB strafbar.²⁸³

80 **h)** *Vortäuschen und Anerkennen fremder erdichteter Rechte gemäß § 283 Abs. 1 Nr. 4 StGB.* Diese Tatbestandsalternative erfasst *massereduzierende Scheingeschäfte des Schuldners* in der Krise, nämlich das Vortäuschen von Rechten Dritter bzw. das Anerkennen solcher nicht existenter Rechte. Im Gegensatz zu § 283 Abs. 1 Nrn. 1–3 StGB geht es in dieser Tatbestandsvariante nicht um die *direkte* Schmälerung des Bestandes der Masse qua Eingriff des Schuldners, sondern um die (scheinbare) Erhöhung der bestehenden Verbindlichkeiten. Der Unrechtsgehalt beider Tathandlungen liegt letztlich in der Täuschungseignung:²⁸⁴ Es soll der Anschein erweckt werden, den übrigen Gläubigern stehe nur eine um das fingierte Recht geminderte Quote zu.²⁸⁵ Häufig stellt eine solche Tat nur die Vorbereitung dazu dar, wertvollere Vermögensbestandteile anschließend beiseite schaffen zu können (§ 283 Abs. 1 Nr. 1 StGB).²⁸⁶

81 Tatobjekte des § 283 Abs. 1 Nr. 4 StGB sind *Rechte beliebiger Art,* die sich hinsichtlich der Insolvenzmasse auswirken, auch solche dinglicher Natur.²⁸⁷ Die Täuschung oder Anerkennung kann sich sowohl auf das Bestehen des Rechtes überhaupt als auch auf den Rang desselben und dessen Umfang beziehen.²⁸⁸ Möglich und tatbestandsmäßig ist

---

²⁷⁵ *Fischer* § 283 Rn. 14.
²⁷⁶ RGSt 66, 175 (176).
²⁷⁷ NK/*Kindhäuser* § 283 Rn. 48; auf einen normativen Erheblichkeitsbegriff im Sinne der Erheblichkeit für das geschützte Rechtsgut abstellend SK/*Hoyer* § 283 Rn. 57.
²⁷⁸ LK/*Tiedemann* § 283 Rn. 78; SK/*Hoyer* § 283 Rn. 57; Schönke/Schröder-*Heine* § 283 Rn. 22; *Lackner/Kühl* § 283 Rn. 14.
²⁷⁹ RGSt 47, 61 (62).
²⁸⁰ LK/*Tiedemann* § 283 Rn. 79.
²⁸¹ *Lackner/Kühl* § 283 Rn. 14; Schönke/Schröder/*Heine* § 283 Rn. 23.
²⁸² Schönke/Schröder-*Heine* § 283 Rn. 23; SK/*Hoyer* § 283 Rn. 58; *Fischer* § 283 Rn. 15; MüKoStGB/*Radtke/Petermann* § 283 Rn. 36 mwN.
²⁸³ *Weyand/Diversy* Rn. 78; MüKoStGB/*Radtke/Petermann* § 283 Rn. 36 mwN.
²⁸⁴ Siehe *Pelz* Rn. 286.
²⁸⁵ Vgl. SK/*Hoyer* § 283 Rn. 59.
²⁸⁶ *Weyand/Diversy* Rn. 79; Schönke/Schröder-*Heine* § 283 Rn. 24.
²⁸⁷ SK/*Hoyer* § 283 Rn. 60 mwN.
²⁸⁸ SK/*Hoyer* § 283 Rn. 60.

auch eine Überhöhung eines tatsächlich bestehenden Rechts, so dass diesem in der Insolvenz ein höherer Rang oder eine bessere Quote zugesprochen wird.[289]

Umstritten ist die Behandlung von *Einreden*, die dem Schuldner gegen bestehende Forderungen zustehen, von diesem aber verschwiegen werden. Nach wohl überwiegender Meinung ist hierin kein erdichtetes oder fälschlich anerkanntes Recht zu sehen, da Einreden im Gegensatz zu rechtsvernichtenden Einwendungen den Anspruch bestehen lassen und lediglich seine Durchsetzbarkeit hindern.[290] Die Konstellation, dass ein Schuldner aus Gründen der Kulanz gegenüber einem langjährigen Geschäftspartner auf die Einrede der Verjährung verzichtet, wird einhellig als nicht tatbestandsmäßiges Verhalten iSd § 283 Abs. 1 Nr. 4 StGB angesehen.[291] 82

Das *Vortäuschen von Rechten* kann einerseits durch falsche Angaben gegenüber den Gläubigern oder dem Insolvenzverwalter, möglicherweise unter Abgabe einer falschen eidesstattlichen Versicherung nach § 153 Abs. 2 InsO, erfolgen, andererseits aber auch *konkludent* durch eine falsche Buchung[292] zumindest dann, wenn der Schuldner die Geschäftsunterlagen anderen zur Kenntnis überlässt.[293] 83

Anerkennen bezeichnet die in Zusammenarbeit mit dem scheinbaren Gläubiger abgegebene Erklärung des Schuldners, dass ihm gegenüber das (erdichtete) Recht bestehe.[294] Diese Tatbestandsalternative erfordert also ein *kollusives Zusammenwirken* des Schuldners mit einem Dritten, dem vorgeblichen Anspruchsinhaber.[295] Ein Anerkennen ist zum Beispiel wiederum durch eine falsche eidesstattliche Versicherung oder durch ein formloses Bestätigen der angeblichen Forderung möglich.[296] Aber auch ein Anerkenntnis im Prozess kommt als tatbestandsmäßige Handlung in Betracht.[297] 84

Zu beachten ist, dass es sich bei § 283 Abs. 1 Nr. 4 StGB um ein *abstraktes Gefährdungsdelikt* handelt, dh die abstrakte Gefährdung der Insolvenzmasse durch die Handlung des Schuldners ausreichend ist; eine tatsächliche Beeinträchtigung, wie das spätere Geltendmachen der fälschlich anerkannten Rechte, ist nicht erforderlich.[298] Allerdings setzt auch eine abstrakte Gefährdung der Gläubigerinteressen voraus, dass tatsächlich ein Schaden entsteht, wenn die erdichtete Forderung zur Insolvenztabelle festgestellt oder sogar bedient wird. Daher kommt es auf die der Forderung zugrunde liegende Anspruchsgrundlage nicht an. Entscheidend ist allein, ob das anerkannte Recht tatsächlich bestand.[299]

2. Die Buchführungsdelikte: § 283 Abs. 1 Nrn. 5–7 und § 283b StGB. Die Buchführungs- und Bilanzdelikte des § 283 Abs. 1 Nrn. 5–7 StGB sowie des § 283b StGB sind von *enormer praktischer Relevanz*,[300] die dadurch begründet wird, dass Insolvenzen ohne Verstöße in diesem Bereich kaum vorkommen.[301] Unternehmensinsolvenzen gehen in aller Regel mit mangelhaften oder gänzlich unterlassenen Buchführungshandlungen einher. Dies kann durch mehrere Faktoren bedingt sein: Zum einen sind 85

---

[289] *Weyand/Diversy* Rn. 80.
[290] Schönke/Schröder-*Heine* § 283 Rn. 26; LK/*Tiedemann* § 283 Rn. 84; SK/*Hoyer* § 283 Rn. 61; NK/*Kindhäuser* § 283 Rn. 52; *Pelz* in Wabnitz/Janovsky 9. Kap. Rn. 133; aA *Fischer* § 283 Rn. 18.
[291] LK/*Tiedemann* § 283 Rn. 83; *Fischer* § 283 Rn. 18; krit. zur Garantstellung des Schuldners *Wegner* in Achenbach/Ransiek VII 1 Rn. 144.
[292] Vgl. *Bieneck* in Müller-Gugenberger/Bieneck § 83 Rn. 9.
[293] *Weyand/Diversy* Rn. 76 mwN.
[294] *Lackner/Kühl* § 283 Rn. 15.
[295] *Weyand/Diversy* Rn. 80.
[296] *Fischer* § 283 Rn. 18.
[297] Schönke/Schröder-*Heine* § 283 Rn. 26.
[298] Vgl. *Wegner* in Achenbach-Ransiek VII 1 Rn. 146; Schönke/Schröder-*Heine* § 283 Rn. 26.
[299] Vgl. dazu BGH v. 6.12.2007 – IX ZR 210/06.
[300] *Pelz* in Wabnitz/Janovsky 9. Kapitel Rn. 136 ff.
[301] *Hagemeier* NZWiSt 2012, 105; vgl. aber zur Einschränkung der Buchführungspflicht durch §§ 241a, 242 HGB *Ebner* wistra 2010, 92 (93 ff.). → Rn. 87.

Unternehmen in einer Krise normalerweise bestrebt, Kosten einzusparen, um die Talsohle zu überwinden. Da Buchführung und Bilanzierung unabhängig davon, ob sie durch einen externen Steuerberater oder einen dafür angestellten Mitarbeiter erledigt werden, kostenintensive Tätigkeiten darstellen, ohne dass sie für das wirtschaftliche Überleben der Gesellschaft unverzichtbar wären, werden die hierfür zu erbringenden Entgelte bei wirtschaftlichen Engpässen gerne eingespart;[302] die Buchführung und Bilanzierung werden infolgedessen nicht mehr erledigt. Darüber hinaus dürfte bei Tätern mit einer gewissen kriminellen Energie die Möglichkeit der Verschleierung einer finanziellen Schieflage durch eine lückenhafte oder gänzlich unterlassene Buchhaltung ein nicht unwesentlicher Faktor dafür sein, dass die Buchführung leichten Herzens eingestellt wird. Zudem ist es einfacher, einzelne Vermögensbestandteile beiseite zu schaffen oder zu verheimlichen, wenn sie in den Lagerbeständen und Buchungsunterlagen überhaupt nicht erfasst sind.[303] Insofern bieten die Buchführungsdelikte wiederum eine „gute Vorbereitung" für die tatsächliche Reduzierung der (potenziellen) Insolvenzmasse.

Aus der Perspektive der Strafverfolgungsbehörden wiederum sind die Buchführungs- und Bilanzierungsdelikte recht „dankbare" Ermittlungsgegenstände, da sich die entsprechenden Tathandlungen bzw. das tatbestandliche Unterlassen, wie zB das Nichtführen von Handelsbüchern nach § 283 Abs. 1 Nr. 5 Alt. 1 StGB, ohne Weiteres anhand der Bücher nachvollziehen und entsprechend leicht beweisen lassen.[304]

86 Bei den Buchführungsdelikten nach § 283 Abs. 1 Nrn. 5–7 StGB handelt es sich um so genannte *informationsbezogene Insolvenzdelikte*.[305] Der Normzweck ist also nicht die Erhaltung der Masse zur bestmöglichen Gläubigerbefriedigung; geschützt sind vielmehr die Informationsinteressen der Gläubiger und im Stadium ab Eröffnung des Insolvenzverfahrens auch die des Insolvenzverwalters.[306]

87 Der *Kreis der Buchführungspflichtigen* nach § 238 HGB ist durch die Einfügung der §§ 241a und 242 Abs. 4 HGB im Rahmen des Gesetzes zur Modernisierung des Bilanzrechts vom 25.5.2009[307] (kurz: BilMoG)[308] ganz erheblich *eingeschränkt* worden: Nach § 241a S. 1 HGB sind Einzelkaufleute, die an den Abschlussstichtagen von zwei aufeinander folgenden Geschäftsjahren nicht mehr als 500 000 EUR Umsatzerlöse und 50 000 EUR Jahresüberschuss aufweisen, von der Pflicht zur Buchführung und zur Erstellung eines Inventars nach §§ 238–241 HGB befreit. Im Fall der Neugründung gilt diese Befreiung gemäß § 241a S. 2 HGB schon dann, wenn diese Werte am ersten Abschlussstichtag nach der Neugründung nicht überschritten werden.[309] Durch § 242 Abs. 4 HGB, der auf § 241a HGB verweist, wird die Pflicht zur Aufstellung der (Eröffnungs-)Bilanz und der Gewinn- und Verlustrechnung für Einzelkaufleute unter denselben Voraussetzungen aufgehoben. Diese „Deregulierung" dürfte aufgrund der gewählten Schwellenwerte in der Praxis eine Aufhebung der Buchführungs- und Bilanzierungspflichten für den weit überwiegenden Teil der Einzelkaufleute bedeuten,[310] wobei von

---

[302] *Weyand/Diversy* Rn. 82; vgl. auch *Liebl*, Insolvenzkriminalität, S. 186f.
[303] *Wegner* in Achenbach/Ransiek VII 1 Rn. 147; *Weyand/Diversy* Rn. 82.
[304] So *Hagemeier* NZWiSt 2012, 105; *Weyand/Diversy* Rn. 82; *Dannecker/Hagemeier* in Dannecker/Knierim/Hagemeier Rn. 1064; vgl. auch *Bittmann* in Bittmann § 12 Rn. 149.
[305] Zum Begriff MüKoStGB/*Radtke/Petermann* Vor §§ 283 ff. Rn. 34 ff.
[306] MüKoStGB/*Radtke/Petermann* Vor §§ 283 ff. Rn. 34.
[307] BGBl. I, S. 1102.
[308] Zum Einfluss des BilMOG auf das Bilanzstrafrecht *Dannecker* in: Staub, HGB, Vor § 331 Rn. 78ff.
[309] Zur Berechnung Baumbach/Hopt/*Merkt* § 241a Rn. 3 mwN.
[310] *Ebner* wistra 2010, 92 (94), der hierin zu Recht eine gesetzliche Milderung iSd § 2 Abs. 3 StGB sieht; aA *Pelz* in Wabnitz/Janovsky 9. Kap. Rn. 141 Fn. 216, der von einem Zeitgesetz iSd § 2 Abs. 4 StGB ausgeht.

dieser Pflichtenthebung in der Praxis offenbar nur in geringem Umfang Gebrauch gemacht wird.[311]

a) *Verletzung der Buchführungspflicht gemäß § 283 Abs. 1 Nr. 5 StGB.* § 283 Abs. 1 Nr. 5 StGB sanktioniert den Schuldner, der es entgegen seiner bestehenden Buchführungspflicht unterlässt, Handelsbücher zu führen, oder aber sie so führt oder verändert, dass die Übersicht über seinen Vermögensstand erschwert wird. Der Pflicht zur Führung von Handelsbüchern kommt im Wirtschaftsleben eine zentrale Bedeutung zu. Sinn und Zweck dieser Pflicht ist es zum einen, dem Kaufmann selbst die Möglichkeit zu verschaffen, sich jederzeit über den wirtschaftlichen Stand seines Unternehmens zu informieren *(Selbstinformationszweck).*[312] Zum anderen dient die Buchführung dem im Sinne einer gewissen Sicherheit im Rechts- und Kreditverkehr nicht weniger wichtigen *Zweck der Informationsmöglichkeit von Geschäftspartnern und Kreditgebern,*[313] die mittels der Bücher einen Überblick über die Leistungsfähigkeit und Kreditwürdigkeit bekommen können. Zuletzt, falls trotz des Bemühens des Kaufmanns das Unternehmen vor der Insolvenz steht, erleichtert die ordnungsgemäß ausgeführte Buchführung dem Insolvenzverwalter die Ausübung seines Amtes.[314]

aa) *Buchführungspflicht.* Der Schuldner muss gesetzlich verpflichtet sein, Handelsbücher zu führen. Relevant ist im Kontext des § 283 Abs. 1 Nr. 5 StGB allerdings nur die handelsrechtliche Buchführungspflicht, nicht auch die steuer- oder gewerberechtliche.[315] Die grundsätzliche Pflicht zum Führen von Handelsbüchern ergibt sich aus § 238 HGB. Nach dieser Vorschrift ist jeder *Kaufmann* verpflichtet, Bücher zu führen, die seine Handelsgeschäfte und seine gesamtwirtschaftliche Lage transparent und nachvollziehbar machen.[316] Kaufmann ist gemäß § 1 Abs. 1 HGB jeder, der ein Handelsgewerbe betreibt.

Ausgenommen sind nach § 1 Abs. 2 HGB lediglich diejenigen, deren Unternehmen nach Art und Umfang einen in kaufmännischer Weise eingerichteten Geschäftsbetrieb nicht erfordert. Dies trifft typischerweise auf *kleine Handwerksbetriebe* zu.[317] Zu beachten ist darüber hinaus die oben erwähnte[318] Begrenzung des Kreises der Buchführungspflichtigen durch die Einfügung der §§ 241a und 242 Abs. 4 HGB im Rahmen des BilMoG vom 25.5.2009,[319] wodurch die Anwendbarkeit der insolvenzstrafrechtlichen Buchführungsdeliktstatbestände auf Einzelkaufleute ganz erheblich eingeschränkt wird.[320]

Des Weiteren sind *Handelsgesellschaften* gemäß § 6 HGB zur Buchführung verpflichtet. Handelt es sich bei dem Buchführungspflichtigen um eine juristische Person, so muss die Buchführung durch das Vertretungsorgan bewerkstelligt werden, das über § 14 StGB für die mangelhafte Erfüllung dieser Pflicht ebenfalls gemäß § 283 Abs. 1 Nr. 5 StGB verantwortlich ist.[321] Ergänzende Vorschriften für die Buchführungspflichten der verschiedenen Gesellschaftsformen finden sich in den §§ 150 ff. AktG, §§ 41 ff. GmbHG und in § 33 GenG.

---

[311] Vgl. Brähler/Krenzin/Scholz StuW 2013, 173 (177 ff.).
[312] Hierzu LK/*Tiedemann* § 283 Rn. 90 mwN.
[313] So OLG Karlsruhe MDR 1985, 691 (692) mit Verweis auf BGH bei *Holtz* MDR 1981, 452 (454).
[314] → SK/*Hoyer* § 283 Rn. 67; *Weyand/Diversy* Rn. 83 mwN.
[315] Schönke/Schröder-*Heine* § 283 Rn. 29.
[316] *Pelz* in Wabnitz/Janovsky 9. Kapitel Rn. 144.
[317] *Weyand/Diversy* Rn. 84; *Pelz* in Wabnitz/Janovsky 9. Kapitel Rn. 138.
[318] → Rn. 87.
[319] BGBl. I, S. 1102.
[320] Näher hierzu *Dannecker/Hagemeier* in Dannecker/Knierim/Hagemeier Rn. 1069; *Ebner* wistra 2010, 92 (94 ff.).
[321] Näheres zu den Voraussetzungen bei MüKoStGB/*Radtke* § 283 Rn. 44 f. → Rn. 14 ff.

90 Der Kaufmann ist nicht verpflichtet, die Bücher selbst zu führen,[322] vielmehr kann er diese Aufgabe delegieren und sich der Hilfe anderer bedienen. Dies ist zum Beispiel dann erforderlich, wenn er aufgrund von Arbeitsüberlastung, Krankheit, anderen Verhinderungsgründen oder auch aufgrund mangelnder eigener Sachkunde nicht in der Lage ist, der Buchführungspflicht selbst nachzukommen.[323] In einem solchen Fall muss er die Buchführung auf andere delegieren, keinesfalls wird er von dieser Pflicht freigestellt.[324] Für die ordnungsgemäße Buchführung bleibt er auch im Falle der Delegation allerdings weiterhin verantwortlich.

91 bb) *Unterlassene Buchführung.* § 283 Abs. 1 Nr. 5 Alt. 1 StGB sanktioniert die unterlassene Buchführung. Der Täter muss dementsprechend über einen gewissen Zeitraum keinerlei Handelsbücher geführt haben.[325] Maßgeblich ist die Zeit, nach der die Buchführung in eine Bilanz hätte einmünden müssen, also ein Geschäftsjahr.[326] Zu beachten ist, dass eine Nachholung der unterlassenen Buchführung die Strafbarkeit nicht ausschließt, da der Schutzzweck des § 283 Abs. 1 Nr. 5 StGB, nämlich dem Schuldner selbst sowie Dritten jederzeit die Möglichkeit zu geben, sich vor Dispositionen über den wirtschaftlichen Stand des Unternehmens zu informieren, bereits tangiert ist.[327] Ein nur vorübergehendes oder partielles, also auf einzelne Bücher bezogenes Unterlassen der Buchführung erfüllt den Tatbestand nicht; es kommt in diesen Fällen allerdings eine mangelhafte Buchführung in Frage.[328] Es handelt sich bei dieser Alternative um ein *echtes Unterlassungsdelikt*.[329] Daher muss eine Garantenstellung nach § 13 StGB vorliegen.

92 cc) *Unmöglichkeit der Erfüllung der Buchführungspflicht.* Ein bislang ungeklärtes Problem bei der unterlassenen Buchführung nach § 283 Abs. 1 Nr. 5 Alt. 1 StGB, das sich ebenfalls bei der unterlassenen Aufstellung von Bilanz und Inventar nach § 283 Abs. 1 Nr. 7b StGB und entsprechend auch bei § 283b Abs. 1 Nr. 1 Alt. 1 und Nr. 3b StGB[330] zeigt, ist der Umgang mit der Unmöglichkeit des Schuldners, die Buchführungspflicht zu erfüllen. Bei den genannten Delikten handelt es sich, wie dargelegt, um echte Unterlassungsdelikte.[331] Für diese gilt nach dem Grundsatz, dass niemandem Unmögliches abverlangt werden kann,[332] dass eine Unterlassensstrafbarkeit nur dann in Betracht kommen kann, wenn dem Unterlassenden die von ihm verlangte Handlung überhaupt möglich war. Das bedeutet, dass der objektive Tatbestand entfällt, wenn der Unterlassende die erforderliche Handlung nicht vornehmen konnte, sie ihm unmöglich war.[333]

Dies erscheint so plausibel wie unproblematisch für einen Teil der Fälle, die eine rein *tatsächliche Unmöglichkeit* betreffen.[334] Eine solche Unmöglichkeit liegt vor, wenn der Schuldner aus tatsächlichen Gründen gehindert ist, seinen Buchführungs- oder Bilan-

---

[322] So *Dannecker/Hagemeier* in Dannecker/Knierim/Hagemeier Rn. 1071; *Köhler* in Wabnitz/Janovsky 7. Kapitel Rn. 131.
[323] Eingehend zur Pflichtendelegation *Bieneck* in Müller-Gugenberger/Bieneck § 82 Rn. 17 ff. mwN.
[324] Vgl. *Pelz* in Wabnitz/Janovsky 9. Kapitel Rn. 143; *Dannecker/Hagemeier* in Dannecker/Knierim/Hagemeier Rn. 1071.
[325] BGH bei *Herlan* GA 1961, 359; Schönke/Schröder/*Heine* § 283 Rn. 33; ebenso MüKoStGB/*Radtke/Petermann* § 283 Rn. 47.
[326] Vgl. SK/*Hoyer* § 283 Rn. 72; MüKoStGB/*Radtke/Petermann* § 283 Rn. 47.
[327] So NK/*Kindhäuser* § 283 Rn. 59; Lackner/*Kühl* § 283 Rn. 17; SK/*Hoyer* § 283 Rn. 72.
[328] BGHSt 4, 270 (274).
[329] *Fischer* § 283 Rn. 22; LK/*Tiedemann* § 283 Rn. 103; *Pelz* in Wabnitz/Janovsky 9. Kap. Rn. 146.
[330] Siehe unten Rn. 108, 111.
[331] Siehe oben Rn. 91.
[332] Statt vieler *Fischer* § 13 Rn. 77 f. mwN; näher hierzu *Hagemeier* NZWiSt 2012, 105 (106).
[333] BGHSt 4, 20 (22); 6, 46 (57); *Fischer* § 13 Rn. 77 f. mwN.
[334] Zu fraglichen Konstellationen der *rechtlichen* Unmöglichkeit vgl. *Hagemeier* NZWiSt 2012, 105 (107).

zierungspflichten zu genügen, etwa weil er aufgrund einer bloßen Strohmannstellung im Unternehmen keine tatsächliche Zugriffsmöglichkeit auf die für die Buchführung erforderlichen Unterlagen hat,[335] diese abhanden gekommen sind oder dem Schuldner von einem anderen, zB von seinem Vorgänger im Unternehmen, in einem derart desolaten Zustand hinterlassen wurden, dass eine Bilanzierung in der vorgesehenen Zeit unmöglich ist.[336] Wenn hingegen eine rein *fachliche Unmöglichkeit* vorliegt, der Schuldner also nicht in der Lage ist, die Buchführung oder Bilanzierung selber vorzunehmen, weil er nicht über die erforderlichen fachlichen Fähigkeiten verfügt, ist diese Unmöglichkeit allein, wie bereits → Rn. 90 erwähnt, allerdings nicht geeignet, ihn zu entlasten. Vielmehr kann und muss er diese ihm obliegenden Aufgaben an einen Dritten, in aller Regel einen Steuerberater, delegieren.[337]

Die Rechtsprechung hat ein tatbestandsmäßiges Verhalten allerdings auch in Fällen der *kumulativen fachlichen und finanziellen Unmöglichkeit* der Erfüllung der Buchführungs- und Bilanzierungspflichten angenommen, wenn also der Schuldner für diese Aufgaben mangels eigener Fachkenntnisse einen Steuerberater bemühen musste, die hierfür erforderlichen Kosten aber nicht aufbringen konnte.[338] Diese ständige Rechtsprechung ist in der Literatur nur vereinzelt auf Kritik gestoßen,[339] obwohl die Problematik evident erscheint: Wenn eine bestehende Zahlungsunfähigkeit als ein Fall der wirtschaftlichen Krise[340] bei der Vornahme der Bankrotthandlung die Strafbarkeit erst begründet, so erscheint es widersprüchlich, dass dieses Unvermögen gleichzeitig geeignet sein soll, die Strafbarkeit auszuschließen.[341] Die Wertung des Gesetzgebers, der – so zeige es der Vergleich mit der Strafandrohung des § 283b StGB – die Pflichtverletzung des Schuldners im Zustand der Krise als *besonders strafwürdig* ansieht,[342] steht einer Entlastungsmöglichkeit des Täters durch den Hinweis auf seine Zahlungsunfähigkeit ebenfalls entgegen. Da die Strafbarkeit wegen der Buchführungsdelikte des § 283 Abs. 1 StGB nicht nur eine wirtschaftliche Krise voraussetzt,[343] sondern eine Strafbarkeit, darüber hinaus nur bei Eintritt der objektiven Strafbarkeitsbedingung, dh Zahlungseinstellung oder eröffnetes oder abgelehntes Insolvenzverfahren, in Frage kommt,[344] erscheint es fragwürdig, in genau diesem Anwendungsbereich der Norm ohne Weiteres Straflosigkeit wegen finanziellen Unvermögens anzunehmen.[345] Hinzu kommt, dass weder das Krisenmerkmal der (drohenden) Zahlungsunfähigkeit oder der Überschuldung noch die Zahlungseinstellung per se ein finanzielles Unvermögen des Schuldners zu begründen vermögen.[346] Zudem führt die generelle Annahme der Straflosigkeit bei finanziellem Unvermögen in

---

[335] Vgl. KG Berlin wistra 2002, 313 (314 f.); *Hillenkamp* in Festschrift Tiedemann S. 949 (964 f.).
[336] Vgl. LK/*Tiedemann* § 283 Rn. 154; Schönke/Schröder-*Heine* § 283 Rn. 47a; *Köhler* in Wabnitz/Janovsky 7. Kap Rn. 147.
[337] *Richter* GmbHR 1984, 137 (147); *Weyand/Diversy* Rn. 87; *Pelz* in Wabnitz/Janovsky 9. Kap. Rn. 146.
[338] Siehe zB BGH NStZ 1998, 192 (193); BGH NStZ 2003, 546 (548); zu weiteren Konstellationen der Unmöglichkeit bei Buchführungsdelikten *Pelz* in Wabnitz/Janovsky 9. Kap. Rn. 146 sowie *Hagemeier* NZWiSt 2012, 105 (106).
[339] Siehe *Hillenkamp* in Festschrift Tiedemann S. 949 ff.; *Hagemeier* NZWiSt 2012, 105 ff., jeweils mwN.
[340] Der Klarheit halber sei hier darauf hingewiesen, dass die eingetretene Zahlungsunfähigkeit das einzige Krisenmerkmal ist, das geeignet erscheint, eine Unmöglichkeit zu begründen, da weder ein Drohen derselben noch die Überschuldung mit einer Unmöglichkeit der Erfüllung finanzieller Pflichten einhergeht.
[341] So schon *Schlüchter* JR 1979, 513 (515); *Schäfer* wistra 1986, 200 (203); *Beckemper* JZ 2003, 806 (807); *Renzikowski* in Festschrift Weber S. 333 (335).
[342] *Schäfer* wistra 1986, 200 (204); zustimmend *Pohl* wistra 1996, 14 (15); *Doster* wistra 1998, 326 (328).
[343] Zur selben Problematik bei § 283b Abs. 1 StGB, der keine Krise erfordert, → Rn. 111.
[344] → Rn. 47 ff.
[345] *Hagemeier* NZWiSt 2012, 105 (108) mwN.
[346] Näher hierzu *Hagemeier* NZWiSt 2012, 105 (108) mwN.

der vermutlich nicht seltenen Konstellation zu Strafbarkeitslücken, dass sich der Schuldner sehenden Auges bzw. schuldhaft verbleibende finanzielle Mittel nicht für die Buchführung verwendet hat.[347] Hier liegt die Anwendung der Figur der so genannten *omissio libera in causa* nahe, wie sie beim Unterlassen des Abführens von Arbeitnehmerentgelten nach § 266a StGB präferiert wird.[348]

94   Vor dem Hintergrund dieser Unstimmigkeiten deutet sich eine *Wende in der Rechtsprechung des BGH* an, die allerdings als noch nicht vollzogen angesehen werden kann, da der 1. Strafsenat[349] lediglich in einem obiter dictum bemerkte, dass nicht zu entscheiden sei, ob an der alten Rechtsprechung zur finanziellen Unmöglichkeit weiterhin festzuhalten sei, oder ob nicht vielmehr von einem Geschäftsführer eines Unternehmens zu verlangen sei, dass er mittels rechtzeitiger Vorsorge die Buchführung und Bilanzierung auch in Zeiten der Krise sicherzustellen habe, „um den gerade für Fälle eingetretener ‚Zahlungsknappheit' geschaffenen § 283 Abs. 1 Nr. 5 und Nr. 7 StGB nicht leer laufen zu lassen".[350] In der Zusammenschau mit einer Entscheidung des 2. Strafsenats aus demselben Jahr, in der dieser der vom OLG Koblenz in der Vorentscheidung angewandte *omissio libera in causa* auf einen vergleichbaren Fall zugestimmt hatte,[351] erscheint eine Wende in der Rechtsprechung allerdings wahrscheinlich, so dass es zukünftig weniger erfolgversprechend sein dürfte, sich beim Vorwurf eines Bankrottdeliktes nach § 283 Abs. 1 Nr. 5 Alt. 1 oder Nr. 7b StGB auf finanzielles Unvermögen zu berufen. Wenn sich aufgrund der Liquiditätslage abzeichnet, dass die finanziellen Mittel für die Bezahlung des Steuerberaters zur Erstellung der Buchführung nicht ausreichen, müssen hierfür Rücklagen gebildet werden, um die Strafbarkeit zu vermeiden.

95   dd) *Mangelhafte Buchführung.* Ebenfalls strafbar ist die in der Praxis häufiger auftauchende mangelhafte Buchführung, die nach dem Gesetzeswortlaut zum einen in einer von vornherein mangelhaften Buchführung durch Art oder Form der Eintragungen bzw. durch Weglassen bestehen[352] oder auch in einer Veränderung der zunächst ordnungsgemäßen Bücher liegen kann.[353] Eine ordnungsgemäße Buchführung muss Aufschluss über die getätigten Geschäfte und die damit verbundenen Einnahmen und Ausgaben geben.[354] Nach § 239 Abs. 2 HGB muss eine ordnungsgemäße Buchführung vollständig, richtig, zeitgerecht und geordnet vorgenommen werden. Des Weiteren muss sie in ihren Aussagen klar und übersichtlich sowie anhand von Belegen nachprüfbar sein.[355]

96   Für eine tatbestandliche mangelhafte Buchführung kommen daher Tathandlungen wie das Überschreiben, Überkleben oder Ausradieren von Eintragungen[356] und das *Anfertigen falscher Belege*[357] in Betracht. Ebenso kann die zeitweise ausgesetzte Buchführung eine Mangelhaftigkeit begründen.[358] Allgemein wird den Anforderungen an eine

---

[347] Hierzu *Schlüchter* JR 1979, 513 (515); *Doster* wistra 1998, 326 (327); *Beckemper* JZ 2003, 806 (808); einschränkend *Hillenkamp* in Festschrift Tiedemann S. 949 (966 f.).
[348] BGH NJW 2011, 3733 (3734); *Pelz* in Wabnitz/Janovsky 9. Kap. Rn. 147; *Hagemeier* NZWiSt 2012, 105 (109) mwN.
[349] BGH NZWiSt 2012, 110 ff.
[350] BGH NZWiSt 2012, 110 (112).
[351] BGH NJW 2011, 3733 (3734) = wistra 2012, 73 (74 f.).
[352] *Fischer* § 283 Rn. 22; NK/*Kindhäuser* § 283 Rn. 61.
[353] Vgl. SK/*Hoyer* § 283 Rn. 66; MüKoStGB/*Radtke*/*Petermann* § 283 Rn. 48.
[354] Siehe Schönke/Schröder-*Heine* § 283 Rn. 34; *Dannecker*/*Hagemeier* in Dannecker/Knierim/Hagemeier Rn. 1073.
[355] SK/*Hoyer* § 283 Rn. 73; NK/*Kindhäuser* § 283 Rn. 61.
[356] *Weyand*/*Diversy* Rn. 91.
[357] So Schönke/Schröder-*Heine* § 283 Rn. 34 mwN; *Dannecker*/*Hagemeier* in Dannecker/Knierim/Hagemeier Rn. 1073.
[358] *Pelz* in Wabnitz/Janovsky 9. Kapitel Rn. 148; *Dannecker*/*Hagemeier* in Dannecker/Knierim/Hagemeier Rn. 1073 mwN.

ordnungsmäßige Buchführung außerdem dann nicht genügt, wenn erst mit erheblicher Verzögerung Buch geführt wird,[359] einzelne Posten weggelassen werden,[360] falsche Werte für einzelne Vermögensbestandteile angesetzt[361] oder fiktive Posten aufgenommen werden[362] oder die Geschäftsbelege nicht ordentlich aufbewahrt werden.[363]

Weitere Voraussetzung für eine Strafbarkeit nach § 283 Abs. 1 Nr. 5 Alt. 2 StGB ist, **97** dass die Mangelhaftigkeit der Buchführung zu einer *Erschwerung der Übersicht* über die Vermögenslage des Schuldners führt. Zwar liegt eine Unübersichtlichkeit bei mangelhafter Buchführung nahe, allerdings schränkt dieses Erfordernis die Strafbarkeit insofern ein, als die Unübersichtlichkeit von einer gewissen Erheblichkeit sein muss.[364] Entscheidend ist hier der Maßstab eines sachverständigen Dritten: Wenn dieser entweder gar nicht oder nur mit Schwierigkeiten und unter Aufwendung erheblicher Zeit und Mühe in der Lage wäre, sich einen Überblick über den Vermögensstand des Schuldners zu verschaffen, ist eine erschwerte Übersicht über das Schuldnervermögen zu bejahen.[365] So soll auch im Falle einer unterbliebenen Buchführung eines Unternehmens, deren Rekonstruktion allerdings mittels der vollständig aufbewahrten Belege ohne Weiteres möglich ist, die Übersicht über das Vermögen nicht zwingend erschwert sein.[366] Plausibel erscheint die Verneinung der wesentlichen Erschwerung der Vermögensstandübersicht jedenfalls bei wiederkehrenden Aufwendungen in einer bestimmten Höhe, deren unterlassene Verbuchung von einem sachverständigen Dritten aufgrund der früheren Buchungen ergänzt werden kann.[367]

Hinsichtlich der zu erwartenden Strafe für den Täter eines Buchführungsdeliktes ist **98** zu beachten, dass mehrere Verstöße gegen die Buchführungspflichten in aller Regel als nur *eine* Tat im materiellen Sinn anzusehen sind, wenn ein gewisser zeitlicher Zusammenhang zwischen den einzelnen Akten und damit eine Handlungseinheit besteht.[368]

b) *Unterdrücken von aufbewahrungspflichtigen Unterlagen gemäß § 283 Abs. 1 Nr. 6 StGB.* **99** Der Schuldner macht sich nach § 283 Abs. 1 Nr. 6 StGB strafbar, wenn er Handelsbücher oder sonstige Unterlagen, für deren Aufbewahrung er zu sorgen hat, unterdrückt. Trotz der Formulierung „Handelsbücher und sonstige Unterlagen, zu deren Aufbewahrung ein Kaufmann nach Handelsrecht verpflichtet ist", sanktioniert § 283 Abs. 1 Nr. 6 StGB nicht nur Kaufleute. Es kommt nämlich nicht darauf an, dass die Bücher für den Täter selbst aufbewahrungspflichtig sind, sondern es ist auch für Nicht-Kaufleute möglich, sich nach dieser Norm strafbar zu machen.[369] Entsprechend bleibt eine tatbestandsmäßige Handlung eines Kaufmannes auch dann strafbar, wenn seine Kaufmannseigenschaft im Nachhinein wegfällt.[370]

---

[359] *Biletzki* NStZ 1999, 537 (538); SK/*Hoyer* § 283 Rn. 73.
[360] Vgl. LG Lübeck wistra 2013, 281 (282); auch zur psychischen Beihilfe zum Bankrott durch einen Steuerberater.
[361] RGSt 39, 222 (223).
[362] *Weyand/Diversy* Rn. 91.
[363] *Fischer* § 283 Rn. 23 mwN; weitere Beispiele bei *Pelz* in Wabnitz/Janovsky 9. Kap. Rn. 148.
[364] *Dannecker/Hagemeier* in Dannecker/Knierim/Hagemeier Rn. 1074; *Bittmann* in Bittmann § 12 Rn. 185 f.
[365] Siehe BT-Drucks. 7/3441, S. 35; BGH NStZ 1998, 247; BGH NStZ 2002, 327; NK/*Kindhäuser* § 283 Rn. 64.
[366] So jedenfalls BGH GA 1959, 341; LK/*Tiedemann* § 283 Rn. 118; Schönke/Schröder-*Heine* § 283 Rn. 36.
[367] Schönke/Schröder/*Heine* § 283 Rn. 36; *Dannecker/Hagemeier* in Dannecker/Knierim/Hagemeier Rn. 1074; MüKoStGB/*Radtke/Petermann* § 283 Rn. 49.
[368] *Richter* NZI 2002, 121 (123) mwN; *Dannecker/Hagemeier* in Dannecker/Knierim/Hagemeier Rn. 1074; *Pelz* in Wabnitz/Janovsky 9. Kap. Rn. 150; *Fischer* § 283 Rn. 23; Schönke/Schröder-*Heine* § 283 Rn. 37.
[369] So SK/*Hoyer* § 283 Rn. 78; MüKoStGB/*Radtke/Petermann* § 283 Rn. 52 mwN; *Bittmann* in Bittmann § 12 Rn. 194; einschränkend Schönke/Schröder-*Heine* § 283 Rn. 39.
[370] Vgl. LK/*Tiedemann* § 283 Rn. 123; NK/*Kindhäuser* § 283 Rn. 70.

100 Die möglichen *tatbestandlichen Beeinträchtigungshandlungen* sind das Beiseiteschaffen, Verheimlichen, Zerstören oder Beschädigen von Handelsbüchern und sonstigen aufbewahrungspflichtigen Unterlagen. Diese Handlungen stimmen mit den in § 283 Abs. 1 Nr. 1 StGB normierten überein, insofern sei zum Inhalt der tatbestandlichen Unterdrückungshandlungen nach oben verwiesen.[371]

101 Die Liste möglicher *Tatobjekte* findet sich in § 257 Abs. 1 HGB: Hiernach sind neben den Handelsbüchern Inventare, Bilanzen, Jahresabschlüsse, Handelsbriefe und Buchungsbelege aufbewahrungspflichtig und damit taugliche Tatobjekte des § 283 Abs. 1 Nr. 6 StGB.

Zu beachten ist allerdings, dass die wohl herrschende Meinung[372] unter Hinweis auf den von § 283b Abs. 1 Nr. 2 StGB abweichenden Wortlaut annimmt, dass auch *Bücher, die freiwillig geführt werden,* für die also keine handelsrechtlichen Aufbewahrungspflichten bestehen, taugliche Tatobjekte sind. Hinsichtlich der daraus resultierenden Konsequenz einer möglichen Strafbarkeit derjenigen Täter, die keine handelsrechtlichen Buchführungspflichten treffen und dennoch freiwillig entsprechende Bücher führen, was insbesondere auf Freiberufler zutrifft, herrscht allerdings Uneinigkeit. Zum Teil wird eine Strafbarkeit auch dieser Tätergruppe mit dem Hinweis darauf bejaht, dass der Wortlaut eine Erstreckung auf buchführende Täter ohne Buchführungspflicht gestatte und dass diese aus steuerrechtlichen Gründen ohnehin entsprechende Bücher führten.[373] Die vorzuziehende Gegenmeinung legt den Tatbestand restriktiv aus und wendet § 283 Abs. 1 Nr. 6 StGB nur auf Bücher und Unterlagen an, die von einem Kaufmann in Erfüllung seiner kaufmännischen Pflichten geführt werden; ohne handelsrechtliche Pflicht geführte Bücher werden vom Tatbestand nicht erfasst.[374]

102 Die Unterdrückungshandlung muss vor Ende der in § 257 Abs. 4 und 5 HGB genannten Aufbewahrungsfristen für die unterschiedlichen Unterlagen erfolgen;[375] denn wenn das Gesetz keine Aufbewahrungspflicht mehr vorsieht, kann eine Beseitigung oder Beeinträchtigung der fraglichen Unterlagen schwerlich strafbar sein.[376] Darüber hinaus muss auch hier durch die Tathandlung des Schuldners die Übersicht über dessen Vermögensstand erschwert werden. Eine Strafbarkeit scheidet dementsprechend aus, wenn beispielsweise durch eine Handlung des Täters lediglich eine Substanzverletzung des Handelsbuchs verursacht wird, der Inhalt aber dennoch in seiner Übersichtlichkeit nicht betroffen ist oder aber der zerstörte Teil für die Gesamtübersicht unerheblich ist.[377]

103 c) *Verletzung der Bilanzierungspflicht gemäß § 283 Abs. 1 Nr. 7 StGB.* § 283 Abs. 1 Nr. 7 StGB normiert die Strafbarkeit der Verletzung der Bilanzierungspflicht. Diese gehört zu den allgemeinen Buchhaltungspflichten und fällt daher schon in den Schutzbereich des § 283 Nr. 5 StGB. Allerdings sind die Bilanzierungspflichten im HGB gesondert geregelt und ein Verstoß gegen die §§ 243 ff. HGB ist daher neben den allgemeinen Buchführungsdelikten qua *lex specialis* nochmals explizit in § 283 Abs. 1 Nr. 7 StGB strafbewehrt.[378] Zu den besonderen Anforderungen an den Eintritt der objektiven Strafbarkeitsbedingung bei § 283 Abs. 1 Nr. 7 StGB kann auf die obigen Ausführungen[379] verwiesen werden.

---

[371] Siehe oben Rn. 59 ff.
[372] Vgl. LK/*Tiedemann* § 283 Rn. 121; SK/*Hoyer* § 283 Rn. 77; Schönke/Schröder-*Heine* § 283 Rn. 39; MüKoStGB/*Radtke*/*Petermann* § 283 Rn. 51; aA NK/*Kindhäuser* § 283 Rn. 68.
[373] *Weyand*/*Diversy* Rn. 93.
[374] Vgl. *Dannecker*/*Hagemeier* in Dannecker/Knierim/Hagemeier Rn. 1077; LK/*Tiedemann* § 283 Rn. 122; *Fischer* § 283 Rn. 24.
[375] Vgl. SK/*Hoyer* § 283 Rn. 79; MüKoStGB/*Radtke*/*Petermann* § 283 Rn. 51.
[376] *Dannecker*/*Hagemeier* in Dannecker/Knierim/Hagemeier Rn. 1077.
[377] Vgl. *Fischer* § 283 Rn. 24; *Dannecker*/*Hagemeier* in Dannecker/Knierim/Hagemeier Rn. 1079.
[378] So *Bittmann* in Bittmann § 12 Rn. 166.
[379] → Rn. 47 ff.

Mögliche Tathandlungen sind zum einen die *mangelhafte Bilanzaufstellung* und zum 104
anderen die *Unterlassung der Bilanzierung bzw. Inventarisierung,* wobei auf die entsprechenden handelsrechtlichen Pflichten verwiesen wird („entgegen dem Handelsrecht"). Dieser Verweis stellt klar, dass im Gegensatz zu § 283 Abs. 1 Nr. 6 StGB *nur Kaufleute,* die gemäß §§ 240, 242 HGB die Pflicht zur Aufstellung von Bilanz und Inventar trifft, Täter dieser Bankrottstraftat sein können.[380]

aa) *Mangelhafte Bilanzierung gemäß § 283 Abs. 1 Nr. 7a StGB.* § 283 Abs. 1 Nr. 7a StGB sanktioniert die unübersichtliche Aufstellung der Bilanz und ist somit enger gefasst als die zweite Alternative der gänzlich unterlassenen Aufstellung nach § 283 Abs. 1 Nr. 7b StGB, die neben der Bilanz auch das Inventar als taugliches Tatobjekt miteinbezieht. Hierbei handelt es sich um die gegenüber § 283 Abs. 1 Nr. 7 StGB speziellere Regelung.

Der Schuldner macht sich nach § 283 Abs. 1 Nr. 7a StGB strafbar, wenn er eine man- 105
gelhafte Bilanz aufstellt. Eine ordnungsgemäße Bilanz folgt den Grundsätzen der Bilanzwahrheit, Bilanzklarheit, Bilanzvollständigkeit und Bilanzkontinuität. Diese Grundsätze sind in den §§ 242, 243 und 246 HGB normiert.[381] Neben den Vorschriften des HGB werden auch die IFRS sowie Prüfungsstandards und Empfehlungen weiterer Institutionen wie zB die Prüfungsstandards des IdW für Abschlussprüfungen, die Empfehlungen des Deutschen Rechnungslegungs Standards Committee e. V. (DRSC) bzw. des Deutschen Standardisierungsrats (DSR) sowie die Fehlerfeststellungen durch die Deutsche Prüfstelle für Rechnungswesen (DPR) in Bezug genommen. Während die IFRS als europarechtliche Vorgaben einer EU-Verordnung von Strafnormen in Bezug genommen werden können,[382] weisen die sonstigen Prüfungsstandards und Empfehlungen keine hinreichende gesetzlich verankerte Verbindlichkeit auf, um die Strafbarkeit zu begründen.[383]

Die Vorschriften des HGB bzw. die IFRS-Regeln legen auch fest, was im Einzelnen wie zu bilanzieren ist. Eine vollständige Bilanz muss gemäß § 246 Abs. 1 HGB über sämtliche gewerbliche Vermögensbestandteile und Schulden Auskunft geben.[384] Mangelhaft ist eine Bilanz entsprechend, wenn sie *unwahr* ist *oder die Vermögensverhältnisse verschleiert,*[385] etwa durch die Überbewertung des Anlage- und Umlaufvermögens zur Verschleierung einer schlechten Geschäftslage,[386] die fehlerhafte oder ungenaue Bezeichnung von Posten,[387] die Aufnahme fiktiver Aktivposten[388] oder auch die lückenhafte Aufstellung von Aktiva und Passiva.[389]

Im Hinblick auf den Schutzzweck der Buchführungsdelikte kommt es hier, wie auch 106
bei den allgemeinen Buchführungsmängeln nach § 283 Abs. 1 Nr. 5 und Nr. 6 StGB, darauf an, dass die Mangelhaftigkeit der Bilanzaufstellung die Übersicht über den Vermögensstand des Schuldners erschwert. Dies ist beispielsweise denkbar bei Bilanzen, in

---

[380] So übereinstimmend LK/*Tiedemann* § 283 Rn. 129; NK/*Kindhäuser* § 283 Rn. 76; SK/*Hoyer* § 283 Rn. 85; Schönke/Schröder-*Heine* § 283 Rn. 44; *Lackner/Kühl* § 283 Rn. 20; MüKoStGB/ *Radtke/Petermann* § 283 Rn. 55; zur möglichen Strafbarkeit des faktischen Geschäftsführers einer britischen Limited AG Stuttgart wistra 2008, 226 ff. m. Anm. *Schumann.*
[381] Näher hierzu *Biletzki* NStZ 1999, 537 (538); SK/*Hoyer* § 283 Rn. 86.
[382] *Dannecker* in: Staub, HGB, § 331 Rn. 139 ff.
[383] *Dannecker* in: Staub, HGB, § 331 Rn. 143 ff. mwN.
[384] Baumbach/Hopt-*Merkt* § 246 Rn. 1; *Dannecker/Hagemeier* in Dannecker/Knierim/Hagemeier Rn. 1083; *Bittmann* in Bittmann § 12 Rn. 226.
[385] Vgl. LK/*Tiedemann* § 283 Rn. 142; Schönke/Schröder/*Heine* § 283 Rn. 44; zu den Tathandlungen der unrichtigen Wiedergabe und des Verschleierns siehe auch *Dannecker* in: Staub, HGB, § 331 Rn. 52 ff., 72 ff.
[386] *Weyand/Diversy* Rn. 98.
[387] *Fischer* § 283 Rn. 28; *Dannecker/Hagemeier* in Dannecker/Knierim/Hagemeier Rn. 1084.
[388] *Bittmann* in Bittmann § 12 Rn. 232.
[389] Vgl. Schönke/Schröder-*Heine* § 283 Rn. 44; *Dannecker/Hagemeier* in Dannecker/Knierim/Hagemeier Rn. 1084.

denen für einzelne Vermögensgegenstände falsche Werte angegeben sind.³⁹⁰ Bei lediglich formalen Mängeln ist hingegen die Übersicht über das Vermögen in aller Regel noch nicht erschwert.³⁹¹ Im Übrigen sei auf die obigen Ausführungen zu § 283 Abs. 1 Nr. 5 StGB verwiesen.³⁹²

107 bb) *Unterlassene rechtzeitige Aufstellung von Bilanz oder Inventar gemäß § 283 Abs. 1 Nr. 7b StGB.* Der Kaufmann macht sich auch dann strafbar, wenn er die Erstellung von Bilanz oder Inventar unterlässt. Ein Unterlassen der Bilanzaufstellung ist in Abgrenzung zur mangelhaften Bilanz dann zu bejahen, wenn der Schuldner eine *Scheinbilanz* mit willkürlichen Vermögensbestandteilen erstellt.³⁹³ Ein Inventar ist in aller Regel bis zum 10. Tag nach Ablauf des Geschäftsjahres schriftlich zu errichten.³⁹⁴ Eine Inventur im Sinne einer körperlichen Bestandsaufnahme ist zur Erstellung des Inventars nur dann erforderlich, wenn nicht von den technischen Möglichkeiten für eine permanente Inventur Gebrauch gemacht wird, die ein ständig aktualisiertes Inventar zur Verfügung stellen.³⁹⁵

108 Auch bei § 283 Abs. 1 Nr. 7b StGB handelt es sich um ein *echtes Unterlassungsdelikt*.³⁹⁶ Für die Frage nach der Strafbarkeit des Schuldners bei einer Unmöglichkeit der Aufstellung von Bilanz oder Inventar gelten die Ausführungen zu § 283 Abs. 1 Nr. 5 StGB entsprechend.³⁹⁷

109 d) *Verletzung der Buchführungspflichten außerhalb der Krise gemäß § 283b StGB.* Neben § 283 Abs. 1 Nrn. 5–7 StGB bestraft § 283b StGB speziell die Verletzung der Buchführungs- und Bilanzierungspflicht. Im Gegensatz zu der erstgenannten Vorschrift stellt § 283b StGB die Verletzung der handelsrechtlichen Buchführungspflicht unter Strafe, ohne dass bereits eine Krise bestehen muss, der Täter diese fahrlässig nicht kennt oder die Überschuldung oder Zahlungsunfähigkeit leichtfertig oder vorsätzlich verursacht hat.³⁹⁸ Der Gesetzgeber hat also vollständig auf das Merkmal der wirtschaftlichen Krise im Tatbestand verzichtet und in Ergänzung zu den o. g. Bankrottdelikten ein abstraktes Gefährdungsdelikt normiert,³⁹⁹ dessen Versuch, im Gegensatz zu den Bankrottstraftaten nach § 283 Abs. 1 StGB, nicht strafbar ist. Allerdings ist die fahrlässige Begehungsweise in § 283b Abs. 2 StGB mit Strafe bedroht. § 283b StGB tritt hinter § 283 Abs. 1 Nrn. 5–7 StGB zurück.⁴⁰⁰

110 Von den Tatbestandsvoraussetzungen entsprechen sich § 283 Abs. 1 Nr. 5 und § 283b Abs. 1 Nr. 1 sowie § 283 Abs. 1 Nr. 7 und § 283b Abs. 1 Nr. 3 StGB. Auch § 283 Abs. 1 Nr. 6 und § 283b Abs. 1 Nr. 2 StGB entsprechen sich inhaltlich, mit einer Ausnahme: Während § 283b Abs. 1 Nr. 2 StGB die Unterdrückung von Handelsbüchern oder sonstigen Unterlagen, „zu deren Aufbewahrung ein Kaufmann nach Handelsrecht verpflichtet ist", sanktioniert, heißt es in der erstgenannten Norm: „zu deren Aufbewahrung *er* nach Handelsrecht verpflichtet ist". Daraus ergibt sich, dass § 283b Abs. 1 Nr. 2 StGB tatsächlich nur von Kaufleuten begangen werden kann, für die die Aufbe-

---

³⁹⁰ So MüKoStGB/*Radtke/Petermann* § 283 Rn. 57 mwN; weitere Beispiele und Typengruppen bei *Dannecker* in: Staub, HGB, § 331 Rn. 75.
³⁹¹ SK/*Hoyer* § 283 Rn. 87 mwN; *Dannecker/Hagemeier* in Dannecker/Knierim/Hagemeier Rn. 1085.
³⁹² → Rn. 88 ff.
³⁹³ Vgl. LK/*Tiedemann* § 283 Rn. 152; NK/*Kindhäuser* § 283 Rn. 86; SK/*Hoyer* § 283 Rn. 89; Schönke/Schröder-*Heine* § 283 Rn. 46; MüKoStGB/*Radtke/Petermann* § 283 Rn. 62; *Fischer* § 283 Rn. 29.
³⁹⁴ Vgl. *Bittmann* in Bittmann § 12 Rn. 241.
³⁹⁵ *Bittmann* in Bittmann § 12 Rn. 241.
³⁹⁶ *Fischer* § 283 Rn. 29 mwN.
³⁹⁷ → Rn. 92 ff.
³⁹⁸ *Fischer* § 283b Rn. 2; *Sorgenfrei* in Park, Teil 3 Kap 5, Vorbem. Rn. 1, beide mwN.
³⁹⁹ SK/*Hoyer* § 283b Rn. 1; Schönke/Schröder-*Heine* § 283b Rn. 1; *Lackner/Kühl* § 283b Rn. 1; einschränkend LK/*Tiedemann* § 283b Rn. 1.
⁴⁰⁰ LK/*Tiedemann* § 283b Rn. 18; SK/*Hoyer* § 283b Rn. 5 mwN.

Das Insolvenzstrafrecht

wahrungspflichten des § 257 HGB unmittelbar gelten,[401] während der Täterkreis des § 283 Abs. 1 Nr. 6 StGB sich nicht auf Kaufleute beschränkt.[402]

aa) *Unmöglichkeit der Buchführung.* Auch bei den Varianten des § 283b Abs. 1 Nr. 1 **111** Alt. 1 und Nr. 3b StGB, die echte Unterlassungsdelikte darstellen, stellt sich die Frage nach der Strafbarkeit des Täters, dem es tatsächlich und finanziell unmöglich ist, seinen Buchführungspflichten nachzukommen. Allerdings ist bei § 283b Abs. 1 StGB, dessen Tatbestand keine Krise voraussetzt und der häufig als Auffangtatbestand zum Zuge kommt, wenn der Zeitpunkt der Krise nicht genau bestimmt werden kann, bzw. dem Schuldner der Vorsatz diesbezüglich fehlt,[403] der Fall der Unmöglichkeit seltener gegeben. Grundsätzlich erfordert § 283b StGB kein Handeln des Schuldners in der Krise. Liegt eine Krise vor, so ist vielmehr § 283 Abs. 1 StGB einschlägig; § 283b Abs. 1 StGB tritt hinter § 283 Abs. 1 Nrn. 5–7 StGB zurück.[404] Daher ist eine Zahlungsunfähigkeit des Schuldners, die die Unmöglichkeit der Buchführung begründen könnte, dogmatisch gesehen keine im Rahmen des § 283b Abs. 1 StGB auftretende Konstellation.[405] Das Problem der Unmöglichkeit der Erfüllung der Buchführungs- und Bilanzierungspflichten hat also bei § 283b Abs. 1 StGB einen eher engen Anwendungsbereich, der durch die doppelte Anwendung des Grundsatzes „*in dubio pro reo*" – zum einen hinsichtlich der vorliegenden Krise und zum anderen hinsichtlich der Unmöglichkeit der Pflichterfüllung, so man diese anerkennt – noch geringer ausfallen dürfte.[406]

bb) *Objektive Strafbarkeitsbedingung.* Wegen des Verweises von § 283b Abs. 3 StGB auf **112** § 283 Abs. 6 StGB muss die Zahlungseinstellung des Schuldners, die Eröffnung des Insolvenzverfahrens oder die Ablehnung mangels Masse als objektive Strafbarkeitsbedingung vorliegen. Durch den Verzicht auf eine wirtschaftliche Krise ist die objektive Strafbarkeitsbedingung das einzige „Strafbarkeitskorrektiv". Da die Verletzung der Buchführungspflichten außerhalb einer wirtschaftlichen Krise des Unternehmens ohne eine folgende Insolvenz als nicht strafbedürftig anzusehen ist,[407] muss auch hier ein irgendwie gearteter „äußerer" Zusammenhang zwischen Bankrotthandlung und Strafbarkeitsbedingung bestehen.[408] Als einen ausreichenden *äußeren Zusammenhang* zwischen den Tathandlungen und dem Eintritt der objektiven Strafbarkeitsbedingung sieht der BGH an, dass ein Teil der zur Zeit der Tathandlung bereits bestehenden Gläubigerforderungen zum Zeitpunkt des Eintritts der objektiven Strafbarkeitsbedingung noch nicht befriedigt ist oder der Bilanzierungspflicht noch nicht nachgekommen wurde.[409] Mit Ausnahme der weitgehend konsentierten Meinung, dass keine Kausalität zwischen tatbestandlicher Handlung und objektiver Strafbarkeitsbedingung erforderlich ist, bewegt man sich, wie auch bei den anderen Buchführungsdelikten,[410] mit der Qualifizierung des notwendigen Zusammenhangs zwischen objektiver Strafbarkeitsbedingung und tatbestandlicher Handlung auf unsicherem Terrain.[411] Ausgeschlossen ist die Strafbarkeit allerdings beim Fehlen jeglichen Zusammenhangs zwischen

---

[401] So die einhellige Meinung, siehe nur *Fischer* § 283b Rn. 4 mwN.
[402] Im Einzelnen str., → Rn. 99.
[403] Schönke/Schröder-*Heine* § 283b Rn. 1; SK/*Hoyer* § 283b Rn. 5; *Dannecker/Hagemeier* in Dannecker/Knierim/Hagemeier Rn. 1105.
[404] BGH NStZ 1984, 455; *Fischer* § 283 Rn. 42; *Lackner/Kühl* § 283b Rn. 4; NK/*Kindhäuser* § 283b Rn. 9.
[405] *Hagemeier* NZWiSt 2012, 105 (107).
[406] Näher hierzu *Hagemeier* NZWiSt 2012, 105 (107); *Beckemper* JZ 2003, 806 (807).
[407] Vgl. Schönke/Schröder-*Heine* § 283b Rn. 1; *Dannecker/Hagemeier* in Dannecker/Knierim/Hagemeier Rn. 1104.
[408] Zweifelnd mit Hinweis auf den Wortlaut *Weyand/Diversy* Rn. 128 mwN.
[409] BGH wistra 2007, 463 (464) = NStZ 2008, 401 (402).
[410] Hierzu *Hagemeier* in Steinberg/Valerius/Popp, S. 129 (136 f.); → Rn. 85 ff.
[411] *Dannecker/Hagemeier* in Dannecker/Knierim/Hagemeier Rn. 1104 mwN.

den beiden Komponenten,[412] wobei Zweifel nach hM zulasten des Täters gehen sollen.[413]

113   3. Der Auffangtatbestand des § 283 Abs. 1 Nr. 8 StGB. Eine besondere Stellung nimmt der Straftatbestand des § 283 Abs. 1 Nr. 8 StGB ein: Danach ist auch derjenige wegen Bankrotts strafbar, der in einer anderen, der ordnungsgemäßen Wirtschaft grob widersprechenden Weise seinen Vermögensstand verringert oder seine wirtschaftlichen Verhältnisse verheimlicht oder verschleiert. Die Regelung ist als *Auffangtatbestand*[414] konstruiert und soll dem Umstand Rechnung tragen, dass auch außerhalb der Kasuistik des § 283 Abs. 1 Nrn. 1–7 StGB vielfältige Verhaltensweisen im Kontext der Insolvenz denkbar sind, die in demselben Maße sozialschädlich sind und die Gläubigerinteressen gefährden wie die aufgezählten Tathandlungen.[415] Die praktische Bedeutung des Auffangtatbestandes liegt insbesondere beim Verheimlichen oder Verschleiern der geschäftlichen Verhältnisse[416] sowie im Bereich der *professionellen Firmenbestattungen* bei krisenbefangenen Unternehmen.[417] Vor dem Hintergrund eines immensen Ideenreichtums insolventer Unternehmer zur „Rettung" ihres Vermögens vor dem Zugriff der Gläubiger ist die Subsumtion einzelner Handlungen unter § 283 Abs. 1 Nrn. 1–7 StGB nicht immer möglich. So stellt zum Beispiel der Verkauf aller Anteile einer insolventen GmbH an einen Strohmann nicht zwingend eine Bankrotthandlung iSd § 283 Abs. 1 Nr. 1 oder Nr. 4 StGB dar; dasselbe gilt bei isolierter Betrachtung der einzelnen Handlungen für eine Umfirmierung und die Einsetzung eines neuen Geschäftsführers.[418] Hieraus ergeben sich Anwendungsmöglichkeiten des § 283 Abs. 1 Nr. 8 StGB und eine nicht zu unterschätzende Bedeutung dieses Straftatbestandes für die Praxis.

114   a) *Grobe Wirtschaftswidrigkeit.* Der Täter handelt tatbestandsmäßig iSd § 283 Abs. 1 Nr. 8 StGB, wenn er seine geschäftlichen Verhältnisse verheimlicht oder verschleiert (2. Alt.) oder seinen Vermögensstand verringert (1. Alt.), wobei die Tathandlung in einer „den Anforderungen einer ordnungsgemäßen Wirtschaft grob widersprechenden Weise" geschehen muss. Das Tatbestandsmerkmal der *groben Wirtschaftswidrigkeit* ist sozusagen die Achillessehne des Tatbestandes; dieses Merkmal ist nach ganz herrschender Meinung in der Literatur nicht nur, wie es der Wortlaut vermuten lässt, auf die erste Tatbestandsalternative der Verringerung des Vermögensstandes anwendbar, sondern auch auf die Verheimlichung oder Verschleierung.[419] Grobe Wirtschaftswidrigkeit des Handelns ist zu bejahen, wenn das getätigte Geschäft betriebswirtschaftlich gesehen *eindeutig unvertretbar* erscheint, also wenn es einem objektiven Dritten sogleich ins Auge springt.[420] Dies ist beispielsweise der Fall, wenn der Täter Vermögensbestandteile „ohne billigenswertes Motiv" unter dem von ihm gezahlten Einkaufspreis veräußert.[421] In der Praxis bereitet der Nachweis der groben Wirtschaftswidrigkeit iSd § 283 Abs. 1 Nr. 8 StGB naturgemäß Schwierigkeiten, da die Abgrenzung zu noch vertretbaren risikoreichen Handlungen im Geschäftsleben oft nicht eindeutig sein kann, die Übergänge flie-

---

[412] LK/*Tiedemann* Vor § 283 Rn. 97 mwN.
[413] SK/*Hoyer* § 283b Rn. 6; LK/*Tiedemann* Vor § 283 Rn. 97; *Pelz* Rn. 239 mwN.
[414] Siehe BT-Drucks. 7/3441, S. 36.
[415] So SK/*Hoyer* § 283 Rn. 91; Schönke/Schröder-*Heine* § 283 Rn. 49; MüKoStGB/*Radtke*/*Petermann* § 283 Rn. 65; siehe etwa BGH NStZ 2000, 206 (207) zum Umleiten von Umsätzen auf vor dem Unternehmen verheimlichten Konten.
[416] *Pelz* in Wabnitz/Janovsky 9. Kap. Rn. 135 mwN.
[417] Hierzu *Hagemeier* StV 2010, 26 ff.; *dies.* in Steinberg/Valerius/Popp S. 129 ff.
[418] *Dannecker*/*Hagemeier* in Dannecker/Knierim/Hagemeier Rn. 1091.
[419] LK/*Tiedemann* § 283 Rn. 177; SK/*Hoyer* § 283 Rn. 91; Schönke/Schröder-*Heine* § 283 Rn. 49; Lackner/Kühl § 283 Rn. 21; *Fischer* § 283 Rn. 30; aA lediglich NK/*Kindhäuser* § 283 Rn. 89.
[420] SK/*Hoyer* § 283 Rn. 93; MüKoStGB/*Radtke*/*Petermann* § 283 Rn. 68.
[421] LK/*Tiedemann* § 283 Rn. 168; SK/*Hoyer* § 283 Rn. 93; *Dannecker*/*Hagemeier* in Dannecker/Knierim/Hagemeier Rn. 1092.

Das Insolvenzstrafrecht

ßend sind[422] und dem Täter darüber hinaus auch noch Vorsatz bezüglich des wirtschaftlich nicht vertretbaren Verhaltens nachzuweisen ist.[423]

b) *Verringerung des Vermögensstandes nach § 283 Abs. 1 Nr. 8 Alt. 1 StGB.* Eine Verringerung des Vermögensstandes liegt mit einer Schmälerung der Aktiva oder mit einer Erhöhung der Passiva vor.[424] Im Gegensatz zu der Tathandlung des Beiseiteschaffens von Vermögensbestandteilen, die durch § 283 Abs. 1 Nr. 1 StGB sanktioniert wird,[425] liegt eine Verringerung bereits bei der *Eingehung eines ungünstigen Verpflichtungsgeschäfts* vor und nicht erst mit der Durchführung des Erfüllungsgeschäfts.[426] Der Vermögensstand umfasst in dieser Konstellation nicht nur die „Bestandteile des Vermögens" iSd § 283 Abs. 1 Nr. 1 StGB, sondern auch Positionen, die nicht pfändbar sind, sowie andere vermögenswerte, aber *nicht-materielle Positionen*.[427] Als tatbestandsmäßig wird daher beispielsweise schon das Abziehen qualifizierter Arbeitskräfte aus dem Unternehmen zwecks Beschäftigung im Nachfolgeunternehmen[428] sowie das Verschleudern von Patentrechten und Lizenzen angesehen.[429] Darüber hinaus kommen als tatbestandsmäßiges Verringern des Vermögensstandes auch die Lieferung von Gütern an unbekannte insolvente Besteller ohne Prüfung von deren Kreditwürdigkeit[430] oder auch die Aufnahme überhöhter Kredite[431] in Betracht.

c) *Verheimlichen oder Verschleiern der wirtschaftlichen Verhältnisse nach § 283 Abs. 1 Nr. 8 Alt. 2 StGB.* Zu den wirtschaftlichen Verhältnissen gehört alles, was für die wirtschaftliche Einschätzung eines Betriebes, insbesondere seiner *Bonität*[432] und seiner *Kreditwürdigkeit,*[433] von Bedeutung ist. Hierunter sollen nicht nur gegenwärtige wirtschaftliche Verhältnisse, sondern auch Prognosen und Werturteile fallen.[434] Zweifelsohne sind für die Beurteilung der Bonität einer Gesellschaft gerade in der Situation der wirtschaftlichen Krise auch die internen Macht- und Mehrheitsverhältnisse, insbesondere auch die Person des Geschäftsführers, von Belang.[435] Darüber hinaus gehören zu den geschäftlichen Verhältnissen von Kapitalanlagegesellschaften beispielsweise die Lage und die Rendite des Anlageobjekts sowie die personelle Zusammensetzung und die Verschachtelung von Gesellschaften.[436] Die Eigentumsverhältnisse an den Gesellschaftsanteilen, der Sitz des Unternehmens und dessen Firma sowie die Person des Geschäftsführers sind daher geschäftliche Verhältnisse iSd § 283 Abs. 1 Nr. 8 2. Alt. StGB.[437]

Während die Tathandlung des *Verheimlichens* volle Kongruenz zum gleichlautenden Tatbestandsmerkmal in § 283 Abs. 1 Nr. 1 StGB aufweist,[438] beinhaltet *Verschleiern* ein irre-

---

[422] *Weyand/Diversy* Rn. 107; weitere Beispiele bei *Bittmann* in Bittmann § 12 Rn. 256 f.
[423] *Dannecker/Hagemeier* in Dannecker/Knierim/Hagemeier Rn. 1049.
[424] Vgl. *Lackner/Kühl* § 283 Rn. 21 mwN.
[425] → Rn. 59 ff.
[426] So SK/*Hoyer* § 283 Rn. 92; MüKoStGB/*Radtke/Petermann* § 283 Rn. 66; differenzierend LK/ *Tiedemann* § 283 Rn. 160.
[427] Hierzu *Bittmann* in Bittmann § 12 Rn. 256.
[428] Vgl. LK/*Tiedemann* § 283 Rn. 155; *Dannecker/Hagemeier* in Dannecker/Knierim/Hagemeier Rn. 1093; *Bittmann* in Bittmann § 12 Rn. 256.
[429] *Fischer* § 283 Rn. 30a; *Weyand/Diversy* Rn. 108.
[430] *Bittmann* in Bittmann § 12 Rn. 256.
[431] *Weyand/Diversy* Rn. 108 mwN.
[432] BGH NStZ 2009, 635 (636) = StV 2010, 25 (26) m. Anm. *Hagemeier*; LK/*Tiedemann* § 283 Rn. 172; MüKo/*Radtke/Petermann* § 283 Rn. 67; SK/*Hoyer* § 283 Rn. 94 mwN; *Weyand/Diversy* Rn. 108.
[433] BGH NZI 2013, 365 (367) m. Anm. *Köllner* und *Brand* NZG 2013, 397 (400).
[434] *Bittmann* in Bittmann § 12 Rn. 261.
[435] *Hagemeier* in Steinberg/Valerius/Popp S. 129 (132); so auch *Floeth* EWiR 2010, 265 (266).
[436] LK/*Tiedemann* § 283 Rn. 173.
[437] *Hagemeier* in Steinberg/Valerius/Popp S. 129 (132); siehe auch *Pelz* in Wabnitz/Janovsky 9. Kap. Rn. 135.
[438] → Rn. 62 f.

führendes Verhalten, durch das die wirklichen Vermögensverhältnisse vor dem Insolvenzverwalter oder den Gläubigern verborgen werden.[439] Hiervon umfasst sind sowohl die inhaltlich unrichtige Darstellung der Vermögensverhältnisse[440] als auch irreführende Angaben des Schuldners.[441] Somit sind unrichtige Aussagen über die Verhältnisse des Unternehmens in geschäftlichen Mitteilungen[442] ebenso sanktioniert wie eine Verschleierung der Verhältnisse durch beschönigende Prospektwerbung,[443] was in der Praxis eine Ausdehnung des in § 4 UWG normierten Verbotes der irreführenden Werbung bedeutet.[444]

118 Außerdem dürfte dieser tatbestandlichen Handlungsalternative bei *Firmenbestattungen* eine besondere Bedeutung zukommen. Unter Verschleiern der geschäftlichen Verhältnisse iSd § 283 Abs. 1 Nr. 8 2. Alt. StGB können auch einzelne Handlungen wie die Bestellung eines tatsächlich unerreichbaren Geschäftsführers oder eine Umfirmierung fallen.[445] Darüber hinaus erscheint es gut vertretbar, die Umwandlung eines Not leidenden Unternehmens in eine so genannte Auffang- oder Sanierungsgesellschaft als Verheimlichen iSd § 283 Abs. 1 Nr. 8 2. Alt. StGB anzusehen,[446] indem eine Gesamtbetrachtung, die über den Einzelakt, der für sich genommen u. U. noch kein unwirtschaftliches Verhalten darstellt, hinausgeht, vorgenommen wird.[447] Ein weiterer Anwendungsbereich der Vorschrift in der Praxis findet sich in Bausachen bei der Beauftragung eines Subunternehmers durch den bereits in der wirtschaftlichen Krise befindlichen Generalunternehmer.[448]

119 **4. Fahrlässigkeitsstrafbarkeit nach § 283 Abs. 4 und 5 StGB.** § 283 StGB sieht neben der Vorsatz- auch eine *Fahrlässigkeitsstrafbarkeit* vor, wobei § 283 Abs. 4 StGB eine *Vorsatz-Fahrlässigkeits-Kombination* betrifft, § 283 Abs. 5 StGB hingegen bestimmte Fälle der Fahrlässigkeit sowohl hinsichtlich der Krise als auch hinsichtlich der Bankrotthandlung. So sanktioniert § 283 Abs. 4 Nr. 1 StGB den Täter von Bankrotthandlungen nach § 283 Abs. 1 StGB, der in fahrlässiger Unkenntnis der Überschuldung oder der (drohenden) Zahlungsunfähigkeit handelt, mit Freiheitsstrafe von bis zu 2 Jahren oder Geldstrafe. Dasselbe gilt nach § 283 Abs. 4 Nr. 2 StGB für den Täter, der durch seine Bankrotthandlung die Krise in Gestalt der Überschuldung oder eingetretenen Zahlungsunfähigkeit leichtfertig verursacht.

120 Die Kombination von fahrlässiger Unkenntnis der Krise und einer fahrlässigen Bankrotthandlung des Täters ist gemäß § 283 Abs. 5 Nr. 1 StGB mit derselben Strafe bedroht, allerdings betrifft dies nur Bankrotthandlungen nach § 283 Abs. 1 Nrn. 2, 5 und 7 StGB, da die übrigen Tatbestände schwerlich fahrlässig verwirklicht werden können.[449] Der Fall einer leichtfertigen Verursachung der Überschuldung oder Zahlungsunfähigkeit und einer fahrlässigen Bankrotthandlung nach § 283 Abs. 1 Nrn. 2, 5 oder 7 StGB wird entsprechend von § 283 Abs. 5 Nr. 2 StGB erfasst.

---

[439] *Lackner/Kühl* § 283 Rn. 21.
[440] So auch BGH NStZ 2009, 635 (636) = StV 2010, 25 (26) m. Anm. *Hagemeier*.
[441] NK/*Kindhäuser* § 283 Rn. 95; MüKoStGB/*Radtke/Petermann* § 283 Rn. 67.
[442] Schönke/Schröder/*Heine* § 283 Rn. 49; *Dannecker/Hagemeier* in Dannecker/Knierim/Hagemeier Rn. 1097.
[443] So LK/*Tiedemann* § 283 Rn. 176; SK/*Hoyer* § 283 Rn. 95; vgl. auch Schönke/Schröder-*Heine* § 283 Rn. 49; aA NK/*Kindhäuser* § 283 Rn. 95.
[444] Vgl. *Bittmann* in Bittmann § 12 Rn. 251.
[445] *Ogiermann* wistra 2000, 250 mwN; *Hagemeier* in Steinberg/Valerius/Popp S. 129 (132); weitere Beispiele bei *Pelz* in Wabnitz/Janovsky 9. Kap. Rn. 135; siehe auch BGH NStZ 2009, 635 (636).
[446] *Fischer* § 283 Rn. 30b.
[447] So LK/*Tiedemann* § 283 Rn. 158, 162 ff. für § 283 Abs. 1 Nr. 8 1. Alt StGB; *Hagemeier* in Steinberg/Valerius/Popp S, 129 (133); *Bittmann* in Bittmann § 12 Rn. 252; *Floeth* EWiR 2010, 265 (266); wohl zustimmend BGH NStZ 2009, 635 (636)= StV 2010, 25 (26) m Anm. *Hagemeier*; BGH NZI 2013, 365 (367) m. Anm. *Köllner*; kritisch *Brand/Reschke* ZIP 2010, 2134 (2135 ff.).
[448] Näher hierzu *Dannecker/Hagemeier* in Dannecker/Knierim/Hagemeier Rn. 1098 mwN.
[449] Kritisch auch zu einer fahrlässigen Verwirklichung von § 283 Abs. 1 Nr. 2 *Fischer* § 283 Rn. 35 mwN.

5. Besonders schwere Fälle des Bankrotts gemäß § 283a StGB. Die von § 283 **121** Abs. 1 StGB vorgesehene Höchststrafe von 5 Jahren Freiheitsstrafe erhöht sich in einem besonders schweren Fall des Bankrotts nach § 283a StGB auf beträchtliche 10 Jahre Freiheitsstrafe. Da § 283a S. 1 StGB auch § 283 Abs. 3 StGB in Bezug nimmt, ist die *Regelbeispielwirkung* auch beim Versuch möglich; die fakultative Strafmilderung, die nach § 23 Abs. 2 StGB für einen Versuch normalerweise in Frage kommt, ist wegen des ausdrücklichen Verweises des § 283a auf § 283 Abs. 3 StGB nicht möglich.[450]

Bei Vorliegen von § 283a StGB besteht die Vermutung, dass der Fall insgesamt als besonders schwer anzusehen ist.[451] Wenn keine Anhaltspunkte für ein Abweichen vorliegen, ist keine zusätzliche Prüfung erforderlich, ob die Anwendung des erhöhten Strafrahmens geboten ist.[452] Allerdings bilden die normierten Regelbeispiele keinen abschließenden Katalog. Vielmehr sind darüber hinaus auch sonstige schwere Fälle möglich. Voraussetzung eines sonstigen schweren Falles ist, dass er in seinem Unrechts- und Schuldgehalt den explizit genannten Regelbeispielen gleich steht und daher auch mit dem erhöhten Strafrahmen geahndet werden kann.[453] Ein so genannter *unbenannter besonders schwerer Fall* kann in allen Fällen des Bankrotts vorliegen, bei denen der Unrechts- oder Schuldgehalt erheblich höher ist als bei einer „normalen" Bankrotthandlung und somit der in § 283 StGB vorgesehene Strafrahmen als nicht ausreichend angesehen werden kann.[454] Dabei kommt den Regelbeispielen eine Analogiewirkung zu: Wenn der konkrete Fall einem im Gesetz genannten Regelbeispiel ähnlich ist und nur in Merkmalen abweicht, die keine deutliche Verringerung von Unrecht und Schuld bewirken, soll es nahe liegen, einen unbenannten schweren Fall anzunehmen; so bei besonderer Skrupellosigkeit des Täters, bei Ausnutzung besonderen Vertrauens oder bei Verursachung erheblicher immaterieller Tatfolgen. Hiergegen bestehen jedoch wegen der mangelnden Bestimmtheit des Unrechtsgehalts Bedenken, weil die Strafrahmenfestlegung in den unbenannten schweren Fällen der Judikative überlassen wird.[455]

Umgekehrt sind auch Fälle denkbar, die zwar die Voraussetzungen eines gesetzlich **123** normierten Regelbeispiels erfüllen, in denen jedoch besondere unrechts- oder schuldmindernde Umstände vorliegen, so dass der erhöhte Strafrahmen nicht angemessen erscheint. In solchen Fällen ist der Strafrahmen nicht zu erhöhen, da es sich lediglich um ein Regelbeispiel, nicht aber um einen zwingend zu einer Strafrahmenerhöhung führenden Umstand handelt.[456]

a) *Handeln aus Gewinnsucht (§ 283a S. 2 Nr. 1 StGB).* Als Regelbeispiele für ei- **124** nen besonders schweren Fall wird zunächst das Handeln des Täters aus Gewinnsucht (§ 283a S. 2 Nr. 1 StGB) genannt. Dieses Tatbestandsmerkmal erscheint in seiner Auslegung nicht unproblematisch, da das Bestreben, einen Gewinn zu erzielen, allen Kaufleuten in ihrem Handeln gemein sein dürfte und diese legitime *kaufmännische Gewinnerzielungsabsicht*[457] von einer tatbestandsmäßigen Gewinnsucht abzugrenzen ist. Hinzu kommt, dass bereits die Verwirklichung eines Bankrottdelikts nach § 283 StGB in aller Regel mit einer gewissen Gewinnabsicht einhergehen dürfte.[458] Es wird daher eine tatbestandsmäßige Gewinnsucht namentlich dann angenommen, wenn der Täter

---

[450] LK/*Tiedemann* § 283a Rn. 15; NK/*Kindhäuser* § 283a Rn. 3; Schönke/Schröder-*Heine* § 283a Rn. 9; MüKoStGB/*Radtke/Petermann* § 283a Rn. 14; *Dannecker/Hagemeier* in Dannecker/Knierim/Hagemeier Rn. 1106; aA SK/*Hoyer* § 283a Rn. 2.
[451] BGH wistra 2004, 339 f.
[452] Vgl. BGH NStZ 2004, 265 (266).
[453] SK/*Hoyer* § 283a Rn. 3; *Weyand/Diversy* Rn. 117.
[454] Schönke/Schröder-*Heine* § 283a Rn. 7; MüKoStGB/*Radtke/Petermann* § 283a Rn. 12.
[455] *Fischer* § 46 Rn. 96 f. mwN; siehe auch LK/*Dannecker* § 1 Rn. 236.
[456] *Dannecker/Hagemeier* in Dannecker/Knierim/Hagemeier Rn. 1113.
[457] SK/*Hoyer* § 283a Rn. 4; *Weyand/Diversy* Rn. 118.
[458] *Dannecker/Hagemeier* in Dannecker/Knierim/Hagemeier Rn. 1107.

ein ungewöhnliches, ungesundes und sittlich anstößiges Maß an Gewinnstreben aufweist.[459] Einfacher gesagt muss ein Gewinnstreben um jeden Preis vorliegen,[460] das bestimmend für das Handeln des Täters ist. Die Gewinnsucht als subjektives Merkmal wird sich in der Praxis in vielen Fällen nur schwer nachweisen lassen. Sie dürfte aber zu bejahen sein, wenn sich der Täter durch *besondere Rücksichtslosigkeit* auszeichnet, mit der er sich zugunsten seines eigenen Vorteils über die Interessen der Gläubiger hinwegsetzt,[461] oder bei einem potenziell sehr hohen Schaden, der aufgrund der Bankrotthandlung entstehen kann.[462] Unproblematisch ist ein Handeln aus Gewinnsucht jedenfalls dann zu bejahen, wenn der Täter von Beginn seiner Geschäftstätigkeit an auf die Insolvenz des Unternehmens zugesteuert ist, um sich selbst effektiv zu bereichern.[463]

125 **b)** *Wissentliche Herbeiführung einer Gefahr des Verlusts der dem Täter anvertrauten Vermögenswerte oder der wirtschaftlichen Not einer Vielzahl von Personen (§ 283a S. 2 Nr. 2 StGB).* Die Strafschärfung des § 283a S. 2 Nr. 2 StGB setzt voraus, dass der Täter wissentlich viele Personen entweder in die Gefahr des Verlusts ihrer ihm anvertrauten Vermögenswerte (Alt. 1) oder in wirtschaftliche Not bringt (Alt. 2). Nach wohl herrschender Meinung liegt eine *Vielzahl an Personen* bei mindestens zehn Betroffenen vor.[464] Der Begriff der Person umfasst auch juristische Personen. Entscheidend ist, dass der Täter durch sein Verhalten eine gewisse Breitenwirkung erreicht.

126 Bei einer geringeren Anzahl von Betroffenen in Kombination mit einer besonders gravierenden Schädigung erscheint allerdings ein nicht ausdrücklich genannter Fall nach § 283a StGB begründbar.[465] Dies ist beispielsweise bei der Verursachung eines sehr hohen Schadens für einzelne oder auch nur einen einzelnen Gläubiger denkbar oder bei folgenschweren *Zusammenbrüchen großer Unternehmen,*[466] bei denen sich weitreichende Auswirkungen auf die Volkswirtschaft als Ganzes oder auf andere Interessen der Allgemeinheit ergeben.[467] Auch die Kumulation mehrerer Bankrotthandlungen kann für einen besonders schweren Fall ausreichen.[468]

127 aa) *Gefahr des Verlusts anvertrauter Vermögenswerte.* Bei der ersten Variante des § 283a S. 2 Nr. 2 StGB ist zu beachten, dass der Täter lediglich die *Gefahr* eines Vermögensverlustes verursachen muss, es also nicht erforderlich ist, dass der Vermögensverlust bereits eingetreten ist oder überhaupt noch eintritt.[469] Gefahr im Sinne des Regelbeispiels bedeutet eine *konkrete Gefahr* des Verlusts der anvertrauten Vermögenswerte, die den Verlust nahe liegend erscheinen lässt. Eine solche Gefahr liegt vor, wenn es nur noch vom Zufall ab-

---

[459] BGHSt 3, 30 (32); 17, 35 (37); SK/*Hoyer* § 283a Rn. 4; MüKoStGB/*Radtke/Petermann* § 283a Rn. 4; Schönke/Schröder-*Heine* § 283a Rn. 4 verweisen darauf, dass es nicht auf die moralische Verwerflichkeit ankomme, sondern vielmehr darauf, den kriminell besonders gefährlichen Täter mit diesem Regelbeispiel zu erfassen.
[460] LK/*Tiedemann* § 283a Rn. 3; zust. NK/*Kindhäuser* § 283a Rn. 4.
[461] NK/*Kindhäuser* § 283a Rn. 4; Schönke/Schröder/*Heine* § 283a Rn. 4; MüKoStGB/*Radtke/Petermann* § 283a Rn. 5.
[462] *Dannecker/Hagemeier* in Dannecker/Knierim/Hagemeier Rn. 1108; NK/*Kindhäuser* § 283a Rn. 4.
[463] Schönke/Schröder-*Heine* § 283a Rn. 4; *Weyand/Diversy* Rn. 118 mwN; *Bittmann* in Bittmann § 12 Rn. 354; *Fischer* § 283a Rn. 5, stuft diesen Fall als unbenanntes Regelbeispiel ein.
[464] LK/*Tiedemann* § 283a Rn. 9; NK/*Kindhäuser* § 283a Rn. 7; SK/*Hoyer* § 283a Rn. 5; MüKoStGB/*Radtke/Petermann* § 283a Rn. 9; einschränkend Schönke/Schröder-*Heine* § 283a Rn. 5, der diese Anzahl nur als „Richtschnur für den verlangten Gefährdungserfolg" ansieht.
[465] BT-Drucks. 7/5291, S. 19; *Weyand/Diversy* Rn. 119; *Dannecker/Hagemeier* in Dannecker/Knierim/Hagemeier Rn. 1109; MüKoStGB/*Radtke/Petermann* § 283a Rn. 9.
[466] LK/*Tiedemann* § 283a Rn. 12; *Weyand/Diversy* Rn. 117; *Dannecker/Hagemeier* in Dannecker/Knierim/Hagemeier Rn. 1113.
[467] NK/*Kindhäuser* § 283a Rn. 11; SK/*Hoyer* § 283a Rn. 8; Schönke/Schröder-*Heine* § 283a Rn. 7.
[468] Schönke/Schröder/*Heine* § 283a Rn. 7; *Dannecker/Hagemeier* in Dannecker/Knierim/Hagemeier Rn. 1113.
[469] Schönke/Schröder/*Heine* § 283a Rn. 5; *Fischer* § 283a Rn. 3, 4; zu den Anforderungen an die konkrete Gefahr in diesem Zusammenhang vgl. MüKoStGB/*Radtke/Petermann* § 283a Rn. 8.

hängt, ob der Schaden eintritt oder nicht. Dies ist in der Krise in der Regel gegeben. Auch setzt der Tatbestand nicht die Gefahr eines totalen Vermögensverlustes voraus; allerdings muss ein erheblicher Anteil des Vermögens von dieser Gefahr betroffen sein,[470] der in der Literatur auf 75% des Wertes beziffert wird.[471] Gefährdungen von kleineren Vermögensanteilen führen demgemäß nicht zu einer Strafverschärfung nach § 283a StGB.[472]

Die verlustgefährdeten Vermögenswerte müssen dem Täter anvertraut sein. Dieses **128** Merkmal ist im Sinne des § 246 Abs. 2 StGB zu verstehen,[473] das heißt, der Täter muss besondere Einwirkungsmöglichkeiten auf das Opfervermögen eingeräumt bekommen haben, die naturgemäß besonderen Pflichten im Umgang mit dessen Vermögen korrespondieren.[474] Diese Konstellation ist denkbar beim Zusammenbruch von Unternehmen, deren Tätigkeit in der Verwaltung von und der Arbeit mit fremden Geldern besteht, wie es bei Banken und Sparkassen aller Art der Fall ist.[475] In Frage kommen aber auch Kapitalanlagen in gesellschaftsrechtlichen Formen.[476] Ein weiteres Beispiel für anvertraute Vermögenswerte sind unter Eigentumsvorbehalt gelieferte Waren.[477]

Zu beachten ist, dass das Erfordernis, dass der Täter hier wissentlich handeln muss, **129** einen besonders schweren Fall immer dann ausschließt, wenn der Täter hinsichtlich der Gefährdung bzw. der wirtschaftlichen Not der Opfer nur mit Eventualvorsatz handelte;[478] er muss also zumindest sicher gewusst haben, dass die Gefährdung als Folge seiner Bankrotthandlung eintreten würde.

bb) *Wirtschaftliche Not.* Personen werden in wirtschaftliche Not gebracht, wenn die **130** Opfer einer solchen Mangellage ausgesetzt werden, dass ihnen die Mittel für *lebenswichtige Aufwendungen* für sich oder auch für unterhaltsberechtigte Personen fehlen. Es muss eine Situation eingetreten sein, in der die Opfer wirtschaftlich nicht mehr in der Lage sind, lebenswichtige Aufwendungen zu bestreiten, ohne die entsprechenden sozialstaatlichen Hilfen zum Lebensunterhalt oder die finanzielle Hilfe Dritter in Anspruch zu nehmen.[479] Lebenswichtige Aufwendungen sind, der sozialrechtlichen Definition entsprechend, nicht etwa nur die Ausgaben für die Essentialia wie Essen, Kleidung und Wohnen, sondern auch für grundlegende kulturelle Bedürfnisse, die von der Mehrheit der Bevölkerung befriedigt werden können und so das soziale Leben ausmachen.[480] Denkbar sind Fälle, in denen die Opfer ihren Lebensunterhalt wesentlich mit Einkünften aus Kapitalvermögen bestreiten, das durch die Bankrotthandlung wesentlich geschmälert wurde,[481] ebenso Konstellationen, in denen Gläubiger des Täters durch die Bankrotthandlung selbst insolvent werden.[482] Von Relevanz ist aber auch der Fall, in dem die Opfer aufgrund der Bankrotthandlung ihren Arbeitsplatz verlieren.[483] Eine

---

[470] LK/*Tiedemann* § 283a Rn. 8; Schönke/Schröder-*Heine* § 283a Rn. 5.
[471] SK/*Hoyer* § 283a Rn. 6.
[472] *Dannecker/Hagemeier* in Dannecker/Knierim/Hagemeier Rn. 1110.
[473] NK/*Kindhäuser* § 283a Rn. 5.
[474] SK/*Hoyer* § 283a Rn. 6; MüKoStGB/*Radtke/Petermann* § 283a Rn. 7.
[475] Schönke/Schröder/*Heine* § 283a Rn. 5; *Dannecker/Hagemeier* in Dannecker/Knierim/Hagemeier Rn. 1110.
[476] Detailliert LK/*Tiedemann* § 283a Rn. 6 mwN.
[477] LK/*Tiedemann* § 283a Rn. 7; NK/*Kindhäuser* § 283a Rn. 5; SK/*Hoyer* § 283a Rn. 6; einschränkend MüKoStGB/*Radtke/Petermann* § 283a Rn. 7.
[478] SK/*Hoyer* § 283a Rn. 5; *Dannecker/Hagemeier* in Dannecker/Knierim/Hagemeier Rn. 1109.
[479] NK/*Kindhäuser* § 283a Rn. 8; SK/*Hoyer* § 283a Rn. 7; vgl. Schönke/Schröder-*Heine* § 283a Rn. 6; Lackner/Kühl § 283a Rn. 2.
[480] Schönke/Schröder/*Heine* § 283a Rn. 6 mwN; *Dannecker/Hagemeier* in Dannecker/Knierim/Hagemeier Rn. 1111.
[481] LK/*Tiedemann* § 283a Rn. 11.
[482] Schönke/Schröder-*Heine* § 283a Rn. 6; *Fischer* § 283a Rn. 4.
[483] LK/*Tiedemann* § 283a Rn. 11 mwN; NK/*Kindhäuser* § 283a Rn. 8; Schönke/Schröder-*Heine* § 283a Rn. 6.

bloße wirtschaftliche Bedrängnis oder die Verstärkung einer vorhandenen wirtschaftlichen Notlage reicht nicht aus. Sozialleistungen, die die Opfer aufgrund der Notlage erhalten, müssen außer Betracht bleiben.

131 In subjektiver Hinsicht ist *Wissentlichkeit* erforderlich. Der Täter muss die tatsächlichen Voraussetzungen der Notlage kennen. Darüber hinaus ist erforderlich, dass dem Täter bewusst ist, dass er das Opfer durch seine Tat in eine wirtschaftliche Notlage bringt.

132 **6. Gläubigerbegünstigung gemäß § 283c StGB.** Wenn ein Schuldner in Kenntnis seiner eigenen Zahlungsunfähigkeit einem seiner Gläubiger eine Sicherheit oder Befriedigung gewährt, die dieser noch nicht zu diesem Zeitpunkt oder nicht in der gewährten Art zu beanspruchen hat, kann sich der Schuldner wegen Gläubigerbegünstigung gemäß § 283c Abs. 1 StGB strafbar machen. Bei der Gläubigerbegünstigung handelt es sich um einen speziellen Fall des bereits von § 283 Abs. 1 Nr. 1 StGB unter Strafe gestellten Beiseiteschaffens von Vermögensbestandteilen; der Strafrahmen des § 283c StGB, der bis zu zwei Jahren Freiheitsstrafe oder Geldstrafe vorsieht, ist dabei deutlich niedriger als der des § 283 Abs. 1 StGB, der bis zu fünf Jahre Freiheitsstrafe androht. Die Gläubigerbegünstigung ist also eine *Privilegierung* gegenüber § 283 Abs. 1 Nr. 1 StGB.[484] Der Grund hierfür ist, dass bei der Gläubigerbegünstigung die Vermögensmasse in ihrer Gesamtheit ungeschmälert bleibt, weil die Vermögenszuwendungen an Gläubiger zur Tilgung der Verbindlichkeiten führen; beeinträchtigt wird lediglich die ordnungsgemäße Verteilung der Masse.[485] Entsprechend entfaltet § 283c StGB als Privilegierung gegenüber § 283 Abs. 1 Nr. 1 StGB eine Sperrwirkung. Diese tritt auch dann ein, wenn der Schuldner eine kongruente Deckung gewährt und deshalb den Gläubiger nicht begünstigt. Dies bedeutet, dass unter diesen Voraussetzungen nicht auf den Bankrotttatbestand des § 283 Abs. 1 Nr. 1 StGB zurückgegriffen werden darf.[486]

133 Die Tathandlung des Schuldners ist die Gewährung einer Sicherheit oder einer Befriedigung, auf die der Gläubiger zu diesem Zeitpunkt keinen fälligen Anspruch hat (so genannte *inkongruente Deckung*),[487] aus der Insolvenzmasse.[488] Eine Befriedigung ist entsprechend der §§ 362 ff. BGB die Erfüllung einer Forderung oder die Annahme einer Leistung als Erfüllung oder an Erfüllungs statt.[489] Eine Sicherheit wird einem Gläubiger gewährt, wenn ihm eine bevorzugte Stellung hinsichtlich seiner Befriedigung vom Schuldner eingeräumt wird.[490] Als Sicherheiten sind zB die Sicherungsübereignung, die Verpfändung oder die Bestellung eines Grundpfandrechts denkbar.[491]

134 *Beispiele* für eine Tathandlung, die eine *inkongruente Leistung* darstellen, sind die Zahlung vor Fälligkeit, die Übereignung von Kundenschecks und Kundenwechseln anstelle von Barzahlung, die Einräumung eines Pfandrechts oder die Vornahme einer Sicherungsübereignung, sofern hierzu keine schuldrechtliche Verpflichtung besteht,[492] und auch die Abtretung von Rentenansprüchen nach Eintritt der Zahlungsunfähigkeit an den vertretenden Anwalt.[493] Die Inkongruenz der Leistung ist also notwendigerweise

---

[484] *Fischer* § 283c Rn. 1
[485] *Dannecker/Hagemeier* in Dannecker/Knierim/Hagemeier Rn. 1115; NK/*Kindhäuser* § 283c Rn. 1; Schönke/Schröder/*Heine* § 283c Rn. 1.
[486] So BGHSt 8, 55 (56 f.) zum Verhältnis von § 239 und § 241 KO; LK/*Tiedemann* § 283c Rn. 39; SK/*Hoyer* § 283c Rn. 14; Schönke/Schröder-*Heine* § 283c Rn. 16 (bei Tatbestandsirrtum des Täters); näher hierzu auch NK/*Kindhäuser* § 283c Rn. 26.
[487] Hierzu NK/*Kindhäuser* § 283c Rn. 12; Schönke/Schröder/*Heine* § 283c Rn. 8 ff.
[488] Vgl. *Lackner/Kühl* § 283c Rn. 3; NK/*Kindhäuser* § 283c Rn. 7.
[489] Näher hierzu Schönke/Schröder-*Heine* § 283c Rn. 5 mwN.
[490] Schönke/Schröder-*Heine* § 283c Rn. 4; vgl. auch NK/*Kindhäuser* § 283c Rn. 6.
[491] Näher hierzu *Fischer* § 283c Rn. 5; NK/*Kindhäuser* § 283c Rn. 6 mwN.
[492] Schönke/Schröder-*Heine* § 283c Rn. 4 mwN; *Dannecker/Hagemeier* in Dannecker/Knierim/Hagemeier Rn. 1115.
[493] So AG Nürnberg ZInsO 2012, 339 (341).

nach zivilrechtlichen Grundsätzen zu bestimmen.[494] Auch das Hinauszögern des Insolvenzantrages, um einem Gläubiger noch Pfändungen zu ermöglichen, kann eine inkongruente Leistung nach § 283c Abs. 1 StGB darstellen.[495]

Die Gewährung einer inkongruenten Leistung durch den Schuldner setzt eine Mitwirkung des „bedachten" Gläubigers voraus. Solange dieser sich auf die bloße Annahme der Leistung beschränkt, stellt dies einen Fall der *notwendigen Teilnahme* dar, die straflos bleibt.[496]

Was die Anforderungen an die schuldnerische Krise angeht, so ist hier lediglich die bereits *eingetretene Zahlungsunfähigkeit* tatbestandsmäßig, in deren Kenntnis der Schuldner handeln muss – dolus eventualis ist diesbezüglich nicht ausreichend. Zu beachten ist darüber hinaus, dass der Schuldner hinsichtlich der Begünstigung des Gläubigers mindestens mit *dolus directus 2. Grades* handeln muss; § 283c Abs. 1 StGB verlangt diesbezüglich Wissentlichkeit oder Absicht; im Fall der Absicht genügt bedingter Vorsatz hinsichtlich der Gewährung inkongruenter Befriedigung oder Sicherung für den Gläubiger. Hinsichtlich der objektiven Strafbarkeitsbedingung bestehen keinerlei Besonderheiten; § 283c Abs. 3 StGB verweist vielmehr auf § 283 Abs. 6 StGB, so dass wiederum die Zahlungseinstellung des Schuldners, die Eröffnung des Insolvenzverfahrens über dessen Vermögen oder aber die Ablehnung der Eröffnung notwendige Bedingung für eine Strafbarkeit ist.[497]

7. Schuldnerbegünstigung gemäß § 283d StGB. Das spiegelbildliche Pendant zur Gläubigerbegünstigung ist die Schuldnerbegünstigung nach § 283d StGB. Nach dieser Vorschrift wird derjenige Täter bestraft, der im Einvernehmen mit dem Schuldner oder zu dessen Gunsten und in Kenntnis von dessen drohender Zahlungsunfähigkeit (§ 283d Abs. 1 Nr. 1 StGB) oder nach dessen Zahlungsunfähigkeit oder während dessen Insolvenzverfahren oder eines Verfahrens zur Entscheidung über die Eröffnung des Insolvenzverfahrens (§ 283d Abs. 1 Nr. 2 StGB) das zur Insolvenzmasse gehörende Vermögen schmälert. Die Norm soll die Gesamtheit der Gläubiger vor einer Verringerung der Aktivmasse durch Eingriffe Dritter, die nicht Schuldner sind, schützen und zwar vor Eingriffen, die zugunsten oder mit Einwilligung des Schuldners durchgeführt werden.[498] § 283d StGB ist entsprechend *kein Sonderdelikt*[499] und ergänzt daher die Vorschrift des § 283 Abs. 1 StGB, dessen Täter immer nur der Schuldner selbst sein kann, um die Möglichkeit einer Strafbarkeit Dritter, die zugunsten des Schuldners agieren.[500] Täter der Schuldnerbegünstigung kann entsprechend jedermann sein, auch ein Gläubiger oder der Insolvenzverwalter.[501]

Die Tathandlungen (Beiseiteschaffen, Verheimlichen oder in wirtschaftswidriger Weise Zerstören, Beschädigen oder Unbrauchbarmachen) des § 283d StGB entsprechen denen des § 283 Abs. 1 Nr. 1 StGB, so dass diesbezüglich nach oben[502] verwiesen werden kann. Keine tatbestandsmäßige Handlung liegt nach hM vor, wenn der Vermö-

---

[494] BGHSt 8, 55 (56) zu § 241 KO; LK/*Tiedemann* § 283c Rn. 20; *Lackner/Kühl* § 283c Rn. 5; Schönke/Schröder/*Heine* § 283c Rn. 8; *Weyand/Diversy* Rn. 132; *Pelz* Rn. 436 mwN.
[495] Schönke/Schröder/*Heine* § 283c Rn. 7; *Dannecker/Hagemeier* in Dannecker/Knierim/Hagemeier Rn. 1115; aA LK/*Tiedemann* § 283c Rn. 19; NK/*Kindhäuser* § 283c Rn. 11; uneindeutig *Fischer* § 283c Rn. 4 und Rn. 6.
[496] RGSt 20, 214 (216); BGH NJW 1993, 1278 (1279); LK/*Tiedemann* § 283c Rn. 38; Schönke/Schröder/*Heine* § 283c Rn. 21; *Fischer* § 283c Rn. 10; kritisch SK/*Hoyer* § 283c Rn. 20; aA *Sowada* GA 1995, 60 (71).
[497] → oben Rn. 47 ff.
[498] Zur Relevanz des § 283d StGB im GmbH-Strafrecht *Brand/Sperling* ZStW 121 (2009), 281 ff.
[499] SK/*Hoyer* § 283d Rn. 1; Schönke/Schröder-*Heine* § 283d Rn. 1; *Fischer* § 283d Rn. 2.
[500] *Fischer* § 283d Rn. 2 mwN; *Dannecker/Hagemeier* in Dannecker/Knierim/Hagemeier Rn. 1119.
[501] LK/*Tiedemann* § 283d Rn. 6; SK/*Hoyer* § 283d Rn. 1; Schönke/Schröder-*Heine* § 283d Rn. 12; *Pelz* Rn. 450; *Dannecker/Hagemeier* in Dannecker/Knierim/Hagemeier Rn. 1119.
[502] → Rn. 59 ff.

gensgegenstand einem Gläubiger verschafft wird.[503] In einem solchen Fall kommt ggf. eine Teilnahme an einer vom Schuldner begangenen Gläubigerbegünstigung nach § 283c StGB in Betracht.[504]

139 Die Tathandlung muss gemäß § 283d Abs. 1 StGB entweder mit *Einwilligung des Schuldners oder zu dessen Gunsten* geschehen. Beim Handeln mit Einwilligung des Schuldners muss diese bereits zum Zeitpunkt der Tathandlung vorliegen; eine nachträgliche Genehmigung ist also ausgeschlossen.[505] Ausreichend ist allerdings eine konkludente Einwilligung, dh wenn dem Verhalten des Schuldners nach der Verkehrsauffassung ein entsprechender Erklärungswert beizumessen ist; dies ist beispielsweise dann der Fall, wenn der Schuldner duldet, dass Bestandteile der Insolvenzmasse durch Dritte aus seinem Betrieb entfernt werden.[506] Fehlt die Einwilligung, so muss der Täter zu Gunsten des Schuldners handeln. Unschädlich ist es, wenn der Täter neben dem Vorteil des Schuldners auch noch seinen eigenen Vorteil oder den eines Dritten sieht,[507] was in der Praxis wohl nicht selten der Fall sein dürfte. Allein das Handeln des Täters ausschließlich im eigenen Interesse ist nicht tatbestandsmäßig.[508]

140 § 283d StGB erfordert eine *wirtschaftliche Krise des Schuldners* zum Tatzeitpunkt, wobei in Abweichung von § 283 StGB die Überschuldung *nicht* ausreicht. Dem Schuldner muss vielmehr entweder gemäß § 283d Abs. 1 Nr. 1 StGB die *Zahlungsunfähigkeit drohen,* wobei eine darüber hinausgehende bereits eingetretene Zahlungsunfähigkeit dem Drohen gleichsteht,[509] und der Täter muss in Kenntnis dieser Zahlungsunfähigkeit handeln,[510] oder die Tathandlung muss gemäß § 283d Abs. 1 Nr. 2 StGB nach Zahlungseinstellung des Schuldners, zur Zeit seines laufenden Insolvenzverfahrens oder im Zeitraum des gerichtlichen Verfahrens zur Entscheidung über die Insolvenzeröffnung, also zwischen Eröffnungsantrag nach § 13 Abs. 1 InsO und Eröffnungsbeschluss nach § 27 InsO oder der Abweisung des Antrags nach § 26 Abs. 1 InsO, stattfinden.[511]

141 Neben der *Versuchsstrafbarkeit* in Absatz 2 sind in § 283d Abs. 3 StGB dieselben *Regelbeispiele* normiert wie beim besonders schweren Fall des Bankrotts gemäß § 283a StGB; entsprechend sei auf die Erläuterungen zu § 283a StGB verwiesen.[512]

142 Gemäß § 283d Abs. 4 StGB ist auch hier der Eintritt der *objektiven Strafbarkeitsbedingung,* nämlich der wirtschaftliche Zusammenbruch des Schuldners, wie er in § 283 Abs. 6 StGB normiert ist, für eine Strafbarkeit des Täters vonnöten. Allerdings dürfte diese Voraussetzung für die Alternative des § 283d Abs. 1 Nr. 2 StGB, die, wie erwähnt, bereits als Tatbestandsvoraussetzung die Zahlungseinstellung des Schuldners, dessen Insolvenzverfahren oder das laufende Verfahren zur Entscheidung über die Eröffnung des Insolvenzverfahrens erfordert, nur geringe praktische Bedeutung haben.[513]

---

[503] BGHSt 35, 357 (359); LK/*Tiedemann* § 283d Rn. 4; Schönke/Schröder-*Heine* § 283d Rn. 2; *Lackner/Kühl* § 283d Rn. 2; *Fischer* § 283d Rn. 2; *Pelz* Rn. 449; aA SK/*Hoyer* § 283d Rn. 9.

[504] *Dannecker/Hagemeier* in Dannecker/Knierim/Hagemeier Rn. 1120.

[505] Vgl. LK/*Tiedemann* § 283d Rn. 14; SK/*Hoyer* § 283d Rn. 7; Schönke/Schröder-*Heine* § 283d Rn. 3; *Pelz* Rn. 452.

[506] So LK/*Tiedemann* § 283d Rn. 15 mwN; *Weyand/Diversy* Rn. 138, *Pelz* Rn. 452; *Dannecker/Hagemeier* in Dannecker/Knierim/Hagemeier Rn. 1120.

[507] So die überwiegende Meinung, LK/*Tiedemann* § 283d Rn. 12; *Pelz* Rn. 453; Schönke/Schröder-*Heine* § 283d Rn. 9; *Dannecker/Hagemeier* in Dannecker/Knierim/Hagemeier Rn. 1120.

[508] Wohl unstreitig, vgl. LK/*Tiedemann* § 283d Rn. 12 mwN.

[509] Allgemeine Meinung, siehe LK/*Tiedemann* § 283d Rn. 7; Schönke/Schröder-*Heine* § 283d Rn. 5; *Fischer* § 283d Rn. 5; *Lackner/Kühl* § 283d Rn. 3; MüKoStGB/*Radtke* § 283d Rn. 7; *Pelz* Rn. 451; *Dannecker/Hagemeier* in Dannecker/Knierim/Hagemeier Rn. 1121; *Brand/Sperling* ZStW 121 (2009), 281 (283).

[510] Erforderlich ist sicheres Wissen; siehe die amtliche Begründung BT-Drucks. 7/3441, S. 39; vgl. auch LK/*Tiedemann* § 283d Rn. 17; SK/*Hoyer* § 283d Rn. 10; Schönke/Schröder-*Heine* § 283d Rn. 8; *Fischer* § 283d Rn. 7.

[511] Vgl. *Dannecker/Hagemeier* in Dannecker/Knierim/Hagemeier Rn. 1121.

[512] → Rn. 121 ff.

[513] *Fischer* § 283d Rn. 10.

VI. Insolvenzverschleppung gemäß § 15a InsO

Das „klassische" Insolvenzdelikt, das oftmals bekannter ist als die Bankrotttatbestände der §§ 283 ff. StGB, ist die Insolvenzverschleppung, die seit dem MoMiG[514] einheitlich in § 15a Abs. 4 InsO geregelt ist.[515] Wenn eine juristische Person (zB GmbH, AG, Genossenschaft, GmbH & Co. KG, KGaA, VVaG[516], Limited) zahlungsunfähig wird oder Überschuldung eintritt, erlegt § 15a Abs. 1 S. 1 InsO den Mitgliedern des Vertretungsorgans sowie dem etwaigen Abwickler die Pflicht auf, spätestens *drei Wochen* nach Eintritt der Zahlungsunfähigkeit oder Überschuldung einen Insolvenzantrag zu stellen.[517] Dasselbe gilt gemäß § 15a Abs. 1 S. 2 InsO für die organschaftlichen Vertreter der zur Vertretung der Gesellschaft ermächtigten Gesellschafter oder die Abwickler bei einer Gesellschaft ohne Rechtspersönlichkeit, bei der kein persönlich haftender Gesellschafter eine natürliche Person ist.[518] Über § 15a Abs. 3 InsO trifft im Falle der Führungslosigkeit einer GmbH die Insolvenzantragspflicht außerdem jeden Gesellschafter; im Fall der Führungslosigkeit einer AG oder eine Genossenschaft sind die Mitglieder des Aufsichtsrats zur Stellung des Insolvenzantrags verpflichtet – unter der Voraussetzung der Kenntnis der wirtschaftlichen Krise und der Führungslosigkeit der Gesellschaft.[519] Die Insolvenzverschleppung ist also ein *Sonderdelikt*, da das Strafbarkeitsrisiko nur den o. g. Personenkreis betrifft. Darüber hinaus kann sich allerdings auch ein faktischer Geschäftsführer wegen Insolvenzverschleppung strafbar machen.[520]

Im Gegensatz zu § 283 StGB, bei dem auch die drohende Zahlungsunfähigkeit ein Krisenmerkmal ist, lösen nur die bereits *eingetretene Zahlungsunfähigkeit* und die *Überschuldung* die Insolvenzantragspflicht nach § 15a Abs. 1 InsO aus; entsprechend kann eine nur drohende Zahlungsunfähigkeit auch keine Strafbarkeit wegen Insolvenzverschleppung nach sich ziehen.

Stellt der aus diesem Personenkreis stammende Täter den Insolvenzantrag nicht, nicht rechtzeitig oder nicht richtig, so kann er sich wegen Insolvenzverschleppung nach § 15a Abs. 4 InsO strafbar machen.[521] Die *vorsätzliche Begehung* wird mit bis zu drei Jahren Freiheitsstrafe oder mit Geldstrafe bestraft. Die *fahrlässige Insolvenzverschleppung* ist gemäß § 15a Abs. 5 InsO mit bis zu einem Jahr Freiheitsstrafe oder Geldstrafe sanktioniert. Bei der unterlassenen Antragsstellung handelt es sich um ein echtes Unterlassungsdelikt. Die Frage der Straflosigkeit bei Unmöglichkeit der Pflichterfüllung erscheint hier – im Gegensatz zu den als echte Unterlassungsdelikte ausgestalteten Buchführungsdelikten nach § 283 Abs. 1 Nr. 5 und § 283b StGB[522] – allerdings weitestgehend praktisch irrelevant.

Durch das MoMiG wurde neben der unterlassenen oder nicht in der 3-Wochen-Frist erfolgten Antragsstellung auch die „nicht richtige" Stellung des Insolvenzantrages pönalisiert. So gilt für die Stellung eines Insolvenzantrages nunmehr das Schriftformerfor-

---

[514] Gesetz zur Modernisierung des GmbH-Rechts und zur Bekämpfung von Missbräuchen vom 23.10.2008, BGBl. I, S. 2026 ff.
[515] Hierzu *Dannecker/Hagemeier* in Dannecker/Knierim/Hagemeier Rn. 28 f.
[516] Zu den einzelnen erfassten Gesellschaftsformen Braun/*Bußhardt* § 15a Rn. 3 f.; *Wegner* in Achenbach/Ransiek VII 2 Rn. 21 f.
[517] Im Einzelnen hierzu Uhlenbruck/*Hirte* § 15a Rn. 7 ff. mwN; die Tatbestandsalternative „ohne schuldhaftes Zögern" dürfte aus beweistechnischen Gründen in der Praxis keine Rolle spielen, vgl. *Weyand/Diversy* Rn. 147.
[518] Zu möglichen gesellschaftsrechtlichen Konstellationen vgl. *Wegner* in Achenbach/Ransiek VII 2 Rn. 23 mwN.
[519] Hierzu *Dannecker/Hagemeier* in Dannecker/Knierim/Hagemeier Rn. 29; *Weyand/Diversy* Rn. 146.
[520] Streitig; bejahend *Brand*/Brand NZI 2010, 712 (714); Braun/*Bußhardt* § 15a Rn. 6; Uhlenbruck/*Hirte* § 15a Rn. 8; ablehnend *Wegner* in Achenbach/Ransiek VII 2 Rn. 29.
[521] Zur Frage des Strafklageverbrauchs bei fortgesetzter Unterlassung der Antragsstellung OLG München wistra 2013, 75 ff.; kritisch hierzu *Kring* wistra 2013, 257 ff.
[522] Siehe oben Rn. 91, 111.

dernis und der Antrag muss den inhaltlichen Anforderungen des § 13 Abs. 1 InsO genügen.[523]

145 Abgesehen von der strafrechtlichen Sanktion kann ein Verstoß gegen die Insolvenzantragspflicht eine *persönliche Haftung des Organmitglieds* gemäß § 823 Abs. 2 BGB nach sich ziehen;[524] das Organmitglied haftet den Neugläubigern, dh denjenigen, mit denen die schuldnerische Gesellschaft nach Eintritt der Insolvenzreife Verbindlichkeiten eingegangen ist, in voller Höhe auf Schadensersatz.[525]

VII. Insolvenzbegleitende Straftaten

146 Wie bereits erwähnt, werden Insolvenzstraftaten im engeren Sinne häufig zusammen mit oder in der Folge von sonstigen Straftaten begangen.[526] Zu nennen sind insbesondere Untreue (§ 266 StGB), Betrug (§ 263 StGB), Kreditbetrug (§ 265b StGB) und Subventionsbetrug (§ 264 StGB), Urkundsdelikte (§§ 267ff. StGB), Sozialversicherungsdelikte, wie zB das Vorenthalten und Veruntreuen von Arbeitsentgelt (§ 266a StGB), Steuerhinterziehung (§ 370 AO) und Verstöße gegen § 2 BaufordSiG.[527] Darüber hinaus sind der Geheimnisverrat (§ 203 StGB, § 85 GmbHG, § 404 AktG) und die falsche Versicherung an Eides Statt zu nennen (§ 156 StGB), die bei unrichtigen Angaben im Insolvenzverfahren in Frage kommt.[528] Es seien hier nur kurz exemplarisch die relevantesten Delikte herausgehoben; im Übrigen kann auf die gängige strafrechtliche Kommentarliteratur verwiesen werden.

147 **1. Untreue.** Im Vorfeld der Insolvenz, aber auch im Insolvenzverfahren wird häufig der Straftatbestand der Untreue gemäß § 266 StGB in der Form des Treubruchstatbestandes erfüllt, wenn dem Täter fremdnützige Dispositionsbefugnisse eingeräumt sind[529] oder sich der Insolvenzverwalter bei der Verwertung der Masse einen Vorteil verschafft.[530] Dieser Straftatbestand ist nach hM verfassungskonform.[531] Allerdings ist eine restriktive Auslegung geboten, wenn auch nicht um jeden Preis.[532] Nach der hM setzt der Treubruchstatbestand (§ 266 Abs. 1, 2. Alt. StGB) ebenso wie der Missbrauchstatbestand (§ 266 Abs. 1, 1. Alt. StGB) eine *Vermögensbetreuungspflicht* des Täters voraus.[533] Daher handelt es sich bei beiden Tatbestandsalternativen um Sonderdelikte, die nur von dem Vertretungsberechtigten oder Betreuungspflichtigen begangen werden können. Das gesetzliche Tatbestandsmerkmal der *Wahrnehmung fremder Vermögensinteressen* weist auf Vorgänge von einem gewissen Gewicht und einer gewissen Bedeutung hin; „einfache schuldrechtliche Verpflichtungen"[534] reichen hierfür nicht aus. Anhaltspunkte für das Vorliegen dieses Tatbestandsmerkmals sollen sich aus dem Grad der Selbständigkeit, der Bewegungsfreiheit und der Verantwortlichkeit des Verpflichteten ergeben.

---

[523] Im Einzelnen hierzu Braun/*Bußhardt* § 13 Rn. 6; *Weyand/Diversy* Rn. 149; kritisch zur strafrechtlichen Sanktionierbarkeit eines nicht richtig gestellten Insolvenzantrages *Wegner* in Achenbach/Ransiek VII 2 Rn. 44 mwN.

[524] Zur Schadensersatzpflicht eines Steuerberaters wegen Beihilfe zur Insolvenzverschleppung des Geschäftsführers einer GmbH *Lange* DStR 2007, 954ff.

[525] *Andres/Leithaus* § 15a Rn. 11; MüKoStGB/*Kiethe/Hohmann* § 15a InsO Rn. 10.

[526] → Rn. 7.

[527] Gesetz über die Sicherung von Bauforderungen, zuletzt geändert durch Gesetz vom 29.07.2009, BGBl. I, S. 2436; siehe hierzu *Dannecker/Hagemeier* in Dannecker/Knierim/Hagemeier Rn. 1098.

[528] Hierzu *Pelz* Rn. 597 mwN.

[529] Schönke/Schröder-*Perron* § 266 Rn. 2; *Dannecker* in Festschrift Samson, S. 281.

[530] BGH wistra 1988, 191 (192); NStZ 1998, 246 (247).

[531] BVerfG NJW 2009, 2370ff.; 2010, 3209ff.; LK/*Schünemann* § 266 Rn. 29ff.; *Ransiek* ZStW 116 (2004), 634 (640ff., 678); *Rönnau* ZStW 119 (2007), 887 (892f.).

[532] Im Detail hierzu *Saliger* JA 2007, 326 (334).

[533] Vgl. BGHSt 24, 386; *Fischer* § 266 Rn. 6; *Lackner/Kühl* § 266 Rn. 2; LK/*Schünemann* § 266 Rn. 9, 17, 24; jeweils mwN.

[534] BGHSt 28, 20 (23).

Weitere Voraussetzung der Untreue ist, dass die Tathandlung eine *Beeinträchtigung des* **148** *zu betreuenden Vermögens* zur Folge haben muss.[535] Eine solche liegt vor, wenn das betreute Vermögen durch die Untreuehandlung geschädigt[536] oder in einer der Schädigung gleichkommenden Weise gefährdet wird.[537] Dies ist der Fall, wenn durch die unrichtige oder unterlassene Buchung die Geltendmachung begründeter Ansprüche unterbleibt oder wenn die Ansprüche, auf die sich die Fehlbuchungen beziehen, mit hinreichender Sicherheit hätten geltend gemacht werden können.[538] Ein Vermögensnachteil liegt ferner vor, wenn in den Fällen unordentlicher Buchführung die Durchsetzung berechtigter Ansprüche erheblich erschwert oder verhindert wird oder wenn durch die an sich mögliche Entnahme der Gewinne die Existenz der Gesellschaft gefährdet wird. So ist in der Rechtsprechung wiederholt anerkannt worden, dass Entnahmen aus dem Gesellschaftsvermögen trotz Zustimmung aller Gesellschafter als Nachteilszufügung anzusehen sind, wenn sie die Existenz der Gesellschaft durch Entzug der Produktionsgrundlage, deren Liquidität oder sonstige besondere Gesellschaftsinteressen gefährden.[539] Der BGH fordert in diesen Fällen nicht, dass sich bei der Aufstellung einer Überschuldungsbilanz ein negativer Saldo ergibt. Dadurch werden erhebliche Probleme, die bei dem für die Bankrottdelikte (§§ 283 ff. StGB) erforderlichen Überschuldungsnachweis auftreten, zu Lasten des Täters vermieden. Insbesondere wenn Bewertungsfragen anstehen, muss nämlich im Insolvenzstrafrecht, soweit mehrere Ansichten vertretbar sind, die dem Täter günstigste Entscheidung bei der Feststellung der Überschuldung getroffen werden. Dies bedeutet aber, dass der günstigste Wert anzusetzen ist, so dass häufig eine Überschuldung nicht mit an Sicherheit grenzender Wahrscheinlichkeit festgestellt werden kann.[540] Diese Einschränkung gilt bei der Untreue nicht.

Die *Rechtsprechung* hat bei folgenden Fallkonstellationen den Untreuetatbestand bejaht: **149** Nach ständiger Rechtsprechung des BGH und des RG[541] begründet eine mit den Grundsätzen eines ordentlichen Kaufmanns unvereinbare unordentliche, lückenhafte oder falsche Buchführung nicht bereits als solche einen Vermögensnachteil in Gestalt einer schadensgleichen Vermögensgefahr, sondern erst dann, wenn die Durchsetzung berechtigter Ansprüche verhindert oder erheblich erschwert wird.[542] Durch eine große Anzahl unrichtiger Buchungen oder durch eine unterlassene Buchhaltung entstand die Unmöglichkeit einer klaren Auskunft über den Vermögensstand, weshalb eine wirtschaftlich richtige Entscheidung nicht getroffen werden konnte.[543] Weiterhin liegt ein Vermögensnachteil vor, wenn der Geschäftsführer Umsätze des Unternehmens auf ein verdecktes Konto umleitet.[544] Sodann sind Manipulationen einer Buchhaltung zur Verschleierung von unberechtigten Entnahmen, um Ersatzansprüche zu unterbinden, als Untreue zu qualifizieren. Schließlich kann die Vernichtung von Buchhaltungsunterlagen durch ein vertretungsberechtigtes Organ der Gesellschaft eine Untreue darstellen, wenn infolge dieser Handlung Ansprüche der Gesellschaft nicht mehr geltend gemacht werden können.[545]

---

[535] BGHR StGB § 266 Abs. 1, Nachteil 31 Verhinderung von Schadensersatzansprüchen; Schönke/Schröder/*Perron* § 266 Rn. 36.
[536] Zur Bezifferung der Schadenshöhe im Falle der nachfolgenden Insolvenz KG Berlin, ZInsO 2012, 1943 ff.
[537] BGHSt 44, 376 (384).
[538] BGHSt 20, 304; BGH NStZ 1996, 543; NStZ 2001, 432.
[539] Vgl. die Nachweise bei Schönke/Schröder/*Perron* § 266 Rn. 21 ff.
[540] Schönke/Schröder-*Heine* § 283 Rn. 51.
[541] RG JW 1936, 2319 Nr. 15; RGSt 77, 228; RG JW 1935, 2963; aA RGSt 73, 228.
[542] BGH GA 1965, 121 (122) und 154 (155); BGHSt 20, 304 (305); 47, 8 (11); Schönke/Schröder/*Perron* § 266 Rn. 45; SSW/*Saliger* § 266 Rn. 73.
[543] BGHSt 20, 304 f.
[544] BGH wistra 2000, 136.
[545] Vgl. dazu LK/*Schünemann* § 266 Rn. 146.

150 Auch die Einrichtung *schwarzer Kassen* oder eines „Sonderfonds", durch den ein Teil des zu betreuenden Vermögens abgesondert und so eine ordnungsgemäße Überwachung der Kassenführung durch den Geschäftsherrn verhindert und ihm die freie Verfügung über das Vermögen entzogen wird, führt zur Strafbarkeit nach § 266 StGB.[546] Nach der Rechtsprechung des BGH in den Fällen „Kanther" und „Siemens" soll bereits die Bildung und Unterhaltung einer schwarzen Kasse als Unterlassen der gebotenen Offenlegung regelmäßig zu einem Vermögensnachteil führen.[547] Wenn durch die vorübergehende Nichtverbuchung einer Entnahme ein Vermögensschaden eintritt, weil ein Rückforderungsanspruch unbeachtet bleibt (§ 93 Abs. 3 Nr. 3 AktG) oder zu Unrecht ein voller Anspruch auf Ausschüttung des Gewinnanteils in der Buchführung ausgewiesen ist, kommt § 266 StGB ebenfalls zur Anwendung.[548] Gleiches gilt für die Vermischung der Buchhaltung zweier rechtlich selbständiger Gesellschaften, wenn dadurch Ansprüche beeinträchtigt werden.[549] Auch die Entnahme von Beträgen und deren Verschleierung durch einen Vermögensfürsorgepflichtigen ist als Untreue strafbar, wenn dadurch die Geltendmachung von Schadensersatzansprüchen verhindert wird.[550] Eine iSd § 266 StGB tatbestandsmäßige *schadensgleiche Vermögensgefährdung* soll schließlich bereits dann vorliegen, wenn auf Grund der Umstände des Einzelfalles mit einer ungerechtfertigten Doppelinanspruchnahme zu rechnen und wegen der unzulänglichen Buchführung eine wesentliche Erschwerung der Rechtsverteidigung zu besorgen ist.[551]

151 Eine Untreue kann auch durch *Nichtgeltendmachung zivilrechtlicher Rückgewähransprüche* oder durch Verzicht auf einen solchen Anspruch begangen werden. Wenn im Falle einer unvorsätzlich begangenen verdeckten Gewinnausschüttung nachträglich klar wird, dass es sich um eine solche gehandelt hat, müssen die zivilrechtlich bestehenden Rückgewähransprüche zugunsten der Gesellschaft geltend gemacht werden. Bei einer Aktiengesellschaft ergibt sich dieser Anspruch aus §§ 62 Abs. 1, 57 Abs. 1 AktG. Für sonstige Körperschaften wird ein solcher Anspruch häufig durch Satzungsklauseln begründet. Ausnahmsweise kommt ein Anspruch auf Grund der gesellschaftsrechtlichen Treuepflicht in Betracht. Die Nichtgeltendmachung solcher Rückgewähransprüche durch die Gesellschaftsorgane erfüllt den Tatbestand der Untreue. Jedoch liegt keine Vermögensfürsorgepflichtverletzung vor, wenn die Geschäftsleitung auf den zivilrechtlichen Rückgewähranspruch ausdrücklich oder konkludent verzichtet hat, sofern dieser Verzicht wirksam war. Dies setzt wiederum voraus, dass er wirtschaftlich vertretbar und nicht in einer existenzgefährdenden Situation der Gesellschaft vorgenommen worden ist und die Vorschriften über die Erhaltung des Stammkapitals eingehalten worden sind.[552] Wenn diese Grenzen nicht eingehalten werden, liegt in dem Verzicht auf den Rückforderungsanspruch das treuwidrige Verhalten. Bei der Aktiengesellschaft ist dies ein Fall der „Sicherungsuntreue", da bereits die (vorsätzliche) verdeckte Gewinnausschüttung eine Untreue war, wohingegen bei der GmbH erstmalig eine Untreue begangen wird, wenn die verdeckte Gewinnausschüttung zulässig oder zwar unzulässig war, aber unvorsätzlich

---

[546] BGH GA 1955, 121; BGHSt 20, 304; vgl. auch BGHSt 40, 287.
[547] BGHSt 51, 100 (112) mit Bespr *Bernsmann* GA 2007, 229 ff.; *Ransiek* NJW 2007, 1727 ff.; *Saliger* NStZ 2007, 545 ff.; *Perron* NStZ 2008, 517 ff.; *Selle/Wietz* ZIS 2008, 471 ff.; BGHSt 52, 323 ff. mit zust. Anm. *Ransiek* NJW 2009, 95 ff.; *Beukelmann* NJW-spezial 2008, 600 ff.; aA *Jahn* JuS 2009, 173 ff.; *Knauer* NStZ 2009, 151 ff.; *Rönnau* StV 2009, 246 ff.; *Satzger* NStZ 2009, 297 ff.
[548] Zu Entnahmen des GmbH-Geschäftsführers BGH NStZ 1984, 118; BGHSt 30, 127; 28, 371; vgl. aber auch BGHSt 34, 379 bei Einwilligung aller Gesellschafter.
[549] BGH GmbHR 1960, 203.
[550] BGHR StGB § 266 Abs. 1, Nachteil 31, Verhinderung von Schadensersatzansprüchen.
[551] BGHSt 47, 8, 11; OLG Frankfurt NStZ-RR 2004, 244 (245 f.); Schönke/Schröder/*Perron* § 266 Rn. 45; einschränkend MüKoStGB/*Dierlamm* § 266 Rn. 168, 240; ablehnend SSW/*Saliger* § 266 Rn. 73: die Vermögensgefahr ist noch nicht konkret, weil es einer eigenmächtigen Handlung Dritter bedarf.
[552] Vgl. dazu BGH NZG 2005, 214; BGH NJW 2001, 3622 (3623); BGH NJW 2002, 1803 (1805).

begangen worden ist, durch den Verzicht das Stammkapital der Gesellschaft angegriffen wurde und für sie dadurch in eine existenzgefährdende Situation geschaffen wurde.

2. Betrug. Im Vorfeld der Eröffnung des Insolvenzverfahrens kommt es häufig zu 152 betrügerischem Verhalten, weil konkludent über die Zahlungsfähigkeit getäuscht wird *(Lieferantenbetrug).* Denn die Eingehung einer vertraglichen Verpflichtung enthält die stillschweigende Erklärung des Schuldners, zur Vertragserfüllung willens und nach seiner Vorstellung bei Fälligkeit auch in der Lage zu sein.[553] Jedoch fehlt es bei Dauerschuldverhältnissen an einer konkludenten Erklärung, zu allen zukünftigen Fälligkeitsterminen leistungsfähig zu sein.[554] Wenn der Täter bei Vertragsschluss bereits zahlungsunfähig war, jedoch bis zum Fälligkeitszeitpunkt mit seiner erneuten Zahlungsfähigkeit rechnete, liegt keine konkludente Täuschung vor; jedoch kann gegebenenfalls eine Offenbarungspflicht über die gegenwärtige Zahlungsunfähigkeit bestehen[555] und damit eine betrugsrelevante Täuschung durch Unterlassen vorliegen. Wenn die Zahlungsunfähigkeit dadurch verhindert werden soll, dass die Forderung des einen Lieferanten durch den Erlös aus dem Verkauf von gegen Kredit gelieferten Waren eines anderen Lieferanten befriedigt wird, liegt in den einzelnen Bestellungen bereits ein täuschendes Verhalten, das zu einem Gefährdungsschaden führt („Loch-auf-Loch-zu-Methode").[556]

Fälle *gesteuerter Insolvenz* zeichnen sich dadurch aus, dass der Täter in betrügerischer 153 Absicht die Insolvenz eines noch solventen Unternehmens herbeiführt und damit das Vermögen seiner Gläubiger bewusst schädigt. Wenn in Handelsbüchern unrichtige Buchungen oder in Bilanzen Verschleierungen vorgenommen werden, können solche Täuschungen zu einem Vermögensschaden in Form einer Vermögensgefährdung führen, wenn der entstandene Rechtsschein für den davon betroffenen Vermögensbestandteil die konkrete Gefahr des endgültigen Verlustes verursacht.[557] Wenn aus den Handelsbüchern Vermögenswerte ausgetragen werden, bedeutet dies in der Regel einen endgültigen Verlust, wenn nicht besondere Umstände für die Entdeckung des Fehlers sprechen. Daher kann auch in einem solchen Verhalten, zusätzlich zu den entsprechenden Bankrottdelikten nach den §§ 283 ff. StGB, ein strafbarer Betrug liegen. Ferner kann durch eine fehlerhafte Buchung bei einem Kreditinstitut der Anschein einer Schuldentilgung erzeugt werden. Hat der Täter dies beabsichtigt, um sich oder einen Dritten zu bereichern, so liegen die Voraussetzungen des § 263 StGB vor.[558]

Infolge des nach § 80 Abs. 1 InsO mit Eröffnung des Insolvenzverfahrens eintretenden 154 Übergangs der Verwaltungs- und Verfügungsbefugnis des Schuldners auf den Insolvenzverwalter und der damit einhergehenden Unwirksamkeit von Verfügungen seitens des Schuldners nach der Insolvenzeröffnung gemäß §§ 80, 81 InsO sind die Möglichkeiten der tatbestandlichen Verwirklichung eines Betruges im Zusammenhang mit der Insolvenz vielfältig. So kann der Insolvenzverwalter selbst in betrügerischer Absicht aktiv werden, indem er beispielsweise den Gläubigern wahrheitswidrig vorspiegelt, die Insolvenzmasse sei wirtschaftlich wertlos, um die Gläubiger von der Anmeldung ihrer Forderungen zur Insolvenztabelle abzuhalten. Nach allgemeiner Auffassung stellt auch der Verzicht auf das Geltendmachen einer Forderung eine Vermögensverfügung dar.[559] Nach Insolvenzeröffnung ist die Insolvenzmasse betrügerischen Zugriffen ausgesetzt, wenn ein einzelner Mitgläubiger durch das Vorspiegeln falscher Tatsachen seine voll-

---

[553] BGHSt 15, 24; BGH StV 1991, 419; BB 1992, 523; NStZ-RR 96, 34; wistra 98, 177; OLG Hamm StraFo 2002, 337; *Ranft* JR 1994, 523; LK/*Tiedemann* § 263 Rn. 38.
[554] BGH StV 2004, 317 (319).
[555] BayObLG StV 1999, 69 (70).
[556] *Pelz* in Wabnitz/Janovsky 9. Kap. Rn. 235.
[557] BGHSt 6, 115 (117); 21, 112; 34, 394; BGH NStZ 1995, 232; 1996, 203; 1998, 570.
[558] Müller-Gugenberger/Bieneck-*Schmid* § 40 Rn. 10.
[559] BGH NStZ 2008, 339 f.

ständige Befriedigung zu Lasten der übrigen Insolvenzgläubiger erreicht.[560] Hat der Schuldner nach der Eröffnung des Insolvenzverfahrens keine Verfügungsbefugnis mehr und würde der Gläubiger bei ordnungsgemäßem Vorgehen mit seiner Forderung zumindest teilweise ausfallen, stellt eine solche Erschleichung der Erfüllung der eigenen Forderung einen Betrug dar.[561]

155 **3. Kredit- und Subventionsbetrug.** Im Falle einer unrichtigen Buchführung können auch die tatbestandsmäßigen Voraussetzungen des Subventions- und Kreditbetruges im Sinne der §§ 264, 265b StGB vorliegen. Beispiele bilden die Erschleichung zinsgünstiger Kredite für mittel- und langfristige Exportfinanzierungen sowie Investitionszulagenbetrügereien, die durch Angabe falscher Bestelldaten[562] oder einer falschen Investitionshöhe begangen werden. Nach § 4 SubventionsG sind Scheingeschäfte und Scheinhandlungen sowie Umgehungshandlungen unerheblich. Häufig finden sich in Subventionsverfahren fiktive Exporte mit fingierten Unterlagen zur Erlangung von EU-Erstattungen und Mehrwertsteuererstattungen; auch spielen Scheinfirmen und Scheinstandorte in diesem Zusammenhang eine wichtige Rolle.

156 **4. Sozialversicherungsdelikte.** Im Zusammenhang mit der wirtschaftlichen Krise werden nicht selten *unrichtige Beitragsnachweise* gegenüber der AOK als zuständige Einzugsstelle abgegeben. Dies stellt bezüglich der Arbeitnehmeranteile zur Gesamtsozialversicherung ein Vergehen nach § 266a Abs. 1 StGB oder einen Betrug gemäß § 263 StGB dar.[563] Die Nichtabführung der Arbeitgeberanteile, die vormals nicht nach § 266a StGB strafbar war, ist durch die Änderung der Vorschrift durch Gesetz zur Intensivierung der Bekämpfung der Schwarzarbeit und damit zusammenhängender Steuerhinterziehung vom 23.7.2004[564] nun nach § 266a Abs. 2 StGB mit Strafe bedroht.[565]

157 **5. Geheimnisverrat.** Straftatbestände, die die *Gesellschaftsgeheimnisse* der juristischen Person schützen, finden sich in § 85 GmbHG, der die Gesellschaftsgeheimnisse der GmbH gegen Verletzungen durch Geschäftsführer, Mitglieder des Aufsichtsrats und Liquidatoren schützt, in § 404 AktG, der eine entsprechende Strafvorschrift für Aktiengesellschaften enthält, in § 151 GenG für Genossenschaften, in § 19 PublG für dem PublG unterfallende Unternehmensstrukturen, in § 138 VAG für Versicherungsgesellschaften, in § 315 UmwG für die an einer Umwandlung beteiligten Personen, die für den betroffenen Rechtsträger tätig werden, und in § 14 EWIV-Ausführungsgesetz[566] für Europäische Wirtschaftliche Interessenvereinigungen, bei denen, obwohl es sich hierbei um Personengesellschaften handelt, Nichtgesellschafter zum Geschäftsführer bestellt werden können. Diesen Straftatbeständen zum Schutz von Geheimnissen ist gemeinsam, dass sie die *unbefugte Offenbarung und Verwertung von Betriebs- und Geschäftsgeheimnissen* durch Mitglieder von Organen oder Aufsichtsräten sowie durch Abwickler bzw. Liquidatoren, teilweise auch durch Abschlussprüfer und deren Gehilfen, unter Strafandrohung stellen. Wenn das Offenbaren gegen Entgelt oder in der Absicht, sich oder einen anderen zu bereichern oder zu schädigen, erfolgt, liegt eine *Qualifikation* vor, die mit derselben Strafe wie das unbefugte Verwerten bedroht ist. Voraussetzung für die Verfolgbarkeit ist bei allen Straftatbeständen, die dem Geheimnisschutz dienen, ein *Strafantrag der Gesellschaft* oder des Verletzten und im Falle des Todes des Verletzten der Angehörigen oder Erben (§ 205 StGB).

---

[560] Dazu RGSt 21, 236, 242; LK/*Tiedemann* § 263 Rn. 6 mwN.
[561] LK/*Tiedemann* § 263 Rn. 266 mwN.
[562] *Schmidt-Hieber* NJW 1980, 322.
[563] BGH wistra 1984, 66; BGH NStZ 1984, 317.
[564] BGBl. I, S. 1842.
[565] Vgl. hierzu *Fischer* § 266a Rn. 19; *Pelz* in Wabnitz/Janovsky 9. Kap. Rn. 259 ff.; *Rönnau/Kirchheim*, wistra 2005, 321.
[566] Gesetz v. 14.4.1988, BGBl. I, S. 514.

Nach der Eröffnung des Insolvenzverfahrens ist bezüglich Angelegenheiten der Insolvenzmasse der *Insolvenzverwalter* „Geheimnisherr".[567] Die zusätzliche Zustimmung des Geschäftsführers ist bei bloßen Geschäftsgeheimnissen, wenn beispielsweise in einem gegen ihn gerichteten Verfahren der Steuerberater von seiner Schweigepflicht entbunden werden soll, nicht erforderlich.[568]

VIII. Rechtsfolgen der Straftaten

Neben einer Verurteilung zu einer Freiheits- oder Geldstrafe kommt ein *Berufsverbot* für den Kaufmann nach § 70 Abs. 1 StGB in Betracht.
Weiterhin ist ein *Ausschluss von der Geschäftsführung* nach § 6 Abs. 2 Nr. 3 GmbHG möglich, und zwar bei
- Verurteilung wegen Insolvenzverschleppung gemäß § 15a InsO (§ 6 Abs. 2 Nr. 3a GmbHG)
- Verurteilung wegen einer Insolvenzstraftat nach §§ 283–283d StGB (§ 6 Abs. 2 Nr. 3b GmbHG)
- Verurteilung zu mindestens einem Jahr Freiheitsstrafe wegen Betruges,
- Untreue, Vorenthalten von Arbeitsentgelt etc. (§ 6 Abs. 2 Nr. 3e GmbHG).

Die Dauer des Ausschlusses von der Geschäftsführung beläuft sich auf 5 Jahre ab Rechtskraft des Urteils gemäß § 6 Abs. 2 S. 2 GmbHG. Dasselbe gilt für den Vorstand einer AG, vgl. § 76 Abs. 3 S. 2 Nr. 3 AktG. Der Ausschluss als Geschäftsführer bzw. Vorstandsmitglied erfordert keine Verurteilung vor einem deutschen Gericht. Gemäß § 6 Abs. 2 S. 3 GmbHG bzw. § 76 Abs. 3 S. 3 AktG reicht eine Verurteilung im Ausland wegen einer vergleichbaren Tat aus.

Die Gewerbebehörden können die *Gewerbeausübung* wegen Unzuverlässigkeit *versagen* (§ 345 GewO); bei bestimmten Gewerbetreibenden, so zB bei Maklern und Bauträgern, kommen als Versagungsgrund „ungeordnete Vermögensverhältnisse" in Betracht, die bei Eröffnung des Insolvenzverfahrens regelmäßig vorliegen (§ 34 Abs. 2 Nr. 2 GewO).[569] Entsprechende rechtskräftige Strafurteile sind den Gewerbebehörden gemäß Nr. 39 der Anordnungen über Mitteilungen in Strafsachen (MiStra) mitzuteilen.

Gegen *Steuerberater* können *berufsrechtliche Maßnahmen* verhängt werden. So regeln die §§ 134 ff. StBerG das *Berufsverbot*. Hierfür ist gemäß § 95 Abs. 1 StBerG im ersten Rechtszug die Kammer für Steuerberater- und Steuerbevollmächtigtensachen an dem Landgericht, das für den Sitz der Steuerberaterkammer zuständig ist, zuständig. Für das Berufsverbot gegen *Wirtschaftsprüfer* enthält §§ 68 Abs. 1 Nr. 4, 111 ff. WPO entsprechende Vorschriften. Entscheidungen gegen Wirtschaftsprüfer trifft gemäß § 72 Abs. 1 WPO im ersten Rechtszug die Kammer für Wirtschaftsprüfersachen des Landgerichts, in dessen Bezirk die Wirtschaftsprüferkammer ihren Sitz hat.

IX. Strafprozessrechtliches

Die Insolvenzstraftaten sind nach § 74c Nr. 5 GVG *Wirtschaftsstraftaten* und fallen damit in die Zuständigkeit der Schwerpunktstaatsanwaltschaften für Wirtschaftsstrafsachen. Die Anklage wird zum Amtsgericht erhoben oder – bei besonderer Bedeutung des Falles (§ 24 Abs. 1 Nr. 3 GVG) – zur Wirtschaftsstrafkammer des Landgerichts.

---

[567] BGHZ 109, 260 (270).
[568] *Dannecker* in Graf/Jäger/Wittig, § 203 Rn. 28; Rowedder/Schmidt-*Leithoff/Schaal* § 85 GmbHG Rn. 6 mwN; LG Hamburg wistra 2002, 77 (78).
[569] *Ambs* in Erbs/Kohlhaas, § 35 Rn. 1, 9 ff.

Kapitel XIII. Kosten der Insolvenz

Übersicht

	Rn.
§ 128. Kosten des gerichtlichen Verfahrens	
I. Gerichtskosten	1
II. Gerichtsvollzieherkosten	59
III. Rechtsanwaltsgebühren im Insolvenzverfahren	65
§ 129. Die Vergütung der Insolvenzverwalter, der vorläufigen Insolvenzverwalter, der Sachwalter, der Treuhänder und der Gläubigerausschussmitglieder	
I. Vergütung des Insolvenzverwalters	1
II. Vergütung des vorläufigen Verwalters des Sachwalters und des Treuhänders	51
III. Vergütung der Gläubigerausschussmitglieder	60

Schrifttum: *Ahrens/Gehrlein/Ringstmeier*, Fachanwaltskommentar InsO, 2. Aufl. 2014; *Arnold/Meyer/Stolte/Herrmann/Hintzen/Rellermeyer*, Rechtspflegergesetz, 7. Aufl. 2009; *Blersch*, Die Änderung der Insolvenzrechtlichen Vergütungsverordnung, ZIP 2004, 2311; *Bork*, Beauftragung von Dienstleistern durch den Insolvenzverwalter: Regelaufgabe oder besondere Aufgabe?, ZIP 2009, 1747; *Eickmann*, Kommentar zur Vergütung in Insolvenzverfahren, VergVO, 2. Aufl. 1997; *Frege/Keller/Riedel*, Insolvenzrecht, 7. Aufl. 2008; *Graeber*, Die Inanspruchnahme durch arbeitsrechtliche Fragen als Zuschlagsgrund nach § 3 Abs. 1d InsVV, InsBüro 2006, 377; *Graf-Schlicker* (Hrsg.), InsO, 4. Aufl. 2014; *Haarmeyer/Wutzke/Förster*, InsVV, 4. Aufl. 2007; *Hartmann* Kostengesetze, 43. Aufl. 2013; *Henckel/Gerhardt* (Hrsg.), Jaeger-InsO, 2004; *Hess*, InsO, 2. Aufl. 2013; *Jaeger/Weber*, KO, 8. Aufl. 1957; *Keller*, Vergütung und Kosten im Insolvenzverfahren, 3. Aufl. 2010; *Keller*, Insolvenzrecht, 2006; *Keller* (Hrsg.), Handbuch Zwangsvollstreckungsrecht, 2013; *ders.*, Die Neuregelung der InsVV zur Mindestvergütung im masselosen Insolvenzverfahren, ZVI 2004, 569; *ders.*, Die Vergütung des Insolvenzverwalters im masselosen Insolvenzverfahren, ZIP 2004, 633; *ders.*, Berechnungsformeln zur Vergütung des Insolvenzverwalters, NZI 2005, 23; *ders.*, Die Vergütung des Insolvenzverwalters bei Unternehmensfortführung, DZWIR 2009, 231; *Kirchhof/Lwowski/Eidenmüller* (Hrsg.), Münchener Kommentar zur InsO, 3. Aufl. 2013; *Kreft* (Hrsg.), Heidelberger Kommentar zur InsO, 7. Aufl. 2014; *Kübler/Prütting*, InsO, Stand 7/2013; *Kuhn/Uhlenbruck*, KO, 11. Aufl. 1994; *Leithaus*, Verwirkung des Vergütungsanspruchs bei Verletzung von Nebenpflichten? Oder: Disziplinierungsmaßnahmen gegen mißliebige Insolvenzverwalter?, NZI 2005, 382; *Ley*, Die neue Vergütung des Sachverständigen im Insolvenzverfahren nach dem Justizvergütungs- und Entschädigungsgesetz, ZIP 2004, 1391; *Nicht/Schildt*, Zur Frage der Kappung der Gebühren des Insolvenzgerichts, NZI 2013, 64; *Oestreich/Hellstab/Trenkle*, Gerichtskostengesetz, Stand 3/2013; *Prasser*, Zuständigkeit zur Vergütungsfestsetzung des vorläufigen Insolvenzverwalters, NZI 2011, 54; *Riewe*, Festsetzung der Vergütung des vorläufigen Insolvenzverwalters bei fehlender Eröffnung des Insolvenzverfahrens, NZI 2010, 131; *Römermann*, Anwaltsgebühren bei Selbstbeauftragung – Neuregelung im RVG ab 1.7.2006, ZInsO 2006, 284; *A. Schmidt* (Hrsg.), Hamburger Kommentar zur InsO, 4. Aufl. 2012; *K. Schmidt*, InsO, 18. Aufl. 2013; *Schoppmeyer*, Gebührenstreitwert im Insolvenzverfahren, ZIP 2013, 811; *Schröder-Kay*, Das Kostenwesen der Gerichtsvollzieher, 11. Aufl. 2002; *Smid*, Struktur und systematischer Gehalt des deutschen Insolvenzrechtsin der Judikatur des IX. Zivilsenats des Bundesgerichtshofs, DZWIR 2011, 45; *Stephan/Riedel*, InsVV, 2010; *Stöber*, ZVG, 20. Aufl. 2012; *Uhlenbruck/Hirte/Vallender/Hirte/Vallender* (Hrsg.), InsO, 13. Aufl. 2010; *Uhlenbruck*, Die insolvenzrechtliche Behandlung von Prämien für die Vermögensschaden-Haftpflichtversicherung von Verwaltern und Mitgliedern der gesetzlichen Gläubigervertretungen, VersR 1973, 499; *ders.*, Falsche Kostenentscheidung der Gerichte bei Antragsrücknahme und Abweisung des Konkursantrages mangels Masse?, KTS 1983, 341; *Uhlenbruck*, Ablehnung einer Entscheidung über die Kosten des vorläufigen Insolvenzverwalters – ein Fall der Rechtsschutzverweigerung?, NZI 2010, 161; *Vallender*, Die bevorstehenden Änderungen des Verbraucherinsolvenz-

und Restschuldbefreiungsverfahrens aufgrund des InsOÄndG 2001 und ihre Auswirkungen auf die Praxis, NZI 2001, 561; *ders.*, Die Entwicklung des Regelinsolvenzverfahrens im Jahre 2010, NJW 2011, 1491; *Vorwerk*, Gläubigereinbeziehung in das Festsetzungsverfahren der Verwaltervergütung, NZI 2011, 7; *Zimmer*, Die Vergütung der Mitglieder des Gläubigerausschusses, ZIP 2013, 1309.

§ 128. Kosten des gerichtlichen Verfahrens

Übersicht

	Rn.
I. Gerichtskosten	1
1. Grundsätzliches	1
a) Gerichtskosten	1
b) Kosten- und Gebührenfreiheit	2
c) Kostenstundung	4
2. Insolvenzverfahren	12
a) Eröffnungsverfahren	12
(1) Antragsgebühr	12
(2) Gebühren und Auslagenvorschuss	17
(3) Antragsgebühr	21
(4) Massekostenvorschuss, § 26 InsO	27
b) Eröffnetes Verfahren	29
(1) Allgemeines	29
(2) Verfahrensgebühr	31
(3) Besonderer Prüfungstermin, § 177 InsO	37
(4) Zwangsverwaltung/Zwangsversteigerung in der Insolvenz	42
(5) Eidesstattliche Versicherung und Haft	43
c) Restschuldbefreiungsverfahren	43a
(1) Abtretungszeitraum	43a
(2) Antrag auf Versagung oder Widerruf der Restschuldbefreiung	43b
d) Beschwerdeverfahren	44
e) Sonstige gebührenfreie Geschäfte	51
f) Schuldnerverzeichnis	53
3. Zeugen- und Sachverständigenentschädigung	55
II. Gerichtsvollzieherkosten	59
III. Rechtsanwaltsgebühren im Insolvenzverfahren	65
1. Allgemeines	65
2. Eröffnungsverfahren	70
3. Eröffnetes Verfahren	74
4. Forderungsanmeldung	78
5. Restschuldbefreiung, Insolvenzplan	79
6. Widerruf der Restschuldbefreiung	82
7. Beschwerdeverfahren	84
8. Mehrfacher Auftrag	85
9. Reisekosten und Abwesenheitsgelder, VV 7003 bis 7006	86
10. Erstattungsfähigkeit	87
11. Kostenfestsetzung	88

I. Gerichtskosten

1. Grundsätzliches. a) *Gerichtskosten.* Mit den Gerichtskosten wird das Tätigwerden **1** des Gerichts in einem konkreten Verfahren abgegolten. Sie sind im GKG geregelt.[1] Nicht aufgeführte Amtshandlungen in diesen Bestimmungen sind in Insolvenzverfahren gebührenfrei, selbst dann, wenn sie mit Auslagen verbunden sind (§ 1 GKG).

b) *Kosten- und Gebührenfreiheit.* Das GKG unterscheidet zwischen **Kosten- und Ge- 2 bührenfreiheit.** Ersteres bedeutet Befreiung von Gebühren und Auslagen, Letzteres nur die Freistellung von Gebühren. Kostenbefreit sind der Bund und die Länder sowie die

---

[1] Gerichtskostengesetz idF d G vom 5.5.2004 (BGBl. I S. 718); zuletzt geändert durch 2. Kostenrechtsmodernisierungsgesetz vom 23.7.2013 (BGBl. I S. 2586).

nach Haushaltsplänen des Bundes oder eines Landes verwalteten öffentlichen Anstalten und Kassen.[2] Juristische Personen in der Hand des Bundes genießen keine Kostenfreiheit,[3] ebenso wenig die Bundesanstalt für vereinigungsbedingte Sonderaufgaben.[4] Das Deutsche Rote Kreuz und die zugehörigen Landesverbände genießen Gebührenfreiheit.[5]

3   Den *Trägern der Sozialhilfe,* der Jugendhilfe und der Kriegsopferfürsorge steht bei Verfahren wegen einer Sozialleistung gem. § 64 SGB X Kostenfreiheit, also Befreiung von Gebühren und Auslagen, zu.[6] Die Träger der Sozialversicherung (Allgemeine Ortskrankenkassen, Berufsgenossenschaften etc) sind als Gläubiger in Insolvenzverfahren immer kosten- und auch vorschusspflichtig.[7]

4   c) *Kostenstundung.* Durch das Insolvenzrechtsänderungsgesetz vom 26. Oktober 2001 (BGBl. I S. 2710) wurden mit Wirkung zum 1. Dezember 2001 Regelungen zur so genannten **Kostenstundung** geschaffen (§§ 4a ff. InsO).[8] Sie orientieren sich an den Vorschriften der Zivilprozessordnung zur Gewährung von Prozesskostenhilfe nach §§ 114 ff. ZPO. Die Pflicht zur Ratenzahlung entsprechend § 120 ZPO beginnt jedoch erst mit Beendigung des gerichtlichen Verfahrens, im Idealfall nach Erteilung der Restschuldbefreiung. Während des Insolvenzverfahrens und während des Restschuldbefreiungsverfahrens sind die Kosten aus der Insolvenzmasse beziehungsweise dem abgetretenen Teil des Arbeitseinkommens einzuziehen (§ 292 II 2 zweiter Halbsatz InsO).

5   Kostenstundung erhält der Schuldner, der natürliche Person ist, es ist nicht maßgebend, ob er als Unternehmer oder als Verbraucher im Sinne des § 304 InsO anzusehen ist.[9] Kostenstundung wird nur auf Antrag gewährt und nur, wenn der Schuldner auch Antrag auf Restschuldbefreiung gestellt hat (§ 4a I 1 InsO). Für den Antrag auf Kostenstundung unterliegt der Schuldner keiner Frist, § 20 II und § 287 I InsO gelten nicht.[10] Für den Antrag auf Kostenstundung besteht kein Vordruckzwang,[11] Der Schuldner hat darzulegen, dass sein Vermögen nicht ausreicht, um die Kosten des Verfahrens im Ganzen zu decken, Ratenzahlungen bleiben unberücksichtigt.[12] Er ist aber nicht verpflichtet, im Vorfeld einer Insolvenz Rücklagen für die Kosten zu bilden.[13] Gegenüber dem Vorschussanspruch aus § 1360a Abs. 4 BGB oder § 5 LPartG ist die Kostenstundung subsidiär, wenn die Insolvenzforderungen während der Ehe oder zum Aufbau der gemeinsamen wirtschaftlichen Existenz entstanden sind; bei allein vorehelichen Verbindlichkeiten muss der Ehegatte/Lebenspartner nicht für die Kosten aufkommen.[14] Der verheiratete/verpartnerte Schuldner muss hierüber Auskunft geben.

Der Schuldner hat seinem Antrag eine Erklärung beizufügen, aus der sich ergibt, dass kein Grund zur Versagung der Restschuldbefreiung nach § 290 I InsO vorliegt (§ 4a I 3

---

[2] *Hartmann,* § 2 GKG Rn. 5.
[3] LG Berlin Rpfleger 1983, 503 = JurBüro 1983, 1535; *Hartmann,* § 2 GKG Rn. 10; keine Kostenfreiheit der Deutschen Bundespost, OLG Stuttgart Rpfleger 1999, 42; OLG Hamm, Rpfleger 1999, 417; wohl aber für das Bundeseisenbahnvermögen, BGH NJW-RR 1998, 1120 = JurBüro 1998, 653.
[4] BGH VIZ 1997, 310 = JurBüro 1997, 373; OLG Dresden OLGR-Dresden 1997, 175; LG Leipzig VIZ 1996, 354 = JurBüro 1996, 207; anders noch OLG München DtZ 1996, 281.
[5] § 18 G v. 9.12.1937, RGBl I 1330; *Hartmann,* § 2 GKG Rn. 13.
[6] *Hartmann,* § 2 GKG Rn. 10, 13.
[7] OLG München Rpfleger 1955, 245; LG Trier Rpfleger 1975, 375; LG Düsseldorf Rpfleger 1981, 456; LG Lüneburg Rpfleger 1982, 200; *Hartmann,* § 2 GKG Rn. 11; *Oestreich/Winter/Hellstab,* § 2 GKG „Versicherungsträger".
[8] Allgemein BT-Drucks. 14/5680, S. 11 ff.; *Jaeger/Eckardt,* § 4a Rn. 1–6; Uhlenbruck/Hirte/Vallender/*Mock,* § 4a Rn. 1; *Frege/Keller/Riedel,* Rn. 98 ff.
[9] *Jaeger/Eckardt,* § 4a Rn. 15; Uhlenbruck/Hirte/Vallender/*Mock,* § 4a Rn. 3; *Vallender* NZI 2001, 561; *Pape* ZInsO 2001, 587.
[10] Eingehend *Frege/Keller/Riedel,* Rn. 107 ff.
[11] BGHZ 156, 92 = NZI 2003, 556 m. Anm. *Ahrens* = ZVI 2003, 405; *Jaeger/Eckardt,* § 4a Rn. 46.
[12] MüKoInsO/*Ganter/Lohmann,* § 4a Rn. 12.
[13] BGH NZI 2006, 712; *K. Schmidt/Stephan,* § 4a Rn. 9.
[14] BGHZ 156, 92 = NJW 2003, 2910 = NZI 2003, 556; MüKoInsO/*Ganter/Lohmann,* § 4a Rn. 13.

InsO).[15] § 4a I 3 InsO wurde mit Rücksicht auf Rechtsprechung des BGH geändert durch Gesetz zur Verkürzung des Restschuldbefreiungsverfahrens vom 15.7.2013 (BGBl. I S. 2379) mit Wirkung zum 1.7.2014; bis dahin ergibt sich die Berücksichtigung aller Versagungstatbestände aus der Rechtsprechung des BGH, wobei insbesondere die sogenannte Sperrfristenrechtsprechung zu beachten ist.[16] In erweiterter Auslegung des § 4a I 4 InsO mit Blick auf § 4c Nr. 5 InsO führen die weiteren Versagungsgründe des § 290 InsO zu einer Verweigerung der Kostenstundung, wenn sie zur Überzeugung des Gerichts vorliegen.[17] Ob Forderungen nach § 302 InsO von der Restschuldbefreiung erfasst werden oder nicht, ist für die Gewährung der Kostenstundung nicht entscheidend.[18]

Die Verfahrenskostenstundung ist für jeden Verfahrensabschnitt gesondert zu gewähren (§ 4a III 2 InsO).[19] Der Schuldner kann umfassende Stundung bereits mit dem Insolvenzantrag beantragen, das Gericht hat aber für die einzelnen Verfahrensabschnitte gesondert zu entscheiden, da sich die Kostenaufbringung je unterschiedlich ergeben kann. 6

Die anwaltliche Beiordnung gem. § 4a II InsO unter entsprechender Anwendung § 121 ZPO kann geboten sein, wenn ein Gläubiger Antrag auf Versagung der Restschuldbefreiung gestellt hat,[20] wenn der Schuldner zur Nachbesserung des Schuldenbereinigungsplans aufgefordert wird, im Insolvenzplanverfahren,[21] im Übrigen dann, die Rechtslage als schwierig durchschaubar erscheint.[22] Abzustellen ist auf das Verhalten einer vernünftig denkenden vermögenden Partei, die einen Anwalt beauftragen würde.[23] Dass ein Gläubiger im Schuldenbereinigungsverfahren anwaltlich vertreten wird, begründet keine Beiordnung,[24] auch nicht eine besonders hohe Zahl von Gläubigern.[25] 7

In § 4b InsO wird die Rückzahlung nach Erteilung der Restschuldbefreiung geregelt. Grundsätzlich hat das Insolvenzgericht nach Erteilung der Restschuldbefreiung dem Schuldner sämtliche Kosten des Verfahrens in Rechnung und an die Justizkasse zu Soll zu stellen. Dies hat den Vorteil, dass seitens der Justizkasse als Vollstreckungsbehörde gegenüber dem Schuldner eine Ratenzahlung in größerem Umfang als durch § 4b InsO mit § 120 ZPO gewährt werden kann. Systematisch geht aber die weitere Verlängerung der Kostenstundung mit Ratenzahlung nach § 4b InsO der Beitreibung durch die Justizkasse vor. Gestatten die wirtschaftlichen Verhältnisse des Schuldners nach § 115 ZPO eine weitere Verlängerung der Kostenstundung, ist diese mit Festsetzung von Ratenzahlungen zu gewähren. Diese ist wie bei Prozesskostenhilfe begrenzt auf 48 Monate, wobei sogenannte Nullraten mitzählen. Bei Änderung der wirtschaftlichen Verhältnisse des Schuldners ist eine Änderung der Zahlungsmodalitäten innerhalb der 48 Monate möglich.[26] 8

---

[15] BT-Drucks. 14/5680, S. 20.
[16] BGHZ 183, 13; zuletzt BGH NZI 2013, 846; eingehend HK/*Waltenberger*, § 287 aF Rn. 10 ff.
[17] BGH NZI 2005, 232 = ZInsO 2005, 207; dazu *K. Schmidt/Stephan*, § 4a Rn. 12; *Frege/Keller/Riedel*, Rn. 113.
[18] BGH NZI 2014, 231; aA LG Düsseldorf ZVI 2013, 166.
[19] Eingehend MüKoInsO/*Ganter/Lohmann*, § 4a Rn. 30; *K. Schmidt/Stephan*, § 4a Rn. 8; *Frege/Keller/Riedel*, Rn. 113 ff.
[20] BT-Drucks. 14/5680, S. 21; *Jaeger/Eckardt*, § 4a Rn. 90; MüKoInsO/*Ganter* §§ 4a bis 4d Rn. 10; *Uhlenbruck*, § 4a Rn. 11.
[21] Kritisch LG Bochum NZI 2003, 167.
[22] BT-Drucks. 14/5680, S. 21; BVerfG NJW 2003, 2668 = NZI 2003, 448 = ZVI 2003, 223; BGH ZVI 2003, 225; LG Bremen NZI 2002, 675; *Jaeger/Eckardt*, § 4a Rn. 86 ff., 89; *Hess*, § 4a Rn. 253.
[23] BGH, Beschl. NZI 2004, 595 = ZIP 2004, 1922 = ZVI 2004, 474.
[24] BT-Drucks. 14/5680, S. 21; BGH NZI 2003, 270; noch zur Prozesskostenhilfe LG Duisburg NZI 2001, 102; LG Koblenz NZI 2002, 215 = ZVI 2002, 126; *Jaeger/Eckardt*, § 4a Rn. 91; mit weiteren Rechtsprechungsnachweisen zur Prozesskostenhilfe für den Schuldner vor Inkrafttreten der §§ 4a ff. InsO *Hess* § 4a Rn. 256 ff.
[25] LG Koblenz NZI 2002, 215 = ZVI 2002, 126; einschränkend LG Göttingen NZI 2003, 454.
[26] Eingehend *K. Schmidt/Stephan*, § 4b Rn. 14 ff.; *Frege/Keller/Riedel*, Rn. 138 ff.

9 Die Rückzahlung der Kostenstundung kann jederzeit unter den Voraussetzungen gem. § 4c InsO aufgehoben werden, wenn[27]
- der Kostenschuldner vorsätzlich oder grob fahrlässig unrichtige Angaben gemacht hat, die zur Eröffnung des Insolvenzverfahrens oder der Kostenstundung geführt haben,[28]
- die Voraussetzungen persönlichen oder wirtschaftlichen Art für die Stundung nicht vorgelegen haben, dies muss allerdings innerhalb von vier Jahren geltend gemacht werden,
- der Schuldner länger als drei Monate mit Ratenzahlungen schuldhaft in Rückstand getreten ist,[29]
- der Schuldner keine zumutbare, angemessene Erwerbstätigkeit nachgeht, oder aber die Restschuldbefreiung versagt oder widerrufen wird.[30]

10 Die Aufhebung der Kostenstundung erfolgt von Amts wegen. Das Insolvenzgericht ist abgesehen von § 120 IV 2 ZPO nicht gehalten, Ermittlungen über die Möglichkeit der Aufhebung der Kostenstundung anzustellen. Dem Gericht steht entsprechend § 124 ZPO ein Ermessen zu.[31]

11 Gegen die Ablehnung oder die Aufhebung der Kostenstundung, sowie gegen die Nichtbeiordnung eines Rechtsanwalts hat der Schuldner ein Beschwerderecht, § 4d I InsO. Gegen die Aufhebung der Verlängerung der Kostenstundung nach Beendigung des Restschuldbefreiungsverfahrens soll nur Erinnerung nach § 11 Abs. 2 RPflG statthaft sein.[32] Bei einer Bewilligung der Kostenstundung ist die Staatskasse beschwert und hat somit ein Beschwerderecht, dies aber nur, wenn das Insolvenzgericht bei seiner Entscheidung von unzutreffenden persönlichen und wirtschaftlichen Verhältnissen ausgegangen ist, § 4d II InsO.

2. Insolvenzverfahren.

12 **a)** *Eröffnungsverfahren.* (1) *Antragsgebühr.* Für das Verfahren über den Antrag auf Insolvenzeröffnung entsteht eine halbe Gebühr (KostVerz Nr. 2310, 2311). Die Gebühr bestimmt sich bei einem Gläubigerantrag nach der vom Antragsteller geltend gemachten Forderung ohne Kosten und Zinsen (§ 58 I GKG). Ist die Insolvenzmasse geringer als der Nennbetrag der Forderung, so bestimmt sich die Gebühr nach dieser (§ 58 II GKG).[33] Dabei ist als Insolvenzmasse von dem aus der vom Schuldner eingereichten Vermögensübersicht ersichtlichen Wert bzw. dem vom Sachverständigen ermittelten voraussichtlichen Wert auszugehen. Als Gegenstandswert sind höchstens 30 Millionen Euro anzusetzen (§ 39 II GKG).[34]

13 Die Mindestgebühr beim Gläubigerantrag beträgt 150,– EUR (KostVerz Nr. 2311). Beim Vorliegen mehrerer Insolvenzanträge begründet jeder Antrag für sich die Gebühr nach KostVerz Nr. 2311 bzw. 2310 und zwar nach dem jeweiligen Wert.[35]

14 Bei einem Eigenantrag des Schuldners (KostVerz Nr. 2310) ist immer die Insolvenzmasse für die Berechnung der Gebühr ausschlaggebend (§ 58 I GKG). Auch hier ist der Gegenstandswert auf 30 Millionen Euro begrenzt (§ 39 II GKG).

15 Wird der Eröffnungsbeschluss im Beschwerdeverfahren aufgehoben, so entfällt zwar die Verfahrensgebühr (KostVerz Nr. 2320, 2330), nicht aber die Antragsgebühr (KostVerz Nr. 2310, 2311).

---

[27] Eingehend *K. Schmidt/Stephan*, § 4c Rn. 6 ff.; *Frege/Keller/Riedel*, Rn. 149 ff.
[28] Dazu BGH NZI 2008, 46.
[29] Zum selbstständig tätigen Schuldner AG Göttingen ZVI 2014, 119.
[30] Dazu *K. Schmidt/Stephan*, § 4c Rn. 26 ff.
[31] OLG Düsseldorf Rpfleger 1993, 410; *Jaeger/Eckardt*, § 4c Rn. 78 ff.
[32] AG Köln NZI 2014, 229.
[33] *Keller*, Vergütung, Rn. 807.
[34] BGH Beschl. v. 26.10.2006 – IX ZB 245/05, juris.
[35] Eingehend *Frege/Keller/Riedel*, Rn. 2582.

Die Fälligkeit der Antragsgebühr tritt ein mit dem Eingang des Insolvenzantrages beim Insolvenzgericht (§ 6 GKG).

Gebührenschuldner ist gem. § 23 I GKG der Antragsteller. Relevant ist dies nur bei Nichteröffnung des Insolvenzverfahrens. Wurde die Gebühr vom Gläubiger bereits entrichtet, dann steht ihm bei Insolvenzeröffnung ein Erstattungsanspruch zu, der gem. § 54 InsO unter den Kosten des Insolvenzverfahrens zu berücksichtigen ist. Eine Haftung des antragstellenden Gläubigers für die Vergütung des vorläufigen Insolvenzverwalters soll nach überholter Rechtsprechung nicht bestehen.[36] Auch sollen die durch eine angeordnete vorläufige Verwaltung entstandenen Kosten nicht durch Kostengrundentscheidung des Gerichts einem Verfahrensbeteiligten, insbesondere nicht dem Gläubiger, aufgebürdet werden können.[37] Das ist abzulehnen.[38] Betrachtet man das Eröffnungsverfahren zutreffend als kontradiktorisches Verfahren zwischen antragstellendem Gläubiger und Schuldner, besteht kein Grund dem Gläubiger das allgemeine Prozesskostenrisiko nicht aufzubürden.[39] Ist der Insolvenzantrag willkürlich gestellt worden oder unbegründet, kann das Gericht den antragstellenden Gläubiger gem. §§ 4 InsO, 91 ZPO mit den Kosten belegen.[40]

Erklärt der Antragsteller den Antrag in der Hauptsache für erledigt, so kann das Insolvenzgericht gem. §§ 4 InsO, 91, 91a ZPO über die Kostenhaftung entscheiden (§ 29 Nr. 1 GKG).[41] Der antragstellende Gläubiger bleibt aber immer Zweitschuldner der gerichtlichen Kosten nach § 31 II GKG.

Eine Haftung des Fiskus für die Vergütung des vorläufigen Insolvenzverwalters kommt nicht in Betracht.[42] Lediglich im Fall der Kostenstundung nach §§ 4a ff. InsO hat der vorläufige Verwalter durch den Auslagentatbestand GKG KV 9018 einen Anspruch auf Erstattung seiner Vergütung gegen die Staatskasse.

(2) *Gebühren- und Auslagenvorschuss.* Ein Vorschuss auf die Auslagen für Bekanntmachungen und Zustellungen ist nicht zu entrichten. Für Kosten eines Sachverständigen ist gem. § 17 III GKG die Einforderung eines entsprechenden Vorschusses möglich, jedoch in der Praxis nicht üblich.[43]

Ein Vorschuss ist so zu berechnen, dass alle durch gerichtliche Maßnahmen verursachten Auslagen, soweit sie unter KostVerz Nr. 9000 ff. fallen, abgedeckt werden. Dabei ist allein entscheidend, was das Insolvenzgericht für zweckmäßig erachtet. Es kann ggf. auch einen weiteren Vorschuss einfordern, wenn sich herausstellen sollte, dass die veranschlagten Kosten überschritten werden und durch den gezahlten Vorschuss nicht mehr gedeckt sind.

Der Vorschuss wird allgemein, also auch bei einer von Amts wegen vorzunehmenden Handlung, mit der Anordnung der Handlung fällig.[44]

Ist der spätere Schuldner selbst Antragsteller, kann nach dem erkennbaren Wert der Insolvenzmasse (§ 58 GKG) ein Vorschuss, der die gesamten Gebühren (KostVerz Nr. 2320) und die voraussichtlich entstehenden Auslagen abdeckt, eingefordert werden (§ 17 I, III GKG). Ein Dritter, der den Vorschuss einzahlt, ist wegen dieses Anspruchs

---

[36] BGH NJW 1961, 2016; *Jaeger/Weber*, § 106 KO Rn. 14; *Uhlenbruck* KTS 1983, 341, 343, 344.
[37] BGHZ 175, 48 =NZI 2008, 170 = ZIP 2008, 228; BGH NZI 2010, 98.
[38] So bereits LG Mainz NZI 1998, 131; LG Münster DZWIR 1999, 423.
[39] Eingehend *Keller*, Vergütung, Rn. 63 ff.
[40] OLG Köln NZI 2000, 374 = ZIP 2000, 1168.
[41] BGHZ 149, 178, 181.
[42] BGHZ 157, 370 = NJW 2004, 1957 = NZI 2004, 245 m. Anm. *Bernsau* = ZIP 2004, 571 = ZVI 2004, 200, dazu EWiR 2004, 609 *(Vallender)*; BGH NZI 2006, 239 = ZIP 2006, 431; ebenso bereits BT-Drucks. 12/2443, S. 262; BT-Drucks. 12/3803, S. 72; eingehend *Keller*, Vergütung, Rn. 73 ff.
[43] *Frege/Keller/Riedel*, Rn. 2574.
[44] *Hartmann*, § 17 GKG Rn. 16.

nach erfolgter Insolvenzeröffnung Massegläubiger gem. § 54 InsO.[45] Hat jedoch der Dritte dem Schuldner den Betrag für den einzuzahlenden Vorschuss darlehnsweise zur Verfügung gestellt, ist sein Rückzahlungsanspruch nur Insolvenzforderung. Zur Kostensicherung kann auch der Kostenbeamte von sich aus gem. § 22 II 1 KostVfg, einen Vorschuss einfordern, selbst wenn dies zur Ausführung von Amtshandlungen nicht vorgeschrieben ist. Ist der Schuldner zur Vorschussleistung nicht in der Lage, sollte in jedem Falle unmittelbar nach der Eröffnung des Insolvenzverfahrens der Insolvenzverwalter zur Zahlung eines entsprechenden Vorschusses angehalten werden.[46]

21 (3) *Abgeltungsbereich.* Die Gebühr nach KostVerz 2310 bzw. 2311 erfasst die gesamte Tätigkeit des Insolvenzgerichts im Antragsverfahren, beginnend mit dem Eingang des Insolvenzantrages bei dem Insolvenzgericht bis zur Eröffnung des Insolvenzverfahrens (§§ 27 ff. InsO), der Abweisung des Antrages mangels Masse (§ 26 InsO), der Nichtzulassung bzw. Rücknahme des Insolvenzantrages oder Zurückweisung. Werden durch das Insolvenzgericht gem. § 21 InsO Sicherungsmaßnahmen getroffen, entsteht hierfür keine Gebühr (§ 1 GKG). Zu erheben sind nur die entstandenen Auslagen des Gerichts, zB für das Tätigwerden eines Gerichtsvollziehers auf Grund eines Gerichtsbeschlusses zur Siegelung, Inventaraufnahme etc (§§ 13 III GVKostG, 21 KostVfg). Solche Kosten werden durch die Gerichtskasse vom Kostenschuldner eingezogen und nach Eingang an den Gerichtsvollzieher erstattet.

Die Kosten stellen, falls es zur Insolvenzeröffnung kommt, gem. § 54 I Nr. 1 InsO Kosten des Insolvenzverfahrens dar und sind vorweg aus der Masse zu erstatten (§ 53 InsO). Wird dagegen der Insolvenzantrag zurückgewiesen oder vom Antragsteller zurückgezogen, so fallen sie als gesetzliche Folge der Antragsrücknahme dem Antragsteller zur Last (§ 23 I GKG).[47]

27 (4) *Massekostenvorschuss, § 26 InsO.* Ergibt sich im Laufe des Antragsverfahrens aus den vom Gericht angestellten Ermittlungen, dass eine für die Eröffnung und Durchführung des Insolvenzverfahrens kostendeckende Masse nicht festzustellen ist, wird der Antragsteller aufgefordert, innerhalb einer angemessenen Frist einen die voraussichtlich entstehenden Kosten des Insolvenzverfahrens (§ 54 InsO) deckenden Vorschuss einzuzahlen, da anderenfalls der Antrag mangels Masse abgewiesen werden muss (§ 26 InsO).[48] Für die Berechnung der Höhe des Vorschusses sind die evtl zu erwartenden Kosten des Insolvenzverfahrens ausschlaggebend, die sich wiederum nach dem Umfang des Verfahrens richten. Abzustellen ist dabei lediglich auf die Verfahrenskosten, Gerichtskosten sowie die Vergütung des vorläufigen Verwalters, des Verwalters und der Gläubigerausschussmitglieder (§ 54 InsO), Masseverbindlichkeiten gehören nicht in den Massekostenvorschuss. Hinsichtlich der Höhe des Vorschusses muss das Vermögen des Schuldners bewertet werden und unter Berücksichtigung der voraussichtlichen Erlöse, der Überschussbeträge bei Absonderungsrechten, der Feststellungs- und Verwertungsbeträge nach § 171 InsO, bei Forderungen für die Masse deren Werthaltigkeit und die Durchsetzbarkeit berechnet werden. Soweit das Gericht den Wert nicht ermitteln kann, wird es einen Sachverständigen oder einen vorläufigen Verwalter mit einem Gutachten beauftragen, welches dann Grundlage für die Vorschussanforderung ist. Wird dieser Massekostenvorschuss vom Gläubiger eingezahlt, so ist zu beachten, dass dieser Betrag nicht Bestandteil der Insolvenzmasse wird. Vielmehr wird er dem Insolvenzverwalter zweckgebunden treuhänderisch zur Verfügung gestellt.[49] Er unterliegt nicht dem Vertei-

---

[45] *Uhlenbruck,* § 54 Rn. 1; OLG Hamburg KTS 1968, 54.
[46] *Frege/Keller/Riedel,* Rn. 2575.
[47] AG Bremen NZI 2009, 855; allgemein zum Kostenschuldner *Frege/Keller/Riedel,* Rn. 2562 ff.
[48] Eingehend *K. Schmidt/Keller,* § 26 Rn. 34 ff.
[49] OLG Frankfurt/M ZIP 1986, 931 = EWiR 1986, 503 *(Brehm); Frege/Keller/Riedel,* Rn. 2577.

lungsschlüssel nach § 209 InsO und darf auch bei der Ermittlung der Insolvenzmasse nicht mitberücksichtigt werden.

Sind im eröffneten Insolvenzverfahren alle Kosten des Insolvenzverfahrens (§ 54 InsO) gedeckt, muss ein Massekostenvorschuss an den Einzahler zurückerstattet werden. Der einzahlende Gläubiger ist berechtigt den Rückzahlungsanspruch gegen eine Forderung der Insolvenzmasse aufzurechnen. 28

b) *Eröffnetes Verfahren.* (1) *Allgemeines.* Die Gebühren für die Durchführung des Insolvenzverfahrens werden *nach* dem Betrag *der Insolvenzmasse* erhoben (§ 58 I 1 GKG), höchstens sind nach § 39 II GKG 30 Millionen Euro anzusetzen.[50] Da die Insolvenzmasse im Laufe des Verfahrens Veränderungen erfährt, ist für die Berechnung der Masse der Zeitpunkt der Beendigung des Verfahrens maßgebend. Zu diesem Zeitpunkt ist die Verwertung der Masse abgeschlossen, und es steht die tatsächliche Höhe der Insolvenzmasse fest. Soweit Gegenstände oder Forderungen vom Verwalter freigegeben wurden oder bei der Erstellung der Schlussrechnung als unverwertbar (zB aussichtslose Forderungsbeitreibung) bezeichnet wurden, können sie bei der Ermittlung der Insolvenzmasse nur mit einem Null-Wert eingesetzt werden. Gegenstände, die mit Absonderungsrechten behaftet sind, werden mit dem für die Insolvenzmasse freien Betrag berücksichtigt.[51] Masseverbindlichkeiten werden grundsätzlich nicht abgezogen. Ob bei Unternehmensfortführung entsprechend § 1 II Nr. 4 lit. b) InsVV die Verbindlichkeiten abzuziehen sind, ist streitig.[52] 29

Wird das Insolvenzverfahren vorzeitig mangels einer die weiteren Verfahrenskosten deckenden Masse eingestellt (§§ 207, 211, 212, 213 InsO), gilt als Insolvenzmasse das bisher dem Insolvenzbeschlag unterliegende und durch den Verwalter verwertete Vermögen des Schuldners. Durch den Einstellungsbeschluss werden etwa noch vorhandene Vermögensteile dem Insolvenzbeschlag und damit der Verwertungsmöglichkeit durch den Insolvenzverwalter entzogen (§ 215 II InsO).[53] Sie dürfen also auch nicht bei der Feststellung der Insolvenzmasse berücksichtigt werden. 30

(2) *Verfahrensgebühr.* Die Verfahrensgebühr nach GKG KV 2320, 2330 erfasst das gesamte Tätigwerden des Insolvenzgerichts von der Eröffnung bis zum Abschluss des Verfahrens. Für das Restschuldbefreiungsverfahren entsteht ebenso keine eigene Gerichtsgebühr wie für das Insolvenzplanverfahren. Für das Insolvenzverfahren in Eigenverwaltung (§§ 270 ff. InsO) entsteht die Verfahrensgebühr ohne Ermäßigung. Neben der allgemeinen Verfahrensgebühr können die Gebühren nach GKG KV 2340, 2360, 2361 sowie die Gebühr für die Entscheidung über den Antrag auf Versagung oder Widerruf der Restschuldbefreiung (GKG KV 2350) entstehen. Kommt es nach dem Abschluss des Insolvenzverfahrens zu einer *Nachtragsverteilung* (§§ 203, 205 InsO), so kann das, falls sie auf Grund bisher noch nicht berücksichtigter Vermögensteile beruht, nur zu einer Erhöhung der Insolvenzmasse und damit Neuberechnung der Verfahrensgebühr führen. Eine besondere Gebühr für die Nachtragsverteilung entsteht nicht. 31

Die Verfahrensgebühr auf Antrag eines Gläubigers beträgt grundsätzlich das Dreifache der vollen Gebühr (GKG KV 2330). Bei einer Einstellung des Verfahrens gem. § 213 InsO tritt eine Ermäßigung dieser Gebühr – auf das Einfache ein, wenn die Einstellung vor 32

---

[50] OLG Frankfurt/M., ZIP 2014, 1238; LG Frankfurt/M. ZIP 2014, 531; *Schoppmeyer,* ZIP 2013, 811; aA *Nicht/Schildt,* NZI 2013, 64.

[51] *Hartmann,* § 58 GKG Rn. 4.

[52] Bejahend OLG Hamm ZIP 2013, 470; OLG Düsseldorf ZIP 2012, 1089; LG Leipzig ZInsO 2013, 684; LG Bremen, Beschl. v. 15.5.2013 - 2 T 195/13, juris; AG Duisburg ZIP 2011, 1631; *Hartmann,* § 58 GKG Rn. 4; *Schoppmeyer,* ZIP 2013, 811, 813, der aber zu Unrecht auch auf BGH ZIP 2012, 2515, dazu EWiR 2013, 61 *(Keller),* verweist, der unter Rn. 49 seiner Begründung hierzu keine Aussage trifft; verneinend OLG Düsseldorf ZIP 2010, 1911; OLG München ZInsO 2012, 1722; *Meyer,* GKG, § 58 Rn. 3; *v. König* in *Keller,* Handbuch Zwangsvollstreckungsrecht, Rn. 9.160.

[53] *Uhlenbruck,* § 207 Rn. 16.

dem Ende des Prüfungstermins nach §§ 207, 211, 212, 213 InsO erfolgt (GKG KV 2331), – auf das Zweifache, wenn die Einstellung des Verfahrens gem. § 213 InsO nach dem Ende des Prüfungstermins nach §§ 207, 211, 212, 213 InsO erfolgt (GKG KV 2332). Die Antragsgebühr (GKG KV 2311) bleibt neben der Verfahrensgebühr (GKG KV 2330) bestehen. Der Antragsteller hat jedoch in einem solchen Fall hinsichtlich dieser Gebühr einen Erstattungsanspruch gegen die Masse im Range des § 54 InsO.

33 Ist die Insolvenzeröffnung auf einen *Eigenantrag des Schuldners* erfolgt, beträgt die Verfahrensgebühr das 2,5-fache der vollen Gebühr (GKG KV 2320). Die Antragsgebühr nach GKG KV 2310 bleibt daneben bestehen. Bei einer Einstellung des Verfahrens gem. § 213 InsO tritt eine Ermäßigung dieser Gebühr auf die Hälfte ein, wenn die Einstellung vor dem Ende des Prüfungstermins nach §§ 207, 211, 212, 213 InsO erfolgt (GKG KV 2321); auf das 1,5-fache der vollen Gebühr, wenn die Einstellung des Verfahrens nach dem Ende des Prüfungstermins nach §§ 207, 211, 212, 213 InsO beschlossen wird (GKG KV 2322).

34 Wird der Insolvenzeröffnungsbeschluss in der Beschwerdeinstanz aufgehoben, entfällt die Verfahrensgebühr (GKG KV 2320, 2330).

35 Die Verfahrensgebühr wird mit dem Erlass des Eröffnungsbeschlusses fällig,[54] wobei die Einziehung der Gebühr nach § 14 Nr. 1 KostVfg zu erfolgen hat. Danach ist nach dem Berichtstermin bezogen auf die voraussichtliche Insolvenzmasse ein Vorschuss auf die gesamte Verfahrensgebühr zu erheben. Die bis dahin entstandenen Auslagen sind mitzuerheben.

36 Vor Beendigung des Verfahrens ist nach dem Wert der Insolvenzmasse, wie er sich aus der Schlussrechnung des Verwalters ggf. unter Einbeziehung weiterer Massezuflüsse eine endgültige Kostenrechnung zu erstellen. Es ist stets darauf zu achten, dass rechtzeitig vor Abschluss des Verfahrens überprüft wird, ob der eingezahlte Vorschuss ausreicht; ggf. ist bspw. bei drohender Masselosigkeit eine entsprechende Nachforderung an den Insolvenzverwalter zu richten.[55]

37 (3) *Besonderer Prüfungstermin, § 177 InsO*. Werden nach Abschluss des allgemeinen Prüfungstermins verspätet angemeldete Forderungen in einem besonderen Prüfungstermin (§ 177 InsO) geprüft, fällt für jeden Gläubiger, dessen Anspruch in diesem besonderen Prüfungstermin geprüft wird, eine Gebühr von 15,– EUR an (GKG KV 2340).[56] Unbeachtlich ist dabei das Ergebnis der Prüfungsverhandlung oder die Höhe der zu prüfenden Forderung.

38 Neben der Gebühr sind die Bekanntmachungskosten (GKG KV 9004) anzusetzen.[57] Sie ist eine Festgebühr. Schuldner der Gebühr ist in jedem Fall der Gläubiger, der diese durch seine Säumigkeit entstandenen Kosten auch nicht auf den Schuldner oder die Masse abwälzen kann. Unter den einzelnen Gläubigern der mit geprüften Forderungen besteht insoweit auch keine Mithaft.[58]

39 Die Gebühr des GKG KV 2340 betrifft nicht die Anberaumung eines besonderen Prüfungstermins, sondern die Prüfung der einzelnen Forderung in einem besonderen Prüfungstermin oder im schriftlichen Prüfungsverfahren. Sie entsteht daher für jede Forderung und für jeden säumigen Gläubiger gesondert.

40 Der Verzicht auf die Anberaumung eines besonderen Prüfungstermins kann aber nicht schon von vornherein als Verzicht auf die Teilnahme am Verfahren angesehen werden. Darauf ist der Gläubiger ggf. hinzuweisen.

---

[54] *Keller*, Vergütung, Rn. 808.
[55] *Frege/Keller/Riedel*, Rn. 2575; *Keller*, Vergütung, Rn. 835.
[56] Geändert durch KostRÄndG 1994 v. 24.6.1994 (BGBl. I 1325).
[57] *Frege/Keller/Riedel*, Rn. 2589; *Keller*, Vergütung, Rn.842; unzutreffend AG Bamberg ZVI 2005, 391.
[58] *Hartmann*, GKG KV 2340 Rn. 2.

Wird der *Schlusstermin* als besonderer Prüfungstermin bestimmt, kann eine nachträglich angemeldete Forderung wegen des Ablaufs der gesetzlichen Ausschlussfristen der §§ 189, 190, 192, 203 InsO bei Verteilungen (Schlussverteilung und auch eventuelle Nachtragsverteilung) nicht berücksichtigt werden.[59] Darüber hinaus gilt aber auch der Schlusstermin, soweit es die Prüfung von verspätet angemeldeten Forderungen betrifft, als besonderer Prüfungstermin, so dass auch in einem solchen Fall die Gebühr nach dem GKG KV 2340 anfällt.

(4) *Zwangsverwaltung/Zwangsversteigerung in der Insolvenz.* Gem. § 165 InsO ist der Verwalter ermächtigt, die Zwangsverwaltung bzw. Zwangsversteigerung von massezugehörigen unbeweglichen Gegenständen (Grundstücken etc) zu betreiben. Die hierfür entstehenden Gebühren (§§ 54, 55 GKG, GKG KV 2210–2221, 2240–2243) werden vom zuständigen Vollstreckungsgericht besonders berechnet und erhoben.[60] Bei erfolgreicher Versteigerung werden sie nach § 109 ZVG dem Erlös entnommen, ansonsten fallen sie als Masseverbindlichkeiten nach § 55 I Nr. 1 InsO der Insolvenzmasse zu Last.

(5) *Eidesstattliche Versicherung und Haft.* In der Verfahrensgebühr ist das Verfahren zur Abnahme der eidesstattlichen Versicherung des Schuldners betreffend die Vollständigkeit und Richtigkeit des Vermögensverzeichnisses nach § 153 InsO mit erfasst. Ebenso eingeschlossen ist das Verfahren über Haftanordnung (§ 98 InsO mit § 802g ZPO). Das gilt nicht für die entstehenden Haftkosten und die durch die Verhaftung entstehenden Gerichtsvollzieherkosten (Kostenverzeichnis Nr. 270 u 604 GVKostG). Der Antragsteller ist auch nicht von der Vorschusspflicht für diese entstehenden Kosten befreit (§ 17 GKG; GKG KV 9010). Geht der Antrag auf Haftanordnung vom Insolvenzverwalter aus, so sind diese Kosten als Kosten des Insolvenzverfahrens (§ 54 InsO) anzusehen.

c) *Restschuldbefreiungsverfahren.* (1) *Abtretungszeitraum.* Für das Restschuldbefreiungsverfahren entsteht keine eigene Gerichtsgebühr. Das Verfahren ist zwar nicht mehr Teil des eigentlichen Insolvenzverfahrens, es ist jedoch mangels Gebührentatbestand gerichtsgebührenfrei. Die Ankündigung der Restschuldbefreiung wie auch die Versagung bereits im Schlusstermin sind ebenfalls gebührenfrei.

(2) *Antrag auf Versagung oder Widerruf der Restschuldbefreiung.* Beantragt ein Gläubiger während oder nach Ablauf des Abtretungszeitraums nach §§ 296, 300 InsO die Versagung der Restschuldbefreiung oder nach § 303 InsO deren Widerruf, entsteht nach KV GKG 2350 einen Gebühr von 30,00 EUR, für welche allein der antragstellende Gläubiger Kostenschuldner ist. Die Versagung der Restschuldbefreiung nach § 298 InsO ist dagegen gebührenfrei.

d) *Beschwerdeverfahren.* Wird gegen den insolvenzeröffnenden bzw. insolvenzabweisenden Beschluss Beschwerde eingelegt (§ 34 InsO), so fällt hierfür eine volle Gebühr nach GKG KV 2360 an. Ohne Belang ist dabei die spätere Rücknahme der Beschwerde oder etwa der Ausgang des Beschwerdeverfahrens. Bei allen sonstigen Beschwerden darf eine Gebühr nur erhoben werden, wenn sie als unzulässig verworfen oder zurückgewiesen werden (GKG KV 2361). Die Rücknahme einer solchen Beschwerde bleibt gebührenfrei.

Wird die Beschwerde für begründet erachtet – ist das Verfahren also gebührenfrei – können auch keine Auslagen erhoben werden (GKG KV Teil 9 Auslagen I 1). Werden jedoch die Kosten dem Beschwerdegegner auferlegt, dann sind auch die durch das Beschwerdeverfahren entstandenen Auslagen von ihm zu erheben (GKG KV Teil 9 Auslagen I 2). Der Gegenstandswert für das Beschwerdeverfahren ist durch das Be-

---

[59] Grundlegend BGH NZI 2007, 401 m. Anm. *Gundlach/Frenzel* = ZIP 2007, 876; OLG Köln NJW-RR 1992, 1336; so bereits *Jaeger/Weber*, § 162 KO, Rn. 9; eingehend *Frege/Keller/Riedel*, Rn. 1550, 1597 ff.
[60] BGHZ 25, 395; *Uhlenbruck*, § 165 Rn. 17.

schwerdegericht gemäß § 3 ZPO zu bestimmen.[61] Eine Entscheidung über die Kostentragungspflicht nach § 29 GKG kann nur die gerichtlichen Kosten des Beschwerdeverfahrens betreffen.[62] Der Wert für die Berechnung der Gebühr richtet sich bei einer Beschwerde des Schuldners gegen die Insolvenzeröffnung oder gegen die Abweisung des Eröffnungsantrages mangels Masse nach der Insolvenzmasse (§ 58 GKG). Soweit die Beschwerde von einem anderen Beschwerdeführer eingelegt wird, errechnet sich die Gebühr im Falle der Beschwerde gegen einen insolvenzabweisenden Beschluss nach der Höhe der Forderung des Antragstellers ohne Nebenforderungen sofern nicht die Insolvenzmasse geringer ist (§§ 58, 43 GKG).

46   Für alle sonstigen Beschwerden bestimmt GKG KV 2361 eine Festgebühr von 50,– EUR.[63]

47   Fällig wird die Gebühr, soweit es sich um eine Beschwerde nach GKG KV 2360 handelt, mit dem Eingang der Beschwerde (§ 6 GKG). Unter entsprechender Anwendung des § 23 GKG ist der Beschwerdeführer auch Kostenschuldner, wenn nicht im Falle des Obsiegens dem Beschwerdegegner die Kosten auferlegt werden (§§ 29 Nr. 1, 31 II GKG).

48   Schuldner dieser Gebühr ist der Beschwerdeführer (§ 29 Nr. 1 GKG). War dies der Schuldner, so haftet er für die Kosten mit seinem insolvenzfreien Vermögen. War der Insolvenzverwalter Kostenschuldner, so haftet hierfür die Insolvenzmasse.

49   War die Beschwerde erfolgreich, dann stellen die Auslagen des Beschwerdeverfahrens einen Massekostenanspruch dar (§ 54 InsO).

50   Grundsätzlich ist gegen die Entscheidung des Rechtspflegers das nach den allgemeinen Verfahrensvorschriften zulässige Rechtsmittel gegeben (§ 11 I 1 RPflG), regelmäßig ist dies die Beschwerde oder die sofortige Beschwerde. Ist gegen die Entscheidung des Rechtspflegers nach den allgemeinen Verfahrensvorschriften kein Rechtsmittel gegeben, findet binnen der für die sofortigen Beschwerde geltenden Frist die Erinnerung statt (§ 11 II 1 RPflG). Hilft der Rechtspfleger der Erinnerung nicht ab, so entscheidet der Richter abschließend über die Erinnerung (§ 11 II 3 RPflG). Das Erinnerungsverfahren ist gem. § 11 IV RPflG gebührenfrei.[64]

51   e) *Sonstige gebührenfreie Geschäfte.* Gem. Vorbem. I.3 Abs. 2 Nr. 1 zu Hauptabschn. 3 und Vorbem. I.4 Abs. 2 Nrn. 2 u 3 zu Hauptabschn. 4 KostVerz Teil 1 GNotKG sind alle Eintragungen in die öffentlichen Register, soweit sie vom Insolvenzgericht oder vom Verwalter veranlasst werden, gebührenfrei. War ein Eröffnungsverfahren zunächst bei einem unzuständigen Gericht anhängig, so ist dieses nach entsprechender Verweisung an das zuständige Gericht gebührenrechtlich als ein Verfahren anzusehen.

52   Soweit Gläubigern von Amts wegen Abschriften oder Auszüge zu erteilen sind (Auszüge aus der Insolvenztabelle etc) können hierfür keine Schreibgebühren berechnet werden. Im Übrigen, insbesondere bei der Übersendung von Kopien der Berichte des Insolvenzverwalters an das Gericht, fallen Auslagen nach GKG KV 9000 an.

53   f) *Schuldnerverzeichnis.* Die Einsicht in das Schuldnerverzeichnis (§ 882b ff. ZPO, 26 II InsO), und auch die Auskunftserteilung über Bestehen oder Nichtbestehen einer Eintragung ist gebührenfrei.[65]

54   Werden laufend Abdrucke aus dem Schuldnerverzeichnis erbeten (§§ 882g ZPO), ist nach § 1 I JVKostO, Nr. 2.2 der Anlage zu § 1 II JVKostG ein Gebührensatz von 0,50 EUR je Eintragung, mindestens 10,– EUR zu erheben. Bei laufender Erteilung

---

[61] OLG Celle DZWIR 2002, 123; KPB/*Pape*, § 54 Rn. 16; *Hartmann*, Kostengesetze, § 58 GKG Rn. 9.
[62] *Keller*, Vergütung, Rn. 845.
[63] Eingehend *Frege/Keller/Riedel*, Rn. 2599.
[64] *Arnold/Meyer/Stolte*, RPflG, § 11 Rn. 95.
[65] BT-Drucks. 11/7972, S. 4, 9.

von Abdrucken aus dem Schuldnerverzeichnis ist die Absendung der noch nicht abgerechneten Abdrucke in einer Liste unter Angabe des Empfängers und der Zahl der mitgeteilten Eintragungen zu vermerken (§ 54 KostVfg).

3. Zeugen- und Sachverständigenentschädigung. Im Rahmen der Amtsermittlung (§ 5 InsO) kann sich das Insolvenzgericht eines Gutachters zur Feststellung des Insolvenzgrundes (Zahlungsunfähigkeit, drohende Zahlungsunfähigkeit od Überschuldung) und zur Ermittlung einer etwa vorhandenen Insolvenzmasse bedienen. Ferner besteht die Möglichkeit mit der Prüfung von Schlussrechnungen einen Sachverständigen zu betrauen.[66] Die Vergütung erfolgt in all diesen Fällen nach dem Gesetz über die Vergütung von Sachverständigen, Dolmetscherinnen, Dolmetschern, Übersetzerinnen und Übersetzern sowie die Entschädigung von ehrenamtlichen Richterinnen, ehrenamtlichen Richtern, Zeuginnen, Zeugen und Dritten (JVEG) idF Art. 2 KostRMoG v 5.5.2004 (BGBl. 718).

55

Nach § 9 JVEG idF nach Art. 7 Nr. 7b des 2. KostRModG v. 23.7.2013 (BGBl. I, 2586) beträgt der Stundensatz sowohl beim sogenannten starken als auch beim sogenannten vorläufigen schwachen Insolvenzverwalter als Sachverständigen einheitlich 80 EUR. Der nun zum Gutachter bestellte (isolierte) Sachverständige erhält einen Stundensatz nach Sachgebiet 6 der Anlage zu § 9 JVEG.[67] Das Sachgebiet 6 umfasst Tätigkeiten der Unternehmensbewertung (Honorargruppe 11 mit Stundensatz 115 EUR), der Kapitalanlagen und privaten Finanzplanung (Honorargruppe 13 mit Stundensatz 125 EUR) und der Besteuerung (Honorargruppe 3 mit Stundensatz 75 EUR). In aller Regel wird die Tätigkeitsgruppe Unternehmensbewertung greifen. Sind mehrere Gruppen tangiert, gilt der Stundensatz der höchsten Honorargruppe für die gesamte Tätigkeit (§ 9 Abs. 1 S. 4 JVEG). Eine Mischung der Stundensätze erfolgt nicht.[68]

56

Eine Entschädigungsvereinbarung zwischen dem Gericht und Sachverständigen ist unzulässig, soweit die Voraussetzungen des § 14 JVEG nicht erfüllt sind.

57

Im eröffneten Insolvenzverfahren werden diese Kosten nach § 54 InsO als Kosten des Insolvenzverfahrens berücksichtigt. Kommt es nicht zur Insolvenzeröffnung, fallen sie dem Antragsteller zur Last (§ 23 I, III GKG) bzw. demjenigen, dem sie durch Gerichtsentscheid auferlegt werden (§ 29 Nr. 1 GKG), sie sind nach GKG KV 9005 gerichtliche Auslagen.

58

II. Gerichtsvollzieherkosten

Wird der Gerichtsvollzieher durch das Insolvenzgericht oder den Insolvenzverwalter mit der *Aufnahme von Vermögensverzeichnissen,* der *Siegelung* oder *Entsiegelung oder zur Mitwirkung als Urkundsperson bei der Aufnahme von Vermögensverzeichnissen* beauftragt, so steht ihm für die Tätigkeit eine halbe Gebühr zu (§§ 9, 12 GvKostG, KV GNotKG 23500 bis 23502).[69] Diese Gebühr berechnet sich nach dem Wert der aufgezeichneten oder versiegelten Gegenstände (§ 12 I GvKostG). Zu beachten ist hierbei, dass Siegelung und Entsiegelung durch eine einheitliche Gebühr nach § 115 GNotKG abgegolten werden.[70]

59

Neben der Gebühr können Auslagen entstehen (KVGvKostG Nr. 700 ff.).

60

Soweit der Gerichtsvollzieher die *Vorführung oder der Verhaftung des Schuldners* vornimmt (§§ 21, 25, 97, 98 InsO) entsteht eine Gebühr in Höhe von 30,– EUR (KVGvKostG Nr. 270). Wird der Schuldner nicht verhaftet, erhält er, wenn die Gründe

61

---

[66] *Frege/Keller/Riedel,* Rn. 1685 ff.; eingehend auch zu abweichenden Meinungen *Keller,* Rpfleger 2011, 66.
[67] BT-Drucks. 17/11471, S. 260.
[68] AA AG Stuttgart NZI 2014, 227 m. Anm. *Keller.*
[69] Gerichts- und Notarkostengesetz (GNotKG) an Stelle der früheren Kostenordnung als Art. 1 des Zweiten Kostenrechtsmodernisierungsgesetzes vom 23.7.2013 (BGBl. I S. 2586) in Kraft getreten am 1.8.2013.
[70] *Schröder-Kay/Winter,* GVKostG § 32 Rn. 18, 19; *Hartmann,* § 52 KostO Rn. 1, 3.

für die Nichterfüllung weder in seiner Person, noch in seiner Entschließung liegen, 12,50 EUR (KVGvKostG Nr. 270, 604).[71]

62 Soll der Gerichtsvollzieher auf Verlangen des Gerichts oder des Insolvenzverwalters *nachts* oder an einem *Sonn- oder Feiertag* tätig werden, dann stehen ihm die doppelten Gebühren zu (§ 11 GvKostG). Erstreckt sich die an sich zur normalen Tageszeit begonnene Tätigkeit des Gerichtsvollziehers bis in die Nachtzeit (von 21 Uhr bis 6 Uhr, § 758a IV ZPO), verdoppelt sich die Grundgebühr, die Stundengebühr aber nur insoweit als die aufgewandten Stunden in die Nachtzeit oder in den Sonn- oder Feiertag fallen.

63 Da die Siegelung, Entsiegelung, Aufnahme eines Vermögensverzeichnisses oder auch die Mitwirkung als Urkundsperson bei der Aufnahme eines Vermögensverzeichnisses keinen Akt der Zwangsvollstreckung im Sinne von § 761 ZPO darstellen, ist auch *keine Genehmigung des Insolvenzgerichts* erforderlich, wenn der Gerichtsvollzieher auf Ansinnen des Insolvenzverwalters tätig wird.[72]

64 Wird der Gerichtsvollzieher im Auftrage des Insolvenzgerichts tätig, so werden die ihm entstandenen Kosten zunächst durch das Gericht eingezogen. Nach Zahlung durch den Kostenschuldner werden die Beträge an den Gerichtsvollzieher überwiesen (§ 77a GVO).

III. Rechtsanwaltsgebühren im Insolvenzverfahren

65 **1. Allgemeines.** Die Gebühren der Rechtsanwälte für die Vertretung des Schuldners oder eines Gläubigers im Insolvenzverfahren ergeben sich aus dem Rechtsanwaltsvergütungsgesetz (RVG) mit dem zugehörigen Vergütungsverzeichnis (VV).[73]

66 Die Wahrnehmung einer außergerichtlichen Tätigkeit ist nach VV RVG 2400 iVm Vorb 3 Abs. 4 abzurechnen. Erhält der Anwalt zugleich von mehreren einen Auftrag, kann der Anwalt von jedem Auftraggeber die volle Gebühr verlangen. Die Vorb 3.3.5. Abs. 2 verdrängt VV 1008.

67 Wurde ein Rechtsanwalt von dem Insolvenzverwalter mit der Prozessführung betraut, berechnen sich seine Gebühren nach VV 3100, 3200, 3206, 3104, 3204 und 3210.[74] Falls sich die Tätigkeit des Anwalts nur auf einzelne Vollstreckungshandlungen erstreckt, so gilt hierfür VV 3309 und 3310 mit § 25 RVG.

68 Ein Gläubiger kann die ihm durch die Beauftragung eines Anwalts im Verlaufe des Insolvenzverfahrens entstandenen Kosten als nachrangige Insolvenzforderung nur geltend machen, wenn das Insolvenzgericht zur Anmeldung ausdrücklich auffordert (§§ 39 I 2, 174 III InsO).

69 Obsiegt der Gläubiger einer im Prüfungstermin bestrittenen Forderung im anschließenden Feststellungsprozess, kann er Erstattung seiner Kosten aus der Insolvenzmasse insoweit verlangen, als dieser durch den Wegfall der endgültig bestrittenen Forderung ein Vorteil erwachsen ist (§ 183 III InsO). Dagegen stellen die Anwaltsgebühren aus den VV 3313 bis 3316, § 28 RVG, ganz gleich, ob der Schuldner oder ein Insolvenzgläubiger Auftraggeber ist, keine Kosten des Insolvenzverfahrens dar, sondern sind vom Auftragsgegner persönlich zu tragen.[75]

70 **2. Eröffnungsverfahren.** Im Insolvenzeröffnungsverfahren steht dem Rechtsanwalt bei Vertretung eines Gläubigers die Hälfte der vollen Gebühr zu (VV 3314, 3316). Mit

---

[71] *Frege/Keller/Riedel*, Rn. 2618.
[72] BGH NJW 1962, 1392.
[73] Gesetz über die Vergütung der Rechtsanwältinnen und Rechtsanwälte – RVG als Art. 3 des Gesetzes zur Modernisierung des Kostenrechts – KostRMoG vom 5.5.2004 (BGBl. I S. 718); eingehend auch zum Übergangsrecht *Frege/Keller/Riedel*, Rn. 2620; *Keller*, Vergütung, Rn. 893 ff.; *v. König* in *Keller*, Handbuch Zwangsvollstreckungsrecht, Rn. 9.414 ff.
[74] *Keller*, Vergütung, Rn. 907, 908.
[75] Uhlenbruck/Hirte/Vallender/*Sinz*, § 54 Rn. 1, 2.

dieser Gebühr ist die gesamte Tätigkeit des Anwalts im Eröffnungsverfahren abgegolten, auch alle Tätigkeiten, die sich aus den §§ 10, 14, 20, 21, 25 InsO ergeben können. Das Eröffnungsverfahren endet mit der Zurücknahme des Antrages, der Zurückweisung, der Abweisung des Antrages mangels einer die Verfahrenskosten deckender Masse oder der Insolvenzeröffnung. Die Gebühr der VV 3314, 3316 ist bereits entstanden, wenn der Anwalt lediglich bei der Vorbereitung des Insolvenzantrages mitgewirkt hat, der Antrag jedoch nicht eingereicht wurde.

Wenn sich der Schuldner oder ein Gläubiger vor Antragstellung von einem Rechts- 71 anwalt nur beraten lässt, gilt § 34 RVG an Stelle der Nrn. 2100 ff. VV RVG.[76] Danach soll der Rechtsanwalt auf eine Gebührenvereinbarung hinwirken (§ 34 I 1 RVG).[77] Hilfsweise gelten die Vorschriften des bürgerlichen Rechts (§ 34 I 2 RVG).[78] Um Probleme zu vermeiden, muss vor Beginn der Tätigkeit die Vergütung des Anwalts geklärt werden. Sachliche Kriterien für eine angemessene Vergütung nach § 34 RVG können die rechtliche Schwierigkeit des Falles oder der quantitative Umfang der Sachverhaltserfassung sein.[79] Die Vergütung nach § 34 RVG ist auf eine spätere Gebühr, die für eine weitere Tätigkeit entsteht, anzurechnen (§ 34 II RVG).

Als Wert für die Gebührenberechnung ist im Falle der Vertretung des Schuldners die 72 Insolvenzmasse zu Grunde zu legen (§ 58 GKG). Dabei spielt es keine Rolle, ob der Schuldner selbst Antragsteller war oder nicht. Der Gegenstandswert beträgt im Falle des VV 3313 mindestens 4000,– EUR (§ 28 I RVG).

Handelt es sich dagegen um die Vertretung eines Gläubigers, so ist dessen Forderung, 73 einschl Nebenforderungen bis zur Insolvenzeröffnung, für die Gebührenberechnung maßgebend (§ 28 II RVG). Die *Fälligkeit* der Gebühr bestimmt sich nach § 8 RVG.

3. Eröffnetes Verfahren. Dem beauftragten Rechtsanwalt steht für die Vertretung 74 im Insolvenzverfahren eine volle Gebühr zu (VV 3317, § 28 RVG). War er bereits im Eröffnungsverfahren für seinen Auftraggeber tätig, kann er diese Gebühr neben der für die Vertretung im Eröffnungsverfahren fällig gewordenen Gebühr des VV 3313 bis 3316 beanspruchen. Wird er dagegen erst mit der Insolvenzeröffnung tätig, so kann er allein aus der Tatsache, dass der Eröffnung immer ein Eröffnungsverfahren voran gegangen sein muss, nicht die Gebühr des VV 3313 bis 3316 zusätzlich geltend machen.

Mit der Gebühr des VV 3317 ist die gesamte Tätigkeit des Anwalts im Insolvenzver- 75 fahren bis zum Abschluss des Verfahrens abgegolten, also auch eine etwaige Forderungsanmeldung, Mitwirkung bei der Forderungsprüfung, Wahrnehmung von Terminen etc, es sei denn, dass durch das Gesetz ausdrücklich eine andere Gebühr zugelassen ist. Nicht anwendbar ist VV 3317 auf die Vertretung eines Massegläubigers oder eines Aussonderungsberechtigten. In solchen Fällen muss die Gebührenberechnung nach VV 3104, 3200, 3204, 3206, 3210 bzw. VV 2400 erfolgen. Die Vertretung eines Absonderungsberechtigten im Rahmen verfahrensbezogener Handlungen (§§ 76, 77, 166 ff. InsO) wird nach VV 3317 vergütet.[80]

Die Dauer des Verfahrens bzw. eine vorzeitige Beendigung des Verfahrens sind ohne 76 Einfluss auf die Höhe der Gebühr. Für die Berechnung der Gebühr ist bei einer Schuldnervertretung die Insolvenzmasse, bei der Vertretung eines Gläubigers dessen Forderung einschl Zinsen und Kosten bis zur Insolvenzeröffnung ausschlaggebend (§§ 28 RVG, 58 GKG). Als Insolvenzmasse gilt das gesamte der Zwangsvollstreckung

---

[76] Art. 5 des Gesetzes zur Modernisierung des Kostenrechts – KostRMoG vom 5.5.2004 (BGBl. I S. 718, 847); zur Geltung der VV 2100 ff. *Frege/Keller/Riedel*, Rn. 2621; *Keller*, Vergütung, Rn. 903.
[77] BT-Drucks. 15/1971, S. 196.
[78] Eingehend *Römermann* ZInsO 2006, 284.
[79] Umfassend *Madert/Schons*, Die Vergütungsvereinbarung des Rechtsanwalts, 3. Aufl. 2006; *Hartmann*, § 34 RVG Rn. 37 ff.; *Keller*, Vergütung, Rn. 903.
[80] *Frege/Keller/Riedel*, Rn. 2629.

unterliegendes Vermögen des Schuldners im Zeitpunkt der Insolvenzeröffnung einschließlich der Früchte, Nutzungen und Zinsen sowie das während des Verfahrens erlangte Neuvermögen (§ 35 InsO).

77 Maßgebend für den Zeitpunkt der Berechnung der Insolvenzmasse ist die Insolvenzbeendigung (§§ 28 RVG, 58 GKG; vgl. → Rn. 29).

78 **4. Forderungsanmeldung.** Wird ein Rechtsanwalt von einem Gläubiger lediglich mit der Anmeldung der Insolvenzforderung betraut, so kann er hierfür gem. VV 3320 § 28 RVG fünf Zehntel der vollen Gebühr verlangen. Die zusätzliche Erhebung der Verfahrensgebühr (VV 3317) ist ausgeschlossen. Die Gebühr des VV 3320 schließt selbstverständlich eine entsprechende Beratung des Gläubigers ein. Sofern ein Anwalt die Forderungen mehrerer Gläubiger anmeldet, so kann er die Gebühr von jedem Gläubiger gesondert fordern (Vorb. 3.3.5). Abs. 4). Diese Vorschrift gilt als Ausnahme zu VV 1008. Sind jedoch mehrere Gläubiger Inhaber einer Gesamtforderung, kann der Anwalt für eine solche Anmeldung die Gebühr nur einmal fordern. Geschäftswert ist der Nennbetrag der Forderung einschließlich der Nebenkosten bis zur Insolvenzeröffnung. Meldet der Rechtsanwalt jedoch nur einen Teilbetrag der Forderung an, so ist auch nur dieser Teilbetrag für die Gebührenberechnung maßgebend (§ 28 RVG).

79 **5. Restschuldbefreiung, Insolvenzplan.** Für die Vertretung eines Beteiligten im Restschuldbefreiungsverfahren enthält das Vergütungsverzeichnis anders als die früher geltende BRAGO keinen Tatbestand. Vertritt der Anwalt den Schuldner, ist die Antragstellung nach § 287 InsO von der Gebühr nach VV 3313 mit erfasst. Vertritt er einen Gläubiger, erhält nur im Verfahren der Versagung der Restschuldbefreiung eine besondere Gebühr (VV 3321).[81] Für seine Tätigkeit im Insolvenzplanverfahren erhält der Rechtsanwalt eine besondere, und zwar volle Gebühr (VV 3318). Diese Sondergebühr entsteht neben der Verfahrensgebühr der VV 3313 bis 3316, 3317, wenn der Anwalt auch im Insolvenzverfahren bzw. Eröffnungsverfahren für seinen Mandanten tätig war.

80 Vertritt der Rechtsanwalt im Verfahren über einen Insolvenzplan den Schuldner, der den Plan vorgelegt hat, so erhält der Anwalt neben der Gebühr des VV 3318 zwei weitere volle Gebühren (VV 3319).[82]

81 Wird der Anwalt sowohl im Restschuldbefreiungsverfahren als auch im Insolvenzplanverfahren tätig, erhält er die Gebühr nur einmal, da ein besonderer Gebührentatbestand nicht gegeben ist.

82 **6. Widerruf der Restschuldbefreiung.** Bei Antrag auf Widerruf der Restschuldbefreiung nach Aufhebung des Insolvenzverfahrens erhält der Anwalt in dem Verfahren die halbe Gebühr. Dieses Verfahren ist eine besondere Angelegenheit (VV 3321). Mehrere Anträge auf Versagung der Restschuldbefreiung sind als eine Angelegenheit anzusehen (Absatz 1 zu VV 3321). Der Gegenstandswert der Gebühr ist nach § 28 III, § 23 III 2 RVG zu bestimmen. Er kann in der Hälfte der Gläubigerforderung bestehen[83] oder in dem Betrag der Forderung, die dem Gläubiger bei Erfolg seines Antrags erhalten bliebe.[84]

83 Der Gegenstandswert aller in VV 3318 bis 3321 behandelten Tätigkeiten bestimmt sich nach § 28 RVG.[85]

84 **7. Beschwerdeverfahren.** Auch die Beschwerdegebühren können als Sondergebühren neben denen der VV 33 113 bis 3318 in Ansatz gebracht werden. Im Beschwerdeverfahren stehen dem Rechtsanwalt die halbe Gebühr zu (VV 3500). Der Beschwerdewert ergibt sich für den Rechtsanwalt, wenn er den Schuldner bei der Be-

---

[81] *Frege/Keller/Riedel*, Rn. 2636; *Keller*, Vergütung, Rn. 928.
[82] Eingehend *Frege/Keller/Riedel*, Rn. 2633.
[83] LG Bochum ZInsO 2001, 564.
[84] BGH ZInsO 2003, 217; AG Duisburg NZI 2002, 619.
[85] Begr RegE Art. 31 EGInsO.

schwerde gegen den Eröffnungsbeschluss vertritt, aus der Höhe der Insolvenzmasse (§§ 28 RVG, 58 GKG). Bei Vertretung eines Gläubigers ist dessen Forderung einschl der Nebenkosten bis zum Tage der Insolvenzeröffnung wertbestimmend (§§ 28 RVG, 58 GKG). Bei den übrigen Beschwerden ist der Gegenstandswert durch das Gericht festzusetzen (§ 28 III RVG).

8. Mehrfacher Auftrag. Im Gegensatz zu VV 1008, der grundsätzlich die mehrfache Beauftragung eines Rechtsanwaltes in derselben Sache regelt, enthält die Vorb 3.3.5. Abs. 2 für Insolvenzverfahren einen Sondertatbestand, indem er einem Rechtsanwalt, der im gleichen Verfahren mehrere Auftraggeber vertritt, das Recht zubilligt, die entstehenden Gebühren von jedem gesondert zu verlangen. Dabei haftet jeder Auftraggeber nur für die aus seinem Auftrag entstandene Kosten; es besteht keine Mithaft. Etwas anderes ist es, wenn mehrere Gläubiger an einer Forderung gemeinsam beteiligt sind. In einem solchen Fall handelt es sich nur um einen Auftrag, auch wenn die Beauftragung durch die einzelnen Gläubiger nicht einheitlich erfolgt. Besitzt ein Gläubiger im gleichen Verfahren mehrere Forderungen, dann gilt auch bei der Vertretung dieser Forderungen, dass es nur ein Auftrag ist, die Gebühr entsteht nur einmal nach dem zusammengerechneten Wert der Forderungen (§ 22 I RVG). Vertritt dagegen der Rechtsanwalt die gleichen Forderungen in verschiedenen Verfahren (zB mehrere Gesellschafter einer BGB-Gesellschaft, Kommanditgesellschaft und Komplementär), dann entsteht die Gebühr für jedes Verfahren gesondert. 85

9. Reisekosten und Abwesenheitsgelder, VV 7003 bis 7006. War der Rechtsanwalt gezwungen, im Auftrage des Schuldners oder eines Gläubigers zur Wahrnehmung von Terminen, Verhandlungen etc Geschäftsreisen zu unternehmen, kann er bei Benutzung seines eigenen Kraftwagens für jeden gefahrenen Kilometer 0,30 EUR liquidieren (VV 7003). Benutzt er andere Verkehrsmittel, sind die hierdurch entstandenen Aufwendungen voll erstattungsfähig soweit die Kosten angemessen sind. Dabei kann er nach seinem freien Ermessen unter Berücksichtigung der Sachlage entscheiden, welches Verkehrsmittel er wählt. Ist er aus Anlass einer solchen Reise weniger als vier Stunden abwesend, erhält er als Tage- und Abwesenheitsgeld einen Betrag von 20,– EUR. Beträgt die Abwesenheit bis zu acht Stunden, erhöht sich der Satz auf 35,– EUR; Bei einer noch längeren Abwesenheit auf 60,– EUR (VV 7005). Bei erforderlichen Auslandsreisen kann auf diese Sätze ein Zuschlag bis zu 50% gewährt werden. Bei etwa notwendig werdenden Übernachtungen sind die tatsächlich entstandenen Aufwendungen zu erstatten. 86

10. Erstattungsfähigkeit. Eine Erstattung der dem Gläubiger durch die Insolvenzteilnahme entstandenen Rechtsanwaltskosten aus der Insolvenzmasse ist praktisch nicht möglich, da die Kosten nachrangige Insolvenzforderungen nach § 39 I Nr. 2 InsO sind. Zur Insolvenztabelle können sie erst angemeldet werden, wenn das Insolvenzgericht hierzu auffordert (§§ 174 III, 177 II InsO). 87

11. Kostenfestsetzung. Grundsätzlich haftet der Auftraggeber für die durch seinen Auftrag verursachten Rechtsanwaltskosten. Der Rechtsanwalt kann sie durch das Insolvenzgericht gegen seine Partei festsetzen lassen (§§ 11 RVG, 21 Nr. 2 RPflG). Unterliegt der antragstellende Gläubiger in dem gegen den Schuldner beantragtem Insolvenzverfahren – sei es durch Zurückweisung oder Zurücknahme des Insolvenzantrages –, dann können über § 4 InsO in entsprechender Anwendung der §§ 269 III, 91 I, 103 ff. ZPO, die zur zweckentsprechenden Rechtsverfolgung notwendigen Kosten gegen ihn festgesetzt werden. Die durch die Beauftragung eines Rechtsanwaltes entstanden Kosten (VV 3313 bis 3316) sind dabei in jedem Fall als notwendige und zweckentsprechende Kosten der Rechtsverfolgung anzusehen. Erklärt der Gläubiger, weil der Schuldner die dem Antrag zu Grunde liegende Forderung getilgt oder sich zu Ratenzahlungen verpflichtet hat, das Insolvenzeröffnungsverfahren als in der Hauptsache für erledigt, hat das 88

§ 129 Kapitel XIII. Kosten der Insolvenz

Insolvenzgericht entsprechend §§ 4 InsO, 91a ZPO zu entscheiden, wer von den beiden Parteien die Kosten zu tragen hat. Auf Grund dieser Entscheidung kann eine Kostenfestsetzung gegen die unterliegende Partei erfolgen.

§ 129. Die Vergütung der Insolvenzverwalter, der vorläufigen Insolvenzverwalter, der Sachwalter, der Treuhänder und der Gläubigerausschussmitglieder

Übersicht

	Rn.
I. Vergütung des Insolvenzverwalters	1
1. Allgemeines	1
2. Berechnungsgrundlage	9
3. Regelvergütung	11
4. Abweichen von der Regelvergütung	14
a) Definition von Erhöhungs- und Kürzungskriterien	14
b) Erhöhungskriterien nach § 3 I InsVV	15
c) Zurückbleiben hinter der Regelvergütung	18
5. Sonderinsolvenzverwalter	21
6. Mehrere Insolvenzverwalter	22
7. Delegationsfähige Tätigkeiten und Erledigung durch den Insolvenzverwalter	26
8. Geschäftskosten	31
a) Auslagen	31
b) Haftpflichtversicherung	34
9. Nachtragsverteilung	36
10. Überwachung und Erfüllung eines Insolvenzplanes	39
11. Umsatzsteuer	40
12. Festsetzungsverfahren	41
a) Beschluss	41
b) Rechtliches Gehör	44
c) Bekanntgabe	45
d) Haftung bei verspäteter Festsetzung	46
13. Rechtsmittel	47
14. Vorschuss	48
II. Vergütung des vorläufigen Verwalters, des Sachwalters und des Treuhänders	51
1. Allgemeines	51
2. Vergütung des vorläufigen Verwalters	52
a) Grundlagen des Vergütungsanspruchs	52
b) Berechnungsgrundlage der Vergütung	52c
c) Regelvergütung des vorläufigen Insolvenzverwalters	53
d) Erhöhung und Kürzung der vergütung entsprechend § 3 InsVV	53a
e) Berechnung der Erhöhung oder Kürzung	53d
f) Vergütungsfestsetzung	53e
g) Nachträgliche Änderung der Festsetzung	53f
3. Vergütung des Sachwalters	54
a) Sachwalter im Eigenverwaltungsverfahren	54
b) Vorläufiger Sachwalter insbesondere im Schutzschirmverfahren	54a
4. Vergütung des Treuhänders im vereinfachten Verfahren	55
5. Vergütung des Treuhänders im Restschuldbefreiungsverfahren	56
III. Vergütung der Gläubigerausschussmitglieder	60
1. Der Anspruch auf Vergütung	60
2. Die Vergütung nach Stundensätzen	62
3. Keine pauschalierte Vergütungsgewährung	68
4. Vorschuss	69

I. Vergütung des Insolvenzverwalters

1 **1. Allgemeines.** Die §§ 63 bis 65 InsO regeln die Vergütung und Auslagenerstattung des Insolvenzverwalters im eröffneten Insolvenzverfahren. Die Vorschriften finden über

Verweisungen Anwendung auf den vorläufigen Insolvenzverwalter im Insolvenzantragsverfahren (§ 21 II 1 Nr. 1 InsO), den Sachwalter bei der Eigenverwaltung (§ 274 I InsO), dem Treuhänder im Restschuldbefreiungsverfahren sowie im Verbraucherinsolvenzverfahren (§§ 293 II, 313 I 3 InsO) und den Mitgliedern des Gläubigerausschusses (§ 73 II InsO). Für die Mitglieder des Gläubigerausschusses im Insolvenzeröffnungsverfahren (§ 22a InsO) gilt über § 21 I Nr. 1a der § 73 II InsO entsprechend. Für den vorläufigen Sachwalter in Verfahren nach § 270a oder § 270b InsO gilt über Verweisung § 274 I InsO. Die Grundzüge der Vergütungsbestimmung sind bereits in § 63 I InsO geregelt. Die Insolvenzrechtliche Vergütungsverordnung (InsVV) als ausführende Rechtsverordnung nach § 65 InsO führt die Vergütungsbestimmung näher aus. Sie wurde zuletzt durch Gesetz vom 15.7.2013 (BGBl. I S. 2379) geändert. Die Ziele und Verfahrensarten der InsO werden durch die InsVV nur unvollständig abgebildet. Die Vergütung des vorläufigen Insolvenzverwalters ist mit § 11 InsVV nicht ausreichend geregelt, die Vergütung des vorläufigen Sachwalters nach §§ 270a, 270b InsO ist überhaupt nicht geregelt. Allgemein orientiert sich die InsVV zu sehr an früheren Regelungen zur Konkursverwaltevergütung, bei welcher die Liquidation des schuldnerischen Vermögens im Vordergrund stand. Der Sanierungsgedanke der InsO findet dagegen nur ansatzweise Berücksichtigung.

Der Anspruch des Insolvenzverwalters ist öffentlich – rechtlicher Natur[1] und unterfällt dem Schutzbereich des Art. 12 GG.[2] Die Vergütung des Insolvenzverwalters ist kein Erfolgshonorar sondern Tätigkeitshonorar mit Erfolgscharakter.[3] Wegen Pflichtverletzungen des Verwalters, die eine persönliche Haftung nach §§ 60 ff. InsO begründen, kann die Vergütung nicht gekürzt werden,[4] auch eine Aufrechnung seitens des Gerichts ist unzulässig.[5] Nur in besonders schwerwiegenden Fällen einer Pflichtverletzung verwirkt der Insolvenzverwalter den Vergütunganspruch.[6] Ein solcher liegt vor, wenn der Insolvenzverwalter im Zusammenhang mit seiner Tätigkeit strafbare Handlungen begangen hat,[7] strafrechtliche Verurteilung kann nicht gefordert werden. Verwirkung ist auch anzunehmen, wenn der Insolvenzverwalter durch strafbare Verwendung eines ihm nicht zustehenden akademischen Grades seine persönliche Eignung nach § 56 InsO vortäuscht.[8] Mögliche Interessenkollisionen bei der Bestellung in mehreren Insolvenzverfahren führen nicht zur Verwirkung des Vergütungsanspruchs.[9]

Der Vergütungsanspruch entsteht mit der tatsächlichen Arbeitsleistung,[10] er wird fällig mit Erledigung der Tätigkeit.[11] Erledigung ist die Erfüllung aller Aufgaben des Insolvenzverwalters im Rahmen eines Insolvenzverfahrens. Die Vergütung kann nicht anteilig auf einzelne Tätigkeiten aufgesplittet werden; Insolvenzverwaltung ist nicht teilbare

---

[1] BGH KTS 1992, 125 = NJW 1992, 692 = Rpfleger 1992, 171 = ZIP 1992, 120, dazu EWiR 1992, 173 *(Uhlenbruck)*.
[2] BVerfG KTS 1989, 357 = ZIP 1989, 382 m. Anm. *Eickmann,* dazu EWiR 1989, 391 *(Onusseit)*; BVerfG ZInsO 2004, 383 m. Anm. *Haarmeyer*; HK/Keller, § 63 Rn. 16 ff.; Uhlenbruck/Hirte/Vallender/*Mock,* § 63 Rn. 3.
[3] KPB/*Eickmann/Prasser,* Vor § 1 InsVV Rn. 16; MüKoInsO/*Nowak,* 2. Aufl. 2007, § 63 Rn. 6.
[4] BGHZ 159, 122, 130 = NJW-RR 2004, 1422 = NZI 2004, 440 = ZIP 2004, 1214; Uhlenbruck/Hirte/Vallender/*Mock,* § 63 Rn. 42.
[5] BGHZ 3, 381, 383; BGH ZIP 1995, 290; KPB/*Eickmann/Prasser,* Vor § 1 InsVV Rn. 21.
[6] OLG Karlsruhe ZIP 2000, 2035, dazu EWiR 2001, 241 *(Graeber)*; KPB/*Eickmann/Prasser,* Vor § 1 InsVV Rn. 23.
[7] LG München II ZInsO 2003, 910; LG Potsdam NZI 2004, 321.
[8] BGHZ 159, 122, 130 NJW-RR 2004, 1422 = NZI 2004, 440 = ZIP 2004, 1214; dazu *Keller*, Vergütung, Rn. 48, 46.
[9] So aber AG Potsdam NZI 2005, 340 = ZInsO 2005, 503 m. Anm. *Haarmeyer,* ZInsO 2005, 504; aufgehoben durch LG Potsdam ZIP 2005, 1698 = ZVI 2005, 648; dazu *Keller,* Vergütung, Rn. 50; dazu auch *Leithaus* NZI 2005, 382.
[10] BGH ZIP 1992, 120 = EWiR 1992, 173 *(Uhlenbruck)* = NJW 1992, 1348; MüKoInsO/*Nowak,* 2. Aufl. 2007, § 63 Rn. 6; Uhlenbruck/Hirte/Vallender/*Mock,* § 63 Rn. 45.
[11] MüKoInsO/*Nowak,* 2. Aufl. 2007, § 63 Rn. 7; KPB/*Eickmann/Prasser,* Vor § 1 InsVV Rn. 6.

Daueraufgabe. Bei vorzeitiger Beendigung der Tätigkeit wird die Vergütung mit dem Ende des Verwalteramtes fällig.[12] Der nicht festgesetzte Vergütungsanspruch verjährt innerhalb von drei Jahren (§ 195 BGB); nach Festsetzung gilt die dreißigjährige Verjährungsfrist des § 197 Abs. 1 Nr. 3 BGB. Die Verjährung beginnt mit dem Schluss des Jahres, in welchem der Vergütungsanspruch fällig geworden ist (Verfahrensbeendigung, § 199 I BGB).[13] Eine Verjährungshemmung durch Stellung des Vergütungsantrags bei Gericht ist in § 204 BGB nicht geregelt, wird aber bejaht (vgl. § 11 VII RVG, § 2 III JVEG).[14] Die Verjährung des Vergütungsanspruchs des vorläufigen Insolvenzverwalters ist bis zur Beendigung des eröffneten Insolvenzverfahrens gehemmt.[15]

4 Die Vergütung hat angemessen zu sein.[16] Angemessen ist die Vergütung, wenn sie sowohl die eigenen Kosten des Insolvenzverwalters deckt als auch nach Abzug dieser Kosten ihm selbst ein Überschuss verbleibt. Es ist allgemein gültiger Grundsatz, dass derjenige, der durch hoheitliche Gewalt in seiner beruflichen Betätigung in Anspruch genommen wird, einen Anspruch auf angemessene Vergütung für diese Tätigkeit hat.[17] Weil die Tätigkeit als Insolvenzverwalter zum Schutzbereich des Art. 12 I GG gehört, haben sich die Vergütungsregelungen der Insolvenzrechtlichen Vergütungsverordnung stets daran zu orientieren, ob sie die Berufsausübungsfreiheit des Insolvenzverwalters gewährleisten. Andernfalls sind sie wegen Verstoßes gegen Art. 12 I 2 GG verfassungswidrig und von der Ermächtigungsgrundlage des § 65 InsO nicht gedeckt.[18]

5 Bei der Angemessenheit der Vergütung ist auf das jeweils konkrete Verfahren abzustellen und nicht auf die Vielzahl der von einem Insolvenzverwalter übernommenen Verfahren.[19] Der Bundesgerichtshof nahm für den Fall der Mindestvergütung nach § 2 II InsVV in der bis 7.10.2004 geltenden Fassung eine Mischkalkulation an.[20] Vor allem ist zu beachten, dass der Insolvenzverwalter anders als der Rechtsanwalt in der Ausübung seiner Tätigkeit und in der Übernahme von Insolvenzverfahren nicht frei ist. Er ist darauf angewiesen, als Insolvenzverwalter vom Gericht bestellt zu werden und hat keinen Anspruch auf Berücksichtigung im konkreten Verfahren. Die Möglichkeit, sein Einkommen durch „Mischung verschiedener Mandate mit unterschiedlichem Gebührenaufkommen" zu erzielen, hat der Insolvenzverwalter nicht. Ein Mischkalkulation wäre nur dann gerechtfertigt, wenn die Gerichte den Insolvenzverwaltern ausreichende Bestellung in massehaltigen Verfahren garantieren könnten.[21] Auch wenn in der Praxis eine völlige Trennung der Einkünfte aus verschiedenen Verfahren ohnehin nicht möglich ist, darf dies nicht zum allgemeingültigen Theorem erhoben werden. Im übrigen wird das Argument der Mischkalkulation auch vom Bundesgerichtshof stets als Argument für eine Vergütungskürzung herangezogen. Es ist noch nie vorgekommen, dass ein Insolvenzgericht in einem massehaltigen Verfahren dem Insolvenzverwalter mit diesem Argument eine höhere Vergütung als Ausgleich für die vielen masselosen Verfahren gewährt hat. Das BVerfG lehnte im Übrigen bei der Vergütung des Berufsvormundes oder -betreuers eine Mischkalkulation kategorisch ab.[22]

---

[12] KPB/*Eickmann/Prasser,* Vor § 1 InsVV Rn. 6.
[13] Uhlenbruck/Hirte/Vallender/*Mock,* § 63 Rn. 46.
[14] BGH NZI 2007, 397 = ZIP 2007, 1070.
[15] BGH NZI 2010, 977 = ZIP 2010, 2160 = DZWIR 2011, 36 m. Anm. *Keller.*
[16] BT-Drucks. 12/2443, S. 130; so bereits *Kuhn/Uhlenbruck,* KO, § 85 Rn. 4 c.
[17] BGHZ 116, 233 = ZIP 1992, 120; dazu EWiR 1992, 173 *(Uhlenbruck);* BGH ZIP 2002, 2223.
[18] BGHZ 157, 282, 287 = NJW 2004, 941 = NZI 2004, 196 = ZIP 2004, 417 = ZVI 2004, 133, dazu EWiR 2004, 985 *(Blersch);* BGHZ 152, 18 = ZIP 2002, 1959, dazu EWiR 2004, 259 *(Keller).*
[19] Eingehend *Keller,* Vergütung, Rn. 30 ff.; Uhlenbruck/Hirte/Vallender/*Mock,* § 63 Rn. 3.
[20] BGHZ 157, 282, 288 = NJW 2004, 941 = NZI 2004, 196 = ZIP 2004, 417 = ZVI 2004, 133, dazu EWiR 2004, 985 *(Blersch);* dazu *Keller* ZIP 2004, 633.
[21] BGH NZI 2008, 361 = ZIP 2008, 976.
[22] BVerfGE 54, 251, Begr. Rn. 43.

Die Insolvenzrechtliche Vergütungsverordnung regelt in den §§ 1–9 InsVV die Vergütung des Insolvenzverwalters als degressiv steigenden Bruchteil der Insolvenzmasse.[23] Die Gewährung von Zuschlägen für Schwierigkeiten des konkreten Verfahrens oder von Kürzungen bei erheblichen Erleichterungen nach § 3 InsVV sind grundlegend für das sogenannte offene System der Vergütungsgewährung.[24] Auf diese Grundsystematik nehmen die weiteren Vergütungsregelungen in den besonderen Verfahrensarten Bezug (§ 10 InsVV). § 11 InsVV regelt die Vergütung des vorläufigen Insolvenzverwalters, § 12 InsVV regelt die Vergütung des Sachwalters im Verfahren der Eigenverwaltung nach §§ 270 ff. InsO. § 13 InsVV bestimmt die Vergütung des Treuhänders im Verbraucherinsolvenzverfahren. Die §§ 14–16 InsVV regeln die Vergütung des Treuhänders im Restschuldbefreiungsverfahren. 6

Es ist sehr zu bezweifeln, ob die Vergütung des Insolvenzverwalters nach der InsVV diesen gegenüber dem früheren Recht besserstellt. 7

Zu bedenken ist auch, dass seit Inkrafttreten der InsVV die Vergütungssätze und -stufen des § 2 InsVV nicht geändert worden sind. Die Vergütung ist damit auch durch Inflation stetig gesunken. Da die InsVV ein offenes Vergütungssystem ist, kann dies anders als bei Gebührentabellen auch nicht als Wille des Gesetzgebers hingenommen werden. Es wird sich ähnlich wie der Vergütungsverordnung zur Konkursordnung die Frage stellen, ob nicht durch pauschale Erhöhung der Vergütung dies ausgeglichen werden muss.[25] 8

2. Berechnungsgrundlage. Berechnungsgrundlage der Vergütung des Insolvenzverwalters ist die Insolvenzmasse zum Zeitpunkt der Beendigung des Verfahrens (§ 1 I 1 InsVV). Maßgebend ist regelmäßig die Schlussrechnung des Insolvenzverwalters nach § 66 InsO, wobei späterer Massezufluss zu berücksichtigen ist.[26] Ergänzend kann auch das Vermögensverzeichnis nach § 153 InsO herangezogen werden, insbesondere bei vorzeitiger Verfahrensbeendigung.[27] Bei Veräußerung von Vermögenswerten durch share-deal und asset-deal ist auf deren wirtschaftlichen Wert unter Berücksichtigung der vom Erwerber übernommenen Verpflichtungen abzustellen.[28] Bei Verwertung absonderungsrechtbehafteter Gegenstände ist § 1 II Nr. 1 InsVV besonders zu berücksichtigen.[29] Hier erhält der Insolvenzverwalter eine besondere Vergütung begrenzt auf 2% des Werts der von ihm verwerteten Gegenstände.[30] Wegen der Degression der Regelvergütung in § 2 I InsVV ist eine Vergleichsberechnung regelmäßig nur dann erforderlich, wenn die Insolvenzmasse höher als 25 Mio. EUR ist.[31] Die Mehrvergütung des § 1 Abs. 2 Nr. 1 InsVV ist Teil der Regelvergütung. Daher sind Zuschläge und Abschläge nach § 3 Abs. 1 und 2 InsVV auf die Regelvergütung auch unter Berücksichtigung dieser Mehrvergütung zu berechnen.[32] 9

Masseverbindlichkeiten werden von der Insolvenzmasse als Berechnungsgrundlage grundsätzlich nicht abgezogen. Nach § 1 II Nr. 4 lit. a) InsVV sind Vergütungen, die der Insolvenzverwalter in Ausübung besonderer Tätigkeit und beruflicher Qualifikation, 10

---

[23] Allgemein *Frege/Keller/Riedel*, Rn. 2485; *Keller*, Vergütung, Rn. 117 ff.
[24] Grundlegend zur früheren Vergütungsverordnung BVerfG KTS 1989, 357 = ZIP 1989, 382 m. Anm. *Eickmann*, dazu EWiR 1989, 391 *(Onussseit)*.
[25] KPB/*Stoffler*, § 2 InsVV Rn. 37; HK/*Keller*, § 2 InsVV Rn. 3; *Keller*, Vergütung, Rn. 39, 236, 237; wenig nachvollziehbar dagegen *Haarmeyer/Mock*, ZInsO 2014, 573.
[26] BGH NZI 2007, 412 = ZIP 2007, 639; MüKoInsO/*Riedel*, § 1 InsVV Rn. 6; eingehend mwN *Keller*, Vergütung, Rn. 162 ff.
[27] *Frege/Keller/Riedel*, Rn. 2488, 2489; *Keller*, Vergütung, Rn. 150 ff.
[28] LG München I, NZI 2013, 696 m. Anm. *Keller*.
[29] Umfassend *Keller*, Vergütung, Rn. 182 ff.
[30] Eingehend mit allen Verwertungsalternativen *Keller*, Vergütung, Rn. 189 ff.
[31] *Keller*, Vergütung, Rn. 187.
[32] BGH NZI 2006, 464 m. Anm. *Nowak* = ZIP 2006, 1204.

zum Beispiel anwaltlicher oder steuerberatender Tätigkeit, aus der Masse erhalten hat (§ 5 InsVV) abzuziehen.[33] Nach zutreffender Ansicht erfolgt der Abzug auch dann, wenn der Insolvenzverwalter einen mit ihm gesellschaftsrechtlich verbundenen Anwalt oder Steuerberater oder eine Gesellschaft, an der er selbst beteiligt ist, beauftragt hat.[34] Nach lit. b) der Regelung sind Masseverbindlichkeiten abzuziehen, die bei Unternehmensfortführung innerhalb des Insolvenzverfahrens begründet worden sind.[35] Hier fließt nur ein im Rahmen besonderer Gewinn- und Verlustrechnung ermittelter Überschuss zur Insolvenzmasse.[36] Nach Ansicht des Bundesgerichtshofs soll der Abzug alle Masseverbindlichkeiten für den Zeitraum der Unternehmensfortführung betreffen.[37] Der Abzug ist auf die Einnahmen begrenzt; es soll mithin nur ein möglicher Überschuss berücksichtigt werden, nicht aber ein Verlust (zur Zuschlagsgewährung → Rn. 16).

11   **3. Regelvergütung.** Aus der nach § 1 InsVV ermittelten Berechnungsgrundlage ergibt sich allein rechnerisch die Regelvergütung des § 2 InsVV.[38] Diese ist nach den Gegebenheiten des Einzelfalles nach § 3 InsVV des so genannten „offenen Systems" mit Zu- oder Abschlägen zu versehen, um eine angemessene Vergütung unter Berücksichtigung des Einzelfalls zu erreichen.[39]

12   Eine besondere Problematik stellt sich bei der sogenannten Mindestvergütung nach § 2 II InsVV, die als Regelvergütung gilt, wenn sie höher ist als die Staffelvergütung des § 2 I InsVV.[40] Sie beträgt sie in den nach dem 1. Januar 2004 eröffneten Insolvenzverfahren grundsätzlich 1000 EUR (§ 2 II 1 InsVV).[41] Sie ist unabhängig von der Höhe der Insolvenzmasse und gilt insbesondere im Insolvenzverfahren einer natürlichen Person bei Gewährung von Kostenstundung. Die Regelung des § 2 II InsVV gilt aber auch in der Unternehmensinsolvenz. Die Mindestvergütung erhöht sich pauschal nach der Zahl der Gläubiger, die sich am Insolvenzverfahren beteiligen.[42] Von 11 bis 30 Gläubigern soll sich die Vergütung für je fünf Gläubiger um 150 EUR erhöhen, ab 31 Gläubigern um 100 EUR je fünf Gläubiger.[43] Bei hoher Gläubigerzahl kann die Mindestvergütung des § 2 II InsVV höher sein als die Vergütung nach § 2 I InsVV. Deshalb kann im Einzelfall eines Verfahrens mit ungewöhnlich hoher Gläubigerzahl eine Vergleichsberechnung zwischen Mindestvergütung und Staffelvergütung nach § 2 I InsVV erforderlich sein. Die Berechnung erfolgt in der Weise, dass zunächst die nach § 2 I InsVV geltende Staffelvergütung errechnet wird. Aus dieser ist die maßgebliche Gläubigerzahl zu ermitteln, ab welcher die Mindestvergütung höher ist.[44]

---

[33] Eingehend *Keller*, Vergütung, Rn. 91 ff., 214 ff.
[34] Anders BGH DZWIR 2008, 30 m. Anm. *Keller* = NZI 2007, 583 = ZIP 2007, 1958; LG Leipzig DZWIR 2001, 170; LG Leipzig NZI 2002, 665 = ZIP 2003, 176; so wie hier LG Frankfurt/O. DZWIR 2001, 168; AG Leipzig DZWIR 2001, 171; MüKoInsO/*Riedel*, § 1 InsVV Rn. 32; *Stephan/Riedel*, § 1 InsVV Rn. 43 ff.; mit eingehender Begründung *Keller* DZWIR 2000, 265; dem folgend *Hess*, InsO, § 1 InsVV Rn. 43; eingehend *Keller*, Vergütung, Rn. 216 ff.
[35] Eingehend BGH DZWIR 2005, 463 m. Anm. *Keller* = ZVI 2005, 388; BGH NZI 2009, 49 m. Anm. *Prasser* = ZIP 2008, 2222; zum Sonderfall der Beschäftigung des Schuldners BGH NZI 2006, 595 = ZIP 2006, 1307 = ZVI 2006, 474; eingehend *Keller*, Vergütung, Rn. 223 ff.
[36] Eingehend *Hess*, § 1 InsVV Rn. 48 ff., § 3 InsVV Rn. 50 ff.; MüKoInsO/*Riedel*, § 1 InsVV Rn. 33 ff.; *Keller* DZWIR 2009, 231.
[37] BGH DZWIR 2009, 248 = ZIP 2008, 2222 = NZI 2009, 49 m. Anm. *Prasser*, dazu EWiR 2008, 761 *(Schröder)*; BGH NZI 2011, 714.
[38] Eingehend mit mathematischen Berechnungsformeln *Keller*, Vergütung, Rn. 229 ff.
[39] KPB/*Eickmann/Prasser*, § 3 InsVV Rn. 8, 16; eingehend *Keller*, Vergütung, Rn. 244.
[40] BGBl. I S. 2569; dazu *Keller* ZVI 2004, 569; *Blersch* ZIP 2004, 2311.
[41] Eingehend *Keller*, Vergütung, Rn. 360 ff., 388 ff.; *Keller* ZIP 2004, 633.
[42] Begründung zum Entwurf der Verordnung zur Änderung der Insolvenzrechtlichen Vergütungsverordnung vom 16.9.2004, Begründung zu § 2 Abs. 2 InsVV mit Zusammenfassung der Untersuchungsergebnisse hinsichtlich der Kosten je Arbeitsstunde; abgedruckt bei *Keller*, Vergütung, S. 447.
[43] Eingehend *Keller*, Vergütung, Rn. 418 ff.
[44] Eingehend mit Berechnungsformeln *Keller*, Vergütung, Rn. 360 ff.; *Keller* NZI 2005, 23.

Die Regelvergütung stellt die angemessene Vergütung des Insolvenzverwalters im sogenannten Normalverfahren dar. Das Normalverfahren ist legal nicht definiert. Tatbestände eines Normalverfahrens können zum einen aus einem Umkehrschluss der Erhöhungstatbestände des § 3 I InsVV gefolgert werden. So stellt insbesondere die Unternehmensfortführung als Erhöhungstatbestand nach § 3 I lit. b) InsVV keinen vergütungsrechtlichen Normalfall dar,[45] obwohl die Insolvenzordnung mit § 22 I Nr. 3 oder § 159 von ihr als Regelfall ausgeht. Bei Tatbeständen, welche die Arbeitskraft des Insolvenzverwalters quantitativ beschreiben (Zahl der Gläubiger oder der Arbeitnehmer), ist der Normalfall nicht statisch zu definieren sondern dynamisch bezogen auf die Art und Größe des schuldnerischen Unternehmens. Da aber die InsVV in der Vergütungsberechnung auf der früheren VergVO beruht, sind diese Parameter auf ein schuldnerisches Unternehmen des Jahres 1989 zu beziehen; die Vergütungsberechnung des § 2 I InsVV basiert auf der Rechtsprechung des BVerfG aus diesem Jahr.[46] Eher statisch werden in Rechtsprechung und Literatur die Tatbestände eines Normalverfahrens dagegen beispielhaft wie folgt beschrieben:[47]

– Umsatz bis zu 1,5 Mio EUR jährlich.
– Prüfung von Fremdrechten in erheblichem Umfang.[48]
– weniger als 20 Arbeitnehmer (§§ 17, 18 KSchG).
– keine Unternehmensfortführung.
– keine Sanierung.
– eine Betriebsstätte.
– keine Auslandsberührung.
– Forderungsanmeldungen von bis zu 100 Gläubigern.
– Einzug von bis zu 100 Forderungen.
– Anfechtungsansprüche von mittlerer rechtlicher Schwierigkeit oder von geringer Zahl.[49]

4. Abweichen von der Regelvergütung. a) *Definition von Erhöhungs- und Kürzungskriterien.* Die Regelvergütung ist entsprechend den Besonderheiten des konkreten Insolvenzverfahrens und insbesondere dem Arbeitsaufwand des Insolvenzverwalters nach § 3 InsVV zu erhöhen oder zu kürzen.[50] § 3 InsVV nennt Regelbeispiele für Abweichungen vom Normalfall des § 2 InsVV. Die Abweichung muss so erheblich sein, dass für den unbefangenen Beobachter ein Abweichen vom Regelfall geboten ist. Dennoch muss sich eine Erhöhung an konkreten Tatbeständen festmachen lassen, allgemeine Schwierigkeiten mit dem Schuldner genügen beispielsweise nicht.[51] Zu § 3 InsVV hat sich in Literatur und die Vergütungspraxis eine Fallgruppenbildung entwickelt.[52] Ihr liegt die zutreffende Annahme zugrunde, dass typische Fallkonstellationen eine erhöhte oder verminderte Arbeitsleistung des Insolvenzverwalters in quantitativer oder qualitativer Hinsicht erfordern.[53] Der Bundesgerichtshof[54] betont, dass eine Anwendung des § 3 InsVV nicht schematisch erfolgen dürfe, sondern stets auf die tatsächliche Arbeitsleis-

---

[45] BGH DZWIR 2009, 248 = ZIP 2008, 2222 = NZI 2009, 49 m. Anm. *Prasser*, dazu EWiR 2008, 761 *(Schröder);* BGH ZIP 2011, 1373.
[46] Eingehend *Keller*, FS Görg, 2010, S. 247; HK/*Keller*, § 2 InsVV Rn. 6 ff.; ähnlich, jedoch zu allgemein MüKoInsO/*Riedel*, § 3 InsVV Rn. 7.
[47] *Keller*, Vergütung, Rn. 234 ff., 243.
[48] KPB/*Prasser/Stoffler*, § 3 InsVV Rn. 62, 63.
[49] KPB/*Prasser/Stoffler*, InsO, § 3 InsVV Rn. 25.
[50] KPB/*Prasser/Stoffler*, § 3 InsVV Rn. 66, 67; eingehend *Keller*, Vergütung, Rn. 244.
[51] BGH NZI 2009, 554.
[52] KPB/*Prasser/Stoffler*, § 3 InsVV Rn. 9 ff.
[53] Eingehend HK/*Keller*, § 3 InsVV Rn. 7 ff.; Vergütung, Rn. 246 ff.
[54] BGH ZIP 2002, 1459; BGH NZI 2004, 251 = ZIP 2004, 518; BGHNZI 2003, 547 = ZIP 2003, 1759; BGH NZI 2003, 549 = ZIP 2003, 1612; BGH NZI 2006, 341; BGH NZI 2003, 603 = ZIP 2003, 1757, dazu EWiR 2003, 1043 *(Rendels);* BGH NZI 2006, 464 m. Anm. *Nowak* = ZIP 2006, 1204 = ZVI 2006, 409; zur Rechtsprechung des Bundesgerichtshofs *Keller*, NZI 2004, 465, 470, 474.

tung des Insolvenzverwalters abzustellen sei. Der Bundesgerichtshof wendet sich entschieden gegen die schematische Zuerkennung von Prozentsätzen nach vorgegebenen Tabellen.[55] Er belässt es bei einer Abwägung von Zu- und Abschlägen und einer Gesamtwürdigung mit eingehender und nachvollziehbarer Begründung.[56]

Die Rechtsprechung des Bundesgerichtshofs zur „Gesamtbetrachtung" wird in der Rechtspraxis leider zunehmend zum Anlass genommen, stets eine Kürzung der Vergütung des Insolvenzverwalters vorzunehmen, ohne sich konkret und differenziert mit Erhöhungs- und Kürzungstatbeständen und deren Abwägung zueinander auseinander zu setzen. Diese undifferenzierte Gesamtbetrachtung ist dann allein Feigenblatt einer in Wirklichkeit nicht bestehenden Angemessenheit der Vergütungsgewährung. Vergütungsfestsetzungen, die sich nicht differenziert mit einzelnen Tatbeständen und deren Abwägung zueinander befassen, unterliegen dann auch der Gefahr, leicht willkürlich zu sein. Das gilt insbesondere dann, wenn die Begründung der Vergütungsfestsetzung mit vorgegebenen und nicht fallbezogenen Textbausteinen arbeitet und mit allgemeinen Floskeln eine scheinbar angemessene Vergütung bestimmt wird. Angemessen ist die Vergütung, die nach dem System der §§ 1 bis 3 InsVV ermittelt wird. Daher müssen sowohl die Berechnungsgrundlage differenziert ermittelt als auch Erhöhungs- und Kürzungstatbestände konkret genannt, einzeln bewertet und gegeneinander abgewogen werden. Die Angemessenheit kann auch nicht im Rahmen einer undifferenziert betrachtenden „Gerechtigkeitsprüfung" ermittelt werden. Schließlich muss nicht die Verfahrensabwicklung der Vergütung gegenüber angemessen sein, sondern die Vergütung muss dem Umfang der Verfahrensabwicklung entsprechen. Das gilt insbesondere in Kleinverfahren. Die Gesamtbetrachtung führt in der insolvenzgerichtlichen Praxis nicht selten zu inhaltlich mangelhaften Vergütungsfestsetzungen und ist vorgeschobenes Argument jener Gerichte, die eine differenzierte Auseinandersetzung mit dem Vergütungsantrag scheuen.

Vorzugswürdig ist dagegen die differenzierte Beurteilung eines jeden Erhöhungstatbestandes und die Abwägung der Tatbestände zueinander wie auch die Berücksichtigung möglicher Überschneidungen hinsichtlich der Tätigkeit des Insolvenzverwalters. Dies erfordert auch eine Zuerkennung eines Zuschlagsfaktors je Tatbestand. Nur so kann eine sachgerechte Abwägung erfolgen.[57] Bei Tatbeständen, durch welche die Insolvenzmasse erhöht wird, ist dabei auch die Erhöhung der Regelvergütung zu berücksichtigen.[58]

Bei der Zuerkennung eines Zuschlags zur Regelvergütung betont der Bundesgerichtshof zutreffend die tatrichterliche Entscheidung, die nur eingeschränkt einer Nachprüfung durch Beschwerde und Rechtsbeschwerde zugänglich ist.[59]

15   b) *Erhöhungskriterien nach § 3 I InsVV.* Eine Erhöhung der Regelvergütung nach § 3 I lit. a) InsVV hat zu erfolgen, wenn die Bearbeitung von Aus- und Absonderungsrechten einen erheblichen Teil der Tätigkeit des Verwalters ausmacht; meist werden 30 Prozent angenommen.[60] Nach Ansicht des Bundesgerichtshofs[61] ist die tatsächliche Erschwernis bei der Bearbeitung dieser Rechte maßgeblich. Bei der Erhöhung ist zu berücksichtigen,

---

[55] BGH NZI 2003, 603 = ZIP 2003, 1757, dazu EWiR 2003, 1043 *(Rendels);* BGH NZI 2004, 251 = BGH ZIP 2003, 518; BGH NZI 2006, 464 m. Anm. *Nowak* = ZIP 2006, 1204 = ZVI 2006, 409; BGH ZInsO 2007, 370.

[56] So insbesondere BGH NZI 2006, 464 m. Anm. *Nowak* = ZIP 2006, 1204 = ZVI 2006, 409; eingehend auch MüKoInsO/*Riedel,* § 3 InsVV Rn. 4.

[57] So auch KPB/*Prasser/Stoffler,* § 3 InsVV Rn. 31 ff.

[58] BGH NZI 2012, 372 = ZIP 2012, 682 = DZWIR 2012, 260 m. Anm. *Keller;* dazu auch *Riedel,* Rpfleger 2013, 123.

[59] BGH NZI 2004, 665 = DZWIR 2005, 32 m. Anm. *Heinze;* BGH NZI 2005, 629; BGH ZInsO 2008, 1264; BGH ZInsO 2009, 55.

[60] KPB/*Prasser/Stoffler,* § 3 InsVV Rn. 62.

[61] BGH NZI 2003, 603 = ZIP 2003, 1757, dazu EWiR 2003, 1043 *(Rendels);* eingehend *Keller,* Vergütung, Rn. 266, 267.

dass der Verwalter möglicherweise bereits die Mehrvergütung nach § 1 II Nr. 1 InsVV erhalten hat.[62]

Die Fortführung des Geschäftsbetriebes des Schuldners ist stets Erhöhungstatbestand nach § 3 I lit. b) InsVV.[63] Die Erhöhung der Vergütung nach § 3 Abs. 1 lit. b InsVV ist unter Beachtung des § 1 II Nr. 4 lit. b) InsVV nur zulässig, wenn sich daneben nicht die Insolvenzmasse durch die Unternehmensfortführung erhöht hat und so der Insolvenzverwalter schon eine höhere Regelvergütung erhält.[64] In diesem Fall, erhält der Insolvenzverwalter aber einen „ausgleichenden Zuschlag", wenn die Regelvergütung auf Grund höherer Insolvenzmasse niedriger ist als die Vergütung aus geringerer Masse mit Erhöhung nach § 3 Abs. 1 InsVV; es ist diesbezüglich eine Vergleichsrechnung anzustellen.[65] Eine Erhöhung der Regelvergütung kann der Insolvenzverwalter aber gerade dann erhalten, wenn er durch die Unternehmensfortführung Verlust erwirtschaftet hat. Stets verlangt die Erhöhung aber eine gewisse Dauer der Betriebsfortführung. Es ist angemessen, nach der Größe des fortgeführten Unternehmens unter Heranziehung des § 267 HGB zu unterscheiden.[66]

16

Für die Verwaltung von Immobilien soll der Arbeitsaufwand durch Erhöhung der Regelvergütung besonders vergütet werden; maßgebend ist der Arbeitsaufwand, nicht die Zahl der Immobilien.[67] Verwertet der Insolvenzverwalter das unbewegliche Vermögen können schwierige Verhandlungen eine Erhöhung der Vergütung rechtfertigen. Gleiches gilt, wenn der Insolvenzverwalter aus eigenem Recht nach §§ 172 ff. ZVG die Zwangsversteigerung betreibt.[68] Verwaltet der Insolvenzverwalter Immobilien im Interesse der Grundpfandrechtsgläubiger (kalte Zwangsverwaltung), kann er hierfür eine Vergütungserhöhung erhalten. Jedoch ist zu berücksichtigen, dass sich durch die Mieteinnahmen die Berechnungsgrundlage bereits erhöht.[69]

17

Ausnahmetatbestand der Erhöhung ist § 3 I lit. c) InsVV als Ausgleich für die Degression der Staffelvergütung. Sie kann nur zur Anwendung kommen, wenn der Insolvenzverwalter mit erheblichem Aufwand die Masse mehren konnte oder eine solche festgestellt hat. Eine hohe Insolvenzmasse ist ab 250 000 EUR anzunehmen.[70] Der Ausgleich ist in der Weise zu berechnen, dass die Insolvenzmasse ab 25 Millionen Euro mit 2 Prozent Regelvergütung abgegolten wird.[71] Bei geringerer Insolvenzmasse kann er auch durch Verschiebung der Degressionsstufen berechnet werden.[72] Der Degressionsausgleich kann nicht mit sonstigen Erhöhungstatbeständen vermischt werden, er fließt nicht in die ohnehin abzuleitende Gesamtbetrachtung ein.[73]

17a

Arbeitsrechtliche Tätigkeiten rechtfertigen nach § 3 I lit. d) InsVV eine Erhöhung. Als quantitatives Merkmal einer Erhöhung wird allgemein die Zahl von zwanzig Arbeitnehmern genannt (§§ 17, 18 KSchG).[74] Richtigerweise ist aber nach Art und Größe des schuldnerischen Unternehmens zu unterscheiden. Als Erhöhungstatbestand kommen auch die Gründung von Beschäftigungs- und Qualifizierungsgesellschaften (BQG)

17b

---

[62] Eingehend zum Verhältnis von Überschussbetrag und Erhöhung der Vergütung *Keller*, Vergütung, Rn. 268.
[63] Für die Vergütung des vorläufigen Insolvenzverwalters BGH NZI 2004, 251 = ZIP 2004, 518.
[64] BGH NZI 2007, 341.
[65] BGH 2007, 341 = ZIP 2007, 784; BGH NZI 2007, 343 = ZIP 2007, 784; BGH ZIP 2008, 514; eingehend *Keller* DZWIR 2009, 231.
[66] BGH NZI 2004, 251 = ZIP 2004, 518; KPB/*Prasser/Stoffler*, § 3 InsVV Rn. 79.
[67] BGH ZIP 2008, 514.
[68] Dazu eingehend *Stöber*, ZVG, § 172 Rn. 3 ff.; *Keller*, Insolvenzrecht, Rn. 1114 ff.
[69] Eingehend zur kalten Zwangsverwaltung *Keller*, NZI 2013, 265; *Bork* ZIP 2013, 2129.
[70] BGH NZI 2012, 981 = ZIP 2012, 2407, dazu EWiR 2012, 803 *(Blersch)*.
[71] *Keller*, NZI 2013, 19.
[72] MüKoInsO/*Nowak*, 2. Aufl. 2007, § 3 InsVV Rn. 9.
[73] HK/*Keller*, § 2 InsVV Rn. 18 ff.; anders – die Gesamtbetrachtung betonend – BGH NZI 2012, 981 = ZIP 2012, 2407.
[74] Ausführlich *Hess*, § 3 InsVV Rn. 73 ff.

für ausscheidende Arbeitnehmer oder aufwendige Differenzlohnberechnungen in Betracht[75] sowie die Erstellung und Verhandlung über einen Sozialplan nach § 123 InsO.[76] Tätigkeit im Zusammenhang mit der Gewährung von Insolvenzgeld nach §§ 183 SGB III rechtfertigt für den vorläufigen Insolvenzverwalter eine Erhöhung.[77]

17c Die Erstellung eines Insolvenzplans ist Erhöhungstatbestand nach § 3 I lit. e) InsVV.[78] Es ist nicht erforderlich, dass der vom Verwalter erstellte Insolvenzplan von den Gläubigern angenommen wird.[79]

17d Weitere Erhöhungstatbestände sind beispielsweise:[80] Abschlagsverteilung; Altlastensanierung;[81] Anfechtung von Rechtshandlungen (besondere Schwierigkeiten oder besonders hohe Zahl; aber Abwägung mit Erhöhung der Insolvenzmasse); Auslandsvermögen und Auslandsberührung;[82] EU-Beihilferecht;[83] Bauinsolvenz;[84] umfangreiches Berichtswesen;[85] Forderungsanmeldungen bei erheblichem Arbeitsaufwand;[86] erhebliche Forderungsbeitreibung;[87] Gesellschaftsrechtliche Beteiligungen;[88] Mehrere Betriebsstätten;[89] Besonderheiten des Überleitungsrechts der neuen Bundesländer;[90] umfangreiche Prozessführung;[91] besonders obstruktives Verhalten des Schuldners;[92] Bemühungen um Übertragende Sanierung und M&A-Prozess;[93] Übertragung des Zustellungswesens bei erheblicher Belastung des Verwalterbüros (§ 8 III InsO).[94]

17e Die Verfahrensdauer ist als Merkmal des Normalverfahrens wie auch als Erhöhungskriterium ungeeignet, da sie für sich keine Aussage über die quantitativen oder qualitativen Besonderheiten eines Insolvenzverfahrens trifft.[95]

18 c) *Zurückbleiben hinter der Regelvergütung.* Eine Kürzung der Regelvergütung ist in den Fällen des § 3 II InsVV möglich; § 3 II InsVV nennt Regelbeispiele.[96]

19 Durch § 3 II lit. a) InsVV soll berücksichtigt werden, dass der vorläufige Verwalter durch Vorarbeiten die Tätigkeit des endgültigen Insolvenzverwalters erleichtert

---

[75] *Hess,* § 3 InsVV Rn. 78 mit Hinweis auf *Graeber* InsBüro 2006, 377.
[76] BGH NZI 2004, 251 = ZIP 2004, 518; BGH NZI 2007, 343.
[77] BGH NZI 2004, 251 = ZIP 2004, 518.
[78] KPB/*Prasser/Stoffler,* § 3 InsVV Rn. 99.
[79] BGH NZI 2007, 341.
[80] Umfassend *Keller,* Vergütung, Rn. 290–309; *Hess,* § 3 InsVV Rn. 118.
[81] LG Magdeburg Rpfleger 1996, 38.
[82] KPB/*Prasser/Stoffler,* § 3 InsVV Rn. 75.
[83] KPB/*Prasser/Stoffler,* § 3 InsVV Rn. 113.
[84] *Keller,* Vergütung, Rn. 295.
[85] KPB/*Prasser/Stoffler,* § 3 InsVV Rn. 113.
[86] BGH NZI 2006, 464 m. Anm. *Nowak* = ZIP 2006, 1204 = ZVI 2006, 409; LG Augsburg KTS 1974, 241 m. Anm. *H. Schmidt;* LG Bonn ZIP 1991, 45, dazu EWiR 1991, 185 *(Eickmann);* AG Ahrensburg ZIP 1983, 1103.
[87] LG Koblenz KTS 1982, 141; LG Siegen ZIP 1988, 326, dazu EWiR 1988, 289 *(Eickmann).*
[88] LG Leipzig DZWIR 2000, 36; LG Mönchengladbach ZIP 1986, 1588, dazu EWiR 1987, 73 *(Eickmann).*
[89] KPB/*Prasser/Stoffler,* § 3 InsVV Rn. 102.
[90] *Keller,* Vergütung, Rn. 304.
[91] AG Frankfurt/M. ZIP 1981, 891; AG Ahrensburg ZIP 1983, 1103; KPB/*Prasser/Stoffler,* § 3 InsVV Rn. 104.
[92] LG Mönchengladbach ZInsO 2001, 750.
[93] LG Mönchengladbach ZIP 1986, 1588, dazu EWiR 1987, 73 *(Eickmann);* LG Siegen ZIP 1988, 326; LG Bonn ZIP 1991, 45, dazu EWiR 1991, 185 *(Eickmann);* AG Bad Neuenahr KTS 1982, 152.
[94] BGH ZIP 2004, 1822; OLG Zweibrücken ZInsO 2001, 504; LG Chemnitz ZInsO 2000, 296; LG Chemnitz ZIP 2000, 710, dazu EWiR 2000, 921 *(Tappmeier);* LG München ZInsO 2002, 275; MüKoInsO/*Ganter* § 8 Rn. 36; zum Auslagenersatz BGH NZI 2013, 487 m. Anm. *Stoffler* = ZIP 2013, 833, dazu EWiR 2013, 383 *(Keller).*
[95] BGH ZInsO 2010, 1504; BGH NZI 2010, 982; LG Göttingen NZI 2006, 477; AG Potsdam NZI 2005, 460; eingehend *Hess,* § 3 InsVV Rn. 91 ff.; *Keller,* Vergütung, Rn. 308.
[96] LG Stade KTS 1984, 310.

hat.[97] Für den Bundesgerichtshof reicht es aus, wenn der vorläufige Verwalter durch seine Tätigkeit dem Verwalter im eröffneten Verfahren Vorarbeiten zur Verwertung der Insolvenzmasse erspart.[98] Die Tätigkeit als Sachverständiger rechtfertigt keine Kürzung.[99] Eine weite Auslegung des Kürzungstatbestandes des § 3 Abs. 2 Buchst a InsVV ist abzulehnen.[100]

War die Masse bereits zu einem wesentlichen Teil verwertet, kann eine Kürzung der Regelvergütung erfolgen (§ 3 II lit. b) InsVV). Dies gilt insbesondere im Falle eines Verwalterwechsels gegenüber dem neuen Verwalter. **20**

Im Fall des § 3 II lit. c) InsVV soll eine Kürzung erfolgen, wenn das Amt des Verwalters vorzeitig endet. Dabei soll der Kürzungsumfang vorweg ermittelt werden, erst dann sind dem Insolvenzverwalter mögliche Erhöhungstatbestände zuzurechnen.[101] Als Gegenstück hierzu kann der Kürzungstatbestand des § 3 II lit. d) InsVV gesehen werden.[102] Der Kürzungstatbestand greift, wenn die Insolvenzmasse besonders hoch ist und die daraus sich ergebende Vergütung unangemessen zur geringen Tätigkeit des Insolvenzverwalters ist. Der Bundesgerichtshof lässt es genügen, wenn die Arbeitsleistung des Insolvenzverwalters gering war.[103] Dies ist abzulehnen, denn dann ist ja schon wegen der Degression des § 2 Abs. 1 InsVV die Regelvergütung entsprechend niedrig. **20a**

Eine Kürzung der Regelvergütung ist gerechtfertigt, wenn der Insolvenzverwalter einen erheblichen Teil seiner Tätigkeit an externe Dienstleister delegiert hat und deren Vergütung als Masseverbindlichkeit aus der Insolvenzmasse zu begleichen ist.[104] Masseunzulänglichkeit (§§ 208 ff. InsO) berechtigt nicht zu einer Kürzung.[105] **20b**

5. Sonderinsolvenzverwalter. Ist der Insolvenzverwalter wegen Krankheit, Interessenkollision oder aus anderen Gründen an der Ausübung seines Amtes verhindert oder sind nach § 92 InsO Schadensersatzansprüche gegen ihn geltend zu machen, muss ein Sonderinsolvenzverwalter bestellt werden.[106] Seine Vergütung berechnet sich in entsprechender Anwendung der InsVV nach der von ihm verwalteten Insolvenzmasse als Berechnungsgrundlage (§ 1 InsVV).[107] Die Regelvergütung soll ähnlich der des vorläufigen Insolvenzverwalters in einem angemessenen Bruchteil der Vergütung nach § 2 InsVV bestehen. Eine Erhöhung der Vergütung ist nicht ausgeschlossen, wenn der Sonderinsolvenzverwalter erhebliche Erschwernisse hatte. Besteht die Tätigkeit des Sonderinsolvenzverwalters in der Geltendmachung einer Insolvenzforderung (wegen § 181 BGB gegen den Insolvenzverwalter), soll über § 5 InsVV eine Vergütung in der Höhe erhalten, wie sie ihm nach RVG für diese Tätigkeit zusteht. **21**

6. Mehrere Insolvenzverwalter. Werden innerhalb eines Insolvenzverfahrens nebeneinander mehrere Verwalter für je unterschiedliche Aufgabenbereiche bestellt (frü- **22**

---

[97] LG Siegen ZIP 1988, 326, dazu EWiR 1988, 289 *(Eickmann);* KPB/*Prasser/Stoffler,* § 3 InsVV Rn. 121 ff.
[98] BGH NZI 2006, 464 m. Anm. *Nowak* = ZIP 2006, 1204.
[99] BGH NZI 2009, 601.
[100] Nach BGH NZI 2006, 464 m. Anm. *Nowak* = ZIP 2006, 1204, seien mehr als 5 Prozent Abweichung maßgebend.
[101] BGH DZWIR 2005, 291 m. Anm. *Keller* = ZIP 2005, 180, dazu EWiR 2005, 401 *(Rendels);* eingehend *Keller,* Vergütung, Rn. 137 ff.
[102] LG Oldenburg KTS 1971, 229; KPB/*Prasser/Stoffler,* § 3 InsVV Rn. 13.
[103] BGH NZI 2006, 347 = ZIP 2006, 858 = ZVI 2006, 262; BGH NZI 2006, 464 m. Anm. *Nowak* = ZIP 2006, 1204; kritisch dazu *Keller,* Vergütung, Rn. 346.
[104] LG Augsburg Rpfleger 1997, 317.
[105] BGH NZI 2004, 251 = BGH ZIP 2003, 518; LG Köln ZIP 2004, 961.
[106] BGHZ 165, 96, 99 = NZI 2006, 94; BGH NZI 2007, 284 = ZIP 2007, 548; BGH NZI 2008, 491; MüKoInsO/*Graeber,* § 56 Rn. 153 ff.; *Jaeger/Gerhardt* § 56 Rn. 76 ff.; grundlegend *Frege,* Der Sonderinsolvenzverwalter, 2008.
[107] Grundlegend BGH DZWIR 2008, 459 m. Anm. *Keller* = NZI 2008, 487 m. Anm. *Frege* = ZIP 2008, 1294.

her § 79 KO),[108] erhält jeder Insolvenzverwalter eine eigene Vergütung, berechnet nach der Insolvenzmasse, die seinem Aufgabenbereich unterlag.[109] Wegen der Staffelung des § 2 I InsVV und möglicher unterschiedlicher Erhöhungen kann die Summe dieser Vergütungen eine mögliche Vergütung nur eines bestellten Insolvenzverwalters übersteigen.

23 Werden mehrere Verwalter *nacheinander* tätig (zB bei Entlassung, § 59 InsO), so ist für jeden Verwalter die Insolvenzmasse (§ 1 InsVV), die von ihm verwaltet worden ist, gesondert zu berechnen. Jeder Verwalter muss auch über seine Verwaltungszeit gesondert Schlussrechnung legen.

24 Der entlassene Verwalter hat Anspruch auf Vergütung nach § 63 I InsO.[110] § 3 II lit. c) InsVV sieht für vorzeitige Beendigung eine Kürzung der Vergütung vor (Rn. 20a).

25 Die Vergütung des ausgeschiedenen Insolvenzverwalters bestimmt sich nach der Insolvenzmasse im Zeitpunkt der Beendigung seines Amtes,[111] dabei ist ein späterer Massezufluss zuzurechnen, wenn er Folge seiner Tätigkeit ist.[112]

26 **7. Delegationsfähige Tätigkeiten und Erledigung durch den Insolvenzverwalter.** Ist der Insolvenzverwalter Rechtsanwalt, kann er Leistungen, die über die reine Verwaltertätigkeit hinausgehen. besonders vergütet erhalten (§ 5 InsVV).[113] Lässt der Insolvenzverwalter, der nicht Rechtsanwalt ist (Steuerberater, Wirtschaftsprüfer) aus rechtlichen, steuerrechtlichen oder sonstigen vernünftigen Gründen Arbeiten durch fachlich qualifizierte Anwälte, Steuerberater etc ausführen oder ist er gezwungen (Anwaltszwang) sich eines Anwaltes zu bedienen, so kann der Rechtsanwalt-Insolvenzverwalter, wenn er diese Arbeiten selbst übernimmt, die ihm hierfür nach den entsprechenden Gebührenordnungen (Rechtsanwaltsvergütungsgesetz oder Steuerberatergebührenordnung) zustehenden Gebühren besonders beanspruchen. Es ist zu unterscheiden, ob es sich um eine unter die normale Insolvenzabwicklung fallende Leistung handelt oder um eine diesen Rahmen übersteigende Arbeit, die berufsspezifische Kenntnisse voraussetzt. Das bedeutet aber nicht, dass der Verwalter verpflichtet ist, seine Spezialkenntnisse, die nicht Voraussetzung für eine Verwaltertätigkeit sein dürfen, der Insolvenzmasse kostenlos zur Verfügung zu stellen.

27 Dogmatisch ist die Regelung des § 5 InsVV als eine Delegation einzelner Tätigkeit an den Insolvenzverwalter als externen Dienstleister zu betrachten.[114] Sachlich erfordert diese Delegation, dass ein vernünftig handelnder Insolvenzverwalter, der nicht über entsprechende Spezialqualifikation verfügt, vernünftigerweise einen Anwalt etc beauftragen würde.[115] So ist die Zulässigkeit der Delegation unbestritten, wenn für eine Prozessführung Anwaltszwang besteht oder wenn es sich um Steuerprozesse, patentrechtliche oder verwaltungsgerichtliche Streitigkeiten handelt.[116] Das Gleiche gilt für die Erledigung schwieriger Buchführungs-, Bilanzierungs- oder steuerrechtlicher Arbeiten, mit denen normalerweise ein Insolvenzverwalter wegen Fehlens fachspezifischer Kennt-

---

[108] Zu § 79 KO noch *Kuhn/Uhlenbruck*, KO, § 79 Rn. 1; ablehnend MüKoInsO/*Graeber*, § 56 Rn. 119; *Uhlenbruck*, § 56 Rn. 65.
[109] *Keller*, Vergütung, Rn. 126, 127.
[110] *Uhlenbruck*, § 57 Rn. 32.
[111] BGH DZWIR 2005, 291 m. Anm. *Keller* = NZI 2005, 161 = ZIP 2005, 180 = ZVI 2005, 150, dazu EWiR 2005, 401 *(Rendels);* BGH NZI 2006, 165; OLG Brandenburg NZI 2002, 41 = ZIP 2002, 43, dazu EWiR 2002, 439 *(Tappmeier);* LG Magdeburg ZInsO 1999, 113; LG Bamberg ZIP 2005, 671.
[112] BGH NZI 2006, 165.
[113] HK/*Keller*, § 5 InsVV Rn. 4 ff.
[114] Eingehend *Keller*, Vergütung, Rn. 91 ff.
[115] BGHZ 139, 309 = NZI 1998, 77; BGH NZI 2005, 103 = ZIP 2005, 36 = ZVI 2005, 152; eingehend auch *Bork* ZIP 2009, 1747.
[116] BFH NJW 1965, 2271, 2272; LG Augsburg KTS 1978, 117; weitere Einzelfälle bei KPB/*Eickmann*, InsO, § 4 InsVV Rn. 34 ff.

nisse überfordert und dafür im Interesse einer gläubigergünstigen Verfahrensabwicklung zur Hinzuziehung von Fachkräften gezwungen wäre.[117] Gerade bei Prozessführung besteht freilich die Gefahr, dass die Insolvenzmasse durch solche Kosten aufgezehrt wird. Dies ist primär aber kein Problem des § 5 InsVV, wenn die sachlichen Voraussetzungen der Delegation vorliegen; die Kosten wären dann ohnehin entstanden. Der Verwalter kann aber durch geschicktes Taktieren langwierige und kostspielige Prozesse vermeiden und auch sonst die Masse von unnötigen Kostenbelastungen verschonen. Nimmt der Rechtsanwalt-Insolvenzverwalter einen durch Insolvenzeröffnung unterbrochenen Prozess anstelle des bisherigen bevollmächtigten Anwaltes wieder auf, dann kann er die von diesem Anwalt verdienten Gebühren nicht noch einmal erheben, da ein Anwaltswechsel nicht erforderlich war.[118] Kann der Rechtsanwalt-Insolvenzverwalter von dem kostenerstattungspflichtigen Gegner keine Gebühren fordern, so darf er sie auch nicht der Masse in Rechnung stellen. Ebenso hat er keinen Gebührenanspruch, wenn er mit dem von ihm bestellten Prozessbevollmächtigten Schriftwechsel führt.[119] Für den in der Insolvenzpraxis häufigen Fall des Forderungseinzugs durch Zwangsvollstreckung ist in der Regel § 5 InsVV nicht anwendbar (zB Mahnverfahren, Gerichtsvollzieherauftrag).[120]

28 Der Insolvenzverwalter hat in seinem Vergütungsantrag genau darzulegen, für welche Tätigkeiten er welche externen Dienstleister beauftragt hat und welche Vergütung hierfür gezahlt worden ist (§ 8 II InsVV); das gilt auch für § 5 InsVV.[121] Das Insolvenzgericht hat im Rahmen seiner Aufsichtspflicht (§ 58 InsO) die Möglichkeit, die rechtmäßige Entnahme solcher Gebühren zu prüfen und ggf. Erstattung zur Insolvenzmasse zu fordern.[122] Der sorgfältig arbeitende und auf seine eigene Reputation achtende Verwalter wird bei kritischen Sachverhalten bereits vor einer entsprechenden Tätigkeit während des Verfahrens das Insolvenzgericht informieren und um entsprechende Genehmigung nachsuchen.

29 Die Gebühren des Rechtsanwalt-Insolvenzverwalters, der die Insolvenzmasse im Prozess vertreten hat und für die neben der Insolvenzverwaltervergütung eine besondere Vergütung nach dem RVG verlangt werden kann, sind Masseverbindlichkeiten nach § 55 I Nr. 1 InsO (klarstellend § 4 I 3 InsVV).[123]

30 Sofern ein Steuerberater oder Wirtschaftsprüfer zum Insolvenzverwalter bestellt wurde, gilt die gleiche Regelung für die Bearbeitung von Steuerangelegenheiten.[124] Diese Regelung trifft auch für den Fall zu, dass ein Mitglied einer Anwaltssozietät, in der auch der Insolvenzverwalter tätig ist, beauftragt wurde. Hier wird das Grundsatzurteil des BGH vom 24.1.1991 oft nicht beachtet:[125] Der Insolvenzverwalter hat dem Gericht rechtzeitig den Sachverhalt unmissverständlich aufzuzeigen und um Genehmigung der beabsichtigten Beauftragung nachzusuchen.[126] Der Verwalter hat alles zu vermeiden, was den Anschein einer parteilichen oder eigennützigen Geschäftsführung erwecken könnte.[127] Der Verwalter hat die Art der Beauftragung eigener Gesellschaften, ihren

---

[117] Für Buchhaltung und Steuererklärung ausdrücklich BGHZ 160, 176 = NZI 2004, 577 = ZIP 2004, 1717 = ZVI 2004, 606, dazu EWiR 2004, 1037 *(Schäferhoff)*; BGH ZVI 2005, 142; eingehend *Keller*, Vergütung, Rn. 453 ff
[118] OLG Nürnberg KuT 1930, 27.
[119] Uhlenbruck/Hirte/Vallender/*Mock*, § 63 Rn. 29 ff.
[120] LG Lübeck NZI 2009, 559; LG Hannover NZI 2009, 560; HK/*Keller*, § 5 InsVV Rn. 10.
[121] BGH NZI 2005, 103 = ZIP 2005, 36 = ZVI 2005, 152.
[122] BGH NZI 2005, 103 = ZIP 2005, 36 = ZVI 2005, 152; ebenso AG Bochum ZInsO = 2001, 900; einschränkend LG Stendal ZInsO 1999, 232; LG Stendal ZInsO 1999, 183; eingehend *Keller*, Vergütung, Rn. 98 ff, 114.
[123] Anders noch für das Konkursrecht BGHZ 55, 101 = NJW 1971, 381 = KTS 1971, 200.
[124] HK/*Keller*, § 5 InsVV Rn. 4 ff mwN.
[125] BGHZ 113, 262; eingehend *Keller*, Vergütung, Rn. 91 ff; *ders.*, DZWIR 2000, 265.
[126] BGHZ 113, 262, 267, 271.
[127] BGHZ 113, 262, 275, 276.

Umfang, die Höhe des Honorars und die eigene wirtschaftliche Position innerhalb der beauftragten Gesellschaften und Unternehmen anzugeben.[128]

31 **8. Geschäftskosten. a)** *Auslagen.* Nach § 4 InsVV sind die allgemeinen Geschäftskosten und hier insbesondere Gehälter von Angestellten, die im Rahmen ihrer laufenden Arbeiten auch bei der Insolvenzabwicklung beschäftigt werden, durch die Vergütung des Insolvenzverwalters abgegolten. Danach bleiben als eigentliche Auslagen erstattungsfähig die Ausgaben für Porto, Telefon, Papier, wenn sie vom Verwalter spezifiziert nachgewiesen werden (§ 4 II InsVV).[129] Reisekosten sind immer erstattungsfähig nach VV RVG 7003–7006, die nachgewiesenen tatsächlichen Ausgaben sind erstattungsfähig.

32 Hat der Verwalter für die Erledigung Abwicklungsgeschäfte im konkreten Verfahren *Hilfskräfte* eingestellt, so sind die Ansprüche dieser Hilfs- oder Arbeitskräfte als sonstige Masseverbindlichkeit gem. § 55 InsO zu behandeln. Dies gilt insbesondere für sogenannte delegationsfähige Tätigkeiten (dazu → Rn. 27). Das ist jedoch bei der Festsetzung der Verwaltervergütung als mindernd zu berücksichtigen.[130] Der Verwalter hat die Ausgaben im Einzelnen aufzuführen, zu belegen und im Zweifelsfall zu erläutern (§ 8 II InsVV). Anstelle der tatsächlichen Kosten kann der Verwalter einen Pauschsatz fordern, der der Höhe nach begrenzt ist (§ 8 III InsVV).[131]

33 Die Kosten für die Ausführungen der Zustellungsaufgaben, die nach § 8 III InsO durch das Gericht dem Verwalter übertragen werden, sind stets erstattungsfähig. Sie sind nicht mit der Pauschale des § 8 III InsVV abgegolten. Erstattungsfähig sind ab der ersten Zustellung sowohl die tatsächlich entstandenen Sachkosten als auch Personalaufwand.[132]

34 **b)** *Haftpflichtversicherung.* Die Kosten der allgemeinen Haftpflichtversicherung sind gem. § 4 III 1 InsVV von der Verwaltervergütung abgegolten. Ist im Einzelfall in Großverfahren das Haftungsrisiko für den Verwalter so erheblich, dass die normale Deckungssumme nicht ausreicht, dann kann eine entsprechende Haftpflichtversicherung auf Kosten der Insolvenzmasse abgeschlossen werden.[133] Dabei ist auch in Betracht zu ziehen, dass eine solche Versicherung letztendlich auch im Interesse der Gläubiger abgeschlossen wird, um sie im Ernstfall vor Schaden zu bewahren. Besteht in einem Insolvenzverfahren ein besonders großes Haftungsrisiko, etwa weil wegen der Besonderheiten des Verfahrens der Verwalter keine besondere Versicherung erhält oder weil Vertragspartner, beispielsweise Banken bei Vergabe von Massekrediten auch eine persönliche Haftung des Verwalters fordern, kann das Haftungsrisiko mit einem Zuschlag nach § 3 I InsVV abgegolten werden.

35 In großen Insolvenzverfahren ist es üblich, die Prämien der besonderen Haftpflichtversicherung als Masseverbindlichkeiten unmittelbar aus der Insolvenzmasse zu zahlen, statt auf Vorschussgewährung für Auslagen nach § 9 InsVV zurückzugreifen.

36 **9. Nachtragsverteilung.** Für eine Nachtragsverteilung erhält der Verwalter eine *besondere Vergütung* (§ 6 I InsVV). Die Höhe der Vergütung richtet sich nach der bei der Realisierung des Vermögenswertes und Verteilung erbrachten Arbeitsleistung.[134] Die Vergütung ist nach billigem Ermessen festzusetzen (§ 6 I 1 InsVV). Grundlage für die Berechnung der Vergütung ist der für die Verteilung zur Verfügung stehende Betrag.[135]

---

[128] So ausdrücklich BGHZ 113, 262, 266, 267, 279.
[129] Eingehend zu Auslagentatbeständen *Keller,* Vergütung, Rn. 443 ff.
[130] *Keller,* Vergütung, Rn. 101, 102.
[131] Eingehend zum Pauschsatz *Keller,* Vergütung, Rn. 463 ff.
[132] BGH NZI 2013, 487 m. Anm. *Stoffler* = ZIP 2013, 833, dazu EWiR 2013, 383 *(Keller).*
[133] *Keller,* Vergütung, Rn. 449; ausführlich bereits *Uhlenbruck* VersR 1973, 399.
[134] BGH ZIP 2006, 2131; eingehend HK/*Keller,* § 6 InsVV Rn. 2; *Keller,* Vergütung, Rn. 355 ff.
[135] *Uhlenbruck,* § 205 Rn. 7.

Dabei können auch die gem. § 3 InsVV aufgeführten Gebührenerhöhungs- oder Gebührenminderungsfaktoren angewandt werden.

Auslagen sind, soweit sie tatsächlich entstanden sind, in voller Höhe zu erstatten (§ 4 InsVV). **37**

Eine besondere Vergütung entfällt, wenn bei der Vergütung für das Insolvenzverfahren schon eine Nachtragsverteilung berücksichtigt wurde. Das ist insbesondere der Fall, wenn künftige Forderungen bei Aufhebung des Insolvenzverfahrens der Nachtragsverteilung vorbehalten werden. **38**

10. Überwachung und Erfüllung eines Insolvenzplanes. Ist ein Insolvenzverfahren nach rechtskräftiger Bestätigung eines Insolvenzplanes aufgehoben (§ 258 I InsO) und zur Erfüllung des Insolvenzplanes eine Überwachung vorgesehen (§ 260 I InsO), so erhält der Verwalter der mit der Überwachung betraut ist hierfür eine gesonderte Vergütung (§ 6 II InsVV). Die Vergütung ist nach billigem Ermessen unter Berücksichtigung der Tätigkeit und des Umfangs der Überwachung festzusetzen. Auch bei dieser Vergütung sind Erhöhungen im Sinne des § 3 InsVV möglich, insbesondere dann, wenn im Insolvenzplan bestimmte Geschäfte an die Zustimmung des Verwalters gebunden werden oder ein Kreditrahmen vorgesehen ist (§§ 263, 264 InsO).[136] Zuschläge sind weiter zu berücksichtigen bei Überwachungen, die länger als ein Jahr andauern und bei hoher Gläubigeranzahl. **39**

11. Umsatzsteuer. Die für den Verwalter festgesetzte Vergütung ist umsatzsteuerpflichtig. Gem § 7 InsVV erhält der Insolvenzverwalter den vollen Umsatzsteuersatz zusätzlich zu Vergütung und Auslagen jeweils getrennt ausgewiesen.[137] **40**

12. Festsetzungsverfahren. a) *Beschluss.* Das Insolvenzgericht hat auf Antrag des Verwalters, des vorläufigen Verwalters, Sonderverwalters, des Sachwalters, des Treuhänders in Verbraucherinsolvenzverfahren und Restschuldbefreiungsverfahren die jeweilige Vergütung und Auslagen sowie die anfallende Umsatzsteuer getrennt festzusetzen (§ 8 I 2 InsVV, § 64 I InsO). Der Beschluss ist in jedem Fall mit Gründen zu versehen.[138] Der Antrag soll mit der Schlussrechnung gestellt werden und muss nach den Grundsätzen der Antragsbestimmtheit betragsmäßig beziffert sein.[139] **41**

Zur Prüfung des Antrags hat der Verwalter darzulegen, wie er die Insolvenzmasse zusammensetzt, welche Beträge der Verwalter als Vergütung für den Einsatz besonderer Sachkunde (§ 5 InsVV) entnommen hat und welche Entnahmen aus der Insolvenzmasse für Dienst- oder Werkverträge zur Erledigung von Aufgaben seines Tätigkeitsbereichs getätigt wurden (§ 8 II InsVV). **42**

Hinsichtlich der Festsetzung der Auslagen kann der Verwalter diese beantragen nach den tatsächlich entstandenen Auslagen, die auch nachzuweisen sind, oder nach Pauschsätzen, nämlich 15 vH der Regelvergütung, allerdings begrenzt in der Höhe von 250,– EUR je angefangenen Monat, jedoch begrenzt auf 30 vH der Regelvergütung (§ 8 III 2 InsVV). Die Pauschalierung soll die aufwändige Vorlage und Prüfung von Einzelbelegen erübrigen. Die Höchstgrenze soll verhindern, dass durch die Höhe der Pauschale bei größeren Insolvenzmassen die festzusetzende Pauschale nicht von den tatsächlichen Auslagen zu weit entfernt ist (§ 8 III InsVV).[140] **43**

b) *Rechtliches Gehör.* Da der Gesetzgeber in den Fällen, in denen eine vorherige Anhörung obligatorisch ist, dies ausdrücklich angeordnet hat (zB in §§ 58 II, 207 II InsO), **44**

---

[136] *Keller,* Vergütung, Rn. 358, 359.
[137] Zum hälftigen Umsatzsteuerausgleich nach § 4 V 2 VergVO BGH ZIP 2004, 81 = NZI 2004, 142, dazu EWiR 2004, 305 *(Onusseit).*
[138] LG München II ZIP 1981, 260 = Rpfleger 1981, 155 m. Anm. *Uhlenbruck; Keller,* Vergütung, Rn. 501.
[139] Eingehend *Keller,* Vergütung, Rn. 465 ff.
[140] Eingehend zum Überleitungsrecht betr die Grenze von 30 vH *Keller,* Vergütung, Rn. 465.

ist davon auszugehen, dass vor Erlass des Festsetzungsbeschlusses mangels einer entsprechenden Vorschrift die Gewährung des rechtlichen Gehörs nicht unbedingt erforderlich ist.[141] In der Praxis dürfte es sich jedoch in vielen Fällen als zweckmäßig erweisen, die Nächstbeteiligten, Verwalter und Schuldner, vorher zu hören.

45 c) *Bekanntgabe.* Da der Festsetzungsbeschluss die Interessen aller Beteiligten berührt, ist er öffentlich bekannt zu machen und dem Verwalter, Schuldner und evtl Gläubigerausschussmitglieder zuzustellen (§ 64 II InsO). Die festgesetzten Beträge sind nicht zu veröffentlichen, wohl aber ist darauf hinzuweisen, dass der vollständige Beschluss auf der Geschäftsstelle einsehbar ist.[142]

46 d) *Haftung bei verspäteter Festsetzung.* Der Insolvenzverwalter kann für seine Vergütung keine Zinsen oder Verzugszinsen vom Zeitpunkt der Antragstellung bis zur Festsetzung durch das Gericht verlangen.[143] Es kommt Amtshaftung des Dienstherrn nach § 839 BGB mit Art. 34 S. 1 GG in Betracht, wenn über den Vergütungsantrag schuldhaft verzögert entschieden wird. Der Insolvenzverwalter kann bereits während des Insolvenzverfahrens ausreichend Vorschüsse auf seine Vergütung nach § 9 InsVV erhalten und so einen wie auch immer gearteten Schaden vermeiden.[144]

47 13. Rechtsmittel. Gegen den Festsetzungsbeschluss ist die sofortige Beschwerde gegeben (§§ 6 I, 64 III InsO). Wird der Beschwerdewert nach § 64 III InsO, § 567 II ZPO von 200,– EUR nicht erreicht ist die sofortige Beschwerde unzulässig. Beschwerdeberechtigt sind der Insolvenzverwalter, der Schuldner und jeder Insolvenzgläubiger. Der Gläubigerausschuss und die Gläubigerversammlung haben kein Beschwerderecht.[145] Auch ein Dritter, der sich vertraglich zur Übernahme der Kosten verpflichtet hat, soll beschwerdebefugt sein.[146] Nach den allgemeinen Zulassungsvoraussetzungen des § 574 ZPO ist Rechtsbeschwerde zum Bundesgerichtshof statthaft.[147]

48 14. Vorschuss. Das Insolvenzgericht kann dem Insolvenzverwalter einen Vorschuss auf die demnächst festzusetzende Vergütung bewilligen und die Entnahme aus der Insolvenzmasse gestatten (§ 9 InsVV).[148] Eine Entnahme aus der Insolvenzmasse hängt von der zu erwartenden Endvergütung ab. Ist der Verwaltungsaufwand besonders groß und mit einer längeren Dauer der Abwicklung zu rechnen, so können auch Zuschläge nach § 3 InsVV zum Vorschuss festgesetzt werden, besonders wenn eine erhebliche Überschreitung des Regelsatzes bei der Endvergütung zu erwarten ist.[149] Die Vorschussbewilligung ist nicht auf Ausnahmefälle beschränkt, die Zustimmung soll erteilt werden, wenn die Verfahrensdauer sechs Monate überschreitet oder Auslagen des Verfahrens besonders hoch sind.[150]

49 Auch auf die *Auslagen* kann ein Vorschuss bewilligt werden. Das kommt in Betracht, wenn besonders hohe Auslagen entstanden sind, insbesondere auch Versicherungsprämien für eine besondere Vermögens-Haftpflicht-Versicherung (→ aber Rn. 35).

---

[141] Uhlenbruck/Hirte/Vallender/*Mock*, § 64 Rn. 7.
[142] Kritisch *Vorwerk* NZI 2011, 7.
[143] Umfassend begründet von BGH NZI 2004, 249 = ZIP 2004, 574; BGH ZInsO 2004, 268 m. Anm. *Haarmeyer*.
[144] BGH NZI 2004, 249 = ZIP 2004, 574 (Begründung Abschnitt II. 5. b).
[145] *Eickmann* in *Kübler/Prütting/Bork*, InsVV § 8 Rn. 19.
[146] BGH ZIP 2013, 226, dazu EWiR 2013, 245 *(Blersch)*.
[147] Eingehend *Keller*, Vergütung, Rn. 510, 517.
[148] Zum Zweck des Vorschusses BGHZ 116, 233 = NJW 1992, 1348 = ZIP 1992, 120, dazu EWiR 1992, 173 *(Uhlenbruck)*; BGH DZWIR 2003, 101 m. Anm. *Keller* = NZI 2003, 31 = ZIP 2002, 2223; *Nicht/Schildt*, NZI 2010, 466.
[149] Eingehend zur Berechnung *Keller*, Vergütung, Rn. 528 ff.
[150] BGH DZWIR 2003, 101 m. Anm. *Keller* = NZI 2003, 31 = ZIP 2002, 2223.

Der *Beschluss* über die Vorschussbewilligung getrennt nach Vergütung und Auslagen- 50
erstattung zzgl Umsatzsteuer wird dem Schuldner und dem Verwalter zugestellt. Wird
der Antrag des Verwalters auf Festsetzung eines Vorschusses vom Gericht abgelehnt,
steht ihm nicht die sofortige Beschwerde sondern nur die Erinnerung des § 11 II
RPflG zu.[151]

II. Vergütung des vorläufigen Verwalters, des (vorläufigen) Sachwalters und des Treuhänders

1. Allgemeines. Die Tätigkeiten des vorläufigen Insolvenzverwalters (§ 21 II Nr. 1 51
InsO), des Sachwalters (§ 270 III InsO) und des Treuhänders im vereinfachten Verfahren (§ 313 InsO) sind nach dem zweiten Abschnitt (§§ 10–13 InsVV) zu vergüten. Grundsätzlich gelten die Vorschriften der §§ 1–9 InsVV entsprechend, soweit die Sondervorschriften der §§ 11–13 InsVV nicht entgegenstehen (§ 10 InsVV), da die Tätigkeiten dieser Personen mit der Tätigkeit des Insolvenzverwalters vergleichbar sind.

2. Vergütung des vorläufigen Verwalters. a) *Grundlagen des Vergütungsanspruchs.* 52
Die Vergütung des vorläufigen Insolvenzverwalters wird durch § 11 InsVV geregelt. Die
Vorschrift wurde mehrfach geändert, zuletzt durch Gesetz vom 15.7.2013 (BGBl. I
S. 2379).[152] Mit diesem Gesetz wurde auch § 63 III InsO gefügt, der die Bestimmung
der Berechnungsgrundlage der Vergütung präzisiert.[153]

Der Anspruch auf Vergütung besteht neben dem des Insolvenzverwalters im eröffne- 52a
ten Verfahren, es erfolgt keine Anrechnung (§ 11 I 1 InsVV). Es ist aber eine Kürzung
der Vergütung des Insolvenzverwalters nach § 3 II lit. a) denkbar.[154] Gutachterliche Tätigkeit wird stets gesondert vergütet (§ 11 IV InsVV und § 9 II JVEG).

Bei Verfahrenseröffnung ist die Vergütung des vorläufigen Insolvenzverwalters Teil 52b
der Kosten des Insolvenzverfahrens nach § 54 Nr. 2 InsO. Bei Nichteröffnung haftet
nur der Schuldner des Verfahrens.[155] Dies hat möglicherweise einen Ersatzanspruch gegen den antragstellenden Gläubiger aus § 826 BGB zur Folge, wenn die Antragstellung
mutwillig erfolgte.[156] Das Insolvenzgericht soll aber nicht unmittelbar dem antragstellenden Gläubiger die Haftung für die Vergütung auferlegen können.[157] Dies erscheint
überholt. Betrachtet man das Eröffnungsverfahren zutreffend als kontradiktorisches Verfahren zwischen Gläubiger und Schuldner, sollte unmittelbar auch § 91 ZPO Anwendung finden und es sollte die Vergütung zu den Kosten des Eröffnungsverfahrens zählen.[158] Es ist dann allgemeines Kostenrisiko des Gläubigers, einen (nicht erfolgversprechenden) Insolvenzantrag zu stellen. Der als Antwort auf die Rechtsprechung des

---

[151] BGH DZWIR 2003, 101 m. Anm. *Keller* = NZI 2003, 31 = ZIP 2002, 2223.
[152] Dazu insbesondere Beschlussempfehlung BT-Drucks. 17/13535, S. 43, 44; ausdrücklich gegen BGH NZI 2013, 29 m. Anm. *Graeber* = ZIP 2012, 2515, dazu EWiR 2013, 61 *(Keller);* BGH NZI 2013, 183 = ZIP 2013, 30; dazu *Keller,* NZI 2013, 240; BGH ZInsO 2013, 630; die vorherige Fassung nach der Zweiten Verordnung zur Änderung der Insolvenzrechtlichen Vergütungsverordnung vom 21.12.2006 (BGBl. I S. 3389) war bereits gedacht als Korrektur zu Rechtsprechung des BGH betreffend die Berücksichtigung von Fremdrechten bei der Berechnungsgrundlage, BGHZ 165, 266 = NZI 2006, 284 = ZIP 2006, 621; BGH ZIP 2006, 672 m. Anm. *Prasser* = ZVI 2006, 165 = NZI 2006, 236; BGHZ 168, 321= NZI 2006, 515 m. Anm. *Nowak* = ZIP 2006, 1403; BGH ZIP 2006, 2134; eingehend MüKoInsO/*Stephan,* § 11 InsVV Rn. 7 ff.; *Keller* Vergütung Rn. 528 ff. mwN.
[153] BT-Drucks. 17/11268, S. 27; BT-Drucks. 17/13535, S. 43.
[154] BGH NZI 2006, 464 m. Anm. *Nowak* = ZIP 2006, 1204.
[155] BGHZ 175, 48 = NZI 2008, 170 = ZIP 2008, 228.
[156] BGHZ 36, 18; eingehend *Jaeger/Gerhardt,* § 13 Rn. 54 ff.; MüKoInsO/*Schmahl,* § 14 Rn. 131 ff.; *Uhlenbruck,* § 14 Rn. 117.
[157] BGH NZI 2010, 98 = ZIP 2010, 89, dazu EWiR 2010, 461 *(Keller);* BGH NZI 2008, 170 = ZIP 2008, 228; eingehend *Uhlenbruck* NZI 2010, 161; *Riewe* NZI 2010, 131; *Smid* DZWIR 2011, 45.
[158] *Keller,* Vergütung, Rn. 63 ff.

§ 129   52c–52e   Kapitel XIII. Kosten der Insolvenz

Bundesgerichtshofs eingefügte § 26a InsO[159] erlaubt nur die Festsetzung der Vergütung durch das Insolvenzgericht, für eine echte kontradiktorische Kostengrundentscheidung gibt die Vorschrift nichts her; sie gilt im Übrigen nur für Verfahren, die nach dem 1. März 2012 beantragt worden sind.[160] Der Fiskus haftet nur bei Kostenstundung (§§ 4a, 63 II InsO). Nach Ansicht des Bundesgerichtshofs ist diese Haftung auf die Mindestvergütung des § 2 II InsVV begrenzt.[161] Dies ist unzutreffend.[162] Die Vergütung des vorläufigen Insolvenzverwalters aus einem nicht zur Eröffnung gelangten Verfahren ist in einem späteren Insolvenzverfahren gewöhnliche Insolvenzforderung.[163]

52c b) *Berechnungsgrundlage der Vergütung.* Berechnungsgrundlage ist das gesamte der vorläufigen Verwaltung unterliegende Vermögen des Schuldners einschließlich der Gegenstände, die mit Aus- und Absonderungsrechten belastet sind (§ 63 III InsO mit § 11 I 1 InsVV). Dabei ist nicht allein auf die Beendigung der vorläufigen Verwaltung abzustellen, Veräußerte oder verarbeitete Vermögenswerte sind zu berücksichtigen (§ 11 I 3 InsVV).[164] Der Wert der Firma des schuldnerischen Unternehmens[165] ist zu berücksichtigen. Anfechtungsansprüche aus §§ 129 ff. InsO oder Ansprüche aus Gesellschafterleistungen (§ 135 InsO) sollen nicht berücksichtigt werden.[166] Allerdings kommt eine Erhöhung nach § 3 I InsVV in Betracht.[167] Nach rechtskräftiger Festsetzung erst bekannt gewordene Vermögenswerte können nicht mehr berücksichtigt werden.[168]

52d (1) *Bewertung freier Vermögenswerte.* Freie Insolvenzmasse ist stets einzubeziehen.[169] Anzusetzen ist der Liquidationswert; der Fortführungswert ist zu berücksichtigen, wenn bei Unternehmensinsolvenz eine Fortführung in Betracht kommt.[170] Anlagevermögen ist grundsätzlich mit den im Gutachten zur Insolvenzeröffnung angesetzten Beträgen anzusetzen. Werden bei der Vergütung höhere Beträge angesetzt, ist dies zu begründen.[171] Forderungen gegen Dritte sind mit ihrem Realisierungswert anzusetzen.[172] Sie müssen noch nicht in Rechnung gestellt sein.[173] Korrektur ist bis zur Vergütungsfestsetzung möglich.[174]

52e (2) *Berücksichtigung von Fremdrechten.* Vermögensgegenstände, an denen Aus- oder Absonderungsrechte bestehen, sind zu berücksichtigen, wenn sich der vorläufige Insolvenzverwalter in erheblichem Umfang mit ihnen befasst hat (§ 11 I InsVV).[175] Bei der erheblichen Befassung ist zunächst der Aufgabenkreis des vorläufigen Insolvenzverwal-

---

[159] Eingefügt durch Gesetz zur weiteren Erleichterung der Sanierung von Unternehmen (ESUG) vom 7.12.2011 (BGBl. I S. 2582), zuletzt geändert durch Gesetz zur Verkürzung des Restschuldbefreiungsverfahrens vom 15.7.2013 (BGBl. I S. 2379).
[160] BGH NZI 2012, 317 m. Anm. *Keller.*
[161] BGH NZI 2013, 350 m. krit. Anm. *Keller* = ZIP 2013, 634.
[162] Eingehend *Keller* NZI 2013, 354.
[163] BGH NZI 2009, 53.
[164] LG Darmstadt NZI 2009, 809; Begründung zum Entwurf der Zweiten Verordnung zur Änderung der Insolvenzrechtlichen Vergütungsverordnung, zu § 11, abgedruckt bei *Keller,* Vergütung, S. 465.
[165] BGH DZWIR 2004, 421m Anm. *Graeber* = ZIP 2004, 1555.
[166] BGH NZI 2004, 444 = ZIP 2004, 1653 m. Anm. *Keller;* anders zum Kapitalersatz bis dato LG Baden-Baden NZI 1999, 159 = ZIP 1999, 1138, dazu EWiR 2000, 185 *(Johlke);* LG Limburg DZWIR 2005, 259; zur Anfechtung LG Berlin ZInsO 2002, 623; LG Osnabrück ZInsO 2003, 896; LG Köln ZInsO 2004, 499; LG Köln ZIP 2004, 961; eingehend *Keller,* Vergütung, Rn. 607 ff.
[167] BGH NZI 2006, 581; BGH NZI 2006, 167 = ZIP 2006, 625 = ZVI 2006, 70.
[168] LG Mönchengladbach NZI 2006, 598.
[169] BGH DZWIR 2005, 469 m. Anm. *Pluta/Heidrich* = NZI 2005, 557 = ZIP 2005, 1324 = ZVI 2005, 386.
[170] BGH ZIP 2004, 1555.
[171] BGH NZI 2007, 168 = ZIP 2007, 284; dazu auch *Graeber* NZI 2007, 492.
[172] LG Heilbronn ZIP 2002, 719, dazu EWiR 2002, 817 *(Keller);* LG Dresden ZIP 2002, 1303.
[173] BGH NZI 2007, 461 = ZIP 2007, 1330.
[174] LG Heilbronn ZIP 2005, 1928 = ZVI 2005, 567.
[175] Eingehend auch MüKoInsO/*Stephan,* § 11 InsVV Rn. 41 ff.

ters nach § 21 Abs. 2 Nr. 1 mit § 22 InsO maßgebend. Sodann ist zu prüfen, in welchem zeitlichen oder sachlichen Maße sich der vorläufige Insolvenzverwalter mit Vermögenswerten befasst hat. Anhaltspunkte sind das Sicherungsbedürfnis der künftigen Insolvenzmasse, die Abwehr möglicher Vollstreckungsmaßnahmen, der Erhalt des Wertes eines Vermögenswertes, die Aufrechterhaltung eines Geschäftsbetriebes. Bemühungen des vorläufigen Insolvenzverwalters, eine bereits angeordnete Zwangsversteigerung zur einstweiligen Einstellung (§ 30 ZVG) zu bringen, sind erheblich im Sinne des § 11 I InsVV.[176] Es genügt auch, wenn der vorläufige Insolvenzverwalter versucht, die Anordnung einer Zwangsversteigerung zu verhindern. Eine erhebliche Befassung ist zu verneinen, wenn der vorläufige Insolvenzverwalter den Grundstücksbestand dokumentiert oder Versicherungsschutz prüft.[177] Erhebliche Befassung ist gegeben, bauliche Sicherungsmaßnahmen ergriffen werden müssen. Die Beitreibung rückständiger Mieten und die Auseinandersetzung mit Mietern oder die Auseinandersetzung mit der Ordnungsbehörde wegen abfallrechtlicher Verfügungen sind erhebliche Befassung.[178]

Vom Schuldner gemietete oder gepachtete Immobilien sind nicht in die Berechnungsgrundlage einzubeziehen (§ 11 I 3 InsVV). Dies gilt nicht für Leasing, Eigentumsvorbehalt oder Sicherungsübereignung.[179] **52f**

c) *Regelvergütung des vorläufigen Insolvenzverwalters.* Die Regelvergütung des vorläufigen Insolvenzverwalters beträgt ein Viertel der Regelvergütung des Insolvenzverwalters nach § 2 InsVV (§ 63 III 2 InsO).[180] Eine Unterscheidung nach der Stellung des vorläufigen Insolvenzverwalters als schwacher oder starker vorläufiger Verwalter erfolgt nicht. Die Mindestvergütung beträgt auch beim vorläufigen Insolvenzverwalter nach § 2 Abs. 2 InsVV volle 1000 EUR.[181] Abzustellen ist auf die Zahl der Gläubiger im eröffneten Verfahren.[182] **53**

d) *Erhöhung und Kürzung der Vergütung entsprechend § 3 InsVV.* Die Vergütung des vorläufigen Insolvenzverwalters ist nach § 3 InsVV zu erhöhen zu kürzen, wenn die Arbeitstätigkeit des vorläufigen Insolvenzverwalters das Maß eines gewöhnlichen Eröffnungsverfahrens erheblich überstieg oder umgekehrt besonders einfach war. Erhöhungstatbestände sind unter anderem:[183] Unvollständige und unzureichender Buchhal-tung;[184] besonders hohe Zahl von Gläubigern;[185] besonders hohe Zahl von Arbeitsverhältnissen;[186] Unternehmensfortführung ohne gleichzeitige Massemehrung,[187] insbesondere bei Jahresumsatz von über 1 500 000 EUR.[188] Übertragende Sanierung[189] und Vorfinanzie- **53a**

---

[176] BGH ZIP 2006, 2186.
[177] BGHZ 168, 321 = ZIP 2006, 1403.
[178] BGH ZIP 2006, 2134.
[179] Eingehend *Vill* in Festschrift Fischer, 2008, S. 547.
[180] Geändert durch Verordnung zur Änderung der Insolvenzrechtlichen Vergütungsverordnung vom 4.10.2004 (BGBl. I S. 2569); basierend auf BGH NZI 2003, 547 = ZIP 2003, 1759 = ZVI 2003, 484; BGH NZI 2003, 549 = ZIP 2003, 1612 = ZVI 2003, 430; BGH ZIP 2003, 2081 = ZVI 2003, 613; BGH NZI 2004, 251 = ZIP 2004, 518 = ZVI 2004, 203; eingehend *Keller* Vergütung, Rn. 619 ff.
[181] BGHZ 168, 321 = NZI 2006, 515 m. Anm. *Nowak* = ZIP 2006, 1403; LG Krefeld NZI 2002, 611 = ZVI 2002, 335; LG Gera ZIP 2004, 2199 = ZVI 2004, 700; LG Gera ZVI 2006, 72; LG Bielefeld ZInsO 2006, 541.
[182] LG Gera ZVI 2006, 72; ausdrücklich offengelassen von BGHZ 168, 321.
[183] Eingehend MüKoInsO/*Stephan*, § 11 InsVV Rn. 65.
[184] BGH NZI 2004, 665; keine Erhöhung bei Sachverständigentätigkeit, BGH NZI 2004, 448.
[185] LG Leipzig DZWIR 2000, 36; LG Braunschweig ZInsO 2001, 552; LG Göttingen NZI 2002, 115; AG Bielefeld ZInsO 2000, 350.
[186] LG Leipzig DZWIR 2000, 36; AG Chemnitz ZIP 2001, 1473.
[187] BGH NZI 2004, 251 = ZIP 2004, 518 = ZVI 2004, 203; BGH = NZI 2006, 401 = ZIP 2006, 1008 = ZVI 2006, 261; LG Traunstein ZIP 2004, 1657, dazu EWiR 2005, 185 *(Höpfner);* LG Potsdam ZInsO 2005, 588; LG Dresden ZIP 2005, 1745 = ZVI 2005, 564; AG Göttingen NZI 1999, 382; AG Bielefeld ZInsO 2000, 350; AG Chemnitz ZIP 2001, 1473; AG Dresden ZIP 2005, 88.
[188] BGH NZI 2004, 251 = ZIP 2004, 518 = ZVI 2004, 203.

rung von Insolvenzgeld;[190] Klärung und Feststellung gesellschaftsrechtlicher Verflechtungen;[191] Immobilienverwaltung,[192] soweit nicht durch Einbeziehung nach § 11 I InsVV abgedeckt; Sozialplanverhandlungen[193] und Personalanpassungsmaßnahmen;[194] obstruktives Handeln des Schuldners oder Angehöriger;[195] Verwertungsmaßnahmen;[196] Abwehr von Vollstreckungsmaßnahmen; Übertragung der Zustellungen nach § 8 Abs. 3 InsO ab einer Zahl von 100.[197]

53b Schwierigkeiten der Geschäftsführung wegen einer gegen den Schuldner angeordneten Verfügungsbeeinträchtigung des § 21 Abs. 2 Nr. 2 InsO begründen eine Erhöhung auch für den schwachen vorläufigen Insolvenzverwalter eine Erhöhung.[198]

53c Der starke vorläufige Insolvenzverwalter (§ 22 Abs. 1 InsO) kann bei besonderer Arbeitsbelastung im Zusammenhang mit dem Verfügungsverbot des Schuldners eine Erhöhung des Bruchteils des § 63 III 2 InsO erhalten.[199] Dies ist konkret darzulegen.[200]

53d e) *Berechnung der Erhöhung oder Kürzung.* Die Erhöhung oder Kürzung der Vergütung erfolgt durch Anhebung oder Kürzung unmittelbar des angemessenen Bruchteils des § 11 I 2 InsVV.[201] Dabei ist derselbe Faktor zu gewähren sein, wie ihn vergleichbar der endgültige Insolvenzverwalter erhält.[202] Wird dem endgültigen Insolvenzverwalter eine Erhöhung um 20 vH zugebilligt, erhält auch der vorläufige Insolvenzverwalter 20 vH und damit gesamt 45 vH. Seine Vergütung ist damit immer nur im Umfang von 75 vH betreffend die Regelvergütung niedriger als die des endgültigen Insolvenzverwalters.

53e f) *Vergütungsfestsetzung.* Der Vergütungsantrag ist nach Beendigung des Insolvenzeröffnungsverfahrens zu stellen. Für die Vergütungsfestsetzung ist nach richtiger Ansicht in jedem Fall der Richter zuständig.[203] Nach anderer Ansicht soll dies nur bei Nichteröffnung und Festsetzung nach § 26a InsO gelten und bei Eröffnung der Rechtspfleger zuständig sein.[204] Der vorläufige Verwalter kann auf Vorschuss nach § 9 InsVV erhalten.

53f g) *Nachträgliche Änderung der Festsetzung.* Nach § 63 III 4 InsO kann bei einer nachträglichen Änderung der Bewertung einzelner Vermögenswerte die Vergütung bis zur Entscheidung über die Vergütung des endgültigen Insolvenzverwalters geändert wer-

---

[189] BGH NZI 2006, 236 = ZIP 2006, 672 m. Anm. *Prasser* = ZVI 2006, 165; AG Bergisch-Gladbach ZIP 2000, 283; AG Bielefeld ZInsO 2000, 350.
[190] BGH NZI 2004, 251 = ZIP 2004, 518 = ZVI 2004, 203; BGH = NZI 2007, 343 = ZIP 2007, 826; LG Traunstein ZIP 2004, 1657.
[191] LG Leipzig DZWIR 2000, 36.
[192] LG Leipzig DZWIR 2000, 36.
[193] BGH NZI 2004, 251 = ZIP 2004, 518 = ZVI 2004, 203.
[194] BGH NZI 2004, 251 = ZIP 2004, 518 = ZVI 2004, 203.
[195] LG Mönchengladbach ZInsO 2001, 750.
[196] Zum Forderungseinzug BGH NZI 2004, 381.
[197] BGH ZIP 2004, 1822 = ZVI 2004, 631.
[198] AG Bonn ZIP 1999, 2167.
[199] BGH ZIP 2003, 1260; BGH NZI 2003, 549 = ZIP 2003, 1612 = ZVI 2003, 430; AG Dresden ZIP 2005, 88.
[200] BGH NZI 2006, 167 = ZIP 2006, 625 = ZVI 2006, 70.
[201] BGH NZI 2004, 251 = ZIP 2004, 518 = ZVI 2004, 203; KPB/*Prasser*, InsO, § 11 InsVV Rn. 33; eingehend *Keller*, Vergütung, Rn. 632.
[202] BGH NZI 2005, 106 m. Anm. *Nowak* = ZIP 2004, 2448 = ZVI 2005, 227; LG Traunstein ZIP 2004, 1657.
[203] LG Köln Rpfleger 1997, 273; LG Koblenz KTS 1998, 76 = Rpfleger 1997, 427; AG Göttingen NZI 1999, 469; AG Köln DZWIR 2000, 125 m. Anm. *Keller* = NZI 2000, 143 = ZIP 2000, 418, dazu EWiR 2000, 403 (*Grub*); LG Rostock ZInsO 2001, 96; AG Kaiserslautern ZInsO 2000, 624; *Keller*, Vergütung, Rn. 644 ff.; *Uhlenbruck*, ZIP 1996, 1889; anders (Rechtspfleger) OLG Zweibrücken NZI 2000, 314 = ZIP 2000, 1306; LG Halle KTS 1995, 437 = ZIP 1995, 486, dazu EWiR 1995, 663 (*Uhlenbruck*); LG Magdeburg Rpfleger 1996, 38; LG Frankfurt/M. ZIP 1999, 1686; AG Düsseldorf NZI 2000, 37.
[204] BGH DZWIR 2011, 39 m. Anm. *Keller* = NZI 2010, 977 = ZIP 2010, 2160, dazu EWiR 2011, 25 (*Blersch*); *Vallender* NJW 2011, 1491; *Prasser* NZI 2011, 54; eingehend auch MüKoInsO/*Stephan*, § 11 InsVV Rn. 80.

den.²⁰⁵ Voraussetzung ist eine Abweichung des tatsächlich realisierten Wertes von seiner ursprünglichen Berücksichtigung in der Berechnungsgrundlage um 20 vH bezogen auf die Gesamtheit der Vermögenswerte. Die Abweichung bezieht sich auf sämtliche Vermögenswerte, nicht nur auf mit Fremdrechten behaftete. Die zusätzliche Vergütung bei Erhöhung oder die Kürzung ergibt sich aus der Differenz der Vergütungen bei geringerer und bei höherer Berechnungsgrundlage.

§ 63 III 4 InsO hat aber nicht den Sinn, später eintretende Wertänderungen auf Grund Änderungen im jeweiligen Sachverhalt einzubeziehen. Es soll vielmehr eine ursprünglich unrichtige Bewertung bezogen auf den Zeitpunkt der Beendigung der vorläufigen Verwaltung noch korrigiert werden können.²⁰⁶ Beispielsweise ist die Bewertung einer Forderung gegen einen Dritten als werthaltig nicht zu korrigieren, wenn erst nach Beendigung des Eröffnungsverfahrens über das Vermögen des Dritten das Insolvenzverfahren eröffnet wird und die Forderung insoweit nachträglich wertlos wird. War dagegen eine bereits erfolgte Insolvenzeröffnung dem vorläufigen Insolvenzverwalter nur noch nicht bekannt, ist eine unzutreffende Bewertung zu korrigieren, weil die Forderung bereits bei Beendigung des Eröffnungsverfahrens wertlos war. Soweit bei der späteren Festsetzung der Vergütung des vorläufigen Insolvenzverwalters eine Verwertung des betreffenden Vermögenswertes bereits erfolgt ist, kann der hier erzielte Erlös ein Anhaltspunkt dafür sein, dass der Vermögenswert bereits bei Beendigung des Eröffnungsverfahrens den entsprechenden Wert hatte. Dies ist insbesondere dann anzunehmen, wenn die Verwertung zeitnah nach Insolvenzeröffnung erfolgt ist. Änderungen bezogen auf das Sachverständigengutachten hat der vorläufige Insolvenzverwalter aber plausibel darzulegen. Ist eine Verwertung eines Vermögenswertes noch nicht erfolgt, hat der Verwalter eine Neubewertung konkret darzulegen und zu begründen.²⁰⁷

3. Vergütung des Sachwalters. a) *Sachwalter im Eigenverwaltungsverfahren.* Die Vergütung des Sachwalters, der den Schuldner bei der Eigenverwaltung überwacht und unterstützt, richtet sich nach den Vorschriften des ersten Abschnitts, allerdings mit den Einschränkungen des § 12 InsVV. Grundsätzlich erhält der Verwalter 60 vH der für den Insolvenzverwalter bestimmten Vergütung. Die Regelung des § 3 InsVV bzgl der Zu- und Abschläge gilt auch hier, insbesondere dann, wenn Anordnungen gem. § 277 I InsO ergangen sind (§ 12 InsVV).²⁰⁸ Bei der Festsetzung der notwendigen Auslagen gilt § 8 InsVV, allerdings mit der Einschränkung des § 12 III InsVV, dass bei der Festsetzung der Pauschale lediglich ein Betrag von 125,- EUR je angefangenen Monat als Höchstgrenze angesetzt werden kann.

54

b) *Vorläufiger Sachwalter insbesondere im Schutzschirmverfahren.* Das Amt des vorläufigen Sachwalters im Insolvenzeröffnungsverfahren zur Eigenverwaltung nach §§ 270 ff. InsO hat erst durch die Änderungen des Gesetzes zur weiteren Erleichterung der Sanierung von Unternehmen vom 7. Dezember 2011 (BGBl. I S. 2582) mit der Vorschrift des § 270a Abs. 1 S. 2 InsO Eingang in das Gesetz gefunden. Die Rechtsstellung des vorläufigen Sachwalters wird durch den Wortlaut der Vorschrift bezogen auf den vorläufigen Insolvenzverwalter definiert, ferner durch Verweisung auf die §§ 274, 275 InsO bezogen auf den Sachwalter im Verfahren der Eigenverwaltung. Danach § 270a Abs. 1 S. 1 Nrn. 1 und 2 InsO gegen den Schuldner kein allgemeines Verfügungsverbot und kein Zustimmungsvorbehalt nach § 21 Abs. 1 Nr. 2 InsO angeordnet werden soll, ist

54a

---

²⁰⁵ Anders bisher BGHZ 165, 266 = NZI 2006, 284 = ZIP 2006, 621; BGH NZI 2004, 251 = ZIP 2004, 518 = ZVI 2004, 203.
²⁰⁶ BGH ZInsO 2011, 1128.
²⁰⁷ BGH NZI 2007, 168; jedoch noch vor Inkrafttreten des § 11 Abs. 2 InsVV durch Verordnung vom 21. Dezember 2006 (BGBl. I S. 3389).
²⁰⁸ Eingehend *Keller,* Vergütung, Rn. 672 ff.

die Rechtsstellung des vorläufigen Sachwalters vergleichbar mit derjenigen eines vorläufigen Insolvenzverwalters, der lediglich beratende Aufgaben gegenüber dem Schuldner während des Insolvenzeröffnungsverfahrens wahrnimmt.[209]

Der vorläufige Sachwalter hat Anspruch auf angemessene Vergütung für seine Tätigkeit nach § 270a Abs. 1 S. 2, § 274 Abs. 1, § 63 Abs. 1, § 65 InsO. Die ausführende Insolvenzrechtliche Vergütungsverordnung enthält für den vorläufigen Sachwalter keine Regelung zur Bestimmung seiner Vergütung. Zur Bestimmung der Vergütung kann einerseits die Vorschrift betreffend die Vergütung des vorläufigen Insolvenzverwalters nach § 11 InsVV herangezogen werden, andererseits in entsprechender Anwendung die Vorschrift des § 12 InsVV zur Vergütung des Sachwalters im eröffneten Insolvenzverfahren; in diesem Fall könnte auch überlegt werden, in entsprechender Anwendung des § 11 InsVV die Vergütung des vorläufigen Sachwalters in Höhe von 25 Prozent der Vergütung des Sachwalters im eröffneten Insolvenzverfahren zu bestimmen.[210] Maßgebend ist die Vergleichbarkeit der Rechtsstellung und der Aufgabenzuweisungen an den vorläufigen Sachwalter mit den geregelten Ämtern. Durch die Regelung des § 270a InsO ist der vorläufige Sachwalter vergleichbar mit dem vorläufigen Insolvenzverwalter.[211] Die Verweisung auf §§ 274, 275 InsO kann nur sinngemäß auf Sachverhalte des Insolvenzeröffnungsverfahrens angesehen werden. Soweit § 12 InsVV implizit voraussetzt, dass der Arbeitsaufwand des Sachwalters geringer sei als der eines Insolvenzverwalters, ist dies für den vorläufigen Sachwalter im Insolvenzeröffnungsverfahrens nicht zutreffend. Er hat mehr als der Sachwalter im eröffneten Insolvenzverfahren die wirtschaftliche Lage des Schuldners zu prüfen und gerade im Hinblick auf § 270a InsO die Sanierungsfähigkeit zu prüfen und geeignete Maßnahmen hierzu zu unterstützen. Das Amtsgericht Göttingen vertritt daher die Ansicht, dass die Vergütung des vorläufigen Sachwalters in unmittelbarer Anwendung des § 12 InsVV ebenso wie die des Sachwalters im eröffneten Verfahren regelmäßig 60 Prozent der Regelvergütung nach § 2 InsVV betrage. Es argumentiert wesentlich mit den Aufgaben und Pflichten des vorläufigen Sachwalters im Vergleich zum Sachwalter im eröffneten Verfahren und sieht hierbei keine Unterschiede in den qualitativen Anforderungen.[212] Hierbei wird aber der zeitliche Faktor der jeweiligen Tätigkeit nicht berücksichtigt. § 12 InsVV bestimmt für den Sachwalter des eröffneten Verfahrens 60 Prozent der Regelvergütung als Vergütung für das gesamte eröffnete Insolvenzverfahren. Das Eröffnungsverfahren ist regelmäßig kürzer als ein Insolvenzverfahren, auch wenn es unter Eigenverwaltung geführt wird. Auch wenn die Tätigkeit des vorläufigen Sachwalters qualitativ die des Sachwalters im eröffneten Verfahren übertrifft, bleibt es im zeitlichen Umfang dahinter. Wird das Verfahren der Eigenverwaltung als sogenanntes Schutzschirmverfahren nach § 270b InsO optimal innerhalb von drei Monaten mit Bestätigung des Insolvenzplans beendet, käme dann hinsichtlich der Vergütung nach § 12 InsVV logisch eine Kürzung in Betracht.

55   4. Vergütung des Treuhänders im vereinfachten Verfahren. In den vor dem 1. Juli 2014 beantragten Verfahren wird das eröffnete Insolvenzverfahren noch nach §§ 311–314 InsO durchgeführt. Hier richtet sich die Vergütung nach § 13 InsVV. Der Treuhänder erhält eine Vergütung von 15 vH der Insolvenzmasse (§ 13 I InsVV). Die

---

[209] HambKommInsO/*Fiebig* in Hamburger Kommentar, § 270a Rn. 4 ff.; *K. Schmidt/Undritz*, § 270a Rn. 4.
[210] So LG Bonn ZIP 2014, 694 = NZI 2014, 123 m. Anm. *Plathner;* AG Köln ZIP 2013, 426 = NZI 2013, 97; AG Essen NZI 2014, 271; A/G/R-*Ringstmeier*, InsO, § 270a Rn. 9; Graf-Schlicker/*Graf-Schlicker*, InsO, § 270a Rn. 11; *Mock* ZInsO 2014, 67.
[211] Überzeugend *Schur* ZIP 2014, 757.
[212] AG Göttingen ZIP 20013, 36; im Ergebnis ebenso AG Hamburg ZIP 2014, 237, dazu EWiR 2014, 155 *(Hofmann)*.

Mindestvergütung beträgt 600,– EUR, wobei eine Erhöhung eintritt, wenn 6 bis 15 Gläubiger beteiligt sind, für je fünf angefangene Gläubiger um 150,– EUR, ab 16 Gläubiger für je fünf angefangene Gläubiger um 100,– EUR. Zu- und Abschläge sind möglich, der Wortlaut des § 13 III InsVV steht dem nicht entgegen.[213] Sie sollen aber nur gewährt werden, wenn eine erhebliche Abweichung vom Regelfall vorliegt. Bei Insolvenzantrag nach dem 30. Juni 2014 (Art. 103 h EGInsO) gelten die §§ 311–314 InsO für das Insolvenzverfahren nicht; sie sind durch das Gesetz zur Verkürzung des Rechtschuldbefreiungsverfahrens v. 15.7.2013 (BGBl. I S. 3719) aufgehoben. Der Insolvenzverwalter des eröffneten Insolvenzverfahrens über das Vermögen eines Verbrauchers im Sinne des § 304 InsO erhält die Regelvergütung des § 2 InsO. Die Mindestvergütung beträgt nach § 13 InsVV idF seit 1.7.2014 nunmehr 800,– EUR. Die Regelvergütung des Insolvenzverwalters im Insolvenzverfahren über das Vermögen eines Verbrauchers – die Verfahren erhalten weiterhin das gerichtliche Aktenzeichen IK – kann nach § 3 Abs: 2 lit. e) InsVV gekürzt werden, wenn die Vermögensverhältnisse überschaubar sind oder die Zahl der Gläubiger oder die Höhe der Verbindlichkeiten gering ist. Hier sollte berücksichtigt werden, dass der Kürzungstatbestand nicht unmittelbar auf die Mindestvergütung nach § 13 InsVV nF anzuwenden ist, da sonst die Vergütung des Insolvenzverwalters in diesen Verfahren doppelt gekürzt wurde.

5. Vergütung des Treuhänders im Restschuldbefreiungsverfahren. Die Vergütung des Treuhänders im Restschuldbefreiungsverfahren (§§ 286–303 InsO) ist in § 293 InsO iVm §§ 14–16 InsVV geregelt. Nach § 14 InsVV sind Bemessungsgrundlage die Beträge, die der Treuhänder zur Weiterleitung an die Gläubiger des Schuldners vereinnahmt (§ 14 I InsVV). 56

Die Regelvergütung ist ebenso wie die Verwaltervergütung eine Staffelvergütung nach § 14 II InsVV. Demnach erhält der Treuhänder von den ersten 25 000,– EUR 5 vH, von dem übersteigenden Betrag bis 50 000,– EUR 3 vH und von dem darüber gehenden Betrag 1 vH als Regelvergütung, mindestens jedoch 100,– EUR für jedes Jahr seiner Tätigkeit, hat er an mehr als fünf Gläubiger zu verteilen, so erhöht sich die Vergütung für je fünf Gläubiger um 50,– EUR (§ 14 II, III InsVV). Zusätzlich kann der Treuhänder eine Vergütung für die Überwachung der Obliegenheiten des Schuldners nach § 292 InsO verlangen, wenn die Aufgabe der Überwachung gerichtlich angeordnet wurde. Die zusätzliche Vergütung wird nach Stundensätzen abgegolten, wobei die Mindestvergütung 35,– EUR pro Stunde beträgt und der Stundensatz bei der Ankündigung der Restschuldbefreiung der Höhe nach festgesetzt wird (§§ 15 I 2, 16 I InsVV). Die zusätzliche Vergütung darf den Betrag der Gesamtvergütung nach § 14 InsVV nicht überschreiten, allerdings kann die Gläubigerversammlung eine abweichende Regelung treffen. Die Vergütung und die Einzelnen nachzuweisenden Auslagen sind auf Antrag bei Beendigung seines Amtes festzusetzen. Eine Pauschalierung der Auslagen wie in § 8 III InsVV ist unzulässig, da bei dem geringen Aufwand des Treuhänders die Führung von Nachweisen zumutbar ist. 57

Ist der Treuhänder umsatzsteuerpflichtig, erhält er auch auf Vergütung und Auslagen den vollen Umsatzsteuerausgleich gesondert (§ 16 I 4 InsVV). 58

Zur Verfahrensvereinfachung ist dem Treuhänder gestattet ohne Zustimmung des Gerichts Vorschüsse aus den von ihm verwalteten Beträgen zu entnehmen, soweit es sich dabei lediglich um die gesetzliche Mindestvergütung für die vergangene Zeit sowie bereits entstandene Auslagen handelt (§ 16 II InsVV). 59

---

[213] BGH DZWIR 2005, 463 m. Anm. *Keller* = ZVI 2005, 388; eingehend *Keller*, Vergütung, Rn. 711 ff. mwN.

III. Vergütung der Gläubigerausschussmitglieder

60   1. Der Anspruch auf Vergütung. Die Mitglieder eines Gläubigerausschusses haben Anspruch auf angemessene Vergütung (§ 73 I InsO).[214] Dies gilt auch für die juristische Person als Mitglied,[215] auch für institutionelle Gläubiger.[216] Der Vertreter einer Behörde übt diese Tätigkeit meist in seiner beruflichen Funktion aus und hat dann keinen eigenen Vergütungsanspruch.[217] Wurde dagegen ein Beamter mit Genehmigung seiner Behörde in eigener Person zum Gläubigerausschussmitglied bestellt, ist er nicht mehr Vertreter der Behörde und auch nicht allein deshalb bestellt, weil die Behörde selbst nicht Mitglied sein kann. Er ist der Gesamtgläubigerschaft gegenüber verantwortlich (§ 71 InsO) und trägt auch persönlich alle Risiken eines Gläubigerausschussmitgliedes. Es handelt sich daher nicht mehr um eine Nebentätigkeit im öffentlichen Dienst, er hat insoweit Anspruch auf Vergütung.

61   Wird im Eröffnungsverfahren ein so genannter vorläufiger oder besser „einstweiliger" Gläubigerausschuss bestellt (§ 21 I Nr. 1a, § 22a InsO), ist den Mitgliedern in entsprechender Anwendung des § 17 eine gleiche Vergütung zu gewähren wie den Mitgliedern eines endgültigen Gläubigerausschusses.[218]

62   2. Die Vergütung nach Stundensätzen. Mit der Zeitvergütung nach § 17 S. 1 InsVV wird der zeitliche Aufwand der Tätigkeit abgegolten (Sitzungsteilnahme, Vorbereitung, Aktenstudium). Er ist deshalb zu dokumentieren,[219] gegebenenfalls ist der Zeitaufwand zu schätzen.[220]

63   Der Stundensatzrahmen in Anlehnung an § 9 JVEG und § 19 ZwVwV[221] auf 35 bis 95 EUR[222] wird allgemein als zu niedrig empfunden. Der Verordnungsgeber geht in Anlehnung an § 9 JVEG unzutreffend davon aus, dass die Tätigkeit als Mitglied des Gläubigerausschusses im Interesse der Allgemeinheit mit dem Aspekt eines Ehrenamtes ausgeübt wird.[223] Das ist unzutreffend. Die Mitglieder des Gläubigerausschusses sind ebenso wie der Insolvenzverwalter nicht ehrenamtlich tätig sondern in Ausübung ihrer beruflichen Tätigkeit. Das gilt insbesondere für Rechtsanwälte oder Wirtschaftsprüfer, die wegen ihrer Sachkunde Mitglieder sind, aber auch für Betriebsratsmitglieder. Allenfalls bei juristischen Personen, insbesondere Banken, kann überlegt werden, die Vergütung als Ersatz dafür anzusehen, dass der betreffende Mitarbeiter während der Tätigkeit als Gläubigerausschussmitglied seiner sonstigen beruflichen Tätigkeit nicht nachgehen kann.

64   Abweichungen von dem Stundensatzrahmen sind grundsätzlich nach § 17 S 2 InsVV erlaubt, Art und Umfang der Tätigkeit sind zu berücksichtigen. Maßgebliche Kriterien für einen erhöhten Stundensatz sind besondere fachliche Kenntnisse und besondere berufliche Qualifikation sowie konkrete Erschwernisse bei der Tätigkeit.

65   Erstes Kriterium für eine angemessene Bestimmung des Stundensatzes ist die besondere berufliche Qualifikation eines Mitgliedes (Rechtsanwalt, Wirtschaftsprüfer).[224] Das

---

[214] *Uhlenbruck* § 67 Rn. 19; MüKoInsO/*Nowak*, 2. Aufl. 2007, § 17 InsVV Rn. 2.
[215] *Keller*, Vergütung, Rn. 770 am Ende.
[216] Eingehend *Uhlenbruck* § 73 Rn. 8; MüKoInsO/*Nowak*, 2. Aufl. 2007, § 73 Rn. 8; anders AG Karlsruhe ZIP 1987, 124, dazu EWiR 1987, 387 *(Eickmann)*.
[217] *Keller*, Vergütung, Rn. 770.
[218] *Keller*, Vergütung, Rn. 757.
[219] *Uhlenbruck,* § 73 Rn. 13; MüKoInsO/*Nowak*, 2. Aufl. 2007, § 17 InsVV Rn. 8.
[220] AG Köln ZIP 1992, 1492 = KTS 1993, 126; LG Aachen ZIP 1993, 137, dazu EWiR 1993, 69 *(Uhlenbruck)*.
[221] Zwangsverwalterverordnung vom 19.12.2003 (BGBl. I S. 2804).
[222] Zweite Verordnung zur Änderung der Insolvenzrechtlichen Vergütungsverordnung vom 21.12.2006 (BGBl. I S. 3389).
[223] Eingehend *Zimmer* ZIP 2013, 1309.
[224] *Keller*, Vergütung Rn. 767 mwN.

gilt auch für Mitglieder, die auf Grund besonderer fachlicher Kenntnisse für den Gläubigerausschuss besonders wichtig ist, namentlich sind Mitglieder des Betriebsrates zu nennen. Es muss nicht jedem Mitglied derselbe Stundensatz gewährt werden.[225] Unterschiedliche Stundensätze müssen aber sachlich begründet sein. Ein Arbeitnehmer oder Vertreter des Betriebsrats des Unternehmens ist für den Gläubigerausschuss ebenso notwendig und qualifiziert wie ein spezialisierter Anwalt und meist wertvoller als der Vertreter eines Großgläubigers.

Bei der Bestimmung des Stundensatzes sind auch die besonderen Erschwernisse des Insolvenzverfahrens zu berücksichtigen. Dabei kann auf die Grundsätze zu § 3 I InsVV verwiesen werden. Qualitativ signifikante Erhöhungskriterien sind beispielsweise: Besonderer persönlicher Einsatz, beispielsweise in der Korrespondenz mit Absonderungsberechtigten oder mit Arbeitnehmern; besondere Schwierigkeiten bei der Aufarbeitung gesellschaftsrechtlicher Verflechtungen des Unternehmens; Schwierigkeiten bei Erfassung des vorinsolvenzlichen Geldverkehrs insbesondere im Hinblick auf mögliche Anfechtungstatbestände; besondere Schwierigkeiten bei der Prüfung von Rechtsgeschäften nach § 160 InsO; Mitwirkung bei der Erarbeitung eines Insolvenzplans (§ 232 I Nr. 1 InsO); Mitwirkung bei der Erarbeitung eines Sozialplans mit den Arbeitnehmern (§ 123 InsO); Mitwirkung bei Betriebsvereinbarungen und Betriebsänderungen (§§ 111 ff. BetrVG, §§ 120 ff. InsO). 66

Als Stunden sind nicht lediglich die Zeiten der Sitzungen des Gläubigerausschusses anzusetzen, zu berücksichtigen sind auch Zeiten für Vorbereitung und Nachbereitung der Sitzungen und Aktenstudium. Insgesamt kann bei Vorliegen dieser Voraussetzungen der Stundenrahmen bis 95 EUR überschritten werden. Bei besonderer Sachkunde und Qualifikation (Rechtsanwalt, Wirtschaftsprüfer) ist als regelmäßiger Stundensatz dasjenige anzusetzen, was dieser in seiner beruflichen Tätigkeit sonst auch erhält. Bei juristischen Personen sind der Arbeitsausfall des Mitarbeiters als Lohnkosten sowie mögliche ausgebliebene Erträge aus seiner sonstigen Tätigkeit zu berücksichtigen. 67

3. Keine pauschalierte Vergütungsgewährung. Wie zum früheren § 13 VergVO wird auch eine Vergütungsgewährung als Prozentsatz der Vergütung des Insolvenzverwalters für zulässig gehalten.[226] Dem ist zu widersprechen. Es Eine angemessene Vergütung der Mitglieder des Gläubigerausschusses kann auch in besonders gelagerten Insolvenzverfahren nach § 17 InsVV bestimmt werden. Die Vergütungsgewährung abweichend von § 17 InsVV hat die Gefahr von Intransparenz und mangelnder Objektivität.[227] Der Bundesgerichtshof lässt im masselosen Verfahren eine Pauschalvergütung zu, wenn sie niedriger ist als eine vergleichbare Vergütung nach Stunden.[228] 68

4. Vorschuss. Gläubigerausschussmitglieder, können einen *Vorschuss* auf Vergütung und Auslagen beantragen. Selbstverständlich können Gläubigerausschussmitglieder auf Vergütungsfestsetzung und Auslagenersatz verzichten, doch ist darauf zu achten, dass durch einen solchen Verzicht nicht eine Wahlbeeinträchtigung erfolgt. Durch einen *Verzicht* auf Festsetzung einer Vergütung wird keine Beschränkung des Haftungsrisikos ausgelöst. 69

---

[225] MüKoInsO/*Nowak*, 2. Aufl. 2007, § 17 InsVV Rn. 2.
[226] AG Elmshorn ZIP 1982, 981; AG Stuttgart ZIP 1986, 659, dazu EWiR 1986, 401 *(Eickmann)*; AG Mannheim ZIP 1985, 301, dazu EWiR 1985, 207 *(Eickmann)*; AG Karlsruhe ZIP 1987, 124, dazu EWiR 1987, 387 *(Eickmann)*; AG Ansbach ZIP 1990, 249, dazu EWiR 1990, 81 *(Eickmann)*; MüKoInsO/*Nowak*, 2. Aufl. 2007, § 17 InsVV Rn. 2.
[227] Eingehend *Uhlenbruck*, § 73 Rn. 5, 6; *Keller*, Vergütung, Rn. 781 ff.
[228] BGH NZI 2009, 845.

Kapitel XIV. Internationales Insolvenzrecht

Übersicht

	Rn.
§ 130. Grundfragen des Internationen Insolvenzrechts	
I. Gegenstand des Internationalen Insolvenzrechts	1
II. Abgrenzung des Internationalen Insolvenzrechts	16
§ 131. Das Europäische Insolvenzrecht	
I. Geschichte und Stand der Insolvenzverordnung	1
II. Ziele der Insolvenzverordnung	4
III. Anwendungsbereich der Verordnung	7
IV. Internationale Zuständigkeit	23
V. Insolvenzfähigkeit	79
VI. Sicherungsmaßnahmen	81
VII. Anerkennung	87
VIII. Sekundärinsolvenzverfahren	115
IX. Anwendbares Recht	136
X. Richtlinien der Europäischen Union	138
§ 132. Inländische Insolvenzverfahren mit Auslandsbezug	
I. Allgemeines	1
II. Insolvenz-Immunität	4
III. Internationale Zuständigkeit zur Eröffnung eines deutschen Haupt-Insolvenzverfahrens	10
IV. Wirkungen der Eröffnung des inländischen Insolvenzverfahrens	41
V. Partikularverfahren über das Inlandsvermögen	116
VI. Nachlassinsolvenzverfahren	183
VII. Anerkennung deutscher Verfahren im Ausland	189
VIII. Parallelverfahren	200
§ 133. Insolvenzkollisionsrecht	
I. Der Grundsatz der lex fori und seine Ausnahmen	1
II. Rechtsstellung von Insolvenzverwalter und Insolvenzschuldner	12
III. Dingliche Rechte	18
IV. Gegenseitige Verträge	57
V. Aufrechnung	87
VI. Insolvenzanfechtung	92
VII. Abgrenzung Gesellschaftsstatut, Scheinauslandsgesellschaften	107
VIII. Sanierung, Vergleich, Insolvenzplan, Restschuldbefreiung	123
§ 134. Anerkennung ausländischer Insolvenzverfahren	
I. Begriff und Wirkung der Anerkennung	1
II. Voraussetzungen der Anerkennung	12
III. Anzuerkennende Entscheidungen und Wirkungen	46
IV. Anerkennung ausländischer Partikularverfahren	115
V. Inlandswirkung ausländischer Nachlassinsolvenzverfahren	122
VI. Kooperation mit ausländischen Verfahren	123
§ 135. Übereinkommen und Modellregeln zum internationalen Insolvenzrecht	
I. Das Europarats-Übereinkommen	1
II. Das UNCITRAL-Modellgesetz	7
III. Der deutsch-österreichische Konkurs- und Vergleichsvertrag	18
IV. Vorschriften des internationalen Insolvenzrechts in Verträgen über die Anerkennung und Vollstreckung von Zivilurteilen	19
§ 136. Ausländisches Insolvenzrecht	

§ 130. Grundfragen des Internationalen Insolvenzrechts

Übersicht

	Rn.
I. Gegenstand des Internationalen Insolvenzrechts	1
1. Aufgabe	1
2. Grundprinzipien	5
a) Der Verfahrensabwicklung	5
b) Der Kollisions- und Sachrechtsanwendung	10
3. Formelles und materielles Internationales Insolvenzrecht	13
II. Abgrenzung des Internationalen Insolvenzrechts	16
1. Auslandssachverhalte	16
2. Tatbestandswirkung ausländischer Insolvenzen	18
3. Insolvenzkollisionsrecht und allgemeines internationales Privatrecht	19
a) Qualifikation	20
b) Anpassung	28
4. Fremdenrecht	30
5. Abgrenzung der betroffenen Verfahren	31

Schrifttum: *E. Aderhold,* Auslandskonkurs im Inland, 1992; *Benning,* Internationale Prinzipien für grenzüberschreitende Insolvenz, 2013; *M. Bloching,* Pluralität und Partikularinsolvenz, 2000; *A. Brunner,* Gläubigerschutz im internationalen Konkursrecht, AJP 1995, 3; *J. Carruth,* Insolvencies in the Global Context, Int. Lawyer 38 (2004), 353; *R. Chapman,* Judicial Abstention in Cross-Border Insolvency Proceedings. Recent Protocols, IntInsolvRev 7 (1998), 1; *M. Dabrowski/ A. Fisch/K. Gabriel/Ch. Lienkamp,* Insolvenzrecht für Staaten, 2003; *Drobnig,* Cross-border Insolvency: General Problems, in: Forum internationale No. 19, 1993, S. 9; *A. Flessner,* Entwicklungen im internationalen Konkursrecht, besonders im Verhältnis Deutschland-Frankreich, ZIP 1989, 749; *ders.,* Internationales Insolvenzrecht in Europa, FS Heinsius, 1991, S. 111; *ders.,* Internationales Insolvenzrecht in Deutschland nach der Reform, IPRax 1997, 1; *I. Fletcher,* Cross-Border Insolvency: Comparative Dimensions, 1990; *ders.,* Insolvency in Private International Law, 1999; *W. Frisch Philipp,* Internationales Insolvenzrecht – Mexikanisch-europäische rechtsvergleichende Überlegungen, FS Geimer, 2002, S. 159; *P. Garzon/A. Vassalo/J. Carruth,* Cross-Border Insolvency and Structural Reform in a Global Economy, Int. Lawyer 34 (2000), 533; *R. Geimer,* Internationales Zivilprozessrecht, 6. Aufl. 2009; *Gottwald,* Grenzüberschreitende Insolvenzen, 1997; *ders.,* Das deutsche internationale Insolvenzrecht in der Zeit vor der europäischen Neuordnung, Chungnam Law Review 1999 (12), 161 u Ritsumeikan Law Review 2000, 35; *ders.,* Internationales Insolvenzrecht, in: 50 Jahre Bundesgerichtshof, Festgabe aus der Wissenschaft, Bd 3, 2000, S. 819; *U. Graf,* Die Anerkennung ausländischer Insolvenzentscheidungen, 2003; *E. Habscheid,* Grenzüberschreitendes (internationales) Insolvenzrecht der Vereinigten Staaten von Amerika und der Bundesrepublik Deutschland, 1998; *H. Hanisch,* Parallel-Insolvenzen und Kooperation im internationalen Insolvenzfall, FS Bosch, 1976, S. 381; *ders.,* Aktuelle Probleme des internationalen Insolvenzrechts, SchwJbIntR 1980, 109; *ders.,* Bemerkungen zur Geschichte des internationalen Insolvenzrechts, FS Merz, 1992, S. 159; *ders.,* Grenzüberschreitende Insolvenz, in: The International Symposium on Civil Justice, Tokyo 1993, S. 315; *ders.,* Allgemeine kollisionsrechtliche Grundsätze im internationalen Insolvenzrecht, FS Jahr, 1993, S. 455; *ders.,* Einheit oder Pluralität oder ein kombiniertes Modell beim grenzüberschreitenden Insolvenzverfahren?, ZIP 1994, 1; *ders.,* Grenzüberschreitende Insolvenz: Drei Lösungsmodelle im Vergleich, FS Nakamura, 1996, S. 221; *L. Ch. Ho,* Anti-Suit Injunctions in Cross-Border Insolvency, I.C.L.Q. 52 (2003), 697; *St. Kolmann,* Kooperationsmodelle im internationalen Insolvenzrecht, 2001; *Laut,* Universalität und Sanierung im internationalen Insolvenzrecht, 1997; *Leipold,* Wege zu einem funktionsfähigen internationalen Konkursrecht, FS Institut für Rechtsvergleichung der Waseda Universität, 1988, 787; *Leitner,* Der grenzüberschreitende Konkurs, 1995; *E. Leonard/C. Besant,* Current Issues in Cross-Border Insolvency and Reorganisations, 1994; *Lüke,* Zu neueren Entwicklungen im deutschen internationalen Konkursrecht, KTS 1986, 1; *ders.,* Das europäische internationale Insolvenzrecht, ZZP 111 (1998), 275; *A. Martius,* Verteilungsregeln in der grenzüberschreitenden Insolvenz, 2004; *Meili,* Die geschichtliche Entwicklung des internationalen Konkursrechts, FS v. Bar, 1908; *Merz,* Probleme bei Insolvenzverfahren im internationalen Rechtsverkehr, ZIP 1983, 136; *Mohrbutter/Ringstmeier/Wenner,* Handbuch der Insolvenzverwaltung, 9. Aufl. 2014, § 20 Recht der internationalen Insolvenzen; *Nadelmann,* Codification of Conflicts Rules for Bankruptcy, SchwJbIntR 1974, 57; *Ch. Paulus,* Der Internationale Währungsfonds und das internationale Insolvenzrecht, IPRax 1999, 148; *ders.,* Verbindungslinien des modernen Insolvenzrechts, ZIP 2000, 2191; *ders.,* Rechtsvergleichung im nationalen wie internationalen Insolvenzrecht, FS Geimer, 2002, S. 795; *ders.,* Some Thoughts on an Insolvency Procedure for Countries, AmJCompL 2002, 531; *ders.,* Towards International Rules on State Insolvencies, 2002; *ders.,* Überlegungen zu einem Insolvenzverfahren für Staaten, WM 2002, 725; *ders.,* A statutory procedure for restructuring debts for sovereign states, RIW 2003, 401; *Pastor Ridruejo,* La faillite en Droit international privé, Rec. d. Cours 133 (1971 II) 135; *Piekenbrock,* EuInsVO de lege ferenda, ZIP 2014, 250; *Reinhart,* Sanierungsverfahren im internationalen Insolvenzrecht, 1995; *Reithmann/Martiny/Hausmann,* Internationales Vertragsrecht, 7. Aufl. 2010, Abschnitt: Verfügungsbefugnis des Insolvenzverwalters, Rn. 5601ff.; *Ringleb,* Universalität und Territorialität im Deutschen Internationalen Konkursrecht, Diss. Frankfurt/M 1968; *P. Schlosser,* Recent developments in transborder insolvency, in: Jurisdiction and international judicial and administrative cooperation, Rec. d. Cours 284 (2000), 227 ff.; *J. Schmidt,* System des Deutschen Internationalen Konkursrechts, 1972; *K. Schmidt,* Das internationale Unternehmensrecht als Lehrmeister des internationalen Insolvenzrechts, FS Großfeld, 1998, S. 1031; *A. Schnyder,* Internationales Insolvenzrecht Deutschlands und der Schweiz – unter Einbringung der EG-Verordnung Nr 1346/2000, in: *Gottwald,* Aktuelle Entwicklungen des europäischen und internationalen Zivilverfahrensrechts, 2002, S. 385; *H. S. Scott,* A Bankruptcy Procedure for Sovereign Debtors?, IntLawyer 37 (2003), 103; *K. Siehr,* International Aspects of Bankruptcy, in Andolina, Transnational Aspects of Procedural Law, Bd 2, 1998, S. 783; *P. Smart,* Cross-Border Insolvency, 2nd ed 1998; *St. Smid,* Europäisches Internationales Insolvenzrecht, 2002; *K. Spühler,* Aktuelle Probleme des internationalen Insolvenzrechts, 2003; *H. Stoll,* Stellungnahmen und Gutachten zur Reform des deutschen internationalen Insolvenzrechts, 1992; *R. Stürner,* National Report on German Law – Grenzüberschreitende Insolvenz, in: The International Symposium on Civil Justice, Tokyo 1993, S. 429; *Stummel,* Konkurs und Integration, 1991; *J. Thieme,* Vermögensgerichtsstände, Inlandsbezug und Partikularkonkurs, in: Internationale Juristenvereinigung Osnabrück, Jahresheft 1995/96, S. 44; *C. Thole/A. Swierczok,* Der Komissionsvorschlag zur Reform der EuInsVO, ZIP 2013, 550; *A. Trunk,* Internationales Insolvenzrecht, 1998; *P. Volken,* Crossborder Insolvency: Co-operation and Judicial Assistance, in: Forum internationale No. 19, 1993, S. 21; *J. Westbrook,* Creating International Insolvency Law, AmJBankruptcyL 70 (1996), 563; *L. Westphal/Goether/Wilkens* Grenzüberschreitende Insolvenzen, 2008; *von Wilmowsky,* Internationales Insolvenzrecht – Plädoyer für eine Neuorientierung, WM 1997, 1461; *Wenner/Schuster,* in: FKInsO, 7. Aufl.; *Wessels,* International Insolvency Law, 3. Aufl., 2013; *Westbrook/Booth/Paulus/Rajak,* A Global View of Business Insolvency Systems, 2010; *P. Wood,* Principles of International Insolvency, 2nd ed, 2007.

I. Gegenstand des Internationalen Insolvenzrechts

1. Aufgabe. Das internationale Insolvenzrecht ergänzt das internationale Wirtschaftsrecht.[1] Als Folge der wirtschaftlichen, kulturellen und technologischen Entwicklung und Verflechtung der *Unternehmen* stellt sich bei einem Unternehmenszusammenbruch immer häufiger die Frage, wie das in mehreren Staaten belegene Unternehmensvermögen gerecht unter allen Gläubigern verteilt werden kann, ob einzelne Gläubigergruppen einen besonderen Schutz genießen müssen, wie ein in mehreren Staaten gelegenes Vermögen sinnvoll erfasst, verwaltet und verwertet und ggf wie ein international tätiges Unternehmen saniert werden kann.[2]

Aber auch für *Privatpersonen und Nachlässe* hat das internationale Insolvenzrecht zunehmende Bedeutung. Der hohe Ausländeranteil im Inland führt dazu, dass diese Personen häufig auch Vermögen, insb. in ihrem Heimatland, haben. Der zunehmende Wohlstand

---

[1] Zur Geschichte des IIR vgl MüKoInsO/*Reinhart,* Vor §§ 335ff. Rn. 4ff.; zum deutschen IIR KPB/*Paulus* Vor §§ 335ff. Rn. 7ff. – Zu den Grundfragen des IIR siehe Westbrook/Booth/Paulus/Rajak, S. 227ff.

[2] Vgl. *Reinhart,* Sanierungsverfahren im internationalen Insolvenzrecht, 1995.

und die Freizügigkeit in der westlichen Welt haben aber darüber hinaus bewirkt, dass viele Inländer Grundvermögen im Ausland erworben und Kapital im Ausland angelegt haben. Kommt es zu einer Privatinsolvenz oder einer Nachlassinsolvenz, muss ebenfalls das gesamte weltweit belegene Vermögen gerecht auf alle Gläubiger aufgeteilt werden.

Nach welchen Grundsätzen grenzüberschreitende Insolvenzverfahren abzuwickeln sind, ist im Einzelnen zweifelhaft. Denn neben das Postulat der *Gleichbehandlung aller Gläubiger*[3] in einer Verlustgemeinschaft treten auch *nationale Interessen,* etwa zum Schutz nationaler Gläubiger oder zum Schutz der eigenen Wirtschaft oder bei einem Unternehmenskonkurs auch wirtschaftspolitische Zielsetzungen des betroffenen Landes. Diese können einer an den Grundsätzen der Gläubigergleichbehandlung und einer marktkonformen Abwicklung der Insolvenz ausgerichteten Regelung durchaus widersprechen und diese im Einzelfall überlagern. 3

Außerdem ist bei der Ausgestaltung eines internationalen Insolvenzverfahrens auch auf die *Einfachheit und Raschheit des Verfahrens* und auf seine Anpassungsfähigkeit an die unterschiedlichen Bedürfnisse im besonderen Maße zu achten. Lupenreine, prinzipiengerechte dogmatische Lösungen lassen sich deshalb gerade in diesem Bereich nicht oder doch nur eingeschränkt verwirklichen. 4

2. Grundprinzipien. a) *Der Verfahrensabwicklung.* Von der Aufgabenstellung her sollte ein Insolvenzverfahren alle Gläubiger gleich behandeln und daher das weltweite Vermögen des Schuldners nach einheitlichen Regeln erfassen. Dieser Grundsatz wird als *Prinzip der Universalität* des inländischen oder ausländischen Insolvenzverfahrens bezeichnet.[4] Den Gegensatz bildet das *Prinzip der Territorialität,* wonach sich die Rechtsfolgen eines Insolvenzverfahrens auf das Hoheitsgebiet des jeweiligen Eröffnungsstaates beschränken wollen.[5] Da sich ein international tätiges Unternehmen nicht oder nur mit Mühe in nationale Sektoren aufteilen lässt, steht außer Frage, dass eine weltweite Wirkung eines Insolvenzverfahrens grundsätzlich wünschenswert ist. Auch ist sonst zu befürchten, dass einzelne nationale Gläubigergruppen privilegiert werden oder gar insolvenzfreies Vermögen in einzelnen Staaten entsteht. 5

Dem Prinzip der Universalität würde im gedanklichen Idealfall auch das *Prinzip der internationalen Einheit* des Insolvenzverfahrens entsprechen.[6] Einheit bedeutet, dass über das Vermögen desselben Schuldners nur ein einziges einheitliches Insolvenzverfahren eröffnet und durchgeführt wird, auch wenn sein Vermögen in den verschiedensten Ländern der Welt belegen ist. 6

Ein einheitliches Verfahren kann aber nur stattfinden, wenn die Zuständigkeit für die Eröffnung eines Insolvenzverfahrens international derart vereinheitlicht ist, dass es nicht zu *Verfahrenskonkurrenzen* kommt.[7] Da diese Voraussetzung (jenseits der EU-Grenzen) derzeit nicht erfüllt ist und auch in absehbarer Zeit nicht erfüllt werden wird, sind konkurrierende Verfahren nicht ausgeschlossen. Eine Zusammenarbeit der Verwalter und Gerichte dieser Verfahren ist dann wünschenswert und geboten. 7

Aber auch bei einer einheitlichen Zuständigkeitsordnung gerät die Abwicklung eines einzigen Verfahrens schnell an praktische Grenzen. Bereits das Erfassen von Vermögen in einer Vielzahl von Staaten, die Anmeldung von Forderungen und die Korrespondenz in den verschiedensten Sprachen sind für einen Insolvenzverwalter, der sein Büro nicht entsprechend organisiert hat, in größeren Fällen kaum durchführbar.[8] 8

---

[3] Vgl. *Martius,* S. 63 ff.
[4] Vgl. *Häsemeyer,* Rn. 35.08 ff.; *W. Lüke* ZZP 111 (1998), 275, 279; *v. Wilmowsky* WM 1997, 1461, 1462 ff.; HK/*Stephan,* § 335 InsO Rn. 3 f; *Smid,* Kap 1 Rn. 1 ff., 9 ff.
[5] Vgl. *Häsemeyer,* Rn. 35.05 ff.; *Aderhold,* S. 29 ff.; FK/*Wenner/Schuster,* Vor §§ 335 ff. Rn. 44 ff.
[6] Vgl. *Geimer* IZPR Rn. 3382 ff.; *Kolmann,* S. 11 ff.; *Trunk,* S. 9 ff.
[7] Vgl. *Geimer* IZPR Rn. 3384.
[8] *Häsemeyer* Rn. 35.09.

§ 130 9–13

9 Hinzu kommt, dass auch das materielle Insolvenzrecht, das allgemeine Vertragsrecht, das allgemeine Gesellschaftsrecht, das Recht der Kreditsicherheiten, das Familien- und Erbrecht in den verschiedenen Ländern unterschiedlich gestaltet sind, so dass die Abwicklung aller laufenden Rechtsbeziehungen einem Verwalter nahezu unüberwindliche Schwierigkeiten bereiten müsste.[9] Unterschiedliche Haftungsordnungen, unterschiedliche Kreditsicherheiten und Vorrechte zwingen dazu, zumindest rechnerische Untermassen in einzelnen Staaten zu bilden. Diese Schwierigkeiten legen es nahe, am wirtschaftlichen Schwerpunkt des Schuldners ein *Hauptverfahren* und in den anderen Staaten *Parallel- oder Sekundär- bzw. Nebeninsolvenzverfahren* durchzuführen. Dabei gibt es die unterschiedlichsten Möglichkeiten, wie solche Nebenverfahren ausgestaltet sind und wie sie mit dem Hauptverfahren verbunden sein können.[10] §§ 1, 35, 254 ff. InsO und die EuInsVO sehen ein Einheitsverfahren mit internationaler Wirkungserstreckung sowie unterstützende Territorialverfahren bei Bedarf vor.[11]

10 **b)** *Der Kollisions- und Sachrechtsanwendung.* Neben die Fragen der internationalen Zuständigkeit treten die Fragen des Insolvenzkollisionsrechts. Dabei geht es darum, welches nationale Recht, insb welche speziellen nationalen Insolvenzregeln auf auslandsbezogene Sachverhalte in einem Insolvenzfall anzuwenden sind. Auch hier gibt es unterschiedliche Ansätze: Einerseits sollen vor der Insolvenzeröffnung begründete Rechte nach Möglichkeit unangetastet bleiben, so dass es bei der Anwendung des *allgemeinen Kollisionsrechts* verbleiben müsste.

11 Andererseits legt die Einheit der Insolvenzabwicklung und die Gleichbehandlung der Gläubiger nahe, *besondere Kollisionsregeln* für den Insolvenzfall anzuwenden und im Insolvenzfall einheitlich das Recht anzuwenden, mit dem der Sachverhalt, dh die wirtschaftliche Krise des Schuldners nunmehr die engste Verbindung hat. Diese Überlegung führt regelmäßig zur Anwendung der *lex fori concursus*, und zwar nicht nur für das Hauptverfahren, sondern auch für die etwaigen Territorialverfahren.[12]

12 Nicht zu wenig kann auf den Zusammenhang zwischen internationaler Eröffnungszuständigkeit und lex fori concursus hingewiesen werden. Die Geltung der lex fori concursus vermag nur zu überzeugen, wenn die Eröffnungszuständigkeit für ein Hauptverfahren bei dem Staat liegt, in welchem der Schuldner in einer für Dritte und insbesondere seine Gläubiger erkennbaren Weise seinen wirtschaftlichen Schwerpunkt hat und zu dem die Abwicklung der Insolvenz die regelmäßig engste Verbindung aufweist.[13] Daher dürfen kollisionsrechtliche Aspekte sowohl bei der Formulierung wie bei der Auslegung internationaler Zuständigkeitsregeln nicht unberücksichtigt bleiben.[14] Eine strikte Geltung der lex fori concursus würde vielfach zu einem Statutenwechsel und zu einem Eingriff in gleichsam wohlerworbene Rechte führen, so dass auch hier ein sachgerechter Interessenausgleich anzustreben ist.[15]

13 **3. Formelles und materielles Internationales Insolvenzrecht.** Das internationale Insolvenzrecht lässt sich somit in Insolvenzverfahrensrecht und Insolvenzkollisionsrecht unterteilen.[16] Das internationale Insolvenzverfahrensrecht hat Parallelen zum Internationalen Zivilprozessrecht. Wichtigster Gegenstand des internationalen Insol-

---

[9] Vgl. *Häsemeyer* Rn. 35.10; *Hanisch* ZIP 1994, 1, 2 f.
[10] Vgl. *Gottwald*, Grenzüberschreitende Insolvenzen, S. 24 ff.; *Hanisch* ZIP 1994, 1, 3 ff.; *ders.*, FS Nakamura S. 221; FK/*Wenner/Schuster*, Vor §§ 335 ff. Rn. 20 ff.; *Fletcher*, S. 186 ff.; *U. Graf* S. 10 ff.
[11] Vgl. *Häsemeyer*, Rn. 35.12 ff.; *Smid*, EuInsVO Vor Art. 1 Rn. 9 ff.
[12] Vgl. *Trunk*, S. 88 ff.; HK/*Stephan*, § 335 InsO Rn. 6 ff.; KPB/*Paulus*, § 335 Rn. 6.
[13] Kritisch zum konzeptionellen Nachteil des Gleichlaufs zwischen internationaler Zuständigkeit und dem anwendbaren materiellen Recht FK/*Wenner/Schuster* Vor §§ 335 ff. Rn. 12.
[14] Vgl. Mohrbutter/Ringstmeier/*Wenner*, Rn. 30 f, 46, 249.
[15] Kritisch zB Mohrbutter/Ringstmeier/*Wenner*, Rn. 32 ff.
[16] FK/*Wenner/Schuster*, Vor §§ 335 ff. Rn. 7.

venzverfahrensrechts ist die Anerkennung einer ausländischen Eröffnungsentscheidung. Diese Anerkennung entspricht der Anerkennung ausländischer Urteile, auch wenn Unterschiede in den Voraussetzungen bestehen (→ § 134 Rn. 12ff.).

Gegenstand des internationalen Insolvenzkollisionsrechts ist die Bestimmung des auf einen Sachverhalt anwendbaren Rechts; sie ist vergleichbar mit den Fragestellungen des internationalen Privatrechts. 14

Im Einzelnen gibt es freilich zwischen beiden Bereichen Überschneidungen: Der Umfang der Masse, die Rechte von Insolvenzverwalter und Insolvenzschuldner, die Fragen der Aufrechnung, sowie der Anfechtbarkeit oder Unwirksamkeit von Rechtshandlungen haben sowohl verfahrens- wie materiell-rechtliche Aspekte. Die Grenzziehung zwischen formellem und materiellem internationalem Insolvenzrecht ist in diesen Bereichen nicht ganz eindeutig.[17] 15

II. Abgrenzung des Internationalen Insolvenzrechts

1. Auslandssachverhalte. Der Insolvenzordnung liegt wie schon der Konkursordnung das Leitbild eines nur im Inland sich abspielenden Verfahrens ohne Auslandsberührung und ohne Anwendung ausländischen Rechts zugrunde. Der moderne grenzüberschreitende Wirtschaftsverkehr und die private Freizügigkeit bringen es aber mit sich, dass in zahlreichen Fällen Tatbestandselemente formeller und materieller Regeln des Insolvenzrechts und anderer anwendbarer Normen sich im Ausland ereignen oder Ausländer betreffen, vor allem wenn sich Vermögen des Schuldners im Ausland befindet. 16

Ob „Auslandstatsachen" Tatbestandsmerkmale inländischer Sachnormen des Insolvenzrechts oder anderer Gesetze erfüllen, hat mit dem internationalen Insolvenzrecht nichts zu tun. Es geht vielmehr um eine sog *Substitution*,[18] dh die Auslegung von Normen, die eine Auslandsbeziehung nicht ausdrücklich regeln. Mit Hilfe der üblichen Auslegungsmethoden ist zu klären, ob der Tatbestand der Norm auch durch einen Sachverhalt verwirklicht werden kann, der sich ganz oder teilweise im Ausland ereignet hat und ob dieser Auslandsvorgang einem inländischen gleichwertig ist. 17

2. Tatbestandswirkung ausländischer Insolvenzen. Gegenstand des internationalen Insolvenzrechts sind auch nicht Rechtswirkungen, die nicht unmittelbar auf Insolvenzrecht beruhen, deren Tatbestände aber durch insolvenzrechtliche Wirkungen oder Entscheidungen ausgelöst werden. Zahlreiche außerinsolvenzrechtliche Bestimmungen des Bürgerlichen Rechts (zB §§ 204 I Nr 10, 773 I Nr 3 BGB), des Arbeits- und Sozialrechts, aber auch des Verwaltungsrechts und des Strafrechts knüpfen an insolvenztypische Tatbestände, etwa die Eröffnung des Insolvenzverfahrens, die Ablehnung eines Eröffnungsantrags, die Anmeldung oder Feststellung einer Forderung im Insolvenzverfahren Rechtsfolgen an. So bestimmt etwa § 728 II 1 BGB, dass eine BGB-Gesellschaft durch die Eröffnung des Insolvenzverfahrens über das Vermögen eines Gesellschafters aufgelöst wird. Eine solche Tatbestandswirkung kann ein ausländisches Insolvenzverfahren im Inland nicht auf Grund des internationalen Insolvenzrechts äußern, vielmehr gilt insoweit die jeweilige lex causae.[19] Im Wege der Auslegung der gesellschaftsrechtlichen Normen, hier des § 728 II 1 BGB, ist zu ermitteln, ob auch eine Insolvenzeröffnung im Ausland die Auflösung der Gesellschaft bewirkt. Handelt es sich um ein anerkennungsfähiges Verfahren, so ist die Frage zu bejahen. Im internationalen Privatrecht werden diese Fragen auch unter dem Stichwort der *Substitution* erörtert.[20] Das internationale Insolvenzrecht ist hier nur insoweit relevant, als die maßgebliche 18

---

[17] *Geimer* IZPR Rn. 3363; MüKoInsO/*Reinhart*, Vor §§ 335 ff. Rn. 24, 30 ff.
[18] Vgl. *Kropholler* IPR, § 33; *v. Bar/Mankowski* IPR I, § 7 Rn. 239 ff.
[19] *Geimer* IZPR Rn. 3366; vgl. *Aderhold*, S. 297 ff.
[20] Vgl. *Hanisch*, FS Jahr S. 455, 468.

gesellschaftsrechtliche Norm darauf abstellt, ob die ausländische Eröffnung des Insolvenzverfahrens im Inland anerkannt wird.

19 **3. Insolvenzkollisionsrecht und allgemeines internationales Privatrecht.** Da das Insolvenzkollisionsrecht nur besondere Normen gegenüber dem allgemeinen internationalen Privatrecht enthält, können dessen Methoden, Begriffe und Grundsätze auch für die Auslegung des Insolvenzkollisionsrechts übernommen werden.

20 **a)** *Qualifikation.* Bei der Anwendung des Insolvenzkollisionsrechts sind daher auch ausländische Rechtsinstitute und Normen unter die inländischen Begriffe zu subsumieren. Hier treten die gleichen Schwierigkeiten auf wie allgemein im internationalen Privatrecht.[21] Da das internationale Insolvenzrecht im verfahrensrechtlichen Bereich ein gerichtliches nationales Verfahren zum Gegenstand hat und auch kollisionsrechtlich häufig das lex fori-Prinzip gilt, sind *Qualifikationsprobleme* sicher seltener als im allgemeinen internationalen Privatrecht.

21 Gleichwohl spielen Qualifikationsfragen auch im internationalen Insolvenzrecht eine Rolle.[22] Qualifikationsfragen stellen sich bereits bei der Subsumtion der anwendbaren international insolvenzrechtlichen Kollisionsnorm.[23] In der Praxis hat beispielsweise die Abgrenzung zwischen dem Insolvenzstatut und dem Gesellschaftsstatut besondere Bedeutung erlangt (→ § 133 Rn. 107 ff.). Eine weitere Qualifikation (zweiten Grades) hat zum Ziel, anhand der Rahmenbegriffe der einschlägigen Kollisionsnorm die zur Anwendung auf den konkreten Fall berufenen ausländischen Sachnormen oder Normengruppen zu erfassen, festzustellen und abzugrenzen. Aber auch bei der Anwendung einer Sachnorm des internationalen Insolvenzrechts können sich Qualifikationsprobleme ergeben, wenn unter deren Tatbestand ein durch das ausländische Recht normierter Sachverhalt zu subsumieren ist. So hängt etwa die Anerkennung der Befugnis eines ausländischen Insolvenzverwalters davon ab, ob das Verfahren, in dem er bestellt ist, als Insolvenzverfahren und der Verwalter damit als Insolvenzverwalter iS des internationalen Insolvenzrechts zu qualifizieren ist.

22 Im internationalen Insolvenzrecht ist – entsprechend der auch im internationalen Privatrecht überwiegend befolgten Methode – vom *Grundsatz der lex fori concursus* auszugehen (vgl. Art. 4 EuInsVO; § 335 InsO). Statut für die Auslegung der Reichweite einer Rechtsnorm ist mithin die Rechtsordnung, unter deren Normen subsumiert werden soll, also kurz die lex fori. Ein nationales Gericht wendet entsprechend sein eigenes internationales Privatrecht, sein eigenes internationales Prozessrecht und sein eigenes internationales Insolvenzrecht an.

23 Allerdings sind die in den Kollisions- und Sachnormen des internationalen Insolvenzrechts verwendeten Begriffe flexibel auszulegen und nicht streng iS der Begriffe des inländischen Sachrechts zu verstehen.[24] Andernfalls könnten unterschiedlichste ausländische Regelungen nicht unter inländische Normen subsumiert werden. Deshalb ist international insolvenzrechtlichen Normen und den darin verwendeten Begriffen regelmäßig ein weiterer Bedeutungsinhalt beizulegen als den entsprechenden Begriffen des inländischen Sachrechts.

24 Die Auslegung der in international insolvenzrechtlichen Normen vorkommenden Begriffe hat sich an Zweck und Sinngehalt der (in- und ausländischen) Rechtsinstitute und Vorschriften zu orientieren, auf die sie sich beziehen.

25 Sind Rechtsinstitute eines ausländischen Insolvenzrechts, die dem deutschen Insolvenzrecht in dieser Form unbekannt sind oder die in ihrer Ausgestaltung erheblich von

---

[21] Vgl. *Kropholler* IPR, §§ 15, 16; *v. Bar/Mankowski* IPR I, § 7 Rn. 138 ff.
[22] Vgl. Mohrbutter/Ringstmeier/*Wenner*, Rn. 259; FK/*Wenner/Schuster* Vor §§ 335 ff. Rn. 8.
[23] KPB/*Paulus*, Vor §§ 335–358 Rn. 3 ff.
[24] FK/*Wenner/Schuster*, Vor §§ 335 ff. Rn. 5 f.; KPB/*Paulus*, Vor §§ 335–358 Rn. 3.

deutschen Regelungen abweichen, deutschen Normen zu- oder in sie einzuordnen, so sind die ausländischen Rechtsinstitute nach ihrem Sinn und Zweck zu erfassen, in ihrer Bedeutung vom Standpunkt des ausländischen Rechts zu würdigen und mit Einrichtungen des deutschen Rechts *funktional zu vergleichen*.[25] Dies gilt etwa für unterschiedliche Verfahren zur Bereinigung finanzieller Schwierigkeiten, für besondere Formen der Masseverwaltung, etwa der Einordnung des englischen *trustee,* und für bestimmte Rechtsakte der Verfahrensbeendigung und ihre Wirkung. Ergibt ein funktionaler Vergleich, dass das ausländische Rechtsinstitut ungeachtet der unterschiedlichen rechtlichen Konstruktion die gleiche Funktion erfüllt wie eine deutsche Norm, so ist eine Subsumtion möglich. Voraussetzung für eine Qualifikation ist nur die Gleichartigkeit der Funktionen, nicht eine äußere Ähnlichkeit mit deutschen Rechtsinstituten. Allerdings sind ausländische Verfahren, die dem deutschen Insolvenzrecht wesensfremd sind, nicht als internationales Insolvenzrecht zu erfassen. Hierzu gehörten etwa nach bisherigem Verständnis rein freiwillige Sanierungsverfahren bei finanziellen Schwierigkeiten.

Der Grundsatz der funktionalen Qualifikation hilft auch Schwierigkeiten zu überwinden, die sich aus einer unterschiedlichen systematischen Stellung insolvenzrechtsbezogener Sachnormen in den einzelnen Rechtssystemen ergeben, wenn zB eine Norm in einem Staat im Vertragsrecht, in einem anderen Staat im Insolvenzrecht zu finden ist. Gleiches gilt für unterschiedliche Einordnungen von Insolvenzprivilegien, Vorrechten und sozialen Schutzrechten. Abweichungen in der Rechtssystematik von Normen oder Normkomplexen dürfen jedenfalls nicht an einer sachgerechten Anwendung international insolvenzrechtlicher Insolvenzregeln hindern. **26**

Ausländische Sachnormen sind so anzuwenden, wie sie im Ursprungsland gelten. Sie sind also nach Sinnzusammenhang und Geist der Heimatrechtsordnung und unter Berücksichtigung der dortigen Rspr auszulegen. Den in ihr verwandten Begriffen ist die Bedeutung beizumessen, die ihnen in dem Ursprungsstaat zukommt. Diese Regeln gelten auch, wenn eine ausländische Norm für die Subsumtion unter eine Regel des internationalen Insolvenzrechts ausgelegt werden muss. **27**

b) *Anpassung.* Die Anwendung von Normen des ausländischen Insolvenzrechts kann zu Normwidersprüchen führen, wenn gleichzeitig deutsche Sachvorschriften anzuwenden sind, die neben der ausländischen Norm gelten. Derartige Widersprüche sind auch im Insolvenzkollisionsrecht mit der im internationalen Privatrecht entwickelten Methode der (richterlichen) Anpassung[26] oder Angleichung der zur Anwendung berufenen Sachrechte aufzulösen.[27] **28**

Eine abgewandelte Anwendung einer ausländischen Sachnorm kommt etwa in Betracht, wenn einem ausländischen Verwalter, etwa einem englischen *trustee,* der in England aber formell die Stellung eines Eigentümers der Masse hat, sinngem die Ausübung seiner Befugnisse im Inland gestattet werden soll, oder wenn die Rechtsfolgen der Eröffnung eines ausländischen Insolvenzverfahrens in ein deutsches Grundbuch oder ein Handelsregister eingetragen werden sollen.[28] **29**

4. Fremdenrecht. Traditionell wird das Fremdenrecht vom internationalen Privat- und Prozessrecht unterschieden. Dabei geht es um Sondernormen für Ausländer. Solche Normen enthielten § 5 KO und § 37 VerglO. Danach wurden ausländische Gläubiger den inländischen gleichgestellt. Die InsO sieht eine solche Gleichstellung nicht mehr ausdrücklich vor. Sie ist aber nicht abgeschafft worden, sondern wird als selbstverständlich vorausgesetzt, nicht zuletzt wegen der allgemeinen Geltung des Gleichheitssatzes des **30**

---

[25] *U. Graf,* S. 262 ff.; *Hanisch,* FS Jahr 1993, S. 455, 459 ff.; KPB/*Paulus,* Vor §§ 335–358 Rn. 4; MüKoInsO/*Reinhart,* Vor §§ 335 ff. Rn. 37.
[26] Vgl. *Kropholler* IPR, § 34; *v. Bar/Mankowski* IPR I, § 7 Rn. 249 ff.
[27] *Hanisch,* FS Jahr S. 455, 469; KPB/*Paulus,* Vor §§ 335–358 Rn. 5.
[28] Vgl. *Hanisch,* FS Jahr S. 455, 468.

Art. 3 GG. Innerhalb der Europäischen Union ist jede Ungleichbehandlung von Unionsbürgern zudem durch das Diskriminierungsverbot des Art. 18 AEUV untersagt.[29]

31 **5. Abgrenzung der betroffenen Verfahren.** Das deutsche internationale Insolvenzrecht gilt für ein inländisches Insolvenzverfahren oder noch anhängige deutsche Konkurs-, Gesamtvollstreckungs- oder Vergleichsverfahren (vgl. Art. 103 EGInsO).

32 **a)** Welche ausländischen Verfahren als Insolvenzverfahren zu qualifizieren sind, ist für den Bereich der EU durch Art. 2 lit a EuInsVO und die Anhänge A und B definiert.[30] Die Maßgeblichkeit der Anhänge A und B, die abschließenden Charakter haben,[31] für die sachliche Reichweite der EuInsVO wird auch nach der angestrebten Reform der EuInsVO erhalten bleiben,[32] wenngleich der Prozess, in dem diese Anhänge erstellt werden, geändert werden soll: Zuständig sollen dafür künftig nicht mehr die Mitgliedstaaten, sondern die Kommission sein (Art. 45 KE-EuInsVO und dazu Erwägungsgrund 31; den Mitgliedstaaten steht nur noch ein Vorschlagsrecht zu). Im Verhältnis zu Drittstaaten ist nach einem Funktionsvergleich mit dem deutschen Insolvenzverfahren zu entscheiden, ob das jeweilige Verfahren ein Insolvenzverfahren gemäß §§ 335 ff. InsO darstellt. Dies gilt insb. für die Abwicklung überschuldeter Nachlässe.[33] Die praktische Rechtsvergleichung zeigt, dass Insolvenzverfahren und noch stärker Vergleichsverfahren von Staat zu Staat erheblich voneinander abweichen. Auf diese Vielfalt ist bei der Qualifikation Rücksicht zu nehmen.

33 Wie in Deutschland mit der Insolvenzordnung, werden auch in vielen anderen Ländern insolvenzmäßige Liquidation und deren vergleichsmäßige Abwendung in einem einheitlichen Verfahren behandelt, so dass *Konkurs und Vergleich* im internationalen Rechtsverkehr als austauschbare Verfahrensziele und Begriffe verstanden werden.[34] Abzugrenzen ist das internationale Vergleichsverfahren bzw. der internationale Konkurs aber von *reinen Moratorien* oder Sanierungsverfahren, die schon im Vorfeld der Insolvenz eingeleitet werden können, bei denen die Befriedigung der Gläubiger eine untergeordnete Rolle spielt und der Staat oft erheblichen Einfluss ausübt, weil er das Verfahren als wirtschafts- oder sozialpolitisches Instrument der wirtschaftlichen Strukturförderung oder zur Rettung von Unternehmen oder Arbeitsplätzen benutzt.[35]

34 Ähnlich verhält es sich bei dem sog. „Restrukturierungsverfahren". Es handelt sich um Hybridverfahren, die regelmäßig an ein vorinsolvenzliches Krisenstadium (beispielsweise drohende Zahlungsunfähigkeit) anknüpfen und dazu dienen, die zu diesem Zeitpunkt grds. noch höheren Chancen einer Eigensanierung zu nutzen, um damit für das Unternehmen und seine Stakeholder, also einschließlich der Gläubiger, bessere Ergebnisse zu erzielen. Die rechtspolitische Diskussion um diesen Verfahrenstyp und seine Qualifikation als Insolvenzverfahren erscheint noch nicht abgeschlossen.

35 **b)** Allerdings schließen staatliche Beihilfen und sonstige Vergünstigungen nicht aus, dass ein Insolvenzverfahren im Inland anerkannt wird, auch wenn Verzerrungen im internationalen Wirtschaftsverkehr die Folge davon sind. Anders kann es nur sein, wenn den Gläubigern in anderen Ländern, die oft Mitbewerber des zu sanierenden Unternehmens sind, nicht mehr zugemutet werden kann, einseitige „Sanierungsopfer" auf sich zu nehmen. Lediglich andere Akzentsetzungen des ausländischen Verfahrens führen nicht zu dessen Ausschluss vom internationalen Insolvenzrecht. Das französische, auf die

---

[29] *Trunk*, S. 32 f; *U. Graf*, S. 243.
[30] *Virgós/Schmit*, Nr 48; zum Anwendungsbereich der EuInsVO de lege ferenda s. *Piekenbrock* ZIP 2014, 250 ff.
[31] BAG BeckRS 2013, 70060; EuGH NZI 2013, 106 *(Bank Handlowy)*.
[32] *Thole/Swierczok* ZIP 2013, 550, 551.
[33] Vgl. *Hanisch* ZIP 1990, 1241, 1249 f (zur US-amerikanischen *Probate Administration*).
[34] Vgl. *Reinhart*, S. 27 ff., 130 ff., 150 ff.
[35] Vgl. *Reinhart*, S. 150 ff., 172 ff.

Erhaltung von Unternehmen ausgerichtete Insolvenzverfahren,[36] das amerikanische Reorganisationsverfahren[37] und die italienische *amministrazione straordinaria*[38] sind trotz wirtschaftspolitischer Zielsetzungen auf die gleichmäßige Befriedigung der Gläubiger ausgerichtet und daher als Vergleichsverfahren in den Anwendungsbereich des internationalen Insolvenzrechts einzubeziehen.

c) Ein Insolvenzverfahren iS des deutschen[39] internationalen Insolvenzrechts ist ein gerichtliches oder gerichtlich-behördliches kollektives Zwangsverfahren, das dem Privatrecht zugeordnet ist und wegen der Insolvenz des Schuldners eingeleitet wird, grundsätzlich das gesamte Schuldnervermögen umfasst und eine im Ansatz gleichmäßige Befriedigung der Gläubiger anstrebt, sei es durch Verwertung des Schuldnervermögens, mit oder ohne Hilfe eines Zwangsverwalters, sei es durch einen Vergleich des Schuldners mit seinen Gläubigern oder durch einen Sanierungsplan, der durch gerichtliche Entscheidung allgemein verbindlich wird (→ § 134 Rn. 20 ff.). **36**

§ 131. Das Europäische Insolvenzrecht

Übersicht

	Rn.
I. Geschichte und Stand der Insolvenzverordnung	1
II. Ziele der Insolvenzverordnung	4
III. Anwendungsbereich der Verordnung	7
1. Sachlicher Anwendungsbereich	7
2. Persönlicher Anwendungsbereich	11
3. Zeitlicher Anwendungsbereich	12
4. Sachlich-(Räumlicher) Anwendungsbereich	13
5. Verhältnis zum einzelstaatlichen Recht	19
IV. Internationale Zuständigkeit	23
1. Anknüpfung an den „Mittelpunkt der hauptsächlichen Interessen" des Schuldners	23
2. Ermittlung des COMI	31
a) Maßgebliche Kriterien	31
b) Maßgeblicher Zeitpunkt	39
c) Abwicklungsgesellschaften	46
3. Zuständigkeit bei Konzerninsolvenz	47
a) Bisherige Regelung	47
b) Reform der EuInsVO	51
4. Beachtung der Verfahrenseröffnung in einem EU-Staat	61
5. Zuständigkeit für Partikularverfahren	72
6. Örtliche Zuständigkeit	76
7. Rechtsmittel	77
V. Insolvenzfähigkeit	79
VI. Sicherungsmaßnahmen	81
VII. Anerkennung	87
1. Anerkennungsvoraussetzungen	87
2. Anzuerkennende Entscheidungen	91
a) Eröffnungsbeschluss	91
b) Entscheidungen zur Durchführung oder Beendigung des Verfahrens	94
c) Sicherungsmaßnahmen	96
d) Annexentscheidungen	97
e) Einschränkungen der persönlichen Freiheit oder des Postgeheimnisses	113
f) Wirkung auf anhängige Prozesse	114

---

[36] Vgl. MüKoInsO/*Niggemann,* Anhang Länderberichte, Frankreich.
[37] Vgl. *Reinhart,* S. 175 ff.; *Paulus* JZ 1992, 267.
[38] Vgl. *Santonocito/Ehlers,* in: MüKoInsO, Anhang Länderberichte, Italien, Rn. 103 ff.; *Reinhart,* S. 177 f.
[39] BGH NZI 2009, 859 Rn. 81 ff. zur Anerkennung eines US-amerikanischen *chapter 11*-Verfahrens; BGH NZI 2012, 425 Rn. 22 zur Anerkennung eines britischen *scheme of Arrangement*-Verfahrens; BAG ZIP 2014, 596 zum brasilianischen Insolvenzverfahren.

§ 131 Kapitel XIV. Internationales Insolvenzrecht

	Rn.
VIII. Sekundärinsolvenzverfahren	115
1. Am Sitz einer Niederlassung	115
2. Sekundär- oder Partikularverfahren	118
3. Zusammenarbeit der Verwalter	122
4. Anmelderecht	126
5. Gläubigergleichbehandlung	128
6. Reform der EuInsO	129
IX. Anwendbares Recht	136
1. Lex fori concursus als Grundregel	136
2. Materielle Sonderregeln	137
X. Richtlinien der Europäischen Union	138

Schrifttum: 1. Zur europäischen Insolvenzverordnung: Text der Verordnung (EG) Nr 1346/2000 des Rates vom 29.5.2000 über Insolvenzverfahren, ABl EG L 160/1–18 vom 30.6.2000. *Adam,* Zuständigkeitsfragen bei der Insolvenz internationaler Unternehmensverbindungen, 2006; *ders./Poertzgen,* Überlegungen zum Europäischen Konzerninsolvenzrecht, ZInsO 2008, 281 ff. (Teil 1), 347 ff. (Teil 2); *Albrecht,* Die Reform der EuInsVO nimmt Fahrt auf – der Änderungsvorschlag der Europäischen Kommission in der Übersicht, ZInsO 2014, 1876; *Ambach,* Reichweite und Bedeutung von Art. 25 EuInsVO; *Bannert,* Offene Praxisfragen beim internationalen Gerichtsstand …, NZI 2014, 106; *Bas,* The European Insolvency Regulation and the Harmonization of Private International Law in Europe, NILR 2003, 31; *Beck/Voss,* Einflüsse des internationalen Insolvenzrechts, in: Thierhoff/Müller/Illy/Liebscher (Hrsg), Unternehmenssanierung, 2012; *Becker,* Insolvenz in der Europäischen Union – zur Verordnung des Rates über Insolvenzverfahren, ZEuP 2002, 287; *Bork,* Die Aufrechnung im internationalen Insolvenzverfahrensrecht, ZIP 2002, 690; *Braun,* Der neue Sport in Europa: Forumshopping in Insolvenzverfahren oder: die moderne Form von „Britannia rules the waves", NZI 2004, Heft 1 S. V; *Brünkmans,* Die Koordinierung von Insolvenzverfahren konzernverbundener Unternehmen nach deutschem und europäischem Insolvenzrecht, 2009; *ders.,* Auf dem Weg zu einem europäischen Konzerninsolvenzrecht – Zum Vorschlag der europäischen Kommission zur Änderung der EuInsVO, ZInsO 2013, 797; *Bütter/Krüger,* English fixed and floating charges in German insolvency proceedings – unsolved problems under the new European regulation on insolvency proceedings, FS Claus Ott, 2002, S. 33; *Bufford,* International Insolvency Case Venue in The European Union: The Parmalat and Daisytek Controversies, in: The Columbia Journal of European Law Vol 12 No 2 2006, 429; *A. Burgstaller,* Zur Anfechtung nach der europäischen Insolvenzverordnung, FS Jelinek, 2002, S. 31; *N. Carstens,* Die internationale Zuständigkeit im europäischen Insolvenzrecht, 2005; *Clavora/Garber* (Hrsg), Grenzüberschreitende Insolvenzen im europäischen Binnenmarkt, 2011; *Cranshaw,* Grenzüberschreitende Anfechtungsklagen, ZInsO 2012, 1237; *Dammann/Müller,* Erste Anwendung der Interedil-Rechtsprechung des EuGH, NZI 2012, 643; *G. Deipenbrock,* Das neue europäische internationale Insolvenzrecht – von der „quantité négligeable" zu einer „quantité indispensable", EWS 2001, 113; *Dutta,* Kapitalersatzrechtliche Ansprüche im internationalen Zuständigkeitsrecht, IPRax 2007, 195; *Duursma-Kepplinger,* Checkliste zur Eröffnung eines Insolvenzverfahrens nach der Europäischen Insolvenzverordnung, NZI 2003, 87; *dies.,* Gegensteuerungsmaßnahmen bei ungerechtfertigter Inanspruchnahme der internationalen Zuständigkeit gemäß Art. 3 Abs. 1 EuInsVO, DZWiR 2003, 447 ff.; *dies.,* Aktuelle Entwicklungen zur internationalen Zuständigkeit für Hauptinsolvenzverfahren – Erkenntnisse aus Staubitz-Schreiber und Eurofood, ZIP 2007, 896 ff.; *Duursma-Kepplinger/ Duursma/Chalupsky,* Europäische Insolvenzverordnung, 2002; *Ehricke,* Die neue europäische Insolvenzverordnung und grenzüberschreitende Konzerninsolvenzen, EWS 2002, 101; *ders.,* Zur gemeinschaftlichen Sanierung insolventer Unternehmen eines Konzerns, ZInsO 2002, 393, 396 ff.; *ders.,* Die Zusammenarbeit der Insolvenzverwalter bei grenzüberschreitenden Insolvenzen nach der EuInsVO, WM 2005, 397; *ders.,* Das Verhältnis des Hauptinsolvenzverwalters zum Sekundärinsolvenzverwalter bei grenzüberschreitenden Insolvenzen nach der EuInsVO, ZIP 2005, 1104; *ders.,* Probleme der Verfahrenskoordination – Eine Analyse der Kooperation von Insolvenzverwaltern und Insolvenzgerichten bei grenzüberschreitenden Insolvenzverfahren im Anwendungsbereich der EuInsVO, in: Gottwald (Hrsg), Europäisches Insolvenzrecht, 2008, S. 127 ff.; *ders./Ries,* Die neue europäische Insolvenzverordnung, JuS 2003, 313; *Eidenmüller,* Europäische Verordnung über Insolvenzverfahren und künftiges deutsches internationales Insolvenzrecht, IPRax 2001, 2; *ders.,* Der

Markt für internationale Konzerninsolvenzen: Zuständigkeitskonflikte unter der EuInsVO, NJW 2004, 3455; *ders.,* Rechtsmissbrauch im Europäischen Insolvenzrecht, KTS 2009, 137; *ders./Frobenius,* Die internationale Reichweite eines englischen Scheme of Arrangement, WM 2011, 1210; *v. d. Fecht,* Die Insolvenzverfahren nach der neuen EG-Verordnung, FS Metzeler, 2003, S. 121; *Flessner,* Die Unternehmensperspektive im europäischen Insolvenzrecht, FS Raiser, 2005; *Freitag,* Internationale Zuständigkeit für Schadensersatzklagen aus Insolvenzverschleppungshaftung, ZIP 2014, 302; *Frind,* Forum PINning? ZInsO 2008, 363; *D. Fritz/R. Bähr,* Die europäische Verordnung über Insolvenzverfahren – Herausforderung an Gerichte und Insolvenzverwalter, DZWIR 2001, 221; *Gebler,* Ausländische Insolvenzverfahren zur Sanierung deutscher Unternehmen, NZI 2010, 665; *Geimer/Schütze* (Hrsg), Internationaler Rechtsverkehr in Zivil- und Handelssachen, Band II, Loseblatt-Slg (Stand März 2008); *dies.* (Hrsg), EU-Insolvenzverordnung, 2005; *Graeber,* Das Konzerninsolvenzverfahren des Diskussionsentwurfs 2013, ZInsO 2013, 409; *Haas,* Internationale Zuständigkeit bei Klage auf Zahlung der Hafteinlageschuld gegen einen im EU-Ausland wohnenden Kommanditisten, DStR 2001, 269; *ders.,* Die Verwertung der im Ausland belegenen Insolvenzmasse im Anwendungsbereich der EuInsVO, FS Gerhardt, 2004, S. 319; *ders.,* Insolvenzrechtliche Annexverfahren und internationale Zuständigkeit, ZIP 2013, 2381; *Haas/Blank,* Die örtliche und internationale Zuständigkeit für Ansprüche de Insolvenzverwalter nach § 128 HGB i. V. m. § 93 InsO, ZInsO 2013, 706; *Hau,* Masseanreicherung und Gläubigerschutz im Europäischen Insolvenzrecht: Anfechtung, Eigenkapitalersatz und Durchgriffshaftung, in: Gottwald (Hrsg), Europäisches Insolvenzrecht, 2008, S. 79 ff.; *Haubold,* Europäische Insolvenzverordnung (EuInsVO), in Gebauer/Wiedemann, Zivilrecht unter europäischem Einfluss, 2005, S. 1427; *Herchen,* Die Befugnisse des deutschen Insolvenzverwalters hinsichtlich der „Auslandsmasse" nach Inkrafttreten der EG-Insolvenzverordnung (Verordnung des Rates Nr. 1346/2000), ZInsO 2002, 345; *ders.,* Scheinauslandsgesellschaften im Anwendungsbereich der Europäischen Insolvenzverordnung, InsO 2003, 742; *ders.,* International-insolvenzrechtliche Kompetenzkonflikte in der Europäischen Gemeinschaft, ZInsO 2004, 61; *ders.,* Aktuelle Entwicklungen im Recht der internationalen Zuständigkeit zur Eröffnung von Insolvenzverfahren, ZInsO 2004, 825; *ders.,* Das Prioritätsprinzip im internationalen Insolvenzrecht, ZIP 2005, 1401; *ders.,* Wer zuerst kommt, mahlt zuerst!, NZI 2006, 453; *Hegenröder,* Internationales Verbraucherinsolvenzrecht, ZVI 2005, 233; *B. Heß,* Europäisches Zivilprozessrecht, 2010; *Hess/Laukemann/Seagon,* Europäisches Insolvenzrecht nach Eurofood: Methodische Standortsbestimmung und praktische Schlussfolgerungen, IPRax 2007, 89 ff.; *dies.,* Überlegungen zum ordre-public-Vorbehalt der Europäischen Insolvenzverordnung, FS Wellensiek, 2011, S. 813 ff.; *Hesselmann/Schmittmann,* Die internationale Zuständigkeit und Wirkungserstreckung in der EuInsVO unter besonderer Berücksichtigung von Kompetenzkonflikten, ZInsO 2008, 957 ff.; *P. Huber,* Die europäische Insolvenzverordnung, EuZW 2002, 490; *ders.,* Internationales Insolvenzrecht in Europa, ZZP 114 (2001), 133; *ders.,* Der deutsch-englische Justizkonflikt – Kompetenzkonflikte im internationalen Insolvenzrecht, FS Heldrich, 2005, S. 679; *ders.,* Probleme der Internationalen Zuständigkeit und des forum shopping aus deutscher Sicht, in: Gottwald (Hrsg), Europäisches Insolvenzrecht, 2008, S. 1 ff.; *U. Huber,* Inländische Insolvenzverfahren über Auslandsgesellschaften nach der Europäischen Insolvenzverordnung, FS Gerhardt, 2004, S. 397; *Israel,* European Cross-Border Insolvency Regulation, 2005; *J. Kemper,* Die Verordnung (EG) Nr 1346/2000 über Insolvenzverfahren, ZIP 2001, 1609; *Keggenhoff,* Internationale Zuständigkeit bei grenzüberschreitenden Insolvenzverfahren, Der Mittelpunkt der hauptsächlichen Interessen gemäß Art. 3 Abs. 1 EuInsVO bei Gesellschaften und juristischen Personen, 2006; *Kindler,* Internationales Insolvenzrecht, in MünchKommBGB, Bd. 11, Internationales Wirtschaftsrecht, 5. Aufl., 2010, S. 364 ff.; *ders.,* Hauptfragen der Reform des Europäischen Internationalen Insolvenzrechts, KTS 2014, 25; *Th. Klicka,* Einstweiliger Rechtsschutz zur Sicherung der Insolvenzmasse im europäischen Rechtsverkehr, FS Beys, 2003, S. 721; *Klockenbrink,* Die Gläubigerstellung unter dem Einfluss der EuInsVO und dem deutschen internationalen Insolvenzrechts, 2008; *Klöhn,* Statische oder formale Lebenssachverhalte als „Interessen" iS des Art. 3 I 1 EuInsVO?, NZI 2006, 383; *ders.,* Verlegung des Mittelpunkts der hauptsächlichen Interessen iSd Art. 3 Abs. 1 S 1 EuInsVO vor Stellung des Insolvenzantrages, KTS 2006, 259; *Knof,* Europäisches Insolvenzrecht und Schuldbefreiungs-Tourismus, ZInsO 2005, 1017; *Kolmann,* Europäisches internationales Insolvenzrecht – Die Verordnung (EG) Nr 1346/2000 über Insolvenzverfahren, European Legal Forum 2002, 167; *ders.,* Kooperationsmodelle im internationalen Insolvenzrecht, 2001 (§ 6); *ders.,* Werkstattbericht zu international-insolvenzrechtlichen Fragestellungen im BenQ-Fall, FS Spiegelberger, 2009; *Kompat,* Die neue

§ 131 Kapitel XIV. Internationales Insolvenzrecht

Europäische Insolvenzverordnung, 2006; *Krebber,* Europäische Insolvenzverordnung, Drittstaatengesellschaften und innergemeinschaftliche Konflikte, IPRax 2004, 540; *Kübler,* Der Mittelpunkt der hauptsächlichen Interessen nach Art. 3 Abs 1 EuInsVO, FS Gerhardt, 2004, S. 527; *Kuntz,* Die Insolvenz der limited mit deutschem Verwaltungssitz, NZI 2005, 424; *Laukemann,* Rechtshängigkeit im europäischen Insolvenzrecht, RIW 2005, 104; *ders.,* Der ordre public im europäischen Insolvenzverfahren, IPrax 2012, 207; *M. Lauterfeld,* „Centros" and the EC Regulation on Insolvency Proceedings, EurBLRev 2001, 79; *Lehr,* Die neue EU-Verordnung über Insolvenzverfahren und ihre Auswirkungen für die Unternehmenspraxis, KTS 2000, 577; *Leible/Staudinger,* Die europäische Verordnung über Insolvenzverfahren, KTS 2000, 533; *Leipold,* Zuständigkeitslücken im neuen Europäischen Insolvenzrecht, FS Ishikawa, 2001, S. 221; *Leutheusser-Schnarrenberger,* Dritte Stufe der Insolvenzrechtsreform – Entwurf eines Gesetzes zur Erleichterung der Bewältigung von Konzerninsolvenzen, ZIP 2013, 97; *Liersch,* Sicherungsrechte im internationalen Insolvenzrecht, 2001; *Limbach,* Nichtberechtigung des Dritten zum Empfang einer der Insolvenzmasse zustehenden Leistung: Zuständigkeit, Qualifikation und Berücksichtigung relevanter Vorfragen, IPrax 2012, 320; *V. Lorenz,* Annexverfahren bei internationalen Insolvenzen, 2005; *Lüer,* Art. 3 Abs 1 EuInsVO – Grundlage für ein europäisches Konzerninsolvenzrecht oder Instrumentarium eines „Insolvenz-Imperialismus"?, FS Greiner, 2005, S. 201; *Mankowski,* Grenzüberschreitender Umzug und das center of main interests im Europäischen internationalen Insolvenzrecht, NZI 2005, 368; *ders.,* Klärung von Grundfragen des europäischen Internationalen Insolvenzrechts durch die Eurofood-Entscheidung?, BB 2006, 1753; *ders.,* Keine „Litispendenzsperre" unter der EuInsVO, KTS 2009, 453; *ders.,* Zulässigkeit von Sonderzahlungen zur Vermeidung eines Sekundärinsolvenzverfahrens – MG Rover, NZI 2006, 416; *ders.,* Verträge über unbewegliche Gegenstände im europäischen internationalen Insolvenzrecht (Art. 8 EuInsVO), FS Jörg, 2010, S. 273; *ders.,* Gläubigerstrategien zur Fixierung des schuldnerischen Cetre of Main Interests (COMI), ZIP 2010, 1376; *ders.,* EuInsVO und Schiedsverfahren, ZIP 2010, 2478; *Marshall,* European Cross Border Insolvency (Stand: Mai 2007); *Martini,* Die Europäische Insolvenzordnung vom 29.5.2000 und die Rechtsfolgen für die Praxis, ZInsO 2002, 905; *W. McBryde/A. Flessner,* Principles of European Insolvency Law, 2003; *Meyer-Löwy/Poertzgen,* Eigenverwaltung (§§ 270 ff. InsO) löst Kompetenzkonflikt nach EuInsVO, ZInsO 2004, 195; *Meyer-Löwy/Plank,* Entbehrlichkeit des Sekundärinsolvenzverfahrens bei flexibler Verteilung der Insolvenzmasse im Hauptinsolvenzverfahren, NZI 2006, 622; *Mock/Schildt,* Insolvenz ausländischer Kapitalgesellschaften mit Sitz in Deutschland, in Hirte/Bücker, Grenzüberschreitende Gesellschaften (§ 16), 2005, S. 468; *Mock,* Handlungsoptionen bei ausufernden Sekundärinsolvenzverfahren, ZInsO 2009, 895; *ders.,* Internationale Restschuldbefreiung, KTS 2013, 423; *Mörsdorf-Schulte,* Internationaler Gerichtsstand für Insolvenzanfechtungsklagen im Spannungsfeld von EuInsVO, EuGVÜ/VO und autonomem Recht und seine Überprüfbarkeit durch den BGH, IPRax 2004, 31; *Morscher,* Die europäische Insolvenzverordnung, 2002; *G. Moss/I. Fletcher/St. Isaacs,* The EC Regulation on Insolvency Proceedings, 2002; Mohrbutter/Ringstmeier/*Wenner,* Handbuch der Insolvenzverwaltung, 9. Aufl. 2014 (§ 20); *Niggemann/Blenske,* Die Auswirkungen der Verordnung (EG) Nr. 1346/2000 auf den deutsch-französischen Rechtsverkehr, NZI 2003, 471; *Oberhammer,* Europäisches Insolvenzrecht in praxi, ZInsO 2004, 761; *ders.,* Zur internationalen Anfechtungsbefugnis des Sekundärverwalters nach der Europäischen Insolvenzverordnung, KTS 2008, 271; *ders.,* Von der EuInsVO zum europäischen Insolvenzrecht, KTS 2009, 27; *ders.,* Im Holz sind Wege: EuGH SCT ./. Alpenblume und der Insolvenztatbestand des Art. 1 Abs. 2 lit. b) EuGVVO, IPrax 2010, 317; *P. Omar,* Genesis of the European Initiative in Insolvency Law, IntInsolRev 12 (2003), 147; *Pannen,* Aspekte der europäischen Konzerninsolvenz, ZInsO 2014, 222; *ders./Kühnle/Riedemann,* Die Stellung des deutschen Insolvenzverwalters in einem Insolvenzverfahren mit europäischem Auslandsbezug, NZI 2003, 72; *Pannen/Riedemann,* Die deutschen Ausführungsbestimmungen zur EuInsVO, NZI 2004, 301; *dies.,* Die englische „Ltd." mit Verwaltungssitz in Deutschland in der Insolvenz, MDR 2005, 496; *Paulus,* Änderungen des deutschen Insolvenzrechts durch die europäische Insolvenzverordnung, ZIP 2002, 729; *ders.,* Die europäische Insolvenzverordnung und der deutsche Insolvenzverwalter, NZI 2001, 505; *ders.,* Zuständigkeitsfragen nach der europäischen Insolvenzverordnung, ZIP 2003, 1725; *ders.,* Das inländische Parallelverfahren nach der europäischen Insolvenzverordnung, EWS 2002, 497; *ders.,* Über den Einfluss des europäischen Insolvenzrechts auf das deutsche Insolvenzwesen, FS Kreft, 2004, S. 469; *ders.,* EuInsVO, 4. Aufl. 2013; *ders.,* Der EuGH und das moderne Insolvenzrecht, NZG 2006, 609; *ders.,* Anfechtungsklagen in grenzüberschreitenden Insolvenzverfahren, ZInsO 2006, 295; *ders.,* Die EuInsVO – wo geht die Reise hin? NZI 2008,

1; *ders.*, Das englische Scheme of Arrangement, ZIP 2011, 1077; *ders.*, EuInsVO: Änderungen am Horizont und ihre Auswirkungen; *Penzlin/Riedemann,* Klarstellung der Befugnisse englischer Hauptinsolvenzverwalter – MG Rover II, NZI 2005, 515; *Petrovic,* Die rechtliche Anerkennung von Solvent Schemes of Arrangement in Deutschland, ZInsO 2010, 265; *Piekenbrock,* Der Anwendungsbereich der EuInsVO de lege ferenda, ZIP 2014, 250; *Poertzgen/Adam,* Die Bestimmung des „centre of main interests" gem. Art. 3 Abs 1 EuInsVO, ZInsO 2006, 505; *Pogacar,* Rechte und Pflichten des Hauptverwalters im Sekundärverfahren, NZI 2011, 46; *Prager/Keller,* Die Einrede des Art. 13 EuInsVO, NZI 2011, 697; *dies.*, Anerkennung deutscher Postsperren im Vereinigten Königreich, NZI 2012, 829; *dies.*, Der Vorschlag der Europäischen Kommission zur Reform der EuInsVO, NZI 2013, 57; *Probst,* Die internationale Zuständigkeit zur Eröffnung von Insolvenzverfahren im europäischen Insolvenzrecht, 2008; *Prütting,* Praktische Fälle nach der EuInsVO, in: Ehricke, Insolvenzrecht 2003, S. 59; *Reinhart,* Die Bedeutung der EuInsVO im Insolvenzeröffnungsverfahren – Verfahren bei internationaler Zuständigkeit nach Art. 102 EGInsO, NZI 2009, 73; *ders.*, Die Bedeutung der EuInsVO im Insolvenzeröffnungsverfahren – Besonderheiten paralleler Eröffnungsverfahren, NZI 2009, 201; *Ringe,* Insolvenzanfechtungsklagen im System des europäischen Zivilverfahrensrecht, ZInsO 2006, 700; *Rossbach,* Europäische Insolvenzverwalter in Deutschland, 2006; *S. Rugullis,* Litispendenz im Europäischen Insolvenzrecht, 2002; *Sabel,* Hauptsitz als Niederlassung im Sinne der EuInsVO?, NZI 2004, 126; *Saenger/Klockenbrink,* Anerkennungsfragen im internationalen Insolvenzrecht gelöst?, EuZW 2006, 621; *dies.*, Neue Grenzen für ein forum shopping des Insolvenzschuldners?, DZWiR 2006, 183; *Schemmer,* Die Verlegung des centre of main interests (COMI) im Anwendungsbereich der EuInsVO, NZI 2009, 355; *Schilling/Schmidt,* COMI und vorläufiger Insolvenzverwalter – Problem gelöst?, ZInsO 2006, 113; *Schilling/Schwerdtfeger,* Innerstaatlicher Rechtsschutz gegen die Eröffnung eines Hauptinsolvenzverfahrens nach Art. 3 Abs. 1 EuInsVO in Deutschland, DZWir 2005, 370; *Schmiedeknecht,* Der Anwendungsbereich der Europäischen Insolvenzverordnung und die Auswirkungen auf das deutsche Insolvenzrecht, 2004; *Schmidt,* Perpetuation fori im europäischen internationalen Insolvenzrecht, ZInsO 2006, 99; *ders.*, Eurofood – Eine Leitentscheidung und ihre Rezeption in Europa und den USA, ZIP 2007, 405; *Schmollinger,* Der Konzern in der Insolvenz, 2013; *Schmüser,* Das Zusammenspiel zwischen Haupt- und Sekundärinsolvenzverfahren nach der EuInsVO, 2009; *Schwarz,* Insolvenzverwalterklagen bei eigenkapitalersetzenden Gesellschafterleistungen nach der Verordnung (EG) Nr 44/2001 (EuGVVO), NZI 2002, 290; *ders.*, International-zivilverfahrensrechtliche Probleme grenzüberschreitender Kapitalersatzklagen, FS 600 Jahre Würzburger Juristenfakultät, 2002, S. 503; *Schweuner,* Die Verlegung des Centre of main interests (COMI) im Anwendungsbereich der EuInsVO, NZI 2009, 355; *Siemonsen,* Die deutschen Ausführungsvorschriften zur Europäischen Insolvenzverordnung, 2009; *Smid,* Europäisches Internationales Insolvenzrecht, 2002; *ders.*, Deutsches und Europäisches Internationales Insolvenzrecht, 2004; *ders.*, Grenzüberschreitende Insolvenzverwaltung in Europa, FS Geimer, 2002, S. 1215; *ders.*, Judikatur zum Internationalen Insolvenzrecht, DZWiR 2004, 397; *ders.*, EuGH zu „Eurofood", BGH zur internationalen Zuständigkeit: Neueste Judikatur zur EuInsVO, DZWiR 2006, 325; *K. Staak,* Der deutsche Insolvenzverwalter im europäischen Insolvenzrecht, 2004; *ders.*, Mögliche Probleme im Rahmen der Koordination von Haupt- und Sekundärinsolvenzverfahren nach der Europäischen Insolvenzverordnung, NZI 2004, 486; *V. Starace,* La disciplina comunitaria delle procedure di insolvenza, Riv. dir. intern. 85 (2002), 295; *Stehle,* Die Stellung des Vollstreckungsgläubigers bei grenzüberschreitenden Insolvenzverfahren in der EU, 2007; *Strobel,* Die Abgrenzung zwischen EuGVVO und EuInsVO im Bereich insolvenzbezogener Entscheidungen, 2006; *Thole,* Gläubigerschutz durch Insolvenzrecht, 2009, § 10 = S. 761 ff.; *ders.*, Die internationale Zuständigkeit für insolvenzrechtliche Anfechtungsklagen, ZIP 2006, 1383; *ders.*, Negative Feststellungsklagen, Insolvenztorpedos und EuInsVO, ZIP 2012, 605; *Thole/Swierczok,* Der Kommissionsvorschlag zur Reform der EuInsVO, ZIP 2013, 550; *Tirado,* Die Anwendung der Europäischen Insolvenzverordnung durch die Gerichte der Mitgliedstaaten, GPR 1/2005, 39; *Vallender,* Die Voraussetzungen für die Einleitung eines Sekundärinsolvenzverfahrens nach der EuInsVO, InVO 2005, 41; *ders.*, Die Aussetzung der Verwertung nach Art. 33 EuInsVO in einem deutschen Sekundärinsolvenzverfahren, FS Kreft, 2004, S. 565; *ders.*, Aufgaben und Befugnisse des deutschen Insolvenzrichters in Verfahren nach der EuInsVO, KTS 2005, 283; *ders.*, Die Insolvenz von Scheinauslandsgesellschaften, ZGR 2006, 425; *ders.*, Gerichtliche Kommunikation und Kooperation bei grenzüberschreitenden Insolvenzverfahren im Anwendungsbereich der EuInsVO – eine neue Herausforderung für Insolvenzgerichte, KTS 2008, 59; *ders.*, Zugang ausländischer Insolvenzverwalter zur Vorauswahlliste deutscher Insolvenzgerichte nach Art. 102a EuInsVO ZIP 2011, 454; *Vallens/ Dammann,* Die Problematik der Behandlung von Konzerninsolvenzen nach der EuInsVO, NZI 2006, 29; *Van Galen,* How to use the European Insolvency Regulation, 2005; *Verhoeven,* Ein Konzerninsolvenzrecht für Europa – Was lange währt, wird endlich gut?, ZInsO 2012, 2369; *Virgós/ Garcimartín,* The European Insolvency Regulation: Law and Practice, 2004; *Vogler,* Die internationale Zuständigkeit für Insolvenzverfahren, 2004; *Vormstein,* Zuständigkeit bei Konzerninsolvenzen, 2005; *Wais,* Internationale Zuständigkeit bei gesellschaftsrechtlichen Ansprüchen aus Geschäftsführerhaftung, IPRax 2011, 138; *Wienberg/Sommer,* Anwendbarkeit im deutschen Eigenkapitalersatzrecht auf EU-Kapitalgesellschaften am Beispiel eines Praktikularinsolvenzverfahrens, NZI 2005, 353; *S. Wehdeking,* Reform des Internationalen Insolvenzrechts in Deutschland und Österreich, DZWIR 2003, 133; *Weller,* Forum Shopping im Internationalen Insolvenzrecht?, IPRax 2004, 412; *ders.,* Die intertemporale Behandlung der Insolvenzverschleppungshaftung beim Insolvenzstatutenwechsel, FS Ganter, 2010, S. 439; *B. Wessels,* Current Developments Towards International Insolvencies in Europe, IntInsolvRev 13 (2004), 43; *ders.,* International Insolvency Law, 2006; *ders./ Virgós,* European Communication & Cooperation Guidelines for Cross-border Insolvency, 2007; *Westphal/Götker/Wilkens,* Grenzüberschreitende Insolvenzen, 2008; *Wimmer,* Die EU-Verordnung zur Regelung grenzüberschreitender Insolvenzverfahren, NJW 2002, 2427; *ders.,* Die Verordnung (EG) Nr. 1346/2000 über Insolvenzverfahren, ZInsO 2001, 97; *ders.,* Einpassung der EU-Insolvenzverordnung in das deutsche Recht durch das Gesetz zur Neuregelung des Internationalen Insolvenzrechts, FS Kirchhof, 2003, S. 521; *ders./Knapp,* Die Sanierung deutscher Gesellschaften über ein englisches Scheme of Arrangement, ZIP 2011, 2033; *Wolf,* Der europäische Gerichtsstand bei Konzerninsolvenzen, 2012; *Zeuner/Elsner,* Die internationale Zuständigkeit der Anfechtungsklage oder die Auslegung des Art. 1 II lit b EuGVO, DZWiR 2008, 1.

2. Zum europäischen Insolvenzübereinkommen: Text des Übereinkommens abgedruckt in ZIP 1996, 976 sowie in: *Stoll,* Vorschläge und Gutachten, 1997, S. 3. *Balz,* Das neue europäische Insolvenzübereinkommen, ZIP 1996, 948; *ders.,* The European Union Convention on Insolvency Proceedings, AmBankruptcy L.J. 70 (1996), 485; *Bogdan,* The EU Bankruptcy Convention, IntInsolvRev 6 (1997), 114; *A. Flessner,* Internationales Insolvenzrecht in Europa, FS Heinsius, 1991, S. 111; *ders.,* Internationales Insolvenzrecht in Deutschland nach der Reform, IPRax 1997, 1; *ders.,* Dingliche Sicherungsrechte nach dem europäischen Insolvenzübereinkommen, FS Drobnig, 1998, S. 277; *ders.,* Das künftige internationale Insolvenzrecht im Verhältnis zum Europäischen Insolvenzübereinkommen, in: Stoll, Vorschläge und Gutachten zur Umsetzung des EU-Übereinkommens über Insolvenzverfahren, 1997, S. 297; *Fletcher,* Insolvency in private international law, 1999, S. 246 ff.; *Funke,* Das Übereinkommen über Insolvenzverfahren, InVo 1996, 170; *J. Garrido,* Some reflections on the EU Bankruptcy Convention and its Implications for Secured and Preferential Creditors, IntInsolRev 7 (1998), 79; *D. Girsberger,* Kreditsicherheiten im Lichte der neueren Europäischen Insolvenzübereinkommen, in: Gegenwartsfragen des liechtensteinischen Privat- und Wirtschaftsrechts, 1998, S. 183; *P. Gottwald,* Grenzüberschreitende Insolvenzverfahren, 1997; *K. Hasselbach,* Insolvenzprivilegien für Kreditinstitute bei Zahlungssystemen?, ZIP 1997, 1491; *A. Herchen,* Das Übereinkommen über Insolvenzverfahren der Mitgliedstaaten der Europäischen Union vom 23.11.1995, 2000; *N. Kayser,* A study of the European Convention on Insolvency Proceedings, IntInsolRev 7 (1998), 95; *H.-P. Kirchhof,* Grenzüberschreitende Insolvenzen im Europäischen Binnenmarkt, WM 1993, 1364 u 1401; *Lüer,* Europäisches Übereinkommen über den Konkurs, AnwBl 1994, 444; *W. Lüke,* Das europäische internationale Insolvenzrecht, ZZP 111 (1998), 275; *ders.,* Europäisches Zivilverfahrensrecht – das Problem der Abstimmung zwischen EuInsÜ und EuGVÜ, FS Schütze, 1999, S. 467; *Meili,* Moderne Staatsverträge über das internationale Konkursrecht, 1907; *Potthast,* Probleme eines Europäischen Konkursübereinkommens, 1995; *Rajak,* European Cross Border Insolvency Developments, in: Rajak/Horrocks/Bannister, European Corporate Insolvency, 2d ed 1995, S. 1; *St. Smid,* Das deutsche internationale Insolvenzrecht und das Europäische Insolvenz-Übereinkommen, DZWir 1998, 10; *A. Spahlinger,* Sekundäre Insolvenzverfahren bei grenzüberschreitenden Insolvenzen, 1998; *H. Stoll,* Vorschläge und Gutachten zur Umsetzung des EU-Übereinkommens über Insolvenzverfahren im deutschen Recht, 1997; *Strub,* Das europäische Konkursübereinkommen, EuZW 1996, 71; *Stummel,* Konkurs und Integration, 1991, S. 44; *Taupitz,* Das europäische internationale Insolvenzrecht, ZZP 111 (1998), 315; *Virgos/Schmit,* Bericht zum europäischen Übereinkommen, in H. Stoll, Vorschläge und Gutachten, 1997, S. 32; *Weinbörner,* Die neue Insolvenzordnung und das EU-Übereinkommen über Insolvenzverfahren, Rpfleger 1996, 494; *v. Wilmowsky,* Sicherungsrechte im Europäischen Insolvenzübereinkommen, EWS 1997, 295; *K. Wimmer,* Die Besonderheiten von Sekundärinsolvenzverfahren unter besonderer Berücksichtigung des Europäischen Insolvenzübereinkommens, ZIP 1998, 982; *Woodland,* National Report on EC Law – Cross-Border Bankruptcy in the light of the European Community, in The International Symposium on Civil Justice, Tokyo 1993, S. 443; *Wunderer,* Auswirkungen des Europäischen Übereinkommens über Insolvenzverfahren auf Bankgeschäfte, WM 1998, 793.

3. Banken- und Versicherungsrichtlinien: *J.-H. Binder,* Bankeninsolvenzen im Spannungsfeld zwischen Bankaufsichts- und Insolvenzrecht, 2005; *E. Galanti,* The new EC law on bank crisis, IntInsolRev 11 (2002), 49; *Gottwald,* Bankinsolvenzen im Europäischen Wirtschaftsraum, FS Georgiades, 2005, S. 823; *Hasselbach,* Insolvenzprivilegien für Kreditinstitute bei Zahlungssystemen?, ZIP 1997, 1491; *Huber,* Bankkrisen und neues Insolvenzrecht, ZBB 1998, 193; *E. Hupkes,* The Legal Aspects of Bank Insolvency, 2000, S. 164 ff.; *Keller,* Die Wertpapiersicherheit im Gemeinschaftsrecht, BKR 2002, 347; *Kollhosser/Goos,* Das neue Insolvenzrecht im Versicherungsaufsichtsrecht, FS Gerhardt, 2004, S. 487; *Linden,* Besonderheiten des Bankinsolvenzrechts, ZInsO 2008, 583; *G. Moss/I. Fletcher/St. Isaacs,* The EC Regulation on Insolvency Proceedings, 2002 (Part 7); *Moss/Wessels* (Hrsg), EU Banking and Insurance Insolvency, 2006; *Pannen,* Krise und Insolvenz bei Kreditinstituten, 3. Aufl., 2009; *ders.,* Das europäische internationale Insolvenzrecht für Kreditinstitute. Ein Überblick zu den Regelungen der Bankkrisenrichtlinie und den deutschen Umsetzungsnormen, in: Moll (Hrsg), Festschrift für Lüer, 2008, S. 432; *Ch. Paulus,* Banken und Insolvenz, ZBB 2002, 492; *Ruzik,* Finanzmarktintegration durch Insolvenzrechtsharmonisierung, 2010; *Schefold,* Anerkennung von Banksanierungsmaßnahmen im EWR-Bereich, IPRax 2012, 66; *Stürner,* Die europäische Sanierungs- und Liquidationsrichtlinie für Banken und die deutschen Hypothekenbanken, FS H.-P. Kirchhof, 2003, S. 467; *ders.,* Die Europäische Liquidationsrichtlinie für Banken und ihre Bedeutung für das Europageschäft deutscher Pfandbriefbanken am Beispiel Polens, KTS 2005, 269; *Wimmer,* Die Richtlinien 2001/17 EG und 2001/24 EG über die Sanierung und Liquidation von Versicherungsunternehmen und Kreditinstituten, ZInsO 2002, 897.

I. Geschichte und Stand der Insolvenzverordnung

1. Die Bemühungen innerhalb der EG, ein Europäisches Insolvenzübereinkommen abzuschließen, reichen bis in das Jahr 1970 zurück. Ein erster Entwurf, der die Ziele der Einheit und einer europäischen Universalität verwirklichen sollte, wurde 1980 vorgelegt, jedoch schon bald als zu schwierig und unpraktikabel verworfen. Zu Einzelheiten s 3. Aufl. § 129 Rn. 1.

2. Anfang 1990 unternahm der Rat der Europäischen Union einen neuen Anlauf, um ein Europäisches Übereinkommen vorzulegen. Eine Arbeitsgruppe handelte unter dem Vorsitz des Deutschen *Manfred Balz* und legte ein neues Übereinkommen vor, das am 23.11.1995 bereits von zwölf Mitgliedsstaaten gezeichnet wurde (EuInsÜ). Seine Verabschiedung scheiterte an der fehlenden Zustimmung von Großbritannien.[1]

Nachdem inzwischen der Amsterdamer Vertrag der Europäischen Union vom 2.10.1997 in Kraft getreten und danach die justizielle Zusammenarbeit in Zivilsachen in Art. 65 EGV vergemeinschaftet war, wurde der Inhalt des Übereinkommens als Rechtsverordnung des Rates umgesetzt.[2] Ein entsprechender Vorschlag lag dem Rat Justiz und Inneres am 27./28.5.1999 vor, der ihn am 2.12.1999 billigte. Die Verordnung wurde am 29.5.2000 endgültig verabschiedet und trat am 31.5.2002 in Kraft. Am 12.12.2012 legte die Kommission einen Vorschlag zur Reform der EuInsVO vor,[3] dem umfangreiche wissenschaftliche Vorarbeiten und eine Befragung der Fachöffentlich-

---

[1] Vgl. *Fletcher,* S. 298 ff.; *Omar,* IntInsolvRev 12 (2003), 147, 161 ff.; D-/D/C-*Duursma-Kepplinger,* EuInsVO, Geschichte Rn. 6.
[2] Vgl. Bericht des Rates der EU, ZInsO 1999, 222; ferner *Taupitz* ZZP 111 (1998), 315, 322 f; *Tarko* öJZ 1999, 401, 403; *Omar* IntInsolvRev 12 (2003), 147, 163 ff.
[3] COM (2012), 744 final.

keit vorausgegangen waren.[4] Seit dem 5.2.2014 liegt die Legislative Entschließung des Europäischen Parlaments zur Änderung der EuInsVO vor.[5] Am 22.7.2014 schließlich veröffentlichte der Rat seinen weitergehenden Entwurf für eine Neufassung der EuInsVO.[6] Zum Zeitpunkt der Drucklegung war der Gesetzgebungsprozess noch nicht abgeschlossen; auf wesentliche Aspekte der beabsichtigten Änderungen wird gleichwohl im Text hingewiesen.

II. Ziele der Insolvenzverordnung

4   Die EuInsVO will gewährleisten, dass ein Insolvenzverfahren EU-weite Wirkung hat und eventuelle Kompetenzkonflikte gelöst werden können. Auf diese Weise will sie Wettbewerbsverzerrungen beseitigen und zum reibungslosen Funktionieren des Binnenmarktes beitragen (Erwägungsgrund 2). Die EuInsVO enthält zu diesem Zweck einheitliche Regeln über die internationale Zuständigkeit und sieht vor, dass ein Hauptverfahren „automatisch" das gesamte in der EU belegene Vermögen des Schuldners erfasst. Das Universalitätsprinzip gilt aber nur abgeschwächt, da in allen Mitgliedstaaten, in denen der Schuldner eine Niederlassung unterhält, ein Sekundärverfahren oder auch ein selbstständiges Partikularverfahren eröffnet werden kann.[7]

5   Das materielle Insolvenzrecht, insb. das Recht der Kreditsicherung und das Gesellschaftsrecht, wird durch die Verordnung nicht vereinheitlicht. Sie enthält insoweit lediglich einige kollisionsrechtliche Sonderanknüpfungen. Allerdings bemüht sich das EU-Parlament, eine Harmonisierung spezieller Aspekte des Insolvenz- und Gesellschaftsrechts voranzutreiben, indem sie gegenüber der Kommission den Erlass einer Richtlinie zum EU-Gesellschaftsrecht angeregt hat.[8] Ferner veröffentlichte die Kommission am 12.3.2014 eine Empfehlung gemäß Art. 288 AEUV für einen neuen Ansatz im Umgang mit unternehmerischem Scheitern und Unternehmensinsolvenzen.[9] Denn Unterschiede der nationalen Rechte im Hinblick auf präventive Sanierungsverfahren und die Modalitäten der Restschuldbefreiung für redliche Unternehmer würden Kosten und Unsicherheit bei der Bewertung von Investitionsrisiken in einem anderen Mitgliedstaat nach sich ziehen, die Bedingungen für den Zugang zu Krediten fragmentieren und zu unterschiedlichen Insolvenzquoten für die Gläubiger führen. Sie erschweren grenzüberschreitende Sanierungsbemühungen, und ganz allgemein seien sie geeignet, Unternehmen davon abzuhalten, in anderen Mitgliedstaaten zu investieren.[10] In ihrer Empfehlung rät die Kommission den Mitgliedstaaten deshalb, ihre nationalen Rechte im Bereich der *präventiven Sanierungsverfahren* und der *Restschuldbefreiung* für redliche Schuldner zu harmonisieren. Auch diese Empfehlung kann, obschon unverbindlich, den Harmonisierungsmaßnahmen der Kommission im Bereich des Insolvenzrechts zugeordnet werden.[11]

---

[4] Vgl. hierzu *Hess/Oberhammer/Pfeiffer,* European Insolvency Law, Heidelberg-Luxembourg-Vienna Report, 2013; zum Reformvorschlag zB *Kindler* KTS 2014, 25; *Prager/Keller* NZI 2013, 57; *Reinhart* NZI 2012, 304; *Thole* ZeuP 2014, 39; *ders./Swiercok* ZIP 2013, 550; *Albrecht* ZInsO 2013, 1876; *Piekenbrock,* ZIP 2014, 250; *Wimmer* DB 2013, 1343.

[5] Legislative Entschließung des Europäischen Parlaments vom 5.2.2014 zu dem Vorschlag für eine Verordnung des Europäischen Parlaments und des Rates zur Änderung der VO (EG) Nr. 1346/2000 des Rates über Insolvenzverfahren, P7_TA(2014)0093.

[6] Vorschlag für eine Verordnung des Europäischen Parlaments und des Rates zur Änderung der Verordnung (EG) Nr. 1346/2000 des Rates über Insolvenzverfahren, (2012/0360 (COD) lur. JUSTCIV 204 EJUSTICE 66 CODEC 1644).

[7] Vgl. FK/*Wenner/Schuster,* Anhang I Vorbemerkungen Rn. 13; *Foerste,* Rn. 673 f.; D-K/D/C-*Duursma-Kepplinger,* EuInsVO Vorbem Rn. 43 ff. („kontrollierte Universalität").

[8] Vgl. 2011/2006(INI) v 15.11.2011, P7_TA(2011)0484; s hierzu auch IILR 2010, 87 = ZInsO 2011, 1342.

[9] Abrufbar unter http://ec.europa.eu/justice/civil/files/c_2014_1500_de.pdf.

[10] Empfehlung, Erwägungsgrund 4.

[11] S. für eine etwas ausführlichere Darstellung der Empfehlung alsbald *Prager/Keller,* WM 2015.

Die EuInsVO ist losgelöst von den mitgliedstaatlichen Vorschriften einheitlich und *gemeinschaftsrechtlich autonom auszulegen*,[12] um eine einheitliche Anwendung zu gewährleisten.[13] Dies sichert verfahrensrechtlich die Vorlagepflicht der nationalen letztinstanzlichen Gerichte zum EuGH bei Zweifeln über die Auslegung oder Gültigkeit ab (Art. 267 AEUV).[14] Als Auslegungshilfe dienen die in der Präambel vorangestellten 33 Erwägungsgründe mit der dort verankerten Zielsetzung der EuInsVO, ferner die Stellungnahmen des Europäischen Parlaments[15] sowie des Wirtschafts- und Sozialausschusses.[16] Zudem kann auf den Erläuternden Bericht von *Virgós/Schmit* zum nahezu identischen EuInsÜ zurückgegriffen werden, auch wenn dieser nicht den Charakter von Gesetzgebungsmaterialien hat.[17]

III. Anwendungsbereich der Verordnung

1. Sachlicher Anwendungsbereich. *Sachlich* erfasst die EuInsVO grenzüberschreitende Gesamtvollstreckungsverfahren, die eine Insolvenz des Schuldners voraussetzen, einen vollständigen oder teilweisen Vermögensbeschlag gegen den Schuldner zur Folge haben und bei denen ein Fremdverwalter bestellt wird (Art. 1 I EuInsVO), insoweit aber Liquidations- und Vergleichsverfahren.[18] Die erfassten Verfahren und Fremdverwalter sind abschließend[19] in den Anhängen A, B und C aufgeführt. Demzufolge findet nicht die EuInsVO, sondern das autonome internationale Insolvenzrecht Anwendung bei nicht in den Anhängen A und B genannten Verfahren,[20] entscheidet also insbesondere über die Anerkennungsfähigkeit sowie über das anwendbare Recht.

Die Anhänge kann der europäische Gesetzgeber – nach dem Reformvorschlag künftig die Kommission auf Vorschlag der Mitgliedstaaten – in einem vereinfachten Verfahren gem Art. 45 EuInsVO abändern.[21] Ob in den Anhängen aufgelistete Verwalter oder Verfahren den Definitionen der Art. 1 I oder Art. 2 lit a bis c EuInsVO entsprechen, dürfen die Gerichte der einzelnen Mitgliedstaaten auf einer abstrakten Ebene nicht kontrollieren, da andernfalls die mit den Anhängen bezweckte Rechtssicherheit konterkariert würde.[22] Allerdings bleibt eine Überprüfung im konkreten Fall unbenommen, ob zB die von einem deutschen Insolvenzgericht einem vorläufigen Insolvenzverwalter gewährten Befugnisse ausreichen, um ihn als Verwalter iSd Art. 2 lit b EuInsVO qualifizieren zu können, oder ob zB ein Vermögensbeschlag eingetreten ist.

Reine Sequestrationsverfahren oder vorinsolvenzrechtliche Vergleichsverfahren, wie etwa das französische *règlement amiable* sowie das *conciliation,* das englische *creditors voluntary winding up of company* ohne eine gerichtliche Bestätigung, das österreichische Unternehmensreorganisationsverfahren nach dem URG[23] oder auch die deutsche außerge-

---

[12] EuGH NZI 2006, 360, 361.
[13] MüKoBGB/*Kindler,* Vor Art. 1 Rn. 10; MüKoInsO/*Reinhart,* Vor Art. 1 EuInsVO Rn. 23 ff.
[14] Hierzu etwa *Eidenmüller* IPRax 2001, 1, 3. – Zu den Folgen eines Verstoßes gegen die Vorlagepflicht (Art. 101 I 2 GG) vgl. BVerfG NJW 2010, 3422.
[15] ABl EG 2000 Nr. C 346/280.
[16] ABl EG 2000 Nr. C 75/1.
[17] Ebenso *Virgós/Garcimartín,* Regulation, 4, 7; *Wessels,* International Insolvency Law, Rn. 10439.
[18] *Balz* AmBankrLJ 70 (1996), 485, 498 ff.; *Smid,* Kap 2 Rn. 16 ff.
[19] EuGH Rs C-116/11 *(Bank Handlowy)* NZI 2013, 106 Rn. 33; Rs C-461/11 *(Radziejewski)* Rn. 24; kritisch Mohrbutter/Ringstmeier/*Wenner,* Rn. 172; zu Nachlassinsolvenzverfahren AG Köln NZI 2011, 159; AG Düsseldorf ZInsO 2012, 1278; *Mankowski* ZIP 2011, 1501.
[20] LAG Düsseldorf NZI 2011, 874, zust. Anm. *Mankowski.*
[21] Durch die EU-Erweiterung bedingte Änderungen erfolgten durch VO (EG) Nr 603/2005 v 12.4.2005, ABl 2005 Nr L 100, S. 1, durch VO (EG) Nr 694/2006 v 27.4.2006, ABl 2006 Nr L 121, S. 1., durch VO (EG) Nr 788/2008 vom 24.7.2008, ABl 2008 Nr L 213 S. 1, zuletzt durch VO (EG) Nr 583/2011 v 9.6.2011, ABl 2011 Nr L 160, S. 52.
[22] EuGH Rs C-461/11 *(Radziejewski)* EuZW 2013, 72 Rn. 24; Pannen-*Pannen,* EuInsVO Art. 1 Rn. 10; aA *Eidenmüller* ECFR 6 (2009), 1, 22.
[23] D-K/D/C-*Duursma-Kepplinger,* EuInsVO Vorbem Rn. 28.

richtliche Schuldenbereinigung gem §§ 305, 305a InsO unterfallen der EuInsVO nicht, anders als beispielsweise das vereinfachte Insolvenzverfahren für Verbraucher, der gerichtlich bestätigte Schuldenbereinigungsplan (§ 308 I InsO) sowie die Insolvenz in Eigenverwaltung gem §§ 270ff. InsO.[24]

10 Nach dem *Reformvorschlag der Kommission* sollen künftig durch eine Änderung des Art. 1, des Anhang A und der Einfügung des Erwägungsgrundes 9a in den Anwendungsbereich der EuInsVO auch *vorinsolvenzliche Sanierungsverfahren* und *Verfahren der Eigenverwaltung* einbezogen werden. Die Kommission begründet diese Änderung wie folgt: Das Problem mit vorinsolvenzlichen Sanierungsverfahren und Verfahren der Eigenverwaltung sei deren bislang fehlende Anerkennungsfähigkeit. Das führe dazu, dass widerspenstige Auslandsgläubiger des Schuldners die Sanierung blockieren und versuchen könnten, auf in ihrem Mitgliedstaat belegenes Schuldnervermögen zuzugreifen. Grundsätzlich sanierungswillige Auslandsgläubiger würden durch die fehlende Anerkennungsfähigkeit von der Mitwirkung abgehalten. Ferner nennt die Kommission als Argument, dass mit dieser Änderung eine Harmonisierung der EuInsVO mit dem UNCITRAL-Modellgesetz einträte. Mit der Annahme dieses Änderungsvorschlages würden zugleich eine größere Anzahl von Insolvenzverfahren natürlicher Personen von der EuInsVO erfasst. Ausdrücklich nicht erfasst werden sollen dagegen vertrauliche Sanierungsverfahren, denen lediglich eine mehrseitige privatautonome Vereinbarung zwischen Gläubigern und Schuldner zu Grunde liegt. Demzufolge soll gemäß dem Vorschlag des Rates die reformierte EuInsVO nur *öffentliche Verfahren* erfassen (Art. 1 Abs. 1 S. 1 RE-EuInsVO). Der Rat hat zudem bereits den Entwurf einer Durchführungsverordnung zur EuInsVO vorgelegt, die den Inhalt des neuen Anhangs A enthält.[25] Das englische *Scheme of Arrangement* ist darin nicht enthalten, so dass es künftig in solchen Fällen als Gestaltungsinstrument zur Verfügung stehen könnte, in denen der Schuldner seinen COMI zuvor nicht im, aber ausreichenden Bezug zum Vereinigten Königreich hat.

11 **2. Persönlicher Anwendungsbereich.** In den *persönlichen Anwendungsbereich* der EuInsVO fallen juristische Personen des Privatrechts wie natürliche Personen, Kaufleute ebenso wie Nicht-Kaufleute und Verbraucher. Die Verordnung ist aber nicht anwendbar auf Insolvenzverfahren gegen Kreditinstitute, Versicherungsunternehmen, Wertpapierfirmen sowie Organismen für gemeinsame Anlagen (Art. 1 II EuInsVO).[26] Welche Institutionen diese Bereichsausnahme im Einzelnen erfassen soll, lässt sich nur durch einen Rückgriff auf die einschlägigen EU-Richtlinien ermitteln.[27] Diese enthalten teilweise besondere Leitlinien zur Insolvenzabwicklung (→ Rn. 138ff.), welche die Mitgliedstaaten in ihr autonomes Recht umzusetzen haben.[28]

12 **3. Zeitlicher Anwendungsbereich.** Die EuInsVO gilt für alle nach dem 31.5.2002 eröffneten Verfahren (Art. 43, 47 EuInsVO), und zwar auch in den seither neu beigetretenen Ländern Mittel- und Süd-Osteuropas.[29]

13 **4. Sachlich-(Räumlicher) Anwendungsbereich. a)** Die EuInsVO gilt unmittelbar und vollumfänglich in allen EU-Mitgliedstaaten, einschließlich Großbritannien,

---

[24] MüKoBGB/*Kindler*, Art. 1 Rn. 7 und 10; aA D-K/D/C-*Duursma-Kepplinger*, EuInsVO, Art. 1 Rn. 29.
[25] Abrufbar unter http://register.consilium.europa.eu/doc/srv?l=DE&f=ST%209157%202014%20INIT. In diesem Dokument enthalten sind auch die Entwürfe des Rats für die Anhänge B und C.
[26] Zur genauen Abgrenzung vgl. FK/*Wenner/Schuster*, Anhang I Art. 1 EuInsVO Rn. 5f.; D-K/D/C-*Duursma-Kepplinger*, EuInsVO Art. 1 Rn. 42ff.
[27] Übersicht bei Pannen-*Pannen,* EuInsVO, Art. 1 Rn. 23.
[28] *Wessels* InternInsolRev 13 (2004), 43, 50; kritisch zur Umsetzung Andres/Leithaus-*Dahl,* vor § 335 Rn. 19.
[29] Zum Umgang mit einem Insolvenzverfahren, welches in einem Beitrittsland vor dem Beitritt eröffnet wurde, vgl. EuGH ZIP 2012, 1815 *(Erste Bank).*

Irland sowie der Beitrittsstaaten, allerdings nicht in Dänemark, welches sich nicht an der EuInsVO beteiligt hat (Erwägungsgrund 33). Die ursprünglich beabsichtigte Vereinbarung einer identischen Regelung mit Dänemark kam bislang nicht zustande. In den Staaten des Europäischen Wirtschaftsraums, die kein Mitglied der EU sind, gilt die EuInsVO ebenfalls nicht. Allerdings gibt es Überlegungen, nach dem Vorbild des Lugano-Übereinkommens eine Schwesterkonvention zu schaffen.[30]

b) Die Anwendbarkeit der EuInsVO setzt in *sachlich-räumlicher Hinsicht* zudem voraus, **14** dass der Mittelpunkt der hauptsächlichen Interessen des Schuldners in der EU (ohne Dänemark) liegt (Erwägungsgrund 14) und damit gem. Art 3 I EuInsVO die internationale Zuständigkeit für die Eröffnung des Hauptverfahrens besteht. Dies kann auch dann der Fall sein, wenn der satzungsmäßige Sitz außerhalb der EU liegt, sofern die Vermutung des Art. 3 I 2 EuInsVO widerlegt werden kann.[31] Liegt der „Mittelpunkt" in einem Drittstaat (einschließlich Dänemark), findet die EuInsVO keine Anwendung.[32]

Woraus sich ein grenzüberschreitender Bezug ergibt, ist gleichgültig. Der Schuldner **15** kann Auslandsvermögen oder eine Auslandsniederlassung haben, oder ein Teil seiner Gläubiger oder seiner Schuldner kann ihren Wohnsitz/Sitz im Ausland haben.[33] Es genügt bereits, wenn der Interessenmittelpunkt vom statuarischen Sitzungssitz abweicht, wie es bei Scheinauslandsgesellschaften regelmäßig der Fall ist.

Die EuInsVO gilt unmittelbar und vollumfänglich im Verhältnis zwischen den EU- **16** Mitgliedsstaaten mit Ausnahme von Dänemark; sie kann Drittstaaten nicht binden. Daraus wollen manche ableiten, dass sich der sachlich-räumliche Anwendungsbereich aber auf EU-Mitgliedstaaten beschränkt und die Verordnung Vermögen, das ein europäischer Schuldner in Drittstaaten hat, überhaupt nicht erfasst.[34] Ein Bezug zu einem weiteren Mitgliedsstaat (sog *qualifizierter Auslandsbezug bzw Binnenmarktbezug*)[35] ist für die Anwendbarkeit der EuInsVO jedoch nicht erforderlich; der Bezug zu einem Drittstaat genügt.[36] Hierfür spricht die herrschende Sichtweise zur Parallel-Verordnung für die gerichtliche Zuständigkeit und Anerkennung und Vollstreckung von Entscheidungen in Zivil- und Handelssachen (EuGVVO),[37] für deren Anwendbarkeit ebenfalls kein Bezug zu einem anderen EU-Staat erforderlich ist.[38] Die Gegenansicht hätte zur Folge, dass

---

[30] Vgl. hierzu *Rodríguez* IILR 2011, 423, 430 f.
[31] Re BRAC [2003] 2 All E.R. 201 (Delaware company – centre of main interest in the UK) = EWiR 2003, 848 *(Westphal/Wilkens)*; *Wessels* IntInsolvRev. 13 (2004), 43, 44; *Herchen* ZInsO 2003, 742, 743 ff.; *ders.* ZInsO 2004, 830; *Krebber* IPRax 2004, 540; High Court Leeds ZIP 2004, 1769 („Ci4net").
[32] BerlK-*Pannen*, Art. 1 EuInsVO Rn. 6; *Leible/Staudinger* KTS 2000, 533, 538.
[33] Vgl. D-K/D/C-*Duursma-Kepplinger*, EuInsVO Art. 1 Rn. 5; *Geimer/Schütze-Huber*, EuInsVO, Art. 1 Rn. 16: AG Hamburg ZInsO 2006, 1006; aA *Paulus* NZI 2001, 505, 508 f. (Schuldnervermögen im Ausland erforderlich).
[34] *Balz* AmBankrLJ 70 (1996), 485, 497; *Smid*, Kap 2 Rn. 25, 27; *Martini* ZInsO 2002, 905, 907; *Paulus* NZI 2001, 505, 507; D-K/D/C-*Duursma-Kepplinger*, EuInsVO Vorbem Rn. 30, Art. 1 Rn. 3, 54f; KPB/*Paulus*, Vor §§ 335–358 Rn. 12 f; *Ehricke/Ries* JuS 2003, 313 f.; *Eidenmüller* IPRax 2001, 2, 5; *Westphal/Wilkens* EWiR 2004, 847, 848.
[35] MüKoBGB/*Kindler*, Art. 1 Rn. 28 ff. mwN.
[36] *Nagel/Gottwald*, § 20 Rn. 33; *Ludwig*, S. 43; *Huber* ZZP 114 (2001), 133, 138; *Geimer/Schützeders.*, EuInsVO, Art. 1 Rn. 17 ff.; *Herchen* ZInsO 2003, 742, 743 ff.; *Hau* in Gottwald (Hrsg), Europäisches Insolvenzrecht, 2008, S. 79, 109; *Adam*, S. 24 ff.; High Court London ZIP 2003, 813 (‚*BRAC-Budget'*); High Court Leeds, ZIP 2004, 1769 (‚*i4net.com'*); *Haubold* in: Gebauer/Wiedmann, Rn. 30 ff.; *Mäsch* in Rauscher (Hrsg), EurZPR, Art. 1 EG-InsVO Rn. 15; *Schack* IZVR Rn. 1156; FK/*Wenner/Schuster* § 335 Rn. 8; aA K. Schmidt/*Brinkmann*, InsO, Vor EuInsVO Rn. 2; Art. 1 EuInsVO Rn. 12f; *Carstens*, S. 28 ff.; *Eidenmüller* IPRax 2001, 2, 5; *Paulus*, EuInsV, Art. 3 Rn. 6 f.; *Wessels*, S. 357 f.; HambKommInsO-*Undritz*, Art. 1 EuInsVO Rn. 6 f.; MüKoBGB/*Kindler*, Art. 1 EuInsVO Rn. 28; *Leible/Staudinger* KTS 2000, 533, 538 f; *Becker* ZEuP 2002, 287, 292; *Liersch* NZI 2003, 302, 303; *Pannen/Riedemann* NZI 2004, 646, 651; Pannen-*Pannen*, EuInsVO, Art. 1 Rn. 120 ff.; *Thole*, Gläubigerschutz, S. 768 ff.
[37] Verordnung des Rates (EG) Nr. 44/2001 v. 22.12.2000, ABl L 12 vom 16.01.2001. Die EuGVVO hat eine ab Januar 2015 anwendbare Neufassung erhalten (Nr. 1215/2001 vom 12.12.2012).
[38] EuGH IPRax 2005, 244, 247; (neuer) Erwägungsgrund 8 der EuGVVO.

Drittstaatsvermögen notwendig anderen Regeln unterliegt als das in den EU-Mitgliedsstaaten belegene Vermögen. Gewiss kann der Drittstaat insoweit ein Sekundärverfahren eröffnen oder faktisch die Anwendung des eigenen Rechts durchsetzen. Aber es ist wenig einsichtig, warum das in EU-Staaten belegene Vermögen der EuInsVO, in Drittstaaten belegenes Vermögen aber zB dem autonomen deutschen internationalen Insolvenzrecht unterstehen soll. Selbst wenn EU-Recht und deutsches Recht voll parallel ausgestaltet wären, wäre diese Verdoppelung der gesetzlichen Grundlagen unnötig umständlich, für die Rechtssicherheit nicht förderlich[39] und würde die Bedeutung der EuInsVO ohne Not einschränken. Auch muss bei Eröffnung des Verfahrens nicht sicher feststehen, in welchen Staaten Schuldnervermögen belegen ist oder welche grenzüberschreitenden Bezüge die Insolvenz aufweist.[40] Weder der Wortlaut der EuInsVO im Allgemeinen noch die Erwägungsgründe ergeben etwas anderes.

17 Zu Recht hat der EuGH daher mit Urteil vom 16.1.2014 in der Sache „*Schmid*" auf eine Vorlage des BGH[41] entschieden, dass die Anwendbarkeit von Art. 3 I EuInsVO generell nicht vom Vorliegen eines grenzüberschreitenden Bezugs zu einem anderen Mitgliedstaat abhängt.[42] Er folgte somit der hier vertretenen Ansicht.

18 Sinngem. beansprucht die EuInsVO für ihr Hauptverfahren also weltweite Geltung und legt ihm insoweit einen Geltungsanspruch über das Gebiet der EU-Staaten hinaus bei.[43] Soweit Partikularverfahren sich gegenständlich auf außerhalb der EU-Staaten belegene Vermögensgegenstände erstrecken, gilt Entsprechendes. Freilich hängen die Anerkennung und Durchsetzbarkeit des Geltungsanspruchs außerhalb von EU-Mitgliedstaaten allein vom jeweiligen Drittstaat ab, der hierzu sowohl eigene Voraussetzungen wie auch gesonderte Anerkennungsverfahren bestimmen kann.

19 **5. Verhältnis zum einzelstaatlichen Recht. a)** Ungeachtet der vorstehenden Ausführungen muss auch innerhalb des Anwendungsbereichs der EuInsVO für jede einzelne Vorschrift gesondert geprüft werden, ob sie nach ihrem Wortlaut, Regelungsgegenstand und Anknüpfungspunkt auch in Bezug auf Drittstaaten-Sachverhalte gelten soll.[44] Die Frage lässt sich für die Kapitel II (Anerkennung), III (Sekundärinsolvenzverfahren) und IV (Unterrichtung der Gläubiger) der EuInsVO verneinen. Bei den Sonderregelungen in den Art. 5–15 EuInsVO legt schon der Wortlaut eine Unterscheidung nahe, vgl. einerseits Art. 5, 7, 8, 10, 11, 13 EuInsVO („das Recht eines Mitgliedstaates"), andererseits Art. 6, 14 EuInsVO; einige dieser Normen setzen wiederum einen Bezugspunkt zu einem Mitgliedstaat voraus, zB Belegenheit.

20 Die sich aus dieser Unterschiedlichkeit ergebenden Folgen sind unklar und werden nur vereinzelt diskutiert.[45] Einerseits wird vertreten, dass die Art. 6, 14 EuInsVO einschränkend zu interpretieren seien und nur für EU-Sachverhalte gälten. Ferner wird vertreten, im Verhältnis zu Drittstaaten sei stets und nur die Generalklausel der lex fori concursus (Art. 4 EuInsVO) anzuwenden,[46] ohne dass ein sachlicher Grund für diese Differenzierung ersichtlich ist; andere[47] überlassen es dem autonomen internationalen Insolvenzrecht jedes Mitgliedsstaates, ob und welche Sonderregeln insoweit gelten sollen. Zutreffend erscheint indes, dass ein Rückgriff auf das einzelstaatliche internationale Insolvenzrecht nur erfor-

---

[39] AA Pannen-*Pannen*, EuInsVO, Art. 3 Rn. 68.
[40] Mohrbutter/Ringstmeier/*Wenner*, Rn. 7 f; *Herchen* ZInsO 2003, 742, 744; *Haubold* IPRax 2003, 34, 35.
[41] BGH ZIP 2012, 1467.
[42] EuGH, Rs. C-328/12 *(Schmid)*, ZIP 2014, 181 Rn. 29; so bereits EuGH GA ZIP 2013, 2066.
[43] So auch D-K/D/C-*Duursma-Kepplinger*, Art. 1 Rn. 62 ff.
[44] Vgl. EuGH ZIP 2014, 181, 182.
[45] EuGH Slg 1964, 125 *(Costa ./. E.N.E.L.)*.
[46] So insbesondere Mohrbutter/Ringstmeier/*Wenner*, Rn. 256.
[47] Reithmann/Martiny/*Hausmann*, Rn. 5756; *Huber* ZZP 114 (2001), 13, 152 f; D-K/D/C-*Duursma-Kepplinger* Art. 5 Rn. 9; *Haubold*, in Gebauer/Wiedmann Rn. 19; kritisch *Schack* IZPR Rn. 1192.

derlich wird, wenn die jeweilige Vorschrift der Art. 5–15 EuInsVO nach ihrem Wortlaut oder aufgrund eines besonderen Anknüpfungspunkts zu einem Mitgliedstaat nicht gelten soll. Sofern sich die einzelstaatlichen Regelungen inhaltlich nicht von den Vorschriften der EuInsVO unterscheiden, erübrigt sich für den Praktiker eine Ermittlung des Anwendungsbereichs der jeweiligen Vorschrift der EuInsVO.

b) Die Anerkennung eines Insolvenzverfahrens über das Vermögen eines Schulners, der den Mittelpunkt seiner Interessen außerhalb der EU hat, regelt ebenso wie das anwendbare Recht das autonome internationale Insolvenzrecht des jeweiligen Mitgliedstaates. Vorschriften der EuInsVO sind dann prinzipiell unanwendbar.[48] Kommt es zu konkurrierenden Geltungsansprüchen, beispielsweise im Falle eines EU-Hauptverfahrens und eines parallelen drittstaatlichen Verfahrens, hat die EuInsVO Vorrang. 21

In ihrem Anwendungsbereich verdrängt die EuInsVO als höherrangiges Recht die entsprechenden Vorschriften des einzelstaatlichen internationalen Insolvenzrechts. Konkret bedeutet dies für die §§ 335 ff. InsO, dass sie entweder nur außerhalb des persönlichen, sachlichen und/oder räumlichen Anwendungsbereichs der EuInsVO[49] bzw. innerhalb ihres generellen Anwendungsbereichs nur insoweit Geltung erlangen, als die EuInsVO keine vorrangigen Regelungen enthält. 22

IV. Internationale Zuständigkeit

1. Anknüpfung an den „Mittelpunkt der hauptsächlichen Interessen" des Schuldners. Hauptanliegen der EuInsVO ist es, dass das in einem EU-Staat eröffnete Hauptinsolvenzverfahren nach dem Universalitätsprinzip zumindest das EU-weit belegene Vermögen des Schuldners erfasst.[50] Zugleich sollte durch eine europaweit einheitliche Regelung das *forum shopping* unterbunden werden.[51] Zu diesem Zweck legt Art. 3 I EuInsVO direkt die internationale Zuständigkeit für die Eröffnung eines Hauptverfahrens (ähnlich, aber abweichend von § 3 InsO) fest. In Parallele zur IPR-Anknüpfung an den Schwerpunkt eines Rechtsverhältnisses (vgl. Art. 4 Rom I-VO) stellt Art. 3 I 1 EuInsVO für die internationale Zuständigkeit auf „den Mittelpunkt der hauptsächlichen Interessen" *(center of main interests = COMI)* des Schuldners ab.[52] Dieser Begriff ist autonom auszulegen.[53] Liegt der COMI in einem Mitgliedstaat, so ist die EuInsVO stets anwendbar (→ § 131 Rn. 14 ff.), auch wenn der Schuldner in einem Nicht-Mitgliedstaat errichtet und eingetragen ist.[54] Auf die Staatsangehörigkeit des Schuldners kommt es schon wegen des Diskriminierungsverbots (Art. 18 AEUV) nicht an.[55] 23

Sieht das Recht eines Mitgliedstaats die Möglichkeit vor, die Wirkungen eines Hauptinsolvenzverfahrens unter bestimmten Voraussetzungen durch gerichtliche Entscheidung auf weitere natürliche Personen, Personengesellschaften oder juristische Personen auszudehnen, muss nach der *Rastelli*-Entscheidung des EuGH[56] die in einem anderen Mitgliedstaat ansässige natürliche Person, Personengesellschaft oder juristische Person ihrerseits entweder den Mittelpunkt der hauptsächlichen Interessen oder zumindest eine Niederlassung im Eröffnungsstaat haben. Diese Entscheidung bezog sich auf 24

---

[48] Kritisch de lege ferenda MüKoInsO/*Reinhart*, Anhang Art. 3 EuInsVO Rn. 38.
[49] BGH NZI 2011, 420.
[50] *Taupitz*, ZZP 111 (1998), 315, 324; vgl. AG Duisburg NZI 2003, 160.
[51] D-K/D/C-*Duursma-Kepplinger*, Art. 3 Rn. 3; zu Gläubigerstrategien zur Fixierung des COMI *Mankowski* ZIP 2010, 1376; zur Verlegung des COMI *Schwenner* NZI 2009, 355.
[52] Vgl. *Taupitz* ZZP 111 (1998), 315, 326; *Potthast*, S. 92 ff.; *W. Lüke* ZZP 111 (1998), 265, 287 ff.; *Fletcher*, S. 260 ff.; *Kübler*, FS Gerhardt, S. 527 ff.
[53] EuGH ZIP 2011, 2153 Rn. 43 *(Interedil)*.
[54] High Court Leeds, Art. 3 EuInsVO EWiR 8/04, 847 *(Westphal/Wilkens); Herchen* ZInsO 2004, 825, 830.
[55] *Smid*, EuInsVO Art. 1 Rn. 24.
[56] EuGH ZInsO 2012, 93 *(Rastelli)*.

die nach französischem Recht bestehende Möglichkeit, die Wirkungen eines Insolvenzverfahrens auf andere Personen zu erweitern, falls deren Vermögen mit demjenigen des Schuldners vermischt ist. Aus der Entscheidung des EuGH folgt, dass die Zuständigkeitsordnung des Art. 3 EuInsVO für jede gerichtliche Entscheidung gilt, der rein faktisch die Wirkungen der Eröffnung eines Insolvenzverfahrens zukommen, unabhängig davon, ob diese Entscheidung nach mitgliedsstaatlichem Rechtsverständnis eine solche darstellt. Andernfalls, so der EuGH, könne das Zuständigkeitssystem des Art. 3 EuInsVO umgegangen werden.

25 Die Kompromissformel „Mittelpunkt der hauptsächlichen Interessen" erfasst sämtliche Schuldner, seien sie gewerblich, frei beruflich oder nur als Privatpersonen tätig. Abgestellt wird jeweils auf den Schwerpunkt der wirtschaftlichen Betätigung des Schuldners.[57]

26 **a)** Bei Gesellschaften und juristischen Personen wird gem. Art. 3 I 2 EuInsVO vermutet, dass dieser Mittelpunkt der Ort des satzungsmäßigen Sitzes ist.[58] Diese Regelung versucht, den Streit zwischen effektiver und statutarischer Sitztheorie im internationalen Gesellschaftsrecht zu überbrücken. Nach Erwägungsgrund 13 soll als Mittelpunkt der hauptsächlichen Interessen der Ort gelten, an dem der Schuldner für Dritte feststellbar „gewöhnlich der Verwaltung seiner Interessen nachgeht". Insoweit wäre es näherliegend gewesen, statt auf den satzungsmäßigen Sitz auf den Sitz der Hauptverwaltung oder der Hauptniederlassung abzustellen.

27 Außerdem herrscht die Vorstellung, dass dieser Mittelpunkt *nur an einem Ort* bestehen und deshalb nur ein Hauptverfahren eröffnet werden kann.[59] Sollte eine Gesellschaft tatsächlich doch zwei gleichberechtigte Verwaltungssitze in verschiedenen Mitgliedsstaaten haben, so muss man wohl, um dem Prioritätsprinzip der EuInsVO Geltung zu verschaffen, darauf abstellen, in welchem Mitgliedsstaat die Eröffnung des Insolvenzverfahrens zuerst beantragt worden ist (vgl. § 3 II InsO zum deutschen Recht). Allerdings lässt sich im Verhältnis zu Drittstaaten nicht gewährleisten, dass dort keine konkurrierenden Hauptverfahren eröffnet werden.

28 **b)** Bei *natürlichen Personen* gelten die vorstehenden Grundsätze entsprechend.[60] Probleme ergeben sich, wenn der Schuldner im Mitgliedsstaat A als Selbstständiger oder Arbeitnehmer arbeitet, aber im Mitgliedsstaat B seinen Wohnsitz hat; der Begriff des Wohnsitzes muss dabei europarechtlich autonom verstanden werden. Nach Erwägungsgrund 13 soll es darauf ankommen, wo „der Schuldner gewöhnlich der Verwaltung seiner Interessen nachgeht", wo er also den Lebensmittelpunkt hat und von wo er überwiegend und für eine gewisse Dauer seine Aktivitäten ausübt.[61] Bei Arbeitnehmern und Verbrauchern ist dies der Wohnsitzort,[62] nicht der Arbeitsort; bei Selbstständigen dürfte dies dagegen der Ort des Kanzlei- oder Bürositzes als Zentrum der wirtschaftlichen oder gewerblichen Tätigkeit sein.[63] Divergiert bei einer nicht unternehmerisch tätigen natürlichen Person der gewöhnliche Aufenthalt vom Wohnsitz oder hat der Schuldner mehrere Wohnsitze, ist auf den *gewöhnlichen Aufenthalt* abzustel-

---

[57] D-K/D/C-*Duursma-Kepplinger*, Art. 3 Rn. 13; *Smid*, Kap 2 Rn. 31; vgl. *Herchen* ZInsO 2004, 825, 827 ff.

[58] Vgl. *O. Olano*, Der Sitz der Gesellschaft im internationalen Zivilverfahrens- und Insolvenzrecht der EU und der Schweiz, 2004.

[59] *Nagel/Gottwald*, § 20 Rn. 36; FK/*Wenner/Schuster*, Anhang I Art. 3 EuInsVO Rn. 3, 18; D-K/D/C-*Duursma-Kepplinger*, Art. 3 Rn. 15; *Prütting*, Insolvenzrecht 2003, S. 59, 73 f.; krit *Kolmann*, S. 283 f.

[60] Vgl. dazu OLG Düsseldorf BeckRS 2013, 15627; *Nagel/Gottwald*, § 20 Rn. 42.

[61] Vgl. *Israel*, 257 f.; *Virgós/Garcimartín*, 43.

[62] Zustimmend K. *Schmidt/Brinkmann*, InsO, Art. 3 EuInsVO Rn. 9.

[63] BGH ZIP 2011, 284; ZInsO 2009, 1955; NZI 2007, 344; AG Köln NZI 2011, 159 (zu geschäftsführendem Mehrheitsgesellschafter einer GmbH); HK/*Stephan*, EuInsVO Art. 3 Rn. 3; *Huber* ZZP 114 (2001), 133, 140; D-K/D/C-*Duursma-Kepplinger*, Art. 3 Rn. 19, 22; krit *Smid*, Kap 2 Rn. 36.

len.⁶⁴ Letztlich müssen die persönlichen und beruflichen räumlichen Anknüpfungspunkte in einer Gesamtabwägung betrachtet werden. Vollzug der Untersuchungshaft kann den COMI jedenfalls nicht begründen.⁶⁵

c) Nach Art. 4 II 1 EuInsVO regelt das Recht des jeweiligen Mitgliedsstaates, unter welchen Voraussetzungen das Insolvenzverfahren eröffnet wird. Da dieses Recht aber seinerseits nur zur Anwendung berufen ist, wenn auch eine internationale Zuständigkeit der Gerichte dieses Mitgliedsstaates zur Eröffnung eines Insolvenzverfahrens besteht, muss die internationale Eröffnungszuständigkeit aufgrund europarechtlicher Vorgaben *von Amts wegen* ermittelt werden.⁶⁶ Die aus Art. 3 I 1 EuInsVO ableitbare und vom Verordnungsgeber gewünschte vorrangige Anknüpfung an den COMI lässt sich nur realisieren, wenn im Wege der Amtsermittlung ein vom Satzungssitz abweichender Mittelpunkt der hauptsächlichen Interessen nicht zweifelsfrei feststellbar ist.⁶⁷ Nur für diesen Fall darf das Gericht seine Eröffnungszuständigkeit auf die Vermutungswirkung des Art. 3 I 2 EuInsVO stützen. Diese Vorgehensweise wird in der Praxis häufig nicht beachtet.

Die jeweilige lex fori bestimmt, wie die Amtsermittlung zu erfolgen hat.⁶⁸ In Deutschland darf ein Sachverständiger zur Ermittlung der maßgeblichen Tatsachen eingesetzt werden.⁶⁹ Lässt sich die Vermutung nicht widerlegen, kann die Vorschrift des Art. 3 I 2 EuInsVO nicht Grundlage für eine alternative Anknüpfung der internationalen Zuständigkeit an den Sitz der effektiven Hauptverwaltung oder an den statutarischen Sitz wie in Art. 60 I EuGVVO sein. → § 132 Rn. 19.

2. Ermittlung des COMI. a) *Maßgebliche Kriterien.* Die *Ermittlung des COMI* bereitet der Praxis erhebliche Schwierigkeiten. Dabei ist schon im Ausgangspunkt umstritten, welche Kriterien die Vermutung des Art. 3 I 2 EuInsVO widerlegen. Zusammenfassend stehen sich zwei unterschiedliche Ansätze gegenüber: (i) die *„mind-of-management"*- oder *„headquarter-functions-Theorie"*, die maßgeblich auf den Ort abstellen will, von wo aus die wesentlichen strategischen und internen Unternehmenslenkungsentscheidungen in Bezug auf Geschäfts-, Vertriebs- und Personalleitung getroffen werden;⁷⁰ (ii) die *„business-activity-Theorie"*, die nur rein objektive, nach außen im Verhältnis zu Dritten erkennbare Kriterien berücksichtigt.⁷¹ Insbesondere bei Konzernsachverhalten wird versucht, über den ersten Argumentationsansatz einen einheitlichen Gerichtsstand für möglichst viele Konzernunternehmen in einem Mitgliedstaat zu schaffen.

Nach Ansicht des EuGH⁷² – gestützt auf Erwägungsgrund 13 – kann die Vermutungswirkung des Art. 3 I 2 EuInsVO nur durch „objektive und für Dritte feststellbare

---

⁶⁴ High Court London NZI 2007, 361 *(Paulus)*; AG Köln NZI 2009, 133, 134; *Huber* ZZP 114 (2001), 133, 140; MüKoBGB/*Kindler*, Art. 3 Rn. 38 ff.; D-K/D/C-*Duursma-Kepplinger*, Art. 3 Rn. 21, 22; *Nagel/Gottwald*, § 20 Rn. 42; *Kolmann*, S. 286; *Carstens*, S. 53 ff.; iE ebenso AG Celle NZI 2005, 2005, 410; *Pannen-Pannen*, EuInsVO, Art. 3 Rn. 19 ff., 27 ff.; differenzierend MüKoInsO/*Reinhart*, Anhang Art. 3 EuInsVO Rn. 43.
⁶⁵ BGH NZI 2008, 121.
⁶⁶ AA 3. Aufl.; BGH NZI 2008, 121 (gestützt auf § 5 InsO); wie hier auch klarstellend Art. 3b I 1 des Kommissionsentwurfs.
⁶⁷ MüKoBGB/*Kindler*, Art. 3 Rn. 26; *Huber* ZZP 114 (2001), 133, 141; vgl. auch *Kübler*, FS Gerhardt, S. 551.
⁶⁸ Ebenso *Herchen* ZInsO 2004, 825, 826.
⁶⁹ BGH NZI 2012, 823 (auch zur Unzulässigkeit einer Beschwerde hiergegen); zur Darlegungs- und Beweislast s auch AG Köln NZI 2012, 379.
⁷⁰ Vgl. Tribunale di Parma ZIP 2004, 1220, 1221 = EWiR Art. 3 EuInsVO 4/04, 597 *(Rieva/Wagner)*; AG Offenburg EWiR Art. 3 EuInsVO 1/05, 73 *(Pannen/Riedemann)*; High Court Leeds NZI 2004, 219 = ZIP 2003, 1362, ZIP 2004, 963 *(ISA/Daisytek)*; AG München NZI 2004, 450 = ZIP 2004, 962 *(Hettlage)*; AG Siegen NZI 2004, 673 *(Zenith)*; High Court Birmingham NZI 2005, 467 *(MG Rover)*.
⁷¹ Vgl. AG Weilheim i OB, ZIP 2005, 1611 *(AvCraft)*; AG Mönchengladbach NZI 2006, 336 (EMBIC); AG Hamburg NZI 2003, 442 *(Vierländer Bau Union Ltd)*; Municipality Court of Fejer ZInsO 2004, 861.
⁷² EuGH NZI 2006, 360 *(Eurofood/Parmalat)*; bestätigt durch EuGH NZI 2011, 990 *(Interedil)*.

Elemente" widerlegt werden; er folgt somit im Grundsatz der *„business-activity-Theorie"*. Dabei kommt es vorrangig auf die Sichtweise der Gläubiger als Dritte an, die es jedoch zu objektivieren gilt. Maßgeblich ist die Sichtweise eines durchschnittlichen, potentiellen Gläubigers.[73] Wird ein Unternehmen innerhalb einer Konzerngruppe gegenüber anderen Konzernunternehmen tätig oder erbringt es zentrale Leistungen für den gesamten Konzern, so darf die Sichtweise von konzerninternen Gläubigern nicht außer Betracht bleiben.[74]

33 Dieser Sichtweise folgen auch die *Reformvorschläge:* Maßgeblich für die Eröffnungszuständigkeit wird nach dem Kommissionsvorschlag künftig sein, wo der für Dritte erkennbare Schwerpunkt des Einsatzes sachlicher und personeller Ressourcen des Schuldners liegt. Dies soll Rechtssicherheit wiederherstellen und den Gläubigern Planungssicherheit gewähren, um die Insolvenzrisiken besser kalkulieren zu können. Ferner steht die Anknüpfung an den Mittelpunkt der hauptsächlichen Interessen im Einklang mit international-privatrechtlichen Grundsätzen (Gesichtspunkt der engsten Verbindung) und wirkt durch die Objektivierung schließlich dem *Forum Shopping* entgegen.[75]

34 Welche Kriterien im Einzelnen für die Widerlegung der Vermutung (Art. 3 I 2 EuInsVO) maßgeblich sind, haben sowohl der EuGH als auch die Kommission wohl bewusst und zu Recht offengelassen. Das lässt zwar weitere Vorlagen an den EuGH erwarten.[76] Jedoch darf nicht verkannt werden, dass die Kriterien für verschiedene Arten von Geschäftsbetrieben (Produktion, Vertrieb, Dienstleistung, etc.) und Branchen völlig unterschiedlich sein können, innerhalb der gleichen Branche sogar mit verschiedenem Gewicht. Versuche einer Systematisierung sind schon im Ansatz verfehlt.[77]

35 Entscheidend ist eine Gesamtbetrachtung aller objektiven, nach außen hin für Dritte erkennbaren Faktoren.[78] Einzubeziehen sind somit alle nach außen hin erkennbaren Orte wirtschaftlicher Tätigkeit sowie Vermögenswerte, wobei allerdings allein die Vermögensbelegenheit nicht genügt,[79] um die Vermutung des Art. 3 I 2 EuInsVO zu widerlegen. Das sich im jeweilgen Einzelfall ergebende Gesamtbild muss dann dahingehend gewürdigt werden, ob sich ein vom (Wohn-)Sitz abweichender Schwerpunkt in einem anderen Staat feststellen lässt.

36 Die Vermutung des Art. 3 I 2 EuInsVO ist generell etwa widerlegt, wenn der Schuldner am satzungsmäßigen Sitz nur einen „Briefkasten" oder ein formales Büro, etwa in einer Anwaltskanzlei ohne eigene Räume und ohne eigenes Personal, unterhält, während die tatsächlichen Geschäftsführer von einem anderen Ort aus tätig werden. Unrichtig wäre allerdings die Schlussfolgerung, dass bei eigenen Räumlichkeiten und eigenem Personal am satzungsmäßigen Sitz, also einem Mehr ggü der Briefkastenfirma, der Mittelpunkt der hauptsächlichen Interessen nicht mehr andernorts belegen sein kann. Vielmehr wird insbesondere dann auf eine Gewichtung der wirtschaftlichen Bedeutung der jeweiligen nach außen erkennbaren Aktivitäten und Belange abzustellen sein.[80]

37 Allerdings zeigt allein die Möglichkeit einer – von der EuInsVO anerkannten[81] (→ Rn. 42) – Verlegung des faktischen Sitzes oder auch eine grenzüberschreitende Ver-

---

[73] HambKommInsO/*Undritz,* Art. 3 EuInsVO Rn. 5; *Westphal/Goetker/Wilkens,* Rn. 142 f.; aA AG Köln NZI 2008, 257, 260 = ZIP 2008, 423.
[74] AA Arrondissementgericht Amsterdam ZIP 2007, 492 *(BenQ Mobile Holding BV).*
[75] Kommissionsentwurf, S. 4 ff.
[76] *Mankowski* BB 2006, 1753, 1754.
[77] Zustimmend *Beck/Voss,* Rn. 774.
[78] EuGH ZIP 2011, 2153 Rn. 52 *(Interedil).*
[79] EuGH ZIP 2011, 2153 Rn. 53 *(Interedil).*
[80] *Huber,* in: Gottwald (Hrsg.), Europäisches Insolvenzrecht, S. 1, 10 f.; iE auch *Moss/Smith,* in: Cimejes International Caselaw Alert 11/2006, S. 11 ff.; *Paulus* NZG 2006, 609, 612; vgl. auch EuGH GA ZIP 2005, 1878 ff.
[81] Vgl. EuGH GA ZIP 2011, 918 Rn. 47.

schmelzung des Schuldnerunternehmens, dass die nach außen erkennbaren Umstände, welche bei Eingehung einer Geschäftsverbindung in der Risikobewertung des potentiellen Gläubigers in Bezug auf eine künftige Insolvenz maßgeblich gewesen sein mögen, nicht dauerhaft verlässliche Umstände sind. Ein puristisches Verständnis der *business-activity-Theorie* darf zudem nicht dazu führen, dass die für die Verfahrensabwicklung Verantwortlichen praktisch außer Stande sind, im Interesse der Beteiligten die Vermögenslage einschließlich der Vergangenheit des Schuldners aus insolvenzrechtlicher Sicht möglichst effizient aufzuarbeiten und etwaige Ansprüche zu verfolgen, um die Haftungsmasse zu vergrößern und ein wirtschaftlich optimales Ergebnis zu erzielen. Dies erschiene beispielsweise nicht gewährleistet, wenn wesentliche geschäftsrelevante Unterlagen des Schuldners nicht dem unmittelbaren Zugriff des Verwalters unterliegen, sondern erst mühsam und ggf im Wege langwieriger und kostspieliger Gerichtsverfahren aus einem anderen Mitgliedstaat beschafft werden müssten. Eine ineffiziente Haftungsverwirklichung dient den Verfahrensbeteiligten in aller Regel nicht. Der Verfahrenszweck gebietet es daher, bei der dargestellten (→ Rn. 35) Gesamtabwägung rein unternehmensinterne Gesichtspunkte nicht gänzlich außer Acht zu lassen. Es gilt daher, künftig neben einem nur bedingt tauglichen Konzept des Vertrauensschutzes den *Aspekt der effizienten Insolvenzabwicklung* im Rahmen der Bestimmung der internationalen Zuständigkeit stärker, als es der EuGH bislang andeutete, zu berücksichtigen.[82]

Als zusammenfassende Leitlinie kann die Vermutungswirkung des Art. 3 I 2 EuInsVO als widerlegt angesehen werden, wenn für potentielle Gläubiger erkennbare Umstände belegen, dass der Ort der effektiven Verwaltung iS einer Hauptverwaltung (vgl. Erwägungsgrund 13), an welchem der Unternehmenszweck operativ umgesetzt wird, nicht mit dem Satzungssitz identisch ist. **38**

b) *Maßgeblicher Zeitpunkt.* Fraglich ist, ob der COMI zZ der Antragstellung oder zZ des Erlasses des Eröffnungsbeschlusses maßgebend ist, wenn der Schuldner diesen Mittelpunkt nach Antragstellung in einen anderen Mitgliedstaat verlegt. Auf Vorlage des BGH[83] hat der EuGH am 17.1.2006 iS einer perpetuatio fori entschieden, dass es auf den COMI zZ der Antragstellung ankommt.[84] Die Entscheidung bringt nicht nur ein für die Praxis zeitlich klares Anknüpfungsmerkmal mit sich, wodurch sie die Rechtssicherheit im Interesse der Gläubiger fördert. Sie überzeugt auch inhaltlich. Andernfalls könnte der Schuldner noch nach Antragstellung den Sitz verlegen, um sich beispielsweise einer ihm unliebsamen lex fori concursus zu entziehen. **39**

Offen bleibt, wie für einen zweiten Insolvenzantrag nach erfolgreicher Verlegung des Hauptmittelpunkts zu entscheiden wäre, der zu einer früheren Verfahrenseröffnung führt. In der Konsequenz der *Staubitz-Schreiber*-Entscheidung des EuGH vom 17.1.2006 läge es, dem frühesten Eröffnungsantrag Rechtshängigkeitswirkungen beizulegen, so dass spätere Anträge bis zur Entscheidung auszusetzen sind. **40**

Die bisherige Praxis lässt Eröffnungsentscheidungen trotz eines anhängigen anderweitigen Insolvenzantrages zu. Die Argumentation des EuGH läuft darauf hinaus, dass er diese Praxis nicht dulden wird. Insoweit ist jedoch zu bedenken, dass der rechtsmissbräuchlich vom Schuldner (oder einem Gläubiger, der die in anfechtbarer Weise erlangten Vermögensgegenstände sichern will) in einem abwegigen Mitgliedstaat gestellte Insolvenzantrag zu einer erheblichen Blockade führen könnte, sofern die dortige Gerichtsbarkeit nicht schnell entscheidet. Der BGH[85] will derartige Konstellationen da- **41**

---

[82] So auch *Oberhammer* KTS 2009, 27, 34 ff.
[83] BGH NZI 2004, 139 EWiR Art. 3 EuInsVO 1/04, 229 *(Mankowski)*; vgl. *Oberhammer* ZInsO 2004, 761, 762 ff.
[84] EuGH (C-1/04) NZI 2006, 153 *(Staubitz-Schreiber)* Rn. 21 ff.; EuGH NZI 2011, 990 Rn. 54 ff. *(Interedil)*; AG Celle NZI 2005, 410; GA *Colomer* NZI 2005, 544.
[85] BGH NZI 2006, 364.

durch lösen, dass das zunächst angerufene Gericht die internationale Zuständigkeit trotz erfolgreicher Sitzverlegung auch für spätere Anträge behält. Das ist sachgerecht, auch wenn es im nationalen Bereich der Dogmatik von der rechtlichen Unabhängigkeit paralleler Insolvenzantragsverfahren widerspricht.[86] Ausgeschlossen wäre damit die Konstellation, dass ein bei Antragstellung international unzuständiges Gericht des Zuzugstates die Eröffnungszuständigkeit später im Verlaufe des Eröffnungsverfahrens erlangt.[87]

42 Hat der Schuldner seinen (Wohn-)Sitz kurz *vor der drohenden Insolvenz verlegt*,[88] so ist dies aus der Sicht des Wegzugstaates grundsätzlich zu akzeptieren,[89] auch wenn das Verfahren im neuen Staat für den Schuldner vermeintlich günstigere Folgen hat und ein etwaiger Vertrauensschutz von Altgläubigern enttäuscht wird. Die Anknüpfung an den sorgfältig zu prüfenden COMI verhindert, dass eine lediglich formale (Wohn-)Sitzverlegung genügt.[90] Ebenso wenig reicht es aus, dass der Schuldner seine Geschäftsunterlagen in einen anderen Mitgliedstaat verbracht hat.[91] Der COMI muss vielmehr tatsächlich und rechtzeitig in einer Weise verändert werden, dass der Schuldner nunmehr seinen Interessen gewöhnlich von einem anderen Ort als dem bisherigen nachgeht (vgl. Erwägungsgrund 13). Eine bestimmte Mindestfrist für den neu geschaffenen COMI verlangt die bisherige Praxis nicht.[92] Unter den geschilderten Umständen liegt kein missbilligtes[93,] *forum shopping* vor.[94] Eine Korrektur über den *ordre public*-Vorbehalt (Art. 26 EuInsVO) dürfte idR ausscheiden,[95] zumal dieser Topos ohnehin kein geeignetes Mittel zur Prävention eines vermeintlich missbilligten *forum shopping* darstellt.[96] Auf die konkrete Motivlage des Schuldners kommt es ohnehin nicht an.

43 Allerdings erscheinen dem Rat der Europäischen Union diese Regelungen im Lichte des grassierenden Restschuldbefreiungstourismus unzureichend. Demzufolge hat der Rat für natürliche Personen, die keine freiberufliche oder selbständige Tätigkeit ausüben, vorgeschlagen, dass der gewöhnliche Aufenthaltsort nur dann als COMI anzusehen ist, *„wenn der gewöhnliche Aufenthalt nicht in einem Zeitraum von sechs Monaten vor dem Antrag auf Eröffnung eines Insolvenzverfahrens in einen anderen Mitgliedstaat verlegt wurde."*[97] Mit dem Vorschlag einer solchen sog. *Suspektperiode* sollen die namentlich in Deutschland auftretenden Fälle bekämpft werden, in denen natürliche Personen ihren Aufenthalt kurz vor Antragstellung nach Frankreich (besonders das Elsass) oder Großbritannien verlegen, um in den Genuss der dort geltenden Restschuldbefreiungsfristen zu gelangen.[98]

44 Unzutreffend erscheint die in der akademischen Welt gelegentlich vertretene Einschätzung, dass eine anerkennungsfähige (Wohn-)Sitzverlegung großen Aufwand und hohe Kosten verursache und deshalb unterbleibe. Das im deutschen Recht bekannte

---

[86] Kritisch etwa *Mankowski* EWiR 2006, 397; *Knof* ZInsO 2006, 754; HambKommInsO-*Undritz*, Art. 3 EuInsVO Rn. 31.
[87] Vgl. aber *Mankowski* NZI 2006, 154.
[88] Zur Migration vgl. *Westphal/Goetker/Wilkens* Rn. 1301 ff.; *Schwemmer* NZI 2009, 355.
[89] EuGH ZIP 2011, 2153 *(Interedil)*; AG Celle NZI 2005, 410; *Mankowski* NZI 2005, 368; praktische Hinweise bei *Priebl* ZInsO 2012, 2074; aA (für die Unbeachtlichkeit einer Sitzverlegung in der Krise) *Frind* ZInsO 2008, 363, 365; *Klöhn* KTS 2006, 259, 282 ff.
[90] AG Nürnberg NZI 2007, 186. – Zum Insolvenztourismus bei natürlichen Personen vgl. *Hergenröder* DZWiR 2009, 309; *Goslar* NZI 2012, 912; *Mankowski* NZI 2011, 958.
[91] LG Leipzig ZInsO 2006, 378.
[92] EuGH GA ZIP 2011, 928 Rn. 48, 71 f. *(Interedil)*; *Beck/Voss* Rn. 777.
[93] Vgl. hierzu EuGH NZI 2006, 153 *(Staubitz-Schreiber)*.
[94] Ebenso *Huber*, in: Gottwald (Hrsg), Europäisches Insolvenzrecht, S. 33 f.
[95] *Smid*, EuInsVO Art. 3 Rn. 14; aA *Ludwig*, S. 82 f.; u ZIP 2005, 1401; D-K/D/C-*Duursma-Kepplinger*, Art. 3 Rn. 17.
[96] Überzeugend *Laukemann* IPRax 2012, 207, 208, 215; vgl. auch *Weller* IPRax 2011, 150.
[97] Ratsentwurf, S. 10.
[98] Ablehnend *Thole*, Gläubigerschutz, S. 803 f.

Anwachsungsmodell (vgl. § 738 BGB) ist ein vergleichsweise einfaches Mittel, um den statuarischen Sitz zu verlegen. Am neuen Sitz zusätzliche Tätigkeiten aufzunehmen, die den Anschein einer Briefkastengesellschaft vermeiden (und die Widerlegung der Vermutung des Art. 3 I 2 EuInsVO erschweren), verursacht grundsätzlich nur in beschränktem Umfang Mühen. Entscheidend bleiben letztlich die Relationen im Einzelfall.

Nach dem früheren Insolvenzstatut entstandene Ansprüche, beispielsweise wegen Insolvenzverschleppung oder Masseschmälerung, erlöschen nicht durch den Statutenwechsel infolge der durch Verlegung neu geschaffenen internationalen Zuständigkeit. Denn nach allgemeinen intertemporalen Regeln entfaltet der Statutenwechsel keine Rückwirkung auf abgeschlossene Tatbestände. Folglich muss der Insolvenzverwalter im nunmehrigen Verfahrenseröffnungsstaat die nach dem vormaligen Insolvenzstatut entstandenen Ansprüche verfolgen.[99]

c) *Abwicklungsgesellschaften.* Besonderheiten hinsichtlich des maßgeblichen Zeitpunkts gelten bei Abwicklungsgesellschaften. Hat der Schuldner seine werbende wirtschaftliche Tätigkeit beendet und führt er vom gleichen Ort lediglich Abwicklungsarbeiten aus, so wirkt ein vom satzungsmäßigen Sitz abweichender COMI grundsätzlich fort.[100] Dies gilt auch, wenn der Schuldner seine sämtlichen wirtschaftlichen *Tätigkeiten vollständig eingestellt* hat,[101] dh die bloße Einstellung der werbenden Tätigkeit ändert den bisherigen COMI nicht.[102] Auch die etwaige Register-Löschung des Rechtsträgers steht einem Insolvenzverfahren am früheren COMI nicht entgegen, sofern der gelöschte Rechtsträger nach der dortigen lex fori concursus noch insolvenzrechtsfähig ist. Solange für Dritte kein anderer Mittelpunkt von Interessen als der bisherige erkennbar wird, gibt es für die internationale Zuständigkeit im Sinne der Rechtssicherheit und vor dem Hintergrund des Gläubigerschutzes keinen vernünftigen Anlass, einen anderen COMI als den bisherigen anzunehmen.[103] Auch eine anschließende Sitzverlegung (sog. Firmenbestattung im Ausland) ändert den bisherigen COMI nicht.[104]

3. Zuständigkeit bei Konzerninsolvenz. a) *Bisherige Regelung.*[105] Eine Regelung für eine *Konzerninsolvenz* enthält die EuInsVO bislang nicht.[106] Entgegen der wirtschaftlichen Realität[107] werden die Konzernunternehmen als selbstständige Rechtsträger behandelt.[108] Das zwingt dazu, den COMI für jedes einzelne Rechtssubjekt gesondert zu untersuchen, ebenso wie das Vorliegen eines Insolvenzgrundes sowie sonstige Eröffnungsvoraussetzungen gemäß dem Recht am jeweiligen COMI. Die Insolvenz des Mutterunternehmens führt weder automatisch zur Insolvenz des Tochterunternehmens,

---

[99] Zutreffend K. Schmidt/*Brinkmann*, InsO, Art. 3 EuInsVO Rn. 18, im Anschluss an *Weller* FS Ganter, S. 439.
[100] EuGH NZI 2011, 990 *(Interedil)*; BGH ZIP 2012, 139 Rn. 15; AG Hamburg NZI 2006, 120; *Klöhn* NZI 2006, 383; HambKommInsO/*Undritz*, Art. 3 EuInsVO Rn. 33 f.; iE auch MüKoInsO/*Reinhart*, Anhang, Art. 3 EuInsVO Rn. 36 f.
[101] AA *Haubold*, in: Gebauer/Wiedmann, Rn. 47.
[102] BGH ZIP 2012, 139 Rn. 15.
[103] IE ebenso EuGH NZI 2011, 990 *(Interedil)*; AG Hamburg NZI 2006, 120; EWiR 2006, 169 *(Herweg/Tschauner)*; *Klöhn* NZI 2006, 383; *ders.* KTS 2006, 259; Pannen-*Pannen*, EuInsVO, Art. 3 Rn. 83 f.; HambKommInsO/*Undritz*, Art. 3 EuInsVO Rn. 34.
[104] K. Schmidt/*Brinkmann*, InsO, Art. 3 EuInsVO Rn. 17.
[105] Vgl. hierzu aus Sicht des in der Praxis erreichten Stands *Beck/Voss* Rn. 724 ff. – Umfassende Übersicht unter Einbeziehung ausländischer Entscheidungen bei *Hess/Oberhammer/Pfeiffer*, S. 948 ff.
[106] *Virgós/Schmit*, Nr 76; D-K/D/C-*Duursma-Kepplinger*, EuInsVO Art. 1 Rn. 48, Art. 3 Rn. 120 ff.; vgl. *Vormstein*, Zuständigkeit bei Konzerninsolvenzen, 2005. – Zum internationalen Insolvenzrecht bei Konzernen vgl. MüKoInsO/*Ehricke*. Anhang, Internationales Konzerninsolvenzrecht S. 1059 ff.; *Adam/Poertzgen* ZInsO 2008, 281 ff.; *Deyda*, Der Konzern im europäischen internationalen Insolvenzrecht; *Rottstege* ZIP 2008, 955; *Schmollinger*, Der Konzern in der Insolvenz, 2013.
[107] Vgl. zu den verschiedenen Erscheinungsformen von Konzernen etwa *Emmerich/Sonnenschein/Habersack* Konzernrecht, 7. Aufl., 2001, S. 58 ff.
[108] *Ehricke* EWS 2002, 101u ZInsO 2002, 393, 396; krit. *Kayser* IntInsRev 7 (1998), 95, 116.

noch hat die Insolvenz einer Tochter notwendig Auswirkungen auf die Muttergesellschaft. Allerdings gehören die Gesellschaftsanteile des Tochterunternehmens zum Vermögen der Muttergesellschaft.[109] Der Insolvenzverwalter des Mutterunternehmens kann daher die Gesellschafterrechte, die der Muttergesellschaft zustehen, in dem Tochterunternehmen ausüben. Das Vermögen eines durch Fusion erloschenen Tochterunternehmens gehört auch dann zur Insolvenzmasse des insolventen Mutterunternehmens, wenn die entsprechenden Register noch nicht berichtigt worden sind.[110] Eine hundertprozentige Tochtergesellschaft ist als solche keine Niederlassung ihres Alleingesellschafters iS des Art. 2 II 2 lit. h EuInsVO.

48 Schon die ersten Fälle[111] haben gezeigt, dass trotz der rechtlichen Selbstständigkeit Insolvenzverfahren über das Vermögen von *Tochtergesellschaften* am Sitz der Muttergesellschaft eröffnet werden, um die Insolvenzverfahren gegen Mutter- und Tochterunternehmen besser koordinieren zu können[112] oder einem einheitlichen, vermeintlich restrukturierungsfreundlicheren Recht zu unterstellen.[113] Dazu wird behauptet, dass der COMI der Tochtergesellschaft wegen deren Beherrschung durch die Muttergesellschaft ebenfalls an deren Sitz liege,[114] jedenfalls wenn die Muttergesellschaft die Geschäftspolitik der Tochtergesellschaft tatsächlich kontrolliere.[115]

49 Diese Argumentation ist auch in rein inländischen Sachverhalten bekannt.[116] So verlockend das praktische Ergebnis sein mag, Konzerne von einem Ort und ggf sogar in Personalunion durch denselben Verwalter in der Insolvenzabwicklung zu steuern, überzeugt die Argumentation auf der Grundlage der EuInsVO nur, soweit die Tochtergesellschaft für Dritte erkennbar von der Muttergesellschaft aus geführt wird.[117] Maßgeblicher Anknüpfungspunkt ist in Konzernsachverhalten also nicht die strategische, sondern die für Dritte transparente, operative Unternehmensleitung des Schuldners.[118] Es müssen somit zu der konzernrechtlichen Struktur weitere Umstände hinzutreten, um die Vermutung des Art. 3 I 2 EuInsVO widerlegen zu können.

50 Eine Vermögensvermischung mehrerer Gesellschaften führt ebenfalls noch nicht zu einer einheitlichen internationalen Zuständigkeit.[119] Betriebsinterne Abstimmungen der Buchhaltung und Bilanzierung, Vorgaben bei der Einstellungspolitik, Budgetvorgaben

---

[109] *Smid*, EuInsVO Art. 2 Rn. 23.
[110] AG Duisburg NZI 2003, 160.
[111] Vgl. AG München ZIP 2004, 962; AG Mönchengladbach, NZI 2004, 383; AG Düsseldorf ZIP 2003, 1363; ZIP 2004, 623; OLG Düsseldorf NZI 2004, 628; BGH ZIP 2004, 94; Cour d'appel Versailles ZIP 2004, 377; AG Köln, ZIP 2004, 471. – Sehr umfassende Übersicht unter Einbeziehung ausländischer Entscheidungen bei *Hess/Oberhammer/Pfeiffer*, S. 750 ff.; ferner HambKommInsO/*Undritz*, Art. 3 EuInsVO Rn. 74 ff.; Pannen-*Pannen*, EuInsVO, Anhang A und B zu Art. 3; vgl. auch http://www.eir-database.com.
[112] Vgl. hierzu *Beck/Voss*, Rn. 724 ff.
[113] Vgl. hierzu unter besonderer Berücksichtigung des englischen Rechts die Darstellung bei *Vallender* NZI 2007, 129 ff.; *Windsor/Müller-Seils/Burg* NZI 2007, 7 ff.; *Hess/Laukemann/Seagon* IPRax 2007, 89 ff.; *Huber*, in: Gottwald (Hrsg), Europäisches Insolvenzrecht, S. 2 f.
[114] High Court Leeds ZIP 2003, 818 (dazu *Sabel/Schlegel*, EWiR 2003, 367); High Court Leeds ZIP 2004, 963; Trib. Civ. di Parma ZIP 2004, 1220; High Court Birmingham NZI 2005, 467 *(Penzlin/Riedemann)*, EWiR Art. 3 EuInsVO 4/05 *(Mankowski)*; AG München ZIP 2004, 962; AG Offenburg NZI 2004, 673 = EWiR Art. 3 EuInsVO 1/05, 73 *(Pannen/Riedemann)*; krit *Braun* NZI 2004, S. V; *Paulus* ZIP 2003, 1725, 1727; vgl. auch *Blenske*, EWiR Art. 3 EuInsVO 6/04, 601; *Ehricke* ZInsO 2002, 393, 397; *Wehdeking* DZWIR 2003, 133, 135 f; *Herchen* ZInsO 2004, 825, 826; *Oberhammer* ZInsO 2004, 761, 767 ff.
[115] Supreme Court of Ireland ZIP 2004, 1969, 1970 (Vorlage an EuGH, Frage 4c); AG Siegen NZI 2004, 673 = EWiR Art. 3 EuInsVO 02/05 *(Mankowski)*; krit *Lüer*, FS Greiner, S. 201.
[116] Vgl. etwa AG Köln ZInsO 2008, 215; dazu *Knof/Mock* ZInsO 2008, 253, 499; *Frind* ZInsO 2008, 263, 614; *Rottstege* ZIP 2008, 955.
[117] AG München NZI 2004, 450 *(Mankowski)* = EWiR Art. 3 EuInsVO 2/04, 493 *(Paulus)*; *Smid*, EuInsVO Art. 2 Rn. 25; *Wessels*, S. 511 ff.
[118] Ebenso MüKoInsO/*Ehricke*, Anhang Internationales Konzerninsolvenzrecht, Rn. 12 f.
[119] EuGH ZInsO 2012, 93 *(Rastelli)*.

für Neuinvestitionen oder die Festlegung und fortlaufende Überprüfung von geschäftlichen und strategischen Zielen sind regelmäßig nicht nach außen erkennbar und können daher für die Bestimmung des COMI in Konzernsachverhalten keine Rolle spielen.[120] Anders mag es sich etwa verhalten bei einheitlichem Konzernauftritt nach außen, Abgabe von Patronatserklärungen oder Garantien der Konzernobergesellschaft oder einer nach außen erkennbaren Leitung. Gerade bei einer Holdinggesellschaft kann sich im Einzelfall ergeben, dass sich deren COMI am Sitz der abhängigen Gesellschaft befindet, beispielsweise bei jeweiliges einheitlicher Postadresse, Kontoauszugsadresse, Adresse der Geschäftsführer.[121]

b) *Reform der EuInsVO.* Künftig soll die EuInsVO mit den Art. 2 lit. i) und j), den Art. 42a bis 42d konzernrechtliche Vorschriften erhalten.[122] Die Kommission legt damit den Grundstein für ein europäisches Konzerninsolvenzrecht.

Einen einheitlichen Konzerngerichtsstand soll es nicht geben.[123] Schon gar nicht soll es zu einer materiellrechtlichen Konsolidierung von Verfahren über mehrere Konzernunternehmen kommen. Allerdings soll durch die Schaffung besonderer Kooperations- und Kommunikationspflichten eine bessere verfahrensrechtliche Koordination der Insolvenzverfahren erreicht werden.[124]

Bezugspunkt des in Art. 42a–42d KE-EuInsVO geregelten Konzerninsolvenzrechts ist die in Art. 2 KE-EuInsVO eingefügte Definition des *Unternehmensgruppe,* dh eine Mehrzahl von Gesellschaften, die aus einem Mutter- und einem Tochterunternehmen besteht.

Als Mutterunternehmen gilt nach dem Vorschlag von Parlament bzw. Rat, welcher die Formulierung des Kommissionsentwurfs zu Art. 2 lit. j) erheblich gekürzt hat, ein Unternehmen, das ein oder mehrere Tochterunternehmen entweder unmittelbar oder mittelbar kontrolliert. Im Sinne einer gesetzlichen Fiktion ist eine Gesellschaft, die einen konsolidierten Jahresabschluss iS der Richtlinie 2013/34/EU des Europäischen Parlaments und des Rats vom 26.6.2013 über den Jahresabschluss, den konsolidierten Abschluss und damit verbundene Berichte von Unternehmen bestimmter Rechtsformen erstellt, als Mutterunternehmen anzusehen.[125]

Wird über zwei oder mehr Mitglieder der so definierten Unternehmensgruppe das Insolvenzverfahren eröffnet, so hat dies nach Maßgabe des Kommissions-Entwurfs vier Auswirkungen: Zum einen löst es *Kommunikations- und Kooperationspflichten* aus, die sich entlang dreier Achsen entfalten: zwischen den beteiligten Insolvenzverwaltern (Art. 42a KE-EuInsVO), zwischen den beteiligten Insolvenzgerichten (Art. 42b KE-EuInsVO) und schließlich zwischen den beteiligten Insolvenzgerichten und den beteiligten Insolvenzverwaltern (Art. 42c KE-EuInsVO). Diese Vorschriften sind den neu geschaffenen Vorschriften über Kommunikations- und Kooperationspflichten zwischen Haupt- und Sekundärverwalter strukturell und sprachlich nachgebildet (Art. 31–31b KE-EuInsVO).

Dem Insolvenzverwalter einer gruppenangehörigen Gesellschaft stehen gem. Art. 42d I lit. a) KE-EuInsVO in den Insolvenzverfahren der übrigen gruppenangehörigen Gesellschaften jeweils *Beteiligtenrechte* zu, insbesondere ein Anwesenheitsrecht in Gläubigerversammlungen. In Deutschland wird dieses Anwesenheitsrecht richtigerweise auch auf Zusammenkünfte des Gläubigerausschusses zu erstrecken sein, denn das Informationsinteresse der Insolvenzverwalter entfällt nicht allein deshalb, weil ein Gläubigerausschuss

---

[120] Ebenso FK/*Wenner/Schuster,* Anhang I Art. 3 EuInsVO Rn. 14.
[121] Vgl. AG Mönchengladbach ZIP 2012, 383.
[122] Dazu *Prager/Keller* NZI 2013, 57, 62 ff.; *Thole/Swierczok* ZIP 2013, 550, 556; *Brünkmanns* ZInsO 2013, 797 ff.
[123] Zust. *Kindler* KTS 2014, 25, 38; hiergegen schon *Vallender/Deyda* NZA 2009, 825, 829 ff.
[124] Kommissionsentwurf, S. 9.
[125] Befürwortend *Kindler,* KTS 2014, 25, 41 bei Fn. 101.

57 bestellt wurde. Art. 42d I lit. a) KE-EuInsVO gewährt dem Insolvenzverwalter nur ein Anwesenheits- und Rederecht, nicht aber ein Stimmrecht.

57 Sodann aber hat ein Insolvenzverwalter einer gruppenangehörigen Gesellschaft gem. Art. 42d I lit. b) KE-EuInsVO das Recht, eine *Aussetzung des Insolvenzverfahrens* über eine andere gruppenangehörige Gesellschaft zu verlangen. Die Erläuterung zu dieser Vorschrift erhellt, dass sie in engem Zusammenhang zu Art. 42d I lit. c) und d) KE-EuInsVO steht. Nach Art. 42d I lit. c) KE-EuInsVO kann der Insolvenzverwalter einer gruppenangehörigen Gesellschaft einen Sanierungsplan, einen Vergleich oder eine andere vergleichbare Maßnahme nicht für seine eigene, sondern auch für alle anderen oder einige der anderen gruppenangehörigen Gesellschaften vorschlagen, vorausgesetzt, dass das jeweils anwendbare Recht eine solche vorsieht. Das ist in Deutschland beim Insolvenzplan- sowie beim sog. Schutzschirmverfahren (§ 270b InsO) der Fall. Nach Art. 42d I lit. d) KE-EuInsVO hat der Insolvenzverwalter das Recht, ergänzend alle nach dem Recht des jeweiligen Mitgliedsstaates vorgesehenen prozeduralen Maßnahmen zu verlangen, die der beabsichtigten Sanierung dienlich sind, einschließlich des Wechsels zwischen verschiedenen Verfahrenstypen. Das Recht, eine Aussetzung des Verfahrens zu verlangen, dient in diesem Kontext der Zähmung der Widerspenstigen, nämlich der Insolvenzverwalter, die an der gruppenweiten Sanierung nicht mitwirken wollen. Ihr Insolvenzverfahren wird ausgesetzt, um demjenigen Insolvenzverwalter, der am meisten an der Implementierung der Sanierungsmaßnahme interessiert ist, diese auch zu ermöglichen, ohne dass zuvor im Verfahren über eine gruppenangehörige Gesellschaft kontraproduktiv vollendete Tatsachen geschaffen werden.[126]

58 Art. 42d II 1 KE-EuInsVO sieht vor, dass das jeweilige nationale Insolvenzgericht das Verfahren ganz oder zum Teil auszusetzen hat, wenn nachgewiesen ist, dass eine solche Unterbrechung im Interesse der Gläubiger dieses Verfahrens liegt. Die Vorschrift räumt dem Insolvenzgericht zwar kein Ermessen ein, enthält auf der Tatbestandsseite allerdings einen unbestimmten Rechtsbegriff, der hinreichend flexible Entscheidungen ermöglicht.[127] Wer den Schutz der Gläubiger höher bewertet als das Sanierungsinteresse des ausländischen Insolvenzverwalters, der wird für den Nachweis ein dem § 286 ZPO entsprechendes Beweismaß verlangen.[128] Wer stärker dem Sanierungsinteresse Rechnung tragen möchte, wird ein der Glaubhaftmachung des § 294 ZPO vergleichbares Beweismaß genügen lassen. Ein unmittelbarer Rückgriff auf diese Vorschriften scheidet aus, weil das Tatbestandsmerkmal des Nachweises in Art. 42d II KE-EuInsVO verordnungsautonom auszulegen ist.[129] Art. 42d II 2 KE-EuInsVO bewirkt den Schutz der Gläubiger im auszusetzenden Verfahren dadurch, dass er die Aussetzung auf drei Monate befristet. Die Frist kann um drei Monate verlängert werden, wobei dem Text der Verordnung nicht zu entnehmen ist, ob dies nur einmal oder mehrfach geschehen kann. Dem Anliegen, Sanierungen zu vereinfachen, dürfte Letzteres eher entsprechen, was im Verlauf des Gesetzgebungsverfahrens klargestellt werden könnte.[130] Gem. Art. 42d II 3 KE-EuInsVO schließlich steht dem Gericht die Befugnis zu, vom antragstellenden Insolvenzverwalter die Vornahme von Maßnahmen zu verlangen, die zur Sicherstellung der Gläubigerinteressen im auszusetzenden Verfahren geeignet sind.

59 Das Parlament hat den Kommissionsentwurf um einen Normenkomplex ergänzt, der Regelungen für ein sog. *Gruppen-Koordinationsverfahren* enthält. Dieses Gruppen-Koor-

---

[126] So ausdrücklich Kommissionsentwurf, S. 9.
[127] Zurückhaltender *Thole/Swierczok* ZIP 2013, 550, 557.
[128] Dies mit beachtlichen Gründen ablehnend *Thole/Swierczok* ZIP 2013, 550, 557.
[129] *Geimer/Schütze-Geimer*, Art. 1 Rn. 7. Vertretbar wäre wohl auch, die Frage des Beweismaßes gem. Art. 4 I EuInsVO als Frage des deutschen Rechts anzusehen. Dann fänden §§ 286, 294 ZPO unmittelbare Anwendung.
[130] *Prager/Keller* NZI 2013, 57, 64.

dinationsverfahren war seiner Struktur und teilweise seinem Inhalt nach dem Koordinationsverfahren der §§ 269 d-1 des Diskussionsentwurfs des BMJ für ein Gesetz zur Erleichterung der Bewältigung von Konzerninsolvenzen ähnlich. Wie das Koordinationsverfahren der §§ 269 d-1 DiskE, so war auch das Gruppen-Koordinationsverfahren des Parlaments seiner Natur nach ein Metaverfahren, das über mehrere Insolvenzverfahren gruppenangehöriger Gesellschaften gelegt wird, und das nicht die Regelung insolvenzrechtlicher Problemlagen, sondern die Koordination der Einzelverfahren bezweckt. Die Überarbeitung durch den Rat führte inhaltlich und sprachlich zu einer Neufassung der Gruppen-Koordinationsverfahren. Im Zentrum des Verfahrens steht der *Koordinationsverwalter*, dessen Aufgabe es ist, einen *Koordinationsplan* vorzuschlagen. Im Koordinationsplan sind die Maßnahmen enthalten, die der Koordinationsverwalter zur Abstimmung der einzelnen Insolvenzverfahren für geboten erachtet.[131]

Auch das *deutsche Insolvenzrecht* enthielt bislang keine spezifisch konzerninsolvenzrechtlichen Vorschriften. Dies soll sich bald ändern: Am 3.1.2013 legte das Bundesministerium der Justiz den Diskussionsentwurf für ein Gesetz zur Erleichterung der Bewältigung von Konzerninsolvenzen vor.[132] Das zu schaffende Konzerninsolvenzrecht ist jedoch, wie aus der Definition der Unternehmensgruppe in § 3a IV DiskE-InsO ersichtlich, auf inländische Unternehmensgruppen oder, so wird man zu ergänzen haben, den inländischen Teil einer internationalen Unternehmensgruppe beschränkt.

4. Beachtung der Verfahrenseröffnung in einem EU-Staat. Ist ein Hauptverfahren in einem EU-Staat eröffnet worden, so kann nach dem *Prioritätsprinzip*[133] während dessen Anhängigkeit kein weiteres Hauptverfahren in einem anderen EU-Staat eröffnet werden (Art. 17 I EuInsVO). Ein dennoch gestellter weiterer Eröffnungsantrag ist als unzulässig abzuweisen.[134] Ein (versehentlich) doch eröffnetes Zweitverfahren, also der Fall eines positiven Zuständigkeitskonfliktes, darf nicht fortgesetzt werden (Art. 102 § 3 I 2 EGInsO),[135] sondern ist nach Befriedigung der Massegläubiger mit Wirkung ex nunc wieder einzustellen (Art. 102 § 4 I EGInsO).[136] Gegen den Einstellungsbeschluss steht entgegen der wohl hM[137] auch den absonderungsberechtigten Insolvenzgläubigern (§§ 38, 52 InsO) das Rechtsmittel der sofortigen Beschwerde offen.[138]

Hat das inländische Gericht das Zweitverfahren in Kenntnis eines früheren ausländischen Verfahrens eröffnet, würde die Wirkungserstreckung des ausländischen Verfahrens infolge des Prioritätsprinzips, welches der in der Normenhierarchie höherrangigen EuInsVO zugrunde liegt, unterlaufen. Um etwaigen Missbräuchen vorzubeugen, ist jedenfalls in einer solchen Konstellation die Vorschrift des Art. 102 § 4 I EGInsO in gemeinschaftsrechtskonformer Reduzierung nicht anwendbar.[139] Dies gilt selbst dann, wenn das inländische Zweitverfahren in ein Sekundärverfahren übergeleitet werden könnte.[140] Die Umwandung des prioritätswidrigen Verfahrens in ein Sekundärverfahren bzw die

---

[131] S. für eine etwas ausführlichere Darstellung der beiden Entwürfe alsbald *Prager/Keller*, WM 2015.
[132] Zum Entwurf *Leutheusser-Schnarrenberger* ZIP 2013, 97 und *Graeber* ZInsO 2013, 409.
[133] Vgl. EuGH, NZI 2006, 360 *(Eurofood/Parmalat)*; CA Versailles ZIP 2004, 377 (LS); AG Köln NZI 2004, 151, 152; *Kolmann*, S. 282 f.; *Graf*, S. 295; *Huber* ZZP 114 (2001), 133, 143 f.; *ders.* FS Heldrich, S. 679, 680 f.; *Herchen* ZInsO 2004, 61, 63; u ZIP 2005, 1401; D-K/D/C-*Duursma-Kepplinger*, Art. 3 Rn. 29, 35; aA *Mankowski* RIW 2004, 587, 597 ff.; *ders.* EWiR 2003, 767.
[134] Vgl. *Wimmer*, FS Kirchhof, S. 521, 525; *W. Lüke* ZZP 111 (1998), 275, 291.
[135] *Ludwig*, S. 33; vgl. *Oberhammer* ZInsO 2004, 761, 762.
[136] AG Düsseldorf ZIP 2004, 623 = EWiR Art. 3 EuInsVO 3/04 *(Herweg/Tschauner)*; AG Düsseldorf ZIP 2004, 866 = EWiR Art. 3 EuInsVO 9/04 *(Westphal/Wilkens)*; *Wimmer*, FS Kirchhof, S. 521, 526 f.; *Ludwig*, S. 34; vgl. *Wehdeking* DZWIR 2003, 133, 137.
[137] MüKoBGB/*Kindler*, Art. 102 § 4 EGInsO Rn. 6.
[138] K. Schmidt/*Brinkmann*, InsO, Art. 102 § 4 EGInsO Rn. 4.
[139] BGH NZI 2008, 572 *(Mankowski)*; zustimmend K. Schmidt/*Brinkmann*, InsO, Art. 102 § 4 EGInsO Rn. 6; aA KPB/*Kemper*, Art. 102 § 4 EGInsO Rn. 15 ff.
[140] Kritisch *Reinhart* NZI 2009, 73, 79.

Berichtigung des Eröffnungsbeschlusses kommen nur bei entsprechendem Antrag (vgl. Art. 29 EuInsVO) in Betracht (→ Rn. 70). Ob die Schutzbedürftigkeit des inländischen Rechtsverkehrs als Rechtfertigungsgrund allerdings genügt, ein in Unkenntnis des ersten Verfahrens eröffnetes inländisches Zweitverfahren erst mit Wirkung ex nunc aufzuheben, erscheint europarechtlich zweifelhaft. Um die Vorrangigkeit notfalls durchzusetzen, kann der Verwalter des ausländischen Hauptverfahrens sofortige Beschwerde gegen die Eröffnung des inländischen Verfahrens einlegen (Art. 102 § 3 I 3 EGInsO).

63 Keine Sperrwirkung geht dagegen nach bisheriger Praxis (jedoch → Rn. 41) von einem in einem anderen EU-Staat zeitlich früher gestellten Eröffnungsantrag aus.[141] Das Gericht kann das Ausland mit seinem Eröffnungsbeschluss grds „überholen".[142] Zur Lösung negativer Zuständigkeitskonflikte in Deutschland vgl. Art. 102 § 3 II EGInsO.

64 Anderes gilt aber, wenn im Ausland ein vorläufiger Insolvenzverwalter im Sinne von Anhang C der EuInsVO bestellt wurde und (kumulativ) der Schuldner die Befugnisse zur Verwaltung seines Vermögens verloren hat (Vermögensbeschlag), wie es etwa bei einem *provisional liquidator* nach irischem Recht der Fall ist. Dann soll nach Auffassung des EuGH eine *Verfahrenseröffnung* iSv Art. 16 EuInsVO vorliegen, die infolge des Prioritätsprinzips entsprechende Sperrwirkung hat.[143] Der EuGH stützt sein Verständnis von einer Verfahrenseröffnung mit der Zielrichtung, Zuständigkeitskonflikte zu lösen, insbesondere auf Erwägungsgrund 2, wonach wesentliches Ziel der EuInsVO effiziente und wirksame grenzüberschreitende Insolvenzverfahren sind. Dabei soll es wohl nicht einmal darauf ankommen, ob das jeweilige Gericht vor Erlass der Sicherungsmaßnahme den zuständigkeitsrelevanten Sachverhalt geprüft oder dies gar in den Entscheidungsgründen niedergelegt hat.[144] Eine solche Verfahrenseröffnung sperrt – vorbehaltlich eines *ordre public*-Verstoßes[145] – sowohl den Erlass als auch die Anerkennung von Sicherungsmaßnahmen, die ein ausländisches Insolvenzgericht im dortigen Insolvenzeröffnungsverfahren anordnen will.

65 Nicht nur die Bestellung eines „starken",[146] sondern auch eines „schwachen" vorläufigen Insolvenzverwalters mit nur eingeschränktem Zustimmungsvorbehalt in einem deutschen Insolvenzeröffnungsverfahren stellt eine solche Verfahrenseröffnung dar,[147] ebenso wie die Anordnung einer vorläufigen Eigenverwaltung gemäß §§ 270a, 270b InsO.[148] Als Vermögensbeschlag gilt nicht nur der vollständige Übergang der Verfügungsbefugnis, sondern bereits die Einschränkung des Schuldners durch eine Überwachung seitens des Verwalters,[149] wie beim Zustimmungsvorbehalt der Fall. Für die deutsche Praxis empfiehlt sich, in einem solchen Beschluss über die Bestellung eines vorläufigen Insolvenzverwalters den gleichzeitigen Vermögensbeschlag ausdrücklich

---

[141] Vgl. hierfür etwa *Haubold*, in: Gebauer/Wiedmann, Rn. 76; *Kolmann*, S. 287 f.
[142] AG Mönchengladbach NZI 2004, 383 *(Lautenbach)* = EWiR Art. 3 EuInsVO 7/04, 705 *(Kekebus)*; Smid, Kap 2 Rn. 42f; *ders.*, EuInsVO Art. 2 Rn. 16; LG Hamburg NZI 2005, 654 = ZIP 2005, 1697; aA Stadtgericht Prag ZIP 2005, 1431 (krit *Herchen* ZIP 2005, 1401); Mohrbutter/Ringstmeier/*Wenner*, Rn. 52, 77, 183.
[143] EuGH, NZI 2006, 360 *(Eurofood/Parmalat)*.
[144] Zu Recht kritisch MüKoInsO/*Reinhart*, Anhang Art. 2 EuInsVO Rn. 10 ff.; *ders.* NZI 2009, 73, 75.
[145] Vgl. Supreme Court of Ireland ZIP 2004, 1969 = Art. 26 EuInsVO 1/04, 973 *(Herweg/Tschauner)*; diese folgt nicht aus fälschlich angenommener Zuständigkeit, OGH NZI 2005, 465.
[146] Vgl. hierzu etwa OLG Innsbruck NZI 2008, 700 *(Mankowski)*; County Court Croydon NZI 2009, 136; AG Köln NZI 2009, 133.
[147] Ebenso AG Hamburg, ZInsO 2007, 829; *Herchen* NZI 2006, 435; *Huber*, in: Gottwald (Hrsg), Europäisches Insolvenzrecht, S. 15 f.; *Knof/Mock* ZIP 2006, 911, 912; HambKommInsO/*Undritz*, Art. 18 EuInsVO Rn. 3a; Art. 3 Rn. 23 ff.; Pannen-*Pannen*, EuInsVO, Art. 3 Rn. 92; Art. 16 Rn. 36; MüKoInsO/*Reinhart*, Anhang, Art. 2 EuInsVO Rn. 9; *ders.* NZI 2009, 73, 74; Westphal/Goetker/Wilkens Rn. 72; *Dammann/Müller*, NZI 2011, 752, 755 (mit Hinweisen auf ausl Rspr); aA *Smid* DZWiR 2006, 325, 326 f., *ders.* NZI 2009, 150; Court d'Appel Colmar, EWiR 2010, 453.
[148] So auch K. Schmidt/*Brinkmann*, InsO, Art. 2 EuInsVO Rn. 8; aA *Thole*, FS Simotta, S. 613, 616.
[149] *Virgós/Schmit*, No 49; vgl. auch Art. 2 lit b S 1 EuInsVO.

festzustellen. Zudem müssen analog Art. 102 § 2 EGInsO die zuständigkeitsbegründenden Tatsachengrundlagen dargelegt werden. Dies impliziert, dass das Gericht bzw. der eingesetzte Sachverständige schnellstmöglich diese Grundlagen ermitteln müssen.[150] Sicherungsmaßnahmen gem. § 21 InsO sind nur zulässig, wenn die internationale Zuständigkeit des angerufenen Gerichts auf gesicherter Grundlage überwiegend wahrscheinlich ist.[151] Ggf ist der Beschluss nachträglich zu ergänzen. Die Einsetzung allein eines Gutachters im deutschen Eröffnungsverfahren hat noch keinen Vermögensbeschlag zur Folge.

Beschwerdebefugt gegen einen solchen inländischen Beschluss mit europarechtlich verfahrenseröffnender Wirkung ist in erweiternder, europarechtskonformer Auslegung des Art. 102 § 3 I 3 EGInsO auch der ausländische vorläufige Verwalter, selbst wenn sein Verfahren zeitlich später eröffnet wurde.[152] **66**

Nach Art. 2 lit. f EuInsVO ist das Verfahren zu dem Zeitpunkt *eröffnet,* an dem die Eröffnungsentscheidung wirksam wird (mag sie auch noch anfechtbar sein). Nach Art. 4 I EuInsVO regelt das Recht des Eröffnungsstaates, ab wann der Eröffnungsbeschluss Wirksamkeit erlangt. Davon zu unterscheiden ist die Frage, ob eine vom mitgliedstaatlichen Recht in Anspruch genommene Rückwirkungsfunktion (sog *relation-back-principle*)[153] innerhalb der EuInsVO anerkannt wird.[154] Der EuGH hat diese Frage offen lassen können, nachdem er bereits die Bestellung eines vorläufigen Insolvenzverwalters mitsamt Vermögensbeschlag als Eröffnungsentscheidung iSd Art. 16 EuInsVO ansieht. Er gibt aber zu erkennen, dass eine Rückwirkungsfiktion des einzelstaatlichen Insolvenzrechts keine Bedeutung hat.[155] **67**

Die in der *Eurofood*-Entscheidung zum Ausdruck gekommene Rechtsauffassung des EuGH zur Verfahrenseröffnung unterstreicht den *effet utile* der Verordnung[156] und versucht, Zuständigkeitskonflikte schnellstmöglich zu lösen.[157] Sie wirft zugleich eine Vielzahl neuer Probleme und Fragestellungen auf. **68**

- Wenn etwa der Schuldner vor Anordnung einer „schwachen" vorläufigen Insolvenzverwaltung nicht gehört wird, wird dies zu Diskussionen über einen *ordre public*-Verstoß wegen Nichtgewährung rechtlichen Gehörs führen. Der EuGH hat angedeutet, dass er die effektive Möglichkeit, getroffene Eilmaßnahmen anzufechten, unter dem Gesichtspunkt des rechtlichen Gehörs für ausreichend erachtet.[158]
- Stellt zwar die inländische Anordnung der vorläufigen Insolvenzverwaltung eine anerkennungspflichtige Eröffnungsentscheidung dar, wird gleichwohl im EU-Ausland zeitlich nachfolgend ein endgültiges Insolvenzverfahren eröffnet, finden sich für das deutsche Recht in Art. 102 §§ 3, 4 EGInsO zu dieser Konkurrenzfrage keine Antworten. Diese Vorschriften regeln die umgekehrte Situation, in der die ausländische Eröffnung früher als diejenige erfolgte, welche nach der EuInsVO als Eröffnungsentscheidung zu qualifizieren ist. Insoweit erscheint zutreffend, die Antwort aus der EuInsVO zu entwickeln und der ausländischen Verfahrenseröffnung im Inland aufgrund eines Verstoßes gegen das Prioritätsprinzip oder analog Art. 34 Nr 3 EuGV-

---

[150] *Reinhart* NZI 2009, 73, 75 f.
[151] BGH NZI 2007, 344, 345; AG Hamburg NZI 2009, 343 = EWiR Art. 102 § 2 EGInsO 1/09, 441 *(Mankowski)*.
[152] OLG Innsbruck NZI 2008, 700; *Mankowski* BB 2006, 1753, 1758; *Knof/Mock* ZIP 2006, 911, 912; *Reinhart* NZI 2009, 73, 77 f.
[153] Vgl. im englischen oder irischen Recht etwa Section 129(2) Insolvency Act 1986 bzw Section 220(2) Irish Companies Act 1963.
[154] Dagegen etwa *Freitag/Leible* RIW 2006, 641, 650; *Huber,* FS Heldrich, S. 679. 687 f.
[155] *Mankowski* BB 2006, 1753, 1757; Pannen-*Pannen,* EuInsVO, Art. 3 Rn. 89 f.
[156] IE ebenso FK/*Wimmer,* Anhang I nach § 358 Rn. 15.
[157] EuGH Rs C-116/11 NZI 2013, 106 *(Bank Handlowy)* Rn. 45.
[158] EuGH NZI 2006, 360 *(Eurofood/Parmalat).*

VO[159] die Anerkennung zu versagen. Der ausländische Beschluss ist ggf. mit den im Ausland verfügbaren Rechtsmitteln anzugreifen, sofern er nicht von Amts wegen aufgehoben wird.

- Offen ist ferner, ob der EuGH den Begriff der Verfahrenseröffnung nur für die Anerkennungspriorität gem. Art. 16 EuInsVO extensiv auslegen will, oder ob er sein Verständnis auf andere Normen der EuInsVO überträgt, bei denen die Verfahrenseröffnung das Anknüpfungsmerkmal für weitere Rechtsfolgen darstellt (vgl. Art. 5, 7, 14, 15, 16, 18 II 1, 20 EuInsVO). Grundsätzlich wird man von Letzterem ausgehen und für die konkrete Fragestellung interessengerechte Lösungen entwickeln müssen, beispielsweise im Bereich der Art. 29, 38 EuInsVO.[160]
- Stellt sich im weiteren Verlaufe des Eröffnungsverfahrens heraus, dass überhaupt keine inländische internationale Zuständigkeit besteht, ist die endgültige Verfahrenseröffnung nach nationalem Recht abzulehnen; eine „Heilung" der Unzuständigkeit lässt sich vor Eintritt der Rechtskraft nicht begründen.[161] Die bisherigen Sicherungsmaßnahmen sind von Amts wegen und grds mit Wirkung ex nunc aufzuheben. Hierbei gelten Art. 102 §§ 3 und 4 EGInsO analog.

69 Hat das Gericht eines EU-Mitgliedsstaats die Eröffnung eines Hauptverfahrens abgelehnt, weil deutsche Gerichte zuständig seien, so darf das deutsche Insolvenzgericht seine Zuständigkeit nicht mehr mit der Begründung verneinen, die Gerichte des anderen Staates seien zuständig (Art. 102 § 3 II EGInsO). Die Vorschrift soll *negative Kompetenzkonflikte* verhindern.[162] Die Eröffnung darf aber wegen der Zuständigkeit eines dritten Staates abgelehnt werden.[163]

70 Nach Art. 4 II 1 EuInsVO regelt das Recht des Eröffnungsstaates, unter welchen Voraussetzungen ein Insolvenzverfahren eröffnet wird. § 12 I InsO verlangt für das deutsche Recht einen Antrag. Ob ein Antrag auf Eröffnung eines Partikularverfahrens den Antrag auf Eröffnung eines Hauptinsolvenzverfahrens enthält, ist eine Auslegungsfrage, die sich nur anhand der konkreten Umstände unter Einbeziehung von glaubhaft gemachten und von Amts wegen ermittelten Umständen und der Interessenlage beantworten lässt. Nach Auffassung des BGH handelt es sich bei einem Haupt- und einem Sekundärinsolvenzverfahren um zwei unterschiedliche Verfahren.[164] Dies mag zwar eine *Umdeutung* erschweren, ändert aber nichts daran, dass das angerufene Gericht nach Antragseingang im Rahmen der Zulässigkeitsprüfung entscheidet, ob es für ein Haupt-, Partikular- oder Sekundärverfahren international zuständig ist und ob die für eine Verfahrenseröffnung jeweils erforderlichen Voraussetzungen vorliegen.[165] Der ausdrückliche Antrag auf Eröffnung eines Hauptinsolvenzverfahrens enthält als Minus regelmäßig die Voraussetzungen zur Eröffnung eines Partikularverfahrens.[166] Geht es dem Antragsteller um die Begrenzung der Wirkungserstreckung eines Auslandsverfahrens in einem schwebenden positiven Kompetenzkonflikt, sollte ausdrücklich die Eröffnung eines inländischen Haupt- und hilfsweise eines Sekundärinsolvenzverfahrens beantragt werden.

---

[159] So etwa *Huber*, in: Gottwald (Hrsg), Europäisches Insolvenzrecht, S. 17 ff.
[160] Ablehnend hierzu K. Schmidt/*Brinkmann,* InsO, Art. 1 EuInsVO Rn. 3, Art. 2 EuInsVO Rn. 10.
[161] Vgl. BGH NZI 2006, 590.
[162] *Pannen/Riedemann* NZI 2004, 301, 302; *Wimmer,* FS Kirchhof, S. 521, 526.
[163] D-K/D/C-*Duursma-Kepplinger,* Art. 3 Rn. 36.
[164] BGH NZI 2008, 572, 573; *Kemper* ZIP 2001, 1609, 1618; *Duursma-Kepplinger* ZIP 2007, 752, 753; aA MüKoInsO/*Reinhart,* Art. 102 § 3 EGInsO Rn. 10 f.; *ders.* NZI 2009, 73, 79.
[165] Insoweit zutreffend MüKoInsO/*Reinhart,* Art. 102 § 3 EGInsO Rn. 10 f.
[166] MüKoBGB/*Kindler,* Art. 3 Rn. 12; zum umgekehrten Fall AG Mönchengladbach NZI 2004, 383 (*Lautenbach);* ablehnend hierzu MüKoBGB/*Kindler,* Art. 3 EuInsVO Rn. 11, weil die Wirkungen des nicht beantragten Hauptverfahrens weiter reichen als die des beantragten Sekundärverfahrens; zurückhaltend auch HambKommInsO-*Undritz,* Art. 28 EuInsVO Rn. 16. *Kebekus* (EWiR 2004, 705, 706) betont die Pflicht des Gerichts, Unklarheiten vor der Auslegung des Antrags durch Rückfrage beim Antragsteller zu klären.

Um Zweifel auszuschließen, ob das eröffnete Verfahren Haupt- oder Partikularver- 71
fahren ist, sollte das Gericht im Eröffnungsbeschluss angeben, ob es seine Zuständigkeit
auf Art. 3 I oder Art. 3 II EuInsVO stützt.[167] Nach Art. 102 § 2 EGInsO hat ein deutsches Gericht in europäischen Fällen in Erweiterung zu § 27 InsO die tatsächlichen
Feststellungen und rechtlichen Erwägungen, aus denen sich seine Zuständigkeit nach
Art. 3 EuInsVO ergibt, kurz darzustellen.[168] Ein Verstoß hiergegen bleibt sanktionslos,
erschwert aber einem Hauptverwalter unnötig die praktische Rechtsdurchsetzung im
Ausland und erhöht das Risiko positiver Kompetenzkonflikte. Ggf kann das Gericht die
Begründung nach Rechtskraft des Eröffnungsbeschlusses von Amts wegen ergänzen.[169]

5. Zuständigkeit für Partikularverfahren. Die EuInsVO kennt zwei Arten von 72
Partikularverfahren: einerseits sog isolierte Partikularverfahren, andererseits Sekundärinsolvenzverfahren. Die ersteren gehen zeitlich einem Hauptinsolvenzverfahren voraus
oder treten mit beschränktem Geltungsbereich an seine Stelle, wenn ein Hauptverfahren zB mangels Insolvenzfähigkeit am COMI nicht eröffnet werden kann. Sekundärinsolvenzverfahren setzen zwingend die zeitlich frühere Eröffnung eines Hauptinsolvenzverfahrens in einem anderen Mitgliedstaat voraus. Abweichend von § 354 InsO darf ein
Partikularverfahren nach Art. 3 II 1 EuInsVO in einem anderen Mitgliedstaat nur eröffnet werden, wenn der Schuldner dort eine *Niederlassung* hat;[170] ein bloßer Vermögensgerichtsstand besteht nicht. § 354 II InsO ist im Anwendungsbereich der EuInsVO
nicht analog anwendbar.[171] Ein Partikularverfahren erfasst das gesamte Vermögen des
Schuldners in diesem Staat, ohne dass es auf einen Bezug zur Niederlassung ankommt.[172]

Art. 2 lit h EuInsVO definiert die *Niederlassung* als jeden Tätigkeitsort, an dem der 73
Schuldner nach außen hin wahrnehmbar[173] einer wirtschaftlichen Aktivität von nicht
vorübergehender Art[174] nachgeht, die den kumulativen Einsatz von Personal und Vermögenswerten voraussetzt.[175] Dieser Begriff ist weiter als derjenige in Art. 5 Nr 5
EuGVVO;[176] er entspricht auch nicht dem Niederlassungsbegriff im internationalen
Arbeitsvertragsrecht.[177] Anders als nach Art. 5 Nr 5 EuGVVO[178] ist nicht erforderlich,
dass von der Niederlassung aus Geschäfte mit Dritten betrieben werden. Doch wird
eine wirtschaftliche Tätigkeit vorausgesetzt, was bei Anwaltskanzlei, Arztpraxis,[179] aber
nicht bei einer Privatvilla mit Personal der Fall ist.[180] Jedenfalls stellt eine Betriebs- oder
Produktionsstätte, aber auch eine ständige Verkaufsstelle[181] eine Niederlassung dar. Ob
es sich bei dem Personal um eigene Arbeitnehmer, outgesourcte Dienstleister oder
Konzernmitarbeiter handelt, die faktisch und mit Wirkung nach außen wie Mitarbeiter

---

[167] Vgl. *Herchen* ZInsO 2004, 61, 65; vgl. Art. 3b I 2 Kommissionsentwurf.
[168] Vgl. *Wehdeking* DZWIR 2003, 133, 136.
[169] BGH BeckRS 2008, 04207; MüKoInsO/*Reinhart*, Art. 102 § 2 EGInsO Rn. 10.
[170] Vgl. *Gottwald*, Grenzüberschreitende Insolvenzen, S. 21 f; *Taupitz* ZZP 111 (1998), 315, 337; § 354 II InsO.
[171] BGH ZInsO 2011, 23.
[172] Nerlich/Römermann/*Commandeur* Art. 27 Rn. 12.
[173] So BGH ZIP 2012, 1920 LS 1.
[174] Zum Ende der wirtschaftlichen Tätigkeit eines Notars vgl. BGH NZI 2012, 377.
[175] EuGH ZIP 2011, 2153 Rn. 60 ff. *(Interedil)*; BGH WM 2012, 1635; AG Stade ZInsO 2012, 1911; AG Gifhorn ZInsO 2012, 1907; *Fehrenbach* ZEuP 2013, 353, 375; *Wessels*, S. 438 ff. Umfassende Übersicht unter Einleitung ausländischer Entscheidungen bei *Hess/Oberhammer/Pfeiffer*, S. 878 ff.
[176] *Smid*, Kap 2 Rn. 51; vgl. D-K/D/C-*Duursma-Kepplinger*, Art. 5 Rn. 63, 73.
[177] Vgl. hierzu EuGH ZIP 2012, 143 *(Voogsgerd)*.
[178] Vgl. hierzu EuGH Rs C-33/78, Slg 78, 2183.
[179] Vgl. LG Hannover NZI 2008, 631 *(Vallender)*.
[180] *Kolmann*, S. 328; *Smid*, EuInsVO Art. 2 Rn. 22, Art. 3 Rn. 29; *Prütting*, Insolvenzrecht 2003, S. 59, 78; aA *Funke* InVo 1996, 174.
[181] D-K/D/C-*Duursma-Kepplinger*, Art. 3 Rn. 67; aA BerlK-*Pannen*, Art. 3 Rn. 20.

des Schuldners auftreten, hat keine Relevanz.[182] Es genügt bereits der äußere Anschein, dass diese Personen der Verantwortung und Weisung des Schuldners unterliegen.[183] Die Beauftragung eines Steuerberaters, Jahresabschluss und Steuererklärungen zu erstellen, stellt noch keinen Einsatz von „Personal" iSv Art. 2 lit h EuInsVO dar.[184] Verfügt der Schuldner nicht über eigenes Personal, kann der Nachweis einer Niederlassung nicht dadurch ersetzt werden, dass der Schuldner im potentiellen Sekundärverfahrensstaat seinen COMI hat.[185] Bloße Vermögenswerte, wie Grundstücke, Bankguthaben oder die vermietete Ferienwohnung, bilden keine Niederlassung.[186] Anders mag es sich insoweit verhalten, wenn ein festangestellter Verwalter eingesetzt wird.[187] Gleiches gilt für vorübergehende Montageorte oder Baustellen, bei denen es an einer gewissen Dauerhaftigkeit der Tätigkeit mangelt. Eine Niederlassung dürften jedoch Großbaustellen darstellen, die erkennbar für einen längeren Zeitraum mit einem bestimmten Organisationsgrad bestehen. Auch eine Ein-Mann-GmbH, die außer ihrem Alleingesellschafter-Geschäftsführer keine Angestellten hat, kann eine Niederlassung in einem anderen Mitgliedstaat haben, sofern der Geschäftsführer dort regelmäßig nach außen auftritt.

74 Nach den Reformvorstellungen des Rates soll als Niederlassung häufig auch jeder Tätigkeitsort gelten, an dem der Schuldner einer wirtschaftlichen Tätigkeit „in den drei Monaten vor dem Antrag auf Eröffnung des Hauptinsolvenzverfahrens" nachging.[188] Der Vorschlag bezweckt offenbar, die Möglichkeiten einer Veränderung von Zuständigkeiten einzuschränken.

75 Ein Sekundärverfahren kann ggf auch am eingetragenen Sitz des Schuldners eröffnet werden.[189] Wird ein Hauptverfahren in einem anderen EU-Staat zu Unrecht eröffnet und nicht wieder eingestellt, so muss der faktische Hauptsitz als Niederlassung iS des Art. 3 II EuInsVO angesehen werden, jedenfalls dann, wenn damit die Anforderungen an den Niederlassungsbegriff erfüllt sind.[190] Eine hundertprozentige Tochtergesellschaft ist keine Niederlassung (→ Rn. 47).[191]

76 **6. Örtliche Zuständigkeit.** Art. 3 I EuInsVO regelt nur die internationale Zuständigkeit. Die örtliche Zuständigkeit in Deutschland[192] richtet sich nach § 3 I InsO. Während das EU-Recht an den *„Mittelpunkt [der] hauptsächlichen Interessen"* des Schuldners anknüpft, stellt § 3 I 2 InsO auf den *„Mittelpunkt einer selbstständigen wirtschaftlichen Tätigkeit des Schuldners"* ab. Beides könnte im Einzelfall auseinander fallen. Für die Fälle, in

---

[182] IE auch LG Hildesheim NZI 2013, 1111; str.
[183] AG München ZIP 2007, 495, 496 *(BenQ Mobile Holding B. V.)*.
[184] BGH ZIP 2012, 1920.
[185] BGH ZIP 2012, 782.
[186] EuGH ZIP 2011, 2153 Rn. 62 *(Interedil)*; BGH ZIP 2012, 1920; ZIP 2011, 389.
[187] Vgl. *Paulus*, EuInsVO, Art. 2 Rn. 33 f.
[188] Ratsentwurf, S. 9.
[189] AG Köln ZIP 2004, 471 = EWiR Art. 3 EuInsVO 6/04, 601 *(Blenske)*; dazu auch *Meyer-Löwy/Poertzgen* ZInsO 2004, 195; *Sabel* NZI 2004, 126.
[190] AG Köln NZI 2004, 151; LG Innsbruck ZIP 2004, 1721 = EWiR Art. 3 EuInsVO 10/04, 1085 *(Bähr/Riedemann)*; *Herchen* ZInsO 2004, 825, 829; *Oberhammer* ZInsO 2004, 761, 771; *Sabel* NZI 2004, 126; *Vallender*, InVo 2005, 41, 43; *ders.*, KTS 2005, 283, 303; FK/*Wenner/Schuster*, Anhang I Art. 2 EuInsVO Rn. 25; Anhang I Art. 27 EuInsVO Rn. 4 f.; Pannen-*Herchen*, EuInsVO, Art. 27 Rn. 27; so zu verstehen wohl auch BGH ZIP 2012, 782, 784; aA KPB/*Kemper*, EGInsO Art. 102 § 3 Rn. 9; K. Schmidt/*Brinkmann*, InsO, Art. 2 EuInsVO Rn. 20 f.
[191] *Gottwald*, Grenzüberschreitende Insolvenzen, S. 21 ff.; *Nagel/ders.*, § 20 Rn. 48; *Huber* ZZP 114 (2001), 133, 142; D-K/D/C-*Duursma-Kepplinger*, EuInsVO Vorbem Rn. 33, Art. 1 Rn. 50, Art. 3 Rn. 121, Art. 27 Rn. 25 f.; MüKoBGB/*Kindler*, Art. 3 Rn. 58; *Schack* IZPR Rn. 1166; *Carstens*, S. 78; Pannen-*Riedemann*, EuInsVO, Art. 2 Rn. 60 ff.; aA *Paulus* ZIP 2002, 729, 730; *ders.*, EuInsVO, Art. 2 Rn. 34.
[192] Überblick zur örtlichen Zuständigkeit in anderen EU-Mitgliedstaaten bei Pannen-*Pannen*, EuInsVO, Art. 3 Rn. 14.

denen zwar eine internationale, aber keine örtliche Zuständigkeit gegeben wäre, hält Art. 102 § 1 I EGInsO eine ergänzende örtliche Zuständigkeit bereit.[193]

7. Rechtsmittel. Die Eröffnungsentscheidung ist nach derzeit geltendem Recht mit den Rechtsmitteln anfechtbar, die das nationale Recht hierfür vorsieht, in Deutschland also mit der sofortigen Beschwerde (§§ 6, 4 InsO mit §§ 567 ff. ZPO).[194] Für die Beschwerdebefugnis gilt § 34 II InsO, weshalb die Eröffnung des Insolvenzverfahrens nur vom Schuldner angefochten werden kann.[195] Dem Verwalter eines prioritären ausländischen Hauptverfahrens steht gem. Art. 102 § 3 I S. 3 EGInsO nur dann ein Beschwerderecht zu, wenn ein deutsches Gericht in Verletzung des Prioritätsgrundsatzes ein zweites Hauptverfahren eröffnet hat (→ Rn. 62).

Der Vorschlag der Kommission für eine *Reform der EuInsVO* sieht die Schaffung eines einheitlichen, in der Verordnung selbst verankerten Rechtsmittels vor (Art. 3b III KE-EuInsVO).[196] Das – nicht näher bezeichnete – Rechtsmittel soll nur ausländischen, nicht aber inländischen Gläubigern zur Verfügung stehen. Art. 3b III KE-EuInsVO enthält in der Fassung des Kommissionsentwurfs indes keine einzige Vorschrift über das dabei zu beachtende Verfahren oder den Instanzenzug, nicht einmal eine Rechtsmittelfrist. Diese Regelungslücke sollte durch eine analoge Anwendung des Rechts der sofortigen Beschwerde geschlossen werden.[197] Zu Zweifelsfragen hätte geführt, ob mit dem Rechtsmittel nach Art. 3b III KE-EuInsVO nur die fehlerhafte Annahme der internationalen Zuständigkeit, oder auch sonstige Mängel der Eröffnungsentscheidung gerügt werden können. Nach dem insoweit präziseren Entwurf des Rates soll nur die internationale Zuständigkeit gerügt werden können.[198]

V. Insolvenzfähigkeit

Die EuInsVO will (nach Erwägungsgrund 9) alle Insolvenzverfahren über natürliche oder juristische Personen, Kaufleute oder Privatpersonen erfassen. Art. 16 I Unterabs 2 EuInsVO bekräftigt, dass die Eröffnung des Insolvenzverfahrens in einem Mitgliedstaat auch dann in den anderen Mitgliedstaaten anzuerkennen ist, wenn der Schuldner dort nicht insolvenzfähig wäre. Praktische Bedeutung hat dies vor allem bei Verfahren gegen Nichtkaufleute und den Nachlass, wenn das Insolvenzrecht des Anerkennungsstaates in diesen Fällen die Insolvenzfähigkeit verneint.[199] Ausgenommen sind Versicherungsunternehmen, Kreditinstitute und Wertpapierfirmen, für die besondere Richtlinien gelten (Art. 1 sowie Erwägungsgrund 9) (→ Rn. 138 ff.).

Eine konkrete Abgrenzung der Insolvenzfähigkeit enthält die EuInsVO nicht. Über Art. 4 II 2 lit a EuInsVO ist daher auf das Recht des Eröffnungsstaates, in Deutschland § 11 InsO, zurückzugreifen.[200] Zumindest bei Personen- und Kapitalgesellschaften, die in einem EU-Mitgliedstaat gegründet worden sind, bestimmt infolge der EuGH-Rechtsprechung zur Niederlassungsfreiheit (*Centros*[201] *Überseering*[202] und va *Inspire Art*[203]) das Gründungsrecht die gesellschaftsrechtlichen Fragen einschließlich der

---

[193] Vgl. *Pannen/Riedemann* NZI 2004, 301; *Wimmer,* FS Kirchhof, S. 521, 523; *Ludwig,* S. 23 ff.
[194] Ausführlich *Schilling/Schwerdtfeger* DZWir 2005, 370.
[195] FK/*Wenner/Schuster* Anhang I Art. 3 EuInsVO Rn. 33.
[196] Näher *Prager/Keller* NZI 2013, 57, 59.
[197] Ebenso *Thole/Swierczok* ZIP 2013, 550, 552, die darauf hinweisen, dass bei Anwendung des Rechts der sofortigen Beschwerde kein Suspensiveffekt eintritt. Andernfalls wäre über eine analoge Anwendung des Art. 102 § 4 Abs. 2 EGInsO nachzudenken.
[198] Ratsentwurf, S. 13.
[199] Überblick zur Insolvenzfähigkeit in anderen EU-Mitgliedstaaten bei Pannen-*Pannen,* EuInsVO, Art. 3 Rn. 14.
[200] D-K/D/C-*Duursma-Kepplinger,* Art. 3 Rn. 11, 97 f.
[201] EuGH NJW 1999, 2027.
[202] EuGH NJW 2002, 3614.
[203] EuGH NJW 2003, 3331.

Rechtsfähigkeit, selbst bei sog Scheinauslandsgesellschaften.[204] Eine nur in Deutschland tätige *Private Limited Company by Shares* englischen Rechts ist hier als ausländische juristische Person[205] rechts- und insolvenzfähig.[206]

VI. Sicherungsmaßnahmen

81 Das Gericht des künftigen Hauptverfahrens ist befugt, ab Antragstellung Sicherungsmaßnahmen mit Wirkung auch für die anderen EU-Mitgliedsstaaten anzuordnen (Art. 25 I Unterabs 3 EuInsVO, zur Anerkennung → Rn. 96). Berechtigte Sicherungsinteressen lassen den Erlass von Sicherungsmaßnahmen bereits dann zu, wenn das Gericht seine internationale Zuständigkeit zwar noch nicht bejahen, sie aber auch nicht sicher verneinen kann.[207] Das Recht des Staates, in welchem das Hauptverfahren eröffnet werden soll, bestimmt über Art und Zulässigkeit der Sicherungsmaßnahmen (Art. 4 I EuInsVO).

82 Entsprechendes gilt für das Gericht eines künftigen Partikularverfahrens, freilich beschränkt auf die Reichweite des künftigen Partikularverfahrens.

83 Wird im Verfahren zur Eröffnung eines Hauptverfahrens als Sicherungsmaßnahme ein vorläufiger Verwalter bestellt, so ist dieser nicht nur zur Ausübung seiner sich aus der lex fori concursus ergebenden Befugnisse berechtigt. Er kann zudem in den anderen Mitgliedsstaaten weitere Sicherungsmaßnahmen beantragen, die das dortige Eröffnungsverfahren zur Sicherung des Schuldnervermögens vorsieht (Art. 38 EuInsVO), sofern noch nicht die Eröffnung eines Partikularverfahrens beantragt wurde.[208] Da sich Art. 38 im Abschnitt über Sekundärverfahren befindet und der Begriff „Liquidationsverfahren" nur im Zusammenhang mit Sekundärverfahren Relevanz hat, soll die Bestimmung nur im Vorfeld eines Sekundärverfahrens anwendbar sein; vorausgesetzt sei also, dass der Schuldner in dem betreffenden Staat eine Niederlassung habe[209] und eine schlüssige Darlegung des vorläufigen Verwalters hierzu.[210]

84 Diese Einschränkung ist aber weder vom Wortlaut noch vom Sinn der Regelung zwingend geboten. Es wäre im Gegenteil zweckwidrig, wenn das Insolvenzgericht bzw. der vorläufige Verwalter dem Schuldner nicht Verfügungen über Auslandskonten untersagen lassen könnte, die sich in einem Staat ohne Niederlassung befinden. Zulässig sind somit auch Sicherungsmaßnahmen, welche außerhalb von Sekundärverfahren zur Verfügung stehen.[211] Ihre Wirkung begrenzt sich auf das in diesem Staat belegene Vermögen. Nach dem dortigen Recht richtet sich auch, ob und inwieweit dem angerufenen Gericht bei seiner Entscheidung ein Ermessensspielraum zusteht.[212] Ein vorläufiger Hauptinsolvenzverwalter eines anderen EU-Staates kann daher in Deutschland stets den Erlass von Sicherungsmaßnahmen nach § 21 II InsO beantragen. Zur örtlichen Zuständigkeit inländischer Gerichte vgl. Art. 102 § 1 II EGInsO analog. Mit Verfahrenseröffnung (→ Rn. 64) bestimmen die Art. 18 I, 29 EuInsVO die Befugnisse des ausländischen Verwalters.

85 Auf Antrag eines vorläufigen Verwalters kann hingegen kein Sekundärinsolvenzverfahren eröffnet werden[213] (→ § 132 Rn. 139).

---

[204] Zu in Drittstaaten gegründeten Gesellschaften vgl. BGH NJW 2009, 289.
[205] AA BGH NJW 2002, 3529.
[206] BGH ZIP 2005, 805; AG Hamburg ZIP 2003, 1008; AG Duisburg NZI 2003, 658, 659.
[207] BGH NZI 2007, 344.
[208] Vgl. dazu *Reinhart* NZI 2009, 201, 204 f.
[209] So zB EuGH NZI 2006, 360 Rn. 57f *(Eurofood); Virgós/Schmit*, Nr 262; KPB/*Kemper*, Art. 38 EuInsVO Rn. 4; Uhlenbruck/*Lüer*, EuInsVO Art. 38 Rn. 4 f.; *Vallender* KTS 2005, 283, 308; *Wimmer* ZInsO 2001, 97, 102; MüKoBGB/*Kindler*, Art. 38 Rn. 8; MüKoInsO/*Reinhart* Anhang Art. 38 EuInsVO Rn. 8 f.
[210] MüKoInsO/*Reinhart* Anhang Art. 38 EuInsVO Rn. 11.
[211] Ebenso Pannen-*Herchen* Art. 38 Rn. 10; K. Schmidt/*Brinkmann*, InsO, Art. 38 EuInsVO Rn. 5.
[212] Jeweils bejahend für das deutsche Recht K. Schmidt/*Bnnkmann*, InsO, Art. 38 EuInsVO Rn. 9 mwN.
[213] *Virgós/Schmit*, Nr 262.

Streitig ist auch, ob der vorläufige Verwalter zum Verkauf einer Niederlassung ermächtigt werden kann.[214] Soll das Vorverfahren lediglich nachteilige Veränderungen verhindern, scheidet eine solche Ermächtigung aus. Auch das deutsche Recht bietet hierfür in § 21 InsO derzeit noch keine Grundlage. 86

VII. Anerkennung

1. Anerkennungsvoraussetzungen. Sobald im Staat der Verfahrenseröffnung die *Eröffnungsentscheidung wirksam* ist (vgl. Art. 2 lit. f EuInsVO), wird sie in den anderen Mitgliedstaaten anerkannt (Art. 16 I EuInsVO). Das ausländische Verfahren entfaltet dann in jedem anderen Mitgliedstaat ohne Förmlichkeiten Wirkungen (Art. 17 I EuInsVO). Die Anerkennung erfolgt also automatisch iS der *Wirkungserstreckung* der ausländischen Entscheidungen.[215] Sie darf jedoch nicht zu einem Verstoß gegen den nationalen *ordre public* führen, Art. 26 EuInsVO.[216] 87

Die *ordre public*-Klausel ist eng auszulegen; bedeutsam sind vornehmlich Verfahrensgarantien wie das rechtliche Gehör und das Recht auf Beteiligung.[217] 88

Weitestgehend wird angenommen, das Bestehen der *internationalen Eröffnungszuständigkeit* dürfe vom Anerkennungsgericht nicht nachgeprüft werden.[218] Zwar sieht Art. 16 I 1 EuInsVO vor, dass die Eröffnung eines Verfahrens „durch ein nach Art. 3 zuständiges Gericht" anzuerkennen ist. Auch schließt der Text die Nachprüfung der internationalen Zuständigkeit anders als Art. 35 II, III EuGVVO nicht unmittelbar aus. Doch ergibt sich aus Erwägungsgrund 22, dass die internationale Zuständigkeit des Eröffnungsstaates keiner Überprüfung unterliegt.[219] Jedoch muss das Gericht seine internationale Zuständigkeit ggf auch stillschweigend auf Art. 3 EuInsVO gestützt haben.[220] Eine falsche Entscheidung ist hinzunehmen, solange nicht der *ordre public* verletzt worden ist. Die fehlerhafte Beurteilung der internationalen Zuständigkeit verletzt als solche den *ordre public* nach ganz hM nicht.[221] Andere wollen einen Verstoß ausschließlich bei Verletzung des Rechts auf Gehör bejahen, so dass jede andere unrechtmäßige Annahme einer Eröffnungszuständigkeit im Eröffnungsstaat selbst mit Rechtsmitteln angegriffen werden muss.[222] 89

Jeder Mitgliedstaat ist daher verpflichtet, ein Rechtsmittel gegen den Eröffnungsbeschluss bereit zu stellen, in welchem (auch) die internationale Eröffnungszuständigkeit überprüft werden kann. Fehlt es hieran, kommt im Anerkennungsstaat ein Verstoß gegen den dortigen *ordre public* in Betracht. Gem § 34 II InsO wäre nur der Schuldner befugt, sofortige Beschwerde gegen einen deutschen Eröffnungsbeschluss einzulegen, welcher im Falle eines positiven Kompetenzkonfliktes zeitlich früher als der ausländische Beschluss ergeht. Art. 102 § 3 I 3 EGInsO räumt auch dem ausländischen Verwalter *Beschwerdebefugnis* ein[223] (→ Rn. 62 und → Rn. 66). 90

---

[214] Vgl. *Paulus* NZI 2001, 505, 509.
[215] *W. Lüke* ZZP 111 (1998), 275, 285 f.; *Leipold*, FS Ishikawa, S. 221, 222 f.
[216] Vgl. dazu OGH Wien NZI 2005, 465.
[217] MüKoBGB/*Kindler*, Art. 26 Rn. 10; s dazu auch *Laukemann* IPRax 2012, 207, 212.
[218] Cour d'Appel Versailles EWiR Art. 3 EuInsVO 5/03, 1239 (abl *Mankowski*); MüKoInsO/*Reinhart*, Anhang Art. 16 EuInsVO Rn. 12; D-K/D/C-*Duursma-Kepplinger/Chalupsky*, Art. 36 Rn. 41 f.; *W. Lüke* ZZP 111 (1998), 287; *Herchen* ZInsO 2004, 61, 64.
[219] EuGH NZI 2006, 360 *(Eurofood/Parmalat)*; abl *Mankowski*, BB 2006, 1755.
[220] *Virgós/Schmit*, Nr 202/2; OGH Wien NZI 2005, 465 f.
[221] D-K/D/C-*Duursma-Kepplinger/Chalupsky*, Art. 16 Rn. 26; *Eidenmüller* NJW 2004, 3455, 3457; *Herchen* ZInsO 2004, 61, 65; *Laukemann* IPRax 2012, 207, 210; aA *v. d. Fecht*, FS Metzeler, 2003, S. 121, 126; *Mankowski* RIW 2004, 587, 598. – Vgl. auch AG Göttingen ZInsO 2013, 304 zur Unterlassung einer Plausibilitätskontrolle trotz seit Jahren erkannter Missbräuche.
[222] AG Düsseldorf NZI 2004, 269, 270 *(Liersch)*; *Paulus* ZIP 2003, 1725, 1729. – Unzutreffend daher AG Nürnberg NZI 2007, 185 *(Brochier IV)*; vgl. dazu *Anders/Grund* NZI 2007, 137; *Knof* ZInsO 2007, 629.
[223] Ausführlich *Reinhart* NZI 2009, 73, 77 f.

91 2. Anzuerkennende Entscheidungen. a) *Eröffnungsbeschluss.* Anerkannt werden der Eröffnungsbeschluss für Haupt- und Partikularverfahren und die damit verbundenen Beschlagnahmewirkungen (Art. 16 I, 17 I EuInsVO), bei Partikularverfahren beschränkt auf die zur Partikularinsolvenzmasse gehörenden Vermögensgegenstände. Nach Auffassung des EuGH liegt eine solche Verfahrenseröffnung schon vor, wenn kumulativ ein Insolvenzverwalter bestellt (vgl. Art. 2 lit e EuInsVO) und eine Beschlagnahmewirkung über das schuldnerische Vermögen eingetreten ist (→ Rn. 64 f.). Als Folge davon darf der Verwalter auch in den anderen Vertragsstaaten alle Befugnisse nach dem Recht des Eröffnungsstaates ausüben, solange in den anderen Staaten nicht ein eigenes (Partikular-)Insolvenzverfahren eröffnet ist oder eine gegenteilige Sicherungsmaßnahme ergriffen wurde.[224] Der Verwalter darf aber keinen Zwang anwenden (Art. 18 EuInsVO).

92 Auf Antrag des Verwalters kann eine solche Eröffnungsentscheidung auch in den anderen EU-Staaten öffentlich bekannt gemacht (Art. 21 EuInsVO) und ein Insolvenzvermerk in öffentliche Register der anderen EU-Staaten[225] eingetragen (Art. 22 EuInsVO) werden. Besitzt der Schuldner im Inland eine Niederlassung, so erfolgt die öffentliche Bekanntmachung von Amts wegen (Art. 102 § 5 II 1 EGInsO), um den Interessen der dann vermutlich zahlreichen inländischen Gläubiger gerecht zu werden.[226] Verweigert das inländische Gericht ein Tätigwerden, kann der ausländische Verwalter sofortige Beschwerde einlegen (Art. 102 § 7 EGInsO). Zuständig ist das Insolvenzgericht, in dessen Bezirk Vermögen des Schuldners belegen ist (Art. 102 § 1 III EGInsO). Wäre eine Insolvenzfolge einzutragen, die im Inland unbekannt ist, muss sie durch eine inländische substituiert werden (Art. 102 § 6 II 2 EGInsO).[227] Nach Art. 40 EuInsVO und Art. 102 § 11 EGInsO sind ausländische Gläubiger mit Wohnsitz/Sitz in einem EU-Staat zusätzlich über die Folgen einer nachträglichen Forderungsanmeldung zu unterrichten (Art. 102 § 11 EGInsO).

93 Die Entscheidungen über die Verfahrenspublizität sollen im Zuge der anstehenden Reform der EuInsVO erheblich geändert werden. Dem Fernziel eines einheitlichen europäischen Insolvenzregisters vorgeschaltet ist dabei ein Ausbau der bereits bestehenden Veröffentlichungs- und Benachrichtigungsmöglichkeiten und -pflichten.[228]

94 b) *Entscheidungen zur Durchführung oder Beendigung des Verfahrens.* Anerkannt werden aber auch alle weiteren zur Durchführung oder Beendigung des Verfahrens ergangenen Gerichtsentscheidungen, zB ein Beschluss zur Klarstellung der Befugnisse des Hauptinsolvenzverwalters,[229] eine Restschuldbefreiung[230] sowie ein gerichtlich bestätigter *Vergleich.* Der Sanierungsvergleich im Rahmen eines *Company Voluntary Arrangement* nach englischem Recht (→ Rn. 9) kann allerdings nicht verfahrensrechtlich anerkannt werden, sofern es nicht zu einer inhaltlichen Überprüfung durch ein Gericht kommt.[231]

95 Die Anerkennung erfolgt ohne jede Förmlichkeit (Art. 25 I 1 EuInsVO). Soweit solche Entscheidungen einer Vollstreckung bedürfen, sind sie nach den Regeln der EuGVVO (Art. 38 ff.)[232] für vollstreckbar zu erklären und dann nach nationalem Recht

---

[224] Vgl. FK/*Wenner/Schuster,* Anhang I Art. 18 EuInsVO Rn. 4 f; MüKoInsO/*Reinhart,* Anhang Art. 18 EuInsVO Rn. 11 ff.
[225] Vgl. FK/*Wenner/Schuster,* Anhang I Art. 21 EuInsVO Rn. 3 ff.; Art. 22 EuInsVO Rn. 3 ff.
[226] *Wimmer,* FS Kirchhof, S. 521, 528.
[227] *Wimmer,* FS Kirchhof, S. 521, 529.
[228] S im Einzelnen *Prager/Keller* NZI 2013, 57, 62.
[229] High Court Birmingham NZI 2005, 515 *(Penzlin/Riedemann).*
[230] Vgl. BGH, NZI 2001, 646 (dazu *Ehricke* IPRax 2002, 505); *Potthast,* S. 196 ff.
[231] Zutreffend somit MüKoInsO/*Reinhart,* Art. 25 EuInsVO Rn. 8; K. Schmidt/*Brinkmann,* InsO, Art. 25 EuInsVO Rn. 8, auch zur möglichen kollisionsrechtlichen Anerkennung.
[232] Die Verweisung auf das EuGVÜ in Art. 25 I Unterabs 1 2 EuInsVO stellt ein Redaktionsversehen dar, vgl. auch BGH WM 2013, 45 Rn. 4.

zu vollstrecken.²³³ Von dieser Rechtsfolgenverweisung ist die Vorschrift des Art. 45 EuGVVO (anstelle des Art. 34 II EuGVVÜ) ausgenommen. Somit stellt auch im Vollstreckbarerklärungsverfahren insbesondere der *ordre public*-Vorbehalt des Art. 26 EuInsVO die wesentliche Hürde dar.²³⁴ Die *internationale Zuständigkeit* liegt ebenfalls bei den Gerichten des Verfahrenseröffnungsstaates.²³⁵

c) *Sicherungsmaßnahmen.* Nach Art. 25 I Unterabs 3 EuInsVO werden auch Sicherungsmaßnahmen im Insolvenzeröffnungsverfahren in den anderen Vertragsstaaten ohne Weiteres anerkannt. Anzuerkennen sind auch sog ex parte-Entscheidungen, die etwa wegen besonderer Dringlichkeit ohne vorherige Anhörung des Betroffenen ergangen sind.²³⁶ Der im Eröffnungsverfahren (bei einem für ein Hauptverfahren zuständigen Gericht) bestellte vorläufige Verwalter darf in den anderen EU-Staaten Maßnahmen zur Sicherung und zum Erhalt des Schuldnervermögens beantragen, die nach dem Recht des anderen Staates im Eröffnungsverfahren zulässig sind (Art. 38 EuInsVO; → Rn. 83 f.).²³⁷ Für Art. 25 I Unterabs. 3 EuInsVO bleibt nach der Entscheidung des EuGH iS *Eurofood/Parmalat,* wonach schon die Bestellung eines vorläufigen Insolvenzverwalters als Eröffnungsentscheidung gem. Art. 16 EuInsVO anzuerkennen ist, ein praxisrelevanter Anwendungsbereich für Sicherungsmaßnahmen außerhalb der Bestellung eines vorläufigen Verwalters.²³⁸ Die gemäß Art. 38 EuInsVO vom Niederlassungsstaat angeordneten Maßnahmen verdrängen in analoger Anwendung des Art. 17 I EuInsVO etwaige Wirkungen der lex fori concursus gemäß Art. 25 I Unterabs 3 EuInsVO. **96**

d) *Annexentscheidungen.* Nach Art. 25 I Unterabs 2 EuInsVO sind auch Entscheidungen „*die unmittelbar auf Grund des Insolvenzverfahrens ergehen und in engem Zusammenhang damit stehen*" anzuerkennen und gem Art. 38 ff. EuGVVO für vollstreckbar zu erklären, auch wenn sie nicht vom Insolvenzgericht erlassen wurden. **97**

Umstritten ist, nach welchen Vorschriften sich die *internationale Entscheidungszuständigkeit* für derartige Annexverfahren richtet. Die EuInsVO schweigt hierzu wohl (vgl. aber Erwägungsgrund 6), da Art. 25 EuInsVO keine direkten Zuständigkeitsregeln enthält. Möglich erscheinen der Rückgriff auf die autonomen mitgliedschaftlichen Regeln, ggf in Verbindung mit Art. 4 EuInsVO,²³⁹ auf die Zuständigkeitsbestimmungen der EuGVVO²⁴⁰ sowie eine erweiternde Auslegung des Art. 3 EuInsVO.²⁴¹ Alle drei Ansätze werden in der Literatur mit jeweils beachtlichen Argumenten vertreten.²⁴² **98**

---

²³³ Vgl. FK/*Wenner/Schuster,* Anhang I Art. 25 EuInsVO Rn. 13 ff.; *W. Lüke* ZZP 111 (1998), 275, 291 ff.
²³⁴ *Haubold,* in: Gebauer/Wiedmann, Rn. 205.
²³⁵ MüKoBGB/*Kindler,* Art. 25 Rn. 14 mwN; K. Schmidt/*Brinkmann,* InsO, Art. 3 EuInsVO Rn. 20; *ders.,* Art. 25 EuInsVO Rn. 7.
²³⁶ *Virgós/Schmit,* Nr 207.
²³⁷ Vgl. FK/*Wenner/Schuster,* Anhang I Art. 38 EuInsVO Rn. 1 ff.; D-K/D/C-*Duursma-Kepplinger,* Art. 3 Rn. 52; *W. Lüke* ZZP 111 (1998), 275, 295; *Martini* ZInsO 2002, 905, 910.
²³⁸ Ebenso wohl auch HambKommInsO-*Undritz,* Art. 25 EuInsVO Rn. 8a; vgl. hierzu *Duursma-Kepplinger* DZWiR 2006, 177, 181; *Paulus* NZG 2006, 613.
²³⁹ OLG Wien, Urt. v. 17.10.2003 – 3 R 151/03b; zitiert nach *Oberhammer* ZInsO 2004, 761, 764; *Mörsdorf-Schulte* IPRax 2004, 31, 37; vgl. auch BGH NJW 2003, 2916; FK/*Wimmer,* Anhang I nach § 358 Rn. 51f; wohl auch *Virgós/Schmit,* No 194; Leible/Staudinger KTS 2000, 533, 566; *Kropholler* EuZPR Art. 1 EuGVVO Rn. 36.
²⁴⁰ *Schlosser,* EuGVVO Art. 1 Rn. 21a ff.; OLG Frankfurt ZInsO 2006, 715; wohl auch *Thole* ZIP 2006, 1383; *Mankowski/Willemer* NZI 2006, 650, 652; differenzierend *Hau* in Gottwald (Hrsg), Europäisches Insolvenzrecht, 2008, S. 79, 101 ff.
²⁴¹ *Leipold,* FS Ishikawa, S. 221, 231 ff.; *Haubold* IPRax 2002, 157, 160f; *ders.* EuZW 2003, 703, 704; D-K/D/C-*Duursma-Kepplinger* EuInsVO Art. 25 Rn. 18 ff., 36 ff.; *Bork/Adolphsen,* Kap 20 Rn. 63 ff.; *Paulus* ZInsO 2006, 295, 298; *Carstens,* S. 101 ff.; *Ringe* ZInsO 2006, 700 (Anfechtungsklage); *Hinkel/Flitsch* EWiR 2006, 237; Geimer/Schütze-*Haß/Herweg,* EuInsVO, Art. 3 Rn. 19 ff., 23 ff.; Pannen-*Pannen,* EuInsVO, Art. 3 Rn. 110 ff.; *Zeuner/Elsner* DZWiR 2008, 1, 7.
²⁴² Zu weiteren Lösungsansätzen s. *Mörsdorf-Schulte* NZI 2008, 282 ff.

§ 131 99–102 Kapitel XIV. Internationales Insolvenzrecht

99 Der Rückgriff auf das autonome Recht stellt einen Systembruch dar, da EuInsVO und EuGVVO sich lückenlos ergänzen sollen.[243] Die Lösung sollte also nicht über einen Rückgriff auf das autonome mitgliedstaatliche Recht, sondern über eine trennscharfe Abgrenzung zwischen EuInsVO und EuGVVO erfolgen.[244] Die aus Art. 3 EuInsVO abgeleitete Entscheidungszuständigkeit würde zu einer Art Entscheidungsmonopol der Gerichte des Eröffnungsstaates führen, obwohl die Materialien zur EuInsVO deutlich zu erkennen geben, dass eine vis attractiva concursus nicht ausgedehnt und somit erst recht nicht geschaffen werden soll. Daher wird vertreten, dass der EuGH entgegen seiner bisherigen Praxis seine bisherige Auffassung zum Geltungsumfang des Art. 1 II lit b EuGVVO überdenken und die internationale Zuständigkeit für die gem Art. 25 I Unterabs 2 EuInsVO anzuerkennden Annexentscheidungen innerhalb der EuGVVO verorten solle.[245]

100 Erste Klärung brachte auf Vorlage des BGH[246] die Entscheidung des EuGH iS *Deko Marty*.[247] In dieser Sache entschied der EuGH, dem Generalanwalt folgend, dass sich aus Art. 3 I EuInsVO eine internationale Entscheidungszuständigkeit der Gerichte des Verfahrenseröffnungsstaates für Insolvenzanfechtungsklagen gegen einen Anfechtungsgegner ergibt, der seinen satzungsmäßigen Sitz in einem anderen Mitgliedstaat hat.[248] Ausdrücklich bezieht sich der EuGH dabei auf seine Entscheidung iS *Gourdain/Nadler* zum Anwendungsbereich des Art. 1 II lit b EuGVVO (vormals: EuGVÜ).[249] Er lässt dabei keine Absicht einer Neubestimmung im Verhältnis zur EuInsVO erkennen.

101 Dem EuGH ist bzgl der internationalen Zuständigkeit bei Anfechtungsklagen gegen einen in einem Mitgliedstaat ansässigen Anfechtungsgegner beizupflichten. Das durch die Insolvenzanfechtung zeitlich vorgelagerte Prinzip der Gläubigergleichbehandlung wäre international kaum durchsetzbar, wenn der Insolvenzverwalter Anfechtungsansprüche in verschiedenen Jurisdiktionen gleichzeitig durchsetzen müsste. Typischer Weise fällt es den Gerichten des Staates der Verfahrenseröffnung leichter als ausländischen Gerichten, die kollisionsrechtlich im Grundsatz zur Anwendung berufene lex fori concursus als Heimatrecht anzuwenden.[250] Insoweit (→ Rn. 37) trägt der EuGH einem in den Erwägungsgründen niedergelegten Bedürfnis nach einer effizienten, sachnäheren und beschleunigten Insolvenzabwicklung Rechnung. Zustimmung verdient der EuGH auch in seinem Bemühen, diejenigen Verfahren, die unmittelbar auf Grund des Insolvenzverfahrens ergehen und in engem Zusammenhang damit stehen, zu konkretisieren.

102 Durch seine Entscheidung vom 16.1.2014 in der Rechtssache *Schmid* hat der EuGH[251] – anders als der BGH[252] – die *Deko Marty*-Doktrin auch auf solche Fälle erstreckt, in denen der Anfechtungsgegner seinen (Wohn-)Sitz in einem Drittstaat hat; die internationale Zuständigkeit der Gerichte des Verfahrenseröffnungsstaat ergebe sich also ebenfalls aus Art 3 EuInsVO. Eines Rückgriffs auf § 19a ZPO bedarf es insoweit nicht.[253] Demnach können deutsche Hauptinsolvenzverwalter die Zuständigkeit für eine Anfechtungsklage gegen einen – um drei Beispiele zu nennen – in Japan, Nigeria oder

---

[243] Vgl. schon EuGH NZI 2009, 741; BGH NZI 2014, 723; LG Innsbruck NZI 2014, 286.
[244] So auch Bork/*Adolphsen*, Kap 20 Rn. 63 (für Insolvenzanfechtungsklage).
[245] Mohrbutter/Ringstmeier/*Wenner*, Rn. 16 f.
[246] BGH NZI 2007, 538 = ZIP 2007, 1415 *(Klöhn/Berner)*.
[247] GA Colomer, ZIP 2008, 2082 = ZInsO 2008, 1381 *(Mock)*.
[248] EuGH *(Deko Marty)* NJW 2009, 2189; dazu *Mörsdorf-Schulte* ZIP 2009, 1456; *Cranshaw* DZWiR 2009, 353; *Mock* ZInsO 2009, 470.
[249] EuGHE 1979, 733 = NJW 1979, 1772.
[250] Überzeugend zu Insolvenzanfechtungsklagen Bork/*Adolphsen*, Kap 20 Rn. 76.
[251] EuGH ZIP 2014, 181 = EWiR 2014, 84, 85 *(Paulus)*; so schon Voraufl., § 130 Rn. 62.
[252] BGH ZIP 2012, 1467 m. Anm. *Undritz* EWiR 2012, 519; OLG Frankfurt/M. ZIP 2013, 277; zust K. Schmidt/*Brinkmann*, InsO, § 339 Rn. 7.
[253] Hierfür *Kindler*/Nachmann, § 4 Rn. 110; MüKoBGB/*Kindler*, § 339 Rn. 8; *Ruzik*, S. 946; *Nagel*/*Gottwald*, § 20 Rn. 65.

den USA ansässigen Anfechtungsgegner auf Art. 3 EuInsVO stützen. Offen bleibt dabei die Anerkennungsfähigkeit und ggf. Vollstreckbarkeit einer solchen Entscheidung in Drittstaaten.[254] Sofern der Anfechtungsgegner über Vermögensgegenstände im Anwendungsbereich der EuInsVO verfügt, kommt es hierauf jedoch aus praktischer Sicht nicht an.

Die Argumentation des EuGH lässt zudem erwarten, dass die Entscheidungszuständigkeit für Annexentscheidungen in einem (isolierten) Partikular- bzw. Sekundärinsolvenzverfahren ebenfalls aus Art 3 EuInsVO analog folgt.

Welche Abgrenzungskriterien der EuGH anwenden will, erschließt sich aus seinen bisherigen Entscheidungen allenfalls bedingt. In der Entscheidung *Alpenblume* zu einem Fall vor Inkrafttreten der EuInsVO bestätigt der EuGH zunächst, dass seine bisherige Rechtsprechung zu Art. 1 II EuGVVÜ auch für die Regelung der EuGVVO – und damit auch für das Verhältnis zur EuInsVO – fortgilt.[255] Dort versuchte der EuGH zudem, die Kriterien für insolvenzrechtliche Annexentscheidungen stärker zu konturieren. Für eine insolvenzrechtliche Qualifikation soll sprechen, wenn es um die Ausübung von Sonderbefugnissen des Insolvenzverwalters geht, welche erst durch die Eröffnung eines Insolvenzverfahrens begründet werden. Ein weiteres Merkmal, welches bereits in der *Deko Marty*-Entscheidung anklang, stellt die Erhöhung der Aktiva der Insolvenzmasse dar.[256] Er stellt zudem auf die *„Enge des Zusammenhangs zwischen einer gerichtlichen Klage und dem Streitgegenstand"* ab.[257] Dies deutete darauf hin, dass der EuGH den engen inhaltlichen Zusammenhang des Streitgegenstands zu insolvenzrechtlichen Fragestellungen genügen lässt.

Es scheint jedoch, als wolle der EuGH auch formale Abgrenzungskriterien berücksichtigen. In der Entscheidung *F-Tex*[258] ging es darum, dass ein Gläubiger den von einem Insolvenzverwalter erworbenen Anfechtungsanspruch außerhalb des Insolvenzverfahrens gerichtlich verfolgte. In Fortführung der *Deko-Marty*-Entscheidung hätte es nahegelegen, den Inhalt sowie die Herkunft des Anspruchs (Insolvenzanfechtung) in den Vordergrund zu stellen und eine aus Art. 3 EuInsVO abgeleitete Entscheidungszuständigkeit zu bejahen. Der EuGH verneint indes den Insolvenzbezug und befürwortet die Anwendbarkeit der EuGVVO, weil die Anspruchsverfolgung durch den Gläubiger nicht unmittelbar mit dem Insolvenzverfahren zusammenhänge. Hieraus lässt sich schließen, dass es sich um Annexentscheidungen nur dann handelt, wenn eine mit insolvenzrechtlichen Befugnissen ausgestattete Person (va Insolvenzverwalter) Partei des Prozesses ist.

In der Sache *ÖFAB* ging es um Ansprüche gegen den Geschäftsführer aus Insolvenzverschleppung. Durchaus überraschend sieht der EuGH darin keine Annexentscheidung zum Insolvenzverfahren, sondern nimmt eine deliktische Streitigkeit iSv Art. 5 Nr. 3 EuGVVO an.[259] Denn die Insolvenzverschleppungshaftung soll nicht den Verfahrenszielen eines Insolvenzverfahrens dienen, sondern es wird lediglich ein den Alt- und Neugläubigern entstandener Schadensersatz verlangt, den der Geschäftsführer nicht an die Masse leistet, sondern an die betroffenen Gläubiger. Im Ergebnis sind jedoch ebenfalls die Gerichte des Verfahrenseröffnungsstaates zuständig, weil am COMI des insolventen Schuldners sowohl Schädigungshandlung wie auch Schädigungserfolg eintreten.[260]

---

[254] Kritisch daher *Paulus* EWiR 2014, 84; *Baumert* NZI 2014, 106, 107.
[255] Vgl. EuGH *(Alpenblume)* NZI 2009, 570 *(Mankowski);* EuGH EuZW 2009, 489.
[256] EuGH *(Alpenblume)* NZI 2009, 570, Rn. 29; EuGH *(Deko Marty)* NJW 2009, 2189 Rn. 17.
[257] EuGH NZI 2009 570 Rn. 25.
[258] EuGH, ZInsO 2012, 1039 *(F-Tex SIA),* dazu *Cranshaw* ZInsO 2012, 1237.
[259] EuGH ZIP 2013, 1932; hierzu *Freitag,* ZIP 2014, 302.
[260] *Freitag* ZIP 2014, 302, 309.

107 Zusammenfassend lässt sich aus den bisherigen Entscheidungen des EuGH ableiten, dass sich die internationale Zuständigkeit für eine Annexentscheidung unter folgenden Voraussetzungen aus der EuInsVO ergibt: In *materiellrechtlicher* Hinsicht setzt der geltend gemachte Anspruch eine materielle Insolvenz des Schuldners voraus und er dient den Verfahrenszielen eines Insolvenzverfahrens, also insbesondere der möglichst gleichmäßigen Befriedigung der Gesamtheit der Gläubiger aus den Vermögenswerten eines insolventen Unternehmens bzw. der Sanierung des Unternehmens. Hinzukommen muss in *prozessualer Hinsicht,* dass ein (vorläufiges) Insolvenzverfahren tatsächlich stattfindet und bei der Anspruchsverfolgung besondere, insolvenzspezifische Rechte des Insolvenzverwalters für die Masse aus diesem Verfahren heraus geltend gemacht werden. Die hypothetische Möglichkeit, dass solche Ansprüche auch aus einem solchen Verfahren geltend gemacht werden könnten, genügt hingegen nicht.[261] Diese Voraussetzungen gelten nicht nur für Aktiv-, sondern ebenso für Passivprozesse.

108 Streitig ist, ob sich aus Art. 3 EuInsVO (analog) eine ausschließliche internationale Entscheidungszuständigkeit für Annexentscheidungen ergibt oder dem Verwalter unbenommen bleibt, den jeweiligen Anfechtungsgegner zB in seinem Ansässigkeitsstaat zu verklagen. Dabei kann nicht danach unterschieden werden, ob der Anfechtungsgegner seinen (Wohn-)Sitz innerhalb oder außerhalb des Anwendungsbereichs der EuInsVO hat; die Antwort kann nur einheitlich ausfallen.[262] Die besseren Argumente sprechen wohl für eine ausschließliche Zuständigkeit:[263] Art. 3 EuInsVO begründet in seinem unmittelbaren Anwendungsbereich nach allgemeiner Meinung eine ausschließliche Zuständigkeit. Somit liegt es nahe und erscheint es methodisch konsequent, bei der analogen Anwendung für Annexentscheidungen ebenfalls von einer ausschließlichen Zuständigkeit auszugehen. Fraglich erscheint dann, ob dies unterschiedslos für Aktivprozesse des Insolvenzverwalters wie für Passivprozesse gilt, bei denen das mitunter angestrebte Ziel einer Zuständigkeitskonzentration im Eröffnungsstaat besonders gefährdet wäre. *Kindler*[264] und *Thole*[265] möchten insoweit differenzieren und nehmen bei Aktivprozessen einen Wahlgerichtsstand, bei Passivprozessen einen ausschließlichen Gerichtsstand an. So charmant diese Auffassung für den Insolvenzverwalter sein mag, hält sie einer methodischen Prüfung und einer wertungsmäßigen Kontrolle kaum stand. Eine solche Superprivilegierung des Verwalters gegenüber seinem Prozessgegner lässt sich jedenfalls nicht alleine mit dem Ziel einer möglichst effektiven Massemehrung stützen, ließe sich mit diesem Argument doch alles Mögliche begründen. Der Generalanwalt allerdings war iS *Deko Marty* ursprünglich von einer konkurrierenden Entscheidungszuständigkeit ausgegangen.[266]

109 Nach dem Willen der Europäischen Kommission soll im Zuge der *Reform der EuInsVO* ein neuer Art. 3a I KE-EuInsVO aufgenommen werden, nach dem die Gerichte des Mitgliedsstaates für sämtliche Klagen – gemeint sind wiederum Aktiv- und Passivprozesse – zuständig sein sollen, die unmittelbar aufgrund des Insolvenzverfahrens erhoben werden und in engem Zusammenhang damit stehen. Wird die Vorschrift Gesetz, wird damit ein einheitlicher internationaler Gerichtsstand für Annexstreitigkeiten ge-

---

[261] IE auch *Freitag* ZIP 2014, 302, 304 ff.; K. Schmidt/*Brinkmann,* InsO, Art. 3 EuInsVO Rn. 38.
[262] Anders *Baumert* NZI 2014, 106, der es dem Verwalter wegen möglicher Vollstreckungsschwierigkeiten gestatten möchte, auch im Ansässigkeitsstaat des Verwalters zu klagen. Dann gewährte *Schmid* in der Sache einen Wahlgerichtsstand.
[263] So *Mock* ZInsO 2009, 470; *Baumert* NZI 2014, 106; *Prager/Keller*, NZI 2013, 57, 59 f. zu Art 3a KE-EuInsVO; vgl. auch Gerichtshof Amsterdam Urt. v. 11.3.2009, Insol-EIR-Case Register Abstract No. 148.
[264] *Kindler* KTS 2014, 25, 37.
[265] *Thole*, Gläubigerschutz, S. 933 ff.
[266] GA Collomer ZIP 2009, 2882.

schaffen, allerdings nur, soweit der Anwendungsbereich der EuInsVO reicht.[267] Diese Zuständigkeit ist – anders als die nach Art. 3a II KE-EuInsVO – ausschließlich.[268] Der zur *Deko Marty*-Doktrin geführte Streit darüber, welche Typen von Rechtsstreitigkeiten als Annexverfahren anzusehen sind und welche nicht, wird, das ist abzusehen, zu Art. 3a KE-EuInsVO weitergeführt werden.

Demnach sollten in analoger Anwendung des Art. 3 EuInsVO – künftig des Art. 3a **110** EuInsVO – die Gerichte des Staates der Verfahrenseröffnung international entscheidungsbefugt sein für Insolvenzanfechtungsklagen[269] (einschließlich Forderungseinzug wegen anfechtbarer Aufrechnung vor Insolvenzeröffnung und der Anfechtungsklage aus § 135 InsO[270]), Streitigkeiten über den Rang einer Forderung, einschließlich der Vorzugsrechte aus abgesonderter Befriedigung,[271] Klagen wegen masseschmälernder Zahlungen gem. § 130a HGB, § 64 GmbHG, § 92 II AktG,[272] Streitigkeiten mit dem Insolvenzschuldner über die Zugehörigkeit eines Vermögensgegenstandes zur Insolvenzmasse,[273] Schadensersatzklagen gegen den Insolvenzverwalter,[274] Streitigkeiten über die Wirksamkeit von Verfügungen des Insolvenzschuldners nach Verfahrenseröffnung und die Klage des Insolvenzverwalters aus § 816 II BGB, wenn nach Verfahrenseröffnung an den Schuldner geleistet wird.[275] Ebenfalls als Annexverfahren zu qualifizieren sind die jeweils spiegelbildlichen Feststellungsklagen, denn es gibt keinen Grund, die Zuständigkeit von den Parteirollen abhängig zu machen.[276]

Zutreffend erscheint gleichwohl, die auf Art. 3 EuInsVO gestützte Annexzuständig- **111** keit im Zweifel *restriktiv* zu handhaben. Der Zuständigkeitsordnung der EuGVVO sollten deshalb weiterhin diejenigen Fälle zugeschlagen werden, die keinen spezifischen Insolvenzbezug aufweisen und wo der Gegenpart zum Insolvenzschuldner/Insolvenzverwalter auf den Fortbestand der bisherigen Zuständigkeitsordnung einschließlich Gerichtsstands- und Schiedsvereinbarungen[277] auch im Insolvenzfall vertrauen konnte. Darunter fallen etwa Streitigkeiten über Bestand und Umfang einer Forderung,[278] das zivilrechtlich wirksame Zustandekommen einer dinglichen Sicherheit, Aussonderungsansprüche,[279] Klagen aus § 128 HGB mit § 93 InsO oder § 171 II HGB,[280] Klagen aus

---

[267] Vgl. LG Frankfurt/M. ZIP 2013, 277 m. Anm. *Brinkmann* EWiR 2013, 159.
[268] *Prager/Keller* NZI 2013, 57, 59 f.
[269] Ebenso Bork/*Adolphsen*, Kap 20 Rn. 63 ff., 75 ff.; Geimer/Schütze-*Gruber*, EuInsVO, Art. 13 Rn. 18 ff.; Art. 25 Rn. 20 ff.; Pannen-*Dammann*, EuInsVO, Art. 13 Rn. 15 ff.
[270] *Kropholler* EuZPR Art. 1 EuGVVO Rn. 35; Geimer/Schütze-*Haß/Herweg*, EuInsVO, Art. 3 Rn. 26 f; Pannen-*Pannen*, EuInsVO, Art. 3 Rn. 114; K. Schmidt/*Brinkmann*, InsO, Art. 3 EuInsVO Rn. 40.
[271] Überzeugend hierzu K. Schmidt/*Brinkmann*, InsO, Art. 3 EuInsVO Rn. 46; aA MüKoBGB/ *Kindler*, Art. 3 Rn. 91; MüKoInsO/*Reinhart*, Art. 3 EuInsVO Rn. 96.
[272] Saenger/Inhester/*Kolmann*, § 64 GmbHG Rn. 65; K. Schmidt/*Brinkmann*, InsO, Art. 3 EuInsVO Rn. 42; nunmehr auch BGH BeckRS 2014, 16849; A OLG Karlsruhe ZIP 2010, 2123; OLG Düsseldorf IPRax 2011, 176 (zum LugÜ); offenlassend OLG Köln NZI 2012, 52. – Vgl. ferner den Vorlagebeschluss des LG Darmstadt ZInsO 2013, 1802.
[273] Wird dieser Streit nicht in einem Zivilprozess, sondern im Verfahren nach § 36 IV InsO ausgetragen, ergibt sich die Zuständigkeit der Gerichte des Eröffnungsstaats freilich aus einer direkten Anwendung des Art. 3 EuInsVO, denn es handelt sich um eine verfahrensbezogene Entscheidung des Insolvenzgerichts.
[274] *Willemer*, S. 393; K. Schmidt/*Brinkmann*, InsO, Art. 3 EuInsVO Rn. 43.
[275] Ausf *Limbach* IPRax 2012, 320, 321.
[276] *Thole* ZIP 2012, 605, 608, einschränkungslos allerdings nur für den Fall, in dem die Feststellungsklage im Eröffnungsstaat erhoben wird; LG Insbruck NZI 2014, 286.
[277] Zur Bindungswirkung für den Insolvenzverwalter vgl. *Nagel/Gottwald*, § 20 Rn. 86 mwN.
[278] Str, wie hier MüKoInsO/*Reinhart* Art. 3 EuInsVO Rn. 93; offengelassen v BFH ZIP 2011, 328 Rn. 11; aA K. Schmidt/*Brinkmann*, InsO, Art. 3 EuInsVO Rn. 45; MüKoInsO/*Kindler*, Art. 3 Rn. 91.
[279] EuGH NZI 2009, 741 German Graphics; dazu *Brinkmann* IPrax 2010, 324 ff.; für die Ausdehnung auf Absonderungsklagen *Nagel/Gottwald*, § 20 Rn. 67.
[280] Zu § 93 InsO Haas/*Blank* ZInsO 2013, 706, 710 ff.; zu § 171 II HGB *Haas*, DStR 2001, 269.

konzernrechtlichen Anspruchsgrundlagen,[281] Kündigungsschutzklagen, auch wenn die Kündigung von einem Insolvenzverwalter erklärt wurde.[282]

112 Dem jeweiligen Mitgliedstaat obliegt es, die sachliche und örtliche Zuständigkeit zu bestimmen. Der BGH stützt die örtliche Zuständigkeit, sofern sie sich nicht schon aus den allgemeinen Vorschriften ergibt (§§ 12, 13, 17, 23 ZPO), auf eine entsprechende Anwendung der § 19a ZPO iVm Art. 102 § 1 EGInsO iVm Art. 3 EuInsVO.[283] Zur sachlichen Zuständigkeit vgl. §§ 23, 71 GVG (→ § 132 Rn. 68 f.; § 133 Rn. 104; § 134 Rn. 94 f.).

113 e) *Einschränkungen der persönlichen Freiheit oder des Postgeheimnisses.* Nach Art. 25 III EuInsVO sind die Mitgliedsstaaten nicht verpflichtet, solche Entscheidungen anzuerkennen und zu vollstrecken.[284] Die Vorschrift regelt neben dem *ordre public*-Vorbehalt und über ihn hinausgehend also ein spezielles Anerkennungshindernis. Nach dem Willen der Kommission indes soll diese spezielle Voraussetzung im Rahmen der Reform der EuInsVO ersatzlos gestrichen werden.

114 f) *Wirkung auf anhängige Prozesse.* Art. 15 EuInsVO überlässt es dem Mitgliedstaat, in dem der Rechtsstreit anhängig ist, ob und wie sich die Eröffnung des Insolvenzverfahrens auf einen anhängigen Rechtsstreit auswirkt.[285] In Deutschland richtet sich dies nach § 240 ZPO und § 352 InsO. Zur gemeinschaftsautonomen Auslegung des Anhängigkeitsbegriffs lässt sich auf Art. 30 EuGVVO zurückgreifen. Auswirkungen eines anerkennungsfähigen Insolvenzverfahrens auf die vom Schuldner eingeräumte Prozessvollmacht richten sich nicht nach der lex fori concursus, sondern in erweiternder Anwendung des Art. 15 EuInsVO ebenfalls nach der lex fori processus[286] (→ § 132 Rn. 65 ff.; § 134 Rn. 64 ff.; zu Schiedsverfahren → § 132 Rn. 66).

VIII. Sekundärinsolvenzverfahren

115 **1. Am Sitz einer Niederlassung.** Als Ausnahme von der grundsätzlich angestrebten Universalität dürfen eines oder mehrere Sekundärverfahren nur am Sitz einer Niederlassung eröffnet werden (Art. 3 II EuInsVO; → Rn. 73 f.).[287] Ein *besonderes Interesse* muss der Gläubiger für seinen Antrag nicht haben.[288]

116 a) *Örtliche und sachliche Zuständigkeit* regeln das jeweilige mitgliedstaatliche Recht. Deutschland weist die örtliche Zuständigkeit nur dem Insolvenzgericht (vgl. § 2 InsO) am Sitz der Niederlassung zu, selbst wenn Schuldnervermögen auch an anderen Orten belegen ist (Art. 102 § 1 II EGInsO). Bei mehreren Inlandsniederlassungen soll auf den Ort der Hauptniederlassung abzustellen sein.[289] Sind die Niederlassungen gleichbedeutend, entscheidet der Niederlassungsort, an dem ein Verfahren zuerst eröffnet wurde (Art. 102 § 1 II 2 EGInsO iVm § 3 II InsO).

117 b) Jedes spätere Verfahren ist als Sekundärverfahren anzusehen und darf bislang (wirtschaftlich nicht immer zweckmäßig) nur als *Liquidationsverfahren* durchgeführt werden (Art. 3 III EuInsVO). Ausgeschlossen sind allerdings nur reine Sanierungsverfahren. Denn ein Liquidationsverfahren iS der EuInsVO kann auch durch Vergleich be-

---

[281] Ausf *Bachmann* IPrax 2009, 140.
[282] BAG ZInsO 2012, 2386; NZA 2013, 669.
[283] BGH NJW 2009, 2215.
[284] Zur Anerkennung deutscher Postsperren in Großbritannien *Prager/Keller* NZI 2012, 829.
[285] Vgl. *Rugullis*, S. 38 ff.; *Herchen*, S. 196 ff.
[286] *Geimer/Schütze-Gruber,* EuInsVO, Art. 15 Rn. 8; *Herchen* S. 208.
[287] Vgl. *Balz,* AmBankrLJ 70 (1996), 485, 519 ff.; *Wimmer* ZIP 1998, 982, 985; *Gottwald,* Grenzüberschreitende Insolvenzen, S. 21; krit *W. Lüke* ZZP 111 (1998), 275, 299 ff.
[288] Zur Schutzwürdigkeit lokaler Gläubiger s *W. Lüke* ZZP 111 (1998), 275, 282 f.
[289] *Wimmer*, FS Kirchhof, S. 521, 524.

endet werden (Art. 2 lit. c).[290] In einem deutschen Sekundärverfahren steht somit auch ein Planverfahren gem. §§ 217 ff. InsO offen.[291] Das Hauptverfahren kann jedoch ein Liquidations- oder ein Sanierungsverfahren sein.[292] Zu den Reformbemühungen → Rn. 134.

2. Sekundär- oder Partikularverfahren. Das *Sekundärverfahren* wird als Zweitverfahren ohne erneute Prüfung der Insolvenz eröffnet (Art. 27 S. 1 EuInsVO), doch kann vom Hauptverwalter ein Kostenvorschuss verlangt (Art. 30 EuInsVO) und der Eröffnungsantrag ggf. mangels Masse (§ 26 InsO) abgewiesen werden. 118

Ausnahmsweise kann freilich, wie nach § 354 InsO, ein unabhängiges *Partikularverfahren* eröffnet werden (Art. 3 IV EuInsVO). Dies setzt allerdings voraus, dass ein Hauptverfahren, etwa wegen fehlender Insolvenzfähigkeit unzulässig ist (Art. 3 I lit. a EuInsVO),[293] oder dass es von einem inländischen Gläubiger oder einem Gläubiger der inländischen Niederlassung beantragt wird (Art. 3 IV lit b EuInsVO).[294] 119

Ist das Partikularverfahren allerdings eröffnet, können sich daran alle in- und ausländischen Gläubiger beteiligen (Art. 32 I EuInsVO). Die Insolvenzgründe sind in Bezug auf das weltweite Vermögen zu beurteilen (→ § 132 Rn. 142 f.).[295] Dies ist gewiss schwierig, aber jede Begrenzung auf europäische Staaten wäre willkürlich. Ein Partikularverfahrensart kann in jeder Verfahrensart begonnen werden, verwandelt sich aber mit der Eröffnung des Hauptverfahrens, soweit möglich, in ein Sekundärverfahren (Art. 36 EuInsVO).[296] Es *kann* daher auf Antrag des Verwalters des Hauptverfahrens nach dem Recht des Sekundärverfahrensstaates in ein Liquidationsverfahren umgewandelt werden (Art. 37 EuInsVO), wenn dies im Interesse der Gläubiger des Hauptverfahrens liegt.[297] Andernfalls bleibt es bei der Fortführung als Sanierungsverfahren. Ohne Weiteres zulässig ist und bleibt auch bei einem in ein Liquidationsverfahren umgewandelten Sekundärinsolvenzverfahren eine übertragende Sanierung der Niederlassung unter *en bloc*-Veräußerung des Betriebes und Liquidation des Erlöses. In Bezug auf ein deutsches Insolvenzverfahren, welches nicht zwischen Sanierungs- und Liquidationsverfahren unterscheidet, hat Art. 36 EuInsVO keine Bedeutung. 120

Je nach Lage des Falles kann das Partikularverfahren ein im Ausland nicht mögliches Verfahren ersetzen, als Sekundärverfahren ein ausländisches Verfahren unterstützen oder dazu dienen, dass Gläubiger rechtlich oder faktisch bevorzugt werden.[298] 121

3. Zusammenarbeit der Verwalter. Zweck des Sekundärverfahrens ist es ua, dem Verwalter des Hauptverfahrens die Abwicklung des Auslandsvermögens zu erleichtern (vgl. Erwägungsgrund 20). Im Hinblick auf die Aktivmasse entscheidet die Belegenheit eines Vermögensgegenstandes darüber, ob seine Verwertung in den Kompetenzbereich des Haupt- oder des vorrangig zuständigen (vgl. Art. 17 I EuInsVO aE) Sekundärverwalters fällt. Art. 2 lit g EuInsVO stellt für die Bestimmung der Belegenheit eine wertvolle Auslegungshilfe zur Verfügung. Zur Vermögensbelegenheit → § 132 Rn. 130 ff. 122

---

[290] Dies übersieht *Martini* ZInsO 2002, 905, 909. Auch *Smid*, EuInsVO Art. 2 Rn. 11 hält den Abschluss eines sanierenden Insolvenzplans für unzulässig.
[291] *Paulus*, EuInsVO, Art. 2 Rn. 1; *Kübler* FS Gerhardt, S. 527, 536 ff.
[292] EuGH Rs. C-116/11 *(Bank Handlowy)* Rn. 63.
[293] D-K/D/C-*Duursma-Kepplinger*, Art. 3 Rn. 88 f; MüKoBGB/*Kindler*, Art. 3 Rn. 71.
[294] Vgl. D-K/D/C-*Duursma-Kepplinger*, Art. 3 Rn. 91 ff.; *Kolmann*, S. 334.
[295] *Nagel/Gottwald*, § 20 Rn. 56; *Geimer* IZPR Rn. 3393a; *Mankowski* ZIP 1995, 1650, 1659; FK/*Wenner/Schuster*, Anhang I Art. 3 EuInsVO Rn. 28 f.; anders bzgl. der Zahlungsunfähigkeit die früher hM, zB MüKoBGB/*Kindler* Art. 3 EuInsVO Rn. 75 ff. mwN (Zahlungsverhalten in Deutschland, an der Hauptniederlassung und in anderen europäischen Staaten).
[296] Vgl. FK/*Wenner/Schuster*, Anhang I Art. 36 EuInsVO Rn. 1 f.
[297] Vgl. FK/*Wenner/Schuster*, Anhang I Art. 37 EuInsVO Rn. 3 ff.; vgl. auch die Erklärung Portugals zu Art. 26, 37 EuInsVO, ABl Nr. C 183, S. 1.
[298] Vgl. *W. Lüke* ZZP 111 (1998), 275, 298.

123 Ungeachtet dessen haben der Sekundärverwalter und der Hauptverwalter wechselseitig während des gesamten Verfahrens zusammenzuarbeiten (Art. 31 II EuInsVO);[299] beide haben sich unverzüglich zu informieren über alle Maßnahmen, die für die Durchführung und Beendigung des Verfahrens von Bedeutung sind (Art. 31 I EuInsVO): über den Umfang und die Bestandteile der Masse, über Anfechtungsklagen, angemeldete, festgestellte und streitige Forderungen, geplante Sanierungsmaßnahmen, Verteilungsquoten und alle sonstigen für den anderen Verwalter relevanten Entwicklungen.[300] Insoweit empfiehlt sich der Abschluss einer individuellen Vereinbarung (→ § 132 Rn. 203 ff.).

124 Der Verwalter des Sekundärverfahrens hat dem Verwalter des Hauptverfahrens vor allen Dingen Gelegenheit zu geben, Vorschläge für die Verwertung und die Verwendung der Masse des Sekundärverfahrens zu unterbreiten (Art. 31 EuInsVO).[301] Damit das Hauptverfahren auf die Abwicklung der Nebenverfahren effektiv Einfluss nehmen kann, ist dem Hauptverwalter ein Planinitiativrecht zuzubilligen (Art. 34 I EuInsVO).[302]

125 Darüber hinaus kann der Verwalter des Hauptverfahrens nach Art. 33 EuInsVO eine *Aussetzung der Verwertung* im Sekundärverfahren verlangen, etwa um eine Sanierung des Unternehmens des Schuldners nicht zu gefährden. Einzelheiten → § 132 Rn. 152 ff.[303]

126 **4. Anmelderecht.** Im Sekundärverfahren kann sich jeder in- und ausländische Gläubiger mit (Wohn-)Sitz oder gewöhnlichem Aufenthalt in einem anderen Mitgliedstaat beteiligen und seine Forderung dort anmelden (Art. 32 I EuInsVO) auch ausländische Steuerbehörden und Sozialversicherungsträger haben dieses Recht (Art. 39 EuInsVO). Eine Anmeldung im Sekundärverfahren ist aber auch nötig, wenn der Gläubiger dort unbedingt berücksichtigt werden will. Die Verwalter von Haupt- und Sekundärverfahren melden die Forderungen in den jeweils anderen Verfahren nur an, wenn dies für die Gläubiger zweckmäßig ist (Art. 32 II EuInsVO), etwa weil die Masse so groß ist, dass diese Gläubiger bei der Verteilung eine Quote erhalten.[304]

127 Damit auch die Auslandsgläubiger ihre Mitwirkungsrechte, insb ihr Anmelderecht wahrnehmen können, sind sie – soweit bekannt – individuell über die Verfahrenseröffnung und über Art und Fristen der Anmeldung zu unterrichten (Art. 40 EuInsVO). Art. 41 EuInsVO überlagert die jeweilige lex fori concursus hinsichtlich des erforderlichen Anmeldungsinhalts; auch die gem Art. 42 II EuInsVO zulässige Anmeldung in der jeweiligen Heimatsprache ist rechtswirksam und fristgerecht,[305] selbst wenn später eine Übersetzung erforderlich werden sollte.[306]

128 **5. Gläubigergleichbehandlung.** Jeder Gläubiger mit Aufenthalt oder Sitz in einem EU-Staat kann seine Forderung in jedem Verfahren anmelden. Dies gilt auch für Steuerbehörden und Sozialversicherungsträger (Art. 39 EuInsVO), in erweiternder Anwendung der Vorschrift ferner für sämtliche Forderungen der öffentlichen Hand.[307] Hat ein Gläubiger nach Eröffnung des Hauptverfahrens in einem anderen Staat durch Leistung oder Vollstreckung eine Befriedigung aus Gegenständen der Masse erlangt, so hat er

---

[299] Zu den Pflichten des Hauptverwalters im Sekundärverfahren *Pogacar* NZI 2011, 46 ff.
[300] BerlK-*Pannen*, Art. 31 Rn. 8; *Kolmann*, S. 348 ff.; vgl. *Staak* NZI 2004, 480; *Ehricke* WM 2005, 397, 400 ff.
[301] Vgl. *Wimmer* ZIP 1998, 982, 987 f.; *W. Lüke* ZZP 111 (1998), 275, 303 ff.; *Hercher*, S. 146 ff.
[302] FK/*Wenner/Schuster*, Anhang I Art. 34 Rn. 2.
[303] Vgl. FK/*Wenner/Schuster* Anhang I Art. 33 Rn. 2 ff.; *Staak* NZI 2004, 480, 484; *Vallender*, FS Kreft, 2004, S. 565.
[304] BerlK-*Pannen*, Art. 32 Rn. 4.
[305] Die zu verwendenden Formulierungen sind zugänglich auf www.insol-europe.org/technical-content/eir-articles-40–42" (Stand 4/2013).
[306] Geimer/Schütze-*Heiderhoff*, EuInsVO, Art. 41 Rn. 2.
[307] KPB/*Kemper*, Art. 39 EuInsVO Rn. 5.

diese zur Verwirklichung des Grundsatzes der Gläubigergleichbehandlung herauszugeben (Art. 20 I EuInsVO). Eine Quote aus einem Sekundärverfahren ist auf die Quote in anderen Verfahren anzurechnen, so dass der Gläubiger an den anderen Verfahren erst teilnimmt, sobald dort gleiche Quoten ausgeschüttet wurden (Art. 20 II EuInsVO).[308] Ein etwaiger Überschuss im Sekundärverfahren ist an den Verwalter des Hauptverfahrens herauszugeben (Art. 35 EuInsVO).

6. Reform der EuInsVO. Die Reform der Regelung des Zusammenspiels von Haupt- und Sekundärinsolvenzverfahren stellt einen einer der Schwerpunkte der Reformvorschläge von Kommission, Parlament und Rat dar.[309] Diese Vorschläge sind geprägt von dem Bemühen, in Ansehung von Sekundärverfahren die Sanierung von Unternehmen zu erleichtern.[310]

Nach Art. 29a I des Reformvorschlags der Kommission muss das Insolvenzgericht, bei dem die Eröffnung eines Sekundärinsolvenzverfahrens beantragt wird, den Insolvenzverwalter des Hauptverfahrens *anhören*. Damit soll sichergestellt werden, dass das Insolvenzgericht über etwaige, vom Hauptinsolvenzverwalter eingeleitete besondere Sanierungsverfahren im Bilde ist und deshalb die Konsequenzen der Eröffnung eines Sekundärverfahrens abschätzen kann.[311]

Gemäß Art. 29a II soll das Insolvenzgericht auf Antrag die Eröffnung eines Sekundärverfahrens *ablehnen* oder die *Entscheidung aufschieben* können, sofern der Insolvenzverwalter des Hauptinsolvenzverfahrens dies beantragt und die Eröffnung des Sekundärverfahrens nicht notwendig ist, um die Interessen der Gläubiger im Niederlassungsstaat zu schützen. Die Regelung ist in ihrer Grundstruktur an den bisherigen Art. 33 EuInsVO angelehnt, der diese Entscheidungsmöglichkeiten allerdings nur im Hinblick auf die Verwertung der Insolvenzmasse durch den Sekundärverwalter vorsieht. An der Schutzbedürftigkeit der Gläubiger im Niederlassungsstaat kann es fehlen, wenn der Hauptinsolvenzverwalter die Möglichkeit hat, das insolvente Unternehmen als lebendes Ganzes zu verkaufen und die Eröffnung eines Sekundärinsolvenzverfahrens diese Möglichkeit zunichte machen würde.

An der Notwendigkeit, ein Sekundärinsolvenzverfahren zu eröffnen, soll es ferner dann fehlen, wenn der Hauptinsolvenzverwalter den Gläubigern im Niederlassungsstaat verspricht, sie im Hauptinsolvenzverfahren so zu behandeln, als ob ein Sekundärinsolvenzverfahren eröffnet wurde.[312] Diese – in Großbritannien verbreitete – Praxis sog *synthetischer Sekundärverfahren* begegnet in Deutschland de lege lata hinsichtlich ihrer rechtlichen Zulässigkeit erheblichen Bedenken.[313] Genau aus diesem Grund schlägt die Kommission mit Art. 29a II 2. HS iVm Art. 18 I 3 nun eine nach Inkrafttreten höherrangige Regelung vor, welche diese englische Praxis im Anwendungsbereich der EuInsVO generell möglich und zulässig machen soll. Danach kann der Hauptinsolvenzverwalter gegenüber Gläubigern im Niederlassungsstaat die Zusicherung abgeben, er werde diese so behandeln, als ob ein Sekundärinsolvenzverfahren eröffnet worden sei, insbesondere die Vorschriften des Niederlassungsstaates (und nicht des Eröffnungsstaates) über den Rang gewisser Forderungen zur Anwendung bringen. Hinsichtlich der Form eines solchen Versprechens gilt das Recht des Niederlassungsstaats. Nach erklärter Ab-

---

[308] Vgl. FK/*Wenner/Schuster*, Anhang I Art. 20 EuInsVO Rn. 16 ff.
[309] Das Nachstehende wie *Prager/Keller* NZI 2013, 57, 61 f. – Näher zu einem Vergleich der verschiedenen Entwürfe und den auftretenden Problemen demnächst *Prager/Keller*, WM 2014.
[310] Kommissionsentwurf, S. 2 und 7 f.
[311] Kommissionsentwurf, S. 7.
[312] Kommissionsentwurf, S. 7.
[313] → § 132 Rn. 182; zutreffend *Meyer-Löwy/Plank* NZI 2006, 622, 623: zulässig im Rahmen eines Insolvenzplans; die Zulässigkeit ganz verneinend *Mankowski* NZI 2006, 416, 419; *Penzlin/Riedemann* NZI 2005, 515, 519.

sicht der Kommission soll die vorgeschlagene Neuregelung nicht das Recht des Hauptinsolvenzverwalters beschneiden, die Eröffnung eines Sekundärinsolvenzverfahrens zu beantragen, wenn dies in komplexeren Fällen angezeigt scheint. Als Beispiel nennt die Kommission den Fall, dass eine Vielzahl von Arbeitnehmern im Niederlassungsstaat entlassen werden muss.[314]

133 Konsequenterweise stellt die EuInsVO dem Hauptinsolvenzverwalter in Art. 29a IV ein eigenes *Rechtsmittel* zur Verfügung, mit dem er die Entscheidung, ein Sekundärinsolvenzverfahren zu eröffnen, anfechten kann. Dem geht eine Benachrichtigungspflicht voraus, wobei unklar bleibt, wen sie eigentlich trifft. Jedenfalls dann, wenn die Benachrichtigung eine Rechtsmittelfrist auslöst, sollte die Zuständigkeit beim Insolvenzgericht liegen, es sei denn, dieses nimmt eine Delegation nach § 8 III InsO vor. Wie schon im Falle des Rechtsmittels nach Art. 3b des Kommissionsentwurfs, so fehlt auch hier jede Regelung zur Ausgestaltung des Rechtsmittels, insbesondere zur Rechtsmittelfrist. Auch hier sollte deshalb ergänzend auf das Recht der sofortigen Beschwerde zurückgegriffen werden.

134 Nach dem Kommissionsentwurf müssen in Abänderung der bisherigen Rechtslage Sekundärverfahren künftig nicht länger Liquidationsverfahren sein. Vielmehr soll das Insolvenzgericht, bei dem die Eröffnung eines Sekundärverfahrens beantragt wird, gem. Art. 29a III in der Lage sein, jedes in dem jeweiligen Mitgliedstaat zulässige Verfahren zu eröffnen. Damit soll sichergestellt werden, dass selbst dann, wenn ein Sekundärinsolvenzverfahren eröffnet wird, Bemühungen um die Sanierung des schuldnerischen Unternehmens nicht von vornherein zum Scheitern verurteilt sind.[315] Das soll nach Art. 29a II letzter HS sogar dann gelten, wenn die Liquiditätslage des Schuldners an sich nur die Eröffnung eines bestimmten Verfahrens zulässt oder sogar fordert. Gedacht ist offenbar an den Fall, dass als Hauptverfahren ein Sanierungsverfahren durchgeführt wird, ein Sekundärinsolvenzverfahren aber ein Liquidationsverfahren sein müsste.

135 Schließlich sucht der Kommissionsentwurf die Koordination von Haupt- und Sekundärinsolvenzverfahren dadurch zu verbessern, dass er Kooperations- und Kommunikationspflichten nicht nur – wie bisher – für das Verhältnis der beiden Verwalter zueinander (Art. 31), sondern auch für das Verhältnis der Gerichte zueinander (Art. 31a) und schließlich für das Verhältnis der Insolvenzverwalter zu den Gerichten (Art. 31b) etabliert und ausbaut. Diese Vorschriften standen Pate für die Kooperations- und Kommunikationspflichten, die die Kommission im Bereich des Konzerninsolvenzrechts einführen möchte (→ Rn. 51 ff.).

IX. Anwendbares Recht

136 **1. Lex fori concursus als Grundregel.** Hauptinhalt der EuInsVO ist eine weitgehende Vereinheitlichung des Insolvenzkollisionsrechts und eine beschränkte Harmonisierung des anwendbaren Sachrechts.[316] Als Grundregel sieht Art. 4 EuInsVO vor, dass die lex fori concursus regelt, unter welchen Voraussetzungen das Verfahren eröffnet wird, wie es durchzuführen und zu beenden ist und welche materiell-privatrechtlichen Wirkungen von der Eröffnung des Verfahrens ausgehen.[317] Die jeweilige lex fori concursus gilt dabei sowohl im Haupt- wie auch bei jedem Partikularverfahren.[318] Zu den Einzelheiten siehe § 133.

---

[314] Kommissionsentwurf, S. 7.
[315] Kommissionsentwurf, S. 8.
[316] *Taupitz* ZZP 111 (1998), 315, 323 ff.
[317] *Taupitz* ZZP 111 (1998), 315, 325; *Balz* AmBankrLJ 70 (1996), 485, 507 ff.; FK/*Wenner/Schuster* Anhang I Art. 4 EuInsVO Rn. 3 f.; *Fletcher*, S. 266 ff.
[318] EuGH NZI 2012, 147, 148 *(Rastelli)*.

2. Materielle Sonderregeln. Für dingliche Rechte Dritter (Art. 5),[319] die Auf- 137
rechnung (Art. 6),[320] den Eigentumsvorbehalt (Art. 7),[321] Verträge über unbewegliche
Gegenstände (Art. 8),[322] Zahlungssysteme und Finanzmärkte (Art. 9), den Arbeitsvertrag
(Art. 10),[323] Gemeinschaftspatente und -marken (Art. 12) sowie die Insolvenzanfechtung
(Art. 13) und den Schutz von gutgläubigen Dritterwerbern (Art. 14) sieht die EuInsVO
aber besondere Anknüpfungen vor.[324]

X. Richtlinien der Europäischen Union

Neben der Europäischen Insolvenzverordnung haben die Europäischen Gemeinschaf- 138
ten zur Implementierung durch die Mitgliedstaaten mehrere Richtlinien erlassen, die
auch insolvenzrechtlichen Inhalt haben. Hinzuweisen ist auf folgende Richtlinien:

1. Richtlinie 98/26/EG des Europäischen Parlaments und des Rates vom 19. Mai 139
1998 über die *Wirksamkeit von Abrechnungen in Zahlungs- sowie Wertpapierliefer- und -abrechnungssystemen*.[325] Diese Richtlinie enthält in den Art. 3 ff. Sonderregeln über Aufrechnungen und Zahlungs- bzw Übertragungsaufträge sowie in den Art. 6 ff. Sonderregeln über Insolvenzverfahren und in Art. 9 Regeln über den Schutz der Rechte dinglich gesicherter Gläubiger. Sie wurde in Deutschland durch das Gesetz zur Änderung insolvenzrechtlicher und kreditwesenrechtlicher Vorschriften vom 8.12.1999 umgesetzt.[326]

2. Richtlinie 2002/47/EG des Europäischen Parlaments und des Rates vom 6. Juni 140
2002 über *Finanzsicherheiten*.[327] Sie legt fest, dass Finanzsicherheiten auch in der Insolvenz verwertet werden können, sie enthält Sonderregeln über die Aufrechnung (Art. 7) und die Nichtanwendung bestimmter Insolvenzbestimmungen (Art. 8). Der deutsche Gesetzgeber hat diese Richtlinie mit Gesetz vom 5.4.2004 umgesetzt.[328]

Zur Regelung der Insolvenz für die von der Europäischen Insolvenzverordnung nicht 141
betroffenen Unternehmen hat der europäische Gesetzgeber folgende Richtlinien erlassen:

3. Richtlinie 2001/17/EG des Europäischen Parlaments und des Rates vom 19. März 142
2001 über die Sanierung und Liquidation von *Versicherungsunternehmen*.[329]

4. Richtlinie 2001/24/EG des Europäischen Parlaments und des Rates vom 4. April 143
2001 über die Sanierung und Liquidation von *Kreditinstituten*.[330]

---

[319] Vgl. *Flessner* FS Drobnig, 1998, S. 277; *Favoccia*, S. 130 ff.; *Garrido* IntInsolRev 7 (1998), 79; *Kayser* IntInsolRev 7 (1998), 95, 126 ff.; *Potthast*, S. 143 ff.; *v. Wilmowsky* EWS 1997, 295; *Herchen*, S. 55 ff.; *Keller* BKR 2002, 347.
[320] *Kayser* IntInsolRev 7 (1998), 95, 134 ff.; *Potthast*, S. 162 ff.
[321] Vgl. *Favoccia*, S. 138 ff.; *Potthast*, S. 154 ff.
[322] Näher *Mankowski*, FS Görg, S. 273 ff.
[323] Vgl. *Potthast*, S. 183 ff.
[324] Vgl. *Gottwald*, Grenzüberschreitende Insolvenzen, S. 31 ff.; *Taupitz* ZZP 111 (1998), 315, 327 ff.; *Flessner*, in: Stoll, Vorschläge und Gutachten zur Umsetzung des EU-Übereinkommens, S. 220 ff.
[325] ABl EG Nr L 166/45 vom 11.6.1998; zum Inhalt vgl. *M. Balz* ZIP 1995, 1639; *A. Strub* EuZW 1996, 71; FK/*Wenner/Schuster*, Anhang 1 nach § 358; *Keller*, WM 2000, 1269.
[326] BGBl I 2384.
[327] ABl EG Nr L 168/43 vom 27.6.2002.
[328] BGBl 2004 I 502; vgl. *Obermüller* ZInsO 2004, 187; *Sabel* ZIP 2003, 781, 786 ff.; *Herring/Christea* ZIP 2004, 1627; *Kieper*, S. 231 ff.
[329] ABl EG Nr L 110/28 vom 20.4.2001. Entwurf s ABl EG Nr C 36/1 vom 8.2.1988; vgl. *Strub* EuZW 1994, 424; *Haubold*, in Gebauer/Wiedmann Rn. 281 ff.; *Wimmer* ZInsO 2002, 897 ff.; *Heiss/Gölz* NZI 2006, 1; *Westphal/Goetker/Wilkens* Rn. 893 ff. – Zur Umsetzung in anderen EU-Mitgliedstaaten vgl. Überblick bei Pannen/*Pannen*, EuInsVO, Art. 1 Rn. 64 ff. S. ferner RiL 2009/138/EG vom 25.11.2009 (Solvabilität II), ABl EG Nr. L 335/1 v. 17.12.2009; geändert durch RiL 2012/23/EU v. 12.9.2012 (ABl EU Nr. L 249/1 v. 14.9.2012).
[330] ABl EG Nr L 125/15 vom 5.5.2001; vgl. FK/*Wenner/Schuster*, Anhang 2 nach § 358; *Wimmer* ZInsO 2002, 897 ff.; *Stürner*, FS Kirchhof, S. 467 ff.; *E. Hupkes*, The Legal Aspects of Bank Insolvency, 2000, 164 ff.; *Paulus* ZBB 2002, 292; *Huber* ZBB 1998, 193; *Haubold*, in Gebauer/Wiedmann Rn. 266 ff.; *Westphal/Goetker/Wilkens* Rn. 893 ff. – Zur Umsetzung in anderen EU-Mitgliedstaaten vgl. Überblick bei Pannen-*Pannen*, EuInsVO, Art. 1 Rn. 33 ff.

144 Die Richtlinien über Liquidation und Sanierung von Versicherungsunternehmen und Kreditinstituten sind in Deutschland umgesetzt worden durch das Gesetz zur Neuregelung des internationalen Insolvenzrechts vom 14.3.2003.[331] Zusätzlich erforderliche Ergänzungen hat der deutsche Gesetzgeber im Gesetz zur Umsetzung aufsichtsrechtlicher Bestimmungen zur Sanierung und Liquidation von Versicherungsunternehmen und Kreditinstituten verabschiedet, welches im Wesentlichem zum 17.12.2003 in Kraft trat.[332] Die international-insolvenzrechtlichen Regelungen sind insbesondere §§ 88, 88a, 89b VAG bzw. §§ 46d–f KWG;[333] ferner gelten §§ 335 ff. InsO, die ggf richtlinienkonform auszulegen sind.

145 Für Banken und Versicherungen ordnen beide Richtlinien einen strikten *Universalitäts- und Einheitsgrundsatz* an (RiLi 2001/24, Art. 3, 9; RiLi 2001/17, Art. 4). Das Insolvenzverfahren soll im Herkunftsmitgliedstaat[334] eröffnet werden, nicht im Mitgliedstaat, wo das Institut den Mittelpunkt seiner hauptsächlichen Interessen hat. Sekundärverfahren sind bei diesen Unternehmen unzulässig.[335]

146 Für Arbeitsverträge, Rechte an unbeweglichen Vermögen, allgemein dingliche Rechte Dritter, den Eigentumsvorbehalt und Aufrechnungsmöglichkeiten sehen beide Richtlinien aber übereinstimmend mit der EuInsVO den *Schutz nach dem jeweiligen Recht des Lagestaates* vor (RiLi 2001/24, Art. 20 ff.; RiLi 2001/17, Art. 19 ff.).

147 Für Insolvenzen von Wertpapierfirmen sowie von Organismen für gemeinsame Anlagen gibt es bislang keine EU-Richtlinien mit insolvenzrechtlichem Inhalt, so dass es bei dem jeweiligen autonomen internationalen Insolvenzrecht eines jeden Mitgliedstaates bleibt. Zum Umgang mit systemrelevanten Banken vgl. Kommissionsvorschlag vom 6.6.2012.[336]

§ 132. Inländische Insolvenzverfahren mit Auslandsbezug

Übersicht

	Rn.
I. Allgemeines	1
II. Insolvenz-Immunität	4
1. Ausländische Staaten	4
2. Diplomaten und Konsuln	6
a) Diplomaten	6
b) Konsuln	7
c) Botschaften, Konsulargebäude	8
3. Internationale Organisationen	9
III. Internationale Zuständigkeit zur Eröffnung eines deutschen Hauptinsolvenzverfahrens	10
1. Hauptinsolvenzverfahren	10
a) Europäisches Recht	10
b) Autonomes deutsches Recht	11
2. Zulässigkeit eines Partikularverfahrens	15
a) Europäisches Recht	16
b) Autonomes Recht	17

---

[331] BGBl 2003 I 345; vgl. *Kollhosser/Goos*, FS Gerhardt, S. 487; *Haubold*, in Gebauer/Wiedmann, Rn. 273, 283.

[332] Vgl. BT-Drucks 15/1653 S. 19 ff.; dazu *Kokemoor* WM 2005, 1881 ff.

[333] Vgl. hierzu auch *Kokemoor* WM 2005, 188; zu Zweifeln an einer vollumfänglichen fristgerechten Umsetzung Mohrbutter/Ringstmeier/*Wenner*, Rn. 255.

[334] Zur Einheitlichkeit von Sitz- und Hauptverwaltungsstaat vgl. Art. 11 II der Richtlinie 2006/48/EG bzw § 33 I 1 Nr. 6 KWG; hierzu *Schuster/Binder* WM 2004, 1665, 1667.

[335] Vgl. BerlK-*Pannen*, Art. 1 EuInsVO Rn. 19 ff.; krit *Wimmer* ZInsO 2002, 897, 898, 901 ff.; *Gottwald* FS Georgiades, S. 823, 833; *Moss/Wessels* (Hrsg), EU Banking and Insurance Insolvency

[336] KOM (2012) 280 endg. 12; dazu *Chattopadhyay* WM 2013, 405.

Inländische Insolvenzverfahren mit Auslandsbezug § 132

	Rn.
3. Prüfung von Amts wegen	19
4. Kein Zwang zur Beachtung eines Insolvenzverfahrens in einem Drittstaat	20
5. Insolvenzfähigkeit	23
6. Eröffnungsgründe	27
7. Ermittlungen zum Vorliegen des Eröffnungsgrundes	28
8. Sicherungsmaßnahmen	31
9. Zustellung, Veröffentlichung, Registereintragung	35
10. Ablehnung mangels Masse	40
IV. Wirkungen der Eröffnung des inländischen Insolvenzverfahrens	41
1. Umfang der Insolvenzmasse	41
2. Verwaltung der Masse	51
3. Leistungen an den Schuldner	64
4. Wirkungen auf anhängige Zivilverfahren und Vollstreckungen	65
a) Unterbrechung anhängiger Verfahren	65
b) Vis attractiva concursus	68
c) Vollstreckungsverbot	70
d) Ablieferungspflicht des im Ausland Erlangen	72
e) Anrechnung auf die Quote	80
f) Untersagung der Rechtsverfolgung im Ausland	81
5. Mitwirkungspflichten des Schuldners, Postsperre	82
6. Anmeldung, Feststellung und Rang von Insolvenzforderungen	87
a) Anmelderecht	87
b) Die Form der Anmeldung und das Verfahren der Feststellung	94
c) Feststellungsstreit	97
d) Reformüberlegungen	101
7. Anrechnung auf die Insolvenzquote	102
8. Insolvenzplan	106
9. Restschuldbefreiung	114
10. Beendigung des Verfahrens	115
V. Partikularverfahren über das Inlandsvermögen	116
1. Zweck des gesonderten Verfahrens	116
2. Isolierte Partikularverfahren und Sekundärverfahren	119
3. Isolierte Partikularverfahren	120
a) Europäische Recht	120
b) Autonomes Recht	122
4. Sekundärverfahren	128
5. Vermögensbelegenheit im Inland	130
6. Abwicklung der gesonderten Verfahren	136
a) Zuständiges Insolvenzrecht	137
b) Antragsberechtigte	138
c) Insolvenzgründe	142
d) Abweisung mangels Masse	145
e) Verwaltungs- und Verfügungsbefugnis über die Insolvenzmasse	146
f) Massegläubiger	166
g) Anmelderecht	170
h) Verteilung	173
i) Abführung eines Übeschusses	174
j) Sanierung des Schuldners	176
k) Restschuldbefreiung	180
7. Vermeidung von Sekundärverfahren	182
VI. Nachlassinsolvenzverfahren	183
1. Internationale Zuständigkeit	183
2. Umfang der Insolvenzmasse	185
3. Abwicklung der Nachlassinsolvenz	188
VII. Anerkennung deutscher Verfahren im Ausland	189
1. Anerkennung in den EU-Staaten	189
2. Anerkennung in anderen Staaten	190
VIII. Parallelverfahren	200
1. Zusammenarbeit mit ausländischen Amtswaltern	201
2. Berücksichtigung der Auslandsquote	208

Schrifttum: *(1) Zur Neuregelung des Internationalen Insolvenzrechts:* Amtliche Begründung, BT-Drucks 15/16 vom 25.10.2002. *Czaja,* Umsetzung der Kooperationsvorgaben durch die Europäische Insolvenzverordnung im deutschen Insolvenzverfahren, 2009; *Dawe,* Der Sonderkonkurs des deutschen Internationalen Insolvenzrechts, 2006; *Ehricke,* Verfahrenskoordination bei grenzüberschreitenden Unternehmensinsolvenzen, in: Aufbruch nach Europa, 2001, S. 337; *Flecke-Giammarco/Keller,* Die Auswirkung der Wahl des Schiedsorts auf den Fortgang des Schiedsverfahrens in der Insolvenz, NZI 2012, 529; *Gasser,* Neues zum Internationalen Insolvenzrecht in Liechtenstein unter besonderer Berücksichtigung von Sitz und Holdinggesellschaften, LJZ 2004, 24; *Gottwald,* Deutsches internationales Insolvenzrecht und seine Bedeutung im deutsch-türkischen Rechtsverkehr, FS Kalpsüz, 2003, S. 935; *Haas,* Die Verwertung der im Ausland belegenen Insolvenzmasse im Anwendungsbereich der EuInsVO, FS Gerhardt, 2004, S. 319; *Herchen,* Die Befugnisse des deutschen Insolvenzverwalters hinsichtlich der „Auslandsmasse" nach In-Kraft-Treten der EG-Insolvenzverordnung, ZInsO 2003, 345; *Hergenröder,* Internationales Verbraucherinsolvenzrecht, ZVI 2005, 233; *Hortig,* Kooperation von Insolvenzverwaltern, 2008; *Kuntz,* Die Insolvenz der Limited mit deutschem Verwaltungssitz, NZI 2005, 424; *Kodek,* Feststellung zur Tabelle in Österreich (Forderungsfeststellung) und internationale Bindungswirkung, ZInsO 2011, 889; *Krauskopf/Steven,* Immunität ausländischer Zentralbanken im deutschen Recht WM 2000, 269; *Liersch,* Deutsches internationales Insolvenzrecht, NZI 2003, 302; *D. Ludwig,* Neuregelungen des deutschen Internationalen Insolvenzverfahrensrechts, 2004; *Mankowski,* Europäische Nachlassinsolvenzverfahren, ZIP 2011, 1501; *Mock/Schildt,* Insolvenz ausländischer Kapitalgesellschaften mit Sitz in Deutschland, in Hirte/Bücker, Grenzüberschreitende Gesellschaften (§ 16), 2005, S. 468; *Mock,* Handlungsoptionen bei ausufernden Sekundärinsolvenzverfahren, ZInsO 2009, 899; *ders.,* Internationale Rest-Schuldbefreiung, KTS 2013, 423; *ders.,* Vergütung des Insolvenzverwalters in grenzüberschreitenden Insolvenzverfahren, ZInsO 2013, 2245; *H.-F. Müller,* Insolvenz ausländischer Kapitalgesellschaften mit inländischem Verwaltungssitz, NZG 2003, 414; *Paulus,* Die europäische Insolvenzverordnung und der deutsche Insolvenzverwalter, NZI 2001, 505; *Piekenbrock,* Ansprüche gegen den ausländischen Schuldner in der deutschen Partikularinsolvenz, IPrax 2012, 337; *Prager/Keller,* Anerkennung deutscher Postsperren im Vereinigten Königreich, NZI 2012, 829; *dies.,* Der Vorschlag der Europäischen Kommission zur Reform der EuInsVO, NZI 2013, 57; *Ringstmeier/Homann,* Masseverbindlichkeiten als Prüfstein des internationalen Insolvenzrechts, NZI 2004, 354; *Schlosser,* Unzulässige Diskriminierung nach Belieben oder Fehlen eines EG-Wohnsitzes im europäischen Zivilprozessrecht, FS Heldrich, 2005, S. 1107; *Staak,* Der deutsche Insolvenzverwalter im europäischen Insolvenzrecht, 2004; *Torz,* Gerichtsstände im Internationalen Insolvenzrecht zur Eröffnung von Partikularinsolvenzverfahren, 2005; *Trunk,* Grenzüberschreitende Insolvenz von Gesellschaften im Verhältnis EG-Schweiz, SZIER 2004, 531; *Vallender,* Aufgaben und Befugnisse des deutschen Insolvenzrichters in Verfahren nach der EuInsVO, KTS 2005, 283; *Vogler,* Die internationale Zuständigkeit für Insolvenzverfahren, 2004; *Wehdeking,* Reform des Internationalen Insolvenzrechts in Deutschland und Österreich, DZWIR 2003, 133; *Westphal/Götker/Wilkens,* Grenzüberschreitende Insolvenzen, 2008; *Wittinghofer,* Der nationale und internationale Insolvenzverwaltungsvertrag, 2004. Vgl. auch die Literaturhinweise zu § 131 sowie zu § 133.

(2) Vor dem Gesetz vom 14.3.2003: S. Voraufl.

I. Allgemeines

1 Europäisches und deutsches IIR beruhen auf dem *Grundsatz der Universalität.* Nach § 35 InsO erfasst das Insolvenzverfahren das *„gesamte Vermögen"* des Schuldners. Konsequenterweise muss das im Inland eröffnete *Hauptinsolvenzverfahren* auch das gesamte Auslandsvermögen des Schuldners einschließen.[1] Freilich tritt diese Wirkung praktisch nur insoweit ein, als das Ausland das deutsche Verfahren anerkennt[2] (→ Rn. 189 ff.). Für das europäische Recht folgt die Universalität sinngem. aus Art. 3, 16 ff. EuInsVO.

2 Neben Hauptinsolvenzverfahren mit Auslandswirkung kennt das deutsche IIR auch ein *Partikularverfahren* über das *Inlandsvermögen* des Schuldners, der im Ausland seinen Wohnsitz bzw. Sitz hat, § 354 InsO (→ Rn. 116 ff.). Ein solches Sonderverfahren soll

---
[1] AG Duisburg NZI 2003, 160; *Hess,* Art. 102 Rn. 127; KPB/*Paulus,* § 335 Rn. 14.
[2] Vgl. *E. Habscheid,* S. 471; HK/*Stephan,* § 342 Rn. 15; KPB/*Paulus,* § 335 Rn. 15.

die Verwertung des Inlandsvermögens und die Befriedigung der deutschen Gläubiger erleichtern. Dieses Sonderverfahren hat zunächst keine grenzüberschreitende Wirkung. Lediglich ein etwaiger Überschuss ist an den Verwalter des Hauptverfahrens abzuliefern (→ Rn. 174).

Nicht geregelt ist, wie zu verfahren ist, wenn es zu *parallelen Hauptverfahren* kommt, weil ausländische Staaten über das Vermögen des Schuldners ein oder mehrere weitere Hauptinsolvenzverfahren eröffnen, die grundsätzlich ihrerseits weltweite Wirkung beanspruchen. In diesen Fällen ist von den faktischen Gegebenheiten und Einflussmöglichkeiten auszugehen und soweit wie möglich eine gleichmäßige Verwertung des Schuldnervermögens und Verteilung an alle Gläubiger durch eine freie Kooperation der beteiligten Insolvenzverwalter und Insolvenzgerichte anzustreben (→ Rn. 200 ff.; → § 134 Rn. 123 ff.). Da das autonome deutsche internationale Insolvenzrecht nahezu vollständig parallel zum europäischen Recht ausgestaltet ist, werden die einzelnen Sachfragen in den §§ 132–134 gemeinsam für beide Rechte behandelt; auf Unterschiede im Detail wird jeweils besonders hingewiesen.

II. Insolvenz-Immunität

1. Ausländische Staaten. Bei jeder Eröffnung von Insolvenzverfahren sind die *Grenzen der deutschen Gerichtsbarkeit* von Amts wegen zu beachten. Daher kann ein Insolvenzverfahren nicht über das (hoheitlichen Zwecken dienende) Vermögen eines ausländischen Staates im Inland eröffnet werden.[3] Gehört dem ausländischen Staat ein am allgemeinen Wirtschaftsverkehr teilnehmendes *Unternehmen,* so kann über das Vermögen dieses Staatsunternehmens ein Insolvenzverfahren eröffnet werden, es sei denn, die Vermögenswerte sind öffentlichen Zwecken gewidmet.[4] Ist ein *ausländischer Staat Erbe,* so kann ein Nachlassinsolvenzverfahren auch dann eröffnet werden, wenn der Staat damit Insolvenzschuldner wird (vgl. Art. 10 Europäisches Übereinkommen über Staatenimmunität vom 16.5.1972).[5] Ist der ausländische Staat lediglich an einem inländischen Unternehmen beteiligt, so schließt seine Berechtigung an dem Vermögen das inländische Verfahren nie aus (Art. 14 Europ. Übereinkommen über Staatenimmunität).

Nach Art. 23 des Europäischen Übereinkommens über Staatenimmunität darf gegen das Vermögen eines anderen Vertragsstaats keine Zwangsvollstreckung durchgeführt werden außer in dem Fall und in dem Ausmaß, in denen der Staat selbst ausdrücklich schriftlich zustimmt. Damit scheidet ein *Insolvenzverfahren gegen einen ausländischen Staat* generell aus.[6] Doch sieht Art. 14 des Europäischen Übereinkommens über Staatenimmunität ausdrücklich vor, dass ein Vertragsstaat nicht daran gehindert ist, eine Konkursmasse zu verwalten oder deren Verwaltung zu veranlassen oder zu überwachen, nur weil ein anderer Vertragsstaat ein Recht an dem Vermögen hat.

2. Diplomaten und Konsuln. a) *Diplomaten.* Kein Insolvenzverfahren darf über das Vermögen natürlicher oder juristischer Personen sowie internationaler Organisationen eröffnet werden, die *von der deutschen Gerichtsbarkeit befreit* sind (vgl. §§ 18–20 GVG). Nach Art. 31 Wiener UN-Übereinkommen über diplomatische Beziehungen dürfen Vollstreckungsmaßnahmen gegen *Diplomaten* nur ergriffen werden, soweit sie Forderungen betreffen, für die der Diplomat keine Immunität genießt und nur, soweit sie durchführbar sind, ohne die Unverletzlichkeit seiner Person oder seiner Wohnung zu

---

[3] *Geimer,* IZPR Rn. 3452; weitergehend MüKoInsO/*Reinhart,* § 335 Rn. 18 (Immunität auch bei nicht-hoheitlichen Zwecken).
[4] Französischer Kassationshof RIW 1987, 55 m Anm *Seidl-Hohenveldern; Geimer,* IZPR Rn. 3453; Mohrbutter/Ringstmeier/*Wenner,* Rn. 44.
[5] *Geimer,* IZPR Rn. 3452.
[6] Zur Immunität ausländischer Zentralbanken vgl. *Krauskopf/Steven* WM 2000, 269.

beeinträchtigen. Damit dürfte ein Insolvenzverfahren gegen einen ausländischen Diplomaten grundsätzlich ausgeschlossen sein.

7 **b)** *Konsuln.* Konsularbeamte genießen Immunität von der deutschen Gerichtsbarkeit nur nach Art. 43 des Wiener UN-Übereinkommens über konsularische Beziehungen wegen Handlungen, die in Wahrnehmung konsularischer Aufgaben vorgenommen worden sind. Als Privatpersonen unterliegen sie dagegen der deutschen Gerichtsbarkeit und insoweit kann auch ein Insolvenzverfahren gegen sie eröffnet werden.

8 **c)** *Botschaften, Konsulargebäude.* Soweit gegen Diplomaten und Konsuln Verfahren zulässig sind, ist aber jeweils ergänzend die sachliche *Immunität von Botschaftsgebäuden* und konsularischen Räumlichkeiten zu beachten (Art. 22 Wiener Übereinkommen über diplomatische Beziehungen; Art. 31 Wiener Übereinkommen über konsularische Beziehungen).

9 **3. Internationale Organisationen.** Insolvenzverfahren können auch nicht über das Vermögen *internationaler Organisationen* eröffnet werden, soweit ihnen nach ihrem jeweiligen Statut und den darin eingeräumten Vorrechten Vollstreckungsimmunität zusteht.[7]

III. Internationale Zuständigkeit zur Eröffnung eines deutschen Haupt-Insolvenzverfahrens

10 **1. Hauptinsolvenzverfahren. a)** *Europäisches Recht.* Innerhalb der EU-Staaten (ohne Dänemark) sind nach Art. 3 I 1 EuInsVO die Gerichte des Mitgliedsstaates für die Eröffnung eines Universal- bzw. Hauptinsolvenzverfahrens international zuständig, in dessen Gebiet der Schuldner „*den Mittelpunkt seiner hauptsächlichen Interessen*" hat (→ § 131 Rn. 23 ff.).

11 **b)** *Autonomes deutsches Recht.* Eine Regel über die internationale Zuständigkeit enthält die InsO nicht. Nach einer Ansicht sei deshalb bei Verfahren ohne Bezug zu wenigstens einem zweiten EU-Mitgliedstaat § 3 InsO über die örtliche Zuständigkeit (ebenso wie im streitigen Zivilprozess) *doppelfunktional* anzuwenden.[8] Vorrangig zuständig wären dann nach § 3 I 2 InsO die Gerichte des Staates, in dem der Schuldner den Mittelpunkt seiner selbstständigen wirtschaftlichen Tätigkeit hat. Trotz der unterschiedlichen sprachlichen Formulierung dürfte danach bei einer selbstständigen wirtschaftlichen Tätigkeit kein wesentlicher Unterschied zur EuInsVO bestehen.[9]

12 Bei natürlichen Personen (ohne wirtschaftliche Tätigkeit) stellt § 3 I 1 InsO auf den Wohnsitz, Art. 3 I 1 EuInsVO dagegen auf den „*Mittelpunkt seiner hauptsächlichen Interessen*" ab. Regelmäßig dürfte auch hier keine sachliche Divergenz bestehen. Zweifel bleiben, wenn der nicht selbstständig tätige Schuldner im Staat A wohnt, aber im Staat B arbeitet. Doch dürfte der Interessenmittelpunkt im Staat des (Familien-)Wohnsitzes liegen.[10]

13 Einfacher zu handhaben ist allerdings die zutreffende Gegenmeinung, wonach sich die internationale Zuständigkeit bei einem Interessenschwerpunkt bzw. Wohnsitz des Schuldners in einem EU-Staat *stets nach Art. 3 EuInsVO* richtet, unabhängig davon, ob der Fall in irgendeiner Weise Berührung zu einem zweiten EU-Staat hat.[11] Dieser An-

---

[7] Vgl. dazu eingehend *Wenckstern*, Handbuch IZVR II/1 Kap I Rz 793 ff.
[8] *Geimer*, IZPR Rn. 3454; *Ludwig*, S. 42 ff.; K. Schmidt/*Brinkmann*, InsO, Vor § 335 Rn. 13.
[9] MüKoInsO/*Reinhart*, EGInsO Art. 102 Rn. 10; aA *Häsemeyer*, Rn. 35.15.
[10] Zustimmend K. Schmidt/*Brinkmann*, InsO, Art. 3 EuInsVO Rn. 9.
[11] So auch High Court London ZIP 2003, 813 (*BRAC-Budget*); *Gottwald*, FS Kalpsüz S. 935, 938; *Ludwig*, S. 43; *Herchen* ZInsO 2003, 742, 743 ff.; *ders.* ZInsO 2004, 825, 830; *Krebber* IPRax 2004, 540; High Court Leeds ZIP 2004, 1769 = EWiR 2004, 847 (*Westphal/Wilkens*); *Klöhn* KTS 2006, 259; FK/*Wenner/Schuster* § 335 Rn. 8.

sicht (→ § 131 Rn. 16f.) folgt nunmehr auch der EuGH.[12] Für eine aus § 3 InsO abgeleitete internationale Eröffnungszuständigkeit deutscher Gerichte bleibt damit nur Raum bei den in Art. 1 II EuInsVO genannten Schuldnern.[13] Die internationale Eröffnungszuständigkeit deutscher Gerichte für Versicherungsunternehmen besteht gem. § 88 Ia VAG nur, wenn Deutschland der Herkunftsstaat ist. Bei Einlagenkreditinstituten oder E-Geldinstituten muss das Kreditinstitut gem. § 46e I KWG seinen eingetragenen Sitz im Inland haben.

Maßgeblich sind die Verhältnisse im *Zeitpunkt der Antragstellung*. Eine spätere Veränderung oder gar der Wegfall der zuständigkeitsbegründenden Merkmale ist unbeachtlich (zur EuInsVO → § 131 Rn. 39ff.).[14] Ggf entscheidet bereits der Zeitpunkt, in dem das Unternehmen die Geschäftstätigkeit eingestellt hat (→ § 131 Rn. 46).[15]

2. Zulässigkeit eines Partikularverfahrens. Während die Eröffnung eines Hauptinsolvenzverfahrens den Mittelpunkt der „hauptsächlichen Interessen" des Schuldners im Inland voraussetzt, hängt die Eröffnung eines *selbstständigen Partikular- oder Sekundärinsolvenzverfahrens* davon ab, ob der Schuldner eine Niederlassung oder sonstiges Vermögen im Inland hat (§ 354 I InsO).

a) *Europäisches Recht.* Nach Art. 3 II EuInsVO darf ein Partikularverfahren (begrenzt auf das im Eröffnungsstaat belegene Vermögen) nur in einem Mitgliedsstaat eröffnet werden, in dem der Schuldner eine *Niederlassung* (Art. 2 lit h EuInsVO) hat. → § 131 Rn. 72ff.

b) *Autonomes Recht.* Nach dem autonomen deutschen Recht (§ 354 I InsO) kann ein Partikularverfahren in Deutschland dagegen nicht nur eröffnet werden, wenn der Schuldner hier eine Niederlassung hat. Es genügt vielmehr auch sonstiges Vermögen. Eine Niederlassung ist nicht wie der Begriff der EuInsVO (Art. 2 lit h), sondern im Sinne von § 21 ZPO zu verstehen.[16] Es kommt somit auf eine ständig betriebene und auf eine gewisse Dauer hin ausgerichtete gewerbliche Tätigkeit an, die auf einer hinreichenden Organisation beruht und die Berechtigung einschließt, selbstständig Geschäfte abzuschließen.[17]

Unterhält der Schuldner keine inländische Niederlassung, setzt der Antrag eines Gläubigers auf Eröffnung eines Partikularverfahrens ein besonderes, glaubhaft zu machendes Interesse an der Eröffnung des inländischen Verfahrens voraus. Ein solches besonderes Interesse liegt insbesondere vor, wenn der Gläubiger im ausländischen Hauptverfahren erheblich schlechter gestellt wäre als in einem inländischen Verfahren (§ 354 II InsO). § 354 II ist im Anwendungsbereich der EuInsVO nicht analog anwendbar. Einzelheiten → Rn. 122ff.

3. Prüfung von Amts wegen. Die Voraussetzungen der internationalen Zuständigkeit hat das deutsche Insolvenzgericht in jeder Lage des Verfahrens *von Amts wegen zu prüfen* (zur EuInsVO → § 131 Rn. 29f.).[18] Die internationale Zuständigkeit unterliegt in keinem Fall der Parteidisposition; (stillschweigende) Zuständigkeitsvereinbarungen sind ausgeschlossen, so dass das Gericht von sich aus tätig werden muss (§ 5 InsO).[19] Das Insolvenzgericht hat kein Ermessen, ob es von seiner Zuständigkeit Gebrauch machen

---

[12] EuGH Rs. C-328/12 *(Schmid)* ZIP 2014, 181 Rn. 29; ebenso schon Voraufl.; EuGH GA ZIP 2013, 2066; anders wohl noch BGH ZIP 2012, 1467.
[13] Ebenso MüKoInsO/*Reinhart,* § 335 Rn. 6, 23ff.
[14] EuGH NZI 2011, 990; BGH ZIP 2012, 139 Rn. 15; Mohrbutter/Ringstmeier/*Wenner,* Rn. 77; Laukemann RIW 2005, 104, 110ff.; aA *Spahlinger/Wegen* Internationales Gesellschaftsrecht in der Praxis, Rn. 724.
[15] BGH ZIP 2012, 139 Rn. 15.
[16] FK/*Wenner/Schuster,* § 354 Rn. 5; MüKoInsO/*Reinhart* § 354 Rn. 7; aA Voraufl; *Ludwig,* S. 174; Andres/Leithaus-*Dahl,* InsO, § 354 Rn. 6.
[17] K. Schmidt/*Brinkmann,* InsO, § 354 Rn. 5f.
[18] *Geimer,* IZPR Rn. 3469; Mohrbutter/Ringstmeier/*Wenner,* Rn. 43; BGH ZIP 2012, 1615, 1616.
[19] *Geimer,* IZPR Rn. 3463; *Mankowski* ZIP 2010, 1376, 1377 mwN.

will (keine forum non conveniens-Prüfung).[20] Bei nach deutschem Recht gegründeten Gesellschaften kann das Insolvenzgericht von seiner internationalen Zuständigkeit für ein Hauptverfahren ausgehen, sofern ihm nach entsprechender Prüfung keine entgegen stehenden Anhaltspunkte vorliegen.[21] Umgekehrt bedarf es bei nach ausländischem Recht gegründeten Gesellschaften einer sorgfältigen Prüfung der internationalen Zuständigkeit. Der vom Gericht eingeschaltete Gutachter ist verpflichtet, die für und gegen eine internationale Zuständigkeit sprechenden Umstände schnellstmöglich offen zu legen. Gelangt das inländische Gericht zur internationalen Zuständigkeit von Gerichten eines anderen Staates, so ist eine internationale Verweisung zwar nicht ausgeschlossen, hat aber keine Bindungswirkung für das dortige Gericht.[22]

20 4. Kein Zwang zur Beachtung eines Insolvenzverfahrens in einem Drittstaat.
Unabhängig davon, ob die internationale Zuständigkeit eines Nicht-EU-Staates zur Eröffnung eines Insolvenzverfahrens über den Schuldner anzuerkennen ist, etwa weil der Schuldner mehrere Hauptniederlassungen hat, hindert ein anhängiges oder eröffnetes ausländisches Verfahren das deutsche Insolvenzgericht nicht, über das Vermögen desselben Schuldners ein inländisches Insolvenzverfahren zu eröffnen,[23] wenn es in doppelfunktionaler Anwendung des § 3 InsO bzw. nach der hier (→ Rn. 13) vertretenen Auffassung gem. Art. 3 EuInsVO international zuständig ist. § 3 II InsO findet insoweit keine Anwendung.

21 Eindeutig und uneingeschränkt gilt dies mit Bezug auf ein inländisches Sekundärverfahren begrenzt auf das inländische Vermögen gem. §§ 354 I, 356 I 1 InsO. Außerhalb des Anwendungsbereichs der EuInsVO bleibt sogar die Eröffnung eines inländischen Hauptverfahrens zulässig, wenn aus deutscher Sicht der Mittelpunkt der wirtschaftlichen Tätigkeit des Schuldners bzw. sein COMI in Deutschland belegen ist.

22 Ein zeitlich früher eröffnetes, *anerkennungsfähiges EU-Hauptverfahren* hat nach dem Prioritätsprinzip jedoch Vorrang. Das deutsche Gericht muss gem. Art. 102 §§ 2, 4 EGInsO das inländische Hauptverfahren einstellen. Die Einstellung soll ex nunc-Wirkung (Art. 102 § 4 II EG-InsO) haben, so dass Handlungen des deutschen Hauptverwalters oder ihm gegenüber vorgenommene Handlungen wirksam bleiben. Damit wird aber praktisch die sofortige Wirkungserstreckung (Art. 16, 17 EuInsVO) des ausländischen EU-Hauptverfahrens behindert, so dass der Anwendungsbereich der Regelung zumindest gemeinschaftsrechtskonform zu reduzieren ist[24] (→ § 131 Rn. 62 f.).

23 5. Insolvenzfähigkeit. a) Die Insolvenzfähigkeit ist wie die (passive) Parteifähigkeit des Zivilprozessrechts als prozessuale Fähigkeit nach dem Recht des Insolvenzeröffnungsstaates zu beurteilen. Es gilt insoweit (nach Art. 4 II 2 lit a EuInsVO; § 335 InsO) die lex fori concursus.[25] Daher kann ein (international) zuständiges deutsches Insolvenzgericht ein Insolvenzverfahren etwa über einen französischen Staatsangehörigen eröffnen, der keine Kaufmannseigenschaft besitzt, obwohl nach französischem Insolvenzrecht ein Insolvenzverfahren über Nichtkaufleute grundsätzlich unzulässig wäre.[26]

24 b) Entsprechend der weit gefassten Insolvenzfähigkeit in § 11 InsO kann ein Insolvenzverfahren über jede natürliche und jede juristische Person des In- oder Auslandes

---

[20] *Geimer*, IZPR Rn. 3468.
[21] KPB/*Kemper*, Art. 3 EuInsVO Rn. 7; HambKommInsO-*Undritz*, Art. 3 EuInsVO Rn. 55; aA *Herchen* ZIP 2005, 1401, 1402.
[22] AG Hamburg NZI 2006, 486; iE ebenso Pannen-*Pannen*, EuInsVO, Art. 3 Rn. 78 ff.; kritisch *Mankowski* NZI 2006, 487; *Wagner* EWiR 2006, 433.
[23] BGHZ 95, 256, 270 = NJW 1985, 2897; *Geimer*, IZPR Rn. 3411.
[24] Vgl. BGH NZI 2008, 572 *(Mankowski)*; *Weller* IPRax 2004, 412, 417; *Haubold*, in: Gebauer/Wiedmann, Rn. 76.
[25] *Trunk*, S. 104 f.; Reithmann/Martiny/*Hausmann*, Rn. 5645 f., 5753.
[26] *Geimer*, IZPR Rn. 3472; Nerlich/Römermann/*Nerlich*, Art. 3 EuInsVO Rn. 83.

eröffnet werden. Nicht rechtsfähige Vereine stehen juristischen Personen gleich (§ 11 I 2 InsO). Da nach § 11 II Nr 1 InsO ein Insolvenzverfahren über das Vermögen einer Gesellschaft ohne Rechtspersönlichkeit eröffnet werden kann, sind auch ausländische Gesellschaften ohne Rechtspersönlichkeit im Inland als insolvenzfähig anzusehen, wenn ihnen nach ihrem Gesellschaftsstatut ein besonderes Gesellschaftsvermögen zusteht. Das gilt vorbehaltlich staatsvertraglicher Sonderregelungen insbesondere für eine ausländische Nicht-EU-Kapitalgesellschaft, die unter Umgehung der hiesigen Gründungsvorschriften ihren Verwaltungssitz nach Deutschland verlegt hat, aber im Inland infolge der weiterhin geltenden *Sitztheorie* (→ § 133 Rn. 110 f.) mangels Registereintragung nicht als Kapitalgesellschaft anerkannt wird.[27]

Bei EU-Auslandsgesellschaften bleibt hingegen bei Verlegung infolge der Niederlassungsfreiheit gem. Art. 49 AEUV ihr Rechtsstatus nach dem Gründungsrecht (insoweit Gründungstheorie) erhalten (→ § 133 Rn. 109). Eine *englische Private Limited Company by Shares* ist daher in Deutschland als justische Person ausländischen Privatrechts (vgl. § 11 I InsO) insolvenzfähig (→ § 131 Rn. 80).[28] Nach § 11 III InsO besteht die Insolvenzfähigkeit während eines Liquidationsverfahrens fort.

Bei einem *Konzern* kann das Verfahren nur gegen die einzelnen juristisch selbstständigen Konzernunternehmen eröffnet werden.[29] Zu den Reformvorschlägen auf europäischer Ebene, die insoweit keine Änderung herbeiführen sollen, → § 131 Rn. 51 ff.

6. Eröffnungsgründe. Für ein grenzüberschreitendes Hauptinsolvenzverfahren und für ein Partikularverfahren über das inländische Vermögen müssen die allgemeinen Eröffnungsgründe der §§ 17–19 InsO erfüllt sein. Abzustellen ist auf „weltweite" Zahlungsunfähigkeit oder Überschuldung (→ Rn. 142 f.). Dagegen bedarf es zur Eröffnung eines Sekundärinsolvenzverfahrens über das inländische Vermögen keines Nachweises der Zahlungsunfähigkeit oder der Überschuldung, wenn gegen den Schuldner bereits im Ausland ein Hauptinsolvenzverfahren eröffnet worden ist, Art. 27 S. 1 EuInsVO § 356 III InsO (→ Rn. 144).[30] Die Eröffnung des (anerkennungsfähigen) ausländischen Insolvenzverfahrens rechtfertigt dann per se die Eröffnung des auf das deutsche Vermögen beschränkten Insolvenzverfahrens.

7. Ermittlungen zum Vorliegen des Eröffnungsgrundes. Es gilt die lex fori concursus (Art. 4 EuInsVO; § 335 InsO). Nach § 5 I InsO hat das Insolvenzgericht von Amts wegen alle Umstände zu ermitteln, die für das Insolvenzverfahren, insb für das Vorliegen eines Eröffnungsgrundes von Bedeutung sind. Es kann zu diesem Zweck auch Zeugen und Sachverständige vernehmen. In Fällen mit Auslandsbezug hat dies folgende Konsequenzen:

a) Stellt ein Gläubiger einen Insolvenzantrag, so hat das Insolvenzgericht nach § 14 II InsO den Schuldner zu hören. Hält sich der *Schuldner* jedoch *im Ausland* auf und würde die Anhörung das Verfahren übermäßig verzögern, so kann diese Anhörung unterbleiben, § 10 I 1 InsO. Der Schuldner ist also zunächst zum freiwilligen Erscheinen vor dem Insolvenzgericht zur Anhörung aufzufordern. Weigert er sich, ins Inland zu kommen, so ist eine *Anhörung* des Schuldners *im Wege der Rechtshilfe* durch das Ausland, etwa nach der Europäischen Beweisverordnung[31] oder nach dem Haager Beweisübereinkommen vom

---

[27] BGH NJW 2009, 289 *(Trabrennbahn)*; AG Ludwigsburg ZIP 2006, 1507.
[28] AG Hamburg NZI 2003, 442 *(Mock/Schildt)*.
[29] Vgl. *Tschernig*, Haftungsrechtliche Probleme der Konzerninsolvenz, 1995; *Scheel*, Konzerninsolvenzrecht, 1995; *Ehricke*, Das abhängige Konzernunternehmen in der Insolvenz, 1998, S. 458 ff.
[30] Nach EuGH NZI 2013, 106 *(Bank Handlowy)* unterbleibt diese Prüfung auch dann, wenn das ausländische Verfahren wie die fanzösische *procédure de sauvegarde* die materielle Insolvenz des Schuldners gar nicht voraussetzt.
[31] Verordnung (EG) Nr. 1206/2001 des Rates v 28.5.2001, ABl EG Nr. L 174/1.

18.3.1970[32] rechtlich möglich, dürfte aber regelmäßig wegen der doch erheblichen Verzögerung ausscheiden. Erscheint der Schuldner nicht vor Gericht, so soll nach § 10 I 2 InsO ein Vertreter oder ein Angehöriger des Schuldners gehört werden.

30 **b)** Ist der Schuldner eine *juristische Person* oder eine Personengesellschaft, und halten sich die *Personen, die zur Vertretung des Schuldners* berechtigt oder an ihm beteiligt sind, *im Ausland* auf, so ist ebenfalls von deren Anhörung abzusehen, wenn dadurch das Verfahren übermäßig verzögert würde, § 10 II InsO.

31 **8. Sicherungsmaßnahmen.** Auch in grenzüberschreitenden Fällen kann das deutsche Insolvenzgericht Sicherungsmaßnahmen gem. § 21 InsO mit Auslandswirkung anordnen. Insb kann es dem Schuldner ein Verfügungsverbot in Bezug auf sein Auslandsvermögen auferlegen, § 21 II Nr 2 InsO.[33] Seit der Entscheidung des BGH vom 30.4.1992[34] zu § 106 I 2 KO hat sich insoweit nichts geändert.[35] Der extraterritoriale Sollgeltungsanspruch der angeordneten Maßnahmen zur Sicherung der künftigen Insolvenzmasse (§ 35 InsO) besteht, selbst wenn der Beschluss des Insolvenzgerichts nicht explizit das Auslandsvermögen einbezieht. Ein vorläufiger Insolvenzverwalter ist daher berechtigt und verpflichtet, seine Befugnisse auch in Bezug auf das Auslandsvermögen auszuüben. Nur auf diese Weise lässt sich eine gleichmäßige Gläubigerbefriedigung gewährleisten.

32 Das deutsche Insolvenzgericht hat jedoch keine Befugnis, auf ausländische Verfahren bzw. auf im Ausland belegenes Vermögen direkt einzuwirken. Deshalb kann es nicht nach § 21 I Nr 3 InsO ausländische Maßnahmen der Zwangsvollstreckung gegen den Schuldner untersagen oder einstweilen einstellen. Das deutsche Verfügungsverbot mit internationaler Wirkung hat aber zur Folge, dass der Gläubiger eine nach Erlass des Verfügungsverbots durch Auslandsvollstreckung erlangte Befriedigung nach § 342 I 1 InsO an den deutschen Verwalter abzuliefern hat, soweit sie seine Insolvenzquote übersteigt (→ Rn. 72 ff.).

33 Vorgesehen sind grenzüberschreitende einstweilige Schutzmaßnahmen auch in Art. 25 I, 38 EuInsVO (→ § 131 Rn. 81 ff., 96; auch zum Erlass von Sicherungsmaßnahmen vor Bejahung der internationalen Zuständigkeit). Bereits die Anordnung einer Sicherungsmaßnahme im Eröffnungsverfahren kann im Anwendungsbereich der EuInsVO eine *„Verfahrenseröffnung"* gem. Art. 16 f EuInsVO darstellen (→ § 131 Rn. 64 ff.). Daher gelten die Veröffentlichungs- und Bekanntmachungsvorschriften der EuInsVO bzw. der InsO bereits für derartige Maßnahmen.[36]

34 Reichen Verfügungsverbote nicht aus, um nachteilige Veränderungen in der Vermögensmasse des Schuldners zu verhüten, so kann das Gericht nach § 21 III 1 InsO den *Schuldner zwangsweise vorführen* und nach Anhörung in Haft nehmen lassen. Diese Möglichkeit scheidet freilich aus, wenn sich der *Schuldner im Ausland* befindet. Entsprechendes gilt wenn der Schuldner keine natürliche Person ist und sich seine organschaftlichen Vertreter im Ausland befinden (vgl. § 21 III 2 InsO).

35 **9. Zustellung, Veröffentlichung, Registereintragung. a)** Für die *Bekanntmachung* von Sicherungsmaßnahmen und des Eröffnungsbeschlusses und die *Zustellung* der entsprechenden Beschlüsse sieht das Gesetz in internationalen Fällen kaum Sonderregeln vor. Verfügungsbeschränkungen und ein Eröffnungsbeschluss sind daher öffentlich bekannt zu machen, § 23 I 1 bzw. § 30 I InsO. Außerdem muss ein Beschluss, der Verfügungsbeschränkungen anordnet, dem Schuldner, den Schuldnern des Schuldners wie

---

[32] BGBl. 1977 II, 1472.
[33] *Geimer*, IZPR Rn. 3431.
[34] BGHZ 118, 151, 159 ff. = IPRax 1993, 87 (zust *Hanisch*, S. 69 f.); vgl. *E. Habscheid*, S. 472; *Prütting* ZIP 1996, 1277, 1279.
[35] KPB/*Paulus*, § 335 Rn. 32; *Hess*, Art. 102 Rn. 130.
[36] Ausführlich *Reinhart* NZI 2009, 201, 203 ff.

dem vorläufigen Insolvenzverwalter besonders zugestellt werden, § 23 I 2 InsO; der Eröffnungsbeschluss ist auch den ausländischen Gläubigern, den Schuldnern des Schuldners und dem Schuldner selbst besonders zuzustellen, § 30 II InsO. Bei Zustellungen im Ausland gelten in seinem Anwendungsbereich vorrangig die EuZustellVO[37] sowie das Haager Zustellungsübereinkommen (HZÜ)[38] mit ihren jeweiligen Durchführungsbestimmungen.

Gem. Art. 40, 42 I EuInsVO sind die bekannten Gläubiger mit Sitz in anderen EU-Mitgliedstaaten unverzüglich über die Verfahrenseröffnung und die in Art. 40 II EuInsVO beschriebenen Folgen zu unterrichten; eine förmliche Zustellung ist nicht vorgesehen, so dass auch hier die Aufgabe zur Post erfolgen kann (§ 8 I 2 InsO). Das Insolvenzgericht oder der mit der Zustellung beauftragte Insolvenzverwalter müssen dabei gesondert auf die Folgen einer nachträglichen Forderungsanmeldung (§ 177 InsO) hinweisen (Art. 102 § 11 EGInsO). Zur Forderungsanmeldung → Rn. 87 ff. **36**

Eine besondere *öffentliche Bekanntmachung* im Ausland ist gesetzlich nicht unmittelbar vorgeschrieben; sie kann gleichwohl in den konkreten Umständen geboten sein, um einen Gutglaubensschutz nach ausländischem Recht auszuschließen (vgl. Art. 21 EuInsVO; § 345 InsO). Die Kosten der Bekanntmachung sind Verfahrenskosten (Art. 23 EuInsVO). Noch weitergehend soll der Hauptinsolvenzverwalter verpflichtet sein, in einem anderen Mitgliedstaat, in welchem der Schuldner eine Niederlassung hat, die Bekanntmachung herbeizuführen, wenn das dortige Recht eine solche Verpflichtung vorsieht (vgl. Art. 21 II EuInsVO). Dies verlangt, die jeweiligen Veröffentlichungsvorschriften und -praktiken der einzelnen Mitgliedstaaten zu kennen. **37**

b) Die Verfahrenseröffnung ist auf Antrag des Verwalters auch in ausländischen Grundbüchern, Handelsregistern oder in sonstigen *öffentlichen Registern* einzutragen (Art. 22 EuInsVO; für die umgekehrte Situation § 346 InsO). Die hierfür zuständigen Stellen ergeben sich aus dem jeweiligen ausländischen Recht. Die *Kosten* sind Verfahrenskosten (Art. 23 EuInsVO). **38**

c) *Zustellungen* erfolgen auch ins Ausland nach § 8 InsO von Amts wegen und können von Anfang an durch Aufgabe zur Post erfolgen, § 8 I 2 InsO (§ 184 I 2, II ZPO). Die Zustellung kann also dadurch bewirkt werden, die entsprechenden Beschlüsse durch gewöhnlichen Brief zur Post zu geben; eine besondere Versendungsform, etwa als Einschreiben, ist nicht vorgesehen und daher nicht erforderlich. Ausländische Gläubiger bzw. Drittschuldner erhalten die Beschlüsse in deutscher Sprache ohne Übersetzung zugestellt. **39**

10. Ablehnung mangels Masse. Nach § 26 I InsO wird ein Insolvenzantrag abgelehnt, wenn das Vermögen des Schuldners voraussichtlich nicht die Kosten des Verfahrens decken wird. Diese Regel gilt auch in jedem grenzüberschreitenden Verfahren (Art. 4 II 1 EuInsVO; § 335 InsO). Für ein Sekundärverfahren ist zwar die Prüfung eines Eröffnungsgrundes, nicht aber die Kostendeckung entbehrlich.[39] Die Kosten sind nach der Masse zu berechnen, die voraussichtlich der Verfügungsmacht des Verwalters unterstehen wird. Da das deutsche Hauptinsolvenzverfahren das weltweite Vermögen des Schuldners erfasst, ist bei dieser Rechnung nicht allein auf das deutsche, sondern auf das weltweite Vermögen des Schuldners abzustellen; freilich dürfte Vermögen nur aus solchen Ländern einbezogen werden, die voraussichtlich die Eröffnung eines deutschen Insolvenzverfahrens anerkennen. Vermögensmassen voraussichtlicher Sekundärverfahren sind daher allenfalls eingeschränkt zu berücksichtigen.[40] **40**

---

[37] Verordnung (EG) Nr. 1348/2000 über die Zustellung gerichtlicher und außergerichtlicher Schriftstücke in Zivil- und Handelssachen v 29.5.2000, ABl EG Nr L 160/37.
[38] BGBl. 1977 II 1452.
[39] AA anscheinend *Martini* ZInsO 2002, 905, 912.
[40] Für Nichtberücksichtigung D-K/D/C-*Duursma-Kepplinger*, Art. 3 Rn. 56.

IV. Wirkungen der Eröffnung des inländischen Insolvenzverfahrens

41 **1. Umfang der Insolvenzmasse. a)** Wird in Deutschland ein Hauptinsolvenzverfahren eröffnet, so erfasst dies rechtlich gem. § 35 InsO das *gesamte Schuldnervermögen* einschließlich des Auslandsvermögens.[41] Dies gilt auch, wenn eine ausländische Niederlassung objektiv unrichtig unter einer anderen Firma geführt wird.[42] Ist über das Vermögen des Schuldners in einem ausländischen Staat ebenfalls ein Insolvenzverfahren eröffnet worden, so geht der inländische Insolvenzbeschlag der Erstreckung eines anerkennungsfähigen Auslandskonkurses bzgl des Inlandsvermögens vor,[43] selbst wenn das inländische Insolvenzverfahren erst nach dem ausländischen anhängig geworden ist. Dagegen genügt die Möglichkeit der Eröffnung eines inländischen Insolvenzverfahrens nicht, um Inlandswirkungen eines ausländischen Insolvenzverfahrens zu verneinen. Wie sich aus einem Gegenschluss zu der in Art. 18 II EuInsVO geregelten Sonderkonstellation für die Entfernung von Vermögensgegenständen gegen den Willen des Partikularverwalters ergibt, erfasst der deutsche Insolvenzbeschlag auch Vermögensstücke, die ein ausländischer Insolvenzverwalter nach dortiger Verfahrenseröffnung in das deutsche Inland verbracht oder dort erworben hat.[44] Konflikte mit dem ausländischen Verwalter sind zugunsten einer klareren Abgrenzung der Vermögensmassen hinzunehmen und durch Kooperation zu bewältigen.

42 Wenn der ausländische Staat das auf seinem Gebiet befindliche Schuldnervermögen für sein Verfahren in Beschlag nimmt, lässt sich insoweit der für das *deutsche parallele Insolvenzverfahren* erhobene Anspruch auf das Auslandsvermögen nicht durchsetzen. Dennoch hat dieser Anspruch rechtliche Bedeutung, zB bei Befriedigung eines Insolvenzgläubigers aus der ausländischen Masse.

43 Zur Bestimmung der *Belegenheit von Vermögensgegenständen* enthält Art. 2 II lit g EuInsVO eigene Regelungen, die beispielsweise bei Forderungen zu Überraschungen führen können. Denn Forderungen aus Geschäften mit einer Auslandsniederlassung des Drittschuldners sind nicht dort, sondern in dem Staat belegen, in dem sich dessen Hauptniederlassung befindet. Zu Einzelheiten → Rn. 130ff.

44 Art. 12 EuInsVO ordnet an, dass gewerbliche Schutzrechte des Gemeinschaftsrechts (Gemeinschaftspatent, Gemeinschaftsmarke, Gemeinschaftssortenschutz, Gemeinschaftsgeschmacksmuster) nur Bestandteil eines Hauptinsolvenzverfahrens sein können.[45] Die Vorschrift fingiert somit die Belegenheit am COMI, so dass es sich um eine Sondervorschrift zu Art. 2 lit g EuInsVO handelt. Art. 5 EuInsVO gilt für Sicherungsrechte an einer Gemeinschaftsmarke oder einem Gemeinschaftsgeschmacksmuster allerdings nicht.[46] Für die nicht von Gemeinschaftsregeln erfassten „nationalen" gewerblichen Schutzrechte gelten die allgemeinen Regeln.

45 **b)** Ob ein *Gegenstand Teil der Masse* ist, bestimmt sich nach dem Recht des Eröffnungsstaates (Art. 4 II 2 lit b EuInsVO; § 335 InsO).[47] In Deutschland erfasst die Insolvenzmasse nach den §§ 35, 36 InsO das gesamte Vermögen des Schuldners, das ihm zZ der Eröffnung des Verfahrens gehört und das er während des Verfahrens neu erwirbt, ausgenommen Gegenstände, die nicht der Zwangsvollstreckung unterliegen. Auch *Neu-*

---

[41] BGHZ 134, 79 = NJW 1997, 524; BGHZ 118, 151, 159 = NJW 1992, 2026, 2028; BGHZ 95, 256, 264 = NJW 1985, 2897, 2898; *Häsemeyer,* Rn. 35.17a; *Flessner* IPRax 1997, 1, 2; Mohrbutter/Ringstmeier/*Wenner,* Rn. 80.
[42] AG Duisburg NZI 2003, 160.
[43] *Geimer,* IZPR Rn. 3411; Reithmann/Martiny/*Hausmann,* Rn. 5672.
[44] AA Vorauflage.
[45] Vgl. *Kemper* ZIP 2001, 1609, 1617.
[46] *Haubold,* in: Gebauer/Wiedmann, Rn. 143; *Paulus* EuInsVO Art. 12 Rn. 4; aA *Westphal/Goetker/Wilkens* Rn. 444.
[47] *Trunk,* S. 134; FK/*Wenner/Schuster,* § 335 Rn. 12.

erwerb ist von der Insolvenzmasse erfasst (§ 35 InsO), und zwar auch dann, wenn ihn der Insolvenzschuldner in einem anderen Staat macht, nach dessen Insolvenzrecht das nach der Eröffnung des Verfahrens Erworbene nicht zur Masse gehören würde.

c) Fast alle Insolvenzrechte erklären *Vermögen, das nicht der Zwangsvollstreckung unter-* **46** *liegt,* für insolvenzfrei (vgl. § 36 I InsO). Jedoch handelt es sich insoweit weder um eine gesondert anzuknüpfende Vorfrage, noch liegt eine kollisionsrechtliche Sonderanknüpfung zu § 335 InsO vor. Daher bestimmt nach der hier vertretenen Auffassung nur die lex fori concursus das insolvenzfreie Vermögen, nicht aber das Einzelzwangsvollstreckungsrecht des jeweiligen Belegenheitsstaates.[48] Die Pfändbarkeit des in Österreich erzielten Einkommens eines deutschen Schuldners in seinem Restschuldbefreiungsverfahren vor einem deutschen Gericht richtet sich deshalb nach deutschem Recht.[49] Sachen des gewöhnlichen Hausrats, die der Schuldner im Haushalt braucht, gehören nicht zur Insolvenzmasse, wenn ersichtlich ist, dass durch ihre Verwertung kein angemessener Erlös erzielt würde (§ 36 III InsO).

d) Da in einem Hauptverfahren das *Auslandsvermögen* zur Insolvenzmasse gehört (§ 35 **47** InsO), muss der deutsche Insolvenzverwalter alle (rechtlich zulässigen) Anstrengungen unternehmen, um diese Vermögensgegenstände oder ihren Wert zur Masse zu ziehen und zu verwerten (§§ 148, 159 InsO). Um ihm diese Aufgabe zu erleichtern, kann es im Einzelfall sinnvoll sein, die weltweite Wirkung der Verfahrenseröffnung und die Befugnis des Verwalters zur Verfügung auch über das Auslandsvermögen in dem Eröffnungsbeschluss ausdrücklich klarzustellen.[50] Die Handlungsbefugnis erstreckt sich auf die gesamte Sollmasse. Daher kann der Insolvenzverwalter vor deutschen Gerichten Ansprüche geltend machen, die sich auf das im Ausland belegene Vermögen des Insolvenzschuldners beziehen, und zwar unabhängig davon, ob der Vollstreckungstitel im Ausland durchgesetzt werden kann.[51] Allerdings muss dazu ein deutsches Gericht nach allgemeinen Regeln international zuständig sein; ein besonderer Gerichtsstand besteht nach bislang hM nicht.[52]

Wenn die Existenz von (weiterem) Auslandsvermögen zB aufgrund bestehender aus- **48** ländischer Geschäftsverbindung, einer Vielzahl von Reisen in kapitalanleger-freundliche Jurisdiktionen oder wegen eines ausländischen Feriendomizils nicht ganz unwahrscheinlich erscheint, kann das Gericht die Pflicht zur Auskunftserteilung des Schuldners (§ 97 I InsO) mit Zwangsmaßnahmen durchsetzen (§ 98 II InsO). Der Schuldner hat dabei eine solche Qualität von Informationen zu liefern, die den Insolvenzverwalter zu eigenen Ermittlungen in die Lage versetzt.[53]

Zweifelhaft kann zunächst sein, ob ein Vermögensgegenstand bzw. ein Recht im In- **49** land oder im Ausland belegen ist[54] (→ Rn. 130 ff.). Im Anschluss stellt sich im Hinblick auf im Ausland belegenes Vermögen die Frage, ob es *tatsächlich* zur inländischen Masse gezogen werden kann. Dies hängt allein vom Recht des Belegenheitsstaates ab.[55]

---

[48] Anders noch die 3. Aufl.; BGH NJW 1992, 2026, 2028; ebenso wohl BGH ZIP 2013, 374 Rn. 17 f.; HambKommInsO-*Undritz,* Art. 4 EuInsVO Rn. 6; wie hier *Kolmann,* S. 171 ff.; *Trunk,* S. 134 ff.; AG Deggendorf ZInsO 2007, 558 (abl Anm *Griedl/Mack* ebd); *Smid,* Rn. 62; MüKoInsO/ *Reinhart,* § 335 Rn. 45; FK/*Wenner/Schuster,* § 335 Rn. 12; FK/*dies,* Anhang I Art. 4 EuInsVO Rn. 6.

[49] LG Passau ZInsO 2014, 1505.

[50] Mohrbutter/Ringstmeier/*Wenner,* Rn. 82; *Uhlenbruck/Lüer* § 335 Rn. 13.

[51] BGHZ 68, 16 = NJW 1977, 900; BGHZ 88, 147 = NJW 1983, 2147; *Geimer,* IZPR Rn. 3434, 3478; Reithmann/Martiny/*Hausmann,* Rn. 5661.

[52] Mohrbutter/Ringstmeier/*Wenner,* Rn. 85, 100. – Die internationale Zuständigkeit der deutschen Insolvenzgerichte für das Verfahren nach § 36 IV InsO ergibt sich aber ohne weiteres aus Art. 3 I EuInsVO o § 3 InsO.

[53] Vgl. FK/*Wenner/Schuster* Vor 335 ff. Rn. 34 ff.

[54] Zur Belegenheit im Ausland verwahrter Aktien s. *Serick,* FS Möhring, 1965, S. 127.

[55] Mohrbutter/Ringstmeier/*Wenner,* Rn. 84 f, 98 ff.; *E. Habscheid,* S. 197 ff. (ausländischer Verwalter in USA).

Es entscheidet darüber, ob und auf welche Weise dieses Vermögen dem Zugriff des deutschen Insolvenzverfahrens oder eines konkurrierenden drittstaatlichen Verfahrens unterliegt.[56]

50 Verfügt der Schuldner nach Eröffnung des Insolvenzverfahrens über Vermögensgegenstände im Ausland, so ist diese Verfügung nur dann entsprechend §§ 80, 81 InsO unwirksam, wenn und sobald der Lagestaat diese Wirkung des deutschen Insolvenzverfahrens anerkennt. Andernfalls bestimmt die lex rei sitae über die Wirksamkeit der Verfügung.[57] Gleiches gilt für sonstigen Rechtserwerb nach Verfahrenseröffnung (vgl. § 91 InsO).[58]

51 **2. Verwaltung der Masse. a)** Die Rechtsstellung des Insolvenzverwalters, seine Ernennung, Abberufung, Rechte und Pflichten, Zustimmungserfordernisse (von Gläubigerausschuss, Gläubigerversammlung oder Insolvenzgericht), seine Haftung wegen Verletzung von Pflichten und seine Vergütung[59] richten sich nach dem Recht des Eröffnungsstaates (Art. 4 II 2 lit. c, 18 I EuInsVO; § 335 InsO; → § 133 Rn. 12ff.).[60] Ein deutscher Hauptinsolvenzverwalter hat also auch in Bezug auf Auslandsvermögen grundsätzlich (nur) die ihm nach dem deutschen Insolvenzrecht zustehenden Befugnisse.[61] Zum *Nachweis dieser Befugnisse* → § 134 Rn. 76 f. Er hat die ausländische Masse in Besitz zu nehmen und zu verwerten (§§ 148, 159 InsO).[62] Dazu darf er grundsätzlich zur Masse gehörende Gegenstände aus dem Staat entfernen, in dem sie sich bei Verfahrenseröffnung befinden (Art. 18 I 2 EuInsVO; § 335 InsO). Der Insolvenzverwalter hat beispielsweise ein etwaiges Guthaben auf ausländischen Konten und andere ausländische Forderungen einzuziehen oder im Ausland verwahrte Wertpapiere zu verwerten.

52 Bestehen an den im Ausland belegenen Massegegenständen dingliche Rechte Dritter oder ein Eigentumsvorbehalt (Art. 5, 7 EuInsVO), so darf die Entfernung des belasteten Gegenstandes diese Rechte jedoch nicht beeinträchtigen.[63] Ein ausländisches Parallelinsolvenzverfahren oder dortige, entgegenstehende Sicherungsmaßnahmen sperren grds. die Durchsetzbarkeit der Befugnisse des deutschen Verwalters (vgl. Art. 18 I 1 EuInsVO). Sind im Ausland Tätigkeiten auszuüben, zu denen ein ausländischer Verwalter nur nach dortigem Insolvenzrecht befugt ist, so ist im Anwendungsbereich der EuInsVO in dem betreffenden Staat ggf ein Sekundärinsolvenzverfahren bzw. in einem Drittstaat ein dort vorgesehenes Hilfsverfahren[64] einzuleiten.

53 Bei der Verwertung von Massegegenständen (entsprechend der lex fori concursus) hat der Verwalter allerdings hinsichtlich der Art und Weise der Verwertung das Recht des Lagestaates zu beachten (Art. 18 III EuInsVO). Die lex fori concursus entscheidet etwa, ob der Verwalter einen Gegenstand freihändig veräußern kann oder öffentlich versteigern muss.[65] Die lex rei sitae bestimmt dann, wie die Veräußerung oder Versteigerung auszuführen sind.[66]

---

[56] *Jaeger/Jahr,* §§ 237–238 Anm 238.
[57] Vgl. KPB/*Paulus,* § 335 Rn. 40.
[58] Vgl. KPB/*Paulus,* § 335 Rn. 40.
[59] Vgl. hierzu insbesondere *Mock* ZInsO 2012, 2245.
[60] Vgl. *Eidenmüller* ZZP 114 (2001), 3.
[61] AA *Prütting* ZIP 1996, 1277, 1280 f.; wie hier wohl auch Nerlich/Römermann/*Nerlich,* Art. 4 EuInsVO Rn. 32.
[62] BGHZ 88, 147, 150 f. = NJW 1983, 2147.
[63] Mohrbutter/Ringstmeier/*Wenner,* Rn. 90; MüKoBGB/*Kindler,* Art. 18 Rn. 10; aA *Herchen,* S. 152. (gegen Zulässigkeit der Entfernung des Gegenstandes selbst).
[64] Vgl. etwa Chapter 15 des United States Bankruptcy Codes.
[65] AA *Haas,* FS Gerhardt, S. 338 (freihändige Veräußerung kein Verwertungsverfahren iSv Art. 18 EuInsVO).
[66] Leible/*Staudinger* KTS 2000, 533, 562; BerlK-*Pannen,* Art. 18 Rn. 6.

Innerhalb der EU darf der Verwalter im Ausland keine Zwangsmittel anwenden, **54** selbst wenn er nach seinem Heimatrecht entsprechende Befugnisse hätte (Art. 18 III 3 EuInsVO).

b) Überlässt der Schuldner dem Verwalter das Auslandsvermögen nicht freiwillig, so **55** kann dieser versuchen, den Eröffnungsbeschluss im Ausland für vollstreckbar erklären zu lassen und dann nach den ausländischen Regeln die Herausgabevollstreckung zu betreiben (vgl. § 148 II InsO). Ob der deutsche Eröffnungsbeschluss im Ausland vollstreckbar erklärt wird, erscheint wegen der Unbestimmtheit des Eröffnungsbeschlusses hinsichtlich der Herausgabepflicht und mangels einer genauen Bezeichnung des Vollstreckungsgegenstandes zweifelhaft.[67] In der umgekehrten Konstellation sieht der deutsche Gesetzgeber nach Maßgabe des Art. 102 § 8 I EGInsO und in erweiternder Auslegung des Art. 25 I Unterabs 1 EuInsVO den Eröffnungsbeschluss eines EU-Mitgliedstaates allerdings als einen geeigneten Vollstreckungstitel an.

c) Der deutsche Insolvenzverwalter hat mit seiner Verfügungsbefugnis auch die *Prozessführungsbefugnis* für Aktiv- und Passivprozesse vor einem ausländischen Gericht. Allerdings hängt es vom ausländischen Prozessrecht ab, ob und auf welche Weise der deutsche Insolvenzverwalter tatsächlich zur Prozessführung zugelassen wird. **56**

Der deutsche Verwalter darf die im deutschen Verfahren angemeldeten Forderungen **57** für die Gläubiger als deren Vertreter auch in einem ausländischen Verfahren anmelden (Art. 32 II EuInsVO; § 341 II InsO) und in dortigen Gläubigerversammlungen für den Gläubiger, vorbehaltlich dessen eigener Teilnahme oder anderweitiger Bestimmung, das Stimmrecht ausüben (Art. 32 II EuInsVO; § 341 InsO). Für Forderungsanmeldungen in ausländischen Insolvenzverfahren und dortige Teilnahme an Gläubigerversammlungen empfiehlt sich ungeachtet des § 341 III InsO eine zusätzliche Vollmacht des Gläubigers, deren formale Anforderungen die ausländische lex fori concursus bestimmt.

d) Soweit einem Insolvenzverwalter nach dem Recht eines anderen Staates verwehrt **58** ist, in seiner amtlichen Eigenschaft auf dort belegenes Schuldnervermögen zuzugreifen, kann der Schuldner über dieses Vermögen verfügen, solange dort kein weiteres Insolvenzverfahren eröffnet wird.[68] Der Verwalter kann dann versuchen, sein Ziel ohne Rechtshilfe ausländischer Stellen mittelbar auf *zivilrechtlichem Wege* zu erreichen. In Betracht kommt insoweit das Zusammenwirken mit einem Gläubiger oder mit dem in diesem Staat noch verfügungsbefugten Schuldner.

Im Rahmen seiner Mitwirkungspflicht (§ 97 InsO) ist der Schuldner zudem ver- **59** pflichtet, dem Verwalter eine ordnungsgemäße *Vollmachtsurkunde* zur Verfügung über das Auslandsvermögen oder die *Genehmigung* zur Einziehung des in einem anderen Staat belegenen Vermögens zu erteilen[69] oder das Vermögen auf den Verwalter oder eine Vertrauensperson zu übertragen. Einige Staaten, zB Dänemark und Finnland, lassen ein solches Vorgehen zu, andere wie beispielsweise die Schweiz[70] könnten darin einen Missbrauch oder eine Umgehung des von ihnen befolgten Territorialitätsprinzips sehen.

Erteilt der Schuldner keine Vollmacht, kann der Verwalter ihn (auf Grund der §§ 97, **60** 98 InsO) auf deren Abgabe im ordentlichen Rechtsweg verklagen[71] und das Urteil dann

---

[67] Mohrbutter/Ringstmeier/*Wenner*, Rn. 92.
[68] Vgl. Mohrbutter/Ringstmeier/*Wenner*, Rn. 98 („Ohnmacht" des Insolvenzverwalters).
[69] BGH NZI 2004, 21 (*Uhlenbruck*); OLG Koblenz IPRax 1994, 370 (dazu *Hanisch*, S. 351); OLG Köln ZIP 1986, 658; *E. Habscheid*, S. 473; *Trunk*, S. 157f.; FK/*Wenner/Schuster*, Vor 335ff. Rn. 34; *Hess*, Art. 102 Rn. 131; Reithmann/Martiny/*Hausmann*, Rn. 5663f.; Mohrbutter/Ringstmeier/*Wenner*, Rn. 102; Uhlenbruck/*Lüer*, § 335 Rn. 37.
[70] Vgl. *Staehelin* FS Spühler, S. 407, 415.
[71] Mohrbutter/Ringstmeier/*Wenner*, Rn. 102, 105; Uhlenbruck/*Lüer*, § 335 Rn. 38.

im Ausland für vollstreckbar erklären lassen.[72] Da § 894 ZPO als „Vollstreckung" keine unmittelbare grenzüberschreitende Wirkung hat, ist der Erfolg dieses Vorgehens freilich zweifelhaft.

61 Ferner, ggf auch kumulativ,[73] kann der Schuldner nach deutschem Insolvenzrecht zu einer Mitwirkung bei der Herbeischaffung seines Auslandsvermögens, auch durch Zwangsmittel, angehalten werden.[74] Erzwungene Vollmachten, Abtretungen etc werden aber in anderen Ländern vielfach nicht als wirksam anerkannt. Gegen die Anwendung gerichtlicher Zwangsmittel gegen den Schuldner im Inland, um einen bestimmten Erfolg im Ausland herbeizuführen, bestehen völkerrechtlich jedoch keine Bedenken.[75]

62 Schließlich kann der Verwalter mit einem *Gläubiger* vereinbaren, dass dieser seine Rechte im Ausland verfolgt und den Erlös nach Abzug seiner Kosten an die inländische Masse abliefert.[76] Dabei kann dem Gläubiger als Sondervergütung auch eine „Erfolgsprämie" zusätzlich zur allgemeinen Quote gewährt werden.

63 Derartige „privatrechtliche" Bemühungen des Insolvenzverwalters, in Verwirklichung der Zielsetzung des § 148 InsO das Auslandsvermögen unter seine Kontrolle zu bekommen, können aber vom Schuldner durch Obstruktion, von kooperationsunwilligen Auslandsgläubigern durch Vollstreckungsmaßnahmen, insb Arreste, unterlaufen werden, sofern das Recht des Belegenheitsstaates diese Rechtsverfolgung (noch) zulässt.

64 **3. Leistungen an den Schuldner.** Leistungen an den Schuldner, über dessen Vermögen in einem anderen Staat ein Insolvenzverfahren mit der Folge eröffnet wurde, dass nur an den Verwalter geleistet werden kann, befreien, solange der Leistende die Verfahrenseröffnung nicht positiv kannte (Art. 24 I EuInsVO; § 350 InsO; zur Sonderregelung des § 349 InsO → § 133 Rn. 64).[77] Solange die Eröffnung im Staat der Leistung[78] (!) nicht öffentlich bekannt gemacht war, wird Unkenntnis vermutet. Bei einer Leistung nach der Bekanntmachung wird die Kenntnis (widerleglich) vermutet (Art. 24 II EuInsVO; § 350 S. 2 InsO).[79] Daher sollte der inländische Verwalter in anderen Staaten, wo er Massegegenstände vermutet, baldmöglichst die Verfahrenseröffnung öffentlich bekannt machen lassen, sofern dies nach einer Abwägung der damit verbundenen Kosten[80] opportun erscheint. Mangels eines zentralen europäischen Insolvenzregisters[81] muss der Verwalter zu diesem Zwecke die Veröffentlichungspraktiken in diesen Staaten ermitteln (vgl. Art. 102 § 5 I EGInsO). Ausländische Drittschuldner sollten nach Maßgabe der Schuldnerunterlagen direkt und ggf zusätzlich informiert und zur Zahlung unmittelbar an die Insolvenzmasse aufgefordert werden. Hat der Schuldner bereits im Eröffnungsverfahren seine Empfangszuständigkeit verloren, gilt der Schutz des Art. 24 EuInsVO insoweit entsprechend.[82]

65 **4. Wirkungen auf anhängige Zivilverfahren und Vollstreckungen. a)** *Unterbrechung anhängiger Verfahren.* Nach deutschem Recht werden *inländische Zivilverfahren* mit Eröffnung eines deutschen Insolvenzverfahrens *unterbrochen*, § 240 ZPO. Soweit diese

---

[72] LG Köln ZIP 1997, 2161; vgl. *Geimer*, IZPR Rn. 3480; KPB/*Paulus*, § 335 Rn. 37. Schwierigkeiten ergeben sich aber, wenn man die Vollmacht dem Recht des Gebrauchsortes unterstellt, vgl. *Spennemann*, S. 121.
[73] Vgl. LG Köln ZIP 1997, 2161.
[74] Mohrbutter/Ringstmeier/*Wenner*, Rn. 104.
[75] *Geimer*, IZPR Rn. 400 ff.
[76] Mohrbutter/Ringstmeier/*Wenner*, Rn. 107; FK/*Wenner*/*Schuster*, Vor §§ 335 ff. Rn. 35; Uhlenbruck/*Lüer*, § 335 Rn. 40; *Geimer*, IZPR Rn. 3485.
[77] Vgl. D-K/D/C-*Duursma-Kepplinger*/*Chalupsky*, Art. 24 Rn. 5.
[78] Kritisch *Reinhart* NZI 2009, 201, 203 („selbstgerechte Sachnorm").
[79] Vgl. D-K/D/C-*Duursma-Kepplinger*/*Chalupsky*, Art. 24 Rn. 16 ff.
[80] MüKoBGB/*Kindler*, Art. 21 Rn. 6 und Art. 24 Rn. 5.
[81] Zur geplanten Schaffung eines solchen Registers im Rahmen der Reform der EuInsVO vgl. *Prager*/*Keller* NZI 2013, 57, 62.
[82] Ebenso *Reinhart*, NZI 2009, 201, 203; dem folgend K. Schmidt/*Brinkmann*, InsO, Art. 24 EuInsVO Rn. 2.

Wirkung eintritt, erlischt auch eine vom Schuldner erteilte Prozessvollmacht (§ 117 I InsO). Nach seinem Sinn und Zweck erfasst § 240 ZPO auch inländische Verfahren zur Vollstreckbarerklärung ausländischer Entscheidungen.[83] Für inländische Schiedsgerichte gilt § 240 ZPO nicht, doch kann das Schiedsgericht sein Verfahren nach seinem Ermessen unterbrechen.[84] Ob ausländische Schiedsverfahren durch ein inländisches Insolvenzverfahren unterbrochen werden, beurteilt sich nach der jeweiligen lex fori processus.[85]

66 Schiedsverfahren sind von Art. 15 EuInsVO nach bislang wohl hM nicht erfasst.[86] Nach dem Vorschlag der Europäischen Kommission zur *Reform der EuInsVO* soll Art. 15 EuInsVO um eine Regelung ergänzt werden, wonach sich die Wirkung der Insolvenzeröffnung auf anhängige Schiedsverfahren nach dem Recht des Staates bemisst, in dem das Schiedsgericht seinen Sitz hat.

67 Die Eröffnung eines ausländischen Insolvenzverfahrens unterbricht im Inland anhängige Rechtsstreite gem. § 352 I InsO. Diese Regel gilt einheitlich für Verfahren, die in einem EU-Staat oder einem Drittstaat eröffnet worden sind. Inwieweit umgekehrt derartige Wirkungen bei einer deutschen Insolvenzeröffnung *im Ausland* eintreten, richtet sich im Anwendungsbereich der EuInsVO gem. Art. 15 EuInsVO *nach dem ausländischen Prozessrecht* des Staates, in dem der Prozess anhängig ist.[87] Art. 15 EuInsVO soll bereits ab Anhängigkeit des Verfahrens (vgl. dazu Art. 30 EuGVVO) gelten.[88] Die Klage muss aber zugestellt werden.

68 **b)** *Vis attractiva concursus.* Die InsO kennt – abgesehen vom Feststellungsstreit (→ Rn. 97) – *keine Zuständigkeitskonzentration* für insolvenzbezogene Verfahren. § 19a ZPO iVm § 4 InsO begründet nach bisherigem Verständnis des BGH lediglich einen Gerichtsstand für Klagen gegen die Insolvenzmasse.[89] Die Zuständigkeit für Klagen des Insolvenzverwalters gegen Dritte oder für Klagen gegen den Insolvenzverwalter würde sich damit nach den allgemeinen Vorschriften bestimmen.[90] Im Anwendungsbereich der EuInsVO besteht jedoch in analoger Anwendung des Art. 3 EuInsVO eine ausschließliche internationale Entscheidungszuständigkeit für Anfechtungsklagen (→ § 131 Rn. 98 f.). Zutreffender Weise wird man dies auszudehnen haben auf alle anderen Rechtsstreitigkeiten, die *unmittelbar auf Grund des Insolvenzverfahrens ergehen und in engem Zusammenhang damit stehen* (vgl. Art. 25 I Unterabs 2 EuInsVO).

69 Wird der Vorschlag der Europäischen Kommission für die Reform der EuInsVO Gesetz, ergibt sich die internationale Zuständigkeit für Annexverfahren künftig aus Art. 3a EuInsVO. Mit der Schaffung dieses Gerichtsstands ist der Streit darüber, was ein Annexverfahren ist und was nicht, freilich noch nicht beseitigt. → § 131 Rn. 107 ff. Die örtliche Zuständigkeit für Annexverfahren folgt (nicht aus der EuInsVO, sondern) aus den Vorschriften der ZPO. In den seltenen Fällen des Gerichtsstandsmangels besteht analog § 19a ZPO die örtliche Zuständigkeit der Gerichte am Sitz des Insolvenzgerichts. Zur Anerkennung der vis attractiva in anderen Staaten → § 134 Rn. 70.

---

[83] BGH NZI 2008, 681; *Trunk*, S. 214 f.; aA OLG Saarbrücken ZIP 1994, 1609 (dazu *Mankowski* ZIP 1994, 1577); *Hess*, Art. 102 Rn. 135; *Häsemeyer*, Rn. 35.17 d. – Zum Kostenfestsetzungsverfahren OLG Köln FamRZ 2012, 1669.

[84] *Trunk*, S. 148 ff.; vgl. OLG Dresden SchiedsVZ 2005, 159 ff.; weitere Nachweise bei *Flecke-Giammarco/Keller* NZI 2012, 529, 530.

[85] MüKoInsO/*Reinhart*, § 335 Rn. 78.

[86] Vgl. dazu Pannen-*Dammann*, EuInsVO, Art. 15 Rn. 8; ausführlich *Flecke-Giammarco/Keller* NZI 2014, 529; aA Cort of Appeal ZIP 2010, 2530; MüKoInsO/*Reinhart*, Art. 15 Rn. 4; *Nagel/Gottwald* § 20 Rn. 83.

[87] Vgl. *S. Rugullis*, Litispendenz im Europäischen Insolvenzrecht, 2002; krit *Smid*, Kap 4 Rn. 62 ff.

[88] *J. Kemper* ZIP 2001, 1609, 1615; BerlK-*Pannen*, Art. 15 Rn. 4; *Leible/Staudinger* KTS 2000, 533, 558 Fn. 188.

[89] BGH NJW 2003, 2916; aA MüKoBGB/*Kindler*, § 339 Rn. 8 („erweiternde Auslegung") für die Insolvenzanfechtungsklage.

[90] *Geimer*, IZPR Rn. 3408 a.

70 **c)** *Vollstreckungsverbot.* Die lex fori concursus regelt, wie sich die Eröffnung des Insolvenzverfahrens auf Rechtsverfolgungsmaßnahmen einzelner Gläubiger auswirkt (Art. 4 II 2 lit f EuInsVO; § 335 InsO). Dementsprechend sind inländische *Vollstreckungen* während der Dauer des Insolvenzverfahrens weder in die Insolvenzmasse noch in das sonstige Vermögen des Schuldners zulässig, § 89 I InsO. Zur Gleichbehandlung der Gläubiger ist dem Vollstreckungsverbot des § 89 I InsO weltweite Sollgeltung beizumessen.[91] Freilich entscheidet der ausländische Vollstreckungsstaat selbst über die Anerkennung des deutschen Verfahrens und seines Vollstreckungsverbots.

71 Zu den Beschränkungen der Rechtsverfolgungsmaßnahmen, die weltweite Wirkung beanspruchen, gehört auch die sog *Rückschlagsperre* des § 88 InsO. Alle im letzten Monat vor der Stellung des Insolvenzantrags oder später zwangsweise erlangten Sicherungen werden danach mit Verfahrenseröffnung unwirksam. Nach Art. 4 II 2 lit f, 16, 17 EuInsVO wird diese Wirkung in den anderen EU-Mitgliedsstaaten anerkannt.[92] Ob sie auch in Drittstaaten respektiert wird, ist nicht gesichert.

72 **d)** *Ablieferungspflicht des im Ausland Erlangten.* Soweit das Ausland die Einzelrechtsverfolgung und -vollstreckung in massezugehörige Vermögensgegenstände trotz des deutschen Hauptverfahrens zulässt, trifft den Gläubiger grds eine *Ablieferungspflicht.* Gem. den Sachnormen der Art. 20 I EuInsVO bzw. § 342 I InsO in Verbindung mit den Rechtsfolgen einer ungerechtfertigten Bereicherung[93] hat der Gläubiger die im Ausland nach Eröffnung des deutschen Verfahrens erlangten Vermögenswerte des Insolvenzschuldners zzgl Zinsen und Nutzungen an den Insolvenzverwalter herauszugeben.[94] Diese Ablieferungspflicht trifft den Gläubiger selbst dann, wenn er seine Forderung im inländischen Insolvenzverfahren nicht geltend machen will. Ist das Erlangte nicht mehr vorhanden, schuldet der Gläubiger Wertersatz; ein Entreicherungseinwand steht ihm nicht zu. Ein darüber hinausgehender, aus Art. 20 EuInsVO ableitbarer Schadensersatzanspruch besteht nicht.[95] Allerdings ergibt sich aus der Ablieferungspflicht ein Unterlassungsanspruch des Verwalters gegen den Gläubiger, der im Ausland eine Klage oder gar Zwangsvollstreckungsmaßnahmen gegen den Schuldner anstrengt.[96]

73 Die Herausgabepflicht trifft den Gläubiger auch, wenn er nach der deutschen Verfahrenseröffnung aus ausländischem Schuldnervermögen entgegen § 81 InsO durch Leistung des Schuldners oder in sonstiger Weise, dh in den Fällen des § 91 InsO, etwas erlangt hat, ohne dass dieser Erwerbsvorgang einer insolvenzrechtlichen Rechtfertigung unterliegt. Eine solche Rechtfertigung wäre etwa im Falle des gutgläubigen Erwerbs bei Immobilienvermögen oder aufgrund einer ausländischen Vormerkung denkbar.

74 Wird vor Durchsetzung des Herausgabeanspruchs in dem Mitgliedstaat, in welchem der Gläubiger den Mittelpunkt seiner hauptsächlichen Interessen hat (vgl. Art. 2 lit. g EuInsVO), ein Sekundärverfahren über das Vermögen des Schuldners eröffnet, gehört der Herausgabeanspruch zur dortigen Insolvenzmasse.[97] Der Hauptverwalter hat dem Sekundärverwalter die entsprechenden Informationen zu liefern.

75 Auf Verlangen hat der Gläubiger dem Insolvenzverwalter *Auskunft* über das Erlangte zu geben, § 342 III InsO. Diese Ergänzung gilt nach hM auch für deutsche Hauptver-

---

[91] *Trunk,* S. 146 ff.; KPB/*Paulus,* § 335 Rn. 41.
[92] *Paulus* NZI 2001, 505, 511.
[93] Der Herausgabeanspruch gem. Art. 20 I EuInsVO ist gemeinschaftsrechtlich autonom zu bestimmen. Die direkte Anwendung des § 818 BGB scheidet aus; ebenso K. Schmidt/*Brinkmann,* InsO, Art. 20 EuInsVO Rn. 8; aA *Paulus,* EuInsVO, Art. 20 Rn. 9.
[94] Vgl. schon BGHZ 88, 147 = NJW 1983, 2147; *Häsemeyer,* Rn. 35.17a; KPB/*Paulus,* § 335 Rn. 39; HK/*Stephan,* § 342 Rn. 9 f.
[95] D-K/D/Ch-*Duursma-Kepplinger/Chalupsky,* EuInsVO, Art. 20 Rn. 24; MüKoBGB/*Kindler,* Art. 20 Rn. 16.
[96] Ausführlich K. Schmidt/*Brinkmann,* InsO, § 342 Rn. 11; aA MüKoInsO/*Reinhart,* InsO, § 342 Rn. 17.
[97] Ähnlich Pannen-*Riedemann,* EuInsVO, Art. 20 Rn. 18 („Rechtsnachfolge").

fahren im Anwendungsbereich der EuInsVO.[98] Die Gegenansicht kann das Informationsdefizit allenfalls durch Kommunikation unter den beteiligten Insolvenzverwaltern (Art. 31 EuInsVO) ausgleichen, setzt dabei jedoch stillschweigend voraus, dass der Gläubiger in allen Parallelverfahren den identischen Forderungsbetrag angemeldet hat.

Im Einzelfall kann zusätzlich ein Anspruch wegen vorsätzlicher sittenwidriger Schädigung der Gläubigergemeinschaft nach § 826 BGB in Betracht kommen.[99] Dagegen scheidet ein Anspruch gem. § 823 II BGB iVm § 89 InsO aus, da das Vollstreckungsverbot des § 89 InsO zwar weltweit wirken will (→ Rn. 41), aber unmittelbar nur Inlandswirkung hat[100] und sich die Rechtmäßigkeit der Zwangsvollstreckung nach dem Recht des Vollstreckungsstaates beurteilt.[101] Von der Frage der Rechtmäßigkeit einer Zwangsvollstreckung ist die Frage abzugrenzen, ob der Rechtserwerb insolvenzrechtlich beständig bleibt. Hierüber entscheidet das anwendbare Insolvenzrecht. Allerdings kann der Anspruch mit der an den Gläubiger zu zahlenden Quote verrechnet werden. 76

Der Herausgabeanspruch ist nicht auf inländische Gläubiger beschränkt. Der Gleichbehandlungsgrundsatz erfordert vielmehr, den Herausgabeanspruch auch *gegen ausländische Insolvenzgläubiger* zuzubilligen.[102] Ein Gerichtsverfahren hierüber stellt ein Annexverfahren iSd Art. 25 I Unterabs 2 EuInsVO dar, für welches sich die internationale Zuständigkeit aus Art. 3 EuInsVO analog – künftig Art. 3a KE-EuInsVO – ergibt (→ § 131 Rn. 107 ff.). 77

Die Herausgabepflicht besteht allerdings nicht, soweit sich der Gläubiger aus dinglichen Rechten (Art. 5 EuInsVO) oder seinem vorbehaltenen Eigentum (Art. 7 EuInsVO) befriedigt. Bei der Verwertung von Sicherheiten ist nur der Erlös abzuliefern, der die gesicherte Forderung übersteigt.[103] Diese aus dem Wortlaut des Art. 20 EuInsVO unmittelbar hervorgehende Einschränkung lässt sich verallgemeinern: Ein Herausgabeanspruch besteht nicht, wenn die Befriedigung des Einzelgläubigers in Übereinstimmung mit den sonstigen Wertungen erfolgte, wenn insbesondere die Position des Gläubigers ohnehin dem Schutz der Art. 5 ff. EuInsVO untersteht. 78

Erhält der Gläubiger eine Befriedigung in einem ausländischen Insolvenzverfahren, so scheidet eine Ablieferungspflicht gem. § 342 II InsO aus.[104] Hiergegen wird eingewandt, die Gläubigergleichbehandlung werde nur unvollkommen verwirklicht.[105] Indes kann eine sinnvolle Arbeitsteilung bei einer Verfahrensmehrheit nur erreicht werden, wenn die einzelnen Verfahren als Hoheitsakte des jeweiligen Staates beachtet werden. Zwar wird damit partiell vom Prinzip der Verfahrenseinheit abgewichen und ein System paralleler Insolvenzverfahren akzeptiert. Aber ein Mehr an Einheit ist in einem System mit vorbehaltenen Sekundär- oder gesonderten Verfahren allseitig nicht erreichbar. Zutreffenderweise müssen bei Insolvenzverfahren im Anwendungsbereich der EuInsVO auch die in drittstaatlichen Verfahren erlangten Erlöse angerechnet werden.[106] 79

e) *Anrechnung auf die Quote.* Soweit der Gläubiger eine Befriedigung erlangt hat, ist sie in jedem Fall *auf Verteilungen anzurechnen.* Der Gläubiger, der im Ausland eine Son- 80

---

[98] Ebenso MüKoBGB/*Kindler*, § 342 Rn. 12; Geimer/Schütze-*Gruber*, Art. 20 EuInsVO Rn. 15; differenzierend MüKoInsO/*Reinhart*, Art. 20 EuInsVO Rn. 21; dem folgend K. Schmidt/*Brinkmann*, InsO, Art. 20 EuInsVO Rn. 12 ff.
[99] OLG Köln ZIP 1998, 113; Mohrbutter/Ringstmeier/*Wenner*, Rn. 106.
[100] AA Mohrbutter/Ringstmeier/*Wenner*, Rn. 113 f.
[101] *Staudinger/v. Hoffmann*, 14. Art. 40 EGBGB Rn. 287.
[102] *Häsemeyer*, Rn. 35.17a; *E. Habscheid*, S. 475; Mohrbutter/Ringstmeier/*Wenner*, Rn. 108 ff.
[103] BerlK-*Pannen*, Art. 20 Rn. 4; iE wie hier K. Schmidt/*Brinkmann*, InsO, § 342 Rn. 8 Ablieferungspflicht, wenn Befriedigung nicht im Einklang mit den haftungsrechtlichen Befriedigungsregeln; *ders.*, Art. 20 EuInsVO Rn. 6 f.
[104] Vgl. OLG Köln ZIP 1989, 321; HK/*Stephan*, § 342 Rn. 12 f.; krit *Geimer*, IZPR Rn. 3405.
[105] Mohrbutter/Ringstmeier/*Wenner*, Rn. 134.
[106] *Haubold*, in: Gebauer/Wiedmann, Rn. 181.

derbefriedigung, gleichgültig in welcher Weise, erlangt hat, wird daher bei einer inländischen Verteilung erst berücksichtigt, wenn die übrigen Gläubiger mit ihm gleichgestellt sind (Art. 20 II EuInsVO; § 342 II 2 InsO). Art. 32 I EuInsVO und § 341 I InsO sehen ausdrücklich vor, dass ein Gläubiger seine Forderung in jedem Verfahren anmelden darf; anzugeben ist neben dem noch offenen Betrag jeweils die ursprüngliche Forderung, wie sie im Zeitpunkt der ersten Verfahrenseröffnung bestand oder ohne bereits erfolgte Herausgabe von Vorabbefriedigungen bestanden hätte. Um dies zu überprüfen, bedarf es einer Abstimmung zwischen den Verwaltern aller Parallelverfahren. Im Ergebnis darf der Gläubiger nicht mehr als volle Befriedigung seiner Forderung erhalten. Bei nachfolgenden Verteilungen wird ein Gläubiger erst berücksichtigt, wenn gleichrangige Forderungen zum gleichen Prozentsatz befriedigt sind, wobei die jeweilige lex fori concursus über den Rang entscheidet.[107] → Rn. 102 ff.

81 **f)** *Untersagung der Rechtsverfolgung im Ausland.* Manche Autoren wollen dem Insolvenzverwalter gem. §§ 823, 826, 249 BGB das Recht zubilligen, dem Gläubiger die Rechtsverfolgung im Ausland durch einstweilige Unterlassungsverfügung untersagen zu lassen.[108] Eine solche Anordnung greift (zumindest in der EU)[109] unzulässig in die Tätigkeit des ausländischen Gerichts ein, so dass die hM bisher die Zulässigkeit solcher sog *antisuit injunction* verneint.[110]

82 **5. Mitwirkungspflichten des Schuldners, Postsperre. a)** Nach den §§ 97, 98 InsO ist der Schuldner verpflichtet, über alle das Verfahren betreffenden Verhältnisse *Auskunft* zu geben; er muss dem Gericht jederzeit zur Verfügung stehen, um seine Auskunfts- und Mitwirkungspflichten zu erfüllen. Notfalls kann das Gericht ihn zwangsweise vorführen und in Haft nehmen lassen.

83 Auskunfts- und Mitwirkungspflichten des Schuldners beziehen sich auch auf das Auslandsvermögen,[111] ggf. hat der Schuldner dem Verwalter Vollmacht zu erteilen, damit dieser Auskünfte erlangen und eine Verwertung veranlassen kann (→ Rn. 59 f.).

84 *Zwangsbefugnisse* kann das Gericht freilich nur ausüben, wenn der Schuldner sich im Inland aufhält. Andernfalls kann das Insolvenzgericht lediglich die Rechtshilfe des ausländischen Staates in Anspruch nehmen.[112] Ob diese gewährt wird, erscheint zweifelhaft. Nach Art. 25 III EuInsVO sind die EU-Mitgliedsstaaten nicht verpflichtet, Entscheidungen, die die persönliche Freiheit des Schuldners einschränken, anzuerkennen und zu vollstrecken. Art. 25 III EuInsVO soll im Zuge der *Reform der EuInsVO* ersatzlos gestrichen werden.

85 **b)** Ähnliche Probleme stellen sich für die *Postsperre* nach § 99 InsO, wenn der Schuldner bzw. das organschaftliche Vertretungsorgan eines Schuldners, der nicht natürliche Person ist, seinen Wohnsitz oder seinen Aufenthalt im Ausland hat.

86 Eine gesetzliche Regelung besteht nicht. Man wird aber davon ausgehen können, dass der Verwalter auch in anderen Staaten, die grundsätzlich Verwaltungsbefugnisse eines ausländischen Insolvenzverwalters anerkennen, beantragen kann, dass für den Insolvenzschuldner bzw. seinen gesetzlichen Vertreter bestimmte Sendungen an ihn ausgefolgt werden.[113]

---

[107] Vgl. *Virgós/Schmit*, Nr 175; *Pannen/Riedemann/Kühnle* NZI 2002, 303.
[108] Ausführlich Mohrbutter/Ringstmeier/*Wenner*, Rn. 116 f.; *Schröder*, FS Kegel, 1987, S. 523, 539; *Pfeiffer*, Intern Zuständigkeit, 1995, S. 766 ff.; *Trunk*, S. 159.
[109] Vgl. EuGH RIW 2004, 541; dazu *Krause* RIW 2004, 533.
[110] Vgl. *Nagel/Gottwald*, § 6 Rn. 301 ff.; *Schack*, IZVR Rn. 860 ff.
[111] *E. Habscheid*, S. 473; *Geimer*, IZPR Rn. 3397 f.; FK/*Wenner/Schuster*, Vor §§ 335 ff. Rn. 34; Mohrbutter/Ringstmeier/*Wenner*, Rn. 101.
[112] *Trunk*, S. 156.
[113] *Paulus* NZI 2001, 505, 511. In der Tat hat so der High Court of London entschieden, dazu *Prager/Keller* NZI 2012, 829 ff.

6. Anmeldung, Feststellung und Rang von Insolvenzforderungen. a) *Anmelde-* 87
recht. Nach Art. 32 I EuInsVO und § 341 I InsO kann jeder in- oder ausländische
Gläubiger (§ 38 InsO) seine Forderung im Hauptverfahren und in jedem Sekundärverfahren anmelden. Mehrfachanmeldungen sind daher zulässig.[114]

Soweit Mehrfachanmeldungen auch unter Kostengesichtspunkten wirtschaftlich 88
zweckmäßig erscheinen, sind die beteiligten Verwalter dazu nicht nur berechtigt (§ 341
II 1 InsO), sondern verpflichtet.[115] Richtiger Ansicht zufolge bezieht sich eine solche
Pflicht nur auf die vom Verwalter als berechtigt anerkannten Forderungen.[116] Will der
deutsche Verwalter von einer Anmeldung in ausländischen Parallelverfahren absehen,
sollte er zur Haftungsvermeidung gem. § 60 InsO die Gläubiger hiervon in Kenntnis
setzen. Nach § 87 InsO können Insolvenzgläubiger ihre Forderungen nur durch Anmeldung zur Tabelle (§§ 174 ff. InsO) im Verfahren verfolgen. Soweit es sich um Forderungen des Privatrechts handelt, ist das Teilnahmerecht zweifelsfrei. Auf eine Gegenseitigkeit
(Beteiligung deutscher Gläubiger im entsprechenden Drittstaat) kommt es nicht an.

Ob eine Forderung als *Insolvenzforderung* zu qualifizieren ist, richtet sich im Inland 89
ausschließlich nach den §§ 38–40 InsO. Forderungen mit Vorrang gibt es danach (abgesehen von Krediten gem. § 264 InsO) nicht (mehr); ein ausländischer Vorrang ist
irrelevant. Zinsansprüche ab Verfahrenseröffnung sind nur nachrangig (§ 39 I Nr 1
InsO) zu befriedigen; ein Zinsstopp nach der lex causae ist nicht zu berücksichtigen.[117]
Nachrangig (vgl. auch § 174 III InsO) sind aufgrund insolvenzrechtlicher Qualifikation (→ § 133 Rn. 120) die Forderungen aus Gesellschafterdarlehen und ihnen gleichzustellenden Forderungen (vgl. § 39 I Nr 5, IV, V InsO), selbst wenn der Insolvenzschuldner eine nach ausländischem Recht gegründete Kapitalgesellschaft sein sollte,
welches eine dem deutschen Recht vergleichbare Behandlung der Gesellschafterforderungen nicht kennt.[118] Art. 13 EuInsVO/§ 339 InsO sind nicht analog anwendbar. Das
deutsche Insolvenzrecht entscheidet darüber, ob ein (nach dem maßgeblichen Sachstatut begründeter) Anspruch als *Masseverbindlichkeit* iS der §§ 53–55 InsO vorweg aus der
Masse zu berichtigen ist oder nicht. Für die Einordnung als Insolvenzforderung ist es
gleichgültig, welchem Recht das Schuldverhältnis unterliegt, aus dem der Anspruch
hergeleitet wird. Die lex causae entscheidet aber darüber, ob eine Forderung besteht.

Hat bereits ein ausländischer Insolvenzverwalter die Forderung als berechtigt aner- 90
kannt oder war die Forderung schon vor der Insolvenz tituliert, entbindet dies den
deutschen Insolvenzverwalter grds nicht von einer nochmaligen Prüfung.[119]

Forderungen auf Zahlungen in *ausländischer Währung* sind gem. § 45 S. 2 InsO nach 91
dem Kurswert zZ der Verfahrenseröffnung am Zahlungsort in inländische Währung
umzurechnen.[120] Kommt es zu einem Insolvenzplan, in dem der Schuldner den Gläubigern eine anteilige Befriedigung in Geld verspricht, so ist im Zweifel anzunehmen, dass
die Forderung endgültig in eine inländische Geldforderung umgewandelt ist.[121]

---

[114] Vgl. HK/*Stephan*, § 341 Rn. 3.
[115] Ausführlich Pannen-*Herchen*, EuInsVO, Art. 32 Rn. 20 ff.; MüKoBGB/*Kindler* § 358 InsO Rn. 2; aA HK/*Stephan*, § 341 Rn. 5; MüKoInsO/*Reinhart*, § 341 Rn. 15 f.
[116] Pannen-*Herchen*, EuInsVO, Art. 32 Rn. 30.
[117] *Trunk*, S. 204.
[118] Zum vormaligen Eigenkapitalersatzrecht *Haas* NZI 2002, 457, 466; v Gerkan/Hommelhoff/*ders.*, Rn. 15.18; MüKoBGB/*Kindler*, Art. 4 Rn. 9; IntGesR, Rn. 709 ff.; differenzierend zB *Fischer* ZIP 2004, 1911, 1912; Lutter/*Huber*, S. 131, 141; Pannen-*Pannen/Riedemann*, EuInsVO, Art. 4 Rn. 90 ff.; aA (gesellschaftsrechtliche Qualifikation) zB *H. F. Müller* NZG 2003, 414, 417; Hirte/Bücker-*Mock/Schildt*, § 117 Rn. 115; Hirte/Bücker-*Forsthoff/Schulz*, § 16 Rn. 41 ff.
[119] Ausführlich *Kodek* ZInsO 2011, 889 ff.; *Paulus*, EuInsVO, Art. 32 Rn. 12; Einzelheiten bei Pannen-*Herchen*, EuInsVO, Art. 32 Rn. 31 ff. (teilweise aA).
[120] Vgl. BGHZ 108, 123, 128 = NJW 1989, 3155; *K. Schmidt*, FS Merz, 1992, S. 533; *Hanisch* ZIP 1988, 341; *Arend* ZIP 1988, 69; Mohrbutter/Ringstmeier/*Wenner*, Rn. 155.
[121] BGHZ 108, 123 = NJW 1989, 3155, 3157 f.; *Trunk*, S. 231.

92 Nach Art. 39 EuInsVO können auch *Steuerbehörden* und *Sozialversicherungsträger* aus anderen EU-Mitgliedsstaaten ihre Forderungen in einem (deutschen) Insolvenzverfahren schriftlich anmelden. In erweiternder Auslegung erfasst die Vorschrift sämtliche Forderungen der öffentlichen Hand.[122]

93 Dem Fiskus von Drittstaaten wird dagegen kein Teilnahmerecht zugestanden.[123] Auch *Sozialversicherungsträger* aus Drittstaaten sind nicht teilnahmeberechtigt, soweit nichts anderes staatsvertraglich vereinbart ist.[124] Dies sollte weiterhin gelten, solange nicht auch außerhalb der Insolvenz Deutschland seinen Justizapparat zur Durchsetzung ausländischer öffentlich-rechtlicher Forderungen zur Verfügung stellt. Die Insolvenz des Schuldners kann nicht zu einer Besserstellung führen.[125] Beide Einschränkungen können freilich zur Folge haben, dass das deutsche Hauptverfahren im Ausland wegen „Diskriminierung" des dortigen Fiskus nicht anerkannt wird. In solchen Fällen ist daran zu denken, dem ausländischen Fiskus ein Teilnahmerecht als einfacher Gläubiger unter „Vereinbarung" von Gegenseitigkeit (im Einzelfall) einzuräumen.[126]

94 **b)** Die *Form der Anmeldung und das Verfahren der Feststellung* von Insolvenzforderungen richten sich nach dem Recht des Eröffnungsstaates (Art. 4 II lit. h EuInsVO; § 335 InsO),[127] in Deutschland also nach den §§ 174 ff. InsO. Der Auslandsgläubiger muss seine Forderung deshalb ebenfalls zur Tabelle beim Insolvenzverwalter anmelden. Entsprechend § 28 InsO sind auch die ausländischen Gläubiger aufzufordern, ihre Forderungen fristgerecht beim Verwalter anzumelden. Art. 39 EuInsVO gestattet dem Auslandsgläubiger aus der EU die schriftliche Anmeldung. Schriftform im Sinne von Art. 39 EuInsVO lässt auch eine Telefaxkopie ausreichen,[128] nicht aber elektronische Form, da die EuInsVO keine dem Art. 23 II EuGVVO vergleichbare Gleichstellungsvorschrift kennt.[129] Art. 39 EuInsVO gebietet nicht, bei EU-Gläubigern über die Anforderungen inländischer Formvorschriften hinauszugehen.[130]

95 Nach Art. 40 EuInsVO sind EU-Gläubiger individuell zu benachrichtigen (→ Rn. 36), über die Art der Anmeldung und die Folgen einer Fristversäumung zu unterrichten (Art. 102 § 11 EGInsO). Ein Informationsblatt in allen Sprachen der EU ist auf der Homepage des BMJ zu finden.[131] Die Anmeldung muss grundsätzlich in deutscher Sprache erfolgen und den in Art. 41 EuInsVO vorgeschriebenen Inhalt haben. Ein Gläubiger mit gewöhnlichem Aufenthalt, Wohnsitz oder Sitz in der EU darf seine Forderung aber auch in einer Amtssprache seines EU-Staates anmelden (Art. 42 II 1 EuInsVO). Doch muss diese Anmeldung zumindest die Überschrift „*Anmeldung einer Forderung*" in deutscher Sprache enthalten (Art. 42 II 2 EuInsVO).[132] Eine Übersetzung der Anmeldung in die Sprache des Eröffnungsstaates kann vom Gläubiger nachträglich verlangt werden (Art. 42 II 3 EuInsVO). In anderen Fällen darf der Verwalter fremdsprachige Anmeldungen nicht einfach unberücksichtigt lassen, sondern muss auf die Notwendigkeit einer deutschsprachigen Anmeldung hinweisen.

---

[122] KPB/*Kemper*, Art. 39 EuInsVO Rn. 5.
[123] Vgl. *Smart,* Intern. Insolvency and enforcement of foreign revenue laws, I. C. L. Q. 35 (1986), 704.
[124] Vgl. *Trunk,* S. 201 ff.; *Jaeger/Jahr* KO §§ 237, 238 Rn. 394; *Martius,* Verteilungsregeln in der grenzüberschreitenden Insolvenz, 2004, S. 130 ff.; krit. *Schlosser,* FS Heldrich, S. 1007; abweichend Mohrbutter/Ringstmeier/*Wenner,* Rn. 152.
[125] AA MüKoInsO/*Reinhart,* § 335 Rn. 50 ff.
[126] Vgl. *E. Habscheid,* S. 457 ff.
[127] HK/*Stephan,* § 335 InsO Rn. 9.
[128] Vgl. zu Art. 23 EuGVVO BGH NJW 2001, 1731; K. Schmidt/*Brinkmann,* InsO, Art. 39 EuInsVO Rn. 6.
[129] K. Schmidt/*Brinkmann,* Art. 39 EuInsVO Rn. 6.
[130] Nerlich/Römermann/*Commandeur* Art. 39 EuInsVO Rn. 3; MüKoBGB/*Kindler,* Art. 39 Rn. 5.
[131] Unter www.bmj.bund.de; vgl. Pannen/Riedemann/*Kühnle* NZI 2002, 303.
[132] Vgl. hierzu www.insol-europe.org/technical-content/eir-articles-40-42", Stand 4/2013.

Im Inlandsverfahren tritt mit der Anmeldung eine *Hemmung der Verjährung* (§ 204 I **96** Nr 10 BGB) für alle Forderungen unabhängig vom Forderungsstatut ein.[133]

c) *Feststellungsstreit.* Die Feststellung der Forderungen richtet sich ebenfalls nach der **97** lex fori concursus (Art. 4 II lit h EuInsVO; § 335 InsO). Bleibt die Forderung streitig, so ist die Feststellung gegen den Bestreitenden zu betreiben, § 179 I InsO. Diese Feststellung erfolgt im ordentlichen Klageverfahren, außerhalb des Insolvenzverfahrens, §§ 180 I 1, 185 InsO. Das deutsche Recht kennt *keine generelle vis attractiva concursus* (Anziehungskraft des Konkurses).[134] Allein § 180 I 2 InsO sieht für die Zivilklage die ausschließliche Zuständigkeit von Amts- bzw. Landgericht vor, in deren Bezirk das Insolvenzverfahren anhängig ist oder war. Nach hM soll hieraus auch die *ausschließliche internationale Zuständigkeit* folgen.[135] Hiergegen bestehen freilich Bedenken, wenn ohne § 180 InsO eine internationale Zuständigkeit im Inland gar nicht bestehen würde. Kleineren und mittleren Auslandsgläubigern ist zudem die Führung eines Inlandsrechtsstreits kaum zuzumuten. Deshalb ist allenfalls von einer konkurrierenden besonderen internationalen Zuständigkeit auszugehen.[136] Vorrangig sind freilich die Vorschriften der EuGVVO (→ § 131 Rn. 111). § 180 II InsO beansprucht auch im internationalen Kontext Geltung, so dass der Verwalter ggf. einen im Ausland bereits anhängigen Prozess über das Bestehen der bestrittenen Forderung fortführen muss.

Liegt über die Forderung bereits ein Vollstreckungstitel vor, so hat der Bestreitende **98** den Widerspruch zu verfolgen, § 179 II InsO. Vollstreckungstitel iS des § 179 II InsO kann auch die *Entscheidung eines ausländischen Gerichts,* ein Spruch eines ausländischen Schiedsgerichts, eine im Ausland errichtete vollstreckbare Urkunde oder ein sonstiger ausländischer Vollstreckungstitel sein, der in Deutschland anzuerkennen ist. In diesem Fall hat der Bestreitende den Widerspruch unstreitig im Ausland zu verfolgen.[137] § 179 II InsO verlangt aber einen vollstreckbaren Schuldtitel; deshalb muss ein ausländischer Titel im Inland bereits *für vollstreckbar erklärt* worden sein; das bloße Vorliegen der Anerkennungsvoraussetzungen genügt nicht.[138] Im Insolvenzverfahren selbst kann der ausländische Titel nicht für vollstreckbar erklärt werden; das Insolvenzverfahren darf auch nicht mit dem Streit um die Anerkennungsfähigkeit des ausländischen Titels belastet werden. Zweifel an der Vollstreckbarkeit bzw. Anerkennungsfähigkeit sind deshalb in dem entsprechenden Verfahren außerhalb des Insolvenzverfahrens zu klären. Insoweit sind für Grund und Höhe einer Forderung in ihrem jeweiligen Anwendungsbereich vorrangig die Vorschriften der EuGVVO bzw. des LugÜ anwendbar, nicht aber bzgl des insolvenzrechtlichen Rangs einer Forderung; Streitigkeiten über diese insolvenztypische Fragestellung sind gem. der lex fori concursus auszutragen. Die Feststellung einer Forderung durch einen ausländischen Haupt- oder Sekundärinsolvenzverwalter entfaltet jedoch keine Bindungswirkung.[139]

Die Verwertung und Verteilung der Masse richtet sich im deutschen Insolvenzverfah- **99** ren ausschließlich nach den §§ 156 ff., 165 ff., 187 ff. InsO. In ausländischen Verfahrensordnungen eingeräumte Vorrechte bestehen im inländischen Verfahren nicht.

Der Insolvenzverwalter ist berechtigt und ggf sogar verpflichtet, die in seinem Ver- **100** fahren angemeldeten Forderungen auch in ausländischen Parallelverfahren anzumelden und dort an Gläubigerversammlungen teilzunehmen.

---

[133] *Trunk,* S. 206 f.; MüKoInsO/*Reinhart,* § 335 Rn. 96; aA wohl OLG Düsseldorf RIW 1989, 742.
[134] Vgl. *Aderhold,* S. 302 ff.
[135] So *Arnold,* in InsHdb, 1. Aufl., § 122 Rn. 115; *Jaeger/Jahr,* §§ 237, 238 Rn. 409; FK/*Wenner/Schuster,* § 335 Rn. 16.
[136] So *Trunk,* S. 210, 393; MüKoInsO/*Reinhart,* § 335 Rn. 100.
[137] FK/*Wenner/Schuster,* § 335 Rn. 16.
[138] Vgl. Mohrbutter/Ringstmeier/*Wenner,* Rn. 160.
[139] *Kodek* ZInsO 2011, 889 ff.

101 **d)** *Reformüberlegungen.* Der Vorschlag der Europäischen Kommission für eine *Reform der EuInsVO* erleichtert die internationale Forderungsanmeldung in dreierlei Hinsicht:[140] Erstens sieht der Vorschlag vor, dass sowohl für die Nachricht über die Möglichkeit der Forderungsanmeldung als auch für die Forderungsanmeldung selbst *Standardformulare* verwendet werden müssen (Art. 41 I). Der Inhalt dieser Standardformulare soll durch Ausführungsgesetz bestimmt werden. Die Standardformulare sollen in allen Amtssprachen der EU verfügbar sein (Art. 41 III 1). Dies soll zu einer Verminderung von Übersetzungskosten führen (wobei eine Übersetzung gem. 41 III 2 verlangt werden kann). Zweitens räumt der Kommissions-Vorschlag ausländischen Gläubigern eine *Frist von mindestens 45 Tagen* ab der öffentlichen Bekanntmachung des Eröffnungsbeschlusses im nationalen Insolvenzregister für die Anmeldung ihrer Forderungen ein. In Deutschland ermöglicht § 28 InsO sowohl kürzere (mindestens zweiwöchige) als auch längere (höchstens dreimonatige) Fristen zur Forderungsanmeldung. Aufgrund des Anwendungsvorrangs der EuInsVO ist in Insolvenzverfahren mit ausländischen Gläubigern für ausländische Gläubiger (nur für diese) künftig nur noch die Mindestfrist des Art. 41 IV 2 maßgeblich. Wo trotz § 13 I 3 InsO nicht klar ist, ob es ausländische Gläubiger gibt oder nicht, empfiehlt es sich, vorsichtshalber eine Frist von mindestens 45 Tagen zu bestimmen. Der Entwurf sieht ferner vor, dass ausländische Gläubiger informiert werden müssen, wenn ihre Forderung bestritten wird; auch muss ihnen Gelegenheit gegeben werden, ergänzenden Beweis für das Bestehen oder die Höhe der Forderung zu führen (Art. 41 V; für Deutschland vgl. bereits § 179 III 1 InsO). Drittens sieht der Vorschlag – wiederum für Deutschland bedeutungslos – vor, dass zur Anmeldung einer Forderung im Insolvenzverfahren die *Vertretung* durch einen Anwalt *nicht nötig* ist (Art. 39 S. 2). Die Notwendigkeit der Vertretung im Feststellungsprozess nach § 78 I 1 ZPO bleibt schon nach dem Wortlaut der Vorschrift hiervon unberührt.

102 **7. Anrechnung auf die Insolvenzquote. a)** Hat ein inländischer oder ausländischer Insolvenzgläubiger in einem ausländischen Insolvenzverfahren eine Befriedigung auf seine Insolvenzforderung erlangt, so muss dies bei inländischen Ausschüttungen im Wege der Anrechnung berücksichtigt werden. Der Gläubiger muss sich die im Ausland erlangte Befriedigung auf seine Insolvenzquote und den bei der Verteilung festgesetzten Bruchteil der zu zahlenden Forderung anrechnen lassen. Er wird folglich bei der Verteilung erst dann berücksichtigt, wenn die Quote für die Gläubiger den im Ausland erlangten prozentualen Anteil erreicht hat (Art. 20 II EuInsVO; § 342 II 2 InsO).[141]

103 Die Regelungen lassen sich nur umsetzen, wenn sich alle Verwalter sämtlicher Parallelverfahren wechselseitig über die angemeldeten Forderungen und bereits erfolgte Ausschüttungen informieren. Dabei muss gewährleistet sein, dass die Forderung in allen Verfahren in Höhe des ursprünglichen Betrages im Zeitpunkt der Eröffnung des ersten Insolvenzverfahrens (bzw. in der Höhe, wie sie ohne zwischenzeitlich wieder herausgegebene Vorabbefriedigungen bestanden hätte) bekannt ist. Bei Bedarf hat der Gläubiger dem Verwalter Auskunft über das Erlangte zu geben (§ 342 III InsO).

104 Hat ein Gläubiger vorher eine Quotenausschüttung erhalten, ist der Prozentsatz dieser Befriedigung bezogen auf die ursprüngliche Forderung zu ermitteln. Weitere Ausschüttungen erhält der Gläubiger erst, wenn sämtliche übrigen Gläubiger innerhalb derselben Rangfolge eine der bisherigen prozentualen Befriedigung des Gläubigers entsprechende Quotenausschüttung erhalten haben. Bleibt die Ausschüttungsquote im inländischen Verfahren hinter der bereits erhaltenen Befriedigung des Gläubigers aus Parallelverfahren zurück, darf dieser den Übererlös behalten (§ 342 II 1 InsO; vgl. auch Erwägungsgrund 21 der EuInsVO) und muss ihn weder an das inländische noch an das

---

[140] Hierzu *Prager/Keller* NZI 2013, 57, 62.
[141] Vgl. *E. Habscheid*, S. 480 ff., 483 ff.; HK/*Stephan*, § 342 Rn. 11 f.

ausländische Verfahren abliefern. Eine anderslautende ausländische Entscheidung wäre im Inland nicht anzuerkennen. Ist die Ausschüttungsquote im inländischen Verfahren hingegen höher, erhält der Gläubiger die Differenz. Die zeitlich frühere Befriedigung im ausländischen Verfahren wird also ähnlich wie eine Abschlagszahlung auf die ursprüngliche Forderungshöhe behandelt.

Erhält der Gläubiger den Erlös im Auslandsverfahren erst, nachdem im inländischen Verfahren die Verteilung abgeschlossen und die Quote ausbezahlt worden ist, so kann eine Anrechnung nicht mehr erfolgen. Auch ein Rückzahlungsanspruch besteht dann nicht. Der Insolvenzverwalter und der Insolvenzschuldner werden aber idR von dem ausländischen Insolvenzverfahren rechtzeitig Kenntnis haben und ein derartiges Ergebnis vermeiden können.[142]

8. Insolvenzplan. a) Der Insolvenzplan hat mit gerichtlicher Bestätigung gem. § 254 InsO Wirkung für und gegen alle Beteiligten, auch soweit sie gegen den Plan gestimmt haben. Diese allgemeine Wirkung des Plans gehört zu den erstreckungsfähigen Insolvenzfolgen.

Das deutsche Insolvenzrecht (als Recht des Eröffnungsstaates) legt auch fest, welche Forderungen vom Insolvenzplan und seinen Zwangswirkungen betroffen sind, wer einen zulässigen Planvorschlag unterbreiten kann, in welcher Weise der Plan anzunehmen ist, wann er in Kraft tritt, wie er zu überwachen ist und wie ein Plan in Wegfall geraten kann.

Das deutsche Insolvenzrecht bezieht auch *Absonderungsberechtigte* und ihre *Sicherungsrechte* mit in das Insolvenzverfahren ein. Nach den §§ 222 I 2 Nr 1, 223 II, 228, 238 InsO kann der Plan auch in Rechte absonderungsberechtigter Gläubiger eingreifen und Rechte an Gegenständen aufheben. Soweit der betroffene Gläubiger dem Plan zugestimmt hat, ergeben sich daraus keine Schwierigkeiten. Hat der gesicherte Auslandsgläubiger dem Plan dagegen nicht zugestimmt, so kann der Plan sein Sicherungsrecht im Ausland nicht unmittelbar betreffen. Der Gläubiger kann somit seine Forderung, soweit sie durch die Sicherung im Ausland gedeckt ist, unabhängig vom inländischen Insolvenzplan weiter realisieren.

Die Einwirkung des inländischen Insolvenzplans auf eine Insolvenzforderung ist unabhängig davon, ob als Schuldstatut für die Forderung deutsches Recht maßgebend oder die Forderung in Deutschland „belegen" ist.[143] Denn am Insolvenzverfahren als Gesamtvollstreckungsverfahren nehmen alle gegen den Insolvenzschuldner gerichteten (persönlichen) Forderungen ohne Rücksicht auf ihr Schuldstatut und die Herkunft des Gläubigers teil. Eine Unterscheidung nach Forderungsstatut und Belegenheit widerspräche dem Grundsatz der Gleichbehandlung aller Gläubiger und würde eine einvernehmliche Bereinigung eines Insolvenzfalls als praktisch unerreichbar erscheinen lassen.[144]

Mit Zielen und Wirkungen eines Insolvenzplans wäre es auch unvereinbar, die Anerkennung der Planwirkungen davon abhängig zu machen, dass der Insolvenzgläubiger an dem Insolvenzverfahren teilgenommen oder dem Insolvenzplan zugestimmt hat. Entgegen dem Recht mancher Länder, die aus der „Vertragsnatur" des Zwangsvergleichs bzw. Insolvenzplans folgern, dass der Gläubiger daran teilgenommen haben müsse, kommt es hierauf nach deutschem Recht nicht an.

Konnte ein Insolvenzgläubiger aber an dem Insolvenzverfahren nicht teilnehmen, weil er davon keine Kenntnis hatte und auch Kenntnis nehmen konnte, so ist anzunehmen, dass er von der Wirkung des § 254 InsO nicht betroffen ist. Praktisch ist dieser Fall kaum vorstellbar.

---

[142] *Lüer* KTS 1979, 24.
[143] Mohrbutter/Ringstmeier/*Wenner*, Rn. 367 ff.; *Trunk* S. 228.
[144] Zur Gruppenbildung gem. § 222 InsO vgl. MüKoInsO/*Reinhart*, § 335 Rn. 116.

112 Die *Erlasswirkung* des Insolvenzplans (§ 252 InsO) *beschränkt* sich *nicht auf das Inland*. Der inländische Insolvenzplan hindert den ausländischen Gläubiger daher grundsätzlich, durch Leistungsklage und Zwangsvollstreckung in ausländisches Vermögen des Schuldners Befriedigung wegen des im Inland erlassenen Teils seiner Forderung zu suchen.[145] Allerdings hängt diese Wirkung davon ab, dass der Belegenheitsstaat das deutsche Insolvenzverfahren und den deutschen Insolvenzplan anerkennt.

113 Entsprechend darf ein Gläubiger nach Bestätigung des Insolvenzplans keine Vollstreckung mehr aus einem im Ausland vorhandenen Vollstreckungstitel für den erlassenen Teil der Forderung betreiben. Vollstreckt er dennoch, so hat der frühere Insolvenzschuldner gegen den Gläubiger einen Anspruch auf Herausgabe des Beigetriebenen wegen ungerechtfertigter Bereicherung, weil dieser seine Forderung auch im Ausland nicht mehr betreiben durfte, soweit sie durch den inländischen Insolvenzplan bzw. Zwangsvergleich erlassen wurde.[146] Diese Ablieferungspflicht greift nicht in das ausländische Recht der Einzelvollstreckung ein; die Gültigkeit der Vollstreckung wird dadurch nicht in Frage gestellt. Hat der Gläubiger die Zwangsvollstreckung vor Eintritt der Wirksamkeit des im unbeschränkten Inlandsinsolvenzverfahren geschlossenen Insolvenzplans betrieben, so muss er sich das im Ausland Erlangte auf seine Quote anrechnen lassen.

114 9. Restschuldbefreiung. Die Insolvenzordnung sieht in den §§ 286 ff. eine Restschuldbefreiung für natürliche Personen als Schuldner vor. Diese Restschuldbefreiung wird auf Antrag des Schuldners durch Gerichtsbeschluss gewährt (§§ 287, 289, 300 InsO). Die Restschuldbefreiung wirkt nach § 301 I InsO gegen alle Insolvenzgläubiger, auch wenn sie ihre Forderungen nicht im Verfahren angemeldet hatten. Ausgenommen sind nur Verbindlichkeiten aus vorsätzlicher unerlaubter Handlung und aus Geldstrafen (§ 302 InsO). Anders als ein Insolvenzplan beruht die Restschuldbefreiung nicht auf einem zumindest mehrheitlich beschlossenen Vergleich des Schuldners mit seinen Gläubigern. Ihr liegen aber vernünftige Überlegungen über die notwendige wirtschaftliche Wiedereingliederung eines insolventen Schuldners in das Wirtschaftsleben zugrunde. Eine gesetzliche Restschuldbefreiung erfüllt ihren Zweck, dem Schuldner einen Wiederaufbau seiner wirtschaftlichen Existenz zu ermöglichen, nur, wenn sie grundsätzlich gegenüber allen Gläubigern wirkt. Deshalb erhebt die Restschuldbefreiung universellen Sollgeltungsanspruch.[147] Auf die Möglichkeit eines Forderungserlasses nach dem jeweiligen Forderungsstatut kommt es nicht an; es gilt einheitlich die lex fori concursus.[148] Die Restschuldbefreiung wirkt lediglich nicht gegenüber einem Gläubiger, dem kein rechtliches Gehör im Verfahren gewährt wurde, um Gründe für die Verweigerung der Restschuldbefreiung vorzubringen (vgl. § 290 InsO). Ihre tatsächliche Durchsetzung im Ausland hängt naturgem. wieder von der Anerkennung durch den ausländischen Staat ab.

115 10. Beendigung des Verfahrens. Nach Art. 25 I Unterabs 1 S. 1 EuInsVO sind auch die zur Beendigung des Insolvenzverfahrens ergangenen Entscheidungen in den anderen Mitgliedsstaaten anzuerkennen. Anzuerkennen ist danach etwa die Nachhaftung gem. § 201 I InsO. Zur Auslandsvollstreckung aus der Eintragung in die Tabelle (§ 201 II InsO) bedarf es freilich der Vollstreckbarerklärung nach Art. 25 I Unterabs 1 S. 2 EuInsVO iVm Art. 38 ff. EuGVVO. Ob ein Drittstaat den deutschen Tabellenauszug als Vollstreckungstitel akzeptiert, ist vertraglich nicht gesichert.

---

[145] Vgl. *E. Habscheid*, S. 484 f.
[146] *Lüer* KTS 1979, 26.
[147] *Gottwald*, Grenzüberschreitende Insolvenzen, S. 45.
[148] MüKoInsO/*Reinhart*, § 335 Rn. 120.

V. Partikularverfahren über das Inlandsvermögen

1. Zweck des gesonderten Verfahrens. Findet ein Hauptverfahren in einem (uU 116 weit entfernten) Ausland und in fremder Sprache, statt, so kann es leicht zu faktischen Nachteilen für inländische Gläubiger kommen. Das gesonderte Inlandsverfahren schützt sie, erleichtert ihnen die inländische Rechtsverfolgung und verhindert dadurch, dass der inländische Anspruch auf Justizgewährung leer läuft.[149] Außerdem kann ein gesondertes Inlandsverfahren bei Großinsolvenzen im Einzelfall sinnvoll sein, um das Inlandsvermögen leichter zu erfassen und abzuwickeln.[150] Sinngem hat das inländische Sonderverfahren Vorrang vor einem ausländischen Hauptverfahren.[151]

Ein selbstständiges (isoliertes) Partikularverfahren kommt freilich nur in Betracht, 117 wenn im Inland *kein Hauptinsolvenzverfahren* eröffnet werden kann.[152]

Hat ein *Versicherungsunternehmen* seinen Sitz in einem Drittstaat, kann über die inlän- 118 dische Niederlassung ein Insolvenzverfahren eröffnet werden (§ 105 I, II VAG), ferner in den Fällen des § 110d VAG (§ 88 Ib S. 2 VAG). Bei *Kreditunternehmen* sind Partikularverfahren über eine Zweigstelle ebenfalls nur zulässig, wenn das Kreditunternehmen seinen Sitz außerhalb des europäischen Wirtschaftsraums hat (§ 46e II, V KWG).

2. Isolierte Partikularverfahren und Sekundärverfahren. Ein Partikularverfah- 119 ren kann unterschiedlich ausgestaltet sein: als reines Hilfsverfahren für ein ausländisches Hauptverfahren, als verselbstständigtes Nebenverfahren nach eigenem Recht (mit unterschiedlicher Abhängigkeit vom Hauptverfahren) oder als völlig selbstständiges Parallelverfahren.[153] Das europäische und das deutsche Recht kennen das isolierte Partikularverfahren und das nach dem Hauptverfahren eröffnete Sekundärverfahren, stellen aber jeweils unterschiedliche Voraussetzungen für die Eröffnung auf.

3. Isolierte Partikularverfahren. a) *Europäisches Recht.* Nach Art. 3 II 1 EuInsVO 120 kann ein Partikularverfahren nur in einem Mitgliedstaat der EU eröffnet werden, in dem der Schuldner eine *Niederlassung* iS von Art. 2 lit. h EuInsVO hat. Die Wirkungen des Verfahrens erstrecken sich dann auf das gesamte Vermögen des Schuldners in diesem Mitgliedstaat (Art. 3 II 2 EuInsVO). Ziel der EuInsVO ist grundsätzlich die einheitliche, europaweite Erfassung und Abwicklung des Schuldnervermögens. Deshalb sollen Partikularverfahren nach Erwägungsgrund 17 auf das unumgängliche Maß beschränkt werden. Nach Art. 3 IV EuInsVO darf ein isoliertes Partikularverfahren vor der Eröffnung eines Hauptverfahrens nur eröffnet werden, wenn

(1) ein Hauptverfahren nach dem Recht des dafür an sich zuständigen Staates nicht möglich ist,[154] oder

(2) es von einem Gläubiger[155] mit (Wohn-)Sitz (vgl. hierzu Art. 59, 60 EuGVVO) in dem Staat dieser Niederlassung beantragt wird, oder

(3) die Forderung dieses Gläubigers auf einer Verbindlichkeit mit Bezug zum Betrieb dieser Niederlassung beruht.

Fälle zu (1) setzen voraus, dass der Schuldner im Staat des Mittelpunktes seiner 121 hauptsächlichen Interessen nicht insolvenzfähig (zB kein Kaufmann) ist, aber in einem anderen Mitgliedstaat eine Niederlassung unterhält.[156] Art. 4 II 2 lit a, 16 I 2 EuInsVO

---

[149] *Geimer*, IZPR Rn. 3394f.; *Nagel/Gottwald*, § 20 Rn. 17; *Hess*, IZPR, § 9 Rn. 3.
[150] FK/*Wenner/Schuster*, Vor §§ 354ff. Rn. 3ff.; *Bloching*, S. 100ff.
[151] KPB/*Paulus*, § 356 Rn. 1; *Ludwig*, S. 200.
[152] *E. Habscheid*, S. 425; *Lüer*, Kölner Schrift, S. 297, 311.
[153] Vgl. *Wimmer* ZIP 1996, 982, 984f.; *Bloching*, S. 114ff.
[154] Gemeint ist eine objektive Unmöglichkeit, vgl. EuGH ZIP 2011, 2415 *(Zaza Retail)*.
[155] Im Interesse der Allgemeinheit handelnde Behörden sind keine „Gläubiger" iSd Vorschrift, vgl. EuGH ZIP 2011, 2415 *(Zaza Retail)*.
[156] Vgl. D-K/D/C-*Duursma-Kepplinger*, Art. 3 Rn. 88.

stellen klar, dass sich die Insolvenzfähigkeit auch für Partikularverfahren nach der lex fori concursus richtet.

122 **b) Autonomes Recht.** Liegt der Mittelpunkt der hauptsächlichen Interessen des Schuldners in einem Drittstaat, kann nach § 354 I InsO ein Partikularverfahren in Deutschland eröffnet werden, wenn der Schuldner hier entweder eine *Niederlassung* oder *Vermögen* hat. Zum Begriff der Niederlassung → Rn. 17, zur Vermögensbelegenheit → Rn. 130.

123 Mit der Zulassung eines Partikularinsolvenzverfahrens aufgrund *beliebigen Inlandsvermögens* des Schuldners weicht § 354 I InsO von Art. 3 II, Art. 27 EuInsVO ab; eine analoge Anwendung im Anwendungsbereich der EuInsVO scheidet aus.[157] Diese Abweichung hat in der Literatur aus rechtspolitischen Gründen zu Bedenken geführt.[158] Aber das Gesetz ist eindeutig und lässt eine restriktive Interpretation nicht zu. Irgendein Mindestwert ist vorbehaltlich der Verfahrenskostendeckung nicht vorgesehen.[159] Auch ein besonderer Inlandsbezug der Insolvenz wird nicht verlangt.

124 Zumindest sind die Anforderungen an die Antragsbefugnis der Gläubiger bei bloßem Inlandsvermögen erhöht (§ 354 II InsO).

125 In diesem Fall muss der Gläubiger ein *besonderes Interesse* an der Eröffnung des inländischen Partikularverfahrens glaubhaft machen (§ 354 II InsO, § 294 ZPO). Dieses kann sich insb. daraus ergeben, dass er in einem ausländischen Verfahren voraussichtlich erheblich schlechter stehen würde,[160] beispielsweise infolge besonderer Vorrechte im Ausland[161] oder aufgrund höherer Rechtsverfolgungskosten. Berücksichtigt werden zudem die praktischen Schwierigkeiten der Rechtsverfolgung in außereuropäischen Ländern und Sprachen, eine Unabsehbarkeit der ausländischen lex fori concursus,[162] politische Instabilitäten im Wohnsitzstaat des Schuldners oder sogar Unklarheit darüber, ob im Wohnsitzstaat des Schuldners überhaupt ein Insolvenzverfahren durchgeführt werden kann.[163]

126 Das besondere Interesse kann etwa fehlen, wenn im Inland nur einzelne Vermögensgegenstände belegen sind (Grundstück, Bankkonto), deren Wert ohne Schwierigkeit zur ausländischen Masse gezogen werden kann. Das besondere Interesse fehlt auch, wenn verteilungsfähige Masse im Inland und Verfahrenskosten in keinem vernünftigen Verhältnis stehen.[164] Es ist dagegen zu bejahen, wenn das Inlandsvermögen umfangreich ist und daran inländischem Recht unterliegende Rechte bestehen. Ein besonderer Inlandsbezug der Gläubigerforderung ist für das besondere Interesse nicht erforderlich,[165] kann aber ein besonderes Interesse indizieren.

127 Besteht eine inländische Niederlassung, so ist der Eröffnungsantrag eines (inländischen oder ausländischen) Gläubigers uneingeschränkt zulässig.

128 **4. Sekundärverfahren.** Das Sekundärverfahren wird auf Antrag eines Gläubigers oder des Verwalters des Hauptverfahrens ohne Prüfung von Insolvenzgründen eröffnet (Art. 27 S. 1, 29 EuInsVO; §§ 354 I, 356 II, III InsO). Dies gilt sogar dann, wenn im Hauptverfahren eine Prüfung des Insolvenzgrundes unterblieb.[166] Der Antrag kann aber

---

[157] BGH ZInsO 2011, 231.
[158] Kritisch zur Vorgängervorschrift des Art. 102 III EGInsO *Lüer*, Kölner Schrift S. 297, 312 (Rn. 35, 36).
[159] HK/*Stephan*, § 354 Rn. 14; aA Mohrbutter/Ringstmeier/*Wenner*, Rn. 72 („erhebliche Vermögenswerte").
[160] Kritisch zu der Unklarheit Andres/Leithaus-*Dahl*, InsO, § 354 Rn. 9.
[161] Vgl. HK/*Stephan*, § 356 Rn. 3.
[162] AA Mohrbutter/Ringstmeier/*Wenner*, Rn. 130 (Fn. 339).
[163] AG Göttingen, ZIP 2011, 190 für Thailand.
[164] Hanisch ZIP 1992, 1225, 1132.
[165] Tendenziell jedoch MüKoInsO/*Reinhart*, § 354 Rn. 38 („Schutzbedürftigkeit").
[166] EuGH NZI 2013, 191 *(Bank Handlowy)*, Rn. 74.

abgelehnt werden, wenn die Masse die Verfahrenskosten nicht deckt (Art. 4 II 1 EuInsVO; §§ 26, 335 InsO). Aus § 14 InsO kann kein über das allgemeine Rechtsschutzbedürfnis hinausgehendes, besonderes Interesse an der Eröffnung eines deutschen Sekundärverfahrens abgeleitet werden.[167]

Das Sekundärverfahren ist wirtschaftlich und teilweise – trotz seiner prinzipiellen verfahrensrechtlichen Selbstständigkeit – auch rechtlich dem Hauptverfahren untergeordnet. Deshalb haben die Verwalter nicht nur zusammenzuarbeiten. Der Verwalter des Sekundärverfahrens hat dem Verwalter des Hauptverfahrens vielmehr Gelegenheit zu geben, Vorschläge für die Verwertung oder Verwendung der Masse des Sekundärverfahrens zu unterbreiten (Art. 31 III EuInsVO; § 357 InsO; → Rn. 151 ff.).

5. Vermögensbelegenheit im Inland. Die *Vermögensbelegenheit* im Inland ist nicht nur Anknüpfungsmerkmal für die Verfahrenseröffnung; sie bestimmt zugleich die wesentliche *Aktivmasse* des inländischen Partikularverfahrens und entscheidet somit über die Abgrenzung bei parallelen Verfahren. Maßgeblicher Zeitpunkt, um die Belegenheit zu beurteilen, ist grds die Wirksamkeit der Eröffnungsentscheidung (Art. 2 lit. f EuInsVO) oder eine zeitlich frühere Anordnung von Sicherungsmaßnahmen (vgl. Art. 18 I 1, 25 I Unterabs. 3 EuInsVO).

Ob ein Gegenstand im Inland belegen ist, richtet sich bei körperlichen unbeweglichen und beweglichen Gegenständen nach dem Lageort, bei unkörperlichen Gegenständen grds. nach § 23 S. 2 ZPO.[168] Eine Sonderregelung für res in transitu besteht nicht; hier sollte im Verhältnis zwischen den Zugriffsansprüchen mehrerer Insolvenzverwalter die tatsächliche Zugriffsmöglichkeit des sachnächsten lokalen Verwalters entscheiden.[169] In öffentlichen Registern eines Mitgliedstaates eingetragene *Schiffe und Luftfahrzeuge* gelten als in dem Mitgliedstaat belegen, unter dessen Aufsicht das Register geführt wird (Art. 2 lit g EuInsVO); bei Eintragung in drittstaatliche Register sollte es jedoch auf den tatsächlichen Zugriff ankommen.[170]

Immaterialgüterrechte sind vorbehaltlich Art. 12 EuInsVO im Schutzland belegen. Nicht verkörperte *Mitgliedschafts- und Beteiligungsrechte* an einer Gesellschaft, die letztlich Forderungen des Gesellschafters gegenüber der Gesellschaft vermitteln, sollten in erweiternder Auslegung des § 23 S. 2 ZPO bzw. Art. 2 lit g EuInsVO nur als da belegen gelten, wo die Gesellschaft den Mittelpunkt ihrer hauptsächlichen Interessen hat, der am Sitz vermutet wird.[171]

Zu bedenken ist zudem, dass ausländische Unternehmen meist inländische Tochterunternehmen und nicht bloße (unselbstständige) Zweigniederlassungen gründen. Die Geschäftsanteile einer inländischen GmbH sind somit (als Vermögen der Muttergesellschaft) am Sitz der GmbH belegen (Art. 2 lit g EuInsVO).[172] Damit kann indirekt ein Insolvenzverfahren über die Tochtergesellschaft eröffnet werden.

Forderungen des Schuldners gelten gem. Art. 2 lit g EuInsVO als dort belegen, wo der Drittschuldner seinen COMI hat. Dies sollte im Sinne einer klaren Abgrenzung zwischen mehreren Aktivmassen auch dann gelten, wenn diese Forderungen gesichert

---

[167] Geimer/Schütze-*Heiderhoff*, EuInsVO, Art. 29 Rn. 5; aA Pannen-*Herchen*, EuInsVO, Art. 29 Rn. 31 ff.
[168] *Trunk*, S. 240 ff.; KPB/*Paulus*, § 354 Rn. 10; ders./*Kemper* § 351 Rn. 7; *Ludwig*, S. 194.
[169] Im Ergebnis ebenso MüKoBGB/*Kindler*, Art. 2 Rn. 20 (Anwendung des Art. 2 lit g Spiegelstrich 1 EuInsVO); MüKoInsO/*Reinhart*, Anhang, Art. 2 EuInsVO Rn. 17; K. Schmidt/*Brinkmann*, InsO, Art. 2 EuInsVO Rn. 11 (keine Ausweichklausel).
[170] Im Ergebnis ebenso MüKoBGB/*Kindler*, Art. 2 Rn. 21; aA MüKoInsO/*Reinhart*, § 354 Rn. 13.
[171] Ebenso HK/*Stephan*, EuInsVO Art. 2 Rn. 10; *Haubold*, in: Gebauer/Wiedmann, Rn. 39; *Mäsch* in Rauscher (Hrsg), EurZPR, Art. 2 EG-InsVO Rn. 11; *Paulus*, EuInsVO, Art. 2 Rn. 26; differenzierend K. Schmidt/*Brinkmann*, InsO, Art. 2 EuInsVO Rn. 16.
[172] Vgl. Zöller/*Vollkommer*, ZPO, 24. Aufl., § 23 Rn. 10 (sowohl am Sitz der Gesellschaft als am Sitz der Gesellschafter).

sind, selbst wenn der Zugriff auf die Sicherheit dadurch nicht immer gewährleistet ist.[173] Forderungen, die von einer inländischen Niederlassung des ausländischen Drittschuldners zu erfüllen sind, sind also nicht am inländischen Niederlassungsort belegen. Auch in *Wertpapieren* verkörperte Forderungen einschließlich der verbrieften Forderungen, deren Übereignung sachenrechtlichen Grundsätzen folgt, sollten zur Abgrenzung der Vermögensmassen nur als dort belegen gelten, wo der Drittschuldner seinen COMI hat, ohne dass es auf die Belegenheit des Papiers ankommt.[174] Dementsprechend sollte es auch für Briefgrundschulden nicht auf den Lageort des Briefes, sondern auf den Ort des Grundstücks ankommen.

135 Bei *insolvenzrechtlichen Anfechtungsansprüchen* entscheidet über die Belegenheitsabgrenzung mehrerer Insolvenzverfahren entgegen Art. 2 lit g EuInsVO nicht der inländische COMI des Anfechtungsgegners, sondern die Frage, ob die anfechtbare Rechtshandlung das im Inland belegene Schuldnervermögen verringert hat.

136 **6. Abwicklung der gesonderten Verfahren.** Auf Partikularverfahren sind nach Art. 28 EuInsVO sowie § 335 InsO die Regeln der lex fori concursus des Eröffnungsstaates anzuwenden. In Deutschland gilt also inländisches Recht, freilich mit der Maßgabe, dass sich alle verfahrensrechtlichen und kollisionsrechtlichen Wirkungen des Verfahrens auf das Inlandsvermögen beschränken. Insoweit sperrt die Eröffnung des Partikularverfahrens die Anerkennung ausländischer Insolvenzwirkungen und überlagert[175] ein Sekundärverfahren die Wirkungen des ausländischen Hauptverfahrens. Die bis zur Eröffnung des Sekundärverfahrens getätigten Verfügungen des ausländischen Hauptverwalters im Hinblick auf das im Inland belegene Vermögen bleiben wirksam. Das inländische Verfahren hat insoweit keine Rückwirkung.[176]

137 **a)** *Zuständiges Insolvenzgericht.* Ausschließlich zuständig für die Eröffnung des Partikularverfahrens ist das Insolvenzgericht, in dessen Bezirk der Schuldner die inländische Niederlassung oder, sofern diese fehlt, Vermögen des Schuldners belegen ist, § 354 III InsO. Sind danach mehrere Gerichte zuständig, schließt der zuerst gestellte Antrag die anderen Gerichte aus (§§ 354 III 2; 3 II InsO).

138 **b)** *Antragsberechtigte.* Der *ausländische Verwalter* (des Hauptverfahrens) hat ein Antragsrecht nach Art. 29 lit a EuInsVO und § 356 II InsO. Ob er dieses Recht als Vertreter der Gläubiger ausübt,[177] erscheint zweifelhaft. Jedenfalls lässt es sich aus der Verwaltungs- und Verfügungsbefugnis über die Insolvenzmasse (anstelle des Schuldners) ableiten.[178]

139 Auch einem vorläufigen Hauptverwalter (→ § 131 Rn. 85) steht die Antragsbefugnis gem. Art. 29 lit. a EuInsVO zu.[179] In Bezug auf die Sekundärinsolvenzmasse darf das inländische Gericht auf die Prüfung eines Insolvenzgrundes aber nur verzichten (→ Rn. 144), wenn das ausländische Gericht nach der lex fori concursus das Vorliegen

---

[173] AA 3. Aufl. (für kumulative Belegenheit auch am Lageort der Sicherheit).
[174] Wie hier Geiger/Schütze-*Huber*, Art. 2 EuInsVO Rn. 6; Nerlich/Römermann/*Nerlich*, Art. 2 EuInsVO Rn. 8; aA *Virgós/Garcimartín*, Rn. 313; *Mäsch* in Rauscher (Hrsg), EurZPR, Art. 2 EG-InsVO Rn. 10.
[175] AA K. Schmidt/*Brinkmann*, InsO, Art. 27 EuInsVO: Sekundärverfahren verdrängt die Wirkungen des Hauptverfahrens.
[176] Vgl. *Bloching*, S. 227.
[177] So *E. Habscheid*, S. 461.
[178] So *Flessner* IPRax 1997, 1, 4; im Erg auch KPB/*Paulus*, §356 Rn. 8.
[179] EuGH NZI 2006, 360 *(Eurofood)* Rn. 57; MüKoInsO/*Reinhart*, Art. 29 EuInsVO Rn. 3; FK/*Wenner/Schuster*, Anhang I Art. 29 EuInsVO Rn. 5; *Dammann/Müller* NZI 2011, 752, 756; Nagel/Gottwald, § 20 Rn. 50; aA K. Schmidt/*Brinkmann*, InsO, Art. 29 EuInsVO Rn. 4; Uhlenbruck/*Lüer*, Art. 29 EuInsVO Rn. 2; Nerlich/Römermann/*Commandeur*, Art. 29 EuInsVO Rn. 3; KPB/*Kemper*, Art. 29 EuInsVO Rn. 5.

eines Insolvenzgrundes bejaht und das Hauptverfahren endgültig eröffnet wird. Bis dahin kann es im Inland nur ein vorläufiges Sekundärinsolvenzverfahren geben.[180] Dieser Weg, der einerseits dem vorläufigen Hauptverwalter ein Initiativrecht einräumt, andererseits die insolvenzrechtlichen Wirkungen in Bezug auf das inländische Vermögen nicht endgültig werden lässt, erfüllt das praktische Bedürfnis, bereits im Vorfeld der endgültigen Verfahrenseröffnung die Insolvenzabwicklung in Parallelverfahren zu koordinieren. Er stimmt zudem mit den gesetzgeberischen Wertungen, wie sie in Art. 27 S. 1 letzter Hs, 38 EuInsVO bzw. §§ 356 III, 344 I InsO zum Ausdruck kommen, überein. Nach der Gegenansicht steht außerhalb des Anwendungsbereichs der EuInsVO dem vorläufigen Verwalter allenfalls das Recht zu, Sicherungsmaßnahmen beim inländischen Insolvenzgericht gem. § 344 InsO anzuregen.[181]

Antragsberechtigt ist außerdem jeder, der nach dem Recht des Staates, in dem das Sekundärverfahren eröffnet werden soll, antragsberechtigt ist (Art. 29 lit b EuInsVO). Nach § 354 InsO kann den Antrag jeder (inländische oder ausländische) ‚Gläubiger' stellen (Art. 29 lit b EuInsVO; § 354 I, II InsO).[182] Hat der Schuldner im Inland eine Niederlassung, so ist der Gläubigerantrag stets zulässig (§ 354 I InsO). Fehlt eine Niederlassung, so hat der Gläubiger ein besonderes Eröffnungsinteresse glaubhaft zu machen (§ 354 II InsO, → Rn. 124 ff.). **140**

Der im Ausland ansässige *Schuldner* ist in keinem Fall berechtigt, die Eröffnung eines isolierten Partikular- oder Sekundärinsolvenzverfahrens in Deutschland zu beantragen, weder innerhalb noch außerhalb des Anwendungsbereichs der EuInsVO.[183] Insoweit bedarf es bei Sekundärinsolvenzverfahren nicht einmal einer Begründung über die lex fori concursus des Hauptverfahrens, sofern diese die Antragsbefugnis als Teil der dem Schuldner entzogenen Verwaltungs- und Verfügungsbefugnis betrachtet.[184] Denn nach Art. 29 lit b EuInsVO steht das Antragsrecht jeder Person nach dem Recht des Eröffnungsstaates zu. Nach § 354 I, II InsO kann den Antrag aber nur ein Gläubiger oder der ausländische Verwalter (§ 356 II InsO) stellen. Die auf § 13 InsO gestützte generelle Antragsbefugnis des Schuldners wird durch die Spezialregelung des § 354 InsO verdrängt.[185] Der Schuldner soll sein Unternehmen nicht vom Rande her zu liquidieren versuchen.[186] Soll über das inländische Vermögen eine Eigenverwaltung in einem Sekundärverfahren angeordnet werden, muss somit die als ausländischer Verwalter zu qualifizierende Person den Eröffnungsantrag stellen. Ein ausländischer Sekundärinsolvenzverwalter hat ebenfalls kein Antragsrecht. **141**

c) *Insolvenzgründe.* Für das *selbstständige Partikularverfahren* gelten die allgemeinen Insolvenzgründe (Art. 28 EuInsVO; § 335 InsO). Insolvenzgründe sind also Zahlungsunfähigkeit und Überschuldung (§§ 17, 19 InsO). Da es nicht angeht, gegen einen an seinem ausländischen Wohnsitz/Sitz solventen Schuldner im Inland ein Partikularinsolvenzverfahren zu eröffnen, nur weil das inländische Vermögen langfristig festgelegt ist, kann nur auf die *weltweite Vermögenslage* abgestellt werden.[187] Dies gilt zunächst für die **142**

---

[180] AA Pannen-*Herchen*, EuInsVO, Art. 27 Rn. 20 (Antragsbefugnis verneinend, wenn materielle Insolvenz im Hauptverfahren noch nicht geprüft); tendenziell auch K. Schmidt/*Brinkmann*, InsO, Art. 27 EuInsVO Rn. 8.
[181] K. Schmidt/*Brinkmann*, InsO, § 356 Rn. 6; wie hier jedoch MüKoInsO/*Reinhart* § 356 Rn. 10.
[182] So E. *Habscheid*, S. 432 ff., 439 f.; KPB/*Paulus*, § 354 Rn. 11 ff.
[183] Tendenziell wohl auch FK/*Wenner*/*Schuster*, Anhang I Art. 29 EuInsVO Rn. 10, wenn auch im Grundsatz Frage der lex fori concursus; aA MüKoBGB/*Kindler*, Art. 29 Rn. 7.
[184] Hierzu *Kolmann*, S. 335.
[185] Ebenso BT-Drucks 15/16 S. 25; K. Schmidt/*Brinkmann*, InsO, § 354 Rn. 11 (jeweils zum autonomen Recht); aA MüKoInsO/*Reinhart*, § 354 Rn. 40; MüKoBGB/*Kindler*, Art. 29 Rn. 9, 1197; anders wiederum für den Anwendungsbereich des § 354 InsO, s dort Rn. 13.
[186] BT-Drucks 15/16 S. 25.
[187] Ebenso Andres/Leithaus/*Dahl*, InsO § 354 Rn. 13.

Zahlungsunfähigkeit.[188] Hat der Schuldner allerdings im Inland eine Niederlassung, die ebenso wie die Hauptniederlassung die Zahlungen eingestellt hat (vgl. § 17 II 2 InsO), so kann von weltweiter Zahlungsunfähigkeit ausgegangen werden.[189]

143 Auch für die *Überschuldung* ist auf die *weltweite Vermögenslage* abzustellen.[190] Da am Partikularverfahren alle (weltweiten) und nicht nur die deutschen Gläubiger teilnehmen können, müssen auch die weltweiten Verbindlichkeiten berücksichtigt werden. Würde man diese umgekehrt nur mit dem deutschen Vermögen vergleichen, so wäre zumeist eine rechnerische Überschuldung des inländischen Vermögens das Ergebnis, ohne dass die Eröffnung eines Insolvenzverfahrens wirtschaftlich gerechtfertigt wäre.[191]

144 Für die Eröffnung eines Sekundärverfahrens braucht die Insolvenz des Schuldners nicht erneut überprüft werden (Art. 27 S. 1 EuInsVO; § 356 III InsO), selbst wenn eine Prüfung des Insolvenzgrunds im Hauptverfahren unterblieb.[192] Die Eröffnung kann nicht mit der Begründung abgelehnt werden, der Schuldner sei tatsächlich doch nicht insolvent. Diese Regel ist nicht lediglich als Beweiserleichterung zu verstehen.[193] Vielmehr ist die Eröffnung des Hauptverfahrens Grund für die Eröffnung des Sekundärverfahrens, gleichgültig aus welchem Grund das Hauptverfahren eröffnet wurde,[194] sofern es nur im Inland anzuerkennen ist.[195]

145 **d)** *Abweisung mangels Masse*. Der Antrag auf Eröffnung eines Partikularverfahrens kann nach § 26 InsO mangels Masse abgewiesen werden. Nach Art. 30 EuInsVO kann das Gericht vom Antragsteller einen Kostenvorschuss oder eine angemessene Sicherheitsleistung verlangen, wenn und soweit die lex fori concursus secondarii dies vorsieht. § 26 I 2 InsO lässt nur den Kostenvorschuss zu. Diese Vorschrift gilt auch bei einem drittstaatlichen Hauptverfahren. Da das Partikularverfahren nur das inländische Vermögen erfasst, kann die Kostendeckung nur anhand dieses Vermögens beurteilt werden. Auch ein in die Insolvenzmasse des Partikularverfahrens fallender anfechtungsrechtlicher Rückgewähranspruch darf nach deutschem Recht bei der Kostendeckungsprüfung berücksichtigt werden.[196] Zweifel an der rechtlichen und wirtschaftlichen Durchsetzbarkeit im Ausland spiegeln sich im Bewertungsansatz wider.

146 **e)** *Verwaltungs- und Verfügungsbefugnis über die Insolvenzmasse*. Das Verwaltungs- und Verfügungsrecht des Insolvenzverwalters des Partikularverfahrens beschränkt sich auf das im Inland belegene Vermögen (Art. 27 S. 3 EuInsVO). Zur Vermögensbelegenheit im Inland → Rn. 130.

147 Zur inländischen Sekundärinsolvenzmasse gehören auch solche Vermögensgegenstände, welche die lex fori concursus des Hauptverfahrens vom Insolvenzbeschlag aus-

---

[188] BGH JZ 1992, 264; *Mankowski* ZIP 1995, 1650, 1659; *Geimer*, Rn. 3393a; *Trunk*, S. 106, 238; aA Pannen-*Herchen*, EuInsVO, Art. 27 Rn. 37 (niederlassungsbezogen); *Eidenmüller* IPRax 2001, 2, 12; KPB/*Paulus*, § 354 Rn. 21 (inlandsbezogen).

[189] Vgl. BGH ZIP 1991, 1014, 1015 = JZ 1992, 264 (m abl Anm *Paulus*); BGH ZIP 1998, 982, 986; BerlK-*Pannen*, Art. 3 Rn. 32 ff.; D-K/D/C-*Duursma-Kepplinger*, Art. 3 Rn. 101 f.; vgl. *Ludwig*, S. 183 ff.; zurückhaltend *Westphal/Goetker/Wilkens* Rn. 196 ff.; aA (für Prüfung nur der niederlassungsbezogenen als Indiz für die weltweite Zahlungsunfähigkeit) MüKoBGB/*Kindler*, Art. 3 Rn. 77 aE.

[190] FK/*Wenner/Schuster*, § 354 Rn. 15e; Anhang I Art. 3 EuInsVO Rn. 29; BerlK-*Pannen*, Art. 3 Rn. 36; KPB/*Paulus*, § 354 Rn. 22; *Trunk*, S. 106, 238; MüKoBGB/*Kindler*, Art. 3 Rn. 78; vgl. *Ludwig*, S. 185 ff.; aA Pannen-*Herchen*, EuInsVO, Art. 27 Rn. 40 f.

[191] Vgl. *Mankowski* ZIP 1995, 1650, 1657, 1659.

[192] Vgl. EuGH NZG 2013, 191 *(Bank Handlowy)* Rn. 74; zurückhaltend bei einem Hauptsanierungsverfahren GA *Kokott* ZIP 2012, 1133, 1139 *(Handlowy)*.

[193] D-K/D/C-*Duursma-Kepplinger*, Art. 27 Rn. 33; *Kolmann* S. 337 (zur EuInsVO); ebenso HK/*Stephan*, EuInsVO Art. 27 Rn. 7; HK/*ders.*, § 354 Rn. 21.

[194] Ebenso Andres/Leithaus-*Dahl*, InsO, § 356 Rn. 8.

[195] FK/*Wenner/Schuster* § 354 Rn. 15e; Anhang I Art. 27 EuInsVO Rn. 6; KPB/*Paulus*, § 356 Rn. 13; zu § 238 KO *Mankowski* ZIP 1995, 1650, 1658.

[196] Pannen-*Herchen*, EuInsVO, Art. 27 Rn. 67; Art. 30 Rn. 10; aA D-K/D/C-*Duursma-Kepplinger*, Art. 27 Rn. 39; Art. 30 Rn. 9.

nimmt. Bleiben die Regelungen der lex fori concursus secondarii zur Bestimmung der Insolvenzmasse jedoch hinter denjenigen des Hauptverfahrens zurück, gilt insoweit die Beschlagnahmewirkung des Hauptverfahrens fort; insolvenzfreies Schuldnervermögen entsteht nicht.[197]

(1) Der Verwalter des Partikularverfahrens kann nach Art. 18 II EuInsVO geltend **148** machen, dass ein beweglicher Gegenstand, der seiner Verwaltung unterstanden hätte, nach Verfahrenseröffnung zu Unrecht in das Gebiet eines anderen Mitgliedsstaats verbracht wurde. Um den ursprünglichen Zustand herzustellen, kann er in jedem anderen EU-Staat Herausgabeklage erheben.[198] Hieraus folgt, dass die Wirkungen eines Partikularverfahrens nicht territorial, sondern haftungsrechtlich-gegenständlich beschränkt sind.

Haupt- und Sekundärverwalter sollen zusammenarbeiten (Art. 31 II EuInsVO; **149** § 357 I InsO); der ausländische Verwalter darf an inländischen Gläubigerversammlungen wie ein Gläubiger teilnehmen (Art. 32 II EuInsVO; § 357 II InsO). Ein Stimmrecht ergibt sich aus § 341 III InsO,[199] sinngem aber auch aus Art. 32 III EuInsVO.[200] Eine Regelung, welchem von mehreren konkurrierenden Verwaltern das Stimmrecht zusteht, existiert nicht. Nach dem Zweck der Regelung sollte das Stimmrecht primär beim Verwalter des Hauptverfahrens liegen.

Die Zusammenarbeit kann wesentlich erleichtert werden, wenn im deutschen Sekundärverfahren Eigenverwaltung (§§ 270 ff. InsO) angeordnet wird. Denn dann handelt der ausländische Hauptinsolvenzverwalter quasi als Organ für den ausländischen Schuldner und es ist lediglich ein inländischer Sachwalter zu bestellen.[201] Ging nach der ausländischen lex fori concursus die Verwaltungs- und Verfügungsbefugnis auf den Hauptinsolvenzverwalter über, so ist er nicht nur als antragsbefugt iSd § 270 II InsO anzusehen. Er kann die ihm nach der lex fori concursus eingeräumten Befugnisse im Rahmen der §§ 270 ff. InsO auch im inländischen Sekundärverfahren für den Schuldner ausüben.[202] Das anwendbare Gesellschaftsstatut bestimmt die auf gesellschaftsrechtlicher Ebene von den Gesellschaftern ergreifbaren Sanierungsmaßnahmen. Die gegen eine Eigenverwaltung im Sekundärverfahren vorgebrachten Bedenken, dass Art. 31 EuInsVO der Bestellung personenidentischer Insolvenzverwalter entgegen stehe[203] oder dass die inländischen Gläubiger durch die Bestellung eines inländischen Sachwalters (der gem. Anhang C ebenfalls als Verwalter iSd Art. 2 lit b EuInsVO genannt ist) nicht hinreichend geschützt seien,[204] gehen ins Leere.[205] Generell besteht wohl kein Verbot der Personalunion. Erfüllt der ausländische Hauptverwalter die Voraussetzungen, kann somit auch er zum Verwalter im Sekundärverfahren bestellt werden.[206] Dies kann wesent-

---

[197] Pannen-*Herchen,* EuInsVO, Art. 27 Rn. 49; aA K. Schmidt/*Brinkmann,* InsO, Art. 27 Rn. 14 ff: Sekundärverfahren verdrängt Wirkungen des Hauptverfahrens vollständig im Hinblick auf das im Territorium des Sekundärverfahrens-Staates belegene Vermögen.
[198] Vgl. *Smid* EuInsVO Art. 5 Rn. 24.
[199] HK/*Stephan,* § 341 Rn. 8.
[200] Zweifelnd MüKoInsO/*Reinhart,* Anhang Art. 32 EuInsVO Rn. 15; auch D-K/D/C-*Duursma-Kepplinger/Chalupsky,* Art. 32 Rn. 18 (Konkretisierung durch jeweiligen Staat); HK/*Stephan,* EuInsVO Art. 32 Rn. 7 (empfiehlt gesonderte Bevollmächtigung).
[201] Vgl. AG Köln ZIP 2004, 471; AG Rottenburg DZWiR 2004, 434; *Meyer-Löwy/Poertzgen* ZInsO 2004, 195, 197; *Hess,* EuZPR § 9 Rn. 55.
[202] AA K. Schmidt/*Brinkmann,* InsO, Art. 3 EuInsVO Rn. 25 (dem Schuldner selbst wird die Verwaltungs- und Verfügungsbefugnis übertragen).
[203] Geimer/Schütze-*Heiderhoff,* EuInsVO, Art. 31 Rn. 6; Pannen-*Herchen* EuInsVO Art. 27 Rn. 92.
[204] Etwa *Beck* NZI 2006, 609, 616.
[205] Zustimmend HambKommInsO-*Undritz,* Art. 27 EuInsVO Rn. 14; *Westphal/Goetker/Wilkens* Rn. 566 ff.
[206] Ebenso K. Schmidt/*Brinkmann,* InsO, Art. 27 EuInsVO Rn. 20; aA MüKoBGB/*Kindler,* Art. 27 EuInsVO Rn. 38.

lich dazu beitragen, dass das Sekundärverfahren die ihm ua zugedachte Unterstützungsfunktion erfüllt.²⁰⁷

151 Der Verwalter des Sekundärverfahrens hat dem Verwalter des Hauptverfahrens Gelegenheit zu geben, Vorschläge für die Verwertung oder Verwendung der Masse des Sekundärverfahrens zu unterbreiten, damit beide Verfahren koordiniert abgewickelt werden (Art. 31 III EuInsVO). Die Freigabe aus dem Insolvenzbeschlag der Sekundärmasse sollte ebenfalls erst nach vorheriger Absprache mit dem Hauptverwalter erfolgen, wodurch der freizugebende Vermögensgegenstand wieder der Verwaltungs- und Verfügungsbefugnis des Hauptverwalters unterfällt (→ Rn. 136). Ein Vetorecht steht dem Hauptverwalter nicht zu.²⁰⁸

152 Nach Art. 33 I EuInsVO kann der Verwalter des Hauptverfahrens beantragen, dass das Gericht die *Verwertung der Masse* des Sekundärverfahrens, nicht jedoch das Sekundärverfahren als solches,²⁰⁹ bis zu drei Monate ganz oder teilweise *aussetzt*. Die *Reformüberlegungen zur EuInsO* lassen allerdings erwarten, dass künftig eine vollständige Aussetzung des Sekundärverfahrens möglich sein soll. Auf Antrag kann die Aussetzung mehrfach für denselben Zeitraum verlängert oder erneuert werden (Art. 33 I 4 EuInsVO).²¹⁰ Konkrete inländische Verwertungshandlungen müssen nicht bevorstehen, sofern nur der Antrag beginnende oder laufende Verhandlungen mit potentiellen Investoren flankieren soll.²¹¹ Warenverkäufe iRe Betriebsfortführung oder den Forderungseinzug im ordnungsgemäßen Geschäftsverkehr kann der ausländische Verwalter allenfalls in extremen Ausnahmefällen unterbinden, wenn etwa ein bestimmter inländischer Forderungs- und Warenbestand wesentliche Grundlage einer erfolgreichen übertragenden Sanierung oder eines Insolvenzplans sein müssen.²¹² Einfluss auf inländische Anfechtungsklagen ist dem ausländischen Verwalter über Art. 33 EuInsVO nicht zuzubilligen.

153 Eine Befugnis des ausländischen Verwalters, generell und höchstvorsorglich sämtliche Verwertungsmaßnahmen im Inland einzufrieren, lässt sich aus Art. 33 EuInsVO nicht ableiten. Andernfalls würde der inhaltliche und systematische Zusammenhang der Vorschrift mit den verfahrensbeendenden Maßnahmen gem. Art. 34 EuInsVO verkannt und die verfahrensrechtliche Verselbstständigung des Sekundärverfahrens ausgehöhlt. Um die Aussetzung einer auch außerhalb des Sekundärverfahrens zulässigen inländischen Zwangsversteigerung zu erwirken, muss zusätzlich ein Antrag gem. § 30d ZVG analog beim Vollstreckungsgericht gestellt werden.²¹³

154 Abgelehnt werden dürfen Aussetzungsanträge nach Art. 33 I 2 EuInsVO nur, wenn die Aussetzung offensichtlich nicht im Interesse der Gläubiger des Hauptverfahrens liegt.²¹⁴ Daher muss der Hauptverwalter diese Interessen substantiiert vortragen. Die Belange der Gläubiger im Sekundärverfahren bleiben bei der Entscheidung über das Ob einer Aussetzung zunächst außer Acht.²¹⁵

155 Das Gericht kann die Aussetzung von angemessenen Maßnahmen zum Schutz der Gläubiger des Insolvenzverfahrens abhängig machen (Art. 33 I 1, 2. Hs EuInsVO). Insoweit gelten für das Gericht umso strengere Anforderungen, je konkreter ein bestimm-

---

[207] IE auch MüKoInsO/*Reinhart,* Art. 27 EuInsVO Rn. 30; auch zur Parallelproblematik bei Konzerninsolvenzen.
[208] Strenger insoweit K. Schmidt/*Brinkmann,* InsO, Art. 35 EuInsVO Rn. 2; *ders.,* Art. 27 EuInsVO Rn. 17; MüKoInsO/*Reinhart,* Anh Art. 35 EuInsVO Rn. 8 (Freigabe erst nach Zustimmung).
[209] OLG Graz NZI 2006, 660; *Beck* NZI 2006, 609, 612; *Paulus,* EuInsVO, Art. 33 Rn. 2.
[210] *Virgós/Schmit,* No 245; *Beck* NZI 2006, 609, 612; zurückhaltend Uhlenbruck/*Lüer,* EuInsVO Art. 33 Rn. 4.
[211] HambKommInsO-*Undritz,* Art. 33 EuInsVO Rn. 2; *Beck* NZI 2006, 609, 612.
[212] Zurückhaltender *Vallender,* FS Kreft, S. 569 f.
[213] Pannen/*Herchen,* EuInsVO, Art. 33 Rn. 28.
[214] Vgl. LG Loeben ZIP 2005, 1930, 1931; *Paulus* NZI 2005, 646, 647.
[215] Differenzierend MüKoBGB/*Kindler,* Art. 33 Rn. 10.

ter Verwertungserlös im Sekundärverfahren in Aussicht steht, dessen Realisierung durch die Aussetzungsentscheidung gefährdet wird. Daher hat das Gericht vor der Entscheidung und gestützt auf § 58 I 2 InsO den inländischen Sekundärverwalter anzuhören. Haben die Gläubiger des inländischen Insolvenzverfahrens ihre Forderungen auch im ausländischen Verfahren geltend gemacht, sind Schutzauflagen ausnahmsweise nicht angezeigt, wenn die Verteilungsordnungen identisch sind.[216] Als angemessene Maßnahmen kommen etwa Garantien oder Bürgschaften in Betracht. Die im Wege der gerichtlichen Auflage zwingend anzuordnende[217] Zinszahlungspflicht des ausländischen EU-Hauptverwalters gegenüber einem inländischen Absonderungsberechtigten gem. Art. 102 § 10 EGInsO verschiebt im wirtschaftlichen Ergebnis die sich aus § 169 InsO, § 30e ZVG ergebende Schuldnerschaft. Europarechtliche Bedenken bestehen insoweit und vor dem Hintergrund des Art. 5 EuInsVO nicht.[218]

156 Einen Beschluss der Gläubigerversammlung, zu dem sich die Aussetzungsentscheidung des Gerichts in Widerspruch setzt, wird man insoweit als suspendiert betrachten müssen. Er bindet den inländischen Verwalter vorübergehend nicht.[219]

157 Auf Antrag des Verwalters des Hauptverfahrens muss das Gericht die Aussetzung aufheben. Sie ist von Amts wegen oder auf Antrag eines Gläubigers oder des Sekundärverwalters aufzuheben, wenn sie entweder den Interessen der Gläubiger des Sekundärverfahrens zuwiderläuft und (kumulativ) deren Interessen nicht in ausreichendem Maße durch Schutzauflagen berücksichtigt sind, oder wenn die Aussetzung nicht mehr im Interesse der Hauptgläubiger liegt.[220]

158 Während der Aussetzung kann nur der Verwalter des Hauptverfahrens oder der Schuldner mit dessen Zustimmung einen Sanierungsplan, einen Vergleich oder eine vergleichbare Maßnahme vorschlagen (Art. 34 III EuInsVO). Der Verwalter des Hauptverfahrens kann dagegen nicht unmittelbar eine andere Verwertung der Masse des Sekundärverfahrens beantragen. Die Vorschläge des Verwalters des Hauptverfahrens binden den Verwalter des Sekundärverfahrens nicht, aber sie konkretisieren seine Pflicht zur Zusammenarbeit nach Art. 31 II EuInsVO. Der Verwalter des Sekundärverfahrens haftet daher ggf. für Nachteile, die entstehen, weil er von den Vorschlägen des Verwalters des Hauptverfahrens abgewichen ist.[221]

159 Rechtsmittel gegen Entscheidungen gem. Art. 33 EuInsVO ist die Rechtspflegererinnerung gem. § 11 II RPflG.[222]

160 (2) Das *Verbot der Einzelvollstreckung* (§§ 88, 89 InsO) erfasst nur das inländische Vermögen. Vollstreckt ein Gläubiger im Ausland, besteht (anders als beim Hauptinsolvenzverfahren) kein Anspruch auf Herausgabe an die inländische Masse,[223] doch muss zumindest eine Anrechnung auf die Quote gem. § 342 II 2 InsO erfolgen.

161 (3) Eine *Insolvenzanfechtung* (§§ 129 ff. InsO) ist nur zulässig, soweit sie das im Inland belegene Vermögen betrifft.[224] Eine Anfechtung im Ausland ist damit aber nicht ausgeschlossen. Sie kommt vor allem in Betracht, wenn der Gegenstand in der kritischen Zeit vor der inländischen Verfahrenseröffnung in das Ausland verbracht wurde oder wenn aus dem inländischen Vermögen einzelne Gläubiger in der kritischen Zeit befriedigt wurden oder

---

[216] AA Pannen-*Herchen*, EuInsVO, Art. 33 Rn. 47 ff.
[217] Pannen-*Eickmann*, Art. 102 § 10 Rn. 5
[218] AA Mohrbutter/Ringstmeier/*Wenner*, Rn. 147; Pannen-*Herchen*, EuInsVO, Art. 33 Rn. 46.
[219] HambKommInsO-*Undritz*, Art. 33 EuInsVO Rn. 10; *Vallender*, FS Kreft, S. 574.
[220] Pannen-*Herchen*, EuInsVO, Art. 33 Rn. 55 ff.
[221] *Ehricke* ZInsO 2004, 633.
[222] HambKommInsO-*Undritz*, Art. 33 EuInsVO Rn. 16; *Vallender*, FS Kreft, S. 579.
[223] So KPB/*Kemper*, Art. 102 EGInsO Rn. 272.
[224] Vgl. BGH ZIP 1990, 246; BGH ZIP 1991, 1014; *Göpfert*, Anfechtbare Aufrechnungslagen, 1996, S. 134 ff.

eine Sicherung erlangten.[225] Hinsichtlich des anfechtbar entfernten Vermögensgegenstandes oder der erlangten Sicherung erhebt das Partikularverfahren somit einen universalen Sollgeltungsanspruch, der Vorrang hat gegenüber einer etwaigen Anfechtung im Hauptverfahren. Hypothetische Kausalverläufe dahingehend, ob ohne die anfechtbare Rechtshandlung der Anfechtungsgegenstand noch zur Inlandsmasse gehören würde, bleiben hierbei wie auch sonst im Anfechtungsrecht (→ § 46 Rn. 73 ff.) außer Betracht. Im Verhältnis zu einem Hauptverfahren im Anwendungsbereich der EuInsVO ist dieser Vorrang in Art. 18 II 2 EuInsVO vorausgesetzt und bestätigt. Rechtshandlungen des ausländischen Hauptverwalters wie beispielsweise die Verbringung von Vermögenswerten ins Ausland sind im inländischen Sekundärverfahren prinzipiell mangels Gläubigerbenachteiligung unanfechtbar, Vermögensverlagerungen durch den Insolvenzschuldner im Vorfeld eines isolierten Partikularverfahrens hingegen grundsätzlich schon; erhebliche Unterschiede für die Gläubiger können sich bei parallelen Insolvenzverfahren infolge unterschiedlicher Verteilungsregeln ergeben.[226] Mit der Eröffnung des Sekundärverfahrens verliert der Insolvenzverwalter des Hauptverfahrens die Prozessführungsbefugnis bzw. die Aktivlegitimation, wenn der geltend gemachte Anspruch in die Insolvenzmasse des Sekundärverfahrens fällt (→ Rn. 135). Es kann sich dann zur Vermeidung von Kostennachteilen eine Veräußerung des Anspruchs oder eine gewillkürte Prozessstandschaft anbieten.[227]

162 (4) Eine *Aufrechnung* kann im Sonderinsolvenzverfahren nur erklärt werden, wenn die Hauptforderung des Schuldners, gegen die aufgerechnet wird, zum inländischen Vermögen gehört. Nach § 4 InsO iVm § 23 S. 2 ZPO ist dies nur der Fall, wenn der Drittschuldner seinen Wohnsitz im Inland hat oder für die Forderung eine inländische Sicherheit haftet.[228] Keineswegs genügt es, dass die Forderung deutschem Recht unterliegt,[229] denn im Schuldrecht herrscht Rechtswahlfreiheit (Art. 3 Rom I-VO).

163 (5) Denkbar ist auch, dass das inländische Partikularverfahren *Wirkungen auf im Ausland anhängige Rechtsstreitigkeiten hat,* welche Vermögensgegenstände des inländischen Partikularverfahrens betreffen. Sie bestimmen sich im Einzelnen nach der ausländischen lex fori. Art. 15 EuInsVO enthält keine Beschränkung auf zum Hauptverfahren gehörende Massegegenstände.

164 (6) *Verträge und Absprachen* zwischen dem ausländischen Hauptverfahren und dem deutschen Sekundärverwalter sind zulässig[230] und sogar wünschenswert.[231] Ein unzulässiges Insichgeschäft iSd § 181 BGB liegt mangels Interessenkonflikt in der Person der jeweils Handelnden nicht vor. Dieser Aspekt sollte auch bei Verfügungen über Vermögensgegenstände im Austausch zwischen Haupt- und deutschem Sekundärverfahren, beispielsweise zur Fortführung eines grenzüberschreitenden Unternehmens, im Vordergrund stehen.[232]

165 (7) Haben Insolvenzgläubiger in einem inländischen Partikularverfahren durch die deutsche Niederlassung einer in der EU ansässigen Gesellschaft begründete Forderung

---

[225] HK/*Stephan*, Art. 13 EuInsVO Rn. 8 sowie Art. 27 Rn. 10; KPB/*Paulus*, § 354 Rn. 23; § 356 Rn. 15; vgl. *Trunk*, S. 252 ff.; Mohrbutter/Ringstmeier/*Wenner*, Rn. 345.

[226] Die Geltendmachung von Anfechtungsansprüchen gegenüber Parallelinsolvenzverfahren aus Kostengründen ablehnend, ferner aufgrund von Zweifeln an der Gläubigerbenachteiligung K. Schmidt/*Brinkmann*, InsO, Art. 13 EuInsVO Rn. 19.

[227] K. Schmidt/*Brinkmann*, InsO, Art. 13 EuInsVO Rn. 20.

[228] *Trunk*, S. 250 f.

[229] AA KPB/*Kemper*, Anh. II Art. 102 EGInsO Rn. 273.

[230] AA MüKoBGB/*Kindler*, Art. 31 Rn. 20: nur „unverbindliche Absprachen".

[231] → Rn. 201 ff. und Nerlich/Römermann/*Commandeur*, Art. 31 EuInsVO Rn. 14; *Paulus*, EuInsVO, Art. 31 Rn. 4; MüKoInsO/*Reinhart*, Anh Art. 31 EuInsVO Rn. 41; HambKomm/InsO/*Undritz*, Art. 31 EuInsVO Rn. 18 ff.

[232] IE wie hier MüKoInsO/*Reinhart*, § 357 Rn. 18 f.; MüKoBGB/*Kindler*, Art. 27 EuInsVO Rn. 30, der darin zutreffend keine Übereignung sieht; K. Schmidt/*Brinkmann*, InsO, Art. 27 EuInsVO Rn. 16: „Überführung von Gegenständen von der einen in die andere Masse".

angemeldet, darf der deutsche Partikularverwalter weder analog Art. 32 EuInsVO noch analog § 93 InsO im Ausland vermeintliche Haftungsgründe der Insolvenzgläubiger gegen die Gesellschaft geltend machen.[233] Denn diese Forderungen sind als nicht im Partikularverfahrensstaat belegen anzusehen.

f) *Massegläubiger.* Nicht direkt geregelt ist, wer Massegläubiger in einem Sekundär- 166 verfahren ist. Sobald ein Sekundärverfahren eröffnet ist, kann dessen Verwalter nur Verbindlichkeiten mit Wirkung gegen die Masse des Sekundärverfahrens begründen. Mit der Eröffnung des Sekundärverfahrens wird zugleich die Verfügungsbefugnis des Hauptverwalters verdrängt, so dass – sofern im Sekundäreröffnungsverfahren nicht schon Sicherungsmaßnahmen angeordnet waren – er spätestens ab diesem Zeitpunkt nicht mehr unmittelbar zu Lasten der Masse des Sekundärverfahrens handeln kann.[234] Ab Beginn dieser Vorrangigkeit des Sekundärverfahrens wirksam begründete Masseverbindlichkeiten sind nur aus der jeweils haftenden Teilmasse zu begleichen.[235]

Ist das Hauptverfahren zeitlich vorrangig eröffnet worden, so haftet für die bis zur 167 Eröffnung des Sekundärverfahrens vom Hauptverwalter begründeten Masseverbindlichkeiten auch das Vermögen des späteren inländischen Sekundärverfahrens.[236] Für eine Beschränkung der Haftung für die vom Hauptverwalter begründeten Verbindlichkeiten auf die Masse, die auch weiterhin seiner Verfügungsbefugnis unterliegt,[237] besteht kein überzeugender Grund.[238] Insbesondere lässt sich eine solche Beschränkung nicht mit dem Interesse der Gläubiger eines Sekundärverfahrens begründen, da dieses allen Insolvenzgläubigern offen steht.

Unangemessen erscheint aber eine gesamtschuldnerische Haftung des Sekundärver- 168 fahrens nach außen.[239] Es ist dem jeweiligen Massegläubiger zuzumuten, die Befriedigung beim ausländischen Hauptverwalter zu suchen. Dieser musste seinerseits damit rechnen, dass ihm der unmittelbare Zugriff auf im Ausland belegene Vermögenswerte durch vorrangige Sekundärverfahren entzogen wird. Ob er selbst die Eröffnung des Insolvenzverfahrens beantragt oder ein Gläubiger, kann dabei keinen Unterschied machen. Interessengerecht ist daher eine *subsidiäre Binnenhaftung des Sekundärverfahrens*. Mit diesem Ansatz der subsidiären Binnenhaftung lässt sich für eine Vielzahl der Fälle auch das Problem der Masseinsuffizienz im Hauptverfahren vermeiden, die durch einen vorrangigen Vermögensbeschlag für werthaltiges Auslandsvermögen aufgrund eines Sekundärverfahrens entstehen kann. Damit muss der Sekundärverwalter die vom Hauptverwalter begründeten und bislang unbefriedigt gebliebenen Masseverbindlichkeiten im Auge haben.

Weitergehend wird vertreten, eine Haftung der Sekundärmasse komme nur im Ver- 169 hältnis des Wertes der später separierten Massen in Betracht oder im Maße des Vorteils, den die Sekundärmasse durch das Handeln des Hauptverwalters erlangt. Da aber sogar die Liquidation des Schuldnervermögens eine gewisse Dynamik entfalten kann und sich – aus welchen Gründen auch immer – die Wertverhältnisse verschieben bzw. die Vorteile gar nicht auf Anhieb feststellen lassen, sind derartige Abgrenzungskriterien praktisch ungeeignet. Der Hauptverwalter wird zumindest alles dafür tun, das in anderen Mitgliedstaaten belegene Vermögen unverzüglich seinem unmittelbaren Zugriff zu unterwerfen. Es wäre nahezu naiv zu glauben, dass eine gesamtschuldnerische Außenhaf-

---

[233] KG ZIP 2011, 1730; dazu *Piekenbrock* IPrax 2012, 337.
[234] *Ringstmeier/Homann* NZI 2004, 354, 356.
[235] Pannen-*Herchen*, EuInsVO, Art. 27 Rn. 51.
[236] *Paulus*, EuInsVO, Art. 28 Rn. 5f.
[237] Hierfür D-K/D/C-*Duursma-Kepplinger*, Art. 27 Rn. 59.
[238] AA *Beck* NZI 2007, 1 ff.
[239] Pannen-*Herchen*, EuInsVO, Art. 27 Rn. 57.

tung des Sekundärverfahrens ihn von einem solchen Vorgehen abhält. Die Masse des Sekundärverfahrens haftet auch für Vergütungsansprüche des Hauptverwalters oder für im Hauptverfahren anfallende Gerichtskosten.[240]

170 g) *Anmelderecht.* Im gesonderten Verfahren können alle inländischen und ausländischen Gläubiger ihre Ansprüche anmelden (Art. 32 I EuInsVO; § 341 I InsO). Anmeldefristen und Prüfungskosten richten sich nach inländischem Recht.[241] Soweit dies zweckmäßig ist, melden die Verwalter die Forderungen in den jeweils anderen Verfahren an (Art. 32 II EuInsVO; § 341 II 1 InsO). Die Verwalter handeln dabei als Vertreter des jeweiligen Gläubigers,[242] haben also dessen Weisung, die Anmeldung zu unterlassen oder zurückzunehmen, zu beachten (Art. 32 II EuInsVO; § 341 II 2 InsO). Die gem. § 341 III InsO geltende Vollmacht des Verwalters, die auch zur Ausübung des Stimmrechts befugt, beansprucht für deutsche Verfahren im Anwendungsbereich der EuInsVO ebenfalls Geltung.[243] Gleichwohl empfiehlt sich eine gesonderte Bevollmächtigung, deren Anforderungen das Recht des Staates bestimmt, in welcher die Gläubigerversammlung stattfindet.

171 Ein Inlandsbezug der Forderung ist nicht erforderlich.[244] Bei dem Verfahren handelt es sich also nicht um ein Sonderinsolvenzverfahren für inländische Gläubiger, sondern nur um ein gesondertes Verfahren.[245] Eine Forderung auf Leistung von *punitive damages* kann über den kompensatorischen Anteil hinaus nicht angemeldet bzw. berücksichtigt werden, da auch ein entsprechendes Auslandsurteil wegen Verstoß gegen den deutschen *ordre public* gem. § 328 I Nr 4 ZO nicht anerkannt werden könnte.[246] Angemeldet werden kann eine Forderung nur in der Höhe, in der sie zZ der Anmeldung noch besteht. Ausschüttungen, die im ausländischen Verfahren bereits erfolgt sind, müssen abgezogen werden. Auf Vorabbefriedigungen in anderen Insolvenzverfahren haben der Gläubiger und/oder sein Vertreter in Erfüllung der Auskunftspflicht (§ 342 III InsO) aber ausdrücklich hinzuweisen. Der Insolvenzverwalter muss im Vorfeld von Ausschüttungen sämtliche Gläubiger wegen etwaiger Vorabbefriedigungen befragen und in Zusammenarbeit mit den ausländischen Verwaltern die ursprüngliche Höhe der Forderung bei erster Anmeldung verifizieren (→ Rn. 103 ff.). Damit das Anmelderecht wahrgenommen werden kann, sind der Eröffnungsbeschluss und alle für die Anmeldung erforderlichen Informationen individuell mitzuteilen (Art. 40 EuInsVO) bzw. zuzustellen (§ 30 II InsO). Die lex fori concursus bestimmt im Sekundärverfahren auch den Rang der Gläubigerrechte. In einem deutschen Sekundärverfahren gelten daher auch für eine ausländische EU-Kapitalgesellschaft die deutschen Regeln des Eigenkapitalersatzrechts.[247]

172 Praktisch kommen regelmäßig *Doppelanmeldungen* vor, weil nicht nur der ausländische Verwalter, sondern auch der Gläubiger selbst die Forderungsanmeldung betreibt. Der inländische Verwalter muss daher eine Forderungsanmeldung, regelmäßig die zeitlich spätere, bestreiten. Zur Wahrnehmung der Gläubigerrechte in etwaigen Feststellungsstreitigkeiten ermächtigen Art. 32 EuInsVO, § 341 InsO den Verwalter nicht. Die Feststellung einer Forderung durch einen ausländischen Haupt- oder Sekundärinsolvenzverwalter entfaltet jedoch keine Bindungswirkung.[248]

---

[240] Pannen-*Herchen*, EuInsVO, Art. 27 Rn. 59; aA noch Voraufl.
[241] Zu unterschiedlichen Anmeldefristen vgl. MüKoBGB/*Kindler*, Art. 32 Rn. 15.
[242] *Virgós/Schmit*, Nr 238.
[243] FK/*Wimmer*, § 341 Rn. 6; HambKommInsO-*Undritz*, § 341 Rn. 2.
[244] Mohrbutter/Ringstmeier/*Wenner*, Rn. 131.
[245] *Geimer*, IZPR Rn. 3391; *E. Habscheid*, S. 459; aA (nur für isolierte Partikularverfahren) MüKoBGB/*Kindler*, Art. 3 Rn. 80.
[246] Vgl. *E. Habscheid*, S. 448 ff.
[247] Vgl. *Wienberg/Sommer* NZI 2005, 353.
[248] *Kodek* ZInsO 2011, 889 ff.

h) *Verteilung.* Im Rahmen der Verteilung im inländischen Partikularverfahren muss sich ein Gläubiger anrechnen lassen, was er zuvor bereits in einem ausländischen Verfahren als Tilgung erlangt hat.[249] → Rn. 102 ff. **173**

i) *Abführung eines Überschusses.* Kommt es bei der Abwicklung des deutschen Sekundärverfahrens zu einem Überschuss, so ist dieser nach Art. 35 EuInsVO bzw. § 358 InsO an den Insolvenzverwalter des ausländischen Hauptverfahrens ohne schuldhaftes Zögern auszukehren. Kommt es (eher theoretisch) zu einem Überschuss in einem isolierten Partikularverfahren, so ist dieser dem Schuldner herauszugeben. **174**

Aus Art. 35 EuInsVO bzw. § 358 InsO ließe sich ableiten, dass ein Hauptverfahren erst nach Beendigung aller Sekundärinsolvenzverfahren beendet werden kann. Das erscheint jedoch nicht sachgerecht. Hat der Hauptverwalter sämtliche seiner unmittelbaren Verfügungsgewalt unterliegenden Vermögenswerte des Schuldners verwertet und/oder ist absehbar, dass es weder zu einem Insolvenzplan oder zu einer gemeinschaftlichen Verwertung in Parallelverfahren kommt und dass auch kein Überschuss aus Sekundärverfahren zu erwarten ist, besteht kein Grund, das Hauptverfahren weiter aufrecht zu erhalten. Die zeitlich letzte Verteilung kann auch in einem Sekundärverfahren erfolgen.[250] Der Hauptverwalter sollte natürlich zuvor in Vertretung aller Gläubiger deren Forderungen im Sekundärverfahren anmelden und bisherige Befriedigungen mitteilen.[251] **175**

j) *Sanierung des Schuldners.* In Abstimmung mit dem ausländischen Hauptverfahren kann auch das inländische Partikularverfahren als Sanierungsverfahren durchgeführt werden. Folglich kann in dem auf das Inlandsaktivvermögen beschränkten Insolvenzverfahren ein *Insolvenzplan* angenommen werden.[252] Nach § 355 II InsO darf das Insolvenzgericht einen Insolvenzplan im Partikularverfahren nur bestätigen, wenn ihm alle betroffenen Gläubiger zugestimmt haben. Ähnlich verlangt Art. 34 I Unterabs. 2 EuInsVO, dass ein Sanierungsplan in einem Sekundärverfahren nur bestätigt werden kann, wenn der Verwalter des Hauptverfahrens zustimmt *oder* der Plan die finanziellen Interessen der Gläubiger des Hauptverfahrens nicht beeinträchtigt, dh die dortige Befriedigungsquote sich bei Nicht-Bestätigung des Plans nicht verschlechtert.[253] **176**

Allgemeine Stundungs- oder Erlasswirkung, also Auswirkungen auf das Passivvermögen und Kernelement einer Sanierung, soll der Plan aber nur haben, wenn *alle* betroffenen Gläubiger *zugestimmt* haben (Art. 34 II EuInsVO, § 355 II InsO). Art. 102 § 9 EGInsO geht darüber hinaus und erhebt die Zustimmung aller Gläubiger, deren Forderungen durch den Plan beeinträchtigt werden, zu einer Bestätigungsvoraussetzung für das inländische Gericht. Die Vorschrift vermeidet Widersprüche zum Regelungsgehalt des § 254 I InsO, wonach die gestaltenden Planwirkungen mit der rechtskräftigen Bestätigung auch gegenüber den nicht teilnehmenden Gläubigern wirken. **177**

Gewiss soll über das Schicksal des Schuldners primär im europäischen oder drittstaatlichen Hauptverfahren entschieden werden. Dort kann ein Sanierungsplan aber idR mit qualifizierter Mehrheit angenommen werden. Gibt es kein Sekundärverfahren, hat der Plan weltweite Wirkung. Wurden aber ein oder mehrere Sekundärverfahren eröffnet, so soll jeder Gläubiger des Hauptverfahrens praktisch ein Vetorecht haben, indem er die zur Sanierung notwendigen Beschränkungen seiner Forderungen durch (die Flucht in) ein Sekundärverfahren und dortigen Widerspruch oder gar durch Nicht-Teilnahme bei der Planabstimmung abwehrt. Dieses Ergebnis, wie es in Art. 102 § 9 EGInsO bzw. § 355 II InsO zum Ausdruck kommt, überzeugt nicht.[254] **178**

---

[249] *E. Habscheid*, S. 459; vgl. KPB/*Paulus*, § 342 Rn. 12; *Trunk*, S. 223 ff., 257 f.
[250] IE auch Pannen-*Herchen*, EuInsVO, Art. 27 Rn. 22 („Umwandlung in Partikularinsolvenzverfahren").
[251] In diese Richtung weisend auch FK/*Wenner/Schuster*, § 358 Rn. 3.
[252] *Trunk*, S. 258 ff.; KPB/*Paulus*, § 355 Rn. 4.
[253] Vgl. dazu Pannen-*Herchen*, EuInsVO, Art. 34 Rn. 37 f.
[254] S 3. Aufl.

179 Richtigerweise sind Art. 34 II EuInsVO und § 355 II InsO teleologisch einschränkend[255] zu interpretieren, ebenso wie die für isolierte Partikularverfahren geltende Regelung des Art. 17 II EuInsVO. Planmaßnahmen in einem Partikularverfahren, welche das Passivvermögen des Schuldners bzw. die Forderung eines Gläubigers beschränken oder beeinträchtigen, gelten nur und ausschließlich gegenüber demjenigen Gläubiger, der dieser Beschränkung individuell zugestimmt hat. Dahinter steht die Erkenntnis, dass eine Forderung materiell-rechtlich nur einheitlich besteht und nicht territorial aufgespalten werden kann (anders als die zur Befriedigung der Forderung bestehenden Haftungsmassen). Da Partikularverfahren einen auf das Inlandsaktivvermögen des Schuldners beschränkten Geltungsanspruch haben, können sie die Durchsetzbarkeit und Erfüllbarkeit von Forderungen nur in Bezug auf dieses Vermögen regeln. Es fehlt aber – auch in Sanierungsplänen – die Regelungsbefugnis hinsichtlich des weiteren Auslandsvermögens, also bzgl der zur Befriedigung der Gläubigerforderungen vorhandenen Haftungsmasse. Hierzu bedarf es in Art. 34 II EuInsVO keiner klarstellenden Aussage. In Art. 34 II EuInsVO ist damit ausschließlich eine materiell-rechtliche Bestandsgarantie für die Forderungen derjenigen Gläubiger zu sehen, welche die Passivmasse begrenzenden, materiell-rechtlich-universell wirkenden Regelungen im Plan des Sekundärverfahrens nicht zugestimmt haben. Nicht ausgeschlossen ist aber, dass solche universell wirkenden Beschränkungen der Passivmasse, ggf auch durch Mehrheitsbeschluss, in einem grds identischen[256] Plan des Hauptverfahrens bestätigt werden. Insoweit schützt Art. 34 II EuInsVO die widersprechenden oder nicht teilnehmenden Gläubiger nicht. Materiell-rechtlich entstehen auch keine hinkenden Rechtsverhältnisse.[257] Es besteht jedenfalls in einer solchen Konstellation kein einsichtiger Grund, entgegen Art. 102 § 9 EGInsO einem Sanierungsplan im Partikularverfahren die gerichtliche Bestätigung zu versagen, weil ein betroffener Gläubiger nicht zugestimmt hat.

180 k) *Restschuldbefreiung.* Nach § 355 I InsO (und Art. 28 EuInsVO) sind die Regeln über Restschuldbefreiung in deutschen Partikularinsolvenzverfahren nicht anwendbar. Andere meinen, eine Restschuldbefreiung komme nur im Zusammenwirken und in Abstimmung mit dem ausländischen Hauptverfahren in Betracht,[258] weil eine Restschuldbefreiung nur umfassend, nicht aber territorial begrenzt gewährt werden könne.

181 Wie bereits in der 3. Aufl.[259] vertreten, kann eine auf das Inland beschränkte Restschuldbefreiung indes durchaus Sinn machen und sollte dann auch gewährt werden können.[260] Für den Schuldenbereinigungsplan gem. § 308 InsO gilt aufgrund der Vergleichbarkeit zum Insolvenzplan die Bestimmungen des § 355 II InsO entsprechend.[261]

182 **7. Vermeidung von Sekundärverfahren.** Verfahrensbeteiligte des Hauptverfahrens empfinden Sekundärinsolvenzverfahren häufig als störend.[262] Tatsächlich bringt eine koordinierte Insolvenzabwicklung in parallelen Verfahren mit teilweise unterschiedlichen Entscheidungsträgern erhebliche Anstrengungen für alle Beteiligten mit sich. Unbestrittenermaßen können Sekundärverfahren die grenzüberschreitende Unternehmensfortführung in der Insolvenz erschweren. Dies gilt auch dann, wenn Haupt- und Sekundärverwalter zum Abschluss einer individuellen Vereinbarung gelangen (→ Rn. 200 ff.).

---

[255] *Eidenmüller* IPRax 2001, 1, 9 f.
[256] Vgl. hierzu MüKoInsO/*Reinhart*, § 355 Rn. 7 ff.
[257] Zu Alternativen grenzüberschreitender Unternehmenssanierungen in Parallelverfahren vgl. MüKoInsO/*Reinhart*, § 355 Rn. 17.
[258] So *Flessner* IPRax 1997, 1, 9.
[259] § 130 Rn. 133.
[260] AA FK/*Wenner/Schuster*, § 355 Rn. 2; *Ludwig*, S. 215.
[261] Zutreffend MüKoInsO/*Reinhart*, § 355 Rn. 6.
[262] Vgl. hierzu auch die Überlegungen bei *Beck/Voss*, Rn. 931 ff.

Institute wie etwa die deutsche Eigenverwaltung, welche die Reibungsflächen verringern kann, sind teilweise in der potentiellen lex fori concursus secondarii nicht vorgesehen oder werden vom zuständigen Gericht abgelehnt. In gewisser Weise nachvollziehbar ist daher der Wunsch, schon von vornherein die spätere Eröffnung von Sekundärverfahren zu verhindern oder deren nachteilige Wirkungen auf die Verwertungsbemühungen einzudämmen. In der Praxis werden im Wesentlichen die nachfolgenden Vorgehensweisen diskutiert:[263]

- Der vorläufige Insolvenzverwalter bemüht sich unverzüglich darum, das sämtliche Vermögen des Schuldners, insbesondere die vorhandene Liquidität, im Hauptverfahrensstaat zu konzentrieren. Bei entsprechender Beratung im Vorfeld veranlasst noch der Schuldner ein solches Zusammenziehen von Vermögenswerten. Der wirtschaftliche Anreiz, ein Sekundärverfahren durchzuführen, wird dadurch geringer.
- Vor allem englische Gerichte haben den Hauptverwalter im Wege einer Ermessensentscheidung ermächtigt, Forderungen der Gläubiger ausländischer Konzerntochtergesellschaften, über deren Vermögen ein englisches Hauptverfahren eröffnet worden war, nach dem am „eigentlichen Sitz" der Tochtergesellschaft geltenden Recht und entgegen der im englischen Insolvenzrecht vorgesehenen Verteilungsordnung zu befriedigen, also eine Sachlage herbeizuführen, wie wenn es ausländische Sekundärinsolvenzverfahren gäbe.[264] Inländischen Gerichten dürfte eine derartige Ermessensentscheidung verwehrt sein.[265] Eine vom deutschen Insolvenzrecht abweichende Verteilungsordnung lässt sich allenfalls in einem Insolvenzplan festlegen, also nur mit Zustimmung der Gläubiger. Zu den Reformvorschlägen der Europäischen Kommission → § 131 Rn. 129 ff.
- Ein Sekundärverfahren wird zunächst nicht eröffnet, sondern stattdessen mit den antragswilligen Gläubigern folgendes Vorgehen vereinbart: Das Schuldnerunternehmen einschließlich der ausländischen Niederlassungen wird vom Hauptverfahren aus im Rahmen einer übertragenden Sanierung veräußert. Im Unternehmenskaufvertrag wird für die ausländischen Vermögenswerte ein angemessener und konkreter Kaufpreisanteil bestimmt. Am Sitz der ausländischen Niederlassung wird nach Abschluss des Unternehmenskaufvertrages ein Sekundärverfahren eröffnet. Bis dahin müssen die betroffenen Gläubiger stillhalten. Der anteilige Kaufpreis für die lokalen Vermögensgegenstände steht der Sekundärmasse zu; er wird gem. den lokalen Verteilungsregeln ausgeschüttet.[266]

VI. Nachlassinsolvenzverfahren

1. Internationale Zuständigkeit. a) Sowohl die EuInsVO als auch die §§ 335 ff. InsO finden auch auf Nachlassinsolvenzverfahren Anwendung.[267] Hatte der Erblasser den Mittelpunkt seiner hauptsächlichen Interessen in Deutschland, sind die deutschen Gerichte für die Eröffnung eines universellen Nachlassinsolvenzverfahrens international zuständig.[268] Örtlich ist das Gericht am Mittelpunkt der bisherigen selbstständigen wirtschaftlichen Tätigkeit des Erblassers, hilfsweise das Gericht an seinem letzten Wohnsitz zuständig, § 315 InsO.[269] Die sonst im internationalen Erbrecht geltende Gleichlaufthe-

---

[263] Zu weiteren – allerdings nur teilweise geeigneten – Gegenstrategien s. *Mock* ZInsO 2009, 895, 898 (Schutzschrift und Rechtsmittel) sowie 900 (Vermögensverlagerung und Schließung).
[264] High Court London, ZIP 2006, 2093 = EWiR 2006, 623 *(Mankowski); Meyer-Löwy/Plank* NZI 2006, 622; High Court Birmingham, NZI 2006, 416 (m Anm *Mankowski*).
[265] *Mankowski* NZI 2006, 418; *Penzlin/Riedemann* NZI 2005, 517, 519.
[266] Vgl. dazu Pannen-*Herchen*, EuInsVO, Art. 27 Rn. 11.
[267] AG Köln NZI 2011, 159 (zur EuInsVO); AG Düsseldorf, ZInsO 2012, 1278; *Mankowski* ZIP 2011, 1501; *Schmiedeknecht*, S. 144.
[268] *Mankowski* ZIP 2011, 1501, 1502.
[269] *Mankowski* ZIP 2011, 1501, 1503.

orie²⁷⁰ ist im Insolvenzrecht nicht anzuwenden, weil sonst über das Vermögen eines ausländischen Erblassers mit letztem Inlandswohnsitz kein Nachlassinsolvenzverfahren eröffnet werden könnte²⁷¹ und der Erbe Nachlassteile erhalten würde, obgleich nicht alle Nachlassgläubiger befriedigt sind.

184 **b)** Daneben kommt auch ein *gesondertes Nachlassinsolvenzverfahren* über das Inlandsvermögen in Betracht, wenn der Erblasser hier eine Niederlassung hatte.²⁷² Außerhalb des Anwendungsbereichs der EuInsVO genügt bereits inländisches Vermögen (§ 354 InsO). Inländische Nachlassgläubiger müssen sich nicht auf ein ausländisches Nachlass(insolvenz)verfahren verweisen lassen.

185 **2. Umfang der Insolvenzmasse.** Wie in den Normalfällen erfasst das deutsche Nachlassinsolvenzverfahren grds auch den im Ausland belegenen Nachlass.²⁷³ Was Bestandteil des Nachlasses ist, richtet sich nach dem anwendbaren materiellen Erbrecht.²⁷⁴ Soweit allerdings kollisionsrechtlich Nachlassspaltung eintritt, müssten entsprechend den anwendbaren Erbrechten eigentlich Teilnachlässe²⁷⁵ bzw. besondere Insolvenzmassen gebildet und unterschiedliche Insolvenzverfahren abgewickelt werden.²⁷⁶ Dieses Vorgehen findet in den Vorschriften der EuInsVO jedoch seine Grenzen.

186 Wirtschaftlich ist der Nachlass eine Einheit; die Quoten der Gläubiger müssen – wie auch bei lebenden natürlichen Personen als Schuldner – auf den gesamten Nachlass bezogen werden. Kommt es zu mehreren Verfahren in verschiedenen Ländern, ist zudem zu beachten, dass die Nachlassschulden nicht einem bestimmten Nachlassteil (bewegliches – unbewegliches Vermögen) zugeordnet werden können.²⁷⁷ Auch geht es nicht an, dass der Erbe die Gläubiger mit Sitz in einem bestimmten Staat befriedigt, um den Nachlass in diesem Staat der Haftung gegenüber den restlichen Gläubigern zu entziehen. Zu beachten ist ferner, dass nicht alle Staaten besondere Nachlassinsolvenzverfahren kennen. Deshalb ist der funktionale Zusammenhang mit allen Verfahren zu beachten, in denen Nachlassverbindlichkeiten aus dem Nachlass befriedigt werden sollen.

187 Außerdem findet der exterritoriale Geltungsanspruch des (der) deutschen Verfahrens seine Grenze, wenn im Ausland ein Insolvenzverfahren über den dort belegenen Nachlass stattfindet.

188 **3. Abwicklung der Nachlassinsolvenz.** Soweit der Nachlass ausländischem Erbstatut unterliegt, entscheidet dieses auch darüber, welche Verbindlichkeiten als Nachlassverbindlichkeiten berücksichtigt werden können. Im inländischen Nachlassinsolvenzverfahren sind gleichwohl die §§ 322 ff. InsO anzuwenden. Die Art der Vermögenssonderung zwischen Eigenvermögen des Erben und Nachlass und die Art der Haftungsbeschränkung und die Rangfolge der Gläubiger bestimmen sich daher nach deutschem Recht.²⁷⁸ Kommt es auch zu Verfahren im Ausland, so haften die Teilnachlässe solidarisch für alle Nachlassverbindlichkeiten. Die jeweiligen Insolvenzverwalter sollen dies durch Forderungsanmeldungen in mehreren Parallelverfahren sicherstellen. Sind unterschiedliche Erben beteiligt, so ist ein interner Ausgleich zwischen den Erben

---

²⁷⁰ Vgl. *Kropholler*, IPR, 5. Aufl. 2004, § 51 V 1; MüKoBGB/*Birk*, 3. Aufl., Art. 25 EGBGB Rn. 315.
²⁷¹ *Hanisch* ZIP 1990, 1241, 1242 ff.; *Bünning*, S. 104 ff. (zu § 214 KO); *Staudinger/Dörner*, 13. Bearb 1994, Art. 25 EGBGB Rn. 866.
²⁷² *Mankowski* ZIP 2011, 1501, 1504 f.
²⁷³ *Mankowski* ZIP 2011, 1501, 1504.
²⁷⁴ *Smid*, Rn. 62.
²⁷⁵ Vgl. BGHZ 24, 352, 355 = NJW 1957, 1316.
²⁷⁶ So *Bünning*, S. 205 ff.; *Staudinger/Dörner*, Art. 25 EGBGB Rn. 866; *Hanisch*, FS Henckel S. 369, 375 f, 382.
²⁷⁷ *Bünning*, S. 212 ff.
²⁷⁸ *Bünning*, S. 132 ff., 154, 162 ff.; *Hanisch*, FS Henckel S. 369, 384.

zu finden.²⁷⁹ Für die Abwicklung des Nachlassinsolvenzverfahrens gelten die §§ 322 ff. InsO auch bei Geltung fremden Erbstatuts uneingeschränkt.²⁸⁰

VII. Anerkennung deutscher Verfahren im Ausland

1. Anerkennung in den EU-Staaten. Nach Art. 16 I EuInsVO wird ein deutsches Insolvenzverfahren in den anderen EU-Staaten (außer Dänemark) *automatisch anerkannt*. Die Wirkungen des deutschen Hauptverfahrens treten also auch in Bezug auf das in den EU-Staaten belegene Vermögen des Schuldners ein, *„ohne dass es hierfür irgendwelcher Förmlichkeiten bedürfte"* (Art. 17 I EuInsVO), also unabhängig von einer späteren öffentlichen Bekanntmachung des Eröffnungsbeschlusses (Art. 21 EuInsVO) oder seiner Vollstreckbarerklärung nach Art. 25 I Unterabs 1 EuInsVO, Einzelheiten in § 134.

2. Anerkennung in anderen Staaten. Vorbehaltlich staatsvertraglicher Regelungen entscheidet (außerhalb des EU-Bereiches) jeder ausländische Staat nach seinem eigenen autonomen internationalen Insolvenzrecht, ob er ein in Deutschland eröffnetes Insolvenzverfahren anerkennt und ihm ganz oder teilweise Inlandswirkungen beimisst.

a) Die *Schweiz* beansprucht zwar für den schweizerischen Konkurs das Universalitätsprinzip, hat aber im Gesetz über das Internationale Privatrecht vom 18.12.1987 ein besonderes System der Anerkennung ausländischer Insolvenzverfahren eingeführt, ohne insoweit die Prinzipien der Universalität und Einheit des Auslandskonkurses zu verwirklichen.²⁸¹ Nach Art. 166 IPRG kann die Eröffnung eines ausländischen Insolvenzverfahrens auf Antrag des ausländischen Verwalters oder eines Gläubigers durch das zuständige schweizerische Gericht anerkannt werden,²⁸² wenn die Entscheidung am Wohnsitz/Sitz des Schuldners ergangen und im Eröffnungsstaat vollstreckbar ist. Eine Insolvenzeröffnung an einer Niederlassung des Schuldners genügt nicht. Die Anerkennung ist abzulehnen, wenn sie mit dem schweizerischen *ordre public* unvereinbar wäre, wenn die Entscheidung unter Verletzung fundamentaler Verfahrensprinzipien zustande gekommen ist, insb. dem Schuldner kein rechtliches Gehör gewährt wurde, wenn die Entscheidung im Widerspruch zu einer in der Schweiz in derselben Sache bereits ergangenen oder anzuerkennenden ausländischen Entscheidung steht oder wenn der Eröffnungsstaat keine Gegenseitigkeit gewährt.²⁸³ Das mit dem Antrag auf Anerkennung befasste Gericht kann auf Ersuchen des ausländischen Insolvenzverwalters oder eines Gläubigers die im SchKG für die Eröffnungsphase eines schweizerischen Konkurses vorgesehenen Sicherungsmaßnahmen zum Schutze der (künftigen) Masse und der Gläubigerrechte anordnen, insb. eine Inventarisierung und Sicherung des Schuldnervermögens durch das Betreibungsamt veranlassen.

Die Anerkennung zieht für das in der gesamten Schweiz belegene Schuldnervermögen *„die konkursrechtlichen Folgen des schweizerischen Rechts"* nach sich (Art. 170 IPRG).²⁸⁴ Über dieses Vermögen führt das Konkursamt ein beschränktes, vereinfachtes Konkursverfahren durch. In diesem „Mini-Konkurs" können nur Gläubiger mit „pfandgesicherten" Forderungen (Art. 219 SchKG; Pfand- oder Retentionsrechte, nicht besitz-

---

²⁷⁹ *Bünning*, S. 218 ff.
²⁸⁰ *Bünning*, S. 157 ff. (zu §§ 214 ff. KO).
²⁸¹ Vgl. *Hanisch*, Wirkungen deutscher Insolvenzverfahren auf das in der Schweiz befindliche Schuldnervermögen, JZ 1988, 737; *Kolmann*, S. 21 ff.; *Staehelin*, AJP 1995, 259, 279; *Schnyder*, in: Gottwald, Aktuelle Entwicklungen des europäischen und internationalen Zivilverfahrensrechts, 2002, S. 385, 398; *Bull*, FS Baudenbacher (2007), S. 727.
²⁸² Vgl. *Brunner*, Gläubigerschutz im internationalen Konkursrecht, AJP 1995, 3, 22; *Kolmann*, S. 31 f.; *Schnyder* (Fn. 154), S. 305, 398 ff.
²⁸³ Vgl. *Hanisch*, Die Vollstreckung von ausländischen Konkurserkenntnissen in der Schweiz, AJP 1999, 17.
²⁸⁴ Vgl. *Kolmann*, S. 41 ff.

lose Mobiliarsicherheiten) und in der Schweiz ansässige Gläubiger mit privilegierten Ansprüchen (Art. 219 IV SchKG, Klasse 1 und 2; Arbeitslohn- und Sozialansprüche der Arbeitnehmer, Unterhaltsansprüche, Ansprüche auf Herausgabe verwalteten Kindesvermögens)[285] ihr Recht geltend machen (Art. 172 I IPRG idF um 1995). Beträge, die solche Gläubiger im ausländischen Insolvenzverfahren erlangt haben, müssen sie sich auf ihre Dividende im Mini-Konkurs anrechnen lassen. „Normale" Insolvenzgläubiger werden auf die Teilnahme am ausländischen Insolvenzverfahren verwiesen. Anfechtungsklagen zugunsten der Masse des Mini-Konkurses, die auch der ausländische Insolvenzverwalter oder ein Gläubiger des ausländischen Insolvenzverfahrens erheben kann, unterstehen schweizerischem Recht (Art. 285 ff. SchKG). Ein Überschuss, der im Mini-Konkurs verbleibt, wird dem ausländischen Insolvenzverwalter zur Verfügung gestellt, sofern der ausländische „Kollokationsplan" (Verzeichnis der Gläubiger unter Beachtung der Klassenordnung) vom schweizerischen Gericht anerkannt wird (Art. 173 IPRG; geprüft wird, ob die Forderungen von Gläubigern in der Schweiz angemessen berücksichtigt wurden).[286] Wird er nicht anerkannt, so wird der Überschuss unter die nicht privilegierten Gläubiger mit Wohnsitz in der Schweiz verteilt (Art. 174 I IPRG nF; Art. 219 IV Klasse 3 SchKG nF).

193 Das IPRG lässt die Möglichkeit offen, über das in der Schweiz belegene Vermögen eines im Ausland wohnenden Schuldners, der in der Schweiz eine Geschäftsniederlassung unterhält, einen Sonderkonkurs zu eröffnen (Art. 166 II IPRG iVm Art. 50 SchKG).[287] In diesem Verfahren können alle Verbindlichkeiten geltend gemacht werden, *„die auf Rechnung der Niederlassung eingegangen sind"*. Ist der Kollokationsplan des Mini-Konkurses rechtskräftig geworden, kann ein Niederlassungskonkurs nicht eröffnet werden.

194 Ungeachtet der globalen Anerkennung nach Art. 166 ff. IPRG kann jedes schweizerische Gericht, dessen Entscheidung von der Anerkennung einer bestimmten Wirkung eines ausländischen Insolvenzverfahrens abhängt, über die Entscheidung als Vorfrage selbstständig entscheiden (Art. 167 iVm Art. 29 III IPRG).

195 **b)** Die *Liechtensteinische* Konkursordnung von 1973 sieht in § 5 vor, dass im Fürstentum belegenes bewegliches Vermögen des Schuldners der ausländischen Konkursverwaltung ausgehändigt werden kann; die „Ausfolgung" setzt aber Gegenseitigkeit voraus, die in der Praxis vermehrt als verbürgt angesehen wird. Liechtenstein ist zunehmend zur Kooperation mit deutschen Insolvenzverwaltern bereit.[288]

196 **c)** Die nordischen Staaten *(Dänemark, Island und Norwegen)* folgen dem Prinzip der Territorialität des Insolvenzverfahrens und lassen nicht zu, dass ein ausländischer Verwalter das auf ihrem Gebiet belegene Vermögen des Schuldners an sich zieht.[289] Während des ausländischen Insolvenzverfahrens können die Gläubiger in das Schuldnervermögen, das sich in diesen Staaten befindet, weiter vollstrecken. Der Schuldner bleibt verfügungsbefugt.

197 **d)** Der *US-amerikanische* Bankruptcy Act von 1978 enthielt einige von den Prinzipien der comitas gentium beherrschte Vorschriften, die sich mit der Inlandswirkung von Verfahren befassen, *„die im Ausland die Neuordnung oder Liquidation des Schuldnervermögens bewirkt"*.[290] Durch den Bankruptcy Abuse Prevention and Consumer Protection Act 2005

---

[285] Vgl. *Hardmeier,* Änderungen im Konkursrecht, AJP 1996, 1428, 1434.
[286] Vgl. KPB/*Paulus,* § 335 Rn. 25; *Brunner* AJP 1995, 3, 20.
[287] Vgl. *Kolmann,* S. 56 ff.
[288] Zum Liechtensteinischen Internationalen Insolvenzrecht *Gasser* LJZ 2004, 24.
[289] KPB/*Paulus,* § 335 Rn. 27.
[290] *Kraus,* RIW 1983, 553 ff., 560; *Moltrecht,* RIW 1985, 543; *Spennemann,* S. 308; *Hay,* FS Müller-Freienfels, 1986, 247 ff.; *Lowe,* Remedies Available to Foreign Administrators under the United States

wurde für das internationale Insolvenzrecht ein neues Chapter 15 eingefügt, das im Wesentlichen eine Übernahme des UNCITRAL-Modellgesetzes enthält (→ § 135 Rn. 7 ff.).[291] Chapter 15 regelt die Anerkennung des ausländischen Verfahrens auf Antrag des Verwalters, die Unterstützungsmöglichkeiten für das anerkannte Verfahrens sowie die Kooperation mit dem ausländischen Insolvenzgericht und dem ausländischen Verwalter.

e) Auch *Kanada* und *Australien* haben nunmehr wesentliche Regelungen des UNCITRAL-Modellgesetzes in ihr nationales Recht implementiert.

f) In der *Türkei* hängt das Exequatur von der Gegenseitigkeit ab, die nur durch Staatsvertrag hergestellt werden kann.

VIII. Parallelverfahren

Hat der Insolvenzschuldner in mehreren Staaten relevantes Vermögen und erkennt einer dieser Staaten das deutsche Insolvenzverfahren nicht an oder beansprucht selbst weltweite Wirkungen für sein eigenes Verfahren, so kann es zu parallelen universalen Insolvenzverfahren kommen. Über deren Abwicklung enthalten weder das europäische noch das deutsche Insolvenzrecht Vorschriften, weil die Formulierung der internationalen Zuständigkeit eigentlich nur ein einziges Universalhauptverfahren zulassen sollen. Eine Kooperation mit anderen Insolvenzverfahren ist damit jedoch nicht ausgeschlossen.

1. Zusammenarbeit mit ausländischen Amtswaltern. Da europäisches und deutsches Recht von den Grundsätzen der Universalität und Einheit des Verfahrens sowie der Gleichbehandlung aller Gläubiger ausgehen, ist der deutsche Insolvenzverwalter in grenzüberschreitenden Fällen nach Art. 31 EuInsVO und § 357 InsO befugt und verpflichtet, mit den ausländischen Insolvenzorganen (Insolvenzverwalter, Insolvenzgericht) zusammenzuarbeiten und Vereinbarungen zu treffen, die eine einheitliche Abwicklung des Schuldnervermögens und eine gleichmäßige Verteilung an die weltweiten Gläubiger gewährleisten.[292] Vom Insolvenzzweck her ist eine solche Zusammenarbeit geboten.[293] Das UNCITRAL-Modellgesetz enthält nähere Regeln über die mögliche Zusammenarbeit (→ § 135 Rn. 97 ff.).

Wird im Inland ein Sekundärverfahren eröffnet werden, bietet sich in Fällen einer Unternehmensfortführung die Anordnung einer Eigenverwaltung gem. §§ 270 ff. InsO an (→ Rn. 150).

Mit steigender Tendenz werden zur einzelfallbezogenen Verfahrenskoordination sog *Protokolle* verwendet, die der anglo-amerikanische Rechtskreis für die grenzüberschreitende Zusammenarbeit in Insolvenzsachen entwickelt hat. Hieran knüpfen auch die von *Wessels* und *Virgós* herausgegebenen „CoCo-Guidelines"[294] an, die einen Rahmen zur Ausarbeitung solcher Protokolle bzw. Verwaltervereinbarungen[295] im Anwendungsbereich der EuInsVO liefern.

Bankruptcy Code, in International Insolvency Conference 1985; *Riesenfeld,* Probleme des internationalen Insolvenzrechts aus der Sicht des neuen Konkursreformgesetzes der Vereinigten Staaten, in: Arbeiten zur Rechtsvergleichung, Bd 113 (1982), 39.

[291] Vgl. *Paulus* NZI 2005, 439; *Melink* International Corporate Review 2005 Vol 3, 102.
[292] Ausführlich *Wittinghofer,* Der nationale und internationale Insolvenzverwaltungsvertrag, 2004.
[293] *Flessner* IPRax 1997, 1, 4; *Grasmann* KTS 1990, 157, 180 f.; vgl. auch KPB/*Paulus,* § 357 Rn. 1.
[294] European Communication and Cooperation Guidelines for Cross-border Insolvency, veröffentlicht von und erhältlich über INSOL Europe (www.insol-europe.org); abgedruckt zB bei *Pannen,* EuInsVO, Anh 5, S. 953 ff.; sie sind angelehnt an die im Jahr 2001 verabschiedeten „Guidelines for Court-to-Court-Communications in Cross-Border Cases" des International Insolvency Institute (abrufbar unter www.iiiglobal.org/international/guidelines.html; deutsche Übersetzung in KTS 2005, 121; vgl. hierzu *Vallender* KTS 2005, 283, 322).
[295] Zu den Unterschieden vgl. *Ehricke* in Gottwald (Hrsg), Europäisches Insolvenzrecht, 2008, S. 127, 145 ff. – Zur Rechtsnatur als Prozessvertrag, materieller Vertrag bzw. als privat- oder öffentlichrechtliche Qualifizierung *Wittinghofer* S. 121 ff.

204 Es handelt sich um individuelle Vereinbarungen mit dem Ziel, die Insolvenzmasse zu vergrößern und Konfliktpotentiale zwischen den Verwaltern einzuschränken. Gegen solche Regelungen bestehen für deutsche Insolvenzverfahren im Grundsatz keine Bedenken. Dies ergibt sich im Eröffnungsverfahren aus § 21 I InsO und lässt sich im eröffneten Verfahren auf die Verpflichtung zur bestmöglichen Verwertung gem. § 159 InsO stützen.[296] In der Praxis wird der Insolvenzverwalter die Wirksamkeit eines solchen Protokolls regelmäßig von der Zustimmung der Gläubigerversammlung abhängig machen. Das Insolvenzgericht ist nicht berechtigt, den Insolvenzverwalter zum Abschluss einer solchen Vereinbarung anzuweisen.[297]

205 Regelungsgegenstand von Insolvenzverwaltervereinbarungen[298] können etwa sein: Informationsaustausch zur vorhandenen Aktivmasse einschließlich Leistungen an und vom Schuldner hinsichtlich Anfechtungstatbeständen; Abstimmungen zum Forderungseinzug; Vereinbarungen zur Belegenheitsbestimmung/Verfahrensabgrenzung in Zweifelsfällen; wechselseitige Ermächtigungen zur Aktivmassemehrung bei jeweils größerer Sachnähe des anderen; Festlegung territorialer Einflusssphären; Abgrenzung Kompetenzen; abgestimmte Vorgehensweisen bei der Forderungsprüfung und -anerkennung; Kostentragungspflichten; Absprache von Terminen; koordinierte Klageerhebungen; Unterrichtung der Gläubiger; Abstimmung bei Verfahrensbeendigung.

206 Solche Vereinbarungen empfehlen sich nicht nur zur Koordination paralleler Universalverfahren sowie zur Abstimmung von Haupt- und Sekundärverfahren über das Vermögen desselben Schuldners. Sie lassen sich insbesondere zur koordinierten Insolvenzabwicklung unterschiedlicher Konzernunternehmen einsetzen.[299]

207 Fraglich ist, ob inländische Insolvenzgerichte zur Zusammenarbeit mit ausländischen Gerichten verpflichtet sind. Dies ist wohl abzulehnen. Gleichwohl gibt es in der Praxis eine Vielzahl von Beispielen, wo der inländische Richter unmittelbar mit dem ausländischen Kollegen korrespondiert hat. Die Gerichte folgen einem praktischen Bedürfnis in dem Bewusstsein und mit der Maßgabe, der Verwirklichung der Ziele des Insolvenzverfahrens zu dienen. Die Berechtigung zur Zusammenarbeit lässt sich den Gerichten sicherlich nicht absprechen. Im Rahmen des ESUG hat der deutsche Gesetzgeber nunmehr in § 348 II InsO eine entsprechende Rechtsgrundlage geschaffen, die allerdings keine Pflicht zu einer Kooperation vorsieht. Die Regelung gilt auch im Anwendungsbereich der EuInsVO und ergänzt Art. 102 § 4 III EGInsO zur Gerichtskooperation bei positiven Kompetenzkonflikten.[300] Zum Entwurf der Europäischen Kommission → § 131 Rn. 135).

208 **2. Berücksichtigung der Auslandsquote.** Finden im Inland und im Ausland voneinander unabhängige Insolvenzverfahren statt, so müssen sich die Gläubiger die im jeweiligen Verfahren erlangten Beträge (nach Art. 20 II EuInsVO und § 342 II 2 InsO) auf ihre Quote in dem später abgewickelten Verfahren anrechnen lassen.[301] Inländische und ausländische Quote werden gleichermaßen aus dem (wenn auch in getrennten Verfahren) insolvenzbefangenen Schuldnervermögen entnommen, das insgesamt zur anteiligen Befriedigung der Gläubiger bestimmt ist. Durch die Zahlung aus einer ausländischen Insolvenzmasse würde die Forderung des Gläubigers (ggf teilweise) erlöschen; der Gläubiger könnte daher nur mit dem verringerten Betrag an dem inländischen Ver-

---

[296] FK/*Wimmer*, § 357 Rn. 4; Geimer/Schütze-*Haß/Herweg*, EuInsVO, Art. 3 Rn. 70; *Eidenmüller* ZZP 114 (2001), 3, 17; *Westphal/Goetker/Wilkens* Rn. 1030 ff., 1043 ff.; *Paulus* ZIP 2000, 2189, 2195 (teilweise abweichend).
[297] *Vallender* KTS 2005, 283, 327; HambKommInsO-*Undritz*, Art. 31 EuInsVO Rn. 18 f.
[298] Vgl. etwa Pannen-*Taylor*, EuInsVO, S. 696 ff.
[299] Eine Auswahl von Protokollen findet sich zB bei *Wittinghofer* Anhang A.
[300] Vgl. hierzu *Vallender* KTS 2008, 59 ff.; *Ehricke* ZIP 2007, 2395 ff.
[301] *Ludwig*, S. 208 ff.

fahren teilnehmen und darauf die später ausgezahlte Dividende erhalten. Eine solche Vorgehensweise bedarf jedoch in einer Insolvenzabwicklung in parallelen Insolvenzverfahren einer Korrektur (→ Rn. 103 f.).

Kommt es zu parallelen Verfahren, so ist die Inlandsquote des Gläubigers nach der ursprünglich angemeldeten Gesamtforderung zu berechnen und lediglich die erhaltene Auslandsquote auf die Inlandsquote anzurechnen, nicht aber die Forderung nach erfolgter Teilbefriedigung entsprechend zu kürzen. Eine Verpflichtung des Gläubigers, die in einem ausländischen Parallelverfahren erlangten Erlöse an die Masse des inländischen Insolvenzverfahrens abzuliefern, besteht nach § 342 II 1 InsO nicht.[302]

209

§ 133. Insolvenzkollisionsrecht

Übersicht

	Rn.
I. Der Grundsatz der lex fori und seine Ausnahmen	1
1. Die lex fori als Insolvenzstatut	1
2. Geltung der jeweiligen lex fori für ausländische Insolvenzverfahren	4
3. Insolvenzstatut als Gesamtstatut	6
II. Rechtsstellung von Insolvenzverwalter und Insolvenzschuldner	12
1. Rechtsstellung des Insolvenzverwalters	12
2. Rechtsstellung des Schuldners	15
III. Dingliche Rechte	18
1. Immobiliarrechte	18
2. Aussonderung	25
3. Absonderung	30
4. Mobiliarsicherheiten	41
5. Eigentumsvorbehalt	51
IV. Gegenseitige Verträge	57
1. Allgemeines	57
2. Kaufvertrag, Werkvertrag	58
3. Verträge über dingliche Rechte	59
a) Verträge über Erwerb	59
b) Verfügungen über Immobilien, Gutglaubensschutz	64
c) Verfügungen über Mobilien	66
4. Miete, Pacht	67
5. Leasingverträge	70
6. Arbeitsverträge	72
a) Einfluss der Verfahrenseröffnung	72
b) Betriebsveräußerung	76
c) Sozialplan	77
d) Privilegierung der Ansprüche	78
e) Betriebliche Altersvorsorge	79
f) Insolvenzgeld	80
7. Geschäftsbesorgungsverträge, Vollmacht	81
8. Zahlungssysteme und Finanzmärkte	83
V. Aufrechnung	87
VI. Insolvenzanfechtung	92
VII. Abgrenzung Gesellschaftsstatut, Scheinauslandsgesellschaften	107
1. Problemstellung	107
2. Bestimmung des Gesellschaftsstatuts	108
a) EU-Auslandsgesellschaft	109
b) Gesellschaften aus EWR-Staaten	110
c) Dritt-Auslandsgesellschaften	111
3. Abgrenzung Gesellschafts- und Insolvenzstatut	112

---

[302] Vgl. OLG Köln ZIP 1989, 321; *Hanisch* ZIP 1989, 273, 277.

§ 133　Kapitel XIV. Internationales Insolvenzrecht

	Rn.
4. Einzelfragen	114
a) Insolvenzantragspflicht	114
b) Haftung wegen Masseschmälerung	116
c) Insolvenzverschleppungshaftung	117
d) Insolvenzverursachungshaftung	118
e) Existenzverrichtungshaftung	119
f) Gesellschafterdarlehen	120
g) Kapitalerstattungsregeln	121
h) Auflösung	122
VIII. Sanierung, Vergleich, Insolvenzplan, Restschuldbefreiung	123
1. Sanierung, Zwangsvergleich, Insolvenzplan	124
2. Restschuldbefreiung	128

Schrifttum: *(1) Zur EU-Verordnung: Ahrens,* Rechte und Pflichten ausländischer Insolvenzverwalter im internationalen Insolvenzrecht, 2002; *v. Bismarck/Schümann-Kleber,* Insolvenz eines deutschen Sicherungsgebers, NZI 2005, 89; *dies.,* Insolvenz eines ausländischen Sicherungsgebers, NZI 2005, 147; *Borges,* Gläubigerschutz bei ausländischen Gesellschaften mit inländischem Sitz, ZIP 2004, 733; *Bork,* Die Aufrechnung im internationalen Insolvenzverfahrensrecht, ZIP 2002, 690; *Burgstaller,* Zur Anfechtung nach der Europäischen Insolvenzverordnung, FS Jelinek, 2002, S. 31; *Ehricke,* Zum anwendbaren Recht auf ein in einem Clearing-System vereinbartes Glattstellungsverfahren im Fall der Insolvenz ausländischer Clearing-Teilnehmer, WM 2006, 2109; *Gruschinske,* Das europäische Kollisionsrecht der Anfechtung unter besonderer Bedeutung des Insolvenzfalles, 2008; *Haas,* Die Verwertung der im Ausland belegenen Insolvenzmasse im Anwendungsbereich der EuInsVO, FS Gerhardt, 2004, S. 319; *E. Habscheid,* Konkursstatut und Wirkungsstatut bei der internationalen und der künftigen innereuropäischen Insolvenzanfechtung, ZZP 114 (2001), 167; *Hergenröder,* Internationales Verbraucherinsolvenzrecht, ZVI 2005, 233, 237; *Höhn/Kaufmann,* Die Aufrechnung in der Insolvenz, JuS 2003, 751; *U. Huber,* Das für die anfechtbare Rechtshandlung maßgebende Recht, FS Heldrich, 2005, S. 695; *Jeremias,* Internationale Insolvenzaufrechnung, 2005; *Keller,* Die Wertpapiersicherheit im Gemeinschaftsrecht, BKR 2002, 347; *Kieper,* Abwicklungssysteme in der Insolvenz, 2004; *Klumb,* Kollisionsrecht der Insolvenzanfechtung, 2005; *Kolmann,* Kooperationsmodelle im internationalen Insolvenzrecht, 2001; *Kohn-Löffelmann,* Insolvenzanfechtung in Europa, 2008; *Kono,* Internationale Lizenzen im Recht des geistigen Eigentums und Insolvenz, FS Heldrich, 2005, S. 781; *Kranemann,* Insolvenzanfechtung im deutschen Internationalen Insolvenzrecht und nach der Europäischen Insolvenzverordnung, 2002; *Lawlor,* Die Anwendbarkeit englischen Gesellschaftsrechts bei Insolvenz einer englischen Limited in Deutschland, NZI 2005, 432; *Liebmann,* Der Schutz des Arbeitnehmers bei grenzüberschreitenden Insolvenzen, Diss. Trier 2005; *Liersch,* Sicherungsrechte im internationalen Insolvenzrecht, 2001; *Mörsdorf-Schulte,* Internationaler Gerichtsstand für Insolvenzanfechtungsklagen, IPRax 2004, 31; *Mohrbutter/Ringstmeier/Wenner,* Handbuch der Insolvenzverwaltung, 9. Aufl. 2014, § 20 Recht der internationalen Insolvenzen; *C. Naumann,* Die Behandlung dinglicher Kreditsicherheiten und Eigentumsvorbehalte innerhalb und außerhalb des Anwendungsbereiches der Verordnung … über Insolvenzverfahren, 2004; *Niggemann/Blenske,* Die Auswirkungen der Verordnung (EG) Nr. 1346/2000 auf den deutsch-französischen Rechtsverkehr, NZI 2003, 471; *Nitsche,* Konzernfolgeverantwortung nach der lex fori concursus, 2007; *Paulus,* Anfechtungsklagen im grenzüberschreitenden Insolvenzverfahren, ZInsO 2006, 295; *Prager/Keller,* Die Einrede des Art. 13 EuInsVO, NZI 2011, 697; *Reinhart,* Die Durchsetzung im Inland belegener Absonderungsrechte bei ausländischen Insolvenzverfahren oder Qualifikation, Vorfrage und Substitution im internationalen Insolvenzrecht, IPrax 2012, 417; *Reithmann/Martiny/Hausmann,* Internationalers Vertragsrecht, 7. Aufl. 2010, Rn. 5601 ff.; *D. Roßmeier,* Besitzlose Mobiliarsicherheiten in grenzüberschreitenden Insolvenzverfahren, 2003; *N. Scherber,* Europäische Grundpfandrechte in der nationalen und internationalen Insolvenz, 2004; *Schmitz,* Dingliche Mobiliarsicherheiten im internationalen Insolvenzrecht, 2011; *Schneider,* Netting und Internationales Insolvenzrecht, in: Kohler/Obermüller/Wittig (Hrsg), Kapitalmarkt – Recht und Praxis, Gedächtnisschrift für Ulrich Bosch, 2006, S. 197–212; *J. Schulte,* Die europäische Restschuldbefreiung, 2001; *Schumacher,* Pfandrechte in der EU-Insolvenzverordnung, FS Jelinek, 2002, S. 277; *Schwarz,* Insolvenzverwalterklagen bei eigenkapitalersetzenden Gesellschafterleistungen nach der Verordnung (EG) Nr. 44/2001, NZI 2002, 290; *St. Smid,* Deutsches und Europäisches Internationales Insolvenzrecht, 2004; *Thole,* Die Anwendung des Art. 13 EuInsVo bei Zah-

Insolvenzkollisionsrecht § 133

lungen auf fremde Schuld, NZI 2013, 113; *Veder,* The Future of the European Insolvency Regulation – Applicable law, in particular security rights, IILR 2011, 285; *Wedemann,* Die Regelungen des deutschen Eigenkapitalersatzrechts: Insolvenz- oder Gesellschaftsrecht, IPRax 2012, 226; *B. Wessels,* The Secured Creditor in Cross-Border Finance Transactions under the EU Insolvency Regulation, JInt. BankingLaw 18 (2002), 135; *ders.,* International Insolvency Law, 2006; *Zeeck,* Die Anknüpfung der Insolvenzanfechtung, ZInsO 2005, 281; *ders.,* Das internationale Anfechtungsrecht in der Insolvenz: die Anknüpfung der Insolvenzanfechtung, 2003.

(2) *Zum EuInsÜ und zum bisherigen Recht: H.-P. Ackmann / C. Wenner,* Inlandswirkung des Auslandskonkurses: Verlustschein und Restschuldbefreiungen, IPRax 1990, 209; *M. Bloching,* Pluralität und Partikularinsolvenz, 2000; *M. Bünning,* Nachlassverwaltung und Nachlasskonkurs im internationalen Privat- und Verfahrensrecht, 1996; *A. Burgstaller / I. Meier,* Wirkung konkursrechtlicher Restschuldbefreiung im Ausland, ÖBA 48 (1998), 261; *M. v. Campe,* Insolvenzanfechtung in Deutschland und Frankreich, 1996; *Ebenroth,* Die Inlandswirkungen der ausländischen lex fori concursus bei Insolvenz einer Gesellschaft, ZZP 101 (1988), 121; *U. Ehricke,* Die Wirkungen einer ausländischen Restschuldbefreiung im Inland nach deutschem Recht, RabelsZ 62 (1998), 712; *H. Eidenmüller,* Unternehmenssanierung zwischen Markt und Gesetz (Kap 7 Internationale Reorganisationsfälle), 1999, S. 921 ff.; *D. Favoccia,* Vertragliche Mobiliarsicherheiten im internationalen Insolvenzrecht, 1991; *I. Fletcher,* Insolvency in private international law, 1999; *ders.,* A culling of sacred cows – The impact of the EC Insolvency Regulation on English Conflict of Laws, in: Fawcett, Reform and Development of Private International Law, 2002, 167; *A. Flessner,* Insolvenzplan und Restschuldbefreiung im internationalen Konkursrecht, in: Stoll, Stellungnahme und Gutachten zur Reform des internationalen Insolvenzrechts, 1992, S. 201; *ders.,* Das künftige Internationale Insolvenzrecht im Verhältnis zum Europäischen Insolvenzübereinkommen, in: Stoll, Vorschläge und Gutachten zur Umsetzung des EU-Übereinkommens über Insolvenzverfahren, 1997, S. 219; *ders.,* Dingliche Sicherungsrechte nach dem Europäischen Insolvenzübereinkommen, FS Drobnig, 1998, S. 277; *P. Gottwald,* Grenzüberschreitende Insolvenzen, 1997; *B. Göpfert,* Anfechtbare Aufrechnungslagen im deutsch-amerikanischen Insolvenzrechtsverkehr, 1996; *G. Grasmann,* Das Erlöschen von Insolvenzforderungen nach Schuld- oder Insolvenzstatut?, FS Kitagawa, 1992, S. 117; *Gruschinske,* Die Aufrechnung in grenzüberschreitenden Insolvenzverfahren – eine Untersuchung anhand der vereinheitlichten europäischen Regelungen des Internationalen Privat- und Zivilverfahrensrechts, EuZW 2011, 171; *H. Hanisch,* Internationalprivatrechtliche Probleme des insolvenzrechtlichen Konkordats, Liber amicorum Schnitzer, 1979, 223; *ders.,* Internationalprivatrecht der Gläubigeranfechtung, ZIP 1981, 569; *ders.,* Grenzüberschreitende Insolvenz, in: The International Symposium on Civil Justice, Tokyo 1993, S. 315; *ders.,* Die Wirkung dinglicher Mobiliarsicherungsrechte im grenzüberschreitenden Insolvenzverfahren, FS Lalive, 1993, S. 61; *ders.,* Das Recht grenzüberschreitender Insolvenzen: Auswirkungen im Immobiliensektor, ZIP 1992, 1125; *ders.,* Allgemeine kollisionsrechtliche Grundsätze im internationalen Insolvenzrecht, FS Jahr, 1993, S. 455; *ders.,* Nachlassinsolvenzverfahren und materielles Erbrecht, FS Henckel, 1995, S. 369; *W. Henckel,* Insolvenzanfechtung, in: Stoll, Stellungnahmen und Gutachten, 1992, S. 156; *ders.,* Die internationalprivatrechtliche Anknüpfung der Konkursanfechtung, FS Nagel, 1987, S. 93; *ders.,* Gläubigeranfechtung im Konkurs, FS Deutsch, 1999, S. 967; *E. Jayme,* Sanierung von Großunternehmen und internationales Konkursrecht, FS Riesenfeld, 1983, S. 117; *Klopp,* Restschuldbefreiung und Schuldenregulierung nach französischem und deutschem Recht, KTS 1992, 347; *Th. Laut,* Universalität und Sanierung im internationalen Insolvenzrecht, 1997; *Nadelmann,* Codification of Conflicts Rules for Bankruptcy, SchwJBIntR 1974, 57; *C. Naumann,* Die Behandlung dinglicher Kreditsicherheiten nach Eigentumsvorbehalten nach den Art. 5 u 7 EuInsVO sowie nach autonomem deutschen Insolvenzkollisionsrecht, 2004; *C. Paulus,* Restschuldbefreiung und internationales Insolvenzrecht, ZEuP 1994, 301; *ders.,* „Protokolle" – ein anderer Zugang zur Abwicklung grenzüberschreitender Insolvenzen, ZIP 1998, 977; *St. Reinhart,* Sanierungsverfahren im internationalen Insolvenzrecht, 1995; *St. Riesenfeld,* Einige Betrachtungen zur Behandlung dinglicher Sicherungsrechte an beweglichen Vermögensgegenständen im Insolvenzrecht, FS Drobnig, 1998, S. 621; *B. Rinne,* Zweigniederlassungen ausländischer Unternehmen im deutschen Kollisions- und Sachrecht, 1998; *Rolin,* Des conflits de lois en matière de faillite, Rec.d.Cours 14 (1926 IV) 5; *K. Schmidt,* Das internationale Unternehmensrecht als Lehrmeister des internationalen Insolvenzrechts, FS Großfeld, 1999, S. 1031; *E. Schollmeyer,* Gegenseitige Verträge im internationalen Insolvenzrecht, 1997; *K. Siehr,* International Aspects of Bankruptcy, in Andolina, Transnational Aspects of Procedural Law, Bd 2, 1998,

Kolmann / Keller 2767

S. 783; *Sonnentag,* Auslandskonkurs und Anfechtung im Inland, IPRax 1998, 330; *A. Spahlinger,* Sekundäre Insolvenzverfahren bei grenzüberschreitenden Insolvenzen, 1998; *U. Spellenberg,* Der ordre public im internationalen Insolvenzrecht, in: Stoll, Stellungnahmen und Gutachten, 1992, S. 183; *R. Stürner,* National Report on German Law – Grenzüberschreitende Insolvenz, in: The International Symposium on Civil Justice, Tokyo 1993, S. 429; *J. Taupitz,* Das (zukünftige) europäische Internationale Insolvenzrecht – insb aus internationalprivatrechtlicher Sicht, ZZP 111 (1998), 315; *A. Trunk,* Arbeitnehmer im Niederlassungskonkurs: international-insolvenzrechtliche Aspekte, ZIP 1994, 1586; *ders.,* Internationales Insolvenzrecht, in Gilles, Transnationales Prozessrecht, 1995, S. 157; *ders.,* Internationales Insolvenzrecht, 1998; *J. Westbrook/D. Trautman,* Conflict of Law Issues in International Insolvencies, in: Ziegel, Current Developments in International and Comparative Corporate Insolvency Law, 1994, S. 655; *P. v. Wilmowsky,* Sicherungsrechte im europäischen Insolvenzübereinkommen, EWS 1997, 295; *ders.,* Aufrechnung in internationalen Insolvenzfällen, KTS 1998, 343; *ders.,* Europäisches Kreditsicherungsrecht, 1996, S. 285 ff.; *ders.,* Choice of Law in International Insolvencies – a Proposal for Reform, in: Basedow/Kono, Legal Aspects of Globalization, 2000, 197; *R. Wunderer,* Auswirkungen des Europäischen Übereinkommens über Insolvenzverfahren auf Bankgeschäfte, WM 1998, 793; *S. Zeeck,* Das Internationale Anfechtungsrecht in der Insolvenz, 2003.

(3) *Zur Private Limited Company by Shares: Fröhlich/Strasser,* Die Limited als Einzelkaufmann mit beschränkter Haftung? Deliktsrechtliche Gegenargumente, ZIP 2006, 1182; *Gross/Schork,* Strafbarkeit des director einer Private Company Limited by Shares wegen verspäteter Insolvenzantragstellung, NZI 2006, 10; *Jachmann/Klein,* Die englische „private limited company" im deutschen Haftungs- und Steuerrecht, StB 2005, 374; *Just,* Die englische Limited in der Praxis, 3. Aufl., 2008; *ders.,* Haftung des Directors einer englischen Limited wegen Verletzung der Insolvenzantragsfrist, ZIP 2006, 1251; *Krüger,* Die persönliche Haftung der handelnden Personen einer Private Limited Company im Überblick ZInsO 2007, 861; *Leutner/Laugner,* Ausländische GmbH: Insolvenzverschleppungshaftung des Alleingesellschaftergeschäftsführers einer englischen Limited wegen Unterkapitalisierung, GmbHR 2006, 710; *Lieder,* Die Haftung der Geschäftsführer und Gesellschafter von EU-Auslandsgesellschaften mit tatsächlichem Verwaltungssitz in Deutschland, DZWiR 2005, 399; *Meilicke,* Das Eigenkapitalersatzrecht – eine deutsche Fehlentwicklung, GmbHR 2007, 225; *Müller, H-F,* Insolvenz ausländischer Kapitalgesellschaften mit inländischem Verwaltungssitz, NZG 2003, 414; *Müller, K.,* Die Limited Industrie: Ein Überblick über das anzuwendende englische Geellschaftsrecht, DB 2006, 824; *Pannen,* Die „Scheinauslandsgesellschaft" im Spannungsfeld zwischen dem ausländischen Gesellschaftsstatut und dem inländischen Insolvenzstatut, FS Fischer, 2008, S. 403; *Ringe,* Die „deutsche Limited" in der Insolvenz, EuZW 2006, 621; *Römermann,* Private Limited Company in Deutschland, 2006; *ders./Schmidt,* Insolvenzantragspflicht und Insolvenzverschleppungshaftung bei der „deutschen" Limited, ZInsO 2006, 737; *Schall,* Englischer Gläubigerschutz bei der Limited in Deutschland, ZIP 2005, 965; *Thiebel/von Hase,* Die Limited in Deutschland, 2006; *Ulmer,* Insolvenzrechtlicher Gläubigerschutz gegenüber Scheinauslandsgesellschaften ohne hinreichende Kapitalausstattung?, KTS 2004, 291; *Ungan,* Gläubigerschutz nach dem EuGH-Urteil in „Inspire Art"-Möglichkeiten einer Sonderanknüpfung für die Durchgriffshaftung in der Insolvenz?, ZVglRWiss 104, (2005), 355; *Walterscheid,* Die englische Limited im Insolvenzverfahren, DZWiR 2006, 95; *Wienberg/Sommer,* Anwendbarkeit von deutschem Eigenkapitalersatzrecht auf EU-Kapitalgesellschaften am Beispiel eines Partikularinsolvenzverfahrens NZI 2005, 353; *Zerres,* Deutsche Insolvenzantragspflicht für die englische Limited mit Inlandssitz, DZWiR 2006, 356.

I. Der Grundsatz der lex fori und seine Ausnahmen

1. Die lex fori als Insolvenzstatut. a) Auf Insolvenzverfahren sind die Vorschriften des Eröffnungsstaates anzuwenden, und zwar auch dann, wenn der Sachverhalt einen Auslandsbezug aufweist. Diese sog. *Grundnorm des internationalen Insolvenzrechts* ist nunmehr direkt in Art. 4 I EuInsVO und § 335 InsO enthalten. Soweit es um *Fragen* der Eröffnung *des Verfahrens* einschließlich der Eröffnungsgründe, um seine Organisation, Durchführung und Aufhebung geht, entspricht die Unterstellung dem formellen deutschen Insolvenzrecht der prozessualen Anknüpfung nach der lex fori.[1]

---

[1] *Lüer,* Kölner Schrift, S. 297, 304 f; *Geimer,* IZPR Rn. 3364, 3536; HK/*Stephan,* § 335 Rn. 5; Reithmann/Martiny/*Hausmann,* Rn. 5753.

b) Wegen des inneren Zusammenhangs von formellem und materiellem Insolvenzrecht verweisen Art. 4 II EuInsVO und § 335 InsO hinsichtlich der *materiell-rechtlichen Verhältnisse* und Wirkungen des Insolvenzverfahrens grundsätzlich ebenfalls auf die lex fori concursus.[2] Ein grenzüberschreitender Insolvenzfall lässt sich nur dann unter Wahrung der Gleichbehandlung aller Gläubiger abwickeln, wenn das am Ort der Eröffnung des Insolvenzverfahrens geltende formelle und materielle Insolvenzrecht angewandt wird. Die Verweisung ist daher keine Gesamt-, sondern eine Sachnormverweisung auf die jeweiligen insolvenzrechtlichen Bestimmungen,[3] so dass es nicht zu einer Anwendung des nationalen Kollisionsrechts und folglich auch nicht zu einer kollisionsrechtlichen Rückverweisung *(renvoi)* kommen kann.[4] Die Anwendung des deutschen Insolvenzrechts bei inländischen Insolvenzverfahren wird nicht dadurch in Frage gestellt, dass ein vergleichbarer Sachverhalt mit Auslandsbezug außerhalb des Insolvenzverfahrens einem anderen Statut, zB einem anderen Sachenrechtsstatut unterliegen würde. Eine sachgerechte Auslegung der von der lex fori berufenen Sachnormen kann allerdings ergeben, dass diese wegen des Auslandsbezugs nicht oder nur mit Abwandlungen und Ergänzungen anzuwenden sind.

Da europäisches und deutsches Recht nahezu parallel laufen, werden beide gemeinsam dargestellt.

Soweit ausländisches Insolvenzrecht im Inland anzuwenden ist, müssen die Gerichte dessen Inhalt nach § 293 ZPO bzw. § 26 FamFG von Amts wegen ermitteln, auch wenn sich kein Beteiligter auf das ausländische Recht beruft; dies gilt selbst im Rahmen des einstweiligen Rechtsschutzes.[5] Dabei sind stets die Auslegungsgrundsätze der jeweiligen lex fori concursus anzuwenden.

2. Geltung der jeweiligen lex fori für ausländische Insolvenzverfahren. Art. 4 II EuInsVO und § 335 InsO sind als *allseitige Kollisionsregeln* zu verstehen.[6] Ein in einem anderen Staat eröffnetes Insolvenzverfahren untersteht hinsichtlich seiner formellen und materiellen Wirkungen dem Recht des Eröffnungsstaates, und zwar auch insoweit, als diese Wirkungen sich auf das (deutsche) Inland erstrecken. Allerdings setzt diese Wirkungserstreckung voraus, dass das ausländische Insolvenzverfahren im Inland anzuerkennen ist und auch der Anerkennung der einzelnen Rechtswirkung keine Schranken entgegenstehen.[7] Die lex fori concursus gilt insb bei der Verteilung des Vermögens; nur sie bestimmt über etwaige Vorrechte und die Einordnung als Masseforderung.

Wird jedoch gem. Art. 3 II EuInsVO, § 354 InsO ein *Partikularverfahren über das Inlandsvermögen* des Schuldners eröffnet, so ist in diesem beschränkten Verfahren prozessual und materiell-rechtlich deutsches Insolvenzrecht anzuwenden (Art. 4 EuInsVO; § 335 InsO)[8] (→ § 132 Rn. 136). Auch hier gelten jedoch die kollisionsrechtlichen Sonderanknüpfungen und Sachnormen, soweit sie für Partikularverfahren passen.[9] Für Sekundärverfahren im Anwendungsbereich der EuInsVO ergibt sich kein Unterschied

---

[2] Vgl. *Geimer*, IZPR Rn. 3373, 3536; FK/*Wenner/Schuster*, § 335 Rn. 1; HK/*Stephan*, § 335 Rn. 9; Reithmann/Martiny/*Hausmann*, Rn. 5754.

[3] Ebenso *Haas*, FS Gerhardt, S. 319, 325; K. Schmidt/*Brinkmann*, InsO, § 335 Rn. 11.

[4] *Smid* Rn. 57; Nerlich/Römermann/*Nerlich*, Art. 4 EuInsVO Rn. 2; D-K/D/C-*Duursma-Kepplinger*, Art. 4 Rn. 2; aA (für Gesamtverweisung gem Art. 4 EGBGB) MüKoInsO/*Reinhart*, Vor §§ 335 ff. Rn. 38 f.

[5] Mohrbutter/Ringstmeier/*Wenner*, Rn. 258; vgl. allgemein hierzu BGH BeckRS 2013, 09698; WM 2012, 1631, 1634.

[6] *Geimer*, IZPR Rn. 3375; HK/*Stephan*, § 335 Rn. 6; *Wessels*, IntInsolvRev 13 (2004), 43, 48; Reithmann/Martiny/*Hausmann*, Rn. 5752; HambKommInsO/*Undritz*, § 335 Rn. 1.

[7] *Geimer*, IZPR Rn. 3537.

[8] Vgl. HK/*Stephan*, § 335 Rn. 13; krit de lege ferenda: *Wenner* KTS 1990, 429, 433.

[9] HK/*Stephan*, EuInsVO Art. 28 Rn. 3; FK/*Wenner/Schuster*, Anhang I Art. 28 EuInsVO Rn. 3; Überblick zur EuInsVO bei Pannen-*Herchen*, EuInsVO, Art. 28 Rn. 7 ff.

zum Verweisungsumfang des Art. 4 EuInsVO; auch die Vorschrift des Art. 28 EuInsVO stellt eine Sachnormverweisung dar.[10]

6 **3. Insolvenzstatut als Gesamtstatut. a)** Die (allseitige) Grundnorm der lex fori concursus fördert die einheitliche Erfassung, Verwaltung, Verwertung und Verteilung der Masse (Vermögensstatut, Verwaltungsstatut, Verteilungsstatut).[11] Sie entspricht dem Grundsatz der Gläubigergleichbehandlung (→ § 130 Rn. 1 ff.) und vermeidet unterschiedliche Entscheidungen von Insolvenzrechtsverhältnissen. Sie dient damit der Gerechtigkeit und Rechtssicherheit in grenzüberschreitenden Insolvenzfällen, wenngleich sich das ideale Ziel einer vollständigen Einheit des Insolvenzverfahrens derzeit nicht oder nicht vollständig erreichen lässt.

7 **b)** Im Grundsatz ist von der Anwendbarkeit der lex fori concursus auszugehen. Nach Art. 4 II 2 EuInsVO sowie § 335 InsO bestimmt das Recht des Eröffnungsstaates insbesondere über

(1) die Insolvenzfähigkeit des möglichen Schuldners (→ § 132 Rn. 4 ff., 23 ff.),

(2) den Umfang der Masse und die Behandlung von Neuerwerb (→ § 132 Rn. 41 ff., → § 134 Rn. 50 f.),

(3) die Befugnisse von Schuldner und Verwalter (→ § 132 Rn. 51 ff., 82 ff., → § 134 Rn. 52 ff., 61 ff.),

(4) die Voraussetzungen der Aufrechnung (→ Rn. 87 ff.),

(5) die Auswirkungen auf laufende Verträge (→ Rn. 57 ff.),

(6) über Fragen der Insolvenzanfechtung (→ Rn. 92 ff.),

(7) die Auswirkung auf die Rechtsverfolgung durch Einzelgläubiger (→ § 131 Rn. 70 ff. und → § 134 Rn. 71 ff., 82),

(8) die Einordnung, Behandlung und Rang von Insolvenzforderungen und Behandlung von Neuforderungen (→ § 131 Rn. 87 ff. und → § 134 Rn. 106),

(9) Anmeldung, Prüfung und Feststellung der Forderungen (→ § 132 Rn. 94 ff.; → § 134 Rn. 103 ff.),

(10) die Verteilung des Erlöses,

(11) die Auswirkung der Befriedigung aus dinglichen Rechten (→ Rn. 30 ff.) oder infolge einer Aufrechnung (→ Rn. 87 ff.),

(12) Voraussetzungen und Wirkungen der Beendigung des Verfahrens,[12]

(13) Rechte der Gläubiger nach Beendigung des Verfahrens (→ § 132 Rn. 106 ff. und → Rn. 123 ff. sowie → § 134 Rn. 107 ff.) und

(14) die Kostentragung.

8 **c)** Mit dieser Auflistung gibt der europäische Gesetzgeber zu verstehen, welche Sachverhalte er als insolvenztypisch einordnet und als vom Regelungsumfang des Insolvenzstatuts erfasst ansieht. Die Auflistung hat auch für das autonome deutsche Recht nach § 335 InsO Gültigkeit.[13] Der Katalog des Art. 4 II 2 EuInsVO hat jedoch keinen abschließenden Charakter. Insoweit stellen sich Qualifikationsfragen[14] (→ § 130 Rn. 19 ff.). Die von der EuInsVO verwendeten Begriffe sind dabei stets gemeinschaftsrechtlich autonom auszulegen.[15]

9 Maßgeblich für die Zuordnung zum Insolvenzstatut ist, ob die Rechtsfolge auf dem Insolvenzverfahren als Gesamtabwicklung der Vermögens- und Haftungsverhältnisse eines Schuldners in einer Mangelsituation zu Gunsten seiner grundsätzlich gleich zu

---

[10] Pannen-*Herchen*, EuInsVO, Art. 28 Rn. 4 ff.; *Paulus*, EuInsVO, Art. 28 Rn. 2 f; M/F/I-*Fletcher*, Rn. 4.01, 4.04; Nerlich/Römermann/*Commandeur* Art. 28 EuInsVO Rn. 1.

[11] *Geimer*, IZPR Rn. 3376 ff.

[12] EuGH NZI 2013, 106 *(Bank Handlowy)*; EuGH GA ZIP 2012, 1133.

[13] Vgl. BT-Drucks. 5/16 S. 18.

[14] OLG Hamm IPRax 2012, 351; zur Rechnungslegung vgl. *Beck/Voss*, Rn. 852.

[15] EuGH ZIP 2011, 2153 *(Interedil)* Rn. 42 ff.

behandelnden Gläubiger beruht und in funktionaler Hinsicht für die Zweckerreichung des Insolvenzverfahrens erforderlich ist. Die Eröffnung eines Insolvenzverfahrens ist grundsätzlich erforderlich; allerdings sind auch Vorwirkungen des Verfahrens wie beispielsweise Antragspflichten und die Sanktion ihrer Verletzungen insolvenzrechtlich zu qualifizieren.[16] Vor dem geschilderten Hintergrund ist im Rahmen der Qualifikation als „insolvenztypisch" das Insolvenzstatut weit zu verstehen und sind Qualifikationszweifel zu seinen Gunsten zu lösen.[17]

Einer insolvenzrechtlichen Qualifikation steht es grds nicht entgegen, dass sich die internationale Entscheidungszuständigkeit eines Gerichts aus der EuGVVO ergibt (→ § 131 Rn. 111). Mit anderen Worten kommt der Frage der internationalen Entscheidungszuständigkeit kein Präjudiz für die Reichweite des kollisionsrechtlichen Insolvenzstatuts zu. Denn die Abgrenzung zwischen EuGVVO und EuInsVO hinsichtlich der internationalen Zuständigkeit folgt eigenen Kriterien. Zur Abgrenzung zwischen Insolvenz- und Gesellschaftsstatut → Rn. 112 ff.

Allerdings zwingen erhebliche Unterschiede in den nationalen Insolvenzgesetzen und eine enge Verbindung des Insolvenzrechts mit der übrigen Rechtsordnung eines Staates zur Durchbrechung der Grundnorm, wenn zwingende Gründe verlangen, dass andere Sachnormen, insb solche des Staates der Belegenheit beachtet werden. Diese Sondernormen werden nachfolgend im Einzelnen dargestellt.

II. Rechtsstellung von Insolvenzverwalter und Insolvenzschuldner

1. Rechtsstellung des Insolvenzverwalters. Die Rechtsstellung des Insolvenzverwalters, insb seine Ernennung, Abberufung, seine Rechte und Pflichten, seine Haftung wegen Verletzung der ihm obliegenden Pflichten und seine Vergütung richten sich nach dem Recht des Insolvenzeröffnungsstaates (Art. 4 II 2 lit. c EuInsVO; § 335 InsO); Art. 18 I EuInsVO hat für den Verwalter (vgl. Anhang C Art. 2 lit. b EuInsVO) insoweit nur klarstellende Funktion für das Handeln in anderen Mitgliedstaaten. Deshalb können einem ausländischen Insolvenzverwalter im Inland durchaus andere und weitergehende Befugnisse als einem inländischen Verwalter zustehen (vgl. Art. 18 I 1 EuInsVO).[18] Bei erheblichen Rechtsunterschieden (zB Stellung des *trustee* des englischen Rechts) kann eine Anpassung erforderlich werden. Die Geltung der Art. 5–15 EuInsVO bleibt durch die Regelung des Art. 18 I EuInsVO unberührt. Grenzen der Befugnisse eines Hauptverwalters ergeben sich ferner aus der Eröffnung eines Sekundärverfahrens sowie aus Sicherungsmaßnahmen im Vorfeld einer solchen Verfahrenseröffnung.

Somit richtet sich der Umfang der Verwaltungs- und Verfügungsbefugnisse einschließlich der Prozessführungsbefugnis des Verwalters nach dem Recht des Eröffnungsstaates (Art. 4 II 2 lit. c u Art. 18 I 1 EuInsVO).[19] Ebenso bestimmt die lex fori concursus, welche Maßnahmen zur Sicherung, Inventarisierung und Inbesitznahme der in anderen Mitgliedstaaten belegenen Vermögensgegenstände zur Verfügung stehen und wie sie ausgeübt werden.[20] Sie regelt zudem, inwieweit der Verwalter zur Freigabe von massezugehörigen Gegenständen und Rechten befugt ist und ob er sie freihändig veräußern darf oder zwangsweise verwerten muss. Bedarf ein ausländischer Verwalter nach seinem Recht der Genehmigung des Insolvenzgerichts zur Vornahme wichtiger Ge-

---

[16] Ebenso K. Schmidt/*Brinkmann*, InsO, Art. 4 EuInsVO Rn. 6.
[17] Virgós/Schmit, Nr. 90; MüKoBGB/*Kindler*, IntInsR, Rn. 716 ff.; Schack, Rn. 1190; Häsemeyer, Rn. 35.16, 35.30a; zurückhaltender wohl EuGH NZI 2009, 741 Rn. 25 (Anwendungsbereich der EuInsVO „nicht weit").
[18] Mohrbutter/Ringstmeier/*Wenner*, Rn. 275; Reithmann/Martiny/*Hausmann*, Rn. 5721.
[19] Vgl. BGHZ 125, 196, 200 = IPRax 1995, 168 (dazu Gottwald, S. 157); HK/*Stephan*, § 335 Rn. 9; Reithmann/Martiny/*Hausmann*, Rn. 5721; Nerlich/Römermann/*Nerlich*, Art. 4 EuInsVO Rn. 32.
[20] FK/*Wenner/Schuster*, § 335 Rn. 12, 17; Anhang I Art. 18 EuInsVO Rn. 2; Pannen-*Pannen/Riedemann*, EuInsVO, Art. 18 Rn. 18.

schäfte, der Genehmigung eines Gläubigerausschusses oder der Gläubigerversammlung und ist seine Handlung ohne diese Genehmigung unwirksam, so gilt dies selbst dann, wenn er die Handlung im deutschen Inland vornimmt und die entsprechende Handlung für einen deutschen Insolvenzverwalter genehmigungsfrei oder im Außenverhältnis auch ohne Genehmigung wirksam wäre. Aus praktischer Sicht enthält das „Europäische Netzwerk für Zivil- und Handelssachen" (abrufbar unter http://ec.europa.eu/civiljustice/bankruptcy/bankruptcy_gen_de.htm) Hinweise zu den jeweiligen mitgliedstaatlichen Regelungen der Befugnisse eines Verwalters sowie zum Inhalt der nationalen Insolvenzrechtsordnungen.

14 Die verfahrensmäßige Ausübung von Befugnissen richtet sich nach dem Recht des Staates, auf dessen Gebiet die Handlungen vorzunehmen sind (Art. 18 III 1 EuInsVO).[21] Eine kollisionsrechtliche Verweisung auf das lokale Insolvenzrecht ist nicht anzunehmen.[22] Art. 18 III EuInsVO gebietet beispielsweise bei einer Versteigerung nur die Einhaltung der allgemeinen, also nicht insolvenzrechtlich zu qualifizierenden Vorschriften der lex rei sitae. Hat der Verwalter nach dem Recht des Eröffnungsstaates Zwangsbefugnisse, so kann er diese außerhalb des Eröffnungsstaates nicht ausüben (Art. 18 III 2 EuInsVO).[23]

15 **2. Rechtsstellung des Schuldners.** Die Insolvenzfähigkeit des Schuldners[24] und der Umfang seiner Verfügungsbeschränkungen richten sich ebenfalls nach dem Recht des Eröffnungsstaates (Art. 4 II 2 lit. a, c EuInsVO; § 335 InsO). Zum Gutglaubensschutz Dritter → Rn. 64 ff.; → § 134 Rn. 55 ff. Die lex fori concursus bestimmt auch, wer antragsberechtigt ist, sofern es keine europarechtlichen Sondervorschriften gibt (zB Art. 3 IV lit. b oder 29 EuInsVO).[25] Zur Insolvenzantragspflicht → Rn. 114 f.

16 Ist der Schuldner juristische Person oder Handelsgesellschaft, so entscheidet aber das *Gesellschaftsstatut* darüber, ob die Eröffnung des Insolvenzverfahrens zur Auflösung führt und wer Vertretungsorgan des Insolvenzschuldners ist. Das Gesellschaftsstatut regelt die Art der Abwicklung und den Eintritt der Vollbeendigung.[26]

17 Für *Konzerne* ist bisher kein einheitliches Insolvenzverfahren vorgesehen. Die Insolvenz von Mutter- oder Tochtergesellschaft wirkt sich daher nur mittelbar auf ein selbstständiges, verbundenes Unternehmen in einem anderen Staat aus (→ § 131 Rn. 47).[27] Dazu, dass im Zuge der Reform der EuInsVO die Grundzüge eines europäischen Konzerninsolvenzrechts geschaffen werden sollen, → § 131 Rn. 51 ff.

III. Dingliche Rechte

18 **1. Immobiliarrechte. a)** *Rechte des Schuldners.* Die Wirkungen des Insolvenzverfahrens auf *eintragungspflichtige Rechte des Schuldners an unbeweglichen Gegenständen* (beispielsweise Wohnungseigentum, Nießbrauch, Erbbaurecht), die vor Verfahrenseröffnung wirksam bestellt worden sind, unterstehen nach Art. 11 EuInsVO bzw § 351 II InsO dem Recht des Register führenden Staates. Solche Rechte können durch die lex fori concursus gem. Art. 11 EuInsVO nicht in einer im Anerkennungsstaat nicht vorgesehenen Weise beschränkt werden.[28] Kennt der ausländische Eröffnungsstaat etwa eine ge-

---

[21] Zur Verwendung eines inländischen Grundstücks nach dem ZVG durch den englischen Insolvenzverwalter BGH NZI 2011, 420; dazu *Reinhart* IPRax 2012, 417.
[22] Ebenso Mohrbutter/Ringstmeier/*Wenner*, Rn. 274; aA KPB/*Kemper*, Art. 18 EuInsVO Rn. 12.
[23] Vgl. *Hagemann* KTS 1960, 161.
[24] Reithmann/Martiny/*Hausmann*, Rn. 5645.
[25] Ebenso *Paulus* DStR 2005, 334, 336.
[26] *K. Schmidt*, FS Großfeld, 1998, S. 1031, 1040; *Hanisch*, FS Jahr S. 455, 460; *Ebenroth* ZZP 101 (1988), 121, 142 f.
[27] KPB/*Kemper*, Anh. II Art. 102 EGInsO Rn. 164 f.
[28] HK/*Stephan*, § 351 Rn. 9.

Insolvenzkollisionsrecht 19–23 § 133

setzliche Sicherungshypothek für Vorrechtsgläubiger, so entsteht eine solche nicht an inländischen Grundstücken, obwohl die Sicherungshypothek selbst dem deutschen Recht bekannt ist.

Da Art. 11 EuInsVO (abweichend von den Art. 8–10) nicht von einer „ausschließ- 19 lichen" Anwendbarkeit spricht, sollen im Ergebnis die lex fori concursus (Art. 4 EuInsVO) und das Recht des Registerstaates kumulativ angewendet werden.[29] Entsprechendes gilt im Anwendungsbereich des § 351 II InsO. Folglich müssen aus der Sicht des Register führenden Staates zunächst die Wirkungen der lex fori concursus ermittelt, mit einem möglichen inländischen Regelungsgehalt verglichen und ggf im Wege der Substitution angepasst werden.[30] Gibt es im Inland keinen vergleichbaren Regelungsinhalt, muss die Eintragung unterbleiben.[31] Die sich aus Art. 22 EuInsVO bzw § 346 InsO ergebenden Befugnisse des ausländischen Verwalters bleiben freilich unberührt.

Eingetragene *Schiffe* und eingetragene *Flugzeuge* werden sachenrechtlich generell wie 20 Immobilien des Registerstaates behandelt.[32] Art. 11 EuInsVO und §§ 336 S 2, 351 II InsO unterstellen daher die insolvenzrechtlichen Wirkungen auf im Schiffsregister oder Schiffsbauregister oder im Register für Pfandrechte an Luftfahrzeugen eingetragene Gegenstände und Rechte dem Recht des Registerortes (Art. 11 EuInsVO, § 336 S. 2 InsO).[33] Die Vorschriften sind nicht analogiefähig für andere Transportmittel, bei denen es ebenso wie bei Schiffen oder Luftfahrzeugen häufig zu Ortswechseln und damit zu Statutenwechseln kommen könnte, welche die klare Anknüpfung an das Recht des Registerortes vermeidet.

Der ausländische Verwalter kann aber die Eröffnung eines inländischen Sekundärver- 21 fahrens beantragen, dessen Wirkungen deutschem Recht unterstehen (Art. 28 EuInsVO, § 335 InsO). In diesem Verfahren hat der inländische Verwalter dann die Eingriffsbefugnisse nach deutschem Recht.

b) *Rechte Dritter.* Soweit ein ausländisches Insolvenzrecht *Eingriffe in* (gewöhnliche) 22 *dingliche Rechte Dritter* (zum Begriff → Rn. 33) an die Eröffnung des Insolvenzverfahrens knüpft, ist diese Wirkung für im Inland belegene Rechte nicht anzuerkennen. Im Verhältnis zu EU-Staaten ergibt sich dies aus Art. 5 I EuInsVO,[34] im Verhältnis zu Drittstaaten aus § 351 I InsO. Jeder Drittstaat bestimmt selbst, welcher Rechtsordnung er dingliche Rechte in seinem Territorium bei der Eröffnung eines inländischen Insolvenzverfahrens unterstellt. Art. 5 bzw § 351 I InsO sind jeweils Sachnormen, keine Sonderkollisionsnormen.[35]

c) *Vormerkung, Vorkaufsrecht.* Auch eine an einem inländischen Grundstück ein- 23 getragene *Vormerkung* bleibt vom ausländischen Insolvenzverfahren unberührt (Art. 5 III EuInsVO; § 349 II InsO),[36] ist also wie im rein inländischen Verfahren

---

[29] *Virgós/Schmit,* Nr. 130.
[30] Vgl. *Paulus,* EuInsVO, Art. 11 Rn. 1.
[31] Wie hier MüKoBGB/*Kindler,* Art. 11 Rn. 10; ähnlich auch HambKommInsO-*Undritz,* Art. 11 EuInsVO Rn. 4 f.; kritisch Mohrbutter/Ringstmeier/*Wenner,* Rn. 308.
[32] Vgl. *Stoll,* Int. Sachenrecht Rn. 375 ff., 398 ff.
[33] Vgl. zur Convention on International Interests in Mobile Equipment und zur Behandlung von hiernach bestellten Finanzierungssicherheiten im Insolvenzfall *Bollweg/Kreuzer* ZIP 2000, 1361 ff.; *Bollweg/Gerhard* ZLW 2001, 373 ff.; *Bollweg/Henrichs* ZLW 2002, 186 ff.
[34] Die Vorschrift findet nach EuGH ZInsO 2012, 1470 *(ERSTE Bank)* auch Anwendung, wenn der Mitgliedstaat, in dem sich der Gegenstand befindet, in dem Zeitpunkt, in dem das Insolvenzverfahren eröffnet wurde, noch nicht Mitglied der EU war.
[35] *Kolmann,* S. 308; MüKoBGB/*Kindler,* Art. 5 EuInsVO Rn. 14 ff.; *ders.,* § 351 Rn. 9; KPB/*Kemper/Paulus,* § 351 Rn. 2; Haas FS Gerhardt, S. 319, 328; aA K. Schmidt/*Brinkmann,* InsO, § 351 Rn. 5; *ders.,* Art. 5 EuInsVO Rn. 17 ff.; *Flessner* IPRax 1997, 1, 7; *ders.,* FS Drobnig, S. 277, 281 ff.; *Fritz/Bähr* DZWiR 2001, 221, 227; *Oberhammer* ZInsO 2004, 761, 772.
[36] HK/*Stephan,* § 349 Rn. 9; BerlK-*Pannen,* Art. 5 Rn. 15; *Hanisch* ZIP 1992, 1125, 1131.

(§ 106 InsO) insolvenzfest. Gleiches gilt für das im Grundbuch eingetragene Vorkaufsrecht.[37]

24 **d)** Der von Art. 5 EuInsVO bzw § 351 I InsO vermittelte Schutz gilt gem. Art. 5 IV iVm Art. 4 II 2 lit. m, 13 EuInsVO und § 339 InsO vorbehaltlich der Nichtigkeit, Anfechtbarkeit oder relativen Unwirksamkeit der Handlung, welche zu dem dinglichen Recht geführt hat.

25 **2. Aussonderung. a)** Das Insolvenzverfahren umfasst nur das dem Insolvenzschuldner gehörende Vermögen. Da die Aussonderung nur die Kehrseite der Festlegung der Insolvenzmasse sei, wollen viele das Recht zur Aussonderung nach der lex fori concursus beurteilen.[38] Ob aber ein Vermögensgegenstand dem Schuldner gehört, bestimmt (aus deutscher Sicht) nicht das Insolvenzrecht, sondern das jeweilige Sachstatut (vgl. Art. 43 I EGBGB).[39] Für diese Vorfrage ist dies unstreitig.[40] Bei der Aussonderung geht es insgesamt um materiell-rechtliche Fragen, ob ein Gegenstand dem Insolvenzschuldner nicht gehört und ob ein Dritter einen solchen Gegenstand aus der Istmasse auf Grund eines dinglichen oder persönlichen Rechts herausverlangen kann. Diese Fragen sind nach den Sachvorschriften zu beurteilen, die außerhalb des Insolvenzverfahrens gelten (vgl. § 47 S. 2 InsO) und daher bei einem Auslandsbezug nach den Regeln des internationalen Sachenrechts zu bestimmen.[41] Art. 5 I EuInsVO sieht deshalb zu Recht vor, dass dingliche Rechte Dritter (zum Begriff → Rn. 33), die sich in einem anderen Staat als dem Eröffnungsstaat befinden, von der Eröffnung des Verfahrens nicht berührt werden.[42]

26 Ein ausländischer Insolvenzverwalter kann auf deutschem Gebiet belegene Gegenstände also für die Insolvenzmasse in Anspruch nehmen, doch hat er dabei die deutsche Sachenrechtsordnung zu wahren. Er darf daher keinen Gegenstand zur Masse ziehen, der nach deutschem Sachenrecht nicht dem Insolvenzschuldner gehört. Der Verwalter kann insoweit nicht geltend machen, dass nach dem Recht des Eröffnungsstaates die Eigentumsfrage anders beurteilt wird. Entsprechendes gilt für Forderungen und sonstige Rechte.

27 Die lex fori consursus regelt jedoch gem. Art. 5 IV EuInsVO primär, ob solche dinglichen Rechte wegen Gläubigerbenachteiligung nichtig, anfechtbar oder relativ unwirksam sind. Doch gilt auch hier Bestandsschutz nach Maßgabe des Wirkungsstatuts, welchen der Dritte gem. Art. 13 EuInsVO einredeweise geltend machen kann.

28 **b)** Das autonome deutsche Recht kennt kein *Verfolgungsrecht* (früher: § 44 KO) mehr. Da das Verfolgungsrecht gegenwärtig nur noch als Anhalterecht gem. Art. 71 II CISG besteht, erscheint es angemessen, es bei der Geltung der lex fori concursus zu belassen.[43]

29 **c)** Soweit der Insolvenzverwalter die Befugnis hat, die *Herausgabe für einen bestimmten Zeitraum zu verweigern*, weil er den Gegenstand zur vorläufigen Fortführung des Geschäfts benötigt, wie zB nach § 21 II S. 1 Nr. 5 InsO, § 107 II InsO oder § 11 II, III österreichische KO, gilt das Insolvenzrecht des jeweiligen Eröffnungsstaates (Art. 4 II 2 lit. c EuInsVO).

30 **3. Absonderung. a)** Das Insolvenzrecht des Eröffnungsstaates bestimmt zwar im Ansatz, ob eine abgesonderte Befriedigung zulässig ist,[44] ob und unter welchen Voraus-

---

[37] Nerlich/Römermann/*Nerlich*, Art. 5 EuInsVO Rn. 13.
[38] So *Trunk*, S. 136 ff.; Mohrbutter/Ringstmeier/*Wenner*, Rn. 294 f.
[39] Reithmann/Martiny/*Hausmann*, Rn. 5763; FK/*Wenner/Schuster*, § 351 Rn. 10.
[40] Vgl. Mohrbutter/Ringstmeier/*Wenner*, Rn. 298 f.; KPB/*Kemper/Paulus*, § 351 Rn. 4; KPB/*dies*, Art. 5 EuInsVO Rn. 6.
[41] *Aderhold*, S. 281 f.
[42] Vgl. *Haas*, FS Gerhardt, S. 319, 328.
[43] *Aderhold*, S. 283 ff.
[44] Zweifelnd *Hanisch* ZIP 1992, 1125, 1129.

setzungen der gesicherte Gläubiger oder der Insolvenzverwalter zur Verwertung des Gegenstandes der Absonderung befugt ist (Art. 4 I EuInsVO, § 335 InsO).[45] Art. 5 I, II lit. b EuInsVO legt davon abweichend fest, dass dingliche Rechte Dritter, die sich zZ der Eröffnung des Insolvenzverfahrens in einem anderen Mitgliedsstaat befinden, von der Eröffnung unberührt bleiben. Ausführlich zur Wirkungsweise → Rn. 42 ff.

§ 351 I InsO schützt einseitig im Inland belegene Rechte Dritter vor einem ausländischen Insolvenzverfahren, so dass es für die umgekehrte Situation eines deutschen Hauptinsolvenzverfahrens im Ausgangspunkt auf im Ausland belegene Sicherheiten am Vermögen des Schuldners bei den Wirkungen deutschen Insolvenzrechts (§ 335 InsO) bleiben soll. Jedoch kann der Belegenheitsstaat eine dem § 351 I InsO vergleichbare Regelung enthalten. Art. 5 EuInsVO bzw § 351 I InsO gelten auch für Sicherheiten an bei Verfahrenseröffnung im Inland belegenen Schiffen und Luftfahrzeugen, auch wenn diese in einem Register im Ausland geführt werden. 31

Die Beschränkung des Art. 5 I, II EuInsVO gilt auch für einen zeitlichen Aufschub der Verwertung. Danach kann der deutsche Verwalter das Verwertungsrecht nach §§ 166 ff. InsO im Ausland häufig nicht ausüben.[46] Umgekehrt kann ein ausländischer Verwalter im Inland einen Antrag auf einstweilige Einstellung der Zwangsversteigerung gem. § 30d ZVG stellen.[47] 32

b) *Dingliche Rechte* sind zur Vermeidung von Widersprüchen mit Art. 5 II EuInsVO im Anwendungsbereich der EuInsVO *autonom* zu bestimmen.[48] Art. 5 EuInsVO enthält keine abschließende Definition; die Aufzählung in Art. 5 II EuInsVO hat nur Beispielscharakter *("insbesondere")*. Zusätzliche Anhaltspunkte liefern Art. 4 I lit. c und Art. 11 V der Rom I-VO sowie Art. 6 Nr. 4, Art. 22 Nr. 1 EuGVVO, die denselben Begriff verwenden. Als dingliche Rechte im Sinne der EuInsVO sollen nur absolute Rechte gelten, welche unmittelbar und direkt mit der Sache oder mit einem obligatorischen Recht verbunden sind[49] und gegenüber jedem wirken. Auch die englische *floating charge*,[50] eine Art Unternehmenshypothek (an Immobilien, Mobilien, Forderungen und Rechten), ist ebenso wie die französische *nantissement du fonds de commerce* sowie die schwedische *företagshypotek* allgemein als dingliches Recht anzuerkennen,[51] ebenso der erweiterte und verlängerte Eigentumsvorbehalt,[52] der Nießbrauch, aber auch die urheberrechtliche Lizenz.[53] Der Besitz stellt, wie die Differenzierung in Art. 4 I lit. c Rom I-VO zeigt, kein dingliches Recht iSd EuInsVO dar.[54] Art. 5 EuInsVO des § 351 InsO gelten auch für Sicherheiten an bei Verfahrenseröffnung im Inland belegenen Schiffen und Luftfahrzeugen, auch wenn diese in einem Register im Ausland geführt werden. 33

c) *Entstehung, Wirksamkeit* und *Inhalt* eines solchen dinglichen Rechts sind als selbstständig anzuknüpfende Vorfragen nach dem jeweiligen Sachstatut zu beurtei- 34

---

[45] BGH ZIP 2011, 926 m Anm *Undritz* EWiR 2011, 313 zur Notwendigkeit der Umschreibung des Vollstreckungstitels auf den englischen trustee als Voraussetzung einer in Deutschland durchzuführenden Zwangsversteigerung. Die Entscheidung erläutert *Reinhart* IPrax 2012, 417 ff.
[46] *Martini* ZInsO 2002, 905, 910.
[47] *Flessner*, FS Drobnig S. 277, 280, 284, 286.
[48] MüKoBGB/*Kindler*, Art. 5 Rn. 4; Rauscher-*Mäsch*, EuZPR/EuIPR, Art. 5 EuInsVO Rn. 7; aA (für die jeweilige lex rei sitae) *Virgós/Schmit*, Nr. 100.
[49] D-K/D/C-*Duursma-Kepplinger* Art. 5 Rn. 52; Mohrbutter/Ringstmeier/*Wenner*, Rn. 296; MüKoBGB/*Kindler*, Art. 5 Rn. 57.
[50] Nach Companies Act 1985, S. 35, 395–409; jedoch erheblich eingeschränkt durch Enterprise Act 2002, vgl. dazu *Ehricke/Köster/Müller-Seils* NZI 2003, 409, 410.
[51] Vgl. *Smid*, EuInsVO Art. 5 Rn. 15f; *Virgós/Schmit*, Nr. 104; K. Schmidt/*Brinkmann*, Art. 5 EuInsVO Rn. 5.
[52] MüKoBGB/*Kindler*, Art. 7 Rn. 21.
[53] Vgl. *Dortz*, Urheberrechtliche Lizenzen in nationaler und internationaler Insolvenz, 2012, S. 222 ff., 243; *Nagel/Gottwald*, § 20 Rn. 115.
[54] K. Schmidt/*Brinkmann*, InsO, Art. 5 EuInsVO Rn. 6.

len;⁵⁵ sie bestimmen sich also bei dinglichen Rechten nach der lex rei sitae, bei Sicherungsrechten an obligatorischen Rechten nach dem Schuldstatut.⁵⁶ Insoweit kommt es auf den Zeitpunkt der Verfahrenseröffnung gem. Art. 2 lit. f EuInsVO an.⁵⁷

35 Der *Grenzübertritt* des *Sicherungsgutes* hat einen *Statutenwechsel* zur Folge und führt zur Maßgeblichkeit des neuen Rechts der Belegenheit (vgl. Art. 43 I EGBGB). Da viele Staaten nur den einfachen Eigentumsvorbehalt anerkennen und Verlängerungsformen keine Wirkung zubilligen oder den Weiterbestand des Vorbehalts von der Einhaltung von Formen und Publizitätsvorschriften abhängig machen, kann dies dazu führen, dass mit dem Grenzübertritt das Sicherungsrecht untergeht.⁵⁸ Art. 5 EuInsVO hat daran nichts geändert, da es danach auf die jeweilige lex rei sitae zZ der Eröffnung des Insolvenzverfahrens (Art. 2 lit. f EuInsVO) ankommt.

36 Diese Problematik tritt noch häufiger auf bei *Sicherungseigentum,* wenn das Sicherungsgut in einen anderen Staat verbracht und dort das Insolvenzverfahren über das Vermögen des Sicherungsgebers eröffnet wird. Denn die Rechte der meisten Länder lehnen die Anerkennung eines publizitätslosen Sicherungseigentums ab.

37 Befand sich der mit einer Sicherheit nach deutschem Recht belastete Gegenstand bei Eröffnung des ausländischen Insolvenzverfahrens im Eröffnungsstaat und ist nach dortigem Recht die Sicherheit entfallen, so lebt sie nicht dadurch wieder auf, dass der insolvenzbefangene Gegenstand nach Eröffnung des Verfahrens wieder in das deutsche Inland zurückverbracht wird.⁵⁹

38 Ausländische Mobiliarsicherheiten sind nach Grenzübertritt der Sache in Deutschland ggf. in die funktionsäquivalenten deutschen Rechtstypen überzuleiten.⁶⁰

39 **d)** Die Einordnung ausländischer Sicherungsrechte und Rechte auf Vorzugsbefriedigung in die Kategorien vergleichbarer inländischer Absonderungsrechte, die jedoch nur außerhalb des Anwendungsbereichs von Art. 5 EuInsVO Relevanz hat (→ Rn. 22), kann im Einzelnen schwierig sein.⁶¹ Ein ausländisches Sicherungsrecht berechtigt in einem deutschen Insolvenzverfahren dann zur Absonderung, wenn es nach Gestaltung und Wirkung den Kriterien entspricht, auf denen die „Absonderungskraft" eines vergleichbaren deutschen dinglichen Verwertungsrechts beruht. Bei dieser Angleichung und vergleichenden Analyse sollte freizügig bis zur Grenze des *ordre public* verfahren werden.⁶²

40 **e)** Hat ein Gläubiger in der kritischen Zeit vor Verfahrenseröffnung ein Pfändungspfandrecht oder ein vergleichbares Verwertungsrecht erlangt, so bestimmt gem. Art. 4 II 2 lit. m EuInsVO die *lex fori concursus,* ob dieses Recht auch nach Eröffnung des Insolvenzverfahrens Bestand hat oder auf Grund einer *Rückschlagsperre* (wie nach § 88 InsO) oder in ähnlicher Weise unwirksam wird.

41 **4. Mobiliarsicherheiten.** Auch das Recht der Mobiliarsicherheiten ist bisher in Europa nicht vereinheitlicht.⁶³ Die internationalprivatrechtliche Anknüpfung von Si-

---

⁵⁵ Reithmann/Martiny/*Hausmann,* Rn. 5763; FK/*Wenner/Schuster,* § 351 Rn. 10; FK/*dies,* Anhang I Art. 5 EuInsVO Rn. 6; MüKoInsO/*Reinhart,* § 351 Rn. 13 f.; K. Schmidt/*Brinkmann,* InsO, Art. 5 EuInsVO Rn. 7; Rauscher-*Mäsch,* EuZPR/EuIPR Art. 5 EuInsVO Rn. 4; anders (für lexi fori concursus) D-K/D/C-*Duursma-Kepplinger* Art. 5 Rn. 21 f; *Eidenmüller* IPRax 2001, 2, 6; *Paulus,* EuInsVO, Art. 5 Rn. 7; *Schmitz,* S. 72.
⁵⁶ MüKoBGB/*Kindler,* Art. 5 Rn. 28; *Schack,* IZPR Rn. 1200.
⁵⁷ Vgl. *Schmitz,* S. 72.
⁵⁸ Vgl. *Favoccia,* S. 52 f; MüKoBGB/*Kreuzer,* Art. 38 EGBGB Anh I Rn. 85, 94; *Staudinger/Stoll,* IntSachenR Rn. 346.
⁵⁹ *Favoccia,* S. 53 f.
⁶⁰ Vgl. MüKoBGB/*Kreuzer,* Art. 38 EGBGB Anh I Rn. 86; *Staudinger/Stoll,* IntSachenR Rn. 359 ff.
⁶¹ Vgl. MüKoBGB/*Kreuzer,* Nach Art. 38 EGBGB Anh I Rn. 82 ff.; *Staudinger/Stoll,* IntSachenR, 13. Bearb, Rn. 315 ff., 177, 275.
⁶² Vgl. BGH NJW 1991, 1415; Mohrbutter/Ringstmeier/*Wenner,* Rn. 311.
⁶³ Vgl. *Siehr* RabelsZ 59 (1995), 454.

cherungsrechten bereitet vor allem bei „heimlichen" Mobiliarsicherheiten wie Eigentumsvorbehalt, Sicherungseigentum und Sicherungsabtretung, aber auch ausländischen Sicherungsrechten, die im Inland unbekannt sind, Schwierigkeiten. Hier war lange streitig, ob diese Rechte der jeweiligen lex rei sitae[64] oder der generellen lex fori concursus unterliegen[65] oder beide Rechtsordnungen kumuliert angewendet werden sollen, wobei die lex rei sitae idR über die Entstehung des Sicherheitsrechts, die lex fori concursus über seine insolvenzrechtlichen Wirkungen entscheiden würde.[66] Für die lex fori concursus spricht zwar die Einheitlichkeit der Insolvenzabwicklung und der Verwertung des Schuldnervermögens.[67] Für die lex rei sitae lässt sich ihre generelle Geltung als Fahrnisstatut im IPR[68] anführen und das Vertrauen auf den Schutz dinglicher Rechte nach dem Recht an jeweiligen Lageort verbunden mit der Ungewissheit, ob und welche Einschränkungen eine später bestimmte lex fori concursus dem Sicherungsrecht auferlegt.[69] Die Belegenheit von Forderungen richtet sich nach Art. 2 lit. g (3. Spiegelstrich) EuInsVO nach dem Recht des Staates, in dem der zur Leistung verpflichtete Dritte den Mittelpunkt seiner hauptsächlichen Interessen hat.[70]

Den Schutz dinglicher Rechte und die Sicherheit des Wirtschaftsverkehrs stellen Art. 5 I EuInsVO und § 351 I InsO in den Vordergrund. Danach sollen dingliche Rechte Dritter an Mobilien, Forderungen und Immobilien von der Eröffnung eines Insolvenzverfahrens außerhalb des Lagestaates „unberührt" bleiben. Nach hM enthalten Art. 5 I EuInsVO und § 351 I InsO keine Kollisionsnorm, sondern beschränken die Wirkungserstreckung des (ausländischen) Insolvenzverfahrens.[71] Erkennt die lex fori concursus das Sicherungsrecht nicht an oder sieht sie insolvenzbedingte Einschränkungen vor, so sind diese für den Lagestaat irrelevant. Dem deutschen Insolvenzverwalter steht in anderen EU-Staaten keine Verwertungsbefugnis nach § 166 InsO zu; den Sicherheitsgläubiger trifft keine Pflicht zur Leistung von Kostenbeiträgen (§§ 170 f. InsO). **42**

Die Rechte des Sicherungsgläubigers bestimmen sich nach der lex rei sitae und dem Sicherungsvertrag. Beschränkungen des Insolvenzrechts des Lagestaates gelten nur, wenn dort ein Sekundärinsolvenzverfahren eröffnet wird.[72] Soweit der Schuldner nur Vermögen in einem Mitgliedsstaat hat, kann Sicherungsgut keinerlei insolvenzrechtlichen Beschränkungen unterworfen werden. In eine Verwertung solchen Vermögens im Rahmen einer Gesamtveräußerung kann der Sicherheitsgläubiger grds. nur nach gesonderter Absprache auf freiwilliger Grundlage eingebunden werden. Hierin liegt ein klarer Konzeptionsfehler der EuInsVO.[73] Denn den berechtigten Erwartungen des Sicherungsgläubigers würde es vollauf genügen, wenn für die Sicherheit das Insolvenzrecht der jeweiligen lex rei sitae gelten würde.[74] Diese Lösung wurde aber im Bereich der **43**

---

[64] Hierfür OLG Hamburg IPRspr 1964/65 Nr. 73.
[65] Hierfür *Favoccia*, S. 28 ff., 45 ff., 50 ff.
[66] Vgl. *Prütting* ZIP 1996, 1277, 1284; *Taupitz* ZZP 111 (1998), 315, 332; *Favoccia*, S. 24 ff.
[67] *v. Wilmowsky* EWS 1997, 295, 299.
[68] Vgl. MüKoBGB/*Kreuzer*, Nach Art. 38 EGBGB Anh I Rn. 52 ff.
[69] Vgl. *Taupitz* ZZP 111 (1998), 315, 330 ff.; *Flessner*, FS Drobnig S. 277, 281 ff.
[70] *Burgstaller*, FS Jelinek S. 31, 41.
[71] MüKoInsO/*Reinhart*, Anhang Art. 5 EuInsVO Rn. 13; *Herchen*, S. 78 ff.; Pannen-*Ingelmann*, EuInsVO, Art. 5 Rn. 16; *Paulus*, EuInsVO, Art. 5 Rn. 1; *Nagel/Gottwald*, § 20 Rn. 114; tendenziell auch BGH NZI 2011, 420 ,422.
[72] *Taupitz* ZZP 111 (1998), 315, 333, 336 f.; HK/*Stephan*, § 351 Rn. 4; D-K/D/C-*Duursma-Kepplinger*, Art. 5 Rn. 62 ff.; *Smid* EuInsVO Art. 5 Rn. 20; *Roßmeier*, S. 141 f.; *Kolmann*, S. 17 ff.
[73] *Virgós/Schmit*, Nr. 95 ff.; krit MüKoInsO/*Reinhart*, Anhang Art. 5 EuInsVO Rn. 14; auch *Herchen*, S. 77 f.
[74] Hierfür *Flessner*, FS Drobnig, S. 277, 282 f.; *Fritz/Bähr* DZWIR 2001, 221, 228; KPB/*Kemper*, Art. 5 EuInsVO Rn. 14; zustim *N. Scherber*, S. 146 ff.; *Haas* FS Gerhardt, S. 329; tendenziell auch *Hess*, EuZPR § 9 Rn. 43 f.; *v.Bismarck/Schümann-Kleber* NZI 2005, 147, 148; nunmehr auch *K. Schmidt/*

EuInsVO nicht verwirklicht.[75] Für die Ansicht, die aus Art. 5 I EuInsVO eine Verweisung auf die insolvenzrechtlichen Vorschriften der lex rei sitae bzw des Schuldstatus entwickeln will (in Analogie zu Art. 8 EuInsVO),[76] bleibt mangels planwidriger Regelungslücke kein Raum.

44 Der ausländische Verwalter hat an im Inland belegenen Gegenständen die inländischen Sicherungsrechte zu beachten. Er kann sich nicht darauf berufen, dass das Insolvenzrecht seines Eröffnungsstaates ein solches Sicherungsrecht nicht anerkennt oder die Verwertungsbefugnis in anderer Weise regelt. Denn Sinn der deutschen Sicherungsrechte ist, Schutz bei der Insolvenz des Schuldners zu gewähren und dieser darf in Fällen, in denen ein ausländisches Insolvenzverfahren Inlandswirkungen hat, nicht geringer sein als bei einem rein inländischen Insolvenzverfahren.[77]

45 Art. 5 EuInsVO schützt richtigerweise nur das dingliche Recht, nicht aber den Gegenstand der Sicherung vor insolvenzrechtlichen Einschränkungen. Der Verwalter des Hauptverfahrens darf somit die gesicherte Forderung tilgen, Freigabe des (bisher) belasteten Gegenstands verlangen und ihn dann zur Masse ziehen oder nach Verwertung der Sicherheit einen etwaigen Überschuss für die Masse einfordern[78] (vgl. Art. 18 EuInsVO; vgl. Erwägungsgrund 25 S. 5).[79] Denn der belastete Vermögensgegenstand in einem (Nicht-)Niederlassungsstaat zählt ebenfalls zur Masse, auch wenn er mit dinglichen Rechten belastet sein mag.

46 Außerdem schützen Art. 5 I EuInsVO und § 351 I InsO den Sicherheitsgläubiger nur vor den Folgen der Insolvenzeröffnung, nicht dagegen vor mittelbaren Eingriffen in seine Rechte im Laufe des Insolvenzverfahrens, etwa durch einen Insolvenzplan.[80] Insoweit handelt es sich um Wirkungen der Beendigung des Verfahrens, die sich gem. Art. 4 II 2 lit. j, k EuInsVO sowie § 335 InsO nach der lex fori concursus richten: Denn das ausländische Insolvenzstatut kann eine inländische Kreditsicherheit am Vermögen des Schuldners insoweit beeinflussen, als die gesicherte Forderung durch einen Zwangsvergleich, Insolvenzplan etc. gekürzt oder sonst eingeschränkt werden kann und sich dadurch das Sicherungsbedürfnis entsprechend mindert.[81]

47 Die lex fori concursus soll ferner gelten, wenn die Belegenheit der Vermögensgegenstände im Zeitpunkt der Verfahrenseröffnung in betrügerischer Weise gewählt wurde.[82] Aber diese Absicht wird kaum jemals nachweisbar sein. Da sich die Anfechtbarkeit von Sicherheiten ohnehin primär nach der lex fori concursus richtet (Art. 4 II 2 lit. m, 5 IV EuInsVO; § 339 InsO), ist nicht recht ersichtlich, was mit dieser Ausnahme erreicht werden soll.

48 Verbringt der Insolvenzverwalter in unzulässiger Weise (vgl. auch Art. 18 I 2 EuInsVO) den belasteten Gegenstand in einen anderen als den ursprünglichen Mitgliedstaat, muss sich dort der ursprünglich durch Art. 5 EuInsVO vermittelte Schutz des dinglichen Rechts zumindest im wirtschaftlichen Ergebnis wie im bisherigen Umfang fortsetzen, auch wenn nach der nunmehrigen lex rei sitae infolge des Statutenwechsels

---

Brinkmann, InsO, Art. 5 EuInsVO Rn. 17f.; differenzierend Geimer/Schütze-*Huber,* EuInsVO Art. 5 Rn. 25. – Hierfür im Anwendungsbereich des § 351 InsO FK/*Wenner/Schuster,* § 351 Rn. 12.

[75] *Kolmann,* S. 182, 302ff., 308; D-K/D/C-*Duursma-Kepplinger,* Art. 5 Rn. 18.
[76] So etwa K. Schmidt/*Brinkmann,* InsO, Art. 5 EuInsVO Rn. 18; *Paulus,* EuInsVO, Art. 5 Rn. 25f.; *Beck/Voss,* Rn. 839ff.
[77] So auch *Flessner* IPRax 1997, 1, 7.
[78] *Taupitz* ZZP 111 (1998), 315, 339f.; *Flessner,* FS Drobnig S. 277, 285; *Roßmeier,* S. 143; zustimmend *Schack,* IZNR, Rn. 1200.
[79] Vgl. D-K/D/C-*Duursma-Kepplinger,* Art. 5 Rn. 27ff., 66; Pannen-*Ingelmann,* EuInsVO, Art. 5 Rn. 18f.; bereits *Gottwald,* Grenzüberschreitende Insolvenzen, S. 34f.
[80] D-K/D/C-*Duursma-Kepplinger,* Art. 5 Rn. 37; aA *Wessels,* S. 571.
[81] *Flessner* IPRax 1997, 1, 8; *ders.,* FS Drobnig S. 277, 285.
[82] *Virgós/Schmit,* Nr. 105; D-K/D/C-*Duursma-Kepplinger,* Art. 5 Rn. 10, 27.

(→ Rn. 35) die Sicherheit untergegangen ist.[83] Den Beteiligten ist unbedingt zu empfehlen, zuvor die Folgen der sich hieraus ergebenden Problematik zu regeln.

Der Schutz gemäß Art. 5 I EuInsVO bzw. § 351 InsO besteht freilich nur für dingliche Sicherheiten. Der gute Glaube an ein Vorrecht bei der Verteilung wird dagegen grundsätzlich nicht geschützt. **49**

§ 351 I InsO setzt auch Art. 20 RL 2001/17/EG (Versicherungsunternehmen) und Art. 21 RL 2001/24/EG (Kreditinstitute) um. Während die Richtlinien-Normen eine allseitige Regelung verlangen, schränkt § 351 I InsO nur die Wirkungen eines ausländischen Insolvenzverfahrens auf dingliche Rechte Dritter an im Inland belegenen Vermögensgegenständen ein, bleibt also hinter den europarechtlichen Anforderungen nach seinem Wortlaut zurück. Daher bedarf es im Anwendungsbereich der genannten Richtlinien einer Ausdehnung der Vorschrift dahingehend, dass auch inländische Insolvenzverfahren die im EU-Ausland belegenen Drittsicherheiten unberührt lassen.[84] **50**

5. Eigentumsvorbehalt. Die Regeln über dingliche Rechte und Sicherheiten sind grundsätzlich auch auf den Eigentumsvorbehalt anwendbar. Der Begriff des Eigentumsvorbehalts ist *autonom* auszulegen. Ob ein Eigentumsvorbehalt rechtswirksam besteht, richtet sich zunächst regelmäßig nach der lex rei sitae;[85] etwaige insolvenzrechtliche Beschränkungen des Eigentumsvorbehalts nach der lex fori concursus gelten für Eigentumsvorbehaltsrechte des Verkäufers hinsichtlich der in anderen EU-Mitgliedstaaten belegenen Sachen nicht (Art. 7 I EuInsVO).[86] Auch insoweit handelt es sich – wie bei Art. 5 EuInsVO (→ Rn. 22, 42 f.) nicht um eine Verweisung auf das Insolvenzrecht des Lagestaates,[87] sondern um eine Sachnorm.[88] **51**

Welche Art von Eigentumsvorbehalt erfasst wird, sagt Art. 7 EuInsVO nicht. Überwiegend wird angenommen, Art. 7 EuInsVO wolle nur den einfachen Eigentumsvorbehalt regeln.[89] Da Verlängerungs- und Erweiterungsformen als Sicherheiten von Art. 5 erfasst werden (→ Rn. 33),[90] ist dem zuzustimmen.[91] Nach der Gegenmeinung bleibt es dagegen dem Lagestaat überlassen, welche Art von Eigentumsvorbehalt anerkannt wird. Für den deutschen Exporteur ändert sich damit wenig. Denn er kann sich nicht darauf verlassen, dass andere Staaten Verlängerungen des Eigentumsvorbehalts anerkennen.[92] **52**

Art. 7 I EuInsVO behandelt den Eigentumsvorbehalt primär als Annex zum Kaufvertrag und bestimmt, dass das Insolvenzverfahren gegen den Käufer die Rechte des Verkäufers an Sachen, die sich in einem anderen Mitgliedstaat als dem Eröffnungsstaat befinden, unberührt lässt.[93] Entsprechendes ergibt sich aus § 351 I InsO. Voraussetzung ist freilich, dass der Eigentumsvorbehalt nach der lex rei sitae zZ seiner Begründung wirksam bestellt wurde. Bei grenzüberschreitenden Lieferungen ist der dabei eintretende Statutenwechsel zu beachten.[94] Dies setzt jedenfalls voraus, dass die Übergabe der Sache vor Eröffnung des Insolvenzverfahrens erfolgte. Wird im Lagestaat ein Sekundärverfahren eröffnet, so können freilich dessen Beschränkungen geltend gemacht werden **53**

---

[83] *Haas*, FS Gerhard, S. 335; HambKommInsO-*Undritz*, Art. 18 EuInsVO Rn. 3.
[84] IE auch FK/*Wenner/Schuster*, § 351 Rn. 6 (unmittelbare Geltung der RiLi aufgrund unzureichender fristgemäßer Umsetzung).
[85] *Huber* ZZP 114 (2001), 133, 159.
[86] Vgl. FK/*Wenner/Schuster*, Anhang I Art. 7 EuInsVO Rn. 10; allerdings Geltung des Insolvenzrechts des Belegenheitsstaates befürwortend.
[87] So aber K. Schmidt/*Brinkmann*, InsO, Art. 7 EuInsVO Rn. 5 mwN.
[88] MüKoBGB/*Kindler*, Art. 7 EuInsVO Rn. 9; MüKoInsO/*Reinhart*, Art. 7 EuInsVO Rn. 8.
[89] *Herchen*, S. 120 f.; D-K/D/C-*Duursma-Kepplinger*, Art. 7 Rn. 32, 39 f.; *Smid*, EuInsVO Art. 7 Rn. 2.
[90] Vgl. *Smid*, EuInsVO Art. 7 Rn. 6.
[91] Ebenso *Paulus*, EuInsVO, Art. 7 Rn. 3; Pannen-*Ingelmann*, Art. 7 Rn. 4; *Schmitz*, S. 97; teilweise aA MüKoBGB/*Kindler*, Art. 7 Rn. 19 f. (auch weitergeleiteter und nachgeschalteter Eigentumsvorbehalt).
[92] Vgl. *Lehr*, RIW 2000, 747; D-K/D/C-*Duursma-Kepplinger*, Art. 7 Rn. 33 ff.
[93] *Taupitz* ZZP 111 (1998), 315/342; FK/*Wenner/Schuster*, Anhang I Art. 7 EuInsVO Rn. 9 f.
[94] *Hanisch*, FS Jahr S. 455, 467; D-K/D/C-*Duursma-Kepplinger*, Art. 7 Rn. 5, 7; *Roßmeier*, S. 146.

(Art. 28 EuInsVO; § 335 InsO). Art. 7 EuInsVO gilt nicht, wenn die Sache nach Verfahrenseröffnung in einen anderen Mitgliedsstaat verbracht wurde.[95]

54 Die lex rei sitae regelt nur die dingliche Seite des Eigentumsvorbehalts. Das Wahlrecht des Verwalters (§§ 103 ff. InsO) bestimmt sich dagegen stets nach der jeweiligen lex fori concursus.[96]

55 Nach Art. 7 II EuInsVO wird das „Anwartschaftsrecht" des Vorbehaltskäufers durch die Eröffnung des Hauptinsolvenzverfahrens gegen den Verkäufer nicht beeinträchtigt, auch wenn sich die Sache zu dieser Zeit in einem anderen Mitgliedsstaat befindet. Diese Regel entspricht § 107 I InsO. Für eine Beschränkung auf den Schutzumfang der lex rei sitae ist kein Raum.[97] Die Eröffnung eines Sekundärverfahrens im Staat des Käufers ändert nichts an dem Schutz seines Anwartschaftsrechts.[98]

56 In beiden Fällen bestimmt sich die Nichtigkeit, Anfechtbarkeit oder relative Unwirksamkeit wegen Gläubigerbenachteiligung grds. nach der lex fori concursus (Art. 7 III iVm Art. 4 II 2 lit. m EuInsVO sowie § 339 InsO).

IV. Gegenseitige Verträge

57 **1. Allgemeines.** Die Einwirkung der Eröffnung des Insolvenzverfahrens auf beiderseitig nicht oder nicht voll erfüllte Verträge, die der (spätere) Insolvenzschuldner abgeschlossen hatte (zB Beendigung des Schuldverhältnisses; Kündigungs- oder Rücktrittsrecht des Insolvenzverwalters oder des Vertragspartners; Wahlrecht des Insolvenzverwalters; Abänderung der Verpflichtungen) ist Gegenstand des Insolvenzrechts; diese Rechtsfolgen sind daher gem. Art. 4 II 2 lit. e EuInsVO und § 335 InsO nach dem *Insolvenzrecht des jeweiligen Eröffnungsstaates* zu beurteilen, auch wenn der betroffene Vertrag selbst einer anderen Rechtsordnung untersteht (zB bei einem Auslandsinsolvenzverfahren deutschem Schuldrecht).[99] Die lex fori concursus entscheidet über ein etwaiges Wahlrecht des Verwalters (§ 103 InsO), über ein solches Wahlrecht einschränkende Regeln, aber auch über die insolvenzrechtliche Qualifikation etwaiger Ersatzansprüche wegen Nichterfüllung. Der Umfang des zu ersetzenden Schadens richtet sich nach dem Vertragsstatut.[100] Ob sich das Kündigungsrecht des Auftragnehmers gem. § 8 Nr. 2 VOB/B bei deutschem Vertragsstatut ggü der Erfüllungswahl des ausländischen Verwalters durchsetzen kann, ist somit ungewiss.[101]

58 **2. Kaufvertrag, Werkvertrag.** Für beide Vertragsarten bleibt es bei der Anwendbarkeit der lex fori concursus; eine Sonderregel ist nur für den Eigentumsvorbehalt vorgesehen, der in Verbindung mit einem Kaufvertrag vereinbart wird (→ Rn. 53).

59 **3. Verträge über dingliche Rechte. a)** *Verträge über Erwerb.* Für die insolvenzrechtlichen Wirkungen auf Verträge, die zum *Erwerb von Immobilien* berechtigen und bereits bei Verfahrenseröffnung zustande gekommen sind,[102] gilt nach Art. 8 EuInsVO sowie § 336 S. 1 InsO (abweichend von Art. 4 II 2 lit. e EuInsVO und § 335 InsO) ausschließlich das Recht des Staates, in dem die Immobilie belegen ist. Die Sachnorm-

---

[95] BerlK-*Pannen*, Art. 7 Rn. 3.
[96] *Kolmann* S. 305 f.; *Taupitz* ZZP 111 (1998), 315, 339.
[97] Wie hier MüKoBGB/*Kindler*, Art. 7 EuInsVO Rn. 9; MüKoInsO/*Reinhart*, Art. 7 EuInsVO Rn. 8; aA *Paulus* EuInsVO Art. 7 Rn. 11; K. Schmidt/*Brinkmann*, InsO, Art. 7 EuInsVO Rn. 5.
[98] D-K/D/C-*Duursma-Kepplinger*, Art. 7 Rn. 27 ff.; MüKoBGB/*Kindler*, Art. 7 Rn. 15; *Schmitz*, S. 100; aA Pannen-*Herchen*, Art. 28 Rn. 27.
[99] *Geimer*, IZPR Rn. 3538 f.; *Taupitz* ZZP 111 (1998), 315, 344; *Aderhold*, S. 277 ff.; *Schollmeyer*, S. 148 ff., 175; KPB/*Paulus* § 335 Rn. 42; *Mohrbutter/Ringstmeier/Wenner*, Rn. 313 ff.; *Dammann/Lehmkuhl* NJW 2012, 3069, 3071; aA OLG Karlsruhe NJW 2012, 3166.
[100] Mohrbutter/Ringstmeier/*Wenner*, Rn. 333; Reithmann/Martiny/*Hausmann*, Rn. 5767.
[101] Ebenso Mohrbutter/Ringstmeier/*Wenner*, Rn. 330.
[102] HK/*Stephan*, § 336 Rn. 5; EuInsVO Art. 8 Rn. 3; Pannen-*Riedemann*, EuInsVO, Art. 8 Rn. 12 ff.; MüKoInsO/*Reinhart*, § 336 Rn. 8 f.

verweisungen sind im inländischen Insolvenzverfahren für Auslandsvermögen ebenso wie bei ausländischen Verfahren für Inlandsvermögen anwendbar; der vorrangige Art. 8 EuInsVO gilt freilich nur im Anwendungsbereich der EuInsVO und nur bei Belegenheit in einem anderen Mitgliedstaat. Allein das Insolvenzrecht der lex rei sitae entscheidet, welche Befugnisse dem Insolvenzverwalter hinsichtlich des Vertragsverhältnisses zustehen; die Parteien können den Vertrag insoweit keinem anderen Recht unterstellen.[103]

Unter die Vorschriften sind aufgrund der gebotenen *autonomen* Auslegung sowohl **60** schuldrechtliche wie auch dingliche Verträge zu subsumieren.[104] Erfasst ist bereits der einfache, ungesicherte Anspruch auf Übereignung.[105] Auf ein Entgelt kommt es nicht an. Ob der Insolvenzschuldner Anspruchsinhaber oder Verpflichteter ist, spielt ebenfalls keine Rolle.[106]

Ob der Vertrag einen *unbeweglichen Gegenstand* betrifft, ist für Art. 8 EuInsVO nicht **61** nach der lex rei sitae, sondern ebenfalls autonom zu bestimmen;[107] Schiffe und Luftfahrzeuge gehören nicht dazu (arg e Art. 11 EuInsVO; → Rn. 20). Unbewegliche Gegenstände sind Grundstücke und deren wesentliche Bestandteile,[108] dh es gilt ein engerer Begriff als im Rahmen des § 49 InsO, der über die Verweisung des § 865 I ZPO Zubehör sowie den sonstigen grundpfandrechtlichen Haftungsverbund (§§ 1120 ff. BGB) einschließt.[109] Eine Rechtfertigung, insoweit ebenfalls von der lex fori concursus abzuweichen, lässt sich nicht erkennen.[110]

§ 336 InsO verweist auch für Verträge über *dingliche Rechte an unbeweglichen Gegen-* **62** *ständen* generell auf das Recht des Lageortes. Hierzu zählen etwa Verträge über Nießbrauch, Dienstbarkeiten, Reallasten, Grundpfandrechte, Erbbaurechte, Wohnungseigentum sowie vergleichbare Institute des ausländischen Rechts, die auf eine Änderung der sachenrechtlichen Verhältnisse an dem unbeweglichen Gegenstand abzielen. Im Anwendungsbereich der EuInsVO lassen sich derartige Verträge vorbehaltlich Art. 11 EuInsVO ggf unter Art. 8 EuInsVO im Wege der autonomen Auslegung einbeziehen; andernfalls bliebe es bei der Geltung der lex fori concursus.[111]

Für den Rang etwaiger Forderungen, die Insolvenzanfechtung etc. sowie für die **63** Rechte des Gläubigers nach Verfahrensbeendigung schaffen Art. 8 EuInsVO, § 336 InsO kein Sonderrecht.[112]

b) *Verfügungen über Immobilien, Gutglaubensschutz.* Allerdings bleiben das sachenrechtli- **64** che Publizitätssystem des Grundbuchs und entsprechende Register vom Insolvenzrecht unberührt, vgl. § 81 I 2 und § 91 II InsO. Derjenige, der gutgläubig, insbesondere im Vertrauen auf die Richtigkeit und Vollständigkeit des Grundbuchs oder des entsprechenden ausländischen Registers, ein Recht an einem aus Sicht der lex fori concursus massezugehörigen, nicht im Verfahrenseröffnungsstaat belegenen (vgl. Art. 2 lit. g EuInsVO) Grundstück vom (nicht mehr verfügungsberechtigten) Insolvenzschuldner eines Insol-

---

[103] D-K/D/C-*Duursma-Kepplinger*, Art. 8 Rn. 7, 9; Reithmann/Martiny/*Hausmann*, Rn. 5768; HK/*Stephan*, § 336 Rn. 1.
[104] MüKoBGB/*Kindler*, Art. 8 Rn. 5 und § 336 Rn. 5.
[105] MüKoInsO/*Reinhart*, Anhang Art. 8 EuInsVO Rn. 8; Reithmann/Martiny/*Hausmann*, Rn. 2621.
[106] Ebenso Pannen-*Riedemann*, EuInsVO, Art. 8 Rn. 4, 19.
[107] D-K/D/C-*Duursma-Kepplinger*, Art. 8 Rn. 4; MüKoBGB/*Kindler*, Art. 8 Rn. 2; Geimer/Schütze-*Huber*, EuInsVO, Art. 8 Rn. 3; aA *Paulus*, EuInsVO, Art. 8 Rn. 5; Pannen-*Riedemann*, EuInsVO, Art. 8 Rn. 17.
[108] Zutreffend K. Schmidt/*Brinkmann*, InsO, § 336 Rn. 8.
[109] So aber MüKoBGB/*Kindler*, InsO, § 336 Rn. 3; HK/*Stephan* § 336 Rn. 3.
[110] K. Schmidt/*Brinkmann*, InsO, § 336 Rn. 8.
[111] Hierfür generell HambKommInsO-*Undritz*, § 336 Rn. 1.
[112] *Virgós/Garcimartín*, S. 123; Pannen/*Riedemann*, EuInsVO, Art. 8 Rn. 5, 25 f. (jeweils zur EuInsVO); Geimer/Schütze-*Huber*, EuInsVO, Art. 8 Rn. 7; MüKoBGB/*Kindler*, Art. 8 Rn. 9; aA *Paulus*, EuInsVO, Art. 8 Rn. 10 (bzgl Insolvenzanfechtbarkeit).

venzverfahrens nach Verfahrenseröffnung (Art. 2 lit. f EuInsVO) entgeltlich erwirbt, wird daher nach den Vorschriften des deutschen Sachenrechts (§§ 892ff. sowie § 878 BGB) geschützt (Art. 14 EuInsVO; § 349 I InsO, der jedoch auch den unentgeltlichen Erwerb erfasst); auf das Recht des Eröffnungsstaates kommt es nicht an.[113] Art. 14 EuInsVO schützt im Unterschied zu § 349 I InsO den gutgläubigen Erwerb von Rechten an Wertpapieren, die in ein gesetzlich vorgeschriebenes Register eingetragen sind.[114] Art. 14 EuInsVO gilt jedoch mangels Qualifikation als Wertpapiere nicht für Patente und andere gewerbliche Schutzrechte. Auch eine im Inland eingetragene Vormerkung bleibt insolvenzfest (Art. 5 II EuInsVO; § 349 II InsO). Beide vorstehend genannten Regeln sind zu verallgemeinern: die lex rei sitae verdrängt insoweit die lex fori concursus.[115] Entsprechenden Schutz vermitteln Art. 14 EuInsVO bzw. § 349 InsO beim Erwerb von registereingetragenen Schiffen, Luftfahrzeugen oder Wertpapieren und dinglichen Rechten hieran.[116]

65 Der Gutglaubensschutz wird erst durch die Eintragung eines Insolvenzvermerks gem. Art. 22 I EuInsVO und § 346 InsO beendet.[117] Zur Veranlassung einer solchen Eintragung kann der Hauptinsolvenzverwalter oder eine andere hierzu befugte Stelle aufgrund der jeweiligen mitgliedstaatlichen lex rei sitae verpflichtet sein (vgl. Art. 22 II EuInsVO). → § 132 Rn. 37 f., → § 134 Rn. 55 ff.

66 c) *Verfügungen über Mobilien.* Zweifelhaft ist, ob der Erwerber einer *beweglichen Sache im Inland* geschützt wird, wenn ihm nicht bekannt ist, dass der Veräußerer infolge der Eröffnung eines (anerkennungsfähigen) Auslandsinsolvenzverfahrens nicht mehr über sein Vermögen verfügen konnte. Kennt das Insolvenzrecht des Eröffnungsstaates einen besonderen Gutglaubensschutz des Mobiliarerwerbs, so sind diese Vorschriften nach Art. 4 EuInsVO bzw. § 335 InsO auch im Inland anzuwenden.[118] Ansonsten empfiehlt ein Teil des Schrifttums, in entsprechender Anwendung der §§ 135 II, 932 BGB den gutgläubigen Erwerber zu schützen, bis die Eröffnung des Auslandsinsolvenzverfahrens im Inland öffentlich bekannt gemacht worden ist. Diese Ansicht vermag nicht zu überzeugen. Denn der Gesetzgeber der deutschen Insolvenzordnung kennt keinen Schutz des redlichen Erwerbers bei beweglichen Sachen, sondern entscheidet sich für einen Schutz der Masse gegen schädliche Verfügungen des Schuldners.[119] Bei einer Auslandsinsolvenz besteht kein Grund für eine Besserstellung.

67 **4. Miete, Pacht.** Für Verträge über die *Nutzung unbeweglicher Gegenstände,* die im Zeitpunkt der Verfahrenseröffnung nach der lex causae bereits wirksam zustande gekommen sind, gilt gem. Art. 8 EuInsVO und § 336 S. 1 InsO ausschließlich die lex rei sitae.[120] Erfasst sind Miet-, Pacht-, Erbpacht- und Nießbrauchverträge, dh es kann sich sowohl um schuldrechtliche wie dingliche Verträge handeln. Die Wirkungen eines inländischen Insolvenzverfahrens sowie die Eingriffsbefugnisse des Verwalters bzgl der vertraglichen Nutzungsrechte an im Ausland belegenen, unbeweglichen Vermögensgegenständen ergeben sich aus dem dortigen Belegenheitsrecht, als wenn dort ein Insolvenzverfahren eröffnet worden wäre. Ist das vom Insolvenzschuldner vermietete oder verpachtete Grundstück in Deutschland gelegen, gilt deutsches Mietrecht oder Pacht-

---

[113] Vgl. *Hanisch* ZIP 1992, 1125, 1130; KPB/*Kemper/Paulus,* § 349 Rn. 7 ff.; KPB/*Kemper* Art. 14 EuInsVO Rn. 6.
[114] K. Schmidt/*Brinkmann,* InsO, § 349 Rn. 5 f.
[115] *Geimer,* IZPR Rn. 3543; vgl. *Taupitz* ZZP 111 (1998), 315, 346; D-K/D/C-*Duursma-Kepplinger,* Art. 8 Rn. 19.
[116] *Virgós/Schmit* Nr. 141.
[117] *Kemper* ZIP 2001, 1609, 1616.
[118] Vgl. *Nerlich/Römermann/Nerlich,* Art. 14 EuInsVO Rn. 1.
[119] Zust *Geimer,* IZPR Rn. 3543a.
[120] MüKoInsO/*Reinhart* Anhang Art. 8 EuInsVO Rn. 1, 15; Reithmann/Martiny/*Hausmann,* Rn. 5768; *Taupitz* ZZP 111 (1998), 315, 344 ff.; FK/*Wenner/Schuster,* Anhang Art. 8 EuInsVO Rn. 8; HK/*Stephan,* § 336 Rn. 1.

recht auch für den ausländischen Insolvenzverwalter in gleichem Umfang wie für einen inländischen Verwalter. Sollte der Insolvenzverwalter nach dem Recht seines Eröffnungsstaates nicht an einen nach deutschem Recht geschützten (vgl. §§ 108 f. InsO) Miet- oder Pachtvertrag gebunden sein, so ist dies im Inland unbeachtlich.

Auch wenn der Schutz von insbesondere sozial schwachen Mietern vor Ermittlung des ausländischen Insolvenzverfahrens Beweggrund der Regelung gewesen sein mag,[121] so kann das Belegenheitsrecht gleichwohl hinter dem Schutzmechanismus der jeweiligen lex fori concursus zurückbleiben; ein Günstigkeitsprinzip gilt insoweit nicht. Ungeachtet dessen erfasst die Regelung nicht nur Verhältnisse über Wohnräume, sondern auch gewerbliche Nutzungsverhältnisse, die nicht schutzwürdig erscheinen. **68**

§ 336 InsO setzt zugleich die beiden Richtlinien zur Sanierung und Liquidation von Kreditinstituten bzw Versicherungsunternehmen um.[122] **69**

5. Leasingverträge. a) Für Mietkauf- und Leasingverträge *über unbewegliche Sachen* gilt ebenfalls nicht lex fori concursus, sondern die lex rei sitae (Art. 8 EuInsVO; § 336 S. 1 InsO).[123] **70**

b) Für Leasingverträge *über Mobilien* und sonstige Gegenstände, deren Anschaffung oder Herstellung ein Dritter finanziert hat und die diesem zur Sicherheit übertragen wurden, sieht § 108 I 2 InsO eine Sonderregelung vor. Danach bestehen diese Verträge, die der Schuldner als Vermieter oder Verpächter eingegangen war, auch mit Wirkung für die Insolvenzmasse fort. Diese Regel gilt indes nur für ein in Deutschland eröffnetes Insolvenzverfahren. Eine Ausdehnung auf Leasinggegenstände im Inland, die von einem ausländischen Insolvenzverfahren erfasst werden, kommt nicht in Betracht. **71**

6. Arbeitsverträge. a) *Einfluss der Verfahrenseröffnung.* Die Anwendung der lex fori concursus auf Arbeitsverhältnisse in einem anderen Land (über Art. 4 II 2 lit. e EuInsVO bzw § 335 InsO) wäre nicht sachgerecht. Die Wirkungen des Insolvenzverfahrens auf Rechtsbeziehungen des Arbeitsrechts werden daher gesondert angeknüpft.[124] Dabei wird nicht zwischen der Insolvenz von Arbeitgeber oder Arbeitnehmer unterschieden.[125] Was ein Arbeitsvertrag oder -verhältnis ist, definieren weder Art. 10 EuInsVO noch Art. 18 EuGVVO. Doch dürfte generell eine abhängige, weisungsgebundene sowie entgeltliche Tätigkeit erforderlich sein.[126] Die zu Art. 18 EuGVVO entwickelten Grundsätze lassen sich auf den Anwendungsbereich des Art. 10 EuInsVO übertragen.[127] **72**

Nach Art. 10 EuInsVO und § 337 InsO unterliegen die Wirkungen des Insolvenzverfahrens auf ein bei Verfahrenseröffnung bestehendes Arbeitsverhältnis ausschließlich dem *Arbeitsvertragsstatut*, um dem Schutzbedürfnis der Arbeitnehmer am besten Rechnung zu tragen.[128] In Deutschland ist dieses nach Art. 8 Rom I-VO[129] (bzw Art. 6 EVÜ) zu bestimmen.[130] Eine (Teil-)Rechtswahl muss somit beachtet werden. Die Beteiligten müssen die gewählte Rechtsordnung (vgl. aber Art. 8 II Rom I-VO) mit einer **73**

---

[121] Vgl. HK/*Stephan*, § 336 Rn. 7.
[122] MüKoInsO/*Reinhart*, § 336 Rn. 1.
[123] MüKoInsO/*Reinhart*, Anhang Art. 8 EuInsVO Rn. 9; D-K/D/C-*Duursma-Kepplinger*, Art. 8 Rn. 1; FK/*Wenner*/*Schuster*, § 336 Rn. 8.
[124] Ausführlich hierzu aus Sicht der Unternehmenssanierung *Beck/Voss*, Rn. 853 ff.
[125] D-K/D/C-*Duursma-Kepplinger*, Art. 10 Rn. 2; Braun-*Tashiro*, InsO § 337 Rn. 7.
[126] Vgl. EuGH EuZW 2004, 507; EuZW 2008, 529; D-K/D/C-*Duursma-Kepplinger*, Art. 10 Rn. 6.
[127] Zum Sonderfall von zwei Arbeitgebern vgl. EuGH RIW 2003, 619 ff.
[128] HK/*Stephan*, § 337 Rn. 3; vgl. BAG BeckRS 2013, 68180 High Court Birmingham NZI 2005, 515 *(Penzlin/Riedemann)*; Braun-*Tashiro*, InsO § 337 Rn. 1.
[129] Zum zeitlichen Anwendungsbereich vgl. Art. 28 Rom I-VO. – Zu etwaigen Anpassungen vgl. BAG ZIP 2012, 2312.
[130] LAG Frankfurt/M. ZIP 2011, 289, 291; FK/*Wenner*/*Schuster*, § 337 Rn. 6 f.; *KPB/Paulus*, § 337 Rn. 5; KPB/*Kemper* Art. 10 EuInsVO Rn. 5; *Trunk*, S. 173; *Geimer*, IZPR Rn. 3550; Graf Schlicker-*Kebekus/Sabel*, § 337 Rn. 2; *Taupitz* ZZP 111 (1998), 315, 344; Reithmann/Martiny/*Hausmann*, Rn. 5769; Mohrbutter/Ringstmeier/*Wenner*, Rn. 316 ff.; vgl. *Schollmeyer*, S. 182 ff.

hiervon abweichenden Rechtsordnung des Staates der gewöhnlichen Arbeitsverrichtung bzgl der zwingenden arbeitsrechtlichen Vorschriften vergleichen, und zwar auch im Hinblick auf die Bestimmungen des jeweilgen Insolvenzrechts.[131] Das günstigere Recht setzt sich durch.[132] Hierbei bleibt es, selbst wenn die lex fori concursus noch günstigere Vorschriften zugunsten der Arbeitnehmer vorsähe. Da Art. 10 EuInsVO und § 337 InsO gleichen Inhalt haben, kommt es jedenfalls aus deutscher Sicht nicht darauf an, ob im Ergebnis das Recht eines EU-Staates oder eines Drittstaates (dann gilt Art. 8 EuInsVO nach seinem Wortlaut nicht, sondern § 337 InsO, ebenso wie außerhalb des Anwendungsbereichs der EuInsVO) zur Anwendung berufen ist.[133]

74 Das Recht nach Art. 8 Rom I-VO regelt alle unmittelbar mit der Verfahrenseröffnung zusammenhängenden Wirkungen des Insolvenzverfahrens auf individuelle Arbeitsverhältnisse des Insolvenzschuldners, etwa die Frage der Beendigung des Arbeitsverhältnisses oder der vorzeitigen Kündbarkeit,[134] sonstiger Modifikationen des Kündigungsrechts, Lohnherabsetzungen, Arbeitnehmererfindungen usf.[135] Im Übrigen, etwa für den Rang einer arbeitsrechtlichen Forderung oder deren Geltendmachung im Insolvenzverfahren, bleibt es bei der lex fori concursus.[136]

75 Da Art. 10 EuInsVO ebenso wie § 337 InsO nicht nur von den Wirkungen auf den Arbeitsvertrag, sondern auf das „Arbeitsverhältnis" insgesamt sprechen, ist davon auszugehen, dass auch das *kollektive Arbeitsrecht* des Vertragsstatuts gelten soll.[137]

76 **b)** *Betriebsveräußerung.* Veräußert ein ausländischer Insolvenzverwalter einen in Deutschland belegenen Betrieb oder Betriebsteil des Insolvenzschuldners, so ist auf Grund Art. 8 I 2 Rom I-VO als arbeitsrechtliche Schutzvorschrift auch § 613a BGB anzuwenden.[138] Der Verwalter kann sich nicht darauf berufen, das Recht des Insolvenzeröffnungsstaates sehe einen derartigen Schutz nicht vor.

77 **c)** *Sozialplan.* Unterhält der Schuldner einen inländischen betriebsratsfähigen Betrieb, so gelten zum Schutz der Arbeitnehmer die Regeln des jeweiligen kollektiven Arbeitsrechts, in Deutschland also die §§ 111 ff. BetrVG sowie die §§ 123 ff. InsO über den Umfang eines Sozialplans.[139]

78 **d)** *Privilegierung der Ansprüche.* Die Sonderanknüpfung an das Arbeitsvertragsstatut ändert nichts daran, dass für die Verteilung der Masse ausschließlich die lex fori concursus und ihre Verteilungsordnung zur Anwendung kommen (Art. 4 II lit. i EuInsVO; § 335 InsO). Ob also ein Arbeitslohnanspruch, ein Sozialplananspruch oder ein sonstiger Anspruch aus dem Arbeitsverhältnis Masseforderung, privilegierte Insolvenzforderung etc ist, regelt ausschließlich das Insolvenzstatut.[140] Da das Vertragsstatut nicht die Vertei-

---

[131] Mohrbutter/Ringstmeier/*Wenner*, Rn. 318 f.
[132] HK/*Stephan*, § 337 Rn. 7.
[133] Geimer/Schütze-*Huber*, Art. 10 EuInsVO Rn. 2; aA Mohrbutter/Ringstmeier/*Wenner*, Rn. 320. – Vgl. zu dieser Problematik auch KPB/*Kemper*, Art. 10 EuInsVO Rn. 6; MüKoBGB/*Kindler*, Art. 10 EuInsVO Rn. 11.
[134] LAG Frankfurt/M., ZIP 2011, 289, 291.
[135] Ebenso HK/*Stephan*, § 337 Rn. 8.
[136] Vgl. Erwägungsgrund 28 der EuInsVO.
[137] *Paulus* NZI 2001, 505, 513; BerlK-*Pannen*, Art. 10 Rn. 3; ebenso nun LAG Frankfurt/M., ZIP 2011, 289, 291; aA KPB/*Paulus*, § 337 Rn. 3; anders nunmehr auch MüKoInsO/*Reinhart*, § 337 Rn. 10 f.; wohl auch *Nagel/Gottwald*, § 20 Rn. 121.
[138] HK/*Stephan*, § 337 Rn. 8; vgl. D-K/D/C-*Duursma-Kepplinger*, Art. 10 Rn. 11.
[139] FK/*Wenner/Schuster*, § 337 Rn. 9; Mohrbutter/Ringstmeier/*Wenner*, Rn. 322 mwN; zum Interessenausgleich zwischen englischem *Administrator* und Arbeitnehmer in Deutschland vgl. BAG NZI 2012, 1011, 1014 ff.
[140] So zu Recht BAG ZIP 1992, 1158; *Paulus* NZI 2001, 505, 513; BerlK-*Pannen*, Art. 10 Rn. 4; MüKoInsO/*Reinhart*, Anhang Art. 10 EuInsVO Rn. 9; D-K/D/C-*Duursma-Kepplinger*, Art. 10 Rn. 13; FK/*Wenner/Schuster*, § 337 Rn. 4; KPB/*Paulus*, § 337 Rn. 8; KPB/*Kemper* Art. 10 EuInsVO Rn. 9; *Virgós/Schmit*, Nr. 128.

lungsordnung regelt, bedarf es insoweit keines Rückgriffs auf zwingende Eingriffsnormen gem. Art. 9 Rom I-VO. Werden die Arbeitnehmer dadurch schlechter gestellt als sie nach dem Recht am Arbeitsort stehen würden, haben sie freilich idR ein berechtigtes Interesse, ein Sekundärinsolvenzverfahren über das dortige Inlandsvermögen zu beantragen. → § 132 Rn. 116 ff.

e) *Betriebliche Altersversorgung.* Ansprüche aus der betrieblichen Altersversorgung unterstehen dem Arbeitsstatut. Welche Garantieeinrichtung im Insolvenzfall für die Ansprüche einzustehen hat, richtet sich aber danach, zu welcher Einrichtung der Arbeitgeber Beiträge geleistet hat oder doch hätte leisten müssen und ob über diesen Arbeitgeber ein deutsches Insolvenzverfahren eröffnet werden konnte.[141] Der deutsche Arbeitnehmer einer ausländischen Tochtergesellschaft hat in der Insolvenz der deutschen Muttergesellschaft keinen Anspruch gegen den PSVaG.[142] **79**

f) *Insolvenzgeld.* Die Entgeltsicherung richtet sich weder nach dem Vertragsstatut noch nach der lex fori concursus, sondern nach dem Recht des Staates, in dem das Sicherungssystem besteht.[143] Arbeitnehmer haben nach § 183 I 1 SGB III nur dann Anspruch auf Insolvenzgeld, wenn sie schwerpunktmäßig im Inland beschäftigt waren.[144] Für die im Inland gewöhnlich beschäftigten Arbeitnehmer begründet auch ein ausländisches Insolvenzereignis diesen Anspruch (§ 183 I 2 SGB III).[145] Die Geltung deutschen Arbeitsrechtsstatuts nach Art. 10 EuInsVO, § 337 InsO allein genügt nicht.[146] Da die ursprünglich § 183 I SGB III zugrunde liegende EG-Richtlinie eine Entgeltsicherung für die drei Monate vor Insolvenzantragstellung verlangte und nicht nur für drei Monate vor der Insolvenzverfahrenseröffnung, erscheint bei Schutzlücken in Altfällen eine Staatshaftung wegen unzureichender Umsetzung einer EG-Richtlinie denkbar.[147] **80**

7. Geschäftsbesorgungsverträge, Vollmacht. Die Wirkung der Insolvenzeröffnung auf Geschäftsbesorgungsverträge und Vollmachten richtet sich mangels einer Sonderregelung nach der lex fori concursus gem. Art. 4 I EuInsVO, § 335 InsO. Nach deutschem Recht erlöschen Aufträge und Geschäftsbesorgungsverträge des Schuldners mit der Eröffnung des Insolvenzverfahrens, §§ 115, 116 InsO. Entsprechend erlischt eine vom Schuldner erteilte Vollmacht, § 117 InsO. Bei Gefahr im Verzuge besteht der Auftrag und der Geschäftsbesorgungsvertrag aber fort, bis der Insolvenzverwalter anderweitig Fürsorge treffen kann, §§ 115 II, 116 S. 1 InsO. Insoweit gilt auch die Vollmacht als fortbestehend, § 117 II InsO. Soll der Beauftragte freilich für den Insolvenzschuldner im Ausland handeln, so sollte die Auswirkung des Insolvenzverfahrens dem Vollmachtsstatut unterstellt werden, dh grundsätzlich dem Recht des Wirkungslandes.[148] **81**

Für die *Prozessvollmacht* ist streitig, ob sich die Auswirkungen der Insolvenzeröffnung nach der lex fori concursus oder – vorzugswürdig – in erweiternder Auslegung des Art. 15 EuInsVO nach der lex fori processus[149] richten. **82**

8. Zahlungssysteme und Finanzmärkte. a) Nach Art. 9 I EuInsVO sowie § 340 I, III InsO (der Art. 102 IV EGInsO aF ersetzt) richten sich die Wirkungen eines Insol- **83**

---

[141] BAG IPRax 1992, 94; FK/*Wenner/Schuster*, § 337 Rn. 10; HK/*Stephan*, § 337 Rn. 10.
[142] Vgl. aber BAG ZIP 1985, 1520, 1522.
[143] D-K/D/C-*Duursma-Kepplinger*, Art. 10 Rn. 14; vgl. LAG Frankfurt/M. ZIP 2011, 289, 291; EuGH NZI 2011, 496; LAG Saarbrücken ZInsO 2012, 1838.
[144] FK/*Wenner/Schuster*, § 337 Rn. 11 f.
[145] Überholt daher BSG AuB 2001, 120, 121; ausführlich *Hützen/Poertzgen* ZInsO 2010, 1719.
[146] Unklar Nerlich/Römermann/*Nerlich*, Art. 10 EuInsVO Rn. 7.
[147] *Andres/Motz* NZI 2003, HambKommInsO-*Undritz*, Art. 10 EuInsVO Rn. 5. – Bei Neufällen ist einer Staatshaftung aufgrund RL 2002/74/EG v 23.9.2002 (ABl L 270/10) die Grundlage entzogen; vgl. FK/*Wenner/Schuster*, § 337 Rn. 13.
[148] So *Trunk*, S. 174/75.
[149] So für Österreich D-K/D/C-*Duursma-Kepplinger*, Art. 15 Rn. 37, 39.

venzverfahrens auf Rechte und Pflichten der Mitglieder eines Zahlungs- und Abwicklungssystems oder eines Finanzmarkts (idR Banken) ausschließlich nach dem Recht des Staates, das für das System (vgl. § 1 XVI KWG) oder den Markt gilt.[150] Die Teilnehmer können dieses Recht unter den mitgliedschaftlichen Rechtsordnungen im Grundsatz frei wählen.[151] Um iSe Vorhersehbarkeit die Funktionsfähigkeit der internationalen Märkte und ihrer Massengeschäfte zu sichern, werden die insolvenzrechtlichen Wirkungen auf Geschäfte dem System- oder Marktrecht unterstellt und Einwirkungen anderer Rechtsordnungen ausgeschlossen.[152] Erfasst sind vor allem Glattstellungsverträge, Nettingvereinbarungen sowie Wertpapiergeschäfte.[153] Im Anwendungsbereich dieser Spezialvorschriften ist die erweiterte Aufrechnungsbefugnis gem. Art. 6 EuInsVO ausgeschlossen.[154] Nach Art. 9 II EuInsVO richtet sich auch eine eventuelle Nichtigkeit oder Anfechtbarkeit wegen Gläubigerbenachteiligung (anders als sonst, vgl. Art. 4 II lit. m EuInsVO) nur nach dem System- oder Marktrecht.[155] Allerdings ist die EuInsVO nach Art. 1 II auf Banken, Versicherungen und Wertpapierfirmen überhaupt nicht anwendbar.[156] Im Rahmen des autonomen deutschen Rechts gilt aber unter Umsetzung von Art. 8 der Richtlinie 98/26/EG[157] ebenfalls ausschließlich das jeweilige Marktrecht und nicht die lex fori concursus.[158]

84 Im Zuge der Reform der EuInsVO soll eine Parallelvorschrift betreffend Aufrechnungsvereinbarungen eingefügt werden: Nach Art. 6a KE-EuInsVO ist für Aufrechnungs- und Schuldumwandlungsvereinbarungen (*„netting agreements"*) ausschließlich das Recht maßgebend, welches auf derartige Vereinbarungen anwendbar ist. Anwendbar in diesem Sinne ist dasjenige Recht, das die Parteien gewählt haben, Art. 3 Rom I-VO. Sinn und Anwendungsbereich dieser künftigen Vorschrift neben Art. 9 EuInsVO wird in den Materialien zum Kommissionsentwurf nicht erläutert.

85 b) Nach § 340 I InsO bestimmen sich auch Rechte und Pflichten der Teilnehmer an einem *„organisierten Markt"* iS des § 2 V WpHG nach dem Recht des Staates, das für diesen Markt gilt.[159]

86 Nach § 340 II InsO werden schließlich die Wirkungen des Insolvenzverfahrens auf *Pensionsgeschäfte* nach § 340b HGB sowie auf *Schuldumwandlungsverträge* und *Aufrechnungsvereinbarungen*[160] dem Vertragsstatut (einschließlich der insolvenzrechtlichen Bestimmungen) unterstellt.[161] Mit Aufrechnungsvereinbarungen iS des § 340 II InsO ist nicht dasselbe wie in § 94 InsO gemeint, sondern jede Verrechnung von Zahlungsströmen in Finanzmärkten durch *„netting"*.[162]

V. Aufrechnung

87 Die Befugnis zur Aufrechnung wirkt im Insolvenzverfahren praktisch wie ein Absonderungsrecht (→ § 45 Rn. 3). Nach Art. 4 II d) EuInsVO bzw § 335 InsO be-

---

[150] FK/*Wenner/Schuster,* § 340 Rn. 1; Pannen-*Pannen,* EuInsVO, Art. 9 Rn. 4.
[151] Hierzu und zu Einschränkungen *Ehricke* WM 2006, 2109, 2113.
[152] Vgl. Nerlich/Römermann/*Nerlich,* Art. 9 EuInsVO Rn. 2.
[153] *Wessels,* Rn. 10690.
[154] *Niggemann/Blenske* NZI 2003, 471, 477.
[155] *Haubold,* in: Gebauer/Wiedmann, Rn. 133.
[156] Vgl. hierzu *Niggemann/Blenske* NZI 2003, 471, 477; *Kieper,* S. 179 ff.
[157] Ausführlich hierzu *Ruzik,* S. 150 ff.
[158] HK/*Stephan,* § 340 Rn. 6; EuInsVO Art. 9 Rn. 6.
[159] Zur zugrundeliegenden EG-Richtlinie s HK/*Stephan,* § 340 Rn. 3.
[160] Vgl. hierzu *Schneider* FS Bosch, S 197, 206.
[161] Ebenso MüKoInsO/*Reinhart,* § 340 Rn. 7; *Ehricke* WM 2006, 2109, 2111; aA *Schneider* FS Bosch (2006), S 197, 211.
[162] Vgl. ausführlich zu den Formen des netting FK/*Wenner/Schuster,* § 340 Rn. 10 ff.; HK/*Stephan,* § 340 Rn. 5; *Smid,* Rn. 65.

stimmt die lex fori concursus über die Voraussetzungen einer wirksamen Aufrechnung in der Insolvenz. Ist die Aufrechnung danach unzulässig, bleibt die zZ der Insolvenzeröffnung bestehende Aufrechnungsmöglichkeit nach Art. 6 I EuInsVO sowie § 338 InsO erhalten, wenn sie nach dem auf die Forderung des insolventen Schuldners anwendbaren Recht (einschl der insolvenzrechtlichen Aufrechnungsregeln) zulässig ist.[163] Die dem Gläubiger ursprünglich „garantierte" Aufrechnungsmöglichkeit bleibt also in der Insolvenz des Schuldners gewahrt.[164] Die aufrechnungsfreundlichere Regelung, welche die Parteien durch Rechtswahl vom Statut der Hauptforderung beeinflussen können,[165] hat Vorrang.[166] Tritt die Aufrechnungslage erst nach Verfahrenseröffnung ein, entscheidet allein die lex fori concursus über die Zulässigkeit einer Aufrechnung.[167] Der eindeutige Wortlaut unterstützt das Argument, dass das Vertrauen auf den Erhalt einer bestehenden Aufrechnungslage nicht den gleichen Schutz genießt wie das Vertrauen in ihre künftige Entstehung.[168]

Von der Zulässigkeit der Aufrechnung im transnationalen Insolvenzverfahren ist die Frage zu trennen, ob materiell-rechtlich überhaupt eine Aufrechnungslage besteht. Dies ist nach allgemeinem Kollisionsrecht (Art. 17 Rom I-VO) zu beurteilen. Die EuInsVO bzw § 338 InsO führen insoweit nicht zu einem Statutenwechsel.[169]

Nach Art. 6 II EuInsVO sowie § 339 InsO bleibt die Anfechtbarkeit der Aufrechnung nach dem Recht des Eröffnungsstaates unberührt. Hat der Insolvenzgläubiger die Aufrechnungsmöglichkeit in anfechtbarer Weise erlangt, so schließt § 96 I Nr. 3 InsO die Aufrechnung im deutschen Verfahren aus. Der Insolvenzverwalter muss die Forderung des Schuldners einklagen. Folgt das Ausland dagegen der Konzeption, wonach die Aufrechnung zulässig ist, aber ihre Tilgungswirkung durch Insolvenzanfechtung wieder rückgängig gemacht werden kann (so noch nach Maßgabe der KO), so kann und muss der ausländische Verwalter ggf Anfechtungsklage im Inland erheben.[170]

Teilweise wird befürwortet, Art. 6 EuInsVO einschränkend nur dann anzuwenden, wenn das Statut der Hauptforderung das Recht eines EU-Staates ist. Bei drittstaatlichem Bezug soll das autonome nationale Insolvenzrecht gelten. Da Art. 6 EuInsVO und § 338 InsO gleichen Inhalt haben, kommt dem aus deutscher Sicht keine praktische Bedeutung zu.[171] Im Übrigen ist der Wortlaut des Art. 6 EuInsVO eindeutig.[172]

Vertragliche Vereinbarungen, die vom Gegenseitigkeitserfordernis entbinden (insb Konzernverrechnungsklauseln), erfasst Art. 6 EuInsVO nicht. Insoweit bleibt es bei der Geltung der lex fori concursus. Nach Art. 6a des Kommissionsvorschlags zur Reform

---

[163] FK/*Wenner/Schuster* § 338 Rn. 3; Anhang I Art. 6 EuInsVO Rn. 5; D-K/D/C-*Duursma-Kepplinger*, Art. 6 Rn. 16 ff.; *Bork* ZIP 2002, 690; *Beck/Voss* Rn. 849.
[164] BerlK-*Pannen*, Art. 6 Rn. 3; *Braun-Tashiro*, InsO § 338 Rn. 1.
[165] Kritisch *Schack*, IZVR, Rn. 1203.
[166] Reithmann/Martiny/*Hausmann*, Rn. 5773; D-K/D/C-*Duursma-Kepplinger*, Art. 5 Rn. 13.
[167] MüKoBGB/*Kindler*, InsO, 338 Rn. 4; KPB/*Paulus*, InsO, § 338 Rn. 4; K. Schmidt/*Brinkmann*, InsO, § 338 Rn. 4; FK/*Wenner/Schuster* § 338 Rn. 4; Anhang I Art. 6 EuInsVO Rn. 3; HK/*Stephan*, § 338 Rn. 6; aA MüKoInsO/*Reinhart*, § 338 Rn. 9, wonach es genügen soll, dass bei Verfahrenseröffnung gegenseitige Forderungen vorliegen, ohne dass es auf deren Fälligkeiten oder Gleichartigkeit ankommt.
[168] K. Schmidt/*Brinkmann*, InsO, § 338 Rn. 4.
[169] *Kolmann*, S. 310 ff.; *Bork* ZIP 2002, 690, 692; *Schack* IZVR Rn. 1099; Reithmann/Martiny/*Hausmann*, Rn. 5772; *Haubold*, in: Gebauer/Wiedmann, Rn. 125 ff.; Pannen-*Ingelmann* EuInsVO Art. 6 Rn. 3 ff.; HK/*Stephan*, § 338 Rn. 5 sowie EuInsVO Art. 6 Rn. 4; MüKoInsO/*Reinhart*, § 338 Rn. 7; aA (für einheitliche Anknüpfung an das Insolvenzstatut) *Balz* ZIP 1996, 948, 951; D-K/D/C-*Duursma-Kepplinger*, Art. 6 Rn. 6 ff.; MüKoBGB/*Kindler*, Art. 6 EuInsVO Rn. 5 und § 338 Rn. 3; *Leible/Staudinger* KTS 2000, 533, 555; *Eidenmüller* IPRax 2001, 2, 6 (Fn 33).
[170] Vgl. *Göpfert*, Anfechtbare Aufrechnungslagen, S. 81 ff., 104 ff.
[171] AA (für Geltung nur der lex fori concursus bei drittstaatlichem Hauptforderungs-Statut) Mohrbutter/Ringstmeier/*Wenner*, Rn. 338; Pannen-*Ingelmann*, EuInsVO Art. 6 Rn. 7.
[172] IE auch K. Schmidt/*Brinkmann*, InsO, Art. 6 EuInsVO Rn. 3.

der EuInsVO sollen Netting-Vereinbarungen künftig nur dem Insolvenzrecht der lex causae unterliegen.

VI. Insolvenzanfechtung

92 Gem. Art. 4 II 2 lit. m EuInsVO und § 339 InsO gilt für die Insolvenzanfechtung primär das Recht der lex fori concursus, gleichgültig ob es sich um die Anfechtung zugunsten eines Inlands- oder eines Auslandsverfahrens handelt.[173] Der europäische und nachfolgend der deutsche Gesetzgeber berücksichtigen aber zusätzlich das Wirkungsstatut der anzufechtenden Handlung (Art. 13 EuInsVO; § 339 InsO).[174] Art. 13 EuInsVO findet innerhalb des Anwendungsbereichs der EuInsVO jedoch nur Anwendung, wenn es sich bei dem Wirkungsstatut um das Recht eines anderen Mitgliedstaates handelt.

93 Ist die Rechtshandlung nach dem Wirkungsstatut (lex causae für schuldrechtliche und lex rei sitae für dingliche Rechtsgeschäfte) *„in keiner Weise angreifbar"*, so wird dem Anfechtungsgegner Vertrauensschutz gewährt. Anders formuliert: Eine Handlung unterliegt im Ergebnis nur der Insolvenzanfechtung, wenn sie sowohl nach dem Recht des Eröffnungsstaates als auch nach dem hiervon ggf abweichenden Wirkungsstatut wegen der Gläubigerbenachteiligung anfechtbar, unwirksam oder sonst angreifbar ist. Das Wirkungsstatut ergibt sich aus der Anwendung des allgemeinen Kollisionsrechts in dem Staate, dessen Gerichte über die Anfechtbarkeit entscheiden.[175] Anfechtungsrechtlich vermag die Ansicht nicht zu überzeugen, wonach das Wirkungsstatut stets – unabhängig von der konkret angefochtenen Handlung – das Statut eines zwischen den Parteien bestehenden Schuldvertrags sei;[176] richtiger Weise kommt es auf die Art der angegriffenen Handlung an, so dass bei der Anfechtung von Schuldverträgen sowie deren Erfüllung (vgl. Art. 1 I b Rom I-VO) das Vertragsstatut und bei Verfügungen das Sach- bzw Abtretungsstatut maßgeblich sind.[177]

94 Für die Berücksichtigung beider Rechtsordnungen wird angeführt, dass bei Erwerbsvorgängen das schutzwürdige Vertrauen des Anfechtungsgegners auf den Bestand seines Erwerbs nicht vernachlässigt werden dürfe. Auch müsse eine Akzeptanz der Entscheidung in dem Staat gefördert werden, in dem sich der Erwerb vollzog und in dem sich der zurückzugewährende Gegenstand vielfach noch befindet. Allerdings können die Parteien das Wirkungsstatut der anfechtbaren Handlung regelmäßig durch Rechtswahl willkürlich festlegen.[178]

95 Nach Art. 4 II, 13 EuInsVO und § 339 InsO kann eine Rechtshandlung, für deren Wirkungen inländisches Recht maßgeblich ist, vom ausländischen Insolvenzverwalter nur angefochten werden, wenn die Rechtshandlung auch nach inländischem Recht entweder angefochten werden kann oder aus anderen Gründen keinen Bestand hat;[179] weitergehende ausländische Anfechtungstatbestände werden also abgewehrt. Diese Regel gilt allseitig, so dass sich jeweils das anfechtungsfeindlichste Recht durchsetzt.[180]

---

[173] So BGH NJW 1992, 2026, 2030; OLG Köln IPRax 1996, 340 (dazu *Otte*, S. 327); *Aderhold*, S. 264 ff.; HK/*Stephan*, § 339 Rn. 3; vgl. auch *Burgstaller*, FS Jelinek S. 31, 35 f.

[174] Vgl. *U. Huber*, FS Heldrich, 2005, S. 695. Zur Ermittlung des Wirkungsstatuts im Falle der Zahlung auf fremde Schuld *Thole* NZI 2013, 113 ff. (maßgeblich ist das für das Zuwendungsverhältnis geltende Recht).

[175] FK/*Wenner/Schuster*, § 339 Rn. 8; Bork/*Adolphsen*, Kap 21 Rn. 32; aA HK/*Stephan*, § 339 Rn. 7; *P. Huber* ZZP 114 (2001), 165 (jeweils für Kollisionsrecht des Verfahrenseröffnungsstaates).

[176] So aber *Thole*, S. 831.

[177] K. Schmidt/*Brinkmann*, InsO, Art. 13 EuInsVO Rn. 4 ff.

[178] Ablehnend und für die alleinige Geltung der lex fori concursus zB *Hanisch*, Grenzüberschreitende Insolvenz, in: International Symposium on Civil Justice, 1993, S. 315, 340; *ders.*, FS Jahr S. 455, 470 ff.; *Trunk*, S. 186 ff.; vgl. BGH NJW 1992, 2026.

[179] Vgl. *Flessner* IPRax 1997, 1, 9 (schlechter Kompromiss).

[180] *Gottwald/Pfaller* IPRax 1998, 170, 172; *Hess*, EuZPR § 9 Rn. 46.

Freilich kann auch die bewusste Vereinbarung einer von der künftigen lex fori concursus abweichenden lex causae als solche Gegenstand einer Insolvenzanfechtung sein.[181]

Nicht entschieden ist bisher, ob die für die Anfechtung wegen Gläubigerbenachteiligung entwickelte Lösung auch gilt, soweit der Anfechtungstatbestand dazu dient, *gesellschaftsrechtliche Kapitalerhaltungsregeln* (§ 31 GmbHG und § 62 AktG) zu sichern.[182] Insoweit ist kein Raum für einen inländischen Gutglaubensschutz; eine Kumulation erscheint nicht als sachgerecht. Art. 13 EuInsVO ist jedoch auf die Insolvenzanfechtung bei Gesellschafterfremdfinanzierungshilfen gem. § 135 InsO nF anwendbar.[183] 96

Fraglich ist, wie die *Kumulation im Einzelnen* auszusehen hat.[184] Aus dem Text von Art. 13 EuInsVO und § 339 InsO folgt, dass der Anfechtungsgegner die Beweislast dafür trägt, dass die Handlung nach dem Wirkungsstatut unangreifbar ist. Daraus wird zugleich abgeleitet, dass das „Veto" des Wirkungsstatuts nicht von Amts wegen, sondern nur auf Einrede des Anfechtungsgegners geprüft wird.[185] Bietet das Wirkungsstatut einen Bestandsschutz, so hat dieser Vorrang; nach Art. 13 EuInsVO findet die lex fori concursus keine Anwendung mehr. Die früheren Formulierungen, wonach lex fori concursus und Wirkungsstatut kumulativ anzuwenden sind, sind daher rechtstechnisch ungenau. 97

Art. 4 II 2m EuInsVO und § 339 InsO weichen allerdings insoweit voneinander ab, als die europäische Regelung auf Seiten des Insolvenzstatuts nicht nur Fälle der Anfechtbarkeit, sondern auch der Nichtigkeit und der relativen Unwirksamkeit aus Gründen der Gläubigerbenachteiligung berücksichtigt.[186] Da sich auf Fälle der allgemeinen Nichtigkeit oder allgemeinen relativen Unwirksamkeit aber ohnehin jedermann berufen kann, hat diese Erweiterung nur insoweit selbstständigen Gehalt, als es sich um eine insolvenzbedingte Unwirksamkeit oder Nichtigkeit handelt, die nur vom Insolvenzverwalter oder die nur nach Eröffnung eines Insolvenzverfahrens geltend gemacht werden kann.[187] Erfasst ist etwa insoweit der Fall der Unwirksamkeit einer Vollstreckung infolge einer Rückschlagsperre (vgl. § 88 InsO).[188] Bei sachgerechter (dh funktionaler) kollisionsrechtlicher Qualifikation sind derartige Fälle aber auch mit einem nicht erweiterten Anfechtungstatbestand zu erfassen. Die Formulierung der EuInsVO hat deshalb tatsächlich nur klarstellende Funktion, aber keinen sachlich weiter gehenden Inhalt als § 339 InsO. 98

§ 339 InsO berücksichtigt zwar auf Seiten des Wirkungsstatuts Anfechtungstatbestände und andere Nichtigkeitsgründe, für das Eröffnungsstatut aber nur die Anfechtung („kann angefochten werden"). Für eine derartig unterschiedliche Behandlung gibt es keine Rechtfertigung. Vermutlich beruht der Unterschied auf einer nicht voll durchdachten Formulierung. 99

Der BGH meinte in seinem Urteil vom 21.11.1996,[189] dass bei überwiegender Nähe zum Recht des Insolvenzeröffnungsstaates das Recht des Wirkungsstatuts nicht berücksichtigt werden müsse. Nach der aktuellen gesetzlichen Lösung lässt sich diese Ansicht nicht aufrechterhalten. 100

---

[181] Vgl. Geimer/Schütze-*Gruber*, EuInsVO, Art. 13 Rn. 7; *Klumb*, Kollisionsrecht der Insolvenzanfechtung, S 109; *Prager/Keller* NZI 2011, 697, 701.

[182] Hiergegen *K. Schmidt*, FS Großfeld, 1998, S. 1031, 1042; *Trunk*, S. 192 f.

[183] *Prager/Keller* NZI 2011, 697, 700; *Paulus*, Art. 4 Rn. 32; aA noch Voraufl.; OLG Naumburg, ZIP 2011, 677.

[184] Vgl. BGH NJW 1997, 657 = JZ 1997, 568 (m krit Anm *Leipold*); *von Campe*, Insolvenzanfechtung, S. 370; *Trunk*, S. 189 ff.; FK/*Wenner/Schuster*, § 339 Rn. 7 ff.

[185] So *Virgós/Schmit*, Nr. 136; D-K/D/C-*Duursma-Kepplinger*, Art. 13 Rn. 14; *Burgstaller*, FS Jelinek S. 31, 36; *Kolmann*, S. 318; *Häsemeyer*, Rn. 35.30; *E. Habscheid* ZZP 114 (2001), 167, 177; Reithmann/Martiny/*Hausmann*, Rn. 5780; HK/*Stephan*, § 339 Rn. 5.

[186] Vgl. Gottwald/*Pfaller* IPRax 1998, 170, 172.

[187] *Leipold*, FS Henckel S. 533, 547.

[188] So auch *Prager/Keller* NZI 2011, 697, 699.

[189] IPRax 1998, 199, 202; zust: *Trunk*, S. 195 f.

101 Auch nach der nunmehr geltenden Lösung kann ein Insolvenzverwalter nur die Befugnisse geltend machen, die er nach dem Recht des Insolvenzeröffnungsstaates hat. Deshalb richten sich die Klagebefugnis des Verwalters, die Anfechtungsfrist, die Art der Rückgewähr, die Erstattung der Gegenleistung aus der Insolvenzmasse sowie das Verständnis der in Anfechtungstatbeständen verwendeten insolvenzspezifischen Sachverhalte nach dem Recht des Insolvenzeröffnungsstatuts.[190] Erst wenn danach eine Anfechtung möglich ist, kommt es darauf an, ob der Erwerb auch nach dem Wirkungsstatut in jeder materiell-rechtlichen Hinsicht unangreifbar ist.[191] Diese Umstände finden im gerichtlichen Verfahren nur auf Einrede des Anfechtungsgegners Gehör.

102 Mit dem Einwand, dass der Anfechtungsanspruch nach der lex causae verjährt sei (vgl. Art. 12 lit. d Rom I-VO) oder die Rechtsfolgen einer Anfechtung nach der lex causae geringere seien, wird der Anfechtungsgegner jedoch nach hier vertretener Ansicht nicht gehört. Denn die Sonderanknüpfungen wollen nur die Unangreifbarkeit dem Grunde nach im Zeitpunkt der Verfahrenseröffnung schützen, nicht aber die Hoffnung, dass der Insolvenzverwalter die erforderliche Frist der Geltendmachung (unter Berücksichtigung etwaiger Substitutionsmöglichkeiten) nach Maßgabe der lex causae versäumt.[192] Diese umstrittene Rechtsfrage hat der BGH dem EuGH zur Entscheidung vorgelegt.[193]

103 Die *Beweislast* für den Anfechtungstatbestand richtet sich nach dem Recht des Eröffnungsstaates; die Darlegungs- und Beweislast für den Bestand des Erwerbsvorgangs nach der lex causae liegt stets beim Anfechtungsgegner.[194] Da die jeweilige lex causae im Grundsatz der freien Rechtswahl unterliegt, sollten zum Ausgleich der Anfälligkeit für Gestaltungsmissbräuche an eine erfolgreiche Einrede des Anfechtungsgegners grundsätzlich strenge Anforderungen gestellt werden. Für den Inhalt der einschlägigen Vorschriften des Wirkungsstatuts gilt in einer Anfechtungsklage vor deutschen Gerichten § 293 ZPO. Da im deutschen Zivilprozess fremdes Recht keine Tatsache ist, genügt es, wenn der Anfechtungsgegner die Geltung fremden Rechts nachweist und Umstände vorträgt, dass nach diesem Recht die im Raum stehende Handlung unangreifbar ist.[195]

104 Die *internationale Zuständigkeit* für eine Anfechtungsklage regeln explizit weder die EuInsVO[196] noch die InsO. Nach Ansicht des EuGH fallen Anfechtungsklagen nicht in den Anwendungsbereich der EuGVVO. Er verortet die internationale Zuständigkeit für Anfechtungsklagen in der EuInsVO (Art. 3 EuInsVO analog).[197] Dies gilt ausdrücklich auch dann, wenn der Anfechtungsgegner seinen (Wohn-)Sitz außerhalb der EU hat.[198] Die örtliche Zuständigkeit deutscher Gerichte folgt, sofern sie sich nicht schon aus den allgemeinen Regeln ergibt, aus einer analogen Anwendung von § 19a ZPO iVm § 3 InsO, Art. 102 § 1 EGInsO.[199] § 19a ZPO bietet sich als normativer Anknüpfungspunkt

---

[190] HK/*Stephan*, § 339 Rn. 3; Reithmann/Martiny/*Hausmann*, Rn. 5781.
[191] KPB/*Paulus*, § 339 Rn. 7 f.; KPB/*Kemper* Art. 13 EuInsVO Rn. 6 ff.
[192] MüKoInsO/*Reinhart*, § 339 Rn. 12; Braun-*Tashiro*, InsO § 339 Rn. 16; aA K. Schmidt/*Brinkmann*, InsO, § 339 Rn. 4; *ders.*, Art. 13 EuInsVO Rn. 12 f.; Geimer/Schütze-*Gruber*, EuInsVO, Art. 13 Rn. 5 f.; Bork/*Adolphsen*, Kap 20 Rn. 102; *Kranemann*, S 144 f.; *Westphal/Goetker/Wilkens* Rn. 451 f. Speziell zur Frage der Verjährung OLG Stuttgart, ZIP 2012, 2162.
[193] BGH ZIP 2013, 2167.
[194] HK/*Stephan*, § 339 Rn. 5; vgl. Mohrbutter/Ringstmeier/*Wenner*, Rn. 349.
[195] Vgl. Bork/*Adolphsen*, Kap 20 Rn. 95f (zur EuInsVO); anders *ders.*, Kap 21 Rn. 35 (§ 339 InsO verdrängt § 293 ZPO); FK/*Wenner/Schuster*, § 339 Rn. 11.
[196] AA *V. Lorenz*, Die Annexverfahren bei internationalen Insolvenzen, 2005.
[197] EuGH, NJW 2009, 2189 = NZI 2009, 199 = ZIP 2009, 427 = ZInsO 2009, 493 = EuZW 2009, 179; dazu *Mörsdorf-Schulte* ZIP 2009, 1456; *Cranshaw* DZWiR 2009, 353; *Mock* ZInsO 2009, 470; vgl. schon EuGH GA Colomer ZIP 2009, 2882; BGH NJW 2009, 2215; OLG Naumburg ZIP 2011, 677.
[198] EuGH *(Schmid)* ZIP 2014, 181 Rn. 32 ff.
[199] BGH NJW 2009, 2215.

der (internationalen und örtlichen) Zuständigkeit auch für Anfechtungsklagen im Anwendungsbereich des § 338 InsO an,[200] → § 131 Rn. 97 ff. – Zur Frage, ob der Verwalter des Haupt- oder des Sekundärverfahrens zur Anfechtung befugt ist, → § 132 Rn. 135, 161.

Erstreitet der Insolvenzverwalter in dem ausländischen Staat der Insolvenzeröffnung **105** oder in einem Drittstaat eine Entscheidung über eine Rückgewähr auf Grund eines insolvenzrechtlichen Anfechtungstatbestandes, so richten sich *Anerkennung und Vollstreckung dieser Entscheidung* innerhalb der EU nicht direkt, sondern erst über Art. 25 I Unterabs 2 EuInsVO[201] nach Art. 38 ff. EuGVVO. Zur Anerkennung und Vollstreckung von Anfechtungsurteilen aus Drittstaaten → § 134 Rn. 95, 102.

Zu denken ist stets daran, ob das wirtschaftliche Ergebnis der masseschädigenden, an- **106** fechtbaren Rechtshandlung möglicherweise auch als *delikts- oder gesellschaftsrechtlich relevanter Vorgang* einzuordnen ist und auf der Basis alternativer Anspruchsgrundlagen zu einem Rückforderungsanspruch der Insolvenzmasse führt. Nach dem lex fori-Prinzip bestimmt sich das anwendbare Delikts- oder Gesellschaftsrecht nach allgemeinen kollisionsrechtlichen Grundsätzen des Staates, in welchem der Prozess geführt werden soll. Wurde beispielsweise in vorsätzlich sittenwidriger Art und Weise die Masse des deutschen Insolvenzverfahrens verkürzt, liegt der Erfolgsort im Inland (Art. 4 I Rom II-VO) und kann vor einem deutschen Gericht zu einem deliktischen Anspruch gem. § 826 BGB führen.[202] Dem Prozessgegner steht insoweit die anfechtungsrechtliche Einrede des Wirkungsstatuts nicht zu.[203]

VII. Abgrenzung Gesellschaftsstatut, Scheinauslandsgesellschaften

1. Problemstellung. In einem inländischen Insolvenzverfahren über eine Gesell- **107** schaft inländischen Rechts laufen Insolvenz- und Gesellschaftsstatut parallel. Die Regelungsmechanismen zur Insolvenzprophylaxe bzw zum präventiv wirkenden Gläubigerschutz einerseits, die insbesondere in Verhaltenspflichten der Geschäftsleitung zum Ausdruck kommen, und der bei Verstößen hiergegen geltende Sanktionsrahmen eines retroaktiven Gläubigerschutzes andererseits sind entsprechend den inländischen rechtspolitischen Vorgaben aufeinander abgestimmt. Kollisionsrechtliche Qualifikationsfragen erübrigen sich. Durch diesen Gleichlauf sollten Widersprüche weitgehend ausgeschlossen sein. Anders verhält es sich, wenn Insolvenz- und Gesellschaftsstatut nicht zur Anwendung derselben Rechtsordnung führen und die jeweiligen Verhaltenspflichten an der Schnittstelle zwischen Gesellschafts- und Insolvenzrecht unterschiedlich lauten. In der Insolvenz geht es darum, ob die Geschäftsleitung die maßgeblichen Verhaltensvorschriften beachtet hat bzw. welche Verantwortlichkeiten sich bei Verstößen ergeben. Es kommt also darauf an, welches Statut die jeweiligen Handlungspflichten bestimmt. Praktisch wird die Fragestellung insbesondere bei den sog Scheinauslandsgesellschaften, die ausschließlich oder ganz überwiegend im Inland tätig sind und außer Rechtsform und Inkorporation keine Berührung zum Ausland aufweisen. Die insoweit in Deutschland am häufigsten anzutreffende Form ist die englische *Private Limited Company by Shares*.

2. Bestimmung des Gesellschaftsstatuts. Das anwendbare Insolvenzstatut be- **108** stimmt sich im Ergebnis nach den Regeln über die internationale Zuständigkeit für die

---

[200] In diesem Sinne auch MüKoBGB/*Kindler*, InsO, § 339 Rn. 8 („doppelte Analogie zu § 19a ZPO"); aA BGH ZIP 2003, 1419; wohl auch ZIP 2013, 374 Rn. 13; K. Schmidt/*Brinkmann*, InsO, § 339 Rn. 7.
[201] *Leipold*, FS Ishikawa S. 221, 227.
[202] BGHZ 118, 151, 169 f.
[203] Mohrbutter/Ringstmeier/*Wenner*, Rn. 351.

Insolvenzverfahrenseröffnung. Somit ist das Insolvenzrecht am Mittelpunkt der hauptsächlichen Interessen des Schuldners gem. Art. 3 I EuInsVO maßgeblich (Art. 4 EuInsVO, § 335 InsO). Zum anwendbaren Gesellschaftsstatut enthält das deutsche Recht bislang keine geschriebene Bestimmung, sondern hat die Klärung dieser Frage der Rechtsprechung und Literatur überlassen. Auf der Grundlage der bestehenden völker- und europarechtlichen Vorgaben ist nach aktuellem Stand wie folgt zu unterscheiden:

109   a) *EU-Auslandsgesellschaft*. Die Entscheidungstrilogie „Centros",[204] „Überseering"[205] und „Inspire Art"[206] des EuGH zur Niederlassungsfreiheit gem. Art. 49 AEUV hat zur Folge, dass sich innerhalb der EU das Gesellschaftsstatut einer nach dem Recht eines anderen EU-Mitgliedstaates errichteten Gesellschaft nach dem Gründungsrecht richtet (sog *Gründungstheorie*).[207] Beschränkungen der Niederlassungsfreiheit sind europarechtlich zulässig bei einem Verstoß gegen den *ordre public,* bei Betrug oder Missbrauch sowie aufgrund zwingender Allgemeininteressen. Letztere können eine Einschränkung wiederum nur rechtfertigen, wenn sie der sog Vier-Konditionen-Formel standhalten: (1) Verfolgung eines zwingenden Allgemeininteresses, (2) Geeignetheit des Eingriffs, (3) Anwendung in nicht-diskriminierender Weise und (4) Verhältnismäßigkeit im engeren Sinne. Exemplarisch hat der EuGH in den genannten Entscheidungen insoweit den Schutz von Gläubigern, Minderheitsgesellschaftern, Arbeitnehmern oder auch des Fiskus genannt, ferner die Lauterbarkeit des Handelsverkehrs.[208]

110   b) *Gesellschaften aus EWR-Staaten*. Die Grundsätze für EU-Auslandsgesellschaften gelten auch für Gesellschaften, die nach dem Recht eines zur *European Free Trade Association* (EFTA) gehörenden Staates mit Ausnahme der Schweiz (also Island, Liechtenstein und Norwegen) gegründet wurden. Denn auch der EFTA-Gerichtshof tritt in Anlehnung an den EuGH für einen weitgehenden Schutz der Niederlassungsfreiheit ein.[209] Sie finden ferner Anwendung, wenn sich Deutschland staatsvertraglich zur Anerkennung ausländischer Gesellschaften als rechts- und parteifähig verpflichtet hat.[210]

111   c) *Dritt-Auslandsgesellschaften*. Zwar soll nach dem Referentenentwurf des BMJ zum Internationalen Privatrecht der Gesellschaften, Vereine und juristischen Personen vom 14.12.2007 (RefE EGBGB) künftig die Gründungstheorie auch bei Dritt-Auslandsgesellschaften gelten. Bis zum Abschluss des Gesetzgebungsverfahrens soll nach Auffassung des BGH[211] weiterhin die sog *Sitztheorie* gelten. Hiernach bestimmt sich das Gesellschaftsstatut nach dem Sitz desjenigen Staates, in welchem die Gesellschaft ihren effektiven Verwaltungssitz hat.[212] Befindet sich dieser in Deutschland, wird dort zwar die Rechts- und Prozessfähigkeit der ausländischen Gesellschaft anerkannt. In Abhängigkeit des von ihr verfolgten Zwecks betrachtet das Inland diese Gesellschaft als oHG, GbR oder als Verein, mangels Registereintragung jedoch nicht als juristische Person, sondern als Personengesellschaft.[213] Hieraus können sich infolge der persönli-

---

[204] EuGH, NJW 1999, 2027.
[205] EuGH, NJW 2002, 3614.
[206] EuGH, NJW 2003, 3331.
[207] BGH NJW 2003, 1461 f.; NJW 2005, 1648, 1649; Palandt/*Heldrich* Anh zu Art. 12 EGBGB Rn. 6; Eidenmüller-*Eidenmüller,* Ausl KapGes, § 3 Rn. 1; Hirte/Bücker-*Forsthoff,* § 2 Rn. 4; *Leible/Hoffmann* RIW 2002, 925, 928 f; *Bayer* BB 2003, 2357, 2363 f.; *Behrens* IPRax 2003, 193, 200 ff.; *Weller* DStR 2003, 1800, 1803 f.; *Zimmer* NJW 2003, 3585, 3587; nun auch *Altmeppen* NJW 2005, 1911, 1913.
[208] Vgl. Eidenmüller-*Eidenmüller,* Ausl KapGes, § 3; MüKoBGB/*Kindler,* IntGesR Rn. 427 ff.; Pannen-*Pannen/Riedemann,* EuInsVO, Art. 4 Rn. 30.
[209] BGH ZIP 2005, 1869 (zu Liechtenstein); Eidenmüller-*Rehm,* Ausl KapG, § 2 Rn. 47.
[210] Auflistung zB bei MüKoBGB/*Kindler,* IntGesR Rn. 328 ff.
[211] BGH NJW 2009, 289 *(Trabrennbahn)*.
[212] BGH NJW 1986, 2194, 2195; Spahlinger/Wegen-*Spahlinger* Rn. 34 ff.; zuletzt OLG Hamburg GmbHR 2007, 763 ff.; BayObLG DB 2003, 819 f.
[213] BGH NJW 2002, 3539; zu Einzelheiten Spahlinger/Wegen-*Spahlinger* Rn. 37 ff.

chen Haftung (vgl. §§ 128f. HGB) gravierende Konsequenzen für die Gesellschafter ergeben.

3. Abgrenzung Gesellschafts- und Insolvenzstatut. Das Gesellschaftsstatut bestimmt die Errichtung der Gesellschaft, ihre innere Verfassung, ihre Auflösung und Beendigung, also ihr Entstehen, Leben und Vergehen.[214] Die Abgrenzung zum Insolvenzstatut muss danach erfolgen, ob die jeweilige Sachnorm, um deren Zuordnung zu dem einen oder anderen Statut es geht, eher gesellschafts- oder insolvenzrechtliche Regelungsziele verfolgt (→ § 130 Rn. 20ff., → Rn. 8f.). Die Verortung einer Norm in der Heimatrechtsordnung, ob im zivil-, verfahrens-, insolvenz- oder gesellschaftsrechtlichen Kontext, hat allenfalls indizielle Bedeutung. Auch eine Mehrfachqualifikation ist möglich.[215] Die Fragestellungen der kollisionsrechtlichen Abgrenzung setzen sich bei der Bestimmung der internationalen Entscheidungszuständigkeit für eine kontradiktorische Auseinandersetzung im Verhältnis zwischen EuInsVO und EuGVVO fort (→ § 132 Rn. 109ff.).

Generell gilt zu beachten, dass die Reichweite des Insolvenzstatuts nicht von der Eröffnung eines Insolvenzverfahrens abhängt, sondern sich die als insolvenzrechtlich zu qualifizierenden Sachnormen aus der Rechtsordnung ergeben, deren Gerichte für die Eröffnung eines Insolvenzverfahrens international zuständig wären bzw sein werden. Die Geltung des Insolvenzstatuts setzt also kein eröffnetes Insolvenzverfahren voraus; seine Wirkungen sind vorgreiflich (→ Rn. 9). Der Wortlaut des § 335 InsO ist insoweit unscharf.[216]

4. Einzelfragen. a) *Insolvenzantragspflicht.* Sie hat bei beschränkt haftenden Rechtssubjekten die Zielrichtung, Altgläubiger vor einer Verringerung der Haftungsmasse und Neugläubiger vor einem Vertragsabschluss mit notleidenden Unternehmen zu schützen. Zugleich dient sie der insolvenzrechtlichen Reinigungsfunktion, wonach lebensunfähige Unternehmen aus dem Wirtschaftsverkehr ausscheiden sollen. Daher ist die Insolvenzantragspflicht als insolvenztypisch zu qualifizieren.[217] Nur das Insolvenzstatut entscheidet somit, ob eine Antragspflicht überhaupt besteht. Da allein ein Hauptverfahren mit seiner universellen Wirkung die vorgenannten Ziele umfassend erfüllen kann, kommt es nicht auf das Insolvenzstatut eines potentiellen Partikularverfahrens an, sondern auf das Insolvenzrecht am COMI (Art. 3 I EuInsVO) der Gesellschaft.[218] Ein Verstoß gegen die Niederlassungsfreiheit gem. Art. 49 AEUV liegt schon deshalb nicht vor, weil sie nur zu Erwerbstätigkeit „nach Bestimmungen des Aufnahmestaates für seine eigenen Angehörigen", also einschließlich des Delikts- und Insolvenzrechts, berechtigt. Hilfsweise wäre eine Beschränkung gem. der Vier-Konditionen-Formel (→ Rn. 109) jedenfalls gerechtfertigt.[219]

Die vorgenannten Gründe haben den deutschen Gesetzgeber veranlasst, in § 15a InsO die Insolvenzantragspflicht beschränkt haftender Rechtssubjekte rechtsformneutral

---

[214] Vgl. BGH NJW 1957, 1433; RGZ 73, 366, 367.
[215] Vgl. MüKoBGB/*Kindler*, IntGesR Rn. 643f. (zB bei Existenzvernichtungshaftung).
[216] IE auch *Weller*, FS Ganter, S. 439, 448; K. Schmidt/*Brinkmann*, InsO, Art. 4 EuInsVO Rn. 4, 6.
[217] ZB LG Kiel ZIP 2006, 482; *Borges* ZIP 2004, 733, 737 f.; *Lieder* DZWiR 2006, 399, 405 f.; *Müller* NZG 2003, 414, 416; *Paulus* ZIP 2002, 729, 734; *Röhricht* ZIP 2005, 505, 507f; *Vallender* ZGR 2006, 425, 441; *Wachter* BB 2006, 1463; *Zimmer* NJW 2003, 3585, 3589f; Eidenmüller-*Eidenmüller* Ausl KapG § 9 Rn. 26; *Saenger/Inhester/Kolmann*, Vor § 64 Rn. 129f.; Spahlinger/Wegen-*Spahlinger/Wegen* Rn. 754; K. Schmidt/*Brinkmann*, InsO, Art. 4 EuInsVO Rn. 11; MüKoBGB/*Kindler*, IntGesR Rn. 657ff., 728; *Pannen* FS Kreft S. 403, 415; aA (für gesellschaftsrechtliche Qualifikation) zB *Mock/Schildt* ZInsO 2003, 396, 399 f.; Hirte/Bücker-*dies*, § 16 Rn. 36ff.; *Schmidt* ZInsO 2006, 737; *Spindler/Berner* RIW 2004, 7, 11ff.; *Paefgen* ZIP 2004, 2253, 2260f.; auch noch *Vallender/Fuchs* ZIP 2004, 829, 830.
[218] AG Köln NZI 2005, 564; *Leithaus/Riewe* NZI 2008, 598, 600.
[219] MüKoBGB/*Kindler*, IntGesR Rn. 682ff.

auszugestalten.[220] Diese gilt für alle Gesellschaften, die in Deutschland ihren COMI haben, nicht aber für Gesellschaften deutschen Rechts mit ausländischem COMI. Sieht ein ausländisches Insolvenzstatut am COMI des potentiellen Insolvenzschuldners eine rechtsformabhängige Antragspflicht vor, richtet sie sich auch an die Gesellschaft inländischen Rechts, wenn sie mit der ausländischen Rechtsform funktionell vergleichbar ist.

116 **b)** *Haftung wegen Masseschmälerung.* Die Haftung gem. § 64 S. 1, 2, 4 GmbHG, § 92 II AktG und § 130a HGB für Zahlungen nach Eintritt eines Insolvenzgrundes dient der Wiederauffüllung des Gesellschaftsvermögens, damit es im Insolvenzverfahren zur ranggerechten und gleichmäßigen Befriedigung aller Gesellschaftsgläubiger zur Verfügung steht. Sie ist damit Teil des Insolvenzstatuts.[221]

117 **c)** *Insolvenzverschleppungshaftung.* Auch wenn aus inländischer Sicht die Ansprüche aus Insolvenzverschleppung gem. § 823 II BGB iVm § 15a InsO als Schutzgesetz eine deliktsrechtliche Anspruchsgrundlage haben, so erscheint dies kollisionsrechtlich zweifelhaft.[222] Im Falle des Quotenschadens der sog Altgläubiger steht der Anspruch der Insolvenzmasse zu und er verbessert die Befriedigungsaussichten der Insolvenzgläubiger. Darin liegt eine typische insolvenzrechtliche Zielsetzung. Ähnliches gilt wegen Vorgreiflichkeit der insolvenzrechtlichen Reinigungsfunktion auch für den Schutz der sog Neugläubiger, die mit ihrem Anspruch auf Ersatz des negativen Interesses selbst aktivlegitimiert sind. Die Insolvenzverschleppungshaftung trifft aufgrund insolvenzrechtlicher Qualifikation bei einem inländischen Hauptinsolvenzverfahren folglich auch die Geschäftsleitung einer Scheinauslandsgesellschaft.[223] Umgekehrt sind bei einer Gesellschaft deutschen Rechts als Insolvenzschuldnerin in einem englischen Hauptinsolvenzverfahren gegenüber der Geschäftsleitung etc die Grundsätze des *wrongful trading* und in einem französischen Hauptinsolvenzverfahren die *action en comblement du passif* anwendbar.[224] Wenn die Forderung gem. Art. 2 lit. g EuInsVO im Staat eines Sekundärinsolvenzverfahrens belegen sein sollte, bestimmt gleichwohl das Haupt-Insolvenzstatut die Anspruchsgrundlage.

118 **d)** *Insolvenzverursachungshaftung.* Auch die Haftung des Geschäftsführers gem. § 64 S 3 GmbHG nF für insolvenzverursachende Zahlungen an den Gesellschafter ist Teil des deutschen Insolvenzstatuts und gilt somit für Scheinauslandsgesellschaften, die mit einer GmbH deutschen Rechts funktionell vergleichbar sind.[225] Entsprechendes gilt im Hinblick auf § 130a I 3 HGB, § 92 II S. 2 AktG.

---

[220] Vgl. Begr RegE des MoMiG, BT-Drucks. 16/6140, S. 25 ff., Begr zu Art. 9 Nr. 3.

[221] OLG Jena ZIP 2013, 1820, zust. *Wetter/Schulz* IPRax 2014, 336 ff.; KG NZI 2010, 542; *Saenger/Inhester/Kolmann*, § 64 GmbHG Rn. 12, 75; *Baumbach/Hueck/Haas*, § 64 GmbHG Rn. 19 ff., 23; K. Schmidt/*Brinkmann*, InsO, Art. 4 EuInsVO Rn. 14; *Goette* DStR 2005, 197, 200; *Röhricht* ZIP 2005, 505, 509; Lutter-*Huber*, Europ AuslGes, S. 307, 329; zweifelnd OLG Karlsruhe NZG 2010, 509.

[222] Für deliktsrechtliche Qualifikation zB *Nagel/Gottwald*, § 20 Rn. 127 (Art. 4 Rom II-VO); *Bayer* BB 2003, 2365; *Zimmer* NJW 2003, 3585, 3590; *Pannen* FS Fischer S. 403, 416; *Zöllner* GmbHR 2006, 1,7; Bedenken wegen der damit einhergehenden Zersplitterung K. Schmidt/*Brinkmann*, InsO, Art. 4 EuInsVO Rn. 12. – Vgl. hierzu aus verfahrensrechtlicher Sicht EuGH ZIP 2013, 1132; hierzu *Freitag* ZIP 2014, 302.

[223] EuGHE 1979, 733 = RIW 1979, 273 (Gourdain/Nadler); LG Kiel NZI 2006, 482; *Baumbach/Hueck/Haas*, § 64 GmbHG Rn. 21; *Saenger/Inhester/Kolmann*, Vor § 64 Rn. 130; K. Schmidt/*Brinkmann*, InsO, Art. 4 EuInsVO Rn. 12; MüKoBGB/*Kindler*, IntGesR, Rn. 667 ff.; *Eidenmüller* NJW 2005, 1618, 1621; *Kuntz* NZI 2005, 424, 428; MüKoInsO/*Reinhart*, Anhang, Art. 4 EuInsVO Rn. 7 f.; *Goette* DStR 2005, 197, 200; *Zerres* DZWiR 2006, 356, 361 f.; aA (für gesellschaftsrechtliche Qualifikation) *Ulmer* NJW 2004, 1201, 1207; *Schall* ZIP 2005, 965, 974 f.; *Schmidt* ZInsO 2006, 737, 740; zuletzt *Stöber*, ZHR 176 (2012), 325, 329 (aufgrund Niederlassungsfreiheit).

[224] Rechtsvergleichender Überblick bei MüKoBGB/*Kindler*, IntGesR, Rn. 647 ff.

[225] *Saenger/Inhester/Kolmann* § 64 GmbHG Rn. 75.

e) *Existenzvernichtungshaftung.* Die nunmehr auf § 826 BGB gestützte Existenzvernichtungshaftung[226] sanktioniert einen gezielten, betriebsfremden Zwecken dienenden und somit sittenwidrigen Eingriff des Gesellschafters in das Gesellschaftsvermögen mit insolvenzvertiefender oder gar -verursachender Wirkung. Sie hat primär eine deliktsrechtliche Zielrichtung (vgl. kollisionsrechtlich Art. 4 Rom II-VO). Ihre Ausgestaltung als Innenhaftung führt aber in der Gesellschaftsinsolvenz zu einer Massemehrung zugunsten der mittelbar geschädigten Insolvenzgläubiger, so dass die Existenzvernichtungshaftung neben gesellschaftsrechtlichen auch insolvenztypische Ziele verfolgt. Es liegt ein Fall der Mehrfachqualifikation vor.[227] Die Anwendbarkeit auf EU-Auslandsgesellschaften wird wegen Unvereinbarkeit mit der Niederlassungsfreiheit bezweifelt.[228] Diese Bedenken erscheinen unberechtigt.[229]

f) *Gesellschafterdarlehen, Eigenkapitalersatzrecht.* Für das frühere Eigenkapitalersatzrecht geht die wohl hM davon aus, dass jedenfalls die Novellenregelungen der §§ 32a, 32b GmbHG aF sowie §§ 39 I Nr. 5, 135 InsO aF als insolvenzrechtlich und die sog Rechtsprechungsregeln als gesellschaftsrechtlich zu qualifizieren sind.[230] Mit Inkrafttreten des MoMiG hat der Gesetzgeber mit dem Verzicht auf das Merkmal der Krise ein grundlegend neues Konzept für Gesellschafterdarlehen und gleichgestellte Leistungen ins Leben gerufen und die vormaligen Rechtsprechungsregeln durch § 30 I 3 GmbHG nF außer Kraft gesetzt. §§ 39 I Nr. 5, 135 Nr. 2 InsO nF sind jedoch weiterhin Teil des deutschen Insolvenzstatuts und rechtsformunabhängig ausgestaltet, also insolvenzrechtlich zu qualifizieren und somit in inländischen Haupt- und Partikularverfahren auch bei einer Gesellschaft ausländischen Rechts als Insolvenzschuldner anzuwenden.[231]

g) *Kapitalerhaltungsregeln.* Mangels Bezug zum Insolvenzverfahren sind Kapitalerhaltungsregeln wie zB §§ 30, 31 GmbHG oder § 82 öGmbHG gesellschaftsrechtlich zu qualifizieren.[232]

h) *Auflösung, Abwicklung, Beendigung.* Diese Fragen regelt das Gesellschaftsstatut. Als problematisch erweist sich in der Praxis insbesondere die Zwangslöschung einer *Private Limited Company* englischen Rechts aus dem Gesellschaftsregister gem. sec. 654 Company Act 1985 durch das *Companies House,* wenn zB unter Verstoß gegen die Publizitätspflichten des englischen Rechts bestimmte Unterlagen nicht zum Handelsregister eingereicht wurden. Die Registerlöschung hat nach englischem Gesellschaftsrecht kon-

---

[226] BGH NJW 2007, 2689 *(Trihotel);* dazu *Goette* DStR 2007, 1593; *Altmeppen* NJW 2007, 2657; BGH NJW 2008, 2437 *(Gamma).*

[227] Wie hier MüKoBGB/*Kindler,* Art. 4 EuInsVO Rn. 12f.; aA MüKoBGB/*Wagner,* § 826 Rn. 118; K. Schmidt/*Brinkmann,* InsO, Art. 4 EuInsVO Rn. 10 (jeweils nur deliktsrechtliche Qualifikation; für allein gesellschaftsrechtliche Qualifikation indes *Kroh,* Der existenzvernichtende Eingriff, 2013, S. 407 mwN; *Nagel/Gottwald,* § 20 Rn. 128).

[228] Vgl. *Goette* ZIP 2006, 541, 545.

[229] Vgl. *Ungan* ZVglRWiss 104 (2005), 355 mwN; *Haas* ZIP 2006, 1373; iE auch *Müller* BB 2006, 837, 839; *Pannen* FS Fischer S. 403, 423f.

[230] BGH NJW 2011, 3784 Rn. 26ff. (zur insolvenzrechtlichen Qualifikation der §§ 32a, 32b GmbHG aF); Rn. 26, 31 (zur gesellschaftsrechtlichen Qualifikation der sog. Rechtsprechungsregeln); OLG Naumburg ZIP 2011, 677 Rn. 34; Lutter-*Huber,* Europ AuslGes, S. 131, 141; *Fischer* ZIP 2004, 1477, 1480; MüKoBGB/*Kindler,* IntGesR, Rn. 735ff.; *Westphal/Goetker/Wilkens,* Rn. 1246; aA (für insolvenzrechtliche Qualifikation ohne Differenzierung) *Häsemeyer* Rn. 35.30a; *Haas* NZI 2001, 1, 3; *Paulus* ZIP 2002, 729, 734; *Wienberg/Sommer* NZI 2005, 353, 356ff. – Für eine insgesamt gesellschaftsrechtliche Qualifikation sind zB *Paefgen* ZIP 2004, 2253, 2261; *Müller* NZG 2003, 414, 416; Geimer/Schütze-*Haß/Herweg,* EuInsVO Art. 4 Rn. 15; für vorfrageweise Anknüpfung an Gesellschaftsstatut MüKoInsO/*Reinhart,* Anhang, Art. 4 EuInsVO Rn. 6; *Eidenmüller* RabelsZ 70 (2006), 474, 491.

[231] BGH NJW 2011, 3784 Rn. 26, zust. *Wedemann* IPRax 2012, 226; OLG Köln 2010, 2016; zuvor schon *Saenger/Inhester/Kolmann,* Anhang § 30 Rn. 68ff.; *Bork* ZGR 2007, 250, 268; *Pannen* FS Fischer S. 403, 421f; aA *Meilicke* GmbHR 2007, 225, 232.

[232] Statt vieler MüKoInsO/*Reinhart* Art. 4 EuInsVO Rn. 5; zu § 82 öGmbHG BGH NZI 2011, 198 Rn. 16.

stitutive Wirkung und führt automatisch zum Verlust der Rechtsfähigkeit.²³³ In England belegenes Vermögen geht auf die englische Krone über (sec. 654 Company Act 1985). Das in Deutschland belegene Vermögen besteht dann in Form einer Liquidationsgesellschaft fort, auf welche deutsches (Liquidations-)Recht anzuwenden ist.²³⁴ Die Insolvenzfähigkeit in Deutschland ergibt sich folgerichtig aus § 11 III InsO, wenn bei Insolvenzantragstellung noch verteilungsfähiges Vermögen aus der Zeit vor der Löschung vorhanden ist. Ein im Namen einer nicht (mehr) existierenden EU-Auslandsgesellschaft Handelnder haftet persönlich nach den allgemeinen Regeln.²³⁵

VIII. Sanierung, Vergleich, Insolvenzplan, Restschuldbefreiung

123 § 1 InsO stellt ausdrücklich klar, dass Ziel des Insolvenzverfahrens nicht nur die Verwertung des Schuldnervermögens, sondern auch eine abweichende Regelung zum Erhalt des Unternehmens des Schuldners ist und dass dem redlichen Schuldner Gelegenheit gegeben wird, sich von seinen restlichen Verbindlichkeiten zu befreien. Das deutsche Insolvenzverfahren kennt zwar die freie Nachforderung noch als Prinzip (§ 201 InsO), ist aber auch auf Sanierung, Vergleichsschluss mit den Gläubigern (§ 254 InsO) und Restschuldbefreiung (§ 301 InsO) angelegt.

124 **1. Sanierung, Zwangsvergleich, Insolvenzplan.** International entscheidet nach Art. 4 II 2 lit. j und k EuInsVO sowie § 335 InsO die lex fori concursus²³⁶ über die Folgen eines Insolvenzplans oder einer sonstigen Sanierung, soweit es sich um ein Hauptinsolvenzverfahren handelt. Art. 34 II EuInsVO und § 355 II InsO legen ergänzend fest, dass ein Insolvenzplan in einem Sekundärinsolvenzverfahren eine Stundung, einem Erlass oder sonstige Einschränkungen der Rechte der Gläubiger nur vorsehen kann, wenn alle Betroffenen dieser Maßnahme zugestimmt haben (vgl. Art. 102 § 9 EGInsO). Diese Regelung überzeugt nicht (→ § 132 Rn. 177 ff.).

125 Auf das Forderungsstatut kommt es nicht an. Erlass oder Beschränkungen der Gläubigerforderungen durch einen deutschen Insolvenzplan haben daher Wirkungen über Deutschland hinaus, wenn sie in einem deutschen (Haupt-)Insolvenzverfahren beschlossen werden.

126 War die Forderung des Gläubigers bereits voll tituliert, so kann der Schuldner die Erlasswirkung des Zwangsvergleichs, Insolvenzplans etc als Einwendung gegen die Vollstreckbarerklärung im Inland nach Art. 25 I Unterabs. 1 S. 2 EuInsVO, Art. 38 ff. EuGVVO (§§ 13, 15 AVAG) vorbringen.²³⁷

127 Die Vergleichswirkungen werden in den anderen EU-Staaten ohne weitere Förmlichkeit anerkannt, wenn das Verfahren selbst EU-weit anzuerkennen war (Art. 16 I, 25 I 1 EuInsVO). Ob diese Wirkungen in Drittstaaten anerkannt werden, ist jeweils deren Sache.

128 **2. Restschuldbefreiung.** Für sie gilt ebenfalls die lex fori concursus (Art. 4 II 2j u k EuInsVO; § 335 InsO).²³⁸ Die Restschuldbefreiung (§ 301 InsO) unterscheidet sich vom (teilweisen) Schuldenerlass in einem Insolvenzplan dadurch, dass sie auf Grund

---

²³³ *Happ/Holler* DStR 2004, 730, 736.
²³⁴ MüKoBGB/*Kindler*, IntGesR Rn. 685 f.; allerdings für insolvenzrechtliche Qualifikation bei Abweisung mangels Masse unter Rn. 729 f.; *Mansel* Liber Amicorum Kegel, 2002, S. 111, 121 f.; *Leible/Lehmann* GmbHR 2007, 1095, 1098; aA OLG Jena NZI 2008, 260 ff. *(Mock);* OLG Nürnberg NZG 2008, 76 (jeweils für Fortbestehen als Restgesellschaft).
²³⁵ LG Duisburg NZI 2007, 475.
²³⁶ BGH NJW 1997, 524, 526; *Reinhart* ZIP 1997, 1434, 1437; KPB/*Paulus*, § 335 Rn. 11, 47; Mohrbutter/Ringstmeier/*Wenner*, Rn. 367; *Trunk*, S. 339 ff.; Reithmann/Martiny/*Hausmann*, Rn. 5782; *Nagel/Gottwald*, § 20 Rn. 135.
²³⁷ Vgl. *Linke* IPRax 2000, 8, 9.
²³⁸ *Schulte*, S. 107, 169 ff.

gesetzlicher Ermächtigung durch das Gericht und nicht auf Grund einer vergleichsweisen Einigung mit den Gläubigern oder unmittelbar kraft Gesetzes mit Ende des Verfahrens gewährt wird. Sie entspricht aber, wie § 1 InsO zeigt, der Zielsetzung moderner Insolvenzverfahren, ist damit eine insolvenztypische Rechtsfolge.[239] Die inländische Restschuldbefreiung kraft gerichtlicher Entscheidung beansprucht daher weltweite Wirkung.[240]

§ 134. Anerkennung ausländischer Insolvenzverfahren

Übersicht

	Rn.
I. Begriff und Wirkung der Anerkennung	1
1. Grundsatz der Anerkennung	1
2. Bedeutung der Anerkennung	6
II. Voraussetzungen der Anerkennung	12
1. Allgemeines	12
2. Vorliegen eines Insolvenzverfahrens	20
3. Internationale Anerkennungszuständigkeit	27
4. Kein Verstoß gegen den deutschen ordre public	32
5. Keine Gegenseitigkeit	40
6. Kein formelles Anerkennungsverfahren	41
7. Öffentliche Bekanntmachung	42
III. Anzuerkennende Entscheidungen und Wirkungen	46
1. Der Beschluss über die Eröffnung des Insolvenzverfahrens	46
a) Beschlagnahmewirkung	49
b) Verwaltungs- und Verfügungsbefugnis des Insolvenzverwalters	52
c) Ausnahmen von der Beschlagnahmewirkung auf Grund öffentlichen Glaubens	55
2. Prozessführung	64
3. Anerkennung der Befugnisse des ausländischen Insolvenzverwalters	75
4. Einstweilige Sicherung der Insolvenzmasse	83
5. Anerkennung weiterer insolvenzrechtlicher Entscheidungen	89
6. Anerkennung von mit dem Insolvenzverfahren unmittelbar zusammenhängenden Entscheidungen	94
7. Vollstreckbarkeit ausländischer Entscheidungen	96
8. Teilnahme am Auslandsverfahren und Verteilung der Masse	103
a) Anmeldung von Forderungen im Ausland	103
b) Masseforderung, Rang der Forderung, Verteilung	106
9. Insolvenzplan, Vergleich	107
10. Restschuldbefreiung	111
IV. Anerkennung ausländischer Partikularverfahren	115
1. Inlandsbefugnis des ausländischen Verwalters	116
2. Befriedigung im Ausland	118
3. Insolvenzplan, Restschuldbefreiung	119
V. Inlandswirkung ausländischer Nachlassinsolvenzverfahren	122
VI. Kooperation mit ausländischen Verfahren	123
1. Kooperationspflicht der Insolvenzverwalter	123
2. Ausübung von Gläubigerrechten	132
3. Konkurrenz von Hauptverfahren	135
4. Zusammenarbeit der Insolvenzgerichte	137

Schrifttum: *Aderhold,* Auslandskonkurs im Inland, 1992; *Ambach,* Reichweite und Bedeutung von Art. 25 EuInsVO, 2009; *Brinkmann,* Zu Voraussetzungen und Wirkungen der Art. 15, 25 EuInsVO …, IPRax 2007, 235; *ders.,* Die Auswirkungen der Eröffnung eines Verfahrens nach

---

[239] Vgl. *Ehricke,* RabelsZ 62 (1998), 712, 717 ff.; *Schulte,* S. 91 ff., 96 ff., 201 ff.
[240] Vgl. *Schulte,* S. 130 ff.

§ 134 Kapitel XIV. Internationales Insolvenzrecht

Chapter 11 U.S. Bankruptcy Code auf im Inland anhängige Prozesse, IPRax 2011, 143; *Busch/Remmert/Rüntz/Vallender,* Kommunikation zwischen Gericht in grenzüberschreitenden Insolvenzen - Was geht und was nicht geht, NZI 2010, 417; *Cooper/Jarvis,* Recognition and Enforcement of Cross-Border Insolvency, 1996; *Czaja,* Umsetzung der Kooperationsvorgaben durch die Europäische Insolvenzverordnung im deutschen Insolvenzverfahren, 2009; *Ebenroth,* Die Inlandswirkungen der ausländischen lex fori concursus bei Insolvenz einer Gesellschaft, ZZP 101 (1988), 121; *Ehricke,* Verfahrenskoordination bei grenzüberschreitenden Insolvenzen, in Aufbruch nach Europa, 75 Jahre MPI, 2001, S. 337; *ders.,* Zur Anerkennung einer im Ausland einem Deutschen erteilten Restschuldbefreiung, IPRax 2002, 505; *Eidenmüller,* Der nationale und internationale Insolvenzverwaltungsvertrag, ZZP 114 (2001), 3; *Favoccia,* Vertragliche Mobiliarsicherheiten im internationalen Insolvenzrecht, 1991; *Flessner,* Internationales Insolvenzrecht in Deutschland nach der Reform, IPRax 1997, S. 1; *ders.,* Ausländischer Konkurs und inländischer Arrest, FS Merz, 1992, S. 93; *Fletcher,* Insolvency in private international law, 1998; *J. Garašic,* Anerkennung ausländischer Insolvenzverfahren, 2005; *Goslar,* Annullierung englischer Insolvenzeröffnungsentscheidungen nach sec. 282 Insolvency Act (UK), NZI 2012, 912; *P. Gottwald,* Grenzüberschreitende Insolvenzverfahren, 1997; *ders.,* Auslandskonkurs und Registereintragung im Inland, IPRax 1991, 170; *ders.,* Gewillkürte Prozessstandschaft für den ausländischen Konkursverwalter, IPRax 1995, 157; *U. Graf,* Die Anerkennung ausländischer Insolvenzentscheidungen, 2003; *G. Grasmann,* Inlandswirkungen des Auslandskonkurses über das Vermögen eines im Konkurseröffnungsstaates ansässigen Gemeinschuldners, KTS 1990, 157; *E. Habscheid,* Das deutsche internationale Insolvenzrecht und die vis attractiva concursus, ZIP 1999, 1113; *ders.,* Konkurs in den USA und seine Wirkungen in Deutschland, NZI 2003, 238; *H. Hanisch,* Erlöse aus der Teilnahme an einem ausländischen Parallel-Insolvenzverfahren – Ablieferung an die inländische Konkursmasse oder Anrechnung auf die Inlandsdividende?, ZIP 1989, 273; *ders.,* Grenzüberschreitende Insolvenz, in: The International Symposium on Civil Justice, Tokyo 1993, S. 315; *Hau,* Masseanreicherung und Gläubigerschutz im Europäischen Insolvenzrecht, in: Gottwald, Europäisches Insolvenzrecht, 2008; *Hergenröder/Gotzen,* Insolvenzrechtliche Anerkennung des US-Chapter 11-Verfahrens, DZWiR 2010, 273; *Homann,* System der Anerkennung eines ausländischen Insolvenzverfahrens und die Zulässigkeit der Einzelrechtsverfolgung, 2000; *ders.,* System der Anerkennung eines ausländischen Insolvenzverfahrens, KTS 2000, 343; *Hortig,* Kooperation von Insolvenzverwaltern, 2008; *H. Koch,* Europäisches Insolvenzrecht und Schuldbefreiungs-Tourismus, FS Jayme, 2004, S. 437; *St. Kolmann,* Kooperationsmodelle im internationalen Insolvenzrecht, 2001; *Laukemann,* Der ordre public im europäischen Insolvenzverfahren, IPRax 2012, 207; *D. Leipold,* Ausländischer Konkurs und internationaler Zivilprozess, FS Schwab, 1990, S. 289; *ders.,* Zuständigkeitslücken im neuen Europäischen Insolvenzrecht, FS Ishikawa, 2001, S. 221; *Liersch,* Deutsches Internationales Insolvenzrecht, NZI 2003, 302; *Linke,* Zur grenzüberschreitenden Wirkung konkursbedingter Vollstreckungsbeschränkungen, IPRax 2000, 8; *W. Lüke* u *Taupitz,* Das europäische internationale Insolvenzrecht, ZZP 111 (1998), 275 u 315; *D. Ludwig,* Neuregelungen des deutschen internationalen Insolvenzverfahrensrechts, 2004; *Mankowski,* Internationale Nachlassinsolvenzen, ZIP 2011, 1501; *ders.,* Ordre public im europäischen und deutschen Insolvenzrecht, KTS 2011, 185; Mohrbutter/Ringstmeier/*Wenner,* Handbuch der Insolvenzverwaltung, 8. Aufl. 2007, § 20 Recht der internationalen Insolvenzen; *Mörsdorf-Schulte,* Geschlossene europäische Zuständigkeitsordnung und die Frage der vis attractiva concursus, NZI 2008, 282; *Müller-Freienfels,* Auslandskonkurs und Inlandsfolgen, FS Dölle, 1963, 360; *Ch. v. Oertzen,* Inlandswirkungen eines Auslandskonkurses, 1990; *K. Otte,* Inländischer einstweiliger Rechtsschutz bei Auslandskonkurs, RabelsZ 58 (1994), 292; *Piekenbrock,* Ansprüche gegen den ausländischen Schuldner in der deutschen Partikularinsolvenz, IPRax 2012, 337; *Prager/Keller,* Die Anerkennung deutscher Postsperren im Vereinigten Königreich, NZI 2012, 829; *Pielorz,* Auslandskonkurs und Disposition über das Inlandsvermögen, 1977; *Potthast,* Probleme eines Europäischen Konkursübereinkommens, 1995; *St. Reinhart,* Zur Anerkennung ausländischer Insolvenzverfahren, ZIP 1997, 1734; *R. Riegel,* Grenzüberschreitende Konkurswirkungen zwischen der Bundesrepublik Deutschland, Belgien und den Niederlanden, 1991; *St. Riesenfeld,* Domestic effects of foreign liquidation and rehabilitation proceedings in the light of comparative law, FS Kegel, 1977, 433; *ders.,* The status of foreign administrators of insolvent estates: a comparative survey, AmJCL 24 (1976), 288; *Rossbach,* Europäische Insolvenzverwalter in Deutschland, 2006; *H. Roth,* Auslandskonkurs und individuelle Rechtsverfolgung im Inland, IPRax 1996, 324; *E. Schollmeyer,* Diskriminierung deutscher Gläubiger in amerikanischen

Insolvenzverfahren?, ZZP 108 (1995), 525; *ders.*, § 240 ZPO und Auslandskonkurs, IPRax 1999, 26; *K. Siehr,* International Aspects of Bankruptcy, in Andolina, Transnational Aspects of Procedural Law, Bd 2, 1998, S. 783; *St. Smid,* Deutsches und Europäisches Internationales Insolvenzrecht, 2004; *ders.*, Europäisches Internationales Insolvenzrecht, 2002; *Sonnentag,* Auslandskonkurs und Anfechtung im Inland, IPRax 1998, 330; *Stehle,* Die Stellung des Vollstreckungsgläubigers bei grenzüberschreitenden Insolvenzen in der EU, 2007; *H. Stoll,* Vorschläge und Gutachten zur Umsetzung des EU-Übereinkommens über Insolvenzverfahren im deutschen Recht, 1997; *R. Stürner,* National Report on German Law – Grenzüberschreitende Insolvenz, in: The International Symposium on Civil Justice, Tokyo 1993, S. 429; *Summ,* Anerkennung ausländischer Konkurse in der Bundesrepublik Deutschland, 1992; *Thieme,* Inlandsvollstreckung und Auslandskonkurs, RabelsZ 37 (1973), 682; *A. Trunk,* Dogmatische Grundlagen der Anerkennung von Auslandskonkursen, KTS 1987, 415; *ders.*, Auslandskonkurs und inländische Zivilprozesse, ZIP 1989, 279; *ders.*, Internationales Insolvenzrecht, 1998; *Wimmer,* Die Besonderheiten von Sekundärinsolvenzverfahren unter besonderer Berücksichtigung des Europäischen Insolvenzübereinkommens, ZIP 1998, 982; *ders.*, Abwicklung einer grenzüberschreitenden Insolvenz nach Vereinbarung („Nakash-Protocol"), ZIP 1998, 1013; *Würdinger,* Die Anerkennung ausländischer Entscheidungen im europäischen Insolvenzrecht, IPRax 2011, 562.

I. Begriff und Wirkung der Anerkennung

1. Grundsatz der Anerkennung. a) Die Eröffnung eines Haupt-Insolvenzverfahrens in einem EU-Staat ist ohne weitere Förmlichkeiten, also „automatisch" in den anderen EU-Staaten anzuerkennen (Art. 16 I, 3 I EuInsVO).[1] Jeder wirksame Beschluss ist anzuerkennen, es sei denn, er verstößt gegen den *ordre public* des Anerkennungsstaates (Art. 26 EuInsVO).

b) Das deutsche Insolvenzrecht anerkennt auch gleichwertige ausländische Insolvenzverfahren in Drittstaaten (§ 343 InsO) und die darin getroffenen Entscheidungen „automatisch", ferner Insolvenzverfahren aus EU-Mitgliedstaaten außerhalb des persönlichen Anwendungsbereichs der EuInsVO (Art. 1 II EuInsVO). Anerkennungshindernisse sind (1) die fehlende internationale Zuständigkeit des Eröffnungsstaates und (2) ein Verstoß gegen den deutschen *ordre public* (§ 343 I 2 InsO).[2] Da europäisches und deutsches Recht nahezu parallel gestaltet sind, werden beide nachfolgend gemeinsam dargestellt.

Die Anerkennung hat zur Folge, dass sich die nach dem Recht des Eröffnungsstaates mit einer Eröffnung verbundenen Wirkungen ohne weiteres auf das *inländische Vermögen* des Schuldners erstrecken (Art. 17 I EuInsVO, § 335 InsO).[3] Nach § 343 I 1 InsO werden auch Wirkungen gegenüber der *Person des Schuldners* anerkannt.

Anerkannt werden insoweit *Gestaltungswirkungen* des Eröffnungsbeschlusses. Solche Wirkungen sind weitgehend „materieller" Art.[4]

Die grundsätzliche Anerkennung des ausländischen Insolvenzverfahrens entspricht international-privatrechtlicher Gerechtigkeit und den Bedürfnissen der modernen, grenzüberschreitenden Wirtschaft. Da sich der Wirtschaftsverkehr nicht mehr auf das eigene Staatsgebiet beschränkt, muss jeder Teilnehmer für Verbindlichkeiten mit seinem gesamten Vermögen (gleichgültig, in welchem Land es belegen ist) und gegenüber allen Gläubigern gleichermaßen (ohne Rücksicht auf deren Wohnsitz, Sitz oder Nationalität) einstehen. Hieraus zieht das Insolvenzrecht lediglich die Folgerung, dass es bei Vorliegen eines Insolvenzgrundes das unzulängliche Vermögen des Schuldners auf der Grund-

---

[1] Vgl. AG Duisburg NZI 2003, 160; D-K/D/C-*Duursma-Kepplinger/Chalupsky,* Art. 16 Rn. 2, Art. 17 Rn. 2, 4; MüKoInsO/*Reinhart,* Art. 17 EuInsVO Rn. 2, 9.
[2] Vgl. *Kolmann,* S. 106.
[3] Vgl. *Smid,* Kap 4 Rn. 11 ff.; *Ludwig,* S. 60 ff.
[4] Krit *U. Graf,* S. 325 ff. (Anerkennung materiell-rechtlicher Folgen ohne Begrenzung auf Rechtskraft- und Gestaltungswirkung).

lage eines möglichst einheitlichen Insolvenzrechts als Gesamtstatut über die Staatsgrenzen hinweg erfasst, verwertet und unter Wahrung der Gleichheit der Gläubiger verteilt.

2. Bedeutung der Anerkennung. a) Art. 17 I EuInsVO und § 343 I 1 InsO gehen davon aus, dass die *Eröffnung* eines ausländischen Insolvenzverfahrens auch im Inland die Wirkungen hat, die nach dem Recht des Eröffnungsstaates eintreten. Diese verfahrensrechtliche *Wirkungserstreckung* erfolgt automatisch, tritt also kraft Gesetzes ein, sofern kein Anerkennungshindernis (→ Rn. 13 ff.) besteht.[5]

Dies kann freilich nur insoweit gelten, als das ausländische Insolvenzverfahren vom Grundsatz der Universalität beherrscht wird und das in Deutschland belegene Vermögen überhaupt in Anspruch nehmen will.[6] Anerkannt werden können nur die Inlandswirkungen eines ausländischen Insolvenzverfahrens, das sich selbst Auslandswirkung beimisst.[7] Andernfalls kann es uU nur Tatbestandswirkung im Rahmen einzelner materiell-rechtlicher oder verfahrensrechtlicher Normen haben.

Nach Art. 25 I Unterabs. 1 S. 1 EuInsVO werden auch die weiteren zur *Durchführung und Beendigung* des Insolvenzverfahrens *ergangenen Entscheidungen* ohne weitere Förmlichkeiten anerkannt. Gleiches gilt nach § 343 II InsO. Bei Bedarf sind die Anerkennungsvoraussetzungen selbstständig zu prüfen. Eine Bindung an die Anerkennung des Eröffnungsbeschlusses besteht nicht, doch ist diese eine gesonderte Voraussetzung für die Anerkennung der weiteren Entscheidungen.[8]

Sicherungsmaßnahmen, die im Eröffnungsverfahren ergehen, sind ebenfalls anzuerkennen (Art. 25 I Unterabs. 3 EuInsVO, § 343 II InsO).

b) Anerkennung des ausländischen Insolvenzverfahrens bedeutet nach Art. 17 I EuInsVO (wie allgemein im internationalen Zivilverfahrensrecht) *„Wirkungserstreckung"* der ausländischen Entscheidungen auf das Inland.[9] Das deutsche Recht enthält für das Verhältnis zu Drittstaaten in § 343 I InsO keine parallele Formulierung, doch gilt hier nichts anderes, da das deutsche Recht unter Anerkennung generell Wirkungserstreckung versteht.[10] Diese Anerkennung enthält somit das Einverständnis des deutschen Staates, dass die Wirkungen *des im Ausland eröffneten Insolvenzverfahrens* im Inland eintreten. Es erfolgt weder eine Gleichstellung mit den Wirkungen eines inländischen Eröffnungsbeschlusses noch eine Kumulation ausländischer und inländischer Rechtswirkungen.[11] Die Anerkennung erfolgt verfahrensrechtlich, nicht kollisionsrechtlich.[12] Zugleich enthält die Anerkennung eine Anweisung an die inländischen Gerichte und Behörden, im Einzelfall die Wirkungen des anerkennungsfähigen Auslandsinsolvenzverfahrens zu berücksichtigen und ihnen bei ihrer Rechtsanwendung Geltung zu

---

[5] MüKoInsO/*Reinhart,* Anhang Art. 17 EuInsVO Rn. 9; D-K/D/C-*Duursma-Kepplinger/Chalupsky,* Art. 17 Rn. 6; *Kolmann,* S. 110 ff.

[6] *Leipold,* FS Henckel S. 533, 536 f.; *Aderholz,* S. 169; *U. Graf,* S. 286 ff.; Mohrbutter/Ringstmeier/ *Wenner* Rn. 203 f.; FK/*Wenner/Schuster,* § 343 Rn. 29.

[7] Japan, das bisher als wichtigstes Beispiel angeführt worden war, hat das Territorialitätsprinzip aufgegeben; vgl. *T. Mikami,* Internationales Insolvenzrecht in Japan, in: Gottwald, Aktuelle Entwicklungen des europäischen und internationalen Zivilverfahrensrechts, 2002, S. 327, 329 ff.; *M. Deguchi,* Zum neuen Gesetz über die Anerkennungshilfe des ausländischen Insolvenzverfahrens, FS Ishikawa, 2001, S. 79; *Ishikawa/Haga,* Das neue internationale Insolvenzrecht in Japan, FS Beys, 2003, S. 587, 591. Auch Südkora folgt nunmehr dem Universalitätsprinzip.

[8] *Ludwig,* S. 89, 93.

[9] *Geimer,* IZPR Rn. 3366, 3511; FK/*Wenner/Schuster,* § 343 Rn. 36 ff.; FK/*dies,* Anhang I Art. 17 EuInsVO Rn. 2 f.; MüKoInsO/*Reinhart,* Anhang Art. 17 EuInsVO Rn. 3 ff.; D-K/D/C-*Duursma-Kepplinger/Chalupsky,* Art. 16 Rn. 15; KPB/*Kemper,* Art. 17 EuInsVO Rn. 2; Reithmann/Martiny/*Hausmann,* Rn. 5710; vgl. *E. Habscheid,* S. 314 ff.

[10] Vgl. *U. Graf,* S. 258 ff.

[11] Vgl. *Favoccia,* S. 71 ff.

[12] *Trunk,* S. 263; vgl. D-K/D/C-*Duursma-Kepplinger/Chalupsky,* Art. 17 Rn. 7.

verschaffen, soweit solche Wirkungen als Hauptfrage oder Vorfrage in einem gerichtlichen Verfahren oder in einem Verwaltungsverfahren erheblich sind. Auch Privatpersonen müssen sich im Rechtsverkehr nach den anerkennungsfähigen Wirkungen richten, um Rechtsnachteile zu vermeiden.

Neben die verfahrensrechtliche Anerkennung tritt auch die durch die Kollisionsnormen angeordnete *Anwendung des ausländischen Insolvenzrechts* als grds einheitliches Insolvenzstatut.[13] Vorbehaltlich der inländischen kollisionsrechtlichen Sonderanknüpfungen und Sachnormen gilt somit das ausländische Insolvenzrecht auch für das Inland.

II. Voraussetzungen der Anerkennung

1. Allgemeines. Nach einem Urteil des BGH kann ein ausländisches Insolvenzverfahren nur dann im Inland wirken, wenn das ausländische Verfahren „*in das Gesamtgefüge der deutschen konkursrechtlichen Vorschriften und Rechtsgrundsätze eingebettet*" ist.[14] Damit wird lediglich umschrieben, dass die Anerkennung nur im Hinblick auf Entscheidungen aus einem als Insolvenzverfahren zu qualifizierenden Verfahren in Betracht kommt. Die einzelnen Anerkennungsvoraussetzungen bzw -hindernisse ergeben sich aus Art. 16, 26 EuInsVO bzw § 343 InsO. § 328 I ZPO kann nicht ergänzend herangezogen werden.

a) Die Eröffnung eines Insolvenzverfahrens *in einem EU-Mitgliedsstaat* wird in allen anderen „automatisch" anerkannt,
(1) wenn es sich um ein Insolvenzverfahren gem. Anhang A zu Art. 2 (a) EuInsVO handelt,
(2) sobald die Entscheidung im Eröffnungsstaat wirksam ist (Art. 16 I EuInsVO), und
(3) sofern die Eröffnung nicht gegen den *ordre public* des Anerkennungsstaates verstößt (Art. 26 EuInsVO).[15]

Art. 16 I 2 EuInsVO stellt klar, dass die Insolvenzeröffnung auch dann anzuerkennen ist, wenn gegen den Schuldner „wegen seiner Eigenschaft" ein Insolvenzverfahren nicht eröffnet werden könnte.

Nach Art. 16 II EuInsVO steht die Anerkennung eines Hauptverfahrens der Eröffnung eines Sekundärverfahrens nicht entgegen.

b) Die Anerkennung des Insolvenzverfahrens eines Drittstaates, genauer: des ausländischen Eröffnungsbeschlusses, ist von folgenden *Voraussetzungen* abhängig:
(1) Das ausländische Verfahren muss als Insolvenzverfahren qualifiziert werden können;
(2) das ausländische Insolvenzverfahren muss (nach der lex fori concursus) wirksam eröffnet sein;[16]
(3) das ausländische Insolvenzverfahren muss das im Ausland, genauer das in Deutschland, belegene Schuldnervermögen für seine Masse in Anspruch nehmen;[17]
(4) das ausländische Gericht des Eröffnungsstaates muss unter spiegelbildlicher Anwendung des inländischen Rechts international zuständig sein (§ 343 I 2 InsO);

---

[13] *Geimer*, IZPR Rn. 3501.
[14] BGHZ 95, 256, 269 f. = JZ 1986, 91 *(Lüderitz)*; vgl. *E. Habscheid*, S. 330 (Sondertatbestand des *ordre public*).
[15] Für die Überprüfung der Eröffnungsentscheidung am Maßstab des Art. 26 EuInsVO EuGH NZI 2006, 360, 361 Rn. 42 *(Eurofood)*; EuGH NZI 2013, 106 *(Bank Handlowy)*; EuGH NZI 2010, 156 *(MG Probud)*, dazu *Würdinger* IPRax 2011, 562; BGH Beschl. v. 18.9.2001 – IX ZB 51/00; LG Köln NZI 2011, 957; AG Nürnberg NZI 2007, 185 *(Brochier)*; AG Göttingen ZIP 2013, 472; dagegen OLG Nürnberg NJW 2012, 862.
[16] BGH NJW 1985, 2897; FK/*Wenner/Schuster*, § 343 Rn. 19, 29; HK/*Stephan*, § 343 Rn. 5; Reithmann/Martiny/*Hausmann*, Rn. 5707.
[17] Mohrbutter/Ringstmeier/*Wenner*, Rn. 203 f.; vgl. BGH NJW 1997, 524. – Dies ist im strengen Sinne keine Anerkennungsvoraussetzung, sondern betrifft die Auslegung des ausländischen Rechts.

(5) die Anerkennung des ausländischen Verfahrens darf nicht zu einem Ergebnis führen, das mit wesentlichen Grundsätzen des deutschen Rechts offensichtlich unvereinbar ist (§ 343 I 2 InsO).

Diese Voraussetzungen sind von Amts wegen zu prüfen.

15 c) Die Anerkennung ist *nicht* davon abhängig, dass die Eröffnungsentscheidung des ausländischen Staates *in Rechtskraft* erwachsen ist.[18] Die Anerkennung der Eröffnung eines Insolvenzverfahrens ist zwar mit erheblichen Nachteilen für den Schuldner verbunden, so dass man daran denken könnte, analog § 723 II 1 ZPO die Rechtskraft der Eröffnungsentscheidung abzuwarten. Der Zweck der automatischen Anerkennung des ausländischen Insolvenzverfahrens erfordert aber, dass dessen Beschlagnahmewirkungen sofort eintreten, damit das Vermögen des Schuldners rasch weltweit erfasst und einer gleichmäßigen Gläubigerbefriedigung zugeführt wird. Mit diesem Zweck wäre es unvereinbar, die Erstreckung der Wirkungen der Eröffnungsentscheidung und der damit verbundenen Folgen während längerer Zeit (Ablauf der Beschwerdefrist; endgültige Entscheidung des Beschwerdegerichts) in der Schwebe zu lassen und dem Schuldner in dieser Zeit die Möglichkeit zu Verfügungen über sein im Inland belegenes Vermögen zu belassen. § 353 I 2 InsO verweist im Verhältnis zu Drittstaaten daher zu Recht nur auf § 723 I ZPO, nicht aber auf § 723 II ZPO. Soweit die Vollstreckbarkeit durch Vollstreckungsurteil herbeigeführt werden muss, ist kaum vorstellbar, dass dieses ergeht, bevor der Eröffnungsbeschluss im Ausland unanfechtbar geworden ist.

16 Die Eröffnungsentscheidung muss jedoch nach dem Recht des Verfahrensstaates wirksam sein. Ihre Fehlerhaftigkeit oder Aufhebbarkeit stehen der Anerkennung nicht entgegen.[19] Einer *révision au fond* (Rechtmäßigkeitsüberprüfung) enthält sich das deutsche Recht auch hier, freilich bis zur Grenze des *ordre public* (Art. 26 EuInsVO; § 343 I 2 Nr.. 2 InsO).

17 Wird der ausländische Eröffnungsbeschluss wieder aufgehoben, so entfällt die Anerkennung. Wer mit dem ausländischen Verwalter in der Zwischenzeit Geschäfte getätigt hat, wird analog § 47 FamFG geschützt.[20]

18 d) Die Anerkennung der Eröffnungsentscheidung ist auch *nicht* davon abhängig, dass die Insolvenzeröffnung im (deutschen) Inland *öffentlich* oder (wenigstens) den deutschen Beteiligten gegenüber besonders *bekannt gemacht* worden ist.[21] Die Eröffnung des ausländischen Verfahrens kann zwar auf Antrag des ausländischen Verwalters nach Art. 21 EuInsVO bzw § 345 InsO im Inland öffentlich bekannt gemacht werden. Aber diese Bekanntmachung ist keine Voraussetzung der Anerkennung, sondern dient lediglich dazu, den Schutz des guten Glaubens zugunsten einzelner Beteiligter auszuschließen oder zu beenden (→ Rn. 55 ff.).

19 e) Allerdings können die Anerkennungswirkungen weitgehend durch die Eröffnung eines nationalen Partikular- oder Sekundärverfahrens neutralisiert werden, da dieses für das inländische Vermögen Vorrang bzw. überlagernde Wirkung hat (vgl. Art. 17 II 1 EuInsVO) und nach inländischem Recht abgewickelt wird. Die Eröffnung eines inländischen Sekundärverfahrens hindert aber nicht die Vollstreckbarerklärung der Entscheidung über die Eröffnung des ausländischen Hauptverfahrens.[22]

---

[18] HK/*Stephan*, § 343 Rn. 5; MüKoInsO/*Reinhart*, Anhang Art. 16 EuInsVO Rn. 9; D-K/D/C-*Duursma-Kepplinger/Chalupsky*, Art. 16 Rn. 11; Reithmann/Martiny/*Hausmann*, Rn. 5707; *Ludwig*, S. 85; aA OLG Saarbrücken ZIP 1989, 1145, 1146.
[19] BGHZ 95, 256, 270; *Geimer* IZPR Rn. 3511.
[20] Mohrbutter/Ringstmeier/*Wenner*, Rn. 192; unentschieden FK/*Wenner/Schuster* § 343 Rn. 31; aA MüKoInsO/*Thole*, § 343 Rn. 24 (Geltung der lex fori concursus).
[21] D-K/D/C-*Duursma-Kepplinger/Chalupsky*, Art. 16 Rn. 16.
[22] OLG Düsseldorf, NZI 2004, 628; MüKoBGB/*Kindler*, Art. 17 Rn. 6; aA K. Schmidt/*Brinkmann*, InsO, Art. 25 EuInsVO Rn. 5.

2. Vorliegen eines Insolvenzverfahrens. Ein ausländisches Verfahren wird nur 20
dann nach Art. 16 I EuInsVO bzw § 343 InsO anerkannt, wenn es sich um ein dem
deutschen Recht vergleichbares Insolvenzverfahren handelt.[23]

a) Für die EU-Staaten sind die vergleichbaren Verfahren abschließend in Anhang A 21
zu Art. 1 EuInsVO aufgelistet; auch Liquidationsverfahren im Sinne von Anhang B
stellen Insolvenzverfahren dar. Zweifelhaft erschien zunächst die Einordnung der außerordentlichen Verwaltung in Krise geratener Großunternehmen nach der früheren *italienischen „Legge Prodi"*,[24] aber auch dieses Verfahren ist im Anhang A der EuInsVO genannt. Die Definition des Art. 1 I EuInsVO bleibt bedeutsam für künftige Ergänzungen
oder Abänderungen des Anhang A (vgl. Art. 45 EuInsVO). Zur Änderung der Definition im Zuge der Reform der EuInsVO → § 131 Rn. 10.

b) Welche Verfahren in Drittstaaten aus deutscher Sicht als Insolvenzverfahren zu 22
qualifizieren sind, ist nach einem Vergleich der Hauptmerkmale und der Funktion mit
denen des deutschen Insolvenzverfahrens zu entscheiden (→ § 130 Rn. 31 ff.).[25] Liquidationsverfahren und noch mehr Verfahren der vergleichsweisen Insolvenzbereinigung
weichen von Staat zu Staat erheblich voneinander ab. Diese Vielfalt muss bei der *Qualifikation* eines ausländischen Verfahrens Berücksichtigung finden.[26] Dabei ist vom Grundsatz der Gleichwertigkeit der Rechtsordnungen auszugehen. Als Insolvenzverfahren sind
sowohl Liquidationsverfahren als auch Vergleichsverfahren[27] anzusehen, unabhängig
davon, ob sie in einem Gesetz oder getrennt geregelt sind.[28] Das internationale Insolvenzrecht bezieht sich daher auf staatliche Verfahren, die eine wirtschaftliche Krise des
Schuldners voraussetzen und eine grundsätzlich gleichberechtigte Befriedigung aller
persönlichen Gläubiger aus dem gesamten Vermögen des Schuldners in einem Kollektivverfahren bezwecken.[29] Ob das Verfahren von einem Gericht oder einer Behörde
eröffnet wird, ist dagegen gleichgültig.[30] Weist ein ausländisches Verfahren eine gewisse
Verwandschaft zu einem in Anhang A oder Anhang B der EuInsVO erwähnten Verfahren auf, so indiziert dies die Qualifikation als Insolvenzverfahren auch für das autonome
deutsche internationale Insolvenzrecht.[31]

Nicht erfasst sind *Privatverwertungsverfahren* im Auftrag der Gläubiger, etwa die engli- 23
sche *administrative receivership* zur Realisierung einer *floating charge*[32] oder reine Moratorien und Sanierungsverfahren wie auch das *Scheme of Arrangement* nach den Teilen 26
und 27 des Companies Act 2006,[33] die keine wirtschaftliche Krise, keine Verwirklichung eines Insolvenzgrundes und auch keinen Vermögensbeschlag voraussetzen. Bei

---

[23] Vgl. *Laut,* S. 56 ff.; *Trunk,* S. 212, 267 f.; KPB/*Paulus,* § 343 Rn. 4 f.; HK/*Stephan,* § 343 Rn. 6; Reithmann/Martiny/*Hausmann,* Rn. 5693 ff.

[24] Zur neuen Rechtslage s *D. Einhaus,* Die „außerordentliche Verwaltung" („amministrazione straordinaria") des reformierten italienischen Insolvenzrechts, Diss. Freiburg 2004.

[25] Uhlenbruck/*Lüer,* § 343 Rn. 3; Andres/Leithaus-*Dahl,* InsO, § 343 Rn. 5.

[26] Vgl. *Aderhold,* S. 171 ff.; 186 ff.; *Paulus* IPRax 1999, 148, 150.

[27] Vgl. BGH NJW 1997, 524; *E. Habscheid,* S. 380 ff.; FK/*Wenner/Schuster* § 343 Rn. 6 ff., 11.

[28] *Reinhart* ZIP 1997, 1734, 1735; HK/*Stephan,* § 343 Rn. 7; *Laut,* S. 81.

[29] So *Trunk,* S. 267 f; *Geimer,* IZPR Rn. 3361; FK/*Wenner/Schuster,* § 343 Rn. 7; ähnlich Mohrbutter/Ringstmeier/*Wenner,* Rn. 175 (auch Einbezug staatlicher Interessen); zur Notwendigkeit einer brauchbaren Abgrenzungsformel auch MüKoInsO/*Thole* § 343 Rn. 13.

[30] Begr BT-Drucks 15/16, 21; HK/*Stephan,* § 343 Rn. 8; *Geimer,* IZPR Rn. 3505; Mohrbutter/Ringstmeier/*Wenner,* Rn. 177.

[31] FK/*Wenner/Schuster* § 343 Rn. 13.

[32] *Aderhold,* S. 180 ff.; *Reinhart,* S. 173 ff.; *Kirchhof,* WM 1993, 1364, 1368.

[33] BGH NZI 2012, 425 Rn. 21; LG Potsdam BeckRS 2011, 15245; K. Schmidt/*Brinkmann,* InsO, § 335 Rn. 9 f.; *Eidenmüller/Frobenius* WM 2011, 1210, 1214; *Petrovic* ZInsO 2010, 265, 267; aA LG Rottweil ZIP 2010, 1964. – Näher zum *Scheme of Arrangement* Gebler NZI 2010, 665, 668; *Westphal/Knapp,* ZIP 2011, 2033. – Zu außergerichtlichen Vergleichsverträgen *Thieme,* FS v. Hoffmann, S. 483; *Thole,* FS Simotta, S. 613, 617.

solchen Verfahren spielt die Befriedigung der Gläubiger vielfach nur eine untergeordnete Rolle; dies allein hindert die Qualifikation als Insolvenzverfahren aber noch nicht. Oft übt auch der Staat erheblichen Einfluss aus, indem er das Verfahren als wirtschafts- und sozialpolitisches Instrument zur Rettung von Unternehmen und Arbeitsplätzen benützt. Freiwillige *(voluntary) Winding-up-Verfahren* nach englischem oder irischen Recht gelten ausnahmsweise als Insolvenzverfahren iSv Anhang A zur EuInsVO, wenn sie gerichtlich bestätigt wurden.

24 Die verfahrensrechtliche Anerkennung von Entscheidungen aus derartigen nicht-insolvenzrechtlichen Verfahren bestimmt sich nach den allgemeinen Regelungen über die Anerkennung gerichtlicher Entscheidungen, insbesondere also nach der EuGVVO,[34] einschließlich ihrer Vorschriften über die internationale Zuständigkeit. Folglich kommt es auf die Anerkennungshindernisse der Art. 34, 35 EuGVVO an.[35] Ungeachtet dessen kann ein solches Verfahren materiellrechtliche Wirkungen haben.[36]

25 Das *US-amerikanische Reorganisationsverfahren* nach Ch 11 Bankruptcy Act[37] ist als modernes Vergleichsverfahren anzusehen und deshalb als ausländische Insolvenzverfahren anzuerkennen.[38] Als Insolvenzverfahren zu qualifizieren sind auch Verfahren nach dem kanadischen *Companies' Creditors Arrangement Act*.[39]

26 Verfahren, die zu einer versteckten *Enteignung der Gläubiger* führen, aber sonst den Anforderungen an ein kollektives Insolvenzverfahren entsprechen, sind zwar als Insolvenzverfahren zu werten; ihre Anerkennung scheitert aber weitgehend am deutschen *ordre public* des § 343 I 2 Nr. 2 InsO.[40]

27 **3. Internationale Anerkennungszuständigkeit. a)** Im Verhältnis zu EU-Staaten (außer Dänemark) darf die Eröffnungszuständigkeit bzw die zutreffende Anwendung des Art. 3 EuInsVO grundsätzlich nicht nachgeprüft werden (vgl. Erwägungsgrund 22), da dies dem Grundsatz des gegenseitigen Vertrauens in die Gleichwertigkeit der Justizsysteme widerspräche.[41] → § 131 Rn. 61, 89.

28 **b)** Das ausländische Verfahren in einem Drittstaat ist nur anzuerkennen, wenn die Gerichte des Staates der Verfahrenseröffnung nach deutschem Recht international zuständig sind.[42] Nach allgemeinen Regeln bestimmt sich die Anerkennungszuständigkeit spiegelbildlich zur Entscheidungszuständigkeit der deutschen Gerichte.[43] Da die Insolvenzordnung eine internationale Zuständigkeit nicht explizit regelt, sind (wie sonst im Zivilverfahrensrecht) die Regeln über die örtliche Zuständigkeit *doppelfunktionell anzuwenden*.[44] Nach § 3 InsO ist das Gericht zuständig, in dessen Bezirk der Mittelpunkt

---

[34] Zutreffend jeweils zum englischen *Scheme of Arrangement* K. Schmidt/*Brinkmann*, InsO, § 335 Rn. 10; tendenziell BGH NZI 2012, 425 Rn. 25; *Mankowski*, WM 2011, 1201, 1203; *Westphal/Knapp*, ZIP 2011, 2033, 2044; aA *Bormann* NZI 2011, 892, 896; *Lüke/Scherz* ZIP 2012, 1101, 1106 (jeweils aufgrund Zweifeln an einer „gerichtlichen" Entscheidung).
[35] K. Schmidt/*Brinkmann*, InsO, § 335 Rn. 10 (sofern Anwendbarkeit der EuGVVO zu bejahen).
[36] Insbesondere zu den materiellrechtlichen Wirkungen eines *Scheme of Arrangements* auf die dem englischen Recht unterstehenden Forderungen *Eidenmüller/Frobenius* WM 2011, 1210, 1215 f.; *Mankowski* WM 2011, 1201, 1207; *Paulus* ZIP 2011, 1077, 1081.
[37] Vgl. BGH ZIP 1990, 246; *Flessner* IPRax 1997, 1, 10; *Reinhart*, S. 175 ff.; *Wenner* KTS 1990, 429, 432; aA OLG Hamburg RIW 1992, 941 = IPRax 1992, 170.
[38] Ebenso BGH NZI 2009, 859; BAG NZI 2008, 122; *Hergenröder/Gotzen* DZWiR 2010, 273; anders noch OLG Hamburg RIW 1992, 941.
[39] LG Frankfurt TranspR 2006, 461; K. Schmidt/*Brinkmann*, InsO, § 335 Rn. 8.
[40] Vgl. *Trunk*, S. 268; iE auch FK/*Wenner/Schuster*, § 343 Rn. 9.
[41] OLG München NZI 2010, 826, 828; OLG Nürnberg ZIP 2012, 241.
[42] BGH NJW 1985, 2897.
[43] BGH NJW 1993, 2312, 2313; *Geimer*, IZPR Rn. 3406, 3514; KPB/*Kemper/Paulus*, § 343 Rn. 11; *Trunk*, S. 268 ff.; *E. Habscheid*, S. 322; *Foerste*, Rn. 691; *U. Graf*, S. 289; Andres/Leithaus-*Dahl*, InsO, § 343 Rn. 12; Uhlenbruck/*Lüer* § 343 Rn. 7.
[44] So HK/*Stephan*, § 343 Rn. 9; *Ludwig*, S. 78 f.

einer selbstständigen wirtschaftlichen Tätigkeit des Schuldners liegt, hilfsweise das Gericht, in dessen Bezirk der Schuldner seinen allgemeinen Gerichtsstand, dh seinen Wohnsitz bzw. Sitz hat. Bezogen auf die Anerkennungszuständigkeit muss ein Insolvenzverfahren also im Staat der ausländischen Hauptniederlassung oder am Sitz oder Wohnsitz des Schuldners eröffnet worden sein.

§ 3 InsO geht zwar von einem Vorrang der Zuständigkeit im Staat der Hauptniederlassung aus, gleichwohl ist die Anerkennungszuständigkeit nicht auf diesen Fall zu beschränken, sondern auch ein Insolvenzverfahren, das am Sitz oder Wohnsitz des Schuldners eröffnet wurde, anzuerkennen.[45] Dies gilt selbst dann, wenn der Schuldner den Mittelpunkt seiner selbstständigen wirtschaftlichen Tätigkeit in einem anderen Staat haben sollte, zumal es dort nicht zwingend zur Eröffnung eines Insolvenzverfahrens kommen muss.[46] Wird jedoch später ein Insolvenzverfahren eröffnet, bleibt ihm im Inland die Anerkennung trotz eines anderweitigen anerkennungsfähigen Hauptverfahrens nicht versagt. Aus der Sicht des Inlands hat die Kooperation mit dem am Mittelpunkt der selbstständigen wirtschaftlichen Tätigkeit eröffneten Insolvenzverfahren Vorrang.

§ 3 II InsO unterstellt, dass durchaus mehrere Gerichte örtlich zuständig sein können, etwa weil der Schuldner mehrere Wohnsitze, Sitze oder mehrere Mittelpunkte einer selbstständigen wirtschaftlichen Tätigkeit hat. In diesen Fällen ist von einer konkurrierenden internationalen Zuständigkeit auszugehen. Das ausländische Insolvenzverfahren ist daher im Inland anzuerkennen, wenn es vor dem inländischen Verfahren eröffnet worden ist.[47] Entsprechend § 3 II InsO sollte es bei konkurrierenden ausländischen Verfahren auf die Priorität der Antragstellung ankommen.[48] § 356 I 1 InsO sieht ausdrücklich vor, dass die Anerkennung eines ausländischen Verfahrens ein gesondertes Insolvenzverfahren über das inländische Vermögen des Schuldners nicht ausschließt. Gerade in Fällen, in denen konkurrierende Zuständigkeiten bestehen, kann die Eröffnung eines solchen gesonderten Insolvenzverfahrens zweckmäßig sein.

Stützt man die internationale Zuständigkeit deutscher Insolvenzgerichte generell auf Art. 3 EuInsVO (→ § 132 Rn. 13), so wäre diese Regel spiegelbildlich auch im Verhältnis zu Drittstaaten anzuwenden.[49] Eines Rückgriffs auf § 3 InsO bedarf es vorbehaltlich inländischer Sonderregeln jedoch, soweit der persönliche Anwendungsbereich der EuInsVO nicht eröffnet ist. Allerdings erscheint es in einem internationalen Kontext ohne vereinheitlichte Zuständigkeitsregeln überzeugender, einen ausländischen Eröffnungsbeschluss anzuerkennen, der zwar nicht von einem gem. Art. 3 EuInsVO (analog), aber jedenfalls von einem gem. § 3 InsO (analog) international zuständigen Gericht stammt.[50]

4. Kein Verstoß gegen den deutschen ordre public. Nach Art. 26 EuInsVO werden das in einem EU-Staat eröffnete Insolvenzverfahren und die dort ergangenen gerichtlichen Entscheidungen aus einem anderen Mitgliedstaat (vgl. Art. 2 lit. d EuInsVO) nicht anerkannt, wenn und soweit dies zu einem Ergebnis führen würde, das mit dem deutschen *ordre public* offensichtlich unvereinbar ist. Gleiches gilt nach § 343 I 2 Nr. 2 InsO für Verfahren in Drittstaaten.[51] Im Umfang eines *ordre public*-Verstoßes ist die Versagung der Anerkennung zwingend.

---

[45] So zu Recht *Trunk*, S. 269.
[46] AA Mohrbutter/Ringstmeier/*Wenner*, Rn. 187.
[47] *Leipold*, FS Henckel S. 533, 537; vgl. auch KPB/*Paulus*, § 335 Rn. 18, § 343 Rn. 14; *Kolmann*, S. 133 ff.
[48] *Kolmann*, S. 140 f.; MüKoInsO/*Thole*, § 343 Rn. 34 f.; K. Schmidt/*Brinkmann*, InsO, § 343 Rn. 12; aA 3. Aufl.
[49] So 3. Aufl.; *U. Graf*, S. 294 ff.
[50] Zustimmend K. Schmidt/*Brinkmann*, InsO, § 343 Rn. 11.
[51] Vgl. BGH NJW 1985, 2897; *U. Graf*, S. 302 ff.; *Kolmann*, S. 146 ff.; *E. Habscheid*, S. 324 ff.; *Trunk*, S. 271 f.; KPB/*Paulus*, § 343 Rn. 15 ff.

33 Neben den in Art. 26 EuInsVO und § 343 I Nr. 2 InsO kodifizierten *verfahrensrechtlichen ordre public*-Vorbehalt tritt der allgemeine *materiell-rechtliche ordre public*-Vorbehalt. Für Insolvenzverfahren im Anwendungsbereich der EuInsVO ergibt er sich aus einer entsprechenden Anwendung des Art. 26 EuInsVO,[52] im Übrigen aus Art. 6 EGBGB.[53] Soweit das zur Anwendung berufene ausländische Insolvenzrecht zu einem Ergebnis führt, welches offensichtlich mit wesentlichen Grundsätzen des deutschen Rechts unvereinbar ist, unterbleibt danach im Inland die Anwendung dieser Norm.[54]

34 Ein Verstoß gegen den *ordre public* kommt nur in Betracht, wenn der Fall eine hinreichend starke Inlandsbeziehung hat. Die Anerkennungsfrage als solche begründet keine starke Inlandsbeziehung.[55] Vielmehr müssen inländisch geschützte Interessen berührt sein, wie es bei einem Verfahrensbeteiligten mit gewöhnlichem Aufenthalt im Inland der Fall sein kann. Die bloße Vermögensbelegenheit im Inland (ohne weiteren Inlandsbezug der Verfahrensbeteiligten) genügt nicht.

35 Gegen den deutschen *ordre public* verstößt es, wenn die ausländische Entscheidung im Zeitpunkt der beanspruchten Wirkungserstreckung elementaren Grundgedanken der deutschen Regelungen und den in ihnen enthaltenen Gerechtigkeitsgedanken,[56] also insbesondere rechtsstaatlichen Anforderungen nicht entspricht, etwa dem Schuldner vor Eröffnung des Verfahrens kein rechtliches Gehör gewährt wurde.[57] Dies gilt auch dann, wenn nicht ein Gericht, sondern eine Verwaltungsbehörde das Insolvenzverfahren eröffnet hat. Ein Verstoß gegen den deutschen *ordre public* kann allerdings dann ausscheiden, wenn gegen die Entscheidung, die unter Verletzung des Anspruchs auf rechtliches Gehör erging, ein Rechtsmittel statthaft gewesen wäre, im Rahmen dessen das rechtliche Gehör hätte nachgeholt werden können.[58] Dieses Argument wird im Zuge der Reform der EuInsVO – Schaffung eines verordnungsunmittelbaren Rechtsmittels – zusätzliches Gewicht gewinnen.

36 Der *ordre public* ist im Übrigen nicht schon deshalb verletzt, weil das Gericht eines EU-Staates seine Eröffnungszuständigkeit fehlerhaft bejaht hat (→ § 131 Rn. 89).[59] Ein *ordre public*-Verstoß kommt auch dann nicht in Betracht, wenn das ausländische Gericht bzgl seiner internationalen Zuständigkeit überhaupt keine eigene Sachentscheidung getroffen hat und die (stillschweigende) Inanspruchnahme einer auf Art. 3 EuInsVO gestützten Eröffnungszuständigkeit offensichtlich nicht zutrifft.[60] Bei Willkür oder einer

---

[52] Geimer/Schütze-*Gruber,* EuInsVO, Art. 26 Rn. 11 f.; aA *Mankowski* KTS 2011, 185, 188.
[53] Zustimmend K. Schmidt/*Brinkmann,* InsO, § 343 Rn. 14.
[54] Vgl. zu den Rechtsfolgen auch MüKoBGB/*Sonnenberger,* Art. 6 EGBGB Rn. 90.
[55] Mohrbutter/Ringstmeier/*Wenner,* Rn. 197; D-K/D/C-*Duursma-Kepplinger,* Art. 26 Rn. 3.
[56] Vgl. BGHZ 138, 331, 334f; Mohrbutter/Ringstmeier/*Wenner,* Rn. 194 ff.
[57] BGH WM 2013, 45 Rn. 3; *Hanisch,* FS Jahr S. 455, 473; allgemein HK/*Stephan,* § 343 Rn. 12; ders., Art. 26 EuInsVO Rn. 5; FK/*Wenner/Schuster,* § 343 Rn. 24; Anhang I Art. 26 EuInsVO Rn. 7.
[58] So *Laukemann* IPRax 2012, 207, 210 ff., der aus diesem Grund die Entscheidung des LG Köln, NZI 2011, 957m Anm *Mankowski* kritisiert: Dort hatte das Gericht in einem in Deutschland gegen den Geschäftsführer der Schuldnerin geführten Schadensersatzprozess eine zu Gunsten des Geschäftsführers erteilte englische Restschuldbefreiung außer Betracht gelassen, weil das vorgängige englischen Insolvenzverfahren über das Vermögen des Geschäftsführers unter Verletzung des deutschen *ordre public*-Vorbehalts eröffnet worden sei. Der Gläubiger hätte vorrangig das Annullierungsverfahren nach s. 282 Insolvency Act 1986 bemühen müssen (dazu *Goslar* NZI 2012, 912).
[59] EuGH NZI 2006, 360 *(Eurofood);* NZI 2010, 156 *(MG Probud);* Hess LAG NZI 2011, 3203; Österr. OGH, NZI 2005, 465, 466; D-K/D/C-*Duursma-Kepplinger/Chalupsky,* Art. 16 Rn. 26, Art. 26 Rn. 1.
[60] So aber AG Nürnberg ZIP 2007, 81 und ZIP 2007, 83 *(Brochier);* dazu *Duursma-Kepplinger,* EWiR 2007, 81; High Court London, NZI 2007, 187; *Mankowski* EWiR 2007, 177; *Paulus* EWiR 2007, 175; *Kebekus* ZIP 2007, 84; *Vallender* NZI 2007, 129; *Andres/Grund* NZI 2007, 137. Ähnlich, geradezu empört, AG Göttingen, ZInsO 2013, 304, wonach ein Verstoß gegen den *ordre public* vorliegen kann, wenn das ausländische Insolvenzgericht „trotz seit Jahren bekannter Missbräuche keine Plausibilitätsprüfung vornimmt."

Entscheidung aufgrund eines Prozessbetrugs kann etwas anderes gelten.[61] Ein Verstoß gegen den *ordre public* in den Fällen der rechtswidrigen Annahme der Eröffnungszuständigkeit durch ein ausländisches Gericht dürfte in den Fällen von vornherein ausscheiden, in denen die Eröffnung eines inländischen Sekundärinsolvenzverfahrens möglich ist.[62]

Die Anerkennung ist auch dann abzulehnen, wenn der Schuldner durch willkürliche staatliche Maßnahmen in die Insolvenz getrieben wurde (etwa wurde einem Zweigbetrieb des Schuldners durch Produktionsauflagen, Sonderabgaben, Importbeschränkungen und dergleichen das wirtschaftliche Überleben abgeschnitten) oder wenn es sich um ein verkapptes Enteignungsverfahren (ohne Entschädigung) handelt.[63] Schließlich kann das Verfahren nicht anerkannt werden, wenn private Gläubiger darin im Verhältnis zum Schuldner unvertretbar zurückgesetzt[64] oder deutsche Gläubiger bei der Geltendmachung ihrer Forderungen diskriminiert werden.[65] Der Ausschluss ausländischer Fiskalforderungen genügt nicht, da er umgekehrt auch der deutschen Praxis entspricht.[66] Auch eine gewisse Gläubigerautonomie oder Selbstverwaltung kann nicht verlangt werden.[67] Dem deutschen *ordre public* widerspricht jedoch nicht das Erlöschen von Forderungen wegen Nichtanmeldung im Verfahren,[68] eine vom deutschen Recht abweichende Verteilungsregelung für ungesicherte Gläubiger, eine stärkere Sanierungsfreundlichkeit oder eine großzügigere Restschuldbefreiung als nach deutschem Recht.[69] 37

Auch eine *teilweise Versagung der Anerkennung* wegen einzelner Rechtsverstöße kommt in Betracht, etwa bei der Diskriminierung einzelner inländischer Gläubiger.[70] Dogmatisch wird es sich in solchen Fällen jedoch um eine vollständige verfahrensrechtliche Anerkennung der Eröffnungsentscheidung handeln, wobei die materiell-rechtlichen Wirkungen, die sich aus der zur Anwendung berufenen lex fori concursus ergeben, durch den kollisionsrechtlichen *ordre public* beschränkt werden.[71] 38

Jenseits solcher Ausnahmefälle darf die ausländische Eröffnungsentscheidung aber sachlich nicht überprüft werden. Einwendungen, etwa gegen den Insolvenzgrund, hat der Beschwerdeführer vor den Gerichten des Eröffnungsstaates vorzubringen.[72] → § 131 Rn. 77 f. 39

5. Keine Gegenseitigkeit. Anders als § 328 I Nr. 5 ZPO[73] verlangt § 343 I 2 InsO für die Anerkennung eines ausländischen Insolvenzverfahrens, genauer: einer Eröffnungsentscheidung keine Gegenseitigkeit. Die Herstellung einer Art Gegenseitigkeit durch das Mittel der völkerrechtlichen Retorsion, die in der Konkursordnung noch vorgesehen war (§§ 5 II, 237 II KO), hat die Insolvenzordnung nicht übernommen. Der Gesetzgeber hat sich damit in Übereinstimmung mit der bisherigen Rechtspre- 40

---

[61] Vgl. zum Prozessbetrug *Mankowski* KTS 2011, 185; zur Willkür OLG Nürnberg ZIP 2012, 241, 242 (obiter dictum); dem jeweils zustimmend K. Schmidt/*Brinkmann,* InsO, Art. 26 EuInsVO Rn. 8.
[62] So erwägenswert *Laukemann* IPRax 2012, 207, 210.
[63] *Hanisch,* FS Jahr S. 455, 472; *Laut,* S. 97; *Reinhart,* S. 183 ff.; FK/*Wenner/Schuster,* § 343 Rn. 9.
[64] BGHZ 134, 79, 92 = NJW 1997, 524.
[65] HK/*Stephan,* Art. 26 EuInsVO Rn. 6. Dafür genügt nicht, dass ein deutscher Gläubiger aus forum non conveniens-Überlegungen für die Feststellung seiner Forderung vom US-amerikanischen Gericht an ein deutsches Gericht verwiesen wird, vgl. *Schollmeyer* ZZP 108 (1995), 525, 535.
[66] *Trunk,* S. 329 f.; vgl. *Martius,* S. 115 ff.
[67] *Reinhart,* S. 181 ff.
[68] OLG Saarbrücken IPRspr 1989 Nr. 251; *Geimer,* IZPR Rn. 3516; Reithmann/Martiny/*Hausmann,* Rn. 5708; vgl. auch Mohrbutter/Ringstmeier/*Wenner,* Rn. 199.
[69] Mohrbutter/Ringstmeier/*Wenner,* Rn. 199; zu Art. 169 franz Loi n. 85–98 s *J. Schulte,* Die europäische Restschuldbefreiung, 2001, S. 58.
[70] E. *Habscheid,* S. 315; zum Schweizer Minikonkurs gem Art. 166 ff. IPRG MüKoBGB/*Kindler,* § 343 Rn. 26.
[71] Zutreffend MüKoInsO/*Reinhart,* 2. Aufl., § 343 Rn. 19, 42, 45.
[72] *Virgós/Schmit,* Nr. 202/1.
[73] Anders auch Art. 166 Abs 1 (c) schweiz IPRG.

chung⁷⁴ für eine möglichst umfassende, international geordnete Bereinigung einer Insolvenz entschieden und die grenzüberschreitende Zusammenarbeit nur von der internationalen Zuständigkeit und *ordre public*-Erwägungen abhängig gemacht.

41   **6. Kein formelles Anerkennungsverfahren.** Die Anerkennung der ausländischen Eröffnungsentscheidung erfolgt sowohl nach Art. 16 I 1 EuInsVO als nach § 343 I InsO „automatisch", dh ohne besonderes Anerkennungsverfahren. Das ist zu begrüßen, um die Masse lückenlos schützen zu können.[75] Der Verzicht auf ein förmliches Anerkennungsverfahren gilt auch im Verhältnis zu Drittstaaten, deren Rechtsordnung ein förmliches Anerkennungsverfahren vorsieht.[76] Die Anerkennungsfähigkeit wird idR nur inzident und deklaratorisch festgestellt. Im Einzelfall kann freilich Klage auf Feststellung der Anerkennungsfähigkeit erhoben werden, sofern ein entsprechendes Rechtsschutzbedürfnis besteht.

42   **7. Öffentliche Bekanntmachung.** Eine öffentliche Bekanntmachung der ausländischen Insolvenzentscheidung setzt deren Anerkennung nicht voraus.[77] Sie erfolgt aber sowohl nach Art. 21 EuInsVO (iVm Art. 102 § 5 EGInsO)[78] als auch nach § 345 InsO – ohne inländische Niederlassung nur auf Antrag des ausländischen Verwalters –, um die betroffenen Inlandsgläubiger zu informieren und einen etwaigen Gutglaubensschutz zu beenden. Mit dem Antrag bei dem gemäß Art. 102 § 1 EGInsO bzw § 348 InsO zuständigen Gericht sind die Voraussetzungen der Anerkennungsfähigkeit glaubhaft zu machen (§ 345 III InsO, § 294 ZPO).[79] Bekanntmachungsfähig sind sowohl ausländische Haupt- wie Partikularverfahren. Eine Verpflichtung des ausländischen Verwalters lässt sich durch inländische Regelungen nicht begründen.[80] Dessen Entscheidung, auf eine öffentliche Bekanntmachung hinzuwirken, dürfte vielmehr das Ergebnis einer Abwägung zwischen den Rechtsfolgen der Bekanntmachung (Beseitigung des Gutglaubensschutzes) und den Nachteilen (zu den Kosten vgl. § 24 GKG iVm Nr. 9004 Anlage 1 GKG) sein.

43   Hat der Schuldner im Inland eine Niederlassung, so wird allerdings von Amts wegen und kostenfrei veröffentlicht (Art. 102 § 5 II 1 EGInsO, § 345 II InsO). Dies setzt voraus, dass das zuständige Gericht Kenntnis vom ausländischen Verfahren erlangt. § 345 II 2 InsO führt deshalb eine Unterrichtungspflicht ein, die aber zumindest für den ausländischen Verwalter keine Bindungswirkung entfaltet (vgl. insoweit § 13c III HGB zur Informationspflicht des ständigen Vertreters einer Niederlassung).

44   Für EU-Verwalter begründen Art. 22 II 2 und Art. 21 II 2 EuInsVO eine durchsetzbare Handlungspflicht. Nach der ausländischen lex fori concursus bestimmt sich eine etwaige Schadensersatzpflicht, wenn die Bekanntmachung im Inland pflichtwidrig unterbleibt. Zu Rechtsmitteln des ausländischen Verwalters vgl. § 345 III 3 InsO iVm § 6 InsO; für den Schuldner gilt Art. 102 § 7 EGInsO sowohl im Anwendungsbereich der EuInsVO als auch (analog) außerhalb.[81]

45   Eine öffentliche Bekanntmachung auf Grund eines Ersuchens des ausländischen Insolvenzgerichts im Rahmen des *Rechtshilfeverkehrs in Zivilsachen* ist zulässig, aber wegen der Eilbedürftigkeit einer solchen Bekanntmachung wenig zweckmäßig.

---

[74] BGH NJW 1993, 2312, 2313; BGH NJW 1997, 524, 527; *Ludwig*, S. 86f.; HK/*Stephan*, § 343 Rn. 5; vgl. auch FK/*Wenner/Schuster*, § 343 Rn. 27.
[75] *Geimer*, IZPR Rn. 3526; *Flessner* IPRax 1997, 1, 4; *Trunk* S. 280ff.; Reithmann/Martiny/Hausmann, Rn. 5711; *E. Habscheid*, S. 316; vgl. *U. Graf*, S. 318ff.
[76] *Ludwig*, S. 72ff.
[77] *Geimer*, IZPR Rn. 3527f.; Mohrbutter/Ringstmeier/*Wenner*, Rn. 224; FK/*Wenner/Schuster*, § 343 Rn. 28; *U. Graf*, S. 321f.
[78] Vgl. *Pannen/Riedemann* NZI 2004, 301, 303.
[79] Zum Verfahren vgl. HK/*Stephan*, § 345 Rn. 7ff.; MüKoInsO/*Thole*, § 345 Rn. 5ff.
[80] Ebenso *Häsemeyer*, Rn. 35.20 c.
[81] K. Schmidt/*Brinkmann*, InsO, § 345 Rn. 10.

III. Anzuerkennende Entscheidungen und Wirkungen

1. Der Beschluss über die Eröffnung des Insolvenzverfahrens. Die Anerken- 46
nung der ausländischen Entscheidung über die Eröffnung eines Insolvenzverfahrens hat
zur Folge, dass die Wirkungen des ausländischen Insolvenzverfahrens auch im Inland
eintreten, und zwar grundsätzlich nach Maßgabe der ausländischen lex fori concursus
(Art. 4 I EuInsVO; §§ 335, 343 I InsO).[82] Anders als nach Art. 17 II Schweizer IPRG
hat die Anerkennung nicht die Wirkung, dass das ausländische Verfahren im Inland die
Wirkungen des deutschen Rechts erhält. Es findet also keine Gleichstellung des ausländischen Insolvenzverfahrens mit einem deutschen Insolvenzverfahren statt.

In Anlehnung an die Kumulationstheorie zur Anerkennung ausländischer Streitent- 47
scheidungen wird teilweise die Auffassung vertreten, das ausländische Insolvenzverfahren könne im Inland keine weitergehenden Wirkungen haben als ein Inlandsinsolvenzverfahren. Diese Ansicht ist aber abzulehnen, weil sie unnötige Schwierigkeiten in der
Abgrenzung mit sich bringt. Grenzen der Anerkennung ergeben sich lediglich aus ausländischen Wirkungen, die dem deutschen Recht gänzlich unbekannt sind.

Im Anschluss an die Eurofood-Entscheidung des EuGH[83] (→ § 131 Rn. 64) stellt 48
sich für das autonome deutsche Recht die Frage, ob bereits bestimmte Sicherungsmaßnahmen im Vorfeld als Verfahrenseröffnung gemäß § 343 InsO anzusehen sind. Hierzu
besteht kein zwingender Anlass. Denn anders als im europäischen Binnenmarkt besteht
im Verhältnis zu Drittstaaten nicht in gleicher Weise das Bedürfnis, Zuständigkeitswettläufe zu unterbinden.[84] Sicherungsmaßnahmen sind jedoch eigenständig anerkennungsfähig (→ Rn. 83 ff.).

a) *Beschlagnahmewirkung.* Als wichtigste Folge der Anerkennung der Eröffnung des 49
ausländischen Insolvenzverfahrens ist das Vermögen des Schuldners im Inland als Teil
der (ausländischen) Insolvenzmasse zu behandeln, solange hier kein Partikularverfahren
bzw. Sekundärverfahren eröffnet wird. Diese Wirkung folgt mittelbar aus der EuInsVO
sowie der InsO.[85] Voraussetzung für eine solche Wirkungserstreckung ist, dass das ausländische Verfahren das in Deutschland belegene Verfahren erfassen will.

Der *Umfang der Insolvenzmasse* bzw des Insolvenzbeschlags richtet sich gem. Art. 4 II 50
2 lit. b EuInsVO bzw. § 335 InsO nach dem Recht des ausländischen Insolvenzstaates.[86]
Freilich muss die Vorfrage, ob ein Vermögensgegenstand dem Schuldner zuzuordnen ist,
selbstständig gem. dem allgemeinen IPR der lex fori entschieden werden. Die ausländische lex fori concursus bestimmt über die Abgrenzung von insolvenzfreiem Vermögen
des Insolvenzschuldners zur Insolvenzmasse, über die Einbeziehung von *Neuerwerb*[87] und
über die Abgrenzung der Insolvenzmasse von Vermögensrechten Dritter, die durch
Aussonderung und Absonderung geltend gemacht werden können.

Gegenstände, die nicht der Zwangsvollstreckung unterliegen, gehören nach § 36 I 51
InsO nicht zur Insolvenzmasse. Die meisten Staaten kennen eine ähnliche Regelung.
Da eine Sonderregelung nicht besteht, wäre insoweit tatsächlich an die jeweilige lex fori
concursus anzuknüpfen (Art. 4 II lit. b EuInsVO, § 335 InsO).[88] Auch wenn sich die

---

[82] Vgl. *Reinhart* ZIP 1997, 1735, 1737; Mohrbutter/Ringstmeier/*Wenner,* Rn. 162.
[83] EuGH NZI 2006, 360.
[84] K. Schmidt/*Brinkmann,* InsO, § 343 Rn. 9; aA MüKoInsO/*Reinhart,* § 343 Rn. 13.
[85] *Geimer,* IZPR Rn. 3387; *Flessner* IPRax 1997, 1, 5; *U. Graf,* S. 348 ff.; *Kolmann,* S. 170 f.; vgl. BGH NJW 1985, 2897.
[86] Vgl. *Trunk,* S. 291 f.; *Geimer,* IZPR Rn. 3519; HK/*Stephan,* § 335 Rn. 9; KPB/*Paulus,* § 335 Rn. 8; Mohrbutter/Ringstmeier/*Wenner,* Rn. 291.
[87] Vgl. *Aderhold,* S. 261 ff.; KPB/*Paulus,* § 335 Rn. 11; KPB/*Kemper,* Art. 4 EuInsVO Rn. 5.
[88] *Trunk,* S. 292; *Kolmann,* S. 171 ff.; Mohrbutter/Ringstmeier/*Wenner,* Rn. 292; *Paulus* NZI 2001, 505, 510 f.; *Liersch* NZI 2003, 302, 304; Pannen-*Pannen/Riedemann,* EuInsVO, Art. 18 Rn. 49; MüKoInsO/*Reinhart,* § 335 Rn. 45.

Grenzen der Einzelvollstreckung von Land zu Land im Detail unterscheiden mögen, das Vollstreckungsrecht aber territorial begrenzt ist, sollte es vorbehaltlich des *ordre public* bei der Geltung der lex fori concursus bleiben.[89] → § 132 Rn. 46.

52 **b)** *Verwaltungs- und Verfügungsbefugnis des Insolvenzverwalters.* Als Kehrseite der Anerkennung der Beschlagnahmewirkung ist der im ausländischen Hauptverfahren bestellte Verwalter auch im Inland ausschließlich befugt, das Vermögen des Schuldners zu verwalten und zu verwerten. Seine Befugnisse richten sich nach dem Recht des Eröffnungsstaats, nicht nach dem Gesellschaftsstatut.[90] Diese Berechtigungen räumen auch Art. 4 II 2 lit. c, 18 I EuInsVO sowie § 335 InsO ein (→ § 133 Rn. 12 ff.). Die lex fori concursus entscheidet, ob die Insolvenzmasse selbst Rechts- und Parteifähigkeit erhält und vom Verwalter vertreten wird[91] oder ob der Verwalter im eigenen Namen auftritt. Nach der lex fori concursus bestimmt sich daher auch, ob der ausländische Verwalter Prozessführungsbefugnis für die Masse hat,[92] ob er Ansprüche des Schuldners (im Inland) selbst einklagen muss oder ob er einen Dritten (auch den Schuldner) zur Prozessführung ermächtigen kann.[93] Der ausländische Verwalter kann Antrag auf Versteigerung eines Grundstücks des Schuldners gem. § 172 ZVG stellen; eines Vollstreckungstitels bedarf er dazu (wie ein inländischer Verwalter) nicht.[94] Die Ausübung von etwaigen Zwangsbefugnissen nach dem Recht des Eröffnungsstaates verstößt im Inland gegen den *ordre public*.

53 Wird das Verfahren im Eröffnungsstaat mit *Eigenverwaltung* des Schuldners durchgeführt oder bleibt der Schuldner wie grundsätzlich in den USA *debtor in possession*, so entfällt eine entsprechende Verfügungsmacht des Insolvenzverwalters.

54 Von diesem Fall abgesehen wird die Verfügungsbefugnis des ausländischen Verwalters mit der Eröffnung eines (inländischen) Partikularverfahrens sowie mit dem Erlass gegenteiliger Sicherungsmaßnahmen nach Stellung eines entsprechenden Eröffnungsantrags (Art. 18 I 1 EuInsVO) überlagert.

55 **c)** *Ausnahmen von der Beschlagnahmewirkung auf Grund öffentlichen Glaubens.* Ist der Schuldner Inhaber eines im inländischen Grundbuch, Schiffsregister, Schiffsbauregister oder Register für Pfandrechte an Luftfahrzeugen eingetragenen Rechts, so kann auf Grund der inländischen Regeln über den gutgläubigen Erwerb (§§ 878, 892, 893 BGB; §§ 3 III, 16, 17 SchiffsrechteG; §§ 5 III, 16, 17 LuftfzRG) auch nach Eröffnung des Insolvenzverfahrens noch ein Recht vom Insolvenzschuldner erworben werden, solange ein Insolvenzvermerk im Grundbuch oder dem entsprechenden anderen Register unterblieb. § 349 I InsO stellt dies ausdrücklich klar. Für den EU-Bereich[95] ergibt sich Entsprechendes aus Art. 14 EuInsVO, jedoch mit zwei wesentlichen Besonderheiten: Diese Vorschrift gilt einschränkend nur bei entgeltlichen Verfügungen, jedoch auch bei nicht in öffentlichen Registern eingetragenen unbeweglichen Gegenständen. Auch die bei Verfahrenseröffnung noch nicht vollzogene, aber dem zuständigen Registeramt vor-

---

[89] So auch MüKoInsO/*Reinhart*, Art. 18 EuInsVO Rn. 16; K. Schmidt/*Brinkmann*, InsO, Art. 18 EuInsVO Rn. 13; *ders.*, Art. 4 EuInsVO Rn. 21; ebenso nunmehr Mohrbutter/Ringstmeier/*Wenner*, Rn. 292; aA (für Anknüpfung an Pfändbarkeitsvorschriften der lex rei sitae) noch 3. Aufl.; FK/*Wenner/Schuster*, § 335 Rn. 12; FK/*dies.*, Anhang I Art. 4 EuInsVO Rn. 6; *Haas* FS Gerhardt S. 319, 326; Reithmann/Martiny/*Hausmann*, Rn. 5712; KPB/*Paulus*, § 335 Rn. 31; nunmehr wohl auch BG ZIP 2013, 374 Rn. 17 f.
[90] BGH IPRax 1995, 168; *Geimer*, IZPR Rn. 3506; HK/*Stephan*, § 335 Rn. 9; *Hess*, Art. 102 Rn. 111 ff.; *Aderhold*, S. 228 ff., 232; *Ebenroth* ZZP 101 (1988), 121, 142; *Trunk*, S. 322 ff.
[91] Vgl. BGH NJW 1997, 657; Reithmann/Martiny/*Hausmann*, Rn. 5721.
[92] Reithmann/Martiny/*Hausmann*, Rn. 5723; *Trunk*, S. 290 f.
[93] BGH IPRax 1995, 168; dazu *Gottwald* IPRax 1995, 157; *Hanisch*, EWiR 1994, 401; *Prütting* ZIP 1996, 1277, 1282; KPB/*Kemper*, Anh. II Art. 102 EGInsO Rn. 134.
[94] LG Krefeld NJW-RR 1992, 1407 u 1535 f.; BerlK-*Pannen*, Art. 17 Rn. 5.
[95] Nach hM soll Art. 14 EuInsVO entgegen seinem Wortlaut nicht für Drittstaaten gelten; zB D-K/D/C-*Duursma-Kepplinger* Art. 14 Rn. 5; HK/*Stephan* Art. 14 EuInsVO Rn. 4.

liegende Bewilligung auf Eintragung einer Rechtsänderung kann, sofern auch der Eintragungsantrag bereits gestellt ist, über § 349 I InsO geschützt werden.[96] Freilich steht auch der gutgläubige Erwerb vom Schuldner nach Verfahrenseröffnung einer späteren Insolvenzanfechtung nicht entgegen, wie § 147 InsO für das deutsche Recht zeigt.[97]

Der ausländische Verwalter hat deshalb zur Verhinderung eines solchen gutgläubigen **56** Erwerbs das Recht, die *Eintragung eines Insolvenzvermerks* im inländischen Grundbuch, Schiffsregister etc zu beantragen, soweit darin ein Recht für den Insolvenzschuldner eingetragen ist (Art. 22 I EuInsVO).[98] Nach § 346 InsO und Art. 102 § 6 I 1 EGInsO[99] muss der ausländische Verwalter den Antrag dagegen beim inländischen Insolvenzgericht (Art. 102 § 1 EGInsO bzw § 348 InsO) stellen, das seinerseits nach inzidenter Bejahung der von Amts wegen zu prüfenden Anerkennungsfähigkeit der ausländischen Eröffnungsentscheidung das Grundbuchamt bzw. Registergericht um Eintragung ersuchen soll.[100] Warum der ausländische Verwalter (abweichend von § 32 II 2 InsO) nicht berechtigt sein soll, einen direkten Antrag beim Grundbuchamt zu stellen, ist wenig einsichtig. Der Hinweis auf diese Weise die Grundbuchämter von einer Inzidentprüfung zu entlasten, vermag jedenfalls nicht zu überzeugen. Eingetragen wird im Grundsatz der ausländische Typ der Verfügungsbeschränkung, der jedoch im Wege einer funktionsäquivalenten Substitution an den im Inland bekannten Registerinhalt (Insolvenzvermerk) anzupassen ist (vgl. Art. 11 EuInsVO bzw § 351 II InsO). Die inländische Eintragung unterbleibt, soweit dadurch ein Mehr an Verfügungseinschränkung eingeräumt wird als von der lex fori concursus beansprucht. Nach einer solchen Antragstellung ist der ausländische Verwalter verpflichtet, das inländische Insolvenzgericht über alle wesentlichen Änderungen sowie über etwaige weitere Insolvenzverfahren zu informieren (§ 347 II InsO).

Das Rechtsmittel der sofortigen Beschwerde (§ 6 InsO) gegen eine ablehnende Ent- **57** scheidung steht dem ausländischen Verwalter (§ 346 II 2 InsO) und gegen eine stattgebende Entscheidung dem Schuldner zu (Art. 102 § 7 EGInsO, außerhalb des Anwendungsbereichs der EuInsVO analog).

Der Erwerber einer *Forderung* oder *beweglichen Sache im Inland,* der nicht weiß, dass **58** der Veräußerer infolge der Eröffnung eines (anerkennungsfähigen) Auslandsinsolvenzverfahrens nicht mehr über sein Vermögen verfügen darf, wird nur dann geschützt, wenn das Insolvenzrecht des Eröffnungsstaates einen besonderen Gutglaubensschutz beim Mobiliarerwerb kennt. Ggf sind diese Regeln nach der lex fori concursus auch im Inland anzuwenden.[101] Art. 14 EuInsVO schützt zudem den Drittwerber von eintragungspflichtigen Wertpapieren.

Darüber hinaus gibt es keinen Gutglaubensschutz. Im Schrifttum wird zwar teilweise **59** empfohlen, den gutgläubigen Erwerber in entsprechender Anwendung der §§ 135 II, 932 BGB zu schützen, bis die Eröffnung des Auslandsinsolvenzverfahrens im Inland öffentlich bekannt gemacht worden ist. Denn der Auslandskonkurs entfaltet keine den §§ 76, 111 KO vergleichbare Publizität.[102] Dagegen spricht aber, dass die Anerkennung des Auslandsinsolvenzverfahrens nach Art. 16 I EuInsVO bzw § 343 I InsO nicht von der öffentlichen Bekanntmachung im Inland abhängt und auch im inländischen Verfahren anders als bei Immobilien kein Gutglaubensschutz bei Unkenntnis von der Eröff-

---

[96] MüKoInsO/*Reinhart,* § 350 Rn. 12 (für die Vormerkung).
[97] Mohrbutter/Ringstmeier/*Wenner,* Rn. 289 (auch zur Angleichung bei ‚Normenmangel').
[98] Vgl. OLG Zweibrücken WM 1990, 38 = IPRax 1991, 186 (dazu *Gottwald,* S. 168, 170); *Aderhold,* S. 257; FK/*Wenner/Schuster,* § 346 Rn. 1; KPB/*Paulus,* § 346 Rn. 1; Reithmann/Martiny/*Hausmann,* Rn. 5804.
[99] Vgl. *Pannen/Riedemann* NZI 2004, 301, 304; *Kolmann,* S. 161 f.
[100] Zum Verfahren vgl. HK/*Stephan,* § 346 Rn. 7 ff.
[101] Reithmann/Martiny/*Hausmann,* Rn. 5810; Mohrbutter/Ringstmeier/*Wenner,* Rn. 290.
[102] Vgl. *Pielorz,* S. 103 ff.

nung des Insolvenzverfahrens existiert. Es besteht daher kein Anlass, den inländischen Erwerber gegenüber einem ausländischen Verfahren stärker zu schützen als innerhalb eines inländischen Verfahrens.[103]

60 Nach deutschem Recht wird die Eröffnung eines Insolvenzverfahrens über das Vermögen eines Kaufmanns von Amts wegen in das *Handelsregister* eingetragen (§ 32 HGB; § 31 InsO). Deshalb kann das ausländische Gericht sicherlich um diese Eintragung im Wege der Rechtshilfe ersuchen. Das deutsche Gericht hat diese Eintragung am Sitz einer inländischen Zweigniederlassung auch von Amts wegen vorzunehmen (§§ 13d III, 15 IV, 32 HGB). Nach Art. 22 I EuInsVO kann die Eintragung auch direkt der ausländische Verwalter beantragen. Um die Parallelität mit Inlandsverfahren zu wahren und die Registergerichte von der Prüfung der Anerkennungsvoraussetzungen zu entlasten,[104] ist der Antrag im Hinblick auf deutsche Register nach Art. 102 § 6 I EGInsO an das in Art. 102 § 1 EGInsO bestimmte Insolvenzgericht zu richten; dieses ersucht dann die registerführende Stelle um die Eintragung. §§ 345, 346 InsO gewähren auch dem Verwalter des in einem Drittstaat eröffneten anerkennungsfähigen Verfahrens ein gleiches Antragsrecht. Die Publizitätswirkung tritt jedenfalls erst mit der Eintragung ein.

61 **d)** *Leistung an den Schuldner.* Entsprechend der Beschlagnahmewirkung und dem Übergang der Vermögensverwaltung auf den Verwalter kann ein Schuldner des Schuldners sich grundsätzlich nicht mehr durch Leistung an den Schuldner befreien. Inwieweit einem gutgläubigen Drittschuldner ein Schutz gewährt wird, richtet sich grundsätzlich nach der lex fori concursus (Art. 4 II 2 lit. c EuInsVO, § 335 InsO). Allgemein wird im IPR aber jemand zusätzlich geschützt, wenn er sich im Inland nach den allgemein dort geltenden Regeln verhält. Zum Schutz des Rechts- und Geschäftsverkehrs darf sich der Drittschuldner also auf § 82 InsO berufen, wenn er zZ der Leistung der Eröffnung des ausländischen (anerkennungsfähigen) Verfahrens nicht kannte, der Ort der tatsächlichen Erfüllungshandlung[105] im Inland liegt und die Leistung vertragsgemäß erbracht wird.[106] Dies folgt aus Art. 24 EuInsVO und § 350 InsO (→ § 132 Rn. 64). Eine Spezialregelung hierzu enthält § 349 InsO durch die Verweisungen auf § 893 BGB, § 17 SchRG, § 17 LuftFRG für Leistungen an den Schuldner als Inhaber eines registrierten Rechts an einem Grundstück, Schiff oder Luftfahrzeug.[107]

62 Hat der Drittschuldner vor der öffentlichen Bekanntmachung des ausländischen Verfahrens geleistet, so wird vermutet, dass er die Eröffnung nicht kannte. Nach der Bekanntmachung muss der Drittschuldner darlegen und beweisen, von dem ausländischen Insolvenzverfahren keine Kenntnis gehabt zu haben (Art. 24 II EuInsVO).[108] In beiden Konstellationen steht jeweils der Gegenbeweis offen. Da schutzwürdig nur derjenige Drittschuldner ist, der vertragsgemäß seine Leistung erbringt, sollte die Vermutungswirkung auf eine öffentliche Bekanntmachung am Ort der (vertragsgemäßen) tatsächlichen Erfüllungshandlung abstellen. Die Leistung an einen Gläubiger schützt Art. 24 I EuInsV allerdings nicht.[109] Der Anwendungsbereich dieser Vorschriften ist freilich nicht eröffnet, wenn der Schuldner nach der lex fori concursus weiterhin empfangszuständig für die Leistung bleibt.[110]

---

[103] Vgl. *Aderhold*, S. 260; Reithmann/Martiny/*Hausmann*, Rn. 5810.
[104] *Wehdeking* DZWIR 2003, 133, 138.
[105] Nicht zwangsläufig identisch mit § 269 BGB; *Virgós/Schmit*, No. 188; *Israel*, 267; Pannen-Riedemann, EuInsVO, Art. 24 Rn. 14; anders zu § 350 InsO jedoch BT-Drucks 15/16 S. 23; K. Schmidt/Brinkmann, InsO, § 350 Rn. 2; HK/*Stephan*, § 350 Rn. 6.
[106] *Häsemeyer*, Rn. 35.21c; FK/*Wenner/Schuster*, § 350 Rn. 6.
[107] KPB/*Paulus*, § 349 Rn. 9; MüKoInsO/*Reinhart*, § 349 Rn. 10; K. Schmidt/*Brinkmann*, InsO, § 349 Rn. 9.
[108] HambKommInsO-*Undritz*, § 350 Rn. 1; weitergehend *Smid*, § 350 Rn. 4.
[109] EuGH NZI 2013, 1039.
[110] Vgl. FK/*Wenner/Schuster*, Anhang I Art. 24 EuInsVO Rn. 2.

Nach Auffassung des EuGH[111] stellt schon die Bestellung eines *vorläufigen Insolvenz-* 63 *verwalters* eine Verfahrenseröffnung dar (→ § 131 Rn. 64).[112] Sie kann gem. Art. 21 EuInsVO im Anwendungsbereich der EuInsVO öffentlich bekannt gemacht werden mit der weiteren Folge, dass der Drittschuldner nicht mehr schuldbefreiend an den Schuldner leisten kann (Art. 24 EuInsVO). Die Gegenansicht wendet Art. 24 EuInsVO entsprechend an, wenn der Schuldner seine Empfangszuständigkeit bereits im Eröffnungsverfahren verliert.

2. Prozessführung. a) Ist bei Eröffnung des ausländischen Insolvenzverfahrens im 64 Inland ein Zivilverfahren oder ein arbeits-, verwaltungs-, sozial- oder finanzgerichtlicher Rechtsstreit anhängig, der die Masse betrifft, so erscheint die inländische Rechtsordnung als die sachnächste, um die Wirkungen der ausländischen Verfahrenseröffnung zu bestimmen. Ob der Rechtsstreit die Insolvenzmasse betrifft, richtet sich nach der ausländischen lex fori concursus.

b) Nach der deutschen Verfahrensordnung wird der im Zeitpunkt der Verfahrenseröff- 65 nung anhängige massebezogene Rechtsstreit zunächst unterbrochen (vgl. § 240 ZPO). Die von Amts wegen zu berücksichtigende[113] automatische Unterbrechung und die Art der Wiederaufnahme des Verfahrens sieht § 352 InsO nach dem lex fori-Prinzip auch für den Fall vor, dass gegen den Schuldner ein Haupt- oder Partikularverfahren in einem Drittstaat oder außerhalb des Anwendungsbereichs der EuInsVO eröffnet wird.[114] In entsprechender Weise gilt dies, wenn die Verwaltungs- und Verfügungsbefugnis durch Sicherungsmaßnahmen auf einen ausländischen vorläufigen Verwalter übergeht (§ 352 II InsO).[115] Zu einer Verfahrensunterbrechung kommt es aber unabhängig davon, ob nach der lex fori concursus der Schuldner seine Prozessführungsbefugnis als Ausfluss seiner Verfügungsbefugnis an den ausländischen Verwalter verliert;[116] also auch dann, wenn der Schuldner nach ausländischem Insolvenzrecht weiterhin verfügungsbefugt bleibt, wie beispielsweise analog zur deutschen Eigenverwaltung gem. § 270 InsO.[117] Ob das Ausland eine Unterbrechung des Prozesses vorsieht, ist irrelevant.[118] Nach dem im Anwendungsbereich der EuInsVO vorrangigen[119] Art. 15 EuInsVO gilt nichts anderes. Dabei ist der Begriff der Verfahrenseröffnung (vgl. Art. 2 lit. f EuInsVO) in diesem Zusammenhang so zu verstehen, wie ihn der EuGH in seiner *Eurofood*-Entscheidung[120] entwickelt hat.[121]

---

[111] EuGH NZI 2006, 360 *(Eurofood)*.
[112] AA K. Schmidt/*Brinkmann*, InsO, Art. 24 EuInsVO Rn. 2.
[113] BGH NZI 2012, 572 Rn. 12.
[114] *Geimer*, IZPR Rn. 3370, 3529; *Schollmeyer* IPRax 1999, 26; FK/*Wenner/Schuster*, § 352 Rn. 2 ff.; *Aderhold*, S. 251 ff.; Mohrbutter/Ringstmeier/*Wenner*, Rn. 231 ff.; vgl. *E. Habscheid*, S. 342 ff., 363; *W. Lüke* ZZP 111 (1998), 275, 311.
[115] Vgl. österr OHG IPRax 2007, 225; kritisch dazu *Brinkmann* IPRax 2007, 235.
[116] *Kolmann*, S. 191 f.; zustimmend BGH NZI 2012, 572, Rn. 40; BAG ZInsO 2014, 200 Rn. 23; HK/*Stephan*, § 352 Rn. 5 f.; OLG Frankfurt ZIP 2007, 932; BAG NZI 2008, 122 (für Chapter 11-Verfahren nach U.S.-Bankruptcy Code); *Brinkmann*, IPrax 2011, 143, 144; aA MüKoBGB/*Kindler*, § 352 Rn. 13.
[117] Vgl. hierzu OLG München MDR 2003, 412, 413; OLG Naumburg ZInsO 2000, 505; MüKoInsO/*Reinhart*, § 352 Rn. 6; zustimmend K. Schmidt/*Brinkmann*, InsO, § 352 Rn. 3; anders wohl BGH NZI 2012, 572 Rn. 44 f.
[118] Mohrbutter/Ringstmeier/*Wenner*, Rn. 238; HK/*Stephan*, § 352 Rn. 5; BAG ZInsO 2014, 200 Rn. 23; aA allerdings BGH, WM 2012, 852, 855 ff., wonach die Eröffnung eines Schweizer Verfahrens der Nachlassstundung gemäß Art. 295 I 1 SchKG deshalb nicht zur Unterbrechung eines im Inland anhängigen Rechtsstreits führt, weil dieses Verfahrens auch nach Schweizer Recht nicht zur Unterbrechung eines anhängigen Rechtsstreits führt.
[119] Übersehen von OLG Nürnberg ZIP 2012, 241; OLG Brandenburg ZInsO 2011, 398.
[120] EuGH, NZI 2006, 360 *(Eurofood)*.
[121] Zur EuInsVO: OLG München ZIP 2012, 2419; OGH IPRax 2007, 225; MüKoInsO/*Reinhart*, Art. 15 EuInsVO Rn. 6; aA K. Schmidt/*Brinkmann*, InsO, Art. 15 EuInsVO Rn. 6.

Art. 15 EuInsVO verweist auf das Recht des jeweiligen Staates, in dem der Rechtsstreit anhängig ist.

66 Art. 15 EuInsVO und § 352 InsO gelten für zivilprozessuale, finanzgerichtliche wie verwaltungsgerichtliche Aktiv- und Passivprozesse, ebenso für arbeitsrechtliche Kündigungsschutzklagen[122] und für das Vollstreckbarerklärungsverfahren[123] und Verfahren der freiwilligen Gerichtsbarkeit,[124] nicht aber für bereits begonnene oder schon abgeschlossene Zwangsvollstreckungsverfahren einschließlich der Verfahren des vorläufigen Rechtsschutzes;[125] über deren Schicksal entscheidet die lex fori concursus.

67 Schiedsverfahren erfasst § 352 InsO nach bislang hM nicht.[126] Zu den Reformüberlegungen bzgl Art. 15 EuInsVO → § 131 Rn. 114, → § 132 Rn. 66.

68 Die vom Schuldner für deutsche Prozesse erteilte *Prozessvollmacht* erlischt stets (§ 117 I InsO).[127] Die Aufnahme des Prozesses erfolgt gem. § 352 InsO durch die hierzu nach der lex fori concursus befugte Person. Schränkt die lex fori concursus die Aufnahmemöglichkeiten ein, liegt hierin kein Verstoß gegen den inländischen *ordre public*, auch nicht bei arbeitsgerichtlichen Verfahren.[128] Behält der Schuldner die Verfügungsbefugnis, kann er selbst das Verfahren aufnehmen.[129] Ggf kann auch der Verwalter den Schuldner zur Prozessführung ermächtigen. Prozessuale Zulässigkeit und Wirkung einer solchen Ermächtigung richten sich nach der lex fori des angerufenen Gerichts,[130] also nach deutschem Prozessrecht. Auch die verfahrensrechtlichen Aufnahmemöglichkeiten bestimmt die lex fori, nicht das Insolvenzrecht des Verfahrenseröffnungsstaates.[131] § 352 InsO schließt die Verfahrensaufnahme durch den Gegner aus, sofern dies nicht von der lex fori concursus gestattet ist,[132] → § 131 Rn. 114, → § 132 Rn. 65 f., → § 132 Rn. 163.

69 c) *Feststellungsstreit.* Bleibt die im ausländischen Insolvenzverfahren angemeldete Forderung streitig, so stellt sich die Frage, ob der unterbrochene inländische Zivilprozess (mit dem Bestreitenden) fortgesetzt werden kann oder der Feststellungsstreit im Ausland am Sitz des Insolvenzgerichts neu geführt werden muss, sofern das ausländische Insolvenzrecht entsprechend der vis attractiva concursus einen ausschließlichen Gerichtsstand für den Feststellungsstreit in Anspruch nimmt. Zum Teil wird vorgeschlagen, den inländischen Gerichtsstand zu erhalten; das deutsche Feststellungsurteil sei im Ausland zu beachten. Werde es nicht beachtet, sei der Gläubiger in seiner inländischen Rechtsverfolgung frei.[133] Art. 20 I DöKV sah vor, dass der Eröffnungsstaat für den Feststellungsstreit zuständig ist. War aber bereits im anderen Staat ein Prozess anhängig, so konnte nur dieses Verfahren fortgeführt werden (Art. 20 II DöKV). Entsprechend sieht Art. 15 EuInsVO vor, dass sich die Wirkungen eines Insolvenzverfahrens auf einen anhängigen Rechtsstreit nur nach dem Recht des Staates richten, in dem er anhängig ist. Der in Deutschland unterbrochene Rechtsstreit kann also notfalls hier wieder aufgenommen

---

[122] BAG ZIP 2007, 2047.
[123] BGH NZI 2008, 681.
[124] Zustimmend K. Schmidt/*Brinkmann*, InsO, Art. 15 EuInsVO Rn. 3; aA Pannen-*Dammann*, Art. 15 EuInsVO Rn. 8; MüKoBGB/*Kindler*, Art. 15 EuInsVO Rn. 5.
[125] Insoweit aA MüKoInsO/*Reinhart*, § 352 Rn. 8; vgl. OLG Köln ZIP 2007, 2287.
[126] HK/*Stephan*, § 352 Rn. 8; (Unterbrechung nicht zwingend geboten, aber aus Gründen des rechtlichen Gehörs sachgerecht) MüKoInsO/*Reinhart*, § 352 Rn. 15; anders nun aber *Wagner* KTS 2010, 39, 62; K. Schmidt/*Brinkmann*, InsO, § 352 Rn. 5 (Unterbrechung verfassungsrechtlich geboten); vgl. auch zu Art. 15 EuInsVO Court of Appeal ZIP 2010, 2528; MüKoInsO/*Reinhart*, Art. 15 EuInsVO Rn. 4.
[127] AA 3. Aufl.; FK/*Wenner/Schuster*, § 352 Rn. 7: maßgeblich sei lex fori concursus.
[128] AA BAG NZI 2008, 122.
[129] FK/*Wenner/Schuster* § 352 Rn. 8.
[130] *Gottwald* IPRax 1995, 157; Mohrbutter/Ringstmeier/*Wenner*, Rn. 276.
[131] Zutreffend K. Schmidt/*Brinkmann*, InsO, § 352 Rn. 7; *ders.*, IPRax 2011, 143, 146.
[132] Für analoge Anwendung des § 85 I 2 InsO jedoch MüKoInsO/*Reinhart* § 352 Rn. 13.
[133] *Flessner* IPRax 1997, 1, 6; *Ludwig*, S. 107 f.

werden.[134] Diese Lösung setzt freilich voraus, dass umgekehrt im deutschen Insolvenzverfahren § 180 InsO nicht iS einer ausschließenden internationalen Zuständigkeit für den Feststellungsstreit verstanden wird, → § 132 Rn. 97.

d) *Vis attractiva concursus.* Anders als das deutsche Recht sehen viele Staaten, zB die USA und Länder des romanischen Rechtskreises vor, dass das Insolvenzgericht auch über die Forderungsfeststellung, die Insolvenzanfechtung, Aussonderung, Absonderung und Vorzugsrechte entscheidet.[135] Art. 4 II lit. f EuInsVO und § 335 InsO bestimmen, dass die jeweilige lex fori concursus darüber befindet, ob und wie sich die Verfahrenseröffnung auf die Rechtsverfolgung einzelner Gläubiger auswirkt, erkennen also einen mit einer vis attractiva concursus verbundenen Zuständigkeitswechsel an, *soweit ein Prozess bei Verfahrenseröffnung noch nicht anhängig* ist. Hiergegen wird eingewandt, dass die Parteien dadurch ihrem gesetzlichen Richter entzogen würden.[136] Aber § 335 InsO verweist ggf auf eine ausländische Zuständigkeitsordnung.[137] Nimmt diese die Verweisung an, ist den Anforderungen des Art. 101 I 2 GG Genüge getan. Jedenfalls für Streitigkeiten, die mit der Insolvenz unmittelbar zusammenhängen, wie Anfechtungsklagen, Haftungsklagen, Klagen gegen den Schuldner über die Zugehörigkeit eines Vermögensgegenstandes zur Insolvenzmasse, sollte die vis attractiva concursus beachtet werden.[138] Soweit es um den besonderen Insolvenzbezug geht, vermag das Argument, den Parteien würde eine bestehende Zuständigkeit entzogen, gerade nicht verfangen. Im Anwendungsbereich der EuInsVO besteht für sog Annexverfahren faktisch ohnehin eine vis attractiva concursus der Gerichte des Verfahrenseröffnungsstaates, → § 131 Rn. 98 ff.

e) *Sperre gegen Individualvollstreckung.* Gem. Art. 4 II 2 lit. f EuInsVO und § 335 InsO richten sich die Auswirkungen der Eröffnung des Insolvenzverfahrens auf Rechtsverfolgungsmaßnahmen einzelner Gläubiger nach der lex fori concursus. Dementsprechend bestimmt das Insolvenzrecht des (ausländischen) Eröffnungsstaates darüber, ob und in welchem Umfang ein *Vollstreckungsverbot* auch gegenüber inländischem Vermögen des Schuldners besteht.[139] Da generell von einem solchen Vollstreckungsverbot auszugehen ist, sind jedenfalls (entspr §§ 89, 90 InsO) inländische Einzelvollstreckungen zugunsten von Insolvenzgläubigern grundsätzlich nicht mehr zuzulassen,[140] gleichgültig, ob das Verfahren in einem EU-Staat oder in einem Drittstaat eröffnet wurde. Ein dinglich gesicherter (Art. 5 EuInsVO, § 351 InsO) Gläubiger muss ggf. seinen Titel auf den ausländischen Verwalter umschreiben lassen und ihm diesen zustellen.[141]

Kommt es infolge Unkenntnis vom ausländischen Verfahren doch zu einer unzulässigen inländischen Einzelvollstreckung, ist der Erwerb an den ausländischen Verwalter herauszugeben (→ Rn. 82).[142] Die Zuständigkeit für Rechtsbehelfe gegen inländische Zwangsvollstreckungsmaßnahmen trotz eines anerkennungsfähigen ausländischen Insolvenzverfahrens ergibt sich aus den allgemeinen Regeln, nicht aus § 348 InsO.[143]

f) *Inländischer einstweiliger Rechtsschutz.* Die Eröffnung des ausländischen Insolvenzverfahrens soll inländischen einstweiligen Rechtschutz nach einer Ansicht nicht generell

---

[134] Vgl. *Schollmeyer*, Gegenseitige Verträge, 1997, S. 99 ff., 108, 119.
[135] Vgl. *E. Habscheid*, S. 74 ff. (USA), 368 ff.
[136] *Ludwig*, S. 97; *E. Habscheid*, S. 313; *Kolmann*, S. 125.
[137] AA Bork/*Adolphsen*, Kap 21 Rn. 23.
[138] *Kolmann*, S. 119 ff., 126 f.; *Aderhold*, S. 302 ff.; *Mörsdorf-Schulte* NZI 2008, 282, 288; ablehnend FK/*Wenner/Schuster*, § 335 Rn. 24; Mohrbutter/Ringstmeier/*Wenner*, Rn. 247, 270; Bork/*Adolphsen*, Kap 21 Rn. 19 ff.; ablehnend auch BGH NJW 2003, 2916.
[139] KPB/*Kemper*, Anh. II Art. 102 EGInsO Rn. 121; Nerlich/Römermann/*Nerlich*, Art. 4 Rn. 42.
[140] *H. Roth* IPRax 1996, 324, 325 f; *Leipold*, in: Stoll, Vorschläge und Gutachten, S. 185, 200; *Geimer*, IZPR Rn. 3524; FK/*Wenner/Schuster*, § 343 Rn. 36; *Ludwig*, S. 104 ff.; *U. Graf* S. 355 ff.
[141] BGH NZI 2011, 420.
[142] Reithmann/Martiny/*Hausmann*, Rn. 5713.
[143] HK/*Stephan*, § 348 Rn. 2; aA LG Kiel ZInsO 2007, 1360.

ausschließen.¹⁴⁴ Allerdings ist das Vollstreckungsverbot für Insolvenzgläubiger (→ Rn. 71) zu beachten. Daher kann ein Insolvenzgläubiger nach Eröffnung des anzuerkennenden Auslandsverfahrens keinen Arrest in Massegegenstände mit der Möglichkeit der Sicherungsvollstreckung (§§ 918, 930 ZPO) mehr beantragen.¹⁴⁵ Der Arrest steht nur offen, wenn das ausländische Verfahren nicht anerkannt werden kann. Auch ein Verfügungsverbot (per einstweiliger Verfügung) zugunsten eines dinglichen Gläubigers kommt in Betracht, wenn der Gläubiger sonst Gefahr läuft, sein dingliches Recht zu verlieren.¹⁴⁶

74 Das Recht des Eröffnungsstaates bestimmt, ob es eine *Rückschlagsperre* ähnlich § 88 InsO gibt. Man wird § 88 InsO nicht als zwingende Eingriffsnorm ansehen können, die stets gilt, wenn der Schuldner Inlandsvermögen hat. Zum Schutz inländischer Gläubiger kann aber nach § 354 InsO ein inländisches Teritorialverfahren eröffnet werden, in dem dann § 88 InsO gilt.

75 **3. Anerkennung der Befugnisse des ausländischen Insolvenzverwalters.**
a) Nach Art. 4 II 2 lit. c EuInsVO sowie § 335 InsO richten sich die Befugnisse des Verwalters nach der lex fori concursus.¹⁴⁷ Praktische Konsequenz der Anerkennung eines ausländischen Insolvenzverfahrens ist daher, dass auch die Verwaltungs- und Verfügungsbefugnisse des ausländischen Insolvenzverwalters automatisch im Inland anerkannt werden (→ Rn. 52).

76 Zum *Nachweis seiner Bestellung* hat der Verwalter eine beglaubigte Abschrift des Bestellungsbeschlusses oder eine andere gerichtliche Bescheinigung vorzulegen (Art. 19 EuInsVO; § 347 I InsO). Ein Einheitsformular besteht nicht. Nach Art. 19 S. 2 EuInsVO kann im Anwendungsbereich der EuInsVO eine Übersetzung in die inländische Sprache, aber keine Legalisation wie zB eine Apostille verlangt werden.¹⁴⁸ Gem. § 347 I 2 InsO kann die Beglaubigung der Übersetzung durch eine im Eröffnungsstaat dazu befugte Person verlangt werden. Obwohl die EuInsVO schweigt, soll insoweit über Art. 55 II 2 EuGVVO dasselbe gelten.¹⁴⁹ Art. 19 EuInsVO und § 347 InsO gelten entsprechend auch für den vorläufigen Verwalter.¹⁵⁰ Etwaige Übersetzungs- und Beglaubigungskosten sind Verfahrenskosten.¹⁵¹

77 Einen gesonderten Nachweis über die konkreten Verwaltungs- und Verfügungsbefugnisse des Verwalters sieht die EuInsVO nicht vor. Jedoch mag sich im Einzelfall zur praktischen Erleichterung der grenzüberschreitenden Rechtsdurchsetzung anbieten, dass der Eröffnungsbeschluss oder ein gerichtliches oder behördliches Begleitdokument erläuternde Ausführungen zu den Befugnissen gem. der lex fori concursus enthält.¹⁵² Der Verwalter trägt die Darlegungs- und Beweislast für seine Befugnisse; der Amtsermittlungsgrundsatz gilt insoweit nicht. Informationen zu den jeweiligen Befugnissen eines Verwalters enthält zudem das „Europäische Netzwerk für Zivil- und Handelssachen".¹⁵³

---

¹⁴⁴ *Flessner* IPRax 1997, 1, 7; *E. Habscheid,* S. 407 ff., 412; *Ludwig,* S. 108 ff.
¹⁴⁵ *Aderhold,* S. 243 f. (bereits zu § 237 KO); FK/*Wenner/Schuster,* § 343 Rn. 36; KPB/*Paulus* § 335 Rn. 41; *W. Lüke* ZZP 111 (1998), 275, 312 f (für das EuInsÜ); Mohrbutter/Ringstmeier/*Wenner,* Rn. 222 f; wohl auch *Laut,* S. 136 ff.; aA *Flessner,* FS Merz S. 93, 104; *Otte,* RabelsZ 58 (1994), 292.
¹⁴⁶ Vgl. *E. Habscheid,* S. 413, 414 ff.
¹⁴⁷ Vgl. FK/*Wenner/Schuster,* § 335 Rn. 17.
¹⁴⁸ KPB/*Kemper,* Art. 19 EuInsVO Rn. 5.
¹⁴⁹ *Virgós/Schmit,* Nr. 169; D-K/D/C-*Duursma-Kepplinger/Chalupsky,* Art. 19 Rn. 7.
¹⁵⁰ *Paulus,* EuInsVO, Art. 19 Rn. 2; K. Schmidt/*Brinkmann,* InsO, Art. 19 EuInsVO Rn. 3 (aufgrund der Eurofood-Entscheidung des EuGH); Uhlenbruck/*Lüer,* § 347 Rn. 2; MüKoBGB/*Kindler,* § 347 Rn. 1; KPB/*Paulus,* § 347 InsO Rn. 3.
¹⁵¹ MüKoBGB/*Kindler,* Art. 19 Rn. 7 und 8; Pannen-*Pannen/Riedemann,* EuInsVO, Art. 19 Rn. 7, 10; aA Nerlich/Römermann/*Mincke,* Art. 19 EuInsVO Rn. 6; FK/*Wenner/Schuster,* Art. 19 Rn. 3 (Kostentragung richtet sich nach der lex fori concursus).
¹⁵² So etwa High Court Birmingham NZI 2005, 467; *Penzlin/Riedemann* NZI 2005, 515, 518. – Zum Verfahrensfortgang vgl. High Court Birmingham NZI 2006, 416.
¹⁵³ http://ec.europa.eu/civiljustice/bankruptcy/bankruptcy_gen_de.htm.

b) Der Verwalter darf alle Verwaltungsrechte nach dem Recht des Eröffnungsstaa- 78
tes auch mit Bezug auf das inländische Vermögen ausüben, solange nicht im Inland
ein Insolvenzverfahren nach Art. 27 ff. EuInsVO bzw. §§ 354 ff. InsO eröffnet worden
ist. Als Verwaltungs- und Verfügungsbefugter darf er Vermögensgegenstände aus dem
Inland entfernen (Art. 18 I 2 EuInsVO) und der Hauptmasse zuführen oder sie anderweitig verwerten. Insb. kann er die Rechte aus Geschäftsanteilen des Schuldners an
inländischen Gesellschaften ausüben.[154] Er darf Prozesse führen und das inländische
Vermögen des Schuldners durch Arrest sichern. Darf der ausländische Verwalter nach
der lex fori concursus schwebende Vertragsverhältnisse beenden, steht ihm diese Befugnis vorbehaltlich der §§ 336 ff. InsO, Art. 7 ff. EuInsVO auch in Bezug auf die ggf
deutschem Recht unterstehenden, im Inland „belegenen" Rechtsverhältnisse zu.[155]

Bei der Ausübung seiner Befugnisse hat der ausländische Verwalter aber das *inländi-* 79
sche Sachrecht zu beachten (Art. 18 III 1 EuInsVO).[156] Bestehende Ausfuhrverbote wie
etwa für Gegenstände des historischen oder kulturellen Erbes binden zB auch den ausländischen Verwalter. Bei Verwertungen bestimmt zwar die ausländische lex fori concursus die Zulässigkeit und Art der Verwertung („ob"), jedoch unterliegt die Umsetzung („wie") den inländischen Vorschriften. Bei einer öffentlichen Versteigerung gelten
zB die inländischen Vorschriften. Mitwirkungs- und Auskunftspflichten gegenüber der
Bundesagentur für Arbeit, Sozialversicherungsträgern etc sind nach inländischem Recht
zu erfüllen.[157] Außerdem darf der ausländische Verwalter im Inland *nicht* kraft seiner
Bestellung *Zwangsmittel* anwenden[158] sowie über Rechtsstreitigkeiten oder andere Auseinandersetzungen entscheiden (Art. 18 III 2 EuInsVO). Insoweit muss der Verwalter
die inländischen Möglichkeiten der gerichtlichen oder behördlichen Rechtshilfe etc in
Anspruch nehmen.

Dient der *Eröffnungsbeschluss* ähnlich wie nach § 148 II InsO als *Vollstreckungstitel* für 80
die Herausgabevollstreckung gegen den Schuldner, so muss dieser Beschluss vor der
Beauftragung des zuständigen Vollstreckungsorgans (in Deutschland) eines Gerichtsvollziehers (§§ 883 ff. ZPO) für vollstreckbar erklärt werden. Ein solcher Titel dient der
Durchführung des Insolvenzverfahrens. Der Eröffnungsbeschluss aus einem EU-Staat
kann nach Art. 25 I Unterabs 1 S. 2 EuInsVO im Beschlussverfahren nach den Artikeln
38 ff. EuGVVO für vollstreckbar erklärt werden. Art. 102 § 8 EGInsO stellt dies klar.[159]
→ § 132 Rn. 55.

Stammt der Beschluss aus einem Drittstaat, muss die Vollstreckbarerklärung dagegen 81
nach § 353 I InsO auf Klage durch Vollstreckungsurteil (§§ 722, 723 ZPO) erfolgen[160]
(was wenig zweckmäßig ist).

c) Nachdem eine Einzelvollstreckung während eines ausländischen Insolvenzverfah- 82
rens nicht mehr zulässig ist, stellt sich das Problem der *Rückforderung eines inländischen*
Vollstreckungserlöses vom Einzelgläubiger nur noch ausnahmsweise, wenn das ausländische
Verfahren im Inland nicht bekannt war oder zu Unrecht nicht beachtet wurde. Nach
Art. 20 I EuInsVO[161] bzw § 342 I InsO besteht in solchen Fällen ein Herausgaban-
spruch des ausländischen Verwalters. Entsprechendes gilt, wenn ein Gläubiger nach der

---

[154] *Hess*, Art. 102 Rn. 113.
[155] FK/*Wenner/Schuster*, § 335 Rn. 17.
[156] *Aderhold*, S. 233; für die Verwertung eines in Deutschland belegenen Grundstücks nach dem ZVG durch den englischen Insolvenzverwalter BGH NZI 2011, 420; dazu *Reinhart* IPRax 2012, 417.
[157] *Aderhold*, S. 234.
[158] FK/*Wenner/Schuster*, § 335 Rn. 17.
[159] Vgl. *Pannen/Riedemann* NZI 2004, 301, 304; *Ludwig*, S. 35.
[160] *Geimer*, IZPR Rn. 3368, 3524; *Aderhold*, S. 233; FK/*Wenner/Schuster*, § 353 Rn. 7; KPB/*Paulus*, § 353 Rn. 5 f.; Mohrbutter/Ringstmeier/*Wenner*, Rn. 215; kritisch bzgl. Unbestimmtheit Uhlenbruck/*Lüer*, § 353 Rn. 3.
[161] Vgl. D-K/D/C-*Duursma-Kepplinger/Chalupsky*, Art. 20 Rn. 18 ff.

ausländischen Verfahrenseröffnung und auf Kosten der Insolvenzmasse aus dem im Inland belegenen Vermögen durch Leistung des Schuldners oder in sonstiger Weise etwas ohne besondere insolvenzrechtliche Legitimation erlangt hat, selbst wenn die ausländische lex fori concursus den §§ 81, 89, 91 InsO vergleichbare Vorschriften nicht kennen sollte. Die Eröffnung eines in seinen Wirkungen vorrangigen inländischen Partikularverfahrens sperrt die Rechtsverfolgung durch den ausländischen Hauptverwalter.

83 **4. Einstweilige Sicherung der Insolvenzmasse.** Nach Art. 25 I Unterabs 3 EuInsVO werden Entscheidungen über Sicherungsmaßnahmen, die nach dem Antrag auf Eröffnung eines Insolvenzverfahrens getroffen werden, ohne weitere Förmlichkeit anerkannt und nach den Art. 38 ff. EuGVVO für vollstreckbar erklärt.

84 Sicherungsmaßnahmen, die in einem Drittstaat nach Stellung des Eröffnungsantrags getroffen werden, sind nach § 343 II InsO auch im Inland „automatisch" anzuerkennen, sofern die allgemeinen Anerkennungsvoraussetzungen des § 343 I InsO (→ Rn. 12 ff.) erfüllt sind.[162] Die Vorschrift erfasst zudem die nach Eröffnung des ausländischen Verfahrens angeordneten Sicherungsmaßnahmen.[163]

85 Werden also im ausländischen Vorverfahren ähnlich wie nach §§ 21 II Nr. 2 u 3, 22 InsO ein *vorläufiger Insolvenzverwalter* bestellt, dem Schuldner ein allgemeines Verfügungsverbot auferlegt und dieses öffentlich bekannt gemacht, Maßnahmen der Zwangsvollstreckung gegen den Schuldner untersagt oder einstweilen eingestellt, so sind diese Wirkungen ebenfalls im Inland anzuerkennen.[164] Entsprechend kann über das (ausländische) Verfügungsverbot bereits ein *Insolvenzvermerk im Grundbuch* eingetragen werden.[165] Wer verbotswidrig vom Schuldner oder durch Zwangsvollstreckung erwirbt, hat den Erwerb an die ausländische Masse herauszugeben (→ Rn. 59, 71 f.).

86 Sicherungsmaßnahmen eines Drittstaates können nach § 353 II InsO aber nur mittels Vollstreckungsklage für vollstreckbar erklärt werden.

87 Falls eine Sicherungsmaßnahme im Inland kurzfristig erforderlich wird, dürfte es daher in der Regel sinnvoller sein, wenn der vorläufige Verwalter nach Art. 38 EuInsVO bzw § 344 InsO im Inland den Erlass einer Sicherungsmaßnahme nach § 21 InsO beantragt.[166] Hierzu muss der vorläufige ausländische Verwalter seine Bestellung in Analogie zu § 347 InsO nachweisen.[167] Er ist insoweit auch beschwerdebefugt (§ 344 II, 6 InsO).[168] Die wohl hM sieht in § 344 InsO eine Verknüpfung zu einem künftigen deutschen Sekundärinsolvenzverfahren. Daher sollen die Handlungsoptionen des § 344 InsO, sofern der Schuldner im Inland statt einer Niederlassung lediglich Vermögen hat, nur gewährt werden, wenn auch die weiteren Zulässigkeitsvoraussetzungen des § 354 II InsO erfüllt sind.[169] Im Sinne einer möglichst effektiven Massesicherung auf Veranlassung des ausländischen vorläufigen Verwalters ist diese Einschränkung, die das gemäß § 348 InsO zuständige Gericht mangels eines Gläubigerantrags zu überprüfen gar nicht in der Lage sein wird, unverständlich und nicht geboten.[170] Liegen die Voraussetzungen eines späteren Sekundärverfahrens aber vor, kann das inländische Gericht für das In-

---

[162] FK/*Wenner/Schuster*, § 343 Rn. 37; HK/*Stephan*, § 343 Rn. 15; *Ludwig*, S. 99.
[163] Mohrbutter/Ringstmeier/*Wenner*, Rn. 213.
[164] *Geimer*, IZPR Rn. 3500; HK/*Stephan*, § 343 Rn. 15; Mohrbutter/Ringstmeier/*Wenner*, Rn. 211 ff.
[165] *Hanisch* ZIP 1992, 1125, 1128. Eine englische *freezing order (Mareva injunction)* wirkt nur *in personam* und kann daher nicht Grundlage für die Eintragung eines Vermerks über ein dinglich wirkendes Verfügungsverbot sein.
[166] HK/*Stephan*, § 344 Rn. 5 f.
[167] K. Schmidt/*Brinkmann*, InsO, § 343 Rn. 3.
[168] *Häsemeyer*, Rn. 35.20 b.
[169] HK/*Stephan*, § 344 Rn. 11, 13; BT-Drucks 15/16 S. 22.
[170] Ebenso FK/*Wenner/Schuster*, § 344 Rn. 4; MüKoBGB/*Kindler*, § 344 Rn. 7; Braun/*Ehret*, InsO § 344 Rn. 9.

Anerkennung ausländischer Insolvenzverfahren 88–92 § 134

landsvermögen gem. §§ 344, 21 InsO auch einen vorläufigen Sekundärverwalter bestellen.[171] Ob das Gericht dem Antrag folgt, steht nach dem Wortlaut („kann") ebenso in seinem Ermessen wie die Auswahl einer Maßnahme gem. § 21 InsO (Entschließungs- und Auswahlermessen).[172] Zu Art. 38 EuInsVO → § 131 Rn. 83 f.

Alternativ besteht ggf. die Möglichkeit, dass der ausländische Verwalter die Eröffnung 88 eines inländisches Sekundärverfahrens (Art. 29 lit. a EuInsVO, § 356 II InsO) und gleichzeitig den Erlass von Sicherungsmaßnahmen für die Masse des Sekundärverfahrens beantragt. Auch dem vorläufigen Hauptverwalter steht dieser Weg zu einem vorläufigen Sekundärverfahren offen. → § 132 Rn. 139.

5. Anerkennung weiterer insolvenzrechtlicher Entscheidungen. a) Soweit die 89 Eröffnung des Insolvenzverfahrens anzuerkennen ist, sind – vorbehaltlich des inländischen *ordre public* (Art. 26 EuInsVO, § 343 II InsO) – auch die weiteren Folgeentscheidungen zur Durchführung und Beendigung des ausländischen Insolvenzverfahrens anzuerkennen (Art. 25 I Unterabs. 1 EuInsVO, §§ 335, 343 I InsO). Dies gilt etwa für Stundungen der Gläubigerforderungen, für eine Verlustigerklärung wegen verspäteter Anmeldung,[173] für einen Sanierungs- oder Insolvenzplan, selbst wenn er Forderungskürzungen enthält, sofern die Gläubiger zumindest die Möglichkeit hatten teilzunehmen,[174] und für die ausländische Restschuldbefreiung, unabhängig davon, ob sie mit Verteilung der Masse oder erst später eintritt.[175] Auch der Tabellenauszug fällt darunter.[176]

b) Soweit aus einer solchen Entscheidung während des ausländischen Insolvenzverfahrens 90 oder nach seiner Beendigung im Inland vollstreckt werden soll, bedarf es zuvor der *Vollstreckbarerklärung*. Entscheidungen aus EU-Staaten werden im Beschlussverfahren nach Art. 38 ff. EuInsVO für vollstreckbar erklärt (Art. 25 I EuInsVO). Art. 25 I Unterabs. 1 EuInsVO verweist zwar unmittelbar nur auf die Art. 31 ff. EuGVÜ. Doch gilt diese Verweisung nach Art. 68 II EuGVVO als Verweisung auf die entsprechenden Regeln der EuGVVO. Für Entscheidungen aus Drittstaaten bedarf es der Vollstreckungsklage nach §§ 722, 723 ZPO beim Prozessgericht (§ 353 I InsO).[177] Zuständig ist das in § 722 II ZPO bestimmte Gericht (§ 353 I 2 InsO).

c) *Eingriffe in die persönliche Freiheit des Schuldners.* Eingriffe in die persönliche Freiheit 91 des Schuldners durch Auskunfts- und Mitwirkungspflichten, zwangsweise Vorführung bei Gericht und Anordnung von Haft (zB nach §§ 97, 98 InsO) richten sich nach der lex fori concursus (Art. 4 I EuInsVO, § 335 InsO). Nach Art. 25 III EuInsVO ist kein Mitgliedsstaat *verpflichtet*, solche Entscheidungen anzuerkennen und zu vollstrecken. Er kann es aber nach autonomem Recht tun.[178] Art. 25 III EuInsVO soll im Zuge der Reform der EuInsVO ersatzlos gestrichen werden.

d) *Ausländische Postsperre.* Ordnet das ausländische Insolvenzgericht eine Postsperre 92 gegen den Schuldner an, so kann diese nicht formlos anerkannt werden, selbst wenn sie bereits im Insolvenzeröffnungsbeschluss vorgesehen ist. Art. 25 III 3 EuInsVO sieht bislang vor, dass die Vertragsstaaten nicht verpflichtet sind, eine Entscheidung anzuerkennen und zu vollstrecken, die eine Einschränkung des Postgeheimnisses zur Folge hätte.

---

[171] MüKoBGB/*Kindler*, § 344 Rn. 11; Braun/*Ehret*, InsO § 344 Rn. 15; aA MüKoInsO/*Reinhart*, § 344 Rn. 14.
[172] K. Schmidt/*Brinkmann*, InsO, § 344 Rn. 7.
[173] Vgl. *U. Graf*, S. 363 f.
[174] Vgl. BGH ZIP 1997, 42; *U. Graf*, S. 366 ff.
[175] Vgl. *U. Graf*, S. 373 ff.
[176] *Schollmeyer* IPRax 2003, 227, 230, der diesbezüglich auch auf Art. 3 EuVTVO verweist.
[177] Vgl. BGH ZIP 1993, 1094, 1100; *Reinhart* ZIP 1997, 1734, 1738; Mohrbutter/Ringstmeier/ Wenner, Rn. 215; *Ludwig*, S. 119 f., 243; Graf Schlicker-*Kebekus*/*Sabel*, § 353 Rn. 1.
[178] FK/*Wenner*/*Schuster*, Anhang I Art. 25 EuInsVO Rn. 9 f.

93 Dies schließt aber nicht aus, eine ausländische Postsperre im Inland anzuerkennen. Eine gesetzliche Regelung fehlt insoweit. Nach der gesetzlichen Wertung des Art. 10 GG und des § 353 II InsO ist eine Vollstreckbarerklärung entsprechend den §§ 722, 723 ZPO zu verlangen.[179] Hat der Schuldner daher seinen persönlichen Wohnsitz im Inland, obgleich im Ausland gegen ihn ein Hauptinsolvenzverfahren (am Hauptort seiner gewerblichen Niederlassung) eröffnet worden ist, so dürfte sich der Antrag auf Eröffnung eines Partikularinsolvenzverfahrens oder der Antrag auf Erlass von Sicherungsmaßnahmen nach § 344 InsO anbieten, um schneller zu einer Postsperre gegen den Schuldner zu gelangen.

94 **6. Anerkennung von mit dem Insolvenzverfahren unmittelbar zusammenhängenden Entscheidungen.** Nach Art. 25 I Unterabs 2 EuInsVO sind im Anwendungsbereich der EuInsVO auch mit dem Insolvenzverfahren eng zusammenhängende Entscheidungen „automatisch" anzuerkennen und nach Art. 25 I Unterabs 1 EuInsVO iVm Art. 38 ff. EuGVVO für vollstreckbar zu erklären. Die internationale Zuständigkeit gehört insoweit nicht zu den Anerkennungsvoraussetzungen. Erfasst sind vor allem Entscheidungen über Insolvenzanfechtungsklagen,[180] aber zB auch Haftungsklagen gegen den Insolvenzverwalter, → § 131 Rn. 110.

95 Im Verhältnis zu Drittstaaten enthält § 343 II InsO keine unmittelbar entsprechende Vorschrift, so dass es bei den allgemeinen Vorschriften der § 328 ZPO bzw. § 109 FamFG bliebe.[181] Insbesondere bei Anfechtungsklagen vermag es allerdings nicht zu überzeugen, die Anerkennung eines stattgebenden Urteils gem. § 328 I Nr. 5 ZPO vom Gegenseitigkeitserfordernis abhängig zu machen, die für die Anerkennung der Eröffnungsentscheidung gerade nicht verlangt wird (§ 343 I InsO). Denn die Insolvenzanfechtung bewirkt eine Vorverlegung des Prinzips der Gläubigergleichbehandlung, welches durchzusetzen der materielle Hintergrund der insolvenzrechtlichen Anerkennungsvorschriften ist. Ein Ausweg aus diesem rechtspolitischen Dilemma wäre, die Anfechtungsentscheidung unter § 343 II InsO zu subsumieren, zumindest aber eine teleologische Reduktion des § 328 I Nr. 5 ZPO.[182] Zur Anerkennungszuständigkeit vgl. §§ 12, 13, 17 ZPO in doppelfunktionaler, spiegelbildlicher Anwendung, im Übrigen → Rn. 70.

96 **7. Vollstreckbarkeit ausländischer Entscheidungen.** Soweit aus insolvenzrechtlichen Entscheidungen im weiteren Verlauf des Verfahrens, insb aus dem Eröffnungsbeschluss, aus Einstellungsentscheidungen, Feststellungen zur ausländischen Tabelle etc eine Einzelvollstreckung im Inland erfolgen soll, bedarf es dagegen der Vollstreckbarerklärung.

97 **a)** (1) *Entscheidungen eines EU-Staates* (ohne Dänemark) über die *Eröffnung,* zur *Durchführung* oder *Beendigung* eines Insolvenzverfahrens sowie ein von einem Gericht eines EU-Staates bestätigter Vergleich werden nach Art. 25 I Unterabs. 1 S. 2 EuInsVO notfalls im Beschlussverfahren nach den Art. 33 ff., 38 ff. EuGVVO für vollstreckbar erklärt.[183] Art. 25 I Unterabs 1 S. 2 EuInsVO verweist zwar noch auf das EuGVÜ, da dieses aber zwischen den Mitgliedstaaten inzwischen durch die EuGVVO ersetzt worden ist, gelten deren Regeln (Art. 68 II EuGVVO).[184] Von dieser Rechtsfolgenverwei-

---

[179] Vgl. HK/*Stephan,* § 353 Rn. 4; für eine Verhältnismäßigkeitskontrolle *Prager/Keller* NZI 2012, 829, 830.
[180] Vgl. *Kolmann,* S. 290 ff.
[181] Hierfür MüKoInsO/*Thole* § 343 Rn. 78; Mohrbutter/Ringstmeier/*Wenner,* Rn. 209; FK/*Wenner/Schuster,* § 353 Rn. 4; K. Schmidt/*Brinkmann,* InsO, § 353 Rn. 9.
[182] So zu Recht Bork/*Adolphsen,* Kap 21 Rn. 43; MüKoBGB/*Kindler,* § 343 Rn. 38; aA FK/*Wenner/Schuster,* § 343 Rn. 41; MüKoInsO/*Thole,* § 343 Rn. 87; K. Schmidt/*Brinkmann,* InsO, § 343 Rn. 17.
[183] Zur Auslegung eines ausländischen Titels im Vollstreckbarerklärungsverfahren BGH ZInsO 2014, 50 Rn. 9, 14.
[184] Vgl. auch BGH WM 2013, 45 Rn. 4.

sung ist die Vorschrift des Art. 45 EuGVVO (anstelle des Art. 34 II EuGVVÜ) ausgenommen. Somit stellt auch im Vollstreckbarerklärungsverfahren insbesondere der ordre-public-Vorbehalt des Art. 26 EuInsVO die wesentliche Hürde dar.[185] Die Eröffnung eines inländischen Sekundärverfahrens hindert nicht die Vollstreckbarerklärung des Eröffnungsbeschlusses des Hauptverfahrens.[186]

(2) Im gleichen Verfahren können nach Art. 25 I Unterabs 2 EuInsVO auch Entscheidungen für vollstreckbar erklärt werden, die unmittelbar auf Grund des Insolvenzverfahrens ergehen und in engem Zusammenhang damit stehen. Gemeint sind va Entscheidungen über *Anfechtungsklagen* des Verwalters. Diese Ergänzung beruht darauf, dass diese nach der Rechtsprechung des EuGH unter den Ausschluss nach Art. 1 II lit. b EuGVVO fallen, aber auch von Art. 25 I Unterabs. 1 EuInsVO nicht erfasst sind.[187]

(3) Ebenfalls im Beschlussverfahren nach Art. 38 ff. EuGVVO werden nach Art. 25 I Unterabs. 3 EuInsVO Entscheidungen über *Sicherungsmaßnahmen* für vollstreckbar erklärt.

(4) Schließlich sollen nach Art. 25 II EuInsVO auch *„andere als die in Absatz 1 genannten Entscheidungen"* nach EuGVVO bzw EuGVÜ für vollstreckbar erklärt werden können, soweit diese anwendbar sind. Man kann diese Norm als *Abgrenzungsregel* bezeichnen. Sie soll sicherstellen, dass EuGVVO (EuGVÜ) und EuInsVO lückenlos ineinander greifen.[188] Eine besondere Kategorie von Entscheidungen erfasst die Vorschrift nicht.

(5) Einer besonderen Vollstreckbarkeit bedarf es nicht für europäische Vollstreckungsbefehle. Sie stehen einem inländischen Vollstreckungsbefehl gleich. Es handelt sich jedoch nicht um eine insolvenzrechtliche Besonderheit.

b) *Entscheidungen aus Drittstaaten* (einschl Dänemark)[189] sind nach § 353 I InsO nur vollstreckbar, wenn sie auf Vollstreckungsklage nach §§ 722, 723 ZPO durch Urteil für vollstreckbar erklärt werden.[190] Nach § 353 II InsO können selbst Sicherungsmaßnahmen nur in diesem Verfahren für vollstreckbar erklärt werden. Diese Regelung ist zu bedauern, da sie eine effektive grenzüberschreitende Zusammenarbeit, etwa auch mit den Insolvenzgerichten in den USA oder Kanada, unnötig erschwert. Soweit es nicht um Sicherungsmaßnahmen oder andere dringlich durchzusetzende Entscheidungen geht, ist unverständlich, warum die Verweisung des § 353 InsO nicht auch § 723 II ZPO umfasst und somit auf das Erfordernis formeller Rechtskraft verzichtet. Dies dürfte ein redaktionelles Versehen darstellen, so dass zwar die generelle Anerkennungsfähigkeit sowie Vollstreckbarkeit im Entscheidungsstaat erforderlich sind, nicht aber formelle Rechtskraft.[191]

8. Teilnahme am Auslandsverfahren und Verteilung der Masse. a) *Anmeldung von Forderungen im Ausland*. Ist ein ausländisches Insolvenzverfahren im Inland anzuerkennen, so müssen inländische Gläubiger ihre Forderungen im ausländischen Verfahren in den dortigen Formen und Fristen anmelden, sofern es nicht zu einem inländischen Sekundärverfahren kommt.[192] Eine individuelle Rechtsverfolgung im Inland ist auch

---

[185] *Haubold*, in: Gebauer/Wiedmann, Rn. 205; *Hau*, in Gottwald (Hrsg), Europäisches Insolvenzrecht, S. 79, 89.
[186] OLG Düsseldorf NZI 2004, 628; aA K. Schmidt/*Brinkmann*, InsO, Art. 27 EuInsVO Rn. 19.
[187] Vgl. D-K/D/C-*Duursma-Kepplinger*/*Chalupsky*, Art. 25 Rn. 19; MüKoInsO/*Reinhart*, Anhang Art. 25 EuInsVO Rn. 10.
[188] *Virgós*/*Schmit*, Nr. 197; D-K/D/C-*Duursma-Kepplinger*, Art. 25 Rn. 49, 50.
[189] OLG Frankfurt ZInsO 2005, 715.
[190] Vgl. *Kolmann*, S. 166 f.
[191] MüKoInsO/*Reinhart*, § 353 Rn. 7, 9.
[192] *Aderhold*, S. 234 ff.; KPB/*Kemper*, Anh. II Art. 102 EGInsO Rn. 120; Mohrbutter/Ringstmeier/Wenner, Rn. 360 ff.

dann unzulässig, wenn ein ausschließlicher inländischer Gerichtsstand für die Forderung vereinbart wurde. Die in einem inländischen Verfahren geltenden Beschränkungen (zB § 174 III InsO für nachrangige Insolvenzforderungen) können die Anmeldbarkeit im ausländischen Insolvenzverfahren nicht beeinträchtigen.[193]

104 Ob und inwieweit die *Verjährung* der Forderungen durch Eröffnung des Insolvenzverfahrens oder durch Anmeldung der Forderungen (wie nach § 204 I Nr. 10 BGB) gehemmt wird, unterliegt dem Recht des Eröffnungsstaates (Art. 4 II 2 lit. f EuInsVO, § 335 InsO).[194] Aus dem Recht des Insolvenzstaates ergibt sich auch, ob die *Nichtanmeldung* oder die verspätete Anmeldung materielle *Nachteile* (Kosten für besonderen Prüfungstermin) bis zum Erlöschen der Forderung zur Folge hat.[195] Solche Folgen widersprechen, wenn sie alle Gläubiger treffen und Gelegenheit zur Anmeldung bestand, nicht dem deutschen *ordre public*.[196]

105 Klageverfahren, die die Insolvenzmasse betreffen, werden durch die ausländische Insolvenzeröffnung nach § 352 I 1 InsO (Art. 15 EuInsVO) unterbrochen (→ Rn. 65 ff.) und können, wenn sie eine Insolvenzforderung betreffen, nur dann wieder aufgenommen werden, wenn die Forderung streitig bleibt. Andere Verfahren werden ebenfalls (vorläufig) unterbrochen, um dem Insolvenzverwalter die Möglichkeit zur Einarbeitung in den Streitstoff zu geben.

106 **b)** *Masseforderung, Rang der Forderung, Verteilung.* Ob die Forderung im Ausland Masseforderung oder Insolvenzforderung (einfache, bevorrechtigte, nachrangige, ausgeschlossene etc) ist, richtet sich nach der jeweiligen lex fori concursus[197] (vgl. Art. 4 II 2 lit. g, i EuInsVO, § 335 InsO) (→ § 132 Rn. 89 ff.). Nach demselben Recht bestimmt sich konsequenterweise die Verteilung der Masse (Art. 4 II 2 lit. i EuInsVO; § 335 InsVO). Aus *ordre public*-Gründen ist darauf zu achten, dass Vorrechte nach der lex fori concursus grundsätzlich uneingeschränkt in- wie ausländischen Gläubigern offen stehen müssen.[198] Wird der Tatbestand, an den eine Privilegierung anknüpft, nicht im Verfahrenseröffnungsstaat verwirklicht, sondern in einem anderen Mitgliedstaat, verbietet sich eine Ungleichbehandlung ebenfalls. Sieht die lex fori concursus beispielsweise Vorrechte für Arbeitnehmer vor, muss dieses Vorrecht auch den in Deutschland arbeitenden Arbeitnehmern offen stehen. Vorbehaltlich etwaiger Spezialregelungen in Staatsverträgen etc ist eine Ausnahme hiervon außerhalb der EuInsVO für fiskalische Forderungen und Forderungen von Sozialversicherungsträgern anzuerkennen.[199]

107 **9. Insolvenzplan, Vergleich.** Das deutsche Recht erkennt einen (teilweisen) Schulderlass durch einen (hoheitlich bestätigten) Zwangsvergleich,[200] Insolvenzplan oder ein anderes Sanierungsinstrument an, wenn sie in einem im Inland anzuerkennenden ausländischen Hauptverfahren ergangen sind und der betroffene Gläubiger zumindest die Möglichkeit hatte, an dem ausländischen Verfahren teilzunehmen (ohne dass er teilgenommen haben muss).[201] Eine Mindestquote ist nicht Voraussetzung für eine An-

---

[193] Pannen-*Herchen*, EuInsVO, Art. 32 Rn. 10.
[194] AA OLG Düsseldorf RIW 1998, 742 (für Schuldstatut).
[195] ZB gem Art. 53 Abs 3 franz Loi n. 85–98; vgl. *Aderhold*, S. 189 f; *Trunk*, S. 208; MüKoBGB/*Kindler*, Art. 4 Rn. 39.
[196] *Trunk*, S. 334 f.
[197] *Trunk*, S. 215 ff.; MüKoBGB/*Kindler*, Art. 4 Rn. 42; FK/*Wenner/Schuster*, § 335 Rn. 13; Mohrbutter/Ringstmeier/*Wenner*, Rn. 364 ff.
[198] Wohl auch FK/*Wenner/Schuster*, § 335 Rn. 14; vgl. auch Art. 13 UNCITRAL Model Law.
[199] *Trunk*, in: Gilles, Transnationales Prozessrecht, S. 174; FK/*Wenner/Schuster*, § 335 Rn. 14.
[200] BGHZ 134, 79 = NJW 1997, 524, 526 = JZ 1997, 415 *(Paulus)*; OLG Saarbrücken RIW 1990, 142; OLG Frankfurt InVo 1996, 39; *Geimer* IZPR Rn. 3564; *Flessner* IPRax 1997, 1, 9; *Laut*, S. 110 ff.; *Reinhart*, S. 199 ff., 212 ff.; *Kolmann*, S. 208 ff.; Mohrbutter/Ringstmeier/*Wenner*, Rn. 367; FK/*Wenner/Schuster*, § 343 Rn. 40.
[201] FK/*Wimmer*, § 343 Rn. 32; KPB/*Kemper*, Anh. II Art. 102 EGInsO Rn. 159, 236.

erkennung.²⁰² Auch die *Garantie der Liquidationsquote* (vgl. § 245 I Nr. 1; § 251 I Nr. 1 InsO) ist keine Voraussetzung für die Anerkennung.²⁰³ Unredliche Zwangsvergleiche etc können aber gegen den deutschen *ordre public* verstoßen.²⁰⁴

Direkte Eingriffe in inländische dingliche Sicherheiten durch einen ausländischen Insolvenzplan etc sind dagegen grds ausgeschlossen (→ § 133 Rn. 46). § 254 II InsO, wonach Sicherheiten durch den Plan nicht berührt werden, ist als zwingende inländische Schutznorm zu verstehen, zumal nach § 351 I InsO die Eröffnung des Verfahrens im Ausland keine Auswirkung auf inländische Rechte haben sollte, die ein Recht auf Aussonderung oder abgesonderte Befriedigung gewähren.²⁰⁵ Anzuerkennen sind evtl Auswirkungen der Forderungsreduktion auf die Sicherheit.²⁰⁶ **108**

Anerkennungsfähig ist ein unmittelbarer Eingriff in die Sicherheit, soweit der Gläubiger selbst wirksam zugestimmt hat.²⁰⁷ **109**

Zwangsvergleiche oder Insolvenzpläne können auch in Sekundär- oder Partikularverfahren geschlossen werden (Art. 34 I EuInsVO).²⁰⁸ Obgleich Art. 3 III 2 EuInsVO bestimmt, dass jedes Sekundärverfahren ein Liquidationsverfahren sein muss, sieht Art. 34 EuInsVO doch eine Verfahrensbeendigung durch Insolvenzplan oder Vergleich vor. Vielfach wäre ein anderes Vorgehen auch praktisch unmöglich. Zweifelhaft ist lediglich, welche Wirkungen ein solcher Plan hat. Art. 34 II EuInsVO sowie § 355 II InsO beschränken alle denkbaren Wirkungen auf das vom Sekundärverfahren betroffene Vermögen und verlangen für weiterreichende Wirkungen die konkrete Zustimmung *aller* betroffenen Gläubiger. Für die Erlasswirkung in Bezug auf die Masse des Sekundärverfahrens muss aber die Möglichkeit einer Beteiligung genügen.²⁰⁹ **110**

10. Restschuldbefreiung. Art. 25 I Unterabs 1 und Art. 25 II EuInsVO sprechen davon, dass Entscheidungen zur Beendigung des Verfahrens, gerichtlich bestätigte Vergleiche und „andere" Entscheidungen anerkannt werden. Nachdem die Wirkungen der Verfahrensbeendigung auf Rechte der Gläubiger eine typische Insolvenzwirkung darstellt und nach Art. 4 II 2 lit. k EuInsVO, aber auch § 335 InsO der lex fori concursus unterliegt,²¹⁰ handelt es sich um eine „andere" Entscheidung, die anzuerkennen ist.²¹¹ Auch in § 343 InsO wird die Restschuldbefreiung nicht direkt angesprochen. Aus § 355 I InsO ergibt sich aber mittelbar, dass die Restschuldbefreiung in einem Hauptverfahren grenzüberschreitende Wirkung haben soll. **111**

Anzuerkennen ist die ausländische Entscheidung über die Restschuldbefreiung²¹² und ihre materiell-rechtliche Folgewirkung. Anzuerkennen sind die Wirkungen entsprechend der lex fori concursus.²¹³ Damit eine einheitliche Schuldbefreiung erreicht wird, **112**

---

²⁰² BGH ZIP 1997, 39, 44; KPB/*Kemper*, Anh. II Art. 102 EGInsO Rn. 155.
²⁰³ *Reinhart*, S. 222 ff.
²⁰⁴ KPB/*Kemper*, Anh. II Art. 102 EGInsO Rn. 156, 231.
²⁰⁵ FK/*Wimmer*, Art. 102 EGInsO Rn. 366.
²⁰⁶ *Laut*, S. 130 f.; *Favoccia*, S. 79 f.; *Flessner* ZIP 1989, 749, 755; Mohrbutter/Ringstmeier/*Wenner*, Rn. 374.
²⁰⁷ FK/*Wimmer*, § 343 Rn. 37.
²⁰⁸ Eingehend *Reinhart*, S. 255 ff.; zur Koordination mehrerer Insolvenzpläne S. 300 ff. (für einen Plan).
²⁰⁹ AA *Taupitz* ZZP 111 (1998), 315, 348.
²¹⁰ EuGH NZI 2013, 151 *(Bank Handlowy)*; EuGH GA ZIP 2012, 1133.
²¹¹ *H. Koch*, FS Jayme, S. 437, 441.
²¹² BGH NJW 2002, 960 (dazu *Ehricke*, S. 505); OLG Köln IPRax 1993, 326 (dazu *Hanisch*, S. 297); *Geimer*, IZPR Rn. 3568 *Flessner* IPRax 1997, 1, 9; *Aderhold*, S. 293 ff.; *E. Habscheid*, S. 340 f.; *Laut*, S. 116 ff.; *Prütting* ZIP 1996, 1277, 1283; *Trunk*, S. 344; KPB/*Kemper*, Anh. II Art. 102 EGInsO Rn. 162; *Ehricke*, RabelsZ 62 (1998) 712, 723 ff.; ders. IPRax 2002, 505; *Schulte*, S. 134 ff; *Mansel*, FS v. Hoffmann, S. 683, 685.
²¹³ *Schulte*, S. 150 ff.

kann es auf das jeweilige Forderungsstatut nicht ankommen.²¹⁴ Jedoch müssen die allgemeinen Anerkennungsvoraussetzungen (→ Rn. 12ff.), insb die internationale Zuständigkeit des Auslandes und die Vereinbarkeit mit dem deutschen *ordre public* gegeben sein.²¹⁵

113 Gewährt das ausländische Recht die Restschuldbefreiung kraft Gesetzes *(discharge order)*,²¹⁶ so ist deren Anerkennung Folgewirkung der Anerkennung der Eröffnung des ausländischen Insolvenzverfahrens.²¹⁷ Die Restschuldbefreiung hat einheitlich die materielle Erlasswirkung nach dem Recht des Eröffnungsstaates; vom *ordre public*-Verstoß abgesehen²¹⁸ ist für eine unterschiedliche kollisionsrechtliche Anknüpfung kein Raum.²¹⁹ Eine bestimmte Mindestquote oder eine bestimmte Wartefrist für die Schuldbefreiung setzt der deutsche *ordre public* nicht voraus.²²⁰ Die Anerkennung erfolgt sowohl nach Art. 25 I Unterabs 1 EuInsVO als nach § 343 II InsO „automatisch",²²¹ sofern man sie als prozessuale Gestaltungswirkung begreift.²²² Andernfalls ergäbe sie sich ebenfalls „automatisch" aus dem kollisionsrechtlich anwendbaren Recht.

114 Der BGH²²³ hat entsprechend anerkannt, dass der Schuldner die Wirkungen eines *schweizerischen Verlustscheins* (entsprechend Art. 265, 267 SchKG) trotz seines späteren Umzugs nach Deutschland gegenüber dem Gläubiger im Inland (bereits im Erkenntnisverfahren) geltend machen kann. Wirkung des Verlustscheins ist, dass der Gläubiger nach Abschluss des Verfahrens nur noch in Neuerwerb des Schuldners vollstrecken kann (Art. 265 II 2 SchKG).

IV. Anerkennung ausländischer Partikularverfahren

115 Da sich die Wirkung eines Partikular- oder Sekundärverfahrens zwar nicht territorial, aber haftungsrechtlich-gegenständlich auf das in dem Eröffnungsstaat belegene Vermögen beschränkt, stellen sich Fragen der Anerkennung und Vollstreckung von Entscheidungen in anderen Staaten seltener; sie können aber durchaus relevant werden. Nach Art. 16 I EuInsVO ist jede Eröffnung durch ein nach Art. 3 EuInsVO zuständiges Gericht, also auch die Eröffnung eines Partikularinsolvenzverfahrens gem. Art. 3 II EuInsVO, in den anderen Mitgliedstaaten anzuerkennen. Dies hat folgende praktische Konsequenzen:

116 **1. Inlandsbefugnis des ausländischen Verwalters.** Wird im Ausland ein isoliertes Partikular- oder Sekundärinsolvenzverfahren eröffnet, so kann dessen Verwalter im Inland grundsätzlich keine Rechte ausüben. Nach Art. 18 II EuInsVO darf aber auch der Verwalter eines ausländischen Partikularverfahrens im Inland gerichtlich oder außergerichtlich geltend machen, dass ein beweglicher Gegenstand, der seiner Verwaltung unterstanden hat, nach Verfahrenseröffnung in einen anderen Mitgliedsstaat (hier: nach Deutschland) verbracht worden ist. Er kann insoweit Aktivprozesse mit Bezug zur

---

²¹⁴ *Ehricke*, RabelsZ 62 (1998), 712, 726ff., 730ff.; *Schulte*, S. 153; KPB/*Kemper*, Anh. II Art. 102 EGInsO Rn. 240; MüKoInsO/*Reinhart*, § 335 Rn. 120.
²¹⁵ KPB/*Kemper*, Anh. II Art. 102 EGInsO Rn. 239; vgl. *V. Hoes*, Die Anerkennung einer Restschuldbefreiung nach amerikanischem Recht in Deutschland, FS Claus Ott, 2002, S. 81.
²¹⁶ Vgl. *Koch*, FS Jamye, S. 437, 439.
²¹⁷ KPB/*Kemper*, Anh. II Art. 102 EGInsO Rn. 163; *U. Graf*, S. 376f.
²¹⁸ LG Köln NZI 2011, 957 m. Anm. *Mankowski*.
²¹⁹ So aber missverständlich KPB/*Kemper*, Anh. II Art. 102 EGInsO Rn. 163.
²²⁰ BGH NJW 2002, 960, 961 = IPRax 2002, 525 (dazu *Ehricke*, S. 505) (zur *suspension des poursuites* des franz. Rechts).
²²¹ *Schulte*, S. 154; *Ehricke* IPRax 2002, 505.
²²² Hierfür *Koch*, FS Jayme, S. 437, 442.
²²³ BGH NJW 1993, 2312 = JZ 1994, 147 m Anm *Aden* = IPRax 1993, 402 (dazu *Hanisch*, S. 385) = ZEuP 1994, 301 m Anm *Paulus*; dazu *Ackmann* EWiR 1993, 803; zustimmend: *Hess*, Art. 102 Rn. 119.

Masse des Partikularverfahrens, zB Herausgabeklage oder je nach Fallgestaltung Anfechtungsklage, erheben.[224] Für das autonome deutsche Recht gilt nichts anderes (vgl. §§ 335, 339 InsO).

Aus der jeweils begrenzten Verwaltungs- und Verfügungsbefugnis der Verwalter 117
folgt, dass sie ggf. auch Verträge zwischen den Vermögensmassen schließen können.[225]
→ Rn. 131 sowie → § 132 Rn. 201 ff.

2. Befriedigung im Ausland. Erlangt ein Gläubiger im ausländischen Sekundärverfahren eine Befriedigung, so erfolgt diese mit Rechtsgrund. Er darf sie daher behalten, muss sich aber auf die Quote im inländischen Verfahren anrechnen lassen (§ 342 II InsO).[226] Entsprechendes folgt in der EU aus Art. 20 II EuInsVO. Dadurch soll jeweils verhindert werden, dass „aktive" Gläubiger eine höhere Befriedigung erhalten, als andere, die ihre Forderungen nur „einfach" anmelden oder anmelden können. Jedenfalls in Deutschland sind auch Quoten aus Drittstaaten anzurechnen. Warum dies sonst anders sein soll,[227] ist nicht einsichtig. 118

3. Insolvenzplan, Restschuldbefreiung. In einem europäischen Partikularverfahren wirkt eine Restschuldbefreiung hinsichtlich des in anderen Mitgliedstaaten belegenen Vermögens des Schuldners nur gegenüber Gläubigern, die hierzu zugestimmt haben (Art. 17 II 2, 34 II EuInsVO).[228] 119

Nach § 355 I InsO gelten die Regeln über die Restschuldbefreiung überhaupt nicht 120
für ein Partikularinsolvenzverfahren über das Inlandsvermögen. Entsprechend ist eine Restschuldbefreiung in einem Partikularverfahren eines Drittstaates oder in einem sonstigen Verfahren, das dem Territorialitätsprinzip folgt, nicht im Inland anzuerkennen.

Sanktionen wegen verspäteter Forderungsanmeldung im Partikular- oder Sekundär- 121
verfahren wirken ebenfalls nicht in anderen Ländern.[229]

V. Inlandswirkung ausländischer Nachlassinsolvenzverfahren

Ein ausländisches Nachlassinsolvenzverfahren ist im Inland unter den allgemeinen 122
Voraussetzungen (→ Rn. 12 ff.) anzuerkennen. Einem inländischen Nachlassinsolvenzverfahren sind alle Verfahren gleichzustellen, in denen alle Gläubiger gleichmäßig aus dem Nachlass befriedigt werden sollen.[230] Das US-amerikanische *administration*-Verfahren und die französische *administration judiciaire* entsprechen daher funktional einem Nachlassinsolvenzverfahren.[231]

VI. Kooperation mit ausländischen Verfahren

1. Kooperationspflicht der Insolvenzverwalter. a) Nach Art. 31 II EuInsVO 123
haben die Verwalter von Haupt- und Sekundärverfahren miteinander zusammenzuarbeiten, damit das Gesamtziel der Insolvenzverfahren bestmöglichst erreicht wird.[232]

Zu diesem Zweck haben sie einander unverzüglich[233] alle Informationen zu geben, 124
die für das jeweils andere Verfahren von Interesse sind. Etwaige Kosten für Übersetzun-

---

[224] *Ludwig*, S. 222, 230; D-K/D/C-*Duursma-Kepplinger/Chalupsky*, Art. 18 Rn. 25.
[225] *Ludwig*, S. 205 f.
[226] Vgl. *Hanisch* ZIP 1989, 273, 277 f.; HK/*Stephan*, § 342 Rn. 11; vgl. *Laut*, S. 145.
[227] So D-K/D/C-*Duursma-Kepplinger/Chalupsky*, Art. 20 Rn. 31.
[228] *Schulte*, S. 165.
[229] *Kolmann*, S. 208.
[230] *Bünning*, S. 192 f.
[231] *Bünning*, S. 193 f.
[232] Dazu *Hortig*, Kooperation von Insolvenzverwaltern; *Czaja*, Umsetzung der Kooperationsvorgaben durch die Europäische Insolvenzverordnung im deutschen Insolvenzverfahren, 2009.

gen,[234] soweit erforderlich, sollte im Grundsatz die jeweils empfangende Insolvenzmasse als Massekosten tragen müssen.[235]

125   Die Informationspflicht zielt ab auf eine effiziente Verfahrensabwicklung. In welchem Umfang vor diesem Hintergrund ein wechselseitiger Informationsaustausch erforderlich ist, lässt sich nicht abstrakt, sondern nur einzelfallbezogen formulieren. Der Informationsbedarf umfasst regelmäßig die vorhandene Insolvenzmasse, geplante/eingereichte Klagen, Verwertungsmöglichkeiten, Forderungsanmeldungen, Forderungsprüfung (also Buchhaltungsunterlagen), Anfechtungstatbestände, Verteilungsordnung/Rangfolge, geplante Sanierungsmaßnahmen, Vorschläge für die Ausschüttung sowie die Verfahrensbeendigung.[236] Auch eine gegenseitige Rechnungslegung der Verwalter fällt darunter.[237] Die sich aus dem mitgliedstaatlichen Recht ergebenden Vorbehalte, etwa aus dem Datenschutz oder aus dem Berufsrecht, schränken die Informationspflicht wiederum ein.[238]

126   Aus der Informationspflicht folgt im Grundsatz ein materiell-rechtlicher, gerichtlich einklagbarer Informationsanspruch. Die internationale Entscheidungszuständigkeit ist nicht ausdrücklich geregelt. Es liegt nahe, sie in analoger Anwendung des Art. 3 EuInsVO ausschließlich den Gerichten des Mitgliedstaates zuzuweisen, in welchem der kooperationsunwillige Verwalter bestellt wurde.

127   **b)** Eine allgemeine Kooperationspflicht zwischen Haupt- und Sekundärverwalter ergänzt die Informationspflicht (Art. 31 II EuInsVO). Eine solche Zusammenarbeit wird sich insbesondere beziehen auf die Bereitstellung von Unterlagen, die Abstimmung bei Verwertungshandlungen, die Ausübung von Stimmrechten, die Ausübung von Wahlrechten bzgl. schwebender Verträge, Verfolgung von Anfechtungsansprüchen, Aufnahme von Massekrediten.[239] Da sinnvollerweise die Gesamtrichtung im Hauptverfahren bestimmt werden sollte, hat der Verwalter des Sekundärverfahrens dem Verwalter des Hauptverfahrens rechtzeitig Gelegenheit zu geben, Vorschläge zur Verwertung oder sonstigen Verwendung der Masse des Sekundärverfahrens zu unterbreiten (Art. 31 III EuInsVO).

128   Die Befolgung dieser europarechtlichen Kooperationspflichten durch den in Deutschland bestellten Insolvenzverwalter unterliegt der Aufsicht durch das Insolvenzgericht (§ 58 InsO).[240] Ein materiell-rechtlicher, gerichtlich durchsetzbarer individueller Anspruch des Hauptverwalters, um eine bestimmte Form der Kooperation oder eine bestimme Handlung des Sekundärverwalters zu erzwingen, besteht nicht.[241] Jedoch haben die europarechtlichen Kooperationspflichten drittschützenden Charakter, dh der Verwalter kann sich bei Verstoß gegenüber den Beteiligten seines Verfahrens nach den dort geltenden Vorschriften (§ 60 InsO) schadensersatzpflichtig machen.[242]

129   **c)** Nach § 357 InsO bestehen gleiche Pflichten zur Zusammenarbeit auch für den Verwalter eines deutschen Sekundärverfahrens mit dem Verwalter eines Hauptverfahrens

---

[233] Vgl. dazu *Staak* NZI 2004, 480, 482; HambKommInsO-*Undritz*, Art. 31 EuInsVO Rn. 4; Pannen-*Pannen/Riedemann*, EuInsVO, Art. 31 Rn. 18 f.

[234] In der Praxis wird sich anbieten, dass die zu informierende Partei selbst über die Übersetzungsnotwendigkeit entscheidet und dann die daraus folgenden Kosten trägt.

[235] Pannen-*Pannen/Riedemann*, EuInsVO, Art. 31 Rn. 6.

[236] Vgl. *Virgós/Schmit*, No 233; *Czaja*, S. 82 ff.; HambKommInsO-*Undritz*, Art. 31 EuInsVO Rn. 3.

[237] Pannen-*Pannen/Riedemann*, EuInsVO, Art. 31 Rn. 23.

[238] *Virgós/Schmit*, No 231; *Ehricke* ZIP 2005, 1104, 1110 f.; *Paulus*, EuInsVO, Art. 31 Rn. 11; *Czaja*, S. 101 ff.

[239] Vgl. *Czaja*, S. 120 ff.; Pannen-*Pannen/Riedemann*, EuInsVO, Art. 31 Rn. 35.

[240] Ebenso *Herchen*, S. 147; Pannen-*Pannen/Riedemann*, EuInsVO, Art. 31 Rn. 39; aA KPB/*Kemper*, EuInsVO, Art. 31 Rn. 12.

[241] Zur Bindungswirkung *Czaja*, S. 161 ff.

[242] Differenzierend *Czaja*, S. 223 ff.

in einem Drittstaat. Sinngem muss auch der Verwalter eines deutschen Hauptverfahrens mit Verwaltern von Sekundärverfahren in Drittstaaten zusammenarbeiten.[243]

d) Zuzulassen ist ferner die unmittelbare Kooperationsmöglichkeit zwischen zwei Sekundärverwaltern, auch ohne den Umweg über den Hauptverwalter.[244] Auch wenn Art. 31 EuInsVO eine Kooperationspflicht nur für das Verhältnis zwischen Haupt- und Sekundärverwalter begründet, so setzt beispielsweise Art. 20 II EuInsVO den Informationsaustausch zwischen Sekundärverwaltern stillschweigend voraus. Insoweit lässt sich auch eine unmittelbare Pflicht zur wechselseitigen Information zwischen Sekundärverwaltern begründen. Eine darüber hinausgehende Kooperationspflicht in diesem Verhältnis besteht im Anwendungsbereich der EuInsVO aber nicht.[245]

Ein Leistungsaustausch zwischen mehreren Insolvenzmassen ist denkbar und insbesondere bei Unternehmensfortführungen auch notwendig. Leistung und Gegenleistung müssen jedoch in einem äquivalenten Verhältnis zueinander stehen.[246]

2. Ausübung von Gläubigerrechten. a) Jeder Gläubiger *kann* seine Forderung im Hauptinsolvenzverfahren und in jedem Sekundärverfahren anmelden (Art. 32 I EuInsVO, § 341 I InsO).

b) Jeder Verwalter ist berechtigt, die in seinem Verfahren angemeldeten Forderungen auch in anderen Verfahren über das Vermögen des Schuldners anzumelden.[247] Der betreffende Gläubiger kann dies aber ablehnen oder die Anmeldung zurücknehmen (Art. 32 II EuInsVO, § 341 II InsO). Eine Anmeldung in weiteren Verfahren soll nur erfolgen, wenn dies für die betroffenen Gläubiger zweckmäßig ist, also zu einer besseren bzw. gleichmäßigeren Befriedigung führt.

c) Jeder Verwalter kann wie ein Gläubiger an einer Gläubigerversammlung in einem anderen Insolvenzverfahren über das Vermögen des Schuldners teilnehmen und dort das Stimmrecht für die in seinem Verfahren angemeldeten Forderungen ausüben, sofern der Gläubiger nichts anderes bestimmt (Art. 32 III EuInsVO, § 341 III InsO). Diese Regelung impliziert die Verpflichtung des inländischen Insolvenzgerichts, den ausländischen Verwalter zu solchen Gläubigerversammlungen einzuladen. Die Teilnahmebefugnis schließt ein Äußerungsrecht ein.[248]

3. Konkurrenz von Hauptverfahren. Konkurriert ein deutsches Hauptverfahren mit einem ausländischen Hauptverfahren, so kann kein Vorrang und keine Wirkung für den jeweils anderen Hauptinsolvenzstaat durchgesetzt werden.[249] Beide Verfahren konkurrieren aber beim Zugriff auf Vermögen in Drittstaaten, so dass befriedigende Ergebnisse nur durch eine freiwillige Kooperation erzielt werden können.[250]

Kommt es zu mehreren ausländischen Parallelverfahren und hat der Schuldner Vermögen im Inland, so hat das ausländische Verfahren Vorrang bei der Anerkennung, das am Ort der gewerblichen Hauptniederlassung des Schuldners eröffnet wurde.[251] Lässt

---

[243] Vgl. *Ludwig*, S. 202 ff.
[244] Vgl. dazu *Paulus* EWS 2002, 497, 504.
[245] Wie hier Pannen-*Pannen/Riedemann*, EuInsVO, Art. 31 Rn. 10 ff.
[246] HK/*Stephan*, § 357 Rn. 11.
[247] Nach KG ZIP 2011, 1730 (dazu *Piekenbrock* IPRax 2012, 337) findet Art. 32 II EuInsVO ebenso wenig analoge Anwendung wie § 93 InsO, wenn Insolvenzgläubiger in einem inländischen Partikularinsolvenzverfahren Forderungen zur Tabelle angemeldet haben und der Insolvenzverwalter diese Forderungen daraufhin im Inland im Wege der Leistungsklage gegen die im Ausland ansässige, nicht insolvente Gesellschaft geltend macht.
[248] HK/*Stephan*, § 357 Rn. 13 f.
[249] *Prütting* ZIP 1996, 1277, 1282.
[250] Vgl. *M. Wittinghofer*, Der nationale und internationale Insolvenzverwaltungsvertrag, 2004.
[251] *Trunk*, S. 346.

§ 135

Kapitel XIV. Internationales Insolvenzrecht

sich diese Frage nicht entscheiden, so ist analog § 3 II InsO das zuerst eröffnete Verfahren anzuerkennen.[252]

137 **4. Zusammenarbeit der Insolvenzgerichte.**[253] Die EuInsVO und das autonome deutsche Recht regeln nur die Zusammenarbeit der Verwalter im eröffneten Insolvenzverfahren. Dabei besteht vor allem im Eröffnungsverfahren, aber auch danach, soweit gerichtliche Entscheidungen zu treffen sind, ein Bedürfnis für ein koordiniertes Vorgehen der Insolvenzgerichte. Eine solche Pflicht zur Zusammenarbeit ist in Art. 25 UNCITRAL Model Law ausdrücklich vorgesehen und wurde in einer Reihe von Fällen durch „Protokolle" erfolgreich umgesetzt.[254]

138 Einem praktischen Bedürfnis folgend hat der deutsche Gesetzgeber in § 348 II InsO eine Befugnisnorm (also keine Pflicht) für das deutsche Insolvenzgericht geschaffen, um mit einem ausländischen Insolvenzgericht zusammenzuarbeiten und/oder Informationen auszutauschen. Da dem deutschen wie auch dem europäischen Insolvenzrecht die Vorstellung einer gut koordinierten Gesamtabwicklung von Haupt- und Sekundärverfahren zugrunde liegt, ist eine Zusammenarbeit auch der Gerichte zumindest sinngem. geboten, so dass die Insolvenzgerichte grds. angehalten sind, eine kooperationsfreundliche Grundhaltung einzunehmen. → § 132 Rn. 207; zu den Reformüberlegungen bzgl. der EuInsVO → § 131 Rn. 135.

§ 135. Übereinkommen und Modellregeln zum internationalen Insolvenzrecht

Übersicht

	Rn.
I. Das Europarats-Übereinkommen	1
II. Das UNCITRAL-Modellgesetz	7
1. Recht des ausländischen Verwalters auf direkten Gerichtszugang	10
2. Anerkennung des ausländischen Verfahrens	12
3. Zusammenarbeit mit dem ausländischen Insolvenzgericht und dem ausländischen Insolvenzverwalter	17
III. Der deutsch-österreichische Konkurs- und Vergleichsvertrag	18
IV. Vorschriften des internationalen Insolvenzrechts in Verträgen über die Anerkennung und Vollstreckung von Zivilurteilen	19
1. Ausschluss der Insolvenzsachen	19
2. Der deutsch-niederländische Vertrag	22
3. Abkommen einzelner Bundesländer mit Schweizer Kantonen	23
4. Räumlicher Anwendungsbereich	25
5. Gegenstand der Regelungen	26

Schrifttum: 1. Zum Europaratsübereinkommen: *Arnold,* Der Europarats-Entwurf eines europäischen Konkursabkommens, ZIP 1984, 1144; *ders.,* Straßburger Entwurf eines europäischen Konkursübereinkommens, IPRax 1986, 133; *L. Daniele,* La convenzione europea su alcuni aspetti internazionali del fallimento, R. D. I. P. P. 30 (1994), 499; *Favoccia,* Vertragliche Mobiliarsicherheiten im internationalen Insolvenzrecht, 1991, S. 147 ff.; *Fletcher,* Harmonization of jurisdictional and recognitional rules: the Istanbul Convention and the Draft EEC-Convention, in Ziegel, Current developments of international and comparative corporate insolvency law, 1994, S. 709, 717 ff.; *ders.,* The Law of Insolvency, 2nd ed 1996, S. 777 ff.; *ders.,* Insolvency in Private International Law, 1999, S. 302; *St. Kolmann,* Kooperationsmodelle im internationalen Insolvenzrecht, 2001, S. 63 ff.; *R. Lechner,* Waking from the jurisdictional nightmare of multinational de-

---

[252] FK/*Wenner/Schuster*, § 343 Rn. 16.
[253] Ausf *Busch/Remmert/Rüntz/Vallender* NZI 2010, 417.
[254] Vgl. *Göpfert,* ZZPInt 1996, 269.

fault; the European Council Regulation on Insolvency Proceedings, Arizona J. Int. & Comp. L. 19 (2002), 975; *I. Mezger,* Die Umsetzung des Instanbuler Konkursübereinkommens in das neue deutsche internationale Insolvenzrecht, 1994.

2. Zum UNCITRAL-Modellgesetz: UNCITRAL Model Law on Cross-Border Insolvency, abgedruckt in ZIP 1997, 2224. *Adolphsen,* IPRax 2002, 337; *Arnason* u. a., Practioner's Guide to Cross-Border Insolvencies (Loseblattausgabe); *O. Benning/A. Wehling,* Das „Model law on Cross-Border Insolvency" der Vereinten Nationen, EuZW 1997, 618; *Benning,* Internationale Prinzipien für grenzüberschreitende Insolvenzverfahren, 2013; *Berends,* The Uncitral Model Law on Cross-border Insolvency, Tulane J. Intern. & Comp. L. 1998, 309; *Boone/Duedall,* The European Lawyer 2006, 31; *Duursma,* in: Duursma-Kepplinger, Europäische Insolvenzverordnung, 2002 (Teil 2 Rn. 5 ff.); *Fletcher,* Insolvency in private international law, 2005, 2nd ed (chapter 8); *Ho* (Hrsg), Cross Border Insolvency – A commentary on the UNCITRAL Model Law, 3rd ed 2012; *Hollander/Graham,* in: Pannen, EuInsVO, Teil 4, S. 703 ff.; *St. Kolmann,* Kooperationsmodelle im internationalen Insolvenzrecht, 2001 (§ 8); *A. Markus,* Das neue UNCITRAL-Modellgesetz betreffend grenzüberschreitende Insolvenz, SchweizZW/RSDA 1998, 15; *Mohan,* Cross-border insolvency problems …, IIRev 21 (2012), 199; *Prior,* The UNCITRAL Model Law on cross-border insolvency, Insolvency Law & Practice 1998, 215; *Smid/Thurner* (Hrsg.) UNCITRAL – Model Law on Cross Border Insolvency, 2000; *C. Tobler,* Managing failure in a new global economy; the UNCITRAL Model Law on Cross-Border Insolvency, Boston College Intern. & Comp. L. Rev. 22 (1999), 383; United Nations, Report of the UNCITRAL on the Work of its 13th session (12–30 May 1997), General Assembly Official records. 52nd session, Suppl. No 17 (A/52/17), Draft UNCITRAL Model legislative Provisions on Cross-Border Insolvency, S. 5–46; UNCITRAL, Guide to Enactment of the UNCITRAL Model Law on Cross-Border Insolvency (A/CN. 9/442 vom 19.12.1997); *v. Boehner,* (Deutsches) Internationales Insolvenzrecht im Umbruch: Grundfragen grenzüberschreitender Insolvenzen, unter Berücksichtigung der UNCITRAL-Modellbestimmungen über grenzüberschreitende Insolvenzen; *L. Westbrook,* Multinational Enterprises in General Default: The UNCITRAL Model Law and Related Regional Reform, in: Gottwald, Aktuelle Entwicklungen des europäischen und internationalen Zivilverfahrensrechts, 2002, S. 237; *Wimmer,* Die UNCITRAL-Modellbestimmungen über grenzüberschreitende Insolvenzverfahren, ZIP 1997, 2220; *Yamauchi,* The UNCITRAL Model Cross-Border Insolvency Law: of Proceedings and Adequate Protection, IntInsolRev 13 (2004), 87.

Das Model Law wird ergänzt durch einen **„Legislative Guide on Insolvency Law"** of 25 June 2004, s United Nations General Assembly (A/59/17, S. 21) (s. http:// www.uncitral.org/en-index.htm); vgl. hierzu *Benning,* Internationale Prinzipien für grenzüberschreitende Insolvenzverfahren, 2013.

3. Andere Modelle: a) *The American Law Institute,* Transnational Insolvency Project, Cooperation among the NAFTA countries, Principles of Cooperation *(Reporter J. Westbrook),* 2003; *A. Nielsen/M. Sigal/K. Wagner,* The Cross Border Insolvency Concordat: Principles to Facilitate the Resolution of International Insolvencies, AmBankrLJ 70 (1996), 533 (Vorschläge der IBA; aktuelle Fassung abrufbar unter www.iiiglobal.org/country/USA/20060620morrison.pdf); *Paulus,* Globale Grundsätze für die Zusammenarbeit in grenzüberschreitenden Insolvenzen und globale Richtlinien für die gerichtliche Kommunikation, RIW 2014, 194; *J. Westbrook,* Creating International Insolvency Law, AmBankrLJ 70 (1996), 563 (American Law Institute); Richtlinien, anzuwenden bei der Kommunikation zwischen den Gerichten in grenzüberschreitenden Fällen, KTS 2005, 121.

b) *W. W. McBryde/A. Flessner/S. C. Kortmann* (eds.), Principles of European Insolvency Law, 2003.

c) World Bank Principles and Guidelines for Effective Insolvency and Creditor Rights System.

d) Organisation pour l'harmonisation en Afrique du droit des affaires (OHADA): Uniform Act on Collective Proceedings for Wiping off Debts.

4. Bilaterale Verträge:
a) Deutsch-österreichischer Vertrag: *Arnold,* Der deutsch-österreichische Konkursvertrag, 1987; *ders.,* Der deutsch-österreichische Konkurs- und Vergleichs-(Ausgleichs-)vertrag vom 25.5.

1979, KTS 1985, 385; *Bloching,* Pluralität und Partikularinsolvenz, 2000; *Jelinek,* Der deutsch-österreichische Konkursvertrag, 1985; *Leipold,* Wege zu einem funktionsfähigen internationalen Konkursrecht, Waseda-FS, 1988, S. 787; *Leitner,* Der grenzüberschreitende Konkurs, 1995, S. 58 ff.; *Schollmeyer,* Die vis attractiva concursus im deutsch-österreichischen Konkursvertrag, IPRax 1998, 29; *Schumacher,* Die Entwicklung österreichisch-deutscher Insolvenzbeziehungen, ZZP 103 (1990), 418; *Wiesbauer,* Internationales Insolvenzrecht, 1986.

b) Verträge mit Schweizer Kantonen: *Blaschczok,* Die schweizerisch-deutschen Staatsverträge auf dem Gebiet des Insolvenzrechts, ZIP 1983, 141; *Bürgi,* Konkursrechtliche Staatsverträge der Schweiz mit den ehemaligen Königreichen Württemberg und Bayern sowie mit Frankreich, FS 100 Jahre SchKG, 1989, S. 175; *Walther/Liersch,* Geltung und Grenzen der deutsch-schweizerischen Staatsverträge auf dem Gebiet des Insolvenzrechts, ZInsO 2007, 582; *Wochner,* Zur derzeitigen Lage der Landesstaatsverträge mit der Schweiz, RIW 1986, 134.

I. Das Europarats-Übereinkommen

1   Während die EU mit dem zunächst geplanten EuInsÜ ursprünglich eine *convention double* anstrebte, beabsichtigte das Europarats-Übereinkommen über bestimmte internationale Aspekte des Konkurses vom 5.6.1990, das in Istanbul gezeichnet wurde,[1] nur die gegenseitige Anerkennung von Insolvenzverfahren, die erleichterte Anerkennung einer grenzüberschreitenden Handlungsmacht für den Verwalter und Regelungen für eine Kooperation der Verwalter in den verschiedenen Vertragsstaaten.[2] Das Übereinkommen ist auch von den EU-Mitgliedsstaaten einschließlich Deutschland gezeichnet worden, seine Ratifikation wird aber nicht mehr erfolgen, da es nur als Zwischenschritt zur EuInsVO anzusehen war, die gem. ihrem Art. 48 I Vorrang vor dem Europarats-Übereinkommen beansprucht.

2   Durch das Übereinkommen sollte es dem in einem Staat ernannten Insolvenzverwalter ermöglicht werden, seine Verwaltungs- und Verfügungsbefugnisse auch in den anderen Mitgliedsstaaten auszuüben, insb dort belegenes Vermögen des Insolvenzschuldners zur Masse zu ziehen. Als Gegenstück zu diesen Rechten des ausländischen Insolvenzverwalters sollte zugunsten der Gläubiger, die sich in einem anderen Vertragsstaat als dem Eröffnungsstaat aufhalten, vertraglich sichergestellt werden, dass sie zuverlässig über die Eröffnung des Insolvenzverfahrens unterrichtet werden (Art. 30) und auch wirklich gleichberechtigt ihre Ansprüche in jedem Insolvenzverfahren geltend machen können.[3]

3   Art. 6 ff. des Istanbuler Übereinkommen sahen erstmals eine Anerkennung grenzüberschreitender einstweiliger Schutzmaßnahmen vor. Danach kann der vorläufige Verwalter, der nach Einleitung eines Eröffnungsverfahrens bestellt wurde, ab seiner Bestellung alle Schritte unternehmen, um Vermögen des Schuldners zu schützen, zu bewahren und aus dem Land zu entfernen (Art. 6, 8 Istanbuler Übereinkommen).[4]

4   Über das Vermögen darf der Verwalter aber erst verfügen und es zur Masse ziehen, nachdem die Entscheidung über seine Bestellung in dem anderen Mitgliedstaat öffentlich bekannt gemacht und danach eine Frist von zwei Monaten verstrichen ist.[5] Innerhalb dieser Frist kann der Schuldner noch verfügen und können bevorzugte Gläubiger (mit Vorrechten, dinglichen Sicherheiten, öffentlich-rechtliche Forderung oder Gläubiger aus Arbeitsverhältnissen oder im Zusammenhang mit dem Geschäftsbetrieb der dortigen Niederlassung) in das in dem Staat belegene Vermögen vollstrecken.[6]

---

[1] European Convention on Certain International Aspects of Bankruptcy, Council of Europe, Nr 136; abgedruckt in: I. L. M. 30 (1991), 165.
[2] Vgl. *Taupitz* ZZP 111 (1998), 315, 317 ff.; *Kolmann,* S. 75 ff.
[3] *Metzger,* S. 198 ff.; *Fletcher,* S. 309; *Kolmann,* S. 95 f.
[4] *Fletcher,* S. 310.
[5] *Favoccia,* S. 154; *Fletcher,* S. 310 ff.
[6] Krit. *Metzger,* S. 62 ff., 71 ff.

Alle Gläubiger und der Schuldner können ein auf dieses Vermögen beschränktes Insolvenzverfahren beantragen, das den Zugriff des ausländischen Verwalters ausschließt. Dieses zweite Insolvenzverfahren ist ein *Sekundärverfahren*. Darin können zwar alle Forderungen des In- oder Auslandes angemeldet werden (Art. 20, 31). Aus der Masse des Sekundärverfahrens werden aber nur Vorzugs- und Sicherungsgläubiger sowie öffentliche Forderungen mit Bezug auf die betroffene Niederlassung befriedigt (Art. 21). Die anderen Forderungen werden lediglich dem Verwalter des Hauptverfahrens mitgeteilt (Art. 20 II). Dies führt zu einer starken Privilegierung der Gläubiger des Niederlassungsstaates.[7]

Die Verwalter von Haupt- und Sekundärkonkurs haben einander über den Verlauf des Verfahrens zu unterrichten. Ein Vergleich, der den Sekundärkonkurs beendet, bedarf der Zustimmung des Verwalters des Hauptkonkurses. Im Übrigen wird der Sekundärkonkurs nach dem materiellen und formellen Recht des Staates, in dem eröffnet worden ist, abgewickelt. Ergibt sich ein Masseüberschuss, so ist dieser an die Masse des Hauptverfahrens abzuliefern. Das im Sekundärverfahren Erlangte müssen sich die Gläubiger auf die Quote des Hauptkonkurses anrechnen lassen.

II. Das UNCITRAL-Modellgesetz

Die EuInsVO erfasst vorrangig grenzüberschreitende Verfahren in Europa. Die Wirtschaftstätigkeit deutscher Unternehmen und Privatpersonen macht aber an den europäischen Grenzen nicht halt. Deshalb bedarf es allgemein gültiger Regeln. Ideal wäre es, wenn weltweit in etwa gleiche Regeln gelten würden. Aus diesem Grunde hat die UNCITRAL-Kommission Modellbestimmungen für grenzüberschreitende Insolvenzverfahren beraten und im Mai 1997 verabschiedet. Die UN-Vollversammlung hat am 15.12.1997 allen UN-Mitgliedstaaten die Übernahme dieses Modellgesetzes empfohlen.[8] Die ersten Staaten, die ihr Recht nach dem UNCITRAL Model Law neu gestaltet haben, sind Eritrea, Japan (2000), Mexiko (2000), Polen und Rumänien (2003), Südafrika (2000), Montenegro (in Serbien, 2002), Serbien (2004), Spanien, Argentinien, Pakistan, British Virgin Islands die USA (2005) sowie Südkorea (2006). Das UNCITRAL Model Law hat zudem das internationale Insolvenzrecht in Kanada, Australien, Neuseeland sowie für den Nicht-EU-Bezug in Großbritannien[9] beeinflusst. Für Gläubiger wie auch international tätige Insolvenzverwalter ist es daher unerlässlich geworden, zumindest Grundzüge des UNCITRAL Model Law zu kennen.

Das Modellgesetz möchte einen weltweiten einheitlichen Standard für die Kooperation bei grenzüberschreitenden Insolvenzverfahren aufbauen. Ähnlich wie die EuInsVO versucht das Modellgesetz nicht, das Insolvenzrecht inhaltlich zu vereinheitlichen; es bietet lediglich einen Rahmen an, um praktische Probleme der Zusammenarbeit bei grenzüberschreitenden Fällen zu lösen. In seinen Hauptgrundsätzen unterscheidet sich das Modellgesetz erheblich von der EuInsVO. Dazu sollen lediglich drei Punkte dargelegt werden.

Damit ist die Arbeit von UNCITRAL auf diesem Gebiet aber nicht beendet. Vielmehr ist eine Arbeitsgruppe beauftragt, ua in Zusammenarbeit mit dem Internationalen Währungsfonds und der Weltbank ein internationales Sanierungsrecht zu entwickeln.[10] Ein detaillierter ‚*Legislative Guide on Insolvency Law*' ist am 25.6.2004 verabschiedet worden.[11] Zudem gibt es Bemühungen um die Abwicklung von Konzernin-

---

[7] Krit. *Metzger*, S. 168 ff., 202 ff.
[8] Zum Inhalt vgl. *Wimmer* ZIP 1997, 2220; *Fletcher*, S. 330 ff.; *Kolmann*, S. 413 ff.
[9] Cross-Border Insolvency Regulations 2006, in Kraft seit 4.4.2006.
[10] Vgl. Possible future work on Insolvency law, Note by the Secretariat, A/CN.9/WG.V/WP.50 vom 20.9.1999. Report of the working Group on Insolvency Law, A/CN.9/469 vom 6.1.2000.
[11] United Nations General Assembly A/59/17, S. 21.

solvenzen,[12] zur Kooperation, Kommunikation und Koordination in grenzüberschreitenden Insolvenzverfahren,[13] zu vereinheitlichten Regeln hinsichtlich des Konzepts des COMI, zu den Pflichten von Geschäftsleitern in der Krise sowie zu Insolvenzabwicklungen von Finanzinstituten.[14]

10 1. Recht des ausländischen Verwalters auf direkten Gerichtszugang. Art. 10 des Modellgesetzes legt fest, dass ausländische Insolvenzverwalter direkt bei den Insolvenzgerichten jedes anderen Staates Sicherungsmaßnahmen beantragen dürfen. Die Gerichte des ersuchten Staates entscheiden dann, welche Art von Maßnahmen geeignet sind, um eine optimale Verfügung über das insolvente Vermögen zu gewährleisten. Der ausländische Verwalter soll nicht auf den formellen Rechtshilfeweg verwiesen werden, sondern selbst bei dem Gericht jedes anderen Staates Sicherungsmaßnahmen beantragen oder einen formellen Insolvenzantrag stellen können (Art. 11). Diese Befugnisse stehen auch dem vorläufigen Insolvenzverwalter zu (Art. 2 (d) Modellgesetz). Nach formeller Anerkennung „seines" ausländischen Verfahrens darf der ausländische Verwalter am inländischen Insolvenzverfahren teilnehmen (Art. 12). Er darf in Einzelklagen bei anhängigen Rechtsstreitigkeiten intervenieren (Art. 24) und hat die Befugnis, im Inland einen Anfechtungsprozess zu führen (Art. 23).[15]

11 Das Modellgesetz gibt dem ausländischen Verwalter aber keine besonderen Befugnisse oder Rechte. Ob er in der Lage ist, das Vermögen des Schuldners zu schützen, ob er es verwerten und verteilen kann, hängt von dem allgemeinen Insolvenzrecht des betroffenen Staates ab. Anders als die EuInsVO sieht das Modellgesetz vor, dass jeder ausländische Liquidator das Recht hat, die Eröffnung eines Insolvenzverfahrens zu beantragen, nicht nur der Insolvenzverwalter des Hauptverfahrens.

12 2. Anerkennung des ausländischen Verfahrens. Das Recht auf direkten Zugang des Verwalters ist nicht mit irgendwelchen besonderen Befugnissen verbunden. Es hängt deshalb mittelbar von der Anerkennung des ausländischen Insolvenzverfahrens ab. Die Lösung des Modellgesetzes unterscheidet sich insoweit inhaltlich von der EuInsVO. Während dort ausländische Insolvenzverfahren automatisch anerkannt werden, bedarf es nach dem Modellgesetz der formellen Anerkennung auf Antrag des ausländischen Liquidators (Art. 15 Modellgesetz).[16] Sobald er die erforderlichen Unterlagen vorgelegt hat, können ein Hauptverfahren und Sekundärverfahren in allen Ländern, in denen der Schuldner eine Niederlassung hat, anerkannt werden (Art. 17 Modellgesetz).

13 Selbst nach der Anerkennung eines ausländischen Hauptverfahrens können aber neue konkurrierende Verfahren eingeleitet werden, wenn der Schuldner in dem betreffenden Staat Vermögen hat. Anders als nach der EuInsVO ist das Bestehen einer Niederlassung keine Voraussetzung für ein Sekundärverfahren. Auf diese Weise können parallele Insolvenzverfahren stattfinden, deren Reichweite auf das Territorium des betreffenden Staates beschränkt ist.

14 Nach der EuInsVO werden die Wirkungen des Insolvenzverfahrens im Haupteröffnungsstaat auf den Anerkennungsstaat erstreckt. Nach dem Modellgesetz hat die formelle Anerkennung nur folgende Wirkungen unabhängig vom Recht des Eröffnungsstaates:[17]

---

[12] Vgl. 35. Sitzung der Working Group V v. 17.–21.11.2008 in Wien, Bericht A/CN.9/WG.V/WP.82 – Treatment of Enterprise Groups in Insolvency.

[13] Vgl. A/CN.9/WG.V/WP.83, Draft UNCITRAL Notes on Cooperation, Communication and Coordination in cross-border insolvency proceedings.

[14] Vgl. A/CN.9/WG.V/WP.93 – Possible Future Work. Jeweiliger Status veröffentlicht unter http://www.uncitral.org/uncitral/en/commission/working_groups/5Insolvency.html.

[15] *Fletcher*, S. 347 ff.

[16] FK/*Wenner/Schuster*, Anhang 3 nach § 358 Rn. 6; *Fletcher*, S. 337 ff.

[17] *Fletcher*, S. 341 ff.; *Kolmann*, S. 422 ff.

(1) Der Schuldner verliert das Recht über sein Vermögen zu verfügen, insb es ins Ausland zu transferieren.

(2) Individuelle Klagen, die das Vermögen des Schuldners oder seine Verbindlichkeiten betreffen, werden unterbrochen;[18] neue Verfahren können nicht anhängig gemacht werden und

(3) die Vollstreckung gegen das Vermögen des Schuldners ist eingestellt.

Der Umfang dieser Wirkungen, ihre Begrenzungen, Veränderungen und ihre Beendigung hängen vom Recht des Anerkennungsstaates ab. Auf diese Weise kann die Anerkennung Wirkungen haben, die über die des ursprünglichen Verfahrens hinausgehen.[19] ZB: Ein deutsches Unternehmen beantragt die Eröffnung eines Insolvenzverfahrens wegen drohender Zahlungsunfähigkeit unter Vorlage eines eigenen Vorschlags für einen Insolvenzplan. Als Folge davon eröffnet das Insolvenzgericht ein Eröffnungsverfahren und bestellt einen vorläufigen Insolvenzverwalter, der die Geschäftsführung überwachen soll. Falls der vorläufige Insolvenzverwalter um Informationen über Vermögenswerte im Ausland ersuchen würde, müsste er nach dem Modellgesetz um Anerkennung des Eröffnungsverfahrens nachsuchen mit dem Ergebnis, dass alle Vermögenswerte im Anerkennungsstaat eingefroren würden und der Schuldner nicht über seine Bankkonten verfügen könnte. Bis die wirkliche Lage dem Gericht im Anerkennungsstaat unterbreitet wird und eine Abänderung oder Aufhebung des Wegfalls der Verfügungsbefugnis gewährt wird, könnte das Unternehmen tatsächlich zahlungsunfähig werden und die Gelegenheit für eine Sanierung und eine Einigung mit den Gläubigern vertan sein. Alles hängt deshalb von der rechtzeitigen Bereitschaft der Gerichte des Anerkennungsstaates ab, geeignete Rechtsbehelfe zur Verfügung zu stellen.

Allerdings sind solche Wirkungen der Preis für die leichte Anerkennung des ausländischen Verfahrens gegen Vorlage lediglich einer Ausfertigung des ausländischen Eröffnungsbeschlusses und der ausländischen Bestallungsurkunde (Art. 15 S. 2 Modellgesetz). Die Entscheidung über die Anerkennung kann danach ohne Kenntnis vom Insolvenzrecht des Eröffnungsstaates gewährt werden. Nach der Konzeption der EuInsVO hätte die Eröffnung des Insolvenzverfahrens in einem Staat dagegen automatische Wirkungen in allen anderen Unionsstaaten. Solche Wirkungen lassen sich freilich nur vertreten, wenn man Kenntnisse über das fremde Recht hat und sich die Rechtsordnungen der betroffenen Staaten nicht wesentlich unterscheiden. In allen anderen Fällen bedarf es daher doch einer gewissen Vorprüfung und müssen die Wirkungen beschränkt werden. Die Konzeption des UNCITRAL-Modellgesetzes hat deshalb Vorteile, wenn das zuständige Insolvenzgericht in dem Anerkennungsstaat bereit ist, flexibel auf die Situation zu reagieren.

3. Zusammenarbeit mit dem ausländischen Insolvenzgericht und dem ausländischen Insolvenzverwalter. Das dritte Charakteristikum des UNCITRAL-Modellgesetzes ist, dass es grenzüberschreitende Insolvenzverfahren nicht im Detail regelt, sondern darauf vertraut, dass Insolvenzrichter und Insolvenzverwalter wirtschaftlichen Sachverstand haben und bereit sind, bei der Bewältigung grenzüberschreitender Liquidations- und Sanierungsverfahren sachgerecht zusammenzuarbeiten. Nach den Art. 25–27 des Modellgesetzes sollen Gerichte und ausländische Verwalter soweit wie möglich direkt oder indirekt miteinander zusammenarbeiten. Auf diese Weise erhofft man sich bessere Ergebnisse als bei einer starreren Regelung.[20]

---

[18] Vgl. *S. Rugullis,* Litispendenz im Europäischen Insolvenzrecht, 2002, S. 56 ff.
[19] Krit. FK/*Wenner/Schuster,* Anhang 3 nach § 358 Rn. 9.
[20] Vgl. FK/*Wenner/Schuster,* Anhang 3 nach § 358 Rn. 12 f.; *Fletcher,* S. 355 ff.

III. Der deutsch-österreichische Konkurs- und Vergleichsvertrag

18 Der Vertrag vom 25.5.1979 zwischen der Bundesrepublik Deutschland und der Republik Österreich hat mit Inkrafttreten der EuInsVO am 31.5.2002 praktisch seine Bedeutung verloren (Art. 44 I d EuInsVO). Er gilt nur noch für Verfahren, die vor dem 31.5.2002 eröffnet wurden (Art. 44 II EuInsVO). Zur Erl s 2. Aufl.

IV. Vorschriften des internationalen Insolvenzrechts in Verträgen über die Anerkennung und Vollstreckung von Zivilurteilen

19 **1. Ausschluss der Insolvenzsachen. a)** Die von Deutschland abgeschlossenen Übereinkommen und Verträge über die Anerkennung und Vollstreckung von Urteilen und anderen Schuldtiteln in Zivil- und Handelssachen schließen die Anwendung von Entscheidungen, die in einem Insolvenz-, Konkurs- oder Vergleichsverfahren ergehen, aus ihrem Anwendungsbereich aus. Die Besonderheiten der insolvenzrechtlichen Kollektivverfahren verlangen nach einer eigenständigen Regelung. Daher erschien die Anerkennung der mit solchen Verfahren zusammenhängenden Entscheidungen nur dann sinnvoll, wenn Insolvenz-, Konkurs- und Vergleichsverfahren insgesamt anerkannt werden. Der Ausschluss der Insolvenzsachen ist in den Übereinkommen und Verträgen meist ausdrücklich festgelegt. Art. 1 II Nr 2 EuGVO/EuGVÜ/LugÜ nimmt ausdrücklich Konkurse, Vergleiche und ähnliche Verfahren von seinem Anwendungsbereich aus. Nach der Rspr des EuGH ist dieser Ausnahmetatbestand weit auszulegen. Er erfasst nicht nur Entscheidungen, die im eigentlichen Insolvenzverfahren ergehen, sondern auch vom Insolvenzverwalter erstrittene Titel aus Anfechtungsklagen oder auf Schadensersatz gegen Geschäftsführer wegen Insolvenzverschleppung etc.[21]

20 **b)** Der Ausschluss der Insolvenzsachen findet sich auch in bilateralen Verträgen, etwa in Art. 12 des deutsch-italienischen Abkommens vom 9.3.1936[22] und in Art. 3 Nr. 3 des deutsch-norwegischen Vertrages vom 17.6.1977.[23] Beim deutsch-schweizerischen Abkommen vom 2.11.1929[24] folgt der Ausschluss der Insolvenzverfahren mittelbar daraus, dass das Übereinkommen nach Art. 1 nur die im Prozessverfahren über vermögensrechtliche Ansprüche ergangenen Entscheidungen erfasst.

21 **c)** Auch gerichtlich bestätigte Insolvenzpläne, Zwangsvergleiche oder sonstige Vergleiche zur Abwendung des Insolvenzverfahrens und Entscheidungen in insolvenzrechtlichen Anfechtungssachen sind aus den Übereinkommen ausgeschlossen. Dagegen fallen Entscheidungen, die zwar aus Anlass eines Insolvenzverfahrens ergehen, aber keine insolvenzspezifische Rechtsfolge zum Gegenstand haben, unter die allgemeinen Anerkennungs- und Vollstreckungsverträge. Art. 3 Nr. 3 des deutsch-norwegischen Vertrages vom 17.6.1977 stellt freilich klar, dass Entscheidungen über Ansprüche auf Aussonderung, Entscheidungen über Ansprüche aus Absonderungsrechten (Ansprüche aus Pfandrechten und ähnlichen Rechten) und Entscheidungen über Haftungsansprüche gegen den Insolvenzverwalter in den Anwendungsbereich der allgemeinen Zivil- oder Handelssachen fallen.

22 **2. Der deutsch-niederländische Vertrag.** Die insolvenzrechtlichen Regelungen des deutsch-niederländischen Vertrags vom 30.8.1962 haben mit Inkrafttreten der EuInsVO am 31.5.2002 mit Ausnahme von Altfällen ebenfalls ihre Bedeutung verloren (Art. 44 I d, II EuInsVO). Zur Erl s 3. Aufl.

---

[21] Vgl. EuGH NJW 1979, 1772; OLG Hamm RIW 1994, 62; MüKoZPO/*Gottwald*, Art. 1 EuGVÜ Rn. 18.
[22] RGBl. 1937 II 145.
[23] BGBl. 1981 II 341.
[24] RGBl. 1930 II 1066.

3. Abkommen einzelner Bundesländer mit Schweizer Kantonen. a) In der 23 Zeit des Deutschen Bundes (1815–1866) haben einzelne deutsche Bundesländer bzw ihre Vorgänger partikuläre Konkursverträge mit Schweizer Kantonen abgeschlossen. Diese Verträge gelten fort, soweit sie nicht aufgehoben worden sind.

b) Die Übereinkunft der Königl Bayer Staatsregierung mit mehreren Schweizer Kantonen,[25] die gleichen Konkurrenz- und Klassifikationsrechte bei Insolvenz-, Erklärungs- und Konkursfällen gegenseitigen Staatsangehörigen betr vom 11.5./27.6.1834[26] und die Übereinkunft zwischen der Krone Württembergs und 19 Kantonen der schweizerischen Eidgenossenschaft[27] in Beziehung auf eine gegenseitig gleiche Behandlung der beiderseitigen Staats-Angehörigen in Concursen vom 12.12.1825/13.5.1826[28] werden noch als gültig angesehen; es wird angenommen, dass sie die tiefgreifenden völker- und staatsrechtlichen Veränderungen im Status der vertragsschließenden Staaten ebenso überdauert haben wie die Vereinheitlichung des Konkurs- und Vollstreckungsrechts auf beiden Seiten. Die Fortgeltung beider Vereinbarungen als Landesrecht ist in jüngerer Zeit sowohl von deutschen als auch von schweizerischen Gerichten und Behörden sowie im Schrifttum bejaht worden.[29] Sie haben für die Praxis auch nach Inkrafttreten der InsO noch erhebliche Bedeutung.[30]

4. Räumlicher Anwendungsbereich. Zu den noch fortbestehenden Vereinbarungen Bayerns und Baden-Württembergs stellt sich die Frage, für welche Gebiete die Vereinbarungen gelten, nachdem vor allem auf Seiten der deutschen Vertragspartner erhebliche territoriale Veränderungen eingetreten sind. Nach dem Grundsatz der beweglichen Vertragsgrenzen[31] werden die Abkommen im heutigen Gebiet des Bundeslandes Bayern (nicht in der früheren Rheinpfalz, die zZ des Vertragsschlusses zum Königreich Bayern gehörte, jetzt aber einen Teil des Bundeslandes Rheinland-Pfalz bildet) und in demjenigen Teil des Bundeslandes Baden-Württemberg anzuwenden sein, der dem Gebiet des früheren Landes Württemberg entspricht.[32]

5. Gegenstand der Regelungen. a) Die bayerisch-schweizerische Übereinkunft 26 beschränkt sich auf die Zusicherung der Gleichbehandlung der beiderseitigen Staatsangehörigen als Gläubiger in Konkursverfahren und auf die Verpflichtung, „dass von dem Augenblick der in einem der kontrahierenden Staaten erfolgten Insolvenzerklärung an, in dem anderen weder durch Arrest, noch durch sonstige Verfügungen[33] das bewegliche

---

[25] Vgl. Kantonsgericht Zürich ZIP 2011, 2429; OLG München KTS 1982, 313; Aufsichtsbehörde Kanton Schaffhausen ZIP 1983, 200. Der Übereinkunft gehören alle Kantone mit Ausnahme von Schwyz und Appenzell-Innerrhoden an.

[26] Wieder veröffentlicht in der bereinigten Bayerischen Rechtssammlung, Sachbereich 311-1-J.

[27] Dem Staatsvertrag sind alle Schweizer Kantone mit Ausnahme von Neuenburg und Schwyz beigetreten, die wegen ihres Hypothekenrechts sich an der Übernahme gehindert sahen. Der Wortlaut des Staatsvertrags ist abgedruckt bei *Holch*, Die Justiz 1985, 168 und bei *Blaschczok* ZIP 1983, 143.

[28] Regierungs-Blatt für das Königreich Württemberg 1826, 250.

[29] Vgl. ua *Bürgi*, FS 100 Jahre SchKG, 1989, S. 175, 178 ff.; *David* SchwJZ 1973, 84; Obergericht Zürich Die Justiz 1980, 80 mit Anm *Holch*; BezG Zürich EWiR § 1 KO 2/98, 705 *(Wenner)*; OLG München KTS 1982, 313; Kantonsgericht Zürich ZIP 2011, 2429; *Buchner* ZIP 1985, 1114. – Dagegen sind eine Übereinkunft Schweizer Kantone mit Baden von 1808 (gekündigt 1903) und eine Verständigung über gegenseitigen Verzicht auf Arreste in Konkursfällen zwischen Hamburg und St. Gallen von 1861 außer Kraft (zu Hamburg wie hier *Wochner* KTS 1977, 201; aA für Fortgeltung *Blaschczok* ZIP 1983, 142).

[30] Vgl. *Staehelin* FS Spühler, 2005, S. 407 ff.; BG ZInsO 2007, 608; *Walther/Liersch* ZInsO 2007, 582; FK/*Wenner/Schuster* Vor §§ 335 Rn. 49 ff.; aA MüKoInsO/*Reinhart*, Vor §§ 335 ff. Rn. 73.

[31] Vgl. *Dahm/Delbrück/Wolfrum*, Völkerrecht, Bd I/1, 2. Aufl. 1989, S. 137 ff.

[32] Ebenso für das Territorium des ehemaligen Königreichs Württemberg: *Holch* Die Justiz 1980, 81; *Blaschczok* ZIP 1983, 142; schweizer BG BGE 109 III 83 = Die Justiz 1985, 167; aA *Wochner* KTS 1977, 201, 210 (das bereinigte württembergische Rechtsgebiet, das sich mit dem Bezirk des OLG Stuttgart deckt).

[33] Zum Begriff der sonstigen Verfügung vgl die Entscheidung BGE 34 I 530.

Vermögen des Zahlungsunfähigen zum Nachteile der Masse beschränkt werden solle". Zweifelhaft ist, ob auf Grund dieser Klausel mit der Konkurseröffnung in einem Vertragsstaat auch Arreste unwirksam werden (in der Schweiz: iS des Art. 199 SchKG dahinfallen), die im anderen Vertragsstaat vor der Eröffnung angeordnet worden sind.[34] Die Frage ist zu verneinen, wenn der Arrest vor der Eröffnung des Konkursverfahrens vollzogen wurde. Der Gläubiger muss allerdings den Vollstreckungstitel erwirken können, der zur Verwertung des gepfändeten Gegenstandes erforderlich ist.[35]

27 Die Klausel über das „Arrestverbot" ist extensiv dahin verstanden worden, dass die Übereinkunft die Universalität des Konkurses festlege, insb. die Anerkennung des Übergangs der Verwaltungs-, Verfügungs- und Prozessführungsbefugnis vom Schuldner auf den Verwalter einschließe.[36] Diese Auslegung ist weder durch den Wortlaut noch durch den Zweck der Übereinkunft gedeckt. Denn die Vereinbarung über den Arrest ist vor dem Hintergrund der damaligen gemeinrechtlichen Vorstellungen zu sehen. Danach wurde „die Entziehung der Dispositionsbefugnis des Schuldners auf Vermögen desselben, welches sich im Ausland befindet, nicht erstreckt" (ebenso bayer Verordnung über Zivilprozesse von 1811 und später Art. 1174 bayer Prozessordnung von 1869); der Verwalter konnte aber entweder als Mandatar des Schuldners, wenn dieser den Konkurs beantragt hatte, oder auf Grund einer besonderen Anerkennung der Eröffnungsentscheidung das ausländische Schuldnervermögen in Anspruch nehmen.[37] Somit muss der deutsche Insolvenzverwalter am Ort der Vermögensbelegenheit um Rechtshilfe ersuchen.[38] Aufgrund des am 7.7.2009 ergangenen Entscheids des Bundesgerichts zum Vertrag mit Württemberg[39] dürfte auf eine Anerkennung und Vollstreckbarerklärung eines bayrischen Insolvenzeröffnungsbeschlusses in der Schweiz vermutlich nicht mehr verzichtet werden können.

28 **b)** Die württembergisch-schweizerische Übereinkunft dagegen erkennt zusätzlich (zur Zusicherung der Gleichbehandlung und zum Arrestverbot) „die Allgemeinheit des Concurs-Gerichtsstandes in dem Wohnorte des Gemeinschuldners" an (Art. 1) und legt dazu fest, dass „alle bewegliche und unbewegliche Güter eines Gemeinschuldners, auf welchem Staats-Gebiete sich dieselben immer befinden mögen, in die allgemeine Concursmasse fallen" (Art. 4). Eingeschränkt wird die universelle Wirkung des Konkurses zugunsten von Gläubigern im anderen Vertragsstaat, für die an einer dort belegenen beweglichen Sache ein Faustpfand bestellt ist oder ein Gericht oder eine zuständige Behörde eine Spezialverpfändung eines Grundstücks gefertigt hat (Art. 5).

29 Die Bedeutung der weitergehenden Vereinbarung Württembergs ist auf schweizerischer Seite durch eine Entscheidung des Schweizer Bundesgerichts vom 17.6.1983[40] erheblich eingeschränkt worden.[41] Nach Schweizer Recht stehen die Übereinkünfte der Kantone hierarchisch auf der Stufe von kantonalem Gesetzesrecht, abweichendes Bundesrecht vermag sie zu brechen.[42] Zwar wird die Regelung in den Konkursverträgen

---

[34] Die Frage bejaht Obergericht Zürich Die Justiz 1980, 80 zu der entsprechenden Klausel im Vertrag mit Württemberg; die Ausführungen des Gerichtshofs, welche die Aufhebung der vor der (deutschen) Konkurseröffnung erlassenen Schweizer Arreste betreffen, sind in „Die Justiz" nicht mit abgedruckt worden; die Entscheidung des Obergerichts wurde vom Schweizer BG bestätigt – BGE 104 III 68. Die Aufhebung früherer Arreste bejaht auch *Bürgi*, S. 1.
[35] Wie hier OLG München KTS 1982, 313, 318 = IPRspr 1981 Nr 210.
[36] OLG München KTS 1982, 313; *Buchner* ZIP 1985, 1114.
[37] *L. v. Bar*, Das Internationale Privat- und Strafrecht, 1862, § 128.
[38] Verfügung des Konkursrichteramtes am Bezirksgericht Zürich v. 4.3.1997, BlSchK 1999, S. 25.
[39] BGer vom 7.7.2009, 5A_134/2009, E. 3.1.3 mwN.
[40] BGE 109 III 83.
[41] Vgl. aber BGer vom 7.7.2009, 5A_134/2009, E. 3.1.3 mwN: offen lassend, ob Vertrag „noch gültig" sei; ähnlich wohl BGH vom 28.3.2013, 5A-665/2012, E.3.2.3.
[42] Vgl. *Schwarzenbach*, Staatsverträge der Kantone mit dem Ausland, Diss. Zürich 1926, S. 139.

mit Bayern und Württemberg über die Unzulässigkeit von Arresten durch das Schweizer Bundesgesetz über Schuldbetreibung und Konkurs (SchKG) von 1889 nicht berührt.[43] Das Bundesgericht hält es auch mit dem schweizerischen Schuldbetreibungs- und Konkursrecht für vereinbar, dass auf Grund des Vertrags mit Württemberg der deutsche Konkurseröffnungsbeschluss aus dem Anwendungsgebiet des Vertrags durch ein kantonales Betreibungs- und Konkursamt für vollstreckbar erklärt wird. Jedoch richten sich *„die Wirkungen und das Verfahren eines auch in der Schweiz zu vollziehenden ausländischen Konkurses"* nach den Art. 197 ff. SchKG. Dies bedeutet, dass in der Schweiz ein Nebenkonkurs durchgeführt wird, in dem eine eigene Konkursmasse zu bilden, durch schweizerische Konkursorgane zu verwalten und zu verwerten ist; ein etwa verbleibender Überschuss ist der deutschen Konkursmasse zu überweisen.[44]

§ 136. Ausländisches Insolvenzrecht

Schrifttum (Auswahl):
Länderübergreifend: *E. Aasaru,* The Desirability of Centre of Main Interest' as a Mechanism for Allocating Jurisdiction and Applicable Law in Cross-Border Insolvency Law, EurBusLRev 2011, 349; *J. Y. Arnason u. a.,* Practioner's Guide to Cross-Border Insolvencies, 2 Bde (Loseblatt); *J. Beckmann,* Internationales Insolvenzrecht im MERCOSUR, 2000; *J. W. Boone* (ed.), Multinational Enterprise Liability in Insolvency Proceedings, 2010; *J. Clift,* International Insolvency Law: the UNCITRAL Experience with Harmonization and Modernization Techniques, YbPrivIntL, 2009, 405; *I. Fletcher and B. Wessels,* Global Principles for Cooperation in International Insolvency Cases, IILR 2013, 2; *M. Giovanoli and G. Heinrich,* International Bank Insolvencies, 1999; *Hess/Oberhammer/Pfeiffer,* European Insolvency Law (Heidelberg-Luxembourg-Vienna Report), 2013; *G. Holzhauser,* Debt Recovery in Europe, 2007; *U. Jahn und A. Sahm,* Insolvenzen in Europa, 4. Aufl. 2004; *W. W. McBryde, A. Flessner and S. C. J. J. Kortmann* (eds.), Principles of European Insolvency Law, 2003; *G. McCormack,* Jurisdictional Competition and Forum Shopping in Insolvency Proceedings, CambrLJ 2009, 269; *Mock,* Internationale Restschuldbefreiung, KTS 2013, 423; *Olivares-Caminal (ed),* Expedited debt restructuring: an international comparative analysis, 2007; *F. Robert-Tissot,* The Effects of a Reorganization on (Executory) Contracts: A Comparative Law and Policy Study [United States, France, Germany and Switzerland], IILR 2012, 234; *Ziegel (ed),* Current Developments in International and Comparative Corporate Insolvency Law, 1994, p. 577 et seq.

Andorra: *Hess,* Kommentar zur InsO, Bd 2, 2001, Art. 102 EGInsO, Rn. 113–141; *H. Rau,* Zahlungseinstellung und Konkurs in Andorra, RIW 1990, 881.

Argentinien: *R. Olivares-Caminal,* Expedited debt restructuring: an international comparative analysis, 2007; *H. J. Miguens und P. Esser,* Wirkungen eines deutschen Insolvenzverfahrens bei Vermögen im Ausland – Unterschiedliche Regelungsansätze im Internationalen Insolvenzrecht am Beispiel Argentiniens, NZI 2011, 277; *H.J. Miguens,* Liability of a Parent Corporation for the Obligations of an Insolvent Subsidiary under American Case Law and Argentine Law, Am. Bankruptcy Inst. L. R. 10, 2002, 217; *ders.,* The Liability of Parent Corporations under the Argentine Bankruptcy Act, IILR 2011, 1; *Radzyminski,* Das argentinische internationale Insolvenzrecht, ZVerglRwiss 89 (1990), 466; *Riesenfeld,* Transnational Bankruptcy Law: Recent Developments in Argentina and the United States, FS Kegel, 1987, 483.

Australien: *C. Anderson,* Some Cross-Border Issues under the Australian Voluntar Administration Procedure, IntInsolRev 13 (2004), 137; *R. Mason,* Implications of the UNCITRAL Model Law for Australian Cross-Border Insolvencies, IntInsRev 8 (1999), 83; *B. McPherson,* National

---

[43] Art. 271 III, der auch einen Vorbehalt zu Gunsten kantonaler Verträge darstellt; Schweizer BG – BGE 54 III 28; 104 III 68.

[44] BGE 109 III 83 = Die Justiz 1985, 167 mit krit Anm *Holch;* krit auch *Nussbaum,* Anerkennung und Vollstreckung eines auf dem Gebiet des früheren Königreichs Württemberg eröffneten Konkurses in der Schweiz, SchJZ 1984, 355.

§ 136

Report on Australian Law – Cross-Border Insolvency, in: The International Symposium on Civil Justice, Tokyo 1993, S. 412; *C.J. Spigelmann,* Cross-border insolvency: Co-operation or conflict? (2009) 83 Australian Law Journal 44; *Stanley,* The Reform of Australia's Insolvency Laws, INSOL World IV/2005, 29 ff.

Belgien: *Ch. Brüls-Dehin,* Die Neuregelung der belgischen Vergleichsordnung, RIW 1999, 338; *van Buggenhout/Nauwelaerts,* Corporate Insolvency Law in Belgium, in: Rajak/Horrocks/Bannister, European Corporate Insolvency Law, 2d ed 1995, S. 21; *L. Demeyere,* Die neue belgische Gesetzgebung über das Vergleichs- und Konkursverfahren, ZInsO 1999, 165; *Hergenröder/Alsmann,* Das Privatinsolvenzverfahren in Belgien, Luxemburg und den Niederlanden, ZVI 2009, 177; *Hess,* Kommentar zur InsO, 2001, Art. 102 EGInsO, Rn. 142–176; *A. Kampf,* Neuregelung des internationalen Insolvenzrechts in Belgien, IPRax 2006, 620; *R. Riegel,* Grenzüberschreitende Konkurswirkungen zwischen der Bundesrepublik Deutschland, Belgien und den Niederlanden, 1991; *P. Torremans,* Cross border insolvencies in EU, English and Belgian law, 2002; *C. Verdonck,* Belgien, in MünchKommInsO, Bd 3, 2008, Anhang Länderberichte S. 1401; *Zenner,* Faillites et concordats 2002. La réforme de la réforme et sa practique, Bruxelles 2003.

Bulgarien: *Dakealov/Thurner,* Das neue bulgarische Bankinsolvenzrecht, WiRO 1996, 51, 96, 125u 377; *Hess,* Kommentar zur InsO, 2001, Art. 102 EGInsO Rn. 177–223; *G. Holzhauser,* Debt Recovery in Europe, 2007; *Lowitzsch/Neidenowa* Das Bulgarische Insolvenzrecht, Internationale Wirtschaftsbriefe, 2003, Nr 24, S. 25 ff; *Neidenowa,* in: Lowitzsch (ed), The Insolvency Law of Central and Eastern Europe, 2007, S. 103 ff.

China: *Cheng,* Das Konkursrecht der Volksrepublik China, ZVglRwiss 90 (1991), 47; *Falke,* Chinas neues Gesetz für den Unternehmenskonkurs: Ende gut, alles gut?, Zeitschrift für chinesisches Recht 2006, 399; *E. Fehl,* Das neue Konkursgesetz der Volksrepublik China, ZInsO 2008, 69 ff; *A. Neelmeier,* in MünchKommInsO, Bd 3, 2008, Anhang Länderberichte S. 1659; *R. Parry,* China's new enterprise bankruptcy law: context, interpretation and application, 2010; *S. Peters,* Das neue Insolvenzgesetz der Volksrepublik China, RiW 2008, 112; *Reuter,* Zutritt in Fernost: Einfluss der InsO auf das chinesische Insolvenzrecht, INDat-Report 2011, 8; *Shen,* Das Absonderungsrecht in der Insolvenz: Erfahrungen aus Deutschland und die Praxis in China, 2009; *Wormuth,* Das Konkursrecht der VR China, 2004; *M. Wu,* Internationale Zuständigkeit und Anerkennung ausländischer Entscheidungen im chinesischen Insolvenzrecht, in: Festschrift für Athanassios Kaissis, 2012, 1071.

Dänemark: *Hess,* Kommentar zur InsO, 2001, Art. 102 EGInsO, Rn. 224–276; *Malberg/Emmeluth,* Corporate Insolvency Law in Denmark, in: Rajak/Horrocks/Bannister, European Corporate Insolvency Law, 2d ed, S. 65; *J. Paulsen,* Insolvensret, 2010.

England: *E. Aderhold,* Auslandskonkurs im Inland, 1992, S. 91 ff; *V. Beissenhirtz,* Die Insolvenzanfechtung in Deutschland und England, 2003; *Carrington,* Cross-border Insolvency under Common Law: The Maxwell Case, in Forum internationale No 19, 1993, S. 31; *R. Bork,* Sanierungsrecht in Deutschland und England, 2011; *ders.,* The Scheme of Arrangement, IILR 2012, 477; *K. Dawson,* Assistance under section 426 of the Insolvency Act 1986, IntInsRev 8 (1999), 109; *V. Dennis,* Insolvency Law Handbook, 2005; *ders.,* Employee rights in the UK, eurofenix Autumn 2008, 10f; *R. Dicker/N. Segal,* Cross-Border Insolvencies and Rescues: The English Perspective, IntInsRev 8 (1999), 127; *Dimmling,* ZInsO 2007, 1198; *Dornbluth,* Fortbestehende Geschäftsführerhaftung gem. § 823 Abs. 2 BUB § 266a StGB trotz in England erlangter Restschuldbefreiung?, ZIP 2014, 712; *V. Finch,* Corporate Insolvency Law, 2nd ed 2009; *I. Fletcher,* Insolvency in Private International Law, 1999; *ders.,* International Insolvency in Transformation: United Kingdom Perspectives on Implementation of the European Union Regulation on Insolvency Proceedings, in: Gottwald, Aktuelle Entwicklungen des europäischen und internationalen Zivilverfahrensrechts, 2002, S. 279; *L. G. Doyle,* Insolvency legislation: annotations and commentary, 2009; *M. Florian,* Das englische internationale Insolvenzrecht, 1989; *Goode,* Principles of Corporate Insolvency Law, 2005; *ders.,* Legal Problems of Credit and Security 4th ed 2008; *B. Goslar,* Annullierung englischer Insolvenzeröffnungsentscheidungen nach sec. 282 Insolvency Act (UK), NZI 2012, 912; *Griffith,* Fraudulent Trading in emerging jurisprudence – some reflections on the provisions of section 213 Insolvency Act 1986, FS Braun 2007, S. 459; *C. Grochowski,* Internationales Privatrecht und Geschäftsführerhaftung bei Insolvenzen von Auslandsgesellschaften

Ausländisches Insolvenzrecht   **§ 136**

– Gläubigerschutz im englischen und deutschen Recht, 2012; *Hamilton/Hair,* in: Pannen (Hrsg), Europäische Insolvenzverordnung, Teil 3: Länderberichte, S. 641; *Hess,* Kommentar zur InsO, 2001, Art. 102 EGInsO Rn. 445–491; *van Hüllen,* Die Hauptformen der Insolvenz von Kapitalgesellschaften in England und Wales, InVO 1999, 97; *C. Jungmann/Ch. Bisping,* Die Reform des britischen Unternehmensinsolvenzrechts durch den Enterprise Act 2002, RIW 2003, 930; *M. Köster,* Die Bestellung des Insolvenzverwalters. Eine vergleichende Untersuchung des deutschen und englischen Rechts, 2005; *G. Mäsch,* The Opera Ain't Over Till the Fat Lady Sings – ein englisches „scheme of arrangement" vor dem BGH, IPRax 2013, 234; *Meyer-Löwy/Poertzgen/deVries* Einführung in das englische Insolvenzrecht, ZInsO 2005, 293; *C. Paulus,* Das englische Scheme of Arrangement – ein neues Angebot auf dem europäischen Markt für außergerichtliche Restrukturierungen, ZIP 2011, 1077; *Perker,* Das Reorganisationsverfahren im englischen Insolvenzrecht, 1994; *Rajak/Horrocks/Bannister,* Corporate Insolvency Law in the United Kingdom, in: Rajak/Horrocks/Bannister, European Corporate Insolvency Law, 2d ed, S. 723; *C. Rumberg,* Entwicklungen der „Rescue Culture" im englischen Insolvenzrecht, RIW 2010, 358; *Schillig,* England und Wales, in: *Kindler/Nachmann,* Handbuch Insolvenzrecht in Europa, 2013; *U. Schlegel,* England und Wales, in MünchKommInsO, Bd 3, 2008, Anhang Länderberichte S. 1409; *J. Schulte,* Die europäische Restschuldbefreiung, 2001, S. 36 ff. (Discharge); *Smart,* Cross-Border Insolvency, 1991; *Starnecker,* Englische Insolvenzverfahren, 1995; *Vach,* Aspekte der Insolvenzrechtsreform von 1986 in England, 1990; *F. Steffek,* Gläubigerschutz in der Kapitalgesellschaft: Krise und Insolvenz im englischen und deutschen Gesellschafts- und Insolvenzrecht, 2011; *Westphal/Goetker/Wilkens,* Grenzüberschreitende Insolvenzen, Kap I, S. 385 ff.; *L. Westpfahl und Marvin Knapp,* Die Sanierung deutscher Gesellschaften über ein Scheme of Arrangement, ZIP 2011, 2033; *Wilde,* Die Strafbarkeit des directors einer englischen Limited wegen Insolvenzverschleppung, 2012; *Wood,* Principles of International Insolvency, 2nd ed, 2006.

Estland: *Hess,* Kommentar zur InsO, 2001, Art. 102 EGInsO Rn. 227–305; *G. Holzhauser,* Debt Recovery in Europe, 2007; *Korhonnen/Pärn-Lee,* in: Lowitzsch (ed), The Insolvency Law of Central and Eastern Europe, 2007, S. 189 ff.; *P. Varul,* Development of Insolvency Law in the Baltic States, IILR 2012, 527.

Finnland: *Hess,* Kommentar zur InsO, 2001, Art. 102 EGInsO Rn. 306–337; *Graf-Schlicker/Remmert,* Einführung in das finnische Insolvenzrecht, NZI 2003, 78.

Frankreich: *E. Aderhold,* Auslandskonkurs im Inland, 1992, S. 104 ff; *N. Adensamer,* Unternehmenssanierung zwischen Gesellschafts- und Insolvenzrecht: eine rechtsvergleichende Analyse mit Länderberichten aus Österreich, Deutschland, Frankreich, Italien, Spanien und Skandinavien, 2006; *M. Bauch,* Unternehmensinsolvenzen: Prophylaxe und Bewältigung in Frankreich, 1998; *J. Bauerreis,* Frankreich, in: *Kindler/Nachmann,* Handbuch Insolvenzrecht in Europa, 2013; *Dammann,* Das neue französische Insolvenzrecht, RIW 2006, 16; *ders.,* in: Pannen (Hrsg), Europäische Insolvenzverordnung, Teil 3: Länderberichte, S. 607 ff.; *ders.,* Die Erfolgsrezepte französischer vorinsolvenzlicher Sanierungsverfahren, NZI 2009, 502; *ders./Undritz,* Die Reform des französischen Insolvenzrechts im Rechtsvergleich zur InsO, NZI 2005, 198; *ders.,* Eröffnung eines Sekundärinsolvenzverfahrens in Frankreich gem. Art. 29 lit. a EuInsVO auf Antrag eines „schwachen" deutschen Insolvenzverwalters, NZI 2011, 752; *Degenhardt,* Die Reform des französischen Insolvenzrechts vom 12.3.2014, NZI 2014, 433; *Delzant/Ehret,* Die Reform des französischen Insolvenzrechts zum 15.2.2009, ZInsO 2009, 990; *Delzant/Schütze,* Die Restschuldbefreiung für Privatpersonen in den französischen Departments Bas-Rhin, Haut-Rhin und Moselle im Rahmen einer Privatinsolvenz (faillite civile), ZInsO 2008, 540 ff.; *M.-Y. Dietrich,* Rechtsstellung und Beteiligung der Gläubiger im französischen Insolvenzverfahren, 2004; *Dostal,* Französisches internationales Insolvenzrecht, ZIP 1998, 969; *Drukarczyk,* Zur Verknüpfung von präventiven Vorverfahren und Insolvenzverfahren i. e. S. – die französische Regelung, FS Wellensiek, 2011, S. 761 ff.; *du Boit/Pellier,* The French fund for employees, eurofenix Autumn 2008, 15; *Ehret,* Abwicklungsverfahren nach französischem Recht, ZInsO 2014, 562; *Ferrand,* Das französische Schuldensanierungsgesetz vom 31.12.1989, ZEuP 3 (1995), 600; *Hess,* Kommentar zur InsO, 2001, Art. 102 EGInsO Rn. 338–412; *Ch. Heyers,* Das französische internationale Insolvenzrecht, Diss. Münster 1997; *Klein,* Frankreichs Insolvenzrechtsreform setzt auf Vorbeugung, RIW 2006, 13; *Laut,* Universalität und Sanierung im internationalen Insolvenzrecht, 1997, S. 185 ff.; *A. Lienhard,* Code des procédures collectives: édition, 10. éd., 2012; *Niggemann,* Frankreich, Insovenzrecht, 1995; *ders.,* in

MünchKommInsO, Bd 3, 2008, Anhang Länderberichte S. 1425; *J. Schulte,* Die europäische Restschuldbefreiung, 2001, S. 57 ff.; *Ulrich/Poertzgen/Pröhm,* Einführung in das französische Insolvenzrecht, ZInsO 2006, 64; *Vallender/Heukamp,* Alte Ziele und neue Verfahren: Die Reform des französischen Unternehmensinsolvenzrechts, EuZW 2006, 193; *Zierau,* Die Stellung der Gläubiger im französischen Sanierungsverfahren, 1991.

Griechenland: *Hess,* Kommentar zur InsO, 2001, Art. 102 EGInsO Rn. 414–444; *E. Perakis,* International Insolvency Law: From Recognition to Cooperation. The point of view of Greek Law, in: Gottwald, Aktuelle Entwicklungen des europäischen und internationalen Zivilverfahrensrechts, 2002, S. 351; *Vainanidis,* Corporate Insolvency Law in Greece, in: Rajak/Horrocks/Bannister, S. 253; *J.-C. Zerey,* Grundzüge des griechischen Konkursrechts, RIW 1997, 383; *ders.,* Griechenland, in MünchKommInsO, Art. 102 EGInso Anh II, S. 968.

Indien: *J. Podehl,* Insolvenzrecht in Indien – ein Überblick, RIW 2011, 54.

Indonesien: *St. Kilgus/M. Setiadarma,* Das neue indonesische Insolvenzrecht, RIW 1999, 47; *B. Wessels,* Towards a new Indonesian Bankruptcy Law, IntInsolvRev 7 (1998), 171; *OECD,* Insolvency systems in Asia: an efficiency perspective, 2001.

Irland: *D. Grehan,* Irland, in MünchKommInsO, Art. 102 EGInsO Anh II, S. 976; *Sowman/Quinn,* Corporate Insolvency Law in Ireland, in Rajak/Horrocks/Bannister, S. 299.

Israel: *M. Keshet,* Insolvency, in: A. Kaplan, Israeli Business Law, 1999; *J. Levi,* Grundstrukturen des Konkursrechts in Israel, KTS 1990, 595; *Shapira,* Insolvency and Business Rescue Procedures in Israel, INSOL World I/2008, 17 ff.

Italien: *Ambrosini,* La riforma della legge fallimentare, 2006; *Arlt,* Vorinsolvenzliche Sanierungsverfahren und Restrukturierung in Italien, ZInsO 2009, 1081; *Bünger,* Das neue italienische Insolvenzplanverfahren, DZWiR 2006, 455; Decreto Legge Nr. 347 vom 23.12.2003 u. Nr. 270 vom 8.7.1999; *Braggion,* Italien: Neue Vorschriften für die außerordentliche Zwangsverwaltung großer Unternehmen, RIW 2000, 438; *Busch,* Zerschlagungsabwendende Verfahren im deutschen und italienischen Insolvenzrecht. Eine Rechtsvergleichende Untersuchung unter besonderer Berücksichtigung der italienischen Reformgesetzgebung, 2009; *Burgio,* Cross Border Insolvency – an Italian Approach, Int InsolvRev 8 (1999), 39; *Carrara,* Recent reforms of insolvency law in Italy, The European Lawyer 2006, 33; *Correnti,* Einführung in das italienische Insolvenzrecht und seine Reform, ZInsO 2006, 1020; *G. Corno,* EIR and Italian Rules Governing the Lodging, Verification and Admission of Claims. Theory and Italian Practice, IILR 2012, 197; *Costa,* Die Reform des italienischen Insolvenzrechts, ZInsO 2006, 1071; *D. Einhaus,* Die „außerordentliche Verwaltung" („amministrazione straordinaria") des reformierten italienischen Insolvenzrechts, Diss. Freiburg 2004; *Fumagalli,* Avoidance Proceedings before the Italian Courts-Avoiding Art. 13 EIR, IILR 2011 Heft 4; *Hess,* Kommentar zur InsO, 2001, Art. 102 EGInsO Rn. 492–530; *Laut,* Universalität und Sanierung im internationalen Insolvenzrecht, 1997, S. 223 ff.; *P. Kindler und A. Conow,* Italien, in: *Kindler/Nachmann,* Handbuch Insolvenzrecht in Europa, 2010; *Sangiovanni,* Darlehen der Gesellschafter und Insolvenz der GmbH im italienischen Recht, ZInsO 2008, 298 ff.; *A. Santonocito/R. Ehlers,* in MünchKommInsO, Bd 3, 2008, Anhang Länderberichte S. 1441; *Sterzenbach,* Anerkennung des Auslandskonkurses in Italien, 1993; *G. Verusio/P. Ansaldo,* Corporate Insolvency Law in Italy, in: Rajak/Horrocks/Bannister, S. 369.

Japan: Gesetz betreffend die Anerkennung und Unterstützung ausländischer Insolvenzverfahren vom 29.11.2000; *M. Deguchi,* Zum neuen Gesetz über Anerkennungshilfe des ausländischen Insolvenzverfahrens, FS Ishikawa, 2001, S. 79; *Hess,* Kommentar zur InsO, 2001, Art. 102 EGInsO Rn. 558–605; *Ishikawa/Haga,* Das neue internationale Insolvenzrecht in Japan, FS Beys, 2003, S. 587; *T. Krohe,* in MünchKommInsO, Bd 3, 2008, Anhang Länderberichte S. 1459; *J. Matsushita,* Uncitral Model Law and the Comprehensive Reform of Japanese Insolvency Laws, in: *Basedow/Kono,* Legal Aspects of Globalization, 2000, S. 151; *H. Meyer-Ohle,* The crisis of Japanese retailing at the turn of the millennium: a crisis of corporate governance and finance, 2001, *T. Mikami,* Konsumentenkonkurs und Restschuldbefreiung, in: Recht in Japan, Heft 9, 1993, S. 41; *ders.,* Internationales Insolvenzrecht in Japan, in: *Gottwald,* Aktuelle Entwicklungen des europäischen und internationalen Zivilverfahrensrechts, 2002, S. 327; *Y. Nishitani,* in: *H. Baum und M. Bälz* (Hrsg.): Handbuch Japanisches Handels- und Wirtschaftsrecht, 2011, S. 1211; *H. Oda,* Japanese Law, 2001; *K. Takeuchi,* Cross-Border Bankruptcy, Japanese Report, in: The

International Symposium on Civil Justice, Tokyo 1993, S. 347; *M. Uematsu,* Das neue Internationale Insolvenzrecht in Japan ZZPInt 9 (2004); *K. Yamamoto,* Japanisches internationales Insolvenzrecht, in: *Heldrich/Kono,* Herausforderungen des Internationalen Zivilverfahrensrechts, 1994, S. 137; *ders.,* New Japanese Legislation on Cross-Border Insolvency as Compared with the UNCITRAL Model Law, IntInsolvRev 11 (2002), 67.

Kanada: *S. Ben-Ishai,* Technically the King Can do Wrong in Reorganizing Insolvent Corporations: Evidence from Canada, IntInsolRev 13 (2004), 115; *E. B. Leonard,* National Report on Canadian Law – Cross-Border Bankruptcy, in: The International Symposium on Civil Justice, 1993, S. 386; *E. B. Leonhard/J. S. Ziegel,* International Statement of Canadian Bankruptcy Law (ALI, Transnational Insolvency Project), 2003.

Korea: *S.-J. Cha,* Mobiliarsicherungsrechte. Rechtsvergleichende Arbeit zwischen deutschem und koreanischem System, 2002; *OECD,* Insolvency systems in Asia: an efficiency perspective, 2001.

Kroatien: *W. Boochs,* Das Insolvenzrecht Kroatiens, KTS 1998, 385; *Dika,* Das kroatische Insolvenzrecht, ROW 1998, 339; *J. Garasic,* in MünchKommInsO, Bd 3, 2008, Anhang Länderberichte S. 1471; *dies.,* Anerkennung ausländischer Insolvenzverfahren: Ein Vergleich des kroatischen, des deutschen und des schweizerischen Rechts sowie der Europäischen Verordnung über Insolvenzverfahren, des Istanbuler Übereinkommens und des UNCITRAL-Modellgesetzes, 2005; *G. Holzhauser,* Debt Recovery in Europe, 2007; *Zavrsak/Ivkosic/Brnabic,* in: Lowitzsch (ed), The Insolvency Law of Central and Eastern Europe, 2007, S. 133 ff.

Lettland: *Klauberg/Gebhardt,* in: Lowitzsch (ed), The Insolvency Law of Central and Eastern Europe, 2007, S. 251 ff.; *G. Holzhauser,* Debt Recovery in Europe, 2007; *A. Ludl/I. Liepa,* Neues lettisches Gesetz über die Insolvenz von Unternehmen, ZInsO 1997, 579 u. KTS 1997, 579; *P. Varul,* Development of Insolvency Law in the Baltic States, IILR 2012, 527.

Liechtenstein: *Neudorfer,* Das liechtensteinische Insolvenzrecht, LJZ 1988, 132; *P. Oberhammer und S. Schwaighofer,* Liechtenstein, in: *Kindler/Nachmann,* Handbuch Insolvenzrecht in Europa, 2013; *Stotter,* Grundzüge des liechtensteinischen Konkursrechts, ZIP 1981, 99.

Litauen: *Heemann,* in: Lowitzsch (ed), The Insolvency Law of Central and Eastern Europe, 2007, S. 281 ff.; *G. Holzhauser,* Debt Recovery in Europe, 2007; *P. Varul,* Development of Insolvency Law in the Baltic States, IILR 2012, 527.

Luxemburg: *Biver/Kayser,* in: Jahn, Insolvenzen in Europa, 2004, S 279; *R. Diederich,* Corporate Insolvency Law in Luxemburg, in: Rajak/Horrocks/Bannister, S. 405; *Hergenröder/Alsmann,* Das Privatinsolvenzverfahren in Belgien, Luxemburg und den Niederlanden, ZVI 2009, 177; *Hess,* Kommentar zur InsO, 2001, Art. 102 EGInsO Rn. 531–557; *Loesch/Hurt,* in MünchKommInsO, Bd 3, 2008, Anhang Länderberichte, S. 1489.

Mexiko: *W. Frisch Philipp,* Internationales Insolvenzrecht, Mexikanisch-Europäische rechtsvergleichende Überlegungen, FS Geimer, 2002, S. 159; *M. A. Hernández Romo/C. Sánchez-Mejorada y Velasco,* International Statement of Mexican Bankruptcy Law (ALI, Transnational Insolvency Project), 2003.

Moldau: *M. Buruiana/S. Taube,* Das Konkursgesetz der Republik Moldau, WiRO 1999, 127.

Niederlande: *W. Corpeleijn/M. Merschdorfer,* Corporate Insolvency Law in the Netherlands, in: Rajak/Horrocks/Bannister, S. 447; *Hergenröder/Alsmann,* Das Privatinsolvenzverfahren in Belgien, Luxemburg und den Niederlanden, ZVI 2009, 177; *Hess,* Kommentar zur InsO, 2001, Art. 102 EGInsO Rn. 606–641; *Huisman,* in MünchKommInsO, Bd 3, 2008, Anhang Länderberichte S. 1501; *L. Lennarts and M. Veder,* The Dutch Domestic Cross-Border Insolvency Framework (and Why it is Badly in Need of Reform, Illustrated by the Yukos Litigation), IILR 2012, 220; *R. Riegel,* Grenzüberschreitende Konkurswirkungen zwischen der Bundesrepublik Deutschland, Belgien und den Niederlanden, 1991.

Norwegen: *St. Hegdal,* in MünchKommInsO, Bd 3, 2008, Anhang Länderberichte S. 1511; *Hess,* Kommentar zur InsO, 2001, Art. 102 EGInsO Rn. 642–679; *G. Holm/B. Stokke,* Corporate Insolvency Law in Norway, in: Rajak/Horrocks/Bannister, S. 479.

§ 136 Kapitel XIV. Internationales Insolvenzrecht

Österreich: *N. Abel,* in MünchKommInsO, Bd 3, 2008, Anhang Länderberichte S. 1525; *Bartsch/Pollack/Buchegger,* Österreichisches Insolvenzrecht, 4. Aufl. 2005; *Duursma/Duursma-Kepplinger,* Funktion und Wirkungen der österreichischen Insolvenzdatei, ZInsO 2002, 913; *H.-C. Duursmann-Kepplinger,* Österreich, in: *Kindler/Nachmann,* Handbuch Insolvenzrecht in Europa, 2013; *Grinninger,* Insolvenzabwicklung in Deutschland und Österreich – ein Praxisvergleich, FS Wellensiek 2011, S. 783 ff.; *Hess,* Kommentar zur InsO, 2001, Art. 102 EGInsO Rn. 680–719; *Holzhammer,* österreichisches Insolvenzrecht, 1996; *Kantner,* The protection of creditors in Austrian insolvency proceeings, eurofenix Autumn 2006, 10 ff.; *Keppelmüller,* Österreichisches internationales Konkursrecht, Wien 1997; *Konecny/Schubert,* Kommentar zu den Insolvenzgesetzen, 2007; *Leitner,* Der grenzüberschreitende Konkurs, 1995; *Mohr,* Die Konkurs-, Ausgleichs- und Anfechtungsordnung 10. Aufl. 2006; *Pütz,* Internationales Insolvenzrecht aus der Sicht der österreichischen Konkursordnung, Internationaler Kreditschutz 1988, 68; *Rechberger/Thurner,* Insolvenzrecht, 2001; *Wiesbauer,* Neuerungen im internationalen Insolvenzrecht, Wien 1988.

Osteuropa: *Bormann/Spitsa,* Special Features of Insolvency Law in Eastern European Transition Countries, in: Jahrbuch für Ostrecht, 2007, vol 1, S. 11 ff.; *S. Bufford,* Bankruptcy Law in European Countries Emerging from Communism, AmBankrLJ 70 (1996), 459; *J. Lowitzsch,* Das Insolvenzrecht Mittel- und Osteuropas, 2004; *ders.* (ed), The Insolvency Law of Central and Eastern Europe, 2007; *Pfaff/Linsmeier,* Das Insolvenzrecht Osteuropas, in: Wirtschaft und Recht in Osteuropa, 1998, S. 41; *St. Smid,* Strukturen der Insolvenzrechte in den Reformstaaten Mittel- und Osteuropas, KTS 1998, 313.

Polen: *Michał Barłowski,* Polen, in: *Kindler/Nachmann,* Handbuch Insolvenzrecht in Europa, 2013; *Hermreck,* Der Gläubigergleichbehandlungsgrundsatz im deutschen und polnischen Insolvenzrecht, 2006; *Hess,* Kommentar zur InsO, 2001, Art. 102 EGInsO Rn. 720–771; *Liebscher,* in MünchKommInsO, Bd 3, 2008, Anhang Länderberichte S. 1535; *ders./Porzycki,* Insolvenzrecht, in Liebscher/Zoll, Einführung in das polnische Recht, 2005, S. 483; *A. Hrycaj,* The Cooperation of Court Bodies of International Insolvency Proceedings – (in the context of Polish bankruptcy courts), IILR 2011, 7; *Lowitzsch,* in: Lowitzsch (ed), The Insolvency Law of Central and Eastern Europe, 2007, S. 323 ff.; *Moskwa,* Polnisches Konkurs- und Vergleichsrecht, in Breidenbach, Handbuch Wirtschaft und Recht in Osteuropa, Bd. 2, 2000 (Teil PL Syst. 91); T. Paintner, Die Insolvenz des Unternehmers in Polen, 2003; *Rößler-Hecht,* Das neue polnische Insolvenzrecht, Liber amicorum Rauscher, 2005, S. 143; *Schmidt/Liebscher,* Der Wirtschaftsstandort Polen heute – Der Insolvenzstandort von morgen?, ZInsO 2007, 393.

Portugal: *C. Ferreira,* Corporate Insolvency Law in Portugal, in: Rajak/Horrocks/Bannister, S. 519; *Hess,* Kommentar zur InsO, 2001, Art. 102 EGInsO Rn. 772–811.

Rumänien: *Bormann,* in: Lowitzsch (ed), The Insolvency Law of Central and Eastern Europe, 2007, S. 355 ff.; *ders.,* Chronik der Rechtsenwicklung: Rumänien, WiRO 2006, 29; *Teves,* Rumänien: Reorganisation, Liquidation und Gläubigerbefriedigung nach dem Insolvenzgesetz, RIW 2000, 681.

Russland: *Hess,* Kommentar zur InsO, 2001, Art. 102 EGInsO Rn. 812–853; *M. Gutbrod/F. Vogel,* Das neue russische Insolvenzgesetz, RIW 1999, 37; *T. Linne,* Bankruptcy in Russia: a never-ending story, 2001; *H. Oda,* Russian Commercial Law, 2012; *Spitsa,* in: Lowitzsch (ed), The Insolvency Law of Central and Eastern Europe, 2007, S. 377 ff.; *dies./Lowitzsch* Das neue russische Insolvenzrecht, Internationale Wirtschaftsbriefe 2004; *Schwartz/Freyling,* in MünchKommInsO, Bd 3, 2008, Anhang Länderberichte S. 1551; *Thurner/Verschinin,* Das Insolvenzrecht der Russischen Förderation, in Breidenbach, Handbuch Wirtschaft und Recht in Osteuropa, 2000 (Teil Rus Syst. 91); *Trapitsyn,* The System of Insolvency Management in Russia, INSOL World III/2008, 40 f.; *A. Trunk,* Das neue russische Insolvenzgesetz, in: Schroeder, Die neuen Kodifikationen in Rußland, 1997, S. 65; *Wedde* Neues im russischen Insolvenzrecht, WIRO 2003, 195 ff.; *A. Yukhnin, V. Kimakovsky und O. Wienold,* Russische Föderation, in: *Kindler/Nachmann,* Handbuch Insolvenzrecht in Europa, 2013.

Schweden: *Baecklund/Ehrner u. a.,* Corporate Insolvency Law in Sweden, in: Rajak/Horrocks/Bannister, S. 617; *M. Bogdan,* The International Insolvency Law of Sweden and the EU, Lund 1997; *ders.,* Das neue schwedische Schuldensanierungsgesetz, ZEuP 1995, 617; *Boye,* Das schwedische Insolvenzrecht, RIW 1992, 271; *A. Csatho,* Schweden, in MünchKommInsO, Art. 102 EGInsO Anh II, S. 1040; *Halberg/Jungmann,* Unternehmensinsolvenzen nach schwedischem Recht, RIW 2001, 337; *Hess,* Kommentar zur InsO, 2001, Art. 102 EGInsO Rn. 854–891; *N.-B. Morgell,* Council Regulation on Insolvency Proceedings – Judgements from Swedish Courts, IILR 2012, 55; *Witte,* Die Anerkennung schwedischer Insolvenzverfahren in der Bundesrepublik Deutschland, 1996.

Schweiz: *Amonn/Walther,* Grundriss des Schuldbetreibungs- und Konkursrechts, 7. Aufl. 2003; *E. Aderhold,* Auslandskonkurs im Inland, 1992, S. 115 ff; *St. Breitenstein,* Internationales Insolvenzrecht der Schweiz und der Vereinigten Staaten, 1990; *J. Brönnimann,* Zur Revision des Schweizer Schuldbetreibungs- und Konkursrechts, ZZPInt 2 (1997), 199; *G. Flecke-Giammarco und C. Keller,* Die Auswirkung der Wahl des Schiedsorts auf den Fortgang des Schiedsverfahrens in der Insolvenz, NZI 2012, 529; *M. Gehri und G. Kostkiewicz,* Anerkennung ausländischer Insolvenzentscheide in der Schweiz – Ein neuer Réduit National?, SZIER 2009, 193; *W. Habscheid,* Das neue Schweizer Internationales Konkursrecht, KTS 1989, 253; *Hanisch,* Die Vollstreckung von ausländischen Konkurserkenntnissen in der Schweiz, AJP/RJA 1999, 17; *ders.,* Zur exzessiven Maßgeblichkeit der Inkorporation bei der Anerkennung ausländischer Gesellschaftsinsolvenzen in der Schweiz, FS Sturm, 1999, S 1489; *Hess,* Kommentar zur InsO, 2001, Art. 102 EGInsO Rn. 892–987; *Jaeger/Walder/Kull/Kottmann* SchKG, 4. Aufl. 1997/99; *R. Kuhn,* Enden die Befugnisse eines deutschen Insolvenzverwalters an der schweizerischen Staatsgrenze?, ZInsO 2010, 607; *Martini,* Das schweizerische Konkursrecht – ein Überblick, DZWiR 2009, 56; *W. Nußbaum,* Das schweizerische internationale Insolvenzrecht, 1989; *Prager/Lebrecht,* Corporate Insolvency Law in Switzerland, in: Rajak/Horrocks/Bannister, S. 659; *Schnyder,* Internationales Konkursrecht der Schweiz – unter Berücksichtigung des US-amerikanischen Rechts, in: Heldrich/Kono, Herausforderungen des Internationalen Zivilverfahrensrechts, 1994, S. 119; *ders.,* Internationales Insolvenzrecht Deutschlands und der Schweiz – unter Einbezug der EG-Verordnung Nr. 1346/2000, in: Gottwald, Aktuelle Entwicklungen des europäischen und internationalen Zivilverfahrensrechts, 2002, S. 385; *Schweizerische Vereinigung für internationales Recht,* Premier Séminaire de droit international et e droit européen (11–12 octobre 1985), Le droit de la faillite internationale, Schweizer Studien zum internationalen Recht, Bd 46, 1986; *A. Stadler,* Der schweizerische Nachlassvertrag, KTS 1995, 539; *D. Staehelin,* Die Anerkennung ausländischer Konkurse und Nachlassverträge in der Schweiz, 1989; *ders.,* Die internationale Zuständigkeit der Schweiz im Schuldbetreibungs- und Konkursrecht, AJPIPJA 3/95, 259; *Viol,* Der Anschlusskonkurs in der Schweiz, NZI 2007, 276; *Walder,* Die internationalkonkursrechtlichen Bestimmungen des neuen IPR-Gesetzes, FS 100 Jahre SchKG, 1989, S. 325; *B. Strub/Jeanneret,* Schweiz, in: *Kindler/Nachmann,* Handbuch Insolvenzrecht in Europa, 2013; *A. Zenneck,* Hauptverfahren grenzüberschreitender Insolvenzen von Kapitalgesellschaften und ihre Anerkennung durch unterstützende Nebenverfahren, 1996 (S. 37 ff.: Nebenverfahren in der Schweiz; S. 193 ff.: Hauptverfahren in der Schweiz); *G. Zondler,* in MünchKommInsO, Bd 3, 2008, Anhang Länderberichte S. 1563.

Slowakei: *Giese/Krüger,* in MünchKommInsO, Bd 3, 2008, Anhang Länderberichte S. 1575; *Hess,* Kommentar zur InsO, 2001, Art. 102 EGInsO Rn. 988–994; *Orsula/Provaznik/Quickner,* in: Lowitzsch (ed), The Insolvency Law of Central and Eastern Europe, 2007, S. 423 ff.; *M. Stessl,* Das neue slowakische Konkursrecht im Überblick, ZInsO 2001, 154.

Slowenien: *A. Dežman/G. Danko,* Privatinsolvenz nach slowenischem Recht, WiRO 2011, 328; *Flere,* in: Lowitzsch (ed), The Insolvency Law of Central and Eastern Europe, 2007, S. 449 ff; *Paulus/Göpfert/Stuna/Zoulik* s. Tschechische Republik; *A. Verny,* Das neue Insolvenzrecht der Slowenischen Republik, WiRO 1996, 10.

Spanien: Ley Concursal vom 9.7.2003 (Ley 22/2003); *M. A. Fernández-Ballestros,* Derecho Concursal Práctica, 2004; *G. Cohnen,* Der Konkurs der Kapitalgesellschaft in Spanien, 2007; *M. Fries und A. Steinmetz,* Spanien, in: *Kindler/Nachmann,* Handbuch Insolvenzrecht in Europa, 2013; *Hess,* Kommentar zur InsO, 2001, Art. 102 EGInsO Rn. 995–1040; *K. Lincke,* Das neue Konkursrecht für Spanien, NZI 2004, 69; *Lopez-Orozco,* Corporate Insolvency Law in Spain, in: Rajak/Horrocks/Bannister, S. 557; *Paulus,* Anm. zum Urteil der Audiencia Provincial Barcelona v. 6.3.2013 – 431/2012-2a, NZI 2014, 576; *Scherber,* Neues autonomes internationales Insolvenzrecht in Spanien, IPRax 2005, 160; *A. Schröder,* Das neue spanische Konkursgesetz im Überblick,

RIW 2004, 610; *A. Steinmetz und F. Lozano Giménez,* Deutsches Insolvenzverfahren und Immobilienvermögen in Spanien – Grundbuchsperre beim Registro de la Propiedad durch deutsche Insolvenzverwalter, NZI 2010, 973; *Turck,* Das internationale Insolvenzrecht in Spanien, 1995; *G. Volz/C. Oliver,* in MünchKommInsO, Bd 3, 2008, Anhang Länderberichte S. 1589.

Südafrika: *Kupsch,* in MünchKommInsO, Bd 3, 2008, Anhang Länderberichte S. 1603; *Smith/Boraine,* Crossing Borders into South African Insolvency Law: From the Roman-Dutch Jurists to the UNCITRAL Model Law, American Bankruptcy Institute Law Review 2002, 135; *Winer,* Transformation in the South African Insolvency Industry, INSOL World I/2006, 26 ff.

Thailand: *Cherubim,* Das neue thailändische Insolvenzrecht, ZInsO 1999, 73; *Hess,* Kommentar zur InsO, 2001, Art. 102 EGInsO Rn. 1041–1064; *OECD,* Insolvency systems in Asia: an efficiency perspective, 2001.

Taiwan: *J. T. Chen,* National Report on Taiwanese Law – Konkurs in Taiwan und im Ausland, in: the International Symposium on Civil Justice, Tokyo 1993, S. 379.

Tschechien: *Braun,* Das neue tschechische Insolvenzrecht, ZInsO 2008, 355; *Giese/Krüger,* in MünchKommInsO, Bd 3, 2008, Anhang Länderberichte S. 1623; *E. Giese/J. Voda,* Der gastierende Insolvenzverwalter in der Konzerninsolvenz, NZI 2012, 794; *Heidenhain,* in: Lowitzsch (ed), The Insolvency Law of Central and Eastern Europe, 2007, S. 157 ff.; *ders./Pravda,* Das neue Insolvenzrecht in der Tschechischen Republik, ZIP 2008, 679; *Hess,* Kommentar zur InsO, 2001, Art. 102 EGInsO Rn. 1065–1101; *Kallies/Lowitzsch* Das novellierte tschechische Insolvenzrecht, Internationale Wirtschaftsbriefe 2002, Nr 9, S. 441 ff.; *B. Keller,* Die Verwertung der Insolvenzmasse nach dem tschechischen Insolvenzgesetz, WiRO 2010, 161; *Konopčík,* Tschechische Republik, in: *Kindler/Nachmann,* Handbuch Insolvenzrecht in Europa, 2013; *Kübler,* Grundsätzliche Überlegungen zu grenzüberschreitenden Insolvenzen – im Anschluss an Erfahrungen in einem deutsch-tschechischen Insolvenzfall, FS Wellensiek, 2011, S. 795 ff.; *Nesroval,* Novellierung des tschechischen Konkurs- und Vergleichsgesetzes, WiRO 1996, 371; *Paulus/Göpfert/Stuna/Zoulik,* Konkurs- und Vergleichsrecht in der Tschechischen Republik, in Breidenbach, Handbuch Wirtschaft und Recht in Osteuropa, Bd. 1, 2000 (Teil CS Syst. 91); *M. Peckl und J. Pastŕńák,* Aktuelle Gerichtsentscheidungen zum neuen tschechischen Insolvenzgesetz, WiRO 2011, 174; *Sedlackova/Keller,* Tschechien: Insolvenzgesetz, WiRO 2006, 342, 373; 2007, 19, 54; *Sicklinger,* Das neue tschechische Insolvenzrecht aus der Sicht des deutschen Gläubigers: Zugleich ein Beitrag zu Fragen der europäischen Insolvenzverordnung, 2009.

Türkei: *Gottwald,* Deutsches internationales Insolvenzrecht und seine Bedeutung im deutsch-türkischen Rechtsverkehr, FS Kalpsüz, 2003, S. 935; *C. Rumpf,* Einführung in das türkische Recht (§ 36), 2004; *C. Rumpf und Ejder Yilmaz,* Türkei, in: *Kindler/Nachmann,* Handbuch Insolvenzrecht in Europa, 2013; *St. Starr,* Turkey, in: Collier, International Business Insolvency Guide, Vol 3, Ch 42, 2002.

Ungarn: Gesetz Nr. IL von 1991 über das Konkurs-, Liquidations- und Abwicklungsverfahren (abgedruckt in Breidenbach, Handbuch Wirtschaft und Recht in Osteuropa, Bd 3, 2000, Teil UNG Nr. 920); Csia/Csóke, in: Pannen (Hrsg), Europäische Insolvenzverordnung, Teil 3: Länderberichte, S. 679; *A. Csóke,* Problems related to Collective Insolvency Proceedings Having Cross-Border Effects – From the Perspective of Hungary, InternInsolRev 13 (2004), 77; *Fonagy,* The legal status of employees in the Hungarian liquidation process, eurofenix Autumn 2008, 12 ff.; *Hess,* Kommentar zur InsO, 2001, Art. 102 EGInsO Rn. 1102–1153; *A. Pesser-Müller,* Ungarn, in MünchKommInsO, Art. 102 EGInsO Anh II, S. 1060; *Ch. Reisinger,* Die Anerkennung von Konkursverfahren im deutsch-ungarischen Rechtsverkehr, 1996; *Sipos,* Ungarn, in: Kindler/Nachmann, Handbuch Insolvenzrecht in Europa, 2013; *Spitsa/Vig,* in: Lowitzsch (ed), The Insolvency Law of Central and Eastern Europe, 2007, S. 221 ff.; *G. Török/St. Riel,* Das ungarische Insolvenzrecht im Überblick, WiRO 1994, 409.

Ukraine: *Bobrzynski/Liebscher,* in MünchKommInsO, Bd 3, 2008, Anhang Länderberichte S. 1635; *dies./Kraft/Kurowski/Myskiv,* Ukrainisches Insolvenzrecht, Schriftenreihe des Center of Legal Competence Bd 25, Wien/Graz 2006; *Tereschtschenko,* Konkurs und Sanierung von Unternehmen in der Ukraine, WiRO 2001, 99.

Ausländisches Insolvenzrecht § 136

USA: *E. Aderhold*, Auslandskonkurs im Inland, 1992, S. 68 ff.; *J. Becker/Ch. Loidl*, Die internationalen Aspekte der US-Konkursordnung 1978, KTS 1984, 27; *Boshkoff*, United States Judicial Assistance in Cross-Border Insolvencies, I.C.L.Q. 36 (1987), 729; *Dornieden*, Gläubigeranfechtung im US-amerikanischen Insolvenzrecht, IBL-Journal 2006, 9; *H.P. Esser*, Intellectual Property Licenses in U.S. Bankruptcy Proceedings – A Review of N.C.P. Marketing Group, Inc. v. BG Star Productions, Inc. (129 S.Ct. 1577), IILR 2011, 156; *Grauke/Youdelman*, in MünchKomm-InsO, Bd 3, 2008, Anhang Länderberichte S. 1647; *E. Habscheid*, Grenzüberschreitendes (internationales) Insolvenzrecht der Vereinigten Staaten von Amerika und der Bundesrepublik Deutschland, 1998; *Hess*, Kommentar zur InsO, 2001, Art. 102 EGInsO Rn. 1154–1200; *Hollander/Graham*, in: Pannen, EuInsVO, Teil 4: UNCITRAL (mit Darstellung Chapter 15 US BC); *Klöhn*, Wettbewerb der Gerichte im US-amerikanischen Unternehmensinsolvenzrecht, RIW 2006, 568; *Laut*, Universalität und Sanierung im internationalen Insolvenzrecht, 1997, S. 149 ff.; *LoPuchi*, Courting Failure: Das Versagen der Kontrollinstanz in der Konzerninsolvenz – zu den Auswirkungen eines Wahlgerichtsstands im US-Konzerninsolvenzrecht, ZInsO 2013, 420; *G. McCormack*, Corporate rescue law: An Anglo-American perspective, 2008, 322; *Meyer/Duckstein*, Die US-amerikanische Insolvenzrechtsreform von 2005, ZIP 2006, 935; *Meyer-Löwy/Poertzgen/Eckhoff*, Die Einführung in das US-amerikanische Insolvenzrecht, ZInsO 2005, 735; *Minuth*, Chapter 11 des US-amerikanischen Bankruptcy Code: Mythos und Realität, FS Greiner, 2005, S. 245; *Möhlmann*, Grundzüge der US-amerikanischen Berichterstattung im insolvenzrechtlichen Reorganisationsverfahren, KTS 1997, 1; *Mordhorst*, Die Behandlung vertraglicher Mobiliarsicherheiten im US-amerikanischen und deutschen Insolvenzrecht, 2003; *M.R. O'Flynn*, The Scorecard so Far: Emerging Issues in Cross-Border Insolvencies under Chapter 15 of the U.S. Bankruptcy Code, NwJIntL&Bus 2012, 391; *Paulus*, Section 304 Bankruptcy Code – Die US-amerikanische Variante der Zusammenarbeit bei grenzüberschreitenden Insolvenzfällen, NZI 2005, 95; *ders.*, Das neue internationale Insolvenzrecht der USA, NZI 2005, 439; *Penzlin/Maesch*, Befriedigung von Altforderungen mit Zustimmung des Insolvenzgerichts? – Ein Seitenblick auf die US-amerikanische Critical Vendor Orders, ZInsO 2006, 622; *Priebe*, Chapter 11 & Co.: Eine Einführung in das US-Insolvenzrecht und ein erster Rückblick auf die Jahre 2007–2010 der Weltwirtscaftskrise, ZInsO 2011, 1676; *Riesenfeld*, Transnational Bankruptcy Law: Recent Developments in Argentina and the United States, FS Kegel, 1987, 483; *ders.*, Einige Betrachtungen zur Behandlung dinglicher Sicherungsrechte an beweglichen Vermögensgegenständen im Insolvenzrecht der Vereinigten Staaten von Amerika, FS Drobnig, 1998, S. 621; *D. Roßmeier*, Besitzlose Mobiliarsicherheiten in grenzüberschreitenden Insolvenzverfahren: Eine rechtsvergleichende Untersuchung des deutschen und des US-amerikanischen Internationalen Insolvenzrechts, 2003; *Rüfner*, Neues Internationales Insolvenzrecht in den USA, ZIP 2005, 1859; *J. Schmidt*, „Schnellverschlussklappe" – Grundsatzurteil des BGH betreffend die Anerkennung von Insolvenzverfahren nach Chapter 11 des US Bankruptcy Code, DAJV 2010, 54; *P.H. Silverman*, Foreign Representative's use of U.S. Bankruptcy Courts, IILR 2011, 167; *G. Spennemann*, Insolvenzverfahren in Deutschland – Vermögen in Amerika, 1981, S. 177 ff.; *Terhart*, Chapter 11 Bankruptcy Code: Eine Alternative für Deutschland, 1996; *C. Thole*, Gläubigerschutz durch Insolvenzrecht, 2010; *Utsch*, Das internationale Insolvenzrecht der USA, ZInsO 2006, 1305; *Westbrook*, Cross-Border Bankruptcy – United States Report, in: The International Symposium on Civil Justice, Tokyo 1993, S. 281; *ders.*, International Statement of United States Bankruptcy Law (ALI, Transnational Insolvency Project), 2003; *ders.*, Chapter 15 at least, 79 American Bankruptcy Law Journal 713 (2005); *Westphal/Goetker/Wilkens*, Grenzüberschreitende Insolvenzen, Kap H, S. 361 ff.; *Zenneck*, Hauptverfahren grenzüberschreitender Insolvenzen von Kapitalgesellschaften und ihre Anerkennung durch unterstützende Nebenverfahren, 1996 (S. 68 ff: Nebenverfahren in den USA, S. 235 ff.: Hauptverfahren in den USA).

Sachregister

Halbfette Zahlen bezeichnen Paragraphen; magere Zahlen bezeichnen Randnummern

Abberufung
- Geschäftsführer **92** 161
- Geschäftsleitung **90** 35 ff
- organschaftlicher Vertreter **7** 57 f

Abfindungen
- Arbeitnehmeransprüche **107** 37 ff
- durch gerichtliche Auflösung **107** 39
- vertragliche Abfindungen **107** 38

Abfindungsvergleich
- inkongruente Deckung **47** 52

Abführung der Sozialversicherungsbeiträge s. *Sozialversicherungsbeiträge, Sozialversicherungspflichten*

Ablehnung
- der Aufnahme von Aktivprozessen **32** 148 ff
- des Richters **32** 41

Ablehnung mangels Masse s. *Abweisung mangels Masse*

Ablieferungspflicht
- des im Ausland Erlangten **132** 72 ff

Abschlagsverteilung
- Bekanntmachung **65** 5
- Einwendungen **65** 7 ff
- nachträgliche Berücksichtigung **65** 10
- Nachweis des Ausfalls **42** 87
- Verfahren **65** 2 ff
- Voraussetzungen **65** 3
- zeitliche Zulässigkeit **65** 1

Abschlagszahlungen
- Liquidation **22** 61
- Sozialplan **107** 63
- Steuerabschlagszahlungen **122** 35 ff

Abschlussprüfer
- Bestellungsbefugnis **92** 329
- Haftung **93** 70

Absonderung
- Abgrenzung zur Aussonderung **39** 3
- allgemeine Absonderungsrechte **42** 5 ff
- Anwartschaftsrecht **42** 10
- Ausfallhaftung **42** 77 ff
- Befriedigung nach Rangfolge **42** 15 ff
- Befriedigungsrecht **39** 3
- Eingriffe in Absonderungsrechte **42** 203 ff
- einkommensteuerliche Aspekte **42** 220 ff
- Einschränkung in der Nachlassinsolvenz **114** 41 ff
- Entstehen bei Eröffnung **42** 3
- Ersatzabsonderung **42** 213 ff
- gegenständlich beschränkte Vorrechte **42** 73 ff
- Gemeinschaftforderungen **42** 70 f
- gesetzliche Pfandrechte **42** 48 ff
- bei Globalzessionen **43** 93
- Grundpfandrechte **42** 8
- grundstücks-/grundstücksgleiche Rechte **42** 7
- Haftpflichtansprüche **42** 65 ff
- Haftung der Absonderungsgläubiger **23** 44 ff
- Immobiliarvermögensrechte **42** 6 ff
- Insolvenzkollisionsrecht **133** 30 ff
- Insolvenzplan **42** 203 ff
- bei Insolvenzplan **42** 30, 203 ff
- Masseverbindlichkeiten **57** 2
- Miteigentum **42** 7
- Pfändungspfandrechte **42** 48 ff
- Pfandrecht als Prototyp **42** 1
- Rangfolgenbefriedigung **42** 15 ff
- Rangverhältnis konkurrierender Absonderungsrechte **42** 76
- rechtsgeschäftliche Pfandrechte **42** 32 ff
- Restschuldbefreiung **42** 207
- bei Restschuldbefreiung **42** 207
- Schiffs-/Schiffbauwerksrechte **42** 7
- Steuerforderungen **42** 237 ff
- Steuern **42** 72
- Umsatzsteuer **124** 36
- umsatzsteuerliche Aspekte **42** 224 ff
- Verbraucherinsolvenz **42** 208 ff
- Verletzung der Insolvenzantragspflicht **7** 37
- Versicherung für fremde Rechnung **42** 65 ff
- keine vertragliche Erweiterung **42** 2
- Verwertung beweglicher Gegenstände **42** 128 ff
- Verwertung unbeweglicher Gegenstände **42** 92 ff
- Verwertungs- und Einziehungsverbot **14** 51 ff
- Verwertungsrecht **39** 3
- Verzicht auf Absonderungsrecht **42** 84 ff
- bei vorläufiger Insolvenzverwaltung **14** 99 ff
- Vorwegbefriedigung **22** 62
- Zeitpunkt des Bestehens **42** 3
- Zölle **42** 72
- Zurückbehaltungsrecht **42** 60 ff

Absonderungsberechtigte
- Stimmrecht im Planverfahren **68** 40

Sachregister

halbfette Zahlen = Paragraphen

- Vollstreckung wegen dinglichen Rechts **33** 94 f
- Vollstreckung wegen gesicherter Forderung **33** 98

Absonderungsstreit 32 56 ff

Abtretung von Forderungen
- Anfechtung **51** 4
- Anwartschaftsrechte **31** 23
- Grundpfandrechte **31** 18
- künftige Forderungen **31** 16
- Vorausabtretung mit Weiterverarbeitungsklausel **43** 43 ff

Abtretungserklärung (Treuhandperiode)
- Abtretungsschutz **78** 12
- Abtretungsverbote **77** 49 f
- abzutretende Forderungen **78** 5 ff
- asymmetrische Verfahren **77** 44a
- Bindungen aus §§ 294 bis 297 InsO **77** 47 f
- Dienstbezüge **78** 5 ff
- Erklärung **77** 38 ff
- Forderungsübertragung **77** 45 f
- Geltungsgrund **77** 35 ff
- Hinweispflicht **77** 32 ff
- Laufzeit **77** 41 ff, 113; **79** 4
- materiellrechtliche Theorie **77** 35
- neues Recht ab 1.7.2014 **77** 110 ff
- pfändbare Bezüge **78** 12
- prozessuale Theorie **77** 36 f
- rechtliche Einordnung **77** 35 ff
- Reichweite **78** 5 ff
- Sachentscheidungsvoraussetzung **77** 32 ff
- unpfändbare Bezüge **78** 13
- Vorausverfügungen **77** 49 f
- Wirkungen **77** 45 ff

Abtretungsschutz 78 12 ff

Abtretungsverbot 31 114 ff; **43** 47; **77** 49 ff

Abverkauf 14 72

Abweisung als unbegründet 16 3

Abweisung mangels Masse
- bei Aktiengesellschaft **93** 15
- als Auflösungsgrund **92** 256; **93** 15
- berufs- und gewerberechtliche Folgen **16** 17
- Eintragung in das Schuldnerverzeichnis **16** 11 f
- bei GmbH **92** 256 ff
- inländisches Verfahren mit Auslandsbezug **132** 40
- kapitalistische Personengesellschaft **94** 162
- bei KG **94** 33 f
- Kostenentscheidung **16** 14, 18
- Löschung der Eintragung im Schuldnerverzeichnis **16** 13
- Mitteilungspflichten **16** 12
- Nachlassinsolvenz **117** 12 f
- OHG **94** 33 f
- bei Partikularverfahren über Inlandsvermögen **132** 145
- rechtliches Gehör **16** 7 ff
- rechtsfähiger Verein **93** 181 f
- Rechtsfolgen für Handelsgesellschaften **16** 15 f
- sofortige Beschwerde **16** 38
- Veröffentlichung des Abweisungsbeschlusses **16** 10

Abweisungsbeschluss
- Rechtsmittel **16** 14, 36 f
- Veröffentlichung **16** 10

Ad-hoc-Publizität
- kapitalmarktorientierte Aktiengesellschaft **93** 99 ff

Änderungskündigung
- Kündigungsschutz **105** 158 ff
- Reaktionen des Arbeitnehmers **105** 154 ff
- Rechtsformen **105** 152
- Vorrang **105** 100a

AGB-Banken/-Sparkassen 42 36, 43 ff

Agenturkonten 98 15

AIF-Verwaltungsgesellschaften 93 249

Akkordstörer 4 7

Akkreditiv 42 44

Akteneinsicht 13 26 ff; **92** 137 ff

Aktiengesellschaft s. a. Börsennotierte Aktiengesellschaft, Kapitalmarktorientierte Aktiengesellschaft
- Ablehnung mangels Masse **93** 15
- Aktionär **93** 35 ff
- Anlegerschutz **93** 112
- Ansprüche aus Insolvenzverursachung/ -verschleppung **93** 71 f
- Aufgabenkreis des Verwalters **93** 44
- Aufsichtsrat **93** 23 ff
- Auswirkungen der Verfahrenseröffnung **93** 16 ff
- Beendigung des Verfahrens **93** 118
- börsennotierte Aktiengesellschaft **93** 79 ff
- Eigenverwaltung **93** 116 f
- Enforcement-Verfahren **93** 106 f
- Erwerb eigener Aktien **93** 49
- Europäische Aktiengesellschaft **93** 243
- Gesellschafterdarlehen **93** 72 ff
- Haftung des Abschlussprüfers **93** 70
- Hauptversammlung **93** 28 ff
- Insolvenz des Aktionärs **93** 121
- Insolvenzantragspflicht **93** 8 ff
- Insolvenzantragsrecht **93** 4 ff
- Insolvenzauswirkung auf Finanzverfassung **93** 45 ff
- Insolvenzauswirkung auf Organverfassung **93** 17 ff
- Insolvenzfähigkeit **5** 6; **93** 2
- insolvenzfreies Vermögens **93** 77

magere Zahlen = Randnummern

Sachregister

- Insolvenzgründe **93** 3
- Insolvenzmasse **93** 59 ff
- Insolvenzplanverfahren **93** 113 ff
- Kapitalaufbringungs-/erhaltungsansprüche **93** 60 ff
- kapitalmarktorientierte Aktiengesellschaft **93** 95 ff
- Kapitalmaßnahmen **93** 46 ff
- KGaA **93** 119 f
- Konzernansprüche **93** 76
- Missmanagementansprüche **93** 65 ff
- Mitteilungspflichten **93** 58
- Optionsanleihen **93** 54 ff
- Pflichten des Aufsichtsrats vor Verfahrenseröffnung **93** 11 ff
- Pflichten des Vorstands vor Verfahrenseröffnung **93** 11 f
- Rechtstatsächliches **93** 1
- Schuldverschreibungen **93** 50 ff
- Schutzschirmverfahren **93** 14
- Übernahmerecht **93** 110 f
- Vorstand **93** 18 ff
- Wandelschuldverschreibungen **93** 54 ff

Aktionär
- Aktiengesellschaft **93** 35 ff
- Auswirkungen der Verfahrenseröffnung **93** 35 ff
- Insolvenz **93** 121

Aktive Rechnungsabgrenzungsposten
- Überschuldungsstatus **6** 53

Alleinerbe
- Nachlassinsolvenz **112** 1 ff

Allgemeine Geschäftsbedingungen
- Aufrechnungsverbote **45** 25
- außergerichtliche Sanierung **3** 13 ff

Altersteilzeit
- Arbeitnehmeransprüche **107** 100 ff
- betriebsbedingte Kündigung **107** 103
- Insolvenzforderungen **19** 30
- Insolvenzgeld **110** 24
- Rang der Vergütungsansprüche **107** 102 f

Altgläubiger
- Abgrenzung zum Neugläubiger **92** 99 ff

Altsozialplan 107 78 f
Amtsbetrieb 17 23

Amtsermittlung
- Feststellung der Eröffnungsgründe/Kostendeckung **13** 1 ff
- Gestattungspflicht des Verwalters **92** 234
- Insolvenzgericht **17** 21 f
- im Insolvenzplanverfahren **66** 22 ff

Amtsniederlegung
- Geschäftsführer **92** 162 ff
- organschaftlicher Vertreter **7** 55 ff

Amtstheorie 22 20 ff; **32** 1 ff
Amtswalterwechsel 32 15, 47; **33** 6

Anderkonten 98 16
Anderweitige Befriedigungsmöglichkeit 9 31
Aneignungsrechte
- Aussonderungskraft **40** 17

Anerkannte Ansprüche
- Insolvenzforderungen **19** 24

Anerkennung ausländischer Insolvenzverfahren
- Anmeldung von Forderungen im Ausland **134** 103 ff
- Anwendung ausländischen Insolvenzrechts **134** 11
- anzuerkennende Entscheidungen **134** 46 ff
- ausländische Postsperre **134** 92
- Bedeutung **134** 6 ff
- Befugnisse des ausländischen Verwalters **134** 75 ff
- Begriff **134** 1 ff
- Bekanntmachungsunabhängigkeit **134** 18, 42 ff
- Beschlagnahmewirkung **134** 49 ff
- Eingriffe in persönliche Freiheit des Schuldners **134** 91
- einstweilige Sicherungsmaßnahmen **134** 83 ff
- Eröffnung in Drittstaaten **134** 14, 22
- Eröffnung in EU-Mitgliedstaaten **134** 13, 21
- Eröffnungsbeschlüsse **134** 46 ff
- Feststellungsstreit **134** 69
- kein formelles Anerkennungsverfahren **134** 41
- keine Gegenseitigkeit **134** 40
- Grundsatz **134** 1 ff
- inländischer einstweiliger Rechtsschutz **134** 73
- Insolvenzplan **134** 107 ff
- internationale Anerkennungszuständigkeit **134** 27 ff
- Kooperation mit ausländischen Verfahren **134** 123 ff
- Leistung an den Schuldner **134** 61 ff
- Nachlassinsolvenzverfahren **134** 122
- Partikularverfahren **134** 115 ff
- Prozessführung **134** 64 ff
- Qualifikation ausländischen Verfahrens **134** 20 ff
- Rechtskraftunabhängigkeit **134** 15
- Restschuldbefreiung **134** 111 ff
- Sperre gegen Individualvollstreckung **134** 71 f
- Teilnahme am Auslandsverfahren **134** 103 ff
- Universalitätsgrundsatz **134** 7
- unmittelbar zusammenhängende Entscheidungen **134** 96 ff

Sachregister

halbfette Zahlen = Paragraphen

- Vergleich **134** 107 ff
- kein Verstoß gegen deutschen ordre public **134** 32 ff
- Verteilung der Masse **134** 103 ff
- Verwaltungs- und Verfügungsbefugnis **134** 52 ff
- Vis attractiva concursus **134** 70
- Vollstreckbarkeit ausländischer Entscheidungen **134** 96 ff
- Voraussetzungen **134** 12 ff
- Vorliegen eines Insolvenzverfahrens **134** 20 ff
- Wirkungserstreckung **134** 6 ff, 10 f

Anerkennung ausländischer Partikularverfahren
- Allgemeines **134** 115
- Befriedigung im Ausland **134** 118
- Inlandsbefugnis des ausländischen Verwalters **134** 116
- Insolvenzplan **134** 119 ff
- Restschuldbefreiung **134** 119 ff

Anerkennung ausländischer Restschuldbefreiungen
- Anerkennung von Drittstaaten-Entscheidungen **80** 36
- Ankennung der Entscheidungen aus Drittstaaten **80** 36
- center of main interests **80** 34
- europäische Regelungen **80** 34 f

Anerkennung deutscher Verfahren im Ausland
- in anderen Staaten **132** 190 ff
- in EU-Staaten **132** 189

Anerkennung nach EuInsVO
- Annexentscheidungen **131** 97 ff
- anzuerkennende Entscheidungen **131** 91 ff
- Einschränkungen des Postgeheimnisses **131** 113
- Einschränkungen persönlicher Freiheit **131** 113
- Entscheidungen zur Beendigung des Verfahrens **131** 94 ff
- Entscheidungen zur Durchführung des Verfahrens **131** 94 ff
- Eröffnungsbeschluss **131** 91 ff
- ordre public **131** 87 ff
- Sicherungsmaßnahmen **131** 96
- Voraussetzungen **131** 50 ff, 87 ff
- Wirkung auf anhängige Prozesse **131** 114

Anerkennung und Vollstreckung von Zivilurteilen
- Abkommen mit Schweizer Kantonen **135** 23 f
- Ausschluss der Insolvenzsachen **135** 19 ff
- deutsch-niederländischer Vertrag **135** 22
- Gegenstand der Regelungen **135** 26 ff
- räumlicher Anwendungsbereich **135** 25

Anerkennung von Masseansprüchen 58 1

Anfechtbare Rechtshandlungen
- aktives Tun **46** 19; **47** 15
- Anfechtungsfristen **46** 43 ff
- Aufspüren anfechtbarer Rechtshandlungen **51** 27
- bedingte Rechtshandlungen **46** 21 f
- befristete Rechtshandlungen **46** 23
- Begriff der Rechtshandlung **46** 19
- Beispiele **47** 16
- besonders bedeutsame Rechtshandlungen **74** 34
- Bestandsschutz **46** 17
- Bevollmächtigter **46** 31
- Dritter **46** 28
- entgangene Verwertungskostenpauschale **46** 50
- entgeltliche Verträge mit Nahestehenden **48** 26 ff
- Erwerb in der Zwangsversteigerung **46** 48 f
- Forderungspfändung **46** 20
- bei gesetzlicher Vertretung **46** 31
- Grund- und Erfüllungsgeschäft **46** 19, 42
- Grundstücksgeschäfte **46** 40
- Handlungen mit rechtlicher Wirkung **46** 19
- Herstellung einer Aufrechnungslage **46** 22
- Hinweise zum taktischen Vorgehen **51** 27
- höchstpersönliche Rechtsgeschäfte **46** 47
- bei inkongruenter Deckungsanfechtung **47** 40
- des Insolvenzverwalters **46** 30
- bei kongruenter Deckungsanfechtung **47** 15 ff
- Lebensversicherung mit unwiderruflichem Bezugsrecht **46** 27
- mehraktige Rechtshandlungen **46** 20, 35 ff
- mehrere Rechtshandlungen **46** 19
- Minderjährigenschutz **46** 31
- mittelbare Zuwendungen **46** 26 ff; **47** 18
- Nichtigkeit und Anfechtbarkeit **46** 24 f
- Prämiezusage für Betriebstreue **46** 19
- Realakte mit Rechtswirkungen **46** 19
- Rechtshandlung des Schuldners **46** 28 ff
- Rechtshandlungen Dritter **46** 19, 28 ff
- Rechtshandlungen nach Insolvenzeröffnung **46** 39 ff
- Scheingeschäfte **46** 24
- Teilanfechtung **46** 41
- unanfechtbare Rechtshandlungen **46** 46 ff; **47** 19; **48** 5
- unmittelbar nachteilige Rechtsgeschäften **47** 66
- Unterlassungshandlungen **46** 19; **47** 15
- Veräußerung Handelsgeschäft/Praxis **46** 46
- des vorläufigen Verwalters **46** 32 ff
- Vornahme in der Krise **47** 3, 15 ff, 65 ff

Sachregister

magere Zahlen = Randnummern

- Vornahmezeitpunkt der Rechtshandlung **46** 20
- Vorsatzanfechtung **48** 4 ff, 26 ff
- Wissenszurechnung bei Behörden **46** 31
- Zwangsvollstreckungsmaßnahmen **46** 19

Anfechtung
- gerichtlicher Maßnahmen im Eröffnungsverfahren **16** 34
- Insolvenzkollisionsrecht **133** 92 ff
- Kapitalersatzrecht **92** 387, 478 ff
- bei Verbraucherinsolvenz **84** 14
- der Wahlrechtsausübung **35** 18

Anfechtung nach AnfG
- Abgrenzung zur Insolvenzanfechtung **46** 7
- Besonderheiten in anderen Verfahren **51** 19 ff
- Einfluss des Insolvenzverfahren **51** 14 ff

Anfechtung nach BGB
- Abgrenzung zur Insolvenzanfechtung **46** 8

Anfechtung nach InsO s. a. *Anfechtbare Rechtshandlungen*
- Abgrenzung zu rechtsähnlichen Tatbeständen **46** 7 f
- Altfälle **46** 16
- Anfechtbarkeit von Rechtshandlungen **46** 19 ff
- Anfechtungsgegner **51** 57 ff
- Anspruch auf Rückgewähr **52** 8 ff
- Ansprüche des Anfechtungsgegners **52** 27 ff
- Auskunftsanspruch gegen Insolvenzverwalter **51** 28
- bei Auslandsbezug **46** 18
- Ausschlussfrist nach KO und GesO **51** 38
- Ausübung des Anfechtungsrechts **51** 1 ff
- Bargeschäfte **46** 75 ff
- Berechtigung bei Eigenverwaltung **51** 11
- Berechtigung des Insolvenzverwalters im Regelverfahren **51** 1 ff
- Berechtigung im Insolvenzplanverfahren **51** 13
- Berechtigung im vereinfachten Insolvenzverfahren **51** 12
- besondere Insolvenzanfechtung **47** 1 ff
- Bestandsschutz **46** 17
- Bestehen einer Gläubigerbenachteiligung **46** 53 ff
- gegenüber Bundesagentur für Arbeit **51** 71
- dingliche Theorie **52** 6
- Entstehen des Anfechtungsanspruchs **52** 2
- erweiterte Anfechtbarkeit in der Nachlassinsolvenz **114** 37 ff
- Fristen **46** 43 ff
- Geltendmachung **51** 22 ff
- gemischte Theorie **52** 6
- gerichtliche Geltendmachung **51** 22 f
- Gesamtrechtsnachfolger als Gegner **51** 61
- bei Gesellschafterdarlehen **46** 5
- Gesellschaftersicherheit **52** 22 ff
- Gestaltungsrecht **26** 14
- Gläubigeranfechtung nach AnfG **51** 14 ff
- Gläubigerbenachteiligung **46** 51 ff
- Grund- und Erfüllungsgeschäft **46** 42
- Haftungserweiterung **52** 19
- Haftungsprivileg **52** 20 f
- haftungsrechtliche Theorie **52** 5
- Hinweise zum taktischen Vorgehen **51** 27
- inkongruente Deckungsanfechtung **47** 39 ff
- Insolvenz des Anfechtungsgegners **52** 3 f
- Insolvenzrechtsreform **46** 4
- Klageantrag **52** 9
- Klage/Widerklage **51** 23
- kongruente Deckungsanfechtung **47** 14 ff
- Konkurrenz der Anfechtungsvorschriften **46** 6
- Korrektur ungerechtfertigter Vermögensverschiebungen **46** 3
- Leistungsverweigerungsrecht nach Fristablauf **51** 55 f
- Masseergänzung durch Rückgewähranspruch **22** 41
- mehraktige Rechtshandlungen **46** 35 ff
- mittelbare Zuwendungen **46** 26 f
- Nachlassinsolvenz **114** 37 ff
- pflichtwidrig unterlassene Anfechtung **51** 6 ff
- Primäranspruch **52** 9 ff
- Prüfungsschema für Anfechtungsanspruch **46** 90
- Rechtsfolgen **52** 1 ff
- Rechtshandlung des Schuldners **46** 28 ff
- Rechtshandlungen des vorläufigen Insolvenzverwalters **46** 32 ff
- Rechtshandlungen nach Insolvenzeröffnung **46** 39 ff
- Rechtshandlungsbegriff **46** 19 ff
- Rechtsnachfolger als Gegner **61** 61
- Rechtsnatur **52** 1 ff
- Regelinsolvenzverfahren und Eigenverwaltung **51** 16 ff
- Reichweite der Verjährungsfrist **51** 46 f
- bei Rückgewähr der Einlage stillen Gesellschafters **46** 5
- Rückgewähranspruch **40** 30; **52** 8 ff, 22 ff
- und Rückschlagsperre **46** 29
- Scheingeschäft **46** 24 f
- Schenkungsanfechtung **46** 5; **49** 1 ff
- Schiedsklausel **51** 23
- schuldrechtliche Theorie **52** 1 ff
- Sekundäranspruch **52** 12 ff
- Sicherung des Anspruchs **52** 18
- bei stiller Gesellschaft **46** 5
- Systematik **46** 15
- Teilanfechtung **46** 41

Sachregister

halbfette Zahlen = Paragraphen

- Überblick der Anfechtungsvorschriften **46** 1 ff
- Übergangsrecht **46** 16 f
- unanfechtbare Rechtshandlungen **46** 46 ff
- bei unentgeltlichen Leistungen **46** 5
- unmittelbar nachteilige Rechtsgeschäften **47** 65 ff
- Verhältnis der Anfechtungsvorschriften **46** 6
- Verhältnis zur Aufrechnung **46** 12 ff
- Verhältnis zur Nichtigkeit **46** 24 f
- Verjährung des Anfechtungsanspruch **51** 42 ff
- Verjährungsfrist nach InsO/Übergangsrecht **51** 39 f
- Vorbereitung der Anfechtungsklage **51** 25 ff
- Vorsatzanfechtung **46** 5; **48** 1 ff
- Wahrung der Verjährungsfrist **51** 49 ff
- Wertersatzanspruch **52** 12 ff
- Wesen und Wirkung **52** 1 ff
- zeitliche Anspruchsbegrenzung **51** 38 ff
- Zweck **46** 3

Anfechtung von Arbeitsverträgen
- Bedeutung **105** 26 ff
- nach BGB **105** 27 ff
- nach InsO **105** 30 ff
- Nachweis der Gläubigerbenachteiligung **105** 31a

Anfechtung von Lohnzahlungen
- Allgemeines **105** 31
- Auswirkungen auf Insolvenzgeld **105** 33
- Kenntnis von Zahlungsunfähigkeit **105** 32
- Lohnzahlung als Bargeschäft **105** 32a
- Rechtsweg bei Insolvenzanfechtung **105** 34

Anfechtungsberechtigung
- Abtretung des Anfechtungsanspruchs **51** 4
- bei Doppelinsolvenz im Dreiecksverhältnis **51** 2 ff
- bei Eigenverwaltung **51** 11
- Einfluss des Insolvenzverfahrens auf Gläubigeranfechtung nach AnfG **51** 14 f
- Erlöschen des Anfechtungsrechts **51** 10
- im Insolvenzplanverfahren **51** 13
- des Insolvenzverwalters im Regelinsolvenzverfahren **51** 1 ff
- Konkurrenz bei Doppelinsolvenz **51** 2
- pflichtwidrig unterlassene Anfechtung **51** 6 ff
- Prozessstandschaft **51** 5
- vereinfachtes Insolvenzverfahren **51** 12

Anfechtungsfristen
- Berechnung **46** 44
- Berechnung bei mehreren Eröffnungsanträgen **46** 45
- Systematik **46** 43

Anfechtungsgegner
- Ansprüche **52** 27 ff

- Bundesagentur für Arbeit **51** 71
- Gesamtrechtsnachfolger **51** 61
- Insolvenz **52** 3
- mittelbare Zuwendungen **51** 59 f
- Neben- und Sicherungsrechte **52** 29
- Regelfall **51** 57 f
- Schicksal der Gegenleistung **52** 27
- sonstige Rechtsnachfolger **51** 62 ff
- Wiederaufleben einer Forderung **52** 28 ff

Anfechtungsklage
- Aufspüren anfechtbarer Rechtshandlungen **51** 27
- Auskunftsanspruch **51** 25 f, 28
- Behauptung nur vermuteter Tatsachen **51** 34 f
- Feststellungs-/Feststellungswiderklage **51** 30
- internationale Zuständigkeit **51** 31
- Klageantrag **51** 32
- Klageart **51** 30
- Klagebegründung **51** 33
- Leistungsklage **51** 30
- örtliche Zuständigkeit **51** 31
- Prozesskostenhilfe **51** 37
- Rechtsweg **51** 29
- sachliche Zuständigkeit **51** 31
- Urkundenvorlage durch Dritte **51** 36
- Vorbereitung **51** 25 ff
- Zuständigkeit ordentlicher Gerichte **51** 31

Angestellte, frühere
- Erstreckung der Befugnisse des nsolvenzschuldners auf **18** 19

Anhalterecht beim internationalen Warenkauf
- Aussonderungskraft **40** 94 ff
- Erlöschen **40** 98
- frachtrechtliches Weisungsrecht **40** 97
- Inhalt und Bedeutung **40** 95
- Rechtsgrundlage **40** 94
- Verhältnis zum Frachtrecht **40** 96

Anhörung
- vor Ablehnung der Eröffnung **13** 23 ff
- Abweisung mangels Masse **16** 7
- Aufklärung der Eröffnungsvoraussetzungen **13** 21 ff
- Befugnis des Gläubigerausschusses **21** 24
- bei Eigenantrag des Schuldners **11** 13 ff
- bei Eröffnungsreife **11** 13 ff; **13** 21 f
- bei Gläubigerantrag **12** 15 ff
- nach InsO **17** 34
- Recht des Insolvenzgläubigers **19** 4
- Recht des Insolvenzschuldners **18** 16
- Unterlassung **12** 24
- bei verfahrensabschließenden Entscheidungen **16** 7 ff
- Zustellung des Eröffnungsantrags **12** 20

magere Zahlen = Randnummern

Sachregister

Ankündigung der Restschuldbefreiung
- Entscheidung über anschließendes Restschuldbefreiungsverfahren **77** 97 ff
- Verfahren **77** 95 ff

Anmeldung von Forderungen
  s. *Forderungsanmeldung*

Ansprüche s. *Forderungen*

Anteils- und Mitgliedschaftsrechte
- Massezuordnung **25** 61

Anteilsinhaber
- Stimmrecht im Planverfahren **68** 42

Antrag s. *Insolvenzantrag*

Antragsbefugnisse
- Gläubigerausschuss **21** 22

Antragsgebühr
- Kosten des Verfahrens **128** 12 ff

Antragsrechte der Insolvenzgläubiger 19 3

Antragsrechte des Insolvenzschuldners 18 15

Antragsrücknahme s. *Rücknahme des Insolvenzantrags*

Anwachsung 94 6

Anwaltsvertrag
- Geschäftsbesorgungsvertrag **36** 45

Anwartschaften s. a. *Versorgungsanwartschaft*
- Absonderung **42** 10
- gesicherte Versorgungsleistung **109** 26 ff
- Insolvenzfestigkeit **43** 10, 19
- Übertragung vor Insolvenzeröffnung **31** 22
- Unverfallbarkeit von Anwartschaften **109** 27 f

Anweisung nach BGB 14 190; **36** 46

Anwesenheitspflicht
- des Geschäftsführers **92** 237

Anwesenheitsrechte
- der Insolvenzgläubiger **19** 5
- des Insolvenzschuldners **18** 17

Anzahlungen 45 59

Anzeige der Masseunzulänglichkeit
  s. *Masseunlänglichkeitsanzeige*

Arbeitgebereigenschaft
- Auswirkung der Insolvenzeröffnung **30** 43

Arbeitgeberfunktion des Verwalters
- Ausübung des Direktionsrechts **104** 30
- Ausübung von Rechten/Pflichten des Schuldners **104** 27 ff
- Beschäftigungspflicht **104** 31
- Beschäftigungspflicht bei Kündigung **104** 32
- BetrAVG-Pflichten **104** 40
- Betriebsänderungsbeginn durch Freistellung **104** 38
- betriebsverfassungsrechtliche Pflichten **104** 41 f
- Freistellung **104** 33, 36, 37
- Informationspflicht **104** 39
- insolvenzspezifisches Freistellungsrecht **104** 34
- Kenntnisstand **104** 44
- Lohnzahlungspflichten **104** 43
- SGB III-Pflichten **104** 40
- Sozialauswahl **104** 35

Arbeitnehmer
- arbeitnehmerähnliche Personen **104** 48, 68
- Arbeitnehmereigenschaft von Organmitgliedern? **104** 54
- Begriff **104** 45
- Beschäftigungsklage **105** 6 ff
- Beschäftigungspflicht **104** 31 f
- betriebliche Altersversorgung **104** 62
- betriebsverfassungsrechtliche Ansprüche **104** 88 ff
- Entfristungsklage **105** 16
- Freistellung **104** 33 ff
- Geschäftsführer **104** 53
- Geschäftsführer als Arbeitnehmer iSd InsO **104** 57 ff
- Geschäftsführer – Anstellungsverhältnis **104** 55 f
- Gesellschafter von Kapitalgesellschaften **104** 64
- Gesellschafter von Personengesellschaften **104** 63
- individualarbeitsrechtliche Ansprüche **104** 69 ff, 70 ff
- Insolvenzantragsrecht **8** 41 ff
- als Insolvenzgläubiger **107** 169 ff
- Leiharbeitnehmer **104** 50 f
- als Massegläubiger **107** 133 ff
- Massenentlassung **105** 183 ff
- mittelbares Arbeitsverhältnis **104** 65
- Neben- und Teilzeitbeschäftigte **104** 49
- Organmitglieder **104** 53, 54
- im Planverfahren **67** 52 f
- Scheinselbstständigkeit **104** 46 f
- sonstige Beschäftigungsverhältnisse **104** 66
- tarifvertragliche Ansprüche **104** 84 ff
- vorläufige Weiterbeschäftigung **105** 15a
- Vorstandsmitglieder **104** 61
- Weiterbeschäftigungsanspruch **105** 162 ff
- Zweifelsfälle **104** 67

Arbeitnehmerähnliche Personen 104 48, 68

Arbeitnehmeransprüche
- Abfindungen **107** 37 ff
- Absicherung bei Insolvenz des Arbeitgebers **110** 1 ff
- Altersteilzeit **107** 100 ff
- anmeldepflichtige Forderungen **107** 150 ff
- Anwartschaften **104** 81
- Arbeitnehmer als Massegläubiger **107** 154 f

2853

Sachregister

halbfette Zahlen = Paragraphen

- Arbeitnehmererfindungen **104** 82; **107** 114 ff
- Aufnahme unterbrochener Verfahren **107** 161 ff
- Aufwendungen des Betriebsrats **107** 124 ff
- Ausübung des Widerrufsrechts **104** 75
- Beschäftigte in Land- und Forstwirtschaft **107** 122 f
- betriebliche Altersversorgung **107** 91 ff
- aus betrieblicher Übung **104** 76, 78
- Bonuszahlungen **107** 20
- Entschädigungsanspruch aus Wettbewerbsabrede **107** 104 ff
- Freistellung während Kündigungsfrist **104** 80
- freiwillige Lohnzuschläge **104** 73
- in Gesellschafterinsolvenz **107** 172 f
- Gewinnbeteiligungen **107** 26
- Gratifikationen **107** 21 ff
- nach Insolvenzeröffnung **107** 10 ff
- vor Insolvenzeröffnung **107** 6 ff
- als Insolvenzforderungen **107** 6
- insolvenzrechtliche Behandlung **107** 150 ff
- Kosten der Einigungsstelle **107** 129 f
- Leistungskürzungen **104** 71
- bei Masseunzulänglichkeit **107** 156 ff
- als Masseverbindlichkeit nach § 55 I Nr. 1 InsO **107** 10 ff
- als Masseverbindlichkeit nach § 55 I Nr. 2 InsO **107** 14 ff
- als Masseverbindlichkeit nach § 55 II 2 InsO **107** 5
- Nachteilsausgleich **107** 80 ff
- nichtanmeldepflichtige Forderungen **107** 153
- rechtliche Einordnung **107** 1 ff
- Ruhegeldzusagen **104** 77
- Schadensersatzansprüche **107** 40 ff
- sonstige Ansprüche **104** 83
- Sozialplanansprüche **107** 46 ff
- Urlaubsabgeltung **107** 32 ff
- Urlaubsansprüche bei Freistellung **104** 79
- Urlaubsentgelt/Urlaubsgeld **107** 27 ff
- Vergütungsanspruch **104** 70; **110** 1, 2
- Widerrufsvorbehalt **104** 74
- zeitliche Bestimmung **107** 19

Arbeitnehmererfindungen 25 20; **104** 82; **107** 110 ff

Arbeitnehmerüberlassung 45 64

Arbeitseinkommen des Schuldners
- Abtretung in Treuhandperiode **78** 5 ff, 12 ff
- Massezuordnung **25** 19 ff
- verschleiertes Arbeitseinkommen **46** 59

Arbeitsentgelt
- Masseverbindlichkeit **56** 33 ff

Arbeitskampfrecht 104 95

Arbeitskraft des Schuldners
- kein Insolvenzbeschlag **26** 11
- unterlassene Verwertung **46** 59

Arbeitslosengeld
- Anspruchsvoraussetzungen **110** 54 f
- Aufhebungsvertrag und Sperrzeit **110** 65
- Höhe **110** 59 ff
- persönliche Meldepflicht **110** 56 ff
- Ruhen des Anspruchs und „Gleichwohlgewährung" **110** 62 ff
- Überblick **110** 53

Arbeitsrecht in der Insolvenz
- Arbeitgeberfunktion des Insolvenzverwalters **104** 27 ff
- Arbeitnehmer **104** 45 ff
- Arbeitnehmeransprüche **107** 19 ff
- Arbeitskampfrecht **104** 95
- betriebliche Altersversorgung **109** 1 ff
- Betriebsstilllegung durch vorläufigen Insolvenzverwalter **104** 25 f
- Betriebsübergang **106** 1 ff
- betriebsverfassungsrechtliche Ansprüche **104** 88 ff
- Einfluss auf bestehende Arbeitsverhältnisse **104** 16 ff
- Entwicklung **104** 3
- Eröffnungsverfahren **104** 16 ff
- Grundsätze **104** 1 ff
- individualarbeitsrechtliche Ansprüche **104** 69 ff
- insolvenzspezifische Arbeitsrecht **104** 1 ff
- Kündigungen **105** 1 ff
- Mitbestimmung **108** 1 ff
- neu entstehende Arbeitsverhältnisse **104** 96
- Neuerungen **104** 5 ff
- Rechtslage ab 1.1.2004 **104** 4
- Rechtsquellen des Arbeitsrechts **104** 11 ff
- soziale Sicherung **110** 1 ff
- tarifvertragliche Ansprüche **104** 84 ff
- uneingeschränkte Geltung des Arbeitsrechts **104** 8 ff
- vorläufiger Insolvenzverwalter **104** 17 ff
- Wahrnehmung der Arbeitgeberfunktion **104** 27 ff

Arbeitsverhältnisse
- Änderungskündigung **105** 152 ff
- Anfechtung **105** 26 ff
- Anfechtung von Lohnzahlungen **105** 31 ff
- Arbeitnehmeransprüche **107** 19 ff
- Aufhebungsvertrag **105** 9 ff
- außerordentliche Kündigung **105** 131 ff
- Betriebsübergang **106** 1 ff
- im Eröffnungsverfahren **104** 16 ff
- Fortbestand **37** 5 a f; **104** 69 ff; **105** 3
- in Vollzug gesetzte Arbeitsverhältnisse **105** 8 ff

magere Zahlen = Randnummern

Sachregister

- Insolvenzeinfluss auf bestehende Arbeitsverhältnisse **104** 16 ff
- Insolvenzkollisionsrecht **133** 72 ff
- Insolvenzrechtsreform **1** 53
- Kündigung **105** 4, 17, 18 ff, 36 ff, 131 ff
- Mitbestimmung **108** 1 ff
- Nachwirkungen beendeter Arbeitsverhältnisse **105** 5 ff
- neu entstehende Arbeitsverhältnisse **104** 96 ff
- nicht in Vollzug gesetzte Arbeitsverhältnisse **105** 2 ff
- ordentliche Kündigung **105** 36 ff
- Regelungsgehalt des Arbeitsvertrags **104** 14 ff
- übertragende Sanierung **106** 73 ff
- vorläufiger Insolvenzverwalter **104** 17 ff
- Wahlrecht des Verwalters **105** 2
- Zeitablauf, Zweckerreichung **105** 13

Arbeitszeitkonten 110 23

Arrestbefehl
- Vollziehungshindernis **33** 23 ff

Asymmetrisches Verfahren
- Begriff **79** 5
- Neuerwerb **79** 39 f

Aufhebung der Eigenverwaltung
- Antrag der Gläubigerversammlung **89** 2 f
- Entscheidung durch Beschluss **89** 9
- Gläubigerantrag **89** 4 ff
- Rechtsfolgen **89** 10
- Schuldnerantrag **89** 7 f

Aufhebung der Kostenstundung 85 12 ff

Aufhebung des Eröffnungsbeschlusses
- Beschwerde **74** 1 ff
- bei Nachlassinsolvenz **117** 3
- Rückwirkung **74** 5 ff
- sofortige Beschwerde **74** 1 ff
- Wiederaufleben der Verwaltungs- und Verfügungsmacht des Schuldners **74** 6
- Wirksamkeit von Rechtshandlungen des Verwalters **74** 7
- Wirkungen **74** 5 ff

Aufhebung des Insolvenzverfahrens
- nach Bestätigung des Insolvenzplans **75** 13 ff
- Geschäftsunterlagen **75** 30 ff
- nach Schlussverteilung **75** 1 ff
- in Verbraucherinsolvenz **75** 20 ff
- nach Versagung/Ankündigung der Restschuldbefreiung **75** 23 ff
- Wirkungen **75** 8, 18, 28

Aufhebung des Schutzschirmverfahrens
- Antrag des vorläufigen Gläubigerausschusses **88** 60
- Antrag eines Gläubigers **88** 61
- Aussichtslosigkeit der Sanierung **88** 58 f
- Beschlussentscheidung **88** 63
- Falschangaben des Schuldners **88** 62

Aufhebung von Arbeitsverhältnissen
- Aufhebungsvertrag **105** 9 ff
- Schriftform **105** 11a
- kein Widerrufsrecht **105** 12

Aufhebung von Sicherungsmaßnahmen 14 16 ff

Aufhebungsvertrag
- Anforderungen **105** 9 ff
- Beendigung von Arbeitsverhältnissen **105** 9 ff

Aufklärung sachlicher Eröffnungsvoraussetzungen
- Akteneinsicht **13** 26
- Amtsermittlungen **13** 1 ff
- Auskunfts- und Mitwirkungspflicht des Schuldners **13** 8 ff
- Beauftragung eines Sachverständigen **13** 7
- Eröffnungsverfahren als Eilverfahren **13** 5
- Feststellung der Eröffnungsgründe **13** 1 ff
- Feststellung der Kostendeckung **13** 1 ff
- rechtliches Gehör zum Ermittlungsergebnis **13** 21 ff
- Sachstandsauskünfte **13** 26
- Unanfechtbarkeit von Beweisanordnungen **13** 4
- zulässige Beweismittel **13** 6

Aufklärungspflicht
- gegenüber Geschäftspartnern **7** 41 ff

Auflösend bedingte Forderungen
- Insolvenzforderung **19** 15

Auflösung der Gesellschaft
- bei Ablehnung mangels Masse **92** 256 ff
- Aktiengesellschaft in Insolvenz **93** 15
- Auswirkungen auf Rechtsträger/Organe **92** 257
- Beendigung durch Liquidationsverfahren **92** 275 ff
- Beendigung durch Löschungsverfahren **92** 279 ff
- Befriedigung der Gläubiger aus Gesellschaftsvermögen **92** 259 ff
- Beschränkungen des Zugriffsrechts **92** 266 ff
- Einlageforderungen **92** 267 ff
- Fortsetzung mangels Masse aufgelöster GmbH **92** 281 ff
- Kapitalerhaltungsansprüche **92** 270 ff
- Neugläubiger der Liquidationsgesellschaft **92** 274
- nach § 60 Nr. 5 GmbHG **92** 256 ff
- Schutz des Rechtsverkehrs **92** 274 ff
- Umwandlung mangels Masse aufgelöster GmbH **92** 288 ff
- Zugriff auf Gesellschaftsvermögen **92** 262 ff
- Zugriff auf § 64 S. 1 GmbHG **92** 271 ff

Aufnahme unterbrochener Verfahren
- Aufnahme gemäß §§ 85, 56 InsO **107** 164

Sachregister

halbfette Zahlen = Paragraphen

- Eintritt der Unterbrechung **107** 161 f
- GbR **107** 163
- Insolvenzforderungen **107** 168
- Kündigungsschutzprozess **107** 165 ff
- Verfolgung bestrittener Forderungen **64** 45 ff

Aufnahme von Aktivprozessen
- Ablehnung der Aufnahme **32** 148 ff
- Allgemeines **32** 136
- Anwendungsbereich **32** 137 ff
- Aufrechnung **32** 140
- Berechtigung **32** 141
- Bindung an bisherige Prozessführung **32** 145
- Durchführung der Aufnahme **32** 141 ff
- Form **32** 142 ff
- Freigabe bei Ablehnung **32** 151 ff
- Kosten **32** 146 f
- Kosten bei Ablehnung **32** 155
- Teilungsmassestreit **32** 137
- Wirkungen **32** 145
- Zögern des Insolvenzverwalters **32** 156 ff

Aufnahme von Passivprozessen
- Absonderung **32** 165
- Allgemeines **32** 161
- Anwendungsbereich **32** 162
- Aussonderung **32** 163 f
- Berechtigung **32** 168 ff
- Durchführung der Aufnahme **32** 168
- Freigabe **32** 176
- wegen Insolvenzforderungen **32** 179 ff
- Kosten **32** 172
- Masseverbindlichkeiten **32** 166 f
- sofortiges Anerkenntnis **32** 173 ff
- Teilungsmassegegenstreit **32** 161

Aufnahme von Prozessen wegen Insolvenzforderungen
- Allgemeines **32** 179 ff
- Anwendungsbereich **32** 179 ff
- Berechtigung **32** 182 ff
- durch bestreitenden Schuldner **32** 198 ff
- gegen bestreitenden Schuldner **32** 198 ff
- durch bestreitenden Verwalter/Gläubiger **32** 182 ff
- gegen bestreitenden Verwalter/Gläubiger **32** 182 ff
- Durchführung der Aufnahme **32** 191 ff
- Feststellung als privilegierte Forderung **32** 201
- Feststellung der Forderung **32** 198 ff
- Feststellungsprozess **32** 185
- Schuldenmassestreit **32** 179
- Widerspruchsbefangenheit **32** 188 ff

Aufrechnung
- abgetretene Gegenforderung **45** 12
- Allgemeines **45** 1 ff
- anfechtbarer Erwerb der Aufrechnungslage **45** 99 ff
- Anfechtungsgegenstand **46** 14
- Aufrechnung kraft Vereinbarung **45** 26 ff
- Aufrechnungslage bei Verfahrenseröffnung **45** 4 ff
- Aufrechnungsverbote **45** 19 ff
- Ausschluss **45** 79 ff
- Bedingtheit der Forderungen **45** 49 ff
- Befriedigung außerhalb des Insolvenzverfahrens **45** 36
- Befriedigungsvorrecht **39** 4
- Befugnis des Insolvenzgläubigers **45** 1
- bei Dauerschuldverhältnissen **45** 77 f
- Drittaufrechnung **45** 9
- Erhalt der Aufrechnungs„anwartschaft" **45** 44
- Erklärung **45** 34 ff
- Erwerb der Gläubigerstellung nach Verfahrenseröffnung **45** 86 ff
- Erwerb der Schuldnerstellung nach Verfahrenseröffnung **45** 82 ff
- Fälligkeit **45** 17 f, 46 ff
- Fortgeltung der Selbstexekutionsbefugnis **45** 1 f
- Gegenseitigkeit der Forderungen **45** 7 ff
- Gesamthand **45** 10
- gesetzlicher Ausschluss **45** 79 ff
- Gestaltungsrecht **45** 42
- Gleichartigkeit der Forderungen **45** 15 f, 72 ff
- Herstellung der Aufrechnungslage **46** 14
- bei inkongruenter Deckung **47** 51
- Insolvenzkollisionsrecht **133** 87 ff
- Insolvenzplan **45** 37
- durch Insolvenzverwalter **45** 106 ff
- Kommanditist **45** 10, 68
- Konzernverrechnungsklauseln **45** 32
- durch Massegläubiger **45** 110 ff
- Miete und Pacht über Immobilien **37** 45
- Nachlassinsolvenz **114** 52
- nachträglicher Eintritt der Aufrechnungslage **45** 43 ff
- Parallele zur Absonderung **45** 3, 40 f
- Regressfälle **45** 14, 65 ff
- steuerliche Probleme **45** 114 ff
- unterschiedliche Währungen **45** 16, 76
- bei unterschiedlichen Währungen **45** 16
- Unzulässigkeit **45** 84
- Vereinbarungen **1** 54 f; **102** 43
- Verhältnis zur Insolvenzanfechtung **46** 12 ff
- und Verjährung **45** 6
- Verrechnung in Zahlungssystemen **45** 105
- Verrechnungs- und Clearingabreden **45** 29
- Wirksamkeit der Forderungen **45** 6, 27
- Wirkung **45** 35
- Zulässigkeit **45** 85

magere Zahlen = Randnummern

Sachregister

Aufrechnungsbeschränkungen
- Treuhandperiode **78** 70 f

Aufrechnungsverbote
- Allgemeine Geschäftsbedingungen **45** 25
- Anordnung allgemeinen Verfügungsverbots **14** 35
- gesellschaftsrechtliche Einlageforderungen **45** 20 f
- gesetzliche Verbote **45** 19
- unzulässige Rechtsausübung **45** 24
- Verrechnung durch Bank **99** 21
- vertragliche Ausschlüsse **45** 19
- vertragliches Verbot **45** 25
- Verwertung von Finanzsicherheiten **102** 62

Aufrechterhaltung der Produktion 14 156

Aufschiebend bedingte Forderungen
- Insolvenzforderung **19** 15

Aufschiebende Bedingungen
- anfechtbare Rechtshandlung **46** 21

Aufsicht des Insolvenzgerichts
- über Insolvenzverwalter **22** 6
- Ordnungsmäßigkeitsprüfung **22** 6
- über Sachwalter **90** 83
- keine Zweckmäßigkeitskontrolle **22** 6

Aufsichtspflicht des Sachwalters 90 66 ff

Aufsichtsrat
- Aktiengesellschaft **93** 11 f, 23 ff
- Auswirkung der Gesellschaftsinsolvenz **92** 330 f
- Auswirkungen der Verfahrenseröffnung **93** 23 ff
- GmbH **92** 330, 531
- Haftung wegen Missmanagement **92** 531
- Haftung wegen verspäteter Antragstellung **92** 150
- kein Insolvenzantragsrecht **92** 60
- Pflichten bis zur Verfahrenseröffnung **93** 11 ff
- Veränderung des Aufgabenbereichs **92** 330 f

Auftrag und Geschäftsbesorgung
- Beispiele für Geschäftsbesorgungen **36** 45
- Einordnung des Rechtsgeschäftes **36** 43
- Erlöschen **36** 47
- Fortbestand **36** 47
- Grundsätze **36** 42 ff
- Insolvenzunkenntnis **36** 50 ff
- Notgeschäftsführung **36** 50 ff
- Pfand-/Zurückbehaltungsrechte **36** 49
- Sanierungstreuhand **36** 53
- Vergütungsanspruch **36** 48
- Verhältnis zu §§ 103, 113 InsO **36** 44
- Verwendungsersatz **36** 48

Aufwandsrückstellungen
- Überschuldungsstatus **6** 63

Ausfallhaftung
- Absonderung **42** 77 ff
- Allgemeines **42** 80 ff
- anteilige Befriedigung **42** 81
- Berechnung des Ausfalls **42** 83
- fremde Schuld **42** 77
- Gesamtschuldnerhaftung **42** 91
- Grundsatz der Doppelberücksichtigung **42** 91
- bei Konzerninsolvenz **95** 18
- Nachweis des Ausfalls **42** 87 ff
- persönliche Haftung des Insolvenzschuldners **42** 78 f
- Verhältnis dingliche/persönliche Haftung **42** 77 ff
- Verzicht auf Absonderungsrecht **42** 84 ff
- volle Befriedigung **42** 82

Ausgliederung 108 39 ff

Aushilfsarbeitsverhältnis
- Kündigung **105** 45
- Kündigungsfristen **105** 71

Auskunfts- und Mitwirkungspflicht des Schuldners
- bei Aufklärung der Eröffnungsvoraussetzungen **13** 18 ff
- Auskunftspflicht **13** 10 ff
- Bereitschaftspflicht **13** 16
- Durchsetzung **13** 19 f
- Unterstützungspflicht **13** 14 f
- verpflichtete Personen **13** 17 f
- Voraussetzungen **13** 9
- Zwangsmittel/Sanktionen **13** 19 f

Auskunfts- und Mitwirkungspflichten des Schuldners
- des Insolvenzschuldners **18** 6 ff; **30** 4 ff
- bei vorläufiger Insolvenzverwaltung **14** 191 ff

Auskunftsanspruch
- gegen Insolvenzverwalter **51** 28
- zur Vorbereitung der Anfechtungsklage **51** 25

Auskunftspflicht
- nachwirkende Auskunftspflicht **18** 8
- Pflichtverletzung **77** 73 ff

Auskunftsrechte
- Insolvenzgläubiger **19** 6
- Insolvenzschuldner **18** 18; **22** 6

Auskunftsvertrag 92 199

Ausländische Gesellschaften
- Gründungstheorie **8** 23 ff
- Insolvenzantragsrecht **8** 23 ff
- Sitztheorie **8** 26

Ausländische Insolvenzen
- Tatbestandswirkung ausländischer Insolvenzen **130** 18

Ausländische Sicherungsrechte
- Behandlung im Inland **43** 118

Ausländische Zahlungsmittel 102 7 f

2857

Sachregister

halbfette Zahlen = Paragraphen

Ausländischer Insolvenzverwalter
- Insolvenzantragsrecht **8** 49

Auslagenvorschuss 128 17 ff

Auslandsbezug bei inländischem Verfahren
- Ablehnung mangels Masse **132** 40
- Ablieferungspflicht des im Ausland Erlangten **132** 72 ff
- Allgemeines **132** 1 ff
- Anerkennung deutscher Verfahren im Ausland **132** 189 ff
- Anmelderecht **132** 87 ff
- Anmeldung, Feststellung und Rang von Insolvenzforderungen **132** 87 f
- Anrechnung auf Insolvenzquote **132** 80, 102 ff
- autonomes deutsches Recht **132** 11 ff
- Beendigung des Verfahrens **132** 115
- Ermittlungen zum Eröffnungsgrund **132** 28 ff
- Eröffnungsgründe **132** 27
- Feststellung von Insolvenzforderungen **132** 94 ff
- Feststellungsstreit **132** 97
- Form der Anmeldung **132** 94 ff
- Hauptinsolvenzverfahren **132** 10 ff
- Insolvenzfähigkeit **132** 23 ff
- Insolvenz-Immunität **132** 4 ff
- Insolvenzplan **132** 106 ff
- Internationale Zuständigkeit zur Eröffnung des dt. Insolvenzverfahrens **132** 10 ff
- kein Zwang zur Beachtung eines Drittstaaten-Insolvenzverfahrens **132** 20 ff
- Leistungen an den Schuldner **132** 64
- lex fori concursus **132** 23
- Mitwirkungspflicht des Schuldners **132** 82 ff
- Nachlassinsolvenzverfahren **132** 183 ff
- Parallelverfahren **132** 3, 200 ff
- Partikularverfahren über Inlandsvermögen **132** 2, 116 ff
- Postsperre **132** 52 f
- Prüfung von Amts wegen **132** 19
- Restschuldbefreiung **132** 114
- Sicherungsmaßnahmen **132** 31 ff
- Umfang der Insolvenzmasse **132** 41 ff
- Universalitätprinzip **132** 1
- Unterbrechung anhängiger Verfahren **132** 65 ff
- Untersagung der Rechtsverfolgung im Ausland **132** 81
- Verwaltung der Masse **132** 51 ff
- vis attractiva concursus **132** 68
- Vollstreckungsverbot **132** 70
- Wirkung auf anhängige Prozesse und Vollstreckungen **132** 65 ff
- Wirkungen des inländischen Verfahrens **132** 41 ff
- Zulässigkeit eines Partikularverfahrens **132** 15 ff
- Zustellung, Veröffentlichung, Registereintragung **132** 35 ff

Auslandsvermögen 132

Auslaufproduktion 14 72

Ausschluss
- des Richters **32** 41

Ausschüttungen an Gesellschafter
- Ausfallhaftung **92** 365 f
- Existenzvernichtungshaftung **92** 372 ff
- GmbH in Insolvenz **92** 363 ff
- Insolvenzverursachungshaftung **92** 375 ff
- Verstoß gegen Kreditgewährungsverbot **92** 367 ff
- Zahlungsverbot nach § 73 I GmbHG **92** 370
- Zahlungsverbote zur Kapitalerhaltung **92** 364 ff

Außergerichtliche Sanierung
- Akkordstörer **4** 7, 22
- aufgrund Allgemeiner Geschäftsbedingungen **3** 13 ff
- Besserungsscheine **3** 113 ff
- Convenants **3** 18 ff
- Entscheidungsprozess **4** 23 ff
- Forderungsverzicht **3** 105 ff
- Fortführung unterkapitalisierter GmbH **92** 37
- Gewinnung von Eigenkapital **3** 72 ff
- GmbH in der Krise **92** 19 ff
- Haftungsrisiken des Geschäftsführers **92** 33 ff
- Haftungsrisiken für Gesellschafter **92** 19 ff
- Hintergrund **3** 8 ff
- InsO-Regelungen **3** 8 ff
- Konsens-Lösung **3** 3
- Risiken **3** 3 ff
- Sanierungskredite **3** 39 ff
- Stundung **3** 105 ff
- untaugliche Sanierungsversuche **92** 36
- Verhandlungsanstoß durch Eigeninteresse **3** 34 ff
- Verhandlungsanstoß durch Kreditgeber **3** 11 ff
- aufgrund vertraglicher Vereinbarung **3** 18 ff
- Verzicht auf Zinszahlungen **3** 105 ff
- Vorteile **3** 1 ff
- Wandelgenussrechte **3** 121 ff
- Zeitpunkt **3** 127

Außergerichtliche Schuldenbereinigung
- Einigungsversuch **82** 4 ff
- Neuregelung ab 1.7.2014 **82** 13
- Scheitern **82** 11 f

magere Zahlen = Randnummern

Sachregister

Außergerichtlicher Einigungsversuch
- außergerichtliche Schuldenbereinigung **82** 4 ff
- Beratungshilfe **82** 3
- Bescheinigung über Scheitern **81** 14
- Erfolglosigkeit **81** 15
- Konstruktionsschwächen **82** 1 f
- Neuregelung ab 1.7.2014 **82** 13
- Verpflichtung **81** 10, 13

Außerordentliche Kündigung
- Angabe der Kündigungsgründe **105** 147 ff
- Ausschluss ordentlicher Kündigung **105** 136
- Ausschlussfrist des § 626 II BGB **105** 138 ff
- außerordentliche Kündigung **105** 131 ff
- Interessenabwägung **105** 137
- Kündigungsgründe **105** 133 ff
- Nachschieben von Kündigungsgründen **105** 147 ff
- Rechtswirkungen **105** 150 f
- Verrat von Geschäfts- und Betriebsgeheimnissen **105** 135
- vertragswidriges Verhalten **105** 134

Aussetzung der Verwertung
- Insolvenzplanverfahren **68** 20 ff

Aussonderung
- Aneignungsrechte **40** 17
- Anerkennung durch Verwaltung **40** 110
- anfechtungsrechtlicher Rückgewähranspruch **40** 30
- Anhalterecht beim internationalen Warenkauf **40** 94 ff
- Anspruch **39** 2
- Anspruch auf Aussonderung **40** 1 f
- Aufwendungsersatz **40** 120 ff
- Ausgleichspflicht **40** 120 ff
- Auskunft **40** 123 f
- aussonderungsfähige Rechte **40** 5 ff
- Aussonderungsrechtsstreit **40** 106 ff
- Aussonderungssperre der Gesellschafter **40** 99 f
- Aussonderungsstop des Vorbehaltslieferanten **40** 125
- Beachtung durch Insolvenzverwalter **22** 41
- beschränkt dingliche Rechte **40** 17
- Besitz **40** 15
- Dienstbarkeiten **40** 17
- dinglicher Unterlassungsanspruch **40** 7
- dingliches Vorkaufsrecht **40** 18
- Drittvermögen **40** 3
- Durchsetzung **40** 106 ff
- durch Ehegatten **40** 101
- Eigentum **40** 5 ff
- Eigentumsschutz **39** 2
- Einzelsachen **40** 14
- Erbbaurecht **40** 17
- Erbschaftsanspruch **40** 16
- im Eröffnungsverfahren **40** 126
- Ersatzaussonderung **41** 1 ff
- Factoring-Forderung **40** 26
- Forderungen **40** 23 ff
- Gebrauchsmuster **40** 20
- keine Geldwertvindikation **40** 14
- Geschmacksmuster **40** 20
- gewerbliche Schutzrechte **40** 20
- Grunddienstbarkeit **40** 17
- bei Gütergemeinschaft **40** 105
- Handelssache **40** 116
- Herausgabeanspruch **40** 5
- Herausgabeansprüche **40** 27 ff
- Inhalt des Begehrens **40** 2
- insolvenzfreies Vermögen des Schuldners **40** 4
- Insolvenzkollisionsrecht **133** 25 ff
- Internet-Domains **40** 20
- Klageverfahren **40** 106 ff
- Kommissionsgeschäfte **40** 81 ff
- Lagergeschäft **40** 13
- Miteigentum **40** 9 f
- obligatorische Herausgabeansprüche **40** 27 ff
- Patente **40** 20 ff
- Persönlichkeitsrechte **40** 20 ff
- Pfandrechte **40** 19
- Recht am eigenen Bild **40** 22
- Rechtsstellung des Ehegatten **40** 101 ff
- Sicherung des Anspruchs **40** 119
- Sicherung des Aussonderungsgutes **40** 120 ff
- Tiere **40** 14
- Treuhandeigentum **40** 31 ff
- unechte Freigabe **40** 3
- Urheberpersönlichkeitsrecht **40** 21
- Urheberrecht **40** 20 ff
- Verkäufe und Verbriefungen von Kreditforderungen **102** 68, 71
- Verletzung der Insolvenzantragspflicht **7** 37
- Verträge für fremde Rechnung **40** 81 ff
- Verwahrung **40** 11
- Verwertungs- und Einziehungsverbot **14** 51 ff
- Vorbehaltseigentum **40** 8; **43** 2 ff
- Vorkaufsrecht **40** 18
- bei vorläufiger Insolvenzverwaltung **14** 99 ff
- Wohnungsrecht **40** 17
- Zweck **41** 1 f

Aussonderungsberechtigte
- Geltendmachung der Rechte **32** 53 ff
- Passivprozess gegen Aussonderungsberechtigten **32** 54 f
- Vollstreckung **33** 89 ff

Aussonderungsrechtsstreit
- Anerkennung eines Aussonderungsanspruchs **40** 110
- außerhalb des Insolvenzverfahrens **40** 106

Sachregister

halbfette Zahlen = Paragraphen

- Gegner des Aussonderungsbegehrens **40** 108
- Gerichtsstand **40** 106, 111
- Gerichtsstandsvereinbarungen **40** 113
- Klageantrag **40** 106
- Kosten bei sofortigem Anerkenntnis **40** 118
- Schiedsvereinbarungen **40** 114 f
- Sicherung des Aussonderungsanspruchs **40** 119

Aussonderungssperre
- bei Nutzungsüberlassungen **40** 99 f; **92** 502 ff
- des Vorbehaltslieferanten **40** 125

Auswahl
- des Insolvenzverwalters **22** 10
- des Nachlassinsolvenzverwalters **112** 16
- des Sachwalters **87** 48 ff
- des vorläufigen Insolvenzverwalters **14** 25 f

Auswechseln von Forderungen 8 35

Auszahlungen an Gesellschafter
- Ausfallhaftung **92** 365 f
- Existenzvernichtungshaftung **92** 372 ff
- GmbH in Insolvenz **92** 363 ff
- Insolvenzverursachungshaftung **92** 375 ff
- Verstoß gegen Kreditgewährungsverbot **92** 367 ff
- Zahlungsverbot nach § 73 I GmbHG **92** 370
- Zahlungsverbote zur Kapitalerhaltung **92** 364 ff

Auszahlungsverbote s. Zahlungsverbote

Aval 101 7, 13 f

BaFin
- Antragsrecht **8** 33
- Insolvenzantragsrecht **8** 47 f

Bankenkrise
- Abwehrmaßnahmen der Bankenaufsicht **103** 2 ff
- Befugnisse der BaFin **103** 2 ff
- Bestellung eines Sonderbeauftragten **103** 4
- Einstellung des Bank- und Börsenverkehrs **103** 22 ff
- Insolvenzantrag **103** 33 ff
- Maßnahmen bei Gefahr **103** 5 ff
- Maßnahmenkatalog **103** 6
- Moratoriumsmaßnahmen **103** 6 ff
- Restrukturierungsplan **103** 3
- Sanierungsverfahren **103** 26 ff
- Schalterschließung **103** 21
- Veräußerungs- und Zahlungsverbot **103** 6 ff
- Verbesserung der Eigenmittelausstattung **103** 3

Bankgeheimnis
- Insolvenzantragsverfahren **98** 29
- Insolvenzverfahren **98** 27 f

Bankinsolvenzen s. a. Finanzmarktstabilisierung
- Antragsgründe **103** 34 ff

- Antragsrecht der BaFin **103** 35
- Einlagensicherung durch Bundesverband deutscher Banken eV **103** 64 ff
- Entschädigung durch Sicherungseinrichtungen **103** 52 ff
- Eröffnung eines Insolvenzverfahrens **103** 40 ff
- Feststellung des Entschädigungsfalls **103** 7, 36
- Finanzmarktstabilisierungsgesetze **103** 81 ff
- Fortführung des Unternehmens **103** 39
- freiwillige Sicherungssysteme **103** 62
- Fristenberechnung **103** 41 f
- gesetzliche Entschädigungseinrichtungen **103** 55 ff
- Insolvenzantragsverfahren **103** 33 ff
- Insolvenzgründe **103** 34
- institutssichernde Sicherungssysteme **103** 62 f
- Institutssicherung der Sparkassen- und Giroverbände **103** 74 ff
- bei Kapitalanlagegesellschaften **103** 51
- Maßnahmen des Insolvenzgerichts **103** 38 f
- Pfandbriefbanken **103** 50
- Prüfungspflicht der BaFin **103** 37
- Restrukturierungsfonds **103** 85
- Rückschlagsperre **103** 41
- Schutz **1** 97 ff
- Sicherungseinrichtung der Genossenschaftsbanken **103** 78 ff
- Sonderregelungen für systemrelevante Kreditinstitute **103** 81 ff
- Stabilisierungsmaßnahmen **103** 81 ff
- vorläufiger Verwalter **103** 39
- Wertpapierhandel **103** 43 ff
- Wertpapierverwahrung **103** 46 ff

Bankrottdelikte
- allgemeine Strafbarkeitsvoraussetzungen **127** 12 ff
- Auffangtatbestand **127** 114 ff
- Beiseiteschaffen **127** 59
- besonders schwere Fälle **127** 121 ff
- bestandsbezogene Delikte **127** 55, 57 ff
- Bestandteile der Insolvenzmasse **127** 58
- Differenzgeschäfte **127** 69
- Entziehung des Gläubigerzugriffs **127** 59
- Erschwerung des Gläubigerzugriffs **127** 59
- Fahrlässigkeitsstrafbarkeit **127** 119 f
- Funktionseinbuße **127** 64
- grobe Wirtschaftwidrigkeit **127** 114
- Handeln aus Gewinnsucht **127** 124
- informationsbezogene Delikte **127** 55
- massereduzierende Scheingeschäfte **127** 80 ff
- Schleuderverkauf **127** 76 ff
- Spekulationsgeschäfte **127** 68
- Spiel und Wette **127** 71
- Strafbarkeit **7** 47 ff

2860

magere Zahlen = Randnummern

Sachregister

- Strafschärfung **127** 125 ff
- Substanzeinbuße **127** 64
- unwirtschaftliche Ausgaben **127** 71
- Verheimlichen **127** 62
- Verheimlichen/Verschleiern wirtschaftlicher Verhältnisse **127** 116 ff
- Verlustgeschäfte **127** 67
- Verringerung des Vermögensstandes **127** 115
- Verschleudern von Waren/Wertpapieren **127** 76 ff
- Vortäuschen und Anerkennen fremder erdichteter Rechte **127** 80 ff
- Widerspruch zu ordnungsgemäßer Wirtschaft **127** 65 ff
- Zerstören, Beschädigen, Unbrauchbarmachen **127** 64 ff

Bankruptcy-Verfahren 80 4 ff

Bankvertrag
- gegenseitiger Vertrag **34** 14
- Geschäftsverbindung und Insolvenz **98** 2
- gesetzliches Schuldverhältnis **98** 1
- neue Geschäftsverbindungen **98** 3

Bargeschäfte
- Ausschluss der Anfechtbarkeit **46** 80
- Begriffsentwicklung **46** 75 ff
- Beweislast **46** 86
- enger zeitlicher Zusammenhang **46** 81 f
- Gleichwertigkeitsmerkmal **46** 85
- keine kongruente Deckungsanfechtung **47** 15
- Kontokorrentverrechnungen der Bank **46** 87 f
- Lohnzahlung **105** 32a
- Rechtsfolgen der Anfechtbarkeit **46** 79
- Rechtslage nach KO und GesO **46** 75 ff
- Umfang der Anfechtbarkeit **46** 78 ff
- unbedenkliche Zeitspanne **46** 82
- Unmittelbarkeitsmerkmal **46** 81 f, 83
- Voraussetzung **46** 77
- Vorsatzanfechtung **48** 4

Bassinvertrag 44 4

Baubetreuungsvertrag
- Geschäftsbesorgungsvertrag **36** 45

Bauhandwerkersicherung
- kongruente Deckung **47** 24

Bauinsolvenz 47 52 f

Bauträgerinsolvenz 38 20 ff

Bauvertrag
- Begriff der Teilbarkeit **36** 2 f
- Erfüllung **34** 27
- gegenseitiger Vertrag **34** 14

Bedingt pfändbare Ansprüche ohne Insolvenzbeschlag
- Massezuordnung **25** 27 ff

Bedingte Forderungen
- Antragsrecht **8** 37

Bedingungsfeindlichkeit
- Insolvenzantrag **9** 9 ff

Beendigung des Insolvenzverfahrens
- Aufhebung des Eröffnungsbeschlusses **74** 1 ff
- Aufhebung in der Verbraucherinsolvenz **75** 20 ff
- Aufhebung nach Bestätigung des Insolvenzplans **75** 13 ff
- Aufhebung nach Schlussverteilung **75** 1 ff
- Aufhebung nach Versagung/Ankündigung der Restschuldbefreiung **75** 23 ff
- Geschäftsunterlagen **75** 30 ff
- vorzeitige Verfahrensbeendigung **74** 1 ff

Beendigung von Arbeitsverhältnissen
- Änderungskündigung **105** 152 ff
- durch Anfechtung **105** 26 ff
- durch Aufhebungsvertrag **105** 9 ff
- durh außerordentliche Kündigung **105** 131 ff
- in Vollzug gesetzte Arbeitsverhältnisse **105** 8 ff
- durch Kündigung **105** 4, 17, 18 ff, 36 ff, 131 ff
- nicht in Vollzug gesetzte Arbeitsverhältnisse **105** 4
- durch ordentliche Kündigung **105** 36 ff
- durch Zeitablauf, Zweckerreichung **105** 13

Befreiende Leistung an den Schuldner 31 101 ff

Befreiungsanspruch
- Mithaftung **8** 40

Befriedigung der Insolvenzgläubiger
- im Insolvenzplanverfahren **61** 4
- in Nachlassinsolvenz **61** 2
- Nachtragsverteilung **65** 49
- Rangordnung **61** 1 ff
- Schlusstermin **65** 40
- Verfahrens bis zum Prüfungstermin **63** 43 ff
- Vorrang privilegierter Gläubiger **61** 8 ff

Befriedigung der Massegläubiger
- Allgemeines **53** 1 ff
- Anerkennung von Masseansprüchen **58** 1
- Einwand der Massearmut im Masseprozess **59** 9 f
- Geltendmachung **58** 2 ff
- generelles Vollstreckungsverbot **58** 16
- Inanspruchnahme des Schuldners **58** 15
- bei Massearmut **59** 1 ff
- nach Anzeige der Masseunzulänglichkeit **59** 5 ff
- Regulierung **58** 5 ff
- unverzügliche Verwertung durch Verwalter **58** 7
- verfahrensfreie Abwicklung **58** 5 ff
- Vollstreckungsabwicklung **58** 10 ff
- Vorwegbefriedigung **58** 5
- bei weitgehender Masselosigkeit **59** 4

Sachregister

halbfette Zahlen = Paragraphen

Befriedigung der Nachlassgläubiger
- Anmeldung der Nachlassinsolvenzforderungen **115** 13
- ausgeschlossene Nachlassgläubiger als minderberechtigte Insolvenzgläubiger **115** 24 ff
- Befriedigung außerhalb des Nachlassinsolvenzverfahrens **115** 36 ff
- Berichtigung von Nachlassverbindlichkeiten **115** 9 ff
- beschränkt haftender Erbe **115** 36 f
- Beschränkung bei Rückgewähr aufgrund Anfechtung **115** 32 f
- Beschränkung der Ersatzleistung des Erben **115** 34 f
- Beschränkung nachrangiger Nachlassverbindlichkeiten **115** 32 ff
- Erbe als Insolvenzgläubiger **115** 6 ff
- Masseverbindlichkeiten **115** 1 ff
- minderberechtigte Nachlassgläubiger **115** 29
- Rang minderberechtigter Forderungen **115** 28
- Rangordnung bei der Befriedigung **115** 14 ff
- rechtliche Stellung der Masseverbindlichkeiten **115** 5
- Reihenfolge der Masseverbindlichkeiten **115** 4
- Teilnahme aller Nachlassgläubiger **115** 14 f
- unbeschränkt haftender Erbe **115** 38
- voll- und minderberechtigte Nachlassgläubiger **115** 16 ff
- Wiederaufleben erloschener Rechtsverhältnisse **115** 6 ff

Begünstigung *s. Gläubigerbegünstigung, Schuldnerbegünstigung*

Beihilferückforderungen
- Massezuordnung **25** 45

Beilhilfe zur Insolvenzverschleppung 7 40

Bekanntmachung
- inländisches Verfahren mit Auslandsbezug **132** 35 ff
- Prüfungstermin **63** 53 f

Beratungshilfe 82 3

Bereicherungsanspruch
- als Masseverbindlichkeit **56** 39 ff

Bereicherungsrecht
- Anwendbarkeit **46** 11

Bereithaltungspflicht des Schuldners 30 10 f

Bereitschaftspflicht
- des Geschäftsführers **92** 237
- des Schuldners **13** 16

Berufsausbildungsverhältnis
- Kündigung **105** 42 f

Berufsausübung
- Auswirkungen auf den Schuldner **30** 1 ff

Berufsausübung des Schuldners 30 1 ff

Berufsverbot des Schuldners
- als Straftatfolge **127** 159

Beschäftigungsklage 105 6 f

Beschäftigungspflicht
- bei bestehendem Arbeitsverhältnis **104** 31
- bei Kündigung **104** 32

Beschlagnahme
- Sicherungsmaßnahme **14** 54
- Veräußerungsverbote **31** 115
- bei Vollstreckung **31** 124 ff

Beschlagnahmewirkung
- Anerkennung ausländischer Verfahren **134** 49 ff

Beschlussverfahren zum Kündigungsschutz
- Bindungswirkung des Beschlusses **108** 125 ff
- Kündigung wegen eines Betriebsübergangs **108** 124
- Kündigungsbefugnis **108** 122 f
- praktische Bedeutung **108** 129 ff
- Prüfungsumfang des Gerichts **108** 119 ff
- Rechtsmittel **108** 128
- Tatbestandsvoraussetzungen **108** 117 f
- Unterbrechung und Aufnahme **108** 162

Beschränkt dingliche Rechte
- Aussonderungskraft **40** 17

Beschränkt pfändbare Ansprüche
- Massezuordnung **25** 38

Beschränkte Nachhaftung 76 4 ff

Beschwerderecht
- Abweisung des Eröffnungsantrags **16** 36 f
- Insolvenzgläubiger **19** 7
- Insolvenzschuldner **18** 19
- bei Nachlassinsolvenz **113** 21
- Rechtsmittelverfahren **17** 26 ff
- Zulässigkeit sofortiger Beschwerde **26** 30

Beschwerdeverfahren
- Gebühren **128** 44
- Rechtsanwaltsgebühren **128** 84

Besitz
- Aussonderungskraft **40** 15
- Auswirkung der Insolvenzeröffnung **30** 41
- Behandlung wie dingliches Recht **40** 15

Besitzlose Mobiliarsicherheiten 39 7

Besitzschutzrechte 14 149

Besondere Insolvenzanfechtung
- Begriff des Insolvenzgläubigers **47** 4
- inkongruente Deckungen **47** 2
- inkongruente Deckungsanfechtung **47** 39 ff
- kongruente Deckungen **47** 2, 20 ff
- kongruente Deckungsanfechtung **47** 14 ff
- Krise **47** 6 ff
- unmittelbar nachteilige Rechtsgeschäften **47** 65 ff

magere Zahlen = Randnummern

Sachregister

- unmittelbar nachteilige Rechtshandlungen des Schuldners **47** 2
- Vorschriften im Überblick **47** 2 f
- Zweck **47** 1

Besonderer Prüfungstermin
- Kosten **128** 37 ff

Besserungsscheine
- außergerichtliche Sanierung **3** 113 ff

Bestätigung des Insolvenzplans
- Aufhebung des Verfahrens **75** 13 ff
- bei bedingtem Plan **68** 107 ff
- Minderheitenschutz **68** 110 ff
- bei Planberichtigung **68** 106
- von Amts wegen **68** 99 ff

Bestandsstreit 64 37

Bestellung des Insolvenzverwalters
- anderer Insolvenzverwalter **20** 6
- Auswahlkriterien **22** 10 ff
- Bestellungsurkunde **22** 14
- durch Insolvenzgericht **22** 15
- Vorschlagsrecht vorläufigen Gläubigerausschusses **22** 10
- Wahl anderen Verwalters durch Gläubiger **22** 15

Bestellung des Koordinationsverwalters 95 61 ff

Bestellung des Sachwalters 87 46 ff

Bestellung des Treuhänders
- neues Recht ab 1.7.2014 **77** 139
- Restschuldbefreiungsverfahren **77** 104 ff, 139
- Verbraucherinsolvenzverfahren **84** 6 f

Bestellung des vorläufigen Sachwalters 88 12

Bestellungsurkunde 22 14

Bestimmungs- und Mitbestimmungsbefugnis
- Gläubigerausschuss **21** 23

Bestrittene Forderungen
- nachträgliches Bestreiten **64** 29
- nichttitulierte Forderungen **64** 37 ff
- titulierte Forderungen **64** 50 ff

Beteiligungsgesellschaften
- Auswirkungen auf Einlagepflichten **92** 575 f
- Auswirkungen der Gesellschafterinsolvenz **92** 570 f
- der GmbH in Insolvenz **92** 570 ff
- Verfügungen **92** 573 f
- Verwaltung **92** 572

Beteiligungspublizität
- kapitalmarktorientierte Aktiengesellschaft **93** 102 f

Betretensrechte
- des vorläufigen Insolvenzverwalters **14** 90 ff

Betretensverbote
- Sicherungsmaßnahme **14** 54

Betreuung
- Auswirkung der Insolvenzeröffnung **30** 35
- Vergütungsanspruch **19** 26

Betriebliche Altersversorgung
- bei Abweisung mangels Masse **109** 42
- allgemeine Grundsätze **109** 1 ff
- Anpassung **109** 65 f
- Anspruchsumfang **109** 57
- Ansprüche des Arbeitnehmers **107** 91 ff
- Arbeitnehmer, Arbeitnehmerähnliche, Unternehmer **109** 7 f
- Ausschluss des Versicherungsanspruchs **109** 71 ff
- außergerichtlicher Vergleich **109** 43
- bei Betriebsübergang **106** 61; **109** 77 ff
- Direktversicherung **109** 19 ff, 30
- eingeschränkt unwiderrufliches Bezugsrecht **109** 34
- Entgeltumwandlung, beitragsorientierte Leistungszusage **109** 25
- Eröffnung des Insolvenzverfahrens **109** 41
- gesicherte Anwartschaften **109** 26 ff
- gesicherte Versorgungsleistung **109** 16 ff
- gesicherter Personenkreis **109** 6 ff
- Gruppenversicherung **109** 60
- Hinterbliebene/Dritte **109** 13 ff
- Höchstgrenze des Versicherungsanspruchs **109** 62 f
- Insolvenzschutz **109** 4 ff
- Merkblätter des PSV **109** 87
- Minderung des Versicherungsanspruchs **109** 67 ff
- Mitteilungs- und Auskunftspflichten **109** 84 ff
- Pensionskassen **109** 23, 35 ff
- bei Personen- und Kapitalgesellschaften **109** 9 ff
- Rechtsstellung des Arbeitgebers **109** 95
- Rechtsstellung des Versorgungsberechtigten **109** 96
- Rechtsübergang auf den PSV **109** 90 ff
- Rechtsweg **109** 88
- Rückstände **109** 64
- rückständige Ansprüche **107** 92 ff
- Sicherungsfälle **109** 38 ff
- Umfang des Insolvenzschutzes **109** 5 ff
- unmittelbare Versorgungszusage **109** 17 f, 30
- Unterstützungskassen **109** 24, 35 ff, 61
- Unverfallbarkeit von Anwartschaften **109** 27 ff
- Versicherungsleistung **109** 56 ff
- Versorgungsanwartschaft **107** 96 ff; **109** 58
- Versorgungszusage aus Anlass eines Beschäftigungsverhältnisses **109** 12

2863

Sachregister

halbfette Zahlen = Paragraphen

- vollständige Beendigung der Betriebstätigkeit **109** 44 ff
- widerrufliches Bezugsrecht **109** 31 ff

Betriebliche Übung 104 76, 78

Betriebsänderungen
- Änderung der Unternehmensstruktur **108** 34 f
- Anhörung des Betriebsrats **108** 132 ff
- ausreichende Unterrichtung des Betriebsrats **108** 56 f
- beschleunigtes Einigungsstellenverfahren **108** 53
- Beschlussverfahren zum Kündigungsschutz **108** 115 ff
- Betriebsgröße **108** 21 ff
- Betriebsratsamt **108** 44
- Betriebsveräußerung **108** 31 ff
- Gemeinschaftsbetrieb **108** 23 ff
- gerichtliche Zustimmung zur Durchführung **108** 54 ff
- Interessenausgleich **108** 52
- Interessenausgleich mit Namensliste **108** 88 ff
- im Kleinbetrieb **108** 42
- Mitbestimmung des Betriebsrats **108** 20 ff
- Nachteilsausgleich **108** 65 ff
- Personalabbau **108** 36 ff
- Planung einer Betriebsänderung **108** 28 ff
- qualifizierte Unterrichtung **108** 48
- regelmäßige Beschäftigtenzahl **108** 22a
- Sozialplan **108** 142 ff
- Spaltung und Ausgliederung **108** 39 ff
- Stilllegung **108** 30
- Stilllegung eines Betriebsteils **108** 43
- Unternehmen als Bezugsgröße **108** 22
- Unterrichtung und Beratung des Betriebsrats **108** 47 ff
- Unterrichtungszeitpunkt **108** 49 ff

Betriebsaufspaltung 7 1

Betriebsbedingte Kündigung 105 79 ff; **107** 103

Betriebsbegriff
- Arbeitsorganisation **106** 18
- Prüfungskriterien **106** 16 f
- Übernahme des Personals **106** 19
- Übernahme materieller Betriebsmittel **106** 19a
- wirtschaftliche Einheit **106** 15

Betriebsfortführung s. a. Einstweilige Unternehmensfortführung
- Aufrechterhaltung der Produktion **14** 156
- Brisanz **22** 49 ff
- durch Betriebserwerber **106** 40 ff
- einstweilige Fortführung **14** 154 ff
- Entstehung neuer Masseverbindlichkeiten **22** 50
- Fortführungsgrundsatz mit Stilllegungsvorbehalt **14** 156
- Fortführungspflicht **22** 45
- Grundsatzentscheidung der Gläubigerversammlung **22** 51
- durch Insolvenzverwalter begründete Verbindlichkeiten **14** 150 ff
- Pflicht zur Betriebsstilllegung **14** 160
- unterkapitalisierte GmbH **92** 37
- durch vorläufigen Insolvenzverwalter **14** 154 ff
- Zweck **22** 46 ff

Betriebsfortführungsaussichten
- Prüfung durch vorläufigen Insolvenzverwalter **14** 83 ff

Betriebsinhaberwechsel
- Fortführungsabsicht **106** 41
- Sicherungseigentum **106** 39
- tatsächliche Fortführung des Betriebs **106** 40
- Zwangsversteigerung **106** 39a

Betriebsrat
- Anhörung bei Interessenausgleich mit Namensliste **108** 137 f
- Anhörung bei Massenentlassungen **108** 134 ff
- Anhörungspflicht **108** 132 ff
- kein Antragsrecht des Betriebsrats **108** 9
- Aufwendungen des Betriebsrats **107** 124 ff
- Bestehen **108** 12 ff
- Beteiligung bei Durchführung des Insolvenzverfahrens **108** 15 ff
- Beteiligung bei Einleitung des Insolvenzverfahrens **108** 5 ff
- Betriebsänderungen **108** 19, 20 ff
- Bildung nach Verfahrenseröffnung **108** 73
- Bindung des Insolvenzverwalters an das BetrVG **108** 16
- Information der Belegschaft **108** 10
- Informations- und Beteiligungsrechte **108** 11
- bei Insolvenzantrag durch Arbeitgebers **108** 5 ff
- bei Insolvenzantrag durch Gläubiger **108** 8
- Missachtung der Beteiligungsrechte **108** 72
- Mitbestimmung bei Betriebsänderung in der Insolvenz **108** 20 ff
- Mitwirkung bei Kündigungen **105** 20 ff
- personelle Angelegenheiten **108** 17
- qualifizierte Unterrichtung **108** 48
- Unterrichtung und Beratung bei Betriebsänderungen **108** 47 ff
- wirtschaftliche Angelegenheiten **108** 18

Betriebsratsamt 108 44

Betriebsrenten
- Insolvenzsicherung **1** 21

magere Zahlen = Randnummern

Sachregister

Betriebsrentner
- Insolvenzantragsrecht **8** 41 ff

Betriebsspaltung 108 39 ff

Betriebsstilllegung
- Anordnung **16** 26
- beabsichtigte **106** 93
- Betriebsänderung **108** 30
- bei erwarteten Verlusten **14** 160 ff
- gescheiterte Übernahmeverhandlungen **106** 94 ff
- Kündigungsgrund **105** 82 ff
- Pflicht **14** 160 ff
- Sozialplananspüche der Arbeitnehmer **6** 74
- übertragende Sanierung **106** 92 ff
- durch vorläufigen Insolvenzverwalter **104** 25 f; **105** 88
- Zustimmung der Gläubigerversammlung **105** 87
- Zustimmung des Insolvenzgerichts **104** 26

Betriebsstilllegungsabsicht
- als Kündigungsgrund **105** 84 ff

Betriebsteil
- Bestehen eines Betriebs im Veräußererbetrieb **106** 30
- Betriebsteilveräußerung **106** 80 ff
- Identität der Einheit im Erwerberbetrieb **106** 33
- Stilllegung **108** 43
- Wirtschaftliche Einheit **106** 32
- Zuordnung **108** 112
- Zusammenfassung bestehender Betriebsabteilungen **106** 31

Betriebsübergang
- Abgrenzung zur Auftragsnachfolge **106** 26 ff
- Allgemeines **106** 1 ff
- Anwendbarkeit in der Insolvenz **106** 9 f
- betriebliche Altersversorgung **106** 61; **109** 77 ff
- Betriebsbegriff **106** 14 ff
- Betriebsinhaberwechsel **106** 38 ff
- Betriebsteil **106** 29 ff
- Betriebsvereinbarungen **106** 53
- branchenbezogene Typologie **106** 21 ff
- Dienstleistungsunternehmen **106** 22 ff
- Eintritt des Betrieberwerbers in bestehende Arbeitsverhältnisse **106** 11 ff
- Eintrittszeitpunkt **106** 43
- erfasste Arbeitsverhältnisse **106** 48 f
- Geschäftsführeranstellungsverhältnis **106** 47
- Haftung des Betriebserwerbers **106** 59
- Haftung des Betriebsveräußerers **106** 65
- Haftungsbeschränkungen im Insolvenzfall **106** 60 ff
- Handelsunternehmen **106** 27
- individualarbeitsrechtliche Folgen **106** 42 ff
- kollektive Rechtsfolgen **106** 50 ff
- Kündigung **108** 124
- Produktionsbetriebe **106** 28
- Rechtsfolgen **106** 42 ff
- rechtsgeschäftlicher Übergang **106** 34 ff
- Singularsukzession **106** 6 f
- Sonderzahlungen **106** 63
- Sozialplan **108** 159 f
- Tarifverträge **106** 51 f
- Übergang der Arbeitsverhältnisse **106** 44
- übertragende Sanierung **106** 73 ff
- Umsetzung europäischen Rechts **106** 8
- Unterrichtung **106** 66 f, 68 f
- Unwirksamkeit einer Kündigung **106** 55 ff, 74
- Urlaubsansprüche **106** 62
- Vergütungsanspruch **106** 64
- Verhältnis zu Gesellschafterwechsel/Umwandlungsfällen **106** 2 ff
- Voraussetzungen **106** 14 ff
- Weiterhaftung des Betriebsveräußerers **106** 58
- Widerspruchsrecht **106** 66, 70 f
- Wiedereinstellung bei nachträglichem Betriebsübergang **106** 98 ff

Betriebsveräußerung
- keine Betriebsänderung **108** 31 ff
- Kündigungen **106** 57

Betriebsveräußerung unter Wert
- Masseverbindlichkeiten **57** 6
- Untersagung **18** 15

Betriebsvereinbarung
- Ansprüche **104** 88
- Betriebsübergang **106** 53
- Einhaltung und Durchführung durch den Insolvenzverwalter **108** 3
- Kündigung **104** 89
- Rechtsquelle des Arbeitsrechts **104** 13

Betriebsverfassungsrecht
- Betriebsänderungen **108** 29
- Einigungsstelle **107** 129
- Nachteilsausgleich **107** 80 ff

Betriebsverfassungsrechtliche Ansprüche
- Anfechtung von Sozialplänen **104** 90 ff
- aus Betriebsvereinbarungen **104** 88
- Kündigung von Betriebsvereinbarungen **104** 89
- Neuabschluss eines Sozialplans **104** 94
- Wegfall der Geschäftsgrundlage des Sozialplans **104** 93

Betrug
- gesteuerte Insolvenz **127** 153
- insolvenzbegleitende Straftat **127** 152 ff
- Kredit- und Subventionsbetrug **127** 155
- Lieferantenbetrug **127** 152

Bewegliches Vermögen *s. a. Miete und Pacht über Mobilien*

2865

Sachregister

halbfette Zahlen = Paragraphen

- Ansprüche **25** 17 ff
- bewegliche Sachen **25** 12 ff
- Massezuordnung **25** 12 ff
- Übereignung **31** 48

Beweisanordnungen des Gerichts
- Aufklärung der Eröffnungsvoraussetzungen **13** 4 ff
- Unanfechtbarkeit **13** 4

Beweismittel
- Aufklärung des Sachverhalts **13** 6

Bezugsvertrag 36 5

BGB-Gesellschaft
- Abwicklung **94** 128
- Beendigung des Insolvenzverfahrens **94** 129
- Eigenverwaltung **94** 130
- Eröffnung des Verfahrens **94** 128
- Gesellschafterinsolvenz **94** 131
- Insolvenzantragspflicht **94** 124 ff
- Insolvenzantragsrecht **94** 124 ff
- Insolvenzfähigkeit **5** 13 ff, 28; **94** 122
- Insolvenzgründe **94** 123
- Insolvenzplanverfahren **94** 130
- Schutzschirmverfahren **94** 127
- Strukturtypen **94** 121

Bilanzanalyse
- Krisenerkennung **2** 19 ff

Bilanzmanipulationen
- Verschleierung der Krise **7** 1

Börsennotierte Aktiengesellschaft
- Aussetzung der Notierung **93** 82 f
- Börsengebühren **93** 90
- Börsenzulassung **93** 80 f
- Corporate Governance Erklärung **93** 93
- Delisting **93** 86 ff
- Downgrading **93** 89
- Einberufung der Hauptversammlung **93** 92
- Einbeziehung von Wertpapieren in regulierten Markt **93** 84
- Einstellung der Notierung **93** 82 f
- Massezugehörigkeit der Börsenzulassung **93** 85
- Sonderregeln **93** 91 ff
- Umlagefinanzierung für die BaFin **93** 90
- Widerruf der Börsenzulassung **93** 80 f

Böswillige Zahlungsverweigerung
- Zahlungsunfähigkeit **6** 12

Bonuszahlungen
- Arbeitnehmeransprüche **107** 20

Bruchteilsgemeinschaft 5 30; **44** 14

Bruttoverwertungserlös 42 178

Buchführungsdelikte
- allgemeine Strafbarkeitsvoraussetzungen **127** 12 ff
- Anfertigen falscher Belege **127** 96
- Buchführungspflicht **127** 89
- Buchführungspflichtige **127** 87
- Erschwerung der Übersicht über Vermögenslage **127** 97
- mangelhafte Bilanzierung **127** 104
- mangelhafte Buchführung **127** 95 f
- objektive Strafbarkeitsbedingung **127** 112
- praktische Relevanz **127** 85
- Scheinbilanzerstellung **127** 107
- Unmöglichkeit der Buchführung **127** 111
- Unmöglichkeit der Buchführungspflichterfüllung **127** 92 ff
- Unterdrücken aufbewahrungspflichtiger Unterlagen **127** 99 ff
- unterlassene Buchführung **127** 91
- unterlassene rechtzeitige Bilanz-/Inventaraufstellung **127** 107
- Verletzung der Bilanzierungspflicht **127** 103 ff
- Verletzung der Buchführungspflicht **127** 88
- Verletzung der Buchführungspflichten außerhalb der Krise **127** 109 ff

Buchgrundschulden 102 70

Bürgschaften
- Anspruch auf Befreiung vom Aval **101** 13 f
- Avalprovisionen **101** 7
- Bürgenanspruch als Insolvenzforderungen **19** 29
- Garantieauftrag nach Insolvenzantrag **101** 9
- Garantieauftrag nach Insolvenzeröffnung **101** 11 f
- Garantieauftrag vor Insolvenzantrag **101** 2 ff
- Garantieauftrag nach Anordnung vorläufiger Maßnahmen **101** 10
- Geschäftsbesorgungsvertrag **101** 1
- Insolvenz des Auftraggebers **101** 2 ff
- Insolvenz des Begünstigten **101** 17 ff
- missbräuchliche Inanspruchnahme **101** 15 f
- Überschuldungsstatus **6** 57

Bund
- Insolvenzunfähigkeit **5** 34 f

Bundesagentur für Arbeit
- Anfechtungsgegner **51** 71
- Insolvenzantragsrecht **8** 44

Cashflow-Konzeptionen
- Krisenerkennung **2** 23 ff

Clearingabreden 45 29

COMI
- Abwicklungsgesellschaften **131** 46
- Ermittlung **131** 31 ff
- maßgebliche Kriterien **131** 31 ff
- maßgeblicher Zeitpunkt **131** 39 ff

Convenants
- Arten **3** 18 ff
- Bedeutung des Einsatzes **3** 22
- Funktion **3** 22
- Gläubigergefährdung **3** 30

magere Zahlen = Randnummern

Sachregister

- Haftung des Covenant-Architekten **3** 32
- Insolvenzverschleppung **3** 30 f
- Kredittäuschung **3** 31
- monitoring Covenants **3** 23
- Sanktionen bei Nichteinhaltung **3** 26 ff
- Sittenwidrigkeit **3** 29
- Überwachung **3** 25

Corporate Governance Erklärung 93 93
County Court Administration Order 80 14

Darlehensverträge
- Anwendungsbereich **37** 6
- Begriff **37** 7 f
- gegenseitige Verträge **34** 14
- Insolvenz des Darlehensgebers **37** 6 ff
- Insolvenz des Darlehensnehmers **37** 6
- Normzweck **37** 6
- Sachdarlehen **37** 6
- teilweise Valutierung **37** 8
- Valutierung **37** 8

Dauerlieferungsvertrag 36 5
Dauerschuldverhältnisse
- als Masseverbindlichkeiten **56** 21

Debt for equity-Modell 69 14
Debt relief order 80 18
Debtor in possession 86 10
Deckungsanfechtung *s. Inkongruente Deckungsanfechtung, Kongruente Deckungsanfechtung*
Deed of arrangement 80 16
Deliktische Ansprüche
- Absonderungs-, Masse- und Insolvenzgläubiger **23** 45 f
- Anmeldungsverfahren **79** 17 ff
- Forderungsanmeldung **64** 66 ff
- Forderungsfeststellung **64** 75 ff
- Geltendmachung von Ansprüchen **64** 5, 64 ff
- Gerichtliche Belehrung **64** 73 f
- Gläubigerbenachteiligung **46** 9 f
- gegen Insolvenzverwalter **23** 27
- Rechtsgrundlagen **79** 16
- und Restschuldbefreiung **79** 15 ff
- Tatbestände **79** 16
- Vorlage der Tabelle **64** 70 ff
- Widerspruch gegen Forderung **79** 18

Delisting 93 86 ff
Depotgeschäft 42 46; **98** 25
Deregulierung 66 10
Deutsch-österreichischer Konkurs- und Vergleichsvertrag 135 18
Devisentermingeschäfte
- Begriff **102** 17
- Fälligkeit nach Insolvenzeröffnung **102** 25 ff
- Fälligkeit nach Zahlungsunfähigkeit **102** 21 ff
- Fälligkeit und Nichterfüllung bei Zahlungsunfähigkeit **102** 18 ff

Dienstbarkeiten
- Aussonderungskraft **40** 17
- Massezuordnung **25** 47 ff

Dienstbezüge
- Abtretung in Treuhandperiode **78** 5 ff

Dienstverhältnisse
- Fortbestand **37** 5 a f

Dienstvertragliche Ansprüche
- Masseverbindlichkeit **56** 33 ff

Differenzhaftung
- Ausschluss im Planverfahren **69** 7
- nach § 9 GmbHG **92** 357

Dingliche Sicherheiten
- Überschuldungsstatus **6** 57

Dingliche Surrogation 41 8; **42** 1
Dingliches Vorkaufsrecht
- Aussonderungskraft **40** 18

Directors' Dealings 93 105
Direktionsrecht
- Ausübung durch Insolvenzverwalter **104** 30

Direktversicherung 109 19 ff, 30, 59
Discharge
- England und Wales **80** 2 f, 9 ff
- USA **80** 20 ff, 23 ff

Dokumenteninkasso 42 44; **43** 103
Doppelanmeldung 63 2
Doppelinsolvenz
- Gesellschafterhaftung **94** 111 ff
- KG und KG-Gesellschafter **94** 106 ff
- Konkurrenz der Anfechtungsberechtigung **49** 13; **51** 2 ff
- Konzerninsolvenzen **95** 20
- Nachlass- und Erbeninsolvenz **119** 9 ff
- OHG und OHG-Gesellschafter **94** 106 ff
- Trennungsprinzip **94** 106

Doppelseitige Treuhand 40 78 ff
Downgrading 93 89
Drittverwahrung
- Aussonderungsbefugnis **40** 11

Drohende Zahlungsunfähigkeit
- Bedeutung **6** 17
- Beginn **127** 46
- Einschränkung des Antragsrechts **6** 2
- Eintrittswahrscheinlichkeit **6** 20
- Feststellung **6** 18
- Insolvenzantragsrecht **8** 32
- Insolvenzindikatoren **127** 46
- Legaldefinition **6** 17
- Prognose **127** 44
- Prognosezeitraum **6** 19; **127** 45
- Ruinwahrscheinlichkeit **6** 20

Sachregister

halbfette Zahlen = Paragraphen

- Schutz gegen missbräuchliche Antragstellung **6** 21
- strafrechtlicher Krisenbegriff **127** 42 ff
- Vorverlagerung der Strafbarkeit **127** 10
- Wahrscheinlichkeit der Zahlungsunfähigkeit **127** 43

Drohverlustrückstellungen
- Überschuldungsstatus **6** 63

Druckzahlungen
- Anfechtbarkeit **47** 44 ff; **51** 27
- gescheiterte/verwirklichte Reformvorhaben **47** 44
- Gläubigerbenachteiligungsvorsatz **48** 17
- inkongruente Deckung **47** 44 ff
- innerhalb der Krise **47** 41
- Stand höchstrichterlicher Rechtsprechung **47** 45
- Vorsatzanfechtung **48** 9, 17

Durchgangserwerb 46 74
Durchgriffshaftung 92 525 ff
Durchsuchung
- Recht des vorläufigen Verwalters **14** 90 ff
- Sicherungsmaßnahme **14** 54

Echte Verwaltungstreuhand
- Agenturkonten **40** 41
- Anderkonten **40** 41
- Aussonderung **40** 36 ff
- Finanzmarktstabilisierungsgesetz **40** 38
- Insolvenz des Treugebers **40** 50
- Insolvenz des Treuhänders **40** 39 ff
- Konto zugunsten Dritter **40** 43
- Sperrkonto **40** 42
- Tankstellenkonto **40** 41
- Treugut als Insolvenzmasse **40** 50 ff
- Treuhand zugunsten eines Dritten **40** 51
- verdecktes Treuhandkonto **40** 40

Edelmetallgeschäfte 102 4
Eheleute
- Aussonderungsmöglichkeit **40** 101
- Eigentumsvermutung für bewegliche Sachen. **40** 102 ff
- Gütergemeinschaft **40** 105
- keine Haftung **40** 101
- nahestehende Person **48** 30
- Rechtsstellung **40** 101 ff
- Zusammenveranlagung **122** 44 ff

Eheliches Güterrecht 31 116
Ehrenämter des Schuldners 30 3
Eidesstattliche Versicherung
- Anordnung des Gerichts **30** 13
- Erforderlichkeit **30** 14
- Kosten **128** 43
- Pflicht des Schuldners **30** 12 ff
- Richtigkeit der Vermögensübersicht **30** 17 ff
- Zuständig zur Abnahme **30** 15

Eigenantrag des Schuldners
- Anhörung weiterer Antragsberechtigter **11** 13 ff
- Antragsbegründung **9** 16 ff
- Antragstellung durch Bevollmächtigte **9** 12 ff
- ausländische Gesellschaften **8** 23 ff
- Besonderheiten **9** 19 ff
- Darstellung des Eröffnungsgrundes **9** 19 ff
- drohender Zahlungsunfähigkeit **8** 32
- europarechtliche Gesellschaften **8** 15
- faktische Geschäftsführer **8** 28
- fehlendes Rechtsschutzinteresse **6** 3 f
- fehlerhaft bestellte organschaftliche Vertreter **8** 27
- Finanz- und Vermögenslage **9** 19 ff
- Finanzdienstleistungsunternehmen **8** 33
- führungslose Gesellschaften **8** 29 ff
- Genossenschaften **8** 12 ff
- gerichtliche Ermittlungen **11** 18
- Gesellschaften ohne Rechtspersönlichkeit **9** 26 f
- Hinweis auf Restschuldbefreiung **11** 8 ff
- Hinweis auf Stundung der Verfahrenskosten **11** 12
- Insolvenzantragsrecht **8** 1 ff
- Insolvenzplan **8** 32
- juristische Personen **8** 12 ff; **9** 26 f
- Kapitalgesellschaften **8** 10 f, 12 ff
- Kreditinstitute **8** 33
- Nachgesellschaften **8** 22
- natürliche Personen **8** 1 ff; **9** 25
- nicht rechtsfähige Vereine **8** 17
- Personengesellschaften **8** 8 f
- Prüfungsgegenstand **11** 1 f
- Rücknahmebefugnis **10** 4 ff
- sonstige juristische Personen **8** 16
- Tod des Schuldners **11** 19 ff
- unberechtigte Antragstellung **8** 59
- unechter Zweitantrag **11** 4
- Verbraucherinsolvenz **8** 7; **11** 6
- Verfahrensbevollmächtigte **9** 13 ff
- Versicherungsunternehmen **8** 33
- Vertretung des Schuldners **9** 12 ff
- Vor- und Nachteile **4** 21 f
- Vor-Kapitalgesellschaften **8** 18 ff
- Wegfall des Antragsrechts **8** 52
- Zulässigkeitsprüfung **11** 1 ff
- Zweitanträge **11** 3 f
- Zwischenverfügung des Gerichts **11** 5

Eigenbesitz 14 148
Eigenkapitalersetzende Gesellschafterdarlehen s. *Gesellschafterdarlehen*
Eigenkapitalgewinnung
- Ausgangslage **3** 72
- außergerichtliche Sanierung **3** 73 ff

2868

magere Zahlen = Randnummern

Sachregister

- Forderungsumwandlung in Beteiligungen **3** 97 ff
- Kapitalerhöhung/Kapitalschnitt **3** 93 ff
- Schutzschirmverfahren/ESUG **3** 83 ff
- Zeitdruck **3** 73 ff

Eigentum
- Aussonderung **39** 2
- Aussonderungskraft **40** 5 ff
- Eigentumsvermutung **40** 102 ff
- Herausgabeanspruch **40** 5
- Mieteigentum **40** 9 f
- Treuhandeigentum **40** 31 ff
- Verwahrung **40** 11 ff

Eigentumsvorbehalt
- Abänderung des Kaufvertrages **43** 5
- abgeleiteter Eigentumsvorbehalt **43** 4, 24
- Anwartschaftsrecht **43** 19
- Auswirkung der Insolvenzeröffnung **31** 23
- einfacher Eigentumsvorbehalt **43** 2 ff; **44** 10
- einseitiger Eigentumsvorbehalt **43** 3
- Erlöschen **43** 7
- erweiterter Eigentumsvorbehalt **43** 25 ff
- Geschäftsverbindungs- und Saldovorbehalt **43** 26
- Insolvenz des Erstkäufers **43** 21
- Insolvenz des Käufers **43** 11 ff
- Insolvenz des Verkäufers **43** 10
- Insolvenz des Vorbehaltskäufers **43** 42, 53 ff
- Insolvenz des Warenlieferanten **43** 57
- Insolvenz des Zweitkäufers **43** 22
- Insolvenzkollisionsrecht **133** 51 ff
- internationaler Warenverkehr **43** 109
- Kontokorrentvorbehalt **43** 26
- Konzernvorbehaltsklausel **43** 28 ff
- Massezuordnung **25** 52
- nachgeschalteter Eigentumsvorbehalt **43** 23
- nachträgliche Begründung **43** 8
- Nutzung des Vorbehaltsguts **43** 16
- streitiger Eigentumsvorbehalt **43** 9
- Übersicherung **43** 27, 40
- Übertragung des Anwartschaftsrechts **43** 19, 48
- Verarbeitungsklausel **43** 36 ff
- verlängerter Eigentumsvorbehalt **43** 54 ff
- vertragliche Vereinbarung **43** 2
- Vorausabtretungsklausel mit Weiterverarbeitungsklausel **43** 43 ff
- weitergeleiteter Eigentumsvorbehalt **43** 20 ff

Eigentumsvorbehaltskauf
- Allgemeines **34** 13 f
- Anwendungsbereich von 103, 107 InsO **36** 17 ff
- Ausgangslage **36** 13 ff
- Eigentumsvorbehaltskauf **36** 13 ff
- einfacher Eigentumsvorbehalt **36** 14

- Erfüllungsablehnung des Insolvenzverwalters **36** 21
- Erfüllungsverlangen des Insolvenzverwalters **36** 19 f
- erweiterter Eigentumsvorbehalt **36** 38 ff
- Insolvenz des Vorbehaltskäufers **36** 19 ff
- Insolvenz des Vorbehaltsverkäufers **36** 31 ff
- insolvenzrechtliche Folgewirkungen **36** 15 f
- nachgeschalteten Eigentumsvorbehalt **36** 37
- Rücktritt des Verkäufers wegen Zahlungsverzugs **36** 24 ff
- verlängerter Eigentumsvorbehalt **36** 36
- Vertragstreue des Käufers **36** 34
- Zahlungsverzug des Käufers **36** 35

Eigenverwaltung s. a. *Vorläufige Eigenverwaltung*
- Abberufung der Geschäftsleitung **90** 35 ff
- ablehnender Beschluss **87** 42
- Aktiengesellschaft in Insolvenz **93** 116 f
- Anfechtungsberechtigung **51** 11
- Anordnung nach § 270 I 1 InsO **87** 3 ff
- Anordnung nach § 271 InsO **87** 56 ff
- Anordnungsverfahren **87** 53, 65
- Anordnungsvoraussetzungen **87** 1 ff
- Anträge **18** 15
- Antrag der Gläubigerversammlung **87** 57 ff
- Antrag des Schuldners **87** 3 ff
- Anzeige der Masseunzulänglichkeit **90** 82
- Aufgaben des Sachwalters **90** 66 ff
- Aufgabenverteilung **90** 1
- Aufhebung **89** 1 ff
- Aufsicht und Überwachung **90** 66 ff
- Ausschluss des Einflusses auf Geschäftsführung **90** 34
- Austausch der Geschäftsleitung **87** 29
- Ausübung insolvenzspezifischer Rechte **90** 10
- Beendigung durch Aufhebung oder Einstellung **89** 1
- Befugnisse des Schuldners **90** 4 ff
- Bestellung des Sachwalters **87** 46 ff
- Bestellung vorläufigen Sachwalters **14** 63
- Beurteilung der Gläubigeraspekte **87** 31 ff
- Beurteilung der Schuldneraspekte **87** 21 ff
- BGB-Gesellschaft **94** 130
- Einflussnahme auf Geschäftsführung **90** 21 ff
- Entfallen der Prognose **87** 41
- Entscheidung des Gerichts **87** 64 ff
- Entscheidungszuständigkeit **87** 53
- Erkenntnisquellen des Gerichts **87** 38
- Erstellung eines Insolvenzplans **90** 16, 76
- Fach- und Sachkunde des Schuldners **87** 27 f
- Forderungsanmeldung beim Sachwalter **90** 80
- Führung der Geschäfte **90** 4 f
- Genossenschaft **93** 159

Sachregister

halbfette Zahlen = Paragraphen

- Gesamtabwägung **87** 39 f
- Geschäftsführerhaftung **90** 54 ff
- Geschäftsleitung **90** 35 ff, 40 ff
- Gesellschaft als Schuldnerin **90** 19 ff
- Gesellschafterhaftung **90** 57 f
- gesetzliche Vorbilder **86** 7 ff
- Gläubigerschutzlücke **90** 50 ff
- Haftung des Sachwalters **90** 65
- hohe Absonderungsrechte **87** 37
- Insolvenzplanverfahren **72** 1 ff
- insolvenzspezifische Ansprüche **87** 35
- interne Konflikte **87** 30
- kapitalistische Personengesellschaft **94** 178
- Kassenführungsrecht **90** 75
- KG **94** 93 ff
- kontaminierte Grundstücke **87** 36
- Konzerninsolvenz **95** 67
- Mittel zur Lebensführung des Schuldners **90** 11
- Mitwirkungsbefugnisse der Gläubigerversammlung **90** 9
- Mitwirkungsbefugnisse des Gläubigerausschusses **90** 9
- Mitwirkungsbefugnisse des Sachwalter **90** 6 ff
- Mitwirkungspflichten des Schuldners **90** 17
- Mitwirkungsrechte des Sachwalters **90** 71 ff
- Nachlassinsolvenz **113** 23
- keine Nachteile für Gläubiger **87** 16 ff
- nachträgliche Anordnung **87** 65 ff
- Neuregelungen durch ESUG **86** 16 f
- OHG **94** 93 ff
- Pflichtverletzungen des Schuldners **90** 18
- Prognoseentscheidung **87** 16 ff
- Prognosemethode **87** 38 ff
- Prognoseziel **87** 17 ff
- Prozessführung **32** 8 ff
- Prüfungspflicht des Sachwalters **90** 70
- Quotenerwartung **87** 18
- rechtsfähiger Verein **93** 214
- Rechtsform, Struktur, Größe des Schuldners **87** 22
- Rechtsmittel gegen gerichtliche Entscheidungen **87** 54
- Rechtsstellung der Geschäftsleitung **90** 43
- Rechtsstellung des Sachwalters **90** 64 f
- Rechtsstellung des Schuldners **90** 2 ff
- Redlichkeit des Schuldners **87** 23 ff
- Reduzierng des Blockadepotentials der Gläubiger **86** 17
- Regelungskomplexe **86** 3 ff
- Sachwalter **90** 64 ff
- Sanierung/Fortführung eines Unternehmens **86** 13
- Sanierungs-/Fortführungschancen **87** 34 ff
- Schutzschirmverfahren **88** 15 ff
- sofortige Beschwerde bei Ablehnung **18** 19
- stattgebender Beschluss **87** 43 ff
- Unterbrechung rechtshängiger Prozesse **87** 52
- US-amerikanisches Recht **86** 10 f
- bei Verbraucherinsolvenz **77** 15
- Verdrängung des Aufsicht aus Geschäftsführung **90** 29 ff
- Verfahrensziel **86** 1 f; **87** 2
- Vergleichsordnung **86** 2 ff
- Verwaltungs- und Verfügungsbefugnis **90** 2
- Verwaltungs- und Verfügungsbefugnis des Schuldners **87** 51, 69
- Verwertungsbefugnis **90** 13
- Verzeichniserstellung **90** 15
- vorläufige Eigenverwaltung **88** 2 ff
- Widerspruchsbefugnis **90** 12
- Widerspruchsrecht des Sachwalters **90** 71 ff
- Wirkungen **87** 51, 69
- Zustimmung des Schuldners **87** 61
- kein Zustimmungserfordernis des antragstellenden Gläubigers **87** 15
- Zustimmungsrecht **90** 77 ff
- Zustimmungsrecht des Sachwalters **90** 71 ff
- Zuverlässigkeit des Schuldners **87** 23 ff
- Zweck **86** 13 ff

Eigenverwaltungsantrag
- bei Anordnung nach § 270 I 1 InsO **87** 3 ff
- bei Anordnung nach § 271 InsO **87** 56 ff
- Antragsberechtigung **87** 10 ff
- Bedingungsfeindlichkeit **87** 8
- Begründung **87** 7
- Form **87** 6
- Geschäftsführungsbefugnis **87** 13 f
- durch Gläubigerversammlung **87** 57 ff
- inhaltliche Anforderungen **87** 6 ff, 59
- Initiativrecht der Gläubiger **87** 56
- Rücknahme **87** 9
- Rücknahmeberechtigung **87** 10 ff
- durch Schuldner **87** 3 ff
- Vertretungsberechtigung **87** 11 f
- Zeitpunkt für Antragsstellung **87** 4 f

Eilverfahren
- Eröffnungsverfahren **13** 5

Einberufung der Gläubigerversammlung **20** 7 f

Einbindung dinglicher Gläubiger **66** 11

Einfacher Eigentumsvorbehalt **36** 14; **43** 2 ff

Eingangsentscheidung
- Drei-Fristen-Modell **77** 119 ff
- Grundlagen **77** 115 ff
- Kodifizierung der Sperrfristjudikatur **77** 123 ff

Eingetragene Genossenschaft
- Insolvenzfähigkeit **5** 6

magere Zahlen = Randnummern

Sachregister

Einigungsstelle 108 53
Einkommensteuer
– bei abgesonderter Befriedigung **42** 220 ff
– Aufteilung der Einkommensteuerschuld **122** 15 ff
– Aufteilungsgrundsätze **122** 23 ff
– Betriebsausgaben **122** 24
– einheitliches Einkommen in der Insolvenz **122** 1 ff
– Freibeträge **122** 26
– insolvenzrechtliche Einordnung und Aufteilung **122** 15 ff
– Pauschbeträge **122** 26
– Sonderausgaben **122** 25
– Veranlagung von Ehegatten **122** 44
– Verluste **122** 27
– Versteuerung stiller Reserven **122** 29 ff
– Voraus- und Abschlusszahlungen **122** 35 ff
– Werbungskosten **122** 24
– zeitanteilige Aufteilung **122** 28
– Zurechnung der Verluste **122** 7 ff
– Zurechnung des Einkommens **122** 7 ff
Einkünfte aus Stiftungen, Altenteils- oder Auszugsverträgen
– Massezuordnung **25** 30
Einlageforderungen
– Auflösung der Gesellschaft **92** 267 ff
– gesplittete Einlagen **94** 43, 194
– GmbH in Insolvenz **92** 341 ff
– Kapitalerhöhung **92** 344 ff
– KG **94** 43
– OHG **94** 39
– Pfändung **92** 267 ff
– rückständige Einlagen **25** 37; **92** 341 ff; **94** 39
Einlagenrückgewähr
– Anfechtbarkeit **46** 5
– des stillen Gesellschafters **46** 5
Einlagensicherung 1 22
Einlösung von Lastschriften 99 42 ff
Einlösung von Schecks 99 34 ff
Einlösung von Wechseln 99 41
Einseitig verpflichtende Verträge
– Unanwendbarkeit des Verwalterwahlrechts **34** 19
Einsichtsrechte
– der Insolvenzgläubiger **19** 5
– des Insolvenzschuldners **18** 17
– Tabelle **63** 35 ff
Einstellung des Insolvenzverfahrens
– Antragsrecht des Insolvenzschuldners **18** 15
– Einwand der Masselosigkeit/-unzulänglichkeit im Massprozess **74** 50 ff
– mangels kostendeckender Masse **22** 69; **74** 9 ff
– wegen Masseunzulänglichkeit **22** 70; **74** 20 ff

– vorzeitige Einstellung **22** 69 f
– wegen Wegfall der Eröffnungsgrunds **74** 57 ff
– mit Zustimmung der Gläubiger **74** 65 ff
Einstellung des Nachlassinsolvenzverfahrens 117 11 f
Einstellung mangels Masse 22 69
– Anhörung des Verwalters **74** 13
– Bestimmung der Kostendeckung **74** 14
– Genossenschaftskonkurs **74** 10
– hochgradige Massearmut **74** 9 f
– Prognose künftiger Verfahrenskosten **74** 15
– Rechtsmittel gegen Einstellungsbeschluss **74** 18
– rudimentäre Abwicklung **74** 11 f
– Verfahren **74** 13 ff
– Wirkungen **74** 19
Einstellung mit Zustimmung der Gläubiger
– Antrag des Schuldners **74** 66
– Verfahren **74** 71 f
– Voraussetzungen **74** 65 ff
– Zustimmung der Insolvenzgläubiger **74** 67 ff
Einstellung nach Masseunzulänglichkeitsanzeige
– Abgrenzung zur Einstellung mangels Masse **74** 20 f
– Abwicklung **74** 26 ff
– Anzeige der Masseunzulänglichkeit **74** 22 ff
– Masseunzulänglichkeit **74** 20 ff
– Verfahren **74** 32 ff
– vorzeitige Einstellung **22** 70
Einstellung von Zwangsvollstreckungsmaßnahmen
– Sicherungsmaßnahme des Gerichts **14** 44 ff
– bei Verbraucherinsolvenz **14** 45
Einstellung wegen Wegfall des Eröffnungsgrunds
– Verfahren **74** 59 ff
– Voraussetzungen **74** 57 f
Einstweilige Maßnahmen
 s. Sicherungsmaßnahmen des Insolvenzgerichts
Einstweilige Unternehmensfortführung
– Brisanz **22** 49 ff
– Entstehung neuer Masseverbindlichkeiten **22** 50
– Fortführungspflicht **22** 45
– Pflicht des vorläufigen Insolvenzverwalters **14** 154 ff
– Zweck **22** 46 ff
Einstweilige Verfügungen
– Vollziehungshindernis **33** 23 ff
Eintragung in die Tabelle
– Abteilungen **63** 21 f
– angemeldete Forderungen **63** 17
– Berichtigungen **63** 23, 29 ff

2871

Sachregister

halbfette Zahlen = Paragraphen

- Einsichtrecht der Beteiligten **63** 35 ff
- Tabellenführung **63** 18 ff, 24 ff
- Vorprüfung **63** 15

Einzelkonto
- Fremdwährungskonten **98** 10
- Kontokorrent **98** 5 ff
- Spareinlagen, Termineinlagen **98** 9

Einzelvollstreckungsverbot 45 38

Einziehungsbefugnis
- Auswirkung der Insolvenzeröffnung **31** 24
- Beschränkung **8** 39

Einziehungsverbote
- Anordnung als Sicherungsmaßnahme **14** 51 ff
- für Aus- und Absonderungsberechtigte **14** 51 ff

Einzug von Lastschriften 99 47 ff
Einzug von Schecks 99 38
Einzug von Wechseln 99 41

Energielieferungsvertrag
- Energiebezug durch vorläufigen Insolvenzverwalter **36** 11
- Fortbestand von Sonderkonditionen **36** 10
- gegenseitiger Vertrag **34** 14
- Sachsenmilch-Entscheidung **36** 9
- Weiterbelieferung **36** 8 ff

Enforcement-Verfahren
- Aktiengesellschaft in Insolvenz **93** 106 f

England und Wales
- Restschuldbefreiung **80** 4 ff

Englische Limited
- Insolvenzfähigkeit **5** 6

Entfristungsklage 105 16

Entgeltliche Leistungen
- Abgrenzung zur Unentgeltlichkeit **49** 13
- Beispiele **49** 14
- Besicherung fremder Schuld **49** 14
- Erfüllung/Sicherung eigener Schulden **49** 14
- Geldauflage zur Einstellung eines Strafverfahrens **49** 14
- Gratifikationen **49** 14
- Veräußerung von Waren unter Wert **49** 14
- Vergleich **49** 14
- Zusage einer Halteprämie **49** 14

Entgeltliche Verträge mit Nahestehenden
- Beweislast **48** 35
- entgeltliche Verträge **48** 27 f
- nahestehende Personen **48** 29 ff
- subjektiver Tatbestand **48** 34
- Überblick **48** 26 ff
- unmittelbare Gläubigerbenachteiligung **48** 33
- Vorsatzanfechtung **48** 26 ff

Enthaftung
- Zubehör **42** 12

Entlassungssozialplan 107 50
Entlastung des Geschäftsführers 92 327

Entschädigung durch Sicherungseinrichtungen
- Anschlussdeckung **103** 53
- Auskunftspflicht **103** 58
- Basisdeckung **103** 53
- durch Einlagensicherung des Bundesverbands deutscher Banken eV. **103** 64 ff
- Entschädigung der Einleger **103** 59 ff
- durch freiwillige Sicherungssysteme **103** 62
- durch gesetzliche Entschädigungseinrichtungen **103** 55 ff
- durch institutsschützende Sicherungseinrichtung **103** 62
- durch Institutssicherung der Sparkassen- und Giroverbände **103** 74 ff
- Liquiditäts-Konsortialbank GmbH **103** 54
- durch Sicherungseinrichtung der Genossenschaftsbanken **103** 78 ff
- Sicherungspflicht **103** 56 f

Entschädigungsanspruch
- aus Wettbewerbsabrede **107** 104 ff

Entziehung des Reisepasses
- Sicherungsmaßnahme **14** 54

Erbbaurechte
- Aussonderungskraft **40** 17
- Massezuordnung **25** 8

Erbe
- beschränkt haftender Erbe **115** 36 f
- als Nachlassinsolvenzgläubiger **115** 6 ff
- unbeschränkt haftender Erbe **113** 2 f; **115** 38

Erbeninsolvenz
- Einschränkung der Nachlassgläubiger **119** 11 ff
- Nachlassverwaltung **119** 15
- Testamentsvollstreckung **119** 16
- Zusammentreffen von Nachlass- und Erbeninsolvenz **119** 9 ff

Erbenmehrheit
- Nachlassinsolvenz **112** 7

Erbfall
- Vermögenserwerb **78** 28 ff

Erbrechtliche Nachfolgeklauseln 114 29 ff
Erbschaft 31 121, 127
Erbschaftsanspruch 40 16

Erbschaftskauf
- Kauf einer Erbschaft **118** 8
- materiell-rechtliche Wirkung **118** 9 f
- Nachlassinsolvenz **112** 9
- Nachlassinsolvenz nach Erbschaftskauf **118** 11 ff
- verwandte Verträge **118** 18 f

Erbschaftssteuer 125 17 ff
Erfolgskrise 2 3, 6, 7

magere Zahlen = Randnummern

Sachregister

Erfüllung *s. a. Wahlrecht des Insolvenzverwalters*
- Ankündigung der Erfüllung **12** 45
- Ausbleiben bloßer Nebenleistung **34** 22
- Bauvertrag **34** 27
- Begriff vollständiger Erfüllung **34** 21 ff
- Erfüllungssurrogate **34** 23
- nach Eröffnungsantrag **12** 43 f
- Grundstücksveräußerung **34** 26
- Kaufverträge **34** 24 ff
- Kostenentscheidung **12** 48 ff
- im Lastschriftverkehr **34** 21
- bei Rechtsmangel **34** 24, 27, 28 ff
- bei Sachmangel **34** 24, 28, 31 ff
- Teilleistungen **34** 21
- Verbrauchsgüterkauf **34** 25
- Versendungskauf **34** 25
- Werkvertrag **34** 27

Erfüllungsablehnung des Insolvenzverwalters *s. a. Wahlrecht des Insolvenzverwalters*
- Abrechnungsverhältnis **35** 26
- bei Anfechtung des Vertragspartners **35** 31
- bei auflösenden Bedingungen **35** 30
- Ausschluss der Rückgabepflicht **35** 29 ff
- Besitzrecht **35** 28
- Erklärung unter Vorbehalt/Einschränkung **35** 5
- keine Gestaltungswirkung **35** 3, 26
- Grundsätze **35** 26 ff
- bei Insolvenz des Vorbehaltskäufers **36** 24 ff
- konkludente Ausübung **35** 4
- Miete und Pacht über Mobilien **37** 14, 21
- bei Mieterinsolvenz **37** 21
- Nichterfüllungsanspruch des Vertragspartners **35** 32 ff
- Schweigen des Insolvenzverwalters **35** 8 ff
- Teilleistungen **35** 37 ff
- bei Vermieterinsolvenz **37** 14

Erfüllungsgehilfen
- Haftung **23** 11

Erfüllungsverlangen des Insolvenzverwalters *s. a. Wahlrecht des Insolvenzverwalters*
- Art und Weise der Erfüllung **35** 22
- Eintritt des Verwalters in Vertrag **35** 20
- Erfüllungsanspruch des Vertragspartners **35** 21
- Erklärung unter Vorbehalt/Einschränkung **35** 5
- Gegenrechte des Vertragspartners **35** 20
- Gestaltungserklärung **34** 35, 45, 49; **35** 3
- bei Insolvenz des Vorbehaltskäufers **36** 19 ff
- konkludente Ausübung **35** 4
- Miete und Pacht über Mobilien **37** 12 f, 20
- bei Mieterinsolvenz **37** 20
- Rechtsfolgen **35** 20 f
- Schweigen des Insolvenzverwalters **35** 8 ff
- Teilleistung des Insolvenzschuldners **35** 25

- Teilleistung des Vertragspartners **35** 24
- Teilleistungen vor Insolvenzeröffnung **35** 23 ff
- verlängerte Überlegungsfrist **36** 20
- bei Vermieterinsolvenz **37** 12 f

Erhaltungsmaßnahmen
- vorläufige Maßnahmen **22** 44

Erhebung massebezogener Klage
- durch Insolvenzverwalter **32** 18 ff
- gegen Insolvenzverwalter **32** 18 ff

Erledigungserklärung
- Allgemeines **10** 14 ff
- Angaben **10** 15
- Kosten **10** 18 ff, 21
- Kosten des vorläufigen Insolvenzverwalters **10** 27 ff
- Rechtsmissbrauch **10** 24 ff
- Unzulässigkeit **10** 24 ff
- bei Widerspruch des Schuldners **10** 21 ff
- kein Widerspruch des Schuldners **10** 17 ff
- Wirkung **10** 16

Erlöschen
- des Anfechtungsrechts **51** 10

Erlöschenstheorie 34 39 ff; **45** 54 f

Eröffnung des Insolvenzverfahrens
- Allgemeines **16** 22 ff
- Auswirkungen auf Prozesse **32** 1 ff
- materiell-rechtliche Folgen der Verfügungsbeschränkung **31** 1 ff
- mittelbare Wirkungen **30** 31 ff
- Rechtsfolgen **30** 1 ff
- unmittelbare Wirkungen **30** 1 ff
- vermögensbezogene Auswirkungen **30** 37 ff

Eröffnungsantrag *s. Insolvenzantrag, Insolvenzantragspflicht, Insolvenzantragsrecht*

Eröffnungsbeschluss 16 23 ff
- Aufhebung **74** 1 ff
- Begründung **16** 24
- Bekanntmachung **16** 28
- Beschwerdebefugnis des Schuldners **74** 1
- fakultativer Inhalt **16** 26
- Mitteilungspflichten **16** 29 ff
- sofortige Beschwerde **16** 39
- Wirksamwerden **16** 27
- zwingender Inhalt **16** 25

Eröffnungsgründe *s. Insolvenzgründe*

Eröffnungsverfahren
- Antragsverfahren **4** 1
- als Eilverfahren **13** 5
- Eröffnungsgrund **6** 2
- Gerichtskosten **128** 12 ff
- Insolvenzantragsrecht **8** 1 ff
- internationale Zuständigkeit **5** 45
- Prozessführung **32** 13 f
- Rechtsmittel **16** 32 ff

Sachregister

halbfette Zahlen = Paragraphen

- Zeitpunkt **6** 3
- Zweckbestimmung **13** 5

Erörterungs- und Abstimmungstermin
- Ablauf **68** 28 ff
- Änderung von Einzelregelungen **68** 31 f
- gesonderte Abstimmung **68** 44 f
- Insolvenzplanverfahren **68** 28 ff
- Mehrheiten **68** 46 ff
- schriftliche Abstimmung **68** 44 f
- Stimmliste **68** 43
- Stimmrechtszuteilung **68** 37 ff

Ersatzabsonderung
- Grenzen **42** 219
- unberechtigte Veräußerung **42** 213 ff
- Unterschied zur Ersatzaussonderung **42** 218

Ersatzaussonderung
- Anwendungsbereich **41** 3 ff
- berechtigte Veräußerung **41** 18 ff
- dingliche Surrogation **41** 8
- Herausgabe der erbrachten Gegenleistung **41** 28 ff
- Höhe des Anspruchs **41** 35 ff
- Inhalt des Anspruchs **41** 25 ff
- Leistung an Schuldner **41** 4 f
- Surrogationskette **41** 37
- unberechtigte Veräußerung **41** 10 ff
- Vereitelung eines Aussonderungsrechts **41** 9
- Verfügungen des Insolvenzverwalters **41** 7
- Verfügungen des vorläufigen Insolvenzverwalters **41** 6
- Voraussetzungen **41** 9 ff
- keine Wertvindikation **41** 3
- Zwangsveräußerung **41** 10
- zweite Ersatzaussonderung **41** 37

Ersitzung
- Auswirkung der Insolvenzeröffnung **31** 25

Erstarkungsmodell
- vorläufiger Insolvenzverwalter **14** 61

Erteilung der Restschuldbefreiung
- ausgenommene Forderungen **79** 15 ff
- Beschlussentscheidung **79** 13
- vor Ende der Laufzeit der Abtretungserklärung **79** 2
- Ende der Treuhandperiode **79** 4 f
- Entscheidung **79** 7 ff
- Erfüllung der Verfahrenskosten **79** 3
- Kosten **79** 10
- Nachhaftung **79** 21
- Neuregelungen **79** 26 ff
- Verfahren **79** 6
- kein Versagungsantrag **79** 9
- Wirkungen **79** 11 ff
- Zuständigkeit **79** 9

Erweiterter Eigentumsvorbehalt 36 38 ff; **43** 25 ff

Erwerb eigener Aktien
- Aktiengesellschaft in Insolvenz **93** 49

Erwerbsobliegenheit
- angemessene Erwerbstätigkeit **78** 19 ff
- Verletzung **77** 129 ff; **78** 18 ff

Erwerbstätigkeit, selbständige 78 38 ff

ESUG
- Ausbau des Insolvenzplanverfahrens **1** 75 ff
- Eigenverwaltung **86** 16
- Einführung eines Schutzschirmverfahrens **1** 70 ff
- Gesellschaften in Eigenverwaltung **90** 23 ff
- Reform des Insolvenzplanverfahrens **66** 2 ff
- Stärkung der Gläubigerautonomie **1** 73 f
- Zielsetzungen **3** 84

EuInsVO
- Anerkennung **131** 87 ff
- anwendbares Recht **131** 136 ff
- Anwendungsbereich der EuInsVO **131** 7 ff
- Beachtung des Verfahrenseröffnung in einem EU-Staat **131** 61 ff
- Binnenmarktbezug **131** 16
- Ermittlung des COMI **131** 31 ff
- Eröffnungsbeschluss **131** 53 f
- Geschichte und Stand der EuInsVO **131** 1 ff
- Insolvenzfähigkeit **131** 79 f
- internationale Zuständigkeit **131** 23 ff
- lex fori concursus **131** 136 ff
- materielle Sonderregeln **131** 137
- Mittelpunkt hauptsächlicher Schuldnerinteressen **131** 23 ff
- örtliche Zuständigkeit **131** 76
- persönlicher Anwendungsbereich **131** 11
- Prioritätsprinzip **131** 61
- qualifizierter Auslandsbezug **131** 16
- Rechtsmittel **131** 77 f
- Reform **131** 51 ff
- Reformüberlegungen **132** 101
- sachlicher Anwendungsbereich **131** 7 ff
- sachlich-räumlicher Anwendungsbereich **131** 13 ff
- Sekundärinsolvenzverfahren **131** 115 ff
- Sicherungsmaßnahmen **131** 81 ff
- Verhältnis zum einzelstaatlichen Recht **131** 19 ff
- zeitlicher Anwendungsbereich **131** 12
- Ziele der EuInsVO **131** 4 ff
- Zuständigkeit bei Konzerninsolvenz **131** 47 ff
- Zuständigkeit für Partikularverfahren **131** 72 ff

Eurohypothek 42 31
Europäische Aktiengesellschaft 93 243
Europäische Genossenschaft 93 244
Europäische Gesellschaften
- Insolvenzantragsrecht **8** 15

magere Zahlen = Randnummern

Sachregister

Europäische Privatgesellschaft 93 245
Europäische Stiftung 93 246
Europäische Verwaltungsgesellschaften 93 249
Europäische Wirtschaftliche Interessenvereinigung (EWIV) 94 119 f
Europäischer Verein 93 247
Europäisches Insolvenzrecht s. a. EuInsVO
– Anerkennung 131 50 ff
– geltendes Regelwerk 1 101 f
– Reform 1 103
– Richtlinie 98/26/EG 131 139
– Richtlinie 2001/17/EG 131 142
– Richtlinie 2001/24/EG 131 143
– Richtlinie 2002/47/EG 131 140 f
Europarats-Übereinkommen 135 1 ff
Existenzvernichtungshaftung
– Haftung des Geschäftsführers 92 375 ff
– Haftung des Gesellschafters 92 372 f
– Haftung von Nichtgesellschaftern 92 374
– Kollisionsrecht 133 119
– kompensationsloser Eingriff 92 372

Factoring
– Allgemeines 40 60
– Aussonderung 40 59 ff
– Barkauftheorie 43 95
– echtes Factoring 43 95 ff; 45 92
– Geschäftsbesorgungsvertrag 36 45
– Insolvenz des Anschlusskunden 43 96
– Insolvenz des Factor-Kunden 40 62 ff
– Insolvenz des Factors 40 60; 43 97
– Nachrang einer Factoring-Globalzession 43 98
– unechtes Factoring 40 61; 43 100
– Vertragsbruchtheorie 43 100
– Vorrang einer Bank-Globalzession 43 99
Fälligkeitsvereinbarungen
– Vergleichbarkeit mit Darlehensgewährung 92 448
Fahrlässigkeitsstrafbarkeit
– Insolvenzdelikte 127 119 f
Faktische Geschäftsführung 92 41 ff, 523 ff
Faktische Mitgeschäftsführung 127 22
Faktischer Geschäftsführer
– Antragsrecht 8 28
– Auftreten im Außenverhältnis 92 49 f
– Ausmaß/Intensität der Aufgabenanmaßung 92 47 f
– Erfüllungskriterien 127 24
– Insolvenzantragspflicht 92 70 f
– Insolvenzantragsrecht 92 42 ff
– Täter im Sinne des Insolvenzstrafrechts 127 21 ff
– Wahrnehmung von Managementaufgaben 92 45 f
– Zurechnung der Schuldnereigenschaft über § 14 StGB 127 21 ff
Faktischer Konzern 95 23 ff
Familienrechtliche Positionen des Schuldners
– Auswirkung der Insolvenzeröffnung 30 31; 38 25 f
Fehlerhafte Gesellschaft
– Insolvenzfähigkeit 5 7
Festgeschäft 102 2
Festsetzungsverfahren
– Vergütungsansprüche 129 41 ff, 53 e
Feststellung von Forderungen
    s. Forderungsfeststellung
Finalitätsrichtlinie 99 51
Finanzbehörde
– Insolvenzantragsrecht 126 1 ff
Finanzderivate 102 2
Finanzdienstleistungsinstitute
– Insolvenzfähigkeit 5 6
Finanzdienstleistungsunternehmen
– Insolvenzantragsrecht 8 33
Finanzierungs-Leasing 43 62
Finanzleistungen
– Allgemeines 38 1 f
– Anwendungsbereich 38 5 f
– Arten und Rechtsnatur 102 3 ff
– Ausschluss des Wahlrechts 38 8 f
– Begriff 102 1 f
– Devisentermingeschäft 102 17 ff
– Edelmetallgeschäfte 102 4
– Festgeschäft 102 2
– Finanzderivate 102 2
– Finanzsicherheiten 102 13, 50 ff
– Finanztermingeschäft 102 11, 14 f
– Forderung wegen Nichterfüllung 38 10
– fremdbestimmte Geldleistungen 102 9
– Geldleistungen in ausländischer Währung 102 7 f
– insolvenzabhängige Auflösungsbestimmung 38 2
– Nichterfüllungsgrundsatz 38 2
– Optionen 102 2, 10 ff, 29 ff
– Rahmenverträge über Finanzleistungen 102 47 f
– Rechtsfolgen der Insolvenzeröffnung 38 8 ff
– Sondervorschrift 38 2
– Übergangsrecht 38 7
– Verkäufe und Verbriefungen von Kreditforderungen 102 64 ff
– vertragliche Standardisierung 102 16
– Wertpapiere 102 5
– Wertpapieren vergleichbare Rechte 102 6

Sachregister

halbfette Zahlen = Paragraphen

Finanzmarktstabilisierung
– Auslagerung von Risikopositionen **103** 112 ff
– Bedingungen für Stabilisierungsmaßnahmen **103** 121 ff
– Eigenmittelausstattung **103** 126
– Einschränkung des Aktionärsschutzes **103** 128 ff
– Einschränkung des Gläubigerschutzes **103** 131 f
– Einschränkung vertraglicher Kündigungsrechte **103** 133 ff
– Errichtung eines Restrukturierungsfonds **103** 160 ff
– Rekapitalisierung **103** 93 ff
– Rettungsübernahmen **103** 120
– Schutz von Stabilisierungsmaßnahmen **103** 127 ff
– Stabilisierungsmaßnahmen **103** 89 ff
– Übernahme von Garantien **103** 89 ff
– Übernahme von Risikopositionen **103** 108 ff
– Voraussetzungen für Maßnahmen **103** 86

Finanzplankredite
– Aufhebung eigenkapitalgleicher Funktion **92** 568
– Einfordern nichterbrachter eigenkapitalgleicher Einlagen **92** 563
– einlageähnliche Verbindlichkeit **92** 566
– Finanzierungsfreiheit **92** 557
– bei GmbH in Insolvenz **92** 557 ff
– Nachrang **92** 564
– Parteiwille **92** 560 f
– Rechtsfolgen **92** 562
– Rückzahlungsverbote **92** 565

Finanzsektorunternehmen 93 250

Finanzsicherheiten 102 13
– Begriff **102** 50
– Bestellung **102** 57
– Insolvenzanfechtung **102** 58 ff
– Privilegierung **14** 11 f
– Sicherungsgut **102** 54 f
– Sicherungszweck **102** 52 f
– Vertragsparteien **102** 51
– Verwertung **102** 61 f

Finanztermingeschäft 102 11, 14 f

Firma
– Befugnisse des Insolvenzverwalters **26** 3 f
– bei GmbH in Insolvenz **92** 339 ff
– Massebestandteil **92** 339 ff
– Massezugehörigkeit **94** 38
– OHG **94** 38

Firmenänderung 92 328

Firmenumgründung 7 1

Firmenwert
– Überschuldungsstatus **6** 46

Fiskusvorrecht 1 16

Fixgeschäfte
– Allgemeines **38** 1 f
– Ausschluss des Wahlrechts **38** 8 f
– Begriff **38** 4
– Forderung wegen Nichterfüllung **38** 10
– insolvenzabhängige Auflösungsbestimmung **38** 2
– Nichterfüllungsgrundsatz **38** 2
– Rechtsfolgen der Insolvenzeröffnung **38** 8 ff
– Sondervorschrift **38** 2
– unerfüllter gegenseitiger Vertrag **38** 3

Forderungen
– Allgemeines **25** 17 f
– Ansprüche aus spezieller Lebensversicherung **25** 32 f
– Ansprüche in Insolvenz der Handelsgesellschaften **25** 37
– aus Arbeitseinkommen **25** 19 ff
– Aussonderungskraft **40** 23 ff
– Beihilferückforderungen **25** 45
– beschränkt pfändbare Ansprüche **25** 38
– Bezüge aus Witwen-, Waisen-, Hilfs-, Krankenkassen **25** 31
– Einkünfte aus Altenteils-/Auszugsverträgen **25** 30
– Einkünfte aus Stiftungen **25** 30
– Leistungsanspruch unpfändbarer Gegenstände **25** 42
– Masseanfall unter Beachtung höchstpersönlicher Belange **25** 39
– Massezuordnung **25** 17 ff
– Prioritätsgrundsatz **40** 24
– Renten wegen Körper-/Gesundheitsverletzung **25** 28
– Rücknahmeanspruch hinterlegter Sachen **25** 44
– Schmerzensgeldanspruch **25** 40
– Schuldbefreiungsansprüche **25** 43
– Sozialleistungsansprüche **25** 24 ff
– Steuererstattungsanspruch **25** 41
– Unterhaltsrenten **25** 29
– Versicherungsansprüche **25** 34 ff
– Vorausabtretung **40** 25

Forderungsabtretung s. Abtretung

Forderungsanmeldung
– Adressat **63** 13
– Änderungen **63** 31
– Anmeldepflicht **63** 1 ff
– Anmeldeverfahren **63** 1 ff
– Ansprüche aus unerlaubter Handlung **64** 66 ff
– Arbeitnehmeransprüche **107** 150 ff
– Aufforderung **16** 25
– Ausfallforderung **42** 79
– im Ausland **134** 103 ff

magere Zahlen = Randnummern

Sachregister

- Behandlung beim Verwalter **63** 14 ff
- Beweise **63** 11
- Doppelanmeldung **63** 2
- bei Eigenverwaltung **90** 80
- Einsichtrecht der Beteiligten **63** 35 ff
- Eintragung in die Tabelle **63** 17 ff
- Form **63** 12
- bei Gesamtgläubigern **63** 3
- gewillkürte Vertreter **63** 4
- Inhalt **63** 6 ff
- Lebenssachverhalt **63** 10
- nachrangige Gläubigeransprüche **19** 38; **61** 5 ff
- nachträgliche Anmeldung **63** 49 ff
- Poolanmeldungen **63** 5, 9
- Prozessunfähige **63** 3
- Rechtsanwaltsgebühren **128** 78
- Rücknahme **63** 39 ff
- Sammelanmeldung **63** 5, 9
- Verfahren bis zum Prüfungstermin **63** 43 ff
- Verjährungshemmung **63** 14
- Vorbereitung des Prüfungstermins **63** 43 ff
- vorläufiges Bestreiten **32** 190
- Widerspruch **64** 3 ff

Forderungsfeststellung
  s. a. *Feststellungswirkungen*
- Beseitigung eines erhobenen Widerspruchs **64** 1, 12 ff
- bei deliktischen Ansprüche **64** 75 ff
- Feststellungswirkungen **64** 28 ff
- kein Widerspruch im Prüfungstermin/schriftlichen Verfahren **64** 1
- Wirkung des Widerspruchs **64** 2, 3 ff

Forderungsfeststellungswirkungen
- Nichtinsolvenzforderungen **64** 31
- nichttitulierte Forderungen **64** 28 ff
- Rechtsbehelfe gegen festgestellte Forderungen **64** 32 ff
- titulierte Forderungen **64** 30

Forderungsfeststellung
- deliktische Ansprüche **64** 75 ff
- Rechtsbehelfe **64** 32 ff

Forderungsfeststellungsklage
- Feststellung bestrittener Forderungen **64** 37 ff

Forderungsfeststellungskosten 42 176

Forderungsfeststellungsstreit
- Kosten **64** 59 ff
- Obsiegen des Anmelders **64** 59 f
- Unterliegen des Anmelders **64** 61 ff

Forderungspfändung
- anfechtbare Rechtshandlung **46** 20

Forderungsumrechnung
- Fremdwährungsansprüche **19** 34
- geldwerte Leistungsansprüche **19** 32

- Rechnungseinheit **19** 34
- unbestimmte Zahlungsansprüche **19** 33

Forderungsverzeichnis
- bei Verbraucherinsolvenz **83** 10 ff

Forderungsverzicht
- außergerichtliche Sanierung **3** 105 ff

Forderungszuständigkeit 34 20

Formularzwang
- Verbraucherinsolvenz **83** 4

Fortbestehensprognose
- Überschuldung **6** 33, 41 ff

Fortführung s. *Betriebsfortführung*

fortgesetzte Gütergemeinschaft
- fortgesetzte Gütergemeinschaft **29** 9 f

Fortgesetzte Gütergemeinschaft
- Masseverbindlichkeiten **57** 8

Fortsetzung der Genossenschaft 93 161 ff

Fortsetzung der Gesellschaft
- nach Abschluss des Insolvenzverfahrens **92** 588 f

Fortsetzung des Vereins 93 220 ff

Fortsetzung mangels Masse aufgelöster GmbH
- Fortsetzungsbeschluss **92** 285
- inhaltliche Anforderungen **92** 283
- Überprüfungskompetenz des Registergerichts **92** 286
- zeitliche Anforderungen **92** 284
- Zulässigkeit **92** 281 f

Fortsetzung von OHG und KG 95 32

Frachtführerpfandrecht
- kongruente Deckung **47** 24

Frachtvertrag
- gegenseitiger Vertrag **34** 14

Frankreich
- Restschuldbefreiung **80** 28 ff

Freiberufliche Praxis des Schuldners
- Ausstattungsgegenstände **26** 9
- Insolvenzbeschlag **26** 9 ff
- Zustimmung des Schuldners bei Verwertung **26** 10

Freie Masse s. *Insolvenzfreie Masse*

Freie Sanierungen
- Förderung **92** 9
- Haftungsrisiken des Geschäftsführers **92** 33 ff
- Haftungsrisiken für Gesellschafter **92** 19 ff
- Instrumentarien **92** 9
- vereinfachte Kapitalherabsetzung **92** 8 ff

Freigabe
- echte Freigabe **27** 7; **124** 33
- bei Gesamtgläubigerschaden **92** 550
- bei Gesellschaftsinsolvenz **92** 338
- durch Insolvenzverwalter **22** 42 f
- Miete und Pacht über Immobilien **37** 40
- modifizierte Freigabe **124** 33
- aus Nachlassinsolvenzmasse **114** 53

Sachregister

halbfette Zahlen = Paragraphen

- und Prozessführung **32** 22 ff
- prozessuale Rechtszuständigkeit **32** 22 ff
- Überführung in insolvenzfreies Vermögen **32** 22
- Überführung in massefreies Vermögen **27** 7
- Umsatzsteuer **124** 33 ff
- unechte Freigabe **40** 3
- Verringerung der Masse **27** 7 f
- Zustimmungsbedürftigkeit **32** 26

Freistellung von Arbeitnehmern
- Betriebsänderungsbeginn **104** 38
- insolvenzspezifisches Freistellungsrecht? **104** 34
- durch Insolvenzverwalter **104** 33
- während Kündigungsfrist **104** 80
- und Mitbestimmung **104** 37
- Sozialauswahl **104** 35
- Urlaubsansprüche **104** 79
- durch vorläufigen Insolvenzverwalter **104** 36

Fremdbesitz 14 148
Fremdbestimmte Geldleistungen 102 9
Fremdenrecht 130 30
Fresh start 80 2

Fruchterwerb
- Auswirkung der Insolvenzeröffnung **31** 26

Früchtepfandrecht
- Insolvenzfestigkeit **31** 28

Führung der Geschäfte
- bei Eigenverwaltung **90** 4 f

Führungslose Gesellschaften
- Antragspflicht **92** 73 ff, 248
- Antragsrecht **8** 29; **92** 57 ff, 248
- GmbH **7** 3
- Haftung der Gesellschafter **92** 530
- Insolvenzantragspflicht **7** 19 ff; **92** 73 ff
- Stellung/Pflichten der Gesellschafter **92** 245 f

Fund
- Vollendung nach Insolvenzeröffnung **31** 29

Funktionelle Zuständigkeit
- Allgemeines **17** 13 ff
- Geschäftsstelle **17** 17
- Rechtspfleger **17** 15
- Richter **17** 16

Garantiegeschäft
- Anspruch auf Befreiung vom Aval **101** 13 f
- Avalprovisionen **101** 7
- Garantieauftrag nach Insolvenzantrag **101** 9
- Garantieauftrag nach Insolvenzeröffnung **101** 11 f
- Garantieauftrag vor Insolvenzantrag **101** 2 ff
- Garantieauftrag nach Anordnung vorläufiger Maßnahmen **101** 10
- Geschäftsbesorgungsvertrag **101** 1
- Insolvenz des Auftraggebers **101** 2 ff
- Insolvenz des Begünstigten **101** 17 ff
- missbräuchliche Inanspruchnahme **101** 15 f

Garantieversprechen
- Überschuldungsstatus **6** 57

Garantievertrag 92 199

Gebräuchliches Gelegenheitsgeschenk 49 5

Gebrauchsmuster
- Aussonderungskraft **40** 20

Gebühren s. *Gerichtskosten, Rechtsanwaltsgebühren*

Gebührenfreiheit 128 51 f
- Bedeutung **128** 2 f

Gebührenvorschuss 128 17 ff

Gegenglaubhaftmachung
- Eröffnungsgrund **12** 42
- insolvenzbegründende Forderungen **12** 41
- vollstreckbare Forderungen **12** 36 f
- vollstreckbare öffentl.-rechtl. Forderungen **12** 38 ff

Gegenseitige Verträge s. a. *Wahlrecht des Insolvenzverwalters*
- Abwicklungsgrundsätze **34** 47 ff
- Allgemeines **34** 1 ff
- Anfechtungstatbestände **34** 4
- Anwendungsbereich des § 103 InsO **34** 14 ff
- Aufgabe des Verwalters **34** 2
- Bauvertrag **34** 14
- Begriff vollständiger Erfüllung **34** 21 ff
- beiderseits voll erfüllter Vertrag vor Eröffnung **34** 4
- Definition **34** 14
- einseitig voll erfüllter Vertrag **34** 6 f, 19
- einseitige Erfüllung durch anderen Teil **34** 7
- einseitige Erfüllung durch Insolvenzschuldner **34** 6
- Energielieferungsverträge **34** 14
- entgeltliche Verwahrung **34** 14
- Erfüllungswahl **34** 49
- Erlöschen des Schuldverhältnisses **34** 4
- Frachtverträge **34** 14
- Insolvenzeröffnung während Abwicklung **34** 5 ff
- Insolvenzkollisionsrecht **133** 57 ff
- insolvenzrechtliche Sondervorschriften **34** 11
- Kauf **34** 14
- keine Erfüllungswahl **34** 48
- keinerseits voll erfüllter Vertrag **34** 8 ff
- Lieferungvertrag herzustellender/zu erzeugender beweglicher Sachen **34** 14
- Lizenzverträge **34** 14
- Problemstellung **34** 3
- Rechtslage nach KO/GesO **34** 12
- Sicherungsverträge **34** 14
- Synallagma **34** 3

magere Zahlen = Randnummern

Sachregister

- Teilbarkeit **36** 1 ff
- Übergangsrecht **34** 13
- Unteilbarkeit **36** 4
- Vergleich **34** 14
- Vertragsübernahme durch Dritten **34** 14
- verzinsliche Gelddarlehen **34** 14
- Wahlrecht des Insolvenzverwalters **34** 14 ff

Geheimnisverrat
- insolvenzbegleitende Straftat **127** 157 f

Geld
- Inbesitznahme und Sicherung der Masse **22** 28

Geldstrafe/Geldbuße
- als Insolvenzforderungen **62** 8

Geldstrafen
- und Restschuldbefreiung **79** 20

Gelegenheitsgeschenk 49 5

Gelöschte Gesellschaften
- Insolvenzantragsrecht **8** 22
- Insolvenzfähigkeit **5** 21 ff

Gemeinschaftsbetrieb 108 23 ff

Gemeinschaftsforderungen
- Absonderung **42** 70 ff

Gemeinschaftskonten 98 11 f

Genehmigung von Verfügungen
- Auswirkung der Insolvenzeröffnung **31** 30 ff
- Heilung der Unwirksamkeit **31** 8

Generalvollmacht
- Insolvenzantragstellung durch Bevollmächtigte **9** 12

Genossenschaft
- Auswirkung der Insolvenz auf Mitgliedschaft im Prüfungsverband **93** 139
- Auswirkung der Insolvenz auf Organstruktur **93** 135 ff
- Auswirkung der Insolvenz auf Rechtsstellung der Genossen **93** 138
- Auswirkung der Insolvenz auf Rechtsträger **93** 134
- Auswirkung der Verfahrenseröffnung **93** 133 ff
- Beendigung des Verfahrens **93** 160
- Eigenverwaltung **93** 159
- Europäische Genossenschaft **93** 244
- Fortsetzung **93** 161 ff
- Insolvenz des Mitglieds **93** 164
- Insolvenzantragspflicht **93** 128 ff
- Insolvenzantragsrecht **93** 125 ff
- Insolvenzfähigkeit **93** 123
- Insolvenzgründe **93** 124
- Insolvenzmasse **93** 141 ff
- Insolvenzplanverfahren **93** 157 f
- Massekostendeckungsprüfung **93** 133
- Nachschusspflicht der Genossen **93** 146 ff
- Rechtstatsächliches **93** 122 f
- Schutzschirmverfahren **93** 132
- sonstige Pflichten **93** 131
- Verfahrenseröffnung **93** 122 ff

Genossenschaften
- Antragsrecht **8** 12 ff

Genossenschaftskonkurs 74 10

Genussrechte
- Überschuldungsstatus **6** 70

Gerichtliche Ermittlungen
- zur Vorbereitung der Eröffnungsentscheidung **11** 18

Gerichtlicher Hinweis
- Zulässigkeitszweifel **11** 2

Gerichtliches Schuldenbereinigungsplanverfahren
- Beanstandungen **83** 27 ff
- Durchführung **83** 34 ff
- Grundlagen **83** 24 ff
- Prüfungskompetenz **83** 27 ff
- Rechtsbehelfe **83** 30 f
- Ruhen des Eröffnungsantrags **83** 24
- Schlechterstellungsverbot **83** 41 ff
- Schriftlichkeit **83** 33
- unangemessene Beteiligung **83** 39 f
- Verfahren **83** 44
- Wirkungen **83** 45 f
- Zustimmungsersetzung **83** 36 ff
- Zustimmungsverfahren **83** 32 ff

Gerichtsbarkeiten 32 50 ff

Gerichtskosten
- Abgeltungsbereich **128** 21
- Antragsgebühr **128** 12 ff
- Beschwerdeverfahren **128** 44 ff
- besonderer Prüfungstermin **128** 37 ff
- eidesstattliche Versicherung **128** 43
- Entgelt für Tätigwerden des Gerichts **128** 1
- im eröffneten Verfahren **128** 29 ff
- im Eröffnungsverfahren **128** 12 ff
- Gebühren und Auslagen **55** 5
- Gebühren- und Auslagenvorschuss **128** 17 ff
- Gebührenschuldner **128** 16
- im Insolvenzverfahren **128** 12 ff
- Kosten des Insolvenzverfahrens **55** 1
- Kosten- und Gebührenfreiheit **128** 2 f
- Kostenstundung **128** 4 ff
- Massekostenvorschuss **128** 27 f
- im Restschuldbefreiungsverfahren **128** 43
- Schuldnerverzeichnis **128** 53 f
- Verfahrensgebühr **128** 31 ff
- Zeugen- und Sachverständigenentschädigung **128** 55 ff
- Zwangsverwaltung/Zwangsversteigerung **128** 42

Gerichtsstand
- massebezogener Prozesse **32** 21
- Sitz des Insolvenzverwalteramts **32** 21
- bei Verbraucherinsolvenz **83** 3

2879

Sachregister

halbfette Zahlen = Paragraphen

Gerichtsstandsvereinbarungen 32 34, 57
Gerichtsverfahren
- Allgemeines 17 20
- Anwendbarkeit des GVG 17 38
- Verfahrensregelungen der InsO 17 21 ff
- Verfahrensregelungen der ZPO 17 37
- Verfahrensregelungen des GVG 17 20, 38

Gerichtsverfassungsgesetz (GVG)
- Anwendbarkeit 17 20, 38

Gerichtsvollzieherkosten 128 59 ff
Gesamtgläubigerschäden
- Abgrenzung zum Individualschaden 92 538 f
- Anspruchsgrundlagen 92 540 ff
- Auswirkungen auf laufende Verfahren 92 553
- Befugnisse des Insolvenzverwalters 92 554
- Berücksichtigungsfähigkeit bei Massekostendeckung 92 254 f
- betroffener Personenkreis 92 534 ff
- erfasste Ansprüche 92 537
- Ermächtigungswirkung 92 549
- Freigabe 92 550
- Geltendmachung durch Verwalter 92 532 ff
- Gesellschafter 92 536
- bei GmbH in Insolvenz 92 532 ff
- Insolvenzgläubiger 92 534
- Massegläubiger 92 535
- Normzweck des § 92 InsO 92 532
- Prozessführungsbefugnis der Gläubiger 92 551 f
- Rechtsfolgen 92 547 ff
- Rechtsnatur 92 533
- Sondermassen 92 555
- Sperrwirkung 92 548
- Verlust der Einziehungs-/Prozessführungsbefugnis 92 548

Gesamtgut bei Gütergemeinschaft
- Allgemeines 29 1 ff
- Beendigung der Gütergemeinschaft 29 11
- fortgesetzte Gütergemeinschaft 5 17; 29 9 f
- gemeinschaftliche Verwaltung 29 8
- Gesamtgut bei Gütergemeinschaft 29 1 ff

Gesamtgutinsolvenz
- Anhörungspflichten bei Eigenantrag 11 17

Gesamtinsolvenz 24 8 f
Gesamtschaden der Gläubiger
- Ergänzung der Masse 26 15 ff

Gesamtschuld
- gestörte Gesamtschuld 23 54

Gesamtschuldneranspruch
- Insolvenzforderungen 19 29

Gesamtvermögensinsolvenz 19 2 ff
Gesamtvollstreckung 1 10; 6 1
Geschäftsbesorgung
- Beispiele 36 45
- Einordnung des Rechtsgeschäftes 36 43
- Erlöschen 36 47
- Fortbestand 36 47
- Grundsätze 36 42 ff
- Insolvenzkollisionsrecht 133 81 f
- Insolvenzunkenntnis 36 50 ff
- Notgeschäftsführung 36 50 ff
- Pfand-/Zurückbehaltungsrechte 36 49
- Sanierungstreuhand 36 53
- Vergütungsanspruch 36 48
- Verhältnis zu §§ 103, 113 InsO 36 44
- Verwendungsersatz 36 48

Geschäftsführer *s. a. Geschäftsführerhaftung*
- Abberufung 92 161
- Abführung der Sozialversicherungsbeiträge 92 208
- Amtsniederlegung 92 162 ff
- Amtsniederlegung in Gesellschaftskrise 92 163
- Anstellungsverhältnis 92 293; 104 55
- Antragsrecht 92 41
- Anwesenheits- und Bereitschaftspflicht 92 237
- als Arbeitnehmer nach InsO 104 57 ff
- Aufgaben und Pflichten ab Eröffnung 92 303 ff
- aufklärungspflichtige Tatsachen 92 197
- Auskunftspflicht gegenüber Insolvenzgericht 92 231
- Auswirkung der Gesellschaftsinsolvenz 92 292 ff
- Auswirkungen von Sicherungsanordnungen 92 240 ff
- Dienstverhältnis 104 53
- Doppelrolle 92 299
- Eigenhaftung 92 200 f
- Einhaltung öffentlich-rechtlicher Pflichten 92 208
- Entlastung 92 327
- Erfüllung steuerrechtlicher Pflichten 92 218 ff
- Geschäftsführerinsolvenz 92 302
- gesellschaftsinterner Aufgabenbereich 92 304
- Gestattung der Amtsermittlung 92 234
- GmbH-Geschäftsführer 92 161 ff, 292 ff
- Herabsetzung seiner Bezüge 92 166
- individuelle Aufklärungspflicht 92 198 ff
- Informations- und Aufklärungspflichten 92 196 ff
- Insolvenzantragspflicht 92 69
- Insolvenzgeld 92 300
- Kündigung des Anstellungsverhältnisses 92 295 ff
- masserelevante Geschäftsführungsmaßnahmen 92 313
- Mitwirkungspflicht 92 235

magere Zahlen = Randnummern

Sachregister

- Rechte und Pflichten im Eröffnungsverfahren **92** 229 ff
- Regress **92** 153
- sozialrechtlicher Schutz **92** 299
- Stellung im Eröffnungsverfahren **92** 229 ff
- Stellung nach Verfahrenseröffnung **92** 292
- Stellung vor Verfahrenseröffnung **92** 161 ff
- unternehmerischen Pflichten **92** 167 ff
- Verdrängungsbereich **92** 313
- verfahrensrechtliche Pflichten **92** 230 ff
- verfahrensrechtliche Rechte und Pflichten **92** 308 ff
- Vergütungsansprüche **92** 166, 294
- Verlust der Verwaltungs- und Verfügungsbefugnis **92** 303
- Vermögensbetreuungspflicht **92** 194 f
- Vermögenserhaltungspflicht **92** 168 ff
- Versorgungsansprüche **92** 301
- Zwangsmaßnahmen zur Pflichtendurchsetzung **92** 238

Geschäftsführerhaftung
- Außenhaftung **92** 521
- nach Deliktsrecht **92** 520
- aus Existenzvernichtungshaftung **92** 375
- GmbH in Insolvenz **92** 515 ff
- Innenhaftung **92** 515 ff
- aus Insolvenzverursachungshaftung **92** 375 ff
- wegen Masseerhaltungspflichtverletzung **92** 168 ff
- wegen Missmanagement **92** 515 ff
- bei Nicht-/Schlechterfüllung von Verfahrenspflichten **92** 239
- nach § 26 III InsO **92** 315 ff
- nach § 43 I GmbHG **92** 516 ff
- nach § 64 S. 1 GmbHG **92** 168 ff, 519
- nach § 73 III GmbHG **90** 54 ff
- bei Pflichtverletzung **92** 239 ff
- Risiken bei außergerichtlichen Sanierungen **92** 33 ff
- wegen schuldhafter Pflichtverletzungen **92** 314
- wegen sittenwidriger Schädigung **92** 200 f
- wegen verspäteter Insolvenzantragstellung **92** 148 f
- Vertreterhaftung **92** 202 ff

Geschäftsführerinsolvenz 92 302

Geschäftsinhaberinsolvenz
- bei stiller Gesellschaft **94** 181 ff

Geschäftsleitung
- Abberufungs- und Bestellungskompetenz **90** 35 ff
- Ausschluss des Einflusses auf Geschäftsführung **90** 34
- bei Eigenverwaltung **90** 35 ff
- im Eröffnungsverfahren **90** 101 ff
- Konzentration der Geschäftsführung **90** 40 ff

- mittelbarer Einfluss **90** 35 ff
- Rechtsstellung **90** 43

Geschäftsstelle
- funktionelle Zuständigkeit **17** 17

Geschäftsunterlagen
- Massezugehörigkeit **26** 7
- Unpfändbarkeit **26** 7 f
- Zugehörigkeit zur Insolvenzmasse **75** 30 ff

Geschichte des Insolvenzrechts
- Funktionswandel/-verlust **1** 13 ff
- Insolvenzordnung von 1999 **1** 24 ff
- Insolvenzrechtsreform **1** 35 ff
- Konkursordnung von 1877 **1** 8 ff
- neuzeitliches Konkursrecht **1** 4 ff
- Römisches Recht **1** 1 ff

Geschmacksmuster
- Aussonderungskraft **40** 20

Gesellschaft in Eigenverwaltung
- Ausschluss des Einflusses auf Geschäftsführung **90** 34
- Bestellung der Geschäftsleitung **90** 35 ff
- Binnenkompetenzen **90** 21 ff
- bisherige Rechtslage **90** 21 ff
- Einflussnahme auf Geschäftsführung **90** 21 ff
- im Eröffnungsverfahren **90** 97 ff
- Geschäftsführerhaftung **90** 54 ff
- Geschäftsleitung **90** 35 ff, 40 ff, 101 ff
- Gesellschafterhaftung **90** 57 f
- Gesellschafts- und Verfahrenszweck **90** 19
- Gläubigerschutzlücke **90** 50 ff
- Haftungsverfassung **90** 44 ff, 101 ff
- Neuregelung durch ESUG **90** 23 ff
- Organisationsrecht **90** 20, 97
- Rechtsstellung der Geschäftsleitung **90** 43
- Verdrängung des Aufsicht aus Geschäftsführung **90** 29 ff

Gesellschaft mit beschränkter Haftung
  s. *GmbH*

Gesellschafter
- Anfechtung masseneutraler Beschlüsse **92** 335
- Antragsrecht **92** 52 ff
- Auskunfts- und Einsichtsrecht **92** 333
- Auswirkung der Gesellschaftsinsolvenz **92** 332 ff
- kein Durchgriff auf Gesellschaftervermögen **92** 332
- bei Führungslosigkeit **92** 245 f
- GmbH in Insolvenz **92** 332 ff
- Haftungsrisiken bei außergerichtlicher Sanierungsverhandlung **92** 19 ff
- Insolvenzantragspflicht **92** 72 ff
- Rechtsstellung **104** 63 f
- Stellung bei Vor-GmbH **92** 609

2881

Sachregister

halbfette Zahlen = Paragraphen

Gesellschafterbesicherte Fremddarlehen
92 404 f
- Verhältnis Gesellschaft/Gesellschafter 92 491 f
- Verhältnis Gesellschaft/Kreditgeber 92 488 ff
- Vermögensbindung 92 488

Gesellschafterdarlehen s. a. *Sanierungsprivileg*
- Änderungen durch MoMiG 3 65 ff
- Aktiengesellschaft 93 72 ff; 97 60
- Allgemeines 97 47 f
- Anfechtbarkeit von Leistungen 46 5; 92 387, 478 ff; 97 75 ff
- Begriff des Darlehensgebers 97 54 ff
- Begriff des Gesellschafterdarlehens 97 49 ff
- Berücksichtigung wirtschaftlicher Gesamtzusammenhänge 92 459
- Beschränkung persönlichen Anwendungsbereichs 92 434 ff
- Beschränkung sachlichen Anwendungsbereichs 92 458 ff
- Beteiligungen 92 428
- Beteiligungsschwellenwert 92 413
- betroffene Gesellschaftsformen 97 60 ff
- Dritter als wirtschaftlicher Gesellschafter 92 422 ff
- erfasster Personenkreis 94 168
- Fälligkeitsvereinbarungen 92 448
- Feststellung der Zahlungsunfähigkeit 92 495 ff
- Finanzierungsfreiheit 92 385
- Gesellschafter als wirtschaftlicher Darlehensgeber 92 419
- gesellschafterbesichertes Fremddarlehen 92 404 f
- Gesellschaftereigenschaft des Darlehensgebers 92 398
- Gesellschafterhilfen im Eröffnungsverfahren 92 408 f
- Gesellschafterhilfen nach Insolvenzeröffnung 92 407
- gesellschaftsbesicherte Fremddarlehen 92 488 ff
- GmbH 92 385 ff; 97 61
- Grenzen der Finanzierungsfreiheit 92 385
- Grundtatbestand 92 397 ff
- Insolvenzauslösetatbestände 92 494 ff
- kapitalistische Personengesellschaft 94 168 ff
- KG 94 44
- Kleinbeteiligungsprivileg 92 412 ff; 97 74
- Kollisionsrecht 133 120
- koordinierte Kreditvergabe mehrere Kleingesellschafter 92 417
- kurzfristiger Überbrückungskredit 92 460
- Massezugehörigkeit 92 385 ff
- maßgebender Zeitpunkt 92 399
- Modifikationen der Regelungen 3 63
- Nachrang 92 473 ff
- Nachrang im eröffneten Verfahren 97 65 ff
- Näheverhältnis zu Gesellschafter 92 425 ff
- Näheverhältnis zur Gesellschaft 92 433
- nahe Angehörige 92 430
- Nießbraucher 92 429
- Nutzungs- und Gebrauchsüberlassungen 97 50 ff
- Nutzungsüberlassungen 92 461 ff, 493, 502 ff
- ökonomische Problemstruktur 3 61 f
- persönlicher Anwendungsbereich 92 398 ff, 418 ff, 434 ff
- Pfandgläubiger 92 427
- Problematik 3 54 ff
- rechtsfähiger Verein 93 212
- Rechtsfolgen 92 471 ff; 93 75; 94 176
- Rechtshandlung nach § 103d EGInsO 92 390
- Rechtsquellen 92 386; 93 73; 94 168
- Rückgewähranspruch 92 403
- sachlicher Anwendungsbereich 92 402 ff, 444 ff, 458 ff
- und Sanierung 3 54 ff
- Sanierungsprivileg 92 434 ff; 97 73
- Stehenlassen einer Forderung 92 449
- stille Beteiligung 92 453
- stille Gesellschaft 94 195; 97 62
- Stundung von Forderungen 92 447
- Tatbestandsvoraussetzungen 93 74 ff; 94 171 ff
- Treugeber 92 426
- Überblick über abgelöste Regelungen 3 54 ff
- Übergangsrecht 92 388 ff
- Überschuldungsbilanz 92 494
- Unterbeteiligungen 92 428
- vertikal verbundene Unternehmen 92 431
- wirtschaftliche Vergleichbarkeit 92 444 ff
- zeitlicher Anwendungsbereich 92 406 ff
- Zusammenhang Gesellschafterstellung/Gesellschafterhilfe 92 410 ff

Gesellschafterhaftung
- Ausfallprinzip bei Doppelinsolvenz? 94 113
- ausgeschiedene/ehemalige Gesellschafter 94 85 ff
- Außenhaftung 92 524 ff
- bei Doppelinsolvenz 94 111 ff
- Durchgriffshaftung 92 525 ff
- im Eigenverwaltungsverfahren 90 57 f
- Existenzvernichtungshaftung 92 372 f
- bei Führungslosigkeit 92 530
- GmbH in Insolvenz 92 522 ff
- Innenhaftung 92 522 f
- bei KG-Insolvenz 94 45 ff
- Kommanditistenhaftung 94 45 ff

magere Zahlen = Randnummern

Sachregister

- wegen Missmanagement **92** 522 ff
- bei OHG-Insolvenz **94** 45 ff
- nach § 6 V GmbHG **92** 362
- nach § 128 HGB **94** 45 ff
- Teilnehmerhaftung **92** 529

Gesellschafterinsolvenz
- Arbeitnehmeransprüche **107** 172 f
- BGB-Gesellschaft **94** 131
- KG **94** 96 ff
- OHG **94** 96 ff

Gesellschafterklage 92 336

Gesellschaftersicherheit
- Rückgewähranspruch nach Anfechtung **52** 22 ff

Gesellschafterversammlung
- Auswirkung der Gesellschaftsinsolvenz **92** 319 ff
- Bestellung/Abberufung von Abschlussprüfern **92** 329
- Entlastung des Geschäftsführers **92** 327
- Firmenänderung **92** 328
- GmbH in Insolvenz **92** 319 ff
- Mischbereich **92** 327 ff
- Verdrängungsbereich **92** 325 ff
- Zuständigkeit im gesellschaftsinterne Bereich **92** 320
- Zuständigkeitserhalt **92** 319 ff

Gesellschaftsauflösung
- Masseverbindlichkeiten **57** 5

Gesellschaftsinsolvenz
- Antragsrecht/-pflicht **91** 19 ff
- Berücksichtigung wirtschaftlicher Zusammenhänge **91** 43
- Entwicklung in Deutschland **91** 1 ff
- Entwicklung in Westeuropa **91** 6 ff
- Gesellschaftszweck und Verfahrenszweck **91** 29 ff
- GmbH **92** 1 ff
- Haftungsverfassung **91** 35 ff
- Insolvenzauslösetatbestände **91** 16
- insolvenzfreies Vermögen durch Freigabe **92** 338
- Insolvenzordnung und Gesellschaftsrecht **91** 10 ff
- Insolvenz(-rechts-)fähigkeit **91** 15
- Mitgliedschaft **91** 38
- Mitgliedschaft in Gesellschaft **91** 38
- Organisationsrecht **91** 33 f
- Schutz Dritter vor Auswirkungen **91** 13 ff
- sozialpolitische Tragweite **91** 10 ff
- steuerliche Besonderheiten **96** 1 ff
- Trennungsprinzip **91** 39
- Überschuldung **91** 18
- Verbesserung der Eröffnungsquote **91** 24 ff
- Vollabwicklungsgrundsatz **91** 13 ff
- Zahlungsunfähigkeit **91** 17

Gesellschaftsrechtliche Nebenleistungen
- GmbH in Insolvenz **92** 347 ff

Gesellschaftsstatut
- Abgrenzung zum Insolvenzstatut **133** 112 ff
- Bestimmung **133** 108 ff

Gesetz zur Erleichterung der Unternehmenssanierung (ESUG) s. ESUG

Gesetz zur Modernisierung des GmbH-Rechts s. MoMiG

Gesetz zur Verkürzung des Restschuldbefreiungsverfahrens 1 85 ff

Gesetzliche Pfandrechte
- Auswirkung der Insolvenzeröffnung **31** 33

Gesetzliche Schuldverhältnisse 34 16

Gesetzliches Pfandrecht
- Absonderungskraft **42** 48 ff

Gesplittete Einlage 94 194

Gesplittete Einlagen 94 43

Gestaltungsrechte
- allgemeine Gestaltungsrecht **26** 13
- Gesamtschaden der Gläubiger **26** 15 ff
- keine Insolvenzforderung **19** 11
- insolvenzspezifische Gestaltungsrechte **26** 14
- zur Masseergänzung **26** 12 ff
- persönliche Gesellschafterhaftung **26** 18 ff
- Prozessführungsbefugnis des Verwalters **26** 22
- Verwertungs- und Nutzungsrechte an Gläubigersicherungsrechten **26** 21

Gestörte Gesamtschuld 23 54

Gewerbegenehmigung
- Übertragbarkeit **26** 6

Gewerbesteuer
- Auswirkung der Insolvenzeröffnung **125** 1 ff
- bei Einzelgewerbetreibenden **125** 2
- bei Personengesellschaften **125** 2

Gewerbliche Schutzrechte
- Aussonderungskraft **40** 20

Gewillkürte Prozessstandschaft 32 43, 90; **36** 45, 55

Gewinnbeteiligungen
- Arbeitnehmeransprüche **107** 26

Gläubigeranfechtung
- Abgrenzung zur Insolvenzanfechtung **46** 7
- nach AnfG **46** 7
- Besonderheiten in anderen Verfahren **51** 19 ff
- Einfluss des Insolvenzverfahren **51** 14 f
- Regelinsolvenzverfahren und Eigenverwaltung **51** 16 ff

Gläubigerantrag
- Allgemeines **12** 1 ff
- anderweitige Befriedigungsmöglichkeit **9** 31
- Anhörung des Schuldners **12** 15 ff
- Ankündigung von Zahlungen **12** 45
- Arbeitnehmer **8** 41 ff

Sachregister

halbfette Zahlen = Paragraphen

- Auswechseln von Forderungen **8** 35
- bedingte/nicht fällige Forderungen **8** 37 f
- Befreiungsanspruch bei Mithaftung **8** 40
- Beschränkung der Einziehungsbefugnis **8** 39
- Besonderheiten **9** 28 ff
- Bestreiten der Forderung **12** 34 ff
- Bestreiten der Zulässigkeitsvoraussetzungen **12** 33
- Bestreiten des Eröffnungsgrunds **12** 42
- Betriebsrentner **8** 41 ff
- dinglich gesicherte Gläubiger **8** 36
- Druckantrag **4** 8
- bei Erfüllung **12** 43 f
- fehlendes rechtliches Interesse **9** 30 ff
- fehlendes Rechtsschutzinteresse **12** 13
- gerichtliche Untersagung **9** 36
- Hinweis auf Restschuldbefreiung **12** 26 ff
- Insolvenzantragsrecht **8** 34 ff
- Insolvenzgläubiger **8** 34
- Kostenentscheidung nach Erfüllung **12** 48 ff
- Nachschieben von Forderungen **8** 35
- Nutzlosigkeit des Antrags **9** 30
- öffentlich-rechtliche Gläubiger **8** 45
- Parallelanträge **12** 10 f
- Prüfungsgegenstand **12** 4 ff
- rechtliches Interesse **9** 29 ff
- Rechtsschutzinteresse **4** 9 f
- Schutzschrift **12** 32
- sittenwidrige Härte **9** 33 ff
- Tod des Schuldners **12** 53
- Träger der Insolvenzsicherung **8** 44
- unberechtigte Antragstellung **8** 56 ff
- unechter Zweitantrag **12** 14
- Unverhältnismäßigkeit **9** 33 ff
- Unzulässigkeit **4** 9
- bei Verbraucherinsolvenz **83** 17 ff
- Verfolgung verfahrensfremder Zwecke **9** 32
- Verzicht auf Antragsrecht **8** 46
- Wegfall des Antragsrechts **8** 53 f
- bei Zahlungen an Gläubiger **12** 43 f
- Zulässigkeitsprüfung **12** 4 ff
- Zulassung **12** 9
- Zweitanträge **12** 13 f
- Zwischenverfügung des Gerichts **12** 7 f

Gläubigerausschuss
- allgemeine Befugnisse **21** 19 f
- Amtsbeendigung **21** 3, 9 ff
- Anhörungsbefugnis **21** 24
- Antragsbefugnisse **21** 22
- Aufgabenstellung **21** 2
- Auslagenerstattung **21** 4
- Ausschusssitzungen **21** 17
- Befangenheit von Mitgliedern **21** 15
- Beschlussfassung **21** 14
- Bestimmungs- und Mitbestimmungsbefugnis **21** 23
- Haftung der Mitglieder **23** 28 ff
- Haftung ihrer Mitglieder **21** 3
- Kompetenzen **21** 19 ff
- Mitwirkungsbefugnisse bei Eigenverwaltung **90** 9
- Protokollierung der Ausschusssitzungen **21** 18
- Rechtsstellung **21** 1 ff
- reguläre Bestellung **21** 6 ff
- Selbstverwaltungsorgan der Gläubiger **21** 1
- Überprüfbarkeit von Beschlüssen **21** 16
- Unterrichtungsbefugnis **21** 24
- Verfahrensordnung **21** 13 ff
- Vergütung **55** 3, 6
- Vergütung der Mitglieder **129** 60 ff
- Vergütungsanspruch **21** 4
- vorläufige Bestellung **21** 5
- Wahl durch die Gläubigerversammlung **20** 19
- zentrale Stellung **21** 4
- Zustimmungsbefugnis **21** 21

Gläubigerautonomie
- Insolvenzrechtsreform **1** 56
- Stärkung **1** 73 f

Gläubigerbefriedigung
- Anmeldung, Prüfung und Feststellung der Gläubigerforderungen **22** 53 f
- Aufgabe des Insolvenzverwalters **22** 52 ff
- Insolvenzplan **22** 66 ff
- Liquidation der Insolvenzmasse **22** 55 ff

Gläubigerbegünstigung 127 132 ff
- Strafbarkeit **7** 51

Gläubigerbenachteiligung
- Abtretungen sicherungshalber **46** 55
- Aufwand für Abwendung der Insolvenzeröffnung **46** 65
- Befriedigung gegen Austausch **46** 58
- Befriedigung gegen Verzicht **46** 58
- Begriff **46** 51
- Beispiele **46** 53 ff
- Beitragszahlungen an Sozialversicherungsträger **46** 57, 64
- Belastung mit Absonderungsrecht **46** 63
- Bestehen **46** 53 ff
- Beweislast **46** 52 f
- Beweislast bei Drittzahlungen **46** 53
- Bezugspunkt **46** 66
- Darlehensvertrag mit Zweckbestimmung **46** 54
- bei Drittleistung **46** 51, 53
- Erfüllung mit darlehensweisen Mitteln **46** 54
- Fehlen **46** 58 ff
- Gesamtheit der Insolvenzgläubiger **46** 66
- Grundvoraussetzung für Anfechtung **46** 51
- hypothetische Kausalität **46** 73 f
- inkongruente Deckungsanfechtung **47** 60

magere Zahlen = Randnummern

Sachregister

- kongruente Deckungsanfechtung 47 27
- Lohnsteuerabführung an Finanzamt 46 57
- Lohnverschiebung/-verzicht 46 59
- mittelbare Gläubigerbenachteiligung 46 69; 47 27, 60, 74; 48 13; 49 6
- nachträgliche Beseitigung 46 70
- bei unmittelbar nachteiligen Rechtsgeschäften 47 73 ff
- unmittelbare Gläubigerbenachteiligung 46 68; 47 73; 48 33
- unterlassene Arbeitskraftverwertung 46 59
- verfrühte Zahlung 46 56; 47 42
- Verkaufsgeschäft trotz Übernahme umfangreicher Nebenpflichten 46 55
- Verkürzung (späterer) Insolvenzmasse 46 51
- Vermehrung der Schuldenmasse 46 51
- verschleiertes Arbeitseinkommen 46 59
- Vorsatzanfechtung 48 13, 33
- Vorteilsanrechnung 46 72
- Vorteilsausgleichung 46 71 ff
- wertausschöpfende Belastung 46 60 ff

Gläubigerbenachteiligungsvorsatz
- Druckzahlungen 48 17
- gescheiterte Sanierungsversuche 48 18
- Grundsätze 48 14
- inkongruente Deckung 48 15
- kongruente Deckung 48 16

Gläubigergleichbehandlung 1 50 ff

Gläubigerversammlung
- Antrag auf Aufhebung der Eigenverwaltung 89 2 f
- als Auftraggeber des Verwalters 67 14 f
- Bestellung anderen Verwalters 20 6
- Einberufung 20 7 f
- Entscheidungsbefugnisse 20 21
- Herrin des Verfahrens 20 1 f
- Informationsbefugnisse 20 20
- Kompetenzen 20 18 ff
- Kompetenzmacht 20 4 ff
- Kontroll- und Eingriffszuständigkeiten 20 6
- Leitung 20 15 ff
- Mitwirkungsbefugnisse bei Eigenverwaltung 90 9
- Öffentlichkeit 20 17
- Planvorlageberechtigung 67 14 f
- Rechtsstellung 20 1 ff
- Stimmrecht 20 9 ff
- Teilnahmeberechtigte 20 16
- Teilnahmerecht des Verwalters 22 5
- Unterhaltsgewährung 20 22
- Unternehmensfortführung 22 51
- Verfahrensstruktur 20 7 ff
- Wahl des Gläubigerausschusses 20 19
- Wahl des Verwalters 20 18

Gläubigerverzeichnis
- Aufstellen durch Insolvenzverwalter 22 35
- bei Verbraucherinsolvenz 83 13

Gläubigerwettlauf 26 16

Glaubhaftmachung
- Begriff 77 92
- Eröffnungsgrund 9 57 ff, 69
- Forderung 9 53 ff, 66 ff
- bei Überschuldung 9 63
- vorherige Antragstellung 9 64
- bei Zahlungsunfähigkeit 9 58 ff

Gleichbehandlungsgrundsatz 66 17 ff
Gleichmäßige Gläubigerbefriedigung 4 3
Gleichrang von Liquidation, übertragender Sanierung und Sanierung 66 9

Globalzession
- Absonderungsrecht 43 93
- Factoring-Globalzession 43 95
- inkongruente Deckungsanfechtung 47 43
- Insolvenz des Zedenten 43 93
- Insolvenz des Zessionars 43 94
- kongruente Deckung 47 21 f
- Nachrangklausel 43 92
- Teilverzicht 43 91
- Vertragsbruchtheorie 43 89
- Vorrang dinglicher Wirkung 43 90
- Vorrang späterer Zessionen 43 89
- Werthaltigmachen 47 43
- Werthaltigmachen künftiger Forderungen 47 22
- Zulässigkeit 43 89 ff

GmbH & Co KG
- Überschuldungsstatus 6 78

GmbH in der Insolvenz
- Ablehnung mangels Masse 92 256 ff
- Abschluss des Insolvenzverfahrens 92 577 ff
- aufgelöste GmbH 92 610
- Auflösung der Gesellschaft 92 256 ff
- Aufsichtsrat 92 330
- Aufsichtsratmitgliederhaftung 92 531
- Auswirkung auf Organisationsverfassung 92 291 ff
- Auswirkung auf Rechtsträger 92 289 f
- Beendigung bei Ablehnung mangels Masse 92 275 ff
- Beteiligungen 92 569 ff
- Differenzhaftung 92 357
- eigenkapitalersetzende Gesellschafterleistungen 92 385 ff
- Eröffnungsvoraussetzungen 92 247 ff
- fehlende Massekostendeckung 92 577 f
- Finanzplankredite 92 557 ff
- Firma 92 339 f
- Fortsetzung nach Auflösung 92 281 ff
- Fortsetzung nach Verfahrensabschluss 92 588 f

Sachregister

halbfette Zahlen = Paragraphen

- Frühwarnsystem im Vorfeld der Insolvenz **92** 4 ff
- führungslose Gesellschaft **92** 245 f
- Gesamtschäden **92** 532 ff
- Geschäftsführerhaftungsansprüche **92** 375 ff, 515 ff
- Gesellschafter **92** 332 ff
- Gesellschafterhaftungsansprüche **92** 362, 522 ff
- Gesellschafterversammlung **92** 319 ff
- gesellschaftsrechtliche Nebenleistungen **92** 348 ff
- Gründerhaftung **92** 358 f
- Haftung wegen existenzvernichtenden Eingriffs **92** 372 ff
- Handelndenhaftung **92** 360
- Insolvenzantrag **92** 40 ff, 248
- Insolvenzantragspflicht **7** 1 ff, 2 ff
- Insolvenzfähigkeit **5** 6; **92** 38 ff
- insolvenzfreies Vermögen durch Freigabe **92** 338
- Insolvenzgründe **92** 39
- Insolvenzmasse **92** 337 ff
- Instrumente zur Krisenabwendung **92** 4 ff
- Kapitalerhöhung **92** 344 ff
- Krisenbewältigung **92** 8 ff
- Leistungsversprechen aus Austauschverträgen **92** 353
- Liquidationsverfahren **92** 275 ff
- Löschungsverfahren **92** 279 f
- Mantelkauf/-verwendung **92** 361
- Massekostendeckung **92** 249 ff
- Masseunzulänglichkeit **92** 579 ff
- bei Missmanagementhaftung **92** 515 ff
- Nachschüsse **92** 347
- Nutzungsüberlassung **92** 502
- Pflichten des Geschäftsführers **92** 167 ff
- Rechte und Pflichten im Eröffnungsverfahren **92** 229 ff
- Rechtstatsächliches **92** 1 ff
- Rücknahme des Insolvenzantrags **92** 61 ff
- rückständige Stammeinlagen **92** 341 ff
- Stellung des Geschäftsführers im Eröffnungsverfahren **92** 229 ff
- Stellung des Geschäftsführers nach Eröffnung **92** 292 ff
- Stellung des Geschäftsführers vor Verfahrenseröffnung **92** 161 ff
- Überschuldungsbilanz **92** 494 ff
- Überschuss bei Schlussverteilung **92** 585
- Umwandlung nach Auflösung **92** 288 ff
- Unterbilanzhaftung **92** 354 ff
- Unternehmergesellschaft (UG) **92** 3
- vereinfachte Kapitalherabsetzung **92** 8 ff
- Verfahrenseröffnung **92** 289 ff
- Vollbeendigung der Gesellschaft **92** 577 ff
- Vorbelastungshaftung **92** 354 ff
- Vor-GmbH **92** 593 ff
- Vorgründungsgesellschaft **92** 591 f
- Vorratsgesellschaft **92** 361
- wirtschaftliche Neugründung **92** 361
- Zahlungsunfähigkeit **92** 501
- Zahlungsverbote **92** 364 ff, 370

Gratifikationen
- Arbeitnehmeransprüche **107** 21 ff

Grenzabgaben 125 22 ff

Gründerhaftung
- nach § 9a GmbHG **92** 358 f

Gründungstheorie 8 23

Grundbuch
- öffentlicher Glaube **31** 68 ff

Grundbuchberichtigung 31 34

Grunddienstbarkeit
- Aussonderungskraft **40** 17

Grunderwerbssteuer 42 236

Grunderwerbsteuer 125 8 ff

Grundpfandrechte
- Absonderung **42** 8
- Abtretung **31** 18 f
- Auswirkung der Insolvenzeröffnung **31** 35 ff
- Valutierung **31** 51

Grundrechtseinschränkungen
- durch Insolvenzeröffnung **30** 4 ff

Grundsteuer 42 235; **125** 11 f

Grundstückserwerb in der Zwangsversteigerung
- Unanwendbarkeit des Verwalterwahlrechts **34** 19

Grundstücksgleiche Rechte
- Absonderung **42** 7
- Erbbaurechte **25** 8
- Heimstätten **25** 9
- Höfe der Landwirte **25** 10
- Massezuordnung **25** 7 ff
- Schiffe und Schiffsbauwerke **25** 11
- Wohnungs- und Teileigentum **25** 7

Grundstücksrechte
- Absonderung **42** 7
- Massezuordnung **25** 2 ff

Grundstücksveräußerung
- Erfüllung **34** 26

Gruppe
- Unternehmensgruppe **95** 32 f

Gruppenarbeitsverhältnis
- Kündigung **105** 50 ff

Gruppenbildung im Planverfahren
- Arbeitnehmer **67** 52 ff
- ESUG-Reform **67** 36
- gesetzliche Forderung **67** 33 ff
- Kleingläubiger **67** 54 f
- Mehrheitskonzept **67** 37 ff

magere Zahlen = Randnummern

Sachregister

- Nullgruppen/unbekannte Forderungen **67** 58 ff
- Pflichtgruppen **67** 41 ff
- Soll- und Kanngruppen **67** 50 ff
- Wahlgruppen **67** 47 ff

Gruppen-Gerichtsstand
- Antrag zur Begründung **95** 42
- Begründung **95** 35 ff
- Beschlussentscheidung **95** 41
- Eigenantrag **95** 37
- Fortbestehen **95** 43
- Prioritätsprinzip **95** 36
- Verweisung **95** 44
- Wahlgerichtsstand **95** 36
- Zuständigkeitskonzentration **95** 45 f

Gruppen-Insolvenzverwalter
- Abstimmungspflicht der Gerichte **95** 49 f
- Abweichung von § 56a InsO **95** 51
- Überblick **95** 47 f

Gruppenversicherung 109 60

Gütergemeinschaft *s. a. Gesamtgut bei Gütergemeinschaft*

Gutgläubiger Erwerb
- bei Verfügungen Dritter **31** 37

Gutglaubensschutz
- öffentlicher Glaube des Grundbuchs **31** 68 ff
- nach § 878 BGB **31** 69 ff
- nach §§ 892, 893 BGB **31** 80 ff
- Schutzvorschriften **31** 68

Häusliche Gemeinschaft
- nahestehende Person **48** 30

Haftpflichtrenten 25 28

Haftpflichtversicherung 23 14; **42** 67 f; **129** 34 f

Haftpflichtversicherungskosten
- Erstattung **14** 133

Haftung der Absonderungsgläubiger
- Deliktshaftung **23** 45 f
- Sonderregelung **23** 44 ff

Haftung der Gläubigerausschuss-mitglieder
- einzelne Haftungsfälle **23** 33 f
- Grundkonzept **23** 28 ff
- Haftungseinschränkung **23** 29
- Verschuldensmaßstab **23** 30

Haftung der Insolvenzgläubiger
- Deliktshaftung **23** 45 f
- Sonderregelung **23** 44 ff

Haftung der Massegläubiger
- Deliktshaftung **23** 45 f
- Sonderregelung **23** 44 ff

Haftung des Insolvenzschuldners
- Ausbeutungsaktionen **23** 48
- Bedeutung **23** 50

- Beiseiteschaffen von Massegegenständen **23** 48
- Deliktshaftung **23** 47
- Verletzung der Auskunfts- und Unterstützungspflichten **23** 49

Haftung des Insolvenzverwalters
- nach Deliktsrecht **23** 27
- Gerichtsstand **32** 61
- Grundkonzept **23** 5 ff
- Haftpflichtversicherung **23** 14
- Haftung **23** 5 ff
- Haftung für Erfüllunggehilfen **23** 11
- interne Prozesse **32** 63
- bei Nachteilsausgleich **108** 81 ff
- Nichtausgleich von Masseverbindlichkeiten **23** 24 ff
- nach § 69 AO **22** 96 ff
- Parteistellung des Amtswalters als Privatperson **32** 59 ff
- Prozesssubjekt **32** 28
- Sorgfaltsmaßstab **23** 10
- Streitgenossenschaft **32** 62
- Verletzung insolvenzspezifischer Pflichten **23** 5 ff
- vorläufiger Insolvenzverwalter **23** 5

Haftung des Notars 23 42
Haftung des Sachwalters 90 65
Haftung des Treuhänders 78 84 f, 86

Haftung des vorläufigen Insolvenzverwalters
- für Nichterfüllung von Masseverbindlichkeiten **14** 137 ff
- nach § 60 InsO **14** 135
- persönliche Haftung **14** 134 ff
- strafrechtliche Verantwortlichkeit **14** 126, 134

Haftungskonkurrenzen 23 51 ff

Haftungsprivileg
- Voraussetzungen **52** 20
- Wegfall der Privilegierung **52** 21

Haftungverband 42 135

Handelndenhaftung
- nach § 11 II GmbHG **92** 360

Handelsgesellschaften
- Ansprüche in der Insolvenz der Handelsgesellschaften **25** 37

Handlungsvollmacht
- Insolvenzantragstellung durch Bevollmächtigte **9** 12

Hauptversammlung
- Aktiengesellschaft **93** 28 ff
- Auswirkungen der Verfahreneröffnung **93** 28 ff
- Einberufung bei börsennotierter AG **93** 92

Heimstätten
- Massezuordnung **25** 9

Sachregister

halbfette Zahlen = Paragraphen

Herausgabeanspruch
- Aussonderung **40** 5

Herausgabevollstreckung 14 99 ff, 148 ff

Hilfskräfte
- Einsatz durch Verwalter **56** 6
- des Insolvenzwalters **22** 13

Hinterlegung
- Auswirkung der Insolvenzeröffnung **31** 38
- Schlussverteilung **65** 33 ff

Hinterlegungsstelle für Wertgegenstände 16 26

Hinweispflicht des Gerichts
- bei Restschuldbefreiung **11** 8 ff; **12** 26 ff; **77** 17 ff; **83** 9

Höfe der Landwirte
- Massezuordnung **25** 10

Hypothek für künftige Forderung
- mehraktige Rechtshandlungen **46** 35

IDW Standard
- Anforderungen an Insolvenzpläne **67** 75

Illiquidät s. Zahlungsunfähigkeit

Immaterialgüterrechte
- Massezuordnung **25** 56 ff

Immaterielle Vermögenswerte
- Überschuldungsstatus **6** 46 f

Immobiliarrechte
- Absonderung **42** 6 ff
- Insolvenzkollisionsrecht **133** 18 ff

Immobilienleasing
- Eröffnung nach Übergabe **100** 10 ff
- Eröffnung vor Übergabe **100** 13
- Insolvenz des Leasinggebers **100** 20 f
- Insolvenz des Leasingnehmers **100** 9 ff

Immunität
- ausländische Staaten **132** 4 f
- Diplomaten und Konsuln **132** 6 ff
- internationale Organisationen **132** 9

Inbesitznahme des Schuldnervermögens 14 148 ff; **22** 27 ff

Individualarbeitsrechtliche Ansprüche
- Anwartschaften **104** 81
- Arbeitnehmererfindungen **104** 82
- Ausübung des Widerrufsrechts **104** 75
- aus betrieblicher Übung **104** 76, 78
- Freistellung während Kündigungsfrist **104** 80
- freiwillige Lohnzuschläge **104** 73
- Leistungskürzungen **104** 71 f
- nicht angetretene Arbeitsverhältnisse **104** 69
- Ruhegeldzusagen **104** 77
- sonstige Ansprüche **104** 83
- Urlaubsansprüche bei Freistellung **104** 79
- Vergütungsanspruch **104** 70
- Widerrufsvorbehalt **104** 74

Individuell Voluntary Arrangement 80 17

Individuelle Aufklärungspflicht
- des Geschäftsführers **92** 198 ff
- Haftung nach § 826 BGB **92** 200
- aus selbstständiger Auskunfts-/Garantievertrag **92** 199
- Verhältnis zu § 15a InsO **92** 205 ff
- Vertreterhaftung **92** 202 ff

Informations- und Aufklärungspflichten
- des Geschäftsführers **92** 196 ff

Informationsbefugnisse
- Gläubigerversammlung **20** 20

Informationspflicht
- organschaftlicher Vertreter **7** 45 ff

Initiativrecht
- des Verwalters **67** 8 ff

Inkassotätigkeit
- Geschäftsbesorgungsvertrag **36** 45

Inkassozession 45 97

Inkongruente Deckung
- Abfindungsvergleich **47** 52
- Abgrenzung kongruent/inkongruent **47** 49 ff
- bei Bauinsolvenz **47** 52 f
- Begriffe **47** 42
- Deckung durch Vollstreckung/Druckzahlung **47** 44 ff
- Globalzession und Werthaltigmachen **47** 43
- Grundsätze **47** 41
- nicht in der Art zu beanspruchen **47** 42
- nicht zu beanspruchen **47** 42
- nicht zu der Zeit zu beanspruchen **47** 42
- Sicherheitenbestellung/AGB-Banken **47** 55
- Tilgung/Besicherung fremder Schuld **47** 50
- Verrechnung von Zahlungseingängen im Bankgeschäft **47** 54
- Vorschusszahlung in abgeschlossener Angelegenheit **47** 51

Inkongruente Deckungsanfechtung
- Abgrenzung kongruent/inkongruent **47** 49 ff
- anfechtbare Rechtshandlungen **47** 40
- Anfechtungszeitraum **47** 56 ff
- Begriffe **47** 42
- Beweislast **47** 63
- Globalzession **47** 43
- inkongruente Deckung **47** 41 ff
- Krise **47** 56 ff
- mittelbare Gläubigerbenachteiligung **47** 60
- subjektiver Tatbestand **47** 61 f
- Überblick **47** 39
- Verhältnis zu anderen Anfechtungstatbeständen **47** 64

Inländische Insolvenzverfahren mit Auslandsbezug s. Auslandsbezug

magere Zahlen = Randnummern

Sachregister

Insolvenantragsrecht
- bei Nachlassinsolvenz **113** 5 ff

Insolvenzakten
- Einsicht **92** 137 ff

Insolvenzanfechtung *s. Anfechtung nach InsO*

Insolvenzantrag *s. a. Verbraucherinsolvenzantrag*
- Abweisung als unbegründet **16** 3
- Aktiengesellschaft **93** 4 ff
- anderweitige Befriedigungsmöglichkeit **9** 31
- Anforderungen **9** 1 ff
- Anhörungspflichten **11** 13 ff; **12** 15 ff
- Antragsgebühr **128** 12 ff
- Antragsstellung durch Bevollmächtigte **9** 12 ff
- Antragsziel **9** 6
- Bedingungsfeindlichkeit **9** 9 ff
- Begründung **9** 16 ff
- Besonderheiten beim Eigenantrag **9** 16 ff
- Besonderheiten beim Gläubigerantrag **9** 28 ff
- Bezeichnung der Parteien **9** 4 f
- Bezeichnung der Verfahrensart **9** 7
- Darstellung des Eröffnungsgrundes **9** 19 ff
- Druckantrag **4** 8
- Eigenantrag **11**
- eigenes Insolvenzverfahren **77** 10 ff
- Entscheidungsprozess **4** 23 ff, 24
- Erledigterklärung des Gläubigers **10** 14 ff
- fehlendes rechtliches Interesse **9** 30 ff
- Feststellung der Zulässigkeit **11** 7
- Finanz- und Vermögenslage **9** 19 ff
- Form **9** 1 ff
- Formularzwang bei Verbraucherinsolvenz **9** 3
- Fristsetzung **77** 11
- gerichtliche Ermittlungen **11** 18
- gerichtliche Untersagung **9** 36
- Gläubigerantrag **12**
- Glaubhaftmachung der Forderung **9** 53 ff, 66 ff
- Glaubhaftmachung des Eröffnungsgrundes **9** 57 ff, 69
- Glaubhaftmachung vorheriger Antragstellung **9** 64
- GmbH **92** 248
- Hinweis auf Restschuldbefreiung **11** 8 ff
- gegen Kreditinstitut **5** 6
- Krise als Vorphase der Insolvenzreife **4** 2
- Nachteile **4** 16 ff, 21 f
- Nutzlosigkeit des Antrags **9** 30
- öffentlich-rechtlicher Gläubiger **9** 65 ff
- Parallelanträge **12** 10 f
- Prüfungsgegenstand **11** 1 f; **12** 4 ff
- rechtliches Interesse des Gläubigers **9** 29 ff
- Rechtsschutzinteresse **4** 9 f
- Rücknahme **10** 1 ff; **92** 61 ff
- Sachentscheidungsvoraussetzung für Restschuldbefreiung **77** 10 ff
- Schriftlichkeit **9** 1 ff
- Schutzschrift **12** 32
- sittenwidrige Härte **9** 33 ff
- unechter Zweitantrag **12** 14
- Unterschrift **9** 2
- Unverhältnismäßigkeit **9** 33 ff
- Unzulässigkeit **4** 9
- im Verbraucherinsolvenzverfahren **83** 3 ff
- Verfolgung verfahrensfremder Zwecke **9** 32
- verfrühte Antragstellung **92** 154 ff
- verspätete Antragstellung **92** 91 ff
- Vertretung des Schuldners **9** 12 ff
- Vor- und Nachteile beim Eigenantrag **4** 21 f
- Vor- und Nachteile beim Gläubigerantrag **4** 3 ff
- vorherige Antragstellung **9** 37 ff
- Vorteile **4** 21 f
- Vorteile für Gläubiger **4** 5
- Zulässigkeit **11** 1 ff
- Zulässigkeitsprüfung **12** 4 ff
- Zulassung **12** 9
- Zurückweisung des Antrags als unzulässig **16** 2
- Zuständigkeitsdarlegungen **9** 8
- Zweitanträge **11** 3 f; **12** 13 f
- Zwischenverfügung des Gerichts **11** 5; **12** 7 f

Insolvenzantragspflicht *s. a. Insolvenzverschleppung, Verspätete Insolvenzantragstellung*
- Aktiengesellschaft **93** 8 ff
- Antragsverpflichtete **7** 7
- Aufklärungspflicht **7** 41 ff
- bei beschränkt haftenden Gesellschaften **7** 2 ff
- Beurteilungsspielraum **92** 89 f
- BGB-Gesellschaft **94** 124 ff
- Erkennen von Zahlungsunfähigkeit/Überschuldung **92** 77
- Erlöschen **7** 11; **92** 87
- faktischer Geschäftsführer **92** 70 f
- Frist **92** 82 ff
- Fristbeginn **7** 9
- bei Führungslosigkeit **7** 19 ff; **92** 73 ff, 248
- Genossenschaft **93** 128 ff
- Geschäftsführer **92** 69
- Gesellschafter **92** 72 ff
- Gesellschafter einer KG **94** 99 f
- Gesellschafter einer oHG **94** 99 f
- gesetzliche Regelung **7** 3 ff
- bei GmbH **92** 66 ff
- Grundsätzliches **7** 2
- Grundsatz **7** 2
- Haftung bei Pflichtverletzung **7** 29 ff
- Haftung bei verspäteter Antragstellung **92** 91 ff

2889

Sachregister

halbfette Zahlen = Paragraphen

- Handlungsalternativen bei Zahlungsunfähigkeit/Überschuldung **92** 77
- Informations- und Sanierungspflicht **7** 45
- bei juristischen Personen **7** 2 ff
- bei kapitalistische Personengesellschaft **94** 144 ff
- KG **94** 16
- bei mehrköpfiger Vertretung **7** 12, 39
- Nachgesellschaft **7** 28
- bei Nachlässen **7** 2 ff, 17
- bei Nachlassinsolvenz **113** 11 ff
- bei natürlichen Personen **7** 2
- nichtrechtsfähiger Verein **93** 228
- OHG **94** 16
- privatrechtliche Sanktionen bei Pflichtverletzung **7** 30 ff
- bei rechtsfähigen Vereinen **7** 16 ff
- rechtsfähiger Verein **93** 174 ff
- Ruhen **92** 87
- des Schuldners **127** 1
- Schutzzwecke **92** 97
- Stitung **93** 234 ff
- strafbare Bankrotthandlungen **7** 46 ff
- strafrechtliche Verantwortung **7** 40
- bei Überschuldung **7** 8
- Unternehmensinsolvenz **91** 19 ff
- bei vereitelter Kenntniserlangung **7** 10
- verfrühte Antragstellung **92** 154 ff
- Verhaltenssteuerung **7** 5
- Versicherungsunternehmen **7** 18
- verspätete Antragstellung **92** 91 ff
- bei Vorgesellschaften **7** 26 f
- bei Vor-GmbH **92** 601
- Wiederaufleben **92** 87
- bei Zahlungsunfähigkeit **7** 8
- zeitlicher Anwendungsbereich **92** 66 ff
- zulässige Antragstellung **92** 79 ff

Insolvenzantragspflichtverletzung s. a. *Insolvenzverschleppung, Verspätete Insolvenzantragstellung*
- Strafbewehrung **127** 1, 143 ff

Insolvenzantragsrecht
- Aktiengesellschaft **93** 4 ff
- Arbeitnehmer **8** 41 ff
- ausländischer Insolvenzverwalter **8** 49
- Auswechseln/Nachschieben von Forderungen **8** 35
- BaFin **8** 33, 47 f; **103** 35
- bei Bankeninsolvenz **103** 35
- bedingte/nicht fällige Forderungen **8** 37
- Beschränkung der Einziehungsbefugnis **8** 39
- Betriebsrat **108** 9
- Betriebsrentner **8** 41 ff
- BGB-Gesellschaft **94** 124 ff
- Bundesagentur für Arbeit **8** 44
- dinglich gesicherte Gläubiger **8** 36
- drohende Zahlungsunfähigkeit **8** 32
- Europäische Gesellschaften **8** 15
- faktische Geschäftsführer **8** 28
- des faktischen Geschäftsführers **92** 42 ff
- fehlerhaft bestellte organschaftliche Vertreter **8** 27
- der Finanzbehörde **126** 1 ff
- führungslose Gesellschaften **8** 29; **92** 57 ff, 248
- Genossenschaft **8** 12 ff; **93** 125 ff
- des Geschäftsführers **92** 41
- der Gesellschafter **92** 52 ff
- Gesellschafter einer KG **94** 99 f
- Gesellschafter einer oHG **94** 99 f
- beim Gläubigerantrag **8** 34 ff
- bei GmbH in Insolvenz **92** 40 ff
- Haftung bei unberechtigter Antragstellung **8** 55 ff
- Insolvenzplan **8** 32
- Juristische Personen **8** 12 ff
- Kapitalgesellschaften **8** 10 f, 12 ff
- kapitalistische Personengesellschaft **94** 135 ff
- KG **94** 11 ff
- Nachgesellschaft **8** 22
- nachträglicher Wegfall **8** 50 ff
- natürliche Personen **8** 1 ff
- nicht rechtsfähige Vereine **8** 17; **93** 228
- öffentl.-rechtl. Gläubiger **8** 45
- OHG **94** 11 ff
- Pensions-Sicherungs-Verein **8** 44
- Personengesellschaften **8** 8 f
- rechtsfähiger Verein **93** 172 f
- Rechtsträger mit ausländischem Gesellschaftsstatut **8** 23 ff
- beim Schuldnerantrag **8** 1 ff
- des Schuldners **8** 1 ff
- Stiftung **93** 234 ff
- unberechtigte Antragstellung **8** 56 ff
- Unternehmensinsolvenz **91** 19 ff
- Verzicht des Gläubigers **8** 46
- bei Vor-GmbH **92** 602 f
- Vor-Kapitalgesellschaft **8** 18 ff

Insolvenzantragsverfahren
- Abweisung des Antrags als unbegründet **16** 3
- Abweisung mangels Masse **16** 4 ff
- Eröffnung des Insolvenzverfahrens **16** 22 ff
- Zurückweisung des Antrags als unzulässig **16** 2

Insolvenzbewältigungsmethoden 1 23
Insolvenzeröffnung s. *Eröffnung des Insolvenzverfahrens*
Insolvenzeröffnungsantrag s. *Insolvenzantrag*
Insolvenzeröffnungsbeschluss s. *Eröffnungsbeschluss*

magere Zahlen = Randnummern

Sachregister

Insolvenzeröffnungsgründe
 s. *Insolvenzgründe*
Insolvenzeröffnungsverfahren
 s. *Eröffnungsverfahren*
Insolvenzfähigkeit
– Aktiengesellschaft **93** 2
– ausländische Gesellschaften **5** 6
– Begriff **5** 1 ff
– BGB-Gesellschaft **5** 13 ff, 28; **94** 122
– Bruchteilsgemeinschaft **5** 30
– EuInsVO **131** 79 f
– fehlerhafte Gesellschaft **5** 7
– gelöschte Gesellschaft **5** 21 ff
– Genossenschaft **93** 123
– Gesamtgut einer fortgesetzten Gütergemeinschaft **5** 17
– Gesellschaft ohne Rechtspersönlichkeit **5** 12 ff
– GmbH **92** 38
– juristische Person des Privatrechts **5** 6 ff
– kapitalistische Personengesellschaft **94** 133
– KG **94** 5 ff
– Liquidationsgesellschaft **5** 20
– Nachgesellschaften **5** 20 ff
– Nachlass **5** 16
– natürliche Personen **5** 5
– nicht rechtsfähiger Verein **5** 11
– nichtrechtsfähiger Verein **93** 225
– OHG **94** 5 ff
– nach Recht des Insolvenzeröffnungsstaates **132** 23 ff
– rechtsfähiger Verein **93** 166 ff
– Scheingesellschaft **94** 8
– Sondervermögen öffentlicher Hand **5** 31
– sonstige Vermögensmassen **5** 26 ff
– Stitung **93** 232
– bei Umwandlung **5** 33
– bei Verschmelzung **5** 33
– Vorgesellschaft **5** 19
– Vor-GmbH **92** 595
– Vorgründungsgesellschaft **5** 18

Insolvenzforderungen
– Abgrenzungsfragen **19** 15
– Altersteilzeit-Vergütung **19** 30
– anerkannte Ansprüche **19** 24
– auflösend bedingte Ansprüche **19** 15
– Aufnahme von Prozessen **32** 179 ff
– aufschiebend bedingte Forderungen **19** 15
– Begründung vor Verfahrenseröffnung **19** 14 ff
– Erfüllung aus Insolvenzmasse **19** 9
– Forderungsumrechnung **19** 32 ff
– Fremdwährungsansprüche **19** 34
– geldwerte Leistungsansprüche **19** 32
– Geltendmachung **32** 66 ff
– Gesamtschuldner-/Bürgenansprüche **19** 29
– gesicherte Forderungsanwartschaft **19** 16
– irrtümliche Anmeldung **58** 3
– nicht erfasste Forderungen **119** 10 ff
– nicht fällige Ansprüche **19** 15
– persönlicher Anspruch **19** 8
– Potestativbedingungen **19** 15
– Prozessführung **32** 66 ff
– prozessuale Erstattungsanpürche **19** 23
– prozessuale Schadensersatzanspüche **19** 22
– Rechnungseinheit **19** 34
– Rentenansprüche **19** 21
– Schadensersatzansprüche des Arbeitnehmers **107** 40 ff
– Schuldbefreiungsanspruch **19** 28
– Steuerforderungen **19** 20; **62** 1 ff; **126** 4 ff
– unbestimmte Zahlungsansprüche **19** 33
– Vergütungsansprüche des Vormunds/Betreuers **19** 26
– verjährte Forderungen **19** 13
– Vermögensansprüche **19** 9 ff
– Verträge zugunsten Dritter **19** 27
– Wechselblankett **19** 25
– Widerspruchsbefangenheit **32** 188 ff
– wiederkehrende Leistungen **19** 35

Insolvenzfreie Masse
– Aktiengesellschaft in Insolvenz **93** 77
– Ermittlung **15** 6 ff
– durch Freigabe bei Gesellschaftsinsolvenz **92** 338

Insolvenzfreie Schuldverhältnisse
– Unanwendbarkeit des Verwalterwahlrechts **34** 19

Insolvenzgeld
– Anfechtung von Lohnzahlungen **105** 33
– Anspruch des Fremdgeschäftsführers **92** 300
– Anspruchsvoraussetzungen **110** 6 ff
– Arbeitnehmerbegriff **110** 12
– Arbeitszeitkonten und Altersteilzeit **110** 23
– Auskunftspflicht und Insg-Bescheinigung **110** 33
– Bestehen eines Arbeitsverhältnisses **110** 10 f
– durchsetzbare Arbeitsentgeltansprüche **110** 22a
– europarechtliche Einflüsse **110** 27
– Höhe des Anspruchs **110** 18
– Höhe des Insolvenzgelds **110** 25 f
– Jahressonderzahlungen **110** 18a
– Leiharbeiter **110** 14
– Massezugehörigkeit **25** 26
– Organmitglieder **110** 13 f
– rückständige Ansprüche auf Arbeitsentgelt **110** 16 f
– Umwandlung **5** 30
– Urlaub **110** 21 f
– Urlaubsabgeltung **107** 34

2891

Sachregister

halbfette Zahlen = Paragraphen

- Vorfinanzierung **14** 94 ff; **110** 28 ff
- Zweck und Bedeutung **110** 3 ff

Insolvenzgeldversicherung 67 52

Insolvenzgeldvorfinanzierung 97 41 ff; **110** 28 ff

Insolvenzgericht
- allgemeiner Standort im Verfahren **17** 1 f
- Amtsbetrieb **17** 23
- Amtsermittlung **17** 21 f
- Amtsgericht als Insolvenzgericht **17** 3
- Aufklärung der Eröffnungsvoraussetzungen **13** 1 ff
- Aufsicht über Insolvenzverwalter **22** 6
- Aufsicht über vorläufigen Insolvenzverwalter **14** 74 f
- ausschließliche Zuständigkeit des Amtsgerichts **17** 4
- Befugnisse und Aufgaben **17** 18 f
- einstweilige Maßnahmen **14** 1 ff
- Entscheidungsfehler bei Grundentscheidungen **23** 37
- Entscheidungsfehler bei Zwischenentscheidungen **23** 39
- Eröffnung des Insolvenzverfahrens **16** 22 ff
- fakultative Mündlichkeit **17** 24
- funktionelle Zuständigkeit **17** 13 ff
- Gerichtsverfahren **17** 20 ff
- Geschäftsstelle **17** 17
- Haftungsfälle **23** 36 ff
- Hinweispflicht auf Restschuldbefreiung **77** 17 ff
- Kompetenzen **17** 18 f
- Nachlassinsolvenz **113** 27 f
- örtliche Zuständigkeit **17** 5 ff
- Rechtsmittelverfahren **17** 26 ff
- Rechtspfleger **17** 15
- Richter **17** 16
- Staatshaftung bei Amtspflichtverletzungen **23** 35 ff
- verfahrensabschließende Entscheidungen **16** 1 ff
- Verfahrenskostenhilfe **17** 40 ff
- Verfahrenszuständigkeit **17** 3 f
- Verletzung von Aufsichts-, Sicherungs- und Prüfungspflichten **23** 38
- Zuständigkeit **9** 8
- Zuständigkeit bei Nachlassinsolvenz **113** 27 f

Insolvenzgläubiger
- Anhörungsrechte **19** 4
- Antragsrechte **19** 3
- Anwesenheits- und Einsichtsrechte **19** 5
- Arbeitnehmer **107** 169 ff
- Auskunftsrechte **19** 6
- Befugnisse im Verfahren **19** 2 ff
- Begründung vor Verfahrenseröffnung **19** 14 ff
- Beschwerderecht **19** 7
- Einschränkungen bei Anspruchsgeltendmachung **19** 1
- Haftung **23** 44 ff
- Legaldefinition **19** 1
- Mitwirkungsrechte **19** 3
- nachrangige Insolvenzgläubiger **19** 36 ff
- persönlicher Anspruch **19** 8
- Rechtsstellung **19** 1 ff
- Stellung in der Treuhandperiode **78** 61 ff
- Unterhaltsansprüche **19** 31
- Vermögensanspruch **19** 9 ff
- Vollstreckung gegen Schuldner **33** 11 ff
- wiederkehrende Leistungen **19** 35

Insolvenzgründe
- Aktiengesellschaft **93** 3
- Amtsermittlungen **13** 1 ff
- Angabe **16** 26
- Bankeninsolvenz **103** 34
- Bestreiten **12** 42
- BGB-Gesellschaft **94** 123
- Darstellung im Eröffnungsantrag **9** 19 ff
- drohende Zahlungsunfähigkeit **6** 17 ff
- Feststellung durch Amtsermittlung **13** 1 ff
- Genossenschaft **93** 124
- inländisches Verfahren mit Auslandsbezug **132** 27
- Insolvenzrechtsreform **1** 44 f
- kapitalistische Personengesellschaft **94** 134
- KG **94** 9 f
- Nachlassinsolvenz **113** 16 ff
- nichtrechtsfähiger Verein **93** 226 f
- OHG **94** 9 f
- bei Partikularverfahren über Inlandsvermögen **132** 142 ff
- Prüfung durch vorläufigen Insolvenzverwalter **14** 81 f
- Rechtfertigung von Eingriffen in geschützte Positionen **6** 1 ff
- rechtsfähiger Verein **93** 169 ff
- Rechtsfolgen bei beschränkt haftenden Gesellschaften **7** 1 ff
- stille Gesellschaft **94** 181
- Stiftung **93** 233
- Überschuldung **6** 22 ff
- Überschuldungsstatus **6** 44 ff
- Zahlungsunfähigkeit **6** 4 ff

Insolvenzkollisionsrecht *s. Kollisionsrecht*

Insolvenzkonto 98 19 ff

Insolvenzkostenhilfe
- bei Nachlassinsolvenz **113** 22

Insolvenzmasse *s. Masse*

Insolvenzordnung (InsO)
- Anhörungspflichten **17** 34
- Anwendbarkeit des GVG **17** 20, 38
- besondere Verfahrensregelungen **17** 21 ff

2892

magere Zahlen = Randnummern

Sachregister

- Niederlegungspflichten **17** 35
- Rechtsmittelverfahren **17** 26 ff
- Verfahrens- und Prozesskostenhilfe **17** 40 ff
- Verfahrensregelungen der ZPO **17** 37
- Verfahrensregelungen des GVG **17** 38

Insolvenzordnung von 1999
- Diskussionsentwurf **1** 31 ff
- Konkurs des Konkurses **1** 24
- Regierungsentwurf **1** 33 f
- Vorschläge für Insolvenzrechtsreform **1** 25 ff

Insolvenzplan
- Änderung einzelner Regelungen **68** 31 ff
- Anforderungen **67** 1 ff
- Antragsrecht **8** 32
- Arbeitnehmer **67** 52 f
- Aufhebung des Verfahrens **68** 115 ff
- Aussetzung der Verwertung **68** 20 ff
- beschränkte Nachhaftung **76** 12
- Bestätigung des bedingten Plans **68** 107 ff
- Bestätigung des Plans **68** 99 ff
- Bestätigung von Amts wegen **68** 99 ff
- Bestätigung von Planberichtigungen **68** 106
- betriebswirtschaftliche Anforderungen **67** 69 ff
- Bürgen und Sicherheiten **69** 2
- darstellender Teil **67** 24 ff, 66
- Differenzhaftungsausschluss **69** 7
- Dritte als Sachwalter **70** 10
- Eingriff in Absonderungsrechte **42** 203 ff
- Eingriff in Anteilseignerrechte **69** 14 ff
- Einreichung **68** 5 ff
- Einreichungszeitraum **67** 16 ff
- Erfüllungsüberwachung **70** 1 ff
- Erörterungs- und Abstimmungstermin **68** 28 ff
- Erstellung bei Eigenverwaltung **90** 16
- formale Anforderungen **67** 63 ff
- formelle Fragen **67** 1 ff
- gesetzliche Anforderungen **67** 1 ff
- gesonderte Abstimmung **68** 43
- gestaltender Teil **67** 29, 67
- Gläubigerbefriedigung **22** 66 ff
- Gläubigerversammlung als Auftraggeber des Verwalters **67** 14 f
- Gliederung **67** 23 ff, 65 f
- Gruppenbildung **67** 33 ff
- IDW Standard **67** 75
- inhaltliche Anforderungen **67** 62 ff
- Initiativrecht des Verwalters **67** 12 ff
- inländisches Verfahren mit Auslandsbezug **132** 106 ff
- Insolvenzkollisionsrecht **133** 124 ff
- Insolvenzrechtsreform **1** 57
- Kleingläubiger **67** 54 f
- Konkurrenzpläne **67** 20
- Kreditrahmen **71** 1 ff
- bei Masseunzulänglichkeit **67** 22
- materielle Anforderungen **67** 69 ff
- Mehrheiten **68** 46 ff
- Mehrheitskonzept **67** 37 ff
- Minderheitenschutz **68** 110 ff
- Mustergliederung **67** 66
- Nachlassinsolvenz **116** 1 ff
- Naturalobligationen **69** 4 ff
- Niederlegung des Plans **68** 25 ff
- Nullgruppen/unbekannte Forderungen **67** 58 ff
- Obstruktionsverbot **68** 49 ff
- Pensions-Sicherungs-Verein **67** 56
- Pflichtanlagen **67** 30 ff, 68
- Pflichtgruppen **67** 41 ff
- Planvorlageberechtigung **67** 1 ff; **68** 11 ff
- Planwirkungen **69** 1 ff
- Rangordnung **61** 5
- Rechtsanwaltsgebühren **128** 79 ff
- Rechtsnatur **66** 20 f
- schriftliche Abstimmung **68** 44 f
- Schuldnerplan **67** 8 ff; **68** 15 ff
- Sicherheitenpool **44** 41
- Sinn und Zweck **66** 1
- Soll- und Kanngruppen **67** 50 ff
- steuerliche Folgen **69** 27 ff
- Stimmliste **68** 43
- Stimmrechtszuteilung **68** 37 ff
- Überwachungsdauer **70** 11
- Verbraucherinsolvenz **77** 16
- Versagung der Bestätigung von Amts wegen **68** 99 ff
- verschärfter Prüfungsmaßstab **68** 15 ff
- Verstoß gegen inhaltliche Anforderungen **68** 11 ff
- Verstoß gegen Vorlagerecht **68** 11 ff
- Verwalter als Überwacher **70** 9
- Vollstreckung aus Plan **69** 23 ff
- Vorlageauftrag durch Gläubigerversammlung **67** 14 f
- Vorlageberechtigung **67** 1 ff
- Vorprüfungsverfahren **68** 10
- Vorschlagsrecht des Schuldners **67** 8 ff
- Wahlgruppen **67** 47 ff
- Wiederauflebensklausel **69** 8 ff
- Zulässigkeitsprobleme **67** 1 ff
- Zurückweisung von Amts wegen **68** 11 ff

Insolvenzplanverfahren
- Ablauf **68** 1 ff
- Aktiengesellschaft in Insolvenz **93** 113 ff
- Amtsermittlungsgrundsatz **66** 22 ff
- Anfechtungsberechtigung **51** 13
- Anträge **18** 15
- Aufhebung nach Bestätigung des Insolvenzplans **75** 13 ff
- Ausbau **1** 75

Sachregister

halbfette Zahlen = Paragraphen

- BGB-Gesellschaft **94** 130
- Deregulierung **66** 10
- Eigenverwaltung **72** 1 ff
- Einbindung dinglicher Gläubiger **66** 11
- Genossenschaft **93** 157 f
- Gleichrang von Liquidation, übertragender Sanierung und Sanierung **66** 9
- Insolvenzantragsrecht **8** 32
- kapitalistische Personengesellschaft **94** 177
- KG **94** 89 ff
- Kredite **97** 38 ff
- Mehrheitsprinzip **66** 12 ff
- OHG **94** 89 ff
- Par conditio creditorum **66** 17 ff
- pareto optimum **66** 12 ff
- rechtsfähiger Verein **93** 213
- Reform durch ESUG **66** 2 ff
- Sinn und Zweck **66** 1
- stille Gesellschaft **94** 197
- struktureller Ablauf **73** 1 f
- Überwachung der Abwicklung **70** 1 ff
- verfahrensrechtliche Grundsätze **66** 22

Insolvenzrechtsfähigkeit s. *Insolvenzfähigkeit*

Insolvenzreife
- Amtsniederlegung durch organschaftliche Vertreter **7** 55 ff
- Begriff **4** 2
- Krise als Vorphase **4** 2

Insolvenzschuldner
- aktive Einflussnahme **18** 5
- Anhörungsrechte **18** 16
- Antragsrecht **18** 15
- Anwesenheits- und Einsichtsrechte **8** 17
- Auskunftspflicht **18** 6 ff
- kein Auskunftsrecht gegenüber Verwalter **22** 6
- Auskunftsrechte **18** 18
- Befugnisse **18** 15 ff
- Beschwerderecht **18** 19
- Duldung der Postsperre **18** 13
- Haftung **23** 47 ff
- Mitwirkung bei der Vermögensaufnahme **18** 14
- Mitwirkungspflicht **18** 9 ff
- öffentliche Rechtsstellung **18** 4
- Pflichten **18** 6 ff
- Präsenzpflicht **18** 12
- als Prozessbeteiligter **32** 42 ff
- Rechtsstellung **18** 1 ff
- Rechtsträgerstellung **18** 3
- Übergang der Rechtsausübung **18** 1 f
- Vernehmung als Partei/Zeuge **32** 45

Insolvenzstatut
- Abgrenzung zum Gesellschaftsstatut **133** 112 f

- als Gesamtstatut **133** 6 ff
- lex fori **133** 1 ff

Insolvenzstrafrecht
- abstrakte Gefährdungsdelikte **127** 12
- allgemeine Strafbarkeitsvoraussetzungen **127** 12 ff
- Auffangtatbestand **127** 113 ff
- Aufklärungsquote **127** 2
- Begriff **127** 6
- besonders schwere Fälle des Bankrotts **127** 121 ff
- bestandsbezogene Delikte **127** 57 ff
- Betrug **127** 152 ff
- Buchführungsdelikte **127** 85 ff
- drohende Zahlungsunfähigkeit **127** 42 ff
- Entstehungsgeschichte **127** 8 f
- Fahrlässigkeitsstrafbarkeit **127** 119 f
- faktischer Geschäftsführer **127** 21 ff
- Gegenstand **127** 3
- Geheimnisverrat **127** 157 f
- Gläubigerbegünstigung **127** 132 ff
- informationsbezogene Bankrottdelikte **127** 55
- informationsbezogene Insolvenzdelikte **127** 86 ff
- insolvenzbegleitende Straftaten **127** 146 ff
- Insolvenzstraftaten im engeren Sinne **127** 6
- Insolvenzstraftaten im weiteren Sinne **127** 7
- Insolvenzverschleppung **127** 143 ff
- Interesse an funktionierendem Kapitalmarkt **127** 4
- Interessenformel **127** 16
- Kernstrafrecht **127** 1
- Kredit- und Subventionsbetrug **127** 155
- objektive Strafbarkeitsbedingung **127** 12, 47 ff
- Pflicht zur gesteigerten Vermögensfürsorge **127** 1
- praktische Bedeutung **127** 1
- Rechtsfolgen **127** 159
- im Sanierungsverfahren **127** 10 f
- Schuldnerbegünstigung **127** 137 ff
- Schuldnereigenschaft juristischer Personen **127** 14 ff
- Schutz der Insolvenzmasse **127** 5
- Schutz der Vermögensinteressen der Gläubiger **127** 3
- Schutz des gesamtwirtschaftlichen Systems **127** 4
- Sozialversicherungsdelikte **127** 156
- Strafprozessrechtliches **127** 160
- Straftatbestände der §§ 283 ff. StGB **127** 55 ff
- Strafverfolgungsgefahr **127** 2
- Tätereigenschaft **127** 13
- Überschuldungsbegriff **127** 30 ff

magere Zahlen = Randnummern

Sachregister

- Untreue **127** 147 ff
- bei Verbraucherinsolvenzen **127** 54
- Verletzung der Insolvenzantragspflicht **7** 40
- Vorverlagerung der Strafbarkeit **127** 10
- wirtschaftliche Krise **127** 1, 27 ff
- Wirtschaftsstraftaten **127** 160
- Zahlungsunfähigkeitsbegriff **127** 34 ff
- Zurechnungsmodell **127** 17

Insolvenzstraftaten
- Versagung der Restschuldbefreiung **77** 54 ff; **78** 56 f, 91 f

Insolvenzunfähigkeit
- Bund und Länder **5** 34 f
- Festlegung durch Gesetzgeber **5** 44
- juristische Personen des öffentl. Rechts **5** 36 ff
- Kirchen **5** 42 ff
- öffentlich-rechtliche Kirchen **5** 42 ff
- öffentlich-rechtliche Rundfunkanstalten **5** 42 ff
- WEG **5** 40 f

Insolvenzverfahren
- Beteiligung des Betriebsrats **108** 15 ff
- Einstellung **22** 69 f
- Entscheidungsprozess **4** 23 ff
- Eröffnung **16** 22 ff
- Gesamtvollstreckungsverfahren **6** 1
- Insolvenzgründe als Verfahrensauslöser **6** 1 ff
- Nachteile **4** 16 ff, 22 ff
- Ordnungsfunktion **15** 1
- systematische Einordnung **17** 1 f
- Vor- und Nachteile **4** 3 ff
- Vorteile **4** 22 ff

Insolvenzverschleppung
- Haftung bei Teilnahme **92** 151
- Kollisionsrecht **133** 117
- Nichteinhaltung von Covenants **3** 30 f
- Sonderdelikt **127** 143
- Strafbarkeit **127** 143 ff

Insolvenzverschleppungshaftung
- Aktiengesellschaft in Insolvenz **93** 71
- Arbeitnehmerschaden **92** 112 ff
- Darlegungs- und Beweislast **92** 134
- Exkulpation **92** 94
- geschützte Gläubiger **92** 96 ff
- Informationsbeschaffung **92** 137 ff
- Prozessführungsbefugnis **92** 126 ff
- Quotenschaden **92** 103 f
- Quotenverringerungsschaden **92** 105
- Rechtswegzuständigkeit **92** 133
- Regress **92** 153
- Schadensersatzanspruch **92** 91 ff
- Schuldner des Haftungsanspruchs **92** 92
- Schutz deliktischer/bereicherungsrechtlicher Neugläubiger **92** 118 ff
- Schutz der Altgläubiger **92** 102 ff
- Schutz öffentlich-rechtlicher Neugläubiger **92** 123 ff
- Schutz vertraglicher Neugläubiger **92** 107 ff
- Schutzzwecke der Antragspflicht **92** 97
- Verjährung **92** 143 ff
- bei Verletzung der Insolvenzantragspflicht **7** 29 ff
- Verschulden **92** 93 ff
- Vertrauensschaden **92** 108 ff
- Vorteilsanrechnung **92** 115 ff
- Zuständigkeit **92** 132 f

Insolvenzverursachungshaftung
- Aktiengesellschaft in Insolvenz **93** 71
- Geschäftsführerhaftung **92** 375 ff
- Kollisionsrecht **133** 118
- Rechtsfolgen **92** 383
- Verschulden **92** 382
- Zahlung an Gesellschafter **92** 376
- Zurechnungszusammenhang **92** 381 ff

Insolvenzverwalter
- Amtsbeendigung **22** 18
- Amtstheorie **22** 20 ff; **32** 1 ff
- Amtswalterwechsel **32** 15, 47
- Aufgaben und Befugnisse **22** 1 ff
- Aufsicht des Insolvenzgerichts **22** 6
- Auskunftsanspruch nach IFG **22** 5
- Auswahlqualifikation **22** 10
- Bestellung **22** 10 ff
- Bindung an das BetrVG **108** 16
- Delegierung von Aufgaben **22** 13
- Einsatz von Hilfskräften **22** 13
- Einschaltung eines Steuerberaters **22** 13
- Einzelpflichten des Verwalters **22** 7
- Exekutivorgan **22** 1, 3
- Herausgabepflicht **22** 9
- Insolvenzrechtsreform **1** 48 f
- Liquidierungsorgan **22** 3
- mehrere gleichberechtigte Verwalter **22** 13
- Nachlassinsolvenz **112** 16 ff
- natürliche Person **22** 11
- Pflichten und Sanktionen **22** 6 ff
- Prozessführung **32** 15 ff
- Prozessführungsbefugnis **22** 1 f
- Rechtsanwalts-Insolvenzverwalter **129** 26 ff
- Rechtsstellung **22** 1 ff
- Schlussrechnung **22** 71 ff
- Sonderaufgabe **22** 4
- Sonderinsolvenzverwalter **22** 13
- Sorgfaltsmaßstab **23** 10
- steuerrechtliche Pflichtenstellung **22** 80 ff
- Teilnahmerecht an Gläubigerversammlung **22** 5
- Theorienstreit **22** 20 ff
- Unterhaltsgewährung **22** 4
- Vergütung **22** 17; **55** 3, 6; **129** 1 ff
- Vernehmung als Partei/Zeuge **32** 46

Sachregister

halbfette Zahlen = Paragraphen

- Vertretertheorie **22** 20 ff
- Verwalter-GmbH **22** 11
- Verwaltung **22** 26 ff
- Verwaltungs- und Verfügungsmacht **22** 1
- Vollstreckung **33** 108 ff
- Vorschlagsrecht vorläufigen Gläubigerausschusses **22** 10
- vorzeitige Verfahrensbeendigung **22** 69

Insolvenzverwaltung
- Befriedigung der Gläubigeransprüche **22** 52 ff
- Bereinigung der Masse **22** 41 f
- einstweilige Unternehmensfortführung **22** 45 ff
- Ergänzung der Masse **22** 40
- Inanspruchnahme von Auskunft und Mitwirkung **22** 38
- Inbesitznahme und Sicherung der Masse **22** 27 ff
- Klarstellung schwebender Rechtsverhältnisse **22** 39
- Sammlung, Sichtung und Sicherung der Masse **22** 26 ff
- Verzeichnisaufstellung **22** 33 ff
- vorläufige Erhaltungsmaßnahmen **22** 44

Insolvenzvorrechte 1 50 ff

Interessenausgleich
- Nachteilausgleich **107** 87 ff
- Schriftformerfordernis **108** 52
- Überschuldungsstatus **6** 74

Interessenausgleich mit Namensliste
- Änderung der Sachlage **108** 109 ff
- Anhörung des Betriebsrats **108** 137 f
- Auskunftspflicht **108** 108
- Betriebsänderung **108** 90 f
- Darlegungs- und Beweislast **108** 107
- eingeschränkte Überprüfung der Sozialauswahl **108** 99
- Gewichtung der sozialen Kriterien **108** 100
- Herausnahme von Leistungsträgern **108** 105
- Inhalt **108** 93
- übertragende Sanierung **106** 85
- Vergleichsgruppenbildung **108** 102 ff
- Verkennung des Betriebsbegriffs **108** 106
- Vermutung der Betriebsbedingtheit **108** 97 f
- Vermutungswirkung **108** 96 ff
- wirksames Zustandekommen **108** 92
- Zeitpunkt **108** 94 f
- Zuordnung zu einem Betriebsteil **108** 112 ff

Interminsausschuss 14 29

Internationale Anerkennungszuständigkeit 134 27 ff

Internationale Zuständigkeit
- Darlegung im Insolvenzantrag **9** 8
- Ermittlung des COMI **131** 31 ff

internationale Zuständigkeit
- Eröffnung eines Insolvenzverfahrens **5** 45

Internationale Zuständigkeit
- Mittelpunkt hauptsächlicher Schuldnerinteressen **131** 23 ff
- örtliche Zuständigkeit **131** 76
- Zuständigkeit bei Konzerninsolvenz **131** 47 ff
- Zuständigkeit für Partikularverfahren **131** 72 ff

Internationale Zuständigkeit bei inländischem Insolvenzverfahren
- Ablehnung mangels Masse **132** 40
- autonomes deutsches Recht **132** 11 ff, 17 f
- Ermittlungen zum Eröffnungsgrund **132** 28 ff
- Eröffnungsgründe **132** 27
- europäisches Recht **132** 10 ff, 16
- Hauptinsolvenzverfahren **132** 10 ff
- Insolvenzfähigkeit **132** 23 ff
- kein Zwang zur Beachtung eines Drittstaaten-Insolvenzverfahrens **132** 20 ff
- Prüfung von Amts wegen **132** 19
- Sicherungsmaßnahmen **132** 31 ff
- Zulässigkeit des Partikularverfahrens **132** 15 ff
- Zustellung, Veröffentlichung, Registereintragung **132** 35 ff

Internationaler Warenverkehr
- ausländische Sicherungsrechte im Inland **43** 118 f
- Eigentumsvorbehalt **43** 109
- exportierte Mobiliarsicherheiten **43** 110
- Geltung des jeweiligen Lagerechts **43** 107 f
- importiertes Sicherungseigentum **43** 111
- Sicherungseigentum **43** 110 ff
- Sicherungszessionen **43** 114 ff

Internationales Insolvenzrecht
- Abgrenzung betroffener Verfahren **130** 31
- Abgrenzungen **130** 16 ff
- Aufgabe **130** 1 ff
- Auslandssachverhalte **130** 16 f
- Deutsch-österreichischer Konkurs- und Vergleichsvertrag **135** 18
- Europarats-Übereinkommen **135** 1 ff
- formelles Internationales Insolvenzrecht **130** 13 ff
- Fremdenrecht **130** 30
- geltendes Regelwerk **1** 101 f
- Grundprinzipien **130** 5 ff
- Kollisions- und Sachrechtsanwendung **130** 10 ff
- Kollisionsrecht **130** 10 ff, 19 ff
- lex fori als Insolvenzstatut **133** 1
- lex fori concursus **130; 130** 11

magere Zahlen = Randnummern

Sachregister

- materielles Internationales Insolvenzrecht 130 13 ff
- Reformen 1 65, 103
- Tatbestandswirkung ausländischer Insolvenzen 130 18
- Territorialitätsprinzip 130 5
- UNCITRAL-Modellgesetz 135 7 ff
- Universalitätprinzip 130 5
- Verfahrensabwicklung 130 5 ff
- Verträge über Anerkennung/Vollstreckung von Zivilurteilen 135 19 ff

Internet-Domains
- Aussonderungskraft 40 20

Investitionszulage 125 20 f
Investmentgesellschaften 93 249
Istmasse 24 4; 39 1

Juristische Personen
- Führungslosigkeit 7 19 ff
- Insolvenzantragspflicht 7 1 ff, 2 ff
- Insolvenzantragsrecht 8 12 ff
- Insolvenzfähigkeit 5 6 ff

Juristische Personen des öffentlichen Rechts
- Insolvenzunfähigkeit 5 36 ff; 93 251

Kaffeesteuer 125 26
Kalte Zwangsverwaltung 42 111
Kapitalaufbringungsansprüche
- Massezugehörigkeit 93 60 ff

Kapitalerhaltende Anfechtung
s. u. Gesellschafterdarlehen

Kapitalerhaltungsansprüche
- Massezugehörigkeit 93 60 ff

Kapitalerhöhung
- bei GmbH in Insolvenz 92 344 ff

Kapitalersetzende Darlehen
s. Gesellschafterdarlehen

Kapitalgesellschaft & Co. KG
- Ablehnung mangels Masse 94 162
- Beendigung des Insolvenzverfahrens 94 179
- Eigenverwaltung 94 178
- Entscheidung über Verfahrenseröffnung 94 162 ff
- Eröffnung des Verfahrens 94 163
- Gesellschafterdarlehen 94 168 ff
- Insolvenzantrag 94 135 ff
- Insolvenzantragspflicht 94 144 ff
- Insolvenzantragsrecht 8 10 f; 94 135 ff
- Insolvenzfähigkeit 94 133
- Insolvenzgründe 94 134
- Insolvenzmasse 94 164 ff
- Insolvenzplanverfahren 94 177
- Kapitalerhaltungsansprüche 94 167
- Pflichten bis zur Verfahrenseröffnung 94 159 f
- Schadensersatzansprüche gegen Leitungsorgane 94 165
- Schutzschirmverfahren 94 161
- Verletzung der Antragspflicht 94 153 ff

Kapitalgesellschaften
- Insolvenzantragsrecht 8 12 ff

Kapitalherabsetzung
- Anwendungsbereich 92 12 ff
- Gläubigerschutz 92 18
- Handelsregister 92 17
- Instrument zur Krisenbewältigung 92 8 f
- Kapitalherabsetzungsbeschluss 92 13 f
- Neuregelung 92 10 ff
- Sinn und Zweck 92 10 f
- vereinfachte Kapitalherabsetzung 92 8 ff

Kapitalistische Personengesellschaft
- Ablehnung mangels Masse 94 162
- Beendigung des Insolvenzverfahrens 94 179
- Eigenverwaltung 94 178
- Entscheidung über Verfahrenseröffnung 94 162 ff
- Eröffnung des Verfahrens 94 163
- Gesellschafterdarlehen 94 168 ff
- Insolvenzantrag 94 135 ff
- Insolvenzantragspflicht 94 144 ff
- Insolvenzantragsrecht 94 135 ff
- Insolvenzfähigkeit 94 133
- Insolvenzgründe 94 134
- Insolvenzmasse 94 164 ff
- Insolvenzplanverfahren 94 177
- Kapitalerhaltungsansprüche 94 167
- Pflichten bis zur Verfahrenseröffnung 94 159 f
- Schadensersatzansprüche gegen Leitungsorgane 94 165
- Schutzschirmverfahren 94 161
- Verletzung der Antragspflicht 94 153 ff

Kapitalmarktorientierte Aktiengesellschaft
- Aufgabenteilung 93 96
- Erhalt der Kapitalmarktorientierung 93 95 ff
- Insiderhandel und Marktmanipulation 93 97
- Publizitätspflichten 93 98 ff

Kapitalverwaltungsgesellschaften 93 249; 103 51

Kaufmannseigenschaft
- Auswirkung der Insolvenzeröffnung 30 42

Kaufvertrag
- Erfüllung 34 24 ff
- gegenseitiger Vertrag 34 14

Kaution
- Masseverbindlichkeit 56 31

Kautionsversicherungsvertrag
- Geschäftsbesorgungsvertrag 36 45

Sachregister

halbfette Zahlen = Paragraphen

Kennzahlenanalyse
- Bilanzanalyse **2** 19 ff
- Hauschildt-Untersuchung **2** 16 ff
- Jahresabschluss-Daten **2** 9 ff
- Krisenerkennung **2** 9 ff

KGaA
- Besonderheiten **93** 119 f

Kirchen
- Insolvenzunfähigkeit **5** 42 ff

Klageerhebung
- durch Insolvenzverwalter **32** 18 ff
- gegen Insolvenzverwalter **32** 18 ff

Kleinbeteiligungsprivileg 97 74
- Beteiligungsschwelle **92** 413
- Geschäftsführer **92** 415
- Koordinierte Kreditvergabe **92** 417
- Maßgebender Zeitpunkt **92** 416
- Privilegierungsgrund **92** 412

Körperschaften des öffentlichen Rechts
- Insolvenzunfähigkeit **5** 42 ff

Kollisionsrecht
- Abgrenzung zum Gesellschaftsstatut **133** 107 ff
- Absonderung **133** 30 ff
- und allgemeines internationales Privatrecht **130** 19 ff
- Anpassung **130** 28 f
- Arbeitsverträge **133** 72 ff
- Aufrechnung **133** 87 ff
- Aussonderung **133** 25 ff
- dingliche Rechte **133** 18 ff
- Eigentumsvorbehalt **133** 51 ff
- Geschäftsbesorgungsverträge **133** 81 f
- Grundsatz der lex fori **133** 1 ff
- Immobiliarrechte **133** 18 ff
- Insolvenzanfechtung **133** 92 ff
- Insolvenzstatut als Gesamtstatut **133** 6 ff
- Kaufvertrag, Werkvertrag **133** 58
- Leasingverträge **133** 70 f
- Miete und Pacht **133** 67 ff
- Mobiliarsicherheiten **133** 41 ff
- Qualifikation **130** 20 ff
- Rechtsstellung des Insolvenzverwalters **133** 12 ff
- Rechtsstellung des Schuldners **133** 15 ff
- Restschuldbefreiung **133** 128
- Sanierung, Zwangsvergleich, Insolvenzplan **133** 124 ff
- Scheinauslandsgesellschaften **133** 107 ff
- Verträge über dingliche Rechte **133** 59
- Vollmacht **133** 81 f
- Zahlungssysteme und Finanzmärkte **133** 83 ff

Kommanditgesellschaft
- Abweisung mangels Masse **94** 33 f
- Auswirkung der Eröffnung auf Organisationsverfassung **94** 24 ff
- Auswirkung der Eröffnung auf Rechtsträger **94** 20 ff
- Auswirkung der Gesellschafterinsolvenz auf Gesellschaft **94** 96 ff
- Doppelinsolvenz **94** 106 ff
- Eigenverwaltung **94** 93 ff
- Entscheidung über Verfahrenseröffnung **94** 19 ff
- Fortsetzung der Gesellschaft **94** 32
- Gemeinschuldnerrolle der Gesellschaft **94** 23
- Gesellschafterdarlehen **94** 44
- Gesellschafterhaftung nach § 128 HGB **94** 45 ff
- gesplittete Einlagen **94** 43
- Haftung ausgeschiedener/ehemaliger Gesellschafter **94** 85 ff
- Haftung der Gesellschafter **94** 45 ff
- Haftung für Gesellschaftverbindlichkeiten nichtgesellschaftsrechtlicher Art **94** 83 f
- Insolvenz des Gesellschafters **94** 96 ff
- Insolvenzantragspflicht **94** 16, 99 f
- Insolvenzantragsrecht **94** 11 ff, 99 f
- Insolvenzfähigkeit **94** 5 ff
- Insolvenzgründe **94** 9 f
- Insolvenzmasse bei Gesellschafterinsolvenz **94** 105
- Insolvenzmasse bei Gesellschaftsinsolvenz **94** 42 ff
- Insolvenzplanverfahren **94** 89 ff
- Kommanditistenhaftung nach § 171 I HGB **94** 70 ff
- Kosten des Gesellschafterinsolvenzverfahrens **94** 102
- Massekostendeckungsprüfung **94** 19
- Masseunzulänglichkeit **94** 35 f
- Pflichten bis zur Verfahrenseröffnung **94** 17
- Rechtstatsächliches **94** 1 f
- Schutzschirmverfahren **94** 18
- Verfahrenseröffnung **94** 20 ff
- Vollabwicklung **94** 30 f

Kommanditgesellschaft auf Aktien
- Insolvenzfähigkeit **5** 6

Kommanditistenhaftung
- Geltendmachung **94** 72 ff
- Inhalt **94** 70
- nach § 171 I HGB **94** 70 ff
- Umfang **94** 71

Kommissionsgeschäfte
- Aufrechnungen des Kommissionärs **40** 88
- Aussonderung **40** 81
- Gegenleistung bei Verkaufskommission **40** 87
- Insolvenz des kaufmännischen Gelegenheitskommissionärs **40** 83

magere Zahlen = Randnummern

Sachregister

- Insolvenz des Kommissionärs **40** 82
- Pfandrecht **42** 49

Kongruente Deckung
- bestellte Sicherheiten **47** 24
- erweiterter verlängerter Eigentumsvorbehalt **47** 24
- Erwerb eines Frachtführerpfandrechts **47** 24
- Erwerb gesetzlichen Pfandrechts **47** 24
- Globalzession **47** 21 f
- Grundsätze **47** 20
- Lohnzahlungen an Arbeitnehmer **47** 23
- Reformvorhaben **48** 7 f
- Stellung einer Bauhandwerkersicherung **47** 24
- Tilgung eigener Schuld **47** 24
- Vergütung des vorläufigen Verwalters **47** 24
- Verrechnung/Aufrechnung **47** 24
- Vorausabtretung **47** 24
- Vorsatzanfechtung **48** 6 ff

Kongruente Deckungsanfechtung
- Abgrenzung kongruent/inkongruent **47** 20
- anfechtbare Rechtshandlungen **47** 15 ff
- Anfechtungszeitraum **47** 25
- Begriff des Insolvenzgläubigers **47** 4 f, 17
- Beweislast **47** 35 ff
- Globalzession **47** 21
- Kenntnis **47** 28 ff
- kongruente Deckung **47** 20 ff
- Krise **47** 25 f
- mittelbare Gläubigerbenachteiligung **47** 27
- rückständige Lohnzahlungen **47** 29, 32
- subjektiver Tatbestand **47** 28 ff
- Überblick **47** 14
- unanfechtbare Rechtshandlungen **47** 19
- Wechsel- und Scheckzahlungen **47** 38

Konkurs des Konkurses 1 24
Konkursausfallgeld 1 21
Konkursordnung von 1877
- Gesamtvollstreckung als Grundidee **1** 10 ff
- Reichsjustizgesetz **1** 8 f

Konsignationslager 43 18
Konten
- Einzelkonto **98** 4 ff
- Gemeinschaftskonten **98** 11 f
- Insolvenzkonto **98** 19 ff
- Konten für Gesellschaften bürgerlichen Rechts **98** 13
- Minderjährigenkonten **98** 18
- Sperrkonten **98** 17
- Treuhandkonten und Anderkonten **98** 14 ff

Kontensperre 14 54; **42** 43
Kontokorrentvertrag
- Geschäftsbesorgungsvertrag **36** 45

Kontokorrentvorbehalt
- Eigentumsvorbehalt **43** 26

Konzern
- Begriff **95** 2
- GmbH-Konzernierung **95** 3
- Insolvenzunfähigkeit **5** 10
- Verflechtungen **95** 3
- volkswirtschaftliche Bedeutung **95** 4

Konzerninsolvenzen
- Ausfallhaftung **95** 18
- Beherrschungs- und Gewinnabführungsverträge **95** 10 ff
- bisherige Behandlung **1** 90
- Doppelinsolvenz **95** 20
- Einführung **95** 5 f
- EuInsVO **131** 47 ff
- faktischer Konzern **95** 23 ff
- Folgen bei abhängigen Unternehmen **95** 13 ff
- Folgen bei herrschenden Unternehmen **95** 21
- Gesetzesvorschläge **1** 91 ff
- Gruppen-Gerichtsstand **1** 93
- Konzerngerichtsstandsbegründungen **95** 8
- Lösungsvorschläge der Rechtswissenschaft **95** 7
- Neuregelung **1** 90 ff
- qualifiziert faktischer Konzern **95** 25 f
- Regierungsentwurf **1** 92
- Schadensersatzansprüche **95** 19
- Sicherheitsleistung **95** 18
- Status quo **95** 5 ff
- und Unternehmensverträge **95** 10 ff
- Verfahrenskoordinierung **1** 94 ff
- Verlustausgleichspflicht **95** 13 ff

Konzerninsolvenzen – Regierungsentwurf
- Abstimmungspflicht der Gerichte **95** 49 f
- Antrag zur Begründung des Gruppen-Gerichtsstands **95** 42
- Anwendungsbereich **95** 32 f
- Eigenverwaltung **95** 67
- Einführung **95** 29 ff
- Fortbestehen des Gruppen-Gerichtsstands **95** 43
- Gruppen-Gerichtsstand **95** 34 ff
- Gruppen-Insolvenzverwalter **95** 47 ff
- Inkrafttreten **95** 67
- Kooperation der Gläubigerausschüsse **95** 56
- Kooperation der Insolvenzverwalter **95** 53 f
- Kooperationsrechte und -pflichten **95** 52 ff
- Koordinationsplan **95** 66
- Koordinationsverfahren **95** 57 ff
- Koordinationsverwalter **95** 61 ff
- Unternehmensgruppe **95** 32 f
- Verweisung an Gruppen-Gerichtsstand **95** 44
- Zuständigkeitskonzentration **95** 45
- zwischengerichtliche Kooperation **95** 55

2899

Sachregister

halbfette Zahlen = Paragraphen

Konzernverrechnungsklausel 45 32
Konzernvorbehaltsklausel 43 28 ff
Kooperation
– bei ausländischen Verfahren 134 123 ff
– Ausübung von Gläubigerrechten 134 132 ff
– Konkurrenz von Hauptverfahren 134 135 f
– Kooperationspflicht der Insolvenzverwalter 134 123 ff
– Zusammenarbeit der Insolvenzgerichte 134 137
Koordinationsverfahren
– Bestellung des Koordinationsverwalters 95 61 ff
– Einleitung 95 59 f
– Konzerninsolvenzen 95 57 ff
– Koordinationsplan 95 66
– Überblick 95 57 f
Koordinationsverwalter
– Äußerungsrecht des Gruppen-Gläubigerausschusses 95 61 f
– Anforderungen an die Person 95 61 f
– Aufgaben 95 63 f
– Bestellung 95 61 ff
– Vergütung 95 65
Kostbarkeiten
– Inbesitznahme und Sicherung der Masse 22 28
Kosten
– nach Erfüllung der Forderung 12 48 ff
– Erledigungserklärung des Gläubigers 10 18 ff, 21
– Prüfungstermin 63 55 ff
– Rücknahme des Eröffnungsantrags 10 11 ff
– vorläufige Verwaltung bei Antragsrücknahme 10 27 ff
– vorläufige Verwaltung bei Erledigterklärung 10 27 ff
Kosten des gerichtlichen Verfahrens
– Gerichtskosten 128 1 ff
– Gerichtsvollzieherkosten 128 59 ff
– Rechtsanwaltsgebühren 128 65 ff
– Rechtsbeistandsgebühren 128 89 ff
– Vergütung des vorläufigen Insolvenzverwalters 128 51 ff
Kosten des Insolvenzverfahrens
– Allgemeines 55 1
– Gerichtskosten 55 1, 5
– Unterhalt 55 4
– Vergütung und Auslagen des Verwalters/Gläubigerausschusses 55 3, 6
Kostendeckung
– Amtsermittlungen 13 1 ff
– Feststellung durch Amtsermittlung 13 1 ff
Kostenentscheidung
– Abweisung mangels Masse 16 14, 18
Kostenfestsetzung

– Rechtsanwaltsgebühren 128 88
Kostenfreiheit
– Allgemeines 128 2
– Trägern der Sozialhilfe 128 3 f
Kostenstundung
– Allgemeines 128 4 ff
– Antrag 85 3 f
– Aufhebung 85 12 ff; 128 10
– Beschlussentscheidung 85 9
– Beschwerde gegen Ablehnung/Aufhebung 128 11
– Erklärung zu Versagungsgründen 85 8
– Neuregelungen ab 1.7.2014 85 17
– bei nicht ausreichender Kostendeckung 85 5
– objektive Voraussetzungen 85 8
– Struktur 85 1 f
– Voraussetzungen 85 3 ff
– Wirkung 85 10 f
– wirtschaftliche Anforderungen 85 5 ff
– Ziel 85 1
– zweistufige Vergleichsberechnung 85 5
Kraftfahrzeugsteuer 125 13 ff
Kreditbetrug
– insolvenzbegleitende Straftat 127 155
Kredite
– Aufnahme neuer Kredite 97 2 ff, 37
– außerordentliche Kündigung 97 19
– Beschränkung des Kündigungsrechts 97 21 ff
– Besicherung des Neukredits 97 35
– besondere Grundsätze 97 1
– Duldung der Inanspruchnahme der Kreditlinie 97 4, 22
– Genehmigung des Gläubigerausschusses/-versammlung 97 37
– Gesellschafterdarlehen 97 47 ff
– Grenzen für Vergabe neuer Kredite 97 6 ff
– insolvenzabhängige Lösungsklauseln 97 20
– im Insolvenzantragsverfahren 97 31 ff
– Insolvenzgeldvorfinanzierung 97 41 ff
– im Insolvenzplanverfahren 97 38 ff
– im Insolvenzverfahren 97 36 f
– in Krisensituation 97 2 ff
– Kündigung 97 17 ff
– Masseverbindlichkeiten 97 32
– ordentliche Kündigung 97 18
– Prüfung der wirtschaftlichen Verhältnisse 97 9 ff
– Prüfungspflichtverletzung der Bank 97 12 ff
– Rücksichtnahmepflicht 97 5
– im Schutzschirmverfahren 97 40
– Sicherheiten 97 11, 34a
– Stillhalten der Bank 97 26 ff
– zugesagte und ausgezahlte Kredite 97 36
Kreditforderungen
– Verbriefungen 102 64 f
Kreditinstitute

magere Zahlen = Randnummern

Sachregister

- Insolvenzantragsrecht **8** 33
- Insolvenzfähigkeit **5** 6

Kreditrahmen
- Begrenzung der Umfangs der Kreditrahmenkreditierung **71** 6 ff
- Bewertung zu Fortführungswerten **71** 9 f
- Funktion und Voraussetzungen **71** 1 ff
- Kreditgläubiger **71** 11 f
- im Planverfahren **71** 1 ff
- Sicherung der Fortführungsfinanzierung **71** 1
- Vermögenswerte beim Wirksamwerden des Plan **71** 7 f
- Wirkung **71** 5
- zeitliche Begrenzung des Nachrangs von Insolvenz-/Neugläubiger **71** 13

Kredittäuschung
- Nichteinhaltung von Covenants **3** 31

Krise
- Ablaufstadien **2** 6
- Anfechtungszeitraum **47** 6, 25, 56 ff, 72
- Begriff **2** 1 ff; **47** 6 f
- Beweisfragen **47** 12
- Erfolgskrise **2** 3, 6, 7
- Erkennung sich anbahnender Krisen **2** 5 ff
- inkongruente Deckungsanfechtung **47** 56 ff
- Klassifikation **2** 5 ff
- krisenbezogene Insolvenzdelikte **127** 27 ff
- Liquiditätskrise **2** 6
- strategische Krise **2** 6
- Verschleierung **7** 1
- Vorphase der Insolvenzreife **4** 2
- Zahlungseinstellung **47** 8
- Zahlungsstockung **47** 9
- Zahlungsunfähigkeit **47** 7
- zeitliche Grenze **47** 13

Krisenerkennung
- Bedeutung **2** 60
- Bilanzanalyse **2** 19 ff
- Cash-Flow-Konzeptionen **2** 23 ff
- Hauschildt-Untersuchung **2** 16 f
- Jahresabschluss-Daten **2** 9 ff
- Kennzahlenanalyse **2** 9 ff
- Merkmale **2** 6
- Rentabilität **2** 38 ff
- Rentabilitäten **2** 10
- Residualgewinne **2** 45 ff

Kündigung von Arbeitsverhältnissen
- Angabe der Kündigungsgründe **105** 40, 147 ff
- des Arbeitnehmers bei Massenentlassungen **105** 191 ff
- Aushilfsarbeitsverhältnis **105** 45
- Ausschluss ordentlicher Kündigung **105** 136
- Ausschlussfrist des § 626 II BGB **105** 138 ff
- außerordentliche Kündigung **105** 131 ff
- Berufsausbildungsverhältnis **105** 42 f
- betriebsbedingte Kündigung **105** 79 ff; 107 103
- Betriebsübergang **106** 55 ff; **108** 124
- gesetzliches Kündigungsrecht nach § 113 S. 1 InsO **105** 64 ff
- Gruppenarbeitsverhältnis **105** 50 ff
- in Vollzug gesetzter Arbeitsverhältnisse **105** 17
- nach InsO **105** 64 ff
- durch Insolvenzverwalter **105** 36 ff
- Interessenabwägung **105** 137
- Kündigungserklärung **105** 37
- Kündigungsfristen **105** 57 ff
- Kündigungsgründe **105** 133 ff
- Leiharbeitsverhältnis **105** 48 f
- mittelbares Arbeitsverhältnis **105** 55 f
- Mitwirkung des Betriebsrates **105** 20 ff
- Nachschieben von Kündigungsgründen **105** 147 ff
- nicht in Vollzug gesetzter Arbeitsverhältnisse **105** 4
- ordentliche Kündigung **105** 36 ff
- personenbedingte Kündigung **105** 77
- Probearbeitsverhältnis **105** 44
- Schriftform **105** 38 f
- Sozialwidrigkeit **105** 76 ff
- Teilzeitarbeitsverhältnis **105** 46 f
- Unwirksamkeit gem. § 613a IV BGB **106** 55 ff
- verhaltensbedingter Kündigung **105** 77
- Verrat von Geschäfts- und Betriebsgeheimnissen **105** 135
- vertragswidriges Verhalten **105** 134
- Vertretung **105** 41
- durch vorläufigen Insolvenzverwalter **105** 35
- während Weiterbeschäftigungsverhältnisses **105** 181
- Zulässigkeitsvoraussetzungen **105** 18 f

Kündigung von Krediten 97 17 ff

Kündigung von Miet- und Pachtverträgen 37 34 ff

Kündigungsfristen
- allgemeine Grundsätze **105** 57 ff
- im Aushilfsarbeitsverhältnis **105** 71
- nach BGB **105** 57 ff
- in der Insolvenz **105** 63 ff
- nach InsO **105** 63 ff

Kündigungsrecht des vorläufigen Verwalters 14 113 ff

Kündigungsschutz
- bei Änderungskündigung **105** 158 ff
- allgemeiner Kündigungsschutz **105** 72 ff
- nach BEEG **105** 121 ff
- für Bergmannsversorgungsscheininhaber **105** 129

Sachregister

halbfette Zahlen = Paragraphen

- Beschlussverfahren bei Betriebsänderungen **108** 115 ff
- besonderer Kündigungsschutz **105** 106 ff
- Betriebsgröße **105** 74
- Betriebsverfassung **105** 108 ff
- Darlegungs- und Beweislast **105** 75b
- räumlicher Geltungsbereich **105** 75c
- regelmäßige Beschäftigtenzahl **105** 75a
- für Schwangere/Wöchnerinnen **105** 115 ff
- für schwerbehinderte Menschen **105** 111 ff
- Sozialwidrigkeit der Kündigung **105** 76 ff
- Unterbrechung laufender Kündigungsschutzprozesse **105** 5a
- Voraussetzungen **105** 72 ff
- Zustimmung des Integrationsamtes **105** 113 f
- Zustimmung obersten Landesbehörde **105** 119

Kündigungsschutzklage
- Aufnahme unterbrochener Verfahren **107** 165 f
- Drei-Wochen-Frist **105** 103
- Erhebung in der Insolvenz **105** 103 ff
- Klagefrist bei behördlicher Zustimmung **105** 105
- Nichteinhaltung der Kündigungsfrist **105** 104a
- Sozialplan **108** 161
- Unwirksamkeitsgründe **105** 104

Kündigungssperre
- Insolvenz des Mieters **37** 15
- Miete und Pacht über Immobilien **37** 26, 32

Künftige Bezüge
- Verfügungen **31** 89 ff

Künstliche Neuronale Netzanalyse (KNNA) 2 19 ff

Kurzarbeitergeld
- Anspruchsvoraussetzungen **110** 36
- Antrag **110** 45
- Anzeige bei der Agentur für Arbeit **110** 42 f
- betriebliche Voraussetzungen **110** 40
- erheblicher Arbeitsausfall mit Entgeltausfall **110** 37 ff
- Leistungsumfang **110** 44
- persönliche Voraussetzungen **110** 41
- Transferkurzarbeitergeld **110** 46 ff
- Transfermaßnahmen **110** 46 ff
- Zweck **110** 34

Kurzfristiger Überbrückungskredit 92 460

Länder
- Insolvenzunfähigkeit **5** 34 f

Lagergeschäfte 36 46

Lastschriften
- Einlösung **99** 42 ff
- Einzug **99** 47 ff
- Grundlagen **14** 175 f
- mehraktige Rechtshandlungen **46** 35
- missbräuchliche Widersprüche **99** 46
- SEPA-Lastschriftverfahren **14** 183
- Sicherung des Vermögens des Zahlungsempfängers **14** 178
- Sicherung des Vermögens des Zahlungspflichtigen **14** 179 ff
- Widerspruch **99** 45, 50
- Zeitpunkt **99** 43 f, 48

Leasing
- Abtretung der Leasing-Forderungen **43** 70
- Ausschluss des Kündigungsrechts **43** 64
- über bewegliche Sachen **43** 58 ff
- Erfüllungsablehnung **43** 60
- Erfüllungswahl **43** 65
- Finanzierungs-Leasing **37** 41; **43** 62
- Finanzierungsleasing **43** 62 ff
- gegenseitiger Vertrag **43** 59
- Immobilienleasing **100** 9 ff, 20 f
- Insolvenz des Leasinggebers **37** 47; **43** 61; **100** 15 ff
- Insolvenz des Leasinggebers mit gesicherter Refinanzierung **43** 67
- Insolvenz des Leasinggebers ohne gesicherte Refinanzierung **43** 66
- Insolvenz des Leasingnehmers **37** 41; **43** 63; **100** 2 ff
- Insolvenzkollisionsrecht **133** 70 f
- als Kauf **100** 14
- Masseverbindlichkeiten **56** 23
- Mobilienleasing **100** 3 ff, 15 ff
- Operating-Leasing **37** 41; **43** 59
- rechtliche Einordnung **100** 1
- Teilamortisationsleasing **43** 62
- Verwertungsrecht **43** 74
- Vollamortisationsleasing **43** 62
- Voll-/Teilamortisationsleasing **43** 62
- Wahlrecht des Insolvenzverwalters **37** 23; **43** 59

Lebenspartner
- nahestehende Person **48** 30

Leiharbeitnehmer 104 50 ff

Leiharbeitsverhältnis 105 48; **110** 15

Leistungen an den Schuldner
- andere Leistungen **31** 97 ff
- befreiende Leistung an Schuldner **31** 101 ff
- Leistung an Vertreter des Schuldners **31** 104
- Leistungen auf eingetragene Rechte **31** 95 f
- Leistungen in die Masse **31** 93 f

Leistungsanspruch auf unpfändbare Gegenstände
- Massezuordnung **25** 42

magere Zahlen = Randnummern

Sachregister

Leistungskette s. *Mittelbare Zuwendungen*
Leistungsverweigerungsrecht 51 55 f
Lex fori concursus 80 35 f; **130** 11; **131** 136 ff; **132** 23
Lieferantenpool 44 8
Lieferungvertrag herzustellender/zu erzeugender beweglicher Sachen
– gegenseitiger Vertrag 34 14
Liquidation
– Abschlagszahlungen 22 61
– freihändige Veräußerung 22 56
– Gleichrang mit übertragender Sanierung/Sanierung 66 9
– Schlussverteilung 22 63 ff
– Unternehmensveräußerung 22 57 f
– Verteilung an Absonderungs- und Insolvenzgläubiger 22 60
– Verwertung 22 56 ff
– Vorwegbefriedigung absonderungsberechtigter Gläubiger 22 62
– Vorwegbefriedigung der Massegläubiger 22 59
– Zwangsversteigerung 22 56
Liquidationsgesellschaft
– Insolvenzfähigkeit 5 20
Liquiditätskrise 2 6
Lizenzvertrag
– Dauerschuldverhältnis 37 49
– gegenseitiger Vertrag 34 14
– geltende Rechtslage 37 49 ff
– Insolvenz des Lizenzgebers 37 50, 52 f
– Insolvenz des Lizenznehmers 37 51
– Insolvenzfestigkeit 37 50
– Reformvorhaben 37 52
– Spiel- und Wettkampflizenzen 93 206 ff
Löschungsanspruch 31 39 f
Lösungsklauseln
– Begriff 35 12
– Begriff und Arten 35 12 ff
– Grundsatzurteil des BGH 35 13
– Inhaltskontrolle 35 14
– insolvenzabhängige Klauseln 35 12, 13
– Insolvenzanfechtung 35 14
– insolvenzunabhängige Klausel 35 12
– Miete und Pacht über Immobilien 37 26, 32
– Miete und Pacht über Mobilien 37 11, 18
– Optionsgeschäft 102 39 f, 41 ff
– Vorsatzanfechtung 48 4
– Wirksamkeit/Unwirksamkeit 35 13e
– Zweck und Funktion 35 12
Logistische Regression (LR) 2 19 f
Lohnforderungen
– rückständige Ansprüche 107 1; 110 16 f
Lohnpflichttheorie 92 209
Lohnsteuer
– Arbeitnehmeranteil und Massebezug 92 178
– Insolvenzverfahren über Arbeitgebervermögen 123 4 ff
– Insolvenzverfahren über Arbeitnehmervermögen 123 1 ff
– Lohnsteuerabzug durch Insolvenzverwalter 123 4 ff
– Pauschalierung 123 12 ff
– Übergang der Forderung auf Bundesagentur für Arbeit 123 14 ff
– bei vorläufiger Insolvenzverwaltung 123 17 ff
Lohnverschiebung 46 59
Lohnverzicht 46 59

Maklervertrag
– Geschäftsbesorgungsvertrag 36 45
Mantelkauf 92 361
Mantelverwendung 92 361
Marken und Warenzeichen 26 5
Marktkonformität 1 38; 66 6 f
Masse
– Änderungen nach Verfahrenseröffnung 27 1 ff
– Aktiengesellschaft 93 59 ff
– Anknüpfung Pfändbarkeit/Unpfändbarkeit 24 2; 25 17
– Anspruch auf Rücknahme hinterlegter Sachen 25 44
– Ansprüche auf Leistung unpfändbarer Gegenstände 25 42
– Ansprüche aus Arbeitseinkommen 25 19 ff
– Ansprüche aus Sterbefallkosten-Sicherung 25 32
– Ansprüche in der Insolvenz der Handelsgesellschaften 25 37
– Anteils- und Mitgliedschaftsrechte 25 61 ff
– bei Aufsichtsratsmitgliederhaftung 92 531
– Ausgrenzung bei konkurrierender Zwangsverwaltung 26 23 f
– Auslandsvermögen **132**
– Ausschüttungen an Gesellschafter 92 363 ff
– Austausch 27 5
– Auszahlungsansprüche von Gesellschaftern 92 363 ff
– bedingt pfändbare Ansprüche ohne Insolvenzbeschlag 25 27 ff
– Beihilferückforderungen 25 45
– Bereinigung durch Insolvenzverwalter 22 41 ff
– beschränkt pfändbare Ansprüche 25 38
– Beteiligungen 92 569 ff
– bewegliches Vermögen 25 12 ff
– Bezüge aus Witwen-, Waisen-, Hilfs- und Krankenkassen 25 31
– Börsenzulassung 93 85

2903

Sachregister

halbfette Zahlen = Paragraphen

- Dienstbarkeiten **25** 47 ff
- bei Differenzhaftung **92** 357
- Eigentumsvorbehalt **25** 52
- Einkünfte aus Stiftungen, Altenteils- oder Auszugsverträgen **25** 30
- Einlageversprechen **94** 166
- Einzelverwaltung **29** 6 f
- Erbbaurechte **25** 8
- Ergänzung durch Insolvenzverwalter **22** 40
- Finanzplankredite **92** 557 ff
- Firma **92** 339 f; **94** 38
- Forderungen **25** 17 ff
- freiberufliche Praxis des Schuldners **26** 9 ff
- Freigabe **27** 7 f
- Gegenstand **24** 1 ff
- Genossenschaft **93** 141 ff
- gerichtliche Klärung bei Streit **28** 1 ff
- Gesamtgut bei Gütergemeinschaft **29** 1 ff
- Gesamtschäden **92** 532 ff
- bei Geschäftsführerhaftung **92** 375 ff, 515 ff
- Gesellschafterdarlehen **92** 385 ff; **93** 72 ff; **94** 44, 168 ff
- bei Gesellschafterhaftung **92** 362, 522 ff
- gesellschaftsrechtliche Nebenleistungen **92** 348 ff
- gesetzliche Anknüpfung **24** 1; **25** 1
- gesetzliche Unterhaltsrenten **25** 29
- gesetzlicher Anknüpfungspunkt **24** 2
- gesplittete Einlagen **94** 43
- bei GmbH in Insolvenz **92** 337 ff
- bei Gründerhaftung **92** 358 f
- Grundstücke **25** 2 ff
- grundstücksgleiche Rechte **25** 7 ff
- bei Haftung wegen existenzvernichtenden Eingriffs **92** 372 ff
- Haftungsansprüche **92** 606 ff; **93** 198 f
- bei Handelndenhaftung **92** 360
- Heimstätten **25** 9
- Höfe der Landwirte **25** 10
- Immaterialgüterrechte **25** 56 ff
- In- und Auslandsvermögen **24** 5
- Inbesitznahme und Sicherung der Masse **22** 27 ff
- inländisches Verfahren mit Auslandsbezug **132** 41 ff
- Ist- und Sollmasse **39** 1
- Ist-Masse **24** 4
- Kapitalaufbringungs-/erhaltungsansprüche **93** 60 ff
- Kapitalerhaltungsansprüche **94** 167
- Kapitalerhöhung **92** 344 ff
- Kapitalersatzrecht **93** 72 ff
- bei kapitalistischer Personengesellschaft **94** 164 ff
- KG **94** 42 ff
- Leistungsversprechen aus Austauschverträgen **92** 353
- Mantelkauf/-verwendung **92** 361
- Masseanfall von Forderungen unter Beachtung der Höchstpersönlichkeit **25** 39
- Missmanagementansprüche **92** 515 ff; **93** 65 ff
- Mitgliedsbeiträge/vereinsrechtliche Nebenpflichten **93** 196 f
- Mitgliedschaften **93** 200 ff
- Nachlass **114** 1 ff
- bei Nachlassinsolvenz **114** 1 ff
- Nachschüsse **92** 347; **94** 40
- Neuerwerb **24** 1; **25** 18; **27** 1 ff
- nichtrechtsfähiger Verein **93** 229
- Nutzungsüberlassung **92** 502
- rechtliche Zuordnung **24** 1 ff, 6
- rechtsfähiger Verein **93** 194 ff
- Renten wegen Körper-/Gesundheitsverletzung **25** 28
- rückständige Einlagen **92** 341 ff; **94** 39
- Schadensersatzansprüche gegen Leitungsorgane **94** 165
- Schiffe und Schiffsbauwerke **25** 11
- Schmerzensgeldanspruch **25** 40
- Schuldbefreiungsanspruch **25** 43
- Sicherungseigentum **25** 53
- Sicherungsrechte **25** 51 ff
- Soll-Masse **24** 4
- Sondermassen **24** 8 f
- Sozialansprüche **94** 41
- Sozialleistungsansprüche **25** 24 ff
- Steuererstattungsansprüche **25** 41
- Stitung **93** 239 f
- Streit über Massezugehörigkeit **28** 1 ff
- Umfang **24** 1 ff
- unbewegliches Vermögen **25** 2 ff
- bei Unterbilanzhaftung **92** 354 ff
- Unternehmen des Schuldners **26** 2 ff
- Verringerung **27** 6 ff; **77** 68 ff
- Versicherungsansprüche **25** 34
- bei Vorbelastungshaftung **92** 354
- bei Vor-GmbH **92** 606 ff
- Vorkaufs-, Wiederkaufs- und Wiederverkaufsrechte **25** 55
- Vorratsgesellschaft **92** 361
- bei wirtschaftliche Neugründung **92** 361
- Wohnungs- und Teileigentum **25** 7
- Zuordnung und Ausgrenzung **25** 1 ff
- Zuwachs **27** 1 ff
- Zweckbestimmung **24** 7

Massearmut 1 19
- Befriedigung der Massegläubiger **59** 1 ff
- Einstellung mangels kostendeckender Masse **74** 9 ff

magere Zahlen = Randnummern

Sachregister

- Einwand im Masseprozess **59** 9 f
- hochgradige Massearmut **74** 9 f

Massebereicherungsanspruch
- Anspruchskonkurrenz **56** 44 f
- Masseverbindlichkeit **56** 39 ff
- Voraussetzungen **56** 39 ff

Massebereinigung
- Absonderung **39** 3
- Aufrechnung in der Insolvenz **39** 4
- Aussonderung **39** 2
- Beachtung der Aussonderungsrechte **22** 41
- Freigabe **22** 42 f
- von fremden Vermögenswerten **39** 1 ff
- durch Insolvenzverwalter **22** 41 ff
- Sicherungsrechte **39** 6 f
- Vollrechte **39** 5

Massebezug
- Unterbrechung schwebender Prozesse **32** 104 ff

Masseergänzung
- Gesamtschaden der Gläubiger **26** 15 ff
- Gestaltungsrechte **26** 12 ff
- persönliche Gesellschafterhaftung **26** 18 f
- Prozessführungsbefugnis des Verwalters **26** 22
- Verwertungs- und Nutzungsrechte **26** 21

Masseerhaltungspflicht
- Adressat **92** 172
- alleiniger Passivbestandsbezug **92** 176
- Arbeitnehmeranteil zur Lohnsteuer **92** 178
- Berücksichtigung der Insolvenzquote **92** 188 f
- Berücksichtigung des Anfechtungsrechts **92** 187
- Berücksichtigung von Gegenleistungen **92** 184
- Berücksichtigung von „sonstigen" Vorteilen **92** 185 f
- Darlegungs- und Beweislast **92** 193
- Entscheidungszuständigkeit **92** 192
- erlaubte Zahlungen **92** 180 f
- Exkulpation nach § 64 S. 2 GmbHG **92** 182
- Geltendmachung des Anspruchs **92** 191 ff
- Gesamtschau **92** 179
- Inhalt **92** 173
- Pflichtverletzung **92** 190 ff
- Prozessführungsbefugnis **92** 191
- Rechtsnatur des Anspruchs **92** 169
- Schuldnervermögensbezug **92** 177 f
- Selbstprüfung **92** 173
- Sorgfaltsmaßstab **92** 181
- Überwachung **92** 173
- Umfang der Erstattungspflicht **92** 182 ff
- Verschulden **92** 190 ff
- vorläufige Maßnahmen **22** 44
- Vorteilsanrechnung **92** 186

- Zahlungsbegriff **92** 174 ff
- zeitlicher Anwendungsbereich **92** 171

Masseforderungen
- Geltendmachung **32** 72 ff
- Prozessführung **32** 72 ff

Massegläubiger
- Arbeitnehmer **107** 133 ff, 154 f
- Befriedigung **58** 1 ff
- Haftung **23** 44 ff
- Inanspruchnahme des Schuldners **58** 5 ff
- Vorwegbefriedigung **22** 59

Massekostendeckung
- Allgemeines **15** 1 ff
- berücksichtigungsfähige Masseposten **92** 252 ff
- Einbeziehung von Masseverbindlichkeiten **15** 11 f
- Ermittlung der freien Masse **15** 6 ff
- gerichtliche Prüfung **15** 4 ff
- bei GmbH in Insolvenz **92** 249 ff
- Liquiditätsproblem **15** 8
- Prüfung durch vorläufigen Insolvenzverwalter **14** 78 ff
- Rechtstatsächliches **92** 249
- Schwierigkeiten bei Feststellung der Massevlosigkeit **15** 6 ff
- temporäre Massekostenunterdeckung **15** 7
- Verwaltungskosten **15** 10
- kein Vorschuss bei Eigenantrag **15** 13

Massekostendeckungsprüfung
- KG **94** 19
- OHG **94** 19
- bei Vor-GmbH **92** 604

Massekostenvorschuss
- Allgemeines **15** 1 ff
- Anforderung des Vorschusses **15** 14 ff
- Auflagenbeschluss **15** 18
- Berechnung **15** 22 ff
- Erstattungsansprüche **15** 25 ff
- kein Insolvenzkostenhilfe **15** 21
- mehrere Antragsteller **15** 19
- Pflicht **15** 37
- Rechtsmittel gegen Auflagenbeschluss **15** 18
- Treuhandvermögen **15** 20

Masselosigkeit
- Befriedigung der Massegläubiger **59** 4
- Einwand im Masseprozess **74** 50 ff
- Feststellung **15** 6 ff
- Feststellungsschwierigkeiten **15** 6

Massenentlassungen
- Anhörung des Betriebsrats **108** 134 ff
- Anwendungsbereich **105** 184 ff
- anzeigepflichtige Entlassungen **105** 186
- Beteiligung des Betriebsrats **105** 187
- Betriebsbegriff **105** 184a
- Entlassungssperre **105** 190

2905

Sachregister

halbfette Zahlen = Paragraphen

- Konsultations- und Anzeigepflicht **108** 139
- Kündigung durch Arbeitnehmer **105** 191 ff
- Mindest- und Sollangaben der Anzeige **105** 188 ff
- Rechtsfolgen unterbliebener/fehlerhafter Anzeige **105** 189
- regelmäßige Beschäftigtenzahl **105** 185
- Schriftform **105** 60
- Sinn und Zweck **105** 183

Masseprozess
- Einwand der Massearmut **59** 9 f
- Einwand der Masselosigkeit/ -unzulänglichkeit **74** 50 ff

Masseunzulänglichkeit
- Anzeige **74** 22 ff
- Arbeitnehmeransprüche **107** 156 ff
- Befriedigung der Massegläubiger nach Anzeige der – **59** 5 ff
- Begriff **74** 20
- Einstellung des Verfahrens **74** 20 ff
- Einwand im Masseprozess **74** 50 ff
- bei GmbH **92** 579 ff
- Insolvenzplan **67** 22
- KG **94** 35 f
- Legaldefinition **74** 20
- Nachlassinsolvenz **117** 12 f
- Neumassegläubiger **107** 159
- OHG **94** 35 f
- Vollstreckungsverbot **107** 158

Masseunzulänglichkeitsanzeige
- Befriedigung der Massegläubiger **59** 5 ff
- bindende Wirkung **107** 157
- bei Eigenverwaltung **90** 82
- Einstellung des Verfahrens **74** 22 ff
- Haftung bei verspäteter Anzeige **107** 160

Masseverbindlichkeiten
- bei Absonderung **57** 2
- Arbeitnehmeransprüche **107** 5, 10 ff, 14 ff
- bei Betriebsveräußerung unter Wert **57** 6
- bisherige Aufteilung **53** 1
- aus Dauerschuldverhältnissen **56** 21
- Dienst- und Arbeitsverträge **56** 33 ff
- aufgrund Erfüllungsverlangens des Verwalters **56** 18 f
- bei fortgesetzter Gütergemeinschaft **57** 8
- aus gegenseitigen Verträgen **56** 16 ff
- Geschäftsführung Dritter ohne Auftrag **56** 10
- bei Gesellschaftsauflösung **57** 5
- aufgrund gesetzlichen Erfüllungszwangs **56** 20 ff
- Haftung bei Nichtausgleich **23** 24 ff
- durch Handlungen des Verwalters **56** 3 ff
- bei Hilfskräfteeinsatz **56** 6
- Kosten des Insolvenzverfahrens **55** 1 ff
- aus Leasingverträgen **56** 23
- Massebereicherungsanspruch **56** 39 ff
- Massebereichungsanspruch **56** 39 ff
- Miet- und Pachtvertrag **56** 25 ff
- Nachlassinsolvenz **115** 1 ff
- bei Nachlassinsolvenz **57** 7
- nach § 55 I Nr. 1 InsO **56** 2 ff
- nach § 55 I Nr. 2 InsO **56** 16 ff
- nach § 55 I Nr. 3 InsO **56** 39 ff
- Prozesskosten der Gläubiger **57** 4
- Schuldnerunterhalt **57** 9 f
- sonstige Masseverbindlichkeiten **56** 1 ff; **60** 1 ff
- aus Sozialplan **57** 3
- Steuerforderungen **60** 1 ff; **126** 24 ff
- Strukturverbesserung **53** 1 ff
- aus ungerechtfertigter Bereicherung **56** 39 ff
- Unterlassungen des Verwalters **56** 9
- durch Verwaltung, Verwertung und Verteilung der Masse **56** 8 ff
- bei Vor-GmbH **92** 607
- Vorwegbefriedigung **54** 1
- zusätzliche Masseverbindlichkeiten **57** 1 ff

Masseverschmälerungshaftung 26 16

Masseverzeichnis
- Aufstellen durch Insolvenzverwalter **22** 34

Materielle Vermögenswerte
- Überschuldungsstatus **6** 48

Mediation
- alternative Insolvenzbewältigung **4** 27 f

Mehraktige Rechtshandlungen
- Anfechtbarkeit **46** 35 ff
- Genehmigungserfordernis **46** 35
- gesicherte Rechtsposition **46** 37
- Grundsätze **46** 35
- Hypothek für eine künftige Forderung **46** 35
- Lastschriftverfahren **46** 35
- Pfandrechtsbestellung **46** 35
- Sicherungsgeschäften **46** 35
- Überweisungsauftrag **46** 35
- Wirksamkeit **31** 4

Mehrheitsentscheidung
- Grundsatz **68** 49 ff
- Teilhabe ohne Prinzipienverstoß **68** 55 ff
- voraussichtlich keine Schlechterstellung ggü Regelabwicklung **68** 52 ff

Mehrheitsprinzip 66 12 ff

Miete und Pacht
- Abgrenzungen **37** 2 ff
- ähnliche Schuldverhältnisse **37** 4
- über bewegliche Sachen **37** 1
- gesellschaftsinternes Nutzungsverhältnis **37** 1
- Insolvenzkollisionsrecht **133** 67 ff
- Massezugehörigkeit **37** 5
- Übersicht **37** 1

magere Zahlen = Randnummern

Sachregister

- über unbewegliche Gegenstände/Räume **37** 1
- Unterscheidung zwischen Mobilien/Immobilien **37** 1

Miete und Pacht über Immobilien
- Abwicklung nach §§ 108 ff. InsO **37** 1
- Abwicklungsansprüche des Vermieters **37** 37
- Aufrechnungen **37** 45
- Ausübung des Rücktrittsrechts **37** 29
- beiderseitiges Rücktrittsrecht **37** 27 ff
- Erklärungsrecht bei Mietwohnung des Schuldners **37** 36
- Fortbestehen des Vertrages **37** 24
- Freigabe **37** 40
- Grundsätze **37** 24 ff
- Insolvenz des Mieters nach Gebrauchsüberlassung **37** 31 ff
- Insolvenz des Mieters vor Gebrauchsüberlassung **37** 27 ff
- Insolvenz des Vermieters **37** 42 ff
- Kündigungsrecht des Verwalters **37** 34 ff
- Kündigungssperre **37** 26, 32
- Leasingvertrag **37** 41, 47
- Lösungsklausel **37** 26, 32
- Masseverbindlichkeit **56** 25 ff
- Rechtsfolgen **37** 25
- Rechtsfolgen bei Beendigung **37** 37
- Rückgabe der Sache **37** 37
- Überlassung der Sache **37** 33
- Veräußerung durch Verwalter **37** 43
- Vermieterpfandrecht **37** 39
- Vorausverfügungen **37** 46
- Wohnungsgenossenschaftsmitglied **37** 36

Miete und Pacht über Mobilien
- Abweichung vom Fortbestandsgrundsatz **37** 9 f
- Abwicklung nach § 103 InsO **37** 1, 9 ff
- Erfüllungsablehnung bei Vermieterinsolvenz **37** 14
- Erfüllungsverlangen bei Mieterinsolvenz **37** 20
- Erfüllungsverlangen bei Vermieterinsolvenz **37** 12 f
- Gebrauchsüberlassung **37** 9
- gesellschaftsinterne Nutzungsverhältnisse **37** 9
- Grundsätze **37** 9 ff
- Insolvenz des Mieters **37** 15 ff
- Insolvenz des Vermieters **37** 11 ff
- Kündigungssperre **37** 15
- Lösungsklausel **37** 11, 18
- Nutzungen der Mietsache im Eröffnungsverfahren **37** 22
- Wahlrecht des Insolvenzverwalters **37** 11 ff, 19

Mietforderungen
- Verfügungen des Schuldners **31** 41

Mietkaution
- Aussonderung **40** 55 f

Mietzinsvorauszahlung
- Masseverbindlichkeit **56** 30

Minderheitenschutz
- Bestätigung bei Bestätigung des Insolvenzplans **68** 110 ff

Minderjährigenkonten 98 18

Minderjährigenschutz
- bei Insolvenzanfechtung **46** 31

Mineralölsteuer 125 26

Mischkalkulation 42 177

Missmanagementhaftung
- Aktiengesellschaft in Insolvenz **93** 65 ff
- Außenhaftung **92** 521, 524 ff
- Haftung der Aufsichtsratsmitglieder **92** 531
- Haftung der Gesellschafter **92** 522 ff
- Haftung des Geschäftsführers **92** 515 ff
- Innenhaftung **92** 515 ff, 522 f

Mitbestimmung in der Insolvenz
- allgemeine Grundsätze **108** 1 ff
- Betriebsänderungen in der Insolvenz **108** 21 ff
- bei Durchführung des Insolvenzverfahrens **108** 15 ff
- Einleitung des Insolvenzverfahrens **108** 5 ff

Miteigentümergemeinschaft
- Sicherheitenpool **44** 5 ff, 17

Miteigentum
- Absonderung **42** 7

Mitgliedschaftsrechte
- keine Massezugehörigkeit **25** 64

Mithaftung
- Befreiungsanspruch **8** 40

Mitteilungen in Zivilsachen (MiZi) 16 31

Mitteilungspflichten
- Eröffnung des Insolvenzverfahrens **16** 29 ff
- nach §§ 20 f. AktG **93** 58

Mittel zur Lebensführung
- bei Eigenverwaltung **90** 11

Mittelbare Gläubigerbenachteiligung
- inkongruente Deckungsanfechtung **47** 60
- Insolvenzanfechtung **46** 69
- kongruente Deckungsanfechtung **47** 27
- Schenkungsanfechtung **49** 6
- Vorsatzanfechtung **48** 13

Mittelbare Stellvertretung 40 45

Mittelbare Zuwendungen
- Anfechtungsgegner **51** 59
- Anweisung an Drittschuldner **46** 27
- Bedeutung in der Praxis **46** 27
- Begriff **46** 26
- Grundmodell **46** 26

Sachregister

halbfette Zahlen = Paragraphen

- Kapitallebensversicherung mit widerruflichem Drittbezugsrecht **46** 27
- kongruente Deckungsanfechtung **47** 18
- Leistungskette **46** 26
- Rechtsprechungs-Fälle **46** 27
- Rückgewähr **51** 17
- unentgeltliche Übertragung eines belasteten Grundstücks **46** 27
- Zuwendung im Dreieckverhältnis **46** 27; **49** 13; **51** 2 f, 59

Mittelbares Arbeitsverhältnis
- Kündigung **105** 55 f.

Mitwirkungsbefugnis
- Insolvenzschuldner **18** 14

Mitwirkungspflicht
- bei Eigenverwaltung **90** 17
- des Geschäftsführers **92** 235 f
- der Gesellschafter **92** 20 ff
- der Gläubiger **32** 25
- Pflichtverletzung **77** 73 ff
- bei Vermögensaufnahme **18** 14
- Zwangsmittel **18** 11

Mitwirkungspflichten des Schuldners
s. a. *Auskunfts- und Mitwirkungspflicht des Schuldners*
- bei Aufklärung der Eröffnungsvoraussetzungen **13** 18 ff
- Auskunftspflicht **13** 10 ff
- Bereitschaftspflicht **13** 16
- Durchsetzung **13** 19 f
- Insolvenzschuldner **18** 9
- Unterstützungspflicht **13** 14 f
- verpflichtete Personen **13** 17 f
- Voraussetzungen **13** 9
- bei vorläufiger Insolvenzverwaltung **14** 191 ff
- Zwangsmittel/Sanktionen **13** 19 f

Mitwirkungsrechte
- des Gläubigerausschusses bei Eigenverwaltung **90** 9
- der Gläubigerversammlung bei Eigenverwaltung **90** 9
- Insolvenzgläubiger **19** 3
- des Sachwalters **90** 71 ff
- des Sachwalters bei Eigenverwaltung **90** 6 ff

Mobiliarsicherheiten 39 7
- Bedeutung **43** 1
- besitzlose Sicherheiten **1** 16
- Eigentumsvorbehalt und Anwartschaftsrecht **43** 2 ff
- Insolvenzkollisionsrecht **133** 41 ff
- Insolvenzrechtsreform **1** 54 f
- im internationalen Warenverkehr **43** 107 ff
- Sicherungseigentum **43** 75 ff
- Sicherungszessionen **43** 88 ff
- Verwertung **42** 128 ff; **43** 106

Mobilienleasing
- Herausgabe- und Verwertungsverbot **100** 6a
- Insolvenz des Leasinggebers **100** 15 ff
- Insolvenz des Leasingnehmers **100** 3 ff
- Kündigung **100** 6

MoMiG 1 67; **3** 65 ff

Multivariate Diskriminanzanalyse (MDA) 2 19 ff

Nacherbfolge
- Eintritt nach Eröffnung der Nachlassinsolvenz **118** 1 ff
- Eintritt vor Eröffnung der Nachlassinsolvenz **118** 4
- Stellung des Vorerben nach Nacherbfall **118** 5 ff

Nachfolgeklauseln 114 29 ff

Nachforderungsrecht
- Durchbrechung des Grundsatzes **76** 4
- Grundsatz freier Nachforderung **76** 4

Nachgeschalteter Eigentumsvorbehalt 36 37; **43** 23

Nachgesellschaften
- Insolvenzantragspflicht **7** 28
- Insolvenzantragsrecht **8** 22
- Insolvenzfähigkeit **5** 20 ff

Nachhaftung
- beschränkte Nachhaftung **76** 4 ff
- deliktische Ansprüche **79** 15 ff
- Geldstrafen **79** 21
- Kostenstundung **79** 21
- nicht gewährter Unterhalt **79** 41
- Steuerforderungen **79** 43

Nachschieben von Forderungen 8 35

Nachlass
- Insolvenzfähigkeit **5** 16

Nachlassgläubiger
- Erbe **115** 6 ff
- Voll- und Minderberechtigte **115** 16 ff
- zum Gesamtgut gehörender Nachlass **119** 17 ff

Nachlassinsolvenz
- Ablehnung mangels Masse **117** 12
- Abwicklung bei Auslandsbezug **132** 188
- Alleinerbe **112** 1 ff
- analoge Anwendung bei vollbeendeten Personengesellschaften **111** 13
- Anhörungspflichten bei Eigenantrag **11** 17
- Anmeldung der Nachlassinsolvenzforderungen **115** 13
- Antragsbefugnis **113** 5 ff
- Antragspflicht **113** 11 ff
- Aufhebung **117** 1 f, 3
- Auslandsbezug **132** 183 ff
- Auswirkungen auf anhängige Verfahren **113** 30

magere Zahlen = Randnummern

Sachregister

- Bedeutung in der Praxis **111** 7 ff
- Beendigung durch Verteilung der Masse **117** 4 ff
- Befriedigung außerhalb des Nachlassinsolvenzverfahrens **115** 36 ff
- Befriedigung der Nachlassgläubiger **115** 1 ff
- Beschränkung bei Befriedigung nachrangiger Nachlassverbindlichkeiten **115** 32 ff
- Beschwerdeberechtigung **113** 21
- besonderes Insolvenzverfahren **111** 1
- Doppelinsolvenz **119** 9 ff
- drohende Zahlungsunfähigkeit **113** 20
- Eigeninsolvenz eines Miterben **119** 7 f
- Eigenverwaltung **113** 23
- einheitliches Verfahren trotz Erbenmehrheit **111** 2 f
- Einstellung mit Gläubigerzustimmung **117** 11 ff
- Eintritt der Nacherbfolge nach Eröffnung **118** 1 ff
- Eintritt der Nacherbfolge vor Eröffnung **118** 4
- Erbe als Nachlassinsolvenzgläubiger **115** 6 ff
- Erbe als Schuldner **112** 1 ff
- Erbeninsolvenz **119** 1 ff, 9 ff
- Erbschaftskauf **112** 9; **117** 8 ff; **118** 8 ff
- Eröffnung trotz Nachlassteilung **113** 4
- Eröffnung trotz unbeschränkter Erbenhaftung **113** 2 f
- Eröffnung vor Erbschaftsannahme **113** 1
- Eröffnungsgründe **113** 16 ff
- Gesamtvermögensinsolvenz **119** 2 ff
- Gläubiger **112** 21 ff
- Gläubigerantrag **113** 15
- Haftung des Erben nach Beendigung **117** 3 ff
- Haftungsbeschränkung der Erben **111** 4, 8 f
- Inlandswirkung ausländischer Verfahren **134** 122
- Insolvenzantragspflicht **7** 2 ff, 17
- Insolvenzkostenhilfe **113** 22
- Insolvenzmasse **132** 185 ff
- Insolvenzplan **116** 1 ff
- Insolvenzrechtsreform **111** 6
- Insolvenzverwalter **112** 16 ff
- internationale Zuständigkeit **113** 28; **132** 183 f
- keine Restschuldbefreiung **77** 16
- Kreis der Nachlassverbindklichkeiten **112** 22
- Masseunzulänglichkeit **117** 12 f
- Masseverbindlichkeiten **57** 7; **115** 1 ff
- Mehrheit von Erben **112** 7
- Mittel der Haftungsbeschränkung **111** 8
- Nacherbfolge **117** 1 ff; **118** 1 ff
- Nachlassgläubiger bei einem Gesamtgutnachlass **119** 17 ff
- Nachlasspfleger **112** 10 ff
- Nachlassverbindlichkeiten **112** 23
- Rangordnung **61** 2; **115** 14 ff
- Rechtsgrundlagen **111** 5
- Restschuldbefreiung **113** 31 ff
- Schuldnerantrag **113** 14
- Stellung des Vorerben nach Nacherbfall **118** 5
- Testamentsvollstrecker **112** 13 ff
- Überleitung von Regelinsolvenz in Nachlassinsolvenz **113** 24 ff
- Überschuldung **113** 17 f
- Umfang der Insolvenzmasse **114** 1 ff
- Verhältnis zu anderen Haftungsbeschränkungen **111** 10 ff
- Vermögen eines für tot Erklärten **113** 29
- Vorerbe und Nacherbe **112** 8
- wirtschaftliche Bedeutung **111** 7
- Zahlungsunfähigkeit **113** 19 f
- Zulässigkeit der Eröffnung **113** 1 ff
- Zusammentreffen von Nachlass- und Erbeninsolvenz **119** 9 ff
- zuständiges Insolvenzgericht **113** 27 f

Nachlassinsolvenzmasse
- Aufrechnung **114** 52
- Einschränkung der Absonderungsrechte **114** 41 ff
- Erweiterung der Anfechtbarkeit **114** 37 ff
- Freigabe **114** 53
- Geschäftsbetrieb als Massebestandteil **114** 15 ff
- Kapitalgesellschaftsanteil **114** 20
- Masseverbindlichkeiten **115** 1 ff
- Nachlass **114** 1 ff
- Personengesellschaftsanteil **114** 21 ff
- Umfang der Insolvenzmasse **114** 1 ff
- Zurückbehaltungsrecht **114** 51

Nachlassinsolvenzplan
- Abschluss **116** 1 ff
- Beteiligte **116** 5 ff
- Haftung des Erben **116** 9 f
- Haftung gegenüber nicht planbetroffenen Gläubigern **116** 11
- Planinitiativrecht **116** 2 ff
- Wirkungen **116** 9 ff
- Zulässigkeit des Insolvenzplans **116** 1

Nachlassinsolvenzverwalter
- Auswahl **112** 16
- Besonderheiten **112** 18 ff
- Rechtsstellung **112** 17

Nachlasspfleger
- keine Antragspflicht **113** 13
- Nachlassinsolvenz **112** 10 ff

Nachlassteilung 113 4
Nachlassunzulänglichkeit 111 12
Nachlassverbindlichkeiten
- Insolvenzforderungen **112** 23

2909

Sachregister

halbfette Zahlen = Paragraphen

- Masseverbindlichkeiten **112** 23
- umfasste Forderungskreis **112** 22

Nachlassverwaltung 111 10

Nachrangige Insolvenzgläubiger
- anwendbare Regelungen **19** 38
- erfasste Gläubigeransprüche **19** 37
- Forderungsanmeldung **19** 38
- Grundsatz **19** 36
- Stimmrecht im Planverfahren **68** 41
- Vollstreckungsverbot **19** 39

Nachschüsse
- Einwendungen **93** 155
- Fehlbetrag **93** 151
- Forderung nach Eröffnung **92** 347
- bei Genossenschaft **93** 146 ff
- GmbH in Insolvenz **92** 347
- Massezugehörigkeit **94** 40
- Nachschussberechnung **93** 154
- Rechtsgrundlage **92** 347
- Rechtsschutz **93** 156
- Umfang **93** 150 ff
- Vorschussberechnung **93** 152 f

Nachteilsausgleich
- Arbeitnehmeransprüche **107** 80 ff
- Überschuldungsstatus **6** 74

Nachteilsausgleich bei Betriebsänderung
- Abweichen vom Interessenausgleich **108** 69 f
- Änderung geplanter Abwicklung **108** 71a
- Beginn der Betriebsänderung **108** 76
- Beginn durch Freistellung **108** 76a
- Bildung eines Betriebsrats nach Verfahrenseröffnung **108** 73 f
- Höhe **108** 84 ff
- Interessensausgleich trotz wirtschaftlicher Zwangslage **108** 75
- Kausalität **108** 77 f
- Missachtung der Beteiligungsrechte des Betriebsrats **108** 72
- Neumasseverbindlichkeit **108** 80
- persönliche Haftung des Insolvenzverwalters **108** 81 ff
- Rang der Nachteilsausgleichsansprüche **108** 79
- Tatbestandsvoraussetzungen **108** 67 ff
- keine Unabdingbarkeit **108** 87

Nachtragsliquidation 16 6

Nachtragsverteilung
- Anordnung **65** 55
- Begriff **65** 49
- Durchführung **65** 56 ff
- Eintragung der Anordnung ins Grundbuch **65** 65
- freiwerdende Beträge **65** 50
- Insolvenzbeschlag **65** 59
- nachträglich ermittelte Gegenstände **65** 52 ff, 61 ff

- Restschuldbefreiung **75** 10 ff
- Vergütung **129** 36 ff
- zurückbehaltene Gegenstände **65** 59
- zurückfließende Beträge **65** 51, 60

Nahestehende Personen
- Anfechtbarkeit entgeltlicher Verträge **48** 26 ff

Natürliche Personen *s. a. Verbraucherinsolvenz*
- Insolvenzantragsrecht **8** 1 ff
- Insolvenzfähigkeit **5** 5
- Verbraucherinsolvenz **81** 17

Naturalobligation
- Planverfahren **69** 4 ff

Nebenintervention 51 24
- Schuldner als Nebenintervenienten **32** 27, 44

Net Operating Cashflow 2 31

Netting 102 47

Nettokapitalwert (NKW) 2 48

Neuerwerb
- in asymmetrischen Verfahren **79** 39 f
- Insolvenzbeschlag **27** 1 ff
- Insolvenzmasse **25** 18
- Zugehörigkeit zur Insolvenzmasse **24** 1

Neugläubiger
- Abgrenzung zum Altgläubiger **92** 99 ff
- Vollstreckung in insolvenzfreies Vermögen **33** 102 ff
- Vollstreckung in Insolvenzmasse **33** 99

Neumasseverbindlichkeiten
- Arbeitnehmer als Massegläubiger **107** 133 ff
- Definition **107** 132
- Nachteilsausgleich **108** 80

New value 69 12

Nicht fällige Forderungen
- Insolvenzforderung **19** 15

Nicht rechtsfähiger Verein
- Antragsrecht-/pflicht **93** 228
- Insolvenz des Mitglieds **93** 230
- Insolvenzantragsrecht **8** 17
- Insolvenzfähigkeit **5** 11; **93** 225
- Insolvenzgründe **93** 226 f
- Insolvenzmasse **93** 229

Nicht titulierte Forderungen
- Feststellungswirkung **64** 28 ff
- Tabellenberichtigung **64** 56
- Verfolgung bestrittener Forderungen **64** 37 ff

Nichtausgleich von Masseverbindlichkeiten
- Haftung **23** 24 ff

Nichterfüllung von Masseverbindlichkeiten
- Haftung des vorläufigen Insolvenzverwalters **14** 137 ff

magere Zahlen = Randnummern

Sachregister

Nichterfüllungsanspruch des Vertragspartners
- Anspruchsinhalt **35** 33 f
- Aufrechnung **35** 36
- bei Erfüllungsablehnung **35** 32 ff
- Rechtsgrundlage **35** 32
- Verjährung **35** 35

Nichtige Verträge 34 16, 19

Nichtigkeit
- und Anfechtung nach InsO **46** 9 f

Nichtinsolvenzforderungen
- Feststellungswirkung **64** 31

Niederlassungsfreiheit 8 23

Niederlegungspflichten
- nach InsO **17** 35
- Insolvenzplan **68** 25 ff

Non liquit 16 3

Non performing loans 42 92

Notarhaftung 23 42

Notgeschäftsführung 36 50 ff, 56

Nullgruppen
- im Planverfahren **67** 58 ff

Nullpläne 83 23, 28

Nutzungsüberlassungen 97 50 ff
- Anwendung des § 135 III InsO **92** 503 ff
- Ausfallrisiko der Gesellschaftsgläubiger **92** 471 ff
- Ausschluss des Aussonderungsanspruchs **92** 502, 509
- Ausübung des Optionsrechts **92** 508
- Bedeutung für Fortführung **92** 505 f
- Begriff **92** 461
- Berechnung der Vergütung **92** 510 ff
- bisheriges Recht **92** 462 f
- Folgerungen für MoMiG **92** 467 ff
- Kapitalersatzrecht **92** 461 ff
- kapitalersatzrechtliche Folgen **92** 493
- neue Rechtslage **92** 464 ff
- Rang der Entgeltforderung **92** 514
- Rechtsfolgen des § 135 III InsO **92** 507 ff
- Überblick **92** 502
- im Zeitpunkt der Insolvenzeröffnung **92** 504

Objektive Strafbarkeitsbedingung
- Allgemeines **127** 47 f
- bei Bankrotthandlung **127** 50
- bei Buchführungsdelikten **127** 51
- Feststellung **127** 49

Obstruktionsverbot
- bei außergerichtlichen Sanierungen **92** 20
- Beteiligung am Mehrwert des Plans **68** 71 ff
- Gewährleistung des voraussichtlichen Regelabwicklungswerts **68** 61 ff
- als Korrektiv **68** 51
- Machbarkeit des Plans **68** 89
- Mehrheitsentscheidung **68** 48 ff

- Normstruktur **68** 58 ff
- pareto-Prinzip **68** 48 ff
- Zustimmung der Anteilseigner **68** 96
- Zustimmung der Mehrheit der Abstimmenden **68** 88
- Zustimmung des Schuldners **68** 91 ff, 97 f
- Zustimmung nachrangiger Insolvenzgläubiger **68** 90 ff

Öffentliche Bekanntmachung
- nach InsO **17** 33

Öffentlichkeit der Verhandlung
- Anwendbarkeit der GVG-Regelung **17** 39

Öffentlich-rechtliche Kirchen
- Insolvenzunfähigkeit **5** 42 ff

Örtliche Zuständigkeit 5 45; **9** 8; **17** 5 ff

Offene Handelsgesellschaft
- Abweisung mangels Masse **94** 33 f
- Auswirkung der Eröffnung auf Organisationsverfassung **94** 24 ff
- Auswirkung der Eröffnung auf Rechtsträger **94** 20 ff
- Auswirkung der Gesellschafterinsolvenz auf Gesellschaft **94** 96 ff
- Doppelinsolvenz **94** 106 ff
- Eigenverwaltung **94** 93 ff
- Entscheidung über Verfahrenseröffnung **94** 19 ff
- Firma **94** 38
- Fortsetzung der Gesellschaft **94** 32
- Gemeinschuldnerrolle der Gesellschaft **94** 23
- Gesellschafterhaftung nach § 128 HGB **94** 45 ff
- Gesellschaftsinsolvenz **94** 5 ff
- Haftung ausgeschiedener/ehemaliger Gesellschafter **94** 85 ff
- Haftung der Gesellschafter **94** 45 ff
- Haftung für Gesellschaftverbindlichkeiten nichtgesellschaftsrechtlicher Art **94** 83 f
- Insolvenz des Gesellschafters **94** 96 ff
- Insolvenzantragspflicht **94** 99 f
- keine Insolvenzantragspflicht **94** 16
- Insolvenzantragsrecht **94** 11 ff, 99 f
- Insolvenzfähigkeit **94** 5 ff
- Insolvenzgründe **94** 9 f
- Insolvenzmasse bei Gesellschafterinsolvenz **94** 105
- Insolvenzmasse bei Gesellschaftsinsolvenz **94** 38
- Insolvenzplanverfahren **94** 89 ff
- Kosten des Gesellschafterinsolvenzverfahrens **94** 102
- Massekostendeckungsprüfung **94** 19
- Masseunzulänglichkeit **94** 35 f
- Nachschüsse **94** 40
- Pflichten bis zur Verfahrenseröffnung **94** 17

Sachregister

halbfette Zahlen = Paragraphen

- Rechtstatsächliches **94** 1 f
- rückständige Einlagen **94** 39
- Schutzschirmverfahren **94** 18
- Sozialansprüche **94** 41
- Trennung Gesellschafts- und Gesellschafterinsolvenz **94** 4
- Verfahrenseröffnung **94** 20 ff
- Vollabwicklung **94** 30 f

Operating-Leasing 43 59

Optionsanleihen
- Aktiengesellschaft in Insolvenz **93** 54 ff

Optionsgeschäft
- Barausgleich statt Lieferung **102** 11
- bedingtes Termingeschäft **102** 10
- effektive Lieferung **102** 12
- Finanzleistung **102** 2

Optionsgeschäft in Wertpapieren
- Abrechnung auf Grund von Lösungsklauseln **102** 41 ff
- Definition Insolvenzfall **102** 37 f
- Finanzsicherheiten **102** 34 f
- Kreditsicherheiten **102** 32 f
- Optionsgeschäft bei Verfahrenseröffnung **102** 45 f
- Optionsgeschäft vor Verfahrenseröffnung **102** 36
- Regelungsinhalt **102** 29
- Risikoerhöhung **102** 30 ff
- Wirksamkeit der Lösungsklausel **102** 39 f

Ordentliche Kündigung von Arbeitsverhältnissen
- Angabe der Kündigungsgründe **105** 40
- Aushilfsarbeitsverhältnis **105** 45
- Ausschluss **105** 136
- Berufsausbildungsverhältnis **105** 42 f
- Gruppenarbeitsverhältnis **105** 50 ff
- durch Insolvenzverwalter **105** 36 ff
- Kündigungserklärung **105** 37
- Kündigungsfristen **105** 57 ff
- Leiharbeitsverhältnis **105** 48 f
- mittelbares Arbeitsverhältnis **105** 55 f
- ordentliche Kündigung **105** 36 ff
- Probearbeitsverhältnis **105** 44
- Schriftform **105** 38 f
- Teilzeitarbeitsverhältnis **105** 46 f
- Vertretung **105** 41
- durch vorläufigen Insolvenzverwalter **105** 35

Ordnungsfunktion des Insolvenzverfahrens 15 1

Organmitglieder
- Arbeitnehmereigenschaft **104** 54
- Dienstverhältnis **104** 53
- Erstreckung der Befugnisse des Insolvenzschuldners auf **18** 20

Par conditio creditorum 4 3; **66** 17 ff

Parallelverfahren
- Berücksichtigung der Auslandsquote **132** 208 ff
- Zusammenarbeit mit ausländischen Amtswaltern **132** 201 ff

Pareto-Prinzip 66 12 ff
- Grundsatz **68** 48 ff
- Teilhabe ohne Prinzipienverstoß **68** 55 ff
- voraussichtlich keine Schlechterstellung ggü Regelabwicklung **68** 52 ff

Parteibezeichnung
- Insolvenzantrag **9** 4 f

Parteistellung des Insolvenzverwalters
- Parteistellung „mit der Masse" **32** 2 f
- Prozessführung bei Eigenverwaltung **32** 8 ff
- Prozessführungsbefugnis und Parteistellung **32** 1
- Prozesssubjekte während Insolvenzverfahrens **32** 4 ff

Parteivernehmung
- des Insolvenzverwalters **32** 46
- des Schuldners **32** 45

Partikularverfahren über Inlandsvermögen
- Abführung eines Überschusses **132** 174 ff
- Abweisung mangels Masse **132** 145
- Abwicklung der gesonderten Verfahren **132** 136 ff
- Anmelderecht **132** 170 ff
- Antragsberechtigte **132** 138 ff
- Aufrechnung **132** 162
- Insolvenzanfechtung **132** 161
- Insolvenzgründe **132** 142 ff
- isolierte Partikular- und Sekundärverfahren **132** 119
- isolierte Partikularverfahren **132** 120 ff
- Massegläubiger **132** 166
- Restschuldbefreiung **132** 180 f
- Sanierung des Schuldners **132** 176
- Sekundärverfahren **132** 128 f
- Verbot der Einzelvollstreckung **132** 160
- Vermeidung von Sekundärverfahren **132** 182
- Vermögensbelegenheit im Inland **132** 130 ff
- Verteilung **132** 173
- Verträge und Absprachen **132** 164
- Verwaltungs- und Verfügungsbefugnis **132** 146 ff
- Wirkungen auf ausländische Rechtsstreitigkeiten **132** 163
- Zulässigkeit eines Partikularverfahrens **132** 15 ff
- zuständiges Insolvenzgericht **132** 137
- Zuständigkeit **131** 72 ff
- Zweck des gesonderten Verfahrens **132** 116 f

magere Zahlen = Randnummern

Sachregister

Partnerschaftsgesellschaft 94 117 f
Passive Rechnungsabgrenzungsposten
– Überschuldungsstatus **6** 76
Patente
– Aussonderungskraft **40** 20 ff
– Massezuordnung **25** 56 ff
Pensions- und Unterstützungsfonds
– Aussonderung **40** 66 ff
– eingeschränkt unwiderrufliche Bezugsberechtigung **40** 69
– Gehaltsumwandlungsverträge **40** 73
– unverfallbare Versorgungsanwartschaft **40** 71
– widerrufliches Bezugsrecht **40** 70
Pensionskassen 109 23, 35 ff
Pensionsrückstellungen
– Überschuldungsstatus **6** 65
Pensions-Sicherungs-Verein
– Ausfallhaftung **109** 3
– Insolvenzantragsrecht **8** 44
– im Planverfahren **67** 56
– Rechtscharakter **109** 2
– Rechtsübergang **109** 90 ff
– Träger der Insolvenzsicherung **109** 1
Persönlich haftende Gesellschafter
– keine Arbeitnehmer **104** 63
persönlich haftende Gesellschafter
– Erstreckung der Befugnisse des Insolvenzschuldners auf **18** 20
Persönliche Gesellschafterhaftung
– Geltendmachen durch Verwalter **26** 18 ff
Persönlichkeitsrechte
– Aussonderungskraft **40** 20 ff
Personalabbau
– mitbestimmungspflichtige Betriebseinschränkung **108** 36 ff
Personengesellschaftsinsolvenz
– BGB-Gesellschaft **94** 121 ff
– Europäische Wirtschaftliche Interessenvereinigung **94** 119 f
– Gesellschaftsinsolvenz **94** 5 ff
– gesetzestypische und kapitalistische Personenhandelsgesellschaften **94** 3
– Insolvenzantragsrecht **8** 8 f
– kapitalistische Personengesellschaft **94** 132 ff
– OHG und KG **94** 1 ff
– Partnerschaftsgesellschaft **94** 117 f
– Sonderbetriebsvermögen **96** 28 ff
– steuerliche Besonderheiten **96** 12 ff
– Stille Gesellschaft **94** 180 ff
– Trennung Gesellschafts- und Gesellschafterinsolvenz **94** 4
Pfändung 31 124 ff
Pfändungspfandrecht
– Absonderung **42** 57 ff
Pfändungsschutz 78 12 ff, 13

Pfandbriefbanken
– Besonderheiten bei Insolvenz **103** 50
Pfandgläubiger
– Absonderungsberechtigter **42** 1
Pfandrecht
– Absonderung **42** 32 ff
– Aussonderungskraft **40** 19
– Bestellung **46** 35
– an Forderungen **42** 34
– gesetzliches Pfandrecht **31** 33; **42** 48 ff
– gutgläubiger Erwerb **42** 38 f, 51, 58
– Pfändungspfandrechte **42** 57 ff
– rechtsgeschäftliche Pfandrechte **42** 32 ff
– an Sachen **42** 33
– an Schiffe/Luftfahrzeuge **42** 35
– Sicherung gegenwärtiger/künftiger Forderungen **42** 37
– Übergabe **42** 40 f
– Vermieterpfandrecht **42** 49, 52 ff
– Verpächterpfandrecht **42** 49
– Verpfändung ohne Publizitätsakt **42** 42
– Vertragspfand der Banken **42** 36, 43 ff
– Vertragspfandrecht **31** 59 f
– Werkunternehmerpfandrecht **42** 49
– wirksame Bestellung **42** 37
Pflegschaft
– Auswirkung der Insolvenzeröffnung **30** 34
Pflichtgruppen
– im Planverfahren **67** 41 ff
Phoenix-Entscheidung 49 17
Plan s. *Insolvenzplan, Insolvenzplanverfahren*
Planvorlageberechtigung
– Allgemeines **67** 1 ff
– Gläubigerversammlung **67** 14 f
– Schuldner **67** 8 ff
– Verwalter/vorläufige Verwalter **67** 12 ff
Planwirkungen
– Ausschluss der Differenzhaftung **69** 7
– Bürgen und Sicherheiten **69** 2
– Eingriff in Anteilseignerrechte **69** 14 ff
– Grundkonzept **69** 1
– Naturalobligation **69** 4
– steuerliche Folgen **69** 27 ff
– Vollstreckung aus Plan **69** 23 ff
– Wiederauflebensklausel **69** 8
Poolanmeldung 63 5, 9
Postsperre
– Anordnung des Gerichts **30** 21 ff
– Aufhebung **30** 29
– Duldung **18** 13
– als Sicherungsmaßnahme **14** 51 ff; **16** 26, 32
– sofortige Beschwerde **18** 19
– vorherige Anhörung **30** 22
Potestativbedingungen 19 15
Präsenzpflicht
– Insolvenzschuldner **18** 12

Sachregister

halbfette Zahlen = Paragraphen

Prepackaged plan
- Bedeutung **68** 1
- und ESUG-Reform **68** 5
- Vorarbeit zum Planverfahren **68** 1 ff

Prioritätsprinzip 131 61

Privatinsolvenz 76 26 ff

Privilegierung von Finanzsicherheiten 14 11 f

Probearbeitsverhältnis
- Kündigung **105** 44

Prokura
- Insolvenzantragstellung durch Bevollmächtigte **9** 12

Prozesse
- Aufnahme von Aktivprozessen **32** 136 ff
- Aufnahme von Passivprozessen **32** 161 ff
- Unterbrechung schwebender Prozesse **32** 80 ff

Prozessführung
- Adhäsionsverfahren **32** 52
- anhängige Prozesse **32** 15
- arbeits- und sozialgerichtliche Verfahren **32** 50
- Aus- bzw. Absonderungsstreit **32** 53 ff
- nach Beendigung des Insolvenzverfahrens **32** 16
- des eigenverwaltenden Schuldners **32** 9 f
- bei Eigenverwaltung **32** 8 ff
- Erhebung der Klage **32** 18 ff
- im Eröffnungsverfahren **32** 13 ff
- finanzgerichtliche Verfahren **32** 50
- Freigabe **32** 22 ff
- freiwillige Gerichtsbarkeit **32** 51
- Gerichtsstand **32** 21
- Gläubigermitwirkung **32** 25 f
- Insolvenzanfechtung **32** 65
- des Insolvenzverwalters **32** 15 ff
- massebezogene Prozessführung **32** 15 ff
- Nebenintervention **32** 27
- Parteistellung des Insolvenzverwalters **32** 1 ff
- Parteistellung „mit der Masse" **32** 2 f
- patentgerichtliche Prozesse **32** 50
- Prozessbeteiligung des Amtswalters als Privatperson **32** 28
- Prozessführungsbefugnis und Parteistellung **32** 1
- Prozesskosten **32** 29 ff
- Prozesskostenhilfe **32** 32
- Prozessstandschaft **32** 33
- Prozesssubjekte **32** 4 ff
- Prozessvereinbarungen **32** 34
- Prozessvertretung **32** 35 ff
- Rechtskraft **32** 38 ff
- Richterausschluss und -ablehnung **32** 41
- Schuldner als Prozessbeteiligter **32** 42 ff
- Vernehmung des Insolvenzverwalters **32** 46
- verwaltungsgerichtliche Verfahren **32** 50
- des vorläufigen Verwalters **32** 13 f
- Wechsel in der Amtswalterperson **32** 47 f
- Zustellungen **32** 49

Prozessführungsbefugnis
- des Insolvenzverwalters **22** 1 f
- bei vorläufiger Insolvenzverwaltung **14** 116 ff

Prozesskosten
- Haftung des Insolvenzverwalters **32** 30
- Kostenerstattungsansprüche des Prozessgegners **32** 31
- Masseverbindlichkeit **32** 29; **57** 4

Prozesskostenhilfe 15 16, 21; **17** 47 ff; **32** 32, 113; **51** 37

Prozessstandschaft 32 33, 43, 90 f; **51** 5

Prozesssubjekte 32 4 ff

Prozessuale Erstattungsanprüche
- Insolvenzforderungen **19** 23

Prozessuale Schadensersatzansprüche
- Insolvenzforderungen **19** 22

Prozessvereinbarungen 32 34

Prozessvertretung
- Prozessbevollmächtigte des Insolvenzverwalters **32** 35
- Prozessbevollmächtigte des Schuldners **32** 36 f
- Rechtskraft **32** 38 ff

Prüfungspflicht des Sachwalters 90 70

Prüfungstermin 16 25
- Ansprüche aus unerlaubter Handlung **64** 64 ff
- Bekanntmachung **63** 53 f
- beonderer Prüfungstermin **63** 51
- Feststellungswirkung **64** 28 ff
- Forderungsfeststellung **64** 1 f
- Kosten **63** 55 ff
- nachträgliche Forderungsanmeldungen **63** 49 ff
- Schlusstermin **63** 52
- im schriftlichen Verfahren **63** 60
- Tabelleintragung **64** 18 ff
- Teilnahmeberechtigte **63** 45 ff
- Verfolgung bestrittener Forderungen **64** 37 ff
- Vorbereitung **63** 43 ff
- Widerspruch **64** 3 ff

Publizitätspflichten
- Ad-hoc-Publizität **93** 99 ff
- Beteiligungspublizität **93** 102 f
- Directors' Dealings **93** 105
- bei kapitalmarktorientierter Aktiengesellschaft **93** 98 ff
- Pflichten gegenüber Wertpapierinhabern **93** 104
- Regelpublizität **93** 98

magere Zahlen = Randnummern

Sachregister

Qualifiziert faktischer Konzern 95 25 f
Quasi-Anträge 18 15
Quimonda 37 5b
Quotenschaden 7 30; **92** 103 ff
Quotenverringerungsschaden 92 105

Rahmenvertrag über Finanzleistungen
– Anwendungsbereich **102** 16, 47 f
– Beendigung der Finanztermingeschäfte **102** 49
– Netting **102** 47
Rangänderung bei Grundstücksrechten 31 42 ff
Rangklassen
– Befriedigung der Absonderungsberechtigten **42** 15 ff
– Kosten des Vollstreckungsverfahrens **42** 15
– Rangklasse 1 **42** 16 ff
– Rangklasse 1a **42** 19
– Rangklasse 2 **42** 20
– Rangklasse 3 **42** 21
– Rangklasse 4 **42** 23 ff
– Rangklasse 5 **42** 27
– Rangklasse 6 **42** 28
– Rangklasse 7 **42** 29
– Rangklasse 8 **42** 28
Rangordnung
– Anmeldung nachrangiger Insolvenzforderungen **61** 6 ff
– Befriedigung der Insolvenzgläubiger **61** 1
– Insolvenzplan **61** 5
– Nachlassinsolvenz **61** 2
– Versicherungsvereininsolvenz **61** 3
– vorrangig privilegierte Gläubiger **61** 9 ff
Rangrückstrittserklärung 97 67
Rangverhältnis konkurrierender Absonderungsrechte 42 76
Rangvorbehalt 31 45
Ratenlieferungsvertrag
– teilbare Leistungen **36** 5 ff
Rechnungslegungspflicht
– des des Insolvenzverwalters **22** 81 ff
– des Treuhänders **78** 83
– bei vorläufiger Insolvenzverwaltung **14** 86 ff
Recht am eigenen Bild
– Aussonderungskraft **40** 22
Rechtliches Gehör
– zum Aufklärung der Eröffnungsvoraussetzungen **13** 21 ff
– bei Eigenantrag des Schuldners **11** 13 ff
– Unterlassung der Anhörung **12** 24
– bei verfahrensabschließenden Entscheidungen **16** 7 ff
– Zustellung des Eröffnungsantrags **12** 20
Rechtliches Interesse
– Fehlen **9** 30 ff
– Fortbestehen **9** 48
– beim Gläubigerantrag **9** 29 ff
Rechtsanwaltschaft des Schuldners 30 1
Rechtsanwaltsgebühren
– Allgemeines **128** 65 ff
– Beschwerdeverfahren **128** 84
– im eröffneten Verfahren **128** 74 ff
– im Eröffnungsverfahren **128** 70 ff
– Erstattungsfähigkeit **128** 87
– Forderungsanmeldung **128** 78
– Kostenfestsetzung **128** 88
– mehrfacher Auftrag **128** 85
– Reisekosten, Abwesenheitsgelder **128** 86
– Restschuldbefreiung, Insolvenzplan **128** 79 ff
– Widerruf der Restschuldbefreiung **128** 82 f
Rechtsanwalts-Insolvenzverwalter 129 26 ff
Rechtsbeistand
– Gebühren **128** 89
Rechtsbeschwerde
– gegen Beschluss des Beschwerdegerichts **16** 43
Rechtserwerb an Massegegenständen nach Eröffnung 31 15
Rechtsfähige Vereine
– Ablehnung mangels Masse **93** 181 f
– Auswirkungen auf Lizenzverträge **93** 193
– Auswirkungen auf Rechtsträger **93** 183 f
– Auswirkungen auf Vereinsmitglieder **93** 192
– Auswirkungen der Verfahrenseröffnung **93** 183 ff
– Auswirkungen einer Insolvenzeröffnung **38** 24
– Beendigung des Insolvenzverfahrens **93** 215 ff, 220 ff
– Eigenverwaltung **93** 214
– Fortsetzung des Vereins **93** 220 ff
– Gesellschafterdarlehen **93** 212
– Haftungsansprüche/Finanzierungszusagen **93** 198 f
– Insolvenz des Mitglieds **93** 224
– Insolvenzantragspflicht **7** 16; **93** 174 ff
– Insolvenzantragsrecht **93** 172 f
– Insolvenzfähigkeit **5** 6; **93** 166 ff
– Insolvenzgründe **93** 169 ff
– Insolvenzmasse **93** 194 ff
– Insolvenzplanverfahren **93** 213
– Lizenzverträge **93** 193, 206 ff
– Mitgliedsbeiträge/vereinsrechtliche Nebenpflichten **93** 196 f
– Mitgliedschaft in übergeordnetem Verein **93** 186 ff
– Mitgliedschaften **93** 200 ff
– Rechtstatsächliches **93** 165
– Schutzschirmverfahren **93** 180
– Spartenverein **93** 185
– Spiel- und Wettkampflizenzen **93** 193, 206 ff

2915

Sachregister

halbfette Zahlen = Paragraphen

- Vereinsname **93** 211
- Vollbeendigung **93** 215 ff
- wirtschaftliche (Nebenzweck-)Betriebe **93** 191

Rechtsgeschäftliche Pfandrechte
- Absonderung **42** 32 ff

Rechtshandlungen s. *Anfechtbare Rechtshandlungen*

Rechtskraft
- Beseitigung **64** 33
- Rechtskraftwirkung von Urteilen **32** 38 ff

Rechtsmangel
- Erfüllung **34** 24, 27, 28 ff

Rechtsmissbrauch
- Antragsrücknahme **10** 24 ff
- Erledigungserklärung **10** 24 ff

Rechtsmittelverfahren
- Verfahrensregelungen **17** 26 ff

Rechtsmittelverzicht
- Zustimmungsbedürftigkeit **32** 26

Rechtspfleger
- funktionelle Zuständigkeit **17** 15

Rechtsstellung
- der Gläubigerversammlung **20** 1 ff
- der Insolvenzgläubiger **19** 1 ff
- des Insolvenzschuldners **18** 1 ff; **133** 15 ff
- des Insolvenzverwalters **22** 1 ff; **133** 12 ff
- des Sachwalters **90** 64 f
- des Treuhänders **84** 8

Rechtstellung
- des Gläubigerausschusses **21** 1 ff

Rechtsträgerstellung
- Insolvenzschuldner **18** 3

Refinanzierungsregister 102 73 ff

Refinanzierungsunternehmen 102 74

Reformen 1 25 ff
- Änderung der Insolvenzordnung 2001 **1** 63
- Aufrechnungsvereinbarungen **1** 54 f
- einheitliche Verfahrensordnung **1** 35 f
- Eröffnungsgründe **1** 44 f
- ESUG **1** 70 f
- europäisches Insolvenzrecht **1** 103 ff
- Gläubigerautonomie **1** 56
- Gläubigergleichbehandlung **1** 50 ff
- Grundprinzipien **1** 35 f
- Haftungsrecht **1** 40
- Insolvenzarbeitsrecht **1** 53
- Insolvenzplan **1** 57
- Insolvenzverwalter **1** 48 f
- Internationales Insolvenzrecht **1** 65
- keine Insolvenzvorrechte **1** 50 ff
- Marktkonformität **1** 39
- Massesicherung **1** 46 f
- Mobiliarsicherheiten **1** 54 f
- MoMiG **1** 67
- Neufassung des Überschuldungsbegriffs **1** 68

- Neuregelung der Konzerninsolvenz **1** 90 ff
- Privilegierung kollektiver Zahlungssysteme **1** 64
- Reformen der ersten zehn Jahre **1** 61 ff
- Restschuldbefreiung **1** 58, 80
- Schutz gegen Banken- und Versicherungsinsolvenzen **1** 97 ff
- Verbraucherinsolvenz **1** 58, 81
- Vereinfachung des Insolvenzverfahrens **1** 66

Regelpublizität
- kapitalmarktorientierte Aktiengesellschaft **93** 98

Registergeschäfte 46 20, 36

Reichsjustizgesetze 1 8 f

Reichskonkursordnung 1 7

Rentabilität
- bilanziell gemessene **2** 10
- Eigenkapitalrentabilität **2** 40
- Krisenerkennung **2** 38 ff
- Rentabilitätskennzahlen **2** 14, 21 ff

Rentenansprüche
- Insolvenzforderungen **19** 21
- Massezuordnung **25** 28

Reorganisationsplanverfahren
- Bestandsgefährdung **103** 148
- Reorganisationsplan **103** 149 ff
- Systemgefährdung **103** 148
- systemrelevante Kreditinstitute **103** 147 ff
- Verfahren **103** 158 f

Reservefonds
- Aussonderung **40** 66 ff
- eingeschränkt unwiderrufliche Bezugsberechtigung **40** 69
- Gehaltsumwandlungsverträge **40** 73
- unverfallbare Versorgungsanwartschaft **40** 71
- widerrufliches Bezugsrecht **40** 70

Residualgewinne
- Krisenerkennung **2** 45 ff

Restrukturierungsfonds
- Errichtung **103** 160 ff

Restschuldbefreiung s. a. *Erteilung der Restschuldbefreiung, Versagung der Restschuldbefreiung, Widerruf der Restschuldbefreiung*
- Abtretungserklärung **77** 32 ff
- andere Instrumente zur Schuldbefreiung **76** 11 ff
- Anerkennung ausländischer Verfahren **134** 111 ff
- Anerkennung ausländischer Restschuldbefreiungen **80** 34 ff
- Ankündigung **75** 23 ff; **77** 95 ff
- Antrag **77** 17 ff
- Aufhebung des Verfahrens **75** 23 ff
- ausgenommene Forderungen **79** 15 ff, 41 ff
- bankruptcy-Verfahren **80** 4 ff

magere Zahlen = Randnummern

Sachregister

- Bereichsausnahmen **79** 15 ff, 41 ff
- Beschlussentscheidung **79** 13
- beschränkte Nachhaftung **76** 4 ff
- Bestellung des Treuhänders **77** 104 ff
- eigener Insolvenzantrag **77** 10 ff
- eigenständiges Verfahren **76** 17
- Eingangsentscheidung über Antrag **77** 115 ff
- Eingriff in Absonderungsrechte **42** 207
- Eintragung in Schuldnerverzeichnis **79** 46
- in England und Wales **80** 4 ff
- erneuter/zweiter Antrag **75** 29
- Erteilung **79** 4 ff
- erweiterte Widerrufsmöglichkeit **79** 45
- in Frankreich **80** 28 ff
- früheres Verfahren **77** 63 ff
- Funktionsbestimmung aus § 1 S. 2 InsO **76** 20 ff
- Gerichtskosten **128** 43
- Gesetz zur Verkürzung des Verfahrens **1** 85 ff
- Hinweispflicht des Gerichts **11** 8 ff; **12** 26 ff, 30 f; **83** 9
- Insolvenzkollisionsrecht **133** 128
- insolvenzrechtliches Verfahren **76** 14 ff
- Institut **76** 1 ff
- internationale Regelungen **80** 1 ff
- Konzeption **76** 1 ff
- Laufzeit **77** 41 ff
- Nachlassinsolvenz **77** 16; **113** 31 ff
- natürliche Personen **77** 5 ff
- Neuerwerb in asymmetrischen Verfahren **79** 39 f
- neues Recht ab 1.7.2014 **77** 107 ff; **79** 26 ff
- bei Partikularverfahren über Inlandsvermögen **132** 180 f
- persönlicher Anwendungsbereich **77** 5 ff
- und Planverfahren **77** 16
- Privatinsolvenz **76** 26 ff
- Rechtsanwaltsgebühren **128** 79 ff
- Reformen **1** 58, 80 ff; **76** 32 ff
- im Regelinsolvenzverfahren **77** 15
- Sachentscheidungsvoraussetzung **76** 15 f
- Steueransprüche **126** 45 ff
- Treuhandperiode **78** 1 ff
- in USA **80** 19 ff
- bei Verbraucherinsolvenz **77** 15; **81** 3, 8, 13
- Verfahrensgestaltung **76** 14 ff
- Verfassungsmäßigkeit **76** 7 ff
- Verkürzung der Verfahrensdauer **77** 107; **79** 26 ff
- Versagung **13** 20; **75** 23 ff; **77** 54 ff, 85 ff; **129** ff; **78** 16 ff
- Widerruf **18** 19; **79** 22 ff; **128** 82
- Wirkungen **77** 45 ff; **79** 11 ff
- Wohlverhaltens- bzw Treuhandperiode **76** 19
- Ziele **76** 20 ff
- Zulassungsverfahren **77** 1 ff
- zweistufiges Verfahren **76** 18 f
- Zweitantrag **75** 29

Restschuldbefreiungsantrag
- Abtretungserklärung **77** 32 ff
- Anhörungspflicht der Insolvenzgläubiger **77** 114
- Antragsobliegenheit **77** 24 f
- Antragsobliegenheit im Mangelfall **77** 24
- Antragstellung **77** 22 f
- Drei-Fristen-Modell **77** 119 ff
- Eingangsentscheidung **77** 115 ff
- erneuter/zweiter Antrag **77** 26 ff
- Fristsetzung **77** 17 ff
- Hinweispflicht des Gerichts **77** 17 ff
- neues Recht ab 1.7.2014 **77** 110 ff
- Sachentscheidungsvoraussetzungen **77** 23
- Schriftlichkeit **77** 22 f
- bei Verbraucherinsolvenz **83** 8
- Zulässigkeitsentscheidung **77** 127
- Zuständigkeit **77** 22
- Zweitantrag **75** 29

Return on invested capital (ROIC) 2 14, 42

Richter
- Ablehnung **32** 41
- Ausschluss **32** 41
- funktionelle Zuständigkeit **17** 16

Römisches Recht 1 1 ff

Rückabwicklungsschuldverhältnisse
- Wahlrecht des Insolvenzverwalters **34** 16

Rückgewähr nach Anfechtung
- Anspruchsinhalt **52** 11
- Beweislast **52** 17
- Doppelinsolvenz **52** 26
- Ersetzungsbefugnis **52** 25
- bei Gesellschaftersicherheit **52** 22 ff
- Haftungserweiterung **52** 19
- Haftungsprivileg **52** 20 f
- Nutzungen, Verwendungen, Surrogate **52** 15
- Primäranspruch **52** 9 ff
- Rechtsfolgenverweis verschärfte Bereicherungshaftung **52** 15 f
- Sekundäranspruch **52** 12 ff
- Umfang **52** 15 f
- Unmöglichkeit **52** 13
- Werterhöhungen **52** 16
- Wertersatzanspruch **52** 12 ff

Rücknahme des Eigenverwaltungsantrags 87 9

Rücknahme des Insolvenzantrags 92 61 ff
- bei Ablehnung der Eröffnung **10** 9
- Befugnis beim Eigenantrag **10** 4 ff
- durch einstweiligen Rechtsschutz **10** 3
- außerhalb Insolvenzverfahrens **10** 2

Sachregister

halbfette Zahlen = Paragraphen

- Kosten **10** 11 f
- Kosten des vorläufigen Insolvenzverwalters **10** 27 ff
- materiell-rechtlicher Anspruch **10** 2 f
- Rechtsfolgen **10** 10
- Rechtsmissbrauch **10** 24 ff
- Unzulässigkeit **10** 8, 24 ff
- Vermeidung der Kostenfolge **10** 14 ff
- zeitliche Beschränkung **10** 1, 8 f

Rücknahmeanspruch hinterlegter Sachen
- Massezuordnung **25** 44

Rücknahmefiktion 83 29

Rückschlagsperre
- Anwendungsbereich **33** 41, 52 ff
- betroffene Gläubiger **33** 52
- betroffene Rechtsakte **33** 53
- betroffenes Vermögen **33** 57
- dingliche Unwirksamkeit **33** 61
- Forderungspfändung **33** 63
- Gegenstände der Insolvenzmasse **33** 57
- Grundgedanke **33** 41 ff
- und Insolvenzanfechtung **46** 29
- Insolvenzgläubiger **33** 52
- Konvaleszenz **33** 65
- Pfändungspfandrecht **33** 63
- Rechtserwerb durch Zwangsvollstreckung **33** 53
- Rechtsfolgen **33** 61 ff
- im Vereinfachten Verfahren **84** 5
- durch Vollstreckung erlangte Sicherheiten **33** 54 ff
- zeitliche Geltung **33** 58 ff
- Zwangs- oder Arresthypothek **33** 62

Rückständige Einlagen 92 341 ff; **94** 39

Rückständige Lohnzahlungen
- kongruente Deckungsanfechtung **47** 29, 32

Rückstellungen
- Überschuldungsstatus **6** 63 ff

Rücktrittsrecht
- Miete und Pacht über Immobilien **37** 27 ff
- Mieterinsolvenz **37** 37 ff

Rückversicherung 42 69

Ruhegeldzusagen 104 77

Ruhen des Eröffnungsverfahrens 83 24

Ruinwahrscheinlichkeit 6 20

Rumpfgeschäftsjahr 22 82

Rundfunkanstalten
- Insolvenzunfähigkeit **5** 42 ff

Sachmangel
- Erfüllung **34** 24, 28, 31 ff

Sachsenmilch-Entscheidung 36 9

Sachstandsauskünfte
- Eröffnungsverfahren **13** 26 ff

Sachverhaltsaufklärung
- Akteneinsicht **13** 26

- Amtsermittlungen **13** 1 ff
- Auskunfts- und Mitwirkungspflicht des Schuldners **13** 8 ff
- Beauftragung eines Sachverständigen **13** 7
- Eröffnungsverfahren als Eilverfahren **13** 5
- Feststellung der Eröffnungsgründe **13** 1 ff
- Feststellung der Kostendeckung **13** 1 ff
- rechtliches Gehör zum Ermittlungsergebnis **13** 21 ff
- Sachstandsauskünfte **13** 26
- Unanfechtbarkeit von Beweisanordnungen **13** 4
- zulässige Beweismittel **13** 6

Sachverständigenbeauftragung
- Aufklärung der Eröffnungsvoraussetzungen **13** 7

Sachverständigenentschädigung
s. Zeugen- und Sachverständigenentschädigung

Sachwalter
- Anforderungen an die Person **87** 47
- Aufsicht des Insolvenzgerichts **90** 83
- ausschließliche Handlungsbefugnisse **90** 80
- Auswahl durch Gericht **87** 48 ff
- Bestellung **87** 46 ff
- Haftung des Sachwalters **90** 65
- Mitwirkungsbefugnisse **90** 6 ff
- Prüfungspflicht **90** 70
- Rechtsstellung **90** 64 f
- Stellung als Amtspartei **32** 12
- steuerrechtliche Pflichtenstellung **22** 104
- Vergütung **129** 54
- Widerspruchsrechte **90** 71 ff
- Zustimmungsrecht **90** 71 ff, 77 ff

Sammelanmeldung 63 5, 9

Sammelverwahrung
- Aussonderungsbefugnis **40** 11

Sanierung
- Gleichrang mit Liquidation/übertragender Sanierung **66** 9

Sanierungsberater 103 31

Sanierungschancen
- Beurteilung bei Eigenverwaltungsentscheidung **87** 34

Sanierungskredite
- Allgemeines **3** 39 ff
- Gesellschafterdarlehen und Sanierung **3** 54 ff
- Rechtsprechung **3** 47 ff
- verdeckte Sanierung **3** 41
- Verhalten der Bank **5** 43 ff
- Verhalten der Bank als Kreditgeber **3** 43 ff
- Vorteile „verdeckter" Sanierungen **3** 42

Sanierungspflicht
- organschaftlicher Vertreter **7** 45 ff

Sanierungsprivileg *s. a. Gesellschafterdarlehen*
- Allgemeines **3** 128 ff
- Art des Anteilserwerbs **92** 437

magere Zahlen = Randnummern

Sachregister

- Beteiligungshöhe **92** 436
- Doppelrolle **92** 438
- erfasster Personenkreis **92** 435 ff
- Sanierungszweck **92** 440 f
- Umfang **92** 442 ff
- Zeitpunkt des Anteilserwerbs **92** 439

Sanierungstreuhand 36 53
Sanierungsverfahren
- bei Bankenkrise **103** 26 ff
- Befugnisse der BaFin **103** 27
- Entscheidung über Sanierungsantrag **103** 30 f
- Sanierungsbedürftigkeit der Bank **103** 26
- Sanierungsplan **103** 28 f

Schadensersatz
- Insolvenzforderungen **107** 40 ff
- Verletzung der Insolvenzantragspflicht **7** 30 ff

Schadensersatzansprüche der Arbeitnehmer
- Allgemeines **107** 40 ff
- Auflösungsverschulden **107** 42
- Umfang **107** 44
- Verfrühungsschaden **107** 45

Schadensversicherung 42 65
Scheckeinlösung 99 34 ff
Scheckeinzug 99 38 ff
Scheckverkehr
- Sicherung des Vermögens des Ausstellers **14** 188
- Sicherung des Vermögens des Schecknehmers **14** 189

Scheinauslandsgesellschaften 133 107 ff
Scheingeschäft
- anfechtbare Rechtshandlung **46** 24

Scheingesellschaft
- Insolvenzfähigkeit **94** 8

Scheingewinne 49 17; **52** 20
Scheinselbstständigkeit 104 46 f
Schenkungsanfechtung
- Allgemeines **49** 1 f
- Anfechtungsfrist **49** 4
- Anwendungsbereich **49** 4
- Auszahlung von Scheingewinnen **49** 17
- Beweislast **49** 8
- gebräuchliches Gelegenheitsgeschenk **49** 5
- gemischte/verschleierte Schenkung **49** 15
- mittelbare Gläubigerbenachteiligung **49** 6
- Schenkungen in Vollziehung eines Schenkungsversprechens **49** 16
- Schenkungen aufgrund Schenkungsversprechens **49** 16
- subjektiver Tatbestand **49** 7
- Tatbestand **49** 3
- Tilgung/Besicherung fremder Schuld **49** 13
- unentgeltliche Leistung **49** 4, 9 ff
- Verhältnis zu anderen Tatbeständen **49** 4
- Zeitpunkt der Vornahme **49** 4
- Zweck **49** 2

Schiedsvereinbarungen 32 57, 77, 194; **34** 19; **36** 46
Schiedsverfahren 32 77 f
Schiffe, Schiffsbauwerke
- Absonderung **42** 7
- Massezuordnung **25** 11

Schlussbericht 65 13 ff
Schlussrechnung
- Allgemeines **22** 71
- Einnahmen- und Ausgabenrechnung **22** 75
- Einsicht der Beteiligten **22** 78
- Geltung als nicht erkannt **22** 72
- Inhalt **22** 73 ff
- Schlussrechnungszeitraum **22** 77

Schlusstermin 63 52
- Anberaumung, Bekanntmachung **65** 40
- Einwendungen **65** 44 f
- Gegenstände **65** 41 ff
- nicht verwertbare Massegegenstände **65** 48
- Sachverständige **65** 42

Schlussverteilung
- Aufhebung des Insolvenzverfahrens nach Vollzug **75** 2 ff
- Durchführung der Verteilung **65** 33 ff
- Hinterlegung **65** 33 ff
- durch Insolvenzverwalter **22** 63 ff
- Nachweis des Ausfalls **42** 88
- Prüfungsrecht des Gerichts **65** 17 ff
- Sachverständige **65** 15 ff
- Schlussbericht **65** 13 ff
- Schlussrechnung **65** 23
- Schlussverzeichnis **65** 24 ff
- Überschuss **92** 585 ff
- Übersicht **65** 39
- Voraussetzungen **65** 11 ff
- Zustimmung des Gerichts **65** 12

Schlussverzeichnis
- Abschlagsverteilung **65** 7 ff, 25
- aufzunehmende Forderungen **65** 24 ff
- Einwendungen **65** 7 ff, 46 f
- Feststellung eines Ausfalls **65** 25

Schmerzensgeldanspruch
- Massezuordnung **25** 40

Schneeballsystem 49 11, 17
Schöffenamtsausübung
- durch Insolvenzschuldner **30** 3

Schönheitsreparaturen
- Masseverbindlichkeit **56** 29

Schornsteinhypothek 42 105, 146
Schrankfachmiete 98 22 f
Schuldbefreiung *s. a. Restschuldbefreiung*
- insolvenzrechtliche Instrumente **76** 11 ff

2919

Sachregister

halbfette Zahlen = Paragraphen

Schuldbefreiungsanspruch
- Insolvenzforderungen **19** 28
- Massezuordnung **25** 43

Schuldenbereinigungsplan
  s. a. Außergerichtliche Schuldenbereinigung,
  Gerichtliche Schuldenbereinigung
- Ablehnung durch Gläubiger **83** 35
- außergerichtliches Verfahren **82** 4 ff
- Bescheinigung über Scheitern **82** 12
- Eckdaten **83** 20 f
- Einreichung mit Eröffnungsantrag **82** 10; **83** 15
- ernsthafter Einigungsversuch **82** 10
- Form **82** 10
- Gegenstand **83** 20 ff
- Gegenstück zum Insolvenzplan **42** 208 ff
- gerichtliches Verfahren **83** 24 ff
- Gestaltungsmöglichkeiten **83** 22 f
- Inhalt **83** 20
- Nullpläne **83** 23, 28
- Planhoheit **83** 35
- Scheitern des außergerichtlicher Einigung **82** 11
- Schlechterstellungsverbot **83** 41 ff
- Schriftform **82** 10
- unangemessene Beteiligung **83** 39 f
- Zahlungsmodalitäten **83** 22
- Zeitpunkt für Inkrafttreten **83** 21
- Zustimmungsersetzung **83** 36 ff
- Zustimmungsverfahren **83** 32 ff

Schuldenbereinigungsplanverfahren
- nach erfolgloser außergerichtlicher Einigung **81** 15
- Ermessen **81** 10, 13
- Ruhen des Insolvenzeröffnungsantrag **81** 15
- Widerspruch eines Gläubigers **81** 15

Schuldenmassestreit 32 179

Schuldnerantrag *s. Eigenantrag des Schuldners*

Schuldnerbegünstigung
- Strafbarkeit **7** 51; **127** 137 ff

Schuldnerplan
- Planvorschlagsrecht des Schuldners **67** 8 ff
- verschärfter Prüfungsmaßstab **68** 15 ff
- Zurückweisung von Amts wegen **68** 15 ff

Schuldnerunterhalt
- Masseverbindlichkeiten **57** 9 f

Schuldnerverzeichnis
- Einsicht **128** 53 f
- Eintragung **16** 11 f; **79** 46
- Kosten für Auskunft/Einsicht **128** 53 f
- Löschung der Eintragung **16** 13
- Warnfunktion **16** 11

Schuldrechtliche Leistungsversprechen
- GmbH in Insolvenz **92** 353

Schuldverschreibungen
- Aktiengesellschaft in Insolvenz **93** 50 ff

Schutzschirmverfahren
- ablehnende Entscheidung **88** 55 f
- Aktiengesellschaft **93** 14
- Anforderungen an die Bescheinigung **88** 36 ff
- Antragsberechtigung **88** 28
- Antragserfordernis **88** 16, 19
- Antragszeitpunkt **88** 29
- Aufgabenverteilung **90** 93
- Aufhebung **88** 57 ff
- außergerichtliche Sanierung **3** 83 ff
- Begründung von Masseverbindlichkeiten **88** 54; **90** 94
- Bescheinigung **88** 31 ff
- bezweckte Sanierung **88** 24
- BGB-Gesellschaft **94** 127
- Eigenverwaltungsantrag **88** 19, 43
- Einführung **1** 71 ff
- Entscheidung des Gerichts **88** 45 ff
- Entscheidungsgrundlagen **88** 43 f
- Eröffnungsantrag **88** 20
- ESUG-Reform **68** 5
- Fach- und Sachkunde des Experten **88** 32 ff
- Fristbestimmungsantrag **88** 27 ff
- Genossenschaft **93** 132
- kapitalistische Personengesellschaft **94** 161
- KG **94** 18
- Kredite **97** 40
- OHG **94** 18
- Planungssicherheit **88** 17
- rechtsfähiger Verein **93** 180
- Risiken **88** 18
- Sanierung nicht offensichtlich aussichtslos **88** 23 ff
- Stärkung der Gläubigerautonomie **1** 73 f
- stattgebende Entscheidung **88** 46 ff
- subjektiver Sanierungswille **88** 24
- Überblick **88** 15 ff
- Unabhängigkeit des Experten **88** 35
- Verantwortlichkeit des Bescheinigers **90** 96
- Vergütung des vorläufigen Sachwalters **129** 54a
- Verhältnis zur vorläufigen Eigenverwaltung **88** 42
- Voraussetzungen **88** 19 ff
- Vorteile gegenüber vorläufiger Eigenverwaltung **88** 17 f

Schutzschrift
- vorbeugende Anhörung **12** 32

Schwebende Geschäfte
- Klarstellung durch Insolvenzverwalter **22** 39
- Überschuldungsstatus **6** 58

Schwebende Prozesse
- Aufnahme **32** 15
- Stillstand des Verfahrens **32** 15
- Unterbrechung **32** 80 ff

magere Zahlen = Randnummern

Sachregister

Schweigen des Insolvenzverwalters 35 8 ff
Seeversicherung 42 66
Sekundärinsolvenzverfahren
– Anmelderecht 131 126
– Gläubigergleichbehandlung 131 128
– Reform der EuInsVO 131 129 ff
– Sekundär- oder Partikularverfahren 131 118 ff
– am Sitz der Niederlassung 131 115 ff
– Vermeidung 132 182
– Zusammenarbeit der Verwalter 131 122
Selbständige Tätigkeit
– ABgrenzung der Verfahrensarten 81 18 ff
– Aufnahme während Insolvenzverfahren 81 23
– Ausübung bei Antragstellung 81 22
– keine Erheblichkeitsschwelle 81 21
– Erwerbsobliegenheit 78 38 ff
– frühere selbständige Tätigkeit 81 24 ff
– Vorliegen 81 19
SEPA-Lastschriftverfahren 14 183
Sequestration 14 71
Sicherheiten-Pool
– Auskunftspflicht 44 37
– Banken-Sicherheiten-Poolvertrag 44 2 f
– Bassinvertrag 44 4
– Begriff 44 1 ff
– Bestimmtheitserfordernis 44 19 f
– Beweiserleichterung für Miteigentümer 44 21 f
– Einziehung abgetretener Forderungen 44 23
– Erfüllungswahl 44 38
– inkongruente Deckung 47 55
– Innenverhältnis 44 34 ff
– Insolvenzplan 44 41
– Lieferantenpool 44 8
– Miteigentümergemeinschaft 44 5
– Miteigentümergemeinschaft mit dem Insolvenzschuldner 44 17
– Poolanteil 44 24 f
– Rechtsnatur 44 1 ff
– Rechtsverfolgung im Außenverhältnis 44 21 ff
– Schadenersatz 44 26
– Sicherheiten-Abgrenzungsvertrag 44 15
– unzulässige Verwertungsmaßnahmen 44 28 ff
– Verhältnis Pool/Insolvenzmasse 44 37 ff
– Verwertungsgemeinschaft der Sicherungsgläubiger 44 8 ff
– Verwertungsgemeinschaft mit den Sicherungsgläubiger 44 40
– Verwertungsvereinbarungen 44 18, 39
– Vollmacht für Sicherheitenverwalter 44 16
Sicherungs- und Erhaltungspflicht 14 148
– bei vorläufiger Insolvenzverwaltung 14 77

Sicherungseigentum
– anfängliche Übersicherung 43 79
– Anforderungen an Sicherungsvertrag 43 75 ff
– Anwartschaftsrechte 43 77
– Bestimmtheitsgrundsatz 43 76
– Betriebsübergang 106 39
– einfache Sicherungsübereignung 43 75 ff
– Insolvenz des Sicherungsgebers 43 83 f
– Insolvenz des Sicherungsnehmers 43 80 ff
– Insolvenz eines Dritten 43 85
– internationaler Warenverkehr 43 110 ff
– Knebelung 43 79
– Mantelsicherung 43 76
– Markierungsvertrag 43 76
– Massezuordnung 25 53
– Raumsicherung 43 76
– schuldrechtlicher Rückgewähranspruch 43 79
– Sicherungsübereignung von Vorbehaltsware 43 86
– Übereignungswille 43 78
– Übereignungswille des Sicherungsgebers 43 78
– Übersicherung 43 79
– verlängerte Sicherungsübereignung 43 87
– Vorbehaltsware 43 86
– Warenlagers mit wechselndem Bestand 43 76
Sicherungsgrundschuld 31 52
Sicherungsmaßnahmen
– Anordnungsvoraussetzungen 14 2 ff
– Aufhebung 14 16 ff
– Aufrechnungsverbote 14 35
– Auswirkungen Pflichtenkreis des Geschäftsführers 92 240 ff
– Bekanntmachung 14 9 f
– Beschlagnahme von Geschäftsunterlagen 14 54
– Bestellung eines vorläufigen Insolvenzverwalters 14 22 ff
– Bestellung vorläufigen Treuhänders 14 55
– Betretungsverbot 14 54
– Durchsuchung 14 90 ff
– Durchsuchung von Wohn- und Geschäftsräumen 14 54
– Einsetzung vorläufigen Gläubigerausschusses 14 28 f
– Einstellung der Zwangsvollstreckung 14 44 ff
– Einziehungsverbote für Aus-/Absonderungsberechtigte 14 51 f
– Entziehung des Reisepasses 14 54
– EuInsVO 131 81 ff
– Generalklausel 14 5
– Inhalt 14 5 ff
– Katalog 14 5

Sachregister

halbfette Zahlen = Paragraphen

- Kontensperre **14** 54
- Privilegierung von Finanzsicherheiten **14** 11 f
- Rechtsmittel **16** 32 ff
- Regelungsgehalt der §§ 21 ff InsO **14** 5
- sofortige Beschwerde **14** 13 ff
- Untersagung der Zwangsvollstreckung **14** 44 ff
- Unwirksamkeit anordnungswidriger Rechtshandlungen **14** 6 ff
- Verfügungsbeschränkungen **14** 6 ff
- Verfügungsverbote **14** 30 ff
- Verhältnismäßigkeitsgrundsatz **14** 3 f
- Verwertungsverbote für Aus-/Absonderungsberechtigte **14** 51 ff
- vorläufige Postsperre **14** 51 ff
- Wirksamwerden **14** 9 f
- Wirkungen **6 ff**
- Zulässigkeit des Insolvenzantrags **14** 2
- Zulassung des Insolvenzantrags **14** 2
- Zustimmungsvorbehalt **14** 39 ff

Sicherungsrechte
- Geltungmachen in Insolvenz **39** 6 f
- Massezuordnung **25** 51 ff

Sicherungstreuhand
- Aussonderung **40** 52 ff
- Grundschuld **40** 57
- Insolvenz des Treugebers **40** 58
- Insolvenz des Treuhänders **40** 53 ff
- Mietkaution **40** 55 f

Sicherungsvertrag
- gegenseitiger Vertrag **34** 14

Sicherungszessionen
- Aufrechnung **45** 93
- Dokumenteninkasso **43** 103
- eigennützige Treuhand **43** 101
- Factoring **43** 95 ff
- Globalzession **43** 89 ff
- Grundlage **43** 88
- internationaler Warenverkehr **43** 114 ff
- Kollision mehrfacher Zessionen **43** 105b
- Zession bedingter/künftiger Forderungen **43** 105
- Zession und Dauerschuldverhältnisse **43** 105a

Sittenwidrige Schädigung
- Gläubigerbenachteiligung **46** 10

Sittenwidrigkeit
- und Anfechtung nach InsO **46** 9 f
- Convenants **3** 29
- Insolvenzantrag **9** 33 ff

Sitz des Insolvenzverwalteramts 32 21
Sitztheorie 8 26
Sitzverlegung 7 1

Sofortige Beschwerde
- gegen Abweisungsbeschluss **16** 14, 38
- keine aufschiebende Wirkung **16** 39, 40
- Ausschluss **16** 42
- gegen Eröffnungsbeschluss **16** 39 ff; **74** 1
- greifbare Gesetzeswidrigkeit von Maßnahmen **16** 33
- Insolvenzgläubiger **19** 7
- gegen Sicherungsmaßnahmen **14** 13 ff; **16** 32
- Zulassung nach InsO **17** 30

Soll- und Kanngruppen
- im Planverfahren **67** 50 ff

Sollmasse 24 4; **39** 1
Sonderabkommen 78 68 f
Sonderbetriebsvermögen 96 28 ff
Sonderinsolvenzverwalter 22 13; **129** 21
Sonderkonditionen
- Erhalt beim Energieliefervertrag **36** 10

Sonderkündigungsrecht
- Gestaltungsrecht **26** 14

Sondermassen 5 32; **24** 8 f
Sondervermögen öffentlicher Hand
- Insolvenzfähigkeit **5** 31

Sonderverwahrung
- Aussonderungsbefugnis **40** 11

Sondervorteile, unzulässige 78 36 ff
Sonderzahlungen
- Betriebsübergang **106** 63

Sonstige Masseverbindlichkeiten
- aus Dauerschuldverhältnissen **56** 21
- Dienst- und Arbeitsverträge **56** 33 ff
- aufgrund Erfüllungsverlangens des Verwalters **56** 18 f
- aus gegenseitigen Verträgen **56** 16 ff
- Geschäftsführung Dritter ohne Auftrag **56** 10
- aufgrund gesetzlichen Erfüllungszwangs **56** 20 ff
- durch Handlungen des Verwalters **56** 3 ff
- bei Hilfskräfteeinsatz **56** 6
- aus Leasingverträgen **56** 23
- Massebereicherungsanspruch **56** 39 ff
- Massebereichungsanspruch **56** 39 ff
- Miet- und Pachtvertrag **56** 25 ff
- nach § 55 I Nr. 1 InsO **56** 2 ff
- nach § 55 I Nr. 2 InsO **56** 16 ff
- nach § 55 I Nr. 3 InsO **56** 39 ff
- sonstige Masseverbindlichkeiten **56** 1 ff
- Steuerforderungen **60** 1 ff
- aus ungerechtfertigter Bereicherung **56** 39 ff
- Unterlassungen des Verwalters **56** 9
- durch Verwaltung, Verwertung und Verteilung der Masse **56** 8 ff

Sozialansprüche 94 41
Sozialauswahl
- eingeschränkte Überprüfung der Sozialauswahl **108** 99

2922

magere Zahlen = Randnummern

Sachregister

- Gemeinschaftsbetrieb **108** 25a
- nach § 125 I InsO **106** 85
- Stilllegung des Restbetriebs **106** 82 f

Sozialleistungsansprüche
- Massezuordnung **25** 24 ff

Sozialplan
- Anfechtung **104** 90 ff
- Betriebsübergang **108** 159 f
- Entlassungssozialplan **108** 151
- Gemeinschaftsbetrieb **108** 26
- Gestaltungsspielraum **108** 155 ff
- Insolvenzplanverfahren **108** 150
- insolvenzrechtliche Einordnung der Ansprüche **108** 152
- Kündigungsschutzklage **108** 161
- Masseverbindlichkeiten **57** 3
- Neuabschluss **104** 94
- sachliche Differenzierungsgründe **108** 157 f
- Stichtagsregelungen **108** 156
- Unzulässigkeit der Zwangsvollstreckung **58** 12
- vor Verfahrenseröffnung **108** 153 f
- Wegfall der Geschäftsgrundlage **104** 93
- zulässiges Gesamtvolumen **108** 147 ff

Sozialplananspruch
- Abschlagszahlungen **107** 63
- Altsozialplan **107** 78 f
- Ausschluss der Zwangsvollstreckung **107** 64
- Entlassungssozialplan **107** 50
- erfasste Personen **107** 51 f
- Gesamtvolumen/Obergrenze **107** 53 f
- insolvenznahe Sozialpläne **107** 65 f
- mehrere Sozialpläne **107** 73
- Monatsverdienst **107** 55 ff
- Rang **107** 69 f
- relative Verteilungsgrenze **107** 60 ff
- Sozialplan nach Insolvenzeröffnung **107** 48 f
- Störung der Geschäftsgrundlage **107** 76 f
- Überblick **107** 46 f
- Überschreitung der Obergrenze **107** 58 f
- Überschuldungsstatus **6** 74
- Verzicht – tarifliche Ausschlussfrist **107** 74 f
- Widerruf **107** 67 f, 71 f

Sozialversicherungsbeiträge
- Anfechtung **107** 149
- Gläubigerbenachteiligung **46** 57, 64
- nach Insolvenz **107** 145 ff
- vor Insolvenz **107** 144

Sozialversicherungsdelikte
- insolvenzbegleitende Straftat **127** 156

Sozialversicherungspflichten
- Arbeitnehmerbeiträge **92** 208
- Geltendmachung von Ansprüchen **92** 228
- als Geschäftsführerpflicht **92** 208
- und Gläubigergleichbehandlung **92** 214 ff
- Haftung aus § 266a I StGB **92** 208

- Haftung aus § 823 II BGB iVm § 266a I StGB **92** 208
- Haftung nach § 43 I, II GmbHG **92** 208
- Lohnpflichttheorie **92** 209
- Pflichtverletzung **92** 209
- Schaden **92** 217
- Schuldner des Gesamtsozialversicherungsbeitrags **92** 208
- (Un-)Möglichkeit in der Krise **92** 210 ff

Sozialwidrigkeit der Kündigung
- bei betriebsbedingte Kündigung **105** 79 ff
- Betriebsstilllegung **105** 82 f
- Darlegungs- und Beweislast **105** 88a
- entgegenstehende betriebliche Belange **105** 91 f
- horizontale Vergleichbarkeit **105** 94a
- Interessenausgleich mit Namensliste **105** 95a
- Kündigungsgründe **105** 80 f
- Leistungsträger **105** 95
- bei personenbedingter Kündigung **105** 77
- soziale Auswahl **105** 89 f
- Sozialwidrigkeitsgründe nach KSchG **105** 96 ff
- Stilllegungsabsicht **105** 84 ff
- Vergleichsgruppenbildung **105** 93
- bei verhaltensbedingter Kündigung **105** 77
- vorläufiger Insolvenzverwalter **105** 88
- Vorrang der Änderungskündigung **105** 100a
- Weiterbeschäftigung auf anderem Arbeitsplatz **105** 99

Spaltung 108 39 ff
Spartenverein 93 185
Sperrkonten 98 17
Sperrvermerke 22 32; **75** 4
Spezifisches Kapital 4 16
Spruchrichterprivileg 23 40

Staatshaftung
- Allgemeines **23** 35
- Entscheidungsfehler bei Grundentscheidungen **23** 37
- Entscheidungsfehler bei Zwischenentscheidungen **23** 39
- Haftungsfälle **23** 36 f
- Nichtanwendung der Spruchrichterprivilegs **23** 40
- Nichtanwendung des Verweisungsprivilegs **23** 41
- Rechtsmittelversäumung **23** 43
- Verletzung von Aufsichts-, Sicherungs- und Prüfungspflichten **23** 38

Stehenlassen einer Forderung
- Vergleichbarkeit mit Darlehensgewährung **92** 449

Sterbefallkosten-Sicherungsansprüche
- Massezuordnung **25** 32

Steuerabschlagszahlungen 122 35 ff

2923

Sachregister

halbfette Zahlen = Paragraphen

Steuererklärung
- Erstellung durch Insolvenzverwalter **22** 83

Steuererstattungsansprüche
- Abwicklung im Insolvenzverfahren **126** 38
- Begründungszeitpunkt **126** 32
- Massezugehörigkeit **126** 33
- Massezuordnung **25** 41

Steuerforderungen
- Absonderungsrecht **42** 237 ff
- Ausnahmen von Restschuldbefreiung **79** 43
- nach Beendigung des Insolvenzverfahrens **126** 42 ff
- Begründetsein **62** 1 f
- Beteiligung am Insolvenzverfahren **126** 4 ff
- Durchsetzung als Masseverbindlichkeit **60** 18
- Durchsetzung gegenüber Schuldner **126** 30 f
- Einordnung **19** 8, 14; **62** 1 ff
- Entstehen kraft Gesetzes **60** 1
- aus freigegebenen Gegenständen **60** 17
- Geldstrafen, -bußen **62** 8
- Insolvenzantrag der Finanzbehörde **126** 1 ff
- als Insolvenzforderungen **19** 20; **62** 1 ff; **126** 4 ff
- aus neu aufgenommener Arbeitnehmertätigkeit **60** 16
- aus Neuerwerb des Insolvenzschuldners **60** 12 ff
- nicht entstandene Steuerforderungen **62** 7
- nicht fällige Steuerforderungen **62** 4 ff
- persönliche Steuern des Schuldners **60** 3
- bei Restschuldbefreiung **126** 45 ff
- als sonstige Masseverbindlichkeit **60** 1 ff
- Steuererstattungsansprüche **126** 32 ff
- steuerliche Nebenleistungen **62** 8 f
- unberechtigte Steuererstattung **60** 2
- im Verbraucherinsolvenzverfahren **126** 53 ff
- verfahrensmäßige Behandlung **126** 1 ff

Steuerliche Nebenleistungen
- als Insolvenzforderungen **62** 8 f

Steuern
- Absonderung **42** 72

Steuerrecht
- allgemeine insolvenzrechtliche Regelungen **121** 1 ff
- anfechtbare Rechtshandlungen der Finanzbehörde **121** 6 ff
- Einkommensteuer **122** 1 ff
- Erbschaftssteuer **125** 17 ff
- Gewerbesteuer **125** 1 ff
- Grunderwerbsteuer **125** 8 ff
- Grundsteuer **125** 11 f
- internationaler Insolvenzen **121** 16 ff
- Investitionszulage **125** 20 f
- Kraftfahrzeugsteuer **125** 13 ff
- Lohnsteuer **123** 1 ff
- Pflichtverletzungen im Vorfeld einer Insolvenz **121** 2 ff
- Umsatzsteuer **124** 1 ff
- Verbrauchsteuern **125** 26
- Verhältnis zum Insolvenzrecht **120** 1 ff
- Zölle/Grenzabgaben **125** 22 ff

Steuerrechtliche Pflichten
- Abgabe der Steuererklärungen **22** 89
- Akteneinsichtsrecht **22** 84 ff
- Auskunftsanspruch gegen Finanzbehörde **22** 84
- bei Außenprüfungen **22** 82
- Berichtigung von Steuererklärungen **22** 91
- Beschlagnahmung von Unterlagen **22** 82
- Buchführungspflichten **22** 86 ff
- Geltendmachung von Ansprüchen **92** 228
- des Geschäftsführers **92** 218 ff
- Geschäftsjahrbeginn **22** 88
- und Gläubigergleichbehandlung **92** 223 ff
- Haftung nach § 69 AO **22** 96
- bei insolvenzfreien Einkünften **22** 94
- des Insolvenzverwalters **22** 81
- Möglichkeit/Unmöglichkeit in der Krise **92** 220 ff
- Optierung der Umsatzsteuerpflicht **22** 83
- Pflichtverletzung **92** 218 ff
- Pflichtverletzungen im Vorfeld einer Insolvenz **121** 2 ff
- Rumpfgeschäftsjahr **22** 88
- Schaden **92** 227
- vorläufiger Insolvenzverwalter **22** 101 ff
- Zwangsmittel bei Nichterfüllung **22** 95

Steuervorauszahlungen 122 35 ff

Stiftung
- Antragsrecht/-pflicht **93** 234 ff
- Auswirkungen der Verfahrenseröffnung **93** 238
- Auswirkungen einer Insolvenzeröffnung **38** 24
- Beendigung des Verfahrens **93** 241
- Entscheidung über Verfahrenseröffnung **93** 238
- Europäische Stiftung **93** 246
- Insolvenz des Stifters **93** 242
- Insolvenzfähigkeit **93** 232
- Insolvenzgründe **93** 233
- Insolvenzmasse **93** 239 f
- Rechtstatsächliches **93** 231
- Vollbeendigung **93** 241

Stille Beteiligung
- Vergleichbarkeit mit Darlehensgewährung **92** 453

Stille Gesellschaft
- Abwicklung **94** 187 ff
- Allgemeines **94** 180

magere Zahlen = Randnummern

Sachregister

- Anfechtbarkeit der Einlagenrückgewähr **46** 5
- atypische stille Beteiligung **94** 196
- Auseinandersetzung **94** 183 ff
- Geltendmachung des Auseinandersetzungsguthabens **94** 188 ff
- Gesellschafterdarlehen **94** 195
- gesplittete Einlage **94** 194
- Insolvenz des Geschäftsinhabers **94** 181 ff
- Insolvenz des stillen Gesellschafters **94** 199
- Insolvenzgründe **94** 181
- Insolvenzplanverfahren **94** 197
- Insolvenzunfähigkeit **5** 6
- mehrgliedrige stille Gesellschaft **94** 198
- passives Einlagekonto **94** 192
- Stellung des stillen Gesellschafters **94** 182 ff
- Vereinbarung eines Nachrangs **94** 193

Stille Reserven
- Versteuerung stiller Reserven **122** 29 ff

Stilllegung 108 30

Stimmliste
- Planverfahren **68** 43

Stimmrecht
- Gläubigerversammlung **20** 9 ff

Stimmrechtszuteilung
- Absonderungsberechtigte **68** 40
- Anteilsinhaber **68** 42
- nachrangige Insolvenzgläubiger **68** 41
- nichtnachrangiger Insolvenzgläubiger **68** 37 ff
- im Planverfahren **68** 37 ff

Straftaten 77 54 ff

Strategische Krise 2 6

Streitige Verbindlichkeiten 16 4

Stundung der Verfahrenskosten
- Allgemeines **128** 4 ff
- Antrag **85** 3 f
- Aufhebung **85** 12 ff; **128** 10
- Beschlussentscheidung **85** 9
- Beschwerde gegen Ablehnung/Aufhebung **128** 11
- Erklärung zu Versagungsgründen **85** 8
- Hinweispflicht **11** 12
- Neuregelungen ab 1.7.2014 **85** 17
- bei nicht ausreichender Kostendeckung **85** 5
- objektive Voraussetzungen **85** 8
- Rückzahlung **128** 8 f
- Struktur **85** 1 f
- Voraussetzungen **85** 3 ff
- Wirkung **85** 10 f
- wirtschaftliche Anforderungen **85** 5 ff
- Ziel **85** 1
- zweistufige Vergleichsberechnung **85** 5

Stundung von Forderungen
- bei außergerichtliche Sanierung **3** 105 ff

- Vergleichbarkeit mit Darlehensgewährung **92** 447

Subventionsbetrug
- insolvenzbegleitende Straftat **127** 155

Sukzessivlieferungsvertrag
- teilbare Leistungen **36** 5 ff

Surrogate 65 54

Surrogation 31 47

Surrogationskette 41 37

Suspensivtheorie
- Grundsatzurteil des BGH **34** 42 ff

Tabellenberichtigung
- nichttitulierte Forderungen **64** 56
- titulierte Forderungen **64** 58

Tabelleneintragung, feststellende
- Ergebnis der Prüfungsverhandlungen **64** 18 ff
- Scheckforderungen **64** 21, 26
- streitig gebliebene Forderungen/Vorrechte **64** 22 ff
- Teilbeträge **64** 27
- unbestrittene Ausfallforderungen **64** 19
- Wechselforderungen **64** 20, 26

Tankstellenkonten 98 15

Tarifvertrag
- Betriebsübergang **106** 51 f
- Rechtsquelle des Arbeitsrechts **104** 13

Tarifvertragliche Ansprüche
- Fortgeltung der Tarifbindung **104** 86
- Tarifbindung **104** 85
- tarifliche Verfallfristen **104** 87
- Verbandszugehörigkeit **104** 85

Tauschverwahrung
- Aussonderung **40** 11 f

Teilanfechtung 46 41

Teilbare Leistungen
- Abgrenzungen **36** 1
- bei Bauvertrag **36** 2 f
- Begriff der Teilbarkeit **36** 1 ff
- Dauerlieferungsvertrag **36** 5
- Sukzessivlieferungsvertrag **36** 5
- Unteilbarkeit von Leistungen **36** 4
- bei Werkvertrag **36** 2 f
- Wiederkehrschuldverhältnis **36** 6

Teilleistungen vor Insolvenzeröffnung
- beider Teile **35** 41
- bei Erfüllungsablehnung **35** 37 ff
- bei Erfüllungsverlangen **35** 23 ff
- Grundsätze **35** 23
- des Insolvenzschuldners **35** 25, 38
- des Vertragspartners **35** 24, 37

Teilnehmerhaftung 92 529

Teilungsmassegegenstreit 32 161

Teilungsmassestreit 32 137

2925

Sachregister

halbfette Zahlen = Paragraphen

Teilzeitarbeitsverhältnis
- Kündigung **105** 46 f

Terminsbestimmungen 16 25

Territorialitätsprinzip 130 5

Testamentsvollstrecker
- keine Antragspflicht **113** 13
- Nachlassinsolvenz **112** 13 ff

Testamentsvollstreckung 31 129 ff

Theorienstreit
- zur Rechtsstellung des Insolvenzverwalters **22** 20 ff

Titelumschreibung 33 4 ff, 69

Titulierte Forderungen
- Feststellungswirkung **64** 30
- Tabellenberichtigung **64** 58

Tod des Schuldners
- Eröffnungsverfahren **11** 19 ff
- während Eröffnungsverfahren **12** 53
- nach Eröffnung der Regelinsolvenz **113** 25
- nach Eröffnung der Verbraucherinsolvenz **113** 26
- vor Eröffnung der Regelinsolvenz **113** 24
- vor Eröffnung der Verbraucherinsolvenz **113** 26
- während Insolvenzverfahrens **113** 31
- während/nach der Wohlverhaltensphase **113** 32
- Widerruf der Restschuldbefreiung nach Tod des Schuldners **113** 33
- im Zulassungsverfahren **77** 9

Transferkurzarbeitergeld 110 46 ff

Transferleistungen im Lizenzfußball 6 56

Treuhänder
- Aufgaben **78** 73 ff; **84** 9 ff
- Aufsicht und Entlassung **78** 84 f
- Bestellung **84** 6 f
- Bestellung im Restschuldbefreiungsverfahren **77** 104 ff, 139
- Haftung **78** 86
- Miete, Bankgeschäfte, Steuern **84** 11
- Rechnungslegung **78** 83
- Rechtsstellung **84** 8
- Stellung in Treuhandperiode **78** 73 ff, 99
- steuerrechtliche Pflichtenstellung **22** 104
- Überwachung des Schuldners **78** 80 ff
- Unterdeckung der Treuhändervergütung **78** 58
- im Vereinfachten Verfahren **84** 6 ff
- Vergütung **78** 87; **129** 55 ff
- Verwaltung der Tilgungsleistungen **78** 73 ff
- Verwaltung, Verwertung, Verteilung **84** 10, 15

Treuhandeigentum
- Aussonderungskraft **40** 31 ff
- Bestimmtheit **40** 33
- doppelseitige Treuhand **40** 78 ff
- eigennützige Treuhand **40** 52 ff
- Gefahrtragungsthese **40** 33
- Offenkundigkeit **40** 33
- Pensions-/Unterstützungsfonds **40** 66 ff
- Sicherungstreuhand **40** 52 ff
- Systembegriff **40** 31
- Treugut beim Factoring-Geschäft **40** 59 ff
- Treuhandbegriff **40** 31
- unechte Verwaltungstreuhand **40** 34 f
- Unmittelbarkeitsgrundsatz **40** 33
- Unterscheidungskriterien **40** 32
- Vermögensgegenstände als Treugut **40** 33
- Wertguthaben aus Arbeitszeitflexibilisierungsmodellen **40** 76
- Wertguthaben bei Altersteilzeit **40** 77

Treuhandkonten 14 61; **98** 14

Treuhandperiode
- Abtretungsschutz **78** 12 ff
- abzutretende Forderungen **78** 5 ff
- Aufrechnungsbeschränkungen **78** 70 f
- Aufsicht und Entlassung des Treuhänders **78** 84 f
- Dauer **78** 3
- Erwerbsobliegenheit **78** 18 ff
- Haftung des Treuhänders **78** 86
- herauszugebender Vermögenserwerb im Erbfall **78** 28 ff
- Insolvenzstraftaten **78** 56 f
- Leistungen bei selbständiger Tätigkeit **78** 38 ff
- Obliegenheiten gemäß § 295 InsO **78** 18 ff
- Ordnungsaufgaben **78** 4
- ordnungsbedürftige Aufgaben **78** 4
- Rechnungslegung **78** 83
- Reichweite der Abtretung **78** 5 ff
- Stellung der Gläubiger **78** 61 ff
- Stellung des Treuhänders **78** 73 ff
- Terminologie **78** 1 ff
- Überwachung des Schuldners **78** 80 ff
- Unterdeckung der Treuhändervergütung **78** 58 ff
- Unterrichtungen **78** 32 ff
- unzulässige Sondervorteile **78** 36 f
- verbotene Sonderabkommen **78** 68 f
- Verfahrensobliegenheiten bei Versagung der Restschuldbefreiung **78** 54 ff
- Vergütung des Treuhänders **78** 87
- Versagung der Restschuldbefreiung **78** 16 ff
- Versagungsverfahren **78** 48 ff
- Verwaltung der Tilgungsleistungen **78** 73 ff
- vorzeitige Beendigung **79** 1 ff
- Zulassung **77** 1 ff
- Zwangsvollstreckungsverbot **78** 61 ff

Treuhandvertrag
- Geschäftsbesorgungsvertrag **36** 45

magere Zahlen = Randnummern

Sachregister

Übereignung beweglicher Sachen 31 48
Übereignung unbeweglicher Sachen 31 49 ff
Überschuldung
– Abwehrreaktionen 7 1
– Anwendungsbereich 6 30 f
– Definition bis Oktober 2008 6 28 ff
– Definition seit Oktober 2008 6 27
– Dokumentation 6 37 ff
– Eigenprüfungspflicht 6 35
– Erkennen 92 77
– Fortbestehensprognose 6 33, 41 ff
– Glaubhaftmachung 9 63
– Handlungsalternativen 92 78
– Insolvenzantragspflicht 7 8
– Legaldefinition 6 22 ff
– Neufassung des Begriffs 1 68
– prognostisches Element 6 41 ff
– Prüfung 6 34 ff
– Prüfungsreihenfolge 6 38 ff
– strafrechtlicher Krisenbegriff 127 30 ff
– Unternehmensinsolvenz 91 18
– und Zahlungsunfähigkeit 6 32 f
Überschuldungsbilanz 92 494 ff
Überschuldungsstatus
– aktive Rechnungsabgrenzungsposten 6 53
– Aktivposten 6 45 ff
– Ansprüche des Gesellschafters 6 68
– Ansprüche gegen Geschäftsführer/Gesellschafter 6 50
– Aufwandsrückstellungen 6 63
– Aufwendungen für Ingangsetzung/Erweiterung 6 73
– Aufwendungs- und Annuitätendarlehen 6 67
– ausstehende Einlagen 6 49
– Bewertung des Umlaufvermögens 6 51
– Bürgschaften/Garantien 6 57
– dingliche Sicherheiten 6 57
– drittgesicherte Verbindlichkeiten 6 61
– Drohverlustrückstellungen 6 63
– Eigenkapital/freie Rücklagen 6 60
– Einlage stiller Gesellschafter 6 62
– erhaltene Anzahlungen 6 72
– Firmenwert 6 46
– Forderungen aus Lieferungen/Leistungen 6 52
– Forderungen aus schwebenden Geschäften 6 58
– Genussrechte 6 70
– bei GmbH & Co KG 6 78
– Gründungskosten 6 45
– immaterielle Vermögenswerte 6 46 f
– Interessenausgleich 6 74
– konzernmäßige Konzernausgleichspflichten 6 71
– materielle Vermögenswerte 6 48
– Nachteilsausgleich 6 74
– passive Rechnungsabgrenzungsposten 6 76
– Passivposten 6 59 ff
– Pensionsrückstellungen 6 65
– Rückstellungen 6 63 ff
– schwebende Geschäfte 6 75
– Sonderbilanz 6 44 ff
– sonstige Verbindlichkeiten 6 78
– Sozialplanansprüche 6 74
– Transferleistungen im Lizenzfußball 6 56
– Überschuldungsstatus 6 45 ff
– Verlustübernahmeansprüche 6 54
– Zuweisung von Haftungsansprüchen 6 55
Überschuss bei Schlussverteilung
– bei GmbH 92 585 ff
Übertragende Sanierung
– Betriebsstilllegung 106 92 ff
– Betriebsteilveräußerung 106 80 ff
– Erwerberkonzept 106 74 ff
– Gleichrang mit Liquidation/Sanierung 66 9
– Interessenausgleich mit Namensliste 106 84 ff
– keine Negativauslese des Übernahmepersonals 106 77 f
– Konzept des Betriebserwerbers 106 76
– Kündigung des Betriebsveräußerers 106 75
– Sozialauswahl 106 79
– Wiedereinstellung bei nachträglichem Betriebsübergang 106 98 ff
Übertragungsverfahren
– Allgemeines 103 136
– bei Bankeninsolvenz 103 136 ff
– Gegenleistung 103 145
– Gegenstand 103 139
– Good Bank-Modell 103 139
– Haftungsverhältnisse 103 142 ff
– Schutz der Übertragung 103 146
– Verhältnis zum Sanierungs-/Reorganisationsverfahren 103 137
– Wiederherstellungsplan 103 137
Überwachung der Insolvenzplanabwicklung
– Allgemeines 70 1 ff
– Anwendungsbereich 70 1 ff
– Dauer 70 11
– durch Dritte als Sachwalter 70 10
– Vergütung 129 39
– durch Verwalter 70 9
Überwachungspflicht des Sachwalters 90 66 ff
Überweisungsverkehr
– Anfechtung der Verrechnung 99 22 ff, 32 ff
– Ausführung nach Zahlungsunfähigkeit oder Insolvenzantrag 99 3 ff

Sachregister

halbfette Zahlen = Paragraphen

- Ausführung vor Zahlungsunfähigkeit und Insolvenzantrag **99** 2
- Bankauskunft **99** 18
- Berechtigung der Bank zur Gutschrift **99** 15 ff
- Berechtigung der Bank zur Verrechnung **99** 20 ff
- Kündigungsrecht **99** 12
- mehraktige Rechtshandlungen **46** 35
- Sicherung des Vermögens des Überweisenden **14** 172 ff
- Sicherung des Vermögens des Überweisungsempfängers **14** 168 ff
- Überweisungsauftrag nach Anordnung eines Verfügungsverbots **99** 6 f
- Überweisungsauftrag nach Insolvenzeröffnung **99** 8 ff
- Überweisungsausgänge **99** 1 ff
- Überweisungseingänge **99** 13 ff
- Vertragstypen **99** 1
- Warnpflicht **99** 18

Umgründung 7 1, 54

Umlaufvermögen
- Überschuldungsstatus **6** 51

Umsatzsteuer
- Absonderungsrechte **42** 224 ff; **124** 36
- Einordnung der Umsatzsteuerforderung **124** 1 ff
- Ermittlung der Umsatzsteuerschuld **124** 37
- Freigabe von Massegegenständen **124** 33 ff
- Insolvenzforderung **124** 4 ff
- Masseforderung **124** 4 ff
- Vergütung des Insolvenzverwalters **129** 40
- Verwertung **42** 179 ff
- Voranmeldungszeitraum **124** 3
- Vorsteuerabzug **124** 13 ff
- bei Werkverträgen **124** 26 ff

Umschlagsgeschwindigkeit 2 10

Umwandlung
- Insolvenzfähigkeit **5** 33
- mangels Masse aufgelöster GmbH **92** 288 ff
- in Unternehmenskrise **7** 54

Unanfechtbare Rechtshandlungen
- entgangene Verwertungskostenpauschale **46** 50
- Erwerb in Zwangsversteigerung **46** 48 f
- höchstpersönliche Rechtsgeschäfte **46** 47
- kongruente Deckungsanfechtung **47** 19
- Veräußerung einer Praxis **46** 46
- Veräußerung eines Handelsunternehmens **46** 46
- Vorsatzanfechtung **48** 5

Unanfechtbarkeit von Beweisanordnungen 13 4

Unangemessene Verbindlichkeiten 77 68 ff

Unbewegliche Sachen
- abgesonderte Befriedigung **42** 92 ff
- Übereignung **31** 49 ff
- Verwertung **42** 92 ff

Unbewegliches Vermögen s. a. Miete und Pacht über Immobilien
- Grundstücke **25** 2 ff
- grundstücksgleiche Rechte **25** 7 ff
- Massezuordnung **25** 2 ff

UNCITRAL-Modellgesetz
- Anerkennung ausländischen Verfahrens **135** 12 ff
- Recht auf direkten Gerichtszugang **135** 10 f
- Zusammenarbeit **135** 17

Unechte Verwaltungstreuhand
- Aussonderung **40** 34 ff

Unechter Zweitantrag 11 4; **12** 14

Unentgeltliche Leistungen
- Abfindungsklauseln **49** 14
- Abgrenzung zur Entgeltlichkeit **49** 13
- Anfechtung **46** 5
- Begriff der Leistung **49** 10
- Risikolebensversicherung zugunsten eines Dritten **49** 14
- Sprachgebrauch **49** 9
- teilweise Unentgeltlichkeit **49** 15
- Tilgung/Besicherung fremder Schuld **49** 13
- Unentgeltlichkeit **49** 11 ff
- Verzicht auf Pflichtteil **49** 14
- Zuwendungen an Ehegatten **49** 14
- Zwei- und Dreipersonenverhältnisse **49** 12

Unerlaubte Handlungen
- Anmeldungsverfahren **79** 17 ff
- Ansprüche der Gläubiger **23** 45 f
- Ansprüche gegen Insolvenzverwalter **23** 27
- Forderungsanmeldung **64** 66 ff
- Forderungsfeststellung **64** 75 ff
- Geltendmachung von Ansprüchen **64** 5, **64** ff
- Gerichtliche Belehrung **64** 73 f
- Gläubigerbenachteiligung **46** 9 f
- Rechtsgrundlagen **79** 16
- und Restschuldbefreiung **79** 15 ff
- Tatbestände **79** 16
- Vorlage der Tabelle **64** 70 ff
- Widerspruch gegen Forderung **79** 18

Universalitätsprinzip 130 5

Unmittelbar nachteilige Rechtsgeschäfte
- anfechtbare Rechtshandlungen **47** 66
- Anfechtungstatbestand **47** 65 ff
- Anfechtungszeitraum **47** 72
- Beweislast **47** 76
- Gläubigerbenachteiligung **47** 73
- Krise **47** 72
- Rechtsgeschäfte des Schuldners **47** 67

magere Zahlen = Randnummern

Sachregister

- subjektiver Tatbestand **47** 75
- Überblick **47** 65

Unteilbarkeit von Leistungen
- Begriff **36** 4

Unterbilanzhaftung
- GmbH in Insolvenz **92** 354 ff

Unterbrechung schwebender Prozesse
- Anfechtungsprozesse **32** 87
- Anwendungsbereich **32** 84 ff
- Aufnahme des Rechtsstreits **32** 125 ff
- Aufnahme unterbrochener Prozesse **64** 45 ff
- ausländische Insolvenzverfahren **32** 100 ff
- Beendigung des Insolvenzverfahrens **32** 133 ff
- betroffene Rechtssubjekte **32** 84 ff
- betroffene Verfahren **32** 109 ff
- bei Eigenverwaltung **32** 96
- Ende der Unterbrechung **32** 125 ff
- Fristenlauf **32** 117
- gerichtliche Handlungen **32** 120 ff
- gesetzlicher Parteiwechsel **32** 80
- bei gesetzlicher Prozessstandschaft **32** 91, 105
- bei gewillkürter Prozessstandschaft **32** 90, 105
- Massebezug **32** 104 ff
- mittelbare Massebetroffenheit **32** 105
- Nachlassinsolvenz **113** 30
- bei Nachlassinsolvenzverfahren **32** 92
- Nichtparteien **32** 86 ff
- Parteihandlungen **32** 118 f
- Rechtsfolgen **32** 116 ff
- Schuldner als formelle Partei **32** 84
- Sinn und Zweck **32** 80 ff
- bei Sondervermögen **32** 92
- Stillstand des Verfahrens **32** 116
- bei subjektiver Klagehäufung **32** 85
- unterbrechender Rechtsakt **32** 94 ff
- bei Verbraucherinsolvenz **32** 95
- Vollstreckungsverfahren **33** 10

Unterdeckung der Treuhändervergütung 78 58

Unterhaltsforderungen 18 15; **55** 4
- Ausnahmen von Restschuldbefreiung **79** 41 f
- gesteigerte Unterhaltspflicht gegenüber Minderjährigen **81** 28
- Insolvenzforderungen **19** 31
- gegen Insolvenzschuldner **19** 31

Unterhaltsgewährung
- durch Gläubigerversammlung **20** 22
- durch Insolvenzverwalter **22** 4

Unterhaltsrenten
- Massezuordnung **25** 29

Unternehmen des Schuldners
  s. a. Freiberufliche Praxis
- Allgemeines **26** 2

- Firma **26** 3 f
- Geschäftsunterlagen **26** 7
- Gewerbegenehmigungen **26** 6
- Marken und Warenzeichen **26** 5
- Massegegenstände **26** 2 ff

Unternehmensfortführung
  s. a. Einstweilige Unternehmensfortführung
- Brisanz **22** 49 ff
- Definition **95** 33
- durch Betriebserwerber **106** 40 ff
- einstweilige Fortführung **14** 154 ff
- Entstehung neuer Masseverbindlichkeiten **22** 50
- Fortführungsgrundsatz mit Stilllegungsvorbehalt **14** 156
- Fortführungspflicht **22** 45
- Grundsatzentscheidung der Gläubigerversammlung **22** 51
- durch Insolvenzverwalter begründete Verbindlichkeiten **14** 150 ff
- Pflicht zur Betriebsstilllegung **14** 160
- unterkapitalisierte GmbH **92** 37
- durch vorläufigen Insolvenzverwalter **14** 154 ff
- Zweck **22** 46 ff

Unternehmensgruppe
- Definition **95** 33

Unternehmensinsolvenzen
  s. Gesellschaftsinsolvenz

Unternehmenskrise
- Begriff **2** 1 ff

Unternehmenssanierung
- ESUG **1** 70 ff

Unternehmensstilllegung
- Untersagung **18** 15

Unternehmensveräußerung 22 57 f

Unternehmensverbund 5 10

Unternehmergesellschaft (UG) 92 3

Unterrichtungsbefugnis
- des Gläubigerausschusses **21** 24

Unterrichtungspflicht des Schuldners
- Treuhandperiode **78** 32 ff

Untersagung besonders bedeutenden Rechtshandlungen des Insolvenzverwalters 18 15

Untersagung der Insolvenzantragstellung 9 36

Untersagung von Zwangsvollstreckungsmaßnahmen
- Sicherungsmaßnahme des Gerichts **14** 44 ff
- bei Verbraucherinsolvenz **14** 45

Unterstützungskassen 109 24, 35 ff, 61

Unterstützungspflicht des Schuldners 13 14 f

2929

Sachregister

halbfette Zahlen = Paragraphen

Untreue
- Beeinträchtigung des zu betreuenden Vermögens **127** 148
- Einrichtung schwarzer Kassen **127** 150
- insolvenzbegleitende Straftat **127** 147 ff
- Nichtgeltendmachung zivilrechtlicher Rückgewähransprüche **127** 151
- schadensgleiche Vermögensgefährdung **127** 150
- Vermögensbetreuungspflicht **127** 147

Unübertragbarkeitsregelungen 31 119

Unverhältnismäßigkeit
- Gläubigerantrag **9** 33 ff

Unvollkommen zweiseitige Verträge
- Unanwendbarkeit des Verwalterwahlrechts **34** 19

Unvollkommene Verbindlichkeiten
- Unanwendbarkeit des Verwalterwahlrechts **34** 19

Unzulässigkeit des Insolvenzantrags 16 2

Urheberpersönlichkeitsrecht
- Aussonderungskraft **40** 21

Urheberrecht
- Aussonderungskraft **40** 20 ff

Urlaubsabgeltung
- Arbeitnehmeransprüche **107** 32 ff
- bei Arbeitsunfähigkeit **107** 33
- Insolvenzgeld **107** 34
- maßgeblicher Zeitpunkt **107** 36
- Rang **107** 35

Urlaubsansprüche
- Betriebsübergang **106** 62

Urlaubsentgelt
- Arbeitnehmeransprüche **107** 27 ff
- Insolvenzgeld **110** 21 f

USA
- Restschuldbefreiung **80** 19 ff

Valutierung von Grundpfandrechten 31 51

Veräußerungsermächtigung 41 18

Veräußerungsverbote
- absolute Veräußerungsverbote **31** 112 f
- Auswirkungen **31** 105 ff
- behördliche relative Veräußerungsverbote **31** 111
- Einzelfälle **31** 114 ff
- gerichtliche relative Veräußerungsverbote **31** 109 f
- gesetzliche relative Veräußerungsverbote **31** 106 ff

Veranlagung von Ehegatten 122 44 ff

Verarbeitungsklausel 43 36 ff

Verbindung, Vermischung, Verarbeitung 31 54; **41** 12; **42** 152

Verbotene Eigenmacht 42 143

Verbraucherinsolvenz
s. a. *Vereinfachtes Verfahren*
- Abgrenzung zum Regelinsolvenzverfahren **81** 3 f
- Ablauf des Verfahrens **81** 13 ff
- allgemeine Zwecke **81** 5 ff
- Antrag **81** 28 f
- Aufgaben **81** 5 ff
- Aufhebung des Verfahrens **75** 20 ff
- außergerichtlicher Einigungsversuch **81** 10, 13
- Bestellung vorläufigen Treuhänders **14** 62
- Eigenverwaltung **77** 15
- Eingriff in Absonderungsrechte **42** 208 ff
- Einschränkung der Strafbarkeit **127** 54
- Eröffnungsantrag **83** 3 ff
- Formularzwang **9** 3; **83** 4
- frühere selbständige Tätigkeit **81** 24 ff
- bei gesteigerter Unterhaltspflicht gegenüber Minderjährigen **81** 28
- Gläubigerantrag **81** 29
- Hinweis auf Restschuldbefreiung **12** 30 f
- Insolvenzantragsrecht **8** 7
- Insolvenzeröffnungsantrag **9** 7
- Insolvenzfähigkeit natürlicher Personen **5** 5
- Insolvenzplan **77** 16
- Insolvenzrechtsreform **1** 58
- Konzeption **81** 1 ff
- natürliche Person **81** 17
- Neuregelungen ab 1.7.2014 **84** 18 ff
- persönlicher Anwendungsbereich **81** 17 ff
- Reformen **1** 81
- Reformentwicklungen **81** 30
- Schuldenbereinigung **76** 13
- Schuldenbereinigungsplanverfahren **81** 10
- Schuldnerantrag **81** 28
- keine selbständige wirtschaftliche Tätigkeit **81** 18 ff
- spezielle Aufgaben **81** 10 ff
- Steueransprüche **126** 53 ff
- unvollständiger Eigenantrag **11** 6
- Verfahrensart **81** 27
- vorläufiger Treuhänder **14** 55
- Ziel der Haftungsverwirklichung **81** 7
- Zugang zum Verfahren **81** 27
- Zugang zur Restschuldbefreiung **81** 3, 8
- Zwangsvollstreckungsmaßnahmen **14** 45

Verbraucherinsolvenzantrag
- allgemeine Voraussetzungen **83** 3
- Bescheinigung/Erklärung zum Scheitern **83** 6 f
- besondere Voraussetzungen **83** 4 ff
- Darlegungen zum Eröffnungsgrund **83** 5
- Erklärung über Restschuldbefreiung **83** 8 f
- erneutes Insolvenzverfahren **83** 16
- Formularzwang **83** 4

magere Zahlen = Randnummern

- Gläubigerantrag **81** 29; **83** 1, 17 ff
- Rüknahmefiktion **83** 29 f
- Schriftlichkeitsgebot **83** 4 f
- Schuldenbereinigungsplan **83** 15
- Schuldnerantrag **81** 28; **83** 1
- Verzeichnisse **83** 10 ff
- Zuständigkeit des Insolvenzgerichts **83** 3

Verbrauchsgüterkauf 34 25
Verbrauchsteuern 125 26
Verbriefungen von Kreditforderungen 102 64 ff
Verechnung
- Verhältnis zur Insolvenzanfechtung **46** 12 ff

Vereine s. Nicht rechtsfähige Vereine, Rechtsfähige Vereine
Vereinfachte Kapitalherabsetzung
 s. Kapitalherabsetzung
Vereinfachte Verteilung 84 16 f
Vereinfachtes Insolvenzverfahren
- Anfechtungsberechtigung **51** 12
- Anwendungsbereich **84** 1 ff
- Aufgaben des Treuhänders **84** 9 ff
- Bestellung des Treuhänders **84** 6 f
- bei erfolglosen Einigungsbestrebungen **81** 16
- Grundlagen **84** 1 ff
- Insolvenzbeschlag **84** 3
- Neuregelungen ab 1.7.2014 **84** 18 ff
- Rechtsstellung des Treuhänders **84** 8
- Treuhänder **84** 6 ff
- vereinfachte Verteilung **84** 16 f
- Verfahrensvereinfachungen **84** 4 f
- Verlängerung der Rückschlagsperre **84** 5
- Verwertung **84** 15

Vereinfachung des Insolvenzverfahrens 1 66
Verfahrensbevollmächtigte beim Eigenantrag 9 13 ff
Verfahrensförderungspflicht des Schuldners 30 7
Verfahrensgebühr
- im eröffneten Verfahren **128** 31 ff

Verfahrenskosten
- Ablehnung der Stundung **18** 19
- Hinweispflicht auf Stundungsmöglichkeit **11** 12
- Versagung der Stundung **13** 20

Verfahrenskostenhilfe
- Allgemeines **17** 40
- Einzelbewilligungen **17** 43 ff
- keine generelle Bewilligung **17** 41
- für Gläubiger **17** 44
- Kostenstundung bei beantragter Restschuldbefreiung **17** 46
- für Schuldner **17** 45
- Versagung der Kostenstundung **13** 20

Sachregister

Verfahrenszuständigkeit des Insolvenzgerichts 17 3 f
Verfolgung bestrittener Forderungen
- Kosten des Feststellungsstreits **64** 59 ff
- nicht titulierte Forderungen **64** 37 ff
- Tabellenberichtigung **64** 55 ff
- titulierte Forderungen **64** 50 ff

Verfrühte Insolvenzantragstellung
- Haftung gegenüber Gesellschaft **92** 154 ff
- Haftung gegenüber Gesellschaftern **92** 159

Verfügung über fremde Sachen 31 55
Verfügungen des Schuldners
- Auswirkung der Insolvenzeröffnung **31** 1 ff
- über fremde Sachen **31** 55
- Gutglaubensschutz **31** 68 ff
- Heilung der Unwirksamkeit **31** 8
- über künftige Bezüge **31** 89 ff
- mehraktige Verfügungen **31** 4
- Unwirksamkeit **31** 2 f, 7 ff
- Verlust der Verfügungsbefugnis **31** 2

Verfügungsbefugnis
- Schutz des guten Glaubens **14** 7

Verfügungsbeschränkung
- absolute/relative Unwirksamkeit **14** 7 f
- Heilung der Unwirksamkeit **31** 8
- materiell-rechtliche Folgen der Verfügungsgebschränkung **31** 1 ff
- Rechtsfolgen anordnungswidriger Rechtshandlungen **14** 6 ff
- Rechtshandlungsbegriff **31** 2 f
- durch Sicherungsmaßnahmen des Gerichts **14** 6 ff
- Unwirksamkeit von Verfügungsgeschäften **31** 7 ff
- Wirksamkeit **31** 1
- Wirksamkeit von Verpflichtungsgeschäften **31** 1

Verfügungsverbot
- allgemeines Verfügungsverbot **14** 31 ff
- besonderes Verfügungsverbot **14** 31, 38
- Leistungen von Schuldnern an Insolvenzschuldner **14** 37
- als Sicherungsmaßnahme **14** 30 ff
- spezielles Veräußerungsverbots **14** 36
- Unwirksamkeit von Vorausverfügungen **14** 34

Vergleich
- gegenseitiger Vertrag **34** 14

Vergleichsgruppenbildung 108 102 ff
Vergleichsordnung von 1935 1 17
Vergütung der Gläubigerauschussmitglieder
- keine Pauschalierung **129** 68
- nach Stundensätzen **129** 62 ff
- Vergütungsanspruch **129** 60 f
- Vorschuss **129** 69

2931

Sachregister

halbfette Zahlen = Paragraphen

Vergütung des Geschäftsführers
- als Insolvenzforderung **92** 166, 294
- als Masseanspruch **92** 294

Vergütung des Insolvenzverwalters
- Abweichen von Regelvergütung **129** 14 ff
- Allgemeines **129** 1 ff
- Auslagen **129** 31 ff
- Berechnungsgrundlage **129** 9 f
- delegationsfähige Tätigkeiten **129** 26 ff
- Erhöhungskriterien **129** 14, 15 ff
- Festsetzungsverfahren **129** 41 ff
- Geschäftskosten **129** 31 ff
- Haftpflichtversicherung **129** 34 f
- nach InsVV **22** 17
- Kürzungskriterien **129** 14, 18 ff
- mehrere Insolvenzverwalter **129** 22 ff
- Nachtragsverteilung **129** 36 ff
- Rechtsanwalts-Insolvenzverwalter **129** 26 ff
- Rechtsmittel gegen Festsetzung **129** 47
- Regelvergütung **129** 11 ff
- Sonderinsolvenzverwalter **129** 21
- Überwachung und Erfüllung eines Insolvenzplans **129** 39
- Umsatzsteuer **129** 40
- Vorschuss **129** 48 ff
- Ziele der Neuregelung **129** 7
- Zurückbleiben hinter der Regelvergütung **129** 18 ff

Vergütung des Sachwalters
- im Eigenverwaltungsverfahren **129** 54
- im Schutzschirmverfahren **129** 54a
- vorläufiger Sachwalter **129** 54a

Vergütung des Treuhänders 78 87 f
- im Restschuldbefreiungsverfahren **129** 56 ff
- Unterdeckung **78** 58 ff
- im vereinfachten Verfahren **129** 55

Vergütung des vorläufigen Insolvenzverwalters
- bei Ablehnung der Verfahrenseröffnung **14** 127
- Berechnung von Erhöhung/Kürzung **129** 53d
- Berechnungsgrundlage **14** 131
- Erhöhung der Vergütung **129** 53a ff
- Grundlagen **129** 52
- Grundsatz **14** 127
- Kürzung der Vergütung **129** 53a ff
- nachträgliche Änderung der Festsetzung **129** 53f
- Regelvergütung **14** 129; **129** 53
- Schätzung des Schuldnervermögens **14** 132
- Vergütungsfestsetzung **14** 128; **129** 53e
- Zuschläge **14** 129 f

Vergütung des vorläufiger Insolvenzverwalters
- Allgemeines **129** 51

- Berechnungsgrundlage **129** 52c
- Berücksichtigung von Fremdrechten **129** 52e
- Bewertung freier Vermögenswerte **129** 52d
- Erhöhung/Kürzung der Regelvergütung **129** 53a ff
- Vergütungsfestsetzung **129** 53e

Vergütungsanspruch des Arbeitnehmers
- individualarbeitsrechtlicher Anspruch **104** 70
- nach Insolvenzeröffnung **110** 2
- vor Insolvenzeröffnung **110** 1

Vergütungsanspruch des Vormunds/Betreuers
- Insolvenzforderungen **19** 26

Vergütungsfestsetzung
- Insolvenzverwalter **129** 41 ff
- Rechtsanwalt **128** 88
- sofortige Beschwerde **18** 19
- vorläufiger Insolvenzverwalter **129** 53e

Verhältnismäßigkeitsgrundsatz
- Sicherungsmaßnahmen **14** 3 f

Verjährte Forderungen
- Insolvenzforderung **19** 13

Verjährung
- Absonderungsansprüche **38** 27
- Anfechtungsanspruch **51** 38 ff, 42 ff
- Aussonderungsansprüche **38** 27
- Insolvenzforderungen **38** 27
- Masseansprüche **38** 27

Verkäufe von Kreditforderungen 102 66

Verkürzung des Restschuldbefreiungsverfahrens
- bei alleiniger Verfahrenskostendeckung **79** 35
- bei Befriedigungsquote von 35% **79** 27, 30 ff
- Einordnung **79** 26
- Entscheidung des Gerichts **79** 38
- Glaubhaftmachung der Voraussetzungen **79** 37
- Gründe **79** 26
- künftige Bedeutung **79** 27
- sofortige Restschuldbefreiung **79** 29
- Verfahren **79** 37 ff
- Vier-Stufen-Modell **79** 28 ff

Verlängerter Eigentumsvorbehalt 36 36; **43** 34 ff

Verlagsvertrag
- Insolvenz des Verfassers **38** 32
- Insolvenz des Verlegers **38** 32

Verlustausgleichspflicht
- Auswirkung auf Insolvenzgründe **95** 16
- Berechnung **95** 14
- Gegenansprüche **95** 17
- bei Konzerninsolvenz **95** 13 ff
- Liquidationsverluste **95** 15

magere Zahlen = Randnummern

Sachregister

Verlustdeckungshaftung
- bei Vor-GmbH **92** 607

Verlustübernahmeansprüche
- Überschuldungsstatus **6** 54

Vermächtnis
- Schuldner als Vermächtnisnehmer **31** 128

Vermieterpfandrecht
- Absonderung **42** 49, 52 ff
- Wertausschöpfung **46** 63

Vermögensauskunft
- Unzulässigkeit der Erwirkung **33** 20

Vermögensbetreuungspflichten
- des Geschäftsführers **92** 194 f
- gegenüber Sicherungsnehmern **92** 194 f

Vermögenserhaltungspflicht
- Adressat **92** 172
- Berücksichtigung der Insolvenzquote **92** 188 f
- Berücksichtigung des Anfechtungsrechts **92** 187
- Berücksichtigung von Gegenleistungen **92** 184
- Berücksichtigung von „sonstigen" Vorteilen **92** 185 f
- Darlegungs- und Beweislast **92** 193
- Entscheidungszuständigkeit **92** 192
- erlaubte Zahlungen **92** 180 f
- Exkulpation nach § 64 S. 2 GmbHG **92** 182
- Geltendmachung des Anspruchs **92** 191 ff
- Gesamtschau **92** 179
- des Geschäftsführers **92** 168
- Haftungsgrundlage **92** 168
- Inhalt **92** 173
- Pflichtverletzung **92** 190 ff
- Prozessführungsbefugnis **92** 191
- Rechtsnatur des Anspruchs **92** 169
- Schuldnervermögensbezug **92** 177 f
- Selbstprüfung **92** 173
- Sorgfaltsmaßstab **92** 181
- Überwachung **92** 173
- Umfang der Erstattungspflicht **92** 182 ff
- Verschulden **92** 190 ff
- Vorteilsanrechnung **92** 186
- Zahlungsbegriff **92** 174 ff
- zeitlicher Anwendungsbereich **92** 171

Vermögenserwerb im Erbfall 78 28 ff

Vermögensorientierung 66 8

Vermögensübersicht
- Aufstellen durch Insolvenzverwalter **22** 36 f
- bei Verbraucherinsolvenz **83** 12 ff
- Versicherung an Eides Statt **30** 17 ff

Vermögensverschwendung 77 68 ff

Vermögensverzeichnis
- unzutreffendes **77** 80 ff
- bei Verbraucherinsolvenz **83** 11 ff

Vermögenswirksame Leistungen 25 20

Veröffentlichung
- Abweisungsbeschluss **16** 10

Verpflichtungen des Schuldners
- Auswirkung der Insolvenzeröffnung **31** 1
- Wirksamkeit **31** 1

Verpflichtungsgeschäfte
- Unwirksamkeit von Verfügungsgeschäften **31** 2

Verrechnungen
- Anfechtung **45** 2, 29; **99** 22 ff, 32 ff
- inkongruente Deckung **47** 54
- Zahlungseingänge im Bankgeschäft **47** 54
- in Zahlungssystemen **45** 105

Verringerung der Insolvenzmasse 77 68 ff

Versagung der Restschuldbefreiung
- Anhörungspflichten **79** 7
- Antrag **77** 85; **78** 48 ff
- Antragbefugnis **77** 86
- Antragserfordernis **79** 8
- Antragsstellung im Schlusstermin **77** 88
- Auskunftspflicht des Schuldners **78** 54 f
- Beschlussentscheidung **77** 94, 128
- Darlegungs- und Beweislast **77** 90 ff
- Eintragung in Schuldnerverzeichnis **79** 46
- frühere Restschuldbefreiungsverfahren **77** 63 ff
- gerichtliche Entscheidung durch Beschluss **77** 94
- Glaubhaftmachung **77** 92 f
- Gründe **77** 54 ff, 129 ff
- Grundlagen **78** 16 ff
- wegen Insolvenzstraftaten **77** 54 f; **78** 56 f, 91 f
- Konzeption **77** 51 ff
- Leistungen bei selbständiger Tätigkeit **78** 38 ff
- nachträglich bekannt gewordene Gründe **78** 93 ff
- neues Recht ab 1.7.2014 **77** 129 ff
- nicht herausgegebener Vermögenserwerb im Erbfall **78** 28 ff
- Obliegenheitsverletzungen gemäß § 295 InsO **78** 18 ff
- Sperrfristrechtsprechung **77** 123 ff
- unangemessene Verbindlichkeiten **77** 69
- Unterdeckung der Treuhändervergütung **78** 58 ff
- unterlassene Unterrichtung **78** 32 ff
- unzulässige Sondervorteile **78** 36 f
- wegen unzutreffender Angaben bei Kreditantrag/Leistungsbezug **77** 56 ff
- wegen unzutreffender Verzeichnisse **77** 80 ff
- Verfahren **77** 85 ff, 135 ff; **78** 48 ff
- Verfahrensobliegenheiten **78** 54 ff
- verletzte Auskunfts- und Mitwirkungspflichten **77** 73 ff

Sachregister

halbfette Zahlen = Paragraphen

- Verletzung der Erwerbsobliegenheit **78** 18 ff
- Vermögensverschwendung **77** 70
- Verringerung der Insolvenmasse **77** 68 ff
- Versagungsverfahren **78** 48 ff
- Verschuldensvorwurf **78** 45 ff
- von Amts wegen **78** 54
- zusätzliche Anforderungen **78** 45 ff
- Zuständigkeit **78** 52

Versagungsgründe
- Erheblichkeitsgrenze bei Straftaten **77** 129
- frühere Restschuldbefreiungsverfahren **77** 63 ff
- Geltendmachung nach Schlusstermin **77** 109
- Insolvenzstraftaten **77** 54 f
- neues Recht ab 1.7.2014 **77** 129 ff
- unzutreffende Angaben **77** 56 ff
- unzutreffende Verzeichnisse **77** 80 ff
- verletzte Auskunfts- und Mitwirkungspflichten **77** 73 ff
- Verletzung der Erwerbsobliegenheit **77** 132
- Verringerung der Insolvenzmasse **77** 68 ff

Verschaffungsansprüche
- Aussonderungskraft **40** 27

Verschmelzung
- Insolvenzfähigkeit **5** 33

Verschweigen 77 75

Versendungskauf
- Erfüllung **34** 25

Versicherung für fremde Rechnung
- Absonderung **42** 65 ff
- Aussonderung **40** 92 f

Versicherungsansprüche
- Massezuordnung **25** 34

Versicherungsinsolvenz
- Schutz **1** 97 ff

Versicherungsunternehmen 7 18; **8** 33; **93** 248

Versicherungsverein
- Rangordnung **61** 3

Versicherungsvertrag
- Insolvenz des Versicherers **38** 28
- Insolvenz des Versicherungsnehmers **38** 29 ff
- Lebensversicherung **38** 30
- Pflichtversicherungen **38** 28

Versorgungsanwartschaften
- insolvenzgesicherter Umfang **107** 96 ff; **109** 58

Versorgungsrecht 31 120

Verspätete Insolvenzantragsstellung
- Arbeitnehmerschaden **92** 112 ff
- Berechnung des Quotenschadens **92** 103 f
- Quotenverringerungsschaden **92** 105
- Schutzzwecke der Antragspflicht **92** 97
- Vertrauensschaden **92** 108 ff
- Vorteilsanrechnung **92** 115 ff

Verspätete Insolvenzantragstellung
- Binnenhaftung der Organe **92** 148 ff
- Darlegungs- und Beweislast **92** 134
- geschützte Gläubiger **92** 96 ff
- Haftung aus § 826 BGB **92** 146 f
- Haftung bei Teilnahme an Insolvenzverschleppung **92** 151 f
- Haftung der Aufsichtsratsmitglieder **92** 150
- Haftung des Geschäftsführers **92** 148 f
- Haftung nach § 823 II BGB **92** 91 ff
- Informationsbeschaffung **92** 137 ff
- Prozessführungsbefugnis **92** 126 ff
- Rechtswegzuständigkeit **92** 133
- Regress des Geschäftsführers **92** 153
- Schuldner des Haftungsanspruchs **92** 92
- Schutz deliktischer/bereicherungsrechtlicher Neugläubiger **92** 118 ff
- Schutz der Altgläubiger **92** 102 ff
- Schutz öffentlich-rechtlicher Neugläubiger **92** 123 ff
- Schutz vertraglicher Neugläubiger **92** 107 ff
- Verjährung **92** 143 ff
- Verschulden **92** 93 ff
- Zuständigkeit **92** 132 f

Verträge für fremde Rechnung
- Kommissionsgeschäfte **40** 81 ff
- Versicherung für fremde Rechnung **40** 92 f
- Wertpapierkommission **40** 90 f

Verträge zugunsten Dritter
- Insolvenzforderungen **19** 27

Vertragliche Kontensperre
- keine Insolvenzfestigkeit **42** 2

Vertragspfand der Banken 42 43 ff

Vertragspfandrechte
- Absonderung **42** 32 ff
- an beweglichen Sachen **31** 59 f

Vertragsübernahme durch Dritten
- gegenseitiger Vertrag **34** 14

Vertreterhaftung
- des Geschäftsführers **92** 202 ff

Vertretertheorie 22 20 ff

Vertretung
- Prozessvertretung **32** 35 ff
- beim Schuldnerantrag **9** 12 ff

Verwahrung
- Aussonderung **40** 11 ff

Verwahrungsvertrag
- gegenseitiger Vertrag **34** 14

Verwaltungs- und Verfügungsbefugnis
- Auswirkung der Insolvenzeröffnung **30** 37 ff
- Basis für Gläubigerbefriedigung **22** 2
- im Partikularverfahren über Inlandsvermögen **132** 146 ff
- Übergang **30** 37 ff
- Übergang auf Insolvenzverwalter **22** 1

magere Zahlen = Randnummern

Sachregister

Verwandte
- nahestehende Person **48** 30

Verweisungsprivileg 23 41

Verwertung der Insolvenzmasse
- Aussetzung im Planverfahren **68** 10 ff
- freihändige Veräußerung **22** 56
- durch Treuhänder **84** 15
- Unternehmensveräußerung **22** 57 f
- Zwangsversteigerung **22** 56

Verwertung der Mobiliarsicherheiten
  42 128 ff; **43** 106

Verwertung durch Gläubiger
- bewegliche Sachen **42** 187 ff
- unbewegliche Sachen **42** 92 ff

Verwertungsgemeinschaft
- Sicherungsgläubiger **44** 8 ff, 40

Verwertungskosten 42 177

Verwertungsrecht des Insolvenzverwalters
- Art der Verwertung **42** 163
- Auskunft, Besichtigung **42** 169 ff
- bewegliche Sachen **42** 131 ff
- Eintrittsmöglichkeit des Gläubigers **42** 168
- Erhaltungskosten **42** 184
- Feststellungskosten **42** 176
- Forderungen **42** 131
- kein Verwertungsrecht des vorläufigen Insolvenzverwalters **42** 136
- Kostenbeiträge zugunsten der Masse **42** 175
- Nutzung für die Masse **42** 149 ff
- Rechnungslegung **42** 186
- Sicherungsabtretung sonstiger Rechte **42** 162
- Umatzsteuer **42** 179 ff
- unbewegliche Sachen **42** 112 ff
- unmittelbarer Besitz **42** 139 ff
- Vebindung, Vermischung, Verarbeitung des Sicherungsguts **42** 152
- Verwertungskosten **42** 177
- Verwertungszeitpunkt **42** 145 ff
- zur Sicherheit angetretene Forderungen **42** 155 ff
- Zustimmung des Gläubigerausschusses **42** 174

Verwertungsverbote
- für Aus- und Absonderungsberechtigte **14** 51 ff
- aus-/absonderungsberechtigte Gläubiger **14** 51 ff

Verwertungsvereinbarungen 42 113

Verzeichnisse
- unzutreffende **77** 80 ff
- bei Verbraucherinsolvenz **83** 10 ff

Verzicht auf Insolvenzantragsrecht 8 46

Vollmachten
- Anwendungsbereich **36** 54 ff
- Insolvenzkollisionsrecht **133** 81 f
- Notgeschäftsführung **36** 56
- Prozessvollmacht **36** 55
- Rechtsfolge **36** 54 ff

Vollrechte
- Geltungmachen in Insolvenz **39** 5

Vollstreckbarkeit ausländischer Entscheidungen 134 96 ff

Vollstreckung
- durch Absonderungsberechtigte **33** 94 ff
- anfängliches Vollstreckungsmoratorium **33** 71 ff
- anhängige Vollstreckungsverfahren **33** 10, 117
- mit ausschließlicher Massebezug **33** 111
- Ausschluss bei Sozialplanforderungen **107** 64
- durch Aussonderungsberechtigte **33** 89 ff
- Auswirkungen der Insolvenzeröffnung **33** 1 ff
- nach Beendigung des Insolvenzverfahrens **33** 114 ff
- Beteiligtenstellung **33** 2 f
- wegen dinglichen Rechts **33** 94 ff
- Einstellung als Sicherungsmaßnahme **14** 44 ff
- während Eröffnungsverfahrens **33** 7
- formeller Titelgläubiger/-schuldner **33** 4 ff
- Fortsetzung beantragter/begonnener Vollstreckung **33** 14
- wegen gesicherter Forderung **33** 98
- gewillkürter Verbindlichkeiten **33** 74 ff
- durch Gläubiger nichtvermögensrechtlicher Ansprüche **33** 107
- Grundlagen der Vollstreckung **33** 1 ff
- vor Insolvenzeröffnung erwirkter Titel **33** 11 ff
- mit insolvenzfreiem Vermögensbezug **33** 112
- in insolvenzfreies Schuldnervermögen **33** 102 ff
- durch Insolvenzgläubiger **33** 11 ff
- Insolvenzplan **69** 23 ff
- während Insolvenzverfahren **33** 111 ff
- durch Insolvenzverwalter **33** 108 ff
- Klauselverfahren **33** 5
- durch Massegläubiger **33** 66 ff
- bei Masseunzulänglichkeit **33** 83 ff
- materiell-insolvenzrechtliche Grenzen **33** 1
- durch Neugläubiger **33** 99 ff
- im Restschuldbefreiungsverfahren **33** 118
- Rückschlagsperre **33** 51 ff
- durch Schuldner persönlich **33** 111 ff
- gegen Schuldner persönlich **33** 111 ff
- Titelumschreibung **33** 4 ff, 69
- Unterbrechung anhängiger Vollstreckungsverfahren **33** 10

Sachregister

halbfette Zahlen = Paragraphen

- Untersagung als Sicherungsmaßnahme 14 44 ff
- Unzulässigkeit 33 11 ff, 39 ff
- verfahrensrechtliche Besonderheiten 33 2 ff
- Vollstreckungsverbot 33 11 ff
- Vorausvollstreckung in Arbeitsentgelt 33 103 ff
- Zulässigkeit 33 66 ff
- Zulässigkeit im Insolvenzverfahren 33 1 ff

Vollstreckungsabwehrklage 64 34
Vollstreckungsabwicklung 58 10 ff
Vollstreckungsverbot
- Allgemeines 33 11 f
- Anwendungsbereich 33 13 ff
- ausländisches Schuldnervermögen 33 33
- betroffene Maßnahmen 33 13 ff
- betroffenes Vermögen 33 29 ff
- Geldvollstreckung 33 18
- generelles Vollstreckungsverbot 58 16
- vor Insolvenzeröffnung erwirkter Titel 33 11 ff
- insolvenzfreies Vermögen 33 30
- Insolvenzgläubiger 33 28
- Insolvenzmasse 33 29
- Masseverbindlichkeiten 33 71 ff
- nachrangige Gläubigeransprüche 19 39
- Neugläubiger 33 38
- Nicht-Insolvenzgläubiger 33 38
- oktroyierte Verbindlichkeiten 33 73
- Pfändung wiederkehrender Ansprüche 33 35
- Rechtsfolgen 33 39 ff
- im Restschuldbefreiungsverfahren 33 118 ff
- Sonderinsolvenzverfahren 33 31
- in Treuhandperiode 78 61 ff
- Unzulässigkeit der Vollstreckung 33 39 ff
- verbotswidrige Vollstreckungsmaßnahmen 33 40 ff
- Verstoßfolgen 33 40 ff
- Vollstreckungshindernis 33 39
- Vollziehung von Arrest/einstweiliger Verfügung 33 23 ff
- Vorausvollstreckung in Arbeitsentgelt 33 103 ff
- vorbereitende Akte 33 21
- Vormerkungseintragung aufgrund einstweiliger Verfügung 33 27
- zeitliche Geltung 33 13 ff

Vor- und Nacherbschaft
- Nachlassinsolvenz 112 8

Vorausabtretung 40 25; 47 24
Vorausabtretungsklausel mit Weiterverarbeitungsklausel 43 43 ff
Vorausverfügungen
- bei allgemeinem Verfügungsverbot 14 34
- Miete und Pacht über Immobilien 37 46

Vorbehaltseigentum
- Aussonderung 40 8

Vorbelastungshaftung
- GmbH in Insolvenz 92 354 ff

Vorerbschaft 31 121

Vorfeld der Insolvenz
- außergerichtliche Sanierungsentscheidungen 3 1 ff
- Krise 2 1 ff

Vorfinanzierung von Insolvenzgeld
- vorläufige Insolvenzverwaltung 14 96 ff

Vorgemerkte Ansprüche
- Amtsvormerkungen 38 13
- Ausgangslage 38 11
- Bauträgerinsolvenz 38 20 ff
- Eintragung vor Insolvenzeröffnung 38 14
- Einwendungen/Einreden 38 18
- Erweiterung der Insolvenzfestigkeit 38 19 ff
- künftiger/bedingter Anspruch 38 15
- Rechtsfolge 38 17 f
- Sicherung eines Anspruchs 38 13
- Sicherungsfunktion auch im Insolvenzfall 38 12
- Unanwendbarkeit des § 106 InsO 38 16
- Verwirklichung im Insolvenzverfahren 38 13 ff
- Vorkaufsrechte 38 13
- kein Zurückbehaltungsrecht des Verkäufers 38 15

Vorgesellschaft
- Insolvenzantragspflicht 7 26 f
- Insolvenzantragsrecht 8 18 ff
- Insolvenzfähigkeit 5 19

Vor-GmbH
- Antragspflicht 92 602 f
- Antragsrecht 92 601
- Eröffnungsgründe 92 596
- Gesellschafterdarlehen 92 608
- Haftungsansprüche 92 606
- Insolvenzmasse 92 606 ff
- Insolvenzrechtsfähigkeit 92 595
- Massekostendeckungsprüfung 92 604
- Masseverbindlichkeiten 92 607
- Rechtsnatur 92 593 f
- Rechtsstellung im eröffneten Verfahren 92 605
- Stellung des Gesellschafters 92 609
- Verlustdeckungshaftung 92 607

Vorgründungsgesellschaft
- GmbH 92 591 f
- Insolvenzfähigkeit 5 18

Vorherige Insolvenzantragstellung
- Erfüllung der Forderung 9 39
- Fortbestehen des Antragsrechts 9 47
- Fortbestehen des Insolvenzgrundes 9 49
- Fortbestehen rechtlichen Interesses 9 48

magere Zahlen = Randnummern

Sachregister

- Glaubhaftmachung **9** 64
- Neuregelung **9** 38
- Voraussetzungen an das „Erstverfahren" **9** 40
- Zweck **9** 38

Vorkaufsrechte 25 55; **40** 18; **133** 23

Vorläufige Eigenverwaltung *s. a. Schutzschirmverfahren*
- allgemeine Sicherungsmaßnahmen **88** 10
- keine Amtsermittlungspflicht **88** 6
- Anordnungsvoraussetzungen **88** 3 ff
- Antrag nicht offensichtlich aussichtslos **88** 11 ff
- Antrag offensichtlich aussichtslos **88** 4, 10
- Aufgabenverteilung **90** 86 ff
- Aussichtslosigkeit **88** 4, 10
- Begründung von Masseverbindlichkeiten **90** 90 f
- Entscheidung des Gerichts **88** 9 ff
- Entscheidung über Sicherungsmaßnahme **88** 9
- Erkenntnisquellen **88** 6 f
- Informations-/Auskunftspflichten **90** 88
- laufende Prüfung der Entscheidungsgrundlagen **88** 8
- Offensichtlichkeit **88** 5
- Prüfung wirtschaftlicher Lage **90** 89
- Rechtstellung des Schuldners **90** 84 ff
- Schutzschirmverfahren **88** 15 ff
- sonstige Sicherungsmaßnahmen **88** 13
- Überblick **88** 2
- Überprüfungs- und Ermittlungstiefe **88** 7
- Überwachung der Geschäftsführung **90** 89
- Verwaltungs- und Verfügungsbefugnis **88** 14; **90** 87
- vorläufiger Sachwalter **88** 12
- zulässiger Eröffnungsantrag **88** 2

Vorläufige Insolvenzverwaltung
- allgemeine Pflichten des Verwalters **14** 76 ff
- allgemeine Rechte des Verwalters **14** 89 ff
- Anfechtbarkeit von Rechtshandlungen **14** 153
- Anweisung nach BGB **14** 190
- arbeitsrechtliche Stellung **14** 113 ff
- Aufsicht des Insolvenzgerichts **14** 74 f
- Auskunfts- und Mitwirkungspflichten des Schuldners **14** 191 ff
- Begründung von Masseverbindlichkeiten **14** 60, 68
- Begründung von Verbindlichkeiten **14** 150 ff
- Betretensrechte **14** 90 ff
- Betriebsstilllegungspflicht **14** 160 ff
- Einstellung der Zwangsversteigerung **14** 94
- einstweilige Unternehmensfortführung **14** 72, 154 ff
- Einzelermächtigung **14** 61
- Entlassung **14** 147 ff
- Erstarkungsmodell **14** 61
- Haftung des Verwalters **14** 134 ff
- Herausgabevollstreckung **14** 148 ff
- Inbesitznahme des Schuldnervermögens **14** 148 ff
- mit Kompetenzzuweisung **14** 58 ff
- Kündigungsrecht **14** 113 ff
- Lastschriftverkehr **14** 175 ff
- Nachforschungsrechte **14** 90 ff
- Nichterfüllung von Masseverbindlichkeiten **14** 137 ff
- ohne Pflichtenbestimmung **14** 57
- Prozessführungsbefugnis **14** 116 ff
- Prüfung der Fortführungsaussichten des Schuldnerunternehmens **14** 83 ff
- Prüfung des Insolvenzgrundes **14** 81 f
- Prüfung des Massekostendeckung **14** 78 ff
- Rechnungslegungspflicht **14** 86 ff
- Rechtstellung des Verwalters **14** 74 ff
- Rechtstellung des vorläufigen Verwalters **14** 148 ff
- Rechtswirkung der Bestellung **14** 56 ff
- Scheckverkehr **14** 187 ff
- schwache Insolvenzverwaltung **14** 57 ff
- Sicherungs- und Erhaltungspflicht **14** 77, 148
- steuerrechtliche Pflichtenstellung **14** 108 ff
- strafrechtliche Verantwortlichkeit **14** 126
- Treuhandkontenmodell **14** 61
- Überweisungsverkehr **14** 167 ff
- Umgang mit Aus-/Absonderungsrechten **14** 99 ff
- Vergütung des Verwalters **14** 127 ff; **16** 19 f
- mit Verwaltungs-/Verfügungsbefugnis **14** 70 ff, 148 ff
- Vorfinanzierung von Insolvenzgeld **14** 96 ff
- Wechselverkehr **14** 184 ff
- Wirksamkeit von Rechtshandlungen bei vorzeitiger Verfahrensbeendigung **14** 73 ff
- Zahlungsverkehr **14** 166 ff
- mit Zustimmungsvorbehalt **14** 64 ff
- ohne Zustimmungsvorbehalt **14** 57 ff
- Zwangsmaßnahmen **14** 147 ff

Vorläufige Masseerhaltungsmaßnahmen 22 44

Vorläufige Postsperre 14 51

Vorläufiger Gläubigerausschuss
- Abgrenzung zum Interminsausschuss **14** 29
- Besetzung **14** 29
- Einsetzung als Sicherungsmaßnahme **14** 28 f
- fakultativer vorläufiger Gläubigerausschuss **14** 29
- Neuregelung **14** 28
- optionaler Antragsausschuss **14** 29

Sachregister

halbfette Zahlen = Paragraphen

- originärer Pflichtausschuss **14** 29
- Vorschlagsrecht zur Verwalterperson **22** 10
- Zweck **14** 28

Vorläufiger Insolvenzverwalter
- anfechtbare Rechtshandlungen **46** 32 ff
- arbeitsrechtliche Stellung **104** 17 ff
- Auswahl **14** 25 f
- mit begleitendem Verfügungsverbot **104** 22 ff
- Begriff **14** 23 f
- Bestellung **14** 25 f
- Bestellung als Sicherungsmaßnahme **14** 22 ff
- Betriebsstilllegung **104** 25 f
- Haftung **23** 5 ff
- Kosten bei Antragsrücknahme/Erledigterklärung **10** 23
- mit Prozessführungsbefugnis **32** 13
- ohne Prozessführungsbefugnis **32** 14
- steuerrechtliche Pflichten **22** 101 ff
- Vergütung **129** 51 ff
- ohne Verwaltungs- und Verfügungsbefugnis **104** 19 ff
- Zustellungen **14** 27

Vorläufiger Sachwalter
- bei beantragte Eigenverwaltung **14** 63
- Bestellung **88** 12

Vorläufiger Treuhänder
- Bestellung als Sicherungsmaßnahme **14** 55
- Verbraucherinsolvenz **14** 62
- bei Verbraucherinsolvenz **14** 55

Vorläufiges Bestreiten
- Forderungsanmeldung **64** 7 ff

Vormerkung 19 8; **31** 61 ff; **33** 27; **133** 23

Vormundschaft
- Auswirkung der Insolvenzeröffnung **30** 32
- Vergütungsanspruch als Insolvenzforderung **19** 26

Vornahmeanspruch nicht vertretbarer Handlungen 19 10

Vorrang privilegierter Insolvenzgläubiger 61 8 ff

Vorratsgesellschaft 92 361

Vorrechte
- Absonderung **42** 73 ff
- gegenständlich beschränkte Vorrechte **42** 73 ff
- privilegierter Insolvenzgläubiger **61** 8 ff
- Widerspruch **64** 5

Vorrechtsstreit 64 37, 42

Vorsatzanfechtung
- Abgrenzung zu Gläubigerhandlungen **48** 5
- Anfechtungsfrist **48** 12, 13
- Ausweitung des Tatbestandes **48** 2
- Beweislast **48** 25
- Beweiswürdigung **48** 25
- Deckungshandlungen **48** 4

- Druckzahlungen **48** 17
- entgeltliche Verträge mit Nahestehenden **48** 26 ff
- Gläubigerbenachteiligungsvorsatz **48** 14 ff
- Grundtatbestand **48** 3 ff
- Hilfs-Vermutungsregel **48** 23
- inkongruente Deckung **48** 15
- bei inkongruenter Deckung **48** 4
- Kenntnis des anderen Teils **48** 19 ff
- kongruente Deckung **48** 6 ff, 16
- Leistungen zur Abwendung drohenden Insolvenzantrags **48** 11
- Leistungen zur Abwendung drohender Zwangsvollstreckung **48** 9 f
- mittelbare Gläubigerbenachteiligung **48** 13
- Rechtshandlungen des Schuldners **48** 4 ff
- Sanierungsgeschäfte **48** 4, 18
- Überblick **48** 3
- Übersicht zum Gegenstand **48** 1
- Unanfechtbarkeit von Vollstreckungshandlungen **48** 5
- Verhältnis zu anderen Tatbeständen **48** 36
- Vermutung der Kenntnis **48** 21

Vorschlagsrecht
- des vorläufigen Gläubigerausschusses **22** 10

Vorschuss
- Vergütung **129** 69
- Vergütung des Insolvenzverwalters **129** 48 ff

Vorstand
- Aktiengesellschaft **93** 18 ff
- Auswirkungen der Verfahrenseröffnung **93** 18 ff
- Organstellung der Mitglieder **104** 61
- Pflichten bis zur Verfahrenseröffnung **93** 11 f
- unternehmerähnliche Stellung der Mitglieder **104** 61

Vorsteuerabzug 124 13 ff

Vorteilanrechnung
- Gläubigerbenachteiligung **46** 72

Vorteilsausgleichung
- Gläubigerbenachteiligung **46** 71 ff

Vorverlagerung der Strafbarkeit 127 10

Vorwegbefriedigung 22 59, 62; **54** 1 f; **58** 5

Vorzeitige Beendigung des Verfahrens
- durch Aufhebung des Eröffnungsbeschlusses **74** 1 ff
- durch Einstellungen des Verfahrens **74** 9 ff

Wahl des Gläubigerausschusses
- Wahlbefugnisse der Gläubigerversammlung **20** 19

Wahl des Verwalters
- Wahlbefugnisse der Gläubigerversammlung **20** 18

Wahlgruppen
- im Planverfahren **67** 47 ff